Wachter (Hrsg.) • Handbuch des Fachanwalts für Handels- und Gesellschaftsrecht

Zitiervorschlag: Krause, in: Wachter, FA Handels- und Gesellschaftsrecht, Teil 1, 1. Kap. Rn. 1

ISBN: 978-3-89655-216-7

© ZAP Verlag

Lexis Nexis Deutschland GmbH, Münster 2007

Ein Unternehmen der Reed Elsevier Gruppe

Alle Rechte sind vorbehalten.

Dieses Werk und alle in ihm enthaltenen Beiträge und Abbildungen sind urheberrechtlich geschützt. Mit Ausnahme der gesetzlich zugelassenen Fälle ist eine Verwertung ohne Einwilligung des Verlages nzulässig.

Druckerei: Bercker, Kevelaer

Handbuch des Fachanwalts für Handels- und Gesellschaftsrecht

herausgegeben von:

Thomas Wachter, Notar
München

unter Mitarbeit von:

Florian Aigner, Rechtsanwalt
AFR Aigner Fischer Radlmayr, München

Dr. Volker Arends, Rechtsanwalt
KAHB Rechtsanwälte, Hamburg

Dr. Joachim Bauer, Rechtsanwalt
Kanzlei Knauthe, Berlin

Dr. Martin Buntscheck, LL.M., Rechtsanwalt
Weil, Gotshal & Manges LLP, Frankfurt am Main

Prof. Dr. Jürgen Creutzig, Rechtsanwalt
Kanzlei Creutzig & Creutzig, Köln

Dr. Susanne Creutzig, Rechtsanwältin
Kanzlei Creutzig & Creutzig, Köln

Dr. Alexander Dörrbecker, LL.M., Attorney at Law (N.Y.)
Bundesministerium der Justiz, Berlin

Dr. Tobias Eberl, Rechtsanwalt,
Steuerberater, Fachanwalt für Steuerrecht
Dissmann Orth, München

Dr. Sabine Ebert, LL.M., Rechtsanwältin
Wildgen & Partners, Luxemburg

Dr. Jochen Ettinger, Rechtsanwalt,
Steuerberater, Fachanwalt für Steuerrecht
Dissmann Orth, München

Prof. Dr. Michael Fischer,
Christian-Albrechts-Universität, Kiel

Prof. Dr. Eckhard Flohr, Rechtsanwalt,
Fachanwalt für Steuerrecht
TIGGES Rechtsanwälte, Düsseldorf/Kitzbühel

Dr. Burkard Göpfert, LL.M., Rechtsanwalt
Gleiss Lutz, München

Dr. Heribert Heckschen, Notar
Heckschen & van de Loo, Dresden

Dr. Andreas Heidinger, Rechtsanwalt,
Dipl.-Kaufmann
Deutsches Notarinstitut, Würzburg

Dr. Sebastian Hofert, LL.M./RSA, Rechtsanwalt
KAHB Rechtsanwälte, Hamburg

Dr. Heinrich Hübner, Rechtsanwalt,
Steuerberater
Hübner + Partner, Stuttgart

Dr. Malte Ivo, Notarassessor
Hamburg

Dr. Christian Kesseler, Notar
Düren

Dr. André Kowalski, Rechtsanwalt
FRANZ Rechtsanwälte, Düsseldorf

Dr. Alexander Krafka, Notar
Passau

Thomas Krause, Notar
Staßfurt

Dr. Christian Levedag, LL.M. Tax (London/LSE),
Richter am FG
FG Köln

Dr. Andreas Merkner, Rechtsanwalt
Shearman & Sterling LLP, Düsseldorf

Dr. Christof Münch, Notar
Kitzingen

Dr. Gabor Mues, M. Jur., Rechtsanwalt
AFR Aigner Fischer Radlmayr, München

Dr. Peter Niggemann, LL.M., Rechtsanwalt
Freshfields Bruckhaus Deringer, Düsseldorf

Gunter Reiff, Rechtsanwalt
Deloitte, München

Dr. Thorsten Reinhard, Rechtsanwalt
Nörr Stiefenhofer Lutz, Berlin

Dr. Adolf Reul, Notar a.D.
Deutsches Notarinstitut, Würzburg

Dr. Andreas Richter, M.A., LL.M., Rechtsanwalt
P+P Pöllath + Partners, Berlin

Christian Salzig, Notar
Oschatz

Dr. Hans-Patrick Schroeder, M.L.E., Rechtsanwalt,
Wirtschaftsmediator (CVM)
Freshfields Bruckhaus Deringer, Frankfurt am Main

Dr. Michael Sommer, Rechtsanwalt,
Steuerberater
Kanzlei Taylor Wessing, München

Dr. Marco Sustmann, Rechtsanwalt
Shearman & Sterling LLP, Düsseldorf

Dr. Rembert Süß, Rechtsanwalt
Deutsches Notarinstitut, Würzburg

Dr. Rolf Trittmann, LL.M., Rechtsanwalt
Freshfields Bruckhaus Deringer, Frankfurt am Main

Stefan Wegerhoff, Notar
Düsseldorf

Thomas Wolterhoff, Rechtsanwalt
Dr. Winter & Partner, Mülheim an der Ruhr
Fortbildungsbeauftragter Deutsches Anwaltsinstitut e.V. (DAI)

ZAP

	Rn.
4. Kapitel: Prokura und Handlungsvollmacht	
Erteilung einer Einzelprokura	46
Erteilung einer Gesamtprokura	47
Erteilung einer unechten Gesamtprokura zur gemeinsamen Vertretung mit einem Geschäftsführer	48
Erteilung einer Niederlassungsprokura	49
Erweiterung der Prokura um Grundstücksklausel	50
Änderung einer Gesamtprokura in eine Einzelprokura	51
Erlöschen der Prokura	52
Handlungsvollmacht	82
5. Kapitel: Vertriebsrecht	
Muster eines Handelsvertretervertrags	234
6. Kapitel: Franchiserecht	
Franchise-Nehmer als selbständiger Unternehmer (Englisch)	66
Franchise-Nehmer als selbständiger Unternehmer	67
Haftungsfreizeichnung	112
Zulässige Klausel nach der Franchise-GVO (alte Fassung)	128
Zulässige Klausel nach der Vertikal-GVO	129
7. Kapitel: Handelsgeschäft	
Mängelrüge beim Handelskauf	123
Kommissionsvertrag – Verkaufskommission	158
8. Kapitel: Internationaler Handelskauf	
Abbedingung des UN-Kaufrechts	33
Teilweise Abbedingung des UN-Kaufrechts	35
Schriftformklausel	73

Teil 2: Gesellschaftsrecht

	Rn.
1. Kapitel: Recht der Personengesellschaften	
§ 1 GbR	
Namensführung bei Gesellschafterwechsel	146
Namensführung bei Geschäftsveräußerung	148
Geschäftsführer im Anstellungsverhältnis	157
Erhöhte Gewinnbeteiligung eines geschäftsführenden Gesellschafters	159
Beitragsleistung durch Gesellschafter	162
Nachträgliche Beitragserhöhungen	165
Kombination von Geschäftsführungsbefugnissen und Ressortverteilungen	186
Auseinanderfallen von Geschäftsführungsbefugnis und Vertretungsmacht	208
Kombination Beschlussquorum mit Auffangregel	227
Frist für die Geltendmachung der Unwirksamkeit und Folgen der Fristversäumnis	243
Form der Rechnungslegung nebst Bilanz	273
Verteilung des Gewinns – feste Quoten	279
Beendigung der Gewährung einer erhöhten Quote	281
Abfindungsanspruch der Erben bei Tod eines Gesellschafters	314
Einfache Nachfolgeklausel	322
Qualifizierte Nachfolgeklausel	325
Beschränkung der Kündigungsrechte durch Vereinbarung einer bestimmten Kündigungsfrist	349
§ 2 OHG	
OHG-Gesellschaftsvertrag	21
Erstanmeldung einer OHG	24
Eintrittsklausel	93
Einfache Nachfolgeklausel	95
Qualifizierte Nachfolgeklausel	97
Auflösung der OHG mit Liquidation	106
Erlöschen der OHG nach Abschluss der Liquidation	110
§ 3 KG	
Einlage des Komplementärs	69
Einlage des Kommanditisten – antiquiert	70
Einlage des Kommanditisten – modern	71
Klarstellung der Vergütung des Komplementärs	116
Präzisierung des Rechts auf Einberufung der Gesellschafterversammlung	120
Verwendung des Jahresüberschusses – keine Vorabregelung	146
Verwendung des Jahresüberschusses – teilweise Vorabregelung	147
Jahresabschluss einer vermögensverwaltenden KG	155
Vollständige Verwendung des Jahresergebnisses	161
Teilübertragung von Gesellschaftsanteilen	174
Ausschließlich gemeinsame Ausübung des Vorkaufsrechts	181
Fortsetzungsklausel	223
Einfache Nachfolgeklausel	229
Qualifizierte Nachfolgeklausel	233
Eintrittsklausel	241
Ertragswertklausel mit Angabe der anzuwendenden Ertragsmethode	267

Verzeichnis der Muster und Formulierungsbeispiele

Diese Übersicht listet die im Werk enthaltenen Muster und Formulierungsbeispiele auf. Die in der Übersicht angegebenen Randnummern sind immer in Verbindung mit dem ihnen zugeordneten Teil, Kapitel und/oder Paragraf zu sehen. Teilweise sind hinter den Randnummern noch Zahlen in Klammern angegeben. Diese zusätzlichen Zahlen beziehen sich auf die entsprechende Erläuterung zum Vertragsmuster, während sich die Randnummer auf das Vertragsmuster bezieht.

Teil 1: Handelsrecht

1. Kapitel: Kaufmannsbegriff

	Rn.
Handelsregisteranmeldung der Neuaufnahme eines Gewerbebetriebes	22
Handelsregisteranmeldung des Erlöschens der Firma (Geschäftsaufgabe)	24
Handelsregisteranmeldung des Erlöschens der Firma (Herabsinken auf kleingewerbliches Niveau)	27
Antrag an das Handelsregister auf Bestehenlassen der Eintragung	29
Löschungsantrag an das Handelsregister	39
Handelsregisteranmeldung eines landwirtschaftlichen Betriebes	49

2. Kapitel: Handels- und Unternehmensregister

	Rn.
Eingang eines Anmeldungsschriftsatzes	145
Vollzugsmacht	147
Abschriften der Anmeldung	149
Ersteintragung eines Einzelkaufmannes	153
Inhaberwechsel	155
Verlegung der Handelsniederlassung	157
Erlöschen der Firma	159
Ersteintragung einer OHG	161
Ausscheiden eines Gesellschafters	163
Auflösung der Gesellschaft/Vertretungsbefugnis der Liquidatoren	165
Beendigung der Liquidation/Erlöschen der Firma	167
Erlöschen der Firma nach erfolgter Liquidation	169
Ersteintragung einer KG	171
Gesellschafterwechsel bei der KG	173
Gesellschaftswechsel im Wege der Sonderrechtsnachfolge bei der KG	175
Veränderungen der Kommanditeinlagen	178
Weitgehende Befreiung von den Beschränkungen des § 181 BGB	182
Anmeldung der Begründung einer GmbH	185
Anmeldung der Sachgründung einer GmbH	187
Änderungen in der Geschäftsführung einer GmbH	189
Änderung des Gesellschaftsvertrages einer GmbH	191
Barkapitalerhöhung bei der GmbH	193
Sachkapitalerhöhung bei der GmbH	194
Kapitalerhöhung aus Gesellschaftsmitteln bei der GmbH	196
Kapitalherabsetzung bei einer GmbH	197
Wirtschaftliche Neugründung einer GmbH	199
Unternehmensvertrag	201
Auflösung der GmbH und Löschung der Firma	203
Beendigung der Liquidation und Erlöschen der Firma	205
Ersteintragung einer AG	207
Vorstands- und Aufsichtsratsänderungen	209
Satzungsänderung bei der AG	213
Reguläre Kapitalerhöhung bei der AG	215
Anmeldung der Durchführung der Kapitalerhöhung bei einer AG	217
Kapitalerhöhung aus Gesellschaftsmitteln bei der AG	220
Schaffung eines genehmigten Kapitals bei einer AG	222
Durchführung der Kapitalerhöhung bei einer AG	224
Bedingte Erhöhung des Grundkapitals einer AG	226
Anmeldung der tatsächlichen Ausgabe der Bezugsaktien	228
Herabsetzung des Grundkapitals einer AG	230
Anmeldung der durchgeführten Herabsetzung des Grundkapitals	232
Anmeldungen der Erteilung einer Einzelprokura	234
Zweigniederlassung inländischer Rechtsträger	236
Ersteintragung der Zweigniederlassung einer englischen Private Limited	238
Ersteintragung der Zweigniederlassung einer österreichischen Aktiengesellschaft	239

10. Kapitel:	Unternehmensbeteiligungen im Familienrecht	2145
11. Kapitel:	Minderjährige im Gesellschaftsrecht	2295
12. Kapitel:	Joint Ventures	2331
13. Kapitel:	Schiedsgerichtsbarkeit	2375
14. Kapitel:	Beurkundungsfragen im Gesellschaftsrecht	2439
15. Kapitel:	Bilanz- und Steuerrecht	2479
	§ 1 Rechnungslegung und Bilanzierung	2479
	§ 2 Besteuerung der einzelnen Gesellschaften und Rechtsformvergleich	2559
16. Kapitel:	Unternehmensfinanzierung	2667
17. Kapitel:	Mitbestimmungs- und Arbeitsrecht	2769
18. Kapitel:	Kartellrecht	2815
19. Kapitel:	Kapitalmarktrecht	2873
20. Kapitel:	Insolvenz- und Strafrecht	2999

Teil 3: Klausuren

Klausur: Kaufmannsbegriff	3097
Klausur: Handels- und Unternehmensregister	3101
Klausur: Prokura und Handlungsvollmacht	3105
Klausur: Handelsvertreter- und Vertriebsrecht	3108
Klausur: GbR	3111
Klausur: OHG	3113
Klausur: Partnerschaftsgesellschaft	3117
Klausur: EWIV	3118
Klausur: AG	3119
Klausur: KG	3134
Klausur: GmbH	3138
Klausur: Umwandlungsrecht	3142
Klausur: Umstrukturierungen	3150
Klausur: Betriebsaufspaltungen	3154
Klausur: Nachfolge in Gesellschaftsbeteiligungen	3162
Klausur: Unternehmensbeteiligungen im Familienrecht	3169
Klausur: Minderjährige im Gesellschaftsrecht	3180
Klausur: Joint Ventures	3183
Klausur: Schiedsgerichtsbarkeit	3186
Klausur: Besteuerung der einzelnen Gesellschaften und Rechtsformvergleich	3193
Klausur: Insolvenz- und Strafrecht	3202

Stichwortverzeichnis 3207

Inhaltsübersicht

	Seite
Vorwort	V
Inhaltsübersicht	VII
Verzeichnis der Muster und Formulierungsbeispiele	IX
Bearbeiterverzeichnis	XVI
Allgemeines Literaturverzeichnis	XVIII
Abkürzungsverzeichnis	XXI

Teil 1: Handelsrecht

1.	Kapitel:	Kaufmannsbegriff	1
2.	Kapitel:	Handels- und Unternehmensregister	27
3.	Kapitel:	Firmenrecht	95
4.	Kapitel:	Prokura und Handlungsvollmacht	185
5.	Kapitel:	Handelsvertreter- und Vertriebsrecht	213
6.	Kapitel:	Franchiserecht	273
7.	Kapitel:	Handelsgeschäft	347
8.	Kapitel:	Internationaler Handelskauf	403

Teil 2: Gesellschaftsrecht

1.	Kapitel:	Recht der Personengesellschaften	437
	§ 1 GbR		437
	§ 2 OHG		549
	§ 3 KG		589
	§ 4 GmbH & Co. KG		686
	§ 5 Partnerschaftsgesellschaft		788
	§ 6 EWIV		818
2.	Kapitel:	Recht der Kapitalgesellschaften	865
	§ 1 GmbH		865
	§ 2 Aktiengesellschaft		1039
	§ 3 Europäische Aktiengesellschaft (SE)		1266
	§ 4 Kommanditgesellschaft auf Aktien (KGaA)		1320
	§ 5 Stimmrechtsbindung und Poolverträge im Familienverbund		1332
	§ 6 Stiftungen und Unternehmen		1365
3.	Kapitel:	Mittelbare Gesellschaftsbeteiligungen	1389
	§ 1 Stille Gesellschaft		1389
	§ 2 Unterbeteiligung		1442
	§ 3 Treuhandverhältnisse		1477
4.	Kapitel:	Unternehmenskauf	1507
5.	Kapitel:	Konzernrecht	1607
	§ 1 Unternehmensverträge und andere konzernrechtliche Verträge		1607
	§ 2 Eingliederung		1626
6.	Kapitel:	Unternehmensumstrukturierungen	1635
	§ 1 Umwandlungsrecht		1635
	§ 2 Umstrukturierungen		1822
7.	Kapitel:	Betriebsaufspaltungen	1867
8.	Kapitel:	Internationales und europäisches Gesellschaftsrecht	1985
9.	Kapitel:	Nachfolge in Gesellschaftsbeteiligungen	2089

Hinweise zur Benutzung der CD-ROM

Zur Übernahme der Muster in Ihre Textverarbeitung legen Sie die CD-ROM in Ihr CD-ROM-Laufwerk ein. Sie erhalten über das Icon „Arbeitsplatz" durch Doppelklick auf das Symbol des CD-ROM-Laufwerks Zugriff auf die Dateien.

Durch Doppelklick auf die Datei „start.doc" gelangen Sie auf die Word-Datei „Zentraldokument". In diesem Dokument sind sämtliche Word-Dateien der CD-ROM aufgelistet.

Durch Mausklick in Kombination mit der STRG-Taste auf die entsprechende Fundstelle gelangen Sie zum gesuchten Vertragsmuster etc.

Vorwort

Im November 2005 hat die Satzungsversammlung der Bundesrechtsanwaltskammer die Einführung des Fachanwalts für Handels- und Gesellschaftsrecht beschlossen. Schon ein erster Blick in die Fachanwaltsordnung (§ 14i FAO) zeigt, dass an den Fachanwalt für Handels- und Gesellschaftsrecht außerordentlich hohe Ansprüche gestellt werden. Neben dem gesamten Handels- und Gesellschaftsrecht werden beispielsweise auch Kenntnisse im Umwandlungsrecht, Bilanz- und Steuerrecht verlangt. Darüber hinaus gehören auch die Querverbindungen zu zahlreichen anderen Rechtsgebieten, wie etwa dem Arbeits-, Kartell- und Insolvenzrecht zum Prüfungsstoff. Der Fachanwalt soll in diesen Themen sowohl die Verhandlungs- und Prozessführung als auch die Vertragsgestaltung sicher beherrschen.

Mit dem vorliegenden Fachanwaltshandbuch soll ein Überblick über diese breit gefächerte Materie gegeben werden. Das Buch richtet sich dabei vor allem an Rechtsanwälte, die sich auf den Erwerb des Fachanwaltstitels vorbereiten. Darüber hinaus soll es Rechtsanwälten, Notaren und Steuerberatern auch als Nachschlagewerk in der täglichen Praxis dienen.

Aufgrund der zahlreichen Formulierungsvorschläge, Checklisten und Übersichten wird das Handbuch zu einer praktischen Arbeitshilfe, die den juristischen Berater bei seiner täglichen Arbeit unterstützt. Dabei wurde auf wissenschaftliche Erörterungen und Nachweise weitgehend verzichtet. Zu Beginn der einzelnen Kapitel finden sich Hinweise auf weiterführendes Schrifttum, das eine vertiefte Beschäftigung mit den zahlreichen Einzelproblemen ermöglicht.

Die Darstellung ist notwendigerweise eine Momentaufnahme, da das Handels- und Gesellschaftsrecht sich ständig fortentwickelt. Die Rechtsentwicklung der letzten Jahre hat dies eindrucksvoll bestätigt und ist dabei keineswegs am Ende. Insbesondere europäische und internationale Bezüge werden in Zukunft noch mehr an Bedeutung gewinnen.

Für die engagierte und fachkundige Betreuung des umfangreichen Werks gebührt dem Lektor, Herrn Dennis Flohr, besonderer Dank.

Anregungen und Kritik sind stets willkommen.

München, im März 2007
Thomas Wachter

	Rn.
Angelegenheiten der Gesellschaft	287
Gesetzliches Wettbewerbsverbot – Ausweitung auf den Kommanditisten	295
Gesetzliches Wettbewerbsverbot – Sachliche Erweiterung	296
Gesetzliches Wettbewerbsverbot – Öffnungsklausel	297
Anmeldung der Übertragung beim Handelsregister mit Nachfolgevermerk	330
Anmeldung des Wechsels der Art der Gesellschafterstellung	340
Einfache Schriftformklausel	353
Sicherheitsklausel	355
Gesellschaftsvertrag einer typischen KG	377

§ 4 GmbH & Co. KG

	Rn.
Verzahnungsklausel – Gesellschaftsvertrag KG	13
Verzahnungsklausel – Gesellschaftsvertrag GmbH	14
Übertragung von Gesellschaftsanteilen – Gesellschaftsvertrag KG	17
Übertragung von Gesellschaftsanteilen – Gesellschaftsvertrag GmbH	18
Vorkaufsrecht – Gesellschaftsvertrag KG	20
Vorkaufsrecht – Gesellschaftsvertrag GmbH	21
Vererbung von Gesellschaftsanteilen – Gesellschaftsvertrag KG	23
Vererbung von Gesellschaftsanteilen – Gesellschaftsvertrag GmbH	24
Testamentsvollstreckung – Gesellschaftsvertrag KG	26
Testamentsvollstreckung – Gesellschaftsvertrag GmbH	27
Kündigung der Gesellschaft – Gesellschaftsvertrag KG	29
Kündigung der Gesellschaft – Gesellschaftsvertrag GmbH	30
Ausschließung eines Gesellschafters – Gesellschaftsvertrag KG	32
Ausschließung eines Gesellschafters – Gesellschaftsvertrag GmbH	33
Zwangsvollstreckung – Gesellschaftsvertrag KG	35
Zwangsvollstreckung – Gesellschaftsvertrag GmbH	36
Gesellschaftsbeschlüsse – Gesellschaftsvertrag KG	40
Gesellschaftsbeschlüsse – Gesellschaftsvertrag GmbH	41
Beschlussfassung – Gesellschaftsvertrag KG	51
Kapitalschutz – Gesellschaftsvertrag KG	54
Kapitalschutz – Gesellschaftsvertrag GmbH	55
Mantel zur Gründung der GmbH	59
Unternehmensgegenstand – Gesellschaftsvertrag GmbH	83
Entstehungszeitpunkt – Gesellschaftsvertrag KG	90
Entstehungszeitpunkt – Gesellschaftsvertrag KG	92
Ausschluss vorzeitiger Geschäftsbeginn – Gesellschaftsvertrag KG	94
Ausscheiden eines Gesellschafters und Fortführung der Firma – Gesellschaftsvertrag GmbH & Co. KG	102
Unternehmensgegenstand – Gesellschaftsvertrag GmbH & Co. KG	105
Geschäftsjahr – Gesellschaftsvertrag GmbH & Co. KG	107
Einlage der Komplementärin – Gesellschaftsvertrag GmbH & Co. KG	110
Bareinlage – Gesellschaftsvertrag GmbH & Co. KG	116
Bar- und Sacheinlage – Gesellschaftsvertrag GmbH & Co. KG	117
Kontenführung – Gesellschaftsvertrag GmbH & Co. KG	133
Geschäftsführungsbefugnis – Gesellschaftsvertrag GmbH & Co. KG	142
Befreiung von den Beschränkungen des § 181 BGB – Gesellschaftsvertrag GmbH & Co. KG	149
Vergütung der Geschäftsführung – Gesellschaftsvertrag GmbH & Co. KG	153
Gesellschafterversammlung – Gesellschaftsvertrag GmbH & Co. KG	155
Gesellschafterbeschluss – Gesellschaftsvertrag GmbH & Co. KG	160
Beschlussmängel – Gesellschaftsvertrag GmbH & Co. KG	163
Jahresabschluss – Gesellschaftsvertrag GmbH & Co. KG	166
Gewinnverwendung und -verteilung – Gesellschaftsvertrag GmbH & Co. KG	171
Entnahmerecht – Gesellschaftsvertrag GmbH & Co. KG	175
Kündigung – Gesellschaftsvertrag GmbH & Co. KG	177
Ausschluss von Gesellschaftern – Gesellschaftsvertrag GmbH & Co. KG	180

	Rn.
Ausscheiden von Gesellschaftern – Gesellschaftsvertrag GmbH & Co. KG	185
Güterstandsklausel – Gesellschaftsvertrag GmbH & Co. KG	198
Einfache Nachfolgeklausel – Gesellschaftsvertrag GmbH & Co. KG	209
Qualifizierte Nachfolgeklausel – Gesellschaftsvertrag GmbH & Co. KG	215
Fortsetzungsklausel – Gesellschaftsvertrag GmbH & Co. KG	219
Eintrittsklausel – Gesellschaftsvertrag GmbH & Co. KG	227
Rechtsgeschäftliche Nachfolgeklausel – Gesellschaftsvertrag GmbH & Co. KG	230
Testamentsvollstreckung am Kommanditanteil – Gesellschaftsvertrag GmbH & Co. KG	233
Verfügung von Todes wegen	235
Zustimmungserfordernisse bei Urteilsübertragung – Gesellschaftsvertrag GmbH & Co. KG	244
Teilbarkeit bei Anteilsübertragung – Gesellschaftsvertrag GmbH & Co. KG	246
Vorkaufsrechte – Gesellschaftsvertrag GmbH & Co. KG	248
Anteilsübertragung	260
Handelsregisteranmeldung	264
Gesellschaftsvertrag einer GmbH & Co. KG	265
Gesellschaftsvertrag einer Komplementär-GmbH	266

§ 5 Partnerschaftsgesellschaft

Beitragsleistung eines Partners	60

§ 6 EWIV

Gründungsvertrag einer EWIV	28
Angabe des Zwecks	28 (6)
Merkmale der Mitglieder	28 (13)
Haftungsbefreiung	28 (13)
Beitrittsgebühr	28 (13)
Aufnahmezeitpunkt	28 (13)
Assoziierte Mitglieder	28 (13)
Kündigungsfrist	28 (18)
Bevollmächtigter	28 (29)

2. Kapitel: Recht der Kapitalgesellschaften
§ 1 GmbH

Belehrung und Hergang der Gründung und Haftungsgefahren	8

	Rn.
Vollständige Versicherung der Geschäftsführer	74
Gründung einer GmbH (notarielle Niederschrift)	108
Gesellschaftsvertrag	109
Bestimmung des elektronischen Bundesanzeigers als Veröffentlichungsorgan	124
Öffnungsklausel	130
Zustimmungsvorbehalt	132
Güterstandsklausel	142
Abfindungsklausel 1	151
Abfindungsklausel 2	152
Beschlussfassung außerhalb einer Gesellschafterversammlung	163

§ 2 Aktiengesellschaft

Bargründung einer AG	7
Satzung einer AG	116
Niederschrift über die Hauptversammlung einer AG	293
Beschluss einer Kapitalerhöhung	413
Bezugsrecht	427
Sachkapitalerhöhungsbeschluss	433
Erhöhung des Grundkapitals (§ 202 Abs. 1 AktG)	440
Beschluss der bedingten Kapitalerhöhung	455
Beschluss der Kapitalerhöhung aus Gesellschaftsmitteln	462
Beschluss über die ordentliche Kapitalherabsetzung	476
Beschluss über die vereinfachte Kapitalherabsetzung	484
Beschluss über die Kapitalherabsetzung durch Einziehung	492

§ 5 Stimmrechtsbindung und Poolverträge im Familienverbund

Eindeutige Bezeichnung der Geschäftsanteile	7
Bruchteilseigentum	9
Gesamthandseigentum	10
Hinterlegung von Aktien und anderen Wertpapieren	12
Kündigung mit Fortsetzungsklausel	16
Verkauf eines Anteils und Beitritt des Erwerbers	20
Eingabe Nachfolgeklausel	26
Vereinbarung einer Kündigungsfrist	71
Rechtsfolge Kündigung	74
Einziehung mit Zustimmung des Gesellschafters	80

	Rn.
Einziehungsgründe	82
Klausel zu rechtsgeschäftlichen Verfügungen	93
Vinkulierungsklausel	96
Klausel zum beabsichtigen Verkauf des Geschäftsanteils	98
Fortsetzungsklausel	109
Klausel zum Erbfall I	110
Klausel zum Erbfall II	114
Klausel für den Insolvenzfall	117
Mediationsklausel	125

§ 6 Stiftungen und Unternehmen

	Rn.
Satzung einer Familienstiftung	14
Satzung einer gemeinnützigen Stiftung	16
Satzung einer gemeinnützigen Stiftung	18
Satzung einer Familienstiftung	21
Satzung einer gemeinnützigen Stiftung	22
Satzung einer gemeinnützigen Stiftung	23
Satzung einer Familienstiftung	25
Satzung einer gemeinnützigen Stiftung (Auszug/Organe)	28
Satzung einer gemeinnützigen Stiftung	33
Satzung einer gemeinnützigen Stiftung	39
Satzung einer gemeinnützigen Stiftung	42
Satzung einer unternehmensverbundenen Familienstiftung	54

3. Kapitel: Mittelbare Gesellschaftsbeteiligungen

§ 1 Stille Gesellschaft

	Rn.
Gesellschaftsvertrag einer typischen stillen Gesellschaft	205
Gesellschaftsvertrag einer atypischen stillen Gesellschaft	206

§ 2 Unterbeteiligung

	Rn.
Gesellschaftsvertrag einer typischen Unterbeteiligung	164

§ 3 Treuhandverhältnisse

	Rn.
Treuhandvertrag	35

4. Kapitel: Unternehmenskauf

	Rn.
Kaufpreisbemessung	90
Verhaltenspflichten des Verkäufers	138
Vorbehalt der Zustimmung der zuständigen Kartellbehörde	331

6. Kapitel: Unternehmensumstrukturierungen

§ 1 Umwandlungsrecht

	Rn.
Verschmelzungsvertrag	59
Zustimmungsbeschluss bei der übernehmenden Gesellschaft (Niederschrift über eine Gesellschafterversammlung)	60
Zustimmungsbeschluss bei der übertragenden Gesellschaft (Niederschrift über eine Gesellschafterversammlung)	61
Anmeldung für die übertragende GmbH	62
Anmeldung für die übernehmende GmbH	63
Verschmelzungsvertrag	114
Zustimmungsbeschlüsse bei den übertragenden GmbH (Niederschrift über eine Gesellschafterversammlung)	115
Anmeldung für die jeweilige übertragende GmbH	116
Anmeldung für die neu gegründete GmbH	117
Sacheinlage	122
Verschmelzungsvertrag (GmbH auf den Alleingesellschafter)	126
Verschmelzungsvertrag (GmbH & Co. KG auf GmbH & Co. KG zur Aufnahme)	129
Zustimmungsbeschluss der übernehmenden Gesellschaft/Verzichtserklärungen Niederschrift über eine Gesellschafterversammlung	130
Zustimmungsbeschluss der übertragenden Gesellschaft/Verzichtserklärungen Niederschrift über eine Gesellschafterversammlung	131
Anmeldung der übertragenden A-GmbH & Co. KG	132
Anmeldung der übernehmenden B-GmbH & Co. KG	133
Verschmelzungsvertrag (AG zur Aufnahme auf andere AG)	144
Bekanntmachung nach § 62 Abs. 3 UmwG	145
Hauptversammlungsniederschrift	146
Anmeldung für die übertragende AG	148
Anmeldung für die übernehmende AG	149
Aufnahme einer Partnerschaftsgesellschaft auf eine andere Partnerschaftsgesellschaft ohne Abfindungsangebot	164
Aufnahme einer Genossenschaft auf eine andere Genossenschaft	169
Verschmelzung von Vereinen (Aufnahme eines e.V. auf einen anderen e.V.)	175
Spaltungsvertrag	191
Zustimmungsbeschluss bei der übernehmenden GmbH (Niederschrift über eine Gesellschafterversammlung)	192
Zustimmungsbeschluss bei der übertragenden GmbH (Niederschrift über eine Gesellschafterversammlung)	193

	Rn.		Rn.
Handelsregisteranmeldung für die übertragende GmbH	194	**9. Kapitel: Nachfolge in Gesellschaftsbeteiligungen**	
Handelsregisteranmeldung für die aufnehmende GmbH	195	Fortsetzungsklausel	56
Spaltungsplan	214	Einfache Nachfolgeklausel	72
Spaltungsvertrag	221	Qualifizierte Nachfolgeklausel	82
Spaltungsvertrag	223	Rechtsgeschäftliche Nachfolgeklausel	91
Einberufung der Gesellschafterversammlung	224	Eintrittsklausel/Treuhandsvariante	99
Zustimmungsbeschluss bei der übernehmenden Gesellschaft (Niederschrift über eine Gesellschafterversammlung [Auszug])	225	Gesellschaftsvertrag	101
		Testament	102
		Zwangseinziehung	124
Zustimmungsbeschluss bei der übertragenden Gesellschaft (Niederschrift über eine Gesellschafterversammlung der A-KG [Auszug] Urkundseingang)	226	Testamentsvollstreckung am Gesellschaftsanteil	135
		10. Kapitel: Unternehmensbeteiligungen im Familienrecht	
Ausgliederungsplan	229	Genereller Ausschluss der Verfügungsbeschränkungen	24
Zustimmungsbeschluss bei der übertragenden AG (Auszug aus dem notariellen Protokoll der A-AG)	230	Ausschluss für alle Gesellschaftsbeteiligungen	25
Ausgliederungsplan	236	Ausschluss für eine einzelne Firmenbeteiligung	26
Handelsregisteranmeldung für den e.K.	237	Vereinbarung der Gütertrennung	407
Handelsregisteranmeldung für die neu gegründete GmbH	238	Aufhebung der Gütertrennung	411
Handelsregisteranmeldung	243	Ausschluss des Zugewinns im Scheidungsfall	422
Umwandlungsbeschluss (Niederschrift über eine Gesellschafterversammlung)	257	Ausschluss Zugewinn bei Scheidung mit Vorbehalt ehevertraglichen Ausgleichs	424
Handelsregisteranmeldung (GmbH in eine GmbH & Co. KG)	258	Bewertung nach Fachgutachten IDW	427
Umwandlungsbeschluss (Niederschrift über eine Gesellschafterversammlung)	282	Ausschluss des Betriebsvermögens vom Zugewinn	442
Handelsregisteranmeldung (GmbH & Co. KG in eine AG–Auszug)	283	Abweichende Fälligkeit	445
		Abweichende Ausgleichsquote	448
Umwandlungsbeschluss (Hauptversammlungsniederschrift [Auszug])	293	Höchstbetrag Zugewinn wertgesichert	453
		Höchstbetrag gestuft nach Ehedauer	454
Handelsregisteranmeldung (AG in eine GmbH)	294	Höchstbetrag bemessen nach Ehejahren	455
		Kompletter Unterhaltsverzicht	459
Umwandlungsbeschluss (Niederschrift der Generalversammlung)	298	Unterhaltsverzicht mit Ausnahme § 1570 BGB	463
Handelsregisteranmeldung der AG	299	Differenzierte Unterhaltshöchstgrenzen	466
Anmeldung zum Genossenschaftsregister	300	Höchstdauer der Unterhaltspflicht	468
§ 2 Umstrukturierungen		Höchstdauer der Unterhaltspflicht nach Ehedauer	469
Einbringungsvertrag/Schuldübernahme	10	Einseitiger Verzicht des Unternehmers auf Versorgungsausgleich	471
Einbringungsvertrag/Vertragsübernahme	12		
Gesellschaftsvertrag	22	Ausschlussklausel bei Nichtabschluss Ehevertrag	477
Einbringungsverpflichtung innerhalb des Gründungsprotokolls der GmbH	153		
Auseinandersetzungsvertrag/steuerliche Behaltefrist	180	Rückerwerbsrecht nach Übertragung von Gesellschaftsanteilen	479
Auseinandersetzungsvertrag/Wertausgleichszahlungen	181		

Verzeichnis der Muster und Formulierungsbeispiele

	Rn.		Rn.
12. Kapitel: Joint Ventures		**16. Kapitel: Unternehmensfinanzierung**	
Joint-Venture-Vertrag	59	Typische Klausel zu Wandlungs- und Optionsfristen	167
13. Kapitel: Schiedsgerichtsbarkeit		Typische Klausel zum Wandlungsverhältnis	171
Musterklausel DIS	42	Klausel zur festen Verzinsung	173
Musterklausel ICC	43	Typische Cash-Settlement-Klausel	176
Musterklausel ICC – deutsche Fassung	44	Typische Servicing-Vereinbarung	252
Musterklausel UNCITRAL Schiedsregeln 1976	45	Typische Rangrücktrittsklausel	304
Musterklausel UNCITRAL Schiedsregeln 1976 – deutsche Fassung	46	**17. Kapitel: Mitbestimmungs- und Arbeitsrecht**	
		Fälligkeit Abfindung	109
14. Kapitel: Beurkundungsfragen im Gesellschaftsrecht		**18. Kapitel: Kartellrecht**	
Verweisung auf andere notarielle Niederschrift	17	Salvatorische Klausel	55
Verweisung auf Anlagen	22	Kartellvorbehalt Unternehmenskauf unter EG-Fusionskontrolle	145
15. Kapitel: Bilanz- und Steuerrecht		Kartellvorbehalt Unternehmenskauf unter deutscher Fusionskontrolle	230
§ 1 Rechnungslegung und Bilanzierung		**20. Kapitel: Insolvenz- und Strafrecht**	
Vorbehalt zu Gunsten des Handelsbilanzrechts	41	Harte Patronatserklärung einer Muttergesellschaft	93

Bearbeiterverzeichnis

Teil 1: Handelsrecht

1. Kapitel: Kaufmannsbegriff — Krause
2. Kapitel: Handels- und Unternehmensregister — Krafka
3. Kapitel: Firmenrecht — Heidinger
4. Kapitel: Prokura und Handlungsvollmacht — Krause
5. Kapitel: Handelsvertreter- und Vertriebsrecht — S. Creutzig/J. Creutzig
6. Kapitel: Franchiserecht — Flohr
7. Kapitel: Handelsgeschäft — Salzig
8. Kapitel: Internationaler Handelskauf — Dörrbecker

Teil 2: Gesellschaftsrecht

1. Kapitel: Recht der Personengesellschaften
   - § 1 GbR — Kesseler
   - § 2 OHG — Wegerhoff/Wolterhoff
   - § 3 KG — Sommer
   - § 4 GmbH & Co. KG — Wachter
   - § 5 Partnerschaftsgesellschaft — Kesseler
   - § 6 EWIV — Ebert

2. Kapitel: Recht der Kapitalgesellschaften
   - § 1 GmbH — Heckschen
   - § 2 Aktiengesellschaft — Reul
   - § 3 Europäische Aktiengesellschaft (SE) — Heckschen
   - § 4 Kommanditgesellschaft auf Aktien (KGaA) — Reul
   - § 5 Stimmrechtsbindung und Poolverträge im Familienverbund — Richter
   - § 6 Stiftungen und Unternehmen — Richter

3. Kapitel: Mittelbare Gesellschaftsbeteiligungen
   - § 1 Stille Gesellschaft — Eberl
   - § 2 Unterbeteiligung — Eberl
   - § 3 Treuhandverhältnisse — Eberl

4. Kapitel: Unternehmenskauf — Aigner/Mues

5. Kapitel: Konzernrecht
   - § 1 Unternehmensverträge und andere konzernrechtliche Verträge — Heckschen
   - § 2 Eingliederung — Heckschen

6. Kapitel: Unternehmensumstrukturierungen
   - § 1 Umwandlungsrecht — Heidinger
   - § 2 Umstrukturierungen — Ettinger/Reiff

7. Kapitel: Betriebsaufspaltungen — Levedag
8. Kapitel: Internationales und europäisches Gesellschaftsrecht — Süß
9. Kapitel: Nachfolge in Gesellschaftsbeteiligungen — Hübner
10. Kapitel: Unternehmensbeteiligungen im Familienrecht — Münch
11. Kapitel: Minderjährige im Gesellschaftsrecht — Ivo
12. Kapitel: Joint Ventures — Reinhard
13. Kapitel: Schiedsgerichtsbarkeit — Trittmann/Schroeder

14. Kapitel:	Beurkundungsfragen im Gesellschaftsrecht	Kowalski
15. Kapitel:	Bilanz- und Steuerrecht	
	§ 1 Rechnungslegung und Bilanzierung	Fischer
	§ 2 Besteuerung der einzelnen Gesellschaften und Rechtsformvergleich	Levedag
16. Kapitel:	Unternehmensfinanzierung	Hofert/Arends
17. Kapitel:	Mitbestimmungs- und Arbeitsrecht	Göpfert
18. Kapitel:	Kartellrecht	Niggemann/Buntscheck
19. Kapitel:	Kapitalmarktrecht	Sustmann/Merkner
20. Kapitel:	Insolvenz- und Strafrecht	Bauer

Teil 3: Klausuren

Klausur: Kaufmannsbegriff	Krause
Klausur: Handels- und Unternehmensregister	Krafka
Klausur: Prokura und Handlungsvollmacht	Krause
Klausur: Handelsvertreter- und Vertriebsrecht	S. Creutzig
Klausur: GbR	Kesseler
Klausur: OHG	Wegerhoff/Wolterhoff
Klausur: Partnerschaftsgesellschaft	Kesseler
Klausur: EWIV	Ebert
Klausur: AG	Reul
Klausur: KG	Sommer
Klausur: GmbH	Heckschen
Klausur: Umwandlungsrecht	Heidinger
Klausur: Umstrukturierungen	Ettinger/Reiff
Klausur: Betriebsaufspaltungen	Levedag
Klausur: Nachfolge in Gesellschaftsbeteiligungen	Hübner
Klausur: Unternehmensbeteiligungen im Familienrecht	Münch
Klausur: Minderjährige im Gesellschaftsrecht	Ivo
Klausur: Joint Ventures	Reinhard
Klausur: Schiedsgerichtsbarkeit	Trittmann/Schroeder
Klausur: Besteuerung der einzelnen Gesellschaften und Rechtsformvergleich	Levedag
Klausur: Insolvenz- und Strafrecht	Bauer

Allgemeines Literaturverzeichnis

Baetge/Kirsch/Thiele, Bilanzrecht, Loseblatt, Stand: November 2006;
Bamberger/Roth, Kommentar zum Bürgerlichen Gesetzbuch, 2003;
Bassenge/Roth, FGG und RPflG, 10. Aufl. 2005;
Baumbach/Hopt, Kommentar zum Handelsgesetzbuch, 32. Aufl. 2006;
Baumbach/Hueck, Kommentar zum GmbH-Gesetz, 18. Aufl. 2006;
Baumbach/Lauterbach/Albers/Hartmann, Zivilprozessordnung, 65. Aufl. 2007;
Baums/Thoma, WpÜG, Loseblatt, Stand: Mai 2004;
Beck'sches Formularbuch Aktienrecht, 2005;
Beck'sches Formularbuch Bürgerliches, Handels- und Wirtschaftsrecht, 9. Aufl. 2006;
Beck'sches Handbuch der Personengesellschaften, 2. Aufl. 2002;
Beck'sches Notar-Handbuch, 4. Aufl. 2006;
Blümich, EStG, KStG, GewStG, Loseblatt, Stand: Oktober 2006;
Canaris, Handelsrecht, 24. Aufl. 2006;
Dauner-Lieb/Heidel/Ring, Anwaltkommentar BGB, 2005;
Ebenroth/Boujong/Joost, Kommentar zum Handelsgesetzbuch, 2001;
Emmerich/Habersack, Aktien- und GmbH-Konzernrecht, 4. Aufl. 2005;
Ensthaler, Gemeinschaftskommentar zum Handelsgesetzbuch, 7. Aufl. 2007;
Erfurter Kommentar zum Arbeitsrecht, 7. Aufl. 2007;
Erman, Handkommentar zum Bürgerlichen Gesetzbuch, 11. Aufl. 2004;
Eylmann/Vaasen, BNotO/BeurkG, 2. Aufl. 2004;
Fitting/Engels/Schmidt/Trebinger/Linsenmaier, BetrVG, 23. Aufl. 2006;
Flohr/Ring, Das neue Gleichbehandlungsgesetz, 2006;
Frankfurter Kommentar zum Kartellrecht, Loseblatt, Stand: November 2006;
Frankfurter Kommentar zum WpÜG, 2. Aufl. 2005;
Gadow/Heinichen, Großkommentar zum Aktiengesetz, 4. Aufl. 1992 ff.;
Gassen/Wegerhoff, Elektronische Beglaubigung und elektronische Handelsregisteranmeldung in der Praxis, 2006;
Gierke/Sandrock, Handels- und Wirtschaftsrecht, 9. Aufl. 1975;
Gosch, KStG, 2005;
Goutier/Knopf/Tulloch, Umwandlungsrecht, 1996;
Grabitz/Hilf, Das Recht der Europäischen Union, Loseblatt, Stand: Oktober 2006;
Habersack, Europäisches Gesellschaftsrecht, 3. Aufl. 2006;
Hachenburg, Kommentar zum GmbH-Gesetz, 8. Aufl. 1992 ff.;
Haegele, Beurkundungsgesetz, 1969;
Hartmann, Kostengesetze, 36. Aufl. 2006;
Heckschen/Simon, Umwandlungsrecht, 2002;
Heidel, Aktienrecht, 2. Aufl. 2007;
Heidelberger Kommentar zum Handelsgesetzbuch, 7. Aufl. 2007;
Heidelberger Kommentar zur Insolvenzordnung, 4. Aufl. 2006;
Heymann, Handelsgesetzbuch, Bd. 4 (§§ 343 – 460), 2. Aufl. 1990;
Hopt, Vertrags- und Formularbuch zum Handels-, Gesellschafts-, Bank- und Transportrecht, 2. Aufl. 2000;
Hopt/Wiedemann, Großkommentar Aktiengesetz, 4. Aufl. 1992 ff.;
Hüffer, Kommentar zum Aktiengesetz, 7. Aufl. 2006;
Huhn/v. Schuckmann/Preuß, Beurkundungsgesetz und Dienstordnung für Notare, 4. Aufl. 2003;
Immenga/Mestmäcker, Kommentar zum Wettbewerbsrecht, 3. Aufl. 2001;
Ingerl/Rohnke, Markengesetz, 2. Aufl. 2003;
Jaeger, Großkommentar zur Insolvenzordnung, 2004;

Jäger/Weber, Konkursordnung, 8. Aufl. 1958 – 1973;
Jansen/v. Schuckmann/Sonnenfeld, FGG, 3. Aufl. 2006;
Kallmeyer, Umwandlungsgesetz, 3. Aufl. 2006;
Keidel/Kuntze/Winkler, FGG, 15. Aufl. 2003;
Kilger/K. Schmidt, Insolvenzgesetze KO, VglO, GesO, 17. Aufl. 1997;
Kirchhof, EStG, 6. Aufl. 2006;
Koller/Roth/Morck, Handelsgesetzbuch, 5. Aufl. 2005;
Kölner Kommentar zum Aktiengesetz, 3. Aufl. 2004 ff.;
Korintenberg/Lappe/Bengel/Reimann, Kostenordnung, 16. Aufl. 2005;
Krafka/Willer, Registerrecht, 6. Aufl. 2003;
Kübler/Prütting, Kommentar zur Insolvenzordnung, Loseblatt, Stand: November 2006;
Langen/Bunte, Kommentar zum deutschen und europäischen Kartellrecht, 10. Aufl. 2006;
Limmer, Handbuch der Unternehmensumwandlung, 2. Aufl. 2001;
Limmer/Hertel/Frenz/Mayer, Würzburger Notarhandbuch, 2005;
Loewenheim/Meesen/Riesenkampff, Kartellrecht, Bd 1: Europäisches Recht, 2005; Bd 2: Gesetz gegen Wettbewerbsbeschränkungen (GWB), 2006;
Lutter, Kommentar zum Umwandlungsgesetz, 3. Aufl. 2004;
Lutter/Hommelhoff, Kommentar zum GmbH-Gesetz, 16. Aufl. 2004;
Michalski, Kommentar zum Gesetz betreffend die Gesellschaften mit beschränkter Haftung, 2002;
Müller-Henneberg/Schwartz/Hootz, Gesetz gegen Wettbewerbsbeschränkungen und Europäisches Kartellrecht, 5. Aufl. 1999/2004;
Münch, Ehebezogene Rechtsgeschäfte, 2004;
Münchener Anwaltshandbuch Arbeitsrecht, 2005;
Münchener Anwaltshandbuch Personengesellschaftsrecht, 2005;
Münchener Handbuch des Gesellschaftsrechts, Bd. 1, 2. Aufl. 2004, Bd. 2, 4 Aufl. 2004;
Münchener Handbuch zum Arbeitsrecht, 2. Aufl. 2000;
Münchener Kommentar Aktiengesetz, Bd. 1 (§§ 1 – 53), 2. Aufl. 2000; Bd. 2 (§§ 53a – 75 AktG), 2. Aufl. 2003; Bd. 3 (§§ 76 – 117 AktG, MitbestG, § 76 BetrVG 1952), 2. Aufl. 2004; Bd. 4 (§§ 118 – 147), 2. Aufl. 2004; Bd. 8 (§§ 278 – 328); Bd. 9/1 (§§ 327a – 327f AktG, WpÜG, SpruchG), 2. Aufl. 2004;
Münchener Kommentar zum Bürgerlichen Gesetzbuch, Bd. 1 (§§ 1 – 240, AGBG), 4. Aufl. 2001; Bd. 2 (§§ 433 – 610), 4. Aufl. 2004; Bd. 5 (§§ 705 – 853, PartGG, ProdHaftG), 4. Aufl. 2004; Bd. 7, Familienrecht I, 4. Aufl. 2000; Ergänzungsband Stand: 2005;
Münchener Kommentar zum Handelsgesetzbuch, Bd. 1 (§§ 1 – 104 Handelsstand), 2. Aufl. 2005; Bd. 2: (§§ 105 – 160 HGB), 2. Aufl. 2006; Bd. 4, (§§ 238 – 342a), 2001;
Münchener Kommentar zur Insolvenzordnung, Bd. 1 (§§ 1 – 102, InsVV), 2001; Bd. 2 (§§ 103 – 269), 2002;
Münchener Kommentar zur Zivilprozessordnung, Bd. 3 (§§ 946 – 1087, EGZPO, GVG, EGGVG, IZPR), 2. Aufl. 2001;
Münchener Vertragshandbuch, Bd. 1, 6. Aufl. 2006; Bd. 6, 5. Aufl. 2003;
Musielak, Kommentar zur Zivilprozessordnung, 5. Aufl. 2006;
Palandt, Bürgerliches Gesetzbuch, 66. Aufl. 2007;
Röhricht/Graf v. Westphalen, Handelsgesetzbuch, 2. Aufl. 2002;
Rotax, Praxis des Familienrechts, 3. Aufl. 2007;
Roth/Altmeppen, Kommentar zum GmbHG, 5. Aufl. 2005;
Rowedder/Schmidt-Leithoff, GmbHG, 4. Aufl. 2002;
Schlegelberger, Handelsgesetzbuch, 5. Aufl. 1977;
Schmidt, EStG, 25. Aufl. 2006;
K. Schmidt, Gesellschaftsrecht, 4. Aufl. 2002;
K. Schmidt, Handelsrecht, 6. Aufl. 2006;
Schmitt/Hörtnagl/Stratz, UmwG, UmwStG, 4. Aufl. 2006;
Scholz, Kommentar zum GmbH-Gesetz, 10. Aufl. 2006;

Schwark, Kapitalmarktrechts-Kommentar, 3. Aufl. 2004;
Semler/Stengel, Umwandlungsgesetz, 2003;
Soergel, Bürgerliches Gesetzbuch mit Einführungsgesetz und Nebengesetzen, 13. Aufl. 1999 – 2006;
Staub, Großkommentar zum Handelsgesetzbuch, 4. Aufl. 1983 ff.;
Staudinger, Bürgerliches Gesetzbuch, 13. Aufl. 1993 ff.;
Staudinger/Großfeld, IntGesR, 1998;
Stein/Jonas, Kommentar zur Zivilprozessordnung, 22. Aufl. 2002 ff.;
Streinz, EUG/EGV, 2003;
Thomas/Putzo, Zivilprozessordnung, 27. Aufl. 2005;
Tipke/Lang, Steuerrecht, 18. Aufl. 2005;
Uhlenbruck, Kommentar zur Insolvenzordnung, 12. Aufl. 2002;
Widmann/Mayer, Umwandlungsrecht, Stand: Januar 2007;
Winkler, Beurkundungsgesetz, 15. Aufl. 2003;
Zöller, Zivilprozessordnung, 25. Aufl. 2004.

Abkürzungsverzeichnis

A

a.A.	andere Ansicht
a.a.O.	am angegebenen Ort
ABl.	Amtsblatt
Abs.	Absatz
Abschn.	Abschnitt
abzgl.	abzüglich
AcP	Archiv für civilistische Praxis (Zs.)
a.F.	alte Fassung
AfA	Absetzung für Abnutzung
AG	Aktiengesellschaft/Amtsgericht
AGB	Allgemeine Geschäftsbedingung
AGG	Allgemeines Gleichbehandlungsgesetz
AktG	Aktiengesetz
Alt.	Alternative
Anm.	Anmerkung
AnSVG	Anlegerschutzverbesserungsgesetz
AO	Abgabenordnung
AOK	Allgemeine Ortskrankenkasse
AP	Arbeitsrechtliche Praxis (Nachschlagewerk des BAG)
ArbG	Arbeitsgericht
ArbGG	Arbeitsgerichtsgesetz
Aufl.	Auflage

B

BaFin	Bundesanstalt für Finanzdienstleistungsaufsicht
BAG	Bundesarbeitsgericht
BAT	Bundesangestelltentarif
BayObLG	Bayerisches Oberstes Landesgericht
BB	Betriebsberater (Zs.)
Bd.	Band
BetrVG	Betriebsverfassungsgesetz
BFH	Bundesfinanzhof
BFHE	Sammlung der Entscheidungen des BFH
BGB	Bürgerliches Gesetzbuch
BGB-InfoV	BGB-Informationspflichtenverordnung
BGBl.	Bundesgesetzblatt
BGH	Bundesgerichtshof
BGHZ	Sammlung der Entscheidungen des BGH in Zivilsachen
BMF	Bundesfinanzministerium
BMJ	Bundesministerium der Justiz
BörsenG	Börsengesetz
BOStB	Satzung über die Rechte und Pflichten bei der Ausübung der Berufe der Steuerberater und Steuerbevollmächtigten (Berufsordnung)
BQG	Beschäftigungs- und Qualifikationsgesellschaft
BRAK	Bundesrechtsanwaltskammer
BRAO	Bundesrechtsanwaltsordnung
BRD	Bundesrepublik Deutschland
BR-Drucks.	Bundesrats-Drucksache

bspw.	beispielsweise
BStBl.	Bundessteuerblatt
BT-Drucks	Bundestags-Drucksache
BUrlG	Bundesurlaubsgesetz
BVerfG	Bundesverfassungsgericht
BVK	Bundesverband Deutscher Kapitalbeteiligungsgesellschaften
bzw.	beziehungsweise

C

ca.	circa
CD	Compact-Disc
CD-ROM	Compact-Read Only Memory
CFR	Cost and Freight
CIF	Cost, Insurance and Freight
CISG	Convention on the International Sale of Goods

D

DB	Der Betrieb (Zs.)
DBA	Doppelbesteuerungsabkommen
DCF	Discounted-Cash-Flow-Verfahren
DDP	Delivered Duty Paid
ders.	derselbe
DGB	Deutscher Gewerkschaftsbund
d.h.	das heißt
dies.	dieselbe/n
DIHT	Deutscher Industrie- und Handelskammertag
DIS	Deutsche Institution für Schiedsgerichtsbarkeit e.V.
DJT	Deutscher Juristentag
DM	Deutsche Mark
DNotZ	Deutsche Notar Zeitschrift
DONot	Dienstordnung für Notare
DRiG	Deutsches Richtergesetz
DrittelbG	Gesetz über die Drittelbeteiligung der Arbeitnehmer im Aufsichtsrat
DStJG	Deutsche Steuerjuristische Gesellschaft
DStR	Deutsches Steuerrecht (Zs.)
DStZ	Deutsche Steuer-Zeitung
DZWIR	Deutsche Zeitschrift für Wirtschaftsrecht

E

EAV	Ergebnisabführungsvertrag
EBIT	Earnings before Interest and Taxes
EBITDA	Earnings before Interest, Taxes, Depreciation and Amortization
EFZG	Entgeltfortzahlungsgesetz
EG	Europäische Gemeinschaft
eG	eingetragene Genossenschaft
EGBGB	Einführungsgesetz zum BGB
EGHGB	Einführungsgesetz zum HGB
EGL	Ergänzungslieferung
EGV	Vertrag zur Gründung der Europäischen Gemeinschaft
EheG	Ehegesetz
EHUG	Gesetz über elektronische Handelsregister und Genossenschaftsregister sowie das Unternehmensregister
EigzulG	Eigenheimzulagengesetz
Einl.	Einleitung

e.K.	eingetragener Kaufmann
ErbSt	Erbschaftsteuer
ErbStG	Erbschaftsteuergesetz
ErbStR	Erbschaftsteuer-Richtlinie
ErfK	Erfurter Kommentar
ERJuKoG	Gesetz über elektronische Register und Justizkosten für Telekommunikation
ESt	Einkommensteuer
EStDV	Einkommensteuer-Durchführungsverordnung
EStG	Einkommensteuergesetz
EStH	Amtliches Einkommensteuer-Handbuch
EStR	Einkommensteuer-Richtlinien
etc.	et cetera
EU	Europäische Union
EuG	Gericht erster Instanz der europäischen Gemeinschaft
EuGH	Europäischer Gerichtshof
EuGVÜ	Übereinkommen über die gerichtliche Zuständigkeit und die Vollstreckung gerichtlicher Entscheidungen in Zivil- und Handelssachen
EuGVVO	Verordnung über die gerichtliche Zuständigkeit und die Vollstreckung gerichtlicher Entscheidungen in Zivil- und Handelssachen
EU-InsVO	Europäische Insolvenzverordnung
EuZW	Europäische Zeitschrift für Wirtschaftsrecht
EWG	Europäische Wirtschaftsgemeinschaft
EWIV	Europäische Wirtschaftliche Interessenvereinigung
EWS	Europäisches Währungssystem
EXW	Ex Works

F

f.	folgende
FamG	Familiengericht
FamRB	Der Familien-Rechts-Berater (Zs.)
FAZ	Frankfurter Allgemeine Zeitung
FF	Forum Familien- und Erbrecht (Zs.)
ff.	fort folgende
FG	Finanzgericht
FGG	Gesetz über die Angelegenheiten der Freiwilligen Gerichtsbarkeit
FGPrax	Praxis der Freiwilligen Gerichtsbarkeit (Zs.)
FKVO	Fusionskontrollverordnung
FOB	Free On Board
FR	Frankfurter Rundschau (Zs.)
FS	Festschrift
FuR	Familie und Recht (Zs.)

G

GATS	General Agreement on Trade in Services
GBO	Grundbuchordnung
GbR	Gesellschaft Bürgerlichen Rechts
GenG	Gesetz betreffend die Erwerbs- und Wirtschaftsgenossenschaften
GesO	Gesamtvollstreckungsordnung
GewO	Gewerbeordnung
GewSt	Gewerbesteuer
GewStG	Gewerbesteuergesetz
GG	Grundgesetz
ggf.	gegebenenfalls
GK	Großkommentar

GmbH	Gesellschaften mit beschränkter Haftung
GmbHG	Gesetz betreffend die Gesellschaften mit beschränkter Haftung
GmbHR	GmbH-Rundschau (Zs.)
GmbH-StB	Der GmbH-Steuer-Berater (Zs.)
GoB	Grundsätze ordnungsgemäßer Wirtschaft
grds.	grundsätzlich
GrEStG	Grunderwerbsteuergesetz
GrS	Großer Senat
GS	Gedächtnisschrift
GVO	Grundstücksverkehrsordnung
GWB	Gesetz gegen Wettbewerbsbeschränkungen

H

Halbs.	Halbsatz
Hb.	Handbuch
HGB	Handelsgesetzbuch
HK	Heidelberger Kommentar
h.M.	herrschende Meinung
HRA	Handelsregister Abteilung A
HRB	Handelsregister Abteilung B
HRefG	Handelsrechtsreformgesetz
Hrsg.	Herausgeber
HRV	Handelsregisterverordnung

I

i.a.R.	in aller Regel
IBA Rules	International Bar Association Rules on the Taking of Evidence in International Commercial Arbitration
ICC	International Chamber of Commerce
ICDR	International Center for Dispute Resolution
i.d.F.	in der Fassung
i.d.R.	in der Regel
IDW	Institut der Wirtschaftsprüfer
i.G.	in Gründung
IHK	Industrie- und Handelskammer
i.H.v.	in Höhe von
INF	Information über Steuer und Wirtschaft (Zs.)
insb.	insbesondere
InsO	Insolvenzordnung
InsVV	Insolvenzrechtliche Vergütungsordnung
InvG	Investmentgesetz
IPR	Internationales Privatrecht
i.S.d.	im Sinne der/des/dieser
i.Ü.	im Übrigen
i.V.m.	in Verbindung mit
IZPR	Internationales Zivilprozessrecht

J

JA	Juristische Arbeitsblätter (Zs.)
JR	Juristische Rundschau (Zs.)
Jura	Juristische Ausbildung (Zs.)
JuS	Juristische Schulung (Zs.)

K

KAGG	Gesetz über Kapitalanlagegesellschaften
Kap.	Kapitel
KapMuG	Kapitalanleger-Musterverfahrensgesetz
Kfz	Kraftfahrzeug
KG	Kammergericht/Kommanditgesellschaft
KGaA	Kommanditgesellschaft auf Aktien
KO	Konkursordnung
KonTraG	Gesetz zur Kontrolle und Transparenz im Unternehmensbereich
KÖSDI	Kölner Steuerdialog (Zs.)
KostO	Kostenordnung
KSchG	Kündigungsschutzgesetz
KSt	Körperschaftsteuer
KWG	Gesetz über das Kreditwesen

L

LAG	Landesarbeitsgericht
LCIA	London Court of International Arbitration
LG	Landgericht
lit.	litera
Lit.	Literatur
LLC	Limited Liability Company
LPartG	Lebenspartnerschaftsgesetz
LS	Leitsatz
Ltd.	Limited

M

M&A	Mergers & Acquisitions
MAC-Klausel	Material-Adverse-Change-Klausel
m. Anm.	mit Anmerkung
max.	maximal
MBO	Management Buy Out
MDR	Monatsschrift für Deutsches Recht (Zs.)
m.E.	meines Erachtens
Mio.	Million
MitbestG	Gesetz über die Mitbestimmung der Arbeitnehmer
Mrd.	Milliarde
MünchKomm	Münchener Kommentar
m.w.N	mit weiteren Nachweisen
MwSt	Mehrwertsteuer

N

NaStraG	Gesetz zur Namensaktie und zur Erleichterung der Stimmrechtsausübung
n.F.	neue Fassung
NJW	Neue Juristische Wochenschrift (Zs.)
NJW-RR	NJW-Rechtsprechungsreport (Zs.)
Nr.	Nummer
n.v.	nicht veröffentlicht
NWB	Neue Wirtschaftsbriefe (Zs.)
NZA	Neue Zeitschrift für Arbeitsrecht
NZA-RR	NZA-Rechtsprechungsreport (Zs.)
NZG	Neue Zeitschrift für Gesellschaftsrecht

O

o.Ä.	oder Ähnliches
OFD	Oberfinanzdirektion
OHG	Offene Handelsgesellschaft
OLG	Oberlandesgericht

P

p.a.	per annum
PartGG	Gesetz über Partnerschaftsgesellschaften Angehöriger Freier Berufe
PatAnwO	Patentanwaltsordnung
PflVG	Gesetz über die Pflichtversicherung für Kraftfahrzeughalter
PKH	Prozesskostenhilfe
PKW	Personenkraftwagen

R

rd.	rund
RegE	Regierungsentwurf
RFüG	Registerführungsgesetz
RIW	Recht der Internationalen Wirtschaft (Zs.)
Rn.	Randnummer
RNotZ	Rheinische Notar-Zeitschrift
Rpfleger	Der deutsche Rechtspfleger (Zs.)
RPflG	Rechtspflegergesetz
Rspr.	Rechtsprechung

S

S.	Seite
SARL	societé à responsabilité limitée
ScheckG	Scheckgesetz
SchiedsVZ	Zeitschrift für Schiedsverfahren
SEEG	Gesetz zur Einführung der Europäischen Gesellschaft
SEStEG	Gesetz über steuerliche Begleitmaßnahmen zur Einführung der Europäischen Gesellschaft und zur Änderung weiterer steuerrechtlicher Vorschriften
SG	Sozialgericht
SGB	Sozialgesetzbuch
sog.	sogenannte/r/s
StBerG	Steuerberatungsgesetz
StGB	Strafgesetzbuch
St. Rspr.	ständige Rechtsprechung
StSenkG	Steuersenkungsgesetz
StuW	Steuer und Wirtschaft (Zs.)
StVergAbG	Steuervergünstigungsabbaugesetz
s.u.	siehe unten

T

TranspR	Transportrecht (Zs.)
TVG	Tarifvertragsgesetz
Tz.	Teilziffer
TzBfG	Gesetz über Teilzeitarbeit und befristete Arbeitsverträge

U

u.a.	unter anderem
UBGG	Gesetz über Unternehmensbeteiligungsgesellschaften
UmwG	Umwandlungsgesetz

UmwStG	Umwandlungsteuergesetz
UN	United Nations
UntStFG	Unternehmenssteuerfortentwicklungsgesetz
Urt.	Urteil
USA	United States of America
USt	Umsatzsteuer
UStG	Umsatzsteuergesetz
UVR	Umsatzsteuer- und Verkehrssteuer-Recht (Zs.)
UWG	Gesetz gegen den unlauteren Wettbewerb

V

v.	vom
VerglO	Verordnung über die Vergütung des Konkursverwalters, des Vergleichsverwalters, der Mitglieder des Gläubigerausschusses und der Mitglieder des Gläubigerbeirats
vGA	verdeckte Gewinnausschüttung
vgl.	vergleiche
VglO	Vergleichsordnung
VVaG	Versicherungsverein auf Gegenseitigkeit

W

WiB	Wirtschaftliche Beratung (Zs.)
WiPra	Wirtschaftsrecht und Praxis (Zs.)
WM	Wertpapier-Mitteilungen (Zs.)
WpHG	Gesetz über den Wertpapierhandel
WPO	Gesetz über eine Berufsordnung der Wirtschaftsprüfer
WpÜG	Wertpapiererwerbs- und Übernahmegesetz
WTO	Welthandelsorganisation
WZG	Währungs- und Zahlungsmittelgesetz

Z

z.B.	zum Beispiel
ZEV	Zeitschrift für Erbrecht und Vermögensnachfolge
ZFE	Zeitschrift für Familien- und Erbrecht
ZfgG	Zeitschrift für das gesamte Genossenschaftswesen
ZGR	Zeitschrift für Unternehmens- und Gesellschaftsrecht
ZHR	Zeitschrift für das gesamte Handelsrecht und Gesellschaftsrecht
Ziff.	Ziffer
ZInsO	Zeitschrift für das gesamte Insolvenzrecht
ZIP	Zeitschrift für Wirtschaftsrecht
ZPO	Zivilprozessordnung
z.T.	zum Teil
zzgl.	zuzüglich

UmwStG	Umwandlungssteuergesetz
UN	United Nations
UmwStG	Umwandlungssteuerentwicklungsgesetz
Urt.	Urteil
USA	United States of America
u.U.	unter Umständen
usw.	und so weiter
u.V.	Lieferungen und Verbindungen zur EU
UVG	Gesetz über die Unterhaltung Wohnwerk
V	
VerStO	Verordnung über die Vergütung der Konkursverwalters, der Vergleichsverwalter, der Mitglieder des Gläubigerausschusses und der Mitglieder des Gläubigerbeirates
vGA	verdeckte Gewinnausschüttung
vgl.	vergleiche
VerfO	Vereinsfertigung
VwGO	Verwaltungsverfahren und Gerichtsbarkeit
W	
WB	Wirtschaftliche Bedeutung (Zs.)
WPRA	Wirtschaftsprüferkammer (Zs.)
WM	Wertpapier-Mitteilungen (Zs.)
WpHG	Gesetz über den Wertpapierhandel
WpÜG	Gesetz über die Wertpapierhandlung der Wertpapiergeschäfte
WPO	Wertpapierverwahrs- und Übernahmegesetz
WVO	Wertpapierverwahrung
WZG	Warenzeichen- und Zahlungsmittelgesetz
Z	
z.B.	zum Beispiel
ZeV	Zeitschrift für Erbrecht und Vermögensnachfolge
ZfB	Zeitschrift für Familien- und Firmenerben
ZfG	Zeitschrift für das gesamte Gerichtshilfewesen
ZFW	Zeitschrift für umwelt- und Gesellschaftsrecht
ZHR	Zeitschrift für das gesamte Handelsrecht und Gesellschaftsrecht
Ziff.	Ziffer
ZInsO	Zeitschrift für das gesamte Insolvenzrecht
ZIR	Zeitschrift für Wirtschaftsrecht
ZPO	Zivilprozessordnung
z.T.	zum Teil
z.Z.	zurzeit

Teil 1: Handelsrecht

Inhaltsübersicht

	Seite		Seite
1. Kapitel: Kaufmannsbegriff	1	5. Kapitel: Handelsvertreter- und Vertriebsrecht	213
2. Kapitel: Handels- und Unternehmensregister	27	6. Kapitel: Franchiserecht	273
3. Kapitel: Firmenrecht	95	7. Kapitel: Handelsgeschäfte	347
4. Kapitel: Prokura und Handlungsvollmacht	185	8. Kapitel: Internationaler Handelskauf	403

1. Kapitel: Kaufmannsbegriff

Inhaltsverzeichnis

	Rn.		Rn.
A. Allgemeines	1	1. Erwerb der Kaufmannseigenschaft	32
B. Kaufmann i.S.d. §§ 1 und 2 HGB	6	2. Eintragungsoption	35
I. Allgemeines	6	3. Eintragungsverfahren	36
II. Istkaufmann	7	4. Löschung der Firma auf Antrag	38
1. Begriff des Gewerbes	8	a) Löschungsoption	38
a) Äußerliche Erkennbarkeit	9	b) Muster: Löschungsantrag an das Handelsregister	39
b) Planmäßige, auf Dauer angelegte Tätigkeit	10	5. Rechtsnachfolger	40
c) Selbständigkeit	11	C. Sonderregelung für Land- und Forstwirte	41
d) Gewinnerzielungsabsicht	12	I. Allgemeines	41
e) Keine freiberufliche, wissenschaftliche oder künstlerische Tätigkeit	13	II. Land- und Forstwirte	42
		1. Landwirtschaftliche Tätigkeit	42
f) Erlaubtsein der Tätigkeit	15	2. Forstwirtschaft	45
2. In kaufmännischer Weise eingerichteter Geschäftsbetrieb	16	3. Gemischte Betriebe	46
		III. Kannkaufmann	47
3. Betreiben eines Handelsgewerbes	18	1. Voraussetzungen	48
4. Beginn der Kaufmannseigenschaft	20	2. Muster: Handelsregisteranmeldung eines landwirtschaftlichen Betriebes	49
a) Aufnahme der gewerblichen Tätigkeit	20	3. Eintragung in das Handelsregister	50
b) Rechtsfolgen	21	4. Löschung der Firma	51
c) Muster: Handelsregisteranmeldung der Neuaufnahme eines Gewerbebetriebes	22	5. Rechtsnachfolger	52
5. Ende der Kaufmannseigenschaft	23	IV. Nebengewerbe	53
a) Einstellung der gewerblichen Tätigkeit	23	D. Kaufmann kraft Eintragung	56
b) Muster: Handelsregisteranmeldung des Erlöschens der Firma	24	I. Allgemeines	56
		II. Voraussetzungen	57
6. Herabsinken auf kleingewerbliches Niveau	25	1. Eintragung	57
a) Eingetragener Kaufmann	26	2. Gewerbebetrieb	58
aa) Erlöschen der Firma	26	3. Keine sonstigen Voraussetzungen	60
bb) Muster: Handelsregisteranmeldung des Erlöschens der Firma	27	III. Rechtsfolgen der Eintragung	61
		1. Reichweite des § 5 HGB	61
cc) Bestehenlassen der Eintragung	28	2. Geltung im Geschäfts- und Prozessverkehr	62
dd) Muster: Antrag an das Handelsregister auf Bestehenlassen der Eintragung	29	3. Einwendungen	64
		4. Bindung des Registergerichts	65
b) Nichteingetragener Kaufmann	30	5. Keine Wirkung im öffentlichen Recht	66
7. Rechtsfolgen bei Verneinung der Istkaufmannseigenschaft	31	6. Zeitliche Reichweite	67
		E. Handelsgesellschaften und Formkaufleute	68
III. Kannkaufmann	32	I. Handelsgesellschaften als Kaufleute	68
		1. Personenhandelsgesellschaften	69

2. Kapitalgesellschaften................. 70	3. Schutzwürdigkeit des Geschäftsgegners ... 84
3. Genossenschaften 71	4. Kausalität des Rechtsscheins........... 85
4. Keine Handelsgesellschaften............ 72	5. Beweislast 86
II. Formkaufleute......................... 73	III. Wirkung des Rechtsscheins............... 87
F. **Kaufmann kraft Rechtsscheins** 78	IV. Schein-Nichtkaufmann 90
I. Lehre von der Rechtsscheinshaftung......... 78	V. Duldungs- und Anscheinsvollmacht 91
II. Tatbestandsvoraussetzungen 81	G. **Kaufmannseigenschaft und öffentliches**
1. Rechtsscheingrundlage 81	**Recht** 94
2. Zurechenbarkeit des Rechtsscheins....... 82	H. **Checkliste: Kaufmannsbegriffe** 97

Kommentare und Gesamtdarstellungen:

Baumbach/Hopt, Kommentar zum Handelsgesetzbuch, 32. Aufl. 2006; *Brox*, Handels- und Wertpapierrecht, 18. Aufl. 2005; *Bülow*, Handelsrecht, 5. Aufl. 2005; *Canaris*, Handelsrecht, 23. Aufl. 2000; *Canaris/Schilling/Ulmer*, Handelsgesetzbuch Großkommentar, Bd. 1, 4. Aufl. 1995; *Ebenroth/Boujong/Joost*, Handelsgesetzbuch, 2001; *Ensthaler*, Gemeinschaftskommentar zum Handelsgesetzbuch, 7. Aufl. 2005; *Heidelberger Kommentar zum Handelsgesetzbuch*, 6. Aufl. 2002; *Heymann*, Handelsgesetzbuch, Bd. 1, 2. Aufl. 1995; *Hofmann*, Handelsrecht, 11. Aufl. 2002; *Hübner*, Handelsrecht, 5. Aufl. 2004; *Jung*, Handelsrecht, 3. Aufl. 2005; *Koller/Roth/Morck*, HGB, 5. Aufl. 2005; *Krejci/K. Schmidt*, Vom HGB zum Unternehmergesetz, 2003; *Lieb*, Die Reform des Handelsstandes und der Personengesellschaften, 1999; *Merkt*, Unternehmenspublizität, 2001; *Münchener Kommentar zum Handelsgesetzbuch*, Bd. 1, 2. Aufl. 2005; *Oetker*, Handelsrecht, 4. Aufl. 2004; *Röhricht/Graf v. Westphalen*, HGB, 2. Aufl. 2002; *Pfeiffer*, Handbuch der Handelsgeschäfte, 1999; *Schäch*, Die kaufmannsähnlichen Personen als Ergänzung zum normierten Kaufmannsbegriff, 1989; *K. Schmidt*, Handelsrecht, 5. Aufl. 1999; *Schmitt*, Die Rechtsstellung des Kleingewerbetreibenden nach dem Handelsrechtsreformgesetz, 2003; *Schumacher*, Handelsrechtsreformgesetz, 1998; *Siems*, Der personelle Anwendungsbereich des Handelsrechts nach dem Handelsrechtsreformgesetz, 1999; *Wörlen*, Handelsrecht mit Gesellschaftsrecht, 7. Aufl. 2005.

Formularbücher und Mustersammlungen:

Gustavus/Böhringer/Melchior, Handelsregister-Anmeldung, 6. Aufl. 2005; *Fleischhauer/Preuß*, Handelsregisterrecht, 2006.

Aufsätze und Rechtsprechungsübersichten:

Bodens, Die Eintragung einer GmbH in die Handwerksrolle als Voraussetzung für die Eintragung der Gesellschaft in das Handelsregister, GmbHR 1984, 177; *Bülow/Artz*, Neues Handelsrecht, JuS 1998, 680; *Busch*, Reform des Handels- und Registerrechts, Rpfleger 1998, 178; *Bydlinski*, Zentrale Änderungen des HGB durch das Handelsrechtsreformgesetz, ZIP 1998, 1169; *Gustavus*, Möglichkeiten zur Beschleunigung des Eintragungsverfahrens bei der GmbH, GmbHR 1993, 259; *Heinemann*, Handelsrecht im System des Privatrechts, in: FS für Fikentscher, 1998, S. 349; *Henssler*, Gewerbe, Kaufmann und Unternehmen, ZHR 161 (1997), 13; *Hofmann*, Die Kaufmannseigenschaft von Land- und Forstwirten, NJW 1976, 1298; *ders.*, Die Reformbedürftigkeit des neuen § 3 HGB, NJW 1976, 1830; *Hohmeister*, Die Bedeutung des § 5 HGB seit der Handelsrechtsreform, NJW 2000, 1921; *John*, Fiktionswirkung oder Schutz typisierten Vertrauens durch das Handelsregister, ZHR 140 (1976), 236; *Kaiser*, Reformen des Kaufmannsbegriffs – Verunsicherung des Handelsverkehrs, JZ 1999, 495; *ders.*, Der nach Art und Umfang in kaufmännischer Weise eingerichtete Geschäftsbetrieb – eine unbekannte Größe, DB 1998, 1802; *Kögel*, Entwurf eines Handelsrechtsreformgesetzes, BB 1997, 793; *Körber*, Änderungen im Handels- und Gesellschaftsrecht durch das Handelsrechtsreformgesetz, Jura 1998, 452; *Kornblum*, Vom Bauern zum Kaufmann, FS für Kaufmann, 1993, S. 193; *ders.*, Zu Änderungen des Registerrechts im Regierungsentwurf des Handelsrechtsreformgesetzes, DB 1997, 1217; *Kort*, Zum Begriff des Kaufmanns im deutschen und französischen Handelsrecht, AcP 193 (1993), 453; *Krebs*, Reform oder Revolution? – Zum Referentenentwurf eines Handelsrechtsreformgesetzes, DB 1996, 2113; *ders.*, Probleme des neuen Kaufmannsbegriffs, NJW 1999, 35; *Limbach*, Die Lehre vom Scheinkaufmann, ZHR 134 (1970), 289; *Mönkemöller*, Die Kleingewerbetreibenden nach neuem Kaufmannsrecht, JuS 2002, 30; *Neuner*, Handelsrecht – Handelsgesetz – Grundgesetz, ZHR 157 (1993), 243; *Nickel*, Der Scheinkaufmann, JA 1980, 566; *v. Olshausen*, Die Kaufmannseigenschaft der Land- und Forstwirte, ZHR 141 (1977), 73; *ders.*, Wider den Scheinkaufmann des ungeschriebenen Rechts, in: FS für Raisch, 1995, S. 147; *ders.*, Fragwürdige Redeweisen im Handelsrechtsreformgesetz, JZ 1998, 717; *Priester*, Handelsrechtsreformgesetz – Schwerpunkte aus notarieller Sicht, DNotZ 1998, 691; *Raisch*, Zur Analogie handelsrechtlicher Normen, in: FS für Stimpel, 1985, S. 29; *ders.*, Freie Berufe und Handelsrecht, in: FS für Rittner 1991, S. 471; *Ring*, Das neue Handelsrecht, 1999; *ders.*, Kaufmannsbegriff und Handelsrechtsreform, BuW 1996, 826; *Schaefer*, Das Handelsrechtsreformgesetz nach Abschluss des parlamentarischen Verfahrens, DB 1998, 1169; *K. Schmidt*, Das Handelsrechtsreformgesetz, NJW 1998, 2161; *ders.*, „Konstitutive" und „deklaratorische" Eintragungen nach §§ 1 ff. HGB, ZHR 163 (1999), 87; *ders.*, Fünf Jahre „neues Handelsrecht", JZ 2003, 585; *ders.*, „Unternehmer" – „Kaufmann" – „Verbraucher", BB 2005, 837; *Siems*, Kaufmannsbegriff und Rechtsfortbildung, 2003; *Steding*, Landwirtschaftsbetrieb – Unternehmer nach BGB und/oder Kaufmann nach HGB?, NL-BzAR 2004, 440; *Treber*, Der Kaufmann als Rechtsbegriff im Handels- und Verbraucherrecht, AcP 109 (1999), 525; *Winkler*, Das Verhältnis zwischen Handwerksrolle und Handelsregister – Gedanken zum Beschluß des BGH vom 9.11.1987, ZGR 1989, 107; *ders.*, Kaufmann – quo vadis?, 1999; *Zimmer*, Der nicht eingetragene Kaufmann: Ein „eingetragener Kaufmann" im Sinne des § 19 Abs. 1 Nr. 1 HGB?, ZIP 1998, 2050.

A. Allgemeines

Das Handelsrecht wird gemeinhin als **Sonderprivatrecht der Kaufleute** bezeichnet.[1] Während das Bürgerliche Recht den Anforderungen des kaufmännischen Rechtsverkehrs nicht stets gerecht wird, ist das Handelsrecht an dessen Bedürfnissen ausgerichtet. Es unterstützt den Wirtschaftsverkehr durch

- Rechtsklarheit,
- Publizität und
- erhöhten Vertrauensschutz (§§ 5, 15, 366 HGB) und zielt auf eine rasche Abwicklung der Handelsgeschäfte (z.B. § 377 HGB: unverzügliche Mängelrüge).

Darüber hinaus zeichnet es sich durch eine stärkere Bindung an Bräuche und Gepflogenheiten (§ 346 BGB) sowie Professionalität (insb. Entgeltlichkeit, §§ 353, 354 HGB) aus. Im Übrigen wird es von der Selbstverantwortung des Handelnden geprägt (z.B. §§ 348 ff. HGB).

Das Handelsrecht ist eng mit dem Bürgerlichen Recht verknüpft. Einerseits ergänzt es das BGB (§ 377 HGB tritt z.B. für die Mängelhaftung neben die §§ 434 ff. BGB), andererseits verdrängen seine Sondernormen das allgemeine Privatrecht (z.B. § 350 BGB, nach dem die Formvorschriften der §§ 766 Satz 1, 780, 781 BGB unanwendbar sind).

Zum **Handelsrecht im engeren Sinne** zählen

- das Recht des Handelsstandes, also das Recht der Kaufleute und ihrer Hilfspersonen (§§ 1 – 104 HGB), sowie
- das Recht der Handelsgeschäfte (§§ 343 – 475h HGB).

Handelsrecht im weiteren Sinne sind

- das Recht der Handelsgesellschaften (§§ 105 ff. HGB, GmbHG, AktG),
- der eingetragenen Genossenschaften (GenG),
- die Vorschriften über die Handelsbücher (§§ 238 – 342a HGB),
- das Wettbewerbs- und Warenzeichenrecht,
- das Bank- und Börsenrecht,
- das Wertpapierrecht,
- das Versicherungsrecht sowie
- das Seehandelsrecht (§§ 476 – 905 HGB).

Anknüpfungspunkt für die **Anwendbarkeit der Bestimmungen des Handelsrechts** ist nicht allein der objektive Bezug des Rechtsverhältnisses zum kaufmännischen Verkehr. Die Abgrenzung erfolgt vielmehr subjektiv danach, ob Kaufleute an dem Rechtsverhältnis beteiligt sind, sog. subjektives System.[2] Nach § 345 HGB sind die Vorschriften über Handelsgeschäfte teilweise auch dann anwendbar, wenn an dem Geschäft nur auf einer Seite ein Kaufmann beteiligt ist.

---

1 Brox, Handels- und Wertpapierrecht, § 1 Rn. 3; Canaris, Handelsrecht, § 1 Rn. 4; Hofmann, Handelsrecht, § 1 I; K. Schmidt, Handelsrecht, § 1 I 1.
2 MünchKomm-HGB/K. Schmidt, vor § 1 Rn. 3, 16.

5   Das Handelsrechtsreformgesetz vom 22.6.1998[3] hat neben weiteren Änderungen eine grundlegende Reform des Kaufmannsrechts gebracht. Das HGB definiert den **Kaufmannsbegriff** zum einen materiell über das **Betreiben eines Handelsgewerbes** (§ 1 HGB). Gleichgültig ist dabei, ob dies allein oder zusammen mit Anderen geschieht (vgl. § 105 Abs. 1 HGB). Zum anderen knüpft das HGB an den formellen Gesichtspunkt der **Eintragung in das Handelsregister** an. Es definiert die Kaufmannseigenschaft über den in diesem Falle konstitutiven Eintragungsakt (§§ 2, 5, 105 Abs. 2 HGB) bzw. bei den mit der Registereintragung entstandenen Kapitalgesellschaften einschließlich Genossenschaften über die Rechtsform (§ 6 HGB, §§ 3 Abs. 1, 278 Abs. 3 AktG, § 13 Abs. 3 GmbHG, § 17 Abs. 2 GenG, § 1 EWIV-AusfG).

> **Hinweis:**
>
> Auch wenn das Handelsrecht in erster Linie an die Kaufmannseigenschaft anknüpft, gelten dessen Vorschriften in Ausnahmefällen auch für Nichtkaufleute. So verlangen die für Handelsvertreter, Handelsmakler und Kommissionäre geltenden Sonderregeln (§§ 84 Abs. 4, 93 Abs. 3, 383 Abs. 2 HGB) seit der Handels- und Transportrechtsreform von 1998 keine Kaufmannseigenschaft mehr. Darüber hinaus wird zur Anwendbarkeit des überwiegenden transportrechtlichen Regelwerks für den Frachtführer, Spediteur und Lagerhalter nur noch die Gewerblichkeit ihrer Unternehmen vorausgesetzt, nicht dagegen deren Kaufmannseigenschaft (§§ 407 Abs. 3, 453 Abs. 3, 467 Abs. 3 HGB). Im Übrigen können handelsrechtliche Normen nach Rechtsscheinsgrundsätzen auch für Scheinkaufleute und Scheingesellschaften gelten.

B. Kaufmann i.S.d. §§ 1 und 2 HGB

I. Allgemeines

6   Das seit dem Handelsrechtsreformgesetz geltende Kaufmannsrecht unterscheidet zwischen Kaufleuten kraft Gewerbebetriebes nach § 1 Abs. 2 HGB („**Istkaufleute**") und Kaufleuten kraft fakultativer Handelsregistereintragung nach den §§ 2 und 3 HGB („**Kannkaufleute**"). Während bei der ersten Gruppe die Handelsregistereintragung lediglich deklaratorisch wirkt, ist sie für den Erwerb der Kaufmannseigenschaft in der zweiten Gruppe konstitutiv. Der Unterschied zwischen **deklaratorischer** und **konstitutiver Handelsregistereintragung** wirkt sich nicht im Anmeldeverfahren aus, sondern hat erst im materiellen Recht Bedeutung. Bei fehlender Handelsregistereintragung kann ein Unternehmen nur unter den Voraussetzungen des § 1 Abs. 2 HGB kaufmännisch tätig werden.

II. Istkaufmann

7   Zentraler Begriff der Kaufmannseigenschaft ist derjenige des Handelsgewerbes. Gemäß § 1 Abs. 1 HGB ist derjenige Kaufmann, der ein Handelsgewerbe betreibt. **Handelsgewerbe** ist nach § 1 Abs. 2 HGB jeder Gewerbebetrieb, es sei denn, dass das Unternehmen nach Art und Umfang einen in kaufmännischer Weise eingerichteten Geschäftsbetrieb nicht erfordert.

1. Begriff des Gewerbes

8   Im geltenden Recht gibt es keinen einheitlichen Gewerbebegriff. Das HGB selbst enthält keine gesetzliche Definition. Nach h.M.[4] ist Gewerbe jede äußerlich erkennbare, selbständig, planmäßig auf gewisse Dauer, zum Zwecke der Gewinnerzielung angelegte oder jedenfalls wirtschaftliche Tätigkeit am Markt, die nicht freiberufliche, wissenschaftliche und künstlerische Tätigkeit ist. Ob die Tätigkeit erlaubt sein muss, ist umstritten.

---

3   BGBl. 1998 I, S. 1474.
4   Vgl. etwa BGHZ 63, 32, 33; 74, 273, 276; 83, 382, 386; BAG, NJW 1988, 222; Baumbach/ Hopt/Hopt, HGB, § 1 Rn. 12; Heymann/Emmerich, HGB, § 1 Rn. 5; Koller/Roth/Morck/Roth, HGB, § 1 Rn. 3 ff.; Ebenroth/Boujong/Joost/Kindler, HGB, § 1 Rn. 20 ff.; Röhricht/v. Westphalen/Röhricht, HGB, § 1 Rn. 23.

a) Äußerliche Erkennbarkeit

Eine innere, für Dritte nicht erkennbare Absicht, wie z.B. stille Beteiligung an einem Handelsgewerbe oder heimliche Börsenspekulationen, reicht allein nicht aus. Die Tätigkeit muss vielmehr nach außen in Erscheinung treten.

> **Hinweis:**
>
> Eine Vermögensverwaltungsgesellschaft betreibt, wenn sie nicht nach außen hin auftritt, kein Gewerbe, sie kann aber nach den §§ 6 Abs. 1, 105 Abs. 2, 161 Abs. 2 HGB Handelsgesellschaft sein (siehe hierzu unten Rn. 69).

b) Planmäßige, auf Dauer angelegte Tätigkeit

Die **Absicht des Handelnden** muss sich auf eine Vielzahl von Geschäften als Ganzes richten.[5] Das Gewerbe darf also nicht nur gelegentlich betrieben werden. Unschädlich sind Unterbrechungen oder der Betrieb als Nebentätigkeit.

c) Selbständigkeit

Zum Begriff des Gewerbes gehört weiterhin, dass es sich um eine selbständige Tätigkeit handelt. Eine **Legaldefinition der Selbständigkeit** findet sich in § 84 Abs. 1 Satz 2 HGB. Selbständig ist danach, wer im Wesentlichen frei seine Tätigkeit gestalten und seine Arbeitszeit bestimmen kann.

> **Hinweis:**
>
> Die Selbständigkeit muss rechtlich, nicht notwendigerweise wirtschaftlich sein.[6]

d) Gewinnerzielungsabsicht

Nach der Rspr. muss ein Gewerbebetrieb i.S.d. § 1 HGB auf Gewinnerzielung ausgerichtet sein.[7] Es muss also die Absicht bestehen, einen Überschuss der Einnahmen über die Ausgaben zu erzielen. Ob dies tatsächlich geschieht, ist unbeachtlich. Während bei privatwirtschaftlichen Unternehmen die Gewinnerzielungsabsicht zu vermuten ist, ist sie bei solchen der öffentlichen Hand im Einzelfall festzustellen.

Eine im Vordringen begriffene neuere Ansicht hält das Merkmal der Gewinnerzielungsabsicht dagegen für mehr oder weniger entbehrlich.[8] Stattdessen wird geprüft, ob eine anbietende, entgeltliche Tätigkeit am Markt gegeben ist.[9]

> **Hinweis:**
>
> In der Praxis hat die Frage der Gewinnerzielungsabsicht nur geringe Bedeutung. Insb. die kommunalen Versorgungsbetriebe werden heute ganz überwiegend in der Rechtsform der AG oder GmbH geführt und sind deshalb Formkaufleute i.S.d. § 6 Abs. 2 HGB, unabhängig davon, ob sie ein Gewerbe betreiben.

---

5 RGZ 74, 150; Baumbach/Hopt/Hopt, HGB, § 1 Rn. 13.
6 Röhricht/v. Westphalen/Röhricht, HGB, § 1 Rn. 25; Baumbach/Hopt/Hopt, HGB, § 1 Rn. 14.
7 BGHZ 33, 325; 36, 276; 49, 260; 53, 223; 57, 199; 66, 49; 83, 386; 95, 157; OLG Düsseldorf, NJW-RR 2003, 1120.
8 Vgl. etwa OLG München, NJW 1998, 1036, 1037; Heymann/Emmerich, HGB, § 1 Rn. 125; Koller/Roth/Morck/Roth, HGB, § 1 Rn. 10; Ebenroth/Boujong/Joost/Kindler, HGB, § 1 Rn. 27; Röhricht/v. Westphalen/Röhricht, HGB, § 1 Rn. 50; Baumbach/Hopt/Hopt, HGB, § 1 Rn. 15 ff.; Treber, AcP 199 (1999), 525, 567; MünchKomm-HGB/K. Schmidt, § 1 Rn. 31.
9 Vgl. OLG Dresden, DB 2003, 703; Treber, AcP 199 (1999), 525, 567; MünchKomm-HGB/K. Schmidt, § 3 Rn. 31.

e) Keine freiberufliche, wissenschaftliche oder künstlerische Tätigkeit

13 Nach ihren historisch gewachsenen Berufsbildern und der Verkehrsanschauung betreiben die freien Berufe, Wissenschaftler und Künstler kein Gewerbe. Häufig wird dies auch durch Spezialgesetze bestimmt.

Beispiele:

Rechtsanwälte (§ 2 Abs. 2 BRAO),[10] Patentanwälte (§ 2 Abs. 2 PatentanwaltsO), Notare (§ 2 Satz 2 BNotO), Wirtschaftsprüfer (§ 1 Abs. 2 WPO),[11] Steuerberater (§ 32 Abs. 2 StBerG),[12] Architekten,[13] Ärzte (§ 1 Abs. 2 BÄO),[14] Zahnärzte (§ 1 Abs. 4 ZahnheilkundeG), Tierärzte, öffentlich bestellte Vermessungsingenieure.[15]

14 Keine Freiberufler sind dagegen z.B. Apotheker,[16] Heilpraktiker,[17] Krankengymnasten, Masseure, Treuhänder, Werbeberater, Softwareentwickler[18] oder Fahrlehrer.

> **Hinweis:**
> Bei **gemischten Betrieben**, die teils freiberuflich, teils gewerblich geführt werden, z.B. Arztpraxis mit angeschlossenem Kurbetrieb, kommt es auf das Gesamtbild an. Je nachdem können dann auch Freiberufler i.S.d. § 1 HGB Gewerbetreibende sein.

f) Erlaubtsein der Tätigkeit

15 Ob eine gewerbliche Tätigkeit im Anwendungsbereich des § 1 HGB erlaubt sein muss, ist umstritten. Nach einer Ansicht dürfen die im Betrieb typischerweise abgeschlossenen Geschäfte nicht gesetzes- oder sittenwidrig sein (§§ 134, 138 BGB). Gewerbsmäßiger Schmuggel, Hehlerei oder Wucher können danach kein Gewerbe i.S.d. § 1 HGB sein.[19] Die Gegenauffassung bejaht demgegenüber auch bei einer gesetzes- oder sittenwidrigen Tätigkeit ein Gewerbe.[20]

2. In kaufmännischer Weise eingerichteter Geschäftsbetrieb

16 Die Frage, ob ein Gewerbe ein Handelsgewerbe ist, entscheidet sich nach § 1 Abs. 2 HGB danach, ob das Unternehmen nach Art und Weise einen in kaufmännischer Weise eingerichteten Geschäftsbetrieb erfordert. **Kleingewerbe** sind grds. nicht kaufmännisch. Sie können sich aber nach § 2 HGB in das Handelsregister eintragen lassen.

> **Hinweis:**
> Im Interesse des Rechtsverkehrs enthält § 1 Abs. 2, 2. Halbs. HGB die widerlegliche Vermutung („es sei denn"), dass jeder Gewerbetreibende Kaufmann ist. Die Darlegungs- und Beweislast dafür, dass kein Handelsgewerbe vorliegt, liegt bei demjenigen, der sich auf das Vorliegen eines Kleingewerbes berufen will.

17 Das Vorliegen eines kaufmännischen Gewerbebetriebes richtet sich nach Art und Umfang des Geschäftsbetriebes. Kriterien für die Erforderlichkeit eines kaufmännischen Geschäftsbetriebes können sein:

- Vielfalt des Geschäftsgegenstandes,

---

10 BGHZ 72, 287.
11 BGHZ 94, 69.
12 BGHZ 72, 324.
13 BGH, WM 1979, 559
14 BGHZ 33, 325; 86, 320; OLG Nürnberg, NJW 1973, 1414.
15 BGHZ 97, 245.
16 BGH, NJW 1983, 2086.
17 LG Tübingen, NJW 1983, 2093.
18 Baumbach/Hopt/Hopt, HGB, § 1 Rn. 19; a.A.: Maier, NJW 1986, 1909.
19 HK/Ruß, HGB, § 1 Rn. 38; GK/Nickel, HGB, § 1 Rn. 9; Brox, Handels- und Wertpapierrecht, Rn. 21.
20 Baumbach/Hopt/Hopt, HGB, § 1 Rn. 21; K. Schmidt, Handelsrecht, § 9 IV 2 b cc.

- Schwierigkeitsgrad der Geschäftsvorgänge,
- Inanspruchnahme von Kredit- und Teilzahlungen,
- Teilnahme am Wechsel- und Scheckverkehr,
- Bilanzierung,
- Umfang der Geschäftskorrespondenz,
- Umsatz, Anlage- und Kapitalvermögen,
- Anzahl der Betriebsstätten,
- Anzahl der Beschäftigten,
- Lohnsumme.

> **Hinweis:**
> Entscheidend ist die Würdigung des Gesamtbildes des gewöhnlichen Geschäftsablaufes in dem betroffenen Betrieb.[21] Häufig kann dabei darauf abgestellt werden, ob die Geschäftsvorgänge so komplex sind, dass eine kaufmännische Buchführung erforderlich ist. Nur gleichförmige Geschäfte erfordern keinen kaufmännischen Geschäftsbetrieb.[22]

3. Betreiben eines Handelsgewerbes

Gemäß § 1 Abs. 1 HGB ist derjenige, der ein Handelsgewerbe betreibt, Kaufmann. Hierbei handelt es sich um die natürliche oder juristische Person, in deren Namen das Handelsgewerbe ausgeübt wird.[23] Keine Kaufleute sind demgegenüber Personen, die Geschäfte in fremdem Namen oder als Verwalter fremden Vermögens abschließen.

Beispiele:

Sorgeberechtigte Eltern, Insolvenzverwalter, Vorstandsmitglieder einer AG, Geschäftsführer einer GmbH.[24] In diesen Fällen ist der Vertretene (der Minderjährige, der Gemeinschuldner, die AG, die GmbH) der Kaufmann.[25]

> **Hinweis:**
> Ohne Bedeutung ist, für wessen Rechnung die Verträge abgeschlossen werden bzw. wem die Betriebsmittel gehören. Kaufmann ist daher auch der Kommissionär (§ 383 HGB). Gleiches gilt für den Strohmann,[26] Pächter[27] oder Nießbraucher.[28]

Bei Personenhandelsgesellschaften (OHG, KG) ist zu unterscheiden. Die **Kommanditisten einer KG** haften für die Verbindlichkeiten der Gesellschaft nur beschränkt (§ 171 Abs. 1 HGB). Sie sind daher nach allgemeiner Ansicht keine Kaufleute.[29] Hinsichtlich der Gesellschafter einer OHG und der Komplementäre einer KG nahm die früher überwiegend vertretene Ansicht an, dass die Personengesellschaft

---

21 BGH, BB 1960, 917; BayObLG, NJW 1985, 982, 983; OLG Koblenz, NJW-RR 1989, 420; OLG Dresden, NJW-RR 2002, 33; Kaiser, JZ 1999, 495; Kögel, DM 1998, 1802.
22 OLG Celle, NJW 1963, 540; Rpfleger 1981, 114.
23 Vgl. Baumbach/Hopt/Hopt, HGB, § 1 Rn. 30; Dauner-Lieb/Dötsch, DB 2003, 1666, 1668; Röhricht/v. Westphalen/Röhricht, HGB, § 1 Rn. 73.
24 Für die Auslegung des HGB spielt es keine Rolle, dass die Tätigkeit eines Geschäftsführers einer GmbH nach der neueren Rspr. des BFH, BB 2005, 1206 als selbständig i.S.d. § 2 Abs. 2 Nr. 1 UStG zu beurteilen sein kann.
25 Zu den Kapitalgesellschaften siehe BGH, NJW-RR 1987, 42; NJW-RR 1991, 757; BGHZ 121, 224, 228.
26 Röhricht/v. Westphalen/Röhricht, HGB, § 1 Rn. 79
27 OLG Köln, NJW 1963, 541; BayObLGZ 78, 6.
28 Baumbach/Hopt/Hopt, HGB, § 1 Rn. 30.
29 BGH, NJW 1980, 1572, 1574; NJW 1982, 569, 570; Baumbach/Hopt/Hopt, HGB, § 1 Rn. 50.

nicht selbst Rechtssubjekt sei. Die Gesellschafter hätten daher als Unternehmensträger das Handelsgewerbe betrieben.[30] Die heute vorherrschende Auffassung geht demgegenüber von der **Rechtsfähigkeit der Personenhandelsgesellschaften** aus, so dass auch diese selbst das Handelsgewerbe betreiben.[31] Die für Kaufleute geltenden Vorschriften werden aber – zumindest teilweise – auf die persönlich haftenden Gesellschafter entsprechend angewandt.[32]

4. Beginn der Kaufmannseigenschaft

a) Aufnahme der gewerblichen Tätigkeit

20 Der Beginn der Kaufmannseigenschaft hängt im Falle des § 1 Abs. 2 HGB von dem Beginn der gewerblichen Tätigkeit ab. **Planung** einschließlich **Gründung einer Handelsgesellschaft** durch Abschluss eines Gesellschaftsvertrages rechtfertigen noch keinen Beginn. Entscheidend ist die Aufnahme von Vorbereitungsgeschäften im Außenverhältnis oder eine entsprechende Mitteilung an Dritte.[33]

Beispiele:

Anmietung von Geschäftsräumen, Einstellung von Personal, Eröffnung eines Bankkontos oder Abschluss eines Unternehmenskaufvertrages.[34]

b) Rechtsfolgen

21 Ein Istkaufmann i.S.d. § 1 Abs. 2 HGB unterliegt in vollem Umfang dem Handelsrecht. Er ist gemäß § 29 HGB verpflichtet, seine Firma und den Ort seiner Handelsniederlassung zur Eintragung in das Handelsregister anzumelden. Außerdem unterliegt er dem Registerzwang nach § 14 HGB. Die Anmeldung bedarf gemäß § 12 Abs. 1 HGB der öffentlichen Beglaubigung.

Hinweis:

Die Eintragung wirkt nur deklaratorisch. Der Istkaufmann unterliegt daher dem Handelsrecht, auch wenn er nicht eingetragen ist.

c) Muster: Handelsregisteranmeldung der Neuaufnahme eines Gewerbebetriebes

22 UR-Nr. .... /20...

Amtsgericht ....

– Handelsregister –

Neuanmeldung eines Einzelkaufmanns unter der Firma „... e.K." mit Sitz in ...

Ich, Herr ..., geb. am ..., wohnhaft in ... betreibe unter der Firma

... e.K.

ein Handelsgewerbe.

Gegenstand des Geschäfts ist ...

Die Geschäftsräume befinden sich in ...

---

30 Vgl. z.B. BGHZ 34, 293, 296 ff.
31 Vgl. Baumbach/Hopt/Hopt, HGB, § 1 Rn. 49; MünchKomm-HGB/K. Schmidt, § 1 Rn. 67; Röhricht/v. Westphalen/Röhricht, HGB, § 3 Rn. 4
32 Vgl. Baumbach/Hopt/Hopt, HGB, § 105 Rn. 19 ff.; Dauner-Lieb/Dötsch, DB 2003, 1666, 1668; Weyer, WM 2005, 490, 497.
33 Baumbach/Hopt/Hopt, HGB, § 1 Rn. 51.
34 BGH, NJW 1996, 3217.

..., den ...

Vorstehende, vor mir vollzogene Unterschrift von

Herrn ...,

geb. am ...,

wohnhaft in ...,

– ausgewiesen durch gültigen deutschen Personalausweis –

wird hiermit beglaubigt.

..., den ...

....

(Notar)

Hinweis:

Für die Erstanmeldung eines Einzelunternehmens beträgt der Geschäftswert gemäß § 41a Abs. 3 Nr. 1 KostO 25.000 €. Fertigt der Notar den Entwurf an, entsteht eine 5/10 Gebühr nach §§ 145 Abs. 1, 38 Abs. 2 Nr. 7 KostO.

5. Ende der Kaufmannseigenschaft

a) Einstellung der gewerblichen Tätigkeit

Ebenso wie der Beginn der Kaufmannseigenschaft wird die Beendigung des Handelsgewerbes nicht durch die Eintragung im Handelsregister (Löschung) ausgelöst. Entscheidend ist vielmehr die **tatsächliche Betriebsaufgabe** oder **Umstellung** auf eine Tätigkeit, die kein Gewerbe ist.[35] Mit der endgültigen Einstellung des Gewerbebetriebes erlischt die Firma kraft Gesetzes. Die Löschung im Register ist nicht Erfordernis des Erlöschens. Das **Erlöschen der Firma** ist aber gemäß § 31 Abs. 2 Satz 1 HGB zur Eintragung in das Handelsregister anzumelden.

b) Muster: Handelsregisteranmeldung des Erlöschens der Firma (Geschäftsaufgabe)

UR-Nr. ..../20...

Amtsgericht .... – Handelsregister –

Zum Handelsregister des Amtsgerichts..., HR A...

„..." mit dem Sitz in...

Ich melde zur Eintragung in das Handelsregister an:

                     Die Firma ist erloschen.

Das unter dieser Firma bisher betriebene Geschäft wurde aufgegeben.

..., den ...

(*Anm.: Beglaubigungsvermerk wie unter Rn. 22*)

---

[35] Baumbach/Hopt/Hopt, HGB, § 1 Rn. 51.

> **Hinweis:**
> Die Anmeldung des Erlöschens der Firma ist eine spätere Anmeldung i.S.d. § 41a Abs. 4 KostO. Für diese beträgt der Geschäftswert gemäß § 41a Abs. 4 Nr. 4 KostO 25.000 €. Bei Fertigung des Entwurfs durch den Notar, fällt eine 5/10 Gebühr nach den §§ 145 Abs. 1, 38 Abs. 2 Nr. 7 KostO an.

6. Herabsinken auf kleingewerbliches Niveau

25 Fällt ein Kaufmann i.S.d. § 1 Abs. 2 HGB später auf ein kleingewerbliches Niveau zurück, ist zu unterscheiden:

a) Eingetragener Kaufmann

aa) Erlöschen der Firma

26 Sofern der Kaufmann bereits im Handelsregister eingetragen war, kann er nunmehr das Erlöschen der Firma zum Handelsregister anmelden.

bb) Muster: Handelsregisteranmeldung des Erlöschens der Firma (Herabsinken auf kleingewerbliches Niveau)

27 UR-Nr. ..../20...

Amtsgericht ....

– Handelsregister –

Zum Handelsregister des Amtsgerichts..., HRA...

„...." mit dem Sitz in...

Ich melde zur Eintragung in das Handelsregister an:

Die Firma ist erloschen.

Der Geschäftsbetrieb erfordert nach Art und Umfang keine kaufmännische Einrichtung mehr.

..., den ...

(Anm.: Beglaubigungsvermerk wie Rn. 22)

> **Hinweis:**
> Gemäß § 35 HRV kann auf Antrag des Inhabers des Gewerbebetriebes der Grund der Löschung (Nichterfordernis eines nach Art oder Umfang in kaufmännischer Weise eingerichteten Geschäftsbetriebes) in der Bekanntmachung angegeben werden.

cc) Bestehenlassen der Eintragung

28 Von der Anmeldung des Erlöschens der Firma kann der Unternehmer aber auch absehen und in Ausübung der **Eintragungsoption nach § 2 HGB** die Firma bestehen lassen.[36] Solange dieser noch ein Gewerbe betreibt, ist eine Amtslöschung ausgeschlossen. Er muss seine Wahl jedoch durch einen materiell-rechtlichen Antrag zum Ausdruck bringen. Stellt er einen solchen nicht, wird das Registergericht das Löschungsverfahren einleiten. Widerspricht der Unternehmer der Amtslöschung, ist hierin eine Ausübung seiner Option zu sehen.[37]

---

[36] Baumbach/Hopt/Hopt, HGB, § 2 Rn. 6; Röhricht/v. Westphalen/Röhricht, HGB, § 2 Rn. 13; MünchKomm-HGB/K. Schmidt, § 1 Rn. 84 geht davon aus, dass sich an der Kaufmannseigenschaft nichts ändert.

[37] Röhricht/v. Westphalen/Röhricht, HGB, § 2 Rn. 13; Lieb, NJW 1999, 36; R. Schmitt, WiB 1997, 1117 sieht im bloßen Unterlassen eines Löschungsantrages die Ausübung der Option.

> **Hinweis:**
> Solange der Unternehmer im Handelsregister auch ohne Ausübung der Option eingetragen ist, beruht seine Kaufmannseigenschaft nach h.M. zumindest auf § 5 HGB.[38]

dd) Muster: Antrag an das Handelsregister auf Bestehenlassen der Eintragung

> UR-Nr. ..../20...
>
> Amtsgericht ....
>
> – Handelsregister –
>
> **Zum Handelsregister des Amtsgerichts..., HR A...**
>
> „..." mit dem Sitz in...
>
> Im Handelsregister ist die Firma ... e.K. eingetragen. Der Geschäftsbetrieb erfordert nach Art und Umfang keinen in kaufmännischer Weise eingerichteten Geschäftsbetrieb mehr.
>
> Ich beantrage, die vorgenannte Firma gleichwohl im Handelsregister eingetragen zu lassen.
>
> ..., den ...
>
> *(Anm.: Beglaubigungsvermerk wie unter Rn. 22)*

b) Nichteingetragener Kaufmann

Ein nichteingetragenes Unternehmen verliert mit dem Herabsinken auf ein kleingewerbliches Niveau seine Kaufmannseigenschaft. Eine Eintragung ist nunmehr nur nach § 2 HGB möglich.

7. Rechtsfolgen bei Verneinung der Istkaufmannseigenschaft

Liegt ein Kleingewerbe i.S.d. § 2 HGB vor, kann der Unternehmer die Kaufmannseigenschaft durch Eintragung in das Handelsregister erwerben. Bei einem nicht gewerblichen Unternehmen fehlt es dagegen an der Kaufmannseigenschaft.

III. Kannkaufmann

1. Erwerb der Kaufmannseigenschaft

Ein gewerbliches Unternehmen, dessen Gewerbebetrieb nicht schon nach § 1 Abs. 2 HGB Handelsgewerbe ist, d.h. nach Art und Umfang einen in kaufmännischer Weise eingerichteten Geschäftsbetrieb nicht erfordert, gilt gemäß § 2 Satz 1 HGB als Handelsgewerbe, wenn die Firma des Unternehmens in das Handelsregister eingetragen ist. § 2 HGB beschränkt sich also auf Kleingewerbetreibende, die nicht schon nach § 1 Abs. 2 HGB Istkaufleute sind. Diese können sich freiwillig in das Handelsregister eintragen lassen und sind dann Kaufleute. Umgekehrt können sie sich auch wieder aus dem Handelsregister löschen lassen und verlieren diesen Status dann wieder.

> **Hinweis:**
> Für die Anwendung des § 2 HGB gibt es keine Untergrenze. Auch Kleinstbetriebe können daher Kaufmann werden.

---

[38] Baumbach/Hopt/Hopt, HGB, § 2 Rn. 6; Canaris, Handelsrecht, § 3 Rn. 22; Oetker, Handelsrecht, § 2 Rn. 31 ff.; Lieb, NJW 1999, 36; Koller/Roth/Morck/Roth, HGB, § 1 Rn. 25; a.A.: MünchKomm-HGB/K. Schmidt, § 1 Rn. 84.

33 Voraussetzung für die Anwendung des § 2 HGB ist, dass ein Gewerbe (siehe hierzu oben Rn. 8 ff.) vorliegt. § 105 Abs. 2 Satz 1 HGB entspricht § 2 Satz 1 HGB. Die **Möglichkeit der Handelsregistereintragung** steht daher auch der **kleingewerblichen GbR** oder der **reinen Vermögensverwaltungsgesellschaft** offen. Land- und forstwirtschaftliche Kleinunternehmen fallen – da gewerblich – ebenfalls unter § 2 HGB.[39] § 3 HGB gilt demgegenüber nur für land- und forstwirtschaftliche Unternehmen, die einen in kaufmännischer Weise eingerichteten Geschäftsbetrieb erfordern (siehe unten Rn. 48).

> **Hinweis:**
> Für Unternehmen, die kein Gewerbe betreiben, gilt § 2 HGB nicht. Diese fallen auch nicht unter § 5 HGB (siehe hierzu unten Rn. 58).

34 Die Eintragung in das Handelsregister ist für den Erwerb der Kaufmannseigenschaft konstitutiv.[40] Maßgeblicher Zeitpunkt ist derjenige der Eintragung, nicht dagegen der Zeitpunkt der Anmeldung oder der Bekanntmachung.[41] Mit seiner Löschung im Handelsregister (siehe hierzu unten Rn. 38) verliert der Kleingewerbetreibende wieder seine Kaufmannseigenschaft. Das Gleiche gilt bei Betriebsaufgabe oder Umstellung auf eine freiberufliche Tätigkeit (kein Gewerbe);[42] siehe hierzu oben Rn. 23.

2. Eintragungsoption

35 Kleingewerbetreibende sind gemäß § 2 Satz 2 HGB berechtigt, aber nicht verpflichtet, die Eintragung nach den für die Eintragung kaufmännischer Firmen geltenden Vorschriften herbeizuführen. Die Ausübung dieses Wahlrechts erfolgt durch Annahme einer Firma und deren Anmeldung zum Handelsregister. Als echte handelsrechtliche Wahl ist der in der Anmeldung liegende Eintragungsantrag nicht nur eine registerrechtliche Erklärung, sondern auch eine rechtsgeschäftliche Willenserklärung.[43]

> **Hinweis:**
> Ausübungsbefugt ist der Einzelunternehmer bzw. die für die Gesellschaft handelnden Organe.

3. Eintragungsverfahren

36 Im Eintragungsverfahren hat das Registergericht neben den allgemeinen Wirksamkeitsvoraussetzungen der Handelsregisteranmeldung (siehe hierzu oben Rn. 21) lediglich zu prüfen, ob ein Gewerbe vorliegt und die Firma zulässig ist. Nicht zu prüfen hat es dagegen im Regelfall, ob die negative Voraussetzung des § 2 HGB erfüllt ist, es sich mithin um ein kleingewerbliches Unternehmen handelt.[44] Für die Handelsregisteranmeldung eines Kleingewerbetreibenden kann daher auch das in Rn. 22 abgedruckte Muster verwendet werden.

37 Für die Eintragung im Handelsregister ist es ohne Bedeutung, ob die Kaufmannseigenschaft auf § 1 Abs. 2 HGB beruht oder infolge der Eintragung nach § 2 HGB eintritt. Eine Nachfragepflicht des Registergerichts, auf welchen Tatbestand die Anmeldung gestützt ist, besteht daher nicht.

---

39 Baumbach/Hopt/Hopt, HGB, § 2 Rn. 2; MünchKomm-HGB/K. Schmidt, § 2 Rn. 6.
40 Baumbach/Hopt/Hopt, HGB, § 2 Rn. 3; MünchKomm-HGB/K. Schmidt, § 2 Rn. 17, 36; Röhricht/v. Westphalen/Röhricht, HGB, § 2 Rn. 18.
41 Röhricht/v. Westphalen/Röhricht, HGB, § 2 Rn. 20; Baumbach/Hopt/Hopt, HGB, § 2 Rn. 3.
42 Baumbach/Hopt/Hopt, HGB, § 2 Rn. 3; Röhricht/v. Westphalen/Röhricht, HGB, § 2 Rn. 27.
43 Lieb, NJW 1999, 36; Koller/Roth/Morck/Roth, HGB, § 2 Rn. 3; Baumbach/Hopt/Hopt, HGB, § 2 Rn. 4; Canaris, Handelsrecht, § 3 Rn. 19 ff.; Röhricht/v. Westphalen/Röhricht, HGB, § 2 Rn. 27; a.A.: MünchKomm-HGB/K. Schmidt, § 2 Rn. 13; K. Schmidt, ZHR 163 (1999), 92; Treber, AcP 199 (1999), 525 ff.
44 Str.; wie hier Baumbach/Hopt/Hopt, HGB, § 2 Rn. 7; Röhricht/v. Westphalen/Röhricht, HGB, § 2 Rn. 15; a.A.: Lieb, NJW 1999, 36 (rein materiell-rechtliche Theorie) und MünchKomm-HGB/K. Schmidt, § 2 Rn. 11 ff. (rein verfahrensrechtliche Theorie).

Hinweis:

Eine Hinweis- und Aufklärungspflicht des Registergerichts kann sich ausnahmsweise ergeben, wenn der Anmeldende sichtlich im Irrtum über den Grund seiner Anmeldung ist.[45] Er sieht sich etwa nach den §§ 1, 29 HGB zur Anmeldung gezwungen, will aber keine Option nach § 2 HGB abgeben. In der Praxis sind solche Fälle freilich eher die Ausnahme.

4. Löschung der Firma auf Antrag

a) Löschungsoption

Der freiwillig in das Handelsregister eingetragene Unternehmer kann seine Firma gemäß § 2 Satz 3 HGB auf Antrag wieder löschen lassen, sofern er in der Zwischenzeit nicht zum Istkaufmann nach § 1 Abs. 2 HGB geworden ist. Anderenfalls wäre er nach § 29 HGB sofort wieder zur Anmeldung verpflichtet. Eines besonderen Grundes bedarf die Löschung nicht. Ebenso wie der Eintragungsantrag ist die Ausübung der Löschungsoption nicht nur eine registerrechtliche Erklärung, sondern eine Willenserklärung. Maßgeblicher Zeitpunkt des Wegfalls der Kaufmannseigenschaft ist der Zeitpunkt der Eintragung der Löschung in das Handelsregister. Die Löschung wirkt ex nunc, d.h. zuvor als Kaufmann begründete Rechte und Pflichten bleiben unberührt.[46]

Hinweis:

§ 105 Abs. 2 Satz 2 HGB verweist auf § 2 Satz 3 HGB. Die Löschungsoption steht daher auch der kleingewerblichen GbR oder der reinen Vermögensverwaltungsgesellschaft offen.

b) Muster: Löschungsantrag an das Handelsregister

UR-Nr. ..../20...

Amtsgericht ....

– Handelsregister –

Zum Handelsregister des Amtsgerichts..., HR A...

"...." mit dem Sitz in...

Im Handelsregister ist die Firma ... e.K. eingetragen. Dieses Unternehmen betreibe ich ohne Angestellte. Mein Unternehmen erforderte niemals einen in kaufmännischer Weise eingerichteten Geschäftsbetrieb.

Ich beantrage, die vorgenannte Firma im Handelsregister zu löschen.

..., den ...

(*Anm.: Beglaubigungsvermerk wie unter Rn. 22*)

Hinweis:

Die Notarkosten entsprechen denen der Anmeldung des Erlöschens der Firma wegen Einstellung des Gewerbebetriebes, siehe hierzu oben Rn. 24.

---

45 Vgl. Baumbach/Hopt/Hopt, HGB, § 2 Rn. 7; Röhricht/v. Westphalen/Röhricht, HGB, § 2 Rn. 16.
46 Baumbach/Hopt/Hopt, HGB, § 2 Rn. 9; Röhricht/v. Westphalen/Röhricht, HGB, § 2 Rn. 24.

5. Rechtsnachfolger

40 Derjenige, der ein im Handelsregister eingetragenes kleingewerbliches Unternehmen mit Firma erwirbt, tritt ohne weiteres in die Rechtsstellung seines Vorgängers ein und wird Kaufmann. Übernimmt er das Unternehmen dagegen ohne die Firma, wird er erst mit Eintragung seiner eigenen Firma in das Handelsregister Kaufmann. Die Kaufmannseigenschaft des Veräußerers erlischt dagegen auch ohne Eintragung des Inhaberwechsels in das Handelsregister mit seinem Ausscheiden. Das Handelsregister wird in diesem Fall unrichtig.[47]

C. Sonderregelung für Land- und Forstwirte

I. Allgemeines

41 Auf den Betrieb der Land- und Forstwirtschaft finden die Vorschriften des § 1 HGB gemäß § 3 Abs. 1 HGB keine Anwendung. Land- und Forstwirte sind dementsprechend grds. keine Kaufleute. Zweck dieser Norm ist es, die Land- und Forstwirte vor den Anforderungen des Kaufmannsrechts zu schützen.[48] Sie betreiben zwar ein Gewerbe, doch ist dieses i.d.R. kein Handelsgewerbe.

Nicht ausgeschlossen ist dagegen die Anwendung des § 2 HGB auf Land- und Forstwirte. Sie können sich gemäß § 3 Abs. 2 HGB freiwillig in das Handelsregister eintragen lassen, wenn ihr Unternehmen nach Art und Umfang einen in kaufmännischer Weise eingerichteten Geschäftsbetrieb erfordert (siehe hierzu oben Rn. 16). Das Gleiche gilt gemäß § 3 Abs. 3 HGB für Nebengewerbe.

II. Land- und Forstwirte

1. Landwirtschaftliche Tätigkeit

42 Eine landwirtschaftliche Tätigkeit setzt voraus, dass der Grund und Boden mit dem Ziel genutzt wird, pflanzliche und tierische Rohstoffe zu erzeugen und zu verwerten.[49] Unerheblich ist dabei, wem der Boden gehört, ob es sich also um eigenes oder um Pachtland handelt.[50]

> *Beispiele:*
>
> Ackerbau, Gemüseanbau, Obstanbau, Viehzucht, Erzeugung und Weiterverarbeitung tierischer Produkte wie Fleisch, Milch, Eier in eigener Bodenausnutzung.

43 **Gärtnereien und Baumschulen** betreiben nur dann Landwirtschaft, wenn der Betrieb auf die Gewinnung und Züchtung von Pflanzen im Eigenanbau gerichtet ist. Werden allein gekaufte Pflanzen vertrieben, liegt keine Landwirtschaft vor.[51]

44 Ebenfalls keine landwirtschaftlichen Tätigkeiten sind solche Tätigkeiten, bei denen hauptsächlich gekauftes Futter und fremde Erzeugnisse verarbeitet werden (z.B. Molkereien oder große Geflügelfarmen auf kleinstem Boden). In diesen Fällen steht nicht die Bodennutzung im Vordergrund.[52] Gleiches gilt für Fischerei, Fisch-, Hunde- oder Vogelzucht.[53] Urproduktionen, wie Kies-, Torf- oder Mineraliengewinnung, üben mangels pflanzlicher oder tierischer Rohstoffe ebenfalls keine Landwirtschaft aus.[54]

---

47 Baumbach/Hopt/Hopt, HGB, § 2 Rn. 11; Röhricht/v. Westphalen/Röhricht, HGB, § 2 Rn. 26.
48 Baumbach/Hopt/Hopt, HGB, § 3 Rn. 1.
49 KG, OLGE 3, 402; Baumbach/Hopt/Hopt, HGB, § 3 Rn. 4; MünchKomm-HGB/K. Schmidt, § 3 Rn. 9; Röhricht/v. Westphalen/Röhricht, HGB, § 3 Rn. 4.
50 Baumbach/Hopt/Hopt, HGB, § 3 Rn. 4.
51 OLG Düsseldorf, NJW-RR 1993, 1125; Heymann/Emmerich, HGB, § 3 Rn. 6; Baumbach/Hopt/Hopt, HGB, § 3 Rn. 4; MünchKomm-HGB/K. Schmidt, § 3 Rn. 18.
52 Baumbach/Hopt/Hopt, HGB, § 3 Rn. 4.
53 MünchKomm-HGB/K. Schmidt, § 3 Rn. 15; Röhricht/v. Westphalen/Röhricht, HGB, § 3 Rn. 5; Koller/Roth/Morck/Roth, HGB, § 3 Rn. 2.
54 Baumbach/Hopt/Hopt, HGB, § 3 Rn. 4; MünchKomm-HGB/K. Schmidt, § 3 Rn. 15.

2. Forstwirtschaft

Forstwirtschaft ist die wirtschaftliche Nutzung von Wäldern durch planmäßiges Auf- und Abforsten. Ob die Holzgewinnung durch den Pächter, Eigentümer oder Nießbraucher geschieht, ist gleichgültig. Baumschulen gehören auch zur Forstwirtschaft.[55]

45

3. Gemischte Betriebe

Umfasst dasselbe Unternehmen mehrere Betriebe, die zum Teil landwirtschaftliche bzw. forstwirtschaftliche Tätigkeiten ausüben und zum Teil Betriebe anderer Art sind, ist für die Abgrenzung maßgebend, welcher Betrieb für das Unternehmen prägend ist.[56] Abzustellen ist dabei auf den Charakter der Tätigkeit, nicht auf ihren Umfang. Überwiegender Eigenanbau führt i.d.R. zur Anwendbarkeit des § 3 HGB. Bei überwiegendem Handel mit fremden Erzeugnissen dürfte dagegen regelmäßig § 1 Abs. 2 Satz 2 HGB unmittelbar anwendbar sein.

46

III. Kannkaufmann

Ein Land- oder Forstwirt, der von der Möglichkeit Gebrauch macht, sich in das Handelsregister eintragen zu lassen, wird als Kannkaufmann bezeichnet.

47

1. Voraussetzungen

Die Eigenschaft als Kannkaufmann hat gemäß § 3 Abs. 2 HGB drei Voraussetzungen:

48

- Es muss sich um ein land- oder forstwirtschaftliches Unternehmen oder einen Nebenbetrieb hierzu (z.B. Molkerei) handeln.
- Das Unternehmen muss einen in kaufmännischer Weise eingerichteten Geschäftsbetrieb erfordern (siehe hierzu oben Rn. 16).
- Der Land- oder Forstwirt muss sich – freiwillig – in das Handelsregister eintragen lassen.

2. Muster: Handelsregisteranmeldung eines landwirtschaftlichen Betriebes

UR-Nr. ..../20...

49

Amtsgericht ......

– Handelsregister –

Neuanmeldung eines Einzelkaufmanns unter der Firma „....e.K." mit Sitz in...

Ich, Herr ..., geb. am ..., wohnhaft in ... betreibe unter der Firma

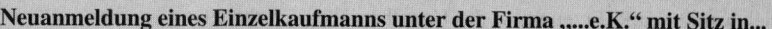

... e.K.

einen landwirtschaftlichen Betrieb, der Ackerbau und Viehzucht zum Gegenstand hat. Mein Unternehmen erfordert nach Art und Umfang einen in kaufmännischer Weise eingerichteten Geschäftsbetrieb.

Die Geschäftsräume befinden sich in ...

..., den ...

(Anm.: Beglaubigungsvermerk wie unter Rn. 22)

---

55 Baumbach/Hopt/Hopt, HGB, § 3 Rn. 4; MünchKomm-HGB/K. Schmidt, § 3 Rn. 16; Ebenroth/Boujong/Joost/Kindler, HGB, § 3 Rn. 15.
56 MünchKomm-HGB/K. Schmidt, § 3 Rn. 13; Koller/Roth/Morck/Roth, HGB, § 3 Rn. 2.

> **Hinweis:**
> Als echte handelsrechtliche Wahl ist der Antrag eine Willenserklärung und nicht nur eine registerrechtliche Erklärung.[57] Zu den Notarkosten siehe oben Rn. 22.

3. Eintragung in das Handelsregister

50 Die Eintragung in das Handelsregister erfolgt nach den allgemeinen Grundsätzen. Sie ist konstitutiv.[58] Mit der Eintragung tritt eine Bindung an die getroffene Wahl ein.[59] Bis dahin ist sie widerruflich.

4. Löschung der Firma

51 Ist der Land- oder Forstwirt im Handelsregister eingetragen, gelten für die Löschung gemäß § 3 Abs. 2 HGB die allgemeinen Vorschriften (siehe oben Rn. 38), d.h. er kann seine Eintragung nicht nach § 2 Satz 3 HGB löschen lassen, wenn er die Grenze des § 1 Abs. 2 HGB überschreitet.

5. Rechtsnachfolger

52 Ein Rechtsnachfolger (Erwerber, Pächter, Erbe, Nießbraucher) ist grds. an die Wahl seines Vorgängers gebunden. Er übernimmt den land- oder forstwirtschaftlichen Betrieb, den er zusammen mit der alten Firma fortführt, i.d.R. so, wie ihn sein Vorgänger geführt hat.[60] Ebenso wie sein Vorgänger hat er ggf. nur die Löschungsoption nach § 2 Satz 3 HGB.

IV. Nebengewerbe

53 Auf Nebengewerbe finden gemäß § 3 Abs. 3 HGB die Vorschriften des § 3 Abs. 1 und Abs. 2 HGB entsprechende Anwendung. Ein Nebengewerbe in diesem Sinne ist ein selbständiges Unternehmen neben dem land- oder forstwirtschaftlichen Unternehmen. Beide Unternehmen müssen derart miteinander verbunden sein, dass das Nebengewerbe von dem Hauptgewerbe abhängig ist. Weiterhin ist erforderlich, dass das Haupt- und das Nebengewerbe von demselben Unternehmer geführt werden.

> **Hinweis:**
> Die Einheit der Inhaberschaft muss personell und nicht nach dem Rechtsverhältnis gegeben sein.[61] Dies ist z.B. der Fall, wenn der Land- oder Forstwirt den Hauptbetrieb als Pächter und den Nebenbetrieb als Eigentümer führt.

54 In einem Nebenbetrieb werden i.d.R. Erzeugnisse des Hauptbetriebes verarbeitet.

Beispiele:

Molkerei, Wurst- und Fleischherstellung, Brauerei.[62]

55 Bloße **gemischte Betriebe**, wie Verkaufstellen auf dem Bauernhof, Kleinverkauf auf dem Wochenmarkt und sonstige Hilfsbetriebe, die den Hauptbetrieb unterstützen sollen, reichen dagegen nicht für die Bejahung eines Nebengewerbes i.S.d. § 3 Abs. 3 HGB.

---

57 Lieb, NJW 1999, 36; Koller/Roth/Morck/Roth, HGB, § 3 Rn. 3; Baumbach/Hopt/Hopt, HGB, § 3 Rn. 7; a.A.: MünchKomm-HGB/K. Schmidt, § 3 Rn. 22.
58 Baumbach/Hopt/Hopt, HGB, § 3 Rn. 6; MünchKomm-HGB/K. Schmidt, § 3 Rn. 24.
59 Röhricht/v. Westphalen/Röhricht, HGB, § 3 Rn. 29.
60 Baumbach/Hopt/Hopt, HGB, § 3 Rn. 9; MünchKomm-HGB/K. Schmidt, § 3 Rn. 28.
61 Röhricht/v. Westphalen/Röhricht, HGB, § 3 Rn. 15.
62 Vgl. z.B. MünchKomm-HGB/K. Schmidt, § 3 Rn. 34.

D. Kaufmann kraft Eintragung

I. Allgemeines

Gemäß § 5 HGB kann bei einer Eintragung im Handelsregister nicht geltend gemacht werden, dass das unter der Firma betriebene Gewerbe kein Handelsgewerbe sei. § 5 HGB steht hinter den §§ 1 – 4 HGB. Die Norm greift daher nur ein, wenn der Unternehmer nicht schon nach den §§ 1 – 4 HGB Kaufmann ist.

56

II. Voraussetzungen

1. Eintragung

§ 5 HGB setzt die Eintragung der Firma (Einzelkaufmann, OHG, KG) in das Handelsregister voraus. Entscheidend ist allein die Tatsache der Eintragung, nicht etwa der Umstand, dass die Eintragung zu Unrecht erfolgt ist.[63]

57

2. Gewerbebetrieb

Nach der ganz h.M. erfasst § 5 HGB nach seinem Wortlaut nur solche Unternehmen, die einen Gewerbebetrieb (siehe hierzu oben Rn. 8 ff.) betreiben. **Eingetragene Nichtgewerbetreibende** oder **Freiberufler** gelten daher auch nicht nach § 5 HGB als Kaufleute.[64]

58

Ein **eingetragener Kleingewerbetreibender** gilt bereits nach § 2 HGB als Handelsgewerbe. Umstritten ist, ob § 5 HGB daneben einen Anwendungsbereich hat.

Eine weit verbreitete Ansicht geht davon aus, dass § 5 HGB neben § 2 HGB keinen eigenen Regelungsgehalt habe. Zur Begründung wird insb. darauf hingewiesen, dass dem im Handelsregister eingetragenen Unternehmer der Einwand, dass sein Gewerbe kein Handelsgewerbe ist, bereits durch § 2 HGB genommen sei.[65]

59

Die Gegenauffassung nimmt an, dass § 2 HGB nur in den Fällen gelte, in denen der Kleingewerbetreibende aufgrund einer wirksamen Anmeldung freiwillig in das Handelsregister eingetragen worden ist. § 5 HGB käme demgegenüber zur Anwendung, falls der Gewerbebetrieb nach der Eintragung in das Handelsregister zu einem Kleingewerbe absinke oder die für Handelsregistereintragung erforderliche Anmeldung fehle oder nichtig sei.[66]

3. Keine sonstigen Voraussetzungen

Sonstige Voraussetzungen für die Anwendung des § 5 HGB bestehen nicht. Dies gilt insb. für die Voraussetzungen der allgemeinen Rechtsscheinhaftung wie Zurechenbarkeit, Schutzbedürftigkeit und Kausalität.[67]

60

---

63 Baumbach/Hopt/Hopt, HGB, § 5 Rn. 3; Röhricht/v. Westphalen/Röhricht, HGB, § 5 Rn. 14; MünchKomm-HGB/K. Schmidt, § 5 Rn. 19 f.

64 BGHZ 33, 313, 316; Pfeiffer, Handbuch der Handelsgeschäfte, § 1 Rn. 133; Baumbach/Hopt/Hopt, HGB, § 5 Rn. 2; Koller/Roth/Morck/Roth, HGB, § 5 Rn. 3; HK/Ruß, HGB, § 5 Rn. 2; GK/Nickel, HGB, § 5 Rn. 23; Hofmann, Handelsrecht, III 1 c; a.A.: K. Schmidt, ZIP 1997, 909, 914; ders., NJW 1998, 2161, 2164.

65 K. Schmidt, ZIP 1997, 909, 914; ders., NJW 1998, 2161, 2164; ders., ZHR 163 (1999), 87, 89, 96 ff.; Treber, AcP 199 (1999), 525, 582; Schulz, JA 1998, 890, 893; Bydlinsky, ZIP 198, 1169, 1172; Körber, Jura 1998, 452, 454.

66 Koller/Roth/Morck/Roth, HGB, § 5 Rn. 1; Röhricht/v. Westphalen/Röhricht, HGB, § 5 Rn. 3 ff.; GK/Nickel, HGB, § 5 Rn. 7; Lieb, NJW 1999, 35, 36.

67 Baumbach/Hopt/Hopt, HGB, § 5 Rn. 3.

III. Rechtsfolgen der Eintragung

1. Reichweite des § 5 HGB

61 § 5 HGB gilt für und gegen alle,[68] also auch z.B. zu Gunsten des Eingetragenen gegenüber Dritten, ferner zu Gunsten eines Gesellschafters gegenüber seinen Mitgesellschaftern. Gut- oder Bösgläubigkeit ist dabei unbeachtlich.[69]

> **Hinweis:**
> § 5 HGB ist nicht zwingend. Die Beteiligten können sich auch darauf verständigen, dass der Eingetragene nicht als Kaufmann zu betrachten ist.[70]

2. Geltung im Geschäfts- und Prozessverkehr

62 Die Registerwirkung des § 5 HGB gilt im gesamten Privatrecht, also sowohl im Geschäftsverkehr wie auch im Prozess. Bei entsprechendem Vortrag ist die Vorschrift im Prozess von Amts wegen zu berücksichtigen.[71] Es handelt sich nicht um eine Einwendung im technischen Sinne.

63 Umstritten ist die **Anwendbarkeit des § 5 HGB im privaten „Unrechtsverkehr"**.[72] Diese Frage hatte erhebliche praktische Bedeutung, solange der BGH die Anwendung des § 31 BGB bei Nicht-Handelsgesellschaften ablehnte. Über § 5 HGB konnte zumindest eine Anwendung des § 31 BGB auf zu Unrecht im Handelsregister eingetragene Gesellschaften erreicht werden. Nachdem der BGH seit seinem Urteil vom 24.2.2003[73] § 31 BGB auch auf BGB-Außengesellschaften anwendet, fehlt es dieser Rechtsfrage weitgehend an Relevanz.

3. Einwendungen

64 Der im Handelsregister Eingetragene kann nicht einwenden, sein Gewerbe verlange keine kaufmännische Einrichtung und sei somit kein Handelsgewerbe, oder er sei ohne Anmeldung (§§ 29, 106 HGB) oder ohne Antrag (§§ 2 Satz 2, 3 Abs. 2 und Abs. 3, 105 Abs. 2 Satz 2, 161 HGB) in das Handelsregister eingetragen worden.

> **Hinweis:**
> Sonstige Einwendungen werden durch § 5 HGB nicht ausgeschlossen. So kann etwa gegen die Eintragung angeführt werden, dass es dem Eingetragenen an der Geschäftsfähigkeit mangele und das Geschäft deshalb nichtig sei.[74]

4. Bindung des Registergerichts

65 Das Registergericht ist nicht an § 5 HGB gebunden, d.h. es hat stets zu prüfen, ob die Eintragung zu Recht erfolgte. Eine unrichtige Eintragung ist von Amts wegen zu berichtigen.[75]

---

[68] BGH, NJW 1982, 45; Baumbach/Hopt/Hopt, HGB, § 5 Rn. 6; MünchKomm-HGB/K. Schmidt, § 5 Rn. 31.
[69] Röhricht/v. Westphalen/Röhricht, HGB, § 5 Rn. 27; Baumbach/Hopt/Hopt, HGB, § 5 Rn. 6.
[70] Baumbach/Hopt/Hopt, HGB, § 5 Rn. 6; MünchKomm-HGB/K. Schmidt, § 5 Rn. 38.
[71] Röhricht/v. Westphalen/Röhricht, HGB, § 5 Rn. 29.
[72] Bejahend: K. Schmidt, DB 1972, 959; MünchKomm-HGB/K. Schmidt, § 5 Rn. 40; Koller/Roth/Morck/Roth, HGB, § 5 Rn. 8; verneinend: Canaris, Handelsrecht, § 3 Rn. 58.
[73] BGH, NJW 2003, 1445.
[74] Baumbach/Hopt/Hopt, HGB, § 5 Rn. 6; vgl. auch Röhricht/v. Westphalen/Röhricht, HGB, § 5 Rn. 33 f.
[75] BayObLG, NJW 1985, 982; Baumbach/Hopt/Hopt, HGB, § 5 Rn. 6; Röhricht/v. Westphalen/Röhricht, HGB, § 5 Rn. 39.

5. Keine Wirkung im öffentlichen Recht

Im öffentlichen Recht hat die Registerwirkung des § 5 HGB keine Bedeutung. Dies gilt insb. auch für das Steuer- und Strafrecht.[76]

6. Zeitliche Reichweite

§ 5 HGB gilt für alle Rechtsverhältnisse, die begründet werden, während die unrichtige Eintragung besteht. Eintragung und Löschung wirken nur ex nunc.[77]

E. Handelsgesellschaften und Formkaufleute

I. Handelsgesellschaften als Kaufleute

Die für Kaufleute geltenden Vorschriften finden gemäß § 6 Abs. 1 HGB auch auf die Handelsgesellschaften Anwendung. Durch diese Vorschrift unterfallen die Handelsgesellschaften unmittelbar dem Kaufmannsrecht des HGB. Unter Handelsgesellschaften sind die Gesellschaften zu verstehen, die im Handelsregister eingetragen worden sind.

> **Hinweis:**
>
> Das Kaufmannsrecht des HGB gilt für die Handelsgesellschaften ohne weitere Prüfung. Dies bedeutet, alle von einer Handelsgesellschaft vorgenommenen Geschäfte sind Handelsgeschäfte.[78]

1. Personenhandelsgesellschaften

Bei der OHG und der KG handelt es sich um die Handelsgesellschaften des HGB. Für diese beiden Handelsgesellschaften hat § 6 Abs. 1 HGB i.d.R. keine besondere Bedeutung. Diese Gesellschaften betreiben regelmäßig ein Handelsgewerbe und sind deshalb bereits nach §§ 1 und 2 HGB i.V.m. §§ 105 Abs. 1, 161 Abs. 2 HGB Kaufleute.

> **Hinweis:**
>
> OHG und KG können auch dann Handelsgesellschaften i.S.d. § 6 Abs. 1 HGB sein, wenn sie kein Handelsgewerbe betreiben, z.B. Kleingewerbe oder Verwaltung des eigenen Vermögens. Voraussetzung hierfür ist gemäß §§ 105 Abs. 2, 161 Abs. 2 HGB lediglich die Eintragung in das Handelsregister.[79]

2. Kapitalgesellschaften

Handelsgesellschaften aufgrund **besonderer gesetzlicher Anordnung** sind

- die GmbH (§ 13 Abs. 3 GmbHG),
- die AG (§ 3 Abs. 1 AktG),
- die KGaA (§ 278 Abs. 3 AktG i.V.m. § 3 Abs. 1 AktG) und
- die EWIV (§ 1 EWIV AusführungsG).

Sie entstehen durch Eintragung in das Handelsregister und sind dann auch Formkaufleute i.S.d. § 6 Abs. 2 HGB.

---

76   Baumbach/Hopt/Hopt, HGB, § 5 Rn. 6; Röhricht/v. Westphalen/Röhricht, HGB, § 5 Rn. 40; vgl. auch MünchKomm-HGB/K. Schmidt, § 5 Rn. 42 ff.
77   Baumbach/Hopt/Hopt, HGB, § 5 Rn. 7; MünchKomm-HGB/K. Schmidt, § 5 Rn. 31.
78   Baumbach/Hopt/Hopt, HGB, § 6 Rn. 4; MünchKomm-HGB/K. Schmidt, § 6 Rn. 22.
79   So zu Recht MünchKomm-HGB/K. Schmidt, § 6 Rn. 4; siehe auch Baumbach/Hopt/Hopt, HGB, § 6 Rn. 1; Röhricht/v. Westphalen/Röhricht, HGB, § 6 Rn. 3.

Darauf, ob die Kapitalgesellschaften ein Handelsgewerbe oder überhaupt ein Gewerbe betreiben, kommt es nicht an.[80]

Beispiel:

Rechtsanwalts-AG oder Rechtsanwalts-GmbH.

> **Hinweis:**
>
> Auch ausländische Kapitalgesellschaften sind Handelsgesellschaften.[81]

3. Genossenschaften

71 Genossenschaften werden in das Genossenschaftsregister und nicht in das Handelsregister eingetragen. Sie sind daher keine Handelsgesellschaften.[82] Gemäß § 17 Abs. 2 GenG gelten sie aber als Kaufleute i.S.d. HGB.

4. Keine Handelsgesellschaften

72 Keine Handelsgesellschaften i.S.d. § 6 Abs. 1 HGB sind die GbR, der Verein, die Stiftung, die Stille Gesellschaft sowie Körperschaften des öffentlichen Rechts. Das Gleiche gilt für Partnerschaftsgesellschaften nach dem PartGG (vgl. § 1 Abs. 1 Satz 2 PartGG), obwohl auf diese kraft gesetzlicher Anordnung in erheblichem Umfang OHG-Recht anwendbar ist.

II. Formkaufleute

73 § 6 Abs. 2 HGB normiert, dass bestimmte Gesellschaften auch dann als Handelsgesellschaften gelten, wenn sie kein Handelsgewerbe betreiben. Nach dieser Vorschrift bleiben die Rechte und Pflichten eines Vereins, dem das Gesetz ohne Rücksicht auf den Gegenstand des Unternehmens die Eigenschaft eines Kaufmanns beilegt, unberührt, auch wenn die Voraussetzungen des § 1 Abs. 2 HGB nicht vorliegen.

74 Vereine i.S.d. § 6 Abs. 2 HGB sind juristische Personen und Kapitalgesellschaften, die in anderen Gesetzen als Handelsgesellschaften definiert sind und kraft ihrer Rechtsform Kaufleute sind. Diese werden gemeinhin als Formkaufleute bezeichnet.

75 **Formkaufleute** sind

- die GmbH,
- die AG,
- die KGaA,
- die Genossenschaft und
- die deutsche EWIV.

Diese Rechtsträger sind auch dann Kaufleute, wenn sie überhaupt kein Gewerbe betreiben oder nach Art und Umfang ein in kaufmännischer Weise eingerichteter Geschäftsbetrieb nicht erforderlich ist.

Beispiel:

Eine AG, der Gewinnerzielungsabsicht fehlt bzw. die nicht am Markt tätig wird, betreibt kein Gewerbe. Gleichwohl ist sie Formkaufmann und die von ihr getätigten Geschäfte gelten als in einem Handelsgewerbe vorgenommen.

76 Formkaufmann ist lediglich die Gesellschaft als Inhaber des Unternehmens, nicht dagegen die Gesellschafter und Geschäftsführer bzw. Aktionäre und Vorstandsmitglieder.

---

80 Baumbach/Hopt/Hopt, HGB, § 6 Rn. 3; Röhricht/v. Westphalen/Röhricht, HGB, § 6 Rn. 6.
81 OLG Düsseldorf, NJW-RR 1995, 1184.
82 MünchKomm-HGB/K. Schmidt, § 6 Rn. 3.

> **Hinweis:**
> Die Eigenschaft als Formkaufmann setzt die Eintragung in das Handelsregister voraus. Vorgesellschaften können aber nach §§ 1 ff. HGB Kaufmann sein.[83]

Keine Formkaufleute i.S.d. § 6 Abs. 2 HGB sind die eingetragenen Personenhandelsgesellschaften.[84] Dies gilt sowohl für die OHG und die KG als auch für die GmbH & Co. KG. Deren Kaufmannseigenschaft richtet sich nach den §§ 1 und 2 HGB i.V.m. §§ 105 Abs. 1, 161 Abs. 2 HGB bzw. § 6 Abs. 1 i.V.m. §§ 105 Abs. 2, 161 Abs. 2 HGB.

77

F. Kaufmann kraft Rechtsscheins

I. Lehre von der Rechtsscheinshaftung

Die Kaufmannseigenschaft oder das Bestehen einer Handelsgesellschaft kann auch auf andere Weise als durch unrichtige Eintragung in das Handelsregister (§ 5 HGB) vorgetäuscht werden. Dies ist z.B. durch Äußerungen kaufmännischer Art, Führen einer Firma als Kaufmann oder Eröffnung und Unterhaltung eines kaufmännischen Geschäftsbetriebes möglich.

78

Derjenige, der im Rechtsverkehr als Kaufmann auftritt, muss sich nach allgemeinen Rechtsscheinsgrundsätzen gutgläubigen Dritten gegenüber auch als solcher behandeln lassen.[85] Im gesamten Handelsrecht hat die Lehre von der Rechtscheinhaftung erhebliche praktische Bedeutung.

79

Beispiel:

T ist Inhaber eines kleinen Obststandes auf dem Wochenmarkt und nicht im Handelsregister eingetragen. Nach außen tritt er unter der Firma „Obstgroßhandel T" auf. Gutgläubigen Dritten gegenüber muss er sich daher wie ein Kaufmann behandeln lassen.

Scheinkaufmann kann jede natürliche Person, Körperschaft oder Personengesellschaft sein. Voraussetzung ist nur, dass der jeweilige Rechtsträger nicht schon nach den allgemeinen Regeln des HGB Kaufmann ist.[86]

80

II. Tatbestandsvoraussetzungen

1. Rechtsscheingrundlage

Grundlage des Rechtsscheins kann ein – wie auch immer gearteter – Vertrauenstatbestand sein. Dieser kann ausdrücklich oder konkludent, in Worten oder in Taten begründet werden.[87]

81

Beispiele:

Auftreten eines Freiberuflers als Kaufmann, Auftreten von Gesellschaftern einer GbR unter der Firma einer KG,[88] Auftreten als Vertreter für oder Gesellschafter einer nicht existierenden Gesellschaft,[89] Inanspruchnahme kaufmännischer Einrichtungen.[90]

---

83 MünchKomm-HGB/K. Schmidt, § 6 Rn. 12; Baumbach/Hopt/Hopt, HGB, § 6 Rn. 6.
84 Baumbach/Hopt/Hopt, HGB, § 6 Rn. 7; a.A.: MünchKomm-HGB/K. Schmidt, § 6 Rn. 17.
85 BGHZ 17, 13, 18; 62, 217, 222; BGH, NJW 1990, 2678; Baumbach/Hopt/Hopt, HGB, § 5 Rn. 9; Röhricht/v. Westphalen/Röhricht, HGB, Anh. § 5 Rn. 2.
86 MünchKomm-HGB/K. Schmidt, § 5 Anh. Rn. 16.
87 Baumbach/Hopt/Hopt, HGB, § 5 Rn. 10; Röhricht/v. Westphalen/Röhricht, HGB, Anh. § 5 Rn. 5.
88 BGH, NJW 1980, 784.
89 BGHZ 17, 13; BGH, WM 1960, 1326; NJW 1991, 2627; NJW 1996, 2645.
90 Vgl. MünchKomm-HGB/K. Schmidt, § 5 Anh. Rn. 19.

Keine Rechtsscheinsgrundlage bieten dagegen allein die Benutzung von Briefbögen,[91] die Eintragung in Branchenverzeichnissen[92] oder die Teilnahme am Wechselverkehr.[93] Solche Verhaltensweisen stehen auch Nichtkaufleuten offen.

2. Zurechenbarkeit des Rechtsscheins

82 Der Rechtsschein muss zurechenbar veranlasst sein. Zurechenbarkeit bedeutet Einstehenmüssen für den gesetzten Rechtsschein.[94] Dies kann ausdrücklich oder konkludent geschehen. Entscheidend ist, dass der Scheinkaufmann den Rechtsschein veranlasst oder gekannt und geduldet hat. Verschulden ist nicht erforderlich.[95]

> *Beispiele:*
>
> *Gebrauch einer Firma, wahrheitswidrige Behauptung, Erteilung einer Prokura oder Handlungsvollmacht.*

83 Es genügt die objektive Vorhersehbarkeit, dass ein bestimmtes Handeln bei Dritten bzw. im Rechtsverkehr einen bestimmten Eindruck erwecken muss. Handelt es sich um ein Unterlassen, so muss zusätzlich ein Sorgfaltspflichtverstoß gegeben sein. Der Zurechnungstatbestand ist nicht anfechtbar.[96] Er kann also nicht rückwirkend beseitigt werden. Geschäftsunfähigkeit und beschränkte Geschäftsfähigkeit schließen eine Rechtsscheinshaftung aus.[97]

> **Hinweis:**
>
> Ist der Rechtsschein zunächst ohne Zutun des Scheinkaufmanns entstanden, etwa durch Behauptungen Dritter, ist er ihm nur zurechenbar, falls der Scheinkaufmann davon nachträglich Kenntnis erlangt bzw. ihn wenigstens bei pflichtgemäßer Sorgfalt hätte erkennen können und nicht für die Beseitigung des Rechtsscheins sorgt.

3. Schutzwürdigkeit des Geschäftsgegners

84 Der Rechtsschein wirkt nur zu Gunsten eines gutgläubigen Dritten. Nach h.M. schadet bereits eine einfache Fahrlässigkeit.[98] Der Dritte hat i.d.R. jedoch keine Nachforschungspflicht;[99] etwas anderes kann nur gelten, wenn Anlass zu Zweifeln bestehen.[100]

> **Hinweis:**
>
> Mangels Nachforschungspflicht schadet auch nicht das Unterlassen einer Einsicht in das Handelsregister.[101]

---

91 Nickel, JA 1980, 573; Röhricht/v. Westphalen/Röhricht, HGB, Anh. § 5 Rn. 6; Baumbach/Hopt/Hopt, HGB, § 5 Rn. 10.
92 K. Schmidt, Handelsrecht, § 10 VIII 3a aa; Röhricht/v. Westphalen/Röhricht, HGB, Anh. § 5 Rn. 7.
93 Baumbach/Hopt/Hopt, HGB, § 5 Rn. 10; Röhricht/v. Westphalen/Röhricht, HGB, Anh. § 5 Rn. 7.
94 Baumbach/Hopt/Hopt, HGB, § 5 Rn. 11.
95 Röhricht/v. Westphalen/Röhricht, HGB, Anh. § 5 Rn. 27.
96 Röhricht/v. Westphalen/Röhricht, HGB, Anh. § 5 Rn. 30; Baumbach/Hopt/Hopt, HGB, § 5 Rn. 11; MünchKomm-HGB/K. Schmidt, § 5 Anh. Rn. 21.
97 BGH, NJW 1977, 623; Röhricht/v. Westphalen/Röhricht, HGB, Anh. § 5 Rn. 29; Baumbach/Hopt/Hopt, HGB, § 5 Rn. 11; a.A.: MünchKomm-HGB/K. Schmidt, § 5 Anh. Rn. 21.
98 BGH, JZ 1971, 334; Baumbach/Hopt/Hopt, HGB, § 5 Rn. 12; a.A.: MünchKomm-HGB/K. Schmidt, § 5 Anh. Rn. 22: nur positive Kenntnis und grobe Fahrlässigkeit.
99 BGH, NJW 1987, 3126; WM 1992, 1392.
100 OLG Hamm, NJW-RR 1995, 419.
101 Röhricht/v. Westphalen/Röhricht, HGB, Anh. § 5 Rn. 32; Baumbach/Hopt/Hopt, HGB, § 5 Rn. 12.

4. Kausalität des Rechtsscheins

Erforderlich ist weiterhin, dass der Rechtsschein für das Verhalten des Dritten kausal war.[102] An diese Tatbestandsvoraussetzung sind keine hohen Anforderungen zu stellen. Es ist nach den Erfahrungen des täglichen Lebens nahe liegend anzunehmen, dass das Rechtsgeschäft im Vertrauen auf den Rechtsschein abgeschlossen worden ist.[103]

> **Hinweis:**
> Der Dritte muss i.d.R. die Tatsachen kennen, aus denen sich der Rechtsschein ergibt; es genügt, wenn ihm andere die allgemeine Überzeugung entsprechend dem Rechtsschein mitteilen.[104]

5. Beweislast

Die Beweislast für das Vorliegen der Merkmale der Rechtsscheinshaftung als Scheinkaufmann trägt derjenige, der sich auf den Rechtsschein beruft. Steht der objektive Vertrauenstatbestand fest, wird der gute Glaube des Dritten vermutet.[105]

III. Wirkung des Rechtsscheins

Der vom Scheinkaufmann gesetzte Rechtsschein wirkt grds. nur für, nicht aber gegen den Dritten.[106]

Beispiel:

Der Scheinkaufmann kann nicht gemäß § 352 HGB 5 % Zinsen verlangen, sondern gemäß § 246 BGB nur 4 %.

Nach heute h.M. untersteht der Scheinkaufmann dem Handelsrecht in vollem Umfang.[107] Der Scheinkaufmann muss sich also wie ein Kaufmann i.S.d. HGB behandeln lassen. Dies gilt z.B. für die Prokura (§ 48 HGB), Handlungsvollmacht (§ 54 HGB) sowie die Handelsgeschäfte einschließlich der §§ 348 – 350, 352, 353, 354a, 369, 373 ff., 377 HGB.

> **Hinweis:**
> Der gutgläubige Dritte hat nach h.M. ein Wahlrecht.[108] Er kann entscheiden, ob die handelsrechtlichen Grundsätze zum Zuge kommen. Dieses Wahlrecht ist ihm nur zu versagen, wenn die Berufung auf die wahren Verhältnisse aufgrund der besonderen Einzelfallumstände des Falles arglistig ist.

Die Rechtsscheinshaftung endet, sobald der Dritte den Wegfall der Rechtsscheingrundlage kennt oder von Tatsachen erfährt, die den Schein entkräften.[109] Gleiches gilt, wenn soviel Zeit verstrichen ist, dass dem Dritten eine erneute Prüfung der wahren Lage zuzumuten ist.[110]

---

102 BGH, BB 1976, 902; WM 1981, 172; Röhricht/v. Westphalen/Röhricht, HGB, Anh. § 5 Rn. 33; Baumbach/Hopt/Hopt, HGB, § 5 Rn. 13; MünchKomm-HGB/K. Schmidt, § 5 Anh. Rn. 23.
103 BGHZ 17, 13, 19.
104 BGH, NJW 1962, 1003.
105 MünchKomm-HGB/K. Schmidt, § 5 Anh. Rn. 24; Baumbach/Hopt/Hopt, HGB, § 5 Rn. 13.
106 Baumbach/Hopt/Hopt, HGB, § 5 Rn. 15; Röhricht/v. Westphalen/Röhricht, HGB, Anh. § 5 Rn. 35.
107 Vgl. etwa Baumbach/Hopt/Hopt, HGB, § 5 Rn. 14.
108 Koller/Roth/Morck/Roth, HGB, § 15 Rn. 58; Röhricht/v. Westphalen/Röhricht, HGB, Anh. § 5 Rn. 35; Baumbach/Hopt/Hopt, HGB, § 5 Rn. 15; a.A.: MünchKomm-HGB/K. Schmidt, § 5 Anh. Rn. 27.
109 Baumbach/Hopt/Hopt, HGB, § 5 Rn. 17.
110 BGHZ 17, 15; Röhricht/v. Westphalen/Röhricht, HGB, Anh. § 5 Rn. 49.

IV. Schein-Nichtkaufmann

90 Bei einem Schein-Nichtkaufmann handelt es sich um einen Kaufmann i.S.d. §§ 1 ff. HGB, der einen entgegenstehenden Rechtsschein setzt. Nach h.M. wird dieser zu seinem Nachteil wie ein Nichtkaufmann behandelt, sofern er sich wie ein solcher geriert.[111]

V. Duldungs- und Anscheinsvollmacht

91 Die Rspr. hat die Grundsätze über die Duldungs- und Anscheinsvollmacht zunächst für den kaufmännischen Verkehr herausgearbeitet. Heute gelten Sie aber auch allgemein, also auch gegenüber Nichtkaufleuten.

92 Eine **Duldungsvollmacht** liegt vor, wenn der Vertretene wissentlich zulässt, dass jemand für ihn als Vertreter auftritt und Dritte nach Treu und Glauben auf die Erteilung einer entsprechenden Vollmacht schließen dürfen.[112] Hierin liegt ein rechtsgeschäftlicher Tatbestand, der der schlüssigen Vollmachtserklärung gegenüber dem Dritten entspricht. Der Vertretene kann sich nicht auf den fehlenden Willen der Bevollmächtigung berufen, da er das Auftreten geduldet hat.

93 Eine **Anscheinsvollmacht** ist gegeben, wenn der Vertretene das Handeln seines angeblichen Vertreters zwar nicht kennt, aber bei Anwendung pflichtgemäßer Sorgfalt hätte erkennen müssen und verhindern können. Für Dritte muss so der Eindruck entstanden sein, der Vertretene dulde und billige das Verhalten des Scheinvertreters.[113]

G. Kaufmannseigenschaft und öffentliches Recht

94 Gemäß § 7 HGB ist die Anwendung der Kaufmannsvorschriften des HGB im Regelfall von öffentlich-rechtlichen Beschränkungen unabhängig. Diese Vorschrift vereinfacht den Handelsverkehr. Dem Registergericht fehlt insoweit bei der Eintragung eines Gewerbebetriebes die Prüfungskompetenz.[114] Die öffentlich-rechtliche Unzulässigkeit eines Gewerbes hindert somit seine Eintragung in das Handelsregister grds. nicht.[115] Das Prüfungsrecht liegt allein bei den zuständigen Behörden, wie z.B. der Gewerbeaufsicht oder der Bundesanstalt für Finanzdienstleistungsaufsicht (BaFin).

> **Hinweis:**
> Auch hinsichtlich privatrechtlicher Beschränkungen haben die Registergerichte kein Prüfungsrecht.[116] Steht dagegen fest, dass das Gewerbe insgesamt gesetzeswidrig (§ 134 BGB) oder sittenwidrig (§ 138 BGB) ist (z.B. Drogenhandel), hat das Registergericht die Handelsregistereintragung zu unterbinden.[117]

95 Soweit Vorschriften die Eintragung bestimmter Tatsachen in das Handelsregister davon abhängig machen, dass öffentlich-rechtliche Urkunden vorgelegt werden, trifft die Registergerichte dagegen eine Prüfungspflicht. Das gilt z.B. für die AG (§§ 37 Abs. 4 Nr. 5, 278 AktG) und die GmbH (§ 8 Abs. 1 Nr. 6 GmbHG). Die Eintragung in die Handwerksrolle steht einer staatlichen Genehmigung nach § 8 Abs. 1 Nr. 6 GmbHG gleich.[118]

---

111 Vgl. z.B. LG Freiburg, NJW-RR 1999, 1505.
112 BGH, NJW 2002, 2325; NJW-RR 2004, 1275, 1277.
113 BGH, NJW 1981, 1728; NJW 1998, 1854; BVerwG, NJW-RR 1995, 73.
114 Baumbach/Hopt/Hopt, HGB, § 7 Rn. 3.
115 KG, NJW 1958, 1828; OLG Celle, BB 1972, 145; OLG Braunschweig, Rpfleger 1977, 363; OLG Frankfurt, BB 1984, 13; Baumbach/Hopt/Hopt, HGB, § 7 Rn. 3; MünchKomm-HGB/K. Schmidt, § 7 Rn. 1.
116 Baumbach/Hopt/Hopt, HGB, § 7 Rn. 2; MünchKomm-HGB/K. Schmidt, § 7 Rn. 7; Röhricht/v. Westphalen/Röhricht, HGB, § 7 Rn. 6.
117 Baumbach/Hopt/Hopt, HGB, § 7 Rn. 2; Röhricht/v. Westphalen/Röhricht, HGB, § 7 Rn. 3.
118 BGHZ 102, 209; Bodens, GmbHR 1984, 177.

Nach einer teilweise vertretenen Ansicht soll eine Eintragung in das Handelsregister ganz ausnahmsweise 96
auch dann ausgeschlossen sein, wenn ohne Prüfung feststeht, dass ein evidentes und unbehebbares rechtliches Hindernis der Ausübung des Gewerbes entgegensteht.[119]

H. Checkliste: Kaufmannsbegriffe

- Istkaufmann (§ 1 HGB) 97
  - ☐ Gewerbetreibender
  - ☐ in kaufmännischer Weise eingerichteter Geschäftsbetrieb
  - ☐ Betreiben des Handelsgewerbes
- Kannkaufmann
  - ☐ Kleingewerbetreibender nach Eintragung in das Handelsregister (§ 2 HGB)
  - ☐ land- und forstwirtschaftliche Kleinunternehmen nach Eintragung in das Handelsregister (§ 2 HGB)
  - ☐ kleingewerbliche GbR oder Vermögensverwaltungsgesellschaft nach Eintragung in das Handelsregister (§ 105 Abs. 2 Satz 1 HGB)
  - ☐ Land- und Forstwirt, dessen Unternehmen nach Art und Umfang einen in kaufmännischer Weise eingerichteten Geschäftsbetrieb erfordert, nach Eintragung in das Handelsregister (§ 3 HGB)
- Kaufmann kraft Eintragung (§ 5 HGB)
  - ☐ Im Handelsregister eingetragener Gewerbebetrieb
- Handelsgesellschaften (§ 6 Abs. 1 HGB)
  - ☐ Gesellschaften, die im Handelsregister eingetragen worden sind (OHG, KG, GmbH, AG, KGaA, EWIV)
- Formkaufleute (§ 6 Abs. 2 HGB)
  - ☐ GmbH, AG, KGaA, e.G., EWIV
- Kaufmann kraft Rechtsscheins
  - ☐ Vortäuschen der Kaufmannseigenschaft oder des Bestehens einer Handelsgesellschaft

---

119 OLG Düsseldorf, BB 1985, 1933; OLG Hamm, BB 1985, 1415; a.A.: OLG Frankfurt, BB 1984, 14; Baumbach/Hopt/Hopt, HGB, § 7 Rn. 6; Röhricht/v. Westphalen/Röhricht, HGB, § 7 Rn. 4.

2. Kapitel: Handels- und Unternehmensregister

Inhaltsverzeichnis

	Rn.
A. Allgemeines zum Handelsregister	1
I. Einführung in das Handelsregisterrecht	1
II. Abgrenzung zum Unternehmensregister	5
III. Zuständigkeiten und Registerführung	8
IV. Funktionen des Handelsregisters	11
B. Registerrechtliche Funktionsmechanismen	14
I. Registerzwangsmittel für Anmeldungen und Einreichungen	15
II. Negative Registerpublizität	16
III. Konstitutive Registereintragungen	18
C. Publizität des Handelsregisters	19
I. Arten der registerlichen Publizität	20
1. Eintragung mit Bekanntmachung	21
2. Eintragung ohne Bekanntmachung	23
3. Einreichung von Unterlagen mit Bekanntmachung ohne Eintragung	26
a) Allgemeines	26
b) Anschriften und Unternehmensgegenstand	27
c) Umwandlungsrechtliche Bekanntmachungen	30
d) Publizität der Rechnungslegung	31
4. Einreichung von Unterlagen ohne Eintragung und Bekanntmachung	33
a) Beteiligungsverhältnisse einer GmbH	34
b) Wirtschaftliche Neugründung von Kapitalgesellschaften	36
II. Gegenstände der registerlichen Publizität	38
1. Erzwingbare eintragungsfähige Tatsachen	40
2. Nicht erzwingbare eintragungsfähige Tatsachen	47
a) Gesetzlich angeordnete Eintragungen	48
b) Unternehmensverträge bei einer GmbH	49
c) Vertretungsverhältnisse einer GmbH & Co. KG	51
d) Sonderrechtsnachfolgevermerk bei Kommanditanteilen	54
III. Nicht publizitätsfähige Tatsachen	56
1. Persönliche Verhältnisse	56
2. Handlungsvollmacht	57
3. Derzeit irrelevante Vertretungsregelungen	58
4. Nießbrauch an Gesellschaftsanteilen	59
IV. Einsichtnahme in das Handelsregister	60
V. Registerpublizität gemäß § 15 HGB	64
1. Negative Publizität gemäß § 15 Abs. 1 HGB	65
2. Wirkung eingetragener und bekannt gemachter Tatsachen nach § 15 Abs. 2 HGB	67
3. Positive Publizität gemäß § 15 Abs. 3 HGB	68
D. Handelsregisteranmeldungen	69
I. Bedeutung von Registeranmeldungen	70
1. Rechtsnatur von Registeranmeldungen	71
2. Bedingungen und Befristungen von Registeranmeldungen	74
II. Anmeldungsberechtigte Beteiligte	78
1. Einzelkaufleute und Personenhandelsgesellschaften	78
2. Kapitalgesellschaften	80
III. Form der Anmeldung	82
IV. Anlagen zu Registeranmeldungen	86
V. Versicherungserklärungen im Registerverfahren	89
1. Allgemeines zu Versicherungserklärungen	89
2. Form der Versicherungserklärungen	91
3. Sonderfälle ungeschriebener Versicherungserklärungen	93
4. Zeitpunkt der Richtigkeit von Versicherungserklärungen	95
5. Zusammenfassung zu registerlichen Versicherungserklärungen	97
VI. Stellvertretung im Registerverfahren	98
1. Höchstpersönliche Versicherungserklärungen	99
2. Prokuristen und Notare als Vertreter im Registerverfahren	100
E. Eintragungen im Handelsregister	103
I. Allgemeine Voraussetzungen für Registereintragungen	103
1. Formelle Prüfung der Anmeldung	104
2. Materielle Prüfung durch das Registergericht	106
a) Allgemeines zur materiellen Prüfung	106
b) Prüfung von Gesellschafterbeschlüssen einer GmbH	112
II. Beweismittel im Registerverfahren	117
III. Entscheidungen des Registergerichts	119
1. Eintragung und Antragszurückweisung	120
2. Zwischenentscheidungen des Registergerichts	124
a) Aussetzung des Verfahrens	124
b) Zwischenverfügung	125
IV. Benachrichtigung und Bekanntmachung	126
1. Benachrichtigung der Beteiligten	126
2. Bekanntmachung von Eintragungen	127
F. Amtswegige Registereintragungen	129
I. Löschung eingetragener Rechtsträger	130
II. Löschung einzelner Registereintragung	131
1. Löschung von Gesellschafterbeschlüssen (§ 144 Abs. 2 FGG)	131

2. Löschung unzulässiger Eintragungen (§ 142 FGG) 134	bb) Muster: Sachkapitalerhöhung bei der GmbH 194
III. Eintragung von Insolvenzvermerken 138	cc) Muster: Kapitalerhöhung aus Gesellschaftsmitteln bei der GmbH ... 195
IV. Zwangsgeldverfahren 142	
V. Beschwerde in Registersachen 143	dd) Muster: Kapitalherabsetzung bei einer GmbH 197
G. Muster für Handelsregisteranmeldungen ... 144	
I. Allgemeines zu Registeranmeldungen 144	f) Wirtschaftliche Neugründung 198
II. Einzelkaufleute 151	g) Unternehmensverträge 200
1. Ersteintragung eines Einzelkaufmannes ... 152	h) Auflösung der Gesellschaft und Erlöschen der Firma 202
2. Inhaberwechsel 154	
3. Sonstige Änderungen 156	2. Aktiengesellschaften 206
4. Erlöschen der Firma 158	a) Ersteintragung 206
III. Personenhandelsgesellschaften 160	b) Vorstands- und Aufsichtsratsänderungen 208
1. Offene Handelsgesellschaften 160	c) Satzungsänderungen 211
a) Ersteintragung einer OHG 160	d) Kapitalmaßnahmen 214
b) Spätere Änderungen bei einer OHG 162	aa) Reguläre Kapitalerhöhung 214
c) Auflösung der Gesellschaft und Erlöschen der Firma 164	bb) Kapitalerhöhung aus Gesellschaftsmitteln 219
2. Kommanditgesellschaften 170	cc) Genehmigtes Kapital 221
a) Ersteintragung einer KG 170	dd) Bedingtes Kapital 225
b) Gesellschafterwechsel und sonstige Änderungen bei der KG 172	ee) Kapitalherabsetzung 229
	V. Prokura und Zweigniederlassungen 233
c) Veränderungen der Kommanditeinlagen 177	1. Prokura 233
d) Auflösung der Gesellschaft und Erlöschen der Firma 179	2. Zweigniederlassungen 235
	a) Zweigniederlassungen inländischer Rechtsträger 235
3. GmbH & Co. KG 180	
IV. Kapitalgesellschaften 183	b) Zweigniederlassungen ausländischer Rechtsträger 237
1. GmbH 183	
a) Allgemeines zu Registeranmeldungen bei einer GmbH 183	aa) Muster: Ersteintragung der Zweigniederlassung einer englischen Private Limited 238
b) Errichtung einer GmbH 184	
c) Änderungen in der Geschäftsführung ... 188	
d) Satzungsänderungen 190	bb) Muster: Ersteintragung der Zweigniederlassung einer österreichischen Aktiengesellschaft 239
e) Kapitalmaßnahmen 192	
aa) Muster: Barkapitalerhöhung bei der GmbH 193	

Kommentare und Gesamtdarstellungen:

Bassenge/Herbst/Roth, FGG und RPflG, 10. Aufl. 2005; *Baumbach/Hopt*, Kommentar zum Handelsgesetzbuch, 32. Aufl. 2006; *Bumiller/Winkler*, FGG, 8. Aufl. 2006; *Canaris*, Handelsrecht, 23. Aufl. 2000; *Ebenroth/Boujong/Joost*, Handelsgesetzbuch, 2001; *Jansen*, FGG, 3. Aufl. 2006; *Keidel/Kuntze/Winkler*, FGG, 15. Aufl. 2005; *Koller/Roth/Morck*, HGB, 5. Aufl. 2005; *Krafka*, Grundsätze des Registerrechts, 2004; *Kramm*, Handelsregisterrecht, 1998; *Melchior/Schulte*, Handelsregisterverordnung; 2003; *Münchner Kommentar zum Handelsgesetzbuch*, 2. Aufl. 2005; *Merkt*, Unternehmenspublizität, 2001; *Noack*, Das neue EHUG – Elektronische Handels- und das Unternehmensregister, 2007; *K. Schmidt*, Handelsrecht; 5. Aufl. 1999.

Formularbücher und Mustersammlungen:

Böttcher/Ries, Formularpraxis des Handelsregisterrechts, 2003; *Fleischhauer/Preuß*, Handelsregisterrecht, 2006; *Gustavus*, Handelsregisteranmeldungen, 6. Aufl. 2005; *Krafka/Willer*, Registerrecht, 7. Aufl. 2007; *Müther*, Das Handelsregister in der Praxis, 2003.

Aufsätze und Rechtsprechungsübersichten:

Altmeppen, Zur Mantelverwendung in der GmbH, NZG 2003, 145; *Auer*, Die antizipierte Anmeldung bei der GmbH, DNotZ 2000, 498; *Bärwaldt*, Die Anmeldung „zukünftiger" Tatsachen zum Handelsregister, GmbHR 2000, 421; *v. Bredow/Schumacher*, Registerkontrolle und Haftungsrisiken bei der Verwendung von GmbH-Mantelgesellschaften, DStR 2003, 1032; *Böcker*, Anmeldung einer in der Zukunft liegenden Geschäftsführerbestellung, MittRhNotK 2000, 61; *Böhringer*, Nachweis der Geldeinlagen bei GmbH-Gründungen, Rpfleger 2002, 551; *Britz*, Noch einmal: Anmeldung einer in der Zukunft liegenden Geschäftsführerbestellung, MittRhNotK 2000, 197; *Deilmann/Messerschmidt*, Erste Erfahrungen mit dem elektronischen Bundesanzeiger, NZG 2003, 616; *Dorsemagen*, Anmerkung zu LG Düsseldorf, Beschl. v. 8.8.2000, Az. 36 T 6/2000, RNotZ 2001, 171; *Fritzsche*, Abgabe und Wirksamwerden der Geschäftsführerversicherung nach § 8 Abs. 2 GmbHG, Rpfleger 2002, 552; *Giehl*, Auswirkungen des Handelsregisterreformgesetzes auf die notarielle Praxis, MittBayNot 1998, 293; *Grunewald*, Die Auswirkungen der Änderungen der Publizitätsnormen auf die Haftung der Kommanditisten, ZGR 2003, 541; *Halm*, Aktuelle Zweifelsfragen bei der Begründung und Beendigung von Unternehmensverträgen mit der GmbH als Untergesellschaft, NZG 2001, 728; *Heidinger*, Der Zeitpunkt der Richtigkeit der Geschäftsführerversicherung, Rpfleger 2003, 545; *ders.*, Neues zur Verwendung von Vorratsgesellschaften und Mantelkauf, ZNotP 2003, 82; *Heidinger/Meyding*, Der Gläubigerschutz bei der „wirtschaftlichen Neugründung" von Kapitalgesellschaften, NZG 2003, 1129, 1132; *Hintzen*, Entwicklungen im Handels- und Registerrecht seit 2003, RPfleger 2005, 344, *Hintzen*, Rechtsprechungsübersicht im Handels- und Registerrecht, Rpfleger 2003, 337; *Hoffmann-Becking*, Gelöste und ungelöste Fragen zum Unternehmensvertrag der GmbH, WiB 1994, 57; *Kollhosser*, Handelsregister und private Datenbanken, NJW 1988, 2409; *Krafka*, Nachträgliche Korrekturmöglichkeiten im Registerverfahren, MittBayNot 2002, 365; *ders.*, Die wirtschaftliche Neugründung von Kapitalgesellschaften, ZGR 2003, 577; *Kruse*, Nießbrauch an der Beteiligung an einer Personengesellschaft, RNotZ 2002, 69; *Langhein*, Kollisionsrecht der Registerurkunden, Rpfleger 1996, 45; *Liebscher/Scharff*, Das Gesetz über elektronische Handelsregister und Genossenschaftsregister sowie das Unternehmensregister, NJW 2006, 3745; *Munzig*, Rechtsprechungsübersicht zum Handels- und Registerrecht, FGPrax 2003, 101; *ders.*, Rechtsprechungsübersicht zum Handels- und Registerrecht, FGPrax 2006, 47, 94 und 139; *Nitsche*, Rechtsprechungsübersicht zum Handels- und Registerrecht, FGPrax 2000, 47; *Noack*, Online-Unternehmensregister in Deutschland und Europa, BB 2001, 1261; *ders.*, Das EHUG ist beschlossen – elektronische Handels- und Unternehmensregister ab 2007, NZG 2006, 801; *Nolting*, Registerrechtliche Gründungsprüfung beim Erwerb von Mantel- und Vorratsgesellschaften, ZIP 2003, 651; *Priester*, Mantelverwendung und Mantelgründung bei der GmbH, DB 1983, 2291; *Schaub*, Stellvertretung bei Handelsregisteranmeldungen, MittBayNot 1999, 539; *Schmidt*, Handelsregisterpublizität und Kommanditistenhaftung, ZIP 2002, 413; *Schmidt-Ott*, Publizitätserfordernisse bei atypisch stillen Beteiligungen an dem Unternehmen einer GmbH?, GmbHR 2001, 182; *ders.*, Nochmals: Publizität und stille Beteiligungen am Unternehmen einer GmbH, GmbHR 2002, 784; *Seibert*, Der Online-Abruf aus dem Handelsregister kommt, BB 2001, 2494; *Stumpf*, Das Handelsregister nach der HGB-Reform, BB 1998, 2380, 2381; *Terbrack*, Kommanditistenwechsel und Sonderrechtsnachfolgevermerk, Rpfleger 2003, 105; *Ulmer*, Die wirtschaftliche Neugründung einer GmbH unter Verwendung eines GmbH-Mantels, BB 1983, 1123; *Waldner*, Anmerkung zu PfälzOLG Zweibrücken, Beschl. v. 14.6.2000, Az. 3 W 92/00, Rpfleger 2002, 15; *Weigl*, Zur Eintragungspflicht einer GmbH & Still im Handelsregister, GmbHR 2002, 778; *Wilhelm*, Mängel bei der Neuregelung des NaStraG zu den Bekanntmachungen über die Kommanditisten, DB 2002, 1979; *Willer/Krafka*, Die elektronische Einreichung von Handelsregisteranmeldungen aus Sicht der Registerpraxis, DNotZ 2006, 885.

A. Allgemeines zum Handelsregister

I. Einführung in das Handelsregisterrecht

Das Handelsregister ist eine traditionsreiche Einrichtung zur öffentlichen Darstellung der wesentlichen Verhältnisse von am Handelsverkehr teilnehmenden Rechtsträgern. Auch wenn das Handelsregister seine Ursprünge in mittelalterlichen Gilderollen und Vollmachtsverzeichnissen hat,[1] beruht es bereits seit 1969 auf den europarechtlichen Vorgaben der Publizitätsrichtlinie,[2] die als erste gesellschaftsrechtliche Richtlinie einen wesentlichen Impuls zur Harmonisierung des privaten Wirtschaftsrechts in Europa gab.

In seiner heutigen Form hat das **Handelsregister** vor allem **Informationsfunktion** und sorgt mit seinen Mitteln für die Publizität der im Register eingetragenen Rechtsträger. Die Teilnehmer des Rechtsverkehrs können sich also anhand des Handelsregisters über die dort **eingetragenen Rechtsträger informieren** und dürfen sich auf die darin enthaltenen Daten verlassen. Auf diesem Weg bietet es dem Rechtsverkehr in einzigartiger Weise **Schutz** sowohl in **Bezug auf den Bestand**, als auch hinsichtlich der **Vertretungsver-**

---

[1] Vgl. die Darstellung von Merkt, Unternehmenspublizität, S. 35 ff.; zu neueren Entwicklungen des Registerrechts Willer, in: Noack, Das neue EHUG, S. 41 ff.

[2] „Erste Richtlinie 68/151/EWG zur Koordinierung der Schutzbestimmungen, die in den Mitgliedstaaten den Gesellschaften im Sinne des Art. 58 Abs. 2 des Vertrages im Interesse der Gesellschafter sowie Dritter vorgeschrieben sind, um diese Bestimmungen gleichwertig zu gestalten" v. 9.3.1968, abgedruckt in: MünchKomm-HGB als Anhang I zu § 8.

hältnisse der im Register eingetragenen Rechtsträger. Ferner ist das Registergericht eine zumeist effektive Kontrollinstanz und damit in gewisser Weise eine Art Wirtschaftsaufsichtsbehörde[3] (siehe Rn. 106 ff.).

3 Lediglich historisch lässt sich erklären, dass das **Handelsregister** in zwei Abteilungen zerfällt (§ 3 HRV), einerseits in die **Abteilung A** („HRA"), in welcher vor allem **Einzelkaufleute und Personenhandelsgesellschaften** (offene Handelsgesellschaften und Kommanditgesellschaften) eingetragen werden, und andererseits in die **Abteilung B** („HRB"), in welcher insb. die **Eintragungen zu Kapitalgesellschaften** (vor allem zu Gesellschaften mit beschränkter Haftung und Aktiengesellschaften) erfolgen.

4 Die **einschlägigen gesetzlichen Vorschriften** des Registerrechts finden sich neben der bereits genannten Publizitätsrichtlinie vor allem im ersten Buch des **HGB** (§§ **8 – 16**) sowie im **FGG** (§§ **125 – 146**) und in der aufgrund der Ermächtigung des § 125 Abs. 1 FGG erlassenen **Handelsregisterverordnung (HRV)**.[4] Darüber hinaus finden sich eine Vielzahl von Anmeldungs- und Eintragungsvorschriften in den einzelnen **gesellschaftsrechtlichen Spezialgesetzen** (z.B. in §§ 8 – 10 GmbHG und in §§ 36 – 40 AktG).

II. Abgrenzung zum Unternehmensregister

5 Mit dem „Gesetz über elektronische Handelsregister und Genossenschaftsregister sowie das Unternehmensregister (EHUG)",[5] wurde mit Wirkung ab 1.1.2007 das **Unternehmensregister** eingeführt. **Inhalt des Unternehmensregisters**, dessen Grundlage in § 8b HGB zu finden ist und das über die Internetseite „www.unternehmensregister.de" zentral abrufbar ist, sind insb. sämtliche Handelsregistereintragungen in Deutschland, deren Bekanntmachung und die zum Handelsregister eingereichten Dokumente (§ 8b Abs. 2 Nr. 1 HGB) sowie die Unterlagen der Rechnungslegung nach § 325 HGB und deren Bekanntmachung (§ 8b Abs. 2 Nr. 4 HGB).

Daneben ist auch der gesamte Inhalt der Genossenschafts- und Partnerschaftsregister samt den entsprechenden elektronischen Bekanntmachungen und eingereichten Dokumenten und die übrigen gesellschafts-, kapitalmarkt- und insolvenzrechtlichen Bekanntmachungen, Mitteilungen und Veröffentlichungen, die in § 8b Abs. 2 Satz 1 Nr. 5 – 11 HGB genannt sind, in das Unternehmensregister einzustellen.

6 Die **Führung des Unternehmensregisters** wurde gem. § 9a Abs. 1 HGB als Beliehenem der „Bundesanzeiger Verlagsgesellschaft mbH" in Köln übertragen.[6] Das Unternehmensregister dient als Plattform dazu, Unternehmensdaten zentral zusammenzufassen und für Interessenten zur Einsichtnahme elektronisch abrufbar vorzuhalten. Im Gegensatz zum Handelsregister, das weiter von den Gerichten unter Berücksichtigung ihres formellen und materiellen Prüfungsrechts geführt wird, ist das Unternehmensregister eine reine knotenpunktartige Datensammel- und Aufbewahrungsstelle.

7 **Sinn des Unternehmensregisters** ist es, die dort zusammengeführten Daten auf einer einheitlichen Plattform als Dokumentation für jedermann zu Informationszwecken einsehbar zu machen (§ 9 Abs. 6 HGB). Es ist somit die zentrale Internetplattform für die Recherche nach Unternehmensinformationen;[7] Gebühren für die Einsichtnahme entstehen nur für den direkten Zugriff auf Eintragungen im Handels-, Genossenschafts- und Partnerschaftsregister. I.S.d. Art. 3 Abs. 1 und Abs. 2 der Publizitätsrichtlinie ist auf diesem Weg gewährleistet, dass die der Offenlegung unterliegenden Angaben über eine einzige Akte zentral elektronisch abrufbar sind. Der Datenbestand des Unternehmensregisters wird durch die Übermittlungspflichten (§ 8b Abs. 3 HGB) der die Daten vorhaltenden Stellen (Landesjustizverwaltungen, Betreiber des elektronischen Bundesanzeigers) aktuell gehalten. Nur die ausschließlich im Unternehmensregister enthaltenen gesonderten Veröffentlichungen nach WpHG und BörsenZulV und die kapitalmarktrechtlichen Veröffentlichungen an die BAFIn (siehe § 8b Abs. 2 Nr. 9 und Nr. 10 HGB) sind direkt

---

3 Wiedemann, Gesellschaftsrecht, Band I, § 4 II 1 c.
4 Abgedruckt bspw. als Anhang 2 in Krafka/Willer, Registerrecht.
5 Gesetz vom 10.11.2006, BGBl. I, S. 2553, vgl. BR-Drucks. 492/05 v. 30.12.2005 und BT-Drucks. 16/960; hierzu Noack, Das neue EHUG; Noack, NZG 2006, 801; Liebscher/Scharff, NJW 2006, 3745.
6 VO vom 15.12.2006, BGBl. I, S. 3202.
7 Beurskens, in: Noack, Das neue EHUG, S. 95.

von den Beteiligten an den Betreiber des Unternehmensregisters zu übermitteln. Das Hauptproblem des Unternehmensregisters ist allerdings das Fehlen von Altdaten, da mit Ausnahme der abrufbaren Registereintragungen erst ab dem 1.1.2007 erfolgende Bekanntmachungen etc. im Unternehmensregister gesammelt werden.

> **Hinweis:**
>
> Wie bereits geschildert, finden sich inhaltlich im Unternehmensregister unter anderem sämtliche Eintragungen im Handels-, Genossenschafts- und Partnerschaftsregister und alle hierauf bezogenen Bekanntmachungen samt den zum Register eingereichten Dokumenten. Indem auch die zu den Registereintragungen erfolgten Bekanntmachungen in das Unternehmensregister eingestellt werden, ist mittelbar der **Anwendungsbereich des § 15 HGB** eröffnet. Trotz Fehlens einer Regelung ist im Fall von Widersprüchen zwischen der Bekanntmachung der Registereintragung durch das Gericht und dem Inhalt des Unternehmensregisters nach dem unveränderten Wortlaut des § 15 HGB allerdings allein auf die gerichtliche Bekanntmachung und somit im Zweifel nicht auf den Inhalt des Unternehmensregisters abzustellen.[8]

III. Zuständigkeiten und Registerführung

Für die Führung des Handelsregisters sind sachlich die Amtsgerichte zuständig (§ 8 Abs. 1 HGB). Eine auch nur probeweise Ausgliederung aus dem Bereich der Justiz wurde bislang zwar in der Lit. und im politischen Raum immer wieder diskutiert, ist jedoch bislang vom Gesetzgeber nicht beschlossen worden.[9] Seit einigen Jahren werden die **örtlichen Zuständigkeiten** gemäß § 125 Abs. 1 FGG in der Weise konzentriert, dass regelmäßig das AG am Sitz des LG für die Führung des Registers für den gesamten LG-Bezirk zuständig ist. Die damit offenkundig verbundene Spezialisierung der bei Gericht befassten Richter und Rechtspfleger soll u.a. die Qualität der Registerführung sichern. Da den einzelnen Bundesländern allerdings die Möglichkeit offen steht, die Registerführung durch Rechtsverordnung örtlich abweichend festzulegen (§ 125 Abs. 1 Satz 1 Nr. 2 FGG), ist im Einzelfall die Zuständigkeit stets konkret abzuklären.[10]

8

Als **Bestimmungsmerkmal** für die **ausschließliche**[11] (§ 7 FGG) **örtliche Zuständigkeit** legt das Gesetz regelmäßig den **Ort der Niederlassung** oder des Sitzes des jeweils betroffenen Rechtsträgers fest. Für Einzelkaufleute gilt dies gemäß § 29 HGB, für juristische Personen nach § 33 HGB und für Personenhandelsgesellschaften nach § 106 Abs. 1 HGB. **Zweigniederlassungen** inländischer Rechtsträger werden ausschließlich im Register der Hauptniederlassung vermerkt (§ 13 Abs. 1 HGB), solche ausländischer Rechtsträger sind am Ort der Zweigniederlassung einzutragen (§§ 13d – 13g HGB). Der Sitz oder die Niederlassung des Rechtsträgers müssen im Inland gelegen sein.

9

Die **funktionelle Zuständigkeit** für das Registerverfahren ist am Gericht hauptsächlich zwischen Richtern und Rechtspflegern aufgeteilt. Die maßgebliche Vorschrift des § 17 RPflG weist die Geschäfte des Registergerichts grds. den **Rechtspflegern** zu, so dass im Sinne einer Vermutungsregel von deren funktioneller Zuständigkeit auszugehen ist.[12] Die **richterliche Bearbeitung** ist allerdings weiterhin vor allem für die Neueintragung von Kapitalgesellschaften (AG, GmbH, KGaA, VVaG) und der Eintragung von deren Satzungsänderungen sowie ferner für die Neueintragung von Zweigniederlassung von Kapitalgesellschaften mit Sitz im Ausland (siehe § 17 Nr. 1 RPflG) vorgesehen. Allerdings besteht gemäß § 19

10

---

8   MünchKomm-HGB/Krafka, vor § 8 Rn. 9.
9   Vgl. den Entwurf eines Registerführungsgesetzes (RFüG), der mit BR-Drucks. 865/05 v. 2.12.2005 erneut in das Gesetzgebungsverfahren eingebracht wurde. Dieser Entwurf wird von der Bundesregierung abgelehnt (siehe BT-Drucks. 16/515, S. 15 f.).
10 Eine Aufstellung der Zuständigkeitsverordnungen findet sich in Krafka/Willer, Registerrecht, Rn. 13.
11 Keidel/Kuntze/Winkler, FGG, § 125 Rn. 12.
12 Keidel/Kuntze/Winkler, FGG, § 125 Rn. 21.

Abs. 1 Satz 1 Nr. 6 RPflG seit In-Kraft-Treten des 1. Justizmodernisierungsgesetzes im Jahr 2004 für die Bundesländer die Möglichkeit, einzelne Richtervorbehalte außer Kraft zu setzen.

> **Hinweis:**
>
> Aufgrund der im Jahr 2003 erfolgten Reform der europäischen Publizitätsrichtlinie[13] wird seit dem 1.1.2007 das Handelsregister flächendeckend elektronisch geführt.

IV. Funktionen des Handelsregisters

11   I.S.d. bereits genannten **Informationsfunktion** (Rn. 2) hat das Handelsregister in besonderer Weise Publizitätsfunktion, indem es Auskunft über die für Kaufleute und Handelsgesellschaften wesentlichen Tatsachen und Rechtsverhältnisse gibt.[14] Dieser Funktion entspricht der Umstand, dass die Einsichtnahme in den Registerinhalt von keinen Voraussetzungen abhängig und jedermann zu Informationszwecken gestattet ist (§ 9 Abs. 1 HGB).

12   Ferner dient das Handelsregister in herausgehobener Weise dem **Verkehrsschutz**, indem an Eintragungen im Handelsregister die gesetzlich angeordneten Publizitätsfolgen anknüpfen, insb. die negative Publizität gemäß § 15 Abs. 1 HGB (hierzu Rn. 65 f.).

13   Eine weitere bereits angedeutete Funktion des Handelsregisters besteht in der **Ausübung staatlicher Wirtschaftskontrolle**. Verwirklicht wird dies durch die formelle und materielle Überprüfung von Registeranmeldungen durch die registerführende Stelle (Rn. 104 ff.). Das Handelsregister ist damit keineswegs eine bloße Dokumentenablage oder Sammelstelle, sondern vielmehr eine im Rahmen des staatlichen Normativsystems wesentliche gerichtliche Form der Staatsaufsicht über den Wirtschaftsverkehr.[15] Die Ausübung der Prüfungsbefugnisse ist in diesem Sinne als Selbstzweck des Registerverfahrens anzuerkennen.

B. Registerrechtliche Funktionsmechanismen

14   Das Registerverfahrensrecht lässt sich systematisch als Teilgebiet der Freiwilligen Gerichtsbarkeit einordnen. Seine besonderen Informations- und Publizitätsaufgaben kann das Handelsregister allerdings nur dann erfüllen, wenn funktionell adäquat sichergestellt ist, dass der Registerinhalt entweder den tatsächlichen Rechtsstand wiedergibt oder sich zumindest die am Rechtsverkehr teilnehmenden Personen auf den Inhalt des Registers verlassen dürfen. Um dieses Ziel zu erreichen, kennt das Registerrecht die nachfolgend dargestellten drei verschiedenen Funktionsmechanismen.

I. Registerzwangsmittel für Anmeldungen und Einreichungen

15   Für die Sicherung des richtigen Registerstands von großer Bedeutung erscheint die mit § 14 HGB rechtssystematisch zentral vorgenommene **Anordnung des „Registerzwangs"**, demzufolge bestimmte Eintragungen durch Zwangsmittel von den Anmeldeverpflichteten erwirkt werden können. Weitere einschlägige Anordnungen hierzu finden sich im Rahmen der einzelnen handels- und gesellschaftsrechtlichen Spezialgesetze.[16] Die **Durchführung des Registerzwangs** gemäß den Regelungen in den §§ 132 ff. FGG erfolgt allerdings nur, wenn das Registergericht von entsprechenden zugrunde liegenden Rechtstatsachen Kenntnis erhält und zudem i.d.R. nur zur Durchsetzung deklaratorischer Registereintragungen.[17] In der Rechtspraxis handelt es sich hierbei um überaus seltene Einzelfälle, die regelmäßig auf eine Zuleitung entsprechender Umstände durch Behörden und sonstige Stellen nach § 125a FGG zurück zu führen sein werden. Ist dem Registergericht ein **registerpflichtiger Umstand zur Kenntnis gelangt**, hat es nach

---

13   Siehe Richtlinie 2003/58/EG, ABl. L 221 v. 4.9.2003.
14   MünchKomm-HGB/Krafka, § 8 Rn. 3 f.
15   Vgl. MünchKomm-HGB/Krafka, § 8 Rn. 13 m.w.N.
16   Siehe vor allem § 407 AktG und § 79 GmbHG.
17   MünchKomm-HGB/Krafka, § 14 Rn. 3.

§ 12 FGG von Amts wegen die zur Feststellung des Sachverhalts erforderlichen Ermittlungen anzustellen. Liegt danach tatsächlich ein anmeldepflichtiges Rechtsverhältnis vor, so ist gegen die Verpflichteten ein Erzwingungsverfahren einzuleiten. Da die Zwangsmittel ggf. bis zur Erfüllung der erforderlichen Anmeldung angewendet werden, handelt es sich in diesen seltenen Fällen um überaus effektive Maßnahmen.

> **Hinweis:**
>
> Der faktisch sehr geringe Anwendungsbereich des Registerzwangs darf nicht darüber hinweg täuschen, dass es sich hierbei um eine in seiner überbrachten Ausgestaltung tragende Säule des Registerrechts handelt, die deutlich werden lässt, welch bedeutende Rolle die staatliche Rechtsordnung der Aktualisierung des Handelsregisters durch die Beteiligten beimisst.

II. Negative Registerpublizität

Ein weiterer Funktionsmechanismus des Registerrechts besteht in der spezifischen negativen Publizität des Handelsregisters. Gemäß der insoweit maßgeblichen Vorschrift des § 15 Abs. 1 HGB gilt, dass ein zur Eintragung bestimmter Tatsachen verpflichteter Rechtsträger sich auf diese Tatsache gegenüber Dritten nur berufen kann, wenn sie im Handelsregister eingetragen und bekannt gemacht wurde. Eine Ausnahme hiervon gilt nur dann, wenn dem Dritten die wahre Rechtslage bekannt war.

Dieser europarechtlich durch Art. 3 Abs. 5 der Publizitätsrichtlinie vorgegebene **Verkehrsschutz** ermöglicht es, dem **Registerstand** besondere rechtliche Bedeutung zu verleihen. Darüber hinaus ist der jeweilige Rechtsträger zur Vermeidung eigener Rechtsnachteile oftmals unmittelbar selbst daran interessiert, die unerfreuliche Wirkung der negativen Publizität des Handelsregisters dadurch abzuwenden, dass der Registerinhalt auf aktuellem Stand gehalten wird. Dies gilt in besonderem Maße auch für den **Widerruf im Register vermerkter organschaftlich oder rechtsgeschäftlich Vertretungsberechtigter**, insb. nach der vorherrschenden Auffassung von Rspr.[18] und Lit.[19] unabhängig davon, ob die fragliche positive Voreintragung erfolgt ist, da hiervon die Anwendung des § 15 Abs. 1 HGB nicht abhängt.

Ein weiterer Aspekt der negativen Publizität des Handelsregisters ist die Anknüpfung des Anlaufs von **Ausschlussfristen für privatrechtliche Haftungstatbestände** an die Eintragung eines bestimmten Umstands im Handelsregister. Insb. im Personenhandelsgesellschaftsrecht finden sich im Rahmen der Auflösung (§ 143 Abs. 1 HGB) und beim Ausscheiden eines Gesellschafters (§ 143 Abs. 2 HGB) entsprechende Nachhaftungsfristen, für deren Beginn vom Gesetz jeweils auf die entsprechende Handelsregistereintragung abgestellt wird (vgl. §§ 159 Abs. 2 und 160 Abs. 1 Satz 2 HGB). Vergleichbares sieht auch § 176 HGB vor, indem die ggf. unbeschränkte persönliche Haftung eines Kommanditisten erst mit der bezüglich seiner Gesellschafterstellung an sich nur deklaratorischen Eintragung im Handelsregister endet.

III. Konstitutive Registereintragungen

Ein besonders wirksames Instrument, um formelle Registerlage und materielle Rechtslage im Einklang zu halten, ist die **Festlegung der konstitutiven Wirkung von Registereintragungen**. Auf diesem Weg besteht zwischen den genannten Rechtslagen Übereinstimmung, da die jeweilige Tatsache nur dann rechtliche Wirkung entfaltet, wenn sie im Register eingetragen ist.

Im Grund handelt es sich dabei um eine Verwirklichung des gesellschaftsrechtlichen „Normativsystems", so dass eine bestimmte Rechtstatsache ohne entsprechende gerichtliche Überprüfung nicht wirksam zustande kommen kann. Die damit verbundene **Einschränkung der Privatautonomie zur Durchsetzung der Registerwahrheit** ist allerdings aus Sicht des Gesetzgebers nur ausnahmsweise angezeigt, so dass der Anteil streng konstitutiver Registereintragungen im Bereich der Rechtsträgerregister vergleichsweise gering ist, gleichwohl aber gerade bei Kapitalgesellschaften die besonders wichtigen **Ersteintragungen**,[20]

---

18   BGHZ 116, 37, 44; 55, 267, 272.
19   MünchKomm-HGB/Krebs, § 15 Rn. 20 ff.; Baumbach/Hopt/Hopt, HGB, § 15 Rn. 11.
20   Siehe § 11 GmbHG und § 41 AktG.

Satzungsänderungen[21] sowie **regelmäßig Kapitalmaßnahmen**[22] umfasst. Erkennbar sieht der Gesetzgeber auch wichtige strukturdeterminierende gesellschaftsrechtliche Maßnahmen als so bedeutsam an, dass es diesbezüglich der Anordnung einer streng konstitutiven Registereintragung bedarf. In diesem Sinne ist für **Umwandlungsmaßnahmen** vorgesehen, dass bei **Verschmelzungen** die Eintragung im Register des übernehmenden Rechtsträgers (§ 20 Abs. 1 UmwG i.V.m. § 19 UmwG), bei **Spaltungen** hingegen die Eintragung im Register des übertragenden Rechtsträgers (§ 131 Abs. 1 UmwG i.V.m. § 130 UmwG) und bei einem **Formwechsel** die Eintragung der neuen Rechtsform im jeweils für diese zutreffenden Register (§ 202 Abs. 1 UmwG) konstitutive Wirkung haben.

C. Publizität des Handelsregisters

19 Die Bedeutung des Handelsregisters ist naturgemäß davon abhängig, auf welche Weise und bezüglich welcher Gegenstände die registerliche Publizität[23] eingesetzt wird. Dabei hat der Gesetzgeber zu beachten, dass sowohl Qualität als auch Quantität der Publizität jeweils einen bestimmten Toleranzspielraum besitzen, dessen Maß letztlich auch über die Funktionsfähigkeit des Registerwesens entscheidet.

I. Arten der registerlichen Publizität

20 Ausgangspunkt der verschiedenen Arten registerlicher Publizität ist neben der Regelung des § 15 HGB auch die von der europäischen Publizitätsrichtlinie in Art. 3 erwähnten Vorgänge.

Der Intensität nach lässt sich somit differenzieren zwischen
- der Eintragung im Register samt entsprechender Bekanntmachung,
- der Eintragung ohne Bekanntmachung,
- der Bekanntmachung eingereichter Unterlagen ohne Eintragung und
- der Einreichung von Unterlagen zum Handelsregister ohne Eintragung und ohne Bekanntmachung.

1. Eintragung mit Bekanntmachung

21 Den **Regelfall der registerlichen Publizität** gibt § 15 HGB vor, indem für die darin beschriebenen Folgen auf die Vornahme einer Eintragung im Handelsregister und deren öffentliche Bekanntmachung abgestellt wird. Tatsächlich sieht eine Vielzahl der Vorschriften, die eine Anmeldung oder Eintragung zum Register enthalten, vor, dass die daraufhin zu tätigende Eintragung anschließend gemäß § 10 HGB bekannt zu machen ist.

> *Beispiel:*
>
> *Ersteintragung eines Einzelkaufmannes*
>
> *Der Unternehmensinhaber ist nach § 29, 1. Halbs. HGB – in gemäß § 14 HGB erzwingbarer Weise[24] – verpflichtet, seine Firma und den Ort der Handelsniederlassung zur Eintragung in das Handelsregister anzumelden. Nach Vornahme der Eintragung ist diese vollständig nach § 10 HGB bekannt zu machen.*

22 Für das nationale Registerrecht stellt dieser Fall der Eintragung samt Bekanntmachung den Idealtypus der verschiedenen registerlichen Publizitätsarten dar. Zwingend ist dies allerdings aus europarechtlicher Perspektive nicht, da die für AG, KGaA und GmbH geltende Bestimmung des Art. 3 Abs. 2 der Publizitätsrichtlinie lediglich vorgibt, dass die Urkunden und Angaben, die der Offenlegung unterliegen „in der Akte zu hinterlegen oder in das Register einzutragen" sind und sodann eine entsprechende Bekanntmachung gemäß Art. 3 Abs. 4 der Publizitätsrichtlinie erfolgen muss.

---

21 Vgl. § 54 Abs. 3 GmbHG und § 181 Abs. 3 AktG.
22 Siehe §§ 189, 211 Abs. 1, 224 AktG.
23 Zum Begriff der Publizität siehe Merkt, Unternehmenspublizität, S. 6 ff.; Stumpf, BB 1998, 2380, 2381.
24 Baumbach/Hopt/Hopt, HGB, § 29 Rn. 4; Koller/Roth/Morck, HGB, § 29 Rn. 5; Ebenroth/Boujong/Joost/Zimmer, HGB, § 29 Rn. 15.

2. Eintragung ohne Bekanntmachung

In seltenen Fällen sehen handelsregisterrechtliche Bestimmungen vor, dass zwar eine Eintragung im Register erfolgt, jedoch eine entsprechende Bekanntmachung nach § 10 HGB unterbleibt.

23

Weiterhin aktuell werden insoweit für das Handelsregister die nicht bekannt zu machenden **Eintragungen zu den Kommanditisten** einer KG bleiben (vgl. § 162 Abs. 2 und Abs. 3 HGB). Waren bis zur Vornahme der entsprechenden Gesetzesänderung im Jahr 2001[25] zumindest Angaben über die Zahl der Kommanditisten bzw. die jeweiligen Veränderungen öffentlich bekannt zu machen, so unterbleiben seitdem jegliche öffentliche Bekanntmachungen der Eintragung bezüglich der Kommanditisten. Wenig Klarheit hat hierbei die Neufassung des § 162 Abs. 2 HGB geschaffen, als es darin heißt, die Vorschriften des § 15 HGB seien „insoweit nicht anzuwenden". Die Begründung des damaligen Gesetzesentwurfs geht zwar davon aus, dass die Wirkungen der negativen und der positiven Publizität nach § 15 HGB hinsichtlich der Kommanditisten keine Anwendung mehr finden.[26] Eine andere – jedenfalls sprachlich mögliche – Lesart der Vorschrift versteht die einschränkende Verweisung allerdings so, dass es bezüglich der Kommanditisten für die Anwendung des § 15 HGB nur auf die Eintragung im Handelsregister, nicht aber auf die – nicht mehr vorgesehene – Bekanntmachung ankommen soll.[27] Zutreffend wird man dagegen mit der seinerzeitigen Gesetzesbegründung davon ausgehen müssen, dass § 15 HGB für Kommanditisten keine Anwendung mehr findet. Grund dafür ist, dass zwar hinsichtlich der Personenhandelsgesellschaften die jener Norm mittelbar zugrunde liegende Publizitätsrichtlinie nicht gilt, jedoch unter dem Gesichtspunkt einer einheitlichen Rechtsanwendung kaum anzunehmen ist, dass die zentrale Vorschrift des § 15 HGB über die Wirkungsweise der Registerpublizität unterschiedlich zu verstehen ist, je nachdem, ob die jeweilige Tatsache bekannt zu machen ist oder nicht.

24

Richtigerweise kann somit abstrakter Vertrauensschutz mittels § 15 HGB in Fällen der vorliegenden Art, in welchen eine Bekanntmachung der Eintragung kraft Gesetzes unterbleibt, grds. nicht gewährt werden. Ggf. muss auf konkrete Rechtsscheintatbestände ausgewichen werden, also im Einzelfall eine kausale vertrauensbezogene Handlung desjenigen, der sich auf die Registerlage beruft, nachgewiesen werden.[28]

25

3. Einreichung von Unterlagen mit Bekanntmachung ohne Eintragung

a) Allgemeines

Eine weitere Art registerlicher Publizität besteht darin, zwar die **Einreichung bestimmter Unterlagen** und Angaben zum Register zu fordern, diese jedoch nicht dort einzutragen, gleichwohl aber deren **Einreichung öffentlich bekannt zu machen**. Hierbei handelt es sich um einen Publizitätsmodus, der in dieser Form von der europäischen Publizitätsrichtlinie als Alternative zur konkreten Eintragung und Bekanntmachung explizit eingeräumt wird.[29]

26

> **Hinweis:**
> Der Gesetzgeber hat von dieser Möglichkeit dort Gebrauch gemacht, wo entweder ein verhältnismäßig **häufig wechselnder Datenbestand** zu erwarten ist oder aber von vornherein die Menge und Exaktheit der zu publizierenden Informationen die Registerblätter überfrachten und damit unübersichtlich machen und somit letzten Endes zu einer Gefährdung der Funktionsfähigkeit des Registers führen würden.

---

[25] Durch das Gesetz zur Namensaktie und zur Erleichterung der Stimmrechtsausübung – NaStraG v. 18.1.2001, BGBl. I, S. 123.
[26] BT-Drucks. 14/4051, S. 19 linke Spalte; ebenso K. Schmidt, ZIP 2002, 413; Baumbach/Hopt/Hopt, HGB, § 162 Rn. 5; Röhricht/v. Westphalen/v. Gerkan, HGB, § 162 Rn. 11.
[27] So Wilhelm, DB 2002, 1979; Grunewald, ZGR 2003, 541, 545 und in MünchKomm-HGB, § 162 Rn. 12.
[28] Hierzu Canaris, Handelsrecht, § 6 Rn. 1 ff.; K. Schmidt, ZIP 2002, 413.
[29] Siehe Art. 3 Abs. 2 der Publizitätsrichtlinie.

b) Anschriften und Unternehmensgegenstand

27 Hierzu ist zunächst die Einreichung und die Bekanntmachung der **aktuellen Anschrift des Rechtsträgers** im Handelsregisterverfahren zu nennen. Nach § 24 Abs. 2 Satz 1 HRV ist bei jeder Anmeldung zur Eintragung im Register auch die **Lage der Geschäftsräume** anzugeben. Für ihren Anwendungsbereich, also bei der AG, KGaA und GmbH, beruht dies für inländische Zweigniederlassungen ausländischer Rechtsträger (vgl. §§ 13d ff. HGB sowie § 24 Abs. 3 HRV) auf der Vorgabe des Art. 2 Abs. 1 lit. a der europäischen Zweigniederlassungsrichtlinie.[30] Konsequent sieht § 24 Abs. 2 Satz 2 HRV vor, dass auch die **Änderung der Geschäftsanschrift** dem Registergericht unverzüglich mitzuteilen ist. Von Bedeutung ist die mit der Anmeldung einzureichende Angabe der Geschäftsanschrift insofern, als diese mit der Bekanntmachung der erfolgten Eintragung ebenfalls bekannt zu machen ist (§ 34 HRV). Zwar bringt diese Bekanntmachung keinerlei förmliche Publizitätswirkungen mit sich – insb. ist auch § 15 HGB mangels registerlich einzutragender Umstände schon tatbestandlich nicht anwendbar -, so dass zu Recht § 34 Satz 2 HRV vorsieht, in der Bekanntmachung sei darauf hinzuweisen, dass diese **Angabe ohne Gewähr für die Richtigkeit** erfolge. Dennoch hat die Offenlegung ihren Sinn, da für den Rechtsverkehr neben der Eintragung des Ortes der Handelsniederlassung bzw. des Sitzes eines eingetragenen Rechtsträgers für den Kontakt im geschäftlichen Bereich die Anschrift naturgemäß eine wichtige Rolle spielt.

28 Die soeben dargestellte Rechtslage zur Geschäftsanschrift gilt entsprechend auch für die Angabe des Unternehmensgegenstandes (§§ 24 Abs. 4, 34 HRV), sofern sich dieser nicht – wie bei Sachfirmen – unmittelbar aus der Firma entnehmen lässt. Die **Aufnahme des Unternehmensgegenstandes in die Anmeldung** eines im Handelsregister eingetragenen Rechtsträgers wirkt auf den ersten Blick überraschend. Während in der Abteilung A des Handelsregisters nur bei der EWIV der Unternehmensgegenstand auch im Register eingetragen wird (§§ 40 Nr. 2, 61 Nr. 2 lit. c HRV), erfolgt in der Abteilung B des Handelsregisters bei sämtlichen dort vorgetragenen Rechtsträgern eine entsprechende registerliche Eintragung (vgl. § 62 Nr. 2 lit. c HRV).

In beiden Fällen scheint eine derartige Angabe in der Anmeldung entbehrlich:

- Erfolgt keine entsprechende Eintragung, so stellt die Angabe des Unternehmensgegenstandes eine unverbindliche Information dar, deren Veröffentlichung jedenfalls keine rechtlichen Konsequenzen zeitigt.
- Dasselbe gilt bei den in Abteilung B des Registers eingetragenen Kapitalgesellschaften, bei welchen für eine Änderung des Unternehmensgegenstandes die Voraussetzungen einer förmlichen Satzungsänderung (vgl. §§ 53, 54 GmbHG und §§ 179 ff. AktG) einzuhalten sind.

29 In der Registerpraxis lässt sich demgemäß beobachten, dass zwar bei der Ersteintragung von Rechtsträgern der Abteilung A der Unternehmensgegenstand angegeben wird, dies jedoch bei späteren Handelsregisteranmeldungen oftmals unterbleibt.

c) Umwandlungsrechtliche Bekanntmachungen

30 Von der Möglichkeit einer Veröffentlichung ohne Vornahme einer Registereintragung wurde im Umwandlungsrecht bspw. in § 61 UmwG bei Verschmelzungsvorgängen unter Beteiligung von AG Gebrauch gemacht. Dort ist vorgesehen, dass der Verschmelzungsvertrag oder dessen Entwurf vor der Hauptversammlung, die über die Zustimmung zur Verschmelzung beschließt, zum Register einzureichen ist und dieses einen Hinweis darauf bekannt zu machen hat, dass der Vertrag bzw. dessen Entwurf beim Handelsregister eingereicht worden ist.

Wie an den übrigen Beispielen deutlich wurde, ist dieser Vorgang im deutschen Registerrecht keineswegs als Fremdkörper einzuordnen, auch wenn seine Ausgestaltung letztlich auf die Regelung des Art. 6 der

---

30 Elfte Richtlinie 89/666/EWG über die Offenlegung von Zweigniederlassungen, die in einem Mitgliedsstaat von Gesellschaften bestimmter Rechtsformen errichtet wurden, die dem Recht eines anderen Staates unterliegen v. 21.12.1989, ABl. Nr. L 395/36.

Dritten gesellschaftsrechtlichen Richtlinie („Verschmelzungsrichtlinie") zurückzuführen ist.[31] Danach ist der Verschmelzungsplan gemäß Art. 5 der Verschmelzungsrichtlinie, der letztlich im deutschen Recht dem Verschmelzungsvertrag nach § 4 UmwG entspricht, nach Art. 3 der Publizitätsrichtlinie offen zu legen, so dass für den nationalen Gesetzgeber die Möglichkeit besteht, auf eine Eintragung im Register zu verzichten und nur den Hinweis darauf bekannt zu machen, dass ein Verschmelzungsvertrag beim Registergericht eingereicht wurde.

d) Publizität der Rechnungslegung

Ein **Kernstück der europarechtlichen Publizitätsvorschriften betrifft die Rechnungslegung der Kapitalgesellschaften** sowie **der Kapitalgesellschaften & Co**. Normativer Ansatzpunkt ist hierbei Art. 2 lit. f der Publizitätsrichtlinie, der für die Offenlegung auf die Unterlagen der Rechnungslegung nach Richtlinie 78/660/EWG[32] (Vierte gesellschaftsrechtliche Richtlinie – „Bilanzrichtlinie"), Richtlinie 83/349/EWG[33] (Siebente gesellschaftsrechtliche Richtlinie – „Konzernabschlussrichtlinie"), Richtlinie 86/635/EWG[34] („Bankbilanzrichtlinie") und Richtlinie 91/674/EWG[35] („Versicherungsbilanzrichtlinie") verweist. Für die gegenständliche Thematik des Registerrechts ist in diesem Zusammenhand nur von Interesse, dass für die **Publizität der Rechnungslegung** keine Registereintragungen vorzunehmen sind.

Eine umfangreiche Novellierung dieses Themenkomplexes ist zum 1.1.2007 durch das „**Gesetz über elektronische Handelsregister und Genossenschaftsregister sowie das Unternehmensregister**" erfolgt.[36] Die **Zuständigkeit für die Entgegennahme der Jahresabschlüsse** wurde danach von den Registergerichten auf den Betreiber des elektronischen Bundesanzeigers verlagert. Die eingereichten Unterlagen sind über das Unternehmensregister (Rn. 5 ff.) abrufbar (§ 8b Abs. 2 Nr. 4 HGB).

Im Einzelnen ist die **Offenlegung nach § 325 HGB** durch elektronische Übersendung der dort bezeichneten Unterlagen, insbesondere des Jahresabschlusses (§ 242 Abs. 3 HGB), elektronisch innerhalb der vorgesehenen Fristen von regulär zwölf Monaten, bei börsennotierten Kapitalgesellschaften innerhalb von vier Monaten (§ 325 Abs. 4 HGB), zu bewirken. Bis 31.12.2009 kann die Einreichung alternativ auch in Papierform erfolgen.[37] Nach der Einreichung haben die gesetzlichen Vertreter der Gesellschaft die Unterlagen im elektronischen Bundesanzeiger bekannt zu machen (§ 325 Abs. 2 HGB). Die Bewirkung der Rechnungslegungspublizität ist nach § 335 HGB durch Festsetzung von Ordnungsgeld gegen die Mitglieder des vertretungsberechtigten Organs der betroffenen Gesellschaft seitens des Bundesamts für Justiz durchzusetzen.

4. Einreichung von Unterlagen ohne Eintragung und Bekanntmachung

Als vierte und letzte Art der registerlichen Publizität existiert die Möglichkeit, von Rechts wegen lediglich die **Hinterlegung von Urkunden** oder Angaben zu verlangen, ohne dass eine Eintragung im Register erfolgt und ohne dass eine Bekanntmachung über die Einreichung beim Register vorgesehen ist.

a) Beteiligungsverhältnisse einer GmbH

Der in der Registerpraxis hauptsächliche Fall dieser Publizitätsart ist die Offenlegung der Beteiligungsverhältnisse an einer GmbH. In der noch geltenden Fassung sieht § 40 Abs. 1 Satz 1 GmbHG vor, dass die Geschäftsführer verpflichtet sind, zum Handelsregister eine jeweils aktualisierte Gesellschafterliste einzureichen, aus welcher sich Name, Vorname, Geburtsdatum, Wohnort und die gehaltenen Geschäfts-

---

31 Dritte Richtlinie 78/855 EWG betreffend die Verschmelzung von Aktiengesellschaften v. 9.10.1978, ABl. Nr. L 195/36.
32 Richtlinie v. 25.7.1978, ABl. Nr. L 222/11.
33 Richtlinie v. 18.7.1983, ABl. Nr. L 193/1.
34 Richtlinie v. 8.12.1986, ABl. Nr. L 372/1.
35 Richtlinie v. 19.12.1991, ABl. Nr. L 374/7.
36 EHUG v. 10.11.2006, BGBl. I, S. 2553.
37 § 4 der VO vom 15.12.2006, BGBl. I, S. 3202.

anteile ergeben. Die Gesellschafterliste wird sodann zum Sonderband der Registerakte genommen und unterliegt nach § 9 HGB zu Informationszwecken der Einsicht Dritter.

35 Für den Rechtsverkehr ist es damit – die Erfüllung der Verpflichtung nach § 40 Abs. 1 GmbHG vorausgesetzt – möglich, die **Entwicklung des Gesellschafterbestands einer GmbH** lückenlos nachzuvollziehen. Allerdings ist zu bedenken, dass weder eine registerliche Eintragung noch eine entsprechende öffentliche Bekanntmachung erfolgt. Dritte erlangen somit nur aufgrund von Eigeninitiative durch Einsichtnahme in die Registerakten Kenntnis von der Zusammensetzung des Gesellschafterbestandes. Zusätzlich ist festzuhalten, dass an den **Inhalt der Gesellschafterliste** keine besonderen publizitätsrechtlichen Rechtsfolgen knüpfen, insb. also § 15 HGB keine Anwendung findet. Ebenso kommt der Gesellschafterliste keine Bedeutung hinsichtlich der Frage zu, wer im konkreten Fall kraft materiellen Rechts Inhaber eines Geschäftsanteils an einer GmbH ist. Einem künftigen Erwerber kann somit auch die Einsichtnahme in die Gesellschafterliste keinen Schutz davor bieten, dass der Veräußerer in Wahrheit gar nicht Berechtigter des zu verschaffenden Anteils ist. Wie stets im deutschen Privatrecht ist der **gutgläubige Erwerb von nicht verbrieften Rechten**, hier also des Geschäftsanteils an einer GmbH, ausgeschlossen. Die Gesellschafterliste ist derzeit nicht so ausgestaltet, dass sie, etwa gleich einem Grundbuch für Gesellschaftsrechte, einen Rechtsscheinträger darstellen würde. Daran würde sich per se nichts ändern, wenn die in der Gesellschafterliste enthaltenen Daten – wie etwa im österreichischen Firmenbuch[38] – in den eingetragenen Datenbestand selbst übernommen würden.

b) Wirtschaftliche Neugründung von Kapitalgesellschaften

36 Einen weiteren Fall der Einreichung ohne Eintragung im Register und ohne Bekanntmachung hat im Jahre 2003 der BGH[39] im Weg der richterlichen Rechtsfortbildung unter Berufung auf eine analoge Anwendung der Gründungsvorschriften für Kapitalgesellschaften geschaffen (bereits Ende 2002 hatte derselbe Senat über die Frage der Kapitalausstattung von GmbH entschieden, die als „offene Vorratsgesellschaften"[40] gegründet und anschließend im Wege der wirtschaftlichen Neugründung mit einem Unternehmen ausgestattet werden[41]). Die Rspr. sieht danach vor, dass auch „leere Mantelgesellschaften", also solche, die nach einer unternehmerischen Tätigkeit zwischenzeitlich inaktiv geworden sind und deren Stammkapital verbraucht ist, die Reaktivierung durch Ausstattung mit einem neuen Unternehmen gegenüber dem Registergericht als „wirtschaftliche Neugründung" offen zu legen haben.

> **Hinweis:**
>
> Unterbleibt eine derartige Publizierung, so haften die handelnden Personen nach Auffassung des Senats entsprechend § 11 Abs. 2 GmbHG und diejenigen Gesellschafter, die dem erneuten Geschäftsbeginn zugestimmt haben, nach den Regeln der Differenzhaftung.

Abgerundet wird dieses Konzept der wirtschaftlichen Neugründung durch die entsprechende Anwendung der Gründungsvorschriften, so dass die Geschäftsführer neben der Offenlegung der wirtschaftlichen Neugründung zugleich entsprechend § 8 Abs. 2 GmbHG zu versichern haben, dass das Stammkapital wie bei einer Neugründung vorhanden ist.

37 Anzumerken bleibt, dass der durch den BGH eingeschlagene Weg zwar kraft geltenden Rechts möglich, gleichwohl aber nicht befriedigend ist. Wie die Einordnung im Rahmen der Darstellung dieses Abschnittes zeigt, geht der Senat davon aus, dass die **Offenlegung der wirtschaftlichen Neugründung** nur gegenüber dem Registergericht zu erfolgen hat. Eine Registereintragung oder Bekanntmachung erfolgt nicht. Dritten bleibt es daher selbst überlassen, ggf. durch Einsichtnahme in die Registerakten festzustellen, ob eine wirtschaftliche Neugründung vorliegt, da sie dies grds. weder dem Registerinhalt noch den Be-

---

38 Vgl. § 11 des österreichischen „Gesetzes über Gesellschaften mit beschränkter Haftung".
39 BGH, NJW 2003, 3198.
40 Hierzu BGHZ 117, 323; vgl. allgemein Ulmer, BB 1983, 1123; Priester, DB 1983, 2291.
41 BGH, NJW 2003, 892; hierzu Altmeppen, NZG 2003, 145; v. Bredow/Schumacher, DStR 2003, 1032; Heidinger, ZNotP 2003, 82; Krafka, ZGR 2003, 577; Nolting, ZIP 2003, 651.

kanntmachungsblättern entnehmen können. Zwar kann die Änderung der Firma und des Unternehmensgegenstandes unter gleichzeitiger Auswechslung der Geschäftsführer ein Indiz für eine wirtschaftliche Neugründung sein. Um begrifflich zwingende Tatbestandsmerkmale handelt es sich hierbei indes nicht.[42] Der durch den **BGH** vorgesehene Ausgleich dieser fehlenden nach Außen wirkenden Publizität durch die persönliche Haftung der beteiligten Geschäftsführer und Gesellschafter ist dagegen fragwürdig, zumal der Wert der Haftung stets von der Solvenz der Haftenden abhängt. In diesem Sinne bleibt es dabei, dass eine angemessene Lösung des Problems der Mantelgesellschaften dem Gesetzgeber überlassen bleibt.[43]

II. Gegenstände der registerlichen Publizität

Die mit den Mitteln des Registerrechts offen zu legenden Gegenstände unterliegen grds. einem numerus clausus. In besonderem Maße gilt dies für die in das Register einzutragenden **Rechtstatsachen**, da im Sinne einer effektiven Registerführung vermieden werden muss, dass durch die Aufnahme einer Vielzahl von Informationen das gesamte Registerblatt aufgrund einer hierdurch eintretenden Unübersichtlichkeit an Aussagekraft verliert.[44] Entsprechend besteht Einigkeit darüber, dass nur solche Umstände im Register eingetragen werden können, für welche die Rechtsordnung die Eintragung voraussetzt oder wenn mit der Eintragung bzw. ihrem Unterbleiben Rechtswirkungen verbunden sind.[45]

38

> **Hinweis:**
>
> Naturgemäß ist die Gesetzeslage Ausgangspunkt bei der Beantwortung der Frage, welche Tatsachen in das Register einzutragen sind. Der leitende Gedanke ist dabei, dass das Handelsregister nur die für den Rechtsverkehr wichtigen Rechtsverhältnisse der Kaufleute und Handelsgesellschaften offen legen soll und kann. Entsprechend dürfen nur die Tatsachen und Rechtsverhältnisse in das Handelsregister eingetragen werden, für deren Eintragung ein erhebliches Bedürfnis des Rechtsverkehrs besteht.[46] Angesichts der begrenzten Ressourcen an Informationsvermittlung und unter Berücksichtigung der ebenso eingeschränkten Aufnahmekapazität der potenziell Einsichtnehmenden kann Aufgabe des Registers nicht sein, sonstige Rechtsverhältnisse der Unternehmer und Unternehmen darzustellen, insb. nicht solche internen Verhältnisse, die weder auf die Vertretungs- noch auf die Haftungslage des jeweils eingetragenen Rechtsträgers Einfluss haben.

Allerdings ist damit noch keine Entscheidung darüber getroffen, ob nicht in einzelnen Ausnahmefällen bestimmte Tatsachen und Rechtsverhältnisse auch ohne entsprechende ausdrückliche gesetzliche Anordnung registerlich eintragungsfähig sind. Vielmehr ist in Lit. und Rspr. mittlerweile allgemein anerkannt, dass Sinn und Zweck des Handelsregisters es zuweilen erfordern, **Eintragungen im Register auch dann für zulässig zu halten**, wenn es an einer derartigen ausdrücklichen **gesetzlichen Normierung fehlt**. In diesem Sinne darf nicht nur in positivistischer Weise auf die ausdrücklichen Gesetzesbestimmungen abgestellt werden.[47] Vielmehr muss auch bei der Frage der Eintragungsfähigkeit in das Register von den allgemeinen Grundsätzen der **Auslegung**, der **Analogie** und von der **richterlichen Rechtsfortbildung** Gebrauch gemacht werden. Allerdings dürfen gleichwohl nur solche Tatsachen zur Eintragung zugelassen werden können, für deren Eintragung nach Sinn und Zweck des Handelsregisters ein außerordentliches sachliches Bedürfnis besteht.[48] Um eine funktionsgefährdende Überlastung des Registerinhalts zu vermeiden, ist die Eintragung somit auf solche Tatsachen zu beschränken, deren Publizierung dringend geboten

39

---

42 Siehe Heidinger, ZNotP 2003, 82, 86; Krafka, ZGR 2003, 577, 582.
43 Krafka, ZGR 2003, 577, 590.
44 MünchKomm-HGB/Krafka, § 8 Rn. 3.
45 Vgl. Canaris, Handelsrecht, § 4 Rn. 8 und Baumbach/Hopt/Hopt, HGB, § 8 Rn. 5.
46 BGH, NJW 1998, 1071 = FGPrax 1998, 68; BayObLG, MittBayNot 2000, 568.
47 Ebenso Staub/Hüffer, HGB, § 8 Rn. 31.
48 Vgl. aus der Rspr. z.B. BGHZ 105, 324, 344; BayObLGZ 1978, 182, 185 f.; 1987, 449, 452.

und unumgänglich ist. Unter Berücksichtigung seiner grds. formalen Natur ist dabei i.S.d. Registerrechts bei der Ausfüllung dieser Vorgaben große Zurückhaltung geboten.[49]

> **Hinweis:**
> Für die Frage der **Kategorisierung einzelner Publizitätsgegenstände** ist neben der Einordnung als kraft Gesetzes oder kraft Rechtsfortbildung eintragungsfähige Tatsache von besonderer Bedeutung, ob die entsprechende Anmeldung mit Zwangsmitteln im Handelsregisterrecht nach § 14 HGB herbeigeführt werden kann. Nimmt man dies zum Ausgangspunkt, so ergeben sich „erzwingbare eintragungsfähige Tatsachen", „nur eintragungsfähige, aber nicht erzwingbare Tatsachen" und „von Amts wegen einzutragende Tatsachen".[50]

1. Erzwingbare eintragungsfähige Tatsachen

40 Die Vielzahl der nach § 14 HGB **erzwingbaren registerlichen Eintragungen** ist ausdrücklich gesetzlich normiert. Für das Handelsregister gilt dies insb. hinsichtlich der Umstände, welche die **Existenz**, die **Firma**, die **Vertretungs- und die Haftungsverhältnisse** des jeweiligen Rechtsträgers betreffen.

41 Für Einzelkaufleute lassen sich für folgende **anmelde- und eintragungspflichtige Tatsachen und Rechtsverhältnisse** gesetzliche Vorschriften finden:

- § 1 Abs. 2 HGB sowie § 29 HGB – Ersteintragung des kaufmännischen Unternehmens,
- § 31 Abs. 1 HGB – Änderung von Firma und Inhaber oder zur Verlegung der Hauptniederlassung,[51]
- § 13 Abs. 1 HGB – Zweigniederlassungen,
- § 53 HGB – erteilten Prokuren und
- § 31 Abs. 2 HGB – Erlöschen der Firma.

42 Für juristische Personen finden sich in § 33 HGB Regelungen zur **Erstanmeldung** und in § 34 HGB Vorschriften zu **etwaigen Änderungen**. Bei Personenhandelsgesellschaften sieht bei der **OHG**

- § 106 Abs. 1 HGB die Anmeldung zur Eintragung der Gesellschaftserrichtung sowie
- § 107 HGB die Anmeldung einer Firmenänderung, einer Sitzverlegung und des Eintritts eines Gesellschafters,
- § 143 HGB die Anmeldung der Auflösung und des Ausscheidens eines Gesellschafters,
- § 144 HGB die Fortsetzung nach Insolvenz und
- §§ 148, 150 HGB die Liquidation sowie
- § 157 HGB das Erlöschen der Firma nach Liquidation vor.

43 **Sonderregelungen** für die **KG** enthalten

- § 162 Abs. 1 und Abs. 2 HGB in Bezug auf Kommanditisten und deren Einlage,
- § 162 Abs. 3 HGB für Änderungen der Kommanditisten und
- § 175 HGB für eine Änderung der Kommanditeinlage.

44 Bei der **GmbH** finden sich erzwingbare Eintragungspflichten in

- § 39 Abs. 1 GmbHG für Veränderungen bei der Geschäftsführung,
- in § 65 Abs. 1 GmbHG für die Auflösung der Gesellschaft,
- in § 67 GmbHG für die Anmeldung der Liquidatoren und
- in § 74 GmbHG für die Beendigung der Liquidation.

---

49   BGH, NJW 1998, 1071 = FGPrax 1998, 68; BGHZ 105, 324, 338, 343 ff.; Koller/Roth/Morck, HGB, § 8 Rn. 8; Ebenroth/Boujong/Joost/Schaub, HGB, § 8 Rn. 58; zustimmend auch Canaris, Handelsrecht, § 4 Rn. 10.
50   Zu dieser Kategorisierung MünchKomm-HGB/Krafka, § 8 Rn. 33 ff.
51   Siehe hierzu auch § 13h HGB.

In Bezug auf die **AG** regeln folgende Vorschriften anmelde- und eintragungspflichtige Gegenstände: 45

- § 81 AktG die Änderung des Vorstands,
- § 201 AktG die Ausgabe von Bezugsaktien,
- § 227 AktG die Durchführung der ordentlichen Herabsetzung des Grundkapitals,
- § 239 AktG die Durchführung der Kapitalherabsetzung durch Aktieneinziehung,
- § 263 AktG die Auflösung der Gesellschaft,
- § 266 AktG die Anmeldung der Abwickler,
- § 273 AktG die Beendigung der Abwicklung und
- § 298 AktG die Beendigung eines Unternehmensvertrags.

> **Hinweis:**
>
> Darüber hinaus existieren weitere, von Rspr. und Lit. anerkannte Fälle, in welchen ein bestimmter eng umgrenzter Kreis von Tatsachen im Register eintragbar ist. Da § 14 HGB insoweit neutral formuliert ist, kann es sich hierbei auch um eintragungsfähige Tatsachen handeln, deren Anmeldung zur Eintragung erzwungen werden kann.[52]

Der hohen **praktischen Bedeutung** zufolge ist dabei vor allem die **Befreiung von den Beschränkungen des § 181 BGB** für etwaige Organmitglieder zu nennen, also bei Personenhandelsgesellschaften für persönlich haftende Gesellschafter, bei der GmbH für Geschäftsführer und bei der AG – wegen § 112 AktG beschränkt auf den Fall der Mehrfachvertretung – für Vorstandsmitglieder.

Ebenso hat die Rspr. anerkanntermaßen in der einem Prokuristen erteilten Befugnis zur Veräußerung und Belastung von Grundstücken nach § 49 Abs. 2 HGB eine erzwingbar eintragungspflichtige Tatsache gesehen.[53] Nach zutreffender Auffassung gilt dasselbe auch für die dem Prokuristen eingeräumte Befreiung von den Beschränkungen des § 181 BGB.[54]

An dieser Stelle ist im Übrigen auch der äußerst umstrittene Themenkomplex einzuordnen, ob die **Testamentsvollstreckung über Gesellschaftsanteile** von Personengesellschaften im Handelsregister eintragbar ist. Das Kammergericht hat sich hierzu sehr zurückhaltend geäußert und geht davon aus, dass bei der Dauertestamentsvollstreckung über einen Kommanditanteil keine entsprechende Eintragung im Handelsregister möglich ist.[55] Die überwiegende Lit.[56] geht hingegen davon aus, dass die materiell-rechtlich zulässige Testamentsvollstreckung zumindest dann Niederschlag in einer entsprechenden formellen Registereintragung finden muss, wenn die Testamentsvollstreckung Einfluss auf die mit der Beteiligung verbundenen Mitgliedschaftsrechte hat[57] oder gar dazu führt, dass hierdurch nur eine beschränkte Haftung des Erben mit dem Nachlass eintritt. Folgt man der zuletzt genannten Auffassung, so muss folgerichtig auch die Anordnung, dass ein Kommanditanteil der Testamentsvollstreckung unterliegt, in das Handelsregister eingetragen werden.[58] Andernfalls würde das Handelsregister in Bezug auf die registerlich wesentlichen Haftungsverhältnisse nur unvollständige Informationen wiedergeben. Sinn und Aufgabe des Handelsregisters erfordern in dieser Hinsicht die Aufnahme eines entsprechenden Vermerks, der angesichts 46

---

52 Vgl. nur Koller/Roth/Morck, HGB, § 14 Rn. 2.
53 BayObLGZ 1971, 55; MünchKomm-HGB/Krafka, § 8 Rn. 50; Ebenroth/Boujong/Joost/Weber, HGB, § 49 Rn. 18.
54 BayObLGZ 1980, 195.
55 KG, FGPrax 1995, 202.
56 Baumbach/Hopt/Hopt, HGB, § 8 Rn. 5 und § 139 Rn. 21, 24; Ebenroth/Boujong/Joost/Schaub, HGB, § 8 Rn. 127.
57 Vgl. BGHZ 108, 187.
58 Ebenroth/Boujong/Joost/Strohn, HGB, § 177 Rn. 22; a.A.: KG, FGPrax 1995, 202; Krafka/Willer, Registerrecht, Rn. 104, 769.

seiner Bedeutung in die Gruppe der Eintragungen einzuordnen ist, deren Anmeldung notfalls nach § 14 HGB erzwungen werden kann.

> **Hinweis:**
>
> Nach der allgemeinen Konzeption des Registerrechts ist wenig überraschend, dass die Eintragung der vorgenannten Tatsachen stets deklaratorisch wirkt. In diesem Sinne stellt die Erzwingbarkeit nach § 14 HGB in rechtssystematischer Hinsicht das Korrelat dafür dar, dass es den einzelnen Rechtsträgern möglich ist, die Rechtswirksamkeit der jeweiligen Tatsache auch ohne Handelsregistereintragung zu bewirken.

2. Nicht erzwingbare eintragungsfähige Tatsachen

47 Die zweite Gruppe eintragungsfähiger Tatsachen unterscheidet sich von der ersten Gruppe (s. die vorherigen Ausführungen) dadurch, dass deren Anmeldung nicht gemäß § 14 HGB erzwungen werden kann. Hierzu ist zunächst beispielhaft im Rahmen der ausdrücklich gesetzlich angeordneten Fälle auf die Bestimmungen der § 2 Satz 2 und § 3 Abs. 2 und Abs. 3 HGB zur **Begründung der Kaufmannseigenschaft** für **Kleingewerbetreibende** sowie **land- und forstwirtschaftliche Unternehmen** hinzuweisen. Danach wirkt für diese unternehmerisch tätigen Personen die Eintragung im Register konstitutiv für die Erlangung der Kaufmannseigenschaft. Dieselbe Wirkung entfaltet für die Beteiligten die freiwillige Herbeiführung der Eintragungen nach § 25 Abs. 2 HGB und § 28 Abs. 2 HGB, die jeweils bewirken, dass eine Haftung des Inhabers eines kaufmännischen Unternehmens für die Forderungen gegen den vorigen Inhaber nicht eintritt.

a) Gesetzlich angeordnete Eintragungen

48 Die folgende Aufzählung der nicht erzwingbaren Anmeldungen von Eintragungen bei Kapitalgesellschaften bestätigt das bisherige Ergebnis, dass zu dieser Gruppe nur konstitutiv wirkende Registervermerke zählen.

So gehören hierzu bei der **GmbH** nach § 79 Abs. 2 GmbHG deren

- Ersteintragung (§§ 7, 8 GmbHG),
- die Abänderungen des Gesellschaftsvertrags (§ 54 GmbHG),
- die Erhöhung des Stammkapitals (§ 57 Abs. 1 GmbHG) und dessen Herabsetzung (§ 58 Abs. 1 Nr. 3 GmbHG).

Für die **AG** ergibt sich dasselbe Bild, da auch in diesen Fällen folgende konstitutiv wirkende Eintragungen nach § 407 Abs. 2 AktG nicht mittels Zwangsgeld herbeigeführt werden können.

Dies gilt für:

- die Ersteintragung der Gesellschaft (§ 36 AktG),
- die Sitzverlegung (§ 45 AktG),
- die Nachgründung (§ 52 Abs. 6 AktG),
- Satzungsänderungen (§ 181 AktG),
- den Beschluss über die Erhöhung des Grundkapitals (§ 184 AktG),
- die Durchführung der Kapitalerhöhung (§ 188 AktG),
- den Beschluss einer bedingten Kapitalerhöhung (§ 195 AktG),
- die Kapitalerhöhung aus Gesellschaftsmitteln (§ 210 AktG),
- die ordentliche Kapitalherabsetzung (§ 223 AktG),
- die Kapitalherabsetzung durch Einziehung von Aktien (§ 237 Abs. 4 AktG),
- den Abschluss eines Unternehmensvertrages (§ 294 Abs. 1 AktG) und

- die Eingliederung (§ 319 Abs. 3 AktG).

Nichts anderes ist auch für **Umwandlungsmaßnahmen** vorgesehen, deren Eintragung im Register ebenfalls konstitutiv wirkt (§ 316 Abs. 2 UmwG). Dies gilt sowohl für die **Verschmelzung** (§ 16 Abs. 1 UmwG), insb. auch für die Verschmelzung zur Neugründung (§ 38 UmwG), zudem entsprechend allgemein für **Spaltungen** (§ 129 UmwG) sowie speziell für Spaltungen zur Neugründung (§ 137 Abs. 1 und 2 UmwG) und für **Vermögensübertragungen** (vgl. z.B. § 176 Abs. 1, § 177 Abs. 1 UmwG) sowie für **Formwechsel** (siehe vor allem §§ 198, 222, 235 UmwG).

b) Unternehmensverträge bei einer GmbH

Wie dargestellt (s. Rn. 39) gehen Rspr. und Lit. davon aus, dass die Eintragung von nicht ausdrücklich dem Gesetz nach bestimmten oder zugelassenen Tatsachen in das Handelsregister dann zulässig ist, wenn der Sinn und Zweck des Handelsregisters die Eintragung erfordert und für die Eintragung ein erhebliches Bedürfnis des Rechtsverkehrs besteht.[59]

Zu derartigen Fällen zählt insb. die **Eintragung von Unternehmensverträgen** bei der GmbH. Hierzu ist zunächst anzumerken, dass zu den verbundenen Unternehmen i.S.d. §§ 15 ff. und 291 ff. AktG auch eine GmbH gehören kann.[60] In diesem Zusammenhang hat der BGH[61] festgestellt, dass ein Beherrschungs- bzw. Gewinnabführungsvertrag, neben den sonstigen Voraussetzungen seiner Begründung, auch der konstitutiv wirkenden und nicht nach § 14 HGB erzwingbaren Eintragung im Handelsregister der beherrschten GmbH bedarf.

Umstritten ist die Frage, ob auch die **Eintragung eines Teilgewinnabführungsvertrags** einer GmbH als Untergesellschaft der konstitutiven Eintragung im Register bedarf.[62] Die Beantwortung richtet sich nach den Vorbedingungen des materiellen Rechts. Sieht man in einem Teilgewinnabführungsvertrag mit der Auffassung des BayObLG[63] keine Zweckänderung der abführungsverpflichteten GmbH, so ist folgerichtig auch eine konstitutive Registereintragung abzulehnen.

Eine andere Streitfrage betrifft die Eintragbarkeit eines **Vermerks über einen bestehenden Unternehmensvertrag** im Register der herrschenden Gesellschaft. Verschiedene Gerichte meinen, ein solcher Vermerk sei, wenn er auch keine Rechtswirkungen entfalte, gleichwohl eintragbar.[64] In der Lit. hat sich insb. Dorsemagen[65] dafür ausgesprochen, einen solchen Vermerk zuzulassen, da dieser für Dritte einen durchaus wichtigen Informationsgehalt aufweise. Allerdings ist nach allgemeinen Grundsätzen das Register von solchen Eintragungen frei zu halten ist, die keinen unmittelbaren Aussagegehalt zur Existenz, Firma, Haftung oder Vertretungslage des eingetragenen Rechtsträgers aufweisen. Da diese Kriterien im vorliegenden Fall nicht gegeben sind und auch eine entsprechende Eintragung im kodifizierten Konzernrecht der AG nicht vorgesehen ist, liegt es nahe, die Möglichkeit einer solchen Eintragung im Register der herrschenden Gesellschaft abzulehnen.[66]

c) Vertretungsverhältnisse einer GmbH & Co. KG

Ebenfalls der Fallgruppe der nicht erzwingbaren eintragungsfähigen Tatsachen zuzuordnen ist die Frage der **Eintragung der Vertretungsverhältnisse einer GmbH & Co. KG**. Naturgemäß steht außer Frage, dass im Registerblatt der KG stets die Vertretungsbefugnis der Komplementär-GmbH zu verlautbaren ist

---

59   Siehe exemplarisch die von der Rspr. entschiedenen Fälle BayObLG, MittBayNot 2000, 568 unter Bezugnahme auf BGH, NJW 1998, 1071 = FGPrax 1998, 68.
60   Hierzu Halm, NZG 2001, 728; Hoffmann-Becking, WiB 1994, 57.
61   BGHZ 116, 37; 105, 324.
62   Schmidt-Ott, GmbHR 2001, 182; ders., GmbHR 2002, 784; Weigl, GmbHR 2002, 778.
63   BayObLG, GmbHR 2003, 534 m. Anm. Weigl.
64   LG Düsseldorf, RNotZ 2001, 171; LG Bonn, MittRhNotK 2000, 78.
65   Dorsemagen, RNotZ 2001, 171.
66   Krafka/Willer, Registerrecht, Rn. 1111.

(vgl. § 106 Abs. 2 Nr. 4 HGB) und aus dem Registerblatt der GmbH die Vertretungsbefugnis von deren Geschäftsführern erkennbar sein muss (§ 10 Abs. 1 GmbHG).

52 Umstritten ist jedoch, inwieweit die Vertretungsverhältnisse zwischen der KG und den Geschäftsführern der Komplementär-GmbH im Register der KG eintragbar sind. Diese Thematik war Gegenstand mehrerer Beschlüsse des BayObLG.[67] Aus materiell-rechtlicher Perspektive besteht jedenfalls auch im Verhältnis zwischen KG und den Geschäftsführern der Komplementär-GmbH Raum für die Anwendungsfälle des § 181 BGB, so dass eine entsprechende Befreiung erteilt werden kann.[68]

53 Allerdings muss in diesem Zusammenhang auf elementare Grundvoraussetzungen der registerlichen Publizität Rücksicht genommen werden. So wären Eintragungen im Register der KG nicht hinnehmbar, wenn diese nicht aus sich heraus verständlich sind. Müsste etwa auch das Registerblatt der Komplementär-GmbH herangezogen werden, um den Inhalt der Registereintragungen bei der KG vollständig erfassen zu können, so wird dies den Funktionsbedingungen des Registerrechts nicht gerecht. Erforderlich ist daher, dass die **angestrebte Eintragung der Vertretungsbefugnis** ohne Zuziehung anderer Registerblätter oder zum Handelsregister eingereichter Urkunden **aussagekräftig ist** und so ausgestaltet wird, dass sie nicht durch die Vornahme von Eintragungen im Register eines anderen Rechtsträgers unrichtig werden kann.[69]

Unter Berücksichtigung dieser Vorgaben ist festzuhalten, dass **die Angabe konkret befreiter Personen als Geschäftsführer** der Komplementärin im Register der KG ausscheidet, da eine solche Eintragung stets mit dem Registerblatt der Komplementär-GmbH abgeglichen werden müsste, um zu ermitteln, ob die genannten Personen tatsächlich deren Geschäftsführer sind und bleiben. Möglich und daher zu Recht durch das BayObLG[70] anerkannt ist dagegen die Eintragung, dass sämtliche Geschäftsführer der konkret vorhandenen oder der jeweiligen Komplementärin auch seitens der KG von den Beschränkungen des § 181 BGB befreit sind.[71] Dasselbe gilt auch bei einer KG, deren Komplementär eine ausländische Kapitalgesellschaft ist, für deren organschaftliche Vertreter.[72]

d) Sonderrechtsnachfolgevermerk bei Kommanditanteilen

54 Schließlich ist als dritter Problemkreis im Rahmen dieser Gruppe die Eintragung des Vermerks über die Sonderrechtsnachfolge bei Kommanditanteilen zu behandeln. Nachdem durch den Großen Senat des RG[73] Mitte der 1940er Jahre sowohl die materiell-rechtlichen als auch die formell-rechtlichen Rahmenbedingungen der Mitgliedschaftsübertragung bei Kommanditisten festgestellt wurden, lässt sich bis heute eine diesbezüglich gleichbleibende Registerpraxis konstatieren.

Danach kann die **Übertragung eines bestehenden Kommanditanteils** nicht nur im Wege des Mitgliederwechsels als Ausscheiden und Neueintritt eines Kommanditisten im Register verlautbart werden, sondern entsprechend den materiell-rechtlichen Gegebenheiten auch in der Weise, dass der eintretende Kommanditist als Rechtsnachfolger des Ausscheidenden eingetragen wird. Obwohl dies gesetzlich nicht geregelt ist, besteht an der materiell-rechtlichen Zulässigkeit der Übertragung eines Kommanditanteils heute kein Zweifel mehr. Würde man allerdings streng den registerverfahrensrechtlichen Vorschriften folgen, so könnte nach § 162 Abs. 3 HGB nur das Ausscheiden und Eintreten der Kommanditisten im Register eingetragen werden. Dies wurde jedoch bereits vom RG[74] als verzerrende Darstellung der Rechtslage angesehen, da der Fall eines derivativen Erwerbs einer Kommanditeinlage sich wesentlich von dem eines

---

67 BayObLG, MittBayNot 2000, 568; BayObLGZ 1999, 349; BayObLG, MittBayNot 2000, 241.
68 Siehe BayObLGZ 1999, 349; BayObLG, MittBayNot 2000, 241.
69 BayObLGZ 2000, 106 = MittBayNot 2000, 568 unter Bezugnahme auf BayObLGZ 1999, 349, 352; Melchior/Schulte, HRV, § 40 Rn. 20.
70 BayObLGZ 2000, 106 = MittBayNot 2000, 330.
71 Zustimmend: Böttcher/Ries, Handelsregisterrecht, Rn. 262; Müther, Handelsregister, § 8 Rn. 53.
72 OLG Frankfurt, NZG 2006, 830.
73 RG, DNotZ 1944, 195, erneut abgedruckt in WM 1964, 1130.
74 RG, DNotZ 1944, 195 = WM 1964, 1130.

originären Beitritts zu einer KG unterscheidet.[75] Insb. in Bezug auf die **Haftung für die Gesellschaftsschulden** übernimmt im Fall der Übertragung eines Kommanditanteils der neue Kommanditist nicht die Einlageschuld gegenüber der Gesellschaft, sondern rückt hinsichtlich der Haftung gegenüber den Gesellschaftsgläubigern in diejenige Rechtsposition ein, die bis zur Abtretung der frühere Kommanditist innehatte.[76] Somit verdoppelt sich die Haftungssumme für Dritte nicht. Da die bloße Eintragung des Ein- und Austritts eines Kommanditisten dies nicht wiederspiegeln würde, wird allgemein die deklaratorische registerliche Eintragung eines entsprechenden Sonderrechtsnachfolgevermerks bei dem eintretenden Kommanditisten befürwortet.[77]

Als **Beweismittel zur Begründung der Sonderrechtsnachfolge** dient dem Registergericht regelmäßig eine entsprechende Versicherung des ausscheidenden Kommanditisten und der Komplementäre in vertretungsberechtigter Zahl, dass eine Abfindung des ausscheidenden Gesellschafters aus dem Vermögen der Kommanditgesellschaft weder geleistet noch versprochen wurde (siehe hierzu Rn. 94). Dies ist nach im Jahr 2005 erfolgter Feststellung des BGH mittlerweile gewohnheitsrechtlich anerkannt.[78]

III. Nicht publizitätsfähige Tatsachen

1. Persönliche Verhältnisse

Im Gegensatz zu Registereintragungen in anderen europäischen Staaten[79] geben die deutschen Rechtsträgerregister (Handels-, Genossenschafts-, Partnerschafts- und Vereinsregister) keine Auskunft über persönliche Verhältnisse der eingetragenen Personen. Daher sind insb. der **Familienstand** und Einschränkungen der **Geschäftsfähigkeit** der vermerkten Personen nicht eintragbar. Auch sind etwaige **güterrechtliche Beschränkungen** nicht in das Handelsregister einzutragen.[80] Dasselbe gilt für **Beschränkungen der Verfügungsbefugnis** und gesetzliche Vertreter eingetragener Personen. So unterbleibt z.B. – anders als gemäß § 51 GBO im Grundbuch als Rechtsobjekteregister – die Eintragung eines Nacherbenvermerks.[81]

2. Handlungsvollmacht

Ebenso ist die **Erteilung einer Handlungsvollmacht** nicht registerlich eintragbar.[82] Andernfalls bestünde keine klare Abgrenzbarkeit zur einzigen publizitätsfähigen rechtsgeschäftlichen Vertretungsmacht, der Prokura (§ 53 HGB). Zur Vermeidung unübersichtlicher Vertretungsverhältnisse ist es zwingend, dass auch Mischgestaltungen, wie etwa die Knüpfung der Ausübung der Prokura an die Mitwirkung eines Handlungsbevollmächtigten, nicht registerlich eintragbar sind.[83] Auch die Erteilung einer „**Generalvollmacht**", die in gesellschaftsrechtlicher Hinsicht ohnehin allenfalls als Handlungsvollmacht Bestand haben kann,[84] ist daher nicht im Handelsregister eintragbar. Ein hiervon abweichendes Verständnis kann nur überzeugen, sofern entgegen der aktuellen Rspr. und der allgemein h.M. die Erteilung einer Generalvollmacht für zulässig gehalten wird und zugleich eine gemäß § 14 HGB erzwingbare Anmeldepflicht statuiert wird.[85]

---

75 Vgl. BGHZ 81, 82.
76 BGHZ 81, 82.
77 BGH, NZG 2006, 15; RG, DNotZ 1944, 195 = WM 1964, 1130; BayObLGZ 1977, 76; OLG Zweibrücken, Rpfleger 2002, 157 m. Anm. Waldner; Melchior/Schulte, HRV, § 40 Rn. 2.
78 BGH, NZG 2006, 15.
79 Vgl. zum französischem Handelsregister Kramm, Handelsregister, S. 117.
80 MünchKomm-HGB/Krafka, § 8 Rn. 55.
81 Siehe nur MünchKomm-HGB/Krafka, § 8 Rn. 55 und § 12 Rn. 41.
82 K. Schmidt, Handelsrecht, S. 483.
83 Ebenroth/Boujong/Joost/Weber, HGB, § 53 Rn. 2; MünchKomm-HGB/Krebs, § 53 Rn. 4.
84 Siehe BGH, MittBayNot 2002, 406.
85 Soweit ersichtlich vertritt dies nur Canaris, Handelsrecht, § 4 Rn. 11, allerdings ohne Berücksichtigung der registerrechtlichen Implikationen.

3. Derzeit irrelevante Vertretungsregelungen

58 Nach allgemeinen Grundsätzen sind **überflüssige Eintragungen** im Register zu unterlassen. Dies gilt naturgemäß auch für solche Tatsachen, die zwar potenziell wichtig sind, aber noch keine aktuelle Bedeutung haben. Daher ist die bloße Möglichkeit, künftig Befugnisse im Rahmen der Vertretung eines Rechtsträgers zu erhalten, nicht im Handelsregister eintragbar, sondern erst deren tatsächliche Erlangung. Erlaubt z.B. die Satzung einer GmbH der Gesellschafterversammlung, die Geschäftsführer von den Beschränkungen des § 181 BGB zu befreien, so ist dies erst dann im Register eintragbar, wenn von dieser Möglichkeit konkret bezüglich einzelner Geschäftsführer Gebrauch gemacht wurde. Die abstrakte Möglichkeit hierzu kann hingegen nicht in das Register eingetragen werden.[86] Ebenso hat die Eintragung von Umständen zu unterbleiben, die für registerrechtliche Publizitätsfragen keinen Gehalt aufweisen. So ist bspw. für die Frage der Vertretungsbefugnis irrelevant, ob eine Person Geschäftsführer oder nur stellvertretender Geschäftsführer ist, so dass eine entsprechende Eintragung unterbleibt.[87] Die einzige – systemfremde und wohl rein traditionell zu erklärende – Ausnahme hierzu, welche den Vermerk eines in vertretungsrechtlicher Hinsicht funktionslosen Titels vorsieht, ist die Eintragung des Vorsitzenden des Vorstands einer AG (§ 43 Nr. 4 lit. b HRV).

4. Nießbrauch an Gesellschaftsanteilen

59 Abschließend ist zur Gruppe der nicht publizitätsfähigen Tatsachen die Bestellung eines Nießbrauchs am Anteil an einer Personenhandelsgesellschaft zu erwähnen. **Zulässig** ist eine derartige Verfügung sowohl hinsichtlich der Beteiligung eines persönlich haftenden Gesellschafters als auch in Bezug auf Kommanditbeteiligungen,[88] sofern sämtliche Gesellschafter einverstanden sind. Anwendbar sind die Vorschriften der §§ 1068 ff. BGB, da es sich um einen Nießbrauch an einem Recht handelt. Für die Frage, ob eine Registereintragung hierzu zulässig ist, ist die materielle Rechtslage maßgeblich. Diese allerdings besagt, dass mit der Bestellung des Nießbrauchs die Stellung der Gesellschafter grds. unverändert bleibt. Zwar erwirbt der Nießbrauchsberechtigte ein dingliches Recht an der Gesellschaftsbeteiligung. Er wird aber nicht selbst Gesellschafter und haftet nach h.M. nicht nach Außen gegenüber Dritten.[89] Legt man diese Auffassung zugrunde, so muss die Lösung der Frage unter registerrechtlicher Perspektive dahingehend lauten, dass eine Eintragung des Nießbrauchs im Handelsregister nicht zulässig ist.[90]

IV. Einsichtnahme in das Handelsregister

60 Die **Funktionsweise der Rechtsträgerregister**, insb. also des Handelsregisters, lebt davon, dass für Dritte der Datenbestand des Registers unumschränkt zur Einsichtnahme offen steht. Auch in diesem Punkt unterscheidet sich das Registerrecht maßgeblich vom Recht der Rechtsobjekteregister, bspw. vom Grundbuchrecht, das eine Einsichtnahme nur demjenigen gestattet, der ein berechtigtes Interesse darlegt (§ 12 Abs. 1 GBO). Zu Recht sieht dagegen § 9 Abs. 1 HGB vor, dass die **Einsicht in das Handelsregister** und in die, im Registerordner (§ 9 HRV) enthaltenen, zum Handelsregister eingereichten Dokumente jedem ohne Nachweis eines besonderen Interesses zu Informationszwecken gestattet ist.

61 Für die Bedürfnisse des Rechtsverkehrs ist die Registereinsicht unbeschränkt. Die erst im Jahre 2001 durch das ERJuKoG[91] eingefügte Einschränkung, die Einsicht dürfe nur zu Informationszwecken erfol-

---

86 OLG Frankfurt, GmbHR 1994, 118; OLG Hamm, FGPrax 1996, 236; Baumbach/Hopt/Hopt, HGB, § 8 Rn. 5.
87 BGH, NJW 1998, 1071 = FGPrax 1998, 68.
88 Vgl. BGHZ 108, 187, 199; BGH, NJW 1999, 571, 572; Koller/Roth/Morck, HGB, § 105 Rn. 22; vgl. auch Kruse, RNotZ 2002, 69.
89 Baumbach/Hopt/Hopt, HGB, § 105 Rn. 44; Ebenroth/Boujong/Joost, HGB, § 105 Rn. 118; Heymann/Emmerich, HGB, § 105 Rn. 68; a.A.: Koller/Roth/Morck, HGB, § 105 Rn. 22; Staub/Ulmer, HGB, § 105 Rn. 128.
90 Ebenso: MünchKomm-HGB/K. Schmidt, vor § 230 Rn. 16; Ebenroth/Boujong/Joost, HGB, § 105 Rn. 118; Baumbach/Hopt/Hopt, HGB, § 105 Rn. 44; Heymann/Emmerich, HGB, § 105 Rn. 68; a.A.: LG Köln, RNotZ 2001, 170; Staudinger/Frank, BGB, Anh. zu §§ 1068, 1069 Rn. 92; Koller/Roth/Morck, HGB, § 105 Rn. 22, die auch jeweils von der Außenhaftung des Nießbrauchers ausgehen.
91 Gesetz über elektronische Register und Justizkosten für Telekommunikation v. 10.12.2001, BGBl. I, S. 3422.

gen, ist systembedingt auf die nunmehr als Regelfall anzusehenden elektronischen Datenabruf aus dem Register zugeschnitten und soll es ermöglichen, die exzessive Nutzung der Registerdaten zu eigenen gewerblichen Zwecken mittels Anlegung eines Zweitregisters verhindern zu können. Ob diese, die Rspr. des BGH[92] normierende Regelung zur Vermeidung einer Überinformation des Rechtsverkehrs vorteilhaft ist oder dem Zweck des Handelsregisters zuwiderläuft, weil durch eine Vervielfachung der Publikationsmittel eine Verbesserung der Datenzugänglichkeit erreicht werden kann, ist Inhalt einer eigenständigen Diskussion, die für die Zwecke der gegenständlichen Darstellung angesichts der autoritativen Entscheidung des Gesetzgebers nicht zu entscheiden ist. Seit 1.1.2007 sieht jedenfalls § 8 Abs. 2 HGB vor, dass die Bezeichnung „Handelsregister" geschützt ist und daher andere Datensammlung nicht unter Verwendung oder Beifügung dieser Bezeichnung in den Verkehr gebracht werden dürfen.

> **Hinweis:**
>
> Nur der Registerinhalt und die im Registerordner (§ 9 HRV) abgelegten Dokumente (z.B. Anmeldungen, Beschlüsse, Verträge) unterliegen der unbeschränkten Einsicht nach § 9 HGB. Hinsichtlich des Inhalts der Registerakten (§ 8 HRV), vor allem also für die Einsichtnahme in den amtlichen Schriftverkehr zwischen Registergericht und Rechtsträger sowie für etwaige Erzwingungsverfahren (§ 14 HGB) findet dagegen § 34 FGG Anwendung. Dasselbe gilt auch für die geführten Akten, die noch nicht zur Eintragung eines Rechtsträgers geführt haben und die regelmäßig das Aktenzeichen „AR" (Allgemeines Register) führen.

So entscheidet etwa über die Anfertigung beglaubigter Abschriften von den für eine Gründung einer GmbH eingereichten Dokumenten bis zur Eintragung der GmbH der zuständige Richter nach § 34 FGG. **Voraussetzung für die Gewährung der Einsicht** ist somit in diesem Fall ein berechtigtes Interesse des Antragstellers.[93] Anerkannt ist, dass das **Einsichtsrecht nach § 9 HGB** auch die Durchsicht großer Teile oder des ganzen Registers umfasst sowie das Recht zur Dokumentation mittels selbstgefertigter Abschriften, ggf. unter Zuhilfenahme technischer Reproduktionsgeräte. Grenzen der zulässigen Rechtsausübung sind allerdings dann erreicht, wenn der gesamte Bestand des Handelsregisters per Mikrofilm aufgenommen und sodann als eigene Datei in Konkurrenz zum Handelsregister gewerblich verwertet werden soll.[94] Anhaltspunkt für eine Untersagung eines solchen Vorhabens ist nunmehr die Knüpfung der Registereinsicht an die Nutzung zu Informationszwecken (vgl. § 9 Abs. 1 HGB). 62

Die **Einsichtnahme in das Handelsregister erfolgt** regelmäßig über das vom jeweiligen Bundesland zu bestimmende **Informations- und Kommunikationsmedium** gemäß § 9 Abs. 1 HGB (s.a. §§ 52, 53 HRV). Die Länder haben hierzu die Möglichkeit, sich auf ein zentrales Medium zu verständigen (§ 9 Abs. 1 Satz 4 HGB), genutzt und den Zugang über das Internetportal „www.handelsregister.de" eröffnet. Per Internet kann damit gebührenpflichtig online auf den Bestand des Registers und die dazu eingereichten Dokumente (Registerordner, § 9 HRV) zugegriffen werden. Daneben steht naturgemäß die Möglichkeit offen, das Register auf der Geschäftsstelle des Registergerichts einzusehen (§ 10 HRV). 63

V. Registerpublizität gemäß § 15 HGB

Die Bedeutung der Handelsregisterpublizität beruht u.a. auf den zivilrechtlichen Folgewirkungen, die § 15 HGB vorsieht und die nachfolgend im Wege eines kursorischen Überblicks darzulegen sind.[95] 64

1. Negative Publizität gemäß § 15 Abs. 1 HGB

Die bereits erwähnte negative Publizität des Handelsregisters bewirkt, dass eine in das Handelsregister einzutragende Tatsache, solange sie nicht im Register eingetragen ist, von demjenigen, in dessen Angelegenheiten sie einzutragen war, einem gutgläubigen Dritten nicht entgegen gesetzt werden kann, § 15 65

---

92 BGHZ 108, 32.
93 Siehe hierzu Bassenge/Herbst/Roth, FGG, § 34 Rn. 5; Keidel/Kuntze/Winkler/Kahl, FGG, § 34 Rn. 13 ff.
94 BGHZ 108, 32; vgl. Kollhosser, NJW 1988, 2409.
95 Im Übrigen verweise ich auf die umfangreiche Studien- und Lehrbuch- sowie Kommentarliteratur.

Abs. 1 HGB. Geschützt wird damit das Vertrauen des gutgläubigen Rechtsverkehrs auf das Schweigen des Handelsregisters, und das bedeutet entweder Schutz des Vertrauens in Bezug auf den Fortbestand der bisherigen Rechtslage oder in Bezug auf das Bestehen der gesetzlichen Regelungslage. Der Sache nach wird damit zugunsten eines Dritten eine tatsächlich nicht bestehende Rechtslage als gegeben behandelt. Für die juristische Beurteilung des Falles wird damit der registerliche Schein als Rechtswirklichkeit unterstellt.[96]

> **Hinweis:**
> **Maßgebliche Voraussetzung** zur **Anwendung der negativen Publizität** nach § 15 Abs. 1 HGB ist das Vorliegen einer im Register eintragungspflichtigen Tatsache. Dies können der Systematik des Registerrechts zufolge sowohl Tatsachen sein, deren Eintragung deklaratorisch wirkt, als auch solche, deren Eintragung – wie etwa nach § 2 HGB für die Kaufmannseigenschaft – konstitutive Wirkung entfaltet.[97] Lediglich eintragungsfähige Tatsachen, deren Eintragung freiwillig ist, wie etwa der Haftungsausschluss nach § 25 Abs. 2 HGB, sind im Rahmen des § 15 HGB irrelevant.

66 Die **Rechtsfolge einer fehlenden Eintragung** betrifft denjenigen, in dessen Angelegenheit die Tatsache einzutragen gewesen wäre, also den der durch sie entlastet, von einer Haftung befreit oder von der Bindung an eine Vertretungsmacht erlöst wird.[98] Im Übrigen soll nach h.M. § 15 Abs. 1 HGB grds. auch dann Anwendung finden, wenn die ursprüngliche Voreintragung, an welche der Dritte bei Unterstellung der Rechtslage anknüpft, ebenfalls unterblieben ist.[99] Wurde also weder die Erteilung noch der Widerruf einer Prokura im Register eingetragen und bekannt gemacht, so kann sich ein in Bezug auf den fehlenden Widerruf der Prokura gutgläubiger Dritter auf deren Fortbestand mittels § 15 Abs. 1 HGB trotz fehlender Voreintragung der Prokura berufen. Anwendung findet im Übrigen § 15 Abs. 1 HGB auf sog. Primärtatsachen, also Umstände, die eine Rechtslage oder Rechtsstellung erst begründen, ebenso wie auf sog. Sekundärtatsachen, die solche Umstände ändern.[100]

> **Hinweis:**
> Zu beachten ist im Rahmen der negativen Registerpublizität, dass es sich um einen Fall des im Geschäftsverkehr anzuwendenden abstrakten Vertrauensschutzes handelt, also zwar einerseits einfache deliktsrechtliche Beziehungen nicht geschützt werden, andererseits aber nicht erforderlich ist, dass in der Person des Dritten ein Kausalzusammenhang zwischen Registerstand und Anspruchsbegründung besteht.[101]

2. Wirkung eingetragener und bekannt gemachter Tatsachen nach § 15 Abs. 2 HGB

67 Die Registereintragung samt Bekanntmachung gibt dem Eintragungspflichtigen ein Mittel zur Zerstörung eines Rechtsscheins, auf den sich Gutgläubige verlassen dürften. Auf diesem Weg wird letztlich durch die Registereintragung das ggf. bestehende Vertrauen des Rechtsverkehrs in den Fortbestand der bisherigen oder der gesetzlich normierten Rechtslage zerstört. Im Rahmen des § 15 Abs. 2 HGB spielt es hierzu keine Rolle, ob die Eintragung deklaratorische oder konstitutive Wirkung hat. Allerdings findet auch diese Vorschrift nur Anwendung auf eintragungspflichtige, nicht also auf freiwillig registrierbare Vorgänge. Die Schonfrist des § 15 Abs. 2 Satz 2 HGB verhilft im Übrigen dem Rechtsverkehr dazu, auf die Bekanntmachung der neuen Tatsache reagieren zu können und ggf. neu zu disponieren.

---

96 Canaris, Handelsrecht, § 5 Rn. 4.
97 MünchKomm-HGB/Krebs, § 15 Rn. 34; Baumbach/Hopt/Hopt, HGB, § 15 Rn. 5.
98 Baumbach/Hopt/Hopt, HGB, § 15 Rn. 6.
99 MünchKomm-HGB/Krebs, § 15 Rn. 36 m.w.N.; Baumbach/Hopt/Hopt, HGB, § 15 Rn. 11.
100 MünchKomm-HGB/Krebs, § 15 Rn. 33; Ebenroth/Boujong/Joost/Gehrlein, HGB, § 15 Rn. 2.
101 Baumbach/Hopt/Hopt, HGB § 15 Rn. 8 f.

3. Positive Publizität gemäß § 15 Abs. 3 HGB

Zwar bestehen zur Anwendung der positiven Publizität des § 15 Abs. 3 HGB in vielen Detailfragen Streitigkeiten. Maßgeblich soll allerdings nach h.M. sein, ob die Bekanntmachung in der Sache unrichtig ist, also letztlich nicht mit der realen Rechtslage übereinstimmt.[102] Dies kann bei deklaratorischen Eintragungen im Register auch daran liegen, dass die eingetragene Tatsache in Wirklichkeit nicht vorliegt. Auf eine eingetragene Prokura dürfen sich demzufolge Dritte im Rahmen des § 15 Abs. 3 HGB auch dann berufen, wenn sie nie erteilt wurde.

68

Um uferlose Haftungsfolgen auszuschließen wird allerdings überwiegend die Haftung des § 15 Abs. 3 HGB nur dann für anwendbar erachtet, wenn die Eintragung der in Haftung genommenen Person zurechenbar ist. Dies bedeutet, dass die Registerhaftung nach dieser Vorschrift nur dann eingreifen kann, wenn der Eintragungsantrag von einer Person gestellt wurde, die auch tatsächlich anmeldebefugt war.[103]

D. Handelsregisteranmeldungen

Das Registerverfahren ist der freiwilligen Gerichtsbarkeit zugeordnet und als solches regelmäßig ein Antragsverfahren (§ 11 FGG, § 12 Abs. 1 HGB). Nur ausnahmsweise und lediglich in den gesetzlich vorgesehenen Fällen[104] werden im Register von Amts wegen Eintragungen vorgenommen. Zudem sind in der Form von Versicherungserklärungen gegenüber dem Registergericht gesetzlich weitere Mitwirkungshandlungen der Beteiligten normiert.

69

Die Verpflichtung diese **Versicherungserklärungen** („Versicherungen") über das tatsächliche Vorliegen oder Nichtvorliegen gewisser Umstände gegenüber dem Registergericht abzugeben, bevor die beantragte Eintragung erfolgen kann, besteht insb. bei der Gründung einer GmbH in Bezug auf das einzubringende Stammkapital (§ 8 Abs. 2 GmbHG) und bei der Eintragung organschaftlicher Vertreter bezüglich etwaiger persönlicher Bestellungshindernisse (§ 81 Abs. 3 AktG und § 39 Abs. 3 GmbHG).

I. Bedeutung von Registeranmeldungen

Der **wichtigste Fall** der Mitwirkung von Betroffenen im Registerverfahren ist die **Anmeldung zur Eintragung im Register**. Allerdings fehlt eine ausdrückliche gesetzliche Normierung der Funktion und Rechtsnatur von Registeranmeldungen. Die Vorschrift des § 12 Abs. 1 HGB behandelt nur ihre Formbedürftigkeit und den Übermittlungsweg, hat jedoch keinen weitergehenden Regelungsgehalt.

70

Aufgabe der Registeranmeldung ist es, als Antrag an das Gericht das jeweilige Registerverfahren zu eröffnen und zugleich als Eintragungsgrundlage den weiteren förmlichen Ablauf und den Inhalt des beabsichtigten Registereintrags vorzugeben. Inhaltlich muss daher jede Registeranmeldung einen klaren und bestimmten Inhalt aufweisen und insb. die abstrakt eintragungsfähige Tatsache eindeutig und vollständig bezeichnen.[105] Die Verwendung bestimmter Begriffe oder die exakte Vorwegnahme des einzutragenden Registervermerks ist jedoch nicht erforderlich,[106] zumal die Festlegung des Wortlauts der Registereintragung ausschließlich Sache des Gerichts ist. Entsprechend sind Registeranmeldungen als Verfahrenserklärungen auslegungsfähig und ggf. auch auslegungsbedürftig.[107]

---

102 MünchKomm-HGB/Krebs, § 15 Rn. 81; Baumbach/Hopt/Hopt, HGB, § 15 Rn. 18.
103 Baumbach/Hopt/Hopt, HGB, § 15 Rn. 19; Koller/Roth/Morck, HGB, § 15 Rn. 29; Canaris, Handelsrecht, § 5 Rn. 51; a.A.: MünchKomm-HGB/Krebs, § 15 Rn. 83 ff. der weder rechtsethischen Bedarf noch dogmatische Gründe für eine Einschränkung des § 15 Abs. 3 HGB sieht.
104 Siehe insb. die §§ 141 ff. FGG, § 32 HGB, Art. 52 Satz 2 EGHGB.
105 Vgl. MünchKomm-HGB/Krafka, § 12 Rn. 7 f.
106 Siehe MünchKomm-HGB/Krafka, § 12 Rn. 8.
107 Vgl. Ebenroth/Boujong/Joost/Schaub, HGB, § 12 Rn. 38; Böttcher/Ries, Handelsregisterrecht, Rn. 32.

1. Rechtsnatur von Registeranmeldungen

71 Die **primäre Funktion einer Registeranmeldung** besteht darin, als Antrag die Eröffnung eines Verfahrens der freiwilligen Gerichtsbarkeit zu bewirken.[108] Diese formell-rechtliche Wirkung wird zu Recht als Hauptmerkmal der Registeranmeldung angesehen,[109] da sie als verfahrensrechtliche Erklärung gemäß § 11 FGG gegenüber dem Gericht abzugeben ist. Empfänger der Erklärung sind also nicht die ggf. weiteren anmeldenden Personen oder allgemein der Rechtsverkehr.

72 Die Bedeutung der Anmeldung besteht jedoch nicht allein in der bloßen Antragstellung. Erschöpfend kann der Gehalt einer Registeranmeldung nur gewürdigt werden, wenn deren Funktion im Verfahren berücksichtigt wird. Diese wiederum ist mittelbar aus der Feststellung der jeweiligen Eintragungsvoraussetzungen abzuleiten. Beispielhaft lässt sich dies anhand der Registereintragungen von Personenhandelsgesellschaften verdeutlichen: Dort bedürfen zwar alle Eintragungen stets der Mitwirkung sämtlicher Gesellschafter (§ 108 HGB), jedoch ist die Beibringung von Nachweisen über das Bestehen der angemeldeten Tatsachen nicht vorgesehen. Ähnlich verhält es sich mit der Anmeldung des Ausscheidens oder Eintretens von Gesellschaftern einer Personenhandelsgesellschaft im Zuge des Ablebens eines Gesellschafters, da in diesem Fall die Anmeldung von sämtlichen Erben vorzunehmen ist. Zur Anmeldung verpflichtet sind also grds. auch die Erben, die nicht Rechtsnachfolger des Verstorbenen werden, ohne dass hierfür – neben dem Erbschein (§ 12 Abs. 1 Satz 3 HGB) – ein weiterer Nachweis zu erbringen wäre (siehe § 143 Abs. 3 HGB). Der gemeinsame Gedanke, der diesen Regelungen zu entnehmen ist, lässt darauf schließen, dass die in der Anmeldung enthaltenen Erklärungen der Beteiligten im Registerverfahren zugleich als Beweismittel für die angemeldete Tatsache dienen.

> **Hinweis:**
> Für das Registergericht stellt also die Anmeldung nicht nur den das Verfahren eröffnenden Akt dar, sondern zugleich im Sinne einer Plausibilitätserklärung die Darstellung der zugrunde liegenden materiell-rechtlichen Tatsache. In diesem Sinne wird Registeranmeldungen in der Lit. regelmäßig eine „Doppelnatur" zugeschrieben.[110] Dieses Modell der „Doppelnatur" ändert aber nichts daran, dass die Anmeldung keine rechtsgeschäftliche Erklärung darstellt, weil sie ihre Wirkungen nicht kraft privatautonomer Gestaltung entfaltet, sondern diese vielmehr kraft Gesetzes eintreten.[111]

73 Allerdings besteht in der Lit. Einigkeit darüber, dass auf Registeranmeldungen gleichwohl einzelne gesetzliche Vorschriften des Rechts der Willenserklärungen anzuwenden sind.[112] Insb. findet § 130 Abs. 1 Satz 1 BGB Beachtung, so dass die **Registeranmeldung erst mit Zugang bei Gericht wirksam** wird.[113] Zuvor ist sie als reines Internum anzusehen.[114] Jedoch bewirkt wiederum die Einordnung als Verfahrensantrag, dass Anmeldungen jederzeit bis zu deren Vollzug frei widerruflich sind, es also keine „Bindungswirkung" für den Anmeldenden gibt.[115] Im Übrigen ist anerkannt, dass zwar die Fähigkeit, Anmeldungen in eigener Person vorzunehmen nach den auch verfahrensrechtlich im Bereich der freiwilligen Gerichtsbarkeit anzuerkennenden Regelungen[116] zur Geschäftsfähigkeit (§§ 104 ff. BGB) zu beurteilen ist,[117] jedoch aufgrund ihrer Verfahrensbezogenheit eine Anfechtung von Registeranmeldungen nach §§ 119 ff. BGB ausscheidet. Von besonderer praktischer Relevanz ist, dass nach der zutreffend vornehmlich auf

---

108 Auer, DNotZ 2000, 498; Krafka, MittBayNot 2002, 365.
109 Ebenroth/Boujong/Joost/Schaub, HGB, § 12 Rn. 29.
110 Hierzu MünchKomm-HGB/Krafka, § 12 Rn. 5 m.w.N.
111 Staub/Hüffer, HGB, § 8 Rn. 43; Ebenroth/Boujong/Joost/Schaub, HGB, § 12 Rn. 30.
112 MünchKomm-HGB/Krafka, § 12 Rn. 4.
113 Vgl. MünchKomm-HGB/Krafka, § 12 Rn. 6; Ebenroth/Boujong/Joost/Schaub, HGB, § 12 Rn. 31; Röhricht/v.Westphalen/Ammon, HGB, § 12 Rn. 3.
114 Bärwaldt, GmbHR 2000, 521; Auer, DNotZ 2000, 498.
115 OLG Düsseldorf, Rpfleger 1989, 201; MünchKomm-HGB/Krafka, § 12 Rn. 11.
116 Vgl. BGHZ 35, 1, 4.
117 MünchKomm-HGB/Krafka, § 12 Rn. 6; BayObLGZ 1985, 82, 85.

den verfahrensrechtlichen Aspekt der Registeranmeldung abstellenden Auffassung des BayObLG[118] die Regelung des § 181 BGB auf Handelsregisteranmeldungen keine Anwendung findet.

2. Bedingungen und Befristungen von Registeranmeldungen

Zur Frage, ob die **Anmeldung zukünftiger Tatsachen** zur Eintragung in das Handelsregister möglich ist, ist zunächst festzuhalten, dass nach allgemeiner Auffassung die Stellung eines Eintragungsantrags unter einer Bedingung unzulässig ist,[119] Registeranmeldungen also als Anträge i.S.d. § 11 FGG bedingungsfeindlich sind.[120] Nicht betroffen sind hiervon naturgemäß Rechtsbedingungen und innerverfahrensmäßige Bedingungen, etwa die Verknüpfung der einen Eintragung mit einer weiteren Registereintragung.

74

Zudem ist allgemein anerkannt, dass im Zeitpunkt des Zugangs der Registeranmeldung bei Gericht die **formell-rechtlichen Verfahrensvoraussetzungen** vorliegen müssen.[121]

75

> **Hinweis:**
>
> Allerdings bedeutet dies nicht, dass die angemeldeten Tatsachen samt allen erforderlichen Nachweisen bereits im Zeitpunkt der Einreichung der Anmeldung in vollzugsfähiger Form vorliegen müssen. Bereits die Möglichkeit einer **Zwischenverfügung des Registergerichts** (§ 26 HRV) macht deutlich, dass das Verfahren nicht zwingend schon dann durch Antragszurückweisung abzubrechen ist, wenn noch nicht alle Eintragungsvoraussetzungen vorliegen oder ausreichend nachgewiesen wurden.

Für den Fall der **Anmeldung einer Satzungsänderung** bei einer GmbH (§ 54 GmbHG) hat bspw. das OLG Hamm[122] entschieden, dass die Vornahme der registerlichen Eintragung auch dann möglich ist, wenn der formgerechte Beschluss der Gesellschafterversammlung zeitlich erst nach Einreichung der Anmeldung gefasst wurde. Eine Registeranmeldung kann also auch dann durch das Gericht vollzogen werden, wenn der in der Anmeldung vorbehaltene oder sich aus tatsächlichen Gründen stellende Bedingungseintritt im Rahmen des laufenden Verfahrens verwirklicht hat.[123] Generell formuliert bedeutet dies, dass die materiell-rechtlichen Eintragungsgrundlagen noch nicht im Zeitpunkt des Wirksamwerdens der Registeranmeldung, sondern allenfalls bei Vornahme der Eintragung im Register vollständig vorliegen müssen.

76

Ähnlich zu entscheiden ist demgemäß die Frage der **„Befristung" von Registeranmeldungen** in dem Sinne, als eine erst in der Zukunft in materiell-rechtlicher Hinsicht eintretende Tatsache zur Eintragung in das Register angemeldet wird. Zumindest für **zeitnahe „Befristungen"** dieser Art von bis zu zwei Wochen ist davon auszugehen, dass gegen deren Vornahme keine durchgreifenden Bedenken bestehen.[124] Dies hat allerdings nicht zur Folge, dass das Registergericht die entsprechend angemeldete Tatsache schon vor Eintritt des Datums im Handelsregister einzutragen hat. Diesbezüglich ist vielmehr zu beachten, dass **Eintragungsvoraussetzung bei deklaratorischen Anmeldungen** stets das tatsächliche Vorliegen der angemeldeten Tatsache ist, auch wenn hierüber im Einzelnen kein Nachweis zu führen ist. Erlangt das Registergericht davon Kenntnis, dass die einzutragende Tatsache sachlich noch nicht zutrifft, so hat die Eintragung zunächst zu unterbleiben. Allerdings ist nach den vorstehenden Ausführungen die **Zurückweisung der Anmeldung** im genannten Zeitrahmen nicht gestattet, sofern die Anmeldung von solchen Personen errichtet wurde, die im Zeitpunkt der Einreichung und von solchen Personen, die im Zeitpunkt des Ein-

---

118 BayObLGZ 1970, 133; 1977, 76.
119 Siehe Waldner, ZNotP 2000, 188, 189.
120 BayObLG, GmbHR 1992, 671; OLG Düsseldorf, FGPrax 2000, 72; Waldner, ZNotP 2000, 188; Bärwaldt, GmbHR 2000, 421; siehe auch Keidel/Kuntze/Winkler/Zimmermann, FGG, § 11 Rn. 32 f.; MünchKomm-HGB/Krafka, § 12 Rn. 8a; Ebenroth/Boujong/Joost/Schaub, HGB, § 12 Rn. 34.
121 OLG Düsseldorf, FGPrax 2000, 72; Auer, DNotZ 2000, 498; Böcker, MittRhNotK 2000, 61; Britz, MittRhNotK 2000, 197; Bärwaldt, GmbHR 2000, 421.
122 OLG Hamm, MittBayNot 2002, 408 m. Anm. Krafka, MittBayNot 2002, 365.
123 Vgl. mittelbar OLG Hamm, MittBayNot 2002, 408; hierzu Krafka, MittBayNot 2002, 365.
124 MünchKomm-HGB/Krafka, § 12 Rn. 8a; Krafka/Willer, Registerrecht, Rn. 147.

tritts der Befristung anmeldebefugt sind.[125] Entsprechendes gilt, wenn einer konstitutiven Eintragung eine befristete Tatsache, z.B. ein zu einem bestimmten Datum In-Kraft-Tretender Beschluss, zugrunde liegt, deren Eintreten ebenfalls im Rahmen des benannten Zeitraums liegt.

77 Die zu dieser Thematik entwickelte Lösung kann abschließend anhand eines **Beispiels** verdeutlicht werden:

> *Bei einer GmbH soll mit Wirkung ab 1.1.2008 der bisherige einzige und alleinvertretungsberechtigte Geschäftsführer A durch den ebenfalls dann einzigen und alleinvertretungsberechtigten Geschäftsführer B ersetzt werden. Ein entsprechender Gesellschafterbeschluss liegt bereits vor. Die Anmeldung des Ausscheidens des A und des Eintritts des B als Geschäftsführer kann bereits ab 17.12.2007 bei Gericht eingereicht werden, sofern sie von A und von B unterzeichnet ist. Die Eintragung in das Register erfolgt allerdings frühestens am 1.1.2008.*

II. Anmeldungsberechtigte Beteiligte

1. Einzelkaufleute und Personenhandelsgesellschaften

78 Durch welche Personen die jeweiligen Registeranmeldungen zu errichten sind, ist gesetzlich detailliert geregelt. So erfolgen die **Anmeldungen bei Einzelkaufleuten** stets durch den Inhaber des Unternehmens (vgl. § 29, 1. Halbs. HGB). Für **Personenhandelsgesellschaften** ist die Anmeldung der Ersteintragung und späterer Änderungen von Firma, Sitz, Vertretungsmacht und Gesellschafterbestand stets durch alle Gesellschafter vorzunehmen (§ 108 HGB). Bei der KG ist somit grds. auch die Mitwirkung sämtlicher Kommanditisten erforderlich. Eine Ausnahme bilden diesbezüglich die **Anmeldungen zu etwaigen Prokuristen**, die gemäß § 53 HGB durch den „Inhaber des Handelsgeschäfts" erfolgen. Hierzu besteht allgemein Einigkeit darüber, dass derartige Anmeldungen bei Personenhandelsgesellschaften durch die Gesellschafter in vertretungsberechtigter Zahl vorzunehmen sind (siehe Rn. 233).

79 Der Grund dieser Regelungen ergibt sich aus der Funktion und der Natur der Registeranmeldung. Neben der Einleitung des Verfahrens[126] dient sie auch der plausiblen Darstellung der zugrunde liegenden materiell-rechtlichen Tatsachen. Für die **Anmeldebefugnis** ist daher auch auf die **Rechtslage bezüglich der jeweils angemeldeten Tatsachen** zu achten, um die Gefahr eines Auseinanderfallens von Registerlage und materieller Rechtslage möglichst zu vermeiden. Da nach materiellem Recht für die **Änderung des Gesellschaftsvertrags** bei Personengesellschaften grds. die Zustimmung aller Gesellschafter erforderlich ist,[127] kann eine plausible Sachverhaltsdarstellung seitens des Registergerichts nur dann angenommen werden, wenn die Anmeldung dieser Tatsache durch alle Gesellschafter vorgenommen wird. Denkbar wäre zwar auch die Gestattung eines Nachweises darüber, dass nach dem Gesellschaftsvertrag diesbezüglich Mehrheitsentscheidungen zulässig sind. Jedoch hat der Gesetzgeber hierauf mit guten Gründen verzichtet, da für Gesellschaftsverträge von Personenhandelsgesellschaften keine Formvorschriften bestehen und daher unter Umständen aufwändige Beweiserhebungen veranlasst wären, die im auf schnelle Abwicklung bedachten Registerverfahren untunlich sind. Die Vorschrift des § 53 HGB bringt den Grundsatz des Korrelierens von materiellem Recht und Verfahrensrecht ebenfalls zur Geltung, da die Erteilung der Prokura nach § 48 Abs. 1 HGB durch den Inhaber des Handelsgeschäfts erfolgt und bei Personenhandelsgesellschaften nach § 125 Abs. 1 HGB und § 126 Abs. 1 HGB hierzu im Außenverhältnis ohne weiteres jeder persönlich haftende Gesellschafter befugt ist. Daher sieht die allgemeine Ansicht[128] zu Recht vor, dass **Anmeldungen bezüglich der Prokuristen** bei Personenhandelsgesellschaften durch die persönlich haftenden Gesellschafter in vertretungsberechtigter Zahl erfolgen. Die einschränkende Bindung an die Zustimmung aller geschäftsführenden Gesellschafter nach § 116 Abs. 3 HGB betrifft hingegen allein das Innenverhältnis und ist somit grds. für die wirksame Erteilung der Prokura irrelevant.[129]

---

125 MünchKomm-HGB/Krafka, § 12 Rn. 8a.
126 Siehe MünchKomm-HGB/Krafka, § 12 Rn. 5; Krafka/Willer, Registerrecht, Rn. 75.
127 Vgl. § 119 Abs. 1 HGB; K. Schmidt, Gesellschaftsrecht, § 47 V 2 (S. 1395).
128 Siehe Koller/Roth/Morck, HGB, § 53 Rn. 3; Röhricht/v. Westphalen/Wagner, HGB, § 53 Rn. 9; Böttcher/Ries, Handelsregisterrecht, Rn. 1146; Krafka/Willer, Registerrecht, Rn. 394.
129 Koller/Roth/Morck, HGB, § 116 Rn. 3.

2. Kapitalgesellschaften

Bei der **GmbH** stellt sich die Lage anders dar. Für diese ist vorgesehen, dass im Regelfall die Anmeldung durch die Geschäftsführer in vertretungsberechtigender Zahl genügt, während die Mitwirkung aller Geschäftsführer nur für die Gründung der Gesellschaft und für die Anmeldung von Kapitalmaßnahmen erforderlich ist (vgl. § 78 GmbHG).

Der dieser Ausgestaltung zugrunde liegende Gedanke erschließt sich unter Berücksichtigung der im Registerverfahren mit einzureichenden Unterlagen. So sind sowohl bei der **Anmeldung einer Änderung der Geschäftsführung** (§ 39 Abs. 2 GmbHG) als auch bei **Satzungsänderungen** (§ 54 Abs. 1 GmbHG) die Dokumente[130] hierüber mit einzureichen. Eine Beteiligung der Gesellschafter am Registerverfahren kann somit aufgrund der gerichtlichen Prüfung dieser Unterlagen unterbleiben. Für die Frage, weshalb die Gründung und Kapitalmaßnahmen bei der GmbH durch alle vorhandenen Geschäftsführer anzumelden sind (§ 78 GmbHG), ist entscheidend die Strafbewehrtheit der im Rahmen der Anmeldung abzugebenden Versicherungserklärungen nach §§ 8 Abs. 2, 57 Abs. 2 und 58 Abs. 1 Nr. 4 GmbHG (vgl. § 82 Abs. 1 Nr. 1, Nr. 3 und Abs. 2 Nr. 1 GmbHG) hervorzuheben. Sofern danach vermieden werden soll, willkürlich nur einzelnen Mitgliedern der Geschäftsführung die strafrechtliche Verantwortung samt Haftungsfolgen aufzubürden, ist allein die Lösung konsequent, alle Geschäftsführer lediglich gemeinsam als anmeldebefugt anzusehen.

Bei **Registeranmeldungen der AG** sind ebenfalls im Detail Unterschiede zu beachten. So erfolgt die **Anmeldung der Gesellschaftserrichtung** durch sämtliche Gründer und Mitglieder des Vorstands und des Aufsichtsrats (§ 36 Abs. 1 AktG). **Die Mitwirkung der Gründer** und **Aufsichtsratsmitglieder** erklärt sich dabei aus deren Beteiligung am gesamten Verfahren durch Bestellung des Vorstands seitens des Aufsichtsrats (§ 30 Abs. 4 AktG) und Erstellung eines Gründungsberichts durch die Gründer (§ 32 AktG).

Für **spätere Handelsregisteranmeldungen** ist hervorzuheben, dass insbesondere für die **Eintragung von Vorstandsänderungen** (§ 81 AktG) und **Satzungsänderungen** (§ 181 AktG) die Beteiligung einer vertretungsberechtigenden Anzahl von Vorstandsmitgliedern genügt.

Dagegen ist bei der Anmeldung des Beschlusses über die **Erhöhung des Grundkapitals** (§ 183 Abs. 1 AktG) und deren Durchführung (§ 188 Abs. 1 AktG) zusätzlich auch der Vorsitzende des Aufsichtsrats zu beteiligen.[131]

Wie bei § 78 GmbHG lässt sich der Grund für diese Differenzierungen der Ausgestaltung entsprechender Straftatbestände, die im Zuge der Registeranmeldungen verwirklicht werden können (§ 399 AktG), entnehmen.

III. Form der Anmeldung

Für **Anmeldungen zur Eintragung** im Handelsregister sieht § 12 Abs. 1 HGB die **öffentlich beglaubigte Form** vor. Erforderlich ist daher die Beglaubigung der Unterschriften der anmeldenden Personen (§ 129 BGB). In Deutschland sind nach § 20 Abs. 1 BNotO für diesen Vorgang der Beglaubigung Notare zuständig, die für das vorzunehmende Verfahren die Vorschriften der §§ 39, 40 BeurkG zu beachten haben.[132] Ersetzt wird die **Unterschriftsbeglaubigung** durch die notarielle Beurkundung und durch die gerichtliche Protokollierung eines Prozessvergleichs[133] (§§ 127a, 128 und 129 BGB).

Seit dem 1.1.2007 sind infolge der **Novellierung des Handelsregisterrechts** durch das EHUG[134] Anmeldungen zur Eintragung in das Register „elektronisch in öffentlich beglaubigter Form" einzureichen. Die

---

130 Bei notariellen Urkunden eine mit Zeugnis nach § 39a BeurkG versehene Aufzeichnung einer Ausfertigung (§ 47 BeurkG) oder beglaubigten Abschrift, siehe § 12 Abs. 2 HGB.
131 Zu weiteren derartigen Fällen siehe §§ 195 Abs. 1 und 223 Abs. 1 AktG.
132 Ausführlich hierzu Winkler, BeurkG, § 40 Rn. 1 ff.
133 Keidel/Kuntze/Winkler, FGG, § 128 Rn. 4.
134 Vom 10.11.2006, BGBl. I, S. 2553.

entsprechenden schriftlichen Erklärungen sind also in elektronische Form unter Beifügung eines elektronischen Zeugnisses nach § 39a BeurkG zu transformieren und in dieser Form einzureichen.[135]

> **Hinweis:**
> Das Erfordernis der öffentlich-beglaubigten Form für Verfahrensanträge entspricht der Natur des Registerverfahrens als Teilgebiet der freiwilligen Gerichtsbarkeit. Ebenso wie im Grundbuchverfahren (§ 29 GBO) und im Nachlassverfahren (z.B. § 1945 Abs. 1 BGB) dient dies einerseits der Sicherung einer Identitätskontrolle der Beteiligten und andererseits durch Einschaltung eines Notars der sachgerechten Formulierung und Stellung der erforderlichen Anträge.

83 Der **Formpflicht** unterliegen nach den genannten Bestimmungen nur „**Anmeldungen zur Eintragung**" im Register. Ist Ziel der eingereichten Erklärung nicht die Herbeiführung einer Eintragung, so verbleibt es daher bei dem stillschweigend der Regelung des § 11 FGG zugrunde liegenden Prinzip,[136] dass die private Schriftform als Ausgangspunkt der elektronisch zu übermittelnden Aufzeichnung genügt. Als Beispiel hierfür lässt sich die Anmeldung des Aufsichtsratsvorsitzenden und dessen Stellvertreters durch den Vorstand einer AG nennen (§ 107 Abs. 1 Satz 2 AktG). In diesem Sonderfall erfolgt keine Registereintragung, so dass die Vorschrift des § 12 Abs. 1 Satz 1 HGB für diese Anmeldung nicht einschlägig ist.[137] Dass die Anmeldung des Aufsichtsratsvorsitzenden dennoch für das Registergericht von Bedeutung ist, ergibt sich letztlich aus dessen Mitwirkung bei Anmeldungen im Zusammenhang mit Erhöhungen des Grundkapitals der Gesellschaft (vgl. §§ 184, 188 AktG).

84 Eine **weitere Ausnahme** von der öffentlich-beglaubigten Form von Registeranmeldungen ergibt sich aus der Vorschrift des **Art. 38 Abs. 2 EGHGB**. Dort ist vorgesehen, dass die im Zuge des In-Kraft-Tretens des Handelsrechtsreformgesetzes erforderlich gewordene Beifügung eines Rechtsformzusatzes für Einzelkaufleute und Personenhandelsgesellschaften als Firmenänderung „nicht der Anmeldung zur Eintragung im Handelsregister" bedarf. In der Lit. wird, unter Übereinstimmung mit der Begründung des damaligen RegE des Handelsrechtsreformgesetzes,[138] davon ausgegangen, mit dieser Formulierung sei gemeint, dass eine solche Firmenanpassung nicht im Handelsregister eingetragen werden müsse, also eine entsprechende Eintragung nur erfolgt, wenn es beantragt wird, die Herbeiführung der Anmeldung jedoch nicht nach § 14 HGB erzwungen werden kann.[139]

85 Zweifelhaft ist die Beurteilung der Formfrage bei der **Anmeldung einer Änderung tatsächlicher Angaben**.[140] Gedacht sei bspw. an eine Umfirmierung eines Kommanditisten oder die Änderung des Namens eines Prokuristen durch Eheschließung. Dasselbe gilt bezüglich des im Register einzutragenden Vermerks des Wohnortes einzelner Personen. Die hierzu eingetretene Änderung betrifft nur die Bezeichnung der eingetragenen Person, nicht jedoch die im Handelsregister eingetragene Rechtstatsache. Gleichwohl wird von einigen Gerichten in ständiger Praxis angenommen, dass auch in diesen Fällen die formellen Anforderungen einer regulären Registereintragung einzuhalten sind. Allerdings wird dies der Einordnung des Vorgangs als lediglich tatsächliche Berichtigung der Registereintragung nicht gerecht. Vielmehr wird man das Registergericht kraft entsprechender Anwendung der Vorschrift des § 142 Abs. 1 FGG für befugt halten dürfen, nachträglich unrichtig gewordene Tatsachen von Amts wegen zu korrigieren. Sofern also durch Anregung auch nur eines Beteiligten durch Vorlage ausreichender Belege zur Überzeugung des Gerichts (§ 12 FGG) glaubhaft nachgewiesen ist, dass eine Änderung eingetreten ist, hat eine entspre-

---

135 Hierzu Willer/Krafka, DNotZ 2006, 885 und Gassen, in: Noack, Das neue EHUG, S. 67 ff.; von der Möglichkeit, übergangsweise auch die Papierform noch genügen zu lassen (Art. 61 Abs. 1 EGHGB), haben Rheinland-Pfalz (bis 30.6.2007) und Niedersachsen (bis 31.12.2007) Gebrauch gemacht.
136 Vgl. Keidel/Kuntze/Winkler/Zimmermann, FGG, § 11 Rn. 28.
137 Hüffer, AktG, § 107 Rn. 8.
138 BT-Drucks. 13/8444, S. 70 f.
139 Röhricht/v. Westphalen/Ammon, HGB, § 19 Rn. 40; Ebenroth/Boujong/Joost/Zimmer, HGB, § 19 Rn. 5; Baumbach/Hopt/Hopt, HGB, Art. 38 EGHGB Rn. 1.
140 Siehe Melchior/Schulte, HRV, § 17 Rn. 14.

chende Eintragung im Register auch ohne förmliche Anmeldung zu erfolgen.[141] Dem **Betroffenen** obliegt allerdings insoweit eine **allgemeine Mitwirkungspflicht**, die sich aus der Natur des Registerverfahrens ableiten lässt und die dazu führt, dass die eingetragenen Personen bei einer Änderung der sie betreffenden persönlichen Daten eine dahingehende Korrektur des Registereintrags anzuregen haben.

Die **Einreichung** von Handelsregisteranmeldungen erfolgt seit 1.1.2007 auf elektronischem Weg (§ 12 Abs. 1 Satz 1 HGB). Hierzu wird auf Seiten der Notare eine spezielle Datei im sog. XML-Format erstellt, die gewährleistet, dass die so aufbereiteten Daten möglichst unmittelbar in die Registereintragung eingehen.[142] Die näheren Bestimmungen zur elektronischen Übermittlung regeln gemäß § 8a Abs. 2 HGB von den Ländern zu erlassende Ausführungsverordnungen.[143]

IV. Anlagen zu Registeranmeldungen

Oftmals sehen registerrechtliche Bestimmungen vor, dass gemeinsam mit einer Registeranmeldung **bestimmte Dokumente** einzureichen sind. Dieses Erfordernis dient dazu, dem Gericht eine nähere Prüfung zu ermöglichen, ob die angemeldeten Tatsachen vorliegen bzw. ob sie die Vornahme der beantragten Registereintragung rechtfertigen.

86

Beispielhaft kann dafür die Regelung des § 8 Abs. 1 GmbHG für die Gründung einer GmbH genannt werden. Beizufügen ist danach neben dem Gesellschaftsvertrag und der Legitimation der Geschäftsführer[144] sowie der Gesellschafterliste auch die Urkunde über die Erteilung einer erforderlichen Genehmigung. Letzteres dient in besonderem Maße dazu, die Kontrollfunktion des Registergerichts im Zuge der Verwirklichung des Systems der Normativbestimmungen bei der Gründung juristischer Personen umzusetzen. Zwar ist nach § 7 HGB die Anwendung des privaten Handels- und Gesellschaftsrechts grds. nicht von der Einhaltung öffentlich-rechtlicher Vorschriften abhängig. Jedoch kann dies angesichts der Bedeutung von Kapitalgesellschaften als rechtlich eigenständige juristische Personen nicht für deren Gründung gelten. Demzufolge hat der BGH[145] zu § 8 Abs. 1 Nr. 6 GmbHG zu Recht festgestellt, dass die Eintragung in der Handwerksrolle ebenfalls als derartige Genehmigungspflicht einzuordnen ist. In diesem Zusammenhang sind im Übrigen die Vorschriften der §§ 57 Abs. 3, 57i Abs. 1 und 58 Abs. 1 Nr. 4 GmbHG im Rahmen von Kapitalmaßnahmen bei der GmbH zu nennen, sowie die Regelungen der §§ 188 Abs. 3, 195 Abs. 2 und 201 AktG. Außerordentlich große Bedeutung hat die Beifügung von Unterlagen bei der Anmeldung von Umwandlungsmaßnahmen (vgl. §§ 17, 130, 199 UmwG).

87

Für die **Zusendung der gesetzlich vorgeschriebenen Unterlagen** sieht § 12 Abs. 2 HGB vor, dass diese gleichfalls **elektronisch**, und damit faktisch ebenfalls über einen Notar, einzureichen sind. Auch wenn sie i.d.R. als Anlage gemeinsam mit der Registeranmeldung übersandt werden, ist dies nicht zwingend. Die Zusendung an das Gericht hat allerdings stets durch Personen zu geschehen, die zur Vornahme der dazugehörigen Anmeldung verpflichtet sind und kann gesondert und ggf. auch später nach gerichtlicher Aufforderung (§ 26 Satz 2 HRV) erfolgen.

88

> **Hinweis:**
>
> Die gesetzlichen Bestimmungen knüpfen die Einreichung von Unterlagen an das unterstellte Erfordernis einer notwendigen gerichtlichen Prüfung zur Feststellung, ob das Vorliegen der angemeldeten Tatsache glaubhaft gemacht wurde. Daher sehen die registerrechtlichen Vorschriften keine Dokumentenbeifügung vor, wenn bereits durch die Einreichung der Anmeldung unter Zugrundelegung des materiellen Rechts das Vorliegen der Tatsache hinreichend plausibel ist. Somit entfällt bspw. bei

---

141 Melchior/Schulte, HRV, § 17 Rn. 14; Krafka/Willer, Registerrecht, Rn. 182.
142 Siehe Willer/Krafka, DNotZ 2006, 885 und Gassen, in: Noack, Das neue EHUG, S. 67 ff.;
143 In Bayern etwa die ERRV (Verordnung über den elektronischen Rechtsverkehr und elektronische Verfahren) vom 15.12.2006, GVBl. S. 1084.
144 Regelmäßig also der Beschluss der Gesellschafterversammlung über deren Bestellung nach § 46 Nr. 5 GmbHG.
145 BGHZ 102, 209.

> der Anmeldung einer erteilten Prokura für eine GmbH die Beifügung einer Niederschrift über den nach § 46 Nr. 7 GmbHG erforderlichen Beschluss der Gesellschafterversammlung, da dieser das Innenverhältnis betrifft, jedoch keine Voraussetzung für die Wirksamkeit der Prokura darstellt.[146]

V. Versicherungserklärungen im Registerverfahren

1. Allgemeines zu Versicherungserklärungen

89 Besondere Mitwirkungshandlungen im Registerverfahren sind die sog. Versicherungserklärungen der Beteiligten. So ist in verschiedenen Normen angeordnet, dass bestimmte Personen zusätzlich zur Anmeldung das Vorliegen oder Nichtvorliegen von Umständen zu versichern haben, die für das Vorhandensein der einzutragenden Tatsachen besondere Relevanz haben.

> **Hinweis:**
> Gesetzlich vorgesehen sind derartige Erklärungen einerseits im Zusammenhang mit der Gründung von Kapitalgesellschaften[147] und der Erhöhung von deren Gesellschaftskapital,[148] andererseits bezüglich der persönlichen Voraussetzungen bei organschaftlichen Vertretern von Kapitalgesellschaften.[149] Exemplarisch kann dies nachfolgend für die GmbH geschildert werden.

90 Im Rahmen der Gründung einer GmbH haben sämtliche Geschäftsführer zu versichern, dass die gesetzlich geforderten Leistungen auf die übernommenen Stammeinlagen bewirkt sind und deren Gegenstand sich endgültig in deren freier Verfügung befindet (siehe § 8 Abs. 2 GmbHG). Sollte diese Erklärung unzutreffend sein, so haften einerseits in zivilrechtlicher Hinsicht die erklärenden Geschäftsführer nach § 9a GmbHG. Andererseits sind sie nach § 82 Abs. 1 Nr. 3 GmbHG auch strafrechtlich verantwortlich. **Die Funktion dieser Versicherung** ist für das Registergericht im Rahmen des Gründungsverfahrens zu erkennen, da dort auch die Aufbringung des Stammkapitals nach § 9c Abs. 1 GmbHG zu überprüfen ist.[150] Das Gericht ist hierbei grundsätzlich auf die Richtigkeit der Erklärungen der Geschäftsführer angewiesen[151] und darf nur in Zweifelsfällen nach § 12 FGG weitergehende Untersuchungen anstellen. Vergleichbares gilt für die **persönliche Versicherung von Geschäftsführern und Liquidatoren** nach §§ 8 Abs. 3, 39 Abs. 3 und 67 Abs. 4 GmbHG in Bezug auf die Gründe, die von Gesetz wegen die Einnahme der Stellung eines Geschäftsführers oder Liquidators hindern.[152]

> **Hinweis:**
> Von Interesse mag an dieser Stelle sein, dass das Mittel der Versicherungserklärung einerseits für die konstitutiv wirkende Gesellschaftsgründung und andererseits für die deklaratorisch wirkende Eintragung der Geschäftsführer angewendet wird. Anknüpfungspunkt ist somit nicht die Wirkung der Eintragung, sondern allein die Zweckmäßigkeit der Versicherung zur Vereinfachung des Verfahrens mittels strafbewehrter Erklärungen der Beteiligten. Aufgrund der Strafbewehrung steht im Übrigen außer Frage, dass die genannten Versicherungserklärungen nicht von einem rechtsgeschäft-

---

146 BGHZ 62, 166; Michalski/Römermann, GmbHG, § 46 Rn. 369 f.; Rowedder/Schmidt-Leithoff/Koppensteiner, GmbHG, § 46 Rn. 36.
147 § 8 Abs. 2 GmbHG, § 37 Abs. 1 AktG.
148 § 57 Abs. 2 GmbHG, § 188 Abs. 2 AktG.
149 §§ 8 Abs. 3, 39 Abs. 3, 67 Abs. 4 GmbHG, §§ 37 Abs. 2, 81 Abs. 3, 266 Abs. 3 AktG.
150 Michalski/Heyder, GmbHG, § 9c Rn. 22.
151 BGHZ 113, 335, 352; KG, NZG 1998, 777; Michalski/Heyder, GmbHG, § 9c Rn. 23; Böhringer, Rpfleger 2002, 551.
152 Siehe hierzu §§ 6 Abs. 2, 66 Abs. 4 GmbHG.

lichen Vertreter abgegeben werden können, sondern für die Geschäftsführer höchstpersönliche Erklärungen darstellen.[153]

2. Form der Versicherungserklärungen

Registerverfahrensrechtliche Versicherungserklärungen sind in der **Form des § 12 Abs. 1 Satz 1 HGB** abzugeben.[154] Dies beruht auf dem insoweit verallgemeinerungsfähigen Grundgedanken – insb. der Bestimmungen in §§ 8 Abs. 2 und 39 Abs. 3 GmbHG sowie in § 37 Abs. 1 und Abs. 2 AktG, demzufolge die entsprechenden Versicherungen „in der Anmeldung" zu erfolgen haben und daher auch den Formanforderungen des § 12 Abs. 1 Satz 1 HGB unterliegen. 91

Gleiches gilt auch für die in diesem Zusammenhang zu erwähnende **Versicherungserklärung im Rahmen von Verschmelzungsvorgängen** nach § 16 Abs. 2 UmwG. Zwar hat der Gesetzgeber dort formuliert, die Erklärung zur Erhebung einer Anfechtungsklage gegen die Verschmelzungsbeschlüsse sei „bei der Anmeldung" abzugeben. Der Sinn und Zweck dieser Erklärungen entspricht jedoch demjenigen der bereits genannten Versicherungserklärungen, so dass auch in diesem Fall die genannte Versicherung elektronisch in öffentlich-beglaubigter Form einzureichen ist. 92

> **Hinweis:**
>
> Die Anordnung, dass die genannten Versicherungen „in" bzw. „bei" der Anmeldung enthalten sein müssen, ist lediglich als formale Ordnungsvorschrift einzuordnen, nicht jedoch als ein Wirksamkeitserfordernis der Registeranmeldung.[155] Die entsprechenden Versicherungen können daher ggf. auch nachgereicht werden.

3. Sonderfälle ungeschriebener Versicherungserklärungen

Ebenfalls in die Fallgruppe der Versicherungserklärungen ist der vom BGH entschiedene Fall der im Zuge einer **wirtschaftlichen Neugründung einer Kapitalgesellschaft abzugebenden Erklärungen** einzuordnen.[156] Bereits zuvor waren verschiedene Gerichte der Auffassung, dass anlässlich der Eintragung der – mit der wirtschaftlichen Neugründung zusammenhängenden – Änderungen der vertretungsbefugten Personen und der Satzung auch die Aufbringung des Gesellschaftskapitals unter entsprechender Anwendung der Gründungsvorschriften durch das Registergericht zu überprüfen sei.[157] Der aufgrund einer Vorlage des OLG Brandenburg[158] über diese Frage entscheidende Senat des BGH[159] gelangte Mitte 2003 zu dem Ergebnis, dass zwar eine entsprechende Kontrollfunktion durch das Gericht wahrzunehmen ist, jedoch dem durch Abgabe von Versicherungserklärungen entsprechend § 8 Abs. 2 GmbHG Genüge getan werden kann, obwohl Einigkeit darüber besteht, dass eine solche Erklärung, sofern sie sachlich nicht richtig ist, aufgrund des Analogieverbotes keine strafrechtlichen Konsequenzen hat.[160] 93

Schließlich ist in diesem Zusammenhang die Frage des **Kommanditistenwechsels im Wege der Sonderrechtsnachfolge** zu erwähnen. Die bis 2001 zutreffende und auch heute noch allgemein geteilte – und 94

---

153 Baumbach/Hueck/Fastrich, GmbHG, § 7 Rn. 3: Rowedder/Schmidt-Leithoff, GmbHG, § 8 Rn. 15; MünchKomm-HGB/Krafka, § 12 Rn. 28.
154 Zu § 8 Abs. 2 GmbHG siehe Heidinger, Rpfleger 2003, 545, 546; Krafka/Willer, Registerrecht, Rn. 945.
155 Krafka/Willer, Registerrecht, Rn. 942.
156 Siehe BGHZ 153, 158 = NJW 2003, 892 und BGHZ 155, 318 = NJW 2003, 3198.
157 OLG Brandenburg, NZG 2002, 641; AG Duisburg, GmbHR 1998, 87; AG Erfurt, GmbHR 1997, 74; anders entschieden haben hingegen BayObLGZ 1999, 87 und OLG Frankfurt, GmbHR 1992, 456, die davon ausgingen, dass keine entsprechende Kontrolle zu erfolgen hat.
158 OLG Brandenburg, NZG 2002, 641.
159 BGHZ 155, 318 = NJW 2003, 3198.
160 Krafka, ZRG 2003, 577, 584; Heidinger, ZNotP 2003, 82, 86; Heidinger/Meyding, NZG 2003, 1129, 1132; OLG Frankfurt, GmbHR 1992, 456.

vom BGH[161] im Jahre 2005 auf Vorlage des Kammergerichts bestätigte – Auffassung geht diesbezüglich davon aus, dass die Übertragung einer Kommanditbeteiligung als solche unter **Anbringung eines Sonderrechtsnachfolgevermerks im Register** eingetragen werden kann. Zur Abgrenzung des isolierten Ein- und Austritts von Kommanditisten gegenüber der Sonderrechtsnachfolge gehen die Rspr.[162] und ein Großteil der Lit.[163] davon aus, dass in letzterem Fall der übertragende Kommanditist und die Komplementäre in vertretungsberechtigter Zahl i.d.R. als Beweismittel eine Versicherungserklärung des Inhalts abzugeben haben, dass dem übertragenden Gesellschafter weder eine Abfindung aus dem Gesellschaftsvermögen gewährt worden ist, noch diesem eine solche versprochen wurde. Erwähnenswert ist hierzu, dass teilweise in obergerichtlichen Entscheidungen vertreten wurde, die bezeichnete Versicherungserklärung sei höchstpersönlicher Natur, könne also nicht durch einen rechtsgeschäftlichen Vertreter abgegeben werden.[164] Bei dieser Auffassung wird allerdings außer Betracht gelassen, dass im Gegensatz zu den gesetzlichen Versicherungen, z.B. gemäß § 8 Abs. 2 und Abs. 3 GmbHG, an deren sachlicher Unrichtigkeit im Rahmen des Sonderrechtsnachfolgevermerks keine Strafbarkeit anknüpft. Letzteres ist jedoch das einzige Kriterium, welches die Annahme der Höchstpersönlichkeit der Erklärung zu rechtfertigen vermag. Zutreffend ist daher die h.M. in der Lit., dass auch die von einem Bevollmächtigten abgegebene Versicherungserklärung ausreichend ist,[165] zumal es sich hierbei lediglich um ein kraft Richterrechts anerkanntes, in der stetigen Registerpraxis anerkanntes Beweismittel handelt.[166]

4. Zeitpunkt der Richtigkeit von Versicherungserklärungen

95 Umstritten ist teilweise, auf welchen **Zeitpunkt für die sachliche Richtigkeit der Versicherungserklärungen** abzustellen ist.[167] Zu erwägen ist die Relevanz von drei verschiedenen Zeitpunkten:

- zum Ersten der Zeitpunkt der Abgabe der Erklärung,
- zum Zweiten derjenige des Zugangs bei Gericht und
- zum Dritten der Zeitpunkt der Eintragung im Register.

96 Für die **Versicherung der Kapitalaufbringung** bei Gründung einer GmbH wird allgemein davon ausgegangen, dass für deren sachliche **Richtigkeit auf den Zeitpunkt der Anmeldung** und damit auf den Zugang des Anmeldeschriftsatzes bei dem zuständigen Gericht abzustellen ist.[168] Nur vereinzelt wird auf den Zeitpunkt der Errichtung der Erklärung abgestellt,[169] ohne dass es darauf ankommen soll, ob und wann die Erklärung dem Registergericht zugeht. Der letztgenannten Meinung kann allerdings nicht gefolgt werden, da die Erklärung zu diesem Zeitpunkt als bloßes Internum zu werten ist und noch keine rechtliche Relevanz entfalten kann. Hingegen korreliert das Abstellen auf den Zugang bei Gericht mit der Notwendigkeit der Einreichung der Erklärung zum Register und den Anforderungen der Prüfung durch das Registergericht, zumal damit ein fixierbarer Zeitpunkt existiert, über den letztlich der Erklärende frei verfügen kann. Dennoch wird auch diese Auffassung der Einordnung des rechtlichen Vorgangs nicht vollständig gerecht. Da die Versicherung nicht persönlich bei Gericht ausgehändigt werden kann, sondern elektronisch zugestellt wird, ist erkennbar, dass zwischen Abgabe der Erklärung durch Entäußerung des Schriftsatzes in Richtung auf das zuständige Gericht und dem dortigen Zugang ein rechtlich relevanter

---

161 BGH, NZG 2006, 15.
162 BGH, NZG 2006, 15; RG, DNotZ 1944, 195 = WM 1964, 1130; OLG Zweibrücken, Rpfleger 1986, 482; OLG Oldenburg, DNotZ 1992, 186; OLG Zweibrücken, MittRhNotK 2000, 440.
163 Krafka/Willer, Registerrecht, Rn. 750; Terbrack, Rpfleger 2003, 105, 107; a.A.: MünchKomm-HGB/Grunewald, § 162 Rn. 13; Jeschke, DB 1983, 541.
164 OLG Oldenburg, DNotZ 1992, 186; OLG Zweibrücken, MittRhNotK 2000, 440 = Rpfleger 2002, 156.
165 Waldner, Rpfleger 2002, 156; Terbrack, Rpfleger 2003, 105; Böttcher/Ries, Handelsregisterrecht, Rn. 215.
166 BGH, NZG 2006, 15.
167 Siehe hierzu Heidinger, Rpfleger 2003, 545.
168 So Michalski/Heyder, GmbHG, § 8 Rn. 25; Roth/Altmeppen, GmbHG, § 8 Rn. 19; Scholz/Winter, GmbHG, § 8 Rn. 21; Heidinger, Rpfleger 2003, 545, 549; ebenso BayObLG, GmbHR 1992, 109, 110.
169 Fritzsche, Rpfleger 2002, 552.

zeitlicher Zwischenraum liegen kann, insbesondere bei Vorliegen technischer Störungen. Unter Zugrundelegung dieser Differenzierung gelangt insb. Auer[170] zutreffend zu dem Ergebnis, dass im Rahmen der Versicherungserklärung für deren sachliche Richtigkeit auf die rechtliche Abgabe der Erklärung abzustellen ist. Für den **Begriff der Abgabe** kann dabei auf die allgemein bürgerlich-rechtlichen und verfahrensrechtlichen Definitionen zurückgegriffen werden. Die **Versicherung** ist danach **dann abgegeben**, wenn der Erklärende seine Angaben erkennbar fixiert hat und sie mit seinem Willen in den Rechts- bzw. Gerichtsverkehr gebracht wurden.[171] Wird bspw. eine Versicherung bereits vorweg errichtet und die Unterschrift notariell beglaubigt, so ist dennoch für die Überprüfung der sachlichen Richtigkeit allein der Zeitpunkt maßgeblich, in welchem die Erklärung an das Gericht abgesendet wird. Die Hinterlegung des Anmeldeschriftsatzes samt Versicherungserklärung nach § 8 Abs. 2 GmbHG bei einem Notar mit dem Treuhandauftrag, diesen erst nach Vornahme der entsprechenden Einzahlung dem Registergericht einzureichen, begegnet daher keinen durchgreifenden Bedenken.[172]

5. Zusammenfassung zu registerlichen Versicherungserklärungen

Zusammenfassend kann somit festgestellt werden, dass im Registerrecht Versicherungserklärungen der Beteiligten dazu dienen, den Ermittlungsaufwand des Gerichts (§ 12 FGG) zu verringern. Da dieser Gesichtspunkt unabhängig davon zum Tragen kommt, ob die jeweilige Eintragung deklaratorische oder konstitutive Wirkung entfaltet, spielt dieses Kriterium auch für die gesetzliche Anordnung derartiger Versicherungen keine Rolle. Zwar kommt naturgemäß der Versicherung besonderes Gewicht zu, wenn an deren sachliche Unrichtigkeit eine Strafdrohung geknüpft ist (vgl. § 82 Abs. 1 GmbHG). Jedoch hat dies die Rspr. nicht davon abgehalten, weitere typifizierte Fälle von Versicherungserklärungen zu begründen,[173] in welchen aufgrund des verfassungsrechtlichen Analogieverbotes keine entsprechende Strafandrohung eingreift.

VI. Stellvertretung im Registerverfahren

Im Registerverfahren kann die Antragstellung auch durch einen Vertreter vorgenommen werden.[174] Während dies für gesetzliche Vertreter selbstverständlich ist, lässt sich dies für rechtsgeschäftliche Vertreter den Regelungen in § 13 FGG und insb. § 12 Abs. 1 Satz 2 HGB entnehmen. In letzterem Fall ist zu beachten, dass für die Form der Vollmacht gemäß § 12 Abs. 1 Satz 2 und Satz 1 HGB öffentliche Beglaubigung vorgeschrieben ist, was die Auslegungsbedürftigkeit und ggf. auch die Auslegungsfähigkeit von Vollmachten jedoch nicht einschränkt.[175]

1. Höchstpersönliche Versicherungserklärungen

Bezüglich bestimmter Registeranmeldungen wird allerdings die Möglichkeit des Handelns mittels Bevollmächtigter bestritten.[176] So geht bspw. das BayObLG[177] davon aus, dass bei der **Anmeldung von Kapitalerhöhungen** einer GmbH eine rechtsgeschäftliche Stellvertretung ausgeschlossen ist. Zutreffend ist an dieser Ansicht, dass die mit der Anmeldung begleitend abzugebenden Versicherungserklärungen (vgl. § 8 Abs. 2 und Abs. 3 GmbHG sowie § 57 Abs. 2 GmbHG) aufgrund ihrer Strafbewehrtheit höchst-

---

170 Auer, DNotZ 2000, 498, 504.
171 Palandt/Heinrichs, BGB, § 130 Rn. 4.
172 Böttcher/ Ries, Handelsregisterrecht, Rn. 323; Heidinger, Rpfleger 2003, 545, 548 f.
173 Siehe insb. die Versicherung bei einer wirtschaftlichen Neugründung von Kapitalgesellschaften, BGHZ 153, 158 = NJW 2003, 892 und BGHZ 155, 318 = NJW 2003, 3198 und bei der Sonderrechtsnachfolge von Kommanditisten, BGH, NZG 2006, 15.
174 Schaub, MittBayNot 1999, 539.
175 KG, FGPrax 2005, 173, wonach mit der Bezeichnung „Geschäftsführer" auch alleinvertretungsberechtigte Komplementäre gemeint sein können.
176 Michalski/Heyder, GmbHG, § 7 Rn. 8; Scholz/Winter, GmbHG, § 7 Rn. 10; Lutter/Hommelhoff, GmbHG, § 7 Rn. 1; Rowedder/Schmidt-Leithoff, GmbHG, § 7 Rn. 8.
177 BayObLGZ 1986, 203.

persönlicher Natur sind (Rn. 90). Dies hat jedoch auf den Charakter der Registeranmeldung keinen Einfluss,[178] zumal es sich bei der Bestimmung, dass die Versicherungserklärungen in der Anmeldung zu erfolgen haben, nur um eine formale Ordnungsvorschrift, nicht jedoch um ein Wirksamkeitserfordernis handelt.[179]

2. Prokuristen und Notare als Vertreter im Registerverfahren

100 Auch ein **Prokurist** kann rechtsgeschäftlicher Vertreter des Rechtsträgers im Registerverfahren sein. Allerdings ist der **Umfang der Vertretungsmacht** nach § 49 Abs. 1 HGB zu berücksichtigen, so dass eine Vertretung bei sog. Grundlagengeschäften ausscheidet.[180] Da dies insb. die Änderung von Firma, Sitz bzw. Handelsniederlassung sowie Geschäftsführungs-, Vertretungs- und Gesellschaftsvertragsänderungen betrifft, bedarf ein Prokurist hierfür einer darüber hinausgehenden gesonderten Vollmacht, die der Form des § 12 Abs. 1 Satz 2 HGB genügen muss.[181] Vom **Umfang der Prokura** umfasst ist allerdings die Anmeldung solcher Gegenstände, die nicht unmittelbar das Unternehmen des Prinzipals betreffen. Steht etwa die Mitwirkung einer GmbH als Kommanditistin nach den §§ 162 Abs. 2, 107 HGB in Frage, so kann ohne weiteres der Prokurist der GmbH die Anmeldung für diese vornehmen.

101 Als Organ der vorsorgenden Rechtspflege[182] wirkt auch der **Notar** am Registerverfahren mit. Korrespondierend hierzu sieht **§ 129 Satz 1 FGG** eine gesetzliche **Vollmachtsvermutung** vor, die den Notar ermächtigt, für die Beteiligten Eintragungsanträge zu stellen. Allerdings überwiegt die Ansicht,[183] dass diese Vorschrift nur in solchen Fällen zur Anwendung kommt, in denen eine nach § 14 HGB erzwingbare Anmeldepflicht der Beteiligten besteht. Danach ist bspw. bei Anmeldung der Gründung oder von Satzungsänderungen einer GmbH § 129 Satz 1 FGG nicht einschlägig (§ 79 GmbHG).

> **Hinweis:**
> Wie bereits erörtert (siehe Rn. 99), scheidet eine Stellvertretung durch den Notar jedenfalls insoweit aus, als die persönlichen und sachlichen Versicherungserklärungen nach § 8 Abs. 2 und § 57 Abs. 2 GmbHG in Rede stehen, da diese Erklärungen höchstpersönlicher Natur sind.[184]

102 Im Übrigen ist festzuhalten, dass im Rahmen von § 129 FGG die Vollmachtsvermutung für den Notar bereits dann eingreift, wenn er lediglich die Unterschriften der Beteiligten auf der einzureichenden Anmeldung beglaubigt hat. Unter die Beschreibung der „zur Eintragung erforderlichen Erklärungen" lässt sich insoweit neben einem Beschluss der Haupt- oder Gesellschafterversammlung auch die Registeranmeldung selbst fassen.[185]

---

178 OLG Köln, NJW 1987, 135; ebenso Roth/Altmeppen, GmbHG, § 7 Rn. 5.
179 Krafka/Willer, Registerrecht, Rn. 942.
180 Siehe z.B. Koller/Roth/Morck, HGB, § 49 Rn. 2; K. Schmidt, Handelsrecht, § 16 III 3 (S. 464 f.).
181 BGHZ 116, 190; Baumbach/Hopt/Hopt, HGB, § 12 Rn. 3.
182 Vgl. Schippel, BNotO, § 14 Rn. 7.
183 BayObLG, MittRhNotK 2000, 173; Keidel/Kuntze/Winkler, FGG, § 129 Rn. 5; Ebenroth/Boujong/Joost/Schaub, HGB, § 12 Rn. 117; Röhricht/v. Westphalen/Ammon, HGB, § 12 Rn. 13.
184 Vgl. Baumbach/Hueck/Fastrich, GmbHG, § 7 Rn. 3; Rowedder/Schmidt-Leithoff, GmbHG, § 8 Rn. 15; MünchKomm-HGB/Krafka, § 12 Rn. 28.
185 MünchKomm-HGB/Krafka, § 12 Rn. 24; Keidel/Kuntze/Winkler, FGG, § 129 Rn. 2; Böttcher/Ries, Handelsregisterrecht Rn. 50 bezüglich HRA-Anmeldungen; unzutreffend dagegen Staub/Hüffer, HGB, § 12 Rn. 11.

E. Eintragungen im Handelsregister

I. Allgemeine Voraussetzungen für Registereintragungen

Eintragungen im Register werden primär aufgrund von Anmeldungen der Beteiligten vorgenommen. Nur ausnahmsweise und regelmäßig ausschließlich in den gesetzlich geregelten Fällen werden von Amts wegen Tatsachen im Register vermerkt oder Löschungen vorgenommen (hierzu Rn. 129 ff.). 103

> **Hinweis:**
> Hervorzuheben ist, dass das Registergericht die eingereichten Anmeldungen nicht nur entgegennimmt und den geführten Unterlagen beifügt, sondern auf der Grundlage der Anmeldung das Verfahren zur Vornahme der Eintragung eröffnet. Während dieses Verfahrens ist nach allgemeiner Meinung durch das Gericht zu prüfen, ob die Voraussetzungen für die Vornahme der registerlichen Eintragung gegeben sind. Im Rahmen dieser Prüfung wird traditionell zwischen der Prüfung in formeller Hinsicht und der Prüfung in materieller Hinsicht unterschieden.[186]

1. Formelle Prüfung der Anmeldung

Stets hat das Registergericht nach Eröffnung des Verfahrens zu prüfen, ob die **formellen Voraussetzungen zur Vornahme der beantragten Eintragung** gegeben sind.[187] Zu Recht wird dies als wesentlicher Bestandteil der allgemeinen Pflicht des Registergerichts angesehen, ein ordnungsgemäßes Verfahren durchzuführen. 104

Diese formelle Prüfung[188] besteht neben der **Feststellung der sachlichen** und **örtlichen Zuständigkeit** des Gerichts auch in der Kontrolle der Anmeldung daraufhin, ob diese **formgerecht** (§ 12 Abs. 1 Satz 1 HGB) und von **sämtlichen anmeldepflichtigen Personen** errichtet worden ist. Zudem müssen die **verfahrensmäßig erforderlichen Dokumente** mit eingereicht werden. Schließlich ist wesentlicher Teil der formellen Prüfung, ob die angemeldete Tatsache abstrakt überhaupt eintragungsfähig ist oder es sich um einen keinesfalls vollziehbaren Antrag auf Eintragung einer nicht publizitätsfähigen Tatsache (hierzu Rn. 56 ff.) handelt. 105

Im Zuge der formellen Prüfung muss durch das Gericht auch festgestellt werden, ob ggf. **handelnde Vertreter ausreichend und formgerecht** (vgl. § 12 Abs. 1 Satz 2 HGB) **legitimiert** sind. Sofern für das Handeln eines gesetzlichen Vertreters eine familien- oder vormundschaftsgerichtliche Genehmigung erforderlich ist (vgl. z.B. §§ 1643 Abs. 1, 1822 Nr. 3 BGB), muss auch deren wirksame Erteilung dem Registergericht nachgewiesen werden.

2. Materielle Prüfung durch das Registergericht

a) Allgemeines zur materiellen Prüfung

Es besteht Einigkeit darüber, dass das Registergericht berechtigt und verpflichtet ist, die **sachliche Richtigkeit der angemeldeten Tatsachen** zu überprüfen.[189] Gegenstand dieser materiellen Prüfung ist die einzutragende Tatsache, Inhalt dagegen die Feststellung, ob die zugrunde liegenden Rechtsgeschäfte bzw. Erklärungen wirksam sind. 106

---

186 MünchKomm-HGB/Krafka, § 8 Rn. 56 ff.; Koller/Roth/Morck, HGB, § 8 Rn. 22 f.; Röhricht/v. Westphalen/Ammon, HGB, § 8 Rn. 31 ff.
187 Allgemeine Meinung, siehe z.B. Koller/Roth/Morck, HGB, § 8 Rn. 22; Röhricht/v. Westphalen/Ammon, HGB, § 8 Rn. 32; MünchKomm-HGB/Krafka, § 8 Rn. 56.
188 Hierzu Keidel/Kuntze/Winkler, FGG, § 127 Rn. 2 ff.; Krafka/Willer, Registerrecht, Rn. 155.
189 MünchKomm-HGB/Krafka, § 8 Rn. 56 ff.; Baumbach/Hopt/Hopt, HGB, § 8 Rn. 7 f.; Koller/Roth/Morck, HGB, § 8 Rn. 22; Müther, Handelsregister, § 1 Rn. 36 ff.; Merkt, Unternehmenspublizität, S. 467.

> **Hinweis:**
>
> Dass das Gericht nicht an die Beurteilung der Sachlage durch die Beteiligten gebunden ist und ggf. aufgrund eigenständig durchzuführender Ermittlungen nach § 12 FGG den wahren Sachverhalt aufzuklären hat, lässt sich u.a. den Vorschriften über die amtswegige Löschung unrichtiger Eintragungen entnehmen, die sich nicht nur auf Verfahrensfehler beziehen, sondern auch auf materiellrechtliche Mängel der eingetragenen Tatsachen (vgl. insb. §§ 142 ff. FGG).

107 Ausgehend von dieser Grundlage lässt sich verschiedenen gesetzlichen Vorschriften der Umfang einer solchen materiellen Prüfung positiv entnehmen. So sieht § 38 AktG ausdrücklich vor, dass im Rahmen der Gründung einer Aktiengesellschaft deren **ordnungsmäßige Errichtung** zu prüfen ist. Ebenso wie § 9c Abs. 3 GmbHG enthält allerdings **§ 38 Abs. 2 AktG Beschränkungen für den Umfang der registerlichen Kontrolle.** Danach ist der Inhalt der jeweiligen Satzung des neu einzutragenden Rechtsträgers nur eingeschränkt daraufhin zu überprüfen, ob gläubigerschützende Vorschriften verletzt sind oder die Gesamtnichtigkeit der Satzung in Frage steht. Mit dieser im Jahr 1998 durch das Handelsrechtsreformgesetz geschaffenen Beschränkung des Prüfungsprogramms ist beabsichtigt, das Eintragungsverfahren zur Gründung juristischer Personen abzukürzen und zu vereinfachen.[190]

108 Auch wenn der Gesetzgeber eine allgemeine Vorschrift zum materiellen Prüfungsrecht des Registergerichts nicht geschaffen hat, ist zutreffend als rechtliche Grundlage einer materiellen Prüfung allgemein die Aufgabe und Funktion der Rechtsträgerregister anzusehen, die darin besteht, mittels Offenlegung bestimmter Tatsachen und Rechtsverhältnisse Verkehrsschutz zu gewährleisten.[191] In diesem Rahmen wird mittels Kontrolle der Anmeldenden durch das Gericht durch Feststellung des Vorliegens der Eintragungsvoraussetzungen ein funktionstaugliches Registerwesen überhaupt erst geschaffen. Keineswegs ist damit ausgesagt, dass das Gericht stets den Sachverhalt vollständig mit allen erreichbaren Beweisen ermitteln muss. Vielmehr ist hierfür einerseits der jeweils konkret vorliegende Prüfungsgegenstand maßgeblich und andererseits die Plausibilität des kraft Gesetzes erforderlichen Vortrags der Beteiligten in der Registeranmeldung und den beizufügenden Unterlagen. Die zusammenfassende Formulierung dieses Ergebnisses in Lit. und Rspr. geht dahin, dass nur bei Vorliegen begründeter Zweifel in Bezug auf das Vorliegen der einzutragenden Tatsache das Registergericht zur Aufklärung des wahren Sachverhalts berechtigt und verpflichtet ist.[192] Wie erwähnt (Rn. 106) ergibt sich dieses Prüfungsrecht bereits aus der gesetzlichen Ausgestaltung des Registerverfahrens, ohne dass hierfür auf eine bestimmte Vorschrift abgestellt werden muss.

109 Für die Frage, ob eine nähere **Aufklärung des Sachverhalts durch das Gericht** geboten ist, kommt es also darauf an, ob eine erste **Plausibilitätsprüfung** zu objektiv begründeten **Zweifeln am Vorliegen der Eintragungsvoraussetzungen** geführt hat.[193] Diese Zweifel müssen im Einzelfall stets auf konkreten Anhaltspunkten beruhen, die dafür sprechen, dass sachliche Unstimmigkeiten vorliegen. Die **Aufklärung dieser Zweifel** erfolgt sodann nach § 12 FGG unter Beteiligung des jeweils betroffenen Rechtsträgers. In diesem Rahmen hat das Gericht die Funktionsfähigkeit des Registers zu bewahren und befindet sich daher im Spannungsfeld zwischen den abstrakten Interessen des Rechtsverkehrs an einem zutreffenden

---

190 Vgl. Giehl, MittBayNot 1998, 293, 303.
191 Siehe insb. Staub/Hüffer, HGB, § 8 Rn. 54.
192 Keidel/Kuntze/Winkler, FGG, § 127 Rn. 11; Böttcher/Ries, Handelsregisterrecht, Rn. 69; Müther, Handelsregister, § 1 Rn. 39; Krafka/Willer, Registerrecht, Rn. 159; MünchKomm-HGB/Krafka, § 8 Rn. 68; Baumbach/Hopt/Hopt, HGB, § 8 Rn. 8; Koller/Roth/Morck, HGB, § 8 Rn. 23; BGHZ 113, 335; KG, NZG 1998, 777; BayObLGZ 1981, 266; 1977, 76.
193 MünchKomm-HGB/Krafka, § 8 Rn. 68; Krafka/Willer, Registerrecht, Rn. 159; OLG Düsseldorf, GmbHR 1995, 592.

Registerinhalt[194] und den konkreten Interessen des jeweiligen Rechtsträgers an einer zügigen Vornahme der beantragten Eintragung.

> **Hinweis:**
>
> Keine Zweifel bestehen allerdings darüber, dass die Prüfungsbefugnis stets mit dem Umfang einer dahingehenden **Prüfungspflicht des Gerichts** übereinstimmt.[195]

Bei der Ausgestaltung des Verfahrens sind im Übrigen neben dem abstrakten Ziel sachlich richtiger Eintragungen unnötige Verfahrensverzögerungen und Kostenbelastungen der Beteiligten möglichst zu vermeiden. 110

Wie sich aus den vorstehenden Ausführungen erschließt, sind weder Bestand noch Umfang des materiellen Prüfungsrechts davon abhängig, ob die fragliche Eintragung im Register deklaratorische oder konstitutive Wirkung hat.[196] Prüfungsmaßstab sind letztlich die sachlichen Vorgaben des materiellen Rechts. Sofern allerdings die registerrechtlichen Bestimmungen vorsehen, dass all diejenigen Personen anzumelden haben, die auch materiell-rechtlich über den angemeldeten Gegenstand verfügen können, so darf dem ersten Anschein zufolge davon ausgegangen werden, dass die Anmeldung inhaltlich mit der Rechtswirklichkeit übereinstimmt. Daher sind im Regelfall weitere Nachforschungen bei Anmeldungen von Einzelkaufleuten und Personenhandelsgesellschaften (vgl. § 108 HGB) nicht angezeigt. 111

b) Prüfung von Gesellschafterbeschlüssen einer GmbH

Von besonderer praktischer Bedeutung ist der Prüfungsumfang des Registergerichts bei Beschlüssen der Gesellschafterversammlung einer GmbH. Seitens der Gerichte wird hierbei die materielle Prüfung unabhängig davon wahrgenommen, ob – wie z.B. bei Änderungen in der Geschäftsführung – die **Eintragung deklaratorische Wirkung** hat oder – wie etwa bei Satzungsänderungen – **konstitutive Wirkung**.[197] Wie die Vorschriften der §§ 39, 54 GmbHG deutlich machen, sind stets Niederschriften über die der angemeldeten Tatsache zugrunde liegende Beschlussfassung mit dem Antrag auf Registereintragung einzureichen, so dass das Gericht diese auch auf ihre sachliche Richtigkeit überprüfen kann. 112

Für das Gericht beschränkt sich die Kontrolle darauf, ob die der angemeldeten Tatsache entsprechenden Beschlüsse nichtig sind. Lediglich anfechtbare Beschlüsse dürfen hingegen nicht beanstandet werden,[198] da es letztlich den Betroffenen offen steht, ob sie den Beschluss anfechten wollen oder voll wirksam werden lassen. 113

> **Hinweis:**
>
> Bei streitigen Verhältnissen kann das Registergericht nach § 127 FGG das Verfahren bis zur prozessgerichtlichen Entscheidung aussetzen oder einem der Beteiligten eine Frist zur Erhebung der Klage bestimmen. Bei einer **nachträglichen Nichtigerklärung** aufgrund Anfechtungsklage ist sodann nach § 248 AktG vorzugehen.

Wie dargestellt, hat das Registergericht die Beschlussfassung nur dann näher zu prüfen, wenn die registerführende Person insb. aufgrund des Akteninhalts oder der unschlüssigen Darlegung des Antragstellers objektiv begründete Zweifel hat. Für den **formalen Ablauf der Gesellschafterversammlung** ist das 114

---

194 Merkt (Unternehmenspublizität, S. 467) beschreibt treffend, dass „der im Handelsverkehr nötige rechtssichere und transaktionskostenarme Leistungsaustausch als Ergebnis allokativ optimaler Entscheidungen bedingt, dass das Register eine brauchbare Entscheidungsgrundlage liefert, d.h. inhaltlich zuverlässige und rechtswirksame Angaben verlautbart".
195 Siehe nur Röhricht/v. Westphalen/Ammon, HGB, § 8 Rn. 33; MünchKomm-HGB/Krafka, § 8 Rn. 59.
196 Vgl. Krafka/Willer, Registerrecht, Rn. 153; OLG Hamm, DNotZ 2001, 959 = Rpfleger 2002, 32; OLG Köln, GmbHR 1990, 82.
197 Vgl. OLG Hamm, Rpfleger 2002, 32.
198 Böttcher/Ries, Handelsregisterrecht, Rn. 455.

Registergericht dabei zunächst an die in der Niederschrift formgerecht enthaltenen Feststellungen des Versammlungsleiters gebunden, sofern nicht bspw. dessen Feststellung des Beschlussergebnisses offensichtlich und zweifelsfrei willkürlich war.[199] Entsprechendes gilt, wenn die **Beschlussfassung notariell beurkundet** wurde oder wenn die Unterzeichnung des Beschlusses durch sämtliche Gesellschafter im Rahmen einer Vollversammlung oder eines Umlaufbeschlusses erfolgt ist.[200]

> **Hinweis:**
>
> Sehr umstritten ist die Frage, ob das Registergericht berechtigt ist, nachzuprüfen, ob die an der Beschlussfassung teilnehmenden Personen tatsächlich befugt waren, das von ihnen in Anspruch genommene Stimmrecht auszuüben.

115 Ausgangspunkt hierzu ist der Umstand, dass auch im Recht der GmbH entsprechend § 241 Nr. 1 AktG ein gefasster Beschluss dann nichtig ist, wenn einzelne Gesellschafter nicht ordnungsgemäß zur Versammlung geladen wurden.[201] Im Fall einer **Vollversammlung** liegt es danach nahe, anzunehmen, dass der gefasste Beschluss dann nichtig ist, wenn an der Abstimmung nicht wirklich alle Gesellschafter teilgenommen haben oder ordnungsgemäß vertreten waren.[202] Allerdings trifft diese Auffassung nur eingeschränkt zu, da nach der Vorschrift des § 16 GmbHG die Anmeldung eines neuen Gesellschafters materiell-rechtliche Fiktionswirkung entfaltet.[203] Entscheidend für die **Berechtigung zur Stimmrechtsausübung** kann daher nicht allein die Stellung als Mitgesellschafter sein. Vielmehr müsste konsequent gefordert werden, dass neben einem **Nachweis der Gesellschafterstellung** auch die **ordnungsgemäße Anmeldung nach § 16 GmbHG** dargelegt wird.[204] Allerdings wird dabei nicht beachtet, dass die Anmeldungswirkung für die Stimmrechtsausübung auch dann eintreten kann, wenn die fragliche Person von der Gesellschaft als Gesellschafter behandelt wird.[205] An dieser materiell-rechtlichen Lage darf sich wiederum das Registergericht orientieren.[206]

> **Hinweis:**
>
> I.S.d. erwähnten Plausibilitätsprüfung kann daher das Registergericht regelmäßig davon ausgehen, dass eine Person, die seitens der Gesellschaft als Anteilsinhaber geführt wird, auch stimmberechtigt an Gesellschafterversammlungen teilnehmen darf. Anhaltspunkt für die Durchführung dieser Kontrolle von Gesellschafterbeschlüssen hat somit die von der Geschäftsführung eingereichte aktualisierte Gesellschafterliste (§ 40 Abs. 1 Satz 1 GmbHG) zu sein.[207]

116 Weitere Ermittlungen seitens des Registergerichts sind daher nur dann zu veranlassen, wenn die abstimmenden Personen nicht mit denjenigen der aktuellen Gesellschafterliste identisch sind. Zweifel hieran lassen sich auch durch eine Erklärung der Geschäftsführer ausräumen, dass die an der Beschlussfassung beteiligten Personen ordnungsgemäß nach § 16 GmbHG bei der Gesellschaft angemeldet waren.[208] Hingegen kann das Gericht nicht verlangen, dass eine beglaubigte Abschrift oder eine Ausfertigung der Urkunde über die entsprechenden Geschäftsanteilsübertragungen vorgelegt wird,[209] da die Gesellschaft

---

199 Siehe BayObLGZ 1991, 337.
200 BayObLGZ 2000, 325; 1991, 371.
201 BGHZ 87, 1, 3; BayObLG, GmbHR 1999, 984; Rowedder/Schmidt-Leithoff/Koppensteiner, GmbHG, § 47 Rn. 80; Michalski/Römermann, GmbHG, Anh. § 47 Rn. 74 f.
202 So KG, FGPrax 1997, 154; Böttcher/Ries, Handelsregisterrecht, Rn. 430.
203 BGHZ 112, 103, 113; 84, 47, 49; Scholz/Winter, GmbHG § 16 Rn. 2.
204 So Müther, Handelsregister, § 5 Rn. 85.
205 Roth/Altmeppen, GmbHG, § 16 Rn. 5.
206 OLG Hamm, Rpfleger 2002, 32.
207 OLG Hamm, Rpfleger 2002, 32; Krafka/Willer, Registerrecht, Rn. 1028.
208 Vgl. für den Beschluss des alleinigen Gesellschafter-Geschäftsführers OLG Thüringen, MittBayNot 2003, 303.
209 So aber Müther, Handelsregister, § 5 Rn. 85.

nicht zu deren Dokumentation und Verwahrung verpflichtet ist und der Geschäftsführer nach pflichtgemäßem Ermessen auch auf die Wahrung der Förmlichkeiten bei der Anmeldung nach § 16 GmbHG verzichten kann, wenn er den Anmeldenden als zuverlässig und rechtskundig einschätzt.[210]

II. Beweismittel im Registerverfahren

Im Zuge des Eintragungsverfahrens ist das Gericht verpflichtet, den zugrunde liegenden Sachverhalt gemäß § 12 FGG von Amts wegen zu ermitteln. Allerdings ist das Gericht dabei – im Gegensatz etwa zum Verfahren in Grundbuchsachen (vgl. § 29 GBO) – nicht auf die Verwertung bestimmter Beweismittel beschränkt. Vielmehr ist es bei der Auswahl und Verwertung der Beweismittel grds. frei.[211] Zudem legt das Registergericht nach den allgemeinen Grundsätzen der freiwilligen Gerichtsbarkeit nach pflichtgemäßem Ermessen selbst fest, ob ggf. formlose Ermittlungen angestellt werden oder eine förmliche Beweisaufnahme angeordnet wird.[212]

117

Sofern nicht besondere Einzelvorschriften eingreifen, ist im Registerverfahren somit keine strenge Bindung an die Vorlage öffentlicher oder öffentlich beglaubigter Urkunden vorgesehen. Lediglich in Bezug auf den **Nachweis der Erbfolge** schreibt § 12 Abs. 1 Satz 3 HGB vor, dass diesbezüglich **öffentliche Urkunden** vorzulegen sind, wobei nach allgemeinen Grundsätzen von Erbscheinen und Testamentsvollstreckerzeugnissen die Aufzeichnung von Ausfertigungen vorgelegt werden müssen.[213] Ebenso ist insb. für den **Nachweis organschaftlicher Vertretungsmacht** entweder ein beglaubigter Registerauszug oder eine notarielle Bescheinigung gemäß § 21 Abs. 1 BNotO beizubringen, da § 15 HGB im Registerverfahren aufgrund der Verpflichtung zur Durchführung amtswegiger Ermittlungen (§ 12 FGG) keine Wirkung entfalten kann.[214] Dagegen soll in sonstigen Fällen, bspw. bei der Anmeldung eines neu bestellten Geschäftsführers einer GmbH, ggf. die Vorlage privatschriftlicher Urkunden ausreichen (vgl. § 39 Abs. 2 GmbHG).

118

> **Hinweis:**
> Besondere Rücksicht auf die Erfordernisse des Handelsverkehrs ist bei ausländischen Dokumenten als Beweismittel im deutschen Registerverfahren geboten.[215] Dabei ist zu beachten, dass – soweit erforderlich und möglich – dem deutschen Recht vergleichbare öffentliche Urkunden beschafft werden. Wie stets kann hierbei eine Apostille oder Legalisation keinen Nachweis für die inhaltliche Richtigkeit der in dem jeweiligen Schriftstück enthaltenen Erklärungen erbringen.

III. Entscheidungen des Registergerichts

Die Tätigkeit des Gerichts nach Eingang einer Anmeldung zur Eintragung beschränkt sich nicht auf deren Entgegennahme und Zuordnung zur betreffenden Registerakte (§ 8 HRV) beziehungsweise zum Registerordner (§ 9 HRV). Dem Gericht bleiben vielmehr nach Eingang der Anmeldung zur Eintragung verschiedene Schritte vorbehalten, die vor Beendigung des Verfahrens vorzunehmen sind.

119

1. Eintragung und Antragszurückweisung

Die Prüfung der Anmeldung durch das Registergericht (hierzu Rn. 103 ff.) wird regelmäßig durch den **Vollzug der Eintragung** beendet. In der Eintragung vermerkt das Gericht die zu publizierenden Rechtsstatsachen in einer Weise, die dem späteren Einsichtnehmenden die gesuchten Informationen liefern soll.

120

---

210 Vgl. Scholz/Winter, GmbHG, § 16 Rn. 19 m.w.N.; Roth/Altmeppen, GmbHG, § 16 Rn. 5; Baumbach/Hueck/Fastrich, GmbHG, § 16 Rn. 6.
211 Müther, Handelsregister § 1 Rn. 40.
212 Keidel/Kuntze/Winkler/Kayser, FGG, § 12 Rn. 42 m.w.N.
213 OLG Köln, FGPrax 2005, 41; KG, FGPrax 2000, 249.
214 OLG Schleswig, FGPrax 1998, 150.
215 Dazu im Einzelnen Ebenroth/Boujong/Joost/Schaub, HGB, Anh. zu § 12 Rn. 20 ff.; Langhein, Rpfleger 1996, 45.

Aufgabe der Eintragung ist daher die **exakte und vollständige Formulierung der Tatsache**, die auch für nicht rechtskundige Nutzer einen verständlichen Inhalt aufweist. Um dies sicher zu stellen, sehen die verschiedenen Registerverordnungen in zwar umfangreichen, keineswegs aber vollständigen Katalogen einzelne vorzunehmende Eintragungen vor.[216] Zudem gilt das Gebot, die jeweilige Registereintragung nicht abzukürzen (vgl. § 12 HRV).

> **Hinweis:**
> Damit die Eintragungen nicht nur von Rechtskundigen verstanden werden können, müssen sie im Übrigen deutlich gefasst werden und sollen daher i.d.R. keine Verweisungen auf Gesetzesnormen beinhalten.

121 Den genauen Wortlaut der Eintragung hat stets das Gericht zu formulieren, das hierbei an die Vorschläge der Beteiligten nicht gebunden ist.[217] Einerseits beruht dies auf der Verantwortlichkeit des Gerichts für die korrekte Wiedergabe der angemeldeten Tatsache, andererseits auf der Zielsetzung, den Registerinhalt im Sinne seiner allgemeinen Verständlichkeit möglichst einheitlich auszugestalten. Selbstverständlich muss die angemeldete Tatsache sachlich zutreffend wiedergegeben werden, so dass die Anmeldenden gegenüber der registerführenden Stelle einen im Wege der Beschwerde[218] durchsetzbaren Anspruch darauf haben, unrichtige oder unvollständige Registereintragungen durch das Gericht berichtigen zu lassen. Im Übrigen sind gerichtlich vorgenommene Eintragungen allerdings aufgrund der mit ihrem Vollzug automatisch eintretenden publizitätsrechtlichen Folgen (vgl. § 15 HGB, hierzu Rn. 64 ff.) nicht mit Rechtsmitteln angreifbar,[219] sondern unterliegen einem besonderen Bestandsschutz und können daher nur von Amts wegen wieder beseitigt werden (vgl. §§ 142 ff. FGG). Ein hierauf gerichteter Antrag ist als Anregung hierzu durch das Gericht ggf. aufzugreifen.

122 Bei Vornahme der Eintragung ist im Register der **Tag der Eintragung** zu vermerken (§ 130 Abs. 1 FGG, § 15 HRV). Anders als im Grundbuchverfahren (vgl. § 17 GBO) ist das Gericht im Übrigen bei der Abarbeitung von Registeranmeldungen nicht an die zeitliche Reihenfolge des Eingangs gebunden,[220] sondern ggf. sogar verpflichtet, hiervon abzuweichen, wenn dies die sachliche Richtigkeit der zugrunde liegenden materiell-rechtlichen Vorgänge erfordert.

123 Nicht ausgeschlossen ist, dass einer Registeranmeldung ein **unbehebbarer Mangel** anhaftet oder eine nicht publizitätsfähige Tatsache zur Eintragung angemeldet wird bzw. ein behebbarer Fehler trotz gerichtlicher Beanstandung nicht fristgerecht beseitigt wird. In diesen Fällen[221] ist der Eintragungsantrag durch einen mit Gründen versehenen Beschluss zurückzuweisen (vgl. § 26 Satz 1 HRV).

2. Zwischenentscheidungen des Registergerichts

a) Aussetzung des Verfahrens

124 Obwohl das Registerverfahren als Teil der freiwilligen Gerichtsbarkeit in besonderem Maße den Grundsätzen vorsorgender Rechtspflege verpflichtet ist, können auch **registerliche Eintragungen** von der **Beurteilung streitiger Rechts- oder Tatsachenfragen** abhängen. So kann z.B. die Eintragung einer Satzungsänderung vom Ausgang eines Anfechtungsverfahrens bezüglich des zugrunde liegenden Gesellschafterbeschlusses abhängen oder die Anmeldung eines Rechtsnachfolgers von der Klärung der erbrechtlichen Situation. Unabhängig von der rechtlichen Zugehörigkeit des vorgreiflichen streitigen Verfahrens[222] kann das Registergericht in solchen Fällen **das Eintragungsverfahren aussetzen**, bis über das

---

216 Vgl. für das Handelsregister Abteilung A: §§ 40, 61 HRV, für das Handelsregister Abteilung B: §§ 43, 62 HRV.
217 BayObLGZ 1971, 163; KG, FGPrax 2000, 248.
218 Zu dieser sog. Fassungsbeschwerde siehe Krafka/Willer, Registerrecht, Rn. 2442 ff.
219 BGHZ 104, 61, 63; BayObLGZ 1991, 337.
220 Keidel/Kuntze/Winkler, FGG, § 130 Rn. 6; Krafka/Willer, Registerrecht, Rn. 178.
221 Vgl. BayObLGZ 1987, 449.
222 Vgl. Keidel/Kuntze/Winkler, FGG, § 127 Rn. 38.

streitige Verhältnis entschieden ist (siehe § 127 Satz 1 FGG). Sofern noch kein Rechtsstreit anhängig ist, kann das Registergericht nach seinem Ermessen einem der Beteiligten eine Frist zur Erhebung der Klage setzen (§ 127 Satz 2 FGG) und nach ergebnislosem Fristablauf ggf. eigene Ermittlungen anstellen (§ 12 FGG).[223] Im Fall einer erhobenen Anfechtungsklage ist für umwandlungsrechtliche Eintragungen auf das besondere **Freigabeverfahren** des § 16 Abs. 3 UmwG und für besondere aktienrechtliche Maßnahmen auf die hierfür bestehenden Freigabeverfahren hinzuweisen (§§ 246a, 319 Abs. 6 AktG).

b) Zwischenverfügung

Sofern dem Vollzug einer Registeranmeldung Hindernisse entgegenstehen, muss das Gericht den anmeldenden Personen durch Erlass einer Zwischenverfügung (§ 26 Satz 2 HRV) die Möglichkeit geben, bestehende Mängel zu beseitigen. Letztlich handelt es sich auch hierbei um eine der endgültigen Entscheidung vorausgehende Maßnahme, die seitens der Verfahrensbeteiligten mit dem Rechtsmittel der Beschwerde überprüft werden kann.[224] **Inhalt einer Zwischenverfügung** darf nur das Aufzeigen eines behebbaren Hindernisses für den Vollzug der Anmeldung sein. Dagegen kann die Rücknahme des Antrags nicht mittels einer solchen Verfügung angeregt werden, da in diesen Fällen sofort eine abschließende Entscheidung getroffen werden muss.[225] Bei behebbaren Hindernissen ist den Beteiligten im Wege der Zwischenverfügung eine Frist zur Beseitigung des Mangels zu setzen, um zur Vorbereitung des Verfahrensabschlusses bei ggf. fruchtlosem Fristablauf die Anmeldung zurückzuweisen.[226]

125

Der Erlass einer Zwischenverfügung dient maßgeblich der **Gewährung rechtlichen Gehörs** und bereitet im Übrigen die endgültige Entscheidung des Gerichts vor. Daher sind unmittelbar alle Umstände zu bezeichnen, die der Eintragung entgegenstehen, so dass eine stufenweise Beanstandung nicht zulässig ist. Nur dann, wenn **nach Erlass der Verfügung weitere Hindernisse** auftreten oder bekannt werden, besteht Anlass, die ergangene Entscheidung zu ergänzen. Zur Beschleunigung des Verfahrens und insb. um etwaige Rückfragen überflüssig zu machen, kann es geboten sein, in der Zwischenverfügung die rechtlichen Mittel zu benennen, die zur Behebung der Hindernisse geeignet sind.

IV. Benachrichtigung und Bekanntmachung

1. Benachrichtigung der Beteiligten

Unmittelbar nach Vornahme einer registerlichen Eintragung sind die Beteiligten hierüber zu benachrichtigen. Die Formulierung in § 130 Abs. 2 FGG lautet, die Eintragung solle „demjenigen, welcher sie beantragt hat, bekannt gemacht werden" und weckt damit missverständliche Assoziationen zur öffentlichen Bekanntmachung der Eintragung nach § 10 HGB. Die erstgenannte „Bekanntmachung" ergeht unter Benutzung von Vordrucken als Vollzugsmitteilung (siehe § 36 Abs. 1 HRV) nur an den Antragsteller und die sonstigen Beteiligten. Die „Bekanntmachung" dient damit als Information über den Abschluss des gerichtlichen Teils des Eintragungsverfahrens. Zur klaren Abgrenzung gegenüber der öffentlichen Bekanntmachung ließe sich für diejenige nach § 130 Abs. 2 FGG der Begriff der „Benachrichtigung" der Beteiligten verwenden. Die Form dieser Benachrichtigung richtet sich nach § 16 Abs. 2 Satz 2 oder Abs. 3 FGG.[227] Im Fall der Antragstellung durch einen Notar nach § 129 FGG oder aufgrund gesonderter Vollmacht ergeht die Benachrichtigung der Beteiligten an den Notar.[228]

126

2. Bekanntmachung von Eintragungen

In den gesetzlich geregelten registerrechtlichen Tatbeständen des § 15 HGB wird stets auf die Bekanntmachung der Eintragung, nicht aber auf diese selbst abgestellt (vgl. Rn. 64 ff.). Daher ist für alle Beteiligten

127

---

223 Keidel/Kuntze/Winkler, FGG, § 127 Rn. 42; Ebenroth/Boujong/Joost/Schaub, HGB, § 8 Rn. 184.
224 Keidel/Kuntze/Winkler/Kahl, FGG, § 19 Rn. 9; BayObLGZ 1999, 345.
225 BayObLGZ 1987, 449.
226 BayObLG, DNotZ 1992, 175.
227 Keidel/Kuntze/Winkler, FGG, § 130 Rn. 8.
228 Keidel/Kuntze/Winkler, FGG, § 130 Rn. 8.

die bei Handelsregistereintragungen nach § 10 HGB vorzunehmende öffentliche Bekanntmachung von großer Bedeutung, zumal in diesem Fall das gerichtliche Verfahren erst mit der Bekanntmachung vollständig abgeschlossen ist. Das Gericht hat hierbei die Bekanntmachung von Amts wegen unverzüglich zu veranlassen (§ 32 HRV), ohne dass die Antragstellenden hierauf verzichten oder eine Verzögerung verlangen können.

> **Hinweis:**
> Wie bereits im Abschnitt über die registerliche Publizität dargestellt (Rn. 20 ff.), ist die Eintragung samt nachfolgender Bekanntmachung der Regelfall handelsregisterrechtlicher Offenlegung. Nur in Ausnahmefällen unterbleibt eine Bekanntmachung der Eintragung (z.B. gemäß §§ 32 Abs. 2, 162 Abs. 2 HGB) oder werden nicht im Register eingetragene Umstände bekannt gemacht (vgl. § 10 Abs. 3 GmbHG, § 61 UmwG). In den letztgenannten Fällen hat die registerführende Person den Wortlaut der Bekanntmachung gesondert zu verfügen (§ 27 Satz 2 HRV).

128 Für das Handelsregister sieht § 10 HGB vor, dass die Bekanntmachung in dem von der Landesjustizverwaltung bestimmten elektronischen Informations- und Kommunikationsmedium erfolgt. Hierfür haben die Länder eine einheitliche Plattform eingerichtet, über welche diese Bekanntmachungen einsehbar sind (www.handelsregister.de). Ferner sind die Bekanntmachungen nach § 8b Abs. 2 Nr. 1 HGB auch als Teil des Unternehmensregisters einsehbar. Übergangsweise erfolgen – ohne dass hierauf im Rahmen des § 15 HGB abzustellen ist – bis zu dem 31.12.2008 die öffentlichen Bekanntmachungen in einer vom jeweiligen Gericht festgelegten Tageszeitung.

F. Amtswegige Registereintragungen

129 Grds. erfolgen Eintragungen im Handelsregister nur auf Veranlassung der Betroffenen, insb. also nach Eingang einer formgerechten Anmeldung zur Eintragung (§ 12 Abs. 1 Satz 1 HGB). In einer Reihe von Sondervorschriften finden sich allerdings Regelungen zu Registereintragungen, die durch das Gericht von Amts wegen vorzunehmen sind. Der Hauptanteil dieser Normen befindet sich seit der Ablösung des LöschG im Jahr 1994 gesammelt im Siebenten Abschnitt des FGG in den §§ 141 – 144c.

I. Löschung eingetragener Rechtsträger

130 Für die amtswegige Löschung eingetragener Rechtsträger ist ein vergleichsweise umfangreiches Vorverfahren vorgesehen, mit dessen Durchführung das rechtliche Gehör der betroffenen Personen ausreichend gewährleistet wird. Danach sieht einerseits § 141 FGG die **Durchführung der Löschung** gemäß § 31 Abs. 2 HGB vor, sowie § 141a FGG die **Löschung vermögensloser Gesellschaften** (Kapitalgesellschaften und Personenhandelsgesellschaften ohne natürliche Person als persönlich haftenden Gesellschafter) und § 144 Abs. 1 FGG die **Löschung von Kapitalgesellschaften** bei Vorliegen der gesetzlichen Voraussetzungen zur Erhebung einer Nichtigkeitsklage (§§ 75, 76 GmbHG sowie §§ 275, 276 AktG).

II. Löschung einzelner Registereintragung

1. Löschung von Gesellschafterbeschlüssen (§ 144 Abs. 2 FGG)

131 Ein im Handelsregister **bereits eingetragener Beschluss der Gesellschafterversammlung** einer GmbH oder der Hauptversammlung einer AG kann nur unter den besonders engen Voraussetzungen des § 144 Abs. 2 FGG gelöscht werden. Dazu ist insb. erforderlich, dass der entsprechende Beschluss nichtig ist und durch seinen Inhalt – nicht also allein durch sein Zustandekommen – zwingende Gesetzesvorschriften verletzt werden und seine Beseitigung im öffentlichen Interesse erforderlich erscheint.

132 Hierbei enthält § 144 Abs. 2 FGG eine abschließende Regelung, die insb. die Anwendung des § 142 Abs. 1 FGG, wonach bereits das Fehlen einer wesentlichen Eintragungsvoraussetzung zur Löschung genügt,

verdrängt.[229] Dies gilt für die Löschung eingetragener Beschlüsse unabhängig davon, ob im Einzelfall alle Voraussetzungen des § 144 Abs. 2 FGG gegeben sind.[230] Allenfalls auf **Nicht- oder Scheinbeschlüsse** kann somit § 142 FGG angewendet werden.[231] Bei § 144 Abs. 2 FGG ist das stark eingeschränkte Prüfungsrecht des Registergerichts zu beachten, da das Verfahren nicht dazu dient, etwaige Fehler des Anmelde- oder Eintragungsverfahrens zu korrigieren, so dass – wie bezeichnet – stets der zu löschende Beschluss seinem Inhalt nach und nicht nur durch die Art seines Zustandekommens zwingende gesetzliche Vorschriften verletzt.[232] Anwendung findet allerdings § 144 Abs. 2 FGG nicht nur auf Eintragungen aufgrund von Beschlussfassungen der zuständigen Organe, sondern auch auf die Eintragung der Durchführung einer Kapitalmaßnahme einer AG (§§ 188, 227 AktG), sei es auch aufgrund einer regulären Barkapitalerhöhung oder durch Nutzung eines genehmigten Kapitals.[233]

Zwingende Vorschriften des Gesetzes i.S.d. § 144 Abs. 2 FGG sind z.B. diejenigen über den Mindestbetrag der Aktien oder Stammeinlagen sowie über die Unzulässigkeit der Rückzahlung der Einlagen (vgl. §§ 7, 8, 9, 57, 58, 66, 69, 72, 119, 150 AktG, §§ 5, 19, 30, 31 GmbHG).

133

Ebenso rechtfertigen **sittenwidrige Beschlüsse** der Hauptversammlung oder der Gesellschafterversammlung ein Vorgehen des Registergerichts nach § 144 Abs. 2 FGG. Die bloße Verletzung von Satzungsregelungen genügt in diesem Zusammenhang allerdings nicht.[234] Ob die **Beseitigung des Beschlusses im öffentlichen Interesse geboten** erscheint, hängt von

- seiner Bedeutung,
- den Interessen der Beteiligten, insb. der Gesellschaftsgläubiger, und
- der Schwere der Gesetzesverletzung ab.

Allein das Interesse der Aktionäre ist hierbei nicht ausreichend.[235] Genügend sind jedoch unter Berücksichtigung der Bestimmung des § 241 Nr. 3 AktG die Gesichtspunkte des Gläubigerschutzes.[236] Sehen die gesetzlichen Vorschriften als Konsequenz des vorliegenden Verstoßes lediglich die Anfechtbarkeit des Beschlusses vor, spricht dies gegen das Vorliegen eines öffentlichen Interesses an dessen Löschung.[237]

> Hinweis:
> Die Löschung ist im Übrigen ausgeschlossen, wenn der Mangel durch einen eingetragenen Beschluss der Hauptversammlung oder der Gesellschafterversammlung geheilt wurde (§ 242 AktG). Der Ablauf der Frist des § 242 Abs. 2 AktG hindert allerdings ein Einschreiten nach § 144 Abs. 2 FGG nicht (siehe § 242 Abs. 2 Satz 3 AktG).

2. Löschung unzulässiger Eintragungen (§ 142 FGG)

Die **Zentralnorm zur Löschung von Eintragungen** im Handelsregister ist **§ 142 FGG**. Danach können registerliche Vermerke, die zur Zeit ihrer Eintragung wegen Fehlens einer wesentlichen Voraussetzung unzulässig waren oder die nachträglich unzulässig geworden sind, von Amts wegen gelöscht werden. Stets gilt allerdings, dass eine Löschung ausgeschlossen ist, wenn der Mangel später behoben wurde.

134

---

229 OLG Köln, Rpfleger 2002, 209; OLG Karlsruhe, FGPrax 2001, 161.
230 OLG Düsseldorf, FGPrax 2004, 294; OLG Köln, Rpfleger 2002, 209; Keidel/Kuntze/Winkler, FGG, § 144 Rn. 5.
231 Siehe BayObLGZ 1991, 337; Keidel/Kuntze/Winkler, FGG, § 144 Rn. 22; für eine Anwendung von § 144 Abs. 2 FGG auch in diesen Fällen: MünchKomm-AktG/Hüffer, § 241 Rn. 82.
232 OLG Frankfurt, FGPrax 2002, 35.
233 OLG Karlsruhe, OLGZ 1986, 155; OLG Frankfurt, FGPrax 2002, 35; MünchKomm-AktG/Hüffer, § 241 Rn. 75.
234 BayObLG, GmbHR 1996, 441; Keidel/Kuntze/Winkler, FGG, § 144 Rn. 27.
235 OLG Karlsruhe, OLGZ 1986, 155.
236 OLG Karlsruhe, OLGZ 1986, 155; Hüffer, AktG, § 241 Rn. 30.
237 OLG Hamm, OLGZ 1994, 415; Hüffer, AktG, § 241 Rn. 30.

Wird also durch das Register die Rechtslage mittlerweile zutreffend wiedergegeben, so ist naturgemäß die amtswegige Löschung nicht mehr geboten.[238]

135 Für die Voraussetzungen der **Einleitung des Löschungsverfahrens** nach § 142 FGG ist entweder das **Vorliegen eines Verfahrensverstoßes** erforderlich oder die Existenz eines sachlich-rechtlichen Mangels der Eintragung. Die Entscheidung darüber, ob ein Mangel einer wesentlichen Eintragungsvoraussetzung vorliegt, hat letztlich das Registergericht nach Lage des Falles vorzunehmen.[239]

136 Für die Handhabung des § 142 FGG ist zwischen der **Löschung deklaratorisch** und **konstitutiv wirkender Eintragungen** zu unterscheiden. Bei lediglich verlautbarenden Eintragungen können materiell-rechtliche Mängel stets die Löschung einer Eintragung rechtfertigen, während verfahrensrechtliche Mängel nur dann die Löschung begründen, wenn die Eintragung auch den Tatbestand in sachlich-rechtlicher Hinsicht nicht zutreffend wiedergibt.[240] Im Ergebnis darf damit die **Löschung einer deklaratorischen Eintragung** nur vorgenommen werden, wenn die Eintragung tatsächlich auch im Zeitpunkt der Löschung sachlich unzutreffend ist.[241]

Hingegen genügen **bloße Verfahrensfehler für die Anordnung der Löschung** nicht, wenn die Eintragung tatsächlich mit der wirklichen Rechtslage in Übereinstimmung steht. Selbst das **vollständige Fehlen einer Registeranmeldung** soll eine amtswegige Löschung nach § 142 FGG nicht begründen können, sofern die eingetragene Tatsache materiell-rechtlich vorliegt, weil die registerführende Stelle sonst mit der Löschung die gerade beabsichtigte Übereinstimmung zwischen registerlicher und tatsächlicher Rechtslage aufheben würde.[242] Wurden hingegen nicht eintragungsfähige Tatsachen eingetragen, wie bspw. ein Handlungsbevollmächtigter (Rn. 57), so ist die amtswegige Löschung jederzeit gestattet.

137 Bei **rechtsbegründend**, also **konstitutiv wirkenden Eintragungen** können dagegen sowohl materiell-rechtliche Mängel als auch formell-rechtliche Fehler die Löschung der eingetragenen Tatsachen nach § 142 FGG rechtfertigen. Allerdings begründet ein **Verstoß gegen Ordnungsvorschriften** die Löschung einer Eintragung nach § 142 FGG nicht.[243] So darf etwa eine vorgenommene konstitutive Eintragung nicht allein deswegen gelöscht werden, weil die Anmeldung nicht in der Form des § 12 Abs. 1 Satz 1 HGB erfolgt ist.[244] Im Übrigen ist stets zu berücksichtigen, welche Mängel nach den zugrunde liegenden materiell-rechtlichen Vorschriften durch Vornahme der Registereintragung bereits geheilt wurden, so dass diese nicht zum Ausgangspunkt eines Amtslöschungsverfahrens genommen werden dürfen.

> **Hinweis:**
> Hervorzuheben ist schließlich, dass die **Ersteintragung einer Kapitalgesellschaft** bzw. die Eintragung eines Beschlusses der Haupt- oder Gesellschafterversammlung einer AG, KGaA oder GmbH nur unter den Voraussetzungen des § 144 FGG gelöscht werden können.[245]

III. Eintragung von Insolvenzvermerken

138 Neben der Löschung unzulässiger Eintragungen dient die Eintragung von Insolvenzvermerken nach § 32 HGB in besonderer Weise der Publizität eingetragener Rechtsträger. Insb. die Relevanz insolvenzrechtlicher Vorgänge u.a. für die Verwaltungs- und Verfügungsbefugnis (§ 80 Abs. 1 InsO), für erteilte Vollmachten, also auch für Prokuren (§ 117 InsO), sowie für den Bestand und die organschaftliche Vertretung von Handelsgesellschaften (§ 131 Abs. 1 Nr. 3 und Abs. 2 Satz 1 Nr. 1 HGB, § 60 Abs. 1 Nr. 4 GmbHG,

---

238 BayObLG, FGPrax 2001, 213; Keidel/Kuntze/Winkler, FGG, § 142 Rn. 11.
239 BayObLG, FGPrax 2002, 82; Keidel/Kuntze/Winkler, FGG, § 142 Rn. 14.
240 BayObLG, FGPrax 2001, 213; Keidel/Kuntze/Winkler, FGG, § 142 Rn. 13.
241 BayObLG, FGPrax 2001, 213; OLG Düsseldorf, FGPrax 1999, 70.
242 BayObLG, FGPrax 2001, 213.
243 Bassenge/Herbst/Roth, FGG, § 142 Rn. 5.
244 Keidel/Kuntze/Winkler, FGG, § 142 Rn. 16.
245 OLG Karlsruhe, FGPrax 2001, 161; Keidel/Kuntze/Winkler, FGG, § 144 Rn. 5.

§ 262 Abs. 1 Nr. 3 AktG), gebietet es zwingend, den Rechtsverkehr auch hierüber allgemein im Sinne einer „Marktaustrittspublizität"[246] in registerlicher Form in Kenntnis zu setzen.

Für die **Anwendung von § 32 HGB** ist zunächst von Interesse, dass die dort angeordneten Insolvenzvermerke stets nur bezüglich des auf dem jeweiligen Registerblatt vorgetragenen eigenständigen Rechtsträgers erfolgen. Sind hingegen Organe, insb. Liquidatoren, oder Gesellschafter des eingetragenen Rechtsträgers von Insolvenzmaßnahmen betroffen, so hat dies zwar teilweise materiell-rechtliche Konsequenzen (siehe etwa § 131 Abs. 3 Satz 1 Nr. 3 HGB), die jedoch durch die Beteiligten selbst anzumelden sind und nicht gemäß § 32 Abs. 1 HGB von Amts wegen zur Eintragung gelangen.

Einzutragen ist nach § 32 HGB eine Vielzahl von Insolvenzvermerken. Beispielhaft seien erwähnt

- die **Eintragung der Bestellung eines vorläufigen Insolvenzverwalters** (§§ 21 Abs. 2 und 22 InsO), sofern dem Schuldner ein allgemeines Verfügungsverbot auferlegt oder seine Verfügungen nur mit Zustimmung des vorläufigen Insolvenzverwalters wirksam sind (§ 21 Abs. 2 Nr. 2 InsO),
- die **Eintragung der Eröffnung des Insolvenzverfahrens**,
- die **Aufhebung** des Eröffnungsbeschlusses,
- die Einstellung (§§ 207 ff. InsO) und Aufhebung des Insolvenzverfahrens (§ 200 Abs. 1 InsO).

Hinsichtlich der nicht mehr bestehenden, zunächst aber noch im Register vermerkten Prokuren[247] (vgl. § 117 Abs. 1 InsO) sind durch das Gericht von Amts wegen nach § 144c FGG die aus der insolvenzrechtlichen Eintragung folgenden Konsequenzen zu ziehen. Sie sind daher auch ohne entsprechende Anmeldung im Register gleichfalls von Amts wegen zu löschen.

Die **Eintragung der Insolvenzvermerke** (§ 32 HGB) erfolgt von Amts wegen, also ohne entsprechenden Antrag des betroffenen Rechtsträgers. Die in den genannten Vorschriften bezeichneten Vorgänge werden vom Insolvenzgericht nach § 9 Abs. 1 InsO öffentlich bekannt gemacht[248] und dem Registergericht von der Geschäftsstelle des Insolvenzgerichts in Ausfertigung mitgeteilt.[249] Da – wie geschildert – die entsprechende Veröffentlichung bereits durch das Insolvenzgericht vorzunehmen ist, wird die nach § 32 Abs. 1 HGB zu veranlassende registerliche Eintragung der Insolvenzvermerke nicht nochmals in handelsrechtlicher Weise nach § 10 HGB bekannt gemacht (§ 32 Abs. 2 Satz 1 HGB). Naturgemäß bleibt von dieser Einschränkung die **Pflicht zur Bekanntmachung weiterer getätigter Folgeeintragungen**, wie etwa der Auflösung der betroffenen Gesellschaft, der Änderung der Vertretungsverhältnisse und des Erlöschens etwaiger Prokuren, unberührt. Im Übrigen sind allerdings die Wirkungen der insolvenzrechtlichen Vorgänge in der InsO abschließend geregelt. Folgerichtig sieht daher § 32 Abs. 2 Satz 2 HGB vor, dass der registerliche Verkehrsschutz nach § 15 HGB insoweit keine Anwendung findet, da ein entsprechender Gutglaubensschutz mit dem Zweck des Insolvenzverfahrens unvereinbar wäre. Soweit als Konsequenz der insolvenzrechtlichen Verfahrensakte weitere Folgeeintragungen im Register vorzunehmen sind, verbleibt es jedoch bei der Anwendung der allgemeinen publizitätsrechtlichen Bestimmungen, insb. also bei der Verpflichtung zur öffentlichen Bekanntmachung und demgemäß auch bei der Anwendung der daran anknüpfenden Vorschriften des § 15 HGB.[250] Bedeutung kann dies bspw. bei der Änderung der Vertretungsregelung infolge der kraft Gesetzes eingetretenen Auflösung des eingetragenen Rechtsträgers sowie im Fall des Erlöschens etwaiger Prokuren nach § 117 Abs. 1 InsO haben.

---

246 Vgl. Merkt, Unternehmenspublizität, S. 178 ff., 384 ff.; MünchKomm-HGB/Krafka, § 32 Rn. 1.
247 MünchKomm-HGB/Krebs, § 52 Rn. 30; Baumbach/Hopt/Hopt, HGB, § 52 Rn. 5; Koller/Roth/Morck, HGB § 52 Rn. 9; a.A.: Ebenroth/Boujong/Joost/Weber, HGB, § 52 Rn. 18, der vom Fortbestand der Prokura ausgeht.
248 Vgl. §§ 30 Abs. 1, 23 Abs. 1, 200 Abs. 2, 215 Abs. 1, 267, 268 Abs. 2, 277 Abs. 3 InsO.
249 Vgl. §§ 31, 23 Abs. 2, 200 Abs. 2 Satz 3, 215 Abs. 2 Satz 2 und 277 Abs. 3 Satz 2 InsO.
250 MünchKomm-HGB/Krafka, § 32 Rn. 14.

IV. Zwangsgeldverfahren

142 Zur **Durchsetzung der gesetzlichen Anmeldungspflichten** sieht § 14 HGB vor, dass ggf. Zwangsmittel eingesetzt werden können (siehe Rn. 15). In gesellschaftsrechtlichen Spezialgesetzen finden sich hierzu weitere Anordnungen (§§ 407, 408 AktG; § 79 Abs. 1 GmbHG) Die näheren Einzelheiten zur Durchführung des Verfahrens sind in den §§ 132 ff. FGG geregelt.

V. Beschwerde in Registersachen

143 Als **rechtsmittelfähige Entscheidungen** kommen im Registerverfahren die **Ablehnung des Eintragungsantrags** und eine **Zwischenverfügung** in Betracht, die Beanstandungen enthält oder weitere Unterlagen anfordert (siehe Rn. 125). Die Aussetzungsverfügung nach § 127 FGG unterliegt ebenfalls der Beschwerde, soweit eine Gesetzesverletzung in Betracht kommt.[251]

Für die Frage des jeweils statthaften **Rechtsmittels** ist zu beachten, dass gegen Entscheidungen des Richters oder des Rechtspflegers (§ 11 Abs. 1 RPflG) die **einfache Beschwerde** gegeben ist. Die **sofortige Beschwerde** (§ 22 FGG) ist nur ausnahmsweise einschlägig (vgl. §§ 139, 140, 141 Abs. 3, 142 Abs. 3, 144, 146 Abs. 2, 148 Abs. 1 FGG). Die weitere Beschwerde ist unter den Voraussetzungen des § 27 FGG zulässig.

G. Muster für Handelsregisteranmeldungen

I. Allgemeines zu Registeranmeldungen

144 Unabhängig davon, welche konkrete Tatsache zur Eintragung in das Register angemeldet wird, ist bei jeder Antragstellung möglichst exakt anzugeben, welcher Rechtsträger betroffen ist. Sinnvoll ist hierzu neben der Angabe der eingetragenen Firma samt Sitz auch das jeweilige Aktenzeichen (HRA/HRB samt Nummer). Ferner sieht § 24 Abs. 1 Satz 1 HRV vor, dass in jeder Registeranmeldung die Lage der Geschäftsräume anzugeben ist.

145 **Muster: Eingang eines Anmeldungsschriftsatzes**

> An das ...
>
> Amtsgericht ...
>
> – Registergericht –
>
> ...
>
> Firma: ...
>
> Sitz: ...
>
> Geschäftsräume: ...
>
> Aktenzeichen: HRB ...

146 Für beratende Entwurfsverfasser der Anmeldung kann es sich anbieten, eine Vollzugsvollmacht in den Text des zu beglaubigenden Schriftsatzes aufzunehmen, die im Fall der Erforderlichkeit etwaiger Klarstellungen oder Korrekturen eine nochmalige Mitwirkung der Beteiligten überflüssig macht. Ist der Text als Inhalt des Schriftsatzes ausgestaltet, so genügt die Vollmacht automatisch der Form des § 12 Abs. 1 Satz 2 HGB.

---

251 Keidel/Kuntze/Winkler, FGG, § 127 Rn. 44.

G. Muster für Handelsregisteranmeldungen

Muster: Vollzugsmacht 147

> Herr Rechtsanwalt ..., ..., geboren am ..., wird bevollmächtigt und beauftragt, alle Erklärungen zur Durchführung und zum Vollzug dieser Anmeldung abzugeben, einzuholen und entgegenzunehmen und alle Anträge zu stellen, zu ergänzen, abzuändern und zurückzunehmen.

Als **Abschluss der Anmeldung** empfiehlt sich eine Erklärung darüber, wer Abschriften der Anmeldung vom Notar und Vollzugsmitteilungen vom Gericht erhalten soll. Für die Anmeldenden hilfreich ist regelmäßig die Zusendung eines aktuellen amtlichen Ausdrucks aus dem Register nach Vornahme der Eintragung durch das Gericht. 148

Muster: Abschriften der Anmeldung 149

> Von dieser Anmeldung erhält der Anmeldende/die Gesellschaft sofort eine Abschrift. Das Amtsgericht wird um Zusendung der Vollzugsmitteilung an den Anmeldenden/an die Gesellschaft und an den Rechtsanwalt ... in ... (PLZ..., Postfach ...) gebeten.
>
> Ferner wird beantragt, an den Anmeldenden/an die Gesellschaft nach Vollzug dieser Anmeldung einen amtlichen aktuellen Ausdruck aus dem Handelsregister auf dessen/deren Kosten zu übersenden.

Der Schriftsatz kann somit der allgemeinen registerlichen Systematik folgend in folgende Abschnitte unterteilt werden: 150

- Anmeldungen zur Eintragung in das Register
- Versicherungserklärungen der Beteiligten
- Vollzugsvollmacht
- Weitere Erklärungen
- Beigefügte Anlagen

II. Einzelkaufleute

Registereintragungen bei Einzelkaufleuten erfolgen aufgrund entsprechender Anmeldung durch den Inhaber des Unternehmens. 151

1. Ersteintragung eines Einzelkaufmannes

Die Ersteintragung eines Einzelkaufmannes gemäß § 29, 1. Halbs. HGB erfolgt ohne weitere Angabe des Beteiligten, ob bereits die Voraussetzungen des § 1 Abs. 2 HGB vorliegen, oder die Kaufmannseigenschaft gemäß § 2 HGB erst mit Eintragung erworben wird, da eine dahingehende Prüfung durch das Registergericht nicht zu erfolgen hat.[252] Allerdings bedarf es nach § 24 Abs. 4 HRV der Angabe des Unternehmensgegenstandes, soweit sich dieser nicht aus der Firma ergibt. 152

Muster: Ersteintragung eines Einzelkaufmannes 153

> Ich betreibe als Inhaber unter der oben genannten Firma ein Handelsgeschäft.
>
> Das Handelsgeschäft hat folgenden Unternehmensgegenstand:
>
> ...

2. Inhaberwechsel

Im Fall eines Inhaberwechsels ist die **Registeranmeldung** nach § 31 Abs. 1 HGB durch den **bisherigen** und den **neuen Inhaber** vorzunehmen. Allerdings kann die Anmeldung erst nach In-Kraft-Treten der 154

---

252 Krafka/Willer, Registerrecht, Rn. 512.

Übernahme erfolgen. Da der Inhaberwechsel nach h.M.[253] zum Erlöschen der bislang erteilten Prokuren führt, bietet sich an, ggf. eine Erklärung in die Anmeldung über den Fortbestand, d.h. letztlich über die Neuerteilung der Prokuren mit aufzunehmen. Ferner ist unter Umständen nach § 25 Abs. 2 HGB der dort bezeichnete **Haftungsausschluss** mit anzumelden.

155 **Muster: Inhaberwechsel**

> Das Handelsgeschäft ist von seinem bisherigen Inhaber mit dem Recht zur Fortführung der Firma mit oder ohne Beifügung eines das Nachfolgeverhältnis andeutenden Zusatzes an
>
> Herrn/Frau ..., geborene ...,
>
> geboren am ...,
>
> wohnhaft in ...,
>
> veräußert worden. Die Firma wird unverändert fortgeführt. Erteilte und im Handelsregister eingetragene Prokuren wurden vom neuen Inhaber bestätigt.
>
> Die Haftung für die im Betrieb des Geschäfts begründeten Verbindlichkeiten des bisherigen Inhabers und den Übergang der im Betrieb begründeten Forderungen haben wir ausgeschlossen.

3. Sonstige Änderungen

156 Ferner sind bei Einzelkaufleuten **Firmenänderungen** und **Änderungen des Ortes der Hauptniederlassung** zur Eintragung in das Handelsregister anzumelden (§ 31 Abs. 1 HGB). Als Ort gilt hierbei die jeweilige politische Gemeinde.

157 **Muster: Verlegung der Handelsniederlassung**

> Der Ort der Handelsniederlassung wurde verlegt und befindet sich nunmehr in ....
>
> Die Firma wurde geändert und lautet nunmehr
>
> ....

4. Erlöschen der Firma

158 Anzumelden ist im Übrigen gemäß § 31 Abs. 2 Satz 1 HGB auch das Erlöschen der Firma.

159 **Muster: Erlöschen der Firma**

> Der Betrieb des Handelsgeschäfts wurde eingestellt. Die Firma ist erloschen.

III. Personenhandelsgesellschaften

1. Offene Handelsgesellschaften

a) Ersteintragung einer OHG

160 Registeranmeldungen bei der OHG müssen stets durch sämtliche Gesellschafter vorgenommen werden (§ 108 HGB). Die Ersteintragung erfolgt bspw. gemäß § 106 HGB durch folgende Erklärungen:

---

253 Koller/Roth/Morck, HGB, § 52 Rn. 9; Baumbach/Hopt/Hopt, HGB, § 52 Rn. 5; a.A.: Ebenroth/Boujong/Joost/Weber, HGB, § 52 Rn. 19.

G. Muster für Handelsregisteranmeldungen

Muster: Ersteintragung einer OHG

> Unter der oben genannten Firma haben wir eine offene Handelsgesellschaft gegründet, deren Gesellschafter folgende Personen sind:
>
> - Herr/Frau ..., geborene ..., wohnhaft in ..., geboren am ...;
>
> - Herr/Frau ..., geborene ..., wohnhaft in ..., geboren am ...;
>
> - Firma ... mit Sitz in ..., eingetragen im Handelsregister des Amtsgerichts ... unter HRA/HRB ... .
>
> Jeder persönlich haftende Gesellschafter vertritt die Gesellschaft einzeln.
>
> Die Gesellschaft hat folgenden Unternehmensgegenstand:
>
> ....

b) Spätere Änderungen bei einer OHG

Spätere Änderungen der eingetragenen Tatsachen sind nach § 107 HGB zur Eintragung in das Handelsregister anzumelden. Das **Ausscheiden eines Gesellschafters** ist nach § 143 Abs. 2 HGB anzumelden. Im Fall des § 24 Abs. 2 HGB bietet es sich an, eine entsprechende Erklärung zur Firmenfortführung in die von sämtlichen Gesellschaftern zu unterschreibende Registeranmeldung mit aufzunehmen.

Muster: Ausscheiden eines Gesellschafters

> Als weiterer persönlich haftender Gesellschafter ist eingetreten:
>
> - Herr/Frau ..., geborene ..., wohnhaft in ..., geboren am ...;
>
> Als persönlich haftender Gesellschafter ist ausgeschieden:
>
> - Herr/Frau ..., geborene ..., wohnhaft in ..., geboren am ...;
>
> Der unveränderten Fortführung der Firma wird zugestimmt.
>
> Die Firma wurde geändert und lautet nunmehr:
>
> ...
>
> Der Sitz wurde verlegt und befindet sich nunmehr in
>
> ....

c) Auflösung der Gesellschaft und Erlöschen der Firma

Auch die Auflösung der Gesellschaft ist nach § 143 Abs. 1 Satz 1 HGB zur Eintragung in das Handelsregister durch sämtliche Gesellschafter anzumelden mit der Folge des Anlaufes der Ausschlussfrist des § 159 Abs. 1 HGB. Die **Vertretungsbefugnis der Liquidatoren** kann hierbei von den Gesellschaftern entsprechend § 125 Abs. 1 HGB als Einzelvertretung ausgestaltet werden; unterbleibt eine solche Festlegung, so tritt mit der Auflösung gemäß § 150 Abs. 1 HGB Gesamtvertretungsmacht sämtlicher Liquidatoren ein.

165 **Muster: Auflösung der Gesellschaft/ Vertretungsbefugnis der Liquidatoren**

> Die Gesellschaft ist durch Gesellschafterbeschluss aufgelöst.
>
> Liquidatoren sind:
>
> - Herr/Frau …,   geborene …,   wohnhaft in …, geboren am …;
>
> - Herr/Frau …,   geborene …,   wohnhaft in …, geboren am …;
>
> Jeder Liquidator vertritt die Gesellschaft einzeln.
>
> *(Formulierungsalternative:*
>
> *Sämtliche Liquidatoren vertreten gemeinsam.)*

166 Nach **Durchführung der Liquidation** ist abschließend von den Liquidatoren das **Erlöschen der Firma** anzumelden (§ 157 Abs. 1 HGB). Um Streitigkeiten über die Verwahrung der Bücher und Papiere der Gesellschaft zu vermeiden, kann eine diesbezügliche Festlegung in der Registeranmeldung erfolgen.

167 **Muster: Beendigung der Liquidation/Erlöschen der Firma**

> Die Liquidation ist beendet. Die Firma ist erloschen.
>
> Die Bücher und Schriften der Gesellschaft werden aufbewahrt von
>
> Herrn/Frau …,   geborene …,   wohnhaft in …,
>
> geboren am … .

168 Sofern die **Liquidation bereits erfolgt** ist, kann die Anmeldung des Erlöschens auch sofort in einem Zug vorgenommen werden.

169 **Muster: Erlöschen der Firma nach erfolgter Liquidation**

> Die oben genannte Handelsgesellschaft wurde aufgelöst. Die Firma ist erloschen.
>
> Es ist kein zu verteilendes Vermögen der Gesellschaft vorhanden. Sämtliche Verbindlichkeiten der Gesellschaft wurden erfüllt. Es gibt keine Gerichtsprozesse, an welchen die Gesellschaft beteiligt ist.

2. Kommanditgesellschaften

a) Ersteintragung einer KG

170 Wie stets bei Personenhandelsgesellschaften erfolgen Anmeldungen zur Eintragung in das Handelsregister durch sämtliche Gesellschafter (§ 161 Abs. 2 HGB i.V.m. § 108 HGB). Die **Ersteintragung einer KG** erfordert daher die Mitwirkung aller Komplementäre und Kommanditisten (§ 162 Abs. 1 Satz 1 HGB), sofern nicht einzelne von ihnen formgerecht (§ 12 Abs. 1 Satz 2 HGB) vertreten werden.

> **Hinweis:**
>
> Im Handelsregister wird stets die **Hafteinlage** eingetragen, die von der gesellschaftsvertraglich geschuldeten Pflichteinlage abweichen kann.[254]

---

254 Baumbach/Hopt/Hopt, HGB, § 171 Rn. 1; MünchKomm-HGB/K. Schmidt, §§ 171, 172 Rn. 5 ff.

Muster: Ersteintragung einer KG 171

> Unter der oben genannten Firma haben wir eine Kommanditgesellschaft gegründet.
>
> Persönlich haftende Gesellschafter sind:
>
> - Herr/Frau ..., geborene ..., wohnhaft in ..., geboren am ...;
>
> - Firma ... mit Sitz in ..., eingetragen im Handelsregister des Amtsgerichts ... unter HRA/HRB ... .
>
> Kommanditisten sind:
>
> - Herr/Frau ..., geborene ..., wohnhaft in ..., geboren am ..., mit einer Hafteinlage i.H.v. ... €;
>
> - Firma ... mit Sitz in ..., eingetragen im Handelsregister des Amtsgerichts ... unter HRA/HRB ... mit einer Hafteinlage i.H.v. ... €.
>
> Jeder persönlich haftende Gesellschafter vertritt die Gesellschaft einzeln.
>
> Die Gesellschaft hat folgenden Unternehmensgegenstand:
>
> ....

b) Gesellschafterwechsel und sonstige Änderungen bei der KG

Gesellschafterwechsel sind sowohl bei Komplementären, wie auch bei Kommanditisten von allen Gesellschaftern zur Eintragung in das Handelsregister anzumelden (§ 161 Abs. 2 i.V.m. §§ 107, 143 Abs. 2 und 108 HGB). 172

Muster: Gesellschafterwechsel bei der KG 173

> Als persönlich haftender Gesellschafter ist eingetreten:
>
> - Herr/Frau ..., geborene ..., wohnhaft in ..., geboren am ...;
>
> - Firma ... mit Sitz in ..., eingetragen im Handelsregister des Amtsgerichts ... unter HRA/HRB ... .
>
> Als persönlich haftender Gesellschafter ist ausgeschieden:
>
> - Herr/Frau ..., geborene ..., wohnhaft in ..., geboren am ...;
>
> - Firma ... mit Sitz in ..., eingetragen im Handelsregister des Amtsgerichts ... unter HRA/HRB ... .
>
> Der unveränderten Fortführung der Firma wird zugestimmt.
>
> Als Kommanditist ist eingetreten:
>
> - Herr/Frau ..., geborene ..., wohnhaft in ..., geboren am ..., mit einer Hafteinlage i.H.v. ... €;
>
> - Firma ... mit Sitz in ..., eingetragen im Handelsregister des Amtsgerichts ... unter HRA/HRB ... mit einer Hafteinlage i.H.v. ... €.
>
> Als Kommanditist ist ausgeschieden:
>
> - Herr/Frau ..., geborene ..., wohnhaft in ... geboren am ...;
>
> - Firma ... mit Sitz in ..., eingetragen im Handelsregister des Amtsgerichts ... unter HRA/HRB ... .

174 Hat ein Kommanditist seinen Gesellschaftsanteil im Wege der **Sonderrechtsnachfolge** übertragen, so bedarf es neben einer entsprechenden ausdrücklichen Anmeldung auch einer **Versicherungserklärung von Komplementären** in vertretungsberechtigender Anzahl sowie des **übertragenden Kommanditisten**, dass der ausscheidende Kommanditist aus dem Gesellschaftsvermögen keine Abfindung erhalten hat und ihm eine solche auch nicht versprochen wurde (siehe Rn. 94). Die Anmeldung erfolgt – wie stets – durch sämtliche Gesellschafter (§ 161 Abs. 2 HGB i.V.m. § 108 HGB).

175 **Muster: Gesellschaftswechsel im Wege der Sonderrechtsnachfolge bei der KG**

> Der bisherige Kommanditist Herr/Frau ... hat seine Kommanditeinlage i.H.v. ... € zur einen Hälfte auf den Kommanditisten Herrn/Frau ..., geboren am ..., wohnhaft in ..., und zur anderen Hälfte auf Herrn/Frau ..., geboren am ..., wohnhaft in ..., übertragen.
>
> Herr/Frau ... ist damit aus der Kommanditgesellschaft ausgeschieden, Herr/Frau ... im Wege der Sonderrechtsnachfolge in die Kommanditgesellschaft als Kommanditist mit einer Einlage i.H.v. ... € eingetreten.
>
> Die Einlage des Kommanditisten Herrn/Frau ... ist im Wege der Sonderrechtsnachfolge auf ... € erhöht worden.
>
> Sämtliche vertretungsberechtigten persönlich haftenden Gesellschafter und der übertragende Kommanditist, Herr/Frau ..., versichern, dass der ausgeschiedene Kommanditist aus dem Gesellschaftsvermögen keine Abfindung erhalten hat und ihm eine solche auch nicht versprochen wurde.

176 Für sonstige Änderungen der im Handelsregister eingetragenen Tatsachen (Firma und Sitz) ist auf die vorstehenden Ausführungen zur OHG zu verweisen (Rn. 162 f.).

c) Veränderungen der Kommanditeinlagen

177 Gemäß § 175 Satz 1 HGB i.V.m. 108 HGB sind Veränderungen der Höhe von Hafteinlagen der Kommanditisten zur Eintragung in das Handelsregister von allen Gesellschaftern anzumelden.

178 **Muster: Veränderungen der Kommanditeinlagen**

> Der Kommanditist Herr/Frau/Firma ... hat seine Hafteinlage um ... € auf ... € erhöht.
>
> Der Kommanditist Herr/Frau/Firma ... hat seine Hafteinlage um ... € auf ... € herabgesetzt.

d) Auflösung der Gesellschaft und Erlöschen der Firma

179 Zur Anmeldung der Auflösung der KG und zum Erlöschen der Firma ist wiederum auf die Ausführungen zur OHG zu verweisen (Rn. 164 ff.). In diesem Fall ist allerdings unter Umständen von besonderer Bedeutung, dass in der Anmeldung die **Vertretungsregelung** – abweichend vom gesetzlichen Modell des § 150 Abs. 1 HGB – angegeben wird, sofern vermieden werden soll, dass nunmehr infolge der Auflösung Gesamtvertretung aller bisherigen Komplementäre und Kommanditisten eintritt.

3. GmbH & Co. KG

180 Für den Fall, dass persönlich haftender **Gesellschafter einer KG** ausschließlich eine **GmbH** ist, ergeben sich neben etwaigen Vertretungsfragen (hierzu Rn. 51 ff.) Besonderheiten nur für den Errichtungsvorgang, wenn beide Gesellschaften zugleich zur Eintragung im Register angemeldet werden. Sofern aufgrund entsprechender Abstimmung möglich, wird es sich anbieten, zunächst die GmbH und anschließend die KG in das Handelsregister eintragen zu lassen. Allerdings kann durchaus die KG auch schon vor Eintragung der GmbH im Handelsregister eingetragen werden, wenn die Komplementärgesellschaft bereits als Vor-GmbH besteht.[255] In diesem Fall wird vorerst die „GmbH in Gründung" als Komplementärin im Register

---

255 Hierzu und zum Folgenden näher Krafka/Willer, Registerrecht, Rn. 805 ff. m.w.N.

der KG eingetragen. Auf entsprechenden Berichtigungsantrag wird nach Eintragung der GmbH diese als Komplementärin unter Angabe ihrer Registerstelle neu vorgetragen.

Als Beispiel zur Anmeldung einer weitgehenden Befreiung von den Beschränkungen des § 181 BGB kommt im Übrigen die nachfolgende **Vertretungsregelung** (§ 161 Abs. 2 HGB i.V.m. § 106 Abs. 2 Nr. 4 HGB) in Betracht. 181

Muster: Weitgehenden Befreiung von den Beschränkungen des § 181 BGB 182

> Jeder persönlich haftende Gesellschafter vertritt einzeln. Jeder persönlich haftende Gesellschafter und ggf. seine Geschäftsführer sind ferner berechtigt, im Namen der Kommanditgesellschaft Rechtsgeschäfte mit sich im eigenen Namen oder als Vertreter eines Dritten abzuschließen.

IV. Kapitalgesellschaften

1. GmbH

a) Allgemeines zu Registeranmeldungen bei einer GmbH

Gemäß § 78 GmbHG sind nur die **Anmeldung zur Ersteintragung** (§ 7 Abs. 1 GmbHG) sowie die **Anmeldungen zu Kapitalmaßnahmen** (Erhöhungen: §§ 57 Abs. 1 und 57i Abs. 1 GmbHG; Herabsetzung: § 58 Abs. 1 Nr. 3 GmbHG) durch sämtliche Geschäftsführer vorzunehmen. Im Übrigen genügt die Erklärung durch Geschäftsführer in vertretungsberechtigender Anzahl. 183

b) Errichtung einer GmbH

Die **Errichtung der Gesellschaft** ist unter Aufnahme der gemäß § 8 Abs. 2 und Abs. 3 GmbHG erforderlichen **Versicherungserklärungen** zur Eintragung in das Handelsregister anzumelden. Sofern die **Stammeinlagen nicht vollständig einbezahlt** sind, müssen in der Anmeldung zahlenmäßig exakt die Beträge angegeben werden, die auf die jeweils übernommene Stammeinlage einbezahlt wurden.[256] Im Übrigen ist die Vertretungsbefugnis der Geschäftsführer sowohl abstrakt, also unter möglichst wörtlicher Wiedergabe der aktuell relevanten gesellschaftsvertraglichen Bestimmungen, als auch konkret in Bezug auf den jeweils bestellten Geschäftsführer anzumelden.[257] Der konkreten Bezeichnung bedarf es hierbei im Grunde nur, wenn die Vertretungsbefugnis des Geschäftsführers von der abstrakten Vertretungsregelung abweicht; wenn dies nicht der Fall ist, wird zur Klarstellung in der Praxis oftmals unnötigerweise die Angabe, dass dieser Geschäftsführer „satzungsgemäß" vertritt, verwendet. 184

Muster: Anmeldung der Begründung einer GmbH 185

> Unter der oben genannten Firma wurde eine Gesellschaft mit beschränkter Haftung errichtet.
>
> Ist nur ein Geschäftsführer bestellt, so vertritt dieser die Gesellschaft allein. Sind mehrere Geschäftsführer bestellt, so wird die Gesellschaft durch zwei Geschäftsführer gemeinsam oder durch einen Geschäftsführer zusammen mit einem Prokuristen vertreten.
>
> Geschäftsführer der Gesellschaft sind:
>
> Herr/Frau ..., geborene ...,
>
> geboren am ..., wohnhaft in ....
>
> Dieser Geschäftsführer vertritt die Gesellschaft stets einzeln und ist befugt, im Namen der Gesellschaft mit sich im eigenen Namen oder als Vertreter eines Dritten Rechtsgeschäfte abzuschließen.

---

256 Krafka/Willer, Registerrecht, Rn. 945 m.w.N.
257 Hierzu ausführlich Krafka/Willer, Registerrecht, Rn. 948 ff., 987 ff.

Herr/Frau ..., geborene ...,

geboren am ..., wohnhaft in ....

Dieser Geschäftsführer vertritt die Gesellschaft satzungsgemäß.

Jeder Geschäftsführer versichert gemäß § 8 Abs. 2 und Abs. 3 GmbHG, dass

- er nach den §§ 283 – 283d des Strafgesetzbuches nicht verurteilt worden ist und
- ihm durch gerichtliches Urteil oder durch vollziehbare Entscheidung einer Verwaltungsbehörde die Ausübung eines Berufes, Berufszweiges, Gewerbes oder Gewerbezweiges nicht untersagt worden ist und
- er über seine unbeschränkte Auskunftspflicht gegenüber dem Gericht durch den diese Anmeldung beglaubigenden Notar belehrt worden ist und
- die in der Gründungsurkunde genannte(n) Stammeinlage(n) zu insgesamt ... € in voller Höhe einbezahlt ist und diese Leistung sich endgültig in der freien Verfügung des Geschäftsführers befindet und das Anfangskapital der Gesellschaft nicht durch Schulden (außer dem in der Gründungsurkunde festgelegten Gründungsaufwand) belastet ist.
- *(Formularalternative bei nur teilweiser Einzahlung des Stammkapitals:*

   auf die in der Gründungsurkunde genannten Stammeinlagen die nachgenannten Beträge einbezahlt sind, sich der Gegenstand der Leistungen endgültig in der freien Verfügung des Geschäftsführers befindet und das Anfangskapital der Gesellschaft nicht durch Schulden (außer dem in der Gründungsurkunde festgelegten Gründungsaufwand) belastet ist.

Stammeinlage	*einbezahlt:*
Herr/Frau ... [... €]	... €
Herr/Frau ... [... €]	... €)

Diesem Schriftsatz sind folgende Anlagen beigefügt:

- Niederschrift über die Gründung der Gesellschaft samt Bestellung der Geschäftsführung,
- Liste der Gesellschafter.

186 Im Fall einer **Sachgründung** sind bei der Anmeldung gemäß § 7 Abs. 3 GmbHG und § 8 Abs. 1 Nr. 4 und Nr. 5 GmbHG sowie § 5 Abs. 4 Satz 2 GmbHG zusätzlich folgende im nachfolgenden Muster dargestellten Besonderheiten zu beachten.

187 **Muster: Anmeldung der Sachgründung einer GmbH**

Der/Jeder Geschäftsführer versichert ferner:

- der Gesellschafter Herr/Frau ... hat das Betriebsvermögen seiner Firma ... mit Sitz in ... nach Maßgabe der beigefügten Bilanz zum ... der Gesellschaft übereignet. Es wird versichert, dass sich das Betriebsvermögen endgültig in der freien Verfügung des Geschäftsführers befindet. Ferner wird versichert, dass in den Vermögensverhältnissen der Firma ... mit Sitz in ... seit dem Stichtag der Bilanz bis zur Einbringung keine Verschlechterung eingetreten ist.

Diesem Schriftsatz sind folgende Anlagen beigefügt:

- Niederschrift über die Gründung der Gesellschaft samt Bestellung der Geschäftsführung,
- Sachgründungsbericht,

- Verträge, die den Festsetzungen der Sacheinlage zugrunde liegen bzw. zu ihrer Ausführung geschlossen wurden; soweit gesetzlich keine Formvorschriften bestehen sind diesbezüglich keine Unterlagen beigefügt,
- Liste der Gesellschafter.

c) Änderungen in der Geschäftsführung

Änderungen der Geschäftsführung (Bestellung, Abberufung, Niederlegung, Änderung der Vertretungsbefugnis) sind gemäß § 39 Abs. 1 GmbHG zur Eintragung in das Handelsregister anzumelden. Die Anmeldung kann grds. erst erfolgen, wenn der einzutragende Umstand materiell-rechtlich bereits eingetreten ist. **Anmeldeberechtigt** sind die Geschäftsführer, die im Zeitpunkt der Abgabe der Anmeldung vertretungsberechtigt sind. Ein **neu bestellter einzelvertretungsberechtigter Geschäftsführer** kann seine Eintragung somit selbst anmelden. Stets haben neue Geschäftsführer die gemäß § 39 Abs. 3 GmbHG vorgeschriebenen persönlichen Versicherungserklärungen gegenüber dem Registergericht abzugeben. Mit einzureichen sind im Übrigen die zugrunde liegenden Beschlussfassungen bzw. Erklärungen.

Muster: Änderungen in der Geschäftsführung einer GmbH

Herr/Frau ... ist nicht mehr Geschäftsführer.

Zum Geschäftsführer wurde bestellt:

Herr/Frau ..., geborene ...,

wohnhaft in ..., geboren am ....

Er/Sie vertritt die Gesellschaft satzungsgemäß/stets einzeln und ist befugt, die Gesellschaft bei Rechtsgeschäften mit sich im eigenen Namen und als Vertreter eines Dritten zu vertreten.

Die Vertretungsbefugnis des Geschäftsführers Herr/Frau ... hat sich geändert. Er vertritt nunmehr die Gesellschaft stets einzeln und ist befugt, die Gesellschaft bei Rechtsgeschäften mit sich im eigenen Namen und als Vertreter eines Dritten zu vertreten.

Jeder neu angemeldete Geschäftsführer versichert gemäß § 8 Abs. 2 und Abs. 3 GmbHG, dass

- er nach den §§ 283 – 283d des Strafgesetzbuches nicht verurteilt worden ist und
- ihm durch gerichtliches Urteil oder durch vollziehbare Entscheidung einer Verwaltungsbehörde die Ausübung eines Berufes, Berufszweiges, Gewerbes oder Gewerbezweiges nicht untersagt worden ist und
- er über seine unbeschränkte Auskunftspflicht gegenüber dem Gericht durch den diese Anmeldung beglaubigenden Notar belehrt worden ist.

Diesem Schriftsatz ist folgende Anlage beigefügt:

- Beschluss über die angemeldeten Änderungen in der Geschäftsführung,
- Niederlegungserklärung samt Zugangsnachweis.

d) Satzungsänderungen

Satzungsänderungen werden **erst mit Eintragung im Handelsregister wirksam** (§ 54 Abs. 3 GmbHG). Die somit konstitutiv wirkende Eintragung ist von den Geschäftsführern in vertretungsberechtigender Anzahl anzumelden (§ 54 Abs. 1 Satz 1 GmbHG). Sofern ausdrücklich im Handelsregister eingetragene Gegenstände (Firma, Sitz, Unternehmensgegenstand, allgemeine Vertretungsregelung der Geschäftsführung oder Zeitdauer der Gesellschaft, siehe § 10 Abs. 1 und Abs. 2 GmbHG) geändert wurden, ist dies in der Anmeldung schlagwortartig hervorzuheben.[258] Eine wörtliche **Wiedergabe der neu getroffenen**

---

258 BGH, NJW 1987, 3191.

Regelung in der Anmeldung ist allerdings nicht erforderlich. Dagegen ist es angezeigt, die geänderte Satzungsbestimmung nach der Paragrafen- und Absatznummer zu bezeichnen. Neben der satzungsändernden Beschlussfassung ist eine gemäß § 54 Abs. 1 Satz 2 GmbHG notariell bescheinigte Satzungsfassung gemäß § 12 Abs. 2, 2. Halbs. HGB mit einzureichen.[259]

191 **Muster: Änderung des Gesellschaftsvertrages einer GmbH**

> Der Gesellschaftsvertrag wurde geändert. Geändert wurden die Bestimmungen über die Firma (§ 1 Abs. 1), den Sitz (§ 1 Abs. 2), der Unternehmensgegenstand (§ 2) und die allgemeine Vertretungsregelung der Geschäftsführung (§ 4).
>
> Diesem Schriftsatz ist folgende Anlage beigefügt:
>
> - Niederschrift über die Gesellschafterversammlung, in welcher die angemeldeten Änderungen beschlossen wurden,
> - vollständiger neuer Satzungswortlaut mit notarieller Bescheinigung.

e) Kapitalmaßnahmen

192 Kapitalmaßnahmen sind als Änderungen des satzungsmäßigen Stammkapitals stets erst mit Eintragung im Handelsregister wirksam (§ 54 Abs. 3 GmbHG). Die erforderliche Anmeldung, die von sämtlichen Geschäftsführern abzugeben ist (§ 78 GmbHG), wird bezüglich **Kapitalerhöhungen** in § 57 GmbHG und hinsichtlich **Kapitalherabsetzungen** in § 58 Abs. 1 Nr. 3 GmbHG näher geregelt. Neben der Erhöhung des Stammkapitals ist nach allgemeinen Grundsätzen gemäß § 54 Abs. 1 Satz 1 GmbHG auch die entsprechende **Änderung des Gesellschaftsvertrags** zur Eintragung in das Handelsregister anzumelden.

aa) Muster: Barkapitalerhöhung bei der GmbH

193

> Das Stammkapital wurde durch Bareinlage auf ... € erhöht. Die Satzung wurde entsprechend geändert.
>
> Jeder Geschäftsführer versichert, dass die neuen Stammeinlagen in voller Höhe in Geld bewirkt sind und dass der Gegenstand der Leistungen sich endgültig in der freien Verfügung des Geschäftsführers befindet und auch in der Folge nicht an den Einleger zurückgezahlt worden ist.
>
> *(Formulierungsalternative bei nur teilweiser Einzahlung des Stammkapitals:*
>
> *Jeder Geschäftsführer versichert, dass auf die in dem Erhöhungsbeschluss genannte[n] neuen Stammeinlage[n] die nachgenannten Beträge in Geld bewirkt wurden, dass der Gegenstand der Leistung sich endgültig in der freien Verfügung des Geschäftsführers befindet und auch in der Folge nicht an den Einleger zurückgezahlt worden ist:*
>
> | *Stammeinlage* | *einbezahlt:* |
> |---|---|
> | *Herr/Frau ... [... €]* | *... €* |
> | *Herr/Frau ... [... €]* | *... €)* |
>
> Diesem Schriftsatz sind folgende Anlagen beigefügt:
>
> - Niederschrift über die Gesellschafterversammlung,
> - vollständig neuer Satzungswortlaut mit notarieller Bescheinigung,
> - Übernahmeerklärung,
> - Übernehmerliste,
> - aktualisierte Gesellschafterliste.

---

259 Krafka/Willer, Registerrecht, Rn. 1020 ff.

bb) Muster: Sachkapitalerhöhung bei der GmbH

Das Stammkapital wurde durch Sacheinlage auf ... € erhöht. Die Satzung (§ 3) wurde entsprechend geändert.

Jeder Geschäftsführer versichert, dass durch den Gesellschafter Herr/Frau/Firma...auf seine neue Stammeinlage von ... € die der festgesetzten Sacheinlage zugrunde liegenden Gegenstände auf die Gesellschaft übertragen wurden und diese sich endgültig zur freien Verfügung der Geschäftsführung befinden.

Diesem Schriftsatz sind folgende Anlagen beigefügt:

- Verträge, die den Festsetzungen nach § 56 GmbHG zugrunde liegen und Unterlagen zur Beurteilung des Werts der Sacheinlagen,
- Niederschrift über die Gesellschafterversammlung,
- vollständig neuer Satzungswortlaut mit notarieller Bescheinigung,
- Übernahmeerklärung,
- Übernehmerliste,
- aktualisierte Gesellschafterliste.

cc) Muster: Kapitalerhöhung aus Gesellschaftsmitteln bei der GmbH

Besonderheiten für den Fall der Kapitalerhöhung aus Gesellschaftsmitteln (§§ 57c ff. GmbHG) sieht § 57i Abs. 1 GmbHG vor:

Das Stammkapital wurde aus Gesellschaftsmitteln auf ... € erhöht. Die Satzung wurde entsprechend geändert.

Jeder Geschäftsführer versichert, dass nach ihrer Kenntnis seit dem Stichtag der Bilanz, die der Kapitalerhöhung aus Gesellschaftsmitteln zugrunde gelegt wurde, bis zum heutigen Tag der Anmeldung keine Vermögensminderung eingetreten ist, die der Kapitalerhöhung entgegenstünde, wenn sie am heutigen Tag beschlossen worden wäre.

Diesem Schriftsatz sind folgende Anlagen beigefügt:

- die der Kapitalerhöhung zugrunde gelegte Bilanz, versehen mit dem Bestätigungsvermerk des Abschlussprüfers sowie gegebenenfalls die letzte Jahresbilanz (wenn der Kapitalerhöhung eine Zwischenbilanz zugrunde gelegt wurde),
- Niederschrift über die Gesellschafterversammlung,
- vollständig neuer Satzungswortlaut mit notarieller Bescheinigung,
- Übernahmeerklärung,
- Übernehmerliste,
- aktualisierte Gesellschafterliste.

dd) Muster: Kapitalherabsetzung bei einer GmbH

Die Gesellschafterversammlung vom 10.1.2006 hat die Herabsetzung des Stammkapitals um 50.000 € auf 200.000 € und die entsprechende Änderung des Gesellschaftsvertrages beschlossen.

Jeder Geschäftsführer versichert, dass sich Gläubiger, welche der Herabsetzung des Stammkapitals nicht zustimmen, bei der Gesellschaft nicht gemeldet haben.

(Formulierungsalternative:

Jeder Geschäftsführer versichert, dass die Gläubiger, welche sich bei der Gesellschaft gemeldet und der Herabsetzung nicht zugestimmt haben, befriedigt oder sichergestellt sind.)

Diesem Schriftsatz sind folgende Anlagen beigefügt:

- Niederschrift über die Gesellschafterversammlung,
- vollständig neuer Satzungswortlaut mit notarieller Bescheinigung,
- aktualisierte Gesellschafterliste,
- Belegblätter der Veröffentlichung des Beschlusses der Kapitalherabsetzung und der Gläubigeraufforderung in den Gesellschaftsblättern.

f) Wirtschaftliche Neugründung

198 Bei Verwendung einer **Vorratsgesellschaft** oder Verwertung einer **Mantelgesellschaft** (siehe Rn. 36 f.) ist unabhängig davon, ob weitere registerpflichtige Anmeldungen aufgrund von Satzungsänderungen oder einem Wechsel in der Geschäftsführung erforderlich sind, folgende Erklärung gegenüber dem Registergericht zur Vermeidung der gründungsähnlichen Haftung angezeigt:

199 **Muster: Wirtschaftliche Neugründung einer GmbH**

Sofern die rechtlichen Voraussetzungen hierfür vorliegen, wird erklärt, dass eine wirtschaftliche Neugründung der Gesellschaft vorgenommen wurde.

Der/Jeder Geschäftsführer versichert, dass das gesamte Stammkapital der Gesellschaft wertmäßig noch vorhanden ist und sich zu seiner freien Verfügung befindet und auch in der Folge nicht an den bzw. die Gesellschafter zurückbezahlt worden ist und die Gesellschaft Eigentümerin bzw. Inhaberin von Gegenständen ist, deren Vermögenswert abzüglich etwaiger Verbindlichkeiten der Gesellschaft nicht niedriger ist, als das satzungsmäßige Stammkapital der Gesellschaft.

g) Unternehmensverträge

200 Schließt eine GmbH als „beherrschte" Gesellschaft einen Unternehmensvertrag (Beherrschungs-, bzw. Gewinnabführungsvertrag) ab, so ist dieser erst wirksam, wenn er samt dem Datum des Zustimmungsbeschlusses der Gesellschafterversammlung in das Handelsregister der „beherrschten" Gesellschaft eingetragen wurde[260] (siehe Rn. 49 f.). Der Inhalt des Unternehmensvertrags ist hierbei einem der gesetzlichen Typen der §§ 291, 292 AktG zuzuordnen und in der Anmeldung stichwortartig unter Verwendung der gesetzlichen Terminologie anzugeben.

201 **Muster: Unternehmensvertrag**

Die Gesellschaft hat am ... mit der Firma „...." mit Sitz in ... (Amtsgericht ..., HRB ...), einen Unternehmensvertrag (Gewinnabführungsvertrag) abgeschlossen. Die Gesellschafterversammlung der Gesellschaft hat diesem Vertrag durch Beschluss vom ... zugestimmt.

Diesem Schriftsatz sind folgende Anlagen beigefügt:

- Unternehmensvertrag,
- Niederschrift über die Zustimmung der Gesellschafterversammlung der Gesellschaft,
- Niederschrift über die Zustimmung der Gesellschafterversammlung des anderen Vertragsteils.

---

[260] Vgl. BGHZ 116, 37; 105, 324.

h) **Auflösung der Gesellschaft und Erlöschen der Firma**

Gemäß § 65 Abs. 1 Satz 1 GmbHG ist die Auflösung einer GmbH zur Eintragung in das Handelsregister anzumelden. Dies gilt gemäß § 67 Abs. 1 GmbHG ebenso für die **Eintragung der Liquidatoren** und deren Vertretungsbefugnis, für die nach § 68 Abs. 1 GmbHG mangels abweichender Satzungsregelung oder Beschlussfassung der Gesellschafterversammlung von Gesamtvertretung auszugehen ist.

Muster: Auflösung der GmbH und Löschung der Firma

> Die Gesellschaft ist durch Beschluss vom ... aufgelöst.
>
> Allgemein gilt für die Vertretungsberechtigung der Liquidatoren der Gesellschaft Folgendes:
>
> Ist nur ein Liquidator bestellt, so vertritt dieser die Gesellschaft allein. Sind mehrere Liquidatoren bestellt, so wird die Gesellschaft durch sämtliche Liquidatoren gemeinsam vertreten.
>
> Zum Liquidator wurde bestellt:
>
> Herr/Frau ..., geborene ...,
>
> geboren am ...,
>
> wohnhaft in ....
>
> Dieser Liquidator vertritt die Gesellschaft stets einzeln und ist befugt, im Namen der Gesellschaft mit sich im eigenen Namen oder als Vertreter eines Dritten Rechtsgeschäfte abzuschließen.
>
> Der Liquidator versichert gemäß § 66 Abs. 4 GmbHG i.V.m. § 6 Abs. 2 GmbHG, dass
>
> - er nicht nach den §§ 283 – 283d des Strafgesetzbuches verurteilt worden ist und
> - ihm nicht durch gerichtliches Urteil oder durch vollziehbare Entscheidung einer Verwaltungsbehörde die Ausübung eines Berufes, Berufszweiges, Gewerbes oder Gewerbezweiges untersagt worden ist und
> - er über seine unbeschränkte Auskunftspflicht gegenüber dem Gericht durch den diese Anmeldung beglaubigenden Notar belehrt worden ist.
>
> Diesem Schriftsatz ist folgende Anlage beigefügt:
>
> - Beschluss über die Auflösung und Liquidatorenbestellung.

Nach **Ablauf des Sperrjahres** nach § 73 Abs. 1 GmbHG ist gemäß § 74 Abs. 1 GmbHG die Beendigung der Liquidation und nach § 31 Abs. 2 das Erlöschen der Firma zur Eintragung in das Handelsregister anzumelden.

Muster: Beendigung der Liquidation und Erlöschen der Firma

> Die Liquidation der Gesellschaft ist beendet. Die Firma ist erloschen.
>
> Die Bücher und Schriften der Gesellschaft werden aufbewahrt von:
>
> Herrn/Frau ..., geborene ...,
>
> geboren am ...,
>
> wohnhaft in ....
>
> Diesem Schriftsatz ist folgende Anlage beigefügt:
>
> - drei Belegexemplare der Veröffentlichung der Auflösung in den Gesellschaftsblättern.

2. Aktiengesellschaften

a) Ersteintragung

206 Nach § 36 Abs. 1 AktG ist eine neu errichtete AG von allen Gründern (§ 28 AktG) und sämtlichen Mitgliedern des Vorstandes und des Aufsichtsrates zur Eintragung in das Handelsregister anzumelden. Den näheren Inhalt der Anmeldung bestimmt § 37 AktG.

207 **Muster: Ersteintragung einer AG**

> Unter der oben genannten Firma wurde eine Aktiengesellschaft errichtet.
>
> Ist nur ein Vorstandsmitglied bestellt, so vertritt dieses die Gesellschaft allein. Sind mehrere Vorstandsmitglieder bestellt, so wird die Gesellschaft durch zwei Vorstandsmitglieder gemeinsam oder durch ein Vorstandsmitglied in Gemeinschaft mit einem Prokuristen vertreten.
>
> Einziges Vorstandsmitglied der Gesellschaft ist:
>
> Herr/Frau ..., geboren am ..., wohnhaft in ...
>
> Das Grundkapital der Gesellschaft beträgt ... € und ist eingeteilt in ... Aktien ohne Nennbetrag. Die Aktien werden gegen Bareinlagen zum geringsten Ausgabepreis ausgegeben. Auf die Aktien ist der eingeforderte Betrag in Höhe des gesamten Ausgabebetrags auf das Konto der Gesellschaft bei der ...
>
> – „Bank" – eingezahlt.
>
> Wir nehmen auf die schriftliche Bestätigung der Bank Bezug, aus der sich ergibt, dass der Vorstand in der Verfügung über den eingezahlten Betrag, soweit er nicht bereits zur Bezahlung der in dem vorgelegten Nachweis nach Art und Höhe einzeln bezeichneten, bei der Gründung angefallenen Steuern und Gebühren verwendet wurde, nicht, namentlich nicht durch Gegenforderungen, beschränkt ist. Der eingeforderte Betrag i.H.v. ... € steht damit in der in beigefügter Bestätigung der Bank bezeichneten Höhe endgültig zur freien Verfügung des Vorstandes.
>
> Das angemeldete Vorstandsmitglied versichert gemäß § 76 Abs. 3 AktG, dass
>
> - es nach den §§ 283 – 283d des Strafgesetzbuches nicht verurteilt worden ist und
> - ihm durch gerichtliches Urteil oder durch vollziehbare Entscheidung einer Verwaltungsbehörde die Ausübung eines Berufes, Berufszweiges, Gewerbes oder Gewerbezweiges nicht untersagt worden ist und
> - es über seine unbeschränkte Auskunftspflicht gegenüber dem Gericht durch den diese Anmeldung beglaubigenden Notar belehrt worden ist.
>
> Angezeigt wird, dass Herr/Frau ... zum Vorsitzenden des Aufsichtsrates und Herr/Frau ... zu seinem/ihrem Stellvertreter gewählt wurden.
>
> Diesem Schriftsatz sind folgende Anlagen beigefügt:
>
> - Niederschrift, welche die Satzung, die Übernahme der Aktien, die Bestellung des ersten Aufsichtsrates und die Bestellung des ersten Vorstandes enthält,
> - Gründungsbericht der Gründer,
> - Prüfungsbericht der Mitglieder des Vorstandes und des Aufsichtsrates,
> - Gründungsprüfungsbericht des Gründungsprüfers, soweit gemäß § 33 AktG erforderlich,
> - Bestätigung der Bank über die erfolgte Einzahlung als Nachweis, dass der eingezahlte Betrag auf einem Gesellschaftskonto endgültig zur freien Verfügung des Vorstandes steht,

- Aufstellung über die von dem eingezahlten Betrag bezahlten Steuern und Gebühren samt Nachweisen.

b) Vorstands- und Aufsichtsratsänderungen

Änderungen im Vorstand einer AG sind nach § 81 Abs. 1 AktG zur Eintragung in das Handelsregister anzumelden. 208

Muster: Vorstands- und Aufsichtsratsänderungen 209

Herr/Frau ... ist nicht mehr Mitglied des Vorstandes.

Zum Mitglied des Vorstandes wurde bestellt:

Herr/Frau ..., geborene ...,

wohnhaft in ..., geboren am ....

Er/Sie vertritt die Gesellschaft satzungsgemäß/stets einzeln und ist befugt, die Gesellschaft bei Rechtsgeschäften als Vertreter eines Dritten zu vertreten.

Die Vertretungsbefugnis des Geschäftsführers Herr/Frau ... hat sich geändert. Er vertritt nunmehr die Gesellschaft stets einzeln.

Jedes neue Mitglied des Vorstandes versichert gemäß § 81 Abs. 3 AktG, dass

- es nach den §§ 283 – 283d des Strafgesetzbuches nicht verurteilt worden ist und
- ihm durch gerichtliches Urteil oder durch vollziehbare Entscheidung einer Verwaltungsbehörde die Ausübung eines Berufes, Berufszweiges, Gewerbes oder Gewerbezweiges nicht untersagt worden ist und
- es über seine unbeschränkte Auskunftspflicht gegenüber dem Gericht durch den diese Anmeldung beglaubigenden Notar belehrt worden ist.

Diesem Schriftsatz ist folgende Anlage beigefügt:

- Beschluss des Aufsichtsrates über die angemeldeten Änderungen des Vorstandes.

Änderungen in der Besetzung des Aufsichtsrates gelangen zwar nicht zur Eintragung im Handelsregister, sind jedoch vom Vorstand durch Einreichung einer neuen Liste der Aufsichtsratsmitglieder dem Registergericht mitzuteilen. Das Gericht macht gemäß § 10 HGB einen Hinweis darauf bekannt, dass eine neue Liste eingereicht wurde (§ 106 AktG). Ferner hat der Vorstand beim Registergericht nach § 107 Abs. 1 Satz 2 AktG anzumelden, wer als Vorsitzender des Aufsichtsrates und wer als dessen Stellvertreter gewählt wurde. Eine Eintragung im Handelsregister erfolgt auch diesbezüglich nicht, so dass eine entsprechende privatschriftliche Mitteilung genügt. 210

c) Satzungsänderungen

Satzungsänderungen sind durch den Vorstand in vertretungsberechtigender Anzahl seiner Mitglieder zur konstititutiv wirkenden Eintragung in das Handelsregister anzumelden (§ 181 Abs. 1 Satz 1 und Abs. 3 AktG). 211

Sofern **ausdrücklich im Handelsregister eingetragene Gegenstände** (Firma, Sitz, Unternehmensgegenstand, allgemeine Vertretungsregelung des Vorstandes, Zeitdauer der Gesellschaft, Höhe des Grundkapitals, genehmigtes Kapital oder bedingtes Kapital) geändert wurden, empfiehlt es sich, dies in der Anmeldung schlagwortartig hervorzuheben, wie dies von der Rspr. im Rahmen der GmbH entschieden 212 wurde[261] und von der Rechtspraxis auch bei Aktiengesellschaften gefordert wird.[262] Einer **Wiedergabe der neu getroffenen Regelung** in der Anmeldung ist nicht erforderlich. Empfehlenswert ist die genaue Angabe der geänderten Satzungsbestimmung nach Paragrafen- und Absatznummer. Neben einer beglaubigten Abschrift der satzungsändernden Beschlussfassung der Hauptversammlung muss eine gemäß § 181 Abs. 1 Satz 2 AktG notariell bescheinigte Satzungsfassung nach § 12 Abs. 2 2. Halbs. HGB mit eingereicht werden.

213 **Muster: Satzungsänderung bei der AG**

> Der Gesellschaftsvertrag wurde geändert. Geändert wurden die Bestimmungen über die Firma, den Sitz, den Unternehmensgegenstand und die allgemeine Vertretungsregelung der Geschäftsführung.
>
> Diesem Schriftsatz sind folgende Anlagen beigefügt:
>
> - Niederschrift über die Gesellschafterversammlung, in welcher die angemeldeten Änderungen beschlossen wurden,
> - vollständiger neuer Satzungswortlaut mit notarieller Bescheinigung.

d) Kapitalmaßnahmen

aa) Reguläre Kapitalerhöhung

214 Die Anmeldung der regulären Kapitalerhöhung einer AG erfolgt in zwei Stufen. Zunächst ist gemäß § 184 Abs. 1 AktG seitens des Vorstandes (vertretungsberechtigende Anzahl von Vorstandsmitgliedern genügt) und vom Vorsitzenden des Aufsichtsrates der Beschluss der Hauptversammlung über die Erhöhung des Grundkapitals anzumelden.

215 **Muster: Reguläre Kapitalerhöhung bei der AG**

> Die Hauptversammlung vom 10.3.2007 hat die Erhöhung des Grundkapitals auf 1.000.000 € beschlossen.
>
> Wir erklären, dass Einlagen auf das bisherige Grundkapital nicht rückständig sind.
>
> *(Formulierungsalternative:*
>
> *Wir erklären, dass auf das bisherige Grundkapital Einlagen i.H.v....€ rückständig sind. Zwangsvollstreckungsmaßnahmen gegen den betroffenen Aktionär sind bislang erfolglos geblieben).*
>
> Diesem Schriftsatz ist folgende Anlage beigefügt:
>
> - Niederschrift der Hauptversammlung vom 10.3.2007.

216 **Nach der Durchführung der Kapitalerhöhung** ist diese samt der entsprechenden Satzungsänderung (§ 181 Abs. 1 Satz 1 AktG) gemäß § 188 AktG wiederum vom Vorstand (vertretungsberechtigende Anzahl von Vorstandsmitgliedern genügt) und vom Vorsitzenden des Aufsichtsrates zur Eintragung in das Handelsregister anzumelden.

217 **Muster: Anmeldung der Durchführung der Kapitalerhöhung bei einer AG**

> Die am 10.3.2007 beschlossene Erhöhung des Grundkapitals auf 1.000.000 € wurde vollumfänglich durchgeführt.
>
> Die Aktien werden zum Nennwert zuzüglich eines Aufgeldes von 10 %, also zum Kurs von 110 % ausgegeben. Auf jede Aktie ist der eingeforderte Betrag zuzüglich des Aufgeldes einbezahlt. Der

---

261 BGH, NJW 1987, 3191.
262 Krafka/Willer, Registerrecht, Rn. 1376 zur Neufassung der Satzung.

Betrag der Einzahlung ist zur freien Verfügung der Geschäftsführung für die Zwecke der Gesellschaft eingezahlt und auch in der Folge nicht an den jeweiligen Einleger zurückgezahlt worden. Aus der beigefügten schriftlichen Bestätigung der Bank ergibt sich, dass der Vorstand in der Verfügung über den eingezahlten Betrag nicht, namentlich nicht durch Gegenforderungen, beschränkt ist.

Das Grundkapital beträgt nunmehr 1.000.000 €. Die Satzung wurde durch Beschluss des Aufsichtsrates vom 6.5.2007 in § 3 (Höhe und Einteilung des Grundkapitals) geändert.

Diesem Schriftsatz sind folgende Anlagen beigefügt:

- Niederschrift der Hauptversammlung vom 10.3.2007 samt Ermächtigung des Aufsichtsrates zur Anpassung der Satzung entsprechend der Durchführung der Kapitalerhöhung,
- Protokoll des Aufsichtsratsbeschlusses vom 6.5.2007,
- Doppelstücke der Zeichnungsscheine,
- vom Vorstand unterschriebenes Verzeichnis der Zeichner, das die auf jeden entfallenden Aktien und die auf sie geleisteten Einzahlungen angibt,
- Berechnung der Kosten, die für die Gesellschaft durch die Ausgabe der neuen Aktien entstehen werden,
- Bestätigung der ...-Bank über die erfolgten Einzahlungen als Nachweis, dass die eingezahlten Beträge auf einem Gesellschaftskonto endgültig zur freien Verfügung des Vorstandes stehen,
- vollständiger neuer Satzungswortlaut mit notarieller Bescheinigung.

Gemäß § 188 Abs. 4 AktG kann die Anmeldung des Beschlusses auch mit der Anmeldung der Durchführung verbunden werden. Bei Sacheinlagen sind im Übrigen zusätzlich die diesbezüglichen Verträge und die Prüfungsunterlagen nach § 183 Abs. 3 AktG mit einzureichen.

bb) Kapitalerhöhung aus Gesellschaftsmitteln

Bei Kapitalerhöhungen aus Gesellschaftsmitteln erfolgt gemäß § 210 AktG nur eine Anmeldung durch den Vorstand (vertretungsberechtigende Anzahl von Vorstandsmitgliedern genügt) und vom Vorsitzenden des Aufsichtsrates. Mit Eintragung des Beschlusses ist das Grundkapital nach § 211 AktG erhöht.

Muster: Kapitalerhöhung aus Gesellschaftsmitteln bei der AG

Die Hauptversammlung vom 9.3.2007 hat die Erhöhung des Grundkapitals um 200.000 € auf 1.000.000 € und die Änderung des § 5 (Höhe und Einteilung des Grundkapitals) der Satzung beschlossen. Die Kapitalerhöhung erfolgt aus Gesellschaftsmitteln.

Wir erklären, dass nach unserer Kenntnis seit dem Stichtag der dieser Kapitalerhöhung zugrunde gelegten Bilanz bis zum heutigen Tag der Anmeldung keine Vermögensminderung eingetreten ist, die der Kapitalerhöhung entgegenstünde, wenn sie am Tag der Anmeldung beschlossen worden wäre.

Diesem Schriftsatz sind folgende Anlagen beigefügt:

- Niederschrift der Hauptversammlung vom 9.3.2007,
- Bilanz samt Bestätigungsvermerk des Abschlussprüfers,
- vollständiger neuer Satzungswortlaut mit notarieller Bescheinigung.

cc) Genehmigtes Kapital

Die Schaffung eines genehmigten Kapitals ist als Satzungsänderung vom Vorstand (vertretungsberechtigende Anzahl) zur Eintragung in das Handelsregister anzumelden (§ 181 Abs. 1 AktG).

222 Muster: Schaffung eines genehmigten Kapitals bei einer AG

> Die Hauptversammlung vom 9.3.2007 hat die Änderung der Satzung durch Einfügung des § 5a zur Schaffung eines genehmigten Kapitals beschlossen.
>
> Diesem Schriftsatz sind folgende Anlagen beigefügt:
>
> - Niederschrift der Hauptversammlung vom 9.3.2007,
> - vollständiger neuer Satzungswortlaut mit notarieller Bescheinigung.

223 Die **Durchführung der Kapitalerhöhung** ist unter Berücksichtigung der allgemein hierfür geltenden Voraussetzungen vom Vorstand (vertretungsberechtigende Anzahl reicht aus) und vom Vorsitzenden des Aufsichtsrates zur Eintragung in das Handelsregister anzumelden.

224 Muster: Durchführung der Kapitalerhöhung bei einer AG

> Die Hauptversammlung vom 9.3.2007 hat den Vorstand im Rahmen eines genehmigten Kapitals ermächtigt, mit Zustimmung des Aufsichtsrates bis zum 31.12.2008 das Grundkapital der Gesellschaft von 500.000 € um bis zu 20.000 € zu erhöhen (genehmigtes Kapital 2007/I gemäß § 5a der Satzung).
>
> Aufgrund dieser Ermächtigung ist das Grundkapital unter Zustimmung des Aufsichtsrates vom 10.5.2007 um 10.000 € auf 510.000 € erhöht worden. Auf das erhöhte Grundkapital werden neue, auf den Inhaber lautende Aktien ausgegeben, eingeteilt in zehn Aktien im Nennbetrag von jeweils 1.000 € gegen Barzahlung zum Ausgabekurs von 105 %. Durch Beschluss des Aufsichtsrates vom 10.5.2007 ist die Satzung in § 5 (Höhe und Einteilung des Grundkapitals) entsprechend der durchgeführten Kapitalerhöhung angepasst worden.
>
> Auf jede Aktie ist der volle Ausgabebetrag einbezahlt. Der Betrag der Einzahlung ist zur freien Verfügung der Geschäftsführung für die Zwecke der Gesellschaft eingezahlt und auch in der Folge nicht an den jeweiligen Einleger zurückgezahlt worden. Aus der beigefügten schriftlichen Bestätigung der Bank ergibt sich, dass der Vorstand in der Verfügung über den eingezahlten Betrag nicht, namentlich nicht durch Gegenforderungen, beschränkt ist.
>
> Diesem Schriftsatz sind folgende Anlagen beigefügt:
>
> - Niederschrift der Hauptversammlung vom 9.3.2007,
> - Protokoll des Aufsichtsratsbeschlusses vom 10.5.2007,
> - vollständiger neuer Satzungswortlaut mit notarieller Bescheinigung,
> - Doppelstücke der Zeichnungsscheine,
> - vom Vorstand unterschriebenes Verzeichnis der Zeichner, das die auf jeden entfallenden Aktien und die auf sie geleisteten Einzahlungen angibt,
> - Berechnung der Kosten, die für die Gesellschaft durch die Ausgabe der neuen Aktien entstehen werden,
> - Bestätigung der Bank über die erfolgten Einzahlungen als Nachweis, dass die eingezahlten Beträge auf einem Gesellschaftskonto endgültig zur freien Verfügung des Vorstandes stehen.

dd) Bedingtes Kapital

225 Der Beschluss einer bedingten Kapitalerhöhung ist nach § 195 AktG samt der entsprechenden Satzungsänderung nach § 181 Abs. 1 AktG vom Vorstand (vertretungsberechtigende Anzahl seiner Mitglieder genügt) und vom Vorsitzenden des Aufsichtsrates zur Eintragung in das Handelsregister anzumelden:

Muster: Bedingte Erhöhung des Grundkapitals einer AG 226

Die Hauptversammlung vom 9.3.2006 hat die bedingte Erhöhung des Grundkapitals um 10.000 € beschlossen. § 5b (bedingtes Kapital) wurde in die Satzung eingefügt.

Diesem Schriftsatz sind folgende Anlagen beigefügt:

- Niederschrift der Hauptversammlung vom 9.3.2006,
- vollständiger neuer Satzungswortlaut mit notarieller Bescheinigung,
- Berechnung der Kosten, die für die Gesellschaft durch Ausgabe der Bezugsaktien entstehen werden.

Die **Anmeldung der tatsächlichen Ausgabe der Bezugsaktien** ist durch den Vorstand (vertretungsberechtigende Anzahl seiner Mitglieder genügt) nach § 201 AktG zur Eintragung in das Handelsregister anzumelden: 227

Muster: Anmeldung der tatsächlichen Ausgabe der Bezugsaktien 228

Die Hauptversammlung vom 9.3.2006 hat die bedingte Erhöhung des Grundkapitals um 10.000 € beschlossen (bedingtes Kapital 2005/I gemäß § 5b der Satzung). Die Erhöhung des Grundkapitals ist i.H.v. 5.000 € durchgeführt. Die Satzung wurde hinsichtlich § 5 (Höhe und Einteilung des Grundkapitals) durch Beschluss des Aufsichtsrates vom 10.5.2007 entsprechend angepasst.

Wir versichern:

Die Bezugsaktien aus der bedingten Kapitalerhöhung, die im Geschäftsjahr 2006 bezogen worden sind, sind ausschließlich in Erfüllung des im Beschluss über die bedingte Kapitalerhöhung festgesetzten Zwecks und nicht vor der vollen Leistung des Gegenwerts, der sich aus dem Beschluss ergibt, ausgegeben worden.

Diesem Schriftsatz sind folgende Anlagen beigefügt:

- Protokoll des Aufsichtsratsbeschlusses vom 10.5.2007,
- vollständiger neuer Satzungswortlaut mit notarieller Bescheinigung,
- Doppelstücke der Zeichnungsscheine,
- vom Vorstand unterschriebenes Verzeichnis der Zeichner, das die auf jeden entfallenden Aktien und die auf sie geleisteten Einzahlungen angibt.

ee) Kapitalherabsetzung

Eine ordentliche Kapitalherabsetzung ist in zwei Schritten registerlich zu vollziehen: 229

Zunächst ist in einem ersten Schritt der entsprechende Beschluss nach § 223 AktG vom Vorstand (vertretungsberechtigende Anzahl seiner Mitglieder genügt) und vom Vorsitzenden des Aufsichtsrats zur Eintragung in das Handelsregister anzumelden.

Muster: Herabsetzung des Grundkapitals einer AG 230

Die Hauptversammlung vom 9.3.2006 hat die Herabsetzung des Grundkapitals von 1.000.000 € um 100.000 € auf 900.000 € und die Änderung des § 5 (Höhe und Einteilung des Grundkapitals) der Satzung beschlossen.

Diesem Schriftsatz sind folgende Anlagen beigefügt:

- Niederschrift der Hauptversammlung vom 9.3.2006,
- vollständiger neuer Satzungswortlaut mit notarieller Bescheinigung.

231 Nach ordnungsgemäßer Durchführung der Herabsetzung des Grundkapitals ist diese in einem zweiten Schritt vom Vorstand (vertretungsberechtigende Anzahl seiner Mitglieder genügt) zur Eintragung in das Handelsregister anzumelden.

232 **Muster: Anmeldung der durchgeführten Herabsetzung des Grundkapitals**

> Die von der Hauptversammlung am 9.3.2006 beschlossene Herabsetzung des Grundkapitals von 1.000.000 € um 100.000 € auf 900.000 € ist durchgeführt.

V. Prokura und Zweigniederlassungen

1. Prokura

233 **Anmeldungen zur Eintragung** in Bezug auf erteilte **Prokuren** sind nach § 53 Abs. 1 Satz 1 und Abs. 3 HGB durch den **Inhaber des Handelsgeschäfts** vorzunehmen. Bei Personenhandelsgesellschaften sind dies die persönlich haftenden Gesellschafter, bei Kapitalgesellschaften die jeweiligen Vertretungsorgane, und zwar jeweils in vertretungsberechtigender Anzahl. Im Fall einer Gesamtprokura ist exakt anzugeben, mit wem der Prokurist berechtigt ist, den Rechtsträger zu vertreten.

234 **Muster: Anmeldungen der Erteilung einer Einzelprokura**

> Herrn/Frau ..., geboren am ..., wohnhaft in ...,
>
> wurde Einzelprokura erteilt.
>
> Herrn/Frau ..., geboren am ..., wohnhaft in ...,
>
> wurde Gesamtprokura dergestalt erteilt, dass er/sie gemeinsam mit einem Geschäftsführer oder einem weiteren Prokuristen vertritt.

2. Zweigniederlassungen

a) Zweigniederlassungen inländischer Rechtsträger

235 Gemäß § 13 Abs. 1 HGB sind errichtete Zweigniederlassungen inländischer Rechtsträger zur deklaratorischen Eintragung in das Handelsregister anzumelden. Die Anmeldung erfolgt hierbei jeweils durch vertretungsberechtigte Personen bei dem Gericht der Hauptniederlassung. Da nach zutreffender Auffassung[263] kompetenzrechtlich die Errichtung von Zweigniederlassungen dem Unternehmensinhaber bzw. bei Kapitalgesellschaften dem Vorstand oder der Geschäftsführung vorbehalten ist, kann ein Prokurist die Anmeldung nicht allein vornehmen. In der Anmeldung ist neben einer ggf. abweichenden Firma der Zweigniederlassung stets deren Ort und Geschäftsadresse (§ 24 Abs. 1 HRV) anzugeben.

Die deklaratorische Eintragung wird dann nur im Register der Hauptniederlassung bzw. des Sitzes vorgenommen. Eine nähere Prüfung durch das Registergericht ist nicht mehr vorgesehen. Ebenso ist im Fall der Aufhebung auch das Erlöschen der Zweigniederlassung anzumelden und einzutragen (§ 13 Abs. 3 HGB).

236 **Muster: Zweigniederlassung inländischer Rechtsträger**

> Unter derselben Firma wurde in Hamburg eine Zweigniederlassung errichtet.
>
> Die Geschäftsräume der Zweigniederlassung befinden sich in
>
> ....

---

263 Koller/Roth/Morck, HGB, § 49 Rn. 2; K. Schmidt, Handelsrecht, § 16 III 3 (S. 466).

b) Zweigniederlassungen ausländischer Rechtsträger

Die Anmeldung zur Eintragung von inländischen Zweigniederlassungen ausländischer Rechtsträger erfolgt nach den bereits im Jahr 1993 in das HGB im Zuge der Umsetzung der Zweigniederlassungsrichtlinie eingefügten Vorschriften der §§ 13d ff. HGB.

aa) Muster: Ersteintragung der Zweigniederlassung einer englischen Private Limited[264]

> Im Handelsregister von Großbritannien (Companies House) ist unter der Firmennummer ... die Firma ... mit Sitz in ..., eine Gesellschaft mit beschränkter Haftung nach englischem Recht, eingetragen. Das Nominalkapital der Gesellschaft beträgt ... Pfund; davon sind ... Anteile zu je ... Pfund gezeichnet. Sacheinlagen wurden weder vereinbart noch geleistet. Der Gesellschaftsvertrag wurde am ... abgeschlossen; er sieht vor, dass die Geschäftsführer der Gesellschaft (directors) folgendermaßen vertreten: Ist nur ein Geschäftsführer (director) bestellt, so vertritt er die Gesellschaft allein. Sind mehrere Geschäftsführer (directors) bestellt, so wird die Gesellschaft durch die Geschäftsführer (directors) gemeinsam vertreten.
>
> Die vorgenannte Firma hat in ... (Deutschland) eine Zweigniederlassung unter der Firma ... errichtet, deren Geschäftsräume sich in ... befinden. Gegenstand der Zweigniederlassung ist ....
>
> Director ist Herr/Frau ..., geboren am ..., wohnhaft in ...
>
> Zum ständigen Vertreter der Zweigniederlassung wurde bestellt: Herr/Frau ..., geboren am ..., wohnhaft in .... Er vertritt die Zweigniederlassung folgendermaßen:
>
> ....
>
> Diesem Schriftsatz sind folgende Anlagen beigefügt:
>
> - Certificate of good standind mit Apostille in englischem Original und beglaubigter Übersetzung,
> - Satzung der Gesellschaft in aktueller Fassung (memorandum of association und articles of association) mit Bestätigung des Notars ... in ... (England) samt Apostille in englischem Original und beglaubigter Übersetzung.

bb) Muster: Ersteintragung der Zweigniederlassung einer österreichischen Aktiengesellschaft

> Die im Firmenbuch des Landesgerichts ... (Österreich) unter der Nr. FN ... eingetragene Firma ... mit Sitz in ... – „Gesellschaft" – mit Satzung vom ... hat unter der Firma ... in ... eine Zweigniederlassung errichtet. Die Gesellschaft ist eine Aktiengesellschaft nach dem Recht der Republik Österreich. Gegenstand des Unternehmens ist ..., Gegenstand der Zweigniederlassung ist .... Das im Firmenbuch eingetragene Grundkapital der Gesellschaft beträgt ... €.
>
> Allgemein gilt für die Vertretung der Gesellschaft durch den Vorstand Folgendes:
>
> Die Gesellschaft wird, wenn nur ein Vorstandsmitglied bestellt ist, durch dieses, sonst durch zwei Vorstandsmitglieder gemeinsam oder durch ein Vorstandsmitglied gemeinsam mit einem Prokuristen vertreten.
>
> Vorstandsmitglieder sind:
>
> ...
>
> Ständige Vertreter i.S.d. § 13e Abs. 2 Satz 4 Nr. 3 HGB wurden nicht bestellt.

---

264 Das Muster folgt weitgehend dem Vorschlag von Wachter, MDR 2004, 611, 618 f.

Ergänzend werden ferner folgende Angaben gemacht:

Das Grundkapital ist zerlegt in ... Stückaktien. Die Aktien werden auf den Namen ausgestellt. Der Vorstand besteht aus .... Die Bekanntmachungen der Gesellschaft erfolgen im .... Die Gesellschaft besteht auf unbestimmte Dauer. Bestimmungen über ein genehmigtes oder bedingtes Kapital enthält die Satzung nicht.

Zur gerichtlichen Bekanntmachung wird auf den beigefügten Firmenbuchauszug Bezug genommen. Die Räume der Zweigniederlassung befinden sich in

....

Diesem Schriftsatz sind folgende Anlagen beigefügt:

- beglaubigter Firmenbuchauszug über die Eintragung der Gesellschaft,
- beglaubigte Abschrift der Satzung der Gesellschaft in aktueller Fassung.

3. Kapitel: Firmenrecht

Inhaltsverzeichnis

	Rn.
A. Änderungen des Firmenrechts durch das HRefG	1
I. Firmenrecht vor der Handelsrechtsreform 1998	1
II. Firmenrecht nach dem HRefG 1998	2
1. Ziele des HRefG	3
2. Firmenrechtliche Vorschriften im Überblick	6
III. Europarechtliche Aspekte	11
B. Grundsätzliches zum Firmenrecht	13
I. Begriff der Firma	13
II. Firmenarten	15
1. Personenfirma	16
2. Sachfirma	19
3. Fantasiefirma	22
4. Mischfirma	23
5. Abgrenzung zu verwandten Rechtsinstituten	24
a) Geschäftsbezeichnung	24
b) Sog. Minderfirma	28
c) Marke	31
III. Rechtsnatur und rechtliches Schicksal der Firma	32
1. Allgemeines	32
2. Entstehung	33
3. Erlöschen	34
a) Einzelkaufmann	35
b) Personenhandelsgesellschaft	39
c) Formkaufmann	46
4. Firmenfortführung (§§ 21, 22, 24 HGB)	47
IV. Firma im Rechtsverkehr, Prozess, Zwangsvollstreckung	50
1. Gebrauch der Firma	50
a) Bindung an die gewählte Firma	50
b) Abkürzungen	51
c) Gebrauch der Firma im Geschäftsverkehr	53
d) Registerverkehr	54
2. Erkenntnisverfahren	56
a) Wahlrecht	57
b) Prozesspartei	58
c) Bezeichnung des Inhabers	60
3. Zwangsvollstreckung	62
a) Parteibezeichnung	62
b) Pfändung	63
V. Firma in der Insolvenz	65
1. Übersicht	65
2. Rechtslage vor dem HRefG	66
3. Neue Rechtslage	68
4. Änderung, Neubildung und Löschung der alten Firma	71
5. Umfang der Übertragung	73

	Rn.
VI. Firmenrechtliche Grundsätze	74
C. Kennzeichnungsfunktion/Unterscheidungskraft/Namensfunktion	75
I. Kennzeichnungseignung	75
1. Kennzeichnungswirkung	75
2. Bildzeichen und Sonderzeichen	77
3. Buchstabenkombinationen	79
4. Zahlen	82
II. Unterscheidungskraft (§ 18 Abs. 1 Alt. 2 HGB)	84
1. Sachfirma	86
a) Branchen- oder Gattungsbezeichnungen	86
b) Umgangssprache, Sachbezeichnungen und geografische Bezeichnungen	88
2. Personenfirma	89
3. Fantasiefirma	91
D. Firmenwahrheit/Irreführungsverbot	92
I. Bestandteile	93
1. Firmenwahrheit	93
a) Grundsatz	93
b) Frei gewordene Firma	94
c) Nachträglich unwahr gewordene Firma	95
d) Abgeleitete Firma	96
2. Irreführungseignung	97
3. Geschäftliche Verhältnisse	99
4. Verkehrswesentlichkeit	100
5. Ersichtlichkeit (§ 18 Abs. 2 Satz 2 HGB)	101
II. Einzelfälle	102
1. Personenfirma mit Namen von Nichtgesellschaftern	102
2. Rechtsformzusätze, Gesellschaftszusätze, „& Partner"	104
3. Neuere Rechtsprechungsfälle	110
E. Firmenunterscheidbarkeit/Firmenausschließlichkeit	113
I. Allgemeines	113
1. Grundlagen	113
2. Geltungsbereich	115
3. Einzubeziehende Firmen	116
a) Eingetragene Firmen	116
b) GmbH & Co. KG	117
c) „Bestehende" Firmen	118
d) Unzulässige Firmen	119
e) Gelöschte Firmen	120
f) „Neue" Firmen	121
4. Anforderungen an die Unterscheidbarkeit	122
a) Auffassung des allgemeinen Verkehrs	123
b) Firmenwortlaut	124
c) Gesamteindruck	125
aa) Gesellschaftszusätze	126
bb) Ortsnamen	127
cc) Kombination von Merkmalen	128

dd) Personenfirma.................. 129
ee) Sachfirma..................... 131
ff) Fantasiefirma.................. 132
II. Einzelfälle............................ 133
F. **Firmenbeständigkeit/Firmenkontinuität/
Firmenfortführung**..................... 135
I. Grundsatz............................. 135
II. Erwerb eines Handelsgeschäfts............. 137
III. Fortführung der Firma................... 138
IV. Fortführung der Firma bei Umwandlungen.... 140
1. Formwechsel...................... 140
2. Verschmelzung..................... 141
3. Spaltung.......................... 144
G. **Firmenöffentlichkeit**..................... 145
H. **Firmeneinheit**.......................... 146
I. Einzelkaufmann......................... 147
II. Handelsgesellschaften.................... 149
III. Sonstige juristische Personen.............. 150
IV. Zweigniederlassung..................... 151
I. **Firma bei den einzelnen Rechtsformen**..... 152
I. Mögliche Träger (Firmenfähigkeit).......... 152
II. Firma des Einzelkaufmanns 155
1. Personenfirma..................... 155
a) Doppelnamen, Adelstitel, akademische Grade........................... 156
b) Schreibweise, fremdsprachige Namen .. 157
c) Inhabervermerk, Nachfolgezusatz...... 159
d) Firma in Klammern und in adjektivischer oder deklinierter Form........ 161
2. Sachfirma und Fantasiefirma............ 162
3. Rechtsformzusatz.................... 164
III. Firma der OHG........................ 168
1. Personenfirma...................... 169
a) Natürliche Person als Namengeberin ... 170
b) Gesellschaften als namengebende Gesellschafter der OHG................ 172
aa) Übernahme von Gesellschaftszusätzen der Namengeberin (Rechtsformzusätzen)..................... 173
bb) Übernahme des vollständigen Namens der Namengeberin.......... 177
2. Sachfirma und Fantasiefirma............ 179
3. Rechtsformzusatz.................... 180
IV. Firma der KG.......................... 182
1. Firmenkern........................ 182
2. Rechtsformzusatz.................... 184
V. Firma der GmbH & Co. KG............... 185
1. Erscheinungsformen 185

2. GmbH & Co. KG als Personenfirma...... 187
a) Firma der Komplementär-GmbH 188
b) Firma der Komplementär-GmbH als Name der GmbH & Co. KG......... 192
3. Rechtsformzusatz (§ 19 Abs. 2 HGB)..... 193
a) Formulierung der Zusätze........... 194
b) Sachgerechte Stellung des Rechtsformzusatzes......................... 195
c) Mittelbare Beteiligung.............. 200
d) Verwandte Fälle................... 201
aa) Inländische andere Gesellschaften als Namengeber 201
bb) Ausländische Gesellschaften als Namengeber................... 202
e) Besondere Verstoßfolgen............. 203
VI. Kapitalgesellschaften (GmbH, AG, KGaA und eG).............................. 204
1. Firmenbildung...................... 204
2. Rechtsformzusätze.................... 206
VII. Sonstige Rechtsträger..................... 207
1. Firmenbildung...................... 207
2. Rechtsformzusätze.................... 209
VIII. Firma der Zweigniederlassung.............. 215
J. **Internationales Firmenrecht**............... 218
I. Allgemeine Grundsätze................... 218
1. Firmenstatut....................... 218
2. Anknüpfung bei EG-Mitgliedstaaten...... 219
3. Schranken durch das deutsche Firmenbildungsrecht........................ 220
4. Anknüpfung für Firmenordnungsrecht 221
5. Anknüpfung bei Unternehmen aus Nicht-EU-Staaten........................ 222
6. Firmenschutz....................... 223
II. Firma des ausländischen Rechtsträgers in Deutschland........................... 224
III. Firma der deutschen Tochter eines ausländischen Rechtsträgers..................... 229
1. Beteiligungsfähigkeit................. 229
2. Firmenbildung nach deutschem Recht..... 232
3. „Ausländische Kapitalgesellschaft & Co. KG"............................. 236
a) Gesellschaftsrechtliche Zulässigkeit 236
b) Firmenrechtliche Fragen............ 239
IV. Firma der deutschen Zweigniederlassung eines ausländischen Rechtsträgers 242
V. Übersicht zur Beteiligung ausländischer Gesellschaften........................... 245

Kommentare und Gesamtdarstellungen:

Aschenbrenner, Die Firma der GmbH & Co. KG, 1976; *Binz/Sorg*, Die GmbH & Co. KG, 10. Aufl. 2005; *Bokelmann*, Das Recht der Firmen- und Geschäftsbezeichnungen, 5. Aufl. 2000 (zitiert Firmenrecht); *Canaris*, Handelsrecht, 24. Aufl. 2006; *Deutscher Industrie- und Handelstag*, Firmenfibel 1992 (Firmierungsgrundsätze für den Vollkaufmann), 1992; *Emmrich*, Das Firmenrecht im Konkurs, 1992; *Glanegger/Kirnberger/Kusterer*, Heidelberger Kommentar zum Handelsgesetzbuch, 7. Aufl. 2007; *Gohl*, Die abgeleitete Firma der GmbH & Co., 1967; *Grasmann*, System des internationalen Gesellschaftsrechts, 1970; *Grothe*, Die „ausländische Kapitalgesellschaft & Co.", 1988/89; *Gustavus*, Beiträge zur Firma der GmbH & Co. KG nach geltendem und zukünftigem Recht, 1977; *Haidinger*, Die „ausländische Kapitalgesellschaft & Co. KG", 1990; *Heinrich*, Firmenwahrheit und Firmenbeständigkeit, 1982; *Hesselmann/ Tillmann/Mueller-Thuns*, Handbuch der GmbH & Co., 19. Aufl. 2005; *Ingerl/Rohnke*, Markengesetz, 2. Aufl. 2003; *Kallmeyer*, Umwandlungsgesetz, 3. Aufl. 2006; *Kilger/K. Schmidt*, Insolvenzgesetze KO/VglO/GesO, 17. Aufl. 1997; *Knaak*, Firma und Firmenschutz, 1986; *Kölner Kommentar zum Aktiengesetz*, Bd. 1 §§ 1 – 75, 2. Aufl. 1988 ff.; *Kübler/Prüting*, Insolvenzordnung, Loseblatt, Stand: November 2006; *Kuhn/Uhlenbruck*, Konkursordnung, 11. Aufl., 1994; *Limmer*, Handbuch der Unternehmensumwandlung, 2. Aufl. 2001; *Michalski*, GmbHG, 2002; *Möller*, Neues Kaufmanns- und Firmenrecht, DIHT 1998; *Münchener Kommentar zum Handelsgesetzbuch*, Bd. 1 (§§ 1 – 104), 2. Aufl. 2005; *Neuwinger*, Die handelsrechtliche Personenfirma in der Insolvenz, 2006; *Pöpel*, Die unwahr gewordene Firma, Irreführungsverbot versus Bestandsschutz, 1995; *Raffel*, Die Verwertbarkeit der Firma im Konkurs, 1995; *Rinne*, Zweigniederlassungen ausländischer Unternehmen im Kollisions- und Sachrecht, Diss. 1997, 1999; *Schäfer*, Handelsrechtsreformgesetz, 1999; *Schlegelberger*, HGB-Kommentar, 5. Aufl. 1973 ff.; *Schumacher*, Handelsrechtsreformgesetz (HRefG), 1998; *Sternberg*, Der Gesellschaftszusatz in der Handelsfirma, 1974; *Weber*, Das Prinzip der Firmenwahrheit, 1983; *Wessel/Zwernemann/Kögel*, Die Firmengründung, 7. Aufl. 2001; *Widmann/Mayer*, Umwandlungsrecht, Stand: Januar 2007; *Wiedemann*, Gesellschaftsrecht, Band I, 1980.

Aufsätze und Rechtsprechungsübersichten:

Ahrens, Die firmenrechtliche Behandlung von Personengesellschaften oder eine natürliche Person als Komplementär auf erster Ebene, DB 1997, 1065; *Ammon*, Gesellschaftsrechtliche und sonstige Neuerungen im Handelsrechtsreformgesetz. Ein Überblick, DStR 1998, 1474; *Barnert*, Die Personalfirma in der Insolvenz, KTS 2003, 523; *Beater*, Mantelkauf und Firmenfortführung – zugleich ein Beitrag zur Teleologie von § 23 HGB, GRUR 2000, 119; *Behrens*, Das Internationale Gesellschaftsrecht nach dem Centros-Urteil des EuGH, IPrax 1999, 323; *ders.*, Das Internationale Gesellschaftsrecht nach dem Überseering-Urteil des EuGH und den Schlussanträgen zu Inspire Art, IPrax 2003, 193; *Benner*, Der neue Streit um die Verwertung der Firma in der Insolvenz, Rpfleger 2002, 342; *Binz/Mayer*, Die ausländische Kapitalgesellschaft & Co. KG im Aufwind? Konsequenzen aus dem „Überseering"-Urteil des EuGH v. 5.11.2002 – Rs. C-208/00, GmbHR 2002, 1137; *dies.*, Die ausländische Kapitalgesellschaft & Co.KG im Aufwind?, GmbHR 2003, 249; *Binz/Sorg*, Die GmbH & Co Kommanditgesellschaft auf Aktien, BB 1988, 2041; *Bokelmann*, Der Gebrauch von Geschäftsbezeichnungen mit Inhaberzusatz durch Nichtkaufleute und Minderkaufleute, NJW 1987, 1683; *ders.*, Die abgeleitete Firma der GmbH & Co., GmbHR 1975, 25; *ders.*, Die Firma im Fall der Umwandlung, ZNotP 1998, 265; *ders.*, Die Firma im Konkursverfahren, KTS 1982, 27; *ders.*, Die Gründung von Zweigniederlassungen ausländischer Gesellschaften in Deutschland und das deutsche Firmenrecht unter besonderer Berücksichtigung des EWG-Vertrages, DB 1990, 1021; *ders.*, Die Neuregelungen im Firmenrecht nach dem Regierungsentwurf des Handelsrechtsreformgesetzes, GmbHR 1998, 57; *ders.*, Zur Entwicklung des deutschen Firmenrechts unter den Aspekten des EG-Vertrages, ZGR 1994, 325; *ders.*, Der Einblick in das Handelsregister, DStR 1991, 945; *ders.*, Die Rechtsprechung zum Firmenrecht der GmbH und der GmbH & Co KG seit 1987 (Auswahl), GmbHR 1994, 356; *ders.*, Die Firma im Fall der Umwandlung, ZNotP 1998, 265; *Boos*, Handelsregistereintragungspflicht für kommunale Eigenbetriebe und eigenbetriebsähnliche Einrichtungen – Zugleich eine Anmerkung zum handelsrechtlichen Gewerbebegriff, DB 2000, 1061; *Borges*, Gläubigerschutz bei ausländischen Gesellschaften mit inländischem Sitz, ZIP 2004, 733; *Bülow*, Zwei Aspekte im neuen Handelsrecht: Unterscheidungskraft und Firmenunterscheidbarkeit – Lagerhalterpfandrecht, DB 1999, 269; *Bürkle*, Die Firmierung der Holding-Unternehmen im Versicherungskonzern, VersR 2002, 291; *Busch*, Reform des Handels- und Registerrechts, Rpfleger 1998, 178; *ders.*, Zur Firmierung bei einer Firmenfortführung, Rpfleger 1999, 547; *Bydlinski*, Zentrale Änderungen des HGB durch das Handelsrechtsreformgesetz, ZIP 1998, 1169; *Dümig*, Grundbuchfähigkeit der Gesellschaft bürgerlichen Rechts infolge Anerkennung ihrer Rechts- und Parteifähigkeit, Rpfleger 2002, 53; *ders.*, Zur Grundbuchfähigkeit der GbR, Rpfleger 2003, 80; *Ebenroth/Auer*, Die ausländische Kapitalgesellschaft und Co. KG – ein Beitrag zur Zulässigkeit grenzüberschreitender Typenvermischung, DNotZ 1990, 139; *Ebenroth/Eyles*, Die Beteiligung ausländischer Gesellschaften an einer inländischen Kommanditgesellschaft, DB 1988 Beilage Nr. 2/88, 3; *Eickmann*, Grundbuchfähigkeit der Gesellschaft bürgerlichen Rechts, ZfIR 2001, 433; *Eidenmüller/Rehm*, Niederlassungsfreiheit versus Schutz des inländischen Rechtsverkehrs: Konturen des Europäischen Internationalen Gesellschaftsrechts, ZGR 2004, 160; *Felsner*, Fortführung der Firma bei Ausscheiden des namensgebenden Gesellschafters nach dem Handelsrechtsreformgesetz, NJW 1998, 3255; *Fezer*, Liberalisierung und Europäisierung des Firmenrechts, ZHR 161 (1997), 52; *Fingerhut*, Deutsch-deutsches Firmenrecht von geographisch Gleichnamigen in Enteignungsfällen, BB 1996, 283; *Forkel*, Die Übertragbarkeit der Firma, in: FS für Paulick, 1973, S. 101; *Frey/Schumann*, Zur Firmenfähigkeit des Einzelverwalters, EWiR 2000, 677; *Gabbert*, Firma der Aktiengesellschaft – Zulässige Abkürzung als „AG"?, DB 1992, 198; *Gaedertz*, Zur Lösung von vereinigungsbedingten Konfliktfällen firmenrechtlichen Schutzes, GRUR 1996, 897; *Gehrlein*, Zum Markenschutz der Firma „Altberliner Verlag GmbH", EWiR 1999, 567; *Geyrhalter/Gänßler*, Perspektiven nach „Überseering" – wie geht es weiter?, NZG 2003, 409; *Gräve/Salten*, Neues Firmenrecht – Die Parteibezeichnung der Einzelkaufleute im Zivilprozess, MDR

2003, 1097; *Großfeld*, Vom Deutschen zum Europäischen Gesellschaftsrecht, AG 1987, 261; *ders.*, Die „ausländische juristische Person & Co KG", IPRax 1986, 351; *Gustavus*, Die Neuregelungen im Gesellschaftsrecht nach dem Regierungsentwurf eines Handelsrechtsreformgesetzes, GmbHR 1998, 17; *Hartmann*, Zur Abänderbarkeit der gem. § 24 HGB fortgeführten Firma einer Personenhandelsgesellschaft – zugleich eine Anmerkung zum Beschl. des LG Essen v. 14.11.2002, RNotZ 2003, 250; *Hauschka/Frhr. v. Saalfeld*, Die Europäische wirtschaftliche Interessenvereinigung (EWIV) als Kooperationsinstrument für die Angehörigen der freien Berufe, DStR 1991, 1083; *Hauser*, Neues Firmenrecht – neue Möglichkeiten, BuW 1999, 109; *Hüffer*, Das Namensrecht des ausgeschiedenen Gesellschafters als Grenze zulässiger Firmenfortführung, ZGR 1986, 137; *Heidinger*, Der Name des Nichtgesellschafters in der Personenfirma, DB 2005, 815; *Heil*, Das Grundeigentum der Gesellschaft bürgerlichen Rechts – res extra commercium?, NJW 2002, 2158; *Hirsch/Britain*, Artfully Inspired – Werden deutsche Gesellschaften englisch?, NZG 2003, 1100; *Hoffmann*, Zur Firmierung einer Rechtsanwalts-AG, EWiR 2003, 813; *Holland*, Praktische Fälle – Anmeldung kommunaler Eigen- und Regiebetriebe zum Handelsregister, ZNotP 1999, 466; *Horn*, Deutsches und europäisches Gesellschaftsrecht und die EuGH-Rechtsprechung zur Niederlassungsfreiheit – Inspire Art, NJW 2004, 893; *Hülsmann*, Welche Gesellschafter sind heute noch „Partner"? – Zugleich ein Beitrag zur Firmierung von Gesellschaften im Lichte des Beschlusses des BGH v. 21.4.1997, NJW 1998, 35; *Jung*, Firmen von Personenhandelsgesellschaften nach neuem Recht, ZIP 1998, 677; *Kern*, Verwertung der Personalfirma im Insolvenzverfahren, BB 1999, 1717; *Kindler*, „Inspire Art" – Aus Luxemburg nichts Neues zum internationalen Gesellschaftsrecht, NZG 2003, 1086; *Kleinert/Probst*, Endgültiges Aus für Sonderanknüpfungen bei (Schein-) Auslandsgesellschaften, DB 2003, 2217; *Kögel*, Die Firmenbildung der GmbH mit der gemischten Firma eines Gesellschafters, BB 1995, 2433; *ders.*, Aktuelle Entwicklungen im Firmenrecht, Rpfleger 2000, 255; *ders.*, Der Grundsatz der Firmenwahrheit – noch zeitgemäß? BB 1993, 1741; *ders.*, Die deutliche Unterscheidbarkeit von Firmennamen, Rpfleger 1998, 317; *ders.*, Entwurf eines Handelsrechtsreformgesetzes, BB 1997, 793; *ders.*, EuGH-Rechtsprechung, Centros, Überseering, Inspire Art – Auswirkungen auf die registerrechtliche Praxis, Rpfleger 2004, 325; *ders.*, Firmenbildungen von Zweigniederlassungen in- und ausländischer Unternehmen, Rpfleger 1993, 8; *ders.*, Firmenrechtliche Besonderheiten des neuen Umwandlungsrechts, GmbHR 1996, 168; *ders.*, Neues Firmenrecht und alte Zöpfe: Die Auswirkungen der HGB-Reform,BB 1998, 1645; *ders.*, Sind geographische Zusätze in Firmennamen entwertet?, GmbHR 2002, 642; *Köhler*, Die kommerzielle Verwertung der Firma durch Verkauf und Lizenzvergabe, DStR 1996, 510; *ders.*, Namensrecht und Firmenrecht, in: FS für Fikentscher, 1998, S. 495; *Kohler-Gehrig*, Die Eintragung von Unternehmen der Gemeinden in das Handelsregister, Rpfleger 2000, 45; *Krebs*, Reform oder Revolution? – Zum Referentenentwurf eines Handelsrechtsreformgesetzes, DB 1996, 2013; *Kronke*, Schweizerische AG & Co KG – Jüngste Variante der „ausländischen Kapitalgesellschaft & Co", RIW 1990, 799; *Kuchinke*, Die Firma in der Erbfolge, ZIP 1987, 681; *Lehmann*, Domains – weltweiter Schutz für Namen, Firma, Marke, geschäftliche Bezeichnung im Internet?, WRP 2000, 947; *Leible/Hofmann*, Wie inspiriert ist „Inspire Art"?, EuZW 2003, 677; *Lettl*, Das Recht zur Fortführung der Firma nach Unternehmensveräußerungen, WM 2006, 1841; *Lieb*, Probleme des neuen Kaufmannsbegriffs, NJW 1999, 35; *Limmer*, Firmenrecht und Umwandlung nach dem Handelsrechtsreformgesetz, NotBZ 2000, 101; *Lösler*, Zum Schutz des Schriftbildes bei der Firmeneintragung ins Handelsregister, NotBZ 2000, 417; *Lutter/Welp*, Das neue Firmenrecht der Kapitalgesellschaften, ZIP 1999, 1073; *Mankowski*, Das @-Zeichen als Firmenbestandteil?, EWiR 2001, 275; *ders.*, Zum Verwendung des at-Zeichens als Teil des Firmennamens, MDR 2001, 1124; *Meilicke*, Niederlassungsrecht von Zweigniederlassungen unter Umgehung des nationalen Rechts, DB 1999, 627; *ders.*, Die Niederlassungsfreiheit nach Überseering, GmbHR 2003, 793; *Mellmann*, Zur Zulässigkeit der Verwendung des at-Zeichens als Firmenbestandteil, NotBZ 2001, 228; *Meyer*, Fortführung der Firma der Personenhandelsgesellschaft durch einen Einzelkaufmann, RNotZ 2004, 323; *ders.*, Das Verbraucherleitbild des Europäischen Gerichtshofs – Abkehr vom flüchtigen Verbraucher, WRP 1993, 215; *Möller*, Das neue Firmenrecht in der Praxis, in: Die Reform des Handelsstandes und der Personengesellschaft 1999, 65; *ders.*, Das neue Firmenrecht in der Rechtsprechung – Eine kritische Bestandsaufnahme, DNotZ 2000, 830; *ders.*, Europäisches Firmenrecht im Vergleich, EWS 1993, 22; *ders.*, Firmenbildung von Kapitalgesellschaften in den EG-Mitgliedstaaten, GmbHRdsch 1993, 640; *ders.*, Neues zum europäischen Firmenrecht im Vergleich, EWS 1997, 340; *Müller-Gugenberger*, Die Firma der Europäischen Wirtschaftlichen Interessenvereinigung, BB 1989, 1922; *Münch*, Die Gesellschaft bürgerlichen Rechts in Grundbuch und Register, DNotZ 2001, 535; *Müther*, Überlegungen zum neuen Firmenbildungsrecht bei der GmbH, GmbHR 1998, 1058; *Munzig*, Rechtsprechungsübersicht zum Handels- und Registerrecht, FGPrax 2003, 101; *Neye*, EWIV – Keine Sachfirma, wenn eine Sachfirma nach nationalem Recht unzulässig ist, EWiR 1997, 283; *ders.*, Zur Zulässigkeit der Gründung einer europäischen wirtschaftlichen Interessenvereinigung durch eine Sachfirma, WuB 1998, 329; *Notthoff*, Firmierung einer Handelsgesellschaft mit dem Partnerschaftsgesellschaftszusatz, NZG 1998, 123; *ders.*, Haftungsbeschränkung in der Gesellschaft bürgerlichen Rechts durch Firmierung, ZAP Fach 15, 1999, 303; *Obergfell*, Grenzenlos liberalisiertes Firmenrecht? Ein Statement zur Eintragungsfähigkeit des „@"-Zeichens, CR 2000, 855; *Paefgen*, Auslandsgesellschaften und Durchsetzung deutscher Schutzinteressen nach Überseering, DB 2003, 487; *Parmentier/Steer*, Die Konzernfirma nach dem Ende der Unternehmensverbindung, GRUR 2003, 196; *Pfeiffer*, Zu Fragen der Vertreterhaftung, EWiR 2003, 13; *Pluskat*, Die Firma der Anwalts-AG, AnwBl. 2004, 22; *Priester*, Handelsrechtsreformgesetz – Schwerpunkte aus notarieller Sicht, DNotZ 1998, 691; *Römermann*,

Zur Phantasiebezeichnung als Zusatz im Namen einer Partnerschaft, EWiR 2004, 651; *ders.*, BGH – Reservierung der Firmierung mit dem Zusatz „und Partner" für die Partnerschaftsgesellschaft, WiB 1997, 752; *ders.*, Die Firma der Steuerberater-, Wirtschaftsprüfer- und Anwaltssozietät, INF 2001, 181; *ders.*, LG Zweibrücken Beschl. v. 25.2.1998: Sozietat kein täuschender Zusatz für eine Partnerschaftsgesellschaft, NZG 1998, 548; *Römermann/Römermann*, Kanzlei-Marke: Reine Sachfirma heftig umstritten, Anwalt 2001, 20; *Roth*, Unzulässiger firmenmäßiger Gebrauch einer zulässig geführten Geschäftsbezeichnung, ZGR 1992, 632; *ders.*, Das neue Firmenrecht in: Die Reform des Handelsstandes und der Personengesellschaften 1999, S. 31; *ders.*, Zum Firmenrecht der juristischen Personen i. S. des § 33 HGB, in: FS für Lutter, 2000, S. 651; *Sack*, Der „vollkaufmännische Idealverein". Zum Verhältnis der Begriffe „wirtschaftlicher Geschäftsbetrieb" i.S.d. §§ 21, 22 BGB und „Handelsgewerbe" i.S.d. §§ 105, 161 HGB, ZGR 1974, 179; *Schaefer*, Das Handelsrechtsreformgesetz nach dem Abschluss des parlamentarischen Verfahrens, DB 1998, 1269; *ders.*, Das neue Kaufmanns- und Firmenrecht nach dem Abschluss der Beratungen des Handelsrechtsreformgesetzes im Deutschen Bundestag, ZNotP 1998, 170; *Schall*, Zur Haftung bei Verstoß gegen das Verbot von „phoenix companies", EWiR 2005, 709; *Scheibe*, Der Grundsatz der Firmenwahrheit, JuS 1997, 414; *ders.*, Mehr Freiheit bei der Firmenbildung – Zum Referentenentwurf für ein Handelsrechtsreformgesetz (HRefG), BB 1997, 1489; *Schindhelm/Wilde*, Die AG & Co KG, GmbHR 1993, 411; *Schmidt, K.*, Fünf Jahre neues Handelsrecht, JZ 2003, 585; *ders.*, Die Freiberufliche Partnerschaft, NJW 1995, 1; *ders.*, Sieben Leitsätze zum Verhältnis zwischen Vereinsrecht und Handelsrecht, ZGR 1975, 477; *ders.*, „Deklaratorische" und „konstitutive" Registereintragungen nach §§ 1ff HGB, ZHR 163 (1999), 87; *ders.*, Das Handelsrechtsreformgesetz, NJW 1998, 2161; *ders.*, HGB-Reform im Regierungsentwurf, ZIP 1997, 909; *ders.*, HGB-Reform und Gestaltungspraxis, DB 1998, 61; *ders.*, Replik: Das geltende Handelsrecht kennt kein Verbot der „firmenähnlichen Geschäftsbezeichnung", DB 1987, 1674; *Schmittmann/Kocker*, Firma einer Europäischen wirtschaftlichen Interessenvereinigung, DZWiR 1997, 253; *Schmitz-Herscheid*, Fortführung einer einzelkaufmännischen Firma, MDR 1995, 785; *Schöpflin*, Die Grundbuchunfähigkeit der Gesellschaft bürgerlichen Rechts, NZG 2003, 117; *ders.*, Primäre Registerpflicht der Gesellschaft bürgerlichen Rechts?, NZG 2003, 606; *Schüppen*, Firmenzusatz „und Partner" bei Kapitalgesellschaften, EWiR 1996, 947; *ders.*, OLG Frankfurt aM – Zulässigkeit der Firmierung einer Kapitalgesellschaft mit Zusatz „und Partner", WiB 1996, 785, 786; *Schuler*, Die Firma im Prozeß und in der Vollstreckung, NJW 1957, 1537; *Schricker*, Rechtsfragen der Firmenlizenz, in: FS für von Gamm, 1990, S. 289; *Schulenburg*, Die Abkürzung im Firmenrecht der Kapitalgesellschaft, NZG 2000, 1156; *Schulte-Warnke*, Vier Jahre nach der HGB-Reform – Das neue Firmenrecht der GmbH im Handelsregisterverfahren, GmbHR 2002, 626; *Schulz*, Die Neuregelung des Firmenrechts, JA 1999, 247; *ders.*,Veräußerung des Geschäftsbetriebs einer GmbH samt der den Vor- und Familiennamen des Gesellschafters enthaltenden Firma durch den Konkursverwalter, ZIP 1983, 194; *Schumacher*, Das Firmenrecht nach dem Handelsrechtsreformgesetz, ZAP Fach 15, S. 309; *Seibert*, PartGG § 11 – Kein Verbot des Firmenzusatzes „und Partner" bei Kapitalgesellschaften, EWiR 1996, 759; *Seifert*, Firmenrecht „online" – die sog. Internet-Domain als Bestandteil der Handelsfirma, Rpfleger 2001, 395; *Spindler/Berner*, Inspire Art – Der europäische Wettbewerb um das Gesellschaftsrecht ist endgültig eröffnet, RIW 2003, 949; *dies.*, Der Gläubigerschutz im Gesellschaftsrecht nach Inspire Art, RIW 2004, 7; *Steding*, Zur Reform des Firmenrechts für Unternehmen, BuW 1998, 588; *Steinbeck*, Die Verwertung der Firma und der Marke in der Insolvenz, NZG 1999, 133; *Stratmann*, Internet domainnames oder Schutz von Namen, Firmenbezeichnungen und Marken gegen die Benutzung durch Dritte als Internet-Adresse, BB 1997, 689; *Treffer*, Haftungsrisiken bei der Gründung einer GmbH-Auffanggesellschaft (I): Gesellschaftsrecht -Insolvenzrecht – Firmenrecht, GmbHR 2003, 166; *Triebel/Hase*, Wegzug und grenzüberschreitende Umwandlungen deutscher Gesellschaften nach Überseering und Inspire Art, BB 2003, 2409; *Uhlenbruck*, Die Firma als Teil der Insolvenzmasse, ZIP 2000, 401; *Ulmer/Steffek*, Grundbuchfähigkeit einer rechts- und parteifähigen GbR, NJW 2002, 330; *Vogt*, Die Eintragung der Gesellschaft bürgerlichen Rechts unter ihrem Namen im Grundbuch, Rpfleger 2003, 491; *Wachter*, Amtsniederlegung von GmbH-Geschäftsführern, GmbHR 2001, 467; *ders.*, Errichtung, Publizität, Haftung und Insolvenz von Zweigniederlassungen ausländischer Kapitalgesellschaften nach Inspire Art, GmbHR 2003, 1254; *ders.*, Aktuelle Probleme bei der Ltd.& Co.KG, GmbHR 2006, 82; *ders.*, Handelsregisteranmeldung der inländischen Zweigniederlassung einer englischen Private Limited Company, NotBZ 2004, 41; *ders.*, Auswirkungen des EuGH-Urteils in Sachen Inspire Art Ltd. auf die Beratungspraxis und Gesetzgebung, GmbHR 2004, 88; *Wagner*, Zur Frage der Eintragungsfähigkeit des at-Zeichens in das Handelsregister, NZG 2001, 802; *Waldner*, Handelsregisteranmeldung infolge der Streichung von § 36 HGB, MittBayNot 2000, 13; *Weller*, „Inspire Art": Weitgehende Freiheiten beim Einsatz ausländischer Briefkastengesellschaften, DStR 2003, 1800; *Werlauff*, Ausländische Gesellschaft für inländische Aktivität, ZIP 1999, 867; *Wertenbruch*, Die Firma des Einzelkaufmanns und der OHG/KG in der Insolvenz, ZIP 2002, 1931; *Wessel*, Nochmals: Das Verbot der „firmenähnlichen Geschäftsbezeichnung": geltendes Handelsrecht oder gesetzwidrige Erfindung?, DB 1987, 1673; *ders.*, Probleme bei der Firmierung der GmbH & Co., BB 1984, 1710; *Weßling*, Der Einwilligungsvorbehalt für eine Firmenfortführung bei Ausscheiden des namensgebenden Gesellschafters, GmbHR 2004, 487; *Wöbke/Danckwerts*, Europäische wirtschaftliche Interessenvereinigung: Eintragung mit einer reinen Sachfirma?, DB 1994, 413; *Wolff*, Zur Reform des § 18 Abs. 2 HGB, DZWIR 1997, 397; *ders.*, Firmierung der GmbH mit partnerschaftlichem Zusatz: Gestaltungsgrenzen und Folgen ihrer Überschreitung, GmbHR 2006, 303; *Ziegler*, Zur Firma der Europäischen Wirtschaftlichen Interessenvereinigung, Rpfleger 1990, 239; *Zimmer*,

Nach „Inspire Art": Grenzenlose Gestaltungsfreiheit für deutsche Unternehmen?, NJW 2003, 3585; *ders.*, Der nichteingetragene Kaufmann: Ein „eingetragener Kaufmann" i.S.d. § 19 Abs. 1 Nr. 1 HGB?, ZIP 1998, 2050

A. Änderungen des Firmenrechts durch das HRefG

I. Firmenrecht vor der Handelsrechtsreform 1998[1]

1   Das Firmenrecht war bis zur Handelsrechtsreform 1998 fast 100 Jahre weitestgehend unverändert geblieben und entsprach anerkanntermaßen nicht mehr den Erfordernissen des modernen Wirtschaftslebens.[2] Die Lit. und Rspr. aus der Zeit vor 1998 ist daher regelmäßig kritisch im Lichte der Neuregelungen zum Firmenrecht zu sehen.[3] Bei der grundlegenden Reform des Firmenrechts durch das Handelsrechtsreformgesetz (HRefG) blieben aber auch einige gesetzliche Regelungen und wichtige firmenrechtliche Grundprinzipien unverändert.

II. Firmenrecht nach dem HRefG 1998

2   Auch nach den **Änderungen durch das HRefG**[4] bleiben „der Kaufmannsbegriff als Bestimmung des Normadressatenkreises (§ 1 ff. HGB) und die Firma als Name, unter dem der Kaufmann seine Geschäfte betreibt (§ 17 Abs. 1 HGB), Zentralbegriffe des HGB".[5]

1. Ziele des HRefG

3   Das HRefG hat neben der Modernisierung des Kaufmannsbegriffes die **Liberalisierung**[6] **des Firmenrechts** vorangetrieben. Das in Deutschland im europäischen Vergleich recht rigide Firmenbildungsrecht wurde entschärft und vereinheitlicht. Den Unternehmen wurde größere Wahlfreiheit bei der Bildung aussagekräftiger und werbewirksamer Firmen eingeräumt.[7] Unabhängig von der gewählten Rechtsform sind jetzt **Fantasie-**, **Sach-** und **Personenfirmen** oder **Mischformen** zulässig. Mit der Liberalisierung der Firmenbildung wurde zugleich ein wichtiger Beitrag zur Deregulierung und Entbürokratisierung angestrebt.[8] **Die alte Rechtslage** vor dem HRefG und die hierzu vorhandene teilweise streitige Rspr. **prägt zu Unrecht** auch heute noch die Registerpraxis und die Erörterungen in der Kommentarliteratur zu den inhaltlichen Vorgaben für eine zulässige Firma, die keine Grundlage mehr im Gesetz finden.[9]

4   Nach neuem Firmenrecht soll sich die Firmenbildung (nur noch) nach den **drei wesentlichen Funktionen der Firma** ausrichten.[10]

- die Unterscheidungskraft sowie die damit einhergehende Kennzeichnungsfunktion,
- die Ersichtlichkeit des Gesellschaftsverhältnisses und
- die Offenlegung der Haftungsverhältnisse.

Dem diesbezüglichen Informationsinteresse des Rechtsverkehrs und dem Transparenzgebot sollte dabei durch den obligatorischen Hinweis auf die Rechtsform und die Haftungsverhältnisse (§ 19 HGB)

---

1   Zu den Einzelheiten der alten Rechtslage siehe MünchKomm-HGB/Heidinger, vor § 17 Rn. 2 ff.
2   RegE BT-Drucks. 13/8444, S. 35 f.
3   Noch radikaler Frenz, ZNotP 1998, 178 f.: „solle man fast alles vergessen".
4   Vom 22.6.1998 (BGBl. I, S. 1473).
5   K. Schmidt, NJW 1998, 2161, 2162.
6   Zu den Zielen und Auswirkungen der Liberalisierung Roth, in: Die Reform des Handelsstandes und der Personengesellschaften, S. 31, 33 f.; Schaefer, ZNotP 1998, 170, 175.
7   RegE BT-Drucks. 13/8444, S. 35.
8   Schäfer, HRefG, S. 13.
9   Siehe dazu genauer MünchKomm-HGB/Heidinger, vor § 17 Rn. 15 ff.
10 BT-Drucks. 13/8444, S. 36.

sowie durch Pflichtangaben auf Geschäftsbriefen (§ 37a HGB) Rechnung getragen werden.[11] Die Kennzeichnungsfunktion und damit der Grundsatz der Firmenunterscheidbarkeit wurde aufgewertet und dem übrigen Kennzeichnungsrecht (§§ 3 Abs. 1, 5 Abs. 2, 8 Abs. 2 und 9 MarkenG) angenähert. Die Auskunftsfunktion über die Gesellschafts- und Haftungsverhältnisse wird gestärkt. Demgegenüber wird die Auskunftsfunktion über die Identität der das kaufmännische Unternehmen führenden Personen und den Geschäftsgegenstand weitgehend eingeschränkt.[12]

Das firmenrechtliche Irreführungsverbot (§ 18 Abs. 2 HGB) wurde konkretisiert, um einer **„Versteinerung" der Irreführungsmaßstäbe** angesichts sich wandelnder Verbrauchererwartungen entgegenzuwirken. Im Interesse eines vorbeugenden Verkehrsschutzes wurde die Prüfung der Firma auf Täuschungseignung im Handelsregistereintragungsverfahren zwar beibehalten, da die nachträgliche Kontrolle mit Mitteln des Wettbewerbsrechts (§ 3 UWG a.F., jetzt § 5 UWG) allein für unzureichend gehalten wurde. Der **Bereich der relevanten Irreführung** wurde aber wesentlich **reduziert** und die Prüfungskompetenz des Registers auf die **ersichtliche Eignung zur Irreführung** beschränkt.

2. Firmenrechtliche Vorschriften im Überblick

Das Firmenrecht kann nach verschiedenen Kriterien unterteilt werden. Nach seinem **Regelungscharakter** differenziert steht dem Firmennamensrecht das Firmenordnungsrecht gegenüber.[13]

- Das **Firmennamensrecht** hat im Wesentlichen die mit dem Namenscharakter der Firma verbundenen bürgerlich-rechtlichen Probleme zum Gegenstand. Hierunter zählt insb. § 17 Abs. 1 HGB, der die grundlegende Bedeutung der Firma festschreibt als Name des Kaufmanns, unter dem er seine Geschäfte betreibt und die Unterschrift abgibt. Als einzige inhaltliche Vorgabe für alle Firmen verblieb nach dem HRefG § 18 Abs. 1 HGB, wonach die Firma zur Kennzeichnung des Kaufmanns geeignet sein und Unterscheidungskraft besitzen muss. Darüber hinaus enthalten die §§ 22 und 24 HGB über die Fortführung einer Firma bei Erwerb eines Handelsgeschäfts oder bei Ausscheiden des namengebenden Gesellschafters das firmennamensrechtliche Element des Zustimmungserfordernisses durch den bisherigen Geschäftsinhaber bzw. den namengebenden Gesellschafter.

- Dem **Firmenordnungsrecht** werden vor allem das Täuschungsverbot des § 18 Abs. 2 HGB, das Gebot des Rechtsformzusatzes in § 19 Abs. 1 HGB, die Kennzeichnung der Haftungsbeschränkung nach § 19 Abs. 2 HGB sowie die jeweilige Zulassung der Firmenfortführung bei Namensänderung (§ 21 HGB), bei Erwerb des Handelsgeschäfts (§ 22 HGB) und bei Änderung des Gesellschafterbestandes (§ 24 HGB) zugerechnet. Auch das Veräußerungsverbot der Firma ohne das zugehörige Handelsgeschäft (§ 23 HGB), das Gebot der Firmenunterscheidbarkeit (§ 30 HGB) und der gerichtliche Schutz vor unzulässigen Firmen nach § 37 Abs. 1 HGB gehören zum Firmenordnungsrecht.

Nach dem **Regelungsinhalt** unterscheidet man[14] die Bestimmungen zur Zulässigkeit der Firmenbildung (§§ 17 – 19 HGB) und der Firmenfortführung (§§ 21 – 24 HGB).

- § 18 HGB wird zusammen mit § 30 HGB als „**Allgemeiner Teil**" **des Firmenbildungsrechts** bezeichnet,[15] da sie für alle Kaufleute einheitliche Maßstäbe zur **Firmenbildung** postulieren. Ergänzt werden sie durch die Vorschriften, die abhängig von der jeweiligen Rechtsform bestimmte Rechtsformzusätze fordern (§ 19 HGB sowie § 4 GmbHG, §§ 4, 279 AktG, § 3 GenG, § 2 Abs. 2 Nr. 1 EWIV-AusfG, § 18 Abs. 2 Satz 2 VAG, § 2 Abs. 1 Satz 1 PartGG).

- §§ 21 – 24 HGB erlauben für verschiedene Konstellationen die **Firmenfortführung** und bestimmen deren Voraussetzungen genauer. §§ 25 – 28 HGB regeln Fragen der **Haftung** bei Unternehmensübertragung, bei der Fortführung eines Handelsgeschäfts durch Erben und beim Eintritt von Gesellschaftern in

---

11 Schäfer, HRefG, S. 39.
12 Jung, ZIP 1998, 677, 678.
13 Canaris, Handelsrecht, § 11 Rn. 1.
14 Ebenroth/Boujong/Joost/Zimmer, HGB, § 17 Rn. 3.
15 Ebenroth/Boujong/Joost/Zimmer, HGB, § 18 Rn. 1.

ein Handelsgeschäft, also an das Firmenrecht anknüpfende Folgeprobleme. Daher sind diese nicht hier, sondern beim Handelskauf zu erläutern.

8   Zuletzt enthalten §§ 29 – 37 HGB in teilweise inhaltlicher Anknüpfung an die Regelungen der §§ 17 – 24 HGB in erster Linie Fragen des **Firmenregisterrechts** und des **Firmenschutzes**. Abschließend verpflichtet § 37a HGB den Einzelkaufmann u.a. die Firma auf allen Geschäftsbriefen anzugeben. Für Unternehmen in anderen Rechtsformen existieren hierzu Parallelvorschriften (§§ 125a, 177a HGB, § 35a GmbHG, § 80 AktG, § 25a GenG).

9   Neben die Bestimmungen im HGB und in den verschiedenen gesellschaftsrechtlichen Gesetzen treten noch die überwiegend **materiell-rechtlichen Regelungen zum Firmenrecht**, wie insb. §§ 1, 3 UWG a.F.[16] und §§ 3, 5, 14, 15 MarkenG (früher § 16 UWG und § 24 WZG) sowie § 12 BGB. Für bestimmte Berufsgruppen sind noch Sondervorschriften zu beachten (§ 59k BRAO; § 52k PatAnwO; §§ 43 Abs. 1, 53 StBerG; §§ 27, 31 WPO).[17] Teilweise bestehen historisch bedingte Besonderheiten[18] für vor 1900 eingetragene Firmen (Art. 22 EGBGB) und für die Aufrechterhaltung von in der Kriegszeit bewilligten Ausnahmen und Ausnahmen für die bis 1951 in das Bundesgebiet verlegten (Personen-) Unternehmen (§ 2 Abs. 2, 3 bzw. § 3 Abs. 1 Handelsrechtliches BereinigungsG).

10 In manchen Sondergesetzen befinden sich auch **branchenbezogene Einschränkungen** oder Vorbehalte für bestimmte Bezeichnungen:[19]

- § 39 Abs. 1 KWG (Bank, Bankier),
- § 39 Abs. 2 KWG (Volksbank),
- § 40 Abs. 1 KWG (Sparkasse),
- § 40 Abs. 2 KWG (Spar- und Darlehenskasse),
- § 1 BausparkassenG (Bausparkasse),
- § 41 KWG (Sonderregelung für ausländische Kreditinstitute),
- § 7 Abs. 1 KAGG a.F., jetzt § 3 InvG (Kapitalanlage-, Investment-, Investor-, Invest-),
- § 20 UBGG, jetzt InvG (Unternehmensbeteiligungsgesellschaft),
- § 4 VAG (Versicherung),[20]
- §§ 43 Abs. 1, 53 Abs. 1, 161 StBerG (Steuerberatungsgesellschaft),
- §§ 27, 31, 133 WPO (Wirtschaftsprüfungsgesellschaft),
- § 52k PatAnwO (Patentanwaltsgesellschaft),
- § 59k Abs. 2 BRAO (Rechtsanwaltsgesellschaft).[21]

---

16 Grundlegend geändert bei der UWG-Novelle durch Gesetz mit Wirkung v. 8.7.2004 (BGBl. I, S. 1414); dazu im Überblick Köhler, NJW 2004, 212 ff.
17 Siehe auch BGHZ 103, 355; BGH, NJW 1988, 262 zum Wettbewerbsverbot für freie Berufe.
18 Dazu genauer Baumbach/Hopt/Hopt, HGB, § 18 Rn. 3.
19 Vgl. ausführlich: Möller, Neues Kaufmanns- und Firmenrecht, S. 32 ff.; Ebenroth/Boujong/Joost/Zimmer, HGB, § 18 Rn. 19 ff.
20 Dazu Bürkle, VersR 2002, 291; OLG München, FGPrax 2005, 227 ff. = Rpfleger 2005, 608 f.
21 Keine analoge Anwendung auf Rechtsanwalts-AG: BayObLGZ 2000, 83 = NJW 2000, 1647 = ZIP 2000, 835, „PROVIDENTIA" und Rechtsanwaltspartnerschaft: BGH, NJW 2004, 1651 = DB 2004, 1094 „artax"; dazu Römermann, MDR 2000, 733 sowie Römermann/Römermann, EWiR 2004, 651 mit Hinweis auf die Liberalisierung des anwaltlichen Firmenrechts durch die geplante Streichung von § 9 Abs. 2 und § 3 BORA; zur Firma der Steuerberater-, Wirtschaftsprüfer- und Anwaltssozietät ausführlich Römermann, INF 2001, 181 ff.; zur Vereinbarkeit der Kurzbezeichnung „K-Associates" mit § 43b BRAO, § 6 BORA vgl. BGH, NJW 2005, 1770f.

III. Europarechtliche Aspekte

Schon früher wurde das Verhältnis des strengen inländischen Firmenrechts zu den Belangen der Europäischen Gemeinschaft streitig diskutiert.[22] **Das deutsche Firmenrecht war strenger als in den meisten europäischen Ländern**. Insofern hat die Liberalisierung des Firmenrechts durch das HRefG 1998 in gewissem Rahmen eine Harmonisierung mit dem Firmenrecht der europäischen Nachbarstaaten gebracht.

Die **neuere EuGH-Rspr.**[23] betont die Niederlassungsfreiheit. Soweit dies nicht durch zwingende Gründe des Allgemeininteresses gerechtfertigt ist, kann die Verwendung einer nach dem Recht eines EU-ausländischen Staates zulässigen Firma nicht verhindert werden, auch wenn sie dem deutschen Firmenbildungsrecht widerspricht. Das **Täuschungsverbot** in § 18 Abs. 2 HGB hat selbst in seiner seit dem HRefG abgeschwächten Form letztlich nur noch eingeschränkt Bestand gegenüber solchen Firmen. Die Forderung nach Firmenwahrheit gehört zwar zu den tragenden Grundsätzen des Handelsverkehrs. Das Täuschungsverbot findet sich zumindest als Minimalgebot in allen Rechtsordnungen[24] und **ist institutionell zu gewährleisten**. In Frage steht aber die Handhabung des Gebots, d.h. die Konkretisierung durch Rspr. und Lehre.

Als **Maxime der Rechtspraxis** erscheint das Ziel der **Vereinheitlichung des Firmenrechts** weiterhin beachtenswert. Dieses wünschenswerte Ziel kann aber nicht über die Anwendung eines strengeren über ihr Heimatrecht hinausgehenden Maßstabes für Firmen aus Ländern der EU, sondern nur durch eine Angleichung des deutschen Firmenrechts an einen gemeinsamen europarechtlichen Minimalstandard erreicht werden. Im Lichte der neuesten EuGH-Rspr. kann und muss zum Schutz der Niederlassungsfreiheit ggf. eine großzügigere Behandlung einer ausländischen Firma erfolgen. Nur auf diesem Wege ist auch die – zwar nicht zwingend gebotene, aber doch zur Rechtsvereinheitlichung wünschenswerte – Gleichbehandlung von ausländischen Firmen aus den EG-Ländern mit den nichteuropäischen Staaten erreichbar. Auch heute noch ist also eine **liberale, europafreundliche Auslegung** des gesamten deutschen Firmenrechts und insb. des § 18 Abs. 2 HGB geboten.[25]

B. Grundsätzliches zum Firmenrecht

I. Begriff der Firma

§ 17 Abs. 1 HGB enthält die **Legaldefinition der Handelsfirma**. Diese beinhaltet drei Elemente: Die Firma ist ein Name. Nur Kaufleute können eine Firma haben. Die Firma ist der Name, unter der ein Kaufmann Geschäfte abschließt und zeichnet. Dabei ist das Zeichnen unter der Firma nur das Hauptbeispiel für das Betreiben von Geschäften.

Anders als nach ihrer umgangssprachlichen Verwendung handelt es sich bei der Firma nicht um das Unternehmen selbst, sondern nur um eine **namensmäßige Bezeichnung** (Namensfunktion), die das Unternehmen und den Unternehmensträger miteinander verbindet. Abs. 2 ergänzt die Verwendungsmöglichkeit der Firma dergestalt, dass Kaufleute im Prozess auch mit ihrer Firma bezeichnet werden können, gleichgültig, ob sie als Kläger oder als Beklagte daran teilnehmen.[26] Die Firma ist nicht selbst Partei. § 17 HGB enthält zwar den Begriff der Firma, gibt aber keine Auskunft über die Rechtsbeziehung des Kaufmanns zu der Firma.

---

22 Vgl. dazu ausführlich: MünchKomm-HGB/Bokelmann, § 17 Rn. 67 ff.
23 Insb. EuGH v. 9.3.1999 – C – 212/97,"Centros", Slg. I-1459 (1485 ff.) = NJW 1999, 2027, EuGH v. 5.11.2002 – C – 208/00 „Überseering", Slg. I-9919 (9943 ff.) = NJW 2002, 3614 und EuGH v. 30.9.2003 – C – 167/01 „Inspire Art", NJW 2003, 3331 = ZIP 2003, 1885 ff.
24 Vgl. Möller, EWS 1993, 22, 24.
25 Siehe auch schon die Motive für die Liberalisierung des Firmenrechts und insb. die Senkung der Anforderungen an die Firmenwahrheit durch das HRefG: RegBegr. BT-Drucks. 13/8444, S. 1, 36; MünchKomm-HGB/Heidinger, vor § 17 Rn. 20 ff.
26 Staub/Hüffer, HGB, § 17 Rn. 42.

14 § 17 HGB sowie das gesamte Firmenrecht im HGB findet nicht nur **Anwendung** auf die Firma des Einzelkaufmanns, sondern über § 6 Abs. 1 HGB auch **auf Handelsgesellschaften** (OHG, KG, GmbH, AG, KGaA und EWIV), über § 17 Abs. 2 GenG auf eingetragene **Genossenschaften** und über § 16 VAG auch auf den **Versicherungsverein auf Gegenseitigkeit** sowie die **sonstigen juristischen Personen** i.S.d § 33 HGB (Stiftung, Idealverein, wirtschaftlicher Verein, juristische Personen des öffentlichen Rechts, Unternehmen von Gebietskörperschaften), wenn diese ein Handelsgewerbe i.S.d § 1 Abs. 2 HGB betreiben. Für die **Partnerschaftsgesellschaft** verweist § 2 Abs. 2 PartGG weitgehend auf das Firmenrecht des HGB, nicht jedoch auf §§ 17 und 18 Abs. 1 HGB. Die Anwendung von Teilen des Firmenrechts (insb. § 18 Abs. 2 HGB) wird auch für die unternehmenstragende **BGB-Gesellschaft** befürwortet.

II. Firmenarten

15 Nach ihrem Inhalt können die **Personenfirmen** (die Firma enthält den Familiennamen und eventuell den Vornamen des Geschäftsinhabers oder eines oder mehrerer Gesellschafter) von den **Sachfirmen** (dem Gegenstand des Unternehmens entnommen), den seit dem HRefG allgemein auch zulässigen **Fantasiefirmen** und Kombinationen hieraus, den sog. **Mischfirmen /gemischten Firmen**, unterschieden werden.

Nach dem Unternehmensträger unterscheidet sich die **Einzelfirma** (der Einzelkaufmann ist Unternehmensträger) von der **Gesellschaftsfirma**.

Bei der **zusammengesetzten Firma** ist dem Firmenkern als Mindestangabe noch ein Zusatz beigefügt. **Firmenkern** und **Firmenzusatz** bilden eine rechtliche Einheit und zusammen die Firma. Es handelt sich dabei um eine terminologische Unterscheidung, der i.d.R. keine materiell-rechtliche Bedeutung zukommt.[27] So lässt sich etwa aus der Differenzierung „Firmenkern" und „Firmenzusatz" nichts für die Zulässigkeit oder Unzulässigkeit einer Firma herleiten.

Schließlich ist die **ursprüngliche/originäre Firma** von der **abgeleiteten Firma** (von dem früheren Träger des Unternehmens übernommen) zu sondern. Eine geänderte Firma kann auch zur neu gebildeten mutieren, wenn der Rechtsverkehr die Identität der ursprünglichen und der geänderten Firma nicht mehr wahrzunehmen vermag oder ernsthafte Zweifel an der Identität bestehen. Die geänderte Firma unterliegt dann den Erfordernissen von § 18 HGB für die neu gebildete Firma. Aus der neu gebildeten Firma können sich aber ggf. gegenüber der abgeleiteten Firma Unterschiede in den Rechtsfolgen ergeben (z.B. Verlust der Prioritätsstellung).

1. Personenfirma

16 Die Personenfirma (teilweise auch Personalfirma genannt)[28] wird unter **Verwendung eines Personennamens** gebildet. Nach altem **Firmenrecht vor dem HRefG** war die Personenfirma für den Einzelkaufmann (§ 18 Abs. 1 HGB a.F.) und die Personenhandelsgesellschaft (§ 19 Abs. 1 und Abs. 2 HGB a.F.) zwingend aus dem Namen des Geschäftsinhabers bzw. eines oder mehrerer Gesellschafter, nicht aber mit dem Namen eines Nichtgesellschafters (§ 19 Abs. 4 HGB a.F.) zu bilden. Bei der Firma der GmbH durfte die optionale Personenfirma ebenfalls nicht den Namen eines Nichtgesellschafters enthalten (§ 4 Abs. 1 Satz 2 GmbHG a.F.). Daher entsprach es der ganz einheitlichen Meinung, dass eine Personenfirma schon per Definitionem aus dem Namen des Geschäftsinhabers bzw. eines oder mehrerer Gesellschafter gebildet wird.

17 Zum **neuen Firmenrecht** wird dies meist unreflektiert fortgeschrieben.[29] Derzeit besteht aber nur noch für den Namen der Partnerschaftsgesellschaft die Pflicht, den Namen mindestens eines Partners und das

---

27 Heymann/Emmerich, HGB, § 17 Rn. 5; K. Schmidt, Handelsrecht, § 12 I 4.
28 K. Schmidt, Handelsrecht, § 12 I 1 f.
29 Röhricht/v. Westphalen/Ammon, HGB, § 17 Rn. 4a: Name des Einzelkaufmanns oder eines Gesellschafters; Koller/Roth/Morck/Roth, HGB, § 17 Rn. 10: durch den Namen des Kaufmanns gebildet; K. Schmidt, Handelsrecht, § 12 I 1 f: Familienname des Kaufmanns oder eines Gesellschafters – Personalfirma; Baumbach/Hopt/ Hopt, HGB, § 17 Rn. 6: wird nach dem Namen des Kaufmanns gebildet; LG Limburg, GmbHR 2006, 261 ff. mit insoweit abl. Anm. Römermann.

Verbot, den Namen anderer Personen als von Partnern aufzunehmen. Ansonsten wurde die Verwendung der Personenfirma für alle Rechtsträger freigegeben, sowohl hinsichtlich der Frage „ob" als auch „wie" sie eine solche bilden.[30] Daher lässt sich aus der jetzigen Rechtslage das frühere, enge Verständnis der Personenfirma nicht mehr rechtfertigen. Nach neuem Firmenrecht muss man den Begriff „Personenfirma" weiter verstehen und jede Firma dazu zählen, die unter **Verwendung irgendeines Personennamens** – auch eines Nichtgesellschafters – gebildet wird.[31]

Terminologisch kann noch zwischen einer Personenfirma, bei der der Name einer existenten Person verwendet wird, und einer **Fantasie-Personenfirma** differenziert werden, die nur einen namensähnlichen Fantasiebegriff beinhaltet.[32] Ob eine Personenfirma mit Namen eines Nichtgesellschafters oder eine Fantasie-Personenfirma zulässig ist, wird derzeit insb. unter dem **Aspekt der Irreführungsgefahr** sehr streitig diskutiert.[33]

18

2. Sachfirma

Vor dem HRefG musste die Firma der Genossenschaft „vom Gegenstand des Unternehmens entlehnt" sein (§ 3 Abs. 1 GenG a.F.), die Firma der AG und der KGaA war „in der Regel dem Gegenstand des Unternehmens zu entnehmen" (§§ 4 Abs. 1 und 279 AktG a.F.) und die Firma der GmbH musste „entweder von dem Gegenstand des Unternehmens entlehnt" oder Personenfirma sein. Daraus hat sich die Definition einer Sachfirma herausgebildet, dass sie Bezug auf den Unternehmensgegenstand des Unternehmens nimmt.[34]

19

In der Lit. wird auch nach dem HRefG 1998 weiterhin gefordert, dass die Sachfirma selbstverständlich dem Unternehmensgegenstand entlehnt sein muss.[35] Dem kann nicht zugestimmt werden.[36] Von seiner Terminologie her ist eine Sachfirma jede Firma, die nach ihrem äußeren Erscheinungsbild auf (irgend)einen Unternehmensgegenstand/Tätigkeitsbereich Bezug nimmt. Denn **nach der Handelsrechtsreform** steht die Verwendung einer Sachfirma allen Unternehmensträgern, insb. auch dem Einzelkaufmann, der Personenhandelsgesellschaft und der EWIV[37] offen, die nach § 40 HRV eine im Handelsregister einzutragende Satzungsbestimmung über den „Unternehmensgegenstand" teilweise gar nicht kennen.[38] Die **Grenzen zur Fantasiefirma** sind fließend.[39]

20

Zu prüfen ist, ob die konkret gewählte **Sachfirma unzulässig, weil irreführend** ist.[40] Erst bei dieser Prüfung greifen auch die in der Lit. angeführten Argumente für die Wiedergabe der korrekten tatsächlichen Tätigkeit anstelle des Unternehmensgegenstands, soweit diese voneinander abweichen. Eine einmal zulässig gewählte Sachfirma verliert nicht ihren Charakter als Sachfirma, nur weil sich der Unternehmens-

---

30 Vgl. RegE BT-Drucks. 13/8444, S. 37.
31 So wohl auch Ebenroth/Boujong/Joost/Zimmer, HGB, § 18 Rn. 11; siehe jetzt auch OLG Saarbrücken, Rpfleger 2006, 415 = DB 2006, 1003 = FGPrax 2006, 131 = RNotZ 2006, 195 f. zum Namen des Kommanditisten und LG München, DStR 2007, 71 zur GmbH.
32 Vgl. Ebenroth/Boujong/Joost/Zimmer, HGB, § 18 Rn. 13; ausdrücklich anerkannt: LG Landshut, MittBayNot 2000, 333.
33 Vgl. dazu ausführlich: Heidinger, DB 2005, 815.
34 Koller/Roth/Morck/Roth, HGB, § 17 Rn. 10; Baumbach/Hopt/Hopt, HGB, § 17 Rn. 6.
35 Bokelmann, GmbHR 1998, 57, 59; ihm folgend: Kögel, BB 1998, 1645, 1646.
36 Vgl. dazu ausführlich: MünchKomm-HGB/Heidinger, vor § 17 Rn. 57 ff.
37 Kögel, BB 1998, 1645; Röhricht/v. Westphalen/Ammon, HGB, § 17 Rn. 18; Wessel/Zwernemann/Kögel, Firmengründung, Rn. 272; Ebenroth/Boujong/Joost/Zimmer, HGB, § 18 Rn. 15 Fn. 32; vgl. dazu schon EuGH, NZG 1998, 100 m. Anm. Michalski.
38 § 40 HRV, allein hiermit argumentiert etwas unvollständig z.B. Ebenroth/Boujong/Joost/Zimmer, HGB, § 18 Rn. 16.
39 Siehe z.B. BayObLGZ 1999, 114 = NJW-RR 2000, 111 für den Zusatz „meditec".
40 Jung, ZIP 1998, 677, 684; zu streng: Hauser, BuW 1999, 109, 110; Sachfirma ohne Sachbezug ist immer nach § 18 Abs. 2 unzulässig.

gegenstand/Tätigkeitsbereich ändert. Es stellt sich nur die Frage, ob die Firma wegen der eventuell neu entstandenen Täuschungseignung unzulässig wird oder fortgeführt werden darf.

21 Auch wenn die Sachfirma dem Unternehmensgegenstand korrekt entlehnt ist, muss sie die **übrigen Zulässigkeitsvoraussetzungen** einer Firma erfüllen (§§ 18, 19 HGB). So feht z.B. einer reinen Branchen- und Sachbezeichnung die erforderliche Individualisierungskraft und damit die in § 18 Abs. 1 HGB geforderte Unterscheidungskraft. Teilweise wird ihr schon die Kennzeichnungseignung abgesprochen, so dass die Firma nicht die zu fordernde Namensfunktion erfüllen kann. Einzelne **Branchenbezeichnungen** unterliegen **bestimmten Einschränkungen** in der Verwendbarkeit.[41]

3. Fantasiefirma

22 Durch das HRefG wurde ausweislich der Regierungsbegründung[42] ausdrücklich auch die Verwendung von Fantasiefirmen für alle Rechtsträger zugelassen. Dies gilt auch für eine Rechtsanwalts-AG, da § 59k BRAO für die Rechtsanwalts-GmbH nicht analog anwendbar ist.[43] Fantasiefirmen sind alle Firmen, die **nicht Personenfirma und nicht Sachfirma** sind. Denn jeder andere Inhalt, der nicht Bezug nimmt auf einen Personennamen oder einen Tätigkeitsbereich ist Fantasiebezeichnung. Auch Fantasiefirmen müssen den allgemeinen Voraussetzungen des § 18 HGB genügen, also Kennzeichnungseignung und Unterscheidungskraft besitzen (Abs. 1) sowie nicht irreführend sein (Abs. 2). Die Unterscheidungskraft einer Fantasiefirma kann größer sein als die der eher beschreibenden und in demselben Wirtschaftszweig häufig ähnlichen Sachfirma. Ein besonders bei den Fantasiefirmen auftretendes Problem ist das Erfordernis der **Eintragbarkeit**.[44] Danach muss eine Firma grds. aus lateinischen Buchstaben gebildet werden und darf nicht z.B. aus Bildern oder fremden Schriftzeichen bestehen. Streitig ist auch das Erfordernis der **Aussprechbarkeit** der Firma, die z.B. bei reinen Buchstabenkombinationen, Kombinationen von Buchstaben und Zahlen oder reinen Ziffernfolgen bezweifelt wird.[45] Eine Firma kann auch aus einer **Internet-Domain** gebildet werden.[46]

4. Mischfirma

23 Schon nach § 18 Abs. 1 HGB a.F. war die Kombination aus Personen- und Sachfirma sowie aus Personen- und Fantasiefirma für Einzelkaufleute und nach § 19 Abs. 1 und Abs. 2 HGB a.F. für Personenhandelsgesellschaften zulässig. Sie wurde als (damals allein zulässige) Personenfirma mit einem Zusatz angesehen, der nur § 18 Abs. 2 HGB a.F. (keine Täuschungseignung) genügen musste. Nach dem HRefG sind diese Hilfsüberlegungen zum Firmenzusatz hinfällig, denn im Rahmen der neu geschaffenen Firmenbildungsfreiheit ist die Möglichkeit jeder **Kombination von Elementen einer Personen-, Sach- und Fantasiefirma im Firmenkern** selbst eröffnet. Die so gebildete Mischfirma muss lediglich den allgemeinen firmenrechtlichen Voraussetzungen nach §§ 18 Abs. 1, Abs. 2 und 19 HGB genügen. Auch für eine Partnerschaft aus Rechtsanwälten kann zu der obligatorischen Personenfirma eine Fantasiebezeichnung hinzugefügt werden.[47] Die erforderliche Unterscheidungskraft muss nicht durch jeden einzelnen Bestand-

---

41 Vgl. ausführlich: Ebenroth/Boujong/Joost/Zimmer, HGB, § 18 Rn. 19 ff.; siehe dazu bereits oben Rn. 10.
42 BT-Drucks. 13/8444, S. 37.
43 BayObLGZ 2000, 83 = NJW 2000, 1647; diff. OLG Nürnberg v. 10.6.2003, n. rkr., NJW 2003, 2245, „Pro Videntia AG" wettbewerbsrechtlich unzulässig wegen Verstoß gegen §§ 9, 33 BORA; krit. dazu Pluskat, AnwBl. 2004, 22; vgl. dazu auch Hoffmann, EWiR 2003, 813.
44 Ebenroth/Boujong/Joost/Zimmer, HGB, § 18 Rn. 28.
45 Ebenroth/Boujong/Joost/Zimmer, HGB, § 18 Rn. 28; siehe dazu genauer unten Rn. 80.
46 Vgl. dazu ausführlich: Seifert, Rpfleger 2001, 395; zur kennzeichenrechtlichen Namensfunktion der Domain eingehend Fezer, WRP 2000, 669 ff. m.w.N.; zum umgekehrten Problem des Schutzes der Firma vor Benutzung durch Dritte als Internet-Adresse Stratmann, BB 1997, 689; zum Schutz des Nutzungsrechts an einer Internet-Domain vgl. BVerfG, NJW 2005, 589 f.; zur markenrechtlichen Verwechslungsgefahr bei einer Internetdomain: OLG Hamburg, NJW-RR 2006, 984.
47 BGH, NJW 2004, 1651 = DB 2004, 1094, „artax"; kein Verstoß gegen § 9 BORA; keine Analogie zu § 59k BRAO; dazu auch Römermann, EWiR 2004, 651.

teil gesondert erreicht werden,[48] sondern ist in der Kombination mit individualisierenden Bestandteilen meist unproblematisch.

5. Abgrenzung zu verwandten Rechtsinstituten

a) Geschäftsbezeichnung

Nur der Kaufmann hat nach § 17 Abs. 1 HGB eine Firma. Daneben kann er eine Geschäftsbezeichnung oder mehrere Geschäftsbezeichnungen (früher Etablissementbezeichnungen) gebrauchen. Wurden diese Bestandteil der Firma, handelte es sich bereits nach altem Firmenrecht um **unselbständige Geschäftsbezeichnungen** („Richard Kaub, Möbelfundgrube"), die als Firmenbestandteil den Gesetzen der Firma folgen.[49] Nach dem HRefG ändert sich an dieser Einschätzung nichts. Die Firmenbildung unter alleiniger Verwendung einer Geschäftsbezeichnung führt zu einer **Fantasiefirma**, i.V.m. anderen Firmenbestandteilen zu einer **Mischfirma**. 24

Hiervon zu unterscheiden ist die **selbständige Geschäftsbezeichnung**, die nicht Teil einer Firma ist. Sie kennzeichnet das Geschäft oder den Betrieb. Typische Geschäftsbezeichnungen sind Branchenangaben und – historisch gewachsene – Kennzeichnungen von Gaststätten und Apotheken („Gasthof zum schwarzen Bären", „Einhornapotheke"). Sie unterscheiden sich von der Firma durch den verschiedenartigen Zweck.[50] Während die Firma als Handelsname wie der bürgerliche Name eine Personenbezeichnung ist, also der Individualisierung des Firmenträgers dient, sollen Geschäftsbezeichnungen das **Geschäftslokal oder den Geschäftsbetrieb selbst spezifizieren** und aus der Menge gleichartiger Unternehmen herausheben, ohne den Inhaber oder die Rechtsform kenntlich zu machen. Der Unterschied wird auch dadurch deutlich, dass ein Unternehmen nur eine Firma, aber durchaus verschiedene Geschäfte mit unterschiedlichen Geschäftsbezeichnungen betreiben kann. Umgekehrt können auch verschiedene Unternehmen unter einer Geschäftsbezeichnung, wie z.B. einem Konzernnamen (R & V Versicherungsgruppe) auftreten. 25

Der Kaufmann hat das Recht auf Verwendung einer solchen objektbezogenen, schlagwortartigen und werbewirksamen **ergänzenden Geschäftsbezeichnung**[51] **neben seiner Firma**. Dies wurde nach altem Firmenrecht besonders damit begründet, dass sich die Firma selbst oft nicht für den erstrebten Wettbewerbszweck eignet.[52] Nach der Liberalisierung des Firmenrechts und der allgemeinen Zulassung der Fantasiefirma ist das Bedürfnis nach Verwendung von Geschäftsbezeichnungen durch einen Kaufmann neben seiner Firma stark zurückgegangen. Denn er hat jetzt größere Wahlfreiheit bei der Bildung aussagekräftiger und werbewirksamer Firmen.[53] Dennoch bleibt die Verwendung der Geschäftsbezeichnung weiterhin auch neben der Firma zulässig.[54] 26

Die Geschäftsbezeichnung erfährt, nachdem § 16 UWG durch Art. 25 Nr. 2 Markenrechtsreformgesetz vom 25.10.1994 (BGBl. I, S. 3082) aufgehoben worden ist, **Schutz** nach den §§ 1, 5, 15 MarkenG.[55] § 12 BGB greift ein, sofern der Bezeichnung Unterscheidungskraft zukommt und sie somit Namensfunktion hat.[56] Ergänzend kommt der wettbewerbsrechtliche Schutz aus §§ 1, 3 UWG a.F. (jetzt insb. §§ 3 und 5 UWG) in Betracht.[57] 27

---

48   Ebenroth/Boujong/Joost/Zimmer, HGB, § 18 Rn. 31.
49   KGJ 42, A 161, 162; BayObLG, BB 1960, 996; OLG Hamm, BB 1959, 898; Droste, DB 1967, 539; Bokelmann, Firmenrecht, Rn. 8, 29.
50   Wessel/Zwernemann/Kögel, Firmengründung, Rn. 2.
51   K. Schmidt, Handelsrecht, § 12 I 2 b aa.
52   OLG Karlsruhe, BB 1968, 308.
53   Reg. Begr., BT-Drucks. 13/8444, S. 35.
54   Einschränkend Ebenroth/Boujong/Joost/Zimmer, HGB, § 17 Rn. 10: nur noch Bezeichnungen, die nicht Bestandteil existierender Firmen sind.
55   Baumbach/Hefermehl, Wettbewerbsrecht, § 16 UWG; K. Schmidt, Handelsrecht, § 12 I 2 b aa, § 7 IV 4.
56   K. Schmidt, Handelsrecht, § 12 I 2 b aa; vgl. auch Canaris, Handelsrecht, § 3 II 2 a.
57   Röhricht/v. Westphalen/Ammon, HGB, § 17 Rn. 9.

b) Sog. Minderfirma

28 Während die Firma dem Kaufmann vorbehalten ist, kann eine Geschäftsbezeichnung auch von einem nicht ins Handelsregister eingetragenen **Kleingewerbetreibenden i.S.d. § 2 HGB oder Freiberufler** verwendet werden. Gebraucht der Nichtkaufmann die Geschäftsbezeichnung als seinen firmenähnlichen Namen, d.h. als Unternehmensbezeichnung im Geschäftsverkehr, die lediglich deshalb keine Firma im Rechtssinn ist, weil der Unternehmer nicht handelsgewerblich tätig ist, spricht man von einer **Minderfirma**.[58] Auch der Nichtkaufmann kann eine oder mehrere Geschäftsbezeichnungen noch neben seiner Minderfirma als **ergänzende Geschäftsbezeichnung** führen.[59] In der Praxis häufige Fälle von Minderfirmen sind Namen von BGB-Gesellschaften.

29 Sehr umstritten war nach altem Firmenrecht, ob eine Geschäftsbezeichnung firmenähnlich wirken durfte,[60] was mitunter schwierig zu beurteilen war.[61] Die Grenzen zum **unzulässigen firmenähnlichen Gebrauch** einer Geschäftsbezeichnung wurden zum einen durch die Art der gewählten Bezeichnung, zum anderen durch die Art des Gebrauchs bestimmt.[62] Mit dem HRefG wurde für jede Form der Firma verbindlich ein Rechtsformzusatz eingeführt (§ 19 HGB, § 4 GmbHG, § 4 AktG, § 3 GenG) und Fantasiefirmen, also auch solche aus Geschäftsbezeichnungen gebildeten, wurden allgemein zulässig. Dies geschah ausweislich der Regierungsbegründung insb. auch, um die Abgrenzung zwischen Firmen und bloßen Geschäfts- und Etablissementbezeichnungen erheblich zu erleichtern.[63] Das **Fehlen eines Rechtsformzusatzes** zeigt, dass es sich nicht um eine Firma i.S.d. HGB handeln kann und die so verwendete Bezeichnung damit allen Kleingewerbetreibenden als Geschäftsbezeichnung grds. offen steht.[64] Dies gilt gleichermaßen für den Nichtkaufmann wie den Kaufmann mit abweichender Firma. Eine ohne einen Rechtsformzusatz gebrauchte Geschäftsbezeichnung erweckt daher nicht mehr in unzulässiger Weise den Eindruck einer Firma.[65]

30 Das Verbot des firmenmäßigen Gebrauchs von Geschäftsbezeichnungen erfasst nach neuem Firmenrecht nur noch die unberechtigte **Verwendung eines Rechtsformzusatzes** i.S.d. § 19 HGB. Darüber hinaus wird für die Geschäftsbezeichnung auch das **Verbot der Irreführung** bzw. das Wahrheitsgebot angenommen, das durch das Registergericht nach § 37 HGB durchgesetzt werden kann.[66] Unzulässig ist daher auch die Verwendung von Rechtsformbezeichnungen, die sich an den **Rechtsformzusatz einer Firma anleh-**

---

58 K. Schmidt, Handelsrecht, § 12 I 2b bb; Koller/Roth/Morck/Roth, HGB, § 17 Rn. 8; Röhricht/v. Westphalen/Ammon, HGB, § 17 Rn. 15; für Aufgabe dieses Begriffs nach neuem Firmenrecht zu Unrecht Baumbach/Hopt/Hopt, HGB, § 17 Rn. 13.

59 K. Schmidt, Handelsrecht, § 12 I 2 b bb.

60 Abl. die h.M.: vgl. Röhricht/v. Westphalen/Ammon, HGB, § 17 Rn. 14 m.w.N.; Ebenroth/Boujong/Joost/Zimmer, HGB, § 17 Rn. 9 m.w.N. in Fn. 24 – 26; zulassend aber schon K. Schmidt, Handelsrecht, § 12 I 2 b bb; ders., DB 1987, 1181; Bokelmann, Firmenrecht, 1. Aufl., Rn. 17.

61 Vgl. dazu ausführlich: Ullmann, NJW 1994, 1255; Sudhoff, Personengesellschaften, S. 24.

62 Wessel/Zwernemann/Kögel, Firmengründung, Rn. 3.

63 Reg. Begr., BT-Drucks. 13/8444, S. 38; LG Bonn, NJW-RR 2005, 1559, 1560.

64 Röhricht/v. Westphalen/Ammon, HGB, § 17 Rn. 15; Roth, in: Die Reform des Handelsstandes und der Personengesellschaften, S. 31, 48; Bokelmann, GmbHR 1998, 58; schwächer: Koller/Roth/Morck/Roth, HGB, § 17 Rn. 7: nur Indiz für firmenmäßigen Gebrauch, § 17 Rn. 8: i.d.R. keine firmenmäßige Verwendung.

65 Ebenroth/Boujong/Joost/Zimmer, HGB, § 17 Rn. 9; Röhricht/v. Westphalen/Ammon, HGB, § 17 Rn. 15; Bokelmann, GmbHR 1998, 58; Roth, in: Die Reform des Handelsstandes und der Personengesellschaften, S. 31, 48; Schumacher, ZAP Fach 15, S. 309, 321; LG Bonn, NJW-RR 2005, 1559 ff. zu § 25 HGB; a.A.: ohne zeitliche Grenze Wessel/Zwernemann/Kögel, Firmengründung, Rn. 5, wegen der fehlenden Trennschärfe für die Verkehrskreise.

66 K. Schmidt, Handelsrecht, § 12 I 2 b bb; Röhricht/v. Westphalen/Ammon, HGB, § 37 Rn. 13; Roth, in: Die Reform des Handelsstandes und der Personengesellschaften, S. 31, 49; Koller/Roth/Morck/Roth, HGB, § 17 Rn. 8.

nen und geeignet sind, über die Rechtform irrezuführen.[67] Ein Kleingewerbetreibender darf sich z.B. auch nicht als „Fabrik" bezeichnen, da er damit den Eindruck eines Handelsgewerbes erweckt.

c) Marke

Marken kennzeichnen die Herkunft von Waren oder Dienstleistungen aus einem Unternehmen und nicht das Unternehmen selbst. Als Marken schützbar sind alle Zeichen wie Wörter, Abbildungen, Personennamen, Buchstaben, Zahlen u.a., die geeignet sind, Waren oder Dienstleistungen eines Unternehmens zu unterscheiden (§ 3 MarkenG). Die Marke ist anders als früher isoliert übertragbar (§ 27 MarkenG) und ist nach § 14 MarkenG als ausschließliches Recht gegen Rechtsverletzungen geschützt.[68] Im allgemeinen Sprachgebrauch wird es nicht immer transparent, ob von einer Marke oder einer Firma die Rede ist (vgl. z.B. „Daimler-Chrysler-AG" als Firma und „Mercedes" als die Marke). Da die Marke gänzlich anderen Rechtsregeln unterliegt, ist sie aber **genau von der Firma zu unterscheiden**, kann allerdings im Einzelfall auch zur Firmenbildung verwendet werden (z.B. „UHU GmbH" als Firma des Klebstoffherstellers und „UHU" als Marke für den Klebstoff). Das Erfordernis der Unterscheidungskraft und der damit einhergehenden Kennzeichnungseignung ist auch im Markenrecht von zentraler Bedeutung,[69] so dass die Marke dies mit der Firma gemein hat.

31

III. Rechtsnatur und rechtliches Schicksal der Firma

1. Allgemeines

Die Firma ist entsprechend ihrer namensrechtlichen Natur ein absolutes Recht. Der Unternehmensträger hat an ihr ein **absolutes subjektives Recht**.[70] Doch ist das Firmenrecht, anders als das Namensrecht der natürlichen Person, ein Mischrecht. Es weist nicht nur persönlichkeitsrechtliche, sondern auch vermögensrechtliche und wettbewerbliche Züge auf.[71] Das RG vernachlässigte den vermögensrechtlichen Bezug und nahm an, die Firma bilde überhaupt keinen Bestandteil des Geschäfts, sie gehöre nicht zu ihm, sondern sei rein persönlicher Natur.[72] Die Firma (auch die Sachfirma) sollte als Persönlichkeitsrecht etwa nicht in die Konkursmasse (jetzt Insolvenzmasse) fallen. Der BGH ist dem zu Recht nicht gefolgt. Denn mit dem Handelsgeschäft fällt alles in die **Insolvenzmasse**, was dem Geschäftsbetrieb dient, wozu auch die nicht der Pfändung unterfallenden, dem Unternehmen zuzuordnenden vermögenswerten Gegenstände, Beziehungen und Verhältnisse zählen.[73] Auch die Firma ist (gleich, ob Personen-, Sach- oder Fantasiefirma) ein solches zwar nicht pfändbares, aber doch vermögenswertes Recht, das zum Unternehmen und im Falle der Insolvenz zur Insolvenzmasse gehört.[74] Aus der Zugehörigkeit zur Insolvenzmasse folgt aber nicht zwingend und automatisch die uneingeschränkte alleinige Verfügungsmacht des Insolvenzverwalters im Rahmen von § 23 HGB über die Firma. Insoweit wird für die Übertragbarkeit der Firma allgemein und die besonderen Fragestellungen in der Insolvenz auf die Erörterungen unten verwiesen (vgl. § 23 HGB und unten Rn. 65 ff.).

32

---

67 Röhricht/v. Westphalen/Ammon, HGB, § 17 Rn. 15.
68 Vgl. K. Schmidt, Handelsrecht, § 7 III 3.
69 Zu Verwechslungsgefahr und Kennzeichnungskraft bei Markenbildung vgl. EuGH, EuZW 2005, 735 f.
70 Staub/Hüffer, HGB, § 17 Rn. 5.
71 K. Schmidt, Handelsrecht, § 12 I 3 a; Canaris, Handelsrecht, § 10 I 4; vgl. auch Baumbach/Hefermehl, Wettbewerbsrecht, § 16 UWG Rn. 88; Heymann/Emmerich, HGB, § 17 Rn. 37.
72 RGZ 70, 226, 229; vgl. auch RGZ 9, 104, 106; 58, 166, 169; 158, 226, 231; Müller/Erzbach, Deutsches Handelsrecht, Kap. 21 C VIII S. 92.
73 Kuhn, WM 1960, 958.
74 BGHZ 85, 221, 223; K. Schmidt/Schulz, ZIP 1982, 221, 223; Riegger, BB 1983, 786; Ulmer, NJW 1983, 1697; Bokelmann, KTS 1982, 27, 35; K. Schmidt, Handelsrecht, § 12 I 3 b; Heymann/Emmerich, HGB, § 17 Rn. 37; Kuhn/Uhlenbruck, KO, § 1 Rn. 80.

2. Entstehung

33 Betreiben der **Einzelkaufmann** (zur Problematik des Rechtsformzusatzes e.K. schon vor Eintragung siehe Rn. 166) sowie die **OHG und KG** ein Handelsgewerbe i.S.d. § 1 Abs. 2 HGB – das Unternehmen erfordert nach Art oder Umfang einen in kaufmännischer Weise eingerichteten Geschäftsbetrieb –, entsteht die Firma durch ihren tatsächlichen Gebrauch.[75] Der Eintragung im Handelsregister kommt nur noch deklaratorische Bedeutung zu. Anders ist das in den Fällen von § 2 HGB (Kleingewerbetreibender), § 3 HGB (Land- und Forstwirtschaft), weil die Kaufmannseigenschaft und somit auch das Entstehen der Firma hier von der Eintragung im Handelsregister abhängig sind. Entsprechendes gilt für OHG und KG (§ 105 Abs. 2 HGB: Kleingewerbe oder nur eigenes Vermögen verwalten). Ist ihr Betrieb auf ein Handelsgewerbe i.S.d. § 1 Abs. 2 HGB gerichtet, entsteht die Personenhandelsgesellschaft und damit auch die Firma schon mit dem Zeitpunkt des Geschäftsbeginns, andernfalls erst mit der Eintragung (§§ 123 Abs. 2, 161 Abs. 2 HGB).[76] Gleiches gilt für alle juristischen Personen i.S.d. § 33 HGB (und früher auch des § 36 HGB).[77]

AG, KGaA, GmbH und eG entstehen als juristische Person erst mit der Eintragung im Handelsregister (Genossenschaftsregister). Erst zu diesem Zeitpunkt erwerben sie die Firma als ihren Namen, sind firmenfähig und firmenführungsberechtigt.[78]

3. Erlöschen

34 Zum Erlöschen der Firma existieren keine ausdrücklichen gesetzlichen Regelungen. Aus dem Wesen der Firma ergibt sich, dass die Firma erlischt, wenn sie der Kaufmann endgültig aufgibt. Solange die Firma allerdings im Handelsregister eingetragen ist, besteht eine Firmenführungspflicht.[79] In diesem Zusammenhang ist die Firmenänderung als Aufgabe der alten Firma und Annahme einer neuen Firma zu bewerten.[80] Ansonsten erlischt die Firma, insb., wenn der Kaufmann durch Änderung seines Status die Berechtigung zur Firmenführung verliert.

a) Einzelkaufmann

35 Gibt der Einzelkaufmann seinen Gewerbebetrieb **dauernd und nicht nur vorübergehend** auf, erlischt mit dem Untergang des Unternehmens auch die Firma. § 5 HGB steht nicht entgegen, weil die Vorschrift grds. einen noch vorhandenen Gewerbebetrieb voraussetzt. Das Unternehmen besteht nicht mehr, wenn dem Betrieb die wirtschaftlichen Grundlagen entzogen sind, die Organisation des **Unternehmens völlig und irreparabel zerstört** ist. Das ist jedenfalls dann zu bejahen, wenn auch alle wesentlichen geschäftlichen Beziehungen der Gesellschaft, insb. die zu ihren Kunden, endgültig abgebrochen sind.[81] Zu beachten ist allerdings, dass sich auch die Abwicklung noch als Betrieb des Handelsgewerbes darstellt. Das Erlöschen ist nach § 31 Abs. 2 HGB zur Eintragung in das Handelsregister anzumelden. Geschieht das nicht, muss das Registergericht versuchen, die Anmeldung nach § 14 HGB zu erzwingen; hat auch das keinen Erfolg, trägt das Gericht nach § 141 FGG das Erlöschen der Firma von Amts wegen ein.

36 Anderes gilt im Fall der nur **vorübergehenden Einstellung**, so bei Krankheit oder Tod. Maßgebend ist hier, ob das Unternehmen – obwohl zzt. Not leidend und i.d.R. ohne Betriebsvermögen – in dem Sinn

---

[75] BGHZ 10, 196, 204; Staub/Hüffer, HGB, § 17 Rn. 15; Röhricht/v. Westphalen/Ammon, HGB, § 17 Rn. 26; Ebenroth/Boujong/Joost/Zimmer, HGB, § 17 Rn. 14.
[76] Staub/Hüffer, HGB, § 17 Rn. 15, § 21 Rn. 3, 4; Bokelmann, Firmenrecht, Rn. 650; vgl. auch 1. Aufl. § 123 Rn. 9.
[77] RGZ 152, 307, 312 ff. (zu § 36); Staub/Hüffer, HGB, § 17 Rn. 15; vgl. auch Sack, ZGR 1974, 179, 205 ff.; K. Schmidt, ZGR 1975, 477.
[78] OLG München, BB 1990, 1153 für die GmbH; Staub/Hüffer, HGB, § 17 Rn. 15; Hüffer, AktG, § 4 Rn. 1.
[79] BayObLG, DB 1992, 569 = Rpfleger 1992, 304.
[80] Röhricht/v. Westphalen/Ammon, HGB, § 17 Rn. 28; BayObLGZ 1984, 129; Heymann/Emmerich, HGB, § 17 Rn. 17.
[81] RGZ 110, 422, 424; Schlegelberger/Hildebrandt/Steckhan, HGB, § 22 Rn. 4.

noch betriebsfähig ist, dass es den Kundenstamm, die Zulieferung und etwa Bankverbindungen wieder aktivieren kann, weil seine Betriebsorganisation noch nicht unwiederbringlich vernichtet ist.[82] Das Handelsgeschäft lebt noch, wenn objektiv die Wiederbelebung des zeitweilig stillgelegten Unternehmens, gemessen an den genannten Kriterien, noch möglich erscheint.[83] Verlust des Betriebsvermögens allein schließt die Wiederbelebbarkeit nicht aus.[84] Eine nur vorübergehende Einstellung des Betriebs liegt im Zweifel dann vor, wenn das Unternehmen Maßnahmen getroffen hat, um den Betrieb jederzeit wiederaufnehmen zu können; der Verkehr sieht in der Wiederaufnahme der Tätigkeit in diesem Fall nur die Wiederbelebung eines zeitweilig stillgelegten Unternehmens.

Dagegen bewirkt das **Absinken auf ein Kleingewerbe**, soweit das **Gewerbe eingetragen** ist, nach dem Kaufmannsrecht seit HRefG nicht mehr den Verlust der Kaufmannseigenschaft (str. ist, ob zumindest ein konkludenter Neuantrag nach § 2 Satz 1 HGB erforderlich ist) und damit auch nicht das Erlöschen der eingetragenen Firma.[85] Die Firma erlischt erst mit der (insoweit konstitutiv wirkenden) Löschung durch das Registergericht, die auf Antrag des Unternehmers hin erfolgt (§§ 2 Satz 3, 31 Abs. 2 HGB). In das Handelsregister wird (in Spalte 5 von HRA) eingetragen: „Die Firma ist erloschen". Danach werden alle Seiten des betreffenden Registerblatts rot durchkreuzt, womit die Gesellschaft gelöscht ist. Handelte es sich dagegen um **eine nicht eingetragene Firma**, erlischt diese bei Absinken auf Kleingewerbeniveau.[86]

37

Ändert sich das Handelsgewerbe in ein **freiberufliches Unternehmen**, wird in der Lit. häufig auf § 5 HGB verwiesen.[87] Der verbliebene Anwendungsbereich des § 5 HGB nach dem HRefG ist derzeit sehr umstritten. Auch wenn man ihn auf ein Nichtgewerbe anwendet, ist das Registergericht selbst daran nicht gebunden, so dass eine Löschung der Firma von Amts wegen in Frage kommt.[88]

38

b) Personenhandelsgesellschaft

Bei OHG und KG bewirkt allein die endgültige Aufgabe des Gewerbebetriebs nicht automatisch die Auflösung der Personenhandelsgesellschaft. Die Aufzählung in § 131 HGB ist abschließend und enthält nicht die Aufgabe des Geschäftsbetriebs.[89] Doch ist in dem Beschluss, die Gesellschaft zu liquidieren, regelmäßig ein stillschweigender, formlos möglicher Auflösungsbeschluss (§ 131 Abs. 1 Nr. 2 HGB) zu sehen (wenn nicht die Gesellschafter den Fortbestand der Gesellschaft als bloßer Vermögensgesellschaft wollen).[90] Entgegen den allgemeinen Regeln bei endgültiger Aufgabe des Geschäftsbetriebs bleibt hier für die in Auflösung befindliche OHG und KG aber die **Kaufmannseigenschaft bis zur Beendigung der Vermögensverteilung** erhalten, was sich aus den §§ 156, 157 Abs. 1 HGB herleiten lässt.[91] Darüber hinaus bleibt seit dem HRefG eine ins Handelsregister eingetragene Personenhandelsgesellschaft als **Formkaufmann** bestehen, selbst wenn sie nur noch ihr eigenes Vermögen verwaltet (§ 105 Abs. 2 HGB).

39

---

82 RGZ 110, 422, 424; 170, 265, 274; BGHZ 32, 307, 312; Heymann/Emmerich, HGB, § 22 Rn. 4; Schlegelberger/Hildebrandt/Steckhan, HGB, § 22 Rn. 4; Staub/Hüffer, HGB, § 22 Rn. 5.
83 RGZ 170, 265, 274; Koller/Roth/Morck/Roth, HGB, § 22 Rn. 3.
84 Staub/Hüffer, HGB, § 22 Rn. 5.
85 HM: Ebenroth/Boujong/Joost/Zimmer, HGB, § 17 Rn. 15; K. Schmidt, ZHR 163 (1999), 87, 90 f.; ders., NJW 1998, 2161, 2163 Fn. 31; Ammon, DStR 1998, 1474, 1476; a.A.: Lieb, NJW 1999, 35, 36; so im Ergebnis auch schon zum alten § 4 (Minderkaufmann) Staub/Hüffer, HGB, § 31 Rn. 17, 19; a.A.: BayObLGZ 1967, 458, 465.
86 Ebenroth/Boujong/Joost/Zimmer, HGB, § 17 Rn. 15 am Ende.
87 Baumbach/Hopt/Hopt, HGB, § 17 Rn. 23, zu Unrecht jedenfalls auch noch nach dem HRefG für Herabsinken des Handelsgewerbes in ein freiberufliches Unternehmen; vgl. auch Röhricht/v. Westphalen/Ammon, HGB, § 17 Rn. 29; generell abl. Koller/Roth/Morck/Roth, HGB, § 17 Rn. 19.
88 Str.: Staub/Hüffer, HGB, § 15 Rn. 11, ebenda § 22 Rn. 19; wohl auch Lieb, NJW 1999, 35, 36; a.A.: allerdings mit Begr. über § 2 Ebenroth/Boujong/Joost/Zimmer, HGB, § 17 Rn. 15 in Fn. 47.
89 BayObLGZ 1967, 458, 464.
90 Koller/Roth/Morck/Koller, HGB, § 131 Rn. 3; Schlegelberger/K. Schmidt, HGB, § 131 Rn. 14 f.; vgl. auch Heymann/Emmerich, HGB, § 131 Rn. 7.
91 Schlegelberger/K. Schmidt, HGB, § 156 Rn. 9.

Dementsprechend behält die Gesellschaft zunächst ihre mit einem Liquidationsvermerk zu versehende Firma bei, die erst mit der Beendigung der Liquidation erlischt, und zwar außerhalb des Handelsregisters. Der Liquidator ist dann nach § 157 Abs. 1 HGB verpflichtet, das Erlöschen der Firma anzumelden. Die sich anschließende Eintragung der Löschung in das Handelsregister hat nur rechtsbekundende Wirkung, weil die Firma bereits im Augenblick der tatsächlichen Beendigung der Liquidation erloschen ist. Wird nach der Löschung noch Gesellschaftsvermögen festgestellt oder soll noch ein Anspruch geltend gemacht werden, so ist die Liquidation nicht beendet und die Firma noch nicht erloschen.[92] Bei der anschließend erforderlichen **Nachtragsliquidation** kann die Gesellschaft aber nur dann wieder unter ihrer alten Firma auftreten, wenn sie damit ein Handelsgewerbe i.S.d. § 1 Abs. 2 HGB betreibt oder wieder ins Handelsregister eingetragen wird.

40 Findet keine Liquidation statt, weil die Gesellschaft bereits **vermögenslos und der Betrieb des Gewerbes aufgegeben** worden ist, so erlischt die Firma wie bei der Beendigung der Liquidation.[93] Zwar wird eine Handelsgesellschaft, bei der kein persönlich haftender Gesellschafter eine natürliche Person ist (insb. also eine GmbH & Co. KG), nach § 131 Abs. 2 Nr. 2 HGB selbst erst durch die zusätzlich zur Vermögenslosigkeit hinzutretende Löschung im Handelsregister aufgelöst (sog. Lehre vom Doppeltatbestand). Insofern ist diese Registereintragung konstitutiv und nicht nur deklaratorisch. Die Firma muss in diesen Fällen aber gleichermaßen wie bei der ursprünglichen bzw. nach Beendigung der Liquidation vermögenslosen, gesetzeskonformen OHG oder KG auch ohne die Eintragung des Erlöschens der Gesellschaft durch die Vermögenslosigkeit zusammen mit der Aufgabe des Gewerbebetriebs erlöschen. Denn die Firma kennzeichnet ein Unternehmen, das bei jedweder Vermögenslosigkeit und Aufgabe des Gewerbebetriebs – auch ohne Eintragung der Löschung der Gesellschaft – gerade nicht mehr besteht. § 131 Abs. 2 HGB hat insofern eine davon zu unterscheidende andere Funktion und dient als eine Art Zwangslöschungs- und -auflösungsgrund dem Gläubigerschutz vor masselosen und vermögenslosen Gesellschaften. Diesen Gesellschaften das Führen einer Firma bis zur Löschung von Amts wegen zuzubilligen, widerspräche gerade dem Zweck des § 131 Abs. 2 HGB. Denkbar sind allenfalls Fälle, in denen eine vermögenslose Gesellschaft ihren Geschäftsbetrieb weiterführt. Diese darf ihre Firma weiterführen, da allein die Vermögenslosigkeit kein Grund für das Erlöschen der Firma ist. Entscheidend ist letztlich, ob auch der Geschäftsbetrieb endgültig aufgegeben wurde. Durch die „Zwangslöschung" erlischt dann aber auch die Firma, jetzt greift der Zwangsauflösungstatbestand des § 131 Abs. 2 HGB auch firmenrechtlich durch. Verbleibt noch Liquidationsbedarf, stellt sich die Situation wie bei der Nachtragsliquidation dar.

41 Dass es letztlich neben Auflösung und Vermögenslosigkeit bzw. Vollbeendigung für das Erlöschen der Firma auch auf die **endgültige Aufgabe des Geschäftsbetriebs** ankommt, zeigt der Fall einer KG, deren gesamtes Vermögen durch Ausscheiden des Komplementärs auf den einzigen existierenden Kommanditisten übergegangen ist.[94] Die KG war aufgelöst und vollbeendet, dennoch konnte die Firma vom ehemaligen Kommanditisten unter den Voraussetzungen der §§ 22, 24 HGB fortgeführt werden. Denn da der Geschäftsbetrieb nicht endgültig eingestellt wurde, war die Firma nicht erloschen.[95]

42 Das **Erlöschen der Firma anzumelden** haben nach § 31 Abs. 2 HGB die Gesellschafter.[96] Vereinbaren die Gesellschafter statt der Liquidation eine andere Art der Auseinandersetzung, wird die Gesellschaft auch hier als OHG oder KG abgewickelt (§ 158 HGB).[97] Wer anmeldepflichtig ist, richtet sich dann nach

---

92 BayObLGZ 1978, 121, 126; BayObLG, DB 1983, 170 = BB 1983, 82.
93 Staub/Hüffer, HGB, § 31 Rn. 21, 31, nach dem alten LöschG.
94 Vgl. BayObLG, NJW-RR 2000, 1700 = ZIP 2000, 1214; dazu auch Frey/Schumann, EWiR 2000, 677.
95 Röhricht/v. Westphalen/Ammon, HGB, § 31 Rn. 12.
96 Heymann/Sonnenschein/Weitemeyer, HGB, § 157 Rn. 4.
97 Schlegelberger/K. Schmidt, HGB, § 156 Rn. 9.

der Art der Auseinandersetzung.[98] Übernimmt z.B. ein Gesellschafter das Geschäft mit Aktiven, Passiven und Firma, ergibt sich die Anmeldepflicht des Übernehmers aus § 31 Abs. 1 HGB.[99]

Erfordert der Gewerbebetrieb von **OHG oder KG nicht mehr nach Art oder Umfang einen in kaufmännischer Weise eingerichteten Geschäftsbetrieb**, wird die Personenhandelsgesellschaft – solange sie die Gesellschafter nicht abwickeln – nicht aufgelöst. Es gilt das zum Einzelkaufmann Gesagte entsprechend. Ist die Gesellschaft im Handelsregister eingetragen, bleibt sie als kleingewerbliches (ggf. selbst als nur vermögensverwaltendes) Unternehmen OHG oder KG (§ 105 Abs. 2 HGB). Nach § 105 Abs. 2 Satz 2 HGB kann die Löschung der Firma gemäß § 2 Satz 3 HGB auf Antrag erfolgen. 43

Bei Änderung des Unternehmensgegenstands in eine **freiberufliche Tätigkeit** kann die Gesellschaft nicht als Personenhandelsgesellschaft, sondern nur als BGB-Gesellschaft oder bei entsprechender Gesellschaftsvertragsänderung (§ 3 PartGG) und Eintragung ins Partnerschaftsregister (§ 7 PartGG) als Partnerschaftsgesellschaft fortbestehen. Solange die Gesellschaft noch im Handelsregister eingetragen ist, greift wieder der oben dargestellte Meinungsstreit zur Anwendung des § 5 HGB (vgl. Rn. 38). In das Handelsregister ist nicht die Auflösung der Gesellschaft, sondern das Erlöschen der Firma einzutragen.[100] 44

Ist die **Personenhandelsgesellschaft nicht eingetragen**, wird sie zur GbR. Als solche darf sie keine Firma mehr führen. Möglich ist aber regelmäßig die bisherige Firma ohne den entsprechenden Rechtsformzusatz nach § 19 HGB als Name der BGB-Gesellschaft weiterzuführen.[101] 45

c) Formkaufmann

Bei den **Kapitalgesellschaften, eG und VVaG** führt die Löschung im Handelsregister nicht zwingend zum Erlöschen der Firma. Die Firma besteht, solange die juristische Person existent ist. Denn die heute h.M.[102] geht von einem Doppeltatbestand zur Beendung, nämlich der (tatsächlichen) Vermögenslosigkeit und der Eintragung der Löschung ins Handelsregister aus. Auf die kaufmännische Betriebsorganisation kommt es nicht an, weil diese Gesellschaften entweder Formkaufleute sind oder Firmenrecht entsprechend anwendbar ist (§ 16 VAG). Die Firma erlischt **i.d.R. erst mit Abschluss der Liquidation und der** (zusammen mit der Beendigung der Liquidation dann insoweit konstitutiv wirkenden) **Löschung im Handelsregister**.[103] Anders als bei der Personenhandelsgesellschaft hat hier also die Löschung im Handelsregister auch (mit)entscheidende Bedeutung für das Erlöschen der Firma. 46

4. Firmenfortführung (§§ 21, 22, 24 HGB)

Im Fall der **Geschäftsveräußerung** gibt der Veräußerer regelmäßig seinen Gewerbebetrieb auf. Der Erwerber kann unter den Voraussetzungen des § 22 HGB die Firma fortführen. Willigt der Veräußerer in die Fortführung nicht ein, erlischt die Firma. Aber auch dann, wenn der Erwerber die Firma nicht fortführen will (obwohl er es darf) und er eine neue Firma wählt, erlischt die Firma des bisherigen Geschäftsinhabers, der das Erlöschen seiner Firma zur Eintragung in das Handelsregister anzumelden hat (Fall von § 31 Abs. 2 HGB). Denn es kommt insoweit nicht auf das Recht zum Gebrauch, sondern auf den tatsächlichen Gebrauch zufolge der Berechtigung an. Es hängt mithin von dem Übernehmer des Handelsgeschäfts ab, ob er das Erlöschen der Firma durch ihre Fortführung verhindert.[104] 47

---

98 BayObLGZ 1978, 121, 125; KGJ 39, A 111, 112; Baumbach/Hopt/Hopt, HGB, § 157 Rn. 1: § 157 Abs. 1 nicht anwendbar.
99 KGJ 39, A 111, 112; Baumbach/Hopt/Hopt, HGB, § 157 Rn. 1.
100 RGZ 155, 75; BayObLGZ 1967, 458, 465.
101 Ebenroth/Boujong/Joost/Zimmer, HGB, § 17 Rn. 16.
102 Vgl. nur Michalski/Nerlich, GmbHG, § 60 Rn. 8 m.w.N. in Fn. 8.
103 Staub/Hüffer, HGB, § 17 Rn. 17.
104 BayObLGZ 1971, 163, 165 = NJW 1971, 1616, 1617; KG, OLGZ 1965, 315, 319; Heymann/Emmerich, HGB, § 17 Rn. 19; Staub/Hüffer, HGB, § 17 Rn. 18, § 31 Rn. 16.

Daher ist auch der **Tod** des Einzelkaufmanns kein Grund für das Erlöschen der Firma,[105] denn sie ist zusammen mit dem Unternehmen vererblich (§§ 21 ff. HGB, § 1922 BGB). Nur wenn der Erbe die Firma nicht fortführt oder unmittelbar eine andere Firma annimmt, erlischt diese.[106]

48 Im Fall der **Vereinigung von Firmen** entsteht eine neue einheitliche Firma.[107] Trennen sich die Unternehmen später wieder, können nicht die früheren Firmen, die durch die Vereinigung untergegangen sind, weitergeführt werden.[108] Vielmehr müssten sie dann neu gebildet werden. Durch die Vereinigung von Firmen gehen also die einzelnen ursprünglichen Firmen unter, erlöschen also quasi.

49 Für den Fortbestand einer Firmenbezeichnung kann es ausnahmsweise genügen, wenn **ein Dritter als Repräsentant des Kennzeicheninhabers dessen Firma für diesen**, „d.h. erkennbar als Herkunftshinweis auf dessen Unternehmen, weiterbenutzt".[109] Nach dem BGH ist dieser Grundsatz nicht auf eine warenzeichenmäßige Verwendung beschränkt.

IV. Firma im Rechtsverkehr, Prozess, Zwangsvollstreckung

1. Gebrauch der Firma

a) Bindung an die gewählte Firma

50 Mit der Wahl und der Eintragung der Firma entsteht sowohl für die Handelsgesellschaft als auch den Kaufmann nicht nur ein Recht, sondern auch die **Pflicht diese Firma zu führen**. Daher ist es ihnen dann untersagt, sich firmenmäßig einer anderen Bezeichnung zu bedienen. Im Interesse des Verkehrs soll ein für allemal feststehen, unter welchem Namen der Kaufmann geschäftlich handelt.[110] Selbst unbedeutende Abweichungen und Abkürzungen können schon einen unbefugten Gebrauch einer Firma i.S.d. § 37 HGB darstellen.[111] Eine erklärende Hinzufügung (Mitteilung) zu einer Firma ist zwar zulässig, doch darf sie nicht als Bestandteil der Firma erscheinen; sie ist nur erlaubt, wenn die Hinzufügung nach Form und Inhalt unzweideutig als nicht zur Firma gehörig für das Publikum erkennbar ist.[112] Die Firma darf ferner nicht „auseinander gerissen" werden. Unzulässig ist es etwa, einen Firmenbestandteil im Kopf eines Geschäftsbogens, den Rest der Firma aber in der Fußleiste zu führen.[113]

b) Abkürzungen

51 Die abgekürzte Verwendung der eingetragenen Firma ist für den **Rechtsformzusatz** zulässig, soweit die Abkürzung im Geschäftsverkehr verwandt wird und allgemein verständlich ist.[114] Dies stellen die einschlägigen Rechtsvorschriften für die Rechtsformzusätze (§ 19 HGB, § 4 GmbHG, § 4 AktG) seit dem HRefG 1998 jetzt ausdrücklich klar. Damit ist auch der frühere Rechtsstreit, ob für den Registerverkehr, die Registereintragung und die Satzung nur der ausgeschriebene Gesellschaftszusatz genügen soll, entschieden. Für die GmbH hatte der BGH schon früher geklärt, dass sie immer abgekürzt verwandt und auch

---

105 Koller/Roth/Morck/Roth, HGB, § 17 Rn. 19.
106 Röhricht/v. Westphalen/Ammon, HGB, § 17 Rn. 31; Heymann/Emmerich, HGB, § 17 Rn. 21.
107 Staub/Hüffer, HGB, § 22 Rn. 52.
108 A.A.: Heymann/Emmerich, HGB, § 17 Rn. 19.
109 BGH, LM UWG § 16 Nr. 148 „Virion" m. Anm. Bokelmann = NJW 1994, 2765 (LS) = BB 1994, 1238.
110 KG, OLGRspr. 9, 246; KGJ 31, A 206, 216; BayObLGZ 1960, 345, 348; 1967, 353, 355; BayObLG, DB 1992, 569 = Rpfleger 1992, 304; Staub/Hüffer, HGB, § 17 Rn. 34; Heymann/Emmerich, HGB, § 17 Rn. 11 f.; Bokelmann, Firmenrecht, Rn. 825.
111 KGJ 31, A 206, 216; KGJ 36, A 127, 128; KGJ 45, A 168; OLG Düsseldorf, NJW 1958, 1828, 1829; OLG Hamburg, BB 1973, 1456, 1457.
112 BayObLGZ 1967, 353, 356; BayObLG, DB 1992, 569 = Rpfleger 1992, 304.
113 BayObLG, DB 1992, 569 = Rpfleger 1992, 304.
114 Schon zum früheren Recht Staub/Hüffer, HGB, § 17 Rn. 35; Hüffer, AktG, § 4 Rn. 17.

abgekürzt in das Handelsregister eingetragen werden darf.[115] Entsprechendes gilt wegen der ausdrücklichen Regelung in allen einschlägigen Normen, die „eine allgemein verständliche Abkürzung" zulassen, jetzt auch für alle Rechtsformen.

Im Übrigen ist streitig, ob und inwieweit die Verwendung der abgekürzten Firma statt der vollständigen in bestimmten Bereichen rechtlich zulässig ist. An **Firmenkurzformen** bzw. **Firmenschlagworten**, die besonders in der Werbung häufig verwandt werden, besteht ein echtes Verkehrsbedürfnis. Zur Verwendung von Firmenschlagworten und Firmenabkürzungen im Rahmen der Werbung wird auf § 37 HGB Bezug genommen.

52

c) Gebrauch der Firma im Geschäftsverkehr

Da Handelsgesellschaften nur einen Namen, nämlich die Firma haben, ist die Abgrenzung, wann der Unternehmensträger die Firma und wann den bürgerlichen Namen zu gebrauchen hat, nur für den **Einzelkaufmann** von Bedeutung. Nach § 17 Abs. 1 HGB ist die Firma eines Kaufmanns der Name, unter dem er „seine Geschäfte betreibt" und die Unterschrift abgibt. Der Geschäftsverkehr bestimmt also den Rahmen. Nur insoweit ist der Kaufmann berechtigt und verpflichtet, die Firma zu führen (vgl. auch § 37 HGB). Der „Geschäftsverkehr" bietet aber nur Anhaltspunkte. So ist es klar, dass der Kaufmann beim Abschluss eines Ehevertrags oder der Errichtung eines Testaments als Privatperson handelt und entsprechend den bürgerlichen Namen gebraucht.[116] Gebrauch der Firma lässt Handeln im Rahmen des Handelsgeschäfts vermuten, Gebrauch des bürgerlichen Namens Handeln außerhalb desselben.[117] Da es Geschäfte gibt, die nicht zwingend auf den Kaufmann als Privatperson oder als Unternehmensträger deuten, kann insoweit der Verwendung der Firma oder des bürgerlichen Namens entscheidende Bedeutung zukommen. „Der Kaufmann muss deshalb seinen bürgerlichen Namen führen und ist von Dritten damit zu bezeichnen, wenn Rechtswirkungen gerade ihm als einer bestimmten Person zugerechnet werden sollen. Dagegen ist die Firma zu verwenden, wenn es auf den jeweiligen Träger des kaufmännischen Unternehmens ankommt".[118]

53

d) Registerverkehr

Anmeldungen zum **Handelsregister** gehören nicht zum Betrieb des Handelsgewerbes, so dass der **Einzelkaufmann** diese mit seinem bürgerlichen Namen zeichnen muss.[119] Tritt er unter seiner Firma einer anderen Gesellschaft bei, ist er mit der Firma unter Beifügung seines Namens im Handelsregister einzutragen.[120]

54

In das **Grundbuch** (§ 15 Abs. 1 lit. a GBV) und in andere öffentliche Register ist der **Einzelkaufmann** nicht unter der Firma, sondern unter seinem bürgerlichen Namen (Vorname und Familienname) einzutragen.[121] **Juristische Personen** und **Handelsgesellschaften** werden hingegen unter ihrer Firma eingetragen, da diese ihr einziger Name ist (vgl. § 15 Abs. 1 lit. b GBV).[122]

55

2. Erkenntnisverfahren

Nach § 17 Abs. 2 HGB kann ein Kaufmann unter seiner Firma klagen und verklagt werden. Von Bedeutung ist das insb. für den **Einzelkaufmann** (und die juristischen Personen des § 33 HGB), denn die Formkaufleute und die Handelsgesellschaften haben keinen anderen Namen als die Firma und wären daher

56

---

115   BGHZ 62, 230, 232 f. = NJW 1974, 1088; BayObLGZ 1978, 18, 19; str. noch zur AG: befürwortend: Gabbert, DB 1992, 198; Heinrich, Firmenwahrheit und Firmenbeständigkeit, Rn. 137; m. eingehenden N. Hüffer, AktG, § 4 Rn. 17; a.A.: GK/Brändel, AktG, § 4 Rn. 29; KölnerKomm-AktG/Kraft, § 4 Rn. 28.
116   Staub/Hüffer, HGB, § 17 Rn. 38; Heymann/Emmerich, HGB, § 17 Rn. 15.
117   Baumbach/Hopt/Hopt, HGB, § 17 Rn. 18.
118   Staub/Hüffer, HGB, § 17 Rn. 38.
119   Röhricht/v. Westphalen/Ammon, HGB, § 17 Rn. 37; BayObLGZ 1973, S. 46, 47.
120   Heymann/Emmerich, HGB, § 17 Rn. 14; Röhricht/v. Westphalen/Ammon, HGB, § 17 Rn. 37.
121   Eingehend Staub/Hüffer, HGB, § 17 Rn. 39 f.; vgl. auch Heymann/Emmerich, HGB, § 17 Rn. 14.
122   Heymann/Emmerich, HGB, § 17 Rn. 14; Röhricht/v. Westphalen/Ammon, HGB, § 17 Rn. 37.

ohnehin mit der Firma zu bezeichnen.[123] Zwar ist Voraussetzung von § 17 Abs. 2 HGB die Eigenschaft als Kaufmann, doch kann auch der Geschäftsbezeichnung eines Kleingewerbetreibenden in der Klage identifizierende Wirkung zukommen. Der Unternehmensträger einer Zweigniederlassung kann, wenn es um Rechtsverhältnisse geht, welche die Zweigniederlassung betreffen, **unter der Firma der Zweigniederlassung klagen und verklagt werden** (näher § 13 HGB).[124]

a) Wahlrecht

57 Der Kaufmann kann unter seiner Firma klagen, muss es aber nicht. Er hat **insoweit ein Wahlrecht**. Hat der Prozess aber keinen Bezug zu dem Handelsgeschäft, muss er unter seinem bürgerlichen Namen klagen.[125]

b) Prozesspartei

58 Die Firma wird durch § 17 Abs. 2 HGB selbstverständlich nicht parteifähig, weil ein Name nicht Partei sein kann. Partei ist, sei es als Kläger oder Beklagter, der Geschäftsinhaber.[126] Ist die **Parteibezeichnung ungenau, unrichtig oder unvollständig**, führt das nicht zur Abweisung der Klage. Die Person ist Partei, die erkennbar durch die Parteibezeichnung angesprochen werden sollte, wobei sich die Erkennbarkeit auch erst aus einer nachträglichen Klarstellung der wirklichen Sachlage ergeben kann. Dementsprechend hat das RG die gegen eine OHG erhobene Klage – nachträglich stellte sich heraus, dass es sich um das Unternehmen eines Einzelkaufmanns handelte – als gegen den Einzelkaufmann gerichtet angesehen.[127]

59 Abzustellen ist auf den **Zeitpunkt der Rechtshängigkeit**. **Beklagter** ist, wer bei Klageerhebung oder Zustellung des Mahnbescheides Inhaber der Firma ist (§§ 253, 261, 696 Abs. 3, 700 Abs. 2 ZPO).[128] Besteht zum Zeitpunkt der Rechtshängigkeit die Firma nicht mehr, so ist jedenfalls derjenige Partei (Beklagter), der zum Zeitpunkt der Rechtshängigkeit in der Klage bzw. dem Mahnbescheid als Inhaber der zwischenzeitlich nicht mehr bestehenden Firma angegeben ist, sofern dessen Name tatsächlich Bestandteil der Firma war.[129] Führt der Einzelkaufmann keine Personenfirma, ist der ehemalige Firmeninhaber aus der Firma nicht erkennbar und die Parteibezeichnung nur dann unproblematisch, wenn neben der Firma eine Person als Inhaber namentlich benannt ist.[130]

c) Bezeichnung des Inhabers

60 Bei der Firma des Einzelkaufmanns bietet § 17 Abs. 2 HGB eine Erleichterung der Parteibezeichnung. In der Klage braucht jedenfalls zunächst der Inhaber des Unternehmens nicht angegeben zu werden.[131] Dies hat wegen der dort herrschenden Beweisstrenge insb. praktische Bedeutung im Urkunden- oder Wechselprozess. Ansonsten ist es meist zweckmäßig, Prozessparteien nicht nur mit ihrer Firma zu bezeichnen, sondern auch ihren Geschäftsinhaber anzugeben.[132] Die Angabe kann auch im Laufe des Prozesses nötig werden, wenn etwa das persönliche Erscheinen der Parteien angeordnet wird oder eine Parteivernehmung erfolgen soll. Das Gericht darf und muss dann die **Bezeichnung des Inhabers** verlangen.[133] Bei

---

123 Vgl. nur Schuler, NJW 1957, 1537; Staub/Hüffer, HGB, § 17, Rn. 44; Heymann/Emmerich, HGB, § 17 Rn. 30.
124 BGHZ 4, 62, 65; OGHZ 2, 143, 146.
125 Heymann/Emmerich, HGB, § 17 Rn. 31; Staub/Hüffer, HGB, § 17 Rn. 45; Ebenroth/Boujong/Joost/Zimmer, HGB, § 17 Rn. 22; Röhricht/v. Westphalen/Ammon, HGB, § 17 Rn. 39.
126 RGZ 54, 15, 17; 66, 415, 416; 86, 63, 65; 157, 369, 375; OLG Frankfurt, BB 1985, 1219.
127 Vgl. RGZ 54, 15, 17; 86, 63, 65; 157, 369, 374 f.
128 RGZ 54, 15, 17; 64, 77; 86, 63, 65; OLG München, NJW 1971, 1615; OLG Köln, BB 1977, 510, 511; OLG Frankfurt, BB 1985, 1219; Schuler, NJW 1957, 1537; Heymann/Emmerich, HGB, § 17 Rn. 32; Staub/Hüffer, HGB, § 17 Rn. 49.
129 OLG Köln, BB 1977, 510, 511; Staub/Hüffer, HGB, § 17 Rn. 49.
130 Vgl. Röhricht/v. Westphalen/Ammon, HGB, § 17 Rn. 40.
131 Stein/Jonas/Bork, ZPO, § 50 Rn. 18.
132 *Röhricht/v. Westphalen/Ammon, HGB, § 17 Rn. 41*; HK/Ruß, HGB, § 17 Rn. 21.
133 Staub/Hüffer, HGB, § 17 Rn. 47; Heymann/Emmerich, HGB, § 17 Rn. 34.

Klagen von und **gegen Gesellschaften** müssen auf jeden Fall der vertretungsberechtigte Gesellschafter, Geschäftsführer oder Vorstand benannt werden (§ 313 Abs. 1 Nr. 1 ZPO).

Ist die Klage unter der Firma erhoben, so ist derjenige **Kläger**, der bei Klageerhebung Inhaber der Firma ist.[134] **Wechselt der Inhaber** zwischen Einreichung und Zustellung der Klage, kommt es darauf an, wer die Klageerhebung veranlasst hat (i.d.R. der bisherige Inhaber).[135] Wechselt der Inhaber der Firma erst während des Verfahrens, gilt § 265 ZPO, wenn der neue Inhaber die streitgegenständlichen Forderungen übernommen hat. Andernfalls bleibt der alte Inhaber, jetzt aber unter seinem bürgerlichen Namen, im Verfahren (bloße Berichtigung der Parteibezeichnung). 61

3. Zwangsvollstreckung

a) Parteibezeichnung

§ 17 Abs. 2 HGB gilt grds. auch für die Zwangsvollstreckung. Den Anforderungen des § 750 Abs. 1 ZPO wird genügt, wenn (zunächst) nur die Firma und nicht auch deren Inhaber angegeben wird.[136] Doch wirkt der Titel vorbehaltlich eines zwischenzeitlichen Parteiwechsels nur gegen den, der bei Eintritt der Rechtshängigkeit Inhaber war. Relevant wird die Frage beim **Einzelkaufmann**: Ist die Firma im Handelsregister eingetragen, ergibt sich der Inhaber aus dem Register. Das Vollstreckungsorgan muss das Handelsregister einsehen, wenn das Register an dem betreffenden Ort geführt wird; andernfalls muss der Gläubiger einen Handelsregisterauszug vorlegen.[137] Führt dieser Weg nicht weiter (die Firma ist etwa nicht eingetragen), ist der Gläubiger nachweis- und beibringungspflichtig.[138] Sind die Zweifel nicht behebbar, finden die §§ 727 und 731 ZPO Anwendung. Der Gläubiger muss eine Klarstellung der Klausel beantragen.[139] 62

b) Pfändung

Die Firma ist nicht pfändbar.[140] Sie kann nach § 23 HGB nicht ohne das Handelsgeschäft übertragen und deshalb auch nicht ohne dieses gepfändet werden (§§ 857 Abs. 1 und 3, 851 Abs. 1 ZPO). Da das Handelsgeschäft eine Rechts- und Sachgesamtheit bildet und als solches im Ganzen nicht pfändbar ist, scheitert auch eine Pfändung des Handelsgeschäfts nebst Firma. 63

Außerhalb des HGB ist die **Firma als „sonstiges Recht"** nach § 823 Abs. 1 BGB und als Name nach § 12 BGB auch geschützt, wenn sie keinen bürgerlichen Namen enthält.[141] Dies gilt selbst dann, wenn die Firma nicht von einer natürlichen Person geführt wird.[142] §§ 5, 15 MarkenG schützen Unternehmenskennzeichen gegen Verletzung anderer im geschäftlichen Verkehr.[143] 64

---

134 RGZ 66, 415, 416 f.; 157, 369, 375 f.; Staub/Hüffer, HGB, § 17 Rn. 49; Heymann/Emmerich, HGB, § 17 Rn. 31a.
135 Staub/Hüffer, HGB, § 17 Rn. 49; Heymann/Emmerich, HGB, § 17 Rn. 31a; Röhricht/v. Westphalen/Ammon, HGB, § 17 Rn. 39.
136 BayObLGZ 1956, 218, 220; Heymann/Emmerich, HGB, § 17 Rn. 35; Staub/Hüffer, HGB, § 17 Rn. 55.
137 Staub/Hüffer, HGB, § 17 Rn. 55.
138 A.A.: Staub/Hüffer, HGB, § 17 Rn. 55.
139 BayObLGZ 1956, 218, 221; eingehend: Staub/Hüffer, HGB, § 17 Rn. 56; Heymann/Emmerich, HGB, § 17 Rn. 35.
140 BGHZ 32, 103, 105 f.; 85, 221, 223; Staub/Hüffer, HGB, § 17 Rn. 58; Heymann/Emmerich, HGB, § 17 Rn. 36.
141 Baumbach/Hopt/Hopt, HGB, § 17 Rn. 33.
142 BGHZ 11, 215; 14, 159; BGH, BB 1960, 801 = LM BGB § 12 Nr. 30; Siebert, BB 1959, 641; Krüger-Nieland, in: FS für Fischer, S. 339; krit. Fabricius, JR 1972, 15.
143 Zum firmenrechtlichen Konfliktfall aus der Wiedervereinigung „Altenburger Spielkartenfabrik" BGHZ 130, 134 = GRUR 1995, 754; dazu Gaedertz, GRUR 1996 897; Fingerhut, BB 1996, 283; Klaka, EWiR 1995, 1113.

V. Firma in der Insolvenz

1. Übersicht

65 Die Firma des Gemeinschuldners **fällt in die Insolvenzmasse**.[144] Während des Insolvenzverfahrens führt der Insolvenzverwalter das Handelsgeschäft unter der bisherigen Firma weiter und nimmt den Firmenschutz wahr.[145] Der Insolvenzverwalter darf allerdings nicht das Erlöschen der Firma zur Eintragung im Handelsregister anmelden, da die Vollbeendigung des Geschäfts erst nach Abschluss des Insolvenzverfahrens erfolgt.[146] Aber auch der Gemeinschuldner darf die Firma dem Insolvenzverwalter nicht durch Löschung entziehen.[147] Selbst eine **Änderung** der Firma im Insolvenzverfahren durch die Gesellschafter ist nicht ohne Zustimmung des Insolvenzverwalters möglich.[148] Die Firma kann auch nicht durch Eintragung des **Erlöschens nach Eröffnung des Insolvenzverfahrens** sowohl über das Vermögen einer betroffenen GmbH & Co. KG als auch deren Komplementär- und Kommanditistengesellschaften vernichtet werden.[149] Daher sind die genauen Grenzen der **Übertragung der Firma** in der Insolvenz derzeit noch streitig.

Aus der Zugehörigkeit zur Insolvenzmasse folgt aber nicht zwingend und automatisch die uneingeschränkte alleinige Verfügungsmacht des Insolvenzverwalters im Rahmen von § 23 HGB über die Firma.[150] Zwar können vermögensrechtliche Interessen am Namen überwiegen und ideelle Interessen „völlig verdrängen".[151] Dies wird insb. bei **Sach- und Fantasiefirmen** regelmäßig gegeben sein.[152] Doch ist gesondert zu überlegen, ob und inwieweit umgekehrt bei **Personenfirmen** die personale Komponente die vermögensrechtlichen Interessen an der Verwertung der Firma durch den Insolvenzverwalter verdrängen kann. Dabei ist zwischen der Verwendung eines Personennamens in der Firma bei den **unterschiedlichen Rechtsträgern** zu unterscheiden.

2. Rechtslage vor dem HRefG[153]

66 Der BGH hat **für die Firma des Einzelkaufmanns** entschieden, dessen namensrechtliche Interessen gingen denjenigen der Insolvenzgläubiger vor. Zur Begründung stellte der BGH u.a. darauf ab, dass der bürgerliche Name „in tiefere Lebensbeziehungen des Menschen als die rein vermögensrechtlichen" weise.[154] Daher konnte der Insolvenzverwalter die zur Fortführung der Firma durch den Erwerber des Handelsgeschäfts des Gemeinschuldners erforderliche Einwilligung nicht rechtswirksam erklären. Zustimmen musste vielmehr der Gemeinschuldner.[155]

---

144 BGHZ 85, 221, 223; OLG Hamm, DB 2003, 2381 = Rpfleger 2003, 665; K. Schmidt/Schulz, ZIP 1982, 221, 223; Riegger, BB 1983, 786; Ulmer, NJW 1983, 1697; Bokelmann, KTS 1982, 27, 35; K. Schmidt, Handelsrecht, § 12 I 3 b; Staub/Hüffer, HGB, § 22 Rn. 34; Heymann/Emmerich, HGB, § 17 Rn. 37; Kuhn/Uhlenbruck, KO, § 1 Rn. 80; Benner, Rpfleger 2002, 342; Steinbeck, NZG 1999, 133; Kern, BB 1999, 1717, 1718; Röhricht/v. Westphalen/Ammon, HGB, § 17 Rn. 45.
145 Baumbach/Hopt/Hopt, HGB, § 17 Rn. 47.
146 BayObLG, MDR 1979, 674.
147 BayObLG, JW 1933, 179.
148 Baumbach/Hopt/Hopt, HGB, § 17 Rn. 47; auch für die GmbH OLG Karlsruhe, NJW 1993, 1931.
149 OLG Hamm, DB 2003, 2381 = Rpfleger 2003, 665.
150 Benner, Rpfleger 2002, 342.
151 BGHZ 85, 221, 223.
152 Canaris, Handelsrecht, § 10, Rn. 67; Benner, Rpfleger 2002, 342.
153 Vgl. dazu ausführlich: MünchKomm-HGB/Heidinger, § 22 Rn. 74 ff.; Neuwinger, Die handelsrechtliche Personenfirma in der Insolenz, S. 56 ff.
154 BGHZ 32, 103, 109, 111.
155 Vgl. insb.. K. Schmidt, Handelsrecht, § 12 I 3 c; Kuhn/Uhlenbruck, KO, § 1 Rn. 80a; a.A.: schon zum alten Recht Kuhn, WM 1960, 958 ff.; Friedrich, GRUR 1960, 494 f.; Zunft, NJW 1960, 1843 f.; Bernhardt, NJW 1962, 2194; Bokelmann, KTS 1982, 27, 60; Raffel, Die Verwertbarkeit der Firma im Konkurs, S. 106; Schlegelberger/Hildebrandt/Steckhan, HGB, § 17 Rn. 13; MünchKomm-BGB/Schwerdtner, § 12 Rn. 87; Bokelmann, Firmenrecht, Rn. 673 ff.

Überwiegend wurde bis zum HRefG auch für die **OHG und die KG** im Hinblick auf § 19 Abs. 1 und 2 HGB a.F. und das Zustimmungserfordernis nach § 24 Abs. 2 HGB angenommen, dass diejenigen Gesellschafter zustimmen müssen, deren Namen die Firma ausweist.[156]

Bei den **Kapitalgesellschaften** dagegen musste schon nach altem Firmenrecht der Name von Gesellschaftern nicht in die Firma aufgenommen werden. Die GmbH durfte daher den Namen eines ausgeschiedenen Gesellschafters in der Firma auch nach seinem Ausscheiden ohne seine Einwilligung weiterführen und der Insolvenzverwalter konnte die Firma einer GmbH zusammen mit dem Handelsgeschäft veräußern, ohne dass es auf die Einwilligung des Namensträgers ankam.[157]

Für die **GmbH & Co. KG** und verwandte Gesellschaftsformen wie AG & Co. KG galten die für die Übertragung der Firma einer GmbH durch den Insolvenzverwalter entwickelten Regeln.

3. Neue Rechtslage

Auch nach dem In-Kraft-Treten der InsO und der Liberalisierung des Firmenrechts, wodurch jetzt weder der Einzelkaufmann noch die Personenhandelsgesellschaft mehr gezwungen sind, Personenfirmen zu führen, wird die Zulässigkeit der Verwertung der Personenfirma beim Einzelkaufmann und der Personenhandelsgesellschaft in der Insolvenz ohne die Zustimmung des Namensträgers in der Lit. **kontrovers diskutiert**.[158]

Bei den **Kapitalgesellschaften** besteht – wie schon zur alten Rechtslage – weitgehend Einigkeit über die Verwertungsbefugnis der Personenfirma allein durch den Insolvenzverwalter.[159] Wegen der (auch hier vertretenen) Anwendung des § 24 Abs. 2 HGB auch auf Kapitalgesellschaften wird neuerdings aber – zu Unrecht – auch die Zustimmung des Namensgebers bei der Verwertung in der Insolvenz befürwortet.[160]

Die vom BGH[161] ausgehende **Differenzierung zum Einzelkaufmann und der Personenhandelsgesellschaft** trägt unter Beachtung der Grundsätze des neuen Firmenrechts nicht mehr. Denn es besteht jetzt auch beim Einzelkaufmann und der Personenhandelsgesellschaft – genauso wie schon früher bei den Kapitalgesellschaften – kein Zwang mehr, den Namen des Geschäftsinhabers oder eines Gesellschafters zur Bildung einer (Personen)Firma zu verwenden. Auch die Argumentation aus dem durch das HRefG **unveränderten § 24 Abs. 2 HGB**, wonach beim Ausscheiden eines Gesellschafters, dessen Namen in der Firma enthalten ist, die Fortführung der Firma nur bei den Personenhandelsgesellschaften der ausdrücklichen Einwilligung des Gesellschafters oder seiner Erben bedarf, überzeugt nicht.[162] Denn auch § 24 Abs. 2 HGB muss im Lichte der Liberalisierung des Firmenrechts neu interpretiert werden. Er regelt das Ausscheiden eines Gesellschafters aus einer Gesellschaft, nicht die Frage der Veräußerung des Unternehmens mit der Firma. Diese findet ihre Regelung in § 22 HGB, der keine ausdrückliche gesetzliche Regelung

---

156 OLG Düsseldorf, BB 1982, 695; OLG Koblenz, NJW 1992, 2101; Riegger, BB 1983, 786, 787; Staub/Hüffer, HGB, § 22 Rn. 35; Heymann/Emmerich, HGB, § 17 Rn. 40; Baumbach/Hopt/Hopt, HGB, 31. Aufl. 2003, § 17 Rn. 47; Kuhn/Uhlenbruck, KO, § 1 Rn. 80a; a.A.: Bokelmann, KTS 1982, 27, 53 ff.; ders. Firmenrecht, Rn. 672 ff.; Raffel, Die Verwertbarkeit der Firma im Konkurs, S. 106, 108 ff., 110; Schlegelberger/Hildebrandt/Steckhan, HGB, § 22 Rn. 15, § 17 Rn. 13; Kilger/K. Schmidt, KO, 16. Aufl. 1993, § 1 Anm. 2 D c bb; MünchKomm-BGB/Schwerdtner, § 12 Rn. 87; Canaris, Handelsrecht, § 10 IV 1a für den Fall, dass der Namensgeber die Firma „endgültig eingebracht hat oder er bzw. seine Erben eine Einwilligung zur Firmenfortführung nach § 24 Abs. 2 erteilt haben"; K. Schmidt, Handelsrecht, § 12 I 3 d unter der Voraussetzung, dass der Namensträger der Firmenfortführung dauerhaft und nicht nur für die Dauer seiner persönlichen Zugehörigkeit zugestimmt hat.
157 Staub/Hüffer, HGB, § 24 Rn. 15.
158 Vgl. z.B. mit ausführlicher Übersicht zum Meinungsstand Benner, Rpfleger 2002, 342; Kern, BB 1999, 1717; Steinbeck, NZG 1999, 133; Uhlenbruck, ZIP 2002, 401; Wertenbruch, ZIP 2002, 1931 ff.; MünchKomm-HGB/Heidinger, § 22 Rn. 78 ff.
159 Baumbach/Hueck/Schulze-Osterloh, GmbHG, § 64 Rn. 55; Scholz/K. Schmidt, GmbHG, § 63 Rn. 61 m.w.N.
160 Kern, BB 1999, 1717, 1720; GK/Nickel, HGB, § 17 Rn. 2 und § 22 Rn. 24a.
161 BGHZ 85, 221, 223; 32, 103, 109, 111; 58, 322, 325 zu § 24 Abs. 2; BGHZ 109, 364, 367.
162 Steinbeck, NZG 1999, 137; Uhlenbruck, ZIP 2000, 401; Ebenroth/Boujong/Joost/Zimmer, HGB, § 22 Rn. 43 ff. und § 24 Rn. 4, 7; so aber Baumbach/Hopt/Hopt, HGB, § 17 Rn. 47; Kern, BB 1999, 717, 719 ff.

des Zustimmungserfordernisses durch den Namengeber enthält (siehe dazu aber die – auch allgemein überdenkenswerte – h.M.). Darüber hinaus betrifft er nicht das bei der Insolvenz vorliegende besondere Spannungsverhältnis zwischen dem Individualinteresse am Namen und dem Gläubiger(schutz)interesse an der Verwertung der Firma, sondern nur den Konflikt mit den wirtschaftlichen Interessen der firmierenden Gesellschaft, der auch durch vertragliche Regelungen bei der Zurverfügungstellung des Namens hätte gesichert werden können.

Der Kaufmann oder der Gesellschafter einer Personenhandelsgesellschaft verzichtet zwar mit der Aufnahme seines Namens in die Firma sicherlich nicht generell auf sein an dem Namen bestehendes Persönlichkeitsrecht. Doch **nutzt er den Namen gewerblich**,[163] ist er mit seiner Einführung in den Geschäftsverkehr **übertragbar und vererblich geworden**. Der Insolvenzverwalter ist gehalten, alle noch vorhandenen Werte zu versilbern, um die Gläubiger in bestmöglicher Weise zu befriedigen. Der Gemeinschuldner muss das dulden, weil insoweit **ein berechtigtes Interesse der von dem Gemeinschuldner geschädigten Gläubiger** besteht.[164] Daher kann der Insolvenzverwalter auch die **Personenfirma** des Einzelkaufmanns sowie der Personenhandelsgesellschaft **ohne Zustimmung des Namensträgers verwerten**.[165] Zu erwägen ist allenfalls eine (Vertrauensschutz)Einschränkung für Altgesellschaften aus der Zeit vor dem HRefG, da für diese die oben dargestellten Argumente für ein Einwilligungserfordernis i.S.d. Namensträgers fortwirken.[166]

70 Für die **abgeleitete Firma** gilt Entsprechendes. Enthält die fortgeführte Firma (wie meist) nicht den Namen des Gemeinschuldners, können keine namensrechtlichen Schutzrechte Gläubigerinteressen zurückdrängen.[167] Enthält die abgeleitete Firma den Familiennamen, nicht aber den Vornamen (der Gemeinschuldner führt z.B. das Unternehmen seines Vaters nebst Firma fort), ist die Firma ebenfalls nicht aus dem Namen des Gemeinschuldners gebildet.[168] Tragen Vater und Sohn auch den gleichen Vornamen, kann nach der hier vertretenen Meinung der Insolvenzverwalter allein einwilligen.[169]

4. Änderung, Neubildung und Löschung der alten Firma

71 Der Gemeinschuldner darf während des Insolvenzverfahrens **kein neues Unternehmen unter dem Namen der alten Firma gründen**.[170] Da der Insolvenzverwalter allein zur Firmenveräußerung befugt ist, darf der Gemeinschuldner die **Firma nicht ändern** (um etwa auf diese Weise die bisherige Firma für

---

163 Uhlenbruck, ZIP 2000, 401, 402, kommerzialisiert seinen Namen.
164 Steinbeck, NZG 1999, 137; Uhlenbruck, ZIP 2000, 401.
165 MünchKomm-HGB/Heidinger, § 22 Rn. 81; so auch Heckschen, NotBZ 2006, 346, 352; Steinbeck, NZG 1999, 133, 136 f.; Uhlenbruck, ZIP 2000, 401, 403; Koller/Roth/Morck/Roth, HGB, § 17 Rn. 25; ders., in: Die Reform des Handelsstandes und der Personengesellschaften, S. 50; Röhricht/v. Westphalen/Ammon, HGB, § 17 Rn. 47; Kübler/Prütting/Holzer, InsO, § 35 Rn. 71a; Gottwald/Haas, InsO-Handbuch, § 94 Rn. 38; MünchKomm-InsO/Lwowski, § 35 Rn. 496, 502; Ebenroth/Boujong/Joost/Zimmer, HGB, § 22 Rn. 43 ff.; Haarmeyer, Handbuch zur InsO, Rn. 468; K. Schmidt, Handelsrecht, § 12 I 3 c; Köhler, in: FS für Fikentscher, S. 495, 509 ff. mit beachtlicher Differenzierung zwischen der dinglichen Übertragung der Firma und der schuldrechtlichen Gebrauchsgestattung; nur für GbH & Co. KG: Neuwinger, Die handelsrechtliche Personenfirma in der Insolvenz, S. 141, 176; a.A.: auch nach dem HRefG Kern, BB 1999, 1717, 1719 f.; Benner, Rpfleger 2002, 342, 349; Soergel/Heinrich, BGB, § 12 Rn. 24, 25; Baumbach/Hopt/Hopt, HGB, § 17 Rn. 47 und § 24 Rn. 12; Wertenbruch, ZIP 2002, 1931, 1939 mit dem eher praxisfremden Argument, dass (Lieferanten und Banken!?) die Kreditwürdigkeit nach dem Firmennamen beurteilen.
166 Steinbeck, NZG 1999, 133, 137; Benner, Rpfleger 2002, 342, 349; Roth, in: Die Reform des Handelsstandes und der Personengesellschaften, S. 50; wohl auch Uhlenbruck, ZIP 2000, 401, 403.
167 Bokelmann, KTS 1982, 27, 53 f.; K. Schmidt, Handelsrecht, § 12 I 3 c; Staub/Hüffer, HGB, § 22 Rn. 37 mit Einschränkungen.
168 K. Schmidt, Handelsrecht, § 12 I 3 c; a.A.: Canaris, Handelsrecht, § 10 IV 1a; Staub/Hüffer, HGB, § 22 Rn. 37.
169 A.A.: auch hier Benner, Rpfleger 2000, 342, 350.
170 Kuhn/Uhlenbruck, KO, § 1 Rn. 80a; vgl. zur Ltd. Schall, EWiR 2005, 709 zum Urteil des High Court of Justice London v. 28.11.2003.

den eigenen späteren Gebrauch zu sichern).[171] Die Firma kann aber durch den Geschäftsinhaber oder die Gesellschafter geändert werden, sofern der Insolvenzverwalter zustimmt.[172] Erst recht kann der **Gemeinschuldner die Firma nicht löschen lassen**, was aber auch für den Insolvenzverwalter gilt, weil das nicht zu seinem Aufgabenbereich gehört.[173] Die Firma kann auch nicht durch Eintragung des **Erlöschens nach Eröffnung des Insolvenzverfahrens** sowohl über das Vermögen einer betroffenen GmbH & Co. KG als auch deren Komplementär- und Kommanditistengesellschaften vernichtet werden.[174]

Für den **Einzelkaufmann** stellt sich die Frage nach der **Bildung einer Ersatzfirma** nicht, weil er durch die Veräußerung des Handelsgeschäfts seine Kaufmannseigenschaft und damit auch das Recht zur Führung einer Firma verliert.[175] Nicht so eindeutig ist die Rechtslage bei den **Personenhandelsgesellschaften**. An sich werden OHG und KG, mangelt es infolge der Geschäftsveräußerung nunmehr an einem Handelsgewerbe, zur GbR. Doch war schon vor dem HRefG aus § 156 HGB herzuleiten, dass sie bis zum Ende der Liquidation als Handelsgesellschaft abgewickelt werden und damit auch eine Firma zu führen haben.[176] Seit dem HRefG 1998 existieren Gesellschaften nach § 105 Abs. 2 HGB n.F., solange sie in das Handelsregister eingetragen sind, auch als reine vermögensverwaltende Gesellschaft noch als OHG oder KG fort.[177] Hat der Insolvenzverwalter das Unternehmen einer GmbH oder AG veräußert, muss nach **h.M. die Firma der in Insolvenz befindlichen Gesellschaft** – die ja, wie Kapitalgesellschaft und Formkaufmann, jedenfalls bis zur Löschung im Handelsregister besteht – **im Hinblick auf § 30 HGB geändert werden**.[178] Es soll nicht korrekt sein, wegen der fehlenden Unterscheidbarkeit nur durch Beifügung eines unterscheidungskräftigen Zusatzes unter Beibehaltung der Firma im Übrigen (oder durch die Aufnahme eines Nachfolgezusatzes in die Firma des Erwerbers) Abhilfe zu schaffen; zu berücksichtigen sei bei der GmbH der „infolge der Veräußerung eintretende Rechtsverlust", wie auch zumindest vorübergehend eine Firmenverdoppelung die Folge sei.[179] Ist eine Firmenänderung nötig – gleich, ob ihr ein Zusatz beigefügt oder eine völlig neue Firma angenommen wird –, kann sie jedenfalls durch die Gesellschafter im Einverständnis mit dem Insolvenzverwalter beschlossen werden.[180] In der Praxis scheitert dieser Weg häufig an dem Widerstand der Gesellschafter. Die heute überwiegende Meinung nimmt daher allgemein an, dass der Insolvenzverwalter selbst ohne Mitwirkung der Gesellschafter eine neue Firma (Ersatzfirma) bestimmen kann. Zwar ist er nicht befugt, bzgl. der Firma eine Satzungsänderung zu beschließen. Doch kann er autark, von seinem Verwertungsrecht als Insolvenzverwalter getragen, über die Bildung einer Ersatzfirma

72

---

171 K. Schmidt, Handelsrecht, § 12 I 3 e; Kuhn/Uhlenbruck, KO, § 1 Rn. 80a.
172 OLG Karlsruhe, NJW 1993, 1931; Kilger/K. Schmidt, KO, § 1 Anm. 2 D c bb; K. Schmidt, HGB, § 12 I 3 e; Scholz/K. Schmidt, Handelsrecht, § 63 Rn. 63. Zur Grenze wegen Irreführung der Verkehrskreise LG Frankfurt/O., DB 2003, 494.
173 BayObLGZ 1979, 65, 67; Heymann/Emmerich, HGB, § 17 Rn. 37; Kuhn/Uhlenbruck, KO, § 1 Rn. 80a.
174 OLG Hamm, DB 2003, 2381 = Rpfleger 2003, 665.
175 Benner, Rpfleger 2002, 342, 351.
176 MünchKomm-HGB/Heidinger, § 17 Rn. 14 f.; Schlegelberger/K. Schmidt, HGB, § 156 Rn. 9; K. Schmidt, Handelsrecht, § 12 I 1 e bb; wohl auch Baumbach/Hopt/Hopt, HGB, § 156 Rn. 4; a.A.: Ulmer, NJW 1983, 1697, 1698: § 156 erfahre bei Liquidation unter Veräußerung des gesamten Handelsgeschäfts eine Einschränkung.
177 So auch Benner, Rpfleger 2002, 342, 354.
178 Großzügiger öOGH, AG 2001, 155, 157 = NZG 2000, 1130: Liquidationszusatz genügt.
179 Ulmer, NJW 1983, 1697, 1700; Hachenburg/Ulmer, GmbHG, § 63 Rn. 91; Schulz, ZIP 1983, 194, 195.
180 Scholz/K. Schmidt, Handelsrecht, § 63 Rn. 63; jetzt auch Hachenburg/Ulmer, GmbHG, § 63 Rn. 92, anders vorher, NJW 1983, 1697, 1701 f.; OLG Karlsruhe, GmbHR 1993, 101 = NJW 1993, 1931; zu den Grenzen wegen eventueller Irreführung der Verkehrskreise LG Frankfurt/O, DB 2003, 494.

gemäß § 4 AktG, § 4 GmbHG entscheiden[181] und die Ersatzfirma auch zur Eintragung im Handelsregister anmelden.[182]

5. Umfang der Übertragung

73 Maßgebend sind insoweit die Vereinbarungen der Parteien. Haben diese ausdrücklich nichts abgesprochen, ist von Folgendem auszugehen: Der Erwerber darf das **Unternehmen zusammen mit der Firma weiterveräußern**.[183] Der Erwerber kann ferner neue **Zweigniederlassungen** unter der erworbenen Firma errichten. Umstritten ist, ob der Erwerber diese Zweigniederlassungen mit der Firma auf einen Dritten übertragen darf, weil hierdurch die fortgeführte Firma vervielfältigt wird. Nach h.M. ist ein solches Vorgehen nicht mehr von der Einwilligung des Veräußerers in die Firmenfortführung gedeckt. Das trifft in dieser Form zumindest für die Vervielfältigung der Zweigniederlassung einer Kapitalgesellschaft nicht zu.[184]

VI. Firmenrechtliche Grundsätze

74 Schon vor 1998 wurden üblicherweise fünf firmenrechtliche Grundsätze unterschieden:

- **Firmenwahrheit**,
- **Firmenbeständigkeit (Firmenkontinuität)**,
- **Firmeneinheit**,
- **Firmenunterscheidbarkeit (Firmenausschließlichkeit)** und
- **Firmenöffentlichkeit**.

Durch die Liberalisierung und Vereinheitlichung des Firmenbildungsrechts haben sich allerdings die Gewichte zwischen den Prinzipien verschoben. Zwar nicht neu hinzugekommen, aber jetzt ausdrücklich in § 18 Abs. 1 HGB geregelt ist das Prinzip, dass eine Firma **Kennzeichnungsfähigkeit** und **Unterscheidungskraft** besitzen muss, mithin **Namensfunktion** hat.

C. Kennzeichnungsfunktion/Unterscheidungskraft/Namensfunktion

I. Kennzeichnungseignung

1. Kennzeichnungswirkung

75 Nach § 18 Abs. 1 HGB muss der Firma **Kennzeichnungswirkung und Unterscheidungskraft** zukommen. Beide Begriffe werden oft nicht genau unterschieden[185] und können sich überschneiden. Sie umschreiben letztlich dasselbe Ziel aus verschiedenen Blickwinkeln.[186] Die Eignung zur Kennzeichnung umschreibt die **Namensfunktion** der Firma. Sie muss also zur Kennzeichnung des Kaufmanns geeignet

---

181 Schulz, ZIP 1983, 194 f.; Ulmer, NJW 1983, 1697, 1701; Hachenburg/Ulmer, GmbHG, § 63 Rn. 77a, 92; Scholz/K. Schmidt, Handelsrecht, § 63 Rn. 61; Kilger/K. Schmidt, KO, § 1 Anm. 2 D c bb; Kuhn/Uhlenbruck, KO, § 1 Rn. 80c; Baumbach/Hueck/Schulze-Osterloh, GmbHG, § 64 Rn. 55; Rowedder/Schmidt-Leithoff, GmbHG, § 63 Rn. 39; OLG Düsseldorf, ZIP 1989, 457, 458; Uhlenbruck, ZIP 2000, 401, 403; MünchKomm-AktG/Hüffer, § 264 Rn. 59; Raffel, Die Verwertbarkeit der Firma im Konkurs, S. 56 ff.; Grünberg, Die Rechtsposition der Organe der GmbH, S. 65, 70; ders., ZIP 1988, 1165 ff.: nur subsidiäre Zuständigkeit des Insolvenzverwalters bei Untätigkeit der Gesellschafterversammlung.
182 OLG Düsseldorf, MDR 1970, 425; Ulmer, NJW 1983, 1697, 1702; siehe dazu genauer differenzierend MünchKomm-HGB/Heidinger, § 22 Rn. 85 ff.
183 Heymann/Emmerich, HGB, § 22 Rn. 14; Staub/Hüffer, HGB, § 22 Rn. 39.
184 Vgl. auch Bokelmann, GmbHR 1978, 265; 1982, 153; ders., KTS 1982, 27, 50 f.
185 Ebenroth/Boujong/Joost/Zimmer, HGB, § 18 Rn. 3, spricht von der Unterscheidungskraft und der damit einhergehenden *Kennzeichnungseignung*.
186 Bülow, DB 1999, 269, 270.

sein, d.h. unmittelbar oder mittelbar auf den Kaufmann als Unternehmensträger hinweisen. Die Unterscheidungskraft „zielt" demgegenüber auf die **Individualisierung**,[187] also die Identifikation des Unternehmens. Die Firma muss geeignet sein, den Unternehmensträger von anderen zu unterscheiden, also im Rechtsverkehr die gedankliche Verbindung zu einem ganz bestimmten Unternehmen herzustellen.

Bei **Sach- und Fantasiefirmen** tauchen wesentlich häufiger kennzeichenrechtliche Probleme auf als bei der Personenfirma, wenn es um die erforderliche Kennzeichnungs- und Unterscheidungskraft geht.[188] Fantasienamen und Buchstabenkombinationen sind aber an sich sowohl zur Kennzeichnung als auch zur Individualisierung geeignet. Dabei darf nicht statisch nur auf die jeweils bereits verfestigte Verkehrsauffassung abgestellt, sondern muss grds. eine dynamische Sichtweise zugrunde gelegt werden, die Raum für die Berücksichtigung von **Wandlungen der Verkehrskreise** lässt.[189] Dies entspricht dem gesetzgeberischen Konzept der Liberalisierung des Firmenrechts und verhindert eine ungerechtfertigte Benachteiligung neu „erfundener" Fantasiebezeichnungen.

76

Um ihrer **Namensfunktion** gerecht werden zu können, müssen sowohl Firmenkern als auch Firmenzusätze grds. eine **wörtliche und aussprechbare Bezeichnung** darstellen.[190] Dabei ist auch zu beachten, dass bei Fantasiebezeichnungen oder auch Sachangaben, die „im Bereich der Sprache bleiben, von der Sprech- und Redeweise auszugehen ist, wie sie von der Allgemeinheit in der Öffentlichkeit gebraucht wird. Vulgäre Aussagen und Anspielungen können deshalb zurückgewiesen werden".[191] Die genaue Rechtsgrundlage für die Überprüfung der Firma auf Verstöße gegen die öffentliche Ordnung oder die guten Sitten ist allerdings unklar.[192]

2. Bildzeichen und Sonderzeichen

Insb. sog. **Bildzeichen** (auch bildhafte Zeichen genannt) erfüllen in dem oben dargestellten Sinne keine Namensfunktion und sind damit nicht kennzeichnungsgeeignet.[193] So wurden bspw. „*", „#" oder „=" mangels namens- und somit firmenrechtlicher Funktion beanstandet.[194] Demgegenüber werden Satzzeichen wie z.B. „!", „;", „?", „:", „..." im Allgemeinen anstandslos ebenso wie das kaufmännische „&" und das mathematische „+" als Firmenbestandteil akzeptiert.[195] Als Begründung hierfür wird angegeben, dass bei diesen Zeichen die Aussprache als „und" eindeutig wäre bzw. bei Satzzeichen offensichtlich sei, dass sie nicht ausgesprochen werden sollen.[196]

77

---

187 Canaris, Handelsrecht, § 10 Rn. 18; Keidel/Krafka/Willer, Registerrecht, Rn. 220; Röhricht/v. Westphalen/Ammon, HGB, § 18 Rn. 17; ungenau: HK/Ruß, HGB, § 18 Rn. 4, der die Individualisierungseignung der Kennzeichnungswirkung zuordnet.
188 Schumacher, HRefG, S. 58; Schmitt, WiB 1997, 113.
189 Canaris, Handelsrecht, § 10 Rn. 13; Röhricht/v. Westphalen/Ammon, HGB, § 18 Rn. 10; ähnlich: Lutter/Welp, ZIP 1999, 1078.
190 Vgl. BGHZ 14, 155, 160; BayObLGZ 2001, 83 = NJW 2001, 2337 = Rpfleger 2001, 427; KG, FPrax 2000, 248 = GmbHR 2000, 1101; Röhricht/v. Westphalen/Ammon, HGB, § 18 Rn. 10 ff.; Keidel/Krafka/Willer, Registerrecht, Rn. 214.
191 HK/Ruß, HGB, § 18 Rn. 8; krit. zu vulgären Anspielungen auch K. Schmidt, ZIP 1997, 909, 915.
192 Jung, ZIP 1998, 677, 683, schlägt eine Gesamtanalogie zu den entsprechenden Eintragungshindernissen im Recht der gewerblichen Schutzrechte vor; ebenso Roth, in: Die Reform des Handelsstandes und der Personengesellschaften, S. 31, 37 f.; in diese Richtung auch Möller, DNotZ 2000, 831, 839; siehe aber LG Meiningen, Beschl. v. 19.7.1999 – HK-T 8/99, n.v., das die Ablehnung auf § 18 Abs. 1 und Abs. 2 HGB stützt.
193 Röhricht/v. Westphalen/Ammon, HGB, § 18 Rn. 16; Keidel/Krafka/Willer, Registerrecht, Rn. 214.
194 BGHZ 14, 155 = NJW 1954, 1681 – Farina; BayObLGZ 2001, 83 = NJW 2001, 2337; KG, FPrax 2000, 248 = GmbHR 2000, 1101.
195 Vgl. BGHZ 135, 257 zum Namen einer Partnerschaft; BayObLGZ 1996, 176 = NJW 1996, 3016; BayObLGZ 2001, 83 = NJW 2001, 2337; siehe auch Odersky, MittBayNot 2000, 533; Wachter, GmbHR 2001, 467.
196 BayObLGZ 2001, 83 = NJW 2001, 2337.

Im Zusammenhang mit den Bildzeichen ist auch festzustellen, dass die Firma grds. in **lateinischen Buchstaben** ausgedrückt werden muss,[197] da sie nur dann von den durchschnittlichen Verkehrkreisen ausgesprochen werden kann.[198] Einen Anspruch auf Eintragung der Firma **in einer besonderen Schreibweise** hat der Antragsteller nicht. Das Registergericht ist insofern nicht an die Anmeldung gebunden, da die grafische Gestaltung des Schriftbildes einer Firma keine namensrechtliche und somit auch keine firmenrechtliche Relevanz hat.[199] Es entscheidet vielmehr nach eigenem pflichtgemäßem Ermessen, welche Schreibweise Eingang in die Eintragung zu finden hat.[200] Daher liegt in der Verwendung der Firma in einer abweichenden Schreibweise (z.B. Groß- statt Kleinbuchstaben) aber weder eine Änderung der Firma noch ein unzulässiger Firmengebrauch i.S.d. § 37 HGB.[201]

78 **Sonderzeichen** sind im Handelsregister nicht eintragungsfähig, solange sie in ihrer Aussprache objektiv mehrdeutig sind. Daher wird das @-Zeichen streitig beurteilt. So soll dieses Zeichen derzeit weder in Alleinstellung (@-GmbH) noch als Firmenbestandteil (z.B. Shopping@Berlin AG) zur Firmenbildung herangezogen werden können.[202] Das BayObLG[203] war (ohne entsprechende Umfrage) davon ausgegangen, dass Mitte 2001 eine erforderliche eindeutige Verkehrsgeltung noch nicht erreicht war. Dies kann derzeit nicht mehr unwidersprochen bleiben, unterliegt jedenfalls in Zukunft dem zu berücksichtigenden Wandel der Verkehrsauffassung.[204] Soweit die Benutzung des @-Zeichens als solches beabsichtigt ist, handelt es sich daher – wie die allgemein anerkannten „&" und „+" – um ein den Verkehrskreisen bekanntes aussprechbares Sonderzeichen, also kein Bildzeichen, sondern ein „wortersetzendes Zeichen" wie die Silbe „et". Handelt es sich nur um eine modische Schreibweise des Buchstabens „a" (z.B. Conr@d AG), scheitert seine Eintragung aber daran, dass bei Firmen kein Anspruch auf eine bestimmte Schreibweise besteht.

3. Buchstabenkombinationen

79 Für Buchstabenkombinationen, die sich zunehmender Beliebtheit erfreuen, galt nach **altem Firmenrecht** Folgendes: Ein Firmenbestandteil, der als Kurzwort aus den Anfangsbuchstaben weiterer Firmenbestandteile gebildet worden ist, genießt firmenrechtlichen Schutz, sofern die Buchstabenkombination **aussprechbar** ist. Die Kombination ist dann ohne Verkehrsdurchsetzung schutzfähig (es ging um § 16 UWG), wenn sie „von Hause aus namensmäßige Kennzeichnungskraft hat".[205] Dies wiederum ist dann der Fall, wenn die Kombination unterscheidungskräftig und zudem bei Verwendung im geschäftlichen Verkehr geeignet ist, als Name zu wirken. Für die Bezeichnung „GEFA" hat der BGH[206] darauf abgestellt, dass sie aussprechbar ist und es nach den Umständen nahe liegt, dass sie als Abkürzung einer längeren

---

[197] Röhricht/v. Westphalen/Ammon, HGB, § 18 Rn. 16; Müther, GmbHR 1998, 1058, 1059.

[198] Röhricht/v. Westphalen/Ammon, HGB, § 18 Rn. 11; Canaris, Handelsrecht, § 10 Rn. 14; Müther, GmbHR 1998, 1058, 1059; Lutter/Welp, ZIP 1999, 1073, 1077.

[199] KG, FGPrax 2000, 248 = GmbHR 2000, 1101 = NJW-RR 2001, 173, dazu Lösler, NotBZ 2000, 417; BayObLGZ 1978, 18 = Rpfleger 1978, 218.

[200] Keidel/Krafka/Willer, Registerrecht, Rn. 172, 206, 216.

[201] Kögel, Rpfleger 2000, 255, 259.

[202] So BayObLGZ 2001, 83 = NJW 2001, 2337; zust. Spindler, EWiR 2001, 729; ebenso OLG Braunschweig, OLGR 2001, 31: „met@box"; krit. Mankowski, EWiR 2001, 275; LG Braunschweig, MittBayNot 2000, 569; LG Leipzig, NotBZ 2002, 112: „@toll GmbH"; zust. Röhricht/v. Westphalen/Ammon, HGB, § 18 Rn. 16; Möller, DNotZ 2000, 830, 842; Müther, GmbHR 1998, 1058, 1059 Fn. 10; Lutter/Welp, ZIP 1998, 1073, 1077; a.A.: LG Cottbus, NJW-RR 2000, 337; LG Cottbus CR 2002, 134; Wachter, GmbHR 2001, 474; LG Berlin, NJW-RR 2004, 835 = GmbHR 2004, 428 mit zust. Anm. Thomas/Bergs; Bayer, in: Lutter/Hommelhoff, GmbHG, § 4 Rn. 19; Wagner, NZG 2001, 802; Obergfell, CR 2000, 855; Mellmann, NotBZ 2001, 228; Heckschen, NotBZ 2006, 346.

[203] BayObLGZ 2001, 83 = NJW 2001, 2337; abl. Mankowski, MDR 2001, 1124, Wagner, NZG 2001, 802; Wachter, GmbHR 2001, 477 und Mellmann, NotBZ 2001, 228; Heckschen, NotBZ 2006, 346.

[204] MünchKomm-HGB/Heidinger; § 118 Rn. 13.

[205] BGH, GRUR 1985, 461, 462 = DB 1985, 1884; BGHZ 11, 214, 217 = NJW 1954, 388 – KfA.

[206] GRUR 1985, 461, 462.

Firmenbezeichnung gebildet ist; sie werde i.d.R. vom Verkehr auch als namensmäßiger Hinweis auf ein Unternehmen aufgefasst. Handelt es sich um eine solche Buchstabenkombination, kann sie auch als individualisierender Zusatz zu einer Branchen- oder Gattungsbezeichnung verwendet werden.

Buchstabenzusammenstellungen dagegen, die kein aussprechbares Wort ergeben, sollen vom Verkehr ohne Schwierigkeiten „als solche erkannt und nicht etwa als Fantasieworte aufgefasst"[207] werden. In der Rspr. war zum alten Firmenrecht anerkannt, dass eine solche Kombination regelmäßig nicht ohne weiteres als Unternehmensname wirkt und daher zur Erlangung des Firmenschutzes Verkehrsdurchsetzung benötigt.[208] Erst unter dieser Voraussetzung kam die Kombination auch als individualisierender Zusatz in Betracht.

Das grds. Kriterium der Aussprechbarkeit ist auch nach **neuem Firmenrecht** weiterhin zu beachten, wobei diesbezüglich weniger auf die Aussprechbarkeit als Wort als vielmehr auf die **Artikulierbarkeit** abgestellt werden sollte.[209] Weiterhin streitig ist daher insb., ob **reine Buchstabenfolgen** als alleiniger Firmenkern Kennzeichnungseignung haben. Dies muss unter dem Firmenrecht i.d.F. nach dem HRefG grds. bejaht werden. Denn meist sind derartige Buchstabenfolgen durchaus wie ein Fantasiewort aussprechbar. Darüber hinaus hat sich der Rechtsverkehr längst daran gewöhnt, dass Bezeichnungen wie VW, BMW, LTU, TUI oder IBM als Namen gebraucht werden, ohne sich darüber Gedanken zu machen, dass es sich um Abkürzungen der tatsächlichen Firmen handeln könnte. Im Kennzeichnungsrecht sind nach § 3 Abs. 1 i.V.m. § 8 Abs. 2 MarkenG sog. Buchstabenfolgen als Marke jetzt ausdrücklich eintragungsfähig. Mit dieser der modernen Verkehrsauffassung Rechnung tragenden Entwicklung im Markenrecht ist auch für das Firmenrecht die Kennzeichnungseignung, die sich am Markenrecht orientiert, von bloßen Buchstabenfolgen in Alleinstellung grds. zu bejahen.[210] Es besteht kein Zweifel, dass eine Buchstabenfolge, wenn sie bereits Verkehrsgeltung erlangt hat (z.B. AEG, BMW, LTU, TUI, VW etc.) Kennzeichnungseignung besitzt. In der Praxis sind auch bereits viele neue Firmen, deren Firmenkern nur aus einer Kombination von drei Buchstaben besteht, in das Handelsregister eingetragen worden.[211] Dennoch hat jüngst die OLG-Rechtsprechung zu Unrecht die Eintragung von Buchstabenfirmen verweigert.[212] Kritisch erscheint jedoch noch die Kennzeichnungseignung bei der alleinigen Verwendung nur eines Buchstabens. Die Grenze sollte bei der Verwendung von zwei Buchstaben gezogen werden, deren Kennzeichnungseignung jedenfalls dann zu bejahen ist, wenn ein Verbindungszeichen wie „R+V Versicherung" oder ähnliches verwendet wird.[213]

80

---

207 BGHZ 11, 214, 217; vgl. zu „RBB" BGHZ 74, 1 und BGH, NJW-RR 1998, 253 = GRUR 1998, 165 = BB 1997, 2611.
208 BGHZ 11, 214, 217; BGH, GRUR 1985, 461, 462; vgl. auch Palandt/Heinrichs, BGB, § 12 Rn. 10 f.; Staub/Hüffer, HGB, § 17 Rn. 8.
209 Kögel, Rpfleger 2000, 255, 257.
210 MünchKomm-HGB/Heidinger, § 18 Rn. 17; Canaris, Handelsrecht, § 10 Rn. 15; Röhricht/v. Westphalen/Ammon, HGB, § 18 Rn. 12; Lutter/Welp, ZIP 1999, 1078; Möller, Neues Kaufmanns- und Firmenrecht, S. 26; dies., DNotZ 2000, 830, 831; eingehend zur Namensfähigkeit und Buchstabenkombination und Abkürzungen, Schulenburg, NZG 2000, 1156, 1157; befürwortend auch Lösler, NotBZ 2000, 417, 419; diff. Kögel, BB 1998, 1646; ders., Rpfleger 2000, 255, 256; Müther, GmbHR 1998, 1058, 1060, der bei nicht sprechbaren Abkürzungen neben der fehlenden Unterscheidungskraft vor allem auf das Freihaltebedürfnis abstellt; offen lassend: Koller/Roth/Morck/Roth, HGB, § 18 Rn. 3; vgl. auch OLG Frankfurt, OLG-Report 1998, 381 und OLG Köln, MMR 2000, 161; LG Düsseldorf, NJW-RR 1999, 629, „JPNW"; abl. (zum früheren Recht) BGHZ 11, 214, 218; BGH, NJW-RR 1998, 253 = GRUR 1998, 165 = BB 1997, 2611; Baumbach/Hopt/Hopt, HGB, § 18 Rn. 4; Scholz/Emmerich, GmbHG, § 4 Rn. 10; siehe auch jetzt noch OLG Celle, DB 1999, 40 für eine Vielzahl von aneinandergereihten A; zu Unrecht jüngst wieder ablehnend: OLG Celle, OLGReport 2006, 868 = DB 2006, 1950; gegen OLG Celle auch Anm. Lamsa in: OLG Celle, EWiR 2006, 657; OLG München, NJW-RR 2007, 187.
211 Vgl. die instruktiven Beispiele bei Röhricht/v. Westphalen/Ammon, HGB, § 18 Rn. 12.
212 OLG Celle DB 2006, 1950 = RNotZ 2006, 548: „AKDV-GmbH" und OLG München, NJW-RR 2007, 187 = FGPrax 2007, 38: „K.S.S.e.V."
213 Vgl. aber das bei Röhricht/v. Westphalen/Ammon, HGB, § 18 Rn. 13 genannte Beispiel, das in der Praxis bereits eingetragen wurde „SG GmbH"; siehe auch Kögel, Rpfleger 2000, 255, 256.

81 Zu Recht ablehnend steht die Rspr. bisher einer **sinnlosen Aneinanderreihung von A-Blöcken** gegenüber,[214] die ersichtlich nur dem Zweck dient, für alle Zeiten in allen erdenklichen Verzeichnissen an erster Stelle zu stehen. Buchstabenzusammenstellungen, die kein aussprechbares Wort ergeben, werden vom Verkehr nicht als Fantasieworte aufgefasst.[215] Der Namensfunktion einer Firma werde nur eine solche Kennzeichnung gerecht, die als wörtliche Bezeichnung der Individualisierung einer Person oder eines Gegenstands durch die Sprache diene. Dazu gehöre grds. auch, dass der Name aussprechbar ist und durch die klangliche Wirkung eine bestimmte Vorstellung von dem Objekt seiner Benennung hervorrufe. Im Ergebnis ist dieser Rspr. zuzustimmen. Hierbei sollte allerdings weniger mit der fehlenden Kennzeichnungseignung als in erster Linie mit der Prüfung eines Rechtsmissbrauchs argumentiert werden.[216]

4. Zahlen

82 Ob eine Firma die erforderliche Kennzeichnungseignung besitzt, wenn ihr **Firmenkern allein aus Zahlen** besteht, wird derzeit noch streitig diskutiert.[217] Gegen die Zulassung von Fantasiefirmen ist eingewandt worden,[218] man werde sich mit der Frage konfrontiert sehen, wie es um die Unterscheidungskraft/Kennzeichnungswirkung einer „Fifty-one GmbH" im Verhältnis zu einer „Fifty-two GmbH"[219] bestellt sei oder ob eine „1 + AG" eintragungsfähig sei. Ob eine Kombination willkürlich und sinnlos ist, stellt kein aussagekräftiges Kriterium für die Zulässigkeit der Firma dar. Entscheidend ist letztlich nur, ob die Firma genügend markant ist. So kann jedenfalls dann die **Kennzeichnungseignung** nicht bezweifelt werden, wenn die Zahlen in Buchstaben ausgeschrieben werden.[220] Ob dies auch für reine Ziffernkombinationen gilt, bedarf wohl noch eingehender Rechtstatsachenforschung. In der Praxis besteht jedenfalls bereits eine „1 & 1 AG & Co. KGaA" und eine „1 + 2 GmbH",[221] was dem gesetzgeberischen Willen nach Liberalisierung des Firmenrechts Rechnung trägt. Eine Gefährdung des Rechtsverkehrs hierdurch vermag ich nicht zu erkennen. Allenfalls könnte die **abstrakte Unterscheidungskraft** bei einem Firmenkern ausschließlich aus Ziffern bezweifelt werden, da z.B. eine „45" gegenüber „46" oder „47" abstrakt zu wenig individualisiert. Die – davon genau zu unterscheidende – **konkrete (deutliche) Unterscheidbarkeit** i.S.d. § 30 HGB von einer anderen eingetragenen Firma am gleichen Ort wird bei mehreren Firmen, deren Firmenkern nur aus Ziffern besteht, regelmäßig zu verneinen sein.

83 Werden Zahlen als Firmenbestandteil mit einem Wort oder einer **Buchstabenfolge verbunden** oder mit einer Branchen- oder Gattungsbezeichnung, ist die Kennzeichnungseignung regelmäßig zu bejahen. So haben sich in der Praxis bereits die Firmen „Pro 7", „Sat 1", „tm 3", „4 you" und „O2" etabliert. Dies gilt auch dann, wenn sich der beabsichtigte Sinn nur bei korrekter Aussprache der Zahl in einer fremden Sprache wie im Fall der Firma „One 2 One" ergibt.[222]

---

214 OLG Celle, DB 1999, 40 = NJW-RR 1999, 543 = GmbHR 1999, 412, „AAA AAA AAA AB Lifesex-TV"; OLG Frankfurt, NJW 2002, 2400: „A.A.A.A.A."; wettbewerbsrechtlich zulässig aber Voranstellung der Buchstabenkombination „AA": OLG Hamm, NWB 2005, 174 (Eilnachrichten).

215 BGHZ 11, 214, 217; BGHZ 74, 1 und BGH, NJW-RR 1998, 253 = GRUR 1998, 165 = BB 1997, 2611 zu „RBB".

216 Zutreffend: Canaris, Handelsrecht, § 10 Rn. 16; Schulenburg, NZG 2000, 1156, stellt auf die fehlende Unterscheidungskraft wegen der Vielzahl der Buchstaben ab.

217 Röhricht/v. Westphalen/Ammon, HGB, § 18 Rn. 14; Lutter/Welp, ZIP 1999, 1073, 1078; Canaris, Handelsrecht, § 10 Rn. 17; wohl in ähnlicher Richtung Bülow, DB 1999, 269, 270; K. Schmidt, NJW 1998, 2161, 2167; abl. Kögel, BB 1998, 645, 646; ders., Rpfleger 2000, 255, 256; Müther, GmbHR 1998, 1058, 1060.

218 Kögel, BB 1997, 793, 796.

219 Unterscheidungskraft bejahend: Bülow, DB 1999, 269, 270.

220 So Röhricht/v. Westphalen/Ammon, HGB, § 18 Rn. 14 mit diversen Beispielen.

221 Aus Röhricht/v. Westphalen/Ammon, HGB, § 18 Rn. 14.

222 Canaris, Handelsrecht, § 10 Rn. 17; Hauser, BuW 1999, 109, 110.

II. Unterscheidungskraft (§ 18 Abs. 1 Alt. 2 HGB)

Teilweise wird das Kriterium der **Unterscheidungskraft** nicht genau von der **Kennzeichnungseignung** getrennt.[223] Die abstrakt zu beurteilende Unterscheidungskraft beinhaltet die Individualisierungsfunktion der Firma. Sie muss allgemein gesehen geeignet sein, ihren Inhaber (Unternehmensträger) von anderen Personen (Unternehmensträgern) zu unterscheiden.[224] Damit stellt das Gesetz auf ein Kriterium ab, das im Markenrecht zentrale Bedeutung hat (vgl. §§ 3, 5 Abs. 2, 15 Abs. 3 MarkenG).[225] Unterscheidungskraft setzt danach eine zur Unterscheidung des Unternehmens von anderen ausreichende Eigenart voraus. Diese ist gegeben, wenn die Bezeichnung vom Verkehr als individualisierender Herkunftshinweis auf das Unternehmen aufgefasst wird.[226]

84

Die Frage der Unterscheidungskraft überschneidet sich mit dem ebenfalls aus dem Kennzeichnungsrecht bekannten sog. **Freihaltebedürfnis**. Dieses dürfte wegen der Anlehnung des Firmenrechts an die kennzeichnungsrechtliche Terminologie auch im Firmenrecht berücksichtigt werden müssen, so dass an die Individualisierungskraft der Firma nicht zu geringe Anforderungen zu stellen sind.

Davon abzugrenzen ist das **konkrete Unterscheidbarkeitserfordernis** nach § 30 HGB, wonach eine Firma mit einer bereits im Handelsregister eingetragenen anderen Firma am gleichen Ort nicht konkret verwechslungsfähig sein darf.[227] Danach prüft das Registergericht konkret die „deutliche Unterscheidbarkeit" gegenüber den schon im Register eingetragenen Firmen.

Die **Individualisierungsfunktion** muss nach § 18 Abs. 1 HGB n.F. aber **nur abstrakt, nicht mehr konkret** sein. Denn es wird nicht mehr das Anliegen des Abs. 1 a.F. verfolgt, die konkrete Identität des Trägers eines kaufmännischen Unternehmens aus der obligatorischen Personenfirma möglichst ableiten zu können.[228] Dies zeigt sich schon an der Zulassung von Sach- und Fantasiefirmen. Wer konkret den Unternehmer oder die Gesellschafter einer Handelsgesellschaft erkennen will, muss Einblick ins Handelsregister nehmen. § 37a HGB fördert insoweit die Registerpublizität, da Kaufleute danach auf den Geschäftsbriefen zur Angabe des Ortes der Hauptniederlassung, des Registergerichts und der Nummer des Registerblattes verpflichtet sind.

85

Fehlende Unterscheidungskraft i.S.v. Abs. 1 kann gleichzeitig den Tatbestand der **Eignung zur Irreführung** erfüllen. Im Rahmen der Prüfung nach Abs. 1 sind die Merkmale „wesentlich" und „ersichtlich" nicht heranzuziehen.[229] Wird die Unterscheidungskraft verneint, bedarf es aber keiner weiteren Prüfung nach § 18 Abs. 2 HGB.

---

223 Ebenroth/Boujong/Joost/Zimmer, HGB, § 18 Rn. 3, spricht von der Unterscheidungskraft und der damit einhergehenden Kennzeichnungseignung.

224 Röhricht/v. Westphalen/Ammon, HGB, § 18 Rn. 17; Canaris, Handelsrecht, § 10 Rn. 18 f.; Bülow, DB 1999, 269, 270; Lutter/Welp, ZIP 1999, 1073, 1074.

225 Möller, Neues Kaufmanns- und Firmenrecht, S. 25; Bedenken gegen den „Gleichklang" beim Markenrecht und Firmenrecht wegen der unterschiedlichen Bezugsobjekte: Kögel, Rpfleger 2000, 255, 256.

226 Vgl. zum Markenrecht BGH, NJW-RR 1996, 230 COTTON LINE = GRUR 1996, 68; Fezer, Markenrecht, § 15 MarkenG Rn. 40; Ingerl/Rohnke; MarkenG, § 3 Rn. 23; BGH, GRUR 1999, 492 = NJW-RR 1999, 1202 – „Altberliner"; dazu Gehrlein, EWiR 1999, 567.

227 Vgl. z.B. OLG Stuttgart, NJWE-WettbR 1996, 111, „START Ticket" und „Starticket" war unterscheidungskräftig, aber verwechslungsfähig.

228 Ebenroth/Boujong/Joost/Zimmer, HGB, § 18 Rn. 6.

229 HK/Ruß, HGB, § 18 Rn. 7.

1. Sachfirma

a) Branchen- oder Gattungsbezeichnungen

86 Nichtssagende Bezeichnungen wie reine Branchenangaben[230] genügen nicht und sind unzulässig.[231] Die Firma muss zur Individualisierung geeignet sein, was bei **Branchen- oder Gattungsbezeichnungen** nicht der Fall ist.[232] Auch nach neuem Recht können allein mit Branchenangaben wie „Gaststätten", „Bau" oder „Transport" keine Sachfirmen gebildet werden.[233] Darüber hinaus liegt in Gattungsbezeichnungen die **„Selbstberühmung"**,[234] das einzige oder eines der bedeutendsten Unternehmen innerhalb seiner Gattung zu sein.[235] Außerdem spricht das Freihaltebedürfnis des Verkehrs dagegen, Branchen- oder Gattungsbezeichnungen genügen zu lassen..[236]

> *Beispiele für nicht eintragungsfähige Sachfirmen:*
>
> *„Stapler-Vermietung", „Gebäudereinigung"[237] „, „Eisenhandel", „Mineralölvertrieb"[238] oder „Bauland".[239]*

An der Grenze liegt eine Entscheidung des **BayObLG**,[240] nach der „inter-handel" zulässig sein soll, weil eine „gewisse Eigentümlichkeit" nicht zu verkennen sei. Zulässig als nicht nur beschreibende Gattungsbezeichnung sind aber die Firmenbestandteile „Floratec"[241] und „meditec".[242]

Auch die **Begründung zum Regierungsentwurf**[243] spricht für die hier vertretene Meinung. Es heißt dort, die Unterscheidungskraft von Fantasiefirmen könne durchaus größer sein als die von Sachfirmen, die dem Unternehmensgegenstand entnommen sind. Sachfirmen seien nämlich wegen ihres von ihrer Natur her eher beschreibenden Charakters bei Unternehmen, die in dem gleichen Wirtschaftssektor tätig sind, zwangsläufig dem Risiko fehlender Unterscheidungskraft ausgesetzt.

---

230 OLG Hamm, DB 1977, 2179 „Industrie und Baubedarf", „Transportbeton"; OLG Oldenburg, BB 1990, 443 „Baumaschinen Consulting GmbH"; BGH, GRUR 2004, 514 „Telekom" zu § 5 Abs. 2 MarkenG; BayObLG, NJW-RR 2003, 1544 = NZG 2003, 1029 „Profi-Handwerker".

231 Bayer, in: Lutter/Hommelhoff, GmbHG, § 4 Rn. 3, 6; Baumbach/Hueck/Fastrich, GmbHG, § 4 Rn. 13; Scholz/Emmerich, GmbHG, § 4 Rn. 18 f.; Kögel, BB 1998, 1645; siehe auch OLG Brandenburg, Beschl. v. 22.3.2006 – 13 Wx 21/05, n.v., zur ausnahmsweisen Zulässigkeit bei Verkehrsgeltung als Herkunftsbezeichnung; a.A.: Hachenburg/Heinrich, GmbHG, § 4 Rn. 26; Staub/Hüffer, HGB, § 19 Rn. 40.

232 OLG Frankfurt, OLG-Report 2005, 407 ff. = Rpfleger 2005, 366 f. = FGPrax 2005, 133 f.; BayObLG, GmbHR 2003, 1003 = NZG 2003, 1029; vgl. auch Priester, DNotZ 1998, 691, 697; Kögel, BB 1998, 1645, 1646; Schumacher, ZAP Fach 15, S. 309.

233 BayObLGZ 1997, 187 = NJW-RR 1998, 40 = Rpfleger 1997, 531; Müther, GmbHR 1998, 1058, 1059; Hauser, BuW 1999, 109, 110.

234 Wellmann, BB 1961, 1102.

235 Bokelmann, Firmenrecht, Rn. 508 ff.

236 Müther, GmbHR 1998, 1058, 1059; Scholz/Emmerich, GmbHG, § 4 Rn. 19; zum Freihaltebedürfnis eingehend Fezer, Markenrecht, § 15 MarkenG Rn. 50.

237 OLG Düsseldorf und LG Aachen, Beilage 9 zu BB Heft 30/1971, 15 f.

238 Bayer, in: Lutter/Hommelhoff, GmbHG, § 4 Rn. 6; w.N. bei Keidel/Krafka/Willer, Registerrecht, Rn. 727 unter bb.

239 OLG Dresden, GRUR 1997, 846.

240 BayObLGZ 1972, 388 = NJW 1973, 371.

241 OLG Saarbrücken, NJWE-WettbR 1999, 258.

242 BayObLGZ 1999, 114 = NJW-RR 2000,111; abl. Möller, DNotZ 2000, 831, 837 wegen der Mehrdeutigkeit.

243 BT-Drucks. 13/8444, S. 37.

Individualisierende Zusätze können Gattungsfirmen aber unter bestimmten Umständen zulässig machen.[244] Insoweit kommen zunächst Fantasiebezeichnungen in Betracht und auch Ortsnamen,[245] sofern diese Zusätze nicht ihrerseits täuschen.[246] Werden Gattungsbezeichnungen mit Ortsbezeichnungen verbunden, müssen Letztere aber an sich zulässig sein,[247] um das Gebot firmenrechtlicher Individualisierung zu erfüllen. Nach der hier vertretenen Ansicht zur Aussprechbarkeit von Buchstabenkombinationen genügt regelmäßig auch das Hinzufügen von mindestens zwei Buchstaben zur Individualisierung. So schreibt auch Kögel[248] unter der Überschrift „farblose Sachfirmen", das bisher geltende Konkretisierungsgebot sei aufgegeben worden. „Betreibt eine GmbH den Schuhhandel, kann die Firma künftig nur ‚ABC Handels-GmbH' lauten".

87

b) Umgangssprache, Sachbezeichnungen und geografische Bezeichnungen

Die Firma muss auch **abstrakt Unterscheidungskraft** besitzen, um eine Verwechslungsgefahr mit anderen Firmen – gemessen an der Verkehrsauffassung des angesprochenen Publikums – auszuschließen. Nach Baumbach/Hefermehl[249] sind wegen Fehlens der Unterscheidungskraft Worte der **Umgangssprache, Sachbezeichnungen und geografische Bezeichnungen** nicht schutzfähig, wenn die Firma allein mit ihnen gebildet wird. Gleiches gilt für reine Gattungsbezeichnungen. Fehlende Unterscheidungskraft hat die Rspr. etwa geschäftlichen Bezeichnungen wie „Managementseminare", „Altamoda", „Sicherheit + Technik" bescheinigt. Als unterscheidungsfähig dagegen wurden im Einzelfall angesehen „Rhein-Chemie", „Interglas", „Datacolor", „Interprint" und „Computerland".[250]

88

Auch ein Wort der Umgangssprache, eine Gattungsbezeichnung oder ein Allerweltsname wird jedenfalls **schutzfähig** und als Firma verwendbar, **wenn Verkehrsgeltung erlangt ist**.[251] Der BGH[252] hat erkannt, die Bezeichnung „Video-Rent" sei als Firmenbezeichnung für einen Geschäftsbetrieb, der Geräte und Zubehör der Unterhaltungselektronik einschließlich Videogeräten und Videokassetten umfasse, nicht unterscheidungskräftig. In den Gründen ist ausgeführt: Da der Firmenbestandteil „Video-Rent" keine Verkehrsgeltung erlangt habe, setze ein Schutz voraus, dass es sich um eine unterscheidungskräftige Bezeichnung handelt. An dieser Voraussetzung fehle es regelmäßig bei Gattungsbezeichnungen, insb. bei **rein beschreibenden Angaben**. Diese besäßen meistens keine ausreichende Eigenart, um vom Verkehr als eindeutiger Hinweis auf einen bestimmten Namensträger aufgefasst zu werden. Mit gleicher Argumentation lehnte der BGH die unternehmenskennzeichnende Unterscheidung bei „Leasing-Partner"[253]

---

244 Zulässig ist etwa „Luma Rohstoffhandel" oder „Lactan Milchtechnik", Veismann, DB 1966, 99, 100; unzulässig: „Baumaschinen Consulting" ist als Gattungsbezeichnung nicht geeignet, hinreichend zu individualisieren, OLG Oldenburg, GmbHR 1990, 350, ebenso: OLG Hamm, OLGZ 1978, 38 zu „Industrie- und Baubedarf"; OLG Frankfurt, DB 2006, 269f. = GmbHR 2006, 259 ff., Individualisierung des allgemein gehaltenen Firmenbestandteils „consulting" durch vorangestellten Zusatz „perspectives".
245 Scholz/Emmerich, GmbHG, § 4 Rn. 19 m. eingehenden N.
246 Zur Täuschungseignung siehe unten Rn. 97 f.; OLG Köln, RNotZ 2006, 193 ff. FG Prax 2006, 129 (Verein), zum umfassenden Repräsentationsanspruch durch den Zusatz „Deutschland"; OLG Frankfurt, OLG-Report 2005, 407ff. = Rpfleger 2005, 366 f. = FGPrax 2005, 133 f.: Täuschung durch historischen geografischen Zusatz („Hessen-Nassau"); zur „Selbstberühmung" bei geografischen Bezeichnungen „Ostfriesland" LG Aurich, Rpfleger 2006, 198 f.
247 Veismann, DB 1966, 99, 100: fraglich „Rheinische Polstermöbel" oder „Teppichreinigung Ruhr".
248 BB 1998, 1645, 1646.
249 Baumbach/Hefermehl, Wettbewerbsrecht, § 16 UWG Rn. 29 ff. m. eingehenden N.; siehe auch Müther, GmbHR 1998, 1058, 1059 mit dem Freihaltebedürfnis begründet.
250 Entnommen der Veröffentlichung des DIHT, Neues Kaufmanns- und Firmenrecht, S. 25, ohne nähere Fundstellenn.
251 Baumbach/Hefermehl, Wettbewerbsrecht, § 16 UWG Rn. 32.
252 NJW 1987, 438 = GRUR 1988, 319.
253 GRUR 1991, 556 = NJW-RR 1991, 1190.

und bei „COTTON-LINE"[254] ab. Die Firmenbestandteile „NetCom"[255] und „acpharma"[256] erkannte er hingegen an.[257]

2. Personenfirma

89 Z.T.[258] wird sog. **Allerweltsnamen** wie Meier oder Müller ohne Zusatz eines Vornamens schon die abstrakte Unterscheidbarkeit abgesprochen. Diese Meinung ist noch zu sehr von der alten Rechtslage nach § 18 Abs. 1 HGB a.F. geprägt und verwischt die Differenzierung zwischen Kennzeichnungseignung, abstrakter Unterscheidungskraft und konkreter Unterscheidbarkeit i.S.d. § 30 HGB von anderen Firmen am gleichen Ort.[259] Die Namensfunktion im Rahmen der Kennzeichnungseignung steht auch bei einem Allerweltsnamen außer Frage. Auch die abstrakte Unterscheidungskraft im Sinne einer Identifizierungseignung eines bestimmten Unternehmens liegt vor.[260] Die Verkehrskreise sind grds. bei jeder Personenfirma in der Lage auf einen bestimmten Unternehmensträger zu schließen. Schon nach altem Recht war daher z.B. eine Müller-GmbH zulässig. Nur die konkrete Unterscheidbarkeit mehrerer Allerweltsnamenfirmen am gleichen Ort kann es erforderlich machen, einen Zusatz wie z.B. den Vornamen hinzuzufügen.

90 Auch die **abgewandelte oder gekürzte Verwendung** des eigenen Namens in der Firma bzw. die Benutzung eines **fremden Namens** stellt kein Problem der Kennzeichnungseignung oder der abstrakten Unterscheidungskraft dar. Nur die Täuschungseignung nach § 18 Abs. 2 HGB steht hier ggf. zur Debatte.

3. Fantasiefirma

91 Die Fantasiefirma wird i.a.R. unterscheidungskräftiger sein als eine Sach- oder Personenfirma. Probleme können aber mit der Kennzeichnungseignung z.B. bei reinen Zahlen- oder Buchstabenkombinationen auftreten.[261] Bei nur aus Allgemeinbegriffen gebildeten Fantasiebezeichnungen fehlt die Kennzeichnungseignung wie bei Gattungsbegriffen.[262] In diesem Zusammenhang werden „Creativ", „Fun", „Welch ein Tag",[263] „Today"[264] oder „Turbo"[265] genannt.

D. Firmenwahrheit/Irreführungsverbot

92 Die Rspr. und die darauf fußende Lit. zu den einzelnen Fallgruppen von täuschungsgeeigneten Firmenbestandteilen[266] stammen meist aus der Zeit vor dem HRefG 1998. Da sich die gesetzlich festgelegten Maßstäbe für die nach § 18 Abs. 2 HGB untersagte Täuschungseignung geändert haben, ist diese **Rspr.** nur noch eingeschränkt auf die heutige Rechtslage anwendbar.[267] In vielen Fällen wird daher eine **Neube-**

---

254 GRUR 1996, 68.
255 GRUR 1997, 468; anders aber LG Stuttgart, Urt. v. 27.5.1996 – 10 KfH 039/99, n.v., für „e-com" zitiert bei Möller, DNotZ 2000, 830, 831 FN 6.
256 GRUR 1992, 550 = MDR 1992, 861.
257 Krit. zur Rechtsklarheit bei dieser Abgrenzung Kögel, Rpfleger 2000, 255, 256.
258 Roth, in: Die Reform des Handelsstandes und der Personengesellschaften, S. 31, 36; Fezer, Markenrecht, § 8 MarkenG Rn. 30 ff.
259 Heidinger, DB 2005, 815.
260 Ebenroth/Boujong/Joost/Zimmer, HGB, § 18 Rn. 7; Möller, Neues Kaufmanns- und Firmenrecht, S. 24; im Zusammenhang mit dem Schutz nach §§ 5, 15 MarkenG Ingerl/Rohnke, MarkenG, § 5 Rn. 24; abl. Fezer, Markenrecht, § 15 MarkenG Rn. 40; zweifelnd: BGH, GRUR 1979, 642, 643 „Billich".
261 Siehe oben Rn. 80.
262 Bülow, DB 1999, 269, 270.
263 BPatG, WRP 1998, 893.
264 BGH, NJW-RR 1998, 1261.
265 BGH, NJW 1995, 1754 = GRUR 1995, 410 = DB 1995, 1602.
266 Vgl. dazu ausführlich MünchKomm-HGB/Heidinger, § 18 Rn. 106 ff.
267 OLG Stuttgart, Die Justiz 2000, 126: nur bedingt und mit „größter Vorsicht"; so auch OLG Frankfurt, DB 2001, 1664 = Rpfleger 2001, 428; Koller/Roth/Morck/Roth, HGB, § 18 Rn. 11.

wertung erforderlich.[268] Die in der Anwendung von § 18 Abs. 2 HGB eventuell enthaltene Einschränkung der Freiheit der Berufsausübung begegnet keinen verfassungsrechtlichen Bedenken.[269]

I. Bestandteile

1. Firmenwahrheit

a) Grundsatz

Firmenwahrheit bedeutet, dass Irreführungen des Publikums vermieden werden sollen.[270] Die Firma darf weder in ihrem Kern noch den Zusätzen oder insgesamt Angaben enthalten, die geeignet sind, über geschäftliche Verhältnisse, die für die angesprochenen Verkehrskreise wesentlich sind, unrichtige Vorstellungen hervorzurufen bzw. einen objektiv falschen Tatbestand zu behaupten.[271] Auch Übertreibungen können dem Irreführungsverbot unterfallen.

93

b) Frei gewordene Firma

Das Gebot der Firmenwahrheit begleitet die Firma, solange diese besteht und entfaltet unter Umständen in Bezug auf Dritte selbst dann noch Wirkung, wenn sie erloschen ist. Die Firma des Einzelkaufmanns erlischt, wenn sie nicht mehr benutzt, das Handelsgewerbe dauernd und nicht nur vorübergehend aufgegeben wird. Rein formal ist die erloschene Firma nun „frei", und doch kann die Firma nicht – zumindest nicht unmittelbar nach ihrer Aufgabe – von einem anderen Unternehmen am gleichen Ort angenommen werden. Zwar liegt dann kein Verstoß gegen § 30 HGB vor (es waren nie gleichzeitig zwei Firmen gleichen Namens im Handelsregister eingetragen), doch kann der redliche Verkehr getäuscht werden, wenn für ihn nicht erkennbar ist, dass sich unter dem bisherigen (alten) Namen nun ein anderes, neues Rechtsgebilde verbirgt,[272] was im Übrigen z.T. bewusst ausgenutzt wird.[273]

94

> *Beispiel:*
>
> *Die Verwendung des Zusatzes „HEIA – Polstermöbelfabrik" kann in der Öffentlichkeit den Eindruck erwecken, die gelöschte Firma „Heia – Polstermöbelwerkstätten" sei wiederaufgelebt.[274]*

c) Nachträglich unwahr gewordene Firma

Die Firma muss (im recht verstandenen Sinne) wahr und klar sein.[275] Dieser Grundsatz gilt uneingeschränkt jedenfalls für die Firmenneubildung.[276] Er beansprucht aber im Prinzip auch Geltung, wenn eine

95

---

268 Ebenroth/Boujong/Joost/Zimmer, HGB, § 18 Rn. 45; so ausdrücklich z.B. OLG Hamm, NZG 1999, 994 zu „Euro" und „European"; zur wettbewerbsrechtlichen Irreführung von „EU-GmbH" LG Dresden, NZG 2006, 909.

269 BVerfG, NJW 2006, 1499 = DB 2006, 1674 = NJW-RR 2006, 784 zur Partnerschaftsgesellschaft aus Rechtsanwälten für die Berufsbezeichnung „Rechtsanwälte und Steuerberatung"; siehe dazu auch die Anm. von Ruppert, DStR 2006, 1015.

270 Heinrich, Firmenwahrheit und Firmenbeständigkeit, Rn. 1.

271 BayObLGZ 1971, 347, 348 ff.; 1972, 277, 280; 1989, 44, 46; Scholz/Emmerich, GmbHG, § 4 Rn. 17 m. eingehenden N.; Kögel, Rpfleger 2000, 255, 258.

272 OLG Hamburg, OLGZ 1987, 191, 192 f.; Bokelmann, Firmenrecht, Rn. 98 f.; K. Schmidt, Handelsrecht, § 12 III 3 c: „Problem des sog. Firmenwechsels"; anders, wenn auch mit Einschränkungen, Wellmann, GmbHR 1972, 193, 197.

273 K. Schmidt, Handelsrecht, § 12 III 3 c: es werde teilweise versucht, die Firmen „regelrecht auszutauschen".

274 OLG Hamm, Rpfleger 1967, 414.

275 BGHZ 80, 353, 355; BayObLG, DB 1990, 2013; OLG Hamm, OLGZ 1987, 290, 291.

276 BGHZ 65, 89, 92; 80, 353, 355; Heinrich, Firmenwahrheit und Firmenbeständigkeit, Rn. 9.

ursprünglich wahre und klare Firma nachträglich als unwahr einzustufen ist.[277] Die Firma kann nachträglich unwahr werden, weil die **tatsächlichen Verhältnisse**, die **Rspr.** in der Gesetzesauslegung, der **Sprachgebrauch** oder die **Verkehrsauffassung sich ändern**.[278]

d) Abgeleitete Firma

96 Handelt es sich um eine abgeleitete Firma, wird der Grundsatz der **Firmenwahrheit durch §§ 21, 22 und 24 HGB relativiert**[279] (siehe dazu genauer unten Rn. 135 ff.).

2. Irreführungseignung

97 Irreführungseignung i.S.d. § 18 Abs. 2 HGB ist anzunehmen, wenn eine Angabe bei den maßgeblichen Verkehrskreisen eine unrichtige Vorstellung hervorrufen kann.[280] Die Angabe muss nur zur Täuschung geeignet, eine Täuschung nicht tatsächlich eingetreten sein. Im Gegensatz zu der bisherigen Regelung wird ein umfassendes Irreführungsverbot für alle Firmenbestandteile einschließlich der Firma als Ganzes, nicht mehr nur der Firmenzusätze festgelegt. Wie nach bisherigem Recht ist unerheblich, ob eine Irreführung beabsichtigt[281] oder bereits eingetreten ist.[282] Maßgebend ist **die Eignung zur Täuschung.**[283]

98 Entscheidendes Abgrenzungskriterium für die Frage der Irreführungseignung sind die **angesprochenen Verkehrskreise.** Dabei bedarf die Verkehrsauffassung objektiver Eingrenzung. Von dem (gedachten) Durchschnittsadressaten ist zu fordern, dass er sich um Erkenntnis bemüht und kritisch überlegt, welches der richtig verstandene Aussagewert einer Firma sein kann und soll. Für die Gefahr einer Täuschung ist nicht von einem einfältigen, dummen, desinteressierten und unaufmerksamen Verkehrsteilnehmer auszugehen, sondern von einem kritischen, aufmerksamen und „umsichtigen",[284] der in viel geringerem Umfang des gerichtlichen Schutzes bedarf als bisher angenommen und praktiziert.

3. Geschäftliche Verhältnisse

99 I.S.d. § 18 Abs. 2 HGB relevant ist nur eine Irreführungsgefahr über geschäftliche Verhältnisse. Diese im Vergleich zu § 18 HGB a.F. geänderte Formulierung[285] lehnt sich an § 3 UWG a.F. an.[286] Das sind Umstände, die den Geschäftsbetrieb des Firmenträgers, z.B. Art, Umfang und Branchenbezug des Betriebs, den Inhaber des Betriebs und seine Verhältnisse betreffen.[287] Dieser Begriff ist weit auszulegen, so dass z.B. auch Angaben über die Waren- und Dienstleistungen neben denen über den Geschäftsbetrieb selbst darunter fallen.[288] Ausgeschlossen sind rein private Verhältnisse. Z.T. wird die diesbezügliche Änderung

---

277 BGHZ 10, 196, 201; RGZ 169, 147, 150 unter Bezugnahme auf RGZ 162, 121; hierzu Hachenburg/Heinrich, GmbHG, § 4 Rn. 29 ff.; Heymann/Emmerich, HGB, § 18 Rn. 18; Scholz/Emmerich, GmbHG, § 4 Rn. 20 f.; Bokelmann, Firmenrecht, Rn. 531 ff., 706 ff., 830 ff., 840 ff.; Weber, Das Prinzip der Firmenwahrheit, S. 110 f., 131; a.A.: Roth/Altmeppen, GmbHG, § 4 3.1.3.
278 Siehe zu den verschiedenen Fallgestaltungen MünchKomm-HGB/Heidinger, § 18 Rn. 38 ff.
279 Heinrich, Firmenwahrheit und Firmenbeständigkeit, Rn. 4.
280 Vgl. dazu ausführlich Wolff, DZWIR 1997, 397 ff.
281 RGZ 156, 16, 22.
282 KGJ 22, A 97, 99.
283 BGHZ 22, 88, 90; OLG Hamm, NJW 1968, 2381; BayObLG, DB 1979, 83 = BB 1979, 184; h.M., vgl. nur Heymann/Emmerich, HGB, § 18 Rn. 21; Staub/Hüffer, HGB, § 18 Rn. 29; Bokelmann, Firmenrecht, Rn. 95; Hofmann, JuS 1972, 233, 235 f.
284 Vgl. Meyer, WRP 1993, 215, 224 zu der Abkehr vom „flüchtigen Verbraucher" im Wettbewerbsrecht und dem Verbraucherleitbild des EuGH mit eingehenden Literaturhinweisen.
285 Dort noch über die Art oder den Umfang des Geschäfts oder die Verhältnisse des Geschäftsinhabers.
286 Schumacher, HRefG, S. 62; Röhricht/v. Westphalen/Ammon, HGB, § 18 Rn. 27; Begr. RegE, BT-Drucks. 13/8444, S. 52; Schaefer, ZNotP 1998, 170, 176.
287 Koller/Roth/Morck/Roth, HGB, § 18 Rn. 8; vgl. zu § 3 UWG Baumbach/Hefermehl, Wettbewerbsrecht, § 3 UWG Rn. 121 ff.
288 Baumbach/Hopt/Hopt, HGB, § 18 Rn. 13.

des Gesetzestextes nur als redaktionell angesehen.[289] Es sollte ausweislich der Regierungsbegründung zu § 18 Abs. 2 HGB jedenfalls ein ausdrücklich umfassendes Irreführungsverbot für sämtliche Firmenbestandteile einschließlich der Firma als Ganzes normiert werden, was den früher geregelten Fall täuschungsgeeigneter Zusätze mitumfassen soll.[290]

4. Verkehrswesentlichkeit

Die Möglichkeiten der Firmenbildung sollen durch das Irreführungsverbot nicht über Gebühr eingeschränkt und das Registerverfahren durch die Firmenprüfung nicht unangemessen verzögert werden. Daher sollen nur solche Angaben als zur Irreführung geeignet beanstandet werden können, die für die angesprochenen Verkehrskreise wesentlich sind. Der Gesetzgeber führte damit eine **neue Wesentlichkeitsschwelle** ein. Es handelt sich dabei um eine materiell-rechtliche Einschränkung, die § 13a UWG a.F. entlehnt ist und sicherstellen soll, dass nicht auch Angaben von geringer wettbewerblicher Relevanz oder solche, die für die wirtschaftliche Entscheidung der angesprochenen Verkehrskreise nur von untergeordneter Bedeutung sind, als irreführend eingestuft werden.[291] Hierin sind zwei Komponenten enthalten. Die geschäftlichen Verhältnisse, über die ein Irrtum droht, müssen von einer gewissen Bedeutung sein. Darüber hinaus soll es wie bei § 13a UWG a.F. nicht allein auf das Verständnis eines „nicht unerheblichen Teils" der angesprochenen Verkehrskreise, sondern – objektiviert – auf die Sicht des durchschnittlichen Angehörigen des betreffenden Personenkreises bei verständiger Würdigung ankommen.[292] Dabei muss sowohl für die Frage der Einordnung als wesentlich als auch für die Frage der Irrtumseignung auf das neue Kriterium der „**angesprochenen Verkehrskreise**" abgestellt werden.[293] Seit 1998 ist nach § 18 Abs. 2 HGB zu fordern, dass die Möglichkeit der Täuschung nicht nur einzelne betrifft, sondern die angesprochenen Verkehrskreise als eine ganze Gruppe von Adressaten.[294]

100

5. Ersichtlichkeit (§ 18 Abs. 2 Satz 2 HGB)

Nach § 18 Abs. 2 Satz 2 HGB wird in dem Verfahren vor dem Registergericht die Eignung zur Irreführung nur berücksichtigt, wenn sie „ersichtlich" ist. Die Formulierung will zum Ausdruck bringen, dass im Registerverfahren **nur ein „Grobraster"** an die Prüfung der Eignung zur Irreführung gelegt werden soll. Es soll „verhindert werden, dass jedenfalls ersichtlich irreführende Firmenbestandteile, also solche, bei denen die Täuschungseignung nicht allzu fern liegt und ohne umfangreiche Beweisaufnahme bejaht werden kann, überhaupt zur Eintragung gelangen".[295] Die Ersichtlichkeit der Irreführung setzt also voraus, dass sich diese dem objektiven Betrachter und damit dem Registerrichter ohne weiteres insb. ohne Erhebung von Beweisen aufdrängen muss.[296] I.d.R. ist eine Publikumsbefragung also nicht (mehr) erforderlich.[297] Der Richter darf jedenfalls, soweit er sich auch als Angehöriger der angesprochenen Verkehrskreise verstehen kann, selbst die ersichtliche Irreführung beurteilen.[298] Auch einer Stellungnahme der IHK bedarf es nach dem ebenfalls geänderten § 23 HRV nur noch, wenn das Registergericht Zweifel an der Eintra-

101

---

289 Wessel/Zwernemann/Kögel, Firmengründung, Rn. 118; Kögel, BB 1997, 793, 798.
290 Begr. RegE, BT-Drucks. 13/8444, S. 52 f.
291 Begr. RegE, BT-Drucks. 13/8444, S. 53.
292 Begr. RegE, BT-Drucks. 13/8444, S. 53; Roth, in: Die Reform des Handelsstandes und der Personengesellschaften, S. 31, 43.
293 MünchKomm-HGB/Heidinger, § 18 Rn. 49 f.
294 HK/Ruß, HGB, § 18 Rn. 15; BayObLGZ 1999, 114 = NJW-RR 2000, 111.
295 Begr. RegE, BT-Drucks. 13/8444, S. 54.
296 BayObLGZ 1999, 114 = NJW-RR 2000, 111; KG, FGPrax 2005, 77 f. (Akademie) verneint bei streitiger wettbewerbsrechtlicher Rechtsprechung; Wachter, GmbHR 2004, 88, 98, plädiert (wohl de lege ferenda) sogar dafür, den Prüfungsumfang des Registergerichtes generell auf offensichtliche Verstöße gegen das Firmenrecht zu beschränken.
297 OLG Stuttgart, FGPrax 2004, 40.
298 Röhricht/v. Westphalen/Ammon, HGB, § 18 Rn. 27 f.; Ebenroth/Boujong/Joost/Zimmer, HGB, § 18 Rn. 35 ff.; OLG Köln, RNotZ 2006, 193 ff. bei einem Vereinsnamen.

gungsfähigkeit hat. Bei berechtigten Zweifeln bleibt aber die Möglichkeit der Amtsermittlung nach § 12 FGG.[299]

II. Einzelfälle

1. Personenfirma mit Namen von Nichtgesellschaftern

102 Die Verwendung des Namens von Gesellschaftern oder vom Geschäftsinhaber ist seit dem HRefG 1998 nur noch in der Partnerschaftsgesellschaft obligatorisch. Allen anderen Rechtsträgern steht es daher jetzt grds. frei, „ob" und „wie" sie ihre **fakultative Personenfirma** bilden.

Die Frage, ob bei einer freiwillig gewählten Personenfirma der Name eines Nichtgesellschafters bzw. bei der KG des Kommanditisten verwendet werden darf, ist aber weiterhin umstritten.[300] Von den ablehnenden Stimmen[301] wird zur Begründung nicht genau genug differenziert. Entscheidender Aspekt ist allein die **Irreführungseignung** i.S.d. § 18 Abs. 2 HGB. Danach ist nur eine für das Registergericht „ersichtliche" Irreführung über verkehrswesentliche (wettbewerbsrelevante) geschäftliche Verhältnisse relevant. Daher kommt letztlich nur die Irreführung über die persönliche Haftung des Namensgebers in Frage.[302] Die Tatsache, dass der Namensgeber in irgendeiner sonstigen Beziehung zum betreffenden Unternehmen steht, ist als solches kein verkehrswesentliches geschäftliches Verhältnis.[303]

103 Bei einer **Kapitalgesellschaft** können die angesprochenen Verkehrskreise schon wegen des eindeutigen Rechtsformzusatzes nicht zu Unrecht einen persönlich haftenden Gesellschafter vermuten.[304] Das Gleiche gilt für die **Personenhandelsgesellschaften** mit einem Rechtsformzusatz nach § 19 Abs. 2 HGB (insb. die GmbH & Co KG). Aber auch bei einer gesetzestypischen Personenhandelsgesellschaft oder einem **Einzelkaufmann** war die zuverlässige **Information über die persönliche Haftung** des Namensgebers aus der Firma wegen der Möglichkeit der Firmenfortführung trotz Inhaber- oder Gesellschafterwechsel nach §§ 22 und 24 HGB schon früher eingeschränkt. Wegen der Aufgabe der obligatorischen Personenfirma für diese Rechtsträger können die angesprochenen Verkehrskreise seit dem HRefG 1998 überhaupt nicht mehr mit Informationen in der Firma über den Geschäftsinhaber oder persönlich haftenden Gesellschafter rechnen.[305]

Selbst wenn eine Irreführung über die Stellung des Namensgebers als persönlich haftenden Gesellschafter oder Geschäftsinhaber in Frage kommt, ist diese jedenfalls **nicht verkehrswesentlich** (wettbewerbsrelevant), wenn es sich um einen Fantasienamen, den Namen eines lange verstorbenen Prominenten[306] oder eine den angesprochenen Verkehrskreisen unbekannte oder im Geschäftsleben unbedeutende Person handelt. Denn es fehlt dann jede Assoziation bzgl. Bonität, Geschäftsgewandtheit oder einer ähnlichen verkehrswesentlichen Eigenschaft.

---

299 Jung, ZIP 1998, 677, 678; Gegenäußerung der Bundesregierung zur Stellungnahme des BR, ZIP 1997, 2025, 2028; Kögel, BB 1998, 1645, 1649.

300 Grds. befürwortend: Koller/Roth/Morck/Roth, HGB, § 18 Rn. 15 dd; Roth, in: Die Reform des Handelsstandes und der Personengesellschaften, S. 31, 47; Ebenroth/Boujong/Joost/Zimmer, HGB, § 18 Rn. 11; Röhricht/v. Westphalen/Ammon, HGB, § 19 Rn. 24 und 54; Priester, DNotZ 1998, 691, 699; Schumacher, HRefG, S. 64 f.; LG Wiesbaden, DStR 2004, 1359; Vollrath, in: Widmann/Mayer, Umwandlungsrecht, § 18 HGB Rn. 26; im Ergebnis auch Jung, ZIP 1998, 677, 683, soweit sie nicht irreführungsgeeignet i.S.d. § 18 Abs. 2 HGB sind.

301 Vgl. z.B. Baumbach/Hopt/Hopt, HGB, § 19 Rn. 6, 13, 21.

302 Siehe ausführlich Heidinger, DB 2005, 815; siehe jetzt auch für die KG: OLG Saarbrücken, Rpfleger 2006, 415 = DB 2006, 1002 = FGPrax 2006, 131 = RNotZ 2006, 195.

303 Heidinger, DB 2005, 815; anders offenbar aber Röhricht/v. Westphalen/Ammon, HGB, § 19 Rn. 24; Schumacher, HRefG, S. 65; vgl. auch LG Frankfurt/M., GmbHR 2002, 966 m. Anm. Möller.

304 So jetzt ausdrücklich auch LG München, Mitt BayNot 2007, 71 zur GmbH.

305 OLG Saarbrücken, Rpfleger 2006, 415 = DB 2006, 1002 = FGPrax 2006, 131 = RNotZ 2006, 195: spätestens seit Ablauf der Übergangsfrist des Art. 38 HGB am 31.3.2003.

306 Röhricht/v. Westphalen/Ammon, HGB, § 18 Rn. 32.

2. Rechtsformzusätze, Gesellschaftszusätze, „& Partner"

Nach § 19 Abs. 1 HGB sowie § 4 GmbHG, § 4 AktG, § 3 GenG und § 2 PartGG muss jeder Unternehmensträger zwingend einen seine Rechtsform **charakterisierenden Rechtsformzusatz** in der Firma beinhalten. Diesbezüglich duldet das Gesetz auch nach dem HRefG 1998 keine Täuschungen.[307] Der Gesetzgeber hat die Wichtigkeit dieser Information für die Verkehrskreise durch die Neuregelung des § 19 HGB noch aufgewertet, so dass Verkehrswesentlichkeit angenommen werden muss. Bei der **Firmenfortführung** nach § 22 HGB dürfen z.B. nicht einfach die beiden Rechtsformzusätze der fortgeführten Firma und der Firma des Erwerbers ohne Nachfolgezusatz hintereinander in der fortgeführten Firma aufgenommen werden. Ein vergleichbares Problem gibt es bei **Fantasieschlagworten**, die über eine bestimmte Rechtsform täuschen können, weil sie z.B. auf „ag" oder „AG" enden.[308] Nach altem Firmenrecht wurde es für genügend gehalten, wenn eine Täuschung über die wahre Rechtsform nicht auszuschließen war. Nach dem jetzt insofern geltenden Kriterium, dass eine Täuschung objektiv aus Sicht des durchschnittlichen Angehörigen der angesprochenen Verkehrskreise bei verständiger Würdigung vorliegen muss, dürfte eine bloße Endsilbe, die einen Rechtsformzusatz enthält, jedenfalls ohne besondere Herausstellung regelmäßig nicht mehr zur Täuschung i.S.d. § 18 Abs. 2 HGB geeignet sein.[309] Dabei ist auf das Gesamtbild der Firma einschließlich des richtigen jetzt bei jeder Rechtsform zwingenden Rechtsformzusatzes abzustellen und nicht nur auf die schlagwortartige Kennzeichnung des Unternehmens durch den in Frage stehenden Fantasiebegriff.[310]

Bei der **GmbH & Co. KG**, deren Firma mit der Firma ihrer Kommanditistin (hier AG) gebildet wird, muss der **Rechtsformzusatz „AG"** zur Vermeidung einer Irreführung gestrichen werden.[311] Die Firmierung einer GmbH mit dem Firmenzusatz „& Co. GmbH" ist demgegenüber nicht geeignet, mit „GmbH & Co. KG" verwechselt zu werden, also zulässig.[312]

In der **Firma des Einzelkaufmanns** sind alle Zusätze problematisch, die auf ein Gesellschaftsverhältnis hindeuten. Mag bei der nach §§ 22 und 24 HGB abgeleiteten Firma des e.K. noch der Grundsatz der Firmenbeständigkeit die Zusätze wie „& Söhne", „& Co.", „Geschwister", „Erben" o.Ä. zulässig erscheinen lassen, besteht hierfür bei der Neufirmierung kein Anlass und kein schutzwürdiges Interesse.[313] Zwar stellt der obligatorische Rechtsformzusatz e.K. die Rechtsform klar. Doch insb. bei „Söhnen" und „Erben" kommt noch der falsche Eindruck eines Handelsgeschäfts mit gewisser Familientradition und überwiegender Erfahrung hinzu.[314]

In einer sog. **Minderfirma eines Nichtkaufmanns** sind auch Rechtsformbezeichnungen, die sich an den Rechtsformzusatz einer Firma anlehnen, geeignet über die Rechtsform irrezuführen und damit unzulässig.[315] Kritisch bleibt unter diesem Aspekt auch weiterhin die Verwendung der **Zusätze „& Co."** oder

---

307 Vgl. auch OLG Düsseldorf, MittRhNotK 2000, 298: Zusatz: „Söhne" bei Neufirmierung eines e.K. irreführend wegen Täuschung über Rechtsform und Familientradition; AG Augsburg, Rpfleger 2001, 187 „Company" bei e.K.; daher schlägt Wachter, GmbHR 2004, 88, 98 auch (de lege ferenda) die genauere Länderkennzeichnung der Rechtsform wie z.B. „dGmbH" oder „öGmbH" vor.

308 BGHZ 22, 88 „INDROHAG Industrie Rohstoffe Handelsgesellschaft mit beschränkter Haftung"; BayObLG, DB 1978, 1269 = BB 1979, 1465 „Trebag"; BayObLG, DB 1982, 2129 = Rpfleger 1982, 345 „BAG" als Zusatz zum Firmenkern „Bauanlagen GmbH"; Bayer, in: Lutter/Hommelhoff, GmbHG, § 4 Rn. 33.

309 Strenger unter Berufung auf die alte Rspr. aber z.B. Rowedder/Schmidt-Leithoff, GmbHG, § 4 Rn. 46.

310 So aber Wessel/Zwernemann/Kögel, Firmengründung, Rn. 459.

311 OLG Stuttgart, BB 2001, 14.

312 LG Bremen, GmbHR 2004, 186.

313 OLG Düsseldorf, MittRhNotK 2000, 298 „-Söhne"; Wessel/Zwermann/Kögel, Firmengründung, Rn. 458; Bokelmann, Firmenrecht, Rn. 726 und 732 ff.; AG Augsburg, Rpfleger 2000, 187: „Company"; großzügiger: GK/Nickel, HGB, § 19 Rn. 32 wegen fehlender Verkehrswesentlichkeit; Koller/Roth/Morck/Roth, HGB, § 18 Rn. 15 „Ingenieurgesellschaft".

314 OLG Düsseldorf, MittRhNotK 2000, 298.

315 Röhricht/v. Westphalen/Ammon, HGB, § 17 Rn. 15.

„& Cie".[316] Diese waren nach altem Recht in einer Geschäftsbezeichnung unzulässig,[317] da sie nach § 19 Abs. 1 HGB a.F. in der Firma der OHG und KG als ein das Vorhandensein einer (Handels-) Gesellschaft andeutender Zusatz allgemein anerkannt wurden. Nach neuem Firmenrecht genügen sie als Rechtsformzusatz der Firma einer Personenhandelsgesellschaft nicht mehr (§ 19 Abs. 1 Nr. 2 und 3 HGB). Dennoch hat sich der Eindruck eines Rechtsformzusatzes für diese Zusätze bei den Verkehrskreisen seit dem HRefG – wie auch die diesbezüglich weiterhin häufig auftretenden fehlerhaften Firmenneubildungen zeigen – wohl noch nicht hinreichend verändert. Diese Problematik kann sich allerdings durch bessere Kenntnis bei den betroffenen Verkehrskreisen im Laufe der Zeit lösen. Die Zusätze „& Co." bzw. „& Cie" bei einer Geschäftsbezeichnung sind derzeit also nicht mehr untersagt, weil sie diese einer Firma gleich machen, sondern mit dieser **verwechslungsfähig und damit irreführend** sind.

108   Die Bezeichnung „**Partnerschaft**", „**& Partner**", „**und Partner**" usw.[318] muss nach § 2 PartGG im Namen der Partnerschaft enthalten sein. Seit 1.7.1995 sind diese Zusätze allein der Partnerschaftsgesellschaft vorbehalten (§ 11 Abs. 1 PartGG).[319] Dieser Vorbehalt verstößt, insb. wegen der besitzstandswahrenden Regelungen des § 11 Abs. 1 Satz 2 und 3 PartGG nicht gegen Verfassungs- und Europarecht.[320] Er sollte aber nicht für eine Firmierung gelten, in der das Wort Partner nicht rechtsformspezifisch, insb. ohne „und" oder sogar als Teil eines zusammengesetzten Wortes, verwendet wird.[321] Altgesellschaften, die diesen Zusatz bereits bei In-Kraft-Treten des PartGG in ihrer Firma geführt haben, dürften diese mit einem klarstellenden Hinweis auf die eigene andere Rechtsform versehen fortführen.[322] Dieser Bestandsschutz bleibt aber nur erhalten, wenn die Firma im Wesentlichen unverändert fortgeführt wird.[323] Daher kann bei einer Personenfirma nicht der Name eines austretenden Gesellschafters ausgetauscht werden, ohne das Recht auf Führung des Partnerzusatzes zu verlieren.[324] Wegen des **Bestandsschutzes** kann eine mit dem Zusatz „& Partner" firmierende GmbH als namengebende Gesellschaft auch bei der Neufirmierung einer GmbH verwendet werden.[325] Nach dem Urteil des LG Zweibrücken[326] soll der Zusatz Sozietät neben der Bezeichnung „& Partner" im Namen einer Partnerschaft nicht täuschend sein, weil sie nur eine besondere

---

316 A.A.: Röhricht/v. Westphalen/Ammon, HGB, § 17 Rn. 15; Ebenroth/Boujong/Joost/Zimmer, HGB, § 17 Rn. 9; Koller/Roth/Morck/Roth, HGB, § 17 Rn. 8.

317 Ebenroth/Boujong/Joost/Zimmer, HGB, § 17 Rn. 9; Staub/Hüffer, HGB, § 37 Rn. 10; Bokelmann, Rpfleger 1973, 44, 51.

318 KG, NJW-RR 2004, 976 = GmbHR 2004, 1024: auch „Partners"; LG Stuttgart, 4 KfH T 14/97, n.v.: „and Partners"; OLG Frankfurt, Rpfleger 2005, 264 f: „& Partners".

319 BGHZ 135, 257 = NJW 1997, 1854; BayObLGZ 1996, 176 = NJW 1996, 3016 = FGPrax 1996, 197; dazu Ammon, FGPrax 1996, 201, 204; Hülsman, NJW 1998, 35; Römermann, WiB 1997, 752; krit. Schüppen, EWiR 1996, 947; a.A.: noch OLG Frankfurt, FGPrax 1996, 157; zust. Schüppen, WiB 1996, 785, 786; dieses Urteil abl. Michalski, WuB 1996, 1049 sowie Seibert, EWiR 1996, 759; weiterhin gegen die exklusive Nutzung des Partnerzusatzes: Notthoff, NZG 1998, 123; zur Ermessensausübung bei Löschung eines unzulässigen Partnerzusatzes siehe OLG Frankfurt; OLG-Report 2006, 202 ff. = DB 2006, 553 f. = NJW-RR 2006, 44 f.; mit krit. Anm. Wolff, GmbHR 2006, 303 ff.

320 KG, NJW-RR 2004, 976 = GmbHR 2004, 1024.

321 So z.B. für „R. GV-Partner GmbH & KG": OLG München, DStR 2007, 126 = GmbHR 2007, 266 = DNotZ 2007, 149; Kögel, Rpfleger 2000, 255, 259 z.B. „IRP Ihr Reifenpartner GmbH"; zu Unrecht Eintragung von „Maxximum IT-Partner-GmbH" abgelehnt LG Stuttgart, Beschl. v. 27.1.1999 – KfH 1/99, n.v.; zitiert bei Möller, DNotZ 2000, 830, 837 FN 20; ders. zustimmend: DNotZ 2000, 838.

322 Nicht genügend aber z.B. „Sozietät" für Rechtsanwalts-BGB-Gesellschaft: AGH NW, OLG Report Köln 2000, 139.

323 BayObLG, NJW-RR 2003, 685 = Rpfleger 2003, 371; LG Köln, GmbHR 1999, 412 = BB 1999, 1075: Umbenennung des Branchenzusatzes unschädlich; zur Ermessensausübung bei Löschung eines unzulässigen Partnerzusatzes siehe OLG Frankfurt, OLG-Report 2006, 202 ff. = DB 2006, 553 f. = NJW-RR 2006, 44 f.; mit krit. Anm. Wolff, GmbHR 2006, 303 ff.

324 OLG Stuttgart, NJW-RR 2000, 1128 = Rpfleger 2000, 336.

325 LG Koblenz, RNotZ 2003, 464 = MittBayNot 2004, 203 mit zust. Anm. Westermeier.

326 NZG 1998, 548 mit krit. Anm. Römermann.

Art einer BGB-Gesellschaft sei. Das OLG Schleswig[327] hält die zusätzliche Bezeichnung „Gemeinschaftspraxis" in dem Namen einer ärztlichen Partnerschaftsgesellschaft für unschädlich.

Nach einer Entscheidung des BayObLG[328] darf eine Sozietät aus Freiberuflern in ihre Namensbezeichnung nicht die Zusätze „**GbR m.b.H.**" oder „**GbR mbH**" aufnehmen.[329] Denn die BGB-Gesellschaft kann als Nichtkaufmann nur eine sog. Minderfirma führen. Dieser Zusatz erweckt aber den Eindruck eines gesetzlich normierten Gesellschaftstyps, bei dem die Haftungsbeschränkung gesetzliche Folge desselben ist.[330]

109

3. Neuere Rechtsprechungsfälle

Der **Fantasiezusatz „Meditec"** bei einer zulässigen Personenfirma eines Einzelkaufmanns ist nicht irreführend wegen eines Hinweises auf verschiedene Unternehmensgegenstände (hier Medizintechnik oder Medienbereich).[331]

110

Eine **geografische Bezeichnung** kann konkret geeignet sein, über Bedeutung und Größe eines Unternehmens zu täuschen, da sie als vorangestellte Orts- bzw. Regionsangabe eine führende Position indiziert.[332]

111

Die Abkürzung „**gGmbH**" stellt keine zulässige Angabe der Gesellschaftsform dar und kann nicht im Handelsregister eingetragen werden.[333] Sie soll den zwingenden Vorgaben des § 4 GmbHG widersprechen, obwohl Sie vielfach im Handelsregister eingetragen wurde.

112

E. Firmenunterscheidbarkeit/Firmenausschließlichkeit

I. Allgemeines

1. Grundlagen

Die Firmenunterscheidbarkeit nach § 30 HGB muss von der abstrakten Unterscheidungskraft jeder Firma nach § 18 Abs. 1 HGB unterschieden werden.[334] Das **Verhältnis von § 18 Abs. 1 HGB zu § 30 HGB** ist von einer **Wechselwirkung** geprägt.[335] § 30 HGB schützt **vorrangig im öffentlichen Interesse** den Rechtsverkehr vor der Verwendung verwechslungsfähiger Firmen und begründet zu diesem Zweck das (zwingende und daher unter den Parteien nicht abdingbare)[336] Postulat der **Firmenunterscheidbarkeit** bzw. **Firmenausschließlichkeit**. Dieser Schutz kann zwar durch den räumlich beschränkten Ansatz des Gesetzes nur teilweise verwirklicht werden; dies folgt indessen zwangsläufig daraus, dass der Register-

113

---

327 FGPrax 2003, 37.
328 BayObLGZ 1998, 226 = NJW 1999, 297 =, NZG 1999, 21 mit abl. Anm. Notthoff.
329 Röhricht/v. Westphalen/Ammon, HGB, § 19 Rn. 43; Ebenroth/Boujong/Joost/Zimmer, HGB, § 18 Rn. 68; vgl. schon OLG Hamm, NJW-RR 1987, 990 für „OHG mbH" unzulässig im Hinblick auf § 19 Abs. 5 a.F.
330 Vgl. auch LG München I, DB 1998, 1322; OLG München, GRUR 1999, 425: irreführend und Verstoß auch gegen § 3 UWG a.F.; zur **fehlenden Haftungsbeschränkung** grundlegend BGHZ 142, 315 = NJW 1999, 3483; BGHZ 146, 341 = DB 2001, 423; so schon die Vorinstanz: OLG Jena, NZG 1998, 900; zust. Richter, NZG 1999, 204; wieder einschränkend aber BGHZ 150, 1 = NJW 2002, 1642; dazu ausführlich Notthoff, ZAP Fach 15, S. 303.
331 BayObLGZ 1999, 114 = NJW-RR 2000, 111; abl. Möller, DNotZ 2000, 831, 837.
332 OLG Köln, RNotZ 2006, 193 ff. = FGPrax 2006, 129 (Verein) zum umfassenden Repräsentationsanspruch durch den Zusatz „Deutschland"; OLG Frankfurt, OLG-Report 2005, 407 ff. = Rpfleger 2005, 366 f. = FGPrax 2005, 133 f.: Täuschung durch historischen geografischen Zusatz („Hessen-Nassau"); zur „Selbstberühmung" bei geografischen Bezeichnungen „Ostfriesland" LG Aurich, Rpfleger 2006, 198 f.; siehe zur Irreführung von geografischen Zusätzen ausführlich MünchKomm-HGB/Heidinger, § 18 Rn. 141 ff.
333 OLG München, DStR 2007, 126 = GmbHR 2007, 267 = DNotZ 2007, 148.
334 Bülow, DB 1999, 269, 270.
335 Vgl. dazu MünchKomm-HGB/Heidinger, § 30 Rn. 5 ff.
336 Ebenroth/Boujong/Joost/Zimmer, HGB, § 30 Rn. 2; Kögel, Rpfleger 1998, 317, 318.

richter allenfalls seinen eigenen Bereich ausreichend zu überblicken vermag, und ist daher hinzunehmen. Abs. 2 und Abs. 3 von § 30 HGB enthalten spezielle Hinweise für den Einzelkaufmann und die Zweigniederlassung.

Der **Schutz des Besserberechtigten** (des bereits Eingetragenen) ist allenfalls Nebenfolge der Vorschrift, da er bei einer Verletzung des § 30 HGB (nur) ein Klagerecht gemäß § 37 Abs. 2 HGB hat. Ggf. kann ein betroffener Gewerbetreibender unter jeweils unterschiedlichen Voraussetzungen Unterlassungs-, Beseitigungs- und Schadensersatzansprüche aus §§ 12, 823 Abs. 1, 826 BGB und §§ 5, 15 MarkenG[337] geltend machen. Daneben kann sich aus der Irreführung durch täuschende Firmengleichheit auch eine Haftung gegenüber Gläubigern ergeben.[338]

114 Für die **(Eintragungs-)Entscheidung des Registerrichters** ist allein § 30 HGB maßgebend, so dass eine Eintragung selbst dann zu erfolgen hat, wenn ein Verstoß gegen die anderen genannten Vorschriften vorliegen sollte;[339] allerdings bindet die positive Entscheidung des Registerrichters über die Eintragungsfähigkeit einer bestimmten Firma den Prozessrichter in Verfahren gemäß §§ 12 BGB, 15 MarkenG nicht.

Die Einhaltung des Grundsatzes der Firmenunterscheidbarkeit wird in erster Linie durch das Registergericht gemäß **§ 37 Abs. 1 HGB**, sekundär durch den zuvor eingetragenen Firmenberechtigten nach **§ 37 Abs. 2 HGB**, sichergestellt. Das Registergericht weist nach vorheriger Zwischenverfügung (§ 26 Satz 2 HRV) eine Anmeldung zurück, wenn die Firma gegen § 30 HGB verstößt.[340] Den Gebrauch einer unzulässigen Firma kann es nach §§ 37 Abs. 1 HGB, 140, 132 ff. FGG unterbinden. Eine widerrechtlich eingetragene Firma kann nach § 142 FGG von Amts wegen gelöscht werden.[341] Für die **Zweigniederlassung** beschränkt § 13 Abs. 3 HGB die Prüfungskompetenz des Gerichts der Zweigniederlassung zu Gunsten des Gerichts der Hauptniederlassung.[342]

2. Geltungsbereich

115 Die – räumliche – Gewährleistung der Firmenunterscheidbarkeit ist auf **denselben Ort oder dieselbe Gemeinde**[343] beschränkt, sofern nicht gemäß § 30 Abs. 4 HGB mehrere benachbarte Orte oder Gemeinden zu einem gemeinsamen Firmenbezirk zusammengefasst worden sind.

Bei **nachträglichen Änderungen** der Orts- oder Gemeindegrenzen stellt sich die Frage, ob dadurch Änderungen der Firma der jeweils jüngeren Handelsgeschäfte erforderlich werden. Sie wird heute zutreffend verneint,[344] so dass auch die jüngeren Firmen Bestandsschutz genießen.

---

337 § 15 MarkenG, BGBl. 1994 I, S. 3082, 3087, ist an die Stelle des durch Art. 48 Nr. 1 des Gesetzes zur Reform des Markenrechts (BR-Drucks. 795/93, S. 87) aufgehobenen § 24 WZG und des durch Art. 25 desselben Gesetzes aufgehobenen § 16 UWG getreten.
338 OLG Naumburg, ZIP 1996, 2111 n. rkr.
339 BGH, NJW-RR 1993, 1129 = DB 1993, 1276 = WM 1993, 1248, 1251.
340 RGZ 75, 370, 371 f.
341 Zur Anwendung des § 142 FGG zur Durchsetzung eines Vollstreckungstitels auf Löschung vgl. OLG Hamm, GmbHR 2005, 762 ff. = OLG-Report 2005, 212 ff. = NJW-RR 2005, 767 ff. = Rpfleger 2005, 266f.
342 Vgl. BayObLG, NJW-RR 1995, 1370 = DB 1995, 1456.
343 Siehe dazu MünchKomm-HGB/Heidinger, § 30 Rn. 8; vgl. auch OGH, GesRZ 2005, 84f. zu „demselben Ort" („Wien und Klosterneuburg").
344 KGJ 16, 11, 14; Staub/Hüffer, HGB, § 30 Rn. 6; Baumbach/Hopt/Hopt, HGB, § 30 Rn. 10; Heymann/Emmerich, HGB, § 30 Rn. 4; Röhricht/v. Westphalen/Ammon, HGB, § 30 Rn. 4; Ebenroth/Boujong/Joost/Zimmer, HGB, § 30 Rn. 6; a.A. GK/Würdinger, HGB, § 30, Anm. 6; zur Firmenkollision im Zuge der Wiedervereinigung: BGHZ 130, 134 = GRUR 1995, 754.

3. Einzubeziehende Firmen

a) Eingetragene Firmen

§ 30 HGB gilt für **alle** in das Handels- oder Genossenschaftsregister[345] eingetragenen **Firmen** unabhängig von der Rechtsform des betriebenen Handelsgeschäfts und ihrer Zulässigkeit nach §§ 17 ff. HGB.[346] Ob auch das Vereinsregister zu berücksichtigen ist, ist streitig.[347] Das Einbeziehen des Vereinsregisters erscheint de lege ferenda wünschenswert.[348] Systematisch besteht aber in § 57 Abs. 2 BGB bereits eine mit § 30 HGB vergleichbare Normbeschränkung auf das Vereinsregister. Darüber hinaus kann der durch einen Verein betriebene Gewerbebetrieb nach § 33 HGB eintragungsfähig oder sogar -pflichtig sein. Einzubeziehen in den Schutzbereich des § 30 HGB ist jedoch das Partnerschaftsregister.[349]

116

b) GmbH & Co. KG

In den Firmenvergleich ist bei der GmbH & Co. KG an sich auch die Firma der Komplementär-GmbH mit einzubeziehen. Zur Unterscheidung genügen die Rechtsformzusätze (Gesellschaftszusätze) nicht, da sie am Klangbild der Firma keinen maßgebenden Anteil haben und der Rechtsverkehr ihnen keine besondere Bedeutung beimisst.[350] Der Zusatz „Handelsgesellschaft" im Anschluss an „& Co. KG" reicht nach Ansicht des BayObLG ebenso nicht aus, um die KG gegenüber der GmbH hinreichend zu individualisieren.[351] Das gilt auch für Zusätze wie „in Liquidation", „im Vergleichsverfahren" oder „Nachfolger".[352] Der BGH hat es aber für zulässig gehalten, unter bestimmten Voraussetzungen in der Firma der Komplementär-GmbH enthaltene unterscheidungskräftige Firmenbestandteile wie „Verwaltungs-" bei der Neubildung der Firma einer GmbH & Co. KG wegzulassen.[353]

117

> **Hinweis:**
> Darauf hinzuweisen ist, dass die vorangehend erörterte Problematik heute stark an Bedeutung verloren hat. Denn der Name der Komplementärin muss nicht mehr als Firmenname der GmbH & Co. KG verwendet werden.[354] Ein Verstoß gegen den Grundsatz der Firmenidentität der Komplementär-GmbH kommt wegen der Aufgabe der Firmenidentität bei der Firmenneubildung unter Verwendung der Firma eines Gesellschafters nicht mehr in Frage.[355] Einer eventuellen Irreführung über den Unternehmensgegenstand der namengebenden Gesellschaft fehlt es an der wettbewerblichen Relevanz, zumal wenn er für die KG korrekt ist.

---

345 Letzteres eingefügt aufgrund des Änderungsgesetzes v. 9.10.1973 (BGBl. I, S. 1451, 1463).
346 Staub/Hüffer, HGB, § 30 Rn. 11; Röhricht/v. Westphalen/Ammon, HGB, § 30 Rn. 7; Koller/Roth/Morck/Roth, HGB, § 30 Rn. 3; a.A.: Heymann/Emmerich, HGB, § 30 Rn. 7a m.w.N.; diff. Baumbach/Hopt/Hopt, HGB, § 30 Rn. 6.
347 Dafür: OLG Stuttgart, OLGE 42 (1921), 211 f.; LG Limburg, Rpfleger 1981, 23 f.; Heymann/Emmerich, HGB, § 30 Rn. 6; Wessel/Zwernemann/Kögel, Firmengründung, Rn. 81; Kögel, Rpfleger 1998, 317, 318; dagegen: Staub/Hüffer, HGB, § 30 Rn. 7; Baumbach/Hopt/Hopt, HGB, § 30 Rn. 6; krit. auch Ebenroth/Boujong/Joost/Zimmer, HGB, § 30 Rn. 7; Röhricht/v. Westphalen/Ammon, HGB, § 30 Rn. 6.
348 MünchKomm-HGB/Heidinger, § 30 Rn. 10.
349 Ebenroth/Boujong/Joost/Zimmer, HGB, § 30 Rn. 8; zum umgekehrten Fall K. Schmidt, NJW 1995, 1, 5.
350 RGZ 104, 341, 342 f. (zu § 22); BGHZ 46, 7, 11; BayObLGZ 1979, 316, 317 m. eingehenden N. = DB 1979, 2315; Staub/Hüffer, HGB, § 19 Rn. 61.
351 BayObLGZ 1979, 316, 319 = DB 1979, 2315; krit. dazu Wessel/Zwernemann/Kögel, Firmengründung, Rn. 329.
352 RGZ 29, 66, 68 f.; Bokelmann, Firmenrecht, Rn. 79; Staub/Hüffer, HGB, § 30 Rn. 17.
353 BGHZ 80, 353 = NJW 1981, 2746.
354 K. Schmidt, DB 1998, 61, 63.
355 Siehe z.B. OLG Oldenburg, BB 2001, 1373 für die GmbH & Co. OHG.

c) „Bestehende" Firmen

118 In den Firmenvergleich einzubeziehen sind nur „bestehende" Firmen, d.h. grds. solche, die (noch) im **Handelsregister eingetragen** sind. Trotz noch nicht vollzogener Löschung soll jedoch die Eintragung verwechslungsfähiger Firmen vor Löschung dann zulässig sein, wenn unter der eingetragenen Firma überhaupt keine gewerbliche Tätigkeit mehr betrieben wird.[356] Dies kann wohl erst angenommen werden, wenn die Liquidation abgeschlossen ist. Anderes muss nach dem HRefG 1998 jedenfalls dann gelten, wenn das eingetragene Unternehmen noch als Kleingewerbe weiterbetrieben wird. Dabei ist nicht mehr wegen § 5 HGB, sondern schon wegen § 2 HGB noch eine „bestehende" Firma anzunehmen.

d) Unzulässige Firmen

119 Vorrang kommt bis zur Löschung **auch unzulässigen (eingetragenen) Firmen** zu.[357] Andernfalls müsste im Verfahren über die Eintragung jüngerer Firmen zugleich über die Zulässigkeit oder Unzulässigkeit der älteren Firma entschieden werden.

e) Gelöschte Firmen

120 Bereits gelöschte Firmen **bleiben außer Betracht**; der interessante Gedanke eines gewissen „Abstandsgebots",[358] wonach eine erst kurz zuvor gelöschte Firma wegen ihrer weiteren Ausstrahlung bei den Verkehrskreisen neue nicht unterscheidbare Firmen noch sperrt, lässt sich über § 30 HGB allenfalls de lege ferenda verwirklichen. In diesem Zusammenhang kann sich allerdings eine nach § 18 Abs. 2 HGB relevante Irreführung ergeben.[359]

f) „Neue" Firmen

121 „Neu" ist eine Firma dann, wenn sie in diesem Handelsregister **noch nicht eingetragen** war. Auf den materiell-rechtlichen Entstehungszeitpunkt kommt es dabei nicht an. Dabei ist bei einer Sitzverlegung die Firma im Zielbezirk neu, da sie dort „neu" eingetragen werden muss. Gleichzustellen ist jede wesentliche Änderung einer bereits eingetragenen Firma. Selbst bei pflichtwidriger Eintragungsreihenfolge ist die spätere einzutragende Firma die „neue".[360]

4. Anforderungen an die Unterscheidbarkeit

122 Das grds. Unterscheidungskriterium wird für § 30 HGB, § 12 BGB und § 15 MarkenG gleichermaßen verstanden:[361] Firmen unterscheiden sich dann nicht deutlich, wenn sie **verwechselungsfähig** sind.[362] Verwechslungsgefahr (im engeren Sinne) liegt vor, wenn irrige Vorstellungen über die Identität des dahinterstehenden Unternehmens bestehen, so dass es z.B. bei der Post zu einer Verwechslung bei der Zustellung kommen kann.[363] Auch unter § 30 HGB ist allerdings die Verwechslungsgefahr im weiteren Sinne zu sub-

---

356 RGZ 29, 66, 68 f.; KG, JW 1933, 1030 m. Anm. Bondi; Heymann/Emmerich, HGB, § 30 Rn. 7; Staub/Hüffer, HGB, § 30 Rn. 10; abl. Kögel, Rpfleger 1998, 317, 318.
357 Ebenso Staub/Hüffer, HGB, § 30 Rn. 11; Ebenroth/Boujong/Joost/Zimmer, HGB, § 30 Rn. 14; Röhricht/v. Westphalen/Ammon, HGB, GK/Würdinger, HGB, § 30, Anm. 4; Schlegelberger/Hildebrandt/Steckhan, HGB, § 30 Rn. 4; Düringer/Hachenburg/Hoeniger, § 30 Anm. 2; wieder anders OGH, SZ 51 (1978), 540, 542 = NZ 1979, 43; Heymann/Emmerich, HGB, § 30 Rn. 7a; kein Vorrang, aber Pflichtaussetzung bis zur Klärung der Rechtmäßigkeit der Altfirma.
358 So OLG Hamburg, OLGZ 1987, 191, 192 f.
359 Bokelmann, Firmenrecht, Rn. 98 f.
360 KGJ 51, 115, 119; Ebenroth/Boujong/Joost/Zimmer, HGB, § 30 Rn. 10.
361 Zur Differenzierung zwischen Register- und Markenrecht aber Kögel, Rpfleger 1998, 317, 320.
362 LG Hamburg, BB 1952, 477; Staub/Hüffer, HGB, § 30 Rn. 13; Heymann/Emmerich, HGB, § 30 Rn. 14; Röhricht/v. Westphalen/Ammon, HGB, § 30 Rn. 12.
363 Röhricht/v. Westphalen/Ammon, HGB, § 30 Rn. 13.

sumieren.[364] Diese ist zu bejahen, wenn als Folge der Firmierung angenommen wird, zwischen den beiden Unternehmen bestünden Beziehungen geschäftlicher, wirtschaftlicher oder organisatorischer Art.

a) Auffassung des allgemeinen Verkehrs

Im Gegensatz zur früheren Meinung, die nur auf die Sicht der beteiligten Handelskreise abstellen wollte, kommt es bei der Beurteilung der Unterscheidbarkeit nach der heute h.L. zutreffend auf die **Auffassung des allgemeinen Verkehrs**[365] an; dies ergibt sich aus dem Normzweck. 123

b) Firmenwortlaut

Maßgeblich ist der **volle, einzutragende Firmenwortlaut**. Das von der Lit. teilweise[366] propagierte Prüfungsverfahren durch den Registerrichter, zunächst vorrangig nach Anmeldungswortlaut, dann zusätzlich noch die im Verkehr üblicherweise benutzte abgekürzte Form der Firma, geht an der Realität vorbei. Denn beim Eintragungsantrag einer Neufirmierung oder einer Firmenänderung wird es i.a.R. einen solchen Firmengebrauch nicht geben. Auch bei einer Sitzverlegung fehlt es zumindest an dem Firmengebrauch der „neuen" Firma im Registerbezirk. Allenfalls der (zulässige) Gebrauch einer abgekürzten schon eingetragenen Firma mit der neu einzutragenden vollständigen Firma kann eine im Rahmen des § 30 HGB relevante Verwechslungsgefahr eröffnen. Eine nach Eintragung erst später auftretende Verwechslungsgefahr durch den konkreten abgekürzten Firmengebrauch kann die zulässig eingetragene Firma aber nicht mehr gefährden. Wegen §§ 37a, 125 a HGB, nach denen die Angabe der vollständigen Firma in Geschäftsbriefen erforderlich ist, werden diese Fälle eher selten sein. Ggf. kann dies als unzulässiger, weil von der Firma im Handelsregister abweichender Gebrauch[367] im Verfahren nach § 37 HGB beanstandet werden. Beim schlagwortartigen Gebrauch eines identischen kennzeichnungskräftigen Firmenbestandteils kommt ein Unterlassungsanspruch nach § 15 MarkenG in Frage.[368] 124

c) Gesamteindruck

Der Beurteilung der Verwechslungsgefahr zugrunde zu legen ist der Gesamteindruck; insb., also neben dem Wortbild, das sog. **Klangbild**.[369] Letztlich entscheidend sind allerdings die Umstände des Einzelfalls. Bei Firmen mit Branchennähe sind strengere Anforderungen zu stellen, da bei diesen die Verwechslungsgefahr weit höher ist.[370] Immerhin haben sich einige konkretere Regeln herausgebildet: 125

aa) Gesellschaftszusätze

Gesellschaftszusätze, ob zwingend oder freiwillig aufgenommen, ausgeschrieben oder abgekürzt, begründen für sich allein **keine ausreichende Unterscheidbarkeit**, da sie keine die Individualisierung bezweckenden Firmenbestandteile sind und an „dem Auge und Ohre sich einprägenden Klangbilde" nicht teil- 126

---

364 Str.; befürwortend: Koller/Roth/Morck/Roth, HGB, § 30 Rn. 5; Röhricht/v. Westphalen/Ammon, HGB, § 30 Rn. 13; Ebenroth/Boujong/Joost/Zimmer, HGB, § 30 Rn. 16; a.A.: Staub/Hüffer, HGB, § 30 Rn. 15: bei § 30 liegt der Schwerpunkt bei der Verwechslungsgefahr im engeren Sinne.
365 Ebenroth/Boujong/Joost/Zimmer, HGB, § 30 Rn. 17 m.w.N. in Fn. 49; Kögel, Rpfleger 1998, 317, 319; a.A.: Firmenschlagworte(-abkürzungen): RGZ 171, 321, 324; ÖOGH EvBl. 1967 Nr. 304 = ÖJZ 1967, 436, 437; GesRZ 1972, 50 = NZ 1972, 121; Staub/Hüffer, HGB, § 30 Rn. 15; Röhricht/v. Westphalen/Ammon, HGB, § 30 Rn. 15; Ebenroth/Boujong/Joost/Zimmer, HGB, § 30 Rn. 18; wie hier wohl Koller/Roth/Morck/Roth, HGB, § 30 Rn. 5: „(vollständigen) Firma"; RGZ 104, 341; Kögel, Rpfleger 1998, 317, 319 f.
366 Röhricht/v. Westphalen/Ammon, HGB, § 30 Rn. 15; Ebenroth/Boujong/Joost/Zimmer, HGB, § 30 Rn. 19.
367 Ebenroth/Boujong/Joost/Zimmer, HGB, § 37 Rn. 7.
368 Vgl. OLG Hamburg, NJW-RR 1998, 986 „JNFAS".
369 RGZ 104, 341, 342; BGHZ 46, 7, 12 = NJW 1966, 1813 m. Anm. Jansen; Heymann/Emmerich, HGB, § 30 Rn. 14; Staub/Hüffer, HGB, § 30 Rn. 14; Röhricht/v. Westphalen/Ammon, HGB, § 30 Rn. 15.
370 Röhricht/v. Westphalen/Ammon, HGB, § 30 Rn. 17; Heymann/Emmerich, HGB, § 30 Rn. 17a.

nehmen.[371] Besondere Bedeutung hatte dies für die Firma der **GmbH & Co. KG** in Abgrenzung zu ihrer eigenen Komplementärin. Dabei reichte nach Ansicht des BayObLG der Zusatz „Handelsgesellschaft" bei der KG nicht aus.[372] Dies gilt auch für Zusätze wie „in Liquidation",[373] „im Vergleichsverfahren"[374] oder „Nachfolger".[375] So hat auch das OLG Hamm[376] die deutliche Unterscheidbarkeit i.S.d. § 30 HGB zwischen den Firmen „A & Co. GmbH" und „A & Co. GmbH KG" verneint.

Seit dem Handelsrechtsreformgesetz gibt es Stimmen in der neueren Lit.[377] die dem **zusätzlichen Rechtsformzusatz** eine stärkere Unterscheidungskraft auch i.S.d. § 30 HGB zusprechen. Durch die Zulässigkeit der Phantasiefirma beinhalte der Rechtsformzusatz die für den Geschäftsverkehr interessanteste Information in der Firma, nämlich die Haftungsverhältnisse. Diese Pointierung soll bei den Verkehrskreisen auch eine stärkere Sensibilität für die Unterscheidung der unterschiedlichen Rechtsformen hervorrufen. So seien z.B. eine „Stihl AG" und eine „Stihl GmbH & Co. KG" nicht schwerer auseinander zu halten als eine „ABC Müller Verwaltungs GmbH" und eine „ABC Müller GmbH & Co. KG".

bb) Ortsnamen

127 Die Unterscheidungskraft beigefügter Ortsnamen lässt sich nicht generell beurteilen. Entscheidend ist die Aussagekraft der sonstigen Firmenbestandteile und die Bedeutung, die der Verkehr einer Ortsbezeichnung bei einer derartigen Firma beimisst. Nicht genügen wird die bloße Ortsangabe bei der **Personenfirma**, da der Ortsangabe neben dem Namen kaum Kennzeichnungswirkung zukommt.[378] Bei **Sachfirmen** hingegen ist eine ausreichende Unterscheidungskraft im Einzelfall denkbar. So erfolgt z.B. die Individualisierung bei Volksbanken in erster Linie aufgrund des beigefügten Ortszusatzes, da der Gattungsbegriff „Volksbank" infolge der häufigen Verwendung wenig Kennzeichnungskraft aufweist.[379] Zu weit geht es daher, die Unterscheidungskraft von Zusätzen wie „deutsch" oder „bayerisch" allgemein abzulehnen.[380] So wird man neben der „Deutsche Bank AG" auch eine „Bayerische Bank AG" zulassen können. Nach dem OLG Stuttgart reicht eine Landschaftsbezeichnung wie „Filder" zur ausreichenden Unterscheidung von GmbH und GmbH & Co. KG aus, solange der Zusatz nicht nur den Ort des gemeinsamen Sitzes bezeichnet.[381]

cc) Kombination von Merkmalen

128 Denkbar ist, dass die Verwechslungsgefahr durch mehrere kleine, für sich allein nicht ausreichende Unterschiede ausgeschlossen wird. Wessel nennt als Beispiel eine „Schuster Immobilien KG", die sich zwar

---

371 RGZ 104, 341, 342 (zu § 22); BGHZ 46, 7, 12 = NJW 1966, 1813; BayObLGZ 1966, 337, 343; OLG Frankfurt, BB 1973, 676, 677; BayObLGZ 1979, 316, 318 = DB 1979, 2315; OLG Hamburg, KGJ 41, 267; heute unstreitig, vgl. etwa Staub/Hüffer, HGB, § 30 Rn. 17; Heymann/Emmerich, HGB, § 30 Rn. 17; Hachenburg/Heinrich, GmbHG, § 4 Rn. 87; krit. seit HRefG Kögel, Rpfleger 1998, 317, 320; a.A.: teilweise die ältere Rspr., etwa KGJ 26, A 215, 217; 51, 115, 120; BayObLGZ 8 (1908), 401; 28 (1928), 726, 728 (diese Entscheidungen stellten aber noch auf die Sicht der Handelskreise als Beurteilungsmaßstab ab).
372 BayObLGZ 1979, 316, 319 f. = DB 1979, 2315 = NJW 1980, 129; vgl. aber OLG München, BB 1971, Beilage, 19 „Western Store Inhaber X. Y." – „Western Store Handelsgesellschaft m.b.H."; krit. Kögel, Rpfleger 1998, 317, 321 und Wessel/Zwernemann/Kögel, Firmengründung, Rn. 329.
373 RGZ 29, 66, 68; KG, JW 1933, 117, 118; LG Hamburg, BB 1952, 262; Wessel/Zwernemann/Kögel, Firmengründung, Rn. 347.
374 Bokelmann, Firmenrecht, Rn. 79.
375 Staub/Hüffer, HGB, § 30 Rn. 17; Düringer/Hachenburg/Hoeniger, § 30, Anm. 4; a.A.: GK/Würdinger, HGB, § 30, Anm. 7.
376 NJW 1966, 2172.
377 Insb. Kögel, Rpfleger 1998, 317, 320.
378 Staub/Hüffer, HGB, § 30 Rn. 21; GK/Würdinger, HGB, § 30, Anm. 9; diff. nach vorangestellten und nachgestellten Zusätzen Kögel, Rpfleger 1998, 317, 320.
379 Großfeld/Neumann, ZfgG Bd. 30 (1980), 171.
380 So aber Heymann/Emmerich, HGB, § 30 Rn. 17; befürwortend auch Röhricht/v. Westphalen/Ammon, HGB, § 30 Rn. 16; Kögel, Rpfleger 1998, 317, 320.
381 BB 1976, 1575 m. Anm. Körner, der die genannte Einschränkung jedoch ablehnt.

noch nicht von einer „Immo Schuster Immobilien KG", wohl aber von einer „Immo Schuster Immobilien GmbH" unterscheide.[382]

dd) Personenfirma

Bei Personenfirmen sind **unterschiedliche Vornamen** bei gleichem Nachnamen hinreichend unterscheidungskräftig (arg. § 30 Abs. 2 HGB).[383] Die Beifügung des Vornamens nur bei dem einen oder die Aufnahme eines zusätzlichen Vornamens reichen dabei aus („Johann Herm. H" und „Hermann H."[384]). Andererseits wird die Hinzufügung nur der Initialen als nicht genügend angesehen (z.B. „Hartmann & Schulze" – „Th. Hartmann & Schultze"[385]).[386] An der deutlichen Unterscheidbarkeit fehlt es auch bei zwei klanggleichen Namen, da der Unterschied im mündlichen Verkehr nicht auffällt und selbst im schriftlichen Verkehr leicht übersehen wird.[387] Auch bei der Personenfirma genügt der unterschiedliche **Rechtsformzusatz** allein nicht.[388]

129

Bei **Gleichnamigen** wird die Verwechslungsgefahr durch Hinzufügung des Unternehmensgegenstands vermieden.[389] Dies wird jedoch dann nicht gelten können, wenn beide Unternehmen im gleichen Bereich tätig sind, z.B. bei „J. L." und „J. L. Lederwaren", beide mit Lederwaren handelnd.[390]

Diese Grundsätze gelten nur für reine Personenfirmen. Bei **gemischten Firmen** kann der Eigenname dagegen seine Individualisierungseigenschaft ganz oder teilweise verlieren.

130

Beispiel:

„Brillen Be. Augenoptikermeister Ha. GmbH" unterscheidet sich trotz der unterschiedlichen Namen „Ha." und „Lü." nicht ausreichend von „Brillen Be. Augenoptikermeister Lü. GmbH".[391]

ee) Sachfirma

Bei den Sachfirmen hat der **Wortsinn** eine besondere Bedeutung. So wurden „Ostdt. Brennstoffvertrieb GmbH" und „Ostdt. Betriebsstoffgesellschaft mbH" als verwechslungsfähig angesehen, da Brennstoff nur eine besondere Art von Betriebsstoff im Allgemeinen sei.[392] Wortbild und Wortklang können dagegen eher in den Hintergrund treten. So ist wegen des unterschiedlichen Sinns die Eintragung der „Bank für Gemeinwirtschaft" zu Recht neben der „Bank für Getreidewirtschaft" zugelassen worden.[393]

131

---

382 Wessel/Zwernemann/Kögel, Firmengründung, Rn. 150; ähnlich: Bokelmann, Firmenrecht, Rn. 81.
383 Röhricht/v. Westphalen/Ammon, HGB, § 30 Rn. 18; Ebenroth/Boujong/Joost/Zimmer, HGB, § 30 Rn. 24; vgl. auch BGHZ 122, 71 = NJW 1993, 2236.
384 OLG Hamburg, OLGE 11, 20; siehe auch BayObLG, DJZ 1921, 439.
385 OLG Hamburg, KGJ 38, A 311 f. = RJA 10, 49.
386 Staub/Hüffer, HGB, § 30 Rn. 18; anders noch RGZ 20, 71 für „C. H. Benecke & Co." und „Benecke & Co."; zust. GK/Würdinger, HGB, § 30 Anm. 7; abl. jetzt auch wieder Kögel, Rpfleger 1998, 317, 321; Namenskürzel und Fachzusatz ggf. auch bei prioritätsälterer Firma genügt: OLG Zweibrücken, NJW-RR 2002, 771 (nur LS) = GRUR 2002, 137.
387 OLG Hamburg, KGJ 38, A 311 = RJA 10, 49 („Schulze" – „Schultze"); OLG Hamburg, KGJ 41, 267 („Herz" – „Hertz"); Staub/Hüffer, HGB, § 30 Rn. 18; Heymann/Emmerich, HGB, § 30 Rn. 18; a.A.: GK/Würdinger, HGB, § 30 Anm. 7.
388 Röhricht/v. Westphalen/Ammon, HGB, § 30 Rn. 18 f.; Treffer, GmbHR 2003, 166, 168.
389 OLG München, LZ 1915, Sp. 569, 570 („Gebrüder M." – „Gebrüder M. Konfektionshaus"); KGJ 51, 120 („Jakob Levy" „Jakob Levy, Lederwaren"); KG, JW 1926, 2001 („Gebr. L" – „Gebr. L., Blusen und Kleider"); Röhricht/v. Westphalen/Ammon, HGB, § 30 Rn. 19; enger jedoch Bokelmann, Firmenrecht, Rn. 81 unter Berufung auf Hachenburg/Schilling, GmbHG, § 4 Anm. 27, die die „Hermann Odebrecht" und „Hermann Odebrecht Schuhfabrik" für verwechslungsfähig halten; vgl. dazu auch wieder Kögel, Rpfleger 1998, 317, 321.
390 So auch Staub/Hüffer, HGB, § 30 Rn. 16; Heymann/Emmerich, HGB, § 30 Rn. 22; a.A.: Bondi, JW 1926, 2001, der den Berechtigten auf seine Rechte aus dem UWG verweist.
391 OLG Frankfurt, OLGZ 1981, 8, 9.
392 RGZ 100, 45 f.
393 LG Hamburg, BB 1952, 477.

Einig ist man sich darüber, dass die **Anforderungen an die Unterscheidbarkeit bei Sachfirmen** höher sein können als bei Personenfirmen, da die Auswahlmöglichkeit bei Sachbegriffen größer ist und klangähnlichen Sachbegriffen anders als klangähnlichen Namen häufig ein ähnlicher Sinngehalt zugeordnet wird.[394]

ff) Fantasiefirma

132 Bei den neu in HRefG 1998 allg. zugelassenen Fantasiefirmen wird man zur konkreten Unterscheidbarkeit nicht wie bei der Sachfirma auf den Wortsinn abstellen können, da dieser einer Fantasiefirma meist fehlt. Daher stehen hier der **Wortklang** und das **Wortbild** im Vordergrund. Da deutlich zu unterscheidende Firmen in diesem Bereich leichter zu bilden sind, sind strengere Anforderungen zu stellen als bei Personen- und Sachfirmen.[395] Ein Firmenbestandteil, der den Geschäftsgegenstand beschreibt, kann zur „deutlichen Unterscheidbarkeit" wesentlich beitragen.[396]

II. Einzelfälle[397]

133 Die Beifügung von **Ordinalzahlen** (z.B. XY zweite Verwaltungs-KG; XY dritte Verwaltungs-KG) genügt nach der heutigen nicht zu beanstandenden Registerpraxis den Erfordernissen des § 30 HGB.[398]

134 Nach der Liberalisierung des Firmenrechts durch das HRefG kann auch der Zusatz von **Buchstaben**, die kein aussprechbares Wort ergeben, Unterscheidungskraft herstellen.[399]

F. Firmenbeständigkeit/Firmenkontinuität/Firmenfortführung

I. Grundsatz

135 Das **Prinzip der Firmenbeständigkeit** besagt, dass der Firmenkern einer zulässig gebildeten Firma beibehalten werden darf, auch wenn sich die für die Firmenbildung maßgeblichen Verhältnisse geändert haben.[400] Die fortgeführte Firma setzt sich im Rahmen der §§ 21 – 24 HGB gegenüber der Firmenwahrheit durch, um den in der Firma liegenden Wert zu erhalten.[401] Dieser Grundsatz findet seine Grenze in § 19 HGB. Auch die weitergeführte Firma muss den ihr jetzt entsprechenden Rechtsformzusatz enthalten, ohne allerdings zwingend auf den alten Zusatz zu verzichten.[402]

---

[394] RGZ 171, 321, 324; Heymann/Emmerich, HGB, § 30 Rn. 19; GK/Würdinger, HGB, § 30 Anm. 7; Wessel/Zwernemann/Kögel, Firmengründung, Rn. 348.

[395] Röhricht/v. Westphalen/Ammon, HGB, § 30 Rn. 20.

[396] OLG Düsseldorf, NJW-RR 1995, 936.

[397] Eine Übersicht, welche Firmen in der Rspr. für verwechslungsfähig gehalten werden, bietet Heidinger; vgl. zusätzlich die umfangreiche Rspr. zu § 12 BGB, § 16 UWG, § 15 MarkenG; GK/Teplitzky, UWG, § 16 Rn. 380, 381; Heymann/Emmerich, HGB, § 30 Rn. 20, 21 und zur österreichischen Rspr. Rn. 21 a; siehe zur Verwechslungsgefahr im Markenrecht auch EuGH, EuZW 2005, 735 f. („LIFE" – „Thompson LIFE"); BGH, NJW-RR 2005, 185 ff. („CompuNet" – „ComNet"); OLG Hamm, Urt. v. 6.12.2005 – 4 U 94/05, n.v. („Haus & Grund" – „Haus & Grund mbH T2").

[398] Röhricht/v. Westphalen/Ammon, HGB, § 30 Rn. 20; befürwortend auch Kögel, Rpfleger 1998, 317, 321; a.A.: noch AG Frankfurt, Rpfleger 1980, 388 m. Anm. Kreimer; Ebenroth/Boujong/Joost/Zimmer, HGB, § 30 Rn. 16; siehe zur abstrakten Unterscheidungsfähigkeit von „Zahlenfirmen" auch oben Rn. 82.

[399] MünchKomm-HGB/Heidinger, § 18 Rn. 17; Canaris, Handelsrecht, § 10 Rn. 15; Kögel, Rpfleger 2000, 255, 257; ders., Rpfleger 1998, 317, 321; Röhricht/v. Westphalen/Ammon, HGB, § 30 Rn. 20; Kögel, Rpfleger 1998, 317, 321; a.A.: noch BGH, WM 1979, 922, 923; jüngst wieder zu Unrecht OLG Celle, OLG-Report 2006, 868; ablehnend Anm. Lamsa in OLG Celle, EWiR 2006, 657.

[400] Vgl. Kögel, BB 1997, 793, 800; K. Schmidt, Handelsrecht, § 12 III 2; Röhricht/v. Westphalen/Ammon, HGB, § 17 Rn. 23; Staub/Hüffer, HGB, vor § 17 Rn. 11.

[401] Zur Fortführung einer „Doktorfirma" mit Nachfolgezusatz durch Nichtpromovierten im Markenrecht: BGH, NJW 1998, 1150 ff.

[402] OLG Hamm, DNotZ 1999, 839: zulässige Beibehaltung von „oHG" mit Rechtsformzusatz „e.K."

Unter den Voraussetzungen von §§ 21 und 24 HGB kann eine Firma mit dem bisherigen Namen fortgeführt werden, obwohl sich der Gesellschafterbestand oder (zumindest) der Name eines Gesellschafters geändert hat. So kann bspw. nach § 24 HGB auch die Firma mit dem Namen eines bereits ausgeschiedenen Gesellschafters weitergeführt werden. Erforderlich ist nach § 24 Abs. 2 HGB die Einwilligung des ausscheidenden Gesellschafters oder seiner Erben.[403] Dies kann auch die Firma einer ausgeschiedenen Handelsgesellschaft sein, soweit nicht § 30 HGB (Unterscheidbarkeit) verletzt wird.[404] Aber auch hier ist wieder § 19 Abs. 1 HGB zu beachten, so dass die fortgeführte Firma einen ihrer Rechtsform entsprechenden Rechtsformzusatz enthalten muss.

§ 22 HGB ermöglicht die weitgehend unveränderte Fortführung einer bestehenden Firma für den Erwerber des Handelsgeschäfts. Auch hierfür ist die Einwilligung des bisherigen Geschäftsinhabers oder dessen Erben erforderlich.[405]

II. Erwerb eines Handelsgeschäfts

Nach § 22 HGB darf für das unter Lebenden oder von Todes wegen erworbene Geschäft die bisherige Firma mit Einwilligung des Namensgebers fortgeführt werden, auch wenn sie den Namen des bisherigen Geschäftsinhabers enthält. In § 59k Abs. 1 Satz 2 und 3 BRAO findet sich eine dem § 22 HGB ähnliche Regelung für die Fortführung einer Rechtsanwaltssozietät durch eine Rechtsanwaltsgesellschaft.[406]

Dabei muss grds. das Handelsgeschäft **in seiner Gesamtheit** übernommen werden. Da eine Firma gemäß § 23 HGB nicht ohne das Handelsgeschäft, für das sie geführt wird, veräußert werden kann, kommt eine Firmenfortführung nach § 22 HGB nämlich nur in Betracht, wenn das Handelsgeschäft in eben jenem Umfang auf den Erwerber übergeht, in dem es bislang von seinem ursprünglichen Inhaber unter dieser Firma betrieben wurde.[407] Entscheidend ist dabei, dass der Erwerber bzw. Pächter im Rahmen der Unternehmensveräußerung/-verpachtung objektiv die Möglichkeit erlangt, in Fortsetzung der geschäftlichen Tradition seines Vorgängers dessen unternehmerische Leistung nunmehr selbst zu erbringen[408] und das Geschäft im Großen und Ganzen unverändert weiterzuführen.[409] Danach ist einerseits die Firmenfortführung nach § 22 HGB ausgeschlossen, sofern lediglich einzelne Bestandteile des Unternehmens auf den Erwerber übergehen, andererseits bedarf es keiner Übertragung solcher Vermögenswerte, die zum Betrieb des Handelsgewerbes nicht erforderlich sind.[410] In diesem Zusammenhang wird das Zurückbehalten der Verbindlichkeiten und Forderungen des zu übertragenden Handelsgeschäfts als unschädlich für die Anwendbarkeit des § 22 Abs. 1 HGB eingestuft.[411] Denn diese sind i.a.R. zum Fortbetrieb des Handelsgeschäfts nicht erforderlich. Dieses Ergebnis kann auch mit der Regelung des § 25 Abs. 1 HGB begründet werden, die das Zurückbehalten der Verbindlichkeiten und Forderungen ausdrücklich für die Firmenfortführung vorsieht.

---

403 Vgl. LG Köln, Urt. v. 20.9.2005 – 33 O 87/05b, n.v. zur Anwalts-GmbH; siehe dazu ausführlich mit diversen Musterformulierungen: Lette, WM 2006, 1841
404 K. Schmidt, Gesellschaftsrecht, § 53 III 3.
405 Siehe dazu ausführlich mit diversen Musterformulierungen: Lette, WM 2006, 1841.
406 Siehe dazu BGH, NJW 2004, 1099 „KPMG"-Rechtsanwaltsgesellschaft.
407 Ebenroth/Boujong/Joost/Zimmer, HGB, § 22 Rn. 11.
408 Staub/Hüffer, HGB, § 22 Rn. 8; Röhricht/v. Westphalen/Ammon, HGB, § 22 Rn. 11.
409 MünchKomm-HGB/Heidinger, § 22 Rn. 14; Baumbach/Hopt/Hopt, HGB, § 22 Rn. 4; BGH, NJW 1991, 1353, 1354.
410 Ebenroth/Boujong/Joost/Zimmer, HGB, § 22 Rn. 12 m.w.N.
411 So schon RG, Urt. v. 27.10.1933 – II 177/83, Warneyer 1933 Nr. 127, 419; MünchKomm-HGB/Heidinger, § 22 Rn. 14; Ebenroth/Boujong/Joost/Zimmer, HGB, § 22 Rn. 12.

III. Fortführung der Firma

138 Bei einer Firmenfortführung im Rahmen des § 22 HGB muss die Firma[412] grds. unverändert fortgeführt werden.[413] Denn es darf im Rechtsverkehr auf keinen Fall zu Zweifeln an der Identität der bisherigen mit der fortgeführten Firma kommen. Die Firma ist Ausdruck der Unternehmenskontinuität. Erweisen sich wesentliche Änderungen als notwendig, so darf die Firma – besteht nicht ein Interesse der Allgemeinheit an der Änderung oder liegt nicht eine der eng begrenzten Ausnahmefälle der Entscheidung des BGH vom 12.7.1965[414] vor – eben nicht fortgeführt werden.[415] Es muss eine neue Firma angenommen werden.

139 Betrifft die Änderung nicht die Individualisierung der Firma und können keine Zweifel an der Identität aufkommen, so ist die Änderung der Firma insoweit zulässig. Derartige **unwesentliche Änderungen** sind etwa Änderungen in der Schreibweise („OPTIKER" statt „optiker") oder Ersetzung der alten Schreibweise durch eine moderne („Fotohandlung" anstatt von „Photohandlung").[416] Auch die Hinzufügung des Gründungsjahres oder die Weglassung bloßer Namensinitialen, die ohnehin nicht am Klangbild der Firma teilnehmen, verhindern nicht eine Firmenfortführung.[417] Bei der Beurteilung der Gleichheit zweier Firmen ist ein die Verkehrsauffassung außer Acht lassender Formalismus zu vermeiden.[418]

Die bloße Änderung der Branchenbezeichnung hindert die Firmenfortführung jedenfalls dann nicht, wenn damit der veränderten Realität Rechnung getragen wird.[419] Z.T. wird sogar das spätere Streichen des Vornamens auch bei einer fortgeführten Firma als mit § 22 HGB verträgliche unwesentliche Änderung eingestuft.[420]

IV. Fortführung der Firma bei Umwandlungen

1. Formwechsel

140 Nach § 190 Abs. 1 UmwG kann ein Rechtsträger (hierzu § 191 Abs. 1 UmwG) durch Formwechsel eine **andere Rechtsform** erhalten. Geändert wird, unter Wahrung der rechtlichen Identität, nur die Rechtsform. Nach § 200 Abs. 1 Satz 1 UmwG darf der Rechtsträger neuer Rechtsform seine bisher geführte Firma beibehalten; doch gilt dies nicht für Zusätze, die auf die bisherige Rechtsform hinweisen (§ 200 Abs. 1 Satz 2 UmwG). Vielmehr müssen der Firma die entsprechenden Rechtsformzusätze der neuen Rechtsform hinzugefügt werden (§ 200 Abs. 2 UmwG). § 200 Abs. 3 UmwG sieht das Erfordernis der Zustimmung eines namengebenden Gesellschafters für die Firmenfortführung ähnlich wie in § 22 HGB vor, wenn dessen Beteiligung an dem neuen Rechtsträger entfällt. Die strengeren Vorgaben für die Bildung des Namens einer Partnerschaftsgesellschaft (z.B. nach § 2 Abs. 2 PartGG zwingend „Personenfirma") sind zu beachten (§ 200 Abs. 4 UmwG). Der Formwechsel in die BGB-Gesellschaft bringt die Firma zum Erlöschen (§ 200 Abs. 5 UmwG), da die BGB-Gesellschaft nicht firmenrechtsfähig ist.

---

412 LG Berlin, NZG 2005, 443 f. = DStR 2005, 662: Firmenfortführung nur bei Firmenfähigkeit des fortgeführten Unternehmens.
413 MünchKomm-HGB/Heidinger, § 22 Rn. 43; Koller/Roth/Morck/Roth, HGB, § 22 Rn. 17; Röhricht/v. Westphalen/Ammon, HGB, § 22 Rn. 37; Heymann/Emmerich, HGB, § 22 Rn. 18; Baumbach/Hopt/Hopt, HGB, § 22 Rn. 15; Ebenroth/Boujong/Joost/Zimmer, HGB, § 22 Rn. 55.
414 BGH, NJW 1965, 1915 = BB 1965, 1047 = BGHZ 44, 116 – Frankona-Fall.
415 So z.B. beim Voranstellen eines neu aufgenommenen Partners: OLG Frankfurt, FGPrax 2005, 270.
416 Vgl. MünchKomm-HGB/Heidinger, § 22 Rn. 46.
417 Heymann/Emmerich, HGB, § 22 Rn. 21.
418 RGZ 113, 306, 309; 162, 121, 123; Ebenroth/Boujong/Joost/Zimmer, HGB, § 22 Rn. 56.
419 OLG Hamm, NZG 2002, 866 ff.; OLG Rostock, RAnBl. 1997, 126; BayObLG, OLG-Report 2003, 141 ff. zur vergleichbaren Problematik beim Partnerschaftszusatz i.S.d. § 11 PartGG.
420 LG Berlin, NJW-RR 1994, 609, für die spätere Änderung der abgeleiteten GmbH-Firma; zu weit allerdings das LG Augsburg, Rpfleger 1999, 449 bei gemischter Personen-/Fantasiefirma **Streichung des kompletten Personenfirmenteils**; ablehnend auch Busch, Rpfleger 1999, 547 und Hartmann, RNotZ 2003, 250, 251; ohne Differenzierung zwischen Neufirmierung und Firmenfortführung LG Koblenz, NJW-RR 2002, 35 „Schwanen-Apotheke Ernst K, Inhaber Rolf G" zu „Schwanenapotheke OHG".

2. Verschmelzung

§ 2 UmwG übernimmt in der Sache unverändert den **Begriff der Verschmelzung** aus dem bisherigen Recht. Ein oder mehrere Rechtsträger übertragen ihr Vermögen als Ganzes unter Auflösung und ohne Abwicklung entweder auf einen anderen bestehenden oder einen neuen, von ihnen dadurch gegründeten Rechtsträger gegen Gewährung von Anteilen oder Mitgliedschaften des übernehmenden oder neuen Rechtsträgers an die Anteilsinhaber der übertragenden Rechtsträger. Anteilsinhaber sind Gesellschafter, Aktionäre, Genossen oder Mitglieder. Die verschmelzungsfähigen Rechtsträger ergeben sich aus § 3 UmwG.

141

Nach **§ 18 Abs. 1 Satz 1 UmwG** darf der übernehmende Rechtsträger die Firma eines der übertragenden Rechtsträger, dessen Handelsgeschäft er durch Verschmelzung erwirbt, mit oder ohne Beifügung eines Nachfolgezusatzes fortführen. Es handelt sich insoweit nach h.M. um einen Sondertatbestand des § 22 HGB[421] mit den gleichen Tatbestandsvoraussetzungen.[422] Ein übernehmender Rechtsträger erwirbt durch Verschmelzung das Handelsgeschäft – für das eine Firma geführt wird – von einem übertragenden Rechtsträger. Das Regelungsbedürfnis ist das des § 22 HGB: Die möglicherweise traditionsreiche und wertvolle Firma soll erhalten bleiben. Anders als bei § 22 Abs. 1 HGB soll aber die Einwilligung des betroffenen übertragenden Rechtsträgers deshalb nicht erforderlich sein, weil dieser durch die Verschmelzung aufgelöst und voll beendet wird und „also kein Interesse mehr daran haben kann, dass sein Name nicht weiter verwendet wird".[423] Der aufnehmende Rechtsträger kann das durch Verschmelzung erworbene Unternehmen aber auch unter seiner bisherigen Firma fortführen.[424]

142

Immer dann, wenn an einem der übertragenden Rechtsträger eine natürliche Person beteiligt ist, die an dem übernehmenden Rechtsträger nicht mehr beteiligt wird, darf die nunmehrige Firma nur verwendet werden, wenn der betroffene Anteilsinhaber oder dessen Erben ausdrücklich in die Verwendung einwilligen (**§ 18 Abs. 2 UmwG**).

Nach bisher h.M. muss auch bei einer Firmenfortführung nach § 18 Abs. 1 UmwG die Firma im Wesentlichen fortgeführt werden.[425] Für großzügigere Tendenzen im Zuge der Liberalisierung des Firmenrechts gilt das Gleiche wie bei § 22 HGB. Wird die Firma fortgeführt, wirkt sich dies auch auf die Firmierung etwaiger **Zweigniederlassungen** des übernehmenden Rechtsträgers aus, da dieser kein von der Hauptniederlassung losgelöstes „Firmendasein" führen kann.[426] Umgekehrt ist es aber zulässig, dass sich die Firmenfortführung nur auf die Zweigniederlassung beschränkt, als die das erworbene Handelsgeschäft weitergeführt wird. Die neue Verbindung zur Hauptniederlassung muss allerdings durch einen entsprechenden Firmenzusatz bei der Zweigniederlassung klargestellt werden.[427]

143

3. Spaltung

Nach § 123 UmwG kann ein Rechtsträger (übertragender Rechtsträger)

144

- unter Auflösung ohne Abwicklung sein Vermögen aufspalten,

- von seinem Vermögen einen Teil oder mehrere Teile abspalten,

- aus seinem Vermögen einen Teil oder mehrere Teile ausgliedern.

---

421 Limmer, NotBZ 2000, 101, 102.
422 Siehe Lutter/Bork, UmwG, § 18 Rn. 5; Hörtnagl/Schmitt/Stratz, UmwG, § 18 Rn. 2 ff.; Bokelmann, ZNotP 1998, 265.
423 Begr. RegE bei Ganske, Umwandlungsrecht, S. 72.
424 Limmer, NotBZ 2000, 101, 102; OLG Schleswig, NJW-RR 2002, 461 für Verschmelzung einer GmbH auf ihren Alleingesellschafter.
425 Limmer, NotBZ 2000, 101, 103 m.w.N.; Bokelmann, ZNotP 1998, 266.
426 Limmer, NotBZ 2000, 101, 103; Marsch-Barner, in: Kallmeyer, UmwG, § 18 Rn. 8.
427 Bokelmann, ZNotP 1998, 267; Vollrath, in: Widmann/Mayer, Umwandlungsrecht, § 18 UmwG Rn. 23.

Für Abspaltung und Ausgliederung schließt § 125 Satz 1 UmwG die Anwendbarkeit von § 18 UmwG aus, weil der **firmenführende Rechtsträger fortbesteht**.[428] Einerseits droht nicht die Vernichtung der Firma, da der abspaltende/ausgliedernde Rechtsträger sie weiter nutzen kann. Darüber hinaus würde die zusätzliche Firmenfortführung beim aufnehmenden oder neugegründeten Rechtsträger zu einer Verdoppelung der Firma führen. Bei der Aufspaltung erlischt der übertragende Rechtsträger, so dass § 18 UmwG wie bei der Verschmelzung gilt. Streitig ist, ob nur der Rechtsträger, der den größten Teil des Unternehmens übernimmt, jeder beliebige oder sogar alle übernehmenden Rechtsträger die Firma übernehmen dürfen.[429] In diesen Fällen kommt ggf. auch eine Firmenfortführung nach den allgemeinen Grundsätzen des § 22 HGB in Frage.[430] Für die Angliederung des gesamten Unternehmens wird überwiegend die teleologische Reduktion der eingeschränkten Verweisung (also Anwendbarkeit des § 18 UmwG) oder zumindest die Möglichkeit der Firmenfortführung nach § 22 HGB befürwortet.[431]

G. Firmenöffentlichkeit

145   Im **Grundsatz der Firmenöffentlichkeit** schlägt sich nieder, dass die Firma als Bezeichnung des Unternehmensträgers wirtschaftliche Interessen des Firmenträgers selbst, ferner solche der Marktteilnehmer (Mitbewerber, Abnehmer und Anbieter) und auch Allgemeininteressen berührt.[432] Daher bedarf die Firma der **Publizität**. Kaufleute und Handelsgesellschaften müssen ihre Firmen und Änderungen an diesen zur Eintragung in das Handelsregister anmelden (§§ 29, 31, 33, 34, 106 ff., 162 HGB).[433] Dem Handelsregister kommt unbestritten Publizitätsfunktion zu. Die Informationen sind jedermann zugänglich, weil die Einsicht in das Handelsregister auch ohne den Nachweis eines berechtigten Interesses erlaubt ist (§ 9 Abs. 1 HGB). Zur Firmenpublizität gehört auch die jetzt „flächendeckende" Pflicht, in der Firma als Zusatz die Rechtsform des Unternehmens aufzunehmen (§§ 19 Abs. 1, 21, 22, 24 HGB, § 4 GmbHG, § 4 AktG, § 3 GenG).[434] Ergänzt wird sie durch die Verpflichtung zur Angabe der vollständigen Firma in den Geschäftsbriefen (§§ 37a, 125a HGB, § 80 AktG, § 35a GmbHG). Durch die Zulassung der Fantasiefirma für alle Rechtsformen wurde allerdings der Informationsgehalt der Firma im HRefG deutlich reduziert. Dadurch verliert auch der Grundsatz der Firmenöffentlichkeit an Bedeutung, aber nicht gänzlich seine Berechtigung.

H. Firmeneinheit

146   Der Grundsatz der Firmeneinheit besagt, dass für ein Unternehmen grds. nur eine Firma geführt werden darf: „**ein Unternehmen – eine Firma**".[435] Das ergibt sich schon aus dem Bedürfnis des Rechtsverkehrs nach einer sicheren Unterscheidung der im Handelsverkehr auftretenden Rechtspersönlichkeiten.[436] Es

---

428   Begr. RegE bei Ganske, Umwandlungsrecht, S. 152.
429   Siehe Bokelmann, ZNotP 1998, 268; Kallmeyer, UmwG, § 125 Rn. 28; Lutter/Teichmann, UmwG, § 132 UmwG Rn. 6 und § 132 Rn. 48; Ebenroth/Boujong/Joost/Zimmer, HGB, § 22 Rn. 87; Kögel, GmbHR 1996, 168, 172.
430   Lutter/Teichmann, UmwG, § 132 Rn. 48; Limmer, Handbuch der Unternehmensumwandlung, Rn. 2962; a.A.: Bokelmann, ZNotP 1998, 269.
431   Widmann/Mayer, Umwandlungsrecht, § 152 UmwG Rn. 103; Lutter/Karollus, UmwG, § 155 Rn. 7; Lutter/Teichmann, UmwG, § 132 Rn. 48; siehe auch Limmer, NotBZ 2000, 101, 104.
432   Näher Weber, Das Prinzip der Firmenwahrheit, S. 27 ff.
433   Zur Anmeldung der Firma einer eG zur Eintragung in das Genossenschaftsregister vgl. §§ 6, 10, 11 GenG.
434   Röhricht/v. Westphalen/Ammon, HGB, § 17 Rn. 24.
435   BGH, NJW 1991, 2023, 2024; BayObLGZ 2001, 69; KGJ 31 A 206, 216; KG, OLGRspr. 9, 246; Hofmann, Handelsrecht, D IV 4; K. Schmidt, Handelsrecht, § 12 II 2; Baumbach/Hopt/Hopt, HGB, § 17 Rn. 8; Bokelmann, Firmenrecht, Rn. 391; v. Gierke/Sandrock, Handels- und Wirtschaftsrecht I, § 17 II 3; Heymann/Emmerich, HGB, § 17 Rn. 22a; Staub/Hüffer, HGB, § 17 Rn. 27; zweifelnd nach dem HRefG Roth, in: Die Reform des Handelsstandes und der Personengesellschaften, S. 31, 51 ff.: abgrenzbarer Geschäftszweig.
436   Schlegelberger/Hildebrandt/Steckhan, HGB, § 17 Rn. 3.

schließt sich die weitere Frage an, ob (und wenn ja welche) Unternehmensträger Inhaber mehrerer Unternehmen sein können. Eine nach öffentlich-rechtlichen Vorschriften verfasste Sparkasse kann demgegenüber mit ihrer nach öffentlichem Recht zulässigen **Mehrfachfirmierung** auch ins Handelsregister eingetragen werden, obwohl sie nur ein Unternehmen führt.[437]

I. Einzelkaufmann

Unterhält der Einzelkaufmann nur **ein Unternehmen**, so darf er nur **eine Firma** führen.[438] Das gilt auch dann, wenn der Kaufmann zu seinem Unternehmen noch ein weiteres mit dem Recht auf Firmenfortführung hinzuerwirbt und er beide Unternehmen vereinigt. Denn nach der Vereinigung ist nur noch ein Unternehmen vorhanden.[439] Dem Kaufmann steht es aber frei – will er die Werbekraft und (oder) den Wert der Firma erhalten –, die Firmen ebenfalls zu vereinigen. Auch kann er das übernommene Unternehmen als Zweigniederlassung unter der Firma des übernommenen Unternehmens führen.[440]

147

Der Einzelkaufmann darf dann, wenn er **mehrere selbständige Unternehmen** betreibt, für jedes Unternehmen eine andere Firma benutzen.[441] Ob dem Einzelkaufmann insoweit ein Wahlrecht zusteht (Führung unter derselben Firma oder verschiedene Firmen),[442] ist fraglich. Es spricht viel für die Meinung von Karsten Schmidt, dass sich der Kaufmann hier verschiedener Firmen bedienen muss, wenn er „die organisatorische Trennung der Unternehmen aufrechterhalten und nach außen dokumentieren will".[443]

148

Voraussetzung ist aber immer, dass es sich um wirklich selbständige Betriebe und nicht nur Abteilungen eines einheitlichen Geschäfts handelt.[444] Sind die Geschäfte sachlich und räumlich getrennt, erfolgen Buchführung und Bilanzierung getrennt, ist jeweils eigenes Personal vorhanden und sind die Telefonnummern und Bankkonten jeweils verschieden, wird i.d.R. von mehreren selbständigen Unternehmen auszugehen sein, die nur einen gemeinsamen Rechtsträger haben. Maßgebend ist aber jeweils die Gesamtwürdigung, so dass ausnahmsweise auch bei gemeinschaftlicher Beschäftigung von Angestellten und auch teilweise gemeinsamen Geschäftsräumen von der Verschiedenheit der Unternehmungen ausgegangen werden kann.[445] Werden **gleichartige Handelsgeschäfte am gleichen Ort** betrieben, so sind an das Merkmal der Selbständigkeit eines Unternehmens besonders strenge Anforderungen zu stellen.[446] In letzterem Fall erscheint auch die Abgrenzung zur **Zweigniederlassung** problematisch. Liegt eine solche vor, ist allgemein anerkannt, dass sie unter der Firma der Hauptniederlassung auftreten darf.

---

437 BayObLGZ 2001, 69 ff.
438 K. Schmidt, Handelsrecht, § 12 II 2 b; Staub/Hüffer, HGB, § 17 Rn. 27; vgl. auch BGH, NJW 1991, 2023, 2024; a.A.: Canaris, Handelsrecht, § 11 I 4.
439 Baumbach/Hopt/Hopt, HGB, § 17 Rn. 8; Staub/Hüffer, HGB, § 17 Rn. 27; K. Schmidt, Handelsrecht, § 12 II 2 b; Bokelmann, Firmenrecht, Rn. 392; a.A.: OLG Düsseldorf, NJW 1954, 151, 152 m. abl. Anm. Droste; Kraft, Die Führung mehrerer Firmen, S. 31 ff., 47; vgl. auch Nipperdey, in: FS für Hueck, S. 195, 217; Schlichting, ZHR 134 (1970), 322 ff.
440 Vgl. auch Staub/Hüffer, HGB, § 17 Rn. 27.
441 RG, HRR 1929 Nr. 1666; BGHZ 31, 397, 399; KG, JW 1936, 1680; Baumbach/Hopt/Hopt, HGB, § 17 Rn. 8; Heymann/Emmerich, HGB, § 17 Rn. 24; Schlegelberger/Hildebrandt/Steckhan, HGB, § 17 Rn. 4; Staub/Hüffer, HGB, § 17 Rn. 26; v. Gierke/Sandrock, Handels- und Wirtschaftsrecht I, § 17 II 3; K. Schmidt, Handelsrecht, § 12 II 2 a; Bokelmann, Firmenrecht, Rn. 393.
442 So Staub/Hüffer, HGB, § 17 Rn. 26 und die wohl h.M.
443 K. Schmidt, Handelsrecht, § 12 II 2 a; Heymann/Emmerich, HGB, § 17 Rn. 24.
444 Bokelmann, Firmenrecht, Rn. 393.
445 KG, JW 1936, 1680.
446 BayObLGZ 1956, 260, 264; BayObLGZ 2001, 69, 72; vgl. auch Schlegelberger/Hildebrandt/Steckhan, HGB, § 17 Rn. 4; Heymann/Emmerich, HGB, § 17 Rn. 24; Staub/Hüffer, HGB, vor § 13 Rn. 8; strenger: Gierke/Sandrock, Handels- und Wirtschaftsrecht I, § 17 II 3a.

II. Handelsgesellschaften

149 Personenhandelsgesellschaften und Kapitalgesellschaften dürfen **immer nur eine Firma** führen.[447] Das gilt auch dann, wenn sie verschiedene, voneinander getrennte Geschäfte i.S.v. Betrieben führt,[448] denn sie können im Rechtssinne nur ein Unternehmen führen.[449] Firma und Name bilden bei den Handelsgesellschaften eine notwendige Einheit. Die Gesellschaftsfirma ist der alleinige Name der Gesellschaft und nicht nur, wie bei der Firma des Einzelkaufmanns, der Name, unter dem sie im Handel die Geschäfte betreibt.

„Da jedes Rechtssubjekt, wenn das Gesetz nicht ausnahmsweise mehrere Bezeichnungen zulässt, einen einzigen bestimmten Namen haben muss, mit dem es im Rechtsverkehr eindeutig identifiziert werden kann, und die Firma diese Funktion bei der Handelsgesellschaft hat, wäre eine mehrfache Firmenführung eine Durchbrechung dieses Prinzips. Denn soweit sich eine Handelsgesellschaft einer hinzuerworbenen weiteren Firma bedienen würde, wäre sie gerade nicht mehr in diesem Sinne gekennzeichnet".[450]

Deswegen kann etwa eine KG, die ein Unternehmen erwirbt und weiterführt, dessen Firma nach § 22 HGB nur dann fortführen, wenn sie ihre bisherige Firma aufgibt. Die Gesellschaft kann auch ihre bisherige Firma weiterführen, nicht aber beide Firmen.[451] Zur Möglichkeit, den Wert der hinzuerworbenen Firma durch Bildung einer Zweigniederlassung zu erhalten, siehe Rn. 217.

III. Sonstige juristische Personen

150 Durch das ERJuKoG (Handelsregisterreformgesetz) vom 10.12.2001[452] wurde § 33 HGB geändert. Dadurch müssen auch **juristische Personen des öffentlichen Rechts**, die ein Handelsgewerbe i.S.d. § 1 Abs. 2 HGB betreiben, (u.a.) mit Firma und Sitz ins Handelsregister eingetragen werden. Bei **Anstalten des öffentlichen Rechts** (z.B. Sparkassen) wird von den Obergerichten akzeptiert, dass sie den nach speziellen für sie geltenden Vorschriften zulässigen Mehrfachsitz sowie die damit verbundene Mehrfachfirmierung beibehalten.[453] Die Eintragung hat dann bei sämtlichen Sitzgerichten zu erfolgen.

IV. Zweigniederlassung

151 Für das Zwittergebilde Zweigniederlassung **wird der Grundsatz der Firmeneinheit modifiziert**. Hauptgeschäft und Zweigniederlassung bilden einen einheitlichen Geschäftsbetrieb, also ein einheitliches Unternehmen. Die Firma der Zweigniederlassung kann daher mit der Firma der Hauptniederlassung gleich sein; ein Zusatz, der auf die Eigenschaft als Zweigniederlassung hinweist, ist hier nicht erforderlich. Die Firmen müssen aber nicht gleich sein. Mehrere Niederlassungen desselben Unternehmens dürfen unterschiedliche Firmen führen.[454] Siehe zur Firma der Zweigniederlassung ausführlich unten, Rn. 215 ff.

---

447 BGHZ 67, 166, 167 f. mit eingehenden Literaturnachweisen; a.A.: Roth, in: Die Reform des Handelsstandes und der Personengesellschaften, S. 31, 51 ff.

448 RGZ 85, 397, 399; 99, 158, 159; 113, 213, 216 f.; BGHZ 64, 11, 17; 67, 166, 167 = NJW 1976, 2163; BayObLGZ 1970, 235, 237; Baumbach/Hopt/Hopt, HGB, § 17 Rn. 9; Schlegelberger/Hildebrandt/Steckhan, HGB, § 17 Rn. 6; Heymann/Emmerich, HGB, § 17 Rn. 26; Staub/Hüffer, HGB, § 17 Rn. 28; im Ergebnis auch Canaris, Handelsrecht, § 11Rn. 38 ff.; Koller/Roth/Morck/Roth, HGB, § 17 Rn. 15; a.A.: Kraft, Die Führung mehrerer Firmen, S. 65; für die Personengesellschaften Esch, BB 1968, 235.

449 K. Schmidt, Handelsrecht, § 12 II 2 c m.w.N.

450 BGHZ 67, 166, 169.

451 BGHZ 67, 166, 171; Heymann/Emmerich, HGB, § 17 Rn. 26; Staub/Hüffer, HGB, § 17 Rn. 28 f.

452 BGBl. I, S. 3422.

453 OLG Frankfurt, Rpfleger 2001, 185 = DB 2001, 860; BayObLGZ 2001, 69 = NJW-RR 2001, 1688; BayObLGZ 2000, 210 = NJW-RR 2001, 28; Munzig, FGPrax 2003, 101.

454 RGZ 77, 60, 63; BayObLGZ 1992, 59, 62; K. Schmidt, Handelsrecht, § 12 II 3 a.

I. Firma bei den einzelnen Rechtsformen

I. Mögliche Träger (Firmenfähigkeit)

Firmenfähig sind **nur Kaufleute**. Die frühere Unterscheidung zwischen Vollkaufleuten und nicht firmenfähigen Minderkaufleuten (§ 4 Abs. 1 HGB a.F.) ist mit dem HRefG entfallen. Neben dem Einzelkaufmann sind OHG, KG, EWIV, AG und KGaA, GmbH, eG (§ 17 Abs. 2 GenG) und VVaG (§§ 16, 53 VAG) firmenfähig, ferner sonstige juristische Personen und Gebietskörperschaften, soweit ein Handelsgewerbe i.S.d. § 1 Abs. 2 HGB betrieben wird (§ 33 HGB).[455] Die Partnerschaft, die nach § 1 Abs. 1 Satz 2 PartGG kein Handelsgewerbe ausübt, ist nach § 2 Abs. 1 PartGG namensfähig; gemäß § 2 Abs. 2 PartGG sind die §§ 18 Abs. 2, 19 Abs. 3 und 4, 21, 22 Abs. 1, 23, 24, 30, 31 Abs. 2, 32 und 37 HGB entsprechend anzuwenden. Auch auf den Namen eines eingetragenen Vereins ist Firmenrecht z.T. entsprechend anwendbar.[456]

Nicht firmenfähig ist die stille Gesellschaft, ebenso die GbR. Letztere wird, kommt es auf die genaue Parteibezeichnung wie im Handelsregister- und Prozessrecht an, durch den Namen aller Gesellschafter identifiziert.[457] Sie kann aber auch insb. als unternehmenstragende Außengesellschaft einen der Firma angenäherten Namen (sog. Minderfirma) führen.[458] Die GbR kann sich unter einem unterscheidungskräftigen, schlagwortartigen Gesamtnamen am Rechtsverkehr beteiligen.[459] Tritt die **BGB-Gesellschaft unter einer Geschäftsbezeichnung dauerhaft im Rechtsverkehr** auf, genügt die Angabe dieser Geschäftsbezeichnung unter Benennung der vertretungsberechtigten Gesellschafter.[460] In Bezug auf die Eintragung einer BGB-Gesellschaft ins Grundbuch ist dies noch streitig.[461] Unter dem Stichwort der **Grundbuchfähigkeit** geht das BayObLG zu Unrecht[462] sogar soweit, der BGB-Gesellschaft trotz der grds. Anerkennung ihrer Rechtsfähigkeit,[463] die Fähigkeit Eigentum zu erwerben abzusprechen.[464] Die Geschäftsbezeichnung einer BGB-Gesellschaft darf allerdings nach der überwiegenden Rspr. nicht firmenähnlich sein.[465]

Vorgesellschaften (Vor-GmbH, Vor-AG) sind bereits körperschaftlich strukturierte Gebilde, die den Gründungsvorschriften und dem Recht der später rechtsfähigen GmbH oder AG – aber mit Ausnahme der bereits die Eintragung voraussetzenden Vorschriften – unterstehen.[466] Die Vorgesellschaft ist eine Gesellschaft sui generis, allerdings mit der später eingetragenen Kapitalgesellschaft weitgehend identisch,[467]

---

455 Baumbach/Hopt/Hopt, HGB, § 17 Rn. 4; Heymann/Emmerich, HGB, § 17 Rn. 9; Staub/Hüffer, HGB, § 17 Rn. 11 f.
456 OLG Köln, RNotZ 2006, 193 ff. und KG, FGPrax 2005, 77 f. für § 18 Abs. 2 HGB.
457 BGH, NJW-RR 1990, 867 = ZIP 1990, 715 = NJW 1990, 2553 (LS).
458 K. Schmidt, Gesellschaftsrecht, § 60 I 3 b.
459 Staub/Hüffer, HGB, § 17 Rn. 13; MünchKomm-BGB/Ulmer, § 705 Rn. 225.
460 Timm, NJW 1995, 3209, 3214.
461 Abl. insb. BayObLGZ 2002, 330 = NJW 2003, 70 und NJW-RR 2004, 810 = DNotZ 2004, 378 m. Anm. Heil; dazu auch Schöpflin, NZG 2003, 117 und 606 ff.; Ulmer/Steffek, NJW 2002, 330; Vogt, Rpfleger 2003, 491; Wertenbruch, NJW 2002, 324; Heil, NJW 2002, 2158 ff.; Münch, DNotZ 2001, 535; Dümig, Rpfleger 2002, 53; ders., Rpfleger 2003, 80; Eickmann, ZfIR 2001, 433.
462 Abl. auch Ulmer/Steffek, NJW 2002, 330; Dümig, Rpfleger 2002, 53; ders., Rpfleger 2003, 80; Eickmann, ZfIR 2001, 433.
463 BGHZ 146, 341 – 361 = NJW 2001, 1056.
464 BayObLGZ 2002, 330 = NJW 2003, 70; BayObLG, NJW-RR 2004, 810 = DNotZ 2004, 378 m. Anm. Heil; ebenso: Vogt, Rpfleger 2003, 491.
465 OLG Karlsruhe, BB 1985, 2196; Wessel, DB 1987, 1673; a.A.: K. Schmidt, Gesellschaftsrecht, § 60 I 3 b.
466 BGHZ 80, 129, 132 = NJW 1981, 1373; hierzu Ulmer, ZGR 1981, 593 ff.; zur Vor-AG auch Heidinger, ZNotP 2000, 182; zur Vor-GmbH ders., GmbHR 2003, 189.
467 Michalski, GmbHG, § 11 Rn. 43; Scholz/K. Schmidt, Handelsrecht, § 11 Rn. 25, spricht von Identität im Sinne vollständiger Kontinuität der Rechtsverhältnisse; K. Schmidt, Gesellschaftsrecht, § 11 IV 2 c; Bayer, in: Lutter/Hommelhoff, GmbHG, § 11 Rn. 2; Raiser, Recht der Kapitalgesellschaften, § 26 Rn. 98; kritisch: Hachenburg/Ulmer, GmbHG, § 11 Rn. 10; G. Hueck, in: FS 100 Jahre GmbH-Gesetz, S. 127, 148 ff., 153.

selbst aber noch nicht Handelsgesellschaft nach § 13 Abs. 3 GmbHG (§ 3 AktG) und nicht Formkaufmann. Denn der **Formkaufmann setzt die Eintragung im Handelsregister voraus**, während die Vorgesellschaft als solche selbständig nicht in das Handelsregister (Abteilung B) eingetragen werden kann,[468] und zwar auch nicht in den Fällen der §§ 2 und 3 HGB. An dieser Einschätzung ändert sich selbst dann nichts, wenn die Vorgesellschaft als vermögensverwaltende OHG i.S.d. § 105 Abs. 2 HGB anzusehen wäre.[469] Auch hierfür ist die Eintragung ins Handelsregister Entstehungsvoraussetzung. Es kommt für die Firmenfähigkeit mithin darauf an, ob die Vorgesellschaft selbst ein („großgewerbliches") Handelsgewerbe nach § 1 Abs. 2 HGB betreibt. Nur wenn das der Fall ist, kann die Vorgesellschaft selbst schon eine Firma führen, die der im Gesellschaftsvertrag festgelegten Firma entspricht.[470]

Bei dieser Argumentation erscheint aber der üblicherweise schon verwendete Rechtsformzusatz „GmbH", dem ein Zusatz wie „in Gründung" oder ähnlich beigefügt wird, nicht unproblematisch. Denn als OHG müsste sie einen anderen Rechtsformzusatz wählen (§ 19 Abs. 1 Nr. 2 HGB), ein Zusatz „GmbH i.G." ist als Rechtsformzusatz aber im Gesetz nicht vorgesehen. Letztlich firmiert die Vorgesellschaft eben doch schon als GmbH mit dem klarstellenden Zusatz „in Gründung". Aber auch dann, wenn die Vorgesellschaft kein Handelsgewerbe betreibt, kann sie nach h.M. die satzungsmäßige Firma der künftigen Gesellschaft unter Hinweis auf den Gründungszustand als Namen gebrauchen.

II. Firma des Einzelkaufmanns

1. Personenfirma

155 Führte der Einzelkaufmann früher eine Personenfirma, so musste er seinen **Familiennamen** so in der Firma führen, wie er im Personenstandsregister verzeichnet war.[471] Dies wird z.T. auch nach heutigem Recht weiterhin verlangt.[472] Danach soll jede Veränderung (Abkürzung) des Familiennamens auch jetzt noch grds. unzulässig sein, ebenso eine Abweichung in der Schreibweise des Namens. Diese strengen Anforderungen sind in Anbetracht der Zulässigkeit auch einer **Fantasiepersonenfirma** (vgl. dazu und zur Verwendung des Namens von Nichtgeschäftsinhabern ausführlich Rn. 101 ff.) nicht mehr haltbar.[473] Grenze der Zulässigkeit ist nach heutigem Recht allein die Irreführungseignung nach § 18 Abs. 2 HGB. Einen **Vornamen** braucht er nach neuem Recht nicht mehr hinzuzufügen, weil es an einer gesetzlichen Festlegung fehlt. Es steht ihm aber frei, einen (oder mehrere) Vornamen in die Firma aufzunehmen. Gegen Abkürzung und Kurzform des Vornamens können nach heutigem Recht keine Bedenken bestehen.

Weil jetzt beim Einzelkaufmann sogar eine Fantasiefirma zulässig ist, kann auch ein **Künstlername** oder ein **Deckname** verwendet werden.[474]

a) Doppelnamen, Adelstitel, akademische Grade

156 Ein **Doppelname** war früher vollständig in die Firma aufzunehmen.[475] Unzulässig dagegen war es, den Familien- und den Geburtsnamen (unterscheiden sich beide) als Doppelnamen zu führen.[476] Adelsbezeichnungen gelten nach Art. 109 Abs. 3 WeimRV als Teil des Namens; nach Art. 123 GG hat die Bestim-

---

468 Scholz/K. Schmidt, Handelsrecht, § 11 Rn. 29; Hachenburg/Ulmer, GmbHG, § 11 Rn. 47.
469 Vgl. zur Haftungsstruktur der unechten oder gescheiterten Vorgesellschaft BGH, NJW 1996, 1210 = ZIP 1996, 590; BGHZ 149, 273 = NJW 2002, 824; BGHZ 152, 290 = NJW 2003, 429 = NZG 2003, 79.
470 Hachenburg/Heinrich, GmbHG, § 4 Rn. 116; Scholz/K. Schmidt, Handelsrecht, § 11 Rn. 30; großzügiger: Ebenroth/Boujong/Joost/Zimmer, HGB, § 17 Rn. 8, als Firma.
471 Heymann/Emmerich, HGB, § 18 Rn. 6.
472 Heinrich, Firmenwahrheit und Firmenbeständigkeit, Rn. 87.
473 Ebenso Röhricht/v. Westphalen/Ammon, HGB, § 19 Rn. 5 noch etwas zurückhaltender; zu Recht aber noch für die Partnerschaftsgesellschaft OLG Karlsruhe, BB 1999, 1075.
474 Früher sehr streitig; siehe dazu MünchKomm-HGB/Heidinger, § 18 Rn. 66.
475 KGJ 5, 20, 21; 27 A 64, 65; KG, OLGRspr. 41, 192; Heinrich, Firmenwahrheit und Firmenbeständigkeit, Rn. 87; Bokelmann, Firmenrecht, Rn. 87; Staub/Hüffer, HGB, § 18 Rn. 9; Heymann/Emmerich, HGB, § 18 Rn. 7.
476 Staub/Hüffer, HGB, § 18 Rn. 9.

mung Bestand. **Adelstitel** durften daher in der Firma nicht fehlen.[477] All diese Einschränkungen sind nach neuem Firmenrecht nicht mehr haltbar.[478] Da der Einzelkaufmann seinen Namen in der Firma überhaupt nicht mehr führen muss, kann er ihn auch nur in Teilen[479] oder zusammengesetzt mit dem Geburtsnamen führen. Bzgl. einer eventuellen Irreführungseignung fehlt es insofern an der wettbewerblichen Relevanz. Aus dem gleichen Grund ist auch die Problematik bzgl. des unterschiedlichen Ehenamens firmenrechtlich entschärft. Grenze der Zulässigkeit ist allein die Irreführungseignung i.S.d. § 18 Abs. 2 HGB. Dagegen sind **akademische Grade** wie der Doktor nicht Bestandteil des Namens. Wie schon zum alten Recht können sie, müssen aber nicht in die Firma aufgenommen werden.[480]

b) Schreibweise, fremdsprachige Namen

Die Schreibweise musste nach altem Recht dem geführten Namen entsprechen.[481] Die Übertragung des deutschen Familiennamens in eine fremde Sprache und umgekehrt die „Eindeutschung" eines fremden Namens und die Aufnahme von so veränderten Namen in die Firma wird z.T. auch nach neuem Firmenrecht noch für unzulässig gehalten.[482] Dies ist nach der hier vertretenen Auffassung zur Liberalisierung auch der Personenfirma nicht mehr haltbar. Insb. besteht keine Verpflichtung mehr, in der Firma Informationen über den Geschäftsinhaber aufzunehmen. Einerseits kann der fremde Name dem Inländer nichts sagen und von ihm als jetzt zulässige Fantasiebezeichnung qualifiziert werden. Schon das BayObLG[483] hat ausgesprochen, eine Firma dürfe nicht deshalb beanstandet werden, weil der bei der Firmenbildung verwendete Familienname nicht als solcher erkennbar ist. Besitzt die Firma – es ging um den Familiennamen „Mesirca"[484] – für das Publikum keine Aussagekraft, so kann sie auch nicht täuschen. Im Übrigen kommt es für die Personenfirma nicht darauf an, ob ein Name als solcher verständlich, bekannt und aussagekräftig ist.[485] Auch spricht nach neuem Firmenrecht – in den Grenzen des § 18 Abs. 2 HGB – nichts mehr dagegen, dass sich ein Kaufmann „Schultz" in seiner Firma z.B. der polnischen Schreibweise des Namens „Szulc" bedient, um – wahrheitsgemäß – auf seine polnische Herkunft hinzuweisen.

Geringfügige Abweichungen waren schon früher und sind auch jetzt noch zulässig. So können die Umlaute durch „ae", „oe" oder „ue" ersetzt werden, um den Schriftverkehr mit dem Ausland zu erleichtern.[486] Dagegen müssen ausländische, nicht in lateinischer Schrift gehaltene Namen (arabische, chinesische, griechische oder kyrillische Buchstaben bzw. Begriffszeichen) stets in die lateinische Schrift transkribiert werden.[487] Andernfalls könnte das Publikum die Firma nicht einmal aussprechen (Aussprechbarkeit zur Erfüllung der Namensfunktion).

---

477 RGZ 113, 107, 108; KG, JW 1931, 472 m. zust. Anm. Opet: „W & Co. KG" nicht zulässig, wenn der Komplementär „von W" heißt; Staub/Hüffer, HGB, § 18 Rn. 9; Heymann/Emmerich, HGB, § 18 Rn. 7a; Heinrich, Firmenwahrheit und Firmenbeständigkeit, Rn. 87.
478 So auch Röhricht/v. Westphalen/Ammon, HGB, § 19 Rn. 6 und 7.
479 LG Passau, Rpfleger 2000, 397 zur Personenfirma einer GmbH: ein Namensbestandteil eines Doppelnamens genügt; krit. Möller, DNotZ 2000, 831, 836.
480 Näher Hachenburg/Heinrich, GmbHG, § 4 Rn. 37, 59.
481 KGJ 24 A 163, 165 ff.
482 Heinrich, Firmenwahrheit und Firmenbeständigkeit, Rn. 90; Bokelmann, Firmenrecht, Rn. 562; siehe zum alten Recht: Staub/Hüffer, HGB, § 18 Rn. 9 und § 17 Rn. 9.
483 BayObLGZ 1973, 211 = NJW 1973, 1886.
484 BayObLGZ 1973, 211, 213 = NJW 1973, 1886; vgl. schon zuvor LG Wuppertal, BB 1973, 722.
485 Latinak, NJW 1973, 1215; Beitzen, DB 1972, 2051; Wellmann, BB 1972, 1383; Hachenburg/Heinrich, GmbHG, § 4 Rn. 37; Bokelmann, Firmenrecht, Rn. 446, 472 ff.
486 Näher zu der Frage Staub/Hüffer, HGB, § 18 Rn. 9; Wessel/Zwernemann/Kögel, Firmengründung, Rn. 158.
487 Heymann/Emmerich, HGB, § 18 Rn. 7; Hachenburg/Heinrich, GmbHG, § 4 Rn. 37; Wessel/Zwernemann/Kögel, Firmengründung, Rn. 158.

c) Inhabervermerk, Nachfolgezusatz

159 Grds. ist es **zulässig, Namen in einen Inhabervermerk aufzunehmen**. Nicht mehr zutreffend ist die früher überwiegende Lehre, der Name des Inhabers dürfe deshalb nicht in einem Inhabervermerk erscheinen, weil der Inhabervermerk nicht zum Firmenkern rechne.[488] Dies folgt schon daraus, dass gerade das Erfordernis in § 18 Abs. 1 HGB a.F., den Namen überhaupt in die Firma aufzunehmen, im neuen Firmenrecht ganz entfallen ist. Auch dient die Unterscheidung von Kern und Zusatz nur der formalen Zuordnung. Die Firma besteht aus **Firmenkern** und **Firmenzusatz**, und es kam schon früher nur darauf an, ob die Firma insgesamt einen ausgeschriebenen Familiennamen vorzuweisen vermag.[489]

160 Der Name des Einzelkaufmanns in der Form des Inhaberzusatzes ist i.d.R. auch für die ursprüngliche Firma zulässig, weil er an sich neutral ist und durch ihn nicht zwingend der irrige Eindruck einer nach den §§ 22 oder 24 HGB fortgeführten Firma entsteht.[490] Anders ist das bei der Klassifizierung als „Nachfolger" („vormals"), was einen (wohl gleichberechtigten) Vorgänger voraussetzt.[491]

d) Firma in Klammern und in adjektivischer oder deklinierter Form

161 **Zulässig** ist es, die **Namen in Klammern** zu setzen.[492] Auch darf die Firma in der Art gebildet werden, dass der Name in adjektivischer oder deklinierter Form erscheint.

> **Beispiele:**
> „Kurt Wagnersches Zigarrenhaus", „Karl Baums Weinhandlung", „Otto Müller'sche Dampfmühle".[493]

Insoweit scheidet eine Irreführung des Publikums aus.[494]

2. Sachfirma und Fantasiefirma

162 Nach neuem Firmenrecht kann ein Einzelkaufmann statt einer Personenfirma sowohl eine Sachfirma als auch eine Fantasiefirma wählen. Soweit es um die Frage geht, ob die Firma zur Kennzeichnung des Kaufmanns geeignet ist, sie Unterscheidungskraft besitzt und von ihr keine Täuschung ausgeht, wird auf die diesbezüglichen allgemeinen Erörterungen (siehe oben Rn. 75 ff.) verwiesen.

Ob die Sachfirma wie früher auch nach dem HRefG dem **Gegenstand des Unternehmens** zu entnehmen ist, ist streitg (vgl. etwa § 4 Abs. 1 Satz 1 GmbHG a.F.; siehe dazu oben Rn. 19 f.).

163 Auch die Wahl einer **reinen Fantasiefirma** ist jetzt grds. ohne inhaltliche Einschränkungen erlaubt, soweit sie nur hinreichend unterscheidungskräftig ist, um Namensfunktion für das betreffende Unternehmen zu erfüllen.[495] Fantasiebezeichnungen sind auch als Firmenzusätze verbreitet und – soweit sie nicht irre-

---

[488] So KG, JW 1929, 2155; OLGRspr. 38, 170 = KGJ 51 A 112.

[489] KG, JW 1930, 1410; OLG Köln, NJW 1953, 345; 1963, 541, 542; BayObLGZ 1988, 344, 347 = DB 1988, 2559; LG Dortmund, BB 1971, Beilage 9 zu Heft 30, S. 3 f.; Gustavus, EWiR 1986, 1115; Heinrich, Firmenwahrheit und Firmenbeständigkeit, Rn. 124, 127 f.; Baumbach/Hopt/Hopt, HGB, § 19 Rn. 6; Heymann/Emmerich, HGB, § 18 Rn. 9; Staub/Hüffer, HGB, § 18 Rn. 6; Bokelmann, Firmenrecht, Rn. 579 ff.

[490] OLG Köln, NJW 1953, 345, 346 und im Ansatzpunkt folgend OLG Frankfurt, OLGZ 1978, 43, 45; KG, OLGZ 1965, 315, 319; OLG Hamm, OLGZ 1968, 97 = MDR 1968, 501: „Inhaber" ist farblos, hat nicht die Bedeutung von „Nachfolger"; Heinrich, Firmenwahrheit und Firmenbeständigkeit, Rn. 128; Staub/Hüffer, HGB, § 18 Rn. 6; Bokelmann, Firmenrecht, Rn. 20, 258, 581; vgl. zu weiteren Beispielen aus der Rspr.; MünchKomm-HGB/Heidinger, § 18 Rn. 62 ff.; a.A.: LG Berlin, NZG 2005, 443 f. = DStR 2005, 662 bei Übernahme einer Geschäftsbezeichnung.

[491] OLG Frankfurt, NJW 1969, 330; OLG Hamm, MDR 1968, 501; Staub/Hüffer, HGB, § 18 Rn. 43 und § 37 Rn. 9; Bokelmann, Firmenrecht, Rn. 257; Wessel/Zwernemann/Kögel, Firmengründung, Rn. 405.

[492] Staub/Hüffer, HGB, § 18 Rn. 6; anders Heymann/Emmerich, HGB, § 18 Rn. 10 und früher KG, RJA 9, 91.

[493] Baumbach/Hopt/Hopt, HGB, § 19 Rn. 6; Staub/Hüffer, HGB, § 18 Rn. 7; Heymann/Emmerich, HGB, § 18 Rn. 10; Bokelmann, Firmenrecht, Rn. 583; Winkler, MittBayNot 1970, 73.

[494] RGZ 119, 198, 201; KGJ 5, 20, 21.

[495] Begr. RegE, BT-Drucks. 13/8444, S. 37.

führen – zulässig.[496] Die Unterscheidungskraft von Fantasiefirmen kann größer und effektiver als die von Sachfirmen sein. Soweit es um die Frage geht, ob die Firma zur Kennzeichnung des Kaufmanns geeignet ist, sie auch Unterscheidungskraft besitzt und von ihr keine Täuschung ausgeht, wird auf die Erläuterungen oben verwiesen (siehe Rn. 75 ff.).

3. Rechtsformzusatz

Einzelkaufleute können künftig eine **Personen-, Sach- oder Fantasiefirma** wählen. Auch **Mischfirmen** sind zulässig. Ohne einen Zusatz, der die Kaufmannseigenschaft offenbart, wäre jedoch nicht ohne weiteres erkennbar, wer hinter dem Unternehmen steht. Im Rechtsverkehr dürfen über die Stellung als Einzelkaufmann keine Missverständnisse entstehen. Aus Gründen der Transparenz müssen vielmehr die Haftungsverhältnisse für den Rechtsverkehr offen gelegt werden.[497]

164

Die Firma der Einzelkaufleute muss daher nach § 19 Abs. 1 Nr. 1 HGB die Kennzeichnung „**eingetragener Kaufmann**", „**eingetragene Kauffrau**" **oder eine allgemeinverständliche Abkürzung** auch dann enthalten, wenn sie nach den §§ 21, 22, 24 HGB oder nach anderen gesetzlichen Vorschriften fortgeführt wird. Die genannten ausgeschriebenen Begriffe sind zwar neu, doch sind sie allgemein verständlich. Letzteres traf auf „e.K.", „e.Kfm." und „e.Kfr." jedenfalls nicht unmittelbar zu,[498] doch hat sich der Rechts- und Geschäftsverkehr schnell an die Bezeichnungen gewöhnt und sie auch akzeptiert.[499]

Der in § 19 Abs. 1 Nr. 1 HGB zwingend vorgeschriebene Zusatz über die Kaufmannseigenschaft löst aber noch ein anderes Problem. **Kleingewerbetreibende**, denen als Nichtkaufleuten keine Firma im rechtstechnischen Sinn zusteht, können sich einer **Geschäftsbezeichnung** (Etablissementsbezeichnung) bedienen. Diese darf – was aber vor dem HRefG heftig bestritten war – firmenähnlich sein. Insoweit wurde kein Verbot der firmenähnlichen Geschäftsbezeichnung angenommen.[500] Die Geschäftsbezeichnung „Grafik-Service H. Winter" etwa wurde schon früher für zulässig gehalten.[501] Die Kontroverse ist jetzt weitgehend beigelegt, da der zwingende Zusatz in § 19 Abs. 1 Nr. 1 HGB zuverlässig offenbart, ob ein Kaufmann die Geschäftsbezeichnung firmenähnlich nutzt oder nicht.[502] Zutreffend heißt es in der Begründung zum Regierungsentwurf,[503] Nichtkaufleute könnten wohl alle Bezeichnungen als Geschäftsbezeichnungen verwenden, solange „diese nur keinen Rechtsformzusatz oder Zusatz über die Kaufmannseigenschaft enthalten. Das Einschreiten des Registergerichts wegen des unzulässigen Gebrauchs einer Firma durch einen Nichtkaufmann nach § 37 HGB wird sich im Wesentlichen auf die Fälle reduzieren, in denen eine an sich zulässige Geschäftsbezeichnung, z.B. im rechtsgeschäftlichen Verkehr, wie eine Firma, also mit einem verwechslungsfähigen Rechtsformzusatz gebraucht wird".

165

Zimmer[504] hat die Frage aufgeworfen, ob alle Einzelkaufleute i.S.d. neuen § 1 HGB – also auch die zur Anmeldung verpflichteten (§ 29 HGB), aber noch nicht eingetragenen – die Bezeichnung „**eingetragener Kaufmann**" führen müssen. Er meint, das Gesetz verlange bei wortlautgetreuer Anwendung des § 19 Abs. 1 HGB damit die Aufnahme einer inhaltlich unrichtigen Angabe in die Firma. Seine Lösung: § 19 Abs. 1 Nr. 1 HGB ist bei der Firmenführung (noch) nicht eingetragener Kaufleute nicht anzuwenden. Der Kaufmann dürfe und müsse aber als „Einzelkaufmann", „Kaufmann" oder „Kaufmann i.S.d. Han-

166

---

496 Etwa „INTERDEKT Detektiv-Büro", OLG Bamberg, DB 1973, 1989.
497 Begr. RegE BT-Drucks. 13/8444, S. 54.
498 Vgl. K. Schmidt, ZIP 1997, 909, 916: „e.K." wie evangelische Kirche.
499 Begr. RegE BT-Drucks. 13/8444, S. 38, 54.
500 K. Schmidt, Handelsrecht, § 12 I 2b aa, § 7 IV 4; Bokelmann, Firmenrecht, Rn. 8 a ff.; MünchKomm-HGB/Bokelmann, § 4 Rn. 9 ff.
501 K. Schmidt, DB 1987, 1674, 1675 gegen OLG Frankfurt, OLGZ 1981, 6; § 37 Rn. 7, 8; MünchKomm-HGB/Bokelmann, § 4 Rn. 11; vgl. auch Heymann/Emmerich, HGB, § 4 Rn. 15a.
502 Vgl. auch Krebs, DB 1996, 2013, 2016; Bokelmann, GmbHR 1998, 57, 58; LG Bonn, NJW-RR 2005, 1559 ff.
503 BT-Drucks. 13/8444, S. 55.
504 ZIP 1998, 2050; Ebenroth/Boujong/Joost/Zimmer, HGB, § 19 Rn. 7.

delsgesetzbuchs" firmieren.[505] Es ist fraglich, ob hier nicht eine praxisnahe Lösung vorzuziehen ist. Hat der Kaufmann angemeldet und das Gericht keine Bedenken zu erkennen gegeben, darf der Kaufmann getrost als „eingetragener Einzelkaufmann" firmieren. Fehlt es an der Anmeldung, wird das Registergericht den Kaufmann zwingen, seiner Verpflichtung zur Anmeldung (§ 29 HGB) notfalls unter Festsetzung von Zwangsgeld (§ 14 HGB) nachzukommen.[506]

167 Ergänzend ist darauf hinzuweisen, dass nach § 15a Abs. 1 GewO **Gewerbetreibende**, die eine offene Verkaufsstelle haben, eine Gaststätte betreiben oder eine sonstige offene Betriebsstelle haben, verpflichtet sind, ihren Familiennamen mit mindestens einem ausgeschriebenen Vornamen an der Außenseite oder am Eingang der offenen Verkaufsstelle, der Gaststätte oder der sonstigen offenen Betriebsstätte in deutlich lesbarer Schrift anzubringen. **§ 15a Abs. 2 GewO** bestimmt, dass Gewerbetreibende, für die eine Firma im Handelsregister eingetragen ist, außerdem ihre Firma in der in Abs. 1 bezeichneten Weise anzubringen haben. Ist aus der Firma der **Familienname** des Geschäftsinhabers mit einem **ausgeschriebenen Vornamen** zu ersehen, genügt die Anbringung der Firma.[507]

III. Firma der OHG

168 Nach § 19 Abs. 1 HGB a.F. musste die Firma einer OHG den Namen wenigstens eines der Gesellschafter mit einem das Vorhandensein einer Gesellschaft andeutenden Zusatz oder die Namen aller Gesellschafter enthalten. Die Vorschrift ist gestrichen worden. Damit ist klargestellt, dass die Firma der OHG nach neuem Recht nicht auf eine Personenfirma beschränkt ist. Zulässig ist vielmehr auch eine Sach- oder Fantasiefirma.

1. Personenfirma

169 Zur Problematik der Personenfirma mit dem Namen eines Nichtgesellschafters wird zunächst auf die Erörterungen oben verwiesen (siehe Rn. 102 ff.). Darüber hinaus gelten bei der Personenfirma der OHG die gleichen Grundsätze wie beim Einzelkaufmann (siehe Rn. 155 ff.).

a) Natürliche Person als Namengeberin

170 Nach § 19 Abs. 4 HGB a.F. durften die Namen anderer Personen als der persönlich haftenden Gesellschafter in die Firma einer OHG (oder KG) nicht aufgenommen werden. Auch diese Bestimmung gibt es – obwohl sie für die Partnerschaft erhalten geblieben ist (§ 2 Abs. 1 Satz 3 PartGG) – trotz der insoweit am Regierungsentwurf[508] geäußerten Kritik – nicht mehr. Sie ist bewusst gestrichen worden,[509] wie sich insb. aus der Begründung zum Regierungsentwurf[510] ergibt. Es heißt dort:

Der geltende § 18 Abs. 2 UmwG, der eine Ausnahme von den Grundsätzen des § 19 Abs. 1 und 4 HGB a.F. mit Genehmigung des Registergerichts vorsieht, sei durch die Neufassung des § 19 HGB, „die die dargestellten Beschränkungen nicht mehr enthalte (siehe Art. 3 Nr. 12), entbehrlich geworden".

Dennoch fordert auch heute noch die wohl überwiegende Meinung, dass die Firma einer OHG, wenn man sich einer Personenfirma bedient, den **Namen mindestens eines Gesellschafters** enthalten muss. Es stellt sich aber die Frage, ob die Aufnahme des Namens eines Nichtgesellschafters (bei der KG auch eines nicht persönlich haftenden Gesellschafters) in die Firma nach dem neuen Firmenrecht erlaubt ist, es also

---

505 Roth, in: Die Reform des Handelsstandes und der Personengesellschaften, S. 31, 39 schlägt auch „einzutragender Kaufmann" oder „Kaufmann im Eintragungsverfahren" vor.
506 Vgl. K. Schmidt ZHR 163 (1999), 87, 98: „hat er die Anmeldung nach § 29 HGB versäumt, so unterliegt er allemal dem Registerzwang; ist er angemeldet, so wird er unter der angemeldeten Firma als ‚eingetragener Kaufmann' firmieren".
507 Vgl. auch Bydlinski, ZIP 1998, 1169, 1175.
508 K. Schmidt, ZIP 1997, 909, 914; Kögel, BB 1997, 793, 796; Bokelmann, GmbHR 1998, 57, 59.
509 Jung, ZIP 1998, 677, 680.
510 BT-Drucks. 13/8444, S. 73.

Personenfirmen ohne Personenbezug[511] gibt. Die Frage muss unter Rückgriff auf das Verbot täuschender Firmen nach § 18 Abs. 2 HGB beantwortet werden.

Da nach hier vertretener Ansicht[512] in den Grenzen des § 18 Abs. 2 HGB grds. sogar der Name eines Nichtgesellschafters in der Firma einer OHG verwendet werden darf, stellt sich das zum alten Firmenrecht diskutierte Problem der Verwendung des Namens eines schon vor der Eintragung im Handelsregister **ausgeschiedenen Gesellschafters**[513] oder der Namensänderung vor bzw. nach Eintragung der OHG im Handelsregister nicht mehr.

Nach dem neuen liberaleren Firmenrecht, das auf den Zwang zur Aufnahme des Namens eines Gesellschafters in die Firma der OHG ganz verzichtet, kann ein (überobligatorisch) namengebender Gesellschafter seinen **bürgerlichen Namen** in den verschiedenen Erscheinungsformen, mit oder ohne Vornamen oder auch seine selbst als **Einzelkaufmann geführte Firma** in die Firma der OHG „einbringen".[514] Anderes gilt weiterhin für die Firma der Partnerschaftsgesellschaft, da § 2 Abs. 1 Satz 1 PartGG weiterhin Sonderregelungen bzgl. der Personenfirma enthält.[515] Die Verwendung einer Firma zur Bildung der Firma einer OHG (oder KG oder der Personenfirma einer GmbH) ist nur dann nicht erlaubt, wenn der Grundsatz der Firmenwahrheit hierdurch verletzt würde.[516] Das ist der Fall, wenn die Firma des Einzelkaufmanns oder eines namengebenden Gesellschafters **Firmenzusätze** enthält (der Geschäftsgegenstand oder eine Größenaussage oder eine Ortsbezeichnung ist etwa in die Firma des Namengebers aufgenommen worden), welche auf die neu gegründete Gesellschaft (OHG, KG) nicht zutreffen.[517]

171

Da nach dem **neuen Firmenrecht** die Aufnahme des Gesellschafternamens in die Firma der OHG überhaupt nicht mehr verlangt werden kann, ist auch die Aufnahme einer veränderten, gekürzten oder nur teilweisen Firma zur Bildung der Firma einer OHG zuzulassen.[518]

Davon zu trennen ist die Frage, welcher **Name des Gesellschafters im Handelsregister nach § 106 HGB angemeldet** und eingetragen werden muss. Da hierdurch (weiterhin) eine zweifelsfreie Identifizierung des jeweiligen persönlich haftenden Gesellschafters erreicht werden muss, sind in diesem Zusammenhang strengere Anforderungen als bei der Firmenbildung zu stellen. Hier kann auch gegen die Firmenidentität durch die Verwendung einer abweichenden Firma im Geschäftsverkehr verstoßen werden.

b) Gesellschaften als namengebende Gesellschafter der OHG

Ist der namengebende Gesellschafter selbst eine Gesellschaft, musste nach früherem Firmenrecht, aber auch jetzt nach wohl noch h.M. der **vollständige Name der Namengeberin** in die Firma aufgenommen und der Gesellschaftszusatz beigefügt werden. Diese Firma ist rechtlich auch dann eine Personenfirma, wenn der Namengeber eine Sachfirma, Fantasiefirma oder gemischte Firma führt und die Firma der OHG daher de facto aus einer bloßen Sach- oder Fantasiebezeichnung und Gesellschaftszusatz besteht. Die gleichen Überlegungen ergeben sich beim Einzelkaufmann, der (jetzt seit dem HRefG zulässigerweise)

172

---

511 Befürwortend z.B. Röhricht/v. Westphalen/Ammon, HGB, § 19 Rn. 24; Kögel, BB 1997, 793, 796.
512 Siehe oben Rn. 102 ff.
513 Vgl. dazu noch MünchKomm-HGB/Bockelmann, § 18 Rn. 43 ff.
514 Ebenroth/Boujong/Joost/Zimmer, HGB, § 18 Rn. 34.
515 OLG Karlsruhe, BB 1999, 1075: nicht einmal Fortführung der „Firma" einer GbR mit unvollständigem Namen eines Partners.
516 Vgl. auch Jung, ZIP 1998, 677, 682.
517 OLG Karlsruhe, Rpfleger 1967, 122; Heinrich, Firmenwahrheit und Firmenbeständigkeit, Rn. 108 f.; Bokelmann, Firmenrecht, Rn. 458; eingehend: Wessel/Zwernemann/Kögel, Firmengründung, Rn. 233 ff.; Staub/Hüffer, HGB, § 19 Rn. 15: „Will Franz Mayer, der Inhaber der ‚Kaffeerösterei Anton Müller' ist, mit anderen Gesellschaftern eine OHG gründen, um den Kaffee zu vertreiben, so ist die Firma ‚Kaffeerösterei Anton Müller & Co.' täuschungsgeeignet und daher gemäß § 18 Abs. 2 unzulässig".
518 Röhricht/v. Westphalen/Ammon, HGB, § 19 Rn. 54 für die GmbH & Co KG; a.A.: auch nach HRefG Jung, ZIP 1998, 677, 682.

mit einer Mischfirma oder reinen Sach- bzw. Fantasiefirma firmiert.[519] Besonderer Betrachtung bedarf, ob auch ein Gesellschaftszusatz in der Firma der Namengeberin in die Firma der OHG zu übernehmen ist und weiter, ob das Gebot der Übernahme des vollständigen Namens auch nach dem neuen liberaleren Firmenrecht gilt.

aa) Übernahme von Gesellschaftszusätzen der Namengeberin (Rechtsformzusätzen)

173 Führt die OHG eine Personenfirma, muss sie nach althergebrachter und wohl immer noch überwiegender Ansicht den Namen wenigstens eines Gesellschafters enthalten. Der Name wird als die vollständige und ungekürzte Firma der namengebenden Gesellschaft gesehen und Teil der Firma ist grds. auch der Rechtsformzusatz. Bei Bildung der Firma von OHG und KG (auch in der Form der GmbH & Co. KG) erlauben nach dieser Ansicht die allgemeinen firmenrechtlichen Grundsätze prinzipiell **keine Kürzungen und Weglassungen**.[520] Minimale „Abänderungen", die keinen Einfluss auf die Identifikation der Firma haben, sind erlaubt. So kann etwa ein Firmenbestandteil in der Firma der OHG anders als in der namengebenden Gesellschaft in Großbuchstaben gehalten sein („OPTIKA" statt „Optika"),[521] weil eine Irreführung über die Identität insoweit nicht eintreten kann. Auch darf ein in der Firma der Namengeberin ausgeschriebener Rechtsformzusatz (etwa Gesellschaft mit beschränkter Haftung, Aktiengesellschaft, Kommanditgesellschaft) in der Firma der OHG abgekürzt werden (GmbH, AG, KG).[522] Grds. darf der Rechtsformzusatz der Namengeberin aber nicht fortgelassen werden.[523] Anderes gilt dann, wenn er in der Firma der Namenempfängerin täuscht. Ist eine OHG namengebende Gesellschafterin einer KG, so muss die vollständige Firma einschließlich des Rechtsformzusatzes in der Firma der OHG (KG) erscheinen („S. Glasstahlbetonbau Carl H. OHG und Co. KG").[524]

174 Diese Grundsätze sollen erst recht dann gelten, wenn eine **GmbH namengebende Gesellschafterin** einer OHG (oder KG) ist. Zu der Firma der GmbH soll nach § 4 GmbHG in jedem Fall, um das Publikum eindringlich über die Haftungsverhältnisse zu informieren, die Bezeichnung „mit beschränkter Haftung" („mbH") gehören, die danach zwingend als Namensbestandteil der Namengeberin in die Firma der OHG (KG) aufzunehmen ist.[525] Diese Rechtsfolge soll unabhängig davon eingreifen, ob auch die Voraussetzungen von § 19 Abs. 2 HGB n.F. (früher § 19 Abs. 5) vorliegen.[526] Hieraus wiederum folge, dass etwa der GmbH-Zusatz der in der Firma einer KG allein genannten Komplementär-GmbH auch dann nicht fortgelassen werden dürfe, wenn in der Gesellschaft weitere natürliche Personen Komplementäre sind.[527] Auch dürfe die Firma nach § 18 Abs. 2 Satz 1 HGB keine Angaben enthalten, die geeignet sind, über geschäftliche Verhältnisse, die für die angesprochenen Verkehrskreise wesentlich sind, irrezuführen. Entfiele aber der GmbH-Zusatz, entstünde der Eindruck, der in der Firma bezeichnete Komplementär sei eine natürliche Person. Eine Verwirrung des Publikums sei durch die Häufung der Rechtsformzusätze nicht zu befürchten, weil heute allgemein bekannt ist, was unter einer GmbH & Co. OHG oder GmbH & Co. KG zu verstehen ist.

---

519 Vgl. dazu Röhricht/v. Westphalen/Ammon, HGB, § 19 Rn. 26.
520 KG, Rpfleger 1989, 24, 25; Aschenbrenner, Die Firma der GmbH & Co. KG, S. 31; Staub/Hüffer, HGB, § 19 Rn. 65; Wessel/Zwernemann/Kögel, Firmengründung, Rn. 232.
521 OLG Celle, OLGZ 1977, 59, 64 = NJW 1976, 2021, 2022.
522 H.M., m. N. Wessel/Zwernemann/Kögel, Firmengründung, Rn. 238.
523 Baumbach/Hopt, HGB, § 19 Rn. 15; Staub/Hüffer, HGB, § 19 Rn. 65; Wessel/Zwernemann/Kögel, Firmengründung, Rn. 203.
524 OLG Neustadt, NJW 1964, 1376; Baumbach/Hopt/Hopt, HGB, § 19 Rn. 15; Bokelmann, Firmenrecht, Rn. 326; Wessel/Zwernemann/Kögel, Firmengründung, Rn. 203.
525 BGHZ 62, 216, 226; 65, 103, 105; 71, 354; BayObLGZ 1978, 40; 1979, 316; OLG Frankfurt, BB 1958, 1272; Aschenbrenner, Die Firma der GmbH & Co. KG, S. 36; Wessel/Zwernemann/Kögel, Firmengründung, Rn. 203 aE.
526 KG, Rpfleger 1989, 24, 25; Staub/Hüffer, HGB, § 19 Rn. 65; Bokelmann, Firmenrecht, Rn. 326, 610; Skibbe, WM 1978, 890, 891; a.A.: Hachenburg/Heinrich, GmbHG, § 4 Rn. 125.
527 OLG Hamm, BB 1994, 670, 671; Bokelmann, GmbHR 1994, 356, 357.

Diese für § 19 Abs. 1 und Abs. 2 HGB a.F. zutreffende Meinung stellt sich aber nach dem HRefG 1998 in einem neuen Licht dar. Der Name des Komplementärs muss überhaupt nicht mehr in der Firma enthalten, also auch nicht aus dieser zweifelsfrei feststellbar sein. Ein relevanter Irrtum über die Tatsache, dass überhaupt ein persönlich haftender Gesellschafter existiert, kommt nicht in Frage, da dies – anders als bei den Fällen des § 19 Abs. 2 HGB n.F. – ja gerade tatsächlich der Fall ist. Die fälschliche Annahme, dass die in der Firma der GmbH genannte natürliche Person mit dem Namen der GmbH persönlich haftet, kann bei einer Sach- oder Fantasiefirma nicht in Frage kommen, bei einer Personenfirma der GmbH aber regelmäßig nicht verkehrswesentlich sein. Denn dafür müsste schon den Verkehrskreisen eine gleichnamige natürliche Person mit höherem Haftungspotenzial als die tatsächlich beteiligte GmbH bekannt sein. Daher erscheint es nach dem neuen Firmenrecht im Ergebnis meist auch zulässig, die Gesellschaftsfirma aus einem Teil des Namens eines Gesellschafters zu bilden,[528] insb. also auch den Rechtsformzusatz der namengebenden Gesellschaft wegzulassen. 175

Ein in der Firma der Namengeberin **enthaltener Rechtsformzusatz** muss entfallen, wenn er täuscht. Will etwa eine AG einer GmbH als deren Gesellschafterin ihren Namen geben, muss der Rechtsformzusatz AG entfallen, weil das Publikum andernfalls durch die verschiedenen Rechtsformbezeichnungen verwirrt würde und nicht wüsste, welcher von beiden zutrifft.[529] 176

bb) Übernahme des vollständigen Namens der Namengeberin

Z.T. wird der **Grundsatz der Firmenkontinuität oder der Firmenidentität** angeführt, der verlangen soll, dass die Firma der namengebenden Gesellschaft vollständig in die Firma der OHG (KG) aufzunehmen ist. Wenngleich der Name als solcher nicht täuschen könne,[530] könnten Schwierigkeiten auftreten, wenn die namengebende Firma Sachbestandteile enthält, die in Bezug auf den Namenempfänger nicht zutreffen (die Firma der Namengeberin und der Gegenstand der OHG widersprechen sich) oder Größenunterschiede („international") oder geografische Zusätze jeweils der Namengebung entgegenstehen. Denn auch insoweit gelte der Grundsatz der Firmenwahrheit,[531] weil die angesprochenen Verkehrskreise – die die Sachbestandteile in der Firma der KG sicher nicht dem Gegenstand der Namengeberin zuordnen und die Firma der KG nicht als Personenfirma identifizieren werden – schutzbedürftig seien. 177

Eine Täuschung lässt sich nach dieser Meinung i.d.R. auch nicht durch **Weglassen der zu beanstandenden Firmenteile** vermeiden.[532] Auch sei es danach nicht zulässig, aus einer gemischten Firma nur den Personenteil in die Firma der OHG (KG) zu übernehmen und den Sachbestandteil, weil täuschend, nicht zu übernehmen,[533] während es umgekehrt zulässig sei, eine gemischte Firma der Namengeberin auf den Sachbestandteil zu verkürzen und nur diesen (wenn er nicht zu beanstanden ist) in die Firma der KG aufzunehmen.[534]

Dieser Standpunkt muss nach dem **neuen Firmenrecht** überdacht werden.[535] Durch das HRefG hat der Gesetzgeber den Zwang zur positiven Information über den oder die Gesellschafter mit guten Gründen aufgegeben und an dessen Stelle nur noch den Zwang zur eindeutigen Angabe der Rechtsform des Firmenträgers festgelegt. Der zwingende Informationsgehalt der Firma reduziert sich auf die damit verbun- 178

---

528 So auch Ebenroth/Boujong/Joost/Zimmer, HGB, § 18 Rn. 33.
529 OLG Stuttgart, GmbHR 2001, 14 im Fall einer Ausgliederung nach dem UmwG.
530 Insoweit richtig Heinrich, Firmenwahrheit und Firmenbeständigkeit, Rn. 109.
531 BayObLG, DB 1990, 2013 = GmbHR 1990, 464 (LS); BayObLGZ 1972, 388 = NJW 1973, 371; Staub/Hüffer, HGB, § 19 Rn. 52, Übersicht bei Bokelmann, Firmenrecht, Rn. 301 ff.; vgl. auch ausführlich zur gleichgelagerten Problematik bei der GmbH Kögel, BB 1995, 2433.
532 BayObLG, DB 1990, 2013 = GmbHR 1990, 464; Staub/Hüffer, HGB, § 19 Rn. 46, 55 m. eingehenden N.
533 Staub/Hüffer, HGB, § 19 Rn. 58; insoweit übereinstimmend Hachenburg/Heinrich, GmbHG, § 4 Rn. 62.
534 Hachenburg/Heinrich, GmbHG, § 4 Rn. 62.
535 MünchKomm-HGB/Heidinger, § 18 Rn. 88 ff.; so auch Kögel, BB 1998, 1645, 1649; GK/Nickel, HGB, § 19 Rn. 25.

denen Haftungsverhältnisse des Firmenträgers.[536] Im Ergebnis ist also grds. auch die Verwendung der veränderten oder verkürzten Firma einer Gesellschafterin der OHG in deren Firma als zulässig anzusehen, solange keine Täuschungseignung i.S.d. § 18 Abs. 2 HGB besteht.[537]

2. Sachfirma und Fantasiefirma

179 Es kann auf die Erörterungen zum Einzelkaufmann verwiesen werden (siehe Rn. 162 f.).

3. Rechtsformzusatz

180 Auch die Firma der OHG bedarf nach § 19 Abs. 1 Nr. 2 HGB n.F. eines konkreten Rechtsformzusatzes, nämlich **„OHG"** oder einer allgemein verständlichen Abkürzung dieser Bezeichnung. Dies gilt auch, wenn sie nach §§ 21, 22, 24 HGB oder anderen Vorschriften fortgeführt wird. Es genügt jetzt nicht mehr ein allgemeiner, das Vorhandensein einer Gesellschaft andeutender Zusatz wie z.B. „& Co.", „& Cie" o.Ä. Auch wenn die Firma der OHG aus den Namen aller Gesellschafter besteht, bedarf es eines Rechtsformzusatzes nach § 19 Abs. 1 Nr. 2 HGB n.F. Andere Hinweise auf die Rechts-(Gesellschafts-)form lässt das Gesetz nicht mehr zu, sind aber – soweit nicht irreführend – zusätzlich möglich. Es schreibt aber verbindliche Abkürzungen oder deren Schreibweise nicht vor. In der Begründung zum Regierungsentwurf[538] werden „oHG", „OHG" und „oH" oder „OH" für die OHG genannt. Die Abkürzung „oH" („o.H.") oder „OH" wird in der Lit. aber im Hinblick auf das Verkehrsverständnis als sehr fraglich angesehen.[539] Das OLG Hamm hat dagegen aufgrund von Befragungen verschiedener Industrie- und Handelskammern festgestellt, dass Firmen unter dieser Bezeichnung im Handelsregister eingetragen sind, der Zusatz (wenngleich nicht häufig) gebräuchlich ist und auch die allgemeine Verkehrsauffassung ihn als Abkürzung für „OHG" begreift.[540]

Da in der Firma der OHG nicht mehr die Namen aller Gesellschafter, nicht einmal überhaupt irgendeines Gesellschafters verwendet werden müssen, bedarf es auch **keines Hinweises mehr auf das Vorhandensein weiterer Gesellschafter**, wenn nur einzelne Gesellschafternamen bei der Firmenbildung verwendet wurden.[541]

181 Zum Rechtsformzusatz **„Partnerschaft"** bzw. **„und Partner"** wird auf Rn. 108 verwiesen.

IV. Firma der KG

1. Firmenkern

182 Die Firma einer KG hatte nach § 19 Abs. 2 HGB a.F. den Namen wenigstens eines persönlich haftenden Gesellschafters mit einem das Vorhandensein einer Gesellschaft andeutenden Zusatz zu enthalten. Vornamen brauchten auch hier wie bei der OHG nicht beigefügt zu werden (§ 19 Abs. 3 HGB a.F.) und die Namen anderer als der persönlich haftenden Gesellschafter durften in die Firma der KG ebenfalls nicht aufgenommen werden (§ 19 Abs. 4 HGB a.F.), insb. nicht die der Kommanditisten. Daraus wurde auch hergeleitet, dass Zusätze in der Firma wie „Brüder", „Gebrüder", „& Söhne", „& Sohn", „Familie X" unzulässig waren, wenn die entsprechenden Familienmitglieder nur als Kommanditisten an dem Unter-

---

536 Jung, ZIP 1998, 677, 680.
537 Für die GmbH & Co. KG: LG Oldenburg Beschl. v. 12.3.2002 – 8 T 236/02, n.v.; so ausdrücklich schon OLG Oldenburg, BB 2001, 1373 mit zur Begr. krit., im Ergebnis aber zust. Anm. Seifert; im Ergebnis ebenso Kögel, BB 1998, 1645, 1648.
538 BT-Drucks. 13/8444, S. 56.
539 Abl. schon zum alten Recht Staub/Hüffer, HGB, § 19 Rn. 22; Heymann/Emmerich, HGB, § 19 Rn. 11; aus der neueren Literatur auch Röhricht/v. Westphalen/Ammon, HGB, § 19 Rn. 37; Ebenroth/Boujong/Joost/Zimmer, HGB, § 19 Rn. 9.
540 NJW 1965, 763 = OLGZ 1965, 122.
541 Früher zum alten Firmenrecht streitig: siehe MünchKomm-HGB/Bokelmann, § 19 Rn. 18 m.w.N. in Fn. 30 und 31; Staub/Hüffer, HGB, § 19 Rn. 23.

nehmen beteiligt waren.[542] Diese Vorschriften gibt es nicht mehr – obwohl in den meisten anderen EU-Mitgliedstaaten entsprechende Verbote bestehen.[543]

Es stellt sich auch hier die Frage, ob die Aufnahme des **Namens eines Nichtgesellschafters in die Firma** der KG erlaubt ist. Dies ist entgegen der wohl derzeit noch h.M.[544] in den Grenzen der Täuschungseignung i.S.d. § 18 Abs. 2 HGB zu bejahen (vgl. dazu ausführlich unten Rn. 102 ff. und zur OHG, Rn. 169 ff.). Darüber hinaus ist bei der KG streitig, ob der **Name des Kommanditisten** in der Firma verwendet werden darf. Dieser ist zwar Gesellschafter, aber haftet nicht persönlich. Kögel[545] hat darauf hingewiesen, dass es für den Rechtsverkehr schon eine erhebliche Umstellung wäre, wenn künftig nicht mehr nur die Namen persönlich haftender Gesellschafter in der Firma einer KG erscheinen „und damit die Haftungsverlautbarung – und gleichzeitig die gesamte dazu ergangene BGH-Rspr. – obsolet ist". Dies ist bei der diesbezüglich vorliegenden ausdrücklichen Änderung des Gesetzes aber hinzunehmen. Auch hier ist ausschließlich auf das allgemeine Täuschungsverbot nach § 18 Abs. 2 HGB n.F. zurückzugreifen. Entgegen der noch immer einschränkenden Meinung in der Lit.,[546] nach der der Registerrichter i.d.R. davon ausgehen kann, dass der Name des Kommanditisten in der Firma „geeignet ist, über die als verkehrswesentlich anzusehenden Haftungsverhältnisse der Gesellschaft ersichtlich irrezuführen", ist die Verwendung des Namens des Kommanditisten in der Firma der KG zuzulassen.[547]

Zu den auftretenden Fragestellungen, wenn eine **natürliche Person oder eine andere Gesellschaft als namengebende(r) Gesellschafter(in)** auftritt, kann auf die Ausführungen zur OHG verwiesen werden (siehe Rn. 169 ff.), für die Sach- und Fantasiefirma auf die Erörterungen zum Einzelkaufmann (siehe Rn. 162 f.).

183

2. Rechtsformzusatz

Nach § 19 Abs. 1 Nr. 3 HGB muss bei einer KG die Bezeichnung „KG" oder eine allgemein verständliche Abkürzung dieser Bezeichnung der Firma hinzugefügt werden. Die Gesetzesbegründung[548] nennt in diesem Zusammenhang nur „KG". In Frage kommt allenfalls noch „Kommanditges.",[549] „Kommandit-Ges." oder „KommanditG".[550] Es müssen also **reine Rechtsformzusätze** in die Firma aufgenommen werden, während nach bisherigem Recht ein das Gesellschaftsverhältnis nur andeutender (bei der Personenfirma z.B. „& Co.") Zusatz genügte. Zusätzlich darf ein solcher allgemeiner Gesellschaftszusatz wie z.B. „& Co." oder „& Cie" weiterhin in der Firma der KG verwendet werden. Im Übrigen wird auf die Erörterungen zur OHG verwiesen (siehe Rn. 180).

184

---

542 BGH, NJW 1985, 736 = DB 1985, 481; BayObLGZ 1959, 196, 198; OLG Hamm, NJW 1966, 2171; OLG Oldenburg, BB 1992, 2309.
543 Jung, ZIP 1998, 677, 679 f. unter V., 681 unter IV.2.
544 Siehe nur Baumbach/Hopt/Hopt, HGB, § 19 Rn. 22; a.A.: Heidinger, DB 2005, 815 m.w.N.; in diese Richtung jetzt auch OLG Saarbrücken, Rpfleger 2006, 415 = DB 2006, 1002 = FGPrax 2006, 131 = RNotZ 2006, 195; siehe auch LG München MittBayNot 2007, 71 zur GmbH.
545 BB 1997, 793, 796.
546 Jung, ZIP 1998, 677, 682; vgl. auch Bokelmann, GmbHR 1998, 57, 59; Ebenroth/Boujong/Joost/Zimmer, HGB, § 18 Rn. 11; Koller/Roth/Morck/Roth, HGB, § 18 Rn. 15; Bokelmann, Firmenrecht, Rn. 599 a; Kögel, BB 1997, 793, 796.
547 OLG Saarbrücken, Rpfleger 2006, 415 = DB 2006, 1002 = FGPrax 2006, 131 = RNotZ 2006, 195; Heidinger, DB 2005, 815; Röhricht/v. Westphalen/Ammon, HGB, § 19 Rn. 29; Wessel/Zwernemann/Kögel, Firmengründung, Rn. 307; Canaris, Handelsrecht, § 11 Rn. 5; Schumacher, HRefG, S. 65; Baumbach/Hopt/Hopt, HGB, § 19 Rn. 22: Einschränkung nur noch bis zum Ablauf der Übergangsfrist am 31.3.2003; für den Sonderfall, dass der namensgebende Komplementär Kommanditist wird, analog § 24 Abs. 2: OGH, NZG 2000, 781 ff.
548 BT-Drucks. 13/8444, S. 56.
549 Ebenroth/Boujong/Joost/Zimmer, HGB, § 19 Rn. 14.
550 Baumbach/Hopt/Hopt, HGB, § 19 Rn. 20.

V. Firma der GmbH & Co. KG

1. Erscheinungsformen

185 Normalfall der GmbH & Co. KG ist eine KG, bei der die GmbH einziger Komplementär ist (echte, eigentliche, typische GmbH & Co. KG). Wenngleich der Form nach Personenhandelsgesellschaft, steht sie sachlich der GmbH (oder der AG) näher als der KG in ihrer vom Gesetz vorgesehenen Erscheinungsform. Das hängt mit der Haftungsbegrenzung auf ein bestimmtes Vermögen und der fehlenden persönlichen Haftung natürlicher Personen, wie sie das Gesetz für den Normalfall bei der KG zum Schutz der Gläubiger vorsieht, zusammen.[551] Neben dieser GmbH & Co. KG „im engeren Sinn" gibt es die „**unechte**" **GmbH & Co. KG** (auch GmbH & Co. KG „im weiteren Sinn"), bei der neben der GmbH noch eine natürliche Person (oder auch mehrere) persönlich haftet. Letztere zählt zu den Exoten mit einem Anteil von unter einem %,[552] und bedarf keiner Bezeichnung der Haftungsbeschränkung i.S.d. § 19 Abs. 2 HGB. Schließlich tritt die GmbH & Co. KG in der Form auf, dass völlige oder überwiegende Identität zwischen den Gesellschaftern der GmbH und den Kommanditisten besteht. Die Bezeichnung schwankt, z.T. ist insoweit von der „**identischen**" **oder** „**personengleichen**" **GmbH & Co. KG** die Rede. Bei der „**Einmann GmbH & Co. KG**" ist der einzige Kommanditist auch der alleinige Gesellschafter der Komplementär-GmbH.[553] Die „**Einheitsgesellschaft**" ist dadurch gekennzeichnet, dass die Gesellschafter der GmbH alle Geschäftsanteile der GmbH in die KG einbringen, wodurch diese zum Alleingesellschafter der Komplementär-GmbH wird und die Gesellschafter nur noch Kommanditisten sind.[554] Bei der „**doppelstöckigen**" (dreistufigen) GmbH & Co. KG handelt es sich um eine KG, deren Komplementär wiederum eine GmbH & Co. KG ist.[555]

186 Wie bereits erwähnt, erleichtert jetzt das HRefG die Firmenbildung auch bei der GmbH & Co. KG, weil der Firmenname der KG nicht mehr mit der Firma der Komplementär-GmbH gebildet werden muss. Die KG kann auch eine **Sach- oder Fantasiefirma** wählen. Hinsichtlich der Fantasiefirma wird auf die Darstellung oben (Rn. 162 f.) hingewiesen. Rechtsformspezifische Fragestellungen wirft die Personenfirma bei der GmbH & Co. KG auf, die nachfolgend dargestellt wird.

2. GmbH & Co. KG als Personenfirma

187 Haftet nicht nur die GmbH persönlich, sondern daneben noch eine natürliche Person, so ist es weder nötig die Firma der GmbH noch den „GmbH-Zusatz" in die Firma aufzunehmen. Sie kann allerdings auch allein zur Firmenbildung herangezogen werden; die weiteren persönlich haftenden Gesellschafter brauchen in diesem Fall nicht in der Firma zu erscheinen. Gibt die GmbH der KG ihren Namen (und nicht die natürliche Person), so darf nach hier vertretener Ansicht das „GmbH" in der Firma der KG fortfallen.[556] Nachfolgend wird unter einer GmbH & Co. KG nur eine solche verstanden, bei der ausschließlich eine GmbH persönlich haftet.

a) Firma der Komplementär-GmbH

188 Sie ist **Personen-, Sach- oder Fantasiefirma**. Möglich ist auch (kombiniert) eine gemischte Firma. Als Komplementär-GmbH einer GmbH & Co. KG ist es ihr auch erlaubt, ihre Firma als Sachfirma aus dem Gegenstand der KG herzuleiten, sofern in dem Gesellschaftsvertrag der GmbH als Gegenstand des Unternehmens die Führung der Geschäfte der KG bezeichnet und ausdrücklich festgelegt ist, dass sich die

---

551 BGHZ 62, 216, 227.
552 Kornblum, GmbHR 1983, 29 ff., 61 ff., 65.
553 Hierzu eingehend Gohl, Die abgeleitete Firma der GmbH & Co., S. 10 ff.; Binz/Sorg, Die GmbH & Co. KG, § 1 Rn. 3; Schlegelberger/Martens, HGB, § 161 Rn. 98 ff.
554 Binz/Sorg, Die GmbH & Co. KG, § 1 Rn. 5; Schlegelberger/Martens, HGB, § 161 Rn. 100 ff.
555 K. Schmidt, Handelsrecht, § 5 1 b; Binz/Sorg, Die GmbH & Co. KG, § 1 Rn. 5, § 12, § 16 Rn. 257 ff.; Schlegelberger/Martens, HGB, § 161 Rn. 103 f.
556 A.A.: Bokelmann, Firmenrecht, Rn. 371, 605 m. N.

I. Firma bei den einzelnen Rechtsformen

GmbH nur an gleichartigen oder ähnlichen Unternehmen beteiligen oder deren Geschäfte führen darf.[557] Die Firma muss in allen Fällen die zusätzliche Bezeichnung „**mit beschränkter Haftung**" **oder eine allgemein verständliche Abkürzung wie insb.** „**GmbH**" enthalten (§ 4 GmbHG n.F.), was auch für die abgeleitete Firma gilt. Enthält der Firmenkern schon das Wort „Gesellschaft", reicht „mbH" aus.[558] Der Zusatz „mbH" allein reicht dagegen nicht.[559]

Beteiligungsfähig an der Komplementär-GmbH sind auch juristische Personen und Personenhandelsgesellschaften, auch die GbR,[560] was für die Beteiligung letzterer an einer Personenhandelsgesellschaft umstritten ist.[561] Wird deren Firma (bzw. der Name) zur Firmenbildung der Komplementär-GmbH benutzt, musste die Firma (der Name) nach altem Recht grds. vollständig und unverstümmelt gemäß dem Grundsatz der Firmenidentität in die Firma der Komplementär-GmbH übernommen werden. Das gilt in diesem Fall nach h.M. aber nicht für den Rechtsformzusatz der Namengeberin.[562] Der Rechtsformzusatz muss jedenfalls entfallen, wenn er täuscht, wenn etwa eine AG einer GmbH ihren Namen gibt. Das ist auch dann der Fall, wenn er verdoppelt werden müsste (eine GmbH gibt als Gesellschafterin einer anderen GmbH ihren Namen), weil die Verdopplung beim Publikum Verwirrung stiften könnte.[563] Zum neuen Firmenrecht kann der Grundsatz der Firmenidentität nicht mehr in dieser strengen Form verlangt werden.

189

Auch wenn die Firma der Komplementär-GmbH **Personenfirma** ist, lassen sich aus ihrer Firma nicht mehr zuverlässig Rückschlüsse auf die Anzahl ihrer Gesellschafter ziehen. Das ist bedingt durch die Zulassung der Einmanngründung durch die Novelle von 1980. Ist die Firma einer GmbH etwa aus nur einem Namen (mit dem Zusatz GmbH) gebildet, kann das Publikum weder darauf vertrauen, dass nur der in der Firma Angegebene Gesellschafter ist, noch dass ein oder mehrere weitere Gesellschafter vorhanden sind. Insoweit ist die Entscheidung BGHZ 65, 89, 92 überholt. Umgekehrt fehlt es auch bei der Bildung einer Personenfirma aus zwei Namen bei der **Ein-Mann-GmbH** an der Irreführungseignung über ein verkehrswesentliches geschäftliches Verhältnis, auch wenn sich aus § 7 Abs. 2 und § 24 GmbHG gewisse Unterschiede bzgl. Kapitalaufbringung und Haftung bei der Ein-Mann-GmbH ergeben können. Die Firmierung der GmbH sieht – über den Rechtsformzusatz hinaus – ganz allgemein keine Information über die Gesellschafterzahl vor.

190

Jede neue Firma muss sich von allen an demselben Ort oder in derselben Gemeinde bereits bestehenden und in das Handelsregister (oder in das Genossenschaftsregister) eingetragenen Firmen deutlich unterscheiden (§ 30 Abs. 1 HGB). Das gilt auch für die GmbH & Co. KG und die dazugehörende Komplementär-GmbH am gleichen Ort.

191

---

557 OLG Köln, OLGZ 1979, 277; BayObLGZ 1975, 447, 450 = NJW 1976, 1694; Heymann/Emmerich, HGB, § 19 Rn. 26; Staub/Hüffer, HGB, § 19 Rn. 41; Blumers, BB 1977, 970, 973.

558 BGHZ 62, 230, 233 für „Gesellschaft"; OLG Hamm, GmbHR 1986, 89 lässt einen das Gesellschaftsverhältnis andeutenden Zusatz genügen; wie OLG Hamm Bayer, in: Lutter/Hommelhoff, GmbHG, § 4 Rn. 11; Rowedder/Schmidt-Leithoff, GmbHG, § 4 Rn. 41: nur „Gesellschaft" genügend, aber auch eine Wortverbindung wie „Maschinenbaugesellschaft".

559 Bayer, in: Lutter/Hommelhoff, GmbHG, § 4 Rn. 11; Baumbach/Hueck/Fastrich, HGB, § 4 Rn. 14; a.A.: Hachenburg/Heinrich, GmbHG, § 4 Rn. 55: „mbH" langt auch ohne „Gesellschaft" oder einen Zusatz, der ein Gesellschaftsverhältnis andeutet.

560 BGHZ 78, 311 = NJW 1981, 682.

561 BGHZ 148, 291 = ZIP 2001, 1713 für Kommanditistenstellung bejaht; siehe auch § 162 Abs. 1 Satz 2 HGB; für Komplementärstellung und OHG streitig: Happ in: Münchener Handbuch des Gesellschaftsrechts, Bd. 2, § 2 Rn. 53 m.w.N.; Baumbach/Hopt/Hopt, HGB, § 105 Rn. 29.

562 Staub/Hüffer, HGB, § 19 Rn. 39; Hachenburg/Heinrich, GmbHG, § 4 Rn. 47; Baumbach/Hueck/Fastrich, GmbHG, § 4 Rn. 29; Meyer-Landrut, GmbHG, § 4 Rn. 14.

563 Vgl. auch BayObLGZ 1970, 297, 299; Bokelmann, Firmenrecht, Rn. 321 m. N.

b) Firma der Komplementär-GmbH als Name der GmbH & Co. KG

192 Auch in diesem Verhältnis gilt der Grundsatz der **Firmenidentität** nur noch eingeschränkt, d.h. die Firma der Namengeberin muss nicht mehr vollständig in die Firma der GmbH & Co. KG aufgenommen werden.[564] Auf die Erörterungen zur OHG wird verwiesen (siehe Rn. 177 f.).

3. Rechtsformzusatz (§ 19 Abs. 2 HGB)

193 Immer dann, wenn in einer OHG oder KG keine natürliche Person haftet, muss die Firma (auch die fortgeführte) nach § 19 Abs. 2 HGB eine Bezeichnung erhalten, welche die **Haftungsbeschränkung** kennzeichnet. Dies hat für die Verkehrskreise **Informations- bzw. Warnfunktion**.[565] In der Praxis betroffen ist meist der Fall der GmbH & Co. KG. Vom Regelungsinhalt erfasst sind aber auch alle anderen gesellschaftsrechtlich zulässigen Konstellationen, die die Voraussetzungen des Abs. 2 schaffen. Diese Norm entspricht, wie die Gesetzesbegründung hervorhebt, im Wesentlichen der vor dem HRefG 1998 geltenden Bestimmung des § 19 Abs. 5 HGB a.F. Da der neue Abs. 2 von § 19 HGB nur eine klarstellende Neuformulierung darstellt, kann diesbezüglich – anders als im übrigen Firmenrecht, insb. zu den §§ 18 Abs. 1 und 19 Abs. 1 HGB – die zur bisherigen Fassung ergangene Rspr. – soweit sie nicht die Firmenbildung ansonsten, sondern nur den Rechtsformzusatz betrifft – grds. auch für die Neufassung Geltung beanspruchen.[566]

a) Formulierung der Zusätze

194 „GmbH & Co. KG" erfüllt die Anforderungen des § 19 Abs. 2 HGB, ebenso „GmbH & Co. OHG".[567] Die Hinzufügung eines weiteren, die Beschränkung kennzeichnenden Zusatzes ist nicht erlaubt, ebenso nicht die Ersetzung, z.B. durch „beschränkt haftende KG"[568] oder ähnliche Bezeichnungen wie „KG mit beschränkter Haftung".[569] Da „GmbH & Co. KG" allgemein bekannt ist und das Rechtsgebilde auch hinreichend kennzeichnet, würde eine Ergänzung oder Ersetzung nur Verwirrung stiften.[570] Hüffer[571] weist zu Recht darauf hin, dass es der firmenrechtlichen Ordnung abträglich ist, die „in den rechtlichen Grundzügen einheitliche Rechtsform der GmbH & Co. KG im Verkehr unter wechselnden Bezeichnungen auftreten zu lassen", was ebenfalls für Versuche gilt, das „GmbH & Co. KG" nicht genau in dieser, dem Publikum vertrauten Reihenfolge in die Firma aufzunehmen oder zu „zerreißen", indem andere Worte dazwischen gefügt werden. Die einheitliche Kennzeichnung als „beschränkt haftende KG" anstelle von „GmbH & Co. KG" oder „AG & Co. KG" wird auch als Rückschritt gesehen, weil diese Bezeichnung nicht offenbart, um welche Art von Gesellschaft es sich handelt.[572]

Diese Überlegungen verlieren aber seit dem HRefG ihr Gewicht, da die KG jetzt sowohl eine Sach- als auch eine Fantasiefirma führen kann und wegen der in diesem Fall nur noch eingeschränkten Gültigkeit des Grundsatzes der Firmenidentität kein Zwang mehr besteht, den Namen der Komplementärfirma vollständig mit ihrem Rechtsformzusatz oder überhaupt in die Firma der KG mit aufzunehmen. Daher sollte

---

564 Röhricht/v. Westphalen/Ammon, HGB, § 19 Rn. 54; Ebenroth/Boujong/Joost/Zimmer, HGB, § 19 Rn. 15; HK/Ruß, HGB, § 19 Rn. 9; LG Oldenburg, Beschl. v. 12.3.2002 – 8 T 236/02, n.v.; OLG Oldenburg, BB 2001, 1373.
565 GK/Nickel, HGB, § 19 Rn. 14.
566 Begr. RegE BT-Drucks. 13/8444, S. 56; krit. dazu GK/Nickel, HGB, § 19 Rn. 20.
567 KG, DB 1988, 1689; insofern unrichtig (zitiert) Röhricht/v. Westphalen/Ammon, HGB, § 19 Rn. 62 Fn. 104.
568 A.A.: OLG Hamm, DB 1987, 1245: „beschränkt haftende OHG" zulässig, nicht aber „OHG mbH"; teilweise der Bericht des Rechtsausschusses, BT-Drucks. 8/3908, S. 78; Binz/Sorg, Die GmbH & Co. KG, § 10 Rn. 20.
569 Sternberg, Der Gesellschaftszusatz in der Handelsfirma, S. 151; insoweit abl. OLG Köln, Rpfleger 1978, 2122.
570 Heymann/Emmerich, HGB, § 19 Rn. 28; Staub/Hüffer, HGB, § 19 Rn. 67, 70; Bokelmann, Firmenrecht, Rn. 611 ff.; ders., GmbHR 1979, 265, 267.
571 Staub/Hüffer, HGB, § 19 Rn. 66.
572 Bokelmann, ZPR 1978, 33, 35; wohlwollend jetzt aber z.B. Wessel/Zwernemann/Kögel, Firmengründung, Rn. 325.

diese ursprünglich im Regierungsentwurf zur GmbH-Novelle 1977[573] ganz allgemein und im Abschlussbericht des Rechtsausschusses zumindest noch für die Fälle der Beteiligung von Auslandsgesellschaften befürwortete Formulierung zumindest als zulässig angesehen werden.[574] Das gilt ebenfalls für die Klassifizierung „**ausländische Kapitalgesellschaft & Co. KG**", die auch das Phänomen dieser Erscheinung deutlich werden lässt, aber nicht für geeignet gehalten wird, die spezielle Haftungslage hinreichend hervortreten zu lassen.[575] Solange diese Zusätze als Kennzeichnung der Haftungsbeschränkung i.S.d. § 19 Abs. 2 HGB aber noch keine weite Verbreitung und damit „Verkehrsgeltung" erlangt haben, kann „GmbH & Co. KG" als eigenständiger Rechtsformzusatz zur Kennzeichnung der Haftungsbeschränkung i.S.d. § 19 Abs. 2 HGB verstanden[576] und in allen o.g. Fällen verwendet werden. Ein Verstoß gegen § 18 Abs. 2 HGB ist damit nicht zu besorgen, da kein Irrtum über ein verkehrswesentliches geschäftliches Verhältnis vorliegt.[577]

b) Sachgerechte Stellung des Rechtsformzusatzes

Ausreichend, aber auch erforderlich ist ein Zusatz wie „GmbH & Co. KG". Niemals aber dürfen „**GmbH**" **und „KG" direkt aufeinandertreffen** (also „GmbH & Co. KG" und nicht „GmbHKG" oder „GmbH KG"),[578] wenngleich es auch dafür Beispiele in der Praxis gibt.[579]

Ist die „A & Co. GmbH"[580] alleinige persönlich haftende Gesellschafterin einer neu gegründeten KG, darf die Firma der KG nicht „A & Co. GmbH KG" lauten,[581] weil nicht klar wird, ob es sich um eine GmbH oder KG handelt. Unerheblich ist in einem solchen Fall, welche Rechtsformbezeichnung am Ende der Firma steht, weil der letzte Zusatz nicht etwa den Charakter der Gesellschaft bestimmt.[582] Das OLG Hamm verlangte, in die Firma hinter der Komplementärin noch die Bezeichnung „& Co." einzufügen (also „A & Co. GmbH & Co. KG").

Lautet die Firma der Komplementärin „X GmbH Y Industrie", stiftet eine Firma „X GmbH Y Industrie KG" Verwirrung. Richtig muss „X GmbH Y Industrie & Co. KG" firmiert werden.[583]

Die Firma einer GmbH & Co. KG kann auch nicht so gebildet werden, dass **zwischen „GmbH" und „KG" ein sachlicher Firmenbestandteil** eingefügt wird. Die Bestandteile „GmbH" und „KG" sind dann zwar getrennt („Johann X GmbH Holzbau KG"), doch wird nicht hinreichend klar, dass es sich um eine GmbH & Co. KG handelt.[584] Denn die Bestandteile „GmbH" und „KG" müssen gerade durch das

---

573 BT-Drucks. 8/1347.
574 GK/Nickel, HGB, § 19 Rn. 21; Wessel/Zwernemann/Kögel, Firmengründung, Rn. 325; im Ergebnis übereinstimmend Binz/Sorg, Die GmbH & Co. KG, § 10 Rn. 17; abl. Heymann/Emmerich, HGB, § 19 Rn. 29.
575 Krit. auch Gustavus, Beiträge zur Firma der GmbH & Co. KG nach geltendem und zukünftigem Recht, S. 49 ff.
576 So auch Ebenroth/Boujong/Joost/Zimmer, HGB, § 19 Rn. 18; K. Schmidt, DB 1998, 61, 63; Kögel, BB 1998, 1645, 1646; a.A.: GK/Nickel, HGB, § 19 Rn. 22 unter Hinweis auf einen Verstoß gegen § 18 Abs. 2.
577 Röhricht/v. Westphalen/Ammon, HGB, § 19 Rn. 57; a.A.: GK/Nickel, HGB, § 19 Rn. 22.
578 Aschenbrenner, Die Firma der GmbH & Co. KG, S. 36; Winkler, MittBayNot 1978, 98, 99; Bokelmann, Firmenrecht, Rn. 619 ff.; Binz/Sorg, Die GmbH & Co. KG, § 10 Rn. 21; Staub/Hüffer, HGB, § 19 Rn. 68; eingehend: Wessel/Zwernemann/Kögel, Firmengründung, Rn. 240 ff.
579 Binz/Sorg, Die GmbH & Co. KG, § 10 Rn. 21: „Scharnow-Reisen GmbH KG".
580 Zur Zulässigkeit dieser Firmierung der GmbH auch nach dem HRefG LG Bremen, GmbHR 2004, 186.
581 OLG Hamm, NJW 1966, 2172; vgl. auch RGZ 104, 341, 342; Heymann/Emmerich, HGB, § 19 Rn. 28.
582 So aber OLG Frankfurt, DB 1980, 1208; Grussendorf, DNotZ 1954, 94 f.; Schmalz, Anm. zu OLG Düsseldorf, DNotZ 1956, 611, 614; Weipert, GmbHR 1954, 26 f.; zutreffend: Riechert, DB 1956, 493 ff.
583 OLG Hamm, DNotZ 1954, 92 ff.; vgl. auch BayObLGZ 1973, 75 ff. = NJW 1973, 1845: unzulässig: „G. Verlag GmbH Informationsmedien KG".
584 BGH, NJW 1980, 2084 = DB 1980, 1788; vgl. auch OLG Stuttgart, BB 1977, 1417: unzulässig: „M GmbH Handels KG"; Bokelmann, Firmenrecht, Rn. 622; ders., GmbHR 1979, 265; ders., GmbHR 1987, 177, 178; K. Schmidt, Handelsrecht, § 12 III 1e cc; Baumbach/Hopt/Hopt, HGB, § 19 Rn. 34; Staub/Hüffer, HGB, § 19 Rn. 68.

„& Co." („& Comp.") verbunden werden, um beim Betrachter (Hörenden) die reflexmäßige Erkenntnis auszulösen, dass keine natürliche Person unbeschränkt haftet. Daher ist auch – so kleinlich das scheinen mag – „GmbH Co. KG" nicht zulässig.[585]

197 Mit der unzulässigen Fassung „Johann X GmbH Holzbau KG" ist nicht der Fall zu verwechseln, dass bei der ursprünglichen Firma der die Rechtsform kennzeichnende (und insoweit korrekte) Zusatz „GmbH & Co. KG" in der Weise gespalten werden kann, dass **zwischen „GmbH & Co." und „KG" eine Sachangabe** eingeschoben wird.[586] Für die abgeleitete Firma ist das aber nur dann zulässig, wenn Zweifel an der Identität mit der bisherigen Firma nicht aufkommen können, was für eine Firma „MILHAN COMPANY GmbH + Co. Import-Export KG", die zuvor unter Firma „MILHAN COMPANY IMPORT EXPORT KG" firmierte, fraglich ist.[587]

198 Es wurde streitig diskutiert, ob es zulässig war, die **Reihenfolge umzukehren** und etwa mit dem Bestandteil KG zu beginnen (z.B. „X KG GmbH & Co.").[588] Nach dem jetzigen § 19 Abs. 1 Nr. 2 und 3 HGB stellt sich dieses Problem nicht mehr in gleicher Weise. Denn die Firmen von OHG und KG müssen immer die Bezeichnung „Offene Handelsgesellschaft" („OHG") oder „Kommanditgesellschaft" („KG") führen. „GmbH & Co." genügt nicht mehr, es muss „GmbH & Co. KG" oder „GmbH & Co. OHG" heißen. Früher stellten „GmbH & Co." und „GmbH & Co. KG" gleichwertige Bezeichnungen dar, die austauschbar waren. Heute trifft das nicht mehr zu. Nur „GmbH & Co. KG" genügt noch dem Gesetz. Es handelt sich um einen Begriff, der nicht auseinandergerissen werden darf. Folglich **darf „KG" auch nicht mehr vorangestellt** werden. Die Reihenfolge ist also nicht umkehrbar.

199 Ob die Rechtsformzusätze in **Klammern, durch Bindestrich oder Komma** abgeteilt werden können, ist streitig.[589] Praktisch ist die Frage besonders dann von Bedeutung, wenn eine Personenhandelsgesellschaft zur (echten) GmbH & Co. KG wird.[590] Rspr. und Lehre waren sich in keiner Weise einig.[591] Dabei ist jedoch zu beachten, dass die dortige Argumentation nach der Änderung des Firmenrechts durch das HRefG teilweise nicht mehr stichhaltig ist. Der BGH hielt z.B. die Firma „W & R KG – GmbH & Cie." trotz des nach der damaligen Rechtslage korrekten GmbH & Co.-Zusatzes für unzulässig, könne doch leicht der Eindruck entstehen, persönlich haftende Gesellschafterin sei nicht (oder jedenfalls nicht allein) eine GmbH, sondern auch eine KG W & R, in der mindestens eine natürliche Person mit ihrem Privatvermögen haftet; der Gedankenstrich könne als bloße Trennung der beiden Zusätze aufgefasst werden.[592]

c) Mittelbare Beteiligung

200 Nach seinem früheren Wortlaut war es streitig, ob § 19 Abs. 5 Satz 2 HGB a.F. nur den Fall betraf, dass auf der zweiten Stufe einer mehrstöckigen GmbH & Co. KG wenigstens eine natürliche Person unbeschränkt für die Verbindlichkeiten der Gesellschaft aufkommt[593] oder auch eine ausweitende Auslegung

---

585 OLG Stuttgart, BB 1977, 711 f.
586 BayObLG, DB 1978, 879 = Rpfleger 1978, 255, 256; vgl. auch BayObLGZ 1973, 75, 78 = NJW 1973, 1845: zulässig „G. Verlag GmbH & Co. Informationsmedien KG"; vgl. auch Binz/Sorg, Die GmbH & Co. KG, § 10 Rn. 21.
587 BayObLG, DB 1978, 879 = Rpfleger 1978, 255, 256; hierzu Bokelmann, GmbHR 1979, 265, 266; Winkler, MittBayNot. 1978, 98, 100.
588 Bokelmann, Firmenrecht, Rn. 614; Binz/Sorg, Die GmbH & Co. KG, § 10 Rn. 22; Hesselmann/Tillmann, Handbuch der GmbH & Co., Rn. 227; Staub/Hüffer, HGB, § 19 Rn. 69.
589 MünchKomm-HGB/Heidinger, § 19 Rn. 24 m.w.N.
590 OLG Hamm, DB 1981, 521: in der „X KG Müller & Meyer" übernimmt eine GmbH die Stellung als alleiniger Komplementär.
591 OLG Frankfurt, BB 1980, 960; LG Köln, GmbHR 1979, 31; BayObLGZ 1978, 40, 42; zu Recht krit. Winkler, MittBayNot 1978, 98, 99; OLG Hamm, DB 1981, 521; Wiedemann, ZGR 1975, 354, 365; Gustavus, GmbHR 1977, 169 ff., 193 ff.; Bokelmann, GmbHR 1979, 265, 267 f.
592 BGH, NJW 1979, 1986 = DB 1979, 1598; im Ergebnis zust. Staub/Hüffer, HGB, § 19 Rn. 69.
593 So KG, DNotZ 1989, 250 = Rpfleger 1989, 24 = EWiR 1/88, 1005 (Günther); Heymann/Emmerich, HGB, § 19 Rn. 30; MünchKomm-HGB/Bokelmann, § 19 Rn. 63; Ahrens, DB 1997, 1065.

auf die dritte oder spätere Stufen erlaubt war.[594] § 19 Abs. 2 HGB n.F. stellt nun klar, dass **alle mehrstufigen Gesellschaften** erfasst sind und ein Hinweis auf die Haftungsbeschränkung in der Firma nur dann erforderlich ist, wenn auf keiner Stufe eine natürliche Person haftet. Wie bei der Fantasiefirma kann der Zusatz „GmbH & Co. KG" als Kennzeichnung der Haftungsbeschränkung verwendet werden, obwohl eventuell keine GmbH unmittelbare Gesellschafterin der KG ist.

d) Verwandte Fälle

aa) Inländische andere Gesellschaften als Namengeber

Immer dann, wenn kein persönlich haftender Gesellschafter eine natürliche Person ist, muss die Firma der KG oder OHG – und zwar auch dann, wenn es sich um eine fortgeführte Firma handelt – eine Bezeichnung erhalten, welche die **Haftungsbeschränkung** kennzeichnet. Für die GmbH als einzige persönlich haftende Gesellschafterin hat sich gezeigt, dass „GmbH & Co. KG" vor der besonderen (gefährlichen) Haftungslage warnt, weil jedermann weiß, was unter einer GmbH & Co. KG zu verstehen ist. Ein weiterer Hinweis ist nicht erlaubt. Er würde Verwirrung stiften. Haftet eine AG persönlich allein und nicht eine GmbH, gilt nichts anderes. In die Firma der KG ist die Firma der haftenden Gesellschaft einschließlich ihres Rechtsformzusatzes zusammen mit einem Zusatz aufzunehmen, der das Vorhandensein einer bestimmten Gesellschaft offenbart, also „**AG & Co. KG**",[595] „**Stiftung & Co. KG**",[596] „**e. V. & Co. KG**",[597] oder „**GmbH & Co. KGaA**".[598] Im Zuge der Handelsrechtsreform ist in § 279 Abs. 2 AktG eine § 19 Abs. 2 HGB entsprechende Vorschrift für die KG auf Aktien aufgenommen worden. Danach ist bei einer KGaA, bei der keine natürliche Person persönlich haftet, in der Firma die Haftungsbeschränkung zu kennzeichnen. Die Vorschrift ist im Hinblick auf eine Entscheidung des BGH[599] eingefügt worden, nach der eine GmbH grds. persönlich haftende Gesellschafterin einer KGaA sein kann. Der BGH fährt fort, dazu sei jedoch „unabdingbar" erforderlich, dass das Fehlen einer natürlichen Person in der Eigenschaft des Komplementärs in der Firma der Gesellschaft kenntlich gemacht werde; § 19 Abs. 5 HGB (heute Abs. 2) finde insoweit sinngemäße Anwendung.[600]

201

Für die GmbH & Co. KG hat der BGH ausgeführt, dass die Haftung für die Verbindlichkeiten des Unternehmens wie bei den Kapitalgesellschaften auf eine bestimmte Vermögensmasse (Gesellschaftsvermögen der Komplementär-GmbH und Kommanditeinlagen) beschränkt ist und die persönliche Haftung natürlicher Personen „als wesentliches gläubigerschützendes Element" fehlt, weshalb in die Firma der KG auf jeden Fall ein Zusatz „wie etwa 'GmbH & Co.' – heute muss es 'GmbH & Co. KG' heißen – aufzunehmen" ist.[601] Für die „**AG & Co. KG**" usw. liegt die Parallele auf der Hand. Jedenfalls warnt die Formulierung und sie veranlasst denjenigen, dem die betreffenden Rechtsbegriffe nicht geläufig sind, sich zu informieren.[602] In Fällen dieser Art sollte nicht die Bezeichnung „beschränkt haftende KG" verwendet werden. Diese Kennzeichnung ist auch schwächer, weil sie gegenüber dem Zusatz „AG & Co. KG" ein Informationsdefizit darstellt, offenbart sie doch nicht die Haftungsstruktur.

---

594 So BayObLGZ 1994, 252 = NJW-RR 1995, 172 m. abl. Anm. Bokelmann, EWiR 1995, 267; Baumbach/Hopt/ Hopt, HGB, § 19 Rn. 25.

595 Hierzu Schindhelm/Wilde, GmbHR 1993, 411; K. Schmidt, Gesellschaftsrecht, § 26 III 2 f, § 56 I 1; Binz/Sorg, Die GmbH & Co. KG, § 1 Rn. 7 ff.; Bokelmann, Firmenrecht, Rn. 322, 342, 645; Heymann/Emmerich, HGB, § 19 Rn. 29; Staub/Hüffer, HGB, § 19 Rn. 73 f.; vgl. auch Begr. RegE BT-Drucks. 8/1347, S. 56.

596 Binz/Sorg, Die GmbH & Co. KG, § 1 Rn. 7, eingehend § 25; Heymann/Emmerich, HGB, § 19 Rn. 29; vgl. auch Hachenburg/Heinrich, GmbHG, § 4 Rn. 128.

597 Heymann/Emmerich, HGB, § 19 Rn. 29; Staub/Hüffer, HGB, § 19 Rn. 77.

598 Eingehend Binz/Sorg, Die GmbH & Co. KG, § 26; Binz/Sorg, BB 1988, 2041.

599 BGHZ 134, 392 = NJW 1997, 1923.

600 Zur Zulässigkeit der GmbH & Co. KGaA Hesselmann, BB 1989, 2344; zu den Einzelheiten vgl. Schumacher, HRefG, S. 61.

601 BGHZ 62, 216, 227; 65, 103, 105; hierzu Wiedemann ZGR 1975, 354 ff.; Westermann, JZ 1975, 327; Gustavus, GmbHR 1977, 169; Bokelmann, GmbHR 1975, 25 ff.; Baumbach/Hopt/Hopt, HGB, § 19 Rn. 24.

602 Staub/Hüffer, HGB, § 19 Rn. 77; vgl. auch Gustavus, GmbHR 1977, 122 ff.

bb) Ausländische Gesellschaften als Namengeber

202 Wegen der besonderen Überlegungen zur Firmierung ausländischer Gesellschaften wird auf Rn. 218 ff. verwiesen.

e) Besondere Verstoßfolgen

203 Neben den typisch firmenrechtlichen und wettbewerbsrechtlichen Konsequenzen der Führung einer unzulässigen Firma ist hier noch die persönliche Haftung zu besorgen. Das Auftreten im Geschäftsverkehr unter einer Firma ohne den erforderlichen „GmbH & Co. KG"-Zusatz kann zur **Rechtsscheinhaftung der Geschäftsführer oder der Gesellschafter** führen, weil dem Gesetz zuwider der Anschein erweckt wird, dem Geschäftsgegner hafte zumindest eine natürliche Person unbeschränkt mit ihrem Privatvermögen.[603] Das gilt auch dann, wenn sich aus dem Handelsregister die wahre Rechtsform (GmbH & Co. KG) ersehen lässt. Denn der spezielle Vertrauenstatbestand ergibt sich schon daraus, dass die GmbH & Co. KG im Geschäftsverkehr eine Firma führt, die ihre Gesellschaftsform nicht offenbart; unter diesen Umständen ist eine Berufung auf die zutreffende Handelsregistereintragung rechtsmissbräuchlich.[604] Darüber hinaus haftet nach Rechtsscheingesichtspunkten der Geschäftsführer und jeder andere Vertreter eines Unternehmens wegen Fortlassung des Rechtsformzusatzes GmbH oder GmbH & Co. KG, sofern die Zeichnung der Firma ohne den Zusatz bei dem Geschäftsgegner die irrige Vorstellung hervorgerufen hat, es hafte wenigstens eine natürliche Person.[605]

VI. Kapitalgesellschaften (GmbH, AG, KGaA und eG)

1. Firmenbildung

204 **AG** und **Genossenschaften** hatten nach früherem Recht vor dem HRefG stets eine Sachfirma zu führen (§ 4 AktG a.F., § 3 Abs. 2 GenG a.F.). Diese musste den Gegenstand des Unternehmens im Wesentlichen für die Verkehrskreise erkennbar machen.[606] Das Gleiche galt für die KGaA (§ 279 Abs. 1 AktG). Der **GmbH** war sowohl die Sach- als auch die Personenfirma (auch ohne Vorname) erlaubt, allerdings nicht mit dem Namen eines Nichtgesellschafters (§ 4 Abs. 1 GmbHG a.F.). Eine reine Fantasiefirma war ganz allgemein nicht zugelassen, sondern nur nicht täuschende Fantasiezusätze.

205 Seit 1998 können auch die Kapitalgesellschaften **sowohl Sach- als auch Personen- oder Fantasiefirmen** führen, wenn nur die oben dargestellten allgemeinen Voraussetzungen für diese jeweiligen Firmen erfüllt sind (vgl. Rn. 75 ff.). Bei der Personenfirma einer GmbH ist die Lit. bzgl. der Verwendung des Namens eines Nichtgesellschafters großzügiger als bei der Firmenbildung von Personenhandelsgesellschaften (siehe dazu ausführlich Rn. 102 ff.).

Ansonsten gelten für die Firma einer Kapitalgesellschaft die gleichen allgemeinen Grundsätze wie für die Personenhandelsgesellschaft (siehe bereits oben Rn. 168 ff.).

2. Rechtsformzusätze

206 Bei den **Kapitalgesellschaften** hat das HRefG 1998 für die erforderlichen Rechtsformzusätze wenig Veränderung gebracht. Ausdrücklich klargestellt wurde nur, dass eine „allgemein verständliche Abkürzung" für den Rechtsformzusatz gewählt werden darf. Die Firma der **GmbH** muss nach § 4 GmbHG nun die Bezeichnung „Gesellschaft mit beschränkter Haftung" enthalten. Zur Unzulässigkeit der Abkürzung „gGmbH" für eine gemeinnützige Gesellschaft mit beschränkter Haftung siehe oben Rn. 114. Die Firma

---

603 BGHZ 71, 354, 356 = NJW 1978, 2030; vgl. schon BGHZ 64, 11, 17 = NJW 1975, 1166 für den Geschäftsführer der GmbH; vgl. auch Brandes WM 1987, Sonderbeilage 1/1997, S. 4; Baumbach/Hopt/Hopt, HGB, § 19 Rn. 30.
604 BGHZ 71, 354, 357 = NJW 1978, 2030.
605 BGH, NJW 1991, 2627 m. Anm. Canaris, DB 1991, 1824; vgl. zur Firmenführungspflicht Heymann/Emmerich, HGB, § 17 Rn. 11 ff.
606 Röhricht/v. Westphalen/Ammon, HGB, vor § 17 Rn. 3.

der **AG** muss nach § 4 AktG die Bezeichnung „AG", die Firma der **KGaA** nach § 279 Abs. 1 AktG die Bezeichnung „Kommanditgesellschaft auf Aktien" oder jeweils eine entsprechende Abkürzung enthalten. § 279 Abs. 2 AktG stellt für die KGaA klar, dass persönlich haftende Gesellschafterin auch eine beschränkt haftende Gesellschaft sein darf. Dann muss aber – ähnlich wie in § 19 Abs. 2 HGB für die Personenhandelsgesellschaft geregelt – eine Bezeichnung enthalten sein, welche die Haftungsbeschränkung kennzeichnet. Üblich ist hier z.B. „GmbH & Co. KGaA".

Für die Firma der **Genossenschaft** kommt nur die Bezeichnung „eingetragene Genossenschaft" oder „eG" in Frage.

VII. Sonstige Rechtsträger

1. Firmenbildung

§ 2 Abs. 1 PartGG enthält das Gebot, in dem Namen der **Partnerschaftsgesellschaft** mindestens den Namen eines Partners und die Berufsbezeichnungen aller in der Partnerschaft vertretenen Berufe aufzunehmen. Der Name eines Nichtpartners darf auch nicht zusätzlich verwendet werden. 207

Für die **EWIV** war vor 1998 streitig, ob eine Sachfirma zulässig war. Die besseren Gründe sprachen schon nach altem Recht für die Zulässigkeit, der systematische Vergleich mit der OHG allerdings dagegen.[607] **Nach der Handelsrechtsreform** steht die Verwendung einer Sachfirma allen Unternehmensträgern, also auch der EWIV[608] offen. Sie kann aber auch eine Personen- oder eine Fantasiefirma wählen. 208

2. Rechtsformzusätze

Die Intention des Gesetzgebers ging dahin, dass durch den Rechtsformzusatz die Rechtsform und damit die **Haftungsverhältnisse aller unternehmenstragenden Rechtsträger für die Verkehrskreise transparent** werden. 209

Der Name der **Partnerschaftsgesellschaft** muss nach § 2 Abs. 1 PartGG den Zusatz „und Partner" oder „Partnerschaft" enthalten. Zur Ausschließlichkeit des Zusatzes für die Partnerschaftsgesellschaft wird auf die obigen Erörterungen verwiesen (siehe Rn. 108). 210

Die **EWIV** hat nach § 2 Abs. 2 Satz 1 Nr. 1 EWIV-AusfG die Firma mit den voran- und nachgestellten Worten „Europäische wirtschaftliche Interessenvereinigung" oder der Abkürzung „EWIV" im Handelsregister anzumelden. 211

Außerhalb der Regelungen des HGB kann z.B. auch eine **Erbengemeinschaft**[609] unternehmenstragend sein. Führt diese das ererbte Unternehmen eines Einzelkaufmannes fort, hat sie analog § 19 Abs. 1 Nr.1 HGB weiterhin mit dem Rechtsformzusatz „e.K."[610] und einem klarstellenden Zusatz wie „in Erbengemeinschaft" zu firmieren. 212

---

607 Bejahend: AG München, BB 1990, 160; LG Frankfurt/M., BB 1991, 496 = EWiR § 19 HGB 1/91, 793 (Ring); LG Bonn, EuZW 93, 550; Müller-Gugenberger, BB 1989, 1922; Hauschka/Frhr. v. Saalfeld, DStR 1991, 1083; Wöbke/Danckwerts, DB 1994, 413; a.A.: Ziegler, Rpfleger 1990, 239; OLG Frankfurt, WM 1993, 1098 = Rpfleger 1993, 450 m. abl. Anm. Rinze; OLG Frankfurt Vorlagebeschluss v. 9.12.1996, FGPrax 1997, 38; dazu Schmittmann/Kocker. DZWIR 1997, 253; vgl. aber EuGH, NJW 1998, 972 = NZG 1998, 100 m. Anm. Michalski: EWIV-VO insofern neutral; dazu Neye, WuB 1998, 329 ff. m. zahlr. w.N.; ders., EWiR 1997, 283.

608 Kögel, BB 1998, 1645; Röhricht/v. Westphalen/Ammon, HGB, § 17 Rn. 18; Wessel/Zwernemann/Kögel, Firmengründung, Rn. 272; Ebenroth/Boujong/Joost/Zimmer, HGB, § 18 Rn. 15 Fn. 32; vgl. dazu schon EuGH, NJW 1998, 972 = NZG 1998, 100 m. Anm. Michalski.

609 S. dazu K. Schmidt, ZIP 1997, 909, 916; ders., Handelsrecht, § 12 III 1c; ders., JZ 2003, 585, 592.

610 Baumbach/Hopt/Hopt, HGB, § 19 Rn. 4; Koller/Roth/Morck/Roth, HGB, § 19 Rn. 3b; Roth, in: Die Reform des Handelsstandes und der Personengesellschaften, S. 40; ders., in: FS für Lutter, S. 651; a.A. e.K. bei Nicht-Einzelperson irreführend wäre: K. Schmidt, JZ 2003, 585, 592 in Fn. 112 für anderen Zusatz.

213 Aber auch für **juristische Personen des privaten und öffentlichen Rechts** i.S.d. § 36 HGB a.F. bzw. jetzt § 33 HGB[611] (Stiftung, Idealverein, wirtschaftlicher Verein, juristische Personen des öffentlichen Rechts, Unternehmen von Gebietskörperschaften) fehlt es an einer Regelung für einen Rechtsformzusatz. Wenn diese ein Handelsgewerbe betreiben, sind sie Kaufmann i.S.d. § 1 Abs. 1 oder § 2 HGB. Daher gilt für sie § 17 Abs. 1 HGB und sie müssen, sofern sie nicht Kaufmann kraft Rechtsform sind, nach § 19 Abs. 1 Nr. 1 HGB als „e.K." oder ähnlich firmieren.[612]

214 Der Name der **BGB-Gesellschaft** ist keine Firma (siehe oben zur Minderfirma, Rn. 28 ff.) i.S.d. § 19 HGB, muss also auch keinen Rechtsformzusatz enthalten. Will eine BGB-Gesellschaft aber die Besitzstandswahrung nach § 11 Abs. 1 Satz 3 PartGG nutzen und den Zusatz „Partnerschaft" oder „und Partner" weiterhin im Namen führen, muss auch sie einen klarstellenden Hinweis auf ihre Rechtsform hinzufügen.

VIII. Firma der Zweigniederlassung

215 Die Zweigniederlassung nimmt **eine Art Zwitterstellung ein**[613] zwischen dem Betrieb einer zweiten Hauptniederlassung durch denselben Kaufmann als gesondertes Unternehmen und dem Betrieb einer Hauptniederlassung mit mehreren Verkaufsstellen oder unselbständigen Betriebsabteilungen. Entscheidend ist die **organisatorische Selbständigkeit** der Zweigniederlassung. Sie ist aber rechtlich nicht selbständig. Vielmehr sind die Geschäfte, die im Namen der Zweigniederlassung abgeschlossen werden, solche des Unternehmens, zu dem die Zweigniederlassung gehört (Einzelkaufmann, Personenhandelsgesellschaft, Kapitalgesellschaft, ausländische Gesellschaft usw.). Sonderregelungen befinden sich hierfür in den §§ 13 ff HGB.

Für das Zwittergebilde Zweigniederlassung **wird der Grundsatz der Firmeneinheit modifiziert.** Hauptgeschäft und Zweigniederlassung bilden einen einheitlichen Geschäftsbetrieb. Die Firma der Zweigniederlassung kann daher mit der Firma der Hauptniederlassung gleich sein; ein Zusatz, der auf die Eigenschaft als Zweigniederlassung hinweist, ist hier nicht erforderlich. Die Firmen müssen aber nicht gleich sein. Mehrere Niederlassungen desselben Unternehmens dürfen unterschiedliche Firmen führen.[614] Besteht für die Firma der Haupt- und der Zweigniederlassung ein einheitlicher Firmenkern, kann er durch jeweils unterschiedliche Zusätze ergänzt werden. Ist der Firmenkern verschieden, muss ein Zusatz die Zugehörigkeit der Zweigniederlassung zur Hauptniederlassung offenbaren.[615]

216 Die Gleichheit bzw. Verschiedenheit der Firma der Zweigniederlassung zur Hauptniederlassung hat in anderen Bereichen Auswirkungen. Eine **Prokura** kann auf den Betrieb einer von mehreren Niederlassungen sogar Dritten gegenüber beschränkt werden (§ 50 Abs. 3 HGB). Voraussetzung hierfür ist aber die Verschiedenheit der Firmen (§ 50 Abs. 3 Satz 1 HGB), die auch durch einen Zusatz zur Firma der Hauptniederlassung begründet werden kann (§ 50 Abs. 3 Satz 2 HGB).

---

611 Vgl. zur Eintragungsbedürftigkeit i.S.d. § 33 nach dem HRefG 1998 Kohler-Gehrig, Rpfleger 2000, 45 ff.; Deike, NotBZ 1998, 175 ff.; Waldner, MittBayNot 2000, 13 ff.; Boos, DB 2000, 1061 ff.; Holland, ZNotP 1999, 466.

612 Roth, in: Die Reform des Handelsstandes und der Personengesellschaften, S. 31, 41; ders., in: FS für Lutter, 2000, S. 651; Koller/Roth/Morck/Roth, HGB, § 19 Rn. 3 a; Baumbach/Hopt/Hopt, HGB, § 19 Rn. 2, 5; Röhricht/v. Westphalen/Ammon, HGB, § 33 Rn. 6; K. Schmidt, Handelsrecht, § 12 III 1 c; ähnlich schon ders., NJW 1998, 2161, 2168: § 19 Abs. 1 als Generalklausel, die Zusatz über „eigene Rechtsform" vorschreibt; a.A.: Holland, ZNotP 1999, 466, 468: kein Rechtsformzusatz; Waldner, MittBayNot 2000, 13, 15: Nennung der Gebietskörperschaft.

613 K. Schmidt, Handelsrecht, § 12 II 3 a.

614 RGZ 77, 60, 63; BayObLGZ 1992, 59, 62; K. Schmidt, Handelsrecht, § 12 II 3 a.

615 H.M., vgl. schon RGZ 113, 213; 114, 318, 320; BayObLGZ 1992, 59, 62 = NJW-RR 1992, 1062; Staub/Hüffer, HGB, § 17 Rn. 33; Ebenroth/Boujong/Joost/Zimmer, HGB, § 17 Rn. 13; für weitergehende Gestaltungsmöglichkeiten Schlegelberger/Hildebrandt/Steckhan, HGB, § 13 Rn. 7.

Unter den Voraussetzungen der §§ 22, 24 HGB darf ein erworbenes Handelsgeschäft unter der bisherigen Firma als Zweigniederlassung fortgeführt werden. Entsprechend den oben dargestellten Grundsätzen (Rn. 136) muss ein (Zweigniederlassungs-)Zusatz ergänzt werden.

Beispiel:

Übernimmt die OHG „Lesser & Co. OHG" die „Möbelfabrik Franz Krause", um diese als Zweigniederlassung weiterzuführen, kann die Firma der Zweigniederlassung lauten „Möbelfabrik Franz Krause, Zweigniederlassung von Lesser & Co. OHG, Berlin".

Sind nicht Sonderabsprachen getroffen, darf der Erwerber das Unternehmen zusammen mit der Firma weiterveräußern. Er kann auch neue Zweigniederlassungen unter der erworbenen Firma errichten. Dann ist es aber fraglich, ob die von dem Erwerber neu errichteten Zweigniederlassungen mit der **abgeleiteten Firma** getrennt vom Hauptunternehmen auf Dritte selbständig übertragen werden dürfen.[616]

J. Internationales Firmenrecht[617]

I. Allgemeine Grundsätze

1. Firmenstatut

Nach bisher h.M. richtet sich die Frage, wie die Firma zu bilden ist (sog. **Firmenstatut**) bei einzelkaufmännischen Unternehmen nach dem Recht des Unternehmenssitzes.[618] Die Firma der juristischen Person und von Handelsgesellschaften bestimmt sich nach dem **Gesellschaftsstatut**,[619] also nach **bisher h.M.** nach dem Recht, das am Sitz der Hauptverwaltung des Unternehmens gilt.[620] Die §§ 17 ff. HGB gelten danach unmittelbar nur für solche Kaufleute und Handelsgesellschaften, die ihre Niederlassung bzw. ihren Sitz im Inland haben. Für Unternehmen mit Verwaltungssitz bzw. Niederlassung im Ausland ist das jeweilige ausländische Recht anwendbar.

2. Anknüpfung bei EG-Mitgliedstaaten

Ob diese Anknüpfung im Lichte der **neueren EuGH-Rspr.**[621] zum Gesellschaftsstatut für Gesellschaften aus europäischen Staaten noch Gültigkeit haben kann, muss kritisch überprüft werden. Die EG-Mitgliedstaaten sind nämlich nach Art. 43 und 48 EGV (Niederlassungsfreiheit und Freizügigkeit) verpflichtet, im Falle einer Sitzverlegung die Rechts- und Parteifähigkeit einer nach dem Recht eines anderen Mitgliedstaates wirksam gegründeten Gesellschaft zu achten, „die diese Gesellschaft nach dem Recht ihres Gründungsstaates besitzt".[622] Darüber hinaus verbietet die Niederlassungsfreiheit auch, den Niederlassungsberechtigten an der Ausübung der Niederlassungsfreiheit in diskriminierender Weise zu behindern

---

616 K. Schmidt, Handelsrecht, § 12 II 3 c; Bokelmann, GmbHR 1978, 265; 1982, 153; ders., KTS 1982, 50 f.
617 Vgl. hierzu ausführlich Ebenroth/Boujong/Joost/Zimmer, HGB, Anh. § 17; zum europäischen Firmenrecht im Vergleich Möller, EWS 1997, 340; dies., EWS 1993, 22; Roth, in: Die Reform des Handelsstandes und der Personengesellschaften, S. 31, 63.
618 Baumbach/Hopt/Hopt, HGB, § 17 Rn. 48; Röhricht/v. Westphalen/Ammon, HGB, § 17 Rn. 50; Ebenroth/Boujong/Joost/Zimmer, HGB, Anh. § 17 Rn. 4; Roth, in: Die Reform des Handelsstandes und der Personengesellschaften, S. 31, 63; BGH, NJW 1971, 1522, 1523 = LM UWG § 16 Nr. 66; Staudinger/Großfeld, 1998, IntGesR, Rn. 319; Staub/Hüffer, HGB, vor § 13; Koller/Roth/Morck/Roth, HGB, § 17 Rn. 26; a.A.: MünchKomm-BGB/Kindler, IntGesR, Rn. 148: gebietsbezogene Anknüpfung.
619 Baumbach/Hopt/Hopt, HGB, § 17 Rn. 48; Röhricht/v. Westphalen/Ammon, HGB, § 17 Rn. 50; BayObLGZ 1986, 61 = IPRax 1986, 368, 369; a.A.: Baur, AcP 167 (1967), 535, 551: Recht des Verletzungsortes.
620 Ebenroth/Boujong/Joost/Zimmer, HGB, Anh. § 17 Rn. 4.
621 Insb. „Centros", EuGHE 1999 S. I-1459 (1485 ff.) = NJW 1999, 2027, „Überseering", EuGHE 2002 S. I-9919 (9943 ff.) = NJW 2002, 3614 und „Inspire Art" EuGH, NJW 2003, 3331 = ZIP 2003, 1885 ff.
622 „Überseering", EuGHE 2002 S. I-9919 (9943 ff.) = NJW 2002, 3614, 3617.

oder diese weniger attraktiv zu machen.[623] Einer Gesellschaft aus dem EU-Ausland muss es „ohne Wenn und Aber"[624] möglich sein, eine Zweigniederlassung eintragen zu lassen, ohne dass zusätzliche Anforderungen gestellt werden dürfen.[625]

Im Anwendungsbereich der Art. 43 und 48 EGV folgt jedenfalls für sog. Zuzugsfälle die inzwischen wohl h.M.[626] der **Gründungstheorie** und nicht mehr der Sitztheorie als Kollisionsnorm. Es spricht daher vieles dafür, auch für das Firmenstatut nicht mehr an den Verwaltungssitz anzuknüpfen.[627] Entscheidend für die Frage der zulässigen Bildung einer Firma ist danach das Recht des Gründungsstaates. Eine im ausländischen Recht eventuell vorhandene **Rück- oder Weiterverweisung** ist zwar grds. auch beim Firmenrecht zu beachten.[628] Dies gilt jedoch nicht, wenn sie die Gewährleistung der Niederlassungsfreiheit durchkreuzen könnte.[629] Ansätze in der Lit.,[630] die für das Firmenstatut aufgrund einer ordnungsrechtlichen Qualifikation ganz allgemein eine gebietsbezogene Anknüpfung der Firmenberechtigung befürworten, erscheinen im Lichte der neuen EuGH-Rspr. problematisch. Auch kann es nicht jedem Mitgliedstaat selbst überlassen werden, durch gesellschaftskollisionsrechtliche Regelungen bestimmte Bereiche, wie z.B. das Firmenrecht, dem Gesellschaftsstatut zu entziehen und damit die Reichweite der Niederlassungsfreiheit durch Art. 43 und 48 EGV selbst zu bestimmen.[631]

Aus diesen verstärkten europarechtlichen Aspekten der Niederlassungsfreiheit und Freizügigkeit ergeben sich **unterschiedliche Auswirkungen je nach Art des Auftretens** eines ausländischen Unternehmens im deutschen Rechtsverkehr mit einem Tochterunternehmen, einer Zweigniederlassung, einer unselbständigen Betriebsabteilung bzw. Verkaufsstelle oder selbst im grenzüberschreitenden Geschäftsverkehr.

3. Schranken durch das deutsche Firmenbildungsrecht

220 Im Zuge der europarechtlich garantierten Niederlassungsfreiheit und Freizügigkeit können folglich **Schranken durch das deutsche Firmenbildungsrecht** nur noch in sehr eingeschränktem Maße hingenommen werden. Denn die ergänzende Anwendung (Überlagerung) des Gesellschaftsrechts des Sitzstaates auf ausländische Gesellschaften aus anderen EG-Staaten im Wege der Sonderanknüpfung ist weitgehend ausgeschlossen.[632] Allgemeine Grenze des freien ausländischen Firmengebrauchs ist **Art. 6 EGBGB (ordre public)**, der die offensichtliche Unvereinbarkeit des Ergebnisses mit wesentlichen Grundsätzen des deutschen Rechts verhindert. Hierunter zählen nach bisher h.M. die Firmenunterscheidbarkeit, -wahrheit und -klarheit.[633] Zwar ist nicht zu verkennen, dass Beschränkungen bei der Firma die Freizügigkeit

---

623 Meilicke, GmbHR 2003, 793; „Centros" EuGHE 1999, S. I-1459 (1485 ff.) = NJW 1999, 2027 = GmbHR 1999, 474.
624 Vgl. schon den Schlussantrag des Generalanwalts v. 30.1.2003 – Rs. C-167/01 – „Inspire Art", GmbHR 2003, 302 (LS).
625 „Inspire Art" EuGH, NJW 2003, 3331 = ZIP 2003, 1885 ff.
626 So ausdrücklich Horn, NJW 2004, 893, 896; so schon Behrens, IPrax 1999, 323; Meilicke, DB 1999, 627; Werlauff, ZIP 1999, 867, 875; jüngst wieder Behrens, IPrax 2003, 193; Geyrhalter/Gänßler, NZG 2003, 409; Palandt/Heldrich, BGB, Anhang zu Art. 12 EGBGB Rn. 7; BGHZ 154, 185 = NJW 2003, 1461; BayObLGZ 2002, 413, 416; OLG Naumburg, GmbHR 2003, 533; BFH, NZG 2003, 646; a.A.: weiterhin Kindler, NZG 2003, 1086, 1090; LG Frankenthal, NJW 2003, 762.
627 So auch Geyrhalter/Gänßler, NZG 2003, 409, 412; Hirsch/Britain, NZG 2003, 1100, 1102; Palandt/Heldrich, BGB, Anhang zu Art. 12 EGBGB Rn. 3; a.A.: Borges, ZIP 2004, 733, 736.
628 Ebenroth/Boujong/Joost/Zimmer, HGB, Anh. § 17 Rn. 9.
629 Palandt/Heldrich, BGB; Anhang zu Art. 12 EGBGB Rn. 7.
630 MünchKomm-BGB/Kindler, IntGesR, Rn. 148.
631 Vgl. Spindler/Berner RIW 2004, 7, 9 zur Frage der „gesellschaftsakzessorischen Haftungsbestimmungen".
632 Horn, NJW 2004, 893, 898 ff.; Meilicke, GmbHR 2003, 793, 805; Paefgen, DB 2003, 487.
633 Koller/Roth/Morck/Roth, HGB, § 17 Rn. 26; OLG Stuttgart, WRP 1991, 526; OLG Hamm, WRP 1992, 355; ausführlich auch öOGH, GesRZ 2004, 129: Schutz vor unlauterem Wettbewerb und von Verbrauchern vor irreführenden Angaben rechtfertigen eine Beschränkung der Grundfreiheiten.

meist nur am Rande berühren. Wird aber die **Niederlassungsfreiheit** auch nur in Einzelfällen **beeinträchtigt**, muss dies

- durch zwingende Gründe des Allgemeininteresses gerechtfertigt sein,
- in nicht diskriminierender Weise angewandt werden,
- zur Erreichung des verfolgten Ziels geeignet sein und
- nicht über das hinausgehen, was zur Erreichung des verfolgten Ziels erforderlich ist.[634]

Dies gebietet eine möglichst restriktive Anwendung des Art. 6 EGBGB.[635]

Diese Problematik hat auch schon der **Gesetzgeber des Handelsrechtsreformgesetzes** erkannt. Die Liberalisierung und Deregulierung des Firmenrechts sollte nämlich Nachteilen deutscher Unternehmen im europäischen Wettbewerb entgegenwirken.[636] Dies betrifft zum einen das Auftreten deutscher Unternehmen mit ihrer Firma im Ausland, aber auch die Verwendung ausländischer Firmen im Inland. Ist das deutsche Firmenrecht genauso liberal wie das Firmenrecht in allen (oder zumindest den bedeutenden) europäischen Mitgliedsländern, ergibt sich nämlich keine Inländerbenachteiligung, nur weil die nach ihrem Heimatrecht zulässige ausländische Firma in Deutschland wegen der europarechtlich garantierten Niederlassungsfreiheit akzeptiert werden muss.

4. Anknüpfung für Firmenordnungsrecht

Unabhängig von den voranstehenden europarechtlichen Überlegungen aufgrund der jüngsten EuGH-Rspr. unterstellt die h.M. auch weiterhin zu Recht das **Firmenordnungsrecht** und, soweit relevant – wie z.B. bei der Zweigniederlassung –, das Registerrecht nicht dem Personal- bzw. Gesellschaftsstatut. So ist die Frage der Pflicht der Firmenanmeldung **öffentlich-rechtlicher Natur**.[637] Aufgreifkriterium ist daher der Ort der kaufmännischen Niederlassung. Für das Verfahren gilt deutsches Registerrecht als **lex fori**.[638] Für den Gebrauch der Firma wie z.B. § 30 Abs. 3 HGB gilt das **Recht des Gebrauchsortes**.[639]

5. Anknüpfung bei Unternehmen aus Nicht-EU-Staaten

Die o.g. europarechtlichen Überlegungen gelten grds. nicht für **ausländische Firmen aus Nicht-EU-Staaten**.[640] Denn gewisse Verstöße gegen deutsches Firmenrecht, insb. bestimmte Täuschungsgefahren, müssen im Verhältnis zum EU-Ausland nur wegen der europarechtlich zu respektierenden Grundfreiheiten hingenommen werden. Es besteht aber keine Notwendigkeit, dieses Privileg auch Ausländern aus Drittstaaten zukommen zu lassen.[641] Bei diesen bleibt es also bei der bisher in Lit. und Rspr. überwiegend propagierten Anknüpfung an das Recht des Verwaltungssitzes mit eventueller Überlagerung durch das deutsche Firmenrecht.

---

634 „Inspire Art", NJW 2003, 3331 Rn. 133, unter Bezugnahme auf EuGH Slg. 1993, I-1663 Rn. 32 – Kraus; Slg. 1995, I-4165 Rn. 37 – Gebhard und Slg. 1999, I-1459 – Centros.
635 Koller/Roth/Morck/Roth, HGB, § 17 Rn. 26; siehe auch schon Bokelmann, ZGR 1994, 340; Roth, in: Die Reform des Handelsstandes und der Personengesellschaften, S. 31, 64: beschränkt auf gravierende Täuschungen.
636 BT-Drucks. 13/8444, S. 121: A. Zielsetzung, abgedruckt bei Schumacher, ZAP Fach 15, S. 575.
637 MünchKomm-BGB/Kindler, IntGesR, Rn. 145 und 133.
638 Staub/Hüffer, HGB, § 13b Rn. 18.
639 Koller/Roth/Morck/Roth, HGB, § 17 Rn. 26; Roth, in: Die Reform des Handelsstandes und der Personengesellschaften, S. 31, 63.
640 A.A.: Bokelmann, ZGR 1994, 349.
641 Ebenroth/Boujong/Joost/Zimmer, HGB, Anh. § 17 Rn. 17.

6. Firmenschutz

223 Der Schutz der **Firma als Immaterialgüterrecht** bestimmt sich nach dem Recht des Schutzlandes (sog. Schutzlandprinzip).[642] Im Geltungsbereich der Pariser Verbandsübereinkunft gilt der Grundsatz der Inländerbehandlung (Art. 2 Abs. 1, 8 PVÜ). Dies gilt unabhängig vom Firmenschutz des Heimatlandes.[643] Außerhalb des Anwendungsbereiches des PVÜ kommt das jeweilige Fremdenrecht zur Anwendung.[644] Denn deutsches Firmen- und Namensrecht lässt den Schutz genauso wenig wie das Wettbewerbs- und Markenrecht von der Gegenseitigkeit abhängen.[645]

II. Firma des ausländischen Rechtsträgers in Deutschland

224 Tritt eine ausländische Gesellschaft selbst im **grenzüberschreitenden Rechtsverkehr** oder mit einer **unselbständigen Betriebsstätte bzw. Verkaufsstelle** im Inland auf, kann sie grds. ihre nach dem anwendbaren ausländischen Recht zulässige Firma auch dann führen, wenn sie hier anders gebildet werden müsste.[646] In diesen Fällen gelangen die unterschiedlichen Theorien zum Gesellschaftsstatut zum gleichen Ergebnis, da sich der Verwaltungssitz und der Satzungssitz im gleichen (Aus-)Land befinden.[647] **Grenzen** des freien Gebrauchs der ausländischen Firma folgen nach bisher h.M. über **Art. 6 EGBGB (ordre public)** u.a. aus dem Grundsatz der Firmenunterscheidbarkeit und dem Irreführungsverbot.[648] Auch eine im Ausland eingetragene Firma muss im Inland so geführt werden, dass sie nicht irreführt.[649] Eine vollständige Übersetzung des verwendeten ausländischen Firmennamens einschließlich des Rechtsformzusatzes in die deutsche Sprache ist jedoch unzulässig, da dies den Eindruck eines nach deutschem Recht gegründeten Unternehmens und damit eine verkehrswesentliche Irreführung begründen würde.[650]

225 Diese Aussage kann so umfassend aber nicht mehr für **Firmen aus EU-Staaten** gelten. Im Rahmen der Niederlassungsfreiheit muss das deutsche Firmenrecht eventuelle großzügigere **Firmenbildungsregelungen im Gründungsausland** akzeptieren, was zu einer Inländerdiskriminierung führen kann.[651] Die früheren, engen Vorgaben zur Firmenbildung, insb. beim Einzelkaufmann (§ 18 HGB a.F.) und den Personenhandelsgesellschaften (§ 19 HGB a.F.), sind im deutschen Firmenrecht durch die Handelsrechtsreform aufgegeben worden, so dass diesbezüglich kein Konflikt mehr mit dem einschlägigen ausländischen Firmenrecht droht. Die Kriterien des § 18 Abs. 1 HGB n.F. (**Kennzeichnungseignung und Unterscheidungskraft**) können aber die Anforderungen an die ausländische Firma nach ihrem Heimatrecht nicht überlagern, weil dies eine unzulässige Einschränkung der Freizügigkeit darstellen würde.

226 Aufgrund der jetzt auch im deutschen Firmenrecht liberaleren Neufassung des § 18 Abs. 2 HGB zur **Irreführungsgefahr** wird dessen Berücksichtigung auch im Lichte der neuen EuGH-Rspr. für unproblematisch gehalten.[652] Eine Argumentation in der Lit., dass der **Grundsatz der Firmenwahrheit** heute

---

642 Baumbach/Hopt/Hopt, HGB, § 17 Rn. 48; Koller/Roth/Morck/Roth, HGB, § 17 Rn. 27; OLG Stuttgart, RIW 1991, 955; MünchKomm-BGB/Kreuzer, nach Art. 38 EGBGB Anhang II Rn. 39, 49; scheinbar a.A.: an Personalstatut/Gesellschaftsstatut anknüpfend Röhricht/v. Westphalen/Ammon, HGB, § 17 Rn. 52, letztlich aber mit gleichem Ergebnis.
643 BGH, NJW 1995, 2985, 2986; vgl. auch EuGH, NJW 1994, 375 f.
644 Vgl. BGH, NJW 1971, 1522, 1523 = LM UWG § 16 Nr. 66; allg. zum Fremdenrecht MünchKomm-BGB/Sonnenberger, Einl. IPR Rn. 341 ff.
645 Röhricht/v. Westphalen/Ammon, HGB, § 17 Rn. 52.
646 Baumbach/Hopt/Hopt, HGB, § 17 Rn. 49; LG Gießen, GmbHR 1990, 352; Koller/Roth/Morck/Roth, HGB, § 17 Rn. 26.
647 Weller, DStR 2003, 1800.
648 Baumbach/Hopt/Hopt, HGB, § 17 Rn. 49; OLG Stuttgart, WRP 1991, 526; OLG Hamm, WRP 1992, 355.
649 LG Hagen, NJW 1973, 2162.
650 Kögel, Rpfleger 2004, 325, 329 mit Verweis auf LG Braunschweig, Beschl. v. 17.7.2003 – 22 T 391/03, n.v.
651 So auch Ebenroth/Boujong/Joost/Zimmer, HGB, Anh. § 17 Rn. 10.
652 Koller/Roth/Morck/Roth, HGB, § 17 Rn. 26.

zumindest ansatzweise in allen EU-Staaten[653] existiert und damit europäischem Standard entspricht, führt nur praktisch dazu, dass auch Firmen aus dem europäischen Ausland ihn in gewissen Grenzen beachten müssen. Nur Firmen aus nichteuropäischen Ländern gegenüber kann dieser Grundsatz deshalb als „wesentlich" i.S.d. Art. 6 EGBGB einzuordnen sein[654] und damit eine Überlagerung durch das deutsche Recht begründen. Genau genommen muss also zunächst allgemein die Zulässigkeit einer ausländischen Firma nach dem einschlägigen ausländischen Recht geprüft werden. Danach muss je nach Mutterland gesondert überprüft werden, ob die Firma irreführend beim Gebrauch in Deutschland ist. Zu bedenken ist allerdings auch, dass der Gebrauch der ausländischen Firma deutschem **Wettbewerbsrecht** unterliegt.[655] Daher kann ein Unternehmen wegen einer über geschäftliche Verhältnisse täuschenden Firma gemäß § 3 UWG a.F. (jetzt[656] § 5 UWG) in Deutschland auf Unterlassung in Anspruch genommen werden. Das deutsche Registergericht kann aber nicht nach § 37 Abs. 1 HGB vorgehen, wenn die ausländische Firma nach dem auf sie anwendbaren Firmenrecht zulässig ist.

Die konkrete **Unterscheidbarkeit nach § 30 HGB** muss wegen der Anknüpfung an das Recht des Gebrauchsortes auch von europäischen ausländischen Firmen beachtet werden. Jedenfalls steht einer deutschen prioritätsälteren Firma gegen eine verwechslungsfähige, prioritätsjüngere Firma aus **§ 5 MarkenG** ein Unterlassungs- und Schadensersatzanspruch zu, auch wenn diese aus dem europäischen Ausland kommt.[657]

Teilweise geht die Lit.[658] davon aus, dass auch eine ausländische Gesellschaft einen **Rechtsformzusatz** i.S.d. **§ 19 Abs. 1 HGB** führen muss. Dies kann sich naturgemäß nur auf den entsprechenden ausländischen Rechtsformzusatz beziehen, da die Verwendung eines deutschen Zusatzes bei der ausländischen Gesellschaft unrichtig wäre.[659] Die Marktteilnehmer können die gängigen ausländischen Rechtsformzusätze von den deutschen, so insb. die Buchstabenkombination „Ltd." von der Buchstabenkombination „GmbH", durchaus unterscheiden.[660]

Problematisch ist jedoch, wenn der verwendete ausländische Rechtsformzusatz mit einem deutschen nach § 19 Abs. 1 HGB verwechselt werden kann. Dies soll insb. gelten, soweit zwischen dem Firmenstatut und dem inländischen Recht wesentliche Unterschiede, bspw. hinsichtlich einer gesetzlich vorgeschriebenen Kapitalausstattung bestehen.[661] Zur Klarstellung könnte man einen Hinweis auf das Gründungsland (z.B. „GmbH österreichischen Rechts" oder „AG liechtensteinischen Rechts") verlangen. Dies widerspricht aber jedenfalls bei Firmen aus dem europäischen Ausland der Einschätzung nach dem EuGH-Urteil „Inspire Art" für die Zweigniederlassung.[662] Die Verwendung der ausländischen Firma im Inland durch das Unternehmen selbst kann aber nicht sinnvollerweise strenger behandelt werden, als die Verwendung ihrer Firma durch ihre Zweigniederlassung. Dies ist europarechtlich zwar kein Problem der Niederlassungsfreiheit, aber jedenfalls von der Grundfreiheit der Freizügigkeit erfasst. So erscheint es schon fraglich, ob

---

653 Möller, EWS 1993, 24 f.
654 So z.B. Ebenroth/Boujong/Joost/Zimmer, HGB, Anh. § 17 Rn. 11 m.w.N. in Fn. 37.
655 Hirsch/Britain, NZG 2003, 1100, 1102.
656 Grundlegend geändert bei der UWG-Novelle durch Gesetz mit Wirkung v. 8.7.2004 (BGBl. I, S. 1414); dazu im Überblick Köhler, NJW 2004, 2121 ff.
657 Hirsch/Britain, NZG 2003, 1100, 1102.
658 Baumbach/Hopt, HGB, § 17 Rn. 49; Roth, in: Die Reform des Handelsstandes und der Personengesellschaften, S. 31, 64.
659 A.A.: Roth, in: Die Reform des Handelsstandes und der Personengesellschaften, S. 31, 64: „e.K." wenn kein ausländischer Rechtsformzusatz vorhanden; vgl. zur daraus eventuell entstehenden Haftung wegen Verletzung vorvertraglicher Aufklärungspflichten BGH, NJW-RR 2002, 1309 = ZIP 2002, 1771; dazu Pfeiffer, EWiR 2003, 13.
660 Weßling/Romswinkel, GmbHR-Report R 441, 442; a.A. wohl nur für Österreich: Straube/Rathka, GeS 2003, 148, 151.
661 Ebenroth/Boujong/Joost/Zimmer, HGB, Anh. § 17 Rn. 11; LG Hagen, NJW 1973, 2162; dem folgend Staudinger/Großfeld, 1993, IntGesR, Rn. 320.
662 Eidenmüller, Ausländische Kapitalgesellschaften, § 5 Rn. 54; Heckschen, NotBZ 2006, 346, 349.

bei Firmen aus dem europäischen Ausland überhaupt ein zusätzlicher Rechtsformzusatz verlangt werden kann, wenn dies das Recht des ausländischen Staates nicht vorsieht. Jedenfalls kann man über die vollständige Firmierung im Ausland selbst hinaus nicht einen klarstellenden Hinweis auf das Herkunftsland verlangen.

De lege ferenda wird vorgeschlagen,[663] die Rechtsformzusätze allgemein, also auch in § 19 HGB sowie § 4 GmbHG und § 4 AktG mit einer Herkunftslandkennung zu versehen und die Verwendung von für die Verkehrskreise unverständlichen Abkürzungen zu Gunsten der Langversionen einzuschränken. Dadurch könnte zumindest der Vorwurf der Diskriminierung der ausländischen Gesellschaft gegenüber den deutschen Gesellschaften entkräftet werden, nicht aber die aus der 11. Gesellschaftsrechtlichen Richtlinie über Zweigniederlassungen gezogenen Bedenken der EuGH-Rspr. (Inspire Art) gegen zusätzliche Offenlegungspflichten. Auch die Kennzeichnung der **Haftungsbeschränkung nach § 19 Abs. 2 HGB** wird z.T. für unerlässlich gehalten.[664] Bei europäischen Firmen ergeben sich hierfür aber die gleichen Bedenken wie gegen den Herkunftslandhinweis.

228 Verwendet ein ausländisches Unternehmen eine Firma, die nach seinen Herkunftslandbestimmungen oder nach den oben genannten Grundsätzen der Anwendung deutschen Rechts unzulässig ist, kann das deutsche Registergericht nach **§ 37 Abs. 1 HGB gegen den Firmengebrauch** vorgehen.[665]

III. Firma der deutschen Tochter eines ausländischen Rechtsträgers

1. Beteiligungsfähigkeit

229 Eine ausländische juristische Person kann Gründer und Gesellschafter einer inländischen Kapitalgesellschaft sein.[666] **Ausländisch** ist eine Gesellschaft nach herkömmlicher Definition, wenn sie ihren effektiven Verwaltungssitz im Ausland hat.[667] Denn die Rechtsverhältnisse einer juristischen Person bestimmen sich nach ihrem Gesellschaftsstatut, für welches wiederum das Recht am Sitz ihrer Hauptverwaltung für maßgebend gehalten wurde.[668] Im Lichte der dargestellten EuGH-Rspr. muss zumindest für europäische Gesellschaften schon für die Definition als „ausländisch" auf das Gründungsstatut abgestellt werden.

Das Gesellschaftsstatut entscheidet auch darüber, ob die Gesellschaft wirksam errichtet worden ist und ihr Rechtsfähigkeit zukommt.[669] Ist das der Fall (und die Gesellschaft in das Handelsregister eingetragen worden), wird die betreffende ausländische Gesellschaft als juristische Person ohne besonderes Anerkennungsverfahren auch im Inland als rechtsfähig anerkannt,[670] soweit dem nicht ausnahmsweise der ordre public entgegensteht.

230 Ob eine ausländische Gesellschaft sich an einer deutschen Gesellschaftsform beteiligen kann, setzt eine für die betreffende Gesellschaftsform nach deutschem Recht erforderliche **Rechtsfähigkeit** i.S.d. Beteiligungsfähigkeit durch die ausländische Gesellschaft voraus. Dabei hilft oft der strukturelle Vergleich mit den deutschen Gesellschaftsformen. Welches ausländische Gebilde mit einem **inländischen Rechtsinstitut** übereinstimmt, ist **vergleichend zu ermitteln**, wobei die Bezeichnung der ausländischen Gesellschaft

---

663 Wachter, GmbHR 2004, 88, 98.
664 Baumbach/Hopt/Hopt, HGB, § 17 Rn. 49.
665 So auch Röhricht/v. Westphalen/Ammon, HGB, § 17 Rn. 51.
666 Grasmann, System des internationalen Gesellschaftsrechts, Rn. 888; Staudinger/Großfeld, IntGesR, Rn. 289; MünchKomm-BGB/Ebenroth, nach Art. 10 EGBGB Rn. 274 Fn. 932; Bayer, in: Lutter/Hommelhoff, GmbHG, § 12 Rn. 12.
667 BGHZ 25, 134, 144; 53, 181, 183; 78, 318, 334; BGH, NJW 1967, 36, 38; BayObLGZ 1986, 61, 64 = EWiR § 19 1/86, 595 (Bokelmann); OLG Saarbrücken, NJW 1990, 647; Ebenroth/Eyles, DB 1988 Beilage Nr. 2/88, S. 5; MünchKomm-BGB/Ebenroth, nach Art. 10 EGBGB Rn. 179.
668 RGZ 215, 217; BayObLGZ 1986, 61, 64; Staudinger/Großfeld, IntGesR, Rn. 299 m. eingehenden N.
669 Staudinger/Großfeld, 1993, IntGesR, Rn. 251.
670 RGZ 83, 367, 369; 159, 33, 46; BGHZ 78, 318, 334; Wiedemann, Gesellschaftsrecht I, § 14 I 2a: Prinzip der „automatischen Anerkennung"; Ebenroth/Eyles, DB 1988 Beilage Nr. 2/88, S. 3.

die Überprüfung nicht ersetzen kann. Z.T. ergeben sich, hat das ausländische Unternehmen seinen Sitz im EG-Ausland, die vergleichbaren Rechtsformen aus EG-Richtlinien.[671] Bei einer ausländischen Gesellschaft, die nicht juristische Person ist, muss zunächst festgestellt werden, mit welcher Art inländischer Gesellschaft sie (in etwa) vergleichbar ist. Z.B. entspricht die italienische società in nome collettivo (s. n. c.) in etwa der deutschen OHG und die società in accomandita semplice der inländischen KG.[672] Die holländische Commanditaire Vennootschap (CV) weist Strukturen einer inländischen KG auf.

Von der Rechtsfähigkeit ist die **besondere Rechtsfähigkeit** zu unterscheiden. Hierunter versteht man die Qualifikation zum Erwerb bestimmter Rechte und Pflichten, wozu auch die Fähigkeit zum Erwerb von Beteiligungen (Anteilsrechten an anderen Gesellschaften) zählt.[673] Zwar ist nicht stets davon auszugehen, dass eine ausländische Gesellschaft ohne weiteres an einer inländischen beteiligungsfähig ist. Doch wirft die Beteiligung einer ausländischen juristischen Person an einer inländischen Kapitalgesellschaft und Genossenschaft als Gesellschafter oder Gründer insoweit keine Probleme auf. Sie kann wie eine inländische Gesellschaft am Rechtsverkehr teilnehmen, sich an anderen Kapitalgesellschaften beteiligen und darf nicht diskriminiert werden.[674] Ganz im Gegensatz hierzu ist die besondere Rechtsfähigkeit in Bezug auf die Komplementärfähigkeit an einer inländischen KG umstritten. 231

2. Firmenbildung nach deutschem Recht

Aus der Maßgeblichkeit des **Personal- bzw. Gesellschaftsstatuts** folgt, dass unabhängig von dem erläuterten Streit zur Gründungs- und Sitztheorie (vgl. Rn. 218 ff.) aufgrund der rechtlichen Selbständigkeit einer Tochtergesellschaft für eine im Inland gegründete Tochtergesellschaft die **inländischen Vorschriften** für die Firmenbildung heranzuziehen sind.[675] Denn bei der Tochter einer ausländischen Gesellschaft liegen sowohl der Verwaltungssitz als auch der Gründungsort im Inland. §§ 17 ff. HGB sowie § 4 GmbHG, § 4 AktG und § 3 GenG gelten je nach konkreter Rechtsform der inländischen Tochter als unmittelbar berufenes Recht.[676] Insb. muss die inländische Tochter-Kapitalgesellschaft z.B. zwingend den Zusatz „mit beschränkter Haftung" bzw. „AG" bzw. eine entsprechende allgemeinverständliche Abkürzung[677] in der Firma führen. 232

Ein auf die **Gesellschaftsform hinweisender Zusatz in der ausländischen Firma** darf grds. nicht übernommen werden, weil im Zusammenhang mit dem zwingenden inländischen Rechtsformzusatz Missverständnisse und Unklarheiten unvermeidbar wären.[678] Dies beinhaltet genauso wie bei einer deutschen Namengeberin einen Verstoß gegen das hier anwendbare inländische Täuschungsverbot des § 18 Abs. 2 HGB (vgl. zur gleichen Problematik auch bei inländischen Muttergesellschaften Rn. 173 ff. und zur „ausländischen Kapitalgesellschaft und Co. KG" bereits Rn. 236 ff.). 233

Gibt eine **ausländische Kapitalgesellschaft einer inländischen Tochtergesellschaft ihren Namen**, so ist die ausländische Firma grds. so zu übernehmen, wie sie im Ausland nach ausländischem Recht in zulässiger Weise geführt wird.[679] Die Firma einer ausländischen juristischen Person beurteilt sich nach 234

---

671 Vgl. für die GmbH Bayer, in: Lutter/Hommelhoff, GmbHG, § 12 Rn. 11 m. Lit.-N.
672 Näher Kindler, Einführung in das italienische Recht, 1993, S. 129 f.
673 Grasmann, System des internationalen Gesellschaftsrechts, Rn. 886 f.; Wiedemann, Gesellschaftsrecht I, § 14 IV 1a; MünchKomm-BGB/Ebenroth, nach Art. 10 EGBGB Rn. 268, 270; Staudinger/Großfeld, 1993, IntGesR, Rn. 282 ff.
674 EuGH, NJW 1987, 571; Bayer, in: Lutter/Hommelhoff, GmbHG, § 12 Rn. 12; MünchKomm-BGB/Ebenroth, nach Art. 10 EGBGB Rn. 274 Fn. 932.
675 Ebenroth/Boujong/Joost/Zimmer, HGB, Anh. § 17 Rn. 5; LG Gießen, GmbHR 1990, 352; Kögel, Rpfleger 2004, 325, 329.
676 Vgl. für die GmbH Bokelmann, GmbHR 1994, 358.
677 Vgl. Wessel/Zwernemann/Kögel, Firmengründung, Rn. 238; zu der zulässigen Abkürzung „AG" Gabbert, DB 1992, 198.
678 Vgl. RGZ 104, 341, 342 für den Fall einer deutschen KG.
679 Staub/Hüffer, HGB, § 19 Rn. 82, 83; Heymann/Emmerich, HGB, § 19 Rn. 31; Hachenburg/Heinrich, GmbHG, § 4 Rn. 128; Bokelmann, Firmenrecht, Rn. 364.

ihrem Gesellschaftsstatut, bei Anknüpfung an die Sitztheorie nach dem Recht des Sitzes der Hauptverwaltung,[680] bei Anknüpfung an das Gründungsrecht regelmäßig nach dem gleichen ausländischen Recht des Gründungsstaates. Da die ausländische Firma im Inland dadurch geführt wird, dass sie einer inländischen Gesellschaft ihren Namen gibt, darf sie aber nicht gegen den ordre public (Art. 6 EGBGB) verstoßen, und wie auch die im Geschäftsverkehr direkt verwendete ausländische Firma nicht den Grundsatz der Firmenwahrheit und Firmenklarheit verletzen.[681] Für Gesellschaften aus dem EU-Ausland gelten hier aber wieder die engeren Grenzen der firmenrechtlichen Einschränkungen, da die Beteiligung an einer deutschen Tochter unter Verwendung der Firma der ausländischen Mutter auch unter die europarechtlich garantierte Ausübung der Niederlassungsfreiheit fällt.[682]

235   Die **Bewertungsmaßstäbe** können auch zwischen einer unmittelbaren Verwendung der ausländischen Firma im Geschäftsverkehr und der Verwendung der Firma in der Firma einer Tochter differieren. Die Namensgebung durch die ausländische Gesellschaft verstößt – wie bei inländischer Namensgeberin – etwa dann gegen das **Wahrheitsgebot**, wenn sie z.B. Sachbestandteile enthält, die auf die Namensempfängerin nicht zutreffen. Da nach inländischem Recht zu beurteilen ist, wie die Firma der inländischen KG beschaffen sein muss, ist insoweit § 18 Abs. 2 HGB anwendbar, so dass die Firma nicht zu einer Täuschung führen darf. Nach früher richtiger, aber auch jetzt noch – zu Unrecht – vertretener Ansicht bleibt dann in der Tat nur, dass das ausländische Unternehmen entweder im Ausland umfirmiert oder „als namensgebende Gesellschaft eine den Vorschriften des deutschen Firmenrechts entsprechende Tochter gründet".[683] Doch wird die vorgeschlagene „Lösung" dem ausländischen Unternehmen nicht viel helfen. Denn es wird oft seine Firma im Hinblick auf deren Wert und Bekanntheitsgrad nicht im Ausland ändern, aber dennoch bei der Firmenbildung der Tochter verwenden wollen. Will das Unternehmen als namengebende Gesellschaft im Inland eine Tochtergesellschaft gründen, wurde die **Verwendung einer angepassten ausländischen Firma** im Hinblick auf den in Deutschland befolgten **Grundsatz der Firmenidentität** nur selten für möglich gehalten. So soll etwa „international" oder ein Sachbestandteil in der Firma der Namengeberin nicht einfach gestrichen (fortgelassen) werden können.

Nach der **hier vertretenen Ansicht** löst sich dieses Problem schon nach deutschem Firmenrecht, da die Verwendung auch einer verkürzten Firma oder nur eines Firmenbestandteils eines Gesellschafters zur Bildung der Personenfirma der Tochtergesellschaft zulässig ist. Dies gilt dann gleichermaßen sowohl für einen deutschen wie europäischen als auch für einen nicht EU-ausländischen Gesellschafter. Man kann hier zusätzlich die Frage stellen, inwieweit die Normen des EG-Vertrags eine Lockerung deutscher Rechtsanwendung (konkret: Grundsatz der Firmenidentität) auch in diesem Fall jedenfalls für Firmen aus dem EU-Ausland gebieten, um die nach dem EG-Vertrag garantierte Niederlassungsfreiheit nicht zu unterlaufen.[684]

3.   „Ausländische Kapitalgesellschaft & Co. KG"
a)   Gesellschaftsrechtliche Zulässigkeit

236   Ob diese Typenverbindung rechtlich zulässig ist, wird immer noch unterschiedlich beantwortet. Großfeld etwa lehnt die Beteiligung einer ausländischen Kapitalgesellschaft als Komplementärin einer inländischen KG überhaupt ab („Normenmix"). Auch Ebenroth und andere wenden sich gegen eine solche Typenvermischung und sehen es als entscheidend an, dass hier zusätzlich das „Problem einer Statutenver-

---

680   BGH, NJW 1971, 1522; BayObLGZ 1986, 61 = NJW 1986, 3029; Staudinger/Großfeld, 1993, IntGesR, Rn. 299.
681   BayObLGZ 1986, 61, 64 = NJW 1986, 3029; Staudinger/Großfeld, 1993, IntGesR, Rn. 300.
682   Kögel, Rpfleger 2004, 325, 329; Zimmer, NJW 2003, 3585.
683   So Staub/Hüffer, HGB, § 19 Rn. 84.
684   So auch schon Bokelmann, DB 1990, 1021 m. eingehenden N.

mischung" durch die teilweise Geltung ausländischen Rechts eintritt.[685] Die überwiegende Meinung sieht das anders,[686] was sich auch zumindest für den EG-Bereich nicht leugnen lässt. Der EuGH hat wiederholt auf die Art. 52 und 58 EG-Vertrag als unmittelbar geltendes Recht hingewiesen, wonach Gesellschaften das Recht haben, ihre Tätigkeit in einem anderen Mitgliedstaat durch eine Agentur, Zweigniederlassung oder Tochtergesellschaft auszuüben.[687] Eine Differenzierung zu dem Fall nichteuropäischer Gesellschaften erscheint diesbezüglich nicht tragfähig.

Soweit teilweise **im Ausland die Beteiligung** einer juristischen Person als Komplementär einer KG oder Vollhafter einer OHG **unzulässig** ist (Art. 552 Abs. 1, 594 Abs. 2 Schweizerisches Obligationenrecht-OR), muss überlegt werden, ob unter diesen Umständen die Durchsetzung deutscher Gläubigerrechte gegen eine **Schweizer Komplementärin** überhaupt möglich ist. Denn die Zulässigkeit einer Beteiligung ist nicht nur nach dem Gesellschaftsstatut der Gesellschaft zu beurteilen, an der die Beteiligung stattfinden soll,[688] sondern auch an dem Statut der Gesellschaft, die sich beteiligen will, zu messen.[689] Es ist aber in Fällen dieser Art nicht so, dass die Missbilligung durch das fremde Recht generell zur Beteiligungsunfähigkeit führt.[690] Vielmehr muss konkret geprüft werden, ob hier das fremde Recht die Durchsetzung deutscher Gläubigerrechte tatsächlich verbietet.[691] Da die Schweiz bereits bestehende Kollektivgesellschaften und KG bestehen ließ, als das Gesetz die Verbote in den Art. 552 und 594 OR aussprach und auch eine Anpassung an das neue Recht nicht vorschrieb, kann der Schweizer ordre public einer Durchsetzung inländischer Gläubigerrechte nicht entgegenstehen. Letztlich lässt das Schweizer Recht die Beteiligung an der Schweizer Personengesellschaft nicht zu, nicht weil es damit die Rechtsfähigkeit der Schweizer GmbH einschränken will, sondern weil dies dem Wesen der Schweizer Personengesellschaft widerspricht. Gegen die Beteiligung einer Schweizer GmbH an einer deutschen Personenhandelsgesellschaft (hier insb. einer KG) ist also im Ergebnis nichts einzuwenden. 237

Schwierigkeiten tauchen auf, wenn das **Heimatrecht der Ausländerin kein Handelsregister** kennt. Denn die GmbH & Co. KG wird im Inland im Handelsregister A eingetragen, aus dem sich zwar die (ausländische) Komplementärin, nicht aber deren gesetzliche Vertreter ergeben. Ist die Komplementärin eine inländische GmbH, können dem Handelsregister Abteilung B die Geschäftsführer namentlich entnommen werden. Diese Möglichkeit besteht aber nicht, wenn im Ausland kein Handelsregister geführt wird. Abhilfe lässt sich so bewerkstelligen, dass ausnahmsweise in Abteilung A bei der ausländischen 238

---

685 Staudinger/Großfeld, 1993, IntGesR, Rn. 485 ff.; ders. IPRax 1986, 351 ff.; ders., AG 1987, 261, 263; Großfeld/Strotmann, IPRax 1990, 298; MünchKomm-BGB/Ebenroth, nach Art. 10 EGBGB Rn. 207, 274; Ebenroth/Eyles, DB 1988, Beilage Nr. 2/88; Ebenroth/Auer, DNotZ 1990, 139, 157 f.; Kaligin, DB 1985, 1449; Ebke ZGR 1987, 245, 267 f.
686 BayObLGZ 1986, 61; 1986, 351; OLG Saarbrücken, NJW 1990, 647; LG Stuttgart, BB 1993, 1541; Grothe, Die „ausländische Kapitalgesellschaft & Co.", S. 211 ff.; Haidinger, Die „ausländische Kapitalgesellschaft & Co. KG", S. 94 ff., 174 ff.; Schmid/Hermesdorf, RIW 1990, 707, 715 ff.; Kronke, RIW 1990, 799, 804; Wessel/Zwernemann/Kögel, Firmengründung, Rn. 255; Binz, Die GmbH & Co., § 4 Rn. 34 ff.; Hesselmann/Tillmann, Handbuch der GmbH & Co., Rn. 146; Baumbach/Hopt/Hopt, HGB, § 105 Rn. 28; Heymann/Emmerich, HGB, § 19 Rn. 31; Staub/Hüffer, HGB, § 19 Rn. 79; Scholz/H. P. Westermann, GmbHG, Einl. Rn. 123; Scholz/Emmerich, GmbHG, § 4 Rn. 32; Bayer, in: Lutter/Hommelhoff, GmbHG, § 12 Rn. 12; Bokelmann, Firmenrecht, Rn. 343 ff.; ders., BB 1972, 1426; ders., DB 1990, 1021 ff.; ders., ZGR 1994, 325, 337; ders., GmbHR 1994, 356, 358; ders., DStR 1991, 945, 950; mit Einschränkungen Schlegelberger/K. Schmidt, HGB, § 105 Rn. 58.
687 EuGH, NJW 1987, 571; vgl. auch Bayer, in: Lutter/Hommelhoff, GmbHG, § 12 Rn. 12; eingehend hierzu m. N. Bokelmann, DB 1990, 1021.
688 Staudinger/Großfeld, IntGesR, Rn. 283: Statut der Zielgesellschaft.
689 Staudinger/Großfeld, IntGesR, Rn. 285: Statut der Erwerbergesellschaft; vgl. auch OLG Saarbrücken, NJW 1990, 647 = EWiR § 105 1/89, 789 (Semler); LG Stuttgart, BB 1993, 1541; MünchKomm-BGB/Ebenroth, nach Art. 10 EGBGB Rn. 270 m. eingehenden N.
690 So wohl aber Staudinger/Großfeld, IntGesR, Rn. 285; auch Staub/Hüffer, HGB, § 19 Rn. 81; zweifelnd auch GK/Nickel, HGB, § 19 Rn. 31; vgl. auch Staub/Ulmer, GmbHG, § 105 Rn. 92.
691 Grothe, Die „ausländische Kapitalgesellschaft & Co.", S. 228 f.; Bokelmann, Firmenrecht, Rn. 360 f.; ders. ZGR 1994, 325, 338; ders., GmbHR 1994, 356, 358.

Komplementärin auch die Vertretungsberechtigten und ihre Vertretungsberechtigung eingetragen werden.[692] Soweit früher überwiegend vertreten wurde, die eintragungsfähigen Tatsachen seien im Gesetz abschließend aufgezählt und eine Erweiterung nicht möglich, ist hieran nicht festzuhalten. Der BGH hat 1992 entschieden, es sei einzutragen, soweit die Sicherheit des Rechtsverkehrs die Eintragung in das Handelsregister unabweisbar mache.[693] Das ist vorliegend zu bejahen.[694] Das BayObLG[695] wendet § 33 Abs. 2 Satz 2 HGB analog an, während Grothe[696] § 13b HGB alter Fassung (entspricht dem heutigen § 13d) und § 44 AktG alter Fassung (Zweigniederlassungen von Gesellschaften mit ausländischem Sitz; anzumelden war danach auch die Zusammensetzung des Vorstands und die Vertretungsbefugnis der Vorstandsmitglieder) als analogiefähige Normen einsetzt. Auf jeden Fall ist die Eintragung nach Sinn und Zweck des Registers geboten. Ist es gerechtfertigt, bei einer ausländischen Komplementärin auch die Vertretungsberechtigten (einschließlich ihrer Vertretungsberechtigung) einzutragen, sollte das immer und nicht nur dann geschehen, wenn das Heimatrecht der Ausländerin ein Handelsregister überhaupt nicht kennt. Denn die präsente, aktuelle Eintragung im inländischen Register ist effizienter als die Anforderung eines Handelsregisterauszuges in einem fremden Land.

b) Firmenrechtliche Fragen

239   Auch hier galt nach § 19 Abs. 5 HGB a.F. wegen des propagierten **Grundsatzes der Firmenidentität**, dass die ausländische Firma in die Firma der KG wörtlich aufgenommen werden musste, und zwar einschließlich des ausländischen Rechtsformzusatzes.[697] Auf diese Begründung kann aber nach dem neuen Firmenrecht nicht mehr abgestellt werden.

240   Da hier ein Fall des § 19 Abs. 2 HGB n.F. vorliegt, gelten aber auch für ausländische Gesellschaften Sonderüberlegungen zur Kennzeichnung der Haftungsbeschränkung. Ebenso wie bei einer deutschen persönlich haftenden Gesellschaft als Namengeberin ist es im Rahmen des § 19 Abs. 2 HGB n.F. – anders als bei der gesetzeskonformen KG – für den Rechtsverkehr von erheblicher Bedeutung, die Rechtsform der persönlich haftenden ausländischen Gesellschaft und damit die **Haftungsverhältnisse bzgl.** der für Abs. 2 relevanten Haftungsbeschränkung **zu erkennen**. So ergibt sich z.B. zusammen mit dem Zusatz, der das Vorhandensein einer Gesellschaft andeutet („& Co. KG"), „US steel corporation & Co. KG". Die Parallele zur „GmbH & Co. KG" ist nicht zu übersehen und damit auch nicht die Haftungslage zumindest in groben Zügen mit dem Anstoß, sich genauer kundig zu machen. Die Eintragung in Spalte 3 über den persönlich haftenden Gesellschafter schafft Klarheit.

Ebenso verhält es sich mit anderen gängigen ausländischen Gesellschaftsbezeichnungen (etwa der „société à responsabilité limitée" oder der „société anonyme" des französischen Rechtskreises).[698] Hinzuzurechnen sind inzwischen auch die englische „Ltd."[699] und die holländische „bv".[700] Z.T. wird die genaue Angabe des ausländischen Rechtsformzusatzes allein nicht genügen, um die Haftungsbeschränkung für

---

692   Näher Bokelmann, ZGR 1994, 325, 337 ff.; ders., DStR 1991, 945, 951.
693   DNotZ 1993, 176, 180.
694   Anders Ebenroth/Auer, DNotZ 1990, 139, 159; Großfeld/Strotmann, IPRax 1990, 298, 300; Großfeld, IPRax 1986, 351, 354 f.
695   BayObLGZ 1986, 61, 72.
696   Grothe, Die „ausländische Kapitalgesellschaft & Co.", S. 260 ff.
697   Vgl. Baumbach/Hopt/Hopt, HGB, § 19 Rn. 27 und § 17 Rn. 50; BayObLGZ 1986, 61, 64 = IPRax 1986, 368.
698   Näher Bayer, in: Lutter/Hommelhoff, GmbHG, § 12 Rn. 11; Hesselmann/Tillmann, Handbuch der GmbH & Co., Rn. 146 Fn. 52; Grothe, Die „ausländische Kapitalgesellschaft & Co.", S. 268 f.; Bokelmann, GmbHR 1987, 177, 179.
699   So z.B. Baumbach/Hopt/Hopt, HGB, § 17 Rn. 50; LG Karlsruhe, Beschl. v. 15.9.2003 – 13 T 10/03 KfH I, n.v.; vgl. schon BayObLGZ 1986, 61; 1986, 351 – Landshuter Druckhaus; ebenso Leible/Hofmann, EuZW 2003, 677; offen noch Kögel, Rpfleger 2004, 325, 329; allgemein zur Firmierung der Ltd. & Co. KG siehe auch Wachter, GmbHR 2006, 82 ff.; a.A.: aber GK/Nickel, HGB, § 19 Rn. 30 für „US corporation" und für „ltd.".
700   Eintrag beim Handelsregister Wolfsburg „M.bau bv & Co KG"; abl. noch Kögel, Rpfleger 2004, 325, 329, da noch weniger bekannt.

die Verkehrskreise verständlich zu kennzeichnen. Zusätzlich werden dann in Klammern weitere Spezifizierungen gefordert. Die Angaben von Satzungssitz, Registrierungsland der namengebenden ausländischen Gesellschaft und die Registrierungsnummer und etwa das haftende Kapital für erforderlich zu halten, erscheint übertrieben und europarechtlich bedenklich.[701] Nach dem HRefG erscheinen Angaben nicht einmal mehr gerechtfertigt, wenn manche Rechtsformbezeichnungen in verschiedenen Ländern mit unterschiedlicher Bedeutung verwendet werden,[702] wie etwa die Jointstock Company in Großbritannien und den USA.[703] Es erscheint überdenkenswert, ob der Zusatz „beschränkt haftende KG" vorzuziehen ist.[704] Jedenfalls ist diese Bezeichnung hier als zusätzlicher Hinweis erlaubt. Besser ist es, den Zusatz „GmbH & Co KG" als selbständigen Rechtsformzusatz für die Haftungsbeschränkung i.S.d. § 19 Abs. 2 HGB n.F. zu verstehen, ohne dass eine (deutsche) GmbH beteiligt sein müsste.[705]

Ist der **ausländische Rechtsformzusatz dem inländischen gleich**, muss nach bisher h.M. in der Firma darauf hingewiesen werden, dass es sich nicht um eine inländische Gesellschaft handelt, weil sich die Kapitalausstattung und die Vermögensstruktur erheblich voneinander unterscheiden können.[706]

Dies überzeugt nach dem neuen Firmenrecht nicht mehr.[707] Es besteht nicht mehr die firmenrechtliche Pflicht, positiv über den namengebenden Gesellschafter zu informieren. Eine Firma „Erwin Müller AG & Co. KG" enthält die von § 19 Abs. 2 HGB n.F. geforderte Kennzeichnung der Haftungsbeschränkung unabhängig davon, ob es sich um eine deutsche, schweizerische oder liechtensteinische AG handelt, solange die Kernaussage über die Haftungsbeschränkung richtig ist. Diese könnte ohne weiteres mit einer Fantasiefirma und dem Zusatz „GmbH & Co. KG" firmieren, ohne dass überhaupt eine (deutsche) GmbH Gesellschafterin oder auch nur Namengeberin wäre. Bei EU-Gesellschaften, wie z.B. bei der liechtensteinischen AG, muss auch noch die europarechtliche Niederlassungsfreiheit[708] beachtet werden. Eine Diskriminierung durch die Verpflichtung, sich als ausländische Gesellschaft zu „outen", ist europarechtswidrig. Nur bei einer ersichtlichen Täuschungseignung über verkehrswesentliche geschäftliche Verhältnisse wäre eine solche Firma ohne „Auslandszusatz" nach § 18 Abs. 2 HGB unzulässig, soweit dadurch zwingende Gründe des Allgemeininteresses berührt werden. Dass allein die Frage, ob es sich bei dem einzigen persönlich haftenden Gesellschafter einer KG um eine schweizerische, liechtensteinische oder eine deutsche AG handelt, als verkehrswesentlich angesehen werden kann, muss trotz unterschiedlicher Strukturen bezweifelt werden. Den angesprochenen Verkehrskreisen müsste seit langem bekannt sein, dass weder bei einer GmbH & Co. KG noch bei einer AG & Co. KG in der Insolvenz von der persönlich haftenden Kapitalgesellschaft, gleichgültig aus welchem Land diese stammt, eine nennenswerte Haftungsmasse zu erwarten ist. Auch kann der durchschnittliche Angehörige des betroffenen Personenkreises regelmäßig nicht die Bonität und Insolvenzfestigkeit der einzelnen ausländischen Gesellschaftsformen einschätzen. Klar muss – auch ohne Auslandszusatz – das werden, was § 19 Abs. 2 HGB allein fordert, dass sich die Haftung aller voll haftenden Gesellschafter nur auf ihr jeweiliges Gesellschaftsvermögen beschränkt.

---

701 MünchKomm-HGB/Heidinger, § 19 Rn. 31; Wachter, GmbHR 2006, 81 ff.
702 Hierzu Grothe, Die „ausländische Kapitalgesellschaft & Co.", S. 269; Staub/Hüffer, HGB, § 19 Rn. 86; Bokelmann, ZGR 1994, 325; siehe aber zur Problematik des deutlichen Rechtsformzusatzes außerhalb der GmbH & Co KG: Wachter, GmbHR 2004, 88, 98, der (wohl de lege ferenda) dafür plädiert, einjeweiliges Länderkürzel beim Rechtsformzusatz zu verlangen, wie z.B. dGmbH oder öGmbH.
703 So aber Bokelmann, GmbHR 1987, 177, 179.
704 So schon der allgemeine Vorschlag des Regierungsentwurfes zur GmbH-Novelle, mit der § 19 Abs. 5 a.F. eingeführt wurde, v. 15.12.1977 (BT-Drucks. 8/1347) und für eine im Inland nicht bekannte Rechtsformbezeichnung der Bericht des Rechtsausschusses BT-Drucks. 8/3908, S. 78.
705 Ebenroth/Boujong/Joost/Zimmer, HGB, § 19 Rn. 18; K. Schmidt, DB 1998, 61, 63; Kögel, BB 1998, 1645, 1646.
706 LG Hagen, NJW 1973, 2162 für eine AG in Vaduz; vgl. auch LG Hagen, NJW 1973, 2162; Staudinger/Großfeld, IntGesR, Rn. 300; Kögel, Rpfleger 1993, 8, 10, sachgerecht sei etwa die Formulierung: „KVA Kapitalanlagevermittlung AG (nach schweizerischem Recht) Zweigniederlassung Bonn".
707 MünchKomm-HGB/Heidinger, § 19 Rn. 31, so auch Heckschen, NotBZ 2006, 346, 349.
708 Baumbach/Hopt/Hopt, HGB, § 17 Rn. 50 und § 18 Rn. 12; siehe insb. EuGH, NZG 2003, 1064 „Inspire Art"; vgl. dazu Kindler, NZG 2003, 1086; Ziemons, ZIP 2003, 1913; Triebel/Hase, BB 2003, 2409.

Eine weitergehende Information über die Struktur oder gar die Solvenz und Bonität oder auch Identität des persönlich haftenden Gesellschafters verlangt das Gesetz gerade nicht mehr.

IV. Firma der deutschen Zweigniederlassung eines ausländischen Rechtsträgers

242 Die **neuere EuGH-Rspr.** hat insb. bei den Zweigniederlassungen von Gesellschaften aus den EG-Mitgliedstaaten Auswirkung. Es war schon bisher streitig, ob die Firma der Zweigniederlassung ausländischer Gesellschaften nach dem Recht am Ort des **Verwaltungssitzes der Zweigniederlassung**[709] oder der **Hauptniederlassung**[710] zu beurteilen ist.[711] Auch letztere Meinung wendet aber inländische, speziell für die Zweigniederlassung geltende Vorschriften (z.B. §§ 13d Abs. 2 und 30 Abs. 3 HGB) als Recht des Gebrauchsortes an.[712] Die Zweigniederlassung eines ausländischen Unternehmens kann zwar eine von der ausländischen Firma völlig abweichende Firma führen, muss allerdings – wie ein deutsches Unternehmen – (nur dann) einen Zweigniederlassungszusatz führen.[713] Dieser Meinungsstreit ist bei inländischen Zweigniederlassungen ausländischer Gesellschaften von Nicht-EU-Staaten weiterhin von Bedeutung. Die diesbezüglich wohl h.M. geht weiterhin von der Anwendbarkeit des inländischen Firmenrechts nach dem Sitz der Zweigniederlassung aus.[714] Die Zulässigkeit der ausländischen Firma der Hauptniederlassung ist allerdings, soweit diese in der Firma der Zweigniederlassung Verwendung findet, zuvor nach dem ausländischen Firmenrecht zu prüfen.[715]

243 Nach „Inspire Art" ist entsprechend der hier vertretenen Ansicht zum Firmenstatut davon auszugehen, dass sich auch die Zulässigkeit der Firma der Zweigniederlassung, zumindest bei **europäischen Auslandsgesellschaften nach dem Gründungsrecht der Hauptniederlassung** richtet.[716] Eine europäische Auslandsgesellschaft mit tatsächlichem Inlandssitz darf und muss im Grundsatz ihre nach ausländischem Recht zulässig gebildete Firma führen.[717] Dies gilt aber auch, wenn sie eine eigene abweichende Firma mit einem entsprechenden Zweigniederlassungszusatz bildet. Abgesehen von der unbegründbaren Beschränkung der Niederlassungsfreiheit durch die gegenteilige Meinung ist es firmenrechtlich auch kaum nachvollziehbar, dass eine deutsche Zweigniederlassung zwar die allein nach ausländischem Recht zu prüfende zulässige Firma der Hauptniederlassung, nicht aber die nach ausländischem Recht zulässige Zweigniederlassungsfirmierung führen dürfte. In beiden Fällen wird der Zusammenhang mit der aus-

---

709 So z.B. Ebenroth/Boujong/Joost/Zimmer, HGB, Anh. § 17 Rn. 6 m.w.N. in Fn. 13; Röhricht/v. Westphalen/Ammon, HGB, § 17 Rn. 50; Staudinger/Großfeld, IntGesR, Rn. 319.

710 Baumbach/Hopt/Hopt, HGB, § 17 Rn. 48; scheinbar aber anders ders. § 13d Rn. 4; Koller/Roth/Morck/Roth, HGB, § 17 Rn. 26; Roth, in: Die Reform des Handelsstandes und der Personengesellschaften, S. 31, 63.

711 OLG Frankfurt, DB 2006, 269 f. = GmbHR 2006, 259 ff., Frage nach anzuwendendem Recht offen gelassen, da die Firma jedenfalls auch nach deutschem Recht (§ 18 HGB) zulässig war.

712 Roth, in: Die Reform des Handelsstandes und der Personengesellschaften, S. 31, 64.

713 Roth, in: Die Reform des Handelsstandes und der Personengesellschaften, S. 31, 64; LG Frankfurt/M., NotBZ 2005, 451 = BB 2005, 1297 mit zust. Anm. Wachter; scheinbar generell für Zweigniederlassungszusatz: Baumbach/Hopt/Hopt, HGB, § 13d Rn. 4.

714 Jüngst wieder LG Limburg, GmbHR 2006, 261 ff. m. insofern zust. Anm. Römermann, die m.E. zu Unrecht § 18 Abs. 2 HGB als deutsches Registerrecht und nicht als materielles Firmenrecht einordnen.

715 BGH, NJW 1971, 1522; MünchKomm-HGB/Krafka, § 13d Rn. 17; a.A.: Keidel/Krafka/Willer, Registerrecht, Rn. 272.

716 Str., a.A.: auch jetzt noch Wachter, NotBZ 2004, 41, 45; Borges, ZIP 2004, 733, 736 mit Verweis auf Leible/Hoffmann, EuZW 2003, 677, 680 und Kindler, NJW 2003, 1073, 1079, die noch vor „Inspire Art" veröffentlicht wurden; wie hier Geyrhalter/Gänßler, NZG 2003, 409, 412; Hirsch/Britain, NZG 2003, 1100, 1102; insofern zu pauschal für alle ausländischen Gesellschaften jeden Verstoß gegen deutsches Firmenrecht abl. Kögel, Rpfleger 2004, 325, 329; Wachter, GmbHR 2003, 1254.

717 Eidenmüller/Rehm, ZGR 2004, 159, 183; MünchKomm-HGB/Krafka, § 13d Rn. 18.

ländischen Gesellschaft zum Ausdruck gebracht.[718] Dadurch entfällt die bisher teilweise für alle Zweigniederlassungsfirmen geforderte zweistufige Prüfung durch das Registergericht zunächst der Firma der Hauptniederlassung nach ausländischem Recht und dann der Bildung der Firma der Zweigniederlassung nach deutschem Recht.[719]

Auch die überwiegende Forderung nach einem **Rechtsformzusatz mit Herkunftslandangabe** muss bei der Firma der Zweigniederlassung einer europäischen ausländischen Gesellschaft neu bewertet werden.[720] Denn der EuGH hat in seiner Entscheidung „Inspire Art" eine Kennzeichnungspflicht der Zweigniederlassung „als formal ausländische Gesellschaft" oder gar als Scheinauslandsgesellschaft für europarechtswidrig erklärt. Der Generalanwalt hatte ein solches Sonderfirmierungsverlangen als unverhältnismäßige Beschränkung der Niederlassungsfreiheit eingeordnet.[721] Der EuGH gelangt mit einer anderen Begründung zum selben Ergebnis. Die 11. Gesellschaftsrechtliche Richtlinie über Zweigniederlassungen[722] enthalte in Art. 2 einen abschließenden Katalog der Offenlegungspflichten, wozu eine Sonderfirmierungspflicht nicht gehöre. Diese sei also unrechtfertigbar unzulässig.[723] Eine Warnfunktion zu Gunsten Dritter, die in geschäftlichen Kontakt mit einer Scheinauslandsgesellschaft treten, kann demnach nur von einer – zulässigen – Pflicht ausgehen, unter ihrem ausländischen Rechtsformzusatz aufzutreten.[724] Fehlt ein solcher ganz, wird vorgeschlagen, dass ein solcher Zusatz i.S.d. § 19 Abs. 1 Nr. 1 HGB anzufügen ist.[725] Immerhin hat der EuGH anerkannt, dass die Lauterkeit des Handelsverkehrs grds. ein zwingendes Allgemeininteresse darstelle,[726] das ggf. Einschränkungen der Niederlassungsfreiheit rechtfertigen könne. Daraus kann aber allenfalls die Notwendigkeit eines differenzierenden Herkunftslandhinweises abgeleitet werden, wenn Verwechslungsgefahr mit einer inländischen Gesellschaftsform besteht (z.B. liechtensteinische AG oder österreichische GmbH in Deutschland, englische Ltd. in Irland).[727] Dies dürfte auch nur dann gelten, wenn zwischen den verwechslungsfähigen Rechtsformen in den verschiedenen Ländern für den Handelsverkehr entscheidende Unterschiede, z.B. bzgl. der Haftung oder Kapitalausstattung bestehen (Gebot der Erforderlichkeit). Ansonsten ist es kaum vorstellbar, dass eine nach dem Recht eines EG-Mitgliedsstaates zulässig gebildete Firma[728] die Lauterkeit des Handelsverkehrs gefährdet. Als Korrektiv bleibt letztlich auch immer noch das deutsche Wettbewerbsrecht, dem sich Zweigniederlassungen ausländischer Unternehmen genauso unterwerfen müssen, wie deutsche Firmen.

244

---

718 Wachter, NotBZ 2004, 41, 45; allg. zum Modell der abstrakten Erkennbarkeit des Auslandsbezuges durch Firmierung: Rinne, Zweigniederlassungen ausländischer Unternehmen im deutschen Kollisions- und Sachrecht, S. 77, 80 ff.

719 MünchKomm-BGB/Kindler, IntGesR, Rn. 153; MünchKomm-HGB/Bokelmann, 1. Aufl. § 13d Rn. 16; gegen Prüfungspflicht bezüglich der Hauptniederlassung nach ausländischem Recht Wachter, NotBZ 2004, 41, 45.

720 So auch MünchKomm-HGB/Krafka, § 13d Rn. 20a; Kögel, Rpfleger 2004, 325, 329: an dieser Linie ist kaum mehr festzuhalten; LG Frankfurt/M., BB 2005, 1297: kein Rechtsformzusatz bei gleicher Firma der Haupt- und Zweigniederlassung einer englischen plc.

721 Schlussanträge v. 30.1.2003, Rs. C-167/01, Tz 107 ff., 145, 148 – Inspire Art = DB 2003, 377 = GmbHR 2003, 302 (LS).

722 11. RL 89/666/EWG v. 21.12.1989, ABl. EG Nr. L 395 S. 36 v. 30.12.1989.

723 Kleinert/Probst, DB 2003, 2217.

724 Weller, DStR 2003, 1800, 1802; EuGH v. 30.9.2003 – Rs. C-167/01, Tz 55 – 58 – Inspire Art; Roth, in: Die Reform des Handelsstandes und der Personengesellschaften, S. 31, 64: so die h.M. bisher schon für die Kapitalgesellschaften und jetzt auch auf Personengesellschaften ausgedehnt.

725 Roth, in: Die Reform des Handelsstandes und der Personengesellschaften, S. 31, 64.

726 NJW 2003, 331, 334 Tz 140 – Inspire Art.

727 Eidenmüller/Rehm, ZGR 2004, 159, 183; § 13d Rn. 19; Wachter, GmbHR 2004, 88, 98 schlägt (de lege ferenda) einen solchen Hinweis für alle, auch die inländischen Rechtsformzusätze vor: z.B. „dGmbH" oder „öGmbH".

728 Vgl. dazu Möller, EWS 1993, 24 f.

V. Übersicht zur Beteiligung ausländischer Gesellschaften

245

	– unselbständige Betriebsstätte – grenzüberschreitender Verkehr	Tochtergesellschaft	Zweigniederlassung
Ausländische Gesellschaften und Einzelunternehmen allgemein	Gesellschaftsstatut: – Zulässigkeit nur nach ausländischem Recht – Erkennbarkeit des Auslandsbezuges	Gesellschaftsstatut: – Zulässigkeit nach deutschem Firmenrecht – Prüfung der ausländischen Firma als Namensgeber nach ausländischem Recht	Gesellschaftsstatut (Verwaltungssitz): – Zulässigkeit nur nach deutschem Firmenrecht, da keine Einschränkungen wegen europäischer Niederlassungsfreiheit und Unanwendbarkeit der Zweigniederlassungsrichtlinie **Gebot der Firmenwahrheit**: – Erkennbarkeit des Auslandsbezuges ggf. durch Herkunftslandangabe
Gesellschaften aus dem EU-Ausland oder den EFTA-Staaten	Gesellschaftsstatut: – Zulässigkeit nur nach ausländischem Recht – grds. keine Einschränkung und weitere Kennzeichnung – wegen Allgemeininteresse an Lauterkeit des Handelsverkehrs bei täuschendem Rechtsformzusatz ggf. differenzierender Länderzusatz Firmenordnungsrecht: – konkrete Unterscheidbarkeit (§ 30 HGB) zu beachten	Gesellschaftsstatut: – deutsches Firmenrecht – Prüfung der ausländischen Firma als Namensgeber nach ausländischem Recht	Gesellschaftsstatut (Gründungsstaat): – Zulässigkeit nur nach ausländischem Recht, egal ob Firma der Hauptniederlassung oder eigene Zweigniederlassungsfirma – für Erkennbarkeit des Auslandsbezuges reicht ausländischer Rechtsformzusatz **Zweigniederlassungsrichtlinie**: – zusätzliche Kenntlichmachung darf nicht verlangt werden **Schutz der Lauterkeit des Handelsverkehrs**: – bei täuschendem Rechtsformzusatz differenzierender Länderzusatz
EU- ausländischer Einzelunternehmer	Personalstatut: – Zulässigkeit nur nach ausländischem Recht – sonst wie EU-ausländische Gesellschaft	wie EU-ausländische Gesellschaft	Personalstatut: wie EU-ausländische Gesellschaft **Zweigniederlassungsrichtlinie**: Zusätzliche Kennzeichnung des Auslandsbezuges darf nicht verlangt werden

4. Kapitel: Prokura und Handlungsvollmacht

Inhaltsverzeichnis

		Rn.
A.	Allgemeines	1
B.	Prokura	3
I.	Allgemeines	3
II.	Erteilung der Prokura	4
	1. Prokurafähigkeit	4
	2. Person des Prokuristen	8
	3. Erteilungserklärung	11
	4. Form der Prokuraerteilung	14
III.	Umfang der Prokura	15
	1. Umfassende Vollmacht des Prokuristen	15
	a) Von der Prokura gedeckte Geschäfte und Rechtshandlungen	16
	b) Von der Prokura nicht gedeckte Geschäfte und Rechtshandlungen	17
	2. Ausnahmen für Grundstücksgeschäfte	18
	a) Gesetzliche Beschränkung	18
	b) Ermächtigung zur Veräußerung und Belastung von Grundstücken	21
	3. Beschränkung der Prokura	22
	4. Erweiterung der Prokura	24
IV.	Besondere Formen der Prokuren	25
	1. Gesamtprokura	25
	a) Echte Gesamtprokura	25
	b) Unechte Gesamtprokura	28
	2. Niederlassungsprokura	33
V.	Zeichnung des Prokuristen im Geschäftsverkehr	35
VI.	Erlöschen der Prokura	36
	1. Widerruf der Prokura	36
	2. Tod des Prokuristen oder des Inhabers des Handelsgeschäfts	38
	3. Sonstige Erlöschensgründe	39
	4. Rechtsfolge des Erlöschens	40
VII.	Handelsregisteranmeldungen	41
	1. Verpflichtung zur Handelsregisteranmeldung	41
	a) Erteilung der Prokura	41
	b) Erlöschen der Prokura	44
	2. Muster: Erteilung einer Einzelprokura	46
	3. Muster: Erteilung einer Gesamtprokura	47
	4. Muster: Erteilung einer unechten Gesamtprokura zur gemeinsamen Vertretung mit einem Geschäftsführer	48
	5. Muster: Erteilung einer Niederlassungsprokura	49
	6. Muster: Erweiterung der Prokura um Grundstücksklausel	50
	7. Muster: Änderung einer Gesamtprokura in eine Einzelprokura	51
	8. Muster: Erlöschen der Prokura	52
C.	Handlungsvollmacht	53
I.	Allgemeines	53
II.	Erteilung der Handlungsvollmacht	54
	1. Vollmachtgeber	54
	2. Person des Bevollmächtigten	55
	3. Erteilungserklärung	56
III.	Umfang der Handlungsvollmacht	58
	1. Arten der Handlungsvollmacht	58
	a) Generalhandlungsvollmacht	59
	b) Arthandlungsvollmacht	60
	c) Spezialhandlungsvollmacht	61
	d) Gesamthandlungsvollmacht	62
	e) Niederlassungshandlungsvollmacht	63
	2. Branchenübliche Geschäfte	64
	3. Beschränkungen der Handlungsvollmacht	66
	a) Gesetzliche Beschränkungen	66
	b) Besondere Ermächtigung	68
	c) Gutglaubensschutz hinsichtlich sonstiger Beschränkungen	69
IV.	Abschlussvertreter	72
V.	Zeichnung des Handlungsbevollmächtigten	76
VI.	Unübertragbarkeit der Handlungsvollmacht	77
VII.	Erlöschen der Handlungsvollmacht	80
VIII.	Muster: Handlungsvollmacht	82
D.	Vertretungsmacht von Ladenangestellten	83
E.	Checkliste: Prokura/Handlungsvollmacht/Vertretungsvollmacht	87

Kommentare und Gesamtdarstellungen:

Altmeppen, Disponibilität des Rechtsscheins, 1993; *Baumbach/Hopt*, Kommentar zum Handelsgesetzbuch, 32. Aufl. 2006; *Brox*, Handels- und Wertpapierrecht, 18. Aufl. 2005; *Bülow*, Handelsrecht, 5. Aufl. 2005; *Canaris*, Handelsrecht, 23. Aufl. 2000; *Canaris/Schilling/Ulmer*, Handelsgesetzbuch Großkommentar, Bd. 1, 4. Aufl. 1995; *Ebenroth/Boujong/Joost*, Handelsgesetzbuch, 2001; *Ensthaler*, Gemeinschaftskommentar zum Handelsgesetzbuch, 7. Aufl. 2005; *Frey*, Rechtsnachfolge in Vollmachtnehmer- und Vollmachtgeberstellungen, 1997; *Heidelberger Kommentar zum Handelsgesetzbuch*, 6. Aufl. 2002; *Heymann*, Handelsgesetzbuch, Bd. 1, 2. Aufl. 1995; *Hofmann*, Handelsrecht, 11. Aufl. 2002; *ders.*, Der Prokurist, 7. Aufl. 1996; *Hübner*, Handelsrecht, 5. Aufl. 2004; *Jung*, Handelsrecht, 3. Aufl.

2005; **Koller/Roth/Morck**, HGB, 5. Aufl. 2005; **Münchener Kommentar zum Handelsgesetzbuch**, Bd. 1, 2. Aufl. 2005; **Oetker**, Handelsrecht, 4. Aufl. 2004; **Reinert**, Unechte Gesamtvertretung und unechte Gesamtprokura im Recht der Aktiengesellschaft, 1990; **Röhricht/Graf v. Westphalen**, HGB, 2. Aufl. 2002; **K. Schmidt**, Handelsrecht, 5. Aufl. 1999; **Spitzbarth/Preuss**, Vollmachten in Unternehmen, 4. Aufl. 2000; **Stüsser**, Die Anfechtung der Vollmacht nach Bürgerlichem Recht und Handelsrecht, 1986; **Tietz**, Vertretungsmacht und Vertretungsbefugnis im Recht der BGB-Vollmacht und der Prokura, 1990; **Wörlen**, Handelsrecht mit Gesellschaftsrecht, 7. Aufl. 2005.

Aufsätze und Rechtsprechungsübersichten:

Bärwaldt, Mitwirkung des Prokuristen bei der Handelsregistereintragung der ihm erteilten Prokura, NJW 1997, 1404; ***Bärwaldt/Hadding***, Die Bindung des Prokuristen an die Mitwirkung des Prinzipals, NJW 1998, 1103; ***Beuthien***, Die Miterbenprokura, FS für Fischer, 1979, 1; ***ders.***, Gemischte Gesamtvertretung und unechte Gesamtprokura im deutschen Gesellschaftsrecht, FS für Kim, 1995, 127; ***Beuthien/Müller***, Gemischte Gesamtvertretung und unechte Gesamtprokura, DM 1995, 461; ***Bohnstedt***; Prokura, Handlungsvollmacht und Generalvollmacht, MittRhNotK 1974, 579; ***Bork***, Notiz zur Dogmatik des § 54 HGB, JA 1990, 249; ***Brox***, Erteilung, Widerruf und Niederlegung von Prokura und Handlungsvollmacht im neuen Aktienrecht, NJW 1967, 801; ***Drexl/Mentzel***, Handelsrechtliche Besonderheiten der Stellvertretung, Jura 2002, 289; ***Groß***, Die registermäßige Behandlung der Filialprokura, Rpfleger 1977, 153; ***Honsell***, Die Besonderheiten der handelsrechtlichen Stellvertretung, JA 1984, 17; ***Hopt***, Die Auswirkungen des Todes des Vollmachtgebers auf die Vollmacht und das zugrunde liegende Rechtsverhältnis, ZHR 133 (1970), 305; ***Joost***, Die Vertretungsmacht des Prokuristen für Anmeldungen zum Handelsregister, ZIP 1992, 463; ***Köhl***, Der Prokurist in der unechten Gesamtvertretung, NZG 2005, 197; ***Köhler***, Fortbestand betriebsinterner Vollmachten bei Betriebsübergang?, BB 1979, 912; ***Krafka***, Gestaltungsformen der Gesamtprokura, Zehn Jahre Deutsches Notarinstitut 2003, 223; ***Krebs***, Ungeschriebene Prinzipien der handelsrechtlichen Stellvertretung als Schranken der Rechtsfortbildung – für Gesamtvertretungsmacht und Generalvollmacht, ZHR 159 (1995), 635; ***Lindacher***, Zur Vertretungsmachtbegrenzung durch formularmäßige Schriftform- und Bestätigungsvorbehaltsklauseln, JR 1982, 1; ***Merz***, Vertretungsmacht und ihre Beschränkungen im Recht der juristischen Personen, der kaufmännischen und allgemeinen Vertretung, FS für H. Westermann, 1974, S. 399; ***Roquette***, Rechtsfragen zur unechten Gesamtvertretung im Rahmen der gesetzlichen Vertretung von Kapitalgesellschaften, FS Oppenhoff, 1985, S. 335; ***K. Schmidt***, Die Prokura in Liquidation und Konkurs der Handelsgesellschaften, BB 1989, 229; ***Stötter***, Die personelle Beschränkung der Prokura, BB 1975, 767; ***Viehöfer-Eser***, Probleme der Vertretungsbefugnis bei der sog. Unechten Gesamtprokura, BB 1984, 1326; ***Walchshöfer***, Die Erteilung der Prokura und ihre Eintragung in das Handelsregister, Rpfleger 1975, 381; ***Weimar***, Aufnahme von Krediten durch Vertreter nach dem HGB, MDR 1980, 993; ***Graf v. Westphalen***, Die Handlungsvollmacht – Erteilung, Umfang, Mißbrauch und Erlöschen, DStR 1993, 1562; ***Winter***, Handlungsvollmacht und patentgerichtliches Beschwerdeverfahren, GRUR 1978, 233; ***Ziegler***, Prokura mit einem gesamtvertretungsberechtigten Geschäftsführer, Rpfleger 1984, 5.

A. Allgemeines

1 Im modernen arbeitsteiligen Handelsverkehr bildet die **Stellvertretung des Geschäftsinhabers** die Regel. Ihr kommt daher im Gegensatz zum allgemeinen Zivilrechtsverkehr eine weitaus größere Bedeutung zu. Die **Vorschriften der §§ 164 ff. BGB** werden den besonderen Bedürfnissen des Handelsverkehrs nach rascher Abwicklung und Rechtsklarheit nicht in jedem Fall gerecht. So wirkt die Stellvertretung gemäß § 164 Abs. 1 BGB für und gegen den Vertretenen nur, wenn der Vertreter die ihm konkret erteilte **Vollmacht nicht überschreitet**. Anderenfalls ist der Vertretene – abgesehen von der Möglichkeit der Genehmigung nach § 177 Abs. 1 BGB – an das Rechtsgeschäft nicht gebunden. Mit Ausnahme der §§ 170 – 173 BGB sowie der Duldungs- und Anscheinsvollmacht schützt das allgemeine Zivilrecht auch nicht den **guten Glauben an die Vertretungsmacht**.

2 Die handelsrechtlichen Besonderheiten, insb. das Interesse an Schnelligkeit und Leichtigkeit des Handelsverkehrs sowie der Verkehrsschutz, rechtfertigen **besondere Vertretungsformen**, die den kaufmännischen Verkehr erleichtern.[1] Mit der **Prokura** (§ 48 HGB), der **Handlungsvollmacht** (§ 54 HGB) und der **Vertretungsmacht von Ladenangestellten** (§ 56 HGB) kennt das Handelsrecht drei typisierte Vertretungsarten. Deren gesetzlich beschriebener Umfang hat zur Folge, dass sich der Vertragspartner grds. auf die Vertretungsmacht des Handelnden verlassen kann. So ist der Prokurist gemäß § 49 Abs. 1 HGB zu allen Rechtshandlungen ermächtigt, die der Betrieb eines Handelsgewerbes mit sich bringt. Ausgenommen hiervon sind lediglich Grundstücksgeschäfte, die einer besonderen Ermächtigung nach § 49 Abs. 2 HGB

---

1 MünchKomm-HGB/Krebs, vor § 48 Rn. 1.

bedürfen. **Beschränkungen des Umfangs der Prokura** sind Dritten gegenüber gemäß § 50 Abs. 1 HGB **unwirksam**. Die Handlungsvollmacht erstreckt sich gemäß § 54 Abs. 1 HGB auf alle branchenüblichen Geschäfte. Beschränkungen der Handlungsvollmacht braucht ein Dritter nach § 54 Abs. 3 HGB nur dann gegen sich gelten lassen, wenn er sie kannte oder kennen musste. Aufwendige Überprüfungen des Umfangs der Vertretungsmacht erübrigen sich durch die gesetzliche Festlegung weitgehend. Hinsichtlich des Ladenangestellten gilt dies gemäß § 56 HGB sogar für die Existenz der Vertretungsmacht selbst.

> **Hinweis:**
> Soweit die handelsrechtlichen Vorschriften von den §§ 164 ff. BGB abweichen, gehen sie diesen vor. Im Übrigen sind die Vertretungsregelungen des BGB Lücken füllend anwendbar (Art. 2 Abs. 1 EGHGB).

B. Prokura

I. Allgemeines

Die Prokura ist eine rechtsgeschäftliche, handelsrechtliche Vollmacht.[2] Der Prokurist ist demzufolge **nicht gesetzlicher Vertreter, sondern Bevollmächtigter** des Kaufmanns. Der Umfang der Prokura ist gesetzlich umschrieben (§ 49 HGB) und rechtsgeschäftlich – vorbehaltlich § 50 Abs. 3 HGB (Niederlassungsprokura) – weitestgehend nicht einschränkbar (§ 50 Abs. 1 HGB). Ihre Erteilung richtet sich grds. nach den **Vollmachtsregeln der §§ 167 ff. BGB**. Mit Rücksicht auf ihre handelsrechtliche Natur kann die Prokura gemäß § 48 Abs. 1 HGB nur der Kaufmann oder sein gesetzlicher Vertreter erteilen und zwar ausschließlich mittels ausdrücklicher Erklärung. Ihre Erteilung ist in das **Handelsregister einzutragen** (§ 53 HGB). Der Handelsregistereintragung kommt jedoch nur eine deklaratorische Wirkung zu.

3

Die Prokura kann als **Einzelprokura** oder als **Gesamtprokura** erteilt werden. Sie ist gemäß § 52 Abs. 2 HGB nicht übertragbar. Dies trägt dem besonderen Vertrauen des Kaufmanns Rechnung, dass in der Erteilung der Prokura zum Ausdruck kommt.[3]

II. Erteilung der Prokura

1. Prokurafähigkeit

Die Prokura kann nur durch **Kaufleute** (vgl. hierzu 1. Teil: Handelsrecht, 1. Kapitel Rn. 6 ff.) erteilt werden. Hierzu zählen der Istkaufmann (§ 1 HGB) als Inhaber des Handelsgeschäfts,[4] der im Handelsregister eingetragene Kleingewerbetreibende (§ 2 HGB), der im Handelsregister eingetragene Land- und Forstwirt, dessen Unternehmen nach Art und Umfang einen in kaufmännischer Weise eingerichteten Geschäftsbetrieb erfordert (§ 3 Abs. 2 HGB) sowie der Kaufmann kraft Eintragung (§ 5 HGB). Darüber hinaus können **Handelsgesellschaften** (§ 6 Abs. 1 HGB), also alle Gesellschaften, die im Handelsregister eingetragen worden sind (OHG, KG, GmbH, AG, KGaA, EWIV), Prokuristen bestellen. Gleiches gilt für die eingetragene Genossenschaft gemäß § 42 GenG, eine Erbengemeinschaft, die das Handelsgewerbe des Erblassers fortführt,[5] und in Liquidation befindliche Kapitalgesellschaften (AktG,[6] GmbH[7]). Ebenso sind Testamentsvollstrecker (§ 2197 BGB), Nachlassverwalter (§ 1975 BGB) und Nachlasspfleger

4

---

2 MünchKomm-HGB/Krebs, § 48 Rn. 1; Röhricht/v. Westphalen/Wagner, HGB, § 48 Rn. 1.
3 Röhricht/v. Westphalen/Wagner, HGB, § 52 Rn. 2.
4 Dies gilt auch für kaufmännische Unternehmen von Gebietskörperschaften; vgl. Baumbach/Hopt/Hopt, HGB, § 48 Rn. 1.
5 OLG Stuttgart, WM 1976, 700, 702; vgl. auch BGHZ 30, 391, 397 f.; BGH, NJW 1971, 1265.
6 Geßler/Hefermehl/Eckart/Kropf/Hüffer, AktG, § 269 Rn. 21; GK/Wiedemann, AktG, § 269 Anm. 5; Kölner-Komm-AktG/Kraft, § 269 Rn. 1.
7 Rowedder/Schmidt-Leithoff/Rasner, GmbHG, § 68 Rn. 4; Lutter/Hommelhoff, GmbHG, § 68 Rn. 2; Scholz/K. Schmidt, GmbHG, § 69 Rn. 7.

(§ 1961 BGB), die das Handelsgeschäft fortführen, zur Erteilung der Prokura befugt.[8] Die überwiegende Lit. nimmt darüber hinaus an, dass auch ein Insolvenzverwalter einen Prokuristen zur Fortführung des Unternehmens bestellen kann.[9]

5 Ob gleiches auch für eine **Vorgesellschaft** (Vor-AG, Vor-GmbH) gilt,[10] ist ebenso umstritten wie die Frage der Prokurafähigkeit einer **in Liquidation befindlichen Personengesellschaft**.[11] Während Ersteres zu verneinen sein dürfte, da die Eintragung der Prokura in das Handelsregister bei einer selbst nicht eintragungsfähigen Vorgesellschaft nicht erzwingbar ist, erscheint eine Ungleichbehandlung von in Liquidation befindlichen Personen- und Kapitalgesellschaften nicht sachgerecht.

> **Hinweis:**
> Ausgeschlossen ist die Prokuraerteilung durch **Nichtkaufleute**. Eine von diesen gleichwohl erteilte Prokura ist ggf. als Generalvollmacht, Handlungsvollmacht oder rechtsgeschäftliche Vollmacht auszulegen bzw. umzudeuten (§ 140 BGB).[12]

6 Neben dem Inhaber des Handelsgeschäfts kann gemäß § 48 Abs. 1 HGB nur dessen **gesetzlicher Vertreter** die Prokura erteilen. Dies sind bei einem geschäftsunfähigen oder beschränkt geschäftsfähigen Einzelkaufmann dessen Eltern (§§ 1626, 1629, 1626a BGB), der Vormund (§ 1773 BGB) bzw. der Betreuer (§ 1896 BGB). OHG und KG werden durch ihre persönlich haftenden Gesellschafter, AG, KGaA und eG durch ihre Vorstandsmitglieder sowie die GmbH und EWIV durch ihre Geschäftsführer vertreten. Gesetzliche Vertreter sind aber auch die Liquidatoren der Personenhandels- bzw. Kapitalgesellschaft.

> **Hinweis:**
> Eltern, Vormund und Betreuer bedürfen zur Erteilung der Prokura der familien- bzw. vormundschaftsgerichtlichen Genehmigung (§§ 1643 Abs. 1, 1822 Nr. 11, 1908i BGB). Ansonsten ist diese unwirksam und entfaltet auch bei Eintragung in das Handelsregister keinen zurechenbaren Rechtsschein gemäß § 15 HGB.[13]

7 Der Prokurist selbst ist kein gesetzlicher Vertreter. Er kann dementsprechend auch **keine „Unterprokura"** erteilen.[14]

2. Person des Prokuristen

8 Nach h.M. kann Prokurist nur eine **natürliche Person**, nicht aber eine juristische Person sein.[15] Dies wird insb. mit dem **besonderen Vertrauensverhältnis** zwischen dem Inhaber des Handelsgeschäfts und dem

---

8 Röhricht/v. Westphalen/Wagner, HGB, § 48 Rn. 9; Baumbach/Hopt/Hopt, HGB, § 48 Rn. 1; MünchKomm-HGB/Krebs, § 48 Rn. 11, 13.

9 Baumbach/Hopt/Hopt, HGB, § 48 Rn. 1; MünchKomm-HGB/Krebs, § 48 Rn. 12; Röhricht/v. Westphalen/Wagner, HGB, § 48 Rn. 10; Koller/Roth/Morck/Roth, HGB, § 48 Rn. 3; Ebenroth/Boujong/Joost/Weber, HGB, § 48 Rn. 14; K. Schmidt, BB 1989, 229; a.A.: BGH, WM 1958, 439; OLG Düsseldorf, BB 1957, 412; Smid/Meyer, InsO, § 117 Rn. 7.

10 Bejahend: Koller/Roth/Morck/Roth, HGB, § 48 Rn. 2; Ebenroth/Boujong/Joost/Weber, HGB, § 48 Rn. 6; Scholz/K. Schmidt, GmbHG, § 11 Rn. 65; Hachenburg/Ulmer, GmbHG, § 11 Rn. 47; verneinend: Münch-Komm-HGB/Krebs, § 48 Rn. 7; Röhricht/v. Westphalen/Wagner, HGB, § 48 Rn. 5.

11 Bejahend: K. Schmidt, BB 1989, 229; MünchKomm-HGB/Krebs, § 48 Rn. 10; Röhricht/v. Westphalen/Wagner, HGB, § 48 Rn. 8; verneinend: RGZ 72, 119, 122; Ebenroth/Boujong/Joost/Hillmann, HGB, § 149 Rn. 27; Röhricht/v. Westphalen/v. Gerkan, HGB, § 146 Rn. 13.

12 Baumbach/Hopt/Hopt, HGB, § 48 Rn. 1; Röhricht/v. Westphalen/Wagner, HGB, § 48 Rn. 18.

13 Baumbach/Hopt/Hopt, HGB, § 48 Rn. 1; Röhricht/v. Westphalen/Wagner, HGB, § 48 Rn. 13.

14 Baumbach/Hopt/Hopt, HGB, § 48 Rn. 1.

15 KG, NotBZ 2002, 105; Baumbach/Hopt/Hopt, HGB, § 48 Rn. 2; Röhricht/v. Westphalen/Wagner, HGB, § 48 Rn. 20; MünchKomm-HGB/Krebs, § 48 Rn. 26; HK/Ruß, HGB, § 48 Rn. 3; Koller/Roth/Morck/Roth, HGB, § 48 Rn. 4; K. Schmidt, Handelsrecht, § 16 III 2b; a.A.: Walchshöfer, Rpfleger 1975, 381; Wasmann, BB 2002, 479.

Prokuristen begründet. Dem würde es widersprechen, wenn Prokurist eine juristische Person wäre, deren jeweiliges Vertretungsorgan die Vertretungsmacht ausüben würde.

Da sich niemand selbst vertreten kann, darf der Prokurist auch **nicht mit dem Inhaber des Handelsgeschäfts identisch** sein. Im Übrigen kann nach der h.M. auch organschaftlichen Vertretern eines Prinzipals keine Prokura erteilt werden, also z.B. nicht dem Vorstandsmitglied einer AG oder dem Geschäftsführer einer GmbH.[16] Gleiches dürfte hinsichtlich einer sog. Miterbenprokura gelten.[17] 9

Stille Gesellschafter, Kommanditisten oder von der Vertretung nach §§ 125 ff. HGB ausgeschlossene persönlich haftende Gesellschafter können demgegenüber zum Prokuristen bestellt werden.[18] Nach einer teilweise vertretenen Ansicht gilt dies auch für den nicht zur Alleinvertretung befugten persönlich haftenden Gesellschafter.[19] Die h.M. bejaht darüber hinaus die Möglichkeit, dass der einzelvertretungsberechtigte Geschäftsführer der Komplementär-GmbH Prokurist der GmbH & Co. KG wird.[20] 10

3. Erteilungserklärung

Die Prokura kann gemäß § 48 Abs. 1 HGB nur mittels **ausdrücklicher Erklärung** erteilt werden. Eine stillschweigend erteilte Prokura ist ebenso wie eine Duldungsprokura ausgeschlossen.[21] 11

> **Hinweis:**
> Im Gewährenlassen einer Person als Prokurist kann regelmäßig die Erteilung einer Handlungsvollmacht (§ 54 HGB) gesehen werden.[22]

Nicht erforderlich ist es, die Prokuraerteilung **ausdrücklich als solche zu bezeichnen**, wenn aus der abweichenden Erklärung der Wille zur Erteilung der Prokura eindeutig hervortritt, z.B. „Ermächtigung zur Zeichnung ppa" oder „Vollmacht i.S.v. § 48 HGB".[23] 12

> **Hinweis:**
> Die Prokura kann nicht bedingt (§ 158 BGB) erteilt werden.[24]

Die Erteilungserklärung ist eine **einseitig empfangsbedürftige Willenserklärung**. Ihr Empfänger kann sowohl der Prokurist als auch der Dritte sein, demgegenüber die Vertretung stattfinden soll (§ 167 Abs. 1 BGB).[25] Da die Prokura i.d.R. für eine unbestimmte Zahl von Geschäften und Personen gelten soll, ist eine **öffentliche Bekanntmachung** i.S.v. § 171 Abs. 1 BGB üblich. Diese erfolgt durch Anmeldung zum Handelsregister.[26] Die Eintragung in das Handelsregister selbst wirkt nur deklaratorisch. 13

---

16 LG Bremen, NJW-RR 1998, 1332; Baumbach/Hopt/Hopt, HGB, § 48 Rn. 2; Röhricht/v. Westphalen/Wagner, HGB, § 48 Rn. 28; MünchKomm-HGB/Krebs, § 48 Rn. 26; a.A.: Canaris, Handelsrecht, § 14 Rn. 6, 16.
17 BGHZ 30, 391, 397 f.; 32, 60, 67; GK/Würdinger, HGB, § 48 Anm. 6; Fischer, ZHR 144 (1980), 1; Walshöfer, Rpfleger 1975, 381; a.A.: Beuthien, in: FS für Fischer, S. 1; Baumbach/Hopt/Hopt, HGB, § 48 Rn. 2; Röhricht/ v. Westphalen/Wagner, HGB, § 48 Rn. 26; Hüffer, ZGR 1986, 603.
18 Baumbach/Hopt/Hopt, HGB, § 48 Rn. 2; Röhricht/v. Westphalen/Wagner, HGB, § 48 Rn. 23 f.
19 Staub/Joost, HGB, § 48 Rn. 43; Röhricht/v. Westphalen/Wagner, HGB, § 48 Rn. 24.
20 OLG Hamburg, GmbHR 1961, 128 m. Anm. Hesselmann; BayObLG, WM 1970, 333; OLG Hamm, DB 1973, 567; BayObLG, DB 1980, 2232; Ebenroth/Boujong/Joost/Weber, HGB, § 48 Rn. 18; a.A.: Staub/Joost, HGB, § 48 Rn. 48 f.
21 MünchKomm-HGB/Krebs, § 48 Rn. 26; Baumbach/Hopt/Hopt, HGB, § 48 Rn. 3; Röhricht/v. Westphalen/Wagner, HGB, § 48 Rn. 32.
22 Baumbach/Hopt/Hopt, HGB, § 48 Rn. 3; Röhricht/v. Westphalen/Wagner, HGB, § 48 Rn. 32.
23 BGH, WM 1956, 727; K. Schmidt, Handelsrecht, § 16 III 2e; MünchKomm-HGB/Krebs, § 48 Rn. 46.
24 Röhricht/v. Westphalen/Wagner, HGB, § 48 Rn. 34; MünchKomm-HGB/Krebs, § 48 Rn. 42.
25 Drexl/Mentzel, Jura 2002, 289, 299.
26 MünchKomm-HGB/Krebs, § 48 Rn. 45; Röhricht/v. Westphalen/Wagner, HGB, § 48 Rn. 36.

> **Hinweis:**
> Auch wenn die Prokuraerteilung nur gegenüber einem Dritten erklärt worden ist, wirkt sie gegen jedermann.[27]

4. Form der Prokuraerteilung

14 Die Erteilung einer Prokura ist **formlos** möglich.[28] Gemäß § 53 Abs. 1 HGB ist sie zur Eintragung in das Handelsregister anzumelden.

III. Umfang der Prokura

1. Umfassende Vollmacht des Prokuristen

15 Der **Umfang der Prokura** ist in §§ 49, 50 HGB gesetzlich beschrieben. Gemäß § 49 Abs. 1 HGB ermächtigt die Prokura zu allen Arten von gerichtlichen und außergerichtlichen Geschäften und Rechtshandlungen, die der Betrieb eines Handelsgewerbes mit sich bringt (Ausnahme: Grundstücksgeschäfte i.S.d. § 49 Abs. 2 HGB; siehe hierzu unten Rn. 17 ff.). Es muss sich also nicht um branchenübliche Geschäfte handeln. Erfasst werden vielmehr **alle Handelsgeschäfte i.S.d. § 343 HGB**. Entscheidend ist, dass es sich um ein Geschäft oder eine Rechtshandlung handelt, die der Betrieb irgendeines beliebigen Handelsgewerbes mit sich bringen kann.[29] Der Prokurist darf auch nicht-alltägliche und außergewöhnliche Geschäfte vornehmen. Nach h.M. darf er sogar die Branche ändern.[30]

> *Beispiel:*
> *Fahrradhändler, der von einer Urlaubsreise heimkehrt, findet seinen Betrieb als Obstgroßhandel wieder.*

> **Hinweis:**
> Da die Prokura nicht auf branchenübliche Geschäfte beschränkt ist, geht sie weiter als die Vertretungsmacht eines Handlungsbevollmächtigten nach § 54 HGB.

a) Von der Prokura gedeckte Geschäfte und Rechtshandlungen

16 Der Prokurist kann im Namen seines Geschäftsherrn **insb. folgende Geschäfte und Rechtshandlungen** vornehmen:[31]

- Einstellung und Kündigung von Personal,
- Aufnahme von Krediten,
- Gewährung von Darlehen,
- Übernahme von Bürgschaften,
- Vornahme von Schenkungen,
- Übernahme fremder Verbindlichkeiten,
- Abgabe von Schuldanerkenntnissen mit Zwangsvollstreckungsunterwerfung (§ 794 Abs. 1 Nr. 5 ZPO),
- Erteilung von Handlungsvollmachten an andere Angestellten,
- Errichtung und Schließung von Zweigniederlassungen,

---

27 Röhricht/v. Westphalen/Wagner, HGB, § 48 Rn. 35; MünchKomm-HGB/Krebs, § 48 Rn. 45.
28 Röhricht/v. Westphalen/Wagner, HGB, § 48 Rn. 37.
29 Röhricht/v. Westphalen/Wagner, HGB, § 49 Rn. 3; MünchKomm-HGB/Krebs, § 49 Rn. 3; Baumbach/Hopt/Hopt, HGB, § 49 Rn. 1.
30 Baumbach/Hopt/Hopt, HGB, § 49 Rn. 1; Honsell, JA 1984, 17, 20; a.A.: K. Schmidt, Handelsrecht, § 16 III 3a; Müller, JuS 1998, 1000, 1002.
31 Vgl. etwa Baumbach/Hopt/Hopt, HGB, § 49 Rn. 1.

- Verlegung des Geschäftssitzes,
- Wahrnehmung der Rechte der Handelsgesellschaft gegenüber den Gesellschaftern,
- Erwerb von Unternehmen und Beteiligungen,
- Ausübung der Mitgliedschaftsrechte aus Beteiligungen, wie Stimmrechte,
- Geltendmachung von Rechten des Unternehmensinhabers gegen den Veräußerer des Unternehmens,
- Führung von Prozessen,
- Erteilung von Prozessvollmachten,
- Stellung von Strafanträgen in geschäftlichen Angelegenheiten,
- Entgegennahme von Zustellungen (§ 171 ZPO).

> **Hinweis:**
> Anmeldungen zum Handelsregister (§ 12 HGB) darf der Prokurist vornehmen, soweit es sich nicht um ein Grundlagengeschäft des eigenen Handelsgeschäfts handelt (siehe auch unten Rn. 17). Gestattet ist ihm z.B. eine Handelsregisteranmeldung, die er als Prokurist eines Kommanditisten einer KG für diese vornimmt, selbst wenn die Anmeldung die Grundlagen der KG betrifft.[32]

b) Von der Prokura nicht gedeckte Geschäfte und Rechtshandlungen

Die Prokura ermächtigt den Prokuristen **nicht zum Selbstkontrahieren** (§ 181 BGB).[33] Auch sog. **Prinzipalgeschäfte**, wie z.B. die Prokuraerteilung (§ 48 Abs. 1 HGB) oder die Unterzeichnung des Jahresabschlusses (§ 245 HGB) sind ihm untersagt.[34] Gleiches gilt für die sog. **Grundlagengeschäfte**, auf deren Existenz, Rechtsform und rechtliche Ausgestaltung der Betrieb des Handelsgewerbes als solcher aufbaut, wie z.B. Einstellung des Geschäftsbetriebs,[35] Veräußerung des Unternehmens, Änderung der Firma, Aufnahme weiterer Gesellschafter, Kündigung oder Ausschluss von Gesellschaftern, Antrag auf Eröffnung des Insolvenzverfahrens.[36] Für die Grundlagengeschäfte kann der Prokurist auch keine Anmeldungen zum Handelsregister vornehmen.[37]

17

> **Hinweis:**
> Eine Handelsregisteranmeldung durch den Prokuristen, die Grundlagengeschäfte seines Geschäftsherrn betrifft, ist aber aufgrund einer besonderen Bevollmächtigung nach § 12 Abs. 1 Satz 2 HGB (öffentlich beglaubigte Form) möglich.

Ausgeschlossen ist weiterhin eine Vertretung der Gesellschaft durch den Prokuristen in einem **Prozess gegen den einzigen Gesellschafter**. Die Prokura erstreckt sich – trotz der Vermutung des § 344 Abs. 1 HGB – auch **nicht auf das Privatvermögen** des Kaufmanns.[38] Der Prokurist unterliegt ferner den allgemeinen gesetzlichen Einschränkungen. Er darf daher z.B. auch **kein Testament** für den Einzelkaufmann errichten (§ 2064 BGB) oder einen **Erbvertrag** für diesen abschließen (§ 2274 BGB).

---

32 Vgl. BGHZ 116, 190; Joost, ZIP 1992, 463; Röhricht/v. Westphalen/Wagner, HGB, § 49 Rn. 3.
33 BayObLG, BB 1980, 1487.
34 Baumbach/Hopt/Hopt, HGB, § 49 Rn. 2.
35 Der Prokurist darf keinen Sozialplan mit dem Betriebsrat verhandeln und abschließen, wenn dieser die Auflösung des Geschäfts zur Folge hätte; vgl. LAG München, NZA 1987, 464.
36 Röhricht/v. Westphalen/Wagner, HGB, § 49 Rn. 5; Baumbach/Hopt/Hopt, HGB, § 49 Rn. 2; MünchKomm-HGB/Krebs, § 49 Rn. 23 ff.
37 BGHZ 116, 190, 193; Röhricht/v. Westphalen/Wagner, HGB, § 49 Rn. 10; Joost, ZIP 1992, 463.
38 Baumbach/Hopt/Hopt, HGB, § 49 Rn. 2; Röhricht/v. Westphalen/Wagner, HGB, § 49 Rn. 7.

2. Ausnahmen für Grundstücksgeschäfte

a) Gesetzliche Beschränkung

18 Gemäß § 49 Abs. 2 HGB erstreckt sich der regelmäßige Umfang der Prokura nicht auf die **Veräußerung und Belastung von Grundstücken**. Hierbei handelt es sich um eine gesetzliche Beschränkung **mit Außenwirkung**. Diese gilt sowohl für die Verfügungsgeschäfte wie auch für die diese begründenden Verpflichtungsgeschäfte.[39] Unbeachtlich ist, ob die Grundstücke zum Anlagevermögen oder, weil der Kaufmann mit diesen handelt, zum Umlaufvermögen zählen.[40]

> **Hinweis:**
> Auf Wohnungs- und Teileigentum nach WEG oder das Erbbaurecht als grundstücksgleiches Recht ist § 49 Abs. 2 HGB ebenfalls anwendbar.

19 **Veräußerung** ist die Übertragung von Grundstückseigentum (§§ 873, 925 BGB), die Einräumung von Miteigentum (§ 1008 BGB) sowie die Einbringung des Grundstücks in eine Gesellschaft.[41] **Belastung** ist die Begründung eines dinglichen Rechts am Grundstück, wie z.B. Bestellung eines Grundpfandrechts (Hypothek, Grundschuld, Rentenschuld), einer Reallast, eines Nießbrauchrechts, einer Grunddienstbarkeit, einer beschränkt persönlichen Dienstbarkeit, eines Vorkaufrechts oder einer Vormerkung zur Sicherung eines Anspruchs auf Veräußerung oder Belastung des Grundstücks.

> **Hinweis:**
> Die Bestellung einer Eigentümergrundschuld ist wirtschaftlich keine Belastung des Grundstücks und daher von der allgemeinen Vertretungsmacht des Prokuristen gedeckt. Anders verhält es sich dagegen mit ihrer Übertragung, da sich die Eigentümergrundschuld mit der Abtretung in eine Fremdgrundschuld umwandelt.[42]

20 Nicht von der Beschränkung des § 49 Abs. 2 HGB erfasst sind **sonstige Grundstücksgeschäfte**, wie z.B. Vermietung, Verpachtung, Löschung oder Übertragung von dinglichen Rechten (Ausnahme: Eigentümergrundschuld) sowie Erwerb von Grundstücken. Dies gilt auch, wenn der Prokurist im Rahmen des Grundstückserwerbs eine Restkaufgeldhypothek zu Gunsten des Verkäufers bestellt, da es sich insoweit nur um einen um die Hypothek eingeschränkten Erwerb handelt.[43]

b) Ermächtigung zur Veräußerung und Belastung von Grundstücken

21 Der Geschäftsherr kann den **Umfang der Prokura** gemäß § 49 Abs. 2 HGB **jederzeit** auf die Veräußerung und Belastung von Grundstücken **erweitern** (sog. **Immobiliar-** oder **Grundstücksklausel**). Diese Ermächtigung ist Bestandteil der Prokura und daher zur Eintragung in das Handelsregister anzumelden.[44] Aus Gründen der Rechtssicherheit muss die Ermächtigung ausdrücklich erteilt werden.[45] Sie kann sich auch entweder nur auf die Veräußerung oder nur auf die Belastung von Grundstücken beschränken.[46]

---

[39] Baumbach/Hopt/Hopt, HGB, § 49 Rn. 4; Röhricht/v. Westphalen/Wagner, HGB, § 49 Rn. 16.
[40] Röhricht/v. Westphalen/Wagner, HGB, § 49 Rn. 15.
[41] MünchKomm-HGB/Krebs, § 49 Rn. 43 f.; Röhricht/v. Westphalen/Wagner, HGB, § 49 Rn. 16.
[42] MünchKomm-HGB/Krebs, § 49 Rn. 47; Baumbach/Hopt/Hopt, HGB, § 49 Rn. 4.
[43] Schlegelberger/Schröder, HGB, § 49 Rn. 14; Baumbach/Hopt/Hopt, HGB, § 49 Rn. 4; MünchKomm-HGB/Krebs, § 49 Rn. 48.
[44] Röhricht/v. Westphalen/Wagner, HGB, § 49 Rn. 21.
[45] Röhricht/v. Westphalen/Wagner, HGB, § 49 Rn. 22; a.A.: Baumbach/Hopt/Hopt, HGB, § 49 Rn. 4, der eine *stillschweigende Erteilung* ausreichen lassen will.
[46] Heymann/Sonnenschein/Weitemeyer, HGB, § 49 Rn. 21; a.A.: MünchKomm-HGB/Krebs, § 49 Rn. 58.

3. Beschränkung der Prokura

Eine **Beschränkung** des Umfangs der Prokura **im Außenverhältnis** ist gemäß § 50 Abs. 1 HGB **nicht möglich**. Dies gilt nach § 50 Abs. 2 HGB insb. für die Beschränkung, dass die Prokura nur für gewisse Geschäfte oder gewisse Arten von Geschäften oder nur unter gewissen Umständen oder für eine gewisse Zeit oder an einzelnen Orten ausgeübt werden soll.

> **Hinweis:**
> Im Innenverhältnis ist der Prokurist freilich an die Beschränkungen des Inhabers des Handelsgeschäfts gebunden.

Im Fall des **Missbrauchs der Vertretungsmacht** wirken die internen Beschränkungen der Prokura ganz ausnahmsweise auch gegenüber Dritten mit der Folge, dass ein von § 49 HGB formal gedecktes Geschäft den Geschäftsherrn gleichwohl nicht bindet (§ 242 BGB). Dies ist einerseits denkbar im Fall eines **arglistigen Zusammenwirkens** von Prokurist und Drittem zum Nachteil des Inhabers des Handelsgeschäfts, §§ 138, 826 BGB (Kollusion) und andererseits anzunehmen, wenn der Prokurist seine Vertretungsmacht **bewusst missbraucht** und der Dritte dies erkennt oder ihm dies aufgrund besonderer Umstände ohne weiteres erkennbar war.[47]

4. Erweiterung der Prokura

Eine **Erweiterung des Umfangs** der Prokura kommt nach der h.M. im Fall einer **unechten Gesamtvertretung** (vgl. hierzu auch unten Rn. 28 ff.) in Betracht. Gemäß § 125 Abs. 3 HGB kann der Gesellschaftsvertrag bestimmen, dass ein Gesellschafter nur zusammen mit einem Prokuristen vertretungsberechtigt sein soll. Hierbei richtet sich der Umfang der Gesamtvertretungsbefugnis nach der Vertretungsmacht des Gesellschafters (§ 126 HGB). Gemeinsam mit dem Gesellschafter kann der Prokurist daher z.B. auch uneingeschränkt Grundstücksgeschäfte tätigen oder andere Prokuristen bestellen.[48]

> **Hinweis:**
> Entsprechendes gilt für AG gemäß § 78 Abs. 3 AktG und Genossenschaften gemäß § 25 Abs. 2 GenG.

IV. Besondere Formen der Prokuren

1. Gesamtprokura

a) Echte Gesamtprokura

Mehrere Prokuristen können in der Weise bestellt werden, dass **jeder allein vertretungsberechtigt** ist. Gemäß § 48 Abs. 2 HGB kann die Prokura aber auch **mehreren Personen gemeinschaftlich** erteilt werden (sog. **echte Gesamtprokura**). In einem solchen Fall gelten für die Vertretung durch die Gesamtprokuristen die Grundsätze des BGB über die Gesamtvertretung. Die Gesamtprokuristen müssen also grds. bei jedem Geschäft gemeinschaftlich tätig werden.

Das **gemeinsame Handeln** muss **nicht notwendigerweise zeitgleich** erfolgen. Ausreichend ist, wenn sie nacheinander tätig werden, also der andere später genehmigt. Bis dahin handelt der allein auftretende Gesamtprokurist als Vertreter des Geschäftsherrn ohne Vertretungsmacht (§§ 177 ff. BGB).[49]

---

[47] Vgl. Baumbach/Hopt/Hopt, HGB, § 50 Rn. 4 ff.; Drexl/Mentzel, Jura 2002, 289, 292 ff.

[48] RGZ 134, 303; BGHZ 13, 61, 64 f.; 62, 166, 170; 99, 76, 81; Stötter, BB 1975, 767, 768; K. Schmidt, Handelsrecht, § 16 III 3c; a.A.: OLG Hamm, NJW 1971, 1369; Krebs, ZHR 159 (1995), 635, 645 ff.

[49] Baumbach/Hopt/Hopt, HGB, § 48 Rn. 5; MünchKomm-HGB/Krebs, § 48 Rn. 97; Röhricht/v. Westphalen/Wagner, HGB, § 48 Rn. 43.

> **Hinweis:**
> Möglich ist auch eine Genehmigung durch den Geschäftsherrn selbst oder einen allein vertretungsberechtigten Prokuristen.

26 Der eine Gesamtprokurist kann den anderen auch für bestimmte Geschäfte oder Arten von Geschäften zum Handeln für beide ermächtigen.[50] Eine **generelle Einwilligung** in die Vornahme sämtlicher Rechtsgeschäfte würde auf die **Erteilung einer Einzelprokura** hinauslaufen und ist daher nicht zulässig. **Selbstkontrahieren** miteinander ist den Gesamtprokuristen ebenfalls regelmäßig verboten (§ 181 BGB).[51]

> **Hinweis:**
> Für die **passive Vertretung**, d.h. bei der Entgegennahme von Willenserklärungen (§ 164 Abs. 3 BGB), genügt analog § 28 Abs. 2 BGB, §§ 125 Abs. 2 Satz 3, 150 Abs. 2 Satz 2 HGB, § 78 Abs. 2 Satz 2 AktG, § 35 Abs. 2 Satz 3 GmbHG, § 25 Abs. 1 Satz 3 GenG die Entgegennahme durch einen der Prokuristen.[52]

27 Möglich ist auch neben einem zur Einzelvertretung ermächtigten Prokuristen einen Gesamtprokuristen zu bestellen (sog. **halbseitige Gesamtprokura**). In einem solchen Fall darf der **Gesamtprokurist nur zusammen mit dem Einzelprokurist handeln** (Ausnahme: passive Vertretung), während der Einzelprokurist zur alleinigen Vertretung berechtigt ist.

b) Unechte Gesamtprokura

28 Die Vertretungsmacht des Prokuristen kann auch an die **Mitwirkung organschaftlicher Vertreter**, wie z.B. eines vertretungsberechtigten Gesellschafters, Geschäftsführers oder Vorstandes **gebunden** werden.[53] Da die Prokura in einem solchen Fall jedoch nicht mehreren Personen gemeinschaftlich erteilt wird, liegt keine Gesamtprokura i.S.d. § 48 Abs. 2 HGB vor. Es handelt sich vielmehr um eine Einzelprokura, die nur in der Form einer Gesamtvertretung zusammen mit einer zur gesetzlichen Vertretung der Gesellschaft berufenen Person ausgeübt werden kann (sog. **unechte oder gemischte Prokura**).[54]

29 Gesetzlich geregelt ist die **Möglichkeit der Bindung** eines Gesellschafters bzw. Vorstandes an die Mitwirkung eines Prokuristen in § 125 Abs. 3 HGB, § 78 Abs. 3 AktG bzw. § 25 Abs. 2 GenG. Der Umfang der Gesamtvertretungsbefugnis richtet sich in diesen Fällen nach der Vertretungsmacht des Gesellschafters, Geschäftsführers bzw. Vorstandsmitgliedes. Die unechte Gesamtprokua führt dementsprechend zu einer **Erweiterung des Umfangs der Prokura** (vgl. oben Rn. 24).

30 Zulässig ist es auch, die Prokura dergestalt zu erteilen, dass der Prokurist an die Mitwirkung eines selbst nur **gesamtvertretungsberechtigten Gesellschafters** gebunden ist (sog. **gemischt halbseitige Gesamtprokura**).[55]

> **Hinweis:**
> Notwendig ist stets, dass neben der Gesamtvertretung mit dem Prokuristen die Möglichkeit der Vertretung durch die Gesellschafter, Geschäftsführer bzw. Vorstandsmitglieder ohne den Prokuristen besteht.

---

50 BGHZ 34, 27, 31; BGH, WM 1978, 1047, 1048; NJW-RR 1986, 778; Baumbach/Hopt/Hopt, HGB, § 48 Rn. 5; MünchKomm-HGB/Krebs, § 48 Rn. 98.
51 RGZ 89, 373; Baumbach/Hopt/Hopt, HGB, § 48 Rn. 5; Röhricht/v. Westphalen/Wagner, HGB, § 48 Rn. 42.
52 BGHZ 62, 166, 173; OLG München, BB 1972, 113, 114; Baumbach/Hopt/Hopt, HGB, § 48 Rn. 5; MünchKomm-HGB/Krebs, § 48 Rn. 101; Röhricht/v. Westphalen/Wagner, HGB, § 48 Rn. 45.
53 BGHZ 62, 171; 99, 76; OLG Hamm, DNotZ 1968, 445; OLG Stuttgart, Rpfleger 1969, 245; Baumbach/Hopt/Hopt, HGB, § 48 Rn. 6; Röhricht/v. Westphalen/Wagner, HGB, § 48 Rn. 49.
54 BayObLG, DNotZ 1970, 49; OLG Hamm, DNotZ 1968, 445.
55 BGHZ 99, 76; Röhricht/v. Westphalen/Wagner, HGB, § 48 Rn. 50.

Nach dem **Grundsatz der Selbstorganschaft** ist demzufolge eine ausschließliche Gesamtvertretung des 31
einzigen vertretungsberechtigten Gesellschafters mit dem Prokuristen nicht möglich.[56] Ebenso ausgeschlossen ist entgegen einer teilweise vertretenen Auffassung[57] die Erteilung einer Prokura durch einen Einzelkaufmann in der Form, dass der Prokurist nur gemeinsam mit ihm vertretungsberechtigt ist.[58]

Stets unzulässig ist auch die **Bindung des Prokuristen an einen Dritten**. Hierbei würde es sich um eine 32
unzulässige Beschränkung des Prokuristen nach § 50 HGB handeln.[59] Im Übrigen setzt Gesamtvertretung Vertretungsmacht aller Vertreter voraus.

> *Beispiel:*
>
> *Eine GmbH & Co. KG kann Prokura in der Weise erteilen, dass der Prokurist die GmbH & Co. KG nur zusammen mit der Komplementär-GmbH vertritt. Nicht möglich ist dagegen eine Bindung des Prokuristen der GmbH & Co. KG an die Mitwirkung eines nur gesamtvertretungsberechtigten Geschäftsführers der Komplementär-GmbH, da dieser im Verhältnis zur GmbH & Co. KG Dritter ist.[60]*

2. Niederlassungsprokura

Betreibt ein Geschäftsinhaber **mehrere Niederlassungen** unter verschiedenen Firmen, kann er die Prokura 33
gemäß § 50 Abs. 3 Satz 1 HGB auf eine seiner Niederlassungen beschränken, sog. **Niederlassungsprokura** oder **Filialprokura**. Ausreichend ist insoweit gemäß § 50 Abs. 3 Satz 2 HGB auch, dass der Firmenbezeichnung der Niederlassung ein Zusatz beigefügt wird, der sie als Zweigniederlassung ausweist.

Der **Umfang** der Vertretungsmacht des Niederlassungsprokuristen bestimmt sich nach §§ 49, 50 HGB, 34
sie erstreckt sich allerdings **nur auf den Betrieb der Niederlassung, für die er bestellt ist**. Der Niederlassungsprokurist kann den Geschäftsherrn dementsprechend nur für den Betrieb der betreffenden Niederlassung wirksam vertreten.[61] Mit der Beschränkung der Vertretungsmacht ist jedoch **keine Aufspaltung der haftenden Vermögensmasse** verbunden. Der Geschäftsherr haftet dementsprechend bei einem wirksamen Vertragsabschluss mit seinem gesamten Vermögen und nicht nur mit demjenigen der Niederlassung.[62]

> **Hinweis:**
> Die Niederlassungsprokura wird in das Handelsregister der Niederlassung eingetragen.[63] Diese wird seit dem In-Kraft-Treten des Gesetzes über elektronische Handesregister und Genossenschaftsregister sowie das Unternehmensregister (EHUG) vom 10.11.2006 am 1.1.2007 nur noch auf dem Registerblatt der Hauptniederlassung vermerkt (§ 13 HGB).[64]

V. Zeichnung des Prokuristen im Geschäftsverkehr

Der Prokurist hat gemäß § 51 HGB in der Weise zu zeichnen, dass er der Firma seinen **Namen mit einem** 35
die Prokura andeutenden Zusatz beifügt. Bei § 51 HGB handelt es sich nicht um eine Formvorschrift

---

56 BGHZ 26, 330, 332; BGH, WM 1994, 237, 238; Baumbach/Hopt/Hopt, HGB, § 48 Rn. 6.
57 Vgl. z.B. Bärwaldt/Hadding, NJW 1998, 1103; Koller/Roth/Morck/Roth, HGB, § 48 Rn. 20.
58 BayObLG, NJW 1998, 1161; K. Schmidt, Handelsrecht, § 16 III 3c ccc; Beuthien/Müller, DB 1995, 464; Baumbach/Hopt/Hopt, HGB, § 48 Rn. 7; Röhricht/v. Westphalen/Wagner, HGB, § 48 Rn. 48.
59 Ausgeschlossen ist auch eine Bindung des Prokuristen an einen Handlungsbevollmächtigten; vgl. BGH, BB 1964, 151.
60 BayObLG, DNotZ 1970, 429; NJW 1994, 2965; Germer, BWNotZ 1986, 54, 56; Ziegler, Rpfleger 1984, 5, 6.
61 BGH, NJW 1988, 1840, 1841; Drexl/Mentzel, Jura 2002, 289, 291.
62 Röhricht/v. Westphalen/Wagner, HGB, § 50 Rn. 22.
63 MünchKomm-HGB/Krebs, § 50 Rn. 12; Röhricht/v. Westphalen/Wagner, HGB, § 53 Rn. 5.
64 BGBl. 2006 I, S. 2553.

i.S.d. § 125 BGB, sondern lediglich um eine **reine Ordnungsvorschrift**.[65] Ein Verstoß gegen § 51 HGB führt daher nicht zur Unwirksamkeit der Zeichnung oder des Geschäfts.

Neben der Angabe der **vollständigen Firma** (Firmenstempel, Maschinenschrift oder sonstige Form) zeichnet der Prokurist üblicherweise „**ppa**" vor seinem handgeschriebenen Namen.[66] Möglich sind auch Langformen wie „als Prokurist", „per Prokura" oder „in Prokura".

> **Hinweis:**
> Bei der Gesamtprokura bestehen keine Besonderheiten. Der Niederlassungsprokurist hat unter der Firma der Niederlassung zu zeichnen.

VI. Erlöschen der Prokura

1. Widerruf der Prokura

36 Die Prokura ist gemäß § 52 Abs. 1 HGB ohne Rücksicht auf das der Erteilung zugrunde liegende Rechtsverhältnis **jederzeit widerruflich**, insb. ohne Rücksicht auf den Anspruch des Prokuristen auf die vertragsgemäße Vergütung (§ 52 Abs. 1, 2. Halbs. HGB). Der Widerruf der Prokura führt zu ihrem Erlöschen. **Vertraglich** kann das Widerrufsrecht **nicht ausgeschlossen** werden.[67]

> **Hinweis:**
> Ein im Gesellschaftsvertrag zum Prokuristen bestellter Kommanditist kann nur aus wichtigem Grunde als Prokurist abberufen werden.[68]

37 Der Widerruf der Prokura erfolgt in der gleichen Weise wie die Erteilung (siehe oben Rn. 11 ff.), also durch eine **(formlose) einseitige empfangsbedürftige Willenserklärung**. Er kann gegenüber dem Prokuristen, gegenüber einem Dritten oder gegenüber der Öffentlichkeit, z.B. durch Anmeldung und Eintragung des Erlöschens in das Handelsregister, erklärt werden.[69] Zum Widerruf berechtigt sind diejenigen, die im Widerrufszeitpunkt zur Erteilung der Prokura berechtigt wären,[70] also insb. der Kaufmann, sein gesetzlicher Vertreter, jeder vertretungsberechtigte Gesellschafter nach §§ 126 Abs. 1, 161 Abs. 2 HGB (§ 116 Abs. 3 Satz 2 HGB gilt nur im Innenverhältnis). Von mehreren Miterben eines Handelsgeschäfts kann jeder Miterbe widerrufen.[71]

> **Hinweis:**
> Möglich ist auch nur ein Widerruf der Grundstücksklausel nach § 49 Abs. 2 HGB unter Aufrechterhaltung der Prokura im Übrigen oder die Umwandlung einer Einzelprokura in eine Gesamtprokura. Umgekehrt gilt dies natürlich auch.

---

65 BAG, ZIP 1992, 497; Röhricht/v. Westphalen/Wagner, HGB, § 51 Rn. 1; MünchKomm-HGB/Krebs, § 51 Rn. 1; Baumbach/Hopt/Hopt, HGB, § 51 Rn. 1.
66 Vgl. BGH, NJW 1966, 1077; Baumbach/Hopt/Hopt, HGB, § 51 Rn. 1; Röhricht/v. Westphalen/Wagner, HGB, § 51 Rn. 3 ff.
67 Röhricht/v. Westphalen/Wagner, HGB, § 52 Rn. 4.
68 BGH, DNotZ 1955, 536.
69 Baumbach/Hopt/Hopt, HGB, § 52 Rn. 2; Röhricht/v. Westphalen/Wagner, HGB, § 52 Rn. 12.
70 MünchKomm-HGB/Krebs, § 52 Rn. 8; Röhricht/v. Westphalen/Wagner, HGB, § 52 Rn. 7.
71 BGH, NJW 1959, 2114, 2116; Röhricht/v. Westphalen/Wagner, HGB, § 52 Rn. 8; Baumbach/Hopt/Hopt, HGB, § 52 Rn. 2.

2. Tod des Prokuristen oder des Inhabers des Handelsgeschäfts

Der **Tod des Prokuristen** führt zum **Erlöschen der Prokura**; der **Tod des Inhabers** des Handelsgeschäfts dagegen gemäß § 52 Abs. 3 HGB **regelmäßig nicht**. Ggf. ist die Prokura durch die Erben zu widerrufen.

38

> **Hinweis:**
> Wird der Prokurist als Miterbe des Verstorbenen Mitinhaber des Handelsgeschäfts, erlischt seine Prokura.[72]

3. Sonstige Erlöschensgründe

Als sonstige Gründe für das Erlöschen der Prokura kommen z.B. in Betracht:

39

- Beendigung des zugrunde liegenden Rechtsverhältnisses, z.B. Dienstvertrag oder Auftrag (§ 168 Satz 1 BGB),
- Verlust der Kaufmannseigenschaft[73] bzw. Einstellung des Handelsgeschäfts,[74]
- Auflösung der Personen- oder Kapitalgesellschaft, nicht dagegen lediglich ein Gesellschafterwechsel,[75]
- Insolvenzeröffnung über das Vermögen des Kaufmanns (§ 117 Abs. 1 InsO),[76]
- Veräußerung des Handelsgeschäfts,[77]
- Umwandlung eines einzelkaufmännischen Unternehmens in eine OHG oder KG durch Eintritt eines weiteren persönlich haftenden Gesellschafters oder eines Kommanditisten,[78]
- Beendigung der Tätigkeit der Niederlassung hinsichtlich der Niederlassungsprokura.[79]

> **Hinweis:**
> Umstritten ist, ob der Prokurist seinerseits die Prokura niederlegen kann.[80] Da der Prokurist zumindest das der Prokura zugrunde liegende Rechtsverhältnis beenden kann (§ 168 Satz 1 BGB) und dies das Erlöschen der Prokura nach sich zieht, kommt es in der Praxis auf den Meinungsstreit nicht an.

4. Rechtsfolge des Erlöschens

Mit Erlöschen der Prokura fehlt dem bisherigen Prokuristen die Vertretungsmacht. Hinsichtlich der von ihm gleichwohl abgeschlossenen Rechtsgeschäfte gelten die **allgemeinen Bestimmungen der §§ 177 ff. BGB**.

40

---

72 BGHZ 30, 397; 32, 67; a.A.: Baumbach/Hopt/Hopt, HGB, § 52 Rn. 4.
73 Baumbach/Hopt/Hopt, HGB, § 52 Rn. 5; vgl. auch MünchKomm-HGB/Krebs, § 52 Rn. 28.
74 MünchKomm-HGB/Krebs, § 52 Rn. 27.
75 Vgl. LG Düsseldorf, DNotZ 1968, 759.
76 BGH, WM 1958, 431; LG Halle, NZI 2004, 631; K. Schmidt, BB 1989, 229.
77 BayObLG, BB 1971, 239; MünchKomm-HGB/Krebs, § 52 Rn. 27; a.A.: Ebenroth/Boujong/Joost/Weber, HGB, § 52 Rn. 19.
78 Soll die Prokura in einem solchen Fall „bestehen bleiben", muss sie für die Gesellschaft neu erteilt und zur Eintragung in das Handelsregister angemeldet werden; vgl. BayObLG, BB 1971, 239.
79 MünchKomm-HGB/Krebs, § 52 Rn. 27.
80 Bejahend: Baumbach/Hopt/Hopt, HGB, § 52 Rn. 1; MünchKomm-BGB/Schramm, § 168 Rn. 8; Grothus, DB 1960, 775, 777 f.; a.A.: RGRK/Steffen, BGB, § 168 Rn. 1; Erman/Palm, BGB, § 168 Rn. 1.

VII. Handelsregisteranmeldungen

1. Verpflichtung zur Handelsregisteranmeldung

a) Erteilung der Prokura

41 Gemäß § 53 Abs. 1 Satz 1 HGB ist die Erteilung der Prokura von dem Inhaber des Handelsgeschäfts zur **Eintragung in das Handelsregister anzumelden**. Der Handelsregistereintragung selbst kommt nur eine **deklaratorische Wirkung** zu. Eine unwirksam erteilte Prokura wird dementsprechend durch die Eintragung im Handelsregister nicht geheilt.[81] Der **gutgläubige Rechtsverkehr** ist aber ggf. nach § 15 HGB geschützt.

42 Die **Pflicht** zur Anmeldung trifft den **Inhaber des Handelsgeschäfts**. Ggf. ist diese Pflicht durch seinen gesetzlichen Vertreter zu erfüllen. Bei einer Personengesellschaft sind deren vertretungsberechtigte Gesellschafter und bei einer Kapitalgesellschaft deren Geschäftsführer bzw. Vorstände zur Anmeldung verpflichtet. Bei einer Erbengemeinschaft gilt dies für alle Miterben.[82] Die Anmeldepflicht trifft dagegen **nicht den Prokuristen**. Der Anmeldepflichtige unterliegt dem **Registerzwang** nach § 14 HGB.

> **Hinweis:**
> Besteht bei einer GmbH eine unechte Gesamtprokura durch einen Geschäftsführer und einen Prokuristen, ist der Prokurist nicht befugt, bei der Anmeldung der ihm erteilten Prokura mitzuwirken.[83] Möglich ist dies dagegen bei der späteren Anmeldung weiterer Prokuristen.

43 Neben der Erteilung der Prokura als solcher ist auch ihr **Umfang zur Eintragung in das Handelsregister anzumelden**. Für die Gesamtprokura ist dies ausdrücklich in § 53 Abs. 1 Satz 2 HGB normiert. Anmeldepflichtig sind darüber hinaus alle

- Beschränkungen,
- Erweiterungen,
- spätere Änderungen eintragungspflichtiger Angaben, wie z.B. die Bindung an die Mitwirkung eines vertretungsberechtigten Gesellschafters oder Organmitgliedes,[84]
- die Befreiung vom Selbstkontrahierungsverbot des § 181 BGB,[85]
- die Beschränkung auf eine Niederlassung,
- die Änderung des Namens des Prokuristen,
- die Umwandlung einer Einzel- in eine Gesamtprokura und umgekehrt und
- die Erteilung oder der Widerruf der Grundstücksklausel.[86]

> **Hinweis:**
> Die Anmeldung der Erteilung der Prokura ist eine spätere Anmeldung i.S.d. § 41a Abs. 4 KostO. Betrifft die Anmeldung eine Zweigniederlassung gilt § 41a Abs. 5 KostO. Bei Fertigung des Entwurfs durch den Notar, fällt eine 5/10 Gebühr nach §§ 145 Abs. 1, 38 Abs. 2 Nr. 7 KostO an.

---

81 Röhricht/v. Westphalen/Wagner, HGB, § 53 Rn. 2.
82 Röhricht/v. Westphalen/Wagner, HGB, § 53 Rn. 8.
83 BayObLG, BB 1973, 912; Baumbach/Hopt/Hopt, HGB, § 53 Rn. 1; a.A.: Bärwaldt, NJW 1997, 1404.
84 BayObLG, BB 1971, 844.
85 BayObLG, BB 1980, 1487.
86 BayObLG, BB 1971, 844.

b) Erlöschen der Prokura

Das **Erlöschen** der Prokura ist gemäß § 53 Abs. 2 HGB **in gleicher Weise wie die Erteilung** zur Eintragung in das Handelsregister anzumelden. Die Eintragung des Erlöschens der Prokura hat ebenso wie die Eintragung ihrer Erteilung nur **deklaratorische Wirkung**.[87] Die Anmeldepflicht besteht auch bei **wirksamer Anfechtung** der Prokura.[88] Ist eine erloschene Prokura zu Unrecht nicht im Handelsregister eingetragen, sind deren Erteilung und Löschung gleichzeitig einzutragen.[89] Wird die Ernennung des bisherigen Prokuristen zum Geschäftsführer angemeldet, ist nach einer Entscheidung des LG Bremen eine gesonderte Anmeldung des Erlöschens der Prokura nicht erforderlich.[90] Gleiches gilt bei der Eintragung der Eröffnung des Insolvenzverfahrens von Amts wegen.[91]

> **Hinweis:**
> Solange das Erlöschen der Prokura nicht im Handelsregister eingetragen ist, sind gutgläubige Dritte nach § 15 Abs. 1 HGB geschützt, d.h. einem Dritten, dem das Erlöschen nicht bekannt war, kann nicht entgegengehalten werden, dass der frühere Prokurist keine Vertretungsmacht mehr besitzt.

Die Anmeldepflicht betrifft denjenigen, der im Zeitpunkt des Erlöschens auch zur Anmeldung der Erteilung einer Prokura verpflichtet ist (vgl. oben Rn. 42).

> **Hinweis:**
> Die Notarkosten für die Anmeldung des Erlöschens der Prokura entsprechen denjenigen der Anmeldung der Erteilung der Prokura (siehe oben Rn. 43).

2. Muster: Erteilung einer Einzelprokura

UR.-Nr. ....../20...

Amtsgericht ....

– Handelsregister –

HRB........

Zum Handelsregister der Firma ....

wird zur Eintragung angemeldet:

Herrn ..., geb. am ..., wohnhaft in ...,

ist Einzelprokura erteilt.

............, den ....

Vorstehende, vor mir vollzogene Unterschrift des

Herrn ... geb. am ..., wohnhaft in ...

– ausgewiesen durch gültigen Personalausweis –

wird hiermit beglaubigt.

............, den ....

Notar

---

87 Röhricht/v. Westphalen/Wagner, HGB, § 53 Rn. 16.
88 Röhricht/v. Westphalen/Wagner, HGB, § 53 Rn. 16; Baumbach/Hopt/Hopt, HGB, § 53 Rn. 4.
89 Baumbach/Hopt/Hopt, HGB, § 53 Rn. 4.
90 LG Bremen, NJW-RR 1998, 1332.
91 LG Halle, NZI 2004, 631.

3. Muster: Erteilung einer Gesamtprokura

47

UR.-Nr. ..../20...

Amtsgericht ....

– Handelsregister –

HRB ....

Zum Handelsregister der Firma ...

wird zur Eintragung angemeldet:

Herrn ..., geb. am ..., wohnhaft in ..., und

Herrn ..., geb. am ..., wohnhaft in ...,

ist Gesamtprokura in der Weise erteilt, dass zwei Prokuristen die Firma gemeinschaftlich vertreten können.

............, den ....

(*Beglaubigungsvermerk wie unter Rn. 46*)

4. Muster: Erteilung einer unechten Gesamtprokura zur gemeinsamen Vertretung mit einem Geschäftsführer

48

UR.-Nr ..../20...

Amtsgericht ....

– Handelsregister –

HRB ....

Zum Handelsregister der Firma ...

wird zur Eintragung angemeldet:

Herrn ..., geb. am ..., wohnhaft in ...,

ist Prokura in der Weise erteilt, dass er berechtigt ist, die Gesellschaft gemeinschaftlich mit einem Geschäftsführer zu vertreten.

............, den ....

(*Beglaubigungsvermerk wie unter Rn. 46*)

5. Muster: Erteilung einer Niederlassungsprokura

49

UR.-Nr ..../20...

Amtsgericht ....

– Handelsregister –

HRB ....

Zum Handelsregister der Firma ...

wird zur Eintragung angemeldet:

Herrn ..., geb. am ..., wohnhaft in ...,

wurde für die Zweigniederlassung der Firma ... in ... Einzelprokura erteilt.

............, den ....

(*Beglaubigungsvermerk wie unter Rn. 46*)

6. Muster: Erweiterung der Prokura um Grundstücksklausel

Der Prokurist ist auch zur Veräußerung und Belastung von Grundstücken befugt.

oder:

Der Prokurist ist auch zur Veräußerung von Grundstücken befugt.

oder:

Der Prokurist ist auch zur Belastung von Grundstücken befugt.

oder:

Die heute bestellten Prokuristen sind gemeinschaftlich zur Veräußerung und Belastung von Grundstücken befugt.

7. Muster: Änderung einer Gesamtprokura in eine Einzelprokura

UR.-Nr ..../20...

Amtsgericht ....

– Handelsregister –

HRB ....

Zum Handelsregister der Firma ...

wird zur Eintragung angemeldet:

Die Gesamtprokura des Prokuristen Herrn ..., geb. am ..., wohnhaft in ..., wurde in eine Einzelprokura umgewandelt.

............, den ....

(*Beglaubigungsvermerk wie unter Rn. 46*)

8. Muster: Erlöschen der Prokura

UR.-Nr ..../20...

Amtsgericht ....

– Handelsregister –

HRB ....

Zum Handelsregister der Firma ...

wird zur Eintragung angemeldet:

Die Prokura von Herrn ..., geb. am ..., wohnhaft in ...,

ist erloschen.

............, den ....

(*Beglaubigungsvermerk wie unter Rn. 46*)

C. Handlungsvollmacht

I. Allgemeines

53 Die **Handlungsvollmacht** ist jede von einem Kaufmann im Rahmen seines Handelsgewerbes erteilte Vollmacht, die keine Prokura i.S.d. §§ 48 ff. HGB ist. Sie ist damit eine **besondere Form der handelsrechtlichen Vollmacht**. Die Handlungsvollmacht unterliegt den §§ 54 – 58 HGB; ergänzend sind die §§ 164 ff. BGB anwendbar. Ihr Zweck besteht darin, den Handelsverkehr zu sichern und zu erleichtern, indem ihm eine feste Grundlage für das Vertreterhandeln im kaufmännischen Verkehr gegeben wird (Verkehrsschutz).[92] Im Gegensatz zur Prokura ist der Umfang der Handlungsvollmacht nicht gesetzlich festgelegt. Diesen bestimmt der Kaufmann im Einzelfall. § 54 HGB enthält lediglich eine widerlegbare Vermutung über den Umfang der rechtsgeschäftlich erteilten Vollmacht.[93] Soweit die Vermutung nicht greift, obliegt die Beweislast dem Dritten.[94]

II. Erteilung der Handlungsvollmacht

1. Vollmachtgeber

54 Die Handlungsvollmacht kann durch Kaufleute (vgl. hierzu 1. Teil: Handelsrecht, 1. Kapitel Rn. 6 ff.), Handelsgesellschaften (§ 6 Abs. 1 HGB), eingetragene Genossenschaften (§ 42 Abs. 2 GenG), juristische Personen i.S.d. § 33 HGB, Insolvenzverwalter,[95] in Liquidation befindliche Gesellschaften[96] und Vorgesellschaften (Vor-AG, Vor-GmbH)[97] erteilt werden. Die **Erteilung** erfolgt durch den **Inhaber des Handelsgeschäfts** selbst bzw. durch **dessen Vertreter**. Dies kann auch ein Prokurist[98] oder entsprechend ermächtigter Handlungsbevollmächtigter[99] sein.

> **Hinweis:**
> § 54 HGB gilt analog auch für Kleingewerbetreibende.[100]

2. Person des Bevollmächtigten

55 Handlungsbevollmächtigte können **alle natürlichen Personen**, die zumindest beschränkt geschäftsfähig sind,[101] und – im Gegensatz zur Prokura (vgl. oben Rn. 8) – **auch juristische Personen**,[102] insb. Handelsgesellschaften, sein. Letztere werden durch ihr jeweiliges Organ (Geschäftsführer, Vorstand) vertreten. Erteilt werden kann die Handlungsvollmacht auch einer GbR.

---

92 Heymann/Sonnenschein/Weitemeyer, HGB, § 54 Rn. 3; Röhricht/v. Westphalen/Wagner, HGB, § 54 Rn. 2; K. Schmidt, Handelsrecht, § 16 IV 4; Bork, JA 1990, 249, 251; siehe aber auch MünchKomm-HGB/Krebs, § 54 Rn. 2 ff.
93 Baumbach/Hopt/Hopt, HGB, § 54 Rn. 9; Röhricht/v. Westphalen/Wagner, HGB, § 54 Rn. 2.
94 Baumbach/Hopt/Hopt, HGB, § 54 Rn. 9.
95 OLG Düsseldorf, BB 1957, 412.
96 RGZ 72, 119.
97 Scholz/K. Schmidt, GmbHG, § 11 Rn. 65; Hachenburg/Ulmer, GmbHG, § 11 Rn. 47; Baumann/Jula, JuS 1993, 659, 660; siehe aber auch MünchKomm-HGB/Krebs, § 54 Rn. 7.
98 BGH, DB 1952, 949.
99 Baumbach/Hopt/Hopt, HGB, § 54 Rn. 6.
100 Baumbach/Hopt/Hopt, HGB, § 54 Rn. 6; MünchKomm-HGB/Krebs, § 54 Rn. 8; Koller/Roth/Morck/Roth, HGB, § 54 Rn. 4; Drexl/Mentzel, Jura 2002, 289, 298; a.A.: Röhricht/v. Westphalen/Wagner, HGB, § 54 Rn. 7; Heymann/Sonnenschein/Weitemeyer, HGB, § 54 Rn. 12.
101 Röhricht/v. Westphalen/Wagner, HGB, § 54 Rn. 12; MünchKomm-HGB/Krebs, § 54 Rn. 9; a.A.: Baumbach/Hopt/Hopt, HGB, § 54 Rn. 7: auch Geschäftsunfähige, Ausübung aber nur bei Geschäftsfähigwerden.
102 Röhricht/v. Westphalen/Wagner, HGB, § 54 Rn. 12; Baumbach/Hopt/Hopt, HGB, § 54 Rn. 7; K. Schmidt, Handelsrecht, § 16 IV 1a; Heymann/Sonnenschein/Weitemeyer, HGB, § 54 Rn. 13; a.A.: MünchKomm-HGB/Krebs, § 54 Rn. 11; Graf v. Westphalen, DStR 1993, 1562.

> **Hinweis:**
> Möglich ist die Erteilung einer Handlungsvollmacht an einen Prokuristen, sofern die Handlungsvollmacht dessen Vertretungsmacht erweitert, z.B. auf die Befugnis zur Veräußerung und Belastung von Grundstücken (§ 49 Abs. 2 HGB). Denkbar ist sie auch bei einem Niederlassungsprokuristen (§ 50 Abs. 3 HGB) im Hinblick auf außerhalb der Niederlassung abzuschließende Geschäfte oder bei einem Gesamtprokuristen (echte oder unechte Gesamtprokura), sofern sie diesen im Einzelfall zur Einzelvertretung ermächtigt.

3. Erteilungserklärung

Die Erteilung der Handlungsvollmacht erfolgt durch eine **einseitige empfangsbedürftige Willenserklärung**[103] nach den allgemeinen Vorschriften der §§ 167, 171 BGB (§ 167 Abs. 1, 1. Alt. BGB: Innenvollmacht; § 167 Abs. 1, 2. Alt. BGB: Außenvollmacht; § 171 Abs. 1 BGB: öffentliche Bekanntmachung). Sie ist grds. an **keine Form gebunden** und kann auch **konkludent** erteilt werden,[104] z.B. in der Bestellung zum Abschlussvertreter liegen. Sie kann auch durch Umdeutung (§ 140 BGB) einer unwirksamen Prokura oder Generalvollmacht entstehen.[105]

56

> **Hinweis:**
> Soll die Handlungsvollmacht auch zu Grundstücksgeschäften ermächtigen, bedarf sie gemäß § 29 GBO der notariellen Beurkundung (§ 128 BGB) bzw. der notariellen Beglaubigung (§ 129 BGB). Auch ansonsten empfiehlt sich zumindest Schriftform, um Zweifel über den Vollmachtsumfang zu vermeiden.

Im Gegensatz zur Prokura (§ 53 HGB) ist die Handlungsvollmacht **nicht in das Handelsregister einzutragen**; § 15 HGB gilt dementsprechend nicht.

57

III. Umfang der Handlungsvollmacht

1. Arten der Handlungsvollmacht

Der Kaufmann bestimmt den **Umfang** der Handlungsvollmacht **bei ihrer Erteilung**. Anders als die Prokura können die **Handlungsvollmachten einen unterschiedlichen Inhalt haben**. § 54 Abs. 1 HGB unterscheidet drei Arten einer Handlungsvollmacht.

58

a) Generalhandlungsvollmacht

Die Generalhandlungsvollmacht gestattet alle Geschäftshandlungen und Rechtsgeschäfte, die der gesamte Betrieb eines derartigen Handelsgewerbes gewöhnlich mit sich bringt. Sie ist damit die **umfangreichste Form der Handlungsvollmacht**. Der Handlungsbevollmächtigte ist gleichsam **Geschäftsführer des Kaufmanns**.[106] In der Praxis kommt diese Form der Handlungsvollmacht eher selten vor.

59

> **Hinweis:**
> Von der Generalvollmacht unterscheidet sich die Generalhandlungsvollmacht dadurch, dass sie sich auf die Geschäfte beschränkt, die für ein Unternehmen der Branche üblich sind, während die Gene-

---

103 Röhricht/v. Westphalen/Wagner, HGB, § 54 Rn. 14; MünchKomm-HGB/Krebs, § 54 Rn. 48.
104 BGH, NJW 1982, 1390; WM 2003, 750; Baumbach/Hopt/Hopt, HGB, § 54 Rn. 8; Röhricht/v. Westphalen/Wagner, HGB, § 54 Rn. 15; MünchKomm-HGB/Krebs, § 54 Rn. 49.
105 BGH, WM 1978, 1078; NZG 2002, 813, 814; Röhricht/v. Westphalen/Wagner, HGB, § 54 Rn. 16; MünchKomm-HGB/Krebs, § 54 Rn. 51.
106 Vgl. Röhricht/v. Westphalen/Wagner, HGB, § 54 Rn. 18; Baumbach/Hopt/Hopt, HGB, § 54 Rn. 10; Heymann/Sonnenschein/Weitemeyer, HGB, § 54 Rn. 16; siehe zur GmbH BGH, WM 2003, 747; KG, BB 1991, 2039.

> ralvollmacht die Vornahme aller Geschäfte, bei denen eine Stellvertretung möglich ist, gestattet. Die Abgrenzung hängt im Einzelfall von dem Bevollmächtigungswillen des Vollmachtgebers ab.[107]

b) Arthandlungsvollmacht

60 Die Arthandlungsvollmacht beschränkt sich auf **alle Rechtsgeschäfte**, die eine bestimmte Art von Geschäften eines derartigen Handelsgewerbes **gewöhnlich mit sich bringt**.

Beispiele:

Kassierer, Zweigstellenleiter einer Bank, Agent, technischer Direktor.

c) Spezialhandlungsvollmacht

61 Die Spezialhandlungsvollmacht ermächtigt zu allen Rechtsgeschäften, die das übertragene einzelne, konkret bestimmte Geschäft gewöhnlich mit sich bringt. Häufig ist sie nur auf die **Vornahme eines einzigen Rechtsgeschäfts** beschränkt.

> **Hinweis:**
> Die Spezialhandlungsvollmacht unterscheidet sich von der normalen Einzelvollmacht dadurch, dass sich die Vertretungsmacht nicht nur auf ein konkretes Rechtsgeschäft, sondern auch auf alle üblicherweise mit diesem in unmittelbarem Zusammenhang stehenden Geschäfte und Rechtshandlungen erstreckt, z.B. Vollmacht für ein bestimmtes Bauvorhaben.[108]

d) Gesamthandlungsvollmacht

62 Ebenso wie eine Prokura kann die Handlungsvollmacht als Gesamthandlungsvollmacht erteilt werden. Es gelten insoweit im Wesentlichen die gleichen Gestaltungsmöglichkeiten wie bei der Gesamtprokura (vgl. oben Rn. 25 ff.).

e) Niederlassungshandlungsvollmacht

63 Möglich ist auch, die Handlungsvollmacht – vergleichbar dem Niederlassungsprokurist (§ 50 Abs. 3 HGB, siehe oben Rn. 33) – auf **eine oder mehrere Niederlassungen zu beschränken**.

2. Branchenübliche Geschäfte

64 Der **Umfang** der Handlungsvollmacht erstreckt sich gemäß § 54 Abs. 1, 2. Halbs. HGB grds. auf alle Geschäfte und Rechtshandlungen, die der Betrieb eines derartigen Handelsgewerbes oder die Vornahme derartiger Geschäfte **gewöhnlich mit sich bringt**. Anders als die Prokura, die alle Rechtshandlungen gestattet, die der Betrieb irgendeines beliebigen Handelsgewerbes mit sich bringen kann (vgl. oben Rn. 15), beschränkt sich der Umfang der Handlungsvollmacht somit nur auf branchenübliche Geschäfte.

65 Das Geschäft darf **nicht ungewöhnlich** sein.[109] Es muss sich also um ein nicht selten vorkommendes Rechtsgeschäft handeln, das sich im **finanziellen Rahmen** des Handelsgewerbes hält. Maßgeblich sind insoweit insb. die Branche, Art und Größe des Unternehmens, Besonderheiten des Geschäfts und die Vertragsbedingungen.

---

107 Vgl. KG, BB 1991, 2039.
108 Vgl. Baumbach/Hopt/Hopt, HGB, § 54 Rn. 10.
109 Vgl. Baumbach/Hopt/Hopt, HGB, § 54 Rn. 10 f.; Röhricht/v. Westphalen/Wagner, HGB, § 54 Rn. 28; Münch-Komm-HGB/Krebs, § 54 Rn. 31 ff.

> **Hinweis:**
>
> Gehören bei einem großen Unternehmen Vertragsabschlüsse von erheblicher finanzieller Tragweite zum gewöhnlichen Geschäftsbetrieb, erstreckt sich die Handlungsvollmacht auch auf diese.[110]

3. Beschränkungen der Handlungsvollmacht

a) Gesetzliche Beschränkungen

Gemäß § 54 Abs. 2 HGB **erstreckt** sich der **regelmäßige Umfang** der Handlungsvollmacht **nicht auf**:

- die Veräußerung oder Belastung von Grundstücken,
- die Eingehung von Wechselverbindlichkeiten,
- die Aufnahme von Darlehen und
- die Prozessführung.

Diese **Beschränkungen** gelten unabhängig davon, ob das jeweilige Geschäft branchenüblich ist oder nicht. Sie umfassen sowohl Verpflichtungs- und Erfüllungsgeschäfte wie auch bindende Vorverträge.[111] Jeder Dritte muss sie unabhängig von seiner Gutgläubigkeit gegen sich gelten lassen. Auf vergleichbare Geschäfte sind die gesetzlichen Beschränkungen im Wege der Analogie nicht übertragbar.[112]

> **Hinweis:**
>
> Der Handlungsbevollmächtigte kann seinen Geschäftsherrn – ebenso wie ein Prokurist (vgl. oben Rn. 17) – auch nicht hinsichtlich der Grundlagengeschäfte und der Privatgeschäfte vertreten.

b) Besondere Ermächtigung

Der Geschäftsherr kann den **Umfang** der Handlungsvollmacht gemäß § 54 Abs. 2 HGB jederzeit auf die dort aufgeführten Geschäfte **erweitern**. Dies kann **ausdrücklich** oder **konkludent**[113] geschehen.

> **Hinweis:**
>
> Allein in der Erteilung einer Generalhandlungsvollmacht ist nicht ohne weiteres eine entsprechende Erweiterung der Handlungsvollmacht zu sehen.[114]

c) Gutglaubensschutz hinsichtlich sonstiger Beschränkungen

Der Geschäftsherr kann die Handlungsvollmacht über die **Grenzen des § 54 Abs. 1 und Abs. 2 HGB hinaus beschränken**.

Beispiele:

Untersagung des Abschlusses von Mietverträgen, der Gewährung von Darlehen von mehr als 10.000 € oder des Abschlusses von Kaufverträgen mit einem Wert von über 20.000 €.

Solche Beschränkungen braucht ein **Dritter** gemäß § 54 Abs. 3 HGB nur dann gegen sich gelten lassen, wenn er sie **kannte oder kennen musste**. Leichte Fahrlässigkeit schadet insoweit bereits (§ 122 Abs. 2 BGB).

---

110 BGH, WM 2003, 750: Millionenschuldanerkenntnis beim Bau einer Ölraffinerie.
111 Röhricht/v. Westphalen/Wagner, HGB, § 54 Rn. 30; MünchKomm-HGB/Krebs, § 54 Rn. 34.
112 Baumbach/Hopt/Hopt, HGB, § 54 Rn. 16; Röhricht/v. Westphalen/Wagner, HGB, § 54 Rn. 30; MünchKomm-HGB/Krebs, § 54 Rn. 34.
113 BGH, WM 1969, 43; WM 1978, 1046; Baumbach/Hopt/Hopt, HGB, § 54 Rn. 17; Röhricht/v. Westphalen/Wagner, HGB, § 54 Rn. 35; MünchKomm-HGB/Krebs, § 54 Rn. 35.
114 BGH, WM 1969, 43.

71 § 54 Abs. 3 HGB betrifft nur das **Außenverhältnis zum Dritten**, nicht dagegen das Innenverhältnis zwischen Geschäftsherr und Handlungsbevollmächtigtem. Ein Wahlrecht, sich nicht auf den Gutglaubensschutz berufen zu müssen, hat der Dritte nicht.[115]

IV. Abschlussvertreter

72 Gemäß § 55 HGB finden die Vorschriften des § 54 HGB auf **Handelsvertreter (§ 84 HGB)** oder **Handlungsgehilfen (§ 59 HGB)** ebenfalls Anwendung. Voraussetzung hierfür ist jedoch gemäß § 55 Abs. 1 HGB, dass dem Handelsvertreter bzw. dem Handlungsgehilfen eine Handlungsvollmacht erteilt worden ist, die ihn dazu ermächtigt, außerhalb des Betriebes des Prinzipals Geschäfte in dessen Namen abzuschließen. § 91 Abs. 1 HGB erstreckt die Regelung des § 55 HGB auch auf von Nichtkaufleuten erteilte Vollmachten an Handelsvertreter. **Nicht erfasst** werden von § 55 HGB dagegen die **Vermittlungsvertreter (§ 91 Abs. 2 HGB)** und die **Vermittlungsgehilfen (§ 75g HGB)**; für letztere ist aber § 55 Abs. 4 HGB entsprechend anwendbar.

73 Der Umfang der Vollmacht der Abschlussvertreter richtet sich nach § 55 Abs. 1 HGB i.V.m. § 54 Abs. 1 HGB (vgl. dazu oben Rn. 58 ff.). Sie umfasst also regelmäßig alle Geschäfte und Rechtshandlungen, die die Vornahme von Geschäften der Art, zu der der Abschlussvertreter bevollmächtigt ist, **gewöhnlich mit sich bringt**.[116] Neben den Beschränkungen des § 54 Abs. 2 HGB (vgl. dazu oben Rn. 66) unterliegt der Abschlussvertreter weiterhin den Einschränkungen des § 55 Abs. 2 und Abs. 3 HGB. Gemäß § 55 Abs. 2 HGB berechtigt die ihm erteilte Vollmacht grds. nicht zur Änderung abgeschlossener Verträge, insb. nicht zur nachträglichen Gewährung von Zahlungsfristen. Zahlungen darf er gemäß § 55 Abs. 3 HGB nur annehmen, wenn er hierzu bevollmächtigt ist (Inkassovollmacht).

74 Eine **Erweiterung der Abschlussvollmacht** enthält § 55 Abs. 4 HGB. Nach dieser Vorschrift gelten die Abschlussvertreter als ermächtigt, die Anzeige von Mängeln einer Ware, die Erklärung, dass eine Ware zur Verfügung gestellt werde, sowie ähnliche Erklärungen, durch die ein Dritter seine Rechte aus mangelhafter Leistung geltend macht oder sie vorbehält, entgegenzunehmen. Im Übrigen können sie die dem Prinzipal zustehenden Rechte auf Sicherung des Beweises geltend machen.

> **Hinweis:**
> Das Recht auf Beweissicherung umfasst alle gerichtlichen und außergerichtlichen Maßnahmen einschließlich der Einleitung eines selbständigen Beweisverfahrens nach §§ 485 ff. ZPO. Entgegen dem Wortlaut des § 55 Abs. 4 HGB bezieht sich dieses Recht aber nur auf die geltend gemachten Mängel.[117]

75 **Überschreitet** ein Abschlussvertreter seine **Vollmachten**, gelten die §§ 177 ff. BGB (Vertreter ohne Vertretungsmacht).

V. Zeichnung des Handlungsbevollmächtigten

76 Der Handlungsbevollmächtigte hat gemäß § 57 HGB mit einem das **Vollmachtsverhältnis ausdrückenden Zusatz zu zeichnen**, sich dabei aber jedes eine Prokura andeutenden Zusatzes (vgl. oben Rn. 35) zu enthalten. Ebenso wie bei der für den Prokuristen geltenden Vorschrift des § 51 HGB handelt es sich bei § 57 HGB lediglich um eine reine **Ordnungsvorschrift**.[118] Ein Verstoß gegen diese Norm führt daher nicht zur Unwirksamkeit der Zeichnung oder des Geschäfts.

---

115 OLG Braunschweig, MDR 2002, 42; Baumbach/Hopt/Hopt, HGB, § 54 Rn. 19; MünchKomm-HGB/Krebs, § 54 Rn. 45; a.A.: Röhricht/v. Westphalen/Wagner, HGB, § 54 Rn. 41.
116 Baumbach/Hopt/Hopt, HGB, § 55 Rn. 6.
117 Baumbach/Hopt/Hopt, HGB, § 55 Rn. 8; Röhricht/v. Westphalen/Wagner, HGB, § 55 Rn. 25.
118 Röhricht/v. Westphalen/Wagner, HGB, § 57 Rn. 21.

Typische, das Vollmachtsverhältnis ausdrückende Zusätze sind:
- „in Vollmacht",
- „in Vertretung",
- „i.V.",
- „in Auftrag",
- „i.A.",
- „durch",
- „per",
- „für".

> **Hinweis:**
> Eine Zeichnung der Firma des Vertretenen ist nicht erforderlich. Diese ergibt sich regelmäßig aus dem Briefkopf oder einem der Unterschrift beigedrückten Firmenstempel.

VI. Unübertragbarkeit der Handlungsvollmacht

Die **Handlungsvollmacht ist übertragbar**, gemäß § 58 HGB jedoch nur mit **Zustimmung des Inhabers des Handelsgeschäfts**. Erteilen kann die Zustimmung auch ein Prokurist.[119] Für die Zustimmung gelten die §§ 182 ff. BGB (Einwilligung, Genehmigung). 77

Die Übertragung der Handlungsvollmacht i.S.d. § 58 HGB hat zur Folge, dass der **neue Bevollmächtigte an die Stelle des bisherigen Bevollmächtigten tritt** und dieser seine Vertretungsmacht verliert.[120] 78

> **Hinweis:**
> Die Übertragung der Handlungsvollmacht durch den Kaufmann bedeutet Widerruf gegenüber dem alten Bevollmächtigten und Neuerteilung an den neuen Bevollmächtigten.[121]

Zu unterscheiden von der Übertragung der Handlungsvollmacht i.S.d. § 58 HGB ist die **Erteilung einer Untervollmacht** durch den Handlungsbevollmächtigten.[122] Diese führt nicht zu einer Vollsubstitution. Die Vertretungsmacht des bisherigen Handlungsbevollmächtigten bleibt vielmehr erhalten. Voraussetzung für die Erteilung einer Untervollmacht durch den Handlungsbevollmächtigten ist eine entsprechende Ermächtigung des Geschäftsherrn. Sie kann sich auch auf die in § 54 Abs. 2 HGB genannten Geschäfte erstrecken.[123] 79

VII. Erlöschen der Handlungsvollmacht

Das **Erlöschen der Handlungsvollmacht** ist im HGB **nicht ausdrücklich geregelt**. Es gelten daher die allgemeinen Regeln des BGB. Die Handlungsvollmacht ist danach insb. frei widerruflich, sofern die Widerrufsmöglichkeit – anders als bei der Prokura (vgl. oben Rn. 36) – nicht durch vertragliche Vereinbarung ausgeschlossen ist (§ 168 Satz 2, 2. Halbs. BGB). 80

---

119 Baumbach/Hopt/Hopt, HGB, § 58 Rn. 1.
120 Baumbach/Hopt/Hopt, HGB, § 58 Rn. 2; Röhricht/v. Westphalen/Wagner, HGB, § 58 Rn. 1.
121 Baumbach/Hopt/Hopt, HGB, § 58 Rn. 1; Röhricht/v. Westphalen/Wagner, HGB, § 58 Rn. 2.
122 MünchKomm-HGB/Krebs, § 58 Rn. 4 sieht die Erteilung einer Untervollmacht entgegen der h.M. (vgl. etwa Baumbach/Hopt/Hopt, HGB, § 58 Rn. 2) ebenfalls als einen von § 58 HGB erfassten Fall an.
123 Baumbach/Hopt/Hopt, HGB, § 58 Rn. 2; Röhricht/v. Westphalen/Wagner, HGB, § 58 Rn. 5; vgl. auch OLG München, ZIP 1984, 815.

> **Hinweis:**
> Ein Widerruf aus wichtigem Grund ist stets möglich.[124]

81 Während der **Tod des Geschäftsherrn** den Bestand der Handlungsvollmacht im Zweifel nicht berührt (§§ 168 Satz 1, 672 Satz 1, 675 BGB),[125] kommen neben dem Widerruf als **sonstige Gründe für das Erlöschen der Handlungsvollmacht** insb. in Betracht:

- Tod oder Eintritt der Geschäftsunfähigkeit des Bevollmächtigten,[126]
- Beendigung des zugrunde liegenden Rechtsverhältnisses, z.B. Dienstvertrag oder Auftrag (§ 168 Satz 1 BGB),
- Einstellung des Handelsgeschäfts,[127]
- Insolvenzeröffnung über das Vermögen des Kaufmanns (§ 117 Abs. 1 InsO),[128]
- Veräußerung des Handelsgeschäfts.[129]

> **Hinweis:**
> Erlischt die Handlungsvollmacht kommt ein Schutz gutgläubiger Dritter im Rahmen der §§ 170 – 173 BGB in Betracht.

VIII. Muster: Handlungsvollmacht

82 Hiermit erteile ich, der Unterzeichnende, als Inhaber des unter der Firma ... e.K. in ..., betriebenen Unternehmens

Herrn ..., geb. am. ..., wohnhaft in ...,

Handlungsvollmacht

für alle Geschäfte und Rechtshandlungen, die der Fliesenhandel gewöhnlich mit sich bringt.

Der Handlungsbevollmächtigte ist auch ermächtigt, Wechselverbindlichkeiten einzugehen und Prozesse zu führen.

............, den ....

D. Vertretungsmacht von Ladenangestellten

83 Gemäß § 56 HGB gilt derjenige, der in einem **Laden** oder in einem **offenen Warenlager angestellt** ist, als **ermächtigt** zu Verkäufen und Empfangnahmen, die in einem derartigen Laden oder Warenlager **gewöhnlich geschehen**. Die **rechtliche Natur des § 56 HGB** ist umstritten. Nach wohl überwiegender Auffassung begründet die Vorschrift im Interesse des Verkehrsschutzes eine unwiderlegbare gesetzliche

---

124 BGH, WM 1969, 1009.
125 Baumbach/Hopt/Hopt, HGB, § 54 Rn. 21; Röhricht/v. Westphalen/Wagner, HGB, § 54 Rn. 49.
126 Röhricht/v. Westphalen/Wagner, HGB, § 54 Rn. 52; MünchKomm-HGB/Krebs, § 54 Rn. 63.
127 Baumbach/Hopt/Hopt, HGB, § 54 Rn. 21; Röhricht/v. Westphalen/Wagner, HGB, § 54 Rn. 51.
128 BGH, WM 1958, 430, 431.
129 Röhricht/v. Westphalen/Wagner, HGB, § 54 Rn. 51.

Vermutung für die Erteilung und den Umfang einer Vollmacht des Angestellten in einem Laden oder Warenlager.[130]

§ 56 HGB geht von der Kaufmannseigenschaft (vgl. hierzu 1. Teil Handelsrecht 1. Kapitel Rn. 6 ff.) des Ladeninhabers aus. Die Vorschrift ist nach h.M. aber auch auf Kleingewerbetreibende analog anwendbar.[131] Unter einem Laden oder einem offenen Warenlager ist eine dem Publikum frei zugängliche Verkaufsstätte zu verstehen, die zum Abschluss von Geschäften bestimmt ist.[132] Es kommt nicht darauf an, ob diese dazu besonders ausgestattet ist. 84

> *Beispiele:*
>
> *Einzelhandelsgeschäft, Selbstbedienungsmarkt, Warenhaus oder ein Großhandelslager, in dem auch privat verkauft wird.[133]*

Nicht unter § 56 HGB fallen dagegen **Kontor-, Büro- oder Fabrikräume**,[134] sofern dort nicht auch Verkaufsgeschäfte vorgenommen werden.

Angestellter ist jeder, der in dem Laden oder Warenlager mit Wissen und Wollen des Inhabers an der Verkaufstätigkeit mitwirkt.[135] Gleichgültig ist dabei, welche Aufgaben und Pflichten er im Übrigen in dem Unternehmen des Inhabers wahrnimmt oder ob es sich z.B. um einen Freund oder Familienangehörigen handelt. **Kein Angestellter** i.S.d. § 56 HGB ist dagegen, wer ohne Wissen und Wollen des Inhabers im Laden oder Warenlager mit dem Publikum verkehrt oder nicht zu Verkaufszwecken dort tätig ist, z.B. Reinigungskraft, Packer.[136] 85

> **Hinweis:**
>
> Verhindert der Inhaber ein Tätigwerden dieser Personen beim Verkauf nicht, kommt eine allgemeine Anscheinsvollmacht in Betracht.[137]

Der **Umfang der Vollmacht** erstreckt sich auf Verkäufe und Empfangnahmen, die in einem derartigen Laden oder Warenlager gewöhnlich geschehen. Dies richtet sich insb. nach der Branche, dem Ladentyp und dem Geschäft. Ankäufe durch den Angestellten werden nicht von § 56 HGB erfasst.[138] Im Übrigen muss zwischen dem Laden bzw. Warenlager und dem Geschäftsabschluss ein örtlicher Zusammenhang bestehen, d.h. zumindest der Abschluss des Geschäfts muss im Laden bzw. Warenlager angebahnt sein.[139] § 54 Abs. 3 HGB (Gutgläubigkeit des Geschäftspartners) ist auf die Vertretungsmacht des Ladenangestellten analog anwendbar.[140] 86

---

130 BGH, NJW 1975, 2191; NJW 1988, 2109; Heymann/Sonnenschein/Weitemeyer, HGB, § 56 Rn. 18; Röhricht/v. Westphalen/Wagner, HGB, § 56 Rn. 1; a.A.: Baumbach/Hopt/Hopt, HGB, § 56 Rn. 4: widerlegbare Vermutung; Schlegelberger/Schröder, HGB, § 56 Rn. 1: Vollmacht kraft schlüssiger Erteilung; Canaris, Handelsrecht, § 16 Rn. 1: Rechtsscheinsvollmacht kraft Einräumung einer Stellung; zum Streitstand hinsichtlich der dogmatischen Einordnung des § 56 HGB siehe auch MünchKomm-HGB/Krebs, § 56 Rn. 3 ff.

131 Röhricht/v. Westphalen/Wagner, HGB, § 56 Rn. 4; Baumbach/Hopt/Hopt, HGB, § 56 Rn. 1; K. Schmidt, Handelsrecht, § 16 V 3a; MünchKomm-HGB/Krebs, § 56 Rn. 9; a.A.: Ebenroth/Boujong/Joost/Weber, HGB, § 56 Rn. 3.

132 Röhricht/v. Westphalen/Wagner, HGB, § 56 Rn. 5 ff.; Baumbach/Hopt/Hopt, HGB, § 56 Rn. 1.

133 BGH, NJW 1975, 2191.

134 Röhricht/v. Westphalen/Wagner, HGB, § 56 Rn. 7; Baumbach/Hopt/Hopt, HGB, § 56 Rn. 1.

135 BGH, NJW 1975, 2191; Röhricht/v. Westphalen/Wagner, HGB, § 56 Rn. 9; Baumbach/Hopt/Hopt, HGB, § 56 Rn. 2.

136 Röhricht/v. Westphalen/Wagner, HGB, § 56 Rn. 10; Baumbach/Hopt/Hopt, HGB, § 56 Rn. 3.

137 BGH, NJW 1988, 2110.

138 BGH, NJW 1988, 2109.

139 Baumbach/Hopt/Hopt, HGB, § 56 Rn. 4.

140 Röhricht/v. Westphalen/Wagner, HGB, § 56 Rn. 21; Heymann/Sonnenschein/Weitemeyer, HGB, § 56 Rn. 20.

> **Hinweis:**
> Die Vollmacht kann z.B. durch ein Hinweisschild im Laden mit der Aufschrift „Zahlung nur an der Kasse" ausgeschlossen werden.[141]

E. Checkliste: Prokura/Handlungsvollmacht/Vertretungsvollmacht

87 ☑

- **Prokura**
  - Erteilung
    - ☐ nur durch den Geschäftsinhaber oder seinen gesetzlichen Vertreter,
    - ☐ nur an natürliche Personen,
    - ☐ nur durch ausdrückliche Erklärung.
  - Umfang
    - ☐ Geschäft oder Rechtshandlung, die der Betrieb irgendeines Handelsgewerbes mit sich bringen kann,
    - ☐ Veräußerung und Belastung von Grundstücken nur bei besonderer Ermächtigung (§ 49 Abs. 2 HGB),
    - ☐ keine Grundlagengeschäfte des Geschäftsherrn,
    - ☐ keine Privatgeschäfte des Geschäftsherrn,
    - ☐ im Außenverhältnis grds. unbeschränkbar (§ 50 Abs. 1 HGB).
  - Formen
    - ☐ Einzelprokura (§ 48 Abs. 1 HGB),
    - ☐ echte Gesamtprokura (§ 48 Abs. 2 HGB),
    - ☐ unechte Gesamtprokura (§ 125 Abs. 3 HGB, § 78 Abs. 3 AktG, § 25 Abs. 2 GenG),
    - ☐ Niederlassungsprokura (§ 50 Abs. 3 HGB).
  - Verpflichtung zur Handelsregisteranmeldung (§ 53 HGB)
  - Eintragung im Handelsregister nur deklaratorisch
- **Handlungsvollmacht**
  - Erteilung
    - ☐ durch den Geschäftsinhaber oder einen von diesem Bevollmächtigten, z.B. Prokurist,
    - ☐ an natürliche oder juristische Personen,
    - ☐ durch ausdrückliche oder konkludente Erklärung.
  - Arten
    - ☐ Generalhandlungsvollmacht,
    - ☐ Arthandlungsvollmacht,
    - ☐ Spezialhandlungsvollmacht,
    - ☐ Gesamthandlungsvollmacht,
    - ☐ Niederlassungshandlungsvollmacht.

---

141 Röhricht/v. Westphalen/Wagner, HGB, § 56 Rn. 22; Baumbach/Hopt/Hopt, HGB, § 56 Rn. 5.

- Umfang
  ☐ branchenübliche Geschäfte (§ 54 Abs. 1 HGB),
  ☐ Veräußerung oder Belastung von Grundstücken, Eingehung von Wechselverbindlichkeiten, Aufnahme von Darlehen und Prozessführung nur bei besonderer Ermächtigung (§ 54 Abs. 2 HGB),
  ☐ Gutglaubensschutz hinsichtlich sonstiger Beschränkungen (§ 54 Abs. 3 HGB),
  ☐ keine Grundlagengeschäfte des Geschäftsherrn,
  ☐ keine Privatgeschäfte des Geschäftsherrn.
- Übertragbarkeit mit Zustimmung des Inhabers des Handelsgeschäfts (§ 58 HGB)
- keine Eintragung in das Handelsregister
- **Vertretungsmacht von Ladenangestellten**
  ☐ für das Publikum frei zugängliche Verkaufsstätte,
  ☐ mit Wissen und Wollen des Inhabers an der Verkaufstätigkeit Mitwirkender,
  ☐ übliche Verkäufe und Empfangnahmen,
  ☐ keine Ankäufe,
  ☐ örtlicher Zusammenhang zwischen Verkaufsstätte und Geschäftsabschluss,
  ☐ Gutgläubigkeit des Geschäftspartners analog § 54 Abs. 3 HGB.

Anhang
- □ Branchenübliche Geschäfte (s. 54 Abs. 1 HGB).
- □ Verbriefung oder Beleihung von Grundstücken, Eingehung von Wechselverbindlichkeiten, Erhebung von Darlehen und Prozessführung, die bei besonderer Ermächtigung (s. 54 Abs. 2 HGB).
- □ Vorgenommen schutz hinsichtlich sonstiger Beschränkungen (§ 54 Abs. 3 HGB).
- □ Keine Gutmütigkeitsschutz des Geschäftsherrn.
- □ Keine Einsichtsrechte des Geschäftsherrn.
- □ Beeinträchtigkeit mit Ausübung der Inhalte in das Handelsgeschäfts (§ 58 HGB).
- □ Keine Rücksprache für das andere Geschäfte
- □ Verteilungsnachweis und aufenthaltsoffen.
- □ Alle Tageskosten prüfungshalber Verkaufsstätte.
- □ Mit Wissen und Wollen des Inhabers an der Verkaufstätigkeit Mitwirkender.
- □ Ohne Verkäufe und Empfangnahmen.
- □ Kein Abschluss.
- □ Einfache Ausführung zwischen Verkaufsstätte und Geschäftsinhaber.
- □ Der Laufzeit des Geschäftsinhaberschaft (§ 56 Abs. 3 HGB).

5. Kapitel: Handelsvertreter- und Vertriebsrecht

Inhaltsverzeichnis

	Rn.
A. Handelsvertreterrecht	1
I. Begriff des Handelsvertreters	1
1. Legaldefinition des Handelsvertreters (§ 84 Abs. 1 HGB)	1
a) Selbständiger Gewerbetreibender	2
b) Ständige Betrauung	6
c) Tätigkeit für einen anderen Unternehmer oder in dessen Namen	8
d) Vermittlung bzw. Abschluss von Geschäften	10
2. Folgen aus einem Handelsvertreterverhältnis	12
3. Abgrenzung zu anderen Vertriebsformen	15
a) Vertragshändler	16
b) Franchisenehmer	17
c) Handelsmakler	18
d) Kommissionär	19
e) Kommissionsagent	20
II. Abschluss des Handelsvertretervertrags	21
1. Zustandekommen des Vertrags – Anwendbare Vorschriften	21
2. Aufbau eines typischen Handelsvertretervertrages – Checkliste	31
III. Pflichten der Vertragsparteien	32
1. Pflichten für den Handelsvertreter	32
a) Vermittlungs- und Abschlusspflicht (§ 86 Abs. 1 1. Halbs. HGB)	33
b) Interessenwahrungspflicht (§ 86 Abs. 1 2. Halbs. HGB)	34
c) Informations- und Benachrichtigungspflicht (§ 86 Abs. 2 HGB)	35
d) Rechenschaftspflicht	37
e) Verschwiegenheitspflicht (§ 90 HGB)	38
f) Wettbewerbsverbot während der Vertragslaufzeit (§ 86 Abs. 1 Satz 2 2. Halbs. HGB)	40
g) Wettbewerbsverbot nach Vertragsbeendigung (§ 90a HGB)	43
h) Weisungsbefolgungspflicht (§ 86 Abs. 1 2. Halbs. HGB, §§ 675, 665 BGB)	44
2. Pflichten für den Unternehmer	46
a) Pflicht zur Überlassung von Unterlagen (§ 86a Abs. 1 HGB)	46
b) Benachrichtigungs- und Informationspflicht (§ 86a Abs. 2 HGB)	47
c) Rücksichtnahme- und Treuepflicht	50
d) Wettbewerbsverbot	54
e) Verschwiegenheitspflicht	55
IV. Provisionsanspruch nach §§ 87 ff. HGB	56
1. Provisionspflichtige Geschäfte (§ 87 HGB)	56
2. Entstehung des Provisionsanspruchs (§ 87a HGB)	62
3. Wegfall des Provisionsanspruchs (§ 87a Abs. 2, Abs. 3 HGB)	65
4. Fälligkeit der Provision	67
5. Höhe der Provision (§ 87b HGB)	68
V. Anspruch auf Provisionsabrechnung und Buchauszug (§ 87c HGB)	70
1. Abrechnung über die Provision – Checkliste	70
2. Buchauszug (§ 87c Abs. 2 HGB) – Checkliste	75
3. Auskunft über provisionsrelevante Umstände (§ 87c Abs. 3 HGB)	78
4. Einsicht in Bücher und Urkunden (§ 87c Abs. 4 HGB)	80
5. Abweichende Vereinbarungen (§ 87c Abs. 5 HGB)	82
VI. Beendigung und Abwicklung des Handelsvertretervertrags	83
1. Ordentliche Kündigung	84
2. Kündigung aus wichtigem Grund (§ 89a HGB)	89
a) Kündigungsgründe des Unternehmers	95
b) Kündigungsgründe des Handelsvertreters	96
3. Rechtsfolgen der Vertragsbeendigung	97
VII. Ausgleichanspruch gemäß 89b HGB	101
1. Voraussetzungen des Ausgleichsanspruchs	102
a) Anspruchsberechtigter	102
b) Anspruchsverpflichteter	105
c) Vertragsbeendigung	107
d) Neugeworbene Kunden/Erweiterung bestehender Geschäftsverbindungen	112
e) Erhebliche Unternehmervorteile	117
f) Provisionsverluste des Handelsvertreters	120
aa) Prognose	121
bb) In die Prognose einfließende Vergütungsbestandteile	124
g) Billigkeitsprüfung	130
h) Unabdingbarkeit/Ausschlussfrist	134
i) Höchstbetrag	139
j) Ausschlusstatbestände	142
aa) Eigenkündigung des Handelsvertreters (§ 89b Abs. 3 Nr. 1 HGB)	143
(1) Begründeter Anlass im Verhalten des Unternehmers (§ 89b Abs. 3 Nr. 1 1. Alt. HGB)	144
(2) Keine Zumutung der Fortsetzung der Tätigkeit wegen Alters/Krankheit (§ 89b Abs. 3 Nr. 1 2. Alt.)	146
bb) Kündigung des Unternehmers aus wichtigem Grund wegen schuld-	

haften Verhaltens des Handelsvertreters (§ 89b Abs. 3 Nr. 2 HGB) ... 149
cc) Eintritt eines Dritten in das Vertragsverhältnis (§ 89b Abs. 3 Nr. 2 HGB) 150
k) Zinsen 151
l) Prozessuales...................... 152
2. Berechnung der Höhe des Ausgleichsanspruchs........................... 154
a) Rohausgleichsmethode 155
aa) Berücksichtigungsfähige Provisionen 155
bb) Prognosezeitraum............... 156
cc) Abwanderungsquote............. 157
dd) Abzinsung..................... 158
ee) Billigkeitsabschlag/Umsatzsteuer... 160
ff) Höchstbetrag.................. 161
b) Beispielsrechnung 162
aa) Rohertragsmethode 163
bb) Höchstbetragsberechnung 164
VIII. Verjährung der Ansprüche aus dem Handelsvertretervertrag (§§ 194 ff. BGB) 165
B. **Vertragshändlerrecht** 169
I. Begriff des Vertragshändlers 169
1. Begriffsbestimmung.................. 169
a) Einzelne Merkmale 171
aa) Handeln im eigenen Namen und auf eigene Rechnung 171
bb) Eingliederung in das Vertriebssystem des Herstellers 172
II. Besonderheiten des Vertragshändlervertrags... 175
1. Rechtsnatur 175
a) Dienstvertrag mit Geschäftsbesorgungscharakter 176
b) Interessenwahrungsvertrag 177
2. Vertragsstruktur 178
a) Dauerschuldverhältnis 178
b) Formularvertrag.................... 180
c) Rahmenvertrag..................... 181
3. Anwendbarkeit von Normen für Handelsvertreter 182
III. Pflichten der Vertragsparteien 183
1. Pflichten für den Vertragshändler 183
a) Absatzförderungspflicht von Vertragswaren.............................. 183
aa) Ausstattung und Einrichtung des Geschäftsbetriebes 184
bb) Mindestabnahme von Vertragswaren 185
cc) Lagerhaltung................... 186
dd) Markenwerbung 187
b) Konkurrenzverbot 189
2. Pflichten für den Unternehmer 190
a) Gesteigerte Treue- und Rücksichtnahmepflicht............................. 190
b) Direktbelieferungsverbot............. 191
c) Entgeltpflicht...................... 192
d) Gleichbehandlungsgebot 194
e) *Absatzbindungspflicht* 195
f) Lieferpflicht....................... 196

g) Unterstützungs- und Informationspflichten........................... 197
h) Qualitätssicherungspflicht............ 198
IV. Beendigung und Abwicklung des Vertragshändlervertrags 199
1. Ordentliche Kündigung 200
a) Form der Kündigungserklärung........ 200
b) Änderungskündigung 202
c) Kündigungsfrist.................... 203
d) Unwirksame Kündigungen 205
2. Fristlose Kündigung.................. 206
a) Wichtiger Grund 206
b) Abmahnung....................... 207
c) Verfristung, Ausschlussfrist........... 209
V. Ausgleichsanspruch gemäß § 89b HGB analog 211
1. Analoge Anwendbarkeit des § 89b HGB dem Grunde nach..................... 211
a) Anspruchsvoraussetzungen 211
aa) Eingliederung in das Absatzsystem.. 212
bb) Überlassung des Kundenstamms ... 213
b) Ausschlusstatbestände............... 215
c) Verjährung........................ 216
d) Darlegungs- und Beweislast 217
2. Anspruchshöhe 218
a) Umsatz........................... 218
b) Prognosezeitraum 219
c) Abzinsung, Billigkeitsabschlag, Umsatzsteuer............................. 221
d) Sogwirkung der Marke 222
e) Kappungsgrenze 223
C. **Kommissionär/Kommissionsagent**......... 224
I. Begriffe/Abgrenzung.................... 224
1. Kommissionär 224
2. Kommissionsagent................... 225
II. Kommissionsvertrag/Ausführungsgeschäft.... 226
1. Zwei Rechtsgeschäfte 226
2. Kommissionsvertrag.................. 227
3. Ausführungsgeschäft 228
a) Gegenstand 228
b) Abtretung......................... 229
c) Günstigerer Geschäftsabschluss 231
III. Rechte und Pflichten der Vertragsparteien 232
1. Pflichten des Kommissionärs – Rechte des Kommittenten 232
2. Rechte des Kommissionärs – Pflichten des Kommittenten 233
D. **Muster und Checklisten** 234
I. Muster eines Handelsvertretervertrags 234
II. Checklisten für einen Handelsvertreterprozess . 235
1. Checkliste: Allgemeines zum Handelsvertreterprozess 236
2. Checkliste: Provisionsanspruch nach §§ 87 ff. HGB 237
3. Checkliste: Anspruch auf Provisionsabrechnung und Buchauszug nach § 87c HGB............................... 238
4. Checkliste: Anspruch auf Ausgleichszahlung nach § 89b HGB 239

Literatur:

Kommentare und Gesamtdarstellungen:

Baumbach/Hopt, Kommentar zum Handelsgesetzbuch, 32. Aufl. 2006; *J. Creutzig*, EG-Gruppenfreistellungs-Verordnung (GVO) für den Kraftfahrzeugsektor, Praxiskommentar, 2003; *S. Creutzig*, Der Investitionsschutz des Vertragshändlers bei ordentlicher Kündigung des Herstellers, 2001; *Diez*, Grundlagen der Automobilwirtschaft, 5. Aufl. 2005; *Ebenroth/Boujong/Jost*, Kommentar zum Handelsgesetzbuch, 2001; *Ebenroth*, Absatzmittlungsverhältnisse im Spannungsverhältnis von Kartell- und Zivilrecht, 1980; *Ensthaler/Funk/Stopper*, Handbuch des Automobilvertriebsrechts, 2003; *Foth*, Der Ausgleichsanspruch des Vertragshändlers, 1985; *Funk*, Kfz-Vertrieb und EU-Kartellrecht, 2002; *Genzow*, Vertragshändlervertrag, 1996; *Gierke/Sandrock*, Handels- und Wirtschaftsrecht, Bd. 1, Allgemeine Grundlagen, Der Kaufmann und sein Unternehmen, 9. Aufl. 1975; *Gillardon*, Multifaktoren, 1976; *Habersack/Ulmer*, Rechtsfragen des Kraftfahrzeugvertriebs durch Vertragshändler, 1998; *Heymann/Sonnenschein/Weitemeyer*, Handelsgesetzbuch, Bd. 1, 2. Aufl. 1995; *Hopt*, Handelsvertreterrecht, 3. Aufl. 2003; *Joergens/Hiller/Micklitz*, Vertriebspraktiken im Automobilersatzteilsektor, 1985; *Küstner*, Das neue Recht des Handelsvertreters, 4. Aufl. 2003; *Küstner/Thume*, Handbuch des gesamten Außendienstrechts, Bd. 1, Das Recht des Handelsvertreters, 3. Aufl. 2000; Bd. 2, Ausgleichsanspruch des Handelsvertreters, 7. Aufl. 2003; *Liebscher/Flohr/Petsche*, Handbuch der EU-Gruppenfreistellungsverordnungen, 2003; *Liesegang*, Der Franchise-Vertrag, 6. Aufl. 2003; *Martinek*, Aktuelle Fragen des Vertriebsrechts, 3. Aufl. 1992; *Martinek/Semler/Habermeier*, Handbuch des Vertriebsrechts, 2. Aufl. 2003; *Müller-Henneberg/Schwartz/Hootz*, Gesetz gegen Wettbewerbsbeschränkungen und Europäisches Kartellrecht, Gemeinschaftskommentar, 5. Aufl. 2003; *Münchener Kommentar zum Handelsgesetzbuch*, Bd. 1: § 1 – 104 HGB, 2. Aufl. 2005; Bd. 2: §§ 105 – 160 HGB, 2. Aufl. 2006; *Niebling*, Vertragshändlerrecht, 2. Aufl. 2003; *Palandt*, Bürgerliches Gesetzbuch, 66. Aufl. 2006; *Röhricht/v. Westphalen*, HGB, 2. Aufl. 2002; *Schlegelberger*, HGB-Kommentar, Bd. 3.1, 5. Aufl. 1992; *K. Schmidt*, Handelsrecht, 5. Aufl. 1999; *Schröder*, Recht der Handelsvertreter, 5. Aufl. 1973; *Schultze/Pautke/Wagener*, Die Gruppenfreistellungsverordnung für vertikale Vereinbarungen, 2. Aufl. 2006; *Staub*, Handelsgesetzbuch, Großkommentar, 4. Aufl. 1983 ff.; *Stumpf/Jaletzke/Schultze*, Der Vertragshändlervertrag, 3. Aufl. 1997; *Ulmer*, Der Vertragshändler, 1969; *Ulmer/Brandner/Hensen*, AGB-Gesetz, Kommentar, 9. Aufl. 2001; *Wauschkuhn*, Der Vertragshändlervertrag nebst Ausgleichsanspruch ohne Kfz-Vertrieb, 2. Aufl. 2003; *Westphal*, Vertriebsrecht, Bd. 1, Handelsvertreter, 1998; Bd. 2: Vertragshändler, 2000; *Wolf/Horn/Lindacher*, AGB-Gesetz, Kommentar, 4. Aufl. 1999; *Wolter*, Rechtsprobleme der Vertriebsvereinbarung über Kraftfahrzeuge, 1986.

Formularbücher und Mustersammlungen:

Ensthaler, Handelsrecht case by case, 2004; *Giesler*, Praxishandbuch Vertriebsrecht, 2005; *Heidel/Pauly/Amend*, AnwaltFormulare, 5. Aufl. 2006; *Hopt*, Vertrags- und Formularbuch zum Handels-, Gesellschafts-, Bank- und Transportrecht, 2. Aufl. 2000; *Kroiß*, Klauselbuch Schuldrecht, 2002; *Schwytz*, Vertragshändlerverträge, Heidelberger Musterverträge, Heft 46, 3. Aufl. 1992.

Aufsätze und Rechtsprechungsübersichten:

Bunte, Interessenkollision und Interessenabwägung im Vertragshändlervertrag, ZIP 1982, 1166 ff.; *J. Creutzig*, Vertrieb und Betreuung neuer Kraftfahrzeuge im 21. Jahrhundert, BB 2002, 2133 ff.; *ders.*, Die neue Gruppenfreistellungsverordnung für den Kfz-Sektor, EuZW 2002, 560 ff.; *ders.*, Der Automobilvertrieb ab Oktober 2002 – Kritische Anmerkungen zur Kfz-GVO 1400/2002, WRP 2002, 1124 ff.; *S. Creutzig*, Investitionsersatzanspruch – Vergessen, obwohl existenznotwendig?, NJW 2002, 3430 ff.; *Emde*, Zur Rechtsmißbräuchlichkeit einer Buchauszugsforderung des Handelsvertreters, EWiR 2001, 731 ff.; *ders.*, Abrechnung und Buchauszug als Informationsrechte des Handelsvertreters, MDR 2003, 1151 ff.; *Hopt*, Wettbewerbsfähigkeit und Treuepflicht des Unternehmers bei parallelen Vertriebsformen, ZIP 1996, 1533 ff.; *ders.*, Die Selbständigkeit von Handelsvertretern und anderen Vertriebspersonen – Handels- und arbeitsrechtliche Dogmatik und Vertragsgestaltung, DB 1998, 863 ff.; *Martinek*, Aktuelle Rechtsfragen der vertreibvertraglichen Praxis, RWS-Skript 189, 1988; *Pfeffer*, Vertragshändlerverträge in der Automobilbranche nach der neuen Gruppenfreistellungsverordnung, NJW 1996, 681 ff.; *Sturm/Liekefett*, § 89b HGB und Unternehmenskauf – Ausgleichsansprüche von Handelsvertretern nach Betriebsveräußerung durch Asset Deal, BB 2004, 1009 ff.; *Thume*, Das Wettbewerbsverbot des Handelsvertreters während der Vertragszeit, WRP 2000, 1033 ff.; *v. Westphalen*, Vertragshändlerverträge außerhalb der EG-GVO 1475/95 und das Instrumentarium der richterlichen Inhaltskontrolle von AGB-Klauseln, in: FS für Jürgen Gündisch, 1999.

A. Handelsvertreterrecht

I. Begriff des Handelsvertreters

1. Legaldefinition des Handelsvertreters (§ 84 Abs. 1 HGB)

1 § 84 Abs. 1 HGB definiert, was unter dem Begriff des Handelsvertreters zu verstehen ist. Er ist eine Vertriebsperson, die „als selbständiger Gewerbetreibender ständig damit betraut ist, für einen anderen Unternehmer (Unternehmer) Geschäfte zu vermitteln oder in dessen Namen abzuschließen". Entscheidend für die Anwendbarkeit der Vorschriften der §§ 84 ff. HGB sind dementsprechend folgende Merkmale:
Der Absatzmittler muss
- ein selbständiger Gewerbetreibender sein,
- ständig mit einer Vermittlungs- oder Abschlusstätigkeit betraut sein,
- eine Tätigkeit für einen anderen Unternehmer ausüben,
- die Vermittlung oder den Abschluss von Geschäften im Namen des vertretenen Unternehmers vornehmen.

Im Einzelnen:

a) Selbständiger Gewerbetreibender

2 § 84 Abs. 1 Satz 1 HGB sieht vor, dass der Handelsvertreter[1] **stets selbständiger Gewerbetreibender** sein muss. Er muss nicht zwingend Kaufmann sein; diese Eigenschaft besitzt er nur, wenn er ein Handelsgewerbe i.S.d. § 1 Abs. 2 HGB betreibt oder in das Handelsregister eingetragen ist, §§ 1 ff. HGB.

3 Nach § 84 Abs. 1 Satz 2 HGB ist **selbständig**, wer **im Wesentlichen frei seine Tätigkeit gestalten** und **seine Arbeitszeit bestimmen kann**. Nach der Rspr. des BVerfG[2] liegt eine freie Gestaltung der Tätigkeit vor, wenn der Absatzmittler ohne konkrete Vorgaben des Unternehmers bezüglich seines Arbeitsablaufes, seiner Arbeitszeit bzw. seines Arbeitspensums tätig wird. Mit diesen Merkmalen erfolgt in der Praxis die Abgrenzung des Selbständigen zum Arbeitnehmer, für den die Schutzvorschriften des Arbeitsrechts gelten.

4 Für die **Abgrenzung** einer selbständigen von einer unselbständigen Tätigkeit kommt es entscheidend auf das **Gesamtbild der vertraglichen Gestaltung** und **tatsächlichen Handhabung** an.[3] **Maßgebliche Kriterien** sind vor allem das Vorliegen eines eigenen Unternehmens des Absatzmittlers, der Ort, die Zeit sowie die Art und Weise der Tätigkeit, das eigene Tragen der Kosten und Risiken der Geschäftstätigkeit (Unternehmerrisiko), die Art und Weise der Vergütung, die Vertretung mehrerer Unternehmen sowie das Vorhalten von selbst ausgewähltem Personal.

5 Für eine **unselbständige Tätigkeit** sprechen spiegelbildlich dazu die Einflussnahme des Unternehmers auf den Tätigkeitsort, die Arbeitszeit und den täglichen Arbeitsablauf der Vertriebsperson.[4] Ferner kann auch die Genehmigungspflicht für jede Nebentätigkeit ein Indiz für die fehlende Selbständigkeit darstellen.[5]

Die Erteilung von **Weisungen des Unternehmers** an den Vertriebsmittler spricht nicht notwendigerweise für eine Abhängigkeit. Denn Weisungen des Unternehmers sind für ein Handelsvertreterverhältnis charak-

---

[1] Im Folgenden werden auch die Begriffe Absatzmittler und Vertriebsmittler statt des Wortes Handelsvertreter verwendet.
[2] BVerfG, NJW 1978, 365.
[3] BVerfG, NJW 1978, 365; BGH, BB 1982, 1758; WM 1991, 1474; NJW 1998, 2057; NJW 1999, 648; BAG, BB 2000, 826; Heymann/Sonnenschein/Weitemeyer, HGB, § 89 Rn. 11 ff.; Baumbach/Hopt/Hopt, HGB, § 84 Rn. 36.
[4] Hopt, DB 1998, 867; BGH, NJW 1998, 2057.
[5] A.A. BAG, BB 2000, 1469.

teristisch: Der Unternehmer bestimmt seine Vertriebspolitik selbst und macht in diesem Zusammenhang seinen Vertriebspersonen zahlreiche Vorgaben.

b) Ständige Betrauung

Der Handelsvertreter muss mit einer **Vermittlungs- bzw. Abschlusstätigkeit** ständig betraut sein. Darunter ist zu verstehen, dass er gemäß §§ 611 ff., 675 Abs. 1 BGB beauftragt wurde, den Abschluss bzw. die Vermittlung von Geschäften für den Unternehmer durchzuführen und der Unternehmer dem Handelsvertreter die Wahrnehmung seiner Interessen anvertraut. Dies geschieht regelmäßig durch schriftlichen Vertrag.

Der Vertrag muss so ausgestaltet sein, dass der Absatzmittler **ständig um Geschäfte bemüht** ist. Unter dem Begriff „ständig" ist zu verstehen, dass die Tätigkeit des Absatzmittlers auf gewisse Zeit erfolgen muss. Nicht erforderlich ist dagegen eine langfristige bzw. auf unbestimmte Zeit angelegte Betrauung. In dem gewissen Zeitraum muss der Handelsvertreter sich um eine unbestimmte Vielzahl von Vermittlungen oder Abschlüssen von Geschäften bemühen.

c) Tätigkeit für einen anderen Unternehmer oder in dessen Namen

Der Handelsvertreter muss die Vermittlung oder den Abschluss von Geschäften **für einen anderen Unternehmer** oder **in dessen Namen ausführen** (§ 84 Abs. 1 HGB). Bei dem Unternehmer kann es sich sowohl um eine natürliche Person als auch um eine Vertretungspersonengesellschaft wie eine OHG oder KG oder auch eine Kapitalgesellschaft handeln. Auch die GbR kann nach neuerer Rspr. Handelsvertreter sein, wenn sie als Außengesellschaft fungiert.[6]

Nach § 84 Abs. 1 Satz 1 Abs. 3 HGB muss der Handelsvertreter für einen „**anderen Unternehmer**" tätig werden. Der Begriff des „anderen Unternehmers" ist dabei **weit zu verstehen**, und zwar insofern, als der Auftraggeber nicht notwendigerweise Kaufmann i.S.d. Vorschriften der §§ 1 ff. HGB sein muss.[7] Nach allgemeiner Auffassung ist der **Unternehmerbegriff damit dem § 14 BGB** angelehnt; Unternehmer kann jede natürliche oder juristische Person bzw. rechtsfähige Personengesellschaft sein, die in Ausübung einer gewerblichen oder hauptberuflichen Tätigkeit handelt.[8] Damit ist klar, dass kein Unternehmen i.S.d. § 84 Abs. 1 Satz 1 HGB vorliegt, wenn sich die Tätigkeit lediglich in der Privatsphäre des Auftraggebers abspielt.

d) Vermittlung bzw. Abschluss von Geschäften

Schließlich muss der Handelsvertreter **Geschäfte vermitteln bzw. abschließen**. Sie kommen zwischen dem Unternehmer und einem Dritten zustande.

Zu unterscheiden ist zwischen dem Vermittlungsvertreter und dem Abschlussvertreter. Der **Vermittlungsvertreter** zeichnet sich dadurch aus, dass er den Abschluss eines Geschäfts des Unternehmers mit einem Dritten durch **Einwirkung auf den Dritten fördert**. Seine Tätigkeit ist damit ursächlich für die Abschlussreife des Geschäfts. Es genügt die Mitursächlichkeit seiner Tätigkeit.[9] Im Gegensatz dazu ist die reine Kontaktpflege und Kundenbetreuung ohne Vermittlung von Einzelgeschäften für den Begriff der Vermittlung i.S.d. § 84 Abs. 1 HGB nicht ausreichend.[10] Der **Abschlussvertreter** vollzieht den Abschluss des Geschäfts für den Unternehmer. Insofern ist erforderlich, dass der Handelsvertreter mit einer entsprechenden Vollmacht des Unternehmers ausgestattet wird. Er ist Handlungsbevollmächtigter i.S.d. §§ 54, 55 Abs. 1 HGB.

Sofern der Vermittlungsvertreter ein Geschäft für den Unternehmer abschließt, ohne eine entsprechende **Abschlussvollmacht** zu besitzen, gilt § 91a Abs. 1 HGB. Diese Vorschrift normiert den Fall, dass ein Ver-

---

6   Baumbach/Hopt/Hopt, HGB, § 84 Rn. 9.
7   BGHZ 43, 108, 110.
8   Baumbach/Hopt/Hopt, HGB, § 84 Rn. 27.
9   BAG, BB 1971, 492; BGH, NJW 1990, 1793.
10 BGH, NJW 1983, 42.

mittlungsvertreter ein Geschäft im Namen des Unternehmers abschließt und in diesem Fall die **Rechtsfolgen des Geschäfts** trotz fehlender Vollmacht für und gegen den Unternehmer wirken, sofern dieser es nicht endgültig und unverzüglich dem Dritten gegenüber ablehnt, nachdem er von dem Handelsvertreter oder dem Dritten Kenntnis über die wesentlichen Inhalte des Geschäfts erhalten hat. Der Dritte darf nach der Vorschrift den Mangel an Vertretungsmacht jedoch nicht gekannt haben. Die Unverzüglichkeit richtet sich nach § 121 BGB.

Sollte der Abschlussvertreter über die ihm erteilte Vollmacht hinaus ein Geschäft abschließen, so gilt auch hier § 91a HGB (vgl. § 91a Abs. 2 HGB).

2. Folgen aus einem Handelsvertreterverhältnis

12 **Dem Unternehmer** wird das Handeln seines Handelsvertreters sowohl im Rahmen der Absatzvermittlung als auch im Rahmen der Abschlussvertretung **zugerechnet**.[11] Insofern gelten die allgemeinen Vorschriften des BGB.

13 Die **Rechtsfolgen aus dem Tätigwerden des Handelsvertreters** treffen nur dann ihn selbst, wenn er ohne entsprechende Vollmacht gehandelt hat. Sofern die besondere Vorschrift des § 91a HGB nicht eingreift, haftet der Handelsvertreter als **Vertreter ohne Vertretungsmacht** nach der Vorschrift des § 179 BGB.

14 Nach der Rspr. des BGH kommt eine Eigenhaftung des Handelsvertreters immer dann in Betracht, wenn der Handelsvertreter ein **besonderes wirtschaftliches Eigeninteresse** an dem Abschluss des Vertrags hat oder er in besonderem Maße **persönliches Vertrauen** in Bezug auf den Dritten in Anspruch genommen hat.[12] Ein solches besonderes wirtschaftliches Interesse liegt vor, wenn wirtschaftliche Umstände bestehen, die den Handelsvertreter so handeln lassen, als schließe er ein eigenes Geschäft für eigene Rechnung ab. Die Inanspruchnahme besonderen persönlichen Vertrauens ist regelmäßig gegeben, wenn der Handelsvertreter dem Kunden den Eindruck vermittelt, er würde unabhängig von dem Unternehmer für die ordnungsgemäße Abwicklung des Geschäfts persönlich einstehen.

3. Abgrenzung zu anderen Vertriebsformen

15 Die **Abgrenzung** des Handelsvertreters zu anderen selbständigen Vertriebsformen ist in der Praxis nicht selten problematisch. Dies gilt insb. im Hinblick auf den Vertragshändler und den Franchisenehmer. Diese Vertriebspersonen sind gesetzlich nicht geregelt.

a) Vertragshändler[13]

16 Ein **Vertragshändler** (auch Eigenhändler genannt) handelt im Gegensatz zum Handelsvertreter **im eigenen Namen für eigene Rechnung**. Er wird beim Abschluss von Rechtsgeschäften selber Vertragspartner des Kunden und verpflichtet nicht etwa den Unternehmer mittels Vertretungsmacht. Dabei ist er so in das Vertriebsnetz des Herstellers eingegliedert, dass er sich weitgehend seiner ökonomischen Selbständigkeit begibt.[14] Denn er führt die eigentlichen, auf den Warenumschlag gerichteten Vertriebsfunktionen des Unternehmers – wie z.B. den Transport und die Lagerhaltung der Vertragsware – aus und ist dabei den Weisungen des Herstellers unterworfen.[15] Er muss in diesem Zusammenhang sämtliche Investitionen selbst finanzieren bzw. finanzieren lassen und für ihre Amortisation Sorge treffen.[16]

---

11 Baumbach/Hopt/Hopt, HGB, § 84 Rn. 53.
12 BGH, NJW-RR 1992, 232; DB 1992, 1131.
13 Siehe ausführlich unten unter Rn. 169 ff.
14 Bunte, ZIP 1982, 1168; Joergens/Hiller/Micklitz, Vertriebspraktiken, S. 341; BGH, WuW/E BGH 1455; OLG Stuttgart, WuW/E OLG 2103; WuW/E OLG 2708.
15 Ebenroth, Absatzmittlungsverhältnisse, S. 34.
16 Zum Investitionsschutz des Vertragshändlers: S. Creutzig, Investitionsschutz, S. 1 ff.

b) Franchisenehmer

Auch der **Franchisenehmer** unterscheidet sich grundlegend vom Handelsvertreter. Er nimmt im heutigen Wirtschaftsleben ständig an Bedeutung zu. Es handelt sich um einen vielgestaltigen Absatzmittler, der sich durch eine **intensive systematische Kooperation mit dem Franchisegeber** beim Absatz von Waren und Dienstleistungen auszeichnet.[17] Er nimmt wie der Vertragshändler als selbständiger Gewerbetreibender bestimmte Vertriebs- und Absatzförderungspflichten wahr und ist in das Vertragssystem des Franchisegebers eingegliedert. Er wird gleichfalls **sowohl im eigenen Namen als auch auf eigene Rechnung tätig**. Verglichen mit dem Vertragshändler ist der Franchisenehmer im Allgemeinen aber **wesentlich abhängiger vom Unternehmer**. Denn er ist in vollem Umfang den Weisungen des Unternehmers unterworfen, der auf die Organisation des Geschäftsbetriebes des Franchisenehmers uneingeschränkt Einfluss nimmt. Zudem erscheint der Franchisenehmer mit einer vom Franchisegeber vorgegebenen Firmenbezeichnung am Markt, wodurch seine eigene Firma hinter die des Franchisegebers zurücktritt.[18]

17

c) Handelsmakler

Sobald eine Vertriebsperson nur dann für den **Unternehmer Geschäfte vermittelt**, wenn sich eine **Gelegenheit dazu bietet**, fehlt es an dem gesetzlich normierten Merkmal des § 84 HGB der ständigen Betrauung. Diese Vertriebsperson wird als Handelsmakler bzw. Gelegenheitsagent bezeichnet. Sie steht im Gegensatz zum Handelsvertreter zwischen den Parteien des vermittelten Vertrags und ist in der Praxis häufig eine Art **Vertrauensmann des Kunden**. Die Vorschriften der §§ 84 ff. HGB gelten insofern nicht. Zu berücksichtigen sind die allgemeinen Normen des BGB, insb. das Werkvertrags- und Auftragsrecht. Damit entfällt auch der gesetzlich normierte Ausgleichsanspruch nach § 89b HGB.[19] Ein gesetzlicher Provisionsanspruch ergibt sich aus § 354 HGB.

18

d) Kommissionär[20]

Eine Vertriebsperson, die gemäß den Regelungen der §§ 383 ff. HGB **gewerbsmäßig** An- und Verkaufsgeschäfte über Waren oder Wertpapiere **im eigenen Namen für fremde Rechnung** tätigt, wird als Kommissionär bezeichnet. Die Abgrenzung zum Handelsvertreter erfolgt hier über das gesetzlich normierte Merkmal „**für einen anderen Unternehmer**". Der Kommissionär wird für den Unternehmer als mittelbarer Stellvertreter tätig. Berechtigter und Verpflichteter aus dem Rechtsgeschäft ist allein der Kommissionär. Er steht in einem doppelten Rechtsverhältnis: Ihn verbinden mit seinem Auftraggeber (Kommittenten) der **Kommissionsvertrag** sowie später das **Abwicklungsgeschäft**; dem Dritten gegenüber ist er aus dem **Ausführungsgeschäft** zur Abwicklung verpflichtet.

19

e) Kommissionsagent[21]

Sobald ein Kommissionär aufgrund vertraglicher Regelungen ständig im eigenen Namen für einen Unternehmer tätig wird, ist er ein Kommissionsagent. Er ist als selbständiger Gewerbetreibender ständig damit betraut, im eigenen Namen für fremde Rechnung Verträge abzuschließen. Mit dem Handelsvertreter hat der Kommissionsagent die ständige Betreuung durch einen Unternehmer gemeinsam. Er ist also eine **Mischform aus Handelsvertreter und Kommissionär**.

20

Dementsprechend gelten für ihn im Außenverhältnis weitgehend die Vorschriften des Kommissionsrechts, während das Innenverhältnis überwiegend nach den Vorschriften des Handelsvertreterrechts zu beurteilen ist.

17　Liesegang, Franchise-Vertrag, S. 2 ff.; K. Schmidt, Handelsrecht, S. 772 ff.
18　K. Schmidt, Handelsrecht, S. 773.
19　Vgl. dazu unten unter Rn. 101 ff.
20　Siehe dazu unten ausführlich unter Rn. 224.
21　Siehe dazu unten ausführlich unter Rn. 225.

II. Abschluss des Handelsvertretervertrags

1. Zustandekommen des Vertrags – Anwendbare Vorschriften

21 Ein Handelsvertretervertrag kommt nach den **Vorschriften der §§ 84 ff. HGB** zustande. Dabei sind verschiedene zwingende Vorschriften zu beachten, die nicht dispositiv sind.[22] Sofern ein Handelsvertretervertrag Vorschriften abbedingt, die zwingendes Recht sind, führt dies dazu, dass die **betreffende Vertragsklausel unwirksam** ist und das zwingende gesetzliche Recht gilt, es sei denn, die Parteien hätten den Vertrag ohne die unwirksame Klausel nicht abgeschlossen. In diesem Fall tritt **Gesamtnichtigkeit des Vertrags** nach § 139 BGB ein. Die besonderen Vorschriften der §§ 343 ff. HGB kommen zur Anwendung, wenn der Handelsvertreter Kaufmann i.S.d. HGB ist. Für den Fall, dass der Handelsvertreter Kaufmann i.S.d. HGB ist, aber Geschäfte mit einem nichtkaufmännischen Auftraggeber tätigt, ist umstritten, ob die vorbenannten Vorschriften anzuwenden sind. Nach der herrschenden Auffassung in der Lit.[23] sollen die Vorschriften der §§ 343 ff. HGB keine Anwendung finden. Eine andere Auffassung[24] spricht sich für deren Anwendbarkeit aus, mit dem Argument, es sei nicht einsehbar, warum der Handelsvertreter schlechter gestellt sein solle, wenn sein Auftraggeber nicht Kaufmann sei. Für die herrschende Auffassung spricht der Wortlaut der Vorschriften der §§ 343 ff. HGB. Sollte der Gesetzgeber etwas anderes gewollt haben, so hätte er dies im Wege der im Jahre 1998 durchgeführten Handelsrechtsreform regeln können.

22 Im Übrigen gilt für die Handelsvertreterverträge das **Recht des BGB**. Allerdings entfaltet die **Anfechtung** des Handelsvertretervertrags nicht die ex-tunc-Wirkung des § 142 Abs. 1 BGB. Vielmehr soll die Unwirksamkeit ex tunc ab dem Zugang der Anfechtungserklärung für die Zukunft gelten.[25] Unter bestimmten Umständen greifen ansonsten auch die Regelungen der §§ 134, 138 BGB. Hier kommt es auf eine Prüfung im Einzelfall an.

23 Auch die **Verjährungsfristen** der §§ 195, 199 BGB sind auf die Ansprüche aus Handelsvertreterverhältnissen anwendbar.

24 Schließlich spielt das **AGB-Recht** im Rahmen des Handelsvertretervertrages eine große Rolle. Sofern der Unternehmer dem Handelsvertreter einen vorformulierten Formularvertrag vorlegt, gelten die Voraussetzungen der §§ 305 ff. BGB. Zu beachten ist, dass die Vorschriften der §§ 305 ff. BGB nur eingeschränkt gelten, wenn der Handelsvertreter ebenfalls Unternehmer i.S.d. § 14 BGB ist. In diesem Fall kommt die Inhaltskontrolle der Vertragsklauseln nach § 310 Abs. 1 Satz 1 BGB nur unter den engen Regeln des § 307 Abs. 1 und Abs. 2 BGB in Betracht.

25 Zu berücksichtigen ist auch die Vorschrift des § 307 Abs. 3 Satz 1 BGB, nach welcher nur diejenigen **vertraglichen Bestimmungen einer Inhaltskontrolle unterzogen werden**, durch die von Rechtsvorschriften abweichende oder diese ergänzende Regelungen vereinbart werden. Damit ist das **dispositive**

---

[22] Dabei handelt es sich um folgende Vorschriften: § 85 HGB (Anspruch auf schriftliche Fixierung des Vertragsinhalts); § 86 Abs. 2 HGB (Berichterstattungspflicht des Handelsvertreters); § 86a Abs. 1 HGB (Pflicht des Unternehmers zur Verfügungstellung erforderlicher Unterlagen); § 86a Abs. 2 Satz 2 Halbs. 2 HGB (Mitteilungspflicht des Unternehmers bei Nichtausführung eines provisionspflichtigen Geschäfts); § 86b Abs. 1 Satz 2 HGB (Beschränkung der Delkredere-Verpflichtung); § 86b Abs. 1 Satz 3 HGB (Schriftformerfordernis der Delkredere-Verpflichtung); § 87a Abs. 1 Satz 2 HGB (Anspruch auf Provisionsvorschuss); § 87a Abs. 3 Satz 1 HGB (Provisionsanspruch bei Nichtausführung des Geschäfts); § 87a Abs. 1 Satz 1, Abs. 4 HGB (Zeitpunkt der Fälligkeit des Provisionsanspruchs); § 87c Abs. 1, 2 HGB (Anspruch auf Buchauszug und Abrechnung im gesetzlichen Zeitraum); § 88a HGB (Zurückbehaltungsrecht des Handelsvertreters); § 89 Abs. 1, 2 HGB (Mindestkündigungsfristen); § 89a HGB (Fristlose Kündigung); § 89b HGB (Ausgleichsanspruch des Handelsvertreters); § 90a HGB (Nachvertragliche Wettbewerbsabrede); § 92a HGB (Anspruch auf gesetzliche Mindestarbeitsbedingungen des Einfirmenvertreters); § 92a Abs. 2 HGB (Einschränkungen des Unternehmers hinsichtlich der Geltendmachung von Beschränkungen bei Handelsvertretern im Nebenberuf).

[23] MünchKomm-HGB/v. Hoyningen-Huene, § 84 Rn. 80; Baumbach/Hopt/Hopt, HGB, § 84 Rn. 28.

[24] Röhricht/v. Westphalen/Küstner, HGB, § 84 Rn. 13; Küstner/Thume, Handbuch des gesamten Außendienstrechts, Bd. 1, Rn. 277.

[25] OLG Düsseldorf, Urt. v. 22.3.1985, HVR-Nr. 607.

Recht gemeint.²⁶ Folglich unterliegen Klauseln, die die Art und den Umfang der vertraglichen Hauptleistungspflicht beschreiben bzw. den dafür zu zahlenden Preis unmittelbar regeln, nicht der Inhaltskontrolle.²⁷ Die Regelungen in einem Handelsvertretervertrag, die sich auf das vereinbarte Entgelt beziehen, können somit lediglich nach § 138 BGB bzw. § 242 BGB geprüft werden. Dies gilt nicht für Preisnebenabreden, also solche Vereinbarungen, die Leistungsversprechen ausgestalten bzw. modifizieren.²⁸

Die Vorschriften der §§ 280, 311 Abs. 2 BGB i.V.m. § 241 Abs. 2 BGB sind im Rahmen eines **vorvertraglichen Schuldverhältnisses** auch im Handelsvertreterrecht anwendbar. Auch das **allgemeine Schuldrecht** findet Anwendung, wie bspw. § 311 Abs. 1 BGB i.V.m. § 280 BGB (Verletzung von Nebenpflichten), §§ 312 ff. BGB für Haustürwiderrufsgeschäfte, § 313 BGB (vormals Wegfall der Geschäftsgrundlage), §§ 320 ff. BGB (Regelungen über den gegenseitigen Vertrag) sowie das Recht der allgemeinen Leistungsstörungen. Sofern dispositive gesetzliche Vorschriften des Handelsvertreterrechts rechtswirksam abbedungen werden, kommen die ergänzenden Vorschriften des Dienstvertrags- bzw. Geschäftsbesorgungsvertrags in Betracht. Hierzu hat sich eine umfangreiche Rspr. entwickelt, deren Darstellung den Umfang dieses Werkes sprengen würde.²⁹

26

Der **Abschluss des Handelsvertretervertrags** ist grds. **formfrei**. In der Praxis empfiehlt sich aber in jedem Fall Schriftlichkeit.

27

Der Vertrag kann durch **ausdrückliches bzw. konkludentes Handeln** der Parteien zustande kommen. Gleiches gilt durch Übersenden eines **kaufmännischen Bestätigungsschreibens**, sofern die übrigen Voraussetzungen dieses Rechtsinstituts vorliegen.

28

Ausnahmsweise sieht der Gesetzgeber in den § 86 Abs. 1 Satz 3 HGB und § 90a Abs. 1 Satz 1 HGB die **Schriftform** vor. In beiden Fällen bedarf es nach Auffassung des Gesetzgebers eines **besonderen Verpflichtungstatbestands**, der eine gesonderte schriftliche Vereinbarung erforderlich macht. Im Rahmen des § 86b Abs. 1 Satz 3 HGB soll das Formerfordernis dem **Übereilungsschutz** dienen.³⁰

29

Da auch die Vereinbarung des § 90a Abs. 1 Satz 1 HGB (**Nachvertragliches Wettbewerbsverbot**) wichtige Auswirkungen für den Handelsvertreter hat, sieht auch hier der Gesetzgeber die **Schriftform** vor.

30

> **Hinweis:**
> Im Rahmen der Vertragsgestaltung eines Handelsvertretervertrags empfiehlt es sich stets, die Schriftform zu wählen und die Vereinbarungen so detailliert wie möglich zu treffen. So können für den Mandanten Rechtsstreitigkeiten bereits im Vorfeld vermieden werden.

2. Aufbau eines typischen Handelsvertretervertrages³¹ – Checkliste

Ein Handelsvertretervertrag sollte typischerweise **folgende Regelungsinhalte** vorsehen, die im Folgenden unter Rn. 32 ff. näher erläutert werden:

31

Checkliste ☑

- ☐ Bezeichnung der Vereinbarung als „Handelsvertretervertrag" in der Überschrift
- ☐ Genaue Bezeichnung der beiden Vertragsparteien
- ☐ Genaue Bezeichnung der Art des Handelsvertreters

---

26 Zum Begriff: BGHZ 93, 358, 360; 137, 27, 29.
27 Palandt/Heinrichs, BGB, § 307 Rn. 54 ff.
28 BGH, NJW-RR 1991, 1013.
29 Siehe umfangreiche Ausführungen bei: Prasse, in: Giesler, Praxishandbuch Vertriebsrecht, § 2 Rn. 75 ff.; Baumbach/Hopt/Hopt, HGB, § 86 Rn. 4 ff.; Ahouzaridi, in: Heidel/Pauly/Amend, AnwaltFormulare, Kap. 19 Rn. 14 ff.
30 Röhricht/v. Westphalen/Küstner, HGB, § 86b Rn. 1.
31 Vgl. dazu auch den Mustervertrag unten unter Rn. 234.

> ☐ Festlegung des Vertragsgebietes
>
> ☐ Festlegung der vom Handelsvertreter zu vertreibenden Vertragsprodukte
>
> ☐ Aufgaben und Befugnisse des Handelsvertreters
>
> ☐ Festlegung der Pflichten des Handelsvertreters
>
> ☐ Festlegung der Pflichten des Unternehmers
>
> ☐ Vereinbarung über Provisionshöhe sowie Abrechnungsmodalitäten
>
> ☐ Festlegung der Vertragsdauer
>
> ☐ Vereinbarung von Kündigungsfristen und Festlegung von Kündigungsgründen für außerordentliche Kündigung
>
> ☐ Rechtsfolgen bei der Vertragsbeendigung (z.B. Vereinbarung eines angemessenen Ausgleichsanspruchs)
>
> ☐ Ggf. Vereinbarung einer nachvertraglichen Wettbewerbsbeschränkung und für den Handelsvertreter Karenzentschädigung
>
> ☐ Anzuwendendes Recht
>
> ☐ Gerichtsstandvereinbarung und Erfüllungsort
>
> ☐ Evtl. Schiedsgerichtsvereinbarung
>
> ☐ Datum, Ort und Unterschriften beider Vertragsparteien

Häufig finden sich darüber hinaus Regelungen hinsichtlich der rechtlichen Stellung des Handelsvertreters wegen **arbeits- und sozialrechtlicher** sowie **steuerlicher Auswirkungen** seiner Tätigkeit.

III. Pflichten der Vertragsparteien

1. Pflichten für den Handelsvertreter

32 § 86 HGB normiert **allgemein die Pflichten** des Handelsvertreters, die in der Praxis i.d.R. vertraglich ausgefüllt werden. Hierbei sind die Grenzen der Vertragsgestaltung im Hinblick auf die Vorschriften der §§ 134, 138 BGB, im Hinblick auf das Kartellrecht sowie auf die Regelungen der allgemeinen Geschäftsbedingungen zu überprüfen.

a) Vermittlungs- und Abschlusspflicht (§ 86 Abs. 1 1. Halbs. HGB)

33 Die Vermittlungs- und Abschlusspflicht des Handelsvertreters (auch Bemühenspflicht genannt) ist in § 86 Abs. 1 1. Halbs. HGB geregelt. Dies bedeutet nicht etwa, dass der Handelsvertreter verpflichtet ist, so viele Geschäftsabschlüsse herbei zu führen, wie es ihm bei größtmöglicher Anstrengung gelingen würde. Vielmehr muss er nach einer gewissen Anlaufphase **angemessene Umsätze** erzielen.[32] Daher finden sich in vielen Verträgen Vereinbarungen über Umsatzgarantien; **bei Nichterreichen dieses Umsatzziels** seitens des Handelsvertreters werden teilweise **Schadensersatzansprüche** ausgelöst bzw. der **Provisionsanspruch vermindert**. Im Extremfall kann dem Unternehmer auch das **Recht zur außerordentlichen Kündigung** zustehen.

b) Interessenwahrungspflicht (§ 86 Abs. 1 2. Halbs. HGB)

34 Die **Interessenwahrungspflicht** nach § 86 Abs. 1 2. Halbs. HGB ist eine allgemeine Pflicht, die den gesamten Handelsvertretervertrag bestimmt, sich also auf die Tätigkeit des Handelsvertreters im Allgemeinen bezieht.[33] Sie beinhaltet, dass der Handelsvertreter zu jedem Zeitpunkt alles tun muss, was **im Interesse des Unternehmers erforderlich** ist und alles **unterlassen** muss, **was den Unternehmer schä-**

---

32 Staub/Brüggemann, HGB, § 86 Rn. 21.
33 Baumbach/Hopt/Hopt, HGB, § 86 Rn. 20.

digen kann.[34] Dies erstreckt sich bspw. auf die Wahrung von Geschäfts- und Betriebsgeheimnissen des Unternehmers bzw. auf eine nach den Vorstellungen des Unternehmers vorgenommene Kundenbetreuung. In diesem Zusammenhang hat der Handelsvertreter auch die Weisungen des Unternehmers zu befolgen, sofern dadurch nicht die Selbständigkeit des Vertriebsmittlers in ihrem Grundsatz angetastet wird.[35]

c) Informations- und Benachrichtigungspflicht (§ 86 Abs. 2 HGB)

Nach § 86 Abs. 2 HGB ist der Handelsvertreter verpflichtet, dem Unternehmer die **erforderlichen Nachrichten zu geben**, namentlich ihm von jeder Geschäftsvermittlung und von jedem Geschäftsabschluss **unverzüglich Mitteilung zu machen**. Über den Wortlaut des Gesetzes hinaus beziehen sich die Informationspflichten des Handelsvertreters auch auf Umstände, die für den Unternehmer von Bedeutung sind, damit sich dieser ein Bild über den Markt allgemein und speziell über die Anbahnungs- und Vermittlungsaktivitäten des Handelsvertreters machen kann.[36]

Welche Nachrichten erforderlich sind, ist gesetzlich nicht geregelt. Nach der Rspr. des BGH[37] ist auf das **Interesse des Unternehmers an den Berichten des Handelsvertreters** abzustellen; es ist ein objektiver Maßstab anzulegen. Der Unternehmer soll so umfänglich und rechtzeitig informiert werden, dass es ihm möglich ist, in ein angebahntes Geschäft einzugreifen. Die Benachrichtigungs- und Informationspflicht geht hingegen nicht so weit, dass es dem Unternehmer möglich ist, die Tätigkeit des Handelsvertreters zu überwachen oder zu kontrollieren, wie dies bspw. bei der Pflicht zu täglichen Berichten der Fall wäre. Sie würde der Stellung des Handelsvertreters als selbständigem Unternehmer entgegenstehen.

Die **Auskunftspflicht** nach § 666 BGB ergänzt die Benachrichtigungs- und Informationspflicht des § 86 Abs. 2 HGB. Sie beinhaltet die Auskunft über den Stand der Bemühungen des Handelsvertreters bezogen auf den Abschluss oder die Vermittlung eines Geschäfts sowie die Auskunft über sämtliche Umstände, die für den Unternehmer von Wichtigkeit sind.[38] Im Unterschied zur Benachrichtigungs- und Informationspflicht besteht die Auskunftspflicht des Handelsvertreters nur **auf Verlangen des Unternehmers**.

d) Rechenschaftspflicht

Nach § 666 BGB ist der Handelsvertreter verpflichtet, **nach der Ausführung des Auftrages** dem Unternehmer gegenüber **Rechenschaft abzulegen**. Er muss die mit der Tätigkeit für den Unternehmer verbundenen Einnahmen und Ausgaben in verständlicher, übersichtlicher und eine Nachprüfung ermöglichender Form bekannt geben. Ferner muss er außer den Vermittlungen und Abschlüssen selbst auch alle sonstigen für den Unternehmer bedeutsamen Einzelheiten aus seiner Tätigkeit mitteilen.[39]

e) Verschwiegenheitspflicht (§ 90 HGB)

Nach § 90 HGB darf der Handelsvertreter **Geschäfts- und Betriebsgeheimnisse**, die ihm anvertraut oder durch seine Tätigkeit für den Unternehmer bekannt geworden sind, **auch nach Beendigung des Vertragsverhältnisses nicht verwerten oder anderen mitteilen**, soweit dies nach den gesamten Umständen der Berufsauffassung eines ordentlichen Kaufmanns widersprechen würde. Bei den Geschäfts- und Betriebsgeheimnissen handelt es sich um Tatschen, die nur einem eng begrenzten Personenkreis bekannt sind und die dem Handelsvertreter bekannt geworden sind.[40] Insgesamt handelt es sich bei der Verpflichtung nach § 90 HGB um die Konkretisierung der Interessenwahrungspflicht des Handelsvertreters für die Zeit nach Vertragsende.

---

34 BGHZ 42, 61.
35 Baumbach/Hopt/Hopt, HGB, § 86 Rn. 15 f., 20 ff.
36 Küstner/Thume, Handbuch des gesamten Außendienstrechts, Bd. 1, Rn. 531 f.
37 BGH, DB 1966, 375; BB 1988, 12.
38 OLG Köln, BB 1971, 865.
39 Baumbach/Hopt/Hopt, HGB, § 86 Rn. 42.
40 Baumbach/Hopt/Hopt, HGB, § 90 Rn. 5 f.

39 Die **Verschwiegenheitsverpflichtung** besteht nach allgemeiner Auffassung auch **während der Vertragslaufzeit** und folgt aus der Interessenwahrnehmungspflicht des Handelsvertreters nach § 86 Abs. 1 2. Halbs. HGB.[41] Denn der Handelsvertreter muss bei seiner Vermittlungs- bzw. Abschlusstätigkeit die Interessen des Unternehmers wahrnehmen. Dies bezieht sich selbstverständlich auch auf die Geheimhaltung von Geschäfts- und Betriebsgeheimnissen.

Die Verschwiegenheitsverpflichtung reicht **nach Ende des Vertrags weniger weit als vorher**, da der Handelsvertreter nicht mehr mit dem Unternehmer vertraglich verbunden ist. Im Einzelfall erfolgt eine Interessenabwägung nach Treu und Glauben mit Rücksicht auf die Verkehrssitte. Die Verpflichtung besteht in jedem Fall so lange, wie es der Geheimhaltungszweck verlangt.[42] Die Verletzung der Verschwiegenheitsverpflichtung kann Schadensersatzansprüche wegen Verletzung vertraglicher Nebenpflichten nach § 280 BGB oder Unterlassungs- und Beseitigungsansprüche nach § 826 BGB bzw. §§ 3, 17 UWG nach sich ziehen.

f) **Wettbewerbsverbot während der Vertragslaufzeit (§ 86 Abs. 1 Satz 2 2. Halbs. HGB)**

40 Aus der allgemeinen Interessenwahrnehmungspflicht des § 86 Abs. 1 Satz 2 2. Halbs. HGB folgt nach allgemeiner Auffassung die Pflicht des Handelsvertreters, sich **während der Vertragslaufzeit sämtlicher Wettbewerbshandlungen zu enthalten**. Sie gilt nach Auffassung des BGH[43] auch ohne entsprechende Regelung im Vertrag. Der Handelsvertreter ist verpflichtet, alles zu unterlassen, was eine **Schädigung der Interessen des Unternehmers** herbeiführen könnte.[44] Dies bedeutet i.d.R., dass der Handelsvertreter keine Unternehmen vertreten darf, die mit seinem Auftraggeber in Wettbewerb stehen. Es muss mithin eine **Wettbewerbssituation** bestehen, d.h. der Unternehmer und ein anderes Unternehmen müssen denselben Abnehmerkreis bedienen, eine gleichartige Qualität liefern und der Verwendungszweck der Ware muss sich grundlegend überschneiden.[45] Ob ein Wettbewerbsverhältnis besteht, beurteilt sich aus Sicht der Kunden, da in diesem Fall der Wettbewerb des Handelsvertreters dem Unternehmer schaden kann.[46] Die Wettbewerbstätigkeit des Handelsvertreters muss geeignet sein, den Absatz der vom Unternehmer vertriebenen Waren zu beeinträchtigen.

41 Ein Wettbewerbsverbot ist stets **kartellrechtlich zu untersuchen**.[47] Denkbar ist, dass es eine missbräuchliche Wettbewerbsbeschränkung darstellt, und zwar dann, wenn es über die aus dem Handelsvertretervertrag folgende Interessenwahrnehmungspflicht hinausgeht.[48]

Sofern ein **Handelsvertreter als Mehrfirmenvertreter** auftritt, schuldet er jedem seiner Unternehmer die Wahrung derer Interessen. Dies kann in Einzelfällen zu **grundlegenden Interessenkonflikten** führen. Der Handelsvertreter sollte insofern bei Aufnahme einer Konkurrenzvertretung die Zustimmung aller Unternehmer einholen. Anderenfalls gilt das sog. Prioritätsprinzip.[49]

Die **Übernahme der Vertretung eines Konkurrenten** durch den Handelsvertreter stellt bereits einen Verstoß gegen das Wettbewerbsverbot dar, die **reine Kontaktaufnahme** indes noch nicht. Jedoch soll

---

41 Küstner/Thume, Handbuch des gesamten Außendienstrechts, Bd. 1, Rn. 530; nach a.A.: folgt die Verschwiegenheitspflicht des Handelsvertreters während der Vertragslaufzeit aus einer besonderen Treuepflicht; andere sind der Auffassung, sie folge auch aus § 90 HGB, da der Wortlaut des Gesetzes von „auch nach Beendigung" spreche.
42 Baumbach/Hopt/Hopt, HGB, § 90 Rn. 4 ff.; Ebenroth/Boujong/Joost/Löwisch, HGB, § 86 Rn. 17.
43 BGHZ 42, 59, 62; Thume, WRP 2000, 1033 ff.; Röhricht/v. Westphalen/Küstner, HGB, § 86 Rn. 23; Flohr, in: Martinek/Semler/Habermaier, Handbuch des Vertriebsrechts, § 12 Rn. 64.
44 BGH, DB 1990, 2585.
45 Röhricht/v. Westphalen/Küstner, HGB, § 86 Rn. 24.
46 Ebenroth/Boujong/Joost/Löwisch, HGB, § 86 Rn. 19.
47 BGH, NJW 1984, 2101.
48 BGH, DB 1990, 2585.
49 Baumbach/Hopt/Hopt, HGB, § 86 Rn. 27.

bereits ein Angebot auf Übernahme der Tätigkeit für einen Konkurrenten durch den Handelsvertreter ohne Zustimmung des Unternehmers, für welches er bisher tätig ist, für einen Verstoß gegen das Wettbewerbsverbot ausreichen.[50]

Als **Rechtsfolge eines Verstoßes** gegen das Wettbewerbsverbot kommt ein **Schadensersatzanspruch** des Unternehmers gemäß § 89a Abs. 2 HGB sowie § 276 BGB in Betracht. Zudem setzt sich der Handelsvertreter dem Risiko einer **außerordentlichen Kündigung** aus wichtigem Grund seitens des Unternehmers aus. 42

g) Wettbewerbsverbot nach Vertragsbeendigung (§ 90a HGB)

Nach Vertragsbeendigung ist der regelmäßig wirtschaftlich unterlegene Handelsvertreter grds. frei, dem Unternehmer **Wettbewerb** zu machen. Da dies für den Unternehmer gefährlich werden kann, ist er häufig bemüht, ein entsprechendes **nachvertragliches Wettbewerbsverbot** in den Vertrag mit aufzunehmen. An welche Voraussetzungen ein solches Wettbewerbsverbot geknüpft ist, regelt § 90a HGB. Danach bedarf eine Wettbewerbsabrede, also eine solche Vereinbarung, die den Handelsvertreter nach Vertragsbeendigung in seiner gewerblichen Tätigkeit beschränkt, der Schriftform und der Aushändigung einer vom Unternehmer unterzeichneten, die vereinbarten Bestimmungen enthaltenen Urkunde an den Handelsvertreter (§ 90a Abs. 1 Satz 1). 43

Nach § 90a Abs. 1 Satz 2 kann eine **Wettbewerbsabrede längstens für zwei Jahre** von der Beendigung des Vertragsverhältnisses an getroffen werden und darf sich nur auf den dem Handelsvertreter zugewiesenen Bezirk oder Kundenkreis und nur auf die Gegenstände erstrecken, hinsichtlich deren er sich um die Vermittlung oder den Abschluss von Geschäften für den Unternehmer zu bemühen hat.

Nach § 90a Abs. 1 Satz 3 ist der Unternehmer verpflichtet, dem Handelsvertreter für die Dauer der Wettbewerbsbeschränkung eine **angemessene Entschädigung** zu zahlen (sog. **Karenzentschädigung**). Diese Entschädigung ist kein Schadensersatz, sondern ein **Entgelt für die Abrede der Wettbewerbsenthaltung**.[51] Mit der Zahlung der Karenzentschädigung soll der Lebensbedarf des Handelsvertreters in der Zeit der vereinbarten Wettbewerbsbeschränkung sichergestellt werden. Insofern muss die Entschädigung auch angemessen sein. Was „**angemessen**" ist, bestimmt sich in Hinblick auf die dem Handelsvertreter durch den Wettbewerbsverzicht erwachsenden Nachteile, wobei die bisherige vertragliche Vergütung mit zu berücksichtigen ist. Unerheblich ist, ob der Handelsvertreter anderweitig Verdienst erzielt; gleichermaßen sollen die privaten wirtschaftlichen Verhältnisse des Handelsvertreters keinen Einfluss auf die Höhe der Karenzentschädigung haben.[52] Die Karenzentschädigungsansprüche **berühren den Ausgleichsanspruch nicht**, sondern stehen neben ihm.

h) Weisungsbefolgungspflicht (§ 86 Abs. 1 2. Halbs. HGB, §§ 675, 665 BGB)

Aus der allgemeinen Interessenwahrungspflicht des § 86 Abs. 1 2. Halbs. HGB sowie den gesetzlichen Bestimmungen über den Geschäftsbesorgungsvertrag nach §§ 675, 665 BGB folgt die sog. **Weisungsbefolgungspflicht** des Handelsvertreters. Sie hat zum Inhalt, dass der Handelsvertreter die Weisungen des Unternehmers zu befolgen hat, sofern diese seinen Status als selbständiger Gewerbetreibender nicht in seinem Kern tangieren.[53] Die Weisungen dürfen sich daher nicht auf die Gestaltung der Tätigkeit des Handelsvertreters bzw. seine Arbeitszeitplanung beziehen, sondern dürfen allenfalls die Pflichten des Handelsvertreters konkretisieren.[54] 44

Im Falle des **Verstoßes gegen eine nicht rechtsmissbräuchliche Weisung** des Unternehmers an den Handelsvertreter können **Schadensersatzansprüche** in Betracht kommen bzw. eine **außerordentliche Kündigung** des Vertragsverhältnisses. 45

---

50 Baumbach/Hopt/Hopt, HGB, § 86 Rn. 28.
51 BGHZ 59, 390; 63, 355.
52 BGH, EBE 1975, 55.
53 BGH, BB 1966, 265.
54 Röhricht/v. Westphalen/Küstner, HGB, § 86 Rn. 20.

2. Pflichten für den Unternehmer

a) Pflicht zur Überlassung von Unterlagen (§ 86a Abs. 1 HGB)

46 Nach § 86a Abs. 1 HGB hat der Unternehmer dem Handelsvertreter die zur Ausübung seiner Tätigkeit **erforderlichen Unterlagen**, wie Muster, Zeichnungen, Preislisten, Werbedrucksache, Geschäftsbedingungen, **zur Verfügung zu stellen**.

Diese Aufzählung ist nicht abschließend, sondern rein exemplarisch.[55] Unter dem Begriff „erforderliche Unterlagen" fallen einschlägige Kundenlisten, soweit vorhanden, sowie sonstige Sachen, die der Handelsvertreter zu Anpreisung bei der Kundschaft benötigt, z.B. Werbematerial, Musterstücke, Musterkollektionen.[56] Nicht dagegen sind davon solche Dinge umfasst, die der Handelsvertreter als Kaufmann sonst benötigt bzw. selbst vorhalten muss wie z.B. einen Musterkoffer, Büromaterial, einen Pkw etc.[57] Musterkollektionen hat der Unternehmer hingegen auf seine Kosten dem Handelsvertreter am Ort dessen gewerblicher Niederlassung zur Verfügung zu stellen. Hierbei handelt es sich um eine Bringschuld.

b) Benachrichtigungs- und Informationspflicht (§ 86a Abs. 2 HGB)

47 Nach § 86a Abs. 2 Satz 1 HGB hat der Unternehmer dem Handelsvertreter die **erforderlichen Nachrichten** zu geben. Er hat ihm unverzüglich die Annahme oder Ablehnung eines vom Handelsvertreter vermittelten oder ohne Vertretungsmacht abgeschlossenen Geschäfts und die Nichtausführung eines von ihm vermittelten oder abgeschlossenen Geschäfts mitzuteilen (§ 86a Abs. 2 Satz 2 HGB). Er hat ihn unverzüglich zu unterrichten, wenn er Geschäfte voraussichtlich nur in erheblich geringerem Umfange abschließen kann oder will, als der Handelsvertreter unter gewöhnlichen Umständen erwarten konnte (§ 86a Abs. 2 Satz 3 HGB).

Was unter „erforderlichen Nachrichten" zu verstehen ist, ergibt sich daraus, welche **Umstände im Einzelfall** für die Tätigkeit des einzelnen Handelsvertreters für den Unternehmer von Wichtigkeit sind und die diesem nicht bekannt sind, jedenfalls soweit der Handelsvertreter sich nicht selbst darum kümmern muss.[58] Der Unternehmer hat den Handelsvertreter über alle Veränderungen zu informieren, die den Vertrieb der Ware des Unternehmers maßgeblich beeinflussen können, also insb. Produktveränderungen, Preisanpassungen sowie die Vereinbarung von neuen Lieferbedingungen.

48 Die in § 86a Abs. 2 Satz 1 HGB normierte **allgemeine Benachrichtigungspflicht** wird durch **Satz 2 und Satz 3 konkretisiert**. Die Mitteilungspflichten sollen dem Handelsvertreter ermöglichen, seine Provisionsansprüche abschätzen zu können. Denn nur für solche Geschäfte, die abgeschlossen werden, besteht ein Provisionsanspruch. Insofern ist es auch interessengerecht, dass der Unternehmer den Handelsvertreter für den Fall der Nichtausführung eines Geschäfts die entsprechenden Gründe darzulegen hat. Die Mitteilungspflicht nach § 86a Abs. 2 Satz 3 HGB soll dem Handelsvertreter die Möglichkeit geben, zu einem angemessenen Zeitpunkt frühzeitig davon Kenntnis zu erlangen, wann ein Unternehmer seinen Betrieb einstellen, veräußern oder ähnlich einschneidende Änderungen vornehmen will.

49 Im Falle des **schuldhaften Verstoßes gegen die Benachrichtigungs- und Mitteilungsverpflichtungen** des § 86a Abs. 2 HGB hat der Handelsvertreter ggf. einen **Schadensersatzanspruch** nach § 86a Abs. 2 HGB i.V.m. §§ 280 Abs. 1 Satz 1, 241 BGB.

c) Rücksichtnahme- und Treuepflicht

50 Kehrseite der allgemeinen Interessenwahrungspflicht des Handelsvertreters ist auf Seiten des Unternehmers die **Treue- und Rücksichtnahmepflicht**. Sie folgt aus § 86a HGB bzw. § 242 BGB.[59] Sie hat zum

---

55 Baumbach/Hopt/Hopt, HGB, § 86a Rn. 5; Flohr, in: Martinek/Semler/Habermaier, Handbuch des Vertriebsrechts, § 12 Rn. 70.
56 Baumbach/Hopt/Hopt, HGB, § 86a Rn. 5.
57 Küstner/Thume, Handbuch des gesamten Außendienstrechts, Bd. 1, Rn. 630.
58 Baumbach/Hopt/Hopt, HGB, § 86a Rn. 8.
59 BGHZ 42, 59.

Inhalt, dass der Unternehmer alles zu unterlassen hat, was die Zusammenarbeit mit dem Handelsvertreter gefährden könnte.[60] Insb. ist er verpflichtet, die Belange des Handelsvertreters zu berücksichtigen und alles zu unterlassen, was die Tätigkeit des Handelsvertreters beeinträchtigen bzw. ihn benachteiligen oder gefährden könnte.[61]

Ausfluss der Treue- und Rücksichtnahmepflicht ist das **Wettbewerbsverbot** des Unternehmers. Ein solches besteht nur dann, wenn die Parteien des Handelsvertretervertrags vereinbart haben, dass dem Handelsvertreter ein **Bezirks- oder Kundenschutz** zugesichert wird. Ferner gilt es im Falle einer echten Alleinvertretung des Handelsvertreters; hier muss der Unternehmer den Handelsvertreter vor dem Wettbewerb Dritter in seinem Bezirk schützen.[62] 51

Auch nach Vertragsbeendigung besteht die Pflicht zur Rücksichtnahme des Unternehmers gegenüber dem Handelsvertreter fort. Der Unternehmer muss alle Handlungen unterlassen, die dem Handelsvertreter schaden. 52

Verstößt der Unternehmer **gegen die Pflicht zur Rücksichtnahme und Treue**, kommt ein **Schadensersatzanspruch** des Handelsvertreters gemäß § 280 Abs. 1 BGB in Betracht. Auch § 615 BGB findet trotz der Entschließungsfreiheit des Unternehmers Anwendung. Der Handelsvertreter kann je nach Art der Pflichtverletzung den entgangenen Gewinn bzw. das negative Interesse ersetzt verlangen.[63] 53

> **Hinweis:**
> Neben dem Recht auf außerordentliche Kündigung durch den Handelsvertreter kann sich der Unternehmer ihm gegenüber nach § 280 Abs. 1 BGB schadensersatzpflichtig machen, wenn er bspw. ohne dessen Zustimmung seine Produktpalette verkleinert. Denn dadurch nimmt er dem Handelsvertreter die Möglichkeit, in derselben Höhe wie zuvor Provisionen zu erwirtschaften. Je nachdem, auf welcher Beratungsseite man als Rechtsanwalt steht, sollte man seinem Mandanten die Aufnahme einer Vereinbarung in den Vertrag empfehlen, die den entsprechenden Sachverhalt regelt, also entweder die Gewährung eines Schadensersatzanspruchs aus- oder aber einschließt.

d) Wettbewerbsverbot

Der Unternehmer darf dem Handelsvertreter weder selbst noch durch einen anderen Handelsvertreter **Wettbewerb** machen, vor allem wenn dem Handelsvertreter ein Bezirks- oder Kundenschutz zugesagt worden ist. Das **Verbot** ist **abhängig** vom **Inhalt des Vertrags** und der **Ausgestaltung des Absatzsystems**.[64] 54

e) Verschwiegenheitspflicht

Schließlich hat auch der Unternehmer Dritten gegenüber bezüglich **interner Betriebsangelegenheiten** des Handelsvertreters **ausdrückliches Stillschweigen** zu bewahren. Die Verpflichtung bezieht sich insb. darauf, keine Interna aus der Zusammenarbeit mit dem Handelsvertreter gegenüber Dritten zu offenbaren, die geeignet erscheinen, dem Handelsvertreter Schaden zuzufügen. Der Unternehmer hat sich Dritten, insb. Kunden gegenüber Gewerbe störender Werturteile über den Handelsvertreter zu enthalten.[65] 55

---

60 Küstner/Thume, Handbuch des gesamten Außendienstrechts, Bd. 1, Rn. 675.
61 BGH, BB 1982, 1626.
62 BGH, DB 1961, 601.
63 Ebenroth/Boujong/Joost/Löwisch, HGB, § 86a Rn. 37.
64 Baumbach/Hopt/Hopt, HGB, § 86a Rn. 17.
65 OLG Karlsruhe, BB 1959, 1006.

IV. Provisionsanspruch nach §§ 87 ff. HGB

1. Provisionspflichtige Geschäfte (§ 87 HGB)

56 Nach § 87 Abs. 1 Satz 1 HGB hat der Handelsvertreter **Anspruch auf Provision für alle während des Vertragsverhältnisses abgeschlossenen Geschäfte**, die auf seine Tätigkeit zurückzuführen sind oder mit Dritten abgeschlossen werden, die er als Kunden für Geschäfte der gleichen Art geworben hat. Dabei ist die Provision das übliche Entgelt des Handelsvertreters und wird definiert als eine nach dem Umfang vergütungspflichtiger (Einzel-)Geschäfte bemessene Zahlung als **Gegenleistung für die erbrachten Dienste**.[66] Es handelt sich also um eine Erfolgsvergütung.[67]

57 Anstatt einer Provision kann der Handelsvertretervertrag auch **andere Vergütungsformen** vorsehen, wie z.B. eine Umsatz- oder Gewinnbeteiligung am Gesamtumsatz oder am Gewinn des vertretenen Unternehmens. Sofern jedoch eine Provision als Entgelt für den Handelsvertreter vereinbart worden ist, gelten die gesetzlichen Bestimmungen der §§ 87, 87a, 87b, 87c, 87d HGB zwingend.

58 § 87 Abs. 1 HGB normiert, unter welchen **Voraussetzungen** ein Geschäft des Handelsvertreters **provisionspflichtig** ist:

- Zunächst muss das Geschäft **während des Vertragsverhältnisses abgeschlossen** worden sein. Es ist daher nicht erforderlich, dass das abgeschlossene Geschäft auch während der Vertragslaufzeit des Handelsvertretervertrags abgewickelt oder erfüllt wurde.

- Es ist notwendig, dass ein **rechtswirksamer Vertragsschluss** mit dem Kunden herbeigeführt wurde, der Unternehmer also auch die vom Handelsvertreter geleistete Vermittlungstätigkeit dem Kunden gegenüber bestätigt. Vorverträge sind grds. nicht provisionspflichtig, es sei denn, sie entfalten bindende Wirkung für beide Parteien.

- Die abgeschlossenen Geschäfte müssen ferner **auf eine Tätigkeit des Handelsvertreters zurückzuführen** sein, wobei eine Mitverursachung durch den Handelsvertreter für den Abschluss ausreichend ist.[68] Es ist mithin stets zu prüfen, ob eine Mitursächlichkeit im Einzelfall anzunehmen ist oder ob es sich um eine unbedeutende, untergeordnete Mitwirkungstätigkeit des Handelsvertreters handelt.

- Der Handelsvertreter erhält für solche Geschäfte mit Dritten, die er als Kunden für **Geschäfte der gleichen Art** geworben hat, ebenfalls eine Provision, sofern diese Geschäfte während des Vertragsverhältnisses abgeschlossen werden. Voraussetzung ist jedoch, dass es sich um Geschäfte der gleichen Art handelt, also Folgegeschäfte wie Nachbestellungen. Hierbei handelt es sich um einen gesetzlich normierten provisionsrechtlichen Kundenschutz.

59 Sollte der **Handelsvertreter** als **Bezirksvertreter** für den Unternehmer tätig werden, so richtet sich der Provisionsanspruch nach § 87 Abs. 2 HGB. Ist dem Handelsvertreter also ein bestimmter Bezirk oder ein bestimmter Kundenkreis zugewiesen, so hat er Anspruch auf Provision auch für die Geschäfte, die ohne seine Mitwirkung mit Personen seines Bezirkes oder seines Kundenkreises während des Vertragsverhältnisses abgeschlossen werden. Der Anspruch auf Bezirksprovision entsteht **unabhängig von einer tatsächlichen Mitursächlichkeit der Tätigkeit** des Handelsvertreters für den Abschluss der Geschäfte. Allein entscheidend ist die Zugehörigkeit des Kunden zu dem Bezirk des Handelsvertreters bzw. die Zugehörigkeit zum Kundenkreis des Kundenkreisvertreters. Es kommt nicht darauf an, ob sich das Geschäft auf die Lieferung an einen außerhalb des Bezirks liegenden Ort bezieht.[69]

> **Hinweis:**
> In der Praxis kann es vorkommen, dass sich nicht eindeutig klären lässt, in wessen Bezirk ein konkretes Geschäft abgeschlossen worden ist, so z.B., wenn ein Kunde mehrere Zweigniederlassungen

---

66 MünchKomm-HGB/v. Hoyningen-Huene, § 86a Rn. 44.
67 Baumbach/Hopt/Hopt, HGB, § 87 Rn. 2.
68 Baumbach/Hopt/Hopt, HGB, § 87 Rn. 7.
69 BGH, BB 1976, 1530 f.; Baumbach/Hopt/Hopt, HGB, § 87 Rn. 48.

hat, die in verschiedenen Bezirken des Unternehmers liegen, denen wiederum verschiedene Bezirksvertreter zugeordnet sind. In einem solchen Fall gilt eine Provisionsteilungsabrede als stillschweigend vereinbart.[70] Empfehlenswert ist für die Vertragsgestaltung eine entsprechend eindeutige Formulierung in das Vertragswerk aufzunehmen.[71]

§ 87 Abs. 3 HGB bestimmt, unter welchen **Voraussetzungen** der Handelsvertreter eine **Provision für ein Geschäft** erhält, das erst **nach Beendigung des Vertragsverhältnisses** abgeschlossen wurde. Nach Satz 1 Nr. 1 ist dies der Fall, wenn der Handelsvertreter das Geschäft vermittelt hat oder es eingeleitet und so vorbereitet hat, dass der Abschluss überwiegend auf seine Tätigkeit zurückzuführen ist und das Geschäft innerhalb einer angemessenen Frist nach Beendigung des Vertragsverhältnisses abgeschlossen worden ist. Dabei ist umstritten, was der Gesetzgeber unter der „**angemessenen Frist**" verstanden haben wollte. Nach der herrschenden Auffassung[72] ist auf die Zeitspanne zwischen der Beendigung des Handelsvertretervertrags und dem Vertragsabschluss abzustellen. Der BGH geht davon aus, dass im Einzelfall eine Frist von zwei Jahren nach Vertragsbeendigung als angemessen angesehen werden kann.

60

Nach § 87 Abs. 3 Satz 1 Nr. 2 wird dem Handelsvertreter ein Anspruch auf Provision gewährt, wenn vor Beendigung des Vertragsverhältnisses das Angebot des Dritten zum Abschluss eines Geschäfts, für das der Handelsvertreter Anspruch auf Provision hat, dem Handelsvertreter oder dem Unternehmer zugegangen ist. Wann ein Angebot zugegangen ist, beurteilt sich nach § 130 BGB.

61

2. Entstehung des Provisionsanspruchs (§ 87a HGB)

Nach § 87a Abs. 1 Satz 1 HGB hat der Handelsvertreter Anspruch auf Provision, sobald und soweit der **Unternehmer das Geschäft ausgeführt** hat. Ausführung bedeutet die **Erbringung der vertraglich geschuldeten Leistung**, wobei es auf die Leistungshandlung, nicht auf den Leistungserfolg ankommt.[73] Erst wenn die Leistung erbracht ist, ist die Tätigkeit des Handelsvertreters für den Unternehmer ein endgültiger Erfolg, an dem der Handelsvertreter beteiligt werden soll.

62

Gemäß der Vorschrift des § 87a Abs. 1 Satz 2 HGB steht dem Handelsvertreter mit der Ausführung des Geschäfts durch den Unternehmer ein **angemessener Vorschuss** zu. Grundgedanke dieser Vorschrift ist, dass der Handelsvertreter, der regelmäßig im Rahmen seiner Vermittlungstätigkeit Aufwendungen für den Geschäftsabschluss tätigt, eine entsprechende Teilzahlung erhalten soll, wenn der Kunde erst später zahlt. **Die Höhe des angemessenen Vorschusses** ist vor allem nach der **Nähe und Sicherheit der Geschäftserfüllung durch den Dritten** und dem **Bedürfnis des Handelsvertreters** zu bestimmen.[74]

63

> **Hinweis:**
> Es empfiehlt sich zur Vermeidung unnötiger Streitigkeiten, in den Handelsvertretervertrag eine Bestimmung aufzunehmen, die die Höhe des Vorschusses näher beziffert.[75]

Ferner hat der Handelsvertreter einen Anspruch auf Provision, sobald und soweit der Dritte das Geschäft ausgeführt hat (§ 87a Abs. 1 Satz 3 HGB). Hintergrund dieser Vorschrift ist, dass die Tätigkeit des Handelsvertreters für den Unternehmer bereits den entsprechenden Erfolg herbeigeführt hat.[76]

64

---

70 Baumbach/Hopt/Hopt, HGB, § 87 Rn. 21; a.A.: BGH, BB 1957, 1250.
71 Vgl. dazu unten unter Rn. 234.
72 BGH, DB 1957, 1086; Baumbach/Hopt/Hopt, HGB, § 87 Rn. 43; Flohr, in: Martinek/Semler/Habermaier, Handbuch des Vertriebsrechts, § 13 Rn. 8.
73 Baumbach/Hopt/Hopt, HGB, § 87a Rn. 5.
74 Baumbach/Hopt/Hopt, HGB, § 87a Rn. 9.
75 Vgl. dazu den Mustervertrag in § 5 Abs. 2, Rn. 234.
76 BGHZ 85, 138.

3. Wegfall des Provisionsanspruchs (§ 87a Abs. 2, Abs. 3 HGB)

65 § 87a Abs. 2 und Abs. 3 Satz 2 HGB regeln, wann ein bereits entstandener **Provisionsanspruch** ausnahmsweise **rückwirkend wieder entfällt**. Dies ist nach § 87a Abs. 2 1. Halbs. HGB der Fall, wenn feststeht, dass der **Kunde nicht leistet**, obwohl der Unternehmer vertragsgemäß geliefert hat. Hierbei ist allerdings zu berücksichtigen, dass der Unternehmer auch notfalls gerichtlich gegen den zahlungsunwilligen Kunden vorgehen muss, es sei denn, eine solche Klage ist von vornherein als aussichtslos zu beurteilen bzw. eine gerichtliche Durchsetzung des Anspruchs steht in einem unangemessenen Verhältnis zu dem möglicherweise zu erzielenden Erfolg.[77]

Der Anspruch auf Provision entfällt ferner, wenn das **Geschäft nicht ausgeführt** wird und dies auf Umständen beruht, die vom Unternehmer nicht zu vertreten sind (§ 87a Abs. 3 Satz 2 HGB). Unmöglichkeit i.S.d. § 275 BGB ist nicht erforderlich; es genügt vielmehr, dass der Unternehmer das Geschäft tatsächlich nicht ausführt und dies nicht von ihm zu vertreten ist. Der Unternehmer hat nach §§ 276, 278 BGB für Vorsatz und Fahrlässigkeit einzustehen; des Weiteren hat er – wie auch sonst im Handelsrecht – alle ihm zurechenbaren Risiken zu tragen. Schwierigkeiten im eigenen Betrieb oder der eigenen Finanzierung u.Ä. sind damit der Sphäre des Unternehmers zuzurechnen.

66 Von § 87a Abs. 2, Abs. 3 HGB abweichende, für den Handelsvertreter **nachteilige Vereinbarungen über den Provisionswegfall** sind unter den Voraussetzungen des § 87a Abs. 5 HGB unwirksam.

4. Fälligkeit der Provision

67 Die **Fälligkeit der Provision** richtet sich gemäß § 87a Abs. 4 HGB nach § 87c Abs. 1 HGB. Danach ist die Provision am letzten Tag des ersten Monats nach dem Abrechnungszeitraum fällig, der im Zweifel einen Monat, höchstens aber drei Monate, umfasst. Es handelt sich um eine **zwingende Regelung**; die Fälligkeit kann also nicht zum Nachteil des Handelsvertreters zeitlich nach hinten verschoben werden.

5. Höhe der Provision (§ 87b HGB)

68 Die dispositive Vorschrift des § 87b HGB enthält den **allgemeinen Grundsatz**, dass mangels besonderer Vereinbarungen der **übliche Satz für die Höhe der Provision** als vereinbart gilt, sofern die Parteien **keine andere Regelung getroffen** haben. Die Üblichkeit richtet sich dabei nach den Gepflogenheiten des betreffenden Geschäftszweiges sowie des Ortes, an dem der Handelsvertreter seine Niederlassung hat.[78] Im Streitfall wird die Üblichkeit durch das Gericht nach § 287 ZPO ermittelt, das sich dazu regelmäßig Sachverständiger mit detaillierten Branchenkenntnissen bedienen wird.

69 Abs. 2 normiert, wie die **Provisionshöhe** berechnet wird. Die Provision ist von dem Entgelt zu berechnen, das der Dritte oder der Unternehmer zu leisten hat (Abs. 2 Satz 1). Nach Abs. 2 Satz 2 sind Nachlässe bei Barzahlungen nicht abzuziehen; dasselbe gilt für Nebenkosten, namentlich für Fracht, Verpackung, Zoll, Steuern, es sei denn, dass die Nebenkosten dem Dritten besonders in Rechnung gestellt sind. Die Umsatzsteuer, die lediglich aufgrund der steuerrechtlichen Vorschriften in der Rechnung gesondert ausgewiesen ist, gilt nicht als besonders in Rechnung gestellt (§ 87b Abs. 2 Satz 3).

Der **Handelsvertreter** ist im Streitfall für die Höhe der vereinbarten Provision **darlegungs- und beweispflichtig**. Er hat alle Tatsachen und Grundlagen darzulegen, aus denen sich die Höhe der üblichen Vergütung ergibt.

---

77 Röhricht/v. Westphalen/Küstner, HGB, § 87a Rn. 10.
78 BGH, BB 1961, 424; Baumbach/Hopt/Hopt, HGB, § 87b Rn. 2; MünchKomm-HGB/v. Hoyningen-Huene, § 87b Rn. 10.

V. Anspruch auf Provisionsabrechnung und Buchauszug (§ 87c HGB)

1. Abrechnung über die Provision – Checkliste

Der Unternehmer hat über die Provision, auf die der Handelsvertreter Anspruch hat, **monatlich abzurechnen**; der Abrechnungszeitraum kann auf höchstens drei Monate erstreckt werden. Die Abrechnung hat **unverzüglich**, spätestens bis zum Ende des nächsten Monats, zu erfolgen.

Die Rechte des Handelsvertreters aus § 87c HGB sind nach dessen Abs. 5 **zwingend und unabdingbar**; sie können auch durch einzelvertragliche Vereinbarungen nicht beschränkt, sondern lediglich erweitert werden.[79]

Mit der Abrechnung soll der Handelsvertreter die Möglichkeit erhalten, einschätzen zu können, welche Provisionen er aus seiner Tätigkeit im vorangegangenen Abrechnungszeitraum zu erwarten hat; er soll unter Vergleich mit seinen eigenen Unterlagen **zuverlässig nachprüfen** können, ob **alle ihm zustehenden Provisionen und Vergütungen lückenlos erfasst** sind.[80] Es ist umstritten, ob die Abrechnung neben unbedingten Provisionsansprüchen auch bedingte enthalten muss. Die wohl herrschende Auffassung hält lediglich unbedingte Provisionsansprüche für abrechnungsbedürftig; bedingte Provisionsansprüche müssten im Buchauszug erscheinen.[81]

In jedem Fall hat eine korrekte Abrechnung folgende Inhalte zu enthalten:

Checkliste

- ☐ Abzurechnende Geschäftsvorfälle inkl. Provisionssatz
- ☐ Kundenname/Kundennummer
- ☐ Auftrags- und Rechnungsnummer
- ☐ Datum der Ausführung des Geschäfts
- ☐ Datum der Rechnungsstellung
- ☐ Preise
- ☐ Informationen über Zahlungseingänge (Höhe und Datum)
- ☐ angefallene Provision
- ☐ bereits geleistete Vorschüsse
- ☐ Gesamtberechnung der Provision

Die Abrechnung nach § 87c HGB ist ein **abstraktes Schuldanerkenntnis** (i.S.d. § 781 BGB) des Unternehmers;[82] dieses bezieht sich darauf, dass der Unternehmer mit Abgabe der Abrechnung erklärt, welche Provisionsansprüche dem Handelsvertreter nach seiner Auffassung zustehen und wie sich diese zusammensetzen.

2. Buchauszug (§ 87c Abs. 2 HGB) – Checkliste

Nach § 87c Abs. 2 HGB kann der Handelsvertreter bei der Abrechnung einen **Buchauszug über alle Geschäfte** verlangen, für die ihm nach § 87 HGB Provision gebührt. Wie der Wortlaut klarstellt, schuldet der Unternehmer den Buchauszug erst **nach formlosem Verlangen des Handelsvertreters**. Der Buchauszug hat über alle unbedingten und bedingten Provisionsansprüche des Handelsvertreters Auskunft zu geben,

---

79 Baumbach/Hopt/Hopt, HGB, § 87c Rn. 9 ff.
80 BGH, BB 1961, 424; WM 1989, 1074.
81 Emde, MDR 2003, 1151, 1153; Baumbach/Hopt/Hopt, HGB, § 87c Rn. 3.
82 BGH, WM 1990, 710; Küstner/Thume, Handbuch des Vertriebsrechts, Bd. 1, Rn. 1425; Baumbach/Hopt/Hopt, HGB, § 87c Rn. 4.

reicht also weiter als die Abrechnung. Die **Kosten** für die Erstellung des Buchauszuges trägt der Unternehmer.[83]

76 Ein Buchauszug muss alles enthalten, was sich aus allen dem Unternehmer verfügbaren schriftlichen Unterlagen im Zeitpunkt der Ausstellung des Buchauszuges über die fraglichen Geschäfte ergibt und nach der getroffenen Provisionsvereinbarung für die Berechnung der Provision von Bedeutung sein kann.[84] Er muss regelmäßig **folgende Inhalte** aufweisen:

Checkliste ☑

- ☐ Name und Anschrift der Besteller
- ☐ Kundennummer
- ☐ Datum des Geschäftsabschlusses
- ☐ Art, Menge und Preis der verkauften Waren
- ☐ Lieferumfang
- ☐ Rechnung mit Nummer, Datum, Rechnungsbetrag, Skonti, Nachlässen etc.
- ☐ Zahlungseingänge
- ☐ Rückgaben und Nichtausführung von Geschäften durch den Unternehmer sowie deren Gründe
- ☐ Auftragsstornierungen durch Kunden
- ☐ Gutschriften
- ☐ Fehlbeträge und ihre Gründe

77 Der Buchauszug ist in Form einer **geordneten Zusammenstellung der geschuldeten Angaben** zu erstellen.[85] Sollte er unvollständig erteilt werden, so hat der Handelsvertreter Anspruch auf Ergänzung bzw. im Falle einer Unbrauchbarkeit des Auszugs Anspruch auf Erteilung eines neuen fehlerfreien Auszuges. Im Prozess kann der Anspruch auf Erteilung eines Buchauszuges entweder selbständig oder im Rahmen einer **Stufenklage** geltend gemacht werden. Die Vollstreckung des Anspruchs ist unabhängig vom daneben bestehenden Recht auf Bucheinsicht.[86] Ausnahmsweise entfällt der Anspruch auf Buchauszug wegen **Rechtsmissbräuchlichkeit**, wenn dieser nur als Droh- oder Druckmittel vom Handelsvertreter eingesetzt wird, so z.B. im Rahmen der Geltendmachung eines Ausgleichsanspruchs.[87]

> **Hinweis:**
>
> Im Rahmen der Beratung des Unternehmers empfiehlt es sich, diesen auf die strengen Anforderungen an den Buchauszug im Vorfeld hinzuweisen und ihm anzuraten, von Anbeginn des Vertragsverhältnisses mit seinen Handelsvertretern sämtliche Geschäfte vollständig und entsprechend der vorerwähnten Checkliste zu dokumentieren. Damit erspart er sich im Streitfall erheblichen Aufwand. Er verhindert so auch, dass eine entsprechende Druckposition durch den Handelsvertreter aufgebaut werden kann.

3. Auskunft über provisionsrelevante Umstände (§ 87c Abs. 3 HGB)

78 In Ergänzung der Provisionsabrechnung und des Buchauszuges kann der Handelsvertreter gemäß § 87c Abs. 3 HGB außerdem **Mitteilung über alle Umstände** verlangen, die für den Provisionsanspruch, seine Fälligkeit und seine Berechnung wesentlich sind, soweit sie sich nicht schon aus den Büchern des Un-

---

83 BGH, NJW 2001, 2336.
84 BGH, NJW 2001, 2333.
85 BGH, DB 2001, 1409.
86 OLG Koblenz, NJW-RR 1994, 359.
87 LG Hannover, VersR 2001, 764 mit Anm. Emde, EWiR 2001, 731.

ternehmers ergeben.[88] Der Handelsvertreter kann eine entsprechende Mitteilung erst und **nur insoweit verlangen**, als ein Buchauszug erteilt worden ist und wegen Lücken oder verbleibender Unklarheiten nicht ausreicht.

Im Prozess ist auch hier die Erhebung einer **Klage** bzw. einer **Stufenklage** möglich. 79

4. Einsicht in Bücher und Urkunden (§ 87c Abs. 4 HGB)

Im Falle der **Verweigerung eines Buchauszuges** bzw. des Bestehens begründeter Zweifel an der Richtigkeit oder Vollständigkeit der Abrechnung oder des Buchauszuges kann der Handelsvertreter verlangen, dass ihm oder einem Wirtschaftsprüfer oder vereidigten Buchsachverständigen **Einsicht in die Geschäftsbücher** (gesamte Buchführung) **oder die sonstigen Urkunden** (Verträge, Korrespondenzen, Lieferungs- und Zahlungsbelege) soweit gewährt wird, wie dies zur Feststellung der Richtigkeit oder Vollständigkeit der Abrechnung oder des Buchauszuges erforderlich ist (§ 87c Abs. 4 HGB). 80

Das **Einsichtsrecht** steht dem Handelsvertreter auch zu, wenn zwar ein ordnungsgemäßer Buchauszug erteilt worden, aber keine Provisionsabrechnung erfolgt ist, und der Auszug die Abrechnung nicht erklärt.[89] Der Unternehmer hat die Wahl, ob der Handelsvertreter oder aber ein Wirtschaftsprüfer bzw. vereidigter Buchsachverständiger die Bücher und Urkunden einsieht. Die **Kosten der Einsichtnahme** trägt der Handelsvertreter, es sei denn, es ergibt sich, dass die vom Unternehmer erstellte Abrechnung und/oder der Auszug unrichtig waren. In diesem Fall hat der Handelsvertreter gegen den Unternehmer einen **Anspruch auf Schadensersatz** wegen Verletzung seiner Abrechnungspflicht.[90] 81

5. Abweichende Vereinbarungen (§ 87c Abs. 5 HGB)

Nach § 87c Abs. 5 HGB sind die dem Handelsvertreter in § 87c HGB gewährten Rechte auf Abrechnung, Buchauszug, Mitteilungen und Einsicht **zwingend und damit unabdingbar**. 82

VI. Beendigung und Abwicklung des Handelsvertretervertrags

Der **Handelsvertretervertrag** kann aufgrund Zeitablaufs, Anfechtung, Aufhebungsvertrags sowie des Todes einer Vertragspartei oder aber Insolvenz des Unternehmers **beendet** werden. Selbstverständlich kann eine Beendigung auch durch Kündigung erfolgen. 83

1. Ordentliche Kündigung

Die **ordentliche Kündigung** des Handelsvertretervertrags hat unter Einhaltung der **gesetzlichen Kündigungsfristen** zu erfolgen. Als **einseitig empfangsbedürftige Willenserklärung** wird die Kündigung erst mit Zugang beim Empfänger wirksam. 84

> **Hinweis:**
>
> Es empfiehlt sich in der Praxis, die Kündigungserklärung zu Beweiszwecken schriftlich zu verfassen und wenigstens mittels Einschreiben/Rückschein zu übersenden. Da dies jedoch lediglich den Zugang des Briefumschlags beweist, nicht aber dessen Inhalt, sollten Kündigungserklärungen durch Boten oder Gerichtsvollzieher in den Briefumschlag eingelegt und zugestellt werden. Inhaltlich sollte zumindest die Forderung nach einer Entschädigung für die Vertragsbeendigung bzw. nach einer Kündigungsentschädigung erkennbar sein.

§ 89 Abs. 1 HGB ordnet gesetzliche Kündigungsfristen für Verträge an, die auf unbestimmte Zeit geschlossen wurden. Dabei handelt es sich um **gestaffelte Mindestkündigungsfristen**, die nicht unterschritten werden dürfen: Nach § 89 Abs. 1 HGB beträgt die Kündigungsfrist bei einem Vertragsverhältnis auf unbestimmte Dauer im ersten Jahr der Vertragsdauer einen Monat, im zweiten Jahr zwei Monate und

---

[88] BGH, NJW 2001, 2334.
[89] Baumbach/Hopt/Hopt, HGB, § 87c Rn. 26.
[90] BGHZ 32, 306; BGH, NJW 1959, 1964.

im dritten bis fünften Jahr drei Monate. Nach einer Vertragsdauer von fünf Jahren kann das Vertragsverhältnis mit einer Frist von sechs Monaten gekündigt werden. Zu beachten ist, dass die Kündigung jeweils nur zum Schluss eines Kalendermonats zulässig ist, sofern keine abweichende Vereinbarung zwischen den Parteien getroffen wurde.

85 Eine **Teilkündigung** des Handelsvertretervertrags ist **grds. unzulässig**.[91] Statt der unzulässigen Teilkündigung kann eine **Änderungskündigung**, also eine ordentliche Kündigung mit dem Angebot, den Vertrag zu geänderten Bedingungen fortzusetzen, in Betracht kommen bzw. auch die Ausübung eines Änderungsvorbehaltes, sofern dieser zulässig ist (z.B. hinsichtlich des Vertragsgebietes bzw. der Vertragsprodukte).[92]

86 Es ist umstritten, wann ein **Vertrag** als **auf unbestimmte Zeit** geschlossen gilt, wann also die Vorschrift des § 89 HGB auf einen Vertrag Anwendung findet. Sofern ein Vertrag nur für einen bestimmten Zeitraum läuft und er sich nach Ablauf des Zeitraums bei Unterbleiben einer Kündigung um eine identische Zeitspanne verlängern soll, liegt nach Auffassung des BGH[93] ein Zeitvertrag vor; § 89 HGB findet in diesem Fall keine unmittelbare Anwendung, jedoch kann die Vorschrift analog angewendet werden.

87 Etwas anderes gilt nach allgemeiner Auffassung bei **Kettenverträgen**, also solchen Vereinbarungen, die zwar jeweils nur für eine bestimmte Laufzeit fest abgeschlossen werden, aber die Regelung enthalten, dass im unmittelbaren Anschluss an das Vertragsende ein neues Handelsvertreterverhältnis beginnen soll.

88 Sofern in einem Handelsvertretervertrag eine **Altersgrenze des Handelsvertreters** festgelegt ist, zu deren Zeitpunkt der Vertrag automatisch enden soll, wird angenommen, dass es sich um einen **Vertrag mit unbestimmter Laufzeit** handelt.[94]

Die Kündigung hat die Wirkung, dass **während des Ablaufs der Kündigungsfrist** das Vertragsverhältnis zwischen dem Handelsvertreter und dem Unternehmer weiter besteht. Der Unternehmer darf die vom Handelsvertreter vermittelten Geschäfte nicht vor Vertragsbeendigung ablehnen und einen anderen Handelsvertreter zur Bearbeitung des Kundenbezirks des Gekündigten bestellen. Eine **Freistellung** des Handelsvertreters, wie sie in der Praxis häufig gegen einen Ausgleich des Verdienstausfalls erfolgt, ist demgegenüber **zulässig**. Sie folgt daraus, dass mitunter die Motivation des Vertriebsmittlers nach Ausspruch einer ordentlichen Kündigung abnimmt und dies Auswirkungen auf den Vertrieb des Unternehmers haben kann. Sie wird aber häufig auch vereinbart, weil der Unternehmer ein Interesse daran hat, seinen Vertrieb bereits vor Ablauf der Kündigungsfrist neu auszurichten bzw. er fürchtet, dass der Handelsvertreter die von ihm geworbenen Kunden zu Konkurrenzunternehmen mitnimmt. In jedem Fall verliert der Handelsvertreter durch die Freistellung nicht den Anspruch auf die ihm geschuldete vertragsmäßige Vergütung.[95]

2. Kündigung aus wichtigem Grund (§ 89a HGB)

89 Jede Vertragspartei kann nach § 89a Abs. 1 Satz 1 HGB den Handelsvertretervertrag aus **wichtigem Grund ohne Einhaltung einer Kündigungsfrist** kündigen. Wie bei anderen Dauerschuldverhältnissen auch, muss die außerordentliche Kündigung nicht ausdrücklich als solche bezeichnet werden; es reicht aus, wenn sie sich aus der Erklärung des Kündigenden ergibt. Die außerordentliche Kündigung ist **nicht an eine besondere Form gebunden**, d.h. kann auch mündlich erklärt werden, soweit nicht ein anderes im Handelsvertretervertrag vereinbart ist. Einen Begründungszwang sieht das Handelsvertreterrecht nicht vor.[96] Der Gekündigte kann jedoch die Mitteilung der Kündigungsgründe in analoger Anwendung des § 626 Abs. 2 Satz 3 BGB verlangen.

---

91 BGH, DB 1993, 1616; Ebenroth/Boujong/Joost/Löwisch, HGB, § 89 Rn. 16; Röhricht/v. Westphalen/Küstner, HGB, § 89 Rn. 13.
92 Vgl. dazu auch unten zum Vertragshändlerrecht Rn. 202.
93 BGH, BB 1975, 194, 195.
94 BGH, VersR 1969, 445.
95 Küstner/Thume, Handbuch des gesamten Außendienstrechts, Bd. 1, Rn. 1673.
96 Baumbach/Hopt/Hopt, HGB, § 89a Rn. 14.

Der fristlos Kündigende muss im Handelsvertreterrecht nicht die strenge **Zwei-Wochen-Frist** des § 626 Abs. 2 Satz 1 BGB beachten, die mit dem Zeitpunkt beginnt, in dem der Kündigungsberechtigte von den für die Kündigung maßgebenden Tatsachen Kenntnis erlangt. Vielmehr hat die Kündigung innerhalb einer **angemessenen Frist** zu erfolgen.[97] Was darunter genau zu verstehen ist, hat die Rspr. bislang nicht entschieden; fest steht aber, dass ein Kündigungsrecht spätestens nach Ablauf von zwei Monaten verwirkt ist.[98]

90

Die **Kündigungsgründe** müssen **zum Zeitpunkt des Ausspruchs** der außerordentlichen Kündigung vorliegen. Kündigungsgründe, die zeitlich danach entstanden sind, können nicht im Rahmen der bereits ausgesprochenen außerordentlichen Kündigung berücksichtigt werden. Sie können allenfalls im Wege einer weiteren außerordentlichen Kündigung geltend gemacht werden.

91

Sollte eine außerordentliche Kündigung mangels eines wichtigen Grundes unwirksam sein, so kann eine **Umdeutung nach § 140 BGB in eine ordentliche Kündigung** zum nächsten Termin in Betracht kommen, sofern der Kündigende dies bei Kenntnis der Nichtigkeit gewollt hätte und dies deutlich erkennbar geworden ist.

92

Vor Ausspruch einer außerordentlichen Kündigung ist nach § 314 Abs. 2 BGB, gemäß dem Verhältnismäßigkeitsgrundsatz sowie dem Rechtsgedanken, dass eine außerordentliche Kündigung stets die Ultima Ratio darstellt, vom Kündigungsberechtigten zunächst eine **Abmahnung** auszusprechen. Diese muss genaue Angaben zum beanstandeten Verhalten des Vertragspartners enthalten, so dass dieser sein Verhalten ggf. korrigieren und seinen vertraglichen Verpflichtungen nachkommen kann. Ansonsten ist sie unwirksam.[99]

93

Die **Abmahnung ist entbehrlich**, wenn der Verstoß so schwerwiegend ist, dass eine Wiederherstellung des Vertrauensverhältnisses auch nach einer Abmahnung nicht zu erwarten ist.[100]

> **Hinweis:**
> Im Zweifel sollte in der Praxis stets eine Abmahnung dem Ausspruch der fristlosen Kündigung vorausgehen.

Wann ein **wichtiger Grund** für eine außerordentliche Kündigung vorliegt, kann nur unter **Berücksichtigung aller Umstände und Betrachtung des Einzelfalles** beurteilt werden. Da eine fristlose Kündigung den für den Handelsvertreter wichtigen Ausgleichsanspruch nach § 89b HGB ausschließt, kommt es in der Praxis häufig vor, dass der Unternehmer eine fristlose Kündigung ausspricht. Sollte sich dagegen der Handelsvertreter vom Vertrag lösen wollen, so versucht er regelmäßig, einen wichtigen Grund im Verhalten des Unternehmers für seine Kündigung zu finden, da ihm sonst ebenfalls der Ausgleichsanspruch nach § 89b HGB im Falle einer Eigenkündigung verlustig geht.

94

Bei der Prüfung, ob ein wichtiger Grund vorliegt, muss nach **objektiven Kriterien** unter Berücksichtigung aller Umstände des Einzelfalls vorgegangen werden. Dabei hat eine **Abwägung der gegenseitigen Interessen** der Vertragsparteien zu erfolgen. In aller Regel liegt ein wichtiger Grund nur dann vor, wenn eine Vertragsfortsetzung tatsächlich unzumutbar ist. Wann eine derartige Unzumutbarkeit vorliegt, kann ebenfalls nur im Einzelfall beurteilt werden.

Eine Unzumutbarkeit der Vertragsfortsetzung wird regelmäßig dann **nicht vorliegen**, wenn eine Partei das **vertragswidrige Verhalten** der anderen Partei über einen längeren Zeitraum **geduldet** hat.[101] Auch ist es denkbar, dass eine außerordentliche Kündigung ausgeschlossen ist, da sich der Kündigende selbst **vertragsuntreu** verhalten hat. In diesem Fall greift § 242 BGB ein.

---

97 Röhricht/v. Westphalen/Küstner, HGB, § 89a Rn. 7.
98 BGH, DB 1983, 1590.
99 Baumbach/Hopt/Hopt, HGB, § 89a Rn. 10.
100 Westphal, Vertriebsrecht, Bd. 2, Rn. 585.
101 BGH, NJW 2000, 1866.

a) Kündigungsgründe des Unternehmers

95 Nach allgemeiner Auffassung kommen auf Seiten des Unternehmers als außerordentliche Kündigungsgründe **schwerwiegende Vertragsverletzungen** des Handelsvertreters in Betracht:

- vorsätzliche, grob fahrlässige oder eigennützige Missachtung der Interessen des Unternehmers,[102]
- endgültige, unberechtigte Dienstverweigerung,[103]
- mangelnde dauerhafte Vertragserfüllung,[104]
- Pflichtvernachlässigung des Handelsvertreters mit der Folge des Umsatzrückgangs,[105]
- Vermittlung von Kunden zu Konkurrenzunternehmen,[106]
- Betriebsein- oder Umstellung,
- grobe Unzuverlässigkeit,[107]
- Vertrauensverstöße,
- nachhaltiges Zerwürfnis mit dem Unternehmer,[108]
- Nichtmeldung von Geschäftsabschlüssen und Sachverhalten, die für den Unternehmer von großer Wichtigkeit sind,[109]
- Aufgabe des bisher vom Handelsvertreter geführten selbständigen Gewerbebetriebes.[110]

b) Kündigungsgründe des Handelsvertreters

96 Auch der Handelsvertreter ist berechtigt, das Vertragsverhältnis mit dem Unternehmer aufgrund schwerwiegender Vertragsverletzungen des Unternehmers außerordentlich zu kündigen. **Anerkannte Kündigungsgründe des Handelsvertreters** sind u.a.:

- wiederholte Säumnis des Unternehmers bei der Abrechnung und Zahlung,[111]
- unzulässiger Wettbewerb,[112]
- unberechtigte Provisionskürzung,
- unberechtigte Aufnahme eines Direktvertriebes durch den Unternehmer,[113]
- mangelhafte andauernde Lieferung der Ware,
- Beleidigung des Handelsvertreters durch den Unternehmer,
- Existenzgefährdung infolge des Wegfalls eines wichtigen Kunden.[114]

3. Rechtsfolgen der Vertragsbeendigung

97 Das Handelsvertreterverhältnis wird durch eine **berechtigte Kündigung beendet**. Sofern ein Vertragspartner eine berechtigte außerordentliche Kündigung des anderen Teils durch ein Verhalten, das er selbst zu vertreten hat, veranlasst hat, ist er diesem gegenüber zum **Schadensersatz** verpflichtet. Der Kündi-

---

102 Im Einzelnen: Baumbach/Hopt/Hopt, HGB, § 89a Rn. 17.
103 Baumbach/Hopt/Hopt, HGB, § 89a Rn. 17.
104 Ebenroth/Boujong/Joost/Löwisch, HGB, § 89a Rn. 32.
105 BGH, WM 1982, 632, 633.
106 BGH, BB 1974, 714.
107 BGH, DB 1956, 136; 1981, 987.
108 BGH, BB 1979, 243.
109 BGH, BB 1979, 242.
110 Küstner/Thume, Handbuch des gesamten Außendienstrechts, Bd. 1, Rn. 1903 ff.
111 BGH, BB 1989, 1076.
112 BGH, MDR 1959, 911.
113 OLG München, BB 1993, 1472, 1473.
114 BGH, DB 1981, 2274, 2275.

gende wird dabei gemäß § 249 BGB so gestellt, als hätte der andere Teil den Vertrag ordentlich zu Ende geführt.

Weiterhin ist im Falle der Vertragsbeendigung – sofern vereinbart – das **nachvertragliche Wettbewerbsverbot** i.S.d. § 90a Abs. 1 HGB zu beachten. Dieses darf – wie oben[115] ausgeführt – längstens für einen Zeitraum von zwei Jahren ab der Beendigung des Vertragsverhältnisses vereinbart werden und sich allenfalls auf den Bezirk oder Kundenkreis bzw. die Gegenstände erstrecken, die im Handelsvertretervertrag geregelt waren.

Im Falle einer **außerordentlichen Kündigung** kann sich der Kündigungsberechtigte innerhalb eines Monats ab dem Kündigungszeitpunkt von dem **nachvertraglichen Wettbewerbsverbot** gemäß § 90a Abs. 3 HGB lossagen. Daraus folgt, dass in diesem Fall sowohl das nachvertragliche Wettbewerbsverbot als auch die daraus resultierende **Pflicht zur Karenzentschädigungszahlung entfällt**.

Wie bereits oben[116] ausgeführt, darf der Handelsvertreter **Geschäfts- oder Betriebsgeheimnisse** nach § 90 HGB auch **nach Vertragsbeendigung nicht verwerten**. Dies bedeutet also, dass solche Umstände, die mit dem Geschäftsbetrieb des Unternehmers zusammenhängen, dauerhaft geheim gehalten werden müssen.

Schließlich hat der Handelsvertreter nach Beendigung des Handelsvertretervertrags die ihm zur Ausübung seiner Abschluss- und Vermittlungstätigkeit vom Unternehmer zur Verfügung gestellten **Unterlagen** nach § 86a Abs. 1 HGB **herauszugeben**. Dies bezieht sich sowohl auf die Kundenkartei als auch auf Akten von Geschäften, die bereits angebahnt waren. Etwas anderes gilt nur dann, wenn der Handelsvertreter die entsprechende Kartei vollständig selbst aufgebaut hat; in diesem Fall stehen nur ihm die entsprechenden Unterlagen zu.

VII. Ausgleichanspruch gemäß § 89b HGB

Der **Ausgleichsanspruch des Handelsvertreters** nach § 89b HGB existiert seit nunmehr über 60 Jahren, wurde aber erst ca. 50 Jahre nach In-Kraft-Treten des ersten HGB in das Gesetz eingefügt. Der Anspruch dient der **Vergütung des vom Handelsvertreter erworbenen Kundenstamms**, den der Unternehmer auch nach Vertragsbeendigung weiter nutzen kann. Denn diese Tätigkeit des Handelsvertreters ist nicht von der Provisionszahlungspflicht des Unternehmers nach § 87 HGB umfasst. Dennoch ist der Ausgleichsanspruch **kein reiner Vergütungsanspruch**;[117] vielmehr wird er nach Grund und Höhe stark von Billigkeitsgesichtspunkten bestimmt.[118]

Der BGH[119] ist der Auffassung, **Sinn des Ausgleichsanspruchs** sei es, „dem Handelsvertreter für einen auf seine Leistung zurück zu führenden, infolge der Beendigung des Vertrags nicht mehr vergüteten Vorteil des Unternehmers, wie er in der Nutzung eines Kundenstamms liegt, eine weitgehend durch Billigkeitsgesichtspunkte bestimmte **Gegenleistung zu verschaffen**, so dass der Handelsvertreter mit dem Ausgleich für seine während der Vertragsdauer erbrachte, bis zur Vertragsbeendigung noch nicht abgegoltene Leistung eine zusätzliche Vergütung erhält".

1. Voraussetzungen des Ausgleichsanspruchs

a) Anspruchsberechtigter

Nach § 89b Abs. 1 Satz 1 HGB ist der Handelsvertreter, also insb. der Abschluss- und Vermittlungsvertreter, **anspruchsberechtigt**. Dies gilt auch für arbeitnehmerähnliche Handelsvertreter i.S.d. § 92a HGB. Dies sind vor allem Einfirmenvertreter, die während der letzten sechs Monate des Vertragsverhältnisses

---

115 Vgl. dazu oben unter Rn. 43.
116 Vgl. dazu oben unter Rn. 38.
117 BVerfG, NJW 1996, 381.
118 BGH, NJW 1983, 2878.
119 BGH, BB 1992, 596; NJW 1981, 1961.

und bei kürzerer Vertragsdauer während jener im Durchschnitt monatlich nicht mehr als 1.000 € aufgrund des Vertragsverhältnisses an Vergütung erzielt haben.[120]

103 Auch bei **anderen Vertriebsmittlertypen**, wie den Vertragshändlern, Franchisenehmern, Kommissionsagenten und Markenlizenznehmern können die Voraussetzungen des § 89b HGB in analoger Anwendung zum Tragen kommen, so dass auch diese Vertriebsmittler einen Ausgleichsanspruch erhalten.[121]

104 Dagegen sind der **nebenberufliche Handelsvertreter** nach § 92b Abs. 1 HGB – hier ist der Unternehmer für den Ausschluss des Ausgleichs wegen Nebenberuflichkeit darlegungs- und beweispflichtig – sowie angestellte Reisende i.S.v. Arbeitnehmer-Außendienstmitarbeitern nicht ausgleichsberechtigt.

b) Anspruchsverpflichteter

105 Nach § 89b Abs. 1 HGB ist der **Unternehmer Anspruchsverpflichteter** des Ausgleichsanspruchs. Er kann sich als Einzelkaufmann auch nicht seiner Anspruchsverpflichtung entziehen, wenn er seinen Vertrieb veräußert. In diesem Fall bleibt er so lange Ausgleichsschuldner, als weder durch Gesetz noch durch Vertrag ein Übergang der Ausgleichsverpflichtung auf den Erwerber vorgesehen ist. Hier ist es erforderlich, eine vertragliche Regelung zu vereinbaren, um den Erwerber zu verpflichten bzw. den veräußerten Unternehmer aus seiner Schuld zu entlasten.

106 Sofern der Unternehmer eine **juristische Person** ist, bleibt er auch trotz eines Gesellschafterwechsels anspruchsverpflichtet.

c) Vertragsbeendigung

107 § 89b Abs. 1 HGB setzt die **Beendigung des Vertragsverhältnisses** zwischen Unternehmer und Handelsvertreter voraus. Sollte das **Vertragsverhältnis** aus einem bestimmten Grund **nichtig** sein und dementsprechend nicht beendet werden können, so schließt dies die Ausgleichsberechtigung des Handelsvertreters nicht aus. Erforderlich ist lediglich, dass das Handelsvertreterverhältnis faktisch vollzogen wurde.[122] Die Begründung hierfür liegt darin, dass die Rechtsfolgen aus einem nichtigen Handelsvertretervertrag nicht den Handelsvertreter treffen dürfen, sofern er alle übrigen Ausgleichsvoraussetzungen erfüllt hat. Ansonsten wäre es dem Unternehmer möglich, den vom Handelsvertreter aufgebauten Kundenstamm zu nutzen, ohne dafür einen Ausgleich zu zahlen.[123]

108 Der Handelsvertretervertrag kann neben der bereits erörterten Kündigung auf **verschiedene andere Art und Weise beendet** werden, so bspw. durch den Tod des Handelsvertreters, durch den Eintritt einer auflösenden Bedingung, mit Eröffnung des Insolvenzverfahrens über das Vermögen des Unternehmers nach § 116 Satz 1 HGB i.V.m. § 115 Abs. 1 InsO oder durch einfachen Auflösungsvertrag.

109 Problematisch sind die Fälle, in denen eine **Teilbeendigung** des Handelsvertretervertrags erfolgen soll. Der BGH[124] sieht **Teilkündigungsklauseln** – jedenfalls im Falle eines Vertragshändlervertrags – als **unwirksam** an. Diese Rechtsauffassung wird auch für den Handelsvertretervertrag gelten müssen. Daraus folgt, dass eine solche Kündigung keinen rechtlichen Bestand hat, es sein denn, sie kann in eine **Änderungskündigung umgedeutet** werden. Durch die Änderungskündigung wird der gesamte Vertrag gekündigt und damit beendet, wenn auch verbunden mit dem Angebot auf Abschluss eines neuen, zu geänderten Konditionen ausgestalteten Vertrags. Die Änderungskündigung zieht übrigens stets einen Ausgleichsan-

---

120 Flohr, in: Martinek/Semler/Habermaier, Handbuch des Vertriebsrechts, § 8 Rn. 27.
121 Vgl. dazu unten ausführlich unter Rn. 211 ff.
122 Küstner/Thume, Handbuch des gesamten Außendienstrechts, Bd. 1, Rn. 385; Flohr, in: Martinek/Semler/Habermaier, Handbuch des Vertriebsrechts, § 8 Rn. 106; Ebenroth/Boujong/Joost/Löwisch, HGB, § 84 Rn. 28.
123 Im Falle des Vertragshändlervertrags ist es umstritten, ob auch bei einer Nichtigkeit ein Ausgleichsanspruch entsteht, vgl. BGH, VersR 1997, 1276; ZIP 1997, 238 bejahend; a.A.: Wauschkuhn, in: Stumpf/Jaletzke/Schultze, Vertragshändlervertrag, Rn. 744.
124 BGH, BB 2000, 60.

spruch nach sich.¹²⁵ Denn sie beendet in jedem Fall das Vertragsverhältnis: Dies ist der Fall, wenn der Handelsvertreter das Änderungsangebot des Unternehmers nicht annimmt, aber auch wenn er annimmt. Denn durch die Änderungskündigung macht der Unternehmer deutlich, dass jedenfalls der **Altvertrag keinen Bestand** mehr haben soll.¹²⁶

Es gibt darüber hinaus Fälle, in denen zwar streng genommen **keine Vertragsbeendigung vorliegt**, die Situation aber einer solchen gleich kommt. In diesem Fall wird ein Ausgleichsanspruch nach § 89b HGB in **analoger Anwendung** bejaht. Für den Fall, dass der Unternehmer eine **Rotation seiner Handelsvertreter** bezüglich ihrer Bezirke vornimmt und dies vertraglich zulässig ist, hat der Vertreter einen Anspruch auf Ausgleich gemäß § 89b HGB analog zum Zeitpunkt der Rotation, obwohl der Vertrag noch fortbesteht. Voraussetzung dafür ist, dass der Eingriff einer Vertragsbeendigung gleichkommt. Dies wird immer dann zu bejahen sein, wenn der Bezirk des Handelsvertreters nach der Rotation wesentlich verkleinert wurde.¹²⁷ Der Vertreter kann in diesem Falle allerdings lediglich einen Ausgleich für die entgangenen Provisionen aus dem Altbezirk fordern. 110

Entsprechendes gilt auch für den Fall, dass der Unternehmer **den Kundenkreis des Handelsvertreters einschränkt**, sofern dies so erheblich ist, dass es einer **Teilbeendigung** des Vertrags gleichkommt.¹²⁸ Dies gilt auch für den Fall, dass der Unternehmer sein **Warensortiment erheblich verkleinert**. Denn in diesem Fall liegt eine kündigungsgleiche Wirkung vor: Der Handelsvertreter kann nur noch in eingeschränktem Maße Provisionen erwirtschaften. 111

d) Neugeworbene Kunden/Erweiterung bestehender Geschäftsverbindungen

Weitere Voraussetzung des § 89b HGB ist die **Werbung neuer Kunden** bzw. die **Erweiterung bestehender Geschäftsverbindungen** durch den Handelsvertreter. Ein Kunde ist immer dann geworben, wenn es zwischen dem Unternehmer und dem Dritten durch Vermittlung des Handelsvertreters zu einem Geschäftsabschluss gekommen ist. 112

Im Rahmen des Ausgleichsanspruchs werden lediglich **Neukunden** berücksichtigt, wobei es darauf ankommt, ob der Dritte bei dem Unternehmer vor der Tätigkeit des Handelsvertreters den betreffenden Artikel schon einmal gekauft hat.¹²⁹ Damit sind solche Kunden im Rahmen des § 89b HGB zu berücksichtigen, die vor dem Abschluss des Handelsvertretervertrages **nicht in geschäftlichen Beziehungen** der geworbenen Art zum Unternehmer standen.¹³⁰ Der Handelsvertreter muss den Neukunden geworben haben, d.h., er muss entsprechend der Definition des Handelsvertreters¹³¹ eine **Vermittlungs- bzw. Abschlusstätigkeit** vorgenommen haben, die jedenfalls mitursächlich für den Abschluss des Geschäfts war. In diesem Zusammenhang spielt es keine Rolle, ob zusätzliche Bemühungen des Unternehmers zu dem Abschluss des Geschäfts geführt haben. Der **mitursächliche Beitrag** des Handelsvertreters ist insofern **ausreichend**.¹³² Die Darlegungs- und Beweislast für die Kundenwerbung liegt beim Handelsvertreter, d.h. er muss im Prozess den Umstand darlegen und beweisen, dass die in seiner Ausgleichsberechnung einbezogenen Kunden dem Unternehmer während des Bestehen des Vertragsverhältnisses neu zugeführt wurden. 113

Der Ausgleichsverpflichtung des Unternehmers steht nicht entgegen, wenn der Handelsvertreter die **Geschäftsbeziehungen** zu den Kunden so wesentlich erweitert, dass dies wirtschaftlich der Werbung eines 114

---

125 BGH, BB 2000, 60, 62; Küstner/Thume, Handbuch des gesamten Außendienstrechts, Bd. 2, Rn. 285; Ebenroth/Boujong/Joost/Löwisch, HGB, § 89b Rn. 45.
126 Für das Vertragshändlerrecht: BGH, BB 2000, 60, 62.
127 Küstner/Thume, Handbuch des gesamten Außendienstrechts, Bd. 2, Rn. 327.
128 BGH, BB 1994, 1999.
129 Ebenroth/Boujong/Joost/Löwisch, HGB, § 89b Rn. 80.
130 Ebenroth/Boujong/Joost/Löwisch, HGB, § 89b Rn. 80.
131 Siehe oben unter Rn. 1 ff.
132 BGH, NJW 1985, 860.

Neukunden entspricht. Voraussetzung dafür ist, dass sich der **Warenumsatz** mit dem entsprechenden Kunden **mengenmäßig verdoppelt**.[133]

115 Mit den neuen Kunden müssen **nach Beendigung des Vertragsverhältnisses** für den Unternehmer **Geschäftsverbindungen bestehen**. Dies bedingt die Aussicht auf weitere Geschäftsabschlüsse in Form von **Neubestellungen** in einem überschaubaren Zeitraum. Geschäftsverbindungen bestehen nicht mit Laufkunden, sondern mit Stammkunden bzw. Mehrfachkunden. Dies sind alle Kunden, die in einem überschaubaren Zeitraum, in dem üblicherweise mit Nachbestellungen zu rechnen ist, mehr als nur einmal ein Geschäft mit dem Unternehmer abgeschlossen haben oder voraussichtlich abschließen werden.[134] Ob solche Folgebestellungen zu erwarten sind, wird mittels einer Prognose bei Vertragsende nach den gewöhnlichen Umständen geprüft. Dabei kommt es vor allem auf das Produkt an; unterschiedliche Produkte haben i.d.R. unterschiedliche Bestellintervalle. Im Zweifel sollten branchenspezifische Statistiken nach § 287 ZPO herangezogen werden.

116 Auch **potenzielle Mehrfachkunden** begründen eine Ausgleichspflicht.[135] Voraussetzung dafür ist, dass aufgrund der Gegebenheiten während des Vertragsverhältnisses hinreichend sicher und auf den Einzelfall bezogene konkrete Anhaltspunkte für Folgegeschäfte innerhalb eines überschaubaren Zeitraums bestehen.

e) Erhebliche Unternehmervorteile

117 Weitere Voraussetzung des § 89b HGB ist, dass der Unternehmer nach Beendigung des Handelsvertreterverhältnisses aus den von dem Handelsvertreter geworbenen Geschäftsverbindungen **erhebliche Vorteile** haben muss. Solche Vorteile werden regelmäßig dann zu bejahen sein, wenn der Unternehmer nach Vertragsbeendigung die Aussicht auf eine weitere Nutzung der Geschäftsverbindungen hat, also die **Aussicht auf einen Unternehmergewinn ohne Provisionszahlungsverpflichtung**. Der Vorteil für den Unternehmer wird regelmäßig dann bejaht, wenn von einem Fortbestand der Geschäftsbeziehung mit den geworbenen Kunden auszugehen ist. Es kommt nicht darauf an, ob Vorteile tatsächlich beim Unternehmer eintreten, sondern darauf, dass der Unternehmer nach objektiv zu bestimmenden, gegenwärtigen oder vergangenen Umständen des Einzelfalls oder Erfahrungssätzen mit Vorteilen rechnen kann. Auch hierbei handelt es sich um eine Prognose über die künftige Entwicklung der Verhältnisse. Im Rahmen der Prognose sind das Verhalten eines durchschnittlichen Unternehmers zu berücksichtigen sowie konkrete Umstände des Einzelfalls. In diesem Zusammenhang ist auf den Zeitpunkt der Beendigung des Handelsvertretervertrags abzustellen, zu dem der Ausgleichsanspruch entsteht.[136]

118 Im **gerichtlichen Verfahren** erfolgt hier eine **Schätzung** nach § 287 ZPO.[137] Da die Vorteile des Unternehmers den Prognosezeitraum bestimmen, darf die übliche Dauer der Geschäftsverbindungen bei der Schätzung nicht überschritten werden; die **Beweislast** für die Vorteile des Unternehmers liegt **grds. beim Handelsvertreter**. Ihm kommt jedoch eine **Vermutung** zugute, wonach der Unternehmer von ihm zustande gebrachte Geschäftsverbindungen auch fortsetzt.[138] Auf das Bestreiten des Handelsvertreters hin ist es folglich an dem Unternehmer, fehlende Vorteile darzulegen und zu beweisen.[139]

119 Der **Vorteil** muss stets **erheblich** sein, wobei sich die Erheblichkeit nach dem Umfang und der erwarteten Beständigkeit des vermittelten Neugeschäfts verglichen mit dem alten Geschäft richtet.[140]

---

133 BGH, NJW 1971, 1611; Ebenroth/Boujong/Joost/Löwisch, HGB, § 89b Rn. 81; MünchKomm-HGB/v. Hoyningen-Huene, § 89b Rn. 65.
134 BGHZ 135, 14; 141, 252; BGH, NJW 1985, 859; NJW-RR 1991, 156; NJW 1998, 68, 73; WM 2003, 500.
135 BGH, NJW-RR 1991, 1050, 1052.
136 BGH, NJW 1998, 75.
137 BGH, ZIP 1990, 1197, 1198; VersR 2003, 767.
138 BGH, NJW 1985, 859; NJW-RR 1991, 156; NJW 1998, 68.
139 Küstner/Thume, Handbuch des gesamten Außendienstrechts, Bd. 2, Rn. 1759.
140 Baumbach/Hopt/Hopt, HGB, § 89b Rn. 15.

f) Provisionsverluste des Handelsvertreters

§ 89b Abs. 1 Nr. 2 HGB setzt voraus, dass der Handelsvertreter infolge der **Vertragsbeendigung Ansprüche auf Provision** verliert, die er bei Fortsetzung des Vertragsverhältnisses aus bereits abgeschlossenen oder künftig zustande kommenden Geschäften mit den von ihm geworbenen Kunden erzielt hätte. Dabei wird die Möglichkeit des Handelsvertreters, neue Kunden werben zu können, im Rahmen des Ausgleichsanspruchs nicht berücksichtigt.[141]

aa) Prognose

Die **Provisionsverluste** werden mittels einer **Prognose bei Vertragsbeendigung** bestimmt. Dabei werden die unveränderte Fortsetzung des Handelsvertretervertrags sowie die gleich bleibende Tätigkeit des Handelsvertreters unterstellt.[142] Es ist auf solche Tatsachen abzustellen, die sich mit hoher Wahrscheinlichkeit auch in der Zukunft wiederholen werden; sie müssen bereits in ihrer Anlage bei Vertragsbeendigung existent sein. Die Prognose bezieht sich darauf, wie lange und in welchem Umfang Geschäftsbeziehungen zwischen dem Unternehmer und dem vom Handelsvertreter geworbenen Neukunden voraussichtlich fortdauern. In diesem Zusammenhang werden die jeweiligen **Branchenbesonderheiten**, die **Marktgegebenheiten** sowie die **Wettbewerbsbedingungen berücksichtigt**.[143]

Ausgangspunkt der Berechnung ist die **letzte Jahresprovision** aus dem zwischen dem Unternehmer und dem Handelsvertreter bestehenden Vertrag, die sich aus den neu geworbenen bzw. erweiterten Alt-Kunden, mit denen eine Geschäftsbeziehung besteht, ergeben hat. Lediglich im Fall eines atypischen Verlaufs des letzten Vertragsjahres kann ein Durchschnittswert unter Heranziehung eines anderen Zeitraumes gebildet werden.[144]

Nach der Rspr. des BGH[145] ist im Rahmen der **Verlustprognose** davon auszugehen, dass der Handelsvertretervertrag in seinem Bestand unberührt geblieben und der Handelsvertreter weiterhin in dem Sinn für den Unternehmer tätig geworden wäre, der Handelsvertreter sich während des Prognosezeitraums um die geworbenen Kunden bemüht und um ausgleichpflichtige Folgegeschäfte gekümmert hätte.

bb) In die Prognose einfließende Vergütungsbestandteile

Nicht einheitlich wird die Frage beantwortet, welche **Vergütungsbestandteile im Rahmen der Verlustprognose Berücksichtigung** finden. Nach allgemeiner Auffassung ist zunächst von der zu erwartenden Bruttoprovision vor Abzug der Betriebskosten auszugehen. Diese **Bruttoprovision** bezieht sich allerdings lediglich auf eine solche Vergütung, die dem Handelsvertreter für seine werbende, vermittelnde und abschließende Tätigkeit zukommt, nicht dagegen auf solche Vergütungen, die für Verwaltungstätigkeiten, Lagerhaltung und Ähnliches geleistet werden.[146] Zu berücksichtigen ist i.d.R. die Beständigkeit des Kundenstamms, der notfalls mittels Sachverständigengutachten im Prozess zu bestimmen ist.

Sofern der Handelsvertreter mit dem Unternehmer neben der Provision eine **feste Vergütung** oder aber eine **Mindestvergütung** vereinbart hat, ist diese nur insofern in die Verlustprognose einzustellen, als sie für Geschäfte mit neu geworbenen oder erweiterten Stammkunden gezahlt wird.[147] Ein eventuell vereinbarter variabeler Vergütungsanteil ist ebenfalls nur dann in die Verlustprognose einzubeziehen, wenn er sich auf die vorbenannten Geschäfte bezieht.

---

141 Ebenroth/Boujong/Jost/Löwisch, HGB, § 89b Rn. 96.
142 BGHZ 24, 227; 141, 252.
143 BGH, BB 1992, 2385.
144 BGHZ 135, 23; 141, 252.
145 BGH, NJW-RR 1998, 42, 43; Ebenroth/Boujong/Jost/Löwisch, HGB, § 89b Rn. 36.
146 BGH, NJW 1998, 66.
147 BGHZ 43, 154; a.A.: Ebenroth/Boujong/Jost/Löwisch, HGB, § 89b Rn. 97.

126 Nach Auffassung der Rspr. werden die sog. **Bestands- bzw. Verwaltungsprovisionen** des Handelsvertreters nicht mit in die Verlustprognose einbezogen.[148] Dies wird damit begründet, dass sich der Ausgleichsanspruch eben nur auf den Auf- bzw. Ausbau des Kundenstammes bezieht, nicht dagegen auf die Kundenpflege bzw. -verwaltung.[149]

127 **Bezirksprovisionen** werden im Rahmen der Verlustprognose i.d.R. nur für solche Kunden nicht berücksichtigt, die der Handelsvertreter nicht für das erste Geschäft geworben hat. Dies ist bspw. der Fall, wenn ein Vertreter Bezirksprovisionen für Kunden erhält, die ein Vorgänger, ein anderer Vertreter oder der Unternehmen zuvor warb.[150]

128 Ein **Abzug vom Ausgleichsanspruch** für die vom Handelsvertreter regelmäßig durchzuführende verwaltende Tätigkeit bzw. Bestandpflege oder aber Schadensregulierung, die im Rahmen einer werbenden Tätigkeit stets in gewissem Umfang erforderlich ist, erscheint nicht gerechtfertigt, jedenfalls dann nicht, wenn der Schwerpunkt der Tätigkeit des Handelsvertreters werbend bleibt; denn der Handelsvertreter muss, um überhaupt werbend tätig werden zu können, zuvor oder gleichzeitig verwaltend tätig sein.[151]

129 Sofern im **Prozess** das Verhältnis von ausgleichspflichtiger werbender zu nicht ausgleichspflichtiger verwaltender Provision zu klären ist, erfolgt regelmäßig eine **Schätzung nach § 287 ZPO**, so dass eine umfangreiche Beweisaufnahme umgangen werden kann.

g) Billigkeitsprüfung

130 Nach § 89b Abs. 1 Nr. HGB muss die **Zahlung eines Ausgleichs** unter Berücksichtigung aller Umstände der Billigkeit entsprechen. Der sog. **Billigkeitsgrundsatz** soll allen Besonderheiten Rechnung tragen, die bei der abstrakten Berechnung der Vorteilshöhe des Unternehmers und der Verlusthöhe des Handelsvertreters nicht verwertet werden können.[152] Berücksichtigt werden die Umstände des Einzelfalles,[153] und zwar im Rahmen einer zukunftsbezogenen Prognose bei Vertragsende.[154]

131 Die Billigkeitsprüfung kann den Ausgleichsanspruch einschränken bzw. sogar vollständig entfallen lassen. Als Umstände, die im Rahmen der Billigkeitsprüfung zu berücksichtigen sind, kommen nach dem Schutzzweck der Norm grds. nur vertragsbezogene[155] und keine sachfremden oder willkürlichen Umstände in Betracht. **Vertragsbezogene Umstände** können bspw. sein:

- Ein arglistiges Verhalten des Handelsvertreters,
- ggf. das Angebot des Unternehmers auf Abschluss eines Ersatzvertrags mit dem Handelsvertreter für einen gekündigten Vertrag und dessen Ablehnung,[156]
- die Schädigung des Goodwills des Unternehmers,[157]
- die Aufnahme einer Konkurrenztätigkeit des Handelsvertreters nach Vertragsbeendigung,
- die Selbsttötung des Handelsvertreters,[158]

---

148 BGH, NJW-RR 2004, 469.
149 BGH, NJW-RR 2004, 469.
150 BGH, NJW-RR 2004, 469.
151 Emde, in: Giesler, Praxishandbuch Vertriebsrecht, § 2 Rn. 698.
152 BGH, BB 1957, 1161.
153 Habermaier, in: Martinek/Semler/Habermeier, Handbuch des Vertriebsrechts, § 11 Rn. 31.
154 Ebenroth/Boujong/Jost/Löwisch, HGB, § 89b Rn. 105.
155 Der BGH, hat in seinem Urt. v. 20.11.2002, NJW 2003, 1244, 1246 ausgeführt, auch vertragsfremde Umständen müssten im Rahmen der Billigkeit beachtet werden, da alle Umstände im Einzelfall gegeneinander abzuwägen seien.
156 Ebenroth/Boujong/Jost/Löwisch, HGB, § 89b Rn. 110; a.A.: Emde, in: Giesler, Praxishandbuch Vertriebsrecht, § 2 Rn. 739.
157 Sturm/Liekefett, BB 2004, 1009, 1015.
158 BGH, BB 1966, 876.

- ggf. die Sogwirkung der Marke aufgrund ihres Bekanntheitsgrades.[159]

Nicht dagegen sollen im Rahmen der Billigkeit berücksichtigt werden: 132
- Das Alter des Handelsvertreters,[160]
- die Erwerbsfähigkeit des Handelsvertreters,[161]
- Exportschwierigkeiten hinsichtlich der Ware des Unternehmers,[162]
- der Gesundheitszustand des Handelsvertreters[163] und Ähliches.[164]

Sofern der Unternehmer dem Handelsvertreter eine **Alterversorgung** gewährt, wird diskutiert, ob diese im Rahmen der Billigkeit **in Abzug zu bringen** ist, und zwar in Höhe des Anwartschaftsbarwerts. Teilweise wird argumentiert, eine Anrechnung habe zu erfolgen, da sie als Teil des Leistungsgegenleistungsverhältnisses gewährt werde und somit mit dem Handelsvertretervertrag in einem unmittelbaren Zusammenhang stehe.[165] Dies ist aber nur der Fall, wenn die Altersversorgung den praktischen Zweck einer Ausgleichszahlung übernimmt.[166] Insofern muss die Altersversorgung in angemessener Zeit nach dem Handelsvertretervertragsende fällig werden[167] und darf nicht für eine besondere Gegenleistung des Handelsvertreters gezahlt werden.[168] 133

Auch der BGH[169] erachtet **im Einzelfall** eine **Anrechnung der Altersversorgung** unter dem Gesichtspunkt der Billigkeit für **zulässig**: In seinem Urt. v. 20.11.2002 urteilte er zwar, die im Handelsvertretervertrag aufgeführte Anrechnungsklausel verstoße gegen § 89b Abs. 1 Satz 1 Nr. 3, Abs. 4 HGB i.V.m. § 307 BGB und sei deswegen unwirksam. Die Anrechnungsklausel schreibe den Abzug des Anwartschaftsbarwertes bindend vor und berücksichtige keine Einzelfälle. Damit sei eine differenzierte, im Rahmen des § 89b Abs. 1 Satz 1 Nr. 3 HGB zwingend vorgeschriebene Billigkeitsabwägung ausgeschlossen. Ein Abzug des Barwertes sei aber dann möglich, wenn dies § 89b HGB unter dem Gesichtspunkt der Billigkeit gestatte.

Generell soll nach Auffassung der Rspr. im Falle der Gewährung einer Altersversorgung durch den Unternehmer der **Barwert der Versorgungsleistung** dem **Ausgleichsanspruch** des Handelsvertreters **gegenüber gestellt werden**, und zwar in Gestalt einer **Saldierung** im Zeitpunkt der Vertragsbeendigung. Sofern im Ergebnis der Barwert der Versorgungsleistung höher als der Ausgleichsanspruch ist, soll der Unternehmer dem Handelsvertreter keinen Ausgleich schulden.[170]

h) Unabdingbarkeit/Ausschlussfrist

§ 89b Abs. 4 Satz 1 HGB bestimmt, dass der **Ausgleichsanspruch nicht im Voraus ausgeschlossen** werden kann. Daher sind alle, in der Praxis übrigens häufig auftretenden Vereinbarungen unwirksam, durch die der Ausgleich entweder ausgeschlossen oder aber zum Nachteil des Handelsvertreters beschränkt wird. 134

---

159 BGH, NJW 1982, 2820; WM 1987, 1465, 94, 243; NJW 1996, 2298, 2302; 97, 1506; WM 2003, 498; 03, 2107.
160 Küstner/Thume, Handbuch des gesamten Außendienstrechts, Bd. 2, Rn. 1080.
161 Küstner/Thume, Handbuch des gesamten Außendienstrechts, Bd. 2, Rn. 1080.
162 Küstner/Thume, Handbuch des gesamten Außendienstrechts, Bd. 2, Rn. 1087.
163 Küstner/Thume, Handbuch des gesamten Außendienstrechts, Bd. 2, Rn. 1080.
164 Aufstellung bei Emde, in: Giesler, Praxishandbuch Vertriebsrecht, § 2 Rn. 751 ff.
165 Küstner/Thume, Handbuch des gesamten Außendienstrechts, Bd. 1, Rn. 1174.
166 Baumbach/Hopt/Hopt, HGB, § 89b Rn. 39.
167 BGHZ 153, 14; NJW 1994, 1350.
168 BGH, NJW 1982, 1814.
169 BGH, DB 2003, 114.
170 Vgl. dazu: Emde, in: Giesler, Praxishandbuch Vertriebsrecht, § 3 Rn. 806 ff.

135 Nach § 89b Abs. 4 Satz 2 HGB muss der Ausgleichsanspruch – dem Grunde nach – innerhalb **eines Jahres nach der Vertragsbeendigung geltend gemacht werden**. Für die Geltendmachung der Höhe gelten die **allgemeinen Verjährungsfristen** der §§ 194 ff. BGB. Bei der Ein-Jahres-Frist handelt es sich um eine Ausschlussfrist, so dass nach Ende dieser Frist der Anspruch nicht mehr mit Erfolg geltend gemacht werden kann. Die Geltendmachung des Anspruchs ist nicht an eine bestimmte Form gebunden.

136 **Sinn und Zweck der Ausschlussfrist** ist es, dem Unternehmer schnellstmöglich nach Beendigung des Vertragsverhältnisses mit dem Handelsvertreter **Gewissheit** darüber zu geben, ob dieser einen Ausgleich beansprucht oder nicht.[171] Die Frist dient der Rechtssicherheit und soll klare Verhältnisse schaffen. Insofern kann sich der Handelsvertreter auch nicht auf evtl. Unkenntnisse oder unverschuldete Fristversäumung berufen. Mit dem Fristablauf ist der Anspruch erloschen, so dass auch keine Aufrechnung mehr mit diesem in Betracht kommt.

137 Unschädlich ist es, wenn der Handelsvertreter den Ausgleichsanspruch **bereits vor der Vertragsbeendigung** geltend macht.[172] Dies soll zumindest nach allgemeiner Auffassung dann gelten, wenn das Vertragsende absehbar ist.[173]

138 Die Ausschlussfrist **beginnt mit dem Tag der Beendigung** des Handelsvertretervertrags, wobei die Vorschriften der §§ 186 ff. BGB zu beachten sind.

> **Hinweis:**
> In der Praxis wird häufig versucht, den Ausgleichsanspruch nach § 89b HGB dadurch auszuschließen, dass in den Verträgen die Vorschriften der §§ 84 ff. HGB für unanwendbar erklärt werden. Sofern dies überhaupt rechtlich möglich ist – es handelt sich meist um einen Umgehungsversuch –, ist zu berücksichtigen, dass sich der Unternehmer damit der Gefahr aussetzt, einen Arbeitnehmer mit sozialversicherungsrechtlichen Kostenfolgen zu beschäftigen. Auf diesen Umstand sollte im Rahmen der Beratung des Unternehmers deutlich hingewiesen werden.

i) Höchstbetrag

139 Der Ausgleich beträgt nach § 89b Abs. 2 HGB **höchstens eine Jahresprovision** bzw. eine **sonstige Jahresvergütung**, berechnet aus dem Durchschnitt der letzten fünf Jahre der Tätigkeit des Handelsvertreters. Die Höchstgrenze errechnet sich nach den dem Handelsvertreter geschuldeten Provisionen, und zwar ohne dass es darauf ankäme, ob sie ihm tatsächlich vergütet wurden, verjährt oder Einrede behaftet sind. Zu den Provisionen zählen **sämtliche geschuldete Vergütungen**, vor allem die Bruttoprovisionen,[174] Bezirksprovisionen, Inkasso- und Verwaltungsprovisionen, Wohnungszahlungen, Schadensersatzansprüche für entgangene Vergütungen, Überhangprovisionen, die erst nach Vertragende unbedingt und fällig werden,[175] u.Ä. Die Einbeziehung der Vergütungen ist deswegen so umfangreich, weil der Ausgleich in Anlehnung an das bisherige Einkommen des Handelsvertreters hinsichtlich der Höchstbetragsrechnung zu ermitteln ist. Andernfalls würde gegen den Schutzzweck des § 89b HGB verstoßen.[176] Aus diesem Grund sind auch die nicht leistungsbezogenen Vergütungsbestandteile des Handelsvertreters nicht zu berücksichtigen.

140 Hinsichtlich des **Berechnungszeitraums** ist auf das **Vertragsverhältnis, nicht dagegen auf das Kalenderjahr abzustellen**. Gegen die Berücksichtigung des letzten Vertragsjahres, welches aufgrund des durch die Kündigung belasteten Vertragsverhältnisses i.d.R. deutlich schlechter ausfällt als die vorherigen Jahre, ist insofern nichts einzuwenden, als ein fünfjähriger Bemessungszeitraum einen hinreichenden Ausgleich

---

171 BGH, NJW 1968, 1419.
172 BGHZ 40, 18.
173 Ebenroth/Boujong/Jost/Löwisch, HGB, § 89b Rn. 74.
174 Vgl. dazu: BGHZ 29, 83; 56, 250; 61, 112.
175 BGH, NJW 1997, 316.
176 BGH, DB 1971, 105.

für unterschiedliche Provisionsumsätze bietet. In Ausnahmefällen kommt der Ausschluss der Berücksichtigung des letzten Vertragsjahres in Betracht, sofern dieses atypisch verlaufen ist.

Der **Höchstbetrag** ist im Übrigen nur dann von Relevanz, wenn der **Ausgleichsanspruch höher als dieser** liegt. In diesem Fall wird der Ausgleichsanspruch i.H.d. Höchstbetrages gekappt. 141

j) Ausschlusstatbestände

Nach § 89b Abs. 3 HGB können Gründe vorliegen, die den **Eintritt der Ausgleichspflicht ausnahmsweise ausschließen**. 142

aa) Eigenkündigung des Handelsvertreters (§ 89b Abs. 3 Nr. 1 HGB)

Der Ausgleichsanspruch besteht nach § 89b Abs. 3 Nr. 1 HGB nicht, wenn der **Handelsvertreter das Vertragsverhältnis selbst gekündigt hat**. Ausnahmsweise schadet eine Eigenkündigung nicht, wenn ein Verhalten des Unternehmers zu ihr geführt hat oder wenn dem Handelsvertreter eine Fortsetzung seiner Tätigkeit aufgrund seines Alters oder wegen Krankheit nicht mehr zugemutet werden kann. 143

(1) Begründeter Anlass im Verhalten des Unternehmers (§ 89b Abs. 3 Nr. 1 1. Alt. HGB)

Ein begründeter Anlass i.S.d. § 89b Abs. 3 Nr. 1 1. Alt. HGB liegt immer dann vor, wenn ein **wichtiger Grund zur Kündigung** für den Handelsvertreter i.S.d. § 89a HGB existierte; der Anlass ist allerdings ein Minus gegenüber dem wichtigen Kündigungsgrund. Der begründete Anlass muss im **Verhalten des Unternehmers** seinen Ursprung finden. Äußere Umstände, auf die der Unternehmer keinen Einfluss hat, sind davon nicht umfasst. Es geht lediglich um alle aus seiner eigenen Sphäre kommenden Umstände. Der Handelsvertreter muss in eine für ihn nach Treu und Glauben nicht haltbare Lage gekommen sein und sieht sich deshalb als „vernünftig und billig denkender Kaufmann" zur Kündigung veranlasst.[177] 144

In der Praxis haben sich einige Fallgruppen herausgebildet, wann ein Verhalten des Unternehmers einen begründeten Anlass zur Kündigung gibt: 145

- Alle wichtigen, aus der Sphäre des Unternehmers resultierenden Kündigungsgründe des Handelsvertreters,
- mangelhafte Ausführung von Bestellungen,[178]
- unberechtigte Nichtzahlung der Provision des Handelsvertreters,[179]
- unberechtigte Verkleinerung des Bezirks durch den Unternehmer,[180]
- Produktionseinschränkungen des Unternehmers,[181]
- Provisionskürzungen,
- Sortimentserweiterung des Unternehmers, wodurch Handelsvertreter in Konkurrenzsituationen zu einem anderen von ihm vertretenen Prinzipal gerät.[182]

(2) Keine Zumutung der Fortsetzung der Tätigkeit wegen Alters/Krankheit (§ 89b Abs. 3 Nr. 1 2. Alt.)

Auch § 89b Abs. 3 Nr. 1 Alt. 2 HGB sieht eine **Ausnahme vom Ausschluss des Ausgleichsanspruchs wegen Eigenkündigung** des Handelsvertreters vor. Dies ist der Fall aufgrund des Alters oder Krankheit 146

---

177 BGHZ 40, 15 = NJW 1967, 2153; 87, 778; 96, 848.
178 OLG Celle, DB 1962, 94.
179 OLG Nürnberg, Urt. v. 16.5.1991 – 12 U 2405/86, n.v.
180 OLG Düsseldorf, Urt. v. 21.6.1955, HVR – Nr. 77.
181 BGH, NJW 1967, 213.
182 BGH, DB 1989, 1327.

des Handelsvertreters. Eine Kündigung wegen Alters wird dem Handelsvertreter i.d.R. mit Erreichen des allgemeinen Renten- bzw. Pensionsalters, also zwischen dem 60. und 65. Lebensjahr, zuerkannt.

147 Schwieriger ist die **Begründung des Nichtvorliegens** des Ausschlusses des Ausgleichsanspruchs **im Falle der Krankheit des Handelsvertreters**. Eine solche liegt nach dem BGH[183] immer dann vor, wenn eine Störung des gesundheitlichen Zustands schwerwiegend und von nicht absehbarer Dauer ist und sie dadurch zu einer auch mit Ersatzkräften nicht behebbaren nachhaltigen Behinderung der Absatztätigkeit für den Unternehmer führt. Diese Umstände sind im Einzelfall sorgfältig zu prüfen.

148 Die **Fortsetzung der Tätigkeit** muss für den Handelsvertreter **unzumutbar** sein. Dies ist immer dann der Fall, wenn der Vertreter, bei objektiver Würdigung der Umstände, seine Vertragsverpflichtungen binnen angemessener Zeit nicht mehr oder nur noch mit überobligationsmäßigem Einsatz erfüllen kann.[184] Es ist dabei auf die Fortsetzung des konkreten Vertragsverhältnisses abzustellen, so dass **alle Umstände des Einzelfalles** Beachtung finden.

bb) **Kündigung des Unternehmers aus wichtigem Grund wegen schuldhaften Verhaltens des Handelsvertreters (§ 89b Abs. 3 Nr. 2 HGB)**

149 Nach § 89 Abs. 3 Nr. 2 HGB **scheidet ein Ausgleichsanspruch ferner aus**, wenn der Unternehmer dem Handelsvertreter aus **wichtigem Grund wegen schuldhaften Verhaltens** kündigt. Eine Fahrlässigkeit des Handelsvertreters nach § 276 BGB wird für ausreichend erachtet.[185] § 278 BGB ist indes nicht anwendbar.[186] Die außerordentliche Kündigung muss kausal durch das schuldhafte Verhalten des Handelsvertreters verursacht worden sein. Dies ist nicht zu bejahen bei einem zu geringen pro Kopf-Umsatz des Handelsvertreters im Vergleich zu anderen Absatzmittlern[187] oder aber einer Verdachts-[188] bzw. Druckkündigung. Dagegen führen **wesentliche Vertragsverletzungen** des Handelsvertreters, insb. unzulässiger Wettbewerb, regelmäßig zum Ausschluss des Ausgleichsanspruchs.[189]

cc) **Eintritt eines Dritten in das Vertragsverhältnis (§ 89b Abs. 3 Nr. 2 HGB)**

150 Der Ausgleichsanspruch entfällt schließlich auch dann, wenn ein Dritter anstelle des Handelsvertreters in das Vertragsverhältnis eintritt und dies aufgrund einer Vereinbarung zwischen dem Unternehmer und dem Handelsvertreter erfolgt. Hierbei handelt es sich um den Fall einer **Vertragsübernahme**. Der Unternehmer ist dem Dritten gegenüber bei Vertragsende zum Ausgleich verpflichtet. Insofern scheidet seine Einstandspflicht gegenüber dem Handelsvertreter aus, da ansonsten eine doppelte Zahlungsverpflichtung des Unternehmers bestünde. Die Vorschrift des § 89b Abs. 3 Nr. 2 HGB will im Übrigen dem Fall vorbeugen, dass der Handelsvertreter von **seinem Nachfolger ein Entgelt für die Übertragung der Vertretung erhält und gleichzeitig einen Ausgleich vom Unternehmer**.[190]

k) **Zinsen**

151 **Seit Fälligkeit des Ausgleichsanspruchs** hat der Handelsvertreter einen **Anspruch auf Zinszahlung** gemäß §§ 352, 353 HGB i.H.v. 5 % p.a. Sollte sich der Unternehmer mit der Zahlung des Ausgleichsanspruchs jedoch bereits in Verzug befinden, so sind für den Handelsvertreter 8 % p.a. Zinsen über dem Basiszinssatz zu zahlen (§ 282 BGB).

---

183 BGH, NJW-RR 1993, 996.
184 Schröder, DB 1976, 1269, 1271; Ebenroth/Boujong/Jost/Löwisch, HGB, § 89b Rn. 61.
185 BGH, WM 1972, 1095, 1096; Ebenroth/Boujong/Jost/Löwisch, HGB, § 89b Rn. 67.
186 Ebenroth/Boujong/Jost/Löwisch, HGB, § 89b Rn. 67.
187 OLG Celle, HVR-Nr. 217, Rn. 1341.
188 BGHZ 29, 276.
189 BGH, NJW 1984, 2101.
190 Ebenroth/Boujong/Jost/Löwisch, HGB, § 89b Rn. 68.

l) Prozessuales

Für die **gerichtliche Geltendmachung** eines Ausgleichsanspruchs sind die **ordentlichen Gerichte** zuständig. Neben den allgemeinen Zivilkammern kommen auch die Kammern für Handelssachen in Betracht, sofern es sich bei der Tätigkeit des Handelsvertreters um ein Handelsgeschäft handelt und nach § 95 Abs. 1 Nr. 1 ZPO der Beklagte Kaufmann und in das Handels-/Genossenschaftsregister eingetragen ist.

Hinsichtlich der **örtlichen Zuständigkeit** gelten die allgemeinen Vorschriften der ZPO. In der Praxis kommt es jedoch häufig vor, dass ein bestimmter Gerichtsstand im Handelsvertretervertrag vereinbart wird.[191]

2. Berechnung der Höhe des Ausgleichsanspruchs

Nach § 89b HGB schuldet der Unternehmer dem Handelsvertreter einen **angemessenen Ausgleich**. Wie der angemessene Ausgleich zu ermitteln ist, hat sich in der Praxis durch die Rspr. herausgebildet. Die Höhe des Anspruchs wird danach **in zwei Schritten** bestimmt:

---
1. Schritt

Zunächst ist der sog. **Rohausgleich** zu berechnen, der durch die Elemente „Unternehmervorteile", „Provisionsverluste des Handelsvertreters" und „Billigkeit" bestimmt wird.

---
2. Schritt

Sodann wird der **Höchstbetrag** gemäß § 89b Abs. 2 HGB errechnet, der den Ausgleichsanspruch ggf. der Höhe nach begrenzt.

---

a) Rohausgleichsmethode

aa) Berücksichtigungsfähige Provisionen

Um den Rohausgleich zu berechnen, wird zunächst ermittelt, in welcher Höhe der Handelsvertreter in den letzten zwölf Monaten seiner Tätigkeit **Vermittlungs- bzw. Abschlussprovisionen für als Stammkunden geworbene Neukunden bzw.** für **Altkunden**, mit denen der Handelsvertreter die Umsätze mindestens verdoppelt hat, erzielt hat.

bb) Prognosezeitraum[192]

Sodann wird ermittelt, **für welchen Zeitraum** der Handelsvertreter aus dem von ihm geschaffenen Kundenstamm noch hätte Vorteile nach Vertragsbeendigung ziehen können. I.d.R. wird ein **Prognosezeitraum von drei bis fünf Jahren** für angemessen erachtet.

cc) Abwanderungsquote

Ferner ist eine sog. **Abwanderungsquote** der vom Handelsvertreter geworbenen Kunden zu berücksichtigen, die den Prognosezeitraum reduzieren kann. Abzustellen ist auf eine Abwanderungsquote aus der Zeit vor der Vertragsbeendigung, wobei es auf die **Umsatzminderung pro abgewanderten Kunden** ankommt. Der Provisionsverlust des Handelsvertreters ermittelt sich daher nach der Jahresprovision abzüglich der Abwanderungsquote für das erste Jahr nach der Vertragsbeendigung. Für die Folgejahre werden die Abwanderungsquoten abermals abgezogen. Sämtliche Provisionsverluste der einzelnen Jahre sind entsprechend zusammen zu addieren, so dass als Gesamtergebnis der Provisionsverlust des Handelsvertreters

---
191 Vgl. dazu unten Rn. 234 im Mustervertrag unter § 9.
192 Vgl. dazu oben unter Rn. 120 ff.

festgestellt werden kann. Der BGH[193] hat in der Vergangenheit **mehrfach geschätzte Abwanderungsquoten von 10, 20 oder 25 % anerkannt** und sich darauf gestützt, dass die Abwanderungsquote in erster Linie von dem Tatrichter zu ermitteln sei.

dd) Abzinsung

158 Schließlich ist **von dem ermittelten Provisionsverlust** des Handelsvertreters eine sog. **Abzinsung vorzunehmen**.[194] Grund für die Abzinsung ist, dass der Handelsvertreter ohne Beendigung des Vertrags die Ausgleichszahlung nicht in voller Höhe und auf einmal erhalten hätte, sondern verteilt als Provision über einen längeren Zeitraum. Dadurch erhält der Handelsvertreter einen Zinsvorteil, der durch die Abzinsung wieder ausgeglichen wird.

159 Die Rspr. nimmt i.d.R. **einen festen Abzug vor**, der in der Vergangenheit zwischen 10 und 20 % bemessen wurde.[195] Abzinsungen werden ferner in der Praxis auch nach der Methode Gillardon vorgenommen; hiernach wird ein bestimmter Multiplikator für die Abzinsung verwendet.[196]

ee) Billigkeitsabschlag[197]/Umsatzsteuer

160 Abschließend wird der **abgezinste Provisionsverlust** ggf. mittels eines **Billigkeitsabschlags** korrigiert sowie die **Umsatzsteuer** auf den Ausgleichsanspruch aufgeschlagen.

ff) Höchstbetrag[198]

161 Wie oben[199] bereits ausgeführt, wird der Ausgleichsanspruch der Höhe nach gemäß § 89b Abs. 2 HGB begrenzt, und zwar höchstens auf eine nach dem **Durchschnitt der letzten fünf Jahre** der Tätigkeit des **Handelsvertreters berechnete Jahresprovision**. Insofern sind die Provisionen der letzten fünf Vertragsjahre zusammenzuaddieren und durch den Faktor 5 zu teilen.

Sollte der errechnete Rohausgleich höher liegen als der errechnete Höchstbetrag, so kommt eine **Reduzierung auf diesen Betrag** zum Tragen.

b) Beispielsrechnung

162 Nachfolgend soll eine Beispielsrechnung die **einzelnen Berechnungsschritte** näher verdeutlichen.

Ausgangsbeispiel:

Der Handelsvertreter H hat in den letzten zwölf Monaten seiner Abschluss- bzw. Vermittlungstätigkeit für den Unternehmer U, also in der Zeit vom 1.1.2005 – 31.12.2005, einen Umsatz i.H.v. 600.000 € generiert. Dafür erhält er eine Provision i.H.v. 5 %, also 30.000 € netto.

aa) Rohertragsmethode

163 In einem ersten Schritt wird der **Rohertrag des Handelsvertreters ermittelt**.

Fortführung des Ausgangsbeispiels:

*Aufgrund der bisherigen großen Beständigkeit des Kundenstamms wird der **Verlustprognosezeitraum** auf vier Jahre festgelegt. Die **Abwanderungsquote** beträgt in dem Segment, in dem der Handelsvertreter tätig geworden ist, 20 %.*

---

193 Z.B. BGH, NJW 1972, 1664.
194 BGH, NJW-RR 1991, 484; Westphal, Vertriebsrecht, Bd. 1, Rn. 707.
195 OLG Celle, VersR 2002, 976; OLG Frankfurt, Urt. v. 8.12.1970 – V U 94/70, n.v.; OLG Köln, VersR 1968, 1966.
196 Gillardon, Multifaktoren.
197 Vgl. dazu oben unter Rn. 130.
198 Vgl. dazu oben unter Rn. 139 ff.
199 Vgl. dazu oben unter Rn. 139 ff.

Lösung:

– 2005:	30.000 €
– abzgl. Abwanderungsquote i.H.v. 20 % =	24.000 €
– 2004:	24.000 €
– abzgl. Abwanderungsquote i.H.v. 20 % =	19.200 €
– 2003:	19.200 €
– abzgl. Abwanderungsquote i.H.v. 20 % =	15.360 €
– 2002:	15.360 €
abzgl. Abwanderungsquote i.H.v. 20 % =	12.288 €
Gesamte Provisionsverluste	**70.848 €**

Der Provisionsverlust beträgt unter Berücksichtigung der Unternehmervorteile mithin 70.848 €. Diesen Provisionsbetrag hätte der Handelsvertreter H bei Fortführung des Vertragsverhältnisses voraussichtlich noch erwirtschaftet.

Fortführung des Ausgangsbeispiels:

*Der Gesamtbetrag der Provisionsverluste i.H.v. 70.484 € ist nunmehr **abzuzinsen**, wobei aus Vereinfachungsgründen von einer **Abzinsung i.H.v. 10 %**, also einem Betrag i.H.v. 7.084,80 €, ausgegangen wird, der in Abzug zu bringen ist.*

Lösung:

Gesamte Provisionsverluste	70.848,00 €
abzgl. Abzinsung (aus Vereinfachungsgründen 10 %) ./.	7.084,80 €
Abgezinste Provisionsverluste	**63.763,20 €**

Fortführung des Ausgangsbeispiels:

*Ggf. ist sodann ein **Billigkeitsabschlag** vorzunehmen, der im Rahmen der Beispielsrechnung für eine angenommene Sogwirkung der Firma des Unternehmers U mit 10 % veranschlagt wird. Ferner ist die gesetzliche Umsatzsteuer von derzeit 19 % aufzuschlagen.*

Lösung:

Abgezinste Provisionsverluste	63.763,20 €
abzgl. 10 % Billigkeitsabschlag (aus Vereinfachungsgründen)	6.376,320 €
	57.386,88 €
zzgl. 19 % Umsatzsteuer	10.903,51 €
Rohausgleich nach § 89b Abs. 1 HGB	**68.290,39 €**

bb) Höchstbetragsberechnung

In einem zweiten Schritt wird der Höchstbetrag ermittelt, der ggf. den Ausgleichsanspruch gemäß § 89b Abs. 2 HGB der Höhe nach begrenzt. Der Rohausgleich darf höchstens eine nach dem Durchschnitt der letzten fünf Jahre der Tätigkeit des Handelsvertreters berechnete Jahresdurchschnittsprovision oder sonstige Jahresvergütung betragen.

In die Berechnung sind – wie ausgeführt – sämtliche Vergütungen des Handelsvertreters einzubeziehen.

Fortführung des Ausgangsbeispiels:

Der Handelsvertreter H hat in den Jahren 2001 – 2005 folgende Provisionszahlungen (brutto) für Geschäfte sowohl mit Alt- als auch mit Neukunden erhalten:

Lösung:

2005   30.000 €
2004   70.000 €
2003   85.000 €
2002   80.000 €
2001   50.000 €
Gesamt 315.000 € : 5 =
Höchstbetrag nach § 89b Abs. 2 HGB   63.000 €

Damit beläuft sich die Jahresdurchschnittsprovision und somit der Höchstbetrag auf 63.000 €. Ein Vergleich dieses Betrages mit dem errechneten Rohausgleich nach § 89b Abs. 1 HGB zeigt, dass dieser mit 66.568,78 € höher ausfällt als der Höchstbetrag i.H.v. 63.000 €. Damit kann der Handelsvertreter H lediglich den Höchstbetrag nach § 89b Abs. 2 HGB beanspruchen.

VIII. Verjährung der Ansprüche aus dem Handelsvertretervertrag (§§ 194 ff. BGB)

165 Die **Verjährung** der Ansprüche aus dem Handelsvertretervertrag richtet sich seit der Streichung des § 88 HGB nach **§§ 194 ff. BGB**. Die Verjährung beträgt nunmehr **regelmäßig** nur noch **drei Jahre**, in **Ausnahmefällen** gilt die **zehnjährige Verjährungsfrist** des § 199 Abs. 4 BGB, sofern der Handelsvertreter von dem Vorliegen seines Anspruchs keine Kenntnis hatte. Der Verjährungsbeginn richtet sich nach § 199 Abs. 1 BGB.

166 Von der Verjährung **umfasst** werden **sowohl die Provisionsansprüche** des Handelsvertreters **als auch alle gesetzlichen Hilfsansprüche** über die Abrechnungen und Durchsetzung des Provisionsanspruchs aus § 87c HGB. Ferner wird der **Ausgleichsanspruch** gemäß § 89b HGB – der Höhe nach – erfasst.

167 Es sind die **Übergangsvorschriften** des Art. 229, § 12 i.V.m. § 6 EGBGB zu beachten.

168 **Verjährungsverkürzende Vereinbarungen** sind innerhalb der Grenzen des § 202 BGB **möglich**. Es sind allerdings die Vorschriften der § 305 ff. BGB, insb. § 307 Abs. 2 Nr. 1 BGB, zu berücksichtigen.

B. Vertragshändlerrecht

I. Begriff des Vertragshändlers

1. Begriffsbestimmung

169 Der Begriff des Vertragshändlers – auch Eigenhändler genannt[200] – ist ebenso wie das Vertragshändlerrecht gesetzlich nicht geregelt. Er ist von Rspr. und Lit. entwickelt worden.

170 Vertragshändler ist danach ein Kaufmann, dessen Unternehmen in die Vertriebsorganisation eines Herstellers von Waren – nicht notwendig Marken-Waren[201] – in der Weise eingegliedert ist, dass er es durch Vertrag mit dem Hersteller oder einem von diesem eingesetzten Zwischenhändler[202] ständig übernimmt, im eigenen Namen und auf eigene Rechnung die Vertragswaren zu vertreiben und ihren Absatz zu fördern und die Funktion und Risiken seiner Handelstätigkeit hieran auszurichten.[203] Anders ausgedrückt: **Der Händler ist absatzorganisatorisch mit handelsvertreterähnlichem Aufgabenkreis eingegliedert.**

---

[200] Vgl. BGH, BB 1958, 540; DB 1966, 577; BB 1967, 94.
[201] K. Schmidt, Handelsrecht, S. 769; Schwytz, Vertragshändlerverträge, S. 5.
[202] Rittner, ZHR 135 (1971), 62, 67; Jaletzke, in: Stumpf/Jaletzke/Schultze, Vertragshändlervertrag, Rn. 2 ff.
[203] Grundlegend: Ulmer, Der Vertragshändler, S. 189 ff., der außerdem noch als Merkmal die Herausstellung des Herstellerzeichens neben der eigenen Firma im Geschäftsverkehr annimmt.

a) Einzelne Merkmale

aa) Handeln im eigenen Namen und auf eigene Rechnung

Der Vertragshändler wird beim Abschluss von Rechtsgeschäften **selbst Vertragspartner des Kunden**. Er verpflichtet somit anders als der Handelsvertreter den Hersteller oder Zwischenhändler nicht. Rechtlich wie auch wirtschaftlich trägt er das **volle unternehmerische Absatzrisiko** der Vertragsware des Herstellers, obwohl er keinen Einfluss auf die Produktgestaltung oder Modellpalette hat, selbst wenn seine Existenz davon abhängt.[204] Er arbeitet unter Einsatz seines Kapitals und bewirtschaftet sein Unternehmen selbst.[205]

171

Der Hersteller muss dem Händler eine Verdienstmöglichkeit einräumen, damit dieser seine Absatzfunktion wahrnehmen und eine angemessene Rendite erwirtschaften kann.[206]

bb) Eingliederung in das Vertriebssystem des Herstellers

Dieses Merkmal[207] zeigt die funktionellen Besonderheiten des Vertriebs über Händler auf. Ihr Geschäftsbetrieb ist wirtschaftlich so in den Organisationsbereich des Herstellers integriert, dass der **Händler sich weitgehend seiner ökonomischen Selbständigkeit begibt**.[208] Allerdings ist es seine alleinige Verpflichtung, Investitionen selbst zu finanzieren bzw. finanzieren zu lassen und für ihre Amortisation zu sorgen.[209]

172

Der Händler nimmt die **Vertriebsfunktionen des Herstellers** – den Umschlag seiner Waren – **wahr**, z.B. Transport, Lagerhaltung, Verkauf. Er ist dabei dessen Weisungen unterworfen.[210] Er wird deshalb auch als verlängerter Arm des Herstellers bezeichnet.[211]

173

Die Eingliederung bringt dem Händler auch **Vorteile**. Er profitiert vom **Bekanntheitsgrad des Herstellers** und seiner **Markenzeichen**, von seinen **Werbemaßnahmen** und den **Erfolgen seiner Geschäftspolitik**.[212] Als Mitglied des Vertriebsnetzes erhält er Know-how seitens des Herstellers, kann bei ihm sein Personal schulen lassen und ihm einen Teil seiner Betriebsführung durch Übernahme entsprechender Arbeiten und Funktionen übertragen.[213] Außerdem kann die Bindung an einen Hersteller je nach Branche zu einer Spezialisierung und zur Rationalisierung des Händlerbetriebes führen. Dies gilt vor allem für die Bereiche Einkauf, Lagerhaltung und Kundenberatung und Service-Leistungen.[214]

174

---

204 Genzow, Vertragshändlervertrag, S. 175, 180.
205 Gierke/Sandrock, Handels- und Wirtschaftsrecht, § 28 A.II.5; Ulmer, Der Vertragshändler, S. 157 ff., 183.
206 V. Westphalen, NJW 1982, 2465, 2471.
207 BGHZ 29, 87; 34, 285; 54, 140; BGH, BB 1993, 1031; Foth, Der Ausgleichsanspruch, S. 81; Genzow, Vertragshändlervertrag, Rn. 11; Küstner/Thume, Handbuch des gesamten Außendienstrechts, Bd. 2, Rn. 45; Ulmer, Der Vertragshändler, S. 190 ff.
208 Bunte, ZIP 1982, 1168; Joerges/Hiller/Micklitz, Vertriebspraktiken im Automobilersatzteilsektor, S. 341. Vgl. für den Automobilvertrieb BGH, WuW/E BGH, 1455; OLG Stuttgart, WuW/E OLG 2103; WuW/E OLG 2708.
209 S. Creutzig, Investitionsschutz, S. 15.
210 Ebenroth, Absatzmittlungsverträge, S. 34.
211 Genzow, Vertragshändlervertrag, Rn. 12; Martinek, Aktuelle Fragen des Vertriebsrechts, Rn. 29; Ulmer, Der Vertragshändler, S. 225.
212 Bunte, ZIP 1982, 1168; Ulmer, Der Vertragshändler, S. 229.
213 Wolter, Rechtsprobleme der Vertriebsvereinbarung über Kfz, S. 11.
214 S. Creutzig, Investitionsschutz, S. 16; Ebenroth, Absatzmittlungsverträge, S. 40; Schwytz, Vertragshändlerverträge, S. 14.

II. Besonderheiten des Vertragshändlervertrags

1. Rechtsnatur

175 Der Vertragshändlervertrag als solcher ist **gesetzlich nicht geregelt**. Er hat sich seit Jahrzehnten in der Wirtschaftspraxis herausgebildet. Seine Einordnung ergibt sich aus den gegenseitigen Rechten und Pflichten.

a) Dienstvertrag mit Geschäftsbesorgungscharakter

176 Nach heute herrschender Auffassung[215] ist er ein **Dienstvertrag** gemäß §§ 611, 675 BGB, **der eine Geschäftsbesorgung** – den Warenumschlag für den Hersteller – **zum Inhalt hat**. Der Händler leistet durch seine selbständige Vertriebstätigkeit für den Hersteller wirtschaftlich nützliche Dienste i.S.d. § 611 Abs. 1 BGB; der Hersteller verpflichtet sich dagegen zur Gewährung einer Vergütung der geleisteten Dienste. Es liegt allerdings ein **Sonderfall** vor, da der Geschäftsbesorger – anders als der gesetzliche Normalfall vorsieht – auf eigene Rechnung tätig wird.[216]

b) Interessenwahrungsvertrag

177 Nach anderer Auffassung wird der Vertragshändlervertrag als **Interessenwahrungsvertrag** qualifiziert. Er wird dadurch geprägt, dass überwiegend die Interessen des einen Vertragspartners, hier des Geschäftsherrn, im Inhalt des Vertrags ihren Niederschlag finden; diejenigen des Geschäftsbesorgers hingegen sind entweder nicht oder nur rudimentär im Vertrag erwähnt.[217] Der Händler hat bei Erfüllung seiner vertraglichen Pflichten in erster Linie die Interessen des Herstellers wahrzunehmen und hierbei seine eigenen Interessen – trotz seiner Stellung als selbständiger Unternehmer – weitgehend unterzuordnen.[218]

2. Vertragsstruktur

a) Dauerschuldverhältnis

178 Der Vertragshändlervertrag ist grds. ein **auf mehrere Jahre bindend eingegangenes Dauerschuldverhältnis**. Aus ihm entstehen ständig neue Leistungs-, Neben- und Schutzpflichten. Es kann in längerfristigen Intervallen durch Kündigung aufgelöst werden.[219]

179 Die **Erwartungen beider Vertragspartner** sind i.d.R. auf den Aufbau von effektiven Vertriebsstrukturen, die erfolgreiche Marktbearbeitung für die Vertragsware und/oder die Steigerung der Umsätze gerichtet. Sie können nur im Rahmen dauerhafter Vertragsbeziehungen umgesetzt werden.[220]

b) Formularvertrag

180 Händlerverträge werden typischerweise **schriftlich** und als **standardisierte Formularverträge** abgeschlossen. Sie unterliegen damit der **Inhaltskontrolle nach §§ 307 ff. BGB**. Dabei gibt der Hersteller dem Händler den Inhalt des Vertrags regelmäßig vor. Als marktstärkere Partei kann er i.d.R. seine eigenen Interessen und Belange ohne Schwierigkeiten gegenüber dem Händler durchsetzen.[221]

---

215 BGHZ 29, 83, 87; 34, 282, 285; 54, 338, 340; 68, 340, 343; S. Creutzig, Investitionsschutz, S. 22, Fn. 131 m.w.N.; Ebenroth, Absatzmittlungsverträge, S. 32 ff.; Foth, Der Ausgleichsanspruch, S. 83; Genzow, Vertragshändlervertrag, Rn. 5.
216 Foth, Der Ausgleichsanspruch, S. 83.
217 Habersack/Ulmer, Rechtsfragen des Kfz-Vertriebs, S. 21; Ulmer, Der Vertragshändler, S. 265 ff.
218 Bunte, ZIP 1982, 1166, 1168; K. Schmidt, Handelsrecht, S. 771; Staub/Brüggemann, HGB, vor § 84 Rn. 15; Ulmer, Der Vertragshändler, S. 409 ff.
219 BGHZ 54, 338, 341; 74, 136, 139 f.; Baumbach/Hopt/Hopt, HGB, vor § 373 Rn. 13; S. Creutzig, Investitionsschutz, S. 24 f.; Röhricht/v. Westphalen/v. Westphalen, HGB, Vertragshändlervertrag, Rn. 1.
220 Ulmer, Der Vertragshändler, S. 251.
221 V. Westphalen, in: FS für Gündisch, S. 74. Die Händler sind meist kleine oder mittelständische Unternehmen.

Die Verwendung von Formularverträgen hat des Weiteren den Sinn, die vertraglichen Beziehungen zu den Händlern zu rationalisieren und einheitlich auszugestalten. Denn die **Hersteller** sind nach § 20 Abs. 1 GWB **verpflichtet, die Händler gleich zu behandeln,** weshalb die Verträge grds. inhaltlich übereinstimmen müssen.[222]

c) Rahmenvertrag

Der Vertragshändlervertrag ist schließlich als **ausfüllungsbedürftiger Rahmenvertrag** zu qualifizieren.[223] Hauptgegenstand des Vertrags ist nicht ein konkreter Leistungs- und Güteraustausch, sondern nur das **künftige Geschäftsverhalten der Vertragspartner.** Die niedergelegten Ziele, z.B. der Vertrieb der Vertragsware durch den Händler, bedürfen zu ihrer Realisierung der Umsetzung durch zahlreiche Einzelverträge zwischen Hersteller und Händler; es handelt sich um einzelne, jeweils neu abzuschließende Kaufverträge über die Vertragsware. 181

3. Anwendbarkeit von Normen für Handelsvertreter

Aufgrund der Ähnlichkeit mit der rechtlichen Lage von Handelsvertretern wendet die Rspr. **folgende Regelungen** des Rechts der Handelsvertreter **analog** an: Das **Wettbewerbsverbot**,[224] den **Auskunftsanspruch** wegen unzulässigen Wettbewerbs des Herstellers,[225] § 86a HGB hinsichtlich der **Pflichten des Herstellers**,[226] § 87d HGB zum **Aufwendungsersatz**, die **Kündigungsfristen** des § 89 HGB,[227] die **außerordentliche Kündigung** nach § 89a HGB,[228] § 90a Abs.1 Satz 2 und Satz 3 HGB zum Wettbewerbsrecht[229] und § 89b HGB zum Ausgleichsanspruch.[230] Keine Anwendung finden § 87 Abs. 2 HGB zum Bereichs- und Kundenschutz,[231] §§ 87 ff. HGB über Provision[232] sowie § 92c HGB.[233] 182

III. Pflichten der Vertragsparteien

1. Pflichten für den Vertragshändler

a) Absatzförderungspflicht von Vertragswaren

Hauptinhalt jedes Vertragshändlervertrags ist die Pflicht des Händlers, den **Absatz der Vertragswaren des Herstellers zu fördern.**[234] Der Händler muss sich aktiv um möglichst zahlreichen Absatz der Vertragsware bemühen. Der Hersteller kann auf Grundlage der ständigen Absatzförderung durch seine Händler seine Produktion längerfristig planen und sein Risiko erheblich vermindern.[235] Zu den **Absatzförderungspflichten** gehören insb.: 183

---

222 Ebenroth, Absatzmittlungsverträge, S. 86 ff.; Schwytz, Vertragshändlerverträge, S. 15 Fn. 28; Ulmer, Der Vertragshändler, S. 109.
223 BGHZ 54, 341; 74, 136, 139 f.; Staub/Brüggemann, HGB, vor § 84 Rn. 8, 11 ff.; Ulmer, Der Vertragshändler, S. 302 ff, 319 f., 341; Röhricht/v. Westphalen/v. Westphalen, HGB, Vertragshändlervertrag, Rn. 1.
224 BGH, NJW 1984, 2101, 2102.
225 BGH, BB 1957, 452.
226 BGH, NJW 1958, 1138.
227 BGH, NJW 1962, 1107.
228 BGH, NJW 1967, 825 f.; 1982, 2432 f.
229 BGH, WM 1987, 512 f.; OLG München, BB 1963, 1194.
230 Dazu unten unter Rn. 211 ff.
231 BGH, NJW 1984, 2411.
232 OLG Köln, BB 1975, 8.
233 Baumbach/Hopt/Hopt, HGB, § 92a Rn. 2.
234 S. Creutzig, Investitionsschutz, S. 27; Martinek/Semler/Manderla, Handbuch des Vertriebsrechts, § 14 Rn. 13, S. 290; Ulmer-Eilfort, in: Stumpf/Jaletzke/Schultze, Vertragshändlervertrag, Rn. 218.
235 Ulmer, Der Vertragshändler, S. 111.

aa) Ausstattung und Einrichtung des Geschäftsbetriebes

184 Regelmäßig werden Händler von ihren Herstellern verpflichtet, ihren **Geschäftsbetrieb und ihre Verkaufs- und Serviceorganisation entsprechend den Herstellerstandards einzurichten und vorzuhalten**.[236] So wird die Art und Weise der Präsentation der Vertragsware sowie Umfang und Inhalt des notwendigen Kundendienstes, u.a. für Garantiearbeiten, vorgeschrieben. Der Händler muss seine Verkaufs- und Kundendiensträume nach den Vorgaben ausstatten, bestimmte Qualitätsstandards einhalten und die Markenzeichen des Herstellers herausstellen.

Dazu gehören auch die **Größe der Räume** und die **Anzahl des Verkaufs- und Kundendienstpersonals**. Das alles ist mit erheblichen Investitionen seitens des Händlers verbunden.[237]

bb) Mindestabnahme von Vertragswaren

185 Üblicherweise werden in Händlerverträgen bzw. deren Anlagen **Mindestmengen vereinbart**, die der Händler jährlich abzunehmen sich bemühen muss. Es handelt sich nicht um einklagbare Verpflichtungen, sondern um **Zielvorgaben**.[238] Dennoch stellen sie ein erhebliches Druckmittel des Herstellers dar; bei erheblicher Unterschreitung behält er sich die Einsetzung weiterer Händler im Vertragsgebiet oder dessen Verkleinerung vor.[239] Außerdem kann er nach vorheriger fruchtloser Abmahnung regelmäßig fristlos kündigen, soweit die Ursache für das Unterschreiten vom Händler zu vertreten ist.

cc) Lagerhaltung

186 Der Händler ist ferner regelmäßig verpflichtet, ein **bestimmtes Lager an Vertragsware vorzuhalten**, z.B. an Maschinen, Fahrzeugen, Ersatzteilen. Dabei behält sich der Hersteller Art und Umfang meistens selbst vor.[240] Die schnelle, effiziente Bedienung der Kunden führt zu einer engen Bindung an den Händler und fördert zugleich den Absatz der Vertragsware.[241]

dd) Markenwerbung

187 Der Händler wird regelmäßig verpflichtet, unter Einsatz seines eigenen Kapitals **Werbung für die Marke seines Herstellers zu betreiben**. Sie umfasst alle Maßnahmen des Herstellers, die zum Kauf der Vertragsware anregen sollen. In Betracht kommen z.B. Anzeigen, auch im Internet, Plakate, Drucksachen, Kataloge, Werbefilme, Vorführungen, Ausstellungen, Werbegeschenke.[242]

188 Bei **überregionaler Werbung** kann der Händler zur Zahlung von Werbekostenzuschüssen verpflichtet werden.[243] Der Werbeaufwand sollte zumindest bei der Vereinbarung der Handelsspanne vom Hersteller berücksichtigt werden.[244]

b) Konkurrenzverbot

189 Regelmäßig ist in den Händlerverträgen ein **Konkurrenzverbot** enthalten. Es folgt aus dem Interessenwahrungscharakter des Vertrags.[245] Es untersagt dem Händler, mit anderen Herstellern Vertriebs- und Kundendienstvereinbarungen über Erzeugnisse abzuschließen, die mit der Vertragsware in Wettbewerb

---

236 S. Creutzig, Investitionsschutz, S. 28.
237 S. Creutzig, Investitionsschutz, S. 59 ff., 79 ff.
238 Genzow, Vertragshändlervertrag, Rn. 66; Ulmer, Der Vertragshändler, S. 113.
239 Im Kfz-Vertrieb sind diese Maßnahmen seit Einführung der Kfz-GVO 1475/95 im Jahre 1995 nicht mehr vom Verbot des Art. 81 Abs.1 EGV freigestellt, d.h. also praktisch nicht mehr erlaubt.
240 Dabei sind die wirtschaftlichen Möglichkeiten des Händlers zu berücksichtigen, Genzow, Vertragshändlervertrag, Rn. 69, 70.
241 S. Creutzig, Investitionsschutz, S. 30.
242 S. Creutzig, Investitionsschutz, S. 30.
243 BGH, BB 1994, 885.
244 Genzow, Der Vertragshändlervertrag, Rn. 64; Ulmer, Vertragshändler, S. 416.
245 Ulmer, Vertragshändler, S. 422 f.

stehen. Diese Verpflichtung zur Markenexklusivität soll beim Händler Interessenkonflikte ausschließen und den Vertragswaren eine Alleinstellung verschaffen. Außerdem soll sich der Händler auf den Absatz dieser Waren beschränken und konzentrieren. Auf der anderen Seite macht das Verbot den Händler absolut vom Hersteller abhängig.

2. Pflichten für den Unternehmer

a) Gesteigerte Treue- und Rücksichtnahmepflicht

Den Hersteller trifft eine **gesteigerte Treue- und Rücksichtnahmepflicht gegenüber seinem Händler**.[246] Sie stellt das Gegenstück zur Interessenwahrungs- und Absatzförderungspflicht des Händlers dar. Der Hersteller muss alles unterlassen, was die Marktposition und die Gewinnaussichten des Händlers beeinträchtigen könnte.[247]

190

b) Direktbelieferungsverbot

Ein **Direktbelieferungsverbot** kann sich aus dem Vertragshändlervertrag **ausdrücklich** ergeben, aber **auch indirekt** aus dem dem Händler zugesagten **Alleinvertriebsrecht** oder gegenüber dem nicht allein vertriebsberechtigten Händler aus der gesteigerten Treuepflicht.[248] Im letzteren Fall sind Direktgeschäfte grds. zulässig, wobei es auf den Grad der Einbeziehung des Händlers in die Absatzorganisation des Herstellers ankommt.[249]

191

c) Entgeltpflicht

Der Hersteller hat dem Händler ein **Entgelt in Form der Handelsspanne** zu gewähren. Sie ist zentrales Element des Verdienstes des Händlers.[250] Damit werden nicht die i.d.R. sehr hohen Investitionen des Händlers abgegolten, sondern seine Tätigkeit als verlängerter Arm des Herstellers.[251]

192

Die **Handelsspanne** kann **verschieden ausgestaltet** sein: I.d.R. ist sie die Differenz zwischen unverbindlicher Preisempfehlung und Einkaufspreis der Vertragsware. Teilweise wird ein Grundrabatt mit einem nach Umsatzhöhe gestaffelten Mengenrabatt oder mit einem Treuerabatt für den Exklusivvertrieb gewährt.[252]

193

d) Gleichbehandlungsgebot

Der Hersteller ist verpflichtet, seine in gleicher Lage befindlichen und miteinander im Wettbewerb stehenden **Händler gleich zu behandeln**. Dieses Prinzip folgt zum einen aus § 20 Abs. 1 GWB,[253] zum anderen aus der gesteigerten Treue- und Rücksichtnahmepflicht.[254] So darf der Hersteller grds. z.B. weder Verkaufsbedingungen oder -preise für die konkurrierenden Händler unterschiedlich festsetzen noch unterschiedliche Lieferfristen gewähren.

194

---

246 BGHZ 26, 161, 164; 54, 338, 345; 93, 29, 39, 54; 124, 140, 154; BGH, NJW 1958, 1138; WM 1995, 392, 1636; NJW 1997, 3304, 3307.
247 BGH, LM HGB § 346 Nr. 7; NJW-RR 1993, 678, 681.
248 BGH, BB 1984, 233 f. (Ford); NJW 1985, 623, 628 f. (Opel); BB 1988, 2201, 2204 f. (Peugeot); NJW 1994, 1060 f. (Daihatsu).
249 BGH, BB 1988, 2201 f. (Peugeot).
250 BGHZ 124, 124, 351, 353 f.; 362 f.; Genzow, Vertragshändlervertrag, Rn. 90 f.; Staub-Brüggemann, HGB, vor § 84 Rn. 11; Ulmer, Der Vertragshändler, S. 282 ff., 426 f.; Röhricht/v. Westphalen/v. Westphalen, HGB, Vertragshändlervertrag, Rn. 42.
251 S. Creutzig, Investitionsschutz, S. 35; Nagel, in: Stumpf/Jaletzke/Schultze, Vertragshändlervertrag, Rn. 388.
252 Nagel, in: Stumpf/Jaletzke/Schultze, Vertragshändlervertrag, Rn. 389.
253 BGH, NJW-RR 1988, 1502; ZIP 1993, 864, 866; NJW-RR 1995, 1260, 1262.
254 Genzow, Vertragshändlervertrag, Rn. 86; Hopt, ZIP 1996, 1533, 1538 f.; Ulmer, Der Vertragshändler, S. 434 ff.

e) Absatzbindungspflicht

195 Die Absatzbindungspflicht bedeutet, dass der Hersteller seine **Vertragsware im Vertragsgebiet nicht an jedermann**, sondern nur an einen oder an eine bestimmte Anzahl Händler oder einen bestimmten Personenkreis (Vorbehaltskunden) **liefern darf**. Ihr Zweck besteht darin, dem Händler eine **gewisse Vorzugsstellung** einzuräumen.[255] Bei dem Vorbehalt von mehreren Händlern besteht diese Stellung aber praktisch nicht.

f) Lieferpflicht

196 Eine **allgemeine Lieferpflicht** des Herstellers **ermöglicht** dem Händler erst den **Betrieb seines Geschäfts**. Sie ist jedoch selten in den Händlerverträgen vereinbart. Sie enthalten im Gegenteil häufig Bestimmungen, die dem Hersteller das Recht vorbehalten, Bestellungen der Händler nicht oder nicht vollständig auszuführen.[256] Sie dürfen aber nicht willkürlich abgelehnt werden.[257]

g) Unterstützungs- und Informationspflichten

197 Die Unterstützungs- und Informationspflichten dienen dem Händler in erster Linie dazu, seine **Absatzförderungspflichten ordnungsgemäß erfüllen zu können**. Zu ihnen gehören alle Maßnahmen des Herstellers, die für den Händler beim Warenabsatz und der Durchführung der Garantiearbeiten hilfreich sein können. Je stärker der Händler in die Vertriebsorganisation des Herstellers eingebunden und je mehr er von ihm abhängig ist, desto früher und umfassender muss er über für ihn relevante Vorkommnisse oder Änderungen informiert werden, z.B. Lieferverzögerungen oder -verweigerungen.[258]

h) Qualitätssicherungspflicht

198 Sie umfasst die Pflicht des Herstellers, alle **erforderlichen Maßnahmen zu ergreifen**, die die **Qualität der Vertragsware herstellen und sichern**.[259] Damit wird über den Absatzerfolg sowohl für den Hersteller als auch den Händler entschieden. Sie ist allerdings in den meisten Verträgen nicht enthalten, dürfte sich aber aus dem Sinn des Vertragshändlervertrags ergeben.

IV. Beendigung und Abwicklung des Vertragshändlervertrags

199 Der Vertragshändlervertrag ist – wie eingangs Rn. 176 ausgeführt – ein Geschäftsbesorgungsvertrag mit dienstvertraglichen Elementen sowie ein Dauerschuldverhältnis. Somit finden die Regelungen der §§ 675, 611 ff. BGB Anwendung. **Verträge, die auf eine bestimmte Dauer abgeschlossen** worden sind, **enden nach Ablauf dieser Dauer automatisch** (Festlaufzeitverträge); solche mit **unbestimmter Laufzeit** können von jeder Partei **durch Kündigung beendet** werden, § 620 BGB (dazu nachfolgend unter Rn. 200 ff. und Rn. 206 ff.). Stattdessen können Verträge – wie auch sonst – einvernehmlich aufgehoben werden.[260] Auch der Tod des Vertragshändlers als natürliche Person führt im Zweifel zum Erlöschen des Vertragshändlervertrags, §§ 675, 673 BGB; dasselbe gilt automatisch mit der Eröffnung des Insolvenzverfahrens über das Vermögen des Herstellers gemäß § 116 InsO, nicht jedoch bei Insolvenz des Vertragshändlers. Dieses Ereignis kann allerdings einen wichtigen Grund für die fristlose Kündigung des Vertragshändlervertrags darstellen.

---

255 Ulmer, Der Vertragshändler, S. 122.
256 S. Creutzig, Investitionsschutz, S. 37.
257 BGH, BB 1958, 218 ff.; NJW 1993, 682; Ulmer, in: Ulmer/Brandner/Hensen, AGBG, Anh. §§ 9 – 11 Rn. 888.
258 Ulmer-Eilfort, in: Stumpf/Jaletzke/Schultze, Vertragshändlervertrag, Rn. 287.
259 Genzow, Vertragshändlervertrag, Rn. 85.
260 Daneben kommen noch Beendigung durch Anfechtung der auf den Vertragsabschluss gerichteten Willenserklärung, durch *Tod des Händlers* sowie durch Eröffnung des Insolvenzverfahrens in Betracht, Vogels/Köhnen, in: Giesler, Praxishandbuch Vertriebsrecht, § 3 Rn. 310.

1. Ordentliche Kündigung
a) Form der Kündigungserklärung

Kündigungen, die sich auf den gesamten Vertrag[261] erstrecken, sind **grds. formlos** wirksam, **es sei denn**, in den Verträgen ist **Schriftform vereinbart**. Das Erfordernis der Schriftform kann aber stillschweigend aufgegeben werden.[262] Kündigt ein Vertreter des Vertragspartners, ist § 174 BGB zu beachten. 200

Aufgrund der gesteigerten Fürsorge- und Treuepflicht des Herstellers kann er nach einer **Mindermeinung** den Vertrag nur kündigen, wenn **sachlich gerechtfertigte Gründe** vorliegen.[263] Der BGH hat in einem Fall das Vorliegen solcher **Gründe** verlangt, **die das Interesse** des Händlers **an der Fortsetzung** des Vertrags überwiegen müssten; anderenfalls sei die Kündigung nach § 20 GWB ausgeschlossen.[264]

Ausdrückliche Klarheit herrscht für den wichtigen Bereich des **Kfz-Vertriebs**: Art. 3 Abs. 4 der Kfz-GVO 1400/2002[265] stellt Händlerverträge nur dann vom Verbot des Art. 81 Abs. 1 EGV frei, wenn in ihnen vereinbart ist, dass der Hersteller die **Kündigung „ausführlich" begründen** und die **Begründung „objektiv und transparent"** sein muss.[266] 201

> **Hinweis:**
>
> Aus Gründen der Beweissicherung empfiehlt sich, Kündigungserklärungen nicht nur schriftlich, sondern durch Boten oder Gerichtsvollzieher in den Briefumschlag einlegen und zustellen zu lassen. Der häufig empfohlene Versand per Einschreiben mit Rückschein reicht nicht aus: Er beweist nur, dass ein Umschlag zugegangen ist, nicht aber dessen Inhalt.[267]

b) Änderungskündigung

Sie stellt eine **ordentliche Kündigung verbunden mit dem Angebot auf Abschluss eines geänderten Vertrags** dar. Sie erstreckt sich, wie die Kündigung selbst, auf den gesamten Vertrag[268] oder auf einen Teil desselben. 202

c) Kündigungsfrist[269]

Ausdrückliche **gesetzliche Regelungen fehlen**. Bei einer Eingliederung des Händlers in das Vertriebssystem des Herstellers, die derjenigen eines Handelsvertreters vergleichbar ist, findet § 89 Abs. 1 HGB analoge Anwendung.[270] Die Kündigung hat **jeweils zum Ende eines Monats** zu erfolgen. Die **Länge der Frist** richtet sich nach der Laufzeit des Vertrags: Im ersten Jahr beträgt sie einen Monat, ab dem fünften Jahr sechs Monate. Ist der Händler nicht dergestalt eingegliedert, soll eine Kündigungsfrist von 203

---

261 Teilkündigungen sind grds. unwirksam, BGH, ZIP 2000, 138, 144 (Kawasaki).
262 Palandt/Heinrichs, BGB, § 125 Rn. 14.
263 Genzow, Vertragshändlerrecht, Rn. 108 f.; a.A.: BGH, BB 1995, 1657, 1659; OLG München, WuW/E OLG 5091; OLG Stuttgart, WuW/E OLG 2708, 2709; Vogels/Köhnen, in: Giesler, Praxishandbuch Vertriebsrecht, § 3 Rn. 316.
264 BGH, ZIP 1989, 939 (Staatslotterie).
265 Verordnung (EG) Nr. 1400/2002 der Kommission v. 31.7.2002 über die Anwendung von Art. 81 Abs. 3 des Vertrags auf Gruppen von vertikalen Vereinbarungen und aufeinander abgestimmten Verhaltensweisen im Kraftfahrzeugsektor, ABl. EG 2002 L 203/30; dazu J. Creutzig, Praxiskommentar, Rn. 900 ff.
266 Im Einzelnen dazu J. Creutzig, Praxiskommentar, Rn. 910 ff.
267 Vgl. dazu oben unter Rn. 84.
268 Eine Teilkündigung ist grds. unwirksam, vgl. oben Fn. 261.
269 Zur Rechtslage während der Laufzeit der Kündigungsfrist vgl. Vogels/Köhnen, in: Giesler, Praxishandbuch Vertriebsrecht, § 3 Rn. 375 ff.
270 BGH, BB 1962, 543; BB 1967, 94; BB 1995, 1657.

einem Jahr[271] bzw. zwei Jahren[272] mindestens eingehalten werden müssen. Das unterschiedliche Ergebnis ist wirtschaftlich nicht verständlich. Eine Verlängerung im Fall des § 89 HGB analog soll vor allem in Betracht kommen, wenn der Händler erhebliche Investitionen getätigt hat.[273] Eine Entscheidung des BGH liegt, soweit ersichtlich, bisher nicht vor.

204 I.d.R. ist die **Kündigungsfrist im Vertrag vereinbart**. Für die Kfz-Branche stellt Art. 3 Abs. 5 Kfz-GVO 1400/2002 Vertragshändlerverträge vom Verbot des Art. 81 EGV nur frei, wenn eine Frist von mindestens zwei Jahren vereinbart ist. Sie kann auf mindestens ein Jahr verkürzt werden, wenn der Hersteller aufgrund gesetzlicher Bestimmungen oder besonderer Absprache bei Beendigung des Vertrags eine angemessene Entschädigung zu zahlen hat oder wenn sich für ihn die Notwendigkeit ergibt, das Vertriebsnetz insgesamt oder zu einem wesentlichen Teil umzustrukturieren.[274]

> **Hinweis:**
> Auch in anderen Fällen als denjenigen des Kfz-Vertriebs sollten Kündigungsfristen ausdrücklich vereinbart werden.

d) Unwirksame Kündigungen

205 Eine Kündigung kann unter dem Blickwinkel des § 20 GWB **unwirksam** sein, wenn der Hersteller für sie **keinen sachlichen Grund beweisen** kann, der das Interesse des Händlers an der Fortsetzung des Vertrags überwiegt.[275] Auch eine **Schikanekündigung** ist nicht wirksam, sie liegt bei einer erzwungenen Rabattkürzung[276] oder der versuchten Durchsetzung der Einführung eines neuen EDV-Systems[277] vor. Schließlich ist eine Kündigung bei **widersprüchlichem Verhalten** unwirksam. Es wurde angenommen, nachdem der Hersteller zunächst einen neuen Vertrag mit dem Händler abgeschlossen, ihn nach kurzer Zeit aber gekündigt hat.[278]

2. Fristlose Kündigung

a) Wichtiger Grund

206 Ein solcher liegt vor, wenn aufgrund **objektiver Tatsachen** die **Fortsetzung des Vertrags** mit der anderen Vertragspartei **nicht mehr zuzumuten ist**.[279] Dazu sind alle Umstände des Einzelfalls heranzuziehen und gegeneinander abzuwägen.[280] Dieselbe Ursache kann in einem Fall einen wichtigen Grund darstellen, in einem anderen aufgrund unterschiedlicher Begleitumstände aber nicht.[281]

> **Hinweis:**
> Im Vertrag sollten Umstände aufgeführt werden, bei deren Vorliegen beide Parteien davon ausgehen, dass ein wichtiger Grund vorliegt. Die Aufzählung muss als nicht abschließend oder beispielhaft bezeichnet werden, weil das Recht zur fristlosen Kündigung nicht beschränkbar ist (vgl. § 89a HGB).

---

271 Ulmer, in: Ulmer/Brander/Hensen, Anh. Zu §§ 9 – 11 Rn. 891.
272 Pfeffer, NJW 1985, 1241, 1247; Wolf/Horn/Lindacher, AGB-Gesetz, § 9 V 41; Röhricht/v. Westphalen/v. Westphalen, HGB Vertragshändlervertrag, Rn. 59.
273 Vogels/Köhnen, in: Giesler, Praxishandbuch Vertriebsrecht, § 3 Rn. 334 f.
274 Dazu ausführlich J. Creutzig, Praxiskommentar, Rn. 922 ff.
275 BGH, ZIP 1989, 939 (Staatslotterie).
276 BGH, NJW 1970, 855, 856; AG Siegen, MDR 1970, 239.
277 OLG Köln, Urt. v. 31.3.1995 – 19 U 197/94, n.v.
278 LG Köln, Urt. v. 8.7.1981 – 84 O Kart 23/81, n.v.
279 BGH, DB 1983, 1590; DB 1988, 2403.
280 BGH, DB 1986, 1332.
281 BGH, BB 2000, 736, 737 f.

b) Abmahnung

Grds. muss eine schriftliche **Abmahnung** erfolgen. Dies ist der Fall, wenn durch sie auf den Vertragspartner eingewirkt werden kann, dass zukünftig mit einem vertragsgerechten Verhalten und einer Wiederherstellung der Vertrauensgrundlage gerechnet werden kann.[282] Sie muss **ausdrücklich als solche bezeichnet** sein und deutlich machen, dass im Fall eines weiteren Verstoßes die fristlose Kündigung droht. Sie muss den Vorwurf genau beschreiben. Ansonsten ist sie unwirksam.[283]

207

Die **Abmahnung** ist **entbehrlich**, wenn der **Verstoß so schwerwiegend** ist, dass eine Wiederherstellung des Vertrauensverhältnisses auch nach einer Abmahnung nicht zu erwarten ist.[284]

208

> **Hinweis:**
> Im Zweifel sollte eine Abmahnung dem Ausspruch der fristlosen Kündigung vorausgehen.

c) Verfristung, Ausschlussfrist

Zwischen Verstoß und Ausspruch der fristlosen Kündigung dürfen **allenfalls zwei Monate** liegen, sofern auf den Vertragshändler die Vorschrift des § 89a HGB Anwendung findet.[285] Anderenfalls ist das Kündigungsrecht verwirkt, kann aber unter Umständen in eine fristgerechte Kündigung umgedeutet werden.[286]

209

Ist der Händler nicht wie ein Handelsvertreter eingegliedert, gilt § 626 Abs. 2 BGB: Danach besteht eine **Ausschlussfrist von zwei Wochen nach Kenntnis** des Kündigungsberechtigten vom Kündigungsgrund.

210

V. Ausgleichsanspruch gemäß § 89b HGB analog[287]

1. Analoge Anwendbarkeit des § 89b HGB dem Grunde nach

a) Anspruchsvoraussetzungen

Der BGH[288] hat **zwei Kriterien für die Anwendbarkeit** aufgestellt: Der Vertragshändler muss wie ein Handelsvertreter in das Absatzsystem des Herstellers eingebunden sein und diesem seine Kundendaten überlassen.

211

aa) Eingliederung in das Absatzsystem

Für die Beurteilung dieser Voraussetzung kommt es auf eine **Gesamtbetrachtung** der dem Händler auferlegten Pflichten an.[289] Sie müssen in erheblichem Umfange denjenigen eines Handelsvertreters entsprechen – siehe oben Rn. 101 ff. – und auf jeden Fall über eine bloße Käufer-Verkäufer-Beziehung hinausgehen.[290]

212

---

282 BGH, DB 1981, 987.
283 Baumbach/Hopt/Hopt, HGB, § 89a Rn. 10.
284 Westphal, Vertriebsrecht, Bd. 2, Rn. 585.
285 BGH, MDR 1999, 1206.
286 BGH, BB 1992, 1162.
287 Dieser Anspruch ist insb. zur Höhe heftig umstritten; aus Platzgründen kann er nur kursorisch behandelt werden. Auf weiterführende Fundstellen wird verwiesen. Zur sonstigen Abwicklung des Vertragshändlervertrages vgl. Genzow, Vertragshändlervertrag, Rn. 141 ff., S. 144 ff.; Vogels/Köhnen, in: Giesler, Praxishandbuch Vertriebsrecht, § 3 Rn. 390 ff.
288 BGH, BB 1959, 7; DB 1981, 1819; BB 1982, 2067; BB 1983, 997; BB 1984, 167; NJW-RR 1988, 42; BB 1992, 596; BB 1993, 2399; BB 1993, 2401; DB 1994, 241; BB 1996, 1459; BB 1996, 2265; BB 1997, 222; BB 1997, 852; BB 2000, 60; VersR 2000, 487.
289 BGH, NJW 1983, 2877; NJW 2000, 1413.
290 BGH, NJW 1983, 2877, 2878; BB 1996, 1458.

> **Hinweis:**
> Die vom Händler übernommenen Pflichten sind im Einzelnen und sehr detailliert darzustellen und zu begründen. Dabei kommt es auf diejenigen an, die typisch für Handelsvertreter sind.

bb) Überlassung des Kundenstamms

213 Wie der Handelsvertreter typischerweise dem Hersteller seine Kundenadressen liefert – siehe oben Rn. 101 – so wird § 89b HGB auf den Vertragshändler nur dann analog angewendet, wenn er **vertraglich**[291] **verpflichtet** ist, dem Hersteller, zumindest am Ende des Vertrags, **seine Kundendaten zu überlassen**. Diese Pflicht kann sich, wenn nicht ausdrücklich, so doch aus dem Gesamtbild des Vertrags ergeben,[292] oder aus der faktischen Durchführung des Vertrags.[293]

214 Ob der Hersteller die Daten nach Beendigung des Vertrags tatsächlich nutzt und zu welchen Zwecken, ist unerheblich; ihm muss nur die **Möglichkeit der Nutzung** verschafft werden.[294] Ist der Händler vertraglich verpflichtet, die Adressen einer Marketinggesellschaft zu überlassen und ist diese verpflichtet, sie in keinem Fall dem Hersteller zu überlassen, ist § 89b HGB analog nicht anwendbar.[295]

b) Ausschlusstatbestände

215 Im Vertragshändlervertrag kann die **Überlassung des Kundenstammes** – nicht aber der Ausgleichsanspruch selbst (§ 89b Abs. 4 HGB) – **ausdrücklich ausgeschlossen** werden. Jedoch ist auch in einem solchen Fall die tatsächliche Durchführung des Vertrags zu prüfen.[296]

Im Übrigen gelten die Regelungen des § 89b Abs. 3 HGB wie beim Handelsvertreter, siehe oben Rn. 143 ff. Auch § 89b Abs. 4 HGB ist analog anwendbar.[297]

c) Verjährung

216 Alle Ansprüche, die seit dem 15.12.2004 entstanden sind, **verjähren nach § 195 BGB** regelmäßig in drei Jahren. Der **Beginn** der Verjährung bestimmt sich nach § 197 BGB.

d) Darlegungs- und Beweislast

217 Der Händler hat nach **allgemeinen Beweislastgrundsätzen** die Analogievoraussetzungen darzulegen und zu beweisen. Ihm kommt jedoch der Anscheinsbeweis zugute, dass der bei Vertragsende bestehende Kundenstamm von ihm neu geworben ist,[298] ferner gilt die Vermutung, dass die Geschäftsverbindung zu ihm nach Beendigung fortbesteht.[299] Schließlich wird **vermutet**, dass sich die Vorteile des Unternehmers mit den Verlusten des Händlers infolge der Beendigung des Vertrags decken.[300] Der Hersteller hat den Anteil der verwaltenden Kosten bzw. die händlertypischen Vergütungsbestandteile zu beweisen.[301] – Liegen die Voraussetzungen des § 89b Abs. 1 Nr. 1 und Nr. 2 HGB vor, wird vermutet, dass der Ausgleich der Billigkeit entspricht.[302]

---

291 BGH, NJW 2000, 1413.
292 Ullrich, in: Martinek/Semler/Habermaier, Handbuch des Vertriebsrechts, § 20 Rn. 16.
293 BGH, ZIP 1985, 798.
294 BGH, NJW-RR 1993, 678; NJW 1994, 657; NJW 2000, 1413.
295 BGH, BB 1996, 1459.
296 BGH, ZIP 1985, 798.
297 BGH, BB 1985, 218.
298 Baumbach/Hopt/Hopt, HGB, § 89b Rn. 22.
299 BGH, BB 1985, 291.
300 BGH, BB 1990, 1366.
301 *BGH, NJW 1996, 2300.*
302 BGH, NJW 1990, 2891.

2. Anspruchshöhe

a) Umsatz

Regelmäßig wird der Umsatz der **letzten zwölf Monate vor Vertragsende** zur Ermittlung des Referenzzeitraumes zugrunde gelegt, um die Stammkunden zu ermitteln.[303] Ist dieser atypisch, kann auch ein anderer Zeitraum maßgeblich sein.[304] 218

b) Prognosezeitraum

Der Ausgleich ist **für den Zeitpunkt der Beendigung** des Vertrags zu berechnen. Deshalb ist eine **Prognose** über die voraussichtliche Entwicklung der Geschäftsbeziehungen zwischen Hersteller und den vom Händler geworbenen Kunden nach Vertragsbeendigung anzustellen, um zu ermitteln, ob die Beendigung zu erheblichen Vorteilen für den Hersteller führt. Hierfür sind die **Abwanderungsquote** sowie der **Zeitraum der voraussichtlichen Geschäftsbeziehungen maßgeblich**. Er hängt von der Lebensdauer des betreffenden Produktes des Herstellers ab. Letzterer wird bei Automobilen mit fünf Jahren angenommen.[305] Bei Gabelstaplern hat der BGH einen Zeitraum von 13 Jahren unterstellt.[306] 219

Häufig lässt sich anhand eines längeren Zeitraumes vor Ende des Vertrags feststellen, dass der Umsatz des Händlers mit Mehrfachkunden einen annähernd **konstanten Anteil am Gesamtumsatz** ausmacht; in einem solchen Fall kann der relevante Umsatz mit Mehrfachkunden dergestalt ermittelt werden,[307] dass dieser Umsatz des letzten Vertragsjahres mit dem Prognosezeitraum multipliziert wird.[308] 220

c) Abzinsung, Billigkeitsabschlag, Umsatzsteuer

Zur Vermeidung von Wiederholungen sei auf Rn. 158 und Rn. 160 verwiesen. 221

d) Sogwirkung der Marke

Sie wirkt **Anspruch mindernd** und ist für den Kfz-Vertrieb in unterschiedlicher Höhe judiziert worden.[309] 222

e) Kappungsgrenze

Wie beim Handelsvertreterausgleich – siehe oben Rn. 161 – gilt auch hier die Kappungsgrenze des § 89b Abs. 2 HGB analog. 223

C. Kommissionär/Kommissionsagent

I. Begriffe/Abgrenzung

1. Kommissionär

Zur **Begriffsbestimmung** wird auf die Ausführungen oben unter Rn. 19 verwiesen. 224

2. Kommissionsagent

Zur **Begriffsbestimmung** wird ebenfalls auf die Ausführungen oben unter Rn. 20 verwiesen. 225

---

303 BGH, ZIP 1996, 1294.
304 BGH, NJW 1997, 1503.
305 BGH, ZIP 1996, 1294; ZIP 1996, 1299; NJW 1997, 1503.
306 BGH, BB 1991, 1210.
307 BGH, NJW 1997, 1503.
308 Zu anderen Berechnungsmethoden vgl. BGH, ZIP 1996, 1294; ZIP 1996, 1299.
309 BGH, BB 1966, 1683: 10%; NJW-RR 1994, 99: 20%; NJW-RR 1988, 42: 25% Abzug.

II. Kommissionsvertrag/Ausführungsgeschäft

1. Zwei Rechtsgeschäfte

226 Der Kommissionär ist **Partner zweier Rechtsgeschäfte**:

- des Kommissionsvertrags und
- des Abwicklungsgeschäfts.

Ersterer regelt das Rechtsverhältnis zwischen dem Kommissionär und seinem Auftraggeber, dem Kommittenten. Das Ausführungsgeschäft umfasst das Vertragsverhältnis zwischen dem Kommissionär und dem Dritten, das in Ausführung der Kommission abgeschlossen und abgewickelt wird.

2. Kommissionsvertrag

227 Der Kommissionsvertrag ist eine **entgeltliche Geschäftsbesorgung** i.S.v. § 675 Abs.1 BGB.[310] Neben den §§ 382 ff. HGB finden ergänzend die Vorschriften der §§ 663, 665 – 670 und 672 – 674 BGB Anwendung.

3. Ausführungsgeschäft

a) Gegenstand

228 Gegenstand des Kommissionsvertrags ist gemäß § 383 Abs. 1 HGB der **Kauf oder Verkauf von Waren oder Wertpapieren**. Er kann aber auch andere Gegenstände zum Inhalt haben (§ 406 Abs. 1 Satz 1 und Abs. 2 HGB). Dem Kaufvertrag stehen Tauschvertrag (§ 480 BGB) und Werklieferungsvertrag (§ 406 Abs. 2 HGB) gleich.

b) Abtretung

229 Das Ausführungsgeschäft schließt der Kommissionär **im eigenen Namen** ab, **jedoch** nach § 383 Abs. 1 HGB **für Rechnung des Kommittenten**. Um Forderungen aus dem Geschäft geltend machen zu können, bedarf es gemäß § 392 Abs. 1 HGB der Abtretung an ihn. Nicht erfasst hiervon sind Nebengeschäfte, z.B. aus Fracht- oder Lagerverträgen, die der Kommissionär zur Erfüllung des Kommissionsvertrags geschlossen hat.

230 Auch ohne Abtretung gelten im Innenverhältnis zwischen Kommittenten und Kommissionär die Forderungen aus dem **Ausführungsgeschäft** als solche des Kommittenten (§ 392 Abs. 2 HGB). Der Kommissionär ist gemäß § 384 Abs. 2 HGB zur Abtretung verpflichtet (vgl. unten Rn. 232). Tritt er derartige Forderungen an einen seiner Gläubiger ab, geht sie ins Leere, da das Gesetz einen **gutgläubigen Forderungserwerb** nicht kennt. Ist der Dritte hingegen nicht sein Gläubiger, ist eine Abtretung wirksam: Im Außenverhältnis ist der Kommissionär verfügungsberechtigt.[311]

c) Günstigerer Geschäftsabschluss

231 Erzielt der Kommissionär **günstigere Bedingungen im Ausführungsgeschäft** (z.B. Preise, Zahlungsbedingungen) als mit dem Kommittenten vereinbart, so kommt dies Letzterem zugute (§ 387 HGB). Diese Regelung kann abbedungen werden.

> **Hinweis:**
> Im Kommissionsvertrag sollte der Klarheit wegen hierüber eine Regelung erfolgen.

---

310 Vgl. auch §§ 384 Abs. 2 2. Halbs., 385 Abs. 2, 396 Abs. 2 HGB.
311 Okonek, in: Giesler, Praxishandbuch Vertriebsrecht, § 5 Rn. 104.

III. Rechte und Pflichten der Vertragsparteien

1. Pflichten des Kommissionärs – Rechte des Kommittenten

Die Pflichten des Kommissionärs sind spiegelbildlich die Rechte des Kommittenten. Im Einzelnen: 232

Der Kommissionär hat:

- das übernommene Geschäft mit der **Sorgfalt eines ordentlichen Kaufmanns** auszuführen, § 384 Abs. 1 1. Halbs. HGB. Er muss sich um ein Ausführungsgeschäft mit einem Dritten bemühen und dieses i.d.R.[312] auch abwickeln. Die Ausführungspflicht ist nicht übertragbar (§ 664 BGB). Zeit und Ort sollten vertraglich geregelt sein,

> **Hinweis:**
> Auf die detaillierte Ausgestaltung der vertraglichen Regeln sollte besonderer Wert gelegt werden.

- die **Interessen des Kommittenten wahrzunehmen** (§ 384 Abs. 1 2. Halbs. 1. Alt. HGB), und zwar bestmöglich: Er ist Vertrauensperson des Kommittenten,[313]
- die **Weisungen des Kommittenten zu befolgen** (§ 384 Abs. 1 2. Halbs. 2. Alt. HGB). Nur unter den engen Voraussetzungen der § 385 Abs. 2 HGB, § 665 Satz 1 BGB darf er davon abweichen,
- den **Kommittenten unaufgefordert laufend zu benachrichtigen** (§ 384 Abs. 2 1. Halbs. HGB), z.B. über den Zustand der Kommissionsware, Ansprüche Dritter, Zahlungsunfähigkeit des Vertragspartners des Ausführungsgeschäfts, den Abschluss des Ausführungsgeschäfts,
- dem **Kommittenten Rechenschaft über das Geschäft abzulegen**, (§ 384 Abs. 2 2. Halbs. 1. Alt. HGB, § 259 Abs. 1 BGB). Handelt es sich bei den Vertragspartnern um Kaufleute, gelten nach Zugang der Rechnungslegung die Grundsätze des kaufmännischen Bestätigungsschreibens,[314]

> **Hinweis:**
> Umfang und Form sollten detailliert vertraglich geregelt werden. Die Grundsätze des kaufmännischen Bestätigungsschreibens sollten berücksichtigt werden.

- dem Kommittenten **alles herauszugeben**, was er aus der Geschäftsbesorgung erlangt hat, insb. Zahlungen (§ 384 Abs. 2 2. Halbs. 2. Alt. HGB),
- dem Kommittenten den **Namen des Vertragspartners des Ausführungsgeschäfts zu benennen**. Andernfalls haftet er ihm für die Erfüllung des Geschäfts, und zwar unabhängig von einem Verschulden (§ 384 Abs. 3 HGB),
- die **Preisfestsetzungen des Kommittenten zu beachten** (§ 386 Abs. 1 HGB). Damit besteht die Möglichkeit der Preisbindung.[315] Wird das Geschäft vom Kommittenten rechtzeitig zurückgewiesen, bleibt das Ausführungsgeschäft wirksam; der Kommissionär haftet als Vertragspartner dem Dritten auf Erfüllung. Im Innenverhältnis erhält er von Kommittenten keine Provision und ist ihm weiterhin zur Erfüllung des Kommissionsvertrages verpflichtet,
- die **Rechte gegen den Frachtführer oder Schiffer zu wahren**, falls das zugesandte Kommissionsgut äußerlich erkennbar beschädigt oder mangelhaft angeliefert worden ist (§ 388 Abs. 1 1. Halbs. HGB). Er hat für den Beweis des Zustandes zu sorgen und dem Kommittenten unverzüglich Nachricht zu geben. Die Untersuchungspflicht ergibt sich aus der Verpflichtung zur Interessenwahrung,[316]

---

312 Ausnahmen vgl. Baumbach/Hopt/Hopt, HGB, § 384 Rn. 3.
313 RGZ 114,9.
314 Baumbach/Hopt/Hopt, HGB, § 384 Rn. 8; Okonek, in: Giesler, Praxishandbuch Vertriebsrecht, § 5 Rn. 43.
315 Vgl. aber für den Kommissionsagenten BGH, WRP 2003, 981.
316 Flohr, in: Martinek/Semler/Habermaier, Handbuch des Vertriebsrechts, § 27 Rn. 32; zur Beweislast für den Zustand der Ware bei Empfang, die beim Kommissionär liegt, vgl. OLG München, MDR 1957, 678.

> **Hinweis:**
> Der Umfang der Untersuchungspflicht sollte ausführlich vertraglich geregelt werden, ebenso der Umfang der Maßnahmen zur Beweissicherung.

- einen **Selbsthilfeverkauf des Kommissionsguts durchzuführen**, wenn es zu verderben oder entwertet zu werden droht. Zwar ist § 388 Abs. 2 HGB eine Kann-Vorschrift, der Selbsthilfeverkauf wird aber regelmäßig zur Pflicht, wenn er die einzige im Interesse des Kommittenten liegende Handlungsalternative darstellt,[317]
- das in seiner **Verwahrung befindliche Gut vor Verlust oder Beschädigung zu bewahren**, es sei denn, dass diese auf Umständen beruhen, die durch die Sorgfalt eines ordentlichen Kaufmanns nicht abgewendet werden konnten (§ 390 Abs. 1 HGB). Die Vorschrift enthält eine **Beweislastregelung**: Der Kommissionär haftet für vermutetes Verschulden, von dem er sich entlasten muss,
- das **Gut zu versichern**, sofern dies vom Kommittenten verlangt worden ist (§ 390 Abs. 2 HGB),

> **Hinweis:**
> Diese Frage sollte ausdrücklich im Kommissionsvertrag geregelt werden.

- Forderungen aus dem Ausführungsgeschäft an den Kommittenten **abzutreten** (§ 392 Abs. 1 HGB i.V.m. § 384 Abs. 2 HGB),
- **für die Erfüllung der Verbindlichkeit des Dritten**, mit dem er das Geschäft für Rechnung des Kommittenten abschließt, **einzustehen**, sofern dies von ihm übernommen oder am Ort seiner Niederlassung Handelsbrauch ist (§ 394 HGB). Für die Übernahme der Delkrederehaftung kann er eine besondere Vergütung (Delkredereprovision) verlangen.

> **Hinweis:**
> Übernahme der Haftung sowie Höhe, Fälligkeit und sonstige Fragen der Provision sollten vertraglich geregelt werden.

2. Rechte des Kommissionärs – Pflichten des Kommittenten

233 Die Rechte des Kommissionärs sind spiegelbildlich die Pflichten des Kommittenten. Im Einzelnen:
Der Kommissionär hat

- den **Anspruch auf seine Provision**, wenn und soweit das Geschäft zur Ausführung gekommen ist (§ 396 Abs. 1 HGB). Wenn vertraglich nichts geregelt ist, ist es unter den Bedingungen des § 354 HGB die ortsübliche Provision. Fehlt ein wirksamer Kommissionsvertrag, entsteht kein Anspruch auf Provision; Ausnahmen siehe § 396 Abs. 1 Satz 2 HGB,
- **Anspruch auf Ersatz seiner Aufwendungen** (§§ 675 Abs. 1, 670 BGB, § 396 Abs. 2 HGB). Dazu gehört die Vergütung für Lagerraum, Porti, Beförderungs-, Transportkosten, Prozesskosten,[318]

> **Hinweis:**
> Grund und Höhe der Provision sowie ihre Fälligkeit, Verzinsung und alle anderen damit verbundenen Fragen sollten ebenso geregelt werden, wie der Ersatz der Aufwendungen.

- ein **gesetzliches Pfandrecht am Kommissionsgut**, sofern er es im Besitz hat, wegen der auf das Gut verwendeten Kosten, der Provision sowie wegen aller Forderungen aus laufender Rechnung in Kommissionsgeschäften (§ 397 HGB). § 398 HGB gewährt ihm an diesem Gut ein pfandrechtsähnliches Befriedigungsrecht,

---

317 Schlegelberger/Hefermehl, HGB, § 388 Rn. 20.
318 BGHZ 8, 222; BGH, WM 1989, 129; NJW 1960, 1568.

- ein **pfandrechtsähnliches Befriedigungsrecht** für die in § 397 HGB bezeichneten Ansprüche aus den Forderungen, die durch das für Rechnung des Kommittenten geschlossene Geschäft begründet worden sind (§ 399 HGB). Dieses Recht hat er vor dem Kommittenten und dessen Gläubigern. Darüber hinaus hat er ein **Leistungsverweigerungsrecht**, wenn der Kommittent die Abtretung der Forderung aus dem Ausführungsgeschäft nach § 384 Abs. 2 HGB verlangt. Schließlich ist der Kommissionär berechtigt, **Forderungen aus dem Ausführungsgeschäft einzuziehen**, ohne dass es hierzu eines Titels bedarf (vgl. zur Höhe § 1282 Abs. 1 Satz 2 BGB),
- die nach § 373 HGB **dem Verkäufer zustehenden Rechte** (Selbsthilfeverkauf bei Annahmeverzug des Käufers), wenn der Kommittent es unterlässt, über das Gut zu verfügen, obwohl er dazu nach Lage der Dinge verpflichtet ist (§ 389 HGB),
- das Recht, die ihm übertragene Kommission dadurch auszuführen, dass er dem Kommittenten **das einzukaufende Kommissionsgut selbst liefert** oder das zu verkaufende Gut **selbst als Käufer übernimmt** (§§ 400 ff. HGB). Dieser Selbsteintritt kann aber im Kommissionsvertrag oder durch einseitige Erklärung des Kommittenten[319] und zwar bis zur Abgabe der Ausführungsanzeige (vgl. § 405 Abs. 3 HGB) ausgeschlossen werden. Die Ausübung des Rechts erfolgt durch **einseitige Willenserklärung** gegenüber dem Kommittenten (§ 400 Abs. 1 HGB). Der Kommissionsvertrag kommt mit Ausübung des Selbsteintritts zustande, wodurch sich die Parteirollen ändern: Kommittent und Kommissionär werden zu Käufer und Verkäufer (oder umgekehrt).[320] Dem Kommissionär ist untersagt, dem Kommittenten einen schlechteren Preis zu berechnen als der bei Abschluss des Deckungsgeschäfts mit einem Dritten vereinbarte Preis (§ 401 Abs. 2 HGB). Der Kommissionär behält seinen Anspruch auf die Provision (§ 403 HGB). Er verliert sein gesetzliches Pfandrecht nicht (§§ 404, 397, 398 HGB).

> **Hinweis:**
> Für den Fall des Selbsteintritts könnte im Kommissionsvertrag vereinbart werden, dass der Kommissionär eine niedrigere Provision erhält. Diese wäre genau festzulegen.

D. Muster und Checklisten

I. Muster eines Handelsvertretervertrags

Handelsvertretervertrag

Zwischen

der Firma

in: …

(nachfolgend: „Unternehmer")

und

…

(nachfolgend: „Handelsvertreter")

in: …

wird folgender

---

[319] Baumbach/Hopt/Hopt, HGB, § 400 Rn. 5; Okonek, in: Giesler, Praxishandbuch Vertriebsrecht, § 5 Rn. 134.
[320] Baumbach/Hopt/Hopt, HGB, § 400 Rn. 3; Okonek, in: Giesler, Praxishandbuch Vertriebsrecht, § 5 Rn. 136.

Vertrag

geschlossen:

§ 1
Rechtliche Stellung des Handelsvertreters

(1) Der Unternehmer betraut den selbständig tätigen Handelsvertreter ab dem .... (Datum) mit der Alleinvertretung für seine Waren ... (Produktpalette) für den Bezirk ... (Gebiet). Der Unternehmer darf für diesen Bezirk weder weitere Handelsvertreter bestellen noch selbst oder durch Beauftragte zur Werbung von Kunden oder zur Vermittlung oder zum Abschluss von Geschäften in diesem Bezirk tätig werden.

(2) Der Handelsvertreter ist vor jeder Veränderung des Bezirkes durch den Unternehmer anzuhören.

(3) Der Handelsvertreter übernimmt den im gesamten Bezirk vorhandenen Kundenstamm. Der Unternehmer hat sich verpflichtet, in der Anlage zu diesem Vertrag alle Kunden aufzulisten, mit denen er bereits bei Vertragsbeginn dauernde Geschäftsbeziehungen unterhalten hat, einschließlich der jeweils mit diesen Kunden in den letzten zwölf Monaten vor Beginn des Vertrags erzielten Umsätze zu verzeichnen.

§ 2
Pflichten des Handelsvertreters

(1) Der Handelsvertreter hat sich im übertragenen Vertretungsbezirk um die Vermittlung von Verkaufsgesprächen und den Abschluss von Verkäufen im Namen und für Rechnung des Unternehmers zu bemühen. Ferner hat er die Kunden zu betreuen und den Unternehmer von jeder Geschäftsvermittlung sowie über Geschäftsanbahnungen unverzüglich durch Übersendung von Kopien des Schriftwechsels oder durch Aktenvermerke in Kenntnis zu setzen. Der Handelsvertreter hat auf Nachfrage anzugeben, aus welchen Gründen Vermittlungsbemühungen erfolglos geblieben sind.

(2) Der Handelsvertreter ist verpflichtet, das Interesse des Unternehmers mit der Sorgfalt eines ordentlichen Kaufmanns wahrzunehmen und hat sich nach besten Kräften für eine Umsatzausweitung und Umsatzsteigerung einzusetzen.

(3) Der Handelsvertreter befolgt die Weisungen des Unternehmers, sofern dies nicht gegen seine Stellung als selbständiger Gewerbetreibender gerichtet ist.

(4) Der Handelsvertreter kann zur Ausübung seiner Handelsvertretertätigkeit Hilfspersonen heranziehen und Untervertreter oder -reisende einsetzen. Die beabsichtigte Beschäftigung eines Untervertreters ist dem Unternehmer mitzuteilen.

(5) Der Handelsvertreter ist verpflichtet, eine Kundenkartei zu führen und diese auf dem aktuellen Stand zu halten. Nach Beendigung dieses Vertrags ist der Handelsvertreter verpflichtet, diese dem Unternehmer auszuhändigen.

(6) Der Handelsvertreter verpflichtet sich, Geschäfts- und Betriebsgeheimnisse des Unternehmers zu wahren und die Unterlagen, die sich auf diese und das Vertragsverhältnis beziehen, so aufzubewahren, dass sie Dritten nicht zugänglich sind. Satz 1 gilt auch für den Fall der Beendigung des Vertragsverhältnisses.

(7) Der Handelsvertreter ist verpflichtet, alles zu unterlassen, was eine Schädigung der Interessen des Unternehmers herbeiführen könnte, insbesondere darf er keine Unternehmen vertreten, die mit seinem Auftraggeber in Wettbewerb stehen.

(8) Will der Handelsvertreter zusätzlich die Vertretung einer Firma übernehmen, die nicht gleiche oder gleichartige Erzeugnisse herstellt oder vertreibt, so bedarf er des Einverständnisses des Unternehmers, das jedoch nur verweigert werden darf, wenn dem ein wichtiger Grund, der dem Handelsvertreter mitzuteilen ist, entgegensteht. Die Zustimmung muss in schriftlicher Form erfolgen.

§ 3
Pflichten des Unternehmers

(1) Der Unternehmer wird den Handelsvertreter in seiner Tätigkeit nach besten Kräften unterstützen und ihm insbesondere alle Hilfsmittel, die er für eine erfolgreiche Tätigkeit als Handelsvertreter benötigt, z.B. Muster, Drucksachen, Werbemittel usw., in ausreichender Menge ohne Berechnung sowie zoll- und frachtfrei zur Verfügung stellen, jeweils ergänzen und auf dem aktuellen Stand halten. Die Gegenstände bleiben, soweit sie nicht zum Verbrauch bestimmt sind, Eigentum des Unternehmers und werden auf dessen Wunsch und Kosten vom Handelsvertreter zurückgesandt.

(2) Der Unternehmer wird dem Handelsvertreter laufend alle für den Verkauf wichtigen Informationen übermitteln und ihm ferner insbesondere die Annahme oder Ablehnung eines Auftrages unverzüglich mitteilen; anderenfalls gilt der Auftrag als angenommen. Der Unternehmer wird den Handelsvertreter auch unverzüglich unterrichten, wenn er Aufträge voraussichtlich nur in begrenztem Umfang annehmen kann. Von dem Schriftverkehr mit Kunden seines Bezirks und von den Rechnungen erhält der Handelsvertreter unverzüglich Kopien. Ferner ist er über Verhandlung und geplante Geschäfte mit bezirkszugehörigen Kunden oder Interessenten, die im Einverständnis des Handelsvertreters oder ohne dessen Mitwirkung geführt werden, unverzüglich zu unterrichten.

(3) Der Unternehmer verpflichtet sich, dem Handelsvertreter Informationen zu bevorstehenden und vollzogenen Änderungen der Preise und des Liefer- und Leistungsprogramms sowie geplanten Kooperationen und Zusammenschlüssen mit anderen Unternehmen zu übermitteln. Eine beabsichtigte Veräußerung des Unternehmers ist dem Handelsvertreter so rechtzeitig mitzuteilen, dass er in seinen unternehmerischen Dispositionen – insbesondere im Hinblick auf die Ausübung seines Kündigungsrechts – nicht beeinträchtigt wird.

(4) Der Unternehmer sichert dem Handelsvertreter zu, Patent-, Musterschutz-, Markenschutz-, Warenzeichen- und alle sonstigen Rechte zum Schutz der Urheberschaft, die Regelungen des Wettbewerbsrechts sowie die Bestimmungen über die Beschaffenheit, Kennzeichnung und Verpackung von Waren und sonstige Verbraucherschutzrechte zu beachten.

(5) Der Unternehmer stellt den Handelsvertreter von allen gegen ihn gerichteten Ansprüchen und seinen Verpflichtungen frei, die sich aus einer Verletzung der in Nr. (4). genannten Zusicherung ergeben. Wird der Handelsvertreter aufgrund einer Verletzung dieser Vorschriften von Dritten gerichtlich in Anspruch genommen, zahlt der Unternehmer sämtliche Vorschüsse zur gerichtlichen Prozessführung und unterrichtet den Handelsvertreter in hierzu erforderlichem Umfange. Der Unternehmer hat dem Handelsvertreter darüber hinaus sämtliche in diesem Zusammenhang anfallenden Kosten und die eigenen Aufwendungen zu ersetzen.

§ 4
Provision des Handelsvertreters

(1) Der Handelsvertreter erhält vom Unternehmer für alle Verkaufsgeschäfte, die der Unternehmer mit Kunden des in § 1 näher beschriebenen Bezirks während der Dauer des Vertragsverhältnisses über die in § 1 genannten Produkte abschließt, eine Provision i.H.v. ... % vom Rechnungsendbetrag einschl. Umsatzsteuer. Er erhält keine Provision für Geschäfte, die er zur Deckung seines persönlichen Bedarfs abschließt.

(2) Die Geschäfte, die erst nach Beendigung des Vertragsverhältnisses abgeschlossen werden, sind grds. nicht provisionspflichtig, es sei denn, sie sind im Wesentlichen auf die Tätigkeit des Handelsvertreters zurückzuführen und innerhalb eines angemessenen Frist von drei Monaten nach Beendigung des Vertragsverhältnisses abgeschlossen worden.

(3) Über die genannte Vergütung hinaus kann der Handelsvertreter Ersatz der ihm im regelmäßigen Geschäftsbetrieb entstandenen Aufwendungen nicht verlangen, es sei denn, es handelt sich um Porto-, Fernsprech-, Telefax- und Telegrammkosten, die im Verkehr mit dem Unternehmer und durch die Weiterleitung von Post an die Abnehmer entstehen.

(4) Ist ein Geschäftsabschluss mit einem neuen Kunden nicht auf die ausschließliche Tätigkeit des Handelsvertreters zurückzuführen, sondern von weiteren Handelsvertretern mit verursacht worden, so ist der Provisionsanspruch anteilig auf diese aufzuteilen. Die Aufteilung richtet sich nachdem Umfang der Leistung, die der jeweilige Beteiligte für den Geschäftsabschluss beigetragen hat. Ob eine Quotelung vorgenommen wird, entscheidet der Unternehmer nach billigem Ermessen nach Anhörung der beteiligten Handelsvertreter, sofern sich diese nicht über die Teilung der Provision einigen. Bei der Provisionsteilung ist für jeden der beiden Handelsvertreter der mit ihm vereinbarte Provisionssatz maßgebend.

§ 5
Berechnung und Fälligkeit der Provision

(1) Grundlage der Provisionsberechnung ist der Nettoverkaufspreis bzw. der Nettoauftragswert. Barzahlungsnachlässe sowie nicht besonders in Rechnung gestellte Nebenkosten (z.B. für Fracht, Verpackung, Zoll) mindern den Nettoverkaufswert bzw. den Nettoauftragswert nicht. Dasselbe gilt für Nebenkosten wie Fracht, Porto, Zoll, Steuern u.Ä., es sei denn, dass die Nebenkosten dem Kunden gesondert in Rechnung gestellt werden.

(2) Der Provisionsanspruch des Handelsvertreters entsteht als unbedingter Anspruch, sobald und soweit der Unternehmer das provisionspflichtige Geschäft ausgeführt hat. Der Handelsvertreter kann einen Provisionsvorschuss i.H.v. 50 % der Gesamtprovision für ein Geschäft mit einem geschützten Kunden verlangen, sobald das Geschäft ausgeführt ist.

(3) Der Handelsvertreter hat auch dann einen Anspruch auf die volle Provision, wenn das Geschäft mit dem geschützten Kunden anders als abgeschlossen ausgeführt wird. Der Anspruch entfällt hingegen, wenn nach dreimaliger erfolgloser Aufforderung zur Erfüllung feststeht, dass der Kunde nicht leistet; er mindert sich, wenn der Kunde nur teilweise leistet.

(4) Zur gerichtlichen Geltendmachung und Vollstreckung eines Erfüllungsanspruchs gegen einen Kunden ist der Unternehmer verpflichtet, wenn diese Maßnahme Aussicht auf Erfolg bietet. Dasselbe gilt, wenn der Handelsvertreter dies verlangt und er sich an den Kosten des Verfahrens angemessen beteiligt.

(5) Der Unternehmer erteilt dem Handelsvertreter für jeden Kalendermonat, spätestens bis zum 10. des folgenden Monats, eine Provisionsabrechnung über die in dem Monat ausgeführten Lieferungen. Der dem Handelsvertreter zustehende Provisionsbetrag zuzüglich der Mehrwertsteuer ist mit der Abrechnung fällig und zahlbar. Zuviel gezahlte Provision wird bei der nächsten Abrechnung berücksichtigt. Im Falle der Vertragsbeendigung hat die Abrechnung unverzüglich zu erfolgen.

§ 6
Vertragsdauer

(1) Das Vertragsverhältnis beginnt am ... und wird auf unbestimmte Zeit abgeschlossen. Wird der Vertrag innerhalb dieser Zeit mit einer Frist von einem Monat zum Monatsende nicht gekündigt, so wird er auf unbestimmte Zeit verlängert.

(2) Es gelten die gesetzlichen Kündigungsfristen. Der Vertrag endet durch den Tod des Handelsvertreters oder mit Ablauf des Kalendervierteljahres, in dem der Handelsvertreter das 65. Lebensjahr vollendet, ohne dass es einer Kündigung bedarf.

(3) Eine Kündigung bedarf der Schriftform mittels eingeschriebenen Briefs.

(4) Das Recht beider Teile zur Kündigung aus wichtigem Grund bleibt unberührt. Einen wichtigen Grund zur Kündigung stellen insbesondere dar: ......
Diese Auflistung ist nicht abschließend.

(5) Bei Auflösung des Vertragsverhältnisses hat der Handelsvertreter dem Unternehmer alle Unterlagen und sonstige Materialien zurückzugeben, die er während des Vertragsverhältnisses erhalten hat, ohne Eigentum daran zu erwerben, und die er nicht verbraucht hat. Der Unternehmer hat seinerseits innerhalb eines Monats nach Vertragsbeendigung die Schlussabrechnung dieses Vertrags zu erstellen.

§ 7
Wettbewerbsabreden

(1) Der Handelsvertreter hat im Zeitpunkt des Vertragsschlusses keine Vertretung eines weiteren Unternehmers.

(2) Der Handelsvertreter verpflichtet sich, für die Dauer von zwei Jahren nach Beendigung des Vertragsverhältnisses jegliche gewerbliche Tätigkeit innerhalb des Vertragsgebietes i.S.d. § 1 hinsichtlich der genannten Erzeugnisse und Leistungen des § 1 für ein Konkurrenzunternehmen zu unterlassen. Diese Verpflichtung erstreckt sich auf Tätigkeiten im Anstellungsverhältnis ebenso wie auf solche als Selbständiger.

(3) Für die Geltungsdauer des Wettbewerbsverbotes zahlt der Unternehmer dem Handelsvertreter eine Wettbewerbsentschädigung, die monatlich nachträglich zahlbar ist. Die Entschädigung beträgt 50 % der nach dem Durchschnitt der letzten drei Jahre – bei kürzerer Vertragsdauer während dieser – zu Gunsten des Handelsvertreters entstandenen Monatsvergütung.

§ 8
Verjährung

Alle Ansprüche aus dem Vertragsverhältnis, sowohl die Haupt- als auch die Hilfsansprüche, verjähren für beide Teile in zwei Jahren, beginnend mit dem Schluss des Jahres, in dem sie fällig geworden sind.

§ 9
Gerichtsstand

Gerichtsstand für etwaige Rechtsstreitigkeiten ist der Sitz des Unternehmers. Dieser ist jedoch befugt, das Gericht am Sitz des Handelsvertreters anzurufen.

*(**Formulierungsalternative**: Alle Streitigkeiten, die sich im Zusammenhang mit dem vorliegenden Vertrag oder über seine Gültigkeit ergeben, werden nach der Schiedsgerichtsordnung der deutschen*

Institution für Schiedsgerichtsbarkeit e.V. [DIS] unter Ausschluss des ordentlichen Rechtsweges endgültig entschieden.)

§ 10
Vertragsänderungen

(1) Nebenabreden und Änderungen dieses Vertrags bedürfen zu ihrer Rechtswirksamkeit der Schriftform.

(2) Sind einzelne Bestimmungen dieses Vertrags unwirksam, so wird hierdurch die Wirksamkeit des übrigen Vertrags nicht berührt. Im Falle der Unwirksamkeit einer oder mehrerer Bestimmungen dieses Vertrags werden die Parteien eine der unwirksamen Regelung wirtschaftlich möglichst nahe kommende rechtswirksame Ersatzregelung treffen.

… , den …

…   …

(Unternehmer)   (Handelsvertreter)

II. Checklisten für einen Handelsvertreterprozess

235 Ein **Handelsvertreterprozess** bedarf aus anwaltlicher Sicht **besonders sorgfältiger Vorbereitung**. Vor diesem Hintergrund soll die nachfolgende Checkliste den auf diesem Gebiet tätigen Rechtsberatern eine Hilfestellung liefern.

1. Checkliste: Allgemeines zum Handelsvertreterprozess ☑

236
- ☐ Sind die Vorschriften der §§ 84 ff. HGB anwendbar?
- ☐ Ist der Vertrag wirksam geschlossen worden, insbesondere vor dem Hintergrund des Rechts der Allgemeinen Geschäftsbedingungen und des Kartell- bzw. Wettbewerbsrechts?
- ☐ Gibt es eine bindende Gerichtsstandsvereinbarung?
- ☐ Ist ein Schiedsgericht zuständig?

2. Checkliste: Provisionsanspruch nach §§ 87 ff. HGB ☑

237
- ☐ Analyse der provisionspflichtigen Geschäfte i.S.d. § 87 HGB;
- ☐ Analyse der Entstehung des Provisionsanspruchs durch Ausführung des Geschäfts i.S.d. § 87a HGB;
- ☐ Prüfung eines möglichen Wegfalls des Provisionsanspruchs nach § 87a Abs. 2 HGB;
- ☐ Beispiel für einen Klageantrag:

*„Es wird beantragt,
die Beklagte zu verurteilen, an den Kläger einen Betrag i.H.v. … € auf die
rückständigen Provisionen aus dem Handelsvertretervertrag vom … nebst …. %
Zinsen seit dem … zu zahlen."*

3. Checkliste: Anspruch auf Provisionsabrechnung und Buchauszug nach § 87c HGB ☑

238
- ☐ Prüfung der vom Handelsvertreter zu beanspruchenden Provision;
- ☐ Prüfung bzw. Vornahme eines formlosen Verlangens des Handelsvertreters nach Buchauszug;

☐ Überprüfung eines möglicherweise bereits erteilten Buchauszugs auf dessen Mindestinhalte;[321]

☐ Untersuchung des Vertrags im Hinblick auf möglicherweise zwischen den Parteien getroffene Vereinbarungen zum Buchauszug

☐ Beispiel für einen Klageantrag (als Stufenklage):

„Es wird beantragt,
die Beklagte zu verurteilen, dem Kläger eine ordnungsgemäße Abrechnung über die Provision aus dem Handelsvertretervertrag vom ... zu erteilen, die er für die Zeit vom ... bis zum ... zu beanspruchen hat.

die Beklagte zu verurteilen, dem Kläger entsprechend dem Handelsvertretervertrag vom ... einen Buchauszug über sämtliche Geschäfte zu erteilen, die er in der Zeit vom ... bis zum ... mit Kunden in dem Bezirk ... abgeschlossen hat.

Ferner wird beantragt, dass die Beklagte die Richtigkeit und Vollständigkeit der Abrechnung und des Buchauszuges an Eides Statt versichert.

Ferner wird beantragt, die Beklagte zu verurteilen, an den Kläger die aufgrund der Abrechnung und des Buchauszuges zu beziffernden weiteren Provisionen nebst ... % Zinsen für die Zeit vom ... bis zum ... zu zahlen."

4. Checkliste: Anspruch auf Ausgleichszahlung nach § 89b HGB ☑

☐ Fristgemäße Geltendmachung des Anspruchs durch den Handelsvertreter;

☐ Prüfung der Ausschlussgründe nach § 89b Abs. 3 HGB;

☐ Ermittlung der für die Berechnung des Anspruchs erforderlichen Parameter;

☐ Prüfung von Umständen, die im Rahmen der Billigkeit Berücksichtigung finden könnten;

☐ Berechnung des Höchstbetrages nach § 89b Abs. 2 HGB;

☐ Beispiel für einen Klageantrag:

„Es wird beantragt,
die Beklagte zu verurteilen, an den Kläger einen Betrag i.H.v. ... € nebst ... % Zinsen seit dem ... zu zahlen."

---

321 Vgl. dazu oben unter Rn. 75 ff.

6. Kapitel: Franchiserecht

Inhaltsverzeichnis

	Rn.
A. Entwicklung und Begriff des Franchising	1
I. Entwicklung des Franchising	1
II. Begriff des Franchising	3
1. Franchise-Definition	3
2. Know-how als Bestandteil des Franchise-Begriffs	7
B. Rechtsgrundlagen des Franchise-Rechts	11
I. EU-Gruppenfreistellungsverordnungen	11
1. EU-Gruppenfreistellungsverordnung für Franchise-Vereinbarungen (Franchise-GVO)	11
2. EU-Gruppenfreistellungsverordnung für Vertikale Vertriebsbindungen (Vertikal-GVO)	18
a) Grundsätzliches	18
b) Abweichungen gegenüber der Gruppenfreistellungsverordnung für Franchise-Vereinbarungen	20
aa) Franchise-Begriff	21
bb) Know-how-Begriff	22
cc) Vertragsgebiet	27
dd) Bezugsbindung	30
ee) Laufzeit	34
ff) Schwarze Liste (Art. 4 der EU-Gruppenfreistellungsverordnung für Vertikale Vertriebsbindungen)	37
gg) Sonstige Beschränkungen (Art. 5 der EU-Gruppenfreistellungsverordnung für Vertikale Vertriebsbindungen)	39
hh) Preisbindungsverbot	40
ii) Marktanteile	42
3. Bedeutung der „de minimis"-Regelung der EG-Kommission für Franchise-Systeme	44
II. EU-Kartell-Verfahrensordnung	45
III. Franchise-Recht in Europa	47
1. Überblick	47
2. Länder mit Kodifizierung des Franchise-Rechts	48
3. Franchise-Recht in der BRD	51
C. Franchise-Verträge und Absatzmittlungsverträge	56
I. Einordnung des Franchise-Vertrags in das Vertriebsrecht	56
II. Abgrenzung Franchise-Vertrag zu anderen Vertriebsverträgen	59
1. Lizenz-/Know-how-Überlassungsvertrag	59
2. Handelsvertretervertrag	62
3. Vertragshändlervertrag	63
4. Agenturvertrag	64
5. Gesellschaftsvertrag	65
6. Filialsystem	68
7. Genossenschaften und freiwillige Handelsketten	69
8. Joint-Venture-Vereinbarungen	71
9. Kundenschutzvereinbarungen	72
10. Strategische Allianzen	76
11. Schneeballsysteme/"Network-Marketing"	77
III. Franchising und Selektivvertrieb	80
D. Rechtsgrundlagen eines Franchise-Vertrags	84
I. Rechtsfragen vor Abschluss eines Franchise-Vertrags	84
1. Information des Franchise-Gebers zum Franchise-System	84
2. Vorvertragliche Aufklärungspflichten des Franchise-Gebers	87
3. Vorvertragliche Aufklärungspflichten und Grundsätze der cic	92
4. Zeitpunkt der vorvertraglichen Aufklärung des Franchise-Gebers	95
5. Umfang der vorvertraglichen Aufklärung	98
6. Grenzen der vorvertraglichen Aufklärung des Franchise-Gebers	101
7. Umfang des Schadensersatzanspruchs des Franchise-Nehmers	105
8. Mitverschulden des Franchise-Nehmers	108
9. Möglichkeiten der Haftungsfreizeichnung	111
10. Vorvertragliche Aufklärungspflicht des Franchise-Nehmers	114
11. Vorvertragliche Aufklärung und BGB-InfoV	115
12. Franchise-Nehmer-Sammelklagen	118
II. Prospekthaftung des Franchise-Gebers	119
E. Franchise-Vertrag	120
I. Franchise-Vertrag als Vertrag sui generis	120
II. Franchise-Geber	123
III. Franchise-Nehmer	124
IV. Vertragsgebiet	127
V. Präambel	131
VI. Gebühren bei Franchise-Systemen	132
VII. Know-how-Transfer im Franchise-System	142
VIII. Sittenwidrigkeitskontrolle (§ 138 BGB)	146
IX. Vertragliche und nachvertragliche Wettbewerbsverbote	154
X. Gewerbliche Schutzrechte	159
XI. Rechtsnachfolge	162
XII. Vertragsdauer	166
XIII. Vertragsbeendigung	171
1. Beendigung durch Aufhebungsvertrag	172
2. Beendigung durch Zeitablauf	177

3. Beendigung durch ordentliche Kündigung . 181
4. Beendigung durch fristlose Kündigung.... 182
XIV. Vertragsstrafe........................... 187
XV. Rechtswahlklausel/Gerichtsstandsvereinbarung 192
XVI. Nebenbestimmungen..................... 195
F. **Einzelfragen des Franchise-Rechts** 198
I. Franchise-Vertrag und Allgemeine Geschäftsbedingungen (§§ 305 ff. BGB) 198
II. Franchise-Verträge und Kartellrecht 202
III. Franchise-Verträge und Wettbewerbsrecht 207
IV. Franchise-Verträge und Verbraucherschutzrechte................................. 210
V. Franchise-Verträge und Arbeitsrecht......... 229
VI. Franchise-Verträge und Sozialversicherungsrecht.................................. 236
VII. Franchise-Verträge und Gesellschaftsrecht.... 237
1. Franchise-Geber-/Franchise-Nehmer-Gesellschaft 237
2. Gesellschaftsrechtliche Strukturen 241
   a) Personengesellschaft................ 242

b) Kapitalgesellschaft 246
G. **Prozessuale Fragen** 250
I. Schlichtung bei Franchise-Systemen......... 250
II. Mediation bei Franchise-Systemen 254
1. Entwicklung der Mediation bei Franchise-Systemen 254
2. Umfang und Grenzen der Mediation 257
3. Rechtliche Fragen der Mediation......... 259
III. Schiedsgerichtsverfahren................... 263
1. Bedeutung für Franchise-Systeme........ 263
2. Feststellungsklage 266
3. Schiedsgerichtsvertrag/Schiedsklausel/Schiedsrichtervertrag.................... 267
4. Rechtswirkungen eines Schiedsspruchs ... 273
5. Vorläufiger Rechtsschutz 274
IV. Prozessrecht............................. 275
1. Gerichtsstandsvereinbarung............. 275
2. Vorläufiger Rechtsschutz 278
3. Streitwertfragen 282
4. Vollstreckungsfragen 283

Kommentare und Gesamtdarstellungen:

Arnold, Das Franchiseseminar, 2. Aufl. 1997; *Berning*, Die Abhängigkeit des Franchisenehmers, 1993; *Bräutigam*, Deliktische Außenhaftung im Franchising, 1994; *Dalheimer/Feddersen/Miersch*, EU-Kartellverfahrensordnung, 2005; *Epp*, Franchising und Kartellrecht, 1994; *Flohr*, Franchisehandbuch, 1994/96; *ders.*, Masterfranchise-Vertrag, 2004; *ders.*, Der Franchisevertrag, 3. Aufl. 2006; *Flohr/Ring*; Das neue Gleichbehandlungsgesetz, 2006; *Frank*, Franchising in Russland, 2002; *Fritzemeyer*, Auswirkungen der EU-Gruppenfreistellungsverordnung auf die Gestaltung von Franchiseverträgen, BB 2002, 1658; *Froehlich*, EU-Verordnung zum Schutz des Franchisenehmers, 2004; *Gamet-Pol*, Franchise Agreements within the European Community, 1997; *Giesler*, Franchiseverträge, 2. Aufl. 2002; *ders.*, Praxishandbuch Vertriebsrecht, 2005; *Giesler/Nauschütt*, Franchiserecht, 2004; *Gitter*, Handbuch des Schuldrechts, Gebrauchsüberlassungsverträge, 1988; *Groß/Skaupy*, Franchising in der Praxis, 1976; *Höpfner*, Kündigungsschutz und Ausgleichsansprüche des Franchisenehmers bei Beendigung von Franchiseverträgen, 1997; *Kroll*, Informationspflichten im Franchising, 2001; *Liebscher/Flohr/Petsche*, Handbuch der EU-Gruppenfreistellungsverordnungen, 2003; *Liebscher/Heinrich/Petsche*, Vertriebsverträge, 2. Aufl. 2001; *Liesegang*, Franchisevertrag, 5. Aufl. 1997; *Martinek*, Franchising, Moderne Vertragstypen, II, 1993; *Martinek/Semmler/Habermeier/Flohr*, Handbuch des Vertriebsrechts, 3. Aufl. 2007; *Metzlaff*, Franchiseverträge und EG-Kartellrecht, 1994; *ders.*, Praxishandbuch Franchising, 2004; *Nebel/Schulz/Flohr*, Das Franchisesystem, 4. Aufl. 2007; *Niederleitinger/Ritter*, Die kartellrechtliche Entscheidungspraxis, 1986; *Pastersky*, Die Außenhaftung des Franchisegebers, 1998; *Pfaff*, Lizenzverträge, 1999; *Pfeiffer*, Die Inhaltskontrolle von Franchiseverträgen, 2005; *Rafsendjani*, Der Goodwill-Ausgleichsanspruch des Franchisenehmers, 1999; *Sauter*, Gruppenfreistellungsverordnungen, 1988; *Schimansky*, Der Franchise-Vertrag nach Niederländischem Recht, 2003; *Skaupy*, Franchising, 2. Aufl. 1996 *Wagenseil*, Die Sittenwidrigkeit von Franchisevereinbarungen aufgrund eines Leistungsmissverhältnisses, 2005; *Wagner*, Vorvertragliche Aufklärungspflichten im internationalen Franchising, 2005; *Weltrich*, Franchising im EG-Kartellrecht, 1992; *Wildhaber*, Franchising im internationalen Privatrecht, 1991; *Zwecker*, Inhaltskontrolle von Franchiseverträgen, 2001.

Aufsätze und Rechtsprechungsübersichten:

Baer/Flohr/Polsky/Hero, International Journal of Franchising Law, 2005/6, S. 3 ff.; *Bauder*, Zur Selbständigkeit des Franchisenehmers, NJW 1989, 78; *Bodewig*, Der Ausgleichsanspruch des Franchisenehmers nach Beendigung des Vertragsverhältnisses, BB 1997, 637; *Böhner*, Recht zur außerordentlichen Kündigung des McDonalds-Franchisevertrages, NJW 1985, 2811; *ders.*, Schadensersatzpflicht des Franchisegebers aus Verschulden bei Vertragsabschluß, NJW 1994, 635; *ders.*, Verbot von Preisempfehlungen bei Franchisesystemen, BB 1997, 1427; *ders.*, Werbekostenzuschüsse und sonstige Einkaufsvorteile in Franchisesystemen, NJW 1998, 109; *ders.*, Bestand und Ausmaß der vorvertraglichen Aufklärungspflicht des Franchisegebers – das „Aufina"-Urteil unter der Lupe, BB 2001, 1749; *ders.*, Vom Franchisevertrags- zum Franchisenetzwerkrecht, BB 2004, 119; *Braun*, Aufklärungspflichten des Franchisegebers bei den Vertragsverhandlungen, NJW 1995, 504; **Bunte**, Franchising und EG-Kartellrecht, NJW 1986, 1406; **Dünisch/Zwecker**, Der Franchisevertrag, JA 1995, 817; **Emde**, Die Entwicklung des Vertriebsrechts im Zeitraum von August 1998 bis August 1999, VersR 1999, 1464; **ders.**, Die Entwicklung des Vertriebsrechts im Zeitraum von September 1999 bis September 2000, VersR 2001, 148; **ders.**, Die Entwicklung des Vertriebsrechts im Zeitraum Oktober 2000 bis September 2001, VersR 2002, 151; **ders.**, Die Entwicklung des Vertriebsrechts im Zeitraum Oktober 2001 bis September 2002 (Teil I), VersR 2003, 419 (und Teil II), VersR 2003, 549; **ders.**, Die Entwicklung des Vertriebsrechts im Zeitraum Oktober 2002 bis Dezember 2003, VersR 2004, 1499; **Ensthaler**, Änderung der Rechtsprechung des BGH zum wettbewerbsrechtlichen Schutz selektiver Vertriebssysteme – Entbehrlichkeit des Lückenlosigkeitserfordernisses, NJW 2000, 2482; **Ensthaler/Funk**, Zukunft des selektiven Kfz-Vertriebs – GVO und Leitlinien der Kommission, BB 2000, 1685; **Erdmann**, Die Laufzeit von Franchiseverträgen im Lichte des AGB-Gesetzes, BB 1992, 795; **Fleischer/Körber**, Due Diligence und Gewährleistung beim Unternehmenskauf, BB 2001, 841; **Flohr**, Zuständigkeit der Arbeitsgerichte für Arbeitnehmerähnliche Franchise-Nehmer WIB, 1997, 1197; **ders.**, Aufbau von Franchise-Systemen durch Area Developer – rechtliche Grundlagen und Vertragsgestaltung, Jahrbuch Franchising 1996/1997; **ders.**, Der Ausgleichsanspruch des Franchisenehmers – Überlegungen zur analogen Anwendung des § 89b HGB auf Franchiseverträge, DStR 1998, 572; **ders.**, Franchising: Beweislast für Know-how-Transfer, DStR 1998, 903; **ders.**, Tendenzen im Franchiserecht, DStR 2001, 710; **ders.**, Franchisenehmer: Arbeitnehmer oder selbständiger Absatzmittler, DStR 2003, 1595; **ders.**, Arbeitnehmereigenschaft von Franchise-Nehmern, ZAP Fach 6, S. 377; **ders.**, Franchising im Wandel, in: GS für Skaupy, 2003; **ders.**, Der Franchisevertrag – Überlegungen vor dem Hintergrund der APOLLO-Optik-Entscheidungen des BGH, DStR 2004, 93; **ders.**, Masterfranchise-Vertrag – Grundsätze des internationalen Franchiserechts, IHR 2005, 45; **ders.**, Tendenzen im Franchiserecht, BB 2006, 389; **ders.**, Urteilsanmerkung zur HERTZ-Entscheidung des BGH, BB 2006, 1074; **ders.**, Einkaufsvorteile und Kartellrecht, BB 2007, 6; **Forkel**, Der Franchisevertrag als Lizenz am Immaterialgut-Unternehmen, ZHR Bd. 151 (1989), 511; **Giesler**, Die Prospekthaftung des Franchisegebers, ZIP 1999, 2131; **ders.**, Der Franchisegeber als Vermieter des Franchisenehmers, NZM 2001, 658; **Giesler/Nauschütt**, Das vorvertragliche Haftungssystem beim Franchising, BB 2003, 435; **Gutbrod**, Der Vertragshändler-Vertrag zwischen Kartell- und AGB-recht, EuZW 1991, 235; **Haager**, Entwicklungen des Franchiserechts in den Jahren 1997 und 1998, NJW 1999, 2081; **ders.**, Entwicklungen des Franchiserechts seit dem Jahre 1998, NJW 2002, 1463; **ders.**, Die Entwicklungen des Franchiserechts seit dem Jahre 2002, NJW 2005, 3394; **Hänlein**, Franchise – Existenzgründungen zwischen Kartell-, Arbeits- und Sozialversicherungsrecht – eine neue Erwerbsform im Aufwind?, DB 2000, 374; **Horn/Henssler**, Der Vertriebs-Franchisenehmer als selbständiger Unternehmer, ZIP 1998, 589; **Kevekordes**, Zur EWG-Kartellrechtlichen Beurteilung von Franchiseverträgen, BB 1987, 74; **Köhler**, Ausgleichsanspruch des Franchisenehmers, Bestehen, Bemessung und Abwälzung, NJW 1990, 1685; **Liebscher/Petsche**, Franchising nach der neuen Gruppenfreistellungsverordnung (EG) Nr. 2790/99 für Vertikalvereinbarungen, EuZW 2000, 400; **Liesegang**, Die Bedeutung des AGB-Gesetzes für Franchise-Verträge, BB 1991, 2381; **ders.**, Die Konkurrenzschutzpflicht des Franchisegebers, BB 1999, 857; **Martinek**, Franchising, 1987; **Martinek/Habermeier**, Das Chaos der EU-Gruppenfreistellungsverordnungen, ZHR 158 (1994), 107; **Metzlaff**, Franchisesysteme und EG-Kartellrecht – neueste Entwicklungen, BB 2000, 1201, **Pukall**, Die neue Gruppenfreistellungsverordnung für Franchisevereinbarungen, NJW 2000, 1375; **Rauser/Bräutigam**, Franchising: Grundlagen und einige aktuelle Rechtsprobleme, DStR 1996, 587; **Sanz**, Franchising in Spanien – über Scheinselbständigkeit, Registrierung und vorvertragliche Informationspflichten, ZEuP 1999, 91; **Skaupy**, Der Franchisevertrag – Ein neuer Vertragstyp, BB 1969, 113 ff.; **ders.**, Das „Franchising" als zeitgerechte Vertriebskonzeption, DB 1982, 2444; **ders.**, Zu den Begriffen „Franchise", „Franchisevereinbarungen" und „Franchising", NJW 1992, 1785; **ders.**, Der Pronuptia-Prozeß 1974 – 1995, BB 1996, 1899; **ders.**, Haftung des Franchisegebers für Werbung des Franchisenehmers, BB 1997, 2121; **Stoffels**, Laufzeitkontrolle von Franchiseverträgen, DB 2004, 1871; **Tietz**, Handbuch Franchising, 2. Aufl. 1991; **vom Dorp**, Haftung des Franchisegebers aus Culpa in Contrahendo, WiB 1995, 285; **Weber**, Franchising – Ein neuer Vertragstyp im Handelsrecht, JA 1983, 347; **Wolf/Ungeheuer**, Vertragsrechtliche Probleme des Franchising, BB 1994, 1207.

A. Entwicklung und Begriff des Franchising

I. Entwicklung des Franchising

Franchise-Systeme wurden als **funktionsfähige Kooperationssysteme** in den Vereinigten Staaten im Jahre 1889 von General Motors und im Jahre 1902 von Rexal eingeführt. Weitere Vorläufer solcher Franchise-Systeme waren die sog. „Waggon Pedlars" aus der Mitte des 19. Jahrhunderts oder gar schon die von Kirche, König oder Staat an bedeutsame Persönlichkeiten verliehenen Privilegien im Mittelalter. Weiterhin sind als Vorläufer der heutigen Franchise-Systeme die Absatzsysteme mit Depositären und Konzessionären zu nennen, die in Mitteleuropa bereits in der zweiten Hälfte des 19. Jahrhunderts verbreitet waren.[1]

2   In der **BRD** hat das Franchising erst **spät an Bedeutung gewonnen**. Insb. die achtziger Jahre sind durch eine dynamische Entwicklung gekennzeichnet, die sich sowohl im Wachstum der bereits am Markt etablierten Systeme als auch im Markteintritt neuer Systeme, einem von starker Fluktuation begleiteten Prozess, zeigt. Begünstigt wurde das Franchising dabei auch durch die zu Beginn der achtziger Jahre einsetzende Existenzgründungswelle, aber auch durch die Wiedervereinigung der BRD. Diese Entwicklung ist zwar abgeschwächt, doch nach wie vor ist Franchising eine Wachstumssparte, wie ein Vergleich zwischen den vom Deutschen Franchise-Verband erhobenen Zahlen und Fakten für den Zeitraum 1995 – 2004 zeigt. 1995 waren in der BRD 530 Franchise-Systeme mit 22.000 Franchise-Nehmern tätig. Diese erzielten mit 230.000 Beschäftigten einen Umsatz von 24 Mrd. DM. Im Jahr 2004 wurden in der BRD 845 Franchise-Systeme mit 45.000 Franchise-Nehmern und insgesamt 406.000 Beschäftigten gezählt, wobei die Franchise-Wirtschaft einen Umsatz von 28 Mrd. € erzielte.

Franchising zieht sich in der BRD durch alle Wirtschaftszweige, wobei 50 % aller Franchise-Systeme im Dienstleistungssektor tätig sind. Den zweitgrößten Bereich stellt der Handel mit 29 % dar. Den Dienstleistungen und dem Handel folgen dann zwei kleinere Bereiche, und zwar die Gastronomie mit 14 % und die handwerklichen Betriebe mit 7 %.[2]

II. Begriff des Franchising

1. Franchise-Definition

3   Nach dem **Ehrenkodex des Deutschen Franchise-Verbands**[3] wird Franchising wie folgt definiert:

Franchising ist ein Vertriebssystem, durch das Waren und/oder Dienstleistungen und/oder Technologien vermarktet werden. Es gründet sich auf eine enge und fortlaufende Zusammenarbeit rechtlich und finanziell selbständiger und unabhängiger Unternehmen, dem Franchise-Geber und seinen Franchise-Nehmern. Der Franchise-Geber gewährt seinen Franchise-Nehmern das Recht und legt ihnen gleichzeitig die Verpflichtung auf, ein Geschäft entsprechend seinem Konzept zu betreiben. Dieses Recht berechtigt und verpflichtet den Franchise-Nehmer, gegen ein direktes oder indirektes Entgelt im Rahmen und für die Dauer eines schriftlichen, zu diesem Zweck zwischen den Parteien abgeschlossenen Franchise-Vertrags per laufender technischer und betriebswirtschaftlicher Unterstützung durch den Franchise-Geber den Systemnamen und/oder das Warenzeichen und/oder die Dienstleistungsmarke und/oder andere gewerbliche Schutz- oder Urheberrechte sowie das Know-how, die wirtschaftlichen und technischen Methoden und das Geschäftsordnungssystem des Franchise-Gebers zu nutzen.

4   Dieser Begriff des Franchising entsprach dem in Art. 1 Ziff. 3 der bis zum 31.12.1999 geltenden EU-Gruppenfreistellungsvereinbarung für Franchise-Vereinbarungen (Franchise-GVO).[4] Nach der Franchise-GVO wurde der Franchise-Begriff geprägt durch:

- **Know-how:**
  Gesamtheit von nichtpatentierten praktischen Erkenntnissen, die auf Erfahrungen des Franchise-Gebers sowie Erprobungen durch diesen beruhen und die geheim, wesentlich und identifiziert sind.

---

1   Vgl. zur Entwicklung des Franchising: Flohr, Franchisehandbuch, Gruppe A/I, S. 1 ff.; Skaupy, Franchising, S. 1 ff.; Martinek, in: Martinek/Semmler/Habermeier/Flohr, Handbuch des Vertriebsrechts, § 18 Rn. 1 ff. – jeweils mit zahlreichen weiterführenden Nachweisen; zur Entwicklung des Vertriebsrechts allgemein: Emde, VersR 1999, 1464; ders., VersR 2001, 148; ders., VersR 2002, 151; ders., VersR 2003, 419, 549; ders., VersR 2004, 1499.

2   Siehe zu den statistischen Zahlen: Deutscher Franchise-Verband – Statistiken Franchisewirtschaft BRD 11/2005.

3   Abgedruckt in: Jahrbuch Franchising 1999/2000, S. 218 ff.

4   EG-ABl. L 359/52 – abgedruckt bei: Flohr, Franchise-Handbuch, Gruppe I/I.

- **Geheim:**

  Das Know-how muss in seiner Substanz, seiner Struktur oder der genauen Zusammensetzung seiner Teile nicht allgemein bekannt oder nicht leicht zugänglich sein, wobei der Begriff nicht in dem Sinne zu verstehen ist, dass jeder einzelne Teil des Know-how außerhalb des Geschäfts des Franchise-Gebers unbekannt oder unerhältlich sein müsste.

- **Wesentlich:**

  Das Know-how umfasst Kenntnisse, die für den Verkauf von Waren oder die Erbringung von Dienstleistungen an Endverbraucher, insb. für die Präsentation der zum Verkauf bestimmten Waren, die Bearbeitung von Erzeugnissen im Zusammenhang mit der Erbringung von Dienstleistungen, die für die Art und Weise der Kundenbedienung sowie die Führung des Geschäfts in verwaltungsmäßiger und finanzieller Hinsicht wichtig sind.

- **Identifiziert:**

  Das Know-how muss ausführlich genug beschrieben sein, um prüfen zu können, ob es die Merkmale des Geheimnisses und der Wesentlichkeit erfüllt.

> **Hinweis:**
>
> Dieser Know-how-Begriff ist nahezu identisch mit der seit dem 1.1.2000 und noch bis zum 31.5.2010 geltenden **EU-Gruppenfreistellungsverordnung für Vertikale Vertriebsbindungen** (Vertikal-GVO). Das Know-how wird nach wie vor als ein geheimes und nicht allgemein zugängliches Know-how umschrieben, anhand dessen das Franchise-System zu identifizieren ist und das die Wesentlichkeit des Systems betont.[5]

Da die Vertikal-GVO keine gesonderte Definition des Begriffs des Franchising enthält, gilt es abzuwarten, ob der ursprüngliche Begriff der Franchise-GVO fortgilt.[6] Bislang zeichnet sich auf jeden Fall nicht ab, dass sich am Begriffsinhalt des Franchising, so wie er von den nationalen Franchise-Verbänden und der European Franchise Federation gesehen wird, etwas ändern wird. Dabei muss man auch auf Textziff. 42 der **Guidelines zur EU-Gruppenfreistellungsverordnung für Vertikale Vertriebsbindung** zurückgreifen. Die dort enthaltene Umschreibung des Begriffs „Franchise-Vereinbarungen" entspricht im Wesentlichen der Definition des Begriffs des Franchising der zum 31.12.1989 außer Kraft getretenen Franchise-GVO.

> **Hinweis:**
>
> In der Rspr. des BGH sucht man eine Definition des Franchising vergeblich. Es verwundert daher nicht, dass vertikale Integrationsprozesse zwischen Industrie und Handel zu einem „Anweisungsvertrieb" und damit zu einer mitunter existentiellen Abhängigkeit des Franchise-Nehmers führen.[7]

Allerdings wird das Franchise-Recht – wie auch in anderen Bereichen, z.B. bei der Due Diligence beim Unternehmenskauf[8] – vom US-amerikanischen Recht geprägt, sei es nun bei den Begrifflichkeiten oder aber der Vertragsgestaltung. Letzteres gilt insb. für internationale Masterfranchise-Verträge.[9]

---

5 Vgl. zum Ganzen: Flohr, Der Franchisevertrag, S. 2 ff.
6 Dazu ausführlich: Liebscher/Flohr/Petsche, Handbuch der EU-Gruppenfreistellungsverordnungen, § 7 Rn. 123 ff. m.w.N.
7 Zum Ganzen: Martinek, in: FS BGH, S. 101, 111 f. m.w.N.; siehe auch Blaurock, in: FS für Werner, S. 24 ff.; Hänlein, DB 2000, 374 f.
8 Zum Begriff und Inhalt der Due Dilligence vor allem: Fleischer/Körber, BB 2001, 841 ff.
9 Vgl. u.a. Fleischer/Körber, WuW 2001, 6 ff. sowie die Nachweise bei Fleischer/Körber, BB 2001, 841 in Fn. 1, 2.

2. Know-how als Bestandteil des Franchise-Begriffs

7 Textziff. 42 der Guidelines zur Vertikal-GVO definiert Franchise-Vereinbarungen im Hinblick auf das dem Franchise-Nehmer zu überlassene Know-how wie folgt:

Franchise-Vereinbarungen sind ... das deutlichste Beispiel für die Weitergabe von Know-how an den Käufer für Marketingzwecke.

8 Damit wird durch die EU-Gruppenfreistellungsverordnung für Vertikale Vertriebsbindungen betont, dass Franchising und Know-how-Transfer untrennbar miteinander verbunden sind. Dies wird auch dadurch deutlich, dass nach der Franchise-GVO das dem Franchise-Nehmer zur Verfügung zu stellende Know-how „nur" **nützlich** sein musste, während die EU-Gruppenfreistellungsverordnung für Vertikale Vertriebsbindungen verlangt, dass das Know-how **unerlässlich** ist. Die Prüfung des dem Franchise-Nehmer zu überlassenden Know-how hat sich somit von einer „**Nützlichkeitsprüfung**" auf eine „**Unerlässlichkeitsprüfung**" verlagert.[10]

> **Hinweis:**
> Damit wird deutlich, dass Franchise-Systeme zukünftig verstärkt daran zu messen sind, ob dem Franchise-Nehmer ein spezielles, das System kennzeichnendes Know-how, nämlich die Geschäftsidee und/oder der Geschäftstyp, zur Nutzung überlassen wird, das es dann am Point of Sale (POS) zu multiplizieren gilt. Mangelt es an einem solchen Know-how, ist angesichts der Formulierungen in Textziff. 42 der Guidelines zur Vertikal-GVO davon auszugehen, dass der jeweilige Vertragstyp nicht als Franchise-Vertrag angesehen werden kann; möglicherweise handelt es sich dann um einen Lizenzvertrag.

9 Dies bedeutet für jeden Franchise-Geber aber auch, dass er das dem Franchise-Nehmer zur Verfügung zu stellende Know-how im Bestreitensfall nachweisen muss. Dies entspricht auch der Rspr. Bereits jetzt wird von den Gerichten gefordert, dass der **Know-how-Transfer** zwischen Franchise-Geber und Franchise-Nehmer nicht zu erfolgen hat, sondern der Franchise-Geber auch darlegungs- und beweispflichtig dafür ist, dass das auf den Franchise-Nehmer transferierte Know-how für diesen von wirtschaftlichem Nutzen ist.[11]

10 Damit ist die **Angemessenheit der Franchise-Gebühren** dann in Frage gestellt, wenn durch den zwischen Franchise-Geber und Franchise-Nehmer abgeschlossenen „Franchise-Vertrag" dem Franchise-Nehmer kein Know-how oder kein solches Know-how zur Verfügung gestellt wird, das für diesen von Nutzen ist. Die Regelung in Textziff. 42 der Guidelines der EU-Gruppenfreistellungsverordnung für Vertikale Vertriebsbindungen wird damit auch zum Maßstab für die **Sittenwidrigkeitsprüfung eines Franchise-Vertrags** und die Anwendung des Wuchertatbestands (§ 138 Abs. 2 BGB) werden. Nur ein unerlässliches Know-how führt zu einer Ausgewogenheit von Leistung und Gegenleistung.[12]

---

10 Vgl. Metzlaff, BB 2000, 1201 f.; Fritzemeyer, BB 2002, 1658; Schulz, in: GS für Skaupy, S. 333, 346 ff.
11 Grundlegend: OLG Oldenburg, DStR 1998, 903 – ServiceMaster; dazu: Flohr, DStR 1998, 903; Haager, NJW 1999, 2081, 2084.
12 Siehe insgesamt zum Know-how und zur Angemessenheit der Leistungen von Franchisegeber und Franchisenehmer: Giesler/Nauschütt, Franchiserecht, § 5 Rn. 153 ff.; Wagenseil, Sittenwidrigkeit von Franchisevereinbarungen, S. 76 ff., 86 ff. jeweils m.w.N.

B. Rechtsgrundlagen des Franchise-Rechts

I. EU-Gruppenfreistellungsverordnungen

1. EU-Gruppenfreistellungsverordnung für Franchise-Vereinbarungen (Franchise-GVO)

Die Entwicklung der Franchise-GVO wurde maßgebend durch die **Pronuptia-Entscheidung** des EuGH v. 28.1.1986[13] bestimmt. Mit dieser Entscheidung, die aufgrund eines Vorlagebeschlusses des BGH[14] erging, stellte der EuGH Grundsätze für die **Vereinbarkeit eines Franchise-Vertrags mit dem Kartellverbot des EG-Vertrags** (Art. 81 Abs. 1 – vormals Art. 85 Abs. 1) auf. Der EuGH erklärte praktisch alle Wettbewerbsbeschränkungen, die er für das Funktionieren eines Franchise-Systems für „unerlässlich" hielt, als vom Verbot des Art. 81 Abs. 1 EG-Vertrag ausgenommen.[15] Diese Entscheidung des EuGH und die Beschlüsse der EU-Kommission zur Einzelfreistellung[16] legten die Grundsätze fest, anhand derer die EU-Kommission die Franchise-GVO entwickelte.[17]

11

> **Hinweis:**
>
> In der Franchise-GVO legte die EU-Kommission fest, welche Regelungen in Franchise-Verträgen von ihr nicht als gegen Art. 81 EU-Vertrag verstoßend angesehen wurden. Soweit Franchise-Verträge mit diesen Festlegungen in Einklang standen, also freigestellt waren, bedürften diese keiner besonderen Anmeldung bei der Kommission (Erwägungsgrund 16 der Franchise-GVO) und somit auch keiner Freistellung im Einzelfall.

Falls Franchise-Verträge Regelungen enthielten, die nach der Franchise-GVO nicht freigestellt waren, blieb dem Franchise-Geber nur der Weg, eine Einzelfreistellung des Franchise-Vertrags vom Kartellverbot des EG-Vertrags bei der Kommission zu beantragen. Diese Möglichkeit wurde für die Franchise-Systeme von ServiceMaster,[18] Charles Jourdan,[19] Yves Rocher,[20] Pronuptia[21] und Computerland[22] gesucht.[23]

12

Umgekehrt konnte die EU-Kommission den Vorteil der Anwendung der Franchise-GVO entziehen, wenn sich die Vereinbarungen im Einzelfall als unangemessen wettbewerbsbeschränkend erwiesen (Erwägungsgrund 15 der Franchise-GVO).[24]

---

13 NJW 1986, 1415; dazu: Bunte, NJW 1986, 1406; Neumann, RIW 1985, 612; Skaupy, WuW 1986, 445; Kevekordes, BB 1987, 74; Joerges, ZHR 151 (1987), 195; Niederleitinger/Ritter, Die kartellrechtliche Entscheidungspraxis, S. 162 ff.; Epp, Franchising und Kartellrecht, S. 224 ff.; Metzlaff, Franchise-Verträge und EG-Kartellrecht, S. 61 ff.; siehe auch zur EG-kartellrechtlichen Behandlung von Franchise-Verträgen: OLG Köln, EWS 1995, 207; insgesamt zum Pronuptia-Verfahren: Skaupy, BB 1996, 1899 ff.

14 GRuR Int. 1984, 521.

15 Zu den weiteren Pronuptia-Entscheidungen siehe: BGH, DB 1994, 1184 – Pronuptia II; OLG Frankfurt, WiB 1996, 640 – Pronuptia III; insgesamt: Martinek, EWiR, § 15 GWB 1/94, 575; Skaupy, BB 1996, 1899; Flohr, Jahrbuch Franchising 1996/97, S. 165 ff.

16 Vgl. etwa: WuW/E EV 1273 – Computerland; WuW/E EV 1193 – Yves Rocher.

17 Siehe zu dieser Entwicklung und grds. zu Franchise-Verträgen innerhalb der Europäischen Gemeinschaft: Gamet-Pol, Franchise Agreements within the European Community, S. 7 mit ausführlicher Darstellung der Pronuptia-Entscheidung.

18 ABl. Nr. 10218/3.

19 ABl. Nr. 10220/3.

20 ABl. Nr. L 8.

21 ABl. Nr. L 13.

22 ABl. Nr. 222.

23 Dazu insgesamt Börner, EuR 1984, 181; Gamet-Pol, S. 223 – 305.

24 Umfassend zur EU-Gruppenfreistellungsverordnung für Franchise-Vereinbarungen und deren Bedeutung: Flohr, in: Handbuch der EU-Gruppenfreistellungsverordnungen, § 8 Rn. 227 ff. m.w.N.

13 **Leitlinie für die Vertragsgestaltung** waren die sog. **Weiße Liste** (Art. 3 Franchise-GVO) und die sog. **Schwarze Liste** (Art. 5 Franchise-GVO).

14 In der **sog. Weißen Liste** wurden enumerativ die **Verpflichtungen eines Franchise-Nehmers** aufgezählt, die schon bislang der EuGH sowie die EU-Kommission als i.d.R. nicht wettbewerbsbeschränkend ansahen. Dazu gehörten u.a.:

- Alleinbezugsklausel,
- Qualitätsklausel,
- Geheimhaltungsklausel,
- Absatz- und Umsatzklausel mit der Verpflichtung zur Führung eines Mindestsortiments oder der Erzielung eines Mindestumsatzes und Anwendungs- und Gestaltungsverpflichtungen,
- die Verpflichtung des Franchise-Nehmers, die vom Franchise-Geber entwickelten Geschäftsmethoden und deren Weiterentwicklung anzuwenden,
- das Geschäftslokal entsprechend den Vorgaben des Franchise-Gebers im Inneren und Äußeren so zu gestalten, dass die Einheitlichkeit des Franchise-Systems sichergestellt war. Dies galt auch für die Bekleidung der Mitarbeiter und Angestellten und/oder der vertraglich vereinbarten Transportmittel, z.B. Auslieferungsfahrzeuge.

Hinzu kamen **Einsichts-** und **Auskunftsrechte**, Regelungen zum **Gebietsschutz** sowie **Konkurrenz- und Beteiligungsklausel**.[25]

15 Noch wichtiger aber war eine Überprüfung der Franchise-Verträge auf sog. **Schwarze Klauseln**. Stellte sich eine Kollision ein, so war der Franchise-Vertrag nicht freigestellt und es musste der Weg der Einzelfreistellung beschritten werden. Obsolet waren damit insb. **Preisbindungsklauseln**. Die Freistellung gemäß Art. 1 EU-Gruppenfreistellungsverordnung für Franchise-Vereinbarungen galt daher nicht, wenn der **Franchise-Nehmer** von dem Franchise-Geber in seiner Freiheit, die **Verkaufspreise** für Waren oder Dienstleistungen festzulegen, soweit diese Gegenstand der Franchise waren, unmittelbar oder mittelbar **beschränkt** wurde. Zulässig war es aber, dem Franchise-Nehmer sog. **unverbindliche Preisempfehlungen** zu erteilen, wobei ausdrücklich auf deren Unverbindlichkeit hingewiesen werden musste und zu ihrer Durchsetzung kein Druck ausgeübt werden durfte.

16 Des Weiteren durfte in einem Franchise-Vertrag nicht die Verpflichtung des Franchise-Nehmers vereinbart werden, Endverbraucher im gemeinsamen Markt aus Gründen des Wohnsitzes nicht mit Waren oder Dienstleistungen zu beliefern. Schlagwortartig wurde diese Regelung mit „**kein Belieferungsverbot aus Wohnsitzgründen**" bezeichnet. Dies bedeutete, dass ein Franchise-Nehmer einen Kunden auch außerhalb seines Vertragsgebiets beliefern durfte, vorausgesetzt, der Auftrag wurde dem Franchise-Nehmer innerhalb des Vertragsgebiets erteilt. Problematisch konnte dies immer dann sein, wenn Aufträge auf Hausmessen erteilt wurden, bei denen mehrere Franchise-Nehmer aus verschiedenen Vertragsgebieten als Aussteller präsent waren.[26]

17 Von dem Belieferungsverbot aus Wohnsitzgründen war das **Verbot** des sog. **aktiven Marketing außerhalb** des **Vertragsgebiets** des Franchise-Nehmers zu unterscheiden. Dieses Marketing konnte dem Franchise-Nehmer untersagt werden. **Aktive Werbung** durfte der Franchise-Nehmer nur innerhalb seines Vertragsgebiets nach den Vorgaben des Franchise-Gebers betreiben.[27]

Die Franchise-GVO trat zum 31.12.1998 außer Kraft. Stattdessen ist nunmehr die Vertikal-GVO anzuwenden, die – soweit es um die Vertragsgestaltung geht – seit dem 1.6.2000 gilt und eine Laufzeit bis zum 31.5.2010 hat.

---

25 Vgl. Metzlaff, Franchise-Verträge und EG-Kartellrecht, S. 169 ff.
26 Vgl. Metzlaff, Franchise-Verträge und EG-Kartellrecht, S. 169 ff.
27 Vgl. zu den einzelnen Vertragsklauseln und deren Geltung vor dem Hintergrund von Art. 85 EG-Vertrag: Weltrich, Franchising im EG-Kartellrecht, S. 185 ff. m.w.N.; Flohr, Franchise-Vertrag, S. 5 f.

> **Hinweis:**
>
> Allerdings ist die Franchise-GVO nach wie vor von Bedeutung. Bestehende Verträge mussten bis zum Ablauf des 31.12.2001 an die neue Vertikal-GVO angepasst werden. Bis dahin galt für diese vor dem 31.5.2000 abgeschlossenen Franchise-Verträge (sog. Alt-Verträge) das alte Recht und damit die Regelungen der Franchise-GVO fort. Zwar lief mit dem 31.12.2001 die Übergangsfrist zur Anpassung von Alt-Franchise-Verträgen an die Regelungen der Vertikal-GVO ab, doch folgt daraus nicht, dass die Franchise-GVO nicht noch weiter gilt. Für solche Franchise-Verträge, die vor dem 31.12.1999 abgeschlossen und beendet wurden, hat die Franchise-GVO nach wie vor Gültigkeit, soweit es um Streitigkeiten aus diesen Franchise-Verträgen geht. Hier gilt das alte Recht fort.[28]

2. EU-Gruppenfreistellungsverordnung für Vertikale Vertriebsbindungen (Vertikal-GVO)

a) Grundsätzliches

Die am 24.9.1999 in Erstfassung[29] und am 10.12.1999 in der endgültigen Fassung[30] verkündete Vertikal-GVO hat nicht nur erhebliche Bedeutung und Auswirkungen auf die Beratung von national, aber auch international tätigen Franchise-Systemen, sondern auch auf die Gestaltung der Franchise-Verträge.[31]

Die Franchise-GVO war allgemein – auch von der Rspr. – als Guideline für die Gestaltung von Franchise-Verträgen anerkannt.[32] Dies galt auch für die Definitionen zum Begriff des Franchising, der Franchise-Vereinbarungen oder des ein Franchise-System konkretisierenden Know-how. Durch die Vertikal-GVO erhält nunmehr das Franchising nicht mehr eine alleinige Freistellungsverordnung, sondern wird in die Gruppenfreistellungsverordnung für alle Arten von vertikalen Vertriebsbindungen integriert, wobei die Vertikal-GVO Unklarheit darüber hat entstehen lassen, ob Franchising als gesonderte Vertriebsform oder aber von der EU-Kommission als nur ein Unterfall des selektiven Vertriebs angesehen wird.[33]

b) Abweichungen gegenüber der Gruppenfreistellungsverordnung für Franchise-Vereinbarungen

Die Vertikal-GVO enthält in einigen Bereichen grds. Änderungen gegenüber der Franchise-GVO, so dass Abänderungen bestehender Franchise-Verträge und Master-Franchise-Verträge genauso notwendig waren, wie die Überarbeitung bestehender Vertragsmuster für zukünftige Verträge, wobei zum einen der 31.5.2000 und zum anderen der 31.12.2001 Stichtag für die notwendigen Anpassungen waren.

Ergänzt werden die Regelungen der Vertikal-GVO durch die sog. **Guidelines**.[34] Diese erläutern die Regelungen der Vertikal-GVO und sollen deren Anwendung i.S.d. EU-Kommission sicherstellen. Ob die Guidelines diese Zielsetzung erfüllen, gilt abzuwarten. Erfahrungen bestehen hier nicht, da den bisherigen Gruppenfreistellungen[35] keine entsprechenden Guidelines beigefügt waren. Diese sind ein Novum.[36]

---

28 Siehe auch dazu Flohr, in: Handbuch der EU-Gruppenfreistellungsverordnungen, § 7 Rn. 235 – 241.
29 ABl. C \270/7.
30 ABl. L 336, 21 ff.
31 Allgemein zur weiteren Entwicklung und Modernisierung des EG-Kartellrechts: Polley/Selliger, WRP 2001, 494 ff.; Weitbrecht, EuZW 2000, 496 f.; Geiger, EuZW 2000, 325 ff.
32 Giesler/Nauschütt, Franchiserecht, § 2 Rn. 9.
33 Dazu vor allem Liebscher/Petsche, EuZW 2000, 400.
34 Siehe den Hinweis und die Kurzdarstellung in DB 2001, 371; englische Fassung abgedruckt in: International Journal of Franchising and Distribution Law 2001, S. 96 ff.
35 Vgl. zum Überblick über die EU-Gruppenfreistellungsverordnungen: Sauter, Gruppenfreistellungsverordnungen, Martinek/Habermeier, ZHR 158 (1994), 107; Liebscher/Flohr/Petsche, Handbuch der EU-Gruppenfreistellungsverordnungen.
36 Allgemein zu den Guidelines: Rittner, DB 2000, 1211; Flohr, DStR 2001, 710.

aa) Franchise-Begriff

21 Eine **Definition** des **Franchise-Begriffs** ist in der Vertikal-GVO nicht mehr enthalten, wohl aber eine Umschreibung des Inhalts von Franchise-Vereinbarungen, jedoch nicht im Text der Vertikal-GVO, sondern in den Guidelines (Tz. 199 – 201).

bb) Know-how-Begriff

22 Nahezu identisch mit der Franchise-GVO ist die Definition des Know-how-Begriffs. Das Know-how nach der Vertikal-GVO wird nach wie vor als geheim und nicht allgemein zugängliches Know-how umschrieben, anhand dessen das Franchise-System zu identifizieren ist und das die Wesentlichkeit des Systems betont. Insofern hat sich also, wenn es um die Darstellung des Know-how-Transfers geht, nichts gegenüber der Franchise-GVO geändert.

> **Hinweis:**
> Entscheidend ist aber, dass die EU-Kommission insb. durch die Hervorhebung des Know-how-Begriffs und den Hinweis, dass Franchise-Vereinbarungen als Hauptvereinbarungen für die Know-how-Überlassung angesehen werden (Tz. 42 Guidelines), die Bedeutung des Know-how-Transfers mehr betont als bisher.

23 **Der Transfer von Know-how** wird als der wichtigste Bestandteil von Franchise-Verträgen (Tz. 42 Guidelines) angesehen. Vereinbart werden kann daher, das Verbot für den Franchise-Nehmer, dieses Know-how für andere Zwecke oder einen anderen Standort zu verwenden, jedoch nur dann, wenn das Know-how nicht allgemein zugänglich ist, ansonsten ist auch ein Know-how-Schutz nach Vertragsbeendigung (zeitlich unbefristet) möglich.

24 Allerdings ist der **Know-how-Begriff** im Hinblick auf seine Anforderungen an ein Franchise-System verschärft worden, wenn es nunmehr heißt:

... dass Know-how Kenntnisse umfasst, die für den Käufer (= Franchise-Nehmer) zum Zwecke der Verwendung des Verkaufs oder des Weiterverkaufs der Vertragswaren oder -dienstleistungen unerlässlich sind.

25 **Die „Nützlichkeit" der Franchise-GVO ist durch „Unerlässlichkeit" ersetzt worden.** Demgemäß sind Geheimhaltungspflichten **nach** Vertragsbeendigung nur zulässig, wenn das Know-how unerlässlich war. Problematisch kann damit der „Wandel" des Know-how werden. Für Know-how, das bei Vertragsabschluss unerlässlich war, gilt dies möglicherweise bei Vertragsende nicht mehr, so ist z.B. eine vereinbarte **nachvertragliche Geheimhaltungspflicht** unwirksam.[37]

26 Die EU-Franchise-GVO hatte sich zur Leitlinie für die Gestaltung von Verträgen entwickelt,[38] auch wenn sie nur die Voraussetzung regelte, unter denen ein Franchise-Vertrag vom Kartellverbot des Art. 81 Abs. 1 EGV freigestellt war. Umstritten war immer, ob diese Ansicht zutreffend ist, d.h. sich aus der Franchise-GVO zivilrechtlich durchsetzbare Verhaltenspflichten des Franchise-Gebers herleiten lassen. Dies wird unter der Geltung der EU-Vertikal-GVO zu verneinen sein, zumindest vor dem Hintergrund des Beschl. des BGH v. 28.6.2005.[39] In diesem Beschluss hat der BGH nämlich ausdrücklich festgestellt, dass die Gruppenfreistellungsverordnung für den Kraftfahrzeugvertrieb nur die Voraussetzungen der Freistellungen vom EG-Kartellverbot regelt und zivilrechtlich durchsetzbare Verhaltensweisen daraus nicht hergeleitet werden können. Die Grundsätze, die aber für die Gruppenfreistellungsverordnung für den KFZ-Betrieb gelten, gelten in gleicher Weise für die Vertikal-GVO. Insofern ist die Vertikal-GVO grds. nur Maßstab dafür, ob ein Franchise-System vom Kartellverbot des Art. 81 Abs. 1 EGV freigestellt ist.

---

37 Siehe allgemein zur Geheimhaltungspflicht Flohr, Franchisevertrag, S. 185 ff.
38 Siehe dazu vor allem Giesler/Nauschütt, Franchiserecht, § 2 Rn. 9, die insofern von einem sog. „Zwangsjacken-Effekt" sprechen.
39 GRUR Int. 2006, 57.

Allerdings ist die Vertikal-GVO gesetzliches Leitbild i.S.v. § 307 Abs. 1 Satz 1 BGB; d.h. ist eine Regelung nach der Vertikal-GVO verboten (etwa die Preisbindung), so liegt in einer solchen Regelung zugleich eine unangemessene Benachteiligung des Franchise-Nehmer gemäß § 307 Abs. 1 Satz 1 BGB. Dies ist die Konsequenz der BGH-Entscheidung v. 13.7.2004.[40]

cc) Vertragsgebiet

Umstritten ist nach wie vor die Handhabung des **Gebietsschutzes**. Dessen vertragliche Vereinbarung ist grds. möglich, zumal auch der von der EU-Kommission in den Guidelines (Tz. 199 – 201) dargestellte Inhalt eines Franchise-Vertrags einen solchen Gebietsschutz umfasst. Allerdings kann der Franchise-Nehmer nicht mehr daran gehindert werden, außerhalb des ihm zugewiesenen Vertragsgebiets aktives Marketing zu betreiben. Damit ist ein Kannibalisierungseffekt der Franchise-Nehmer untereinander nicht ausgeschlossen. 27

Zu beachten ist aber der **Ausnahmetatbestand von Art. 4b Vertikal-GVO**. Danach kann **aktives Marketing** bei Franchise-Systemen für solche Vertragsgebiete ausgeschlossen werden, die der Franchise-Geber entweder einem anderen Franchise-Nehmer zur Nutzung überlassen hat oder dessen Nutzung er sich selbst vorbehält. Bei **flächendeckenden Franchise-Systemen** dürfte es bei der Anwendung dieser Vorschrift keine Probleme geben, da jeweils das Vertragsgebiet des einen das Vertragsgebiet des anderen Franchise-Nehmers begrenzt. Anders ist es bei Franchise-Systemen, die sich im Aufbau befinden, bei denen also noch nicht flächendeckend Franchisen an Dritte mit festen Vertragsgebieten vergeben wurden. Wenn sich allerdings hier der Franchise-Geber eben zur Vergabe von Franchisen die Nutzung der nicht vergebenen Gebiete selbst vorbehält, kann auch insoweit einem Franchise-Nehmer aktives Marketing in diesen Gebieten untersagt werden. Wird Art. 4b Vertikal-GVO in diesem Sinne verstanden, so ist es bei Franchise-Systemen möglich, aktives Marketing außerhalb des Vertragsgebiets einzuschränken. 28

Unzulässig ist aber ein **Ausschluss von Querlieferungen**, wobei sich dieser Ausschluss 29

- sowohl auf das Verbot von Querlieferungen an Franchise-Nehmer des Franchise-Systems,

- als auch auf Lieferungen an gewerbliche Wiederverkäufer

bezieht. Die Einordnung des letztgenannten Punktes ist noch streitig, da teilweise davon ausgegangen wird, dass sich diese Regelung nur auf den selektiven Vertrieb, nicht aber auch auf den Absatz von Produkten im Wege des Franchising bezieht.[41]

dd) Bezugsbindung

Auch die **Bezugsbindung** wird neu zu diskutieren sein.[42] Die Regelung ist nämlich nicht mehr isoliert, sondern zugleich gemeinsam mit dem vertraglichen Wettbewerbsverbot (Art. 5a Vertikal-GVO) zu sehen. 30

Beträgt die Bezugsbindung mehr als 80 % und wird der Franchise-Vertrag zugleich auf eine Zeitdauer von mehr als 5 Jahren abgeschlossen, so kann der Franchise-Nehmer gemäß Art. 5a Vertikal-GVO konkurrierende Produkte absetzen. Dem kann ein Franchise-Geber nur dadurch entgehen, indem 31

- entweder die Bezugsbindung auf maximal 80 % des EK-Umsatzes beschränkt wird oder

- der Franchise-Nehmer sein Franchise-Outlet in Räumlichkeiten betreibt, die er vom Franchise-Geber im Wege eines Untermietvertrags zur Nutzung erhalten hat oder aber in solchen Räumlichkeiten, die im Eigentum des Franchise-Gebers stehen.

---

40 WRP 2004, 1378 – Citroën mit Anm. Flohr, ZAP Fach 15, S. 287.
41 Siehe zur Streitfrage, ob Franchising als Teil des selektiven Vertriebs einzuordnen ist, insb.: Schulz, in: GS für Skaupy, S. 345 f.; Liebscher/Petsche, EuZW 2000, 400 m.w.N.
42 Vgl. grds. zu Bezugsbindungen und EG-Kartellrecht: Ebenroth/Rapp, JZ 1991, 962 ff. m.w.N.

32 In diesen Fällen kann der Franchise-Vertrag auch mit einer längeren Laufzeit als fünf Jahren abgeschlossen werden, ohne dass der Franchise-Geber Gefahr läuft, dass der Franchise-Nehmer vom sechsten Vertragsjahr an berechtigt ist, konkurrierende Produkte abzusetzen oder Dienstleistungen zu erbringen.

> **Hinweis:**
>
> Um insoweit eine über fünf Jahre Vertragsdauer hinausgehende Bezugsbindung vereinbaren zu können, ohne dass der Franchise-Nehmer die Erlaubnis erhält, Konkurrenzprodukte abzusetzen, sollte in Franchise-Verträgen die Bezugsbindung des Franchise-Nehmers auf 80 % des EK-Umsatzes begrenzt sein. Weitere 20 % seines Umsatzes sollte der Franchise-Nehmer mit sog. Diversifikationsprodukten erzielen. Dies unterstreicht zugleich die Selbständigkeit des Franchise-Nehmers. Damit wird auch deutlich gemacht, dass der Franchise-Nehmer nicht von einem Auftraggeber i.S.d. Terminologie der Deutschen Rentenversicherung (BUND) abhängig ist, so dass insofern auch keine Rentenversicherungspflicht gemäß § 2 Nr. 9 SGB VI bestehen kann.[43]

33 Gemäß Art. 4b Vertikal-GVO kann ein Franchise-Nehmer nicht daran gehindert werden, **Produkte** des Franchise-Systems (**Vertragsprodukte**) nach **Vertragsende abzusetzen**. Hier ist zu prüfen, ob ein entsprechendes Belieferungsverbot in die Verträge zwischen dem Franchise-Geber und den zum Franchise-System gelisteten Lieferanten vereinbart werden kann. Auch werden damit **sog. Rückkaufklauseln** für Vertragsprodukte in Franchise-Verträgen erhöhte Bedeutung erlangen.

ee) Laufzeit

34 Ein **vertragliches Wettbewerbsverbot**, also die Verpflichtung des Franchise-Nehmers während der Vertragslaufzeit keine konkurrierenden Produkte abzusetzen oder Dienstleistungen zu erbringen, kann nur noch für einen Zeitraum von fünf Jahren vereinbart werden. Danach ist es dem Franchise-Nehmer freigestellt, auch Konkurrenzprodukte bzw. konkurrierende Dienstleistungen zu vertreiben/zu erbringen.

35 Eine **längere Laufzeit einer solchen vertraglichen Wettbewerbsregelung** ist nur noch dann möglich, wenn das Franchise-Outlet in Räumlichkeiten betrieben wird, die vom Franchise-Geber angemietet wurden, also ein Untermietvertrag abgeschlossen wurde oder aber die Räumlichkeiten im Eigentum des Franchise-Geber stehen, so dass nur ein Mietvertrag abgeschlossen wurde. Hier soll das vertragliche **Wettbewerbsverbot für die Dauer der Geltung des Mietvertrags** vereinbart werden, wobei unklar ist, ob dann grds. auch für Franchise-Verträge in diesem speziellen Falle eine Laufzeit von 30 Jahren vereinbart werden kann. Dies würde bedeuten, dass dann die Laufzeit von Franchise-Verträgen weit über die vom BGH anerkannte Laufzeit von Dauerschuldverhältnissen (15/16 Jahre) hinausgeht.[44] Insofern ist auch unter Berücksichtigung dieser Rspr. nicht davon auszugehen, dass nunmehr entsprechend § 567 BGB wegen der entsprechenden Zeitdauer von Mietverträgen auch Franchise-Verträge mit einer Laufzeit von 30 Jahren abgeschlossen werden können.[45]

36 Letztlich lässt die EU-Kommission eine längere vertragliche Laufzeit und damit die Vereinbarung, keine Konkurrenzprodukte zu vertreiben, zu, wenn dies zur Wahrung der Corporate Identity des Systems (Tz. 199 Guidelines) notwendig ist, wobei dies im Franchise-Vertrag detailliert darzustellen ist. Diese detaillierte Darstellung ist aber nach deutschem Recht unter Beachtung des Eismann-Beschlusses des BAG v. 16.7.1997[46] und der Entscheidung des BGH v. 4.11.1998[47] sowie des „vom Fass"-Beschlusses

---

43 Zum Ganzen: Flohr, Franchisevertrag, S. 238 f. m.w.N.
44 Vgl. BGH, NJW 2001, 2331 sowie den Hinweisbeschluss des OLG Dresden v. 8.9.2005 – 10 U 747/05, n.v., das nur noch von einer max. Laufzeit von fünf Jahren bei Franchise-Verträgen ausgeht. Allg. auch zur Laufzeit von Franchise-Verträgen: Stoffels, DB 2004, 1871 ff. m.w.N. unter Ablehnung einer Anwendung der Rechtsprechung zur Laufzeit von Bierlieferungsverträgen auf Franchiseverträge.
45 Vgl. dazu insb.: Martinek, in: Handbuch des Vertriebsrechts, § 19 Rn. 34 ff.
46 ZIP 1997, 2208 mit Anm. Flohr, WIB 1997, 1197.
47 ZIP 1998, 2104.

des BGH v. 16.10.2002[48] nicht unproblematisch. Ist die Darstellung zu detailliert und schränkt sie die unternehmerische Selbständigkeit des Franchise-Nehmers ein, so ist nicht auszuschließen, dass dieser als arbeitnehmerähnlich schutzbedürftig anzusehen ist. Auch bedeutet jede detaillierte Darstellung des Know-how im Franchise-Vertrag, dass jede **Änderung und Ergänzung** des Know-how der Zustimmung des Franchise-Nehmers bedarf, da eine Änderung zugleich auch eine Vertragsänderung darstellt. Dies kann die Entwicklung eines Franchise-Systems beeinträchtigen, da üblicherweise das Know-how im Franchise-Handbuch dargestellt wird und der Franchise-Vertrag einen entsprechenden Änderungsvorbehalt oder ein Leistungsbestimmungsrecht gemäß § 315 BGB enthält.[49]

> **Hinweis:**
> Damit dürfte auch die Rspr. des BGH nicht mehr anwendbar sein, wonach aus der Interessenwahrungspflicht des Franchise-Nehmers folgt, sich desjenigen Wettbewerbs zu enthalten, der geeignet ist, die Interessen des Franchise-Gebers zu beeinträchtigen.[50]

ff) **Schwarze Liste (Art. 4 der EU-Gruppenfreistellungsverordnung für Vertikale Vertriebsbindungen)**

Art. 4 Vertikal-GVO umfasst die „Schwarze Liste", d.h. sog. **Kernbeschränkungen (hard core restriction)**, für die keine Gruppenfreistellung gewährt wird. Dabei ist jeweils im Einzelfall zu prüfen, ob die Regelungen der Schwarzen Liste auch für Franchise-Verträge oder nur für selektive Vertriebssysteme gelten oder im Einzelfall das Franchise-System als selektives Vertriebssystem einzuordnen ist. 37

Nach Art. 4 Vertikal-GVO findet die Gruppenfreistellungsverordnung keine Anwendung auf Franchise-Verträge, die u.a. **Folgendes bezwecken**: 38

- Festpreise und Mindestpreise,
- Höchstpreise und empfohlene Preise, die aufgrund von Druck in Wirklichkeit auf Fest- oder Mindestpreise hinauslaufen,
- Beschränkungen des Weiterverkaufs mit Ausnahme einer Beschränkung des aktiven Weiterverkaufs in Gebiete oder in Kundenkreise, die der Lieferant ausschließlich einem anderen Käufer zugewiesen hat, sofern diese Beschränkungen den unmittelbaren Käufern des Lieferanten auferlegt werden,
- Beschränkungen des Weiterverkaufs an nicht zugelassene Händler,
- Beschränkung des Weiterverkaufs von Waren oder Dienstleistungen, die zum Zwecke der Einfügung in andere Erzeugnisse geliefert werden,
- Mitgliedern eines selektiven Vertriebssystems auferlegte Beschränkungen des aktiven oder passiven Weiterverkaufs an Verbraucher (mit Ausnahmeregelung bei einem mobilen Verkaufsstand),
- Beschränkungen von Querlieferungen zwischen Wiederverkäufern innerhalb eines selektiven Vertriebssystems,
- Beschränkung des Verkaufs von Ersatzteilen an unabhängige Reparatur- oder Dienstleistungsunternehmen, die zwischen dem Lieferanten der Ersatzteile und einem Käufer vereinbart werden, welche dieser zum Zwecke des Einbaus oder des Weiterverkaufs erwirbt.

> **Hinweis:**
> Liegt ein Verstoß gegen diese hard core restriction vor, so ist nicht nur die einzelne Klausel, sondern der gesamte Franchise-Vertrag nichtig, d.h. nicht vom Kartellverbot des Art. 81 Abs. 1 EG-Vertrag freigestellt. Es bleibt dann zwar die Möglichkeit, eine Einzelfreistellung zu beantragen, doch dürfte

---

48 NJW-RR 2003, 277 mit Anm. Flohr, ZAP Fach 6, S. 377.
49 Dazu ausführlich: Flohr, Franchisevertrag, S. 107 ff.
50 Vgl. dazu ausführlich BGH, WRP 1990, 1198.

> kaum zu erwarten sein, dass eine solche Einzelfreistellung ergeht, wenn der Franchise-Vertrag Regelungen enthält, die mit der Schwarzen Liste von Art. 4 Vertikal-GVO nicht vereinbar sind.[51]

gg) Sonstige Beschränkungen (Art. 5 der EU-Gruppenfreistellungsverordnung für Vertikale Vertriebsbindungen)

39 Darüber hinaus sind nach Art. 5 Vertikal-GVO **Regelungen** im Rahmen eines Franchise-Vertrags **verboten**, mit denen Folgendes bezweckt wird:

- unmittelbare oder mittelbare Wettbewerbsverbote, welche für eine bestimmte Dauer oder für einen Zeitraum von mehr als fünf Jahren vereinbart werden, ausgenommen wenn die Waren oder Dienstleistungen, auf die sich die vertikale Vereinbarung bezieht, vom Käufer in Räumlichkeiten weiterverkauft werden, die im Eigentum des Lieferanten stehen oder von diesem gemietet oder gepachtet worden sind; in diesem Fall dürfen dem Verkäufer Wettbewerbsverbote für den gesamten Zeitraum auferlegt werden, in welchem er diese Räumlichkeiten nutzt,
- unmittelbare oder mittelbare Verpflichtungen, die Käufer zu veranlassen, Ware oder Dienstleistungen nach Beendigung der Vereinbarung nicht herzustellen bzw. zu erbringen, zu beziehen oder zu vertreiben, es sei denn, dass sich die Verpflichtungen
  - auf Waren oder Dienstleistungen beziehen, die mit den Vertragswaren oder -dienstleistungen im Wettbewerb stehen,
  - sowie unerlässlich sind, um ein dem Käufer vom Lieferanten übertragenes Know-how zu schützen,
  - und spätestens ein Jahr nach Beendigung der Vereinbarung auslaufen, unbeschadet der Möglichkeit, Nutzung und Offenlegung von nicht allgemein bekanntem Know-how zeitlich unbegrenzten Beschränkungen zu unterwerfen,
- unmittelbare oder mittelbare Verpflichtungen der Mitglieder eines selektiven Vertriebssystems, bestimmte Marken konkurrierender Lieferanten zu führen oder nicht zu führen.

> **Hinweis:**
> Führt ein Verstoß gegen die hard core restriction des Art. 4 Vertikal-GVO zur Kartellnichtigkeit des gesamten Franchise-Vertrags, so gilt dies nicht für eine Regelung, die Beschränkungen entsprechend Art. 5 Vertikal-GVO enthält. In diesem Fall geht nach dem **Grundsatz der Abtrennbarkeit** der Vorteil der gruppenweisen Freistellung nur hinsichtlich dieser im Franchise-Vertrag vereinbarten Beschränkung verloren.

hh) Preisbindungsverbot

40 Nach wie vor gilt das **Verbot jeglicher Preisbindung**, wobei

- nunmehr Höchstpreise festgelegt worden sind und
- nach wie vor Preisempfehlungen für Produkte aller Art und Dienstleistungen durch den Franchise-Geber ausgesprochen werden können, jedoch dann nicht, wenn damit eine de facto Preisbindung verbunden ist, wobei
- genauso wenig ein Preismeldesystem vereinbart werden darf.

41 Dies hat die EU-Kommission auch noch einmal in der Entscheidung v. 5.7.2000[52] deutlich gemacht und zugleich festgestellt, dass dann aber die **Vorgabe von Höchstverkaufspreisen** gegen Art. 81 Abs. 1 EG-Vertrag verstößt, wenn der vorgeschriebene Höchstpreis nur als Obergrenze dient, um eine Bandbreite für den Wiederverkaufspreis festzulegen, deren Untergrenze das Verbot von Rabatten, Preisnachlässen

---

51 Siehe dazu insb. Liebscher/Flohr/Petsche, Handbuch EU-Gruppenfreistellungsverordnungen, § 7 Rn. 168.
52 WuW 2001, 631 – Nathan-Bricolux.

aller Art darstellt. Dem entspricht nunmehr auch das Deutsche Kartellrecht durch die Umsetzung der 7. Kartellrechtsnovelle in § 1 GWB n.F.[53]

ii) Marktanteile

Die Vertikal-GVO gilt nur dann, wenn die in der Verordnung genannten **Marktschwellenwerte** (Tz. 88 ff. Guidelines) nicht überschritten werden.

42

> **Hinweis:**
> Derzeit wird ein Marktschwellenwert von 30 % des Gesamtumsatzes innerhalb eines Franchise-Systems genannt. Wird dieser Marktschwellenwert überschritten, so ist der Franchise-Vertrag nicht vom Kartellverbot des Art. 81 EG-Vertrag freigestellt, sondern muss der EU-Kommission zur Einzelfreistellung vorgelegt werden.

Je nach Marktabgrenzung kann ein Unternehmen unterschiedlich hohe Marktanteile aufweisen. Der sachlich relevante Markt richtet sich nach der **Austauschbarkeit der in Frage stehenden Waren** aus der Sicht der Marktgegenseite. Der räumlich relevante Markt umfasst das Gebiet, in dem die beteiligten Unternehmen (Franchise-Geber und Franchise-Nehmer) mit der Lieferung der relevanten Erzeugnisse oder Dienstleistungen beschäftigt sind. Die durch die **Schwierigkeiten der Marktanteilsermittlung** entstehende Rechtsunsicherheit wird nur teilweise durch sog. Toleranzschwellen gemildert. Diese enthalten für das Schwanken von Marktanteilen im Laufe der Zeit eine Übergangsregelung. Voraussetzung ist, dass der Marktanteil zunächst nicht mehr als 30 % beträgt. Überschreitet ein Franchise-System über einen Zeitraum von einem Jahr die Schwelle von 35 %, bleibt die Freistellung gemäß Art. 9 Ziff. 2d Vertikal-GVO bestehen. Überschreitet ein Franchise-System über einen Zeitraum von 2 Jahren die Schwelle von 30 % um nicht mehr als 5 %, bleibt die Freistellung ebenfalls bestehen (Art. 9 Ziff. 2c Vertikal-GVO).[54]

43

3. Bedeutung der „de minimis"-Regelung der EG-Kommission für Franchise-Systeme

Die Regelungen der Schwarzen Liste (Art. 4 Vertikal-GVO) gelten möglicherweise auch dann, wenn die de minimis-Regelung greift, d.h. der Marktanteil des jeweiligen Franchise-System unterhalb von 10% liegt. Eindeutig ist dies aber nicht, zumal auch die de minimis-Regelung eine sog. Schwarze Liste enthält.

44

> **Hinweis:**
> Soweit sich im Laufe der Jahre Umsatzsteigerungen und damit Überschreitungen der Marktschwellenwerte ergeben haben, ist die Berechnungsvorschrift von Art. 8 Abs. 2 dieser Verordnung zu beachten. Allerdings schadet ein gutgläubiges Überschreiten der Marktschwellenwerte nicht. In diesen Fällen wird die EU-Kommission kein Bußgeldverfahren einleiten.[55]

II. EU-Kartell-Verfahrensordnung

Art. 81, 82 EGV sind die zentralen gemeinschaftlichen Wettbewerbsregeln für Unternehmen. Nach Art. 81 Abs. 1 EGV sind Vereinbarungen zwischen Unternehmen, Beschlüsse von Unternehmensvereinigungen und abgestimmtes Verhalten, die geeignet sind, den Handel zwischen Mitgliedstaaten zu beeinträchtigen, verboten, wenn sie eine spürbare Wettbewerbsbeschränkung bezwecken oder bewirken. Art. 81 Abs. 3

45

---

53 Siehe allg. zur siebten Kartellrechtsnovelle und deren Bedeutung für Franchise-Verträge: Bahr, WuW 2004, 259 ff; allg. zur Rechtsprechung für selektive vertikale Vertriebsbindungen und die damit verbundenen kartellrechtlichen Fragen: Bergmann, ZWeR 2004, 28 ff.

54 Zum Ganzen: Metzlaff, BB 2000, 1201, 1204 ff. mit zahlreichen weiteren Nachweisen; siehe auch insoweit trotz grds. Ausführungen zur Fusionskontrolle Mäger, BB 2001, 1105.

55 Siehe zur Bagatellbekanntmachung und deren Bedeutung für Franchise-Systeme: Flohr, Franchisevertrag, S. 14 m.w.N.

EGV enthält die Voraussetzungen, bei deren kumulativem Vorliegen dieses Verbot nicht greift. Art. 82 EGV verbietet den Missbrauch marktbeherrschender Stellungen, die in einem wesentlichen Teil des Gemeinsamen Marktes bestehen.

46 Art. 81 Abs.1, Abs. 2, Art. 82 EGV waren schon immer unmittelbar anwendbares Recht. Durch die EU-Kartellverfahrensordnung (VO 1/2003)[56] ist nunmehr auch Art. 81 Abs. 3 EGV unmittelbar anwendbares Recht. Zielsetzung der EU-Kartellverfahrensverordnung ist die wirksame Durchsetzung der in Art. 81, Art. 82 EGV niedergelegten Verbote und die einheitliche Anwendung dieser Regeln im EU-Binnenmarkt. Die EU-Kartellverfahrensordnung dient der Abschaffung des ehemaligen Anmelde- und Genehmigungssystems und der direkten Einführung von Art. 81 Abs. 3 EGV. Die EU-Kommission soll durch die Verordnung in die Lage versetzt werden, sich auf die Aufdeckung und Verfolgung schwerwiegender Verstöße zu konzentrieren (Erwägungsgrund 3). Zugleich werden die einzelstaatlichen Gerichte und Wettbewerbsbehörden in die Lage versetzt, Art. 81 EGV in vollem Umfang anzuwenden und damit stärker als zuvor zur Durchsetzung der Verbote des EG-Vertrags beizutragen (Erwägungsgründe 6, 7). Die Verordnung stattet die Gerichte mit Befugnissen aus, die der effektiven Anwendung der Art. 81, Art. 82 EGV auf mitgliederstaatlicher Ebene dienen.[57]

Allerdings sind nicht alle Vereinbarungen, die dem Anwendungsbereich von Art. 81 EGV unterfallen, unmittelbar nach Art. 81 Abs. 3 EGV zu beurteilen. Vielmehr besteht neben der EU-Kartellverfahrensordnung das System der EU-Gruppenfreistellungsverordnungen fort. Für Franchise-Verträge und deren vertragliche Gestaltung ist insofern neben der EU-Kartellverfahrensordnung weiterhin auf die EU-Gruppenfreistellungsverordnung für Vertikale Vertriebsbindungen abzustellen.

Damit wird zugleich die **Prüfungsreihenfolge** deutlich: In der Praxis ist bei der Prüfung eines Franchise-Vertrags zuerst zu klären, ob dieser die Voraussetzungen der EU-Gruppenfreistellungsverordnung für Vertikale Vertriebsbindungen erfüllt. Wenn dies nicht der Fall ist, kann es auf eine Einzelfallbeurteilung nach Art. 81 Abs. 3 EGV ankommen.[58]

Gemäß Art. 45 EGV gilt die EU-Kartellverfahrensordnung seit dem 1.5.2004. Mit diesem Datum ersetzte sie die Vorgängerverordnung Nr. 17 und die übrigen aufgehobenen Vorschriften nach Maßgabe der Art. 36 ff. EGV.[59]

III. Franchise-Recht in Europa

1. Überblick

47 Ein einheitliches Europäisches Franchise-Recht besteht nicht. Maßgebend sind vielmehr zum einen die Regelungen der Franchise-GVO für bis zum 31.5.2000 abgeschlossene Franchise-Verträge und die Vertikal-GVO sowie zum anderen die nationalen Gesetze eines jeden europäischen Staats, soweit diese für Franchise-Verträge erlassen wurden oder allgemein von Bedeutung sind. Auch auf europäischer Ebene gilt, dass der Franchise-Vertrag ein **Konglomerat verschiedener Vertragstypen** (Dienst-, Werk-, Lizenz- und Gesellschaftsvertrag) darstellt, so dass unterschiedliche gesetzliche Normen auf Franchise-Verträge, und zwar sowohl bei deren Gestaltung als auch bei deren Beurteilung, anzuwenden sind.[60]

---

56 VO 1/2003 des Rates v. 16.12.2002 zur Durchführung der in Art. 81 und Art. 82 des Vertrags niedergelegten Wettbewerbsregeln – ABl. 2003 L 1/1 geändert durch VO (EG) Nr. 411/2004 ABl. 2004 L 68/1; zum Ganzen ausführlich: Dalheimer/Feddersen/Miersch, EU-Kartellverfahrensordnung.

57 Zum Ganzen ausführlich: Dalheimer/Feddersen/Miersch, EU-Kartellverfahrensordnung, Vorbem. nach Art. 83 EGV Rn. 1 ff., insb. Rn. 6 ff.

58 Siehe zum Ganzen auch Dalheimer/Feddersen/Miersch, EU-Kartellverfahrensordnung Art. 1 Rn. 4 ff. m.w.N.

59 Zur Vorgeschichte und dem Hintergrund der EU-Kartellverfahrensordnung siehe: Dalheimer/Feddersen/Miersch, EU-Kartellverfahrensordnung, Vorbem. nach Art. 83 EGV Rn. 33 ff. m.w.N.

60 Siehe dazu auch den Überblick bei Skaupy, Franchising, S. 338 ff. m.w.N.; Metzlaff, Praxishandbuch Franchising, § 7; Flohr, Franchisevertrag, S. 6 ff. m.w.N.

2. Länder mit Kodifizierung des Franchise-Rechts

Von den Staaten der Europäischen Gemeinschaft bilden **Frankreich, Spanien, Italien** und neuerdings auch **Belgien** und **Schweden** eine Ausnahme. In diesen Ländern wurden zumindest **Gesetze zum Umfang der vorvertraglichen Aufklärungspflichten** bzw. speziell zum Franchise-Recht erlassen, so in Frankreich das sog. Loi Doubain v. 31.12.1989[61] und das Spanische Franchise-Gesetz v. 15.1.1996.[62] Mit dem Gesetz Nr. 129 v. 6.5.2004 gibt es auch in Italien ein Franchise-Gesetz.[63] Danach ist durch den Franchise-Vertrag dem Franchise-Nehmer das Know-how des Franchise-Systems zur Verfügung zu stellen, wobei die Know-how-Definition der der Vertikal-GVO entspricht. Nach Art. 3 dieses Gesetzes ist der Franchise-Geber zu einer umfassenden vorvertraglichen Aufklärung des Franchise-Nehmers verpflichtet, die sich nicht nur auf die Investitionen und die territorialen Rechte des Franchise-Nehmers beziehen muss, sondern auch auf das Know-how des Franchise-Systems, die Dienstleistungen und Vertragsprodukte, die vom Franchise-Nehmer erbracht bzw. abgesetzt werden sollen, und die Konditionen, unter denen der Franchise-Vertrag verlängert, aber auch beendet werden kann.[64] Das belgische Franchisegesetz ist seit dem 15.3.2005 in Kraft und entspricht im Wesentlichen auch im Hinblick auf die vorvertragliche Aufklärung dem italienischen Franchisegesetz.[65] Entsprechendes gilt für das seit dem 1.10.2006 geltende schwedische Franchisegesetz (Law on the Duty of a Franchisor to provide information).

48

Entsprechende gesetzliche Regelungen bestehen in **Russland**. Dort wurde in Art. 27 Abs. 1 ZGB eine Definition des Begriffes „Franchising" aufgenommen. Franchise-Verträge sind gemäß Art. 1028 Abs. 2 Satz 4 ZGB beim Patentamt zu registrieren.[66]

49

Auch in **Griechenland** werden zurzeit Überlegungen angestellt, ein Franchise-Gesetz zu erlassen, das auch umfassende Kriterien zur vorvertraglichen Aufklärung umfasst.[67]

50

3. Franchise-Recht in der BRD

Mangels gesetzlicher Regelungen wird das Franchise-Recht in der BRD durch

51

- die Regelungen des allgemeinen Zivil-, Handels-, Gesellschafts-, Wettbewerbs-, Kartell-, Verbraucherschutz- sowie Arbeits- und Sozialversicherungsrechts,
- eine uneinheitliche obergerichtliche Rspr. und
- Grundsatzentscheidungen des BGH

geprägt.

Die Vorschriften des SchuMoG v. 26.11.2001[68] gelten für alle Franchise-Verträge, die nach dem 31.12.2001 abgeschlossen wurden, also für sog. Neu-Verträge, die vom 1.1.2002 an unterzeichnet worden sind. Vorher abgeschlossene Franchise-Verträge blieben vom neuen Recht unberührt, d.h. insofern sind die alten Vorschriften, wie auch die in das BGB integrierten Nebengesetze, nach Art. 229 § 5 Satz 1 EGBG weiter-

---

61 Gesetz Nr. 89-1008; dazu Skaupy, Franchising, S. 241 f.
62 Gesetz Nr. 2 – Commercial Activity in Franchise Regime; dazu Sanz, ZEuP 1999, 91.
63 Progetto di Legge n. 3884 approvato dalla X commissione attivita produttive della camera in sede legislativa il 21 Marzo 2004 – eingestellt in die Homepage der European Franchise Federation unter www.eff-franchise.com.
64 Zum Ganzen: Flohr, Masterfranchisevertrag, S. 15 f. m.w.N., sowie insb. zum Franchise-Vertrag in Italien: Catina, RIW 2005, 285.
65 Siehe auch insoweit: Baer/Flohr/Polsky/Hero, International Journal of Franchising Law, 2005/6, S. 3, 13; allerdings liegt dem belgischen Parlament noch ein Gesetz mit verschärften Anforderungen zur vertraglichen Aufklärung vor.
66 Umfassend dazu: Frank, Franchising in Russland, S. 6 ff.
67 Siehe insgesamt zu den vorvertraglichen Aufklärungspflichten weltweit: Baer/Flohr/Polsky/Hero, International Journal of Franchiselaw, 2005/6, S. 3 ff. mit umfassenden Nachweisen zu den international bestehenden Disclosure Requirements beim Abschluss von Franchise-Verträgen.
68 BGBl. 2001 I, S. 3138.

hin anwendbar. Bei Dauerschuldverhältnissen war es jedoch erforderlich, diese bis zum 1.1.2003 an das neue Recht anzupassen (Art. 229 § 5 Satz 2 EGBG). Zwar ging der Gesetzgeber davon aus, dass durch die Schuldrechtsreform keine gravierenden Einschnitte in das Zivilrecht erfolgt sind und das BGB ohne Wertungsbrüche fortgeführt wird, doch gilt dies nicht für solche, zum 31.12.2001 bestehende und über den 1.1.2002 hinaus fortlaufende Franchise-Verträge. Diese mussten nicht nur an das neue Recht der Leistungsstörungen und der Verjährungsregelungen angepasst werden, sondern es musste auch zugleich berücksichtigt werden, dass das **Recht der fristlosen Kündigung von Dauerschuldverhältnissen** nunmehr in § 314 BGB geregelt ist und auch die Grundsätze des **Wegfalls der Geschäftsgrundlage** sowie die sich immer bei Dauerschuldverhältnissen stellenden Fragen der Verletzung vorvertraglicher Aufklärungspflichten und eines damit verbundenen Schadensersatzanspruchs nach den Grundsätzen der cic nunmehr ihre gesetzliche Grundlage in §§ 310, 311 BGB gefunden haben.[69]

52 Die rechtliche Beurteilung von Franchise-Verträgen und die Ausgestaltung eines Franchise-Vertrags haben sich daher an den allgemein gültigen Gesetzen zu orientieren, wobei wegen des Charakters eines Franchise-Vertrags als Dauerschuldverhältnis[70] den Grundsätzen von Treu und Glauben besondere Bedeutung zukommt, insb. dann, wenn es darum geht zu beurteilen, ob ein Festhalten an einem langfristig abgeschlossenen Franchise-Vertrag zugemutet werden kann.[71] Ist die Zusammenarbeit zwischen den Vertragsparteien sehr eng und wird sie von partnerschaftlicher Zusammenarbeit geprägt wie etwa beim Franchise-Vertrag, so bestehen sogar **gegenseitige Fürsorgepflichten**, die um so mehr zur Rücksichtnahme auf die Interessen der jeweils anderen Partei verpflichten.

> **Hinweis:**
>
> Inwieweit die geplante **EU-Dienstleistungsrichtlinie**[72] für Franchise-Verträge zu beachten ist, gilt noch abzuwarten. Derzeit wird über das in dieser Richtlinie festgelegte sog. **Herkunftslandprinzip** diskutiert. Danach unterliegen Dienstleistungserbringer nur den Rechtsvorschriften ihres Herkunftslands, auch wenn sie die Leistung in einem anderen Land erbringen.

53 Sollte die geplante EU-Dienstleistungsrichtlinie so umgesetzt werden, wäre diese für solche Dienstleistungsfranchise-Systeme von Bedeutung, die ihren Sitz im Ausland haben, gleichwohl aber in der BRD mit dort tätigen Franchise-Nehmern ein Franchise-System aufbauen. Sieht dann das deutsche Recht als strengeres Recht Qualifikationen des Franchise-Nehmers für die Ausübung seiner Tätigkeit in der BRD vor (z.B. den Meistertitel nach der Handwerksordnung), so könnte sich das Franchise-System veranlasst sehen, diese Dienstleistungen nicht über BRD tätige Franchise-Nehmer zu erbringen, sondern Franchise-Nehmern, die ihren Sitz an der Grenze zu BRD haben, gestatten, diese Tätigkeiten auch in der BRD auszuüben. Diese Tätigkeit könnte dann nicht untersagt werden, da die in der BRD tätigen Franchise-Nehmer ihre Tätigkeit auf der Grundlage des Rechts im Herkunftsland des Franchise-Systems erbringen.

54 Auch die **Antidiskriminierungsrichtlinien** der EU[73] können dann Auswirkungen auf die Gestaltung von Franchise-Systemen insb. die Auswahl der Franchise-Nehmer und die Verhandlungen um den Abschluss

---

69 Siehe dazu ausführlich: Flohr/Klapperich, Dauerschuldverhältnisse nach der Schuldrechtsreform, Rn. 3 ff.; Ziegler/Rieder, ZIP 2001, 1793; Dombowski, Die Auswirkungen des Gesetzes zur Modernisierung des Schuldrechts auf Franchiseverträge, S. 16 ff., S. 56 ff., S. 82 ff. zur fristlosen Kündigung.

70 Vgl. zur Qualifizierung eines Franchise-Vertrags als Dauerschuldverhältnis aus der Rspr.: BGH, NJW 1985, 1894, 1895 – McDonalds; aus dem Schrifttum: Giesler/Nauschütt, Franchiserecht, § 5 Rn. 68; Nebel/Schultz/Flohr, Das Franchisesystem, S. 226; Emmerich, JuS 1995, 761, 764; Rauser/Bräutigam, DStR 1996, 587; Weber, JA 1983, 347, 351; Liesegang, BB 1991, 2381; grds. Skaupy, BB 1969, 113, 114.

71 Vgl. dazu auch allgemein: Lorenz/Riehm, Lehrbuch zum neuen Schuldrecht, Rn. 238; für Franchise-Verträge: Martinek, Franchising, S. 308 ff. m.w.N.; siehe dazu auch: Martinek, Franchising, S. 309 m.w.N. aus der Rspr. in Fn. 186, 189; ausführlich auch: Dombrowski, Die Auswirkungen der Schuldrechtsreform auf Franchiseverträge, S. 12 ff. mit umfassender Darstellung des Meinungsstandes zur Rechtsnatur des Franchise-Vertrags.

72 Siehe dazu: NJW-Aktuell 6/2006, IX.

73 2000/43/EG, 2000/78/EG, 2002/73/EG, 2004/113/EG.

B. Rechtsgrundlagen des Franchise-Rechts

eines Franchise-Vertrags haben, da diese über den von der EU vorgegebenen Rahmen in Deutschland durch das **Allgemeine Gleichbehandlungsgesetz (AGG)** umgesetzt wurden.[74] Das Gesetz zur Umsetzung Europäischer Richtlinien zur Verwirklichung des Grundsatzes der Gleichbehandlung (Umsetzungsgesetz) ist am 18.8.2006[75] in Kraft getreten. Das Kernstück dieses Gesetzes ist das „Allgemeine Gleichbehandlungsgesetz – AGG". In der Sache geht es um den **Schutz von Benachteiligung im Arbeitsleben und im Zivilrechtsverkehr**. Das AGG sieht aber keinen umfassenden Schutz vor Benachteiligungen vor, sondern schützt nach Vorgabe der europäischen Richtlinien allein vor Benachteiligungen auf Grund bestimmter Merkmale, nämlich

- Rasse,
- ethnische Herkunft,
- Geschlecht,
- Religion,
- Weltanschauung,
- Behinderung,
- Alter und
- sexuelle Identität.

Der Gesetzgeber sah sich aber bereits gezwungen, mit Art. 8 des zweiten Gesetzes zur Änderung des Betriebsrentengesetzes Änderungen von Vorschriften im Allgemeinen Gleichbehandlungsgesetz und anderen Gesetzen vorzunehmen.[76] In § 18 Abs. 3 Nr. 6, § 7 AGG wurden **spezielle Rechtfertigungsgründe für eine Berücksichtigung des Lebensalters bei der Sozialauswahl** im Allgemeinen und speziell im Hinblick auf Vereinbarungen über die Unkündbarkeit gestrichen. Die Änderungen korrigieren damit nicht nur offensichtliche Pannen, sondern schaffen neue Unklarheiten.[77]

Der arbeitsrechtliche Teil des AGG (§§ 1 – 18 AGG) ist für Franchise-Systeme von grundsätzlicher Bedeutung, wenn es um den Abschluss der Arbeits- und Anstellungsverhältnisse aber auch der Verträge mit freien Mitarbeitern (freelancer) oder Aushilfskräften sowohl durch die Franchisezentrale als auch durch jeden einzelnen Franchise-Nehmer geht. Unklar ist allerdings, ob die Vorschriften über den **Schutz vor Benachteiligungen im Zivilrechtsverkehr (§§ 19 – 21 AGG)** grundsätzlich auch auf den Abschluss von Franchise-Verträgen anzuwenden sind. Franchise-Verträge sind den sog. Absatzmittlungsverträgen zuzuordnen. Als solche werden Verträge bezeichnet, bei denen Produkte oder Dienstleistungen im Auftrag eines Unternehmens über dritte Personen, die als selbständige Unternehmer auftreten, abgesetzt werden. Solche Verträge werden zwar in einer Vielzahl von Fällen abgeschlossen, so dass die vertraglichen Inhalte solcher Verträge der Inhaltskontrolle gemäß § 305 ff. BGB unterliegen[78] und können auch in einer Vielzahl von Fällen je nach Größe des Absatzmittlungssystems zustande kommen. Allerdings überwiegt bei diesen Verträgen das Ansehen der Person bzw. ist der Vertragsabschluss an besondere Kriterien in der Person des jeweiligen Absatzmittlers (Franchise-Nehmers) geknüpft, so dass insofern ein Nähe- oder Vertrauensverhältnis Voraussetzung für den Vertragsabschluss ist. Insofern greift für Franchise-Verträge dann der Ausnahmetatbestand des § 19 Abs. 5 AGG.[79]

55

---

74 Umfassend zum AGG: Flohr/Ring, Das neue Gleichbehandlungsgesetz; Wisskirchen, Das Allgemeine Gleichbehandlungsgesetz; Gaier/Wendtland, Allgemeines Gleichbehandlungsgesetz – AGG; Kolmhuber/Schreiner, Antidiskriminierung und Arbeitsrecht; Thüsing, Arbeitsrechtlicher Diskriminierungsschutz; Bauer/Göpfert/Krieger, AGG; Däubler/Bertzenbach, AGG.
75 BGBl. 2006 I, S. 1897 – verkündet wurde das Gesetz am 17.8.2006.
76 BT-Drucks. 16/3007 vom 18.10.2006.
77 Insofern wird das AGG als ein „gesetzgeberisches Pannenstück par excellence" bezeichnet – Bauer, BB 4/2006, die 1. Seite.
78 Siehe insofern beispielhaft BGH, WRP 2004, 1378 – Citroen.
79 Zum Ganzen Flohr/Ring, Das neue Gleichbehandlungsgesetz, Rn. 359, 369, 397 f.

> **Hinweis:**
> Wenn es allerdings nicht gelingt, Franchise-Verträge aus dem Anwendungsbereich des AGG auszuklammern, bedeutet dies, dass Franchise-Systeme zukünftig die Vertragsver-handlungen zu dokumentieren haben, um jederzeit den Nachweis dafür erbringen zu können, dass ein Franchise-Nehmer-Interessent aus sachlichen Gründen und nicht willkürlich abgelehnt wurde. Dies bedeutet dann aber auch, dass Franchise-Systeme ein entsprechendes Anforderungsprofil für Franchise-Nehmer ausarbeiten müssen, dass dann nicht nur Grundlage für die Akquisitation, sondern auch die Auswahl des Franchise-Nehmers erfolgt.

C. Franchise-Verträge und Absatzmittlungsverträge

I. Einordnung des Franchise-Vertrags in das Vertriebsrecht

56 Absatzmittlungs- oder Vertriebsverträge sind dem Vertriebsrecht im engeren Sinne zuzurechnen. Dabei erfolgt die Differenzierung nach einzelnen Vertragstypen auf der Grundlage einer Unterscheidung der Intensität der Verhaltensabstimmung bei der vertriebsvertraglichen Kooperation, d.h. nach dem **Grad der vertikalen Integration**.[80]

57 Auf dieser Grundlage lassen sich
- Belieferungs-,
- Fachhändler-,
- Vertragshändler-,
- Kommissions-Agenten-,
- Handelsvertreter- und
- Franchise-Verträge

als Abstufungsgrade der Vertikal-Integration unterscheiden, wobei der Franchise-Vertrag den Vertragstypus mit der verdichtetsten Form einer Vertikal-Integration darstellt.[81]

> **Hinweis:**
> Dabei kann bei der Unterscheidung von Belieferungs-, Fachhändler-, Vertragshändler-, Kommissions-Agenten-, Handelsvertreter- und Franchise-Verträgen keine scharfe Abgrenzung voneinander vorgenommen werden; vielmehr weisen die einzelnen Vertragstypen vielfach Überschneidungen auf. So werden insb. Franchise-Verträge mit Kommissions-Agentur-Verträgen „gekoppelt", wenn es darum geht, die Preisbindung innerhalb des Franchise-Systems durch die Lieferung von Kommissionsware und deren Absatz durch den Franchise-Nehmer sicherzustellen.

58 Insofern unterscheiden sich die einzelnen Vertragstypen von Absatzmittlungsverhältnissen vor allem durch den **Umfang der Verhaltensabstimmung** in Zusammenarbeit zwischen System-Zentrale und Vertriebsmittler einerseits und den Vertriebsmittlern untereinander andererseits, durch die Rigidität und Stringenz der auferlegten Verhaltensbildungen (Richtlinien) sowie durch die Stärke der Absatzmittlungszentrale.[82]

---

80 Dazu vor allem Veelken, ZvglRWiss. 1989 (1990), 385 ff.; Martinek, Franchising, S. 196 ff. und umfassend in: Handbuch des Vertriebsrechts, § 3 Rn. 1 ff.
81 Siehe auch dazu Martinek, in: Martinek/Semmler/Habermeier/Flohr, Handbuch des Vertriebsrechts, § 3 Rn. 1 ff. m.w.N.
82 Siehe auch dazu Martinek, in: Martinek/Semmler/Habermeier/Flohr, Handbuch des Vertriebsrechts, § 3 Rn. 3 a.E.; Giesler, in: Praxishandbuch Vertriebsrecht, § 1 S. 26 ff., S. 33 ff.; jeweils mit zahlreichen weiterführenden Nachweisen.

II. Abgrenzung Franchise-Vertrag zu anderen Vertriebsverträgen

1. Lizenz-/Know-how-Überlassungsvertrag

Von einem Lizenzvertrag spricht man, wenn der Inhaber eines Patents oder einer Marke (Lizenzgeber) dem Lizenznehmer die Erlaubnis erteilt, diese Schutzrechte in bestimmter Weise, in bestimmtem Umfang und einem bestimmten räumlichen Gebiet zu nutzen.[83] Dabei ist der Begriff der Lizenz weder im Zivilrecht, noch im PatG oder MarkenG näher geregelt.[84]

59

Handelt es sich um Rechte und Gegenstände, für die **keine gewerblichen Schutzrechte** erworben werden können, so werden diese i.d.R. Dritten durch einen sog. **Know-how-Überlassungsvertrag** zur Nutzung zur Verfügung gestellt.[85] Dabei spricht man von einer **Know-how-Vereinbarung**, wenn technische, kaufmännische und betriebswirtschaftliche Kenntnisse und Erfahrungen angegeben werden, deren Benutzung dem Know-how-Nehmer die Produktion und den Vertrieb von Gegenständen, aber auch sonstige betriebliche Tätigkeiten, wie Organisation und Verwaltung, gestattet bzw. ermöglicht.[86]

60

Ein Lizenzvertrag unterscheidet sich vom Know-how-Überlassungsvertrag dadurch, dass der Lizenzgeber beim Lizenzvertrag i.d.R. nur eine passive Rolle hat, die sich darin äußert, dass er Lizenzrechte zur Verfügung stellt und deren Nutzung durch den Lizenznehmer duldet. Damit beinhaltet der reine Lizenzvertrag keinen Vertrieb der so hergestellten Produkte. Demgegenüber spielt beim Know-how-Überlassungsvertrag nicht nur die Überlassung des Know-how die entscheidende Rolle, sondern die durch die Know-how-Überlassung verschaffte Möglichkeit, Produkte herzustellen und zu vertreiben.

61

> **Hinweis:**
>
> Werden **Know-how-Überlassungsvertrag** und **Lizenzvertrag miteinander gekoppelt**, so kommt ein solcher Vertrag einem Franchise-Vertrag nahe. Beide Vertragstypen unterscheiden sich dann nur noch dadurch, dass Franchise-Verträge i.d.R. Weisungs- und Kontrollrechte enthalten, die einem Lizenz- und Know-how-Überlassungsvertrag i.d.R. fremd sind.[87] Auch unterscheiden sich ein Lizenz- und Know-how-Überlassungsvertrag von einem Franchise-Vertrag dadurch, dass i.d.R. keine straffe Systemorganisation, wie sie für Franchise-Systeme zwingend ist, gegeben ist.

2. Handelsvertretervertrag

Franchise-Nehmer sind nicht als Handelsvertreter einzuordnen. Diese sollen nämlich nicht – wie es § 84 Abs. 1 HGB für den Handelsvertreter verlangt – für den Franchise-Geber als Unternehmer Verträge vermitteln oder in dessen Namen abschließen. Vielmehr beziehen die Franchise-Nehmer die Produkte auf eigene Rechnung, um sie im eigenen Namen wieder zu verkaufen; Dienstleistungen werden vom Franchise-Nehmer bei einer Dienstleistungs-Franchise im eigenen Namen erbracht. Die Tätigkeit des Franchise-Nehmers ist somit nicht auf die Erzielung eines Zwischengewinns gerichtet. Franchise-Nehmer arbeiten mit eigenem Kapitaleinsatz und tragen in vollem Umfang das unternehmerische Risiko.

62

Dabei ist nicht zu verkennen, dass das **Verhältnis** zwischen **Franchise-Geber** und **Franchise-Nehmer** weitgehende Ähnlichkeiten mit einem Handelsvertreterverhältnis aufweist, so dass auch die Kriterien für die Selbständigkeit eines Franchise-Nehmers analog § 84 Abs. 1 HGB zu bestimmen sind.

---

[83] Siehe auch zur Vertragsgestaltung und steuerrechtlichen Fragen von Lizenzverträgen Backu, ITRB 2001, 118.
[84] Siehe dazu statt aller und ausführlich: Pfaff, Lizenzverträge, Rn. 1 ff. m.w.N.
[85] Siehe dazu Winzer, in: Pfaff, Lizenzverträge, Rn. 426.
[86] Zum Ganzen: Gitter, Handbuch des Schuldrechts, S. 482 ff.
[87] Vgl. Weber, JA 1983, 352; Gitter, Handbuch des Schuldrechts, S. 482 f.; Lachmann, EWS 1998, 240.

3. Vertragshändlervertrag

63 Franchise-Verträge sind dogmatisch von Vertragshändlerverträgen zu unterscheiden, obwohl allgemein von „höchstem Verwandtschaftsgrad" zum Franchising gesprochen wird.[88] Nach der Definition von Ulmer[89] ist der **Vertragshändler** ein „Kaufmann", dessen Unternehmen in die Vertriebsorganisation eines Herstellers von Markenwaren in der Weise eingegliedert ist, dass er erst durch Vertrag mit dem Hersteller oder einem von diesem eingesetzten Zwischenhändler ständig übernimmt, im eigenen Namen und auf eigene Rechnung die Vertragswaren im Vertragsgebiet zu vertreiben und ihren Absatz zu fördern, die Funktion und Risiken einer Handelstätigkeit hiernach auszurichten und im Geschäftsverkehr das Herstellerzeichen neben der eigenen Firma herauszustellen.

Dies sind zwar auch Elemente, die auf den Franchise-Vertrag zutreffen, doch ist die Organisation eines Franchise-Systems noch viel straffer als die eines Vertragshändlersystems. Hinzukommen dauernde Beratungs- und Schulungspflichten des Franchise-Gebers und dessen Möglichkeit, Kontrollrechte gegenüber dem Franchise-Nehmer auszuüben.

4. Agenturvertrag

64 Beim Agentursystem wird oft von Franchising gesprochen.[90] Auch die erste arbeitsrechtliche Entscheidung, die sich mit der Frage einer möglichen **Arbeitnehmereigenschaft eines Franchise-Nehmers** befasste, erging zu einem Agentursystem.[91] Agentursysteme sind sicherlich ähnlich aufgebaut wie Franchise-Systeme, jedoch ist der Agent nicht wie der Franchise-Nehmer im eigenen Namen und für eigene Rechnung tätig, sondern schließt oder vermittelt Verträge immer nur für seinen Geschäftsherrn und in dessen Namen; handelt also im fremden Namen und auf fremde Rechnung. Ein Agent und ein Franchise-Nehmer unterscheiden sich auch dadurch, dass der Agent z.B. kein Warenrisiko trägt.[92]

5. Gesellschaftsvertrag

65 Mit dem Abschluss des Franchise-Vertrags beteiligt sich der Franchise-Nehmer trotz Leistung der Eintrittsgebühr nicht an der Gesellschaft des Franchise-Gebers. Beide schließen somit miteinander keinen Gesellschaftsvertrag ab.[93] In Franchise-Verträgen wird zum Teil auch ausdrücklich darauf hingewiesen, dass mit Abschluss des Franchise-Vertrags keine gesellschaftsrechtlichen Strukturen verfolgt werden.

In amerikanischen Vertragsmustern wird sogar ausdrücklich festgehalten, dass der Franchise-Nehmer als selbständiger Unternehmer tätig ist und nicht gesellschaftsrechtlich mit dem Franchise-Geber verbunden ist. Dies wird i.d.R. durch eine Formulierung, wie die folgende, zum Ausdruck gebracht.

66 **Formulierungsbeispiel: Franchise-Nehmer als selbständiger Unternehmer (Englisch)**

> Franchisee is an independant contractor and is not an agent, representative, partner or employee of franchisor.[94]

Entsprechendes gilt auch für die nachfolgende Formulierung.

---

88 Statt aller: Skaupy, DB 1982, 2448 f.; siehe auch Gutbrod, EuZW 1991, 235 ff.
89 Der Vertragshändler, S. 206.
90 Siehe Gitter, Handbuch des Schuldrechts, S. 479.
91 LAG Düsseldorf, NJW 1988, 725.
92 Zu dieser Abgrenzung vor allem: Gross/Skaupy, Franchising in der Praxis, S. 275 f.
93 Vgl. in diesem Zusammenhang beim Abschluss eines sog. Beteiligungsvertrags zwischen Franchise-Geber und Franchise-Nehmer: OLG Hamm, NZG 2000, 1169; Die Revision wurde durch den BGH (II ZR 124/00) durch Beschl. v. 17.7.2002 nicht zur Entscheidung angenommen. Das LG Bochum und das OLG Hamm gingen davon aus, dass der abgeschlossene Beteiligungsvertrag wegen zu großer Eingriffe in die unternehmerische Selbständigkeit des Franchise-Nehmers, insb. wegen der Zustimmungsvorbehalte des Franchise-Gebers gemäß § 138 Abs. 1 BGB nichtig ist.
94 So die entsprechende Regelung im Internationalen Franchise-Vertrag des Pizza Hut-Franchise-Systems.

Formulierungsbeispiel: Franchise-Nehmer als selbständiger Unternehmer

> Der Franchise-Nehmer hat im Geschäftsverkehr mit dritten Personen jegliches Verhalten zu unterlassen, das den unzutreffenden Eindruck einer Vertretung bzw. des Gesellschafts-, Treuhand- oder Arbeitsverhältnisses zwischen dem Franchise-Geber einerseits und dem Franchise-Nehmer andererseits entstehen lassen könnte ....[95]

6. Filialsystem

Franchise- und Filialsysteme sind grds. verschieden, auch wenn es innerhalb der Franchise-Wirtschaft sog. Mischsysteme gibt. Hierbei handelt es sich um Franchise-Geber-Gesellschaften, die sowohl eigene Outlets im Wege des Filialsystems als auch Franchise-Outlets auf der Grundlage eines Franchise-Systems durch selbständige Franchise-Partner betreiben lassen.

Das Filialsystem unterscheidet sich aber von einem Franchise-System insb. durch die Merkmale der vertikalen Organisationsstruktur mit straffer Führung und intensiver, arbeitsteiliger Zusammenarbeit. Derartige weitgehende Weisungs- und Kontrollrechte sind einem Franchise-System fremd; sie sind sogar einem Franchise-System abträglich, da dann der Franchise-Nehmer seine Selbständigkeit verliert und insofern arbeitnehmerähnlich schutzbedürftig ist.[96]

7. Genossenschaften und freiwillige Handelsketten

Genossenschaften und Handelsketten unterscheiden sich ebenfalls in ihrer Struktur vom Franchising, auch wenn einzelne Handelsketten vereinzelt dem Franchising zugeordnet werden. Die überwiegende Meinung unterscheidet aber zu Recht zwischen Franchise-Systemen auf der einen und freiwilligen Handelsketten und Genossenschaften auf der anderen Seite.[97] **Genossenschaften** sind Gesellschaften von nicht geschlossener Mitgliederzahl, welche die Förderung des Erwerbs oder der Wirtschaft ihrer Mitglieder mittels gemeinschaftlichen Geschäftsbetriebs bezwecken. Damit kann das Tätigkeitsbild einer Genossenschaft einem Franchise-System nahe kommen.[98] Allerdings fehlt einem kooperativen Genossenschaftssystem die Möglichkeit, Weisungs- und Kontrollrechte auszuüben. Auch sind Genossenschaften gesellschaftsrechtlich organisiert, während bei Franchise-Systemen die individual-rechtliche Beziehung im Vordergrund steht.[99]

Ähnliches gilt für freiwillige **Handelsketten**. Hierbei handelt es sich um freiwillige Zusammenschlüsse selbständiger Groß- oder Einzelhändler, wobei die rechtliche und wirtschaftliche Selbständigkeit der jeweiligen Mitglieder gewahrt bleibt. Es mangelt aber bei solchen freiwilligen Handelsketten an der straffen Organisation und den Überwachungs- und Kontrollmechanismen, so wie sie ein Franchise-System prägen.[100]

8. Joint-Venture-Vereinbarungen

Zwar kann auch im Rahmen von Joint-Venture-Systemen technisches und kaufmännisches Know-how genauso zur Nutzung überlassen werden wie Lizenzen oder Markennamen, jedoch werden Joint-Venture i.d.R. als Gemeinschaftsunternehmen zur Durchführung eines jeweiligen Verhaltens oder einer unbestimmten Anzahl von Projekten gegründet.[101] Bei Joint-Venture-Vereinbarungen gibt es keine, einen Franchise-Vertrag kennzeichnende straffe Vertriebsorganisation. I.d.R. arbeiten die Parteien auf der Grundlage eines Gesellschaftsvertrags zusammen, meist als Gesellschafter einer GbR.

---

95 Siehe dazu Flohr, Franchisevertrag, S. 118.
96 Siehe dazu die Ausführungen unter Rn. 229 ff.
97 So zu Recht Gitter, Handbuch des Schuldrechts, S. 480; Weber, JA 1983, 352.
98 Siehe dazu Skaupy, DB 1982, 2448.
99 Siehe auch dazu: Gitter, Handbuch des Schuldrechts, S. 481.
100 Siehe auch dazu: Gitter, Handbuch des Schuldrechts, S. 481.
101 Siehe auch dazu: Gitter, Handbuch des Schuldrechts, S. 483.

9. Kundenschutzvereinbarungen

72 Bis zum Erlass des Dekartellierungsgesetzes im Jahre 1948 waren alle Formen vertikaler Wettbewerbsbeschränkungen unbeschränkt zulässig. Danach waren namentlich solche Ausschließlichkeits- und Vertriebsbindungen verboten, durch die der Wettbewerb wesentlich beschränkt oder die Freiheit der Konkurrenten ungebührlich beeinträchtigt wurden. Als Ausnahme von diesem grds. Verbot vertikaler Vertriebsbindungen wurden solche Ausschließlichkeitsbindungen angesehen, die sich lediglich als untergeordnete Nebenverpflichtung zu anders gearteten Hauptverpflichtungen darstellten.[102] Dies galt insb. für **Kundenschutzklauseln in Lieferverträgen zwischen Konkurrenten**.[103] In Zeiten sich häufender Zusammenschlüsse gewinnen Kundenschutzvereinbarungen zunehmend an Bedeutung. Vereinbart werden sie insb. in Subunternehmerverträgen, dienen aber auch dem gegenseitigen Schutz von Konkurrenten und werden als Instrument eingesetzt, um Mitarbeiter vom Markt fernzuhalten und/oder diese gar vom Marktzutritt auszuschließen. Kundenschutzklauseln finden sich letztlich auch in Verträgen über eine Unternehmensveräußerung oder die Vermietung/Verpachtung eines Geschäfts bzw. von Geschäftsräumen.[104]

73 I.d.R. versteht man unter **Kundenschutz** die Einräumung von Ansprüchen des Kundenschutzberechtigten gegenüber dem Kundenschutzverpflichteten bei Vertragsabschlüssen des Kundenschutzverpflichteten mit Dritten (Kunden) und Vereinbarungen über die Vermeidung von Vertriebskonkurrenz des Kundenschutzverpflichteten gegenüber dem Kundenschutzberechtigten im Hinblick auf bestimmte Kunden.[105]

74 Schon allein diese Ausprägung zeigt, dass Kundenschutzvereinbarungen nicht mit Franchise-Vereinbarungen vergleichbar sind. Es fehlen die **straffe Betriebsorganisation sowie Einsichts- und Kontrollrechte**.

75 Allerdings kann ein Franchise-Vertrag auch eine **Kundenschutzvereinbarung umfassen**. Dies gilt für solche Franchise-Verträge, bei denen der Franchise-Nehmer nicht ein bestimmtes Vertragsgebiet zur Nutzung erhält, sondern die Kunden des Franchise-Nehmers insgesamt geschützt werden, sei es nun im Verhältnis der Franchise-Nehmer untereinander oder im Verhältnis des Franchise-Nehmers zum Franchise-Geber.[106]

10. Strategische Allianzen

76 Franchise-Systeme sind auch nicht mit strategischen Allianzen gleichzusetzen, auch wenn Franchise-Systeme auf eine gemeinsame Strategie von Franchise-Geber und Franchise-Nehmer ausgerichtet sind und sich der Ausdruck „strategische Allianz" als Bezeichnung für die Zusammenarbeit rechtlich selbständiger Unternehmen etabliert hat.[107] I.d.R. werden strategische Allianzen aber in der **Rechtsform einer GbR** gegründet und dienen der Realisierung eines bestimmten Vorhabens. Möglich ist auch die Gründung einer gemeinsamen Vertriebsgesellschaft, mit der dann die strategische Allianz das gemeinsame Know-how nutzt oder Lizenzen vergibt.[108]

Einsichts- und Kontrollrechte wird man bei strategischen Allianzen genauso wenig finden, wie etwa gemeinsam ausgerichtete Marketingaktivitäten. Es überwiegt die gesellschaftsrechtliche Zusammenarbeit rechtlich selbständiger Unternehmen.[109]

---

102 Zum Ganzen: Flohr, in: Martinek/Semmler/Habermeier/Flohr, Handbuch des Vertriebsrechts, § 28 Rn. 124 ff.
103 Grundlegend BGHZ 5, 71, 74 – Kundenschutzklausel; BGHZ 5, 126, 130 – Columbus-Kaffee.
104 Beispielhaft OLG Frankfurt, WuW/E 4488 – Konkurrenz im selben Haus; OLG Stuttgart, WuW/E 3965 – Marienprodukte; OLG Karlsruhe, WuW/E 3968 – Apothekenpacht.
105 Grds. zum Ganzen: Thamm, BB 1995, 790 mit einer ausführlichen Darstellung des rechtlichen Begriffs „Kundenschutz".
106 Zum Ganzen: Flohr, in: Martinek/Semmler/Habermeier/Flohr, Handbuch des Vertriebsrechts, § 28 Rn. 124 ff.
107 Umfassend dazu: Götz, Strategische Allianzen, S. 20 ff.
108 Zum Ganzen: Pollmann, WuW 1992, 296; Geck, DB 1991, 1338; Ebenroth/Schick, EWS 1994, 218; Langefeld-Wirth, Joint-Ventures im internationalen Wirtschaftsverkehr, S. 32.
109 Zum Ganzen: Flohr, in: Martinek/Semmler/Habermeier/Flohr, Handbuch des Vertriebsrechts, § 28 Rn. 191 ff.

11. Schneeballsysteme/„Network-Marketing"

Franchise-Systeme sind letztlich von Schneeballsystemen abzugrenzen. Dabei sind **zwei Grundformen** zu unterscheiden:

- Zum einen das eigentliche **Schneeballsystem**, bei dem der Unternehmer die weiteren Kaufverträge mit den von seinen Kunden geworbenen weiteren Kunden direkt abschließt. Auch für diese Kunden wiederum liegt der Vorteil des Geschäfts in der Erlangung jener Vorteile, die ihnen durch die Werbung neuer Kunden zufließen.

- Zum anderen das sog. **Pyramidensystem**, bei dem Kunden zur Abnahme von Waren oder sonstigen wirtschaftlichen Leistungen veranlasst werden, für die sie selbst keine Verwendung haben oder deren Menge ihre persönlichen Bedürfnisse bei weitem übersteigt und die sie deshalb entweder direkt oder durch Anwerben weiterer Verkäufer verkaufen müssen. Der materielle Anreiz liegt bei diesen Systemen nahezu ausschließlich in der Anwerbung von weiteren Verkäufern der Vertriebsorganisation.[110]

Damit wird zugleich auch der **Unterschied der Schneeballsysteme** zu Franchise-Systemen deutlich: Der Franchise-Nehmer setzt Waren im eigenen Namen und auf eigene Rechnung ab und ist nicht für den Absatz der Produkte darauf angewiesen, neue Franchise-Nehmer zu werben, die dann wiederum ihrerseits, gewissermaßen als Sub-Franchise-Nehmer, Waren und Produkte des Franchise-Systems absetzen.

Letztlich können auch solche Franchise-Systeme nicht mit unzulässigen Schneeballsystemen gleichgesetzt werden, bei denen ein Master-Franchise-Nehmer berechtigt wird, seinerseits Sub-Master-Franchise-Nehmer zu bestellen, die dann wiederum ihrerseits mit regional tätigen Franchise-Nehmern zusammenarbeiten. Derartige vertragliche Gestaltungen sind dann wirksam, wenn sie der Effektivität des Absatzes der Produkte dienen und Master-, Sub-Master- und Franchise-Nehmer in einer Linie gemeinsam zusammenarbeiten. Ein solches Franchise-System entspricht dann vom Aufbau her einer Vertriebsstruktur nach dem Muster des Network Marketing.[111]

III. Franchising und Selektivvertrieb

Aufgrund der Regelungen der Vertikal-GVO ist streitig, ob **Franchising als Selektivvertrieb** anzusehen ist. Grds. wird dies zu verneinen sein.[112]

Es gibt mehrere Argumente, die dagegen sprechen, Franchising nach der Vertikal-GVO nicht **als selektiven Vertrieb einzuordnen**. Franchise-Nehmer unterliegen in den Grenzen, die durch die unternehmerische Selbständigkeit gezogen werden, Kontroll- und Weisungsrechten des Franchise-Gebers. Demgegenüber unterliegen Selektivvertriebshändler i.d.R. weitaus geringeren Weisungen als Franchise-Nehmer. Dem Franchise-Nehmer wird durch Abschluss des Franchise-Vertrags zugleich das Lizenzrecht eingeräumt, das Know-how des Franchise-Systems und sonstige gewerbliche Schutzrechte zu nutzen. Selektivvertriebshändlern wird aber i.d.R. weder die Nutzung der Marke eingeräumt, noch ein Know-how durch Abschluss des Vertriebsvertrags übertragen. Beim Selektivvertrieb wird die Zahl der im System tätigen Händler über qualitative Merkmale begrenzt. Zwar werden auch Franchise-Nehmer nach einem sog. **Franchise-Nehmer-Profil** ausgesucht, doch überwiegt beim Franchising die Beschränkung im geographischen Bereich, d.h. durch Zuweisung eines Vertragsgebiets. Hinzu kommt, dass ein Selektivhändler bei Vorliegen der qualitativen und quantitativen Kriterien einen Anspruch auf Abschluss des Selektiv-

---

110 Siehe zum Ganzen: Flohr, in: Martinek/Semmler/Habermeier/Flohr, Handbuch des Vertriebsrechts, § 28 Rn. 147 ff.; Beckemper, wistra 1999, 169 und aus der neueren Rspr. OLG Rostock, NJW 1998, 439; BGH, MDR 1998, 174.

111 Zum Ganzen: Brammsen/Leible, Beilage 10 zu BB 1997, Heft 32 mit einer ausführlichen Darstellung des Multi-Level-Marketing im deutschen Recht.

112 So auch: Liebscher/Heinrich/Petsche, Vertriebsverträge, S. 78 f.; Liebscher/Petsche, EuZW 2000, 400; Petsche, in: Liebscher/Flohr/Petsche, Handbuch der EU-Gruppenfreistellungsverordnungen, § 7 Rn. 221 – 223; Bergmann, ZWeR 2004, 28 ff. m.w.N.

händlervertrags hat; ein solcher Anspruch besteht für einen Franchise-Nehmer nicht, selbst wenn er das Anforderungsprofil des Franchise-Systems erfüllt.

> **Hinweis:**
>
> Nach der Vertikal-GVO setzt ein selektiver Vertrieb voraus, dass sich der Lieferant verpflichtet, nur jene Käufer zu beliefern, welche die produktbedingten Eigenschaften erfüllen. Sofern also der Franchise-Geber nicht im Rahmen des Franchise-Vertrags die Verpflichtung übernimmt, den Franchise-Nehmer mit seinen Vertragsprodukten zu beliefern, fällt das Franchise-System schon anhand der Definition der Vertikal-GVO nicht unter dem Begriff des Selektivvertriebs.

82 Letztlich darf nach der Vertikal-GVO der Lieferant dem Selektivvertriebshändler nicht verbieten, **Konkurrenzmarken zu führen**. Dies würde bei Franchise-Systemen dazu führen, dass Franchise-Nehmer eines Fast Food-Franchise-Systems gleichzeitig auch Franchise-Nehmer eines anderen Fast Food-Franchise-Systems sein könnten. Damit würde jeglicher Know-how-Schutz eines Franchise-Systems verloren gehen, obwohl die EU-Kommission gerade mit der Vertikal-GVO die Unerlässlichkeit des Know-how für jedes Franchise-System betont.

83 Es ist daher nicht davon auszugehen, dass unter dem Geltungsbereich der Vertikal-GVO Franchise-Systeme als selektiver Vertrieb einzuordnen sind.[113]

D. Rechtsgrundlagen eines Franchise-Vertrags

I. Rechtsfragen vor Abschluss eines Franchise-Vertrags

1. Information des Franchise-Gebers zum Franchise-System

84 **Informationen** zum Franchise-System kann der Franchise-Geber durch

- Werbebroschüren,
- Darstellung von Vergleichszahlen anderer Franchise-Betriebe,
- eine Liste der aus dem Franchise-System ausgeschiedenen bzw. tätigen Franchise-Nehmer,
- Erläuterung der Historie des Franchise-Gebers und
- der wirtschaftlichen Entwicklung des Systems, ggf. unter Darstellung der Rechtsstreitigkeiten, die mit Franchise-Nehmern geführt worden sind,

vermitteln.[114]

85 Die Erfahrung zeigt, dass hier die **Angaben stark differieren**: Am Markt bekannte Franchise-Systeme sind i.d.R. eher zurückhaltend und meinen, dass die am Markt anerkannte Position ausreichend ist. Neue Franchise-Systeme vermitteln demgegenüber ein Meer an Informationen – nur so lässt sich das Franchise-System gegenüber einem Etablierten darstellen, können die Vorteile und das Know-how erläutert werden. Auch Franchise-Nehmer verlangen von neuen Franchise-Systemen ein Meer an Informationen; bei bekannten Systemen wird i.d.R. deren Bekanntheitsgrad als alleiniger Gradmesser für den Abschluss des Franchise-Vertrags genommen.

> **Hinweis:**
>
> Dies ist Ausdruck der in der Rspr. erkannten Notwendigkeit, insb. den Existenzgründungs-Franchise-Nehmer vor falschen Informationen über das Franchise-System und vor Gefahren unvollstän-

---

113 Siehe insgesamt zur Rspr. und Zukunft des selektiven Vertriebs: EuGH, EuZW 1994, 124; BGH, NJW 2000, 2005 04 = BB 2000, 1258 = DB 2000, 1323 – Außenseiteranspruch II; Fezer, GRUR 1990, 551; Bechtold, NJW 1994, 3211; Ensthaler, NJW 2000, 2482; Sack, WRP 2000, 447; Ensthaler/Funk, BB 2000, 1685 ff.
114 Vgl. Flohr, Franchise-Vertrag, S. 11 f.; siehe auch Martinek, in: FS BGH, S. 112 ff. m.w.N.

> diger, unrichtiger Angaben oder **irreführender Auskünfte des Franchise-Gebers** zu schützen. Insofern geht es nicht nur um die Standortanalyse, sondern auch um die Informationen, die einem Franchise-Nehmer zur Rentabilität des Franchise-Systems im Allgemeinen und zu der seines Franchise-Outlets im Besonderen vermittelt werden.[115]

Demgemäß werden an die **Erfüllung der Aufklärungs- und Offenbarungspflichten** bei der Akquisition von Franchise-Nehmern in der Rspr. hohe Anforderungen gestellt.[116]

2. Vorvertragliche Aufklärungspflichten des Franchise-Gebers

Die **vorvertragliche Aufklärung** wird im Wesentlichen durch die Rspr. des OLG München bestimmt, beginnend mit dem Urt. v. 13.11.1987,[117] nachfolgend mit dem Urt. v. 16.9.1993,[118] mit der Entscheidung v. 24.4.2001,[119] der v. 1.8.2002[120] und jetzt zuletzt wieder mit der Entscheidung v. 27.7.2006.[121] Seiner Entscheidung v. 16.9.1993 hat das OLG zwei Leitsätze vorangestellt, die nach wie vor die besondere Bedeutung von vorvertraglichen Aufklärungspflichten des Franchise-Gebers unterstreichen, und zwar:

- Der Franchise-Geber muss den Franchise-Nehmer richtig und vollständig über die Rentabilität des Systems unterrichten.
- Der Franchise-Geber, der wegen der vorvertraglichen Aufklärungspflicht schadensersatzpflichtig ist, kann dem Franchise-Nehmer nicht als Mitverschulden entgegenhalten, dass er leichtfertig den Anpreisungen des Franchise-Gebers vertraut hat.

Dieses Urt. stellt genauso wie die beiden anderen Entscheidungen eine **wichtige Fortentwicklung in der Rspr. zum Umfang der Schadensersatzpflicht** des Franchise-Gebers nach den Grundsätzen der cic dar. Diese Rspr. kann aber nicht als Tendenzwende angesehen und so verstanden werden, dass nunmehr der Franchise-Geber Rentabilitätsgarantien zu geben hat. Dies ist auch noch einmal vom OLG München mit Urt. v. 24.4.2001 ausdrücklich betont worden.

> **Hinweis:**
>
> Der Franchise-Geber darf nur eines nicht: sein System in der Werbung und bei Verhandlungen mit den Franchise-Nehmern erfolgreicher darstellen, als es tatsächlich ist.[122]

Das Urt. des OLG München v. 16.9.1993 darf auch nicht als Vorreiter einer Disclosure-Rspr. zu Franchise-Verträgen angesehen werden, wie sie beim Abschluss von Franchise-Verträgen im anglo-amerikanischen Bereich, aber auch jetzt durch die gesetzlichen Regelungen in Frankreich, Spanien und Italien gesetzlich verpflichtend sind.[123]

---

115 Umfassend dazu: Martinek, in: GS für Skaupy, S. 241 ff.; Flohr, Jahrbuch Franchising 1999/2000, 13 ff.; vom Dorp, WiB 1995, 285 ff.
116 Siehe auch dazu: Martinek, in: GS für Skaupy, S. 249 ff. insbes. unter Hinweis auf die Rspr. des OLG München und die Entscheidungen von 1987, 1993, 1996 und 2001 in Fn. 16; zum Prinzip des vorvertraglichen Haftungssystems siehe auch Giesler/Nauschütt, BB 2003, 435 ff.
117 BB 1988, 865 mit Anm. Skaupy.
118 NJW 1994, 667 f. mit Anm. Böhner, NJW 1994, 635; zuvor schon BGH, DB 1987, 735.
119 OLG München, BB 2001, 1759 – Aufina; dazu Böhner, BB 2001, 1749 ff.
120 BB 2003, 443 – Personal total.
121 BB 2007, 14 – Garten Center; dazu Flohr, BB 2007, 6.
122 Vgl. zum Ganzen: Böhner, NJW 1994, 635 f.; vom Dorp, WiB 1995, 285 f.; Flohr, ZAP Fach 6, S. 209, 226 f.
123 So zu Recht vom Dorp, WiB 1995, 285 f.

89 Dies zeigen auch die **nachfolgenden Entscheidungen des OLG München** v. 17.11.1996[124] und v. 24.4.2001[125] sowie das Urt. v. 1.8.2002.[126] Dabei hebt das OLG München in seiner Entscheidung v. 17.11.1996[127] hervor, dass jeder Franchise-Nehmer einen Anspruch auf ein „eindeutiges, schlüssiges und nachvollziehbares Marketingkonzept" sowie auf „das durch ausreichende Erprobung des Geschäftskonzepts gewonnenes Erfahrungswissen" hat. Insofern stellt das OLG München Anforderungen an die Entwicklung eines Franchise-Systems bis zur Marktreife (umfangreiche Markterhebungen, Standortanalyse, Probeläufe in mehreren Geschäften, Sicherung der Produkt- und Leistungsqualität), bevor der erste Franchise-Nehmer gewonnen werden darf und demgegenüber auch Auskunft über die erforderlichen Investitionen und die zu erwartenden Umsätze zu erteilen ist. Franchise-Geber müssen entsprechend des Urt. des OLG München v. 24.4.2001[128] u.a. „Wirkungsweise und Erfolgsaussichten" des Franchise-Systems offen legen, wenn sie mit Interessenten über die Veräußerung der Systemnutzungsrechte verhandeln. Durch **falsche Auskünfte**, denen **irreführende Angaben** gleichzusetzen sind, werden demgemäß vorvertragliche Aufklärungspflichten verletzt.

> **Hinweis:**
> **Standortanalysen** und **Wirtschaftlichkeitsberechnungen** bei der Franchise-Nehmer-Akquisition müssen daher an den strengen Erfordernissen der Klarheit, der Vollständigkeit und der inhaltlichen Richtigkeit gemessen werden. Unter keinen Umständen dürfen hinsichtlich des Umsatzes in der Anfangsphase Angaben „ins Blaue hinein" gemacht werden.[129]

90 Die Aufklärungspflicht bei Franchise-Systemen und bei der Franchise-Nehmer-Akquisition erstreckt sich daher auch auf Umstände, deren Eintritt zwar noch nicht feststeht, die aber den Erfolg des Franchise-Outlets oder des Franchise-Systems gefährden, beeinträchtigen oder vereiteln können.[130] So führen fehlerhafte Auskünfte zu einem Schadensersatzanspruch nach den Grundsätze der cic gemäß § 311 BGB, wenn die Angaben zum „durchschnittlichen" Umsatz keineswegs dem Durchschnitt entsprechen oder wenn im Pilot-Betrieb entsprechende Umsätze nicht oder nicht zu dem angegebenen Zeitpunkt erzielt werden.[131] Auch ist eine **Haftung wegen Verletzung vorvertraglicher Aufklärungspflichten** gegeben, wenn zwar der Musterbetrieb des Franchise-Gebers entsprechende Zahlen vorweisen kann, es jedoch keinem einzigen Franchise-Nehmer des Systems gelungen ist, derartige Umsätze zu erreichen und der Franchise-Geber diesen Umstand verschweigt.[132] Darin drückt sich die dem Franchise-Geber im Rahmen der vorvertraglichen Aufklärung auferlegte Verpflichtung aus, zwar nicht über jeden einzelnen Punkt aufzuklären oder von sich aus auch Auskunft über solche Punkte zu erteilen, die vom Franchise-Nehmer nicht abgefragt worden sind. Entscheidend ist, dass der Franchise-Geber über alle Punkte Informationen und Aufklärung vermittelt, für die nach den Grundsätzen von Treu und Glauben (§ 242 BGB) Aufklärung verlangt werden kann. Damit sind auch solche Punkte gemeint, von denen auch der Franchise-Geber annehmen muss, dass diese für die Entscheidung des Franchise-Nehmers, den Franchise-Vertrag abzuschließen, von entscheidender Bedeutung sind.[133]

---

124 NJW-RR 1997, 812, 814.
125 BB 2001, 1759 – Aufina; dazu Böhner, BB 2001, 1749.
126 BB 2003, 443 – Personal total; dazu Giesler/Nauschütt, BB 2003, 435 ff.
127 NJW-RR 1997, 812 mit Anm. Martinek, EWiR 1996, 1103.
128 BB 2001, 1759 – Aufina.
129 Siehe dazu auch OLG Rostock, NJW 1996, 53; OLG Brandenburg, Urt. v. 17.8.2005 – 4 U 37/05, n.v.
130 Dazu aus der Rspr.: BGHZ 72, 282, 288; BGH, WM 1978, 611, 612; ZIP 1982, 169; ZIP 1992, 552, 554; aus dem Schrifttum: Giesler, ZIP 1999, 2135, 2136; Flohr, Franchiserecht, Rn. 99 ff. m.w.N.
131 Siehe dazu etwa Braun, NJW 1995, 504; Giesler, ZIP 1999, 2131, 2135.
132 So auch Giesler, ZIP 1999, 2131, 2135.
133 Siehe Flohr, Franchiserecht, Rn. 124; aus der Rspr. OLG Nürnberg, NJW-RR 2001, 1558; BGH, BB 2001, 1167 mit Anm. Louven, BB 2001, 2390; BGH, BB 2001, 1548.

Beruhen demgemäß **Umsatzanalysen** auf einer **unsicheren Basis**, so ist der Franchise-Geber verpflichtet, den Franchise-Nehmer im Rahmen der Vertragsverhandlungen genauso darauf hinzuweisen, wie auf die Kriterien einer von ihm vorgenommenen Standortanalyse, insb. wenn es keine konkrete Basis gibt.[134] Dies bedingt, dass einem Franchise-Nehmer offen gelegt und mit ihm erörtert werden muss, ob und in welchem Umfang die Ausarbeitung einer Rentabilitätsprognose über erzielbare Umsätze aufgrund fundierter Berechnungen und gesicherter Erfahrungen entstanden ist oder auf bloßen Schätzungen und auf unsicheren Annahmen basiert. Für die im Einzelfall ausgearbeitete Standortanalyse sowie für die Rentabilitäts- oder Wirtschaftlichkeitsberechnung muss das darin enthaltene Zahlenwert nachvollziehbar und richtig sein. Auch **unrichtige oder unvollständige Angaben** zu den „durchschnittlichen" Kosten eines Franchise-Betriebes können eine Haftung auslösen, da dadurch eine falsche Renditeerwartung ausgelöst wird. Dies gilt jedenfalls für solche Angaben, die sich auf systemtypische Kosten beziehen, die nur der Franchise-Geber zuverlässig prognostizieren kann.

91

> **Hinweis:**
>
> Fehlt in einer Kostenaufstellung bspw. die monatliche Werbegebühr, obwohl diese vertraglich geschuldet wird, oder liegt der Berechnung ein falscher Personalkostenanteil zugrunde, wobei von einer zu geringen Bearbeitungszeit pro Kundenauftrag ausgegangen wird, oder werden dem Franchise-Nehmer Brutto- anstatt Nettozahlen vermittelt, dann können derartige Verletzungen vorvertraglicher Aufklärungspflichten einen Schadensersatzanspruch auslösen.[135]

3. Vorvertragliche Aufklärungspflichten und Grundsätze der cic

Die Rspr. zur vorvertraglichen Aufklärung bei Franchise-Verträgen mündet in die Frage, was unter den **Grundsätzen der cic** zu verstehen ist, die zunehmend von der Rspr. auf Franchise-Verträge angewandt werden, wenn es um die Beurteilung der vorvertraglichen Aufklärungspflichten des Franchise-Gebers geht.

92

Diese gewohnheitsrechtlich anerkannten Grundsätze waren beim Abschluss von Dauerschuldverhältnissen und damit auch von Franchise-Verträgen, um nicht einem Schadensersatzanspruch des anderen Vertragspartners ausgesetzt zu sein, bis zum 31.12.2001 zu beachten. Nunmehr sind die Grundsätze der cic in den Vorschriften der §§ 280 Abs. 1, 311 Abs. 2, Abs. 3 i.V.m. § 241 BGB geregelt. In § 311 Abs. 2 BGB werden die Voraussetzungen der cic festgelegt, wobei diese der bisherigen Rspr. entsprechen.[136] Die vorvertragliche Aufklärung bei Franchise-Verträgen beurteilt sich daher bis zum 31.12.2001 und seit dem 1.1.2002 nach den gleichen Grundsätzen; der Unterschied liegt nur darin, dass bislang die Grundsätze von der Rechtsprechung anerkannt waren und nunmehr gesetzlich geregelt sind. Schadensersatzansprüche wegen cic gemäß § 311 Abs. 2 BGB kann allerdings nur derjenige geltend machen, der konkrete Vertragsverhandlungen führt. § 311 Abs. 3 BGB stellt insoweit klar, dass auch ein vertragsähnliches Verhältnis zu solchen Personen bestehen kann, die nicht Vertragspartei hätten werden sollen. Hierbei handelt es sich in erster Linie um die Eigenhaftung des Vertreters oder Verhandlungsgehilfen.

93

Hier liegt eine Abweichung zum alten Schuldrecht vor: Für die Eigenhaftung des Vertreters war bis zum 31.12.2001 ein Eigeninteresse erforderlich,[137] so dass i.d.R. nur eine deliktische Haftung des Vertreters gemäß § 823 Abs. 2 BGB i.V.m. § 263 StGB in Betracht kam.[138] Seit dem 1.1.2002 reicht es nunmehr aus,

94

---

134 Siehe auch dazu Martinek, in: GS für Skaupy, S. 250 ff.; Flohr, Franchiserecht, Rn. 125 a.E.

135 Zum Ganzen: Martinek, in: GS für Skaupy, S. 251 m.w.N.; siehe auch zu den einzelnen Gruppen der Verletzung vorvertraglicher Aufklärungspflichten: Giesler/Nauschütt, Franchiserecht, § 5 Rn. 46 und aus der neueren Rspr.: OLG Brandenburg, Urt. v. 17.8.2005 – 4 U 37/05, n.v.; dazu Flohr, BB 2006, 389 f. m.w.N.

136 Vgl. dazu insb. die Beiträge von Köndgen und Liebscher in: Schultze/Schulte-Nölke, Die Schuldrechtsreform vor dem Hintergrund des Gemeinschaftsrechts, S. 231 ff.; S. 243 ff. jeweils mit zahlreichen weiterführenden Nachweisen.

137 Vgl. BGHZ 14, 318; BGHZ 88, 86; BGH, NJW 1990, 1907.

138 Dazu insb. BGHZ 56, 83; BGHZ 88, 68.

wenn der Vertreter im Rahmen der Vertragsverhandlungen Vertrauen für sich in Anspruch nimmt und dadurch die Vertragsverhandlungen oder den Abschluss des Franchise-Vertrags erheblich beeinflusst.[139] Für **Vertragsverhandlungen** und den **Abschluss von Franchise-Verträgen** bedeutet dies seit dem 1.1.2002, dass die in die Vertragsverhandlungen eingebundenen Vertreter des Franchise-Gebers viel eher als nach dem bis zum 31.12.2001 geltenden Recht auf Leistung von Schadensersatz nach den Grundsätzen der cic in Anspruch genommen werden können. Dies hat insb. für die Geschäftsführer einer GmbH oder deren Gesellschafter Konsequenzen. Allein das allgemeine Interesse des Geschäftsführers oder des Gesellschafters am Erfolg des Unternehmens begründete bis zum 31.12.2001 keine Eigenhaftung.[140] Sind nunmehr die Geschäftsführer in die Vertragsverhandlungen eingebunden oder beteiligen sich etwa die Gesellschafter auch an diesen Vertragsverhandlungen und nehmen durch ihre Einbindung ein besonderes Maß an Vertrauen für sich in Anspruch – das die Vertragsverhandlungen und/oder den Abschluss des Franchise-Vertrags durch den Franchise-Nehmer beeinflusst – so kann eine Eigenhaftung gegeben sein. Die seit dem 1.1.2002 geltende Rechtslage bedeutet demgemäß, dass Vertragsverhandlungen um den Abschluss eines Franchise-Vertrags noch sorgfältiger als in der Vergangenheit geführt werden müssen und diese Sorgfalt erst recht Unterlagen betrifft, auf denen erkennbar die Entscheidung des Franchise-Nehmers beruht, den Franchise-Vertrag abzuschließen.[141]

4. Zeitpunkt der vorvertraglichen Aufklärung des Franchise-Gebers

95 Die Frage nach den Aufklärungspflichten des Franchise-Gebers ist aber nicht nur eine Frage nach deren Inhalt und den Grenzen, sondern auch eine solche danach, wann diese Aufklärungspflichten des Franchise-Gebers einsetzen.

96 In den BFA-Guidelines wird davon ausgegangen, dass die Aufklärungspflichten schon zu einem sehr frühen Zeitpunkt der Vertragsverhandlungen beginnen. Insofern heißt es nämlich in den Guidelines:

The code recognizes that disclosure begins at the first point of contact which of course is then the franchisor starts to explain the franchisee opportunity.

Zutreffender kann man kaum den ersten Zeitpunkt beschreiben, in dem der Franchise-Geber vor der Frage steht, seinen Aufklärungspflichten nachzukommen. Diese Aufklärungspflichten setzen bereits ein, wenn der Franchise-Geber gegenüber einem potenziellen Franchise-Nehmer im Einzelnen das Franchise-System darstellt, sei es nun, dass die Parteien aufgrund einer Zeitungsanzeige und dem dem Franchise-Nehmer übersandten Informationsmaterial in geschäftlichen Kontakt treten oder etwa ein Gespräch im Rahmen einer Franchise-Messe geführt wird.[142]

97 Dies muss erst recht gelten, wenn die Parteien in **konkrete Vertragsverhandlungen** miteinander eintreten und damit für den Franchise-Geber die Bereitschaft des Franchise-Nehmer deutlich wird, den Schritt in die unternehmerische Selbständigkeit zu wagen. Hier müssen umfassende Informationen dem Franchise-Nehmer zur Verfügung gestellt werden, damit dieser nicht nur die Rentabilitätsaussichten beurteilen, sondern u.a. auch einen Liquiditätsplan aufstellen und Finanzierungsverhandlungen mit den Banken führen sowie die Chancen der Gewinnrealisierung beurteilen kann.[143] Dazu ist es auch notwendig, dass eine sog. **Standortanalyse** erstellt wird. Das OLG Köln[144] geht davon aus, dass der Franchise-Geber hierzu verpflichtet ist, selbst wenn er diese Verpflichtung nach dem abgeschlossenen Franchise-Vertrag nicht übernommen hat.[145] Jetzt scheint sich allerdings eine Änderung in der Rspr. der Obergerichte abzuzeich-

---

139 Siehe auch dazu aus der Rspr.: BGHZ 88, 69; BGH, NJW-RR 1991, 1242; OLG Celle, NJW-RR 1994, 615.
140 Vgl. BGHZ 126, 183; BGH, NJW 1990, 389; NJW 1995, 154; OLG Köln, BB 1997, 112.
141 Flohr/Klapperich, Dauerschuldverhältnisse nach der Schuldrechtsreform, Rn. 39 f.
142 Vgl. Flohr, Jahrbuch Franchising 1999, 2000, S. 15 ff.
143 Vgl. Flohr, Franchise-Vertrag, S. 12.
144 Urt. v. 16.5.1994, n.v.; dazu Flohr, WiB 1996, 1137, 1140 f.
145 Siehe in diesem Zusammenhang zu der immer wieder auftauchenden Problematik der fehlenden Akzeptanz eines *Einkaufscenters* und damit eines dort gelegenen Franchise-Nehmer-Outlets durch Kunden: BGH, NJW 2000, 1714 ff.

nen. Das OLG Brandenburg hat in seinem Urt. v. 17.8.2005[146] festgestellt, dass nach der vertragstypischen Interessenlage im Franchise-Vertrag es vielmehr ausschließlich Sache des Franchise-Nehmers sei, aus dem Datenmaterial des Franchise-Gebers Rückschlüsse auf die Erfolgsaussichten des geplanten Franchise-Geschäftes zu ziehen und zu diesem Zweck eine Wirtschaftlichkeitsprüfung und Standortanalyse durchzuführen oder von dritter Seite einzuholen. Damit schließt sich das OLG Brandenburg einem Urt. des OLG Düsseldorf v. 30.6.2004[147] an. Ob sich diese Rspr. angesichts der asymmetrischen Informationspflichten beim Franchising durchsetzen wird, gilt es abzuwarten. Der Franchise-Nehmer seinerseits ist nicht in der Lage zu überprüfen, ob das vom Franchise-Geber vorgelegte Datenmaterial zutreffend ist bzw. die ihm vorgelegten Daten auch mit dem geplanten Franchise-Outlet vergleichbar sind.[148]

5. Umfang der vorvertraglichen Aufklärung

Geht man vom Ehrenkodex des Deutschen Franchise-Verbands[149] aus, so ist **jeder Franchise-Geber verpflichtet**, den Franchise-Nehmer über seine Verdienstmöglichkeiten „sachlich richtig und unmissverständlich" zu unterrichten. Diese Regelungen des Ehrenkodex hat der Deutsche Franchise-Verband zwischenzeitlich durch die Richtlinien zur vorvertraglichen Aufklärung[150] präzisiert. Dem Franchise-Nehmer müssen daher u.a. folgende **Informationen vor Vertragsabschluss** vermittelt werden:

98

- Informationen über das Franchise-Konzept und die finanzielle Lage des Franchise-Gebers,
- Informationen über die mit Entscheidungsbefugnis ausgestatteten Personen der Systemzentrale,
- Franchise-Angebote inklusive aller Einzelheiten über das Pilotprojekt,
- Rentabilitätsvorausschau und Standortanalyse (sofern vorhanden),
- Franchise-Vertrag zzgl. aller üblichen standardisierten Anlagen,
- Bankreferenzen,
- detaillierte Angaben über Mitgliedschaften in Handels- und/oder nationalen Franchise-Verbänden,
- detaillierte Angaben über andere Vertriebswege der Franchise-Produkte oder Dienstleistungen.

> **Hinweis:**
>
> Diese Unterlagen sollen dem Franchise-Nehmer in einem angemessenen Zeitraum, mindestens aber zehn Tage vor Vertragsunterzeichnung, zur Überprüfung überlassen werden.

Berücksichtigt man zum einen den Ehrenkodex und die Richtlinien sowie zum anderen die ergangenen Entscheidungen, so müssen dem Franchise-Nehmer, um der vorvertraglichen Aufklärungspflicht zu genügen, **zwingend** folgende Informationen erteilt werden:

99

- Informationen über die Erfolgsaussichten der Marketingkonzeption,
- wahrheitsgemäße Zahlenangaben über vergleichbare Franchise-Outlets des Systems,
- Angaben über den erforderlichen Arbeits- und Kapitaleinsatz des Franchise-Nehmers,
- Vermittlung der bisherigen Erfahrung der Systembetriebe oder der als Pilot- und Testbetriebe dienenden Franchise-Geber-Filialen,
- Darstellung des über die Eintrittsgebühr hinausgehenden Kapitals unter Berücksichtigung aller Aufwendungen und unter Einbeziehung des Zeitraums der Anfangsverluste in der Anlaufphase (Durststrecke).

---

146 4 U 37/05, n.v.
147 VI U Kart 40/02; umfassend zu der Änderung in der Rspr.: Flohr, BB 2006, 389, 391 f.; ders., BB 2007, 6, 10 f.
148 Siehe umfassend zur Informationsasymmetrie bei Franchise-Verträgen: Fleischer, Asymmetrische Informationspflichten im Vertragsrecht, S. 416 ff. m.w.N.; Schwarze, Vorvertragliche Verständigungspflichten, S. 34 ff. m.w.N.
149 Abgedruckt in: Jahrbuch Franchising 1999/2000, S. 218 ff.
150 Abgedruckt in: Jahrbuch Franchising 1999/2000, S. 243 ff.

100 Dabei sind die **Anforderungen an die Aufklärungspflicht** unterschiedlich. Dies zeichnet gerade die Anwendung des Grundsatzes der cic gegenüber starren Disclosure-Rules aus. Ist der Franchise-Nehmer bereits erfahren, so kann dieser die mit einem Abschluss des Franchise-Vertrags verbundenen Risiken selbst beurteilen. Handelt es sich jedoch bei dem potenziellen Franchise-Nehmer um einen unerfahrenen Gewerbetreibenden, so ist die Systemzentrale mit weitgehenden Aufklärungs-, Beratungs- und Hinweispflichten bei den Vertragsverhandlungen „belastet", um so die Behauptung zur Verkehrsgeltung und Gewinnträchtigkeit des Franchise-Systems zu stützen.[151]

6. Grenzen der vorvertraglichen Aufklärung des Franchise-Gebers

101 Die Frage nach Inhalt und Umfang der Aufklärungspflichten des Franchise-Gebers ist zugleich auch eine **Frage nach deren Grenzen.**

102 **Aufklärungs-, Beratungs-** und **Hinweispflichten** eines Franchise-Gebers dürfen nicht derart überzogen werden, dass sie die Expansions- und Innovationsfreudigkeit von vorneherein lahm legen. Dies würde bedeuten, dass sich insb. Rentabilitätsberechnungen zu Rentabilitätsgarantien weiterentwickeln. Durch den Abschluss des Franchise-Vertrags gibt der Franchise-Geber **keine Rentabilitätsgarantie** ab.[152]

103 Die **Schadensersatzhaftung** nach den Grundsätzen der cic darf daher nicht auf eine solche, für den Nichteintritt eines bewusst unsicher prognostizierten Elements hinauslaufen.[153] Hingegen besteht eine **Haftung für falsche Angaben** bei den einer Prognose zugrundeliegenden Tatsachen und für eine schuldhaft fehlerhafte Herleitung von Prognosen.[154] Insofern muss mitgeteilt werden, ob die Prognose über erzielbare Umsätze auf fundierte Berechnungen und gesicherte Erfahrungen zurückzuführen ist oder lediglich auf bloßen Schätzungen und damit unsicheren Annahmen basiert.[155]

104 Scheitert ein Franchise-Nehmer, so kann daraus nicht im **Umkehrschluss** gefolgert werden, der Franchise-Geber sei seinen vorvertraglichen Aufklärungspflichten nicht nachgekommen. Berücksichtigt werden muss nämlich immer, dass auch der Franchise-Nehmer bei der Entscheidung für ein bestimmtes Vertriebsrisiko ein unternehmerisches Risiko eingeht. Wer sich daher selbst überschätzt, darf sich nicht später bei einem Scheitern seiner Vertriebsbemühungen im Regresswege an den Franchise-Geber wenden.[156] Demgemäß ist der Franchise-Geber auch nicht verpflichtet, über jeden einzelnen Punkt aufzuklären oder auch von sich aus Auskunft über solche Punkte zu erteilen, die vom Franchise-Nehmer nicht abgefragt worden sind. Entscheidend ist, dass der Franchise-Geber über alle Punkte Informationen und Aufklärung vermittelt, für die nach den Grundsätzen von Treu und Glauben (§ 242 BGB) Aufklärung verlangt werden kann. Damit sind solche Punkte gemeint, von denen auch der Franchise-Geber annehmen muss, dass diese für die Entscheidung des Franchise-Nehmers, den Franchise-Vertrag abzuschließen, von entscheidender Bedeutung sind.[157]

7. Umfang des Schadensersatzanspruchs des Franchise-Nehmers

105 Der geschädigte Franchise-Nehmer kann gemäß § 249 BGB verlangen, so gestellt zu werden, wie er ohne das schädigende Verhalten des Franchise-Gebers gestanden hätte.[158] Der Anspruch des Franchise-Nehmers ist damit i.d.R. auf den **Ersatz des sog. Vertrauensschadens**[159] gerichtet. Der Schaden des Fran-

---

151 So zu Recht Martinek, Moderne Vertragstypen, S. 87.
152 Vgl. vom Dorp, WiB 1995, 285.
153 So auch zu Recht Martinek, in: GS für Skaupy, S. 251.
154 Vgl. Giesler, ZIP 1999, 2131, 2135; Martinek, Franchising, S. 315.
155 Dazu vor allem Braun, NJW 1995, 504, 505.
156 So zu Recht Martinek, Moderne Vertragstypen, S. 88.
157 Vgl. dazu beispielhaft aus der Rspr.: OLG Nürnberg, NJW-RR 2001, 1558; BGH, BB 2001, 1167 mit Anm. Louven, BB 2001, 2390; BGH, BB 2001, 1548.
158 BGH, NJW 1981, 1673; siehe auch: BGH, DStR 2001, 1398 mit Anm. Becker.
159 BGHZ 14, 114; siehe aber auch BGH, ZIP 2001, A 47.

chise-Nehmers umfasst damit auch die Kosten, die diesem durch die Beauftragung eines Rechtsanwalts für die Durchsetzung seiner Ansprüche entstehen.

> **Hinweis:**
>
> Im Rahmen des Schadensersatzanspruchs sind grds. die Eintrittsgebühr, geleistete Franchise-Gebühren und, soweit der Abschluss von Finanzierungs- und Leasingverträgen im Raum steht, auch die bereits geleisteten Tilgungsraten und Leasingraten zurückzuerstatten.
>
> Der Franchise-Nehmer hat jedoch keinen Anspruch auf Ersatz des Gewinns, den er sich mit der Durchführung des Franchise-Vertrags erhofft hätte.[160]

Grds. gilt für die **Verjährung** dieses Schadensersatzanspruchs des Franchise-Nehmers die Vorschrift des § 195 BGB, d.h. die 3-jährige Regelverjährung. Unter dem Eindruck der bestehenden Regelverjährung von drei Jahren wird allerdings davon ausgegangen, dass wechselseitige Ansprüche aus einem Franchise-Vertragsverhältnis und damit auch Ansprüche wegen Verletzung vorvertraglicher Aufklärungspflichten in drei Jahren gerechnet ab Kenntnis verjähren.

106

Allerdings kann die **Verjährung gehemmt** werden. Auch für **Schadensersatzansprüche wegen Verletzung vorvertraglicher Aufklärungspflichten** greift § 203 BGB, d.h. werden zwischen Franchise-Geber und Franchise-Nehmer Verhandlungen über den Schadensersatzanspruch oder die den Schadensersatzanspruch begründenden Umstände geführt, so ist die Verjährung so lange gehemmt, bis der eine oder der andere Teil die Fortsetzung der Verhandlungen verweigert (§ 203 Satz 1 BGB). Dies muss grds. durch ein klares und eindeutiges Verhalten einer der Parteien zum Ausdruck gebracht werden.[161] Lässt der Franchise-Geber die Vergleichsverhandlungen einschlafen, weil er meint, dann würde der Franchise-Nehmer nicht mehr auf die geltend gemachten Schadensersatzansprüche zurückkommen, so sind die Verhandlungen in dem Zeitpunkt beendet, in dem der nächste Schritt nach Treu und Glauben (§ 242 BGB) zu erwarten gewesen wäre.[162]

107

> **Hinweis:**
>
> Liegt ein Fall der Hemmung vor, so tritt die Verjährung gemäß § 203 Satz 2 BGB frühestens drei Monate nach dem Ende der Hemmung ein. Sind beim Ende der Hemmung noch vier Monate der Verjährungsfrist offen, so ist § 203 Satz 2 BGB leerlaufend. Ist von der Frist hingegen nur noch ein Tag übrig, so führt § 203 Satz 2 BGB zu einer Verlängerung der Verjährungsfrist um drei Monate.[163] Insofern muss bei den Verhandlungen um das Bestehen eines Schadensersatzanspruchs die Hemmungsvorschrift des § 203 BGB insb. dann beachtet werden, wenn diese Verhandlungen erst zum Ende der gesetzlich oder vertraglich vereinbarten Verjährungsfrist geführt werden.

8. Mitverschulden des Franchise-Nehmers

Auch insoweit ist das Urt. des OLG München v. 16.9.1993 maßgebend. Hier heißt es im **zweiten Leitsatz**:

108

Der Franchise-Geber, der wegen vorvertraglicher Aufklärungspflicht schadensersatzpflichtig ist, kann dem Franchise-Nehmer nicht als Mitverschulden entgegenhalten, dass er leichtfertig den Anpreisungen des Franchise-Gebers vertraut hat.

Dieser **Leitsatz** gilt **nicht uneingeschränkt**. Man wird zu differenzieren haben zwischen solchen Franchise-Nehmern, die Existenzgründer sind und solchen Franchise-Nehmern, die bereits über kaufmännische Erfahrung verfügen, etwa ein eigenes Einzelhandelsgeschäft betreiben und den Franchise-Vertrag

---

160 Vgl. OLG München, OLGZ 83, 463.
161 Vgl. BGH, NJW 1998, 2819; NJW-R 2005, 1044.
162 BGH, NJW 1986, 1337; OLG Düsseldorf, VersR 1999, 68.
163 Zum Ganzen: Palandt/Heinrichs, BGB, § 203 Rn. 5.

z.B. deswegen abschließen, um sich im Zuge der Ausweitung des Geschäftsbetriebs ein „sog. zweites Standbein" zu verschaffen und solche Unternehmensentscheidungen, die von Franchise-Gebern beeinflusst werden und solchen, die ausschließlich von Franchise-Nehmern getroffen werden.[164]

109 Hier kann **unterschiedliche Vorkenntnis** vorausgesetzt werden. Von einem geschäftserfahrenen Franchise-Nehmer kann man auch verlangen, dass dieser Nachforschungen anstellt und ggf. überprüfen lässt, ob die Angaben des Franchise-Nehmers zutreffen.[165] Allerdings kann man nicht vom Franchise-Nehmer verlangen, dass dieser die Franchise-Geber-Gesellschaft vor Abschluss eines Franchise-Vertrags im Wege einer Due Dilligence[166] durchleuchten lässt.

110 Als **Leitlinie** mag hier gelten:

Je umfassender die Vorbildung und berufliche Erfahrung des Franchise-Nehmers ist, desto wahrscheinlicher ist es, dass ein etwaiger Schadensersatzanspruch wegen eines Mitverschuldens des Franchise-Nehmers gemindert wird.

Zu berücksichtigen ist somit ein **Mitverschulden** ausschließlich nach § 254 BGB.[167]

9. Möglichkeiten der Haftungsfreizeichnung

111 Immer wieder versuchen Franchise-Geber, sich von jeglicher Haftung – auch für die Verletzung vorvertraglicher Aufklärungspflichten – frei zu zeichnen. So finden sich in Prospekten oder Franchise-Broschüren oder auch Franchise-Verträgen nachfolgende Formulierungen.

112 **Formulierungsbeispiel: Haftungsfreizeichnung**

> Die mitgeteilten Zahlen, insb. die Ergebnisvorausschau, beruhen auf den durchschnittlichen Zahlen des Franchise-Gebers und stellen keine Garantie dafür dar, dass der Franchise-Nehmer einen entsprechenden Gewinn in seinem Franchise-Outlet erzielen kann.

113 Derartige Haftungsfreizeichnungsklauseln können vor einem Schadensersatzanspruch nach den Grundsätzen der Culpa in Contrahendo schützen – jedoch nicht in jedem Fall. Weiß der Franchise-Geber positiv darum, dass er den Franchise-Nehmer weder richtig noch vollständig und nicht wahrheitsgemäß unterrichtet hat, hilft ihm keine Haftungsfreistellungserklärung, selbst wenn die Grenzen der Sittenwidrigkeit (§ 138 BGB) nicht überschritten wurden.

Hinzu kommt, dass in solchen Fällen die **Haftungsfreizeichnungsklausel**, da sie in einer Vielzahl von Fällen Verwendung findet, als „Allgemeine Geschäftsbedingung" anzusehen ist. Eine solche Haftungsfreizeichnungsklausel kann aber je nach den Umständen des Einzelfalls den Franchise-Nehmer unangemessen benachteiligen und daher gemäß § 307 Abs. 1 Satz 1 BGB unwirksam sein.[168]

> **Hinweis:**
> Ob und inwieweit diese Klausel irreführend und/oder überraschend i.S.v. § 305c BGB und damit unwirksam ist, hängt davon ab, inwieweit der Franchise-Nehmer im Rahmen der Vertragsverhandlungen aufgeklärt und vom Franchise-Geber darüber unterrichtet wurde, dass dieser für mitgeteilte Zahlen nicht einzustehen hat, also keine Haftung übernimmt.[169]

---

164 Siehe zu diesem Ansatzpunkt OLG München, BB 2007, 14 und Flohr, BB 2007, 6, 10 f.
165 Vgl. Flohr, Franchise-Vertrag, S. 15; siehe auch BGH, DB 1987, 735.
166 Allgemein dazu: Fleischer/Körber, BB 2001, 841 ff.
167 Siehe auch dazu BGH, DB 1987, 735; ZIP 2001, A 45.
168 Vgl. Flohr, Franchise-Vertrag, S. 16; Ziegler, BB 1990, 2345; ausführlich dazu: Ekkenga, Die Inhaltskontrolle von Franchise-Verträgen; Erdmann, in: Praxishandbuch des Franchise-Rechts, § 21 mit ausführlicher Darstellung sämtlicher Einzelfragen; Zwecker, Inhaltskontrolle von Franchise-Verträgen; aus der Rspr. siehe BGH, BB 2000, 2122, 2123.
169 Vgl. dazu Schlünder, AGB-Gesetz in Leitsätzen, § 3 AGBG, Rn. 1 ff.

10. Vorvertragliche Aufklärungspflicht des Franchise-Nehmers

Wenn von vorvertraglichen Aufklärungspflichten gesprochen wird, so bedeutet dies aber auch die Verpflichtung des Franchise-Nehmers, seine beruflichen Fähigkeiten, persönlichen Eigenschaften und finanziellen Möglichkeiten, soweit diese für den Abschluss des Franchise-Vertrags von Bedeutung sind, rechtlich und vollständig darzulegen.[170] Unterbleibt dies, so macht sich der Franchise-Nehmer gegenüber dem Franchise-Geber nicht nur nach den Grundsätzen der cic schadensersatzpflichtig, sondern gibt dem Franchise-Geber auch das Recht, den abgeschlossenen Franchise-Vertrag ggf. wegen **arglistiger Täuschung** gemäß §§ 123, 142 BGB anzufechten. Im Rahmen des dann dem Franchise-Geber zustehenden Schadensersatzanspruchs hat der Franchise-Nehmer u.a. die Kosten des Franchise-Gebers zu erstatten, soweit diese durch Vertragsverhandlungen und eine etwaige bereits begründende Schulung des Franchise-Nehmers entstanden sind.

114

> **Hinweis:**
> Vorvertragliche Aufklärung bei Franchise-Verträgen bedeutet demgemäß, dass sich Franchise-Geber und Franchise-Nehmer einander gegenseitig richtig und vollständig und wahrheitsgemäß über die beiderseitigen Voraussetzungen der Franchise-Partnerschaft informieren müssen.[171]

11. Vorvertragliche Aufklärung und BGB-InfoV

Die BGB-InfoV soll alle im Vollzug von EG-Richtlinien **sondergesetzlich geregelten Informationspflichten zusammenfassen** und das BGB insoweit von diesen entlasten.[172] § 1 BGB-InfoV normiert umfassende Informationspflichten bei Fernabsatzverträgen, d.h. legt fest, welche Informationen ein Unternehmer dem Verbraucher gemäß § 312c Abs. 1 BGB vor Abschluss des Fernabsatzvertrags zur Verfügung stellen muss, wobei diese Informationspflichten bei Finanzdienstleistungen noch durch § 1 Abs. 2 BGB-InfoV erweitert werden.

115

Die Informationspflichten bei **Fernabsatzverträgen** nach Maßgabe von § 1 Abs. 1 BGB-InfoV beziehen sich u.a. auf die wesentlichen Merkmale der Ware oder Dienstleistung und darüber wie der Vertrag zustande kommt, die Mindestlaufzeit des Vertrags, die Qualität und den Preis der Ware und Dienstleistung, den Gesamtpreis, Einzelheiten hinsichtlich Zahlung und Lieferung, Information über das Bestehen oder Nicht-Bestehen eines Widerrufs- oder Rückgaberechts.

116

Zahlreiche dieser Informationen entsprechen denen, die einem Franchise-Nehmer vor Vertragsabschluss zu vermitteln sind. Bedenkt man des Weiteren, dass das **UNIDROIT-Modell-Gesetz**[173] zur vorvertraglichen Aufklärung in Art. 6 entsprechende Informationspflichten für den Franchise-Geber vorschreibt und die Informationspflichten bei Fernabsatzverträgen, die wie Franchise-Verträge dem Vertriebsrecht zuzuordnen sind, gesetzlich geregelt sind, so ist die Überlegung nicht fernliegend, die Informationspflichten nach § 1 BGB-InfoV auch auf Franchise-Verträge zu erstrecken, zumal das Muster zur Widerrufsbelehrung entsprechend § 14 BGB-InfoV bereits für solche Franchise-Nehmer von Bedeutung ist, bei denen die Notwendigkeit einer Widerrufsbelehrung gemäß § 13 BGB i.V.m. § 355 BGB, §§ 505, 507 BGB besteht.

Es ist daher nicht auszuschließen, dass es de lege ferenda zu einer solchen Anwendung der Vorschriften der BGB-InfoV auf Franchise-Verträge kommt; zumindest aber die Gerichte bei der Beurteilung der Frage, welche Informationen ein Franchise-Geber zwingend einem Franchise-Nehmer vor Vertragsabschluss zu vermitteln hat, unmittelbar auf die Vorschriften von § 1 Abs. 1, Abs. 2 BGB-InfoV zurückgreifen.

117

---

170 Dazu Flohr, WiP 1996, 1137 ff.; ders., Jahrbuch Franchising 1999/2000, S. 13 ff. m.w.N.
171 Vgl. Flohr, WiP 1996, 1137; ders., Jahrbuch Franchising 1999/2000, S. 16 ff.; Kroll, Informationspflichten im Franchising, S. 118 ff.; Feuerriegel, Die vorvertragliche Phase im Franchising, S. 281 ff.
172 Vgl. dazu Palandt/Grüneberg, BGB, BGB-InfoV, Rn. 1.
173 Draft Articles for a Model Franchise Disclosure Law with Draft Explementary Report – Unidroit Study LXV III – Doc. 30, Rom Januar 2001; dazu auch ausführlich Giesler/Nauschütt, Franchiserecht, § 5 Rn. 56 ff.

12. Franchise-Nehmer-Sammelklagen

118 Häufig werden von Franchise-Nehmern **Schadensersatzklagen wegen Verletzung vorvertraglicher Aufklärungspflichten** als sog. „Sammelklage" eingereicht. Durch diese „Bündelung ihrer Schadensersatzansprüche" wollen die Franchise-Nehmer erreichen, dass der Klage vom Franchise-Geber größere Bedeutung beigemessen wird, als wenn es sich um Einzelklagen von Franchise-Nehmern wegen Verletzung vorvertraglicher Aufklärungspflichten handelt, insb. dann, wenn der Schadensersatzanspruch von allen Franchise-Nehmern z.B. mit einer unzutreffenden Standortanalyse oder aber einer unzutreffenden Rentabilitätsberechnung begründet wird. Darin wird dann ein einheitlicher Lebenssachverhalt gesehen, um so zu einem einheitlichen Streitgegenstand für diese „Sammelklage" zu kommen. Da es sich grds. um Einzelklagen handelt, die nur in einer einheitlichen Klageschrift zusammengefasst werden, kommt ein solches Vorgehen nur in Betracht, wenn die Voraussetzungen von § 147 ZPO vorliegen. Eine Sammelklage nach amerikanischem Vorbild kennt demgemäß das deutsche Recht nicht. Insofern kommt auch dem KapMuG v. 26.8.2005[174] keine Bedeutung für solche Klagen von Franchise-Nehmern zu. Sowohl aus § 1 KapMuG als auch aus den Materialien des Gesetzes ergibt sich, dass der Muster-Feststellungsantrag nur im Zusammenhang mit falschen, irreführenden oder unterlassenen öffentlichen Kapitalmarktinformationen gestellt werden kann.[175]

II. Prospekthaftung des Franchise-Gebers

119 Das OLG München hat mit Urt. v. 24.4.2001[176] festgestellt, dass die **Prospekthaftungsgrundsätze auf Franchise-Systeme nicht anwendbar** sind.[177] Begründet wird dies damit, dass der Franchise-Nehmer entgegen einem Kapitalanleger über weitere Informationsquellen als den „Prospekt" verfügt.[178]

Aus der Entscheidung des OLG München folgt aber nicht, dass eine Prospekthaftung im Franchise-Recht grds. ausgeschlossen ist. Vielmehr ist eine auf den Einzelfall bezogene Betrachtung notwendig, d.h. es ist jeweils im Einzelfall zu prüfen, ob Prospekthaftungsgrundsätze anzuwenden sind, insb. dann, wenn der Prospekt des Franchise-Gebers die wesentliche Informationsquelle des Franchise-Nehmers ist, die diesem vor Abschluss des Franchise-Vertrags zugänglich war.[179]

E. Franchise-Vertrag

I. Franchise-Vertrag als Vertrag sui generis

120 Der Franchise-Vertrag ist als ein **Vertrag sui generis** i.S.v. § 311 BGB anzusehen, der Elemente des Lizenzvertrags sowie der gesetzlich geregelten Vertragstypen Handelsvertreter-, Kauf-, Miet-, Pacht-, Darlehens- und Gesellschaftsvertrag enthält.[180] Diesen teilweise gesetzlich geregelten und teilweise von der Rspr. anerkannten Vertragstypen sind die gegenseitigen Rechte und Pflichten sowie sonstigen Rechtsfolgen des Franchise-Vertrags zu entnehmen, soweit der Franchise-Vertrag im Einzelfall keine konkrete Ausgestaltung des Parteiwillens enthält oder aber die Rechtsfolgen vom Gesetz zwingend festgelegt sind. Ob aber lizenzrechtliche Elemente oder solche des Handelsvertretervertrags überwiegen, ist immer eine Frage der Beurteilung des jeweiligen Franchise-Vertrags.[181]

---

174 BGBl. 2005 I, S. 2437.
175 Zum neuen Kapitalanleger-Musterverfahrensgesetz, siehe auch Meier, DStR 2005, 1860 ff.
176 BB 2001, 1759 – Aufina; dazu Böhner, BB 2001, 1749.
177 Vgl. allgemein zur zivilrechtlichen Prospekthaftung: Kouba, VersR 2004, 570 ff. mit ausführlichen Rspr.-Nachweisen.
178 Zum Ganzen: Böhner, NJW 1994, 635 f.; Flohr, Franchiserecht, Rn. 137; Giesler, ZIP 1999, 2131; Giesler/Nauschütt, Franchiserecht, § 5 Rn. 47 ff.; Liesegang, in: GS für Skaupy, S. 225 ff. m.w.N.
179 Zum Ganzen Flohr, Franchiserecht, Rn. 137 f.; Liesegang, in: GS für Skaupy, S. 225 ff. m.w.N.
180 Zum Ganzen: Flohr, Franchise-Handbuch, Gruppe A/III/1.
181 So zu Recht Martinek, Franchising, S. 264 f.

Zugleich ist der Franchise-Vertrag auch als ein **Dauerschuldverhältnis** zu kennzeichnen, da die vertragliche Zusammenarbeit i.d.R. für fünf, wenn nicht sogar für zehn Jahre als fest vereinbarte Vertragsdauer erfolgt. Demgemäß sind die Verknüpfungen zwischen Franchise-Geber und Franchise-Nehmer auch viel enger und intensiver als bei einem einmaligen Schuldverhältnis. Dies führt zu erhöhten Verpflichtungen und gegenseitigen Rücksichtnahmen und damit auch zu einer gesteigerten Bedeutung der Grundsätze von Treu und Glauben.[182] Diese Fürsorgepflicht gewinnt insb. ihre besondere Bedeutung bei der **Frage der fristlosen Kündigung eines Franchise-Vertrags**, wie die Entscheidung des KG Berlin v. 21.11.1997[183] zeigt.

121

Der Franchise-Vertrag kann grds. formfrei und sogar durch schlüssiges Verhalten abgeschlossen werden. Das **Zustandekommen eines Franchise-Vertrags** erfordert daher nicht die Einhaltung der Schriftform.[184] Allerdings ergab sich bis zum 31.12.1998 die Notwendigkeit einer Schriftform bei einem Franchise-Vertrag mit Bezugsbindung aus § 34 GWB a.F., wobei die Vorschrift für bis zum 31.12.1998 abgeschlossene Franchise-Verträge nach wie vor Geltung hat.[185] Darüber hinaus kann sich die Verpflichtung, den Franchise-Vertrag schriftlich abzuschließen, aus § 492 BGB und, wenn der Erwerb eines Grundstücks im Zusammenhang mit dem Abschluss des Franchise-Vertrags in Frage steht, die notarielle Form aus § 311b Abs. 1 Satz 1 BGB ergeben.[186]

122

II. Franchise-Geber

Die Gesellschaft des Franchise-Gebers ist im Franchise-Vertrag darzustellen. Dazu gehört auch eine Erläuterung der **Entwicklung des Franchise-Systems** und eine **Zusammenfassung der wesentlichen Elemente**, die das Franchise-System ausmachen. Dies geschieht üblicherweise in einer dem Franchise-Vertrag vorangestellten Präambel.[187] Diese Präambel umschreibt die Grundsätze der Zusammenarbeit von Franchise-Geber und Franchise-Nehmer, ohne jedoch Geschäftsgrundlage zu sein.[188]

123

III. Franchise-Nehmer

Im Franchise-Vertrag sind die **Regelungen zur Rechtsperson** des Franchise-Nehmer darzustellen. Dabei kommt es auch darauf an, in welcher Rechtsform der Franchise-Nehmer tätig wird, ob

124

- als natürliche Person,
- als Personengesellschaft oder
- als Kapitalgesellschaft.

Je nachdem in welcher **Struktur der Franchise-Nehmer nach außen** hin auftritt, ist dies im Vertrag zu berücksichtigen.[189] Derzeit wird in den meisten Verträgen von Alternativfassungen ausgegangen, d.h. von vorneherein die unterschiedlichen Fallgestaltungen des Franchise-Nehmers als natürliche Person oder als Personen- oder Kapitalgesellschaft berücksichtigt.

125

Werden die Rechte und Pflichten aus einem Franchise-Vertrag auf eine vom Franchise-Nehmer gegründete oder übernommene Gesellschaft – unbeachtlich der Rechtsform – übertragen, so müssen zum einen die gesamtschuldnerische Haftung des Franchise-Nehmers und zum anderen der Rahmen der Übertragung geregelt werden. Erfolgt die Regelung im Franchise-Vertrag, so unterliegt diese der – sehr engen – Inhaltskontrolle gemäß § 307 Abs. 1 BGB. Zu empfehlen ist daher eine **Individualvereinbarung**, da diese

---

182 Vgl. Hanrieder, Franchising – Planung und Praxis, S. 9; Skaupy, Franchising, S. 169 ff.
183 BB 1998, 607; siehe auch OLG Düsseldorf, Urt. v. 5.11.1981 – 2 U 84/81, n.v.
184 So ausdrücklich Martinek, Moderne Vertragstypen, II, 89.
185 BGH, WRP 1999, 542 – CoverDisc; BGH, BB 1999, 923.
186 Vgl. zur Schriftform eines Franchise-Vertrags u.a. Skaupy, Franchise-Vertrag, S. 126 ff., allerdings noch zum alten Kartell- und Zivilrecht.
187 Vgl. dazu und zum Vertragstext allgemein: Flohr, Franchise-Vertrag, S. 66 ff.
188 Vgl. dazu Skaupy, Franchising, S. 126 ff.; Flohr, Franchise-Vertrag, Fn. 111.
189 Vgl. dazu ausführlich: Flohr, Franchise-Vertrag, S. 89 ff. m.w.N.

nur einer Inhaltskontrolle gemäß § 138 BGB unterliegt. Damit sind aber viel weiter gefasste Regelungen möglich. Darüber hinaus kann besser auf den Einzelfall abgestellt werden, als bei einer formalisierten vorformulierten Regelung im Franchise-Vertrag.

126 Der Franchise-Nehmer ist nicht Vertreter des Franchise-Gebers und hat i.d.R. auch keine Abschlussvollmacht. Auch kann dem Franchise-Geber das Handeln des Franchise-Nehmers weder nach den Grundsätzen des Geschäfts für den, den es angeht, noch aufgrund eines Rechtsscheintatbestands zugerechnet werden.[190]

IV. Vertragsgebiet

127 Unmittelbare und mittelbare **Beschränkungen** des **Weiterverkaufs** sind gemäß Art. 4b Vertikal-GVO prinzipiell **unzulässig**. Daraus kann aber nicht gefolgert werden, dass keine Vertragsgebiete mehr vereinbart werden können. Vielmehr kann der Franchise-Nehmer daran gehindert werden, aktives Marketing in solchen Vertragsgebieten zu betreiben, die der Franchise-Geber sich entweder selbst vorbehalten hat oder die Dritten im Wege eines Franchise-Vertrags zur Nutzung überlassen wurden. Damit sind auch die Vereinbarungen fester Vertragsgebiete im Rahmen von Franchise-Systemen weiterhin zulässig, soweit diese Ausnahmeregelung beachtet wird.

128 **Formulierungsbeispiel: Zulässige Klausel nach der Franchise-GVO (alte Fassung)**

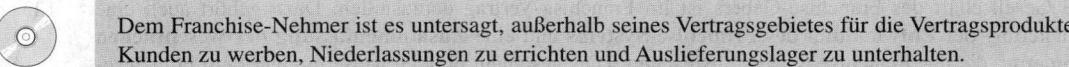

Dem Franchise-Nehmer ist es untersagt, außerhalb seines Vertragsgebietes für die Vertragsprodukte Kunden zu werben, Niederlassungen zu errichten und Auslieferungslager zu unterhalten.

129 **Formulierungsbeispiel: Zulässige Klausel nach der Vertikal-GVO**

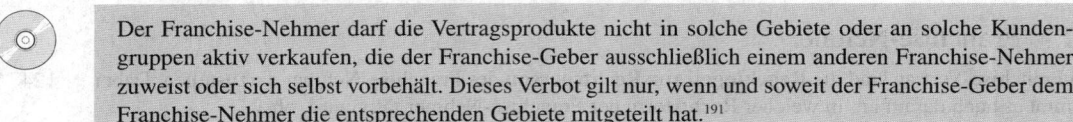

Der Franchise-Nehmer darf die Vertragsprodukte nicht in solche Gebiete oder an solche Kundengruppen aktiv verkaufen, die der Franchise-Geber ausschließlich einem anderen Franchise-Nehmer zuweist oder sich selbst vorbehält. Dieses Verbot gilt nur, wenn und soweit der Franchise-Geber dem Franchise-Nehmer die entsprechenden Gebiete mitgeteilt hat.[191]

Hinweis:

Umstritten ist dabei, für welchen Zeitraum der Franchise-Geber, um sein Franchise-System aufbauen zu können, einen solchen Selbstvorbehalt vereinbaren darf. Pautke/Schultze[192] halten einen solchen Selbstbehalt für möglich, wenn das/die Gebiet/e, das/die sich der Franchise-Geber selbst vorbehalten hat, im Rahmen einer mittelfristigen Strategie in einem Zeitraum von sechs bis 24 Monaten an Franchise-Nehmer übergeben wird/werden.

130 Entsprechendes gilt für den **Kundenschutz**. Auch hier lässt es die EU-Gruppenfreistellungsverordnung für Vertikale Vertriebsbindungen zu, dass **Beschränkungen des aktiven Verkaufs an Gruppen von Kunden** in Franchise-Verträgen vereinbart werden. Insofern können die Kunden eines jeden einzelnen Franchise-Nehmers gesondert geschützt und damit dem Zugriff des anderen Franchise-Nehmers entzogen werden.[193] Auch Key Account-Kunden können daher unter der Geltung der Vertikal-GVO – wie bisher – vom Franchise-Geber weiterhin ausschließlich betreut werden.

---

190 Zum Ganzen: Wolf/Ungeheuer, BB 1994, 1027 ff.
191 Vgl. zum Ganzen: Schultze/Pautke/Wagener, Vertikal-GVO, S. 326.
192 BB 2001, 317, 320; siehe auch Bauer/de Bronett, Die Gruppenfreistellungsverordnung für Vertikale Wettbewerbsbeschränkungen, Rn. 115 ff.
193 Siehe auch dazu: Flohr, Franchise-Vertrag, S. 89 ff. m.w.N.

V. Präambel

Es ist empfehlenswert, einem Franchise-Vertrag eine **Präambel voranzustellen**, durch die die Grundlagen des Franchise-Systems und dessen Entstehungsgeschichte erläutert werden. Dabei sollten alle wichtigen Merkmale des Franchise-Systems dargestellt werden, damit kein Zweifel zwischen Franchise-Geber und Franchise-Nehmer darüber entstehen kann, welchen Umfang und Inhalt die Geschäftsidee und das System der Betriebsführung hat und welches Know-how auf den Franchise-Nehmer durch den Franchise-Geber mit Abschluss des Franchise-Vertrags überlassen wird. Die Präambel enthält somit alle **Motive der Vertragsparteien für den Vertragsabschluss**, mithin den Grund, aus welchem das Geschäft überhaupt getätigt wurde.[194] Da die Präambel also nur die Motivation von Franchise-Geber und Franchise-Nehmer zum Vertragsabschluss darstellt, ist sie auch für eine etwaige Anfechtung des Franchise-Vertrags gemäß § 119 Abs. 1 BGB ohne Bedeutung, da ein Motivirrtum nicht zur Erklärung einer Anfechtung wegen eines Erklärungs- oder Inhaltsirrtums berechtigt.[195] Jedoch kann die Präambel von Bedeutung sein, wenn es darum geht, die Geschäftsgrundlage des Vertrags festzulegen. Die Präambel dient damit auch der Überprüfung der Frage, ob eine Anpassung des Franchise-Vertrags oder sogar dessen Beendigung nach den Grundsätzen des Wegfalls der Geschäftsgrundlage möglich ist.[196]

131

VI. Gebühren bei Franchise-Systemen

Bei Franchise-Systemen wird **üblicherweise differenziert** zwischen

132

- Eintrittsgebühr,
- laufenden Gebühren,
- Marketing und/oder Werbegebühren.

Darüber hinaus gibt es Franchise-Systeme, bei denen zusätzlich noch **Leistungen für die Schulung und Weiterbildung der Franchise-Nehmer** (sog. Schulungsgebühr) geleistet werden müssen sowie unterschiedliche **Kostenpauschalen** (wie etwa für die Erstellung der Betriebsvergleiche).[197]

133

Die im Franchise-Vertrag vereinbarte **Eintrittsgebühr** ist kein Entgelt für laufende Leistungen des Franchise-Gebers, sondern als Gegenleistung für die im Zusammenhang mit der Betriebseröffnung des Franchise-Nehmers erbrachten Ausstattungs- und Systemeingliederungsleistungen zu sehen. Aus diesem Grunde ist die Eintrittsgebühr vom Franchise-Nehmer auch dann zu leisten, wenn der Franchise-Vertrag nach der Betriebseröffnung und -eingliederung, aber vor Ablauf der vertraglich fest vereinbarten Laufzeit vorzeitig beendet wird.[198]

134

> **Hinweis:**
> § 307 BGB steht der Leistung einer solchen Eintrittsgebühr nicht entgegen, zumindest dann nicht, wenn deren Leistung wirtschaftliche und rechtliche Vorteile des Franchise-Nehmers gegenüber stehen.[199]

Entscheidend für die **Bemessung der Gebühren** ist, welche Leistungen vom Franchise-Geber erbracht werden, insb. die Schulungs- und Marketingleistungen. Zwingend für jedes Franchise-System ist nicht

135

---

194 Vgl. zum Ganzen: Pilger, BB 2000, 368 ff.; siehe auch Flohr, Franchise-Vertrag, S. 80 mit weiterführenden Hinweisen in Fn. 124, 125.
195 Vgl. dazu statt aller: Palandt/Heinrichs, BGB, § 119 Rn. 29 m.w.N.
196 Instruktiv insoweit das Beispiel: OLG Nürnberg, NJW-RR 2001, 636.
197 Vgl. zum Ganzen: Flohr, Franchise-Vertrag, S. 131 ff. m.w.N. und allgemein: Gross, BB 1995, 885 ff. sowie Clemens, IntGewA. 1988, 259, 263.
198 So ausdrücklich: OLG Hamburg, EWiR, Art. 85 EWGV 6/86, 899 mit Anm. Martinek.
199 Zum Ganzen: OLG Hamm, JMBl. NW 1990, 17; OLG München, WiB 1997, 540 mit Anm. Flohr; OLG Frankfurt, Urt. v. 14.5.1987 – 16 U 79/86, n.v.

nur eine Schulung des Franchise-Nehmers, sondern auch eine laufende Weiterentwicklung der Marketingkonzepte; diese müssen den wechselnden Märkten angepasst werden.[200]

136 **Gradmesser** für diese Leistungen des Franchise-Gebers und damit auch für die **Angemessenheit** der vom Franchise-Nehmer verlangten Franchise-Gebühren ist **§ 138 BGB**.[201] Zwischen dem dem Franchise-Nehmer zur Verfügung zu stellenden Know-how und den vom Franchise-Nehmer zu leistenden Gebühren muss demgemäß ein ausgewogenes Verhältnis von Leistung und Gegenleistung (austarierte wechselseitige Vorteile) bestehen.[202] Entscheidend ist dabei der objektive Wert der Leistungen zum Zeitpunkt des Abschlusses des Franchise-Vertrags.[203]

137 Ansonsten sind die Fragen der **Ermittlung der jeweils „richtigen" Gebühr** ungeklärt. Grundsatzentscheidungen gibt es nicht. Notwendig ist daher jeweils eine sich an §§ 138, 242 BGB orientierende Einzelentscheidung.[204] Da es sich bei der Regelung hinsichtlich der Bemessung der Franchise-Gebühr um eine Preisregelung handelt, ist die Frage der Bemessung der Franchise-Gebühr der Inhaltskontrolle der §§ 305 ff. BGB entzogen. Die **Grenze für die Angemessenheit der Gebühren** bilden hiermit die Wertungsvorschriften der §§ 138, 242 BGB. Ggf. kann auch zur Bemessung der laufenden Franchisegebühren auf die Grundsätze zur Festsetzung einer angemessenen Lizenzgebühr oder auf die der sog. Lizenzanalogie bei der Bemessung eines Schadensersatzes wegen Verletzung von Lizenzrechten zurückgegriffen werden.[205]

138 Da eine Einzugsermächtigung für die Gebühren widerrufbar ist, sollte grds. im Franchise-Vertrag ein Abbuchungsauftrag vereinbart werden. Zugleich sollte die Verpflichtung des Franchise-Nehmers zur **ausreichenden Kontodeckung** festgelegt werden. Hier ist dann auch darzustellen, unter welchen Voraussetzungen der Franchise-Nehmer mit seinen Zahlungsverpflichtungen in Verzug i.S.d. § 286 BGB gerät.[206]

139 Nach den Feststellungen des Deutschen Franchise-Verbands liegt die durchschnittliche Investitionssumme einer Franchise-Gründung bei 150.000 €. Als Einstiegsgebühr verlangen Franchise-Systeme im Schnitt ca. 11.500 €.

140 82 % der Franchise-Geber berechnen ihre laufende Gebühr prozentual vom **Umsatz**; die Gebühr macht zwischen 2 und 5 % aus. 40 % erheben eine **monatliche Fixgebühr**; sie beträgt im Durchschnitt 230 €. Häufig ist eine Kombination beider Gebührenarten zu verzeichnen (daher mehr als 100 % in der Summe). Eine **Werbegebühr** wird von 43 % der Systeme erhoben.[207]

141 Erbringt der Franchise-Geber nicht die ihm nach dem Franchise-Vertrag obliegenden und im Gegenseitigkeitsverhältnis stehenden Leistungen, so kann der Franchise-Nehmer die **Einrede des nicht erfüllten Vertrags** gemäß § 320 BGB erheben und die Leistung der laufenden Franchise-Gebühren solange zurückstellen, bis der Franchise-Geber seinen Verpflichtungen nachkommt. Allerdings ist die Erhebung der Einrede des nicht erfüllten gegenseitigen Vertrags dann treuwidrig i.S.d. § 242 BGB, wenn der Franchise-Nehmer z.B. die Nichtigkeit des Franchise-Vertrags mangels eines ausgewogenen Verhältnisses von

---

200 Allgemein dazu: Lavan/Coye/Latona, Training and Development in franchisor-franchisee-relation-ship, Journal of European Industrial Training 1987, S. 27 ff.; Rohleder/Schmidt, Marktforschung & Management 1988, S. 120 ff.; Ringefeld, Harvard-Manager 1998, S. 122 ff.
201 Vgl. LG Paderborn, NJW-RR 1987, 672; LG Karlsruhe, NJW-RR 1989, 822 sowie Urt. des LG Leipzig v. 10.11.1997 – 13 O 7700/97, n.v.; aus der neueren Rspr. zur Sittenwidrigkeit von Preis- und Gebührenabsprachen: BGH, JZ 2001, 194 mit Anm. Singer; BGH, NJW-RR 2000, 1431.
202 Dazu insb. Wagenseil, Die Sittenwidrigkeit von Franchisevereinbarungen aufgrund eines Leistungsverhältnisses, S. 76 ff., 86 ff., 96 ff. jeweils mit zahlreichen weiterführenden Nachweisen.
203 So ausdrücklich: OLG Rostock, DB 1995, 2006.
204 Zum Charakter und Bewertung der Franchise-Gebühren aus rechtlicher Sicht siehe Flohr, Franchiserecht, Dokumentation zum 2. Franchise-Rechts-Forum, S. 27 – 54 m.w.N.
205 Vgl. dazu zuletzt noch BGH, NJW 2006, 615.
206 Vgl. aus der Rspr. zur Verzugsbegründung BGH, BB 1998, 1283.
207 DFV – Franchise Telex 2000, S. 5.

Leistung und Gegenleistung behauptet, dann aber die Einrede des nicht erfüllten gegenseitigen Vertrags erhebt, obwohl diese Einrede das Bestehen des Franchise-Vertrags voraussetzt.[208]

VII. Know-how-Transfer im Franchise-System

Gekennzeichnet wird jedes Franchise-System durch den **Know-how-Transfer**, d.h. die Informationen und Unterlagen, die dem Franchise-Nehmer für das Betreiben des Franchise-Outlets zur Verfügung zu stellen sind. Bis zum 31.12.1999 wurde – auch bei der Vertragsgestaltung – auf die entsprechende Definition der Franchise-GVO[209] zurückgegriffen. Nunmehr sind die entsprechenden Regelungen der Vertikal-GVO zu beachten. Danach wird das Know-how eines Franchise-Systems wie folgt umschrieben:

„Know-how" ist eine Gesamtheit nicht patentierter praktischer Kenntnisse, die der Lieferant durch Erfahrungen und Erprobung gewonnen hat und die geheim, wesentlich und identifiziert sind. Hierbei bedeutet:

- „Geheim", dass das Know-how als Gesamtheit oder in der genauen Zusammensetzung seiner Bestandteile nicht allgemein bekannt und nicht leicht zugänglich ist,
- „Wesentlich", dass das Know-how Kenntnisse umfasst, die für den Käufer zum Zwecke der Verwendung, des Verkaufs oder des Weiterverkaufs der Vertragswaren oder Dienstleistungen unerlässlich sind,
- „Identifiziert", dass das Know-how umfassend genug beschrieben ist, so dass überprüft werden kann, ob es die Merkmale „geheim" oder „wesentlich" erfüllt.[210]

Damit unterstreicht die Vertikal-GVO genau wie die Franchise-GVO die **Bedeutung und Wichtigkeit des Know-how** beim Franchise-System.

Ist dieser Know-how-Transfer streitig, hat der Franchise-Geber nach dem Urt. des **OLG Oldenburg** v. 16.10.1997[211] nicht nur die Werthaltigkeit des Know-how eines Franchise-Systems darzulegen und zu beweisen, sondern auch inwieweit der Franchise-Nehmer daraus Nutzen ziehen konnte.

> **Hinweis:**
> Jeder Franchise-Geber muss daher nicht nur beweisen, sondern auch im Franchise-Handbuch festlegen, dass **substantielles (unerlässliches) Know-how** vorhanden ist. Zugleich muss dieses Know-how auf den Franchise-Nehmer übertragen werden. Wo hier die Grenzen zu ziehen sind, wird neben den Erfahrungen mit der Vertikal-GVO die Rspr. aufzuzeigen haben.

Mangelt es an einer Ausgewogenheit der Leistung des Franchise-Gebers (Know-how) und der Gegenleistung des Franchise-Nehmers (Gebühren), so kann der abgeschlossene Franchise-Vertrag gemäß § 138 BGB sittenwidrig und damit nichtig sein. Der Franchise-Geber ist dann nach den Vorschriften der ungerechtfertigten Bereicherung (§ 812 Abs. 1 Satz 1 BGB) verpflichtet, dem Franchise-Nehmer im Rahmen der Rückabwicklung u.a. die von diesem geleistete Eintrittsgebühr zu erstatten.[212] Dabei ist die Saldotheorie zu beachten.[213]

VIII. Sittenwidrigkeitskontrolle (§ 138 BGB)

Bei der **Sittenwidrigkeitskontrolle von Vertriebsverträgen** – und damit auch Franchise-Verträgen – nach § 138 BGB steht der Schutz des Absatzmittlers vor einseitigen Beschränkungen seiner wirtschaft-

---

208 Siehe BGH, BB 1995, 1209.
209 Abgedruckt bei: Flohr, Franchise-Handbuch, Gruppe I/I.
210 Abgedruckt in: Amtsblatt der Europäischen Gemeinschaft L 336, S. 21 ff.
211 DStR 1998, 903 – Servicemaster mit Anm. Flohr; dazu auch Haager, NJW 1999, 2081, 2084.
212 Zum Ganzen: OLG Karlsruhe, NJW-RR 1989, 822, dazu Haager, NJW 1999, 2081, 2084.
213 OLG Dresden, WiB 1995, 1010.

lichen Entscheidungsfreiheit im Vordergrund.[214] Verhindert werden sollen Missbräuche der Privatautonomie;[215] etwa wenn der Franchise-Nehmer in sittenwidriger Weise geknebelt wurde und dadurch die vertraglichen Regelungen die wirtschaftliche Entfaltung in einem solchen Maße beschnitten wird, dass diese ihre Selbständigkeit und wirtschaftliche Entschließungsfreiheit im Ganzen oder im wesentlichen Teil einbüßt.[216] Dabei kann ein Franchise-Vertrag nicht schon deswegen nach § 138 BGB als sittenwidrig angesehen werden, weil dieser hauptsächlich die Pflichten des Franchise-Nehmers regelt. Dies ist ein Resultat des Vertragstypus „Franchise-Vertrag" und lässt an dessen Zulässigkeit als solche keine Zweifel aufkommen.[217]

> **Hinweis:**
>
> Diese **Inhaltskontrolle des Franchise-Vertrags** steht neben der **Inhaltskontrolle gemäß den §§ 305 ff. BGB** und ist um so mehr von Bedeutung, je intensiver der Franchise-Nehmer in das Vertriebssystem des Franchise-Gebers eingebunden ist und je ausgeprägter der Franchise-Nehmer auf die Interessen des Franchise-Gebers abzustellen hat. Dass Franchise-Verträge damit der Sittenwidrigkeitskontrolle unterliegen, ist unstreitig.[218]

147 Ein Franchise-Vertrag kann sittenwidrig sein, wenn er gegen das Anstandsgefühl aller billig und gerecht Denkenden verstößt.[219] **Sittenwidrig i.S.v. § 138 BGB** kann aber auch ein Franchise-Vertrag sein, wenn er die **wirtschaftliche Entfaltung** des Franchise-Nehmers in einem nicht hinzunehmenden Maß **beschneidet**, so dass dieser seine Selbständigkeit weitgehend einbüßt.[220] Letztlich kann eine Sittenwidrigkeit des Franchise-Vertrags gegeben sein, wenn dieser eine Vielzahl von Bestimmungen enthält, die den Franchise-Geber einseitig begünstigen, den Franchise-Nehmer aber übermäßig in seiner wirtschaftlichen Bewegungsfreiheit einschränken, ohne dass diesem dafür eine entsprechende Gegenleistung gewährt wird.[221]

148 Der **Verstoß eines Franchise-Vertrags gegen § 138 BGB** liegt auch dann vor, wenn der **Franchise-Nehmer jegliche Risiken trägt** und sich der Franchise-Geber der Übernahme eines jeglichen Risikos enthält, jedoch gleichzeitig über die Richtlinienkompetenz des Franchise-Handbuchs maßgeblichen Einfluss auf die Geschicke des Franchise-Outlets des Franchise-Nehmers erhält.[222]

149 Ein Verstoß gegen § 138 BGB kann auch dann vorliegen, wenn Franchise-Geber planmäßig erfolgreiche Franchise-Outlets durch die Systemzentrale zurückzukaufen.[223] Bei einer solchen Vertragsgestaltung lässt der Franchise-Geber auf eigenes Risiko Franchise-Outlets aufbauen, die er bei Beendigung des Franchise-Vertrags sodann übernehmen kann. Je besser die Aufbauarbeit des Franchise-Nehmers ist und je erfolgreicher dieser gearbeitet hat, umso größer ist der Anreiz für den Franchise-Geber, das Franchise-Outlet in ein möglicherweise neben dem Franchise-System bestehendes Filialsystem zu überführen.

---

214 So Martinek, in: FS BGH, S. 114 ff.; siehe dazu ebenfalls Wagenseil, Die Sittenwidrigkeit von Franchisevereinbarungen aufgrund eines Leistungsmissverhältnisses, S. 86 ff., S. 196 ff. mit jeweils zahlreichen weiterführenden Nachweisen.
215 So erneut ausdrücklich BGH, BB 2001, 906; siehe auch BVerfG, NJW 1994, 36.
216 BGH, NJW 1993, 1587 und zuletzt wieder LG Mainz, NJW-RR 2001, 637.
217 So ausdrücklich LG Neu-Rupin, Urt. v. 30.8.1995 – 2 O 189/95, n.v.
218 Vgl. Martinek, Moderne Vertragstypen, II., S. 90; Martinek, in: Martinek/Semmler/Habermeier/Flohr, Handbuch des Vertriebsrechts, § 19 Abs. 2 Satz 2; Skaupy, Franchising, S. 128; siehe aus der Rspr.: BGH, NJW 1987, 639.
219 Vgl. Palandt/Heinrichs, BGB, § 138 Rn. 2 m.w.N.
220 Zur Sittenwidrigkeit solcher als Knebelungsverträge zu bezeichnender Franchise-Verträge: Staudinger/Sack, BGB, § 138 Rn. 259; siehe auch aus der Rspr.: OLG Hamm, Urt. v. 29.2.2000 – 8 U 113/99, n.v.
221 BGH, NJW 1987, 639.
222 Siehe dazu: BGH, WM 1976, 181, 182; ferner zur Beschränkung der unternehmerischen Freiheit: OLG Frankfurt, NJW 1967, 1043.
223 Siehe dazu Skaupy, Franchising, S. 65.

Auch die **Dauer von Franchise-Verträgen**, die – auch vor dem Hintergrund der Vertikal-GVO – auf mehrere Jahre ohne ordentliche Kündigungsmöglichkeit abgeschlossen werden, hat der BGH anhand des Wertungsmaßstabes des § 138 BGB geprüft. Danach ist dann eine **übermäßige Beeinträchtigung der wirtschaftlichen Entscheidungsfreiheit** des Franchise-Nehmers und somit ein Verstoß gegen § 138 BGB anzunehmen, wenn die Laufzeit des Vertrags mehr als 20 Jahre beträgt.[224] Dabei ist davon auszugehen, dass ein Franchise-Vertrag mit einer Zeitdauer von 20 Jahren „die äußerste Grenze des gerade noch Zulässigen in einem Ausnahmefall" erreicht.[225] Inwieweit diese Rspr. vor dem Hintergrund der Vertikal-GVO noch gilt, bleibt abzuwarten. Möglicherweise gehört diese Rspr. schon deswegen der Vergangenheit an, weil zukünftig nur noch Franchise-Verträge mit jeweils 5-jähriger Festlaufzeit abgeschlossen werden. Dabei wird zukünftig auch § 307 Abs. 1 Satz 1 BGB eine größere Bedeutung bei der Laufzeitkontrolle von Franchise-Verträgen zukommen.[226] § 307 Abs. 1 BGB verlangt die Prüfung der Frage, ob die vereinbarte Vertragsdauer vor dem Hintergrund der Abwägung der Interessen von Franchise-Geber und Franchise-Nehmer eine billige und gerechte Regelung darstellt oder ob sie das Gleichgewicht der Rechte und Pflichten zum Nachteil des Franchise-Nehmers erheblich stört. Von Bedeutung wird daher auch sein, ob sich die Investitionen des Franchise-Nehmers innerhalb der vertraglich vereinbarten Festlaufzeit amortisieren.[227]

150

Martinek[228] weist zu Recht darauf hin, dass sich die Rspr. demgegenüber mit **kurzen Anlaufzeiten** von Franchise-Verträgen nicht beschäftigt hat, obwohl gerade bei knapp bemessener Anlaufzeit die Gefahr einer ordentlichen Kündigung insb. dann für den Franchise-Nehmer bedrohlich ist, wenn sich seine Investitionen in der Anlaufzeit noch nicht amortisiert haben. Eine Kündigung könnte dann gegen § 138 BGB verstoßen.

151

Letztlich bezieht sich die Sittenwidrigkeitskontrolle von Franchise-Verträgen auch auf die Frage der **Angemessenheit von Eintritts- und laufenden Franchise-Gebühren**.[229]

152

Einem Verstoß des Franchise-Vertrags gemäß § 138 BGB kann man auch nicht dadurch zuvorkommen, wenn im Rahmen des Franchise-Vertrags eine sog. **Salvatorische Klausel** vereinbart wird. Sind nämlich einzelne Regelungen des Vertrags so einengend, dass der Vertrag insgesamt gegen § 138 BGB verstößt, so würde jegliche Änderung oder Anpassung des Vertrags auf der Grundlage der Salvatorischen Klausel zu einer neuen und völlig abweichenden Vertragsgestaltung führen, die nicht mehr vom Parteiwillen getragen ist. Die Salvatorische Klausel greift dann nicht.[230]

153

IX. Vertragliche und nachvertragliche Wettbewerbsverbote

Üblich sind **vertragliche Wettbewerbsverbote**, d.h. die Untersagung gegenüber dem Franchise-Nehmer, sich während der Laufzeit des Vertrags an einem Konkurrenzunternehmen zu beteiligen oder gar einen Franchise-Vertrag mit einem Konkurrenzunternehmen abzuschließen.

154

Nach der Franchise-GVO, aber auch der Vertikal-GVO kann ein **nachvertragliches Wettbewerbsverbot**

155

- nur auf die Dauer von einem Jahr,
- beschränkt auf das Vertragsgebiet,
- gegen Zahlung einer Karenzentschädigung

---

224 Vgl. BGHZ 54, 145; BGH, NJW 1985, 693; NJW 1969, 1662; NJW 1998, 156, 159 f.
225 BGH, NJW 1985, 2693.
226 Grds. dazu: Stoffels, BB 2004, 1871 ff.
227 Zum Ganzen: Flohr, BB 2006, 389, 395 f.
228 FS BGH, S. 114.
229 Siehe auch dazu: Wagenseil, Die Sittenwidrigkeit von Franchisevereinbarungen aufgrund eines Leistungsmissverhältnisses, S. 76 ff. unter Darstellung des Äquivalenzprinzips.
230 Vgl. BGH, NJW 1983, 159, 162; NJW 1995, 722, 724.

vereinbart werden. Dieses nachvertragliche Wettbewerbsverbot muss in einer **gesonderten Abrede** enthalten sein. Wird ein Wettbewerbsverbot ohne die Verpflichtung des Franchise-Gebers zur Leistung einer Karenzentschädigung vereinbart, so ist dieses nicht nichtig. Vielmehr ist dem Franchise-Nehmer analog § 90a Abs. 1 Satz 3 HGB eine **Karenzentschädigung** zu leisten.[231] Allerdings ist ein dem Franchise-Nehmer auferlegtes nachvertragliches Wettbewerbsverbot dann sittenwidrig, wenn dieses zeitlich und örtlich unbegrenzt ist.[232] Hierin liegt ein unzulässiger Eingriff in die Berufsfreiheit i.S.v. Art. 12 Abs. 1 GG.[233]

156   Ob neben dem vertraglichen Wettbewerbsverbot auch eine **Konkurrenzschutzpflicht** des Franchise-Gebers besteht, ist umstritten.[234] Unter einer solchen Konkurrenzschutzpflicht wird auch die immanente Pflicht des Franchise-Gebers verstanden, den Franchise-Nehmer vor **existenzgefährdendem Wettbewerb innerhalb des eigenen Franchise-Systems** zu bewahren. Die EU-Gruppenfreistellungsverordnung für Vertikale Vertriebsbindungen lässt zwar nach wie vor die Festlegung von Vertragsgebieten und vertraglichen und nachvertraglichen Wettbewerbsverboten zu, akzeptiert aber einen Wettbewerb der Franchise-Nehmer untereinander. Dies kommt z.B. darin zum Ausdruck, dass grds. einem Franchise-Nehmer aktives Marketing außerhalb seines Vertragsgebietes nicht untersagt werden darf. Vor dem Hintergrund der EU-Gruppenfreistellungsverordnung für Vertikale Vertriebsbindungen ist daher nur noch von einer eingeschränkten Konkurrenzschutzpflicht des Franchise-Gebers auszugehen, wobei im Einzelfall der Franchise-Nehmer vor unlauterem Verhalten des Franchise-Gebers bzw. anderer Franchise-Nehmer des Systems durch §§ 138, 242 BGB geschützt wird.[235]

157   Zu **unterscheiden** von diesem **vertraglichen** bzw. **nachvertraglichen Wettbewerbsverbot** ist das – mitunter auch als Wettbewerbsverbot bezeichnete – **Absatzverbot** des Franchise-Nehmers für **Fremdprodukte**, d.h. die dem Franchise-Nehmer auferlegte Verpflichtung, die mit Produkten des Franchise-Systems konkurrierenden Produkte oder Produkte konkurrierender Lieferanten nicht in seinem Franchise-Outlet abzusetzen. Nach der Vertikal-GVO kann ein solches Wettbewerbsverbot, wenn die Bezugsbindung mehr als 80 % beträgt, nur auf die Dauer von fünf Jahren vereinbart werden. Vom sechsten Jahr an ist der Franchise-Nehmer berechtigt, auch konkurrierende Produkte zu verkaufen (Art. 4 Vertikal-GVO). Diese Regelung wird dazu zwingen, dass zukünftig bei Franchise-Verträgen mit 100%iger Bezugsbindung nur eine Erstlaufzeit von fünf Jahren vereinbart wird, um danach einen weiteren Franchise-Vertrag mit wiederum 5-jähriger Laufzeit abzuschließen.

158   Die Regelung der EU-Gruppenfreistellungsverordnung für Vertikale Vertriebsbindungen wird daher zu „**Ketten-Franchise-Verträgen**" führen. Damit wird sich dann aber auch die Frage stellen, wann der Franchise-Nehmer einen Anspruch auf einen zeitlich unbefristeten Franchise-Vertrag bzw. einen Vertragsverlängerungsanspruch bzw. Anspruch auf Vertragsfortsetzung hat.[236] Ein solcher Anspruch ist allenfalls aus § 242 BGB herzuleiten und etwa dann begründet, wenn der Franchise-Nehmer kurz vor Ende der vertraglich vereinbarten Festlaufzeit nicht unerhebliche Investitionen getätigt hat.[237] Dies wirft dann auch zugleich die Frage nach einem Investitionserstattungsanspruch des Franchise-Nehmers auf.[238]

---

231   BGH, DB 1987, 1039 – Aquella; siehe auch die insoweit instruktiven Entscheidungen: OLG Düsseldorf, Urt. v. 2.5.1985 – 2 U 20/85, n.v.; OLG Düsseldorf, EWiR § 138 BGB 15/90, 867 mit Anm. Schaub; OLG Hamm, OLG Report 1993, 156; OLG Koblenz, NJW-RR 1993, 611; LG Hannover, BB 1998, 1501; OLG Düsseldorf, BB 2001, 956; aus dem Schrifttum: Winterstein, NJW 1989, 1463.
232   Vgl. dazu BGH, EWiR, § 139 BGB 1/89, 537.
233   Siehe dazu vor allem: BVerfG, BB 1990, 440.
234   Siehe Liesegang, BB 1999, 857 einerseits und Fritzemeier, BB 2000, 472 andererseits.
235   So zu Recht Fritzemeier, BB 2000, 475.
236   Vgl. dazu Skaupy, Franchising, S. 145 f.
237   Vgl. in diesem Zusammenhang allgemein zum Investitionserstattungsanspruch des Franchise-Nehmers: Rafsendjani, Der Good-will-Ausgleichsanspruch des Franchise-Nehmers, S. 112 ff.
238   In Österreich ist der Investitionserstattungsanspruch zwischenzeitlich in § 454 HGB gesetzlich geregelt. In der BRD wird er nur in Einzelfällen von der Rspr. anerkannt. Umfassend dazu: Flohr, BB 2006, 389, 400 m.w.N.

X. Gewerbliche Schutzrechte

Wer Franchise-Verträge abschließt, muss unabdinglich die **Kennzeichnungs – und Ausstattungsrechte**[239] regeln. Eine „sichere" Marke ist demgemäß Grundvoraussetzung für ein funktionierendes und schlüssiges Franchise-System. Ist die Marke nicht geschützt, angreifbar oder nicht bzw. nicht vernünftig zu verteidigen, gerät im Streitfall das gesamte Franchise-System ins Wanken, es kann aus diesen Gründen zusammenbrechen. Folglich ist der Konzeption der Marke große Aufmerksamkeit zu widmen.[240]

> **Hinweis:**
> Die Marke muss, das ist ihre Hauptfunktion, unterscheidungskräftig sein. Nur die eigenständige individuelle Kennzeichnung ist geeignet, die eigenen Waren oder Dienstleistungen von denen der Mitbewerber zu unterscheiden.[241]

Der Franchise-Geber muss sich entscheiden, ob er seine Marke nur als nationale Marke, als IR-Marke nach dem Madrider Markenschutzabkommen[242] oder als Europäische Marke beim Europäischen Harmonisierungsamt in Alicante[243] eintragen lässt.

Stehen die gewerblichen Schutzrechte dem Franchise-Geber nicht zu und ist dieser demgemäß mangels Rechtsinhaberschaft auch nicht in der Lage, diese dem Franchise-Nehmer zur Nutzung zu überlassen, so macht sich der Franchise-Geber nach den Grundsätzen der positiven Vertragsverletzung dem Franchise-Nehmer gegenüber schadensersatzpflichtig.[244] Dieser Schadensersatzanspruch umfasst auch die laufenden Franchise-Gebühren des Franchise-Nehmers, da dieser aufgrund des abgeschlossenen Franchise-Vertrags von der Berechtigung des Franchise-Gebers zur Nutzungs-Überlassung der Marke ausgehen musste und die Leistung der laufenden Franchise-Gebühren auch weder als völlig unvernünftig noch unsachgemäß anzusehen ist.[245]

XI. Rechtsnachfolge

Soweit der Franchise-Vertrag keine **Rechtsnachfolgeklausel** enthält, endet dieser mit dem Tod des Franchise-Nehmers. Dies ergibt sich aus zwei Rechtsanalogien:

- Zum einen ist im Geschäftsbesorgungsrecht anerkannt, dass der Geschäftsbesorgungsvertrag gemäß § 673 Satz 1 BGB im Zweifel mit dem Tod des Beauftragten erlischt.
- Zum anderen ist für den Handelsvertretervertrag anerkannt, dass dieser mit dem Tod des Handelsvertreters endet, es sei denn, der Handelsvertretervertrag enthält eine entsprechende Rechtsnachfolgeklausel.[246]

Beide Wertungsmodelle sind auf den Franchise-Nehmer zu übertragen. Auch mit diesem wurde wie mit dem Beauftragten oder einem Handelsvertreter der Vertrag aufgrund persönlicher Qualifikationen abgeschlossen. Auch die Tätigkeit, die der Franchise-Nehmer auf der Grundlage des Franchise-Vertrags erbringt, ist ähnlich wie bei einem Geschäftsbesorgungs- bzw. Handelsvertretervertrag persönlich und damit personenbezogen. Dies bedeutet, dass den Franchise-Vertrag nur ein solcher Franchise-Nehmer

---

239 Dazu allgemein: Bodewig, in: Handbuch des Ausstattungsrechts, S. 935 ff. mit zahlreichen weiterführenden Nachweisen.
240 Vgl. Flohr, Franchise-Handbuch, Gruppe B/VIII.
241 Vgl. Flohr, Franchise-Handbuch, Gruppe B/VIII; Fezer, Markenrecht, § 3 MarkenG Rn. 145 ff.; § 27 MarkenG Rn. 51.
242 Ausführlich dazu Fezer, Vorbem. zum MMA, Rn. 6 ff. m.w.N.
243 Dazu insb. von Mühlendahl/Ohlgart, Die Gemeinschaftsmarke, S. 1 ff.
244 Giesler, Franchise-Verträge, S. 19 f., der einen Schadensersatzanspruch gemäß § 325 BGB annimmt.
245 Vgl. zur parallelen Frage beim Lizenzvertrag: BGH, NJW 1991, 1109.
246 Vgl. Baumbach/Hopt/Hopt, HGB, § 89 Rn. 3.

erfüllen kann, der die persönlichen Qualifikationen und das Franchise-Nehmer-Profil des Franchise-Gebers erfüllt.

164 Vielfach wird in Franchise-Verträgen auch eine **Nachfolgeklausel** vereinbart, um den Erben des Franchise-Nehmers die Möglichkeit zu geben, das Franchise-Geschäft – schon wegen der vom Erblasser getätigten Investitionen – fortzuführen. Dann muss im Franchise-Vertrag aber festgehalten werden, dass der Erbe über die Voraussetzungen verfügt, die der Franchise-Geber grds. an die Erfahrung, die Bonität und die Sachkunde des Franchise-Nehmers stellt. Sollte sich die Notwendigkeit ergeben, dass eine **Erbengemeinschaft** den Franchise-Vertrag fortführt, so ist es wichtig, festzuhalten, dass nur einer der Erben den Franchise-Vertrag fortführen kann bzw. einer der Erbengemeinschaft gegenüber dem Franchise-Geber als Beauftragter benannt wird. Gegenüber diesem Beauftragten sind dann auch alle mit dem Franchise-Vertrag zusammenhängenden Erklärungen mit Wirkung für die anderen Miterben abzugeben, z.B. wenn sich die Notwendigkeit der Erklärung einer ordentlichen oder fristlosen Kündigung ergibt.

165 **Tritt ein Dritter dem Franchise-Vertrag bei** und tritt somit die Rechtsnachfolge des Franchise-Nehmers an, so ist immer zu prüfen, ob es sich um einen Schuldbeitritt oder um eine befreiende Schuldübernahme nach § 415 BGB handelt.[247]

XII. Vertragsdauer

166 Die **Laufzeit** von **Franchise-Verträgen** kann nicht allgemein beurteilt werden, da sie vom jeweiligen Franchise-System, aber auch von der Art des Geschäfts sowie den persönlichen Wünschen und Verhältnissen der Vertragsbeteiligten, insb. aber der **Höhe** der **Investitionen** und des **Kapitaleinsatzes** eines Franchise-Nehmers, **abhängig ist**.[248] Eine über zehn Jahre hinausgehende Erstlaufzeit des Franchise-Vertrags kann zwar nach Art. 5a Vertikal-GVO für die Laufzeit eines mit dem Franchise-Nehmer abgeschlossenen Untermietvertrags vereinbart werden, jedoch sollte die **Erstlaufzeit von Franchise-Verträgen** nicht mehr als 15 Jahre betragen. Insofern ist auf Franchise-Verträge die Rechtsprechung zu Bierlieferungsverträgen anzuwenden. Allgemein gilt der Grundsatz:

„Je höher die Investitionen des Franchise-Nehmers sind, desto länger können die Bindungen sein."[249]

167 Handelt es ich um **sehr umfangreiche Investitionen**, so kann entgegen Art. 4 Vertikal-GVO auch ein **Wettbewerbsverbot**, d.h. das Verbot, an den Franchise-Nehmer konkurrierende Produkte abzusetzen oder Dienstleistungen zu erbringen, für länger als fünf Jahre vereinbart werden. Diese Ausnahme sieht Tz. 155 Guidelines Vertikal-GVO vor. Notwendig sind dann aber sog. „vertragsspezifische Investitionen" i.S.v. Tz. 116 Nr. 4 Guidelines Vertikal-GVO, wobei langfristige Investitionen als solche definiert werden, die nicht kurzfristig hereingeholt werden können. Bei der Vertragsgestaltung sind dann aber im Franchise-Vertrag nicht nur die Höhe der Investitionen darzustellen, sondern auch dass sich diese Investitionen innerhalb einer Frist von fünf Jahren nicht amortisieren und deswegen der Franchise-Vertrag über eine längere Erstlaufzeit als fünf Jahre abgeschlossen werden muss und demgemäß auch der Franchise-Nehmer verpflichtet ist, nach Ablauf des fünften Vertragsjahres ein vertraglich vereinbartes Wettbewerbsverbot zu beachten.

168 Wenn daher Franchise-Verträge nur noch um dem Franchise-Nehmer die Möglichkeit zu nehmen, vom sechsten Vertragsjahr an konkurrierende Produkte zu verkaufen, auf eine Laufzeit von fünf Jahren fest

---

247 Instruktiv insofern die Entscheidung BGH, EWiR 15 BGB 1/01, 309 mit Anm. Armbrüster.
248 Zum Ganzen: Flohr, Franchise-Vertrag, S. 188 ff.
249 Vgl. umfassend: Stoffels, DB 2004, 1871; Martinek, in: Martinek/Semmler/Habermeier/Flohr, Handbuch des Vertriebsrechts, § 19 Rn. 34 ff.; Götz, BB 1990, 1217 m.w.N.; sowie Bühler, BB 1994, 663; BB 1997, Beilage 11; BGH, DB 1985, 1684 ff.; NJW-RR 1990, 816; LG Berlin, NJW-RR 1990, 820; BGH, NJW 1998, 157, 159 f. zu der Frage der Wirksamkeit eines Tankbestellenbelieferungsvertrags mit einer Laufzeit von 15 Jahren und der Notwendigkeit des Aufbaus einer Infrastruktur und der nicht Vorhersehbarkeit der wirtschaftlichen Entwicklung in den neuen Bundesländern.

vereinbart werden, dürften zukünftig **Ketten-Franchise-Verträge** abgeschlossen werden, d.h. es werden sich Franchise-Verträge mit einer jeweils 5-jährigen Festlaufzeit aneinander reihen.[250]

> **Hinweis:**
> Soweit argumentiert worden ist, Franchise-Verträge könnten als Dauerschuldverhältnisse wegen der Vorschrift des § 309 Nr. 9a BGB nur auf eine Festlaufzeit von zwei Jahren vereinbart werden, hat sich hier die Ansicht durchgesetzt, dass diese Regelung auf sog. Gebrauchsüberlassungsverträge und daher auch auf Franchise-Verträge nicht anzuwenden ist.[251]

Ob wegen der sich abzeichnenden 5-jährigen Festlaufzeit von Franchise-Verträgen zukünftig auch ein **Anspruch auf Vertragsverlängerung** oder **Abschluss eines weiteren Franchise-Vertrags** mit jeweils 5-jähriger Festlaufzeit wieder an Bedeutung gewinnen wird, gilt abzuwarten. Bislang wurde ein solcher aus § 242 BGB herzuleitender Vertragsverlängerungsanspruch allgemein abgelehnt.[252] 169

Steht fest, dass der Franchise-Vertrag wegen überlanger Laufzeit gegen die guten Sitten verstößt, so ist analog § 139 BGB zu prüfen, mit welcher Laufzeit der Franchise-Vertrag unter Berücksichtigung des tatsächlichen oder vermuteten Willens von Franchise-Geber und Franchise-Nehmer aufrecht erhalten werden kann, wobei ggf. freiwillige Leistungen der Vertragsparteien zu berücksichtigen sind.[253] 170

XIII. Vertragsbeendigung

Beendet werden kann eine Franchise-Vertrag durch 171
- Abschluss eines Aufhebungsvertrags,
- Zeitablauf,
- ordentliche Kündigung,
- fristlose Kündigung.

1. Beendigung durch Aufhebungsvertrag

Der Abschluss eines Aufhebungsvertrags ist nach dem **Grundsatz der Vertragsfreiheit** (§ 311 Abs. 1 BGB) zulässig. 172

Schließen Franchise-Geber und Franchise-Nehmer einen **Aufhebungsvertrag**, so müssen die beiderseitigen Interessen, die mit einer vorzeitigen Beendigung des Franchise-Vertrags zusammenhängen, angemessen berücksichtigt werden. Dies gilt insb. für die Verpflichtungen, die dem Franchise-Nehmer für den Fall der Beendigung des Vertrags auferlegt werden, wie z.B. Geheimhaltungsverpflichtungen. 173

Auch sollte eine Aufhebungsvereinbarung eine umfassende **Ausgleichsklausel** enthalten, um zu verhindern, dass im Nachhinein u.a. noch Schadensersatzansprüche wegen Verletzung vorvertraglicher Aufklärungspflichten oder Zahlungsansprüche geltend gemacht werden. Dann würde eine Aufhebungsvereinbarung nämlich ihres eigentlichen Sinns, eine abschließende Einigung zwischen Franchise-Geber und – Nehmer herbeizuführen, entleert.[254] 174

Wird ein **Aufhebungsvertrag abgeschlossen** und war ein **nachvertragliches Wettbewerbsverbot** vereinbart, so ist dies ebenfalls im Aufhebungsvertrag zu berücksichtigen. Unterbleibt eine Berücksichtigung, so ist auf die Unwirksamkeit eines solchen nachvertraglichen Wettbewerbsverbots § 75 Abs. 1 HGB ent- 175

---

250 Siehe zu Ketten-Handelsvertreterverträgen: BGH, EWiR, § 89b HGB 1/99, 653 mit Anm. Gude und zu Ketten-Franchise-Verträgen; NJW-RR 2002, 1554.
251 Statt aller: Erdmann, BB 1992, 795.
252 Vor allem Skaupy, Franchising, S. 145 f.; Flohr, Franchise-Vertrag, S. 189 f.
253 Vgl. BGH, NJW-RR 1990, 816; NJW 1998, 156, 160.
254 Zum Muster einer solchen Aufhebungsvereinbarung: Flohr, Franchise-Vertrag, S. 192 f.; allgemein zur Beendigung von Franchise-Verträgen: Stein-Wigger, Beendigung des Franchise-Vertrags, S. 56 ff., 140 ff.; aus der Rspr. siehe BAG, NJW 2000, 3155 mit Anm. Oetker, EWiR § 125 BGB 1/01, 153.

sprechend anwendbar. Das Wettbewerbsverbot wird damit unwirksam, wenn der dadurch belastete Teil – der Franchise-Nehmer – innerhalb eines Monats nach Wirksamkeit des Aufhebungsvertrags mitteilt, dass er sich an die Vereinbarung nicht gebunden fühlt.[255]

176 Wurde neben dem Franchise-Vertrag ein **Schiedsgerichtsvertrag** abgeschlossen, so umfasst ohne ausdrückliche Vereinbarung die Aufhebung des Franchise-Vertrags nicht auch den Schiedsgerichtsvertrag. Eine konkludente Aufhebung kommt nur in Betracht, wenn sich Anhaltspunkte dafür finden lassen, dass Franchise-Geber und Franchise-Nehmer auch vom Schiedsgerichtsvertrag Abstand nehmen wollten.

2. Beendigung durch Zeitablauf

177 Da Franchise-Verträge i.d.R. auf eine **fest bestimmte Vertragsdauer** abgeschlossen werden, enden diese mit Ablauf der vertraglich vereinbarten Festlaufzeit.

178 Um zu einer **Verlängerung der Zusammenarbeit** zu kommen, wurde unter der Geltung der Franchise-GVO eine Option vereinbart, d.h. der Franchise-Vertrag verlängerte sich automatisch um eine im Vertrag fixierte Festlaufzeit (fünf oder zehn Jahre), wenn keine der Vertragsparteien in einem im Vertrag festgelegten Zeitraum vor Ablauf der vertraglich vereinbarten Laufzeit erklärte, eine Fortsetzung des Franchise-Vertrags nicht zu wünschen.

179 Derartige **Optionsklauseln** werden zukünftig nicht mehr vereinbart werden können. Nach den Regelungen der Vertikal-GVO ist nämlich ein mit einer Optionsklausel versehener Franchise-Vertrag als ein auf unbestimmte Zeit abgeschlossener Franchise-Vertrag anzusehen. Damit würde selbst einem Franchise-Nehmer bei einer vertraglich vereinbarten Festlaufzeit von fünf Jahren bei mehr als 80 %iger Bezugsbindung die Möglichkeit eingeräumt, vom sechsten Vertragsjahr an konkurrierende Produkte zu verkaufen oder Dienstleistungen zu erbringen.

180 Die Erklärung einer ordentlichen Kündigung ist bei Vereinbarung einer vertraglich vereinbarten Festlaufzeit nicht notwendig. Mit Erreichen des Endzeitpunkts endet der Franchise-Vertrag automatisch, ohne dass es einer Erklärung bedarf.

3. Beendigung durch ordentliche Kündigung

181 Ist eine ordentliche Kündigung in einem Franchise-Vertrag vorgesehen, so sind die **Kündigungsmöglichkeiten unterschiedlich**. I.d.R. wird von einer Frist von drei Monaten zum Ende eines Kalenderhalbjahres ausgegangen; denkbar ist aber auch eine Frist von sechs Monaten zum Ende eines Kalenderhalbjahres. Enthält der Franchise-Vertrag keine Frist für eine ordentliche Kündigung, so sollte vom gesetzlichen Leitbild des Handelsvertreters ausgegangen werden. Danach kann eine ordentliche Kündigung gemäß § 89 HGB erklärt werden.

4. Beendigung durch fristlose Kündigung

182 I.d.R. werden in einem Franchise-Vertrag die **Gründe für eine fristlose Beendigung** des Franchise-Vertrags dargestellt. Diese fristlose Kündigung kann auch unabhängig davon erfolgen, ob der Franchise-Vertrag befristet oder aber auf eine fest vereinbarte Zeitdauer abgeschlossen wurde.[256]

183 Ein **Franchise-Vertrag** kann, auch wenn dies nicht ausdrücklich vertraglich geregelt ist, **fristlos aus wichtigem Grund gekündigt** werden. Das Recht zur fristlosen Kündigung war insoweit als allgemeiner Rechtsgrundsatz anerkannt.[257] Seit dem 1.1.2002 ist das Recht zur fristlosen Kündigung von Dauerschuldverhältnissen und damit auch von Franchise-Verträgen in § 314 Abs. 1 BGB geregelt. Danach kann ein Franchise-Vertrag vorzeitig aus wichtigem Grund gekündigt werden, wenn das Vertrauensverhältnis zwischen Franchise-Geber und Franchise-Nehmer so nachhaltig erschüttert ist, dass der anderen Vertragspartei eine Fortsetzung des Franchise-Vertrags nicht zugemutet werden kann. Dieses nunmehr gesetzlich

---

255 Siehe dazu: BGH, NZG 2000, 894.
256 Umfassend zur fristlosen Kündigung eines Franchise-Vertrags: Stummel, in: GS für Skaupy, S. 443 ff.
257 Dazu ausführlich: Flohr, Franchiserecht, Rn. 209 ff.

geregelte Kündigungsrecht kann durch den Franchise-Vertrag nicht ausgeschlossen werden.[258] Insoweit kommt auch seit dem 1.1.2002 keine fristlose Kündigung ohne Vorlage eines wichtigen Grundes in Betracht.[259]

Die fristlose Kündigung verlangt eine Interessenabwägung. Diese ist lediglich als **„ultima ratio"** in Betracht zu ziehen.[260]

Voraussetzung für eine fristlose Kündigung gemäß § 314 Abs. 1 BGB ist grds. eine **Abmahnung** oder **Ablehnungsandrohung**.[261] Der Verweis in § 314 Abs. 2 Satz 2 BGB auf § 323 Abs. 2 BGB regelt nunmehr ausdrücklich die Voraussetzungen der Entbehrlichkeit einer solchen Abmahnung. Danach ist eine Abmahnung entbehrlich, wenn

- der Franchise-Nehmer die Leistung ernsthaft und endgültig verweigert,
- der Franchise-Nehmer die Leistung zu einem im Franchise-Vertrag bestimmten Termin oder innerhalb der bestimmten Frist nicht bewirbt und der Franchise-Geber im Rahmen des Franchise-Vertrags für den Fortbestand seines Leistungsinteresses an die Rechtzeitigkeit dieser Leistung des Franchise-Nehmers gebunden ist oder
- besondere Umstände vorliegen, die unter Abwägung der beiderseitigen Interessen die fristlose Kündigung aus wichtigem Grund rechtfertigen.

Auch wenn in der **amtlichen Begründung zu § 314 Abs. 1 BGB** davon ausgegangen wird, dass beim Ausspruch einer fristlosen Kündigung das Verhalten des Kündigenden nicht zu berücksichtigen ist,[262] scheint sich hier die Rspr. wieder den Grundsätzen zu nähern, wie sie bis zum In-Kraft-Treten der Schuldrechtsreform bestand. Hier galt nämlich für Franchise-Verträge – ausgehend von der Rspr. des KG Berlin[263] – dass dann das Recht zur fristlosen Kündigung eines Franchise-Vertrags nicht gegeben ist, wenn sich der Kündigende im Zeitpunkt des Vertragsabschlusses selbst nicht vertragsgerecht verhalten hat. Der BGH hat nunmehr in seiner Entscheidung v. 21.11.2005[264] festgestellt, dass beim Ausspruch einer fristlosen Kündigung auch das vorangegangene **Fehlverhalten des Kündigenden** in die Gesamtabwicklung einzubeziehen ist. Zwar betrifft die Entscheidung die fristlose Kündigung einer zweigliedrigen GbR, doch sind diese Ausführungen auch auf die Frage, ob ggf. ein Franchise-Vertrag nicht fristlos aus wichtigem Grund gemäß § 314 Abs. 1 BGB gekündigt werden kann, weil sich der kündigende Vertragspartner im Zeitpunkt der Erklärung der fristlosen Kündigung selbst nicht vertragsgemäß verhalten hat, übertragbar. Insofern wird es zukünftig bei Franchise-Verträgen notwendig sein, in die für eine fristlose Kündigung notwendige Gesamtabwägung auch das vorangegangene Verhalten des kündigenden Vertragspartners miteinzubeziehen.

XIV. Vertragsstrafe

Um Vertragsverstöße sanktionieren zu können, wie etwa der Verstoß gegen ein nachvertragliches Wettbewerbsverbot oder die Verletzung von Geheimhaltungspflichten, wird in Franchise-Verträgen i.d.R. eine **Vertragsstrafe vereinbart**.

---

258 Vgl. noch zum alten Recht: BGH, NJW 1951, 136; BB 1973, 819; ausführlich: Martinek, FS BGH, S. 118 ff. m.w.N.; Stummel, in: GS für Skaupy, S. 443 ff.
259 So ausdrücklich BGB, BB 2003, 2254 und Flohr, BB 2006, 389, 397 f.
260 Vgl. dazu: Skaupy, Franchising, S. 137 ff.; aus der Rspr. siehe insb.: BGH, ZIP 1984, 1494 – McDonalds mit Anm. Böhner, NJW 1985, 2811; EWiR, § 242 BGB 2/99, 303 mit Anm. Martinek; KG, BB 1998, 607 – Burger King mit Anm. Flohr, ZAP Fach 6, S. 275.
261 Vgl. Henssler/Graf von Westphalen, Praxis der Schuldrechtsreform, § 314 Rn. 6.
262 Vgl. dazu: Albrecht/D. Flohr/Lange, Schuldrecht 2002, S. 318: „Ein eigenes Verschulden schließt das Kündigungsrecht nicht unbedingt aus ...".
263 BB 1998, 607 – Burger King.
264 NJW 2006, 844.

188 Allerdings darf die Vertragsstrafe nicht unangemessen sein, unterliegt also der Inhaltskontrolle gemäß § 307 Abs. 1 Satz 1 BGB. Zweck einer Vertragsstrafe ist es zum einen, auf den Franchise-Nehmer Druck auszuüben, um diesen zur vertragsgerechten Erfüllung anzuhalten und zum anderen, um dem Franchise-Geber im Verletzungsfall eine erleichterte Schadlosstellung ohne Einzelnachweis zu ermöglichen.[265] Demgemäß muss bei der **Bemessung jeder Vertragsstrafe** eine Interessenabwägung zwischen dem Interesse des Franchise-Gebers an einer Einhaltung und Erfüllung des Vertrags und einer unangemessenen Benachteiligung des Franchise-Nehmers durch eine überhöhte Vertragsstrafe vorgenommen werden. Dies bedeutete, dass schon eine **Vertragsstrafenregelung i.H.v. 2.500 €** als unangemessen anzusehen ist, wenn diese für jeden Fall des Verstoßes vereinbart wurde. Erst recht muss dies für höhere Vertragsstrafen gelten, wie man sie des öfteren in Franchise-Verträgen findet; so bei Vertragsstrafen von 25.000 €, 50.000 € oder sogar 125.000 €. Derartige Vertragsstraferegelungen sind gemäß § 307 Abs. 2 Nr. 1 BGB nichtig.[266]

> **Hinweis:**
> Aus diesem Grunde empfiehlt es sich, **Vertragsstrafenregelungen nach dem sog. Hamburger Brauch** zu gestalten, deren Bemessung also in das Ermessen des Franchise-Gebers zu stellen, wobei der Franchise-Nehmer die Möglichkeit hat, die Angemessenheit der Vertragsstrafe durch das zuständige Gericht überprüfen zu lassen.[267]

189 Nicht im Rahmen des Franchise-Vertrags, sondern durch eine Individualvereinbarung können Franchise-Geber und Franchise-Nehmer auch festlegen, dass eine Vertragsstrafe unabhängig von einem Verschulden verwirkt wird.[268]

190 Wird im Franchise-Vertrag vereinbart, dass unbeschadet der Vertragsstrafe dem Franchise-Geber oder auch dem Franchise-Nehmer für **wechselseitige Vertragsverstöße** eine Schadensersatzforderung zusteht, so darf es nicht zu einer unangemessenen Kumulation von Vertragsstrafe und Schadensersatz kommen.[269] Dies ist bei der Vertragsgestaltung zu beachten, indem vereinbart wird, dass eine etwaige Vertragsstrafe auf den etwa zu leistenden Schadensersatz angerechnet wird.

191 Mitunter ist in Franchise-Verträgen auch vereinbart worden, dass die **Vertragsstrafe unter Ausschluss des Grundsatzes des Fortsetzungszusammenhangs** als verwirkt anzusehen ist.[270] Darauf sollte verzichtet werden, nachdem der Große Senat des BGH seine seinerzeitige strafrechtliche Rspr., auf die auch im Wettbewerbsrecht sowie im Zusammenhang mit der Verwirkung von Vertragsstrafen der Ausschluss des Fortsetzungszusammenhangs beruht, aufgegeben hat. Vielmehr ist jeweils im konkreten Einzelfall zu entscheiden, ob bei mehrfachen Verstößen gegen den Franchise-Vertrag die Vertragsstrafe mehrmals verwirkt ist.[271]

XV. Rechtswahlklausel/Gerichtsstandsvereinbarung

192 Haben Franchise-Geber und Franchise-Nehmer ihren **Sitz in der BRD**, so unterliegt der Franchise-Vertrag der Geltung deutschen Rechts.

---

265 Zum Ganzen: Flohr, Franchise-Vertrag, S. 181 f.
266 Siehe aus der Rspr.: BGH, NJW-RR 1990, 1076, 1077; NJW 2000, 2106; OLG Koblenz, NJW-RR 2000, 1042; siehe auch zur unterschiedlichen Möglichkeiten der Bemessung der Vertragsstrafe: BGH, ZIP 1997, 1240 – Citroën; BB 2000, 949; NJW 2000, 2106; OLG Koblenz, NJW-RR 2000, 1042.
267 Zum Hamburger Brauch bei Franchise-Verträgen: Flohr, Franchise-Vertrag, S. 182; aus der Rspr. siehe insb. BGH, NJW 1994, 45 mit Anm. Köhler, EWiR § 339 BGH 2/93, 1169.
268 Siehe dazu BGH, BB 1997, 1554.
269 Dazu insb.: BGH, NJW 1992, 1069.
270 Siehe dazu aus der Rspr. beispielhaft: OLG Köln, NJW-RR 1992, 873.
271 Vgl. BGHSt 40, 138 – fortgesetzte Handlung; BGH, DB 2001, 1242; DB 2001, 1244 und Achenbach, WuE 1997, 393 m.w.N.; Meurer, NJW 2000, 2940.

Bei international kooperierenden Franchise-Systemen hat der Franchise-Geber jedoch ein Interesse daran, dass Franchise-Verträge auch dann, wenn sie mit ausländischen Franchise-Nehmern abgeschlossen werden, der **Geltung deutschen Rechts** unterliegen. Dies muss dann allerdings ausdrücklich vereinbart werden. Mangelt es an einer solchen Vereinbarung, so ist das anwendbare Recht nach dem Schwerpunkt des Vertragsverhältnisses festzulegen. Bei Handelsvertretern, Kommissionsagenten und Vertragshändlern ist dies das Recht des Orts, an dem der Absatzmittler seinen Geschäftssitz hat. Diese Regelung ist auch auf Franchise-Verträge anzuwenden.[272] Allerdings können durch eine solche Rechtswahlklausel nicht zwingende Vorschriften europäischen Rechts ausgeschlossen werden, d.h. dass ggf. ein Ausgleichsanspruch eines Handelsvertreters gemäß § 89b HGB auch dann besteht, wenn die Vertragsparteien im Rahmen des Franchise-Vertrags die Geltung ausländischen Rechts vereinbart haben.[273]

193

Wird im Rahmen des Franchise-Vertrags eine **Gerichtsstandsvereinbarung** getroffen, so kann diese, selbst wenn Franchise-Geber und Franchise-Nehmer zum Zeitpunkt des Vertragsabschlusses Vollkaufmann waren, gemäß § 307 Abs. 1 Satz 1 BGB unwirksam sein, wenn der gesetzliche Gerichtsstand zum Nachteil des Franchise-Nehmers abgeändert wurde.[274]

194

> **Hinweis:**
> Wird der Franchise-Vertrag zwischen Gesellschaften abgeschlossen, die ihren Sitz im Bereich der Europäischen Gemeinschaft haben, so sind für den Gerichtsstand die Regelungen des EuGVVO zu beachten.[275] Hat der Franchise-Geber seinen Sitz in der Schweiz, so ist für eine Gerichtsstandsvereinbarung nach dem Lugano-Übereinkommen die Schriftform zwingend erforderlich.[276]

XVI. Nebenbestimmungen

Im Rahmen der Neben- und/oder Schlussbestimmungen eines Franchise-Vertrags wird i.d.R. vereinbart, dass Änderungen und Ergänzungen des Franchise-Vertrags zu ihrer Wirksamkeit der Schriftform bedürfen und dies auch für die Abbedingung des Schrifterfordernis (**qualifiziertes Schrifterfordernis**) gilt. Da diese Regelung sich nach der Rspr.[277] nicht auf den Abschluss eines Aufhebungsvertrags zum Franchise-Vertrag bezieht, muss demgemäß auch festgelegt werden, dass der Abschluss eines Aufhebungsvertrags zu seiner Wirksamkeit der Schriftform bedarf.

195

Soweit im Franchise-Vertrag festgehalten wird, dass **mündliche Nebenabreden** nicht bestehen, ist eine solche Klausel wirksam.[278] Eine solche Klausel bedeutet zugleich auch, dass die Verlängerung eines Franchise-Vertrags ebenfalls der Schriftform bedarf. Eine mündliche Änderung, Ergänzung oder Verlängerung des Franchise-Vertrags ist daher bei einem qualifizierten Schriftformerfordernis unwirksam.[279]

196

---

272 Flohr, Franchise-Vertrag, S. 226; Reimann/Wagner, in: Münchener Vertragshandbuch III/1, S. 561 Rn. 65; zur Auslegung einer Rechtswahlklausel: BGH, WM 2000, 1643 mit Anm. Mankowski, EWiR Art. 27 EGBGB 1/2000; siehe zur Geltung deutschen Rechts bei stillschweigender Rechtswahlabrede: BGH, WM 2000, 1643 mit Anm. Mankowski, Art. 27 EGBGB 1/2000, 967.
273 Siehe dazu: EuGH, Urt. v. 9.11.2000 – RS C-381/98 Ingma GB Ltd./Eaton Leonhard Technologies Inc., n.v.
274 Siehe dazu aus der Rspr.: LG Karlsruhe, JZ 1989, 690 mit umfassender Darstellung zur Wirksamkeit von AGB-Gerichtsstandsklauseln in Verträgen zwischen Vollkaufleuten, sowie BGH, NJW 2005, 1273: im Abschluss des Franchise-Vertrags liegt beim Existenzgründer das sog. kaufm. Erstgeschäft, durch das die Unternehmereigenschaft i.S.v. § 14 BGB begründet wird, so dass eine Gerichtsstandvereinbarung nach § 39 ZPO vereinbart werden kann.
275 Vgl. dazu BGH, NJW 1993, 1070, 1071; OLG Saarbrücken, NJW 2000, 670.
276 Dazu BGH, BB 2001, 959.
277 BAG, JZ 2001, 356 mit Anm. Mankowski.
278 Siehe dazu: BGH, BB 1999, 2372.
279 Siehe dazu aus der Rspr. insb. für langfristige Mietverträge: BGH, NJW 1991, 1289; NJW-RR 2001, 318, wobei ab 1.9.2001 aufgrund der Mietrechtsreform § 550 Abs. 1 BGB maßgebend ist – dazu: Böstinghaus, ZAP Fach 4, S. 691 ff. m.w.N.; a.A. die arbeitsgerichtliche Rspr. siehe BAG, ZIP 1989, 724.

197 Im Franchise-Vertrag sollte auch die **Verjährung der wechselseitigen Ansprüche** geregelt sein, wobei mangels Regelung von einer analogen Anwendung der 4-jährigen Verjährungsfrist des § 88 HGB auszugehen ist. § 88 HGB ist aber dispositiv und kann demgemäß abgekürzt, so wie auch § 202 BGB eine **Abkürzung von Verjährungsfristen** zulässt. Damit ist es möglich, die Verjährung bis auf einen Zeitraum von sechs Monaten abzukürzen, wenn für den Beginn des Laufs der abgekürzten Frist die Kenntnis von der Anspruchsentstehung Voraussetzung ist.[280] Unzulässig ist es aber, unterschiedliche Verjährungsfristen für Franchise-Geber und Franchise-Nehmer zu vereinbaren.[281] Die Ansprüche des Franchise-Gebers auf Leistung laufender Franchise-Gebühren unterliegen gemäß § 195 BGB der 3-jährigen Verjährung, da die Vorschrift auch Erfüllungsansprüche aus einem Vertrag umfasst.[282]

F. Einzelfragen des Franchise-Rechts

I. Franchise-Vertrag und Allgemeine Geschäftsbedingungen (§§ 305 ff. BGB)

198 Franchise-Verträge werden i.d.R. vom Franchise-Geber **formularmäßig gestaltet.** Hierzu zwingt nicht nur die Notwendigkeit, den Franchise-Vertrag gegenüber allen Franchise-Nehmern einheitlich zu gestalten, sondern auch der Grundsatz der Gleichbehandlung der Franchise-Nehmer gemäß § 242 BGB i.V.m. § 20 GWB. Franchise-Verträge sind also sog. Formularverträge. Sie unterliegen daher der Inhaltskontrolle – wie AGB – gemäß §§ 305 ff. BGB.[283] Gemäß § 307 Abs. 1 Satz 1 BGB sind Bestimmungen in Franchise-Verträgen dann unwirksam, wenn diese den Franchise-Nehmer unangemessen benachteiligen. Ob eine solche unangemessene Benachteiligung vorliegt, ist durch eine Interessenabwägung festzustellen. Dabei ist einerseits das Interesse des Franchise-Gebers an einer straffen Organisation seines Franchise-Systems und andererseits das Interesse des Franchise-Nehmers an Selbständigkeit und wirtschaftlicher Bewegungsfreiheit zu berücksichtigen.[284]

199 Der **Inhaltskontrolle von Franchise-Verträgen** unterliegen u.a. folgende Klauseln:

- Mindestumsatz, -absatzvorgaben,
- Bezugsbindungen,
- Haftungsfreizeichnungs- oder Haftungsbegrenzungsklauseln,
- Änderungsvorbehalte,
- Laufzeitregelungen,
- Kündigungsregelungen.

200 Durch § 307 Abs. 1 Satz 2 BGB ist das **Transparenzgebot** gesetzlich geregelt. Danach ist es notwendig, dass Franchise-Verträge „klar und verständlich" gestaltet werden. Durch das Transparenzgebot wird der Franchise-Geber als Verwender des Franchise-Vertrags verpflichtet, den Vertrag systematisch und sprachlich so abzufassen, dass der rechtsunkundige Franchise-Nehmer in der Lage ist, etwa ihn benachteiligende Regelungen ohne Einholung von Rechtsrat zu erkennen.[285] Es kommt dabei nicht auf die Verhältnisse der konkreten Vertragspartei an, weitergehende Kenntnisse (insb. Rechtskenntnis) ändern nichts an einer Verletzung des Transparenzgebots. Allerdings dürfen die **Anforderungen an das Transparenzgebot** nicht zu einer unangemessenen Benachteiligung des Franchise-Gebers als des Verwenders führen. Insofern besteht dessen Pflicht zur klaren und verständlichen Formulierung der Regelungen des Franchise-Vertrags

---

280 Grds. dazu: BGH, NJW-RR 1991, 55 mit Anm. Schwerdtner, EWiR § 888 HGB 1/91, 273.
281 Flohr, Franchise-Vertrag, S. 228 m.w.N. in Fn. 468.
282 Vgl. Jauernig, BGB, § 195 Rn. 2.
283 Umfassend zur Inhaltskontrolle von Franchise-Verträgen als Allgemeinen Geschäftsbedingungen aus dem Blickwinkel der §§ 5 ff. BGB: Zwecker, Die Inhaltskontrolle von Franchiseverträgen.
284 Siehe beispielhaft aus der Rspr. OLG Hamm, NJW 1981, 1050.
285 Siehe dazu aus der alten Rspr. BGHZ 106, 49; BGH, NJW 2000, 651.

nur im Rahmen des Möglichen.[286] Insofern verpflichtet das Transparenzgebot z.B. dazu, alle Regelungen, die Zahlungsverpflichtungen des Franchise-Nehmers begründen, in einer Regelung zusammenzufassen und nicht an unterschiedlichen Stellen im Franchise-Vertrag zu regeln, so dass die Zahlungsverpflichtungen für den Franchise-Nehmer nicht ohne weiteres erkennbar sind.

Vor dem Hintergrund der BGH-Entscheidung v. 13.7.2004[287] kommt § 307 Abs. 1 Satz 1 BGB grds. Bedeutung zu. Die Bedeutung der Entscheidung liegt darin, dass nach Ansicht des BGH die Klauseln eines Franchise-Vertrags zugleich gemäß § 307 Abs.1 Satz 1 BGB unwirksam sind, wenn diese den Franchise-Nehmern Beschränkungen auferlegen, die nicht durch die EU-Gruppenfreistellungsverordnung für Vertikale Vertriebsbindungen vom Verbot des Art. 81 Satz 1 DGV freigestellt sind. Insofern kommt dieser Entscheidung genau wie der APOLLO-Optik-Entscheidung des BGH v. 20.5.2003[288] besondere Bedeutung für die Wirksamkeit von Regelungsinhalten eines Franchise-Vertrags zu. Zunächst ist für die Inhaltskontrolle von Regelungen in einem Franchise-Vertrag davon auszugehen, dass die insoweit maßgebliche Gruppenfreistellungsverordnung für Vertikale Vertriebsbindungen ein Interessenausgleich zwischen dem Franchise-Geber und dem Franchise-Nehmer verfolgt, indem sie den Franchise-Nehmern größere Freiheiten und geschäftliche Selbständigkeit verschaffen soll. Da die Gruppenfreistellungsverordnung somit auch den Schutz des Franchise-Nehmers bezweckt, kommt ihren Bestimmungen Ordnungs- und Leitbildfunktion i.S.v. § 307 Abs. 2 Nr. 1 BGB (= § 9 Abs. 2 AGBG) zu.

201

II. Franchise-Verträge und Kartellrecht

Soweit auf der Grundlage des Franchise-Vertrags die Franchise-Nehmer vom Franchise-Geber bzw. den zum System gelisteten Lieferanten mit Produkten beliefert werden, liegt keine Bezugsbindung i.S.v. § 18 GWB a.F. vor. Derartige Bezugsbindungen sind für Franchise-Verträge anerkannt.[289] Trotz der Bezugsbindung dürfen **Querlieferungen innerhalb eines Franchise-Systems** nicht untersagt werden. Vielmehr sind diese nach den Regelungen der EU-Gruppenfreistellungsverordnung ausdrücklich gestattet. Eine solche Bezugsbindung verpflichtet den Franchise-Geber auch, den Franchise-Nehmer mit den Produkten in der vertraglich zugesagten Qualität zu beliefern. Die Alleinbezugsverpflichtung erweist sich somit für den Franchise-Geber als Verpflichtung

202

- zur Errichtung eines entsprechenden Bestellwesens,
- zur vollständigen Belieferung des Franchise-Nehmers,
- einen Warenbestand aufzubauen, der diesen in die Lage versetzt, jederzeit die Franchise-Nehmer mit Vertragsprodukten beliefern zu können.

> **Hinweis:**
>
> Unterbleibt eine solche vollständige Belieferung oder sind die gelieferten Produkte mangelhaft oder ist das Bestell- bzw. Warenwirtschaftssystem des Franchise-Gebers nicht effizient, so steht dem Franchise-Nehmer gegenüber dem Franchise-Geber ein Schadensersatzanspruch nach den Grundsätzen der pVV gemäß § 280 Abs. 1 BGB zu. Werden die Mängel trotz Abmahnung nicht abgestellt, so kann der Franchise-Nehmer auch zur fristlosen Kündigung des abgeschlossenen Franchise-Vertrags gemäß § 314 Abs. 1 BGB berechtigt sein. Kommt der Franchise-Geber seinen Lieferverpflichtungen nicht nach, so ist der Franchise-Nehmer berechtigt, sich mit Produkten, die der Bezugsbindung unterliegen, anderweitig, d.h. auf dem freien Markt, einzudecken.[290]

---

286 Vgl. BGH, NJW 1998, 3114, 3116; zum Ganzen: Hoeren/Flohr, Vertragsgestaltung nach der Schuldrechtsreform, Rn. 17 m.w.N.
287 WRP 2004, 1378 – Citroën mit Anm. Flohr, ZAP Fach 15, S. 459.
288 BB 2003, 2254.
289 Umfassend dazu: Martinek/Semmler/Habermeier/Flohr, Handbuch des Vertriebsrechts, § 20 Rn. 20 ff. m.w.N.; Epp, Franchising und Kartellrecht, S. 140 ff.; siehe aus der Rspr.: BGH, WuW/E BGH 981, 984; WuW/E BGH 1103, 1104; WRP 2003, 981; BGHZ 97, 317 und grds. insoweit nach wie vor EuGH, GRUR Int. 1986, 193, 196, Rn. 121 – Pronuptia I.
290 Siehe dazu insb. OLG Hamm, NJW-RR 1994, 243 – Spinnrad.

203 Wurde der Franchise-Vertrag vor dem 31.12.1998 abgeschlossen, so war das **kartellrechtliche Schriftformerfordernis** i.S.d. § 34 GWB a.F. zu beachten.[291] Da die Verletzung des kartellrechtlichen Schriftformerfordernisses zur Nichtigkeit des Franchise-Vertrags führte, wurde die Vorschrift von Franchise-Nehmern immer wieder dazu genutzt, aus Franchise-Verträgen unter Hinweis auf die Kartellnichtigkeit des abgeschlossenen Vertrags auszusteigen.[292] Nach dieser anfänglich strengen Rspr. war es auf der Grundlage der Entscheidung des BGH v. 14.1.1997[293] nicht mehr notwendig, dass der Vertrag mit allen Anlagen, insb. denen, die die Bezugsbindung konkretisieren; fest verbunden war. Vielmehr reichte es für die mit § 34 GBW a.F. verfolgte Kontrollfunktion aus, wenn ein aus mehreren, nicht fest miteinander verbundenen Blättern bestehender Vertragstext nach seinem Erscheinungsbild, insb. durch Schriftbild, Paginierung und inhaltlichen Zusammenhang, als einheitliche Urkunde erschien.[294] Auch wenn das kartellrechtliche Schriftformerfordernis im Rahmen der 6. Kartellrechtsnovelle zum 1.1.1999 außer Kraft trat, besteht dies nach der Rspr. für Altverträge, d.h. bis zum 31.12.1998 abgeschlossene Franchise-Verträge, noch fort.[295] Diese Grundsätze sind dann noch einmal wieder durch die Apollo-Optik-Entscheidung des BGH v. 20.5.2003[296] bestätigt worden, wobei der BGH zugleich den Anwendungsbereich des § 34 GWB a.F. eingeschränkt hat. Danach ist es dem Verwender eines Franchise-Vertrags untersagt, sich auf die Formnichtigkeit des Franchise-Vertrags wegen Missachtung des kartellrechtlichen Schriftformerfordernisses zu berufen, wenn ihm auf der Grundlage des Vertrags erhebliche Vorteile zugeflossen sind und der Vertrag über einen längeren Zeitraum von den Vertragsparteien erfüllt wurde und die Verantwortlichkeit für den Formmangel bei der sich auf die Formnichtigkeit des Franchise-Vertrags berufenden Vertragspartei liegt.[297]

204 § 1 GWB (= § 14 a.F. GWB = § 15 a.F. GWB) verbietet in Übereinstimmung mit dem Europäischen Kartellrecht jegliche Form der **Preisbindung** bei Franchise-Systemen. Franchise-Geber sind demgemäß nicht berechtigt, den Franchise-Nehmern die Verkaufspreise für die von den Franchise-Nehmern abzusetzenden Produkte oder aber die Preise für die vom Franchise-Nehmer zu erbringenden Dienstleistungen vorzuschreiben. Soweit Bechthold[298] sich dafür ausspricht, das Verbot der Preisbindung bei Franchise-Verträgen deswegen nicht anzuwenden, weil der Verbraucher wegen der Einheitlichkeit des Auftretens der Franchise-Organisation keine entsprechende Erwartungshaltung habe, ist dies vom OLG München[299] in Übereinstimmung mit dem Bundeskartellamt abgelehnt worden.[300] Zulässig sind sog. **Kalkulationshilfen**.[301] Vorgegeben werden können auch **Höchstpreise** und **unverbindliche Verkaufspreisempfehlungen** (§ 1 GWB = § 23 GWB a.F.). Diese unverbindlichen Preisempfehlungen können sich seit dem In-Kraft-Treten der 7. Kartellrechtsnovelle im Gegensatz zum früheren Recht auch auf Nichtmarkenwaren und Dienstleistungen beziehen. Auch insofern wurden das Deutsche und das Europäische Kartellrecht ver-

---

291 Vgl. dazu insb. Jesch, Das kartellrechtliche Schriftformgebot, S. 70 ff.; aus der Rspr. vgl. u.a.: BGH, NJW 1983, 1493; BGH, NJW 1986, 2435 mit Anm. Arens, EWiR, § 34 GWB 3/86, 906; OLG Köln, GRUR 1990, 60; BGHZ 83, 322; BGHZ 84, 125.
292 So insb. Schultz, IBA-International Franchising 10/1997, 13 ff.
293 WiB 1997, 882 – Kölsch.
294 Siehe demgegenüber noch die strenge Rspr. und deren Auswirkungen auf Franchise-Verträge: LG Berlin, WiP 1966, 533 – Aufina mit Anm. Flohr.
295 Vgl. BGH, WRP 1999, 542 – Cover disk; BB 1999, 923 – Markant.
296 BB 2003, 2254; dazu Flohr, DStR 2004, 95, 97.
297 Siehe dazu auch Keffer-Pütz, WRP 1999, 784, 790 f.
298 GWB, § 1 Rn. 49 f.
299 NJW-E-WettbR 1997, 234.
300 Dazu auch Böhner, BB 1997, 1427.
301 So ausdrücklich das Bundeskartellamt in Tätigkeitsbericht 1987/88 (BT-Drucks. 11, S. 4611- auszugsweise abgedruckt bei: Flohr, Franchise-Handbuch, Gruppe I/V, 1 ff.).

einheitlicht. Allerdings darf eine Preisempfehlung nicht dazu genutzt werden, um eine Preisbindung im Franchise-System durchzusetzen. Darin liegt dann eine sog. unzulässige Umgehungspreisempfehlung.[302]

Enthält ein Franchise-Vertrag eine **unzulässige Preisbindungsklausel**, führte deren Nichtigkeit nach der Entscheidung des BGH v. 8.2.1994[303] nicht zur Gesamtnichtigkeit des abgeschlossenen Franchise-Vertrags. Vielmehr war nur die Regelung über die Preisbindung nichtig, während der Franchise-Vertrag ansonsten fortbestand. Dies hat sich geändert. Mit seinem Urt. v. 24.9.2002[304] hat der BGH seine bisherige Rspr. ausdrücklich aufgegeben. Nunmehr ist davon auszugehen, dass eine kartellnichtige Regelung zur **Gesamtnichtigkeit des jeweils abgeschlossenen Franchise-Vertrags** führen kann, es sei denn, es wird festgestellt, dass der Franchise-Vertrag auch ohne diese nichtige Klausel abgeschlossen worden wäre. Die **Darlegungs- und Beweislast** dafür trifft denjenigen, der sich entgegen der Salvatorischen Klausel des Franchise-Vertrags auf die Gesamtnichtigkeit des Franchise-Vertrags beruft.[305] Mit dieser Entscheidung schwenkt der Kartell-Senat des BGH auf die Rspr. der anderen Zivil-Senate und die h.M. ein.[306]

205

> **Hinweis:**
> Die Entscheidung sollte daher Anlass dazu geben, jeden Franchise-Vertrag daraufhin zu überprüfen, ob dieser nicht möglicherweise Regelungen enthält, die auf eine, wenn auch verdeckte oder mittelbare Preisbindung und damit einen Verstoß gegen § 1 GWB (= § 14 GWB a.F.) schließen lassen.[307] Dies gilt etwa dann, wenn sich der Franchise-Nehmer an überregionalen Werbeaktionen zu vom Franchise-Geber festgelegten Verkaufspreisen zu beteiligen hat, wenn also entsprechend den Grundsätzen der BGH-Entscheidung v. 8.4.2003[308] die Preishoheit des Franchise-Nehmers nicht nur unwesentlich beeinträchtigt wird oder aber eine Einführung neuer Produkte die Preisbindung nicht nur in der Einführungsphase besteht, sondern darüber hinaus.

Zunehmend kartellrechtlich problematisch sind die sog. **Einkaufsvorteile (Kick-backs)**, die einem Franchise-Geber für die vom Franchise-Nehmer generierten Umsätze vom Systemlieferanten zufließen. Mit Urt. v. 3.2.1999 hat der BGH in der sog. SIXT-Entscheidung[309] festgestellt, dass es keine gesetzliche Anspruchsgrundlage für Franchise-Nehmer gibt, um vom Franchise-Geber die Auskehrung von Boni, Skonti, WKZ (kurz Kick-backs) zu verlangen, die dem Franchise-System für von Franchise-Nehmern mit Systemlieferanten generierte Umsätze zufließen. Diese Grundsätze wurden durch den BGH mit den sog. APOLLO-Optik-Entscheidungen vom 20.5.2003[310] sowie durch die HERTZ-Entscheidung vom 22.2.2006[311] bestätigt. Dabei stellte der BGH in der HERTZ-Entscheidung zusätzlich klar, dass es ohne Bedeutung ist, ob die Einkaufsvorteile der Franchise-Geber-Gesellschaft unmittelbar oder einer Tochtergesellschaft zufließen.

206

---

302 Dazu insb. OLG München, NJW-E-WettbR 1997, 2234 und die insoweit bestätigende Entscheidung des BGH, BB 1999, 860 – Sixt.
303 BB 1994, 1184 – Pronupia II; dazu Flohr, Jahrbuch Franchising 1994, S. 194 ff.
304 BGH, NJW 2003, 347.
305 Siehe zu dieser Entscheidung insb. Hennrichs, LMK 2003, 19 f.
306 Siehe aus der Zivil-Rspr. des BGH insoweit BGH, NJW 1996, 773 f.; NJW 1997, 993, 995.
307 Vgl. insoweit zur Abgrenzung zu den Preisbindungsbestimmungen beim Kommissionsagenturvertrag in Abgrenzung zum Franchise-Vertrag: BGH, WRP 2003, 981, 985; allgemein zur Preiswerbung: Metzlaff, in: GS für Skaupy, S. 307 ff. m.w.N.
308 GRUR 2003, 637 mit Anm. Flohr, ZAP Fach 6, S. 39.
309 BB 1999, 860.
310 BB 2003, 2254 – APOLLO-Optik; BGH, BB 2003, 2258 – Preisbindung durch den Franchise-Geber II; zum Ganzen: Flohr, DStR 2004, 95 ff.
311 BB 2006, 1071 mit Anm. Flohr.

> **Hinweis:**
> Mit dem Beschluss der 9. Beschlussabteilung des Bundeskartellamtes[312] zeichnet sich allerdings eine Diskrepanz zwischen der zivilrechtlichen und kartellrechtlichen Betrachtung und damit auch der rechtlichen Behandlungsweise solcher Kick-backs ab.

Das Bundeskartellamt geht davon aus, dass dann, wenn ein Franchise-Geber seinen Franchise-Nehmern zum einen bestimmte Einkaufsvorteile verwehre, diese aber zum anderen verpflichte, ihre Waren nur bei bestimmten Lieferanten zu beziehen und eigene Einkaufsverhandlungen der Franchise-Nehmer vertraglich untersage, dies eine „unbillige Behinderung abhängiger Unternehmen" i.S.v. § 20 Abs. 1, Abs. 2 GWB darstelle und demgemäß verboten sei. Darin liegt kartellrechtlich eine Annäherung an die zivilrechtlich nicht anerkannte sog. **Franchise-Netzwerkhaftung**.[313] Die Ansicht des Bundeskartellamts beruht auf der Ausgestaltung des Praktiker-Franchise-Vertrags, in dem die Praktiker GmbH den einzelnen Franchise-Nehmern zum einen eine 100 %-ige Bezugsverpflichtung auferlegte, zum anderen aber diesem eigene Einkaufsverhandlungen mit den Systemlieferanten untersagte und gleichzeitig die auf der Grundlage der von den Franchise-Nehmern mit Systemlieferanten generierten Einkaufsvorteile auch nicht anteilig an die Franchise-Nehmer weiterleitete.

Der Praktikerbeschluss wird zu Änderungen in der vertraglichen Gestaltung eines Franchise-Vertrags führen. So dürfte die 100 %-ige Bezugsbindung aufgegeben werden. Zukünftig wird man von Franchise-Verträgen mit einer 80 %-igen Bezugsbindung auszugehen haben. Dem Franchise-Nehmer ist es dann möglich, 20 % seines Einkaufsumsatzes mit sog. Diversifikationsprodukten zu erzielen, also Produkten, bei denen er die Systemlieferanten selbst ausgesucht und eigenständig Einkaufsverhandlungen geführt hat. Zivilrechtlich wird es aber auch weiterhin zulässig sein, in solchen Fällen die Weitergabe der Einkaufsvorteile, die von Systemlieferanten dem Franchise-Geber zufließen, auszuschließen, jedoch muss dann darüber im Rahmen der vorvertraglichen Aufklärung bei Abschluss des Franchise-Vertrags Auskunft gegeben werden. Dies ist die Konsequenz des Urteils des OLG München v. 27.7.2006.[314]

III. Franchise-Verträge und Wettbewerbsrecht

207 Der Franchise-Nehmer ist für seine **regionale Werbung** selbst verantwortlich. Ist diese wettbewerbswidrig, so kann nicht nur der Franchise-Nehmer, sondern auch der Franchise-Geber auf Unterlassung oder ggf. auch auf Schadensersatz nach erfolgter Auskunftserteilung in Anspruch genommen werden. Der BGH hat insoweit in seinem Urt. v. 5.4.1995[315] festgestellt, dass dem Franchise-Geber **wettbewerbswidriges Handeln des Franchise-Nehmers** gemäß § 8 Abs. 2 UWG zuzurechnen ist. Die Franchise-Organisation sei insgesamt zu beurteilen. Für den Letztverbraucher sei i.d.R. nicht erkennbar, ob die wettbewerbswidrige Werbung vom Franchise-Nehmer oder auf Veranlassung des Franchise-Gebers geschaltet wird.

Allerdings kann dem Franchise-Geber nur die **wettbewerbswidrige Handlung**, nicht aber auch ein Auskunfts- und Schadensersatzanspruch zugerechnet werden. Für eine solche Zurechnung bietet § 8 Abs. 2 UWG keine Rechtsgrundlage, wie der BGH in seinem Urt. v. 6.4.2000[316] festgestellt hat. Hätte der BGH in seiner Entscheidung angenommen, dass durch § 8 Abs. 2 UWG auch ein solcher Schadensersatzanspruch dem Franchise-Geber zugerechnet wird, so hätte für diesen immer die Gefahr bestanden, insgesamt für das Franchise-System auf Schadensersatz in Anspruch genommen werden zu können, also für jegliche von einem Franchise-Nehmer – möglicherweise auch nicht mit der Zentrale abgestimmte – durchgeführte wettbewerbswidrige Werbung.

---

312 ZIP 2006, 1788 ff.; ausführlich: Böhner, WRP 2006, 1089 ff.; Giesler/Güntzel, ZIP 2006, 1788, 1792; Flohr, BB 2007, 6 ff.
313 Siehe dazu vor allem Teubner, ZHR 168, 2004, 1 ff.; Böhner, BB 2004, 119.
314 BB 2007, 14; dazu Flohr, BB 2007, 4, 10 f.
315 NJW 1995, 2355.
316 BB 2000, 1959 – Neu in Bielefeld I.

> **Hinweis:**
>
> Nunmehr steht fest, dass jeder Franchise-Nehmer für die von ihm geschaltete wettbewerbswidrige Werbung selbst verantwortlich ist, soweit es um daraus resultierende Auskunfts- und Schadensersatzverpflichtungen geht. Damit dürften auch Kettenabmahnungen der Vergangenheit angehören, also Abmahnungen, bei denen jeder einzelne Franchise-Nehmer eines Franchise-Systems für die gleiche wettbewerbswidrige Werbung von einem Mitkonkurrenten abgemahnt wird, in der Hoffnung, dann Auskunfts- und Schadensersatzansprüche gegenüber dem Franchise-Geber geltend machen zu können. Mit der weiteren Entscheidung des BGH v. 6.4.2000[317] ist davon auszugehen, dass solche **Kettenabmahnungen** innerhalb von Franchise-Systemen als missbräuchliche Geltendmachung eines wettbewerbsrechtlichen Unterlassungsanspruchs anzusehen sind.

Eine Frage ist aber noch in der Rspr. **ungeklärt**: 208

Kann gegenüber einem Franchise-Geber, der aufgrund einer ihm gemäß § 8 Abs. 2 UWG zugerechneten wettbewerbswidrigen Werbung eines Franchise-Nehmers **rechtskräftig auf Unterlassung verurteilt** worden ist, ein Bestrafungsantrag gestellt werden, wenn der Verstoß gegen die rechtskräftige Untersagungsverfügung durch den Franchise-Nehmer erfolgt?

Dies ist zu bejahen. Die Zurechnung gegenüber dem Franchise-Geber erfolgt aufgrund eines erneuten wettbewerbswidrigen Verhaltens des Franchise-Nehmers. Ein solches wettbewerbswidriges Verhalten wird aber gemäß § 8 Abs. 2 UWG zugerechnet, so dass ein Ordnungsstrafenbeschluss gegenüber dem Franchise-Geber erfolgen kann. Dem kann der Franchise-Geber nur begegnen, indem er nach Erlass eines rechtskräftigen Unterlassungsurteils alle Franchise-Nehmer des Systems über die Unterlassungsverfügung unterrichtet und darauf achtet, dass eine entsprechende wettbewerbswidrige Werbung zukünftig von Franchise-Nehmern nicht geschaltet wird. Erfolgt eine solche Unterrichtung, so mangelt es an dem für den Erlass eines Ordnungsstrafenbeschlusses notwendigen Verschuldens des Franchise-Gebers.[318]

Wird ein Franchise-System zu Unrecht abgemahnt, um so Druck auf den Franchise-Geber und die vom Franchise-System über die einzelnen Franchise-Nehmer ausgehende Werbung auszuüben, so kann darin auf der Grundlage des Beschl. des BGH v. 15.7.2005[319] ein rechtswidriger und schuldhafter Eingriff in das Recht am eingerichteten und ausgeübten Gewerbebetrieb des Franchise-Gebers liegen. Der Abmahnende ist dann nicht nur zum Schadensersatz gemäß §§ 3, 4 Nr. 1, 8, 10 UWG i.V.m. § 9 UWG und aus § 826 BGB verpflichtet, sondern auch gemäß § 823 Abs. 1 BGB.[320] 209

IV. Franchise-Verträge und Verbraucherschutzrechte

Seit der Entscheidung des BGH v. 16.4.1986[321] stand fest, dass die Vorschriften des AbzG auf Franchise-Verträge Anwendung finden. Ein Franchise-Vertrag war somit als Abzahlungsgeschäft zu bewerten. Der Franchise-Nehmer war daher über sein Widerrufsrecht gemäß § 1b AbzG zu belehren. Unterblieb eine solche Belehrung oder entsprach diese nicht dem Gesetz, so konnte der Franchise-Nehmer seine auf Abschluss des Franchise-Vertrags gerichtete Willenserklärung widerrufen.[322] Seit dem 1.1.2002 ist nunmehr das Widerrufsrecht in § 355 Abs. 1 BGB geregelt. Das **Muster zur Widerrufsbelehrung nach § 355** 210

---

317 BB 2000, 1959 – Neu in Bielefeld II.
318 Vgl. Baumbach/Hefermehl, UWG, Rn. 291 f.
319 ZIP 2005, 1690.
320 Zum Ganzen siehe auch den Vorlagebeschluss des Ersten Senates des BGH v. 12.8.2004 – ZIP 2004, 1919; dazu Wagner, ZIP 2005, 49; Vorwerk, ZIP 2005, 1127 und Lindacher, EWiR 2004, 1123.
321 BGHZ 94, 226 – ausführlich abgedruckt in: NJW 1985, 1544; diese Rspr. hatte sich auch bei Obergerichten durchgesetzt – vgl. u.a. OLG Düsseldorf, EWiR, § 1c AbzG 1/87, 311; OLG Schleswig, NJW 1988, 3024.
322 So heißt es ausdrücklich im Leitsatz des Urt. des OLG Schleswig v. 28.7.1988 (Fn. 276): „Ein Franchise-Vertrag ist als Abzahlungsgeschäft zu bewerten und kann bei Fehlen einer Widerrufsbelehrung jederzeit vom Franchise-Nehmer widerrufen werden."

Abs. 2 BGB bzw. das **Muster zu einer Rückgabebelehrung nach § 356 Abs. 1 BGB** fand sich zunächst in der Zweiten Änderungsverordnung zu § 14 der BGB-Informationspflichtenverordnung.[323] Nunmehr ist das Muster der „Dritten Änderung der BGB-Informationspflichten" v. 2.12.2004[324] der Widerrufsbelehrung zugrunde zu legen.

> **Hinweis:**
> Zurückgehend auf die sog. Heininger-Rechtsprechung des EuGH[325] und die des BGH[326] legt nunmehr § 355 Abs. 3 BGB fest, dass bei einer **unterbliebenen Widerrufsbelehrung** das Widerrufsrecht zeitlich unbefristet ausgeübt werden kann.[327]

211 Diese **Neufassung der Widerrufsbelehrung** gilt seit dem 1.11.2002, d.h. bei Franchise-Verträgen, bei denen die Widerrufsbelehrung vergessen war oder bei denen die Widerrufsbelehrung nicht den gesetzlichen Vorschriften entsprach, ist das Widerrufsrecht nicht mehr nach Ablauf von sechs Monaten nach Vertragsunterzeichnung verwirkt, sondern kann zeitlich unbefristet ausgeübt werden. Allerdings gilt die Neufassung des Gesetzes nur für alle nach dem 1.11.2002 abgeschlossenen Franchise-Verträge. Alt-Verträge, d.h. bis zum 31.10.2002 abgeschlossene Franchise-Verträge, bleiben von der Gesetzesänderung unberührt.

212 Wird eine **unterbliebene Widerrufsbelehrung nachgeholt**, hat sich insofern ebenfalls eine Änderung gegenüber dem Rechtszustand bis zum 31.12.2001 ergeben. Nunmehr ist bei nachträglichen Widerrufsbelehrungen gemäß § 355 Abs. 2 Satz 2 BGB eine Widerrufsfrist von einem Monat vorzusehen.

213 Eine **ordnungsgemäße Widerrufsbelehrung gemäß § 355 Abs. 1 Satz 1 BGB** setzt demgemäß seit dem 1.11.2002 voraus, dass

- der Franchise-Nehmer eine deutlich gestaltete Belehrung über sein Widerrufsrecht erhält,
- in der Widerrufsbelehrung zum Ausdruck kommt, dass diese sich auf den abgeschlossenen Franchise-Vertrag bezieht,
- Name und Anschrift des Franchise-Gebers sowie der Beginn der Widerrufsfrist angegeben werden,
- ein Hinweis darauf erfolgt, dass der Widerruf nicht zu begründen ist, und
- zur Wahrung der Widerrufsfrist die rechtzeitige Absendung des Widerrufs ausreicht.

214 Die Entscheidungen zur Frage der **drucktechnisch deutlichen Gestaltung** der Widerrufsbelehrung sind kaum noch zu überschauen.[328] Der BGH hat hierzu in seinem Urt. v. 27.4.1994 abschließend festgehalten, dass es bei einer im Vertragstext enthaltenen Widerrufsbelehrung nicht ausreicht, wenn sich die Widerrufsbelehrung nur durch Verwendung größere Absätze und einem etwas geringeren Randabstand bei im Übrigen gleichen Schriftbild vom Franchise-Vertrag abhebt. Notwendig ist demgemäß, dass die Widerrufsbelehrung durch Sperrschrift, Unterstreichung, Einrahmung, Verwendung einer anderen Drucktype oder durch durchgezogene Trennungslinien hervorgehoben wird oder auf einer gesonderten Seite erfolgt.[329] Da die Widerrufsbelehrung **gesondert** zu **unterschreiben** ist, darf sich die Unterzeichnung nur auf die Widerrufsbelehrung als solche beziehen. Eine Widerrufsbelehrung ist daher unwirksam, wenn sich

---

323 BGBl. 2002 I, S. 2850.
324 BGBl. 2004 I, S. 3102; dazu Masuch, BB 2005, 344; Flohr, BB 2006, 389, 393 f. Damit hat sich die Rspr. des LG Halle (BB 2006, 1817) erledigt, wonach das amtliche Muster unwirksam ist – vgl. Flohr, ZAP Fach 2, S. 117 unter Hinweis auf das Urteil des LG Münster v. 2.8.2006 (ZGS 2006, 436).
325 NJW 2002, 81.
326 NJW 2002, 1881.
327 Zum Ganzen: Flohr/Klapperich, Dauerschuldverhältnisse nach der Schuldrechtsreform, Rn. 46 ff.
328 Beispielhaft etwa OLG Stuttgart, ZIP 1993, 1570; OLG Stuttgart, NJW 1992, 3245; OLG Naumburg, NJW-RR 1994, 377; aus dem Schrifttum beispielhaft: Teske, EWiR, § 1 UWG 17/93, 1121.
329 BGH, WiB 1994, 648 m. Anm. Flohr.

die Unterschrift auch auf die Aushändigung des Franchise-Vertrags und die Belehrung bezieht, also quasi einem Empfangsbekenntnis über den Erhalt des Vertrags gleich kommt.[330]

Die Grundsatzentscheidung des BGH v. 27.4.1994 ist aber auch auf die **Berechnung der Widerrufsfrist** von Bedeutung. Für den **Fristbeginn** kommen § 187 Abs. 1 BGB und für das **Ende der Widerrufsfrist** die §§ 182 Abs. 2, 193 BGB zur Anwendung.

215

Die Widerrufsfrist beginnt daher erst mit dem auf die Aushändigung der Widerrufsbelehrung folgenden Tag und endet am letzten Tag der Wochenfrist um 24.00 Uhr. Fällt dieser Tag auf einen Sonn- oder Feiertag, so endet die Frist um 24.00 Uhr des nächsten Werktags (§ 123 BGB). Bei der Widerrufsbelehrung bzw. der Angabe des Fristendes sollte daher immer darauf geachtet werden, ob ggf. das Ende der Wochenfrist auf einen Samstag oder Sonntag oder einen gesetzlichen Feiertag fällt. Wird hier ein falsches Datum angegeben, ist die Widerrufsbelehrung unzutreffend. Dies gilt nach der Rspr.[331] auch dann, wenn die Datumsangabe in der Widerrufsbelehrung nicht in der Reihenfolge Tag/Monat/Jahr, sondern ohne Trenninterpunktion genau umgekehrt in der Folge Jahr/Monat/Tag gehalten ist.

Bei einer unterbliebenen Widerrufsbelehrung sah **§ 7 Abs. 2 VerbrKG i.V.m. § 361a BGB** zunächst vor, dass sich die Widerrufsfrist von einem Zeitraum von einer Woche auf einen solchen von einem Jahr, gerechnet vom Zeitpunkt des Vertragsabschlusses an, verlängerte. § 355 Abs. 3 Satz 3 BGB sah in der bis zum 31.10.2002 geltenden Fassung vor, dass das Widerrufsrecht spätestens sechs Monate nach Vertragsabschluss als verwirkt anzusehen ist. Davon wird in § 355 Abs. 3 Satz 1 BGB zwar noch immer ausgegangen, jedoch ist von diesem Grundsatz abweichend in § 355 Abs. 3 Satz 3 BGB festgehalten, dass das Widerrufsrecht zeitlich unbefristet ausgeübt werden kann, wenn der Franchise-Nehmer nicht ordnungsgemäß über sein Widerrufsrecht belehrt worden ist, d.h. die Widerrufsbelehrung als solche nicht dem Gesetz entsprach oder aber eine Widerrufsbelehrung gänzlich unterblieb.

216

Das durch die Anlage zu **§ 14 BGB-InfoV vorgegebene Muster der Widerrufsbelehrung** war deswegen problematisch, weil dieses weder der Vorschrift über den Fristbeginn i.S.v. § 187 Abs. 1 BGB, noch der Rspr. des BGH zur Widerrufsbelehrung entspricht.[332] Durch die dritte Änderung der BGB-Informationspflichtenverordnung v. 2.12.2004[333] wurde zwar das Muster der Widerrufsbelehrung erneut geändert, der Text der Widerrufsbelehrung im Hinblick auf die Fristberechnung aber nicht der Rspr. zu § 187 Abs. 1 BGB angepasst. Doch kommt es auf die Beurteilung dieser Frage in Zukunft nicht mehr an. Die neue Bekanntmachung der Widerrufsbelehrung ist durch ein Gesetz v. 2.12.2004 vorgenommen worden, so dass auch die Gerichte an den Text der jetzt vorgegebenen Widerrufsbelehrung gebunden sind, ohne dass Franchise-Geber befürchten müssen, die Widerrufsbelehrung sei deswegen unwirksam, weil § 14 Abs. 1 BGB InfoV mit höherrangigem Recht nicht vereinbar ist.[334]

217

Notwendig ist eine Widerrufsbelehrung, wenn der Franchise-Nehmer **Verbraucher** i.S.v. § 13 BGB ist. Insofern ist der Verbraucherbegriff des § 13 BGB identisch mit dem des § 355 Abs. 1 BGB. Allerdings ist die Diskussion um den Verbraucherbegriff in Bewegung gekommen, da die derzeitige enge deutsche Auslegung des Verbraucherbegriffs in § 13 BGB nicht dem europäischen Verbraucherbegriff[335] entspricht. Danach wird der Verbraucher vom EuGH als eine Person definiert, die „zu einem Zweck" tätig wird, „der nicht der beruflichen oder gewerblichen Tätigkeit dieser Person zugerechnet werden kann".[336]

218

Dies ist weitgehender als die **bisherige Auslegung des Verbraucherbegriffs** in der BRD. Auf der Grundlage der EuGH-Rspr. wird schon die Unternehmereigenschaft durch den Abschluss des kaufmännischen

219

---

330 BGH, NJW 1993, 64.
331 OLG Koblenz, NJW 1994, 2099 f.
332 Siehe insb. dazu: Masuch, NJW 2003, 2931, 2932; Schneider, ZGS 2002, 381.
333 BGBl. 2004 I, S. 3102; dazu Masuch, BB 2005, 344.
334 Informativ insoweit OLG Koblenz, NJW 2006, 919.
335 Siehe dazu vor allem EuGH, JZ 1998, 896 f.
336 Siehe dazu Dauner-Lieb/Dötsch, BB 2003, 1666 ff.; allerdings allg. zur Verbrauchereigenschaft eines Personengesellschafters.

Erstgeschäftes und damit durch den Abschluss des Franchise-Vertrags begründet. Dafür hatten sich bereits in ständiger Rspr. sowohl das OLG Oldenburg[337] sowie das OLG Rostock[338] ausgesprochen. Nachdem sich das OLG Düsseldorf[339] nunmehr dieser Rspr. angeschlossen hat, hat der **BGH** abschließend mit Beschl. v. 24.2.2005[340] festgestellt, dass bei einem der Existenzgründung dienenden Geschäft Unternehmer- und nicht Verbraucherhandeln vorliegt.[341] Damit kann durch den Abschluss eines Franchise-Vertrags mit einem Existenzgründer sowohl eine Gerichtsstandvereinbarung gemäß § 38 ZPO, als auch ein Schiedsgericht gemäß § 1031 Abs. 5 Satz 1 ZPO ohne gesonderten Abschluss eines Schiedsgerichtsvertrags begründet werden

220 In einem Punkt hilft die Entscheidung aber nicht weiter: nämlich dem der **Widerrufsbelehrung gemäß § 355 Abs. 3 BGB**. Der BGH hat im Beschl. v. 24.2.2005 ausdrücklich festgestellt, dass es hier bei der Sondervorschrift des § 507 BGB bleibt, d.h. eine Widerrufsbelehrung gleichwohl notwendig ist, auch wenn Unternehmer- statt Verbraucherhandeln beim Abschluss eines der Existenzgründung dienenden Franchise-Vertrags vorliegt, soweit die **Investitionssumme des Franchise-Nehmers** einen Betrag von 50.000 € nicht übersteigt. Ist zweifelhaft, ob die Investition des Franchise-Nehmers 50.000 € übersteigt, so sollte auf jeden Fall eine Widerrufsbelehrung vorgenommen werden, da anderenfalls die Gefahr der unbefristeten Widerrufbarkeit des Franchise-Vertrags gemäß § 355 Abs. 3 BGB besteht.[342] Diese Gefahr ist auch deswegen gegeben, weil nach dem Urt. des OLG Brandenburg v. 31.8.2005[343] bei der Feststellung der für den Wegfall des Verbraucherschutzes maßgeblichen Wertgrenze des § 507 BGB nicht auf eine wirtschaftliche Betrachtungsweise abzustellen ist, die das Gesamtengagement aus den vom Widerruf betroffenen Verträgen wertmäßig zusammenfasst. Vielmehr ist jede, auf den Abschluss eines Vertrags gerichtete Willenserklärung gesondert zu bewerten. Dies bedeutet, dass nicht in der Gesamtschau die Investitionen des Franchise-Nehmers, die mit Abschluss des Franchise-Vertrags begründet werden, wie etwa Leistung der Eintrittsgebühr, Umbaukosten für das Ladenlokal, Kosten des Ladenbaus und der Ladenausstattung sowie der Warenerstausstattung, wirtschaftlich zusammenhängend zu sehen sind. Vielmehr **sind alle abgeschlossenen Verträge gesondert** zu sehen. Da i.d.R. eine Eintrittsgebühr bei Abschluss eines Franchise-Vertrags unter 50.000 € liegt, bedeutet dies, dass grds. auch beim Existenzgründungs-Franchise-Nehmer weiterhin von der Notwendigkeit einer Widerrufsbelehrung gemäß § 355 Abs. 1 BGB auszugehen ist.[344]

221 Auch eine weitere Konsequenz dieser geänderten Rspr. ist noch nicht ausdiskutiert: Das verbraucherschutzrechtliche Schrifterfordernis i.S.d. § 492 BGB käme dann nicht mehr zur Anwendung.[345] Aber auch wenn § 492 BGB nicht mehr zwingend die Schriftform für den Abschluss eines Franchise-Vertrags mit einem Existenzgründungs-Franchise-Nehmer vorschreibt, so sollte dies zumindest im Eigeninteresse der Parteien aus Dokumentations- und Beweisgründen erfolgen.[346]

222 Immer wieder stellt sich auch bei Franchise-Verträgen die Frage, ob eine **Widerrufsbelehrung vor Abschluss des Franchise-Vertrags** bereits ausreichend ist, etwa mit dem Zusatz, der Lauf der Widerrufsfrist

---

337 Zuletzt noch NJW-RR 2002, 641.
338 OLGR 2003, 505, 506 ff.
339 NJW 2004, 3192.
340 ZIP 2005, 622 = NJW 2005, 1273.
341 Abweichend damit nur noch OLG Koblenz, NJW 1987, 74; die Entscheidung ist aber aufgrund des BGH-Beschlusses als überholt anzusehen. Siehe in diesem Zusammenhang auch ein Vortäuschen eines gewerblichen Verwendungszweckes: BGH, NJW 2005, 1045 mit Anm. Wertenbruch, LMK 2005, 49 f.
342 Zu dieser Rspr. umfassend: Flohr, ZIP 2005, 350.
343 NJW 2006, 159.
344 Siehe Flohr, BB 2006, 389, 394.
345 So aber noch zu § 4 VerbrKG: KG, Beschl. v. 11.2.1993 – 2 W 706/93, n.v.; auszugsweise abgedruckt bei: Flohr, Franchise-Handbuch, 1994/6, Gruppe B II 2, S. 5 f.; insofern wurden auch, um dieses verbraucherschutzrechtliche Schrifterfordernis zu unterlaufen, vermehrt, immer wenn der Standort des Franchise-Nehmers noch nicht fest stand, Vorverträge abgeschlossen.
346 Vgl. Flohr, Franchise-Vertrag, S. 226 f.

beginne „nicht jedoch, bevor die auf Abschluss des Vertrags gerichtete Willenserklärung vom Auftraggeber abgegeben wurde". Maßgebend ist hier jetzt die Entscheidung des BGH v. 4.7.2002.[347] Im Rahmen dieser Entscheidung hat der BGH festgestellt, dass ein solcher Zusatz nicht dem Deutlichkeitsgebot des § 355 Abs. 2 Satz 1 BGB entspricht und eine Widerrufsbelehrung vor Vertragsabschluss unwirksam ist.[348]

> **Hinweis:**
> Soweit ein Franchise-Geber einen Franchise-Nehmer trotz gesetzlicher Verpflichtung nicht über dessen Widerrufsrecht gemäß § 355 BGB belehrt, handelt der Franchise-Geber grds. wettbewerbswidrig i.S.v. § 1 UWG.[349] Ein solcher Franchise-Geber kann auf Unterlassung in Anspruch genommen werden, d.h. zukünftig den Abschluss von Verträgen ohne die gesetzlich vorgeschriebene Widerrufsbelehrung zu unterlassen.

Der Anwendungsbereich in § 355 BGB wird oft in den Fällen verkannt, in denen freiwillig eine Widerrufsbelehrung vorgenommen wird, obwohl der Franchise-Nehmer nicht Verbraucher i.S.v. § 13 BGB ist. Entspricht dann nicht die Widerrufsbelehrung § 355 BGB i.V.m. § 14 BGB-InfVO, so kann sich der Franchise-Geber als Verwender dieser Widerrufsbelehrung nicht darauf berufen, es habe keine gesetzliche Verpflichtung zur Widerrufsbelehrung bestanden. Der BGH geht nämlich davon aus, dass sich dann der Franchise-Geber an dieser Widerrufsbelehrung festhalten lassen muss.[350] Insofern sollte sich jeder Franchise-Geber nach wie vor die Notwendigkeit einer Widerrufsbelehrung überlegen und diese nur in den Fällen vornehmen, in denen der Franchise-Nehmer als Existenzgründer anzusehen ist und §§ 505, 507 BGB zu einer Widerrufsbelehrung gemäß § 355 BGB zwingen. 223

Soweit ein **Dritter dem Franchise-Vertrag beitritt** oder aber die Haftung für die Verpflichtungen aus dem Franchise-Vertrag übernimmt, selbst wenn es sich dabei um einen Allein- oder Mehrheitsgesellschafter der Franchise-Nehmer-Gesellschaft handelt, ist ebenfalls eine Widerrufsbelehrung notwendig. Dies ist zuletzt noch vom BGH mit Urt. v. 8.11.2005[351] unter Anknüpfung an die bisherige Rspr. und unter Ablehnung der Rspr. der Obergerichte festgestellt worden.[352] 224

Gemäß § 357 Abs. 1 BGB finden, soweit der Widerruf i.S.v. § 355 Abs. 1 Satz 1 BGB erklärt wird, die **Vorschriften über den gesetzlichen Rücktritt** (§§ 346 ff. BGB) entsprechende Anwendung. Weitergehende Ansprüche aus dem Franchise-Verhältnis, etwa aus § 280 BGB nach den Grundsätzen der cic gemäß § 311 BGB oder gemäß den §§ 812, 823 BGB, sind durch § 357 Abs. 4 BGB seit dem 1.1.2002 ausgeschlossen. Ansprüche aus § 826 BGB sollten jedoch im Wege der teleologischen Reduktion trotz des entgegenstehenden Wortlauts von § 357 Abs. 4 bestehen bleiben.[353] 225

Nach **altem Recht** löste der Widerruf noch eine Rückabwicklung gemäß §§ 812 ff. BGB aus.[354] Dabei war umstritten, ob auf die Rückabwicklung zu Lasten des Franchise-Nehmers die bereicherungsrechtliche Saldo-Theorie Anwendung findet.[355] Dies hat sich nunmehr geändert. Nunmehr müssen gemäß § 346 Abs. 1 BGB beide Vertragsparteien die im Rahmen des Dauerschuldverhältnisses empfangenen Leistungen zurückgewähren. 226

---

347   BGH, NJW 2002, 396 = GRUR 2002, 1085.
348   Siehe dazu auch Fischer, LMK 2003, 20 f.
349   Insofern ist auch die Entscheidung BGH, GRUR 2003, 622, 623 f. für Franchise-Verträge von Bedeutung.
350   Ständige Rspr. seit BGH, NJW 1982, 2313.
351   IX ZR 34/05, n.v.; siehe insoweit auch zu den Transparenzanforderungen an eine Garantieübernahme des Gesellschafters der Franchise-Nehmer-Gesellschaft: BGH, ZIP 2006, 474.
352   Vgl. zur bisherigen BGH-Rspr.: BGHZ 133, 71, 77, 78; 133, 220, 223; 133, 370, 380; BGH, WM 1997, 710.
353   Siehe dazu Palandt/Heinrichs, BGB, § 357 Rn. 15.
354   Vgl. etwa aus der Rspr. zur Rückabwicklung von Franchise-Verträgen: BGHZ 111, 287; OLG Oldenburg, DStR 1998, 903 – Service-Master.
355   So ausdrücklich OLG Dresden, NJW-RR 1996, 1013.

> **Hinweis:**
>
> Die jetzt vorgesehene **Rückabwicklung gemäß den §§ 346 ff. BGB** wird bei Franchise-Verträgen zu nicht unerheblichen Problemen führen. Bestand z.B. die Leistung des Franchise-Gebers in materiellen Leistungen (z.B. Beratungsleistungen/Know-how-Überlassung/Schulungen und Seminare), so ist die Rückgewähr nach der Natur des Erlangten ausgeschlossen. Mithin ist hier vom Franchise-Nehmer gemäß § 346 Abs. 2 Satz 1 BGB Wertersatz zu leisten. Dieser Anspruch geht grds. auf die Leistung von Geld.[356]

227 Bislang wurde davon ausgegangen, dass **Verbraucherschutzrechte** zwingendes deutsches Recht darstellen und insofern auch eine Widerrufsbelehrung eines Franchise-Nehmers zu erfolgen hat, wenn der Franchise-Vertrag eine Rechtswahlklausel für ausländisches Recht (Recht des Franchise-Gebers) enthält. Insofern belehren österreichische Franchise-Systeme deutsche Franchise-Nehmer über ihr Widerrufsrecht gemäß § 355 Abs. 1 BGB, auch wenn der Franchise-Vertrag eine Rechtswahlklausel für österreichisches Recht enthielt, während umgekehrt deutsche Franchise-Nehmer in Österreich tätige Franchise-Nehmer über das Rücktrittsrecht gemäß § 3 KonsumentenSG belehrten, auch wenn im Rahmen des Franchise-Vertrags die Geltung deutschen Rechts vereinbart wurde.

228 Ob dies zukünftig noch so gilt, muss abgewartet werden. In seinem Urt. v. 13.12.2005[357] hat der BGH festgestellt, dass das **VerbrKG nicht zu den zwingenden Vorschriften des Art. 34 EGBGB zählt**, da es dem Schutz des einzelnen Verbrauchers dient und Belange der Allgemeinheit nur reflexartig mitgeschützt werden. Ist aber das VerbrKG nicht als zwingendes deutsches Recht anzusehen, so stellt sich zum einen die Frage, dies auch für § 355 Abs. 1 BGB gilt, da es sich bei dieser Vorschrift um die Rechtsnachfolgevorschrift von § 7 VerbrKG handelt und ob zum anderen zukünftig bei Franchise-Verträgen mit ausländischen Franchise-Gebern eine Widerrufsbelehrung des in der BRD tätigen Franchise-Nehmers gar nicht mehr vorzunehmen ist, wenn im Rahmen des Franchise-Vertrags nicht die Geltung deutschen Rechts, sondern die Geltung des Rechts des Heimatlands des Franchise-Gebers vereinbart wurde. Die Konsequenz wäre ein verkürzter Verbraucherschutz für Franchise-Nehmer, die ihren Franchise-Vertrag mit einem im Ausland ansässigen Franchise-Geber abgeschlossen haben und der zugleich die Rechtswahlklausel für das Recht des Landes des Franchise-Gebers enthält. Betroffen sind von dieser Frage vornehmlich Franchise-Systeme, die in der BRD und Österreich tätig sind, da dort die Verbraucherschutzvorschriften im Gegensatz zu anderen EU-Staaten entsprechende Verbraucherschutzrechte in Form einer Widerrufsbelehrung in der BRD (§ 355 Abs. 1 BGB) und einer Rücktrittsbelehrung in Österreich (§ 3 KonsumentenSG) enthalten. Ausdiskutiert ist diese Frage noch nicht. Aus Gründen anwaltlicher Vorsorge sollte aber jedem Franchise-Geber empfohlen werden, wegen der Gefahr der zeitlich unbefristeten Widerrufbarkeit gemäß § 355 Abs. 3 BGB eine Widerrufsbelehrung gemäß § 355 Abs. 1 BGB vorzunehmen, auch wenn der Franchise-Vertrag ansonsten der Geltung österreichischen Rechts unterstellt ist.

V. Franchise-Verträge und Arbeitsrecht

229 Kaum eine Entscheidung zum Franchise-Recht hat so viel Kritik hervorgerufen wie der Beschl. des LAG Düsseldorf v. 27.10.1987 zu „Jacques' Weindepot".[358] Dieser Diskussion setzt zwar das BAG mit Beschl. v. 13.9.1989[359] ein verfahrensrechtliches Ende, mehr aber nicht. Mittlerweile ist die **Diskussion um die wirtschaftliche Selbständigkeit** des Franchise-Nehmers oder dessen Einstufung als Arbeitnehmer aber als abgeschlossen anzusehen, und zwar zum einen auf der Grundlage der sog. Eismann-Beschlüsse des

---

356 So zu Recht Palandt/Heinrichs, BGB, § 346 Rn. 10.
357 NJW 2006, 762.
358 NJW 1988, 725; allgemein zu den Kriterien der Sicherstellung der Selbständigkeit des Franchise-Nehmers: Reinecke, Jahrbuch Franchising 1992, 87; Flohr, WiB 1997, 281 ff.
359 7 ABR 5/88, n.v.; dazu Flohr, Franchise-Report 1990/1, 5 ff.

BAG v. 16.7.1997[360] und des BGH v. 4.11.1998[361] sowie des Beschl. v. 16.10.2002 zum vom Fass-Franchise-System.[362]

Die **Selbständigkeit eines Franchise-Nehmers** beurteilt sich nach § 84 Abs. 1 Satz 2 HGB, d.h. diese Vorschrift enthält ein typisches Abgrenzungsmerkmal, das über den unmittelbaren Anwendungsbereich hinaus eine allgemeine, gesetzgeberische Wertung erkennen lässt. 230

Allein mit der Begründung, es liege ein **Franchise-Vertrag** vor, kann die Annahme einer Arbeitsverhältnisses nicht ausgeschlossen werden.[363] Insofern kommt es also nicht auf die formale Ausgestaltung der vertraglichen Beziehungen, sondern auf die tatsächliche Vertragsdurchführung an.

Das Merkmal der **Weisungsgebundenheit** ist abzuleiten. Das entspricht der h.M., wonach sich die Selbständigkeit des Franchise-Nehmers anhand der Kriterien beurteilt, die gemäß **§ 84 Abs. 1 HGB** zur Selbständigkeit des **Handelsvertreters** entwickelt wurden.[364] Entscheidend ist somit, ob der Franchise-Nehmer einen Arbeitnehmer entsprechend eng in die Organisation des Franchise-Gebers einbindet.[365] Es steht der **Selbständigkeit** des Franchise-Nehmers also **nicht entgegen**, wenn 231

- er hinsichtlich Ausstattung der Räumlichkeiten an Weisungen gebunden ist,
- Änderungen der Baulichkeit des Outlets der Einwilligung des Franchise-Gebers bedürfen,
- ein bestimmtes Warensortiment bezogen werden muss,
- zur Verfügung gestelltes Werbematerial zu verwerten ist,
- er das Geschäftslokal im Rahmen der gesetzlichen Ladenschlusszeiten möglichst lange geöffnet zu halten hat.

Entscheidend ist somit, dass der Franchise-Nehmer die Möglichkeit hat, seinen Geschäftsbetrieb im Rahmen des ggf. zugewiesenen Vertragsgebietes zwar nach **Vorgaben** des Franchise-Gebers, aber **ansonsten selbständig** zu organisierten. Letztlich hat er das unternehmerische Risiko zu tragen, darf also i.d.R. vom Franchise-Geber keine Vergütung beziehen, sondern muss Gewinne aus der Differenz zwischen Einkaufs- und Verkaufspreisen erzielen. 232

Immer wieder festzustellende Versuche, schon allein wegen des Abschlusses des Franchise-Vertrags die ArbG unter Hinweis auf die **arbeitnehmerähnliche Schutzbedürftigkeit** des Franchise-Nehmers anzurufen, dürften also jetzt der Vergangenheit angehören. Ein Franchise-Nehmer ist nur dann als arbeitnehmerähnlich schutzbedürftig anzusehen, wenn er wirtschaftlich vom Franchise-Geber abhängig ist und in seiner sozialen Stellung einem Arbeitnehmer vergleichbar schutzbedürftig ist. Dies wird bei solchen Franchise-Systemen, bei denen der Franchise-Nehmer lediglich die Produkte bzw. Dienstleistungen des Franchise-Systems abzusetzen bzw. anzuwenden und die Grundsätze der Corporate Identity des Franchise-Systems zu beachten hat, ansonsten aber jeden unternehmerischen Freiraum genießt, **zu verneinen** sein. Dazu gehört es insb., wenn der Franchise-Nehmer 233

- das Geschäft nicht nur eigenständig führt, sondern das Geschäftslokal selbst angemietet hat,
- die Endpreise der von ihm abzusetzenden Produkte selbst bestimmen kann und
- die Einbindung nicht so weitegehend ist, dass der Franchise-Nehmer keine Möglichkeit zu einer nennenswerten anderweitigen Erwerbstätigkeit hat.

Dabei muss für den Franchise-Nehmer nicht die Möglichkeit gegeben sein, ein weiteres Geschäftslokal zu eröffnen; ausreichend kann schon sein, wenn er einen gewissen Prozentsatz der von ihm abzusetzenden 234

---

360 ZIP 1997, 2208.
361 ZIP 1998, 2104.
362 NJW-RR 2003, 277.
363 So auch BAG, NJW 1997, 2973.
364 Dazu Flohr, Franchiserecht, Rn. 274 ff.; ders., WiB 1997, 281; ders., DStR 1999, 903; Matthiessen, ZIP 1998, 1089; Reinecke, Jahrbuch Franchising 1992, 79, jeweils m.w.N.
365 Nachweise bei Flohr, Franchiserecht, Rn. 275.

Waren oder zu erbringenden Dienstleistungen (i.d.R. 20 % des Gesamtumsatzes) selbst bestimmen kann, wobei der Wegfall des Kriterienkatalogs des § 7 Abs. 4 SGB IV a.F.[366] seit dem 1.1.2003 auch (wieder) andere Vertragsgestaltungen ermöglichen wird.

235 Letztlich ist auch keine arbeitnehmerähnliche Schutzbedürftigkeit des Franchise-Nehmers anzunehmen, wenn dieser einem (nachvertraglichen) Wettbewerbsverbot unterliegt, das ihn nur bezogen auf die Produkte, Dienstleistungen und begrenzt auf das Vertragsgebiet seines ehemaligen Geschäfts bindet.

VI. Franchise-Verträge und Sozialversicherungsrecht

236 Die Diskussion um die Scheinselbständigkeit des Franchise-Nehmers hat zwar ihr Ende gefunden, nachdem durch das zweite Gesetz für moderne Dienstleistungen am Arbeitsmarkt v. 31.12.2002[367] der Kriterienkatalog des § 7 Abs. 4 SGB IV a.F. ersatzlos aufgehoben wurde. Jedoch scheint die Rspr. mittlerweile die **Rentenversicherungspflicht** gemäß § 2 Nr. 9 SGB VI auch auf selbständige Franchise-Nehmer auszuweiten. Dies wird von der BfA damit begründet, dass selbständige Franchise-Nehmer nur für einen Auftraggeber tätig sind, nämlich den Franchise-Geber, für den sie das Franchise-System umsetzen. Bislang hat sich die BFA mit ihrer Rechtsansicht nicht durchsetzen können, wie eine Entscheidung des SG Stuttgart v. 25.3.2004 zeigt.[368] Allerdings hat das BSG durch die Entscheidung v. 24.11.2005[369] die Rentenversicherungspflicht auch auf Geschäftsführer einer GmbH erweitert und festgestellt, dass diese der Rentenversicherungspflicht gemäß § 2 Nr. 9 SGB VI unterliegen, weil diese für einen Auftraggeber, nämlich die Franchise-Nehmer-Gesellschaft tätig sind und i.d.R. selbst keine versicherungspflichtigen Arbeitnehmer beschäftigen. Dieses Urteil kam deswegen überraschend, weil bis zu diesem Zeitpunkt davon ausgegangen wurde, dass insoweit auf die von der Gesellschaft beschäftigten Mitarbeiter abgestellt werden kann. Wegen der möglichen Beitragsnachforderungen in nicht unerheblicher Höhe, von denen auch Anwälte als Geschäftsführer eine RA-GmbH[370] und selbst die in einer GbR tätigen Rechtsanwälte[371] betroffen sein konnten, sah sich der Gesetzgeber zu schnellem Handeln veranlasst. Durch das HaushaltbegleitG 2006 vom 29.6.2006[372] wird nunmehr durch eine Änderung des § 2 Satz 1 Nr. 9 SGB VI klargestellt, dass bei Gesellschaftern als Auftraggeber die Auftraggeber der Gesellschaft gelten sollen. Außerdem wurde § 2 Satz 4 SGB VI um eine Nummer 3 erweitert, der zufolge bei Gesellschaftern auch die Arbeitnehmer der Gesellschaft als solche i.S.v. § 2 Satz 1 Nr. 9 SGB VI gelten. Folglich bleibt es entgegen dem Urteil des BSG v. 24.11.2005 dabei, dass es ausreicht, wenn die Voraussetzungen für die Versicherungspflicht des Geschäftsführers von der GmbH erfüllt werden, mithin also maßgeblich ist, wie viele versicherungspflichtige Arbeitnehmer bei ihr beschäftigt sind und für wie viele Auftraggeber die GmbH tätig ist. Es wird also **nicht** zu der befürchteten **Ausweitung der Rentenversicherungspflicht auf selbständige Alleingeschäftsführer** einer Franchise-Geber-GmbH kommen.

---

366 Der Kriterienkatalog des § 7 Abs. 4 SGB IV wurde ersatzlos durch das 2. Gesetz für moderne Dienstleistungen am Arbeitsmarkt v. 31.12.2002, BGBl. I, S. 4621 ff., 4623 aufgehoben, so dass wieder eine Rückkehr zum alten Rechtszustand erfolgte und damit endgültig die Diskussion um die Scheinselbständigkeit des Franchise-Nehmers der Vergangenheit angehört; dazu umfassend: Bauer/Kretz, NJW 2003, 537, 544. Darin wird allgemein eine Rückkehr zum Rechtszustand bis zum Erlass des sog. Korrekturgesetzes v. 19.12.1998, BGBl. I, S. 3843 gesehen. Insofern wird davon ausgegangen, dass seit dem 1.1.2003 wieder der ursprüngliche Grundsatz gilt, wonach Franchise-Nehmer im Sozialversicherungsrechtlichen Sinne als selbständige Unternehmer einzustufen sind. Damit gehörte auch die Frage der Vergangenheit an, ob der Franchise-Geber als einziger Auftragnehmer des Franchise-Nehmers anzusehen war, mit der Folge, dass bereits mit Abschluss des Franchise-Vertrags das erste Kriterium des Kriterienkataloges des § 7 Abs. 4 SGB IV a.F. als verwirklicht angesehen wurde – zum Ganzen: Flohr, in: Metzlaff, Praxishandbuch Franchising, Rn. 105.

367 BGBl. 2002 I, S. 4621 ff., 463.

368 ZIP 2006, 532; siehe auch BSG, ZIP 2006, 678; insgesamt zur Rspr. Singer, ZAP Fach 15, S. 525.

369 Zum Ganzen: Flohr, ZAP Fach 6, S. 393 f. Die von der BfA gegen das Urteil des SG Stuttgart eingelegte Berufung wurde zurückgenommen.

370 Kilger, AnwBl. 2006, 346.

371 So Plagemann/Radtke-Schwenzer, NZG 2006, 282, 284.

372 BGBl. 2006 I, S. 1402.

VII. Franchise-Verträge und Gesellschaftsrecht
1. Franchise-Geber-/Franchise-Nehmer-Gesellschaft

Franchise-Geber und Franchise-Nehmer sind i.d.R. **unterschiedlich strukturiert**. Während die Franchise-Geber-Gesellschaft meistens als GmbH oder als AG gesellschaftsrechtlich organisiert ist, ist der typische Franchise-Nehmer nach wie vor eine natürliche Person. Teilweise ist der Franchise-Nehmer Kleingewerbetreibender und nicht als Kaufmann im Handelsregister eingetragen ist.

Vielfach sind Franchise-Nehmer-Gesellschaften, insb. dann, wenn der Franchise-Vertrag von Eheleuten abgeschlossen wird, auch als GbR organisiert, wobei diese Ordnungsstruktur i.d.R. dann auch für die Dauer des Franchise-Vertrags beibehalten wird.

Franchise-Nehmer-Gesellschaften können nicht als Partner-Gesellschaften strukturiert sein, da diese Art der Partnerschaft nur Freiberuflern vorbehalten ist (§ 1 Abs. 1 PartGG).

Teilweise beteiligen sich Franchise-Geber auch an Franchise-Nehmer-Gesellschaften, damit diese insb. in der Start-up-Phase über das notwendige Eigenkapital verfügen. Derartige **Beteiligungsnormen** sind nicht unbedenklich. Zum einen hält das Franchise-System durch diese Beteiligung ein horizontales Element. Liegt dann die Beteiligung des Franchise-Geber an jeder einzelnen Franchise-Nehmer-Gesellschaft noch über 50 %, so ist nicht auszuschließen, dass in der Bildung solcher Gemeinschaftsunternehmen ein unzulässiges Kartell i.S.v. § 1 GWB zu sehen ist. Der abgeschlossene Franchise-Vertrag wäre dann gemäß § 134 BGB nichtig.

> **Hinweis:**
>
> Wird also eine solche Beteiligungsvariante gewählt, so sollte von vorneherein festgelegt werden, dass der Franchise-Geber zum einen nicht mehrheitlich beteiligt ist und zum anderen die Beteiligung des Franchise-Gebers nach und nach durch Übertragung von Anteilen auf den Franchise-Nehmer oder von diesem benannte Dritte zurückgefahren wird, wobei der Break Even der entscheidende Zeitpunkt für das Zurückfahren der Beteiligung des Franchise-Gebers auf eine Minderheitsbeteiligung sein kann.

Unbedenklich ist eine solche Beteiligung aber auch zum anderen deswegen nicht, weil dem Franchise-Geber auch entsprechende **Gewinnanteile** zufließen, die dieser neben den laufenden Franchise-Gebühren erhält. Diese Gewinnanteile sind rechnerisch bei der Beurteilung der Angemessenheit der laufenden Franchise-Gebühr mit zu berücksichtigen. Beträgt dann aber die laufende Franchise-Gebühr mehr als 20 % des Gesamtnettoumsatzes, so kann schon die Grenze zum Wuchertatbestand und damit zur Sittenwidrigkeit des Franchise-Vertrags gemäß § 138 Abs. 2 BGB überschritten sein.

2. Gesellschaftsrechtliche Strukturen

Die **gesellschaftsrechtlichen Strukturen** von Franchise-Geber- und Franchise-Nehmer-Gesellschaft sind unterschiedlich. Diese sind auch nicht von der jeweiligen Vertriebsform bzw. der Art des Franchise-Systems (Waren- oder Dienstleistungs-Franchise) abhängig. Insofern ist es also ohne Bedeutung, ob die Franchise-Geber- oder Franchise-Nehmer-Gesellschaft als Personen- oder Kapitalgesellschaft strukturiert ist.

a) Personengesellschaft

Die **Rechtsformen der Personengesellschaften** sind sowohl für die Franchise-Geber- als auch für die Franchise-Nehmer-Gesellschaft denkbar, also die Gründung einer OHG oder KG oder einer GmbH & Co. KG.

243 Häufig werden Franchise-Nehmer-Gesellschaften auch als **GbR** betrieben, so bei Dienstleistungs-Franchisen, wie z.B. Makler-Franchise-Systemen, die nunmehr nach der BGH-Entscheidung v. 29.1.2001 auch rechtsfähig ist.[373]

244 Allerdings sollte **im Franchise-Vertrag festgehalten werden**, dass lediglich einer der Gesellschafter der als GbR strukturierten Franchise-Nehmer-Gesellschaft als alleinvertretungsberechtigter Gesellschafter Willenserklärungen für die Gesellschaft abgeben und entgegennehmen kann. Anderenfalls kann eine von diesem Franchise-Nehmer abgegebene einseitig empfangsbedürftige Willenserklärung gemäß § 174 Satz 1 BGB zurückgewiesen werden, wenn ihr weder eine Vollmacht der anderen Gesellschafter beigefügt war, noch sich aus dem Gesellschaftsvertrag oder einer Erklärung der anderen Gesellschafter ergibt, dass dieser Gesellschafter zur alleinigen Vertretung der Franchise-Nehmer-Gesellschaft berechtigt ist.[374]

245 Letztlich entscheiden das **Haftungsrisiko und steuerliche Gestaltungsformen** darüber, ob eine Personengesellschaft als geeignete Gesellschaftsform für die Franchise-Geber- oder Franchise-Nehmer-Gesellschaft angesehen wird.

b) Kapitalgesellschaft

246 Franchise-Geber- und Franchise-Nehmer-Gesellschaften werden sowohl in der **Rechtsform der GmbH als auch der AG** gegründet.

247 In letzter Zeit ist eine **Tendenz feststellbar**, Franchise-Geber-Gesellschaften als AG zu gründen, um die Franchise-Nehmer an der Franchise-Geber-Gesellschaft durch Aktien beteiligen zu können. Damit soll eine stärkere Bindung innerhalb des Franchise-Systems herbeigeführt werden.

> **Hinweis:**
> Da sowohl die Anteile an einer GmbH als auch einer Aktiengesellschaft fungibel sind, ist es notwendig, im Rahmen des Franchise-Vertrags festzulegen, dass die Aktien bzw. Anteile am Stammkapital der GmbH nicht auf mit dem Franchise-System konkurrierende Dritte übertragen werden dürfen. Anderenfalls besteht die Gefahr des Know-how-Abflusses des Franchise-Systems an konkurrierende Franchise-Systeme oder konkurrierende Unternehmen.

248 Soweit der Franchise-Nehmer zunächst den Franchise-Vertrag als natürliche Person und Inhaber eines einzelkaufmännischen Unternehmens abgeschlossen hat, stellt sich immer die Frage, ob der Franchise-Nehmer berechtigt ist, die **Rechte und Pflichten aus dem Franchise-Vertrag auf eine von ihm gegründete oder übernommene Kapitalgesellschaft zu übertragen**. Eine solche Übertragung ist von der Einwilligung (§ 183 BGB) des Franchise-Gebers abhängig zu machen. Zugleich ist eine Ergänzungsvereinbarung zum Franchise-Vertrag abzuschließen, in der die Einzelheiten der vom Franchise-Geber erteilten Einigung festgehalten werden.

249 Da bei Abschluss des Franchise-Vertrags nicht vorherzusehen ist, wann ggf. die Rechte und Pflichten aus dem Franchise-Vertrag auf eine vom Franchise-Nehmer gegründete Kapitalgesellschaft übertragen werden, ist es auch nicht zu empfehlen, bereits entsprechende Regelungen in den Franchise-Vertrag aufzunehmen. Solche Regelungen unterliegen nämlich dann der Inhaltskontrolle gemäß § 307 Abs. 1 Satz 1 BGB bzw. sind an den Klauselvorbehalten der §§ 308, 309 BGB zu messen. Wird aber in dem Augenblick, in dem sich die Entscheidung stellt, eine Individualvereinbarung zwischen Franchise-Geber und Franchise-Nehmer getroffen, so unterliegt diese Individualvereinbarung nur der Sittenwidrigkeitskontrolle i.S.d.

---

[373] Grds. BGH, BB 2001, 374 mit Anm. Prütting, EWiR, § 50 ZPO 1/01, 341 sowie ausführlich: Habersack, BB 2001, 477; Ulmer, ZIP 2001, 585 ff.; Westermann, NZG 2001, 289 ff.; Schmidt, NJW 2001, 993 ff.; Wiedemann, JZ 2001, 661 ff.; andererseits aber auch BGH, WRP 2000, 1148: GbR als solche kann nicht Inhaberin einer eingetragenen Marke sein.

[374] BGH, WM 2001, 2442 ff.

§ 138 BGB. Damit sind weitergefasste Gestaltungsmöglichkeiten für den Franchise-Geber denkbar als solche Regelungen, die wie der Franchise-Vertrag der Inhaltskontrolle gemäß §§ 305 ff. BGB.[375]

G. Prozessuale Fragen

I. Schlichtung bei Franchise-Systemen

Um Auseinandersetzungen innerhalb des Franchise-Systems diskutieren zu können, und zwar Auseinandersetzungen zwischen Franchise-Geber und Franchise-Nehmer einerseits oder zwischen Franchise-Nehmern untereinander andererseits, wird i.d.R. in einem Franchise-Vertrag eine sog. **Schlichtungsklausel** vereinbart. Danach sind sowohl Franchise-Geber als auch Franchise-Nehmer erst dann berechtigt, das zuständige Gericht anzurufen, wenn die zuvor durchgeführte Schlichtung gescheitert ist. Eine ohne durchgeführte Schlichtung erhobene Klage ist unzulässig, wobei das Schlichtungsverfahren bis zum Termin zur mündlichen Verhandlung nachgeholt werden kann.[376]

250

Eine entsprechende Empfehlung wird auch vom Deutschen Franchise-Verband ausgegeben, wobei dieser empfiehlt, die Schlichter anzurufen, die teilweise in den einzelnen Bundesländern von den Gerichten gestellt worden sind, so in Bayern bei den LG Würzburg, München und Traunstein.[377] Da der Schlichtungsvorschlag unverbindlich ist, finden insofern die §§ 317 – 319 BGB keine Anwendung. Aus diesem Grunde kann auch eine Schlichtungsklausel nicht gegen §§ 307 Abs. 2, 308 Nr. 4 BGB verstoßen.

251

Teilweise wird eine solche **Schlichtungskompetenz** auch dem **Beirat** des Systems zugeordnet. Dieser soll dann als Schlichter bei Auseinandersetzungen zwischen Franchise-Geber und Franchise-Nehmer oder Franchise-Nehmern untereinander tätig werden. Auch insofern kann vereinbart werden, dass erst dann das Anrufen des zuständigen Gerichts zulässig ist, wenn durch den Vorsitzenden des Beirats das Scheitern der Schlichtung festgestellt worden ist.

252

Zu überlegen ist für Franchise-Systeme auch, ob Streitigkeiten innerhalb des Franchise-Systems nicht auf der **Grundlage der Güteordnung des BNotK**[378] entschieden werden. Damit kann gemäß § 8 Abs. 4 BNotO vor einem Notar ein ad hoc-Schiedsgericht gebildet werden, das unter Ausschluss der staatlichen Gerichtsbarkeit stattfindet.[379]

253

II. Mediation bei Franchise-Systemen

1. Entwicklung der Mediation bei Franchise-Systemen

Unter dem Einfluss internationaler Franchise-Systeme wird zunehmend auch beim Abschluss von Franchise-Verträgen die **Einführung einer Mediation** vereinbart, die einer gerichtlichen Auseinandersetzung vorgelagert ist. Eine vor Durchführung der Mediation erhobene Klage ist damit unzulässig.[380]

254

Auch der **Deutsche Franchise-Verband** hat sich zwischenzeitlich der Überlegung nach Einführung einer Mediation bei Franchise-Systemen angeschlossen. Dient doch das Mediationsverfahren dazu, innerhalb eines Franchise-Systems schnellstmöglich zu einer Einigung zu kommen, ohne dass damit eine Öffentlichkeitswirkung innerhalb des Systems verbunden ist. Insofern wird ähnlich dem Vorbild der British Franchise Association auch beim Deutschen Franchise-Verband eine **Liste der Mediatoren** geführt werden, die zu einer entsprechenden Mediation befähigt sind und über entsprechende praktischen Kenntnisse

255

---

375 Vgl. dazu: Flohr, Franchisevertrag, S. 90 f.
376 Vgl. Thomas/Putzo, ZPO, vor § 253 Rn. 11, 33; BGH, NJW 77, 2263; BGH, NJW 1984, 669; siehe zu einer etwaigen Streitschlichtung im Internet: Grunewald, BB 2001, 1111.
377 Siehe Flohr, Franchise-Vertrag, S. 216 f.; Heimann/Wagner, Münchener Vertragshandbuch, S. 560 Anm. 62.
378 DNotZ 2000, 1 ff.; Wagner, ZNotP 2000, 18 ff.
379 Grds. dazu: Wagner, NJW 2001, 2128 ff.
380 Umfassend dazu: Henssler/Koch, Mediation.

und Erfahrungen in der Franchise-Wirtschaft verfügen und hat zugleich Richtlinien zur Mediation herausgegeben.

256 Ob und inwieweit die Mediation **Schiedsgerichte** ablösen wird, bleibt abzuwarten. Wird jedoch eine solche Mediation eingeführt, so dürfte auch eine Streitschlichtungskompetenz der bei zahlreichen Franchise-Systemen vereinbarten Beiräte entfallen. Diese haben nämlich neben der Unterstützung des Franchise-Gebers in Marketing- und Werbefragen sowie bei der Produktweiterentwicklung oft auch die Aufgabe, in Auseinandersetzungen zwischen Franchise-Geber und Franchise-Nehmer oder Franchise-Nehmern untereinander zu vermitteln.

2. Umfang und Grenzen der Mediation

257 Wird eine Mediation gewünscht, so muss eine **entsprechende Regelung in den Franchise-Vertrag** aufgenommen werden.[381] Nach dieser Regelung verpflichten sich Franchise-Geber und Franchise-Nehmer einerseits sowie Franchise-Nehmer untereinander andererseits, Streitigkeiten zunächst einvernehmlich ggf. mit Hilfe eines Mediators zu schlichten. Diese Mediation ist ein freiwilliges, außergerichtliches Konfliktbearbeitungsverfahren, das darauf abzielt, den Konfliktparteien Wege zu weisen, damit sie gemeinsame Entscheidungen treffen können, die letztlich von ihnen selbst zu verantworten sind. Dabei hat der Mediator den von Franchise-Geber und Franchise-Nehmer dargelegten Sachverhalt zu würdigen und die Vertragsparteien über ihre jeweiligen Rechte und Pflichten umfassend zu informieren, ohne Rücksicht darauf, ob dies die Einigung letztlich erschwert oder nicht. Insofern vertritt der Mediator auch weder den Franchise-Geber noch den Franchise-Nehmer und ist allein dazu verpflichtet, das Mediationsverfahren zu moderieren.[382]

258 Dabei geht die Rspr. davon aus, dass die Hinzuziehung eines Dritten, wenn dieser sowohl vom Franchise-Geber als auch vom Franchise-Nehmer beauftragt wird, als **Mediatortätigkeit** zu qualifizieren ist, selbst wenn ausdrücklich kein Mediationsvertrag abgeschlossen wurde.[383]

> **Hinweis:**
> Um das Mediationsverfahren i.S.d. Franchise-Systems in einer möglichst kurzen Zeit abschließen zu können, ist es notwendig, im Franchise-Vertrag auch zu vereinbaren, innerhalb welcher **Fristen** das Mediationsverfahren abgeschlossen sein muss. Fehlt es an einer solchen Regelung, so kann die jeweils „beklagte" Partei versuchen, das Mediationsverfahren unnötig in die Länge zu ziehen, um ein Scheitern der Mediation zu verhindern und damit auch die Möglichkeit der „klagenden" Seite, Klage vor dem ordentlichen Gericht zu erheben.

Sobald der Mediator sein Amt angenommen hat, sollte dieser mit den Parteien eine Mediationsvereinbarung treffen, in der im Einzelnen das verfahrensmäßige Procedere, aber auch die Kosten der Mediation und die entsprechende Kostentragung vereinbart werden.

3. Rechtliche Fragen der Mediation

259 Ist der bestellte **Mediator zugleich als Rechtsanwalt für den Franchise-Geber oder Franchise-Nehmer** tätig, stellt sich die Frage, ob die Übernahme des Mandats nicht ausgeschlossen ist. Die Frage war umstritten und wurde in der Rspr. der Instanzgerichte bejaht.[384] Nunmehr hat das OLG Karlsruhe festgestellt, dass eine anwaltliche Tätigkeit als Mediator im Einverständnis beider Parteien mit dem Ziel der Vermittlung zulässig ist, jedoch einer späteren Tätigkeit als Rechtsanwalt in derselben Sache, die Gegen-

---

381 Ob und inwieweit Mediationsklauseln auch in Allgemeinen Geschäftsbedingungen vereinbart werden können, ist umstritten – siehe dazu: Wagner, BB 2001, Supplement Mediation & Recht, S. 30 ff.
382 Vgl. Maehler/Maehler, NJW 1997, 1263; aus der Rspr. siehe auch insoweit OLG Hamm, Urt. v. 20.10.1998 – 28 U 79/97, n.v.
383 OLG Hamm, Urt. v. 20.10.1998 – 28 U 79/97, n.v.
384 Siehe auch dazu: OLG Hamm, Urt. v. 20.10.1998 – 28 U 79/97, n.v., sowie Henssler, AnwBl. 1997, 130.

stand der Mediation war, ausgeschlossen ist.[385] Dies bedeutet, dass auch ein Rechtsanwalt dann nicht als Mediator tätig sein darf, wenn er zuvor den Franchise-Geber oder Franchise-Nehmer in derselben Sache anwaltlich vertreten hat.

In Ermangelung von Rechtsanwälten, die über entsprechende Mediationserfahrung verfügen, werden bei Franchise-Systemen auch **Unternehmensberater zu Mediatoren** bestellt. Hier stellt sich dann immer die Frage, ob die Bestellung eines Nichtjuristen zum Mediator einen Verstoß gegen das RBerG darstellt.[386] Entscheidend wird damit der Gegenstand der Mediation. Sind vom Mediator Fragen der Gebührenbemessung, der Mangelhaftigkeit von gelieferten Vertragsprodukten oder Fragen der Verletzung von Gebietsrechten oder vertraglichen Wettbewerbsverboten zu klären, so überwiegt die Rechtsberatung. Um dann einen Verstoß gegen das Rechtsberatungsgesetz zu vermeiden, ist die Bestellung eines Co-Mediators erforderlich, der Rechtsanwalt sein muss. 260

Da die **Einleitung eines Mediationsverfahrens** nicht einer Klageerhebung i.S.v. § 204 Abs. 1 Nr. 1 BGB gleichsteht, tritt demgemäß keine **Hemmung der Verjährung** gemäß § 209 BGB ein. Demgemäß muss im Rahmen des Mediationsvertrags vereinbart werden, dass für die Dauer der Mediation die Verjährung unterbrochen ist. Eine solche vertragliche Vereinbarung ist gemäß § 205 BGB zulässig. 261

Soweit der Mediator als Zeuge benannt wird, hat dieser kein Zeugnisverweigerungsrecht gemäß § 383 Abs. 1 Nr. 6 ZPO. Insofern muss im Rahmen des Mediationsverfahrens vereinbart werden, dass bei einer nachfolgenden gerichtlichen Auseinandersetzung – nach Scheitern der Mediation – der Mediator von den Vertrags-/(Mediations-)Parteien nicht als Zeuge benannt wird. Zugleich ist im Rahmen des Mediationsverfahrens festzuhalten, dass der Mediator alle ihm während des Mediationsverfahrens bekannt gewordenen Tatsachen geheim zu halten hat und nicht ohne Einwilligung der Vertrags-/(Mediations-)Parteien an Dritte weitergeben darf. 262

III. Schiedsgerichtsverfahren

1. Bedeutung für Franchise-Systeme

Teilweise wird anstelle der streitigen Gerichtsbarkeit zwischen Franchise-Geber und Franchise-Nehmer ein **Schiedsgerichtsvertrag** abgeschlossen. Dies bringt Vor- und Nachteile mit sich. **Vorteilhaft** ist ein Schiedsgerichtsvertrag insoweit, als Franchise-Geber und Franchise-Nehmer jeweils nur solche Schiedsrichter bestellen, die über entsprechende praktische und theoretische Erfahrungen im Franchise-Recht verfügen. **Nachteilig** ist ein Schiedsgericht, da die Kosten höher sind als die Kosten eines erstinstanzlichen Verfahrens. Hinzu kommt, dass die Entscheidung des Schiedsgerichts abschließend ist und nur unter eingeschränkten Voraussetzungen vom Franchise-Geber oder Franchise-Nehmer vor den ordentlichen Gerichten angefochten werden kann. 263

Gleichwohl ist nach wie vor eine **Tendenz zur Vereinbarung von Schiedsgerichten** festzustellen, da sich Streitigkeiten zwischen Franchise-Geber und Franchise-Nehmer vor den ordentlichen Gerichten nicht selten über einen so langen Zeitraum hinziehen, so dass dadurch die weitere Entwicklung des Franchise-Systems, aber auch die Diskussion innerhalb des Franchise-Systems belastet werden und Schiedsgerichtsverfahren nur „parteiöffentlich" sind. 264

Ob allerdings diese Tendenz zur Vereinbarung von Schiedsgerichten anhält, bleibt abzuwarten. Es ist nicht auszuschließen, dass die Mediation zunehmend – entsprechend internationalen Beispielen – bei der Streitschlichtung innerhalb von Franchise-Systemen als adäquates Mittel einer außergerichtlichen Erledigung angesehen wird.[387] 265

---

385 NJW 2001, 1397.
386 Dazu LG Rostock, EWiR, Art. 1 § 1 RBerG 8/2000, 119 mit Anm. Mankowski; Duve, BB 2001, 692. Das Urt. des LG Rostock ist zwischenzeitlich durch Urt. des OLG Rostock v. 20.6.2001 (DStR 2001, 1399 mit Anm. Flohr) bestätigt worden.
387 Zum Ganzen: Flohr, Franchise-Vertrag, S. 228 ff.

2. Feststellungsklage

266 Steht die **Nichtigkeit des Franchise-Vertrags** fest, so kann der Franchise-Nehmer auch auf Feststellung klagen, dass dem Franchise-Geber darüber hinaus keine weiteren Forderungen mehr zustehen. Die Zulässigkeit eines solchen Feststellungsantrags ergibt sich aus § 256 Abs. 2 ZPO. Bei der Zwischenfeststellungsklage tritt die Vorgreiflichkeit an die Stelle des Feststellungsinteresses gemäß § 256 Abs. 1 ZPO. Die Vorgreiflichkeit liegt vor, weil die Wirksamkeit des Franchise-Vertrags bei der Entscheidung über den Klageantrag (Leistung offenstehender Franchise-Gebühren) ohnehin geprüft werden muss. Im Übrigen genügt für die Zulässigkeit die bloße Möglichkeit, dass aus dem streitigen Rechtsverhältnis noch weitere Ansprüche erwachsen können.[388]

> **Hinweis:**
> Eine solche Zwischenfeststellungsklage kann der Franchise-Nehmer auch als Widerklage in der Berufungsinstanz erheben, da § 256 Abs. 2 ZPO der Vorschrift des § 530 Abs. 1 ZPO vorgeht.[389]

3. Schiedsgerichtsvertrag/Schiedsklausel/Schiedsrichtervertrag

267 Seit dem 1.10.1998 sind die neugefassten Vorschriften über das schiedsrichterliche Verfahren (§§ 1025 ff. ZPO) in Kraft. Damit ist auch für Franchise-Verträge zu unterscheiden zwischen dem **Schiedsgerichtsvertrag**, der als gesonderte Vereinbarung zwischen Franchise-Geber und Franchise-Nehmer geschlossen wird oder als **Schiedsklausel** im Franchise-Vertrag, dem **Schiedsrichtervertrag**, der für konkrete Streitigkeiten zwischen Franchise-Geber und Franchise-Nehmer und dem/den Schiedsrichter/n geschlossen wird.[390]

268 Ist der Franchise-Nehmer **Existenzgründer**, ist es nach dem Beschl. des BGH v. 24.2.2005[391] ausreichend, wenn die Schiedsklausel i.S.d. § 1031 Abs. 5 Satz 1 ZPO im Franchise-Vertrag enthalten ist. Ein gesondert abgeschlossener Franchise-Vertrag ist entbehrlich.

269 Ist noch **altes Schiedsverfahrensrecht** anzuwenden, so war die Schriftform des § 1027 Abs. 1 Satz 1 ZPO dann entbehrlich, wenn der Schiedsvertrag für den Franchise-Geber und für den Franchise-Nehmer ein Handelsgeschäft war und der Franchise-Geber sowie der Franchise-Nehmer ihre Tätigkeit nicht in der Rechtsform des Minderkaufmanns (§ 4 HGB a.F.) erbrachten.[392]

> **Hinweis:**
> Wird trotz des abgeschlossenen Schiedsvertrags Klage vor dem ordentlichen Gericht erhoben, so kann der jeweils Beklagte gemäß § 1032 Abs. 1 ZPO bis zum Beginn der mündlichen Verhandlung zur Hauptsache die Schiedsgerichtseinrede erheben, d.h. beantragen, die Klage als unzulässig abzuweisen.[393]

270 Die **Einrede der Schiedsvereinbarung** ist allerdings dann **unbeachtlich**, wenn diese undurchführbar ist (§ 1032 Abs. 2 ZPO n.F.). Eine solche Undurchführbarkeit besteht i.d.R. dann, wenn durch das Gericht die Mittellosigkeit des Klägers festgestellt wird. Eine Kündigung der Schiedsgerichtsvereinbarung ist in einem solchen Fall nach der Neufassung der Regelungen des Schiedsrechts durch das Schiedsverfahren-Neuregelungsgesetz v. 22.12.1997 nicht erforderlich.[394]

---

388 Siehe allgemein BGH, NJW 1994, 2759 sowie zum Franchise-Vertrag: OLG Rostock, Urt. v. 1.6.1995 – 1 U 293/94, n.v.; OLG Düsseldorf, WuW 1997, 242.
389 Vgl. Baumbach/Hartmann, ZPO, § 256 Rn. 110.
390 Zum Ganzen: Thomas/Putzo, ZPO, vor § 1029 Rn. 2 und Lachmann/Lachmann, BB 2000, 1633 ff.; siehe auch aus der neueren Rspr.: OLG Hamm, NJZ 2001, 652 f.
391 NJW 2005, 1273.
392 Vgl. BGHZ 75, 218; BGH, WM 1982, 635.
393 Siehe aus der neueren Rspr.: BGH, BB 2001, 1327 f. m.w.N.
394 Siehe BGH, Urt. v. 14.9.2000 – III ZR 33/00, n.v.

Behält sich der Franchise-Geber nach dem Schiedsgerichtsvertrag vor, nach freier Wahl und alleiniger Entscheidung anstelle des ordentlichen Gerichts ein Schiedsgerichtsverfahren durchzuführen, wobei er zugleich bindend für den Franchise-Nehmer den Schiedsrichter bestellt, so ist eine solche Schiedsgerichtsvereinbarung gemäß § 138 Abs. 1 BGB nichtig.[395] 271

Tritt ein Dritter anstelle des bisherigen Franchise-Gebers als Franchise-Geber in den Franchise-Vertrag ein, so bleibt die mit dem ausgeschiedenen Franchise-Geber getroffene Schiedsvereinbarung auch im Verhältnis zwischen dem neuen Franchise-Geber und Franchise-Nehmer wirksam.[396] 272

4. Rechtswirkungen eines Schiedsspruchs

Schiedssprüche zwischen Franchise-Geber und Franchise-Nehmer haben gemäß § 1055 ZPO die Wirkungen eines rechtskräftigen staatlichen Urteils. Eine Aufhebung eines solchen Schiedsspruchs kann aber nicht nur unter den Voraussetzungen des § 1059 ZPO erreicht werden. Da die Rechtskraft einer gerichtlichen Entscheidung mit dem Einwand des sittenwidrigen und rechtsmissbräuchlichen Titelgebrauchs gemäß § 826 BGB durchbrochen werden kann, kann auch die Aufhebung eines Schiedsspruchs gemäß § 826 BGB durchgesetzt werden.[397] Eine **Anrechnung mit bestrittenen Forderungen** kann von Franchise-Geber/Franchise-Nehmer nicht im Antragsverfahren auf Vollstreckbarkeitserklärung des Schiedsspruchs geltend gemacht werden. Hier kann nur eine Vollstreckungsgegenklage erhoben werden.[398] 273

5. Vorläufiger Rechtsschutz

Im Rahmen des Schiedsgerichtsvertrags kann auch vereinbart werden, dass durch das Schiedsgericht vorläufige oder sichernde Maßnahmen und damit auch vorläufiger Rechtsschutz veranlasst werden können. 274

> **Hinweis:**
>
> Allerdings sind Schiedsgerichte aus einer Reihe von Gründen schlecht für solche Eilentscheidungen geeignet. Diese erfordern eine schnelle Entscheidung, die von einem Schiedsgericht schon wegen der unterschiedlichen Ortsresidenz der Schiedsrichter nicht gewährleistet werden kann.[399] Aus diesem Grunde ist es empfehlenswert, die Entscheidungen des Schiedsgerichts auf das Hauptsacheverfahren zu beschränken und Maßnahmen des **vorläufigen Rechtsschutzes** zuzuweisen.[400]

IV. Prozessrecht

1. Gerichtsstandsvereinbarung

Eine **Gerichtsstandsvereinbarung** in Franchise-Verträgen ist gemäß § 38 Abs. 1 ZPO **nur zulässig**, wenn sowohl Franchise-Geber als auch Franchise-Nehmer Vollkaufleute sind. Anderenfalls ist die entsprechende Klausel im Franchise-Vertrag unwirksam, so dass der Franchise-Nehmer vom Franchise-Geber nur im allgemeinen Gerichtsstand (§§ 12, 13, 17 ZPO) verklagt werden kann. 275

Eine solche Gerichtsstandvereinbarung kann auch mit einem **Existenzgründungs-Franchise-Nehmer** geschlossen werden. Maßgebend ist auch insoweit der Beschl. des BGH v. 24.2.2005,[401] wonach Unternehmer- (§ 14 BGB) und nicht Verbraucherhandeln (§ 13 BGB) vorliegt, wenn das betreffende Geschäft 276

---

395 Vgl. dazu BGH, JZ 1989, 588 = NJW-RR 1989, 1477.
396 Siehe zur parallelen Problematik: Verbindung eines Erwerbs an die im Mietvertrag vereinbarte Schiedsvereinbarung – BGH, DB 2000, 2215.
397 BGH, ZIP 2000, 2270 mit Anm. Böcker, EWiR, § 1059 ZPO 1/01, 345; vgl. auch zur Rüge der Befangenheit eines Schiedsrichters im Vollstreckungsverfahren: BGH, NJW-RR 2001, 344.
398 Siehe BayObLG, JZ 2000, 1170 mit Anm. Wagner.
399 Zum Ganzen: Lachmann, Handbuch für die Schiedsgerichtsbarkeit, Rn. 673 ff.
400 So auch Lachmann, Handbuch für die Schiedsgerichtsbarkeit, Rn. 692 – 695; insgesamt zu einstweiligen Maßnahmen in der Schiedsgerichtsbarkeit: Jeong-Ha, Einstweilige Maßnahmen in der Schiedsgerichtsbarkeit.
401 NJW 2005, 1273.

(Abschluss eins Franchise-Vertrags) im Zuge der Aufnahme einer gewerblichen oder selbständigen beruflichen Tätigkeit (sog. Existenzgründung) erfolgt. Insofern kann mit einem Existenzgründung-Franchise-Nehmer im Rahmen des Franchise-Vertrags genauso eine Gerichtsstandsvereinbarung gemäß § 38 ZPO vereinbart werden.

277 Im Verhältnis zwischen in deutschen und anderen EG-Staaten domizilierenden Franchise-Gebern und Franchise-Nehmern sind die **Bestimmungen des EuGVO** zu beachten.[402]

2. Vorläufiger Rechtsschutz

278 Umstritten war die Frage, ob und inwieweit ein Franchise-Geber einen **Zulassungsanspruch zu der jeweils jährlich stattfindenden Internationalen Deutschen Franchise-Messe** hat und ob dieser Anspruch im Wege einer einstweiligen Verfügung durchgesetzt werden kann.

279 Das **OLG Düsseldorf** hat mit Urt. v. 13.6.1995[403] festgestellt, dass ein solcher Anspruch nur dann gegeben ist, wenn zugleich begründet wird, dass durch die Nichtzulassung zur Internationalen Franchise-Messe eine als „Notlage" oder „existentielle Notlage" zu bezeichnende Situation entsteht. Damit bestätigt das OLG Düsseldorf auch für Franchise-Systeme den Grundsatz, dass zwar eine Leistungsverfügung grds. anerkannt ist, dass jedoch an den Erlass einer solchen Leistungsverfügung strenge Voraussetzungen geknüpft sind.[404]

280 Zweifelhaft ist, ob ein Franchise-Geber im Falle einer **unberechtigten Kündigung des Franchise-Nehmers** und einer damit verbundenen Schließung des Franchise-Outlets den vertraglichen Erfüllungsanspruch (Betreiben des Franchise-Outlets) im Wege einer einstweiligen Verfügung durchsetzen kann. Zwar hat das LG Mainz mit Urt. v. 27.7.2000[405] eine solche einstweilige Verfügung zum Betreiben von Filialen aufgrund mit der Deutschen Post AG geschlossenen Partnerverträgen bestätigt und damit die Zulässigkeit einer Regelungsverfügung als Leistungsverfügung gemäß § 940 ZPO angenommen. Dies ist aber lediglich aus der Besonderheit des Postgesetzes zu erklären. Würde nämlich die Filiale geschlossen, so läge eine Nichterfüllung des Partnervertrags vor und der Deutschen Post AG würde eine nicht unerhebliche Geldbuße bis zu 500.000 € gemäß § 49 Abs. 1 PostG drohen. Derartige öffentlich-rechtliche Verpflichtungen sind i.d.R. bei Franchise-Systemen nicht gegeben. Franchise-Nehmer üben i.d.R. keine hoheitlichen Funktionen aus. Eine Leistungsverfügung auf Betreiben eines Franchise-Outlets nach unwirksamer fristloser Kündigung des Franchise-Vertrags durch den Franchise-Nehmer scheitert daher an den engen Voraussetzungen einer Leistungsverfügung.

281 Soweit dem Franchise-Nehmer Konkurrenzschutz gewährt wird (siehe die Ausführungen unter Rn. 156), kann eine solche **Konkurrenzschutzklausel** nicht durch eine **einstweilige Verfügung** durchgesetzt werden, weil dadurch vollendete Tatsachen geschaffen werden.[406]

3. Streitwertfragen

282 Wird die **Feststellung der Gesamtnichtigkeit des Franchise-Vertrags** oder aber eine Klage auf Feststellung der Unwirksamkeit einer im Franchise-Vertrag vereinbarten Bezugsverpflichtung erhoben, so bemisst sich der Streitwert nach dem vollen Wert der Leistungen, also nach den Leistungen beginnend von der Klagerhebung bis zum Ende der vertraglich vereinbaren Festlaufzeit des Franchise-Vertrags.[407]

---

402 Streitig: siehe OLG Koblenz, NJW 1987, 74 einerseits und OLG Schleswig, NJW-RR 1989, 1081 andererseits.
403 WiB 1995, 915 mit Anm. Flohr.
404 Siehe ansonsten aus der Rspr. zur Messezulassung: BGHZ 52, 65 – Sportartikelmesse; OLG Frankfurt, NJW-RR 1990, 1069 – Kunstmesse art Frankfurt; NJW 1992, 2579 – Art Frankfurt 1992; NJW-RR 1993, 1390 – Art Antique.
405 NJW-RR 2001, 637.
406 Siehe dazu vor allem: OLG Hamm, NJW-RR 1990, 1236.
407 Vgl. OLG Saarbrücken, JurBüro 1978, 1718.

4. Vollstreckungsfragen

Im Vollstreckungsrecht sind **keinerlei Besonderheiten** des Franchise-Rechts zu beachten. Die Vollstreckung der Titel, die der Franchise-Geber gegen den Franchise-Nehmer erstritten hat oder umgekehrt, richtet sich nach den allgemeinen Grundsätzen der Vollstreckungsvorschriften der ZPO.   283

§ 8 Abs. 2 UWG ist auch im Vollstreckungsverfahren von Bedeutung, wenn es darum geht, für eine wettbewerbswidrige Werbung des Franchise-Nehmers den Franchise-Geber auf Auskunftserteilung und Schadensersatz in Anspruch zu nehmen. Der BGH hat in seinem Urt. v. 4.2.2000[408] festgestellt, dass § 8 Abs. 2 UWG als Zurechnungsvorschrift nur ein etwaiges wettbewerbswidriges Handeln des Franchise-Nehmers umfasst, nicht aber zur Anwendung kommt, wenn es um die Geltendmachung von Auskunfts- und Schadensersatzansprüchen wegen einer vom Franchise-Nehmer geschalteten wettbewerbswidrigen Werbung geht.   284

Allerdings kann gegenüber dem Franchise-Geber ein **Ordnungsstrafenbeschluss** für eine vom Franchise-Nehmer veranlasste wettbewerbswidrige Werbung ergehen, wenn dieser es in schuldhafter Weise unterlassen hat, die Franchise-Nehmer des Franchise-Systems über eine von einem Franchise-Nehmer veranlasste wettbewerbswidrige Werbung zu unterrichten.[409]   285

---

[408] BB 2000, 1959 – Neu in Bielefeld I.
[409] Siehe Flohr, Franchiserecht, Rn. 292 ff.

7. Kapitel: Handelsgeschäft

Inhaltsverzeichnis

Rn.

- A. **Allgemeine Regel für Handelsgeschäfte** 1
- I. Allgemeine Grundsätze und Besonderheiten im Recht der Handelsgeschäfte 1
  1. Geschäftsverbindung 3
  2. Geschäfte ohne Rechtsbindungswillen 5
  3. Abschlussfreiheit, Kontrahierungszwang .. 8
  4. Formfreiheit, Schriftformklausel 10
  5. Inhaltsfreiheit, Auslegung, Treu und Glauben 12
  6. Verjährung 16
  7. Internationaler Verkehr 19
- II. Handelsgeschäft 20
  1. Begriff des Handelsgeschäfts 21
     a) Geschäfte eines Kaufmanns 22
     b) Zum Betrieb des Handelsgewerbes gehörend 29
  2. Handelsbräuche 31
  3. Besonderheiten beim Zustandekommen des Handelsgeschäfts 36
     a) Kaufmännisches Bestätigungsschreiben 39
     b) Schweigen auf ein Angebot 43
- III. Wirksame Abtretung trotz Abtretungsverbot (§ 354a HGB) 47
  1. Auswirkungen des § 354a HGB auf den Eigentumserwerb beim verlängerten Eigentumsvorbehalt 48
  2. Einschränkende Auslegung des § 354a Satz 2 HGB? 50
- IV. Kontokorrent 53
  1. Begriff des Kontokorrents 54
  2. Rechtswirkungen des Kontokorrents 56
     a) Unselbständigkeit der in das Kontokorrent eingestellten Forderungen 57
     b) Verrechnung der Forderungen 59
     c) Saldoanerkenntnis 62
     d) Pfändbarkeit von Ansprüchen aus einem Kontokorrent, insbesondere aus einer Bankverbindung 64
- V. Erwerb vom Nichtberechtigten 68
  1. Guter Glaube an die Verfügungsbefugnis .. 69
  2. Guter Glaube an die Vertretungsmacht 72
  3. Einschränkung des Gutglaubensschutzes beim Eigentumserwerb 75
  4. Lastenfreier Eigentumserwerb nach HGB .. 76
  5. Besonderheiten beim Pfandrecht 77
- VI. Kaufmännisches Zurückbehaltungsrecht 78
  1. Tatbestandsvoraussetzungen des kaufmännischen Zurückbehaltungsrechts 79
  2. Rechtsfolgen des kaufmännischen Zurückbehaltungsrechts 80

Rn.

- VII. Sonstige allgemeine Sonderbestimmungen für Handelsgeschäfte 81
  1. Sorgfalt eines ordentlichen Kaufmanns (§ 347 HGB) 82
  2. Entgeltlichkeit kaufmännischen Handelns (§§ 352 ff. HGB) 83
  3. Leistungszeit (§§ 358 f. HGB) 85
  4. Qualität der Leistung (§ 360 HGB) 86
- VIII. Übersicht über die allgemeinen Regeln für Handelsgeschäfte 87
  1. Zustandekommen des Handelsgeschäfts ... 88
  2. Gutgläubiger Erwerb 89
  3. Kontokorrent 90
  4. Kaufmännisches Zurückbehaltungsrecht ... 91
- B. **Besondere Handelsgeschäfte** 92
- I. Handelskauf 93
  1. Allgemeine Vorschriften über den Handelskauf 94
     a) Annahmeverzug des Käufers beim Handelskauf 97
     b) Spezifikationskauf 105
     c) Fixhandelskauf 108
  2. Besonderheiten beim beiderseitigen Handelskauf 111
     a) Rügeobliegenheit bei Qualitätsmängeln . 112
     b) Muster: Mängelrüge beim Handelskauf . 123
     c) Anwendbarkeit des § 377 HGB bei Art- und Mengenabweichungen 124
     d) Aufbewahrungspflicht nach Mängelbeanstandung 128
     e) Übersicht zur Rügeobliegenheit nach § 377 HGB 129
- II. Kommissionsgeschäft 132
  1. Rechtsstellung des Kommissionärs 136
     a) Kommissionsvertrag 138
        aa) Pflichten des Kommissionärs 140
        bb) Rechte des Kommissionärs 143
            (1) Provisionsanspruch 144
            (2) Pfandrecht 145
            (3) Selbsteintrittsrecht 146
     b) Ausführungsgeschäft 147
  2. Rechte des Kommittenten an Forderungen aus dem Ausführungsgeschäft 150
  3. Zwangsvollstreckung beim und Insolvenz des Kommissionär(s) 154
  4. Ertrag- und Umsatzsteuer beim Kommissionsgeschäft 155
  5. Muster Kommissionsvertrag – Verkaufskommission 158
  6. Übersichten zum Kommissionsgeschäft ... 159

a) Kommissionsgeschäft allgemein 160	3. Besonderheiten bei der Beförderung von Umzugsgut 174
b) Kommissionsvertrag – Rechte und Pflichten des Kommissionärs 161	4. Besonderheiten bei der Beförderung mit verschiedenartigen Beförderungsmitteln ... 175
c) Ausführunggeschäft mit Drittem 162	IV. Speditionsgeschäft 176
d) Zwangsvollstreckung 163	1. Begriff des Spediteurs 177
III. Frachtgeschäft 164	2. Rechte und Pflichten des Spediteurs 180
1. Frachtvertrag 166	V. Lagergeschäft 183
2. Haftung des Frachtführers 169	

Kommentare und Gesamtdarstellungen:

Alff, Fracht-, Lager- und Speditionsrecht, 2. Aufl. 1991; *Alpmann/Schmidt*, Handelsrecht, 11. Aufl. 2005; *Baumbach/ Hopt*, Kommentar zum Handelsgesetzbuch, 32. Aufl. 2006; *Brox*, Handels- und Wertpapierrecht, 17. Aufl. 2004; *Bülow*, Handelsrecht, 4. Aufl. 2001; *Canaris*, Handelsrecht, 23. Aufl. 2000; *Ebenroth/Boujong/Joost*, Kommentar zum Handelsgesetzbuch, 2001, Aktualisierungsband 2003; *Enstthaler*, Gemeinschaftskommentar zum Handelsgesetzbuch, 6. Aufl. 1999; *Fezer*, Handelsrecht, 1998; *Frantzjoch*, Das neue Lagerrecht, TranspR 1998, 101; *Fremuth/ Thume*, Kommentar zum Transportrecht, 2000; *Gierke/Sandrock*, Handels- und Wirtschaftsrecht, 9. Aufl. 1975; *Hofmann*, Handelsrecht, 11. Aufl. 2002; *Heidelberger Kommentar (Glanegger u.a.)*, HGB, Handelsrecht, Bilanzrecht, 6. Aufl. 2002; *Heymann*, Handelsgesetzbuch, 2. Aufl. 1990, Bd. 4, §§ 343 – 460; *Hopt/Mössle/Schmitt*, Handelsrecht, 2. Aufl. 1999; *Hübner*, Handelsrecht, 5. Aufl. 2004; *Klunzinger*, Grundzüge des Handelsrechts, 11. Aufl. 2003; *Koller*, Transportrecht, 5. Aufl. 2004; *Koller/Roth/Morck*, Handelsgesetzbuch, 5. Aufl. 2005; *Medicus*, Bürgerliches Recht, 20. Aufl. 2004; *Müglich*, Transport- und Logistikrecht, 2002; *Münchener Kommentar*, Handelsgesetzbuch, Bd. 7, §§ 407 – 457, 1997, Ergänzungsband Stand Oktober 1998; *Oetker*, Handelsrecht, 4. Aufl. 2004; *Palandt*, Bürgerliches Gesetzbuch, 66. Aufl. 2007; *Röhricht/Graf v. Westphalen*, HGB, 2. Aufl. 2001; *Schlegelberger*, Handelsgesetzbuch, Bd. 4, §§ 343 – 372, 1976, Bd. 5, §§ 373 – 382, 1982 und Bd. 6, §§ 383 – 460, 5. Aufl. 1977; *Schmidt, K.*, Handelsrecht, 5. Aufl. 1999; *Staub*, Großkommentar zum Handelsgesetzbuch, Bd. III/2, §§ 352 – 372, 3. Aufl. 1978, Bd. V/1, §§ 303 – 424, 3. Aufl. 1980, §§ 377 – 382, 4. Aufl. 1983 und §§ 383 – 406, 4. Aufl. 1985; *Tipke/Lang*, Steuerrecht, 17. Aufl. 2002; *Widmann*, Transportrecht, 3. Aufl. 1999.

Formularbücher und Mustersammlungen:

Hopt/Graf v. Westphalen/Hess/Fabritius, Vertrags- und Formularbuch zum Handels-, Gesellschafts-, Bank- und Transportrecht, Teil IV. A – B (mit 28 Vertragsmustern und Formularen zum Handels- und Unternehmenskauf), 2. Aufl. 2000; *Hopt/Graf v. Westphalen*, Vertrags- und Formularbuch zum Handels-, Gesellschafts-, Bank- und Transportrecht, Teil IV. D (mit zwei Mustern zum Kommissionsgeschäft), 2. Aufl. 2000; *Hopt/Nielsen*, Vertrags- und Formularbuch zum Handels-, Gesellschafts-, Bank- und Transportrecht, Teil VII. A – F (mit 16 Vertragsmustern und Formularen zum Transportrecht), 2. Aufl. 2000; *dies.*, Vertrags- und Formularbuch zum Handels-, Gesellschafts-, Bank- und Transportrecht, Teil VII. A – E (mit acht Vertragsmustern und Formularen zum Frachtrecht), 2. Aufl. 2000; *dies.*, Vertrags- und Formularbuch zum Handels-, Gesellschafts-, Bank- und Transportrecht, Teil VII. F (mit acht Vertragsmustern und Formularen zum Speditions- und Lagerrecht), 2. Aufl. 2000; *Wurm/Wagner/Zartmann*, Das Rechtsformularbuch, 14. Aufl. 1998.

Aufsätze und Rechtsprechungsübersichten:

Batsch, Abschied vom sogenannten kaufmännischen Bestätigungsschreiben?, NJW 1980, 1731; *Berger*, Neuverhandlungs-, Revisions- und Sprechklausel im internationalen Wirtschaftsvertragsrecht, RIW 2000, 1; *Bitter*, Neues zur Pfändbarkeit des Dispositionskredits, WM 2004, 1109; *Bosch*, Nochmals – Schützt § 366 HGB auch das Vertrauen auf die Vertretungsmacht im Handelsverkehr?, JuS 1988, 439; *Bülow*, Gutgläubiger Erwerb vom Scheinkaufmann, AcP 186, 576; *Coester*, Kaufmännisches Bestätigungsschreiben und Allgemeine Geschäftsbedingungen – Zum Vorrang der Individualabrede nach § 4 AGBG, DB 1982, 1551; *Deckert*, Das kaufmännische und berufliche Bestätigungsschreiben, JuS 1998, 121; *v. Dücker*, Das kaufmännische Bestätigungsschreiben in der höchstrichterlichen Rechtsprechung, BB 1996, 3; *Emmerich*, Rechtsprechungsübersicht, JuS 1987, 747; *Felke*, Die Pfändung der offenen Kreditlinie im System der Zwangsvollstreckung, WM 2002, 1632; *Gröger*, Die zweifache Doppelpfändung des Kontokorrents, BB 1984, 25; *Hager*, Zur Risikoverteilung bei Verlust der Mängelanzeige nach HGB § 377, JR 1988, 287; *Häuser*, Die Reichweite der Zwangsvollstreckung bei debitorischen Girokonten, ZIP 1983, 891; *Herber*, Die Neuregelung des deutschen Transportrechts, NJW 1998, 3297; *Hertel*, Rechtsgeschäfte im Vorfeld eines Projekts, BB 1983, 1824; *Hopt*, Nichtvertragliche Haftung außerhalb von Schadens- und Bereicherungsausgleich, AcP 183, 608; *Horn*, Neuverhandlungspflicht, AcP 181, 255; *ders.*, Vertragsbindung unter veränderten Umständen – zur Wirksamkeit von Anpassungsregelungen in langfristigen Verträgen, NJW 1985, 1118 ff; *v. Hoyningen-Huene*, Der Handelskauf, Jura 1982, 8; *Hüffer*, Rechtsfragen des Handelskaufs (1. Teil), JA 1981, 70; *Hüffer*, Vorrang des Kommittenten bei Mehrfachabtretung durch den Kommissionär – BGHZ 104, 123, JuS 1991, 195; *K. Schmidt*, Gutgläubiger Eigentumserwerb trotz Abtretungsverbots in AGB – Zur Bedeutung des § 354a HGB für die Praxis zu § 366 HGB, NJW 1999, 400; *ders.*, Rechtsprechungsübersicht – Gutgläubiger Erwerb im Kfz-Handel, JuS 1988, 74; *ders.*, Rechtsprechungsübersicht – Eigentumserwerb bei Versteigerung schuldnerfremder Sachen, JuS 1993, 76; *ders.*, Schützt § 366 HGB auch das Vertrauen auf die Vertretungsmacht im Handelsverkehr?, JuS 1987, 936; *Knops*, Rügepflicht beim Handelskauf und Leasingvertrag – BGHZ 110, 130, JuS 1994, 106; *Lehmann*, Der neue Europäische Rechtsschutz von Computerprogrammen, NJW 1991, 2112; *Maier*, Das Kontokorrent, JuS 1988, 196; *Mansel*, Die Neuregelung des Verjährungsrechts, NJW 2002, 89; *Mongl/Budzikiewicz*, Verjährungsanpassungsgesetz: Neue Verjährungsfristen, insbesondere für die Anwaltshaftung und im Gesellschaftsrecht, NJW 2005, 321; *Michalski*, Die Bestimmtheit der Rüge bei § 377 HGB, DB 1997, 81; *Mössle*, Verlustrisiko bei § 377 HGB, NJW 1988, 1190; *Müller*, Zu den Folgen des Rügeversäumnisses iSd § 377 HGB, ZIP 2002, 1178; *Musielak*, Die Falschlieferung beim Stückkauf nach dem neuen Schuldrecht, NJW 2003, 89; *Padeck*, Rechtsprobleme beim sog. Streckengeschäft, Jura 1987, 454; *Petersen*, Der gute Glaube an die Verfügungsmacht im Handelsrecht, Jura 2004, 247; *Reinicke*, Die Bedeutung der Schriftformklausel unter Kaufleuten, DB 1976, 2289; *Reinicke*, Schützt § 366 Abs 1 HGB den guten Glauben an die Vertretungsmacht?, AcP 189, 79; *Reinicke*, Zum Verlust- und Verzögerungsrisiko bei der Mängelanzeige nach HGB § 377, JZ 1987, 1030; *Schmidt*, Qualitätssicherungsvereinbarungen und ihr rechtlicher Rahmen, NJW 1991, 144; *Schröcker*, Unternehmenskauf und Anteilskauf nach der Schuldrechtsreform, ZGR 2005, 63; *Schubert*, Zum Verlust deliktischer Ansprüche bei Verletzung der Rügeobliegenheit gemäß HGB § 377 Abs 1, JR 1988, 414; *Schwark*, Auswirkungen einer Verletzung der Rügeobliegenheit des § 377 HGB auf deliktsrechtliche Ansprüche, JZ 1990, 374; *Serick*, Zur sicherungsrechtlichen Vorausabtretung der Schlußsaldoforderung – eine grundsätzliche und überfällige konkursrechtliche Erörterung, BB 1978, 873; *Steck*, Das HGB nach der Schuldrechtsreform, NJW 2002, 3201; *Steindorff*, Vorvertrag zur Vertragsänderung, BB 1983, 1127; *Thamm/Detzer*, Das Schweigen auf ein kaufmännisches Bestätigungsschreiben, DB 1997, 213; *Thume*, Das neue Transportrecht, BB 1998, 2117; *ders.*, Die geplante Neuregelung des Transportrechts, BB 1997, 585; *Tiedtke*, Erwerb beweglicher und unbeweglicher Sachen kraft guten Glaubens, Jura 1983, 460; *v. Venrooy*, Handelsrecht – Der wohlvorbereitete Studienwechsel, JuS 1982, 609; *Wagner*, Zur Pfändbarkeit nicht zweckgebundener Kontokorrentkreditforderungen, JZ 1985, 718; *ders.*, Pfändung der Deckungsgrundlage – ungeklärte Fragen bei der Zwangsvollstreckung in Girokonten, ZIP 1985, 849; *ders.*, Neue Argumente zur Pfändbarkeit des Kontokorrentkredits, WM 1998, 1657; *Werner*, Die Quantitätsabweichung beim Handelskauf, BB 1984, 221; *Wiegand*, Der gutgläubige Erwerb beweglicher Sachen nach §§ 932 ff. BGB, JuS 1974, 201; *Wunderlich*, Die kaufrechtliche Haftung beim asset deal nach dem SchuldRModG, WM 2002, 981; *Wüst*, Der praktische Fall – Handelsrecht – Geschäfte der Arras-GmbH, JuS 1990, 390.

A. Allgemeine Regel für Handelsgeschäfte

I. Allgemeine Grundsätze und Besonderheiten im Recht der Handelsgeschäfte

Die Frage, ob es sich bei einem Geschäft um ein Handelsgeschäft handelt, ist von Bedeutung für die Anwendbarkeit von **Handelsrecht**, und zwar u.a. nach den §§ 349, 350, 352, 353, 358, 368, 369 – 372 HGB und § 95 GVG. Ferner setzt die Anwendung der besonderen Vorschriften des 4. Buchs 2. – 6. Abschnitt HGB voraus, dass das Geschäft mindestens für eine Seite (vgl. § 345 HGB), unter Umständen aber auch für beide Seiten (vgl. z.B. §§ 377, 379 HGB), ein **Handelsgeschäft** ist. Handelsgeschäfte unterliegen, soweit das HGB nichts Abweichendes bestimmt, dem **allgemeinen bürgerlichen Recht** (vgl. Art. 2 Abs. 1 EGHGB).

Bevor im nachfolgenden Abschnitt II. Rn. 20 ff. auf das Handelsgeschäft und seine Besonderheiten näher eingegangen wird, sollen zunächst einige nicht explizit im HGB geregelte **Grundsätze des Handelsverkehrs** dargestellt werden.

1. Geschäftsverbindung

Die **laufende Geschäftsverbindung** ist der nicht nur auf ein Einmalgeschäft angelegte rechtsgeschäftliche[1] Kontakt zwischen zwei Kaufleuten oder Unternehmensträgern, der den einzelnen Verträgen ihre

---

1 Offen gelassen von BGH, WM 1988, 1135.

rechtliche Selbständigkeit belässt.² Die laufende Geschäftsverbindung ist weder ein bloß tatsächliches Verhältnis noch ein Vertragsverhältnis, sondern ein **gesetzliches Schuldverhältnis ohne primäre Leistungspflicht**, das als „geschäftlicher Kontakt" i.S.v. § 311 Abs. 2 Nr. 3 BGB verstanden werden kann.³ Dieses Verhältnis entfaltet besondere Schutzpflichten der Parteien nach § 241 Abs. 2 BGB füreinander und kann Grundlage einer Vertrauenshaftung sein.⁴ Die laufende Geschäftsverbindung wird rechtsgeschäftlich, d.h. entsprechend den §§ 104 ff. BGB, begründet. Die besondere Bedeutung der Geschäftsverbindung liegt in ihrer **pflichtenbegründenden Funktion**, die unabhängig von der Rechtsnatur und Wirksamkeit der in ihrem Rahmen geschlossenen Einzelverträge ist.⁵

> *Beispiele:*
> - *Pflichten schon vor Abschluss und nach Erfüllung des Einzelvertrags,*
> - *Schutz auch des Geschäftsunfähigen,*
> - *Interessenwahrungspflicht z.B. aus Bankvertrag, die dem Typ Kaufvertrag (wie etwa beim Effekten-Propergeschäft) fremd wäre.*

4   Die **Schutzpflichtverletzung** führt wie bei den Ansprüchen nach den §§ 280, 311 Abs. 2 Nr. 1 und Nr. 2, 241 Abs. 2 BGB aus **Verschulden bei Vertragsverhandlungen** i.d.R. zum Anspruch auf Ersatz des **negativen Interesses**, ausnahmsweise zum Anspruch auf Ersatz des **positiven Interesses**. Die Vertrauenshaftung kann einseitig ausgeschlossen werden.⁶

2. Geschäfte ohne Rechtsbindungswillen

5   Im Handelsverkehr wird zwischen **Geschäften ohne Rechtsbindungswillen** und sog. **Gefälligkeitsverhältnissen** unterschieden.

6   **Geschäfte ohne Rechtsbindungswillen** sind das gentlemen's agreement, die Absichtserklärung, unter Umständen die Patronatserklärung, der letter of intent, das memorandum of understanding und die instruction to proceed.⁷ Solchen Geschäften kann je nach Einzelfall rechtliche Bedeutung zukommen, insb. aufgrund einer Vertrauenshaftung. Ausnahmsweise können solche Geschäfte auch bereits Vertragscharakter haben.⁸

7   **Gefälligkeitsverhältnisse** – auch Zusagen oder Gestattungen genannt – sind keine **rechtsgeschäftlichen**, sondern **außerrechtliche Verhältnisse**. Ein Anspruch auf Erfüllung besteht nicht, doch kann eine Haftung daraus nicht nur auf die §§ 823 ff. BGB und im Einzelfall auch auf Vertrauenshaftungstatbestände gestützt werden, sondern vor allem auf die §§ 280, 311 Abs. 2 Nr. 3 BGB.⁹ **Gefälligkeitsverträge** sind dagegen rechtlich bindende, wenngleich aus Gefälligkeit eingegangene Vertragsverpflichtungen, z.B. nach den §§ 516, 598, 662, 690 BGB. Auch die Zusage einer Kulanzregelung kann rechtlich verbindlich sein.¹⁰ Im Handelsrecht spielen die echten Gefälligkeitsverhältnisse nur eine geringe Rolle, da i.d.R. eine Geschäftsverbindung i.S.d. obigen Ausführungen unter Rn. 3 vorliegt.¹¹

3. Abschlussfreiheit, Kontrahierungszwang

8   Der Kaufmann ist wie jeder Verbraucher grds. **frei, ob, mit wem** und **mit welchem Inhalt** er Verträge schließen will (Grundsatz der **Privatautonomie** in Gestalt der **Abschluss- und Inhaltsfreiheit**). So kann

---

2   BGHZ 87, 32.
3   Baumbach/Hopt/Hopt, HGB, vor § 343 Rn. 3.
4   Baumbach/Hopt/Hopt, HGB, vor § 343 Rn. 3.
5   Baumbach/Hopt/Hopt, HGB, vor § 343 Rn. 3.
6   Gerhardt, JZ 1970, 537.
7   Hertel, BB 1983, 1824.
8   Baumbach/Hopt/Hopt, HGB, vor § 343 Rn. 4.
9   BGHZ 21, 107.
10 OLG Köln, DB 1975, 2271.
11 Baumbach/Hopt/Hopt, HGB, vor § 343 Rn. 5.

z.B. der Einzelhändler einzelne Käufer nach Belieben abweisen.[12] Der Abbruch der Vertragsverhandlung ist zulässig, auch bei Kenntnis, dass der andere Teil in Erwartung des Vertragsschlusses bereits Aufwendungen gemacht hat.[13] Die schuldhafte Erweckung des Vertrauens auf einen sicheren Abschluss kann jedoch als **Verschulden bei Vertragsverhandlungen** nach §§ 280, 311 BGB einen Schadensersatzanspruch des Gegners, gerichtet auf das negative Interesse, begründen.[14]

Nur ausnahmsweise gibt es im Handelsverkehr einen **Abschluss bzw. Kontrahierungszwang**: 9

Beispiele:

- *besondere gesetzliche Abschlusspflichten, z.B. nach § 5 Abs. 2 PflVG, sowie vereinzelt noch im Transportrecht,*
- *das kartellrechtliche Diskriminierungsverbot nach § 20 GWB für marktbeherrschende Unternehmen, Kartelle, Preisbinder und für sonstige Unternehmen, von denen Anbieter oder Nachfrager ohne zumutbare Ausweichmöglichkeit abhängig sind,[15]*
- *§ 826 BGB kann bei rechtlicher oder tatsächlicher Monopolstellung eingreifen,[16]*
- *keine Abweichung von der grds. bestehenden Abschluss- und Kontrahierungsfreiheit ist die Abschlusspflicht aufgrund eines zuvor frei geschlossenen Rahmenvertrages, z.B. eines Bankvertrages.[17]*

4. Formfreiheit, Schriftformklausel

Handelsgeschäfte sind wie andere bürgerliche Rechtsgeschäfte auch grds. **formfrei**. Die **besonderen Formvorschriften** des BGB (wie z.B. nach § 311b Abs. 1 BGB) und anderer Gesetze (wie z.B. nach §§ 2 Abs. 1, 15 GmbHG) gelten auch für sie. **Bedeutende Ausnahmen** finden sich in § 350 HGB, wonach die Bürgschaftserklärung eines Kaufmanns oder das Schuldversprechen bzw. das Schuldanerkenntnis eines Kaufmanns formfrei rechtsgültig sind und etwa auch in § 1031 Abs. 5 ZPO, wonach eine Schiedsvereinbarung zwischen Kaufleuten nicht der dort geregelten strengen Form unterliegt. 10

Eine **Schriftformklausel**, nach der vom Vertrag abweichende mündliche Absprachen, unter Umständen nur solche von Vertretern, unwirksam sein oder von schriftlicher Bestätigung abhängen sollen, sind gemäß § 127 BGB grds. **wirksam**.[18] Eine Schriftformklausel darf jedoch nicht den Eindruck erwecken, nur mündliche, insb. nach Vertragsschluss getroffene Abreden seien allgemein unwirksam.[19] **Ausnahmsweise** können **Treu und Glauben** die Berufung auf die Schriftformklausel verbieten.[20] Die Schriftformklausel kann **jederzeit formlos aufgehoben** werden, auch mündlich, ggf. auch stillschweigend und unter Umständen sogar, wenn an sie gar nicht gedacht wurde.[21] Es muss jedoch der Wille immer klar hervortreten, dass die mündliche Abrede trotz der Schriftformklausel gelten solle.[22] Weitergehende Klauseln, wonach auch der Verzicht auf die Schriftform schriftlich erfolgen muss (**sog. doppelte Schriftformklausel**), sind unter Kaufleuten in Individualverträgen i.d.R. wirksam und führen bei Verstoß zur Unwirksamkeit nach § 125 Satz 2 BGB.[23] Eine Berufung auf die Formunwirksamkeit ist in diesen Fällen gemäß § 242 BGB nur dann verbaut (**sog. Arglisteinwand**), wenn die Einhaltung der Schriftform bewusst vereitelt wurde.[24] 11

---

12 OLG Hamm, BB 1964, 940.
13 BGH, NJW 1975, 43; WM 1977, 620.
14 BGHZ 71, 395.
15 BGHZ 49, 98; BGH, NJW 1976, 80; BB 1979, 797; BB 1980, 1117.
16 RGZ 131, 391.
17 Baumbacht/Hopt/Hopt, HGB, vor § 343 Rn. 7.
18 BGHZ 145, 206.
19 BGHZ 145, 206.
20 BGH, BB 1975, 1039; BB 1977, 62.
21 BGHZ 71, 164; BGH, NJW 1975, 1654; BB 1981, 266.
22 BGHZ 66, 380.
23 BAG, NJW 2003, 3725; Baumbach/Hopt/Hopt, HGB, vor § 343 Rn. 9.
24 BGHZ 66, 381; a.A.: Reinicke, DB 1976, 2289.

Auch für schriftliche Erklärungen unter Kaufleuten gilt i.d.R. die **Vermutung der Vollständigkeit**.[25] Für mündliche Nebenabreden ist derjenige **beweispflichtig**, der sich auf sie beruft.[26] Umstritten ist allerdings, ob eine Klausel, wonach Nebenabreden nicht getroffen seien, es vermag, die Beweisaufnahme i.d.R. auszuschließen.[27]

5. Inhaltsfreiheit, Auslegung, Treu und Glauben

12 Die **Privatautonomie** des Kaufmanns umfasst zwar auch die **Inhaltsfreiheit**. Diese stößt jedoch rascher als die **Abschlussfreiheit** an rechtliche Grenzen.[28] Auch Handelsgeschäfte sind bei Verstoß gegen ein **gesetzliches Verbot** oder gegen die **guten Sitten** nichtig (§§ 134, 138 BGB), so etwa, wenn bei einem Darlehen überhöhte Zinsen vereinbart werden. I.d.R. sind aber Kaufleute und andere Unternehmer weniger schutzwürdig.

13 Auch die **Auslegung** bestimmt sich bei Handelsgeschäften nach den allgemeinen Regeln der §§ 133, 157 BGB. Der Kaufmann ist aber rascher und unbedingter „im Wort" als der Verbraucher. Vor allem gelten für die Auslegung die **Handelsbräuche** (§ 346 HGB).

14 Die **Grundsätze von Treu und Glauben** (§ 242 BGB) beherrschen den Handelsverkehr ebenso wie den allgemeinen Rechtsverkehr. § 242 BGB gilt also auch für Handelsgeschäfte.[29] Zudem spielt im Handelsverkehr der **Vertrauensschutz** eine noch größere Rolle als im allgemeinen bürgerlichen Rechtsverkehr.[30] So kann sich aus Treu und Glauben eine **Neuverhandlungspflicht** ergeben, was in **internationalen Verträgen** häufig ausdrücklich vereinbart wird.[31]

15 Die Rspr. ist mit einer **gerichtlichen Anpassung** nach § 313 BGB wegen **Störung der Geschäftsgrundlage** mangels vertraglicher Anpassungsklausel im Handelsverkehr noch mehr als im allgemeinen bürgerlichen Rechtsverkehr sehr zurückhaltend. Die Opfergrenze ist bei einem Kostenanstieg um 150 % zu ziehen, also bei einem Kaufkraftschwund des Entgelts um mehr als 60 %.[32] Eine **Anpassungspflicht** kann sich insb. auch aus Vertragsdurchführungshindernissen, z.B. der Versagung einer behördlichen Genehmigung, ergeben.[33]

6. Verjährung

16 Auch im Handelsverkehr gelten grds. die **allgemeinen Verjährungsvorschriften** der §§ 194 ff. BGB. Die **regelmäßige Verjährungsfrist** wurde durch das **Schuldrechtsmodernisierungsgesetz** von **30 Jahren** auf **drei Jahre** verkürzt (§ 195 BGB). Abweichend geregelt sind insb. die Mängelansprüche (§§ 438, 634a BGB). Die regelmäßige Verjährungsfrist beginnt mit dem Schluss des Jahres, in dem der **Anspruch entstanden ist** und der Gläubiger von den **anspruchsbegründenden Umständen** und der **Person des Schuldners** Kenntnis erlangt hat oder ohne grobe Fahrlässigkeit hätte erlangen müssen (§ 199 Abs. 1 BGB). **Kenntnisunabhängig** gelten Höchstfristen von zehn Jahren, bei Personenschäden von 30 Jahren (§ 199 Abs. 2 – Abs. 4 BGB).

17 **Sonderverjährungsfristen**, für die § 199 BGB nicht gilt (vgl. § 200 BGB), sind im hier interessierenden Zusammenhang in **folgenden Vorschriften des HGB** enthalten:

- § 439 HGB (für Ansprüche aus Frachtgeschäft),

---

25 BGH, NJW 1988, 1680.
26 OLG Karlsruhe, BB 1972, 198.
27 OLG Karlsruhe, BB 1972, 198; zweifelnd: Baumbach/Hopt/Hopt, HGB, vor § 343 Rn. 9.
28 Baumbach/Hopt/Hopt, HGB, vor § 343 Rn. 11.
29 Baumbach/Hopt/Hopt, HGB, vor § 343 Rn. 13.
30 Baumbach/Hopt/Hopt, HGB, vor § 343 Rn. 14.
31 Horn, AcP 181 (81), 256; zu Neuverhandlungs- und Anpassungsklauseln Steindorff, BB 1983, 1127; Horn, NJW 1985, 1118; Berger, RIW 2000, 1.
32 BGHZ 90, 229; 94, 260; 119, 220; großzügiger bei vertraglicher Anpassungsklausel BGH, WM 1992, 1321.
33 BGHZ 67, 36; 87, 165.

- § 463 HGB (für Ansprüche aus Speditionsgeschäft),
- § 475 HGB (für Ansprüche aus Lagergeschäft).

Die früher für das **Handelsrecht** zu beachtenden **Sonderregeln** über die zwei- bzw. vierjährige Verjährung der **Entgeltforderungen** von Kaufleuten u.a. nach § 196 Abs. 1, Abs. 2 a.F. BGB sind **ersatzlos entfallen**. Nach Art. 229 § 6 Abs. 3, Abs. 4 EGBGB sind sie nur noch in Übergangsfällen für den **Günstigkeitsvergleich** mit der Verjährungsfrist des neuen Rechts heranzuziehen. War die Verjährung bereits vor dem 1.1.2002, d.h. dem In-Kraft-Treten des Schuldrechtsmodernisierungsgesetzes, nach altem Recht eingetreten, bleibt es dabei.[34]

7. Internationaler Verkehr

Für **Handelsgeschäfte im internationalen Verkehr** gilt das **allgemeine Vertragsstatut**, also grds. die freie Rechtswahl (vgl. Art. 27 ff. EGBGB). Ausnahmen befinden sich in Art. 34 EGBGB (zwingendes Recht) und in den Regelungen zu Verbraucher- und Arbeitsverträgen (Art. 29, 29a, 30 EGBGB).

II. Handelsgeschäft

Für Handelsgeschäfte gelten die **besonderen Vorschriften** der **§§ 343 – 372 HGB**. Legal definiert ist das Handelsgeschäft in § 343 Abs. 1 HGB.

1. Begriff des Handelsgeschäfts

Handelsgeschäfte sind **alle Geschäfte eines Kaufmanns**, die **zum Betrieb seines Handelsgewerbes gehören** (§ 343 Abs. 1 HGB).

a) Geschäfte eines Kaufmanns

§ 343 Abs. 1 HGB setzt zunächst überhaupt „Geschäfte" voraus. Geschäfte sind **Rechtsgeschäfte** und **rechtsgeschäftsähnliche Handlungen und Unterlassungen**, wie z.B. die Mahnung nach § 286 Abs. 1 Satz 1 BGB, die Leistung und ihre Annahme, das Schweigen im Handelsverkehr oder die Geschäftsführung ohne Auftrag (§ 677 BGB).[35] Nicht unter den Geschäftsbegriff i.S.d. § 343 HGB fallen dagegen die Vermischung und Verarbeitung (§§ 946 ff. BGB), unerlaubte Handlungen (§§ 823 ff. BGB) oder Ansprüche aus den §§ 3 ff. UWG. So lösen z.B. Ansprüche aus dem Zusammenstoß der Kfz zweier Kaufleute auf einer Betriebsfahrt nicht den Zins nach § 353 HGB aus und gehören auch nicht nach § 95 Nr. 1 GVG vor die Kammer für Handelssachen.[36]

Weitere Voraussetzung des § 343 Abs. 1 HGB ist, dass derjenige, der das Geschäft tätigt, grds. **Kaufmann** sein muss. Ausnahmen sind im HGB ausdrücklich genannt. So gelten die §§ 343 – 372 HGB beim **Kommissionsgeschäft** (§ 383 Abs. 2 Satz 2 HGB), beim **Frachtgeschäft** (§ 407 Abs. 3 Satz 3 HGB), beim **Speditionsgeschäft** (§ 453 Abs. 3 Satz 2 HGB) und beim **Lagergeschäft** (§ 467 Abs. 3 Satz 2 HGB) – mit Ausnahme der §§ 348 – 350 HGB – auch für **nicht eingetragene Kleingewerbetreibende**.

Ob ein **Rechtsscheinskaufmann** ein Handelsgeschäft getätigt hat, muss nach seinem Auftreten im Einzelfall entschieden werden. I.d.R. wird jemand, der durch sein Auftreten den Rechtsschein eines Kaufmanns erzeugt, auch den **Anschein eines Handelsgeschäfts** und nicht den eines Privatgeschäfts erwecken.[37]

Je nach dem, ob von den am Geschäft Beteiligten **eine Partei** oder **beide Parteien** Kaufleute sind, spricht das Gesetz vom **einseitigen Handelsgeschäft** oder vom **beiderseitigen Handelsgeschäft**.

Die Vorschriften über Handelsgeschäfte gelten grds. für beide Parteien, auch wenn es sich nur um ein **einseitiges Handelsgeschäft** handelt (§ 345 HGB). In diesen Fällen gelten die besonderen Vorschriften des HGB auch für den Beteiligten, der **kein Kaufmann** ist. Wenn z.B. eine Privatperson im Supermarkt

---

34 Baumbach/Hopt/Hopt, HGB, vor § 343 Rn. 16; vgl. dazu auch Mansel, NJW 2002, 89 und NJW 2005, 321.
35 Baumbach/Hopt/Hopt, HGB, § 343 Rn. 1.
36 Baumbach/Hopt/Hopt, HGB, § 343 Rn. 1.
37 Baumbach/Hopt/Hopt, HGB, § 5 Rn. 9 – 17.

einkauft, liegt ein **Handelskauf** vor, mit der Folge, dass die Vorschriften über den Handelskauf (§§ 373 ff. HGB) – mit Ausnahme der §§ 377, 379 HGB – Anwendung finden. Wenn etwa der Käufer mit der Annahme der Ware im Verzug ist, gelten die besonderen Vorschriften des HGB über den Annahmeverzug (§§ 373, 374 HGB).

27 Die Anwendung einiger namentlich aufgeführter Vorschriften des HGB hängt beim **einseitigen Handelsgeschäft** davon ab, dass eine **bestimmte Partei** Kaufmann sein muss. Dies gilt etwa für die **kaufmännische Sorgfaltspflicht** nach § 347 HGB („das auf seiner Seite ein Handelsgeschäft ist"), bei der **Vertragsstrafe** nach § 348 HGB („von einem Kaufmann versprochen"), bei dem **Ausschluss der Einrede der Vorausklage** nach § 349 HGB („wenn die Bürgschaft für ihn ein Handelsgeschäft ist") und für die Fälle, bei denen **Bürgschaft, Schuldversprechen und Schuldanerkenntnis** nach § 350 HGB **formfrei abgegeben** werden können („auf der Seite des Bürgen (bzw.) des Schuldners ein Handelsgeschäft ist").

Der **Geschäftsführer einer werbenden GmbH** ist weder Kaufmann i.S.d. §§ 1 ff. HGB noch Unternehmer i.S.d. § 14 BGB.[38] Nur die GmbH selbst ist nach § 13 Abs. 3 GmbHG, § 6 Abs. 1 HGB Kaufmann. Daran ändert auch der Umstand nichts, dass der Geschäftsführer Inhaber aller oder einiger GmbH-Geschäftsanteile ist, weil die Beteiligung an einer Kapitalgesellschaft zur reinen Vermögensverwaltung zählt.[39] Aus diesem Grund stellt die **Übernahme einer Bürgschaft** durch den Geschäftsführer-Gesellschafter einer GmbH für deren Verbindlichkeiten nach ständiger höchstrichterlicher Rspr. **kein Handelsgeschäft** i.S.d. § 350 HGB dar.[40] Dies hat zur Konsequenz, dass das **Verbraucherkreditgesetz** bzw. die an seine Stelle getretenen **Vorschriften des Verbraucherdarlehensrechts des BGB** auf die Mithaftungsübernahme des geschäftsführenden Allein- oder Mehrheitsgesellschafters einer GmbH anzuwenden sind.[41]

28 Sofern die Anwendbarkeit der **allgemeinen** bzw. **besonderen Regeln** über Handelsgeschäfte ein **beiderseitiges Handelsgeschäft** voraussetzt, ist dies im Gesetz ebenfalls ausdrücklich geregelt. Ein solches beiderseitiges Handelsgeschäft verlangt das Gesetz etwa, wenn die besonderen Vorschriften des **Gewährleistungsrechts nach § 377 HGB** zur Anwendung kommen sollen („ist der Kauf für beide Teile ein Handelsgeschäft"). Auch die Vorschriften über das **kaufmännische Zurückbehaltungsrecht** (§§ 369 ff. HGB) setzen voraus, dass auf beiden Vertragsseiten Kaufleute beteiligt sind und es sich somit um beiderseitige Handelsgeschäfte handelt („aus den zwischen ihnen geschlossenen beiderseitigen Handelsgeschäften").

b) Zum Betrieb des Handelsgewerbes gehörend

29 Weiteres Definitionsmerkmal des Handelsgeschäftes ist, dass das Geschäft **zum Betrieb des Handelsgewerbes des Kaufmanns** gehört. Darunter sind alle Geschäfte des Kaufmanns zu verstehen, die dem Interesse des Handelsgewerbes, der Erhaltung seiner Substanz und der Erzielung von Gewinn dienen sollen.[42] Dabei genügt ein entfernter, lockerer Zusammenhang mit dem Handelsgewerbe.[43] Darunter kann also auch die Anschaffung eines Gegenstandes fallen, wenn dieser sowohl für den Geschäfts- als auch für den Privatbereich Verwendung finden soll.[44]

30 Für die Betriebszugehörigkeit spricht die **Vermutungsregelung des § 344 Abs. 1 HGB**, wonach die von einem Kaufmann vorgenommenen Rechtsgeschäfte im Zweifel als zum Betrieb seines Handelsgewerbes gehörig gelten. Diese Vermutung ist erst widerlegt, wenn feststeht, dass das von dem Kaufmann eingegangene Geschäft nicht dem Betrieb seines Handelsgewerbes dienen sollte. Dazu reicht es nicht aus, dass das

---

38 BGH, ZIP 2004, 1647, 1648 f.
39 BGH, DNotZ 2006, 192, 193.
40 BGH, DNotZ 2006, 192, 193; BGHZ 121, 224, 228; 132, 119, 122 m. zahlr. w.N.; im Schrifttum wird dieser Rechtsstandpunkt des BGH teilweise abgelehnt.
41 BGH, DNotZ 2006, 192, 193; BGHZ 133, 71, 77, 78; 133, 220, 223; 144, 370, 380; BGH, WM 1997, 410; im Schrifttum ist diese Rechtsauffassung des BGH allerdings umstritten.
42 BGH, NJW 1960, 1853.
43 BGHZ 63, 35; BGH, NJW 1997, 1779.
44 Baumbach/Hopt/Hopt, HGB, § 343 Rn. 3.

Geschäft **allein objektiv** eine **Privatangelegenheit** war, sondern dies muss für den Geschäftsgegner auch **erkennbar** gewesen sein.[45] Von einem privaten Geschäft kann im Hinblick auf die Vermutungsregelung des § 344 HGB demnach nur ausgegangen werden, wenn dies **eindeutig** zum Ausdruck gekommen ist.

2. Handelsbräuche

Handelsbräuche sind die **kaufmännischen Verkehrssitten**. Sie beruhen auf einer gleichmäßigen, einheitlichen und freiwilligen tatsächlichen Übung der **beteiligten Verkehrskreise**.[46] Vom EuGH wird ein Handelsbrauch bejaht, wenn die in einer Branche tätigen Kaufleute bei Abschluss bei einer bestimmten Art von Verträgen allgemein und regelmäßig ein bestimmtes Verhalten befolgen.[47]

> **Hinweis:**
>
> Vom **Gewohnheitsrecht** unterscheiden sich die **Handelsbräuche** dadurch, dass sie neben der **dauernden Übung** einen **allgemeinen Rechtsgeltungswillen nicht** voraussetzen. Aus diesem Grund werden Handelsbräuche von der h.M. auch nicht als Rechtsnormen anerkannt.[48]

Im **Rechtsverkehr zwischen Kaufleuten** kommt den Handelsbräuchen nach § 346 HGB jedoch **rechtlich verpflichtende Kraft** zu. Dies hat folgende Konsequenzen:

- Handelsbräuche sind sogar **dann verbindlich**, wenn die Beteiligten ihre Geltung nicht vereinbart haben, und selbst dann, wenn sie ihnen unbekannt waren.
- **Dispositives Recht** wird durch Handelsbräuche verdrängt.
- **Zwingendes Recht** kann dagegen durch einen Handelsbrauch weder verdrängt noch eingeschränkt werden.[49]

Wie es auch im Wortlaut des § 346 HGB zum Ausdruck kommt, finden Handelsbräuche ihren Hauptanwendungsbereich bei der **Auslegung von Willenserklärungen**, dem **Zustandekommen von Verträgen**, der **Auslegung von abgeschlossenen Verträgen** – hier vor allen Dingen bei der Bestimmung des Umfangs der gegenseitigen Rechte und Pflichten – und schließlich bei der **Ergänzung unvollständiger Vertragsabreden**.[50] In einigen Vorschriften des HGB wird zu diesem Auslegungszweck ausdrücklich auf Handelsbräuche Bezug genommen (vgl. §§ 359 Abs. 1, 380, 393 Abs. 2 HGB).

Besonderheiten gelten in diesem Zusammenhang für die sog. **Handelsklauseln**.[51] Handelsklauseln sind dadurch gekennzeichnet, dass sich die Parteien zur Begründung von Rechten und Pflichten mit der Angabe **bestimmten Klauseln**, **Formeln** oder **üblichen Abkürzungen** im Vertrag begnügen.[52] Die **Handelsbräuche** sind dann wiederum für die Auslegung solcher **Kurzformeln** heranzuziehen.[53] Dazu folgende

> *Beispiele:*
> - *So bedeutet etwa „Nachnahme", dass der Käufer bei Aushändigung der Ware durch Barzahlung vorzuleisten hat. Der Barzahlung steht die sofortige Überweisung oder Aushändigung eines gedeckten Schecks gleich, wohingegen eine Aufrechnung ausgeschlossen ist.*[54]

---

45 BGH, WM 1976, 424, 425.
46 BGH, NJW 2001, 2465; NJW 1994, 659, 660; WM 1984, 1002; GK/Achilles/Schmidt, HGB, § 346 Rn. 10.
47 EuGH, ZIP 1999, 1184.
48 K. Schmidt, Handelsrecht, § 1 III 3 a.
49 BGHZ 62, 71, 82; OLG Frankfurt, NJW-RR 1996, 548, 549.
50 BGH, BB 1973, 636; Baumbach/Hopt, HGB, § 346 Rn. 1 f.
51 Vgl. die ausführliche Darstellung und Auflistung von Handelsklauseln bei Baumbach/Hopt/Hopt, HGB, § 346 Rn. 39 f.
52 Baumbach/Hopt/Hopt, HGB, § 346 Rn. 39.
53 Baumbach/Hopt/Hopt, HGB, § 346 Rn. 39.
54 BGHZ 139, 190.

- Die Kurzformel „**Selbstbelieferung vorbehalten**" bedeutet, dass der Verkäufer von seiner Lieferpflicht befreit ist, wenn er ein kongruentes Deckungsgeschäft abgeschlossen hat und von seinem Lieferanten nicht beliefert wird.[55] Ein Deckungsgeschäft ist nur dann kongruent, wenn der Verkäufer bei Abschluss des Kaufvertrages bereits einen verbindlichen Einkaufsvertrag abgeschlossen hat, der ihm die Erfüllung seiner Lieferpflicht ermöglicht. Der Einkaufsvertrag muss dabei auf Waren mindestens gleicher Qualität und Menge gerichtet sein und entsprechende Liefertermine vorsehen.[56]

35 Für den internationalen Handel hat die internationale Handelskammer in Paris (IntHK bzw. ICC) eine Zusammenstellung der Auslegung von national handelsüblichen Vertragsformeln („Trade Terms") erarbeitet.[57] Daran knüpfen die **Incoterms** (International Commercial Terms) an, die eine **einheitliche Auslegung** von handelsüblichen Vertragsklauseln gewährleisten sollen. Die aktuelle Fassung gilt seit dem 1.1.2000.[58] Hierzu die folgenden

Beispiele:[59]
- **EXW** (Ex Works; Ab Werk): Eine solche Klausel hat die Bedeutung, dass der Verkäufer lediglich verpflichtet ist, die Ware auf seinem Grundstück zur Verfügung zu stellen, wohingegen der Käufer alle Kosten und Gefahren, die mit dem Transport der Ware vom Werk zum Bestimmungsort verbunden sind, zu tragen hat (= Incoterms Nr. 1[60]).
- **FOB** (Free On Board; Frei an Bord) benannter Verschiffungshafen: Dies bedeutet, dass der Verkäufer die Kosten und die Gefahr des Untergangs oder von Schäden an der Ware bis zum Überschreiten der Schiffsreling trägt (= Incoterms Nr. 4).
- **CFR** (Cost and Freight; Kosten und Fracht): Diese Klausel hat die Bedeutung, dass der Verkäufer den Transportvertrag zu den üblichen Bedingungen des Seefrachtvertrages abzuschließen und die Kosten der Fracht zu tragen hat (= Incoterms Nr. 5).
- **CIF** (Cost, Insurance and Freight; Kosten, Versicherung und Fracht) benannter Bestimmungshafen: Dies bedeutet, dass der Verkäufer die Kosten, die Versicherung und die Fracht bis zum Abladen im Bestimmungshafen zu tragen hat (= Incoterms Nr. 6).
- **DDP** (Delivered Duty Paid; Geliefert verzollt)benannter Bestimmungsort im Inland: Bei Verwendung einer derartigen Klausel ist der Verkäufer verpflichtet, die Ware auf eigene Kosten und Gefahr verzollt am Bestimmungsort abzuliefern und alle im Kaufvertrag vorgesehenen Belege dafür zu erbringen (= Incoterms Nr. 13).

3. Besonderheiten beim Zustandekommen des Handelsgeschäfts

36 Sofern es sich bei dem Handelsgeschäft um einen **Vertrag** handelt, gelten grds. die Vorschriften der §§ 145 ff. BGB. Der Vertrag kommt dann also durch zwei übereinstimmende Willenserklärungen zustande, die entweder ausdrücklich oder durch konkludentes Verhalten, d.h. schlüssig, abgegeben werden können.

37 Durch **bloßes Schweigen** entstehen dagegen im allgemeinen bürgerlichen Recht **grds. keine rechtsgeschäftlichen Pflichten**. Nur in Einzelfällen ordnet das BGB ausdrücklich an, das Schweigen als **Ablehnung** (vgl. z.B. §§ 108 Abs. 2 Satz 2, 177 Abs. 2 Satz 2 BGB) oder als **Zustimmung** (vgl. z.B. §§ 416 Abs. 1 Satz 2, 516 Abs. 2 Satz 2 BGB) **gilt**. Darüber hinaus kann im **allgemeinen bürgerlichen Recht** auch durch **Parteivereinbarung** bestimmt werden, welche Bedeutung dem Schweigen im konkreten Fall zukommen soll. I.d.R. ist **bloßes Schweigen** aber weder Zustimmung noch Ablehnung, sondern **überhaupt keine Willenserklärung**.

38 Im **Handelsrecht** gibt es von diesem Grundsatz des allgemeinen bürgerlichen Rechts **zwei wichtige Ausnahmen**, nämlich

---

55 BGH, NJW 1995, 1959, 1960.
56 GK/Achilles/Schmidt, HGB, § 346 Rn. 45.
57 Baumbach/Hopt/Hopt, HGB, 2. Teil, Abschnitt IV. Ziff. (6), Incoterms und andere Handelsklauseln, Rn. 3.
58 Baumbach/Hopt/Hopt, HGB, 2. Teil, Abschnitt IV. Ziff. (6), Incoterms und andere Handelsklauseln, Rn. 3 ff.
59 Zahlreiche weitere Beispiele bei Baumbach/Hopt/Hopt, HGB, § 346 Rn. 40.
60 Alle Incoterms abgedruckt bei Baumbach/Hopt/Hopt, HGB, 2. Teil, Abschnitt IV. Ziff. (6), Incoterms und andere Handelsklauseln, (Übersicht).

- das Schweigen auf ein **kaufmännisches Bestätigungsschreiben** und
- das Schweigen auf ein **Angebot zur Geschäftsbesorgung** (§ 362 HGB).

a) Kaufmännisches Bestätigungsschreiben

Das **kaufmännische Bestätigungsschreiben** darf nicht mit der sog. **Auftragsbestätigung** verwechselt werden. Beide sind im kaufmännischen Verkehr in Zusammenhang mit Vertragsabschlüssen üblich. **Rechtlich** sind beide jedoch **streng zu unterscheiden**, wobei die Bezeichnung im Handelsverkehr, da häufig unrichtig, unmaßgeblich ist.[61]

39

Die **Auftragsbestätigung** schließt Vorverhandlungen, die noch nicht zum Vertragsschluss geführt haben, ab. Mit der Auftragsbestätigung nimmt der Kaufmann also ein ihm gemachtes Angebot („Auftrag") an und macht dadurch i.d.R. den Vertrag perfekt.[62] Weicht die Auftragsbestätigung vom Angebot ab, gilt dies als Ablehnung und **neuer Antrag** (vgl. § 150 Abs. 2 BGB). Dieser neue Antrag bedarf wiederum der Annahme, wobei ein **Schweigen** darauf grds. **nicht genügt**.[63] Die **Annahme** eines Angebots (des A durch B) mit **Abweichungen** (z.B. modifizierte Auftragsbestätigung) ist Ablehnung mit neuem Angebot (§ 150 Abs. 2 BGB). Dieses führt zum Vertragsabschluss i.d.R. nur durch die neuerliche Vertragsannahme seitens A, die wiederum B zugehen muss. Fehlen darf der Zugang nur in den Fällen des § 151 Abs. 1 BGB. Die telegraphische Annahme mit dem Zusatz „Brief folgt" ist im Zweifel noch keine bindende Annahme.[64]

40

Das **Bestätigungsschreiben** hält demgegenüber nach Vorverhandlungen die – tatsächlich oder zumindest aus der Sicht des Bestätigenden – zum Vertragsschluss geführt haben, den bereits – formlos – zustande gekommen Vertrag gegenüber dem anderen Teil **schriftlich** fest.[65] Das Bestätigungsschreiben ist somit i.d.R. bloß **Beweisurkunde**.[66] Im Interesse des Verkehrsschutzes muss aber weitergehend der Empfänger, der das Bestätigungsschreiben **widerspruchslos** hinnimmt, dessen Inhalt als richtig gegen sich gelten lassen.[67] Das **Schweigen auf das Bestätigungsschreiben** gilt somit als **Zustimmung**: Der vorher noch nicht perfekte Abschluss wird durch das Schweigen perfekt; der Abschluss mit einem **anderen Inhalt** bekommt **den des Schreibens**.[68] Diese Rechtsfolgen beruhen nicht auf einem **Schweigen als Willenserklärung** und treten auch nicht als Folge einer **Pflicht- oder Obliegenheitsverletzung** ein, sondern gelten **ursprünglich aufgrund Handelsgebrauchs**[69] und sind inzwischen **Gewohnheitsrecht** zum Schutz des Handels- und Berufsverkehrs.[70]

41

> **Hinweis:**
> Das wirksame Bestätigungsschreiben hat die **Vermutung der Vollständigkeit** für sich. Das schließt jedoch nicht den Nachweis – gleich durch welche Partei – aus, dass die Parteien zusätzliche – dem Bestätigungsschreiben nicht widersprechende – Abreden getroffen haben.[71]

Bei **nachträglicher Verweisung auf AGB** im Bestätigungsschreiben selbst – nicht nur in Form einer bloßen Beilage der AGB – können diese Vertragsbestandteil werden, auch wenn sie **nicht Gegenstand der**

42

---

61 BGHZ 112, 211.
62 Baumbach/Hopt/Hopt, HGB, § 346 Rn. 16.
63 BGH, NJW 1988, 2106; NJW 1995, 1672.
64 OLG Hamm, DB 1983, 2619.
65 Baumbach/Hopt/Hopt, HGB, § 346 Rn. 17.
66 Baumbach/Hopt/Hopt, HGB, § 346 Rn. 17.
67 Baumbach/Hopt/Hopt, HGB, § 346 Rn. 17.
68 St. Rspr., BGHZ 7, 187; 11, 3; 18, 216; 25, 149; 40, 42; 54, 239; so ebenfalls die h.L., statt aller Baumbach/Hopt/Hopt, HGB, § 346 Rn. 17.
69 BGHZ 40, 45.
70 Baumbach/Hopt/Hopt, HGB, § 346 Rn. 17.
71 BGHZ 67, 381; BGH, NJW 1964, 589; WM 1986, 168.

Vertragsverhandlungen waren[72] und nicht beigefügt sind.[73] Das Erfordernis des Einverständnisses nach § 305 Abs. 2 BGB – beachte aber auch § 310 Abs. 1 Satz 1 BGB bei Verwendung gegenüber Unternehmern i.S.d. § 14 BGB – hindert die Einbeziehung nicht.[74] Auch § 305 b BGB hindert Bestätigungsschreiben mit erstmaligem Hinweis auf AGB nicht.[75]

b) Schweigen auf ein Angebot

43 Die Bedeutung des § 362 HGB, der die **Rechtsfolgen** eines **Schweigens** auf ein **Angebot zur Geschäftsbesorgung** im Handelsrechtsverkehr besonders regelt, wird deutlich, wenn man diese Vorschrift mit ihrem Pendant im allgemeinen bürgerlichen Recht, dem § 663 BGB, vergleicht.

44 § 663 BGB ändert nichts an dem Grundsatz, dass Verträge i.d.R. durch **Antrag** und **Annahme** zu Stande kommen (§§ 145, 146 BGB), sondern verpflichtet als gesetzlich geregelter Fall der §§ 311 Abs. 2, 241 Abs. 2 BGB nur zum **Ersatz des Vertrauensschadens (c.i.c.)** nach § 280 Abs. 1 BGB. § 663 BGB gilt, wenn jemand zur Besorgung gewisser Geschäfte öffentlich bestellt ist oder sich dazu öffentlich erboten hat (§ 663 Satz 1 BGB) und wenn sich jemand dem Auftraggeber gegenüber zur Besorgung gewisser Geschäfte erboten hat (§ 663 Satz 2 BGB). § 663 BGB – bei Auftrag, i.V.m. § 675 Abs. 1 BGB auch bei Dienst- und Werkverträgen, die eine Geschäftsbesorgung zum Gegenstand haben[76] – verpflichtet den Antragsempfänger, der nicht unverzüglich, d.h. schuldhaft (vgl. § 121 Abs. 1 Satz 1 BGB), die Ablehnung mitteilt, zum Ersatz des Vertrauensschadens, also des sog. negativen Interesses.[77] Geschäftsbesorgung ist jede wirtschaftliche Tätigkeit für andere, auch eine rein tatsächliche, die kein dauerndes Dienstverhältnis begründet,[78] **nicht** also die **Handelsvertretung** nach den §§ 84 ff. HGB.[79]

Unter den Voraussetzungen des § 362 HGB kommt es anders als nach § 663 BGB **nicht nur zu einer Schadensersatzhaftung, sondern zu einer Vertragshaftung.**[80] Rechtsgrund des § 362 HGB ist der **Schutz des Handels- und Berufsverkehrs.**[81] Dem Wortlaut nach trifft § 362 HGB nur **Kaufleute** i.S.d. §§ 1 – 5 HGB (§ 362 Abs. 1 Satz 1 HGB). Er ist aber auch anwendbar auf **wie Kaufleute auftretende Nichtkaufleute**[82] und entsprechend anwendbar auf „kaufmannsähnliche", d.h. selbständig beruflich am Markt tätige Nichtkaufleute, deren Gewerbebetrieb die **Besorgung von Geschäften für andere** mit sich bringt.[83] Geschäfte für einen anderen besorgt, wer – außerhalb eines dauernden Dienstverhältnisses – eine an sich dem anderen zukommende Tätigkeit rechtsgeschäftlicher oder tatsächlicher Art diesem abnimmt.[84]

Der Antrag muss hinreichend bestimmt sein, und er muss von jemand kommen, mit dem der Kaufmann in **Geschäftsverbindung** steht, d.h. in geschäftlicher Beziehung, die – objektiv – auf gewisse Dauer angelegt ist.[85] Die Pflicht zur unverzüglichen Antwort gilt nach § 362 Abs. 1 Satz 2 HGB ferner für jeden Kaufmann, wenn ihm ein Antrag – gleich ob im Rahmen dessen, was er regelmäßig betreibt – zugeht von

---

72 BGH, NJW 1978, 2244; NJW 1982, 1751.
73 BGHZ 7, 190; 18, 216; Coester, DB 1982, 1551; kritisch dazu Lindacher, WM 1981, 707.
74 Baumbach/Hopt/Hopt, HGB, § 346 Rn. 17.
75 Baumbach/Hopt/Hopt, HGB, § 346 Rn. 17; jedoch streitig a.A.: z.B. Batsch, NJW 1980, 1731; differenzierend: Coester, DB 1982, 1551; weiterführende Lit. zum Bestätigungsschreiben Diederichsen, JuS 1966, 129; Walchshöfer, BB 1975, 719; von Dücker, BB 1996, 3; Thamm/Dezar, DB 1997, 213; Deckert, JuS, 1998, 121.
76 Vgl. Baumbach/Hopt/Hopt, HGB, § 362 Rn. 2.
77 RGZ 104, 267.
78 RGZ 97, 65.
79 Baumbach/Hopt/Hopt, HGB, § 362 Rn. 2.
80 Baumbach/Hopt/Hopt, HGB, § 362 Rn. 3.
81 Baumbach/Hopt/Hopt, HGB, § 362 Rn. 3.
82 Baumbach/Hopt/Hopt, HGB, § 362 Rn. 3.
83 H.M. vgl. nur Staub/Canaris, HGB, § 362 Rn. 8; Baumbach/Hopt/Hopt, HGB, § 362 Rn. 3.
84 RGZ 97, 65; BGHZ 46, 47.
85 BGH, WM 1988, 1134; ausführlich dazu Hopt, AcP 183, (83), 686.

jemand, dem er sich zur **Besorgung solcher Geschäfte** – wie nun angetragen – **erboten** hat. Ein öffentliches Erbieten genügt – im Gegensatz zu § 663 BGB – nicht zur Anwendung des § 362 HGB, wohl aber ein Erbieten an viele, z.B. durch die Rundsendung einer Werbedrucksache.[86]

Mangels unverzüglicher (§ 121 Abs. 1 Satz 1 BGB) Antwort **gilt** der Antrag **als angenommen**, mit der Folge, dass das Vertragsverhältnis zu Stande kommt (§ 362 Abs. 1 Satz 1 und § 362 Abs. 1 Satz 2 HGB). Darauf kann sich auch der Schweigende berufen.[87] Nur Schweigen schadet, nicht jedoch eine Antwort, die die Vertragsverhandlung in der Schwebe hält.[88]

> **Hinweis:**
> Unschädlich ist auch eine unklare Antwort, die nicht deutlich macht, ob angenommen oder abgelehnt wird (z.B. „Antrag zur Kenntnis genommen" oder etwa „Antrag notiert"). Die rechtzeitige Absendung der Ablehnung genügt, so dass das Zugangsrisiko den Antragenden trifft.[89] Ist einmal abgelehnt, entfällt bei neuem Antrag unter nicht wesentlich geänderten Umständen die Ablehnungspflicht, d.h. die Anwendbarkeit des § 362 HGB und auch die des § 663 BGB.[90] Die **Verkehrsschutzgrenzen** werden **subjektiv** durch die **Bösgläubigkeit des Antragenden** und objektiv dadurch gebildet, dass der Antrag keinen solchen Inhalt haben darf, dass im Verkehr verständlicherweise nicht mit der Annahme zu rechnen ist.[91]

Die **Anfechtung** durch den Antragsempfänger ist nach den §§ 119 – 124 BGB möglich, jedoch nicht aus dem Grund (§ 119 Abs. 1 BGB), dass er durch sein Schweigen nicht habe annehmen wollen, denn darauf kommt es nach § 362 HGB gerade nicht an.[92]

In den beiden Fällen des § 362 Abs. HGB muss auch der **ablehnende Kaufmann** gemäß § 362 HGB mitgesandte Waren auf Kosten des Antragenden einstweilen vor Schaden bewahren, wenn die dafür notwendigen Kosten irgendwie gedeckt sind, und sei es nur durch die Ware selbst – etwa durch ein Zurückbehaltungsrecht nach § 273 Abs. 1 BGB, ggf. auch § 369 HGB – und es ohne Nachteil für ihn geschehen kann, er also dadurch keinen Schaden erleidet.[93] Der Kaufmann kann die Ware auch bei einem anderen lagern. Er muss sie dann aber geeignetenfalls versichern.[94] Durch das Tatbestandsmerkmal „mitgesandt" stellt das Gesetz sicher, dass die Waren – wenn auch gesondert gesandt – zum Auftrag in Beziehung stehen müssen.[95] Das Tatbestandsmerkmal „einstweilen" stellt klar, dass die Verwahrung nur bis zu dem Zeitpunkt aufrecht erhalten bleiben muss, ab dem der Absender normalerweise selbst Vorsorge treffen kann.[96] Ein Verstoß gegen die Verwahrungspflicht führt zur Schadensersatzpflicht des ablehnenden Kaufmanns (§§ 280, 311 Abs. 2 BGB).

III. Wirksame Abtretung trotz Abtretungsverbot (§ 354a HGB)

Wenn bei einem **beiderseitigen Handelsgeschäft** die Abtretung von Forderungen daraus gemäß § 399 BGB **ausgeschlossen** ist, so ist die Abtretung nach § 354a Satz 1 HGB gleichwohl wirksam. Der Schuldner kann aber nach § 354a Satz 2 HGB mit **befreiender Wirkung** an den bisherigen Gläubiger leisten.

---

86 Baumbach/Hopt/Hopt, HGB, § 362 Rn. 4.
87 Baumbach/Hopt/Hopt, HGB, § 362 Rn. 5; streitig, nach a.A. besteht ein Wahlrecht des anderen Teils.
88 BGH, NJW 1984, 886; in diesen Fällen aber unter Umständen Vertrauenshaftung wegen Abhaltung von anderweitiger Vorsorge.
89 Baumbach/Hopt/Hopt, HGB, § 362 Rn. 5.
90 Baumbach/Hopt/Hopt, HGB, § 362 Rn. 5.
91 Baumbach/Hopt/Hopt, HGB, § 362 Rn. 5; Hopt, AcP 183, (83), 689; Staub/Canaris, HGB, § 362 Rn. 27.
92 So zu Recht Staub/Canaris, HGB, § 362 Rn. 22; Baumbach/Hopt/Hopt, HGB, § 362 Rn. 6.
93 Baumbach/Hopt/Hopt, HGB, § 362 Rn. 7.
94 Baumbach/Hopt/Hopt, HGB, § 362 Rn. 7.
95 Baumbach/Hopt/Hopt, HGB, § 362 Rn. 7.
96 Baumbach/Hopt/Hopt, HGB, § 362 Rn. 7.

Die Vorschrift bezweckt, den Refinanzierungsspielraum mittelständischer Unternehmen zu sichern.[97] Kaufleute sollen Forderungen aus Warenlieferungen und Dienstleistungen zur Kreditsicherung gegenüber Kreditinstituten oder Vorbehaltslieferanten oder zur Finanzierung durch Verkauf an Factoring-Institute verwenden können.[98]

1. Auswirkungen des § 354a HGB auf den Eigentumserwerb beim verlängerten Eigentumsvorbehalt

48 Sofern **kein beiderseitiges Handelsgeschäft** vorliegt, handelt der Vorbehaltskäufer beim Weiterverkauf als **Nichtberechtigter**, wenn er mit dem Abkäufer ein Abtretungsverbot vereinbart. Ein **gutgläubiger Erwerb** des Abkäufers scheidet aus, da dieser als bösgläubig anzusehen ist. Ist die Weiterveräußerung dagegen ein **beiderseitiges Handelsgeschäft**, so geht das **Abtretungsverbot** gemäß § 354a Satz 1 HGB **ins Leere** und der Abkäufer erwirbt das Eigentum nach den §§ 929 Satz 1, 185 Abs. 1 BGB vom Berechtigten.

49 Diese Rechtslage wird durch **folgendes Beispiel** veranschaulicht:[99]

Der Verkäufer V liefert unter verlängertem Eigentumsvorbehalt Waren an den Käufer K. Der Käufer K veräußert diese weiter an den Abkäufer A, wobei Abkäufer A und Käufer K ein Abtretungsverbot vereinbaren. Unterstellt werden soll, dass beim hier in Rede stehenden Eigentumsvorbehalt – wie üblich – der Verkäufer V dem Käufer K gemäß § 185 Abs. 1 BGB eine Ermächtigung zur Weiterveräußerung unter der Voraussetzung erteilt hat, dass die Forderung aus der Weiterveräußerung an den Vorbehaltsverkäufer V abgetreten wird. Im Hinblick auf den Eigentumserwerb des A an den kaufgegenständlichen Waren stellt sich die Frage, ob es insoweit einen Unterschied ausmacht, dass sowohl K als auch A Kaufleute sind oder dies nicht der Fall sein sollte.

Lösung (kein beiderseitiges Handelsgeschäft):

*Sofern es sich bei dem Veräußerungsgeschäft zwischen dem Vorbehaltskäufer K und dem Abkäufer A **nicht** um ein **beiderseitiges Handelsgeschäft** handelt, ist das **Abtretungsverbot** wirksam. Da die Forderung nicht abgetreten werden kann, greift auch die Ermächtigung zur Weiterveräußerung für diesen Fall nicht ein und der Vorbehaltskäufer K handelt als Nichtberechtigter. Ein gutgläubiger Erwerb des Abkäufers A gemäß §§ 929 Satz 1, 932 Abs. 1 Satz 1 BGB oder gemäß §§ 929 Satz 1, 932 Abs. 1 Satz 1 BGB i.V.m. § 366 Abs. 1 BGB scheidet aus, denn die Vereinbarung des Abtretungsverbots zeigt, dass der Abkäufer A mit einem verlängerten Eigentumsvorbehalt rechnet. Der Abkäufer handelt grob fahrlässig, wenn er keine weiteren Erkundigungen einzieht.[100]*

Lösung (beiderseitiges Handelsgeschäft):

*Stellt die Weiterveräußerung aber ein **beiderseitiges Handelsgeschäft** dar, geht das **Abtretungsverbot** gemäß § 354a Satz 1 HGB **ins Leere**, da die Abtretung wirksam ist. Der Vorbehalt, unter dem die Ermächtigung zur Weiterveräußerung erteilt ist, nämlich die Abtretung der Forderung, wirkt sich in diesem Fall nicht aus. Da die Abtretung nach § 354a Satz 1 HGB wirksam ist, hat der Vorbehaltskäufer K als Berechtigter gemäß §§ 929 Satz 1, 185 Abs. 1 BGB an den Abkäufer A verfügt, mit der Folge, dass A in diesem Fall Eigentümer der Waren geworden ist.*

2. Einschränkende Auslegung des § 354a Satz 2 HGB?

50 Ob der Schuldner gemäß § 354a Satz 2 HGB trotz **wirksamer Abtretung** mit **befreiender Wirkung** an den bisherigen Gläubiger zahlen kann, wenn die Abtretung dem Schuldner bekannt war, ist umstritten.

51 Ein Teil des Schrifttums will den Anwendungsbereich des § 354a Satz 2 HGB „durch **teleologische Reduktion** oder durch **Anwendung des § 242 BGB**" einschränken.[101] Der Gesetzgeber habe mit der Regelung des § 354a HGB primär die Kreditfinanzierung des Gläubigers und nicht die Rechtsposition des Schuldners verbessern wollen. Bei Offenlegung der Abtretung könne der Schuldner nicht mehr an seinen

---

97 Baumbach/Hopt/Hopt, HGB, § 354a Rn. 1.
98 GK/Schmidt, HGB, § 354a Rn. 1.
99 Nach BGHZ 77, 274; BGH, NJW 1999, 425 sowie Alpmann, in: AS-Handelsrecht, S. 119.
100 BGHZ 77, 274; BGH, NJW 1999, 425.
101 K. Schmidt, NJW 1999, 401.

Vertragspartner, also den Zedenten, sondern vorbehaltlich der §§ 406 ff. BGB nur noch an den Zessionar leisten.[102]

Die Gegenansicht **lehnt diese Einschränkung ab**.[103] Auch wenn dem Schuldner die Abtretung bekannt sei, könne er nach seiner Wahl an den alten oder an den neuen Gläubiger leisten. Ein nach § 242 BGB relevanter Rechtsmissbrauch sei **nur im Einzelfall** anzunehmen, wie z.B. dann, wenn der Schuldner ohne eigenes berechtigtes Interesse an den bisherigen Gläubiger zahle, obwohl ihm Umstände bekannt seien, wonach die Weiterleitung des gezahlten Betrages erheblich gefährdet ist.[104]

IV. Kontokorrent

Das Kontokorrent (aus dem Italienischen „conto corrente" = laufende Rechnung) dient der **vereinfachten Abwicklung gegenseitiger Geldansprüche** (Hauptfall in der Praxis: Girokonten). Eine Mehrzahl wechselseitiger Ansprüche wird dabei auf eine einzige Schuld bzw. Forderung der einen Vertragspartei gegen die andere Vertragspartei reduziert.[105]

1. Begriff des Kontokorrents

Nach der gesetzlichen Definition in § 355 Abs. 1 HGB liegt ein Kontokorrent vor, wenn jemand mit **einem Kaufmann** derart in **Geschäftsverbindung** steht, dass die aus der Verbindung **entstehenden beiderseitigen Ansprüche und Leistungen** nebst Zinsen **in Rechnung gestellt** und in **regelmäßigen Zeitabschnitten** durch **Verrechnung** und **Feststellung** des sich für den einen oder anderen Teil ergebenden **Überschusses** ausgeglichen werden.

Im Einzelnen müssen für das in § 355 Abs. 1 HGB geregelte Kontokorrent **folgende Voraussetzung** erfüllt sein:

- Mindestens einer der Beteiligten muss **Kaufmann** sein. Anerkannt ist allerdings, dass es sich bei § 355 HGB nicht um eine zwingende Vorschrift handelt, so dass auch zwei nichtkaufmännische Unternehmer oder sogar zwei Verbraucher ein Kontokorrent vereinbaren können (sog. **uneigentliches Kontokorrent**).[106] Dann handelt es sich jedoch nicht um ein Kontokorrent i.S.d. § 355 HGB, mit der Folge, dass Zinseszinsen wegen § 248 BGB nicht verlangt werden können.[107] Im Übrigen gelten die §§ 355 ff. HGB analog, soweit dies dem Parteiwillen entspricht.[108]

- Zwischen den Parteien muss eine **Geschäftsverbindung** bestehen, aus der beiderseitige Forderungen entstehen. Bei dieser Geschäftsverbindung kann es sich um ein **einziges Dauerrechtsverhältnis**, z.B. einen Girovertrag oder eine Kreditverbindung handeln, oder um eine solche, bei der es zu **ständig neuen Geschäftsabschlüssen** kommt, wie es z.B. der Fall ist, wenn ein verladendes Unternehmen regelmäßig einen bestimmten Spediteur beauftragt.[109] Entscheidend ist in beiden Konstellationen, dass die Möglichkeit einer größeren Zahl von den Schuldstand ändernden Vorgängen besteht, ohne dass dies jedoch sicher feststehen müsste.[110]

- Schließlich muss eine **Verrechnungsabrede** (sog. Kontokorrentabrede) getroffen werden, die auf **folgende Rechtsfolgen** gerichtet ist:

---

102 K. Schmidt, NJW 1999, 401.
103 GK/B. Schmidt, HGB, § 354a Rn. 10; LG Hamburg, WM 1999, 428, 431.
104 GK/B. Schmidt, HGB, § 354a Rn. 10; LG Hamburg, WM 1999, 428, 431.
105 BGH, WM 1991, 495.
106 RGZ 95, 19; Baumbach/Hopt/Hopt, HGB, § 355 Rn. 3.
107 Baumbach/Hopt/Hopt, HGB, § 355 Rn. 3.
108 K. Schmidt, Handelsrecht, § 21 II 2 b; GK/Herget, HGB, § 355 Rn. 12; Canaris, Handelsrecht, § 27 Rn. 56; Brox, Handels- und Wertpapierrecht, Rn. 334; Maier, JuS 1988, 196, 197.
109 Baumbach/Hopt/Hopt, HGB, § 355 Rn. 4.
110 Baumbach/Hopt/Hopt, HGB, § 355 Rn. 4.

- Die „aus der Verbindung entspringenden beiderseitigen Ansprüche und Leistungen" werden „nebst Zinsen in Rechnung gestellt" (§ 355 Abs. 1 HGB). Dadurch verlieren die einzelnen Forderungen in der Geschäftsbeziehung ihre rechtliche Selbständigkeit. Sie können nicht selbständig geltend gemacht und auch nicht selbständig erfüllt werden. Durch die Verrechnungsabrede unterscheidet sich das Kontokorrent von der sog. **offenen Rechnung**. Bei dieser bleiben die **einzelnen Rechnungsposten selbständig bestehen**, mit der Folge, dass die einzelnen Ansprüche jederzeit vom Gläubiger isoliert geltend gemacht bzw. vom Schuldner entsprechend den §§ 366, 367 BGB getilgt werden können.[111]

- Die Forderungen werden „in regelmäßigen Zeitabschnitten durch Verrechnung und Feststellung des für den einen oder anderen Teil sich ergebenden Überschusses ausgeglichen". Die rechtliche Bewertung dieser „**Verrechnung**" ist umstritten. Die Rspr. bewertet die Verrechnung als **unselbständigen Teilakt** des Saldoanerkenntnisses.[112] Im Schrifttum wird überwiegend angenommen, dass durch die Verrechnung eine **kausale Saldoforderung** entstehe, die wiederum Grundlage für das spätere abstrakte Saldoanerkenntnis sei.[113] Nach der Rspr. des BGH entsteht dagegen eine **kausale Saldoforderung nur gemäß § 355 Abs. 3 HGB** bei der Beendigung des Kontokorrentverhältnisses.[114]

- Die „**Feststellung**" erfolgt dadurch, dass die kontoführende Partei den Rechnungsabschluss mit dem sich daraus ergebenden Saldo ermittelt. Darin liegt das Angebot auf Abschluss eines Anerkenntnisvertrages (§§ 780 ff. BGB), den die andere Partei durch das Saldoanerkenntnis annimmt.[115] Wenn kein Saldoanerkenntnis vorliegt, muss der Gläubiger den Saldo darlegen und ggf. beweisen.[116]

2. Rechtswirkungen des Kontokorrents

56 Die entscheidende Rechtswirkung des Kontokorrents besteht darin, dass die darin eingestellten Forderungen ihre **rechtliche Selbständigkeit verlieren** und dadurch zu **bloßen Rechnungsposten** werden.

a) Unselbständigkeit der in das Kontokorrent eingestellten Forderungen

57 Diese Rechnungsposten können **weder selbständig geltend gemacht** werden **noch** sind sie **isoliert erfüllbar**. Die in das Kontokorrent eingestellten Forderungen sind demgemäß auch **nicht gesondert abtretbar, verpfändbar** (§ 1274 Abs. 2 BGB) und auch **nicht im Wege der Zwangsvollstreckung pfändbar** (§ 851 Abs. 1 ZPO).[117] Trotz dieser „Lähmung" ist die Klage aus einem in das Kontorrent eingestellten Einzelanspruch nicht wirkungslos, vielmehr muss seine Bindung im Kontokorrent durch **Einrede** des Beklagten geltend gemacht werden.[118]

58 Die rechtliche „Unselbständigkeit der in das Kontokorrent eingestellten Forderungen" soll **folgendes Beispiel** veranschaulichen:[119]

Der X-Verlag liefert an den Großhändler Y Bücher unter verlängertem Eigentumsvorbehalt, lässt sich also die Ansprüche, die Y aus dem Weiterverkauf an seine Kunden hat, im Voraus abtreten. Der Y hat mit dem Buchhändler Z eine Kontokorrentvereinbarung getroffen. Y liefert an Z Bücher im Wert von 10.000 €. Der X-Verlag verlangt daraufhin vom Buchhändler Z Zahlungen aus abgetretenem Recht.

Lösung:

Hier ist zunächst festzuhalten, dass sich der X-Verlag und der Großhändler Y mit der Vereinbarung des verlängerten Eigentumsvorbehalts wirksam im Voraus über die Abtretung der dem Großhändler Y aus dem Weiterverkauf

---

111 OLG Köln, MDR 1963, 138; OLG Frankfurt, WM 1975, 812.
112 BGHZ 93, 307, 314.
113 Heymann/Horn, HGB, § 355 Rn. 23 m.w.N.
114 BGHZ 49, 24; 70, 86, 93.
115 BGH, WM 1967, 1163; WM 1975, 557.
116 OLG Koblenz, WM 1995, 1224.
117 Baumbach/Hopt/Hopt, HGB, § 355 Rn. 7.
118 BGH, MDR 1970, 303.
119 Nach BGHZ 70, 86, 92 sowie Alpmann, in: AS-Handelsrecht, S. 121.

zustehenden Ansprüche geeinigt haben. Als Forderungsinhaber ist der Großhändler Y auch grds. zur Abtretung berechtigt. Im vorliegenden Fall ist die Abtretung jedoch ausgeschlossen, da die Forderung des Großhändlers Y gegen den Buchhändler Z in das Kontokorrent eingestellt wurde. In einem Kontokorrent entstehen die Forderungen jedoch von vornherein als **nicht abtretbar**.[120] Die Vorschrift des § 354a HGB greift in diesem Fall nicht ein, denn die Abtretbarkeit ist nicht aufgrund einer Vereinbarung gemäß § 399 BGB ausgeschlossen worden, sondern lediglich deshalb, weil die Forderungen ihre **rechtliche Selbständigkeit verloren** haben.[121]

b) Verrechnung der Forderungen

Nach § 355 Abs. 1 HGB erfolgt die Verrechnung „in regelmäßigen Zeitabschnitten". Das Gesetz geht damit vom Grundsatz eines **Periodenkontokorrents** aus.[122] Möglich ist auch die Vereinbarung eines **Staffelkontokorrents**, bei dem die Verrechnung bereits dann erfolgt, sobald eine neue Forderung oder Leistung in das Kontokorrent eingestellt wird.[123]

59

Beim **Girokonto** handelt es sich nach heute ganz h.M. um ein **Periodenkontokorrent**, auch wenn der Bankkunde über jede Buchung einen Kontoauszug erhält.[124] Die Kontoauszüge sind lediglich Mitteilungen über den Bestand der laufenden Rechnung. Nimmt der Bankkunde sie widerspruchslos hin, kann dies zwar **Beweiswirkungen** haben, es wird jedoch damit **kein Saldoanerkenntnis** erklärt.[125] Nach Nr. 7 AGB-Banken erfolgt die Saldierung jeweils am Ende eines Kalenderquartals. Das Unterlassen rechtzeitiger Einwendungen gilt als Saldoanerkenntnis (ähnlich Nr. 7 AGB-Sparkassen).

60

Umstritten ist, ob die Verrechnung **automatisch** erfolgt und **welche Folgen** sie hat.

61

Nach der Rspr. besteht aus einem Kontokorrent grds. nur der **Anspruch aus dem Saldoanerkenntnis**. Die Rspr. geht davon aus, dass es sich dabei um eine **neue Verpflichtung** handelt, die an die Stelle der in das Kontokorrent eingestellten einzelnen Forderungen und Leistungen tritt (sog. **Novationstheorie**).[126] Die Verrechnung ist somit lediglich das Mittel zur Feststellung des **Abrechnungsergebnisses**, das in das **Angebot zum Abschluss des Anerkenntnisvertrages** aufgenommen wird und dessen **Annahme** durch das **Saldoanerkenntnis vom Vertragspartner begehrt** wird.[127] Verrechnung und Saldoanerkenntnis sind demnach lediglich „Teile eines ein und desselben Rechtsaktes".[128] Eine **Ausnahme** von dem **Grundsatz**, dass sich grds. nur ein **Anspruch aus dem Saldoanerkenntnis** ergibt, besteht dann, wenn das Kontokorrentverhältnis gekündigt oder sonst beendet wird. In diesem Fall begründet § 355 Abs. 3 HGB einen Anspruch auf **Auszahlung des Überschusses**.

Im Schrifttum wird demgegenüber die Ansicht vertreten, dass bei Ablauf der Verrechnungsperiode eine **automatische Verrechnung** stattfinde. Als deren Ergebnis entstehe eine kausale Saldoforderung, die sich aus den zugrunde liegenden Einzelforderungen zusammensetze. Das später zwischen den Parteien vereinbarte Saldoanerkenntnis ersetze die Saldoforderung nicht, sondern trete nach § 364 Abs. 2 BGB **lediglich erfüllungshalber neben** sie.[129]

---

120   BGHZ 70, 86, 92; 73, 259, 263; BGH, NJW 1998, 2526, 2527; Serick, BB 1978, 873, 875 m.w.N.; K. Schmidt, Handelsrecht, § 21 III 2; Maier, JuS 1988, 196, 198.
121   K. Schmidt, Handelsrecht, § 21 III 2.
122   RGZ 115, 396; 123, 386; BGH, LM § 413 Nr. 1.
123   RGZ 123, 386; Baumbach/Hopt/Hopt, HGB, § 355 Rn. 8.
124   BGHZ 50, 277, 280; BGH, NJW 1985, 3010; GK/Herget, HGB, § 355 Rn. 75 f.; Baumbach/Hopt/Hopt, HGB, § 355 Rn. 9; Heymann/Horn, HGB, § 355 Rn. 3, 29; K. Schmidt, Handelsrecht, § 21 II 2 e.
125   BGHZ 73, 207; 95, 108.
126   BGHZ 26, 150; 50, 270; 58, 260; 73, 263; 80, 176; 93, 307, 314; 141, 120; so auch bereits RGZ 125, 416.
127   Vgl. Alpmann, in: AS-Handelsrecht, S. 121.
128   BGHZ 93, 307, 314.
129   K. Schmidt, Handelsrecht, § 21 IV, V; Canaris, Handelsrecht, § 27 Rn. 30.

c) Saldoanerkenntnis

62 Unabhängig davon, ob man der in der Rspr. vertretenen **Novationstheorie** folgt, wonach durch das Saldoanerkenntnis die bisherigen Forderungen erlöschen und durch eine **neue abstrakte Forderung** ersetzt werden[130] oder die überwiegend im Schrifttum vertretene Ansicht für zutreffend hält, dass es sich beim Saldoanerkenntnis um ein **abstraktes Schuldanerkenntnis** handele, dass **neben die kausale**, durch die **Verrechnung entstandene Saldoforderung** trete,[131] ergibt sich durch das Saldoanerkenntnis jedenfalls die Rechtsfolge, dass eine **neue selbständige Forderung** entsteht, die einen eigenen Erfüllungsort hat und für die die Regelverjährung nach den §§ 195, 199 BGB eingreift.[132]

63 Aufgrund der gesetzlichen Anordnung in § 356 HGB bleiben auch die für die **Einzelforderungen bestehenden Sicherheiten bestehen**. Umstritten ist allerdings die rechtliche Bewertung von Zahlungen, die in Bezug auf gesicherte Forderungen im Kontokorrent erfolgen. Dazu das folgende

Beispiel:[133]

Y und Z haben ein Kontokorrent vereinbart. Einbezogen werden eine Darlehensforderung des Y gegen Z i.H.v. 100.000 €, die in monatlichen Raten von 5.000 € getilgt werden soll und eine Kaufpreisforderung des Y gegen Z i.H.v. 50.000 €. Für die Darlehensforderung hat sich der X verbürgt. Bis zum Ablauf der halbjährlichen Rechnungsperiode zahlt Z durch monatliche Zahlung von jeweils 5.000 € insgesamt 30.000 €, so dass sich zu Gunsten des Y ein Saldo von 120.000 € ergibt. Der Bürge X möchte nunmehr wissen, in welcher Höhe er noch aus der Bürgschaft verpflichtet ist.

Lösung (nach der Rspr.):

Festzuhalten ist zunächst, dass die für die Darlehensforderung bestellte **Bürgschaft nach § 356 HGB** *auch nach dem Saldoanerkenntnis bestehen bleibt.*

Nach der Novationstheorie der Rspr. ergibt sich aus § 356 HGB, dass die Sicherheit bis zur Höhe des Saldos bestehen bleibt. Sofern im Laufe der Zeit mehrere Rechnungsabschlüsse erfolgt sind, verbleibt eine Haftung für den niedrigsten anerkannten Saldo.[134] Hier beträgt der Saldo 120.000 €. Er ist damit höher als die Forderung, für die sich der Bürge X verbürgt hat. **Die Bürgschaft bleibt danach in voller Höhe bestehen***. Eine Tilgung der gesicherten Forderung, die nach § 767 BGB zum Erlöschen der Bürgschaft führen würde, scheidet aus, da die Forderung durch die Einstellung in das Kontokorrent der selbständigen Erfüllung entzogen ist. Aus diesem Grund ist auch eine Tilgungsbestimmung nach § 366 Abs. 1 BGB nicht möglich. Anzumerken ist in diesem Zusammenhang noch, dass durch eine „***ungewöhnliche Sonderabrede***"[135] die vorrangige Tilgung einer gesicherten Forderung vereinbart werden kann. Eine solche Vereinbarung kann hier wohl nicht allein darin gesehen werden, dass entsprechend der Vereinbarung im Darlehensvertrag monatliche Zahlungen von 5.000 € erfolgt sind.[136]*

Lösung (nach dem Schrifttum):

Im Schrifttum wird dagegen § 356 HGB erst nach der Verrechnung angewandt. Die **Bürgschaft** *bleibt demnach gemäß § 356 HGB* **nur in der Höhe bestehen***, in der* **nach der Verrechnung die gesicherte Forderung noch besteht***. Für die Verrechnung selbst wird eine* **analoge Anwendung des § 366 BGB** *befürwortet. Im Zeitpunkt des Rechnungsabschlusses erlöschen danach analog § 366 Abs. 1 BGB die Forderungen, die der Schuldner bei der Leistung bestimmt hat. Durch die monatliche Zahlung der vereinbarten Darlehensrate ist hier eine konkludente Tilgungsbestimmung getroffen worden. Mit der Verrechnung wurde die gesicherte Darlehensforderung i.H.v. 30.000 € getilgt. Gemäß § 356 HGB bleibt die Sicherheit bestehen, aber nur noch in Höhe des Restbetrages von 70.000 €.[137]*

---

130 BGHZ 93, 307, 313.
131 Canaris, Handelsrecht, § 27 Rn. 30; K. Schmidt, Handelsrecht, § 21 V 1.
132 BGHZ 51, 349; BGH, WM 1973, 1015; Baumbach/Hopt/Hopt, HGB, § 355 Rn. 11.
133 Gebildet nach Canaris, Handelsrecht, § 27 Rn. 39.
134 BGH, WM 1991, 491, 497.
135 BGH, WM 1991, 495, 497.
136 So zu Recht Alpmann, in: AS-Handelsrecht, S. 123.
137 Canaris, Handelsrecht, § 27 Rn. 39 f.; K. Schmidt, Handelsrecht, § 21 V 2.

d) **Pfändbarkeit von Ansprüchen aus einem Kontokorrent, insbesondere aus einer Bankverbindung**

Wie oben bereits angerissen, ist der einzelne in das Kontokorrent fallende **Einzelanspruch nicht pfändbar**.[138] Aus § 357 HGB ergibt sich, dass nur der Saldo pfändbar sein soll. 64

Unter dem Saldo i.S.d. § 357 Satz 1 HGB wird derjenige im Zeitpunkt der Pfändung, also der Zustellung des Pfändungs- und Überweisungsbeschlusses (deshalb als **Zustellungssaldo** bezeichnet) verstanden, also nicht der Saldo – unter Ausschluss neuer Schuldposten – zur Zeit des nächsten Periodenschlusses.[139] **Die Pfändung in ein laufendes Kontokorrent** bewirkt, dass das Konto lediglich **buchungstechnisch**, und nur zwischen Pfändungsgläubiger und Bank vorläufig abgeschlossen wird.[140] Wenn zum Zeitpunkt der Pfändung **kein Aktivsaldo des Pfändungsschuldners** besteht, ist die **Pfändung gegenstandslos** und unwirksam.[141] 65

§ 357 HGB regelt nach h.M. **nicht die Pfändung künftiger Kontokorrentsalden**.[142] Die **künftige Saldoforderung** ist aber wie andere künftige Forderungen auch nach den §§ 829 ff. ZPO pfändbar, wenn die Erwartung ihrer Entstehung ausreichend rechtlich fundiert ist, insb. beim **Kontokorrent in Dauerrechtsverhältnissen**, wie in den Rechtsverhältnissen des Handelsvertreters zum Unternehmer, des Gesellschafters zur Gesellschaft oder des Dauerlieferers zum Dauerabnehmer.[143] I.d.R. wird diese Pfändung einer künftigen Saldoforderung mit der des nicht ausreichenden gegenwärtigen Saldos verbunden (**sog. Doppelpfändung**[144]). 66

Die Pfändung von Ansprüchen aus einem **Girovertrag** unterscheidet sich von der Pfändbarkeit von Salden aus einem (Bank-)Kontokorrent. Wenn der Kunde im Fall des Girovertrages nur Ansprüche aus dem Kontokorrent hätte, könnte er die Auszahlung eines Guthabens nur am Ende einer Rechnungsperiode verlangen. Aus dem Girovertrag hat er aber einen Anspruch auf Auszahlung des sich jeweils ergebenden Guthabens. Aus diesem Umstand folgert die h.M., dass auch **künftige Einzelforderungen (Girotagesguthaben)** des Kontoinhabers aus dem Girovertrag pfändbar sind, soweit sie zwischen zwei Rechnungsabschlüssen entstehen und für den Schuldner verfügbar sind; einer solchen Pfändung stehen weder § 613 Satz 2 BGB noch die Kontokorrentabrede entgegen.[145] Die Pfändung künftiger Girotagesguthaben läuft ins Leere, wenn das **Konto debitorisch** bleibt.[146] Pfändbar sind auch die Ansprüche des Bankkunden gegen das Kreditinstitut aus einem **vereinbarten Dispositionskredit (sog. offene Kreditlinie)**, wenn und soweit der Kunde den Kredit abruft, also in Anspruch nimmt.[147] Dagegen ist die Entscheidung über die Kreditaufnahme und über die Ausübung des Abrufrechts angesichts der damit verbundenen Rückzahlungspflicht des Schuldners höchstpersönlich und nicht pfändbar.[148] **Unpfändbar** ist auch der **Überziehungskredit**, der durch bloße Duldung einer Kontoüberziehung seitens der Bank gewährt wird.[149] 67

---

138 BGHZ 80, 172, 175.
139 BGHZ 80, 172, 176; so auch die h.L. vgl. statt aller Baumbach/Hopt/Hopt, HGB, § 357 Rn. 2.
140 BGHZ 80, 172, 176; a.A.: Gröger, BB 1984, 28.
141 H.M., vgl. Baumbach/Hopt/Hopt, HGB, § 357 Rn. 2.
142 BGHZ 80, 172, 178.
143 Baumbach/Hopt/Hopt, HGB, § 357 Rn. 5.
144 Baumbach/Hopt/Hopt, HGB, § 357 Rn. 5.
145 BGHZ 84, 329, 373.
146 BGH, WM 1973, 893.
147 BGHZ 147, 193; 157, 355; WM 2004, 671; Felke, WM 2002, 1632; a.A.: Bitter, WM 2004, 1109.
148 Häuser, ZIP 1983, 900; Peckert, ZIP 1987, 1232; Wagner, JZ 1985, 718; ders., ZIP 1985, 854; ders., WM 1998, 1659; in diese Richtung auch BGHZ 147, 195; a.A.: Grunsky, ZZP 1995, (82), 271.
149 BGHZ 147, 193; BGH, WM 2004, 517; WM 2004, 669.

V. Erwerb vom Nichtberechtigten

68 Die mit einer Willenserklärung **erstrebte Rechtsänderung** an beweglichen Sachen tritt nur dann ein, wenn die **Einigung** durch Übergabe oder Übergabesurrogate **vollzogen** wird und der Verfügende zudem **Berechtigter** ist. Die §§ 932 – 936, 1207 BGB regeln den Erwerb vom **Nichteigentümer**, d.h. die Voraussetzungen, unter denen der Mangel im Eigentum des Verfügenden überwunden wird. In der in diesem Abschnitt behandelten Vorschrift des § 366 HGB ist bestimmt, dass der **gutgläubige Erwerber** vom Kaufmann auch dann das Eigentum bzw. das Pfandrecht an einer beweglichen Sache erwirbt, wenn der Verfügende Nichteigentümer ist und der Erwerber ihn zwar nicht für den Eigentümer, wohl aber für **verfügungsberechtigt** halten durfte. Die Vorschrift des § 366 HGB schützt also den **guten Glauben an die Verfügungsbefugnis**.[150]

1. Guter Glaube an die Verfügungsbefugnis

69 Erste Voraussetzung für die Anwendung des § 366 HGB ist, das es sich bei dem **Veräußerer** um einen **Kaufmann** handelt. Abgelehnt wird dagegen von der h.M. die Anwendung des § 366 HGB beim Erwerb vom sog. **Scheinkaufmann** analog § 5 HGB, § 242 BGB. Begründet wird dies damit, dass der von dem Scheinkaufmann veranlasste Rechtsschein nicht in die Rechtsposition unbeteiligter Dritter, hier also des wahren Eigentümers eingreifen könne.[151] Demgemäß findet nach der h.M. auch unter den Voraussetzungen des § 15 Abs. 1 HGB ein Schutz des gutgläubigen Erwerbers nicht statt. Dazu folgendes

Beispiel:[152]

Der noch im Handelsregister eingetragene Kaufmann K veräußert nach Einstellung seines Gewerbebetriebes eine Sache des E an den gutgläubigen D. Der D weiß zwar, dass K nicht Eigentümer ist, hält ihn aber mit Rücksicht auf die Eintragung im Handelsregister für einen Kaufmann.

Lösung:

Hier ist zunächst festzuhalten, dass K kein Kaufmann nach § 2 HGB ist, da er seinen Betrieb eingestellt hat und kein Gewerbe mehr betreibt. Auch die Vorschrift des § 5 HGB setzt den Betrieb eines Gewerbes voraus. § 15 Abs. 1 HGB greift deshalb nicht ein, weil diese Vorschrift nur zulasten desjenigen wirkt, in dessen Angelegenheit die Tatsache einzutragen war. Dies ist im Beispielsfall aber allein der Kaufmann K als Verkäufer und nicht der wahre Eigentümer E.[153]

70 Weitere Voraussetzung für die Anwendung des § 366 Abs. 1 HGB ist die **Gutgläubigkeit** des Erwerbers im Hinblick auf die Verfügungsbefugnis des Veräußerers. **Kenntnis** und **grobfahrlässige Unkenntnis** stehen dabei gleich (§ 932 Abs. 2 BGB).[154] Der **Rechtsbegriff** der „groben Fahrlässigkeit" ist revisibel, wohingegen die **Feststellung**, was im Einzelfall „grob fahrlässig" ist, eine nicht revisible **Tatfrage** ist.[155]

71 Die Prüfung, ob es infolge grober Fahrlässigkeit am **guten Glauben beim Erwerb** einer beweglichen Sache gefehlt hat, kann bei Anwendung von § 932 BGB und § 366 HGB **zu unterschiedlichen Ergebnissen** führen, denn der gute Glaube an die **Verfügungsbefugnis eines Kaufmanns** kann **gerechtfertigt** sein, selbst wenn ein guter Glaube an sein Eigentum durch grobe Fahrlässigkeit ausgeschlossen ist.[156] So begründet z.B. der Umstand, dass ein Kfz-Händler den auf einen fremden Namen lautenden Kfz-Brief

---

150 OLG Hamm, NJW 1964, 2257; Baumbach/Hopt/Hopt, HGB, § 366 Rn. 2.
151 OLG Düsseldorf, OLG Report 1999, 49; Löhnig, JA 1999, 615; GK/Weber, HGB, § 366 Rn. 7; Baumbach/Hopt/Hopt, HGB, § 366 Rn. 4; GK/Brüggemann, HGB, Anhang zu 5 Rn. 46; Bülow, AcP 186 (1986), 576, 582 ff.; a.A.: GK/Canaris, HGB, § 366 Anm. 6.
152 Nach Alpmann, in: AS-Handelsrecht, S. 113.
153 So zu Recht Schlegelberger/Hefermehl, HGB, § 366 Rn. 26; Brox, Handels- u. Wertpapierrecht, Rn. 306; a.A.: GK/Hüffer, HGB, § 15 Rn. 30.
154 Zum Begriff der groben Fahrlässigkeit grundlegend BGHZ 10, 14.
155 BGHZ 10, 16.
156 BGH, NJW 1975, 735, 736; K. Schmidt, JuS 1988, 74.

innehat, i.d.R. den Rechtsschein der Verfügungsbefugnis dieses Kfz-Händlers.[157] Denn wer bei einem Autohändler den Wagen eines Dritten erwirbt, kann grds. darauf vertrauen, dass der Autohändler vom Dritten dazu ermächtigt worden ist. Man wird daher in diesen Fällen i.d.R. Gutgläubigkeit des Erwerbers annehmen dürfen.[158] Etwas anderes gilt allerdings, wenn sich **aufgrund besonderer Umstände** der Veräußerung, wie z.B. einem ungewöhnlich niedrigen Preis oder Zeit und Ort des Geschäftsabschlusses, Verdachtsmomente aufdrängen, die normalerweise jeden zur Nachforschung bewegen würden.[159]

2. Guter Glaube an die Vertretungsmacht

Der **gute Glaube an die Vertretungsmacht** ist im Rechtsverkehr **grds. unerheblich**. Da in der Praxis jedoch zwischen der Vertretungs- und der Verfügungsmacht zumeist nicht streng getrennt wird und oftmals auch beim Handeln im Betrieb nicht feststellbar ist, ob der Betriebsinhaber im eigenen oder im fremden Namen auftritt, wird von der wohl h.M. mit Rücksicht auf den **Schutzzweck der Norm des § 366 HGB**, nämlich die Sicherheit des Handelsverkehrs zu gewährleisten, angenommen, dass – jedoch nur beschränkt auf das Handelsrecht – **auch der gute Glaube an die Vertretungsmacht durch § 366 HGB geschützt** werde.[160]

72

Die **Gegenauffassung** in der Lit. hält dagegen den Dritten **nicht für schutzwürdig**, da sich schon aus der Berufsstellung des Verfügenden ohne weiteres ergebe, ob dieser im eigenen Namen – so z.B. der Kommissionär – oder im fremden Namen – so z.B. der Handelsvertreter – handele. Auch bestehe keinerlei Bedürfnis für die Anwendung des § 366 HGB auf die Fälle des guten Glaubens an die Vertretungsmacht, da die wichtigsten Konstellationen ohnehin über die **Anscheins- und Duldungsvollmacht** oder über **§ 56 HGB** gelöst werden könnten.[161]

73

Die oben geschilderte wohl h.M. ist sich indessen nicht einig in der Frage, ob der **gute Glaube an die Vertretungsmacht** im Interesse der Sicherheit des Handelsverkehrs **nur im Hinblick auf den Eigentumserwerb**, also das **dingliche Geschäft**, zu schützen sei **oder darüber hinaus** auch der gute Glaube an die Vertretungsmacht beim **zugrunde liegenden schuldrechtlichen Kausalgeschäft** geschützt werden müsse.

74

Ein Teil **lehnt diese Erweiterung des Gutglaubensschutzes ab** und belässt es insoweit bei der Regelung des § 177 BGB.[162]

Die **Gegenmeinung** hält diese **Beschränkung** auf das Verfügungsgeschäft für **inkonsequent**, da dadurch dem Erwerber über § 812 BGB das genommen werde, was ihm infolge der analogen Anwendung des § 366 Abs. 1 HGB zugefallen sei. Daher müsse die gesetzliche Regelung des § 366 Abs. 1 HGB als

---

157 Beispiel nach Alpmann, in: AS-Handelsrecht, S. 112, 114.
158 BGH, NJW 1999, 425, 426; NJW-RR 1987, 1456, 1457; OLG Hamburg, NJW-RR 1987, 1266; K. Schmidt, Handelsrecht, § 23 II 1 f, S. 678.
159 OLG Stuttgart, NJW-RR 1990, 635, das eine Nachforschungspflicht annimmt, wenn der PKW im Rahmen eines Tauschgeschäftes veräußert wird; BGH, NJW 1992, 2570, 2575; K. Schmidt, JuS 1993, 76, 77, der eine Nachforschungspflicht bejaht, wenn der Kfz-Brief bei einer Bank hinterlegt ist; dazu auch OLG Karlsruhe, NJW-RR 1989, 1461; BGH, NJW 1999, 425, wo ein Vermieter von Baumaschinen zehn hochwertige, fabrikneue Maschinen zum Preis von 854.000 DM verkauft hat
160 Schlegelberger/Hefermehl, HGB, § 366 Rn. 32; Baumbach/Hopt/Hopt, HGB, § 366 Rn. 5; HK/Ruß, HGB, § 366 Rn. 1; Heymann/Horn, HGB, § 366 Rn. 16; Brox, Handels- und Wertpapierrecht, Rn 307; K. Schmidt, JuS 1987, 936, 938 f., wobei letztgenannter abweichend von der h.M. allerdings keine analoge, sondern eine unmittelbare Anwendung des § 366 HGB befürwortet.
161 GK/Canaris, HGB, § 366 Anm. 27; Medicus, Bürgerliches Recht, Rn. 567; Wiegand, JuS 1974, 545, 548; Tiedtke, Jura 1983, 460, 474; Petersen, Jura 2004, 247, 249; offen gelassen in: BGH, NJW 1992, 2570, 2575.
162 Baumbach/Hopt/Hopt, HGB, § 366 Rn. 5; Schlegelberger/Hefermehl, HGB, § 366 Rn. 32; Brox, Handels- und Wertpapierrecht, Rn. 307; so wohl auch Bosch, JuS, 1988, 439, 440.

Rechtsgrund für den Eigentumserwerb angesehen werden, mit der Folge, dass der Erwerber auch keinem Anspruch aus ungerechtfertigter Bereicherung ausgesetzt sei.[163]

Dem wird wiederum entgegengehalten, dass für eine **Ausweitung** auch auf das Grundgeschäft **kein praktisches Bedürfnis** bestehe, da der Erwerber nach der herrschenden Saldotheorie der Herausgabekondition die Rückforderung des an den vollmachtlosen Vertreter gezahlten Kaufpreises entgegen halten könne.[164]

3. Einschränkung des Gutglaubensschutzes beim Eigentumserwerb

75 Nach § 935 Abs. 1 BGB ist ein **gutgläubiger Erwerb abhanden gekommener Sachen ausgeschlossen**, sofern es sich nicht um **Geld, Inhaberpapiere** oder **in öffentlicher Versteigerung erworbene Sachen** handelt (§ 935 Abs. 2 BGB). Diese Regelung gilt aufgrund des in § 366 Abs. 1 HGB enthaltenen Verweises **grds. auch im Handelsverkehr**. Während aber nach **bürgerlichem Recht** das Abhandenkommen von **Inhaberpapieren** dem gutgläubigen Erwerb nicht entgegensteht, schließt § 367 HGB den guten Glauben aus, wenn das abhanden gekommene Inhaberpapier an einen Bankier veräußert wird und der Verlust des Papiers innerhalb einer bestimmten Frist vor der Veräußerung im Bundesanzeiger bekannt gemacht worden ist. Bei Vorliegen der Voraussetzungen des § 367 Abs. 2 HGB wird der gute Glaube des Bankiers allerdings nicht ausgeschlossen.

4. Lastenfreier Eigentumserwerb nach HGB

76 Die Regelung des § 936 BGB, die nur den guten Glauben an das **Nichtbestehen einer dinglichen Belastung** schützt, wird **durch § 366 Abs. 2 HGB erweitert**. Gemäß § 366 Abs. 2 HGB erlangt der Erwerber auch dann **lastenfreies Eigentum**, wenn er die Belastung zwar kennt, aber den Veräußerer **gutgläubig** für befugt hält, **ohne Vorbehalt des Rechts** über die Sache zu verfügen.

5. Besonderheiten beim Pfandrecht

77 Die Vorschrift des § 366 Abs. 1 HGB findet auch auf den gutgläubigen Erwerb eines **rechtsgeschäftlichen Pfandrechts vom Nichtberechtigten** (§§ 1207, 932, 935 BGB) Anwendung. Gemäß § 366 Abs. 3 HGB gilt dies auch für die gesetzlichen Pfandrechte des HGB. Kommissionär, Frachtführer, Spediteur und Lagerhalter erwerben zur Sicherung ihrer Forderungen ein gesetzliches **(Besitz-)Pfandrecht** an den ihnen anvertrauten Sachen (§§ 397, 441, 464, 475b HGB). **Unerheblich** ist dabei, dass es in den vorgenannten Fällen an einer **„Verfügung" im Rechtssinne fehlt** – das Pfandrecht entsteht ja kraft Gesetzes -, denn bei § 366 Abs. 3 HGB kommt es nicht auf einen guten Glauben an die Verfügungsbefugnis an, sondern an den guten Glauben daran, dass der Nichtberechtigte die genannten Verträge abschließen, also z.B. das Gut in Kommission geben darf.[165] Allerdings kommt es bei Gut, das nicht Gegenstand des Vertrages ist, aus dem die durch das Pfandrecht zu sichernde Forderung herrührt, hinsichtlich des Pfandrechts des Frachtführers, Spediteurs und Lagerhalters auf den guten Glauben an das **Eigentum des Vertragspartners** an. § 366 Abs. 3 HGB ist durch das **Transportrechtsgesetz 1998** dergestalt um einen 2. Halbs. ergänzt worden, dass sich das gesetzliche Pfandrecht auch auf inkonnexe Forderungen erstreckt.[166]

VI. Kaufmännisches Zurückbehaltungsrecht

78 Das bürgerlich-rechtliche Zurückbehaltungsrecht (§ 273 BGB) gilt uneingeschränkt auch für den **kaufmännischen Rechtsverkehr**.[167] Über das Zurückbehaltungsrecht nach § 273 BGB hinaus besteht zwischen Kaufleuten unter den Voraussetzungen des § 369 HGB ein **besonderes Zurückbehaltungsrecht.** Zu beachten ist dabei, dass § 369 HGB beim Zurückbehaltungsberechtigten vom Gläubiger spricht und

---

163 K. Schmidt, JuS 1987, 936, 939; ders., Handelsrecht, § 23 III 2; vgl. die Darstellung des Streitstandes bei Reinicke, AcP 189 (1989), 79 ff.
164 Baumbach/Hopt/Hopt, HGB, § 366 Rn. 5; Brox, Handels- und Wertpapierrecht, Rn. 307.
165 K. Schmidt, Handelsrecht, § 23 II 2 b, cc, S 681; Brox, Handels- und Wertpapierrecht, Rn. 311.
166 Vgl. Baumbach/Hopt/Hopt, HGB, § 366 Rn. 10.
167 Baumbach/Hopt/Hopt, HGB, § 369 Rn. 1.

seinen Gegner als Schuldner bezeichnet, wohingegen in der bürgerlich-rechtlichen Vorschrift des § 273 BGB der Zurückbehaltungsberechtigte als Schuldner und sein Gegner als Gläubiger bezeichnet werden.

1. Tatbestandsvoraussetzungen des kaufmännischen Zurückbehaltungsrechts

Das kaufmännische Zurückbehaltungsrecht **unterscheidet sich in mehrfacher Hinsicht** vom in § 273 BGB geregelten bürgerlich-rechtlichen Zurückbehaltungsrecht. Dies betrifft im Einzelnen folgende Punkte:

- Dem Gläubiger muss eine **fällige Forderung** aus einem **beiderseitigen Handelsgeschäft** zustehen, ohne dass jedoch **Konnexität** mit der Schuld verlangt wird.[168] Gläubiger und Schuldner müssen demnach **beide Kaufleute sein** und die Forderung, wegen der zurückbehalten wird, muss aus einem Rechtsgeschäft herrühren, das für beide Vertragspartner zum **Betrieb ihres Handelsgewerbes** gehört.[169]

- Nach der h.M. muss es sich bei der Forderung um eine **Geldforderung** handeln. Dies wird aus der Vorschrift des § 371 HGB hergeleitet, denn diese geht davon aus, dass sich der Gläubiger wegen seiner Forderung letztlich aus dem Verkaufserlös befriedigen können soll, was aber konkludent einen auf Geld gerichteten Gegenanspruch voraussetzt bzw. einen Anspruch, der bei Leistungsstörungen gemäß §§ 280 ff. BGB in einen Geldanspruch übergehen kann.[170]

- Dem Zurückbehaltungsrecht nach § 369 Abs. 1 HGB unterliegen nur **selbständig verwertbare bewegliche Sachen** oder **Wertpapiere** im engeren Sinn, also nicht etwa Sparbücher, Kfz-Briefe oder Grundpfandbriefe.[171]

- Des Weiteren müssen die zurückbehaltungsfähigen Sachen grds. im **Eigentum des Schuldners** stehen und zwar im Zeitpunkt der Entstehung des Zurückbehaltungsrechts und nicht etwa darüber hinaus auch noch bei seiner Geltendmachung.[172] Wenn also etwa der Schuldner die Sache nach Entstehung des Zurückbehaltungsrechtes an einen Dritten auf der Grundlage des § 930 BGB oder des § 931 BGB übereignet, wird dadurch das Zurückbehaltungsrecht des Gläubigers nicht berührt (§ 986 Abs. 2 BGB). Ein **gutgläubiger Erwerb des Zurückbehaltungsrechts** ist **ausgeschlossen**, denn es handelt sich dabei nicht um ein **dingliches**, sondern nur um ein **obligatorisches Recht**.[173]

- Unter den Voraussetzungen des § 369 Abs. 1 Satz 2 HGB entsteht das Zurückbehaltungsrecht auch **an eigenen Sachen** des Gläubigers, d.h. des Zurückbehaltungsberechtigten, und zwar in den Konstellationen, in denen die Sache zwar **nicht rechtlich**, aber doch **wirtschaftlich** zum Vermögen des Schuldners, also des Zurückbehaltungsverpflichteten, gehört.[174] Das ist einmal dort der Fall, wo das Eigentum zunächst vom Schuldner auf den Gläubiger übergegangen ist, z.B. zur Erfüllung eines Kaufvertrages, nun aber vom Gläubiger, etwa in Folge eines Rücktritts von diesem Kaufvertrag, auf den Schuldner zurück zu übertragen ist. Zum anderen handelt es sich dabei um Fallkonstellationen, bei denen das Eigentum von einem Dritten auf den Gläubiger übertragen worden ist, aber vom Gläubiger an den Schuldner weiter übereignet werden muss, wie z.B. bei der Einkaufskommission (vgl. § 384 Abs. 2 HGB).[175]

---

168 Baumbach/Hopt/Hopt, HGB, § 369 Rn. 4.
169 Baumbach/Hopt/Hopt, HGB, § 369 Rn. 3.
170 Schlegelberger/Hefermehl, HGB, § 369 Rn. 20; GK/Weber, HGB, § 369 Rn. 9; GK/Canaris, HGB, § 369 – 372 Anm. 33; Brox, Handels- und Wertpapierrecht, Rn. 315; a.A.: Baumbach/Hopt/Hopt, HGB, § 369 Rn. 4, der die Auffassung vertritt, dass alle vermögenswerten Forderungen das Zurückbehaltungsrecht begründen können, so etwa auch dingliche Ansprüche, wie z.B. aus § 985 BGB.
171 BGH, BB 1973, 307; OLG Frankfurt, NJW 1969, 1720; RGZ 149, 94.
172 Baumbach/Hopt/Hopt, HGB, § 369 Rn. 8.
173 BGHZ 17, 2; RGZ 69, 16; GK/Canaris, HGB, §§ 369 – 372 Anm. 23.
174 Vgl. Baumbach/Hopt/Hopt, HGB, § 369 Rn. 10.
175 Beispiel nach Alpmann, in: AS-Handelsrecht, S. 126.

- Die Sachen müssen des Weiteren **mit Willen des Schuldners** – also nicht eigenmächtig – in den Besitz des Gläubigers gelangt sein, wobei der Besitzerwerb für den Gläubiger ein **Handelsgeschäft** darstellen muss.[176]
- Schließlich darf das kaufmännische Zurückbehaltungsrecht **nicht** gemäß § 369 Abs. 3 HGB durch **entgegenstehende Weisung** oder eine **vom Gläubiger eingegangene rechtsgeschäftliche Verpflichtung ausgeschlossen** sein.

2. Rechtsfolgen des kaufmännischen Zurückbehaltungsrechts

80 Dem Gläubiger stehen aufgrund des kaufmännischen Zurückbehaltungsrechts gegenüber dem Schuldner **folgende Rechte** zu:

- Dem Gläubiger steht zunächst ein **Zurückbehaltungsrecht** gegenüber dem **Herausgabeanspruch des Schuldners** zu. Gemäß Art. 2 Abs. 1 EGHGB i.V.m. § 274 HGB handelt es sich dabei um eine **Einrede**, die zur Verurteilung **Zug um Zug** führt. Das Zurückbehaltungsrecht wirkt gegenüber Dritten, die **nachträglich** das Eigentum oder dingliche Rechte an der Sache erlangt haben, nur unter der Voraussetzung des § 369 Abs. 2 HGB i.V.m. §§ 404, 986 Abs. 2 BGB.
- Weitergehend als § 273 BGB, der ein **bloßes Leistungsverweigerungsrecht** gewährt, begründet § 369 HGB ein **pfandartiges Befriedigungsrecht** am **zurückbehaltenen Gegenstand** (§ 371 Abs. 1 HGB). Voraussetzung für eine solche Befriedigung ist aber **stets** das Vorliegen eines **vollstreckbaren Titels** (§ 371 Abs. 3 Satz 1 HGB). Der Gläubiger muss also entweder den Schuldner auf **Zahlung verklagen** oder eine **Gestaltungsklage auf Gestattung der Befriedigung** erheben, wonach der Schuldner bzw. Eigentümer zu verurteilen ist, dem Gläubiger zu gestatten, sich wegen seiner Forderung aus dem näher zu bezeichnenden Gegenstand zu befriedigen. Im Einzelnen stehen dem Gläubiger dabei **drei Möglichkeiten** offen:[177]
  - ein **gewöhnlicher Zahlungstitel** mit anschließender Pfändung und Verwertung der zurückbehaltenen Sache (sog. **Vollstreckungsbefriedigung** nach §§ 809, 814 ZPO);[178]
  - die Gestaltungsklage auf **Gestattung der Befriedigung** (§ 371 Abs. 3 HGB) und anschließendem Verkauf wie eine verpfändete Sache im Wege öffentlicher Versteigerung bzw. freihändig gemäß den §§ 1235, 1221 BGB (sog. **Verkaufsbefriedigung nach BGB**, vgl. § 371 Abs. 2 Satz 1 HGB, §§ 1233 Abs. 1, 1234 ff. BGB);[179]
  - die **Gestaltungsklage auf Gestattung der Befriedigung** (§ 371 Abs. 3 HGB), mit anschließender Verwertung wie eine gepfändete Sache nach den Vorschriften der ZPO (sog. **Verkaufsbefriedigung nach ZPO**, vgl. § 371 Abs. 2 Satz 1 HGB, § 1233 Abs. 2 BGB, §§ 814 ff. ZPO).
- Bei Insolvenz des Eigentümers steht dem Zurückbehaltungsberechtigten wie einem **Pfandgläubiger** gemäß § 51 Nr. 3 InsO ein **Absonderungsrecht** zu.

VII. Sonstige allgemeine Sonderbestimmungen für Handelsgeschäfte

81 Im Folgenden sollen noch einige **wichtige Sonderbestimmungen** dargestellt werden, die **allgemein für Handelsgeschäfte** gelten.

1. Sorgfalt eines ordentlichen Kaufmanns (§ 347 HGB)

82 Gemäß § 276 Abs. 1 Satz 1 BGB haftet der Kaufmann wie **jeder andere Schuldner** grds. für Vorsatz und jede Fahrlässigkeit. Nach § 347 Abs. 1 HGB trifft ihn jedoch eine erhöhte Sorgfaltspflicht. Denn er handelt nicht erst dann fahrlässig, wenn er die **allgemein im Verkehr erforderliche Sorgfalt** außer Acht lässt (§ 276 Abs. 1 Satz 2 BGB), sondern bereits dann, wenn er die **Sorgfalt eines ordentlichen Kaufmanns**

---

176 Vgl. dazu Baumbach/Hopt/Hopt, HGB, § 369 Rn. 9.
177 Vgl. auch Alpmann, in: AS-Handelsrecht, S. 127.
178 Baumbach/Hopt/Hopt, HGB, § 371 Rn. 2.
179 Baumbach/Hopt/Hopt, HGB, § 371 Rn. 3 f.

missachtet. Allerdings bleiben nach § 347 Abs. 2 HGB auch für den Kaufmann die **Haftungserleichterungen** des BGB, wie z.B. nach §§ 277, 300 Abs. 1, 521, 690 BGB bestehen.

2. Entgeltlichkeit kaufmännischen Handelns (§§ 352 ff. HGB)

Nach § 354 Abs. 1 HGB hat ein Kaufmann, der in Ausübung seines Handelsgewerbes einem anderen Geschäfte besorgt oder Dienste leistet, stets Anspruch auf Vergütung (wie z.B. Provision, Lagergeld u.ä.), auch wenn dies **nicht vereinbart** worden ist.

83

Die **Entgeltlichkeit kaufmännischen Handelns** wird zudem durch **spezielle Zinsvorschriften** verstärkt:

84

- **Kraft Gesetzes** sind bei Geldforderungen aus **beiderseitigen Handelsgeschäften** vom **Tag der Fälligkeit** an Zinsen zu zahlen (§ 353 Satz 1 HGB), wohingegen die §§ 286, 288 BGB eine solche Verzinsung der Geldforderung erst im Verzugsfall vorsehen. Bei Darlehen, Vorschüssen, Auslagen und anderen **Verwendungen für Rechnung eines Dritten** sind Zinsen vom Tag der Leistung an zu berechnen, wenn die Leistung auf Seiten des Gläubigers ein **Handelsgeschäft** ist (§ 354 Abs. 2 HGB).
- Das HGB erhöht den gesetzlichen Zinssatz – der nach BGB 4% beträgt, vgl. § 246 BGB – auf 5% bei **beiderseitigen Handelsgeschäften** (§ 352 Abs. 1 Satz 1 HGB) und **in den Fällen, in denen das HGB eine besondere gesetzliche Zinspflicht** ausspricht (§ 352 Abs. 2 HGB), auch wenn im letzteren Fall nur ein **einseitiges Handelsgeschäft** vorliegt (so z.B. § 354 Abs. 2 HGB).

3. Leistungszeit (§§ 358 f. HGB)

Der auch für Handelsgeschäfte geltende § 271 BGB – **Fälligkeit im Zweifel sofort** – wird durch die §§ 358, 359 HGB ergänzt. Nach § 358 HGB kann die Leistung nur **während der gewöhnlichen Geschäftszeit** bewirkt und gefordert werden. Häufig verwendete Begriffe zur Leistungszeit, wie „Frühjahr", „Herbst" oder „acht Tage", werden in § 359 HGB erläutert.

85

4. Qualität der Leistung (§ 360 HGB)

Der Schuldner einer **Gattungsschuld** muss gemäß § 243 Abs. 1 BGB eine Sache mittlerer Art und Güte leisten. Sofern das Geschäft zumindest für den Schuldner ein Handelsgeschäft ist, schuldet er ein **Handelsgut mittlerer Art und Güte** (§ 360 HGB). Dieses kann im Einzelfall gegenüber § 243 Abs. 1 BGB ein Mehr, aber auch ein Weniger an Qualität bedeuten.[180]

86

---

180 Brox, Handels- und Wertpapierrecht, Rn. 357.

VIII. Übersicht über die allgemeinen Regeln für Handelsgeschäfte

87 Die nachfolgende Übersicht soll noch einmal die wichtigsten der allgemeinen Regeln für Handelsgeschäfte zusammenfassen:[181]

1. Zustandekommen des Handelsgeschäfts

88

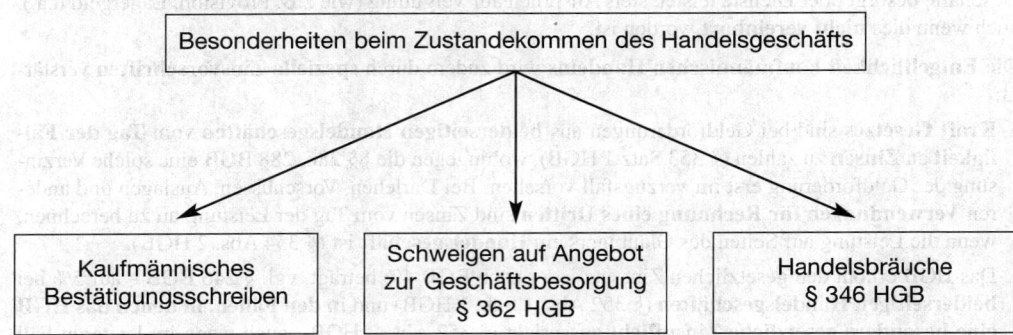

2. Gutgläubiger Erwerb

89

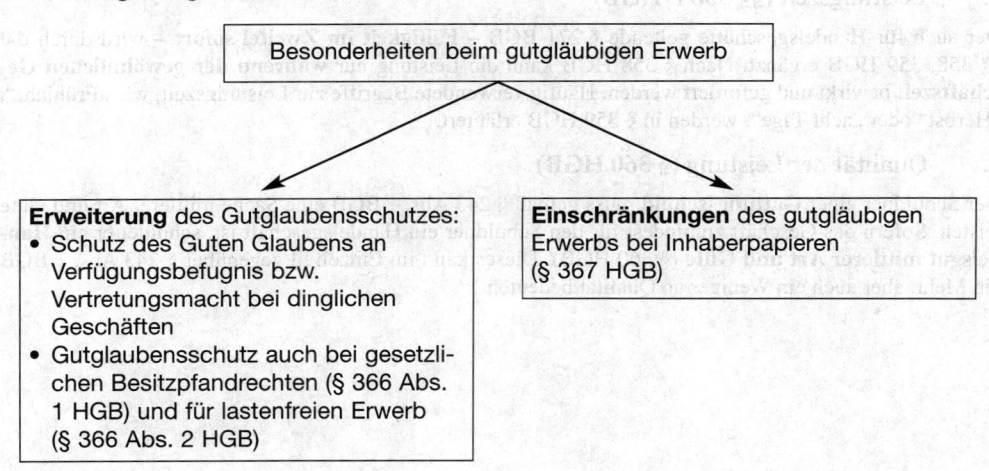

---

181 In Anlehnung an Alpmann, in: AS-Handelsrecht, S. 127.

3. Kontokorrent

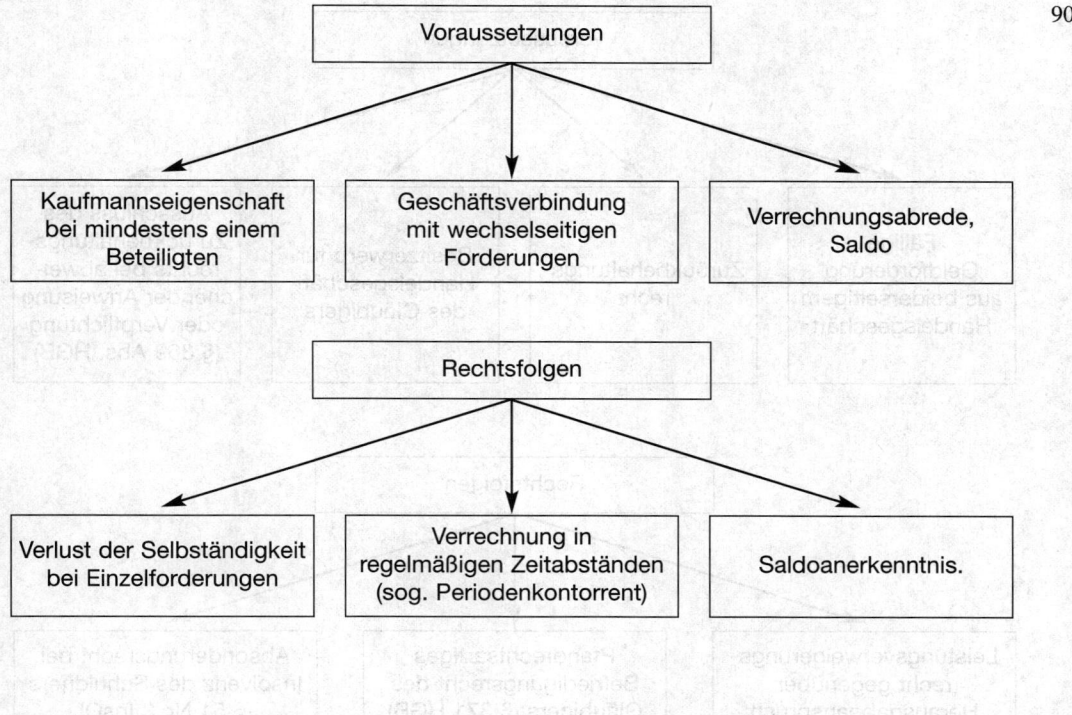

4. Kaufmännisches Zurückbehaltungsrecht

91

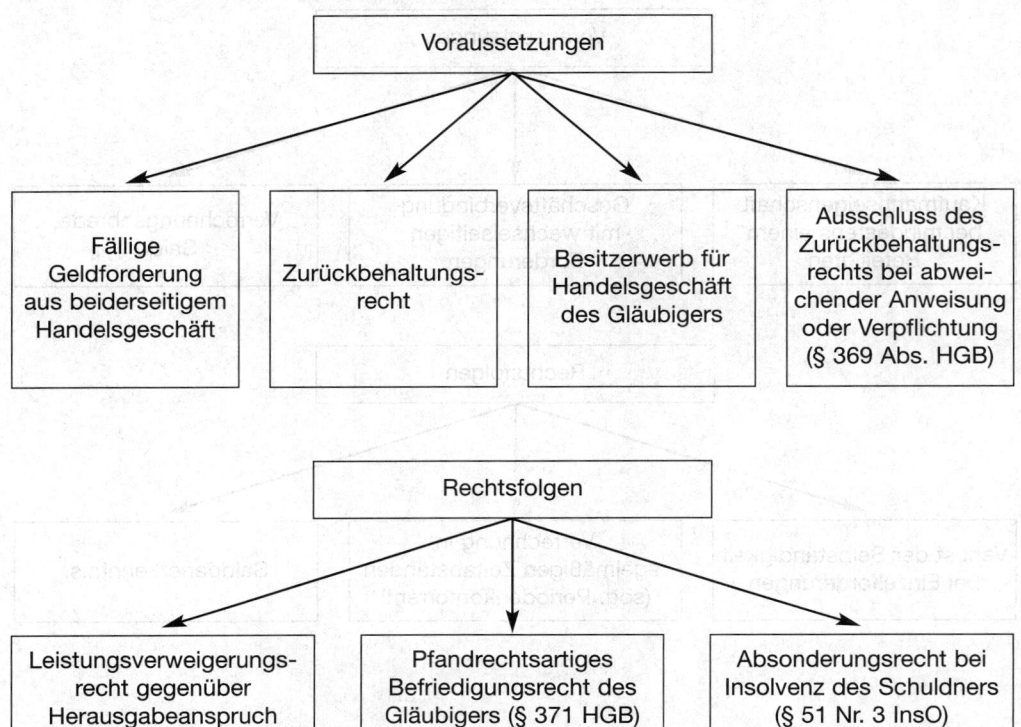

B. Besondere Handelsgeschäfte

92 Im Folgenden sollen die **besonderen Handelsgeschäfte** dargestellt werden, nämlich der **Handelskauf** (§§ 373 – 381 HGB), das **Kommissionsgeschäft** (§§ 383 – 406 HGB), das **Frachtgeschäft** (§§ 407 – 452d HGB), das **Speditionsgeschäft** (§§ 453 – 466 HGB) und das **Lagergeschäft** (§§ 467 – 475h HGB).

I. Handelskauf

93 Das häufigste und damit wichtigste Handelsgeschäft ist der **Handelskauf** (§§ 373 ff. HGB).

1. Allgemeine Vorschriften über den Handelskauf

94 Ein Handelskauf liegt nur vor, wenn es sich um einen **Kaufvertrag i.S.d. §§ 433 ff. BGB** handelt, dessen Gegenstand **Waren** (§ 373 HGB) oder **Wertpapiere** (§ 381 Abs. 1 HGB) sind, und zumindest **eine Partei Kaufmann** ist, für den der **Vertrag zum Betrieb seines Handelsgewerbes** gehört (§§ 343, 344 HGB).[182]

Die §§ 373 ff. HGB finden auch Anwendung auf den **Tauschvertrag** (§ 480 BGB) und auf den **Werklieferungsvertrag**, also auf einen Vertrag, der die Lieferung herzustellender oder zu erzeugender beweglicher Sachen zum Gegenstand hat (§ 381 Abs. 2 HGB).[183] Im Zusammenhang mit § 381 Abs. 2 HGB ist darauf hinzuweisen, dass diese Vorschrift nur die **generelle Anwendung** der §§ 373 ff. HGB bestimmt, im

---

182 Statt aller Baumbach/Hopt/Hopt, HGB, vor § 373 Rn. 8.
183 Statt aller Baumbach/Hopt/Hopt, HGB, vor § 373 Rn. 9 und Rn. 17 f.

Übrigen aber die Unterscheidung des § 651 BGB über die Anwendung von Kauf- oder Werkvertragsrecht unberührt lässt.[184]

Da in den §§ 375, 381 Abs. 2 HGB von **beweglichen Sachen** die Rede ist, werden unter dem **Warenbegriff** der §§ 373 ff. HGB nach h.M. nur **handelbare bewegliche Sachen** subsumiert.[185] Demgemäß liegt ein Handelskauf nicht vor bei Kaufverträgen über Grundstücke, Forderungen, nicht als Wertpapiere verbriefte Rechte oder sonstige vermögenswerte Positionen, wie z.B. Unternehmen als Sachgesamtheiten.[186] Zwar können Kaufverträge über solche Güter Handelsgeschäfte i.S.d. § 343 HGB sein, auf die dann die allgemeinen Vorschriften der §§ 343 – 372 HGB Anwendung finden, nicht aber die **Sondervorschriften** der §§ 373 ff. BGB über den **Handelskauf**.[187]

95

Nach § 345 HGB genügt es für die Anwendung der §§ 373 ff. HGB grds., wenn der Kaufvertrag nur für **eine Partei** ein Handelsgeschäft ist und damit nur ein **einseitiger Handelskauf** vorliegt. So sind die §§ 373 – 376 HGB über die **Hinterlegung** und den **Selbsthilfeverkauf** beim Annahmeverzug des Käufers, über den **Spezifikationskauf** und den **Fixhandelskauf** auch dann anwendbar, wenn entweder nur **der Verkäufer** oder **nur der Käufer** ein Handelsgeschäft i.S.d. §§ 343, 344 HGB tätigt. Dagegen gelten die Sonderregeln der §§ 377 – 379 HGB über die **Mängelrüge** und die **Aufbewahrungspflicht** nur für den **beiderseitigen Handelskauf**, also für die Fälle, in denen **sowohl Käufer** als auch **Verkäufer Kaufleute** sind, und für **beide Parteien der Kauf zum Betrieb ihres Handelsgewerbes** gehört.

96

a) Annahmeverzug des Käufers beim Handelskauf

Der **Annahmeverzug des Käufers beim Handelskauf** hat in den Vorschriften der §§ 373, 374 HGB insoweit eine eigenständige Regelung erfahren, als dadurch eine Erweiterung der Rechte des Verkäufers bei Annahmeverzug des Käufers nach BGB bewirkt wird. § 373 HGB beinhaltet also letztendlich eine **Kumulation** der Rechte aus BGB und HGB.[188] Dem Verkäufer werden zusätzlich das Recht zur **Hinterlegung** (§ 373 Abs. 1 HGB) und das Recht zum **Selbsthilfeverkauf** (§ 373 Abs. 2 – 5 HGB) eingeräumt. § 374 HGB bestimmt, dass die **Rechte** des Verkäufers **wegen Annahmeverzugs nach dem BGB unberührt bleiben**, so dass der Verkäufer sowohl die Rechte aus dem BGB als auch die aus dem HGB geltend machen kann. Erst recht bleiben die Rechte des Verkäufers bei **Schuldnerverzug des Käufers** mit seiner **Abnahmepflicht** (§ 433 Abs. 2 BGB) nach den §§ 286 ff. BGB unberührt.[189]

97

Das Recht des Verkäufers zum **Selbsthilfeverkauf** ist unter folgenden **Voraussetzungen** möglich:

98

- Es muss ein **Handelskauf** vorliegen, wobei schon ein **einseitiger Handelskauf** ausreicht.
- Der Käufer muss sich in **Annahmeverzug** befinden. Dessen Voraussetzungen richten sich allein nach den §§ 293 ff. BGB. Das HGB enthält insoweit keine Besonderheiten.[190]
- Der Selbsthilfeverkauf muss **rechtzeitig angedroht** werden (§ 373 Abs. 2 HGB). Die Androhung braucht dabei nicht die Art des Selbsthilfeverkaufs (**öffentliche Versteigerung** oder **freihändiger Verkauf**) zu benennen.[191] Eine **unbestimmt** gehaltene Androhung ist aber als Androhung des gesetzlichen Regelfalls, also der öffentlichen Versteigerung, auszulegen.[192] Sofern der Verkäufer eine **bestimmte Art** des Selbsthilfeverkaufs angedroht hat, ist er daran bis auf Widerruf gebunden. Hat er also z.B.

---

184 Baumbach/Hopt/Hopt, HGB, vor § 273 Rn. 18.
185 BGHZ 102, 144; 109, 100; Baumbach/Hopt/Hopt, HGB, vor § 373 Rn. 8.
186 Statt aller Baumbach/Hopt/Hopt, HGB, vor § 373 Rn. 8; vom BGH wird allerdings etwa Standardsoftware zu den beweglichen Sachen i.S.d. Handelskaufsrechts gezählt, vgl. BGHZ 102, 144; 109, 101.
187 Statt aller Baumbach/Hopt/Hopt, HGB, vor § 373 Rn. 8.
188 Baumbach/Hopt/Hopt, HGB, § 374 Rn. 1.
189 Baumbach/Hopt/Hopt, HGB, § 374 Rn. 1.
190 Baumbach/Hopt/Hopt, HGB, § 374 Rn. 3.
191 Baumbach/Hopt/Hopt, HGB, § 374 Rn. 13.
192 RGZ 109, 136; Schlegelberger/Hefermehl, HGB, § 373 Rn. 29.

öffentlichen Verkauf angedroht, so darf er nicht ohne neue Androhung **freihändig verkaufen**.[193] Die Androhung ist formfrei, kann also auch mündlich oder fernmündlich erfolgen.[194] Entfallen kann die Androhung, wenn sie untunlich ist, insbesondere bei leicht verderblichen Waren (§ 373 Abs. 2 Satz 2 HGB).

99 Bei der **Durchführung** des Selbsthilfeverkaufs hat der Verkäufer Folgendes zu beachten:

- Der Verkäufer hat ein **Wahlrecht** zwischen Hinterlegung (§ 373 Abs. 1 HGB) und dem **Selbsthilfeverkauf**. Er kann somit auch zunächst **hinterlegte Waren** später **versteigern lassen**. Demgegenüber erfasst der Selbsthilfeverkauf nach § 383 BGB nur **nichthinterlegungsfähige** Sachen (§ 372 BGB), d.h. nach BGB schließen sich Hinterlegung und Selbsthilfeverkauf gegenseitig aus.
- Nach dem Gesetz bestehen **zwei Möglichkeiten** des Selbsthilfeverkaufs:
  – **öffentliche Versteigerung** durch einen **Gerichtsvollzieher** oder durch eine andere zur Versteigerung befugte Person (in Ausnahmefällen auch Notare, vgl. § 20 Abs. 3 Satz 2 BNotO), § 373 Abs. 2 Satz 1 1. Halbs. HGB, § 383 Abs. 3 BGB oder
  – **freihändiger Verkauf** durch einen dazu öffentlich ermächtigten Handelsmakler oder durch eine zur Versteigerung befugte Person, sofern die Ware einen Börsen- oder Marktpreis hat (§ 373 Abs. 2 Satz 1 2. Halbs. HGB). Einen **Börsen- oder Marktpreis** hat die Ware, wenn sich aus einer größeren Zahl von Verkäufen der betreffenden Ware zur fraglichen Zeit am Verkaufsort (Börse, Markt) ein **Durchschnittspreis** ermitteln lässt.[195]
- Sofern der Verkäufer die **öffentliche Versteigerung** wählt, hat er den Käufer **vorher** über **Zeit** und **Ort** der **Versteigerung** zu informieren, es sei denn, dies ist untunlich, etwa weil der Käufer nicht erreichbar ist (§§ 373 Abs. 5 Satz 1 1. Halbs., Abs. 5 Satz 3 HGB). Diese Benachrichtigung stellt allerdings keine **Gültigkeitsvoraussetzung** für den Selbsthilfeverkauf dar, sondern begründet im Fall ihrer **Unterlassung** lediglich eine **Schadensersatzpflicht** des Verkäufers (§ 373 Abs. 5 Satz 2 HGB). Das Gleiche gilt, wenn der Verkäufer den Käufer nicht unverzüglich vom **vollzogenen Verkauf** benachrichtigt und dem Käufer dadurch ein Schaden entsteht (§ 373 Abs. 5 Satz 1 2. Halbs. HGB).

100 Da ein nach § 373 HGB ordnungsgemäß durchgeführter Selbsthilfeverkauf in Erfüllung des zwischen dem Verkäufer und dem Käufer **bestehenden Kaufvertrags** erfolgt, wird der Verkäufer durch den Selbsthilfeverkauf von seiner **Lieferschuld** gegenüber dem Käufer **frei**. Wenn allerdings der Selbsthilfeverkauf nicht ordnungsgemäß durchgeführt worden ist, weil etwa die Versteigerungsandrohung unberechtigter Weise unterblieben ist, braucht ihn der Käufer nicht gegen sich gelten zu lassen, da der Verkauf nicht für „seine Rechnung" i.S.d. § 373 Abs. 3 HGB erfolgt ist. Der Verkäufer ist dann nicht von seiner Leistungspflicht frei geworden. Im Einzelfall kann aufgrund der Versteigerung aber **Unmöglichkeit** eingetreten sein, etwa wenn ein **Rückerwerb vom Ersteigerer** nicht möglich ist.[196]

101 Der Selbsthilfeverkauf ist streng vom sog. **Deckungsverkauf** zu unterscheiden, den der Verkäufer bei Zahlungsverzug des Käufers auf **eigene Rechnung** vornimmt, um so die Höhe seines **Schadensersatzanspruches statt der Leistung** aus den §§ 280 Abs. 1 und 3, 281 BGB konkret beziffern zu können.[197]

---

193 RGZ 109, 135.
194 Baumbach/Hopt/Hopt, HGB, § 374 Rn. 14.
195 BGH, NJW 1979, 759; nicht ausreichend ist ein bloßer Listenpreis des Verkäufers, BGHZ 90, 72.
196 *BGH*, LM § 373 Nr. 3 HGB (zu § 325 a.F. BGB).
197 Vgl. BGHZ 126, 134; 126, 309; RGZ 109, 136.

Selbsthilfeverkauf und Deckungsverkauf unterscheiden sich im Einzelnen wie folgt:[198]

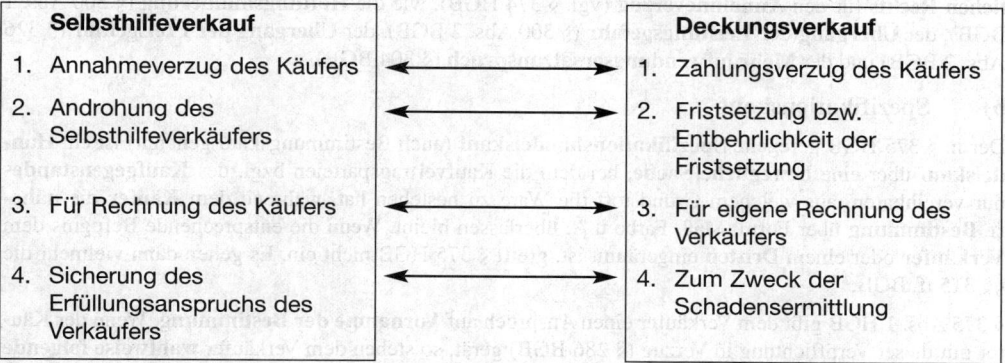

Sofern der Selbsthilfeverkauf **rechtswidrig durchgeführt** worden sein sollte, kann er als **Deckungsverkauf aufrecht** erhalten werden, wenn sich der Käufer nicht nur im Annahmeverzug, sondern auch im Schuldnerverzug befunden hat und die Voraussetzungen der §§ 280 Abs. 1 und 3, 281 BGB (Fristsetzung bzw. Entbehrlichkeit) gegeben waren.[199]

Welche **Rechtsfolgen** ein ordnungsgemäß durchgeführter Selbsthilfeverkauf hinsichtlich des **Zahlungsanspruchs** des Verkäufers hat, ergibt sich nicht unmittelbar aus dem Gesetz, denn § 373 Abs. 3 HGB spricht nur von einem **Verkauf für Rechnung des säumigen Käufers**, sagt aber nichts darüber aus, wie dessen **Zahlungspflicht erlischt**. Nach allgemeiner Meinung ist § 373 Abs. 3 HGB so zu verstehen, dass der Verkäufer durch den Selbsthilfeverkauf **kraft Gesetzes** die **Stellung eines Beauftragten** erlangt, so dass sich seine Rechte und Pflichten aus den §§ 664 ff. BGB ergeben.[200] Die Anwendung des Auftragsrechts hat zur Folge, dass der Verkäufer den gemäß § 667 BGB **erzielten Versteigerungs- bzw. Verkaufserlös** dem Käufer herauszugeben hat, seinerseits aber aus § 670 BGB Ersatz der Versteigerungs- bzw. Verkaufskosten verlangen kann. Der **Kaufpreisanspruch** des Verkäufers bleibt somit zunächst unberührt, erlischt also nicht etwa in Folge der Entgegennahme des Erlöses aus dem Selbsthilfeverkauf.[201] Der Verkäufer kann aber gegen den Anspruch des Käufers auf Herausgabe des Erlöses (§ 667 BGB) mit seinem Kaufpreisanspruch (§ 433 Abs. 2 BGB) und dem Aufwendungsersatzanspruch (§ 670 BGB) **aufrechnen** (§ 389 BGB) und sich so ohne Hinterlegung unmittelbar aus dem **Erlös befriedigen**.[202]

102

Alternativ zum Selbsthilfeverkaufsrecht steht dem Verkäufer ein gegenüber den Vorschriften des BGB erweitertes **Hinterlegungsrecht** (§ 373 Abs. 1 HGB) zu. Unterschiede zur Hinterlegung nach § 372 BGB bestehen in folgenden Beziehungen:

103

- Der Verkäufer darf **jede Ware** auf **jede sichere Weise** hinterlegen.[203] Dagegen sind nach BGB nur Geld, Wertpapiere sowie sonstige Urkunden und Kostbarkeiten **hinterlegungsfähig** und dies zudem nur bei einer **öffentlichen Hinterlegungsstelle** (Amtsgericht nach § 1 Abs. 2 Hinterlegungsordnung).
- Im Gegensatz zu § 378 BGB hat die Hinterlegung nach § 373 Abs. 1 HGB keine **Erfüllungswirkung**, der Verkäufer wird nur von seiner **Aufbewahrungslast** befreit.[204]

---

198 In Anlehnung an Alpmann, in: AS-Handelsrecht, S. 133.
199 Schlegelberger/Hefermehl, HGB, § 373 Rn. 45.
200 Statt aller Baumbach/Hopt/Hopt, HGB, § 374 Rn. 23.
201 RGZ 110, 129.
202 RGZ 110, 129; Baumbach/Hopt/Hopt, HGB, § 374 Rn. 24; Schlegelberger/Hefermehl, HGB, § 373 Rn. 40; GK/Koller, HGB, § 374 Rn. 55; Hüffer, JA 1981, 70, 72; v. Hoyningen-Huene, Jura 1982, 8, 11.
203 Baumbach/Hopt/Hopt, HGB, § 374 Rn. 8.
204 BGH, NJW 1993, 55; Baumbach/Hopt/Hopt, HGB, § 374 Rn. 10; Brox, Handels- und Wertpapierrecht, Rn. 372.

104 Im Übrigen gelten für den Annahmeverzug des Käufers beim Handelskauf die Rechtsfolgen des **bürgerlichen Rechts** für den **Annahmeverzug** (vgl. § 374 HGB), wie die **Haftungsminderung** (§ 300 Abs. 1 BGB), der **Übergang der Leistungsgefahr** (§ 300 Abs. 2 BGB), der **Übergang der Preisgefahr** (§ 326 Abs. 2 BGB) und der **Mehraufwendungsersatzanspruch** (§ 304 BGB).

b) Spezifikationskauf

105 Der in § 375 HGB geregelte **Spezifikationshandelskauf** (auch Bestimmungskauf genannt) ist ein **Handelskauf** über eine **bewegliche Sache**, bei dem die Kaufvertragsparteien bzgl. des **Kaufgegenstandes** nur vereinbaren, aus welchem Grundstoff die Ware zu bestehen hat, während dem **Käufer die nähere Bestimmung** über Form, Maß, Farbe u.Ä. überlassen bleibt. Wenn die entsprechende Befugnis dem **Verkäufer** oder einem **Dritten** eingeräumt ist, greift § 375 HGB nicht ein. Es gelten dann vielmehr die §§ 315 ff. BGB.[205]

106 § 375 Abs. 1 HGB gibt dem Verkäufer einen Anspruch auf **Vornahme der Bestimmung**. Wenn der Käufer mit dieser Verpflichtung in Verzug (§ 286 BGB) gerät, so stehen dem Verkäufer **wahlweise folgende Rechte** zu.[206] Der Verkäufer kann in diesem Fall

- entweder die Bestimmung **selbst vornehmen** (Selbstbestimmungsrecht nach § 375 Abs. 2 Satz 3 HGB) **oder**
- nach Setzung einer **Nachfrist** gemäß den §§ 281, 280 Abs. 1 BGB **Schadensersatz statt der Leistung** verlangen oder
- gemäß § 323 BGB **vom Vertrag zurücktreten** (§ 375 Abs. 2 Satz 1 HGB).

107 Vom **Spezifikations- bzw. Bestimmungskauf abzugrenzen** ist die **Wahlschuld** bzw. der **Wahlkauf**.[207] Bei der Wahlschuld ist der Verkäufer zu **mehreren verschiedenen Leistungen** verpflichtet, sei es hinsichtlich des Kaufgegenstandes oder sei es hinsichtlich Ort und Zeit der Leistung, von denen er aber **entsprechend der Wahl des Käufers** nur die eine oder die andere zu erbringen hat.[208] Demgegenüber besteht beim **Spezifikationskauf** die Verpflichtung zur Leistung einer **festbestimmten Ware**, bei der lediglich eine oder mehrere Eigenschaften bei Kaufabschluss noch nicht festgelegt sind.[209]

c) Fixhandelskauf

108 Der sog. **Fixhandelskauf** hat in § 376 HGB eine eigenständige Regelung erfahren. Es handelt sich dabei um einen **Handelskauf**, bei dem die Leistung zumindest des einen Vertragsteils **genau zu einer festbestimmten Zeit** oder innerhalb einer **festbestimmten Frist** bewirkt werden soll. Die Einhaltung der Frist muss **wesentlicher Vertragsbestandteil** sein, das Geschäft also mit Einhaltung des Termins „stehen und fallen". In der Vertragspraxis wird dies häufig durch Klauseln, wie „fix", „präzise", „genau" oder „spätestens" klar gestellt.[210]

109 Beim vom § 376 HGB erfassten Fixhandelskauf darf die **Leistungszeit** aber wiederum nicht so wesentlich sein, dass die Leistung **nur zu einem bestimmten Zeitpunkt** erfolgen kann, also nicht nachholbar ist und daher unmöglich wird, wenn sie in diesem Zeitpunkt nicht erfolgt (sog. **absolutes Fixgeschäft**).[211] § 376 HGB erfasst also nur das sog. **relative Fixgeschäft**, das die gleichen Voraussetzungen hat wie § 323 Abs. 2 Nr. 2 BGB mit dem Unterschied, dass es sich im Fall des § 376 HGB um einen **einseitigen** oder **beiderseitigen Handelskauf** handeln muss.[212]

---

205 Baumbach/Hopt/Hopt, HGB, § 375 Rn. 14.
206 Baumbach/Hopt/Hopt, HGB, § 375 Rn. 9.
207 Baumbach/Hopt/Hopt, HGB, § 375 Rn. 2.
208 BGH, BB 1960, 264; LM § 262 BGB Nr. 3.
209 Vgl. zur Abgrenzung BGH, NJW 1960, 674; WM 1976, 124.
210 BGH, WM 1984, 638, 641; WM 1991, 464, 466.
211 Vgl. dazu BGH, NJW 2001, 2878; BGHZ 60, 16.
212 Baumbach/Hopt/Hopt, HGB, § 376 Rn. 4.

In den **Rechtsfolgen** weicht § 376 HGB in mehreren Punkten von § 323 Abs. 2 Nr. 2 BGB ab: 110
- Wenn der Gläubiger nicht zurücktreten oder Schadensersatz statt der Leistung nach den §§ 281, 280 Abs. 1 BGB verlangen will, behält er nach BGB stets seinen **Erfüllungsanspruch**, während ihm dieser beim Fixhandelskauf i.S.d. § 376 HGB nur bei **sofortiger Anzeige** erhalten bleibt (§ 376 Abs. 1 Satz 2 HGB). Wenn der Gläubiger dem Schuldner eine **Nachfrist setzt**, erklärt er damit regelmäßig, dass er von seinem Rücktritts- oder Schadensersatzrechten aus dem Fixgeschäft keinen Gebrauch machen will, sondern trotz der Verzögerung der Leistung weiterhin auf der Erfüllung des Vertrags besteht.[213] Die Nachfristsetzung hat allerdings nur dann die in § 376 Abs. 1 Satz 2 HGB vorgesehene Wirkung der **Erhaltung der Erfüllungsansprüche**, wenn sie **sofort** nach dem Ablauf der Fixfrist erfolgt.[214]
- Nach § 376 Abs. 1 Satz 1 a.E. HGB wird beim Fixhandelskauf genauso wie beim BGB-Fixgeschäft das Recht des Gläubigers, **trotz des Rücktrittes Schadensersatz zu verlangen**, **nicht ausgeschlossen** (vgl. § 325 BGB). Der HGB-Schadensersatzanspruch setzt genauso wie der nach BGB **Verzug des Schuldners** voraus. Im Unterschied zu den §§ 281, 280 BGB braucht beim Fixhandelskauf aber **keine Fristsetzung** vorzuliegen, so dass der Schadensersatzanspruch allein durch den Verzugseintritt ausgelöst wird.[215] Für die **Schadensberechnung** enthält § 376 Abs. 2 – 4 HGB besondere Regelungen. Zu beachten ist insbesondere die Vorschrift des § 376 Abs. 2 HGB als gesetzlich geregelter Fall der **abstrakten Schadensberechnung**. Der Kaufmann kann danach als **abstrakt berechneten Schaden** die **Differenz** zwischen dem **Markteinkaufspreis (Selbstkosten)** und dem **Vertragspreis** fordern.[216]

2. Besonderheiten beim beiderseitigen Handelskauf

Im Folgenden soll die **besondere Untersuchungs- und Rügepflicht** beim **beiderseitigen Handelskauf** 111
in ihrer Auswirkung auf **Mängelrechte des Käufers** dargestellt werden.

a) Rügeobliegenheit bei Qualitätsmängeln

Die **Rügeobliegenheit beim beiderseitigen Handelskauf** ist in § 377 HGB geregelt. § 377 HGB lässt die 112
allgemeinen kaufrechtlichen Mängelansprüche (§ 437 BGB) inhaltlich unberührt und regelt nur den Fall, dass beim beiderseitigem Handelskauf der **Käufer nicht unverzüglich rügt**.[217] Der Schutzzweck des § 377 HGB besteht darin, den Verkäufer vor der **Inanspruchnahme** und vor **Beweisschwierigkeiten** noch nach längerer Zeit wegen dann nur noch schwer feststellbarer Mängel zu schützen und so auch im Interesse des Käufers, nämlich durch eine sachgerechte Risikoverteilung zwischen beiden Vertragsteilen, die Einfachheit und Schnelligkeit im Handelsverkehr zu fördern.[218] Die Vorschrift des § 378 HGB, durch die der Anwendungsbereich des § 377 HGB auf **Falschlieferungen** und **Mengenfehler** ausgedehnt wurde, soweit die gelieferte Ware nicht so offensichtlich von der Bestellung abwich, dass der Verkäufer ihre Genehmigung als ausgeschlossen betrachten musste, wurde durch das Schuldrechtsmodernisierungsgesetz aufgehoben.

§ 377 HGB ist, wie oben bereits angedeutet, **nur anwendbar**, wenn ein **beiderseitiger Handelskauf** vor- 113
liegt, also sowohl Verkäufer als auch Käufer Kaufleute nach § 1 HGB sind und den Kauf im Rahmen ihres Handelsgewerbes tätigen (§ 343 HGB). Teilweise wird die Auffassung vertreten, § 377 HGB sei im Wege der **Analogie auf nicht zweiseitige Handelskäufe** anzuwenden, wenn auf beiden Seiten **zumindest ein nichtkaufmännischer Unternehmer** beteiligt sei, namentlich also Freiberufler, wie z.B. Rechtsanwälte oder Ärzte.[219] **Die h.M. lehnt** diese **Analogie ab**.[220] Beim Leasinggeschäft ist nach der Rspr. auf das Ver-

---

213 BGH, NJW-RR 1998, 1489, 1490.
214 BGH, NJW-RR 1998, 1489, 1490.
215 Vgl. Baumbach/Hopt/Hopt, HGB, § 376 Rn. 11.
216 BGHZ 29, 399; 62, 105; BGH, NJW 1988, 2236; WM 1998, 931; NJW-RR 2001, 985.
217 Baumbach/Hopt/Hopt, HGB, § 377 Rn. 1.
218 BGHZ 66, 213; 110, 138; BGH, WM 1998, 938.
219 K. Schmidt, Handelsrecht, § 29 III 2 b.
220 Statt aller GK/Brüggemann, HGB, § 377 Rn. 22.

hältnis zwischen dem Verkäufer und dem **Leasinggeber** (Käufer) abzustellen, wohingegen es nicht darauf ankommt, ob der **Leasingnehmer Kaufmann** ist.[221]

114 Nach § 377 Abs. 1 HGB i.V.m. § 381 Abs. 1 HGB muss es sich um ein Handelsgeschäft über **Waren oder Wertpapiere** handeln. Daraus schlussfolgert die wohl h.M., dass **Unternehmenskäufe** – und zwar unabhängig davon, ob in der Form des asset deal oder des share deal – nicht unter den Anwendungsbereich des § 377 HGB fallen.[222] Auch **Immobilienkaufverträge** fallen nach h.M. nicht unter den Anwendungsbereich des § 377 HGB.[223]

115 Die **Rügeobliegenheit** des Käufers besteht nur unter **folgenden Voraussetzungen**:
- Die verkaufte Ware muss **durch den Verkäufer abgeliefert** worden sein. Dies bedeutet, dass der Käufer oder eine von ihm benannte Person in eine solche tatsächliche räumliche Beziehung zur Ware kommt, dass deren Beschaffenheit nachgeprüft werden kann. Eine **Ablieferung** liegt grds. nur dann vor, wenn die Ware zur Erfüllung des Kaufvertrags vollständig in den **Machtbereich** des Käufers verbracht worden ist.[224] Eine Ablieferung läge danach nicht vor, wenn etwa eine Computeranlage ohne Handbücher ausgeliefert würde. In einem solchen Fall wäre keine vollständige Leistung erfolgt.[225]
- Die Ware muss **mangelhaft** sein. Was unter „Mangel" zu verstehen ist, wird in § 377 HGB nicht näher bestimmt. Nach bisher allgemeiner Meinung war § 377 Abs. 1 HGB nur bei Vorliegen eines **Sachmangels**, nicht jedoch bei einem **Rechtsmangel** erfüllt.[226] Diese Einschränkung ist seit dem In-Kraft-Treten des Schuldrechtsmodernisierungsgesetzes, durch das **Sach- und Rechtsmängel gleich gestellt** worden sind (vgl. §§ 434, 435, 437 BGB), nicht mehr gerechtfertigt.[227] Maßgeblich für die Rügeobliegenheit des § 377 HGB ist deshalb nicht nur der **Sachmangelbegriff**, sondern allgemeiner der **Mangelbegriff des BGB**.[228] Durch das Schuldrechtsmodernisierungsgesetz ist die Vorschrift des § 378 HGB überflüssig und deshalb gestrichen worden. Der frühere Fehlerbegriff des BGB umfasste nämlich keine **Art- und Mengenabweichung**, die gemäß § 378 HGB a.F. als Mangel angesehen werden konnten. Diese Art- und Mengenabweichung unterfallen aber nunmehr § 434 Abs. 3 BGB.
- Die Rügeobliegenheit entfällt, wenn der Verkäufer den Mangel **arglistig verschwiegen** hat (§ 377 Abs. 5 HGB).[229]
- Die Rügeobliegenheit entfällt auch dann, wenn der **Verkäufer** darauf **verzichtet** hat. Ein genereller Ausschluss in allgemeinen Geschäftsbedingungen verstößt jedoch gegen § 310 Abs. 1 BGB i.V.m. § 307 Abs. 2 Nr. 1 BGB, wenn er sich auch auf **offene Mängel** bezieht.[230]
- **Verletzt** hat der Käufer seine **Rügeobliegenheit** nur dann, wenn keine **inhaltlich ausreichende Rüge** vorliegt und/oder diese nicht **rechtzeitig** erfolgt ist. Was den **Inhalt** anbelangt, muss der Verkäufer der – formlos, also auch mündlich oder fernmündlich möglichen[231] – Anzeige **Art und Umfang der Mängel** entnehmen können. Es genügt somit keine Mitteilung, die nur schlechthin auf die Mangelhaftigkeit hinweist, wie z.B. mit den Begriffen „unbrauchbar" oder „mangelhaft".[232] Erforderlich ist vielmehr,

---

221 BGH, NJW 1990, 1290, 1291; a.A.: Knops, JuS 1994, 106, 109.
222 Schröcker, ZGR 2005, 95; Baumbach/Hopt/Hopt, HGB, § 377 Rn. 2; differenzierend: Wunderlich, WM 2002, 988.
223 Statt aller Baumbach/Hopt/Hopt, HGB, § 377 Rn. 2; a.A.: Dreier, ZfIR 2004, 416.
224 BGH, WM 1985, 518; BB 1988, 1209; NJW 1993, 461; BGHZ 143, 307; Padeck, Jura 1987, 454, 455 f.
225 BGH, NJW 1993, 461; OLG Köln, NJW-RR 1999, 1287, 1288.
226 Statt aller Baumbach/Hopt/Hopt, HGB, § 377 Rn. 12.
227 So wohl zu Recht Baumbach/Hopt/Hopt, HGB, § 377 Rn. 12.
228 Baumbach/Hopt/Hopt, HGB, § 377 Rn. 12.
229 Vgl. dazu BGH, NJW 1986, 316, 317.
230 BGH, NJW 1991, 2634 zu § 9 Abs. 2 Nr. 1 AGBG; allgemein zur Frage der Abbedingung des § 377 HGB, Lehmann, BB 1990, 1849, 1851 ff.; Schmidt, NJW 1991, 144, 148.
231 Baumbach/Hopt/Hopt, HGB, § 377 Rn. 32.
232 OLG Düsseldorf, NJW-RR 2001, 821.

dass die Mängelanzeige **Art und Umfang** der Mängel mindestens in **allgemeiner Form** benennt.[233] Die Mängelrüge muss den Verkäufer also in die Lage versetzen, aus seiner Sicht und Kenntnis der Dinge zu ersehen, in welchen Punkten und in welchem Umfang der Käufer die gelieferte Ware als **nicht vertragsgemäß** beanstandet.[234] Bei Vorliegen **mehrerer Mängel** muss jeder Mangel **gesondert gerügt** werden.[235] Erneut angezeigt werden müssen auch **Mängel einer Nachbesserung**.[236]

- Soweit es um die Frage der **Rechtzeitigkeit der Rüge** geht, unterscheidet das Gesetz zwischen **offenen Mängeln** und **versteckten Mängeln**. Offene Mängel sind Fehler, die – wenn auch erst nach einer ordnungsgemäßen Untersuchung – **erkennbar** sind.[237] Ohne Untersuchung erkennbare Mängel sind als solche unverzüglich nach der Ablieferung zu rügen.[238] Durch Untersuchung erkennbare Mängel sind unverzüglich nach Ablauf der Frist anzuzeigen, die für eine ordnungsgemäße Untersuchung erforderlich ist (§ 377 Abs. 1 HGB).

- **Versteckte Mängel** sind dagegen Fehler, die auch bei ordnungsgemäßer Untersuchung nicht erkennbar sind. Solche Mängel sind unverzüglich anzuzeigen, sobald sich der Mangel zeigt (§ 377 Abs. 3 HGB). Sofern die Ware vom Verkäufer **unmittelbar an den Abnehmer** des Käufers gesandt wird, hat der Käufer dafür Sorge zu tragen, dass der **Abnehmer** die Ware unverzüglich untersucht und den Käufer so schnell wie möglich von dem Ergebnis der Untersuchung benachrichtigt.[239] Der Rügezeitraum des Käufers verlängert sich in diesem Fall lediglich um die Zeit, die für die Übermittlung der Mitteilung des Abnehmers an den Käufer erforderlich ist. Die Mängelrüge erfolgt also nur dann unverzüglich i.S.d. § 377 Abs. 1 HGB, wenn der Abnehmer den Mangel rechtzeitig gegenüber dem Käufer anzeigt und dieser seinerseits die Mängelanzeige unverzüglich an den Verkäufer weiterleitet. Das Risiko einer Verspätung der Anzeige durch den Abnehmer trägt allein der Käufer, und zwar unabhängig davon, ob der Abnehmer selbst Kaufmann oder Nichtkaufmann ist.[240]

Wenn der Käufer einen Mangel **unverzüglich rügt**, also ordnungsgemäß und rechtzeitig, gehen ihm seine Rechte bzgl. des Mangels nicht durch die **Fiktion seiner Genehmigung nach § 377 Abs. 2 und 3 HGB** verloren. Der Käufer wahrt also durch unverzügliche Rüge seine Rechte wegen der (Sach-)Mängel.[241]

116

Rügt der Käufer einen Mangel dagegen nicht unverzüglich, also nicht ordnungsgemäß und/oder rechtzeitig, **gilt die Ware** nach § 377 Abs. 2, Abs. 3 HGB **als genehmigt**.[242] Die Rechtslage stellt sich in diesem Fall so dar, als habe der Verkäufer vertragsgemäß erfüllt, mit der Folge, dass der Käufer dann **keine Mängelrechte mehr** geltend machen kann.[243]

117

Der Rechtsverlust infolge **Genehmigungsfiktion** umfasst **alle Rechte**, die auf dem nicht oder zu spät gerügten Mangel **beruhen**.[244] Dies sind alle gesetzlichen **Nacherfüllungs- und Gewährleistungsrechte**, die § 437 BGB auflistet, nämlich **Nacherfüllung, Rücktritt, Minderung, Schadensersatz** und **Ersatz vergeblicher Aufwendungen**.[245] Zu beachten ist, dass der Rechtsverlust über die Rechte aus § 437 BGB hinausreicht. Der Käufer kann aus dem nicht gerügten Mangel **keinerlei Rechte mehr** geltend machen,

118

---

233 BGH, NJW 1996, 2228; WM 1998, 936, 938.
234 BGH, ZIP 1996, 1379 m.w.N.; Michalski, DB 1997, 81.
235 OLG Köln, BB 1998, 396.
236 BGH, WM 1998, 936.
237 BGHZ 93, 348.
238 GK/Brüggemann, HGB, § 377 Rn. 67.
239 BGHZ 110, 130, 137; BGH, NJW 1978, 2394; OLG Köln, NJW-RR 1995, 29; GK/Brüggemann, HGB, § 377 Rn. 111.
240 BGHZ 110, 139; GK/Brüggemann, HGB, § 377 Rn. 111.
241 Statt aller Baumbach/Hopt/Hopt, HGB, § 377 Rn. 44.
242 BGHZ 101, 348; BGH, NJW 1980, 784.
243 Baumbach/Hopt/Hopt, HGB, § 377 Rn. 45.
244 Baumbach/Hopt/Hopt, HGB, § 377 Rn. 48.
245 Baumbach/Hopt/Hopt, HGB, § 377 Rn. 48.

verliert also auch alle **Gewährleistungsansprüche im weiteren Sinn**.[246] Ausgeschlossen sind danach auch Ansprüche wegen **Schlechterfüllung** oder **Verletzung von mit dem Mangel zusammenhängenden Nebenpflichten** (§ 280 BGB, sog. positive Vertragsverletzung).[247]

119 Der Käufer büßt infolge der Genehmigungsfiktion auch das Recht ein, die **Einrede des nicht erfüllten Vertrages** (§ 320 BGB) geltend zu machen.[248] Die unterstellte Vertragsmäßigkeit schließt darüber hinaus eine **Anfechtung** nach § 119 Abs. 1, Abs. 2 BGB bzgl. des Mangels aus.[249] Der Rechtsverlust erfasst auch **Rückgriffsansprüche nach § 478 BGB** beim **Verbrauchsgüterkauf**, einschließlich des Aufwendungsersatzanspruchs nach § 478 Abs. 2 BGB.[250]

120 **Nicht ausgeschlossen** sind dagegen Ansprüche wegen Verletzung von **Nebenpflichten, die nicht unmittelbar mit dem Mangel zusammenhängen** und die die kaufrechtliche Gewährleistung nicht betreffen, wie z.B. die Verpackungspflicht.[251] Des Weiteren nicht ausgeschlossen sind Ansprüche aus **selbständigem Beratungsvertrag**.[252] Ebenfalls nicht ausgeschlossen sind Ansprüche aus einem **selbständigen Garantievertrag**, da in diesem Fall der Verkäufer eine über den Kaufvertrag hinaus gehende, selbständige Zusage gemacht und damit weitergehende Verpflichtungen übernommen hat, als bei unselbständigen Garantiezusagen, die nur die Mängelansprüche des Käufers inhaltlich oder zeitlich verbessern.[253]

Weiterhin findet § 377 HGB nach h.M. keine Anwendung auf **deliktische Ansprüche**, insb. nach § 823 Abs. 1 BGB.[254] Dies wird damit begründet, dass es sich beim Zusammentreffen von Schadensersatzansprüchen aus Vertragsverletzung und aus unerlaubter Handlung um eine **echte Anspruchskonkurrenz** handele, bei der jeder Anspruch nach seinen Voraussetzungen, seinem Inhalt und seiner Durchsetzung selbständig zu beurteilen sei und seinen eigenen Regeln folge. § 377 HGB laufe insoweit auch nicht leer, da ein gleichzeitiger deliktischer Anspruch nur in besonderen Fällen in Betracht komme.[255]

121 Hinzuweisen ist noch darauf, dass die Rügeobliegenheit **bei verschlossener Ware** nur eine **verkehrsübliche Untersuchung** verlangt. Der Käufer hat danach zwar die Ware zu öffnen, aber nur im Rahmen des Zumutbaren, weil die Untersuchungspflicht nicht dazu führen darf, dass durch sie die Ware wirtschaftlich entwertet wird. In derartigen Fällen besteht somit nur eine **Stichprobenpflicht**. Der Käufer ist verpflichtet, Stichproben zu entnehmen, die **repräsentativ**, d.h. sinnvoll auf die Menge verteilt sind. Bei Konserven sind z.B. nur einige Dosen zu öffnen und nach Aussehen, Geruch und Geschmack zu überprüfen.[256] Die Zahl der zu entnehmenden Stichproben richtet sich nach der **angelieferten Gesamtmenge**, wobei i.d.R. ein Umfang von 4 % ausreichend ist.[257] Die Genehmigungsfiktion des § 377 Abs. 2 HGB greift in solchen Fällen allerdings ohne Rücksicht darauf, ob der Mangel bei einer Probe auch tatsächlich hätte entdeckt werden können; es reicht allein die **fiktive Erkennbarkeit**.[258]

---

246 BGHZ 101, 337; BGH, NJW 1992, 914.
247 BGHZ 66, 212; 101, 340; 107, 337; 132, 178; BGH, NJW 1992, 914.
248 Baumbach/Hopt/Hopt, HGB, § 377 Rn. 48.
249 GK/Brüggemann, HGB, § 377 Rn. 166; da aber eine Anfechtung bzgl. des Mangels auch außerhalb des Anwendungsbereichs des § 377 HGB nur bis zum Gefahrübergang (vgl. § 434 Abs. 1 Satz 1 BGB) zulässig ist, dürfte diese Wirkung der Genehmigungsfiktion kaum relevant werden, vgl. BGHZ 34, 34; BGH, DB 1962, 600.
250 Vgl. dazu Baumbach/Hopt/Hopt, HGB, § 377 Rn. 48, m.w.N.
251 BGHZ 66, 213.
252 Baumbach/Hopt/Hopt, HGB, § 377 Rn. 49.
253 BGH, ZIP 1996, 1343; Müller, ZIP 2002, 1181; Baumbach/Hopt/Hopt, HGB, § 377 Rn. 49.
254 BGH, NJW 1988, 52, 53,
255 BGHZ 101, 337; 305, 357; Müller, ZIP 2002, 1181; a.A.: Schubert, JR 1988, 414, 415 f.; Schwark, JZ 1990, 374 ff.
256 So zu Recht Alpmann, in: AS-Handelsrecht, S. 140 f.
257 GK/Brüggemann, HGB, § 377 Rn. 91.
258 GK/Brüggemann, HGB, § 377 Rn. 83.

Bei der **Mängelanzeige** handelt es sich nach h.M. um eine **empfangsbedürftige Erklärung**.[259] Somit entfaltet die Mängelanzeige Rechtswirkung erst mit Zugang, d.h. die Verlustgefahr trägt der Käufer.[260] Dem Käufer ist lediglich das **Verzögerungsrisiko** bei rechtzeitiger Absendung abgenommen (§ 377 Abs. 4 HGB). Demgemäß trifft den Käufer auch die **Beweislast** für den Zugang der Mängelanzeige.[261]

b)   Muster: Mängelrüge beim Handelskauf[262]

Am ... *(Datum)* bestellten wir zur Lieferung am ... *(Datum)* ... *(Lieferungsgegenstand)*, wobei das Geflügel frisch sein sollte. Heute Morgen erhielten wir vom beauftragten Spediteur Mitteilung von der Ankunft der Sendung. Nach dem Frachtbrief ist die Ware zwar bereits am ... *(Datum)* verpackt, aber erst am ... *(Datum)* abgesandt worden.

In Anbetracht der außergewöhnlich großen Hitze der letzten Tage wären eine kürzere Beförderungszeit und eine geeignetere Verpackung erforderlich gewesen. So aber ist die Ware in völlig verdorbenem, bereits jetzt übel riechendem Zustand hier eingetroffen, der sie für den menschlichen Verzehr vollständig ungeeignet macht. Heute Morgen haben wir Ihnen die gesamte Ware telefonisch daher wieder zur Verfügung gestellt.

c)   Anwendbarkeit des § 377 HGB bei Art- und Mengenabweichungen

Die **Falschlieferung** (Lieferung eines **aliud**) ist an sich kein **Mangel** der Sache, diesem aber gemäß § 434 Abs. 3 1. Alt. BGB **gleich gestellt**. Voraussetzung dafür ist, dass der Verkäufer die Leistung als **Erfüllung seiner Vertragspflicht** erbringt und dies dem **Käufer erkennbar** ist. Bei einem von der Post vertauschten Paket, trifft dies z.B. nicht zu.[263] Wie sehr das **aliud** von der **vereinbarten Ware abweicht**, ob die Falschlieferung also **genehmigungsfähig** ist oder nicht, spielt somit grds. keine Rolle.[264] Diese **Grundsätze** gelten **auch für den Handelskauf**. Demgemäß muss dann auch nach § 377 HGB auf jeden Fall gerügt werden, auch wenn es sich offensichtlich um eine völlig andere Ware handelt.[265]

Falschlieferung ist beim **Stückkauf** eine andere Identität als die der gekauften Sache. Beim **Gattungskauf** kommt es auf die Zugehörigkeit zur Gattung nach **Gattungsmerkmal** an (§ 243 BGB). Ob eine **Falschlieferung** vorliegt, beurteilt sich nach dem ausdrücklich vereinbarten oder dem Verkäufer wenigstens bekannten Vertragszweck und den danach erforderlichen Merkmalen der zu liefernden Ware.[266]

Die Lieferung einer geringeren als der vereinbarten Menge (**Zuweniglieferung, Mankolieferung**) ist **ebenfalls Sachmangel**, und zwar nach § 434 Abs. 3 2. Alt. BGB. Ob eine Mindermenge vorliegt, beurteilt sich i.d.R. nach Stückzahl, Maß und Gewicht.[267] Bei Vorliegen einer solchen Minderlieferung, auch bei einer ganz geringen Abweichung, ist nach § 377 HGB zu rügen.[268] § 323 Abs. 5 Satz 2 BGB betrifft nur die Teilleistung (Erschwerung bzw. Ausschluss des Rücktrittsrechts) und lässt § 377 HGB unberührt.[269] Rügt der Käufer die Minderlieferung nicht, gilt die Lieferung als genehmigt, mit der Folge, dass der Käufer das Fehlende nicht nachfordern und die **volle vertraglich vereinbarte Menge bezahlen** muss.[270]

---

259   BGHZ 101, 49, 52; Michalski, DB 1997, 82.
260   BGHZ 101, 49, 52; Michalski, DB 1997, 82.
261   BGH, NJW 1987, 2235, 2236; Emmerich, JuS 1987, 747 f.; a.A.: Reinicke, JZ 1987, 1030 ff.; differenzierend: Mössle, NJW 1988, 1190 f.; Hager, JR 1988, 287, 289.
262   Nach Benthin, in: Wurm/Wagner/Zartmann, Rechtsformularbuch, Muster 18n.
263   Baumbach/Hopt/Hopt, HGB, § 377 Rn. 16.
264   Baumbach/Hopt/Hopt, HGB, § 377 Rn. 16; a.A. – für Extremabweichungen – Musielak, NJW 2003, 92.
265   Baumbach/Hopt/Hopt, HGB, § 377 Rn. 16.
266   BGH, NJW 1986, 659; NJW 1994, 2234; NJW 1997, 1915.
267   BGH, NJW 1996, 1827.
268   Baumbach/Hopt/Hopt, HGB, § 377 Rn. 17.
269   Baumbach/Hopt/Hopt, HGB, § 377 Rn. 17.
270   BGHZ 91, 300.

Voraussetzung für die Annahme einer Minderlieferung i.S.d. § 434 Abs. 3 2. Alt. BGB ist aber ebenso wie bei der Falschlieferung, dass die Lieferung vom Verkäufer als **vollständige Erfüllung** des Vertrages ausgeführt wird und dies dem Käufer erkennbar ist, z.B. bei entsprechendem Ausweis auf dem Lieferschein.[271] Sonst würde eine **bewusste Teilleistung** vorliegen, die der Käufer nach § 266 BGB zurückweisen kann, mit der Folge, dass ihm die Rechte nach § 323 BGB (Rücktritt) bzw. nach den §§ 280, 281, 286 BGB (Schadensersatz statt der Leistung bzw. Verzugsschaden) zustehen.[272] Nimmt der Käufer die vom Verkäufer als solche ausgeführte Teilleistung an, kann er Erfüllung hinsichtlich des ausstehenden Teils verlangen. Doch kann eine stillschweigende Vertragsänderung auf den bereits gelieferten Teil und einen entsprechend reduzierten Kaufpreis vorliegen.[273] Lehnt man danach die Anwendung des § 434 Abs. 3 2. Alt. BGB bei einer bewussten Teilleistung ab, entfällt auch die Rügeobliegenheit bzgl. der Tatsache der bloßen Teilleistung.[274]

127 Die **Mehrlieferung** (auch **Zuviellieferung** genannt) ist im § 434 BGB **bewusst nicht geregelt**, sondern nach allgemeinem Schuldrecht zu behandeln.[275] Weil kein Sachmangel vorliegt, ist § 377 HGB unanwendbar. Der Käufer ist also in diesem Fall **nicht zur Rüge verpflichtet**.[276] Der Verkäufer kann in dieser Konstellation den Kaufpreis nur für die vertraglich vereinbarte Menge verlangen, nicht für die Mehrmenge, auch nicht, wenn der Käufer die Mehrmenge behält, ohne den Verkäufer darauf aufmerksam zu machen.[277] Die Mehrmenge ist in diesem Fall vielmehr umgekehrt nach § 812 Abs. 1 Satz 1 1. Alt. BGB zurückzugeben.[278] Anders stellt sich die Rechtslage nur dann dar, wenn ein **Kaufvertrag über die Mehrmenge geschlossen wird**, und zwar durch ein stillschweigendes Angebot des Verkäufers unter Verzicht auf Zugang der Annahmeerklärung (§ 151 BGB) und Annahme durch den Käufer infolge der Ingebrauchnahme der Ware.[279] Die **bloße Nichtbeanstandung** seitens des Käufers führt aber noch nicht zur Annahme eines entsprechenden Vertragsangebotes des Verkäufers.[280]

d) Aufbewahrungspflicht nach Mängelbeanstandung

128 Beim **nichtkaufmännischen** oder nur **einseitigen Handelskauf** bestehen für den Käufer **nach erfolgter Mängelbeanstandung** keine besonderen Pflichten. Dagegen trifft den Käufer beim **beiderseitigen Handelskauf** dann, wenn es sich bei diesem um einen sog. Distanzkauf handelt, nach § 379 Abs. 1 HGB die Pflicht, für eine einstweilige **ordnungsgemäße Aufbewahrung** der Ware zu sorgen. Sofern der Käufer diese Pflicht schuldhaft verletzt, macht er sich nach § 280 Abs. 1 BGB dem Verkäufer gegenüber schadensersatzpflichtig.[281] Sofern die Ware dem **Verderb** ausgesetzt und Gefahr im Verzug ist, kann der Käufer gemäß § 379 Abs. 2 HGB die Ware nach § 373 HGB für Rechnung des Verkäufers verkaufen lassen (Notverkaufsrecht).

---

271 BT-Drucks. 14/6040, S. 216; Baumbach/Hopt/Hopt, HGB, § 377 Rn. 18.
272 BT-Drucks. 14/6040, S. 216; Baumbach/Hopt/Hopt, HGB, § 377 Rn. 18.
273 Baumbach/Hopt/Hopt, HGB, § 377 Rn. 18; offen gelassen von BGHZ 91, 301.
274 Baumbach/Hopt/Hopt, HGB, § 377 Rn. 18.
275 Baumbach/Hopt/Hopt, HGB, § 377 Rn. 19.
276 Baumbach/Hopt/Hopt, HGB, § 377 Rn. 19.
277 Baumbach/Hopt/Hopt, HGB, § 377 Rn. 19.
278 K. Schmidt, Handelsrecht, § 29 III 5 e; Werner, BB 1984, 221, 225; Baumbach/Hopt/Hopt, HGB, § 377 Rn. 19.
279 OLG Hamm, BB 1978, 1748; OLG Oldenburg, NJW-RR 1996, 1528; Canaris, Handelsrecht, § 31 Rn. 44.
280 OLG Hamm, BB 1978, 1748; OLG Oldenburg, NJW-RR 1996, 1528; Canaris, Handelsrecht, § 31 Rn. 44.
281 Baumbach/Hopt/Hopt, HGB, § 379 Rn. 7; Alpmann, in: AS-Handelsrecht, S. 144.

B. Besondere Handelsgeschäfte

e) **Übersicht zur Rügeobliegenheit nach § 377 HGB**[282]

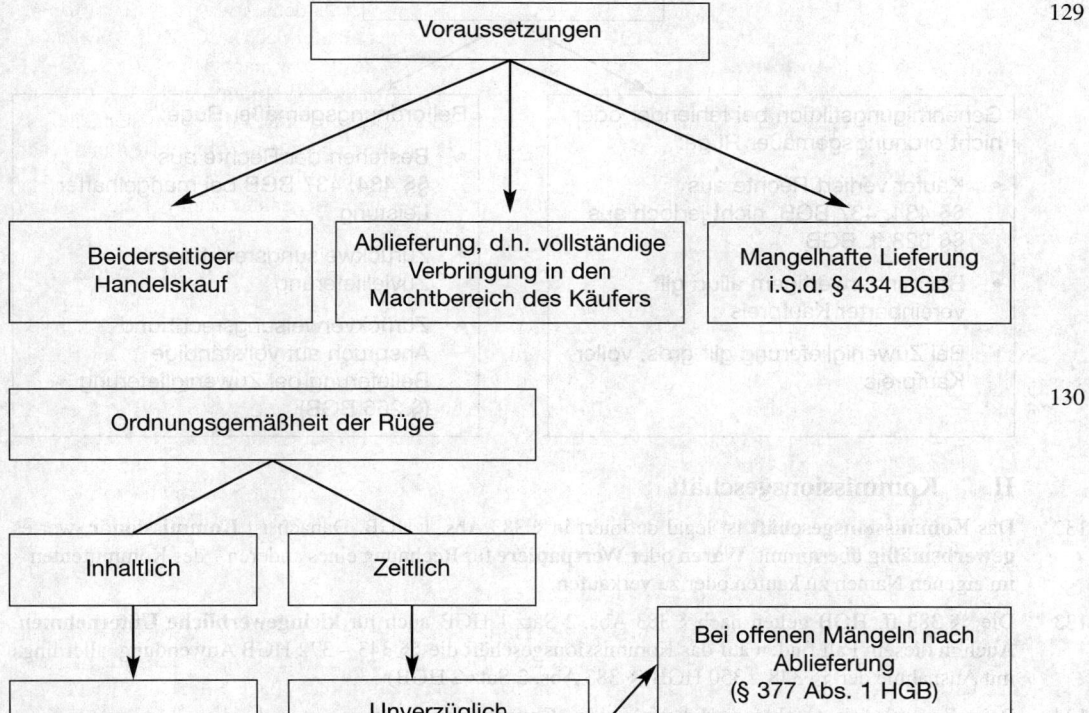

---
[282] In Anlehnung an Alpmann, in: AS-Handelsrecht, S. 145.

131

```
                          ┌─────────────────┐
                          │  Rechtsfolgen   │
                          └─────────────────┘
                           ↙              ↘
```

Genehmigungsfiktion bei fehlender oder nicht ordnungsgemäßer Rüge:	Bei ordnungsgemäßer Rüge:
• Käufer verliert Rechte aus §§ 434, 437 BGB, nicht jedoch aus §§ 823 ff. BGB • Bei minderwertigem aliud gilt vereinbarter Kaufpreis • Bei Zuweniglieferung gilt grds. voller Kaufpreis	• Bestehen der Rechte aus §§ 434, 437 BGB bei mangelhafter Leistung • Zurückweisungsrecht bei Zuviellieferung • Zurückverweisungsrecht und Anspruch auf vollständige Belieferung bei Zuweniglieferung (§ 266 BGB)

II. Kommissionsgeschäft

132 Das **Kommissionsgeschäft** ist legal definiert in § 383 Abs. 1 HGB. Danach ist **Kommissionär**, wer es **gewerbsmäßig** übernimmt, **Waren** oder **Wertpapiere** für Rechnung eines anderen – des Kommittenten – im eigenen Namen zu kaufen oder zu verkaufen.

133 Die §§ 383 ff. HGB gelten nach § 383 Abs. 2 Satz 1 HGB auch für **kleingewerbliche Unternehmen**. Auch in diesem Fall finden auf das Kommissionsgeschäft die §§ 343 – 372 HGB Anwendung, allerdings mit Ausnahme der §§ 348 – 350 HGB (§ 383 Abs. 2 Satz 2 HGB).

134 Beim Kommissionsgeschäft sind die folgenden **Kommissionsarten** zu unterscheiden:

- Die **eigentliche Kommission**, d.h. der Ankauf oder Verkauf von Waren oder Wertpapieren (§ 383 HGB). Der eigentlichen Kommission gleich stehen der Abschluss von Tauschverträgen und von Verträgen, die die Lieferung herzustellender oder zu erzeugender beweglicher Sachen zum Gegenstand haben (§ 406 Abs. 2 HGB).[283]

- Die **uneigentliche Kommission** (auch Geschäftsbesorgungskommission genannt), d.h. wenn ein Kommissionär Geschäfte abschließt, die sich auf andere Gegenstände als Waren und Wertpapieren beziehen (§ 406 Abs. 1 Satz 1 HGB). Dazu zählen etwa das Verlegen eines literarischen Werkes im Namen des Verlegers für Rechnung des Autors,[284] die Veräußerung einer fremden Beteiligung im eigenen Namen (im Rahmen eines andersartigen Gewerbebetriebs),[285] die Vermietung[286] und die Inkassokommission.[287]

- Die **Gelegenheitskommission**, die vorliegt, wenn ein Kaufmann, der nicht Kommissionär ist, im Betrieb seines Handelsgewerbes ein Kommissionsgeschäft vornimmt (§ 406 Abs. 1 Satz 2 HGB).

135 **Hinweis:**

Die §§ 383 ff. HGB sind nach § 406 HGB auf **alle Kommissionsarten anwendbar**.

---

283 Baumbach/Hopt/Hopt, HGB, § 406 Rn. 3; Steck, NJW 2002, 3203.
284 RGZ 78, 300.
285 BGH, NJW 1960, 1852.
286 *BGHZ 104, 123.*
287 Baumbach/Hopt/Hopt, HGB, § 406 Rn. 1.

B. Besondere Handelsgeschäfte

Das Kommissionsgeschäft hat aufgrund des verstärkten Auftretens von **Handelsvertretern** oder **Vertragshändlern** als **Absatzmittler** erheblich an wirtschaftlicher Bedeutung verloren. Eine **praktische Rolle** spielt es nur noch im Kunsthandel, beim Warenimport und -export sowie insb. im Wertpapiergeschäft (Effektenkommission).[288]

1. Rechtsstellung des Kommissionärs

Der Kommissionär steht in einem **doppeltes Rechtsverhältnis**. Der **Kommissionsvertrag** verbindet den Kommissionär mit seinem Auftraggeber, dem **Kommittenten**. Dem **Dritten** gegenüber ist der Kommissionär aus dem **Ausführungsgeschäft** verpflichtet. Neben diese beiden Rechtsbeziehungen tritt noch das **Abwicklungsgeschäft** zwischen **Kommissionär und Kommittenten**, durch das der Kommissionär die aus dem Ausführungsgeschäft erlangten Rechte oder Sachen auf den Kommittenten überträgt.[289]

136

Die Rechtsstellung des Kommissionärs verdeutlicht **die folgende Übersicht**:[290]

137

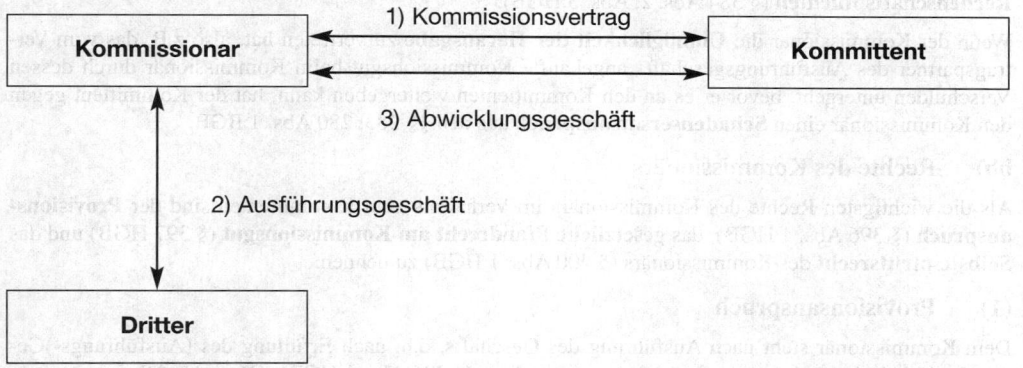

a) Kommissionsvertrag

Der **Kommissionsvertrag** regelt die vertraglichen Rechte und Pflichten im Verhältnis des **Kommissionärs zum Kommittenten**. Es handelt sich dabei um einen formlos gültigen, gegenseitigen Vertrag über eine **entgeltliche Geschäftsbesorgung** (§ 675 BGB), der bei Einzelgeschäften einen **Werkvertrag**, bei ständiger Verbindung einen **Dienstvertrag** darstellt.[291] Die Abgrenzung hat insb. Bedeutung für das Kündigungsrecht. Während beim Dienstvertrag beide Parteien jederzeit nach § 627 BGB kündigen können, hat beim Werkvertrag allein der Kommittent ein Kündigungsrecht nach § 649 BGB.

138

Der **Kommissionsvertrag** ist ein **gegenseitiger Vertrag**, auf dem die §§ 320 ff. BGB Anwendung finden.[292] Im **Gegenseitigkeitsverhältnis** stehen dabei

139

- der **Provisionsanspruch** (§ 396 Abs. 1 HGB) des Kommissionärs und der Anspruch auf Vornahme des Ausführungsgeschäftes (§ 384 Abs. 1 HGB)[293] und

- der **Provisionsanspruch** des Kommissionärs auch mit dem Anspruch des Kommittenten auf **Herausgabe des Erlangten** (§ 384 Abs. 2 2. Halbs. HGB).[294]

---

288 Benthin, in: Wurm/Wagner/Zartmann, Rechtsformularbuch, S. 1527.
289 Statt aller Baumbach/Hopt/Hopt, HGB, § 383 Rn. 1.
290 In Anlehnung an Alpmann, in: AS-Handelsrecht, S. 146.
291 Baumbach/Hopt/Hopt, HGB, § 383 Rn. 6; Brox, Handels- und Wertpapierrecht, Rn. 407; Wüst, JuS 1990, 390, 391.
292 Baumbach/Hopt/Hopt, HGB, § 383 Rn. 6.
293 Alpmann, in: AS-Handelsrecht, S. 147.
294 H.M. vgl. nur RGZ 53, 371; Canaris, Handelsrecht, § 32 Rn. 19; Baumbach/Hopt/Hopt, HGB, § 384 Rn. 11.

aa) Pflichten des Kommissionärs

140 Den Kommissionär trifft insb. die Pflicht zur **Durchführung des übernommenen Geschäfts**. Dazu gehören:

- das Geschäft mit der **Sorgfalt eines ordentlichen Kaufmanns** auszuführen (§§ 384 Abs. 1, 347 HGB), und

- dem Kommittenten das **durch die Ausführung Erlangte** (§ 384 Abs. 2, 2. Halbs. HGB) **herauszugeben** (sog. Abwicklungsgeschäft).

141 Im Rahmen der Ausführung und Abwicklung des Geschäfts hat der Kommissionär die **Interessen des Kommittenten** wahrzunehmen (§§ 384 Abs. 1, 2. Halbs., 387 HGB, **sog. Treuepflicht**). Der Kommissionär ist danach verpflichtet, die Kommission für den Kommittenten sachgerecht, vorteilhaft und zu den Bedingungen auszuführen, die dessen Interessen angemessen Rechnung tragen.[295] Darüber hinaus treffen den Kommissionär **Gehorsams-** (§§ 384 Abs. 1, 385, 386 HGB) sowie **Benachrichtigungs- und Rechenschaftspflichten** (§ 384 Abs. 2, Abs. 3 HGB).

142 Wenn der Kommissionär die **Unmöglichkeit der Herausgabe** zu vertreten hat, also z.B. das vom Vertragspartner des Ausführungsgeschäfts angekaufte Kommissionsgut beim Kommissionär durch dessen Verschulden untergeht, bevor er es an den Kommittenten weitergeben kann, hat der Kommittent gegen den Kommissionär einen **Schadensersatzanspruch** aus den §§ 283, 280 Abs. 1 BGB.

bb) Rechte des Kommissionärs

143 Als die wichtigsten Rechte des Kommissionärs im Verhältnis zum Kommittenten sind der **Provisionsanspruch** (§ 396 Abs. 1 HGB), das **gesetzliche Pfandrecht am Kommissionsgut** (§ 397 HGB) und das **Selbsteintrittsrecht** des Kommissionärs (§ 400 Abs. 1 HGB) zu nennen.

(1) Provisionsanspruch

144 Dem Kommissionär steht nach Ausführung des Geschäfts, d.h. nach Erfüllung des (Ausführungs-)Geschäftes durch den Dritten, ein **Provisionsanspruch** zu (§ 396 Abs. 1 HGB). **Ohne Ausführung** besteht der Provisionsanspruch nach § 396 Abs. 1 Satz 2 HGB ausnahmsweise dann, wenn die Provision **ortsüblich** ist oder die Ausführung des Geschäfts **nur** aus einem in der **Person des Kommittenten** liegenden Grund unterbleibt. Eine besondere Vergütung erhält der Kommissionär, wenn er sich verpflichtet hat, für die Erfüllung des Dritten einzustehen (§ 394 Abs. 2 Satz 2 HGB, **sog. Delkredere-Provision**). Schließlich kann der Kommissionär noch **Ersatz seiner Aufwendungen** verlangen (§ 396 Abs. 2 HGB i.V.m. §§ 675, 670 BGB).

(2) Pfandrecht

145 Sämtliche Ansprüche des Kommissionärs sind durch ein **gesetzliches Pfandrecht** am Kommissionsgut gesichert (§ 397 HGB). Dieses Pfandrecht sichert auch Forderungen aus früheren Kommissionsgeschäften.[296] Gemäß § 366 Abs. 3 HGB kann das Pfandrecht **gutgläubig** an **schuldnerfremden Sachen** erworben werden. Sofern sich allerdings das Kommissionsgut noch im **Eigentum des Kommissionärs selbst**, z.B. bei der Einkaufskommission, befindet, steht dem Kommissionär nach § 398 HGB (wegen § 1256 Abs. 1 Satz 1 BGB – kein Pfandrecht an eigenen Sachen) statt eines Pfandrechts ein **pfandähnliches Befriedigungsrecht** zu. An den Forderungen aus dem Ausführungsgeschäft steht dem Kommissionär wegen seiner **eigenen Forderung** ein entsprechendes Recht auf **bevorzugte Befriedigung** zu (§ 399 HGB), mit der Folge, dass er die Forderungen selbst einziehen kann.[297]

---

295 BGH, WM 2004, 1687.
296 Baumbach/Hopt/Hopt, HGB, § 397 Rn. 6.
297 Baumbach/Hopt/Hopt, HGB, § 399 Rn. 3.

(3) Selbsteintrittsrecht

Sofern nicht eine **entgegenstehende Weisung des Kommittenten** vorliegt, ist der Kommissionär berechtigt, beim Ein- und Verkauf von Waren und Wertpapieren, die einen Börsen- und Marktpreis haben bzw. bei denen ein solcher amtlich festgestellt wird, **selbst** als Verkäufer oder Käufer einzutreten und das Gut selbst zu liefern oder zu übernehmen (§ 400 Abs. 1 HGB, **sog. Selbsteintrittsrecht des Kommissionärs**). Gemäß § 403 HGB behält der Kommissionär auch beim Selbsteintritt seine Ansprüche auf Provision und Aufwendungsersatz. Gleichfalls kommen dem Kommissionär beim Selbsteintrittsrecht das gesetzliche Pfandrecht und das Recht auf Befriedigung aus eigener Kommissionsware zugute (§§ 404, 397, 398 HGB).

b) Ausführungsgeschäft

Bei dem **Ausführungsgeschäft** handelt es sich um das **Vertragsverhältnis** zwischen dem **Kommissionär**, der im eigenen Namen für fremde Rechnung handelt – **mittelbare Stellvertretung** ist wesensnotwendiger Bestandteil der Kommission[298] –, **und dem Dritten**. Vertragsparteien des Ausführungsgeschäfts sind somit nur Kommissionär und Dritter.

Dies hat zur Konsequenz, dass Umstände in der Person des Kommittenten sowie dessen Innenverhältnis zum Kommissionär das **Außenverhältnis zum Dritten** grds. auch dann **nicht berühren**, wenn dieser von der Kommission wusste (arg. e § 392 Abs. 1 HGB).[299]

Etwas anderes gilt allerdings für **Schadensersatzansprüche** des Kommissionärs aus dem Ausführungsgeschäft, z.B. aus § 280 Abs. 1 BGB. Der Kommissionär ist als Gläubiger zwar auch insoweit Anspruchsinhaber, jedoch tritt der Schaden nicht bei ihm, sondern beim Kommittenten ein, für dessen Rechnung er ja handelt. Dieser wiederum hat zwar den Schaden, ist aber nicht Vertragspartner und dementsprechend nicht Anspruchsinhaber. In diesen Fällen kann der Kommissionär den Schaden des Kommittenten gegenüber dem Dritten im Wege der **Drittschadensliquidation** geltend machen.[300]

2. Rechte des Kommittenten an Forderungen aus dem Ausführungsgeschäft

Der Kommissionär schließt das Ausführungsgeschäft **im eigenen Namen** mit dem Dritten ab. Dies hat zur Folge, dass das Ausführungsgeschäft Rechte und Pflichten nur zwischen dem Kommissionär und dem Dritten begründet. Sämtliche **Forderungen aus dem Ausführungsgeschäft**, wie z.B. der Anspruch auf Kaufpreiszahlung oder Lieferung, stehen somit nicht dem Kommittenten, sondern dem Kommissionär als Vertragspartner zu.[301] Der Kommittent kann die Forderung gegen den Dritten erst **nach Abtretung** durch den Kommissionär geltend machen (§ 392 Abs. 1 HGB). Zu dieser Abtretung ist der Kommissionär nach § 384 Abs. 2 2. Halbs. HGB zwar verpflichtet, er kann aber, solange die Abtretung noch nicht erfolgt ist, über die Forderung als **Berechtigter verfügen**, z.B. durch Abtretung an einen Dritten.[302]

Eine **Einschränkung dieser Rechtsmacht des Kommissionärs** ergibt sich aus § 392 Abs. 2 HGB. Nach dieser Vorschrift gelten auch noch nicht abgetretene Forderungen **im Verhältnis zwischen dem Kommittenten und dem Kommissionär oder dessen Gläubigern** als Forderungen des Kommittenten. Wenn also etwa der Kommissionär die Forderung aus dem Ausführungsgeschäft an einen eigenen Gläubiger zur Deckung oder Sicherheit abtritt, stellt diese Abtretung nach § 392 Abs. 2 HGB die **Verfügung eines Nichtberechtigten** dar, mit der Folge, dass der Gläubiger des Kommissionärs die Forderung **im Verhältnis zum Kommittenten** nicht wirksam erwirbt.[303] Dem Gläubiger würde im vorliegenden Fall auch seine Gutgläubigkeit nicht weiterhelfen, da weder das BGB noch das HGB einen gutgläubigen Forderungserwerb kennen. Dazu das folgende

---

[298] Statt aller Baumbach/Hopt/Hopt, HGB, § 383 Rn. 1 u. 17.
[299] Alpmann, in: AS-Handelsrecht, S. 148.
[300] BGHZ 15, 215; 40, 100; 51, 93; BGH, NJW 1985, 2411.
[301] Statt aller Baumbach/Hopt/Hopt, HGB, § 392 Rn. 3.
[302] Baumbach/Hopt/Hopt, HGB, § 392 Rn. 4.
[303] BGHZ 104, 127; RGZ 148, 191; a.A. Böhm, NJW 1973, 197.

Beispiel:[304]

*Der K verkauft die Computeranlage des C in Kommission an Z. Die Kaufpreisforderung gegen den Z tritt K an seinen Gläubiger G zur Sicherung einer Darlehensverbindlichkeit ab. Die Abtretung an G ist dem C gegenüber wegen § 392 Abs. 2 HGB **relativ** unwirksam.*[305]

152 Sofern es sich bei der Abtretung um ein **Neugeschäft** des Kommissionärs handelt, die Abtretung also ohne Beziehung zur Gläubigereigenschaft des Zessionars erfolgt, wie z.B. beim Verkauf der Forderung an einen Dritten und damit verbundener Sicherungsabtretung, greift § 392 Abs. 2 HGB nicht ein.[306] Dazu folgendes

Beispiel:[307]

Der K verkauft seine Kaufpreisforderung gegen den Z an den Dritten D. Gegen Zahlung von 3.000 € tritt K in Erfüllung des Kaufvertrages mit dem D die Kaufpreisforderung gegen den Z an D ab.

Diese **Abtretung ist wirksam**, selbst wenn der Zessionar gewusst hat, dass es sich um eine Kommissionsforderung handelte.[308] Allerdings ist der Kommissionär in einem solchen Fall dem Kommittenten gegenüber zum **Schadensersatz** verpflichtet (§§ 283, 280 Abs. 1 BGB), da er sich die Erfüllung des Abwicklungsgeschäftes (§ 384 Abs. 2 HGB), d.h. die Abtretung der Forderung an den Kommittenten, schuldhaft unmöglich gemacht hat.

153 Nicht anwendbar ist § 392 Abs. 2 HGB, wenn der **Dritte** nicht nur Schuldner des Ausführungsgeschäfts, sondern auch **Gläubiger des Kommissionärs** ist. Der Dritte kann in diesem Fall gegen seine Schuld, z.B. die Kaufpreisforderung des Kommissionärs, mit seiner Forderung gegen den Kommissionär mit Wirkung gegen den Kommittenten **aufrechnen**.[309] Diese Aufrechnungsbefugnis steht dem Dritten auch dann zu, wenn er wusste, dass sein Vertragspartner in Kommission handelte.[310] Umstritten ist allerdings, ob der Dritte auch mit nicht aus dem Ausführungsgeschäft stammenden, also **nicht konnexen Gegenforderungen** gegen die Forderung des Kommissionärs aus dem Ausführungsgeschäft **aufrechnen** kann.[311] Auch nach der Rspr., die diese Aufrechnungsmöglichkeit grds. befürwortet, ist die Aufrechnung des Dritten **rechtsmissbräuchlich**, wenn dieser die Aufrechnungslage herbeiführte, um sich für seine Forderung gegen den Kommissionär materiell zulasten des Kommittenten zu befriedigen,[312] oder wenn er den Kommissionär vor Abschluss des Ausführungsgeschäfts in den Glauben versetzte, er werde zahlen und nicht aufrechnen (§ 242 BGB).[313] Entsprechendes wie zu § 392 HGB hinsichtlich der Aufrechnung gilt für **Zurückbehaltungsrechte des Dritten**.[314] Bei wirksamer Aufrechnung durch den Dritten hat der Kommittent gegen den Kommissionär Ansprüche auf Herausgabe nach § 285 BGB und aus ungerechtfertigter Bereicherung nach § 816 Abs. 2 BGB oder zumindest § 812 Abs. 1 Satz 1 2. Alt. BGB (arg. e § 392 Abs. 2 HGB).[315]

---

304 In Anlehnung an Alpmann, in: AS-Handelsrecht, S. 149.
305 BGH, NJW 1988, 3203, 3204; Hüffer, JuS 1991, 195, 197.
306 Baumbach/Hopt/Hopt, HGB, § 392 Rn. 10.
307 In Anlehnung an Alpmann, in: AS-Handelsrecht, S. 149.
308 Schlegelberger/Hefermehl, HGB, § 392 Rn.14, 23; Baumbach/Hopt/Hopt, HGB, § 392 Rn. 10; Hüffer, JuS 1991, 195, 197.
309 BGHZ 104, 128; BGH, NJW 1969, 276 mit kritischer Anm. von Dressler; RGZ 121, 178; Schwarz, NJW 1969, 655, 1942.
310 BGH, NJW 1969, 276.
311 Dafür unter Hinweis auf den notwendigen Schutz des Dritten als Vertragspartner und die Wertung der §§ 404, 406 BGB die Rspr. und ein Teil des Schrifttums, BGH, NJW 1969, 276; Canaris, Handelsrecht, § 32 Rn. 36; GK/Koller, HGB, § 392 Rn. 20; Baumbach/Hopt/Hopt, HGB, § 392 Rn. 12 m.w.N.; a.A.: K. Schmidt, Handelsrecht, § 31 V 4 b; Heymann/Herrmann, HGB, § 392 Rn. 7.
312 RGZ 32, 43.
313 BGH, NJW 1969, 276.
314 Baumbach/Hopt/Hopt, HGB, § 392 Rn. 12.
315 Baumbach/Hopt/Hopt, HGB, § 392 Rn. 12; Canaris, Handelsrecht, § 32 Rn. 38.

Hinzuweisen ist noch darauf, dass die Regelung des § 392 Abs. 1 HGB zwingend ist, wohingegen der Kommittent gegenüber dem Kommissionär auf die Rechte aus § 392 Abs. 2 HGB verzichten kann.[316]

3. Zwangsvollstreckung beim und Insolvenz des Kommissionär(s)

Eine weitere Folge des § 392 Abs. 2 HGB, nämlich dass die Forderungen des Kommissionärs aus dem Ausführungsgeschäft im Verhältnis zwischen dem Kommittenten und dem Kommissionär sowie dessen Gläubigern als Forderung des Kommittenten gelten, ist, dass der Kommittent gegenüber den Gläubigern des Kommissionärs **vor Vollstreckungen geschützt** ist. Der Kommittent kann der **Pfändung** der ausstehenden Forderung gegen den Dritten, also den Vertragspartner des Ausführungsgeschäfts, durch Gläubiger des Kommissionärs im Wege der **Drittwiderspruchsklage nach § 771 ZPO** widersprechen.[317] Der Kommittent kann darüber hinaus in der Insolvenz des Kommissionärs **Aussonderung der Forderung** verlangen (§ 47 InsO).[318] Zur Geltendmachung dieser Aussonderung ist der Kommittent letztendlich aber auch gezwungen, wenn er gegen den Dritten vorgehen will.[319]

154

4. Ertrag- und Umsatzsteuer beim Kommissionsgeschäft[320]

Sowohl der Kommittent als auch der Kommissionär sind i.a.R. **Unternehmer** und dementsprechend **buchführungspflichtig**. Als solche unterliegen sie ertragssteuerlichen Besonderheiten der Einkommensteuer, der Gewerbesteuer usw.

155

Umsatzsteuerlich stellt sich wie auch bei anderen Absatzvermittlungsverhältnissen die Frage, ob Lieferungen oder sonstige Leistungen und ggf. in welchem Verhältnis sie erbracht werden. Nach § 3 Abs. 3 UStG liegt beim Kommissionsgeschäft i.S.d. § 383 HGB eine **Lieferung** (§§ 1 Abs. 1 Nr. 1, 3 Abs. 1 UStG) zwischen dem Kommittenten und dem Kommissionär vor. Der **Kommissionär** gilt bei der **Verkaufskommission** als **Abnehmer**, bei der **Einkaufskommission** der Kommittent. Allerdings kommt es bei der Verkaufskommission zu einer Lieferung des Kommittenten an den Kommissionär erst im Zeitpunkt der Lieferung des Kommissionsgutes durch den Kommissionär an den Abnehmer (Abschnitt 24 Abs. 2 Satz 8 UStR).

156

Für die **Verkaufskommission** ergeben sich folgende **umsatzsteuerliche Konsequenzen**:[321]

157

Der Kommittent liefert an den Kommissionär und hat das für diese Lieferung eingenommene **Entgelt** zu versteuern, allerdings abzüglich der dem Kommissionär gezahlten Provision, und zwar gleichgültig, ob der Kommissionär die Vergütung sogleich von dem Entgelt für die Kommissionsware einbehält oder sie erst zu einem späteren Zeitpunkt erhält. In jedem Fall unterliegt die **Vergütung** des Kommissionärs **nicht noch zusätzlich** der Umsatzsteuer, nachdem bereits das volle Entgelt für die Kommissionsware der Umsatzsteuer unterworfen ist.[322]

Hervorzuheben ist noch, dass der Kommissionär, der ja nach § 383 HGB im eigenen Namen handelt, anders als etwa der Handelsvertreter das **volle Lieferungsentgelt** zu versteuern hat, wobei es nicht auf eine Übereignung im **zivilrechtlichen Sinne** ankommt.[323]

---

316 Statt aller Baumbach/Hopt/Hopt, HGB, § 392 Rn. 13.
317 BGHZ 104, 123.
318 BGHZ 104, 123.
319 RG, LZ 07, 439; Baumbach/Hopt/Hopt, HGB, § 392 Rn. 9.
320 Dazu Benthin, in: Wurm/Wagner/Zartmann, Rechtsformularbuch, S. 1531 f.
321 Dazu Benthin, in: Wurm/Wagner/Zartmann, Rechtsformularbuch, S. 1532.
322 Benthin in: Wurm/Wagner/Zimmermann, Rechtsformularbuch, S. 1532.
323 Tipke/Lang, Steuerrecht, S. 577.

5. Muster Kommissionsvertrag – Verkaufskommission[324]

158 Ein **Kommissionsvertrag für eine Verkaufskommission** könnte wie folgt formuliert werden:

Kommissionsvertrag

Firma/Herr/Frau ..... (*Firma/Name und Sitz/Anschrift*)

– nachfolgend **„Kommittent"** genannt –

und

Firma/Herr/Frau ..... (*Firma/Name und Sitz/Anschrift*)

– nachfolgend **„Kommissionär"** genannt –

schließen hiermit folgenden Vertrag:

§ 1
Vertragsgegenstand und dessen Sicherung[1]

(1) Der Kommittent übergibt dem Kommissionär zum kommissionsweisen Verkauf folgende Waren (Kommissionsgut):

... (*Auflistung mit Mengenangaben und Spezifikation der einzelnen Kommissionswaren*).[2]

Die Übernahme weiterer Waren als Kommissionsgut kann vereinbart werden.

(2) Das Kommissionsgut bleibt im Eigentum des Kommittenten und ist von Gegenständen des Kommissionärs sowie Dritter getrennt zu halten.

(3) Der Kommissionär hat das Kommissionsgut in dem erforderlichen Umfang für Rechnung des Kommittenten zu versichern.[3] Der Kommittent kann das Kommissionsgut jederzeit besichtigen oder durch Dritte besichtigen lassen.

§ 2
Preissetzung

(1) Jedes Stück des Kommissionsgutes ist mit dem Endverkaufspreis ausgezeichnet. Diese Preise sind Mindestpreise, die bei einer Weiterveräußerung nicht unterschritten werden dürfen – ausgenommen nach Ablauf des ... (*Datum*) um ... %.[4]

(2) Hat der Kommissionär unter Mindestpreis verkauft, so muss der Kommittent, falls er das Geschäft als nicht für seine Rechnung abgeschlossen zurückweisen will, dies unverzüglich auf die Anzeige des Kommissionärs von der Ausführung des Geschäfts schriftlich erklären. Andernfalls gilt die Abweichung von der Preisbestimmung als genehmigt.[5] Erklärt der Kommissionär zugleich mit der Ausführungsanzeige seine Bereitschaft zur Deckung des Preisunterschieds, so ist der Kommittent zur Zurückweisung nicht berechtigt.[6]

§ 3
Provision

(1) Der Kommissionär hat für jedes zur Ausführung gekommene Geschäft Anspruch auf Provision i.H.v. ... % zzgl. gesetzlicher Umsatzsteuer. Ein Provisionsanspruch besteht nicht, wenn das Geschäft nicht zur Ausführung gekommen ist, es sei denn, aus einem in der Person des Kommittenten liegenden Grund.[7]

(2) Ferner hat der Kommissionär Anspruch auf Ersatz der Aufwendungen, die er den Umständen nach zur Ausführung des Geschäfts für erforderlich halten darf.[8]

---

[324] Nach Benthin, in: Wurm/Wagner/Zimmermann, Rechtsformularbuch, Muster 101 a.

(3) Alle drei Monate ist jeweils für die jeweils drei vorangegangenen Monate Rechnung zu legen und über die Provision einschließlich sonstiger Leistung des Kommittenten an den Kommissionär abzurechnen.[9]

§ 4
Ausführungsgeschäft

(1) Der Kommissionär ist nur mit vorheriger Zustimmung des Kommittenten berechtigt, dem Käufer Stundung zu gewähren. Gewährt er eine Stundung ohne Einwilligung, hat er für die Erfüllung des Geschäftes einzustehen.[10]

(2) Auf Verlangen des Kommittenten hat der Kommissionär die Forderung gegen den Käufer, auch im Voraus, abzutreten. Der Kommissionär ist in jederzeit widerruflicher Weise und im Rahmen seines üblichen Geschäftsbetriebes zur Einziehung der Forderungen aus den Ausführungsgeschäften ermächtigt.

(3) Der Kommissionär wird im Rahmen von Ausführungsgeschäften keine dem Käufer günstigeren Gewährleistungsrechte einräumen, als der Kommittent es nach seinen Geschäftsbedingungen üblicherweise tut.[11]

§ 5
Delkredere-Haftung

(1) Auf Verlangen des Kommittenten steht der Kommissionär für die Erfüllung der Verbindlichkeiten des Käufers ein, mit dem er das Ausführungsgeschäft für Rechnung des Kommittenten abschließt (Delkredere).[12]

(2) Der Kommissionär hat wegen der Übernahme der Delkredere-Haftung nach Abs. 1 Anspruch auf eine Delkredere-Provision i.H.v. ... %, zzgl. gesetzlicher Umsatzsteuer.[13]

§ 6
Kündigung

Dieser Vertrag kann mit einer Frist von einem Monat durch eingeschriebenen Brief jeweils zum Ende eines Monats gekündigt werden.

§ 7
Schlussbestimmungen

(1) Ausschließlicher Gerichtsstand für alle Streitigkeiten aus diesem Vertrag ist der Sitz des Kommittenten. Beide Vertragsparteien erklären hiermit ausdrücklich, dass dieser Vertrag im Rahmen ihrer Unternehmen abgeschlossen wird, für die nicht die Einschränkung des § 1 Abs. 2 HGB gilt.[14]

(2) Nebenabreden zu diesem Vertrag sind nicht getroffen. Änderungen oder Ergänzungen bedürfen zu ihrer Wirksamkeit der Schriftform. Auf dieses Formerfordernis kann nur durch eine gesonderte Vereinbarung verzichtet werden, die ihrerseits der Schriftform bedarf.[15]

(3) Die Ungültigkeit einer oder mehrerer Bestimmungen dieses Vertrages beeinträchtigt die Wirksamkeit des Vertrages im Übrigen nicht. Im Fall der Unwirksamkeit einer oder mehrerer Bestimmungen dieses Vertrages treten an die Stelle der unwirksamen Bestimmungen Regelungen, die in ihrem wirtschaftlichen Ergebnis dem mit der unwirksamen Bestimmung angestrebten Ergebnis möglichst nahe kommen.

......, den

....
(Unterschrift Kommittent) (Unterschrift Kommissionär)

Erläuterungen:

1. Die meisten Hauptpflichten der Vertragsparteien werden in dem Mustertext nicht aufgeführt, da die gesetzliche Regelung vergleichsweise ausführlich ist (vgl. §§ 384, 385 HGB sowie § 675 i.V.m. dem Auftragsrecht des BGB). Entsprechendes gilt für das Selbsteintrittsrecht des Kommissionärs nach § 400 HGB.
2. Sofern es sich um eine größere Anzahl von Waren handelt, empfiehlt sich deren Aufnahme in ein dem Vertrag als Anlage beizufügendes Verzeichnis. In diesem können auch die Mindestpreise vermerkt werden.
3. Vgl. § 390 Abs. 2 HGB. Es handelt sich um eine Versicherung für fremde Rechnung i.S.d. §§ 74 – 80 VVG.
4. Wenn das Kommissionsgut Waren umfasst, die hauptsächlich oder ausschließlich nur während bestimmter Zeiträume nachgefragt werden, z.B. Badeanzüge oder Osterhasen aus Schokolade, kann der Kommittent bereits im Kommissionsvertrag Preisnachlässe vorsehen.
5. Vgl. § 386 Abs. 1 HGB.
6. Vgl. § 386 Abs. 2 HGB.
7. Wie oben bereits ausgeführt wurde, entsteht der Provisionsanspruch des Kommissionärs mit Abschluss des Geschäfts mit dem Dritten, jedoch unter der aufschiebenden Bedingung, dass der Dritte das Geschäft vertragsmäßig erfüllt hat. Allerdings kann dem Kommissionär als Entgelt für Entgegennahme und Verwahrung des Kommissionsguts auch bei Nichterfüllung des Geschäfts eine sog. Auslieferungsprovision zustehen (§ 396 Abs. 1 Satz 2 HGB).
8. Vgl. § 396 Abs. 2 HGB.
9. Diese Regelung schränkt zwar die nach dem Gesetz – vgl. § 396 Abs. 1 HGB – eintretende Fälligkeit ein, dient aber der Klarheit.
10. Vgl. § 393 HGB sowie § 392 Abs. 1 HGB. Denkbar wäre auch eine Vorausabtretung.
11. Die Verkäuferpflichten treffen den Kommissionär. Mit Rücksicht auf § 670 BGB hat der Kommittent jedoch ein eigenes Interesse wegen des Umfangs der Gewährleistungspflichten.
12. Vgl. § 394 Abs. 1 HGB.
13. Vgl. § 394 Abs. 2 Satz 2 HGB.
14. Dieser Satz hat mit Rücksicht auf § 38 Abs. 1 ZPO lediglich deklaratorische Bedeutung. Gerichtsstandsvereinbarungen sind danach nur wirksam, wenn die Parteien tatsächlich Kaufleute i.S.d. § 1 Abs. 1 und Abs. 2 HGB sind.
15. Eine solche Klausel kann nicht durch Verwendung allgemeiner Geschäftsbedingungen i.S.d. § 305 BGB Wirksamkeit erlangen. Eine mündlich getroffene abweichende Vereinbarung wird von der Rechtsprechung als Individualvereinbarung gewertet, die nach § 305b BGB dem Inhalt der allgemeinen Geschäftsbedingungen vorgeht. Im Übrigen wird auch Unwirksamkeit nach § 307 BGB angenommen.

6. Übersichten zum Kommissionsgeschäft

159 Die nachfolgenden Übersichten sollen das Kommissionsgeschäft noch einmal **zusammenfassend darstellen**:[325]

---

325 In Anlehnung an Alpmann, in: AS-Handelsrecht, S. 158.

B. Besondere Handelsgeschäfte

a) **Kommissionsgeschäft allgemein**

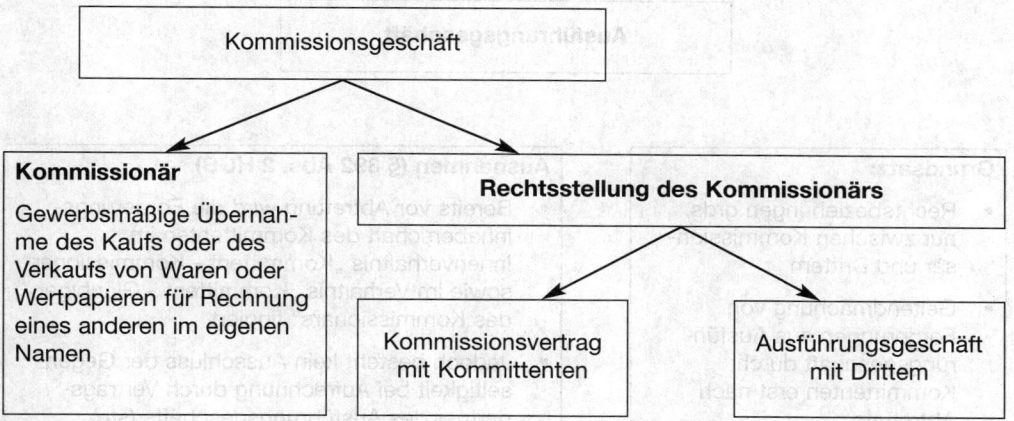

- **Kommission im eigentlichen Sinn:**
(§ 383 HGB), d.h. An- oder Verkauf von Waren oder Wertpapieren, herzustellenden oder zu erzeugenden beweglichen Sachen (§ 406 Abs. 2 HGB) bzw. Tausch (§ 480 BGB) derselben
- **Uneigentliche Kommission:**
(§ 406 Abs. 1 Satz 1 HGB), d.h. Kommission bezieht sich auf andere Geschäfte
- **Gelegenheitskommission:**
(§ 406 Abs. 1 Satz 2 HGB), d.h. Kommissionsgeschäfte anderer Kaufleute

b) **Kommissionsvertrag – Rechte und Pflichten des Kommissionärs**

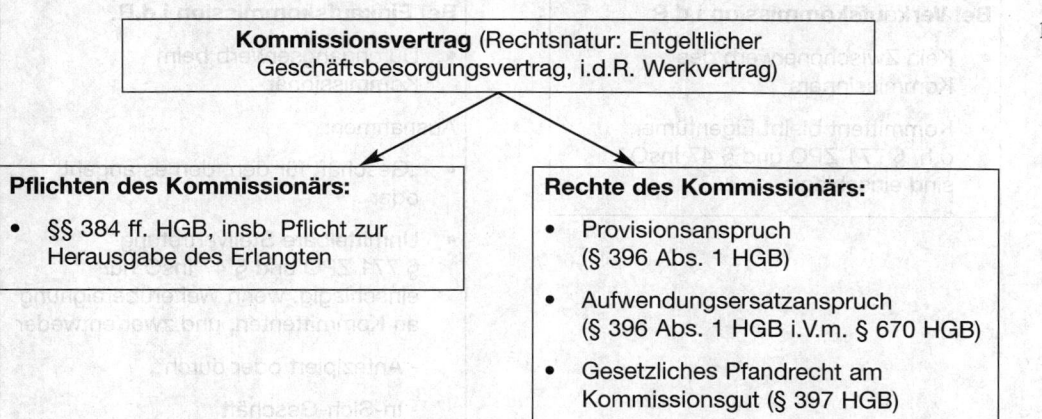

c) Ausführunggeschäft mit Drittem

162

Ausführungsgeschäft

Grundsatz:
- Rechtsbeziehungen grds. nur zwischen Kommissionär und Drittem
- Geltendmachung von Forderungen aus Ausführungsgeschäft durch Kommittenten erst nach Abtretung (§ 392 Abs. 1 HGB)

Ausnahmen (§ 392 Abs. 2 HGB)
- Bereits vor Abtretung wird die Forderungsinhaberschaft des Kommittenten im Innenverhältnis „Kommittent - Kommissionar" sowie im Verhältnis „Kommittent - Gläubiger des Kommissionars" fingiert
- Jedoch besteht kein Ausschluss der Gegenseitigkeit bei Aufrechnung durch Vertragspartner des Ausführungsgeschäfts (str.).

d) Zwangsvollstreckung

163

Zwangsvollstreckung gegen den bzw. Insolvenz des Kommissionär(s)

Bei Verkaufskommission i.d.R.
- Kein Zwischenerwerb des Kommissionärs
- Kommittent bleibt Eigentümer, d.h. § 771 ZPO und § 47 InsO sind einschlägig

Bei Einkaufskommission i.d.R.
- Durchgangserwerb beim Kommissionär

Ausnahmen:
- „Geschäft für den, den es angeht" oder
- Unmittelbare Stellvertretung § 771 ZPO und § 47 InsO nur einschlägig, wenn Weiterübereignung an Kommittenten, und zwar entweder
  - Antezipiert oder durch
  - In-Sich-Geschäft

III. Frachtgeschäft

164 Durch das **Transportrechtsreformgesetz (TRG) vom 25.6.1998**[326] ist das gesamte **Frachtrecht** zum 1.7.1998 neu geregelt worden. Das wesentliche Anliegen des Gesetzgebers bestand darin, das Transportrecht zu deregulieren, die Zahl der fracht- und speditionsrechtlichen Vorschriften zu reduzieren (diese

---

326 BGBl. 1998 I, S. 1588.

wurden auf 1/4 reduziert) und die außerhalb des HGB befindlichen transportrechtlichen Vorschriften (z.B. CMR, EVO, BinnenschifffahrtsG) in das HGB zu integrieren und im Übrigen aufzuheben. Die §§ 407 ff. HGB wurden neu geordnet.[327] Da das Frachtgeschäft den Bezugspunkt für die übrigen transportrechtlichen Geschäfte darstellt, wurde es an den Anfang der neuen Vorschriften gestellt und zudem umfassend und einheitlich für Straße, Schiene und Binnenschifffahrt geregelt.[328]

Die Regelungen über das **Frachtgeschäft** (§§ 407 – 452d HGB) sind in **drei Abschnitte** unterteilt: 165

- die **allgemeinen Vorschriften** (§§ 407 – 450 HGB), die für alle Frachtgeschäfte, also für die Güterbeförderung auf der Straße, auf der Schiene, mit Binnenschiffen oder Luftfahrzeugen gelten, und die auch Anwendung auf die nachfolgend geregelten besonderen Frachtgeschäfte finden.[329]
- die §§ 451 – 451h HGB als **Sondervorschriften** für die Beförderung von **Umzugsgut**, die insb. deswegen notwendig sind, weil der Absender von Umzugsgut im größeren Umfang schutzwürdig ist als der Absender sonstigen Gutes,[330] und
- den dritten Unterabschnitt (§§ 452 – 452d HGB), der **Sonderregelungen** für die Beförderung mit verschiedenen Beförderungsmitteln aufgrund eines einheitlichen Frachtvertrages (sog. multimodaler oder kombinierter Transport) enthält.[331]

1. Frachtvertrag

Gemäß § 407 Abs. 1 HGB ist der Frachtführer verpflichtet, das Gut zum **Bestimmungsort zu befördern** 166 und dort an den **Empfänger abzuliefern**. Als Gegenleistung dafür schuldet der Absender die **Zahlung der vereinbarten Fracht** (§ 407 Abs. 2 HGB). Die Güterbeförderung muss zum Betrieb eines gewerblichen Unternehmens gehören (§ 407 Abs. 3 Satz1 Nr. 2 HGB). Die §§ 407 HGB gelten auch für **kleingewerbliche Unternehmen**. Im Rahmen des Frachtgeschäfts sind für diese – mit Ausnahme der §§ 348 – 350 HGB – auch die §§ 343 – 372 HGB anwendbar (§ 407 Abs. 3 Satz 2 HGB).

Beim **Frachtvertrag** mit dem **Versender** handelt es sich um einen **formlos gültigen Werkvertrag**, da der Frachtführer einen **Erfolg**, nämlich die Güterbeförderung an einen bestimmten Ort, verspricht.[332] Zwischen dem **Empfänger** und dem **Frachtführer** besteht demgegenüber grds. **kein selbständiges Vertragsverhältnis**.[333] Das Gesetz gibt aber dem **Empfänger eigene Ansprüche** (vgl. § 421 Abs. 1 Satz 2 HGB). Außerdem ist der Frachtvertrag ein **echter Vertrag zu Gunsten Dritter** i.S.d. § 328 BGB (arg. e. §§ 421 Abs. 1, 418 Abs. 2 HGB).[334]

Im Rahmen der **Vertragsdurchführung** bleibt der Frachtführer grds. bis zur Ablieferung beim Empfänger 167 an die **Weisungen des Auftraggebers** gebunden (§ 418 HGB), auf wenn diese von früheren Weisungen abweichen.[335] Das Weisungsrecht des Absenders **erlischt** mit Ankunft des Gutes an der **Ablieferungsstelle** (§ 418 Abs. 2 Satz 1 HGB). Von da an ist der Empfänger berechtigt, vom Frachtführer die Ablieferung gegen Erfüllung der Verpflichtung aus dem Frachtvertrag zu verlangen (§ 421 Abs. 1 Satz 1 HGB).

Der Frachtführer hat an dem **beförderten Gut** zur Sicherung seiner **konnexen Forderungen** aus dem 168 Frachtvertrag ein **gesetzliches Pfandrecht** (§ 441 HGB). Die §§ 441 ff. HGB regeln abweichend von den **allgemeinen Pfandrechtsvorschriften** der §§ 1204 ff. BGB die **Dauer des Pfandrechts** und die **Rangordnung** im Verhältnis zu anderen Pfandrechten.

---

327 Vgl. BT-Drucks. 13/8445; Hopt/Mössle/Schmitt, Handelsrecht, Schema 14 (Synopse von Vorschriften und Rechtsproblemen des Transportrechts); Thume, BB 1997, 585; Herber, NJW 1998, 3297.
328 Thume, BB 1998, 2117; Herber, NJW 1998, 3297.
329 Baumbach/Hopt/Merkt, HGB, § 407 Rn. 5.
330 Baumbach/Hopt/Merkt, HGB, § 451 Rn. 1.
331 Baumbach/Hopt/Merkt, HGB, § 452 Rn. 1.
332 Baumbach/Hopt/Merkt, HGB, § 407 Rn. 12.
333 Baumbach/Hopt/Merkt, HGB, § 407 Rn. 16.
334 Baumbach/Hopt/Merkt, HGB, § 407 Rn. 16.
335 Baumbach/Hopt/Merkt, HGB, § 417 Rn. 1.

Darüber hinaus hat der Frachtführer einen Anspruch auf die **vereinbarte Vergütung**, die nach Abschluss seiner Beförderung zu zahlen ist (§ 641 BGB). Schuldner der vereinbarten Vergütung ist grds. der Absender als Vertragspartner des Frachtführers. Sobald aber der Empfänger das Gut und den Frachtbrief angenommen hat, haftet er **neben dem Absender** als **Gesamtschuldner** aufgrund eines gesetzlichen Schuldverhältnisses (§ 421 Abs. 2 – 4 HGB).[336]

2. Haftung des Frachtführers

169 Die **wichtigste Anspruchsgrundlage** für die **Haftung des Frachtführers** ist **§ 425 HGB**. Zu beachten ist, dass aus dem wirksamen Frachtvertrag gemäß § 421 Abs. 1 Satz 2 HGB auch der Empfänger anspruchsberechtigt ist. Daneben bleibt jedoch auch der **Absender zur Geltendmachung befugt**.

170 **Anspruchsvoraussetzung** ist der Verlust oder die Beschädigung in der Zeit von der Übernahme zur Beförderung bis zur Ablieferung oder eine Überschreitung der Lieferfrist. Nach § 438 HGB wird eine Ablieferung in vertragsgemäßem Zustand **vermutet**, wenn ein Verlust oder eine Beschädigung des Gutes **nicht rechtzeitig angezeigt** werden. Sofern der Verlust oder die Beschädigung äußerlich erkennbar ist, hat die Anzeige spätestens bei Ablieferung des Gutes zu erfolgen, sonst innerhalb von sieben Tagen nach Ablieferung (§ 438 Abs. 2 HGB).

171 Die Haftung nach § 425 HGB ist **verschuldensunabhängig**.[337] Nach § 426 HGB ist der Frachtführer aber **von der Haftung befreit**, wenn der Verlust, die Beschädigung oder die Überschreitung der Lieferfrist auf Umständen beruht, die er auch **bei größter Sorgfalt nicht vermeiden** und deren Folgen er nicht abwenden konnte. In diesem Zusammenhang ist zu berücksichtigen, dass der Frachtführer nach § 428 HGB Handlungen oder Unterlassungen **seiner Leute** im gleichen Umfang zu vertreten hat wie eigenes Verhalten. Bei § 428 HGB handelt es sich nicht um eine selbständige Haftungsgrundlage, sondern lediglich um eine **Zurechnungsnorm**.[338] § 427 HGB nennt weitere **besondere Haftungsausschlussgründe**. Dazu gehören z.B. die ungenügende Verpackung oder die ungenügende Kennzeichnung der Frachtstücke durch den Absender (vgl. § 427 Abs. 1 Satz 1 Nr. 2 und 5 HGB). Diese Ausschlussgründe greifen allerdings nach § 435 HGB nicht ein, wenn der Schaden auf Vorsatz oder Leichtfertigkeit des Frachtführers oder seiner Leute beruht.

172 **Rechtsfolge** des § 425 HGB ist die **Verpflichtung zum Schadensersatz**. Der Absender ist gemäß § 421 Abs. 1 Satz 2 HGB auch dann anspruchsberechtigt, wenn er als Verkäufer der beförderten Sache aufgrund der **Gefahrtragungsregelung** des § 447 BGB keinen Schaden hat. Dem liegt Folgendes zugrunde[339]: Beim Versendungskauf geht die **Preisgefahr** gemäß § 447 BGB mit der Ablieferung an die Transportperson auf den Käufer über. Der Verkäufer kann demzufolge auch bei Beschädigung oder Verlust der Sache den vollen Kaufpreis verlangen. Dies hat nach h.M. zur Folge, dass ein Schaden beim Verkäufer gerade nicht entsteht.[340] § 421 Abs. 2 Satz 2 HGB stellt klar, dass der Verkäufer einen Schadensersatzanspruch hat, auch wenn **begrifflich kein Schaden** vorliegt. Durch diese Regelung und die damit verbundene **Doppellegitimation** wird die Gefahr des Anspruchsverlustes bei Anspruchsgeltendmachung durch die falsche Vertragspartei vermieden.[341]

173 Der **Umfang des Schadens** bestimmt sich nach den §§ 429 ff. HGB. Gemäß § 429 Abs. 1 HGB bemisst sich der Schadensersatz nach dem **Wert des Gutes** am Ort und zur Zeit der Übernahme zur Beförderung. Der danach zu leistende Ersatz ist der **Höhe nach begrenzt** (§§ 431, 432 HGB). Sofern der Absender oder Empfänger bei **sonstigen Vermögensschaden** einen Anspruch aus § 280 Abs. 1 BGB hat, ist auch dieser Anspruch nach § 433 HGB der Höhe nach begrenzt. Schließlich gelten nach § 434 HGB die in den

---

336 Baumbach/Hopt/Merkt, HGB, § 421 Rn. 3 ff.
337 Baumbach/Hopt/Merkt, HGB, § 425 Rn. 1.
338 Baumbach/Hopt/Merkt, HGB, § 428 Rn. 1.
339 Alpmann, in: AS-Handelsrecht, S. 161.
340 BGHZ 51, 91, 93; Palandt/Heinrichs, BGB, vor § 249 Rn. 117.
341 Baumbach/Hopt/Merkt, HGB, § 421 Rn. 2.

§§ 425 ff. HGB vorgesehenen **Haftungsbefreiungen** und **Haftungsbegrenzungen** auch für einen **außervertraglichen Anspruch** des Absenders oder Empfängers.

3. Besonderheiten bei der Beförderung von Umzugsgut

Den **Besonderheiten des Umzugsgeschäftes** tragen die Sondervorschriften der §§ 451 – 451h HGB Rechnung. In diesen Vorschriften werden die **Rechte und Pflichten** der am Frachtvertrag Beteiligten **speziell geregelt**. So gehören zu den Pflichten des Frachtführers bei der Beförderung von Umzugsgut auch das Ab- und Aufbauen der Möbel sowie das Ver- und Entladen (vgl. § 451a Abs. 1 HGB). Wenn es sich bei dem Absender um einen Verbraucher handelt, zählt zu den Pflichten des Frachtführers auch die Ausführung sonstiger auf den Umzug bezogener Leistungen, wie die Verpackung und Kennzeichnung des Umzugsgutes (vgl. § 451a Abs. 2 HGB). Eine **besondere Haftungsbefreiung** betrifft die Beförderung von Edelmetallen, Juwelen, Edelsteinen, Geld, Briefmarken, Münzen, Wertpapieren und Urkunden (vgl. § 451d Abs. 1 Satz 1 Nr. 1 HGB) und das Verladen von Gut, dessen Größe den Raumverhältnissen an der Ladestelle nicht entspricht, wie z.B. einem Klavier[342] über enge Treppen (vgl. § 451d Abs. 1 Satz 1 Nr. 5 HGB).

174

4. Besonderheiten bei der Beförderung mit verschiedenartigen Beförderungsmitteln

§ 452 HGB definiert die Beförderung mit **verschiedenartigen Beförderungsmitteln** als **einheitlichen Frachtvertrag**. Die Sonderregelungen der §§ 452 ff. HGB beziehen sich auch auf die **multimodale Beförderung** unter Einbeziehung von See- oder Luftstrecken.[343] Bei der Haftung wird zwischen dem bekannten und unbekannten Schadensort differenziert. Im Fall des **bekannten Schadensortes** findet das Recht derjenigen Teilstrecke Anwendung, auf der sich der Schaden **bekanntermaßen** ereignet hat (§ 452a HGB). Dem gegenüber verbleibt es im Fall des **unbekannten Schadensortes** bei der Anwendung des **allgemeinen Frachtrechts**, also den §§ **425 ff. HGB**.

175

IV. Speditionsgeschäft

Das Speditionsgeschäft ist in den §§ 453 ff. HGB geregelt.

176

1. Begriff des Spediteurs

Nach § 453 Abs. 1 HGB wird der **Spediteur** durch den **Speditionsvertrag** verpflichtet, die Versendung des Gutes zu besorgen. Spediteur i.S.d. HGB ist also derjenige, der die **Versendung besorgt**. Dies bedeutet, dass der Spediteur die Versendung **grds. nicht selbst durchführt**, sondern dies einem **Frachtführer überlässt**, mit dem er im eigenen Namen einen **Frachtvertrag** schließt.[344] Eine **Ausnahme** besteht nur dann, wenn der Spediteur von seinem **Selbsteintrittsrecht** gemäß § 458 HGB Gebrauch macht.

177

Die **Rechtsstellung des Spediteurs** entspricht weitgehend der des Kommissionärs, denn auch der Spediteur tritt für **fremde Rechnung** aber **im eigenen Namen** auf.[345] Wie der Kommissionär steht auch der Spediteur in einem **doppelten Rechtsverhältnis**: Mit seinem Auftraggeber, dem **Versender**, verbindet ihn ein **Speditionsvertrag**. Dem **Frachtführer** (bzw. im Seefrachtgeschäft dem Verfrachter) gegenüber ist er aus dem **Frachtvertrag** verpflichtet. Diese Rechtsbeziehungen soll die nachfolgende Skizze veranschaulichen:[346]

178

---

342 Alpmann, in: AS-Handelsrecht, S. 161.
343 Vgl. Baumbach/Hopt/Merkt, HGB, § 452 Rn. 1.
344 Vgl. Baumbach/Hopt/Merkt, HGB, § 453 Rn. 1.
345 Vgl. Baumbach/Hopt/Merkt, HGB, § 453 Rn. 1.
346 In Anlehnung an Alpmann, in: AS-Handelsrecht, S. 162

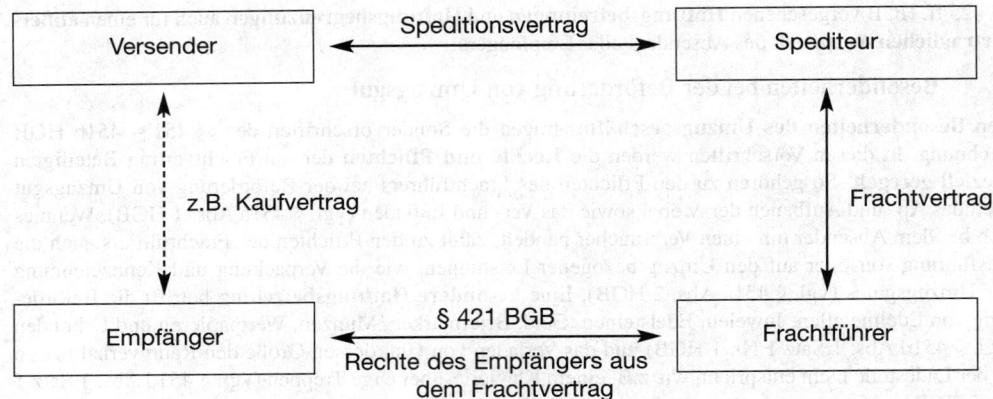

Hinweis:

Zu beachten ist, dass im **allgemeinen Sprachgebrauch** häufig auch solche Personen als **Spediteur** bezeichnet werden, die die Beförderung selbst durchführen sollen und damit **Frachtführer** i.S.d. HGB sind.[347] Deshalb sollte immer dann, wenn jemand als Spediteur bezeichnet wird, geprüft werden, ob nicht doch in Wirklichkeit ein Frachtführer gemeint ist. Für die Abgrenzung zwischen **Spediteur** und **Frachtführer** ist der **Inhalt** des mit dem Versender (Absender) **geschlossenen** Vertrages entscheidend.[348]

179 Ein **Frachtvertrag** liegt vor, wenn nach dem Vertragsinhalt der „Spediteur" nicht nur zur Besorgung der Versendung, sondern **selbst** zur **Durchführung** des Transports verpflichtet ist.[349] Für den Frachtvertrag sprechen Frachtbrief und genaue Vereinbarung des Transports.[350] Sofern jemand selbst zur Durchführung des Transports verpflichtet ist und dabei Frachtführer einschaltet, so wird er nicht zum Spediteur, sondern bleibt selbst Frachtführer. Die von ihm verpflichteten Personen sind dann **Unterfrachtführer**.[351]

Beim **Speditionsvertrag** ist dagegen zwischen den Parteien vereinbart, dass der Spediteur **nur die Versendung** besorgt und **nicht** zur Durchführung des Transports verpflichtet ist.[352] An der Stellung als Spediteur ändert sich auch dann nichts, wenn der Spediteur den Transport aufgrund seines Selbsteintrittsrechts selbst durchführt. In diesem Fall hat er nur hinsichtlich der Beförderung die **Rechte** und **Pflichten** eines **Frachtführers** oder Verfrachters (§ 458 Satz 2 HGB).

2. Rechte und Pflichten des Spediteurs

180 Nach § 453 Abs. 1 HGB ist der Spediteur in erster Linie verpflichtet, „die Versendung des Gutes zu besorgen". Er erbringt damit eine **Organisationsleistung**, die die Bestimmung des Beförderungsmittels und des Weges, die Auswahl der ausführenden Unternehmer und die Anspruchssicherung umfasst (§ 454 HGB).

---

347 Baumbach/Hopt/Merkt, HGB, § 453 Rn. 1.
348 OLG Düsseldorf, NJW-RR 1996, 26; OLG Düsseldorf, VersR 1994, 1254; K. Schmidt, Handelsrecht, § 33 IV 1.
349 BGH, WM 1991, 459.
350 Koller, NJW 1988, 1756.
351 Baumbach/Hopt/Merkt, HGB, § 407 Rn. 18.
352 Vgl. Baumbach/Hopt/Merkt, HGB, § 453 Rn. 1.

Dabei werden regelmäßig zwischen den Parteien des Speditionsvertrages die **Allgemeinen Deutschen** **181**
Speditionsbedingungen (ADSp) als **Allgemeine Geschäftsbedingungen** vereinbart.[353] In der Praxis besonders wichtig, insb. für die Haftungsfrage, sind die **Versicherungspflichten**. ADSp 29 verpflichtet den Spediteur zum Abschluss einer **Speditionsversicherung** zur Deckung von **Schäden**, die auf **Speditionsfehlern** beruhen. Dagegen ist der Spediteur zum Abschluss einer **Transport- und Lagerversicherung nur bei besonderem Auftrag** verpflichtet (ADSp 21).

Gem. § 461 HGB haftet der Spediteur im Wesentlichen **wie ein Frachtführer**. Für das **Verschulden seiner Leute** und **Erfüllungsgehilfen** haftet er gemäß § 462 HGB. Die vom Spediteur beauftragten **Frachtführer** sind **keine Erfüllungsgehilfen** des Spediteurs, da sie nicht die Verbindlichkeiten des Spediteurs gegenüber dem Versender, sondern ihre eigene Verpflichtungen dem Spediteur gegenüber erfüllen.[354] Allerdings ist auch beim **Speditionsgeschäft** die **Drittschadensliquidation** des Spediteurs für den Versender anerkannt.[355] **182**

V. Lagergeschäft

Das Lagergeschäft ist in den §§ 467 ff. HGB geregelt. Eine wichtige Bedeutung hat das Lagergeschäft **183**
vor allen Dingen im **internationalen Handelsverkehr**. Aber auch im nationalen Umfeld kommt die **Einlagerung von Waren bei einem Lagerhalter** vor, da der Unternehmer selbst häufig nicht die dafür notwendigen Räume und Vorrichtungen, wie z.B. Kühlhäuser, besitzt, und die Einlagerung für ihn auch zumeist **praktischer und billiger** ist als die **Selbstlagerung**, zumal er mittels des **Lagerscheins** unter den Voraussetzungen des § 475 g HGB über das eingelagerte Gut verfügen kann.[356]

Das **Lagergeschäft** kommt in verschiedenen Ausprägungen vor, die sich vor allen Dingen hinsichtlich der **184**
Eigentumsverhältnisse am Lagergut unterscheiden:[357]

- bei der **Einzellagerung** (auch **Sonderlagerung** genannt) verbleibt das Lagergut im Eigentum des Einlagerers;
- bei der **Sammellagerung** (auch **Mischlagerung** genannt) wird an den eingelagerten Sachen bei Vermischung (§ 469 Abs. 1 HGB) Miteigentum nach Bruchteilen der vormaligen Alleineigentümer begründet (§ 469 Abs. 2 HGB);
- bei der von § 467 HGB nicht erfassten, sondern unter § 700 BGB fallenden **Sammellagerung** wird der Lagerhalter Eigentümer des eingelagerten Gutes und hat Sachen gleicher Art, Güte und Menge zurückzugewähren.

Durch den **Lagervertrag** wird der **Lagerhalter verpflichtet**, das **Gut zu lagern und aufzubewahren** **185**
(§ 467 Abs. 1 HGB). Das Transportrechtsreformgesetz 1998 hat die Pflichten des Lagerhalters im Wesentlichen unverändert gelassen. **Neu ist die Pflicht des Lagerhalters**, den Einlagerer zu unterrichten und Weisungen einzuholen, wenn nach der Einlagerung Veränderungen an dem Gut entstanden oder zu befürchten sind (§ 471 Abs. 2 HGB).

Die **Hauptleistungspflicht des Einlagerers** besteht darin, die vereinbarte **Vergütung zu zahlen** (§ 467 **186**
Abs. 2 HGB). Unter den Voraussetzungen des § 474 HGB schuldet der Einlagerer dem Lagerhalter auch Aufwendungsersatz. Außerdem treffen den Einlagerer gemäß § 468 HGB **Hinweis- und Unterrichtungspflichten**, wenn gefährliches Gut eingelagert werden soll.

---

353 Vgl. Baumbach/Hopt/Merkt, HGB, § 453 Rn. 17; die aktuellen ADSp finden sich auf der Internetseite der Speditionsverbände www.spediteure.de.
354 BGH, NJW 1974, 1616; RGZ 75, 172; Baumbach/Hopt/Merkt, HGB, § 462 Rn. 1.
355 BGH, NJW 1974, 1616; RGZ 75, 172; Baumbach/Hopt/Merkt, HGB, § 462 Rn. 1.
356 Baumbach/Hopt/Merkt, HGB, § 467 Rn. 1.
357 Vgl. dazu Baumbach/Hopt/Merkt, HGB, § 467 Rn. 1.

187 Bei der **Ausstellung eines Lagerscheins** ist der Lagerhalter zur Auslieferung des Gutes nur gegen **Rückgabe des Lagerscheins** verpflichtet (§ 475e HGB). Aus diesem Grund hat der Lagerhalter die Pflicht zur Prüfung der Sachbefugnis des nicht durch Lagerschein Legitimierten.[358]

188 Nur wenn ihm dies **ausdrücklich gestattet** ist, kann der Lagerhalter das Gut bei **Dritten einlagern** (§ 472 Abs. 2 HGB). Ein solcher Dritter ist **Substitut** – nicht Erfüllungsgehilfe -, mit der Folge, dass der Lagerhalter insoweit nur für ein **Auswahlverschulden** haftet.[359]

189 Die §§ 467 ff. HGB sind weitestgehend **dispositiv**.[360] Grenzen setzt allerdings die Vorschrift des § 475h HGB, wenn der Einlagerer **Verbraucher** ist.

---

358 BGH, NJW 1999, 3487; WM 1984, 1060.
359 Baumbach/Hopt/Merkt, HGB, § 467 Rn. 11.
360 Baumbach/Hopt/Merkt, HGB, § 467 Rn. 15.

8. Kapitel: Internationaler Handelskauf

Inhaltsverzeichnis

		Rn.
A.	Einführung	1
I.	Überblick und Praxisrelevanz	1
II.	Historie	8
B.	Anwendungsbereich	10
I.	Vertragsstaaten	10
II.	Voraussetzungen	12
	1. Kaufverträge über Waren	12
	2. Internationale Geschäfte	21
	a) Niederlassungen	22
	b) Bezug zu einem Vertragsstaat	26
	3. Zeitlicher Anwendungsbereich	28
	4. Vereinbarung zur Geltung des UN-Kaufrechts	29
	a) Ausschluss	29
	b) Vereinbarung der Anwendbarkeit	30
III.	Allgemeine Hinweise	32
C.	Vertragsabschluss	37
I.	Vertragsangebot	38
	1. Vorschlag zum Abschluss eines Vertrages	38
	2. Bestimmtheitserfordernis	39
	3. Bindungswille	41
	4. Zugang	42
	5. Widerrufsmöglichkeit	43
II.	Vertragsannahme	45
	1. Begriff der Annahme	45
	2. Zugang	47
	3. Frist	48
	a) Verspätete Annahme	51
	b) Verspätet zugegangene Annahme	52
	c) Abweichende Annahme	54
III.	Besonderheit: Allgemeine Geschäftsbedingungen	58
	1. Kenntnisverschaffungspflicht des Verwenders	60
	2. Sprachenrisiko	61
	3. Abweichende und kollidierende AGB	62
	4. Auslegung und Inhaltskontrolle von AGB	64

		Rn.
	5. Gerichtsstandsvereinbarungen gemäß Art. 23 EuGVVO	67
D.	Pflichten des Verkäufers	74
I.	Lieferpflicht des Verkäufers	76
	1. Lieferort	80
	a) Versendungskauf	84
	b) Holschuld am Lagerort der Ware	89
	c) Holschuld am Ort der Niederlassung	90
	d) Bringschuld	91
	2. Lieferzeit	92
II.	Gefahrübergang	95
III.	Rechtsbehelfe des Käufers	100
	1. Überblick	100
	2. Einzelne Rechtsbehelfe	104
	a) (Nach-)Erfüllungsanspruch	104
	b) Vertragsaufhebung	107
	c) Minderung des Kaufpreises	108
	d) Schadensersatzansprüche	109
	aa) Voraussetzungen	109
	bb) Umfang und Berechnung des Anspruchs	111
	cc) Sonderproblem: Zinsen	112
	3. Konkurrenz zum nationalen Recht	114
	4. Beweislast	115
E.	Pflichten des Käufers	116
I.	Zahlung des Kaufpreises	118
	1. Inhalt der Kaufpreiszahlungspflicht	119
	2. Währung	121
	3. Weitere Zahlungsmodalitäten	122
	4. Zahlungsklauseln	123
	5. Beweislast	124
II.	Rechtsbehelfe des Verkäufers	125
	1. Überblick	125
	2. Einzelne Rechtsbehelfe	129
	a) Erfüllungsverlangen	129
	b) Vertragsaufhebung	130
	c) Schadensersatz und Zinsen	132
	3. Beweislast	135

Kommentare und Gesamtdarstellungen:

Münchener Kommentar zum Bürgerlichen Gesetzbuch, Bd. 3, 4. Aufl. 2004, Wiener Übereinkommen über den internationalen Warenkauf, 4. Aufl. 2004; *Piltz*, UN-Kaufrecht, 3. Aufl. 2001; *Schlechtriem*, Internationales UN-Kaufrecht, 3. Aufl. 2005; *Thume*, Transport- und Vertriebsrecht 2000, 2000.

Aufsätze und Rechtsprechungsübersichten:

Ferrari, Zum vertraglichen Ausschluss des UN-Kaufrechts, ZEuP 2002, 737; *ders.*, Verzugszinsen nach Art. 78 UN-Kaufrecht, IHR 2003, 153; *Kröll/Hennecke*, Kaufmännisches Bestätigungsschreiben beim internationalen Warenkauf, RabelsZ (67) 2003, 448; *Lurger*, Die wesentliche Vertragsverletzung nach Art. 25 CISG, IHR 2001, 91; *Magnus*,

UN-Kaufrecht und neues Verjährungsrecht des BGB, RIW 2002, 577; **Meyer**, UN-Kaufrecht in der deutschen Anwaltspraxis, RabelsZ (69) 2005, 457; **Piltz**, Neue Entwicklungen im UN-Kaufrecht, NJW 2005, 2126; **ders.**, AGB in UN-Kaufverträgen, IHR 2004, 133; **Ventsch/Kluth**, Die Einbeziehung von allgemeinen Geschäftsbedingungen im Rahmen des UN-Kaufrechts, IHR 2003, 61.

A. Einführung

I. Überblick und Praxisrelevanz

1   Durch das Übereinkommen der Vereinten Nationen vom 11.4.1980 über **Verträge über den internationalen Warenkauf** wurde ein **neues nationales Einheitsrecht** geschaffen. Dieses wird verbreitet als UN-Kaufrecht, als CISG (Convention on the International Sale of Goods) oder auch nach dem Ort des Vertragsschlusses als Wiener Kaufrecht bezeichnet. Es ist mittlerweile in 65 Vertragsstaaten geltendes Recht.[1] Es ist von Amts wegen als **nationales Recht** anzuwenden.[2] In der Bundesrepublik Deutschland ist das UN-Kaufrecht seit dem 1.1.1991 aufgrund des Zustimmungsgesetzes vom 5.6.1989 mit einigen Modifikationen in Kraft getreten. In seinem Anwendungsbereich werden die Vorschriften des internationalen Privatrechts verdrängt.

2   Die **Effektivität des UN-Kaufrechts** wird zum einen dadurch eingeschränkt, dass dessen **Vorschriften abdingbar** sind (vgl. dazu unten Rn. 29). Zum anderen haben viele Vertragsstaaten, unter denen sich auch Deutschland befindet, bei der Übernahme des UN-Kaufrechts in das nationale Recht auf Art. 95 CISG gestützte **Vorbehalte** gemacht. Andere Staaten haben das UN-Kaufrecht nur teilweise in Kraft gesetzt, gemäß Art. 96 CISG Formerfordernisse des nationalen Rechts aufrechterhalten oder auch Teil-Territorien von der Geltung ausgenommen. (vgl. dazu unten Rn. 11).

3   Dennoch darf die **praktische Bedeutung des UN-Kaufrechts** nicht unterschätzt werden. Trotz der genannten Einschränkungen ist die Akzeptanz des UN-Kaufrechts sehr hoch, was nicht nur durch die **Anzahl der Vertragsstaaten**, sondern vor allem durch den Umstand, dass wichtige lateinamerikanische Länder, der überwiegende Teil der europäischen, einige Länder Afrikas und des vorderen Orients sowie vor allem die USA und China Vertragsstaaten sind. Unter diesen sind damit die wichtigsten Handelspartner Deutschlands.[3] Der Schätzung zufolge werden ca. 80 % der deutschen Exporte und ca. 70 % der deutschen Importe mit Vertragspartnern abgewickelt, die in den Vertragsstaaten des UN-Kaufrechts ansässig sind. Bereits aus diesem Grund bestimmt es das wirtschaftliche Leben in den Vertragsstaaten in erheblichem Umfang.

4   Hinzu kommt, dass aufgrund der sog. „**Vorschaltlösung**" in Art. 1 das UN-Kaufrecht (vgl. dazu unten Rn. 26) auch im Verhältnis zwischen Deutschland und Nichtvertragsstaaten das UN-Kaufrecht Anwendung findet, wenn das internationale Privatrecht des Forums zur Anwendung des Rechts eines Vertragstaates führt.

5   Das UN-Kaufrecht ist ferner von erheblicher praktischer Relevanz, weil dessen Bestimmungen auch den Abschluss der in seinen Anwendungsbereich fallenden Verträge regeln. Der praktische Schwerpunkt der Regelungen liegt dabei auf dem **Recht der Leistungsstörungen**, das deutlich intensiver ausgeprägt ist als im Kaufrecht des deutschen BGB.[4]

6   Das UN-Kaufrecht hat zudem eine besondere Bedeutung, da die ansonsten notwendige Bestimmung des **Vertragsstatut durch die Regeln des IPR** zur Anwendung ausländischen Rechts führen könnte, was für den deutschen Vertragspartner oftmals unvorhersehbare Folgen mit sich bringen könnte.

---

1   Piltz, NJW 2005, 2126.
2   MünchKomm-BGB/Westermann, vor Art. 1 CISG Rn. 1.
3   *MünchKomm-BGB*/Westermann, vor Art. 1 CISG Rn. 1.
4   MünchKomm-BGB/Westermann, vor Art. 1 CISG Rn. 1.

A. Einführung

In Deutschland ist ebenso wie in vielen anderen Ländern anerkannt, dass sich internationale Verträge nicht zwingend nach dem Recht des Forums richten, sondern jeweils zu klären ist, **ob und wieweit der internationale Charakter des jeweiligen Vertrages** zu berücksichtigen ist. Deutsche Gerichte wenden dementsprechend nicht auf jeden Vertrag, der einen internationalen Bezug aufweist, deutsches Sachrecht an. Vielmehr muss in diesen Fällen auf das im EGBGB geregelte internationale Privatrecht zurückgegriffen werden. Dort regeln die **Art. 27 ff. EGBGB**, welches Recht für den konkreten Fall zur Anwendung kommt. Dabei geht Art. 27 EGBGB im Grundsatz davon aus, dass die Parteien das **anzuwendende Recht frei wählen** können. Ein typischer Anwendungsfall dieser Regel ist eine Klausel wie „dieser Vertrag unterliegt dem Recht des deutschen BGB/HGB" oder einfacher „**für diesen Vertrag gilt deutsches Recht**". Allerdings sind für derartige **Rechtwahlklauseln** in der Praxis gewisse Einschränkungen zu berücksichtigen. So werden in einigen Ländern wie etwa Brasilien, Uruguay, insb. aber auch in der arabischen Welt Rechtswahlklauseln eingeschränkt oder gar nicht anerkannt. Die Vereinbarung der Anwendung deutschen Rechts mit einem brasilianischen Unternehmen wäre daher weitgehend wertlos. Zudem stellt sich bei Vertragsverhandlungen das **Problem der Verhandlungsstärke**. Es dürfte fraglich sein, ob ein chinesischer Importeur deutscher Maschinen davon überzeugt werden kann, sich in einer Rechtswahlklausel der Anwendung deutschen Rechts zu unterwerfen. Dies ist besonders dann problematisch, wenn der deutsche Exporteur der Maschinen sehr auf das Geschäft mit seinem chinesischen Kunden angewiesen ist. Für diese Fälle bietet das UN-Kaufrecht Abhilfe.

Neben diesen unmittelbaren Auswirkungen ist ferner zu berücksichtigen, dass sich zahlreiche **nationale Gesetzgebungsprojekte am UN-Kaufrecht orientiert** haben. Auf EU-Ebene hat sich die Kommission bei der Schaffung der Richtlinie zum Verbrauchsgüterkauf in wesentlichen Punkten am UN-Kaufrecht orientiert. Bei der Schaffung der Grundregeln des **europäischen Vertragsrechts** wurde das UN-Kaufrecht als „eine besonders ergiebige Inspirationsquelle für die Grundregeln" bezeichnet.[5] Auch die jüngst vorgestellten Principals of European Sales Law beruhen in weiten Teilen auf dem UN-Kaufrecht. Es lässt sich daher abschließend feststellen, dass das UN-Kaufrecht über den unmittelbaren Anwendungsbereich hinaus überall dort von Bedeutung ist, wo über eine Modernisierung oder Vereinheitlichung von allgemeinem Vertragsrecht oder Kaufrecht diskutiert wird. Das UN-Kaufrecht dürfte daher für die zukünftige, insb. **europäische Rechtsentwicklung von erheblicher Bedeutung** sein. Weitere Staaten werden das UN-Kaufrecht in ihre Rechtsordnung integrieren. Auch in der **anwaltlichen Praxis** werden Fragen im Zusammenhang mit dem UN-Kaufrecht eine zunehmende Rolle spielen, wenngleich – und darauf sollte schon zu Beginn hingewiesen werden – die exportierenden Unternehmen dem UN-Kaufrecht und seiner Anwendung zurzeit vielfach kritisch gegenüberstehen.

II. Historie

Ansatzpunkte zu einer Vereinheitlichung des Rechts des internationalen Warenkaufs bestehen bereits seit der **Zeit des Völkerbundes** im Zusammenhang mit den Arbeitsplänen für das im Jahre **1926** gegründete internationale **Institut für die Vereinheitlichung des Privatrechts** (uni droit). Diese Vorhaben sind im Wesentlichen auf Ernst Rabel zurückzuführen. Bereits vor dem zweiten Weltkrieg wurden erste Entwürfe vorgelegt.[6] Ernsthafte Verhandlungen wurden jedoch erst nach dem Krieg aufgenommen. Dies ist darauf zurückzuführen, dass erst im Zuge der **europäischen Rechtsangleichung** einem einheitlichen Kaufrecht Verwirklichungschancen eingeräumt wurden. Ergebnis der Beratung war das aus dem EKG und EAG bestehende „**Haager Kaufrecht**", das im Rechtsverkehr zwischen Deutschland, Italien und den Beneluxländern eine gewisse Bedeutung erlangt hat. Allerdings hatten wichtige Länder wie die USA, Frankreich und Österreich das Abkommen nicht ratifiziert. Großbritannien hatte sich nur mit erheblichen Vorbehalten beteiligt. Im Übrigen hatten weder die Länder der Dritten Welt noch Ostblock-Länder Einfluss auf die Entstehung des Haager-Kaufrechts, was den Eindruck verursacht haben mag, die rechtlichen Regelungen seien zumindest teilweise ausschließlich im Interesse der Industrieländer entwickelt worden. In Art. 5 Abs. 1 des Vertragsgesetzes (Zustimmungsgesetz zum UN-Kaufrecht) hat der deutsche Gesetzgeber beide

---

5   Vgl. Meyer, RabelsZ 2005, 457, 461.
6   MünchKomm-BGB/Westermann, vor Art. 1 CISG Rn. 8.

Gesetze des Haager-Kaufrechts aufgehoben und die Abkommen im Verhältnis zu den übrigen Vertragsstaaten gekündigt, so dass sie heute nicht mehr gelten.

9 Die nachfolgenden **UNCITRAL-Verhandlungen** standen unter der Prämisse, die Fehler und Schwächen des Haager-Kaufrechts nicht zu wiederholen.[7] Sie begannen im Jahre 1968 und führten erst nach 12 Jahren zum Abschluss. Bei den Vorbereitungsarbeiten waren die Vertreter von zunächst 29, später 36 Staaten beteiligt, wobei ein bestimmtes Verhältnis unter den Regionen der Welt angestrebt und auch eingehalten wurde. Die Bundesrepublik Deutschland hatte seit 1974 zunächst aus der Beobachterrolle, dann aber intensiver an den Beratungen mitgewirkt. Auf der **Wiener Konferenz** wurde das Abkommen mit 42 von 62 Stimmen angenommen.

B. Anwendungsbereich

I. Vertragsstaaten

10 Gemäß Art. 1 CISG findet das Übereinkommen Anwendung auf Verträge, deren Parteien ihre **Niederlassung in verschiedenen Vertragsstaaten** haben oder wenn die Regeln des internationalen Privatrechts zur Anwendung des Rechts eines Vertragsstaates führen. Vertragsstaaten sind solche Staaten, die das UN-Kaufrecht als verbindliches Recht übernommen, also innerstaatlich umgesetzt haben.

11 **Hinweis:**

Nachfolgend sind die wichtigsten Staaten aufgeführt, in denen das UN-Kaufrecht bereits gilt. Die oben bereits erwähnten Einschränkungen hinsichtlich der Anwendung des UN-Kaufrechts sind ebenfalls angegeben:

- Ägypten, in Kraft seit 1.1.1988,
- Argentinien, in Kraft seit 1.1.1988,
- Australien, in Kraft seit 1.4.1989,
- Belgien, in Kraft seit 1.11.1997,
- Bosnien-Herzegowina, in Kraft seit 6.3.1992,
- Bulgarien, in Kraft seit 1.8.1991,
- Bundesrepublik Deutschland, in Kraft seit 1.1.1991 (BGBl. 1990 II, S. 1477), jedoch Ausschluss der Anwendung nach Art. 1 Abs. 1 lit. b), wenn die Regeln des Internationalen Privatrechts zur Anwendung des Rechts eines Vertragsstaates führen, der einen Vorbehalt nach Art. 95 erklärt hat (Art. 2 Vertragsgesetz),
- Burundi, in Kraft seit 1.10.1999,
- Chile, in Kraft seit 1.3.1991, Vorbehalt gemäß Art. 96 (Formerfordernisse),
- China, in Kraft seit 1.1.1988;,
- Dänemark, in Kraft seit 1.3.1990,
- Ecuador, in Kraft seit 1.2.1993,
- Estland, in Kraft seit 1.10.1994,
- Finnland, in Kraft seit 1.10.1989,
- Frankreich, in Kraft seit 1.1.1988,
- Gabun, in Kraft seit 1.1.2006,
- Georgien, in Kraft seit 1.9.1995,

---

7 MünchKomm-BGB/Westermann, vor Art. 1 CISG Rn. 9.

- Griechenland, in Kraft seit 1.2.1999,
- Guinea, in Kraft seit 1.2.1992,
- Honduras, in Kraft seit 1.11.2003,
- Irak, in Kraft seit 1.4.1991,
- Italien, in Kraft seit 1.1.1988,
- Jugoslawien, in Kraft seit 1.1.1988,
- Kanada, in Kraft seit 1.5.1992,
- Kirgistan, in Kraft seit 1.6.2000,
- Korea, Republik, in Kraft seit 1.3.2005,
- Kroatien, in Kraft seit 8.10.1991,
- Kuba, in Kraft seit 1.12.1995,
- Lesotho, in Kraft seit 1.1.1988,
- Lettland, in Kraft seit 1.8.1998,
- Litauen, in Kraft seit 1.2.1996,
- Luxemburg, in Kraft seit 1.2.1998,
- Mauretanien, in Kraft seit 1.9.2000,
- Mexiko, in Kraft seit 1.1.1989,
- Moldawien, in Kraft seit 1.11.1995,
- Mongolei, in Kraft seit 1.1.1999,
- Neuseeland, in Kraft seit 1.10.1995,
- Niederlande, in Kraft seit 1.1.1992,
- Norwegen, in Kraft seit 1.8.1989,
- Österreich, in Kraft seit 1.1.1989,
- Peru, in Kraft seit 1.4.2000,
- Polen, in Kraft seit 1.6.1996,
- Rumänien, in Kraft seit 1.6.1996,
- Russland, in Kraft seit 24.12.1991,
- Sambia, in Kraft seit 1.1.1988,
- Schweden, in Kraft seit 1.1.1989,
- Schweiz, in Kraft seit 1.3.1991,
- Singapur, in Kraft seit 1.3.1996,
- Slowakei, in Kraft seit 1.1.1993,
- Slowenien, in Kraft seit 25.6.1991,
- Spanien, in Kraft seit 1.8.1991,
- Syrien, in Kraft seit 1.1.1988,
- Tschechische Republik, in Kraft seit 1.1.1993,
- Uganda, in Kraft seit 1.1.1988,
- Uruguay, in Kraft seit 1.2.2000,
- USA, in Kraft seit 1.1.1988,

- Usbekistan, in Kraft seit 1.12.1997,
- Weißrussland, in Kraft seit 1.11.1990,
- Zypern, in Kraft seit 1.4.2006.

II. Voraussetzungen

1. Kaufverträge über Waren

12 Das UN-Kaufrecht gilt gemäß Art. 1 Abs. 1 CISG **ausschließlich für Kaufverträge über Waren**. Weitere Einschränkungen enthalten Art. 2 und 3.

13 In Anlehnung an Art. 30 und 53 CISG ist ein Kaufvertrag typischerweise durch folgende **Pflichten der Vertragsparteien** charakterisiert:

- der **Verkäufer** hat die Ware zu **liefern** und dem Käufer das **Eigentum** an der Ware zu **übertragen**,
- der **Käufer** ist verpflichtet, die Lieferung **anzunehmen** und **Kaufpreis** zu bezahlen.

Daraus lässt sich ableiten, dass **alle** auch im deutschen Recht **bekannten Gestaltungsmöglichkeiten** in der Form des Kaufvertrages von dem Begriff „Kaufvertrag" i.S.d. **UN-Kaufrechts umfasst** werden. Dazu zählen insb. der **Versendungskauf**,[8] der **Sukzessivlieferungsvertrag**, der Spezifikationskauf, der Kauf auf Probe, der Kauf nach Muster, das Streckengeschäft sowie die Vereinbarung von Vorkaufsrechten, Rückkaufsrechten und Wiederkaufoptionen.

14 **Andere Vertragstypen** wie bspw. Tauschverträge, Kompensationsgeschäfte und Mietverträge sind dagegen **grds. nicht als Kaufverträge** i.S.d. UN-Kaufrechts einzustufen. Die Hauptleistungspflichten dieser Vertragstypen stimmen nicht mit den in Art. 30 und Art. 53 CISG normierten Pflichten überein. **Kompensationsgeschäfte** können ausnahmsweise dann erfasst sein, wenn aufgrund der Auslegung der Vertragsvereinbarung davon auszugehen ist, dass nicht ein einheitliches Kompensationsgeschäft, sondern tatsächlich **mehrere wechselseitige Kaufverträge** geschlossen worden sind. Ein Mietkauf kann dann in den Anwendungsbereich des UN-Kaufrechts fallen, wenn eine Auslegung im konkreten Einzelfall ergibt, dass nicht das Interesse der Parteien an einer Überlassung des Gebrauches im Vordergrund steht, sondern der Schwerpunkt vielmehr auf der endgültigen Überlassung der Sache liegt.

15 **Keine Anwendung** findet das Abkommen ferner auf **Vertriebsverträge**, **Vertragshändlerverträge** und **Agenturverträge**, weil diese lediglich Rahmenvereinbarungen sind, die noch keine konkreten Lieferverpflichtungen begründen. In den Anwendungsbereich des UN-Kaufrechts könnten allerdings die Kaufverträge fallen, welche diese Rahmenverträge konkretisieren.

16 Weitere Voraussetzung für die Anwendung des UN-Kaufrechts ist, dass **Gegenstand des Kaufvertrages Waren** sind. Unter Waren sind dabei körperliche Sachen zu verstehen, die zum Zeitpunkt der Lieferung beweglich sind, wobei auch Sachgesamtheiten erfasst werden. Die Sachen brauchen im Zeitpunkt des Vertragsschlusses noch nicht zu existieren und können zu diesem Zeitpunkt auch noch „unbeweglich", also fest mit dem Boden (z.B. Ernte) oder mit einer Immobilie verbunden sein, wenn sie zur Lieferung ausgebaut oder getrennt werden. Die Trennung kann auch durch den Käufer selbst erfolgen. Daraus ergibt sich, dass Verträge, die die Übertragung von Rechten oder Immobilien zum Gegenstand haben, nicht unter das UN-Kaufrecht fallen. Gleiches gilt für Unternehmenskäufe, weil auch dabei i.d.R. Immobilien sowie immaterielle Werte Vertragsgegenstand sind.

17 **Wissenschaftlich-technische Ergebnisse** (Konstruktionsunterlagen, Forschungsprojekte) sind dann Waren i.S.d. UN-Kaufrechts, wenn sie **schriftlich auf Datenträgern** (Disketten, CD-Rom etc.) fixiert sind. Wenn jedoch erst im Auftrag des Käufers Ergebnisse zusammengetragen und ein Gutachten erstellt werden, so scheitert die Anwendung des UN-Kaufrechts aufgrund Art. 3 Abs. 2 CISG, weil die **Arbeitsleistung wesentlich überwiegt**. Diese Differenzierung gilt auch für das Know-how, sofern es endgültig und nicht zur vorübergehenden Nutzung übertragen wurde.

---

8 BGH, WM 1998, 2077, 2079.

Computerprogramme (Software) werden dann als Ware i.S.d. UN-Kaufrechts eingestuft, wenn sie **mittels eines Datenträgers nutzbar** und durch diesen verkörpert sind. Aber auch in Fällen, in denen die Software nicht auf Datenträgern, sondern z.B. über das Internet verkauft und vom Käufer heruntergeladen oder durch Verkabelung zwei Computer auf den Rechner des Käufers überspielt wird, hat dies keine Auswirkungen auf die Einordnung als Ware. Dies ergibt sich daraus, dass bei wirtschaftlicher Betrachtung ein identischer Vertragsgegenstand vorliegt. Die Anwendbarkeit des UN-Kaufrechts entfällt allerdings bei **Individualsoftware**, also bei eigens für den Käufer hergestellten Computerprogrammen, wegen der Regelung des Art. 3 Abs. 2 CISG.[9] Im Ergebnis bedeutet dies, dass das UN-Kaufrecht regelmäßig **nur für Standardsoftware anwendbar** ist. Auch gewerbliche Schutzrechte fallen als Rechtskäufe nicht unter den Warenbegriff. 18

Nach Art. 2 lit. d) CISG bleiben Kaufgeschäfte über **Wertpapiere** oder **Zahlungsmittel** vom UN-Kaufrecht **ausgeschlossen**. 19

Beispiele:
- *Handel mit Aktien sowie Devisen.*
- *Kaufverträge über Warendokumente, bspw. Konnossements, Ladescheine, Orderlagescheine oder sonstige Traditionspapiere sind hingegen nicht von dieser Ausnahme erfasst, da das eigentliche Objekt in diesem Fall nicht das Papier, sondern die in ihm verbriefte Ware ist.*

Nach Art. 2 lit. e) CISG gilt das UN-Kaufrecht auch nicht für den **Kauf von Schiffen, Luftkissen- oder Luftfahrzeugen**. Gemeint sind hierbei jedoch nur größere Einheiten. Für Bestandteile von Schiffen, Luftkissen oder Luftfahrzeugen ist das UN-Kaufrecht hingegen anwendbar.

Schließlich nimmt Art. 2 lit. f) CISG die **Lieferung von elektrischer Energie** aus dem Anwendungsbereich des UN-Kaufrechts heraus. Der Verkauf anderer als elektrischer Energie, also bspw. Gas und Öl, richtet sich nach UN-Kaufrecht. 20

2. Internationale Geschäfte

Das UN-Kaufrecht **gilt nur für internationale Kaufverträge**, also nicht für Geschäfte innerhalb Deutschlands bzw. innerhalb eines anderen Vertragstaates. Allerdings erfasst das UN-Kaufrecht auch nicht alle internationalen Kaufverträge, sondern beschränkt seinen Anwendungsbereich auf Gestaltungen, die **einen gewissen Bezug zumindest zu einem der Vertragstaaten des UN-Kaufrechts** aufweisen. Ist ein solcher nicht gegeben, muss das für den Vertrag anwendbare Recht auf herkömmliche Weise über das internationale Privatrecht ermittelt werden. 21

a) Niederlassungen

Den maßgeblichen Bezugspunkt für die Anwendbarkeit des UN-Kaufrechts in internationaler Hinsicht bilden die Niederlassungen des Verkäufers bzw. **Käufers**, wobei die **Staatsangehörigkeit der Parteien** für die internationale Qualifizierung ohne Bedeutung ist. Um einen Kaufvertrag als ein internationales Geschäft i.S.d. UN-Kaufrechts zu qualifizieren, kommt es vielmehr allein auf die **räumliche Ansässigkeit des Verkäufers und des Käufers** in unterschiedlichen Staaten an. 22

In vielen Fällen sind die Parteien des internationalen Handels nicht natürliche Personen, sondern vielmehr **Gesellschaften** wie etwa Kommanditgesellschaften und Gesellschaften mit beschränkter Haftung bzw. vergleichbare Gesellschaftsformen ausländischer Rechtsordnungen. Unter einer **Niederlassung** i.S.d. UN-Kaufrechts ist dann nicht nur der **Hauptverwaltungssitz dieser Gesellschaften** zu verstehen. Auch **unselbständige Außenstellen**, über die das Unternehmen tätig ist, kommen als Niederlassungen in Betracht, wenn die **nachfolgenden Kriterien** gegeben sind: 23

- Die Außenstelle muss über eine **gewisse Selbständigkeit und Kompetenz** im Hinblick auf den Abschluss und die Durchführung von Kaufverträgen verfügen. Ein Büro, dessen Aufgabe lediglich darin

---

[9] MünchKomm-BGB/Westermann, Art. 1 CISG Rn. 6.

besteht, neue Kontakte zu knüpfen bzw. Kundenbeziehungen zu erweitern, ohne jedoch konkrete Kaufverträge abzuschließen oder durchzuführen, erfüllt diese Funktion nicht.

- Ferner ist eine **tatsächliche Einrichtung von gewisser Beständigkeit** Voraussetzung. Der kurzfristige Aufenthalt entscheidungsbefugter Mitarbeiter in Räumen eines Büroserviceunternehmens ist dafür ebenso wenig ausreichend wie die Anwesenheit der Geschäftsführung auf einer Messe.
- Kommen mehrere Niederlassungen in Betracht oder kann gar keine Niederlassung ausgemacht werden, ist eine **Entscheidung nach Art. 10** CISG vorzunehmen.

24 Liegen die Niederlassungen von Käufer und Verkäufer in unterschiedlichen Staaten, so handelt es sich um ein **internationales Geschäft**. Allerdings schränkt Art. 1 Abs. 2 CISG den Anwendungsbereich ein. Demnach muss für beide Parteien auch **erkennbar sein**, dass sich die Niederlassung einer Partei im Ausland befindet, ansonsten findet der Auslandsbezug keine Berücksichtigung.[10] Die Nichterkennbarkeit der Niederlassung ist anhand **objektiver Kriterien** zu ermitteln. Die individuelle **Kenntnis oder Unkenntnis** der Parteien ist dabei unerheblich. Ebenso wenig ist erforderlich, dass die erkennbaren Niederlassungsstaaten Vertragsstaaten des UN-Kaufrechts sind und dass die Anwendbarkeit des UN-Kaufrechts den Parteien bewusst oder erkennbar war. Die **Beweislast** in dieser Frage ist nicht ausdrücklich im UN-Kaufrecht geregelt. In Deutschland gilt allerdings wie auch sonst das **Regel-Ausnahmeverhältnis**, weshalb derjenige, der sich auf die Nichterkennbarkeit beruft, diese beweisen muss.

25 Art. 1 Abs. 2 CISG enthält eine **Aufzählung von Umständen**, aus denen die **Internationalität des Kaufvertrages** geschlossen werden kann. Insoweit ist abzustellen auf den Vertrag selbst, Verhandlungen der Parteien vor Vertragsschluss (etwa Mitteilung eines ausländischen Firmensitzes, Lieferung ins Ausland/aus dem Ausland, Verwendung einer Fremdsprache), sonstige Auskünfte einer Partei, die ausdrücklich oder auch konkludent auf die ausländische Niederlassung hinweisen können (wie z.B. Werbeanzeigen), sowie auch frühere Geschäftsbeziehungen. Diese Vorschrift dürfte praktische Relevanz vor allem bei **Kommissionsgeschäften in einer common law-Rechtsordnung** entfalten. Hier kann im Gegensatz zum deutschen Stellvertretungsrecht ein verdeckter Hintermann mit ausländischer Niederlassung Vertragspartner werden, was der Partei dann nicht unbedingt erkennbar ist.

b) Bezug zu einem Vertragsstaat

26 Darüber hinaus muss der Sachverhalt einen beachtlichen Bezug gerade zu den Vertragsstaaten des UN-Kaufrechts aufweisen. Hierzu unterscheidet Art. 1 Abs. 1 CISG **zwei Varianten**:

- Das UN-Kaufrecht kommt **unmittelbar zur Anwendung**, wenn sich die Niederlassungen beider **Parteien in verschiedenen Vertragsstaaten** befinden. Zusätzliche Voraussetzungen sind nicht erforderlich, so dass das UN-Kaufrecht grds. ohne weiteres für einen Kaufvertrag anwendbar ist, der zwischen einem spanischen Unternehmen und einem deutschen Käufer anlässlich eines Messeaufenthalts des spanischen Geschäftsführers in Deutschland über hier bereits lagernde Ware geschlossen wird. Dabei bedarf es auch nicht einer grenzüberschreitenden Waren- oder Zahlungsbewegung oder sonstiger zusätzlicher Komponenten. Ausreichend ist, dass die beteiligten Parteien in verschiedenen Vertragsstaaten niedergelassen sind.
- Zudem kommt das UN-Kaufrecht nach Art. 1 Abs. 1 lit. b) CISG zur Anwendung, wenn die **Vorschriften des internationalen Privatrechts zur Anwendung des Rechts eines Vertragsstaates führen**.[11] Voraussetzung ist natürlich auch für diese Alternative, dass die Parteien ihre Niederlassungen in verschiedenen Staaten haben. Im Übrigen darf auch keiner dieser Staaten einen **Vorbehalt gemäß Art. 95** CISG ausgesprochen haben. Im Gegensatz zu lit. a) wird das UN-Kaufrecht jedoch in lit. b) nicht unmittelbar herangezogen, sondern das Gericht gelangt dazu erst über die vorherige Anwendung der Regeln des IPR (sog. **Vorschaltlösung**).

---

10 MünchKomm-BGB/Westermann, Art. 1 CISG Rn. 5, 12.
11 MünchKomm-BGB/Westermann, Art. 1 CISG Rn. 15.

Für die Anwendung des UN-Kaufrechts aufgrund von Art. 1 Abs. 1 lit. b) CISG ergeben sich aufgrund des deutschen IPR **folgende Konsequenzen**: 27

- Haben die Parteien **rechtlich verbindlich** für den Vertrag die **Maßgeblichkeit des deutschen Rechts** oder die Rechtsordnung eines anderen Vertragsstaates gewählt (denkbare Klauseln wären hierbei: „Für diesen Vertrag gilt deutsches Recht" oder „Die Rechtsbeziehungen der Vertragsparteien unterliegen niederländischem Recht"), so kommt im Regelfall das **UN-Kaufrecht zur Anwendung**. In diesem Zusammenhang ist es unerheblich, ob den Parteien diese Konsequenz bewusst war oder ob sie überhaupt um die Existenz des UN-Kaufrechts wussten. Nur in Fällen, in denen unzweifelhaft feststeht, dass beide Parteien gerade nicht das UN-Kaufrecht, sondern bspw. im Fall der Verweisung auf das deutsche Recht allein die Vorschriften des deutschen BGB/HGB für anwendbar erklären wollten, kann das UN-Kaufrecht ausgeschlossen sein. Allerdings bedarf es hierfür konkreter Indizien. Ansonsten folgert die Rspr. aus **Rechtswahlklauseln** der oben dargestellten Art i.d.R. die **Anwendung des UN-Kaufrechts**.[12]

- Die **Rechtswahl** muss **nicht immer ausdrücklich formuliert** werden, sondern sie kann sich auch **stillschweigend** aus den Umständen ergeben. Indizien sind insoweit bspw. die Vereinbarung eines Gerichtsstandes, eines Erfüllungsortes oder eines Schiedsgerichtes. Für die Anforderung an eine stillschweigende Rechtswahl lassen sich keine festen Regeln aufstellen. Einigkeit besteht lediglich insoweit, dass aus der Vertragssprache, dem Ort des Vertragsabschlusses sowie der für den Kaufpreis vereinbarten Währung in aller Regel keine Rückschlüsse auf eine stillschweigende Rechtswahl möglich sind. Aufgrund dieser Unsicherheiten ist ausdrücklich zu empfehlen, in allen nicht ganz eindeutigen Fällen die **Frage der Geltung des UN-Kaufrechts gezielt anzusprechen** und ausdrücklich zum Inhalt des Kaufvertrages zu machen (vgl. dazu unten Rn. 32).

- Haben die Parteien **weder ausdrücklich noch stillschweigend eine Rechtswahl getroffen** und handelt es sich nicht um einen Fall des Art. 1 Abs. 1 lit. a) CISG, so ist nach deutschem Internationalem Privatrecht typischerweise die **Rechtsordnung des Verkäufers maßgeblich, Art. 28 EGBGB**, da dieser die für den Vertrag **charakteristische Leistung** erbringt. Hat der Verkäufer seine Niederlassung in Deutschland, verweist Art. 28 Abs. 2 i.V.m. Abs. 1 EGBGB auf die Rechtsordnung des Verkäufers. Hat der Verkäufer seine Niederlassung in Deutschland, so ist demnach deutsches Recht anwendbar. I.V.m. Art. 1 Abs. 1 lit. b) CISG ergibt sich dann die Anwendung des UN-Kaufrechts. In **Exportgeschäften**, für die eine abweichende Rechtswahl nicht besteht, muss demzufolge fast immer mit der **Anwendung des UN-Kaufrechts** gerechnet werden. Für Importgeschäfte hingegen führt Art. 1 Abs. 1 lit. b) CISG i.V.m. Art. 28 EGBGB typischerweise dann zur Anwendbarkeit des UN-Kaufrechts, wenn der ausländische Verkäufer seine Niederlassung in einem Vertragsstatus des UN-Kaufrechts hat. Hat zudem der Importeur seine Niederlassung in der Bundesrepublik Deutschlands, so ergibt sich die Geltung des UN-Kaufrechts bereits aus Art. 1 Abs. 1 lit. b) CISG.

3. Zeitlicher Anwendungsbereich

Das UN-Kaufrecht ist **zu unterschiedlichen Zeitpunkten** für die verschiedenen Vertragsstaaten **in Kraft getreten**. Je nach Lage des Falles muss daher untersucht werden, ob der zu beurteilende Sachverhalt in den zeitlichen Anwendungsbereich des UN-Kaufrechts fällt. **Hierzu gilt folgende Regelung**: 28

- Gemäß Art. 100 Abs. 1 CISG sind die Bestimmungen des UN-Kaufrechts zum Vertragsabschluss nur dann **anwendbar**, wenn dieser nicht **vor dem Stichtag angeboten** wurde. Im Fall des Art. 1 Abs. 1 lit. a) CISG darf das Angebot nicht vor dem Tag abgegeben worden sein, an dem das UN-Kaufrecht in den betreffenden Vertragsstaaten in Kraft getreten ist. Bezogen auf einen Kaufvertrag zwischen einem deutschen Käufer und einem peruanischen Exporteur bedeutet dies, dass die Abschlussregeln des UN-Kaufrechts nur eingreifen, wenn das Vertragsangebot nicht vor dem 1.4.2000 verschickt wurde. Für die Anwendungsvariante des Art. 1 Abs. 1 lit. b) CISG ist hingegen der **Zeitpunkt des In-Kraft-Tretens** lediglich für den Staat maßgeblich, auf dessen Rechtsordnung die Bestimmungen des internationalen Privatrechts verweisen.

---

12 BGH, NJW 1999, 1259.

- Betreffend alle **sonstigen Regeln des UN-Kaufrechts** (ausgenommen die des Vertragsabschlusses) ist gemäß Art. 100 Abs. 2 CISG nicht der Zeitpunkt des Vertragsangebotes, sondern vielmehr der **Zeitpunkt des Vertragsabschlusses** maßgeblich. Auch hier ist zu beachten, dass ebenso wie bei Art. 100 Abs. 1 CISG je nach Anwendungsvariante des Art. 1 Abs. 1 lit. a) CISG oder Art. 1 Abs. 1 lit. b) CISG unterschiedliche Zeitpunkte zu beachten sind. Dies bedeutet konkret: ab dem 1.2.2000 angebotene und abgeschlossene Geschäfte zwischen Parteien mit Sitz in Deutschland und Uruguay unterfallen nach Art. 1 Abs. 1 lit. a) CISG i.V.m. Art. 100 CISG dem UN-Kaufrecht. Für die Zeit vor diesem Datum ist hingegen die Anwendungsvariante des Art. 100 Abs. 1 lit. a) CISG nicht einschlägig, weil das UN-Kaufrecht für Uruguay erst zum 1.2.2000 in Kraft getreten ist. Gleichwohl kann gemäß Art. 1 Abs. 1 lit. b) CISG der Export eines deutschen Unternehmens nach Uruguay auch bereits vor diesem Zeitpunkt nach UN-Kaufrecht zu beurteilen sein, wenn Art. 28 EGBGB zur Anwendung der deutschen Rechtsordnung führt; für vor dem 1.2.2000 abgeschlossene Importgeschäfte dürfte allerdings auch in dieser Anwendungsvariante im Zweifel das Recht von Uruguay gelten, weil Art. 28 EGBGB, anknüpfend an die Hauptniederlassung, i.d.R. auf das Recht von Uruguay verweist.

4. Vereinbarung zur Geltung des UN-Kaufrechts

a) Ausschluss

29 Die Regelungen des UN-Kaufrechts sind **disponibel**, die Parteien können nach Art. 6 CISG durch vertragliche Einigung die Anwendung des vereinheitlichten Kaufrechts **abändern oder ausschließen**.[13] Für diese Vereinbarung sind die Vorschriften über den Vertragsschluss (Art. 14 – 24 CISG) maßgeblich. Erforderlich ist dabei stets, dass der **Wille der Parteien** mit hinreichender Sicherheit zum Ausdruck gebracht wird. Dies kann sowohl ausdrücklich als auch stillschweigend erfolgen. Der Ausschluss kann auch durch eine **Rechtswahlvereinbarung**, die das Recht eines Nichtvertragsstaates betrifft, erklärt werden. Betrifft sie hingegen das Recht eines Vertragsstaates, so muss gesondert deutlich gemacht werden, dass das UN-Kaufrecht keine Anwendung finden soll. Die Vereinbarung, dass deutsches Recht anwendbar sein soll, ist insoweit nicht ausreichend, weil auch das UN-Kaufrecht **Bestandteil des innerstaatlichen Rechts** ist.[14] Der Ausschluss des UN-Kaufrechts kann auch **noch im Rahmen eines Prozesses** erfolgen, auch hier ist wiederum erforderlich, dass der Ausschlusswille der Parteien unmissverständlich zum Ausdruck kommt.

b) Vereinbarung der Anwendbarkeit

30 Andererseits ist es auch möglich, das UN-Kaufrecht über seinen eigentlichen Anwendungsbereich hinaus als die maßgebliche Rechtsordnung zu vereinbaren (sog. „**opting in**"[15]). Hierfür kann insb. die Erwägung sprechen, auf diese Weise für Export- bzw. Importunternehmen einen **einheitlichen** rechtlichen, auf dem UN-Kaufrecht aufbauenden **Rahmen für die Abwicklung aller internationalen Liefergeschäfte** festzulegen, der nicht davon beeinflusst wird, ob der andere Vertragspartner nun gerade in einem Vertragsstaat des UN-Kaufrechts ansässig ist. Sinnvoll kann die Vereinbarung des UN-Kaufrechts auch dann sein, wenn Unsicherheiten in Bezug auf die Eröffnung des Anwendungsbereichs (vgl. bspw. Art. 2 sowie Art. 3 Abs. 2 CISG) vorliegen. Auf diese Weise gewinnen die Parteien **Klarheit**, welches Recht für ihre Beziehung gilt.

31 Für eine derartige Vereinbarung des UN-Kaufrechts, die über dessen gesetzlichen Anwendungsbereich hinausgeht, bedarf es allerdings einer **sorgfältigen Überprüfung des internationalen Privatrechts** der betroffenen Staaten. Außerhalb des gesetzlich vorgegebenen Geltungsumfangs des UN-Kaufrechts kann seine Anwendbarkeit nämlich nur auf **besonderen Absprachen** zwischen den Parteien beruhen. Für diese ist eine entsprechende Befugnis erforderlich, die wiederum einer Grundlage in den jeweils betroffenen Rechtsordnungen bedarf. Zwar wird in vielen Ländern vertreten, dass die Parteien für ihre kaufrechtlichen Beziehungen das maßgebliche Recht im wesentlichen frei wählen können, woraus sich ergibt, dass Käu-

---

13 MünchKomm-BGB/Westermann, Art. 6 CISG Rn. 1; ausführlich Ferrari, ZEuP 2002, 737, 738.
14 Vgl. für Deutschland BGH, NJW 1997, 3309 ff.
15 Vgl. MünchKomm-BGB/Westermann, Art. 6 CISG Rn. 12.

III. Allgemeine Hinweise

Beabsichtigen die Vertragsparteien, die **Geltung des UN-Kaufrechts in jedem Fall auszuschließen** (vgl. dazu oben Rn. 29) und stattdessen die Geltung eines nationalen Rechts zu vereinbaren, so kann **folgende Formulierung** gewählt werden:

Formulierungsbeispiel: Abbedingung des UN-Kaufrechts

> Für den vorliegenden Vertrag gilt ausschließlich unvereinheitlichtes deutsches Recht, namentlich das BGB/HGB. Die Bestimmungen des Wiener UN-Übereinkommens vom 11.4.1980 über Verträge über den internationalen Warenkauf (UN-Kaufrecht/CISG) finden keine Anwendung.

In gewissen Fällen dürfte es allerdings sinnvoller sein, das UN-Kaufrecht **nicht vollständig auszuschließen**, sondern von der vorgegebenen Geltung des UN-Kaufrechts auszugehen und sodann gestützt auf Art. 6 CISG die **nicht gewünschten Regelungen entsprechend anzupassen**. Selbst falls das UN-Kaufrecht nicht ausgeschlossen werden soll, ist eine vertragliche Rechtsanwendungs-Klausel aus bereits genannten Gründen der Rechtssicherheit zu empfehlen. In deren Rahmen kann auch bestimmt werden, welches Recht für die Rechtsfragen gelten soll, die nicht durch das UN-Kaufrecht geregelt werden:

Formulierungsbeispiel: Teilweise Abbedingung des UN-Kaufrechts

> Für den Vertrag gilt das Übereinkommen der Vereinten Nationen vom 11.4.1980 über die Verträge über den internationalen Warenkauf (UN-Kaufrecht/CISG) in der englischsprachigen Fassung. Außerhalb der Geltung des UN-Kaufrechts bestimmen sich die Rechtsbeziehungen der Parteien nach dem deutschen Recht.

Soll das UN-Kaufrecht im Verhältnis zu Geschäftspartnern Anwendung finden, die ihre Niederlassung außerhalb der Vertragsstaaten des UN-Kaufrechts haben, so ist jeweils aus der Sicht des dortigen Rechts zu überprüfen, ob und in welchem Umfang die Vereinbarung des UN-Kaufrechts rechtlich gestattet wird.

C. Vertragsabschluss

Im Rahmen des Vertragsabschlusses bedient sich das UN-Kaufrecht vieler Regeln und **Rechtsinstitute, die sich bereits im BGB** befinden. Dennoch gibt es auch leichte Abweichungen, die in der Praxis von nicht unerheblicher Bedeutung sind.

I. Vertragsangebot

1. Vorschlag zum Abschluss eines Vertrages

Ein Vertrag kommt zustande durch ein **Vertragsangebot einerseits** und die **korrespondierende sowie rechtzeitige Vertragsannahme andererseits**. Für das Angebot als empfangsbedürftige Willenserklärung sind die nach dem IPR maßgeblichen nationalen Vorschriften über Geschäftsfähigkeit, Willensmängel und Vertretungsmacht zu beachten. Zu berücksichtigen sind ggf. auch nach nationalem Recht bestehende **Vorschriften des Verbraucherschutzes**. Die Auslegung des Angebots bestimmt sich nach Art. 8 CISG.

Eine nicht an einen bestimmten Adressaten gerichtete Erklärung ist kein Angebot, sondern lediglich eine **Publikumsofferte**. Ergibt sich hingegen aus den Umständen, dass der Erklärende ungeachtet der Person des Erklärungsempfängers zum Vertragsschluss bereit ist, so ist auch eine solche Erklärung nach Art. 14 Abs. 2 CISG als Angebot zu betrachten.

2. Bestimmtheitserfordernis

39 Nach Art. 14 CISG ist weiter erforderlich, dass das Angebot **inhaltlich genügend bestimmt** ist. Demnach ist eine Einigung über die **essentialia negotii** Voraussetzung. Das Gesetz verlangt zum einen als Mindestinhalt des Angebots, dass **Ware und Menge bestimmt** oder zumindest bestimmbar sind. Allerdings können darüber hinaus im Einzelfall auch weitere Regelungen, etwa über Leistungsort und -zeit, zu den Mindestinhalten zählen. Eine ausdrückliche Vereinbarung ist dafür nicht zwingend erforderlich. Ausreichend ist, dass eine Festsetzung ggf. auch im Wege der Auslegung möglich ist. Dem **Bestimmbarkeitserfordernisse** ist Genüge getan, wenn auf ein Angebot verwiesen wird. Dasselbe gilt, wenn die konkrete Bestimmung durch einen Dritten erfolgen soll.

40 Des Weiteren verlangt Art. 14 CISG – anders als das deutsche BGB – ausdrücklich auch **Bestimmbarkeit im Hinblick auf den für die Ware zu zahlenden Preis**. Allerdings ist dabei eine Bezugnahme bspw. auf Preislisten oder Kataloge ausreichend. Lässt sich jedoch anhand der von den Parteien getroffenen Absprachen nebst der äußeren Umstände der Vertragsverhandlungen ein bestimmter Preis nicht ermitteln, so kann dieser Mangel dazu führen, dass **kein wirksames Angebot** i.S.d. Art. 14 CISG vorliegt. Liefert in diesen Fällen der Verkäufer dennoch, so riskiert er, keine rechtliche Grundlage für die Geltendmachung des Kaufpreises zu haben.

3. Bindungswille

41 Darüber hinaus verlangt das Gesetz, dass der **subjektive Bindungswille** des Erklärenden **nach außen hin erkennbar** zum Ausdruck kommt. Dabei ist gemäß Art. 8 CISG der **Empfängerhorizont** maßgeblich. Der Anbietende hat die Möglichkeit, eine Bindung auszuschließen. Dies setzt jedoch voraus, dass dies ausdrücklich geschieht („**frei bleibend**") oder sich aus den Umständen ergibt. Letzteres gilt etwa für Werbung bzw. Kataloge. Demgegenüber wird das Übersenden einer angefragten pro forma Rechnung gewöhnlich als Angebot zum Abschluss eines Vertrages verstanden.[16]

4. Zugang

42 Das Angebot wird gemäß Art. 15 Abs. 1 CISG wirksam, sobald es dem Empfänger gemäß Art. 24 CISG **zugeht, d.h. in seinen Verantwortungsbereich gelangt**. Etwas anderes gilt gemäß Art. 15 Abs. 2 CISG nur dann, wenn den Empfänger des Angebotes spätestens bis zu diesem Zeitpunkt eine Erklärung des Anbietenden erreicht, der zufolge das Angebot nicht aufrechterhalten werden soll.

5. Widerrufsmöglichkeit

43 Neben der Rücknahme gemäß Art. 15 CISG eröffnet Art. 16 CISG zusätzlich die dem deutschen Recht nicht bekannte Möglichkeit, das **Angebot zu widerrufen, obwohl es dem Empfänger bereits vorliegt**. Die Ausübung des Widerrufs ist allerdings nur **bis zur Absendung der Annahmeerklärung** möglich.[17] Ein danach erklärter Widerruf ist ohne Wirkung. Den Zeitpunkt des Zugangs hat der Anbietende zu beweisen, der Annehmende trägt hingegen die **Beweislast** für die Absendung der Annahmeerklärung vor Zugang des Widerrufs. Allerdings ist ein Widerruf nicht möglich, wenn der Anbietende auf diese Möglichkeit verzichtet hat oder sich aus den sonstigen Umständen ergibt, dass ein Widerruf des Angebots nicht in Betracht zu ziehen war.

44 Soll ein derartiger Verzicht im **Geschäftsverkehr mit angloamerikanischen Staaten** vereinbart werden, so ist zu beachten dass der dortige Rechtskreis in recht großzügiger Weise den Widerruf einer bereits zugegangenen Erklärung gestattet. So versteht bspw. der US-amerikanische Jurist eine Erklärung wie etwa „...gültig bis zum..." nicht als Verzicht auf die Möglichkeit des Widerrufs. Es ist daher erforderlich dass der Anbietende jedenfalls für einen gewissen Zeitraum **ausdrücklich auf die Widerrufsmöglichkeit verzichtet**.

---

16 MünchKomm-BGB/Gruber, Art. 14 CISG Rn. 6.
17 MünchKomm-BGB/Gruber, Art. 16 CISG Rn. 5.

II. Vertragsannahme

1. Begriff der Annahme

Die Annahme kann durch eine **ausdrückliche Erklärung** erfolgen, deren Wirksamkeit sich nach nationalem Recht beurteilt. Gemäß Art. 18 Abs. 1 CISG kann es für eine Annahme auch ausreichen, dass die Zustellung durch eine **schlüssige Handlung**, etwa durch Absendung der bestellten Ware oder Eröffnung des von dem Verkäufer gewollten Akkreditivs, zum Ausdruck gebracht wird. Eine wirksame Annahme liegt allerdings nur dann vor, wenn sich aus dieser die Zustimmung zum Angebot deutlich ergibt. Dies ist bei **bloßem Schweigen** oder Untätigkeit nicht der Fall. Der auf ein Vertragsangebot schlicht untätig bleibende und in keiner Weise reagierende Kaufmann hat daher **keine rechtlichen Konsequenzen** zu befürchten.

Gemäß Art. 18 Abs. 3 CISG kann etwas anderes aber dann gelten, wenn **zusätzliche Faktoren** hinzutreten. Hat sich bspw. aufgrund einer längeren Geschäftsverbindung eine **Gepflogenheit** entwickelt oder aber haben die Parteien sogar vereinbart, dass **Schweigen als Zustimmung** gewertet werden soll, so ist Folge des Schweigens ausnahmsweise das Zustandekommen des Vertrages. Rechtserheblich kann das Schweigen auch dann sein, wenn dahingehende Gebräuche festgestellt werden. Insoweit ist allerdings gemäß Art. 9 Abs. 2 CISG zum einen erforderlich, dass der betreffende Brauch im internationalen Handel des betreffenden Geschäftszweiges weithin bekannt ist und regelmäßig Beachtung findet. Zum anderen ist notwendig, dass die Parteien diesen Brauch kannten oder kennen mussten. Demzufolge kann auch das aus dem deutschen Recht bekannte Schweigen auf ein kaufmännisches Bestätigungsschreiben nur dann zu einem Vertragsschluss nach UN-Kaufrecht führen, wenn die Voraussetzungen nach Art. 9 Abs. 2 CISG erfüllt sind und im Zweifel von der sich darauf berufenden Partei bewiesen werden können.[18]

2. Zugang

Voraussetzung für eine wirksame Annahme ist ferner gemäß Art. 18 Abs. 2 CISG, dass die **Annahmeerklärung** gemäß Art. 24 CISG dem Anbietenden **zugeht**. Ebenso wie im deutschen Recht ist für den Zugang dabei **nicht erforderlich**, dass der Adressat die Annahmeerklärung tatsächlich zur **Kenntnis** nimmt.

Die nicht ausdrücklich formulierte, sondern durch eine **schlüssige Zustimmung** signalisierende Handlung erklärte Annahme, kann hingegen nach Art. 18 Abs. 3 CISG in bestimmten Situationen bereits im Zeitpunkt der Vornahme der Maßnahme wirksam werden.[19]

3. Frist

Ferner ist Voraussetzung für eine wirksame Annahme, dass entweder die Annahmeerklärung **fristgerecht** zugeht oder die schlüssige, nicht zugangsbedürftige Annahmehandlung i.S.d. Art. 18 Abs. 3 CISG innerhalb der Frist erfolgt.

Sofern der Anbietende eine **Frist** gesetzt hat, bestimmt sich deren **Bemessung** nach Art. 20 CISG. Demzufolge beginnt die in einem Brief gesetzte Frist bereits mit dem in dem Brief angegebenen Datum und nicht erst mit dem Zugang des Briefes bei dem Empfänger zu laufen. Sieht das Angebot hingegen **keine Frist** für die Annahme vor, so bestimmt Art. 18 Abs. 2 CISG, dass die Annahme innerhalb einer **angemessenen Zeit** zugehen muss. Im Regelfall dürfte von einem Zeitraum von **zwei bis drei Wochen** ausgegangen werden, sofern eine Dringlichkeit nicht erkennbar ist. Dieser Zeitraum kann sich in Abhängigkeit von der Art des verwendeten Kommunikationsmittels oder nach der Art des Einzelfalles verkürzen oder verlängern, mehr als sechs Wochen sind aber in keinem Fall angemessen.[20] Um diese Unsicherheit zu vermeiden, empfiehlt es sich, eindeutige Fristen zu setzen. Handelt es sich um ein mündlich vorgetragenes Angebot, so muss dieses im Zweifel sofort angenommen werden (Art. 18 Abs. 2 Satz 3 CISG).

---

18   Kröll/Hennecke, RabelsZ 2003, 448, 565.
19   MünchKomm-BGB/Gruber, Art. 18 CISG Rn. 8.
20   MünchKomm-BGB/Gruber, Art. 18 CISG Rn. 19.

50 Wird die Annahme **verspätet** erklärt, so bestimmt Art. 21 CISG die von Fall zu Fall **unterschiedlichen Konsequenzen**:

a) Verspätete Annahme

51 Bei einer verspäteten Annahme kommt der **Vertrag nicht zustande**. Allerdings kann der Anbietende die verspätete Annahme **billigen**, indem er das darin enthaltene **neue Angebot annimmt**. Obwohl diese Regelung dem § 150 Abs. 1 BGB vergleichbar ist, handelt es sich bei dieser Billigung nicht um eine zugangsbedürftige Annahmeerklärung. Ausweislich des Gesetzeswortlauts ist bereits die Absendung auf schriftlichem oder mündlichem bzw. fernmündlichem Wege ausreichend. Diese muss darüber hinaus **unverzüglich erfolgen**. Insoweit ist zu berücksichtigen dass der Anbietende die Erklärung des Annehmenden zwar nicht inhaltlich neu bewerten muss, allerdings angesichts des verspäteten Zugangs sich auch nicht mehr auf die Annahmeerklärung einstellen musste und daher nunmehr zu prüfen hat, ob der Vertrag auch jetzt noch sinnvoll ist. Aus diesem Grund ist ihm eine **kurz bemessene Überlegungsfrist** einzuräumen. Dabei dürften mehr als zwei Werktage ab Zugang der Annahmeerklärung i.d.R. zu lang sein.[21] Ist die Bestätigungserklärung nach Art. 21 Abs. 1 CISG verspätet, kann sie allerdings unter Umständen als eigenes (erneutes) Angebot zu werten sein. Wird hingegen die Billigung rechtzeitig erklärt, so gilt der Vertrag als mit dem Zugang der verspäteten Annahmeerklärung zustande gekommen. Mit anderen Worten **wirkt die Bestätigungserklärung auf den Zeitpunkt des Zugangs** der Annahme zurück und führt insoweit zu einer rechtsgeschäftliche Heilung des erloschenen Angebotes.

b) Verspätet zugegangene Annahme

52 Handelt es sich hingegen um eine lediglich verspätet zugegangene Annahme, wurde die Erklärung also rechtzeitig abgesandt und ist dem Anbietenden auch **erkennbar**, dass es lediglich zu einer **Transportverzögerung** gekommen ist, so bleibt es im Grundsatz dabei, dass das **Vertragsangebot wirksam angenommen** und der Vertrag damit geschlossen ist.

53 Allerdings hat gemäß Art. 21 Abs. 2 CISG der Anbieter, also der Empfänger der verspätet zugegangenen Annahmerklärung, die Möglichkeit, den **Vertragsschluss zu unterbinden**. Voraussetzung ist insoweit, dass der Empfänger die andere Vertragspartei **unverzüglich** dahingehend **informiert**. Auch hier dürfte davon auszugehen sein, dass zwei Werktage i.d.R. nicht mehr unverzüglich sind. Die Erklärung muss nur abgesandt werden, ist also ebenfalls nicht zugangsbedürftig. Teilweise wird in Analogie zu Art. 27 CISG gefordert, dass sie mit einem nach den Umständen **geeigneten Mittel überbracht** wird.[22] Daran kann es bspw. dann fehlen, wenn der Anbietende die Erklärung mit demselben Mittel überbringt wie der Annehmende, obwohl die für die Verzögerung der Annahmeerklärung ursächlichen Transportrisiken – etwa ein Streik – weiterhin bestehen.

c) Abweichende Annahme

54 Nach dem Recht des deutschen BGB geht eine Annahmeerklärung mit inhaltlichen Abweichungen als **Ablehnung des Angebotes und gleichzeitig** als auf den **Abschluss eines Vertrages mit modifiziertem Inhalt** gerichtetes Gegenangebot. Das UN-Kaufrecht ist dieser Systematik nur teilweise gefolgt und unterscheidet vielmehr danach, ob es sich um eine **wesentliche Abweichung** handelt oder nicht. Zuvor bedarf es allerdings der Feststellung, ob die Annahme überhaupt eine Abweichung enthält. Denn auch wenn einzelne Punkte im Angebot nicht ausdrücklich geregelt sind, können diese dennoch gemäß Art. 8 Abs. 3 und Art. 9 CISG darin einbezogen sein. So stellt bspw. der Eigentumsvorbehalt in der Annahmeerklärung des Verkäufers keine Abweichung dar, wenn dies den **Gepflogenheiten** entspricht.

55 Handelt es sich um eine Annahme, die nur **unwesentliche Ergänzungen** oder Abweichungen enthält, so wird unter Berücksichtigung der Bedürfnisse des Handelsverkehrs die in Art. 19 Abs. 2 CISG geregelte **Rügeobliegenheit** des Anbietenden begründet. Den Regeln über das **kaufmännische Bestätigungsschreiben** vergleichbar kommt der Vertrag zu den geänderten Bedingungen zustande, wenn der Anbie-

---

21 MünchKomm-BGB/Gruber, Art. 21 CISG Rn. 7.
22 MünchKomm-BGB/Gruber, Art. 21 CISG Rn. 19 m.w.N.

tende die fehlende Übereinstimmung nicht unverzüglich beanstandet. Die Beanstandung kann mündlich oder durch Absendung einer Erklärung erfolgen. Auch hier wird in Analogie zu Art. 27 CISG gefordert, dass die Beanstandung auf einem den Umständen nach tauglichem Weg übermittelt wird.[23] Unverzüglich ist die Beanstandung dann, wenn sie ohne vermeidbaren Aufschub abgesendet wird.

Sind die in der Annahmeerklärung enthaltenen Abweichungen hingegen von **wesentlicher Bedeutung**, so gilt die modifizierte Annahmeerklärung als **Ablehnung des ursprünglichen Angebots**, die mit einem Gegenangebot verbunden ist. Durch die Ablehnung erlischt das Angebot (Art. 17 CISG). Das Verfahren der Vertragsverhandlung nimmt indes seinen Fortgang, indem der Urheber des ersten Angebots nun seinerseits annehmen oder ablehnen kann. Die **Annahme des Gegenangebots** bestimmt sich nach Art. 18 CISG. Dies bedeutet wiederum, dass sie auch der ursprünglich Anbietende durch schlüssiges Verhalten auf die Änderungswünsche der anderen Seite einlassen kann. Er muss ggf. Sorge dafür tragen, dass die Vorbereitungshandlung für die Erfüllung, die er bereits auf der Grundlage seines ursprünglichen Angebots in die Wege geleitet hatte, nicht als **schlüssige Annahme des Gegenangebots** gedeutet werden kann. 56

Abstrakte Kriterien für die **Abgrenzung** der unwesentlichen von den wesentlichen Abweichungen lassen sich nicht aufstellen. Beispiele für wesentliche Änderungen sind in Art. 19 Abs. 3 CISG genannt. Im Einzelnen ist hier allerdings streitig, ob diese Kriterien eine widerlegbare oder eine nicht widerlegbare Vermutung begründen.[24] Neben dieser Regelung des Abs. 3 kann die Wesentlichkeit von Abweichungen im Rahmen des Abs. 2 nur unter Berücksichtigung aller Umstände des Einzelfalles ermittelt werden. Dies ist unter Einbeziehung der mit Abs. 2 verbundenen Rechtsfolge zu beurteilen. Demnach kann nur eine solche Änderung **unwesentlich** sein, bei der dem Anbietenden i.S.d. Abs. 2 **zugemutet werden kann, durch ein unverzügliche Beanstandung bzw. Absendung einer Mitteilung zu reagieren**. Insoweit sind vergleichbare Kriterien wie sie für die Frage des genehmigungsfähigen aliuds i.S.d. § 378 2. Halbs. HGB a.F. entwickelt wurden, maßgeblich. Als **wesentlich** anzusehen sind bspw. Forderungen in Bezug auf eine Zahlungssicherung, Rücktritts- und Widerrufsrechte, Garantien in Bezug auf die Erfüllung solcher Vertragspflichten, die nicht als „wesentlich" i.S.d. Art. 25 CISG (vgl. dazu unten Rn. 105 ausführlich) anzusehen wären sowie die teilweise Ausschließung oder Abminderung von Regelungen des UN-Kaufrechts. Wesentlich dürften auch Rechtswahlklauseln sowie Schieds- und Zuständigkeitsklauseln sein. 57

III. Besonderheit: Allgemeine Geschäftsbedingungen

Das Zusammenspiel von **Allgemeinen Geschäftsbedingungen (AGB)** und dem UN-Kaufrecht ist in der Praxis von erheblicher Bedeutung. Die Frage der **Einbeziehung** und der **Inhaltskontrolle** bereiten **erhebliche Probleme**, die jeweils am Einzelfall genau zu prüfen sind. 58

Die Einbeziehung von AGB in einem dem UN-Kaufrecht unterfallenden Kaufvertrag beurteilt sich, soweit kein Ausschluss dieses Rechts zwischen den Parteien vorliegt, nach den **Bestimmungen des UN-Kaufrechts und nicht nach den §§ 305 ff. BGB**.[25] Die überwiegende Meinung greift insoweit auf Art. 14 CISC i.V.m. Art. 8 CISC zurück.[26] Das bedeutet, dass die AGB-Klauseln ebenso wie die sonstigen Vertragsinhalte in das zum Vertragsabschluss führende Vertragsangebot und damit in die vertraglichen Absprachen der Parteien aufgenommen werden müssen. In Anlehnung an die bereits dargestellten Grundsätze ergibt sich Folgendes: 59

- die AGB-Klauseln müssen dem Vertragspartner bis zum Zeitpunkt der Erklärung der Vertragsannahme **vorliegen**,
- der AGB-Verwender muss dem Vertragspartner bis zum Zeitpunkt der Erklärung der Vertragsannahme deutlich machen, dass die **AGB Teil seines Vertragsangebotes sind**,

---

23 MünchKomm-BGB/Gruber, Art. 19 CISG Rn. 15.
24 Vgl. dazu ausführlich MünchKomm-BGB/Gruber, Art. 19 CISG Rn. 7 f.
25 BGH, NJW 2002, 370.
26 Ventsch/Kluth, IHR 2003, 61, 62 m.w.N.

- die Vertragsannahme durch den anderen Vertragspartner muss in zu vermutender **Kenntnis des Geltungshinweises** auf die vorliegenden AGB erklärt werden.

1. Kenntnisverschaffungspflicht des Verwenders

60 Für das UN-Kaufrecht besteht im Gegensatz zum deutschen Recht eine **Kenntnisverschaffungspflicht des Verwenders**, d.h., der Verwender hat dafür Sorge zu tragen, dass die AGB der anderen Vertragspartei zugehen. **Ausreichend ist nicht**, dass die **Möglichkeit zumutbarer Kenntnisnahme** besteht, indem die AGB bei einer Kammer, einem Gericht, im Internet oder an einem anderen Ort hinterlegt sind und dort eingesehen werden können oder auf Abruf bereitgehalten werden.[27] Vielmehr muss der Verwender die AGB der anderen Partei **unaufgefordert zukommen lassen**.[28] Die bloße Bezugnahme genügt nicht, allerdings ist nicht erforderlich, dass das AGB-Formular zusammen mit dem übrigen Vertragsangebot zugeht, körperlich mit dem eigenen Vertragstext verbunden ist oder von den Parteien abgezeichnet wird. Ausreichend ist zunächst der eindeutige Hinweis des Verwenders, dass die AGB in ihrer Gesamtheit Teil des Vertragsinhalts sein sollen, wenn zudem der Wortlaut der AGB der anderen Vertragspartei **unaufgefordert vorgelegt** wird und die Klauseln bis zum Zeitpunkt der Erklärung der Vertragsannahme vorliegen.[29] Wenn die allgemeinen Geschäftsbedingungen auf der Rückseite des Briefpapiers abgedruckt werden, genügt demnach die Versendung nur der Vorderseite nicht für die Einbeziehung.

2. Sprachenrisiko

61 Aus der Kenntnisverschaffungspflicht des Verwenders folgt, dass die AGB und auch der Hinweis auf ihre Geltung die **Verständnismöglichkeit des jeweiligen Empfängers berücksichtigen** müssen. Sind die AGB in einer Sprache formuliert, die der anderen Partei nicht ohne weiteres zugänglich ist, hat der Verwender seiner Kenntnisverschaffungspflicht nicht genügt, **er trägt insofern das Sprachenrisiko**.

> **Hinweis:**
>
> Die AGB müssen daher entweder in der **Verhandlungssprache** abgefasst werden, oder aber es kann sich aus den zwischen den Parteien praktizierten Gepflogenheiten gemäß Art. 9 CISG ergeben, dass die Verwendung anderer Sprachen ausreicht. Der Verwender darf allerdings nicht davon ausgehen, dass jeder Käufer oder Verkäufer hinreichend Englisch, Französisch, Spanisch oder Deutsch versteht.[30]

3. Abweichende und kollidierende AGB

62 In dem Fall, dass der Empfänger des Angebots zwar schriftlich bestätigt, die **Bestätigung** allerdings **Ergänzungen, Einschränkungen oder sonstige Änderungen aufweist**, ist – wie bereits in anderem Zusammenhang erwähnt – nach Art. 19 Abs. 1 CISG nicht von einer Annahme des Angebots auszugehen, sondern von einem **neuen Angebot**. Problematisch kann dies sein, wenn die Parteien dennoch mit der Vertragsdurchführung beginnen und damit zeigen, dass sie sich rechtlich an das Geschäft gebunden fühlen, also von einem Vertragsabschluss ausgehen.[31]

63 Nach der oftmals vertretenen und sich aus dem Wortlaut des Art. 19 Abs. 1 CISG ergebenden „**Theorie des letzten Wortes**" oder „**last-shot-rule**" soll es darauf ankommen, **welche Partei zuletzt auf ihre Bedingungen verwiesen** hat.[32] Kritisiert wird an dieser Lösung insb., dass sie nicht der Vertragswirklichkeit im internationalen Wirtschaftsverkehr entspricht, da die Verweisung auf AGB häufig nicht das Ergebnis einer auf den konkreten Fall bezogenen bewussten Entscheidung ist, sondern vielmehr durch die Benut-

---

27 Piltz, IHR 2004, 133, 134.
28 BGH, NJW 2002, 370.
29 OLG Düsseldorf, NJW-RR 2001, 1562 f.
30 Piltz, IHR 2004, S. 133, 135; vgl. zu der Problematik ferner OLG Düsseldorf, IHR 2005, 24.
31 Kühl/Hingst, in: Thume, Transport- und Vertriebsrecht 2000, 51, 54.
32 OLG Hamm, NJW 1983, 523, 524.

zung von Standardformeln erfolgt.³³ Nach der zunehmend vertretenen **Restgültigkeitstheorie** wird der Vertrag daher auch bei der Verwendung kollidierender AGB aufrechtzuerhalten, wobei an die Stelle der nicht übereinstimmenden AGB die gesetzliche Regelung treten soll.³⁴

4. Auslegung und Inhaltskontrolle von AGB

Die §§ 307 – 309 BGB unterwerfen die in einen Vertrag einbezogenen AGB einer **Inhaltskontrolle**, um Gewichtsverschiebungen aufzufangen, die daraus resultieren, dass häufig der marktstärkere Teil seine Bedingungen „diktiert". 64

Für diese Inhaltskontrolle ist auch bei UN-Kaufverträgen ausschließlich **nationales Recht maßgeblich**, zumal Rechtsfragen der Gültigkeit des Vertrags bzw. seiner Bestimmungen nicht Gegenstand des UN-Kaufrechts sind (Art. 4 lit. a) CISG.³⁵ Allerdings ist die Prüfung nach nationalem Recht auch immer vor dem Hintergrund des UN-Kaufrechts vorzunehmen. Dabei ist den Wertungen Rechnung zu tragen, die dem UN-Kaufrecht zugrunde liegen und in seinen Vorschriften Niederschlag gefunden haben. So muss insb. für das UN-Kaufrecht gesondert festgestellt werden, ob die Nichtigkeit einer Klausel auch für internationale Verträge gelten soll. 65

Bevor allerdings eine **Inhaltskontrolle nach den nationalen Rechtsvorschriften** durchgeführt wird, sind die betreffenden **AGB-Vorschriften auszulegen**. Dadurch soll der Gehalt der jeweiligen Klausel präzisiert werden. Heranzuziehen sind insoweit nicht die nationalen Vorschriften, sondern das UN-Kaufrecht. 66

5. Gerichtsstandsvereinbarungen gemäß Art. 23 EuGVVO

Im Rahmen allgemeiner Geschäftsbedingungen werden **häufig Gerichtsstandsvereinbarungen** für die internationale Zuständigkeit getroffen. Sofern der betreffende Vertrag in den Anwendungsbereich der Verordnung (EG) Nr. 44/2001 des Rates über die gerichtliche Zuständigkeit und Vollstreckung von Entscheidungen in Zivil- und Handelssachen (im Folgenden: **EuGVVO**) fällt, sind anstelle der Einbeziehungsvorschriften des UN-Kaufrechts sowie der allgemeinen Vorschriften der §§ 307 ff. BGB die Voraussetzungen des Art. 23 EuGVO zu prüfen. 67

Demnach muss die Gerichtsstandsvereinbarung **schriftlich oder mündlich** mit schriftlicher Bestätigung vereinbart werden, in einer **Form, welche den Gepflogenheiten entspricht**, die zwischen den Parteien entstanden sind, oder im internationalen Handel in einer Form, die dem **Handelsbrauch** entspricht, den die Parteien kannten oder kennen mussten und den Parteien von Verträgen dieser Art in den betreffenden Geschäftszweig allgemein kennen und regelmäßig beachten. 68

Hinsichtlich des Schriftformerfordernisses gemäß Art. 23 Abs. 1 Satz 2 lit. a) EuGVO hat der EuGH zu der insoweit mit Art. 23 EuGVO übereinstimmenden Vorgängervorschrift (Art. 17 Abs. 1 EuGVÜ) entschieden, dass es den Erfordernissen einer Schriftlichkeit **nicht genügt**, wenn eine Gerichtsstandsklausel im Rahmen der **AGB** einer Partei **auf der Rückseite eines auf dem Geschäftspapier dieser Partei niedergelegten schriftlichen Vertrages abgedruckt ist**. Anders wäre dies nur zu beurteilen, wenn der Vertragstext selbst ausdrücklich Bezug nimmt.³⁶ Gemäß Art. 23 lit. a) 2. Alt. EuGVVO reicht auch eine schriftliche Bestätigung einer mündlich getroffenen Gerichtsstandsvereinbarung aus. Die Einhaltung dieser sog. **„halben" Schriftlichkeit** setzt voraus, dass die Parteien mündlich einen Vertrag geschlossen haben, sich dabei beide Seiten erkennbar wenigstens stillschweigend über die Zuständigkeitsregelung geeinigt haben und letzteres von einer Seite in ein Bestätigungsschreiben aufgenommen worden ist. Für die Einigung reicht es nicht aus, dass sich die Parteien mündlich über die Anwendung der eine Gerichtsstandsklausel enthaltenden AGB eines Vertragspartners verständigt haben und diese der anderen Seite bei 69

---

33 Vgl. Kröll/Hennecke, RIW 2001, 736, 739.
34 BGH, NJW 2002, 1651.
35 Vgl. OLG Düsseldorf, NJW-RR 2001, 1562, 1563.
36 EuGH, NJW 1977, 494.

Vertragsschluss vorlagen. Nach einem Urteil des EuGH[37] gilt die Einigung **„nach Treu und Glauben"** auch dann als erzielt, wenn ein Vertrag im Rahmen laufender Geschäftsbeziehungen zwischen den Parteien mündlich geschlossen wird und feststeht, dass diese Beziehungen in ihrer Gesamtheit bestimmten AGB unterliegen, die eine Gerichtsstandsklausel enthalten.

70 Die **Gerichtsstandsklausel** kann auch **kraft „Gepflogenheit"** zwischen den Parteien gemäß Art. 23 Abs. 1 lit. b) EuGVVO in den Vertrag einbezogen werden. Die Gepflogenheit muss sich gerade auf die besondere Art der Einbeziehung in den Vertrag, nicht die Geltung als solche beziehen.

71 Die Gerichtsstandsklausel kann ferner auch **kraft internationalem Handelsbrauch** gemäß Art. 23 Abs. 1 lit. c) EuGVVO Bestandteil des Vertrages sein. Das Institut des kaufmännischen Bestätigungsschreibens soll nach dem Willen des Gesetzgebers grds. als ein solcher Handelsbrauch gelten.[38]

72 An dieser Stelle muss noch ergänzt werden, dass die **Einbeziehungsvoraussetzungen des Art. 23 EuGVVO** auch **nicht durch die Vereinbarung** eines Erfüllungsortes gemäß Art. 5 lit. 1 a) EuGVVO **umgangen** werden können. Zwecks Verhinderung derartiger Konstruktionen sind an diese Vereinbarungen dieselben formalen Voraussetzungen wie an die Gerichtsstandsvereinbarung i.S.d. Art. 23 EuGVVO zu stellen.

> **Hinweis:**
>
> Um einen wirksamen Vertragsschluss sicherzustellen, sollte auf Folgendes geachtet werden:
>
> - Der **Preis** für die den Gegenstand des Kaufvertrages bildende Ware sollte unzweifelhaft **bestimmt**, zumindest aber **bestimmbar** sein.
> - Das Vertragsangebot sollte für einen **bestimmten Zeitraum unwiderruflich** gestellt werden.
> - Die Annahme des Vertragsangebotes muss **innerhalb der Frist** erfolgen; sofern Zweifel bestehen, sollte eine ausdrückliche Klärung mit der anderen Seite herbeigeführt werden.
> - Die Annahmeerklärung darf **keine wesentlichen Abweichungen** gegenüber dem Vertragsangebot aufweisen; auch hier sollte in Zweifelsfällen auf eine ausdrückliche Klärung mit der anderen Seite hingewirkt werden.
> - AGB sind der anderen Vertragspartei in **vollständigem Wortlaut**, in einer **Sprache**, auf die sich die andere Seite einlassen muss und vor allem **rechtzeitig** bis zum Vertragsschluss **vorzulegen;** die andere Seite darf nicht widersprechen.

73 **Formulierungsbeispiel: Schriftformklausel**

> Änderungen des abgeschlossenen Vertrages bedürfen in jedem Fall einer schriftlichen Bestätigung durch die Parteien. Eine Aufhebung dieser Schriftformklausel kann nur schriftlich erfolgen.

D. Pflichten des Verkäufers

74 Die **Pflichten des Verkäufers** sind in Kapitel II (Art. 30 – 52 CISG) des UN-Kaufrechts geregelt. Den Schwerpunkt der Regelungen bilden die **Lieferpflicht des Verkäufers** sowie die **Rechtsbehelfe des Käufers** für den Fall der Vertragsverletzung des Verkäufers. Neben diesen speziellen Vorschriften sind die besonderen in Kapitel IV geregelten **Vorschriften für den Gefahrübergang** (Art. 66 – 70 CISG), die Bestimmungen der Art. 71 – 88 CISG sowie die allgemeinen Regelungen der Art. 25 ff. CISG zu berücksichtigen.

75 Wenngleich das UN-Kaufrecht insoweit dem deutschen Juristen bis Ende 2001 schon strukturell erhebliche Schwierigkeiten bereitete, so hat sich dies seit dem 1.1.2002 mit **In-Kraft-Treten des Schuldrech-**

---

37 EuGH, NJW 1977, 495.
38 MünchKomm-ZPO/Gottwald, Art. 17 IZPR Rn. 31.

tsmodernisierungsgesetzes geändert. Der deutsche Gesetzgeber hat viele Regelungen des UN-Kaufrechts für das deutsche Kaufrecht im BGB aufgegriffen und teilweise (verändert) übernommen.

I. Lieferpflicht des Verkäufers

Die Verpflichtung des Verkäufers, die verkaufte Ware **vertragsgemäß zu liefern**, steht für den Käufer im Vordergrund. Sofern die Parteien keine abweichenden Abreden getroffen haben und keine nach Art. 9 CISG maßgeblichen Gebräuche oder Gepflogenheiten einzubeziehen sind, bestimmen sich die **Modalitäten der Lieferung nach den Art. 31 ff. CISG**. 76

Unter der „Lieferung" ist die **Zurverfügungstellung der Ware** i.S.d. Art. 31 CISG zu verstehen.[39] Die **Zeit der Lieferhandlung** ergibt sich aus Art. 33 CISG. Dem UN-Kaufrecht ist eine strenge Trennung zwischen der Lieferpflicht als solcher und der – in Art. 30 CISG nicht gesondert erwähnten – **Pflicht zur Lieferung einer vertragsgemäßen (mangelfreien) Ware unbekannt**.[40] Ob es sich um eine vertragsgemäße Ware handelt, bestimmt sich nach Art. 35 CISG. Auch die Lieferung einer anderen als der geschuldeten Sache (aliud-Lieferung) ist keine Nichtlieferung i.S.d. Art. 30 CISG, sondern eine Vertragswidrigkeit i.S.d. Art. 35 CISG. Dieses Regelungsmodell wurde im Rahmen der Schuldrechtsreform auch für das deutsche BGB übernommen. 77

Neben der Verpflichtung des Verkäufers zur Lieferung der Ware besteht nach Art. 30 CISG eine **Pflicht zur Übergabe der die Ware betreffenden Dokumente**. Welche Dokumente im konkreten Fall zu übergeben sind, richtet sich nach der vertraglichen Vereinbarung und ist im Übrigen aus den Umständen des jeweiligen Geschäftes unter Berücksichtigung der Gepflogenheiten der Parteien nach dem Gebot von Treu und Glauben zu entscheiden.[41] Weitere Einzelheiten können sich aus **international gebräuchlichen Lieferklauseln** wie bspw. den **INCOTERMS** ergeben. Wenn derartige Bestimmungen durch den Verkäufer nicht eingehalten werden, so handelt es sich um einen Fall der Vertragsverletzung, der die **allgemeinen Rechtsbehelfe des Verkäufers gemäß Art. 45 ff. CISG** (vgl. dazu unten Rn. 100 ff.) auslöst. 78

Neben die Lieferpflicht tritt gemäß Art. 30 CISG die Verpflichtung des Verkäufers, dem Käufer das **Eigentum an der Ware zu übertragen**. Gemäß dieser Vorschrift ist der Verkäufer verpflichtet, alle nach dem jeweils maßgeblichen Recht erforderlichen Handlungen vorzunehmen, damit das Eigentum an der verkauften Ware auf den Käufer übergeht. Die Voraussetzungen der Eigentumsübertragung bestimmen sich nach dem vom internationalen Privatrecht berufenen unvereinheitlichten nationalen Recht (Art. 4 Satz 2 CISG). Gemäß Art. 43 EGBGB ist dabei im Grundsatz an das Recht des Ortes, an dem sich die Ware gerade befindet (**lex rei sitae**), anzuknüpfen. 79

> **Hinweis:**
> Diese Regel gilt nicht nur innerhalb des deutschen internationalen Privatrechts, sondern praktisch **weltweit**. Von ihr kann weder aufgrund eines individuellen Vertrages noch mittels AGB abgewichen werden. Für den deutschen Exporteur stellt sich insoweit das Problem, dass auch der mit dem Vertragspartner vereinbarte **Eigentumsvorbehalt** nur dann im Zielland fortbesteht, wenn er dort in gleicher oder aber zumindest in ähnlicher Form anerkannt wird.

1. Lieferort

Der Lieferort ist für die vertraglichen Verpflichtungen insofern von Bedeutung, als er bestimmt, in welchem **Zeitpunkt die Verantwortung für die Ware von dem Verkäufer auf den Käufer übergeht (Gefahrübergang**, vgl. dazu unten Rn. 95). Dies hat vorbehaltlich anderer Abreden oder Gebräuche Auswirkungen auf die Frage, wer (Verkäufer oder Käufer) welche Transportkosten oder Risiken zu tragen hat. Anhand der Vereinbarung eines bestimmten Lieferortes lässt sich ermitteln, welche Partei ggf. zu 80

---

39 MünchKomm-BGB/Gruber, Art. 30 CISG Rn. 2.
40 Vgl. MünchKomm-BGB/Gruber, Art. 30 CISG Rn. 3.
41 Vgl. MünchKomm-BGB/Gruber, Art. 30 CISG Rn. 4.

entrichtende **Zölle oder Abgaben** zu übernehmen sowie sich um erforderliche **Export- bzw. Importgenehmigungen** und Durchfuhrfreimachungen zu kümmern hat.

81 In der Praxis ergibt sich der Lieferort in den meisten Fällen aus **Absprachen zwischen Verkäufer und Käufer** bzw. aus den einbezogenen AGB. Inhaltlich können die Parteien Vereinbarungen jeglicher Art treffen, ihnen sind dabei keinerlei Beschränkungen auferlegt. Typische Klauseln für die Bestimmung des Lieferortes sind die bereits angesprochenen **INCOTERMS**. Diese Bestimmungen in der seit dem 1.1.2000 geänderten Version unterscheiden ebenso wie die vorangegangene Fassung aus dem Jahre 1990 **vier Gruppen**:

- Nach den **E-Klauseln (EXW)** hat der **Käufer** die Ware bei dem Verkäufer **abzuholen**,
- wird eine **F-Klausel (FAS, FCA und FOB)** vereinbart, so bestellt und bezahlt der **Käufer den Hauptfrachtführer**. Der Verkäufer ist lediglich verpflichtet, die Ware an den von dem Käufer beauftragten Frachtführer zu liefern. Die Beförderung der Ware bis zu dem bezeichneten Lieferort bzw. bis zu dem von dem Käufer benannten Frachtführer oder Transportterminal oder einer sonstigen Güterannahmestelle ist demzufolge Angelegenheit des Verkäufers,
- bei den **C-Klauseln (CFR, CIF, CPT und CIP)** ist der **Verkäufer** verpflichtet, den **Beförderungsvertrag** bis zu dem benannten Bestimmungsort auf eigene Kosten abzuschließen. Allerdings ist auch bei diesen Klauseln der Lieferort – wie bei den F-Klauseln – dort, wo die Ware den Frachtführer des Haupttransportes übergeben wird. Der Lieferort und die Schnittstelle für die Kostentragung bzw. der Ort, an dem der Käufer die Ware zu übernehmen hat, fallen demzufolge auseinander. Diese Konstruktion ist mit dem deutschen Versendungskauf bzw. dem des Art. 31 lit. a) CISG vergleichbar,
- als **D-Klauseln (DAF, DES, DEQ, DDU und DDP)** bezeichnet man sog. **Ankunftsklauseln**. Werden sie vereinbart, so ist der Verkäufer verpflichtet, für das Eintreffen der Ware an den bezeichneten Bestimmungsort Sorge zu tragen. Insoweit ist der Lieferort auf den Endpunkt des Haupttransportes verschoben, der Sache nach handelt es sich dabei um eine Bringschuld.

82 Sofern der Lieferort durch eine INCOTERM-Klausel oder eine sonstige zwischen dem Verkäufer und dem Käufer getroffene Absprache vereinbart wird oder sich aus den besonderen Umständen des konkreten Vertrages ergibt, **tritt das UN-Kaufrecht zurück** und beansprucht keine Geltung. Die Regelung des Art. 31 CISG kommt daher erst dann zur Anwendung, wenn sich andere Hinweise zur Bestimmung des Lieferortes nicht feststellen lassen.

83 Art. 31 regelt in lit. a) CISG den **Versendungskauf** sowie in lit. b) und lit. c) sämtliche **sonstige Gestaltungen**. Letztere betreffen Fälle der **Holschuld**, in denen die Erfüllung des Kaufvertrages durch das bloße Zurverfügungstellen der Sache ohne Absenden möglich ist. Dabei differenzieren lit. b) und lit. c) hinsichtlich des Ortes der Leistungshandlung des Verkäufers.

a) Versendungskauf

84 Art. 31 lit. a) CISG regelt den „**Versendungskauf**". Dieser ist in der Praxis vorherrschend. Um einen solchen handelt es sich, wenn nach dem Kaufvertrag zwar eine Beförderung der Ware erforderlich ist, diese selbst jedoch nicht mehr zu den Pflichten des Verkäufers zählt. Weil das UN-Kaufrecht typischerweise grenzüberschreitende Geschäfte erfasst, wird im Zweifel eine Beförderung der Ware erforderlich sein. Ein Versendungskauf liegt allerdings dann nicht vor, wenn die Parteien einen bestimmten Lieferort vereinbart haben, an dem der Verkäufer die Ware auszuliefern und der Käufer die Ware zu übernehmen hat (z.B. „**ab Werk**" oder „**frei Haus**"). Fallen jedoch der Lieferort und der Ort, an dem der Käufer die Ware zu übernehmen hat, auseinander, wurden keine besonderen Absprachen zwischen den Parteien zum Lieferort getroffen und ergibt sich ein solcher auch nicht aus den sonstigen Umständen des Geschäftes, so wird im Zweifel von einem Versendungskauf i.S.d. Art. 31 lit. a) CISG auszugehen sein.

85 In den Anwendungsbereich der Vorschrift fällt allerdings nicht der **Transport durch den Verkäufer selbst** bzw. durch eigene Leute.[42]

---

[42] MünchKomm-BGB/Gruber, Art. 31 CISG Rn. 16.

Beim Versendungskauf hat der **Verkäufer** nach Art. 32 Abs. 2 CISG die üblichen **zur Beförderung erforderlichen Verträge abzuschließen**. Nicht zu seinen Lasten gehen allerdings die Kosten der Beförderung. Mit Übergabe der Waren an den ersten Beförderer hat der Verkäufer seine vertraglichen Pflichten erfüllt. Unter dem **„Beförderer"** wird allgemein ein **selbständig handelnder Transportunternehmer** (bspw. der Frachtführer, die Eisenbahn, Post- und Paketdienste) verstanden, auch wenn dieser öffentlich rechtlich organisiert ist. Hinzuzuziehen ist auch ein **Spediteur**, obwohl dieser an sich nur verpflichtet ist, den Transport durchführen zu lassen.[43]

86

Die **Pflicht des Verkäufers** besteht in den Fällen des Art. 31 lit. a) CISG in der **Übergabe der Ware**. Der Beförderer muss danach die Ware tatsächlich übernehmen. Das **bloße Bereitstellen** der Ware wie in lit. b) und c) (dazu unten Rn. 89, 90) **genügt** für die Erfüllung der Lieferpflicht **nicht**. Ferner muss dem Beförderer die Ware „zur Übermittlung an den Käufer" übergeben worden sein. Daran fehlt es bspw., wenn die Ware zunächst nur eingelagert wird und nicht alsbald eine Übermittlung an den Käufer erfolgen soll. Von einer Übermittlung an den Käufer kann man auch dann nicht sprechen, wenn der Transport ausschließlich dazu dient, den Verkäufer in den Besitz der Ware zu setzen.[44] Die Erfüllung der Verkäuferpflicht für die Übergabe an dem Beförderer hat zur Folge, dass Untergang oder Beschädigung der Ware auf dem Transport nicht mehr zulasten des Verkäufers gehen. Das **Beförderungsrisiko** geht also mit Übergabe an den ersten Beförderer auf den Käufer über. Allerdings gilt dies nur unter dem sich aus Art. 66 CISG ergebenden Vorbehalt, dass Untergang oder Beschädigung nicht auf einer Handlung oder Unterlassung des Verkäufers zurückzuführen sind. Das kann bspw. der Fall sein, wenn die Ware nicht ordnungsgemäß verpackt ist oder der Verkäufer den Beförderer nicht sachgemäß angewiesen hat. In diesen Fällen hat der Verkäufer nicht vertragsgemäß geliefert.

87

Abschließend ist darauf hinzuweisen, dass beim Versendungskauf der Verkäufer gemäß Art. 32 Abs. 1 CISG **dem Käufer die Versendung anzuzeigen hat**, wenn die bspw. die in Sammelladung aufgegebene Ware andernfalls nicht eindeutig dem mit dem Käufer abgeschlossenen Vertrag zuzuordnen ist. Die **Versendungsanzeige**, die nicht als eigenständiges Formular ausgefertigt werden muss, hat also darüber Aufschluss zu geben, welche Ware letztlich für den Käufer bestimmt ist.

88

b) Holschuld am Lagerort der Ware

Erfordert der Vertrag keine Beförderung der Ware, so bestimmt sich der Lieferort primär nach Art. 31 lit. b) CISG. Dies ist der Ort, an dem die **Ware einem Bestand entnommen oder hergestellt bzw. erzeugt werden muss**.[45] Darüber hinaus setzt lit. b) voraus, dass die **Vertragsparteien gewusst** haben, dass sich die Ware bei Vertragsschluss an einem bestimmten Ort befindet oder nach **Aussonderung, Herstellung** oder **Erzeugung** befinden wird. Eine fahrlässige Unkenntnis des Abholortes steht der positiven Kenntnis dabei nicht gleich.[46] Fehlt einer Partei die erforderliche Kenntnis, so ist der Auffangtatbestand nach Art 31 lit. c) CISG anwendbar.

89

c) Holschuld am Ort der Niederlassung

Gemäß Art. 31 lit. c) CISG hat der Verkäufer die Ware **am Ort seiner Niederlassung zur Verfügung zu stellen**. Verfügt der Verkäufer über **mehrere Niederlassungen**, so ist auf diejenige abzustellen, zu der der Vertrag bzw. die Erfüllung die engste Beziehung hat (Art. 10 lit. a) CISG). Wenn der Verkäufer keine Niederlassung hat, so ist auf den gewöhnlichen Aufenthaltsort abzustellen (Art. 10 lit. b) CISG). Die **Niederlassung** bzw. der Aufenthaltsort bezeichnen hierbei den genauen **Abholort**.[47] Für die Beurteilung sind dabei grds. die Verhältnisse zum Zeitpunkt des Vertragsschlusses ausschlaggebend. Gemäß Art. 31 lit. c) CISG hat der Verkäufer die Ware dem Käufer dann zur Verfügung gestellt, wenn er **alles Erforderliche getan** hat, um ihm die Abholung der Ware zu ermöglichen. Eine tatsächliche Übergabe an den Käufer

90

---

43 MünchKomm-BGB/Gruber, Art. 31 CISG Rn. 18.
44 MünchKomm-BGB/Gruber, Art. 31 CISG Rn. 20.
45 MünchKomm-BGB/Gruber, Art. 31 CISG Rn. 10.
46 MünchKomm-BGB/Gruber, Art. 31 CISG Rn. 13.
47 MünchKomm-BGB/Gruber, Art. 31 CISG Rn. 6.

der Ware ist folglich nicht notwendig. Verlegt der Verkäufer nach Vertragsschluss seine Niederlassung, so ist er innerhalb der Grenzen von Treu und Glauben verpflichtet, die Ware an der alten Niederlassung bereit zu stellen, es sei denn der Verkäufer erklärt sich bereit alle Kosten und sonstigen Nachteile, die sich aus der Änderung des Abholortes ergeben, zu übernehmen. In diesen Fällen dürfte der neue Abholort bei der neuen Niederlassung liegen. Die Zuverfügungstellung beinhaltet allerdings grds. eine **Pflicht zur Benachrichtigung** des Käufers.

d) Bringschuld

91 Die Bringschuld ist in Art. 31 CISG nicht näher geregelt, kann aber dennoch zwischen den Parteien vereinbart werden. Liegt eine **Bringschuld** vor, so trägt der **Verkäufer die Gefahr des Transportes**. Ob der Verkäufer im Fall der Bringschuld verpflichtet ist, dem Käufer die Ware tatsächlich zu übergeben oder sie lediglich dem Käufer zur Verfügung stellen muss, bestimmt sich primär nach der Vereinbarung, im Übrigen nach den Umständen des Einzelfalles unter Berücksichtigung von Treu und Glauben. Allerdings ergeben sich Einschränkungen aus Art. 85 CISG. Demnach dürfte der den Käufer nicht antreffende Verkäufer bspw. die Sache nicht einfach ungeschützt auf der Straße stehen lassen.[48]

2. Lieferzeit

92 Die **Lieferzeit** ist in der Praxis neben dem Preis für die Vertragsparteien von **wesentlicher Bedeutung**. Sie ergibt sich deshalb häufig unmittelbar aus den Absprachen der Parteien. Das UN-Kaufrecht hat sich daher auf wenige allgemeine Regeln beschränkt:

- Sofern sich aus dem Vertrag ergibt, dass die Lieferung zu einem bestimmten Zeitpunkt erfolgen muss, ist dieser **Zeitpunkt von dem Verkäufer einzuhalten** (Art. 31 lit. a) CISG).
- Für den – in der Praxis häufigen – Fall, dass Zeiträume vereinbart werden, bestimmt Art. 33 lit. b) CISG, dass der Verkäufer grds. **zu jedem Zeitpunkt innerhalb der vereinbarten Frist** liefern kann. Die Lieferung ist daher **auch dann noch rechtzeitig**, wenn sie bspw. am letzten Werktag einer vereinbarten Kalenderwoche vorgenommen wird. Allerdings kann sich aus den Umständen ergeben, dass der Käufer berechtigt ist, innerhalb des vereinbarten Zeitraums den maßgeblichen Lieferzeitpunkt zu bestimmen. Ein solches Recht des Käufers kann etwa gegeben sein, wenn der Verkäufer nach dem Kaufvertrag auf Abruf des Käufers zu liefern hat.
- Ergibt sich die Lieferzeit weder aus dem Vertrag noch aus den Begleitumständen, so muss der Verkäufer nach Art. 33 lit. c) CISG **innerhalb einer angemessenen Frist nach Vertragsschluss** liefern. Für die Bemessung dieser Frist sind alle Umstände des Einzelfalles, insb. die **konkrete Art und Beschaffenheit** der Ware, ein erkennbares Bezugsbedürfnis des Käufers sowie branchenübliche oder für den Käufer vorhersehbare Fristen für die Herstellung oder Beschaffung des Produktes zu berücksichtigen. Aus Letzterem ergibt sich, dass die Frist kurz zu bemessen ist, wenn der Käufer nach dem Vertrag davon ausgehen kann, dass die Waren beim Verkäufer vorrätig sind.[49]

93 Grds. ist der Verkäufer verpflichtet, die jeweils **maßgebliche Lieferzeit einzuhalten**. **Nachfristen** kann der Verkäufer nur dann in Anspruch nehmen, wenn er diese mit dem Käufer vereinbart hat, sich diese aus den Gepflogenheiten der bisherigen Geschäftsabwicklung mit dem Verkäufer ergeben oder i.S.d. Art. 9 CISG beachtlichen Gebräuchen entsprechen.

94 In diesem Zusammenhang von besonderer Relevanz für den Verkäufer ist das in Art. 48 CISG geregelte – und mittlerweile auch im deutschen Recht enthaltene – **Recht der zweiten Andienung**. Der Verkäufer ist insoweit berechtigt, die bislang noch nicht ordnungsgemäß erbrachte Leistung auch noch nach Ablauf der Lieferzeit nachzuholen, um auf diese Weise weitergehende Rechtsbehelfe des Käufers abzuwenden (vgl. unten Rn. 100 ff.).

---

48 MünchKomm-BGB/Gruber, Art. 31 CISG Rn. 23.
49 MünchKomm-BGB/Gruber, Art. 33 CISG Rn. 11.

II. Gefahrübergang

Die Art. 66 – 70 CISG regeln den **Gefahrübergang**. Dessen besondere Bedeutung ergibt sich daraus, dass der Käufer in vollem Umfang zur Zahlung des Kaufpreises verpflichtet bleibt, wenn die Ware nach Gefahrübergang aufgrund zufälliger Ereignisse verloren geht oder beschädigt wird (**Preisgefahr**). Daraus ergibt sich Folgendes:

95

Bis zum Gefahrübergang trägt der **Verkäufer** das **Risiko** für die Ware, **ab dem Zeitpunkt des Gefahrübergangs** geht die Verantwortung auf den **Käufer** über. Typische Gefahren sind die Verschlechterung, die Beschädigung sowie der Untergang der Kaufsache. Dem gleichzustellen ist auch der Verlust aufgrund eines Diebstahls.

Wann die Gefahr übergeht, bestimmt sich an erster Stelle anhand der zwischen dem Verkäufer und dem Käufer getroffenen **Absprachen**, der zwischen den Parteien praktizierten **Gepflogenheiten** bzw. der nach Art. 9 CISG anzuerkennenden Gebräuche. Daneben enthalten die **INCOTERMS typische Gefahrtragungsregeln**, nach denen die Gefahr grds. mit der Lieferung an den jeweiligen Lieferort übergeht (vgl. oben Rn. 81).

96

Wird der Gefahrübergang **nicht vereinbart** und ergibt er sich auch nicht aus den Umständen des Geschäfts, so greifen die **Art. 66 ff. CISG** ein. Das UN-Kaufrecht entscheidet für den Gefahrübergang **vier verschiedene Konstellationen**, von denen drei an den Lieferort anknüpfen:

97

- Gemäß Art. 67 CISG geht bei einem **Versendungskauf** (vgl. dazu oben Rn. 84) die Gefahr auf den Käufer über, sobald die Ware gemäß dem Kaufvertrag **dem ersten Beförderer zur Übermittlung an den Käufer übergeben wird**, etwa durch die Übergabe an das den Transport durchführende Unternehmen. Insoweit maßgeblich ist hier also der Lieferort, auf die diesbezüglichen Ausführungen ist zu verweisen. Rechtsfolge des Art. 67 CISG ist, dass mit Übergabe der Ware unsachgemäße Verhaltensweisen des Transportunternehmens nicht mehr in den Verantwortungsbereich des Verkäufers fallen, sondern Bestandteil der auf den Käufer übergegangenen Gefahr sind. Allerdings wird in der Praxis dieses Risiko üblicherweise durch den **Abschluss einer Transportversicherung** abgedeckt.

- Art. 68 CISG knüpft **nicht an den Lieferort** an. Die Vorschrift erfasst Geschäfte, bei denen sich die verkaufte Ware zum Zeitpunkt des Vertragsschlusses **auf dem Transport befindet**. Erfasst wäre bspw. der Verkauf von Weizen, der zurzeit des Vertragsabschlusses per Schiff von den USA nach Europa unterwegs ist. Nach Art. 68 Satz 1 CISG geht die Gefahr grds. im Zeitpunkt des Vertragsschlusses auf den Verkäufer über, die Vorschrift bewirkt also eine **Vorverlagerung des Gefahrübergangs**.[50] Gemäß Satz 2 geht die Gefahr erst bei Übergabe der Ware an den Beförderer über, falls sich dies aus bestimmten Umständen ergibt. Derartige Umstände können bspw. der Abschluss einer geschäftsüblichen den Käufer begünstigenden **Transportversicherung** für die Ware sein.[51]

- Art. 69 Abs. 1 CISG enthält die Regelung der Gefahrtragung für die Konstellationen, die nicht unter Art. 67 oder Art. 68 CISG fallen, also für Fälle, die **weder ein Versendungskauf noch ein Geschäft über die zurzeit des Abschlusses auf dem Transport befindliche Ware** sind. Die Vorschrift gilt für Fälle, in denen der **Lieferort die Niederlassung des Verkäufers** ist. Die Gefahr geht gemäß Art. 69 Abs. 1 CISG entweder mit **tatsächlicher Übernahme** der Ware durch den Käufer oder aber zu dem Zeitpunkt über, zu dem die **Übernahme** durch den Käufer **hätte erfolgen müssen**. Der zweiten Alternative liegt der Gedanke zugrunde, dass der Käufer nicht die Möglichkeit haben soll, durch eine Verletzung seiner Abnahmeverpflichtung den Verkäufer länger mit dem Gefahrtragungsrisiko zu belasten.[52]

- Art 69 Abs. 2 ist auf Fälle anwendbar, bei denen der Käufer die Ware an einem anderen Ort als einer Niederlassung des Verkäufers zu übernehmen hat und erfasst demnach Fälle, die **keine Holschuld** darstellen. Dies sind konkret die **Bringschuld** (vgl. oben Rn. 91) **und der Verkauf eingelagerter Ware**. In diesen Fällen geht die Gefahr über, sobald der Verkäufer die Ware dem Käufer zur **Verfügung ge-**

---

50 MünchKomm-BGB/Gruber, Art. 68 CISG Rn. 7.
51 MünchKomm-BGB/Gruber, Art. 68 CISG Rn. 8.
52 MünchKomm-BGB/Gruber, Art. 69 CISG Rn. 2.

stellt und der Käufer **Kenntnis** von ihrer Verfügbarkeit hat. Auf die tatsächliche Übernahme durch den Käufer kommt es hierbei nicht an.

98 Neben diesen besonderen Voraussetzungen liegt allen Gefahrtragungstatbeständen zugrunde, dass eine **eindeutige Zuordnung der Ware zu dem jeweiligen Kaufvertrag** möglich ist (vgl. Art. 67 Abs. 2 und Art. 69 Abs. 3 CISG). Diese Zuordnung kann auch durch einen in den Frachtpapieren ausgewiesenen Hinweis herbeigeführt werden.

99 Ergänzend ist darauf hinzuweisen, dass der **Verkäufer** grds. die **Voraussetzung des Gefahrübergangs zu beweisen** hat. Beruft sich hingegen der **Käufer** gegenüber dem Kaufpreisanspruch des Verkäufers auf einen nach Gefahrübergang erfolgten Untergang oder eine Beschädigung der Ware, so hat er zu **beweisen**, dass diese auf einem **Verhalten des Verkäufers** beruht.

III. Rechtsbehelfe des Käufers

1. Überblick

100 Ausgangspunkt für die **Rechtsbehelfe des Käufers** ist Art. 45. Abs. 1 CISG. Die Vorschrift enthält die verschiedenen Rechtsbehelfe, die dem Käufer im Falle einer Vertragsverletzung durch den Verkäufer zustehen. Art. 46 CISG regelt die **Erfüllungsansprüche**, Art. 49 CISG enthält das **Recht zur Vertragsaufhebung** und gemäß Art. 50 CISG steht dem Käufer das **Recht zur Minderung** des Kaufpreises zu (vgl. unten Rn. 108). Die Art. 51 und 52 CISG enthalten spezielle Regelungen für die Teillieferung, die Zuviellieferung oder die Lieferung vor Fälligkeit. Art. 47 CISG ermöglicht die **Nachfristsetzung durch den Käufer**. Wie im deutschen Recht ist diese Nachfristsetzung für die Ausübung bestimmter Rechtsbehelfe erforderlich (vgl. z.B. Art. 49 Abs. 1 lit. b) CISG und unten Rn. 107). Art. 48 CISG berechtigt den Verkäufer grds., die Vertragsverletzung zu **heilen** und eröffnet ihm somit ein Recht **zur zweiten Andienung**. Art. 45 lit. b) CISG ist die Anspruchsgrundlage für die **Schadensersatzansprüche** des Käufers (vgl. unten Rn. 109). Die Art. 74 ff. CISG bestimmen nur die **Schadensberechnung** sowie den Umfang des ersatzfähigen Schadens (vgl. unten Rn. 111). Art. 45 Abs. 2 CISG stellt klar, dass der Käufer seiner Schadensersatzansprüche nicht dadurch verlustig wird, dass er andere Rechtsbehelfe ausübt.

101 Die Rechtsbehelfe des UN-Kaufrechts sind grds. **verschuldensunabhängig**. Dies gilt auch für den Schadensersatzanspruch. Gemäß Art. 74 Satz 2 CISG findet allerdings ein **Vorhersehbarkeitskriterium** Berücksichtigung.

102 Die einzelnen Rechtsbehelfe der Art. 45 ff. CISG beruhen auf einem **einheitlichen Verletzungstatbestand**. Art. 45 CISG unterscheidet nicht nach der Art der Vertragsverletzung. Vielmehr sieht die Vorschrift vor, dass bei Verletzung irgendeiner vertraglichen Pflicht (Haupt- und Nebenpflichten) durch den Verkäufer, der Käufer berechtigt ist, die geregelten Rechtsbehelfe auszuüben. Dies gilt unabhängig davon, ob sich die konkrete Pflicht unmittelbar aus dem Übereinkommen oder aus dem Vertrag ergibt.[53] Dem deutschen Schuldrecht vergleichbar ist es allerdings innerhalb der einzelnen Rechtsbehelfe erforderlich, zwischen den **verschiedenen Arten der Vertragsverletzung** zu unterscheiden (vgl. z.B. Art. 49 Abs. 1 lit. a), lit. b) CISG).

> **Hinweis:**
>
> Das **Rechtsbehelfsystem** der Art. 45 ff. CISG ist im Grundsatz darauf ausgerichtet, die **Rückabwicklung des Vertrages zu vermeiden**. Dem liegt die wirtschaftliche Erwägung zugrunde, dass durch die Rückabwicklung Kosten und Risiken entstehen, die vermieden werden, wenn die Ware beim Käufer bleibt und dessen Nachteile auf andere Weise ausgeglichen werden.

103 Beabsichtigt der Käufer Rechtsbehelfe geltend zu machen, so muss er im Grundsatz Folgendes beachten:

---

53 MünchKomm-BGB/Huber, Art. 45 CISG Rn. 4.

- Sämtliche Rechtsbehelfe wegen der Lieferung einer nicht vertragsgemäßen Ware setzen voraus, dass der Käufer zunächst **besondere Anzeigen** vornimmt. Weicht die vom Verkäufer gelieferte Ware nach Art, Menge, Qualität oder aus anderen Gründen von dem ab, was nach dem abgeschlossenen Vertrag zu erwarten war, so ist der Käufer gehalten, die Abweichung zu rügen. Kommt der Käufer dieser Obliegenheit nicht nach, so besteht die **Gefahr, mögliche Rechtsbehelfe** wegen vertragswidriger Lieferung **nicht mehr geltend machen zu können** (Art. 39 CISG).
- Um zu klären, ob die Ware den **vertraglichen Erwartungen** entspricht, verpflichtet das UN-Kaufrecht zudem den Käufer, die angelieferte **Ware zu untersuchen** (Art. 38 CISG). Auf diese Weise soll – auch im Interesse des Verkäufers – eine schnelle Klärung herbeigeführt werden. Dies trägt in besonderem Maße dem internationalen Handel Rechnung, der in hohem Maße auf **Schnelligkeit** angewiesen ist. Die Rügeverpflichtung des UN-Kaufrechts beruht damit auf ähnlichen Erwägungen wie die Rügepflicht des deutschen HGB.
- Eine **Rügepflicht** besteht für den Käufer auch dann, wenn die gelieferte Ware mit Rechten oder Ansprüchen Dritter belastet ist.

2. Einzelne Rechtsbehelfe

a) (Nach-)Erfüllungsanspruch

Der **ursprüngliche Erfüllungsanspruch** des Käufers ergibt sich unmittelbar aus Art. 46 Abs. 1 CISG. Abs. 2 und 3 der Vorschrift befassen sich mit dem Nacherfüllungsanspruch bei Lieferung vertragswidriger Ware. Dem Käufer stehen **Ansprüche auf Ersatzlieferung** oder auf **Nachbesserung** zu, beide unterliegen bestimmten Fristen. Insoweit bestehen Parallelen zu § 439 BGB. Für die Frage welche Art der Nacherfüllung verlangt werden kann, stellt das UN-Kaufrecht im Gegensatz zu § 439 Abs. 3 BGB aber nicht primär auf **Zumutbarkeitsgesichtspunkte** ab, sondern differenziert danach, ob eine **wesentliche Vertragsverletzung** vorliegt oder nicht. Nur bei einer **wesentlichen Vertragsverletzung** gemäß Art. 46 Abs. 2 CISG besteht ein Anspruch auf Ersatzlieferung.

104

Ob eine **wesentliche Vertragsverletzung** vorliegt (dieser Begriff ist auch für andere Rechtsbehelfe von Bedeutung), bestimmt sich nach Art. 25 CISG. Eine wesentliche Vertragsverletzung ist demnach nur gegeben, wenn die Erwartungen der vertragstreuen Partei derart enttäuscht werden, dass für sie **kein Interesse an der Durchführung des Vertrages mehr besteht**.[54] Dieses Kriterium entspricht in etwa der Schwelle, die mittlerweile in §§ 323 Abs. 2 Nr. 1 – 3, Abs. 5 Satz 1, 324, 314 Abs. 1 BGB zugrunde gelegt wird.[55] Selbst wenn unter Anwendung dieser Kriterien ein die Gläubigerinteressen wesentlich beeinträchtigender Vertragsbruch festgestellt wird, ist dann nicht von einer wesentlichen Vertragsverletzung auszugehen, wenn die vertragsbrüchige Partei diese Folge weder vorausgesehen hat noch voraussehen musste. Maßgeblicher Zeitpunkt ist hierbei der Zeitpunkt des Vertragsschlusses.[56]

105

Der **Nachbesserungsanspruch** ist hingegen auch **bei nicht wesentlichen Vertragsverletzungen** gemäß Art. 46 Abs. 3 CISG gegeben, allerdings bedarf es dann der Prüfung, ob die Nachbesserung dem Verkäufer zumutbar ist.

106

b) Vertragsaufhebung

Gemäß Art. 49 CISG steht dem Käufer unter bestimmten Voraussetzungen das **Recht zur Vertragsaufhebung** zu. Dieser Rechtsbehelf entspricht in seiner Funktion dem **Rücktritt des deutschen BGB/HGB**. Wie eingangs bereits erwähnt, ist die Vertragsaufhebung die **ultima ratio** des UN-Kaufrechts. Grds. hat sie gemäß Art. 49 Abs. 1 lit. a) CISG zur Voraussetzung, dass der Verkäufer eine wesentliche Vertragsverletzung (vgl. dazu oben Rn. 105) begangen hat. Sofern es sich um eine Nichtlieferung handelt, kann gemäß Art. 49 Abs. 1 lit. b) CISG der Käufer eine **Nachfrist** gemäß Art. 47 CISG setzen und nach deren

107

---

54 Vgl. Lurger, IHR 2001, 91, 96 ff.
55 Schlechtriem, Internationales UN-Kaufrecht, Rn. 111.
56 Schlechtriem, Internationales UN-Kaufrecht, Rn. 112.

erfolglosen Ablauf den Vertrag aufheben. Die Vertragsaufhebung gemäß § 49 Abs. 2 gilt für diejenigen Fälle, in denen der Verkäufer zu irgendeinem Zeitpunkt geliefert hat. In diesem Fall sind bestimmte Fristenregelungen zu beachten.

c) Minderung des Kaufpreises

108 Gemäß Art. 50 CISG ist der Käufer berechtigt, bei einer Lieferung vertragswidriger Ware durch den Verkäufer den **Kaufpreis zu mindern**. Eine bereits erfolgte Zahlung des Kaufpreises ist nicht erforderlich. Das Minderungsrecht steht jedoch gemäß Art. 50 Satz 2 CISG unter dem Vorbehalt eines **vorrangigen Nacherfüllungsrechtes**. Weigert sich der Käufer unberechtigterweise eine Mängelbeseitigung nach Art. 37 oder 48 CISG oder eine vollständige Mängelbehebung anzunehmen, so scheidet eine Minderung aus. Hat der Käufer die Minderung sofort erklärt, ohne dem Verkäufer die Möglichkeit zu geben, innerhalb eines zumutbaren Zeitraums die Nacherfüllung nach Art. 48 CISG anzubieten, so steht die Erklärung der Minderung unter der **auflösenden Bedingung der Nacherfüllung**.

> **Hinweis:**
> Das Recht auf Herabsetzung des Kaufpreises ist an **keine Fristen** gebunden.

d) Schadensersatzansprüche

aa) Voraussetzungen

109 Schadensersatzansprüche des Käufers gemäß Art. 45 Abs. 1 lit. b) CISG setzen voraus, dass der **Verkäufer eine seiner Pflichten**, die sich aus dem Vertrag oder unmittelbar aus dem UN-Kaufrecht ergeben, **verletzt** hat.

110 Auch der Schadensersatzanspruch setzt im Gegensatz zum deutschen Recht **kein Verschulden** voraus, unterliegt aber bestimmten **Ausschlussgründen**, insb. denen des Art. 79 und Art. 80 CISG. Weitere Einschränkungen ergeben sich aus Art. 47 Abs. 2 und Art. 48 Abs. 2 CISG, besondere Fristen sind nach dem UN-Kaufrecht hingegen nicht zu beachten.

bb) Umfang und Berechnung des Anspruchs

111 Liegen die Voraussetzungen des Anspruchs vor, so bestimmen sich **Art und Umfang** des Schadensersatzes nach Art. 74 – 77 CISG. Aus den Art. 75 und Art. 76 CISG ergibt sich, dass die Berechnung des Schadens – ähnlich wie im deutschen Recht – durch eine **Differenzrechnung** erfolgt.[57] Maßgeblicher Zeitpunkt für die Berechnung des Schadens ist im Prozess der **Schluss der letzten mündlichen Verhandlung**. Wichtig ist in diesem Zusammenhang darauf hinzuweisen, dass Art. 74 Satz 2 CISG einen Schadensersatz auf denjenigen Verlust begrenzt, den die vertragsbrüchige Partei bei Vertragsabschluss als mögliche Folge der Vertragsverletzung vorausgesehen hat oder unter Berücksichtigung der Umstände, die sie kannte oder kennen musste, hätte voraussehen müssen. Unbeachtlich ist, ob auch der Gläubiger mit diesem Schadenseintritt rechnen musste. Für diese Beurteilung maßgeblich ist der Zeitpunkt des Vertragsschlusses. Bei Handelsgeschäften unter Kaufleuten ist stets mit einer Weiterveräußerung zu rechnen. **Schäden aufgrund entgangenen Gewinns gelten daher regelmäßig als vorhersehbar.**

cc) Sonderproblem: Zinsen

112 Im Zusammenhang mit Schadensersatzansprüchen stellt sich in der Praxis häufig die Frage, **ob und in welcher Höhe Zinsen geltend gemacht werden** können. Der Anspruch auf Ersatz der Zinsen ergibt sich unmittelbar aus Art. 78 CISG. Der Gläubiger eines Zahlungsanspruchs erhält einen **selbständigen Anspruch** auf Zahlung von Verzugszinsen. Voraussetzung ist **weder eine Mahnung noch Verschulden**. In Art. 78 CISG ist allerdings nicht die **Höhe des Zinssatzes** geregelt. Auch an anderer Stelle des UN-Kaufrechts findet sich keine ausdrückliche Regelung hinsichtlich der Höhe des geschuldeten Zinses. Die

---

57 MünchKomm-BGB/Huber, Art. 74 CISG Rn. 22.

Bestimmung der Zinshöhe ist eine der **umstrittensten Fragen des UN-Kaufrechts**.[58] Die Rspr. greift auf das nationale Recht zurück, das aus Sicht des **Kollisionsrechts** des Forumstaates anzuwenden ist.[59] Überwiegend wird dabei auf das **Vertragsstatut** abgestellt. Dies wird gemäß Art. 28 Abs. 1 Satz 1, Abs. 2 EGBGB i.d.R. zur Anwendung des Rechts am Ort der Niederlassung des Verkäufers führen.

Wenn **Vertragsstatut das deutsche Recht** ist, so ist der in § 288 BGB geregelte Verzugszins maßgeblich, nicht hingegen der gesetzliche Zinssatz des § 246 BGB und § 352 HGB, wobei auch diese Frage umstritten ist. Stellt das Vertragsstatut keinen gesetzlichen Zinssatz zur Verfügung, so ist auf einen von der Notenbank festgesetzten Leitzins oder auf die durchschnittlichen Kreditkosten abzustellen.[60]

113

3. Konkurrenz zum nationalen Recht

Die durch das UN-Kaufrecht vorgesehenen **Rechtsbehelfe sind grds. abschließend**. Im Bereich ihrer Anwendung ist ein Rückgriff auf die Rechtsbehelfe des anwendbaren nationalen Rechts nicht möglich. Es gibt allerdings einige **Ausnahmen**. So ist bspw. die **Anfechtung wegen arglistiger Täuschung** nach dem anwendbaren nationalen Recht (im deutschen Recht: § 123 BGB) nicht durch das UN-Kaufrecht ausgeschlossen. Auch hinsichtlich der Haftung des Verkäufers für **Personenschäden** enthält das **UN-Kaufrecht keine Regelungen**, das nationale Recht bleibt insoweit anwendbar. Sachschäden sind allerdings nach den Schadensersatzregeln des UN-Kaufrechts ersetzbar. Auch für **Verjährungsfragen** können mangels Regelung im UN-Kaufrecht nationale Vorschriften zur Anwendung kommen. Zwar gibt es ein an die Bestimmung des UN-Kaufrechts angepasstes **Übereinkommen über die Verjährung beim internationalen Warenkauf**, allerdings ist dieses für die Bundesrepublik Deutschland bislang nicht in Kraft getreten.[61] Es ist vor deutschen Gerichten demnach nur anzuwenden, wenn auf den Vertrag eine Rechtsordnung anwendbar ist, in der dieses Abkommen bereits in Kraft ist. Sofern der Vertrag deutschem Recht unterliegt, gelten die Verjährungsregeln des BGB.

114

4. Beweislast

Hinsichtlich der Beweislast sind nach der h.M. **folgende Grundsätze** zu beachten: Der **Käufer** muss zunächst **beweisen**, dass eine **Pflicht des Verkäufers besteht**. Soweit es sich bei deren Verletzung um eine Nichterfüllung handelt, braucht der Käufer dagegen grds. nichts zu beweisen, die Beweislast trifft insoweit vielmehr den Verkäufer. Etwas anderes gilt jedoch bei der **Vertragswidrigkeit**: Nach rügeloser Abnahme der Ware durch den Käufer trifft diesen die Beweislast für die **Vertragswidrigkeit**.[62]

115

> **Hinweise:**
>
> Hinsichtlich der Pflichten des Verkäufers und deren nicht ordnungsgemäße Erfüllung sollten folgende Aspekte angesprochen bzw. näher ausgestaltet werden:[63]
>
> - die **Grenzen**, bis zu denen der Verkäufer auf Schadensersatz haftet,
> - die **Umstände**, die gemäß Art. 79 CISG eine Leistung des Verkäufers herbeiführen,
> - die Liefermodalitäten einschließlich Lieferort; insoweit hilfreich und praktikabel sind die **INCOTERMS**,
> - die **Gefahrtragung** und die Zuordnung der Ware zu dem jeweiligen Kaufvertrag; eine entsprechende Regelung erübrigt sich dann, wenn eine INCOTERM verwandt wird,
> - die **Lieferzeit**, ggf. auf die Möglichkeit vorzeitiger Lieferung und die Gestattung von Teillieferungen,

---

58 So auch Ferrari, IHR 2003, S. 153, der sich ausführlich mit der Frage auseinander setzt.
59 MünchKomm-BGB/Huber, Art. 78 CISG Rn. 14.
60 MünchKomm-BGB/Huber, Art. 78 CISG Rn. 16.
61 Magnus, RIW 2002, 577, 578.
62 MünchKomm-BGB/Huber, Art. 45 CISG Rn. 29.
63 Piltz, UN-Kaufrecht, Rn. 301 ff.

- die **Rechtsmängelhaftung** im Hinblick auf denkbare Konflikte mit gewerblichen Schutzrechten; dabei sollte auch geregelt werden, welche Länder und welche Rechte Dritter hierbei in Betracht zu ziehen sind,
- die möglichst **präzise Bezeichnung** der zu liefernden Ware nach Art, Anzahl sowie Eigenschaften,
- die Eignung der Ware für einen **bestimmten Verwendungszweck**, die an sie zu stellenden qualitativen Anforderungen einschließlich der zu beachtenden produktrechtlichen Standards,
- unter Umständen **bestimmte Garantien** zur Eignung der Ware,
- Art und Umfang der von dem Käufer vorzunehmenden **Eingangsuntersuchungen**,
- **Inhalt, Adressat und Frist** der bei der Lieferung vertragswidriger Ware vorzunehmenden Rüge,
- die Verkürzung oder Verlängerung von **Gewährleistungsfristen**,
- die zur **Vertragsaufhebung berechtigenden Voraussetzungen**. Hierbei sollten typische wesentliche Vertragsverletzungen bestimmt werden. Insoweit ist es auch ratsam, die Fristen zur Erklärung der Vertragsaufhebung festzulegen.

E. Pflichten des Käufers

116 Die **Pflichten des Käufers** ergeben sich aus den Art. 53 – 65 CISG. Daneben sind wie bei den Pflichten des Verkäufers die allgemeinen Bestimmungen der Art. 25 ff. CISG, die Gefahrtragungsvorschriften der Art. 66 ff. CISG sowie die in Art. 71 – 88 CISG enthaltenen Regeln zu beachten.

117 Für den Verkäufer steht die **Verpflichtung des Käufers zur Zahlung des Kaufpreises** an erster Stelle. Zwar ist in den Art. 53 und Art. 60 CISG der Käufer wie im deutschen Recht darüber hinaus auch verpflichtet, die Ware abzunehmen. Allerdings spielt dieser Aspekt in der Praxis lediglich eine untergeordnete Rolle, die nachfolgenden Ausführungen werden daher auf die Pflicht zur Kaufpreiszahlung nebst der dem Verkäufer zustehenden Rechtsbehelfe für den Fall nicht ordnungsgemäßer Zahlung beschränkt.

I. Zahlung des Kaufpreises

118 Die **Kaufpreiszahlungspflicht des Käufers** beruht auf Art. 53 CISG. Diese wird näher konkretisiert in den Art. 54 – 59 CISG. Allerdings erfassen diese Vorschriften nicht sämtliche Fragen, die sich im Zusammenhang mit der Kaufpreiszahlung ergeben.

1. Inhalt der Kaufpreiszahlungspflicht

119 Es obliegt dem Käufer, die Voraussetzung zu schaffen, welche die Kaufpreiszahlung möglich machen. Sämtliche damit **verbundene Vorbereitungsmaßnahmen** sind bereits **Teil der Kaufpreiszahlungspflicht**, ein entsprechendes Versäumnis ist nicht bloß ein antizipierter Vertragsbruch, sondern eine unmittelbare Verletzung der Pflicht selbst. Der zu zahlende Kaufpreis ergibt sich im Grundsatz aus der Vereinbarung zwischen den beiden Parteien. Sofern eine solche fehlt und trotzdem ein gültiger Vertrag vorliegt, greift die Regel des Art. 55 CISG ein (**üblicher Kaufpreis**), ist der Preis nach dem Gewicht bestimmt, gilt hingegen Art. 56 CISG (Bestimmung nach dem Nettogewicht).

120 Der vereinbarte Kaufpreis erstreckt sich grds. auf **alle Leistungen**, die der Verkäufer vertraglich schuldet, also ggf. auch die Kosten für Verpackung, Versendung, Versicherung sowie auch anfallende Steuern. **Abweichende Vereinbarungen**, etwa mittels Vereinbarung von Handelsklauseln (INCOTERMS) sind **möglich**.

Der vereinbarte Kaufpreis ist im Grundsatz **endgültig**.[64] Ein Anspruch auf Vertragsanpassungen nach Verhandlung ist dem UN-Kaufrecht fremd. Insoweit ist es Sache der Parteien selbst, entsprechende Regelungen im Vertrag zu treffen.

2. Währung

Das UN-Kaufrecht regelt nicht die Frage, in welcher Währung der Kaufpreis zu zahlen ist. Abzustellen ist insoweit auf die **Parteivereinbarung** (Art. 6 CISG) sowie auf **Gebräuche und Gepflogenheiten** (Art. 9 CISG). Lässt sich anhand dieser Kriterien die Währung nicht ermitteln, so beurteilt sie sich nach **nationalem Recht**. Legt man das deutsche internationales Privatrecht zugrunde, so ist dabei das Vertragsstatut maßgeblich, bei fehlender Rechtswahl i.S.v. Art. 27 EGBGB ist danach Art. 28 Abs. 2 EGBGB auf das Verkäuferrecht abzustellen. Zumindest für solche **EU-Mitgliedsstaaten**, die den **Euro** eingeführt haben, wird dies keine Probleme bereiten.

121

3. Weitere Zahlungsmodalitäten

Ergibt sich nicht aus Vertrag (Art. 6 CISG) oder Brauch (Art. 9 CISG) etwas anderes, so gilt der **Grundsatz der Barzahlung**, dem im internationalen Handelsverkehr die bargeldlose Zahlung durch **Überweisung gleichsteht**. Eine Scheckzahlung erfolgt lediglich erfüllungshalber und hat Erfüllungswirkung erst bei Einlösung, ohne dass diese auf den Zeitpunkt der Scheckübergabe zurückzubeziehen wäre. Ferner liegt Art. 59 CISG die Wertung zugrunde, dass die gesamte Summe grds. **einheitlich zu zahlen** ist, der Käufer also **kein Recht auf Ratenzahlung** hat.[65]

122

4. Zahlungsklauseln

Für die Bezeichnung der maßgeblichen Zahlungsmodalitäten werden in der Praxis häufig **Handelsklauseln** herangezogen. Den Lieferklauseln (insb. den INCOTERMS) hinsichtlich der Anerkennung vergleichbare Zahlungsklauseln bestehen nur in sehr beschränktem Umfang, insb. durch die einheitlichen Richtlinien und Gebräuche für Dokumentenakkreditive der ICC. Für den Inhalt der Klauseln muss letztlich daher im konkreten Fall **auf alle Gebräuche bzw. Gepflogenheiten (Art. 9 CISG) abgestellt** werden. Dennoch lassen sich für die Mehrzahl der Zahlungsklauseln inhaltlich i.d.R. zutreffende Aussagen treffen. **Wichtige Zahlungsklauseln** sind folgende:

123

- **Nettokasse nach Erhalt der Ware („net cash", „offene Rechnung"):** Der Käufer hat die Ware innerhalb kurzer, branchenüblicher Zeit nach Rechnungs- und Wareneingang zu zahlen. Art. 58 Abs. 1 Satz 2 CISG ist insoweit abbedungen, der Käufer wird vorleistungspflichtig. Art. 58 Abs. 3 CISG ist allerdings nicht ausgeschlossen.

- **Lieferung gegen Nachnahme („cash on delivery – COD"):** Der Käufer ist verpflichtet, bei Ablieferung der Ware zu zahlen, ohne dass ihm Untersuchungs- oder Einwendungsmöglichkeiten zustehen, Art. 58 Abs. 3 CISG ist insoweit abbedungen. Diese Klausel enthält einen **Aufrechnungsausschluss**.[66] Zahlungsort ist der Lieferort der Ware, da der Frachtführer die Zahlung als Beauftragter des Verkäufers in Empfang nimmt. Mit Ablieferung der Ware wird die Zahlungspflicht fällig.

- **Kasse gegen Dokumente („cash against documents – CAD", „documents against payment – D/P"):** Der Verkäufer muss die Ware absenden sowie Dokumente andienen. Der Käufer ist verpflichtet, den Kaufpreis ohne die Ware erhalten zu haben, bereits gegen Andienung der Dokumente zu bezahlen, insoweit ist er also **vorleistungspflichtig**.[67] Art. 58 Abs. 3 CISG ist mit dieser Klausel abbedungen, der Käufer hat also kein Recht, die Ware vor der Zahlung zu prüfen bzw. die Zahlung unter Berufung auf die Vertragswidrigkeit der Ware abzulehnen. Mängelrechte können nur nachträglich geltend gemacht werden, auch diese Klausel hält ein Aufrechnungsverbot.

---

64 MünchKomm-BGB/Huber, Art. 53 CISG Rn. 10.
65 Vgl. MünchKomm-BGB/Huber, Art. 53 CISG Rn. 12.
66 BGH, NJW 1985, 550.
67 BGH, NJW 1987, 2435.

- **Dokumente gegen Akkreditiv ("documents against letter of credit** – L/C"): Im internationalen Warenhandel wird diese Klausel besonders häufig verwendet. Die Verpflichtungen decken sich mit denen der Klausel D/P, allerdings muss der Käufer zusätzlich ein Akkreditiv einer Bank in Höhe des Kaufpreises stellen. Ggf. sind zusätzlich die einheitlichen Richtlinien und Gebräuche für Dokumenten-Akkreditive (ELA) der ICC zu berücksichtigen.

5. Beweislast

124 Der **Verkäufer**, der den Kaufpreis geltend macht, trägt die Beweislast für das **Bestehen der betreffenden Zahlungspflicht** und insb. der **Vereinbarung einer bestimmten Währung**.[68] Allerdings trifft den Käufer die Beweislast, wenn er behauptet, er habe durch die Zahlung in einer bestimmten Währung ordnungsgemäß erfüllt. Der Käufer hat ebenfalls eine vom Grundsatz der Barzahlung abweichende Vereinbarung zu beweisen.

II. Rechtsbehelfe des Verkäufers

1. Überblick

125 Art. 61 CISG ist die Grundnorm für die **Rechtsbehelfe des Verkäufers**. Inhaltlich und strukturell ähnelt die Vorschrift der Parallelvorschrift des Art. 45. Art. 61 Abs. 1 CISG enthält einen **Überblick über die dem Verkäufer bei Vertragsverletzung des Käufers zustehenden Rechtsbehelfe**. Art. 62 – 65 CISG sind Grundlage für die entsprechenden Rechtsbehelfe des Verkäufers.[69] Art. 62 CISG regelt Erfüllungsansprüche (vgl. unten Rn. 128), Art. 63 CISG berechtigt den Verkäufer dem Käufer eine **angemessene Nachfrist zur Erfüllung** seiner Pflichten zu setzen (vgl. unten Rn. 128), Art. 64 CISG befasst sich mit der **Vertragsaufhebung** (vgl. unten Rn. 129) und Art. 65 CISG enthält besondere Vorschriften für den Spezifikationskauf.

126 Die in den Art. 62 – 65 CISG enthaltenen Rechtsbehelfe können **grds. nicht nebeneinander**, sondern allenfalls **nacheinander ausgeübt werden**, sofern dies nicht aufgrund der Rechtsnatur des früher ausgeübten Rechtsbehelfs unmöglich ist.[70] Art. 61 Abs. 1 lit. b) CISG ist Anspruchsgrundlage für die **Schadensersatzansprüche des Verkäufers**. Die Art. 74 ff. CISG regeln auch wieder nur die **Berechnung des Schadens** sowie den Umfang. Art. 61 Abs. 2 CISG bestimmt, dass der Verkäufer Schadensersatzansprüche mit den in lit. a) genannten **Rechtsbehelfen ohne weiteres kombinieren** kann. So können bspw. Erfüllung und Schadensersatz oder Vertragsaufhebung und Schadensersatz geltend gemacht werden. Allerdings darf dies nicht zu einer **Überkompensation** des Verkäufers führen, der Schadensersatz erstreckt sich in diesen Fällen nur auf diejenigen Einbußen, die durch den primären Rechtsbehelf noch nicht ausgeglichen sind. Dies dürften i.d.R. bereits eingetretene Begleit- oder Verspätungsschäden sein.

127 Das **Rechtsbehelfssystem** der Art. 61 ff. CISG ist genau wie das der Art. 45 ff. CISG an einen **einheitlichen Vertragsverletzungstatbestand** angeknüpft. Insoweit kann auf die dortigen Ausführungen verwiesen werden. Auch die Rechtsbehelfe des Verkäufers sind verschuldensunabhängig ausgestaltet.

128 Die in Art. 61 ff. CISG vorgesehenen Rechtsbehelfe entstehen, **ohne dass der Verkäufer mahnen oder eine Nachfrist setzen** bzw. sonstige Maßnahmen ergreifen muss. Sie beruhen ausschließlich auf dem Umstand, dass der Käufer nicht wie vorgesehen zahlt oder eine andere ihm obliegende Verpflichtung nicht vertragsgemäß erfüllt.

---

68 MünchKomm-BGB/Huber, Art. 53 CISG Rn. 25.
69 MünchKomm-BGB/Huber, Art. 61 CISG Rn. 2.
70 MünchKomm-BGB/Huber, Art. 61 CISG Rn. 2.

2. Einzelne Rechtsbehelfe

a) Erfüllungsverlangen

Hat der Käufer bis zum Fälligkeitszeitpunkt nicht gezahlt, so kann der Verkäufer gemäß Art. 62 CISG weiterhin auf der **Zahlung des Kaufpreises** bestehen. Art. 63 CISG sieht darüber hinaus vor, dass der Verkäufer dem Käufer auch eine **Nachfrist zur Zahlung** des Kaufpreises setzen kann. Allerdings ist dies nicht erforderlich, um überhaupt den Zahlungsanspruch weiter zu verfolgen. Bei ausstehender Kaufpreiszahlung bringt die Nachfristsetzung dem Verkäufer daher **keine rechtlichen Vorteile**. Die Nachfristsetzung ist nur dann von Bedeutung, wenn der Verkäufer die Nichtzahlung zum Anlass nehmen möchte, um den **Kaufvertrag aufzuheben**. 129

b) Vertragsaufhebung

Auch für den Fall, dass der Käufer die ihm obliegenden Pflichten verletzt, steht dem Vertragspartner ein auf diese Umständen gestützter Anspruch auf Aufhebung des Vertrages zu. Insoweit ist allerdings ebenfalls festzustellen, dass die **Vertragsaufhebung als ultima ratio** gedacht ist. 130

Zahlt der Käufer den Kaufpreis nicht vertragsgemäß, so sieht das UN-Kaufrecht **folgende Möglichkeiten der Vertragsaufhebung** vor:

- Der Verkäufer kann zum einen die Aufhebung des Vertrages erklären, wenn es sich bei der **Nichtzahlung des Kaufpreises** um eine **wesentliche Vertragsverletzung** handelt. Allerdings lassen sich deren Voraussetzungen anhand der bereits erwähnten Kriterien in der Praxis nur sehr schwer beurteilen. Letztlich kann der Verkäufer erst nach einem Richterspruch Gewissheit haben, dass er den Behelf zu Recht ausgeübt hat. Die nicht rechtzeitige Zahlung des Kaufpreises ist jedoch **in keinem Fall eine wesentliche Pflichtverletzung**.
- Von größerer praktischer Bedeutung ist daher die Möglichkeit des Verkäufers, die Aufhebung des Vertrages zu erklären, wenn eine dem Käufer gesetzte **Nachfrist fruchtlos verstrichen** ist oder der Käufer erklärt hat, seine Verpflichtung auch innerhalb dieser Pflicht nicht zu erfüllen,
- Der Verkäufer kann die Aufhebung des Vertrages auch dann erklären, wenn bereits **vor dem Fälligkeitszeitpunkt** offensichtlich ist, dass der Käufer die vertraglichen Verpflichtungen nicht einhalten wird. Allerdings ist insoweit gemäß Art. 72 Abs. 1 CISG Voraussetzung, dass die Nichterfüllung eine wesentliche Vertragsverletzung begründet. Die nicht rechtzeitige Zahlung des Kaufpreises ist keine wesentliche Pflichtverletzung. Weil Fehleinschätzungen zulasten des Verkäufers gehen, ist **Zurückhaltung** bei der Möglichkeit vorzeitiger Vertragsaufhebung nach Art. 72 CISG geboten. Allerdings ist für den Verkäufer Art. 72 CISG für den Verkäufer insoweit von Interesse, als bereits vor dem Fälligkeitszeitpunkt die eine Dispositionsfreiheit wiedergewonnen werden kann.
- Schließlich eröffnet noch Art. 73 CISG dem Verkäufer die Möglichkeit, sich unter bestimmten Voraussetzungen von **bereits eingegangenen**, jedoch erst in Zukunft zu erfüllenden **Leistungsverpflichtungen zu befreien**.

Im Grundsatz ist es für den Verkäufer **wenig vorteilhaft**, die nicht vertragsgemäße Bezahlung des Kaufpreises durch den Käufer zum Anlass zu nehmen, **die Aufhebung des Vertrages herbeizuführen**. Konsequenz der Vertragsaufhebung ist nämlich, dass damit nach Art. 81 f. CISG der **Kaufvertrag rückabzuwickeln** wäre und folglich auch die Verpflichtung des Käufers entfallen würde, den Kaufpreis zu bezahlen. Die den Verkäufern zustehenden Schadensersatzansprüche gleichen diesen Nachteil i.d.R. nicht aus. Vorzugswürdig ist es i.d.R. für den Verkäufer, weiterhin auf die Erfüllung des vertraglichen Zahlungsanspruchs zu bestehen und wegen der Zahlungsverzögerung **Schadensersatz nebst Zinsen** geltend zu machen. 131

Insoweit sollte der Verkäufer auch berücksichtigen, dass die einmal erklärte Vertragsaufhebung nicht einseitig, sondern nur **mit Zustimmung des Käufers** rückgängig gemacht werden kann.

c) Schadensersatz und Zinsen

132 Der Schadensersatzanspruch hat als Voraussetzung, dass der Käufer seine **Pflichten aus dem Vertrag oder aus dem UN-Kaufrecht verletzt hat**. Anders als im deutschen BGB müssen **keine weiteren Voraussetzungen** vorliegen, insb. nicht der Tatbestand des Verzuges nach §§ 284 f. BGB. Es reicht folglich aus, dass der Käufer überhaupt nicht, verspätet, in einer anderen Währung zahlt oder sonst wie seine Zahlungspflicht nicht in der Art und Weise erbringt, wie es nach dem Vertrag bzw. nach dem UN-Kaufrecht vorgesehen ist. Auch der Schadensersatzanspruch des Verkäufers unterliegt gewissen **Ausschlussgründen**, insb. der Art. 79 CISG und Art. 80 CISG. Darüber hinaus wird er durch Art. 63 Abs. 2 CISG eingeschränkt.

133 Liegen die genannten Voraussetzungen vor, so bestimmt sich **Art und Umfang des Schadensersatzes** nach Art. 74 – 77 CISG. Folge eines Schadensersatzanspruches ist es insoweit, dass der Käufer dem Verkäufer alle voraussehbaren Nachteile zu ersetzen hat, Art. 74 CISG. Für die Berechnung ist auch hier die Differenzmethode heranzuziehen. Als **Schaden können alle in Geld messbaren Nachteile** geltend gemacht werden, die durch die Vertragsverletzung, genauer also in Folge der nicht rechtzeitigen oder sonst nicht vertragsgemäßen Zahlung entstehen. Dazu zählen bspw. Kosten, die der Verkäufer für die Rechtsverfolgung aufwenden muss. Bei Kursverlusten ist insb. das Kriterium der Vorhersehbarkeit problematisch. Allerdings wird diese zu bejahen sein, wenn für die Zahlung des Kaufpreises eine andere als die im Land des Verkäufers maßgebliche Währung vorgesehen war.

134 **Daneben** kann der Verkäufer gemäß Art. 78 CISG **Zinsen** geltend machen. Hinsichtlich der Zinshöhe gilt das bezüglich der Rechtsbehelfe des Käufers Gesagte (vgl. oben Rn. 113).

3. Beweislast

135 Die allgemeinen Regeln über die Darlegungs- und Beweislast sind denen der Art. 45 f. CISG, allerdings mit umgekehrten Vorzeichen, vergleichbar: Im Grundsatz hat der **Verkäufer** das **Bestehen der Vertragspflicht zu beweisen** und deren Verletzung schlüssig darzulegen. Dem **Käufer** obliegt es hingegen, die **ordnungsgemäße Erfüllung zu beweisen.** Dasselbe gilt für das Vorliegen von Ausschlussgründen wie z.B. nach Art. 64 Abs. 2 CISG.

> **Hinweise:**
>
> Das UN-Kaufrecht räumt der **Privatautonomie** insoweit einen **hohen Stellenwert** ein, so dass die meisten Bestimmungen hinter einer abweichenden Parteivereinbarung zurücktreten. Je nach Bedarf sollten die nachstehenden Regelungsgegenstände in einem Import- bzw. Exportvertrag angesprochen werden[71]:
>
> - **konkrete Festlegung** des zu zahlenden **Kaufpreises** oder zumindest Bezeichnung der Kriterien seiner Bestimmung; Preisvorbehalts- und Preisgleitklauseln sollten nur nach sorgfältiger rechtlicher Überprüfung verwendet werden,
> - Festlegung der **Währung** und ggf. der **Umrechnungsmodalitäten**,
> - **Fälligkeit** der Kaufpreiszahlung, insb. relevant bei Versendungskäufen sowie der Verwendung von INCOTERMS,
> - Bestimmung des **Zahlungsortes**,
> - **Sicherstellung der Zahlung**, insb. über Akkreditiv oder Bankgarantie namentlich bei Lieferungen außerhalb der EU bzw. des EWR,
> - bei Vereinbarung eines **Eigentumsvorbehaltes** ist stets zu prüfen, ob und in welcher Form dieser im Zielland anerkannt wird,

---

71 Piltz, UN-Kaufrecht, Rn. 358 ff.

- nähere Konkretisierung der Möglichkeit zur **vorzeitigen Vertragsaufhebung** im Falle drohender Nichtzahlung des Kaufpreises,
- Regelungen zu **Grund und Höhe des Schadensersatzes**,
- Festlegung der zu erstattenden **Zinshöhe** sowie die Möglichkeiten eines **Nachweises**.

Teil 2: Gesellschaftsrecht

Inhaltsübersicht

	Seite
1. Kapitel: Recht der Personengesellschaft	437
§ 1 GbR	437
§ 2 OHG	549
§ 3 KG	589
§ 4 GmbH & Co. KG	686
§ 5 Partnerschaftsgesellschaft	788
§ 6 EWIV	818
2. Kapitel: Recht der Kapitalgesellschaften	865
§ 1 GmbH	865
§ 2 AG	1039
§ 3 SE	1266
§ 4 Kommanditgesellschaft auf Aktien (KGaA)	1320
§ 5 Stimmrechtsbindung und Poolverträge im Familienverbund	1332
§ 6 Stiftungen	1365
3. Kapitel: Mittelbare Gesellschaftsbeteiligungen	1389
§ 1 Stille Gesellschaft	1389
§ 2 Unterbeteiligung	1442
§ 3 Treuhandverhältnisse	1477
4. Kapitel: Unternehmenskauf	1507
5. Kapitel: Konzernrecht	1607
§ 1 Unternehmesverträge und andere konzernrechtliche Verträge	1607
§ 2 Eingliederung	1626
6. Kapitel: Unternehmensumstrukturierungen	1635
§ 1 Umwandlungsrecht	1635
§ 2 Umstrukturierungen	1822
7. Kapitel: Betriebsaufspaltungen	1867
8. Kapitel: Internationales und europäisches Gesellschaftsrecht	1985
9. Kapitel: Nachfolge in Gesellschaftsbeteiligungen	2089
10. Kapitel: Unternehmensbeteiligungen im Familienrecht	2145
11. Kapitel: Minderjährige im Gesellschaftsrecht	2295
12. Kapitel: Joint Ventures	2331
13. Kapitel: Schiedsgerichtsbarkeit	2375
14. Kapitel: Beurkundungsfragen im Gesellschaftsrecht	2439
15. Kapitel: Bilanz- und Steuerrecht	2479
§ 1 Rechnungslegung und Bilanzierung	2479
§ 2 Besteuerung der einzelnen Gesellschaften und Rechtsformvergleich	2559
16. Kapitel: Unternehmensfinanzierung	2667
17. Kapitel: Mitbestimmungs- und Arbeitsrecht	2769
18. Kapitel: Kartellrecht	2815
19. Kapitel: Kapitalmarktrecht	2873
20. Kapitel: Insolvenz- und Strafrecht	2999

1. Kapitel: Recht der Personengesellschaften

§ 1 GbR

Inhaltsverzeichnis

	Rn.
A. Allgemeines	1
I. Überblick	1
1. GbR als schuldrechtlicher Vertragstyp	2
2. GbR als Gegenstand des Gesellschaftsrechts	3
3. Unterscheidungsmerkmale der einzelnen GbR-Gesellschaftstypen	4
a) Kapitalistische bzw. personalistische Gesellschaft	7
b) Gelegenheits- und Dauergesellschaften	8
c) Innen- und Außengesellschaften	9
4. Rechtsfähigkeit der BGB-Gesellschaft	12
5. BGB-Gesellschaft im Prozess	18
6. Haftung der BGB-Gesellschaft	21
II. Erscheinungsformen der BGB-Gesellschaft	23
1. Erscheinungsformen der Innengesellschaft	24
a) Fahrgemeinschaften, Wohngemeinschaften, Spielgemeinschaften	25
b) Bestellgemeinschaften	28
c) Reisegesellschaften, Sportgesellschaften	29
d) Ehegatten-Innengesellschaften, nichteheliche Lebensgemeinschaften	30
e) Stille Gesellschaft und Unterbeteiligung	33
2. Außengesellschaften	36
a) Sozietäten von Freiberuflern	37
b) Kleingewerbe und Handwerker	40
c) Landwirtschafts- und Forstbetriebe	42
d) Bauarbeitsgemeinschaften	43
e) Grundbesitzgesellschaften	44
3. Abgrenzung zu anderen Rechtsfiguren	45
a) Abgrenzung zur Bruchteilsgemeinschaft	45

b) Familien- und erbrechtliche Gemeinschaften 46
c) Rechtsfähiger und nicht rechtsfähiger
Verein............................ 47
d) Partiarisches Darlehen............ 48
e) Franchise-Verträge................ 49
III. Rechtsformwahl, gesellschafts- und steuerrechtliche Kriterien 50
1. Gesellschaftsrechtliche Kriterien........ 51
a) Gründungsphase 52
b) Handelsregistereintragung......... 53
c) Kapitalaufbringung 54
d) Haftung der Gesellschafter 55
e) Willensbildung und Kontrollmöglichkeiten............................ 56
f) Geschäftsführung und Vertretung 58
g) Gewinn- und Verlustbeteiligung 60
h) Gesellschafterwechsel 61
i) Vererblichkeit der Gesellschaftsbeteiligung 63
j) Zwischenfazit..................... 64
2. Steuerrechtliche Kriterien der Rechtsformwahl 65
a) Besteuerung des laufenden Unterneh-
mensergebnisses 66
b) Entgeltliches Ausscheiden aus der Gesellschaft 72
c) Erbschaft- und Schenkungsteuer...... 74
d) Vermögensverschiebungen 78
IV. Entstehung der BGB-Gesellschaft........... 81
1. Gesellschafter.......................... 82
a) Eintritt in die Gesellschaft......... 82
b) Zahl der Gesellschafter 84
c) Qualifikationserfordernisse......... 85
2. Gemeinsamer Zweck 88
a) Begriff und Bedeutung 88
b) Treuepflichten 91
3. Gesellschaftsvertrag 95
a) Rechtsnatur 96
b) Vertragsabschluss 97
c) Mindestinhalt des Gesellschaftsvertrages 100
d) Form des Gesellschaftsvertrages 101
e) Inhaltskontrolle 105
f) Auslegung des Gesellschaftsvertrages... 106
g) Änderungen des Gesellschaftsvertrages . 107
V. Haftung der Gesellschafter 109
1. Doppelverpflichtungstheorie kontra Akzessorietätstheorie – ein kurzer Blick in die
Vergangenheit 110
a) Doppelverpflichtungstheorie 110
b) Akzessorietätstheorie............... 112
c) Wende der Rechtsprechung.......... 113
2. Haftungsvoraussetzungen – Gesellschaftsschuld................................ 114
3. Bedeutung des Akzessorietätsprinzips..... 117
4. Inhalt der Haftung 118
5. Einwendungen der Gesellschafter gegen
die Haftungsinanspruchnahme........... 119

a) Persönliche Einwendungen 120
b) Einwendungen der Gesellschaft 121
6. Haftung bei Ausscheiden bzw. Gesellschafterwechsel 122
a) Ausscheiden eines Gesellschafters bzw.
Auflösung der Gesellschaft 122
b) Gesellschafterwechsel............... 123
aa) Ausscheidender Gesellschafter..... 123
bb) Haftung des Neugesellschafters.... 125
cc) Regressansprüche 126
7. Möglichkeiten der Haftungsbeschränkung . 127
a) Grundsatz 127
b) Haftungsbeschränkung durch Individualvereinbarung 128
c) Ausschluss durch allgemeine Geschäftsbedingungen bzw. Namenszusätze 129
8. Besonderheiten bei Immobilienfonds und
Bauherrengemeinschaften 130
VI. Abspaltung von Mitgliedschaftsrechten 131
1. Abspaltungsverbot 131
2. Abtretbare Rechte und Ansprüche 132
3. Belastung des Gesellschaftsanteils 136
a) Nießbrauchsbestellung 136
b) Verpfändung 138
B. Gesellschaftsvertrag 139
I. Name der Gesellschaft.................... 140
1. Gesamtname 141
2. Rechtsformzusatz 142
3. Hinweise auf den Unternehmensgegenstand................................. 143
4. Pflicht zum Hinweis auf die Rechtsform?.. 144
5. Gesellschafterwechsel 145
II. Beiträge und Einlagen 149
1. Begriff 149
2. Arten der Beitragsleistung............... 151
a) Sachen und Rechte 152
b) Dienstleistungen 156
c) Beiträge im weiteren Sinne 160
3. Vertragliche Verpflichtung............... 161
4. Durchführung der Beitragsleistung 167
5. Kapitalanteil.......................... 173
III. Geschäftsführung......................... 175
1. Grundlagen 178
a) Prinzip der Selbstorganschaft 178
b) Umfang der Geschäftsführungsbefugnis 179
c) Geschäftsführungsberechtigung und
-verpflichtung 180
2. Form der Geschäftsführung.............. 181
a) Grundsatz der Gesamtgeschäftsführung . 181
b) Gesamtgeschäftsführung mehrerer aber
nicht aller Gesellschafter........... 182
c) Einzelgeschäftsführungsbefugnis 183
d) Kombinationsmöglichkeiten 185
e) Gesellschaftsvertragliche Regeln zur
Geschäftsführerbestellung........... 187
3. Führung der Geschäfte 188
a) Rechte und Pflichten 188
b) Weisungsrechte 190

c) Auskunfts- und Berichtspflicht 191
d) Haftung der Geschäftsführer 192
e) Notgeschäftsführung 193
f) Actio pro socio 194
g) Aufwendungsersatzanspruch/Vergütung 195
4. Beendigung der Geschäftsführung 197
a) Kündigung 198
b) Entziehung der Geschäftsführungsbefugnis 199
c) Rechtsfolgen 203
5. Vertretung der Gesellschaft 205
a) Rechtsnatur 206
b) Person des Vertreters 207
c) Umfang der Vertretungsmacht 209
d) Beendigung der Vertretung 212
IV. Gesellschafterbeschlüsse 213
1. Allgemeines 213
2. Mehrheitsentscheidungen 214
3. Gegenstände gesellschaftsrechtlicher Beschlussfassung 215
a) Geschäftsführungsmaßnahmen 216
b) Sonstige gemeinsame Gesellschaftsangelegenheiten 217
c) Änderung des Gesellschaftsvertrages . . . 218
4. Gesellschafterversammlungen 223
a) Einberufung von Gesellschafterversammlungen 224
b) Durchführung 225
c) Form der Stimmabgabe 228
5. Stimmrechte 229
6. Vertretung bei der Stimmabgabe/Stimmrechtsbindungen 231
a) Vertretungen 231
b) Stimmbindung 232
aa) Gruppenvertretung 233
bb) Stimmbindungsverträge 236
7. Stimmrechtsausschluss 237
a) Gesetzliche Stimmrechtsbeschränkungen 237
b) Vertraglicher Stimmrechtsausschluss . . . 238
8. Beschlussmängel 239
a) Arten von Mängeln 239
b) Rechtsfolgen und Heilung 240
c) Geltendmachung von Mängeln 241
V. Kontrollrechte 244
1. Inhalt und Umfang 246
2. Beteiligte 251
a) Berechtigter 251
b) Verpflichteter 252
3. Durchsetzung 253
4. Vertragliche Regelung der Kontrollrechte . . 254
VI. Wettbewerb 257
1. Gesetzliches Wettbewerbsverbot 257
2. Verstöße gegen das Wettbewerbsverbot 258
3. Vertragliche Regelungen zum Wettbewerbsverbot 261
4. Rechtsfolgen eines Verstoßes 266
VII. Rechnungslegung 267

1. Gesetzliche Regelungen 267
2. Vertragliche Regelungen zur Aufstellung des Rechnungsabschlusses 272
3. Feststellung des Rechnungsabschlusses . . . 274
VIII. Ergebnisverteilung 275
1. Gesetzliche Regelung der Ergebnisverteilung 275
2. Vertragliche Regelungen 277
3. Auszahlung des Gewinnanspruchs und Verlustausgleich 288
a) Gesetzliche Regelung 289
b) Vertragliche Vereinbarung über Entnahmerecht 291
c) Verlustausgleich 292
IX. Beitritt 293
1. Aufnahmevertrag 294
a) Beteiligte 294
b) Form 295
c) Gesellschaftsvertragliche Beitrittsregelungen 296
2. Rechtsfolgen 297
X. Lebzeitige Übertragung/Gesellschafterwechsel 298
1. Kombinierter Ein- und Austritt 298
2. Übertragbarkeit der Beteiligung 299
3. Übertragungsvertrag 301
4. Rechtsfolgen der Anteilsübertragung 304
a) Haftung 304
b) Übertragung aller Anteile auf eine Person 306
c) Gesellschafterrechte 307
d) Teilübertragung 308
5. Rechtsfehler bei der Übertragung 309
XI. Rechtsnachfolge von Todes wegen in den Gesellschaftsanteil 310
1. Gesetzliche Regel 310
2. Gesellschaftsvertragliche Regelungen für den Todesfall 311
a) Übersicht 311
b) Fortsetzungsklauseln 313
c) Nachfolgeklauseln 319
d) Eintrittsklauseln 327
3. Erbrechtliche Gestaltungen 330
XII. Lebzeitiges Ausscheiden aus einer GbR 335
1. Überblick 335
a) Ausscheidungsvereinbarung 336
b) Gesellschaftsvertragliche Regelung über das Ausscheiden 337
2. Ausscheiden bei Insolvenz 338
3. Gesetzliche Kündigungsrechte 339
a) Ordentliche Kündigung 340
b) Gläubigerkündigung 341
c) Kündigung aus wichtigem Grund 342
3. Vertragliche Beschränkungen des Kündigungsrechts 345
a) Gläubigerkündigung 345
b) Ordentliche Kündigung 346
c) Kündigung aus wichtigem Grund 347

d) Beschränkungen der Kündigungsrechte durch Formalerfordernisse........... 348	f) Übertragung aller Anteile auf einen Gesellschafter..................... 388

- d) Beschränkungen der Kündigungsrechte durch Formalerfordernisse........... 348
- 4. Rechtsfolgen............................ 351
  - a) Gesetzliche Regelung............... 351
  - b) Vertragliche Modifikation........... 352
- XIII. Ausschließung........................... 353
  - 1. Gesetzliche Regelung zur Ausschließung eines Gesellschafters.................. 354
    - a) Fortsetzungsklausel................ 355
    - b) Wichtiger Grund................... 356
    - d) Einschränkungen der Ausschlussmöglichkeiten........................ 357
  - 2. Verfahren............................ 358
  - 3. Gesellschaftsvertragliche Modifikationen.. 359
    - a) Ausschließungsgründe.............. 360
    - b) Freie Hinauskündigungsklausel?...... 361
    - c) Verfahrensregelungen.............. 363
- XIV. Rechtsfolgen des Ausscheidens........... 364
  - 1. Überblick............................ 364
  - 2. Beteiligte des Anspruchsverhältnisses..... 365
  - 3. Rückgabe von Gegenständen nach § 738 Abs. 1 Satz 2 BGB.................... 366
  - 4. Haftungsfreistellung................... 367
  - 5. Abfindung............................ 368
    - a) Gesetzliche Regelung............... 369
    - b) Vertragliche Modifikation des Abfindungsanspruchs................... 371
  - 6. Abrechnung schwebender Geschäfte..... 378
  - 7. Nachhaftung.......................... 379
- C. **Beendigung der GbR**.................... 380
- I. Auflösung.............................. 380
  - 1. Überblick............................ 380
    - a) Terminologie...................... 380
    - b) Vertragliche Regelungen zur Auflösung. 381
  - 2. Auflösungsgründe..................... 382
    - a) Kündigung der Gesellschaft......... 382
    - b) Zeitablauf........................ 383
    - c) Zweckerreichung.................. 384
    - d) Tod eines Gesellschafters........... 385
    - e) Eröffnung des Insolvenzverfahrens..... 386
      - aa) Gesellschafterinsolvenz.......... 386
      - bb) Gesellschaftsinsolvenz........... 387
    - f) Übertragung aller Anteile auf einen Gesellschafter..................... 388
    - g) Auflösungsbeschluss................ 389
- II. Liquidation............................ 390
  - 1. Überblick............................ 390
    - a) Umwandlung der Gesellschaft in eine Abwicklungsgesellschaft............ 390
    - b) Geschäftsführung.................. 391
    - c) Durchsetzungssperre............... 392
    - d) Rechnungslegung.................. 393
    - e) Sonderfälle....................... 394
  - 2. Auseinandersetzungsverfahren.......... 395
    - a) Rückgabe von Gegenständen........ 395
    - b) Abwicklung laufender Geschäfte...... 396
    - c) Begleichung von Verbindlichkeiten.... 397
    - d) Einforderung von Nachschüssen...... 398
    - e) Rückgewähr von Einlagen........... 399
    - f) Überschussverteilung............... 400
    - g) Abweichende Gestaltungen.......... 401
- III. Insolvenz............................. 402
  - 1. Insolvenzfähigkeit..................... 402
  - 2. Insolvenzgründe...................... 404
    - a) Zahlungsunfähigkeit............... 405
    - b) Drohende Zahlungsunfähigkeit....... 406
    - c) Überschuldung.................... 407
  - 3. Insolvenzantrag....................... 408
    - a) Antragspflicht..................... 409
    - b) Antragsberechtigung............... 410
    - c) Antragsfolgen..................... 411
  - 4. Folgen der Eröffnung des Insolvenzverfahrens............................... 412
    - a) Auflösung der Gesellschaft.......... 412
    - b) Vertretungs- und Verfügungsbefugnis... 413
  - 5. Insolvenzmasse....................... 415
    - a) Gesellschaftsvermögen.............. 415
    - b) Forderungen aus dem Gesellschaftsverhältnis........................... 416
    - c) Eigenkapitalersetzende Gesellschafterleistungen......................... 417
    - d) Durchsetzung der Gesellschafterhaftung nach § 93 InsO..................... 418
- IV. Umwandlung........................... 419

Kommentare und Gesamtdarstellungen:

Baumbach/Hopt, Handelsgesetzbuch, 32. Aufl. 2006; *Blaurock*, Handbuch der stillen Gesellschaft, 6. Aufl. 2003; *Braun/Uhlenbruck*, Unternehmensinsolvenz, 1997; *Ebenroth/Boujong/Joost*, Kommentar zum Handelsgesetzbuch, 2001; *Erman*, 11. Aufl. 2004; *Flume*, Personengesellschaft, 1977; *Gottwald*, Insolvenzrechts-Handbuch, 3. Aufl. 2006; *Haarmeyer/Wutzke/Förster*, Handbuch zur Insolvenzordnung, 3. Aufl. 2001; *Heidelberger Kommentar zur Insolvenzordnung*, 4. Aufl. 2006; *Henssler*, Partnerschaftsgesellschaftsgesetz, 1997; *Heymann*, Handelsgesetzbuch, Kommentar, 2. Aufl. 1990; *Jäger/Weber*, KO, 8. Aufl. 1958 – 1973; *Kessler*, Das Insolvenzverfahren über das Vermögen einer Partnerschaftsgesellschaft, 2004; *Kilger/K. Schmidt*, Insolvenzgesetze – KO, VglO, GesO, 17. Aufl. 1997; *Kübler/Prütting*, Kommentar zur Insolvenzordnung, Loseblatt: Stand März 2006; *Martinek*, Franchising, 1987; *Münchener Handbuch des Gesellschaftsrechts*, Bd. 1, 2. Aufl. 2004; Bd. 2, 2. Aufl. 2003; *Münchener Kommentar zum Bürgerlichen Gesetzbuch*, Bd. 5 (§§ 705 – 853, PartGG, ProdHaftG), 4. Aufl. 2004; *Münchener Kommentar zur Insolvenzordnung*, Bd. 1 (§§ 1 – 102, InsVV), 2001; Bd. 2 (§§ 103 – 269), 2002; *Palandt*, Bürgerliches Gesetzbuch,

66. Aufl. 2007; *RGRK*, Bürgerliches Gesetzbuch mit besonderer Berücksichtigung der Rechtsprechung des Reichsgerichts und des Bundesgerichtshofes, 12. Aufl. 1975 – 1999; *Schlegelberger*, HGB, Kommentar, 5. Aufl. 1977; *K. Schmidt*, Gesellschaftsrecht, 4. Aufl. 2002; *Soergel*, Bürgerliches Gesetzbuch, Bd. 4, 2. Aufl., 1985; *Staub*, Handelsgesetzbuch, Großkommentar, 4. Aufl. 1983 ff.; *Wertenbruch*, Die Haftung von Gesellschaften und Gesellschaftsanteilen in der Zwangsvollstreckung, 2000; *Westermann*, Handbuch der Personengesellschaften, Loseblatt: Stand 2006; *Wiedemann*, Gesellschaftsrecht I, 6. Aufl. 2002; *Zöller*, Zivilprozessordnung, 25. Aufl. 2004.

Formularbücher und Mustersammlungen:

Gummert (Hrsg.), Münchener Anwaltshandbuch Personengesellschaftsrecht, 2005.

Aufsätze und Rechtsprechungsübersichten:

Altmeppen, Deliktshaftung in der Personengesellschaft, NJW 2003, 1553; *Ann*, Rechtsfähigkeit auch für die Erbengemeinschaft?, MittBayNot 2003, 193; *Bergmann*, Die BGB-Gesellschaft als persönlich-haftender Gesellschafter in oHG und KG, ZIP 2003, 2231; *Eberl-Borges*, Die Rechtsnatur der Erbengemeinschaft nach dem Urteil des BGH vom 29.1.2001 zur Rechtsfähigkeit der (Außen-) GbR, ZEV 2002, 125; *Everts*, Die Testamentsvollstreckung an Personengesellschaftsbeteiligungen in der notariellen Praxis, MittBayNot 2003, 427 ff.; *Fuchs*, Die persönliche Haftung des Gesellschafters gemäß § 93 InsO, ZIP 2000, 1089; *Gerhardt*, Zur Haftung des ausgeschiedenen Gesellschafters im Rahmen des § 93 InsO, ZIP 2000, 2181; *Goette*, Anmerkung zu BGH II ZR 2/00, DStR 2002, 687; *Groß*, Eigenkapitalersetzende Gesellschafterdarlehen in der KG, BB 1991, 2386, 2390 f.; *Habersack*, Kapitalersatz im Gesellschaftsrecht, ZHR 162 (1998), 201, *ders.*, Der Regreß bei akzessorischer Haftung, AcP 198 (1998), 152; *Heil*, Das Grundeigentum der Gesellschaft des bürgerlichen Rechts – res extra commercium?, NJW 2002, 2158; *Huber*, Gesellschafterkonten in der Personengesellschaft, ZGR 1988, 1, 40; *Kanzleiter*, GbR – Zur Rechtslage bei Vereinigung aller (mit Nießbrauch) belasteter und nicht belasteter Gesellschaftsanteile in der Hand einer Person, DNotZ 1999, 443; *Klein*, Die Testamentsvollstreckung in Gesellschaftsbeteiligungen an offenen Handelsgesellschaften und Kommanditgesellschaften (Teil 1), DStR 1992, 292; *Kesseler*, Die verfahrensunterbrechende Wirkung des § 93 InsO, ZInsO 2003, 67; *ders.*, Die Durchsetzung persönlicher Gesellschafterhaftung nach § 93 InsO, ZIP 2002, 1974; *Muth*, Übertragbarkeit und Pfändbarkeit des Kapitalentnahmeanspruchs von Personenhandelsgesellschaften, DB 1986, 1761; *Müther*, Zivilprozessuale Probleme der neuen BGB-Gesellschaft, MDR 2002, 987; *Oppermann*, Die Weitergabe von Vermögen im Rahmen von Gesellschaften, RNotZ 2005, 453; *Pohlmann*, Rechts- und Parteifähigkeit der Gesellschaft bürgerlichen Rechts, WM 2002, 1421; *Priester*, Die zwingende Einheitlichkeit des Personengesellschaftsanteils – ein überholtes Prinzip?, DB 1998, 55; *Rapp*, Zu einigen Problemen beim Tod eines Gesellschafters einer Ehegatten BGB-Gesellschaft („Eigenheimgesellschaft"), MittBayNot 1987, 70; *Reiff*, Die unbeschränkte Gesellschafterhaftung in der (Außen-)Gesellschaft bürgerlichen Rechts und ihre Ausnahmen, ZGR 2003, 551; *Reimann*, Gesellschaftsrechtliche Bewertungsvorschriften in der notariellen Praxis, DNotZ 1992, 472; *K. Schmidt*, Die Handels-Personengesellschaft in der Liquidation, ZHR 153 (1989) 270; *ders.*, Konkursgründe und präventiver Gläubigerschutz, AG 1978, 334; *ders.*, Zur Vermögensordnung der Gesamthands-BGB-Gesellschaft, JZ 1985, 909; *ders.*, Eigenkapitalersatz bei unbeschränkter Haftung, ZIP 1991, 1 ff.; *ders.*, Kapitalersetzende Kommanditistendarlehen, GmbHR 1986, 337; *K. Schmidt/Bitter*, Doppelberücksichtigung, Ausfallprinzip und Gesellschafterhaftung in der Insolvenz, ZIP 2000, 1077; *Schön*, Der Nießbrauch am Gesellschaftsanteil, ZHR 158 (1994), 229; *van Veenrooy*, Unwirksamkeit der unzeitigen Kündigung in den gesetzlich geregelten Fällen, JZ 1981, 53; *Weipert*, Die Erbengemeinschaft als Mitglied einer Personengesellschaft, ZEV 2002, 300; *Wertenbruch*, Die Parteifähigkeit der GbR – die Änderungen für die Gerichts- und Vollstreckungspraxis, NJW 2002, 324; *Wiedemann*, Rechtsverhältnisse der BGB-Gesellschaften zu Dritten, WM-Sonderbeilage 4/1994, S. 4; *Winnefeld*, Übertragung und Pfändung des Kapital-Entnahmeanspruchs iS des § 122 Abs. 1 HGB, DB 1977, 897.

A. Allgemeines

I. Überblick

Die **Gesellschaft bürgerlichen Rechtes** (GbR) ist die Gesellschaftsform mit der **größten praktischen Verbreitung**. Dies liegt nicht etwa daran, dass die GbR regelmäßig bewusst als Träger gesellschaftsrechtlicher Aktivitäten gewählt würde. Die Vielzahl ihres Auftretens beruht vielmehr darauf, dass das Gesetz in § 705 BGB vorgesehen hat, dass immer dann, wenn sich mehrere Personen vertraglich zusammenfinden um einen gemeinsamen Zweck zu verfolgen, eine GbR entsteht. Die GbR ist damit zwingend **Grundtypus jeder personengesellschaftsrechtlichen Vereinigung**, denn die Verfolgung eines gemeinsamen Zweckes ist kennzeichnend eben auch für die übrigen Gesellschaftsformen wie OHG, die KG, die Partnerschafts-

1

gesellschaft usw. BGB-Gesellschaften haben damit zwangsläufig eine sehr große Spannweite, die nur in Teilbereichen zwingend in andere Gesellschaftsformen übergeht. So kann BGB-Gesellschaft sowohl die viel zitierte Lotto-Tippgemeinschaft (**Dauergesellschaft**), der Zusammenschluss zweier Bergsteiger, von denen der eine kein Seil, der andere keine Haken mehr hat (**Gelegenheitsgesellschaft**) auf der einen Seite als Form der Innengesellschaften und auf der anderen Seite als Form der Außengesellschaften der Zusammenschluss zweier Baufirmen zur Errichtung eines Flugplatzes (Gelegenheitsgesellschaft) oder die weltumspannende Rechtsanwaltsgesellschaft (Dauergesellschaft) sein. Führt man sich diese Spannbreite vor Augen und vergegenwärtigt man sich gleichzeitig, wie rudimentär das Gesetz in den §§ 705 ff. BGB die Gesellschaft geregelt hat, wird das Urteil Karsten Schmidts schnell verständlich, das Recht der BGB-Gesellschaft sei „vielleicht nicht das bedeutsamste, aber doch wohl das schwierigste Gebiet des besonderen Gesellschaftsrechts".[1]

1. GbR als schuldrechtlicher Vertragstyp

2 Das **Bestehen eines Gesellschaftsvertrages** ist unabdingbare Voraussetzung des Bestehens einer GbR (siehe dazu Rn. 95 ff.). Aus diesem Vertrag erwachsen die Rechte und Pflichten der Gesellschafter im Innenverhältnis. Anders als praktisch alle anderen Vertragstypen des besonderen Schuldrechts des BGB ist der Vertrag der Gesellschaft dadurch gekennzeichnet, dass es **nicht um den Austausch von Leistungen**, sondern um die Verwirklichung eines gemeinsamen Zweckes geht. Unterhalb der Ebene dieses alles überwölbenden gemeinsamen Zweckes bestehen allerdings auch im vertraglichen Verhältnis der GbR gegensätzliche Interessen und folgerichtig **wechselseitige Ansprüche der Gesellschafter**, sei es wegen der Leistung von Beiträgen, der Beteiligung an den Ergebnissen oder der Verteilung des Vermögens im Liquidationsfall. Aufgrund dieser Besonderheiten und der Tatsache, dass die Gesellschaft durchaus aus mehr als nur zwei Personen bestehen kann, sind die Bestimmungen des allgemeinen Schuldrechts zu den gegenseitigen Verträgen (**§§ 320 ff. BGB**) auf die GbR grds. nicht anwendbar. Ein Gesellschaftsverhältnis ist **kein synallagmatischer Vertrag**.[2] Obwohl es sich bei der GbR nicht um ein Vertragsverhältnis entgeltlicher oder unentgeltlicher Art handelt, da es nicht bzw. nicht primär auf den Austausch von Leistungen gerichtet ist, ist es gleichwohl nicht ausschließlich rechtlich vorteilhaft, so dass bspw. die **Schutzvorschriften für Minderjährige** in vollem Umfang eingreifen.

2. GbR als Gegenstand des Gesellschaftsrechts

3 Die GbR ist der **Grundtypus der Personengesellschaft**. Dies wird schon daran deutlich, dass in all den Fällen, in denen die besonderen Qualifikationserfordernisse eines anderen Personengesellschaftstyps, bspw. der Betrieb eines Handelsgewerbes bei OHG und KG oder die Eintragung im Partnerschaftsgesellschaftsregister für die Partnerschaftsgesellschaft[3] nicht gegeben sind, eine GbR vorliegt. Ferner daran, dass der Gesetzgeber bei der Regelung der anderen Gesellschaftsformen des Personengesellschaftsrechts in weitem Umfang von der Möglichkeit zur Verweisung auf das Recht der BGB-Gesellschaft Gebrauch gemacht hat, so bspw. in § 105 Abs. 3 HGB und § 1 Abs. 4 PartGG.

3. Unterscheidungsmerkmale der einzelnen GbR-Gesellschaftstypen

4 Um die Vielzahl der möglichen Formen der GbR zu untergliedern, lassen sich zumindest **drei wesentliche Abgrenzungskriterien** finden:

- die Frage nach der Dauer der Gesellschaft,
- die Frage nach dem Vorhandensein von gesamthänderisch gebundenem Vermögen und
- die Frage nach der Bedeutung der Person der Gesellschafter.

---

[1] K. Schmidt, JZ 1985, 909; ders., Gesellschaftsrecht, § 58 I.1.b.
[2] Schücking, in: Münchener Handbuch des Gesellschaftsrechts, Bd. 1, § 1 Rn. 7; MünchKomm-BGB/Ulmer, § 705 Rn. 162 m.w.N.; a.A.: RGZ 76, 276, 279; 163, 385, 388.
[3] MünchKomm-BGB/Ulmer, § 7 PartGG Rn. 4; Henssler, PartGG, § 7 Rn. 2.

Selbstverständlich lassen sich noch eine ganze Reihe **weiterer Unterscheidungskriterien** finden, wie bspw. die dem Vereinsrecht entlehnte Abgrenzung zwischen Idealgesellschaften und wirtschaftlichen Gesellschaften[4] oder schlicht zivilistischen bzw. unternehmenstragenden Gesellschaften.[5] Diese spielen allerdings für die Beurteilung der Rechtsverhältnisse der Gesellschaft zu Dritten, aber auch für das Verhältnis der Gesellschafter untereinander keine so unterscheidungskräftige Rolle wie die drei erstgenannten Kriterien.

5

Das Prägendste dieser Kriterien ist sicherlich die Frage des **Vorhandenseins von gesamthänderisch gebundenem Vermögen**, d.h. die Existenz einer nach außen hin auftretenden Gesellschaft. Weniger trennscharf ist schon der Begriff der Gelegenheits- oder Dauergesellschaft, da sich die diesbezügliche Unterscheidung vor allem im Innenverhältnis der Gesellschaft zeigt. Auf den ersten Blick ungewöhnlich erscheint der Begriff personalistische bzw. kapitalistische Gesellschaft, da die GbR als typischer Personenverband schon strukturell kaum Raum für eine kapitalistische Gesellschaft zu bieten scheint.

6

a) Kapitalistische bzw. personalistische Gesellschaft

Schon die gesetzliche Konzeption der GbR zeichnet diese als **personalistische Gesellschaft** aus. Dies wird in vielen Stellen des Gesetzes deutlich, mehr als in allen anderen wohl darin, dass der Tod eines Gesellschafters die Gesellschaft beendet (§ 727 Abs. 1 BGB). Es sind vor allen Dingen steuerrechtliche Erwägungen, die heute allerdings dazu führen, dass auch die GbR mehr und mehr als kapitalistisch strukturierte Gesellschaftsform gebraucht wird. So ist vor allen Dingen im Bereich **geschlossener Fonds** die GbR gesellschaftsrechtlich attraktive Alternative geworden.[6] Dass eine derart strukturierte Gesellschaft nicht mehr viele der personalistischen Elemente der gesetzlichen Konzeption aufweisen kann, versteht sich von selbst. Eine **persönliche Bindung zwischen Gesellschaftern**, deren einzige Verbindung die gemeinsame Investition von Kapital ist, die sich im Übrigen im Zweifel aber nicht einmal kennen, ist schwerlich vorzustellen. Diese Konzeption führt dann dazu, dass so zentrale Regelungen wie bspw. die gemeinschaftliche Geschäftsführung (§ 709 BGB) oder die Nichtübertragbarkeit der Gesellschafterrechte (§ 717 BGB) vertraglich abbedungen werden.

7

b) Gelegenheits- und Dauergesellschaften

Bei der **Abgrenzung** zwischen einer Gelegenheits- und einer Dauergesellschaft geht es nicht etwa darum, die Besonderheit eines Dauerschuldverhältnisses hervorzuheben. Dauerschuldverhältnis ist jede GbR.[7] Unterschieden werden soll nur zwischen einer Gesellschaft, die aus einem **einmaligen Anlass** heraus gegründet und nach **Erreichung dieses bestimmten Zwecks beendet** wird, und einer, die auf die **dauerhafte Verfolgung** eines übergeordneten, nicht mit einem einmaligen Vorgang beendeten Zwecks gerichtet ist. Die **Zeitdauer der Gesellschaft** ist dabei zwar ein Indiz, nicht aber der entscheidende Faktor.

8

> *Beispiel:*
>
> *Der Bau eines Flugplatzes kann sich über Jahre hinziehen und es kann sich gleichwohl bei der entsprechend begründeten Arbeitsgemeinschaft zweier Bauunternehmen nur um eine Gelegenheitsgesellschaft, die mit Vollendung des Projekts beendet ist, handeln.*

Für die Beurteilung gesellschaftsrechtlicher Vorgänge spielt es eine große Rolle, welchem **Typ die Gesellschaft** zuzuordnen ist, muss der Gesellschaftsvertrag doch unterschiedlich ausgelegt und ggf. ergänzt werden, abhängig davon, ob die Gesellschaft auf Dauer angelegt ist oder nicht.[8] Gekennzeichnet sind Gelegenheitsgesellschaften in Abgrenzung von Dauergesellschaften i.d.R. dadurch, dass die **Verbandsverfassung weniger stark ausgeprägt** und dafür die rein schuldrechtlichen Beziehungen zwischen den

---

4   Siehe dazu vor allem Flume, Personengesellschaft, § 12 III, § 16 IV.5.
5   So vor allem K. Schmidt, Gesellschaftsrecht, § 58 II.4. m.w.N.
6   Siehe bspw. BGH, NJW 1982, 877.
7   Schücking, in: Münchener Handbuch des Gesellschaftsrechts, Bd. 1, § 4 Rn. 7.
8   MünchKomm-BGB/Ulmer, vor § 705 Rn. 88; Schücking, in: Münchener Handbuch des Gesellschaftsrechts, Bd. 1, § 4 Rn. 8.

Gesellschaftern in den Vordergrund gerückt werden. Wer nur zum Zwecke der Bündelung von Kräften gemeinsam ein Bauprojekt betreibt, braucht keine Gesellschafterversammlung, in der über die Gewinnverwendung entschieden wird.

c) Innen- und Außengesellschaften

9 Die bedeutendste Unterscheidung zwischen den einzelnen Formen der BGB-Gesellschaft ist die zwischen der **Innen- und der Außengesellschaft**. Von Ersterer spricht man in den Fällen, in denen die **Gesellschafter nur Rechtsverhältnisse untereinander begründen** wollen, nach außen jedoch nicht als Gesellschafter in Erscheinung treten. Maßgeblich wird für die Unterscheidung auf die konkreten Vereinbarungen der Gesellschafter abgestellt. **Vereinbaren diese, am Rechtsverkehr teilzunehmen** und nach außen hin in Erscheinung zu treten, handelt es sich um eine Außengesellschaft, tun sie dies nicht, um eine Innengesellschaft.[9] Obwohl die vorstehende Formel vom Willen der Gesellschafter auf den ersten Blick zunächst sehr eindeutig und einfach handhabbar erscheint, kommt es in der Praxis oftmals zu Schwierigkeiten bei der zutreffenden Abgrenzung, was sich nicht zuletzt daran zeigt, dass entsprechende Fragen immer wieder beim BGH anders entschieden werden als in den Vorinstanzen.[10] Da wie vieles im Recht der BGB-Gesellschaft auch das Begriffspaar Innen- und Außengesellschaft nicht immer einheitlich verwendet wird, sich insb. noch eine Reihe weiterer Untergliederungspunkte in der Lit. gebildet haben,[11] erschwert es die Beantwortung der Frage, dass es zu deren Bildung keines förmlichen Vertrages bedarf und insoweit bereits auf Vermutungen hinsichtlich des **Willens der Gesellschafter** zurückgegriffen werden muss. Mehr theoretisch ist der Streit, ob es auf den Willen der Gesellschafter oder vielmehr auf die tatsächlichen Verhältnisse ankommt, da die tatsächlichen Verhältnisse regelmäßig einen Rückschluss auf den Willen der Gesellschafter zulassen.[12]

10 Ganz wesentlich für die Abgrenzung der Innen- von der Außengesellschaft ist die Frage, inwieweit das Vorhandensein von **gesamthänderisch gebundenen Gesellschaftsvermögen** präjudizierend wirkt. Herrschend[13] und zutreffend wird vertreten, dass die Innengesellschaft kein Gesellschaftsvermögen aufweisen könne. Die Gegenauffassung[14] vermag nicht zu überzeugen. Immer dann nämlich, wenn eine Gesellschaft eigenes Vermögen besitzt, d.h. in gesamthänderischer Bindung Vermögensgegenstände innehat, hat sie auch Rechtsbeziehungen nach außen. Wenn demgegenüber gelegentlich geltend gemacht wird, jedenfalls in Form der **Sozialansprüche**, besitze auch die Innengesellschaft bürgerlichen Rechts Vermögen, so kann dies gleichwohl keine Vermögensträgerschaft im hier verstandenen Sinne begründen. Die im Wege der actio pro socio geltend zu machenden Sozialansprüche sind aus dem Innenverhältnis allein erwachsende Ansprüche, die nicht als Vermögen der Gesamthand als solcher verstanden werden können. Besitzt die Gesellschaft aber Vermögen, tritt sie notwendig mit diesem auch im Rechtsverkehr auf. Zutreffend bemerkt deshalb Schücking,[15] dass allein schon die Eintragung der GbR im Grundbuch als Inhaber eines dinglichen Rechts das zur Begründung einer Außengesellschaft notwendige „Nach-außen-hin-Auftreten" erfüllt. Sobald die Gesellschaft aber Vermögensgegenstände innehat, seien es auch nur Forderungen gegen Dritte, ist sie Außengesellschaft. Die von Karsten Schmidt[16] aufgestellte Formel, wonach alle Gesamthandgesellschaften auch Außengesellschaften sind, ist daher zutreffend.

---

9 K. Schmidt, Gesellschaftsrecht, § 58 II.2.; Schücking, in: Münchener Handbuch des Gesellschaftsrechts, Bd. 1, § 3 Rn. 2; MünchKomm-BGB/Ulmer, vor § 705 Rn. 69 ff. m.w.N.

10 Siehe dazu nur BGH, NJW 1960, 1851; WM 1965, 1134, 1135.

11 Selbständig/unselbständig, Wiedemann, WM-Sonderbeilage 4/1994, S. 4; engeren/weiteren Sinn, MünchKomm-BGB/Ulmer, § 705 Rn. 279 ff.

12 So im Ergebnis wohl auch Schücking, in: Münchener Handbuch des Gesellschaftsrechts, Bd. 1, § 3 Rn. 4.

13 K. Schmidt, Gesellschaftsrecht, § 58 II.2.b; Flume, Personengesellschaft, S. 6 f.; RGRK-BGB/v. Gamm, § 718 Rn. 11; BGH, WM 1965, 793, 794; WM 1973, 296, 297; NJW 1982, 99, 100.

14 MünchKomm-BGB/Ulmer, § 705 Rn. 280; Schücking, in: Münchener Handbuch des Gesellschaftsrechts, Bd. 1, § 3 Rn. 56, m.w.N.

15 *Schücking*, in: Münchener Handbuch des Gesellschaftsrechts, Bd. 1, § 3 Rn. 45.

16 K. Schmidt, Gesellschaftsrecht, § 58 II.2.b.

Nicht jede Außengesellschaft hat umgekehrt aber **zwangsläufig gesamthänderisch gebundenes Vermögen**.[17] Im Zeitpunkt des Erwerbs des ersten Vermögensgegenstandes kann sich nämlich bereits die Frage stellen, ob dies für die Gesamthand (dann Außengesellschaft) oder im Außenverhältnis nur für einen Gesellschafter, der dann möglicherweise im Innenverhältnis gebunden ist (dann Innengesellschaft), geschieht. Da in diesem Zeitpunkt gerade noch kein gesamthänderisch gebundenes Vermögen vorhanden ist, sondern vielmehr erst erworben wird, kommt es auf die **innere Willensrichtung der Gesellschafter** an. Dies ist weniger kritisch beim aktiven Erwerb eines Vermögensgegenstandes durch die Gesellschaft, bspw. beim Kauf von Büromöbeln. Das Problem wird aber in den Fällen besonders augenscheinlich, in denen der Erwerb des ersten Vermögensgegenstandes eine Verbindlichkeit gegenüber Dritten, insb. eine **Verbindlichkeit aus Delikt** ist. Da die Außengesellschaften bürgerlichen Rechts eine **Haftung für ihre Organe** kennt,[18] kann es den entscheidenden Unterschied machen, ob die Gesellschaft, die bislang noch kein gesamthänderisch gebundenes Vermögen besitzt, als Außen- oder Innengesellschaft verfasst ist.

4. Rechtsfähigkeit der BGB-Gesellschaft

Kaum eine Frage im Gesellschaftsrecht war derart umstritten wie die nach der **Rechtsfähigkeit der BGB-Gesellschaft**. Der BGH hat die Frage mit Urt. v. 29.1.2001 jedenfalls für die Praxis dahingehend geklärt, dass er der Außengesellschaft bürgerlichen Rechts die Rechtsfähigkeit zuordnete.[19] Dieses Urteil hat nicht nur einen Sturm in der rechtswissenschaftlichen Lit.,[20] es hat vielmehr ein weitgehendes Umdenken für die Behandlung der GbR nach sich gezogen. Entgegen früheren Forderungen von Karsten Schmidt[21] hat sich der BGH nicht dafür entschieden, nur die unternehmenstragenden Außengesellschaften bürgerlichen Rechts, sondern schlicht **alle Außengesellschaften als rechtsfähig zu behandeln**.

Für die praktische Handhabung der BGB-Gesellschaft gilt damit, dass sie im Rechtsverkehr **grds. jede Rechtsposition einnehmen** kann, soweit nicht besondere gesetzliche Vorschriften dem entgegenstehen. Die BGB-Gesellschaft ist damit u.a.:

- prozessfähig,[22]
- markenrechtsfähig,[23]
- mitgliedschaftsfähig bei einer Kapitalgesellschaft,[24] einer KG,[25] wohl auch als Komplementär oder persönlich haftender Gesellschafter einer OHG,[26] eines Vereins,[27] und auch wiederum einer GbR,[28]
- insolvenzfähig nach § 11 Abs. 2 InsO,

---

17 So aber K. Schmidt, Gesellschaftsrecht, § 58 II.2.b; zutreffend a.A.: Schücking, in: Münchener Handbuch des Gesellschaftsrechts, Bd. 1, § 3 Rn. 31.
18 So längstens seit BGH, NJW 2003, 1445, absolut herrschende Auffassung.
19 BGHZ 146, 241 = NJW 2001, 1056.
20 Siehe zu einer Aufstellung Gummert, in: Münchener Handbuch des Gesellschaftsrechts, Bd. 1, § 17.
21 K. Schmidt, in: FS für Fleck, S. 271, 273.
22 So schon BGHZ 146, 241 = NJW 2001, 1056.
23 K. Schmidt, NJW 2001, 993, 997 f.; Wertenbruch, DB 2001, 419; a.A. noch: BGH, NJW-RR 2001, 114.
24 So schon BGH, NJW 1992, 2222; BGHZ 116, 86, 88.
25 BGH, DB 2001, 1983, wobei allerdings zu beachten ist, dass ein Wechsel im Bestand der Gesellschafter eine eintragungspflichtige Tatsache auch bei der KG selbst ist (§ 162 Abs. 1 Satz 2 HGB).
26 Bergmann, ZIP 2003, 2231; LG Berlin, ZIP 2003, 1201 ff.; Gummert, in: Münchener Handbuch des Gesellschaftsrechts, Bd. 1, § 17 Rn. 40. Da die Änderungen im Gesellschafterbestand bei der GbR nunmehr als eintragungspflichtige Tatsache beim Kommanditisten behandelt wird (§ 162 Abs. 1 Satz 2 HGB), spricht nichts dagegen, dies auch auf den persönlich haftenden Gesellschafter zu übertragen und so den bisherigen Einwand gegen die Stellung der GbR als persönlich haftendem Gesellschafter, nämlich die mangelnde Geltung des § 15 HGB, zu entkräften.
27 K. Schmidt, Gesellschaftsrecht, § 60 II.1.a.
28 BGHZ 118, 83.

- wechsel- und scheckfähig,[29]
- besitzfähig,
- (verkehrs-)steuerfähig,[30]
- arbeitgeberfähig,[31]
- grundrechtsfähig.[32]

14 Ein noch immer nicht geklärtes Problem stellt die **Grundbuchfähigkeit der GbR** dar. Die Problematik besteht dabei weniger darin, ob die GbR materiell-rechtlich in der Lage ist, ein **Grundstück zu Eigentum** zu erwerben. Dies dürfte unzweifelhaft möglich sein.[33] Dies zeigt sich schon daran, dass die Änderungen im Gesellschafterbestand der GbR nicht dazu führen, dass eine Eigentumsübertragung unter Erklärung der Auflassung auf den neuen Gesellschafter stattfinden müsste, sondern vielmehr nur eine Grundbuchberichtigung vorgenommen wird. Dies ist allgemeine Meinung. Die Problematik der GbR besteht darin, dass die Gesellschaft **mangels eigener Registereintragung** bei einer Eintragung nur unter ihrem Namen in Grundbuchsachen praktisch nicht mehr handhabbar würde.

> *Beispiel:*
>
> Im Grundbuch sind nicht mehr die Gesellschafter A, B und C in GbR, ggf. unter dem Zusatz der Bezeichnung „firmierend auch als XY GbR" eingetragen, sondern statt ihrer die XY-GbR selbst. Folge dessen ist, dass aus dem Grundbuch nicht mehr erkennbar ist, wer etwaige dingliche Erklärungen das Grundstück betreffend abgeben kann.

Die Schwierigkeiten, die gerade die Rspr. mit der Behandlung der GbR im Grundbuchverfahren hat,[34] beruhen denn auch darauf, dass zum einen die **Funktionsfähigkeit des Grundbuches** gewährleistet bleiben muss und zum Zweiten der gute **Glaube an das Grundbuch** nicht über den Umweg der Eintragung von Gesellschaften bürgerlichen Rechts teilweise entwertet werden soll. Deshalb erscheint es, solange es ein GbR-Register nicht gibt, weiterhin zwingend erforderlich, in jedem Fall die Gesellschafter der GbR im Grundbuch einzutragen. Allein die Eintragung der GbR unter ihrer nirgendwo anders als im Grundbuchregister rechtlich erfassten Bezeichnung reicht nicht aus. Sind aber die Gesellschafter eingetragen, so ist der Schritt von der Frage, ob die Gesellschafter als im GbR oder die GbR bestehend aus den Gesellschaftern A, B, C eingetragen wird, nicht mehr weit. Sobald sich die Rspr. dazu durchringen kann, den guten Glauben an die in Abteilung 1 des Grundbuchs eingetragenen Personen in beiden Fällen anzuerkennen, dürfte sich das Problem auflösen.

15 Ist die GbR rechtsfähig, so besteht in ihr ein von ihren Gesellschaftern abgrenzbarer **eigener Rechtsträger**. Das der gesamthänderischen Bindung unterliegende Vermögen ist nicht mehr **Vermögen** der Gesellschafter, sondern **der Gesellschaft als solches**. Dies hat zur Konsequenz, dass die **Zurechnung allein auf Gesellschaftsebene** erfolgt. Den Gesellschaftern stehen nicht Anteile am Gesellschaftsvermögen, sondern nur eine Beteiligung an der Gesellschaft selbst zu. Dieses Mitgliedschaftsrecht ist es, das, soweit dies die gesellschaftsvertraglichen Regelungen nicht ausschließen, Verfügungen zugänglich ist. Erkennt man die GbR in diesem Sinne als rechtsfähig an, muss in § **719 BGB** eine **rein deklaratorische Vorschrift** gesehen werden.

16 Daraus ergibt sich zwangsläufig auch, dass das **Gesellschaftsvermögen unabhängig von einem Wechsel im Bestand der Gesellschafter** weiterhin der Gesellschaft zugeordnet wird. Insoweit kann auch § 738

---

29 BGH, NJW 1997, 2754.
30 Für die Umsatzsteuer: BFH, BStBl. 1984 II, S. 231, 232; für die Grunderwerbsteuer: BFHE 148, 331.
31 So jetzt auch das BAG, NJW 2005, 1004.
32 BVerfG, NJW 2002, 3533.
33 Siehe dazu nur K. Schmidt, ZIP 1998, 7; Gummert, in: Münchener Handbuch des Gesellschaftsrechts, Bd. 1, § 17 Rn. 33 m.w.N.
34 Siehe dazu nur BayObLG, Rpfleger 2003, 78; Rpfleger 2005, 19; DNotZ 2004, 378; LG Dresden, NotBZ 2002, 384; LG Aachen, Rpfleger 2003, 496; LG Berlin, Rpfleger 2004, 283.

Abs. 1 Satz 1 BGB als deklaratorische Vorschrift verstanden werden. Dass dort noch von Anwachsung die Rede ist, wo doch nach neuem Verständnis ohnehin die Gesellschaft Rechtsträger ist, ist allerdings Zeichen eines abweichenden Verständnisses der am Gesetzgebungsverfahren Beteiligten.

Letzte Konsequenz der Rechtsfähigkeit der Gesellschaft ist schließlich, dass das **Gesellschaftsvermögen** nicht vom Bestand der Gesellschafter, sondern von dem der **Gesellschaft abhängig** ist. Mit der Auflösung der Gesellschaft muss es deshalb zwangsläufig zu einem Liquidationsverfahren kommen, es sei denn, die Gesellschaft erlischt durch Ausscheiden des vorletzten Gesellschafters, in welchem Fall die **Anwachsung** zu dessen Vermögen stattfindet.

5. BGB-Gesellschaft im Prozess

Mit der Rechtsfähigkeit der GbR verbunden ist auch ihre **Prozessfähigkeit**.[35] Wenn die BGB-Gesellschaft selbst in der Lage ist, Inhaber von Rechten und Pflichten zu sein, dann muss sie auch im Prozess als solche verklagt werden können. Dem Gedanken von Wertenbruch[36] folgend, dass § 736 ZPO, der zur Zwangsvollstreckung in das gesamthänderisch gebundene Vermögen einen Titel gegen alle Gesellschafter erfordert, nur die vollstreckungsrechtliche Umsetzung der Regelung des § 719 Abs. 1 BGB sei, sieht der BGH in der vollstreckungsrechtlichen Vorschrift des § 736 ZPO kein Hindernis seiner Auffassung. Da nach der hier vertretenen Auffassung die GbR als reine Innengesellschaft kein gesamthänderisch gebundenes Vermögen besitzt, stellt sich die Frage der Prozessfähigkeit für diese Gesellschaftsform nicht. Auch sog. **Sozialansprüche** sind als rein schuldrechtliche Verpflichtungen der Gesellschafter untereinander prozessual geltend zu machen, d.h. im Wege der **actio pro socio**.

Handeln kann die Gesellschaft im Prozess selbstverständlich nur durch ihre „Organe". **Vertreter der Gesellschaft** sind damit gemäß § 714 BGB im Zweifel **alle Gesellschafter gemeinschaftlich**. Abweichende Vertretungsregelungen sind nachzuweisen.[37] Klagt die Gesellschaft, ist sie auch als solche zu bezeichnen. Problematisch kann es dabei insb. sein, wenn mehrere Gesellschafter **gleichzeitig personenidentisch Gesellschafter mehrerer Gesellschaften bürgerlichen Rechts** sind. Inwieweit hier eine Abgrenzung rechtspraktisch möglich ist, ist auch im Hinblick auf etwaige Vollstreckungsmaßnahmen noch ungeklärt. Das Problem, das sich gleichermaßen bei Passivprozessen stellt, besteht ja nun darin, dass die Vermögensmasse der Gesellschafter A, B, C in GbR I und derselben Gesellschafter in GbR II praktisch nur dann unterscheiden lassen, wenn sie auch entsprechend zugeordnet sind. Da aber bspw. in Grundbuchangelegenheiten derzeit noch nicht klar ist, ob überhaupt eine weitere klarstellende Bezeichnung einer GbR im Grundbuch eingetragen werden kann geschweige denn muss, ist nach außen oftmals nicht erkennbar, wer wirklich **Inhaber eines konkreten Vollstreckungsgegenstands** ist. Der Empfehlung des BGH,[38] neben der GbR als solcher auch immer gleich die Gesellschafter zu verklagen, dürfte deshalb zu folgen sein. Am **Rechtsschutzbedürfnis** für die Klage gegen die Gesellschaft mangelt es bei einer Klage gegen die Gesellschafter jedenfalls nicht mehr.[39]

Eine Schwierigkeit besteht allerdings immer darin, in **Passivprozessen den richtigen Vertreter** der Gesellschaft **zu benennen**. Abweichend von der gesetzlichen Regelung der Gesamtvertretung in § 709 BGB können die Gesellschafter nämlich durchaus auch bestimmen, dass nur einige von ihnen zur Vertretung berechtigt sind. Mangels Registereintragung ist die Vertretung nicht nach außen kundgetan. Da im Recht der BGB-Gesellschaft aber anders als bei den Kapitalgesellschaften das Recht der Selbstorganschaft gilt und insoweit Fremdgeschäftsführer ausgeschlossen sind,[40] besteht bei Zweifeln die Möglichkeit, durch

---

35 BGHZ 146, 241 = NJW 2001, 1056.
36 Wertenbruch, Die Haftung von Gesellschaften und Gesellschaftsanteilen in der Zwangsvollstreckung, S. 124, 129.
37 Pohlmann, WM 2002, 1421, 1424.
38 BGHZ 146, 241 = NJW 2001, 1056, 1060.
39 A.A.: Müther, MDR 2002, 987, 990.
40 BGH, NJW 1960, 1997; WM 1982, 394; BGHZ 36, 292; 41, 367, 369; 51, 198, 200; MünchKomm-BGB/Ulmer, § 709 Rn. 5 f.; v. Ditfurth, in: Münchener Handbuch des Gesellschaftsrechts, Bd. 1, § 7 Rn. 9.

Nennung aller Gesellschafter in jedem Fall auch den Richtigen zu benennen. Wo auch Informationen über den Gesellschafterkreis nicht vollständig vorhanden sind, kommt nur noch ergänzend eine auf § 138 Abs. 2 ZPO beruhende **geänderte Darlegungs- und Beweislast** der beklagten BGB-Gesellschaft in Betracht.[41]

6. Haftung der BGB-Gesellschaft[42]

21 Die Anerkennung der Rechtsfähigkeit der BGB-Gesellschaft führt auch dazu, dass die Frage, wen die **Haftung für etwaige Verbindlichkeiten der Gesellschaft** trifft, eindeutig beantwortet werden kann. Ist die GbR Inhaberin ihres Vermögens, so ist sie auch Schuldnerin der sie treffenden Verbindlichkeiten.[43] Unzutreffend ist es demnach, von einer Haftung des Gesellschaftsvermögens zu sprechen, denn die Haftung trifft die Gesellschaft selbst, die sie alsdann, wie jeder andere Schuldner auch, mit ihrem gesamten Vermögen zu bedienen hat. Die Haftung für rechtsgeschäftlich begründete Verbindlichkeiten bedarf dabei allenfalls der Frage der **wirksamen Verpflichtung der Gesellschaft**. Eine solche wirksame Verpflichtung ist abhängig von der ordnungsgemäßen Vertretung der Gesellschaft durch ihre Organe bzw. von diesen bevollmächtigte Dritte.

22 Mit der Anerkennung der Rechtsfähigkeit der AußenGbR ist logisch verbunden auch die **Anerkennung der organschaftlichen Vertretung**.[44] Dass auch ohne Anerkennung der Rechtsfähigkeit der Außengesellschaft eine Verpflichtung des gesamthänderisch gebundenen Vermögens durch die Geschäftsführer der Gesellschaft möglich war, war, unabhängig davon, auf welcher rechtlichen Grundlage dies je nach vertretener Auffassung beruhte, zu keiner Zeit streitig. Mit der Anerkennung der Rechtsfähigkeit der Gesellschaft stellte sich allerdings das ergänzende Problem, inwieweit die GbR auch für solche Verbindlichkeiten einzutreten hatte, die nicht auf einem rechtsgeschäftlichen Handeln ihrer Vertreter, sondern auf **verschuldensabhängigem Verhalten** beruhten. Für die Praxis hat der BGH die Frage zwischenzeitlich dahingehend geklärt, dass sich die Außengesellschaft das Verschulden ihrer Organe in entsprechender Anwendung des § 31 BGB zurechnen lassen hat.[45] Soweit es auf die **Wissenszurechnung der Organe** für die BGB-Gesellschaft ankommt, findet diese nach herrschender Auffassung unter Anwendung des § 166 Abs. 1 BGB statt. Bei Anerkennung der Zurechnung des Organverschuldens nach § 31 BGB wäre es allerdings systematisch konsequenter, auch die Wissenszurechnung auf entsprechender Grundlage und damit unter analoger Anwendung von § 28 Abs. 2 BGB vorzunehmen.[46]

II. Erscheinungsformen der BGB-Gesellschaft

23 Wie schon erwähnt, ist die BGB-Gesellschaft die mit Abstand häufigste Gesellschaftsform, da sie aufgrund ihrer rechtlichen Ausgestaltung für ein sehr breites Spektrum möglicher Zwecke eingesetzt werden kann.

1. Erscheinungsformen der Innengesellschaft

24 Zunächst ist festzuhalten, dass Innengesellschaften in den **verschiedensten Formen** auftreten können. So ist die Innengesellschaft nicht, was auf den ersten Blick vielleicht nahe liegend erscheinen mag, auf

---

41 Zöller/Greger, ZPO, vor § 284 Rn. 34; Gummert, in: Münchener Handbuch des Gesellschaftsrechts, Bd. 1, § 19 Rn. 20; Pohlmann, WM 2002, 1421, 1424.
42 Die erschienene Lit. zur Haftung in der GbR ist nahezu unüberschaubar. Eine Zusammenstellung von Gummert, in: Münchener Handbuch des Gesellschaftsrechts, Bd. 1, § 18, die den Stand 2004 wiedergibt, umfasst bereits zweieinhalb Seiten.
43 BGHZ 146, 241 = NJW 2001, 1056.
44 MünchKomm-BGB/Ulmer, § 714 Rn. 16 f.; Wiedemann, WM Sonderbeilage 4/1994, S. 10; Brandes, WM 1994, 569, 571.
45 BGH, NJW 2003, 1445; aufbauend auf einer von Fabricius, in: GS für Rudolf Schmidt, 1966, S. 171 ff., begründeten Auffassung.
46 Schücking, in: Münchener Handbuch des Gesellschaftsrechts, Bd. 1, § 3 Rn. 28; siehe auch K. Schmidt, Gesellschaftsrecht, § 60 II.5.

die Gelegenheitsgesellschaften beschränkt. Im Gegenteil können Innengesellschaften durchaus sehr lange Zeiträume umspannen. Dass sie in dieser Form gänzlich anders strukturiert sein müssen als Gelegenheitsgesellschaften, versteht sich von selbst.

a) Fahrgemeinschaften, Wohngemeinschaften, Spielgemeinschaften

BGB-Gesellschaften, mit denen der Kautelarjurist praktisch nicht, der forensisch tätige Rechtsanwalt dann zu tun bekommt, wenn das **Verhältnis zwischen den Gesellschaftern** zerrüttet ist, sind die Gesellschaften in Form von Fahrgemeinschaften, Wohngemeinschaften und Spielgemeinschaften sowie ähnlichen Gesellschaftsverhältnissen. Schon dann, wenn sich mehrere Personen zusammentun, um regelmäßig gemeinsam zur Arbeit zu fahren (Dauergesellschaft) oder gemeinsam eine längere Reise anzutreten (Gelegenheitsgesellschaft), kann zwischen ihnen ein Gesellschaftsverhältnis entstehen. Dabei spielt es keine Rolle, ob es immer der gleiche Gesellschafter ist, der das Auto stellt, und ein anderer, der für die Spritkosten aufkommt. Entscheidend ist die gemeinsame Zweckverfolgung und die Abgrenzung zu entgeltlichen Verhältnissen, die wohl immer dann gegeben sind, wenn gewerblich eine Beförderungsdienstleistung angeboten wird. Ein großer Vorteil der Wahl der Gesellschaftskonstruktion, nämlich die **Beschränkung der Haftung auf eigenübliche Sorgfalt** gemäß § 708 BGB, ist Fahrgemeinschaften allerdings wegen der besonderen Rechtsverhältnisse des Straßenverkehrs verwehrt.[47]

25

Ebenfalls von der Konstruktion des Innenverhältnisses hängt es ab, ob eine **Wohngemeinschaft mehrerer Personen** in einer Wohnung als GbR, als Einzelmietverhältnis oder als entgeltlicher Mietvertrag zwischen den Bewohnern ausgestaltet ist. Vermietet ein Vermieter Zimmer einzeln, liegt ebenso wenig ein Fall der Gesellschaft vor wie dann, wenn ein Eigentümer/Hauptmieter einzelne Zimmer der von ihm selbst genutzten Wohnung (unter-)vermietet. Kommen jedoch mehrere Personen überein, gemeinsam eine Wohnung anzumieten, entsteht zwischen ihnen ein Gesellschaftsverhältnis, ganz gleich, ob damit eine bloße Kostenteilung oder mehr verbunden ist.[48]

26

Geradezu der Lehrbuchfall der Innengesellschaft ist die **Lotto-Tippgemeinschaft**.[49] Abzugrenzen sind diese Gemeinschaften von den heute **kommerziell angebotenen Diensten**, bei denen von einem Dritten Tippgemeinschaften zusammengeführt werden, wobei jedoch keine Rechtsbeziehungen zwischen den Mitgliedern der Tippgemeinschaft bestehen, sondern nur gegenüber dem gewerblichen Anbieter. Interessant sind die echten Lotto-Gemeinschaften vor allem aus **haftungsrechtlicher Sicht**, insb. dann, wenn der mit der Abgabe der Lottoscheine beauftragte Gesellschafter diese Verpflichtung verletzt und den Schein nicht abgibt.[50]

27

b) Bestellgemeinschaften

Schließen sich mehrere Personen zusammen, um durch das **gemeinsame Bestellen** von Waren oder Dienstleistungen **Mengenvorteile** zu erzielen, spricht man von Bestellgemeinschaften. Diese können in verschiedenen Formen auftreten: einmal organisiert als Gesellschaft, und zwar sowohl in der Form der Innen- wie auch der Außengesellschaft, zum anderen aber auch dergestalt, dass ein Einzelner eine Koordinierungsfunktion übernimmt, im Innenverhältnis zwischen den Beteiligten aber kein Gesellschaftsverhältnis entsteht, sondern diese vielmehr nur als jeweils Einzelne im Außenverhältnis verpflichtet werden. Richtig ist wohl, danach zu unterscheiden, wie tatsächlich **im Außenverhältnis die Rechnungen gestellt** werden.[51] Wird die Rechnung an die Gesellschaft gestellt, liegt erkennbar eine Außengesellschaft vor, wird sie nur an einen einzelnen Gesellschafter gestellt, der die anteiligen Kosten dann von den anderen einfordert, liegt die Innengesellschaft vor, und werden Teilrechnungen an jeden der Besteller gestellt, erscheint eine Teilverpflichtung eines jeden naheliegend. Zu den Letzteren dürften vor allen Dingen Be-

28

---

47 BGHZ 46, 313, 318.
48 BGH, ZIP 1998, 27, 30; OLG Hamm, BB 1976, 529.
49 BGH, WM 1968, 376; OLG Karlsruhe, NJW-RR 1988, 1266; OLG München, NJW-RR 1988, 1268.
50 Siehe dazu BGH, NJW 1974, 1705, 1706.
51 So Schücking, in: Münchener Handbuch des Gesellschaftsrechts, Bd. 1, § 4 Rn. 97; a.A.: LG Konstanz, NJW 1987, 2521.

stellgemeinschaften für Heizöl und ähnliche teure Produkte zählen, bei denen keiner der Gesellschafter auch nur im Ansatz daran denkt, die Haftung für die Verbindlichkeiten der jeweils anderen zu übernehmen. Handelt es sich allerdings um Bestellgemeinschaften im gewerblichen Bereich, liegt der Gedanke an die Gesellschaft schon näher.

c) Reisegesellschaften, Sportgesellschaften

29 Ebenso als Innen- wie als Außengesellschaften vorkommend sind **Reisegesellschaften** und **Risikogemeinschaften beim Sport**. Die Verfolgung gemeinsamer Ziele kann bei beiden Gesellschaftsformen unterschiedlich stark ausgeprägt sein. So kann die Reisegesellschaft den Bestellergemeinschaften ähnlich allein dazu gegründet sein, günstigere Tarife bei Reiseanbietern zu erlangen, sie kann aber auch derart ausgestaltet sein, dass ein jeder der Gesellschafter eigene Leistungen für die Gemeinschaft erbringt, der eine etwa die Planung, der Zweite den Transport, der Dritte die Verpflegung usw. Gleiches gilt für die Risikogemeinschaften im Sport, wo es bspw. allein darum gehen kann, durch das Teilen eines Bergführers Kosten zu sparen oder durch wechselseitige Absicherung und Stellen von Ausrüstungsteilen das Erreichen des gemeinsamen Ziels zu vereinfachen.

d) Ehegatten-Innengesellschaften, nichteheliche Lebensgemeinschaften

30 Eine im Familienrecht wieder stärker an Bedeutung gewinnende Gesellschaftsform ist die sog. **Ehegatten-Innengesellschaft**. Dass Ehegatten Gesellschaften gründen können, um gemeinsame Ziele zu verwirklichen, ist selbstverständlich. Die besondere Bezeichnung „Ehegatten-Innengesellschaft" hat sich allerdings nicht für solche ausdrücklich begründeten Gesellschaftsverhältnis herausgebildet, sondern vielmehr für solche Konstellationen, in denen zum **Ausgleich güterrechtlicher Unzulänglichkeiten**, insb. bei der Vereinbarung der Gütertrennung oder der modifizierten Zugewinngemeinschaft, die Gesellschaft angenommen wird. Klassischer Anwendungsfall ist dabei der Erwerb des Eigenheims durch nur einen der Eheleute.[52] Weitere Anwendungsfälle sind die nur auf den Namen eines Partners lautenden, de facto aber gemeinsam geführten Betriebe gewerblicher Art, bspw. einer Gaststätte[53] oder einer Pension.[54] Das Bestehen eines Gesellschaftsverhältnisses setzt allerdings in jedem Fall voraus, dass die Ehegatten mit den erbrachten Leistungen einen Zweck verfolgen, der über die Verwirklichung der ehelichen Lebensgemeinschaft erheblich hinausgeht.[55] Wo kein ausdrücklich vereinbarter Gesellschaftsvertrag vorliegt, ist – wie Karsten Schmidt zutreffend bemerkt – „das richtige Maß zu finden" schwer.[56] Im Fall solcher Eheleute, die **einseitige Vermögensallokation** betreiben, obschon beide Partner, wenn auch nicht zwingend gleichmäßig, zum Aufbau des Vermögens beitragen, ist dringend zu einer ausdrücklichen Regelung des Verhältnisses zu raten. So ist die Annahme der Ehegatten-Innengesellschaft nicht nur positiv durch Vereinbarung eines Gesellschaftsvertrages zu untermauern, sondern vielmehr auch, wo diese nicht gewollt ist, ausdrücklich auszuschließen.

31 So groß die Schwierigkeiten des (familien-)rechtlichen Beraters sein können, wenn die Rspr. im Nachhinein den konkludenten Abschluss eines Gesellschaftsvertrages annimmt, ohne dass zumindest dem einen Partner dessen Abschluss bekannt erscheint, so angenehme Konsequenzen kann die Rechtsfigur der Ehegatten-Innengesellschaft in **schenkungsteuerlicher Sicht** nach sich ziehen. Haben die Ehegatten nämlich einen Güterstand vereinbart, der die Anwendung der besonderen Grundsätze des § 5 ErbStG ausschließt, kann ggf. durch Nachweis der Begründung einer Ehegatten-Innengesellschaft die Übertragung von Vermögenswerten zwischen den Ehegatten gleichwohl **steuerfrei** sein. Sollten die Voraussetzungen einer Ehegatten-Innengesellschaft nämlich vorgelegen haben, so wäre eine im Rahmen der Auseinandersetzung vorgenommene Vermögensübertragung keine Schenkung i.S.d. Erbschaft- und Schenkungsteuergesetzes,

---

52 BGH, NJW 1982, 170.
53 BGH, NJW-RR 1990, 736.
54 BGH, FamRZ 1961, 431.
55 *BGH, NJW-RR 1988, 260; NJW-RR 1989, 66; NZG 1999, 989.*
56 K. Schmidt, Gesellschaftsrecht, § 59 I.2.b.aa.

sondern vielmehr ein zur Erfüllung der gesellschaftsrechtlichen Ansprüche des Zuwendungsempfängers erfolgender Rechtsvorgang.

Was für die Annahme einer Ehegatten-Innengesellschaft gilt, trifft gleichermaßen auf gesellschaftsrechtliche Verbindungen zwischen **Partnern nichtehelicher Lebensgemeinschaften** zu. Auch bei diesen muss zu den typischerweise der Verwirklichung der Lebensgemeinschaft dienenden Vorgängen der gemeinsame Wille zur Verfolgung darüber hinausgehender Zwecke hinzutreten. Sowohl die Rspr.[57] als auch die Lit.[58] treten Bestrebungen entgegen, nichteheliche Lebensgemeinschaften generell als Gesellschaften bürgerlichen Rechts einzustufen, um so die bei der Ehe bereits gesetzlich vorgesehenen Regelungen wenn nicht zu ersetzen, so doch zu kompensieren. Wegen der berechtigterweise besonderen Zurückhaltung vor der Annahme des Bestehens von Innengesellschaften nichtehelicher Lebensgemeinschaften empfiehlt es sich in den Fällen, in denen diese ausdrücklich gewünscht werden, einen **schriftlichen Gesellschaftsvertrag** zu schließen. 32

e) Stille Gesellschaft und Unterbeteiligung

Trotz ihrer erkennbaren Einordnung in den unternehmerischen Bereich sind **stille Gesellschaften** und **Unterbeteiligungen** klassische Fälle von Innengesellschaften bürgerlichen Rechts. Die stille Gesellschaft tritt in **zwei Formen** auf. Handelt es sich um eine Beteiligung an einem kaufmännischen Unternehmen, besteht die Gesellschaft gemäß den §§ 230 ff. HGB, bei einer Beteiligung an einem minder- oder nicht kaufmännischen Unternehmen handelt es sich dagegen um eine rein bürgerlich-rechtliche stille Beteiligung. Die Unterscheidung spielt für die Praxis allerdings deshalb keine allzu große Rolle, da auch für die stille Beteiligung des BGB die Bestimmungen der §§ 230 ff. HGB, soweit diese nicht speziell das Vorliegen eines kaufmännischen Unternehmens fordern, angewendet werden,[59] und nur zur Füllung dort offener Lücken auf die Regelungen des BGB zurückgegriffen wird. Die stille Beteiligung führt nur zu rein schuldrechtlichen Beziehungen der Beteiligten untereinander, da ein Übergang des Beteiligungsvermögens auf die gebildete Gesellschaft gerade nicht stattfindet und dieses vielmehr beim Unternehmer bleibt. Mangels **dinglicher Verstrickung** erhält der stille Beteiligte Sicherheit damit nur bei Stellung besonderer Sicherheiten durch den Mitgesellschafter. Sowohl mit der stillen Beteiligung wie auch mit der Unterbeteiligung wird ein nach außen hin nicht auftretender Dritter am Vermögensgegenstand Unternehmen bzw. Beteiligung wirtschaftlich beteiligt. Die Gründe für die Eingehung solcher Gesellschaften sind vielfältig, sie können insb. darin bestehen, dass dem Dritten die Beteiligung aus rechtlichen Gründen nicht möglich ist, er sie möglicherweise nicht nach außen auftreten lassen möchte oder Haftungsgesichtspunkte gegen eine echte Beteiligung sprechen. 33

Unterschieden wird zwischen der **typischen** und der **atypischen stillen Gesellschaft**, was aber primär steuerrechtliche Hintergründe hat. Der atypische stille Gesellschafter, der steuerlich als Mitunternehmer behandelt wird, muss sowohl **Unternehmerrisiko** tragen, d.h. an den Verlusten der Gesellschaft beteiligt sein, wie auch **unternehmerische Entscheidungsverantwortung** haben. 34

> **Hinweis:**
> Zu beachten ist, dass die Grenzen zwischen beiden Typen nicht zivilrechtlich festgefasst, sondern nur steuerlich motiviert sind. So kann insb. auch der typische stille Gesellschafter am Unternehmensrisiko beteiligt sein.

Die Unterbeteiligung grenzt sich von der stillen Gesellschaft insofern ab, als die Beteiligung des stillen Beteiligten am Unternehmen selbst, die Beteiligung des Unterbeteiligten jedoch nur an einer Beteiligung 35

---

57 BGH, NJW 1983, 1055; NJW 1983, 2375.
58 K. Schmidt, Gesellschaftsrecht, § 59 I.2.b.aa; Schücking, in: Münchener Handbuch des Gesellschaftsrechts, Bd. 1, § 4 Rn. 68; MünchKomm-BGB/Ulmer, vor § 705 Rn. 81.
59 Blaurock, Handbuch der stillen Gesellschaft, § 8 Rn. 8.3.

an einem Unternehmen besteht. Sie wird deshalb teilweise auch **als Beteiligung an einer Beteiligung** beschrieben.[60]

2. Außengesellschaften

36 Die Außengesellschaften sind naturgemäß wesentlich stärker im Fokus sowohl der juristischen wie auch der gesellschaftlichen Wahrnehmung. Dies liegt allein schon daran, dass sie als Außengesellschaft auch als solche, nämlich als Gesellschaften auftreten, während die Innengesellschaften letztlich nur schuldrechtliche Ansprüche unter den Gesellschaftern nach sich ziehen. Nachstehend sollen nur einige **wesentliche Typen** angegeben werden, die Aufzählung erhebt keinen Anspruch auf Vollzähligkeit.

a) Sozietäten von Freiberuflern

37 Geradezu das klassische Beispiel der BGB-Außengesellschaft sind Sozietäten von Freiberuflern. Mangels Ausübung eines Gewerbes stehen diesen die Rechtsformen des Handelsrechts wie die OHG und die KG nicht zur Verfügung. Die Änderungen des § 105 Abs. 2 HGB hat zwar zu einer Öffnung der Rechtsform der OHG und der KG auch für **minderkaufmännische Betriebe** und solche Unternehmen, die nur eigenes Vermögen verwalten, geführt. Die **Tätigkeit der freien Berufe** ist aber gleichwohl weiter ausgeschlossen.[61] Lange Zeit war den Freiberuflern **standesrechtlich** die Gründung von Kapitalgesellschaften verboten. Die BGB-Gesellschaft war damit die natürliche und praktisch auch einzige Gesellschaftsform, in der sich Freiberufler zur gemeinsamen Berufsausübung zusammentun konnten. Der Großteil der Rechtsanwaltsgesellschaften ebenso wie Steuerberatergesellschaften und auch die Verbindungen von Ärzten sind immer noch in der Rechtsform der GbR organisiert. Wesentlichen Einfluss auf die konkrete Gestaltung der Gesellschaft hat dabei regelmäßig das Standesrecht, abhängig vom jeweiligen ausgeübten Beruf.

38 Die Gesellschaften der Freiberufler treten dabei weitestgehend in zwei Formen auf. Zum einen in Form der **echten Berufsausübungsgesellschaften**, in denen sich mehrere Berufsträger zur gemeinsamen Ausübung des Berufs zusammenfinden, zum anderen die **schlicht kooperativen Gesellschaften**, bei denen jeder Berufsträger den Beruf einzeln ausübt, bestimmte Ressourcen, insb. Büroeinrichtungen, Mitarbeiter u.Ä. aber gemeinsam zur Kostenreduzierung benutzt werden. Von außen ist dabei oftmals nicht ganz klar, um welche Kooperationsform es sich im Innenverhältnis gerade handelt, da auch bloße Bürogemeinschaften oftmals nach außen unter einem gemeinsamen Namen auftreten.

39 Gesellschaftsrechtliche Konkurrenz ist der BGB-Gesellschaft im Bereich der freien Berufe nicht nur durch die Öffnung der freien Berufe für die Kapitalgesellschaften,[62] sondern auch im Bereich der Personengesellschaften durch die Einführung des **Partnerschaftsgesellschaftsgesetzes** zum 1.7.1995 erwachsen. Interessanterweise hat die BGB-Gesellschaft trotz dieser Möglichkeiten ihre Bedeutung weitestgehend behalten. Sowohl die GmbH wie auch die Partnerschaftsgesellschaft spielen in der Rechtspraxis immer noch eine untergeordnete Rolle.

b) Kleingewerbe und Handwerker

40 Solange ein gemeinschaftlich betriebener Gewerbebetrieb noch nicht die Voraussetzungen des Handelsgewerbes nach § 1 Abs. 2 HGB erfüllt, ist die Gesellschaft grds. GbR. Zwar besteht auch für sog. **Kleingewerbetreibende/Minderkaufleute** die Möglichkeit gemäß § 105 Abs. 2 HGB durch Eintragung im Handelsregister in die Rechtsform der OHG bzw. KG zu wechseln, verpflichtend ist dies jedoch nicht. Der Übergang zwischen BGB-Gesellschaft und OHG ist dabei fließend. Sobald eine Gesellschaft den Geschäftsbetrieb derart ausgeweitet hat, dass er als **vollkaufmännisch** einzustufen ist, wird die GbR zur OHG. Die **Eintragung** ist dann zwar verpflichtend, sie ist jedoch kein konstitutives Erfordernis. Ist die Gesellschaft dagegen im Handelsregister als OHG oder KG eingetragen, so führt auch das Herabsinken unter die Vollkaufmannsschwelle nicht zur automatischen Umwandlung in die GbR, hierfür bedarf es vielmehr der Austragung aus dem Handelsregister.

---

60 Soergel/Hadding, BGB, vor § 705 Rn. 33.
61 *Baumbach/Hopt/Hopt*, HGB, § 105 Rn. 3.
62 BGHZ 124, 224; BayObLG, NJW 1995, 199; siehe jetzt für die Rechtsanwälte insb. §§ 59c ff. BRAO.

Auch im Bereich des **Handwerks** spielt die GbR eine große Rolle, wobei auch hier zu beobachten ist, dass die Gesellschaften neben dem Gesellschaftsrecht vor allem durch die berufsrechtlichen Bestimmungen insb. der **Handwerksordnungen** bestimmt werden.

c) Landwirtschafts- und Forstbetriebe

Im Bereich der **Land- und Forstwirtschaft** spielen BGB-Gesellschaften bislang zahlenmäßig keine so große Rolle. Gleichwohl werden sie als Gesellschaftsformen deshalb interessanter, weil der große Kapitaleinsatz, den die Anschaffung von Maschinenparks fordert, heute mit den hergebrachten Betriebsgrößen kleinerer Landwirtschaftsbetriebe nicht mehr zu schultern ist. Der Zusammenschluss zu Gesellschaften stellt für solche Landwirte eine mögliche **Fortbestehensperspektive** dar. Solche Gesellschaften organisieren sich teilweise als „**Maschinengesellschaften**", die sich darauf beschränken, gemeinsam den Maschinenpark zu beschaffen; es gibt aber auch Gesellschaften, in denen weitere Betriebsgrundlagen auf die Gesamthand verlagert werden, ggf. sogar Grund und Boden.

> Hinweis:
> Zu beachten ist allerdings, dass aufgrund der Kaufmannseigenschaft von Land- und Forstwirten grds. auch die **Personenhandelsgesellschaften** als mögliche Gesellschaftsalternativen zur Verfügung stehen.

d) Bauarbeitsgemeinschaften

Von ungebrochen großer Bedeutung sind die **Bauarbeitsgemeinschaften**, sog. **ARGE**.[63] Schon bei kleineren Bauvorhaben tun sich oftmals mehrere Bauunternehmer deshalb zu Arbeitsgemeinschaften zusammen, um so unterschiedliche Fachkenntnisse kombinieren zu können. Je nach Größe der Projekte lassen sich bestimmte Bauvorhaben auch nur mit mehreren Gesellschaftern verwirklichen, da einer allein für deren Durchführung zu klein wäre. So spielt gerade bei **Großbauvorhaben** (Flughafen, Hafen, Straßenbau) die Arbeitsgemeinschaft eine sehr große Rolle. Trotz ihrer oft immensen Größe gehören die Arbeitsgemeinschaften **nicht zu den Handelsgewerben** i.S.d. § 1 HGB. Charakteristisch für diese Gemeinschaften ist nämlich, dass sie nur zum Zweck der Verwirklichung eines einzigen Bauvorhabens gegründet und danach wieder aufgelöst werden, es sich also um klassische Gelegenheitsgesellschaften, wenn auch von längerer Dauer, handelt. Da aber für den handelsrechtlichen Gewerbebegriff die dauerhafte Gewinnverfolgung und gerade nicht die Verfolgung nur eines einmaligen Zwecks charakteristisch ist, können diese Arbeitsgemeinschaften nicht Handelsgesellschaft sein.

e) Grundbesitzgesellschaften

Selbstverständlich ist es ausreichender Zweck für die Begründung einer BGB-Gesellschaft, **gemeinsamen Grundbesitz zu halten**. Solche Gesellschaften treten aus den verschiedensten Gründen auf. Die BGB-Gesellschaft eignet sich schon aus **grunderwerbsteuerlichen Gründen** besonders als Träger von Grundvermögen, da sie als Gesamthandsgemeinschaft besonderen Privilegierungen unterliegt, §§ 5 ff. GrEStG. Die Spannweite solcher **Grundbesitzgesellschaften** ist weit. Zu ihnen zu rechnen sind Familiengesellschaften und solche zwischen Partnern nichtehelicher Lebensgemeinschaften, die das gemeinsame Halten von Grundbesitz erleichtern sollen bzw. die Generationenfolge sichern, ferner echte Verwaltungsgesellschaften für Grundbesitz, mit denen größere Immobilienvermögen gehalten und verwaltet werden sollen, Besitzgesellschaften, die haftungs- und steuerrechtlich motiviert im Rahmen von Betriebsaufspaltungen entstehen, ferner Bauherrengemeinschaften, denen es primär um die Umgestaltung des Grundbesitzes geht, und schließlich auch geschlossene Immobilienfonds, die reinen Anlageninteressen der Gesellschafter dienen. Die unterschiedlichen Ziele dieser Gesellschaften sind natürlich im **Gesellschaftsvertrag** zu berücksichtigen. Einer **notariellen Beurkundung** des Vertrages bedarf es dabei allerdings nur in den Fällen, in denen mit dem Gesellschaftsvertrag auch die Verpflichtung zumindest einzelner Gesellschafter

---

63   Siehe dazu Palandt/Thomas, BGB, § 705 Rn. 45; K. Schmidt, Gesellschaftsrecht, § 58 III.3.; MünchKomm-BGB/Ulmer, vor § 705 Rn. 43.

verbunden ist, Grundbesitz zu erwerben oder zu veräußern. Soweit nur allgemein der Erwerb der Grundbesitz als Gesellschaftszweck ins Auge gefasst wird, besteht kein Beurkundungserfordernis. Besonderes Augenmerk ist bei allen Grundbesitzgesellschaften etwa **zu erteilenden Vollmachten** – gleich ob im Gesellschaftsvertrag oder neben diesem – zu widmen, da im Bereich des Grundbuchverfahrens nur öffentliche und öffentlich beglaubigte Urkunden als Vertretungsnachweis ausreichen.

3. Abgrenzung zu anderen Rechtsfiguren

a) Abgrenzung zur Bruchteilsgemeinschaft

45 Entscheidender Unterschied zwischen der Gesellschaft und der im Gesetz direkt nachfolgend unter den §§ 741 ff. BGB geregelten Gemeinschaft ist das **Fehlen eines gemeinsam verfolgten Zwecks** bei letzterer. Zwar mögen parallele Interessen vorliegen, die gemeinsame Verwirklichung eines bestimmten Zwecks ist allerdings nicht Gegenstand der Gemeinschaft. Die **Gemeinschaft entsteht kraft Gesetzes**, die Gesellschaft nur kraft Vertrages. In **vermögensrechtlicher Sicht** könnte der Unterschied zwischen den beiden Formen kaum größer sein. Während die Gemeinschaft voraussetzt, dass mehrere an einem Gegenstand beteiligt sind, ist dies bei der Gesellschaft fakultativ. Besteht gemeinschaftliches Vermögen, können die einzelnen Mitglieder der Gesellschaft über das Vermögen nicht mehr einzeln verfügen, die Beteiligten einer Gemeinschaft sind hingegen in der Verfügungsmacht über ihre jeweiligen Anteile völlig frei. Nichts hindert die Mitglieder einer Gemeinschaft allerdings daran, sich auch gesellschaftsrechtlich zu binden.

b) Familien- und erbrechtliche Gemeinschaften

46 Die Erbengemeinschaft setzt sich schon dadurch von der BGB-Gesellschaft ab, dass sie **nicht durch Vertrag** entsteht. Zugewinngemeinschaft und Gütergemeinschaft sind aufgrund ihrer familienrechtlichen Überlagerung und der entsprechend von ihnen verfolgten Interessen ebenfalls nicht BGB-Gesellschaft. Die Feststellung hindert jedoch nicht daran, im Einzelfall Regelungen der Gesellschaft auch auf diese Typen zu übertragen, dies gilt insb. für die Erbengemeinschaft.[64]

c) Rechtsfähiger und nicht rechtsfähiger Verein

47 Zum rechtsfähigen Verein grenzt sich die BGB-Gesellschaft schon durch das formale Kriterium der **mangelnden Eintragung im Register** ab. Weder nicht rechtsfähiger noch rechtsfähiger Verein kennen die **personalistische Struktur der GbR**, sie sind gerade in ihrem Bestand von der Mitgliedschaft konkreter Personen unabhängig. Die **Abgrenzung** zum nicht rechtsfähigen Verein ist allerdings in der Praxis oftmals schwierig, da die Feststellung der körperschaftlichen Struktur oftmals Ergebnis der getroffenen Abgrenzungsentscheidung zur BGB-Gesellschaft und nicht deren Ausgangspunkt ist. Wo keine klaren Vereinbarungen in Form einer Satzung oder eines Gesellschaftsvertrages strukturell nur der einen oder anderen Rechtsform zugewiesen sein können, bedarf es der Auslegung.

d) Partiarisches Darlehen

48 Das partiarische Darlehen ist durch eine **vom Geschäftserfolg abhängige Vergütung** für die Überlassung des Kapitals gekennzeichnet und insofern wirtschaftlich der stillen Gesellschaft nahe. In Abgrenzung zu dieser mangelt es dem partiarischen Darlehen allerdings an der **Verfolgung eines gemeinsamen Zwecks**, was sich nach außen regelmäßig darin äußert, dass der Geldgeber keinen Einfluss auf geschäftliche Entscheidungen hat und sich auch im Übrigen nicht in den Erfolg des Unternehmens einbringt. Das Bestehen einer Verlustbeteiligung ist zwar Beweis der Existenz einer Gesellschaft,[65] deren Fehlen aber kein sicherer Nachweis des partiarischen Darlehens.[66]

---

64 BGHZ 17, 299.
65 MünchKomm-BGB/Ulmer, vor § 705 Rn. 108; Schücking, in: Münchener Handbuch des Gesellschaftsrechts, Bd. 1, § 2 Rn. 39.
66 Zu weiteren partiarischen Rechtsverhältnissen siehe Schücking, in: Münchener Handbuch des Gesellschaftsrechts, Bd. 1, § 2 Rn. 45 ff.

e) Franchise-Verträge

Zwar soll es Franchise-Verträge geben, die aufgrund der sie prägenden Charakteristika den BGB-Gesellschaften zuzuordnen sind,[67] in der Rechtspraxis sind die **Verbindungen zu den Austauschverhältnissen** allerdings wesentlich größer. Die für gesellschaftsrechtliche Konstruktionen prägenden Gleichordnungsverhältnisse der Gesellschafter untereinander sind für den Franchise-Vertrag eher fremd. Regelmäßig erhält der Rechte innehabende Franchise-Geber entgeltliche Leistungen des Franchise-Nehmers für die Nutzung des Konzepts.

III. Rechtsformwahl, gesellschafts- und steuerrechtliche Kriterien

Schon der Titel dieses Kapitels führt zwangsläufig dazu, dass eine Verengung des Blickwinkels hin auf solche Gesellschaftsformen der GbR stattfindet, die einer bewussten Wahlentscheidung entspringen. Viele BGB-Gesellschaften des Alltags – man denke nur an die Fahrgemeinschaften, Sportgemeinschaften und sonstige Gelegenheitsgesellschaften – werden gegründet, um einen gemeinsamen Zweck zu verfolgen, oftmals werden auch Regelungen zu Beiträgen, ggf. sogar zur gemeinsamen Willensbildung, gefunden; Überlegungen, diese gemeinsamen Bestrebungen in einer bestimmten Rechtsform zu verwirklichen, bestehen aber grds. nicht. Wo Überlegungen zur Rechtsformwahl getroffen werden, ist regelmäßig ein rechtlicher und/oder steuerlicher Berater eingeschaltet, der bei der Wahlentscheidung hilft. Beinahe zwangsläufig handelt es sich damit um Gesellschaften, die zumindest eine gewisse wirtschaftliche Bedeutung haben.

1. Gesellschaftsrechtliche Kriterien

Bei der Bewertung, welche Gesellschaftsform für die von den Gesellschaftern verfolgten Zwecke die geeignetste ist, konkurriert die GbR nicht nur mit den anderen Personengesellschaften, sie steht gleichzeitig auch **im Wettbewerb zu den verschiedenen Formen der Kapitalgesellschaften**, wobei nach der Entscheidung „Inspire Art" des EuGH neben den deutschen Gesellschaftsformen nunmehr auch **verstärkt ausländische Rechtsformen**, allen voran die englische Limited, ins Auge gefasst werden. Die nachfolgende Betrachtung soll sich allerdings auf das deutsche Gesellschaftsrecht und die von ihm zur Verfügung gestellten Gesellschaftsformen beschränken. Insb. die Limited ist für viele Zwecke, für die die GbR in Betracht kommt, aus zwei Gründen wenig geeignet. Zum einen ist sie nur dort attraktiv, wo ohnehin die Gesellschaftsform der Körperschaft in Betracht kommt. Zum anderen sind deren Kosten im Vergleich zur GbR erheblich.

a) Gründungsphase

Bei Gelegenheitsgesellschaften spielen die **Formalerfordernisse der Gründung bei Dauergesellschaften**, sonst eines der zentralen Kriterien für die Rechtsformwahl, sicherlich keine so große Rolle. Gleichwohl können diese Argumente für oder gegen die Wahl einer bestimmten Rechtsform sein. Schon aufgrund ihrer gesetzlichen Konzeption stellt die GbR den Gründern insoweit die geringsten Hürden in den Weg. Es reicht aus, sich zur Verfolgung eines Zwecks zusammenzutun und vertraglich binden zu wollen. In Abweichung zu den Kapitalgesellschaften ist kein notarielles Beurkundungsverfahren für die Gesellschaftsverträge und abweichend von den anderen Personengesellschaftsformen keine Eintragung in einem Register erforderlich.

b) Handelsregistereintragung

Kapitalgesellschaften bedürfen zu ihrer Entstehung der **Eintragung im Handelsregister**, gleiches gilt für die Partnerschaftsgesellschaft. Für die Personengesellschaften des Handelsrechts besteht zwar eine gesetzliche Verpflichtung zur Eintragung der Firma im Handelsregister, diese hat jedoch nur deklaratorische Bedeutung. Die GbR kann nicht im Handelsregister eingetragen werden.[68] Die **mangelnde Eintragungs-**

---

67 Martinek, Franchising, S. 389 ff.
68 Soweit sie allerdings Gesellschafter einer anderen Personengesellschaft ist, müssen neben der Gesellschaft selbst auch deren Gesellschafter in das Handelsregister eingetragen werden.

fähigkeit kann dabei sowohl **Vor- wie auch Nachteil** sein. Zum einen bleibt die Gesellschaft damit von gesetzlichen Formalerfordernissen befreit und kann so die Publizität vermeiden, zum anderen hat eine Handelsregistereintragung dann Vorteile, wenn es um den Nachweis bestimmter Tatsachen angefangen von der Existenz der Gesellschaft über die Vertretungsbefugnisse bis hin zur Identität der Gesellschafter geht. Während für den Nachweis der Vertretungsmacht bei einer OHG der Blick ins Register reicht, besteht für die GbR die Notwendigkeit zum aufwändigen Nachweis mittels Vollmachten. Gerade in den Fällen, in denen die Vollmachten formgebunden nachzuweisen sind, so bspw. im Grundbuchverfahren, kann dies erheblichen, auch kostenmäßigen Aufwand darstellen. Dies kann ggf. sogar die kostenmäßigen Vorteile der GbR bei der Gründung wieder aufwiegen.

c) Kapitalaufbringung

54 Gegenüber den Kapitalgesellschaften teilt die GbR mit den übrigen Personengesellschaften den Vorteil, **keine Mindestkapitalausstattung** zu kennen. Die Gesellschafter sind nicht gezwungen, der Gesellschaft bei Gründung ein bestimmtes Kapital zur Verfügung zu stellen. Besitzt die Gesellschaft Gesellschaftskapital, kann dieses unbeschränkt jederzeit entzogen werden. Kapitalgesellschaften dagegen kennen ein sehr stark ausdifferenziertes Kapitalaufbringungs- und -erhaltungsrecht. **Beiträge der Personengesellschafter** sind ferner frei vereinbar, ggf. können sie auch ohne jeden, zumindest monetären Beitrag, gegründet werden.

d) Haftung der Gesellschafter

55 Für das deutsche Gesellschaftsrecht kennzeichnend ist die Verbindung von Beschränkungen der Gesellschafterhaftung im Außenverhältnis mit zwingenden gesetzlichen Kapitalaufbringungs- und -erhaltungsregeln und umgekehrt. Folgerichtig kennen die Personengesellschaften **grds. keine Haftungsbeschränkungen** der Gesellschafter den Gesellschaftsgläubigern gegenüber. Die Gesellschafter einer GbR haben deshalb grds.[69] in vollem Umfang für die Verbindlichkeiten ihrer Gesellschaft einzustehen. Nach dem Ende der „GbR mbH" sind Haftungsbeschränkungen, die sich darauf richten, dass der betreffende Gläubiger nur das Gesellschaftsvermögen und nicht die Gesellschafter selbst in Anspruch nehmen kann, auf **Individualvereinbarungen** beschränkt.[70] Aus gesellschaftsrechtlicher Sicht ist es oftmals genau diese Frage nach der Haftung der Gesellschafter, die für die Entscheidung für oder gegen eine Kapitalgesellschaft die ausschlaggebende Rolle spielt.

e) Willensbildung und Kontrollmöglichkeiten

56 Was die Willensbildung innerhalb der Gesellschaft angeht, ist für Kapital- wie auch für Personengesellschaften zu unterscheiden zwischen dem, was das **Gesetz als Grundregelung** vorgibt und was **gesellschaftsvertraglich als Regelungsmöglichkeit** vorgesehen werden kann. Ohne bestimmte Regelungen im Gesellschaftsvertrag sind die Personengesellschaften dadurch gekennzeichnet, dass die **Willensbildung grds. einstimmig** erfolgt. Dies gilt sowohl für allgemeine Beschlussfassungen wie auch für eine Änderung des Gesellschaftsvertrages. So sieht § 709 Abs. 1 BGB vor, dass die Führung der Geschäfte der Gesellschaft den Gesellschaftern gemeinschaftlich zusteht. Bei den Kapitalgesellschaften ist gesetzliche Regelung für einfache Gesellschaftsbeschlüsse grds. die einfache Mehrheit und bei satzungsändernden Regelungen eine Dreiviertelmehrheit. Allerdings kann für beide Gesellschaftsformen – Kapital- wie auch Personengesellschaft – von den gesetzlichen Regelungen abgewichen werden. So kann sowohl bei der GbR vereinbart werden, dass Beschlüsse mit Mehrheit der abgegebenen Stimmen gefällt werden wie auch bei den Kapitalgesellschaften die Allstimmigkeit in der Satzung festgeschrieben sein.

Was für die Beschlussfassung als solche gilt, kann auch für die **Stimmgewichtung** vereinbart werden. So kann bspw. anstelle der gesetzlichen Regelung des § 709 Abs. 2 BGB, die eine Stimmgewichtung nach Köpfen vorsieht, eine solche nach Kapitalanteilen gewählt werden. Umgekehrt kann allerdings auch bei

---

69 Siehe dazu unten Rn. 128 ff.
70 BGH, BB 1999, 2152.

GmbH vom gesetzlichen Konzept der Stimmverteilung nach Kapitalanteilen abgesehen und bspw. ein solches nach Köpfen vereinbart werden.

Die Personengesellschaften kennen ein **weitgehendes Kontroll- und Widerspruchsrecht**. Soweit vom gesetzlichen Konzept der gemeinsamen Geschäftsführung nicht abgewichen wird, stellt sich die Frage der Kontroll- und Widerspruchsrechte nicht. Für die Fälle allerdings, in denen vom gesetzlichen Regelfall abgewichen und nur einigen der Gesellschafter die Geschäftsführung zugewiesen ist, hat ein jeder der Mitgeschäftsführer auch bei nach außen bestehender Einzelvertretungsbefugnis ein Widerspruchsrecht gegen die Vornahme eines Rechtsgeschäfts (§ 711 BGB). Unabhängig von der Geschäftsführungsbefugnis steht darüber hinaus jedem Gesellschafter nach § 716 BGB ein Kontrollrecht zu. Ähnliche Rechte sind für die anderen Personengesellschaften in den §§ 105 bzw. 118 HGB geregelt. Bei den Kapitalgesellschaften sind sowohl die Kontroll- als auch die Widerspruchsrechte weniger stark ausgeprägt, was seine Ursache vor allem in der grds. nicht bestehenden persönlichen Haftung der Gesellschafter hat. Schon die Möglichkeit der **Einsetzung von Fremdgeschäftsführern** bei den Kapitalgesellschaften führt zu einer Lockerung der Kontrollmöglichkeiten, die auch im Gesetz ihren Niederschlag gefunden hat.

f) Geschäftsführung und Vertretung

Ein die Personengesellschaft prägendes Element ist die **Selbstorganschaft**, wonach die Geschäftsführung zwingend bei den Gesellschaftern selbst liegt. Anders als bei den Kapitalgesellschaften sind somit gesellschaftsfremde Dritte nicht als Geschäftsführer einsetzbar. Dies hindert selbstverständlich nicht daran, solche Dritten mit entsprechender Vollmacht auszustatten und in der Gesellschaft tätig werden zu lassen. Die organschaftliche Vertretung obliegt aber gleichwohl ausschließlich den Gesellschaftern. Dies wird nach dem gesetzlichen Regelungskonzept bei der GbR im Vergleich zu den Personenhandelsgesellschaften noch dadurch verschärft, dass für die Gesellschafter die Gesamtgeschäftsführung und -vertretung gilt. Bei der OHG regelt § 114 Abs. 1 HGB, dass grds. Einzelgeschäftsführungsbefugnis und nach § 125 Abs. 1 HGB Einzelvertretungsbefugnis besteht. Die gesetzliche Regelung trägt dabei dem **unterschiedlichen Einsatzzweck der Gesellschaftsformen** Rechnung.

Da die **gesetzlichen Vertretungsregeln** bei den Personengesellschaften bis auf die Verpflichtung zur Selbstorganschaft **weitestgehend dispositiv** sind, bieten sich auch bei diesen umfangreiche Gestaltungsmöglichkeiten. Die Entscheidung für die eine oder andere Rechtsform wird innerhalb des Kreises der Personengesellschaften deshalb nicht an der Geschäftsführung entschieden werden. Soll ein gesellschaftsfremder Dritter mit der Geschäftsführung beauftragt werden und soll dies nicht durch umfangreiche Vollmachten erreicht werden, dann bleibt den Gesellschaftern allerdings die Wahl der GbR wie auch der anderen Personengesellschaften verschlossen. Hier kann nur die **Kapitalgesellschaft mit der Möglichkeit der Bestellung von Fremdgeschäftsführern** weiterhelfen.

g) Gewinn- und Verlustbeteiligung

Die Gewinn- und Verlustverteilung ist als **reines Innenrecht** der Gesellschaften sowohl bei den Personen- wie auch bei den Kapitalgesellschaften **dispositiv**. Die gesetzlichen Regelungen tragen dabei den unterschiedlichen Einsatzzwecken der Gesellschaftsformen Rechnung. So kennt die GbR grds. eine Gewinnverteilung erst nach Auflösung der Gesellschaft, es sei denn, es handelte sich um eine Dauergesellschaft, bei der § 721 Abs. 2 BGB die Verteilung nach Abschluss jedes Geschäftsjahres vorsieht. Eine Besonderheit der Personen- gegenüber den Kapitalgesellschaften ist die in § 735 BGB vorgesehene **Nachschusspflicht** der Gesellschafter im Fall der Beendigung der Gesellschaft. Diese dispositive Regelung stellt reines Innenrecht der Gesellschaft dar, die Gläubiger können hieraus keine Rechte herleiten. Dazu besteht auch insoweit keine Notwendigkeit, als ihnen im Außenverhältnis die Personengesellschafter ohnehin persönlich haften.

h) Gesellschafterwechsel

Gesellschafterwechsel können in den **verschiedensten Formen** auftreten. Dies kann zum einen der **klassische Wechsel durch Veräußerung** der Beteiligung sein, zum anderen der **freiwillige Austritt** eines Gesellschafters und schließlich der **erzwungene Ausschluss** durch die Mitgesellschafter. Was die Übertragung des Gesellschaftsanteils auf einen Dritten angeht, sind die Personengesellschaften sehr restriktiv. Da der Wechsel eines Gesellschafters gleichzeitig eine Veränderung des Gesellschaftsvertrages als solchen darstellt, bedarf es dazu grds. der Zustimmung aller Gesellschafter. Diese Regelung ist zwar dispositiv, gleichwohl ist sie Kernbestandteil der personalistischen Struktur von Personengesellschaften. Kapitalgesellschaften sind nach ihrer gesetzlichen Konzeption für Gesellschafterwechsel sehr viel offener, sie sehen dabei grds. keine Beschränkungen vor. Für beide Gesellschaftsformen gilt allerdings, dass durch Gesellschaftsvertrag andere Regelungen vorgesehen werden können, insb. bei den Kapitalgesellschaften **Zustimmungserfordernisse** konstituiert werden, während gleichzeitig bei den Personengesellschaften die Beteiligungen frei übertragbar gestellt werden. Soll die **freie Übertragbarkeit** von Personengesellschaftsanteilen vereinbart werden, kann die GbR die beste Wahl sein, da bei ihr keine durch alle Gesellschafter zu bewirkende Handelsregistereintragung des Gesellschafterwechsels erforderlich ist.

62 Die Möglichkeiten durch **Kündigung** aus der Gesellschaft auszuscheiden, sind bei der GbR am weitesten ausgeprägt. So bestimmt § 723 Abs. 1 BGB, dass bei solchen Gesellschaften, die nicht für eine bestimmte Zeitdauer eingegangen sind, die Kündigung jederzeit möglich ist. Auch die anderen Personengesellschaften kennen die ordentlichen Kündigungsmöglichkeiten. Anders als bei der GbR aber ziehen diese nicht die **Auflösung der Gesellschaft** nach sich. Die GbR hingegen wird durch die Kündigung eines Gesellschafters aufgelöst. Die Kapitalgesellschaften dagegen kennen Kündigungsmöglichkeiten entweder gar nicht (AG) oder nur aus wichtigem Grund (GmbH). Da die Übertragung der Anteile an Kapitalgesellschaften grds. freigestellt ist, bedarf es der Kündigung im Regelfall auch nicht. **Gesellschaftsvertraglich** sind allerdings auch **anderweitige Regelungen** sowohl bei der Personen- wie auch bei der Kapitalgesellschaft möglich. So kann insb. bei der GbR der Fortbestand der Gesellschaft im Fall der Kündigung vereinbart werden. Was jedoch bei der GbR nicht möglich ist, ist das Kündigungsrecht eines Gesellschafters und zwar selbst das auf ordentliche Kündigung auszuschließen (§ 723 Abs. 3 BGB). **Kündigungsbeschränkungen** sind faktisch nur dadurch möglich, dass die Gesellschafter eine bestimmte Zeitdauer für ihre Gesellschaft vereinbaren. Diese Norm gilt grds. auch für die Personenhandelsgesellschaften und die Partnerschaftsgesellschaft.

i) Vererblichkeit der Gesellschaftsbeteiligung

63 Die gesetzliche Regelung für die **Vererblichkeit der BGB-Gesellschaftsanteile** ist klar. § 727 Abs. 1 BGB bestimmt, dass die Gesellschaft durch den Tod eines Gesellschafters aufgelöst wird. Insofern unterscheidet sich die BGB-Gesellschaft von praktisch allen anderen Gesellschaftsformen des deutschen Zivilrechts. Die Personengesellschaften des Handelsrechts werden fortgesetzt unter den übrigen Gesellschaftern, bei der KG kommt hinzu, dass die Erben eines verstorbenen Kommanditisten Nachfolger werden können. Bei den Kapitalgesellschaften wird die Gesellschaft nach den gesetzlichen Regelungen grds. mit den Erben bzw. der Erbengemeinschaft fortgesetzt. Bei den Personengesellschaften ist durch Gesellschaftsvertrag von diesen dispositiven gesetzlichen Regelungen eine Abweichung möglich; so kann insb. auch vereinbart werden, dass bei der GbR die Gesellschaft fortbesteht und entweder unter den verbleibenden Gesellschaftern fortgesetzt oder mit den Erben des verstorbenen Gesellschafters fortgeführt wird.

j) Zwischenfazit

64 „Harte" Auswahlkriterien, eine bestimmte Gesellschaftsform zu bevorzugen, gibt es damit im Gesellschaftsrecht relativ wenige. Da durch Gesellschaftsvertrag die meisten gesetzlichen Regelungen abbedungen oder zumindest umgestaltet werden können, findet die Entscheidung für oder gegen eine bestimmte Gesellschaftsform aus gesellschaftsrechtlicher Sicht anhand weniger harter Kriterien, die **zwingende gesetzliche Regelungen** darstellen, und bestimmter **Praktikabilitätserwägungen** statt. Soll die persönliche Haftung der Gesellschafter vermieden werden, ist die BGB-Gesellschaft keine geeignete Gesellschaftsform. Soll die Geschäftsführung auf einen gesellschaftsfremden Dritten übertragen werden, gilt Gleiches. Umgekehrt offeriert sie eine Reihe von **Vorteilen**, wie insb. das völlige Fehlen von Formerfordernissen für die Gründung, keinerlei Kapitalbindung, keine Registerpublizität und eine sehr große Flexibilität.

2. Steuerrechtliche Kriterien der Rechtsformwahl

Neben dem gesellschaftsrechtlichen Kriterium der persönlichen Gesellschafterhaftung spielt für die Wahl der richtigen Rechtsform die Besteuerung eine, wenn nicht sogar die entscheidende Rolle. Obwohl in regelmäßigen Abständen die Forderung aufkommt, eine rechtsformneutrale Form der Besteuerung zu finden, ist jedenfalls für das Gebiet der Ertragsteuern immer noch festzustellen, dass je nach Wahl der Rechtsform durchaus große Unterschiede im Ergebnis der Besteuerung bestehen. Dies ist nicht nur in der unterschiedlichen Bezeichnung – **Einkommensteuer** auf der einen, **Körperschaftsteuer** auf der anderen Seite – verwurzelt, sondern besteht auch in **echten materiellen Belastungsunterschieden**. Eine Prüfung, welche Rechtsform aus steuerlicher Sicht für eine Gesellschaft die sinnvollste ist, lässt sich nicht anhand abstrakter Kriterien durchführen. Sie muss immer am konkreten Einzelfall durchgeführt werden. Die nachstehenden Überlegungen sind deshalb nur dazu gedacht, die entscheidungserheblichen Kriterien zu benennen.

a) Besteuerung des laufenden Unternehmensergebnisses

Für viele Gesellschaften ist die Frage danach, wie die **laufenden Unternehmensergebnisse** besteuert werden, die zunächst vorrangige. Für alle Personengesellschaften kennzeichnend ist das steuerliche **Prinzip der Einheitsbetrachtung**. Ertragsteuerlich gibt es die Personengesellschaft nur insoweit, als sie Anknüpfungspunkt einer gesonderten Feststellung der Unternehmenserträge ist. Die Zurechnung der Unternehmenserträge erfolgt aber nicht zur Gesellschaft, sondern nur und ausschließlich zum jeweiligen Gesellschafter. Dabei spielt es keine Rolle, welche Art von Einkünften erzielt werden, ob es gewerbliche sind (Kleingewerbetreibende), aus freiberuflicher Tätigkeit (Rechtsanwalts- und Steuerberater-Sozietäten), Einkünfte aus Vermietung und Verpachtung (Grundbesitzgesellschaften) oder die sonstigen Einkunftsarten.

Je nach Tätigkeitsgegenstand der GbR können damit **Gewinneinkünfte** oder auch **Überschusseinkünfte** erzielt werden, was erhebliche Besteuerungsunterschiede nach sich ziehen kann. So wird bei den Überschusseinkünften eine Veränderung im Wert der Einkunftsquelle steuerlich nicht erfasst, während dies bei Gewinneinkünften der Fall ist. Betreibt die GbR Vermietung und Verpachtung, sind außerhalb der Spekulationsfristen erzielte Veräußerungsgewinne aus dem Verkauf eines Grundstücks steuerlich irrelevant, gleiches gilt allerdings auch für Veräußerungsverluste. Werden dagegen gewerbliche Gewinneinkünfte erzielt, ist ein Veräußerungsgewinn oder -verlust auch steuerlich ergebniswirksam. Je nach Art der entfalteten Tätigkeit kommt auch die Belastung mit der Gewerbesteuer in Betracht. Hierbei gilt die sog. **Abfärbetheorie** (§ 15 Abs. 3 Nr. 1 EStG).

Anders als bei einer natürlichen Person kann bei Personengesellschaften eine Aufspaltung der Einkünfte in teilweise gewerblich, teilweise freiberuflich oder anderweitig erzielte Einkünfte nicht stattfinden. Soweit auch nur ein geringer Teil der Einkünfte gewerblicher Natur ist, gelten alle Einkünfte als gewerbliche, was insb. die Gewerbesteuerpflicht nach sich zieht. Eine Ausnahme gilt nach der Rspr. nur dann, wenn nur ein äußerst geringer Anteil der Einkünfte gewerblicher Natur ist.[71]

Konsequenz dieser einheitlichen Betrachtung ist auch, dass Leistungsvergütungen, die ein Gesellschafter von der Gesellschaft erhält, steuerlich seinem Gewinn zugerechnet werden und deshalb auch Ertrag der Gesellschaft sind. Konsequenz ist ferner die Bildung von sog. **Sonderbetriebsvermögen I** und **Sonderbetriebsvermögen II**. Stellt ein Gesellschafter der Gesellschaft Wirtschaftsgüter zur Verfügung, ohne sie in das Vermögen der Gesellschaft zu überführen, werden sie gleichwohl steuerlich als Betriebsvermögen (Sonderbetriebsvermögen I) behandelt, was deren Steuerverstrickung und damit auch die steuerliche Relevanz etwaiger Veräußerungsgewinne oder -verluste nach sich zieht. Steuerliches Betriebsvermögen des Gesellschafters sind auch solche Wirtschaftsgüter, die zur Stärkung der Gesellschafterstellung beitragen; klassisches Beispiel hierfür ist die Beteiligung des Kommanditisten an der Komplementär-GmbH (Sonderbetriebsvermögen II). Veräußerungsgewinne, die auch hier in einer Entnahme bestehen können, sind damit steuerlich relevant.

---

71 BStBl. 2000 II, S. 229.

68 Die Einkünfte, die auf diese Art und Weise dem Gesellschafter zuzurechnen sind, unterliegen ebenso der Einkommensbesteuerung wie solche **Gewinne** der gleichen Einkommensart, **die der Gesellschafter allein erzielt**. Auf diese Einkünfte findet dann der **normale Einkommensteuertarif** Anwendung. Handelt es sich bei der Gesellschaft um eine der Gewerbesteuerpflicht unterliegende, dann fällt für die Gesellschaft Gewerbesteuer an, die nach Maßgabe des § 35 EStG auf die Einkommensteuer des jeweiligen Gesellschafters anzurechnen ist. Das Verfahren führt allerdings oftmals nicht zu einer vollen Anrechnung der Gewerbesteuer auf die Einkommensteuer, da § 35 EStG **Höchstsätze** vorsieht. Die Anrechnung läuft natürlich dann völlig leer, wenn der Gesellschafter durch Verluste aus übrigen Tätigkeiten überhaupt keine Einkommensteuer zahlt.

69 Kapitalgesellschaften dagegen werden als **eigenständige Steuerrechtssubjekte** behandelt. Sie unterliegen nicht der Einkommens-, sondern der **Körperschaftsteuer**. Für Kapitalgesellschaften spielt es keine Rolle, welcher der sieben Einkunftsarten des Einkommensteuergesetzes ihre Einkünfte zuzuordnen sind, diese gelten immer als **gewerbliche Einkünfte** (§ 8 Abs. 2 KStG). Aufgrund der gesetzlichen Buchführungspflicht der Kapitalgesellschaft findet bei ihnen die Gewinnermittlung immer im Wege des **Betriebsvermögensvergleiches** statt. Die Gewinne unterliegen nach § 7 Satz 1 GewStG zusätzlich der **Gewerbesteuer**. Bei der Ermittlung des Gewinns werden schuldrechtliche Vertragsbeziehungen zwischen der Kapitalgesellschaft und ihren Gesellschaftern grds. anerkannt, es sei denn, diese erfolgten nicht nach fremdüblichen Bedingungen. In diesem Fall liegt eine **sog. verdeckte Gewinnausschüttung** oder eine **verdeckte Einlage** vor.

Beispiel:

Vermietet ein Gesellschafter sein Grundstück an die Gesellschaft, so erzielt der Gesellschafter Einkünfte aus Vermietung und Verpachtung.

Die Einkünfte, die der Gesellschafter aus seiner Gesellschaftsbeteiligung zieht, sind bei diesem regelmäßig Einkünfte aus Kapitalvermögen, es sei denn, die Beteiligung würde selbst im Betriebsvermögen gehalten. Folge des Trennungsprinzips ist auch, dass Verluste, die auf Gesellschaftsebene erzielt werden, dem Gesellschafter **nicht zugerechnet** werden, insb. also auch von ihm nicht mit anderen Einkünften verrechnet werden können. Schüttet eine Kapitalgesellschaft allerdings Gewinne an eine andere Kapitalgesellschaft aus, unterliegen sie bei der empfangenen Gesellschaft **keiner weiteren Körperschaftsteuerbelastung** (§ 8b Abs. 2 KStG). Die Körperschaftsteuer kennt nicht einen **linear-progressiven Tarif** wie die Einkommensteuer, sondern einen **einheitlichen linearen Steuersatz**. Für die Besteuerung spielt es – anders als früher – keine Rolle mehr, ob die Gewinne ausgeschüttet oder einbehalten werden.

70 Beim **Vergleich der Rechtsformen** entscheidend ist, wie letztlich die von der Kapitalgesellschaft erzielten Gewinne dann besteuert werden, wenn sie beim Gesellschafter ankommen. Auch bei ausgeschütteten Gewinnen verbleibt es grds. bei der Belastung mit der Körperschaftsteuer i.H.v. 25 %. Beim Gesellschafter handelt es sich bei den ausgeschütteten Gewinnen um Einkünfte aus Kapitalvermögen. Um die **Nachteile einer Doppelbesteuerung** abzufedern, gilt hier das sog. **Halbeinkünfteverfahren**. Ausgeschüttete Gewinne werden beim Gesellschafter nur noch zur Hälfte als steuerpflichtige Einkünfte behandelt, die andere Hälfte bleibt unbesteuert. Auf die der Steuerpflicht unterliegenden Hälfte findet der individuelle Einkommensteuersatz Anwendung. Umgekehrt können allerdings auch Werbungskosten des Steuerpflichtigen nur zur Hälfte abgesetzt werden. Eine Anrechnung der Gewerbesteuer nach Maßgabe des § 35 EStG findet nicht statt.

71 Bei der Entscheidung für oder gegen die Personengesellschaft bzw. Kapitalgesellschaft sind damit eine Fülle verschiedener Faktoren zu berücksichtigen, wovon der individuelle Einkommensteuersatz, der Hebesatz der Gewerbesteuer, der Unternehmerlohn/das Geschäftsführergehalt und die Frage nach der Art der Einkünfte nur einige sind. **Prognoseentscheidungen** können nur auf Grundlage bestimmter Annahmeszenarien durchgespielt und auf ihre steuerliche Auswirkung geprüft werden. Abstrakte Empfehlungen sind nicht möglich.

b) Entgeltliches Ausscheiden aus der Gesellschaft

Zwar liegt die Frage, wie das Ausscheiden aus einer Gesellschaft steuerlich behandelt wird, am genau entgegengesetzten Ende einer Gesellschaftsbeteiligung, gleichwohl muss auch bei Gründung berücksichtigt werden, wie das **spätere Ausscheiden besteuert** wird. Entgeltliche Veräußerungen eines Personengesellschaftsanteils hängen ebenso wie das Ausscheiden gegen Abfindung in ihren steuerlichen Konsequenzen maßgeblich davon ab, wie die **Tätigkeit der Gesellschaft zu qualifizieren** ist. Erzielt die Gesellschaft Gewinneinkünfte, insb. also im Fall gewerblicher Tätigkeit, dann unterfällt auch ein Entgelt für die Übertragung bzw. das Ausscheiden aus der Gesellschaft der Besteuerung. Unterliegt die Tätigkeit der Gesellschaft dagegen der **Überschussbesteuerung**, bspw. im Fall einer Grundbesitzverwaltungsgesellschaft, dann sind Ausscheidensentgelte steuerlich grds. irrelevant, es sei denn, es griffe die **Spekulationsteuer** ein. Unterliegt die Veräußerung des Gesellschaftsanteils oder das Abfindungsentgelt der Besteuerung, dann kann nach § 34 Abs. 3 EStG, ggf. i.V.m. § 16 Abs. 4 EStG eine steuerliche Privilegierung wegen alters- oder gesundheitsbedingter Betriebsaufgabe eingreifen.

72

Zwar gilt auf dem Papier immer noch das Prinzip, dass die **Veräußerung von Anteilen** an einer Kapitalgesellschaft **nicht der Einkommensbesteuerung** beim Gesellschafter unterliegt. Dieser Grundsatz spielt aber für die hier in Rede stehenden Fragen der Rechtsformwahl bei Gründung praktisch keine Rolle. Der Gesetzgeber hat selbst dann, wenn es sich bei den Kapitalgesellschaftsanteilen nicht um solche in einem steuerlichen Betriebsvermögen, nicht um einbringungsgeborene Anteile und nicht um innerhalb der Jahresfrist des § 23 EStG veräußerte handelt, eine Besteuerung vorgesehen, weil § 17 EStG die besteuerungsrelevante Schwelle einer wesentlichen Beteiligung auf nur noch 1 % des Grund- bzw. Stammkapitals festgelegt hat. In den hier relevanten Gründungsfällen dürfte kaum jemals einer der Gesellschafter mit weniger als einem Prozent an der Gesellschaft beteiligt sein, so dass zum Gründungszeitpunkt wohl immer davon ausgegangen werden muss, dass bei Veräußerung des Kapitalgesellschaftsanteils eine Besteuerung eingreift. Der Veräußerungsgewinn unterliegt dabei nach § 3 Nr. 40 EStG i.V.m. § 3c Abs. 2 EStG dem **Halbeinkünfteverfahren**. Abweichungen gibt es wiederum dort, wo es sich um **einbringungsgeborene Anteile** oder um Anteile handelt, die von einer anderen Kapitalgesellschaft gehalten werden (**Schachtelprivileg**).

73

c) Erbschaft- und Schenkungsteuer

Wird auch über die Weitergabe der Gesellschaftsbeteiligung im Wege der **Schenkung** oder **von Todes wegen** nachgedacht, ergeben sich für Kapital- und Personengesellschaften unterschiedliche Steuerbelastungen. Sowohl bei der Personen- wie auch bei der Kapitalgesellschaft unterliegen Erbschaft- oder Schenkungsvorgänge der Besteuerung.

74

Die Bewertung eines Anteils an einer Personengesellschaft erfolgt grds. nach den Regeln des § 12 ErbStG. Zu unterscheiden ist dabei insb. danach, ob es sich bei der Gesellschaft um **Betriebsvermögen im steuerlichen Sinne** handelt. Ist Vermögen nämlich als Betriebsvermögen einzustufen, so richtet sich die Besteuerung gemäß § 12 Abs. 5 ErbStG nach den §§ 95 ff. BewG. Danach ist für das Betriebsvermögen der **ertragsteuerliche Buchwert** anzusetzen. Ausgenommen sind nur **Betriebsgrundstücke**, die entsprechend der Regeln des Bewertungsgesetzes gesondert anzusetzen sind, gleiches gilt für die Bewertung von im Betriebsvermögen der Personengesellschaft befindlichen **Kapitalgesellschaftsanteilen**. Dies führt i.d.R. dazu, dass der erbschaftsteuerliche Wert von Betriebsvermögen erheblich vom Verkehrswert abweicht.

75

Die Bewertung von Kapitalgesellschaftsanteilen erfolgt nach § 11 BewG. Danach ist zunächst der **Kurswert maßgeblich**, ist ein solcher nicht feststellbar, ist ein **Durchschnittswert** der Verkäufe der letzten Jahre zu bilden. Sind auch solche Referenzgrößen nicht vorhanden, wird das **Stuttgarter Verfahren** angewandt. Danach werden die Ertragsaussichten der Gesellschaft vermögenswerterhöhend berücksichtigt, wenn die übliche Kapitalverzinsung überschritten wird. Tendenziell führt dieses Verfahren zu höheren Werten als bei Personengesellschaftsanteilen, jedenfalls dann, wenn die Personengesellschaft **stille Reserven** gebildet hat.

76

77 Für die Anwendung der derzeit noch geltenden **steuerlichen Privilegierungsvorschriften** zum Betriebsvermögen (§§ 13a, 19a ErbStG) spielt es grds. keine Rolle, ob eine Personen- oder Kapitalgesellschaftsbeteiligung weitergegeben wird.

> **Hinweis:**
>
> Zu beachten ist allerdings, dass die Beteiligungsschwelle bei Kapitalgesellschaften bei 25 % liegt, so dass darunter liegende Kapitalanteile zwar nach § 17 EStG als wesentliche Beteiligungen angesehen, nach dem Erbschaftsteuergesetz aber nicht als entsprechend privilegierte Beteiligungen behandelt werden.
>
> Für die Personengesellschaften ist zu beachten, dass diese nicht allein kraft Rechtsform als **Betriebsvermögen** i.S.d. steuerlichen Vorschriften gelten

Sollen bei ausschließlich vermögensverwaltenden, also gerade nicht unternehmerisch tätigen Personengesellschaften die Möglichkeit der erbschaftsteuerlichen Privilegierungen für Betriebsvermögen genutzt werden, ist es erforderlich, durch entsprechende gesellschaftsrechtliche Gestaltung die Qualifizierung zum Betriebsvermögen zu erreichen. Als **Gewerbetrieb** gelten nach § 15 Abs. 3 Nr. 2 EStG die mit Gewinnerzielungsabsicht unternommene Tätigkeit solcher Personengesellschaften, an denen als persönlich haftender Gesellschafter keine natürliche Person beteiligt ist. Im Bereich der **vermögensverwaltenden Gesellschaften**, die sich in der Hand natürlicher Personen befinden, kommt damit faktisch nur die GmbH & Co. KG in Betracht, da die Konstruktion der GbR mbH, wie sie in der 90er Jahren noch eingesetzt wurde, nach der Änderung der Rspr. hin zur akzessorischen Haftung[72] die Voraussetzungen nicht mehr erfüllt.

d) Vermögensverschiebungen

78 Abhängig vom mit der Gesellschaft verfolgten Ziel kann es für den Gesellschafter eine erhebliche Rolle spielen, in welchem Umfang Steuern dann anfallen, wenn er **Vermögensgegenstände aus seinem sonstigen Vermögen auf die Gesellschaft** und umgekehrt **transferiert**. Die Frage hat dabei sowohl eine ertrags- wie auch verkehrsteuerliche Dimension. Das Trennungsprinzip bei Kapitalgesellschaften führt dazu, dass eine Überführung von der einen in die andere Vermögensmasse grds. zu Realisierungstatbeständen hinsichtlich eventueller den Buchwert übersteigender Verkehrswerte führt, und zwar selbst dann, wenn der Gegenstand im Vermögen des Zielrechtsträgers ebenfalls Betriebsvermögen ist. Dies kann ggf. wirtschaftlich sinnvolle Umstrukturierungen erschweren. Zwar besteht die Möglichkeit, unter Rückgriff auf die Regelungen des UmwG Buchwertfortführungen zu erreichen und damit eine Aufdeckung etwaiger **stiller Reserven** zu vermeiden, dabei gilt aber eine bestimmte **Formenstrenge**. Im Bereich der Personengesellschaften ist eine solche Verschiebung in wesentlich größerem Umfang möglich, da § 6 Abs. 5 EStG in weitem Umfang Verschiebungen ermöglicht solange die **Steuerverstrickung** erhalten bleibt.

79 Die größere Flexibilität gilt allerdings nicht nur im Bereich gewerblich tätiger Gesellschaften. Für eine vermögensverwaltende Gesellschaft kann es von entscheidender Bedeutung sein, in welchem Umfang die Übertragung von **Grundstücken** auf die Gesellschaft bzw. zurück auf den Gesellschafter Grunderwerbsteuer auslöst. Bei der Übertragung eines Grundstücks auf eine Kapitalgesellschaft wird grds. **Grunderwerbsteuer in vollem Umfang** ausgelöst. Bei der Personengesellschaft gilt dies nur eingeschränkt. Die §§ 5 und 6 GrEStG sehen vor, dass zumindest **anteilmäßig Steuerbefreiungen** dann eingreifen, wenn Grundstücke von einem Mitglied einer Gesamthandsgesellschaft auf die Gesamthand oder umgekehrt transferiert werden. Danach wird Grunderwerbsteuer nicht erhoben, soweit der Anteil des einzelnen Gesellschafters am Vermögen der Gesamthand seinem Bruchteil am Grundstück entspricht. Die Normen setzen allerdings eine gewisse **Dauerhaftigkeit der Beteiligung** an der Gesellschaft voraus (fünf Jahre).

80 Trotz der Verselbständigung der Personen- wie auch der Kapitalgesellschaft im Grunderwerbsteuerrecht sah es der Gesetzgeber gleichwohl als notwendig an, **Grunderwerbsteuer** dann zu erheben, wenn der

---

72 BGHZ 146, 241 = NJW 2001, 1056.

Gesellschafterbestand innerhalb bestimmter **Fristen** (fünf Jahre) ausgewechselt wird (§ 1 Abs. 2a, Abs. 3 GrEStG). Um die Auslösung von Grunderwerbsteuer zu vermeiden, empfiehlt sich dringend bei Übertragung von Gesellschaftsanteilen an Grundbesitz besitzenden Gesellschaften, eine genaue Prüfung der Grunderwerbsteuerpflicht durchzuführen. Insb. dann, wenn innerhalb eines Konzernverbundes Gesellschaftsbeteiligungen „umgehängt" werden, besteht die Gefahr, eine **latente Grunderwerbsteuerpflicht** zu übersehen.

IV. Entstehung der BGB-Gesellschaft

Das Entstehen jeder Gesellschaft setzt voraus, dass sich mindestens zwei als Gesellschafter **geeignete Rechtssubjekte** darüber einigen, einen **gemeinsamen Zweck zu verfolgen** und zu fördern.[73] Für die BGB-Gesellschaft reicht dies nach § 705 BGB als Entstehungsvoraussetzung aus. An den Vertrag selbst werden dabei ebenso wie an die **Qualität des verfolgten Zwecks** keine besonderen Anforderungen gestellt, der Vertrag kann folgerichtig auch durch konkludentes Verhalten zustande kommen.[74]   81

1. Gesellschafter

a) Eintritt in die Gesellschaft

Der Eintritt in eine BGB-Gesellschaft kann zum einen durch **Teilnahme an der Gründung** der Gesellschaft stattfinden. Gesellschafter kann, soweit der Gesellschaftsvertrag dies zulässt, zum anderen auch derjenige werden, der durch **späteren Beitritt** oder Übertragung von Gesellschaftsanteilen eines anderen Mitglieds wird. Kommt eine Nachfolge in einen Gesellschaftsanteil von Todes wegen in Betracht, kann ebenso der Erbgang Ursache eines Gesellschaftsbeitritts sein.   82

Ein Gesellschafter kann auch **treuhänderisch** an einer Gesellschaft beteiligt sein, Gesellschafter ist allerdings immer nur der **Treuhänder**.[75] Gesellschaftsrechtliche Einflussmöglichkeiten können dem **Treugeber** nur durch Vereinbarungen aller Gesellschafter eingeräumt werden.[76] Soweit nicht allgemeine Zustimmungen vorliegen, vollzieht sich der Wechsel der Gesellschaftsbeteiligung zwischen Treuhänder und Treugeber nach denselben Bestimmungen wie zwischen fremden Dritten.   83

b) Zahl der Gesellschafter

Schon der Begriff der Gesellschaft setzt das Vorhandensein von **mindestens zwei Personen** voraus.[77] Das Ausscheiden des letzten Mitgesellschafters führt zur **sofortigen liquidationslosen Beendigung** der Gesellschaft, da, gleich wie das Ausscheiden des Gesellschafters zustande gekommen ist, ein Schuldverhältnis nicht zwischen einer Person und dieser selbst bestehen kann. Zwar kennt auch das Erbrecht die **Fiktion des Fortbestehens** von Verbindlichkeiten bei Zusammenfall von Schuldner und Gläubiger, dies stellt allerdings ausdrücklich eine Fiktion dar und kann nicht tragfähige Grundlage eines gesellschaftsrechtlichen Verhältnisses sein, das auch eine Fortführung in die Zukunft zuließe. Umgekehrt kennt das Gesetz allerdings keine **Höchstzahl von Gesellschaftern**.   84

> **Hinweis:**
> Allerdings bleibt zu beachten, dass sich die Personengesellschaft mit ihrer auf das Zusammenwirken der Gesellschafter angelegten gesetzlichen Struktur eindeutig weniger gut für eine Vielpersonengesellschaft eignet als bspw. die AG. Zwar erlaubt es das Gesetz, von den gesetzlichen Regelungen, die **Vielpersonengesellschaften** in der praktischen Handhabung unmöglich machten, durch vertragliche Vereinbarung abzuweichen. So können sowohl das Einstimmigkeitsprinzip, der gesetzliche

---

73 K. Schmidt, Gesellschaftsrecht, § 59 I. 2; MünchKomm-BGB/Ulmer, § 705 Rn. 1.
74 K. Schmidt, Gesellschaftsrecht, § 59 I.2.a; Happ, in: Münchener Handbuch des Gesellschaftsrechts, Bd. 1, § 5 Rn. 2.
75 BGHZ 3, 354, 359; 77, 392, 395.
76 BGHZ 10, 44, 49; BGH, DB 2003, 2278.
77 A.A.: Priester, DB 1998, 55 ff.

> Auflösungsgrund des Todes eines Gesellschafters, die Folgen einer Kündigung der Gesellschaft und die Gesamtgeschäftsführung abbedungen werden, für die persönliche Haftung und das jederzeitige Kündigungsrecht eines Gesellschafters einer Dauergesellschaft gilt dies allerdings grds. nicht.

c) Qualifikationserfordernisse

85 Gesellschafter einer BGB-Gesellschaft kann **jede natürliche Person** sein. Die „GbR-Fähigkeit" geht insoweit Hand in Hand mit der **Rechtsfähigkeit**.[78] Die Staatsangehörigkeit spielt keine Rolle.[79] Neben natürlichen Personen können auch **juristische Personen** Gesellschafter einer BGB-Gesellschaft sein. Dies kollidiert nicht etwa mit der zwingenden persönlichen Haftung der Gesellschafter.[80] Gleiches gilt für Vorgesellschaften.[81] Zulässig ist auch die Beteiligung einer juristischen Person des öffentlichen Rechts,[82] einer Genossenschaft nach § 1 Abs. 2 GenG oder auch einer rechtsfähigen Stiftung.[83] Personengesellschaften können grds. ebenfalls Gesellschafter einer BGB-Gesellschaft sein.[84] Die sich ergebenden praktischen Probleme aus der **Doppelschichtigkeit des Mitgliederbestandes** hindern die Zulässigkeit der Mitgliedschaft nicht. Gleiches gilt für die BGB-Gesellschaft selbst, die ebenfalls Gesellschafterin einer anderen BGB-Gesellschaft sein kann.[85] Dass der rechtsfähige Verein, soweit seine Zwecksetzung dies zulässt, Gesellschafter einer BGB-Gesellschaft sein kann, steht außer Frage. Gleiches wird allerdings auch für den nicht rechtsfähigen Verein angenommen.[86]

86 **Erbengemeinschaften** können dagegen nicht Mitglied einer BGB-Gesellschaft werden. Die auf Auseinandersetzung angelegte Struktur der Erbengemeinschaft ist mit der Verwirklichung eines gemeinsamen Zwecks in der GbR, der naturgemäß in die Zukunft gerichtet ist, nicht zu vereinbaren.[87] Dies ist trotz der Entscheidung für die Rechtsfähigkeit der BGB-Gesellschaft vom BGH so anerkannt.[88] Relevant werden könnte dies ohnehin nur für die Rechtsnachfolge in einem Personengesellschaftsanteil, da die originäre Beteiligung schon aus dem Zweck der Erbengemeinschaft ausgeschlossen ist. Gleiches gilt für die **eheliche Gütergemeinschaft**, da es dieser an der nach außen bestehenden geschlossenen Einheit mangelt.[89]

87 **Ausländische Gesellschaften** können grds. ebenfalls Gesellschafter einer BGB-Gesellschaft sein. Dies gilt für ausländische Gesellschaften aus einem EU-Mitgliedsstaat spätestens seit der Entscheidung „Inspire Art" des EuGH.[90] Es kann allenfalls die Frage auftreten, ob die betreffende Gesellschaft aufgrund ihrer im ausländischen Recht begründeten Struktur möglicherweise nicht in der Lage ist, **Gesellschafterin einer GbR** zu sein. Schränkt das ausländische Recht die Rechtsfähigkeit der betreffenden Gesellschaft derart stark ein, dass es ihr schon nach ihrem Gründungsstatut unmöglich ist, Gesellschafterrechte zu

---

78 MünchKomm-BGB/Ulmer, § 705 Rn. 68; Westermann, Handbuch der Personengesellschaften, I Rn. 162.
79 Wiedemann, Gesellschaftsrecht, § 15 I.2.
80 So seit RGZ 105, 101 absolut h.M.
81 MünchKomm-BGB/Ulmer, § 705 Rn. 77.
82 RGZ 163, 142, 149.
83 Westermann, Handbuch der Personengesellschaften, I Rn. 163.
84 BGH, WM 1959, 288; MünchKomm-BGB/Ulmer, § 705 Rn. 78.
85 So schon RGZ 136, 236, 240; BGHZ 1997, 2120, 2121; siehe auch MünchKomm-BGB/Ulmer, § 705 Rn. 79; a.A.: RGRK-BGB/v. Gamm, § 705 Rn. 12, wobei diese Kommentierung noch aus der Zeit vor der Rechtsfähigkeitsentscheidung des BGH stammt.
86 MünchKomm-BGB/Ulmer, § 705 Rn. 80; Happ, in: Münchener Handbuch des Gesellschaftsrechts, Bd. 1, § 5 Rn. 22.
87 MünchKomm-BGB/Ulmer, § 705 Rn. 81; Westermann, Handbuch der Personengesellschaften, I Rn. 30, 169.
88 BGH, ZErb 2002, 352.
89 MünchKomm-BGB/Ulmer, § 705 Rn. 82; Happ, in: Münchener Handbuch des Gesellschaftsrechts, Bd. 1, § 5 Rn. 24.
90 EuGH, ZIP 2003, 1885, 1891.

übernehmen, kommt eine Beteiligung nicht in Betracht.[91] Hinzu muss kommen, dass auch das deutsche Recht Gesellschaften des betreffenden Typs die Stellung eines Gesellschafters eröffnet, wobei es allerdings nicht darauf ankommen kann, dass die Gesellschaft gerade eine Auslandsgesellschaft ist.

2. Gemeinsamer Zweck

a) Begriff und Bedeutung

Kernbestandteil einer GbR ist der von den Gesellschaftern verfolgte gemeinsame Zweck. Dabei wird kein zwingendes Übereinstimmen von den jeweiligen individuellen Gesellschafterinteressen und dem **gemeinsam verfolgten Zweck** gefordert, dieser muss nur zum Zeitpunkt der Gründung gegeben sein. Die Gesellschafter sind danach verpflichtet, ihre Individualinteressen hinter diesem gemeinsam verfolgten Zweck zurückstehen zu lassen.[92] Der gemeinsame Zweck ist es dabei gerade, der die GbR von den anderen Schuldvertragstypen des BGB abgrenzt.[93] 88

Der von der Gesellschaft verfolgte Zweck muss **zulässig** sein.[94] So darf dieser insb. **nicht sittenwidrig**, bspw. nicht auf Steuerhinterziehung gerichtet sein.[95] Gleiches gilt für Verstöße gegen gesetzliche Verbotsnormen, bspw. dem Betrieb eines Gewerbes ohne Konzession,[96] oder die Missachtung eines gesetzlichen Rechtsformzwangs, bspw. bei Betrieb eines Versicherungsgeschäfts entgegen § 7 VAG in der Rechtsform der BGB-Gesellschaft. 89

Der gemeinsame Zweck prägt auch insoweit die Existenz der Gesellschaft, als die **Unmöglichkeit der Erreichung** des verfolgten Zwecks **zwingender Beendigungsgrund** der Gesellschaft ist (§ 726 BGB).[97] Ins Positive gefasst, lässt die **Erreichung des gemeinsamen Zwecks** aber ebenfalls die Gesellschaft zwingend enden, da sich damit ihr **Sinn erledigt** hat. Es ist selbstverständlich, dass diese Erreichung eines Gesellschaftszwecks grds. nur bei Gelegenheitsgesellschaften in Betracht kommt, da die Erreichung eines Zwecks bei Dauergesellschaften denknotwendig ausgeschlossen ist. Änderung des Gesellschaftsvertrages ist es dagegen, wenn die Gesellschafter die Verfolgung des Zwecks aufgeben.[98] 90

b) Treuepflichten

Der Gesellschaftszweck ist ferner prägend für die den Gesellschaftern aus dem Gesellschaftsverhältnis erwachsenden **Pflichten**. Alle gesellschaftsvertraglichen Pflichten, gleich ob diese ausdrücklich im Vertrag geregelt oder konkludent aus dem Gesellschaftszweck abgeleitet sind, setzen voraus, dass sie dem **Gesellschaftszweck zu dienen geeignet** sind. Eine Gesellschafterverpflichtung, die mit dem verfolgten Gesellschaftszweck nicht im Ansatz etwas zu tun hat, kann es deshalb grds. nicht geben. Die Frage ist in solchen Fällen, ob die Divergenz zu einer Korrektur der Verpflichtung oder vielmehr als konkludente Änderung des Gesellschaftszwecks zu verstehen ist. 91

Die erste ins Auge springende Gesellschafterpflicht ist die Pflicht zu möglichen **Beitragsleistungen**. Wie die Begriffe Beitrag und Einlage zu unterscheiden sind, soll hier nicht problematisiert werden.[99] 92

---

91 Siehe dazu BayObLG, WM 1986, 968, 970; Happ, in: Münchener Handbuch des Gesellschaftsrechts, Bd. 1, § 5 Rn. 28.
92 MünchKomm-BGB/Ulmer, § 705 Rn. 148.
93 K. Schmidt, Gesellschaftsrecht, § 4 I.2.a.
94 MünchKomm-BGB/Ulmer, § 705 Rn. 333f.
95 OLG Koblenz, WM 1979, 1435, 1466.
96 BGH, WM 1967, 229, 230.
97 Interessant ist in diesem Zusammenhang die von K. Schmidt angestellte Überlegung, dass es sich bei der in § 64 Abs. 1 Satz 2 GmbHG statuierten Insolvenzantragspflicht bei Überschuldung nicht um eine Frage des Vorhandenseins ausreichenden Haftungsvolumens, sondern um die Frage des Unmöglichwerdens des Gesellschaftszwecks handelt, K. Schmidt, AG 1978, 334, 337.
98 MünchKomm-BGB/Ulmer, vor § 723 Rn. 6, 19.
99 Siehe dazu Weipert, in: Münchener Handbuch des Gesellschaftsrechts, Bd. 1, § 6 Rn. 19 ff.; K. Schmidt, Gesellschaftsrecht, § 20 II.1.

Das Bestehen von Beitragsverpflichtungen auf Gesellschafterseite führt nicht zwangsläufig dazu, die Gesellschaft auch als Vermögensträger anzusehen. Dies ist vielmehr nur dann der Fall, wenn die von den Gesellschaftern an die Gesellschaft zu erbringenden Beiträge Vermögenstransfers auf die Gesellschaft voraussetzen. Wie Karsten Schmidt zutreffend bemerkt, ist die Durchsetzung von Beitragsansprüchen, jedenfalls soweit es sich nicht um Vermögenstransfers auf die Gesamthand handelt, ein rein organisationsrechtliches Problem und keines der Frage der Rechtsfähigkeit.[100] Wegen der Zweckgebundenheit der Beiträge ist es wohl auch zutreffend, Leistungsstörungen, die im Beitragsschuldverhältnis auftreten, aus den **Vorschriften des allgemeinen Schuldrechts** und im Übrigen aus dem Gesellschaftsverhältnis selbst heraus zu regeln.[101] Maßstab der Notwendigkeit einer Beitragsleistung wie auch deren Ordnungsmäßigkeit ist allein die fortbestehende Möglichkeit der Verwirklichung des Gesellschaftszwecks.

93 Die gleichen Überlegungen gelten auch für die übrigen Pflichten der Gesellschafter. Die Frage, was alles zu den **vertraglichen Treuepflichten** gehört und wie der Begriff zu definieren ist,[102] soll hier nicht näher problematisiert werden. Ganz gleich, ob es um die Amtspflichten eines Gesellschaftsorgans, die Organisationsobliegenheiten des Gesellschafters oder das Verbot missbräuchlicher Rechtsausübung bei Gestaltungsrechten geht, kann gesellschaftstreues Verhalten außer auf den Gedanken der vertraglichen Treuepflicht auch auf **allgemeine Rechtsgrundsätze** gestützt werden. Gleichwohl sind auch sie Ausdruck des Treuegedankens, der insoweit nur keine besonders gesellschaftsrechtliche Komponente enthält. Die Grenzen nämlich, wo Verhalten rechtsmissbräuchlich und damit den allgemeinen Treuegedanken widersprechend wird und wo noch die gesellschaftsvertragliche Verpflichtung zur zweckorientierten Ausübung der Gestaltungsrechte liegt, ist fließend. M.E. handelt es sich bei der Frage, ob die gesellschaftsrechtliche Bindung die Grenze treuwidrigen Verhaltens einfach nach oben setzt oder ob neben die allgemeine Treuepflicht eine besondere gesellschaftsvertragliche tritt, um einen mehr rechtsdogmatischen als rechtspraktischen Streit.

94 Die Treuepflichten bestehen selbstverständlich nur solange, wie die Gesellschaft bzw. die Mitgliedschaft des Gesellschafters in der Gesellschaft bestehen. Diese Aussage ist im Grunde selbstverständlich. Die Frage stellt sich nur, inwieweit im Rahmen der Beendigung einer Gesellschaft Treuepflichten dazu verpflichten können, **bestimmte Gestaltungsrechte nicht** oder **nicht in der gewählten Form auszuüben**. So bestimmt § 723 Abs. 2 Satz 1 BGB ausdrücklich eine **Schadensersatzpflicht** für den Fall der Kündigung zur Unzeit, erklärt die Kündigung selbst allerdings nicht für unwirksam.[103] Der BGH hat die Geltung von Treuepflichten auch über den Kündigungszeitpunkt einer Gesellschaft hinaus angewandt, indem er den Erben eines Gesellschafters dazu verpflichtete, anstelle der Liquidation der Gesellschaft dem eigenen Ausscheiden gegen Abfindung zuzustimmen,[104] ferner im Fall des drohenden Konkurses eines Gesellschafters die Verpflichtung zur Mitwirkung einer Vertragsänderung dahingehend, dass der Ausschluss des Gesellschafters und die Fortsetzung der Gesellschaft mit den übrigen Gesellschaftern vereinbart wird.[105] Aus diesen Urteilen wird gefolgert, dass sich ein Gläubiger eines Gesellschafters auch auf das Abfindungsguthaben verweisen lassen muss.[106]

---

100 K. Schmidt, Gesellschaftsrecht, § 20 II.4; a.A.: Weipert, in: Münchener Handbuch des Gesellschaftsrechts, Bd. 1, § 6 Rn. 23 ff.; wohl auch MünchKomm-BGB/Ulmer, § 705 Rn. 208.
101 So auch MünchKomm-BGB/Ulmer, § 705 Rn. 163 ff.; Weipert, in: Münchener Handbuch des Gesellschaftsrechts, Bd. 1, § 6 Rn. 28 ff.; a.A.: Soergel/Hadding, BGB, § 706 Rn. 19 ff., jeweils m.w.N.
102 Siehe dazu Weipert, in: Münchener Handbuch des Gesellschaftsrechts, Bd. 1, § 6 Rn. 33 ff.
103 MünchKomm-BGB/Ulmer, § 723 Rn. 55; Weipert, in: Münchener Handbuch des Gesellschaftsrechts, Bd. 1, § 6 Rn. 39; a.A.: van Veenrooy, JZ 1981, 53, 57.
104 BGH, JuS 1986, 407.
105 BGH, NJW 1961, 724, 725.
106 Soergel/Hadding, BGB, vor § 723 Rn. 3; Weipert, in: Münchener Handbuch des Gesellschaftsrechts, Bd. 1, § 6 Rn. 44.

3. Gesellschaftsvertrag

Der **Abschluss eines Gesellschaftsvertrages** ist zwingende Voraussetzung des Entstehens der BGB-Gesellschaft. Zwar kann ein solcher Vertrag auch konkludent zustande kommen, ohne Vertrag liegt allerdings keine Gesellschaft vor. 95

a) Rechtsnatur

Der Gesellschaftsvertrag einer BGB-Gesellschaft hat einen **Doppelcharakter**. Er ist sowohl **schuldrechtliche Vereinbarung** zwischen den Gesellschaftern als auch gleichzeitig das Gemeinschaftsverhältnis begründender **Vertrag verbandsrechtlichen Charakters**. Die oben (Rn. 2) bereits angesprochene Frage, ob der Gesellschaftsvertrag als gegenseitiger Vertrag i.S.d. §§ 320 ff. BGB einzustufen ist,[107] spielt für die Praxis nur eine untergeordnete Rolle, wie Happ[108] zutreffend feststellt, weil die Vertreter beider Meinungen je nach Ausgangsposition entweder die Unanwendbarkeit der §§ 320 ff. BGB im Hinblick auf die gesellschaftsrechtlichen Gesichtspunkte bzw. die analoge Anwendung der Regeln des gegenseitigen Vertrages wegen Vergleichbarkeit der Sachverhalte überprüfen. Mit der Betonung der Rechtsfähigkeit der BGB-Außengesellschaft gewinnt das **korporative Element des Gesellschaftsvertrages** besondere Bedeutung. Ist die Gesellschaft mehr als nur die Verbindung der Gesellschafter, hat sie insb. eigene Rechtsfähigkeit, dann wird sie durch den Vertrag konstituiert, womit dieser satzungsähnlichen Charakter erhält. 96

b) Vertragsabschluss

Der Abschluss des Gesellschaftsvertrages der GbR richtet sich grds. nach den gleichen Bestimmungen wie der Abschluss jedes anderen Vertrages. **Besonderheiten** ergeben sich allenfalls daraus, dass an dem vertraglichen Verhältnis ggf. mehr als zwei Personen beteiligt sind, so dass dieses nicht durch einfache Annahme eines Angebots, sondern durch **mehrfache Annahmeerklärung** zustande kommen kann.[109] Problematisch ist immer die Anwendung des § 154 Abs. 1 BGB, da gerade bei der Begründung einer BGB-Gesellschaft oftmals Einigkeit nur über die **wesentlichen Vertragsgegenstände** besteht, im Übrigen aber darauf vertraut wird, dass sich die Beteiligten über etwa anfallende Fragen dann einigen werden, wenn diese praktisch aufkommen. Unzutreffend ist es zwar, insoweit von einer Unanwendbarkeit des § 154 BGB zu sprechen, gleichwohl muss in diesen Konstellationen praktisch immer davon ausgegangen werden, dass die Beteiligten gerade nicht die Unwirksamkeit des Vertrages wollten.[110] Lücken sind dann durch **ergänzende Vertragsauslegung** zu schließen. 97

Beim Abschluss des Vertrages ist **Stellvertretung** nach den allgemeinen Regeln möglich, allerdings ist § 181 BGB zu beachten. **Erklärungen** können auch **befristet** oder **bedingt** abgegeben werden. Soweit für die Gründung der Gesellschaft die Anwendung von Vorschriften des **Verbraucherschutzes** in Betracht kommt, sind auch diese zu beachten. Dies gilt insb. für Anlagegesellschaften und Ähnliche.[111] 98

Unter bestimmten Voraussetzungen kann der Abschluss eines Gesellschaftsvertrages **besonderer Genehmigungen** bedürfen. Gerade bei Familiengesellschaften ist es regelmäßig so, dass neben den Eltern auch minderjährige Kinder an der Gesellschaft beteiligt werden sollen, wozu es dann der Beiziehung eines Pflegers bedarf.[112] Ferner kommt das Erfordernis einer Genehmigung durch das Familien- bzw. Vormundschaftsgericht dann in Betracht, wenn die BGB-Gesellschaft ein Erwerbsgeschäft betreibt. Gleiches gilt bei einer im Gesellschaftsvertrag begründeten Verpflichtung zum Erwerb von Grundstücken. Entsprechende Genehmigungserfordernisse gelten selbstverständlich nicht nur beim originären Abschluss eines 99

---

107 Siehe zum Streit auf der einen Seite die st. Rspr.: RGZ 76, 276, 279; 147, 340, 342; BGH, NJW 1951, 308; NJW 1973, 1188; so auch Palandt/Heinrichs, BGB, vor § 320 Rn. 6 m.w.N.; dagegen MünchKomm-BGB/Ulmer, § 705 Rn. 162; GK/Ulmer, HGB, § 105 Rn. 140 m.w.N.
108 Happ, in: Münchener Handbuch des Gesellschaftsrechts, Bd. 1, § 5 Rn. 31.
109 MünchKomm-BGB/Ulmer, § 705 Rn. 20 m.w.N.
110 BGH, NJW 1982, 2816, 2817.
111 Siehe dazu nur BGH, NJW 1996, 3414, 3415; OLG Hamm, NZG 2003, 228, 229.
112 MünchKomm-BGB/Ulmer, § 705 Rn. 69.

Gesellschaftsvertrages, sondern gleichfalls auch beim Beitritt. Im zivilrechtlichen Bereich kommt ferner in besonderen Konstellationen eine Genehmigung nach § 1365 BGB in Betracht.

c) Mindestinhalt des Gesellschaftsvertrages

100 § 705 BGB gibt die **Mindesterfordernisse für den Inhalt** des Gesellschaftsvertrages vor. Erste Voraussetzung ist danach der **gemeinsame Zweck**, auf dessen Verfolgung sich die Gesellschafter geeinigt haben müssen.[113] Zur Bedeutung des Gesellschaftszwecks s.o. Rn. 88 ff. Neben der Bestimmung des gemeinsamen Zwecks muss darüber hinaus eine Vereinbarung dazu getroffen sein, welche Förderungspflichten jeden der Gesellschafter treffen.[114] Zwar lässt sich die **Förderungspflicht** auch aus dem Zweck der Gesellschaft ableiten, wenn dessen Verfolgung bestimmte Maßnahmen voraussetzt, gleichwohl muss auch insoweit Einigkeit unter den Gesellschaftern bestehen. Es lässt sich regelmäßig der Rückschluss ziehen, dass ohne eine Einigung über die Förderungspflicht auch noch keine Einigung über die Verfolgung des gemeinsamen Zwecks besteht. Alle weiteren Inhalte des Gesellschaftsvertrages sind im Wesentlichen **fakultativer Natur**. Es mag sich zwar empfehlen, weitere Regelungen zu treffen, zwingend vorgeschrieben ist dies jedoch nicht. Zu den einzelnen Regelungsmöglichkeiten in einem Gesellschaftsvertrag siehe die nachstehenden Ausführungen unter Rn. 139 ff.

d) Form des Gesellschaftsvertrages

101 Das Gesetz kennt **keine bestimmte Form** für die Begründung des Gesellschaftsvertrages, dieser kann also auch durch konkludentes Verhalten abgeschlossen werden. In den Fällen, in denen sich die Gesellschafter über die Rechtsform ihrer Gesellschaft überhaupt Gedanken machen, insb. also nicht bei bloßen Gelegenheitsgesellschaften des täglichen Lebens, empfiehlt es sich aber dringend, schon aus Gründen der **Klarheit und Streitvermeidung** einen mindestens **schriftlichen Vertrag** abzuschließen. Besondere Formerfordernisse können sich allerdings dann ergeben, wenn in den Gesellschaftsvertrag Verpflichtungen aufgenommen werden, die auch außerhalb eines Gesellschaftsvertrages bestimmten Formerfordernissen genügen müssen.

102 Ein in der Praxis besonders bedeutsamer Anwendungsfall ist die im Gesellschaftsvertrag niedergelegte Verpflichtung, ein **Grundstück auf die Gesellschaft zu übertragen** oder ein Grundstück durch die Gesellschaft anzukaufen. In diesem Fall muss der Gesellschaftsvertrag beurkundet werden.[115] Allerdings wird eine Beurkundungspflicht nicht dadurch ausgelöst, dass der Gesellschaftszweck nur allgemein die Bestimmung trifft, Grundbesitz zu erwerben und zu veräußern. Allein die Verpflichtung zum Erwerb oder der Veräußerung eines konkreten Grundstücks begründet die Beurkundungspflicht. Ist die Nutzungsüberlassung, nicht jedoch die Verschaffung des Eigentums vereinbart, besteht ebenso wenig wie beim Abschluss eines Mietvertrages **eine Pflicht zur notariellen Beurkundung**.

103 Was für Grundstücksgeschäfte gilt, gilt für **andere beurkundungsbedürftige Rechtsgeschäfte** in gleichem Umfang. So ist bspw. die Verpflichtung zur Übertragung eines GmbH-Geschäftsanteils ebenfalls Grund für die Beurkundungspflicht.[116]

> **Hinweis:**
> Zu beachten ist die Konsequenz einer Beurkundungsbedürftigkeit nach § 311b BGB oder § 15 Abs. 3, Abs. 4 GmbHG. In diesen Fällen ist es nicht ausreichend, nur die Übertragungsverpflichtung als solche zu beurkunden, vielmehr bedarf es der **Beurkundung der gesamten damit zusammenhängenden Vereinbarung**, was im Zweifel die Beurkundungsbedürftigkeit des gesamten Gesellschaftsvertrages nach sich zieht. Es ist kaum vorstellbar, dass eine im Rahmen einer Gesellschaftsgründung vereinbarte Einbringung eines Grundstücks auch ohne die entsprechenden weiteren

---

113 BGH, NJW 1951, 308; MünchKomm-BGB/Ulmer, § 705 Rn. 128.
114 MünchKomm-BGB/Ulmer, § 705 Rn. 153 f.
115 BGH, NJW 1978, 2505, 2506.
116 BGHZ 112, 40, 45.

gesellschaftsvertraglichen Regelungen gewollt sein könnte. Besteht ein Beurkundungserfordernis, dann infiziert umgekehrt die aus der Verletzung resultierende Nichtigkeit des beurkundungsbedürftigen Teils den gesamten Vertrag, so dass insgesamt eine **Nichtigkeit des Gesellschaftsvertrages** vorliegt. Im Zweifel sollte deshalb den Gesellschaftern dringend zur notariellen Beurkundung geraten werden.

Nichts hindert die Gesellschafter ferner daran, gesellschaftsvertraglich zu vereinbaren, dass abweichend von der gesetzlichen Regel **Formerfordernisse** geschaffen werden. Die gleichen Gründe, die für eine mindestens schriftliche Abfassung eines Gesellschaftsvertrages sprechen, sprechen auch für die Schriftform von Änderungen. Die **Unklarheiten**, die sich auch möglichen mündlichen oder konkludenten Änderungen des Gesellschaftsvertrages ergeben können, sind unüberschaubar.

e) Inhaltskontrolle

Grds. ist nach § 310 Abs. 4 Satz 1 BGB die **Inhaltskontrolle** für Verträge auf dem Gebiet des Gesellschaftsrechts **ausgeschlossen**. Gleichwohl überprüft die Rspr. vertragliche Regelungen bei Publikumsgesellschaften anhand der Vorschriften über allgemeine Geschäftsbedingungen.[117]

f) Auslegung des Gesellschaftsvertrages

Für die Auslegung der bei Vertragsschluss abgegebenen Willenserklärungen und damit des Vertrages selbst gelten die **allgemeinen Auslegungsregeln** der §§ 133, 157 BGB. Entscheidende Bedeutung kommt dabei insb. auch der **Zweckbestimmung der Gesellschaft** zu. Wo Auslegungszweifel bestehen, ist zunächst diejenige Auslegung heranzuziehen, die die Verwirklichung des Gesellschaftszwecks am ehesten ermöglicht.

> **Hinweis:**
> Zu beachten ist allerdings, dass Gesellschaftsverträge von GbR grds. – anders als im Bereich der Kapitalgesellschaften – schon durch einfache Übung eine Änderung erfahren können, da es an Formerfordernissen mangelt.[118]

g) Änderungen des Gesellschaftsvertrages

Haben die Gesellschafter in den Bestimmungen ihres Gesellschaftsvertrages keine besonderen Regelungen über Änderungen des Vertrages vorgesehen, so unterliegen Vertragsänderungen den gleichen Voraussetzungen wie der Abschluss des Vertrages. Mangels abweichender vertraglicher Regelungen ist folgerichtig **Einstimmigkeit** erforderlich. Soweit allerdings über einen längeren Zeitraum einvernehmlich von Bestimmungen des Gesellschaftsvertrages abgewichen wird, kann darin eine **Änderung des Vertrages durch konkludentes Verhalten** liegen, insoweit wird von einer tatsächlichen Übung gesprochen.[119] Solche Änderungen durch tatsächliche Übung kommen bei eng umgrenzten Gesellschafterkreisen selbstverständlich eher in Betracht als bei größeren Publikumsgesellschaften.

Unter bestimmten Voraussetzungen kann sich eine **Verpflichtung** eines Gesellschafters ergeben, an einer **Vertragsänderung mitzuwirken**. Dies gilt insb. dann, wenn, ohne dass dies erhebliche eigene schutzwürdige Belange beeinträchtigte, nur so **Schaden von der Gesellschaft abgewendet** werden kann.[120] Zu Möglichkeiten, vertragliche Regelungen über Änderung des Gesellschaftsvertrages durch Mehrheitsbeschluss einzufügen, siehe nachstehend Rn. 213.

---

117 St. Rspr., siehe nur BGHZ 64, 238, 242; 104, 50, 53.
118 Baumbach/Hopt/Hopt, HGB, § 105 Rn. 59.
119 BGH, DB 1996, 926, 928; DStR 1996, 879.
120 BGH, NJW 1995, 194, 195; BB 2005, 46.

V. Haftung der Gesellschafter

109 Bereits an dieser Stelle soll die Frage nach der **Haftung der Gesellschafter** für die Verbindlichkeiten der Gesellschaft thematisiert werden. Diese Haftung ist es, die die BGB-Gesellschaft in den letzten Jahren in einem Maße hat in der rechtswissenschaftlichen Lit. nach vorne treten lassen, wie sie es lange nicht gekannt hat. Mit der Entscheidung des II. Senats des BGH v. 29.1.2001,[121] die die Rechtsfähigkeit der BGB-Außengesellschaft und die Haftung ihrer Gesellschafter entsprechend der Bestimmungen des § 128 HGB festgestellt hat, wurde geradezu ein Sturm im juristischen Blätterwald entfacht. Aufgrund dessen stellt sich nun die Frage, wie die Haftung des Gesellschafters einer BGB-Gesellschaft im Verhältnis zu den Gesellschaftsgläubigern zu sehen ist.

1. Doppelverpflichtungstheorie kontra Akzessorietätstheorie – ein kurzer Blick in die Vergangenheit

a) Doppelverpflichtungstheorie

110 Bis zum Jahr 1999 war in Rspr. und Lit. die sog. **Doppelverpflichtungstheorie** absolut herrschend,[122] und zwar sowohl unter den Vertretern der Rechtsfähigkeit der BGB-Gesellschaft wie auch unter deren Gegnern. Die Theorie fußte darauf, dass die jeweils geschäftsführenden Gesellschafter beim Abschluss eines Rechtsgeschäfts erstens eine **Verpflichtung bzgl. des Gesellschaftsvermögens begründeten**,[123] zweitens aber auch, einmal in eigenem Namen und einmal aufgrund rechtsgeschäftlicher Vertretung für die Mitgesellschafter, eine jeweils **eigene Verbindlichkeit der Gesellschafter selbst entstehen ließen**. Aus dieser doppelten Verpflichtung, zum einen des gesellschaftsrechtlich gebundenen Vermögens, zum anderen der Gesellschafter persönlich, leitet sich der Name Doppelverpflichtungstheorie her. Die auf Abschluss des Rechtsgeschäftes gerichtete Willenserklärung beinhaltet damit strukturell **zwei Willenserklärungen**, nämlich eine für die Gesellschaft bzw. das Gesellschaftsvermögen und zum zweiten eine für die Gesellschafter persönlich.[124] Zur Begründung dieser doppelten Verpflichtung bedurfte es teilweise erheblicher konstruktiver Klimmzüge.

111 Mit der Haftung des Gesellschaftsvermögens für Ansprüche aus Leistungsstörungsrechten hatte diese Theorie relativ wenig Schwierigkeiten, sie stützte sie entweder auf die Anwendung des § 31 BGB oder § 278 BGB. Schwieriger war dies im Hinblick auf die Haftung der Gesellschafter für solche Leistungsstörungen, deren Voraussetzungen nicht in ihrer eigenen Person verwirklicht waren. Da für die Haftung für Leistungsstörungen die Rechtsgedanken des § 425 BGB herangezogen wurden, war eine entsprechende Haftung meistens ausgeschlossen.[125] Eine **Haftung für gesetzliche Verbindlichkeiten** kam nach der Doppelverpflichtungstheorie schon grds. nicht in Betracht, weil eine rechtsgeschäftliche Verpflichtung bei gesetzlichen Verbindlichkeiten ausscheidet.[126]

b) Akzessorietätstheorie

112 In der Lit. hatte sich schon früh eine Gegenauffassung gebildet, wonach durch das rechtsgeschäftliche Handeln der Geschäftsführer **zunächst nur die rechtsfähige Gesellschaft selbst verpflichtet** wird. Die Gesellschafter hafteten alsdann für diese Verbindlichkeiten der Gesellschaft akzessorisch entsprechend der Regeln der §§ 128, 129 HGB.[127] Die Anwendung dieses Haftungsregimes sollte dabei je nach vertretener

---

121 BGHZ 146, 241 = NJW 2001, 1056.
122 Siehe dazu BGHZ 74, 240, 242; 79, 374, 377; siehe auch Gummert, in: Münchener Handbuch des Gesellschaftsrechts, Bd. 1, § 18 Rn. 5 ff., jeweils m.w.N.
123 Abhängig vom Standpunkt zur Rechtsfähigkeit der Gesellschaft wurde darin eine Verbindlichkeit der Gesellschaft selbst oder eines Sondervermögens der Gesellschafter gesehen.
124 Siehe zur Struktur dieser doppelten Verpflichtung: MünchKomm-BGB/Ulmer, § 714 Rn. 35 ff.
125 Siehe zu Besonderheiten bei der Anwalts-GbR: BGHZ 51, 355.
126 OLG Hamm, WM 1989, 1572, 1573.
127 Siehe dazu vor allem Flume, Personengesellschaft, § 16 II.2; Wiedemann, WM 1975, Sonderbeilage 4, 7/4; K. Schmidt, Gesellschaftsrecht, § 60 III.2, jeweils m.w.N.

Auffassung auf bestimmte Typen der BGB-Gesellschaft beschränkt werden, wofür insb. die Auffassung von Karsten Schmidt zur Beschränkung auf Mitunternehmer-BGB-Gesellschaften ein Beispiel ist.[128]

Die **wesentliche Kritik** an der Akzessorietätstheorie bestand in zweierlei. Zum einen ergibt sie sich nicht aus dem Recht der BGB-Gesellschaft, der Gesetzgeber des BGB hat eine **entsprechende Regelung nicht vorgesehen**. Zum Zweiten führt eine akzessorische Gesellschafterhaftung zwingend dazu, dass ein **wesentlich strengeres Haftungsregime** für die Gesellschaft gilt als dies bei Anwendung der Doppelverpflichtungstheorie der Fall ist. Eine Unterscheidung danach, ob die Gesellschaftsverbindlichkeit als rechtsgeschäftliche oder als gesetzliche begründet wurde, spielt für die Haftung der Gesellschafter bei Anwendung der Akzessorietätstheorie keine Rolle. Die Gesellschafter haften also auch dann, wenn sie, ohne im Wege der Stellvertretung Dritten gegenüber verpflichtet worden zu sein, durch das Auftreten ihrer Gesellschaft Ansprüche Dritter haben entstehen lassen.

c) Wende der Rechtsprechung

Wie vorstehend schon erwähnt war die Rspr. **bis ins Jahr 1999** der **Doppelverpflichtungstheorie zugeneigt**, eine akzessorische Haftung der Gesellschafter für Gesellschaftsverbindlichkeiten wurde ausgeschlossen. Mit einer ersten Entscheidung aus dem Jahr 1999[129] statuierte der BGH erstmals eine Haftung der Gesellschafter für die Schulden der Gesellschaft nach dem Modell des § 128 HGB. Hintergrund der Entscheidung war die Überlegung, dass, wenn eine Person im Rechtsverkehr Dritten gegenüber auftritt, sie die daraus entstehenden Konsequenzen zu tragen habe, gleich ob sie persönlich oder in Form einer Gesellschaft auftrete. Verbunden war damit letztlich eine Wertungsverschiebung hinsichtlich der Schutzinteressen. Während die Doppelverpflichtungstheorie im Wesentlichen den Schutz der Gesellschafter hoch hält, geht die Akzessorietätstheorie von einem stärkeren Schutzbedürfnis des Rechtsverkehrs aus. Auch wenn das Urteil den Begriff der akzessorischen Gesellschafterhaftung nicht verwendet, war damit ein entscheidender Schritt hin zur Akzessorietätstheorie getan.

113

Mit dem Urt. v. 29.1.2001,[130] das neben den **Haftungsfragen** auch die **Rechtsfähigkeit der BGB-Gesellschaft** feststellte, hat das Gericht sich auch ausdrücklich zur **Akzessorietätstheorie** bekannt. Seither gilt für die Außengesellschaften bürgerlichen Rechts das **gleiche Haftungsregime**, das auch für die **Personengesellschaften des Handelsrechts** nach den §§ 128, 129 HGB gilt. Mit Anerkennung der Rechtsfähigkeit war die Entscheidung für die Akzessorietätstheorie fast zwingend vorgeprägt, wollte der BGH an seiner im Urteil aus dem Jahr 1999 geprägten Prämisse, dass eine Teilnahme am Rechtsverkehr unter beschränkter Haftung nur dort möglich sei, wo bestimmte Kapitalaufbringungs- und -erhaltungsregeln existierten, namentlich also im Recht der Kapitalgesellschaften, festhalten.

2. Haftungsvoraussetzungen – Gesellschaftsschuld

Voraussetzung der Haftung der Gesellschafter einer BGB-Gesellschaft ist zunächst einmal, dass eine **wirksame Verbindlichkeit** der Gesellschaft selbst besteht. Spätestens seit der Anerkennung der Rechtsfähigkeit der BGB-Gesellschaft ist zwischen der Verbindlichkeit der **Gesellschaft** und **deren Gesellschaftern** zu unterscheiden. Dabei spielt es zunächst keine Rolle, wer Gläubiger der Gesellschaftsverbindlichkeit ist. So ist es insb. auch möglich, dass durch Rechtsgeschäft oder auf gesetzlicher Grundlage ein Mitgesellschafter Gläubiger der Gesellschaft und damit auch der anderen Gesellschafter wird.

114

Zu differenzieren ist hier zwischen **Drittansprüchen** und **Sozialansprüchen**, bei Ersteren tritt der Mitgesellschafter der Gesellschaft wie ein fremder Dritter gegenüber, bei Letzteren handelt es sich um Ansprüche aus dem Gesellschaftsverhältnis selbst. Für diese letztgenannten Ansprüche greift nicht die akzessorische Gesellschafterhaftung, diese sind allein durch das Innenrecht der Gesellschaft bestimmt. Daraus ergibt sich zwingend die Antwort auf die Frage, warum über die Anwendung akzessorischer Ge-

---

128 K. Schmidt, Gesellschaftsrecht, § 60 III.1, der allerdings in Anbetracht der neuen Rspr. des BGH von dieser Auffassung abzurücken scheint.
129 BGHZ 142, 315 = NJW 1999, 3483.
130 BGHZ 146, 241 = NJW 2001, 1056.

sellschafterhaftung bei Innengesellschaften nicht nachgedacht werden muss und kann. Gesellschaften, die **keine Außenbeziehungen zu Dritten** entwickeln, können **keine eigenen Gesellschaftsverbindlichkeiten** begründen.

115 Um eine Gesellschaftsverbindlichkeit handelt es sich ferner dann nicht, wenn sich der **Gesellschafter aufgrund eigenen Versprechens** einem Gesellschaftsgläubiger gegenüber verpflichtet hat, sei es auch für Verbindlichkeiten, für die auch die Gesellschaft einzustehen hat. Verbürgt sich bspw. ein Gesellschafter für eine Gesellschaftsschuld, so hat die Anspruchnahme aus der Bürgschaft mit seiner Gesellschafterhaftung nichts zu tun.[131] Dies kann im Einzelfall zu einer **Vervielfältigung etwaiger Haftungsansprüche** gegen die Gesellschafter führen, insb. dann, wenn ein Gesellschafter entweder durch rechtsgeschäftliche Sonderverpflichtung oder durch persönliches Verschulden Schuldner einer auch gegen die Gesellschaft gerichteten Forderung wird.

116 Dass die Gesellschaft für rechtsgeschäftlich in ihrem Namen begründete Verbindlichkeiten einzustehen hat, versteht sich praktisch von selbst. Problematisch ist die Haftung der Gesellschaft für **sonstige Verbindlichkeiten**, die die (geschäftsführenden) Gesellschafter im Rahmen ihrer Tätigkeit für die Gesellschaft auslösen. Leistungsstörungsansprüche der Gläubiger der Gesellschaft lassen sich bei Annahme der Rechtsfähigkeit der Gesellschaft unproblematisch entweder aus § 278 BGB oder entsprechender Anwendung des § 31 BGB herleiten.

Schwieriger ist die Zurechnung einer im Rahmen des Tätigwerdens für die Gesellschaft entstandenen **Anspruchs aus unerlaubter Handlung**. Die BGB-Gesellschaft als solche ist selbstverständlich nicht deliktfähig, handeln kann sie nur durch ihre Organe. Das Verhalten solcher natürlicher Personen ist ihr nach § 31 BGB zuzurechnen.[132]

Ist die Gesellschaft selbst **ungerechtfertigt bereichert**, sind die Zuwendungen also in das Gesellschaftsvermögen direkt geflossen, dann haftet diese auch für die etwaige Forderung des Entreicherten.[133] Gleiches gilt für **sozialversicherungsrechtliche Verbindlichkeiten**, da die rechtsfähige Außengesellschaft möglicher Arbeitgeber im sozialversicherungsrechtlichen und arbeitsrechtlichen Sinne ist. Schließlich kommt auch eine Haftung aus Gefährdungshaftung und Halterhaftung nach dem StVG in Betracht, da mit der Rechtsfähigkeit der BGB-Gesellschaft auch deren Haltereigenschaft nicht mehr in Frage gestellt werden kann.

3. Bedeutung des Akzessorietätsprinzips

117 Die Gesellschafter haften für die Verbindlichkeiten der Gesellschaft nach dem Prinzip der Akzessorietät. Die Haftung besteht damit nur in **Abhängigkeit von der Verbindlichkeit** der Gesellschaft. Ohne Gesellschaftsverbindlichkeit besteht auch keine Gesellschafterhaftung; fällt die Gesellschaftsschuld weg, erlischt auch die Gesellschafterhaftung. Die Haftungsverbindung ist dabei nicht etwa eine gesamtschuldnerische, die Gesellschafterhaftung steht vielmehr in einem der **Bürgenhaftung vergleichbaren Verhältnis** zur Gesellschaftsschuld als Hauptforderung.[134] Das Prinzip der Gesamtschuld ist allerdings im Verhältnis der Gesellschafter untereinander anzuwenden. Damit haftet jeder der Gesellschafter auf das Ganze und kann gerade nicht den Gläubiger auf die nur **quotale Inanspruchnahme** aller Mitgesellschafter verweisen. Trotz Anwendung dieses Prinzips bestehen in der Lit. immer noch Bedenken, inwieweit eine akzesso-

---

131 Siehe dazu allerdings die insolvenzrechtliche Besonderheit des § 93 InsO, die nach herrschender, aber abzulehnender Auffassung auch für Bürgschaften und ähnliche persönliche Verpflichtungen gilt, siehe dazu BGH, ZIP 2002, 1492 mit umfangreichen Nachweisen für die herrschende Auffassung, dagegen: Kesseler, ZIP 2002, 1974 m.w.N.

132 BGH, NJW 2003, 1445, 1446; so schon K. Schmidt, NJW 2001, 993, 998; Habersack, BB 2001, 477, 479; Gummert, in: Münchener Handbuch des Gesellschaftsrechts, Bd. 1, § 18 Rn. 18.

133 Die GbR ist zwar nicht möglicher Schuldner von Ertragsteuern, Rn. 66 f., sie kann jedoch gleichwohl Steuerschuldner sein, da sie insb. im Bereich der Umsatzsteuer, der Grunderwerbsteuer und der Gewerbesteuer Steuersubjekt ist.

134 Siehe dazu ausführlich Habersack, AcP 198 (1998), 152, 159 ff.

rische Haftung der Mitgesellschafter für deliktisches Verhalten eines geschäftsführenden Gesellschafters in Gesellschaftsangelegenheiten gerechtfertigt ist.[135] Angesichts der insoweit eindeutigen Entscheidung des BGH[136] ist für die Praxis allerdings mit der Gesellschafterhaftung zu arbeiten.

4. Inhalt der Haftung

Worauf die Gesellschafter aus der Gesellschafterhaftung haften, ist umstritten. Die Vertreter der sog. **Erfüllungstheorie** gehen davon aus, dass der Gesellschafter genau die gleiche Leistung schulde wie die Gesellschaft, so dass er insb. auch auf die Erfüllung solcher Verbindlichkeiten in Anspruch genommen werden kann, die nicht auf eine Geldleistung lauten.[137] Die genau gegenteilige Auffassung, die den Namen **Haftungstheorie** erhalten hat, geht demgegenüber davon aus, dass die Gesellschafter nur eine auf Geld gerichtete Einstandspflicht für die Verbindlichkeiten der Gesellschaft trifft. Dieser Auffassung hat sich auch der BGH, wenn auch in etwas abgeschwächter Form, angeschlossen. Jedenfalls dann, wenn dem Gesellschafter die Erfüllung persönlich nicht zugemutet werden kann, soll der Haftungsanspruch des Gesellschafters ausschließlich auf Geld lauten.[138]

118

Nicht nur aus **praktischen Gründen** ist der Auffassung des BGH zu folgen. Die Annahme der Rechtsfähigkeit der **BGB-Gesellschaft** führt dazu, dieser eine **wesentlich größere Bedeutung** im Verhältnis zum Vertragspartner einzuräumen, was gleichzeitig zu einer Abschwächung der Stellung der Gesellschafter selber führt. Wer mit einer GbR kontrahiert, erwartet Erfüllung durch die Gesellschaft, die Gesellschafterhaftung ist bürgenähnlich.

5. Einwendungen der Gesellschafter gegen die Haftungsinanspruchnahme

Aus dem Charakter der Gesellschafterhaftung als akzessorische Haftung ergibt sich, dass grds. **zwei verschiedene Formen von Einreden** gegen eine etwaige Inanspruchnahme erhoben werden können. Zum einen stehen dem Gesellschafter **persönliche Einwendungen** gegen die Inanspruchnahme zur Verfügung, zum anderen aber auch solche **aus abgeleitetem Recht**.

119

a) Persönliche Einwendungen

Soweit dem Gesellschafter gegen die Inanspruchnahme durch den Gesellschaftsgläubiger Einwendungen oder Einreden zustehen, richtet sich dies nach den **Regeln des allgemeinen Schuldrechts**. In Betracht kommen damit insb. **Stundung**, **Erlass**, **Vergleich** oder Ähnliches. Hinzu kommt die Möglichkeit, mit einer eigenen Forderung gegen die Haftungsforderung **aufzurechnen**.[139] Die früher intensiv geführte Diskussion, inwieweit es bei einer Inanspruchnahme der Gesellschaft und des Gesellschafters einer BGB-Gesellschaft **verjährungsunterbrechender Maßnahmen** sowohl gegenüber der Gesellschaft wie auch gegenüber dem Gesellschafter bedarf, hat sich mit der Entscheidung des BGH für die Akzessorietätstheorie erledigt. Besonderer verjährungsunterbrechender Maßnahmen gegenüber dem Gesellschafter bedarf es nicht, so dass dieser keine Verjährungseinrede zu gegenüber der Gesellschaft unverjährten Forderung erheben kann.[140]

120

b) Einwendungen der Gesellschaft

Der Gesellschafter kann gegenüber der Haftungsinanspruchnahme allerdings auch solche **Einreden** geltend machen, die nicht ihm persönlich, sondern **der Gesellschaft** selbst zustehen. Dies ergibt sich nach Anwendung der Akzessorietätstheorie direkt aus § 129 Abs. 1 HGB analog.[141]

121

---

135 Knobbe-Keuk, in: FS für Stimpel, S. 187, 202; Altmeppen, NJW 2003, 1553 ff.
136 BGH, NJW 2003, 1445 ff.
137 Siehe dazu vor allem Hadding, ZGR 1981, 581; Flume, Personengesellschaft, § 16 III.2 – 4; siehe auch Münch-Komm-BGB/Ulmer, § 714 Rn. 43.
138 BGHZ 73, 217; NJW 1987, 2369.
139 Siehe dazu K. Schmidt, Gesellschaftsrecht, § 49 II.3d.
140 Wertenbruch, NJW 2002, 324, 325; Palandt/Sprau, BGB, § 714 Rn. 15.
141 BGHZ 146, 241 = NJW 2001, 1056.

6. Haftung bei Ausscheiden bzw. Gesellschafterwechsel

a) Ausscheiden eines Gesellschafters bzw. Auflösung der Gesellschaft

122 Die Tatsache, dass ein **Gesellschafter aus der Gesellschaft ausscheidet** oder gar die Gesellschaft selbst beendet wird, hat keine Auswirkungen auf die bereits bestehende Haftung gegenüber Gesellschaftsgläubigern. Für nach Ausscheiden begründete Ansprüche haftet er selbstverständlich nicht. Zu beachten ist die Sonderregelung des § 736 Abs. 2 BGB, die die Regelungen der **Nachhaftung** aus dem Recht der Personenhandelsgesellschaften (§§ 159 f. HGB) in das Recht der BGB-Gesellschaft transportiert.

b) Gesellschafterwechsel

aa) Ausscheidender Gesellschafter

123 Für die Haftung eines ausscheidenden Gesellschafters gilt das Gleiche wie im Fall der Auflösung der Gesellschaft. Verbindlichkeiten, die zum Zeitpunkt seines Ausscheidens bereits als Gesellschaftsverbindlichkeiten bestanden, unterliegen auch seiner Haftung, allerdings unter der besonderen **fünfjährigen Verjährung** der § 736 Abs. 2 BGB, § 160 Abs. 1 HGB. Zu beachten ist dabei, dass wie bei der Auflösung der Gesellschaft **Eintragungen im Handelsregister** nicht vorgenommen werden.

Insoweit stellt sich die Frage, wann die Fünf-Jahres-Frist dem Gläubiger gegenüber zu laufen beginnt. Zutreffend dürfte es sein, die Fünfjahresfrist ab dem Zeitpunkt in Gang zu setzen, ab dem der **Gläubiger vom Ausscheiden wissen musste**. Eine Verbindlichkeit gilt dann als zum Zeitpunkt des Ausscheidens bereits gegeben, wenn sie zu diesem Zeitpunkt begründet war. Bei auf rechtsgeschäftlicher Grundlage beruhenden Verbindlichkeiten kommt es also auf den **Vertragsschluss** an. Von besonderem Interesse sind dabei Dauerschuldverhältnisse, da diese nach dem Ausscheiden des Gesellschafters fortgesetzt werden.[142]

124 Wird der ausgeschiedene Gesellschafter tatsächlich von **Altgläubigern** in Anspruch genommen, steht im nach § 738 Abs. 1 Satz 1 BGB ein Anspruch auf **Haftungsfreistellung durch die Gesellschaft** zu. Etwas anderes kann dann gelten, wenn die Gesellschaftsbeteiligung dergestalt an einen Dritten veräußert wurde, dass dem Vorgang kein ausscheidensähnliches Verhältnis zur Gesellschaft zugrunde liegt.[143] Was etwaige Verbindlichkeiten des Gesellschafters gegenüber der Gesellschaft angeht, sind diese im Fall des einfachen Ausscheidens **Saldopositionen** für die **Berechnung des Abfindungsguthabens**. Findet dagegen eine Veräußerung des Gesellschaftsanteils statt, kommt es auf die Modalitäten des Veräußerungsvorgangs an. Stimmen alle Gesellschafter der Anteilsveräußerung zu, so kann darin eine **konkludente Genehmigung der Schuldübernahme** durch den Neugesellschafter liegen.[144]

bb) Haftung des Neugesellschafters

125 Dass der neu eintretende Gesellschafter, gleich ob dies als originärer Beitritt oder durch Übertragung eines Gesellschaftsanteils eines ausscheidenden Gesellschafters vonstatten geht, für Verbindlichkeiten haftet, die nach seinem Eintritt begründet werden, versteht sich von selbst. Problematischer ist dagegen die Frage nach der **Haftung für solche Verbindlichkeiten**, die zum Zeitpunkt seines Eintretens bereits bestanden, **an deren Begründung er also in keiner Form mitgewirkt hat**.

Bis zum Jahr 2001 war es absolut herrschende Auffassung, dass eine Haftung für Altverbindlichkeiten eines neu eintretenden Gesellschafters nicht in Frage käme.[145] Der zwischenzeitlich geführte Streit, ob dies auch nach Anerkennung der Rechtsfähigkeit der BGB-Außengesellschaft noch fortgelten könne, hat

---

142 Vgl. auch BGH, DB 1999, 2505.
143 BGH, NJW 1981, 1095, 1096.
144 Siehe dazu MünchKomm-BGB/Ulmer, § 719 Rn. 44 f.; a.A.: BGHZ 45, 221, 222, der wohl davon ausgeht, dass die generelle Erlaubnis zur Veräußerung eines Geschäftsanteils im Gesellschaftsvertrag eine vorab gegebene Zustimmung zum Schuldnerwechsel darstellt.
145 Siehe nur BGH, NJW 1988, 1973; BAG, ZIP 1987, 1446; in der Lit. MünchKomm-BGB/Ulmer, § 714 Rn. 72 m.w.N.

sich für die Praxis seit der Entscheidung des BGH v. 17.4.2003 erledigt.[146] In der Entscheidung hat sich der BGH ausdrücklich für die entsprechende Anwendbarkeit des § 130 HGB als logische Konsequenz der Bejahung des Akzessorietätsprinzips ausgesprochen. Danach haftet der neu eintretende Gesellschafter grds. auch für Altverbindlichkeiten.[147] Interessant an der Entscheidung v. 17.4.2003 ist, dass der BGH ausdrücklich auch **Grundsätzen des Vertrauensschutzes** Raum einräumt, indem er die Haftungsverschärfung erst für solche Gesellschaftsbeitritte annehmen will, die nach dem Bekanntwerden seiner Entscheidung vonstatten gehen.

cc) Regressansprüche

Werden die Gesellschafter aus ihrer akzessorischen Haftung **persönlich in Anspruch genommen**, stellt sich die Frage, inwieweit sie bei der Gesellschaft bzw. den Mitgesellschaftern **Regress** nehmen können. Das Recht der Personenhandelsgesellschaften kennt in § 110 HGB einen **Ausgleichsanspruch** gegen die Gesellschaft für in Gesellschaftsangelegenheiten getätigte Aufwendungen. § 713 BGB kennt diesen nur für die geschäftsführenden Gesellschafter. Gleichwohl besteht Einigkeit, dass, gleich aus welcher Norm sich der Anspruch begründen mag, ein Ausgleichsanspruch gegen die Gesellschaft besteht.[148] Umstritten ist allerdings, ob die befriedigte Forderung im Wege der Legalzession auf den Gesellschafter übergeht. Der BGH hat sich in einer älteren Entscheidung dagegen entschieden.[149] Eine Inanspruchnahme der Mitgesellschafter scheidet dagegen bis zur Liquidation der Gesellschaft grds. aus. Solange die Gesellschaft leistungsfähig ist, besteht dafür auch kein Grund. Nur dann, wenn bei dieser nichts mehr zu erlangen ist, kommt ein Ausgleichsanspruch nach § 426 Abs. 1 BGB gegen die Gesellschafter in Betracht.[150]

126

7. Möglichkeiten der Haftungsbeschränkung

a) Grundsatz

Im Grundsatz lässt die neue Rspr. des BGH[151] **generelle Haftungsausschlussregeln** gegenüber den Gläubigern der Gesellschaft nicht zu. Dies ergibt sich schon daraus, dass bei Anwendung des § 128 Satz 2 HGB analog auf die BGB-Gesellschaft interne Vereinbarungen darüber, dass die Haftung eines Gesellschafters ausgeschlossen ist, **im Außenverhältnis nicht durchgreifen**. Die früher vertretene Auffassung, wonach durch Beschränkung der Vollmacht der Geschäftsführer eine Haftungsbeschränkung dahingehend erreicht werden könne, dass nur das Gesellschaftsvermögen durch den Gläubiger in Anspruch genommen werden kann, hat sich mit der Änderung der Rspr. erledigt. Für die akzessorische Gesellschafterhaftung nach den §§ 128 ff. HGB spielt die einem Geschäftsführer erteilte Vollmacht keine Rolle.

127

b) Haftungsbeschränkung durch Individualvereinbarung

Der BGH hat den Gesellschaftern allerdings die Möglichkeit eröffnet, durch **Individualvereinbarung** mit dem Gesellschaftsgläubiger eine Vereinbarung zu treffen, wonach ihre persönliche Haftung ausgeschlossen ist.[152] Für diese Feststellung hätte es allerdings keiner Urteile des BGH bedurft. Es versteht sich von selbst, dass durch individualvertragliche Vereinbarungen die Inanspruchnahme der Gesellschafter ausgeschlossen werden kann, nichts hindert den Gläubiger daran, etwa bestehende Haftungsansprüche nicht geltend zu machen. Warum sollte er dann nicht im Voraus darauf verzichten können.

128

---

146 BGH, NJW 2003, 1803.
147 Zu Ausnahmen bei bestimmten Gesellschaftstypen siehe nachstehend Rn. 130.
148 Siehe dazu nur MünchKomm-BGB/Ulmer, § 714 Rn. 54; Gummert, in: Münchener Handbuch des Gesellschaftsrechts, Bd. 1, § 3 Rn. 154.
149 BGHZ 39, 319, 323 f.; zustimmungswürdig die Gegenauffassung MünchKomm-BGB/Ulmer, § 714 Rn. 54; Habersack, AcP 198 (1998), 152, 159 ff.
150 BGH, ZIP 2002, 394, 396.
151 BGHZ 142, 315 = NJW 1999, 3483; 146, 241 = NJW 2001, 1056; BGH, NJW 2002, 1642.
152 So schon BGHZ 142, 315 = NJW 1999, 3483; 146, 241 = NJW 2001, 1056, zuletzt BGH, NJW-RR 2005, 400.

c) Ausschluss durch allgemeine Geschäftsbedingungen bzw. Namenszusätze

129 So sicher die individualvertragliche Vereinbarung eines Haftungsausschlusses der Gesellschafter ist, so schwierig ist eine solche **Individualvereinbarung in der Praxis** zu erreichen. Dies liegt nicht nur daran, dass wenige Gesellschaftsgläubiger zu entsprechenden Vereinbarungen bereit sein werden, die Ursache besteht vielmehr auch darin, dass jedenfalls bei unternehmerisch tätigen Gesellschaften entsprechende Vereinbarungen schnell den **Charakter allgemeiner Geschäftsbedingungen** erreichen. Für die Gesellschafter einer BGB-Gesellschaft ist es deshalb von besonderem Interesse, über die Zulässigkeit von Haftungsbeschränkungen in den AGB nachzudenken.

Ausdrückliche gesetzliche Regeln zur Zulässigkeit entsprechender Haftungsbeschränkungsklauseln gibt es in einigen berufsrechtlichen Normen, insb. § 51a BRAO, § 67a StBerG, § 54a WPO. **Berufsträgergesellschaften** ist es damit erlaubt, haftungsbeschränkende Vereinbarungen zu treffen, selbst wenn diese in den AGB enthalten sein sollten. Was die übrigen Gesellschaften angeht, so dürfte eine Haftungsbeschränkung in AGB praktisch nicht in Frage kommen.[153] Dadurch, dass der BGH ausdrücklich festgestellt hat, dass Haftungsbeschränkungen durch Individualvereinbarung zulässig sind,[154] schließt er de facto solche in AGB aus. Dies ergibt sich auch daraus, dass er Haftungsbeschränkungen in AGB für **geschlossene Immobilienfonds** wegen der Besonderheit dieses Gesellschaftstyps für ausnahmsweise zulässig gehalten hat.[155] Unterstellt man, dass die akzessorische Gesellschafterhaftung Wesensmerkmal der GbR ist, scheint das Verbot formularmäßiger Abbedingung dieser Haftung sich zwangsläufig aus § 307 BGB zu ergeben. Der Ausschluss der Haftung durch bloßen Namenszusatz (GbR mbH) war Gegenstand der Entscheidung aus dem Jahr 1999 und führt nicht zur Haftungsbeschränkung.[156]

8. Besonderheiten bei Immobilienfonds und Bauherrengemeinschaften

130 Auch die Mitglieder eines **geschlossenen Immobilienfonds** haften im **Außenverhältnis** den Gesellschaftsgläubigern gegenüber unbeschränkt. Der BGH hat es bei diesen Kapitalsammelgesellschaften, bei denen eine unternehmerische Mitwirkung der einzelnen Gesellschafter ausgeschlossen ist, allerdings für ausdrücklich zulässig erachtet, durch formularmäßige Vereinbarung ähnlich wie bei den Berufsträgergesellschaften eine **Haftungsbeschränkung im Außenverhältnis** zu begründen.[157] Zwar wird spekuliert,[158] ob sich die Privilegierung der geschlossenen Fonds auch auf andere Anlagegesellschaften übertragen lässt, da die Heraushebung ausschließlich der Immobiliengesellschaften wenig überzeugend ist,[159] dies scheint angesichts der Begründung des Urteils und der Ausführungen von Goette[160] wenig wahrscheinlich. Eine ähnliche Privilegierung besteht, in diesem Fall allerdings ohne die Notwendigkeit der Vereinbarung in AGB, auch für **Bauherrengemeinschaften** in der Rechtsform der GbR.[161] Die Mitglieder solcher Bauherrengemeinschaften haften hinsichtlich der Herstellungskosten des Gebäudes nur **anteilig entsprechend ihrer jeweiligen Beteiligung** an der Gesellschaft.

---

153 A.A.: insb. Ulmer, ZIP 1999, 554, 562; MünchKomm-BGB/Ulmer, § 714 Rn. 64.
154 Siehe dazu BGHZ 142, 315 = NJW 1999, 3483; 146, 241 = NJW 2001, 1056.
155 BGH, NJW 2002, 1642.
156 BGHZ 142, 315 = NJW 1999, 3483.
157 BGH, NJW 2002, 1642.
158 Wälzholz, MittBayNot 2003, 35, 38; Hasenkamp, BB 2004, 230, 235.
159 So etwa Gummert, in: Münchener Handbuch des Gesellschaftsrechts, Bd. 1, § 3 Rn. 170; Reiff, ZGR 2003, 550, 564.
160 Goette, DStR 2002, 816, 818 f.
161 BGH, ZIP 2002, 851.

VI. Abspaltung von Mitgliedschaftsrechten

1. Abspaltungsverbot

§ 717 Satz 1 BGB bestimmt, dass die den Gesellschaftern aus dem Gesellschaftsverhältnis zustehenden Ansprüche **grds. nicht übertragbar** sind. Der Begriff des Anspruchs in § 717 Satz 1 BGB ist anerkanntermaßen zu eng, das Abspaltungsverbot bezieht sich auf sämtliche Mitverwaltungsrechte.[162] **Nicht eigenständig abtretbar** sind damit zunächst die sog. **Verwaltungsrechte**, insb. das Geschäftsführungsrecht, die **Informations- und Kontrollrechte** nach § 716 BGB, das **Stimmrecht**, das **Recht auf Rechnungslegung** und **Gewinnverteilung**, das **Kündigungsrecht** sowie die **Mitwirkungsrechte in der Liquidation** und schließlich auch die etwaigen **Rechte auf Durchsetzung von Ansprüchen** gegen Mitgesellschafter im Wege der actio pro socio. Die früher zur Frage der Abspaltung geführte Diskussion um die Anteile am Gesellschaftsvermögen spielen seit der Anerkennung der Rechtsfähigkeit und damit auch der Vermögensträgerschaft der BGB-Außengesellschaft keine Rolle mehr.[163]

131

2. Abtretbare Rechte und Ansprüche

§ 717 Satz 2 BGB bestimmt, dass abweichend vom Grundprinzip des § 717 Satz 1 BGB Ansprüche des Gesellschafters, die diesem aus der Geschäftsführung zustehen, und Ansprüche auf den Gewinnanteil abgetreten werden können. Die dogmatische Begründung für die **Möglichkeit der Abtretung** besteht darin, dass die Ansprüche mit ihrer Entstehung nur noch die **Qualität selbständiger Geldforderungen** aufweisen, die keine Besonderheiten gegenüber anderen Geldforderungen gegen die Gesellschaft aufweisen.[164] Während demnach zwar die Abtretung künftiger Ansprüche grds. möglich ist,[165] umfasst dies selbstverständlich nicht diejenigen Mitwirkungs- bzw. Gestaltungsrechte, die erst zur Entstehung der Ansprüche führen.

132

Bereits nach dem Wortlaut des Gesetzes abtretbar ist der **Anspruch auf Aufwendungsersatz** aus der Geschäftsführung für die Gesellschaft, wobei dies jedoch nicht für etwaige Vorschüsse nach §§ 713, 669 BGB gelten soll.[166] Stehen dem Geschäftsführer **gewinnunabhängige Vergütungsansprüche** zu, so können diese als Ansprüche aus der Geschäftsführung abgetreten werden. Sind sie gewinnabhängig, besteht die Abtretbarkeit als Anspruch auf den Gewinnanteil.

133

Der **Anspruch auf Ergebnisbeteiligung** ist **grds. nicht abtretbar**, da er keine Geldforderung gegen die Gesellschaft begründet. Abgetreten werden kann nur der **Anspruch auf Auszahlung des Gewinns**, der erst mit der Feststellung des Rechnungsabschlusses entsteht. Dies hat insofern Bedeutung, als sich der Zessionar den gleichen Entnahmebeschränkungen unterworfen sieht, die auch für den Gesellschafter gelten. Streitig ist, ob auch, soweit dies gesellschaftsvertraglich vereinbart ist, gewinnunabhängige Entnahmerechte analog denen des § 122 Abs. 1 Satz 1 HGB abtretbar sind. Die herrschende Auffassung[167] hält dies für unzulässig, die Gegenauffassung sieht auch diesen Anspruch als rein vermögensrechtlichen Anspruch an, für den die Abtretungsbeschränkungen des § 717 Satz 1 BGB nicht gelten.[168]

134

Der **künftige**[169] **Anspruch auf das Auseinandersetzungs-Guthaben** kann zwar grds. abgetreten werden, da es sich um einen rein vermögensrechtlichen Anspruch handelt. Gleichwohl ist dieser Anspruch als Gegenstand einer Zession deshalb besonders schlecht geeignet, da dessen Entstehung von einer Reihe, vom Zessionar nicht zu beeinflussenden, Unwägbarkeiten abhängt.[170]

135

---

162 Erman/Westermann, BGB, § 717 Rn. 2; MünchKomm-BGB/Ulmer, § 717 Rn. 5.
163 BGHZ 146, 241 = NJW 2001, 1056.
164 MünchKomm-BGB/Ulmer, § 717 Rn. 3.
165 MünchKomm-BGB/Ulmer, § 717 Rn. 31.
166 Palandt/Sprau, BGB, § 717 Rn. 5; MünchKomm-BGB/Ulmer, § 717 Rn. 34.
167 MünchKomm-BGB/Ulmer, § 717 Rn. 36 m.w.N.
168 Muth, DB 1986, 1761; Winnefeld, DB 1977, 897.
169 BGH, NJW 1997, 3370, 3371; BGHZ 88, 205, 207.
170 Siehe dazu Gummert, in: Münchener Handbuch des Gesellschaftsrechts, Bd. 1, § 16 Rn. 18.

3. Belastung des Gesellschaftsanteils

a) Nießbrauchsbestellung

136 Die Bestellung eines Nießbrauchs am Gesellschaftsanteil kann nur mit Zustimmung der Mitgesellschafter bzw. bei Vorliegen entsprechender gesellschaftsvertraglicher Regelungen vonstatten gehen.[171] Es reicht allerdings nicht aus, dass nur die Übertragbarkeit des Anteils zugelassen ist.[172] Der Nießbrauch am Gesellschaftsanteil ist von der fortbestehenden Mitgliedschaft des Bestellers in der Gesellschaft abhängig. Endet diese, ohne dass die Gesellschaft mit den Gesamtrechtsnachfolgern fortgesetzt würde, kann sich der Nießbrauch **im Wege der Surrogation** nur noch am **Liquidationsanspruch** oder dem **Abfindungsanspruch** fortsetzen.[173]

Nach heute wohl herrschender Auffassung gehen mit der Bestellung des Nießbrauchs am Gesellschaftsanteil die Verwaltungsrechte hinsichtlich der laufenden Angelegenheiten der Gesellschaft auf den Nießbraucher über.[174] Der Gesellschafter behält die Kompetenz in allen außergewöhnlichen Maßnahmen.[175] Angesichts der derzeit noch unklaren Rechtslage empfiehlt sich ausdrücklich eine **vertragliche Regelung**. Da der Nießbrauch nur eine Beteiligung an den Erträgen des Vermögensstamms, nicht jedoch am Stamm selbst einräumt, steht dem Nießbraucher nur der **entnahmefähige Gewinn**, abzüglich etwa beschlossener Rücklagen,[176] zu, wobei bei Auflösung von Rücklagen auch diese Beträge dem Nießbraucher zustehen. Das Auseinandersetzungs-Guthaben als Vermögensstamm steht dem Nießbraucher ebenso wenig zu wie etwa zur Ausschüttung gelangende **stille Reserven**. Inwieweit bei Erhöhung der Gesellschaftsanteile der Nießbrauch auch an den Erhöhungsbeträgen besteht, ist Frage der vertraglichen Vereinbarung zwischen Besteller und Nießbraucher.

137 In der Lit. wird teilweise die Auffassung vertreten, der **Nießbraucher hafte** neben dem Gesellschafter **gesamtschuldnerisch** den Gesellschaftsgläubigern.[177] Dies wird mit den Verwaltungsrechten des Nießbrauchers in den laufenden Angelegenheiten der Gesellschaft begründet. Tatsächlich ist der Nießbraucher nicht Gesellschafter und haftet damit auch nicht akzessorisch für die Gesellschaftsschulden. Dass Verwaltungsrechte von anderen Personen wahrgenommen werden als von dem haftenden Gesellschafter, ist schon in den Fällen vorgesehen, in denen nur bestimmte Gesellschafter Geschäftsführungsaufgaben haben. Dass die Gesellschaft ferner **Verbindlichkeiten Dritten** gegenüber eingehen kann, ohne dass demjenigen, der die Verbindlichkeit begründet, eine Haftung für diese Verbindlichkeit trifft, ist schon in Fällen der **Bevollmächtigung** gegeben. Inwieweit der Nießbraucher für mögliche fehlerhafte Verwaltungsmaßnahmen dem Gesellschafter haftet, ist Frage des zwischen diesen beiden bestehenden Verhältnisses und hat nichts mit dem Außenverhältnis Dritten gegenüber zu tun.[178]

b) Verpfändung

138 § 1274 Abs. 2 BGB bestimmt, dass die **Verpfändung eines Rechts** dann möglich ist, wenn dieses übertragen werden kann. Da der Gesellschaftsanteil an einer GbR **übertragbar** ist, kann er grds. auch verpfändet werden.[179] Die Verpfändung bedarf allerdings der **Zustimmung der Mitgesellschafter**, es sei denn, diese wäre im Gesellschaftsvertrag bereits vereinbart. Verwertet werden kann der Gesellschaftsanteil bei Pfandreife entweder durch Kündigung der Gesellschaft nach § 725 BGB mit anschließendem Zugriff auf

---

171 K. Schmidt, Gesellschaftsrecht, § 61 II; BGHZ 58, 316; NJW 1999, 571; Schön, ZHR 158 (1994), 229, 238.
172 MünchKomm-BGB/Ulmer, § 705 Rn. 97 m.w.N.
173 MünchKomm-BGB/Ulmer, § 705 Rn. 98; Schön, ZHR 158 (1994), 229, 245 ff.
174 Ulmer, in: FS für Fleck, S. 383, 394; Flume, Personengesellschaft, I/1 § 17 VI; Schlegelberger/K. Schmidt, HGB, vor § 230 Rn. 16; Gummert, in: Münchener Handbuch des Gesellschaftsrechts, Bd. 1, § 16 Rn. 26.
175 Siehe dazu auch BGH, NJW 1999, 571.
176 BGH, DNotZ 1975, 735.
177 Flume, Personengesellschaft, I/1 § 17 VI; Ulmer, in: FS für Fleck, S. 383, 396; Schön, ZHR 158 (1994), 229, 269.
178 Siehe dazu auch Gummert, in: Münchener Handbuch des Gesellschaftsrechts, Bd. 1, § 16 Rn. 28.
179 MünchKomm-BGB/Ulmer, § 719 Rn. 51.

das Auseinandersetzungs-Guthaben oder durch Veräußerung des Anteils, im Wege der Pfändung nach § 857 Abs. 1 ZPO.

B. Gesellschaftsvertrag

Nachdem vorstehend die rechtlichen Grundlagen der BGB-Gesellschaft behandelt wurden, soll in den nachfolgenden Abschnitten auf die möglichen **Regelungsdetails des Gesellschaftsvertrages** eingegangen werden. Rechtspraktisch spielen diese Gesellschaftsverträge nur bei solchen Gesellschaften eine Rolle, bei denen konkret über vertragliche Gestaltungen nachgedacht wird und dazu regelmäßig auch ein rechtlicher Berater eingeschaltet ist. **Bloße Gelegenheitsgesellschaften** wie die Fahrgemeinschaft und Ähnliche werden sich um die Abfassung eines Gesellschaftsvertrages in aller Regel keine Gedanken machen.

I. Name der Gesellschaft

Obwohl das **BGB keine Regelung** zur Führung eines Namens durch die GbR enthält, ist es völlig unstreitig, dass die Gesellschaft unter einem, vom Namen der Gesellschafter selbst unabhängigen Namen auftreten kann. Zwar ging der Gesetzgeber erkennbar davon aus, dass die Gesellschaft unter den Namen sämtlicher Gesellschafter im Rechtsverkehr auftritt,[180] gleichwohl war bereits lange vor der Anerkennung der Rechtsfähigkeit der BGB-Außengesellschaft sowohl in Rspr. wie auch in Lit. die Auffassung praktisch einhellig, dass die **Namensführung der BGB-Gesellschaft gestattet** ist.[181] Spätestens seit der Entscheidung des BGH v. 29.1.2001,[182] die die Rechtsfähigkeit der BGB Außengesellschaft feststellte, steht die Berechtigung der GbR zur Führung eines eigenen Namens völlig außer Zweifel. Ob man umgekehrt allerdings aus dem Vorhandensein eines Namens einer BGB-Gesellschaft unbedingt auf deren **Charakter als Außengesellschaft** und damit auf die Rechtsfähigkeit schließen kann, ist zweifelhaft, da auch reine Innengesellschaften durchaus, und sei es auch nur als identitätsstiftendes Merkmal, einen Namen vereinbaren können.

1. Gesamtname

Das Recht der BGB-Gesellschaft schränkt die Möglichkeit der Gesellschafter, einen Namen für ihre Gesellschaft frei zu wählen, nicht ein. Gleichwohl unterliegt auch die BGB-Gesellschaft **bestimmten Beschränkungen in der Namenswahl**. Selbstverständlich kann die Gesellschaft die Namen aller ihrer Gesellschafter als **Gesamtnamen** wählen. Davon ging erkennbar auch der Gesetzgeber selbst aus. Daneben ist es den Gesellschaften allerdings auch möglich, nur einen der Namen ihrer Gesellschafter zu wählen.[183] Ebenso besteht allerdings auch die Möglichkeit, **reine Phantasiebezeichnungen** oder **Sachbezeichnungen** zu wählen, wobei Sachbezeichnungen in der Praxis der BGB-Außengesellschaften wohl den faktischen Regelfall darstellen. Restriktionen, die aus dem Firmenrecht des HGB in das Recht der Namensführung der GbR überwucherten, sollten wohl in der Zukunft nur noch in geringem Umfang zu befürchten sein, da das seit dem 1.7.1998 liberalisierte Firmenrecht auch den Handelsgesellschaften wesentlich weiteren Spielraum einräumt.

Ebenso wenig wie im Firmenrecht ist es allerdings auch bei der Namenswahl der GbR zulässig, **irreführende Bezeichnungen** zu wählen. Dies gilt nicht nur für die nachstehend noch näher darzustellenden Irreführungen über die Rechtsform und den Gegenstand der Gesellschaft, sondern vielmehr auch für solche Irreführungen, die aus der **Verwendung falscher Personen- oder Ortsnamen** resultieren. So

---

180 MünchKomm-BGB/Ulmer, § 705 Rn. 270.
181 RG, JW 1906, 452; BGH, NJW 1982, 877; BGHZ 136, 254, 258; Palandt/Sprau, BGB, § 705 Rn. 3; K. Schmidt, Gesellschaftsrecht, § 60 I.3; Schücking, in: Münchener Handbuch des Gesellschaftsrechts, Bd. 1, § 3 Rn. 35; MünchKomm-BGB/Ulmer, § 705 Rn. 270.
182 BGHZ 146, 241 = NJW 2001, 1056.
183 Zur Führung der Gesellschafternamen siehe MünchKomm-BGB/Ulmer, § 705 Rn. 270 ff.; Westermann, Handbuch der Personengesellschaften, I Rn. 220.

kann eine Gesellschaft, die keinen Mitgesellschafter namens Schmidt hatte oder hat, nicht unter dem Namen Schmidt GbR firmieren, ebenso wenig kann eine in Köln ansässige Gesellschaft unter dem Namen „Schmitz Eisenwaren München" im Rechtsverkehr auftreten. Im Übrigen gilt für den Namen auch insoweit ähnliches wie für die Firma als dieser die Gesellschaft schlagwortartig charakterisieren sollte,[184] da der Name ansonsten keinen Namensschutz genießen kann.[185]

2. Rechtsformzusatz

142 Dass die GbR **keinen Rechtsformzusatz** führen darf, der auf eine **andere Gesellschaftsform** hinweist, versteht sich von selbst. So darf sie insb. nicht den Namen KG oder OHG im Namen führen, es sei denn, sie wäre eine solche. Problematischer als bei diesen Gesellschaften ist es praktisch allerdings, wenn die BGB-Gesellschaft den **Zusatz „mbH"** wählte. Dies wurde in der Vergangenheit deshalb als Namenszusatz gewählt, um die beschränkte Haftung der Gesellschafter im Außenverhältnis, begrenzt nämlich auf das Gesellschaftsvermögen, zum Ausdruck zu bringen. Die Rspr. hat diesen Zusatz schon vor den Entscheidungen zur akzessorischen Haftung der Gesellschafter deshalb zu Recht als unzulässig angesehen, da mit der Bezeichnung „mbH" eine GmbH vorgetäuscht werden konnte.[186] Spätestens seit der Entscheidung des BGH aus dem Jahr 1999, nach der die persönliche Haftung der Gesellschafter charakteristisch für Personengesellschaften ist,[187] dürfte die Bezeichnung schon aus diesem Grund als unzulässig einzustufen sein; sie ist allerdings auch überflüssig.

Gesetzlich verboten ist die Führung des **Namenszusatzes „& Partner"**. § 11 Satz 1 PartGG reserviert diese Bezeichnung für die Partnerschaftsgesellschaft. Selbst wenn die BGB-Gesellschaft ausdrücklich die Bezeichnung GbR im Namen führt, ist ihr die Verwendung des Begriffes „& Partner" untersagt. Diese Regelung gilt allerdings nicht für Altgesellschaften, die vor Einführung des Partnerschaftsgesellschaftsgesetzes bereits bestanden und unter dieser Bezeichnung im Rechtsverkehr auftraten. Für diese Gesellschaften ist es mittlerweile allerdings zwingend vorgeschrieben, dass zusätzlich die klarstellende Bezeichnung GbR oder ein anderer die Rechtsform andeutender Zusatz geführt wird.

3. Hinweise auf den Unternehmensgegenstand

143 Ebenso wenig wie in irreführender Weise auf eine nicht bestehende Gesellschaftsform hingewiesen werden darf, ist es bei der Namensbildung auch verboten, einen **unzutreffenden Gegenstand** anzugeben. Dies wird in der Praxis regelmäßig nur dort in Betracht kommen, wo höher qualifizierte Tätigkeiten suggeriert, in der Praxis aber nicht angeboten werden können oder dürfen. Denkbar wäre dabei z.B. eine GbR von Rechtsbeiständen, die fehlerhaft auf rechtsanwaltliche Tätigkeit hindeuteten. Umgekehrt ist es allerdings so, dass die **Berufsordnungen** bestimmter Berufe ausdrücklich die Bildung von Gesamtnamen zulassen und dabei auch die Führung einer Gegenstandsbezeichnung erlauben. So ist es einer Rechtsanwaltsgesellschaft gestattet, nach § 9 BORA Zusätze wie Rechtsanwaltssozietät o.Ä. zu führen.

4. Pflicht zum Hinweis auf die Rechtsform?

144 Teilweise wird davon ausgegangen, dass auch die BGB-Gesellschaft entsprechend den Bestimmungen des § 19 HGB verpflichtet sei, einen auf ihre **Rechtsform hinweisenden Zusatz** im Namen zu führen. Es handele sich dabei um ein **allgemeines gesellschaftsrechtliches Prinzip**, das auch bei der BGB-Gesellschaft einzuhalten sei.[188] Für diese Überlegung spricht natürlich, dass die BGB-Gesellschaft, soweit sie im Rechtsverkehr auftritt, auch als solche erkennbar sein sollte. Auf der anderen Seite ist es aber so, dass § 19 HGB eine speziell firmenrechtliche Vorschrift ist, die so im Recht der BGB-Gesellschaft nicht besteht. Dies wird dadurch gerechtfertigt, dass es für den Handelsverkehr bestimmter Typisierungsmerkmale bedarf, da bei diesem ein ständiges Nachfragen nach der Haftungsverfassung und der Person der Gesell-

---

184 Schücking, in: Münchener Handbuch des Gesellschaftsrechts, Bd. 1, § 3 Rn. 38.
185 Siehe dazu MünchKomm-BGB/Ulmer, § 705 Rn. 270 f.
186 BayObLG, NJW 1999, 297; OLG München, NJW-RR 1998, 1728.
187 BGHZ 142, 315, 318 = NJW 1999, 3483.
188 Siehe dazu Westermann, Handbuch der Personengesellschaften, I Rn. 221.

schafter weniger angezeigt ist. Wer sich allerdings außerhalb des stark standardisierten handelsrechtlichen Verkehrs auf Rechtsgeschäfte einlässt, sollte selbst prüfen, mit wem er es zu tun hat. Ein besonderer die Gesellschaftsform andeutender Zusatz bei der BGB-Gesellschaft ist deshalb nicht notwendig.

5. Gesellschafterwechsel

Hat die Gesellschaft einen **Phantasienamen** oder eine **Sachbezeichnung**, bereitet der Wechsel im Bestand der Gesellschafter regelmäßig keine Schwierigkeiten, da Probleme hinsichtlich der **Verwechslungsgefahr** bzw. des **Namensschutzes** eines Gesellschafters keine Rolle spielen können. 145

Problematisch wird ein **Gesellschafterwechsel** immer dann, **wenn dessen Name Bestandteil des Namens der GbR** ist. Scheidet der Gesellschafter aus und sind keine Vereinbarungen darüber getroffen, ob der Name des ausscheidenden Gesellschafters von der Gesellschaft fortgeführt werden kann, sind die Bestimmungen des § 24 Abs. 2 HGB entsprechend anzuwenden.[189] Eine Namensführung kommt damit nur mit **Zustimmung des Gesellschafters** in Betracht. Der Gesellschaftsvertrag einer BGB-Gesellschaft sollte dies ggf. ausdrücklich regeln. Es kann nämlich durchaus sein, dass sich der Name eines bestimmten Gesellschafters derart stark im Rechtsverkehr verwurzelt hat, dass die Umbenennung der Gesellschaft **erhebliche wirtschaftliche Nachteile** nach sich ziehen kann. Da es zu Beginn einer Gesellschaft ohnehin oftmals mehr eine Frage der Ehre ist, wessen Name die Gesellschaft prägt, bietet es sich an, vertraglich festzulegen, dass dieser Name auch nach einem Ausscheiden weiter benutzt werden kann.

Formulierungsbeispiel: Namensführung bei Gesellschafterwechsel 146

> Die Gesellschaft trägt den Namen X und Kollegen GbR.
>
> Der Gesellschafter X erklärt sich bereits jetzt damit einverstanden, dass auch nach einem Ausscheiden aus der Gesellschaft sein Name als Gesellschaftsname fortgeführt wird. Eine besondere Entschädigung ist dafür nicht zu leisten.

> **Hinweis:**
>
> Bei der BGB-Gesellschaft ist allerdings noch die Problematik einer **möglichen Rechtsscheinshaftung** zu beachten.[190] Da es der BGB-Gesellschaft an der **Registereintragung** mangelt, lässt sich bei fortgeführtem Namen eines bereits ausgeschiedenen Gesellschafters durch den Hinweis auf die Firmeneintragung im Register nicht das Argument des Rechtsscheins der Mitgliedschaft in der Gesellschaft beseitigen. Insofern kann es sich anbieten, dies beim Auftreten im Rechtsverkehr klarzustellen. In Betracht kommt bspw. die Kennzeichnung durch den Begriff „ausgeschieden" oder, wie im anwaltlichen Bereich üblich, durch Angabe der Zeiten der Mitgliedschaft in der Gesellschaft.

Verkauft die BGB-Gesellschaft dagegen ihren **Geschäftsbetrieb**, ohne dass die Gesellschafter ihre Beteiligung an der BGB-Gesellschaft veräußern, kann, soweit der Name durch den neuen Inhaber des Unternehmens geführt werden darf,[191] auch die **Bezeichnung der Gesellschaft mitveräußert** werden. Dies ergibt sich nicht aus § 22 HGB, der für die BGB-Gesellschaft nicht anwendbar ist, sondern ist allgemeines Rechtsprinzip, dass, soweit besondere Bestimmungen dem nicht entgegenstehen, auch über einen Vermögensgegenstand in Form des Namens verfügt werden kann. 147

---

189 OLG München, NJW-RR 1998, 1728; Palandt/Sprau, BGB, § 705 Rn. 25; Westermann, Handbuch der Personengesellschaften, I Rn. 229.
190 Siehe dazu BGH, NJW 1966, 1915.
191 OLG Karlsruhe, BB 1998, 558.

148 **Formulierungsbeispiel: Namensführung bei Geschäftsveräußerung**

> Dem Erwerber wird das Recht eingeräumt, das Unternehmen unter der bisherigen Bezeichnung der Veräußerin, X GbR, weiter zu betreiben. Die Veräußerin verpflichtet sich, nicht mehr unter diesem Namen aufzutreten.

II. Beiträge und Einlagen

1. Begriff

149 Eine genaue **gesetzliche Definition** zum Begriff des Beitrags gibt es ebenso wenig wie zur Einlage. Die §§ 706 und 707 BGB stellen nur allgemeine Aussagen zur Behandlung der Beiträge auf, geben jedoch keine Auskunft darüber, was mit dem Begriff des Beitrags gemeint ist. Allgemein wird angenommen, dass die Beitragspflicht auf der in § 705 BGB konkretisierten Förderungspflicht beruht. Unterschieden wird regelmäßig zwischen **Beiträgen im weiteren** und **im engeren Sinne**.[192]

Unter Beiträgen im engeren Sinne werden dabei die in **§ 706 BGB genannten Beiträge** in das Gesellschaftsvermögen verstanden, also insb. Verpflichtungen zur Erbringung von Dienstleistungen (§ 706 Abs. 3 BGB), vertretbare oder verbrauchbare bzw. nicht vertretbare und nicht verbrauchbare Sachen (§ 706 Abs. 2 BGB), ferner aber auch sonstige vermögenswerte Leistungen wie insb. die Übertragung von Forderungen und sonstigen Rechten.

Unter Beiträgen im weiteren Sinne versteht man alles, was den **Zweck der Gesellschaft im weitesten Sinne fördert**. So kann insb. auch eine rein ideelle Förderungspflicht, wie bspw. die wechselseitige Verpflichtung darauf, die Gesellschaft bei öffentlichen Kontakten in besonderer Weise positiv hervorzuheben, Beitrag im weiteren Sinne sein.

150 Vom Begriff des Beitrags abzugrenzen ist derjenige der **Einlage**. Darunter wird allgemein ein solcher Beitrag verstanden, der vom Gesellschafter bereits erbracht wurde, während der Beitrag i.S.d. §§ 706, 707 BGB sich auf eine noch ausstehende Beitragsleistungsverpflichtung bezieht.[193] Im Detail ist zu diesen Begrifflichkeiten vieles umstritten, wobei dies im Recht der BGB-Gesellschaft nur eine **untergeordnete Rolle** spielt. Für diejenigen Personengesellschaften, die ein Haftkapital vorsehen, wie insb. die KG, spielt die begriffliche Abgrenzung eine größere Rolle.

2. Arten der Beitragsleistung

151 Da es eine **gesetzliche Verpflichtung zur Erbringung von Beiträgen** für das Recht der Personengesellschaften nicht gibt, kann der Gegenstand und der Inhalt einer Beitragsleistung **vertraglich** im Prinzip **beliebig vereinbart** werden. Die bei der KG auftretende Frage, inwieweit Dritten gegenüber die Hafteinlageverpflichtung zu erfüllen ist, spielt für die BGB-Gesellschaft keine Rolle.[194]

a) Sachen und Rechte

152 Beiträge können selbstverständlich **in Form von Sachen und Rechten** erbracht werden. So kann sich der Gesellschafter zur Zahlung einer Geldeinlage verpflichten, die entweder einmalig oder ggf. regelmäßig wiederkehrend zu leisten ist. In Betracht kommt ferner die **Übertragung von sonstigen Sachen**.

Beispiele:

Übertragung eines Betriebsgrundstücks, von Maschinen, Kfz und Werkzeugen, schlicht allem, was dem Gesellschaftszweck förderlich sein kann.

---

192 Siehe dazu MünchKomm-BGB/Ulmer, § 706 Rn. 2 ff.
193 Gummert, in: Münchener Handbuch des Gesellschaftsrechts, Bd. 1, § 3 Rn. 3 m.w.N.
194 Westermann, Handbuch der Personengesellschaften, I Rn. 380.

Auf die Bewertung dieser Gegenstände kommt es nicht an, da es anders als bei den Kapitalgesellschaften keine Verpflichtung zur Kapitalaufbringung gibt. Sachen können dabei durchaus auch als Sachgesamtheiten der Gesellschaft als Beitrag versprochen werden.

Beispiel:

Einbringung eines Unternehmens.

Die Zur-Verfügung-Stellung solcher Sachen als Beitrag an die Gesellschaft kann dabei in verschiedenen Formen vonstatten gehen. Soll der Gegenstand in das Eigentum der Gesellschaft übergehen, bedarf es dafür eines **Übereignungsvorgangs** zwischen Gesellschafter und Gesellschaft, bei **unbeweglichen Gegenständen** also durch Einigung und Eintragung nach § 873 BGB, bei **beweglichen Sachen** durch Einigung und Übergabe i.S.d. §§ 929 ff. BGB, bei **Forderungen** im Wege der Abtretung nach §§ 398 ff. BGB. Dabei ist es gleichgültig, ob die betreffenden Gegenstände bereits im Eigentum aller Gesellschafter, sei es in Gesamthands- oder Bruchteilseigentum, stehen; eine Übertragung ist in jedem Fall erforderlich, da die rechtsfähige BGB-Gesellschaft eigenständiger Rechtsträger ist. 153

In Betracht kommt ferner, der Gesellschaft die beitragspflichtigen Gegenstände nicht zu Eigentum, sondern **nur zur Nutzung zu überlassen**. Das Eigentum verbleibt in diesen Fällen beim Gesellschafter, der nur verpflichtet ist, die Nutzung der Gegenstände der Gesellschaft zu überlassen. Dies bietet sich immer dort an, wo die **Substanzzuführung in das Gesellschaftsvermögen nicht erforderlich** ist. Ist ein Gesellschafter Eigentümer eines Grundstücks mit Lagerhalle, das sich für die Zwecke der Gesellschaft eignet, reicht es grds. aus, dieses nutzen zu können, ohne daran Eigentum zu begründen. Allerdings ist darauf zu achten, dass durch die **bloße Gebrauchsüberlassung** die Stellung des Gesellschafters sowohl was seine persönliche Bedeutung als auch die möglicher Gläubigerzugriffe in sein Vermögen angeht, verstärkt wird. 154

Schließlich kommt es noch in Betracht, einen Gegenstand **nur dem Werte nach** in die Gesellschaft **einzubringen**. Dinglicher Eigentümer bleibt in diesem Fall der Gesellschafter, der sich jedoch verpflichtet, den betreffenden Gegenstand so zu behandeln, als sei er Gesellschaftsvermögen, insb. also **nicht** über diesen **anderweitig zu verfügen**. Wirtschaftlich geht der Gegenstand so in das Gesellschaftsvermögen über, formal verbleibt er beim Gesellschafter. Neben der **mangelnden Publizität** hat dies auch den Vorteil, dass etwaige **Transaktionskosten**[195] gespart werden können. Ein Nachteil besteht allerdings darin, dass Zugriffe von Gläubigern des Gesellschafters nicht verhindert werden können. Die Einbringung nur dem Werte nach spielt bei **Ehegatten-Innengesellschaften** eine ganz besondere Rolle. 155

b) Dienstleistungen

Schon § 706 Abs. 3 BGB erklärt Dienstleistungen als beitragsfähig für eine BGB-Gesellschaft. In vielen BGB-Gesellschaften spielt die Erbringung von Dienstleistungen eine **außerordentlich große Rolle**. Dabei geht es nicht etwa nur um die sofort ins Auge springenden Sozietäten von Freiberuflern, bei denen die Beitragspflicht der Gesellschafter hauptsächlich, wenn nicht gar ausschließlich, darin besteht, ihre Arbeitskraft der Gesellschaft zur Verfügung zu stellen. Auch im **gewerblichen Bereich** tragen die Gesellschafter regelmäßig durch eigene Dienstleistungen zur Verwirklichung des Zwecks der Gesellschaft bei. 156

Beispiel:

Übernahme der Geschäftsführertätigkeit.

Solche Dienstleistungen müssen allerdings nicht ausschließlich auf gesellschaftsvertraglicher Grundlage erbracht werden, es können auch **Anstellungsverhältnisse** begründet werden.[196] Die Unterscheidung hat insoweit Bedeutung, als die Tätigkeit als Geschäftsführer als Beitragsleistung zu qualifizieren ist und folgerichtig keine besonderen Vergütungsansprüche auslöst. Dies muss dann **besonders gesellschaftsvertraglich vereinbart** werden.

---

195   Nicht jedoch die Grunderwerbsteuern, siehe BStBl. 1976 II, S. 465 m.w.N.
196   Siehe dazu BAG, NJW 1979, 999.

157 **Formulierungsbeispiel: Geschäftsführer im Anstellungsverhältnis**

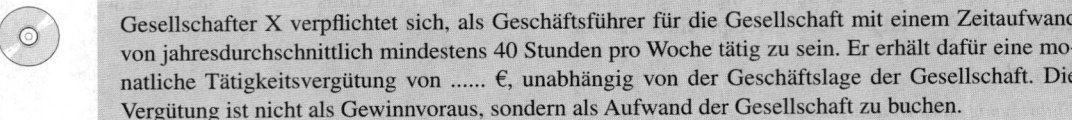

Gesellschafter X verpflichtet sich, als Geschäftsführer für die Gesellschaft mit einem Zeitaufwand von jahresdurchschnittlich mindestens 40 Stunden pro Woche tätig zu sein. Er erhält dafür eine monatliche Tätigkeitsvergütung von ...... €, unabhängig von der Geschäftslage der Gesellschaft. Die Vergütung ist nicht als Gewinnvoraus, sondern als Aufwand der Gesellschaft zu buchen.

158 Wird eine solche Regelung nicht getroffen, kann der betreffende Gesellschafter keine besondere Tätigkeitsvergütung geltend machen.[197] Alternativ kommt allerdings auch die Vereinbarung einer erhöhten Gewinnbeteiligung in Betracht:

159 **Formulierungsbeispiel: Erhöhte Gewinnbeteiligung eines geschäftsführenden Gesellschafters**

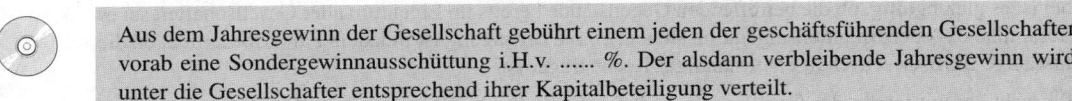

Aus dem Jahresgewinn der Gesellschaft gebührt einem jeden der geschäftsführenden Gesellschafter vorab eine Sondergewinnausschüttung i.H.v. ...... %. Der alsdann verbleibende Jahresgewinn wird unter die Gesellschafter entsprechend ihrer Kapitalbeteiligung verteilt.

c) **Beiträge im weiteren Sinne**

160 Daneben kommen auch noch **Beiträge** solcher Art in Betracht, die **nicht zu Bar- oder Sacheinlagen** in das Gesellschaftsvermögen führen. Neben den **rein ideellen Förderungspflichten** kann es sich dabei insb. um Verpflichtungen zur Eingehung von bestimmten entgeltlichen Verträgen mit der Gesellschaft handeln:

> *Beispiel:*
>
> *Lieferungsverträge, aber auch die Hingabe von Darlehen.*

So kann bspw. unter den Gesellschaftern vereinbart werden, dass diese neben der Zahlung eines festen Betrages auch verpflichtet sind, der Gesellschaft darlehensweise weitere Mittel zur Verfügung zu stellen.

3. **Vertragliche Verpflichtung**

161 Die Verpflichtung eines Gesellschafters, durch Beitragsleistung zur Verwirklichung des Zwecks der Gesellschaft beizutragen, kann **nur vertraglich begründet** werden. Dies mag im Einzelfall vertraglich ausdrücklich geregelt sein oder aber sich konkludent ergeben, vereinbart werden muss es aber in jedem Fall. Dass die Gesellschafter aufgrund der unbeschränkten Außenhaftung ggf. verpflichtet sind, Haftungsansprüche zu decken, auch wenn keine Beitragsleistungen vereinbart sind, ändert an dem Verdikt nichts. Die Frage der Beitragsleistung ist nämlich keine des Außen-, sondern des Innenverhältnisses. Soweit die Erbringung von Leistungen im Gesellschaftsvertrag aber geregelt ist, wird **vermutet**, dass es sich um Beiträge handelt.[198] Um insoweit Auslegungsfragen vorzubeugen, empfiehlt es sich, im Gesellschaftsvertrag ausdrücklich zu regeln, welche Natur vereinbarte Leistungen haben:

162 **Formulierungsbeispiel: Beitragsleistung durch Gesellschafter**

Ein jeder der Gesellschafter leistet eine sofort fällige Bareinlage i.H.v. ...... €.

Gesellschafter X ist darüber hinaus verpflichtet, seine Arbeitskraft der Gesellschaft als Geschäftsführer zur Verfügung zu stellen. Die Gesellschafter gehen dabei davon aus, dass es sich um eine vollzeitige Tätigkeit von mindestens jahresdurchschnittlich 40 Stunden in der Woche handelt. Eine besondere Vergütung wird nicht geschuldet.

---

197 Siehe dazu BGH, WM 1978, 1230, 1231.
198 BGHZ 70, 61; 93, 159.

> Der Gesellschafter Y ist verpflichtet, der Gesellschaft sein Grundstück ...... (Bezeichnung) nebst aufstehenden Gebäuden unentgeltlich ab sofort zur Nutzung zur Verfügung zu stellen.

Eine **gesetzliche Verpflichtung**, dass die Gesellschafter **gleiche Beiträge** leisten oder jeder der Gesellschafter Beiträge zu leisten hätte, **besteht nicht**. Die Regelung in § 706 Abs. 1 BGB betrifft nur **Zweifelsfälle**, die vertraglich anderweitig geregelt werden können. So ist durchaus vorstellbar, dass Gesellschafter an der Gesellschaft beteiligt werden und gar keinen Beitrag leisten. So kann die bloße Mitgliedschaft einer Person bereits so viele Vorteile für die Gesellschaft bieten, dass die Mitgesellschafter deren Beteiligung auch ohne Beitragsleistung vereinbaren. Wo unterschiedliche Beitragsleistungen auch zu unterschiedlichen Beteiligungsverhältnissen an der Gesellschaft führen sollen, sollte dies im Gesellschaftsvertrag zum Ausdruck kommen. § 722 BGB bestimmt ansonsten, dass unabhängig von der Höhe der Beiträge gleiche Anteile an Gewinn und Verlust bestehen.

Der **Gesellschafter** ist nur zur Leistung **solcher Beiträge verpflichtet**, die zu erbringen er bereits **im Gesellschaftsvertrag versprochen** hat. § 707 BGB schließt eine **spätere Erhöhung der Beiträge** grds. aus, es sei denn, alle Gesellschafter wären damit einverstanden. Dies bewirkt allerdings keine Beschränkung der Haftung der Gesellschafter im Außenverhältnis Gläubigern gegenüber.

Der Gesellschaftsvertrag kann allerdings vorsehen, dass über eine spätere Erhöhung der Beitragspflichten durch Mehrheitsbeschluss abgestimmt und diese damit auch für den überstimmten Gesellschafter festgesetzt werden kann. § 707 BGB ist insoweit **dispositiv**. Die Anforderungen, die die Rspr. insoweit in Form des **Bestimmtheitsgrundsatzes**[199] aufstellt, sind allerdings recht hoch. So muss sich aus der gesellschaftsvertraglichen Bestimmung eindeutig die Zustimmung aller Gesellschafter mit einem künftigen Mehrheitsbeschluss über Beitragserhöhungen ebenso ergeben wie eine Begrenzung der möglichen Erhöhungsbeträge, damit der Gesellschafter diese schon mit Abschluss des Gesellschaftsvertrages in ihrer maximalen Größe absehen kann:[200]

Formulierungsbeispiel: Nachträgliche Beitragserhöhungen

> Die Gesellschafterversammlung kann eine Erhöhung der Beiträge der Gesellschafter beschließen. Ein solcher Beschluss ist allerdings nur zulässig, wenn alle Gesellschafter verhältnismäßig gleich zur Beitragserhöhung herangezogen werden. Eine mehrmalige Erhöhung des Beitrags ist zulässig. Der Erhöhungsbetrag darf jedoch insgesamt einen Betrag von 50 % der ursprünglich versprochenen Beitragsleistung nicht übersteigen.

Wie die Gesellschafter die Beiträge eines jeden Gesellschafters im Innenverhältnis bewerten, ist frei vereinbar. Dies hat im Gesetz bereits insoweit seine Grundlage, als § 722 BGB bestimmt, dass im Zweifel die Beteiligung am Ergebnis der Gesellschaft unabhängig von der Höhe der Beiträge sein soll. Dies bedeutet im Umkehrschluss aber auch, dass es für die **Wertigkeit der einzelnen Beitragsleistungen** nur auf die **Vereinbarung der Gesellschafter** ankommen kann. Diese Bewertungsfragen ergeben sich vor allen Dingen dann, wenn unterschiedlichste Beitragsleistungen von den Gesellschaftern erbracht werden.

4. Durchführung der Beitragsleistung

Ist im Gesellschaftsvertrag nichts anderes bestimmt, sind die von den Gesellschaftern zu erbringenden **Beiträge im Zweifel sofort fällig** (§ 271 BGB). Es empfiehlt sich allerdings, im Gesellschaftsvertrag entsprechende Regelungen vorzusehen. Wie die Leistungshandlungen zu erbringen sind, richtet sich nach dem Gegenstand der Beitragspflicht. **Bareinlagen** sind danach zur Zahlung in die Gesellschaftskasse fällig, **Sacheinlagen** sind im Wege des Übereignungsvorgangs auf die Gesellschaft zu übertragen. Die Rechtsgeschäfte bedürfen jeweils nur der gesetzlich vorgeschriebenen Formen, besondere gesellschaftsrechtliche Erfordernisse bestehen nicht. Da die gesellschaftsvertragliche Beitragsverpflichtung einen An-

---

199 Dazu: BGH, NJW 1995, 194; BGHZ 132, 263, 268; MünchKomm-BGB/Ulmer, § 709 Rn. 84 ff.
200 BGHZ 66, 82, 85; 8, 35, 39.

spruch der Gesellschaft begründet, kann dieser auch von der Gesellschaft abgetreten werden, wenn nicht ein anderes im Vertrag vereinbart ist oder sich konkludent aus diesem ergibt. Dabei wird im Zweifel davon auszugehen sein, dass bei einer auf vertretbare Gegenstände lautenden Beitragsverpflichtung eine Abtretung des Anspruchs an Dritte eher in Betracht kommt als bei persönlichen Leistungen wie insb. einer Tätigkeit für die Gesellschaft. Die gleichen Überlegungen gelten für den Fall der Leistungserbringung durch Dritte.

168 Mehr in der theoretischen als in der praktischen Auseinandersetzung streitig ist die **Behandlung von Leistungsstörungen** bei der Beitragserbringung im Gesellschaftsrecht. Unabhängig davon also, ob es sich beim Gesellschaftsvertrag um einen gegenseitigen Vertrag i.S.d. §§ 320 ff. BGB handelt, besteht weitgehende Einigkeit über die Behandlung etwaiger Leistungsstörungen.[201] Da die Beitragsleistungen der Gesellschafter untereinander nicht im **Gegenseitigkeitsverhältnis** stehen, kommt grds. die Erhebung der **Einrede des nicht erfüllten Vertrages** für einen Gesellschafter selbst dann nicht in Betracht, wenn die anderen Gesellschafter ihre Beitragsleistung selbst noch nicht erbracht haben. Gleichwohl bleibt dem Gesellschafter die Berufung auf den **Gleichbehandlungsgrundsatz im Gesellschaftsrecht** vorbehalten, wenn die Beiträge keines anderen Gesellschafters eingefordert werden, während seiner der einzige eingeforderte ist.[202]

Bei **Zwei-Personen-Gesellschaften** soll abweichend von Vorstehendem die Berufung auf die synallagmatische Verbindung der Beitragspflichten deshalb möglich sein, weil diese Gesellschaftsform einem **Austauschsverhältnis weitestgehend angenähert** sei.[203] Dieses Ergebnis lässt sich aber ebenso gut mit dem Rückgriff auf den gesellschaftsvertraglichen Gleichbehandlungsgrundsatz begründen. Die gleichen Überlegungen gelten konzeptionell auch für die Einrede der Vermögensverschlechterung nach § 321 BGB.

169 Wird die versprochene **Beitragsleistung unmöglich**, gelten die Bestimmungen der §§ 275, 280 ff. BGB. Diese setzen ein **Gegenseitigkeitsverhältnis gerade nicht voraus**. Liegen die gesetzlichen Voraussetzungen im Fall der Unmöglichkeit der Leistung vor, so haftet der Gesellschafter auf **Schadensersatz** nach den §§ 280 ff. BGB oder **Herausgabe des Ersatzes** nach § 285 BGB. Ist ein solcher Ersatz nicht zu leisten, ergibt sich im Regelfall ein Anspruch der Mitgesellschafter auf Vertragsanpassung, insb. hinsichtlich der Kapital- und Gewinnbeteiligung des Gesellschafters.[204] Ist der Beitrag für die Gesellschaft von elementarer Bedeutung, kann schlimmstenfalls sogar die Auflösung der Gesellschaft wegen Unmöglichkeit der Zweckerreichung nach § 726 BGB in Betracht kommen.

170 Gerät ein Gesellschafter mit der Beitragsleistung in **Verzug**, sind grds. die §§ 286 ff. BGB anwendbar, darüber hinaus kommt in drastischen Fällen eine **Lösungsmöglichkeit der Mitgesellschafter vom Gesellschaftsverhältnis** in Betracht.[205] Weist die Beitragsleistung sonstige Mängel auf, insb. also Sach- oder Rechtsmängel, so greifen auch insoweit **nicht die Leistungsstörungsrechte** artverwandter Vertragstypen des besonderen Schuldrechts, wie vor allem Kauf-, Werk- oder Dienstvertrag, sondern vielmehr die Bestimmungen der §§ 280 ff. BGB.[206]

171 Was die **Verjährung** von Ansprüchen auf Beitragsleistungen angeht, liegen besondere gesellschaftsrechtliche Regelungen nicht vor. Da es Erwägungen des Gläubigerschutzes bei den Personengesellschaften anders als bei den Kapitalgesellschaften nicht gibt, ist kein Grund ersichtlich, warum für diese nicht grds.

---

201 Zum Streitstand siehe MünchKomm-BGB/Ulmer, § 705 Rn. 161 ff.; K. Schmidt, Gesellschaftsrecht, § 20 III, jeweils m.w.N.
202 Gummert, in: Münchener Handbuch des Gesellschaftsrechts, Bd. 1, § 3 Rn. 68; MünchKomm-BGB/Ulmer, § 705 Rn. 168.
203 Siehe dazu MünchKomm-BGB/Ulmer, § 705 Rn. 169 m.w.N.
204 Ob dies auf Grundlage der Anpassung wegen Störung der Geschäftsgrundlage nach § 313 BGB, so BGH, DB 1972, 2201, 2202 oder unter Rückgriff auf die gesellschaftsrechtliche Treuepflicht, so MünchKomm-BGB/Ulmer, § 706 Rn. 25 geschieht, spielt keine Rolle.
205 MünchKomm-BGB/Ulmer, § 706 Rn. 25.
206 MünchKomm-BGB/Ulmer, § 706 Rn. 27 m.w.N.

die **Regelverjährung nach § 195 BGB** gelten sollte.[207] Den Gläubigern einer GbR gegenüber spielt diese Frage keine Rolle, da die unbeschränkte persönliche Außenhaftung von der Frage der Erbringung einer Beitragsleistung unabhängig ist.

Angesichts der noch weitgehend unklaren Rechtslage, wie **Leistungsstörungen** bei der Erbringung der Beitragsleistungen zu behandeln sind, empfiehlt es sich, solche **Regelungen explizit im Gesellschaftsvertrag** vorzunehmen. So kommt insb. für den Fall der Erbringung von Sachleistungen eine ausdrückliche Regelung dazu in Betracht, was im Fall der Mangelhaftigkeit oder gar der Vernichtung der Sache zu geschehen hat. Gleiches gilt für den Fall, dass Dienstleistungen als Beitragspflichten vereinbart wurden.

172

5. Kapitalanteil

Bereits der Begriff Kapitalanteil als solcher ist dem Recht der GbR an sich fremd. Als Personen- und gerade nicht Kapitalgesellschaft kommt es für die Mitgliedschaft in einer GbR nicht auf einen bestimmten Kapitalanteil, sondern auf die **personenrechtliche Beteiligung** an. Gleichwohl wird der Begriff des Kapitalanteils oftmals schon deshalb verwendet, weil er in der **Rechnungslegung** als einer der Eigenkapitalposten auftaucht. Tatsächlich ist es so, dass sich in vielen Dauergesellschaften die Beteiligung der Gesellschafter nach den ihnen zugeordneten Kapitalanteilen bestimmt. Selbst da, wo eine Gesellschaft stark personal geprägt ist, findet sich gleichwohl oftmals die **Beteiligungsquote in Form eines Kapitalanteils** ausgedrückt. Dies soll allerdings nicht darüber hinwegtäuschen, dass die Gesellschafter ihre Beteiligung auch in Anteilen darstellen können. Das Bedürfnis danach, von der gesetzlichen Regelung der Ergebnisverteilung (§ 722 BGB) oder der Stimmgewichtung (§ 709 Abs. 2 BGB), wonach im Zweifel jeweils gleiche Beteiligungen bestehen, abzuweichen, führt regelmäßig zur Angabe bestimmter Beteiligungsquoten, die dann in kapitalmäßigen Anteilen ausgedrückt werden. Gesellschaftsformen, bei denen es weniger auf die Beteiligung am Auseinandersetzungsguthaben ankommt, bei denen die Berechnung der Gewinnbeteiligung nach anderen Kriterien als der geleisteten Einlage erfolgt oder solche, bei denen die Beiträge ohnehin von dritter Seite (Familiengrundstücksgesellschaften) gestellt werden, greifen oftmals auf andere Maßstäbe als einen Kapitalanteil als Maß der Gesellschaftsbeteiligung zurück.

173

Wird ein solcher Kapitalanteil allerdings bestimmt, dient er regelmäßig als **Ausgangsgröße** sowohl **für die Stimmengewichtung** in der Gesellschafterversammlung, die **Beteiligung am laufenden Ergebnis** und auch **am etwaigen Auseinandersetzungsguthaben**. Ein Forderungsrecht stellt der Kapitalanteil allerdings niemals dar. Als Maß der Eigenkapitalbeteiligung ist er gerade nicht Forderung gegen die Gesellschaft.

Bei **unternehmenstragenden Gesellschaften**, die laufende Erträge erwirtschaften, werden meist neben dem Kapitalkonto noch ein oder mehrere weitere Konten geführt. Während auf dem **Kapitalkonto** die feste Kapitalbeteiligung an der Gesellschaft verbucht wird, die den jeweiligen Anteil an der Gesellschaft widerspiegelt, wird auf den **beweglichen Gesellschafterkonten** regelmäßig die laufende Ergebnisbeteiligung (Gewinn oder Verlust), Entnahmen und ggf. auch Darlehen verbucht.

174

III. Geschäftsführung

Mit Anerkennung der Rechtsfähigkeit der BGB-Gesellschaft durch den BGH[208] ist es nunmehr auch für diese Gesellschaftsform erforderlich, zwischen **Geschäftsführung und Vertretung zu unterscheiden**. Bei der Frage nach der Geschäftsführung geht es darum, inwieweit im Innenverhältnis der **Gesellschafter untereinander** eine Maßnahme vorgenommen werden darf und wie es zur entsprechenden Willensbildung kommt. Die Vertretung betrifft dagegen das **Außenverhältnis** und damit die Frage, inwieweit die Gesellschaft wirksam Dritten gegenüber verpflichtet wird.[209] Diese Trennung wird im Gesetz in §§ 709 ff. und 714 BGB nachvollzogen. So bestimmt § 714 BGB ausdrücklich, dass einem Gesellschafter, dem

175

---

207 So auch Gummert, in: Münchener Handbuch des Gesellschaftsrechts, Bd. 1, § 3 Rn. 85.
208 BHGZ 146, 341 = NJW 2001, 1056.
209 Siehe dazu Westermann, Handbuch der Personengesellschaften, I Rn. 363; MünchKomm-BGB/Ulmer, § 714 Rn. 13.

die Geschäftsführungsbefugnis eingeräumt ist, im Zweifel auch die Vertretungsmacht im Außenverhältnis gebührt. Es kann also eine Geschäftsführungsbefugnis im Innenverhältnis geben, ohne dass damit gleichzeitig auch die Rechtsmacht verbunden wäre, die Gesellschaft nach außen zu vertreten.

176 Die Begriffe der **Geschäftsführung** und der **Vertretungsmacht** sind deshalb leicht misszuverstehen, da auch die Vertretung der Gesellschaft Dritten gegenüber eine Form der Geschäftsführung ist. Die Vertretungsmacht ist damit ein Teilaspekt der Geschäftsführung. Zwar kann es geschäftsführungsberechtigte Gesellschafter geben, die keine Vertretungsmacht haben, bei Außengesellschaften ist aber schon denktheoretisch der Fall ausgeschlossen, dass es eine Geschäftsführung überhaupt ohne Vertretungsmacht gibt. Ein von der Vertretung im Außenverhältnis ausgeschlossener Gesellschafter, dem gleichwohl die Geschäftsführungsbefugnis übertragen ist, ist damit Inhaber nur eingeschränkter Geschäftsführungsmacht.

Weiter abzugrenzen ist auch zwischen dem Begriff der **Geschäftsführung** und dem der **Geschäftsführungsbefugnis**. Während es beim ersten Begriff um einen tatsächlichen Vorgang der Wahrnehmung der Gesellschaftsinteressen geht, ist die Frage der Befugnis eine solche des rechtlichen Dürfens der Wahrnehmung dieser Interessen. Nimmt ein Gesellschafter damit eine Geschäftsführungsmaßnahme wahr, obwohl er dazu vertraglich nicht berechtigt ist, liegt gleichwohl eine Geschäftsführungsmaßnahme, wenn auch eine unberechtigte, vor.[210] Um eine solche unberechtigte Maßnahme handelt es sich bspw. auch dann, wenn im Außenverhältnis wirksam ein Geschäft abgeschlossen würde, zu dessen Vornahme der Geschäftsführer im Innenverhältnis aufgrund der gesellschaftsvertraglichen Regelungen nicht berechtigt ist. Auch insoweit liegt dann keine Überschreitung der Vertretungsmacht, sondern nur der Geschäftsführungsbefugnis vor.

177 Den Begriff der Geschäftsführung theoretisch einzugrenzen, ist schwierig. Grds. zählt dazu jede **Maßnahme**, die **im Interesse** und **zur Förderung des Gesellschaftszwecks** vorgenommen wird.[211] Wichtig ist es damit vor allen Dingen, die Geschäftsführung von den Grundlagengeschäften abzugrenzen. Unter **Grundlagengeschäften** versteht man solche, die den Zweck, die Organisation und die Zusammensetzung der Gesellschaft betreffen.[212] Betrifft ein Geschäft die Gesellschafter in ihrer Gesellschafterstellung, handelt es sich grds. um ein Grundlagengeschäft. So ist die Bestimmung des Umfangs und der Art der Geschäftsführung Grundlagengeschäft, während das daraufhin erfolgende Handeln Geschäftsführungsmaßnahme ist.[213] Selbst dann, wenn den Geschäftsführern im Einzelfall die Entscheidung über Grundlagengeschäfte übertragen ist, bspw. die Aufnahme neuer Gesellschafter in Publikumsgesellschaften, handelt es sich gleichwohl um Grundlagengeschäfte und nicht um Maßnahmen der Geschäftsführung. Strukturell handelt es sich dabei um die **Vorabübertragung einer Entscheidungskompetenz**.[214]

1. Grundlagen

a) Prinzip der Selbstorganschaft

178 Im Recht der Personengesellschaften gilt das **Prinzip der Selbstorganschaft**, wonach nur Gesellschafter Geschäftsführer der Gesellschaft sein können und folgerichtig auch nur Gesellschafter zur gesetzlichen Vertretung berechtigt sind.[215] Einem Dritten können zwar **rechtsgeschäftlich Vertretungs- und**

---

210 MünchKomm-BGB/Ulmer, § 709 Rn. 8.
211 Siehe dazu MünchKomm-BGB/Ulmer, § 709 Rn. 7; v. Ditfurth, in: Münchener Handbuch des Gesellschaftsrechts, Bd. 1, § 7 Rn. 3; Gummert/Karrer, in: Münchener Anwaltshandbuch Personengesellschaftsrecht, § 7 Rn. 2.
212 V. Ditfurth, in: Münchener Handbuch des Gesellschaftsrechts, Bd. 1, § 7 Rn. 5; MünchKomm-BGB/Ulmer, § 709 Rn. 10 m.w.N.
213 Siehe zu einer Gegenüberstellung die Tabelle von Gummert/Karrer, in: Münchener Anwaltshandbuch Personengesellschaftsrecht, § 7 Rn. 4.
214 Siehe dazu auch BGH, NJW 1978, 1000.
215 St. Rspr. BGHZ 33, 105, 108; 36, 292, 294; 41, 367, 369; BGH, NJW-RR 1994, 98; siehe auch MünchKomm-BGB/Ulmer, § 709 Rn. 5 m.w.N.

Geschäftsführungsbefugnisse übertragen werden, gleichwohl bleibt die **organschaftliche Geschäftsführungs- und Vertretungsmacht** auf Gesellschafter beschränkt.

Insoweit unterscheiden sich die Personengesellschaften wesentlich von den Kapitalgesellschaften, die Fremdgeschäftsführer kennen. Hat ein Dritter durch Vollmacht[216] Geschäftsführungsbefugnisse übertragen bekommen, richten sich diese nicht nach den §§ 709 ff. BGB, sondern vielmehr nach dem **Inhalt der rechtsgeschäftlich getroffenen Vereinbarungen**. Vollmachtstypisch kann diese dem Fremdgeschäftsführer ohne eigenes Zutun entzogen werden.[217] Legen die Gesellschafter Wert auf einen Fremdgeschäftsführer, kommt somit nur die Aufnahme einer GmbH in den Gesellschafterkreis in Betracht, der alsdann die Geschäftsführung übertragen wird.[218] Anerkannt ist mittlerweile auch, dass entsprechend der Regelungen der Personenhandelsgesellschaften bei der BGB-Gesellschaft im **Liquidationsstadium einem Gesellschaftsfremden** die Aufgabe des Liquidators übertragen werden kann.[219]

b) Umfang der Geschäftsführungsbefugnis

Der **Umfang der Geschäftsführungsbefugnis** wird primär durch den Gesellschaftszweck bestimmt. Alle Maßnahmen, die nicht Grundlagengeschäft sind und der Zweckverwirklichung zu dienen geeignet sind, sind von der Geschäftsführungsbefugnis umfasst.[220] I.d.R. wird es sich empfehlen, im Gesellschaftsvertrag der BGB-Gesellschaft ausdrücklich vorzusehen, welche Maßnahmen der Geschäftsführung unterfallen sollen, soweit sich dies aus dem Zweck der Gesellschaft nicht ohnehin ableiten lässt. Fragen können immer dann auftreten, wenn Geschäftsführungsaufgaben ausdrücklich genannt sind, sich diese allerdings **nicht mit dem Gesellschaftszweck decken**. Es muss dann geklärt werden, ob sich daraus eine Änderung des Zwecks oder aus dem Zweck eine Verpflichtung zur Änderung der genannten Geschäftsführungsmaßnahmen ergibt.

179

c) Geschäftsführungsberechtigung und -verpflichtung

Bei den BGB-Gesellschaften ergibt sich die Berechtigung und die korrespondierende Verpflichtung zur Geschäftsführung **aus dem Gesellschaftsverhältnis selbst**.[221] Als originäre gesellschaftsrechtliche Berechtigung kann ein Ausschluss der Geschäftsführungsbefugnis nicht im Wege des Beschlusses, sondern grds. nur durch entsprechende **vertragliche Vereinbarungen geregelt** werden. So sieht § 712 Abs. 1 BGB die Möglichkeit zur Entziehung der Geschäftsführungsbefugnis nur aus wichtigem Grund vor. Bei **Minderjährigen** wird die Befugnis durch den gesetzlichen Vertreter wahrgenommen.[222] Mit der Berechtigung zur Geschäftsführung korrespondiert die entsprechende Verpflichtung. Dies ergibt sich bereits daraus, dass gesetzlich eine Gesamtgeschäftsführung aller Gesellschafter vorgesehen ist (§ 709 BGB). Die Verwirklichung des Gesellschaftszwecks wäre ausgeschlossen, ergäbe sich aus dem Gesellschaftsverhältnis nicht eine Verpflichtung zur Mitwirkung an der Geschäftsführung.[223] Auch insoweit ist allerdings eine **abweichende gesellschaftsvertragliche Regelung möglich**.

180

---

216 BGH, WM 1994, 237, 238.
217 Zweifelhaft deshalb BGH, NJW 1982, 2495, wonach bei Publikums-BGB-Gesellschaften ein Widerruf der Vollmacht eines im Gesellschaftsvertrag benannten Fremdgeschäftsführers zumindest zeitweise begrenzt nur aus wichtigem Grund möglich sein soll.
218 Siehe dazu v. Ditfurth, in: Münchener Handbuch des Gesellschaftsrechts, Bd. 1, § 7 Rn. 8.
219 MünchKomm-BGB/Ulmer, § 730 Rn. 47.
220 Siehe dazu MünchKomm-BGB/Ulmer, § 709 Rn. 23.
221 MünchKomm-BGB/Ulmer, § 709 Rn. 28; Staudinger/Habermeier, BGB, § 709 Rn. 31; v. Ditfurth, in: Münchener Handbuch des Gesellschaftsrechts, Bd. 1, § 7 Rn. 11.
222 V. Ditfurth, in: Münchener Handbuch des Gesellschaftsrechts, Bd. 1, § 7 Rn. 13; Soergel/Hadding, BGB, § 709 Rn. 7, Erman/Westermann, BGB, § 709 Rn. 12; a.A.: MünchKomm-BGB/Ulmer, § 709 Rn. 27.
223 Siehe dazu auch MünchKomm-BGB/Ulmer, § 709 Rn. 29 m.w.N.

2. Form der Geschäftsführung

a) Grundsatz der Gesamtgeschäftsführung

181 Nach § 709 BGB ist **gesetzlicher Regelfall** der Geschäftsführung bei der BGB-Gesellschaft die **gemeinschaftliche Geschäftsführung** durch alle Gesellschafter. Damit ist für jede vorzunehmende Geschäftsführungsmaßnahme die **Zustimmung aller Gesellschafter** erforderlich. Durchbrochen werden kann dies nur im Fall der **Notgeschäftsführung**. In der Praxis bereitet dies vor allen Dingen dann Probleme, wenn durch die Verweigerung der Zustimmung auch nur eines Gesellschafters die Wahrnehmung von Geschäftsführungsaufgaben bei der Gesellschaft praktisch lahmgelegt wird. Eine Verpflichtung zur Zustimmung kann sich nur in **besonders dringenden Fällen** ergeben. Dann ist eine **Leistungsklage auf Zustimmung** möglich.[224] Nur bei **existenziellen Fragen** kann die Treuwidrigkeit dazu führen, dass die Zustimmung gar nicht erforderlich ist.[225] Schon im Gesetz ist allerdings angedeutet, dass trotz bestehender Gesamtgeschäftsführung auch die Vereinbarung einer Mehrheitsentscheidung über die konkrete Maßnahme in Betracht kommt (§ 709 Abs. 2 BGB).

Wie sich die **Mehrheit berechnet**, ob nach Köpfen (so das Gesetz) oder nach Kapitalanteilen, ist den Gesellschaftern überlassen. Ebenso vereinbar ist ein Erfordernis bestimmter qualifizierter Mehrheiten.[226] Die überstimmten Gesellschafter sind zur Mitwirkung an dem Mehrheitsbeschluss verpflichtet.[227]

b) Gesamtgeschäftsführung mehrerer aber nicht aller Gesellschafter

182 Eine weitere Form der gemeinschaftlichen Geschäftsführung ist die **Übertragung auf mehrere Gesellschafter**, die allerdings nicht einzeln zu handeln befugt sind, sondern nur als Gruppe. Die übrigen Gesellschafter sind dann entsprechend § 710 BGB von der Geschäftsführung ausgeschlossen. Für die Gruppe der so qualifizierten geschäftsführenden Gesellschafter gelten die Bestimmungen zur Gesamtgeschäftsführung aller Gesellschafter entsprechend, soweit nicht gesellschaftsvertraglich anderes vereinbart ist.

c) Einzelgeschäftsführungsbefugnis

183 Die **Dispositionsfreiheit** der Gesellschafter erlaubt es auch im Recht der BGB-Gesellschaft, eine **Einzelgeschäftsführungsbefugnis** der Gesellschafter vorzusehen. Damit ist die Möglichkeit eröffnet, die Geschäftsführung identisch zur gesetzlichen Regelung der OHG zu gestalten. Es kommt sowohl die Einzelgeschäftsführung aller, einiger oder auch nur eines einzelnen Gesellschafters in Betracht. Steht die Einzelgeschäftsführungsbefugnis mehr als einem Gesellschafter zu, so sieht § 711 BGB vor, dass die Mitgeschäftsführer der Vornahme eines Rechtsgeschäfts widersprechen können. Erfolgt ein solcher **Widerspruch**, hat die Maßnahme zu unterbleiben. Die nicht zur Geschäftsführung berufenen Gesellschafter besitzen das Widerspruchsrecht nicht. Das Widerspruchsrecht kann **nur konkret** ausgeübt werden, **nicht jedoch pauschal** für eine unbestimmte Zahl möglicher Maßnahmen.[228] Stehen einzelne Maßnahmen allerdings in einem Zusammenhang zueinander, so ist ein **genereller Widerspruch gegen die Gesamtangelegenheit** möglich.[229]

Beim Widerspruch handelt es sich selbst wiederum um eine Geschäftsführungsmaßnahme, so dass hinsichtlich der Zulässigkeit des Widerspruchs die gleichen Erwägungen gelten wie bei der Vornahme einer Geschäftsführungshandlung selbst. Ist damit ein Widerspruch offenbar **treuwidrig**, ist er als unbeachtlich

---

224 BGH, NJW 1983, 1192.
225 BGH, WM 1986, 1556; BB 1960, 112.
226 V. Ditfurth, in: Münchener Handbuch des Gesellschaftsrechts, Bd. 1, § 7 Rn. 31.
227 MünchKomm-BGB/Ulmer, § 709 Rn. 49.
228 So schon RGZ 84, 136, 139.
229 MünchKomm-BGB/Ulmer, § 711 Rn. 9; Gummert/Karrer, in: Münchener Anwaltshandbuch Personengesellschaftsrecht, § 7 Rn. 117 m.w.N.

zu behandeln.[230] Der Beurteilungsspielraum des geschäftsführenden Gesellschafters ist damit im Rahmen des Gesellschaftszwecks denkbar weit.

Erfolgen kann der Widerspruch nur vor Ausführung der Geschäftsführungsmaßnahme. Erfolgt er später, geht das Verbot ins Leere. Daraus ergibt sich allerdings umgekehrt, dass eine Verpflichtung des handelnden Gesellschafters besteht, seine Mitgeschäftsführer zu unterrichten. Jedenfalls bei solchen Geschäften, bei denen eine Unterrichtung zu erwarten ist,[231] muss diese auch erfolgen. Wird diese **Unterrichtungspflicht** verletzt, entsteht auch ein **nachträgliches Widerspruchsrecht**, das bei Ausübung der vorgenommenen Geschäftsführungsmaßnahme die Rechtfertigung nimmt. Wird eine Maßnahme trotz Widerspruchs durchgeführt, stellt dies eine **Pflichtverletzung** gegenüber der Gesellschaft dar, die ggf. zu **Schadensersatzansprüchen** führt.[232] Eine Beschränkung der Vertretungsmacht im Außenverhältnis zieht dies allerdings nicht nach sich.[233]

Ebenso wie die Übertragung der Geschäftsführungsbefugnis auf einzelne Gesellschafter grds. der Dispositionsfreiheit der Gesellschafter unterliegt, kann auch das **Widerspruchsrecht** im Einzelnen **im Gesellschaftsvertrag geregelt** und abbedungen werden. So besteht die Möglichkeit, das Widerspruchsrecht gänzlich auszuschließen, es einzuschränken oder es nur einzelnen Gesellschaftern zuzubilligen. Insb. dann, wenn die Geschäftsführer ihre Tätigkeit auf bestimmte Ressourcen bzw. Tätigkeitsbereiche der Gesellschaft beschränken, kann es sich empfehlen, Widerspruchsbefugnisse nur für solche Geschäftsführer vorzusehen, die im selben Ressort tätig sind, ggf. kombiniert mit der Widerspruchsbefugnis für besonders bedeutende Geschäfte.

184

Genauso möglich ist es, als **Rechtsfolge des Widerspruchs** nicht nur die Verpflichtung vorzusehen, eine Mehrheitsentscheidung der Mitgeschäftsführer herbeizuführen oder für diesen Fall eine Entscheidung aller Gesellschafter, auch der nicht Geschäftsführungsbefugten, einzurichten. Der Gestaltung sind hier nur die Grenzen der Logik gesetzt.

Denkbar ist es dabei auch, Widerspruchsrechte auch nicht geschäftsführungsbefugten Gesellschaftern einzuräumen. Der Rechtsgestalter sollte sich allerdings darüber im Klaren sein, dass eine **extensive Ausweitung der Widerspruchsrechte** eine Gesellschaft blockieren kann. Es bietet sich deshalb an, Widerspruchsrechte eher einzuschränken als auszuweiten. Dabei besteht insb. die Möglichkeit, bestimmte **Kataloge von Geschäften** vorzusehen, die dem Widerspruchsrecht der Mitgeschäftsführer unterliegen. Entsprechend den üblichen Regelungen zur Beschränkung der Befugnisse von Geschäftsführern einer GmbH im Verhältnis zur Gesellschafterversammlung kann auch bei der BGB-Gesellschaft dem einzelnen geschäftsführenden Gesellschafter die Einholung der Zustimmung der Mitgeschäftsführer auferlegt werden.

d) Kombinationsmöglichkeiten

Schließlich besteht auch für die BGB-Gesellschaft die Möglichkeit, **verschiedene Kombinationen von Geschäftsführungsbefugnissen** vorzusehen. So kann einem Gesellschafter Einzelgeschäftsführungskompetenz eingeräumt werden, während andere nur gemeinsam mit anderen Geschäftsführern oder gar mit außen stehenden Dritten, insb. mit (dem handelsrechtlichen Prokuristen angenäherten) rechtsgeschäftlich bevollmächtigten Vertretern vertreten werden können. Diese Kombinationsmöglichkeiten können ferner einhergehen mit bestimmten **Ressortverteilungen**. So ist es denkbar, dem Ressortleiter Einkauf die Geschäftsführung nur zusammen mit einem weiteren Geschäftsführer zu gestatten, während der Ressortleiter Verkauf Geschäftsführungsmaßnahmen seines Bereichs allein vornehmen kann.

185

---

230 Siehe dazu MünchKomm-BGB/Ulmer, § 711 Rn. 11; Soergel/Hadding, BGB, § 711 Rn. 7, jeweils m.w.N.
231 Siehe dazu BGH, BB 1971, 759.
232 MünchKomm-BGB/Ulmer, § 711 Rn. 13 m.w.N.
233 Siehe dazu v. Ditfurth, in: Münchener Handbuch des Gesellschaftsrechts, Bd. 1, § 7 Rn. 43; MünchKomm-BGB/Ulmer, § 711 Rn. 14; Soergel/Hadding, BGB, § 711 Rn. 5.

186 **Formulierungsbeispiel: Kombination von Geschäftsführungsbefugnissen und Ressortverteilungen**

> Die Geschäftsführung obliegt den Gesellschaftern A, B, C, D, E. Die anderen Gesellschafter sind von der Geschäftsführung ausgeschlossen.
>
> Gesellschafter A führt die Geschäfte im Ressort Verkauf allein. Geschäftsführer B führt die Geschäfte im Ressort Einkauf allein. Die Geschäftsführung in den übrigen Bereichen obliegt den Gesellschaftern C und D jeweils in Gemeinschaft mit einem weiteren Geschäftsführer, dem Gesellschafter E als Einzelgeschäftsführer.
>
> Das Widerspruchsrecht nach § 711 BGB steht grds. jedem Geschäftsführer zu. Dies gilt auch für Maßnahmen, die gesamtvertretungsberechtigte Geschäftsführer beschlossen haben. Für das Ressort Verkauf ist ein Widerspruch nach § 711 BGB allerdings für solche Geschäfte ausgeschlossen, die im Einzelfall einen Wert von nicht mehr als ... € repräsentieren.

e) Gesellschaftsvertragliche Regeln zur Geschäftsführerbestellung

187 Die **Bestellung der Geschäftsführer** erfolgt auf Grundlage des Gesellschaftsvertrages. Regelmäßig werden die Beteiligten bereits darin vorsehen, wer die Aufgaben der Geschäftsführung wahrnimmt. Je nach Größe der BGB-Gesellschaft kann es sich allerdings auch empfehlen, bereits im Gesellschaftsvertrag Regelungen für den Fall vorzusehen, dass ein neuer Geschäftsführer bestellt werden muss. Ab einer bestimmten Zahl von Gesellschaftern drohen **Blockaderisiken**, wenn die Berufung eines Gesellschafters zur Geschäftsführung die **einstimmige Vertragsänderung** voraussetzt. Denkbar ist es deshalb, insoweit in den Gesellschaftsvertrag Regelungen aufzunehmen, wonach eine **Nachbestellung eines Geschäftsführers** durch Beschluss der Gesellschafter, regelmäßig mit **qualifizierten Mehrheitserfordernissen**, möglich ist.

3. Führung der Geschäfte

a) Rechte und Pflichten

188 Die **Rechte und Pflichten der Geschäftsführer** einer GbR sind im Gesetz nur rudimentär geregelt. So bestimmt § 708 BGB Haftungsmaßstäbe und § 713 BGB die subsidiäre Anwendbarkeit des Auftragsrechts. Im Wesentlichen müssen sich daher die Rechte und Pflichten der Geschäftsführer **aus dem Gesellschaftsverhältnis** selbst ergeben. Der **Rückgriff auf das Auftragsrecht** ist nur in entsprechender Anwendung der Vorschriften möglich, da sich die Stellung eines geschäftsführenden Gesellschafters strukturell insoweit erheblich vom Auftragnehmer unterscheidet, da die Geschäftsführung aufgrund der Gesellschafterstellung eigenverantwortlich geführt wird.[234] Eine Anwendung des § 665 BGB kommt somit grds. nicht in Betracht. An **Weisungen** ist der Geschäftsführer nur gebunden, wenn dies die gesellschaftsvertraglichen Regelungen der BGB-Gesellschaft vorsehen.[235]

189 Die Geschäftsführerstellung ist **unübertragbar**. Zwar besteht die Möglichkeit, die Erledigung einzelner Maßnahmen Dritten zu übertragen, eine **Vertretung in der Geschäftsführung selbst** ist allerdings nicht möglich.[236]

b) Weisungsrechte

190 Wie vorstehend schon angeführt, unterliegt der Geschäftsführer grds. nicht den Weisungen der übrigen Mitgesellschafter.[237] Dies verbietet die gesellschaftsvertragliche Vereinbarung zur Übertragung der Ge-

---

[234] V. Ditfurth, in: Münchener Handbuch des Gesellschaftsrechts, Bd. 1, § 7 Rn. 50; Soergel/Hadding, BGB, § 709 Rn. 5.

[235] MünchKomm-BGB/Ulmer, § 713 Rn. 7 m.w.N.

[236] So schon RGZ 123, 289, 299; Gummert/Karrer, in: Münchener Anwaltshandbuch Personengesellschaftsrecht, § 7 Rn. 136; MünchKomm-BGB/Ulmer, § 709 Rn. 29.

[237] Siehe dazu BGHZ 76, 160, 164.

schäftsführungsmacht auf einen der Gesellschafter.[238] So wie die Geschäftsführungsbefugnis gesellschaftsvertraglich begründet werden kann, hindert die Gesellschafter bei Abschluss des Gesellschaftsvertrages allerdings nichts daran, **besondere Weisungsrechte vertraglich zu vereinbaren**. Soweit damit keine völlige Aushöhlung der Geschäftsführungsbefugnis verbunden ist, kann ein Weisungsrecht der Gesellschafterversammlung, eines Beirats oder in sonstiger Form vorgesehen werden.[239]

c) Auskunfts- und Berichtspflicht

Während § 716 BGB ein **Kontrollrecht der Gesellschafter** einräumt, besteht nach den §§ 713, 666 BGB eine **eigenständige Pflicht der geschäftsführenden Gesellschafter**, aus sich heraus die übrigen Gesellschafter über den Stand der Geschäftsführung zu unterrichten, insoweit also **Auskunft zu geben** und **Rechenschaft abzulegen**. Während das **Kontrollrecht** der Gesellschafter nach § 716 BGB ein **Individualrecht** ist, handelt es sich bei dem aus dem Auftragsrecht resultierenden Gebot der Auskunft und Rechenschaft um ein der Gesellschaft selbst zustehendes Recht, das zwar von jedem der Gesellschafter ausgeübt, allerdings nur zur Gemeinschaft erfüllt verlangt werden kann.[240]

191

Konkrete Vorgaben zur Auskunftspflicht sieht das Gesetz nicht vor. Eine solche **aktive Auskunftspflicht** besteht wohl, soweit keine eigenen gesellschaftsvertraglichen Regeln dazu getroffen sind, außerhalb der in § 721 BGB geregelten Rechnungsabschlusspflicht, bei Geschäften von ganz besonderer Bedeutung, bei denen der geschäftsführende Gesellschafter damit rechnen muss, dass die Mitgesellschafter informiert werden wollen. Nichts hindert die Mitgesellschafter aber daran, den Auskunftsanspruch auch wegen weniger bedeutender Geschäfte geltend zu machen. Dies darf nur nicht zu einer **Blockade der Gesellschaft** führen. Die Rechenschaftspflicht des Gesellschafters besteht erst mit Beendigung der Geschäftsführungstätigkeit. Diese ist grds. Voraussetzung der Entlastung des Geschäftsführers.[241]

d) Haftung der Geschäftsführer

Verletzt ein Geschäftsführer seine Verpflichtungen schuldhaft, so **haftet** er grds. der Gesellschaft auf **Ersatz des daraus entstehenden Schadens**. Der gesetzliche Haftungsmaßstab ist dafür ebenso wie für die Gesellschafter überhaupt in § 708 BGB mit der „**eigenüblichen Sorgfalt**" bestimmt, wobei allerdings kein schärferer Maßstab als im Verkehr üblich gilt, und zwar selbst dann, wenn der Gesellschafter in eigenen Angelegenheiten übersorgfältig wäre.[242] **Grobe Fahrlässigkeit** und **Vorsatz** sind niemals eigenüblich i.S.d. § 708 BGB.[243] Der Haftungsmaßstab gilt für Haupt- wie für Nebenpflichten.

192

Überschreitet der Geschäftsführer seine Befugnisse, so ist für die etwaige Haftung wie folgt zu unterscheiden: Konnte der Geschäftsführer mit eigenüblicher Sorgfalt erkennen, dass er die Grenzen seiner Befugnisse überschreitet, haftet er alsdann nach den Maßstäben der **Geschäftsführung ohne Auftrag verschuldensunabhängig**.[244]

Konnte er dies nicht erkennen, trifft ihn **keine Haftung**. Ein Schadensersatzanspruch ist ferner dann ausgeschlossen, wenn die Handlungen des Geschäftsführers durch die Gesellschafter gebilligt werden. Bei der BGB-Gesellschaft bedarf es hierzu regelmäßig der **Billigung** durch alle Gesellschafter, es sei denn, dies wäre im Gesellschaftsvertrag anders geregelt. Die Geltendmachung von Schadensersatzansprüchen

---

238 BGHZ 76, 160, 168; MünchKomm-BGB/Ulmer, § 705 Rn. 204; Gummert/Karrer, in: Münchener Anwaltshandbuch Personengesellschaftsrecht, § 7 Rn. 138 m.w.N.
239 Siehe dazu auch MünchKomm-BGB/Ulmer, § 713 Rn. 7; Gummert/Karrer, in: Münchener Anwaltshandbuch Personengesellschaftsrecht, § 7 Rn. 139.
240 BGH, NJW 1992, 1890, 1892.
241 BGH, WM 1983, 912.
242 Siehe dazu MünchKomm-BGB/Ulmer, § 708 Rn. 16.
243 Für Publikumsgesellschaften sieht der BGH eine weitere Einschränkung deshalb vor, da diese nicht durch das persönliche Verhältnis der Gesellschafter geprägt sind, weshalb dort die allgemeinen Verschuldensmaßstäbe gelten, BGHZ 69, 207, 209; 75, 321, 327.
244 BGH, NJW 1997, 314; MünchKomm-BGB/Ulmer, § 708 Rn. 10; v. Ditfurth, in: Münchener Handbuch des Gesellschaftsrechts, Bd. 1, § 7 Rn. 61 m.w.N.

ist selbst wiederum Geschäftsführungsmaßnahme, die die anderen geschäftsführenden Gesellschafter ergreifen können. Darüber hinaus besteht allerdings auch die Möglichkeit, dass Mitgesellschafter, denen die Geschäftsführung nicht anvertraut ist, im Wege der actio pro socio den Anspruch geltend machen.[245]

e) Notgeschäftsführung

193 Eine Geschäftsführung kommt auch außerhalb der vertraglich vorgesehenen Befugnisse dann in Betracht, wenn zur **Sicherung der Gegenstände der Gesellschaft** oder der Gesellschaft selbst entsprechend den Bestimmungen des § 744 Abs. 2 BGB analog eine Geschäftsführungsmaßnahme durch einen nicht oder nicht in dieser Form zur Geschäftsführung berufenen Gesellschafter notwendig ist.[246] Diese, gesellschaftsvertraglich **nicht ausschließbare Notgeschäftsführungsbefugnis** setzt allerdings voraus, dass eine **Gefahr unmittelbar droht**.

f) Actio pro socio

194 Bei der Geltendmachung von Ansprüchen der Gesellschaft gegen einen der Gesellschafter, die aus dem Gesellschaftsverhältnis selbst resultieren, besteht eine besondere Geschäftsführungsbefugnis in Form der Möglichkeit der **Einleitung der** sog. **actio pro socio**, d.h. das Vorgehen eines Gesellschafters gegen einen anderen aus gesellschaftsrechtlich begründeten sog. Sozialansprüchen. Die actio pro socio kann nur die **Erbringung der Sozialansprüche** der Gesellschaft gegenüber zum Inhalt haben, sie ist allerdings nicht davon abhängig, dass sich ihr die Mitgesellschafter anschließen.

g) Aufwendungsersatzanspruch/Vergütung

195 Tätigt ein geschäftsführender Gesellschafter bei Geschäftsführungsmaßnahmen Aufwendungen im Interesse der Gesellschaft, so steht ihm nach § 713 BGB i.V.m. §§ 669, 670 BGB ein **Anspruch auf Ersatz gegen die Gesellschaft** zu.[247] Gegen die Mitgesellschafter kann der Anspruch nur im **Liquidationsverfahren** geltend gemacht werden.[248] Eine Inanspruchnahme der Mitgesellschafter kommt allerdings nach der Rspr. in den Fällen in Betracht, in denen die Aufwendungen im Rahmen der Befriedigung eines Gesellschaftsgläubigers, der den Gesellschafter aus der persönlichen Gesellschafterhaftung in Anspruch genommen hat, erfolgten. Ist in diesem Fall der Anspruch nicht gegen die Gesellschaft durchzusetzen, ergibt sich der Anspruch auf Aufwendungsersatz bereits aus § 426 Abs. 1 BGB.[249]

196 Ein Anspruch auf eine **besondere Vergütung** für die Wahrnehmung der Geschäftsführung der Gesellschaft steht dem geschäftsführenden Gesellschafter **grds. nicht zu**. Dies ist Teil ihres vertraglich geschuldeten Beitrags an die Gesellschaft. Die Gesellschafter haben es allerdings in der Hand, durch entsprechende **vertragliche Vereinbarung** dem oder den geschäftsführenden Gesellschaftern eine besondere Vergütung, sei es im Wege des **Anstellungsvertrages in Gehaltsform** oder als **Gewinnvoraus**, zu gewähren.

Problematisch ist die Behandlung einer Geschäftsführervergütung immer dann, wenn sich die Verhältnisse der Gesellschaft erheblich ändern.

> *Beispiel:*
> *Wächst ein als Hobby begonnener Skiverleih mit der Zeit zu einem Unternehmen heran, das mehrere Vollzeitbeschäftigte hat, dann können die im Gesellschaftsvertrag ehemals vereinbarten Entgelte/besonderen Gewinnanteile der von den Geschäftsführern wahrzunehmenden Aufgabe nicht mehr angemessen sein.*

Lässt sich aus dem Gesellschaftsvertrag – auch nicht konkludent – ein **Maßstab für die Bemessung** der Vergütung in diesen Fällen erkennen, kann sich aus der allgemeinen gesellschaftsrechtlichen Treuepflicht

---

245 BGHZ 25, 47, 50; NJW 1985, 2830, 2831.
246 BGHZ 17, 181, 183; MünchKomm-BGB/Ulmer, § 709 Rn. 21; v. Ditfurth, in: Münchener Handbuch des Gesellschaftsrechts, Bd. 1, § 7 Rn. 74 m.w.N.
247 BGH, NJW 1980, 339.
248 BGH, NJW 1980, 339, 340.
249 So BGHZ 103, 72, 76; BGH, NJW-RR 2002, 455, 456.

ein **Anspruch auf Anpassung des Vertrages** ergeben.²⁵⁰ Ob im Einzelfall die Anwendung von Dienstvertragsrecht auch in den Fällen in Betracht kommt, in denen kein besonderer Anstellungsvertrag geschlossen wurde, sondern sich die Leistung des Geschäftsführers nur gesellschaftsvertraglich begründet, ist im Detail umstritten.²⁵¹

4. Beendigung der Geschäftsführung

Endet die Geschäftsführungsbefugnis eines Gesellschafters **vorzeitig**, d.h. vor dem regulären Ende der Gesellschaft, kann dies im Wesentlichen zwei Gründe haben: zum einen die Kündigung der Geschäftsführerstellung und zum anderen die Entziehung.

197

a) Kündigung

Dem geschäftsführenden Gesellschafter steht die Möglichkeit der Beendigung seines Amtes durch **Kündigungserklärung nach § 712 BGB** nur dann zu, wenn er sich auf einen **wichtigen Grund** für die Kündigung berufen kann. Ein **freies Widerrufsrecht** besteht schon deshalb nicht, weil die Übernahme der Geschäftsführung einen vertraglich geschuldeten Beitrag des Gesellschafters darstellt. Die früher herrschende Auffassung, wonach eine Kündigung nur in den Fällen übertragener, nicht jedoch gesetzlicher Geschäftsführung nach § 709 BGB möglich ist,²⁵² ist mittlerweile überholt.²⁵³ Danach kann sich der Geschäftsführer durch Kündigung aus wichtigem Grund auch der gesetzlichen Geschäftsführung entledigen. Das Vorliegen eines wichtigen Grundes erfordert eine nach den **Umständen des Einzelfalls bestehende Unzumutbarkeit der Fortsetzung** der Tätigkeit. Darunter können sowohl das Gesellschaftsverhältnis betreffende Umstände, wie insb. eine Zerrüttung des Vertrauensverhältnisses, ebenso aber auch in der Person des Kündigenden selbst liegende Gründe, bspw. Alter oder Krankheit, fallen. Eine Einzelfallabwägung ist erforderlich.

198

Die Kündigungserklärung selber ist eine **empfangsbedürftige Willenserklärung**, für die es eine gesetzliche Frist nicht gibt. Eine Kündigung zur Unzeit kann jedoch zu Schadensersatzansprüchen nach § 671 Abs. 2 BGB führen. Gesellschaftsvertraglich kann die Kündigung erleichtert, nicht jedoch erschwert werden.

b) Entziehung der Geschäftsführungsbefugnis

Unter dem Begriff „Entziehung der Geschäftsführungsbefugnis" sind die Fälle zu verstehen, in denen **gegen den Willen des Geschäftsführers** dessen Amt enden soll. Mit dessen Einverständnis stellt eine Entziehung dagegen eine hier nicht zu problematisierende einfache Vertragsänderung dar. § 712 Abs. 1 BGB ermöglicht seinem Wortlaut nach die Entziehung der Geschäftsführungsbefugnis nur in den Fällen, in denen sie nicht entsprechend des § 709 als gesetzliche Gesamtvertretung aller Gesellschafter vorgesehen ist, sondern einem einzelnen Gesellschafter – gleich in welcher Form – übertragen wurde. Die mittlerweile herrschende Auffassung geht allerdings davon aus, dass eine **Entziehung auch bei Gesamtvertretung möglich** ist.²⁵⁴ Zwar ist der Gegenauffassung zugute zu halten, dass die gesetzliche Vertretungsmacht des § 709 BGB grds. nicht trennbar mit der Gesellschafterstellung verbunden ist.

199

---

250 Siehe dazu BGH, WM 1977, 1140; MünchKomm-BGB/Ulmer, § 709 Rn. 36.
251 Siehe dazu MünchKomm-BGB/Ulmer, § 709 Rn. 34; v. Ditfurth, in: Münchener Handbuch des Gesellschaftsrechts, Bd. 1, § 7 Rn. 24; Gummert/Karrer, in: Münchener Anwaltshandbuch Personengesellschaftsrecht, § 7 Rn. 160 ff., jeweils m.w.N.
252 Siehe dazu Erman/Westermann, BGB, § 712 Rn. 10; Soergel/Hadding, BGB, § 712 Rn. 7.
253 Siehe dazu MünchKomm-BGB/Ulmer, § 712 Rn. 27; Staudinger/Habermeier, BGB, § 712 Rn. 18; Gummert/Karrer, in: Münchener Anwaltshandbuch Personengesellschaftsrecht, § 7 Rn. 229; v. Ditfurth, in: Münchener Handbuch des Gesellschaftsrechts, Bd. 1, § 7 Rn. 72.
254 Siehe dazu MünchKomm-BGB/Ulmer, § 712 Rn. 5; Soergel/Hadding, BGB, § 712 Rn. 1; Staudinger/Habermeier, BGB, § 712 Rn. 5; a.A.: Erman/Westermann, BGB, § 712 Rn. 2; RGRK-BGB/v. Gamm, § 712 Rn. 1.

> **Hinweis:**
> Zu beachten ist allerdings, dass den Mitgesellschaftern in den Fällen, in denen eine Entziehung der Geschäftsführungsbefugnis erforderlich wäre, dann nur die Kündigung der Gesellschaft oder die Ausschließung des Gesellschafters aus wichtigem Grund bliebe. Der **Entzug der Geschäftsführungsbefugnis** ist gegenüber der Ausschließung/Kündigung das **mildere Mittel**, so dass sie auch bei gesetzlicher Vertretung möglich sein sollte.

200 **Voraussetzung** der Entziehung der Geschäftsführungsbefugnis ist das Vorliegen eines wichtigen Grundes, wobei dieser praktisch immer in der Person des Geschäftsführers selbst liegt.

Beispiele:
Grobe Verstöße gegen Gesellschaftsinteressen, der klassische Griff in die Kasse, fortgesetzte Verstöße gegen ein Wettbewerbsverbot,[255] Strafhaft[256] u.Ä.

Ein **einmaliger Pflichtverstoß** reicht als Grund dabei regelmäßig nur dann, wenn dieser Verstoß sehr schwerwiegend ist. Unfähigkeit ist ausreichender Grund nur dann, wenn dies den Beteiligten nicht im Vorhinein bekannt war.[257] Für das Vorliegen eines wichtigen Grundes ist immer eine **Einzelfallabwägung** erforderlich. Dabei sind nicht nur die Belange der Gesellschaft, sondern auch die des Gesellschafters mit einzubeziehen. Besonderer Abwägungskriterien braucht es allerdings nicht, wenn Entziehungsgründe ausdrücklich im Gesellschaftsvertrag vereinbart wurden. Des **Verschuldens** des Geschäftsführers bedarf es allerdings grds. nicht.

201 **Nicht möglich** ist eine **Teilentziehung der Geschäftsführungsbefugnis**. Diese kann nur nach dem Prinzip „ganz oder gar nicht" erfolgen, es sei denn, der Gesellschaftsvertrag sähe etwas anderes vor. Vertretungsbefugnis ohne Geschäftsführungsmacht kann es nach § 715 BGB nicht geben, umgekehrt ist Geschäftsführungsbefugnis ohne Vertretungsmacht aber möglich, weshalb auch entsprechend getrennte Entziehungen denkbar sind.[258]

202 Über die Einziehung ist ein **Beschluss der Gesellschafter** zu fassen. Dieser bedarf grds. der **einstimmigen Fassung** durch alle Gesellschafter, es sei denn, im Gesellschaftsvertrag wäre eine andere Mehrheit geregelt. Bei Einziehungen aus wichtigem Grund kann die Zustimmung der Gesellschafter **ggf. eingeklagt** werden.[259] **Wirksam** wird der Einziehungsbeschluss **mit Bekanntgabe** an die Gesellschafter, dessen Befugnis entzogen wird.[260] Der Beschluss kann mit der **Feststellungsklage** angegriffen werden.[261]

c) Rechtsfolgen

203 Beim Entzug der gesetzlichen Vertretungsmacht nach § 709 BGB sowie der, nach der hier vertretenen Auffassung zulässigen, entsprechenden Kündigung durch einen Gesellschafter findet alsdann **nur noch eine Gesamtvertretung** durch die verbleibenden Gesellschafter statt.

204 Im Fall der Entziehung bzw. Kündigung einer übertragenen Geschäftsführungsbefugnis soll nach einer früher weit verbreiteten Auffassung[262] die Regelung des **§ 709 BGB wieder eingreifen** mit der Konsequenz, dass der von der Entziehung betroffene Gesellschafter wieder, in diesem Fall aber nur im Wege des faktischen Blockaderechts, an der Geschäftsführung beteiligt wäre. Vorzuziehen ist die mittlerweile

---

255 BGH, NJW-RR 1997, 925.
256 OGHBrZ. Köln, NJW 1950, 184.
257 OLG Hamm, BB 1976, 722.
258 Siehe dazu MünchKomm-BGB/Ulmer, § 712 Rn. 16.
259 BGHZ 102, 172, 176; BGH, NJW-RR 1997, 925; MünchKomm-BGB/Ulmer, § 712 Rn. 15.
260 BGHZ 31, 295, 301.
261 BGHZ 102, 172, 179.
262 Siehe dazu BayObLG, DRZ 1950, 280; Palandt/Sprau, BGB, § 712 Rn. 2; RGRK-BGB/v. Gamm, § 712 Rn. 4; Soergel/Hadding, BGB, § 712 Rn. 4; Staudinger/Keßler, BGB, § 712 Rn. 5 m.w.N.

wohl herrschende Auffassung, wonach § 709 BGB nur dann zum Zuge kommt, wenn die Gesellschaft durch die Kündigung bzw. Entziehung der Geschäftsführungsbefugnis des betroffenen Gesellschafters **handlungsunfähig** wird, insb. also im Fall der Einzelgeschäftsführung nur durch diesen Gesellschafter bzw. der zwei- oder mehrgliedrigen Gesamtvertretung, an der der betroffene Gesellschafter beteiligt war. Bleibt die Gesellschaft **handlungsfähig**, bedarf es eines **Rückgriffs auf § 709 BGB nicht**.[263] Wo es im Einzelfall zur Anwendung des § 709 BGB kommt, ist der betroffene Gesellschafter allerdings von der Beteiligung an der Geschäftsführung ausgeschlossen.

5. Vertretung der Gesellschaft

Geschäftsführungsbefugnis und Vertretungsmacht der Geschäftsführer sind nach der Regel des § 714 BGB im Zweifel verbunden. Sie können aber, was sich im Umkehrschluss aus der Norm ergibt, auch **auseinander fallen**. So ist eine Geschäftsführungsbefugnis durchaus ohne Erteilung einer Vertretungsmacht möglich, umgekehrt wird sie nicht in Betracht kommen, wie schon § 715 BGB zeigt. Unter dem **Begriff der Vertretungsmacht** ist dabei in Abgrenzung zur Geschäftsführungsbefugnis, die das rechtliche Dürfen beschreibt, die **rechtliche Möglichkeit der Durchführung** von Geschäftsführungsmaßnahmen **mit Außenwirkung** zu verstehen.

a) Rechtsnatur

§ 714 BGB spricht von einer Vertretung der anderen Gesellschafter. Daraus könnte und ist in der Vergangenheit tatsächlich der Schluss gezogen worden, dass der für die Gesellschaft handelnde geschäftsführende Vertreter nicht die Gesellschaft, sondern vielmehr deren Gesellschafter vertrat und verpflichtete. Nachdem der BGH[264] die Rechtsfähigkeit der GbR festgestellt hat, ist ebenso klar, dass es sich bei der **Vertretung der GbR** um eine **organschaftliche** handelt. Die Frage, ob neben der Vertretung der Gesellschaft auch noch einer der Gesellschafter persönlich stattfindet, ist eine der rechtsgeschäftlich getroffenen Vereinbarungen. Sie spielt aber praktisch keine Rolle mehr, da die akzessorische Haftung der Gesellschafter ohnehin einen Anspruch gegen diese begründet, der eine eigene Mitverpflichtung überflüssig macht.

b) Person des Vertreters

Nach § 714 gehen **im Zweifel Geschäftsführungsbefugnis und Vertretungsmacht Hand in Hand**, so dass ein Geschäftsführer auch zur Vertretung der Gesellschaft berechtigt ist. Soweit von dieser Regel abgewichen werden soll, muss dies ausdrücklich im Gesellschaftsvertrag geregelt werden.

Formulierungsbeispiel: Auseinanderfallen von Geschäftsführungsbefugnis und Vertretungsmacht

> Gesellschafter A, B und C sind jeweils zur alleinigen Geschäftsführung der Gesellschaft berufen. Die Vertretung der Gesellschaft erfolgt jedoch nur durch die Gesellschafter A und B gemeinsam, der Gesellschafter C ist nicht zur Vertretung der Gesellschaft berechtigt.

Im **gesetzlichen Regelfall** der Gesamtgeschäftsführung sind demnach alle Gesellschafter nur gemeinschaftlich zur Vertretung der Gesellschaft berechtigt, ist der Mehrheitsgrundsatz eingeführt, vertritt die Mehrheit der Gesellschafter die Gesellschaft nach außen.[265] **Fällt die Vertretungsmacht** eines Geschäftsführers, gleich aus welchem Grunde, **nachträglich weg** und bleibt die Gesellschaft nach den vertraglichen Regelungen mit den noch existierenden Geschäftsführern **handlungsfähig**, gilt diese Vertretungsregel, wird sie **handlungsunfähig**, gilt die gesetzliche Gesamtvertretung nach §§ 709, 714 BGB. Der Wegfall eines von zwei Gesamtgeschäftsführern führt nicht zur Alleinvertretungsbefugnis des verbleibenden. Nicht nur zur Klarstellung der gesellschaftsinternen Kompetenzverteilung, sondern auch und vor allem

---

[263] Siehe dazu Gummert/Karrer, in: Münchener Anwaltshandbuch Personengesellschaftsrecht, § 7 Rn. 209; v. Ditfurth, in: Münchener Handbuch des Gesellschaftsrechts, Bd. 1, § 7 Rn. 70; MünchKomm-BGB/Ulmer, § 712 Rn. 20; Staudinger/Habermeier, BGB, § 712 Rn. 13.
[264] BGHZ 146, 341 = NJW 2001, 1056.
[265] MünchKomm-BGB/Ulmer, § 714 Rn. 19.

aus Gründen der praktischen Handhabung im Rechtsverkehr, ist es für Gesellschaften dringend zu empfehlen, die Vertretungsmacht der Geschäftsführer im Gesellschaftsvertrag **ausdrücklich zu regeln** und aufzuführen.

c) Umfang der Vertretungsmacht

209 Auch hinsichtlich des **Umfangs der Vertretungsmacht** gilt nach § 714 BGB im Zweifel Übereinstimmung mit der Geschäftsführungsbefugnis. Nach der gesetzlichen Regel ist damit, genau entgegen der Regelung bei den Handelsgesellschaften, eine **Beschränkung des Umfangs** der Vertretungsmacht der geschäftsführenden Gesellschafter **im Außenverhältnis möglich**. Während die zur Geschäftsführung berufenen Gesellschafter einer OHG im Außenverhältnis die Gesellschaft vollumfänglich vertreten können, kann im Gesellschaftsvertrag der BGB-Gesellschaft geregelt werden, dass sich die **Vertretungsmacht nur auf bestimmte Geschäftsbereiche** oder bestimmte Arten von Geschäften **beschränkt**.[266] Dagegen ist eine Beschränkung der Vertretungsmacht nur auf das Gesellschaftsvermögen ausdrücklich nicht zulässig, da dies dem **Grundsatz der akzessorischen Haftung** nach § 128 Satz 2 HGB analog widerspricht.

Nicht verkannt werden soll allerdings, dass **die Gleichschaltung des Haftungsregimes** bei der GbR mit den Personenhandelsgesellschaften in konsequenter Umsetzung auch zu einer entsprechend unbeschränkten Vertretungsmacht der Geschäftsführer führen muss. Wenn die Haftung der Gesellschafter für Gesellschaftsverbindlichkeiten selbst dann eingreifen soll, wenn aus dem Gesellschaftsvertrag ersichtlich ist, dass die Gesellschaftsvertreter nur solche Verpflichtungen einzugehen berechtigt sind, die sich auf das Gesellschaftsvermögen beschränken, dann stellt sich die Frage, warum Vertretungsbeschränkungen, die sich ebenso nur aus der Lektüre des Vertrages ergeben, wirksam sein sollen. Der Rückgriff auf eine Zurechnung des Vertreterhandelns nach **Rechtsscheinsgrundsätzen** zur Wahrung des Verkehrsschutzes scheint insoweit nur eine Krücke zu sein.[267]

210 Der von Mitgeschäftsführern erhobene **Widerspruch** gegen Geschäftsführungsmaßnahmen führt **nicht zur Unwirksamkeit** der Vertretung.

211 Im Fall der **Passivvertretung** gilt für die BGB-Gesellschaft die Grundregel des § 164 Abs. 3 BGB, wonach selbst im Fall der Gesamtvertretung ein **einzelner Geschäftsführer zur Entgegennahme** empfangsbedürftiger Willenserklärungen **befugt** ist.

d) Beendigung der Vertretung

212 Für die **Beendigung der Vertretungsmacht** gelten die gleichen Prinzipien wie für die Beendigung der Geschäftsführungstätigkeit.

> **Hinweis:**
> Zu beachten ist allerdings, dass nach § 715 BGB bei übertragener Vertretungsmacht eine **Entziehung nur zusammen mit der Geschäftsführungsbefugnis** möglich ist. Ein Bedürfnis zur singulären Kündigung der Vertretungsbefugnis besteht nicht, da diese, anders als die Geschäftsführungsbefugnis, keine Handlungspflichten für den Gesellschafter nach sich zieht.

IV. Gesellschafterbeschlüsse

1. Allgemeines

213 Die gesetzliche Grundregel des § 709 BGB sieht vor, dass Gesellschafter die Geschäfte der Gesellschaft **gemeinschaftlich** führen. Besonderen Raum für Regelungen zu Gesellschafterbeschlüssen hat das BGB folgerichtig nicht vorgesehen, ein Beschluss über eine Geschäftsführungsmaßnahme, sonstige Gesell-

---

266 So Gummert/Karrer, in: Münchener Anwaltshandbuch Personengesellschaftsrecht, § 7 Rn. 240; wohl auch MünchKomm-BGB/Ulmer, § 714 Rn. 25, m.w.N.
267 Siehe dazu auch K. Schmidt, Gesellschaftsrecht, § 8 V.2.

schaftsangelegenheiten oder Änderungen des Gesellschaftsvertrages müssen schlicht von allen Gesellschaftern getragen werden, so dass, gleich wie, die **Zustimmung aller herbeizuführen ist**.

2. Mehrheitsentscheidungen

Die Frage nach **besonderen Regelungen** zu Gesellschafterbeschlüssen tritt folgerichtig nur in den Fällen auf, in denen unter den Gesellschaftern vereinbart wurde, über bestimmte Gegenstände gesellschaftlicher Angelegenheiten durch Beschluss einer wie auch immer bestimmten Mehrheit der Gesellschafter zu entscheiden. Diese Mehrheitsbeschlüsse sind es, die besonderer vertraglicher Regelung bedürfen.

214

3. Gegenstände gesellschaftsrechtlicher Beschlussfassung

Bei der Frage danach, wie **Gesellschafterbeschlüsse** zu behandeln und ob sie überhaupt zulässig sind, ist nach ihrem **jeweiligen Gegenstand zu unterscheiden**. Es werden dabei **drei verschiedene Kategorien** von Entscheidungsgegenständen unterschieden.

215

a) Geschäftsführungsmaßnahmen

Beschlussfassungen in Geschäftsführungsangelegenheiten können sowohl dann zu fällen sein, wenn sich die Gesellschaft eine **Gesamtgeschäftsführung mit Mehrheitsprinzip** i.S.d. § 709 Abs. 2 BGB gegeben hat, wie auch dann, wenn sie die **Beschlussfassung** über bestimmte, regelmäßig in besonderer Art hervorgehobene Geschäftsführungsangelegenheiten **allen Gesellschaftern vorbehalten** ist. Von letzterer Variante wird in Anlehnung an die Handelsgesellschaften oftmals dergestalt Gebrauch gemacht, dass bestimmte **Kataloge von Geschäften**, die sich durch ihre Art, ihre Dauerhaftigkeit oder ihren Wert im Einzelfall in besonderer Art herausheben, vor Vornahme der Zustimmung der einfachen oder qualifizierten Mehrheit der Gesellschafter bedürfen.

216

> **Hinweis:**
> Zu beachten ist allerdings, dass in allen Angelegenheiten, bei denen **besondere Regeln zur Beschlussfassung** der Gesellschafter in Geschäftsführungsmaßnahmen fehlen, **keine allgemeine Weisungspflicht** gegenüber der Geschäftsführung besteht.[268] Je genauer die Beschlusszuständigkeit der Gesellschafter im Gesellschaftsvertrag geregelt ist, desto eher lässt sich Streit darüber vermeiden. Die Zulässigkeit von Mehrheitsbeschlüssen in Geschäftsführungsangelegenheiten ist praktisch nicht begrenzt.[269] Die Gesellschafter sind verpflichtet, in diesen Angelegenheiten **Entscheidungen grds. im Interesse der Gesellschaft** zu treffen. Sie haben hierbei den praktisch identischen **Ermessensspielraum**, den auch die Geschäftsführer für ihre Entscheidungsfindung haben. Grds. besteht eine Stimmpflicht.

b) Sonstige gemeinsame Gesellschaftsangelegenheiten

Neben den Geschäftsführungsmaßnahmen gibt es bei werbenden Gesellschaften einen Bereich der Gesellschaftsangelegenheiten, der selbst nicht Vertragsänderung ist, gleichwohl aber in anderer Form in das innergesellschaftliche Verhältnis eingreift, die sog. **sonstigen gemeinsamen Gesellschaftsangelegenheiten**. Hierbei ist insb. an die **Feststellung des Jahresabschlusses**, die **Entlastung von Geschäftsführern** und ggf. die **Wahl von besonderen Gesellschaftsgremien** zu denken. Auch diese Beschlüsse stehen grds. dem Mehrheitsprinzip offen.

217

c) Änderung des Gesellschaftsvertrages

Änderungen des Gesellschaftsvertrages bedürfen grds. der **Zustimmung aller Gesellschafter**. Der Gesellschaftsvertrag kann allerdings vorsehen, dass für **bestimmte Bereiche der Änderungen** der vertraglichen Grundlage der Gesellschaft **Mehrheitsbeschlüsse** genügend sein können. Dies kann für die Fle-

218

---

[268] MünchKomm-BGB/Ulmer, § 709 Rn. 54 m.w.N.
[269] Siehe dazu auch BGH, WM 1961, 303; MünchKomm-BGB/Ulmer, § 709 Rn. 83; Plückelmann, in: Münchener Anwaltshandbuch Personengesellschaftsrecht, § 4 Rn. 11.

xibilität einer Dauergesellschaft, die sich unternehmerisch betätigt, ggf. überlebenswichtig sein. Unter solche Vertragsänderungen fallen dabei **nicht nur inhaltliche Änderungen** des Gesellschaftsvertrages als solchem, sondern auch Änderungen dergestalt, dass neue Gesellschafter aufgenommen werden, alte ausscheiden, der Zweck der Gesellschaft neuen Erfordernissen angepasst wird oder auch die Auflösung der Gesellschaft selbst.[270]

219 Bei der Vereinbarung von Mehrheitsbeschlüssen über Änderungen des Gesellschaftsvertrages sind **zwei wesentliche Grenzen** zu beachten. Zum einen gilt der sog. **Bestimmtheitsgrundsatz**. Mehrheitsbeschlüsse in vertragsändernden Angelegenheiten sind danach nur dann zulässig, wenn bereits ausdrücklich im Gesellschaftsvertrag geregelt wurde, dass diese Grundlagen der Gesellschaft durch Mehrheitsbeschluss geändert werden können und zum Zweiten auch die Grenzen etwaiger Beschlussinhalte aufgezeigt sind. Dabei gilt, dass mit der Bedeutung einer vertraglichen Regelung für den Gesellschafter auch dessen Konkretisierungsanforderungen im Vertrag steigen, wenn ein Mehrheitsbeschluss darüber möglich sein soll.[271] Jedenfalls in ungewöhnlichen Punkten bedarf es danach einer **ausdrücklichen Erwähnung möglicher Beschlussgegenstände** im Gesellschaftsvertrag.[272] Ausgangspunkt der Rspr. waren dabei **Mehrheitsbeschlüsse über Beitragserhöhungen**.[273] Entschieden wurden ferner auch Vertragsänderungen in Bezug auf die Feststellung des Jahresabschlusses,[274] Rücklagenbildung,[275] Änderungen des Gewinnverteilungsschlüssels,[276] ferner auch Änderungen der Kündigungsfolgen, Vertragsverlängerungen und Formwechsel, um nur einige zu nennen.[277]

220 **Je kapitalistischer** die Struktur einer Personengesellschaft ist, ganz besonders also bei Anlagegesellschaften, die in Form der Publikumsgesellschaft strukturiert sind, **desto leichter kann vom Bestimmtheitsgrundsatz abgewichen** werden. Soweit bei diesen allerdings wiederum in Kernaspekte der Gesellschaftsbeteiligung eingegriffen wird, insb. also Beitragserhöhungen gefordert werden sollen, muss dies auch bei Publikumsgesellschaften ausreichend bestimmt im Gesellschaftsvertrag vorbereitet sein.

221 Neben dem Bestimmtheitsgrundsatz ist allerdings immer auch ein **bestimmter Minderheitenschutz** zu beachten, der Vertragsänderungen trotz Mehrheitsklausel gegen die Stimmen auch nur einzelner Gesellschafter dann ausschließen kann, wenn dadurch eine **Ungleichbehandlung** der Gesellschafter oder ein **rückwirkender Entzug von Rechten** entstehen würde.[278] Dies gilt nach dem BGH[279] bei Eingriffen in das Stimmrecht, in das Gewinnbezugsrecht, in das Geschäftsführungsrecht, in das Recht zur Liquidationsbeteiligung und weiteren Rechten. Eine Ungleichbehandlung eines Gesellschafters ist damit, soweit dies nicht bereits im Gesellschaftsvertrag vorgesehen ist, durch Mehrheitsbeschluss gegen den Willen des benachteiligten Gesellschafters praktisch kaum möglich.

222 Aus beiden Gesichtspunkten, sowohl dem Bestimmtheitsgrundsatz wie auch dem Verbot der Ungleichbehandlung, empfiehlt es sich, im Gesellschaftsvertrag **ausdrücklich vorzusehen**, welche vertraglichen Vereinbarungen der Änderung durch Mehrheitsbeschluss unterliegen. Neben einer **Generalklausel** empfiehlt sich dabei **ausdrücklich auch die Aufführung der wesentlichen Gegenstände**, für die eine solche Änderung in Betracht kommt.

---

270 Siehe dazu MünchKomm-BGB/Ulmer, § 709 Rn. 53 m.w.N.
271 Siehe dazu MünchKomm-BGB/Ulmer, § 709 Rn. 84; K. Schmidt, Gesellschaftsrecht, § 16 II.2.
272 St. Rspr. BGHZ 8, 35, 41; 85, 350, 355; NJW 1988, 411.
273 BGHZ 66, 82, 85; siehe auch schon RGZ 91, 166, 168; 163, 385, 391.
274 BGHZ 132, 263.
275 BGH, BB 1976, 948.
276 BGH, WM 1986, 1556.
277 Zu einer Aufstellung siehe Plückelmann, in: Münchener Anwaltshandbuch Personengesellschaftsrecht, § 4 Rn. 12.
278 Siehe dazu BGH, NJW 1995, 194; K. Schmidt, Gesellschaftsrecht, § 16 II.2.d; MünchKomm-BGB/Ulmer, § 709 Rn. 98 m.w.N.
279 Siehe dazu die Entscheidung BGH, NJW 1995, 194.

4. Gesellschafterversammlungen

Zwar nennt das Gesetz in einigen Paragrafen ausdrücklich die Möglichkeit der Fassung von Gesellschafterbeschlüssen, siehe dazu vor allem §§ 709 Abs. 2, 712 Abs. 1 BGB. **Regelungen für die Form der Beschlussfassung**, vor allem also wie Gesellschafterversammlungen abzuhalten sind, gibt es jedoch nicht. Folgerichtig können diese auch völlig **formfrei** abgehalten werden. Eine Beschlussfassung ist sogar **durch schlichtes übereinstimmendes Verhalten** der Gesellschafter möglich.[280] Das Fehlen solcher Regeln ist, solange kein Streit herrscht, kein Nachteil für die Funktionsfähigkeit der Gesellschaft. Kommt es allerdings zu Streitigkeiten im Gesellschafterkreis, kann sich das Fehlen von entsprechenden Regeln als nachteilig erweisen. Es empfiehlt sich daher, im Gesellschaftsvertrag auch Regelungen zur Abhaltung von Gesellschafterversammlungen vorzusehen. Die Gesellschaft riskiert es ansonsten, durch die mangelnde Kooperation auch nur eines Gesellschafters einen **völligen Beschlussstillstand** zu erreichen. Wo ohnehin für alle Beschlüsse die Einstimmigkeit i.S.d. gesetzlichen Modells des § 709 Abs. 1 BGB erforderlich ist, spielt dies selbstverständlich keine Rolle, wo dies jedoch nicht der Fall ist, sind Regeln dringend nötig.

223

Ein **Gesellschaftsvertrag** sollte demnach die Möglichkeit des Zustandekommens förmlicher Gesellschafterbeschlüsse in Gesellschafterversammlungen vorsehen, wozu insb.

- Einladungsfristen,
- Anwesenheitsrechte,
- Vertretungsregelungen,
- Beschlussquoren,
- Protokollierungsfragen,
- Bekanntgabefragen und
- Anfechtungsmöglichkeiten

vorzusehen sind. Daneben sollte aus Flexibilitätsgesichtspunkten allerdings auch eine vertragliche Regelung dazu vorgesehen werden, dass Beschlüsse außerhalb von Gesellschafterversammlungen bei Übereinstimmung aller Gesellschafter auch in jeder anderen denkbaren Form gefasst werden können. Geht man allerdings soweit, dass auch Mehrheitsbeschlüsse mehr oder minder formfrei möglich sein sollen, riskiert man, Minderheitenrechte, wie insb. das Recht, vor Beschlussfassung angehört zu werden, sehr stark auszuhöhlen.

a) Einberufung von Gesellschafterversammlungen

Ist im Gesellschaftsvertrag keine Regelung getroffen, so steht das **Einberufungsrecht grds. jedem Gesellschafter** zu.[281] Es empfiehlt sich allerdings, auch dazu Regelungen im Gesellschaftsvertrag aufzunehmen, wobei sich insb. die Konzentration auf die geschäftsführenden Gesellschafter kombiniert mit einem Einberufungsanspruch einer qualifizierten Minderheit oftmals empfiehlt. Auch wenn das Gesetz, das ja auch bei Mehrheitsbeschlüssen grds. nicht die Einberufung von Gesellschafterversammlungen zu fordern scheint, keine Regelungen zu Formen und Fristen der Einberufung vorsieht, empfiehlt es sich, **an das Recht der GmbH angelehnte Regelungen** vorzusehen, wonach insb. bestimmte Einladungsfristen zu wahren sind, die Einladung in einer bestimmten Form, sinnvoller Weise dem eingeschriebenen Brief, erfolgen muss, und die Gegenstände/Tagesordnung der Versammlung mitgeteilt wird.

224

b) Durchführung

Für die Frage der **Durchführung einer Gesellschafterversammlung** ist es besonders wichtig, die Frage der **Teilnahmeberechtigung** und der **Konsequenzen des Nichterscheinens** eines oder mehrerer Gesellschafter zu regeln. Teilnahmeberechtigt an Gesellschafterversammlungen sind grds. nur die Gesellschafter. Das Recht zur Teilnahme an Gesellschafterversammlungen ist ebenso wie die Mitgliedschaft in der

225

---

280 BGH, BB 1972, 1474; WM 1985, 1229; siehe auch dazu MünchKomm-BGB/Ulmer, § 709 Rn. 72.
281 Westermann, Handbuch der Personengesellschaften, I Rn. 476.

GbR **höchstpersönlicher Natur**.[282] Es steht den Gesellschaftern also durchaus zu, einen vom Gesellschafter bestimmten Bevollmächtigten abzulehnen. In Ausnahmefällen ist allerdings die Zulassung von fachkundigen Beratern denkbar.[283] Der **Ausschluss vom Stimmrecht** wegen Interessenkollision, Konflikten mit § 181 BGB oder ähnlichen Hinderungen führt nicht zum Ausschluss des Teilnahme-, sondern nur des Stimmrechts. Der gesetzliche Vertreter eines Gesellschafters übt dessen Teilnahme- und Stimmrecht in vollem Umfang aus.[284]

226 Ist ein **Gesellschafter nicht bzw. nicht wirksam** in der Gesellschafterversammlung **vertreten**, stellt sich die Frage, inwieweit **Beschlüsse wirksam gefasst** werden können. So kann die Beschlussfähigkeit einer Gesellschafterversammlung an das **Erreichen eines bestimmten Quorums** angeknüpft werden. Sieht der Gesellschaftsvertrag nichts vor, müssen immer die Mehrheitserfordernisse anhand der Zahl aller Gesellschafter berechnet werden. Hat eine Gesellschaft zehn Gesellschafter, von denen vier regelmäßig nicht zu den Gesellschafterversammlungen erscheinen, und stimmt auch nur einer der anwesenden Gesellschafter gegen eine bestimmte Maßnahme, kommt diese **dauerhaft nicht zustande**. Ist dagegen ein Quorum vorgesehen, wonach insb. bei Anwesenheit von mindestens 60 % der Gesellschafter alsdann die Stimmenmehrheit der anwesenden Gesellschafter entscheidet, bleibt die Gesellschaft handlungsfähig. Regelt umgekehrt der Gesellschaftervertrag, dass eine wirksam einberufene Gesellschafterversammlung immer beschlussfähig ist, kann es zu **Zufallsergebnissen** dadurch kommen, dass ein Gesellschafter plötzlich über die Geschicke der Gesellschaft allein bestimmt. Ein Quorum kann in diesem Fall den Mitgesellschaftern ausreichenden Schutz gewähren. Sinnvoll erscheint es, solche Regelungen mit einer Auffangregel dahingehend zu kombinieren, dass bei Nichterreichen der erforderlichen Beschlussquoren einer ersten Gesellschafterversammlung umgehend eine zweite einberufen werden kann, die unabhängig von der Zahl der anwesenden Gesellschafter in jedem Fall beschlussfähig ist.

227 **Formulierungsbeispiel: Kombination Beschlussquorum mit Auffangregel**

> Gesellschafterbeschlüsse werden mit der Mehrheit der in der Gesellschafterversammlung anwesenden Stimmen gefasst.
>
> Eine Gesellschafterversammlung ist nur beschlussfähig, wenn Gesellschafter anwesend sind, die mindestens drei Viertel der Stimmen der Gesellschafter repräsentieren.
>
> Ist eine Gesellschafterversammlung danach nicht ausreichend beschlussfähig, so kann innerhalb einer Frist von zwei Wochen eine neue Gesellschafterversammlung mit gleicher Tagesordnung einberufen werden, die dann unabhängig von der Zahl der anwesenden Stimmen in jedem Fall beschlussfähig ist. Eines besonderen Hinweises auf diese Folge bedarf es nicht. Für die Einladung gelten die gleichen Form- und Fristerfordernisse wie zur Einladung zur normalen Gesellschafterversammlung. Das Recht zur Einberufung steht abweichend von den generellen Bestimmungen auch jedem einzelnen Gesellschafter, der an der nicht beschlussfähigen Versammlung teilgenommen hat, zu.

c) Form der Stimmabgabe

228 **Besondere Formvorschriften** für die Stimmabgabe gibt es im Gesetz weder für die innerhalb noch für die außerhalb von Gesellschafterversammlungen gefassten Beschlüsse.[285] Werden sie innerhalb von Gesellschafterversammlungen gefasst, wird regelmäßig eine **mündliche Stimmabgabe** erfolgen, bei außerhalb von förmlichen Gesellschafterversammlungen gefassten Beschlüssen kommt auch jede andere Form der Kommunikation des Abstimmungswillens in Frage.

---

282 MünchKomm-BGB/Ulmer, § 709 Rn. 77.
283 Siehe dazu LG Köln, BB 1975, 342.
284 BGHZ 44, 98.
285 MünchKomm-BGB/Ulmer, § 709 Rn. 71; Erman/Westermann, BGB, § 709 Rn. 28 m.w.N.

5. Stimmrechte

Mangels abweichender Regelungen im Gesellschaftsvertrag erfolgt in der BGB-Gesellschaft die **Abstimmung grds. nach Köpfen** (§ 709 Abs. 2 BGB). Soweit ohnehin einstimmige Beschlussfassung erforderlich ist, ist dies auch sachgerecht, da eine besondere Stimmgewichtung dabei keine Rolle spielt. Als unsachgemäß wird eine solche Regelung allerdings oftmals dann empfunden, wenn die Gesellschafter unterschiedliche Beiträge zur Gesellschaft erbringen, insb. **unterschiedlich hohe Einlagen geleistet** werden. In diesen Fällen wird oftmals eine **Abstimmung nach Kapitalanteilen** vereinbart, wobei teilweise je eine Stimme auf einen bestimmten Betrag eines Kapitalanteils eingeräumt wird oder Stimmgewichte nach den prozentualen Anteilen am Gesellschaftskapital vergeben werden.

229

Eine **gesetzliche Verpflichtung**, die Stimmrechte entsprechend der Beiträge zu verteilen, gibt es allerdings nicht. Es kommt deshalb insb. in Betracht, einigen Gesellschaftern über-, anderen unterproportionale Stimmrechte einzuräumen. In diesem Fall spricht man von sog. **Mehrfachstimmrechten**. Die **Grenze** solcher Mehrfachstimmrechte ist üblicherweise dann erreicht, wenn **Sittenverstöße in der vollkommenden Majorisierung** durch einen Gesellschafter zu erkennen sind[286] oder der privilegierte Gesellschafter Mehrheitsbeschlüsse praktisch alleine herbeiführen kann.[287]

230

Nicht selten wird in **Familiengesellschaften** diese Form der Stimmverteilung gewählt. Soll aus erbschaftsteuerlichen Gründen bereits ein großer Teil der wirtschaftlichen Partizipation an der Gesellschaft auf die Kindergeneration übergehen, während sich gleichzeitig der Senior weiterhin den Einfluss auf die Gesellschaftsangelegenheiten sichern möchte, wird oftmals vereinbart, dass dem Senior ein nur **geringer Kapitalanteil** eingeräumt wird, dieser aber **mit einem weit überproportionalen Stimmrecht verbunden ist**. Da das Gesetz grds. von einem Vetorecht jedes Gesellschafters deshalb ausgeht, weil Beschlussfassungen einstimmig erfolgen müssen, kann dies auch dann vertraglich vereinbart werden, wenn im Übrigen Mehrheitsbeschlüsse zur Anwendung kommen sollen.

6. Vertretung bei der Stimmabgabe/Stimmrechtsbindungen

a) Vertretungen

Das Stimmrecht ist ein **höchstpersönliches Recht** des Gesellschafters. Es kann diesem **nicht entzogen** werden, ebenso wenig ist es vom Gesellschaftsanteil abspaltbar.[288] Ein **Verzicht** auf die persönliche Ausübung des Stimmrechts für die Zukunft ist damit ebenfalls **unwirksam**.[289] Soll den Gesellschaftern die Möglichkeit eröffnet werden, sich in der Gesellschafterversammlung **durch einen Dritten vertreten** zu lassen, so ist es erforderlich, dies im Gesellschaftsvertrag entsprechend zu regeln.[290] Wen die Gesellschafter als Vertreter zulassen wollen, ist eine Frage der Praktikabilität. Eine Vertretung durch Mitgesellschafter dürfte dabei ebenso sinnvoll sein wie die Öffnung des Vertrages dafür, dass Gesellschafter durch im Wege der **Vorsorgevollmacht** bestimmte Personen im Vorsorgefall selbst vertreten werden. Andernfalls handeln sich die Gesellschafter u.U. die Vertretung durch einen ihnen völlig Fremden und möglicherweise auch nicht unbedingt sachkundigen gesetzlichen Vertreter in Form des Betreuers ein. Die gesetzliche Vertretung ist in keinem Fall ausschließbar.[291] Zu denken ist insb. an die Möglichkeit, sich in Gesellschafterversammlungen, wie dies viele Gesellschaftsverträge vorsehen, auch **durch zur Berufsverschwiegenheit verpflichtete Dritte**, vor allem also Rechtsanwälte und Steuerberater, vertreten zu lassen.

231

---

286 Siehe dazu Gummert/Karrer, in: Münchener Anwaltshandbuch Personengesellschaftsrecht, § 66 Rn. 19.
287 MünchKomm-BGB/Ulmer, § 709 Rn. 97.
288 BGHZ 3, 354; BGH, DB 1988, 436; MünchKomm-BGB/Ulmer, § 709 Rn. 60.
289 BGHZ 3, 354; BGH, DB 1976, 2295.
290 Zwar geht eine in der Lit. vertretene Auffassung davon aus, dass eine Vertretung grds. möglich ist, diese ist allerdings nicht herrschend, siehe dazu K. Schmidt, Gesellschaftsrecht, § 19 IV.4.c.
291 BGHZ 44, 98.

b) Stimmbindung

232 Vereinbarungen, mit denen die Stimmrechtsausübung in der Gesellschaft Bindungen unterworfen wird, treten grds. in **zwei verschiedenen Formen** auf. Zum einen in Form der sog. **Gruppenvertretungsregelungen** und zum anderen in Form **echter Stimmbindungsverträge**.

aa) Gruppenvertretung

233 In Gesellschaften, deren Gesellschafterkreis durch zwei oder mehr in sich homogene Gruppen von Gesellschaftern bestimmt sind, insb. also bei **Familiengesellschaften** mit mehreren Stämmen, können sich gesellschaftsvertragliche Vereinbarungen empfehlen, wonach die Stimmen einer **jeweiligen Gesellschaftergruppe nur einheitlich ausgeübt** werden können. Dies wird als **obligatorische Gruppenvertretung** bezeichnet. Gerade dann, wenn durch Erbfolge immer umfangreichere Gesellschafterkreise entstehen, ist es sinnvoll, solche Regelungen vorzusehen, um die Gesellschaft handlungsfähig zu halten. Diese werden heute allgemein als grds. zulässig angesehen.[292] Für die **Wirksamkeit** solcher Gruppenvertretungsvereinbarungen wird es als entscheidend angesehen, dass der Gruppenvertreter **Mitglied der betroffenen Gesellschaftergruppe** ist und von dieser **bestellt und abberufen werden kann**. Bei den Kernbereich der Gesellschafterrechte betreffenden Maßnahmen ist eine Durchbrechung der Gruppenvertretung und Einzelvertretung notwendig.

234 Während zwar die Gruppenvertretung dazu führt, dass die betroffenen Stimmen der Gesellschafter einheitlich ausgeübt werden, kann die **Willensbildung innerhalb der jeweiligen Gruppe** durch Mehrheitsentscheidung gebildet werden. Wie die konkrete Gruppe intern strukturiert ist, ist dabei offen, sie kann also selbst wiederum BGB-Gesellschaft sein. Fehlt es an konkreten Regelungen, ist streitig, welche internen Regelungen anzuwenden sind.[293] Es empfiehlt sich deshalb dringend eine **eigenständige Regelung zu vereinbaren**, die Bestimmungen für die Willensbildung im Innenverhältnis vorsieht, notfalls auch angelehnt an die Regelung in der Gesellschaft selbst.

235 Wie vorstehend bereits angedeutet, unterliegt die Gruppenvertretung dann **Schranken**, wenn es um **Beschlussfassungen im Kernbereich der Gesellschafterrechte** geht. Ebenso wie im Gesellschaftsvertrag nicht ausreichend bestimmt festgelegte Beitragserhöhungen nur durch einstimmigen Beschluss der Gesellschafter außerhalb jeder Gruppenvertretung beschlossen werden können, so kann auch bei vereinbarter Gruppenvertretung nicht gegen den Willen eines Einzelnen diesem eine zusätzliche Leistung aufgenötigt werden. Gleiches gilt bspw. für die Kündigung oder Auflösung der Gesellschaft. Letztlich kann als Anhaltspunkt dienen, dass mit dem Mittel der Gruppenvertretung **nicht durch die Hintertür Mehrheitsentscheidungen herbeigeführt** werden können, die ohne Gruppenvertretung zulasten eines einzelnen Gesellschafters nicht möglich wären. Solche Beschlussgegenstände, die auch sonst einem Mehrheitsbeschluss unterworfen werden können, können auch im Rahmen einer Gruppenvertretung wirksam beschlossen werden.

bb) Stimmbindungsverträge

236 Von einem **Stimmbindungsvertrag** wird dann gesprochen, wenn sich ein Gesellschafter **schuldrechtlich dazu verpflichtet**, in **bestimmter Weise sein Stimmrecht auszuüben**. Solche Verträge sind generell zulässig.[294] Allerdings wird auch nicht verkannt, dass sie tendenziell in die Nähe des **Abspaltungsverbots** nach § 717 BGB rücken, da zwar keine „dingliche" Übertragung der Stimmrechte stattfindet, die schuldrechtliche Bindung aber zu ähnlichen Ergebnissen führt.[295] Die Verpflichtung gesellschaftsfremden Drit-

---

292 Siehe dazu BGHZ 46, 291, 294; BGH, WM 1973, 990, 991; MünchKomm-BGB/Ulmer, § 709 Rn. 80; Plückelmann, in: Münchener Anwaltshandbuch Personengesellschaftsrecht, § 4 Rn. 45.

293 Siehe dazu Plückelmann, in: Münchener Anwaltshandbuch Personengesellschaftsrecht, § 4 Rn. 49 unter Darstellung der verschiedenen Auffassungen.

294 BGHZ 48, 163, 167.

295 Siehe dazu MünchKomm-BGB/Ulmer, § 717 Rn. 17.

ten gegenüber wird deshalb nach einer weit verbreiteten Auffassung für unzulässig gehalten.[296] Neben der generellen Grenze des § 138 BGB unterliegen Stimmbindungsverträge naturgemäß auch den Grenzen, denen die **Freiheit der Stimmrechtsausübung des Gesellschafters** aus dem gesellschaftsrechtlichen Treueverhältnis selbst unterliegt. Ein Gesellschafter verpflichtet sich zu einer **unmöglichen Leistung**, wenn er eine Stimmrechtsausübung verspricht, an der er aus gesellschaftsrechtlichen Gründen gehindert ist. Wie alle anderen Eingriffe in den Kernbereich des Gesellschaftsrechts auch ist auch ein Stimmbindungsvertrag, mit dem einen Gesellschafter das Stimmrecht in diesen Angelegenheiten genommen werden soll, unwirksam.[297]

7. Stimmrechtsausschluss

a) Gesetzliche Stimmrechtsbeschränkungen

Eine gesetzliche **Generalklausel zum Ausschluss des Stimmrechts** eines Gesellschafters gibt es im Recht der GbR, anders als bspw. bei der GmbH in § 47 Abs. 4 GmbHG, nicht. Im Recht der BGB-Gesellschaft gibt es nur **drei Normen**, nach denen das Stimmrecht eines Gesellschafters ausgeschlossen ist, nämlich

237

- die Entziehung der Geschäftsführungsbefugnis in **§ 712 BGB**,
- die Entziehung der Vertretungsmacht **in § 715 BGB** und
- den Gesellschafterausschluss nach **§ 737 Satz 2 BGB**.

Es ist streitig, inwieweit die gesetzlichen Regeln zum Stimmrechtsausschluss bei den Körperschaften auch auf die BGB-Gesellschaft angewendet werden können. Einigkeit besteht wohl insoweit, dass in den Fällen, in denen jemand **Richter in eigener Sache** wäre, ein **Stimmrechtsausschluss** besteht, so über die gesetzlich geregelten Fälle hinaus bspw. bei der Entlastung eines geschäftsführenden Gesellschafters, bei der Geltendmachung von Schadensersatzansprüchen gegen den betroffenen Gesellschafter oder bei Maßnahmen aus wichtigem Grund gegen den Gesellschafter. Streit besteht aber bei solchen Beschlussgegenständen, bei denen es um ein Rechtsgeschäft mit dem betroffenen Gesellschafter **nicht in seiner Gesellschafterstellung, sondern als Drittem** geht. Die wohl herrschende und zutreffende Auffassung geht auch insoweit von der entsprechenden Anwendung der gesetzlichen Regelungen bei der GmbH aus.[298]

b) Vertraglicher Stimmrechtsausschluss

Inwieweit ein **vertraglicher Ausschluss des Stimmrechts** eines Gesellschafters bei der BGB-Gesellschaft möglich ist, ist bislang **nicht eindeutig geklärt**. Direkte Rspr. dazu liegt nicht vor. In einer Entscheidung aus dem Jahr 1987 hat der BGH zwar positiv zu Gunsten eines möglichen Stimmrechtsausschlusses judiziert, diese Entscheidung galt aber noch zum früheren Verständnis der GbR in Form der Doppelverpflichtungstheorie, die heute unter der Geltung der Akzessorietätstheorie keine verlässlichen Anhaltspunkte mehr bietet.[299]

238

In der Lit. wird von einigen Stimmen ein Stimmrechtsausschluss **dann für unwirksam** gehalten, wenn der betroffene Gesellschafter unbeschränkt für die so beschlossenen Maßnahmen haftet.[300] Die zutreffende **Gegenauffassung** hält einen Stimmrechtsausschluss dagegen **auch bei unbeschränkter Haftung für**

---

296 Plückelmann, in: Münchener Anwaltshandbuch Personengesellschaftsrecht, § 4 Rn. 55; MünchKomm-BGB/Ulmer, § 717 Rn. 25; Staub/Schilling, HGB, § 163 Rn. 13, jeweils m.w.N.
297 Siehe dazu auch Plückelmann, in: Münchener Anwaltshandbuch Personengesellschaftsrecht, § 4 Rn. 59.
298 So Plückelmann, in: Münchener Anwaltshandbuch Personengesellschaftsrecht, § 4 Rn. 68; MünchKomm-BGB/Ulmer, § 709 Rn. 70; Soergel/Hadding, BGB, § 709 Rn. 29; Staudinger/Kesseler, BGB, § 709 Rn. 9; Baumbach/Hopt/Hopt, HGB, § 119 Rn. 8; a.A.: Schlegelberger/Geßler, HGB § 119 Rn. 3; RGRK-BGB/v. Gamm, § 709 Rn. 13; GK-HGB/Fischer, § 119 Anm. 22.
299 BGH, NJW 1987, 3124, 3125.
300 So Wiedemann, Gesellschaftsrecht I, § 7 II.1; Heymann/Emmerich, HGB, § 119 Rn. 25.

zulässig.[301] Dies ist **sachgerecht**, da das Gesetz mit der Öffnung gegenüber Mehrheitsbeschlüssen eine Haftung eines Gesellschafters auch ohne dessen Zustimmung kennt. Die **Kernbereichslehre** gilt allerdings auch für Stimmrechtsausschlüsse, die im Gesellschaftsvertrag vorgesehen sind. Soweit der Kernbereich einer Gesellschafterposition betroffen ist, kann ein Stimmrechtsausschluss danach nicht vereinbart werden.[302] Es empfiehlt sich deshalb, bei der Vereinbarung vertraglicher Stimmrechtsausschlüsse solche Gegenstände vom Ausschluss auszunehmen, die in den Kernbereich des Gesellschafterrechts eingreifen.

8. Beschlussmängel

a) Arten von Mängeln

239 Ein Beschluss kann aus **drei Gründen unwirksam** sein.

- Der Mangel kann darin bestehen, dass **in der Stimmabgabe** eines oder mehrerer Gesellschafter ein **Fehler** unterlaufen ist, insb. dann, wenn die Willenserklärung nach den allgemeinen Regeln des BGB unwirksam oder anfechtbar wäre.

    Beispiele:

    Mängel in der Geschäftsfähigkeit, geheime Vorbehalte (§ 116 BGB), Irrtümer (§ 119 BGB), Übermittlungsfehler (§ 120 BGB).

    Er kann allerdings auch wegen eines Stimmrechtsausschlusses aufgrund Interessenkollisionen oder wegen unzulässiger Rechtsausübung mangelbehaftet sein. Die **Rechtsfolge** einer solchen mangelhaften Stimmabgabe ergibt sich aus den Regeln des BGB. Ob dies dann auf den Beschluss durchschlägt, hängt davon ab, wie die Beschlusssituation im Übrigen aussieht. Haben bei einem Mehrheitsbeschluss genügend andere Gesellschafter mitgestimmt, ist der Beschluss trotz der Unwirksamkeit der einzelnen Stimmabgabe gleichwohl wirksam, ist dies nicht der Fall, führt es zur Gesamtnichtigkeit.[303]

- Strenger sind **Verfahrensfehler hinsichtlich ihrer Unwirksamkeitsfolgen** zu behandeln. Wird ein Gesellschafter fehlerhaft nicht zu einer Gesellschafterversammlung geladen, so führt dies, auch wenn das Abstimmungsergebnis auch ohne die Stimme des Gesellschafters zu einem wirksamen Beschluss geführt hätte, dann zur Nichtigkeit, wenn nicht ausgeschlossen werden kann, dass das Ergebnis auf dem Mangel beruht.[304] Die mangelnde Ladung führt damit praktisch immer zur Unwirksamkeit, da nicht ausgeschlossen werden kann, dass der Gesellschafter die Mitgesellschafter von einem anderen Stimmverhalten hätte überzeugen können.

- Schließlich kommt eine Unwirksamkeit auch **wegen inhaltlicher Mängel** des Beschlusses in Betracht. Führt der Beschluss zu einer Gesetzesverletzung, ist dieser, gleich ob er im Übrigen ordnungsgemäß gefasst wurde, allein schon aufgrund dieser Tatsache unwirksam.

    Beispiel:

    Verstoß gegen das Verbot der Gleichbehandlung der Gesellschafter[305] oder Verstoß gegen Verbotsgesetze.

b) Rechtsfolgen und Heilung

240 **Fehlerhafte Beschlüsse** bei der GbR sind **grds. nichtig**. Eine Anfechtbarkeit kennt das Personengesellschaftsrecht grds. nicht.[306] Betrifft ein solch unwirksamer Beschluss die Gesellschaftsorganisation, tritt

---

301 So MünchKomm-BGB/Ulmer, § 709 Rn. 63; Staub/Ulmer, GK, § 119 Rn. 69; Weipert, in: Münchener Handbuch des Gesellschaftsrechts, Bd. 1, § 57 Rn. 16; Oppermann, RNotZ 2005, 453, 460.
302 BGH, NJW 1993, 2100; MünchKomm-BGB/Ulmer, § 709 Rn. 63; K. Schmidt, Gesellschaftsrecht, § 21 II.1.c.
303 Siehe dazu MünchKomm-BGB/Ulmer, § 709 Rn. 111.
304 BGH, NJW 1995, 353, 355; MünchKomm-BGB/Ulmer, § 709 Rn. 106.
305 BGHZ 20, 363, 369.
306 BGH, NJW 1999, 3113, 3115; BGHZ 85, 350, 353; 81, 263, 264; Erman/Westermann, BGB, § 709 Rn. 38; MünchKomm-BGB/Ulmer, § 709 Rn. 105, m.w.N.; a.A.: K. Schmidt, Gesellschaftsrecht, § 15 II.3 und § 21 V.2.

allerdings nicht die Nichtigkeitsfolge ein, es werden vielmehr die **Grundsätze zur fehlerhaften Gesellschaft** angewendet.[307] **Geheilt** werden kann ein Beschlussmangel dadurch, dass er von den Gesellschaftern **ausdrücklich oder konkludent bestätigt wird**. Dies kann auch dadurch erfolgen, dass ein Mangel trotz seiner Kenntnis nicht geltend gemacht wird.[308]

Von einigen Stimmen in der Lit. wird angenommen, dass ein Mangel nur dann geltend gemacht werden kann, wenn er **innerhalb angemessener Frist** geltend gemacht wird. Enge zeitliche Grenzen scheinen hier allerdings nicht angemessen zu sein, die Monatsfrist scheint zu kurz.[309] Es empfiehlt sich angesichts dieser Unsicherheiten dringend, im **Gesellschaftsvertrag eine entsprechende Regelung** aufzunehmen.

c) Geltendmachung von Mängeln

Wie vorstehend schon angeführt, gibt es eine **bloße Anfechtbarkeit** im Recht der Personengesellschaften **nicht**. Zur Geltendmachung der Nichtigkeit bedarf es deshalb grds. auch **keiner besonderen Schritte**. Allerdings muss ein Gesellschafter, um sich nicht dem Verwirkungseinwand auszusetzen, ggf. Beanstandungen gegenüber der Gesellschaft vornehmen, falls dies nicht hilft alsdann zur Klage greifen. **Richtige Klageart** ist hierbei die **Feststellungsklage auf Nichtigkeit** des Beschlusses.[310] Umgekehrt steht es natürlich den Mitgesellschaftern offen, Klage auf Feststellung der Wirksamkeit zu erheben. 241

Wie oben bereits angedeutet, kann es sich empfehlen, im Gesellschaftsvertrag **abweichende Regelungen** zu den Folgen eines Beschlussmangels zu vereinbaren. Hierbei kommt es insb. in Betracht, eine Klausel aufzunehmen, wonach die Mangelhaftigkeit eines Beschlusses **nur innerhalb einer bestimmten Frist** geltend gemacht werden kann und bei Versäumung einer solchen „Anfechtungsfrist" die Wirksamkeit des Beschlusses eintritt. 242

Formulierungsbeispiel: Frist für die Geltendmachung der Unwirksamkeit und Folgen der Fristversäumnis 243

> Die Unwirksamkeit eines Gesellschafterbeschlusses kann nur durch innerhalb einer Frist von ...... Tagen (mindestens einen Monat) zu erhebende Klage geltend gemacht werden. Die Frist beginnt mit Mitteilung des Beschlussergebnisses. Für bei der Beschlussfassung anwesende Gesellschafter gilt der Beschluss mit dessen Fassung als mitgeteilt, im Übrigen nach besonderer schriftlicher Mitteilung durch die Geschäftsführung. Wird ein Beschluss nicht innerhalb der Frist entsprechend angegriffen, gilt ein etwa bestehender Mangel als geheilt.

V. Kontrollrechte

Es ist keine Besonderheit der BGB-Gesellschaft, sondern Charakteristikum praktisch jeder Gesellschaftsform, dass den Gesellschaftern in gewissem Umfang **Informations- und Kontrollrechte** eingeräumt sind. Dabei gilt der **Grundsatz**, dass, **je ausgeprägter die Notwendigkeit** der Mitwirkung der Gesellschafter an der Verwirklichung des Gesellschaftszwecks ist, **desto umfangreicher** auch die Informations- und Kontrollrechte sind. Insofern haben die Informations- und Kontrollrechte eine Hilfsfunktion zur Schaffung einer ausreichenden Kenntnisgrundlage für die Mitwirkung an der Verwirklichung des Gesellschaftszwecks. 244

Neben den bereits unter Rn. 191 behandelten Auskunftsansprüchen gegen die geschäftsführenden Gesellschafter aus § 713 BGB i.V.m. § 666 BGB, die dem einzelnen Gesellschafter kein Individualrecht, sondern nur der Gesellschaft selber einen quasi kollektiven Auskunftsanspruch zubilligen, hat das Gesetz 245

---

307 MünchKomm-BGB/Ulmer, § 709 Rn. 109 m.w.N.
308 MünchKomm-BGB/Ulmer, § 709 Rn. 110.
309 So aber Westermann, Personengesellschaft, I Rn. 554.
310 MünchKomm-BGB/Ulmer, § 705 Rn. 113; Erman/Westermann, BGB, § 709 Rn. 39; Soergel/Hadding, BGB, § 709 Rn. 44, jeweils m.w.N.

in § 716 BGB ein jedem Gesellschafter zustehendes **individuelles Kontrollrecht** auch für den Fall eingeräumt, dass er von der Geschäftsführung ausgeschlossen ist.

1. Inhalt und Umfang

246 Nach der Bestimmung des § 716 BGB steht jedem Gesellschafter ein Recht zu, sich **von den Angelegenheiten der Gesellschaft zu unterrichten** und die **Geschäftsbücher und -papiere der Gesellschaft einzusehen**. Das Recht richtet sich dabei grds. auf **persönliche Einsichtnahme**, nicht jedoch darauf, dass die geschäftsführenden Gesellschafter aktiv an der Verwirklichung der Kontrollrechte mitwirken müssten. Eine solche **Mitwirkungspflicht** wird nur in den Fällen angenommen, in denen sich aus den Papieren und sonstigen Unterlagen keine klaren Erkenntnisse über die Angelegenheiten der Gesellschaft gewinnen lassen.[311]

247 Der **Begriff** der „**Angelegenheiten der Gesellschaft**" wird sehr weit verstanden. Er umfasst dabei nicht nur den **Stand der laufenden Geschäfte** der Gesellschaft, sondern darüber hinaus **auch Informationen**, die bspw. die **Reputation**, die **Beziehungen der Gesellschaft**, den etwa vorhandenen **Goodwill** o.Ä. berühren. Dazu gehören auch Informationen, die einzelne Gesellschafter betreffen, wenn diese für die Gesellschaft von Bedeutung sind. So können Qualifikationen eines geschäftsführenden Gesellschafters ebenso von Interesse sein wie etwaige Bezüge, die ein geschäftsführender Gesellschafter aktuell erhält oder die ihm versprochen sind und ähnliche Details. Leichter als einen Positivkatalog lässt sich die Abgrenzung dahingehend negativ treffen, dass **nur solche Angelegenheiten vom Kontrollrecht ausgenommen** sind, **die ausschließlich persönliche Angelegenheiten** der Mitgesellschafter betreffen. Dass dies im Einzelfall sehr weitgehend sein kann, zeigt sich schon daran, dass bspw. ehevertragliche Vereinbarungen eines Gesellschafters im Hinblick auf die Unterwerfung des Gesellschaftsanteils unter den Zugewinnausgleich für die Mitgesellschafter nicht unerhebliche Bedeutung haben können.

248 Umstritten ist, inwieweit Informationsrechte bei **konzernmäßig verbundenen Personengesellschaften** bestehen. Die dazu vorliegende Rspr. des BGH ist unergiebig.[312] Da ein direkter Anspruch gegen die konzernmäßig verbundenen Gesellschaften nicht besteht, kommt ein entsprechender Anspruch nur gegen die Gesellschaft selbst in Betracht, so dass Gegenstand etwaiger Auskunftsrechte nur dasjenige sein kann, was die Gesellschaft selbst im Rahmen des ihr etwa aus der konzernmäßigen Verbindung zustehenden Auskunftsanspruchs erfahren kann.[313]

249 Die **Einsichtnahme in die Geschäftsbücher** ist hinsichtlich der Art und Weise sowie der zeitlichen und örtlichen Voraussetzungen nach den Verhältnissen der Gesellschaft zu bestimmen. Hat die Gesellschaft einen Geschäftsbetrieb mit eingerichteten Geschäftsräumen, so hat sie **während der Geschäftszeiten in den Geschäftsräumen** zu erfolgen. Liegen solche Voraussetzungen nicht vor, müssen sich die entsprechenden Voraussetzungen anhand der tatsächlichen Verhältnisse bestimmen. Einen Anspruch, sämtliche Unterlagen übersandt zu bekommen, hat der Gesellschafter nicht. Soweit es die Angelegenheiten aufgrund ihres Schwierigkeitsgrades erfordern, besteht für den Gesellschafter die Möglichkeit, einen **sachverständigen Dritten** hinzuzuziehen, wobei in der Person des Sachverständigen die Gewährleistung dafür gegeben sein muss, dass etwaige **Verschwiegenheitserfordernisse** gewahrt bleiben.[314] Eine vollständige Übertragung des Einsichtsrechts auf Dritte kommt allerdings nicht in Betracht, so dass der hinzugezogene Berater immer nur Hilfsperson sein darf.

250 **Besondere Gründe** für die Einsichtnahme muss der Gesellschafter nicht vortragen. Gesichtspunkte von **Treu und Glauben** können **nur ganz ausnahmsweise** zur Verweigerung der Einsichtnahme führen. Dies kann dann der Fall sein, wenn sie zeitlich nicht opportun ist, z.B. gleichzeitig eine Außenprüfung des

---

311 BGH, WM 1983, 910, 911; BB 1972, 1245; MünchKomm-BGB/Ulmer, § 716 Rn. 9.
312 Siehe dazu BGHZ 25, 115, 118; BGH, WM 1983, 910.
313 So auch Weipert, in: Münchener Handbuch des Gesellschaftsrechts, Bd. 1, § 8 Rn. 10; ders., DStR 1992, 1097, 1098; Plückelmann, in: Münchener Anwaltshandbuch Personengesellschaftsrecht, § 4 Rn. 124; zur OHG Baumbach/Hopt/Hopt, HGB, § 118 Rn. 16.
314 Siehe dazu BGH, BB 1962, 899, 900; MünchKomm-BGB/Ulmer, § 716 Rn. 16.

Finanzamts läuft oder erhebliche Bedenken in der Person des Gesellschafters dagegen sprechen, bspw. ein Wettbewerbsverstoß droht.[315] Ein **vollständiger Ausschluss des Kontrollrechts** ist damit allerdings nicht verbunden, allenfalls eine Einschränkung auf nicht sensible Gegenstände bzw. Verweisung auf einen zeitlich anderen Termin. Die **fortwährende Geltendmachung** der Kontrollrechte kann allerdings **unzulässige Rechtsausübung i.S.d. Schikane** sein, so dass auch insoweit eine Einschränkung der Rechte aus § 716 BGB in Betracht kommt.

2. Beteiligte

a) Berechtigter

Die gesetzlichen Kontrollrechte stehen den Gesellschaftern zu. **Ausgeschiedenen Gesellschaftern** stehen sie damit direkt nicht zu, ihnen kann allenfalls ein **Recht auf Urkundeneinsicht** nach § 810 BGB und **Rechnungslegung** nach § 259 BGB zustehen.[316]

251

Anderen Personen, wie insb. einem Treugeber, einem Nießbrauchsberechtigten oder einem Unterbeteiligten, stehen die Rechte **ausdrücklich nicht zu**. Dazu bedarf es einer Ergänzung des Gesellschaftsvertrages. Liegt eine solche Vereinbarung nicht vor, stellt die Weitergabe der Informationen grds. die **Verletzung einer gesellschaftsrechtlichen Pflicht** des Gesellschafters dar.[317]

b) Verpflichteter

Das Kontrollrecht richtet sich **gegen die Gesellschaft selbst**.[318] Anerkannt ist allerdings, dass aus Praktikabilitätsgesichtspunkten der oder die geschäftsführenden Gesellschafter direkt in Anspruch genommen werden können, da diese den Anspruch für die Gesellschaft zu erfüllen haben.[319]

252

3. Durchsetzung

Das Kontrollrecht des § 716 BGB kann **im Klageverfahren** vor den **ordentlichen Gerichten** durchgesetzt werden. Erhoben werden muss eine **Leistungsklage** auf Gestattung der Einsicht bzw. ggf. Erteilung einer Auskunft.

253

4. Vertragliche Regelung der Kontrollrechte

Bei der BGB-Gesellschaft kommt eine **Erweiterung der gesetzlichen Kontrollrechte** auf vertraglicher Grundlage schon deshalb praktisch nicht in Betracht, da § 716 BGB ein umfassendes Kontroll- und Einsichtsrecht gewährt. Gegenstand vertraglicher Regelungen sind folgerichtig nur Einschränkungen des Kontrollrechts.

254

Im Gesetz selbst findet sich eine **Schranke der möglichen Einschränkung** der Kontrollrechte der Gesellschafter in § 716 Abs. 2 BGB, der die Geltendmachung des Kontrollrechts selbst bei einem vertraglichen Ausschluss dann ermöglicht, wenn es sich um **unredliche Geschäftsführung** handelt. Inwieweit aber darüber hinausgehend die Kontrollrechte der Gesellschafter eingeschränkt werden können, ist streitig. Ein praktisches Argument spricht für die teilweise vertretene Auffassung, ein Ausschluss sei grds. unzulässig. Wenn nämlich § 716 Abs. 2 BGB bei unredlicher Geschäftsführung ein Kontrollrecht einräumt, dann muss dem Gesellschafter überhaupt erst die Möglichkeit gegeben sein, das unredliche Verhalten durch Einsichtnahme in die Geschäftsunterlagen zu bemerken.[320] Der BGH hat in einem obiter dictum einmal

255

---

315 Siehe dazu BGH, BB 1979, 1315, 1316.
316 BGH, ZIP 1988, 1175, 1176; ZIP 1989, 768.
317 BGHZ 50, 316.
318 MünchKomm-BGB/Ulmer, § 716 Rn. 1; Weipert, in: Münchener Handbuch des Gesellschaftsrechts, Bd. 1, § 8 Rn. 17.
319 BGH, BB 1962, 899; OLG Celle, ZIP 1983, 944; MünchKomm-BGB/Ulmer, § 716 Rn. 1; Weipert, in: Münchener Handbuch des Gesellschaftsrechts, Bd. 1, § 8 Rn. 17, jeweils m.w.N.
320 Siehe dazu Wiedemann, Gesellschaftsrecht, § 7 II.2.

Zweifel an einem Ausschluss der Kontrollrechte zum Ausdruck gebracht.[321] Die herrschende Auffassung in der Lit. geht von der **grds. Zulässigkeit der Einschränkung** der Kontrollrechte eines Gesellschafters aus.[322] Diese Auffassung hat den Wortlaut des § 716 Abs. 2 BGB für sich. Es erscheint deshalb zutreffend, bereits im Gesellschaftsvertrag vereinbarte Ausschlüsse der Kontrollrechte eines Gesellschafters für rechtlich zulässig zu halten.

256 Eine andere Frage ist es, ob **durch Mehrheitsbeschluss** Kontrollrechte eines Gesellschafters eingeschränkt werden können. Gerade im Hinblick auf die nunmehr grds. unbeschränkte und unbeschränkbare Haftung eines Gesellschafters erscheint es zutreffend, die Kontrollrechte dem **Kernbereich der Gesellschafterrechte** zuzuordnen und somit einen Ausschluss der Kontrollrechte durch Mehrheitsbeschluss für **unzulässig** zu erachten. Soweit der Gesellschafter nicht selbst dem entsprechenden Ausschluss zustimmt, kann er auch nicht durch die übrigen Gesellschafter im Wege der Satzungsänderung eingeführt werden.[323]

VI. Wettbewerb

1. Gesetzliches Wettbewerbsverbot

257 Anders als für die OHG (dort in den §§ 112 f. HGB) kennt das Recht der BGB-Gesellschaft **kein gesetzlich normiertes Wettbewerbsverbot** der Gesellschafter. Gleichwohl wendet die absolut h.M. die Wettbewerbsbeschränkungen der **§§ 112, 113 HGB insoweit entsprechend** auf die GbR an, als die dort geregelten Beschränkungen jedenfalls **für die geschäftsführenden Gesellschafter** deshalb als verbindlich angesehen werden, weil sie im Rahmen ihrer gesellschaftsrechtlichen Treuepflicht zu entsprechendem Verhalten verpflichtet sind.[324]

Ein entsprechendes Wettbewerbsverbot für die **nicht geschäftsführenden Gesellschafter** gibt es grds. nicht,[325] da diesen jedenfalls dann, wenn sie von den Kontroll- und Einsichtsrechten ausgeschlossen sind, nicht in eine Lage versetzt sind, durch Sonderwissen zulasten der anderen Gesellschafter eigene geschäftliche Tätigkeiten zu entfalten.[326]

Einen Problemfall stellen diejenigen Gesellschafter einer GbR dar, die zwar **nicht geschäftsführungsbefugt** sind, denen aber im gesetzlichen Rahmen die **Kontrollmöglichkeiten des § 716 BGB belassen sind**. Da diese aufgrund ihrer jederzeitigen Einsichtsmöglichkeit in der Lage sind, sich Sonderwissen über die Gesellschaft zu verschaffen, ist bei diesen auch die latente Gefahr möglichen Wettbewerbsverhaltens unter Ausnutzung dieser Kenntnisse gegeben. Allerdings scheint es gleichwohl nicht sachgerecht, diese Gesellschafter mit der Schärfe eines allgemeinen Wettbewerbsverbots zu belegen.[327] Ausreichend ist, es den Gesellschaftern **zu untersagen**, durch Einsichtnahme erlangte Kenntnisse für sich zu verwerten.[328] Die **Beweislast** dafür, dass Wettbewerbsverhalten nicht von innerhalb der Gesellschaft gewonnenen Erkenntnissen ermöglicht oder gefördert wurde, sollte in diesem Fall allerdings dem Gesellschafter obliegen.

---

321 BGH, ZIP 1988, 1175, 1176.
322 Siehe dazu MünchKomm-BGB/Ulmer, § 716 Rn. 17; Baumbach/Hopt/Hopt, HGB, § 118 Rn. 17; Weipert, in: Münchener Handbuch des Gesellschaftsrechts, Bd. 1, § 8 Rn. 4; wohl auch bei BayObLG, NJW-RR 1989, 350.
323 Siehe dazu BGH, ZIP 1994, 1942.
324 MünchKomm-BGB/Ulmer, § 705 Rn. 235; Plückelmann, in: Münchener Anwaltshandbuch Personengesellschaftsrecht, § 4 Rn. 200; v. Ditfurth, in: Münchener Handbuch des Gesellschaftsrechts, Bd. 1, § 7 Rn. 15, jeweils m.w.N.
325 A.A.: Westermann, Handbuch der Personengesellschaften, I Rn. 447; Soergel/Hadding, BGB, § 705 Rn. 62.
326 So auch Plückelmann, in: Münchener Anwaltshandbuch Personengesellschaftsrecht, § 4 Rn. 200; MünchKomm-BGB/Ulmer, § 705 Rn. 236.
327 So aber Westermann, Handbuch der Personengesellschaften, I Rn. 447; Soergel/Hadding, BGB, § 705 Rn. 62.
328 So MünchKomm-BGB/Ulmer, § 705 Rn. 236, m.w.N.

Bei **rein kapitalistischen Gesellschaften**, insb. also bei Publikumsanlagegesellschaften und ähnlichen Gesellschaftsformen, besteht **kein Wettbewerbsverbot**.[329]

2. Verstöße gegen das Wettbewerbsverbot

Als Wettbewerbshandlungen gegenüber der Gesellschaft anzusehen sind **solche Geschäfte, die im gleichen Handelszweig bzw. Geschäftsfeld vorgenommen** werden. Das Geschäftsfeld der Gesellschaft ist dabei **sachlich und räumlich abzugrenzen**. 258

In sachlicher Hinsicht handelt es sich dabei um solche Geschäfte, die im Rahmen des gemeinsamen Gesellschaftszwecks tatsächlich von der Gesellschaft wahrgenommen werden. Soweit im Gesellschaftsvertrag ein engerer oder weiterer Unternehmensgegenstand definiert ist, spielt dies grds. keine Rolle. Es geht um die **tatsächliche Zweckverwirklichung**, wie sie bei der Gesellschaft besteht.[330]

> **Hinweis:**
>
> Zu beachten ist allerdings, dass sich aus einer weiteren Formulierung des Gesellschaftsvertrages möglicherweise die Absicht zur Erweiterung des gegenwärtig praktizierten Geschäftsfeldes ergibt, was insoweit dann auch das Wettbewerbsverbot weiter fasst.[331]

Neben diese sachliche Abgrenzung tritt allerdings auch eine **räumliche**. Das Wettbewerbsverbot kann insoweit nur gerechtfertigt sein, wie tatsächlich auch eine Schädigung der Gesellschaft in Betracht kommt. Die Bestimmungen des § 1 GWB lassen es nicht zu, das Wettbewerbsverbot weiter als notwendig zu fassen. Ist der betreffende Gesellschafter also mit einem artverwandten Gewerbe in einem **räumlich völlig abgegrenzten Markt** tätig, so verstößt er nicht gegen das Wettbewerbsverbot.

> *Beispiel:*
>
> *Eine GbR, die einen Teeladen in Hamburg betreibt, hat folgerichtig keinen Anspruch darauf, dass ein Gesellschafter den Betrieb eines Teeladens in München unterlässt, es sei denn, das Geschäft in Hamburg wäre als Versandhandel überregional tätig.*

Es spielt keine Rolle, ob der betreffende Gesellschafter die **Geschäfte für eigene Rechnung oder für die eines Dritten** vornimmt.[332] Handelt der Gesellschafter also als Vertreter eines Dritten, als Organ einer anderen Gesellschaft, als Treuhänder oder in ähnlicher Stellung, so ist dies ebenso Verstoß gegen das Wettbewerbsverbot wie eine Tätigkeit im eigenen Namen. 259

Der **Umfang der entfalteten Tätigkeit** spielt grds. keine Rolle, es sei denn, es handelte sich um **rein private Tätigkeiten**. 260

Gelegenheitsgeschäfte, die zu Erwerbszwecken entfaltet werden, sind relevante Wettbewerbshandlungen. Es ist ausdrücklich nicht erforderlich, dass die Gesellschaft das vom Gesellschafter betriebene Geschäft selbst überhaupt durchgeführt hätte.[333] **Vorbereitungsmaßnahmen** auf ein etwaiges künftiges Geschäft fallen dann unter das Wettbewerbsverbot, wenn sie zu einer konkreten und aktuellen Schädigung der Geschäftsaussichten der GbR führen.

Ein Verstoß gegen das Wettbewerbsverbot kommt selbstverständlich dann nicht in Betracht, wenn die **Mitgesellschafter dem Geschäft zugestimmt** haben.

---

329 BGHZ 38, 306.
330 Siehe dazu BGHZ 89, 162, 170.
331 Siehe dazu BGHZ 70, 331, 333.
332 BGH, WM 1972, 1229.
333 Siehe dazu BGHZ 70, 331, 333; BGH, WM 1984, 229.

3. Vertragliche Regelungen zum Wettbewerbsverbot

261 Eine **Verschärfung** des gesetzlichen Wettbewerbsverbots **im Gesellschaftsvertrag** kommt deshalb praktisch **nicht in Betracht**, da das gesetzliche Wettbewerbsverbot **bereits so umfassend ausgestaltet** ist, wie dies nach § 1 GWB überhaupt zulässig sein kann. Allenfalls kommen Regelungen in Randbereichen in Frage. Dies kann insb. dort eine Rolle spielen, wo nach bisheriger Auffassung in Lit. und Rspr. kein klares Bild davon besteht, inwieweit Wettbewerbsbeschränkungen überhaupt gegeben sind und wie weit diese reichen, bspw. beim Gesellschafter ohne Kontrollrechte i.S.d. § 716 BGB.

262 Von größerer Relevanz sind **vertragliche Einschränkungen** des gesetzlichen Wettbewerbsverbotes. Das aus der vertraglichen Treuepflicht resultierende Wettbewerbsverbot ist **dispositiv**. Gerade für die GbR, für die es an gesetzlichen Regelungen fehlt, ist eine solche Festlegung hilfreich. Selbst in den Fällen also, in denen die Gesellschafter keine abweichenden Regelungen zum Wettbewerbsverbot treffen wollen, empfiehlt es sich für die GbR, eine entsprechende Satzungsbestimmung aus **Klarstellungsgesichtspunkten** aufzunehmen. Insoweit kann sich an der Formulierung des § 112 HGB orientiert werden.

263 Einschränkungen des Wettbewerbsverbots können sich bereits daraus ergeben, dass die **Gesellschaft wissentlich** mit einem Mitgesellschafter eingegangen wird, der **anderweitige Aktivitäten** im Bereich des von der Gesellschaft betriebenen Unternehmens besitzt. Insoweit kann von einem **konkludenten Ausschluss** ausgegangen werden. In jedem Fall empfiehlt sich bei der schriftlichen Abfassung eines Gesellschaftsvertrages auch dies klarzustellen. Die Gesellschafter müssen sich bei der Einschränkung der Wettbewerbsverbote jedoch im Klaren sein, dass ein Mehr an Freiheit für den einen Gesellschafter gleichzeitig ein Mehr an Risiken für die Mitgesellschafter bedeutet. **Je umfangreicher der Ausschluss** des Wettbewerbsverbots ist, **desto größer wird die Gefahr**, dass sich ein Gesellschafter auf Kosten der Gesellschaft und damit auch seiner Mitgesellschafter **singulär Vorteile** verschafft. Wo die Gesellschafter eigene Aktivitäten betreiben wollen, sollte im Gesellschaftsvertrag deren Umfang und deren Verhältnis zu den Aktivitäten der Gesellschaft möglichst klar festgelegt werden. Je konkreter die Formulierung, desto eher lässt sich Streit vermeiden.

264 Gesellschaftsvertraglich wird oftmals vorgesehen, dass zwar kein genereller Ausschluss des Wettbewerbsverbots vereinbart wird, **im Einzelfall** die Gesellschafter aber **durch Mehrheitsbeschluss** über die Befreiung entscheiden können. Dies ist selbstverständlich da nicht ausreichend, wo sich ein Gesellschafter sicher sein will, bestimmte Wettbewerbshandlungen vornehmen zu dürfen. In allen übrigen Fällen wird es als erforderlich angesehen, dass der **Mehrheitsbeschluss selbst sachlich gerechtfertigt** ist.[334]

265 Die **gesetzliche Treuepflicht** des Gesellschafters, die ein Wettbewerbsverbot begründet, **endet mit dessen Ausscheiden** aus der Gesellschaft. Es endet ferner mit **Auflösung der Gesellschaft**, nicht erst mit der Vollbeendigung. Es kann im Interesse der Gesellschafter sein, ein Wettbewerbsverbot auch noch für solche Zeiträume zu vereinbaren, zu denen der Betreffende nicht mehr Gesellschafter ist. Solche **nachvertraglichen Wettbewerbsverbote** sind zwar grds. zulässig, sie unterliegen allerdings einer verstärkten **Inhaltskontrolle**. Da der Gesellschafter, der durch das Ausscheiden an wirtschaftlicher Betätigung in der Gesellschaft gehindert ist, nicht vollständig vom Broterwerb ausgeschlossen werden kann, sind solche Wettbewerbsverbote sowohl zeitlich wie auch **räumlich und gegenständlich auf das unbedingt notwendige Maß einzuschränken**.[335]

Eine **Entschädigung** ist anders als nach den handelsrechtlichen Vorschriften für Handlungsgehilfen und Handelsvertreter grds. nicht vorgesehen. Je nach Art der Tätigkeit der Gesellschaft kann eine solche gleichwohl zur Kompensation erforderlich sein. Man denke insoweit nur an die Berufsausübungsgesellschaften wie bspw. eine überörtliche Anwaltssozietät. Kompensationslose Wettbewerbsverbote können dort zu **Berufsverboten** führen. In Betracht kommen insoweit **Mandatsschutzklauseln**.[336]

---

334 Staub/Ulmer, HGB, § 112 Rn. 31; Plückelmann, in: Münchener Anwaltshandbuch Personengesellschaftsrecht, § 4 Rn. 235.
335 Siehe dazu BGH, NJW 2004, 66.
336 Siehe dazu Schmid, in: Münchener Handbuch des Gesellschaftsrechts, Bd. 1, § 24 Rn. 83 ff.

4. Rechtsfolgen eines Verstoßes

Bzgl. des konkreten wettbewerbswidrigen Verhaltens des Gesellschafters steht der Gesellschaft zunächst ein **Unterlassungsanspruch** zu. Hinsichtlich der bereits entstandenen Beeinträchtigungen der Gesellschaft trifft den Gesellschafter ein **Schadensersatzanspruch**, der sich nach den allgemeinen Vorschriften richtet. Daneben tritt auch für die BGB-Gesellschaft in entsprechender Anwendung des § 113 HGB das Recht, das Geschäft an sich zu ziehen, das sog. **Eintrittsrecht**.[337]

266

VII. Rechnungslegung

1. Gesetzliche Regelungen

Eine **gesetzliche Verpflichtung** der BGB-Gesellschaft zur **Führung von Büchern und zur Aufstellung einer Bilanz** besteht grds. nicht.[338] Die einzige Regelung zur Aufstellung eines Rechnungsabschlusses findet sich in § 721 BGB. Dessen Abs. 1 regelt, dass grds. ein **Rechnungsabschluss erst nach der Auflösung** der Gesellschaft verlangt werden kann. Allerdings schränkt § 721 Abs. 2 BGB den § 721 Abs. 1 BGB für die allermeisten Formen der Gesellschaften bürgerlichen Rechts dahingehend ein, dass bei auf längere Dauer angelegten Gesellschaften ein Rechnungsabschluss **im Zweifel am Schluss eines jeden Geschäftsjahres** erfolgen muss. Die Regel des § 721 Abs. 1 BGB hat damit nur dann Bedeutung, wenn es sich um Gelegenheitsgesellschaften handelt.

267

Während § 721 BGB zur Frage des Zeitpunkts der Aufstellung eines Rechnungsabschluss eine grobe Orientierung anhand der Gesellschaftsdauer an die Hand gibt, fehlt es für die **Form** eines solchen Abschlusses an jedweder gesetzlichen Regelung. Die Rechnungslegungsvorschriften des **Handelsrechts** finden jedenfalls **grds. keine Anwendung**. Mangels anderweitiger Regelungen kann damit nur eine Rechenschaftslegung **i.S.d. § 259 BGB** verlangt werden.[339] Dies setzt, wie auch § 716 BGB zeigt, die **Führung gewisser Geschäftsunterlagen**, wenn auch nicht zwingend in Form einer Buchhaltung, voraus.[340] Ausreichend ist jede geordnete und verständliche Zusammenstellung der Einnahmen und Ausgaben, die so gestaltet ist, dass eine Überprüfung durch die Gesellschafter möglich ist.[341] Die Einhaltung der Grundsätze ordnungsgemäßer Buchführung ist gesetzlich nicht vorgeschrieben,[342] ihre Einhaltung führt aber jedenfalls zur ordnungsgemäßen Rechnungslegung.

268

Praktisch wichtiger als die zivilrechtlichen Voraussetzungen der Rechnungslegung sind die **steuerrechtlichen Vorgaben**. Betreibt eine GbR ein Gewerbe, dann sieht § 141 Abs. 1 AO bei Überschreiten bestimmter Umsatz- oder Gewinnzahlen eine **steuerrechtliche Buchführungspflicht** vor.

269

Verantwortlich für die Aufstellung des Rechnungsabschlusses sind alle **geschäftsführenden Gesellschafter gemeinsam**.[343] Der Rechnungsabschluss ist **Geschäftsführungsmaßnahme**. Kommt bei der Aufstellung des Rechnungsabschlusses die Anwendung von Bewertungsspielräumen in Betracht, so steht die Ermessensausübung ebenfalls den Geschäftsführern zu. Das Widerspruchsrecht des § 711 BGB besteht für die Aufstellung des Rechnungsabschlusses nicht.[344]

270

Mit der Verpflichtung der Geschäftsführer zur Aufstellung des Rechnungsabschlusses korrespondiert ein **Anspruch jedes einzelnen Gesellschafters**. Ob sich der Anspruch dabei gegen die Gesellschaft oder

271

---

337 Soergel/Hadding, BGB, § 705 Rn. 62.
338 Ebenroth/Boujong/Joost/Wiedmann, HGB, § 238 Rn. 7.
339 Soergel/Hadding, BGB, § 721 Rn. 2.
340 MünchKomm-BGB/Ulmer, § 713 Rn. 11.
341 BGH, NJW 1982, 573, 574; BayObLG, NJW-RR 1988, 18.
342 MünchKomm-BGB/Ulmer, § 721 Rn. 6.
343 MünchKomm-BGB/Ulmer, § 721 Rn. 6; Gummert, in: Münchener Handbuch des Gesellschaftsrechts, Bd. 1, § 14 Rn. 20, jeweils m.w.N.
344 Siehe dazu MünchKomm-BGB/Ulmer, § 721 Rn. 7.

gegen die geschäftsführenden Gesellschafter direkt richtet, ist ein mehr akademisches Problem,[345] da eine Inanspruchnahme der geschäftsführenden Gesellschafter nach jeder Auffassung möglich ist. Eine **Abspaltung dieses Anspruchs** ist nach § 717 Satz 1 BGB unzulässig.[346]

2. Vertragliche Regelungen zur Aufstellung des Rechnungsabschlusses

272 Die gesetzlichen Regelungen des § 721 BGB sind **dispositiv**. Relevant sind hierbei insb. solche vertraglichen Vereinbarungen, nach denen eine Rechnungslegung der Gesellschaft nach den **Grundsätzen ordnungsgemäßer Buchführung** zu erfolgen hat und eine **Bilanz nebst Gewinn- und Verlustrechnung** aufgestellt werden muss. Auch wenn die herrschende Literaturmeinung davon ausgeht, dass dies bei erwerbswirtschaftlich tätigen BGB-Gesellschaften ohnehin **stillschweigend vereinbart** ist,[347] empfiehlt sich gleichwohl eine ausdrückliche Regelung im Gesellschaftsvertrag. Aufgrund der engen Verknüpfung mit dem Steuerrecht wird sich jedenfalls für die meisten BGB-Gesellschaften die Bezugnahme auf die steuerrechtlichen Vorschriften empfehlen.

273 **Formulierungsbeispiel: Form der Rechnungslegung nebst Bilanz**

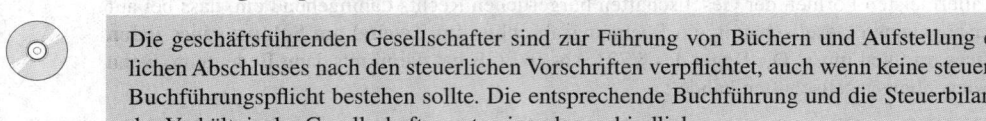

> Die geschäftsführenden Gesellschafter sind zur Führung von Büchern und Aufstellung eines jährlichen Abschlusses nach den steuerlichen Vorschriften verpflichtet, auch wenn keine steuerrechtliche Buchführungspflicht bestehen sollte. Die entsprechende Buchführung und die Steuerbilanz sind für das Verhältnis der Gesellschafter untereinander verbindlich.

3. Feststellung des Rechnungsabschlusses

274 Obwohl § 721 BGB **keine Differenzierung zwischen der Aufstellung des Abschlusses und dessen Feststellung** trifft, wird absolut herrschend zwischen diesen beiden Akten differenziert.[348] Unter Aufstellung wird dabei die **tatsächliche Fertigung des Entwurfs** des Rechnungsabschlusses verstanden, während die Feststellung den **gesellschaftsrechtlichen Billigungsakt** darstellt.[349] Bestandteil der Feststellung ist die Beschlussfassung über die Ergebnisverteilung. Nach entsprechender Feststellung der Ergebnisverteilung entstehen die **Ansprüche der Gesellschafter auf Auszahlung des Gewinns bzw. Ausgleich des Verlustes**.[350] Durch die Feststellung wird der Rechnungsabschluss **in Gänze gebilligt**. Dies schließt auch etwaige Einzelpositionen ein, was ggf. auch zum Verlust von Ansprüchen der Gesellschaft gegenüber Mitgesellschaftern führen kann.[351] Soweit nicht gesellschaftsvertraglich anderweitig geregelt, bedarf der Feststellungsbeschluss der **Zustimmung aller Gesellschafter**. Soweit die Gesellschafter Einwendungen gegen die Aufstellung des Rechnungsabschlusses erheben, kann dies grds. nur durch die Verweigerung der Feststellung geschehen.

VIII. Ergebnisverteilung

1. Gesetzliche Regelung der Ergebnisverteilung

275 Ebenso rudimentär wie die Regelungen zur Rechnungslegung ist die gesetzliche **Normierung der Ergebnisverteilung**. § 722 Abs. 1 BGB regelt dazu nur, dass im Zweifel unabhängig von der Höhe der Beiträge eine **Ergebnisverteilung nach Köpfen** stattfindet. Die etwaigen Kapitalanteile spielen anders als bei den Handelsgesellschaften keine Rolle. Sie ist damit ebenso wie § 706 BGB Kennzeichen des

---

345 Zur Darstellung siehe Gummert, in: Münchener Handbuch des Gesellschaftsrechts, Bd. 1, § 14 Rn. 24.
346 MünchKomm-BGB/Ulmer, § 717 Rn. 7.
347 Siehe dazu MünchKomm-BGB/Ulmer, § 721 Rn. 6; Soergel/Hadding, BGB, § 721 Rn. 2.
348 Siehe dazu MünchKomm-BGB/Ulmer, § 721 Rn. 4; Soergel/Hadding, BGB, § 721 Rn. 2.
349 Zur Rechtsnatur des Feststellungsaktes siehe Gummert, in: Münchener Handbuch des Gesellschaftsrechts, Bd. 1, § 14 Rn. 34 ff.
350 BGHZ 80, 357; MünchKomm-BGB/Ulmer, § 721 Rn. 8.
351 Siehe dazu Gummert, in: Münchener Handbuch des Gesellschaftsrechts, Bd. 1, § 14 Rn. 33.

personalistischen Verständnisses der BGB-Gesellschaft. Die Rspr. ist allerdings hinsichtlich der auch konkludenten Vereinbarung abweichender Maßstäbe sehr großzügig.[352] Die Erbringung des vertraglich geschuldeten Beitrags ist nicht Voraussetzung der Ergebnisbeteiligung.[353]

Nach § 722 Abs. 1 BGB gelten die Regeln der Gewinnverteilung ebenso für die **Verteilung des Verlustes**. § 721 Abs. 2 BGB spricht allerdings davon, dass bei Gesellschaften von längerer Dauer nur der Gewinn, nicht allerdings der Verlust mittels jährlichem Rechnungsabschluss zu verteilen ist. Da § 707 BGB **Nachschüsse** während des Bestehens der Gesellschaft grds. ausschließt, kommt eine **echte Verteilung des Verlustes**, die zur Begründung von Ausgleichsforderungen durch die Gesellschaft führte, **nicht in Betracht**. Nach zutreffender Auffassung[354] hindert dies jedenfalls die **buchmäßige Verteilung des Verlustes** nicht. Eine Einziehung des Verlustbetrages vom jeweiligen Gesellschafter kommt allerdings nicht in Frage.[355]

276

2. Vertragliche Regelungen

Die gesetzlichen Bestimmungen zur Rechnungslegung und Ergebnisverteilung sind **dispositiv**.[356] Im Gesellschaftsvertrag selbst können damit ebenso abweichende Regelungen getroffen werden wie durch spätere Änderungen des Vertrages. Für Mehrheitsbeschlüsse bei einer Änderung ist allerdings sowohl das **Bestimmtheitsprinzip** wie auch der **Minderheitenschutzgedanke** zu beachten.[357] Außerhalb dieser Beschränkungen kann im Prinzip **jeder Verteilungsschlüssel vereinbart** werden, soweit nicht die gesetzlichen Schranken, insb. § 138 BGB, berührt werden. Für das Steuerrecht ist gerade bei Familiengesellschaften das Prinzip des Fremdvergleichs zu beachten. Angesichts der rudimentären gesetzlichen Regelung ist eine vertragliche Vereinbarung über die Gewinnverteilung praktisch immer zwingender Bestandteil eines Gesellschaftsvertrages einer GbR. Es bieten sich die **nachfolgend dargestellten Verteilungsmaßstäbe** dabei an.

277

Die Verteilung des Gewinns kann **nach festen Quoten** auf die Gesellschafter erfolgen, wobei diese von Gesellschafter zu Gesellschafter unterschiedlich gefasst werden können. So kann bspw. ein überschießender Beitrag eines Gesellschafters, der sich nicht direkt in einem Kapitalanteil ausdrücken lässt, berücksichtigt werden. Führt bspw. einer der Gesellschafter die Geschäfte der Gesellschaft, kann er insoweit überproportional mit einer Quote berücksichtigt werden. Diese Regelung hat allerdings den Nachteil, dass sie relativ unflexibel hinsichtlich etwa veränderter gesellschaftlicher Verhältnisse ist.

278

Formulierungsbeispiel: Verteilung des Gewinns – feste Quoten

279

> Die Gesellschafter sind wie folgt am Ergebnis (Gewinn und Verlust) der Gesellschaft beteiligt: A zu ein Drittel, B, C, D und E zu je ein Sechstel.

Soll mit der **erhöhten Quote eines Gesellschafters** dessen besondere Leistung für die Gesellschaft, insb. also die Geschäftsführertätigkeit, abgegolten werden, so kann es sich empfehlen, Regelungen für den Fall aufzunehmen, dass – gleich aus welchem Grund – diese besonderen Leistungen nicht mehr erbracht werden.

280

Formulierungsbeispiel: Beendigung der Gewährung einer erhöhten Quote

281

> Die Ergebnisbeteiligung von einem Drittel des Gesellschafters A gilt nur solange, wie dieser die Geschäftsführungstätigkeit in der Gesellschaft ausübt. Sollte A die Geschäftsführung – gleich aus

---

352 Siehe dazu BGH, NJW 1982, 2816; MünchKomm-BGB/Ulmer, § 722 Rn. 1.
353 Gummert, in: Münchener Handbuch des Gesellschaftsrechts, Bd. 1, § 15 Rn. 6.
354 Siehe dazu MünchKomm-BGB/Ulmer, § 721 Rn. 10; Erman/Westermann, BGB; § 721 Rn. 2.
355 So auch Gummert, in: Münchener Handbuch des Gesellschaftsrechts, Bd. 1, § 15 Rn. 9; Staudinger/Keßler, BGB, § 721 Rn. 3.
356 MünchKomm-BGB/Ulmer, § 722 Rn. 5; Palandt/Thomas, BGB, § 721 Rn. 1; Erman/Westermann, BGB, § 722 Rn. 1.
357 Siehe dazu ausführlich Froning, in: Münchener Anwaltshandbuch Personengesellschaftsrecht, § 8 Rn. 64 ff.

> welchem Grund – nicht mehr ausüben, erhalten alle Gesellschafter die gleiche Ergebnisbeteiligung, d.h. jeweils ein Fünftel Anteil.

282 Ein Sonderfall der Beteiligung nach Quoten stellt die **Ergebnisbeteiligung nach Kapitalanteilen** dar. Diese bei kapitalistisch geprägten GbR sehr häufige Form der Ergebnisverteilung knüpft direkt an die von den Gesellschaftern eingebrachten Kapitalanteile an. Sie ist insofern nur eine **Unterart der Quotenverteilung**, als auch die Beteiligung nach Kapitalanteilen zu einer quotenmäßigen Verteilung führt, die aber, insoweit speziell, nur an den Kapitalanteil anknüpft. Die Quotenverteilung dagegen kann auch andere Gesichtspunkte wie bspw. Geschäftsführungstätigkeiten berücksichtigen. Da der Kapitalanteil, jedenfalls in zivilrechtlicher Sicht, frei bestimmt werden kann, kann allerdings eine Sonderleistung eines Gesellschafters, die nicht in Geld besteht, auch auf diesem Wege Berücksichtigung finden.

> **Hinweis:**
> Zu beachten ist allerdings, dass bei **Vereinbarung beweglicher Kapitalkonten**, bei denen auf dem Konto, auf dem die ursprüngliche Kapitalbeteiligung verbucht ist, gleichzeitig auch die Gewinn- und Verlustbeteiligung der Vorjahre gebucht sind, Verschiebungen der Ergebnisbeteiligung eintreten können. Bei der Formulierung des Gesellschaftsvertrages sollte darauf geachtet werden, dass die Anknüpfungsgröße hier eindeutig gewählt wird, wobei insb. auch an die Möglichkeit des Absinkens in einen negativen Kapitalanteil gedacht werden muss.

283 In Betracht kommt es auch, bei den BGB-Gesellschaften eine **Verzinsung der Kapitalkonten** zu vereinbaren, wie dies in § 122 HGB für die Handelsgesellschaften gesetzlich vorgesehen ist.[358] Ist eine solche Verzinsung geregelt, muss der Gesellschaftsvertrag auch Bestimmungen für den Fall treffen, dass kein entsprechender verteilbarer Gesellschaftsgewinn vorhanden ist, da in diesem Fall bei **Auskehrung der Verzinsungsbeträge ein Substanzverzehr** bei der Gesellschaft eintreten kann. Wird eine Verzinsung vereinbart, muss ferner ein Maßstab für die Verteilung eines etwa verbleibenden überschießenden Gewinns geregelt sein.

284 Vereinbart werden kann auch, dass einzelne (bspw. die geschäftsführenden) oder alle Gesellschafter **vorab eine feste Vergütung gewinnunabhängig erhalten**. Stellt ein geschäftsführender Gesellschafter seine gesamte Arbeitskraft der Gesellschaft zur Verfügung, ist dies oft die einzige Möglichkeit der Lebensstandardwahrung. Vertraglich geregelt werden sollte allerdings, inwieweit es sich bei der so gezahlten Vergütung um **Arbeitslohn oder einen Gewinnvoraus** handelt.[359] Auch hierbei kommen alle möglichen denkbaren Spielarten einer Gewinnverteilungsabrede in Frage. So kann insb. vereinbart sein, dass eine Vergütung nur in den Jahren gezahlt wird, in denen mindestens ein entsprechender Gewinn vorliegt, ein solches Voraus als Vorweggewinnauszahlung quotal oder absolut geregelt ist, das Voraus als Erhöhung der dem Gesellschafter normalerweise zustehenden Quote ausgedrückt wird o.Ä.

285 Nach heute absolut herrschender Auffassung ist bis zur **Grenze der Sittenwidrigkeit** auch ein **Ausschluss einzelner oder gar aller Gesellschafter von der Ergebnisbeteiligung möglich**. Insoweit wird die Ergebnisbeteiligung nicht mehr als entscheidendes Merkmal für die Verfolgung eines **gemeinsamen Zwecks** i.S.d. § 705 BGB angesehen.[360]

---

[358] Direkt ist die Norm nicht auf die BGB-Gesellschaft anwendbar, siehe dazu MünchKomm-BGB/Ulmer, § 721 Rn. 13.

[359] Siehe dazu MünchKomm-BGB/Ulmer, § 709 Rn. 33; Gummert, in: Münchener Handbuch des Gesellschaftsrechts, Bd. 1, § 15 Rn. 24.

[360] MünchKomm-BGB/Ulmer, § 705 Rn. 149; Froning, in: Münchener Anwaltshandbuch Personengesellschaftsrecht, § 8 Rn. 92; Gummert, in: Münchener Handbuch des Gesellschaftsrechts, Bd. 1, § 15 Rn. 27, jeweils m.w.N.

Die Gesellschafter können auch vereinbaren, dass die Gesellschaft **Rücklagen** bildet, um für die Zukunft Mittel über die ursprünglichen Kapitalanteile hinaus zur Verfügung zu haben. Eine gesetzliche Regelung dazu besteht nicht, so dass vertragliche Vereinbarungen erforderlich sind.[361]

286

Schon daraus, dass eine Beteiligung eines Gesellschafters am Ergebnis der Gesellschaft gänzlich ausgeschlossen werden kann, lässt sich der Schluss ziehen, dass die Gesellschafter auch **jede andere logisch denkbare Ergebnisverteilung** wählen können, insb. die vorstehend dargestellten Gewinnverteilungsschlüssel beliebig miteinander kombinieren können.[362]

287

3. Auszahlung des Gewinnanspruchs und Verlustausgleich

Von der Frage der Ergebnisverteilung ist die des etwaigen Anspruchs der Gesellschafter auf **Auszahlung des Gewinns** zu unterscheiden. Während die Ergebnisverteilung nur zur **buchmäßigen Erfassung** des Ergebnisses bei den Gesellschaftern führt, können die Gesellschafter die Auszahlung eines etwa auf sie entfallenden Gewinnanteils nur verlangen, wenn auch ein **korrespondierender Anspruch auf Auszahlung** besteht.

288

a) Gesetzliche Regelung

Mit der Feststellung des Rechnungsabschlusses entsteht grds. der **Anspruch auf Auszahlung** des anteilig auf den Gesellschafter entfallenden Gewinns.[363] Der Anspruch richtet sich auf eine **Zahlung aus dem Gesellschaftsvermögen**.[364] Mit der Rechtsfähigkeit der BGB-Gesellschaft dürfte sich die früher vertretene Auffassung, wonach Klagen aus dem Anspruch gegen die geschäftsführenden Gesellschafter zu richten sind,[365] erledigt haben.

289

Eine **gesetzliche Beschränkung**, Entnahmen in voller Höhe vorzunehmen, gibt es für die BGB-Gesellschaft nicht. Wollen die Gesellschafter ein beschränktes Entnahmerecht regeln, bedarf es dazu einer vertraglichen Vereinbarung. Die in **§ 122 HGB geregelte Entnahmebeschränkung**, wonach Gewinne nur bis zur Feststellung der Bilanz für das kommende Geschäftsjahr entnommen werden können, **gilt für die BGB-Gesellschaft nicht**.[366] Eine Entnahmebeschränkung kann allenfalls dann eintreten, wenn sie sich als besondere Ausprägung der gesellschaftsrechtlichen **Treuepflicht** in solchen Fällen ergibt, in denen das Wohl der Gesellschaft dies erfordert.[367] Werden Gewinne zunächst im Gesellschaftsvermögen stehen gelassen und gerade nicht entnommen, kann sich eine Entnahmebeschränkung ebenfalls nur dann ergeben, wenn ein **Vertrauenstatbestand** der Gesellschaft dergestalt entstanden ist, dass diese die stehen gelassenen Mittel derart für ihre Finanzierung braucht, dass die Entnahme die Gesellschaft gefährdet. Eine Erhöhung der Kapitalanteile ist mangels entsprechender Vereinbarung im Gesellschaftsvertrag entgegen der Regel des § 120 Abs. 2 HGB mit dem Stehenlassen nicht verbunden.[368]

290

b) Vertragliche Vereinbarung über Entnahmerecht

Die Gesellschafter können **vereinbaren**, dass für die Auszahlung des festgestellten Gewinnanteils **bestimmte Beschränkungen** gelten sollen. So kann insb. geregelt werden, dass der Gewinn **nur in bestimmten Teilbeträgen zur Auszahlung** kommt oder **bestimmte Fristen nach Geltendmachung** des Auszahlungsanspruchs von der Gesellschaft genutzt werden können. Denkbar ist es auch, den Gesellschaftern aufzuerlegen, **bestimmte Beträge auf Anforderung** der Gesellschaft stehen zu lassen. Eine

291

---

361 Siehe dazu BGH, BB 1976, 948.
362 Siehe dazu auch Gummert, in: Münchener Handbuch des Gesellschaftsrechts, Bd. 1, § 15 Rn. 29.
363 MünchKomm-BGB/Ulmer, § 721 Rn. 11.
364 BGH, NJW 1981, 2563; MünchKomm-BGB/Ulmer, § 721 Rn. 11.
365 BGH, WM 1970, 1223.
366 MünchKomm-BGB/Ulmer, § 721 Rn. 13.
367 Siehe dazu BGH, BB 1976, 948; MünchKomm-BGB/Ulmer, § 721 Rn. 14.
368 Staudinger/Keßler, BGB, § 721 Rn. 5; MünchKomm-BGB/Ulmer, § 721 Rn. 14.

Verpflichtung zur Entnahme des Gewinns vertraglich zu vereinbaren macht nur dann Sinn, wenn die auf den Gesellschafterkonten verbuchten Gewinnanteile durch die Gesellschaft zu verzinsen sind.

c) Verlustausgleich

292 § 721 BGB bestimmt, dass nur der **Gewinn nach Ablauf eines Geschäftsjahres** zu verteilen ist, **nicht jedoch ein korrespondierender Verlustausgleichsanspruch** der Gesellschaft besteht. § 707 BGB hinderte einen solchen Anspruch ohnehin. Zum Verlustausgleich sind die Gesellschafter erst nach Auflösung der Gesellschaft verpflichtet (§ 735 BGB). Vertraglich können die Gesellschafter allerdings vereinbaren, dass nicht nur eine Buchung des Verlustes auf den Gesellschafterkonten stattfindet, sondern dass darüber hinausgehend auch entsprechende Ausgleichspflichten der Gesellschafter begründet werden.

IX. Beitritt

293 Verschiedenste Gründe können dafür sprechen, den **ursprünglichen Kreis der Gesellschafter einer GbR zu erweitern.** So kann dies aus **erwerbswirtschaftlichen Erwägungen** notwendig sein, um der Gesellschaft Kapital zuzuführen oder neue Kompetenzen zu erwerben, es kann der Verwirklichung eines Nachfolgekonzeptes dienen, **besondere Kundenbindungen** können eine Rolle spielen, Kooperationen damit unterstützt werden, schließlich kann es einem Gesellschafterwechsel für den Fall dienen, dass nicht die Übertragung eines Anteils vereinbart, sondern stattdessen Ein- und Austritt eines Gesellschafters kombiniert werden. Die Gründe sind zu vielfältig, um vollständig aufgeführt zu werden.

1. Aufnahmevertrag

a) Beteiligte

294 Die **Aufnahme** eines neuen Gesellschafters in eine BGB-Gesellschaft erfolgt **im Wege der Vertragsänderung** des ursprünglichen Gesellschaftsvertrages.[369] Die Aufnahme erfolgt deshalb als Vertrag zwischen dem neuen und allen übrigen bisherigen Gesellschaftern, es sei denn, gesellschaftsvertraglich wären Vereinfachungen vereinbart. Für diesen Aufnahmevertrag gelten sämtliche Bestimmungen des Gesellschaftervertrages entsprechend.

b) Form

295 Hinsichtlich der **Formvorschriften** gelten die gleichen Voraussetzungen wie für den ursprünglichen Abschluss des Gesellschaftsvertrages.[370] Verpflichtet sich also ein eintretender Gesellschafter dazu, der Gesellschaft im Wege der Beitragsleistung ein **Grundstück** zu übereignen, bedarf der Vertrag ebenso der **notariellen Beurkundung** wie dies der originäre Gesellschaftsvertrag bei gleicher versprochener Beitragsleistung bedurft hätte. Tritt der Gesellschafter allerdings in eine Grundbesitz besitzende Gesellschaft ein, ohne dass der Gesellschafter oder die Gesellschaft eine Übereignungsverpflichtung eingehen, besteht **kein Formerfordernis** nach § 311b Abs. 1 BGB.[371] Streitig ist, wie der Beitritt zu solchen Gesellschaften zu behandeln ist, bei denen sich die Gesellschafter im Innenverhältnis verpflichten, konkret bestimmten Grundbesitz zu erwerben. Nach der zutreffenden herrschenden Auffassung im Schrifttum sind solche Gesellschaftsverträge beurkundungspflichtig.[372] Dies muss dann auch für den Beitritt eines Gesellschafters zu einer bereits bestehenden Gesellschaft gelten.[373]

---

369 BGH, ZIP 1997, 2197.
370 Siehe dazu Rn. 101 ff.
371 BGH, NJW 1983, 1110.
372 Erman/Westermann, BGB, § 705 Rn. 10; MünchKomm-BGB/Ulmer, § 705 Rn. 38, m.w.N.
373 Im Einzelnen sind die Fragen äußerst streitig, siehe zu einer Zusammenstellung Piehler/Schulte, in: Münchener Handbuch des Gesellschaftsrechts, Bd. 1, § 10 Rn. 8 ff.

c) Gesellschaftsvertragliche Beitrittsregelungen

Der Gesellschaftsvertrag kann vorsehen, dass der **Beitritt weiterer Gesellschafter erleichtert** werden kann. So kann insb. die Entscheidung darüber, ob ein neuer Gesellschafter aufgenommen werden soll, einem **Mehrheitsbeschluss** überlassen werden.[374] Gleiches gilt für die Entscheidung durch einzelne Gesellschafter[375] oder der Gesellschaft vertreten durch die Geschäftsführer.[376] Der Aufnahmevertrag wird allerdings auch in diesen Fällen durch alle Gesellschafter abgeschlossen, weshalb zur Vereinfachung der Aufnahmemodalitäten die Aufnahme von Vollmachten angezeigt ist. In diesen Fällen kann es sich empfehlen, da ein einzelner Mitgesellschafter oder sogar die Gesellschaftermehrheit bei der Frage der Aufnahme eines neuen Gesellschafters überstimmt bzw. ganz aus dem Entscheidungsprozess ausgeklammert sein kann, **besondere Erfordernisse an die Person des Beitretenden** zu stellen.

Beispiele:

Bestimmte Qualifikationen, Familienzugehörigkeiten, gesellschaftliche Verbindungen, finanzielle Bonität o.Ä.

2. Rechtsfolgen

Durch den Beitritt eines neuen Gesellschafters ändert sich die **Identität der Außengesellschaft bürgerlichen Rechts nicht**. Veränderungen im Gesellschafterbestand haben spätestens seit Anerkennung der Rechtsfähigkeit der Außengesellschaft **keine Auswirkungen** mehr auf die rechtliche Identität der Gesellschaft. Dies gilt sowohl für die Namensführung, die Stellung als Prozesspartei und ihre Vertretung, soweit nicht die gesetzliche Regelung des § 709 BGB eingreift. Da die GbR selbst Rechtsträger ist, führt der Beitritt nicht zu einer Übertragung von Gesellschaftsvermögen auf den Eintretenden. Allerdings tritt eine Anwachsung des Gesellschaftsvermögens beim Eintretenden und eine entsprechende Abwachsung bei den bisherigen Gesellschaftern ein.[377]

X. Lebzeitige Übertragung/Gesellschafterwechsel

1. Kombinierter Ein- und Austritt

Ein Gesellschafterwechsel kann zunächst dadurch vonstatten gehen, dass **in einem Zug ein Gesellschafter aus- und ein anderer Gesellschafter in die Gesellschaft eintritt**. Dies kann sowohl in **zwei verschiedenen Verträgen** wie auch in **einem einzigen Vertrag** geschehen. In diesem Fall entstehen Rechtsbeziehungen grds. nur zwischen dem eintretenden und den übrigen Gesellschaftern sowie den austretenden und den bisherigen Mitgesellschaftern, nicht jedoch direkt zwischen ein- und ausscheidendem Gesellschafter. Es mögen in diesem Fall das Abfindungsentgelt des ausscheidenden Gesellschafters und die Beitragsleistung des neu eintretenden der Höhe nach identisch sein, so dass das Gesellschaftsvermögen wirtschaftlich betrachtet keine Veränderung erfährt. Gleichwohl handelt es sich um zwei Vorgänge mit unterschiedlichen Beteiligten.

2. Übertragbarkeit der Beteiligung

Seit der Entscheidung des Reichsgerichts aus dem Jahr 1944[378] ist praktisch einhellig anerkannt, dass **neben der Möglichkeit des kombinierten Ein- und Austritts auch eine direkte Übertragung des Gesellschaftsanteils** von einem Alt- auf einen Neugesellschafter möglich ist.[379] Das Mitgliedschaftsrecht des Gesellschafters ist als Rechtsposition **im Wege der Zession** übertragbar. Dies ändert allerdings nichts an dem Charakter der BGB-Gesellschaft als Personengesellschaft, so dass auch die Übertragung des Ge-

---

374 Siehe dazu RGZ 128, 172.
375 BGH, NZG 2002, 279; NJW 1978, 1000; K. Schmidt, Gesellschaftsrecht, § 45 II.3.a.
376 BGH, NJW 1978, 1000.
377 Siehe dazu nur K. Schmidt, Gesellschaftsrecht, § 45 II.3.b.
378 RG, DNotZ 1944, 195.
379 BGHZ 13, 179; 45, 221; MünchKomm-BGB/Ulmer, § 719 Rn. 21; K. Schmidt, Gesellschaftsrecht, § 45 III.2; Wiedemann, Gesellschaftsrecht I, 48 ff., jeweils m.w.N.

sellschaftsanteils Vertragsänderung ist, die grds. der Zustimmung aller Gesellschafter bedarf. Diese sind zwar nicht Beteiligte des Übertragungsvertrages, an der Änderung des Gesellschaftsvertrages sind sie allerdings gleichwohl beteiligt.

300 Aus dem Charakter als Personengesellschaft dogmatisch schwerer begründbar, gleichwohl mittlerweile absolut herrschend anerkannt ist auch die Möglichkeit, **alle Gesellschafter einer Personengesellschaft durch Übertragung des Gesellschaftsanteils auf neue Gesellschafter auszutauschen**.[380] Ebenso ist die Übertragung der Gesellschaftsanteile auf nur einen verbleibenden Gesellschafter möglich,[381] was dann allerdings zu einer liquidationslosen Beendigung der Gesellschaft und einer Gesamtrechtsnachfolge des Einzelgesellschafters in alle Vermögenspositionen des Gesellschaftsvermögens führt.

3. Übertragungsvertrag

301 Der Vertrag über die Übertragung des Gesellschaftsanteils ist als **abstraktes Verfügungsgeschäft** grds. von dem zugrunde liegenden Kausalverhältnis (Kaufvertrag, Schenkung etc.) **unabhängig**. Wegen des Gesellschaftsvertrages ändernden Charakters bedarf es zur Durchführung der Verfügung der **Zustimmung der Mitgesellschafter**, die jedoch gleichwohl nicht Beteiligte des Verfügungsgeschäfts als solche sind.[382] Der Vertrag ist bis zur Erteilung der notwendigen Zustimmungserklärungen schwebend unwirksam.[383]

302 Den Gesellschaftern steht es frei, im Gesellschaftsvertrag **Abweichungen vom generellen Zustimmungserfordernis** vorzusehen und damit die Übertragbarkeit des Gesellschaftsanteils zu erleichtern. Da eine solche Regelung **Kernbestandteile** der Gesellschafterrechte angreift, bedarf ihre neue Einführung in den Gesellschaftsvertrag durch Mehrheitsbeschluss der Wahrung des Bestimmtheitsgrundsatzes, so dass eine **entsprechende Öffnungsklausel** für eine solche Vertragsänderung ebenfalls bereits **im Ursprungsgesellschaftsvertrag** vorgesehen sein muss. Selbst wenn aber eine Übertragungserleichterung im Gesellschaftsvertrag vorgesehen ist, gilt diese nicht zwingend auch für eine Teilübertragung. Sollte diese ins Auge gefasst werden, so sollte eine entsprechende Regelung im Gesellschaftsvertrag enthalten sein.

303 Die Gesellschafter haben bei der Gestaltung entsprechender Klauseln einen weiten Spielraum, soweit sie **die Grundsätze des Bestimmtheitserfordernisses** einhalten. Soll es bei der Zustimmungsbedürftigkeit durch alle Gesellschafter bleiben, kann sich eine vertragliche Regelung gleichwohl zu Klarstellungszwecken anbieten, auch wenn diese, da rein deklaratorisch, rechtlich nicht zwingend erforderlich ist. Denkbar ist, dass die Gesellschafter die Übertragung des Gesellschaftsanteils an die Fassung eines mit – möglicherweise qualifizierter – Mehrheit gefassten Gesellschafterbeschlusses knüpfen. Vorstellbar ist es auch, die Übertragbarkeit von **bestimmten Qualifikationserfordernissen** in der Person des neu eintretenden Gesellschafters abhängig zu machen. So kann bspw. eine Übertragung im Kreis der gesetzlichen Erben für zustimmungsfrei, an die Mitgesellschafter für zustimmungsbedürftig durch Mehrheitsbeschluss und an fremde Dritte für zustimmungsbedürftig durch alle Gesellschafter erklärt werden. Die Übertragbarkeit kann auch daran geknüpft werden, dass der neue Gesellschafter einen **bestimmten Beruf** ausübt, eine bestimmte berufliche Qualifikation aufweist oder Ähnliches. Den Gestaltungsüberlegungen der Beteiligten sind Grenzen insoweit nur im Rahmen der allgemeinen gesetzlichen Bestimmungen gesetzt.[384] Ob gesellschaftsvertraglich eine allgemeine Zustimmung vorab geregelt wird, eine allgemeine Zustimmung mit einem Widerrufsvorbehalt aus wichtigem Grund vereinbart wird oder nur ein Anspruch auf Zustimmung besteht, ist eine Frage der praktischen Handhabung. Je nachdem, in welchem Umfang die Gesellschafter

---

380 BGHZ 44, 229; BGH, DB 1990, 869; MünchKomm-BGB/Ulmer, § 719 Rn. 26 m.w.N.
381 BGHZ 71, 296, 299; BGH, WM 1979, 249; BB 1990, 869.
382 MünchKomm-BGB/Ulmer, § 719 Rn. 25; Piehler/Schulte, in: Münchener Handbuch des Gesellschaftsrechts, Bd. 1, § 10 Rn. 113.
383 BGHZ 13, 179; MünchKomm-BGB/Ulmer, § 719 Rn. 29; Erman/Westermann, BGB, § 719 Rn. 9.
384 Wenig sinnvoll erscheint es allerdings, eine Klausel aufzunehmen, wonach der Gesellschaftsanteil überhaupt nicht übertragen werden kann. Die nach dem Gesetz erforderliche Zustimmung aller Gesellschafter zur Anteilsübertragung reicht auch aus, um diese Klausel abzuändern.

§ 1 GbR • B. Gesellschaftsvertrag

vorab Kontrollmöglichkeiten für sich gesichert sehen wollen, sollte die eine oder andere Gestaltung gewählt werden.[385]

4. Rechtsfolgen der Anteilsübertragung

a) Haftung

Die **Haftung des ausscheidenden Gesellschafters** gegenüber den Gesellschaftsgläubigern richtet sich bei der Anteilsübertragung nach den gleichen Bestimmungen, die auch für die Haftung bei einem sonstigen Ausscheiden gelten.[386] Dies gilt ebenso für die Haftung des eintretenden Gesellschafters. 304

Wird ein ausgeschiedener Gesellschafter aus **Altforderungen** in Anspruch genommen, steht ihm gesellschaftsrechtlich zunächst ein **Rückgriffsanspruch gegen die Gesellschaft**[387] und auch gegen die früheren Mitgesellschafter zu.[388] Da die §§ 738, 739 BGB auf die Anteilsübertragung grds. keine Anwendung finden, sieht sich der ausgeschiedene Gesellschafter allerdings **ebenso den Ansprüchen seiner früheren Mitgesellschafter auf anteilige Haftung ausgesetzt**, soweit diese keine Befriedigung aus dem Gesellschaftsvermögen erlangen können. Ob und inwieweit der ausgeschiedenen Gesellschafter gegenüber dem Erwerber seines Gesellschaftsanteils Ansprüche auf Freistellung hat, richtet sich dabei nach dem zwischen diesen beiden getroffenen Vereinbarungen. 305

b) Übertragung aller Anteile auf eine Person

Die **Übertragung aller Gesellschaftsanteile auf nur einen Gesellschafter** ist rechtlich zulässig. Zwingende Folge einer solchen Übertragung ist allerdings, dass die **Gesellschaft liquidationslos beendet** wird und der verbleibende „Gesellschafter" Gesamtrechtsnachfolger in alle Rechtspositionen der Gesellschaft wird. So ist insb. auch keine Auflassung oder sonstige Übereignung von Gegenständen des Gesellschaftsvermögens erforderlich.[389] Die Auffassung, wonach eine **Ein-Personen-GbR** dann existieren können soll, wenn übertragende Gesellschaftsanteile unterschiedlich belastet, insb. mit einem Nießbrauch oder einem Pfandrecht, sind, hat zwar bestimmte praktische Argumente für sich,[390] sie ist aber mit der Struktur der Personengesellschaften nicht vereinbar. 306

c) Gesellschafterrechte

Grds. rückt der Erwerber in alle sich aus der Gesellschafterstellung des Veräußerers ergebenden Rechte und Pflichten innerhalb der Gesellschaft ein. Dies ergibt sich für die nach § 717 Satz 1 BGB nicht abspaltbaren Gesellschafterrechte bereits aus dem Gesetz. Dass **höchst persönlich eingeräumte Gesellschafterrechte** davon ausgeklammert sind, versteht sich von selbst. Gleiches gilt für nicht aus dem Gesellschaftsverhältnis resultierende Ansprüche des Veräußerers gegen die Gesellschaft, die grds. nicht mit dem Gesellschaftsanteil übergehen. Streitig ist die Behandlung solcher aus dem Gesellschaftsverhältnis resultierender Ansprüche, die nach § 717 Satz 2 BGB abgespalten werden können. Inwieweit vertragliche Vereinbarungen zwischen Veräußerer und Erwerber verbindliche Wirkung auch gegenüber der Gesellschaft bzw. den Mitgesellschaftern haben, ist eine Frage des Einzelfalls. Insb. für **Sozialansprüche gegen den Altgesellschafter** tritt die h.M. in der Lit.[391] der Auffassung des BGH[392] entgegen, wonach die 307

---

385 Zu Formulierungsvorschlägen siehe Mutter, Münchener Anwaltshandbuch Personengesellschaftsrecht, § 6 Rn. 296 ff.
386 Siehe dazu Rn. 123 ff.
387 BGH, WM 1978, 114.
388 BGH, NJW 1981, 1095.
389 BGHZ 71, 296; BGH, WM 1979, 249.
390 Siehe dazu Kanzleiter, in: FS für Weichler, S. 39 ff.; ders., DNotZ 1999, 443; zuneigend wohl auch Piehler/ Schulte, in: Münchener Handbuch des Gesellschaftsrechts, Bd. 1, § 10 Rn. 129.
391 Erman/Westermann, BGB, § 179 Rn. 12; MünchKomm-BGB/Ulmer, § 719 Rn. 44; Flume, in: FS für Larenz, S. 769, 775; Teichmann, NJW 1966, 2336.
392 BGHZ 45, 221, 222.

befreiende Übernahme solcher Sozialansprüche gegen den Altgesellschafter frei zwischen Veräußerer und Erwerber ausgehandelt werden könne.

d) Teilübertragung

308 **Besondere Schwierigkeiten** bereitet **die nur teilweise Übertragung** von Gesellschaftsanteilen jedenfalls für die Ansprüche, die sich als aus der Vergangenheit herrührende Geldansprüche bzw. Verpflichtungen des Altgesellschafters darstellen. Für diese empfiehlt sich dringend eine vertragliche Vereinbarung zwischen Erwerber und Veräußerer, inwieweit die entsprechenden Rechte beim Altgesellschafter verbleiben bzw. auf den Erwerber übertragen werden. Die vom BGH für die Vollübertragung aufgestellte **Vermutung**, dass alle Ansprüche übergehen,[393] kann hier wohl kaum angewendet werden. Hinsichtlich der Verwaltungsrechte ist gleichermaßen danach zu differenzieren, ob die Rechte als solche überhaupt teilbar sind. Die Mitgesellschafter sollten sich bei der Zustimmung zur teilweisen Übertragung eines Anteils darüber im Klaren sein, dass etwa vereinbarte Geschäftsführerrechte jedes Gesellschafters, nach Köpfen verteilte Stimmrechte und ähnliche Rechte ausgeweitet werden können.

5. Rechtsfehler bei der Übertragung

309 Der BGH wendet bei einer **fehlerhaften Anteilsübertragung** die **Grundsätze zur fehlerhaften Gesellschaft entsprechend** an.[394] Die dagegen in der Lit. geltend gemachten dogmatischen Bedenken, die im Wesentlichen darauf fußen, dass so die Unterscheidung zwischen der Sonderrechtsnachfolge und der Änderung des Gesellschaftsvertrages durch Aus- und Eintritt verwischt werde,[395] kann deshalb nicht überzeugen, weil sich aus Sicht der Gesellschaft rechtspraktisch die gleichen Probleme stellen. Dass der BGH für die GmbH insoweit von der Anwendung der Grundsätze über die fehlerhafte Gesellschaft Abstand genommen hat,[396] hat für die GbR keine Bedeutung, da für diese eine den § 16 GmbH-Gesetz entsprechende Regelung fehlt.

XI. Rechtsnachfolge von Todes wegen in den Gesellschaftsanteil

1. Gesetzliche Regel

310 Nach § 727 Abs. 1 BGB wird die BGB-Gesellschaft, anders als die Personengesellschaften des Handelsrechts, **grds. durch den Tod eines Gesellschafters aufgelöst**, gleichgültig ob die Mitgesellschafter etwas vom Tod oder die Erben etwas von der Gesellschaft wissen, wenn nicht der Gesellschaftsvertrag etwas anderes regelt. Eine solche **abweichende Regelung** muss nicht zwingend **ausdrücklich** im Vertrag vorgesehen sein, sie kann auch **konkludent** vereinbart sein.[397] Auf die etwaige letztwillige Verfügung des Gesellschafters kommt es beim Fehlen einer vertraglichen Regelung nicht an. Den Mitgesellschaftern steht in diesem Fall nur die Möglichkeit zu, zusammen mit den Erben des verstorbenen Gesellschafters die Gesellschaft aus dem Liquidationsstadium durch entsprechenden Fortsetzungsbeschluss zu befreien. Für diesen gelten die gesellschaftsvertraglichen Mehrheitserfordernisse.

2. Gesellschaftsvertragliche Regelungen für den Todesfall

a) Übersicht

311 Die Auflösung der Gesellschaft beim Tod eines Gesellschafters erfolgt nur dann, wenn im Gesellschaftsvertrag nichts anderes geregelt ist. Für die Unterscheidung der verschiedenen vertraglichen Klauseln zur Abwendung der Auflösung haben sich dabei **drei Hauptkategorien** durchgesetzt.

---

393 BGH, NJW 1966, 1307.
394 BGH, ZIP 1988, 509, 510.
395 Siehe zu einer Darstellung des Meinungsspektrums MünchKomm-BGB/Ulmer, § 705 Rn. 374.
396 BGH, NJW 1990, 1915, 1916; NJW-RR 1995, 1182, 1183.
397 MünchKomm-BGB/Ulmer, § 727 Rn. 26.

- Von sog. **Fortsetzungsklauseln** wird gesprochen, wenn vereinbart ist, dass die Gesellschaft unter den verbleibenden Gesellschaftern fortgesetzt wird.
- **Nachfolgeklauseln** führen zur Fortführung der Gesellschaft mit dem oder den Erben des verstorbenen Gesellschafters.
- Um **Eintrittsklauseln** handelt es sich, wenn gesellschaftsvertraglich vereinbart ist, dass bestimmten Personen ein Eintrittsrecht in die Gesellschaft zusteht, das dann allerdings zu einer rechtsgeschäftlichen Aufnahme und nicht zu einer automatischen Beteiligung an der Gesellschaft führt.

Je nachdem, welche Vereinbarungen im Gesellschaftsvertrag getroffen sind, ist es von entscheidender Bedeutung, dass die **letztwilligen Verfügungen des Gesellschafters mit den gesellschaftsvertraglichen Regelungen harmonieren**. Hat der verstorbene Gesellschafter testamentarische Verfügungen hinterlassen, die sich nach den gesellschaftsvertraglichen Vereinbarungen nicht realisieren lassen, kann sowohl die letztwillige Verfügung wie auch die gesellschaftsvertraglich geplante Gestaltung scheitern.

b) Fortsetzungsklauseln

Mit der Vereinbarung einer sog. **Fortsetzungsklausel** wird für die BGB-Gesellschaft der Rechtszustand hergestellt, der von Gesetzes wegen für die Personenhandelsgesellschaften besteht, nämlich das **Ausscheiden des verstorbenen Gesellschafters unter Fortsetzung der Gesellschaft** unter den verbleibenden Gesellschaftern. Gesellschaftsvertraglich kann ferner geregelt werden, ob das Ausscheiden **mit oder ohne Abfindungsanspruch der Erben** des verstorbenen Gesellschafters einhergeht.[398] Mit dem Ausscheiden wächst den verbleibenden Gesellschaftern der Anteil des Verstorbenen am Gesellschaftsvermögen an.[399] Einer besonderen Rechtsübertragung bedarf es nicht. Grds. bleibt die Rechtsnatur der Gesellschaft unbeeinträchtigt, es sei denn, der Verstorbene wäre der letzte von zwei verbliebenen Gesellschaftern gewesen. Für die schon zum Zeitpunkt des Todes bestehenden Verbindlichkeiten des Gesellschafters haften dessen Erben, vorbehaltlich der Möglichkeit der Haftungsbeschränkung auf den Nachlass. Mangels Mitgliedschaft besteht eine Haftung für Neuverbindlichkeiten nicht. Soweit gesellschaftsvertraglich kein Abfindungsausschluss vereinbart ist, steht den Erben der gleiche Anspruch zu, der dem verstorbenen Gesellschafter für den Fall des lebzeitigen Ausscheidens zugestanden hätte.[400]

Formulierungsbeispiel: Abfindungsanspruch der Erben bei Tod eines Gesellschafters

> Im Fall des Todes eines Gesellschafters wird die Gesellschaft unter den verbleibenden Gesellschaftern fortgesetzt. Den Erben des verstorbenen Gesellschafters steht ein Abfindungsanspruch nach den Regeln für das lebzeitige Ausscheiden eines Gesellschafters zu.

Die Klausel bedarf ggf. dann der Ergänzung, wenn es sich bei der Gesellschaft um eine nur **zweigliedrige** handelt. In diesem Fall sollte geregelt werden, ob die Universalsukzession automatisch oder nur nach entsprechender Übernahmeerklärung des letzten Gesellschafters oder etwa gar nicht mit entsprechender Liquidationsfolge stattfinden soll.

Fortsetzungsklauseln können auf den Tod bestimmter Gesellschafter **beschränkt werden**, mit einer Eintrittsklausel[401] **kombiniert werden**, sie kann von der Fassung eines Fortsetzungsbeschlusses **abhängig gemacht werden**,[402] was zur Herstellung der gesetzlichen Lage mit der Abweichung führt, dass die Erben des verstorbenen Gesellschafters nicht an der Beschlussfassung beteiligt sind. Bereits in den Bereich der Nachfolgeklauseln hineinreichend wäre eine Klausel, wonach den überlebenden Gesellschaftern das Recht zum Ausschluss der Erben des Verstorbenen eingeräumt wird. Schließlich bestehen erhebliche Gestaltungsmöglichkeiten bei der Frage der Zuordnung eines Abfindungsentgelts.

---

398 Siehe dazu Klein, in: Münchener Handbuch des Gesellschaftsrechts, Bd. 1, § 11 Rn. 12.
399 BGH, NJW-RR 1993, 1443; MünchKomm-BGB/Ulmer, § 736 Rn. 2.
400 MünchKomm-BGB/Ulmer, § 738 Rn. 14; Reimann, DNotZ 1992, 472, jeweils m.w.N.
401 Siehe dazu unten Rn. 327 ff.
402 Siehe dazu BGH, BB 1974, 902.

317 **Erbschaft- und schenkungsteuerlich** hängen die Konsequenzen einer Fortsetzungsklausel von der Höhe eines etwaigen Abfindungsentgelts ab. Das **Abfindungsentgelt der Erben** unterliegt dabei der **Besteuerung**. Eine Steuerpflicht der **verbleibenden Mitgesellschafter** wird dann ausgelöst, wenn das Abfindungsentgelt unter dem Wert der anwachsenden Gesellschaftsbeteiligung liegt (§ 3 Abs. 1 Nr. 2 ErbStG). Das Abfindungsentgelt ist aufseiten der Erben nicht Betriebsvermögen, sondern Kapitalforderung, so dass die Privilegierungen für Betriebsvermögen nicht eingreifen.

318 Neben die erbschaftsteuerlichen können allerdings auch **einkommensteuerliche Konsequenzen** treten. Liegt die Höhe des **Abfindungsentgelts über dem Buchwert** der Beteiligung, erzielt der verstorbene Gesellschafter i.H.d. Differenz einen **Veräußerungsgewinn** i.S.d. § 16 Abs. 1 Nr. 2 EStG. In gleicher Höhe entstehen dann **neue Anschaffungskosten** der verbleibenden Gesellschafter, die die Buchwerte des Vermögens entsprechend erhöhen. Etwaiges Sonderbetriebsvermögen des verstorbenen Gesellschafters wird zwingend steuerlich entstrickt, so dass es insoweit zu einer Aufdeckung etwaiger stiller Reserven kommt.

c) Nachfolgeklauseln

319 So wie der Gesellschaftsanteil durch (vertragliche) Vereinbarung übertragbar gestellt werden kann, so kann er auch vererbt werden. Die **Rechtsnachfolge von Todes wegen** in einen Gesellschaftsanteil ist eine der **komplexesten Fragen** der Übertragung eines Gesellschaftsanteils, da Gesellschaftsrecht und Erbrecht ineinander greifen und aufeinander aufbauen. Ebenso wenig wie die Erbenstellung für die Rechtsnachfolge in den Gesellschaftsanteil dann etwas nutzt, wenn der Anteil nicht gesellschaftsvertraglich vererbbar gestellt wird, nutzt die gesellschaftsvertragliche Vererblichkeit, wenn testamentarisch keine **korrespondierenden Verfügungen** getroffen werden, was insb. bei sog. **qualifizierten Nachfolgeklauseln** zum Problem werden kann. Die Besonderheit der Vererbung von Personengesellschaftsanteilen besteht nun darin, dass – jedenfalls nach h.M.[403] – eine **sofortige Nachfolge der Erben** in den Gesellschaftsanteil stattfindet, dieser also nicht in eine etwaige Erbengemeinschaft fällt, sondern im Wege der **Sondererbfolge** unmittelbar an die einzelnen Erben als nunmehrige Einzelgesellschafter übergeht. Inwieweit sich aufgrund der Rechtsfähigkeit der BGB-Gesellschaft nunmehr Besonderheiten ergeben, ist noch ungeklärt.[404] Der BGH hat sich entsprechenden Überlegungen bislang jedenfalls nicht angeschlossen.[405]

320 Hinsichtlich der **Haftung der Erben für Altverbindlichkeiten** gelten die vorstehend bei den Fortsetzungsklauseln dargestellten Grundsätze entsprechend.[406] Die nachfolgeberechtigten Erben und Neugesellschafter haften dagegen für die neu begründeten Forderungen der Gesellschaft unbeschränkt wie jeder andere Gesellschafter auch. Eine stark im Vordringen befindliche Auffassung in der Lit. geht davon aus, dass den nachfolgeberechtigten Erben entsprechend der Vorschrift des § 139 HGB ein **Anspruch** darauf zusteht, die **Umwandlung der BGB-Gesellschaft in eine KG unter Einräumung der Kommanditistenstellung zu verlangen** und ansonsten innerhalb der Frist des § 139 Abs. 3 HGB (drei Monate) aus der Gesellschaft auszuscheiden.[407] Im Übrigen richten sich die Rechtsfolgen bei der Nachfolge von Todes wegen nach den gleichen Regeln wie die (Teil-)Übertragung eines Gesellschaftsanteils unter Lebenden.

321 Rechtsgestalterisch wird bei den Nachfolgeklauseln zwischen sog. **einfachen** und den **qualifizierten Nachfolgeklauseln** unterschieden. Um eine einfache Nachfolgeklausel handelt es sich dann, wenn der

---

403 BGHZ 68, 225; BGH, GmbHR 1990, 28, 29; MünchKomm-BGB/Leipold, § 1922 Rn. 37; Staudinger/Keßler, BGB, § 727 Rn. 22, jeweils m.w.N.

404 Zur Anerkennung der Erbengemeinschaft als möglicher Gesellschafterin einer GbR siehe Weipert, ZEV 2002, 300; Ann, MittBayNot 2003, 193; Eberl-Borges, ZEV 2002, 125, jeweils m.w.N.

405 BGH, ZErb 2002, 352; siehe auch MünchKomm-BGB/Ulmer, § 727 Rn. 33; K. Schmidt, Gesellschaftsrecht, § 45 V.4.a; Heil, NJW 2002, 2158.

406 Rn. 313.

407 MünchKomm-BGB/Ulmer, § 727 Rn. 46 ff.; MünchKomm-HGB/K. Schmidt, § 139 Rn. 60 ff.; Ivo, in: FS 10 Jahre Deutsches Notarinstitut, S. 337 ff.; wohl auch Klein, in: Münchener Handbuch des Gesellschaftsrechts, Bd. 1, § 11 Rn. 31; a.A.: Staudinger/Habermeier, BGB, § 727 Rn. 16.

Gesellschaftsvertrag vorsieht, dass die Gesellschaft ohne weitere nähere Bestimmung mit den Erben des Verstorbenen fortgesetzt wird.

Formulierungsbeispiel: Einfache Nachfolgeklausel 322

> Der Tod eines Gesellschafters führt nicht zur Auflösung der Gesellschaft. Diese wird mit den Erben des verstorbenen Gesellschafters fortgesetzt.

Bei den sog. **qualifizierten Fortsetzungsklauseln** geht es im Regelfall darum, den Kreis der möglichen nachfolgeberechtigten Erben einzuschränken und so der Auswahlbefugnis des Gesellschafters hinsichtlich seiner nachfolgeberechtigten Erben Grenzen zu setzen. Erfüllt keiner der Erben die gesellschaftsvertraglich vorausgesetzten Qualifikationen, muss die qualifizierte Nachfolgeklausel scheitern. Sowohl bei der Gestaltung des Gesellschaftsvertrages wie auch beim Testament[408] ist deshalb darauf zu achten, dass die **geplanten erbrechtlichen Gestaltungen auch möglich** sind. Plant ein Gesellschafter die Übertragung des Gesellschaftsanteils im Wege des Vermächtnisses, so sollte dies gesellschaftsvertraglich ermöglicht werden. Hinsichtlich der Bestimmung der Qualifikationen findet oftmals eine Beschränkung hinsichtlich des Verwandtschaftsgrades mit dem Gesellschafter dahingehend statt, dass bspw. nur leibliche Abkömmlinge, Verwandte bis zum zweiten Grad oder im ehelichen Bereich der Ehegatte oder Ähnliche zugelassen sind. 323

Ebenso – in der Praxis allerdings seltener – finden sich Klauseln, wonach der Nachfolger bestimmte persönliche Qualifikationen wie insb. eine bestimmte Berufsausbildung o.Ä. besitzen muss. Soweit **nicht gegen zwingende gesetzliche Vorschriften verstoßen** wird, sind den Gestaltungsüberlegungen der Gesellschafter keine Grenzen gesetzt. Es empfiehlt sich, Regelungen auch für den Fall vorzusehen, dass gesellschaftsvertraglich vereinbarte Nachfolgeklauseln scheitern, weil – sei es wegen eines Fehlens eines Testamentes oder dessen falscher Gestaltung – kein nachfolgeberechtigter Erbe vorhanden ist.

Kommt es aufgrund einer **qualifizierten Nachfolgeklausel** nicht zu einer Nachfolge in den Gesellschaftsanteil durch die Erben des verstorbenen Gesellschafters, richten sich die erbschaft- und einkommensteuerrechtlichen Folgen nach den gleichen Regeln, die auch für die Fortsetzungsklauseln gelten.[409] Kommt es zur Nachfolge, richten sich die **erbschaftsteuerlichen Folgen** nach § 3 Abs. 1 Nr. 1 ErbStG, so dass allein die jeweils nachfolgeberechtigten Erben verpflichtet sind. **Einkommensteuerlich** kommt es zur Buchwertfortführung nach § 6 Abs. 3 EStG. Soweit Ausgleichsansprüche nicht nachfolgeberechtigter Erben gegen den nachfolgeberechtigten Erben bestehen, sind diese erbrechtlicher Natur und somit allein erbschaftsteuerlich relevant. 324

Formulierungsbeispiel: Qualifizierte Nachfolgeklausel 325

> Beim Tode eines Gesellschafters wird die Gesellschaft nicht aufgelöst, sondern mit dessen leiblichen Abkömmlingen, soweit diese Erben werden, fortgesetzt. Den übrigen Erben des verstorbenen Gesellschafters stehen keinerlei Abfindungsansprüche gegen die Gesellschaft zu. Werden Abkömmlinge des verstorbenen Gesellschafters nicht Erben, wird die Gesellschaft unter den übrigen Gesellschaftern fortgesetzt. Die Abfindungsansprüche der Erben des verstorbenen Gesellschafters berechnen sich nach Maßgabe der Regelungen zum Abfindungsentgelt eines zu Lebzeiten ausscheidenden Gesellschafters. Eintrittsrechte vermächtnisweise mit dem Gesellschaftsanteil bedachter Abkömmlinge des verstorbenen Erblassers bestehen nicht.

Ein besonderer Typ der Nachfolgeklauseln sind die sog. **rechtsgeschäftlichen Nachfolgeklauseln**, die von ihrer Struktur her an sich mit einem Erbgang nichts zu tun haben. Es handelt sich dabei um gesellschaftsvertragliche Vereinbarungen, wonach beim Ausscheiden eines Gesellschafters (hierbei tatsächlich i.d.R. durch Tod) ein bestimmter neuer Gesellschafter die Gesellschaftsbeteiligung erwirbt. Strukturell 326

---

408 Siehe dazu nachfolgend unter Rn. 330 ff.
409 Siehe dazu oben Rn. 317 f.

handelt es sich dabei um eine bedingte Anteilsübertragung, die nur mit dem Todesfall verknüpft wird. Die Nachfolge erfolgt allerdings am Nachlass vorbei. Eine solche Klausel setzt natürlich zwingend voraus, dass an der vertraglichen Vereinbarung der neue Gesellschafter beteiligt wurde, da ein Übertragungsvertrag unter seiner Beteiligung, sei er auch bedingt bzw. befristet, vorliegt.

d) Eintrittsklauseln

327 **Eintrittsklauseln** sind solche gesellschaftsvertraglichen Regeln, nach denen nicht allein durch Erbgang eine Nachfolge in den Gesellschaftsanteil stattfindet, sondern nur einem **Nachfolger der schuldrechtliche Anspruch** eingeräumt wird, von den verbleibenden Gesellschaftern die **Aufnahme zu verlangen**. Damit wird die Nachfolge auch solcher Personen möglich, die nicht zum Kreis der Erben des verstorbenen Gesellschafters gehören. Ihrer Struktur nach kommt sie **für zweigliedrige Gesellschaften nicht in Betracht**, da diese ohne Nachfolgeregelungen im Todesfall beendet sind.[410]

Rechtsfolge einer Eintrittsklausel ist zunächst, dass bis zum vollzogenen Eintritt der Gesellschaftsanteil des verstorbenen Gesellschafters den Mitgesellschaftern anwächst.[411] Sind die **Abfindungsansprüche** der Erben des verstorbenen Gesellschafters ausgeschlossen, wovon im Regelfall auszugehen sein dürfte, dann halten die Mitgesellschafter bis zum Eintreten des Eintrittsberechtigten den Kapitalanteil des verstorbenen Gesellschafters treuhänderisch.[412] Sind Abfindungsansprüche grds. gegeben, kommt ein Eintritt des Eintrittsberechtigten i.a.R. nur gegen Einlage des entsprechenden Abfindungsbetrages in Betracht, es sei denn, ihm wäre der Abfindungsanspruch durch Verfügung von Todes wegen oder kraft Erbenstellung zugewandt. In diesem Fall kann dann Verrechnung stattfinden.[413]

328 Bei der Gestaltung von Eintrittsklauseln sind **zwei Gesichtspunkte** von Bedeutung:

- zum einen die Person des Eintrittsberechtigten,
- zum anderen die Frage von Abfindungsansprüchen der Erben.

Hinsichtlich der Person kann die Benennung bereits im Gesellschaftsvertrag erfolgen, sie kann aber ebenso dem Erben oder ggf. sogar außenstehenden Dritten, bspw. einem Testamentsvollstrecker, überlassen werden. Der Ausschluss von Abfindungsansprüchen ist in gleichem Maße möglich, wie dies bei der Fortsetzungsklausel der Fall ist.

329 **Erbschaftsteuerlich** gelten vor Ausübung und nach Ablauf etwaiger Ausübungsfristen des Beitrittsrechts die gleichen Regeln wie bei der Fortsetzungsklausel.[414] Kommt es zum Beitritt, liegt ein **Erwerb** i.S.d. § 3 Abs. 1 Nr. 2 Satz 1 ErbStG vor.

Einkommensteuerrechtlich führt der innerhalb eines Zeitraums von sechs Monaten nach dem Erbfall vollzogene Eintritt zu den gleichen Konsequenzen wie der Nachfolgefall. Kommt es nicht zum Beitritt, treten die Konsequenzen der Fortsetzungsklausel ein.

3. Erbrechtliche Gestaltungen

330 Gesellschaftsvertragliche Regeln über die Rechtsnachfolge von Todes wegen bei einem Gesellschaftsanteil bedürfen zu ihrer Verwirklichung regelmäßig **entsprechender Gestaltungen der Verfügungen von Todes wegen**. Sieht der Gesellschaftsvertrag eine Fortsetzungsklausel vor, wächst der Gesellschaftsanteil der verbleibenden Mitgesellschafter an, so dass insoweit erbrechtliche Gestaltungen nur in Bezug auf das etwaige Abfindungsentgelt in Betracht kommen. Fehlt es gänzlich an gesellschaftsvertraglichen Regelungen und kommt somit die gesetzliche Regel der Auflösung der Gesellschaft zum Tragen, kommt allen-

---

410 Siehe dazu Rapp, MittBayNot 1987, 70, 74.
411 BayObLG DB 1991, 2330, 2331.
412 BGH, NJW 1978, 264, 265; K. Schmidt, Gesellschaftsrecht, § 45 V.6.a; MünchKomm-BGB/Ulmer, § 727 Rn. 59.
413 BGH, NJW 1978, 264, 265.
414 Siehe dazu oben Rn. 317 f.

falls eine testamentarische Bestimmung dahingehend in Betracht, dass den Erben **im Wege der Auflage** die Zustimmung zu einem etwaigen Fortsetzungsbeschluss aufgegeben wird.

Gestalterische Sorgfalt ist bei der Abfassung von Verfügungen von Todes wegen in den Fällen erforderlich, in denen gesellschaftsvertraglich Nachfolge- oder Eintrittsklauseln geregelt sind. Sieht die gesellschaftsvertragliche Regel eine Nachfolge mit den Erben des Gesellschafters vor, dann müssen der oder die vom Gesellschafter ins Auge gefassten Nachfolger in die Gesellschaftsbeteiligung auch dessen Erben werden. Ist eine **qualifizierte Nachfolgeklausel** vereinbart, muss die Verfügung von Todes wegen solche Personen benennen, die den Qualifikationserfordernissen genügen, da ansonsten die geplante Rechtsnachfolge ins Leere geht.[415] Grds. reicht es dabei aus, wenn der **qualifizierte Nachfolger** zumindest **Miterbe** wird, da in seiner Person dann die direkte Nachfolge in den Gesellschaftsanteil angetreten werden kann. Es schadet nicht, wenn auch **andere Personen**, die nicht den gesellschaftsvertraglichen Qualifikationserfordernissen entsprechen, Miterben werden, da auf diese die Beteiligung dann schlicht nicht übergeht.

Die **Höhe der Erbquote** spielt keine Rolle. Die gesellschaftsvertragliche Regelung wirkt insoweit wie eine dinglich wirkende Teilungsanordnung. Aus diesem Grund ist es erforderlich, Regelungen für etwaige Ausgleichsansprüche der Miterben zu treffen, da ansonsten die Wirkungen der Teilungsanordnung zu einer **Ausgleichungspflicht des nachfolgeberechtigten Erben** führen. Ebenso sind etwaige **Pflichtteilsansprüche** anderer Personen zu beachten.

Soweit der für die Nachfolge ausgewählte Neugesellschafter **nicht Miterbe** werden soll, muss gesellschaftsvertraglich eine entsprechende Klausel vereinbart werden, sei es im Wege der Vereinbarung von Eintrittsklauseln mit einem Bestimmungsrecht für den durch Tod ausscheidenden Gesellschafter, sei es durch eine einfache Nachfolgeklausel mit der Möglichkeit zur Weiterübertragung an etwaige Vermächtnisnehmer.

Ist die Gesellschaftsbeteiligung durch Nachfolgeklausel vererblich gestellt, kommt auch die **Vereinbarung einer Vor- und Nacherbfolge** in Betracht, soweit etwaige Qualifikationserfordernisse von beiden Personen erfüllt werden.[416] Der Vorerbe übt die Gesellschafterrechte dabei während der Dauer der Vorerbschaft uneingeschränkt aus.[417] Entsprechend der Gestaltung der Vorerbschaft stehen dem Vorerben alle entnahmefähigen Gewinne, die während der Dauer der Vorerbschaft entstehen, dem Nacherben alle sonstigen stehen gelassenen Gewinne sowie stille Reserven und der Substanzwert des Gesellschaftsanteils zu.[418]

Inwieweit eine **Dauertestamentsvollstreckung am Personengesellschaftsanteil** zulässig ist, ist hoch umstritten.[419] Grob zusammengefasst kann nach derzeitiger Rspr. und wohl h.M. die „Innenseite" der Beteiligung nicht vom Testamentsvollstrecker wahrgenommen werden, gesellschaftsrechtliche Mitgliedschafts- und Mitwirkungsrechte verbleiben also auch bei Testamentsvollstreckung beim jeweiligen Erben. Die übertragbaren Rechte, insb. also die Gewinnansprüche und der Anspruch auf das Auseinandersetzungsguthaben unterfallen der Testamentsvollstreckung.[420]

XII. Lebzeitiges Ausscheiden aus einer GbR

1. Überblick

Das Ausscheiden eines Gesellschafters aus einer BGB-Gesellschaft **zu dessen Lebzeiten** kann strukturell **zwei verschiedene Ursachen** haben.

---

415 Siehe dazu BGH, WM 1971, 308, 309.
416 Siehe dazu MünchKomm-BGB/Ulmer, § 727 Rn. 68.
417 BGHZ 78, 177, 182.
418 BGHZ 77, 177, 188; BGH, NJW 1981, 1560, 1561.
419 Siehe dazu MünchKomm-BGB/Ulmer, § 705 Rn. 109 ff.; Klein, in: Münchener Handbuch des Gesellschaftsrechts, Bd. 1, § 80 Rn. 33 ff.; ders., DStR 1992, 292 ff.; Everts, MittBayNot 2003, 427 ff., jeweils m.w.N.
420 Siehe dazu auch BGH, NJW 1985, 1953 ff.; NJW 1986, 2431, 2433.

- Zum einen kann das Ausscheiden auf einer **Auflösung der Gesellschaft insgesamt** beruhen, was der gesetzlichen Konzeption zugrunde liegt.
- Zum anderen ist auch ein **alleiniges Ausscheiden** eines Gesellschafters denkbar.

a) Ausscheidungsvereinbarung

336 Ebenso wie die Gesellschafter vertraglich die Aufnahme eines neuen Gesellschafters vereinbaren können, kann auch ein **Vertrag über den Austritt** geschlossen werden. Für eine entsprechende vertragliche Regelung gelten die allgemeinen Bestimmungen. In der Ausscheidungsvereinbarung sollten die Gesellschafter auch die Frage eines **etwaigen Abfindungsentgelts** klären, um insoweit keine Streitigkeiten aufkommen zu lassen.

Rechtsfolge des Ausscheidens ist die **Anwachsung** des Vermögensanteils des Ausscheidens bei den anderen Gesellschaftern. Hinsichtlich der Haftung gelten grds. die vorstehend dargestellten Regeln bei der Übertragung eines Gesellschaftsanteils (Rn. 304 f.), allerdings steht es den Gesellschaftern untereinander frei, Haftungsfreistellungserklärungen u.Ä. zu vereinbaren.

b) Gesellschaftsvertragliche Regelung über das Ausscheiden

337 Bereits im Gesellschaftsvertrag einer BGB-Gesellschaft kann geregelt werden, dass anstelle der gesetzlich vorgesehenen Rechtsfolge der Kündigung einer Gesellschaft, der Insolvenz eines Gesellschafters und bei Tod nicht die gesetzlich vorgesehene Folge der Auflösung der Gesellschaft, §§ 723 – 725, 727, 728 BGB eintritt, sondern diese **nur das Ausscheiden des betreffenden Gesellschafters nach sich zieht**. Damit also bei Kündigung der Gesellschaft oder Insolvenz eines Gesellschafters diese nicht in das Liquidationsstadium wechselt, sondern entsprechend der Regelungen zu den Personenhandelsgesellschaften Konsequenzen nur beim betroffenen Gesellschafter eintreten, bedarf es der gesellschaftsvertraglichen Regelung, die sich jedenfalls bei Dauergesellschaften dringend empfiehlt.

2. Ausscheiden bei Insolvenz

338 Grds. führt nicht nur die **Eröffnung des Insolvenzverfahrens über das Vermögen der Gesellschaft**, sondern auch diejenige **über das Vermögen eines Gesellschafters** zur Auflösung der Gesellschaft. Dies wird regelmäßig nicht gewollt sein. In den meisten Gesellschaftsverträgen findet sich dazu eine Fortsetzungsvereinbarung, wonach die Insolvenz eines Gesellschafters entsprechend den Regeln zur Personenhandelsgesellschaft nur dessen Ausscheiden aus der Gesellschaft, nicht jedoch die Auflösung der Gesellschaft zur Folge hat. Die Gesellschaft wird mit den verbleibenden Gesellschaftern fortgesetzt.

3. Gesetzliche Kündigungsrechte

339 Das Recht der BGB-Gesellschaft unterscheidet zwischen der ordentlichen Kündigung des § 723 Abs. 1 Satz 1 BGB, der Kündigung durch einen Pfändungsgläubiger nach § 725 BGB und der außerordentlichen Kündigung nach § 723 Abs. 1 Satz 2 BGB.

a) Ordentliche Kündigung

340 Das **ordentliche Kündigungsrecht** des § 723 Abs. 1 Satz 1 BGB besteht in den Fällen, in denen eine Gesellschaft **auf unbestimmte Zeit eingegangen** ist. Dabei gilt der Grundsatz, dass eine **Befristung** immer nur dann anzunehmen ist, wenn sie vertraglich – sei es auch konkludent – vereinbart wurde. Die Befristung muss dabei keinen bestimmten Qualifikationen genügen, sie muss nur ausreichend bestimmt sein.[421] Logisch konsequent ist die Bestimmung des § 724 BGB, wonach ein auf die Lebenszeit eines Gesellschafters eingegangene Gesellschaft als auf unbestimmte Zeit geschlossen gilt. Hintergrund ist dabei, die Gesellschafter vor unüberschaubar langen Bindungen zu schützen.[422]

---

421 BGHZ 10, 91, 98; BGH, NJW 1992, 2696, 2698; MünchKomm-BGB/Ulmer, § 723 Rn. 23.
422 MünchKomm-BGB/Ulmer, § 724 Rn. 2.

Die Kündigung hat durch **einfache zugangsbedürftige Willenserklärung** gegenüber den Mitgesellschaftern zu erfolgen. Vertragliche Abweichungen davon sind möglich.[423] **Beschränkungen** des ordentlichen Kündigungsrechts gibt es nach der gesetzlichen Regelung insoweit, als diese nicht missbräuchlich sein und zur Unzeit ergehen dürfen (§ 723 Abs. 2 BGB). Dies wäre dann der Fall, wenn ein Zeitpunkt gewählt würde, der die Interessen der Mitgesellschafter erheblich verletzt oder die Kündigung als Druckmittel o.Ä. verwendet wird.

Rechtsfolge ist allerdings nicht die Unwirksamkeit, sondern nach § 723 Abs. 2 BGB nur die **Verpflichtung zum Schadensersatz** gegenüber den Mitgesellschaftern. Eine Unwirksamkeit wird nur in schwersten Fällen angenommen werden können.[424]

b) Gläubigerkündigung

Nach § 725 BGB kann die Gesellschaft ferner durch einen **Gläubiger eines Gesellschafters, der in den Gesellschaftsanteil gepfändet hat, ohne Frist gekündigt** werden. Voraussetzung ist die **wirksame Pfändung** des Gesellschaftsanteils aus einem nicht nur bloß vorläufig vollstreckbaren rechtskräftigen Titel gegen den Gesellschafter selbst. **Ausgeschlossen** ist demnach eine Kündigung in den Fällen, in denen ein Mitgesellschafter gegen einen Gesellschafter aus einer im Gesellschaftsverhältnis wurzelnden Forderung vorgeht. Problematisch sind die Fälle, in denen die Gläubigerkündigung de facto **mittelbare Gesellschafterkündigung** ist.[425] Die Kündigung hat **gegenüber allen Gesellschaftern** einschließlich dem Schuldner selbst zu erfolgen.[426] Eine **Beschränkung** dieser Kündigungsmöglichkeit mit **Außenwirkung ist nicht möglich**.[427]

341

c) Kündigung aus wichtigem Grund

Aus **wichtigem Grund** kann die Gesellschaft nach § 723 Abs. 1 Satz 2 BGB auch von den Gesellschaftern selbst jederzeit gekündigt werden. Ob die Gesellschaft befristet ist oder nicht, spielt keine Rolle. Die Regelung ist Ausdruck des allgemeinen Rechtsprinzips – mittlerweile kodifiziert in **§ 314 BGB** – wonach Dauerschuldverhältnisse aus wichtigem Grund immer gekündigt werden können. Das Gesellschaftsrecht ist davon nicht ausgenommen.[428] Das Vorliegen eines wichtigen Grundes wird dann angenommen, wenn das **berechtigte Interesse des kündigenden Gesellschafters** an der sofortigen Beendigung der Gesellschaft dasjenige seiner Mitgesellschafter an der Fortführung erkennbar überwiegt.[429] Das **Festhalten** an der Gesellschaft muss sich dabei als für den Kündigenden **unzumutbar** erweisen.[430] Das Gesetz selbst nennt zwei entsprechende Fallgruppen, ohne jedoch die Gründe darauf zu beschränken.

342

Zu in der Person eines Mitgesellschafters begründeten Kündigungsgründen gehören dabei nicht nur die **klassischen Verletzungen der Gesellschafterpflichten**.

343

Beispiele:
Griff in die Kasse, schwere Verletzung eines Wettbewerbsverbots, erhebliche Rufschädigung und gegen Mitgesellschafter erhobene Hand.

Vielmehr gehören dazu auch verschuldensunabhängige Gründe.

---

423 Staudinger/Habermeier, BGB, § 723 Rn. 9.
424 Siehe dazu MünchKomm-BGB/Ulmer, § 723 Rn. 60 m.w.N.
425 Siehe dazu BGH, NJW 1959, 1683; 1969, 505; 1987, 2514.
426 BGH, NJW 1986, 1991.
427 MünchKomm-BGB/Ulmer, § 725 Rn. 18; Piehler/Schulte, in: Münchener Handbuch des Gesellschaftsrechts, Bd. 1, § 10 Rn. 50.
428 Oppermann, RNotZ 2005, 453, 461.
429 BGH, NJW 1982, 2821.
430 BGHZ 31, 295, 304.

Beispiele:

Dauernde, die Mitwirkung an der Verwirklichung des Gesellschaftszwecks ausschließende Krankheit oder Vermögensverfall.[431]

Entscheidend ist, dass dem Kündigungsgrund die **Prognose künftiger Unzumutbarkeit** innewohnt. Streitig ist, ob sich ein kündigender Gesellschafter durch eigenes gesellschaftsvertragswidriges Verhalten des Kündigungsrechts begeben kann.[432] Wird ein vertragswidriges Verhalten über längere Zeit hingenommen bzw. wird nach einem solchen Vorgang über längere Zeit zugewartet, so kann dies zur **Verwirkung des Kündigungsrechts** aus wichtigem Grund führen.[433] Hinsichtlich der Beschränkungen des Kündigungsrechts aus wichtigem Grund gelten dieselben gesetzlichen Bestimmungen wie für die ordentliche Kündigung.

344 § 723 Abs. 1 Satz 3 Nr. 3 BGB statuiert ferner einen wichtigen Grund für die Kündigung einer BGB-Gesellschaft dann, wenn ein **minderjähriger Gesellschafter** das 18. Lebensjahr erreicht. Hintergrund der Regelung ist es, dass einem minderjährigen Gesellschafter die Möglichkeit gegeben werden soll, mit Erreichen der Volljährigkeit die **Haftung für vor diesem Zeitpunkt entstandene Verbindlichkeiten** auf den Bestand des dann vorhandenen Vermögens zu begrenzen. Da die bis dahin begründeten Verbindlichkeiten nicht durch den Minderjährigen, sondern durch Dritte für ihn begründet wurden, soll so ein „frischer Start" möglich sein. Die Kündigung kann nur innerhalb **von drei Monaten nach Kenntnis** der Gesellschafterstellung erklärt werden. Das **Kündigungsrecht ist ausgeschlossen**, wenn hinsichtlich des Gegenstands der Gesellschaft § 112 BGB eingreift. Ulmer will eine weitere Ausnahme dann annehmen, wenn dem Gesellschafter keine Haftungsverbindlichkeiten aus der Gesellschaft drohen, wobei insb. an bloß vermögensverwaltende Gesellschaften gedacht wird.[434] Diese mit dem Wortlaut der Bestimmung nicht korrespondierende Auslegung erscheint zweifelhaft.[435]

3. Vertragliche Beschränkungen des Kündigungsrechts

a) Gläubigerkündigung

345 Eine gesellschaftsvertragliche Beschränkung des Kündigungsrechts des Gesellschaftergläubigers ist nicht möglich.

b) Ordentliche Kündigung

346 **Beschränkungen** des ordentlichen oder des außerordentlichen Kündigungsrechts sind bei der BGB-Gesellschaft nach der Bestimmung des § 723 Abs. 3 BGB grds. **unzulässig**.[436]

Es ist allerdings anerkannt, dass auch bei einer grds. unbefristet geschlossenen Gesellschaft die Kündigung für einen bestimmten Zeitraum ausgeschlossen werden kann.[437] Strukturell handelt es sich dabei nicht etwa um einen zeitlich befristeten Ausschluss des Kündigungsrechts, vielmehr muss diese Konstruktion eingeordnet werden als **gesellschaftsvertraglich vereinbarte Gesellschaft von befristeter Dauer kombiniert mit einem vorab gefassten Fortsetzungsbeschluss**. Durch das sich an die Befristung anschließende Recht auf außerordentliche Kündigung ist die Lösungsmöglichkeit für den Gesellschafter faktisch in gleichem Umfang gegeben, als wäre die Gesellschaft befristet, ohne jedoch auf den Auflösungsautomatismus zurückzugreifen.

Die interessante und streitige Frage ist, wie **lang eine solche Befristung sein kann**. § 724 Satz 1 BGB schließt dabei **Befristungen auf die Lebenszeit** aus, da diese Gesellschaften wie unbefristet vereinbarte

---

431 MünchKomm-BGB/Ulmer, § 723 Rn. 30 ff.
432 Siehe dazu MünchKomm-BGB/Ulmer, § 723 Rn. 34 m.w.N.
433 MünchKomm-BGB/Ulmer, § 723 Rn. 47.
434 MünchKomm-BGB/Ulmer, § 723 Rn. 42.
435 So auch Oppermann, RNotZ 2005, 453, 463.
436 Staudinger/Habermeier, BGB, § 723 Rn. 19; MünchKomm-BGB/Ulmer, § 723 Rn. 70.
437 Palandt/Sprau, BGB, § 723 Rn. 3; MünchKomm-BGB/Ulmer, § 723 Rn. 62.

zu behandeln sind. Die funktionale Stellung des § 724 Satz 1 BGB liefert dabei einen Hinweis darauf, welche Bindungen noch als zulässig angesehen werden können. Bindungen auf die Lebenszeit eines Gesellschafters stellen grds. unüberschaubare Zeiträume dar. Wo also die Frist die **Grenze der Unüberschaubarkeit** erreicht, muss die Grenze einer möglichen Befristung verlaufen. Dabei wird eine Befristung von 30 Jahren in jedem Fall als Höchstgrenze angenommen werden müssen.[438] Meines Erachtens wird zwischen verschiedenen Gesellschaftsformen zu differenzieren sein. Bei rein vermögensverwaltenden Gesellschaften dürfte eine Frist von 30 Jahren eher angemessen sein als bei gewerblich tätigen, bei denen sich innerhalb weniger Jahre die Marktverhältnisse komplett verändern können.[439]

c) Kündigung aus wichtigem Grund

Der **Ausschluss der Kündigung aus wichtigem Grund** bzgl. anerkannter Kündigungsgründe ist unzulässig.[440] Ob eine Beschränkung in Randbereichen zulässig ist, erscheint allerdings ebenfalls zweifelhaft, denn immer dann, wenn ein wichtiger Grund anzunehmen ist, muss einem Gesellschafter auch die Möglichkeit gegeben sein, sich durch Kündigung aus dem nunmehr nicht erträglichen vertraglichen Korsett zu befreien. Da die **Zumutbarkeit des Festhaltens** an einer Gesellschaft auch bei einer Kündigung aus wichtigem Grund im Einzelfall zu ermitteln ist, werden **berechtigten Interessen der Gesellschafter**, die sich aus laufenden Veränderungen ergeben können, ausreichend Rechnung getragen.

347

d) Beschränkungen der Kündigungsrechte durch Formalerfordernisse

Die Einführung **von Formalerfordernissen** bei der ordentlichen Kündigung, wie insb. die Vereinbarung der Schriftform oder Ähnlichem ist grds. zulässig.[441] Allerdings dürfen diese **nicht schikanös** werden. Ebenso können bestimmte Kündigungsfristen vereinbart werden, wonach bspw. nur zum Quartalsende oder zum Jahresende mit bestimmtem zeitlichen Vorlauf gekündigt werden kann.[442]

348

Formulierungsbeispiel: Beschränkung der Kündigungsrechte durch Vereinbarung einer bestimmten Kündigungsfrist

349

> Das Gesellschaftsverhältnis kann mit einer Frist von sechs Monaten zum Schluss eines jeden Geschäftsjahres gekündigt werden.

Für die außerordentliche Kündigung gilt hinsichtlich der **Form von Kündigungserklärungen** das Gleiche wie für die ordentliche Kündigung.[443] Was zeitliche Befristungen angeht, sind die Voraussetzungen erheblich enger, eine Vereinbarung von längeren Fristen ist unzulässig.

350

4. Rechtsfolgen

a) Gesetzliche Regelung

Grds. führt die Kündigung der Gesellschaft zu deren **Auflösung**. Zu deren Konsequenzen siehe unten Rn. 380 ff.

351

b) Vertragliche Modifikation

Wollen die Gesellschafter die **kündigungsbedingte Auflösung** der Gesellschaft **verhindern**, räumt ihnen das Gesetz eine Reihe von Möglichkeiten ein, dies zu verwirklichen. Die Gesellschafter können vereinbaren, dass an die Stelle der Auflösung der Gesellschaft infolge der Kündigung deren Fortsetzung unter den

352

---

438 Piehler/Schulte, in: Münchener Handbuch des Gesellschaftsrechts, Bd. 1, § 10 Rn. 41; K. Schmidt, Gesellschaftsrecht, § 50 II.4.c; MünchKomm-BGB/Ulmer, § 738 Rn. 66.
439 Siehe zu den Überlegungen auch Oppermann, RNotZ 2005, 453, 462.
440 Staudinger/Habermeier, BGB, § 723 Rn. 43.
441 MünchKomm-BGB/Ulmer, § 723 Rn. 12; Baumbach/Hopt/Hopt, HGB, § 132 Rn. 3.
442 Staudinger/Habermeier, BGB, § 723 Rn. 22; MünchKomm-BGB/Ulmer, § 723 Rn. 71.
443 Staudinger/Habermeier, BGB, § 723 Rn. 42; MünchKomm-BGB/Ulmer, § 723 Rn. 74.

verbleibenden Gesellschaftern unter Ausscheiden des kündigenden Gesellschafters tritt. Notwendig ist dazu jedenfalls, dass sich aus dem Gesellschaftsvertrag – ggf. auch konkludent – die **Fortsetzungsabsicht** ergibt. Die Aufnahme einer **ausdrücklichen Klausel** in den Gesellschaftsvertrag empfiehlt sich dringend. **Vermutet** wird eine solche Fortführungsabsicht dann, wenn eine Gesellschaft als Handelsgesellschaft bestand und nur durch Absinken ihres Geschäftsbetriebs zur BGB-Gesellschaft wurde.[444] Anstelle einer Fortsetzungsklausel kann der Gesellschaftsvertrag allerdings auch vorsehen, dass es zur Fortsetzung der Gesellschaft im Kündigungsfall eines **weiteren Fortsetzungsbeschlusses der Gesellschafter** bedarf. Soll dieser durch Stimmenmehrheit gefasst werden können, sind die Grundsätze des **Bestimmtheitsprinzips** zu wahren. Entsprechende Klauseln schränken das Recht auf ordentliche oder außerordentliche Kündigung eines Gesellschafters nicht ein und sind somit nicht an den Verboten des § 723 BGB zu messen. Das **ausscheidensbedingte Anwachsen** des Gesellschaftsvermögens bei allen Mitgesellschaftern nach § 738 Abs. 1 BGB kann dadurch vermieden werden, dass gesellschaftsvertraglich vereinbart wird, dass den Mitgesellschaftern das Recht zur Übernahme der Gesellschaftsbeteiligung des Kündigenden eingeräumt wird.[445]

XIII. Ausschließung

353 Während die Kündigung der Gesellschaft grds. deren Auflösung zur Folge hat und Vereinbarungen über das Ausscheiden eines Gesellschafters bei Eintreten bestimmter Umstände einen Ausscheidensautomatismus nach sich ziehen, ohne dass der Bestand der Gesellschaft in Frage gestellt würde, stellen **Ausschließungsmöglichkeiten den genauen Mittelweg** zwischen beiden Varianten dar. Bei Vorliegen der Ausschließungsvoraussetzungen kommt es gerade nicht automatisch zu einem Ausscheiden eines Gesellschafters, die Gesellschafter können vielmehr **aktiv darüber entscheiden, ob ein Ausschluss** des Gesellschafters erfolgen soll. In **Abgrenzung** zur Auflösung wird durch die Ausschließung, jedenfalls bei Gesellschaften, die nicht nur zwei Gesellschafter haben, der **Bestand der Gesellschaft als solches nicht in Frage gestellt.**

1. Gesetzliche Regelung zur Ausschließung eines Gesellschafters

354 § 737 BGB bestimmt, dass ein Gesellschafter dann von den übrigen Gesellschaftern aus der Gesellschaft ausgeschlossen werden kann, wenn **in seiner Person** ein die übrigen Gesellschafter **zur Kündigung aus wichtigem Grund berechtigender Grund** eintritt und der Gesellschaftsvertrag eine **Fortsetzungsklausel** enthält.

a) Fortsetzungsklausel

355 Erste Voraussetzung für die Möglichkeit eines Ausschlusses eines Gesellschafters ist, dass der Gesellschaftsvertrag eine **Fortsetzungsklausel für den Fall der Kündigung** enthält. Die Fortsetzungsklausel muss dabei nicht zwingend **ausdrücklich** im Gesellschaftsvertrag enthalten sein, sie kann auch **konkludent** vereinbart werden. Gleichwohl empfiehlt es sich dringend, bei schriftlich verfassten Gesellschaftsverträgen eine entsprechende Klausel aufzunehmen. Aus einer für den Fall des Todes eines Gesellschafters vorgesehenen Fortsetzungsklausel ergibt sich nicht zwingend, dass diese auch für den Kündigungsfall gelten soll.[446]

b) Wichtiger Grund

356 In der Person des auszuschließenden Gesellschafters muss ein **wichtiger Grund i.S.d. § 723 Abs. 1 Satz 2 BGB** vorliegen. Es gelten die Grundsätze zur Kündigung aus wichtigem Grund entsprechend (siehe dazu Rn. 342).

---

444 Siehe dazu MünchKomm-BGB/Ulmer, § 737 Rn. 4.
445 BGH, NJW-RR 1993, 1443. Zu einem Formulierungsvorschlag siehe Mutter, in: Münchener Anwaltshandbuch Personengesellschaftsrecht, § 6 Rn. 113.
446 BGH, DB 1977, 1403.

> **Hinweis:**
>
> Zu beachten ist allerdings, dass es sich nicht um gesellschaftsbezogene Gründe handeln darf, da diese nicht Grundlage des Ausschlusses einer bestimmten Person, sondern bestenfalls der Auflösung der Gesellschaft insgesamt sein können. Entsprechende Gründe müssen ihre Verwurzelung nicht unbedingt allein im Gesellschaftsverhältnis haben, sie müssen nur die **Fortsetzung des Gesellschaftsverhältnisses unzumutbar** machen. In der Lit. wird als Beispiel für eine solche Verfehlung gerne der Ehebruch mit dem Partner eines Mitgesellschafters genannt.[447]

d) Einschränkungen der Ausschlussmöglichkeiten

Erforderlich ist zunächst, dass trotz des eingetretenen wichtigen Grundes die **übrigen Gesellschafter an der Gesellschaft festhalten** wollen.[448] Hegen diese bereits Liquidationsabsichten, soll nicht der „billige" Ausschluss eines Gesellschafters möglich sein. Beschränkungen können sich auch dann ergeben, wenn die Verfehlungen des Einzelnen zwar für sich genommen bedeutend sind, sie aber wegen der nur geringen Bedeutung der Person des Gesellschafters letztlich für die Gesellschaft irrelevant sind. 357

> *Beispiel:*
>
> *Kapitalanlagegesellschaften*

Der Ausschluss darf nach h.M. nur **das letzte Mittel** sein.[449] Soweit es weniger einschneidende Mittel gibt, die Situation aufzulösen, sind diese zu ergreifen. Eine **Beschränkung** kann ferner dann gegeben sein, wenn sich innerhalb einer Gesellschaft nicht mehr eindeutig feststellen lässt, ob ein bestimmter Gesellschafter gesellschaftsschädlich ist oder ob der Streit nur Ausdruck der Zerrüttung der Gesellschaft ist. Ist dies möglich, kommt ein Ausschluss in Betracht,[450] ansonsten muss es bei der Möglichkeit der Kündigung der Gesellschaft mit der Folge der Auflösung bleiben.

2. Verfahren

Die Ausschließung bedarf **grds. eines einstimmigen Beschlusses** aller übrigen Gesellschafter.[451] Wirksam wird die Ausschließung mit der Mitteilung an den Auszuschließenden. Da die Ausschließung nur dann wirksam ist, wenn tatsächlich ein diese rechtfertigender wichtiger Grund in der Person des Gesellschafters vorliegt, kann der Ausschließungsbeschluss durch Erhebung einer entsprechenden **Feststellungsklage gerichtlich überprüft** werden.[452] Liegen die Voraussetzungen der Ausschließung nicht vor, geht auch der Beschluss ins Leere. 358

3. Gesellschaftsvertragliche Modifikationen

Schon das Bestehen einer Ausschlussmöglichkeit nach der gesetzlichen Regelung des § 737 BGB setzt voraus, dass **gesellschaftsvertraglich Abweichungen** gegenüber dem Regelungskonzept des BGB **vereinbart** sind, da eine Fortsetzungsklausel gefordert ist. Grds. sind damit natürlich auch Modifikationen der Ausschließungsmöglichkeiten aufgrund gesellschaftsvertraglicher Vereinbarungen möglich. 359

---

447 Siehe dazu bspw. Piehler/Schulte, in: Münchener Handbuch des Gesellschaftsrechts, Bd. 1, § 10 Rn. 59.
448 So schon RGZ 143, 274, 280.
449 BGHZ 4, 108; Staudinger/Keßler, BGB, § 737 Rn. 3; K. Schmidt, Gesellschaftsrecht, § 50 III.1.b; a.A.: Westermann, NJW 1977, 2185.
450 K. Schmidt, Gesellschaftsrecht, § 50 III.1.b; Götte, DStR 2001, 533, 535; Piehler/Schulte, in: Münchener Handbuch des Gesellschaftsrechts, Bd. 1, § 10 Rn. 60.
451 Erman/Westermann, BGB, § 737 Rn. 4; Staudinger/Keßler, BGB, § 737 Rn. 4; MünchKomm-BGB/Ulmer, § 737 Rn. 13, jeweils m.w.N.
452 BGHZ 31, 295.

a) Ausschließungsgründe

360 Denkbar ist es, dass die Gesellschafter für die **Ausschließung eines Gesellschafters engere Voraussetzungen** vereinbaren, als dies für eine Kündigung der Gesellschaft aus wichtigem Grund notwendig ist. Dies kann zwar nicht zu einer Beschränkung des Kündigungsrechts aus wichtigem Grund führen (siehe dazu oben Rn. 347), die Ausschließung wäre dann aber nicht möglich. Ob dies sinnvoll ist, steht auf einem anderen Blatt. In Betracht kommt damit praktisch nur, die Ausschließungsgründe gegenüber den bereits anerkannten wichtigen Gründen für die Kündigung einer Gesellschaft zu erweitern. Ein typisches Beispiel hierfür ist die Vereinbarung einer Nachfolgeklausel unter Einräumung eines Ausschließungsrechts für die Mitgesellschafter gegenüber den Erben. Den Gesellschaftern steht es frei, insb. solche Ausschlussgründe vorzusehen, die sie im Interesse des Gesellschaftsverhältnisses für bedeutend halten.

b) Freie Hinauskündigungsklausel?

361 Es wird als grds. unzulässig i.S.d. § 138 BGB angesehen, **freie Hinauskündigungsrechte** vorzusehen,[453] wonach bestimmte Gesellschafter oder die Gesellschaftermehrheit einzelne Gesellschafter ohne besondere Gründe hinauskündigen können. Die Problematik wird dabei weniger in der direkten Wirkung des Ausschlusses als vielmehr in deren **mittelbaren Konsequenzen** gesehen, da dadurch das Risiko entstehe, dass das Ausschließungsrecht als **Machtinstrument gegen andere Gesellschafter** missbraucht wird.[454]

362 Zugelassen hat die Rspr. Hinauskündigungsklauseln im Fall des Eintritts besonderer Umstände, wie bspw. der vorgenannten Möglichkeit der Hinauskündigung der Erben, beim Vorliegen ganz besonderer persönlicher Nähebeziehungen, die treuhandähnlichen Charakter hinsichtlich der Beteiligung an der Gesellschaft haben,[455] bei Gesellschaftsbeteiligungen in Form einer Probezeit[456] und jüngst im Fall sog. Mitarbeitermodelle, bei denen Gesellschaftsbeteiligungen nur für die Dauer der Ausübung bestimmter Funktionen in der Gesellschaft gewährt werden.[457]

c) Verfahrensregelungen

363 Die Gesellschafter können vorsehen, dass der Ausschließungsbeschluss durch **Mehrheitsentscheidung** erfolgen kann. Denkbar sind auch rein einseitige Gestaltungsrechte, ebenso die Abbedingung der Ausscheidensregeln für bestimmte Gesellschafter mit der Konsequenz, dass Mitgesellschafter bei in der Person dieser Gesellschafter eintretenden wichtigen Gründen nur die Möglichkeit der Kündigung der Gesellschaft haben. Gesellschaftsvertraglich kann auch geregelt werden, dass ein Ausschließungsbeschluss nur **innerhalb einer bestimmten Frist** angegriffen werden kann.[458] Dies hat zur Folge, dass selbst ein ohne Vorliegen der Ausschließungsvoraussetzungen gefasster Beschluss, der grds. rechtsunwirksam wäre, durch Versäumen der Frist Wirksamkeit erlangt.[459]

XIV. Rechtsfolgen des Ausscheidens

1. Überblick

364 Die **gesetzlichen Rechtsfolgen** des Ausscheidens eines Gesellschafters sind in den **§§ 738 – 740 BGB** geregelt. Diese Regelungen sind teilweise einer gesellschaftsvertraglichen Regelung zugänglich. Anwen-

---

453 Für die GmbH: BGHZ 112, 103; für die KG: BGHZ 81, 263; 105, 213; für die stille Gesellschaft: BGHZ 125, 74.
454 Siehe dazu BGHZ 81, 264, 266.
455 BGHZ 112, 103.
456 BGH, ZIP 2004, 903.
457 Siehe dazu die aktuellen Urteile des BGH: DNotZ 2006, 137; DNotZ 2006, 140.
458 BGHZ 68, 212.
459 Einem solchen Beschluss sind allerdings insoweit Grenzen gesetzt, als dieser nicht für solche Ausschließungen gilt, die nicht auf Grundlage eines vertraglich vorgesehenen Ausschließungsgrundes erfolgen, siehe dazu BGHZ 68, 212, 216.

dung finden sie allerdings nur dann, wenn die Gesellschaftsbeteiligung nicht auf einen Dritten übergeht, sondern ein echtes Ausscheiden stattfindet.

2. Beteiligte des Anspruchsverhältnisses

Zwar bezeichnet das Gesetz die übrigen Gesellschafter als Schuldner der Ansprüche des Ausscheidenden, nach heute wohl praktisch einhelliger Auffassung kommt die **Schuldnerrolle allerdings tatsächlich der Gesellschaft** zu, was nach Anerkennung der Rechtsfähigkeit der Außen-GbR durch den BGH auch kaum mehr anders zu begründen ist.[460] Die Gesellschafter haften danach akzessorisch für die Verbindlichkeiten der Gesellschaft, auch soweit sie aus dem Ausscheidensverhältnis begründet sind. Die **Nachhaftungsbeschränkung des § 707 BGB** kann einem ausgeschiedenen Gesellschafter nicht mehr entgegengehalten werden.[461] **Vertraglich vereinbarte Haftungsbeschränkungen** muss er sich allerdings entgegenhalten lassen.[462]

3. Rückgabe von Gegenständen nach § 738 Abs. 1 Satz 2 BGB

Hat der Gesellschafter der Gesellschaft **Gegenstände zur Nutzung überlassen**, steht ihm ein **Anspruch auf deren Rückgabe** mit dem Ausscheiden zu. Dies gilt dann nicht, wenn diese von der Gesellschaft **dringend benötigt** werden, in diesem Fall steht ihm für die **vorübergehende Nutzung ein Entgelt** zu.[463]

4. Haftungsfreistellung

Die Gesellschaft hat den Ausgeschiedenen nach § 738 Abs. 1 Satz 2 BGB von der **Haftung für Gesellschaftsverbindlichkeiten** und im Zweifel auch für solche, für die er Sicherheit geleistet hat,[464] **freizustellen**. Da dies grds. nur durch die Erreichung einer **Schuldhaftentlassung durch die Gläubiger bzw. Tilgung der Verbindlichkeiten** möglich ist, empfiehlt es sich für die Praxis, gesellschaftsvertraglich zu vereinbaren, dass diese Verpflichtung durch eine Freistellungsverpflichtung im Fall der Inanspruchnahme ersetzt wird. Die Haftungsfreistellungsverpflichtung berührt nicht die Haftung des Gesellschafters im Außenverhältnis. Sie kann von der Gesellschaft so lange verweigert werden, wie der einen Ausgleich nach §§ 739, 735 BGB schuldende Gesellschafter diesen nicht erbracht hat.[465] Anstelle der Schuldbefreiung können die Gesellschafter für noch nicht fällige Ansprüche Sicherheit leisten, § 738 Abs. 1 Satz 3 BGB.

5. Abfindung

Nach § 738 Abs. 1 Satz 2 BGB steht dem ausgeschiedenen Gesellschafter ein **Anspruch auf Zahlung des Betrages** zu, der ihm bei einer Auseinandersetzung im Zeitpunkt des Ausscheidens zugestanden hätte.

a) Gesetzliche Regelung

Das Gesetz bestimmt die **Höhe des Abfindungsanspruchs** als den Betrag, der dem Gesellschafter zustünde, wenn die Gesellschaft zum Zeitpunkt des Ausscheidens liquidiert worden wäre. In der Lit. wird zu Recht darauf hingewiesen, dass das Gesetz ausdrücklich von einer Liquidation der Gesellschaft und nicht einer des Unternehmens spricht, womit für die Bewertung gerade nicht von dem Zerschlagungswert des Unternehmens, sondern von demjenigen des lebenden Unternehmens auszugehen ist.[466] Eine verallgemeinerungsfähige Regel, wonach immer von dem **Ertragswert oder dem Substanzwert** auszugehen ist, gibt es nicht. Der BGH hat die Ermittlung des Wertes eines Gesellschaftsanteils ausdrücklich der **tatrichter-**

---

460 Siehe dazu MünchKomm-BGB/Ulmer, § 738 Rn. 16; Piehler/Schulte, in: Münchener Handbuch des Gesellschaftsrechts, Bd. 1, § 10 Rn. 76, jeweils m.w.N.
461 BGH, NZG 2001, 936, 937.
462 Ulmer, ZIP 2003, 1013, 1020.
463 Erman/Westermann, BGB, § 732 Rn. 1; MünchKomm-BGB/Ulmer, § 738 Rn. 76.
464 BGH, NJW 1974, 899.
465 BGH, NJW 1974, 899.
466 Schlegelberger/K. Schmidt, HGB, § 138 Rn. 55; Piehler/Schulte, in: Münchener Handbuch des Gesellschaftsrechts, Bd. 1, § 10 Rn. 82; Mutter, in: Münchener Anwaltshandbuch Personengesellschaftsrecht, § 6 Rn. 122.

lichen Feststellung überlassen,[467] was angesichts der Vielzahl möglicher BGB-Gesellschaftsformen ein zutreffendes Verdikt ist. So mag eine rein grundstücksverwaltende Gesellschaft zutreffend nur mit dem Substanzwert der von ihr gehaltenen Grundstücke bewertet werden, eine unternehmenstragende Gesellschaft dagegen mit dem Ertragswert und eine freiberufliche Praxis nach noch ganz anderen Maßstäben. Welches Verfahren auf eine Gesellschaft angewendet werden kann, ist danach **nach den tatsächlichen Verhältnissen der Gesellschaft** zu entscheiden.[468]

370 Für die Berechnung des etwaigen Abfindungsentgelts gilt das Prinzip **der Gesamtabrechnung**, wonach zumindest[469] für alle aus dem Gesellschaftsverhältnis selbst resultierenden Ansprüche eine Durchsetzungssperre bis zur Feststellung des Abrechnungssaldos gilt. Damit soll ein **Hin- und Herzahlen vermieden** werden.

Ausnahmen gelten nur dort, wo bereits feststeht, dass der Gesellschafter Zahlungen in bestimmter Höhe in jedem Fall erhalten wird.[470] Der Abfindungsanspruch **entsteht** mit dem Ausscheiden des Gesellschafters. Wann der Anspruch **fällig** wird, ist umstritten, wobei im Wesentlichen zwei Meinungen vertreten werden. Zum einen wird die Fälligkeit sofort mit dem Ausscheiden des Gesellschafters[471] und zum anderen frühestens mit Berechenbarkeit des Abfindungsanspruchs angenommen.[472] Den Anspruch auf Auszahlung des Abfindungsentgelts kann der ausgeschiedene Gesellschafter im **Wege der Leistungsklage** geltend machen. Soweit aufgrund fehlender oder unvollständiger Rechnungslegung hinsichtlich der Ermittlung des Abfindungsentgelts eine genaue Bezifferung zunächst nicht möglich ist, steht dem Gesellschafter auch die Möglichkeit zu Gebote, Klage auf Rechnungslegung bzw. Auskunft zu erheben.

b) Vertragliche Modifikation des Abfindungsanspruchs

371 Grds. gilt, dass die gesetzlichen Bestimmungen zur Abfindungsregelung eines ausscheidenden Gesellschafters **dispositiv** sind und damit **auch Abweichungen zulasten des Gesellschafters vertraglich vereinbart** werden können.[473] Regelungsgegenstand sind dabei zum einen die Höhe einer Abfindung und zum Zweiten die Modalitäten der Zahlung. Kernüberlegung bei der Gestaltung von Abfindungsregelungen sollte die Erkenntnis sein, dass regelmäßig zu Beginn der Gesellschaft den Gesellschaftern der eigene Verbleib in der Gesellschaft als sicher erscheint, während die Mitgesellschafter als potenzielle „Wackelkandidaten" identifiziert werden. Gleichzeitig wird dem **Erhalt der Gesellschaft** ein besonders hoher Stellenwert eingeräumt. Kommt es zu einem Ausscheiden aus der Gesellschaft, werden sich diese Interessen regelmäßig erheblich verschieben. Der ausscheidende Gesellschafter erkennt plötzlich, dass nicht die anderen, sondern er der „Wackelkandidat" ist. Ferner erscheint dem Ausscheidenden das Interesse am Fortbestand der Gesellschaft regelmäßig weniger bedeutend als den verbleibenden Mitgesellschaftern. Dem Vertragsgestalter obliegt es, den Gesellschaftern insofern mögliche Änderungen ihrer Interessen klar vor Augen zu führen. Hinzu kommt, dass Abfindungsbeschränkungen gerade im Zusammenspiel mit Ausschließungsmöglichkeiten zu **erheblichen strukturellen Ungleichgewichten** innerhalb der Gesellschaft führen können. Letztlich kann sich eine Abfindungsbeschränkung auch als wirtschaftliche Beschränkung der Kündigungsmöglichkeiten eines Gesellschafters darstellen.

372 Greifen gesellschaftsvertragliche Regelungen nur bei der **Zahlungsweise eines Abfindungsentgelts** ein, sind diese, jedenfalls soweit normale zeitliche Grenzen gewahrt bleiben, unproblematisch. Oftmals findet

---

467 BGH, NJW 1992, 892, 893; NJW 1993, 2103.
468 Zu der Methodik der Abrechnung siehe die Darstellung von Piehler/Schulte, in: Münchener Handbuch des Gesellschaftsrechts, Bd. 1, § 10 Rn. 83 ff.
469 Nach der Rspr. soll dies auch für Drittgläubigerforderungen eines Gesellschafters gelten, BGH, WM 1964, 1052; 1979, 937, 938; dagegen MünchKomm-BGB/Ulmer, § 738 Rn. 18.
470 BGHZ 37, 299, 305; BGH, ZIP 1993, 919, 920.
471 Siehe dazu BGH, WM 1959, 886, 887; WM 1980, 212, 213; siehe auch NJW 1990, 1171, 1172; Stötter, BB 1977, 1219, 1220.
472 Schlegelberger/K. Schmidt, HGB, § 138 Rn. 44.
473 BGH, NJW 1985, 192; DB 1989, 1399; NJW 1992, 892; NJW 1993, 2101.

sich in Gesellschaftsverträgen eine Regelung, die **liquiditätsschonende Wirkung** für die Gesellschafter dadurch entfaltet, dass der Abfindungsbetrag über einen Zeitraum gestreckt wird. Handelt es sich dabei um **wenige Jahre** und findet während dieser Zeit für den jeweils ausstehenden Restbetrag eine **Verzinsung** statt, dürften solche Klauseln **keinen Bedenken** begegnen. Problematisch ist es allerdings, wenn **über lange Zeiten zinsfrei** die Abfindungszahlung gestundet werden soll, was de facto auch höhenmäßig eine Begrenzung der Abfindungszahlung nach sich zieht. 15 Jahre sind als zu lang eingestuft worden.[474]

Eine **Sittenwidrigkeit** wird allgemein dann angenommen, wenn eine abfindungsbeschränkende Regelung allein **gläubigerbenachteiligende Wirkung** hat. Regelungen, wonach der Abfindungsanspruch eines Gesellschafters im **Zwangsvollstreckungs- bzw. Insolvenzfall** ausgeschlossen oder beschränkt wird, während er in sonstigen Fällen des Ausscheidens aus wichtigem Grund nicht oder weniger stark eingeschränkt ist, sind **nichtig**.[475] Dass sich die Gläubiger ebenso behandeln lassen müssen wie der Gesellschafter im Fall des Ausscheidens aus wichtigem Grund, wird hingegen als unproblematisch eingestuft.[476]

373

Die Sittenwidrigkeit einer Abfindungsklausel wird ferner dann angenommen, wenn diese zu einer **Knebelung des Gesellschafters** führen.[477] Eine solche Knebelung wird dann bejaht, wenn die Abfindungsregelung dazu führt, dass dem Gesellschafter erhebliche Teile seines in der Gesellschaft gebundenen Vermögenswertes verloren gehen und eine solche Klausel nicht durch den Zweck der Gesellschaft oder sonstige bedeutende rechtliche Erwägungen gerechtfertigt ist.[478] Dass es zu dieser Frage keine klaren Rspr. und auch keine genau bezifferbaren Formeln in der Lit. gibt, ist de facto zwingende Folge der schon für die Bewertung der Beteiligung an einer BGB-Gesellschaft bestehenden Schwierigkeiten. Wo schon generelle Regeln zum Bewertungsmaßstab für eine Gesellschaft selbst fehlen, kann es auch keine pauschalen Regeln für Beschränkungen geben.

374

Gesichert ist nur, dass **Abfindungsausschlüsse** für **bestimmte Situationen oder Gesellschaftskonstellationen** möglich sind. Dies gilt namentlich für den Ausschluss im Fall des Todes eines Gesellschafters,[479] Gesellschaften mit ideellem Zweck,[480] ebenso jedenfalls hinsichtlich erheblicher Höhenbeschränkungen bei Arbeitnehmerbeteiligungen[481] und auch bei Freiberufler-Sozietäten.[482] Angebracht scheint es ferner, Abfindungsbeschränkungen dann zuzulassen, wenn das Ausscheiden bedingt ist durch einen in der Person des ausscheidenden Gesellschafters schuldhaft verwirklichten **wichtigen Grund**. So dürfte eine Beschränkung im Fall des Griffes in die Kasse sicher anders zu bewerten sein als bei einer dauernden Erkrankung.[483]

Außerhalb der vorstehend genannten Fallgruppen ist die Orientierung recht schwierig. Der BGH hat eine Klausel, die den Abfindungsanspruch auf die Hälfte des Buchwertes des Gesellschaftsanteils festsetzte, als unwirksam angesehen.[484] Da der Buchwert einer Gesellschaftsbeteiligung regelmäßig nicht höher als deren Verkehrswert ist, scheinen damit jedenfalls solche Klauseln ausgeschlossen zu sein, nach

375

---

474 BGH, NJW 1989, 2685.
475 BGHZ 32, 151; 62, 22; zur GmbH siehe auch BGHZ 144, 365.
476 BGHZ 62, 22; BGH, NJW 1993, 2101; MünchKomm-BGB/Ulmer, § 738 Rn. 47 ff.; K. Schmidt, Gesellschaftsrecht, § 50 IV.2.c.aa; Erman/Westermann, BGB, § 738 Rn. 14; Haibt, MittRhNotK 1998, 261, 269, jeweils m.w.N.
477 MünchKomm-BGB/Ulmer, § 738 Rn. 49; K. Schmidt, Gesellschaftsrecht, § 50 IV.2.c.bb; Piehler/Schulte, in: Münchener Handbuch des Gesellschaftsrechts, Bd. 1, § 10 Rn. 99, jeweils m.w.N.
478 BGHZ 116, 359, 376; BGH, NJW 1994, 2536, 2539.
479 BGHZ 22, 186, 194; BGH, WM 1971, 1338, 1339; MünchKomm-BGB/Ulmer, § 738 Rn. 61; Schlegelberger/K. Schmidt, HGB, § 138 Rn. 66; Piehler/Schulte, in: Münchener Handbuch des Gesellschaftsrechts, Bd. 1, § 10 Rn. 100.
480 BGHZ 135, 387.
481 Siehe dazu zuletzt BGH, DNotZ 2006, 137; DNotZ 2006, 140
482 BGH, NJW 1994, 796, 797; ZIP 1990, 1200, 1201.
483 Siehe dazu auch Piehler/Schulte, in: Münchener Handbuch des Gesellschaftsrechts, Bd. 1, § 10 Rn. 101.
484 BGH, NJW 1989, 2685.

denen im Abfindungsfall nicht mehr als die Hälfte des echten Wertes zur Auszahlung kommt.[485] Für die Praxis dürfte es sich empfehlen, gesellschaftsvertraglich keine Klauseln zu vereinbaren, die eine Abfindung zu weniger als zwei Dritteln des Wertes der Beteiligung vorsehen. Eine durchaus praktikable Lösung wird von Oppermann vorgeschlagen,[486] der eine Beschränkung des Abfindungsguthabens beim Ausscheiden aus wichtigem Grund auf 50 % des Wertes der Beteiligung vorschlägt, **kombiniert** mit der Vereinbarung, dass ggf. ein gesetzlich geschuldeter höher Wert zu leisten ist. So soll der vom BGH angenommenen Konsequenz der sittenwidrigkeitsbedingten Nichtigkeit der Klausel und deren Ersetzung durch die gesetzliche Regelung vorgebeugt werden.[487]

376 Erweist sich eine Klausel als **grds. rechtmäßig**, weil ihr keine Sittenwidrigkeitsbedenken begegnen, so kann deren Anwendung **im Einzelfall** trotzdem nach § 242 BGB **dann ausgeschlossen** sein, wenn die Klausel, die ursprünglich durchaus sachgerecht gewesen sein mag, aufgrund **veränderter wirtschaftlicher Verhältnisse der Gesellschaft** im Zeitpunkt ihrer Anwendung unangemessen erscheint. Der BGH greift dabei auf das Mittel der **ergänzenden Vertragsauslegung** zurück, nach der (dann allerdings von Richtern) überlegt wird, was die Beteiligten vernünftigerweise gewollt hätten, hätten sie die abweichende Entwicklung der Gesellschaft bedacht.[488] Anlass für eine solche Anpassung können ein **grobes Missverhältnis** der Werte zwischen Abfindungswert und tatsächlichem Anteilswert sein, ferner die Art und Dauer der Beteiligung des abzufindenden Gesellschafters und schließlich auch der Anlass dessen Ausscheidens. Anders als bei der Sittenwidrigkeit führt die Anpassung allerdings dazu, dass ggf. weiterhin Abfindungsbeschränkungen eintreten, die allerdings in ihrer Folge nicht die gleichen Konsequenzen wie die vertraglich vereinbarte haben.

377 Neben den vorstehend bereits erwähnten **Fälligkeits- und Auszahlungsregeln** (Rn. 372) und **Abschlägen** auf den echten Wert der Beteiligung kommt als dritte Möglichkeit einer Abfindungsbeschränkung die Wahl einer nicht den echten Wert der Beteiligung gerecht werdenden **Wertermittlungsmethode** in Betracht. Bei einer Gesellschaft, deren Wert vor allem aus umfangreichen Kundenbeziehungen besteht, kann die Vereinbarung einer Buchwertklausel ebenso zu erheblichen Abfindungsbeschränkungen führen wie die Vereinbarung der Ertragswertmethode bei einer ertraglose Goldbestände verwaltenden Gesellschaft. Um solche Konsequenzen zu vermeiden, sollte der Vertragsgestalter eine **zum Zweck der Gesellschaft passende Bewertungsmethode wählen**.

6. Abrechnung schwebender Geschäfte

378 § 740 BGB bestimmt, dass der **Ausscheidende** an Gewinn und Verlust **schwebender Geschäfte** noch teilnimmt. Über diese ist außerhalb des Abfindungsanspruchs gesondert abzurechnen, wobei es dabei auf die tatsächlich erzielten Ergebnisse des Geschäfts ankommt. Solche Geschäfte finden danach für die Berechnung des Abfindungsanspruchs keine Berücksichtigung. Diese Regelung wird **regelmäßig abbedungen**, da sie zu erheblichen Abrechnungsproblemen zwischen den Gesellschaftern führt. Das Ziel von Ausscheidensregelungen wird nur teilweise verwirklicht, wenn die Gesellschafter auf längere Frist immer wieder mit dem ausgeschlossenen Mitgesellschafter in Kontakt treten müssen.

7. Nachhaftung

379 Die Beteiligung des ausscheidenden Gesellschafters am Gesellschaftsvermögen kann sich allerdings nicht nur in einem zu seinen Gunsten bestehenden positiven Abfindungsguthaben ausdrücken. Nach § 739 BGB hat der **Ausscheidende für einen Fehlbetrag aufzukommen**, der sich etwa bei der Bewertung seiner Beteiligung im Ausscheidensfall ergibt. Ist die Verlustbeteiligung eines Gesellschafters vertraglich ausgeschlossen, besteht auch kein Anspruch nach § 739 BGB.

---

485 Zu weiteren Beispielen aus der Rspr. siehe die Ausführungen von Piehler/Schulte, in: Münchener Handbuch des Gesellschaftsrechts, Bd. 1, § 10 Rn. 99 ff.
486 Oppermann, RNotZ 2005, 453, 466.
487 Zur Rechtsfolge des Eingreifens der gesetzlichen Regelung siehe BGH, NJW 1979, 104; BGHZ 116, 359; BGH, NZG 2000, 1027.
488 Siehe dazu BGHZ 123, 281, 284.

C. Beendigung der GbR

I. Auflösung

1. Überblick

a) Terminologie

Der Begriff der Auflösung der BGB-Gesellschaft wird oftmals falsch verstanden und verwendet. Unter **Auflösung ist nicht die Vollbeendigung der Gesellschaft zu verstehen**, sondern das Ende der Verfolgung des gemeinsamen Zwecks. Die Gesellschaft ist damit ihrer Grundlage entzogen. Zwischen Auflösung und Vollbeendigung liegt allerdings noch das **Stadium der Liquidation**, der sog. Auseinandersetzung, bei der die bisherigen Rechtsbeziehungen der GbR abgewickelt werden. Die rechtliche Identität der Gesellschaft bleibt bestehen.[489] Selbst bei der Innengesellschaft ist eine Abwicklung dergestalt durchzuführen, dass die Abfindungsansprüche der Innengesellschafter gegen den nach außen sichtbaren Mitgesellschafter abgewickelt werden müssen.[490] Beendet ist die Gesellschaft, wenn das **Gesamthandsvermögen vollständig verteilt** ist, die Verbindlichkeiten der Gesellschaft beglichen sind und sämtliche wechselseitig bestehenden Ansprüche aus dem Gesellschaftsverhältnis abgewickelt sind.

380

b) Vertragliche Regelungen zur Auflösung

Die gesetzlichen Regelungen zur Auflösung der Gesellschaft und deren Abwicklung sind **grds. dispositiv**. Wie vorstehend bereits dargestellt, kann eine Gesellschaft bei Vorliegen eines Auflösungsgrundes durchaus fortgeführt werden, so im Fall der Kündigung eines Gesellschafters, eines Pfändungspfandgläubigers oder dem Tod bzw. der Insolvenz. **Nicht disponibel** ist allerdings die Auflösung bei Eintritt der Insolvenz der Gesellschaft selbst. Die Fortsetzung wird über die sog. Fortsetzungsklauseln erreicht. Dispositiv sind allerdings nicht nur die Auflösungsgründe, auch die Regelungen über die Auseinandersetzung können verändert werden. So kann bspw. die Verlustausgleichungspflicht nach § 735 BGB im Innenverhältnis abbedungen werden.[491]

381

2. Auflösungsgründe

a) Kündigung der Gesellschaft

Die **Kündigung der Gesellschaft** ist der wahrscheinlich wichtigste und häufigste Grund für die Auflösung einer GbR. Die Kündigung der Gesellschaft durch einen Gesellschafter nach § 723 BGB führt, soweit keine Fortsetzungsklausel im Gesellschaftsvertrag vereinbart ist, dazu, dass die **Gesellschaft aufgelöst** wird. Zu den Einzelheiten der Gesellschafterkündigung siehe Rn. 339 ff. Neben dem Gesellschafter hat auch ein Pfändungspfandgläubiger eines Gesellschaftsanteils die Möglichkeit, nach § 725 BGB die Kündigung der Gesellschaft zu erklären. Auch die **Kündigung durch den Pfändungspfandgläubiger** hat die Auflösung der Gesellschaft zur Folge. Da eine **direkte Pfändung** in das Gesellschaftsvermögen **nicht möglich** ist, kann ein Gläubiger auf den Wert der Beteiligung nur durch die Eröffnung der Möglichkeit der Verwertung des Abfindungsguthabens zugreifen. Könnte er die Gesellschaft nicht kündigen, müsste mit der Verwertung auf unabsehbare Zeit gewartet werden. Die Regelung hat zwingenden Charakter.

382

b) Zeitablauf

Obwohl die gesetzlichen Bestimmungen zur GbR **keine direkte Nennung des Auflösungsgrunds Zeitablauf** kennen, wird sie doch in § 723 Abs. 1 Satz 1 BGB dergestalt vorausgesetzt, dass sie Voraussetzung einer Kündigungsbeschränkung ist.[492] Solche Gestaltungen in Form **befristeter Gesellschaften** werden

383

---

489 So schon RGZ 106, 63, 66.
490 BGH, NJW 1982, 99.
491 Siehe dazu insgesamt MünchKomm-BGB/Ulmer, § 730 Rn. 46, 63 ff.
492 Soergel/Hadding, BGB, vor § 723 Rn. 6.

dann eingegangen, wenn es um die Nutzung nur befristeter Rechte geht, bspw. eines Mietvertrages,[493] Patentverwertung[494] oder der Bewerbung eines Ereignisses. Wird die Fortsetzung nicht rechtzeitig beschlossen, führt der Ablauf der vereinbarten Frist zur Auflösung der Gesellschaft.[495]

c) Zweckerreichung

384 Rein deklaratorische **Bedeutung hat § 726 BGB**, wenn dieser bestimmt, dass die Gesellschaft beendet ist, wenn ihr **Zweck erreicht** wurde. Gleichgestellt ist das **Unmöglichwerden der Zweckerreichung**. Dass das Gesetz von Beendigung spricht, ist wohl nur eine sprachliche Ungenauigkeit, da jedenfalls bei Außengesellschaften damit die **Auflösung** gemeint ist.[496] Zu betonen, dass es sich bei der Regelung des § 726 BGB um zwingendes Recht handelt, ist an sich überflüssig. Soll eine Gesellschaft nach Erreichen ihres Zwecks bzw. nach dem Unmöglichwerden des Erreichens fortbestehen, ist eine Zweckänderung erforderlich. § 705 BGB lässt eine GbR ohne gemeinsam verfolgten Zweck nicht zu.

d) Tod eines Gesellschafters

385 Soweit im Gesellschaftsvertrag nichts Abweichendes geregelt ist, führt **auch der Tod eines Gesellschafters zur Auflösung der Gesellschaft**. Die anschließende **Auseinandersetzung** hat alsdann **mit den Erben** des Verstorbenen zu erfolgen. Insoweit gelten die Grundsätze der Einzelrechtsnachfolge (Rn. 319) nicht, so dass auch die Erbengemeinschaft Beteiligte des Liquidationsverfahrens ist.[497] Bleibt es bei der Auseinandersetzung, können die Erben ihre Haftung sowohl für die vor dem Erbfall entstandenen Verbindlichkeiten wie auch für diejenigen aus der Auseinandersetzung auf den Nachlass beschränken.[498]

e) Eröffnung des Insolvenzverfahrens

aa) Gesellschafterinsolvenz

386 Nach § 728 Abs. 2 Satz 1 BGB wird die Gesellschaft aufgelöst, wenn über das **Vermögen eines ihrer Gesellschafter das Insolvenzverfahren eröffnet** wird. Der Auflösungsgrund fällt allerdings nachträglich weg, wenn der Eröffnungsbeschluss aufgehoben wird. Gesellschaftsvertraglich kann vereinbart werden, dass die Gesellschaft trotz Eröffnung des Insolvenzverfahrens über das Vermögen eines Gesellschafters fortgesetzt wird. Eine Fortsetzung mit dem insolventen Gesellschafter kommt allerdings nicht in Betracht.

bb) Gesellschaftsinsolvenz

387 Nicht **abdingbarer Auflösungsgrund** für eine GbR ist gemäß § 728 Abs. 1 Satz 1 BGB ferner die **Eröffnung des Insolvenzverfahrens über deren Vermögen**. Auch hier beseitigt die Aufhebung des Eröffnungsbeschlusses rückwirkend den Auflösungsgrund. Die Besonderheit der insolvenzbedingten Auflösung der Gesellschaft ist, dass eine Auseinandersetzung nach den gesetzlichen Bestimmungen des BGB nicht stattfindet, vielmehr im Rahmen des Insolvenzverfahrens die Auseinandersetzung erfolgt.[499] Für die Geltendmachung der **Sozialansprüche** gelten die **Regeln des Liquidationsverfahrens**. Eine Fortsetzung der Gesellschaft kommt nur dann in Betracht, wenn das Insolvenzverfahren auf Antrag der Gesellschaft nach den §§ 212 ff. InsO eingestellt oder aufgrund eines bestätigten Insolvenzplans aufgehoben wird, in diesem Fall bedarf es eines Gesellschafterbeschlusses nach § 728 Abs. 1 Satz 2 BGB.

---

493 BGH, NJW 1979, 2304.
494 RG, LZ 1911, 298.
495 MünchKomm-BGB/Ulmer, vor § 723 Rn. 15.
496 MünchKomm-BGB/Ulmer, § 726 Rn. 7.
497 BGH, NJW 1982, 170.
498 MünchKomm-BGB/Ulmer, § 727 Rn. 21.
499 Palandt/Sprau, BGB, § 728 Rn. 1.

f) Übertragung aller Anteile auf einen Gesellschafter

Übernimmt ein Gesellschafter sämtliche Gesellschaftsanteile, geht das Gesellschaftsvermögen im Wege der **Gesamtrechtsnachfolge** auf diesen über.[500] Das Entstehen einer Abwicklungsgesellschaft ist logisch ausgeschlossen, da es eine Ein-Mann-Abwicklungsgesellschaft ebenso wenig geben kann wie eine **Ein-Mann-BGB-Gesellschaft**.

388

g) Auflösungsbeschluss

Eine gesetzliche Regelung zur Möglichkeit der **Fassung eines Auflösungsbeschlusses** sieht das Recht der BGB-Gesellschaft, anders als dasjenige der Personenhandelsgesellschaft in § 131 Abs. 1 Nr. 2 HGB, nicht vor. Nichts hindert die Gesellschafter aber an einer **vertraglichen Vereinbarung**, wonach die Auflösung beschlossen wird. **Grds.** bedarf ein solcher Beschluss der **Einstimmigkeit**,[501] es sei denn, dies wäre im Gesellschaftsvertrag unter Wahrung des Bestimmtheitserfordernisses abweichend geregelt.

389

II. Liquidation

1. Überblick

a) Umwandlung der Gesellschaft in eine Abwicklungsgesellschaft

Durch die Auflösung verliert die Gesellschaft nicht etwa ihre rechtliche Identität, sie **besteht vielmehr mit geändertem Gesellschaftszweck fort**.[502] Der Zweck der Gesellschaft richtet sich nunmehr allein auf die Auseinandersetzung. Entsprechend bestehen auch sämtliche Rechte und Pflichten der Gesellschafter ihrer Grundstruktur nach unverändert fort. Sie erfahren eine Veränderung allerdings insoweit, als der veränderte Gesellschaftszweck diese inhaltlich erheblich umgestalten kann.

390

b) Geschäftsführung

§ 730 Abs. 2 Satz 2 BGB bestimmt, dass selbst in den Fällen, in denen gesellschaftsvertraglich für die werbende Gesellschaft eine von der gesetzlichen Regelung abweichende Vertretung vereinbart wurde, **im Auseinandersetzungsverfahren wieder die Gesamtgeschäftsführung** aller Gesellschafter gilt. Abweichende Regelungen für die Auseinandersetzung bedürfen der vertraglichen Vereinbarung. Eine Besonderheit der Abwicklungsgesellschaft ist, dass diese **Abweichungen vom Prinzip der Selbstorganschaft** zulässt und damit die Bestellung gesellschaftsfremder Dritter zu Liquidatoren ermöglicht.[503]

391

c) Durchsetzungssperre

Die **Durchsetzung von Ansprüchen** aus dem Gesellschaftsverhältnis ist **während der Liquidation nicht möglich**.[504] Diese Ansprüche sollen nur **einheitlich nach der Schlussabrechnung** geltend gemacht werden können. Die Möglichkeit der Durchsetzung von Einzelansprüchen würde dagegen die Auseinandersetzung erheblich erschweren. Hinzu käme das Risiko, dass Beträge zunächst ausgeschüttet und alsdann wieder zurückgefordert werden müssten.[505] **Ausnahmen** sind dann zugelassen, wenn ein bestimmtes Guthaben eines Gesellschafters in jedem Fall feststeht[506] oder entsprechende Einzelansprüche vorliegen.[507] Neben den aus dem Gesellschaftsverhältnis stammenden Forderungen wird gelegentlich auch für Dritt-

392

---

500 Soergel/Hadding, BGB, vor § 723 Rn. 9; MünchKomm-BGB/Ulmer, vor § 723 Rn. 9, 17.
501 BGHZ 26, 126, 130.
502 RGZ 106, 63, 66.
503 MünchKomm-BGB/Ulmer, § 730 Rn. 47.
504 Streitig ist allerdings, ob sie unzulässig oder nur unbegründet ist, siehe dazu BGH, NJW 1984, 1455.
505 BGH, NJW 1962, 1863.
506 BVerfGE 80, 269.
507 BGH, NJW-RR 1988, 1249.

gläubigerforderungen eines Gesellschafters die Anwendung der Durchsetzungssperre bejaht.[508] Dies ist inkonsequent.[509]

d) Rechnungslegung

393 Gesetzliche Vorschriften zur **formellen Gestaltung der Schlussrechnung** gibt es im Gesetz nicht, eine Bilanz bei Beginn der Liquidation ist nicht vorgeschrieben. Gesetzlich geregelt ist nur die Erstellung eines Rechnungsabschlusses bei Beendigung der Gesellschaft, der den Vorgaben der jährlichen Rechnungsabschlüsse bei Gesellschaften von unbeschränkter Dauer im Wesentlichen entspricht.

e) Sonderfälle

394 Einer Auseinandersetzung bedarf es dann nicht, wenn diese praktisch keinen Sinn macht. Dies ist bspw. dann der Fall, wenn sich **alle Anteile in der Hand eines Gesellschafters** vereinigen, was zur liquidationslosen Beendigung der Gesellschaft führt.[510] Gleiches gilt, wenn **kein Gesellschaftsvermögen** vorhanden ist,[511] was auch dann gelten soll, wenn ungedeckte Verbindlichkeiten bestehen, da die Nachschusspflicht des § 735 BGB eine nur im Innenverhältnis wirkende Regelung ist.

2. Auseinandersetzungsverfahren

a) Rückgabe von Gegenständen

395 § 732 BGB bestimmt, dass **Gegenstände**, die ein Gesellschafter der Gesellschaft nur zur Nutzung überlassen, nicht aber übereignet hat, **zurückzugeben** sind. Werden die Gegenstände nicht zur Durchführung der Abwicklung gebraucht,[512] ist die Rückgabeverpflichtung im Zweifel sofort mit Auflösung zu erfüllen. Anderes gilt nur, wenn die Gegenstände der Gesellschaft aufgrund nicht im Gesellschaftsvertrag bestehender **schuldrechtlicher Vereinbarungen** überlassen sind. Ist der Gesellschafter wahrscheinlich nachschusspflichtig, kann ein **Zurückbehaltungsrecht** in Betracht kommen.[513]

b) Abwicklung laufender Geschäfte

396 Bestehen **noch nicht erfüllte laufende Geschäfte**, sind diese von der Abwicklungsgesellschaft noch abzuwickeln. Dazu kommt auch der Abschluss von Neuverträgen in Betracht, wenn dies der Auseinandersetzung dient.

c) Begleichung von Verbindlichkeiten

397 Bestehen **offene Verbindlichkeiten**, hat ein jeder der Gesellschafter nach § 733 BGB Anspruch darauf, dass diese vor der Rückgabe der Einlagen und Gewinnverteilung berichtigt werden. Dies gebietet bereits die persönliche Haftung der Gesellschafter für die Gesellschaftsschulden. Nach zutreffender Auffassung[514] gehören zu den zu berichtigenden Verbindlichkeiten **auch die Drittgläubigerforderungen** eines Gesellschafters.

d) Einforderung von Nachschüssen

398 Ergibt sich aus der Schlussabrechnung der Gesellschaft, dass zur Deckung der Verbindlichkeiten das Gesellschaftsvermögen nicht ausreicht, besteht nach § 735 BGB eine **Nachschusspflicht der Gesell-**

---

508 BGH, WM 1978, 89; WM 1971, 931.
509 Siehe dazu auch MünchKomm-BGB/Ulmer, § 730 Rn. 53.
510 Siehe dazu auch Rn. 388.
511 BGH, NJW 1957, 989.
512 Siehe dazu BGH, NJW 1981, 2802.
513 BGH, NJW 1981, 2802.
514 Siehe dazu Gummert, in: Münchener Handbuch des Gesellschaftsrechts, Bd. 1, § 21 Rn. 109; Soergel/Hadding, BGB, § 733 Rn. 3; MünchKomm-BGB/Ulmer, § 730 Rn. 53; a.A.: BGH, WM 1971, 931; 1979, 937.

schafter. Dieser **ausschließlich im Innenverhältnis bestehende Anspruch**[515] ist grds. abdingbar. Eine Inanspruchnahme durch die Gläubiger aufgrund der akzessorischen Haftung kann ein Gesellschafter dadurch allerdings nicht verhindern.

e) Rückgewähr von Einlagen

§ 733 Abs. 2 Satz 1 BGB bestimmt, dass nach Berichtigung der Verbindlichkeiten der Gesellschaft die **geleisteten Einlagen an die Gesellschafter zurückzuerstatten** sind. Für **Sacheinlagen ist grds. Wertersatz** zu leisten, wobei es auf den Wert zum Zeitpunkt der Einbringung ankommt. Abweichende vertragliche Regelungen sind zulässig.

399

f) Überschussverteilung

Ist nach Durchführung der vorstehend genannten Maßnahmen noch Vermögen der Gesellschaft vorhanden, so ist dieses **als Überschuss zu verteilen**. Im Zweifel erfolgt die Verteilung nach dem Anteilsverhältnis der Gesellschafter am Gewinn, das nach § 722 BGB auf **Verteilung nach Köpfen** lautet. Gesellschaftsvertragliche Vereinbarungen sind sinnvoll. Befinden sich im Vermögen nicht in Natur teilbare Gegenstände, sind diese zu verwerten.

400

g) Abweichende Gestaltungen

Den Gesellschaftern bleibt es unbenommen, die Auseinandersetzung in anderer Form als gesetzlich geregelt zu betreiben. So kommt insb. die **Veräußerung** eines von der Gesellschaft betriebenen Unternehmens oder sonstigen Vermögenseinheit im Ganzen in Betracht. Möglich ist auch, dass die Gesellschafter die **Übernahme des gesamten Gesellschaftsvermögens** durch einen Gesellschafter vereinbaren, wobei dies bereits als Übernahmerecht im Gesellschaftsvertrag oder auch später vereinbart werden kann. Streitig ist, ob und unter welchen Umständen ein gesetzliches Übernahmerecht bestehen kann.[516]

401

III. Insolvenz

1. Insolvenzfähigkeit

Während die Insolvenzfähigkeit der BGB-Gesellschaft zu Zeiten der Geltung der KO intensiv diskutiert wurde, hat sich dies mit Einführung des § 11 Abs. 2 InsO erledigt. Darin ist bestimmt, dass auch die **Gesellschaften ohne Rechtspersönlichkeit einschließlich der GbR insolvenzfähig** sind. Dass dies nur für die Außengesellschaft bürgerlichen Rechts gelten kann, ergibt sich bereits daraus, dass reine Innengesellschaften nach der hier vertretenen Auffassung (Rn. 10) kein gesamthänderisch gebundenes Vermögen besitzen und somit kein Vermögen als Anknüpfungspunkt besitzen, worüber ein Insolvenzverfahren eröffnet werden könnte. Die immer noch geführte Diskussion darum, ob es BGB-Gesellschaften gibt, über deren Vermögen kein Insolvenzverfahren eröffnet werden kann, ist weitestgehend eine **Scheindiskussion**, da die diskutierten Fälle, insb. Lottogemeinschaften, Fahrgemeinschaften u.Ä., kein gesamthänderisch gebundenes Vermögen besitzen.

402

Das Gesetz unterscheidet ausdrücklich nicht zwischen **werbenden und Liquidationsgesellschaften**. Dies ist konsequent, da auch die Liquidationsgesellschaft als GbR grds. fortbesteht, eine Änderung im Gesellschaftsverband nur insoweit eintritt, als sich der **Zweck der Gesellschaft ändert** (siehe Rn. 380). Solange also noch **gesamthänderisch gebundenes Vermögen** vorhanden ist, kann über das Vermögen einer GbR das Insolvenzverfahren eröffnet werden. Interessant ist allerdings die Frage, ob die Eröffnung eines Verfahrens auch dann in Betracht kommt, wenn die **Gesellschaft kein aktives Vermögen**, sondern **nur noch Schulden** besitzt. Da § 93 InsO die Durchsetzung der akzessorischen Gesellschafterhaftung in die Hand des Insolvenzverwalters gelegt hat, stünden grds. Mittel zur Verfügung, um ein Verfahren über

403

---

515 Gummert, in: Münchener Handbuch des Gesellschaftsrechts, Bd. 1, § 21 Rn. 115; Soergel/Hadding, BGB, § 735 Rn. 4, jeweils m.w.N.
516 Siehe dazu MünchKomm-BGB/Ulmer, § 730 Rn. 65 ff.

die BGB-Gesellschaft durchzuführen. Ist diese aber mangels Aktivvermögens bereits beendet,[517] käme eine Eröffnung des Verfahrens über die GbR nicht in Betracht, da es diese schon nicht mehr gäbe.

2. Insolvenzgründe

404 Das Insolvenzverfahren kann nur dann eröffnet werden, wenn einer der **gesetzlich normierten Insolvenzgründe** eingreift.

a) Zahlungsunfähigkeit

405 Nach § 17 Abs. 1 InsO ist Grund für die Eröffnung eines Insolvenzverfahrens die **Zahlungsunfähigkeit** der Gesellschaft. Die **Definition** des Begriffs der Zahlungsunfähigkeit ist schwierig. Sie wird dann angenommen, wenn bei der Gegenüberstellung der in zeitlicher Abfolge fällig werdenden Zahlungsverpflichtungen des Schuldners eine Unterdeckung durch die vorhandenen Mittel festzustellen ist.[518] Besonders schwierig ist dabei die **Abgrenzung zur bloßen Zahlungsstockung**, also derjenigen Situation, die nur zu einer vorübergehenden Unfähigkeit zur Begleichung der Verbindlichkeiten führt, in überschaubarer Zeit aber aufgelöst werden kann. Hierfür werden Fristen zwischen zwei Wochen[519] und zwei Monaten[520] genannt. Über das Verhältnis der verfügbaren Mittel zu den insgesamt zu begleichenden Forderungen besteht ebenfalls Unklarheit.[521] Im Zweifel wird es deshalb auf die Zahlungseinstellung ankommen, für die **bestimmte Indizien** sprechen, insb. eigene Erklärungen des Schuldners, die Nichtabführung von Sozialversicherungsbeiträgen oder sogar von Löhnen und Gehältern, das Platzen von Wechseln oder die Nichteinlösung von Schecks, die Nichtzahlung von Rechnungen, Gas, Wasser und Versicherungen.

b) Drohende Zahlungsunfähigkeit

406 Mit dem neu geschaffenen Insolvenzgrund der **drohenden Zahlungsunfähigkeit** sollte die Möglichkeit geschaffen werden, bereits in einem **früheren Stadium** der Vermögensbeeinträchtigung ein Insolvenzverfahren einsetzen zu lassen, um so zu einer geordneteren Vermögensverteilung und auch höheren Quoten zugunsten der Gläubiger zu kommen. Die **Antragsberechtigung** liegt allerdings allein beim Schuldner. **Voraussetzung** ist, dass der Schuldner voraussichtlich seinen bestehenden und fälligen Zahlungsverpflichtungen nicht nachkommen können wird. Allgemein wird angenommen, dass die Zahlungsunfähigkeit dann droht, wenn die Eintrittswahrscheinlichkeit größer als 50 % anzusetzen ist.[522] Die Norm, die in gewissem Umfang an das gute Gewissen des Schuldners appelliert, hat **praktisch nur geringe Bedeutung** erlangt.

c) Überschuldung

407 Die **Überschuldung**, die nach **§ 19 Abs. 1 InsO** Eröffnungsgrund für die **juristischen Personen** ist, kann nach § 19 Abs. 3 InsO bei der GbR dann eine Rolle spielen, wenn alle **Gesellschafter selbst wiederum juristische Personen** sind. In § 19 Abs. 2 InsO ist legal definiert, wann Überschuldung vorliegt, nämlich dann, wenn das Vermögen des Schuldners die bestehenden Verbindlichkeiten nicht mehr deckt. Ist die Fortführung des Unternehmens überwiegend wahrscheinlich, sind bei der Bewertung der Vermögensgegenstände die Fortführungswerte und nicht die Liquidationswerte anzusetzen. Vorwiegend wird zur Feststellung der Überschuldung ein **dreistufiges Verfahren** vorgeschlagen:

---

517 So die Rspr. RGJW 1937, 2971; BGH, NJW 1957, 989.
518 MünchKomm-InsO/Eilenberger, § 17 Rn. 29.
519 AG Köln, ZIP 1999, 1889.
520 Haarmeyer/Wutzke/Förster, Handbuch zur InsO, § 17 InsO Rn. 1/81.
521 Sie reichen von unter 5 %, Nehrlich/Römermann/Mönning, InsO, § 17 Rn. 18 bis zu unter 20 %, Haarmeyer/Wutzke/Förster, Handbuch zur InsO, § 17 InsO Rn. 1/81.
522 HK-InsO/Kirchhof, § 18 Rn. 13.

> **1. Schritt**
> Zunächst wird auf Basis der Liquidationswerte überprüft, ob bereits unter deren Zugrundelegung keine Überschuldung festgestellt wird.

> **2. Schritt**
> Alsdann ist die Fortführungsprognose anzustellen.

> **3. Schritt**
> Schließlich ist bei einer positiven Prognose eine Bilanz auf Basis der Fortführungswerte zu erstellen.*

* Siehe dazu Uhlenbruck, in: Braun/Uhlenbruck, Unternehmensinsolvenz, S. 290.

Der Vorteil dieser dreistufigen Methode gegenüber der früher praktizierten zweistufigen[523] ist, dass dann, wenn bereits auf Basis der Liquidationswerte eine Überschuldung nicht festgestellt werden kann, die Fortführungsprognose erst gar nicht anzustellen ist.

3. Insolvenzantrag

Die Eröffnung eines Insolvenzverfahrens erfordert stets das Vorliegen eines **entsprechenden Antrages**, ohne diesen kann von Amts wegen ein Verfahren nicht eröffnet werden.

a) Antragspflicht

Eine **gesetzliche Pflicht**, einen Insolvenzantrag über das Vermögen der GbR zu stellen, gibt es, anders als im Recht der juristischen Personen, nicht. Dies gilt selbst dann, wenn kein Gesellschafter eine natürliche Person ist.

b) Antragsberechtigung

Das **Recht zur Stellung des Insolvenzantrages** steht den Gläubigern zu, wenn die Zahlungsunfähigkeit des Schuldners festgestellt wurde. Auf Seiten des Schuldners steht diesem selbst nach § 13 Abs. 1 Satz 2 InsO das Recht zur Antragstellung zu. § 15 Abs. 1 InsO konkretisiert dabei, wer berechtigt ist, für den Insolvenzschuldner im Insolvenzantragsverfahren zu handeln. Danach steht dieses **Vertretungsrecht** einem jeden der Gesellschafter zu.[524] Die Auffassung, wonach es auf die Vertretungsmacht der Gesellschafter bei der Stellung des Antrags nicht ankomme, ist insoweit ungenau, da § 15 Abs. 1 InsO schlicht eine gesetzliche Regelung der Vertretungsmacht im Insolvenzantragsverfahren darstellt.[525] Beim Antrag aufgrund drohender Zahlungsunfähigkeit ist nach § 18 Abs. 3 InsO erforderlich, dass ein vertretungsberechtigter Gesellschafter den Antrag stellt, was im Ergebnis die gesellschaftsvertragliche Vertretungsregel unberührt lässt. Die **Rücknahme eines einmal gestellten Insolvenzantrages** steht nur demjenigen Gesellschafter zu, der den Antrag gestellt hat. Auch insoweit ist die Vertretungsmacht für die Gesellschaft im Insolvenzeröffnungsverfahren gesetzlich geregelt, dergestalt nämlich, dass diese auf den antragstellenden Gesell-

---

523 Siehe dazu MünchKomm-InsO/Drukarczyk/Schüler, § 19 Rn. 43.
524 Siehe dazu eingehend Kesseler, Das Insolvenzverfahren über das Vermögen einer Partnerschaftsgesellschaft, Rn. 112 ff.
525 Im Ergebnis so auch HK-InsO/Kirchhof, § 15 Rn. 4; MünchKomm-InsO/Schmahl, § 15 Rn. 9; a.A.: offenbar Gummert, in: Münchener Handbuch des Gesellschaftsrechts, Bd. 1, § 22 Rn. 19.

schafter verengt ist.[526] Scheidet der antragstellende Gesellschafter allerdings aus der Gesellschaft aus, kann der Antrag durch jeden vertretungsberechtigten Gesellschafter zurückgenommen werden.[527]

c) Antragsfolgen

411 Bei Vorliegen eines zulässigen Insolvenzantrages **entscheidet das Insolvenzgericht** über die **Anordnung von Maßnahmen zur vorläufigen Sicherung der Insolvenzmasse**. Dazu kann insb. ein **vorläufiger Insolvenzverwalter** bestellt werden, dem unterschiedliche Kompetenzen eingeräumt werden können, und sonstige Maßnahmen, vor allem Vollstreckungsverbote u.Ä. angeordnet werden.

4. Folgen der Eröffnung des Insolvenzverfahrens

a) Auflösung der Gesellschaft

412 Die Eröffnung des Insolvenzverfahrens führt nach § 728 Abs. 1 Satz 1 BGB zur Auflösung der Gesellschaft. Anders als bei den registerlich erfassten Gesellschaften kommt eine **Eintragung im Handelsregister** oder Ähnlichem für die BGB-Gesellschaft nicht in Betracht. Einzutragen ist die Verfahrenseröffnung allerdings nach **§ 32 InsO in das Grundbuch solcher Grundstücke**, die der Gesellschaft gehören. **Schwebende Prozesse** werden nach § 240 ZPO unterbrochen.

b) Vertretungs- und Verfügungsbefugnis

413 Im Rahmen eines Insolvenzverfahrens ist streng zwischen der **Vertretung der Gesellschaft als Insolvenzschuldner** und der **Verfügungsmacht über deren Vermögen** zu unterscheiden. Nach § 80 Abs. 1 InsO geht das Recht, das Vermögen des Schuldners zu verwalten und über dieses zu verfügen, mit Verfahrenseröffnung **auf den Insolvenzverwalter über**. Verfügungen in gegenständlicher Hinsicht sind damit durch die Gesellschaft (handelnd durch die vertretungsberechtigten Gesellschafter) nicht möglich. Die Durchsetzung und Vollstreckung von Forderungen in das Vermögen der Gesellschafter ist ausgeschlossen.

414 Soweit es aber darum geht, die Gesellschaft im Insolvenzverfahren als solche zu vertreten, bspw. zur Wahrnehmung ihrer Rechte als Verfahrensbeteiligter, bleibt es bei den **gesellschaftsrechtlichen Vertretungsregeln**. Da die Eröffnung des Insolvenzverfahrens die Auflösung der Gesellschaft zur Folge hat, gelten die für das Auseinandersetzungsverfahren geltenden Vertretungsregeln.[528]

5. Insolvenzmasse

a) Gesellschaftsvermögen

415 § 35 InsO bestimmt, dass sämtliche dinglichen Berechtigungen und Rechte im weitesten Sinne, soweit sie i.S.d. ZPO pfändbar sind, dem **Insolvenzbeschlag** unterliegen. Dazu gehören neben allen beweglichen und unbeweglichen Sachen auch die Forderungen und sonstige Rechte, insb. auch Immaterialgüterrechte, Patente, Lizenzen, Urheberrechte u.Ä., schließlich grds. auch der Name der Gesellschaft.[529]

b) Forderungen aus dem Gesellschaftsverhältnis

416 Die Eröffnung des Insolvenzverfahrens führt nicht dazu, dass gesellschaftsrechtliche Regelungen der Durchsetzbarkeit von Forderungen aus dem Gesellschaftsverhältnis ausgehebelt würden. So hat auch die insolvenzbedingte Auflösung der Gesellschaft nicht zur Folge, dass von der **grds. Durchsetzungssperre der wechselseitigen Ansprüche** aus dem Gesellschaftsverhältnis abgewichen werden würde.

---

526 Siehe dazu ausführlich Kesseler, Das Insolvenzverfahren über das Vermögen einer Partnerschaftsgesellschaft, Rn. 132 ff.
527 Siehe zur GmbH: HK-InsO/Kirchhof, 13 Rn. 14; Kilger/K. Schmidt, Insolvenzgesetze, § 213 Anm. 3; Haas, in: Insolvenzrechts-Handbuch, § 92 Rn. 36 f.; a.A.: MünchKomm-InsO/Schmahl, § 15 Rn. 58.
528 Kesseler, Das Insolvenzverfahren über das Vermögen einer Partnerschaftsgesellschaft, Rn. 87 ff.
529 BGH, ZIP 1983, 193.

> **Hinweis:**
> Zu beachten ist allerdings, dass mit der Insolvenz der Gesellschaft insoweit eine **Sondersituation** vorliegt, als eine **Auszahlung von Überschüssen** an die Gesellschafter zwar nicht denktheoretisch, dafür aber **praktisch ausgeschlossen** ist. Spiegelbildlich zum Recht der Gesellschafter, sicher feststehende positive Salden schon vor der Schlussabrechnung einzufordern, steht hier die Berechtigung des Insolvenzverwalters, sicher feststehende Forderungen aus dem Gesellschaftsverhältnis durchzusetzen.[530] Das Recht, Nachschüsse nach § 735 BGB von den Gesellschaftern einzufordern, steht dem Insolvenzverwalter ebenso wenig zu, wie es den Liquidatoren zugestanden hätte.[531]

c) Eigenkapitalersetzende Gesellschafterleistungen

Inwieweit bei Personengesellschaften die Anwendung der **Grundsätze des Eigenkapitalersatzrechtes** in Betracht kommt, ist strittig. Die h.M. geht dabei davon aus, dass es sich um ein **Problem des Kapitalschutzes** und damit zwangsläufig eines der Kapitalgesellschaften handele.[532] Die Gegenauffassung hält die Fragestellung dagegen für eine der **sachgerechten Zuordnung von Vermögensmassen**.[533] Eine Anwendung des Eigenkapitalersatzrechts auch auf die Personengesellschaften erscheint bereits deshalb geboten, um zu einer sachgerechten Zuordnung der Vermögensmassen im Rahmen des Insolvenzverfahrens über das Gesellschafts- und das Gesellschaftervermögen zu gelangen. Handelt es sich bei Vermögensgegenständen um eigenkapitalersetzende Leistungen, dann sind diese allein dem Gesellschaftsverfahren zuzuordnen, während im Übrigen die Privatgläubiger des Gesellschafters an diesen teilhaben.[534]

417

d) Durchsetzung der Gesellschafterhaftung nach § 93 InsO

§ 93 InsO bestimmt, dass die **akzessorische Haftung der Gesellschafter** für Verbindlichkeiten der Gesellschaft im Gesellschaftsinsolvenzverfahren nicht durch den jeweiligen Gläubiger einzeln, sondern nur **koordiniert durch den Insolvenzverwalter des Gesellschaftsverfahrens** geltend gemacht werden kann. Während des **laufenden Insolvenzverfahrens** sind Maßnahmen der Gläubiger gegen die Gesellschafter damit ausgeschlossen. Nach bestrittener, aber herrschender Auffassung werden etwa **bereits eingeleitete Haftungsprozesse** durch die Eröffnung des Verfahrens unterbrochen.[535] Die Durchsetzungskompetenz des Insolvenzverwalters erstreckt sich nach ebenfalls zu Recht bestrittener herrschender Auffassung nicht auf etwa bestehende Parallelsicherheiten wie Bürgschaften, Garantieerklärungen und Schuldbeitritte der Gesellschafter, die selbständig durch die Gläubiger geltend gemacht werden können sollen.[536] Der Auffassung ist schon deshalb zu widersprechen, weil sie dazu führte, dass die Regelung des § 93 InsO in der

418

---

530 Jäger/Weber, KO, §§ 209, 210 Rn. 30; Kesseler, Das Insolvenzverfahren über das Vermögen einer Partnerschaftsgesellschaft, Rn. 351.

531 Ausführlich zur fortbestehenden Anwendbarkeit auch unter Anerkennung der Rechtsfähigkeit der GbR Kesseler, Das Insolvenzverfahren über das Vermögen einer Partnerschaftsgesellschaft, Rn. 362 ff.; so auch die h.M.: BGH, WM 1966, 706; WM 1978, 898, 899; ZIP 1980, 192, 193; NJW 1984, 435; Jäger/Weber, KO, §§ 209, 210 Rn. 30; Kübler/Prütting/Lüke, InsO, § 93 Rn. 1, jeweils m.w.N.; a.A.: Gehde, in: Münchener Anwaltshandbuch Personengesellschaftsrecht, § 11 Rn. 299; K. Schmidt, ZHR 153 (1989) 270, 294 ff.; Staub/Habersack, HGB; § 149 Rn. 31 f.

532 Baumbach/Hopt/Hopt, HGB, § 129a Rn. 2; Groß, BB 1991, 2386, 2390 f.; Huber, ZGR 1988, 1, 40; Habersack, ZHR 162 (1998), 201, 213 f., jeweils m.w.N.

533 K. Schmidt, Gesellschaftsrecht, § 18 III.4.; ders., ZIP 1991, 1 ff.; ders., GmbHR 1986, 337 ff.; Haas, in: Insolvenzrechts-Handbuch, § 94 Rn. 46; Heymann/Emmerich, HGB, § 129a Rn. 3.

534 Siehe dazu ausführlich Kesseler, Das Insolvenzverfahren über das Vermögen einer Partnerschaftsgesellschaft, Rn. 384 ff.

535 So BGH, ZIP 2003, 39; Kübler/Prütting/Lüke, InsO, § 93 Rn. 36; HK-InsO/Eickmann, § 93 Rn. 4; MünchKomm-InsO/Brandes, § 93 Rn. 41; a.A.: Kesseler, ZInsO 2003, 67; ders., Das Insolvenzverfahren über das Vermögen einer Partnerschaftsgesellschaft, Rn. 471 ff.; Gerhardt, in: Insolvenzrechts-Handbuch, § 32 Rn. 3.

536 BGH, ZIP 2002, 1492; MünchKomm-InsO/Brandes, § 93 Rn. 1, 21; K. Schmidt/Bitter, ZIP 2000, 1077, 1081 ff.; Fuchs, ZIP 2000, 1089; Gerhardt, ZIP 2000, 2181, 2187; Kübler/Prütting/Lüke, InsO, § 93 Rn. 18.

Praxis faktisch leer liefe. Kein bedeutender Gläubiger versäumt es, sich von den Gesellschaftern **Bürgschaften** für die Gesellschaftsverbindlichkeiten, für die diese aufgrund der akzessorischen Haftung ja ohnehin einzustehen haben, geben zu lassen.[537]

IV. Umwandlung

419 Die GbR findet im **UmwG praktisch keine Berücksichtigung**. Erwähnt wird sie nur insoweit, als nach § 228 Abs. 2 UmwG eine Kapitalgesellschaft in eine GbR formwechselnd umgewandelt werden kann. Im Übrigen ist die **direkte Umwandlung** einer GbR nach den Bestimmungen des UmwG **nicht möglich**.

420 Nach der Reform des § 105 HGB steht es einer GbR nunmehr allerdings offen, durch **konstitutiven Eintrag im Handelsregister** zur personenidentischen OHG oder KG zu werden, soweit die sonstigen **Voraussetzungen** erfüllt sind. Alsdann ist auch der neu entstandenen Personenhandelsgesellschaft die Umwandlung entsprechend den Vorschriften des UmwG möglich.

---

537 Kesseler, ZIP 2002, 1974 ff.

§ 2 OHG

Inhaltsverzeichnis

	Rn.
A. Allgemeines	1
I. Rechtsnatur der OHG	2
II. Firma der OHG	4
B. Gründung der OHG	5
I. Überlegungen zur Rechtsformwahl und praktische Bedeutung der OHG	5
II. Einzelfragen der Errichtung	7
1. Gesellschafter	7
2. Zeitpunkt der Entstehung	10
III. Gestaltung des Gesellschaftsvertrages	12
1. Grundsätzliches, Formerfordernisse	13
2. Inhalte des Gesellschaftsvertrages	14
a) Allgemeine Angaben; Geschäftsführung und Vertretung	15
b) Gesellschafterversammlung und -beschlüsse	16
c) Regelungen zur Rechnungslegung, Entnahmen und Ergebnisverteilung	17
d) Weitere Pflichten der Gesellschafter	18
e) Verfügung über Beteiligungen; Änderungen im Gesellschafterbestand	19
f) Sonstige Regelungstatbestände	20
3. Muster: OHG-Gesellschaftsvertrag	21
IV. Handelsregisteranmeldung	22
1. Inhalt und Form der Handelsregisteranmeldung	23
2. Muster: Erstanmeldung einer OHG	24
3. Prüfungsumfang des Registergerichts	25
4. Weitere eintragungspflichtige Vorgänge	26
C. Geschäftsführung und Vertretung	27
I. Geschäftsführung	28
1. Einzelgeschäftsführung	28
2. Informationsrechte	30
3. Ungewöhnliche Geschäfte und Prokuraerteilung	32
4. Widerspruch	35
5. Probleme des Abspaltungsverbots	36
6. Entziehung der Geschäftsführungsbefugnis	39
II. Vertretung	45
1. Zulässige Vertretungsmodelle	46
a) Ausschluss einzelner Gesellschafter von der Vertretung	47
b) Gesamtvertretung	48
c) Gemischte Gesamtvertretung	49
2. Entziehung der Vertretungsmacht	50
3. Umfang der Vertretungsmacht	51
a) Regelmäßige Unbeschränktheit	51
b) Ausnahmen	53
D. Verfügung über Gesellschaftsanteile	55
I. Verkauf von Gesellschaftsanteilen	56
II. Treuhänderische Wahrnehmung von Gesellschafterrechten	60
III. Nießbrauch an OHG-Anteilen	62
IV. Verpfändung von Gesellschaftsanteilen	64
E. Aufnahme, Ausscheiden und Ausschluss eines Gesellschafters	65
I. Aufnahme eines Gesellschafters	65
II. Ausscheiden eines Gesellschafters	66
1. Tod des Gesellschafters	67
2. Eröffnung des Insolvenzverfahrens über das Vermögen des Gesellschafters	68
3. Kündigung des Gesellschafters	69
4. Kündigung durch den Privatgläubiger des Gesellschafters	70
5. Eintritt von weiteren im Gesellschaftsvertrag vorgesehenen Fällen	72
6. Beschluss der Gesellschafter	73
III. Ausschluss eines Gesellschafters	74
IV. Haftung eintretender und ausscheidender Gesellschafter	79
1. Haftung des neu eintretenden Gesellschafters	79
2. Haftung ausscheidender Gesellschafter	80
V. Abfindung des ausscheidenden Gesellschafters	81
VI. Handelsregistereintragung	84
F. Gesellschafterbeschlüsse	85
G. Erbrechtliche Nachfolge in Gesellschaftsanteile	89
I. Allgemeines	89
II. Fortsetzungsklausel	91
III. Eintrittsklauseln	92
IV. Einfache und qualifizierte Nachfolgeklausel	94
H. Auflösung, Liquidation und Erlöschen der OHG	99
I. Allgemeines	99
II. Gründe für die Auflösung der OHG (§§ 131 ff. HGB)	100
1. Auflösung durch Zeitablauf (§ 131 Abs. 1 Nr. 1 HGB)	101
2. Auflösung durch Gesellschafterbeschluss (§ 131 Abs. 1 Nr. 2 HGB)	102
3. Auflösung durch Eröffnung des Insolvenzverfahrens (§ 131 Abs. 1 Nr. 3 HGB)	103
4. Auflösung durch gerichtliche Entscheidung (§ 131 Abs. 1 Nr. 4 HGB)	104
5. Handelsregisteranmeldung (§ 143 Abs. 1 HGB)	105
III. Liquidation der OHG	107
IV. Erlöschen der OHG	109
I. Umwandlungsmöglichkeiten	112

Kommentare und Gesamtdarstellungen:

Baumbach/Hopt, Kommentar zum Handelsgesetzbuch, 32. Aufl. 2006; *Ebenroth/Boujong/Joost*, Kommentar zum Handelsgesetzbuch, 2001; *Gassen/Wegerhoff*, Elektronische Beglaubigung und elektronische Handelsregisteranmeldung in der Praxis, 2007; *Haferland/Schmidt/Tiedtke*, Praxis des Handels- und Kostenrechts, 4. Aufl. 2003; *Heymann*, Handelsgesetzbuch, 2. Aufl. ab 1996; *Hueck/Windbichler*, Gesellschaftsrecht, 20. Aufl. 2003; *Gustavus*, Handelsregister-Anmeldungen, 6. Aufl. 2005; *Koller/Roth/Morck*, Handelsgesetzbuch, 5. Aufl. 2005; *Limmer/Hertel/Frenz/Mayer*, Würzburger Notarhandbuch, 2005; *Palandt*, Bürgerliches Gesetzbuch, 66. Aufl. 2007; *Münchener Anwaltshandbuch Personengesellschaftsrecht*, 2005; *Münchener Kommentar zum Handelsgesetzbuch*, Bd. 2 (§§ 105 – 160), 2. Aufl. 2006; *Münchener Kommentar zum Bürgerlichen Gesetzbuch*, Bd. 1 (§§ 705 – 853), 4. Aufl. ab 2000; *Münchener Vertragshandbuch*, Bd. 1: Gesellschaftsrecht, 6. Aufl. 2005; *Schlegelberger*, HGB, Kommentar, Bd. III/1, 5. Aufl. 1992; *Soergel*, Bürgerliches Gesetzbuch, 13. Aufl. 1999 ff.; *Staub*, Großkommentar zum Handelsgesetzbuch, 4. Aufl. ab 2002; *Zöllner*, Die Schranken mitgliedschaftlicher Stimmrechtsmacht bei den privatrechtlichen Personenverbänden, 1963.

Formularbücher und Mustersammlungen:

Kersten/Bühling, Formularbuch und Praxis der freiwilligen Gerichtsbarkeit, 21. Aufl. 2001; *Wurm/Wagner/Zartmann*, Rechtsformularbuch, 15. Aufl. 2006.

Aufsätze und Rechtsprechungsübersichten:

Lutter/Welp, Das neue Firmenrecht der Kapitalgesellschaften, ZIP 1999, 1073; *Melchior*, Handelsregisteranmeldungen und EHUG – Was ist neu?, NotBZ 2006, 409; K. Schmidt, Fünf Jahre „neues Handelsrecht", JZ 2003, 585; *Sikora/Schwab*, Das EHUG in der notariellen Praxis, MittBayNot 2007, 1.

A. Allgemeines

1 § 105 Abs. 1 HGB **definiert die OHG** als eine Gesellschaft, deren Zweck auf den Betrieb eines Handelsgewerbes unter gemeinschaftlicher Firma gerichtet ist und bei der bei keinem der Gesellschafter die Haftung gegenüber den Gesellschaftsgläubigern beschränkt ist.

I. Rechtsnatur der OHG

2 Über § 105 Abs. 3 HGB finden die Vorschriften über die BGB-Gesellschaft, soweit in den §§ 105 ff. HGB nichts anderes bestimmt ist, entsprechend Anwendung, so dass die OHG zutreffend als eine **besondere gesetzlich geregelte Form der GbR** angesehen wird.[1] Im Unterschied zur GbR muss der Gesellschaftszweck bei der OHG aber **auf den Betrieb eines Handelsgewerbes gerichtet sein**. Des Weiteren unterscheidet sich die OHG von der GbR auch dadurch, dass die Haftung der Gesellschafter den Gesellschaftsgläubigern gegenüber bei keinem der Gesellschafter beschränkt sein kann und die Gesellschaft eine gemeinschaftliche Firma, unter welcher sie gemäß § 124 Abs. 1 HGB Rechte erwerben und Verbindlichkeiten eingehen kann, aufweisen muss (§§ 105 Abs. 1 und 17 ff. HGB).

3 Der **Begriff des Handelsgewerbes**, welcher sich aus den §§ 1 – 3 HGB ergibt, hat im Zuge der Handelsrechtsreform 1998 grundlegende Änderungen erfahren. Auch wenn der Anwendungsbereich der OHG hiermit einhergehend erweitert wurde, sind die freien Berufe nach wie vor ausgenommen; für sie steht die Gesellschaftsform der **Partnerschaft nach dem PartGG** zur Verfügung.[2] Soweit kein Handelsgewerbe i.S.d. § 1 Abs. 2 HGB betrieben wird, liegt eine OHG nur vor, wenn die Firma des Unternehmens **im Handelsregister eingetragen** ist (§ 105 Abs. 2 HGB). Diese Regelung eröffnet allen Gewerbetreibenden, auch wenn ihr Unternehmen einen in kaufmännischer Weise eingerichteten Gewerbebetrieb nicht erfordert (sog. Kleingewerbetreibende), eine Eintragung als OHG im Handelsregister. Letzteres gilt selbst dann, wenn die Gesellschaft nur ihr eigenes Vermögen verwaltet.[3]

---

1 Vgl. Hueck/Windbichler, Gesellschaftsrecht, § 12 Rn. 1.
2 Hueck/Windbichler, Gesellschaftsrecht, § 12 Rn. 1 m.w.N.
3 Siehe hierzu ausführlich: K. Schmidt, JZ 2003, 585, 591, nach welchem jede Außengesellschaft eingetragen werden kann.

II. Firma der OHG

Die Liberalisierung des Firmenrechts durch das Handelsrechtsreformgesetz hat sich auch auf die Firmierung der OHG ausgewirkt.[4] So sind die bis zum 1.7.1998 bestehenden Erfordernisse an die Firmenbildung weitgehend entfallen und **grds. auch reine Sach- oder Phantasiefirmen zulässig**. Trotz den mit der Neuordnung einhergehenden Erleichterungen gilt es auch bei der OHG die allgemeinen Grenzen für die Firmenbildung nach den §§ 17 ff., 30 HGB zu beachten.

So muss die Firma u.a. **zur Kennzeichnung des Kaufmanns geeignet** sein und Unterscheidungskraft besitzen (§ 18 Abs. 1 HGB). Diese Vorgabe gilt es, insb. bei reinen Sachfirmen zu beachten. Diese sind dem **Risiko fehlender Unterscheidbarkeit** besonders ausgesetzt. Vor diesem Hintergrund wäre eine Firmierung unter „Mode- und Bekleidungshandel OHG" ohne einen individualisierungsfähigen Zusatz (wie z.B. Z+R Mode- und Bekleidungshandel OHG) unzulässig. Darüber hinaus darf die Firma keine Angaben enthalten, die geeignet sind, **über geschäftliche Verhältnisse**, die für die angesprochenen Verkehrskreise wesentlich sind, **irrezuführen** (§ 18 Abs. 2 HGB). Wesentlich in diesem Sinne sind vor allem Angaben über Art und Größe, Branchenbezug und Struktur des Betriebes.[5] Zwecks Entschärfung des firmenrechtlichen Irreführungsverbots ist die Eignung der Irreführung im Verfahren vor dem Registergericht nur zu berücksichtigen, wenn sie ersichtlich ist (§ 18 Abs. 2 Satz 2 HGB).

Unabhängig von den vorgenannten Grundsätzen muss die Gesellschaft ihre **Rechtsform** angeben. Demgemäß sieht § 19 Abs. 1 Nr. 2 HGB für die Firma der OHG vor, dass sie den **Rechtsformzusatz „offene Handelsgesellschaft"** oder eine allgemein verständliche Abkürzung dieser Bezeichnung aufweisen (z.B. oHG oder OHG) muss.

> **Hinweis:**
>
> Zusammenfassend bleibt festzuhalten, dass die Firma einer OHG eine ausreichende Kennzeichnungs- und Unterscheidungskraft besitzen (§ 18 Abs. 1 HGB), nicht gegen das Täuschungsverbot nach § 18 Abs. 2 HGB verstoßen, sich von anderen Firmen im Registerbezirk deutlich unterscheiden (§ 30 Abs. 1 HGB) und einen die Rechtsform kennzeichnenden Zusatz (§ 19 HGB) enthalten muss.

B. Gründung der OHG

I. Überlegungen zur Rechtsformwahl und praktische Bedeutung der OHG

Die OHG ermöglicht **echte Mitunternehmerschaft**. In den Fällen, in denen ein Handelsgewerbe gleichberechtigt von mehreren Personen ausgeübt werden soll, bietet sie sich daher als Rechtsform besonders an. Insb. kleinen und mittleren Familienunternehmen[6] gewährt sie durch das **Prinzip der Selbstorganschaft** die nötige Identität zwischen dem Unternehmen und den Familienunternehmern. Die in der OHG relativ große Vertragsfreiheit lässt Raum, familiären Besonderheiten Rechnung zu tragen. Neben den Familien bietet sich die OHG auch solchen Mitunternehmern an, die ihre Geschäfte auf der Grundlage **eines engen persönlichen Vertrauensverhältnisses** betreiben wollen. **Aufgrund der unbeschränkten und unbeschränkbaren** Haftung der Gesellschafter für die Verbindlichkeiten der Gesellschaft stellt sie i.d.R. jedoch nur für solche Unternehmer eine akzeptable Beteiligungsform dar, die ihren persönlichen wirtschaftlichen Erfolg mit dem ihres Unternehmens untrennbar verknüpfen wollen.

---

[4] Ziel des HRefG war es insoweit, das im europäischen Vergleich zu reglementierte Firmenrecht grundlegend zu vereinfachen und Wettbewerbsnachteilen deutscher Unternehmen im europäischen Binnenmarkt entgegenzuwirken. Vgl. hierzu RegE, BR-Drucks. 43/97, S. 19; Lutter/Welp, ZIP 1999, 1073; Limmer, in: Würzburger Notarhandbuch, Teil 5, Rn. 100 ff.

[5] Limmer, in: Würzburger Notarhandbuch, Teil 5, Rn. 100 ff.

[6] Weiterführend zu Gesellschaftsverträgen von Familienunternehmen: Hennerkes/May, NJW 1988, 2761.

Gemäß § 124 HGB ist die OHG rechtlich verselbständigt. Sie gehört daher zu den rechtsfähigen Personengesellschaften i.S.d. § 14 Abs. 2 BGB, ist jedoch **keine juristische Person**.[7] Steuerrechtlich kommt das in ihrer mangelnden Körperschaftssteuersubjektivität zum Ausdruck mit der Folge, dass die einzelnen Gesellschafter ihren Anteil am Gewinn als Einkommen **nach dem EStG versteuern**. Der Gewinn wird einheitlich für alle Gesellschafter durch das Betriebsfinanzamt festgestellt. Doch ist die OHG Steuersubjekt der Objekt- bzw. Verkehrssteuern; ihre Steuerpflicht ist folglich bei der Grundsteuer, der Gewerbesteuer und der Umsatzsteuer gegeben. **Attraktiv ist** für OHG-Gesellschafter ihre eigene ausschließliche Steuerpflicht nach dem EStG in Bezug auf Gewinne. Die Gewinne der mit Rechtspersönlichkeit ausgestatteten Kapitalgesellschaften unterliegen hingegen zunächst der Körperschaftssteuerpflicht.[8]

> **Hinweis:**
>
> Die Tendenz im Wirtschaftsleben zeigt zwei Richtungen bei der Rechtsformwahl für ein Unternehmen. Einerseits werden haftungsbeschränkende Strukturen, wie etwa die der KG oder GmbH, angestrebt. Andererseits bevorzugen kleine und mittlere Unternehmen Formen, in denen nicht die Gesellschaft, sondern ausschließlich die Gesellschafter Steuersubjekte sind. Das erklärt die Vorliebe für Mischformen, etwa die der GmbH & Co KG und den gleichzeitigen Rückgang der zahlenmäßigen Verbreitung der OHG.[9]

6 Aber nicht nur für kleine und mittlere Unternehmen stellt die OHG eine geeignete Rechtsform dar. **Im Konzernrecht** kann sie die Grundlage für den Zusammenschluss mehrerer größerer Unternehmen sein. Da die Regelung des § 105 HGB **nicht zur Disposition der Gesellschafter steht**, stellen alle Gesellschaften, die auf den gemeinschaftlichen Betrieb eines Handelsgewerbes gerichtet sind, ohne dass eine wirksame Haftungsbeschränkung vereinbart ist oder eine juristische Person gegründet wurde, unabhängig vom Gründungswillen der Gesellschafter eine OHG dar. Daraus folgt eine enorme praktische Bedeutung der **§§ 105 ff. HGB als Auffangtatbestand**.

Beispiele:

Eine OHG entsteht, wenn nach dem Tod eines Kaufmanns seine Erben (nicht nur als Erbengemeinschaft) das Unternehmen gemeinsam fortführen.[10] Sie liegt vor, wenn ein Kaufmann in sein Handelsgeschäft einen Teilhaber mit Wirkung nach außen aufnimmt oder eine GbR, die ein Kleingewerbe betreibt, in den Bereich des Handelsgewerbes aufsteigt. Auch die Fälle der misslungenen Haftungsbeschränkung bei der KG oder des Betriebs einer Vor-GmbH, deren Gesellschafter die Eintragung ins Handelsregister nicht verfolgen, führen zwingend zum Vorliegen einer OHG.

II. Einzelfragen der Errichtung

1. Gesellschafter

7 Eine OHG muss **mindestens zwei Mitglieder** haben, die entweder natürliche oder juristische Personen sein können. Daneben können auch solche Personengesamtheiten Gesellschafter sein, die im Rechtsverkehr als selbständige Einheiten auftreten und eine selbständige Haftung übernehmen können.[11] Insb. sind

---

7   Ständige Rspr., vgl. nur BGH, NJW 1961, 1022.
8   Mit einem Steuersatz von 25 %; die Einkünfte der Anteilseigner aufgrund von Ausschüttungen werden alsdann einkommensteuerrechtlich zur Hälfte angesetzt. Damit kommt es seit der Einführung des Halbeinkünfteverfahrens im Jahr 2001 wiederum zu einer Doppelbesteuerung, die durch das seit 1977 geltende Anrechnungsverfahren vermieden wurde.
9   Weitere statistische Daten finden sich bei Hueck/Windbichler, Gesellschaftsrecht, § 13 Rn. 14.
10 BGH, NJW 1985, 136.
11 Hueck/Windbichler, Gesellschaftsrecht, § 13 Rn. 1.

auch die Außen-GbR[12] und der nicht rechtsfähige Verein[13] taugliche OHG-Gesellschafter. Gleiches gilt für ausländische rechtsfähige Gesellschaften.[14]

Minderjährige können Gesellschafter der OHG sein. Zum Abschluss des Gesellschaftsvertrages bedürfen sie jedoch der Mitwirkung ihrer gesetzlichen Vertreter und der Genehmigung des Familiengerichts (**§§ 1643, 1822 Nr. 3 BGB**). Ihre Gesellschafterrechte (auch Geschäftsführungsbefugnis und Vertretungsmacht) übt der gesetzliche Vertreter aus, es sei denn, der Minderjährige erhält die **Genehmigung** zur eigenen Wahrnehmung der Rechte durch das Vormundschaftsgericht gemäß § 112 BGB. Der Minderjährige ist dann unbeschränkt geschäftsfähig für alle Geschäfte, die er als OHG-Gesellschafter tätigt. **Ausnahmen ergeben sich** aber aus den §§ 1643 Abs. 1, 1821 f. BGB, wodurch die eigene Wahrnehmung durch den Minderjährigen je nach Geschäftsfeld der OHG unpraktikabel sein kann. 8

Die Regelungen über die **Zugewinngemeinschaft** (§§ 1363 ff. BGB) beschränken regelmäßig nicht die Fähigkeit eines Ehegatten Gesellschafter einer OHG zu werden. Überträgt er jedoch als Einlage sein Vermögen als Ganzes[15] auf die OHG, greift § 1365 BGB ein. Das kann etwa dann der Fall sein, wenn ein Einzelkaufmann sein Handelsgeschäft in eine OHG einbringt. Leben die Ehegatten in Gütergemeinschaft, können die Gesellschaftsanteile **durch (formgebundenen) Ehevertrag** zum Vorbehaltsgut eines Ehegatten erklärt werden (§§ 1418 Abs. 2 Nr. 1, 1410 BGB). 9

2. Zeitpunkt der Entstehung

Im Innenverhältnis der Gesellschafter zueinander entsteht die OHG **mit Abschluss des Gesellschaftsvertrages** und zwar auch dann, wenn sie nach außen mangels Betriebs eines Handelsgewerbes und fehlender Eintragung als GbR zu behandeln ist. Für das Innenverhältnis ist allein der **Parteiwille maßgebend**.[16] 10

Wirksamkeitsvoraussetzung für das **Außenverhältnis** der OHG ist gemäß § 123 Abs. 1 HGB die Eintragung in das Handelsregister. Betreibt die Gesellschaft aber bereits vor diesem Zeitpunkt ein Handelsgewerbe i.S.d. § 1 HGB, tritt sie dadurch **Dritten gegenüber ins Leben** (§ 123 Abs. 2 HGB). Dafür genügen bereits Vorbereitungshandlungen, wie etwa die Anmietung der Geschäftsräume, wenn der kaufmännische Zuschnitt deutlich angestrebt und alsbald erforderlich wird. Eine Vereinbarung, dass die Gesellschaft erst mit einem späteren Zeitpunkt ihren Anfang nehmen soll, ist Dritten gegenüber unwirksam (§ 123 Abs. 3 HGB). 11

III. Gestaltung des Gesellschaftsvertrages

Die **Gründung einer OHG** setzt wie das Entstehen einer jeden Gesellschaft einen Gesellschaftsvertrag voraus. 12

1. Grundsätzliches, Formerfordernisse

Außer der Feststellung, wer Gesellschafter werden und wie die Firma lauten soll, stellt das HGB **keine Anforderungen** an den Gesellschaftsvertrag. Ein OHG-Vertrag sollte aber zumindest die wechselseitigen Rechte und Pflichten der Gesellschafter regeln und auch Bestimmungen über die Organisation der Gesellschaft enthalten. Im Gesellschaftsvertrag verpflichten sich die Beteiligten zur Förderung bzw. Erreichung **eines gemeinsamen Zwecks** in der im Vertrag vorgesehenen Weise. Enthält der Gesellschaftsvertrag keine weiteren Angaben, so gelten die §§ 110 ff. HGB. 13

---

12 BGHZ 148, 291 (GbR als Kommanditistin), aber str.; a.A: Hueck/Windbichler, Gesellschaftsrecht, § 13 Rn. 4.
13 Baumbach/Hopt/Hopt, HGB, § 105 Rn. 28; a.A.: Hueck/Windbichler, Gesellschaftsrecht, § 13 Rn. 5.
14 BayObLG, NJW 86, 3029; OLG Saarbrücken, NJW 90, 647.
15 Oder einen Gegenstand, der aber (nahezu) das gesamte Vermögen ausmacht, sofern die anderen Gesellschafter diesen Umstand kennen.
16 Hueck/Windbichler, Gesellschaftsrecht, § 13 Rn. 6.

> **Hinweis:**
>
> Die – weitgehend dispositiven – gesetzlichen Bestimmungen über die OHG werden in verschiedener Hinsicht heutigen wirtschaftlichen Verhältnissen nicht mehr gerecht. Entsprechend groß ist der Bedarf an gesellschaftsvertraglichen Regelungen, die von dem gesetzlichen Leitbild abweichen.

Für den Gesellschaftsvertrag bestehen grds. **keine gesetzlichen Formerfordernisse**, so dass er im Normalfall sowohl in einfacher Schriftform als auch mündlich geschlossen werden könnte. Sofern die OHG steuerlich als Mitunternehmerschaft anerkannt werden soll, dürfte jedoch **aus steuerlichen Erwägungen Schriftform angezeigt sein**. Enthält der Gesellschaftsvertrag allerdings ein **Leistungsversprechen, das formbedürftig** ist – etwa die Verpflichtung eines Gesellschafters zur Einbringung eines Grundstücks in die Gesellschaft –, so bedarf der gesamte Gesellschaftsvertrag der Form.[17] Die Formbedürftigkeit nach § 311b BGB besteht nur dann, wenn der Gesellschaftsvertrag konkrete Erwerbs- oder Veräußerungspflichten enthält.[18] Die **Verpflichtung zur Gebrauchsüberlassung** eines Grundstücks an die Gesellschaft oder die Einbringung ohne Eigentumsübertragung auf die Gesellschaft ist allerdings nicht beurkundungsbedürftig.[19] Ist ein Gesellschaftsvertrag nur allgemein auf den Erwerb oder die Veräußerung von Grundstücken gerichtet, so führt dieser Umstand für sich genommen ebenfalls nicht zu einer Beurkundungspflicht.

2. Inhalte des Gesellschaftsvertrages

14 Bei der Gestaltung des Gesellschaftsvertrages einer OHG sollten insb. die folgenden Gesichtspunkte bedacht werden.[20]

a) Allgemeine Angaben; Geschäftsführung und Vertretung

15
- Firma und Rechtsform; Beginn der Gesellschaft,
- Sitz,
- Zweck und Gegenstand des Unternehmens,
- Gesellschafter und deren Beteiligungsverhältnisse,
- Regelungen zur Geschäftsführung und Vertretung (Einzel- oder Gesamtvertretung, Befreiung von den Beschränkungen nach § 181 BGB, Geschäftsführervergütung u.a.),
- ggf. Aufführung zustimmungspflichtiger Geschäfte,
- Dauer der Gesellschaft,
- Regelungen für den Fall der Auflösung.

b) Gesellschafterversammlung und -beschlüsse

16
- Aufgabenbereich der Gesellschafterversammlung,
- Regelungen zur Einberufung (Formen und Fristen),
- Stimmgewicht der Gesellschafter, Beschlussfähigkeit, Festlegung der erforderlichen Mehrheiten,
- Zulassung von Vertretern und Beratern,
- Zulassung von Beschlussfassungen außerhalb von Gesellschafterversammlungen.

c) Regelungen zur Rechnungslegung, Entnahmen und Ergebnisverteilung

17
- Geschäftsjahr, Gesellschafterkonten,
- Jahresabschluss,

---

17 Vgl. RGZ 50, 163, 165 f.
18 Vgl. MünchKomm-BGB/Kanzleiter, § 313 Rn. 39; Soergel/Wolf, BGB, § 313 Rn. 49.
19 Vgl. RGZ 109, 383; BGH, WM 1967, 952.
20 In Anlehnung an die ausführliche Checkliste bei Johansson, in: Münchener Anwaltshandbuch Personengesellschaftsrecht, § 2 Rn. 274.

- Ergebnisverwendung und -verteilung, Entnahmen.

d) Weitere Pflichten der Gesellschafter
- Verschwiegenheitspflicht,
- Wettbewerbsverbot,
- Güterstandsklausel.

e) Verfügung über Beteiligungen; Änderungen im Gesellschafterbestand
- Zulassung und Zustimmungserfordernisse,
- Vorkaufsrechte, Vorerwerbsrechte, Andienungspflichten,
- Kündigung durch Gesellschafter,
- Tod von Gesellschaftern,
- Ausschluss von Gesellschaftern,
- Abfindung für ausscheidende Gesellschafter.

f) Sonstige Regelungstatbestände
- Ggf. Regelungen zu weiteren Gesellschaftsorganen (Beirat u. a.),
- Kosten des Gesellschaftsvertrages und der Gründung,
- Regelung betreffend eventuell erforderliche Zustimmungen bzw. Genehmigungen,
- Gerichtsstandsklausel, evtl. Schiedsgerichtsklausel,
- Schriftformerfordernis,
- Salvatorische Klausel.

3. Muster: OHG-Gesellschaftsvertrag[21]

§ 1
Firma

Die Firma der Gesellschaft lautet .... OHG.

§ 2
Sitz

Die Gesellschaft hat ihren Sitz in .....

§ 3
Gesellschaftszweck

(1) Gesellschaftszweck ist .....

(2) Die Gesellschaft kann Geschäfte jeder Art tätigen, die dem Gesellschaftszweck unmittelbar oder mittelbar dienen, insb. darf sie andere Unternehmen gleicher oder ähnlicher Art erwerben oder sich an ihnen beteiligen sowie Zweigniederlassungen errichten.

---

21 Sämtliche in diesem Beitrag enthaltenen Muster sind als Formulierungsvorschläge gedacht, die als bloße Hilfestellung für die Umsetzung auf den konkreten Lebenssachverhalt dienen sollen, welche der Anwender letztlich in eigener Verantwortung vornehmen muss; vgl. im Übrigen auch Oldenburg, in: Münchener Vertragshandbuch, Bd. 1,.Rn. 118 ff.; Limmer, in: Würzburger Notarhandbuch, Teil 5, Rn. 111; Langenfeld, in: Wurm/Wagner/Zartmann, Rechtsformularbuch, S. 1830; Kanzleiter, in: Kersten/Bühling, S. 2014 ff.

§ 4
Geschäftsjahr

(1) Die Gesellschaft wird zum .... auf unbestimmte Dauer errichtet.

(2) Geschäftsjahr ist das Kalenderjahr. Das erste Geschäftsjahr ist ein Rumpfgeschäftsjahr und dauert vom .... bis zum .....

§ 5
Gesellschafter

(1) Das Festkapital (Kapital I) der Gesellschaft beträgt .... € (in Worten .... Euro).

(2) Gesellschafter sind

..... mit einer Einlage i.H.v. .... € (in Worten .... Euro).

..... mit einer Einlage i.H.v. .... € (in Worten .... Euro).

Die Beträge der Einlagen sind die Festkapitalanteile der jeweiligen Gesellschafter.

(3) Die Gesellschafter erbringen jeweils Bareinlagen von jeweils .... € bis zum ..... Die Einlagen sind mit Unterzeichnung dieses Gesellschaftsvertrages fällig und auf ein für die Gesellschaft einzurichtendes Bankkonto einzuzahlen.

(4) Der Gesellschafter .... leistet seine Einlage durch Übereignung seines im Grundbuch von ...., Band ...., Blatt ...., Parzellen-Nummer ...., eingetragenen Grundstücks an die Gesellschaft. Die Übereignung hat umgehend nach Unterzeichnung dieses Gesellschaftsvertrages zu erfolgen.

§ 6
Gesellschafterkonten

(1) Bei der Gesellschaft werden für die Gesellschafter Kapitalkonten I ...., Kapitalkonten II (Rücklagenkonto), Kapitalverlustkonten und Verrechnungskonten geführt.

(2) Auf Kapitalkonten I .... werden nur die Einlagen gebucht. Die Kapitalkonten werden nicht verzinst.

(3) Für jeden Gesellschafter wird ein Kapitalkonto II (Rücklagenkonto) geführt, auf dem der auf den jeweiligen Gesellschafter entfallende Anteil einer beschlossenen Rücklage gebucht wird. Rücklagen werden auf die Gesellschafter im Verhältnis ihrer Kapitalkonten verteilt. Rücklagenkonten werden nicht verzinst.

(4) Auf dem Verrechnungskonto werden die entnahmefähigen Gewinnanteile, Entnahmen, Tätigkeitsvergütungen, Zinsen sowie der sonstige Zahlungsverkehr zwischen der Gesellschaft und dem Gesellschafter gebucht.

(5) Auf den Kapitalverlustkonten werden die Verlustanteile der Gesellschafter sowie alle Gewinnanteile bis zum Ausgleich des Verlusts verbucht. Die Gesellschafter sind nicht verpflichtet, Verluste auf Kapitalverlustkonten in anderer Weise als durch künftige Gewinnanteile auszugleichen.

(6) Gewinnanteile, soweit sie nicht zum Ausgleich von Verlustkonten benötigt werden oder auf Rücklagekonten zu verbuchen sind, sowie alle sonstigen Forderungen und Verbindlichkeiten zwischen der Gesellschaft und einem Gesellschafter werden auf Verrechnungskonten gebucht.

(7) Verrechnungskonten werden im Soll und Haben mit .... % jährlich verzinst. Die Berechnung der Zinsen erfolgt nach der Staffelmethode jeweils nach dem Stand am Monatsende. Die Zinsen auf Verrechnungskonten stellen im Verhältnis unter den Gesellschaftern Aufwand oder Ertrag dar.

(8) Am Vermögen der Gesellschaft sind die Gesellschafter im Verhältnis ihrer Kapitalkonten I beteiligt.

§ 7
Geschäftsführung und Vertretung

(1) Zur Geschäftsführung und Vertretung ist jeder Gesellschafter allein berechtigt und verpflichtet. Jeder Gesellschafter ist für Rechtsgeschäfte mit der Gesellschaft von den Beschränkungen des § 181 BGB befreit.

(2) Für alle über den gewöhnlichen Geschäftsbetrieb hinausgehenden Handlungen und Rechtsgeschäfte bedarf die Geschäftsführung der vorherigen Zustimmung der Gesellschafterversammlung. Hierunter fallen insbesondere:

1. Beteiligung an anderen Unternehmen durch die Gesellschaft,
2. Festlegung und Änderung des Unternehmensziels und der Grundlagen der Geschäftspolitik,
3. Abschluss, Änderung und Beendigung von Arbeits- und Dienstverträgen,
4. Abschluss, Änderung und Beendigung von Verträgen mit juristischen oder natürlichen Personen, die an der Gesellschaft beteiligt sind oder an denen sich die Gesellschaft ihrerseits beteiligt, mit Ausnahme der stillen Gesellschafter,
5. Errichtung und Schließung von Zweigniederlassungen,
6. Eingehen von Wechselverbindlichkeiten und Übernahme von Bürgschaften,
7. Aufnahme von Bankkrediten,
8. Gewährung von Krediten,
9. Investitionen und Rechtsgeschäfte, die .... € übersteigen. Dieser Betrag kann jährlich von der Gesellschafterversammlung neu festgesetzt werden.
10. Erwerb, Veräußerung und Belastung von Grundstücken und
11. Abschluss von Mietverträgen und anderen Dauerschuldverhältnissen.

§ 8
Tätigkeitsverpflichtung, Urlaub, Krankheit

(1) Jeder geschäftsführende Gesellschafter verpflichtet sich, mindestens .... Stunden pro Woche für die Gesellschaft tätig zu werden.

(2) Jeder Gesellschafter hat Anspruch auf Urlaub im Gesamtumfang von jährlich vier Wochen.

§ 9
Gesellschafterbeschlüsse

(1) Die von den Gesellschaftern in den Angelegenheiten der Gesellschaft zu treffenden Bestimmungen erfolgen durch Beschluss.

(2) Beschlüsse werden mit einfacher Mehrheit des abstimmenden Festkapitals gefasst. Einer Mehrheit von drei Viertel des abstimmenden Festkapitals bedürfen jedoch folgende Maßnahmen:

1. Änderung des Gesellschaftsvertrages,
2. Ausschließung eines Gesellschafters,
3. Aufnahme weiterer Gesellschafter,
4. Auflösung der Gesellschaft,
5. Anstellung von Mitarbeitern.

(3) Soweit durch einen Gesellschafterbeschluss Sonderrechte, einschließlich Entnahmerechte, einzelner Gesellschafter betroffen werden, ist die Zustimmung dieser Gesellschafter erforderlich.

(4) Abgestimmt wird nach Festkapitalanteilen. Je .... € eines Festkapitalanteils gewähren eine Stimme.

§ 10
Gesellschafterversammlungen

(1) Gesellschafterbeschlüsse können nur in einer Gesellschafterversammlung gefasst werden. Außerhalb von Gesellschafterversammlungen können Beschlüsse, soweit nicht gesetzlich eine andere Form vorgeschrieben ist, durch schriftliche, telefonische oder mündliche Abstimmung oder Abstimmung per Telefax oder E-Mail oder in einer anderen elektronischen Form gefasst werden, wenn alle Gesellschafter damit einverstanden sind.

(2) Die Gesellschafterversammlung ist mindestens einmal jährlich als ordentliche Versammlung innerhalb der ersten acht Monate nach Beginn eines neuen Geschäftsjahres einzuberufen. Außerordentliche Versammlungen sind aus wichtigen Gründen einzuberufen.

(3) Wird die Gesellschafterversammlung nicht notariell beurkundet, so ist eine schriftliche Niederschrift anzufertigen, die vom Vorsitzenden zu unterzeichnen ist und die Beschlussgegenstände und den Inhalt des Beschlusses protokollieren muss. Jeder Gesellschafter kann die notarielle Beurkundung der Gesellschaft verlangen.

(4) Die Einberufung einer Gesellschafterversammlung erfolgt schriftlich durch die Gesellschafter, wobei jeder allein einberufungsberechtigt ist, mit eingeschriebenem Brief an jeden Gesellschafter mit einer Frist von zwei Wochen unter Mitteilung der Tagesordnung an die von dem Gesellschafter zuletzt mitgeteilte Adresse. Bei Eilbedürftigkeit kann die Einberufung mit angemessener kürzerer Frist erfolgen. Der Ort der Versammlung ist der Sitz der Gesellschaft, soweit nicht durch die Gesellschafter einstimmig anderes beschlossen wird. Der Lauf der Frist beginnt mit dem der Aufgabe zur Post folgenden Tag. Der Tag der Versammlung wird bei der Fristberechnung nicht mitgezählt. Auf die Einberufung der Versammlung finden die §§ 49 – 51 GmbHG im Übrigen entsprechende Anwendung.

(5) Die Gesellschafterversammlung ist beschlussfähig, wenn 75 % des Festkapitals vertreten sind. Ist eine Gesellschafterversammlung nicht beschlussfähig, so ist durch den oder die Geschäftsführer innerhalb von zwei Wochen eine neue Gesellschafterversammlung mit der gleichen Tagesordnung einzuberufen. Diese Versammlung ist ohne Rücksicht auf die Zahl der vertretenen Stimmen beschlussfähig, worauf in der Einladung hinzuweisen ist.

(6) Ein Gesellschafter kann sich in der Gesellschafterversammlung durch seinen Ehegatten, einen Abkömmling, einen Mitgesellschafter, einen von Berufs wegen zur Verschwiegenheit verpflichteten Dritten oder durch einen aufgrund einer notariellen Vorsorgevollmacht im Sinne von § 1896 BGB Bevollmächtigten vertreten und das Stimmrecht durch ihn ausüben lassen. Die Vertretungsvollmacht ist schriftlich nachzuweisen.

(7) Die Versammlung wird durch den Vorsitzenden geleitet, der von den anwesenden Gesellschaftern mit einfacher Mehrheit zu wählen ist. Erhält keiner der Gesellschafter die erforderliche Mehrheit, so wird die Gesellschaft von dem anwesenden Gesellschafter mit der höchsten Beteiligung, bei Beteiligungsgleichheit von dem ältesten Gesellschafter geleitet.

§ 11
Jahresabschluss

Die Bilanz mit Gewinn- und Verlustrechnung, Anhang und – soweit erforderlich – der Lagebericht sind nach Beendigung des Geschäftsjahres von den geschäftsführenden Gesellschaftern innerhalb der gesetzlichen Frist nach den gesetzlichen Bestimmungen aufzustellen.

Die Feststellung des Jahresabschlusses erfolgt durch die Gesellschafterversammlung.

§ 12
Gewinn- und Verlustverteilung

(1) Von dem Jahresgewinn erhält jeder Gesellschafter vorab einen Anteil in Höhe eines 2 % über dem Basiszinssatz der Deutschen Bundesbank liegenden Vomhundertsatzes seines Guthabens auf dem Verrechnungskonto.

(2) Von dem darüber hinaus gehenden Gewinn werden jährlich 20 % für Steuerverbindlichkeiten der Gesellschafter einem auf den Namen der Gesellschaft lautenden Bankkonto zugeführt.

(3) Der danach verbleibende Restgewinn wird unter den Gesellschaftern im Verhältnis der Festkapitalanteile verteilt.

(4) Die Gesellschafter nehmen am Verlust der Gesellschaft im Verhältnis ihrer Festkapitalanteile teil.

§ 13
Entnahmen

Die Gesellschafter können die Auszahlung von Guthaben auf ihren Verrechnungskonten jederzeit verlangen.

§ 14
Rechtsgeschäftliche Verfügungen

(1) Rechtsgeschäftliche Verfügungen eines Gesellschafters über seinen Geschäftsanteil bedürfen zu ihrer Wirksamkeit eines einstimmigen Beschlusses der anderen Gesellschafter.

Will ein Gesellschafter seinen Gesellschaftsanteil an einen Dritten verkaufen, so hat er diesen zunächst den übrigen Gesellschaftern schriftlich unter Angabe des am Kauf interessierten Dritten und des Kaufpreises zum Kauf anzubieten.

(2) Die anderen Gesellschafter können das Angebot innerhalb eines Monats nach Zugang schriftlich annehmen. Wird das Angebot von mehreren Gesellschaftern angenommen, so sind diese im Verhältnis ihrer bisherigen Beteiligungen am Gesellschaftsvermögen berechtigt und verpflichtet.

(3) Wird das Kaufangebot von keinem der anderen Gesellschafter angenommen, so kann der verkaufswillige Gesellschafter innerhalb von sechs Monaten nach Abgabe des Kaufangebots vorbehaltlich der Zustimmung der Gesellschafterversammlung nach Absatz 1 seinen Gesellschaftsanteil an den im Kaufangebot Genannten verkaufen.

§ 15
Tod eines Gesellschafters

(1) Durch den Tod eines Gesellschafters wird die Gesellschaft nicht aufgelöst, sondern mit seinen im Hinblick auf den Gesellschaftsanteil nachfolgeberechtigten Erben oder Vermächtnisnehmern oder – falls solche vorhanden sind – unter den verbleibenden Gesellschaftern fortgesetzt. Für die Über-

tragung des Gesellschaftsanteils von Erben auf nachfolgeberechtigte Vermächtnisnehmer bedarf es nicht der Zustimmung der anderen Gesellschafter.

(2) Nachfolgeberechtigt sind nur andere Gesellschafter, Ehegatten und/oder Abkömmlinge von Gesellschaftern. Werden mehrere Erben oder Vermächtnisnehmer eines Gesellschafters, die bisher noch nicht an der Gesellschaft beteiligt waren, Gesellschafter, so ist ihnen die Ausübung der Gesellschafterrechte nur durch einen gemeinsamen Bevollmächtigten gestattet, soweit nicht gesetzlich etwas anderes gilt. Gemeinsamer Vertreter kann nur ein Gesellschafter oder ein kraft Gesetzes zur Verschwiegenheit verpflichtetes Mitglied der rechts-, wirtschafts- oder steuerberatenden Berufe sein. Bis zur Benennung des Bevollmächtigten ruht das Stimmrecht aus den Gesellschaftsanteilen, die auf die nachfolgeberechtigten Personen übergegangen sind.

(3) Wird die Gesellschaft von den verbliebenen Gesellschaftern allein fortgesetzt, so erhalten die Erben des verstorbenen Gesellschafters eine Abfindung nach Maßgabe dieses Gesellschaftsvertrages.

(4) Hat ein verstorbener Gesellschafter die Testamentsvollstreckung hinsichtlich seiner Beteiligung angeordnet, so werden die Rechte des in die Gesellschaft eintretenden Erben bzw. Vermächtnisnehmers in seinem Namen durch den Testamentsvollstrecker ausgeübt. Der Bestellung eines Bevollmächtigten gemäß Abs. 3 bedarf es in diesen Fällen erst mit dem Ende der Testamentsvollstreckung.

§ 16
Kündigung

(1) Die Gesellschaft kann von jedem Gesellschafter mit einer Frist von sechs Monaten zum Ende des Geschäftsjahres gekündigt werden. Das Recht auf außerordentliche Kündigung bleibt unberührt.

(2) Kündigt ein Gesellschafter die Gesellschaft nach Abs. 1, so ist jeder der übrigen Gesellschafter berechtigt, auch seinerseits mittels Anschlusskündigung die Gesellschaft auf denselben Zeitpunkt zu kündigen. Die Anschlusskündigung muss innerhalb einer Frist von zwei Monaten nach Eingang der Kündigung bei der Gesellschaft erklärt werden.

(3) Jede Kündigung bedarf der Schriftform. Sie ist gegenüber der Gesellschaft zu Händen der Geschäftsführung zu erklären, die jeden Gesellschafter unverzüglich zu unterrichten hat. Für die Rechtzeitigkeit der Kündigung ist der Eingang bei der Gesellschaft maßgebend.

Durch die Kündigung wird die Gesellschaft nicht aufgelöst, sondern von den verbleibenden Gesellschaftern fortgesetzt.

(4) Der kündigende Gesellschafter scheidet mit dem Ablauf der Kündigungsfrist aus der Gesellschaft aus, es sei denn, die Gesellschaft tritt zu diesem Zeitpunkt aus zwingenden gesetzlichen Gründen in Liquidation oder die übrigen Gesellschafter beschließen mit 75 % ihrer Stimmen oder der allein verbleibende Gesellschafter erklärt zu diesem Zeitpunkt, dass die Gesellschaft mit Ablauf der Kündigungsfrist aufgelöst sein soll. In diesem Fall nimmt der kündigende Gesellschafter an der Liquidation teil.

(5) Kündigt ein Privatgläubiger eines Gesellschafters die Gesellschaft, so scheidet der Gesellschafter mit Wirksamwerden der Kündigung aus der Gesellschaft aus.

§ 17
Insolvenz eines Gesellschafters

Wird über das Vermögen eines Gesellschafters das Insolvenzverfahren eröffnet, so scheidet er mit Rechtskraft des Eröffnungsbeschlusses aus der Gesellschaft aus. Beschließen die übrigen Gesellschafter bis zum Ablauf von drei Monaten nach Rechtskraft des Eröffnungsbeschlusses mit 75 % *ihrer Stimmen* die Liquidation der Gesellschaft, so erhält der ausgeschiedene Gesellschafter statt der Abfindung nach § 18 dasjenige, was er erhalten hätte, wenn er an der Liquidation teilgenommen hätte.

§ 18
Ausschließung

(1) Wird über das Vermögen eines Gesellschafters das Insolvenzverfahren eröffnet oder die Eröffnung mangels Masse abgelehnt oder die Zwangsvollstreckung in den Geschäftsanteil eines Gesellschafters oder in sein Auseinandersetzungsguthaben oder ein sonstiges Gesellschafterrecht betrieben und wird die Vollstreckungsmaßnahme nicht innerhalb von zwei Monaten nach Erlass des Pfändungsbeschlusses aufgehoben, so können die übrigen Gesellschafter auch seinen Ausschluss beschließen.

(2) Liegt ein wichtiger Grund i.S.d. § 723 Absatz 1 BGB vor, so kann der Gesellschafter, in dessen Person der Grund eintritt, aus der Gesellschaft ausgeschlossen werden.

(3) Der Ausschluss bedarf der Mehrheit der Stimmen der verbleibenden Gesellschafter und wird mit der schriftlichen Bekanntgabe des Beschlusses wirksam.

§ 19
Ausscheiden, Abfindung

(1) Scheidet ein Gesellschafter aus der Gesellschaft aus, so wird die Gesellschaft von den verbleibenden Gesellschaftern unter der bisherigen Firma fortgesetzt. Verbleibt nur noch ein Gesellschafter, so geht das Vermögen der Gesellschaft ohne Liquidation mit Aktiva und Passiva und dem Recht, die Firma fortzuführen, auf diesen über.

(2) In allen Fällen der Auseinandersetzung sowie bei der Berechnung von Pflichtteils- und Pflichtteilsergänzungsansprüchen und der Errechnung des ehelichen Zugewinnanspruchs ist eine Abfindungsbilanz aufzustellen. In diese Bilanz sind alle Vermögensgegenstände einzusetzen, und zwar mit ihrem wirklichen Wert, ermittelt zum Auseinandersetzungszeitpunkt.

(3) Ein Geschäftswert ist jedoch bei der Auseinandersetzung nicht in Ansatz zu bringen, an den schwebenden Geschäften nimmt der ausscheidende Gesellschafter nicht teil.

(4) Die Gesellschaft steht dafür ein, dass der ausscheidende Gesellschafter für Schulden der Gesellschaft nicht in Anspruch genommen wird.

(5) Das danach ermittelte Abfindungsguthaben ist mit Aufstellung der Auseinandersetzungsbilanz fällig und in .... gleichen Jahresraten jeweils zum .... zu zahlen.

(6) Der ausscheidende Gesellschafter kann wegen der noch ausstehenden Abfindungssumme keine Sicherheit verlangen.

(7) Der Wert des Gesellschaftsanteils ist von einem Wirtschaftsprüfer oder Steuerberater als Schiedsgutachter festzustellen, wenn sich die Beteiligten über den Wert des Geschäftsanteils nicht einigen. Bei fehlender Einigung über seine Person wird der Wirtschaftsprüfer oder Steuerberater auf Antrag eines der Beteiligten von der für die Gesellschaft zuständigen Industrie- und Handelskammer benannt.

(8) Ändert sich der für die Abfindung maßgebende Jahresabschluss infolge einer steuerlichen Außenprüfung der Gesellschaft oder durch eine anderweitig veranlasste Änderung oder Veranlagung, so ist die Abfindung der Änderung entsprechend anzupassen.

§ 20
Liquidation

(1) Die Liquidation der Gesellschaft erfolgt durch die im Zeitpunkt der Auflösung vertretungsberechtigten Gesellschafter, soweit die Gesellschafterversammlung nichts Abweichendes beschließt.

(2) Das nach Befriedigung der Gläubiger verbleibende Vermögen der Gesellschaft ist im Verhältnis der Kapitalkonten unter den Gesellschaftern zu verteilen.

§ 21
Wettbewerbsverbot

(1) Den Gesellschaftern ist es nicht gestattet, der Gesellschaft für eigene oder fremde Rechnung Konkurrenz zu machen oder sich an Konkurrenzunternehmen direkt oder indirekt zu beteiligen.

(2) Das gesetzliche Wettbewerbsverbot des § 112 HGB gilt für die Dauer von einem Jahr für ausgeschiedene Gesellschafter fort.

§ 22
Salvatorische Klausel

Sollten einzelne Bestimmungen dieses Vertrages ganz oder teilweise unwirksam sein oder werden oder sollte der Gegenstand dieses Vertrages unvollständig geregelt sein, so soll dadurch die Gültigkeit der übrigen Bestimmungen nicht berührt werden. Die Gesellschafter verpflichten sich, die erforderlichen Erklärungen abzugeben oder in sonstiger Weise mitzuwirken, dass die unwirksame Bestimmung durch eine andere ersetzt werden kann, die dem beabsichtigten Zweck der unwirksamen Bestimmung in gültiger Weise am nächsten kommt. Entsprechendes gilt für die Ausfüllung offener oder verdeckter Lücken dieses Gesellschaftsvertrages.

§ 23
Schriftform

Änderungen und Ergänzungen dieses Vertrages bedürfen zur Wirksamkeit der Schriftform.

IV. Handelsregisteranmeldung

22   Wie bereits ausgeführt, sind die Gesellschafter einer OHG **zur Eintragung derselben in das Handelsregister verpflichtet**, wenn die Tätigkeit der Gesellschaft einen nach Art und Umfang in kaufmännischer Weise eingerichteten Geschäftsbetrieb erfordert.[22]

1. Inhalt und Form der Handelsregisteranmeldung

23   Gemäß § 108 Abs. 1 HGB ist die Anmeldung dabei **von sämtlichen Gesellschaftern** gegenüber dem zuständigen Registergericht[23] zu bewirken. Mit dem EHUG (Gesetz über elektronische Handelsregister und Genossenschaftsregister sowie das Unternehmensregister) ist das Erfordernis der Namenszeichnung zum 1.1.2007 weggefallen. Dementsprechend wurden die §§ 12, 13d, 14, 29, 53, 108, 148 HGB, §§ 37, 81, 266 AktG sowie §§ 8, 39 und 67 GmbHG angepasst.[24] Im Rahmen der Handelsregisteranmeldung sind **nach § 106 Abs. 2 HGB, § 24 HRV folgende Angaben** erforderlich:

---

[22] Kleingewerbetreibende unterliegen demgegenüber keiner Anmeldepflicht, können aber eine OHG durch Eintragung in das Handelsregister konstitutiv entstehen lassen. Vgl. hierzu auch Haferland/Schmidt/Tiedtke, Praxis des Handels- und Kostenrechts, Rn. 735, 736.

[23] Registergericht ist das mit der Führung des Handelsregisters betraute AG, wobei örtlich das Registergericht zuständig ist, in dessen Bezirk die Gesellschaft ihren Sitz hat.

[24] Melchior, NotBz 2006, 409; Sikora/Schwab, MittBayNot 2007, 8 mit eingehender Begründung; zum Umgang mit dem neuen Verfahren siehe Gassen/Wegerhoff, Elektronische Beglaubigung und elektronische Handelsregisteranmeldung, S. 27 ff.

- Name, Vorname, Geburtsdatum und Wohnort jedes Gesellschafters,
- Firma der Gesellschaft nebst Rechtsformzusatz und Ort, wo sie ihren Sitz hat,
- Vertretungsmacht der Gesellschafter,
- Geschäftszweig und
- Lage der Geschäftsräume.

Soweit eine GbR Gesellschafterin einer OHG seien sollte, sind aus Gründen der Publizität neben der GbR **auch deren Gesellschafter anzumelden** und einzutragen; dies gilt im Übrigen auch bei einem späteren Wechsel im Bestand der GbR.[25] Sollte dagegen eine OHG oder KG Gesellschafterin einer OHG sein, sind **entsprechende Angaben entbehrlich**, da sich diese selbst unmittelbar aus dem Register entnehmen lassen.[26]

> **Hinweis:**
>
> Die nach § 106 Abs. 2 Nr. 3 HGB a.F. noch erforderliche Angabe des Zeitpunkts, mit welchem die Gesellschaft begonnen hat, ist seit dem 1.9.2004 entfallen. Der Gesetzgeber hat diese Verpflichtung für entbehrlich erachtet, da die Eintragung des Zeitpunkts des Beginns der Gesellschaft lediglich deklaratorische Bedeutung hatte.

2. Muster: Erstanmeldung einer OHG

An das

AG ....

– Registergericht –

Neueintragung einer OHG (HRA)

A-OHG

Zur Eintragung in das Handelsregister melden wir an:

Wir, ... (*Name Gesellschafter*), geboren am .... (*Geburtsdatum*), wohnhaft in .... (*Wohnort*), und .... (*Name Gesellschafter*), geboren am .... (*Geburtsdatum*), wohnhaft in .... (*Wohnort*), haben unter der Firma

Z+R Mode- und Bekleidung OHG

eine offene Handelsgesellschaft errichtet.

Die Gesellschaft betreibt den Handel und Vertrieb mit Mode und Bekleidungswaren. Die Gesellschaft hat ihren Sitz in .....

Zur Vertretung der Gesellschaft ist jeder Gesellschafter berechtigt.

Die Geschäftsräume befinden sich in .... (*Geschäftsadresse*).

...., den ....

(*Beglaubigungsvermerk*)

3. Prüfungsumfang des Registergerichts

Für die Eintragung der OHG, die im Handelsregister A erfolgt, ist nach § 3 Nr. 2 lit. d RPflG der **Rechtspfleger zuständig**. Die Prüfung der Anmeldung durch den Rechtspfleger hat zwar unter formellen und

---

25 Vgl. hierzu BGHZ 148, 291 für die GbR als Kommanditistin.
26 MünchKomm-HGB/K. Schmidt, § 106 Rn. 19.

materiellen Gesichtspunkten zu erfolgen, erstreckt sich bei der OHG i.d.R. aber nur **auf Plausibilität und der Beachtung förmlicher Gesichtspunkte**. Bei der Eintragung einer neuen Firma oder Änderung des Firmennamens ist nach § 23 Satz 2 HRV deshalb nur noch in Zweifelsfällen ein Gutachten der Industrie- und Handelskammer einzuholen. Letzteres trägt der Neufassung des § 18 Abs. 2 Satz 2 HGB Rechnung, wonach die Eignung der Irreführung einer Firma nur dann beanstandet werden soll, wenn sie ersichtlich ist. Der **Inhalt der Eintragung** im Handelsregister ist nach §§ 10, 11 HGB im Bundesanzeiger bzw. den weiteren Publikationsorganen bekannt zu machen.

4. Weitere eintragungspflichtige Vorgänge

26 Neben der **Errichtung der OHG** sind auch

- Änderungen betreffend die Firma und den Sitz,
- der Eintritt neuer Gesellschafter,
- Änderungen im Hinblick auf die Vertretungsmacht (§ 107 HGB),
- das Ausscheiden eines Gesellschafters (§ 143 HGB),
- die Gründung einer Zweigniederlassung (§§ 13 – 13g HGB),
- der Haftungsausschluss bei Geschäftsübernahme (§ 25 Abs. 2 HGB),
- der Haftungsausschluss bei Eintritt eines Gesellschafters in das Geschäft eines Einzelkaufmanns (§ 28 Abs. 2 HGB),
- die Erteilung und das Erlöschen einer Prokura (§ 53 HGB) und
- die Auflösung und Fortsetzung der Gesellschaft der Gesellschaft nach Insolvenz und in anderen Fällen zum Handelsregister anzumelden.

C. Geschäftsführung und Vertretung

27 Die **Unterscheidung zwischen Geschäftsführungsbefugnis und Vertretungsmacht** der Gesellschafter entspricht dem Verhältnis zwischen dem **Außen- und Innenverhältnis der OHG**. In beiden Bereichen kann die OHG ausschließlich durch ihre Organe handeln. Wie bei allen Personengesellschaften (außer bei der Europäischen wirtschaftlichen Interessenvereinigung) gilt auch für sie das **Prinzip der Selbstorganschaft** bzw. das sog. Abspaltungsverbot; die Gesellschafter selbst führen die Geschäfte der Gesellschaft und vertreten sie nach außen. Im Hinblick auf ihre Flexibilität im Wirtschaftsleben herrscht daneben als gesetzlicher Normalfall das Prinzip der Einzelgeschäftsführung bzw. -vertretung vor.

I. Geschäftsführung

1. Einzelgeschäftsführung

28 Ist im Gesellschaftsvertrag gemäß § 109 HGB keine abweichende Regelung vereinbart, gilt für die OHG der **Grundsatz der Einzelgeschäftsführung**. Gemäß §§ 114, 115 HGB kann jeder Gesellschafter ohne Beteiligung der übrigen im gewöhnlichen Geschäftsbetrieb grds. jede in den Bereich der Geschäftsführung fallende Handlung vornehmen. Dadurch ist eine **große Flexibilität und Beweglichkeit der OHG** im Geschäftsverkehr gewährleistet, zugleich besteht aber eine gewisse Gefahr im Hinblick auf ein eigenmächtiges Handeln eines Gesellschafters gegen den möglicherweise abweichenden Willen der anderen.

> **Hinweis:**
> Bei der Gestaltung des Gesellschaftsvertrages ist das Risiko unter Berücksichtigung der Kenntnisse und Fähigkeiten der Gesellschafter abzuwägen. Nicht zuletzt wird das Vertrauensverhältnis zwischen den Gesellschaftern den Ausschlag für die konkrete Verteilung der Geschäftsführungsbefugnis geben.

Die gesellschaftsvertragliche Ausgestaltung bietet insoweit **zahlreiche Gestaltungsmöglichkeiten**. 29
Denkbar sind etwa die folgenden Regelungen:

- vollständiger oder teilweiser Ausschluss eines Gesellschafters von der Geschäftsführung (§ 114 Abs. 2 HGB),
- Aufteilung der Geschäftsführungsbefugnis unter den Gesellschaftern nach Kompetenzbereichen (z.B. Unterteilung in kaufmännischen und technischen Bereich),
- Gesamtgeschäftsführung (§ 115 Abs. 2 HGB),
- Notwendigkeit eines Mehrheitsbeschlusses oder der Zustimmung aller Gesellschafter zu wichtigen Geschäften,
- Abbedingung des Zustimmungserfordernisses nach § 116 Abs. 2 für außergewöhnliche Geschäfte und
- Erlöschen der Geschäftsführungsbefugnis mit dem Erreichen eines bestimmten Lebensalters.

Sieht der Gesellschaftsvertrag allerdings eine Gesamtgeschäftsführung oder eine Geschäftsführung durch jeweils mehrere Gesellschafter vor, so kann gemäß § 115 Abs. 2 HGB jeder, der an der Geschäftsführung beteiligt ist, **bei Gefahr im Verzug** alleine handeln. Davon ist die **Notgeschäftsführung zur Erhaltung von Gegenständen** des Gesellschaftsvermögens analog § 744 Abs. 2 BGB zu unterscheiden, die auch den von der Geschäftsführung ausgeschlossenen Gesellschaftern zusteht.

2. Informationsrechte

Die Regelung des § 118 Abs. 1 HGB sieht **weit reichende Informationsrechte** für die von der Geschäftsführung **ausgeschlossenen Gesellschafter** vor. Davon ist insb. die Einsicht in die Geschäftsbücher und in alle anderen Papiere umfasst, selbst wenn sie vertraulich sind. Im Gesellschaftsvertrag können diese Informationsrechte jeweils gestaltet oder auch ganz ausgeschlossen werden. Im letzteren Fall bietet es sich allerdings an, ein Kontrollgremium oder einen Beirat einzusetzen. Ist zu befürchten, dass die geschäftsführenden Gesellschafter ihre Geschäfte unredlich führen, stehen dem einzelnen Gesellschafter auch bei einer beschränkenden Vereinbarung gemäß § 118 Abs. 2 HGB wiederum Kontrollrechte zu. 30

Die Gesamtheit der Gesellschafter hat ein **Auskunftsrecht gegen die geschäftsführenden Gesellschafter** aus den §§ 713, 666 BGB.[27] 31

3. Ungewöhnliche Geschäfte und Prokuraerteilung

Gemäß § 116 Abs. 1 und Abs. 2 HGB bedarf es unter dem Blickwinkel der Geschäftsführung zur Vornahme von Handlungen, die über den gewöhnlichen Betrieb des Handelsgewerbes der Gesellschaft hinausgehen, eines **Beschlusses sämtlicher Gesellschafter**. Zum gewöhnlichen Geschäftsbetrieb des Handelsgewerbes der konkreten OHG gehört das, was in einem Handelsgewerbe, wie es die Gesellschaft betreibt, normalerweise vorkommen kann. Das sind im Zweifel alle Geschäfte im Handelszweig, der den Gegenstand des Unternehmens bildet, z.B. auch übliche Kreditgewährung. Darunter fallen i.d.R. auch Erteilung und Widerruf einer Handlungsvollmacht.[28] Für die Feststellung, ob eine Handlung nicht mehr unter diese Definition subsumiert werden kann, somit also ein ungewöhnliches Geschäft darstellt, müssen drei Kriterien[29] betrachtet werden. **Ungewöhnliche Geschäfte** sind daher vor allem solche, die im Hinblick auf 32

- Art und Inhalt,
- Zweck,
- Umfang und Risiko

einen Ausnahmecharakter aufweisen.

---

27 BGH, NJW 1992, 1890.
28 Baumbach/Hopt/Hopt, HGB, § 116 Rn. 1.
29 Vgl. Baumbach/Hopt/Hopt, HGB, § 116 Rn. 2.

> **Hinweis:**
> Zu beachten ist, dass der Kreis der unter § 116 Abs. 2 HGB fallenden Geschäfte **vertraglich abänderbar** ist (§ 109 HGB).[30] Damit kann vor allem der individuellen Risikobereitschaft der Gesellschafter in der Gestaltung des Gesellschaftsvertrages entsprochen werden.

33 Von den ungewöhnlichen Geschäften sind die **Grundlagengeschäfte** zu unterscheiden; sie betreffen nicht den Bereich der Geschäftsführung, sondern das Gesellschaftsverhältnis und seine Gestaltung.[31] Das trifft z.B. auf die Änderung des Gesellschaftsvertrages, die Umwandlung, die Auflösung oder die Beitragserhöhung zu. Beim Jahresabschluss gehört die Aufstellung zur Geschäftsführung, seine Feststellung erfolgt hingegen als Grundlagengeschäft.[32] Für diese Geschäfte ist die **Zustimmung aller Gesellschafter erforderlich**, sofern das Gesetz (z.B. §§ 117, 127 HGB) oder der Gesellschaftsvertrag nicht etwas anderes vorsehen.[33]

34 Die Erteilung der Prokura bedarf der **Zustimmung aller geschäftsführungsbefugten Gesellschafter**, es sei denn, dass Gefahr im Verzug ist. Ihr Widerruf kann durch jeden geschäftsführungsbefugten Gesellschafter erfolgen (§ 116 Abs. 3 HGB). Die Prokura ist in besonderem Maß Vertrauenssache. Sie soll deshalb nicht erteilt, aber auch nicht aufrechterhalten werden, wenn auch nur ein geschäftsführender Gesellschafter nicht das nötige Vertrauen zu dem Prokuristen besitzt.[34] Zu beachten ist, dass § 116 Abs. 3 HGB – wie alle Vorschriften über die Geschäftsführung – nur das Innenverhältnis der Gesellschaft betrifft. Die Erteilung und der Widerruf der Prokura dem Prokuristen gegenüber richtet sich nach § 126 HGB.

4. Widerspruch

35 **Gegen Handlungen eines Gesellschafters** in Ausübung seiner Geschäftsführungsbefugnis steht den übrigen geschäftsführungsberechtigten Gesellschaftern gemäß § 115 Abs. 1 2. Halbs. HGB ein Widerspruchsrecht zu. Diese Regelung ist jedoch nicht zwingend.[35] Der Widerspruch darf **nur im Interesse der Gesellschaft** eingelegt werden.[36] Erfolgt er aus eigenen Interessen eines Gesellschafters, die denen der OHG konträr sind, verstößt er gegen die Treuepflicht des Gesellschafters und entfaltet keine Bindung für die übrigen Gesellschafter. Unter Umständen kann der Treuepflicht auch eine Widerspruchspflicht der geschäftsführenden Gesellschafter entspringen.[37] Damit das Widerspruchsrecht nicht ausgehöhlt wird, müssen die geschäftsführungsbefugten Mitgesellschafter jedenfalls die Möglichkeit haben, von Akten der Geschäftsführung, die einige Bedeutung haben, **Kenntnis zu erlangen**.[38] Unterbleibt dies schuldhaft pflichtwidrig oder wird bewusst gegen den zu erwartenden Widerspruch eines Gesellschafters gehandelt,[39] so ist die Maßnahme gemäß § 249 BGB rückgängig zu machen, falls tatsächlich berechtigt widersprochen worden wäre. Im Normalfall wird der eine Maßnahme der Geschäftsführung vornehmende Gesellschafter die anderen jedoch nicht befragen müssen. An die Widersprüche der Mitgesellschafter ist er dennoch gebunden. Eine bereits durchgeführte Maßnahme muss aber nicht rückgängig gemacht werden, **soweit sie pflichtgemäß erfolgt ist**.

---

30 Koller/Roth/Morck, HGB, § 116 Rn. 2.
31 BGHZ 76, 160, 164.
32 BGHZ 76, 338.
33 Baumbach/Hopt/Hopt, HGB, § 114 Rn. 3.
34 Hueck/Windbichler, Gesellschaftsrecht, § 14 Rn. 5.
35 Zu einer Modifikation des Widerspruchsrechts: BGH, ZIP 1988, 843.
36 Dabei ist es unschädlich, wenn der Widerspruch auch im Interesse des Widersprechenden erfolgt, insb. dann, wenn sich Gesellschafts- und Gesellschafterinteressen decken, vgl. dazu BGH, NJW 1986, 844.
37 Baumbach/Hopt/Hopt, HGB, § 115 Rn. 2.
38 Baumbach/Hopt/Hopt, HGB, § 115 Rn. 1.
39 Beispiele finden sich in BGH, NJW 1984, 1461; BB 1971, 759.

5. Probleme des Abspaltungsverbots

Aus der unbeschränkten persönlichen Haftung der Gesellschafter nach § 128 HGB wird gefolgert, dass Außenstehenden **nicht die Geschäftsführungsbefugnis übertragen werden darf**,[40] damit den Gesellschaftern stets die Möglichkeit erhalten bleibt, jede Gesellschaftshandlung auch selbst vorzunehmen oder von bestellten Hilfspersonen Unterlassung zu verlangen. Daraus ergibt sich allerdings nicht das Verbot, einer dritten natürlichen oder juristischen Person bereits im Gesellschaftsvertrag[41] oder später einstimmig[42] **in einem separaten (Dienst-)Vertrag** die Leitung des Unternehmens zu übertragen. Der externe Geschäftsführer erhält damit jedoch keine gesellschaftsrechtliche Geschäftsführungsbefugnis. Sie verbleibt bei den Gesellschaftern und wird von ihnen in Ausnahmefällen zum Wohle der OHG ausgeübt. Solche **Betriebsführungsverträge** sind dann zulässig, wenn sie sich am Interesse der Gesellschaft orientieren und den Gesellschaftern ausreichende Kontroll-, Eingriffs- und Kündigungsrechte erhalten.[43] Mit guten Gründen wird sogar vertreten werden können, dass ein vollkommener Ausschluss der Gesellschafter von der Geschäftsführung **nicht zur Unwirksamkeit des Gesellschaftsvertrages** führt, denn eine solche Vertragsbestimmung hindert die Gesellschafter nicht, dem Fremdgeschäftsführer durch einstimmigen Beschluss Weisungen zu erteilen oder sonst Einfluss auf die Geschäftsführung zu nehmen, die untrennbar mit der Stellung als Gesellschafter verbunden ist.[44]

36

Wird die Geschäftsführungsbefugnis durch den Gesellschaftsvertrag **einer juristischen Person zugewiesen**, die Gesellschafter der OHG ist, so kann dieser Geschäftsführer nur durch seine Organe handeln. Ähnlich ist das im Fall der **Geschäftsführung durch einen Minderjährigen**, dessen gesetzlicher Vertreter für ihn handelt. Gleichwohl liegt in beiden Konstellationen nach h.M. keine verbotene Drittorganschaft vor,[45] vielmehr handelt der jeweilige Gesellschafter der OHG originär nach seinen rechtlichen Möglichkeiten.

37

Unproblematisch zulässig ist auch die Geschäftsführung durch einen **nur mit Gesellschaftern besetzten Beirat**, insofern liegt lediglich eine besondere Ausgestaltung der Geschäftsführung durch einen Teil der Gesellschafter vor. Einem Verwaltungsbeirat, der auch Dritten offen steht, können jedoch **ausschließlich Beratungs-, Schlichtungs- und Kontrollfunktionen** übertragen werden.[46] Eine Ausnahme besteht nur insofern, als durch den Gesellschaftsvertrag ein Beirat eingesetzt wird, der neben den Gesellschaftern Aufgaben der Geschäftsführung wahrnimmt. Voraussetzung für die Gültigkeit dieser Konstruktion ist es aber, dass die Gesellschafter Entscheidungen und Beschlüsse des Beirats **jederzeit wieder außer Kraft setzen können**. Insofern kann nicht von einer verbotenen Abspaltung der mit dem Gesellschaftsanteil verbunden Mitgliedschaftsrechte ausgegangen werden.[47]

38

6. Entziehung der Geschäftsführungsbefugnis

Gemäß § 117 HGB erfolgt die Entziehung der Geschäftsführungsbefugnis wegen eines wichtigen Grundes durch gerichtlichen Beschluss. Zweck dieser Abweichung vom Recht der GbR, bei der zur Entziehung der Geschäftsführungsbefugnis ein Beschluss der übrigen Gesellschafter ausreicht, ist die **Rücksichtnahme auf den geschäftsführenden Gesellschafter** der OHG, für den häufig die Geschäftsführertätigkeit seinen einzigen Beruf darstellt.[48]

39

Der Gesellschaftsvertrag kann die Entziehung allerdings abweichend von § 117 HGB erschweren oder erleichtern.

---

40 BGH, NJW 1982, 877; Koller/Roth/Morck, HGB, § 114 Rn. 5; aber nicht ganz unbestritten.
41 Hueck/Windbichler, Gesellschaftsrecht, § 14 Rn. 6.
42 Baumbach/Hopt/Hopt, HGB, § 114 Rn. 24.
43 BGH, NJW 1982, 877, 878; NJW 1982, 1817; NJW 1982, 2495, 2496.
44 Hueck/Windbichler, Gesellschaftsrecht, § 14 Rn. 4 (str.).
45 Koller/Roth/Morck, HGB, § 114 Rn. 3.
46 BGH, NJW 1985, 1900.
47 BGH, NJW 1985, 972, 973.
48 Hueck/Windbichler, Gesellschaftsrecht, § 14 Rn. 8.

40 Als **erschwerende Regelungen** kommen bspw. in Betracht:[49]
- einengende Umschreibung der Entziehungsgründe,
- zusätzliches Erfordernis eines Gesellschafterbeschlusses,
- Vorprüfung durch Schiedsgutachter oder Beirat.

41 Ob eine Entziehung der Geschäftsführungsbefugnis aus wichtigem Grund **vollständig ausgeschlossen werden kann**, ist umstritten.[50] Auch wenn sie ausgeschlossen ist, verbleiben die Möglichkeiten, den Gesellschafter gemäß § 140 HGB auszuschließen oder die OHG nach § 133 HGB aufzulösen. Das stellt jedoch eine unzumutbare Einschränkung der übrigen Gesellschafter dar, die mit diesen Maßnahmen gleichzeitig auch ihre eigene Gesellschafterstellung antasten müssten. Letztlich verbleibt allerdings eine Korrektur der unzumutbaren Erschwerungen oder des Ausschlusses im Einzelfall über § 242 BGB.[51]

42 **Erleichternde Regelungen** könnten etwa die folgenden sein:[52]
- Aufstellung absoluter Entziehungsgründe,
- Klage bereits bei Mehrheitsbeschluss,
- Entziehung durch Gesellschafterbeschluss statt durch Klage.

43 Erfolgt die Entziehung nicht durch einen **Gerichtsbeschluss**, ist immer zu beachten, dass die Möglichkeit der gerichtlichen Nachprüfung **nicht wirksam ausgeschlossen werden kann**.[53] Im Streitfall würde das Gericht dann nur die Wirksamkeit der Entziehung durch Beschluss feststellen. Dagegen könnte der betroffene Gesellschafter Feststellungsklage erheben.[54]

44 Zur Entziehung der Geschäftsführungsbefugnis muss **ein wichtiger Grund vorliegen**. Ein solcher ist gegeben, wenn den übrigen Gesellschaftern unter Berücksichtigung aller Umstände des Einzelfalls und unter Abwägung der beiderseitigen Interessen die fortgesetzte Wahrnehmung der Geschäftsführung durch den in Frage stehenden Gesellschafter **nicht zugemutet werden kann** (vgl. § 314 Abs. 1 Satz 2 BGB). § 117, 2. Halbs. HGB nennt dafür zwei typische (nicht abschließende) Merkmale:
- grobe Pflichtverletzung[55] und
- Unfähigkeit zur ordnungsgemäßen Geschäftsführung.[56]

Dabei ist immer die **Verhältnismäßigkeit zu beachten**. Ein wichtiger Grund, der zur Entziehung der Geschäftsführung berechtigt, liegt nur vor, wenn die Probleme nicht durch weniger einschneidende Maßnahmen beseitigt werden können und die Entziehung dem Betroffenen zumutbar ist.[57]

Bezüglich der Klage der übrigen Gesellschafter gilt es, die folgenden Punkte zu beachten.
- Es ist ein **Antrag aller (auch nicht geschäftsführenden) Gesellschafter** erforderlich. Verweigert ein Gesellschafter unter Verstoß gegen seine Treuepflicht die Mitwirkung, so kann seine Pflicht klageweise durchgesetzt werden. Diese sollte mit der Entziehungsklage verbunden werden. Eine Mitwirkungspflicht ist aber nicht schon bei Vorliegen eines wichtigen Grundes gegeben. Vielmehr muss ein besonders dringendes Gesellschaftsinteresse für die Maßnahme bestehen, das auch die persönlichen

---

49 Baumbach/Hopt/Hopt, HGB, § 118 Rn. 11.
50 Baumbach/Hopt/Hopt, HGB, § 118 Rn. 11 m.w.N.
51 Dazu weiterführend Heymann/Emmerich, HGB, § 118 Rn. 25a.
52 Baumbach/Hopt/Hopt, HGB, § 118 Rn. 11 m.w.N.
53 Schlegelberger/K. Schmidt, HGB, § 127 Rn. 8.
54 BGHZ 86, 177, 180.
55 Z.B. bei hartnäckiger Nichtbeachtung der Mitwirkungsrechte anderer Gesellschafter BGH, NJW 1984, 173.
56 Meistens durch dauernde Krankheit.
57 Zu denken ist zunächst etwa an eine Beschränkung der Geschäftsführungsbefugnis statt der Entziehung BGHZ 51, 198, 203.

Interessen des unwilligen Gesellschafters überwiegt, der durch die Maßnahme in seinem Grundverhältnis berührt wird.[58]

- Mehrere Kläger sind **notwendige Streitgenossen** (**§ 62 ZPO**).
- Oft wird eine **Anspruchshäufung gemäß § 260 ZPO** vorliegen,[59] bspw. bei der Verbindung einer Klage auf Entziehung und einer auf Zustimmung zur Entziehung.[60]
- Eine **Widerklage des betroffenen Gesellschafters** auf Auflösung der Gesellschaft ist zulässig.[61]
- Liegt ein Missbrauch der Geschäftsführungsbefugnis vor, ist eine **Einstweilige Verfügung** gemäß §§ 935, 940 ZPO auf Antrag aller übrigen Gesellschafter im Prozess möglich.[62]
- Das Gericht entscheidet durch **Gestaltungsurteil**. § 117 HGB („kann") weist ihm jedoch kein Ermessen bei Vorliegen eines wichtigen Grundes zu. Bestehen Zweifel an der Verhältnismäßigkeit der Entziehung, ist es angeraten, einen **Hilfsantrag** auf Anordnung, bspw. der Beschränkung der Geschäftsführungsbefugnis, zu stellen, da das Gericht sonst mangels Klageantrags keine weniger einschneidende Maßnahme aussprechen könnte.[63]
- Nach Erlass des Urteils sollte darüber nachgedacht werden, ob durch die eingetretene neue Situation eine **Abänderung des Gesellschaftsvertrages** mit einer Neuordnung der Geschäftsführung angeraten oder sogar unerlässlich ist.

II. Vertretung

Wie für die Geschäftsführungsbefugnis gilt für die Vertretung der OHG der **Grundsatz der Selbstorganschaft**. Die gesellschaftsrechtliche Vertretung ist den Gesellschaftern höchstpersönlich vorbehalten.[64] Da die Vertretungsregelungen die Beziehung der OHG nach außen betreffen, sind sie nicht in dem Maße dispositiv wie die Regeln über die Geschäftsführung. Durch die gesetzlichen Regeln werden die Interessen der Handelspartner der OHG berücksichtigt. Leitbild des § 125 Abs. 1 HGB ist die **Einzelvertretung durch jeden der Gesellschafter**, die nach außen auch nicht durch den Widerspruch der anderen verhindert werden kann.

45

1. Zulässige Vertretungsmodelle

Der Gesellschaftsvertrag kann andere Vertretungsmodelle vorsehen, die vom Leitbild der Einzelvertretung abweichen. Dabei sind die Gesellschafter nicht frei in der Gestaltung des Gesellschaftsvertrages, sondern an die **Vorgaben in § 125 HBG** gebunden. Im Hinblick auf § 15 HGB sollte die (geänderte) Vertretungsregelung **in das Handelsregister eingetragen werden** (vgl. § 106 Abs. 2 Nr. 4 HGB), da sich ansonsten ein Dritter, der die abweichende Vertretungsregelung nicht kennt, auf die Geltung des Normfalls der Einzelvertretung berufen kann. Die vertretungsberechtigten Gesellschafter müssen ihre Namensunterschriften unter Angabe der Firma in öffentlich beglaubigter Form (§ 12 Abs. 1 HGB) zum Handelsregister einreichen (§ 108 Abs. 2 HGB).

46

a) Ausschluss einzelner Gesellschafter von der Vertretung

Gemäß § 125 Abs. 1, 2. Halbs. HGB können einzelne Gesellschafter **von der Vertretung ausgeschlossen werden**. Aus dem Grundsatz der Selbstorganschaft folgt, dass nicht alle Gesellschafter ausgeschlossen werden dürfen.[65] Die übrigen Gesellschafter bleiben zur Einzelvertretung berechtigt. Bereits aus der Be-

47

---

58 Hueck/Windbichler, Gesellschaftsrecht, § 14 Rn. 7.
59 BGHZ 64, 253, 256; 68, 81, 82.
60 BGHZ 51, 198, 201.
61 Baumbach/Hopt/Hopt, HGB, § 117 Rn. 7.
62 Weiterführend Baumbach/Hopt/Hopt, HGB, § 117 Rn. 7.
63 BGHZ 35, 272, 284.
64 BGH, NJW 1982, 1817.
65 BGHZ 41, 367.

zeichnung einiger Gesellschafter im Gesellschaftsvertrag als „zeichnungsberechtigt" oder Ähnliches folgt nach allgemeinen Auslegungskriterien der Ausschluss der übrigen von der Vertretungsmacht. Häufig werden pauschale Regelungen über die „Geschäftsführung" sowohl die gesellschaftsrechtliche Regelung der Geschäftsführung als auch der Vertretung bezeichnen.[66]

> **Hinweis:**
> Die Vertretungsregelungen sind **bedingungs- und befristungsfeindlich**. Soll ein Gesellschafter dennoch nur zeitweise oder für einen bestimmten Anlass die OHG vertreten, so bietet es sich an, ihn von der gesellschaftsrechtlichen Vertretung vollständig auszuschließen und ihm stattdessen – wie einem Nicht-Gesellschafter – rechtsgeschäftliche Vollmacht zu verleihen, die entsprechend den Bedürfnissen ausgestaltet werden kann.

Ist es streitig, ob einem Gesellschafter Vertretungsmacht zukommt, ist eine **Feststellungsklage (§ 256 ZPO)** zwischen den Gesellschaftern zulässig. I.d.R. ist aber die Klage eines Gesellschafters gegen einen Geschäftspartner der OHG auf Feststellung des Bestehens seiner Vertretungsmacht wegen des Fehlens eines feststellbaren Rechtsverhältnisses unzulässig.[67]

b) Gesamtvertretung

48 Nach § 125 Abs. 2 Satz 1 HGB kann im Gesellschaftsvertrag **auch eine Gesamtvertretung angeordnet werden**. Dabei sind verschiedenste Kombinationen denkbar. Es können alle Gesellschafter zur gemeinsamen Gesamtvertretung bestellt werden, einzelne gemeinsam oder auch ein Gesellschafter zur Gesamtvertretung mit einem anderen, der selber aber einzelvertretungsberechtigt ist.[68] Die Passivvertretung wird gemäß § 125 Abs. 2 Satz 2 HGB unabhängig von dem gewählten Vertretungsmodell durch die vertretungsberechtigten Gesellschafter in Einzelvertretung wahrgenommen. Ist die Geschäftsführung nach Geschäftsbereichen aufgeteilt, bietet es sich an, dass der Gesellschafter, der auf dem jeweiligen Gebiet allein geschäftsführungsbefugt ist, **auch einzelvertretungsberechtigt für seinen Bereich** ist. Bei ansonsten vorliegender Gesamtvertretung bietet § 125 Abs. 2 Satz 2 HGB dazu die Möglichkeit.[69] Zu beachten ist aber, dass die Delegation nach dieser Vorschrift **nicht eintragungsfähig in das Handelsregister** ist, weil es sich dabei nicht um eine generelle Regelung der Vertretungsmacht handelt.[70]

c) Gemischte Gesamtvertretung

49 Schließlich sieht § 125 Abs. 3 HGB die Möglichkeit vor, dass die Vertretung durch einen oder mehrere Gesellschafter **zusammen mit einem oder mehreren Prokuristen** zu erfolgen hat. Zulässig ist eine solche Regelung aber nur neben einem Vertretungsmodell ausschließlich durch Gesellschafter.[71] In der Praxis wird häufig die Vertretung entweder durch zwei Gesellschafter oder durch jeweils einen Gesellschafter zusammen mit einem Prokuristen vorgesehen.[72] Das **Prinzip der Selbstorganschaft** gebietet es, dass die gemischte Gesamtvertretung bei nur einem vertretungsberechtigten Gesellschafter unzulässig ist, weil ansonsten jeder Weg zu einer Alleinvertretung der Gesellschaft nur durch die Gesellschafter versperrt wäre.[73]

---

66 Baumbach/Hopt/Hopt, HGB, § 125 Rn. 12.
67 BGH, BB 79, 286.
68 Weiterführend etwa Koller/Roth/Morck, HGB, § 125 Rn. 4.
69 Näher dazu: BGH, NJW 1975, 1117.
70 Hueck/Windbichler, Gesellschaftsrecht, § 15 Rn. 11.
71 Hueck/Windbichler, Gesellschaftsrecht, § 15 Rn. 9.
72 Weitere Beispiele bei Schlegelberger/K. Schmidt, HGB, § 125 Rn. 34.
73 BGHZ 26, 330, 333.

2. Entziehung der Vertretungsmacht

In der Praxis wird fast immer die Entziehung der Vertretungsmacht mit der Entziehung der Geschäftsführungsbefugnis verbunden werden. So korrespondieren auch die beiden einschlägigen Vorschriften der §§ 117 und 127 HGB bereits durch ihren Wortlaut. Auch für die Entziehung der Vertretungsmacht bedarf es **eines wichtigen Grundes und der Berücksichtigung der Verhältnismäßigkeit**. Folglich kann auf die Ausführungen zur Entziehung der Geschäftsführungsbefugnis auch hinsichtlich unterschiedlicher Gestaltungsmöglichkeiten im Gesellschaftsvertrag verwiesen werden (vgl. Rn. 39 ff.). Ausnahmen bestehen nur insofern, als die Entziehung der organschaftlichen Vertretung im Gesellschaftsvertrag nicht vollkommen ausgeschlossen werden darf[74] und die Erfordernisse und Verfahren der Handelsregistereintragung nicht abgeändert werden können. Wird dem einzigen vertretungsberechtigten Gesellschafter die Vertretungsmacht entzogen, so führt das Prinzip der Selbstorganschaft zu einer Gesamtvertretung durch alle Gesellschafter.[75]

3. Umfang der Vertretungsmacht

a) Regelmäßige Unbeschränktheit

§ 126 Abs. 1 HGB umschreibt handelsrechtlich die **Unbeschränktheit der Vertretungsmacht**. Im Gegensatz zur Geschäftsführungsbefugnis, die bereits gesetzlich beschränkt ist, kann sie nicht durch Vereinbarungen im Gesellschaftsvertrag limitiert werden. Sie umfasst **alle gerichtlichen und außergerichtlichen Rechtsgeschäfte** und Rechtshandlungen und reicht damit weiter als die Vertretungsmacht des Prokuristen gemäß § 50 HGB.[76] Auch wenn im Innenverhältnis nicht die nötige Kompetenz besteht, erstreckt sie sich immer auf ungewöhnliche Geschäfte und das Weisungsrecht gegenüber Angestellten der OHG.

Änderungen des Grundverhältnisses umfasst die Vertretungsmacht jedoch nicht. Daher kann ein vertretungsberechtigter Gesellschafter kraft seiner Vertretungsmacht bspw. nicht:

- den Gesellschaftsvertrag ändern,
- einen neuen Gesellschafter in die OHG aufnehmen,[77]
- die Kündigung eines Gesellschafters für die anderen entgegennehmen und[78]
- das Unternehmen der Gesellschaft einschließlich der Firma veräußern.[79]

b) Ausnahmen

Betreibt eine OHG ein **Unternehmen mit mehreren Niederlassungen**, die unterschiedliche Firmen führen, kann gemäß § 126 Abs. 3 HGB i.V.m. § 50 Abs. 3 HGB die Vertretungsmacht auf nur eine dieser Niederlassungen beschränkt werden.

Ebenso kann der Gesellschaftsvertrag vom **Verbot des Selbstkontrahierens gemäß § 181 BGB befreien**, was sinnvoll erscheint, wenn die Gesellschafter in mehrfacher Funktion tätig sind, bspw. als Geschäftsführer einer Komplementär-GmbH oder in einem verbundenen Unternehmen.[80] Die Befreiung ist in das Handelsregister eintragungsfähig.

Schließlich ergeben sich **Ausnahmen** aus dem Zweck der unbeschränkbaren Vertretungsmacht. Sie soll den Rechtsverkehr mit der OHG schützen und ihre Geschäftspartner davon befreien, Erkundigungen über die Ausgestaltung der Vertretungsregeln einholen zu müssen. Daraus folgt, dass Dritte, die **kollusiv** mit

---

[74] BGH, NJW 1998, 1226.
[75] BGHZ 51, 198.
[76] Das gilt auch bei der gemischten Gesamtvertretung: RGZ 134, 303.
[77] Anders nur für den Abschluss eines stillen Gesellschaftsvertrages, da der stille Gesellschafter nicht in den Kreis der Gesellschafter der OHG eintritt: BGH, DB 1971, 189.
[78] BGH, NJW 1993, 1002.
[79] BGH, NJW 1995, 596.
[80] Hueck/Windbichler, Gesellschaftsrecht, § 15 Rn. 13.

einem vertretungsberechtigten Gesellschafter zum Schaden der OHG zusammenwirken, sich nicht auf die unbeschränkte Vertretungsmacht berufen können. Das gilt auch, wenn der Dritte **positiv weiß oder grob fahrlässig** verkannt hat, dass der Gesellschafter seine Vertretungsmacht bewusst zum Schaden der OHG missbraucht.[81] Aus demselben Grund kann sich ein Gesellschafter, der der OHG in einem Drittgeschäft als Vertragspartner gegenübersteht, nicht auf die Unkenntnis der internen Beschränkungen der Vertretungsmacht berufen.[82]

D. Verfügung über Gesellschaftsanteile

55 Die Struktur der OHG, die gesamthänderische Bindung des Gesellschaftsvermögens und die Knüpfung an die Mitgliedschaft der Gesellschafter, entspricht der der GbR. Das bedeutet, die Gesellschafter der OHG können **nicht über ihren „Anteil" am Gesellschaftsvermögen verfügen** (§ 719 Abs. 1 BGB) oder Gesellschafterrechte übertragen (§ 717 BGB). Ebenso wenig kann der Kapitalanteil der einzelnen OHG-Gesellschafter an einen Dritten abgetreten oder verpfändet werden, da er keine Forderung an die OHG darstellt.[83] Über den Gesellschaftsanteil, d.h. über die Mitgliedschaft insgesamt, kann der Gesellschafter **mit Zustimmung aller übrigen** jedoch gemäß §§ 413, 398 BGB (auch teilweise) verfügen.[84] Bei der Übertragung tritt der Erwerber an die Stelle des vormaligen Gesellschafters und nimmt dessen Rechte, außer die höchstpersönlichen (z.B. Geschäftsführungsbefugnis),[85] in eigener Person wahr.

> **Hinweis:**
> Die Belastung der Mitgliedschaft, z.B. durch Verpfändung oder Nießbrauch ist mit Zustimmung der übrigen Gesellschafter ebenfalls möglich. Des Weiteren ist auch die treuhänderische Wahrnehmung der Gesellschafterstellung möglich.

I. Verkauf von Gesellschaftsanteilen

56 Die vom Kaufvertrag zu unterscheidende Übertragung des Gesellschaftsanteils gemäß §§ 413, 398 BGB führt zu einer Änderung im Gesellschafterkreis. **Als Grundlagengeschäft** bedarf sie der Zustimmung aller Mitglieder oder muss bereits im Gesellschaftsvertrag zugelassen sein. Dabei ist zu beachten, dass die Zustimmung zur Übertragung nicht auch die Teilübertragung erfasst, denn dadurch erhöht sich die Anzahl der Gesellschafter. Bis zur erteilten Zustimmung ist die **Übertragung schwebend unwirksam** mit der Konsequenz, dass der ursprüngliche Gesellschafter in seiner Gesellschafterstellung mit allen Rechten und Pflichten verbleibt.[86]

57 Bei **Grundstücksgesellschaften**, selbst wenn das Gesellschaftsvermögen im Wesentlichen aus einem Grundstück besteht, fällt die Pflicht zur Anteilsübertragung nicht unter § 311b Abs. 1 BGB.[87] Die Wirksamkeit der Übertragung kann im Gesellschaftsvertrag an weitere Voraussetzungen, etwa an die Anmeldung zum Handelsregister, geknüpft werden.

58 Mit der **vollzogenen Übertragung der Mitgliedschaft** tritt der Erwerber **in alle Rechte und Pflichten des früheren Gesellschafters** ein. Etwas anderes gilt für höchstpersönliche Rechte. Die Geschäftsführungsbefugnis und Vertretungsmacht wird einem Gesellschafter häufig wegen seiner besonderen persönlichen Eigenschaften übertragen oder verweigert. Daher ist der neue Gesellschafter entweder **persönlich** in die betreffende Rechtsstellung zu bringen oder er erhält sie **automatisch**, etwa wenn bisher keine speziellen Vertretungsregelungen getroffen wurden. Ein Ausschluss des bisherigen Gesellschafters von

---

81   Hueck/Windbichler, Gesellschaftsrecht, § 15 Rn. 13 m.w.N.
82   BGH, DB 1973, 1117.
83   Hueck/Windbichler, Gesellschaftsrecht, § 14 Rn. 16.
84   H.L.: Baumbach/Hopt/Hopt, HGB, § 105 Rn. 69; Palandt/Sprau, BGB, § 719 Rn. 6.
85   Palandt/Sprau, BGB, § 719 Rn. 7.
86   Zu weiteren Einzelheiten: Baumbach/Hopt/Hopt, HGB, § 105 Rn. 70.
87   BGHZ 86, 367, 369.

der Vertretungsmacht wirkt demgemäß auch nicht ohne weiteres gegen den Erwerber fort. Erwerber und alter Gesellschafter können immer auch etwas anderes vereinbaren, **nie jedoch zulasten eines Dritten**. Daher haften sie nach außen regelmäßig unabänderbar als Gesamtschuldner. Bei einer Teilübertragung stehen die Verwaltungsrechte beiden vollständig zu. Dem Zweck der Teilübertragung nach werden die Vermögensrechte und -pflichten anteilig wahrgenommen.[88]

Der Kauf eines Gesellschaftsanteils ist **Rechtskauf**. Daher haftet der Verkäufer **nur für die Rechtsmängel**, nicht auch für die Mängel des Unternehmens.[89] Anders ist jedoch der Verkauf aller oder nahezu aller Gesellschaftsanteile zu bewerten. Wirtschaftlich betrachtet wird damit der **Wert des Unternehmens übertragen**. Folglich gilt in diesem Fall, wie beim Unternehmenskauf, die Sachmängelhaftung.[90] Die genaue Grenze ist bisher jedoch offen.[91] Solche Konstellationen geben stets Anlass, die Haftung aus Verschulden bei Vertragsverhandlungen in Betracht zu ziehen, bspw. bei der unterbliebenen Aufklärung über Geschäftsschulden.[92]

II. Treuhänderische Wahrnehmung von Gesellschafterrechten

Die treuhänderische Wahrnehmung der Gesellschafterstellung eines Treuhänders für einen dritten Treugeber berührt die Mitgesellschafter und die OHG nicht unmittelbar. **Der Treuhänder** nimmt i.d.R. fremdnützig die Gesellschafterrechte meistens auf der Grundlage eines Geschäftsbesorgungsvertrages (§§ 675 Abs. 1, 611 BGB) mit dem Treugeber wahr. Er tritt durch Übertragung der Mitgliedschaft in den Kreis der Gesellschafter ein, die dazu ihre Zustimmung geben müssen. **Die verdeckte Treuhand** kann unter Umständen gegen die gesellschaftsrechtliche Treuepflicht des treuhänderisch tätigen Gesellschafters verstoßen, wenn etwa Interessenkollisionen verschleiert werden.[93] Als Konsequenz kann eine Haftung entstehen oder es ist ein wichtiger Grund für die Entziehung der Vertretungsmacht bzw. der Geschäftsführungsbefugnis bis hin zum Ausschluss des treuhänderisch tätigen Gesellschafters gegeben.[94]

Weisungen des Treugebers binden den Treuhänder nur im gemeinsamen Innenverhältnis. Aufgrund der Gesellschafterposition des Treuhänders sind seine weisungswidrigen Handlungen auf OHG-Ebene gültig. Der Treugeber wird lediglich durch die §§ 826, 138 und 823 Abs. 2 BGB (i.V.m. § 266 StGB) geschützt.[95] **Die Grundsätze über den Missbrauch der Vertretungsmacht** sind allerdings anwendbar.[96] Das Treuhandverhältnis wird **nach allgemeinen Regeln beendet**. Dadurch bleibt jedoch die Gesellschafterstellung des Treuhänders unberührt. Um sein Ausscheiden nach Beendigung der Treuhand zu garantieren, sollte der Gesellschaftsvertrag für diesen Fall eine auflösende Bedingung vorsehen.[97]

III. Nießbrauch an OHG-Anteilen

Der praktisch häufige Nießbrauch an OHG-Anteilen ist zulässig,[98] das Abspaltungsverbot steht ihm nicht entgegen. Aufgrund der Auswirkung, die ein Nießbrauch an Gesellschaftsanteilen auf die übrigen Gesellschafter hat, müssen sie seiner Bestellung zustimmen. Danach bleibt es **bei der alleinigen Außenhaftung**

88　Baumbach/Hopt/Hopt, HGB, § 105 Rn. 72.
89　Umkehrschluss aus § 453 Abs. 3 BGB.
90　BGHZ 65, 246.
91　Baumbach/Hopt/Hopt, HGB, § 105 Rn. 73 m.w.N.
92　BGH, NJW 1980, 2409.
93　Staub/Ulmer, HGB, § 105 Rn. 103.
94　Baumbach/Hopt/Hopt, HGB, § 105 Rn. 33.
95　BGH, BB 68, 560.
96　MünchKomm-BGB/Ulmer, § 705 Rn. 77.
97　Dazu auch in einem Fall der Sicherungsabtretung BGHZ 77, 392, 395.
98　BGHZ 58, 316.

des Gesellschafters.⁹⁹ Da ein bloßer Ertragsnießbrauch unzulässig ist,¹⁰⁰ sind die Gesellschafterrechte zwischen dem Nießbraucher und dem Gesellschafter aufgeteilt.

63 Gemäß §§ 1030 Abs. 1, 100, 99 Abs. 2 BGB steht dem Nießbraucher **der bestimmungsmäßige Ertrag des Anteils** zu, dem Gesellschafter verbleiben außerordentliche Erträge und Kursgewinne.¹⁰¹ Die **Verwaltungsrechte** verteilen sich auf den Gesellschafter und den Nießbraucher. Dabei verbleiben dem Gesellschafter die Stimmrechte für Grundlagengeschäfte,¹⁰² soweit sie nicht den Bestand des Nießbrauchs tangieren, was aus § 1071 Abs. 1 Satz 1 BGB folgt. Der Nießbraucher übt die Geschäftsführung und das Stimmrecht **zu Angelegenheiten der laufenden Verwaltung** aus¹⁰³ und hat die Informations- und Kontrollrechte aus § 118 Abs. 1 HGB. Auf jeden Fall verbleibt dem Gesellschafter aber das Kontrollrecht des § 118 Abs. 2 HGB, falls er eine unredliche Geschäftsführung befürchtet.

IV. Verpfändung von Gesellschaftsanteilen

64 **Soweit der Gesellschafteranteil übertragbar ist**, ist er auch pfändbar (vgl. § 1274 Abs. 2 BGB). Die Verpfändung richtet sich nach den §§ 1273 Abs. 2, 1274 BGB. Sie setzt die **Zustimmung aller Gesellschafter** oder die Zulassung im Gesellschaftsvertrag voraus. Der Gesellschafter, dessen Anteil verpfändet wurde, verbleibt in seiner Gesellschafterstellung. § 1276 BGB schützt den Pfandgläubiger nicht.¹⁰⁴ Änderungen des Gesellschaftsvertrages, die sich auf sein Pfandrecht auswirken, bedürfen daher nicht seiner Zustimmung. Zur Durchsetzung seines Pfandrechts hat er allerdings entsprechend §§ 1273 Abs. 2, 1258 BGB **Informations- und Kontrollrechte gegen die Gesellschaft**.¹⁰⁵ Die Befriedigung des Pfandgläubigers geschieht gemäß § 1277 BGB durch Zwangsvollstreckung und anschließende Kündigung nach § 135 HGB.

E. Aufnahme, Ausscheiden und Ausschluss eines Gesellschafters

I. Aufnahme eines Gesellschafters

65 Der **Eintritt eines neuen Gesellschafters in die OHG** ist ein Grundlagengeschäft. Er erfolgt durch eine Änderung des Gesellschaftsvertrages aufgrund eines Aufnahmevertrages aller bisherigen Gesellschafter mit dem neuen.¹⁰⁶ Zulässig ist die Regelung im Gesellschaftsvertrag, dass der Eintritt durch Mehrheitsbeschluss herbeigeführt werden kann. Er kann die Entscheidung darüber auch einem Gesellschafter, einem Beirat oder einem Dritten (gemäß §§ 317 ff. BGB) übertragen.¹⁰⁷ Gemäß § 107 HGB ist der Eintritt des neuen Gesellschafters **zur Eintragung in das Handelsregister anzumelden**.

II. Ausscheiden eines Gesellschafters

66 Das Ausscheiden eines Gesellschafters **kraft Vertrages** ist ein Grundlagengeschäft, das sich nach den allgemeinen Regeln richtet. Zwischen ihm und den übrigen Gesellschaftern findet eine Auseinandersetzung statt, die sich nach den §§ 738 ff. BGB richtet. Anders als nach dem früheren Rechtszustand führt das Ausscheiden eines Gesellschafters **nicht zur Auflösung der Gesellschaft**. Die maßgeblichen §§ 131 – 144 HGB gehen von der Regel „Fortführung der Gesellschaft und Ausscheiden des Gesellschafters"¹⁰⁸

---

99 So etwa Baumbach/Hopt, HGB, § 105 Rn. 44, anders: Staub/Ulmer, HGB, § 105 Rn. 128.
100 Baumbach/Hopt/Hopt, HGB, § 105 Rn. 44.
101 Baumbach/Hopt/Hopt, HGB, § 105 Rn. 45.
102 BGH, NJW 1999, 571.
103 Baumbach/Hopt/Hopt, HGB, § 105 Rn. 46 (str.: nach anderer Ansicht beide gemeinsam).
104 RGZ 139, 229.
105 Staub/Ulmer, HGB, § 105 Rn. 291.
106 BGH, NJW 1998, 1225, 1226.
107 Baumbach/Hopt/Hopt, HGB, § 105 Rn. 67.
108 So Baumbach/Hopt/Hopt, HGB, § 131 Rn. 1.

aus. § 131 Abs. 3 HGB nennt sechs gesellschaftsvertraglich dispositive Gründe, die zum Ausscheiden des Gesellschafters führen.

1. Tod des Gesellschafters

Stirbt ein Gesellschafter, so scheidet er aus der Gesellschaft aus. Die Mitgliedschaft ist nicht ohne weiteres vererblich. Das kann mit einer Nachfolgeklausel im Gesellschaftsvertrag erreicht werden. Stirbt **bei einer Zweipersonengesellschaft** der eine Gesellschafter und ist der andere sein Alleinerbe, erlischt die OHG. 67

2. Eröffnung des Insolvenzverfahrens über das Vermögen des Gesellschafters

Die Eröffnung des Insolvenzverfahrens über das Vermögen eines Gesellschafters führt zu seinem **Ausscheiden aus der OHG**. Die Abweisung des Insolvenzantrags mangels Masse gemäß § 26 InsO hat jedoch nicht diese Rechtsfolge.[109] Zum Ausscheiden führt **auch die Nachlassinsolvenz** des Gesellschaftererben; er kann jedoch von den Mitgesellschaftern seinen Verbleib in der Gesellschaft fordern, wenn er den Anteil durch Zahlung aus seinem Privatvermögen aus der Nachlassinsolvenz auslöst.[110] 68

3. Kündigung des Gesellschafters

Der Gesellschafter kann seine Mitgliedschaft **durch ordentliche Kündigung** oder durch eine im Gesellschaftsvertrag vorgesehene Kündigung aus wichtigem Grund beenden. Gemäß §§ 132, 134 HGB kann die Kündigung einer OHG, die auf unbestimmte Zeit oder auf die Lebenszeit des Gesellschafters eingegangen wurde, nur für den Schluss eines Geschäftsjahres mit einer Frist von sechs Monaten erfolgen. 69

4. Kündigung durch den Privatgläubiger des Gesellschafters

Die Norm des § 135 HGB gewährt dem **Privatgläubiger** eines Gesellschafters Zugriff auf den Kapitalwert des Gesellschaftsanteils seines Schuldners, nicht nur auf dessen Gewinnrechte.[111] Erreichen kann der Gläubiger das **durch ein selbstständiges Kündigungsrecht** mit den folgenden Voraussetzungen: 70

- Es muss sich um einen Privatgläubiger eines Gesellschafters handeln.
- Dieser muss einen nicht bloß vorläufig vollstreckbaren Schuldtitel besitzen.
- Innerhalb der letzten sechs Monate vor Zustellung des Pfändungs- und Überweisungsbeschlusses an die Gesellschaft muss der Privatgläubiger oder ein anderer Gläubiger einen erfolglosen Zwangsvollstreckungsversuch in das bewegliche Vermögen des Gesellschafters unternommen haben.
- Der Privatgläubiger muss Pfändung und Überweisung des Auseinandersetzungsguthabens des Gesellschafters erwirken.

Liegen diese Voraussetzungen vor, kann der Privatgläubiger des Schuldnergesellschafters die **Kündigung allen Gesellschaftern gegenüber erklären**.[112] Sie erfolgt mit einer Frist von sechs Monaten zum Ende eines Geschäftsjahrs. Daraufhin scheidet der Schuldnergesellschafter aus der Gesellschaft aus und es findet zwischen ihm und der Gesellschaft eine Auseinandersetzung statt. Der Privatgläubiger kann sich aus dem ihm überwiesenen Auseinandersetzungsanspruch befriedigen. Um den Erfolg seiner Zwangsvollstreckung nicht zu beeinträchtigen, bedürfen Vereinbarungen über die Abfindung nach Pfändung und Überweisung des Auseinandersetzungsanspruchs der **Zustimmung des Privatgläubigers**.[113] 71

5. Eintritt von weiteren im Gesellschaftsvertrag vorgesehenen Fällen

Der **Gesellschaftsvertrag** kann auch weitere Fälle des Ausscheidens eines Gesellschafters vorsehen, bspw. das Erreichen einer Altersgrenze, das Eintreten der Arbeitsunfähigkeit oder seine Wiederverheira- 72

---

109 Baumbach/Hopt/Hopt, HGB, § 131 Rn. 22.
110 Baumbach/Hopt/Hopt, HGB, § 131 Rn. 22.
111 Baumbach/Hopt/Hopt, HGB, § 135 Rn. 1.
112 Baumbach/Hopt/Hopt, HGB, § 135 Rn. 9.
113 Baumbach/Hopt/Hopt, HGB, § 135 Rn. 10.

tung.[114] Die Vorschrift des § 131 Abs. 3 Satz 1 Nr. 5 HGB ändert aber nichts an den zu den §§ 138, 140, 142 a.F. HGB entwickelten Zulässigkeitsschranken für gesellschaftsvertragliche Ausschlussklauseln.[115]

6. Beschluss der Gesellschafter

73 Auch § 131 Abs. 3 Satz 1 Nr. 6 HGB schafft keine Rechtsgrundlage für den Ausschluss eines Gesellschafters über die allgemeinen Regeln hinaus, ein Ausschluss kann daher nur einstimmig beschlossen werden.[116] **Gegen seinen Willen** kann ein Gesellschafter nur gemäß §§ 140, 133 HGB **durch Klage** ausgeschlossen werden, wobei Voraussetzung das Vorliegen eines wichtigen Grundes in seiner Person oder die Existenz einer Ausschlussklausel im Gesellschaftsvertrag ist.

III. Ausschluss eines Gesellschafters

74 Wie bei der Entziehung der Geschäftsführungsbefugnis oder der Vertretungsmacht verlangt § 140 HGB im Interesse der Klarheit für die Ausschließung ein **gerichtliches Gestaltungsurteil**. Voraussetzung für den Erlass des Urteils ist zunächst gemäß §§ 140 Abs. 1 HGB i.V.m. § 133 Abs. 1 HGB das **Vorliegen eines wichtigen Grundes**[117] in der Person des auszuschließenden Gesellschafters. § 133 Abs. 2 HGB nennt dazu zwei nicht abschließende **Kriterien**:

- Der Gesellschafter verletzt eine ihm nach dem Gesellschaftsvertrag obliegende wesentliche Verpflichtung vorsätzlich oder grob fahrlässig.
- Dem Gesellschafter wird die Erfüllung einer solchen Verpflichtung unmöglich.

Beispiele:

Veruntreuung,[118] unberechtigte Entnahmen,[119] objektiv begründeter Verdacht grober Unredlichkeit,[120] Verstoß gegen das Wettbewerbsverbot (§§ 112, 113),[121] Umstände auch ohne Verschulden können genügen, z.B. Krankheit oder Ehescheidung.[122]

75 Zur Feststellung des Vorliegens eines wichtigen Grundes bedarf es einer **umfassenden Interessenabwägung** der Lage bei Abschluss der letzten mündlichen Verhandlung. Dabei sind die gegenseitigen Verfehlungen unter Berücksichtigung der Folgen für beide Seiten gegen die Verdienste um das Unternehmen abzuwägen.[123] Zu beachten ist jedoch, dass ein wichtiger Grund dann nicht gegeben ist, wenn in der Person **auch nur eines verbleibenden Mitgesellschafters** ebenfalls ein Ausschließungsgrund vorliegt,[124] denn dann würde sich der Ausschluss des einen **ausschließlich als Vertreibung** darstellen. Es bleibt in einem solchen Fall lediglich die Auflösung gemäß § 133 HGB. Gründe aus der Privatsphäre eines Gesellschafters reichen regelmäßig nicht für dessen Ausschluss aus. Ausnahmen bestehen aber insofern, als unmittelbare persönliche Verletzungen der Mitgesellschafter gegeben sind oder die persönlichen Verfehlungen aus besonderen Gründen auch das Unternehmen schädigen.[125]

76 Der Ausschließungsklage steht nicht entgegen, dass **nach der Ausschließung nur ein Gesellschafter** verbleibt (§ 140 Abs. 1 Satz 2 HGB). Auch hier hat das Gericht unter Würdigung des Einzelfalls eine Gesamtinteressenabwägung vorzunehmen, in die insb. die große Härte des Ausschlusses eines von zwei

---

114 BGH, BB 1965, 1167.
115 Baumbach/Hopt/Hopt, HGB, § 131 Rn. 25.
116 Baumbach/Hopt/Hopt, HGB, § 131 Rn. 26.
117 Vgl. dazu oben Rn. 50 ff.
118 BGHZ 32, 17.
119 BGHZ 80, 346, 350.
120 BGHZ 31, 304.
121 BGH, WM 57, 579, 583.
122 Baumbach/Hopt/Hopt, HGB, § 140 Rn. 7 m.w.N.
123 BGH, NJW 1998, 146.
124 BGHZ 32, 17, 35.
125 BGHZ 4, 108, 113.

Gesellschaftern im Gegensatz zum Ausschluss eines von drei oder mehr Gesellschaftern einzustellen ist. Insofern kann gesagt werden, an den wichtigen Grund seien gegenüber der Ausschließung nach § 140 Abs. 1 Satz 1 HGB grds. noch höhere Anforderungen zu stellen.[126] **Mit Rechtskraft des Urteils**, das die Ausschließung aus der Zweipersonengesellschaft anordnet, **erlischt die Gesellschaft**, der verbliebene Unternehmer erhält das Gesellschaftsvermögen im Wege der Gesamtrechtsnachfolge. Als Gesamtrechtsnachfolger haftet er unbeschränkt für die Altschulden der Gesellschaft, was aber nichts an der Haftung eines Gesellschafters ändert, der schon vor der Übernahme ausgeschieden ist.[127] Der Vermögensübergang erfolgt ohne Liquidation, ohne Einhaltung von Formvorschriften und außerhalb des Grundbuchs.[128]

Die Ausschließungsklage muss **von allen übrigen Gesellschaftern erhoben werden**. Dabei kann sich aus der Treuepflicht unter Umständen eine Pflicht zur Beteiligung ergeben.[129] Des Weiteren ist aufgrund der einschneidenden Wirkungen, die der Ausschluss für den Betroffenen hat, der **Grundsatz der Verhältnismäßigkeit**[130] **zu beachten**. Nur wenn es keine weniger einschneidende Lösung für das Problem gibt, darf das Gericht also den Ausschluss herbeiführen.

77

Prozessual ist Folgendes zu beachten:

78

- Der Gerichtsstand ist beim Auszuschließenden (§ 13 ZPO) und bei der Gesellschaft (§ 22 ZPO) begründet.
- Bezüglich der Verbindung mit der Zustimmungsklage gegen unwillige Gesellschafter, die aus ihrer Treuepflicht zur Mitwirkung an der Ausschlussklage verpflichtet sein können, gilt das gleiche wie bei der Entziehung der Vertretungsmacht.[131]
- Ein Ausschluss ist nicht im Wege der einstweiligen Verfügung möglich.
- Die Widerklage nach §§ 117, 127, 133, 140 HGB ist möglich.
- Der Übergang von der Ausschließung bzw. Übernahme zur Auflösung der Gesellschaft stellt eine Klageänderung dar.
- Der Streitgegenstand bei Ausschließung und Übernahme ist identisch.[132]

Durch das „kann" in § 140 Abs. 1 Satz 1 HGB wird dem Gericht **kein Ermessen eingeräumt**. Bei Vorliegen der Voraussetzungen muss es die Ausschließung aussprechen. Zwischen dem Ausgeschlossenen und der Gesellschaft findet eine Auseinandersetzung gemäß §§ 738–740 BGB statt, für die der Zeitpunkt der Klageerhebung, nicht der der Rechtskraft des Urteils maßgebend ist (§ 140 Abs. 2 HGB).

§ 140 HGB ist dispositiv. Der Gesellschaftsvertrag kann daher die Ausschließung erschweren oder auch gänzlich beseitigen. In der Folge bleibt für die Lösung der Probleme, die sonst die Ausschließung oder Übernahme nach sich ziehen würden, nur die Auflösung der Gesellschaft. Es sind aber auch **Erleichterungen der Ausschließung** durch den Gesellschaftsvertrag möglich. Der Ausschluss kann etwa durch Gesellschafterbeschluss statt durch Klage herbeigeführt werden[133] oder auch durch einseitiges Ausschlussrecht einzelner Gesellschafter. Die Erleichterungsmöglichkeiten finden ihre Grenzen **in der Kernbereichslehre und in der Treuepflicht**. Da der Kernbereich der Gesellschafterrechte nicht angetastet werden darf, ist bspw. die Vereinbarung der Ausschlussmöglichkeit ohne wichtigen Grund grds. unzulässig. Anderes gilt nur, wenn sie eindeutig vereinbart und durch besondere Gründe sachlich gerechtfertigt ist.[134] Auch die Einräumung eines Rechtes an einen Gesellschafter, Mitgesellschafter nach freiem Ermes-

---

126 BGHZ 51, 204, 205.
127 BGHZ 50, 232, 237.
128 Folglich muss evtl. eine Grundbuchberichtigung erfolgen.
129 Vgl. dazu oben Rn. 39 ff.
130 Vgl. dazu oben Rn. 50.
131 Vgl. dazu oben Rn. 39 ff.
132 Baumbach/Hopt/Hopt, HGB, § 140 Rn. 21 m.w.N.
133 BGHZ 68, 212, 214.
134 BGHZ 68, 212, 215.

sen aus der Gesellschaft auszuschließen, ist nichtig, außer wenn sie durch besondere Umstände sachlich gerechtfertigt ist.[135] Dabei ist bspw. an die Einräumung einer Gesellschafterstellung nur wegen enger persönlicher Beziehungen zu denken. Diese Grenzen können auch durch eine angemessene Abfindung nicht überschritten werden, denn ansonsten wäre der von einer „Herauskündigung" bedrohte Gesellschafter übermäßig in seiner gesellschaftlichen Willensbildung eingeschränkt.[136] Neben diesen Grenzen spielt der **Gesichtspunkt der Sittenwidrigkeit (§ 138 BGB)** eine nur untergeordnete Rolle.

> **Hinweis:**
> Enthält ein Gesellschaftsvertrag eine unzulässige Ausschlussklausel, so führt das entgegen § 139 BGB **nicht zu seiner Gesamtnichtigkeit**.[137] Im Wege der (ergänzenden) Vertragsauslegung kann statt der unzulässigen Klausel eine zulässige anzunehmen sein. Bspw. kann eine unzulässige Ausschlussklausel nach freiem Ermessen als eine solche zulässig sein, die bei Vorliegen eines wichtigen Grundes greift.

IV. Haftung eintretender und ausscheidender Gesellschafter

1. Haftung des neu eintretenden Gesellschafters

79 Die grds. **unbeschränkte und unbeschränkbare Haftung** der Gesellschafter einer OHG gemäß § 128 HGB wird durch § 130 HGB auch auf die später eingetretenen Gesellschafter erstreckt. Diese haften nicht nur für die nach ihrem Eintritt entstandenen Schulden, sondern für alle, die **seit Bestehen der Gesellschaft existent geworden** sind. Auf eine Fortführung der Firma kommt es für diese Haftung nicht an. Da § 130 HGB zwingend ist (vgl. § 130 Abs. 2 HGB), ist die einzige Möglichkeit, dieser Rechtsfolge zu entgehen, die Auflösung der bestehenden OHG mit anschließender Neugründung unter Einbeziehung des eintrittswilligen Gesellschafters.[138]

2. Haftung ausscheidender Gesellschafter

80 Gesellschafter, die aus der OHG ausgeschieden sind, haften weiter für Verbindlichkeiten, die **vor ihrem Ausscheiden entstanden sind**. Gemäß § 160 HGB ist diese Nachhaftung auf **höchstens fünf Jahre** begrenzt. Das gilt für alle Ansprüche aus der persönlichen Haftung gemäß § 128 HGB einschließlich der Dauerschuldverhältnisse.[139] Die Nachhaftung hat **folgende Voraussetzungen**:

- Die Verbindlichkeit muss vor Ablauf von fünf Jahren fällig werden. Die Frist beginnt mit der Eintragung des Ausscheidens im Handelsregister.
- Die Ansprüche daraus müssen gegen den Gesellschafter vollstreckbar (i.S.d. § 197 Abs. 1 Nr. 3 – 5 BGB) geworden sein.

Der Ausschluss wird **durch Rechtsverfolgung gehemmt** (§ 160 Abs. 1 Satz 3 HGB i.V.m. § 204 BGB). Einer vollstreckbaren Ausfertigung bedarf es nicht, wenn der Gesellschafter den Anspruch schriftlich anerkennt (§ 160 Abs. 2 HGB). Die Nachhaftungsbegrenzung greift auch ein, wenn ein OHG-Gesellschafter Kommanditist wird (§ 160 Abs. 3 HGB).

V. Abfindung des ausscheidenden Gesellschafters

81 Der ausscheidende Gesellschafter **verliert seinen Anteil am Gesellschaftsvermögen**, erhält jedoch im Gegenzug einen Anspruch auf Abfindung. Er soll den vollen Wert seiner Beteiligung am Gesellschaftsvermögen erhalten (§ 738 Abs. 1 Satz 2 BGB, § 155 Abs. 1 HGB). Daher ist eine **Abschichtungsbilanz**

---

135 BGHZ 107, 351.
136 BGHZ 125, 74, 79.
137 Baumbach/Hopt/Hopt, HGB, § 140 Rn. 33.
138 Baumbach/Hopt/Hopt, HGB, § 105 Rn. 68.
139 BGH, NJW 2000, 208.

aufzustellen, die sich im Allgemeinen auf den Tag des Ausscheidens bezieht, es sei denn, der Gesellschafter wird durch Gestaltungsurteil ausgeschlossen, da hier gemäß § 140 Abs. 2 HGB der Tag der Klageerhebung der maßgebliche Zeitpunkt ist.

Die Abschichtungsbilanz ist eine **echte Vermögensbilanz**, die den Verkehrswert des lebenden Unternehmens wiedergibt. Für sie gelten folgende **Grundsätze**: 82

- Aktiva sind mit ihrem wahren Wert anzusetzen.
- Stille Reserven sind aufzulösen.
- An den offenen Reserven ist der Ausscheidende zu beteiligen.
- Er ist auch am Goodwill des Unternehmens zu beteiligen.
- Einzelansprüche zwischen der Gesellschaft und dem Ausgeschiedenen sind unselbständige Rechnungsposten in der Auseinandersetzungsrechnung.
- Im Innenverhältnis hat der ausgeschiedene Gesellschafter Anspruch auf Befreiung von den Verbindlichkeiten der Gesellschaft (§ 738 Abs. 1 Satz 2 BGB).

> **Hinweis:**
>
> Besondere Probleme stellt die **Bewertung des Goodwill** (innerer Wert des Unternehmens). Der Gesellschaftsvertrag sollte daher zur Vermeidung von Streitigkeiten eine Abfindungsklausel vorsehen, die bspw. die Buchwerte der letzten Jahresbilanz für maßgeblich erklärt. Das hätte die Folge, dass der Ausscheidende an den stillen Reserven und dem inneren Geschäftswert nicht teilhaben würde. Es bietet sich an, den Goodwill zu pauschalieren und als festen Zuschlag zu berücksichtigen, damit der Ausscheidende einen Ausgleich für die von ihm auf diesem Gebiet wertsteigernd vorgenommenen Anstrengungen erhält. Im Gegenzug ist seine problematische Schätzung zu vermeiden.

Der Ausscheidende darf durch gesellschaftsvertragliche Abfindungsklauseln jedoch **nicht sittenwidrig benachteiligt werden**. Insb. kann es notwendig sein, den Vertrag durch ergänzende Auslegung an die gegenwärtigen Verhältnisse der OHG anzupassen. Besteht ein **erhebliches Missverhältnis** zwischen einer Buchwertklausel und dem wirklichen Wert des Unternehmens und wird dadurch eine unzulässig Kündigungsschranke errichtet, kann die Klausel unanwendbar sein.[140] 83

VI. Handelsregistereintragung

Gemäß §§ 107, 108 Abs. 1, 143 Abs. 2 HGB sind Eintritt und Ausscheiden von Gesellschaftern durch sämtliche Gesellschafter **zur Eintragung ins Handelsregister anzumelden**. Da die Eintragung deklaratorisch erfolgt, sind Eintritt und Ausscheiden nicht von diesem Akt abhängig. Für den ausgeschiedenen Gesellschafter gewinnt die Eintragung aber insofern Bedeutung, als er sich mangels Eintragung unter Umständen gemäß § 15 Abs. 1 HGB nicht auf seinen Austritt berufen kann. Das hätte die Folge einer Haftung ggf. auch für Schulden der OHG, die nach seinem Austritt begründet wurden. 84

F. Gesellschafterbeschlüsse

Nach § 119 Abs. 1 HGB ergehen die von den Gesellschaftern zu fassenden Beschlüsse **grds. einstimmig**. Der Gesellschaftsvertrag kann abweichend davon Mehrheitsbeschlüsse vorsehen, wobei sich die Mehrheit gemäß § 119 Abs. 2 HGB im Zweifel nach der Mehrheit der Köpfe richtet. Oft wird die **Mehrheitsbestimmung jedoch nach Kapitalanteilen vorgenommen**, wobei sich die beschriebenen Systeme für unterschiedliche Beschlussgegenstände im Gesellschaftsvertrag ergänzen können. 85

Enthält der Gesellschaftsvertrag keine Aussage über Grundlagengeschäfte, ordnet aber pauschal das Mehrheitsprinzip an, gilt dieses im Zweifel **nur für laufende Angelegenheiten**, für die Vornahme von

---

[140] BGH, NJW 1993, 3193.

Grundlagengeschäften bleibt es hingegen bei dem Erfordernis der Einstimmigkeit.[141] Auch für Grundlagengeschäfte kann das Mehrheitsprinzip im Gesellschaftsvertrag angeordnet werden, dabei ist jedoch der Bestimmtheitsgrundsatz zu beachten, so dass jedem Gesellschafter jedenfalls durch Auslegung des Vertrages unzweifelhaft deutlich ist, auf welche Gebiete sich das Mehrheitsprinzip erstreckt.[142] Grenzen des Mehrheitsprinzips ergeben sich aus §§ 134, 138 BGB. Der Mehrheitsbeschluss darf also **keine sittenwidrige Abhängigkeit** des einzelnen Gesellschafters von der Mehrheit begründen.[143] Weiterhin sind Mehrheitsbeschlüsse unzulässig, die einen Eingriff in den **Kernbereich der Gesellschafterposition** darstellen würden.[144] Sicherlich gehört zu diesem Kernbereich der Bestand des Gesellschaftsvertrages, darüber hinaus ist vieles streitig.[145]

86 Da keine Formerfordernisse bestehen und die OHG die Gesellschafterversammlung als Organ nicht kennt,[146] können Beschlüsse **auch durch schriftliche Abstimmung** oder sonst ohne ein gleichzeitiges Zusammentreffen der Gesellschafter gefasst werden. Das Gesetz sieht (neben den möglichen Regelungen im Gesellschaftsvertrag) Beschlüsse für die **folgenden Fälle** vor:

- Vornahme ungewöhnlicher Geschäfte (§ 116 Abs. HGB),
- Einvernehmliche **Auflösung der Gesellschaft** (§ 131 Abs. 1 Nr. 2 HGB),
- Verschiedene Maßnahmen **in und nach der Liquidation** (§§ 146 Abs. 1, 147, 152, 157 Abs. 2 Satz 2 HGB),
- Gesamtgeschäftsführung (§ 115 Abs. 2 HGB, Beschluss aller geschäftsführenden Gesellschafter),
- Bestellung von Prokuristen (§ 116 Abs. 3 HGB, Beschluss aller geschäftsführenden Gesellschafter),
- Beschluss über Geltendmachung der Ansprüche **aus unzulässigem Wettbewerb** (§ 113 Abs. 2 HGB, Beschluss aller Mitgesellschafter),
- Verminderung des Kapitalanteils eines Gesellschafters (§ 122 Abs. 2 HGB, Beschluss aller Mitgesellschafter),
- Klageerhebung zur Entziehung oder Ausschließung (§§ 117, 127, 140 HGB, Beschluss aller Mitgesellschafter),
- Änderung des Gesellschaftsvertrages,[147]
- sonstige Grundlagengeschäfte.[148]

87 Die Stimmabgabe im Rahmen eines Beschlusses ist eine **Willenserklärung**, die an alle anderen Gesellschafter gerichtet ist. Jedoch kann ein Gesellschafter zur Entgegennahme der an die anderen gerichteten Erklärungen bevollmächtigt werden.[149] Auch bei der Stimmabgabe ist **Stellvertretung möglich**, sofern der Gesellschaftsvertrag dies vorsieht oder alle Gesellschafter einverstanden sind, damit nicht gegen den Willen der übrigen Gesellschafter Fremde in die Beschlussfassung einbezogen werden. Auch für das Stimmrecht gilt das Abspaltungsverbot, so dass seine Übertragung ohne die Mitgliedschaft unzulässig

---

141 Hueck/Windbichler, Gesellschaftsrecht, § 14 Rn. 11.
142 BGHZ 85, 350, 356.
143 Baumbach/Hopt/Hopt, HGB, § 119 Rn. 35 mit genaueren Konkretisierungen der Sittenwidrigkeit.
144 NJW 1985, 972, 974; BGH, NJW 1995, 194.
145 Zur Diskussion und zu weiteren Beispielen aus der Rspr.: Baumbach/Hopt/Hopt, HGB, § 119 Rn. 36.
146 Beides kann durch den Gesellschaftsvertrag aber eingeführt werden. Für die Beschlussfassung einer Gesellschafterversammlung können dann zur Schließung von Vertragslücken die Bestimmungen des GmbHG analog angewendet werden, MünchKomm-HGB/K. Schmidt, § 119 Rn. 148.
147 Baumbach/Hopt/Hopt, HGB, § 105 Rn. 60.
148 Baumbach/Hopt/Hopt, HGB, § 114 Rn. 3.
149 Hueck/Windbichler, Gesellschaftsrecht, § 14 Rn. 10.

ist.[150] Da niemand Richter in eigener Sache sein kann,[151] sind Gesellschafter, gegen die sich ein Beschluss richten würde, **von der Stimmabgabe ausgeschlossen**.[152] Bei der Stimmabgabe hat sich jeder Gesellschafter von seiner Treuepflicht gegenüber der OHG leiten zu lassen. Verstößt er dagegen schuldhaft, müsste er als Schadensersatz seine Stimmabgabe rückgängig machen. Sie ist daher nicht zu berücksichtigen. Im Streitfall ist eine **Leistungsklage gegen den Gesellschafter** zu erheben, das Gericht wird seine Zustimmung ggf. gemäß § 894 ZPO ersetzen.[153]

Die **Mängel bei der Stimmabgabe** sind nach den allgemeinen Regeln des Zivilrechts für die Mängel bei der Willenserklärung zu behandeln. Mängel des Beschlusses können sich aus einem Verstoß gegen das Gesetz (auch gegen die guten Sitten) oder den Gesellschaftsvertrag ergeben. Beschlussmängel sind gegen die anderen Gesellschafter durch eine **Feststellungsklage gemäß § 256 Abs. 1 ZPO** geltend zu machen.[154] Der Gesellschafter, der einen Mangel in der Beschlussfassung rügen will, muss unverzüglich Widerspruch erheben, damit ihn nicht der Vorwurf der Verwirkung trifft.[155] Verstößt der Beschluss lediglich gegen eine Verfahrensvorschrift, kann auf ihre Einhaltung verzichtet werden, was jedenfalls dann anzunehmen ist, wenn trotz des bekannten Verfahrensverstoßes an der Abstimmung teilgenommen wird.[156] Schließlich muss ein Mangel **kausal für das Abstimmungsergebnis** gewesen sein, damit er Berücksichtigung finden kann.[157]

88

G. Erbrechtliche Nachfolge in Gesellschaftsanteile

I. Allgemeines

Bis zur Neufassung des HGB durch das Handelsrechtsreformgesetz wurde die OHG nach dem gesetzlichen Leitbild durch den Tod eines Gesellschafters aufgelöst (§ 131 Nr. 4 HGB a.F.). Mit Rücksicht darauf, dass diese Rechtsfolge grds. nicht den Bedürfnissen und Interessen der Gesellschafter entsprach, sahen die meisten Gesellschaftsverträge eine Fortsetzung der Gesellschaft **mit den verbleibenden Gesellschaftern** oder – in abgewandelter Form – mit den Erben des verstorbenen Gesellschafters vor. Diesem Umstand Rechnung tragend sieht § 131 Abs. 2 Nr. 1 HGB nunmehr vor, dass der Tod eines Gesellschafters **lediglich zu dessen Ausscheiden aus der Gesellschaft führt**. Soweit gesellschaftsvertraglich nichts anderes vereinbart ist, werden die Erben zum vollen Wert der Beteiligung des verstorbenen Gesellschafters abgefunden.

89

> **Hinweis:**
> Damit verbleibt es auch nach der Neufassung bei der Regelung, dass der Gesellschaftsanteil nur vererblich ist, wenn der Gesellschaftsvertrag dies **ausdrücklich vorsieht**. Vor diesem Hintergrund ist eine sorgfältige, den (auch steuerrechtlichen) Interessen der Gesellschafter Rechnung tragende Ausgestaltung des Gesellschaftsvertrages gerade auch in diesem Punkt von enormer Bedeutung.

Es bestehen grds. **folgende Gestaltungsmöglichkeiten**:

90

- einfache Fortsetzungsklausel,
- Eintrittsklausel,

---

150 BGH, NJW 1970, 468. Weiterführend zur Zulässigkeit von Stimmbindungsverträgen: Baumbach/Hopt/Hopt, HGB, § 119 Rn. 17 ff.
151 So die „Faustformel" bei Hueck/Windbichler, Gesellschaftsrecht, § 14 Rn. 10.
152 BGH, NJW 1988, 969. Weiterführend auch zu anderen möglichen Interessenkollisionen: Zöllner, Die Schranken mitgliedschaftlicher Stimmrechtsmacht bei den privatrechtlichen Personenverbänden.
153 BGH, NJW 1977, 1013.
154 BGH, NJW 1999, 3113.
155 BGH, NJW 1991, 691.
156 Hueck/Windbichler, Gesellschaftsrecht, § 14 Rn. 13.
157 BGH, NJW 1987, 1262, 1263.

- einfache Nachfolgeklausel,
- qualifizierte Nachfolgeklausel,
- rechtsgeschäftliche Nachfolgeklausel.

II. Fortsetzungsklausel

91 Wie bereits kurz ausgeführt, **wächst der Anteil eines verstorbenen Gesellschafters** im gesetzlichen Regelfall bei den übrigen Gesellschaftern an. Einhergehend hiermit steht den Erben nach § 105 Abs. 2 HGB, § 738 BGB ein **schuldrechtlicher Abfindungsanspruch** in Höhe des tatsächlichen Wertes der Beteiligung zum Todeszeitpunkt zu. Da die Befriedigung derartiger Abfindungsansprüche den Fortbestand der Gesellschaft in Frage stellen können, **wird es im Interesse des Bestandsschutzes** der Gesellschaft als zulässig angesehen, wenn im Gesellschaftsvertrag – abweichend von § 738 Abs. 1 Satz 2 BGB – eine Regelung aufgenommen wird, nach welcher Abfindungsansprüche gekürzt oder pauschaliert werden. Häufig sind es dabei **Buchwertklauseln**, die dazu führen, dass der ausscheidende Gesellschafter und damit seine Erben nicht an den stillen Reserven und dem „Goodwill" des Unternehmens beteiligt werden.[158] **Selbst ein vollständiger Ausschluss der Abfindung** wird im Interesse des Fortbestandes der Gesellschaft als zulässig angesehen und ist unbedenklich, soweit alle Gesellschafter gleich behandelt werden, grds. aber auch bei einer sachlich gerechtfertigten Ungleichbehandlung.

III. Eintrittsklauseln

92 Alternativ hierzu kann der Gesellschaftsvertrag aber auch vorsehen, dass an die Stelle eines verstorbenen Gesellschafters eine bestimmte Person (bzw. auch bestimmte Personen, etwa die Erben) treten sollen (sog. **Eintrittsklauseln**). Ist im Gesellschaftsvertrag eine Eintrittsklausel enthalten, besteht die OHG beim Tod eines Gesellschafters zunächst unter den verbleibenden Gesellschaftern fort. Die vom verstorbenen Gesellschafter bestimmten Personen, häufig dessen Erben, haben in diesem Fall das Recht, nicht aber die Pflicht, in die Gesellschaft einzutreten. Der Eintritt in die Gesellschaft erfolgt mithin nicht automatisch, sondern vielmehr **im Wege der Aufnahme** der hierzu bestimmten Person oder Personen zu den konkreten Bedingungen des verstorbenen Gesellschafters. Dessen Anteil wächst den übrigen Gesellschaftern vorübergehend zu.

> **Hinweis:**
>
> Mit Rücksicht darauf, dass die Erben grds. auch bei Bestehen einer Eintrittsklausel abgefunden werden müssen, macht diese nur dann Sinn, wenn die Erben **selbst als Eintrittsberechtigte** vorgesehen sind, der Erblasser den Eintrittsberechtigten zugleich den Abfindungsanspruch zugewendet hat oder dieser im Gesellschaftsvertrag ausgeschlossen ist. Andernfalls besteht die Gefahr, dass der Wert der Beteiligung des Verstorbenen aus der Gesellschaft abfließt und der mit der Aufnahme einer Eintrittsklausel in den Gesellschaftsvertrag verbundene Zweck fehlschlägt.

93 **Formulierungsbeispiel: Eintrittsklausel**

> Die Gesellschaft wird beim Tod eines Gesellschafters mit den danach verbleibenden Gesellschaftern fortgeführt. Abfindungsansprüche von Erben und Eintrittsberechtigten sind ausgeschlossen. Der Tochter T des Gesellschafters A und dem Sohn S des Gesellschafters B steht das Recht zu, innerhalb einer Frist von drei Monaten nach dem Tod ihres Vaters von den verbleibenden Gesellschaftern zu verlangen, in die Gesellschaft aufgenommen zu werden, und zwar zu den Bedingungen des verstorbenen Gesellschafters.

---

158 Hueck/Windbichler, Gesellschaftsrecht, § 16 Rn. 2.

IV. Einfache und qualifizierte Nachfolgeklausel

Ist von den Gesellschaftern beabsichtigt, dass die Erben eines Gesellschafters bei dessen Tod automatisch in seine Gesellschafterstellung einrücken, kommt die Aufnahme einer **einfachen Nachfolgeklausel** in Betracht. In dieser wird festgelegt, dass die Gesellschaft mit dem oder den Erben des verstorbenen Gesellschafters fortgeführt wird. Soweit der verstorbene Gesellschafter nur einen Erben bestimmt oder seinen Gesellschaftsanteil durch ein Vermächtnis einer bestimmten Person zugewendet hat, tritt diese mit dem Erbfall **automatisch in die Rechtsstellung des Erblassers ein**.

Soweit der verstorbene Gesellschafter durch mehrere Erben beerbt worden ist, tritt nach dem vom BGH aufgestellten Prinzip der Sonderrechtsnachfolge nicht die Erbengemeinschaft, sondern jeder einzelne von ihnen – **unter Durchbrechung des Grundsatzes der Gesamtrechtsnachfolge** – entsprechend seiner Erbquote in die Rechts- und Pflichtstellung des Verstorbenen als Gesellschafter ein. Von der damit einhergehenden Haftung für die Verbindlichkeiten der OHG könnte sich der Erbe wegen des grundsätzlichen Verbots der Teilausschlagung eigentlich nur befreien, wenn er die Erbschaft insgesamt ausschlägt. Damit würde er aber nicht nur seine Gesellschaftsbeteiligung an der OHG, sondern auch seinen Anteil am übrigen Nachlass des Erblassers verlieren. Vor diesem Hintergrund sieht § 139 Abs. 1, Abs. 3 HGB vor, dass jeder Erbe (innerhalb einer Frist von drei Monaten nach dem Zeitpunkt, in welchem er von dem Anfalle der Erbschaft Kenntnis erlangt hat) von den anderen Gesellschaftern verlangen kann, dass seine Beteiligung in eine Kommanditbeteiligung umgewandelt wird. Nehmen die übrigen Gesellschafter **einen dahingehenden Antrag des Erben nicht an**, so ist dieser befugt, ohne Einhaltung einer Kündigungsfrist sein Ausscheiden aus der Gesellschaft zu erklären (§ 139 Abs. 2 HGB). Nehmen die übrigen Gesellschafter den Antrag dagegen an, dann wird aus der OHG eine KG, und der betreffende Erbe haftet wie jeder andere Kommanditist nur noch mit seiner Kommanditeinlage.

Formulierungsbeispiel: Einfache Nachfolgeklausel

> Die Gesellschaft wird beim Tod eines Gesellschafters mit dessen Erben fortgeführt, wobei die Rechtsstellung des verstorbenen Gesellschafters auf die Erben entsprechend deren Erbquote übergeht.

Die **einfache Nachfolgeklausel** bietet sich immer dann an, wenn die Gesellschafter selbstbestimmt über die Vererbung ihrer Gesellschaftsanteile entscheiden sollen. Sie kann jedoch zu enormen Problemen führen, wenn der verstorbene Gesellschafter **von mehreren Erben beerbt wird**. Soll die Gesellschaft nach dem Willen der Gesellschafter nicht der Gefahr ausgesetzt werden, durch zahlreiche kleinere Beteiligungen handlungsunfähig zu werden, bietet sich unter Umständen die Aufnahme einer **qualifizierten Nachfolgeklausel** an. So kann der Gesellschaftsvertrag auch bestimmen, dass die Gesellschaft nur mit ganz bestimmten Personen (z.B. der Tochter T oder den ehelichen Abkömmlingen) fortgeführt werden soll. Dabei ist auch denkbar, dass die Festlegung dieser Person dem Gesellschafter selbst überlassen wird.

Formulierungsbeispiel: Qualifizierte Nachfolgeklausel

> Die Gesellschaft wird beim Tod eines Gesellschafters mit einem von diesem letztwillig zu bestimmenden Erben oder Vermächtnisnehmer fortgeführt.

Alternativ hierzu kann im Gesellschaftsvertrag auch festgelegt werden, dass mehrere Erben **einen Bevollmächtigten zu bestimmen haben** und die Gesellschafterrechte bis dahin – ggf. mit Ausnahme des Gewinnbezugsrechts – ruhen.

Eine pauschale Aussage dazu, welche der vorgenannten Möglichkeiten am sinnvollsten ist, verbietet sich. Vielmehr gilt es im Rahmen der Vertragsgestaltung auch insoweit die **konkreten Verhältnisse, Bedürfnisse und Interessen der Gesellschafter** zu berücksichtigen.

H. Auflösung, Liquidation und Erlöschen der OHG

I. Allgemeines

99 Das Ausscheiden der OHG aus dem Rechtsverkehr vollzieht sich in verschiedenen Phasen (**Auflösung, Liquidation und Erlöschen**), die streng voneinander zu unterscheiden sind.

Die Auflösung setzt zunächst einen Auflösungsbeschluss der Gesellschafter oder das Vorliegen einer der übrigen in § 131 Abs. 1 HGB genannten gesetzlichen Auflösungsgründe voraus. Damit ist die OHG aber noch nicht erloschen. So müssen zunächst schwebende Geschäfte abgewickelt und das Gesellschaftsvermögen verteilt werden. Einhergehend hiermit tritt eine **Zweckänderung der Gesellschaft** ein. Nach § 145 Abs. 1 HGB ist die Gesellschaft ab diesem Zeitpunkt nicht mehr auf eine werbende, sondern auf eine Abwicklung der Gesellschaft gerichtet. In diesem Zeitraum der Liquidation besteht die OHG noch fort, aber lediglich zu dem Zweck der Abwicklung und der Verteilung des Gesellschaftsvermögens unter den Gesellschaftern. Erst mit dem Abschluss der Liquidation ist die Gesellschaft erloschen und damit rechtlich nicht mehr existent.

II. Gründe für die Auflösung der OHG (§§ 131 ff. HGB)

100 **Die Gründe**, die zu einer Auflösung der OHG führen können, sind in § 131 Abs. 1 und Abs. 2 HGB gesetzlich geregelt. Nach § 131 Abs. 1 HGB wird die OHG durch

- Zeitablauf (Nr. 1),
- Auflösungsbeschluss der Gesellschafter (Nr. 2),
- Eröffnung des Insolvenzverfahrens (Nr. 3) oder
- gerichtliche Entscheidung (Nr. 4)

aufgelöst.

Weitere Auflösungsgründe, die insb. bei der GmbH & Co. KG zum Tragen kommen, ergeben sich aus § 131 Abs. 2 HGB. Darüber hinaus kann auch der Gesellschaftsvertrag weitere Auflösungsgründe vorsehen. Letzteres ist jedoch eher selten der Fall, da solche i.d.R. nicht vorhersehbar sind. Dagegen stellt die **Erreichung des Gesellschaftszwecks** – anders als bei der GbR – keinen Auflösungsgrund dar. Dies gilt auch dann, wenn die Erreichung desselben unmöglich wird. Die Bestimmung des § 726 BGB findet insoweit auf die OHG keine Anwendung. Liegt ein entsprechender Fall bei der OHG vor, müssen die Gesellschafter die Auflösung beschließen.

1. Auflösung durch Zeitablauf (§ 131 Abs. 1 Nr. 1 HGB)

101 Die **Dauer der Gesellschaft** kann im Gesellschaftsvertrag festgesetzt werden. Auch wenn dies bei einer OHG eher selten der Fall sein dürfte, sieht § 131 Abs. 1 Nr. 1 HGB insoweit vor, dass die OHG nach Ablauf der Zeit, für die sie eingegangen worden ist, aufgelöst wird.

2. Auflösung durch Gesellschafterbeschluss (§ 131 Abs. 1 Nr. 2 HGB)

102 > **Hinweis:**
>
> Für die Praxis von weitaus größerer Bedeutung ist die **Auflösung der OHG durch Gesellschafterbeschluss** (§ 131 Abs. 1 Nr. 2 HGB). Dieser Beschluss muss grds. einstimmig gefasst werden. Etwas anderes gilt lediglich dann, wenn der Gesellschaftsvertrag abweichend hiervon eine Mehrheitsentscheidung vorsieht. Der Auflösungsbeschluss **bedarf dabei keiner besonderen Form**. Die Auflösung muss aber in notarieller Form zum Handelsregister angemeldet werden, und zwar durch alle Gesellschafter (§ 143 Abs. 1 HGB). Soweit sich ein Gesellschafter weigert bei einer entsprechenden Anmeldung mitzuwirken, muss er von den anderen Gesellschaftern verklagt werden.

3. Auflösung durch Eröffnung des Insolvenzverfahrens (§ 131 Abs. 1 Nr. 3 HGB)

Auch die **Eröffnung des Insolvenzverfahrens** über das Vermögen der Gesellschaft löst die OHG auf (§ 131 Abs. 1 Nr. 3 HGB). Demgegenüber führt die Ablehnung der Eröffnung des Insolvenzverfahrens mangels Masse (§ 26 InsO) nur dann zu einer Auflösung, wenn kein Fall des § 131 Abs. 2 Nr. 1 HGB vorliegt, also kein persönlich haftender Gesellschafter eine natürliche Person ist.[159]

103

4. Auflösung durch gerichtliche Entscheidung (§ 131 Abs. 1 Nr. 4 HGB)

Darüber hinaus kann die OHG gemäß § 131 Abs. 1 Nr. 4 HGB durch eine gerichtliche Entscheidung aufgelöst werden. So kann nach § 133 HGB auf Antrag eines Gesellschafters die Auflösung der OHG **ohne Kündigung durch gerichtliche Entscheidung** ausgesprochen werden. Gemäß § 133 Abs. 2 HGB liegt ein solcher Grund insb. dann vor, wenn

104

- ein anderer Gesellschafter eine wesentliche Vertragspflicht vorsätzlich oder grob fahrlässig verletzt oder
- wenn die Erfüllung einer solchen Verpflichtung unmöglich wird.

In diesem Zusammenhang kann weitgehend auf die Ausführungen zum wichtigen Grund i.S.d. § 723 Abs. 1 BGB verwiesen werden[160] (vgl. Rn. 50). Dabei gilt es zu beachten, dass das Auflösungsrecht eines Gesellschafters gegenüber anderen Rechtsbehelfen wegen der damit einhergehenden Auflösung der Gesellschaft **nur subsidiär gilt**.[161] So hat z.B. die Entziehung der Geschäftsführungsbefugnis eines Gesellschafters Vorrang vor einer Auflösung der Gesellschaft.[162]

Andererseits gilt es zu beachten, dass Vereinbarungen, durch welche das Auflösungsrecht eines Gesellschafters ausgeschlossen oder unangemessen beschränkt wird, **nach § 133 Abs. 3 HGB nichtig** sind. Zulässig sind grds. nur Erweiterungen, wie z.B. die Ersetzung der Klage durch eine Kündigungserklärung.[163]

5. Handelsregisteranmeldung (§ 143 Abs. 1 HGB)

Die Auflösung der Gesellschaft ist von sämtlichen Gesellschaftern zur Eintragung in das Handelsregister anzumelden (§ 143 Abs. 1 HGB).

105

Muster: Auflösung der OHG mit Liquidation

106

> An das
>
> AG ....
>
> – Registergericht –
>
> **Betr.: HR A 724**
>
> **Z+R Mode- und Bekleidung OHG in Düsseldorf**
>
> Zur Eintragung in das Handelsregister melden wir an:
>
> Die Gesellschaft ist durch Beschluss der Gesellschafterversammlung vom .... (*Datum der Auflösung*) aufgelöst.

---

159 Etwas anderes gilt lediglich bei Eröffnung des Insolvenzverfahrens, da die Eintragung in diesem Fall nach den §§ 32, 6 HGB von Amts wegen erfolgt.
160 Siehe hierzu auch Baumbach/Hopt/Hopt, HGB, § 131 Rn. 7.
161 BGH, WM 1968, 430, 432; Baumbach/Hopt/Hopt, HGB, § 133 Rn. 6 m.w.N.
162 Heymann/Emmerich, HGB, § 133 Rn. 6.
163 Baumbach/Hopt/Hopt, HGB, § 133 Rn. 4 m.w.N.

> Zum Liquidator wurde der Gesellschafter .... (*Name des Gesellschafters*), geboren am .... (*Geburtsdatum*), wohnhaft in (*Adresse des Gesellschafters*), bestellt.
>
> Die Prokura des .... (*Name Prokurist*) ist erloschen.
>
> Die Geschäftsräume befinden sich unverändert in .... (*Geschäftsadresse*).
>
> ...., den ....
>
> (*Beglaubigungsvermerk*)

III. Liquidation der OHG

107 Mit der Auflösung beginnt die **Abwicklung oder Liquidation der Gesellschaft**, die sich nach den Bestimmungen der §§ 145 – 158 HGB richtet.

Durch die Liquidation wird die Gesellschaft **als wirtschaftliche Einheit zerstört**. Dabei kann der wirkliche Wert der einzelnen Wirtschaftsgüter der Gesellschaft nur selten realisiert werden.

> **Hinweis:**
> Vor diesem Hintergrund empfiehlt es sich, vor einer Liquidation zunächst eine andere Form der Auseinandersetzung zu suchen. In diesem Zusammenhang haben vor allem der Verkauf der OHG im Ganzen oder die Übernahme derselben durch einen Gesellschafter praktische Bedeutung. Derartige Vereinbarungen setzen jedoch einen einstimmigen Gesellschafterbeschluss voraus. Kommt ein solcher nicht zustande, muss die Liquidation der Gesellschaft nach den genannten Regelungen stattfinden.

108 Die Liquidation erfolgt hierbei, sofern der Gesellschaftsvertrag nicht etwas anderes bestimmt und/oder die Gesellschafter auch nicht etwas Abweichendes bestimmen, **durch die Gesellschafter als Liquidatoren** (§ 146 HGB). Die Liquidatoren müssen zum Handelsregister angemeldet werden, wobei deren Pflicht ihre Namensunterschrift zu zeichnen (§ 148 Abs. 1, Abs. 3 HGB a.F.) durch das EHUG entfallen ist.[164] **Aufgabe der Liquidatoren** ist es, laufende Geschäfte abzuwickeln, ausstehende Forderungen einzuziehen, das Vermögen der Gesellschaft in Geld umzusetzen und die Gläubiger zu befriedigen (§ 149 Satz 1 HGB). Die Verteilung des nach Begleichung der Verbindlichkeiten ggf. verbleibenden Restvermögens erfolgt gemäß § 155 Abs. 1 HGB nach dem **Verhältnis der Kapitalanteile**. Soweit Kapital- und Gewinnverteilungsschlüssel identisch sind, ist dies unproblematisch. Sollen die hierzu vereinbarten Regelungen im Gesellschaftsvertrag jedoch voneinander abweichen, kann dies dazu führen, dass Gewinne (z.B. im Zusammenhang mit der Aufdeckung stiller Reserven) nicht – wie von dem eigentlichen Willen der Gesellschafter gewünscht – nach dem Gewinnverteilungsschlüssel aufgeteilt werden.

> **Hinweis:**
> Vor diesem Hintergrund sollte die damit einhergehende Problematik mit den Gesellschaftern bereits im Rahmen der Gestaltung des Gesellschaftsvertrages angesprochen werden.

Die **Rechte und Pflichten der Liquidatoren** sind in den §§ 149 – 152 HGB eingehend geregelt. So haben die Liquidatoren u.a. ihre Unterschriften in der Weise abzugeben, dass sie der bisherigen, als Li-

---

[164] Der Meinungsstand darüber, ob auch die als Liquidatoren bestellten Gesellschafter ihre Namensunterschrift zur Aufbewahrung bei Gericht zu zeichnen haben, hat mit dem In-Kraft-Treten des EHUG (Gesetz über elektronische Handelsregister und Genossenschaftsregister sowie das Unternehmensregister) nur noch rechtshistorische Bedeutung. Siehe zum Wegfall der Zeichnungspflicht u.a. Sikora/Schwab, MittBayNot 2007, 1, 8; Melchior, NotBz 2006, 409; Gustavus, Handelsregister-Anmeldungen, S. 49; Langenfeld, in: Wurm/Wagner/Zartmann, Rechtsformularbuch, S. 1854; a.A.: Haferland/Schmidt/Tiedtke, Praxis des Handels- und Kostenrechts, Rn. 791.

quidationsfirma zu bezeichnenden Firma ihren Namen beifügen (§ 153 HGB). Darüber hinaus haben die Liquidatoren bei Beginn und Beendigung der Liquidation **eine Bilanz** aufzustellen (§ 154 HGB).

IV. Erlöschen der OHG

Mit der Verteilung des Vermögens ist die OHG erloschen. Dies gilt auch dann, wenn noch Verbindlichkeiten bestehen und nicht alle Gläubiger befriedigt werden konnten. Im letzteren Fall müssen die Gesellschafter nach dem gesellschaftsvertraglichen Verteilungsbestimmungen für die Verbindlichkeiten aufkommen. Soweit einer der Gesellschafter diesen Forderungen nicht nachkommen kann, müssen die anderen Gesellschafter für den Ausfall im gleichen Verhältnis aufkommen.

Das Erlöschen der Gesellschaft muss von den Liquidatoren **zum Handelsregister angemeldet werden** (§ 157 HGB). In diesem Zusammenhang muss angegeben werden, wer die Bücher und Papiere der Gesellschaft in Verwahrung nimmt. Kommt insoweit keine Einigung der Gesellschafter zustande, wird die Person, welche die Akten in Verwahrung nimmt, durch das zuständige Gericht, in dessen Bezirk die Gesellschaft ihren Sitz hat, bestimmt (§ 157 Abs. 2 HGB).

Muster: Erlöschen der OHG nach Abschluss der Liquidation

> An das
>
> AG ....
>
> – Registergericht –
>
> **HR A 724**
>
> **Z+R Mode- und Bekleidung OHG i. L. in Düsseldorf**
>
> Zur Eintragung in das Handelsregister melde ich als Liquidator an:
>
> Die Liquidation ist beendet.
>
> Die Firma ist erloschen.
>
> Die Bücher und Schriften der Gesellschaft habe ich in Verwahrung genommen.
>
> ...., den ....
>
> ....
>
> (Unterschrift)
>
> (*Beglaubigungsvermerk*)

Mit dem Erlöschen der Firma ist die OHG **rechtlich nicht mehr existent**. Das Erlöschen der Firma wird auf dem Registerblatt vermerkt, wobei alle Eintragungen vom Gericht gerötet werden. Stellt sich jedoch nach dem Ende der Liquidation heraus, dass die Liquidatoren einen Vermögensgegenstand übersehen haben, kann die Gesellschaft im Wege der Nachtragsliquidation wieder in das Liquidationsstadium eintreten. Die Eintragung des Erlöschens hat insoweit nur **deklaratorische Bedeutung**.[165]

> **Hinweis:**
>
> Stellt sich heraus, dass tatsächlich weitere Abwicklungsmaßnahmen notwendig werden (z.B. unbekanntes Vermögen wird entdeckt), so können und müssen die Liquidatoren ohne besondere gerichtliche Bestellung und ohne Rücksicht auf die verfrühte Löschung im Register tätig werden.[166]

---

165 BGH, NJW 1979, 1987; Baumbach/Hopt/Hopt, HGB, § 157 Rn. 1.
166 Baumbach/Hopt/Hopt, HGB, § 157 Rn. 1 m.w.N.

I. Umwandlungsmöglichkeiten

112 Da die OHG zu den rechtsfähigen Personengesellschaften gehört, ist sie **Rechtsträger i.S.d. UmwG**. Sie kann also ihre Rechtsform in eine andere wechseln (§§ 3 Abs. 1 Nr. 1, 191 Abs. 1 Nr. 1 UmwG) oder durch Umwandlung aus einem anderen Rechtsträger entstehen. Gemäß § 190 Abs. 2 UmwG unterliegen Umwandlungen der OHG kraft Gesetzes, d.h. hier insb. **aufgrund der Normen des HGB, nicht dem UmwG**. Scheidet also der vorletzte Gesellschafter einer OHG aus, so geht das Gesellschaftsvermögen ohne weiteres auf den verbleibenden Einzelkaufmann als Gesamtrechtsnachfolger über. Nimmt ein Einzelkaufmann in seinen Gewerbebetrieb einen Teilhaber auf, liegt die Neugründung einer OHG vor. **Ebenfalls kraft Gesetzes** ist der Fall des Rückgangs des Geschäftsbetriebs einer nicht eingetragenen OHG auf ein Kleingewerbe zu behandeln, die dadurch zur GbR wird. Werden für einen Gesellschafter der OHG Haftungsbeschränkungen vereinbart, wird sie automatisch zur KG.

113 Es kann aber vorkommen, dass die OHG nicht mehr als geeignete Rechtsform für das Unternehmen erscheint oder dass Strukturänderungen, wie etwa die Verschmelzung mit einem anderen Unternehmen, notwendig werden. Für diese Fälle der **Umwandlung kraft Rechtsgeschäfts** sieht das UmwG in § 1 Abs. 1 vier Umwandlungsmöglichkeiten vor,[167] die Verschmelzung, die Spaltung (Aufspaltung, Abspaltung, Ausgliederung), die Vermögensübertragung und den Formwechsel. Für die OHG als Personenhandelsgesellschaft gelten **zusätzliche besondere Vorschriften** (§§ 214 – 225c UmwG):[168]

- Sie kann aufgrund eines Umwandlungsbeschlusses nur die Rechtsform einer Kapitalgesellschaft oder einer eingetragenen Genossenschaft erhalten (§ 214 Abs. 1 UmwG).
- Sie kann auch noch nach der Auflösung die Rechtsform wechseln (§ 191 Abs. 3 UmwG). **Ausnahme**: Die Gesellschafter haben nach § 145 HGB eine andere Art der Auseinandersetzung als die Abwicklung oder als den Formwechsel vereinbart (§ 214 Abs. 2 UmwG).
- Ein Umwandlungsbericht und eine Unterrichtung der Gesellschafter zur Vorbereitung des Umwandlungsbeschlusses sind nur erforderlich, wenn **nicht alle Gesellschafter** der formwechselnden Gesellschaft geschäftsführungsberechtigt sind (§§ 215, 216 UmwG).
- Für den Umwandlungsbeschluss als Grundgeschäft kann der Gesellschaftsvertrag eine Mehrheitsentscheidung vorsehen, jedoch **nicht weniger als eine Dreiviertelmehrheit** der abgegebenen Stimmen (§ 217 Abs. 1 UmwG).
- Gründungsvorschriften hinsichtlich des Kapitalschutzes u.a. der neuen Kapitalgesellschaft bzw. der neuen eingetragenen Genossenschaft sind zu berücksichtigen (§§ 219 ff. UmwG).
- Das UmwG sieht mit § 224 eine der Norm des § 160 HGB entsprechende Vorschrift über die zeitliche Begrenzung der Nachhaftung eines Gesellschafters der formwechselnden OHG vor.

---

167 Deren allgemeinen Voraussetzungen können hier nicht dargestellt werden. Siehe dazu Teil 2: Gesellschaftsrecht, 6. Kapitel, § 1.
168 Vgl. dazu und zum Folgenden: Baumbach/Hopt/Hopt, HGB, Einl. v. § 105 Rn. 25.

§ 3 KG

Inhaltsverzeichnis

		Rn.
A.	**Überlegungen zur Rechtsformwahl (Zivil- und Steuerrecht)**	1
I.	Gesellschaftsrechtliche/erbrechtliche Unterschiede zwischen Kapitalgesellschaften und Personengesellschaften	2
II.	Ertragsteuerliche Unterschiede	9
III.	Erbschaftsteuerliche/schenkungsteuerliche Unterschiede	19
	1. Geltendes Recht	19
	2. Erbschaftsteuerreform	20
B.	**Praktische Anwendungsfälle und Erscheinungsformen**	21
I.	Allgemeines	24
II.	Gewerblich tätige KG	27
III.	Vermögensverwaltende KG	29
IV.	Familien-KG	35
V.	Doppelstöckige KG	37
C.	**Gründung der Gesellschaft**	39
I.	Gesellschafter	41
II.	Form des Gesellschaftsvertrages	42
III.	Genehmigungsbedürftigkeit des Gesellschaftsvertrages	44
IV.	Anmeldung zur Eintragung ins Handelsregister	45
V.	Steuerliche Folgen der Gründung	50
D.	**Notwendige Bestandteile des Gesellschaftsvertrages**	51
I.	Anwendbares Recht	51
II.	Rechtsnatur	57
III.	Praktische Hinweise	60
IV.	Inhalte	61
	1. Zweck/Gegenstand	63
	2. Firma	64
	3. Gesellschafter, Einlagen, Haftsummen	66
E.	**Konten**	75
F.	**Entnahmen, Auszahlungen**	89
G.	**Geschäftsführung/Vertretung**	97
I.	Umfang der Geschäftsführung	98
II.	Gesetzliche und gesellschaftsvertragliche Geschäftsführungsbefugnis	100
III.	Vertretung der KG nach Gesetz und Gesellschaftsvertrag	104
IV.	Eintragungen im Handelsregister	107
V.	Entziehung von Geschäftsführungs- und Vertretungsbefugnissen	108
H.	**Vergütung des Komplementärs, Auslagenersatz**	112
I.	**Gesellschafterversammlung und Gesellschafterbeschlüsse**	118
I.	Allgemeines	118
II.	Gesellschafterversammlung	119

		Rn.
	1. Einberufung und Ladung	119
	2. Beschlussfähigkeit der Gesellschafterversammlung	121
	3. Vertretung in der Gesellschafterversammlung und Teilnahmerecht	122
	4. Ort der Versammlung und Versammlungsleiter	124
	5. Protokoll	126
	6. Beschlüsse außerhalb der Versammlung	127
III.	Gesellschafterbeschlüsse	128
	1. Mehrheitserfordernisse bei der Beschlussfassung	128
	2. Stimmrechtsausschluss	132
	3. Stimmbindung, Stimmrechtsübertragung	134
IV.	Fehlerhafte Beschlüsse und Abwehrrechte	136
	1. Mögliche Mängel von Gesellschafterbeschlüssen	137
	2. Gerichtliche Geltendmachung von Beschlussmängeln	138
	3. Gesellschaftsvertragliche Regelung	139
J.	**Jahresabschluss**	142
K.	**Gewinnverwendung/Ergebnisverteilung**	156
L.	**Verfügungen über Gesellschaftsanteile und sonstige Ansprüche gegen die Gesellschaft**	170
I.	Allgemeines	170
II.	Gesellschaftsvertragliche Regelungen	172
III.	Vorkaufs- und Vorerwerbsrecht	179
IV.	Andienungspflicht	186
V.	Komplementär- und Kommanditistenbeteiligung	187
M.	**Vererbung von Gesellschaftsanteilen**	189
I.	Gesetzliche Regelung bei Tod eines Gesellschafters	191
	1. Rechtsfolgen bei Tod eines Komplementärs	192
	2. Rechtsfolgen bei Tod eines Kommanditisten	198
	3. Sonderrechtsnachfolge bei Erbengemeinschaft	201
II.	Steuerliche Folgen der Vererbung von Gesellschaftsanteilen	204
	1. Erbschaftsteuerliche Bewertung von KG-Anteilen	206
	2. Steuerbegünstigungen für Betriebsvermögen	210
	3. Schenkungsteuer	216
	4. Einkommensteuerliche Folgen der Erbauseinandersetzung bei Gesellschaftsanteilen	218
III.	Gesellschaftsvertragliche Gestaltungsmöglichkeiten	220
	1. Fortsetzungsklausel	221

	a) Zivilrecht 221	III.	Sachlicher und persönlicher Anwendungsbereich der Informationsrechte 286
	b) Einkommensteuer 224	IV.	Gerichtliche Geltendmachung. 289
	c) Erbschaftsteuer 227	Q.	**Wettbewerbsverbot** 290
2.	Einfache Nachfolgeklausel 228	I.	Gesetzliches Wettbewerbsverbot und Rechtsfolgen bei Verstoß 289
	a) Zivilrecht 228		
	b) Einkommensteuer 230	II.	Gesellschaftsvertragliche Regelungen. 293
	c) Erbschaftsteuer 231	III.	Wirksamkeit nachvertraglicher Wettbewerbsverbote 298
3.	Qualifizierte Nachfolgeklausel 232		
	a) Zivilrecht 232		1. Kontrolle nach § 1 Abs. 1 GWB 300
	b) Einkommensteuer 235		2. Sittenwidrigkeit nach § 138 BGB 301
	c) Erbschaftsteuer 237	R.	**Wechsel im Gesellschafterbestand und Wechsel der Gesellschafterstellung** 302
4.	Eintrittsklausel 238		
	a) Zivilrecht 238	I.	Aufnahme neuer Gesellschafter 305
	b) Einkommensteuer 239		1. Aufnahmevertrag mit dem neuen Gesellschafter, Eintragung ins Handelsregister . . . 305
	c) Erbschaftsteuer 240		
5.	Rechtsgeschäftliche Nachfolgeklausel 242		2. Besonderheiten beim Beitritt von Komplementären 311
IV.	Ausübung der Gesellschafterrechte durch gemeinsamen Vertreter 244		
			3. Besonderheiten beim Beitritt von Kommanditisten 312
V.	Testamentsvollstreckung 245		
	1. Komplementärbeteiligung 245		4. Steuerliche Folgen des Eintritts 314
	2. Kommanditbeteiligung 247	II.	Gesellschafterwechsel (Übertragung des Gesellschaftsanteils) 318
VI.	Abfindung 248		
N.	**Ausschließung und Ausscheiden von Gesellschaftern** 249		1. Veräußerungs- und Übertragungsvertrag, Eintragung ins Handelsregister 318
I.	Ausschluss von Gesellschaftern 249		2. Besonderheiten bei Übertragung des Gesellschaftsanteils eines Komplementärs. . . . 327
	1. Ausschließungsverfahren 249		
	2. Wichtiger Grund 250		3. Besonderheiten bei Übertragung des Gesellschaftsanteils eines Kommanditisten . . . 328
	3. Rechtsfolgen des Ausschlusses 254		
II.	Ausscheiden eines Gesellschafters 255		4. Steuerliche Folgen 331
	1. Ausscheiden nach der gesetzlichen Regelung 255	III.	Wechsel der Art der Gesellschafterstellung. . . . 336
			1. Besonderheiten beim Wechsel vom Kommanditisten zum Komplementär 341
	2. Vertragliche Vereinbarungen 256		
	3. Rechtsfolgen des Ausscheidens 257		2. Besonderheiten beim Wechsel vom Komplementär zum Kommanditisten 343
III.	Steuerliche Folgen 260		
O.	**Abfindung des ausgeschiedenen Gesellschafters** 261		3. Steuerliche Folgen 346
		S.	**Änderung des Gesellschaftsvertrags** 349
I.	Gesetzliche Abfindung 261	T.	**Auflösung/Liquidation** 357
II.	Abweichende Vereinbarungen 264	I.	Allgemeines. 357
III.	Einzelne Abfindungsklauseln 265	II.	Liquidation nach der gesetzlichen Rechtslage . 359
	1. Ertragswertklauseln 266	III.	Andere Art der Auseinandersetzung 361
	2. Buchwertklauseln 268	IV.	Verteilung des Gesellschaftsvermögens 362
	3. Abfindung i.H.v. steuerlichen Werten (Stuttgarter Verfahren) 272	V.	Steuerfolgen der Liquidation. 365
		U.	**Schiedsgericht** 367
IV.	Einschränkung des Abfindungsanspruchs 274	V.	**Insolvenz der KG** 371
V.	Fälligkeit und Verzinsung 276	I.	Insolvenzgründe und Antragspflicht 371
VI.	Befreiung von Schulden/Sicherheitsleistung. . . 277	II.	Folgen der Insolvenz für die Gesellschaft. . . . 372
VII.	teuerliche Auswirkungen des Ausscheidens . . . 278	W.	**Muster: Gesellschaftsvertrag einer typischen KG** 377
P.	**Informationsrechte** 280		
I.	Kontrollrechte 281		
II.	Auskunftsrechte 285		

Kommentare und Gesamtdarstellungen:

Bamberger/Roth, Kommentar zum Bürgerlichen Gesetzbuch, 2003; *Baumbach/Hopt*, Kommentar zum Handelsgesetzbuch, 32. Aufl. 2006; *Beck'sches Handbuch der Personengesellschaften*, 2. Aufl. 2002; *Meincke*, Erbschaftsteuer- und Schenkungsteuergesetz, 14. Aufl. 2004; *Münchener Handbuch des Gesellschaftsrechts*, Bd. 1, 2. Aufl. 2004;

Bd. 2, 2. Aufl. 2003; *Münchener Kommentar zum Bürgerlichen Gesetzbuch*, Bd. 5 (§§ 705 – 853, PartGG, ProdHaftG), 4. Aufl. 2004; *Schmidt*, EStG, 25. Aufl. 2006; *Sommer*, Die Gesellschaftsverträge der GmbH & Co. KG, 3. Aufl. 2005 *Sudhoff/Wälzholz*, Familienunternehmen, 2. Aufl. 2005.

Aufsätze und Rechtsprechungsübersichten:

Crezelius, Privilegierung von Produktivvermögen im Erbschaft- und Schenkungsteuerrecht – Zum Entwurf eines Gesetzes zur Erleichterung der Unternehmensnachfolge, DB 2006, 2252; *Hennerkes/May*, Überlegungen zur Rechtsformwahl in Familienunternehmen, DB 1988, 483; *Jorde/Götz*, Maßgebende Gesichtspunkte der Rechtsformwahl unter Steuer-, Liquiditäts- und Bewertungsaspekten, BB 2003, 1813 ff.; *Philipp/Kempny*, Aktuelles zur Unternehmensbewertung in der Erbschaftsteuer, ZErb 2006, 409; *Söffing/Seitz*, Wie sicher ist das Gesetz zur Sicherung der Unternehmensnachfolge?, ErbStB 2006, 100.

A. Überlegungen zur Rechtsformwahl (Zivil- und Steuerrecht)

Überlegungen zur **Rechtsformwahl** müssen immer der Beratungssituation und damit dem **Einzelfall** Rechnung tragen. Bei der Entscheidung über die künftige Rechtsform eines Unternehmens sind insb. **gesellschaftsrechtliche, ertragsteuerrechtliche und erbschaftsteuerrechtliche Aspekte** zu beachten. I.d.R. wird sich der Berater zwischen einer Personengesellschaft und einer Kapitalgesellschaft entscheiden müssen.

Ganz generell lässt sich Folgendes festhalten: Das „Handling" einer Personengesellschaft ist einfacher als das einer Kapitalgesellschaft, wobei vor der Rechtsform einer AG besonders zu warnen ist. Eine AG ist gesellschaftsrechtlich gesehen „beratungsträchtig" und von Laien kaum zu beherrschen.

Jede Rechtsform hat gesellschaftsrechtliche und steuerrechtliche **Vor- und Nachteile**, insgesamt hat die Personengesellschaft i.d.R. den größeren Nutzen. Eine Auswahl zivilrechtlicher und steuerrechtlicher Aspekte soll nachfolgend kurz erörtert werden.[1]

I. Gesellschaftsrechtliche/erbrechtliche Unterschiede zwischen Kapitalgesellschaften und Personengesellschaften

Kapitalgesellschaften erfordern ein **gesetzliches Mindestkapital**. Das Mindestkapital beträgt bei der GmbH derzeit 25.000 € (§ 5 Abs. 1 Satz 1 GmbHG), bei der AG sind 50.000 € erforderlich (§ 7 AktG). Bei einer Personengesellschaft gibt es kein gesetzliches Mindestkapital. Das **Kommanditkapital einer KG** kann von den Gesellschaftern **frei bestimmt werden**, wobei sie u.a. den Kapitalbedarf der Gesellschaft und die Möglichkeit der sofortigen Verrechnung von anteiligen Verlusten unter Berücksichtigung der Vorschrift des § 15a EStG beachten sollten.

Auch die **Haftung für Gesellschaftsschulden** ist unterschiedlich ausgestaltet. Bei einer Kapitalgesellschaft haftet für Verbindlichkeiten der Gesellschaft grds. nur das **Gesellschaftsvermögen** (§ 13 Abs. 2 GmbHG, § 1 Abs. 1 Satz 2 AktG). Hat ein Gesellschafter sein Kapital eingezahlt, läuft er kein Haftungsrisiko mehr, es sei denn, er übernimmt für Schulden der Gesellschaft die persönliche Haftung oder eine Bürgschaft etc. Bei einer KG haftet nur der **Komplementär unbeschränkt**, unabhängig davon, ob er seine Einlage geleistet hat oder nicht. **Kommanditisten** haften grds. **nur mit der vereinbarten Haftsumme**, haben sie jedoch eine Einlage in Höhe der Haftsumme in die KG geleistet und ist diese nicht wieder zurückgezahlt worden, haben sie kein Haftungsrisiko in Bezug auf Schulden der Gesellschaft mehr.

Bei einer Kapitalgesellschaft ist es möglich, **Nichtgesellschafter als Vorstände bzw. Geschäftsführer** zu bestellen, die die Kapitalgesellschaft nach außen vertreten. Bei einer Personengesellschaft ist dies nur bei einer GmbH & Co. KG möglich, nicht bei einer KG. Bei einer KG kann nur ein Gesellschafter die organschaftliche Vertretungsbefugnis ausüben (**Grundsatz der Selbstorganschaft**).

Soll einer oder mehreren Personen die Möglichkeit gegeben werden, eine **Gesellschaft zu beherrschen**, obwohl sie nicht über die Mehrheit des Kapitals verfügen, ist die KG die richtige Rechtsform. Der Kom-

---

1 Zur Rechtsformwahl im Allgemeinen siehe u.a. Jorde/Götz, BB 2003, 1813 ff.

plementär einer KG ist nach dem Gesetz **keinen Weisungen** der anderen Gesellschafter oder der Gesellschafterversammlung unterworfen, es sei denn, dies wird ausdrücklich im KG-Vertrag vereinbart. Er bedarf auch lediglich für **Geschäfte, die über den gewöhnlichen Geschäftsbetrieb** der KG **hinausgehen**, der Zustimmung der Gesellschafterversammlung. Die Rechtsform der KG wird daher dann gewählt, wenn das **Haftungsrisiko gering** ist und wenn dem geschäftsführenden Gesellschafter eine **starke Rechtsposition** eingeräumt werden soll.

Bei einer GmbH hingegen kann die Gesellschafterversammlung dem **Geschäftsführer Weisungen erteilen**. Bei einer AG steht ein solches Weisungsrecht weder der Hauptversammlung noch dem Aufsichtsrat zu. Der Mehrheitsgesellschafter einer AG übt seinen Einfluss auf den Vorstand jedoch durch die **Bestellung des Aufsichtsrates** aus, der wiederum den Vorstand bestellt und überwacht.

6   Die **Art der möglichen Einlagen** ist bei **Personengesellschaften** wesentlich weiter als bei Kapitalgesellschaften. Einlagefähig sind bei Personengesellschaften einmalige oder wiederkehrende Leistungen, Geld, Sachen, Rechte, Erfindungen, Gebrauchsüberlassungen, Nutzungseinlagen, Dienste (z.B. die Geschäftsführung), Unterlassungen und sogar die Übernahme der Mithaftung.[2] Bei **Kapitalgesellschaften** sind **Bar- und Sacheinlagen möglich**. Nicht einlagefähig sind jedoch schuldrechtliche Ansprüche gegen die einlagepflichtigen Gesellschafter selbst, z.B. die Verpflichtung zu eigenen Dienstleistungen.[3]

7   Im **Erbfall** geht der Anteil des Erblassers an einem Geschäftsanteil einer GmbH zunächst **auf die Erbengemeinschaft über**. Der einzelne Erbe wird erst nach einer Auseinandersetzung des Nachlasses Inhaber des auf ihn entfallenden Anteils an dem Geschäftsanteil. Ebenso ist es, wenn sich **Aktien** im Nachlass des Erblassers befinden. Ganz anders ist es bei dem Anteil an einer KG. Der **Anteil an einer KG** geht auf die Erben im Verhältnis ihrer Erbquote **unmittelbar im Wege einer Sonderrechtsnachfolge** über (soweit es der Gesellschaftsvertrag zulässt). Es bedarf keiner Erbauseinandersetzung.[4]

8   Auch im Zusammenhang mit der **Testamentsvollstreckung** gibt es Unterschiede zwischen Anteilen an Kapitalgesellschaften und Personengesellschaften. Die Verwaltung eines Anteils an einer Kapitalgesellschaft durch den Testamentsvollstrecker ist unproblematisch. Der Testamentsvollstrecker über den Anteil an einer KG kann zwar grds. die mit der Beteiligung verbundenen Mitgliedschaftsrechte ausüben. Eingriffe in den Kernbereich der Mitgliedschaft bedürfen aber der Zustimmung der Gesellschaftererben.[5]

II. Ertragsteuerliche Unterschiede

9   **Gravierende Unterschiede** bestehen zwischen **Kapitalgesellschaften** und gewerblich tätigen KG auf dem Gebiet der Ertragsbesteuerung. Vergütungen, die von einer Kapitalgesellschaft an Gesellschafter für die Überlassung von Darlehen, für die Überlassung von Grundstücken, für die Leistung von Diensten (Gelder) gezahlt wurden, **mindern als Betriebsausgaben den Gewinn** der Kapitalgesellschaft, sofern keine verdeckten Gewinnausschüttungen vorliegen. Anders ist es bei einer **gewerblich tätigen KG**. Hier haben derartige Vergütungen keine Auswirkung auf das steuerliche Ergebnis (§ 15 Abs. 1 Satz 1 Nr. 2 EStG); diese Vergütungen stellen zwar zunächst Betriebsausgaben bei der KG dar, werden dann aber als **Sonderbetriebseinnahmen** des Gesellschafters dem Gewinn der KG wieder hinzugerechnet.

10 Bei einer Kapitalgesellschaft sind **Rückstellungen für Pensionszusagen** mit steuerlicher Wirkung möglich, nicht dagegen bei einer Personengesellschaft.

11 Unterschiedlich ist auch der **Zeitpunkt**, zu dem Gesellschafter von Kapitalgesellschaften und von Personengesellschaften den **Gewinn versteuern** müssen. Der Gesellschafter einer Kapitalgesellschaft versteuert nur die an ihn **ausgeschüttete Dividende**, thesaurierte Beträge muss er dagegen nicht versteuern. Anders ist es bei dem Gesellschafter einer Personengesellschaft. Dieser hat den **anteiligen Jahresüberschuss** unabhängig davon zu versteuern, ob er ihn entnehmen kann oder nicht, und zwar zu dem

---

2   Baumbach/Hopt/Hopt, HGB, § 109 Rn. 7.
3   Baumbach/Hueck/Fastrich, GmbHG, § 5 Rn. 24.
4   Palandt/Edenhofer, *BGB*, § 2205 Rn. 18, 21; siehe auch unten Rn. 201.
5   Palandt/Edenhofer, BGB, § 2205 Rn. 21; siehe unten Rn. 245 ff.

Zeitpunkt, in dem er „erzielt" wird, d.h. nach dem Verständnis der Rspr. i.d.R. zum Ende des jeweiligen Wirtschaftsjahres.

Ein weiterer Unterschied besteht im Fall der **Verlustsituation**. Befindet sich eine Gesellschaft in einer solchen Situation, kann ein Gesellschafter die von einer Kapitalgesellschaft erlittenen Verluste grds. steuerlich nicht nutzen. Anders stellt sich dies bei einer KG dar. Komplementäre können Verluste aus einer KG-Beteiligung **unbeschränkt** mit Gewinnen aus anderen Einkunftsarten **ausgleichen**. Kommanditisten können anteilige Verluste nur im Rahmen von § 15a EStG mit anderen positiven Einkünften ausgleichen, im Übrigen lediglich mit künftigen Gewinnen aus der KG verrechnen. 12

Bei Personengesellschaften findet eine (beschränkte) **Anrechnung der Gewerbesteuer** auf die Einkommensteuer der Gesellschafter statt (§ 35 EStG). Bei Kapitalgesellschaften ist eine solche **Anrechnung nicht möglich**. Immobilienverwaltende KG sind von der Gewerbesteuer allerdings befreit (§ 9 Nr. 1 GewStG). 13

Beim **Erwerb von Anteilen** ist es bei einer Kapitalgesellschaft nicht möglich, durch Erhöhung der Buchwerte ein zusätzliches **AfA-Potenzial** zu generieren. Anders bei Personengesellschaften. Bei diesen ist es möglich, die Buchwerte über eine Ergänzungsbilanz des Erwerbers aufzustocken und damit zusätzliches AfA-Potenzial zu schaffen. 14

Unterschiede bestehen auch in der **steuerlichen Behandlung von Finanzierungskosten** aus dem Erwerb von Gesellschaftsanteilen. Die Finanzierungskosten eines Gesellschafters für den Erwerb eines Anteils an einer Kapitalgesellschaft können von diesem **nur zur Hälfte steuerrechtlich genutzt** werden (§ 3c Abs. 2 i.V.m. § 3 Nr. 40 EStG). Bei einer gewerblich tätigen KG sind Schuldzinsen aus der Finanzierung des Anteilserwerbs **in vollem Umfang abzugsfähig**, werden jedoch für Zwecke der Gewerbesteuer zu 50 % dem Gewinn der KG als Dauerschuldzinsen hinzugerechnet. Diese gewerbesteuerliche Mehrbelastung wird zweckmäßigerweise durch eine **Gewerbesteuerklausel**[6] im Gesellschaftsvertrag im Rahmen der Gewinnverteilung zu Gunsten anderer Gesellschafter ausgeglichen. 15

Veräußert der Gesellschafter einer Kapitalgesellschaft seinen Anteil, so ist der etwaige **Veräußerungsgewinn** im Rahmen des **Halbeinkünfteverfahrens** („zur Hälfte") nur dann steuerpflichtig, wenn er zu mehr als einem Prozent an der Kapitalgesellschaft beteiligt war (§ 17 EStG), die Haltedauer weniger als zwölf Monate betrug (§ 23 EStG) oder es sich um einbringungsgeborene Anteile (§ 21 UmwStG) handelt. Bei Veräußerungen von Anteilen an **gewerblich tätigen KG**, ist der etwaige Veräußerungsgewinn immer steuerpflichtig. Minderungen der Steuerbelastung ergeben sich gemäß § 16 Abs. 4 EStG, wenn der Steuerpflichtige das 55. Lebensjahr vollendet hat oder wenn er im sozialversicherungsrechtlichen Sinne dauernd berufsunfähig ist. Weitere Möglichkeiten zur **Senkung der Steuerlast** auf den Veräußerungsgewinnen eines Anteils an einer gewerblich tätigen KG ergeben sich aus § 34 Abs. 1 und 2 des § 34 EStG (sog. Fünftelregelung) oder aus § 34 Abs. 2 und 3 EStG (halber Steuersatz). 16

Ein **Gesellschafterwechsel** hat auf einen etwaigen gewerbesteuerlichen Verlustvortrag bei der Kapitalgesellschaft keine Auswirkung. Bei einer Personengesellschaft geht im Fall eines Gesellschafterwechsels der **anteilige Verlustvortrag** unter.[7] 17

Die **ertragsteuerlichen Unterschiede** in der Besteuerung der Gewinne einer KG und einer GmbH lassen sich aus der **nachfolgenden Tabelle** ablesen. 18

---

6   Siehe hierzu unten Rn. 164 und die Gewerbesteuerklausel in § 13 Abs. 2 des Mustervertrages (Rn. 377).
7   BFH, GmbHR 2006, 384 f.; A 68 Abs. 3 GewStR 1998.

Teil 2: Gesellschaftsrecht • 1. Kapitel: Recht der Personengesellschaften

Sachverhalt:
An einer Personengesellschaft (KG) bzw. Kapitalgesellschaft (GmbH) sind jeweils zwei Gesellschafter zu je 50% beteiligt. Ein Gesellschafter überlässt der Personengesellschaft bzw. Kapitalgesellschaft ein unbebautes Grundstück zur Nutzung. Die GmbH zahlt den Gesellschafter-Geschäftsführern ein Gehalt von insgesamt EUR 200.000; der restliche Jahresüberschuss wird thesauriert.

Tab. 1

Kommanditgesellschaft					
Die Gesellschafter sind nicht verheiratet und haben keine weiteren Einkünfte, so dass für die Ermittlung des individuellen Einkommensteuersatzes die Grundtabelle zur Anwendung kommt.					
Ebene der Gesellschaft					
1. Ermittlung des endgültigen Jahresüberschusses	EUR	EUR			
Gewinn vor GewSt		400.000			
darin bereits berücksichtigt: Pachtzahlungen für ein Grundstück, das ein Gesellschafter der OHG überlassen hat	50.000				
GewSt-Belastung (Hebesatz 400%)		-66.900			
Endgültiger Jahresüberschuss		333.100			
2. Steuerliche Gewinnverteilung	Gesellr 1 EUR	Gesellr 2 EUR	Gesamt EUR		
Jahresüberschuss	166.550	166.550	333.100		
Vorabvergütung		50.000	50.000		
Gewinnanteil i. S. v. § 15 I 1 Nr. 2 EStG	166.550	216.550	383.100		
Ebene der Gesellschafter	Gesellr 1 EUR	Gesellr 2 EUR	Gesamt EUR		
Einkommensteuerbelastung					
Gewinnanteile	216.550	166.550	383.100		
tarifliche Einkommensteuer (Grundtabelle)	-83.037	-62.037	-145.074		
Solidaritätszuschlag	-4.567	-3.412	-7.979		
anrechenbare GewSt (§ 35 EStG)	15.053	15.053	30.105		
Belastung mit ESt und SolZ	-72.552	-50.397	-122.948		
Steuerbelastung insgesamt			Gesamt EUR		
GewSt			-66.900		
ESt und SolZ			-122.948		
Gesamtsteuerbelastung			-189.848		
Ertragsteuerquote			42,19%		

Tab. 2

Kommanditgesellschaft				
Die Gesellschafter sind nicht verheiratet und haben neben der Kommanditbeteiligung hohe sonstige Einkünfte, so dass die Einkünfte dem Spitzensteuersatz unterliegen.				
Ebene der Gesellschaft				
1. Ermittlung des Jahresüberschusses	EUR	EUR		
Gewinn vor GewSt darin bereits berücksichtigt: Pachtzahlungen für ein Grundstück, das ein Gesellschafter der OHG überlassen hat	50.000	400.000		
GewSt-Belastung (Hebesatz 400%)		-66.900		
Jahresüberschuss		333.100		
2. Steuerliche Gewinnverteilung	Gesellr 1 EUR	Gesellr 2 EUR	Gesamt EUR	
Jahresüberschuss	166.550	166.550	333.100	
Vorabvergütung		50.000	50.000	
Gewinnanteil i. S. v. § 15 I 1 Nr. 2 EStG	166.550	216.550	383.100	
Ebene der Gesellschafter	Gesellr 1 EUR	Gesellr 2 EUR	Gesamt EUR	
Einkommensteuerbelastung				
Einkommensanteile	166.550	216.550	383.100	
Einkommensteuer (42%)	-90.951	-69.951	-160.902	
Solidaritätszuschlag	-5.002	-3.847	-8.850	
anrechenbare GewSt (§ 35 EStG)	15.053	15.053	30.105	
Belastung mit ESt und SolZ	-80.901	-58.746	-139.647	
Steuerbelastung insgesamt			Gesamt EUR	
GewSt			-66.900	
ESt und SolZ			-139.647	
Gesamtsteuerbelastung			-206.547	
Ertragsteuerquote			45,90%	

Tab. 3

Kapitalgesellschaft			
Die Gesellschafter/Geschäftsführer sind nicht verheiratet und haben keine sonstige Einkünfte, so dass für die Ermittlung des individuellen Einkommensteuersatzes die Grundtabelle zur Anwendung kommt.			
Ebene der Kapitalgesellschaft			
Ermittlung des Jahresüberschusses		EUR	
Gewinn vor GewSt		400.000	
Geschäftsführervergütung		-200.000	
GewSt-Belastung (Hebesatz 400%)		-33.320	
KSt-Belastung (25%)		-41.670	
Jahresüberschuss		125.010	
Ebene der Gesellschafter	Gesellr 1 EUR	Gesellr 2 EUR	Gesamt EUR
Einkommensteuerbelastung			
Arbeitseinkünfte	100.000	100.000	200.000
Vergütungseinkünfte (Grundtabelle)	-55.086	-33.699	-88.785
Solidaritätszuschlag	-3.030	-1.853	-4.883
Belastung mit ESt und SolZ	-58.116	-35.552	-93.668
Steuerbelastung insgesamt			Gesamt EUR
GewSt			-33.320
KSt			-41.670
ESt und SolZ			-93.668
Gesamtsteuerbelastung			-168.658
Ertragsteuerquote			37,4%

Tab. 4

Kapitalgesellschaft			
Die Gesellschafter/Geschäftsführer sind nicht verheiratet und haben neben der Beteiligung an der Kapitalgesellschaft hohe sonstige Einkünfte, so dass die Einkünfte dem Spitzensteuersatz unterliegen.			
Ebene der Kapitalgesellschaft			
Ermittlung des Jahresüberschusses		EUR	
Gewinn vor GewSt		400.000	
Geschäftsführervergütung		-200.000	
GewSt-Belastung (Hebesatz 400%)		-33.320	
KSt-Belastung (25%)		-41.670	
Jahresüberschuss		125.010	
Ebene der Gesellschafter	Gesellr 1 EUR	Gesellr 2 EUR	Gesamt EUR
Einkommensteuerbelastung			
Arbeitseinkünfte	100.000	100.000	200.000
Vergütungseinkünfte (42%)	-50.000	-50.000	-105.000
Solidaritätszuschlag	-3.465	-2.310	-5.775
Belastung mit ESt und SolZ	-46.465	-44.310	-110.775
Steuerbelastung insgesamt			Gesamt EUR
GewSt			-33.320
KSt			-41.670
ESt und SolZ			-110.775
Gesamtsteuerbelastung			-185.765
Ertragsteuerquote			41,28%

III. Erbschaftsteuerliche/schenkungsteuerliche Unterschiede

1. Geltendes Recht

Ein großer Unterschied besteht in der **Bewertung der Beteiligung an einer Kapitalgesellschaft** bzw. an einer **gewerblich tätigen KG** für Schenkung- bzw. Erbschaftsteuerzwecke. Der Anteil an einer (nicht börsennotierten) **Kapitalgesellschaft** wird mit dem **gemeinen Wert** bewertet (§ 11 Abs. 2 BewG). Lässt sich der gemeine Wert nicht aus zeitnahen Verkäufen ableiten, die weniger als ein Jahr zurückliegen, wird der gemeine Wert nach dem sog. Stuttgarter Verfahren (R 96 ff. ErbStR) geschätzt. Bei einer Beteiligung an einer **gewerblich tätigen KG** wird der Erbschaftsteuerwert anhand der **Steuerbilanzwerte** ermittelt (ausgenommen u.a. Betriebsgrundstücke und Anteile an Kapitalgesellschaften). Die beiden unterschiedlichen Bewertungsmethoden wirken sich bei ertragsstarken Kapitalgesellschaften dahingehend aus, dass der Erbschaftsteuerwert höher ist als der einer vergleichbaren gewerblich tätigen KG.

19

Nur wenn der Erblasser zu **mehr als 25 % an einer Kapitalgesellschaft beteiligt** ist, kommen seine Erben in den Genuss der **steuerlichen Begünstigung von Betriebsvermögen** (§§ 13a, 19a ErbStG). Diese bestehen derzeit in einem Freibetrag i.H.v. 225.000 € und in einem Bewertungsabschlag i.H.v. 35 %. Ferner fällt max. Steuer in Höhe der Steuerklasse I an, ganz gleich, wer das Betriebsvermögen erbt. Diese Vorteile genießt der Erblasser, in dessen Nachlass sich eine Beteiligung an einer **gewerblich tätigen** KG befindet, unabhängig von der Höhe seiner Beteiligung.

Wurde die Beteiligung an der Personen- oder Kapitalgesellschaft finanziert, können **nur die Schulden unbeschränkt abgezogen** werden, die zur Finanzierung eines Anteils an einer gewerblich tätigen Personengesellschaft aufgenommen worden sind. Bei der Beteiligung an einer Kapitalgesellschaft, bei der der Erwerb von Anteilen finanziert worden ist, können die Schulden im Erbfall **nur teilweise** im selben Verhältnis wie Steuerwert zu Verkehrswert abgezogen werden (§ 10 Abs. 5 ErbStG), wenn z.B. der erbschaftsteuerliche Wert 80 % des Verkehrswerts beträgt, dann können die Schulden nur zu 80 % abgezogen werden.

2. Erbschaftsteuerreform

Das geltende Erbschaftsteuerrecht steht auf dem Prüfstand des **BVerfG**, dessen Entscheidung in diesem Jahr erwartet wird (siehe hierzu Rn. 215).

20

Auch der **Gesetzgeber plant Änderungen** des Erbschaftsteuerrechts im Rahmen des Entwurfs eines „Gesetzes zur Erleichterung der Unternehmensnachfolge" (siehe hierzu Rn. 215). Geplant ist u.a. die **Begünstigungen des Betriebsvermögens** auf die Anteile von Gesellschaftern von Kapitalgesellschaften, die weniger als 25 % ausmachen, zu erstrecken, wenn zwischen Gesellschaftern, die zusammen mehr als 25 % repräsentieren, Stimmbindungsverträge bestehen. Problematisch ist dabei u.a. die **geplante Unterscheidung** zwischen **Produktiv- und Nichtproduktivvermögen** sowie die **geplante Fortführungsklausel**.

Letztere besagt, dass der vererbte oder geschenkte Betrieb zehn Jahre lang „in einem nach dem Gesamtbild vergleichbaren Umfang" fortgeführt werden muss.[8]

B. Praktische Anwendungsfälle und Erscheinungsformen

Eine KG tritt in mannigfachen Erscheinungsformen auf, z.B.:

21

- als gewerblich tätige KG,
- als vermögensverwaltende KG,
- als Familien-KG,

---

[8] Vgl. dazu die Lit. zum Entwurf des „Gesetzes zur Erleichterung der Unternehmensnachfolge": Crezelius, DB 2006, 2252 ff.; Söffing/Seitz, ErbStB 2006, 100 ff.; Philipp/Kempny, ZErb 2005, 409 ff.; Schimpfky/Schneider, DSWR 2005, 218 ff.

- als doppelstöckige KG,
- als Publikums-KG oder
- als GmbH & Co. KG.

22 Alle diese Erscheinungsformen **schließen sich nicht gegenseitig aus**, sondern betonen ein besonderes Element. So kann eine Familien-KG, deren Gesellschafter ausschließlich Familienmitglieder sind, sowohl als gewerblich tätige KG als auch als vermögensverwaltende oder als GmbH & Co. KG auftreten. Die Unterscheidung zwischen gewerblich tätiger und vermögensverwaltender KG ist steuerrechtlich indiziert: Die gewerblich tätige KG verfügt über steuerliches Betriebsvermögen und hat Einkünfte aus Gewerbebetrieb, eine vermögensverwaltende KG hat steuerliches Privatvermögen und kann Einkünfte aus Vermietung und Verpachtung oder Einkünfte aus Kapitalvermögen haben, je nachdem, welches Vermögen verwaltet wird.

23 Die **GmbH & Co. KG** wird in Teil 2: Gesellschaftsrecht, 1. Kapitel § 4 GmbH & Co. KG abgehandelt. Auf sie wird nachfolgend nicht mehr eingegangen. Dasselbe gilt für die Publikums-KG, die i.d.R. als GmbH & Co. KG auftritt („Zwei-Klassen-Gesellschaft").

I. Allgemeines

24 Eine KG unterscheidet sich von einer OHG (siehe hierzu Teil 2: Gesellschaftsrecht, 1. Kapitel § 2 OHG) nur dadurch, dass ein Teil der Gesellschafter unbeschränkt und ein Teil nur beschränkt haftet („Zwei-Klassen-Gesellschaft").

25 Hinsichtlich der **Entstehung einer KG** ist zu unterscheiden:
- Betreibt die KG ein Handelsgewerbe i.S.v. § 1 Abs. 2 HGB, entsteht die KG mit dem **Abschluss des Gesellschaftsvertrages**;
- soll die KG vermögensverwaltend tätig sein, entsteht sie, wenn sie in das **Handelsregister eingetragen** wird;
- ist die KG auf ein Kleingewerbe i.S.v. § 2 HGB gerichtet, entsteht sie ebenfalls erst mit der **Eintragung ins Handelsregister**.

26 Der **Komplementär** einer KG führt **grds. die Geschäfte der Gesellschaft**, ohne dass die anderen Gesellschafter ihm – wie bei einer GmbH – Weisungen erteilen können (siehe hierzu unten Rn. 104). Die **Kommanditisten** sind **von der Führung** der Geschäfte der Gesellschaft **ausgeschlossen** (§ 164 Satz 1 1. Halbs. HGB). Sie können einer Geschäftsführerhandlung auch nicht widersprechen, solange sich die Geschäftsführung im Rahmen des gewöhnlichen Betriebes der Gesellschaft hält (§ 164 Satz 1 2. Halbs. HGB). Will der geschäftsführende Gesellschafter Handlungen vornehmen, die über den gewöhnlichen Betrieb des Handelsgeschäftes der Gesellschaft hinausgehen, bedarf es eines **Beschlusses sämtlicher**, auch der nicht geschäftsführungsberechtigten **Gesellschafter**, also einschließlich der Kommanditisten.[9] Der Gesellschaftsvertrag kann die Kommanditistenrechte abweichend gestalten, z.B. den Kommanditisten Geschäftsführungsbefugnisse einräumen, Weisungsrechte an den Komplementär enthalten etc..[10]

II. Gewerblich tätige KG

27 Wird ein Handelsgewerbe i.S.v. § 1 Abs. 2 HGB betrieben, entsteht **steuerrechtlich** eine **gewerblich tätige KG** mit Betriebsvermögen und Einkünften aus Gewerbebetrieb (§§ 15 f. EStG). Dies hat weit reichende Folgen:
- Die KG muss eine **kaufmännische Buchführung erstellen** und **Bilanzen** unter Beachtung der Vorschriften der §§ 264 ff. HGB aufstellen.

---

9 Baumbach/Hopt/Hopt, HGB, § 164 Rn. 2.
10 Vgl. hierzu Baumbach/Hopt/Hopt, HGB, § 164 Rn. 7.

- Der Gewinn einer gewerblich tätigen KG wird durch den **Vergleich des Betriebsvermögens** am Anfang und am Ende eines Geschäftsjahres ermittelt (nicht durch eine Einnahmen-/Überschussrechnung).
- Im Fall von **Verlusten** sind die Verlustausgleichsbeschränkungen des § 15a EStG zu beachten.
- Bei der Gestaltung des Gesellschaftsvertrages ist besonderes Augenmerk auf die Gestaltung der **Kapitalkonten** zu legen.
- Wird ein Gewinn anlässlich einer **Veräußerung** eines KG-Anteils erzielt, ist dieser steuerpflichtig.
- Im Schenkungs- und Erbfall können die **Vorteile von Betriebsvermögen** in Anspruch genommen werden (§ 13a ErbStG: Freibetrag von 225.000 € und Bewertungsabschlag von 35 %; § 19a ErbStG: im Ergebnis immer Steuerklasse I). Ob diese schenkungsteuerliche Begünstigung nach der geplanten Erbschaftsteuerreform ab 1.1.2007 weiter besteht, bleibt abzuwarten, zumal der BFH die derzeitige Begünstigung von Grundvermögen und Betriebsvermögen als verfassungswidrig ansieht und ein entsprechendes Verfahren beim BVerfG anhängig ist.[11]
- Bei der **Bewertung** einer KG für Schenkung- und Erbschaftsteuerzwecke werden i.d.R. die Bilanzwerte der Wirtschaftsgüter angesetzt.
- Bei einer gewerblich tätigen KG gehören zum Betriebsvermögen auch Wirtschaftsgüter, die im Eigentum einzelner Gesellschafter stehen, jedoch dem Betrieb der Personengesellschaft unmittelbar oder mittelbar dienen (Sonderbetriebsvermögen) und die daher auch erbschaftsteuerlich begünstigt sind.
- Bei einer gewerblich tätigen KG sind **Vergütungen**, die einzelne Gesellschafter von der KG für ihre Tätigkeit im Dienst der KG oder für die Hingabe von Darlehen oder für die Überlassung anderer Wirtschaftsgüter erhalten, beim empfangenden Gesellschafter Einkünfte aus Gewerbebetrieb und werden steuerrechtlich dem Gewinn der KG hinzugerechnet (§ 15 Abs. 1 Satz 1 Nr. 2 EStG).
- Eine gewerblich tätige KG ist **gewerbesteuerpflichtig**.
- Die **Gewerbesteuer** der KG wird gemäß § 35 EStG auf die Einkommensteuer der Gesellschafter angerechnet; dies bedeutet, dass der Ausgleich der Gewerbesteuermehrungen und -minderungen, die von einem Gesellschafter ausgelöst werden, im Gesellschaftsvertrag der KG geregelt werden müssen (vgl. hierzu unten § 13 Abs. 2 des Mustervertrages Rn. 377).
- Die **Buchwerte** von einzelnen Wirtschaftsgütern können steuerlich fortgeführt werden, wenn sie in ein anderes Betriebsvermögen des Steuerpflichtigen überführt werden (§ 6 Abs. 5 EStG).
- Die **unentgeltliche Übertragung** von Teilbetrieben oder Mitunternehmeranteilen löst keine Gewinnrealisierung von stillen Reserven aus (§ 6 Abs. 3 EStG).

Steuerrechtlich nachteilig ist bei einer Personengesellschaft wie der KG jedoch, dass sie **einkommensteuerrechtlich transparent** ist. Dies bedeutet, dass die Einkommensteuerlast nur die Gesellschafter trifft. Dies ist u.a. ein Grund, warum in einem guten KG-Vertrag **Steuerentnahmeklauseln** enthalten sind (vgl. hierzu Rn. 94 f.). Nachteilig ist auch, dass bei einer KG keine **Ausschüttungspolitik mit steuerrechtlicher Wirkung** möglich ist, da das anteilige Ergebnis beim Gesellschafter zu versteuern ist, ohne Rücksicht darauf, ob ein etwaiger Jahresüberschuss an den Gesellschafter ausgeschüttet wird oder nicht.

28

III. Vermögensverwaltende KG

Literatur:

Fleischer, Vermögensverwaltende Personengesellschaften: Steuerliche Realisierungstatbestände bei der Einbringung steuerverstrickten Privatvermögens, ZEV 2003, 190 ff.; *Hohaus*, Die Beteiligung Minderjähriger an vermögensverwaltenden Familien-Kommanditgesellschaften – Anforderungen für die steuerrechtliche Anerkennug, BB 2004, 1707 ff.; *Schön*, Die vermögensverwaltende Personengesellschaft – ein Kind der HGB-Reform, DB 1998, 1169 ff.; *Strahl*, Vermögensverwaltende Personengesellschaften im Ertragsteuerrrecht, KÖSDI 2001, 12802 f.; *Wohlschlegel*, Vermögensverwaltende GbR und wesentliche Beteiligungen im Einkommen- und Erbschaftsteuerrecht, DStR 1997, 1589 ff.

---

11 Vgl. das derzeit anhängige Verfahren: BVerfG – 1 BvL 10/02; Vorlagebeschluss des BFH, BStBl. 2002 II, S. 598 ff. sowie Rn. 20 und Rn. 215.

29 Die **vermögensverwaltende KG** wurde durch die Reform des HGB ab 1.7.1998 eingeführt.[12] Vorher konnte keine vermögensverwaltende KG in das **Handelsregister eingetragen** werden. Heute besteht ein Wahlrecht. Die vermögensverwaltende KG hat heute eine große Bedeutung, da vermögensverwaltende GbR unter Beteiligung von **Minderjährigen** von den Familiengerichten i.d.R. nicht mehr genehmigt werden, weil Minderjährige gesamtschuldnerisch für die Schulden der Gesellschaft haften würden. Ferner haben Minderjährige das Recht, die GbR aus wichtigem Grund zu kündigen, wenn sie das 18. Lebensjahr vollendet haben (§ 723 Abs. 1 Satz 2 Nr. 2 BGB).

30 Eine vermögensverwaltende KG ist insb. dann eine ideale Rechtsform, wenn die Gesellschafter **steuerrechtliches Betriebsvermögen vermeiden** wollen. Die Wirtschaftsgüter einer vermögensverwaltenden KG sind nämlich **Privatvermögen**; dies bedeutet u.a., dass **stille Reserven** nur dann versteuert werden müssen, wenn die Voraussetzungen der §§ 17 oder 23 EStG vorliegen.

31 Die **steuerlichen Begünstigungen von Betriebsvermögen** (§§ 13a, 19a ErbStG) werden im **Erb-** oder **Schenkungsfall** nicht gewährt. Im Schenkungsfall können die Schulden der KG nicht in voller Höhe von den Aktiva abgezogen werden. Die vermögensverwaltende KG ermittelt ihr Jahresergebnis im Wege der Einnahmen-/Überschussrechnung. Bei ihr gibt es keine Sonderbilanzen und keine Ergänzungsbilanzen. Hinsichtlich der steuerrechtlichen Transparenz bestehen keine Unterschiede zur gewerblich tätigen KG.

32 Die vermögensverwaltende KG **unterliegt nicht der Gewerbesteuer**.

33 Zur Frage, ob eine vermögensverwaltende KG eine **Bilanz** erstellen muss, siehe unten Rn. 152.

34 Ein **weiterer Vorteil** einer vermögensverwaltenden KG ist der Umstand, dass **keine Zwangsmitgliedschaft bei der Industrie- und Handelskammer** (IHK) besteht, so dass eine entsprechende Beitragspflicht entfällt. Die Mitgliedschaft in der IHK knüpft an die Gewerbesteuerpflicht an. Die vermögensverwaltende KG ist nicht gewerbesteuerpflichtig, so dass sie auch nicht zwangsweise der IHK angehört. Da die vermögensverwaltende Kommanditgesellschaft nicht gewerblich tätig wird, ist auch eine Anmeldung beim Gewerbeamt der Sitzgemeinde nicht notwendig.

IV. Familien-KG

Literatur:

Carlé, Sinnvolle Steuerklauseln in Verträgen, KÖSDI 1999, 11906 ff.; *Carlé/Halm*, Entwicklungen des Sondersteuerrechts der Familienpersonengesellschaften, KÖSDI 2000, 12383 ff.; *Hennerkes/May*, Der Gesellschaftsvertrag des Familienunternehmens, NJW 1988, 2761 ff.; *Kirchdörfer/Lorz*, Familienvermögensgesellschaften als Organisationsmodelle im Rahmen der Familienstrategie und der Planung der Vermögensnachfolge, DB 2004, Beilage 3; *Münchner Handbuch des Gesellschaftsrechts*, Bd. 2, 2. Aufl. 2003; *Ritzrow*, Die Familien-Personengesellschaft im EStR, StBP 2003, 140, 173; *Schlitter*, Besonderheiten bei Familien-Personengesellschaften, EStB 2003, 383 ff.; *Spiegelberger*, Die Familien-GmbH & Co. KG, ZEV 2003, 391 ff.; *Sudhoff*, Familienunternehmen, 2. Aufl. 2005.

35 Eine Familien-KG wird i.d.R. gegründet, wenn **Vermögen** (z.B. Grundvermögen) **generationsübergreifend erhalten werden soll** und die Eltern die Kontrolle behalten sollen. Kein Gesellschafter kann – wie bei einer Erbengemeinschaft (§§ 2042 ff. BGB) – die Teilung des Vermögens der KG verlangen. Die Kündigung kann auch für lange Zeit ausgeschlossen werden. Der BGH hat eine Bindung von 30 Jahren noch als unbedenklich eingestuft.[13] Der **Abfindungsanspruch** eines ausscheidenden Gesellschafters kann begrenzt werden (siehe hierzu unten Rn. 274 ff.). **Scheidungsrisiken** in Form von Zugewinnausgleichsansprüchen des familienfremden Ehegatten können durch entsprechende Bestimmungen im Gesellschaftsvertrag und durch die Vereinbarung einer modifizierten Zugewinngemeinschaft zwischen den Eheleuten ausgeschlossen werden. Die **Eltern** übernehmen bei der Gründung einer Familien-KG i.d.R. die Rolle des Komplementärs und behalten so die **Kontrolle** über die Gesellschaft.

36 Die Rechtsform der KG wird insb. genutzt, wenn Vermögen im Wege der **vorweggenommenen Erbfolge** auf Abkömmlinge übertragen werden soll (sog. „Familienpool"). Nach derzeitigem Recht werden z.B.

---

12 Vgl. hierzu Schön, DB 1998, 1169 ff.
13 BGH, WM 1967, 315 f.

Grundstücke mit den niedrigen Bedarfswerten [§§ 138 Abs. 3 – 6, 145 ff. BewG] bewertet.). Grundvermögen wird heute nicht mehr unmittelbar auf Abkömmlinge übertragen, da **Bruchteilsgemeinschaften** einen **geringen Bestandsschutz** haben. Ein vollstreckbarer Titel gegen einen Miteigentümer reicht aus, um eine Teilungsversteigerung bezüglich des Vermögens der Bruchteilsgemeinschaft herbeizuführen. Sind die Eltern auf die Erträge aus dem Grundvermögen angewiesen, können sie sich den **Nießbrauch an den Erträgen vorbehalten**. Hierzu gibt es bei Grundvermögen zwei Wege: Entweder behalten sich die Eltern den **Nießbrauch an dem eingebrachten Grundstück selbst** vor oder sie bringen das zu schenkende Vermögen unbelastet in die KG ein und behalten sich den **Nießbrauch an den Gesellschaftsanteilen** vor, die sie ihren Kindern schenken. Behalten sich die Eltern bei der Einbringung von Grundstücken in die Familien-KG den Nießbrauch am Grundstück selbst vor, erlangt die vermögensverwaltende KG keine einkommensteuerliche Bedeutung, solange der Nießbrauch besteht; während der Dauer des Nießbrauches erzielt die vermögensverwaltende Familiengesellschaft selbst keine Einkünfte. Die Gestaltung ist schenkungsteuerlich vorteilhaft, da der Kapitalwert des Nießbrauchs steuermindernd wirkt; ertragsteuerlich ist dies jedoch nachteilig, weil vom Verkehrswert des Grundvermögens der Kapitalwert des Nießbrauchs abzuziehen ist und damit die AfA-Basis gemindert wird. Welche Gestaltung steuerlich vorteilhafter ist, muss im Einzelfall geprüft werden. Der Vorteil dieser Gestaltung liegt darin, dass die **Substanz bereits zu Lebzeiten unter Ausnutzung der derzeit günstigen Erbschaftsteuersituation** auf die nächste Generation übertragen wird, ohne dass die Eltern die Kontrolle über das Vermögen verlieren.

Die vermögensverwaltende Familiengesellschaft mit Nießbrauch der übertragenden Eltern am Vermögen ist dann steuerrechtlich die geeignete Rechtsform, wenn

- kein Betriebsvermögen begründet werden soll,
- einkommensteuerrechtlich alles beim Alten bleiben soll,
- kein ertragsteuerrechtlicher Step-up der Bemessungsgrundlage für Abschreibungszwecke beabsichtigt ist.

V. Doppelstöckige KG

Literatur:

Fromm, „Wert des Betriebsvermögens" bei Veräußerung oder Vererbung der Obergesellschaft einer doppelstöckigen Personengesellschaft, GmbHR 2005, 425 ff.; *Ley*, Die Anwendung von § 15a EStG auf doppelstöckige Personengesellschaften, DStR 2004, 1498 ff.; dies. Besteuerungsfragen bei „doppelstöckigen" Personengesellschaften, KÖSDI 1996, 1923 ff.; *Meyer-Scharenberg*, Die doppelstöckige Personengesellschaft als Rechtsformalternative, DStR 1991, 919 ff.; *K. Schmidt*, Handelsrechtliche Probleme der doppelstöckigen GmbH & Co. KG, DB 1990, 93 ff.

Die doppelstöckigen KG sind eine **Kreation des Steuerrechts** zur Erzielung von steuerrechtlichen **Vorteilen**. Eine doppelstöckige KG liegt vor, wenn eine KG selbst wiederum Gesellschafterin einer zweiten KG ist. Doppelstöckige Personengesellschaften werfen zahlreiche bilanzrechtliche und steuerrechtliche Fragen auf.

37

In der **Handelsbilanz** werden Anteile an Personengesellschaften wie Anteile an Kapitalgesellschaften mit den historischen Anschaffungskosten aktiviert. Einlagen erhöhen als nachträgliche Anschaffungskosten den Bilanzansatz, Verluste können nur über eine außerplanmäßige Abschreibung der Beteiligung zu einer Verringerung des Wertansatzes führen.[14] Die Behandlung von Anteilen an Personengesellschaften in der **Steuerbilanz** ist umstritten. Nach Auffassung des BFH und der Finanzverwaltung sind Beteiligung an Personengesellschaften nicht bilanzierungsfähig,[15] sondern nur der auf die Beteiligung entfallende Anteil an den Wirtschaftsgütern der Gesellschaft. In der Praxis hilft man sich durch die Anwendung der sog. „Spiegelbildmethode". Diese Methode bedeutet, dass das Kapital, das die Obergesellschaft an der Untergesellschaft hält, in der Bilanz der Obergesellschaft gespiegelt wird. Der Beteiligungsansatz ist somit

38

---

14 HFA 1/1991, WPg 1991, 334 f.; Ley, KÖSDI 1996, 10923, 10924.
15 BFH, BStBl. 1991 II, S. 691, 700; BMF, BB 1996, 424.

variabel, da er alle Wertveränderungen, die in der Untergesellschaft durch Gewinn und Verlust im Kapital entstehen, nachvollzogen werden.[16]

Da die Rechtsform im Zusammenhang mit Familiengesellschaften in der Praxis nicht sehr häufig vorkommt, wird auf eine Darstellung an dieser Stelle verzichtet, zumal doppelstöckige Personengesellschaften i.d.R. in der Rechtsform der GmbH & Co. KG erscheinen.

C. Gründung der Gesellschaft

Literatur:
Hohaus, Die Beteiligung Minderjähriger an vermögensverwaltenden Familien-Kommanditgesellschaften – Anforderungen für die steuerliche Anerkennung, BB 2004, 1707; *Münchener Handbuch des Gesellschaftsrechts*, Bd. 2, 2. Aufl. 2003; *Reimann*, Formerfordernisse beim Abschluss von Gesellschaftsverträgen, DStR 1991, 154.

39 Die KG entsteht mit dem **wirksamen Abschluss eines Gesellschaftsvertrages**. Zweck der KG ist wie bei der OHG der Betrieb eines Handelsgewerbes unter gemeinschaftlicher Firma. Im Gegensatz zur OHG ist jedoch bei mindestens einem der Gesellschafter die persönliche Haftung beschränkt (§ 161 HGB, Kommanditist). Die KG muss also mindestens aus einem Kommanditisten und einem persönlich haftenden Gesellschafter (Komplementär) bestehen.

40 Im Verhältnis zu Dritten entsteht die KG im **Zeitpunkt ihres tatsächlichen Geschäftsbeginns**, wenn sie ein Handelsgeschäft betreibt und ihre Geschäfte bereits vor der Eintragung ins Handelsregister beginnt. Ist der Geschäftsbetrieb der KG kein Handelsgewerbe, dann entsteht die KG **erst mit Eintragung in das Handelsregister**, (§§ 161, 105 Abs. 2 HGB). Das gilt insb. für die vermögensverwaltende KG. Die KG entsteht auch dann erst mit Registereintragung, wenn sie auf ein **Kleingewerbe i.S.v. § 2 HGB** gerichtet ist. Vor der Eintragung liegt bei Gesellschaften, die kein Handelsgewerbe betreiben, regelmäßig im Verhältnis zu Dritten eine **GbR** vor.[17]

Eine KG entsteht also mit Außenwirkung durch wirksamen Abschluss des Gesellschaftsvertrages sowie Aufnahme des tatsächlichen Geschäftsbetriebes, spätestens mit Eintragung ins Handelsregister (die von allen Gesellschaftern zu veranlassen ist), §§ 161, 162, 106, 108 HGB. Im Innenverhältnis ist der Beginn frei unter den Gesellschaftern vereinbar.

Eine KG kann auch durch Umwandlung nach dem UmwG durch Eintritt eines Kommanditisten in eine Einzelfirma oder in eine OHG[18] bzw. durch Beschränkung der persönlichen Haftung eines OHG-Gesellschafters entstehen.

Bei der KG ist zu beachten, dass nach § 176 HGB die Kommanditisten bis zur Eintragung der KG unbeschränkt haften, wenn die Gesellschaft ihre Geschäftstätigkeit vor Eintragung aufgenommen hat, es sei denn, dem Gläubiger war die Kommanditisteneigenschaft bekannt. Aus haftungsrechtlichen Gründen ist es daher aus der Sicht der Kommanditisten dringend empfehlenswert, dass die KG ihre Geschäfte erst ab dem Zeitpunkt der Eintragung ins Handelsregister aufnimmt. Die Eintragung kann auch als aufschiebende Bedingung im Gesellschaftsvertrag vereinbart werden.[19]

I. Gesellschafter

41 Gesellschafter einer KG kann **jede (natürliche oder juristische) Person** sein, die auch Gesellschafter einer OHG sein kann. Das gilt sowohl für Komplementäre als auch für Kommanditisten. Gesellschafter

---

16   BMF, BB 1996, 424 unter „Frage 1"; Mayer, DB 2003, 2034 ff.; Hebeler, BB 1998, 206 ff.; Groh, STuW 1995, 383, 385.
17   Happ, in: Münchener Handbuch des Gesellschaftsrechts, Bd. 2, § 2 Rn. 29.
18   Dies führt zur notwendigen Änderung des Rechtsformzusatzes nach § 19 HGB, siehe Piehle/Schulte, in: Münchener Handbuch des Gesellschaftsrechts, Bd. 2, § 34 Rn. 25, 37 f.
19   Riegger/Götze, in: Münchener Vertragshandbuch, Bd. 1, III. 1, S. 238 Rn. 22.

der KG können z.B. eine OHG, eine andere KG, eine GbR[20] oder eine GmbH (dann GmbH & Co. KG) sein. Eine **Erbengemeinschaft** kann hingegen weder als Komplementär noch als Kommanditist an einer KG beteiligt sein. Auch eine eheliche Gütergemeinschaft kann nach wohl h.M. nicht Gesellschafter einer KG sein, auch nicht als Kommanditist.[21]

II. Form des Gesellschaftsvertrages

Der Abschluss des KG-Vertrages ist **grds. formfrei**. Er kann also mündlich, stillschweigend oder konkludent abgeschlossen werden. In der Praxis ist es jedoch dringend empfehlenswert, den Gesellschaftsvertrag **schriftlich** abzufassen. Dies dient vor allem der **Rechtssicherheit**. Eventuelle Streitigkeiten zwischen den Gesellschaftern sollen, soweit möglich, vermieden werden. Insb. werden die Gesellschafter regelmäßig von den gesetzlichen Bestimmungen abweichen wollen. Dazu ist es sinnvoll und aus praktischen Gesichtspunkten notwendig, die für die Gesellschaft und Gesellschafter geltenden vertraglichen Bestimmungen genau zu formulieren und schriftlich zu fixieren. 42

Ausnahmsweise unterliegt der Abschluss des Gesellschaftsvertrages einem Formerfordernis, wenn von einem Gesellschafter darin eine Verpflichtung übernommen wird, die einer bestimmten Form bedarf. So ist z.B. **notarielle Beurkundung** notwendig bei der Verpflichtung, ein **Grundstück** oder das wesentliche Vermögen (§ 311b BGB) oder einen **GmbH-Geschäftsanteil** (§ 15 Abs. 3 GmbHG) einzubringen, oder bei einem **Schenkungsversprechen** (§ 518 Abs. 1 BGB). Wenn der Gesellschaftsvertrag eine formbedürftige Verpflichtung enthält, gilt das Formbedürfnis grds. für den gesamten Gesellschaftsvertrag. Ob und wie ein Formmangel ggf. **geheilt** werden kann, richtet sich nach denselben allgemeinen Bestimmungen, die für die Formbedürftigkeit gelten, z.B. § 311b Abs. 1 Satz 2 BGB, § 15 Abs. 4 Satz 2 GmbHG, § 518 Abs. 2 BGB. Die Heilung gilt dann ebenso wie das Formbedürfnis für den gesamten Gesellschaftsvertrag.[22] 43

III. Genehmigungsbedürftigkeit des Gesellschaftsvertrages

In bestimmten Einzelfällen kann der Gesellschaftsvertrag, der grds. genehmigungsfrei ist, zu seiner Wirksamkeit einer Genehmigung bedürfen. Möglich ist z.B. das Erfordernis einer kartellrechtlichen Genehmigung oder einer **vormundschaftsgerichtlichen Genehmigung** nach § 1822 Nr. 3 BGB bei Minderjährigen (§ 1643 BGB), Vormundschaft (§ 1897 BGB) und Pflegschaft (§ 1915 BGB)..[23] Die Genehmigung des Vormundschaftsgerichts nach § 1822 Nr. 3 ist notwendig, da der Gesellschaftsvertrag einer KG stets zum Betrieb eines Erwerbsgeschäfts eingegangen wird. Die Genehmigungsbedürftigkeit des Gesellschaftsvertrages der KG kann sich auch aus § 1365 BGB ergeben, wenn durch den Vertragsabschluss ein im Güterstand der Zugewinngemeinschaft lebender Ehegatte über sein Vermögen als Ganzes bzw. nahezu das gesamte Vermögen verfügt.[24] 44

IV. Anmeldung zur Eintragung ins Handelsregister

Die Errichtung der KG ist nach §§ 161 Abs. 2, 106, 162 Abs. 1 HGB beim Handelsregister des Amtsgerichts am Sitz der Gesellschaft zur Eintragung anzumelden. Alle Gesellschafter, also auch die Kom- 45

---

20 Bei einer GbR als Kommanditist sind gemäß § 162 Abs. 1 Satz 2 HGB alle GbR-Gesellschafter anzugeben, bzw. mit dem Zusatz „in Gesellschaft bürgerlichen Rechts". Auch jeder spätere Wechsel der GbR-Gesellschafter ist anmeldepflichtig.
21 BayObLG, DNotZ 2003, 454; Baumbach/Hopt/Hopt, HGB, § 161 Rn. 4; Ebenroth/Boujong/Joost/Boujong, HGB, § 105 Rn. 103; a.A. wohl Kanzleiter, DNotZ 2003, 422.
22 Vgl. im Einzelnen Baumbach/Hopt/Hopt, HGB, § 105 Rn. 54 ff.
23 Siehe zu den Auswirkungen des § 1629a BGB auf die Entscheidung des Vormundschaftsgerichts OLG Bremen, NZG 1999, 588.
24 Vgl. zur Genehmigung allg. Happ, in: Münchener Handbuch des Gesellschaftsrechts, Bd. 2, § 2 Rn. 123 ff.

manditisten, müssen die Anmeldung bewirken, §§ 161 Abs. 2, 108 Abs. 1 HGB. Stellvertretung bei der Anmeldung ist möglich, bedarf allerdings einer öffentlich beglaubigten Vollmacht, § 12 Abs. 2 HGB.[25]

46 In der Anmeldung sind **folgende Angaben** zu machen:

- Namen, Vornamen, Geburtsdatum und Wohnort aller Gesellschafter (§§ 161 Abs. 2, 106 Abs. 2 Nr. 1 HGB),
- Firma und Sitz der Gesellschaft (§§ 161 Abs. 2, 106 Abs. 2 Nr. 2 HGB),
- Vertretungsmacht der Gesellschafter (§§ 161 Abs. 2, 106 Abs. 2 Nr. 1 HGB),
- Bezeichnung der Kommanditisten und Betrag der jeweiligen Einlage (Haftsumme; §§ 162 Abs. 2 HGB),
- Gegenstand des Unternehmens und Adresse der Geschäftsräume (§ 24 HRV; Handelsregisterverordnung).

47 Der **Gesellschaftsvertrag** braucht (anders als bei der GmbH) nicht mit eingereicht zu werden.

48 Die **vertretungsbefugten Gesellschafter** müssen nach §§ 161 Abs. 2, 108 Abs. 2 HGB ihre Namensunterschrift unter Angabe der Firma zur Aufbewahrung beim Gericht zeichnen. Hierbei ist **Stellvertretung nicht möglich**.[26]

49 Sowohl die (von allen Gesellschaftern zu unterzeichnende) Anmeldung als auch die Zeichnung der Unterschriften der vertretungsbefugten Gesellschafter müssen **öffentlich beglaubigt** werden (§ 12 Abs. 1 HGB). Die **Gebühr** des Notars für die bloße Beglaubigung der Anmeldung richtet sich nach § 45 Abs. 1 KostO und beträgt (derzeit) maximal 130 €. Wenn der Notar die Anmeldung auch entwirft, entstehen weitere Kosten nach §§ 145 Abs. 1, 38 Abs. 2 Nr. 7 KostO. Die Gebühr des Registergerichts richtet sich nach §§ 79 Abs. 1, 79a KostO i.V.m. der Handelsregistergebührenverordnung (siehe dort Gebührenverzeichnis zu § 1 HRegGebV).

V. Steuerliche Folgen der Gründung

50 Die KG als Personengesellschaft ist als solche **nicht einkommensteuerpflichtig**, ihr Gewinn wird vielmehr bei den Gesellschaftern erfasst. Für andere Subjekt- und Objektsteuern, z.B. **Umsatzsteuer** (§ 1 Abs. Nr. 3 UStG), **Gewerbesteuer** (§ 5 Abs. 1 Satz 3 GewStG) und der **Grunderwerbssteuer**, (§ 13 GrEStG) ist die KG hingegen selbst Steuersubjekt. Die KG unterliegt nach § 137 AO bestimmten **Anzeigepflichten** gegenüber dem örtlichen Finanzamt. Der Betrieb des Gewerbes ist darüber hinaus nach § 138 AO der Gemeinde anzuzeigen, in der der Betrieb eröffnet wird.[27] Dies gilt nicht für die **vermögensverwaltende KG**, die gerade nicht gewerblich tätig wird.

D. Notwendige Bestandteile des Gesellschaftsvertrages

Literatur:

Driester, Vertragsgestaltung bei der GmbH & Co., RWS-Skript 107, 2000; *Schlitt*, Die Auswirkungen des Handelsrechtsreformgesetzes auf die Gestaltung von GmbH & Co. KG-Verträge, NZG 1998, 580; *Schmidt*, Gestaltungsmöglichkeiten nach der Handelsrechtsreform Kaufmannseigenschaft – Umwandlungen – Firmenbildungen – Sitzwahl, GmbH-StB 1998, 2001; *Sommer*, Die Gesellschaftsverträge der GmbH & Co. KG, 3. Aufl. 2005.

Einkommensteuerrichtlinien: R 15.8 und R 15.9 EStR 2005.

---

25 Siehe zur gesetzlichen Vertretung Minderjähriger durch die Eltern bei der Anmeldung Riegger/Götze, in: Münchener Vertragshandbuch, Bd. 1, S. 278 Rn. 9.
26 Riegger/Götze, in: Münchener Vertragshandbuch, Bd. 1, S. 244 Rn. 5.
27 Sauter, in: Beck'sches Handbuch der Personengesellschaften, § 2 Rn. 215 ff.

I. Anwendbares Recht

Für die KG gilt in erster Linie das im **HGB** geregelte Recht der KG (§§ 161 ff. HGB), das **Recht der OHG** (§§ 161 Abs. 2, 105 ff. HGB) und hilfsweise das **Recht der GbR** (§§ 161 Abs. 2, 105 Abs. 3 HGB, §§ 705 ff. BGB). 51

Das Gesetzesrecht der Personengesellschaften des HGB ist jedoch **antiquiert**. Es ist aus der Sicht des Gestalters eines Gesellschaftsvertrages unbedingt erforderlich, die veralteten gesetzlichen Regelungen durch einen **modernen Gesellschaftsvertrag** zu ersetzen. Dies ist möglich, da das Gesetzesrecht weitestgehend **dispositiv** ist. 52

Handelsrechtliche Vorschriften über die **Buchführung** und den **Jahresabschluss** einer (gewerblich tätigen) KG finden sich in den Vorschriften der §§ 238 ff. HGB. 53

Eine weitere, wichtige Quelle des Rechts, die bei der Gestaltung eines Gesellschaftsvertrages, insb. einer gewerblich tätigen KG, zu beachten ist, stellt das **Steuerrecht** dar, vor allem die **einkommensteuerlichen Vorschriften** der §§ 15 und 15a EStG, die zu diesen Bestimmungen ergangene Entscheidung des BFH, die Schreiben des BMF und die von der Finanzverwaltung entwickelten Richtlinien. Steuerrechtlich bedeutsam ist insb., ob der Gesellschafter einer gewerblich tätigen KG „Mitunternehmer" i.S.v. § 15 Abs. 1 Nr. 2 EStG ist und ob das Steuerrecht die handelsrechtliche Ergebnisverteilung unter den Gesellschaftern anerkennt. Diese Fragen spielen vorwiegend in der Familien-KG eine Rolle, u.a., wenn Eltern ihre minderjährigen oder nicht mitarbeitenden Kinder im Wege einer Schenkung in eine KG aufnehmen.[28] 54

Eine **Zusammenfassung der Verwaltungsauffassung** und der bei der Abfassung eines KG-Vertrages für eine **gewerblich tätige KG** zu beachtenden **Entscheidungen des BFH** findet sich in den Abschnitten R 15.8 und R 15.9 EStR 2005. Eine genaue Kenntnis der dort genannten Urteile des BFH ist eine unerlässliche Voraussetzung für die Abfassung des Gesellschaftsvertrages einer gewerblich tätigen KG. Wird bei der Abfassung eines Gesellschaftsvertrages das einschlägige Steuerrecht missachtet, besteht das Risiko, dass die mit der Gründung der Gesellschaft verfolgten wirtschaftlichen Zwecke verfehlt werden. 55

Neben dem Einkommensteuerrecht ist bei der Gestaltung der Nachfolge in die Gesellschafterstellung einer gewerblich tätigen KG die Kenntnis des **Erbschaftsteuerrechts** erforderlich. 56

II. Rechtsnatur

Der Gesellschaftsvertrag einer KG ist seiner Rechtsnatur nach sowohl **Schuldvertrag** als auch **gemeinschaftsbegründender personenrechtlicher Vertrag**.[29] 57

Voraussetzung für die Entstehung einer KG ist ein **Gesellschaftsvertrag** i.S.v. § 705 BGB. Für den **Inhalt des Gesellschaftsvertrages** gilt weitgehende **Gestaltungsfreiheit** (§§ 161 Abs. 2, 109 Satz 1 HGB).[30] 58

Der Abschluss des Gesellschaftsvertrages ist **grds. formfrei**. Er kann mündlich oder durch schlüssiges Verhalten abgeschlossen werden.[31] Es ist jedoch dringend zu empfehlen, den Gesellschaftsvertrag schriftlich abzufassen, damit Streitigkeiten zwischen den Gesellschaftern vermieden werden. Im Übrigen sind viele Bestimmungen der HGB für KG antiquiert und werden in zeitgemäßen Gesellschaftsverträgen durch praxisgerechte Regelungen ersetzt; dies gilt insb. für die gesetzlichen Regelungen hinsichtlich des **Kapitalanteils** (§§ 161 Abs. 2, 121 und 122 HGB) und für die gesetzlichen Bestimmungen über die **Verteilung von Gewinn und Verlust** (§§ 161 Abs. 2, 121 HGB) und über die **Entnahmen** (§§ 161 Abs. 2, 122 HGB). 59

---

28 Vgl. hierzu Sommer, Die Gesellschaftsverträge der GmbH & Co. KG, lit. a, Ziff. V. 1. lit. b.
29 Happ, in: Münchner Handbuch des Gesellschaftsrechts, Bd. 2, § 2 Rn. 70; Baumbach/Hopt/Hopt, HGB, § 105 Rn. 47.
30 Zu den Grenzen der Vertragsfreiheit vgl. Baumbach/Hopt/Hopt, HGB, § 109 Rn. 3; § 105 Rn. 54.
31 Baumbach/Hopt/Hopt, HGB, § 105 Rn. 54.

Ausnahmsweise ist der Abschluss des Gesellschaftsvertrages **formbedürftig**, z.B. wenn ein Geschäftsanteil an der GmbH oder wenn ein Grundstück eingebracht werden soll (§ 15 Abs. 4 Satz 1 GmbHG bzw. § 311b Abs. 1 Satz 1 BGB) oder wenn eine dahingehende Erwerbspflicht begründet werden soll.

III. Praktische Hinweise

60 Der Gesellschaftsvertrag einer KG ist an die **individuellen Gegebenheiten anzupassen**. Es ist daher vor der unkritischen Rezeption von Formularen zu warnen.

Wesentlich für die individuelle Gestaltung des Gesellschaftsvertrages sind u.a.:

- die Beteiligungshöhe des beratenen Gesellschafters (Mehrheitsgesellschafter oder Minderheitsgesellschafter),
- die Zahl der anderen Gesellschafter und die Höhe und Relation von deren Einlagen,
- die Art des Unternehmens (mittelständisches Unternehmen, Familiengesellschaft, Großunternehmen),
- die Beziehungen der Gesellschafter untereinander (Familiengesellschaft, Personen, die nicht miteinander verwandt sind),
- die Struktur der Gesellschaft (wenige Gesellschafter mit persönlichen Beziehungen, viele Gesellschafter mit einer kapitalistischen Struktur),
- die Mitarbeiter einzelner oder sämtlicher Gesellschafter in der Gesellschaft.

Wichtig ist ferner, ob der Gesellschaftsvertrag aus der Interessenlage eines Gesellschafters (Minderheitsgesellschafter oder Mehrheitsgesellschafter) heraus gestaltet werden soll oder ob der Vertrag die Interessen der Beteiligten ausgewogen berücksichtigen soll etc.

IV. Inhalte

61 Eine KG ist eine Gesellschaft, deren **Zweck** auf den **Betrieb eines Handelsgewerbes unter gemeinschaftlicher Firma** gerichtet ist, wenn bei einem Gesellschafter oder bei einigen Gesellschaftern die Haftung gegenüber den Gesellschaftsgläubigern auf den Betrag einer bestimmten Vermögensanlage beschränkt ist (Kommanditisten), während bei dem anderen Teil der Gesellschafter eine Beschränkung der Haftung nicht stattfindet (persönlich haftende Gesellschafter, vgl. § 161 Abs. 1 HGB). Gemäß §§ 161 Abs. 2, 105 Abs. 2 HGB kann Zweck einer KG auch die Verwaltung eigenen Vermögens sein. In diesem Fall entsteht die KG erst mit der Eintragung im Handelsregister.

62 **Notwendige Inhalte** des Gesellschaftsvertrages sind somit

- Zweck bzw. Gegenstand der KG,
- Firma,
- Bezeichnung der Kommanditisten,
- Bezeichnung des unbeschränkt haftenden Komplementärs,
- Höhe der Einlagen der Kommanditisten.

Über diesen **Mindestinhalt** hinaus enthalten moderne Gesellschaftsverträge von KG eine **Vielzahl weiterer Bestimmungen**, für die sich in der Praxis ein Bedürfnis herausgebildet hat, weil entweder eine Regelung im Gesetzesrecht nicht enthalten ist oder weil die Regelung antiquiert ist (siehe hierzu Rn. 75 ff.).

1. Zweck/Gegenstand

63 In den Gesellschaftsverträgen von KG findet sich i.d.R. keine Bestimmung, die sich mit dem Zweck der KG beschäftigt, sondern eine Bestimmung, die den **Gegenstand des Unternehmens** beschreibt. Der Gegenstand des Unternehmens beschreibt die **konkrete Tätigkeit im Einzelfall**. Der konkrete Gegenstand der Tätigkeit ist aus mehreren Gründen wichtig: Der Gegenstand des Unternehmens bestimmt den Umfang der Geschäftsführungsbefugnis des Komplementärs (§§ 161 Abs. 2, 116 Abs. 1 und Abs. 2 HGB). Gemäß § 116 Abs. 1 HGB erstreckt sich die Befugnis zur Geschäftsführung auf alle Handlungen, die der

gewöhnliche Betrieb des Handelsgewerbes der Gesellschaft mit sich bringt. Zur Vornahme von Handlungen, die darüber hinausgehen, ist ein **Beschluss sämtlicher Gesellschafter** erforderlich. Ohne die Kenntnis des konkreten Gegenstandes der Gesellschaft ist es nicht möglich, den gewöhnlichen Betrieb des Handelsgewerbes der Gesellschaft und damit den Umfang der Geschäftsführungsbefugnis des Komplementärs zu bestimmen. Der **„gewöhnliche Geschäftsbetrieb"** ist auch wichtig für die Mitwirkungsrechte der Kommanditisten. So bestimmt § 164 HGB, dass die Kommanditisten zwar von der Führung der Geschäfte ausgeschlossen sind, sie jedoch einer Handlung des persönlich haftenden Gesellschafters widersprechen können, die über den gewöhnlichen Betrieb des Handelsgewerbes der Gesellschaft hinausgeht. Bedeutung hat der Gegenstand des Unternehmens ferner für das Wettbewerbsverbot des Komplementärs (§§ 161 Abs. 2, 112 HGB).

2. Firma

Die **originäre Firma** einer KG kann eine **Personen-, Sach-, oder Fantasiefirma** sein, entscheidend ist allein, ob sie zur Kennzeichnung geeignet ist und Unterscheidungskraft besitzt (§ 18 Abs. 1 HGB). Firmenrechtlich unzulässig sind Angaben, die geeignet sind, über geschäftliche Verhältnisse **irrezuführen** (§ 18 Abs. 2 Satz 1 HGB, Grundsatz der Firmenwahrheit). Eine KG muss in der Firma die Bezeichnung „Kommanditgesellschaft" oder eine allgemein verständliche Abkürzung dieser Bezeichnung enthalten (§ 19 Abs. 1 Nr. 3 HGB). Schließlich muss sich jede neue Firma von allen an demselben Ort oder in derselben Gemeinde bereits bestehenden und eingetragenen Firmen deutlich unterscheiden (§ 30 Abs. 1 HGB).

64

Zur Fortführung der Firma im Fall eines **Veräußerung** des Handelsgeschäftes und/oder im Fall eines Gesellschafterwechsels vgl. die Vorschriften der §§ 22 – 28 HGB.

65

3. Gesellschafter, Einlagen, Haftsummen

Zur Frage, wer Gesellschafter einer KG sein kann, siehe oben Rn. 41.

66

Der Gesellschaftsvertrag muss bestimmen, welcher der Gesellschafter **unbeschränkt haftet** („persönlich haftender Gesellschafter" oder „Komplementär") und welche Gesellschafter **nur beschränkt haften** („Kommanditisten"). Darüber hinaus muss der Gesellschaftsvertrag bestimmen, ob und **welche Einlagen** von jedem Gesellschafter in die Gesellschaft zu leisten sind. Begrifflich ist zwischen der **Pflichteinlage des Kommanditisten** und seiner **Haftsumme** zu unterscheiden.[32] Unter der Pflichteinlage versteht man die Einlage, zu der sich der Gesellschafter der Gesellschaft gegenüber verpflichtet hat. Haftsumme ist der Betrag, mit dem der Gesellschafter gegenüber Gläubigern der Gesellschaft haftet und der im Handelsregister eingetragen wird. Die Haftsumme kann höher oder niedriger sein als die Pflichteinlage. Ein Grund für eine höhere Haftsumme kann das Bestreben sein, Verluste, die die Einlage übersteigen, sofort steuerrechtlich nutzen zu können (§ 15a EStG). I.d.R. sind Einlage und Haftsumme gleich hoch.

67

Das Gesetz verwendet nicht die **Begriffe** „Pflichteinlage" und „Haftsumme", sondern Begriffe wie „Betrag einer bestimmten Vermögenseinlage" (§ 161 Abs. 1 HGB), „Einlagen" (§ 162 HGB), „bedungene Einlage" (§ 167 Abs. 2 HGB), „rückständige Einlagen" (§ 167 Abs. 3 HGB), die „aus dem Handelsregister" ersichtliche Einlage (§ 172 Abs. 2 HGB).

68

Formulierungsbeispiel: Einlage des Komplementärs

69

> Persönlich haftender Gesellschafter (Komplementär) ist Herr/Frau ... mit einer Einlage i.H.v. ... €.

Für die Formulierung der Bestimmungen über die Einlagen der **Kommanditisten** gibt es verschiedene Möglichkeiten.

---

32 Baumbach/Hopt/Hopt, HGB, § 171 Rn. 1.

70 **Formulierungsbeispiel: Einlage des Kommanditisten – antiquiert**

> Weitere Gesellschafter (Kommanditisten) sind:
>
> a)   Herr/Frau ... mit einem Kapitalanteil i.H.v. ... €.

Im Gesetz ist in der Tat von einem **„Kapitalanteil"** die Rede, z.B. in § 120 Abs. 2 HGB und in § 121 Abs. 1 und Abs. 2 HGB sowie in § 122 HGB. Der Kapitalanteil ist keine Forderung des Gesellschafter gegen die Gesellschaft, er ist kein Recht, sondern vielmehr eine **Rechengröße**, die als Bilanzziffer den jeweiligen Stand der Einlage des Gesellschafters angibt. Sie unterscheidet sich damit von der Mitgliedschaft und dem Vermögensanteil des Gesellschafters. Die **Mitgliedschaft** ist die Summe aller Rechte und Pflichten des Gesellschafters, der **Vermögensanteil** ist die vermögensmäßige Beteiligung an der Gesellschaft.[33] Da in modernen Gesellschaftsverträgen mit einem festen Kapitalkonto gearbeitet wird, ist der Kapitalanteil im Zusammenhang mit der Bestimmung der Einlage eines Kommanditisten nicht mehr sinnvoll. Darüber hinaus müsste die Haftsumme gesondert bestimmt werden. Sie kann nicht mit dem (beweglichen) Kapitalanteil übereinstimmen, weil ein bestimmter Betrag ins Handelsregister eingetragen werden muss.

In **modernen Gesellschaftsverträgen** wird eine klarere Formulierung verwendet.

71 **Formulierungsbeispiel: Einlage des Kommanditisten – modern**

> Weitere Gesellschafter (Kommanditisten) sind:
>
> a)   Herr/Frau ... mit einer Einlage und Haftsumme i.H.v. ... €
>
> b)   Herr/Frau ....

Sollen Einlage und Haftsumme nicht übereinstimmen, so muss dies entsprechend formuliert werden.

72 Schließlich ist in dem Gesellschaftsvertrag noch zu regeln, **wann die Einlagen zu erbringen sind**. Es ist üblich, zumindest für einen Teil der Einlage einen **festen Zahlungstermin** festzusetzen. In diesen Fällen wird die Einzahlung der restlichen Einlage dann der Anforderung des Komplementärs überlassen („die restlichen Einlagen sind auf Anforderung des Komplementärs einzuzahlen").

73 Im Gegensatz zum Recht der GmbH bestimmt das HGB für die KG **kein Mindestkapital**. Die Gesellschafter sind daher in der Bemessung der Höhe ihrer Einlagen und Haftsummen vollkommen frei. Die Höhe der Einlagen hängt von dem **Kapitalbedarf der Gesellschaft** und von der Frage ab, in welcher Höhe Verlustanteile (z.B. Anlaufverluste) von den Gesellschaftern steuerrechtlich im Jahr der Entstehung („ausgleichsfähige Verluste") genutzt werden sollen (siehe hierzu § 15a EStG und unten Rn. 156 ff.).

74 **Einlagen** sind Leistungen der Gesellschafter, die zur Mehrung der Haftungsmasse geleistet werden. Es können Geldeinlagen („Bareinlagen") und Sacheinlagen vereinbart werden. Als **Sacheinlage** wird jede Einlage bezeichnet, die nicht in Geld zu erbringen ist. Sacheinlagen können bspw. das Eigentum an einer beweglichen oder unbeweglichen Sache, an Aktien oder GmbH-Anteilen, Maschinen, Fahrzeugen, Patenten, Einzelfirmen, die Übernahme von Bürgschaften etc. sein. Anders als bei Sacheinlagen bei Kapitalgesellschaften findet bei Personengesellschaften **keine Prüfung des Wertes der Einlagen** statt. Die Gesellschafter sind grds. in der Bewertung ihrer Sacheinlagen frei[34] Es empfiehlt sich jedoch, Sacheinlagen objektiv zu bewerten. Eine Unterbewertung einer Sacheinlage ist zwar zwischen den Gesellschaftern im Hinblick auf ihre Pflichteinlagen unschädlich, wird jedoch im Zusammenhang mit der jeweiligen Haftsumme nicht anerkannt..[35]

---

33 Oppenländer, DStR 1999, 939 f.
34 Baumbach/Hopt/Hopt, HGB, § 120 Rn. 17.
35 Zum Muster einer Sacheinlageklausel siehe Sommer, Die Gesellschaftsverträge der GmbH & Co. KG, lit. b § 4 Abs. 4 – 6; Baumbach/Hopt/Hopt, HGB, § 120 Rn. 17.

E. Konten

Literatur:

Huber, Vermögensanteil, Kapitalanteil und Gesellschaftsanteil an Personengesellschaften des Handelsrechts, 1970; ders., Gesellschafterkonten in der Personengesellschaft, ZGR 1988, 1 ff.; *Ley*, Gesellschafterkonten der OHG und KG: Gesellschaftsrechtliche und steuerrechtliche Charakterisierung und Bedeutung, KÖSDI 1994, 9972 ff.; *Oppenländer*, Zivilrechtliche Aspekte der Konten der OHG und KG, DStR 1999, 939 ff.; *Rodewald*, Zivil- und steuerrechtliche Bedeutung der Gestaltung von Gesellschafterkonten, GmbHR 1998, 521 ff.; *Sommer*, Die Gesellschaftsverträge der GmbH & Co. KG, 3. Aufl. 2005. *Stollenwerk*, Die Kontenmodelle in der GmbH & Co. KG, GmbH-StB 1998, 226; *Sudhoff*, GmbH & Co. KG, 6. Aufl. 2006.

BMF-Schreiben v. 30.5.1997, BStBl 1997 I, S. 627 ff. und v. 26.11.2004, BStBl 2004 I, S. 1190 ff.

Die Regelung der Konten ist bei der Abfassung eines Kommanditgesellschaftsvertrages wegweisend für die Regelungen über den Jahresabschluss, über die Gewinnverwendung/Ergebnisverteilung und über die Entnahmen/Auszahlungen. Alle **vier Regelungskomplexe** hängen i.d.R. zusammen. Die Gesellschafterkonten haben ferner Bedeutung für die Ermittlung der Abfindung des Kommanditisten, die Berechnung des Auseinandersetzungsguthabens bei Beendigung der Gesellschaft, in der Insolvenz der Gesellschaft und bei der Veräußerung der Beteiligung. 75

Gesellschafterkonten können **gesellschaftsrechtlicher Natur** (dann sind sie „**Eigenkapital**") oder **schuldrechtlicher Natur** (dann haben sie forderungs- bzw. schuldrechtlichen Charakter, sind also „**Fremdkapital**") sein. Die Abgrenzung von Eigenkapital und Fremdkapital ist auch steuerrechtlich von Bedeutung, z.B. im Zusammenhang mit § 15a EStG. Dem Konzept der Gesellschafterkonten ist daher bei der Abfassung des Gesellschaftsvertrages einer KG besondere Aufmerksamkeit zu schenken. 76

Nach der dispositiven gesetzlichen Ausgangslage wird für den **unbeschränkt haftenden Gesellschafter** einer KG lediglich ein **variables Kapitalkonto** geführt, auf dem Verluste, Gewinne, Entnahme von Einlagen verbucht werden (§§ 161 Abs. 1, 120 Abs. 2 HGB). 77

Für den **Kommanditisten** werden dagegen nach dem gesetzlichen System **zwei Konten** geführt: Dem „**Kapitalanteil**" des Kommanditisten werden Gewinne so lange gutgeschrieben, bis die vereinbarte Einlage (Pflichteinlage) erreicht ist (§ 167 Abs. 2 HGB). Weitere Gewinne werden einem zweiten Konto (**Gewinnkonto**) gutgeschrieben. Alle Gesellschafter einer KG haben Anspruch auf eine **Vorabausschüttung i.H.v. 4 %** ihres Kapitalanteils (§§ 168, 121 Abs. 1 HGB), soweit der Jahresgewinn ausreicht. Die Verteilung des übersteigenden Gewinns und eines etwaigen Verlustes erfolgt, anders als bei der OHG, nicht nach Köpfen, sondern nach einem den Umständen **angemessenen Verhältnis** (§ 168 Abs. 2 HGB). Am Verlust nimmt der Kommanditist nur bis zum Betrag seines Kapitalanteils und seiner rückständigen Einlage teil (§ 167 Abs. 3 HGB). Dies bedeutet jedoch nicht, dass die Beteiligung des Kommanditisten am Verlust über seinen Kapitalanteil hinaus nicht möglich wäre.[36] Vielmehr kann der Kommanditist einen negativen Kapitalanteil haben, den er durch spätere Gewinne auffüllen muss. Ein Kommanditist, der einen negativen Kapitalanteil hat, muss den Saldo nicht ausgleichen, wenn die Gesellschaft aufgelöst wird oder wenn er aus der Gesellschaft ausscheidet,[37] es sei denn, der Gesellschaftsvertrag bestimmt etwas anderes. Spätere Gewinnanteile sind jedoch bis zur Kompensation des Verlustes einem Kapitalkonto gutzuschreiben (§ 169 Abs. 1 HGB).

Das **Gewinnkonto** repräsentiert eine Forderung des Kommanditisten gegen die Gesellschaft. Im Fall des **Ausscheidens** ist es dem Kommanditisten zusammen mit dem Abfindungsguthaben **auszuzahlen**. Eine **Verrechnung** mit einem negativen Kapitalkonto des Kommanditisten **scheidet nach dem Gesetz aus**.[38] In der **Insolvenz** der Gesellschaft kann der Kommanditist sein Guthaben auf seinem Gewinnkonto als Insolvenzforderung anmelden. Das Gewinnkonto hat den Charakter einer **jederzeit fälligen Forderung**, soweit der Gesellschaftsvertrag nichts Abweichendes bestimmt. Soll ein Guthaben auf dem Gewinnkonto 78

---

36 Baumbach/Hopt/Hopt, HGB, § 167 Rn. 5.
37 Baumbach/Hopt/Hopt, HGB, § 167 Rn. 5.
38 BGH, DB 1978, 630.

der Gesellschaft darlehensweise zur Verfügung gestellt werden, bedarf es hierzu einer Vereinbarung zwischen der Gesellschaft und den Gesellschaftern i.S.v. § 488 BGB (siehe hierzu unten Rn. 87). Überzieht ein Kommanditist sein Gewinnkonto, so führt dies zum Wiederaufleben seiner Haftung nach § 172 Abs. 4 HGB und zu einem Anspruch der Gesellschaft gegen ihn. Der auf dem Gewinnkonto verbuchte Anspruch des Gesellschafters ist frei abtretbar (§ 717 BGB), soweit der Gesellschaftsvertrag nicht etwas Abweichendes bestimmt. Streitig ist, ob im Fall der Abtretung eines Kommanditanteils auch die Abtretung eines Guthabens auf dem Gewinnkonto erfolgt.[39]

79 Die **gesetzlichen Regelungen** hinsichtlich des Kapitalanteils, die gesetzlichen Bestimmungen über die Verteilung von Gewinn und Verlust des Gesellschafters einer KG sowie die gesetzlichen Entnahmeregelungen sind **antiquiert und unpraktikabel** und werden in modernen Gesellschaftsverträgen durch **eigenständige Regelungen ersetzt**. Insb. ist die Verteilung des Gewinns nach den Umständen des Einzelfalls (§ 168 Abs. 2 HGB) für die Praxis ungeeignet. Zweckmäßigerweise werden die Rechte der Gesellschafter, insb. ihre Beteiligung am Gewinn und Verlust und dem Stimmrecht, entsprechend ihrem finanziellen Beitrag festgesetzt. Hierfür ist ein variables Kapitalkonto ungeeignet, weil sich der Verteilungsschlüssel von Jahr zu Jahr ändern würde. Moderne Gesellschaftsverträge bestimmen daher, dass das Stimmrecht sowie Gewinn und Verlust und der Anteil an einem etwaigen Liquidationsergebnis sich nach einem **festen Kapitalkonto** richten. Ein festes Kapitalkonto hat insb. die Folge, dass kein Gesellschafter seine Rechtsstellung in der KG durch Entnahmen und das Stehenlassen von Gewinnen beeinflussen kann. Die Höhe von festen Kapitalkonten kann nur durch einen gesellschaftsvertragsändernden Beschluss beeinflusst werden und bedarf daher der Mitwirkung aller anderen Gesellschafter.

80 Ungünstig ist auch das **unbeschränkte Entnahmerecht** von Gewinnen eines Kommanditisten. Zeitgemäße Gesellschaftsverträge enthalten Entnahmebeschränkungen, die wiederum an bestimmte Kapitalkonten anknüpfen.

81 Schließlich ist es nicht zweckmäßig, wenn auf dem Gewinnkonto eines Kommanditisten **entnahmefähige und nicht entnahmefähige Beträge vermischt** werden. Eine solche **Vermischung** hat den Nachteil, dass entnahmefähige und nicht entnahmefähige Gewinne nicht mehr unterscheidbar werden und es dadurch im Fall des Ausscheidens eines Kommanditisten oder im Insolvenzfall unklar ist, welcher Teil seines Gewinnkontos eine Forderung darstellt und welcher Teil gebundenes Eigenkapital ist. Aus diesem Grund hat die Praxis „Zwei-Kontenmodelle", „Drei-Kontenmodelle" und „Vier-Kontenmodelle" entwickelt.[40]

82 Im **Zwei-Kontenmodell** werden für den Kommanditisten – wie der Name sagt – zwei Konten geführt, ein **festes Kapitalkonto** (Kapitalkonto I) und ein **variables Kapitalkonto** (Kapitalkonto II). Auf dem Kapitalkonto I wird lediglich die Einlage gebucht, auf dem Kapitalkonto II werden **Gewinn- und Verlustanteile sowie Entnahmen und Einlagen** des Kommanditisten gebucht. Mit dem Kapitalkonto I wird ein unveränderlicher Maßstab für die Verteilung von Stimmrechten, Gewinnen, Verlusten etc. geschaffen. **Nachteil** dieses Modells ist es jedoch, dass Verluste späterer Geschäftsjahre mit Gewinnen früherer Jahre (auf dem Kapitalkonto II) verrechnet werden und damit die Regelungen der §§ 167 Abs. 1, 169 Abs. 2 HGB zum Nachteil des Kommanditisten verändert werden. Durch das Zwei-Kontenmodell wird die zivil- und steuerrechtlich sinnvolle Differenzierung zwischen Eigenkapital und Fremdkapital unmöglich, Eigenkapital und Fremdkapital werden vermischt. Im Fall des Ausscheidens ist im Zwei-Kontenmodell der Sollsaldo auf dem Kapitalkonto II mit dem festen Kapitalanteil zu verrechnen, eine Nachschusspflicht des Kommanditisten entsteht nicht (§ 167 Abs. 3 HGB), es sei denn, der Gesellschaftsvertrag regelt dies anders. Im Insolvenzverfahren stellen Guthaben auf Kapitalkonto II nachrangige Forderungen dar.

---

39 Dafür Sudhoff/Ihrig, GmbH & Co. KG, § 20 Rn. 14; dagegen Rodewald, GmbHR 1988, 521, 523.
40 Vgl. hierzu Röhrig/Doege, DStR 2006, 489, 490 ff.; Rodewald, GmbHR 1998, 521 ff.; Ley, KÖSDI 1994, 9972; Oppenländer, DStR 1999, 939 ff.; Huber, ZGR 1988, 1, 47 ff.

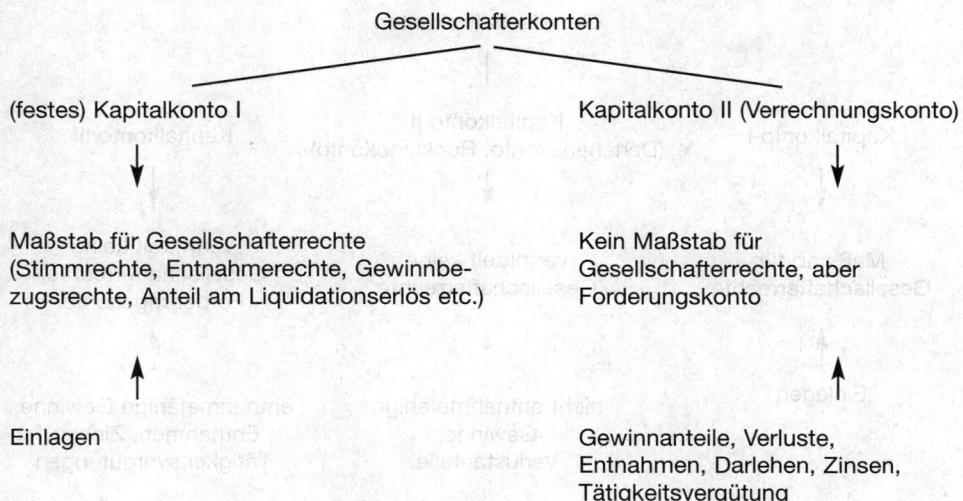

* Nach Dr. Martin Strahl, LSWB – Steuerforum 2006.

Insb. wegen des Nachteils der **Vermengung entnahmefähiger und nicht entnahmefähiger Gewinnanteile** hat sich das Zwei-Kontenmodell in der Praxis nicht durchgesetzt.

Im **Drei-Kontenmodell** wird der Mangel des Zwei-Kontenmodells, die Vermischung von Eigenkapital und Fremdkapital, vermieden. In diesem Modell existieren für jeden Kommanditisten ein **Festkapitalkonto** (Kapitalkonto I), ein **Darlehens-/Rücklagenkonto** (Kapitalkonto II), auf dem nicht entnahmefähige Gewinn und Verluste gebucht werden, sowie ein ausschließlich als **Forderungskonto** ausgestaltetes Kapitalkonto III, auf dem nur die entnahmefähigen Gewinne, die Entnahmen des Gesellschafters und sonstige, sich aus dem Gesellschaftsverhältnis ergebende Forderungen und Verbindlichkeiten (z.B. Tätigkeitsvergütungen und Zinsen) gebucht werden. Ein wichtiger **Vorteil** des Drei-Kontenmodells ist die Möglichkeit, **haftungsrelevante und nicht haftungsrelevante Vermögensminderungen** bei der Kommanditgesellschaft zu **unterscheiden**.[41] **Verluste**, die vom Kapitalkonto II abgebucht werden, lassen die Kommanditistenhaftung nicht wieder aufleben (§ 167 Abs. 3 HGB). Minderungen des Kapitalkontos müssen lediglich durch künftige Gewinne wieder aufgefüllt werden. Gewinnanteile auf dem Kapitalkonto III werden durch spätere Verluste nicht tangiert. Guthaben auf Kapitalkonto III können ohne Rücksicht auf eintretende Verluste vom Kommanditisten nach den Regeln des Gesellschaftsvertrages entnommen werden.

---

41 Rodewald, GmbHR 1998, 521, 525.

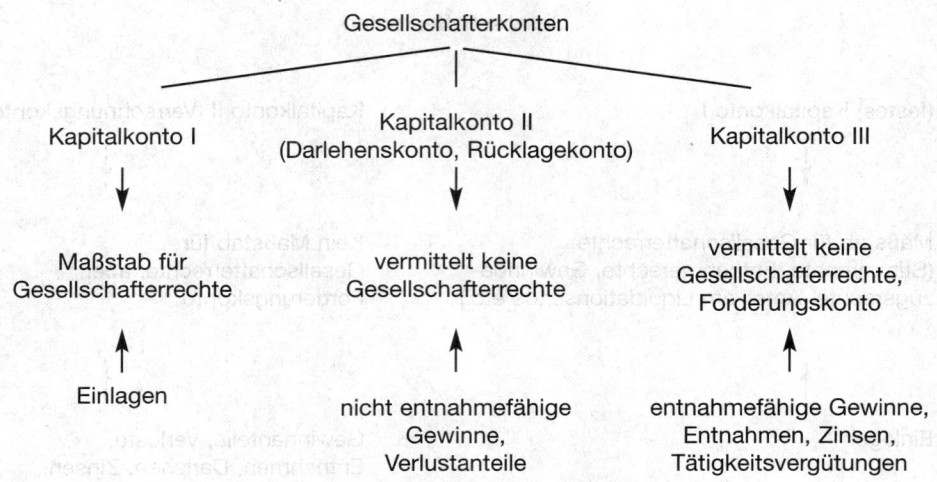

* Nach Dr. Martin Strahl, LSWB – Steuerforum 2006.

84 Entsteht allerdings ein **Debetsaldo** auf dem Kapitalkonto III oder auf einem Unterkonto (z.B. dem Unterkonto „Steuern") kann dies zu einem **Aufleben der Haftung nach § 172 Abs. 4 Satz 3 HGB** führen, wenn der Sollsaldo keine Deckung auf dem Kapitalkonto II hat.[42]

85 Im Fall des **Ausscheidens** aus der Gesellschaft kann der Kommanditist die Auszahlung seines Guthabens auf dem Kapitalkonto III verlangen, auch wenn der Saldo der Kapitalkonten I und II nicht die Hafteinlage erreicht oder der Saldo beider Konten sogar negativ ist. Eine **Verrechnung** mit dem Kapitalkonto III findet **nicht statt**, es sei denn, der Gesellschaftsvertrag bestimmt etwas anderes. Ein Debetsaldo auf dem Kapitalkonto III ist im Hinblick auf § 172 Abs. 4 Satz 2 HGB beim Ausscheiden allerdings auszugleichen,[43] es sei denn, dem Debetsaldo liegt ein Darlehensverhältnis zwischen dem Kommanditisten und der Gesellschaft zugrunde, dann richtet sich die Rückzahlung nach dem Darlehensvertrag (siehe hierzu unten Rn. 87). Die nicht entnahmefähigen Teile des Gewinns können statt auf einem Gesellschafterkonto (Forderungskonto) auch auf einem gesamthänderisch gebundenen **Rücklagenkonto** gebucht werden, an dem die Gesellschafter nach Maßgabe ihrer Festkapitalkonten beteiligt sind. Das Rücklagenkonto hat **Eigenkapitalcharakter**, sofern der Gesellschaftsvertrag bestimmt, dass zulasten des Rücklagenkontos Verluste auszugleichen sind. Ist eine **Verrechnung mit späteren Verlusten ausgeschlossen**, handelt es sich um **Fremdkapital**. Scheidet ein Kommanditist aus, kann er die Auszahlung der auf dem Kapitalkonto III vorhandenen Guthaben verlangen, auch wenn der Debetsaldo auf dem Verlustkonto höher ist als die Einlage auf dem Kapitalkonto I.

86 **In der Praxis** wird i.d.R. ein **Vier-Kontenmodell** verwendet, das sich dadurch auszeichnet, dass für die Aufnahme von Verlusten **zusätzlich ein** „**Verlustvortragskonto**" geführt wird. Das Verlustvortragskonto ist ein Unterkonto des Kapitalkontos I. Ein Ausgleich der Verluste findet nur durch spätere Gewinne statt, die – zur Vermeidung einer Haftung nach § 172 Abs. 4 Satz 2 HGB – bis zum vollständigen Ausgleich gegen den Verlustvortrag zu buchen sind. Scheidet ein Kommanditist aus, kann er die Auszahlung der auf Kapitalkonto III vorhandenen Guthaben verlangen, auch wenn ein Debetsaldo auf dem Verlustkonto höher ist als die Einlage auf dem Kapitalkonto I. § 6 des **Mustervertrages** folgt dem Vier-Kontenmodell.

---

42 Rodewald, GmbHR 1998, 521, 525.
43 Rodewald, GmbHR 1998, 521 ff., 526.

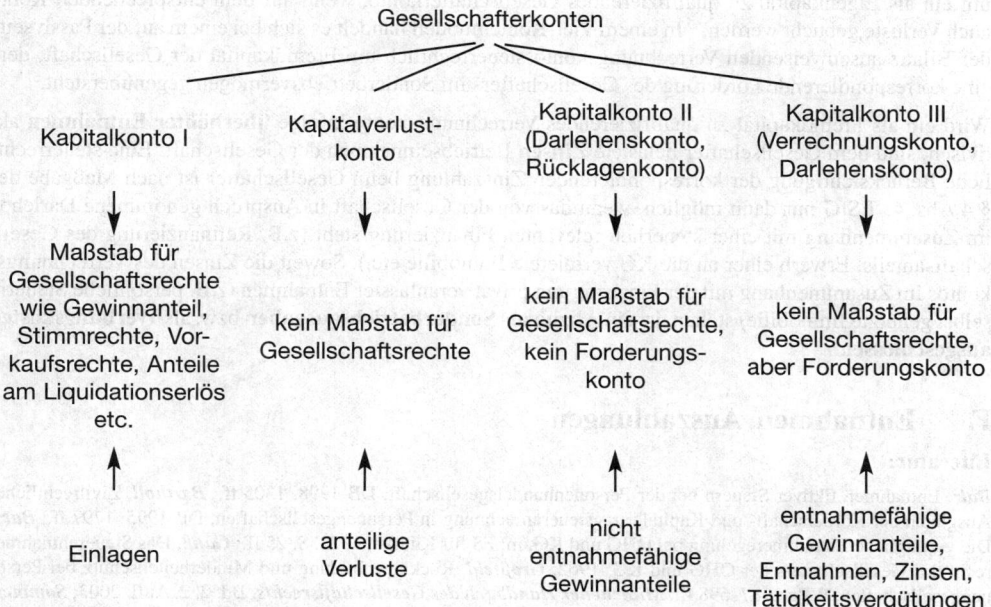

*Nach Dr. Martin Strahl, LSWB – Steuerforum 2006.

Ein Problem der Vertragsgestaltung stellen die **stehengelassenen Gewinne** dar. Stehengelassene Gewinne begründen ein **Forderungsrecht des Gesellschafters**, wenn sie nicht den Rücklagen zugeführt werden.[44] Fraglich ist, ob und wann das Forderungsrecht den Charakter einer **Darlehensforderung** annimmt und damit die Frage auslöst, ob die **Kündigungsregelungen der §§ 488 ff. BGB** den Entnahmeregelungen des Gesellschaftsvertrages vorgehen oder nicht. Nach einer Auffassung kann das Forderungsrecht nur durch eine Vereinbarung, die auch stillschweigend getroffen werden kann, in eine **Darlehensforderung umgewandelt** werden.[45] Nach der Gegenmeinung haben stehengelassene Gewinne **Darlehenscharakter**.[46] Diese Probleme lassen sich vermeiden, wenn klargestellt wird, ob das Verrechnungskonto Darlehenscharakter hat oder nicht.

Für **steuerrechtliche Zwecke** ist es von wesentlicher Bedeutung, ob die laut Gesellschaftsvertrag zu führenden Gesellschafterkonten **Kapital- oder Forderungscharakter** haben. Die Rspr. hat hierzu einige Leitsätze herausgearbeitet, die in dem BMF-Schreiben v. 30.5.1997[47] zusammengefasst sind.[48] Weiterhin hat die Finanzverwaltung Ausführungen zu Mehrkonten-Modellen im BMF-Schreiben v. 26.11.2004[49] gemacht.

Sofern insb. für Zwecke der Verlustrechnung bei beschränkt haftenden Kommanditisten wegen der Verlustausgleichsbeschränkung des § 15a EStG eine **Einbeziehung des Verrechnungskontos in das Verlustausgleichspotenzial** (steuerliches Eigenkapital) erfolgen soll, empfiehlt sich die Gestaltung eines Zwei-

---

44 Rodewald, GmbHR 1998, 521 ff., 522; Huber, ZGR 1998, 1 ff., 35.
45 Huber, ZGR 1998, 1 ff., 33; Ley, KÖSDI 1994, 9972 ff., 9973.
46 Weimar, DB 1978, 7285; BGH, DB 1978, 877 ff.; OLG Düsseldorf, BB 1963, 284.
47 BStBl. 1997 I, S. 627.
48 Vgl. hierzu Sommer, Die Gesellschaftsverträge der GmbH & Co. KG, Teil A Ziff. V. 1. f.
49 BStBl. 2004 I, S. 1190.

bzw. Drei-Kontenmodells, bei dem auf die Führung gesonderter Kapitalverlustkonten verzichtet wird. Verluste werden dann auf dem Verrechnungskonto gebucht. Nach der Rspr. des BFH handelt es sich dann um ein als Eigenkapital zu qualifizierendes Gesellschafterkonto, wenn auf dem entsprechenden Konto auch Verluste gebucht werden.[50] In einem Vier-Kontenmodell handelt es sich bei einem auf der Passivseite der Bilanz auszuweisenden Verrechnungskonto steuerrechtlich um Fremdkapital der Gesellschaft, dem eine korrespondierende Forderung des Gesellschafters im Sonderbetriebsvermögen gegenübersteht.[51]

Wird ein als Fremdkapital zu qualifizierendes Verrechnungskonto infolge **überhöhter Entnahmen** aktivisch, sind dem Gesellschafter belastete **Zinsen** Betriebseinnahmen der Gesellschaft. Eine steuerrechtliche Berücksichtigung der korrespondierenden Zinszahlung beim Gesellschafter ist nach Maßgabe des § 4 Abs. 4a EStG nur dann möglich, wenn das von der Gesellschaft in Anspruch genommene Darlehen im Zusammenhang mit einer steuerlich relevanten Finanzierung steht (z.B. Refinanzierung des Gesellschaftsanteils, Erwerb einer an die KG vermietete Immobilie etc.). Soweit die Zinsen des Verrechnungskontos im Zusammenhang mit der Finanzierung privat veranlasster Entnahmen (z.B. persönliche Steuern, selbst genutzte Immobilie) stehen, ist ein **Abzug als Sonderbetriebsausgaben** bzw. als **Werbungskosten ausgeschlossen**.

F. Entnahmen, Auszahlungen

Literatur:

Balz, Entnahmen fiktiver Steuern bei der Personenhandelsgesellschaft, DB 1998, 1305 ff.; ***Bartholl***, Zivilrechtlicher Ausgleich der Körperschaft- und Kapitalertragsteueranrechnung in Personengesellschaften, DB 1995, 1797 ff.; ***Barz***, Die vertragliche Entnahmeregelung bei OHG und KG, in: FS für Knürka, 1972, S. 25 ff.; ***Ganß***, Das Steuerentnahmerecht des Gesellschafters der OHG und KG, 1962; ***Großfeld***, Rücklagenbildung und Minderheitenschutz bei Personengesellschaften, WPg 1987, 698 ff.; ***Münchener Handbuch des Gesellschaftsrechts***, Bd. 2, 2. Aufl. 2003; ***Sommer***, Einlageverpflichtung oder Entnahmerecht von anrechenbarer Körperschaftsteuer und/oder Kapitalertragsteuer? DStR 1996, 1487 ff; ***ders.***, Die Gesellschaftsverträge der GmbH & Co. KG, 3. Aufl. 2005; ***Wertenbruch***, Gewinnausschüttung und Entnahmepraxis in der Personengesellschaft, NZG 2005, 665.

89 Das Entnahmerecht regelt, **welche Auszahlungen** der Gesellschafter von der KG **zu welchem Zeitpunkt** verlangen kann. Der Begriff der „Entnahme" wird vom Gesetz nicht verwandt. Das Gesetz spricht von „Erheben" von Geld aus der Gesellschaftskasse (§ 122 Abs. 1 HGB), „Auszahlung" (§ 122 Abs. 1 HGB, § 169 HGB) etc. Im modernen Sprachgebrauch hat sich jedoch der Begriff der „**Entnahme**" eingebürgert. Der Begriff der „Entnahme" kann weiter wie folgt differenziert werden: Entnahmen im eigentlichen Sinne sind Entnahmen, die der persönlich haftende Gesellschafter selbst tätigt, „Entnahmen" von Kommanditisten, die nur die Auszahlung von Geldern von der KG verlangen können, werden auch als „Auszahlungen" bezeichnet.

Das **gesetzliche Entnahmerecht des Kommanditisten** ist in § 169 HGB geregelt, der bestimmt, dass der Kommanditist Anspruch auf Auszahlung des auf ihn entfallenden Gewinnanteils hat, vorausgesetzt sein „Kapitalanteil" ist nicht unter seine Sollhöhe („bedungene Einlage") gesunken oder würde durch die Einlage unter die „Sollhöhe" sinken.

Anders ist das **gesetzliche Entnahmerecht des Komplementärs** geregelt; für diesen gilt das Recht der OHG, nämlich § 122 HGB. Dieser bestimmt, dass der OHG-Gesellschafter in jedem Geschäftsjahr 4 % seines für das letzte Geschäftsjahr festgestellten Kapitalanteils entnehmen kann, ohne Rücksicht darauf, ob die Gesellschaft einen Gewinn erzielt oder nicht. Hat die Gesellschaft im vorangegangenen Geschäftsjahr einen Gewinn gemacht, so kann er auch die Auszahlung der Differenz zwischen seinem Gewinnanteil und dem Betrag, der 4 % seines festgestellten Kapitalanteils entspricht, verlangen, wenn dies nicht zum „offenbaren Schaden der Gesellschaft gereicht".

---

50 BStBl. 1994 II, S. 88.
51 Zu den steuerrechtlichen Rechtsfolgen, insb. vor dem Hintergrund des § 15a EStG vgl. Sommer, Die Gesellschaftsverträge der GmbH & Co. KG, Teil A, Ziff. V. 1. f.

Das **gesetzliche Entnahmerecht ist antiquiert** und wird den heutigen wirtschaftlichen Anforderungen nicht mehr gerecht. Da die Vorschriften der §§ 122, 169 HGB dispositiv sind, weicht die Praxis von ihnen ab und schafft ein neues vertragliches Entnahmesystem. Es gibt eine Vielzahl von Möglichkeiten, das Entnahmerecht **vertraglich zu regeln**: Der Gesellschaftsvertrag kann das Entnahmerecht z.B. an den Gewinnanteil **(gewinnabhängige Entnahmeklausel)** oder an einen Prozentsatz des festen Kapitalkontos und/oder des Verrechnungskontos **(kontenabhängige Entnahmeklausel)** anknüpfen; er kann auch Entnahmen aus dem Liquiditätsüberschuss der Gesellschaft **(liquiditätsabhängige Entnahmeklausel)** zulassen, wie dies bei vermögensverwaltenden KG üblich ist. Das Entnahmerecht kann in einem durch Gesellschafterbeschluss festgelegten jährlichen oder monatlichen Betrag bestehen **(zeitabhängige Fixentnahme)**, es kann aber auch – wie z.B. bei Anwalts-GbR üblich, aus einer **Kombination** von einer monatlich festen Entnahme und weiteren unterjährigen Ausschüttungen aus dem Liquiditätsüberschuss **(kombinierte Entnahmeklausel)** bestehen.[52]

90

Welche Entnahmeklausel im **Einzelfall** passt, hängt von den Umständen ab, insb. davon, ob die Gesellschafter mitarbeiten oder nicht, ob die Gesellschaft Erträge abwirft und in welcher Höhe, ob die Gesellschafter ihren Lebensunterhalt aus Erträgen der Gesellschaft bestreiten müssen oder ob sie noch wesentliche andere Einnahmen haben usw. Die Entnahmeregelungen haben einen **wichtigen Einfluss auf die Finanzierung** der Gesellschaft. Bei der Gestaltung des Entnahmerechts ist daher auch auf diesen Effekt zu achten. Schließlich ist auch die jeweilige **Interessenlage des Auftraggebers** ein Kriterium, das bei der Gestaltung von Entnahmeklauseln zu berücksichtigen ist. Die Regelung des Entnahmerechts ist ein Kernthema bei Verhandlungen über einen Gesellschaftsvertrag. Es ist daher besondere Sorgfalt geboten.

91

Einkommensteuerrechtlich sind Entnahmeregelungen besonders für den **beschränkt haftenden Kommanditisten** von Bedeutung. Da die steuerlichen Ergebnisse aufgrund nicht zahlungswirksamer Ergebnisauswirkungen (Abschreibungen, Rückstellungen) i.d.R. nicht mit der verfügbaren Liquidität übereinstimmen, sind mitunter Entnahmen über das eigentliche Ergebnis hinaus möglich. Entnahmen können daher zum Entstehen eines **negativen Kapitalkontos** führen, wodurch bei gleichzeitiger Verlustlage die Verlustverrechnung aufgrund § 15a Abs. 1 EStG für den betreffenden Kommanditisten in diesem Jahr ausgeschlossen sein kann. Nach § 15a Abs. 3 Satz 1 EStG können darüber hinaus Entnahmen in einem Wirtschaftsjahr eine **Gewinnzurechnung** auslösen, sofern hierdurch ein negatives Kapitalkonto des Kommanditisten entsteht oder sich erhöht und darüber hinaus im Jahre der Entstehung oder in früheren Jahren ausgleichsfähige Verluste zugewiesen wurden. Im Ergebnis werden durch die Entnahmen bislang ausgleichsfähige Verluste der Vorjahre **in verrechenbare Verluste** umgewandelt.

Bei der Abfassung der Entnahmeregelung des Gesellschaftsvertrages ist darauf zu achten, dass diese so gestaltet wird, dass die **Haftung der Kommanditisten nicht wieder auflebt**. Ein Kommanditist haftet den Gläubigern der Gesellschaft bis zur Höhe seiner bedungenen Einlage unmittelbar. Die Haftung ist ausgeschlossen, soweit er seine Einlage geleistet hat (§ 171 Abs. 1 HGB). Wird die Einlage eines Kommanditisten jedoch zurückbezahlt, gilt sie den Gläubigern gegenüber als nicht geleistet (§ 172 Abs. 4 Satz 1 HGB). Das Gleiche gilt, wenn ein Kommanditist Gewinnanteile entnimmt, während sein Kapitalanteil durch Verluste unter den Betrag der geleisteten Einlage abgemindert ist oder soweit durch die Entnahme der Kapitalanteil herabgemindert würde (§ 172 Abs. 4 Satz 2 HGB).

92

Die hieraus resultierenden Gefahren können (vgl. hierzu oben Rn. 75 ff.) dadurch vermieden werden, dass Verluste entweder gegen Guthaben auf **Rücklagen- oder Verrechnungskonten** gebucht werden, oder dadurch, dass Verluste auf **Verlustvortragskonten** gebucht werden, die vorrangig mit künftigen Gewinnen der Gesellschaft wieder aufgefüllt werden müssen. Parallel hierzu werden entnehmbare Gewinne auf Verrechnungskonten gebucht, die eine Forderung gegen die Gesellschaft darstellen. Entnahmen aus Verrechnungskonten oder aus Guthaben aus Darlehenskonten des Gesellschafters können dann keine Rückzahlung der Einlage des Gesellschafters darstellen. Der Gesellschaftsvertrag muss daher vorsehen, dass Entnahmen nur zulasten von Guthaben auf Forderungskonten des Gesellschafters erfolgen dürfen.

93

---

52 Vgl. Sommer, Die Gesellschaftsverträge der GmbH & Co. KG, lit. c, § 14, Anm. 2 ff.

94 Das Gesetz sieht kein gesondertes **Entnahmerecht für Steuern**, die auf die Beteiligung und den Gewinn aus dem Gesellschaftsanteil entfallen, vor. Moderne Gesellschaftsverträge enthalten i.d.R. ein **gesondertes Steuerentnahmerecht**, insb. dann, wenn Gesellschafter nicht in der Gesellschaft tätig sind. Das Steuerentnahmerecht kann **individuell ausgestaltet** sein, dann kann jeder Gesellschafter nur die von ihm tatsächlich zu zahlenden Steuern – i.d.R. gegen Nachweis – entnehmen (**„individuelle Steuerklausel"**), oder es kann pauschaliert werden, dann wird der Entnahme eine fiktiv errechnete Steuerbelastung zugrunde gelegt (**pauschale Steuerentnahmeklausel**). Häufig wird das Steuerentnahmerecht auf die Steuern beschränkt, die mit der Beteiligung an der Personengesellschaft zusammenhängen und durch die Beteiligung verursacht werden (**beteiligungsabhängige Steuerklausel**).[53]

Die **Problematik** von Steuerentnahmeklauseln beruht u.a. auf dem Umstand, dass nach dem geltenden Steuerrecht der Gesellschafter mit seinem **Anteil am Jahresüberschuss besteuert** wird, unabhängig davon, ob und in welchem Umfang dieser an ihn ausgezahlt wird.[54] Darüber hinaus fallen die Entstehung des gesetzlichen Ausschüttungsanspruchs und die Fälligkeit von Steuern (Auszahlungen, Abschlusszahlung, Nachzahlung) zeitlich auseinander. Steuerentnahmeklauseln sollten **möglichst einfach** sein, der Gesellschaft die Kontrolle des Steuerentnahmerechts des einzelnen Gesellschafters erleichtern und den Gesellschafter möglichst nicht dazu zu zwingen, seine persönlichen Einkommensverhältnisse offenlegen zu müssen.

95 Zu überlegen ist ferner, in den Gesellschaftsvertrag ein Entnahmerecht für **Erbschaftsteuern** aufzunehmen. Die Problematik einer Entnahmeklausel bezüglich der Erbschaftsteuer besteht darin, wie die entnahmefähige Erbschaftsteuer berechnet wird. Einfach ist eine allgemeine Entnahmeklausel, die die **Entnahme aller anfallenden Erbschaftsteuern erlaubt** (selbstverständlich nur, wenn ein entsprechendes Guthaben auf dem Entnahmekonto vorhanden ist). Dies wird jedoch normalerweise den anderen Gesellschaftern gegenüber unbillig sein, weil der verstorbene Gesellschafter i.d.R. auch über anderes Vermögen verfügt hat. Regelmäßig wird daher eine **beteiligungsgebundene Erbschaftsteuerentnahmeklausel** vereinbart. Diese entspricht der Differenz zwischen der Erbschaftsteuer auf den gesamten Nachlass und der Erbschaftsteuer auf den Nachlass ohne die Beteiligung an der KG.

96 Erbschaftsteuerrechtlich ist hierbei besonders auf die **Entnahmebegrenzung des § 13a Abs. 5 Nr. 3 EStG** zu achten, die auch die Entnahme der anteiligen Erbschaftsteuer als schädliche Entnahme i.S.d. Missbrauchsvorschrift qualifiziert. Zur Vermeidung erbschaftsteuerrechtlicher Überentnahmen empfiehlt sich in diesem Zusammenhang ggf. die **Vereinbarung fremdüblicher Gesellschafterdarlehen** zur Finanzierung der häufig beträchtlichen Erbschaftsteuerbelastung. Da nach dem Wortlaut des Gesetzes nur Entnahmen im steuerlichen Sinne schädlich sind, lassen sich die nachteiligen Steuerfolgen der während der ersten fünf Jahre nach dem Erbfall oder der Übertragung des Gesellschaftsanteils währenden Entnahmebegrenzungen durch die Vereinbarung von **Darlehen** der Gesellschaft vermeiden. Das Vertragsmuster gewährt daher dem betroffenen Erben-Gesellschafter den Anspruch auf die Gewährung eines verzinslichen Darlehens anstelle des Anspruchs auf Entnahme der Erbschaftsteuer (§ 14 Abs. 4 Satz 3 und 4 des Mustervertrages, Rn. 377).

G. Geschäftsführung/Vertretung

Literatur:

Dänzer/Vanotti, Herabsetzung der Vergütung des geschäftsführenden Gesellschafters bei der OHG und KG, BB 1983, 981; ***Esch***, Weisungsrechte der Gesellschafter der GmbH & Co. KG, NJW 1988, 1553 ff.; ***Helm/Wagner***, Fremdgeschäftsführung und Vertretung bei Personenhandelsgesellschaften, BB 1979, 225; ***Konzen***, Geschäftsführung, Weisungsrecht und Verantwortlichkeit in der GmbH & Co. KG, NJW 1989, 2977; ***Münchener Handbuch des Gesellschaftsrechts***, Bd. 2, 2. Aufl. 2003; ***Reichert/Winter***, Die Abberufung und Ausschließung des geschäftsführenden Gesellschafters bei der Publikums-Personengesellschaft, BB 1988, 981; ***K. Schmidt***, Kündigung der Geschäftsführung

---

53 Zu den verschiedenen Entnahmeklauseln siehe Sommer, Die Gesellschaftsverträge der GmbH & Co. KG, lit. c, § 14, Anm. 2 ff.

54 L. Schmidt/Wacker, EStG, § 15 Rn. 441.

und Vertretung durch den Personengesellschafter, DB 1988, 2241; *Werra*, Zum Stand der Diskussion um die Selbstorganschaft: Die Einflussnahme von Nichtgesellschaftern und Kommanditisten auf die Geschäftsführung und Vertretung in Personengesellschaften, 1990.

Wie auch bei anderen Personengesellschaften wird bei der KG zwischen der **Vertretung** der Gesellschaft **nach außen** gegenüber Dritten und der **Geschäftsführung im Verhältnis der Gesellschafter untereinander** unterschieden. Die Kommanditisten einer KG sind nach §§ 164, 170 HGB sowohl von der Befugnis zur Geschäftsführung als auch von der Vertretung ausgeschlossen.

I. Umfang der Geschäftsführung

Zur **Geschäftsführung** gehören alle Tätigkeiten im Rahmen des Geschäftsbetriebes der KG, unabhängig davon, ob es sich um Maßnahmen handelt, die der gewöhnliche Betrieb des Handelsgewerbes der Gesellschaft mit sich bringt, oder ob es sich um ungewöhnliche Geschäfte handelt. Abzugrenzen ist die Geschäftsführung von sog. **Grundlagengeschäften**, die das Gesellschaftsverhältnis und seine Gestaltung selbst betreffen und nicht mehr vom Gesellschaftszweck gedeckt sind. Zu diesen Grundlagengeschäften gehören z.B. Erhöhung oder Herabsetzung der Beiträge, Änderungen im Gesellschafterbestand (Aufnahme oder Ausschließung von Gesellschaftern), Abschluss von Unternehmensverträgen und die Auflösung der Gesellschaft.[55] Alle Maßnahmen, die ein solches Grundlagengeschäft darstellen, bedürfen eines **einstimmigen Beschlusses sämtlicher Gesellschafter**, soweit nicht der Gesellschaftsvertrag andere Mehrheitserfordernisse aufstellt.

Die Ausführung von Gesellschafterbeschlüssen ist hingegen **Teil der Geschäftsführung**. Soweit eine Geschäftsführungshandlung über den gewöhnlichen Betrieb des Gewerbes der Gesellschaft hinausgeht, können die Kommanditisten dieser nach § 164 Abs. 1 2. Halbs. HGB widersprechen. Dieser Gesetzeswortlaut ist missverständlich. Denn wenn eine Handlung über den gewöhnlichen Betrieb des Handelsgewerbes der KG hinausgeht, kann ein Kommanditist nicht nur **widersprechen**, sondern die Vornahme dieser Handlung bedarf eines Beschlusses aller Gesellschafter einschließlich der nicht geschäftsführungsbefugten Kommanditisten (§§ 164, 116 Abs. 2 HGB).

II. Gesetzliche und gesellschaftsvertragliche Geschäftsführungsbefugnis

Hat die KG mehrere persönlich haftende Gesellschafter, so ist grds. jeder Komplementär **allein zur Geschäftsführung** befugt. Den anderen geschäftsführenden Gesellschaftern steht jedoch ein **Widerspruchsrecht** zu (§§ 161 Abs. 2, 115 Abs. 1 HGB). Abweichend von der gesetzlichen Regelung kann der Gesellschaftsvertrag vorsehen, dass, wenn mehrere persönlich haftenden Gesellschafter vorhanden sind, die Geschäftsführung nur einem von ihnen oder mehreren von ihnen als **Gesamtgeschäftsführer** (§ 115 Abs. 2 HGB) zusteht. Die Rechte der Komplementäre in Bezug auf die Geschäftsführungsbefugnis können weitgehend abweichend vom gesetzlichen Leitbild festgelegt, also eingeschränkt oder erweitert werden. Sind mehrere geschäftsführende Gesellschafter vorhanden, kann der Gesellschaftsvertrag von dem Einstimmigkeitserfordernis des § 115 Abs. 2 HGB abweichen und **Zuständigkeits- und Verfahrensregeln** für die Geschäftsführung aufstellen, ähnlich wie bei einer Geschäftsordnung für die Geschäftsführer einer GmbH.[56]

Auch die **Rechte der Kommanditisten** in Bezug auf die Geschäftsführung können **eingeschränkt oder erweitert werden**. So ist z.B. das „Widerspruchsrecht" gemäß § 164 HGB dispositiv und kann im Gesellschaftsvertrag ausgeschlossen werden. In diesem Fall kann der Komplementär auch außergewöhnliche Geschäfte ohne Zustimmungsbeschluss unter Beteiligung der anderen Gesellschafter vornehmen. Aus **steuerrechtlicher Sicht** ist zu beachten, dass ein Ausschluss des Widerspruchsrechts der Kommanditisten eine Beschneidung der „Mitunternehmerinitiative" bedeutet und im Einzelfall (Gesamtbetrachtung) die Versagung der steuerlichen „Mitunternehmerstellung" zur Folge haben kann.[57]

---

55 Wirth, in: Münchener Handbuch des Gesellschaftsrechts, Bd. 2, § 7 Rn. 5.
56 Baumbach/Hopt/Hopt, HGB, § 116 Rn. 7.
57 L. Schmidt/Wacker, EStG § 15 Rn. 262, 266.

102 Zur **Erweiterung der Rechte der Kommanditisten** hinsichtlich der Geschäftsführung führt die Festlegung bestimmter Maßnahmen, die der **Zustimmung der Gesellschafterversammlung** bedürfen. Ein solcher **Katalog** zustimmungsbedürftiger Geschäfte ist üblicherweise in Gesellschaftsverträgen enthalten. Welche Maßnahmen der Zustimmung bedürfen und mit welcher Mehrheit der Zustimmungsbeschluss gefasst werden soll, hängt von der jeweils betroffenen KG, deren Gesellschafterstruktur, Zweck und Ausgestaltung ab. Der Mustervertrag (Rn. 377) enthält in § 8 Abs. 3 einen solchen Katalog zustimmungspflichtiger Geschäfte, der im Einzelfall um weitere Maßnahmen erweitert oder gekürzt werden kann.

103 Wird ein Geschäft entgegen den gesetzlichen oder gesellschaftsvertraglichen Regelungen zur Geschäftsführungsbefugnis vorgenommen, so bleibt dies auf die **Wirksamkeit der Maßnahme im Außenverhältnis**, also für die Vertretungsbefugnis, ohne Auswirkung. Es handelt sich vielmehr um eine **Pflichtverletzung** im Innenverhältnis, die ggf. zur **Haftung** des pflichtwidrig handelnden Gesellschafters führen kann.

III. Vertretung der KG nach Gesetz und Gesellschaftsvertrag

104 **Gesetzliche Vertreter** der KG sind die **Komplementäre**, und zwar grds. mit **Einzelvertretungsbefugnis** (§ 125 Abs. 1 HGB). Hinsichtlich der Einzel- oder Gesamtvertretungsbefugnis, ggf. gemeinsam mit einem Prokuristen, besteht weitgehende Gestaltungsfreiheit (vgl. §§ 161 Abs. 2, 125 HGB).

Der **Umfang der Vertretungsmacht** kann hingegen nicht gesellschaftsvertraglich geregelt werden, er ist in § 126 HGB **zwingend festgelegt**. Die Vertretungsmacht ist umfassend und im Gegensatz zur Geschäftsführungsbefugnis nicht auf Maßnahmen beschränkt, die der gewöhnliche Betrieb des Handelsgewerbes der KG mit sich bringt. Die Vertretungsmacht erstreckt sich demnach auf alle Handlungen und Erklärungen, die die Gesellschaft betreffen. **Nicht erfasst** sind hingegen Rechtshandlungen, die die **Grundlagen des Gesellschaftsverhältnisses** berühren, da es sich dabei um Vertretung der Gesellschafter anstatt der Gesellschaft handeln würde.

> *Beispiele:*
>
> *Änderungen des Gesellschaftsvertrages (auch Aufnahme oder Ausschluss von Gesellschaftern) und die Gesellschaft auflösende Rechtsgeschäfte, die ebenfalls eine Änderung des Gesellschaftsvertrages bedeuten.*[58]

Auch ein Vertragsabschluss über die Veräußerung des gesamten Unternehmens ist nicht von der Vertretungsmacht gedeckt und bedarf zu seiner Wirksamkeit eines Gesellschafterbeschlusses.[59]

105 Die **Kommanditisten** sind nach § 170 HGB **von der Vertretung** der KG **ausgeschlossen**. Diese Bestimmung ist zwingend. Kommanditisten einer KG kann daher keine organschaftliche Vertretungsbefugnis eingeräumt werden. Sie können nur wie außenstehende Nichtgesellschafter rechtsgeschäftliche Vertretungsbefugnis erhalten.[60]

106 Sowohl bei der organschaftlichen Vertretung durch die Komplementäre als auch bei der rechtsgeschäftlichen Vertretung der Gesellschaft durch Bevollmächtigte (auch Kommanditisten) gilt das **Verbot des Selbstkontrahierens** und das **Verbot der Doppelvertretung** nach § 181 BGB. Die Komplementäre können im Gesellschaftsvertrag generell oder für bestimmte Rechtsgeschäfte von den Beschränkungen des § 181 BGB befreit werden. Außerhalb des Gesellschaftsvertrages können sie auch im Einzelfall durch Gesellschafterbeschluss von diesem Verbot befreit werden.[61] Durch Rechtsgeschäft bevollmächtigte Vertreter können nach den allgemeinen Regeln natürlich ebenfalls von den Beschränkungen des § 181 BGB befreit werden.

---

58 Wirth, in: Münchener Handbuch des Gesellschaftsrechts, Bd. 2, § 9 Rn. 4 ff.
59 BGH, DStR 1995, 424.
60 Wirth, in: Münchener Handbuch des Gesellschaftsrechts, Bd. 2, § 9 Rn. 27 ff.
61 Baumbach/Hopt/Hopt, HGB, § 126 Rn. 9.

IV. Eintragungen im Handelsregister

Die (organschaftliche) Vertretung ist nach den §§ 161, 106 Abs. 2 Nr. 4 HGB zur Eintragung **in das Handelsregister anzumelden**. Der Wortlaut des § 106 Abs. 2 Nr. 4 HGB, der die Eintragung der „Vertretungsmacht der Gesellschafter" verlangt, ist widersprüchlich. Tatsächlich ist hiermit die Ausgestaltung der Vertretungsbefugnis gemeint, da der Umfang der Vertretungsmacht nach § 126 HGB nicht mit Wirkung gegenüber Dritten beschränkt werden kann. Zur Eintragung anzumelden sind daher die abstrakte Vertretungsbefugnis der Komplementäre, also Einzel- bzw. Gesamtvertretung oder Gesamtvertretung mit Prokuristen, sowie die konkrete Vertretungsbefugnis, sofern einzelne Komplementäre abweichende Vertretungsbefugnisse erhalten. Anzumelden ist auch, wenn und soweit alle oder einzelne Komplementäre von den Beschränkungen des § 181 BGB **befreit** werden.[62] Die rechtsgeschäftliche Vertretungsmacht von Kommanditisten ist nicht eintragungsfähig, auch dann nicht, wenn sie im Gesellschaftsvertrag eingeräumt wurde.[63]

107

Die Anmeldung muss **durch alle Gesellschafter** erfolgen, einschließlich der Kommanditisten (§ 108 Abs. 1 HGB). Die vertretungsberechtigten Komplementäre haben zudem nach § 108 Abs. 2 HGB ihre **Namensunterschrift unter Angabe der Firma** zur Aufbewahrung beim Handelsgericht zu zeichnen. Anmeldungen zur Eintragung ins Handelsregister sowie die Zeichnungen, die zur Aufbewahrung beim Registergericht bestimmt sind, müssen nach § 12 Abs. 1 HGB in **öffentlich beglaubigter Form** eingereicht werden. Vertretung bei der Anmeldung (aber nicht bei der Zeichnung der Vertreter) ist möglich, die entsprechende Vollmacht ist jedoch ebenfalls in öffentlich beglaubigter Form einzureichen (§ 12 Abs. 2 Satz 1 HGB).

V. Entziehung von Geschäftsführungs- und Vertretungsbefugnissen

Sowohl Geschäftsführungs- als auch Vertretungsbefugnis können auf Antrag aller übrigen Gesellschafter, einschließlich der Kommanditisten, **durch Urteil entzogen werden**, wenn hierfür ein **wichtiger Grund** vorliegt (§§ 117, 127 HGB). Diese Normen sind im Wesentlichen **dispositiv**. Der Gesellschaftsvertrag kann die Entziehung der Geschäftsführungs- und Vertretungsbefugnis also weiter erschweren oder aber auch erleichtern. Es ist u.a. möglich, gesellschaftsvertraglich die Einziehung nur bei ganz bestimmten wichtigen Gründen zuzulassen, andererseits können auch bestimmte absolute Gründe genannt werden, die unabhängig von ihrer Wichtigkeit zur Entziehung ermächtigen. Auch **verfahrensmäßige Erleichterungen** im Gesellschaftsvertrag sind zulässig

108

> *Beispiele:*
> *Klage schon bei Mehrheitsbeschluss oder Entziehung durch Beschluss.*

Nicht durch Gesellschaftsvertrag **ausgeschlossen** werden kann die Möglichkeit der gerichtlichen Überprüfung. Der Gesellschaftsvertrag kann auch nicht die Entziehung aus wichtigem Grund völlig ausschließen.[64]

Meist wird die **Entziehung von Geschäftsführungs- und Vertretungsbefugnis gleichzeitig** beantragt. Bei dem Verfahren handelt es sich um einen **Gestaltungsprozess**. Die Entziehung wird erst mit Rechtskraft des Gestaltungsurteils wirksam. Das Gesetz sieht vor, dass alle übrigen Gesellschafter als Kläger gegen den von der Einziehung betroffenen Mitgesellschafter prozessieren. Regelmäßig erhebt jedoch nur ein Gesellschafter die Einziehungsklage. Dieser muss dann die anderen Gesellschafter mitverklagen, und zwar nach h.M. auf Zustimmung zur Entziehung. Bei einer KG, bei der nur ein Komplementär vorhanden

109

---

62 Baumbach/Hopt/Hopt, HGB, § 126 Rn. 9.
63 OLG Frankfurt, NZG 2006, 262.
64 MünchKomm-HGB/K. Schmidt, § 127 Rn. 9 ff.; Baumbach/Hopt/Hopt, HGB, § 117 Rn. 11 f., § 127 Rn. 11 f.

ist, scheitert nach Auffassung des BGH die Entziehung der Vertretungsbefugnis, weil sonst ein rechtlich unmöglicher Zustand entstehen würde.[65]

110 Ist nach dem Gesellschaftsvertrag die Entziehung **durch Beschluss** möglich, wird sie mit dessen Bekanntgabe an den betroffenen Gesellschafter wirksam.[66]

111 Wie bei allen Eingriffen in Rechtsstellungen aus wichtigem Grund ist auch hier der **Grundsatz der Verhältnismäßigkeit** zu beachten. Eine **vollständige Entziehung der Vertretungsbefugnis** kommt daher nur in Betracht, wenn mildere Mittel nicht ausreichen, um den unzumutbaren Umstand für die Mitgesellschafter zu beseitigen. Als milderes Mittel zur vollständigen Entziehung der Vertretungsbefugnis kommt z.B. eine Beschränkung der Vertretung auf die nach §§ 125, 126 HGB zugelassenen Formen in Kraft. In **prozessualer Hinsicht** ist allerdings zu beachten, dass die Teilentziehung nicht ein bloßes Minus zur vollständigen Entziehung der Geschäftsführungs- und Vertretungsbefugnis ist. Es handelt sich vielmehr um **verschiedene Streitgegenstände**. Hält das Gericht also die vollständige Entziehung für nicht verhältnismäßig und daher nicht gerechtfertigt, kann es nicht die teilweise Entziehung anordnen. Mangels eines entsprechenden Antrags würde dies gegen § 308 Abs. 1 ZPO verstoßen.[67]

H. Vergütung des Komplementärs, Auslagenersatz

Literatur:

Münchener Handbuch des Gesellschaftsrechts, Bd. 2, KG/Stille Gesellschaft, 2. Aufl. 2004; *Ottersbach/Breithaupt*, Geschäftsführung einer Personengesellschaft und Umsatzsteuer, NZG 2003, 614.

EStR 2005: H 15.8 (3) Stichwort: Tätigkeitsvergütung

112 Die Komplementäre erhalten üblicherweise eine **gesonderte Vergütung** für ihre Geschäftsführungs- und Vertretungstätigkeit **sowie den Ersatz ihrer Auslagen**. Anders als im Fall einer GmbH & Co. KG, bei der die GmbH aus steuerrechtlichen Gründen eine Vergütung für die Übernahme des Haftungsrisikos erhalten muss (etwa in Höhe einer Avalprovision), erhält der Komplementär einer KG i.d.R. **kein Entgelt** für die Übernahme der unbeschränkten Haftung.

113 § 110 HGB bestimmt, dass die Gesellschaft einem Gesellschafter Aufwendungen zu ersetzen hat, die er in Geschäftsangelegenheiten den Umständen nach für erforderlich hält. Aus § 110 HGB lässt sich jedoch für den Komplementär selbst kein Anspruch auf eine **Vergütung für seine Tätigkeit** als geschäftsführender Gesellschafter einer KG herleiten.[68] Sie muss daher **vereinbart** werden. Es wäre jedoch ungeschickt, die Vergütungen in allen Einzelheiten im Gesellschaftsvertrag festzulegen, da bei späteren Änderungen jeweils der Gesellschaftsvertrag geändert werden müsste. Hierauf hat der Geschäftsführer i.d.R. keinen Anspruch.[69] **In der Praxis** wird im Gesellschaftsvertrag daher lediglich geregelt, dass der Komplementär für seine Tätigkeit eine **feste monatliche Vergütung** erhält, die in einem **gesonderten Dienstvertrag** festgelegt wird. Eine entsprechende Regelung findet sich in § 9 Abs. 1 des Mustervertrages (Rn. 377).

114 Hinsichtlich des Aufwendungserstattungsanspruchs des Komplementärs ist zu überlegen, ob dieser auf die „**notwendigen**" **Aufwendungen** im Zusammenhang mit der Geschäftsführungstätigkeit oder auf die Aufwendungen beschränkt wird, die „zur Erfüllung seiner Aufgaben erforderlich sind", oder ob alle Aufwendungen des Komplementärs erstattet werden sollen.

115 Schließlich muss im Zusammenhang mit der Vergütung des Komplementärs und des Auslagenersatzes geregelt werden, ob diese Ausgaben „**Aufwand**" der Gesellschaft darstellen oder über einen „**Gewinn-**

---

65 MünchKomm-HGB/K. Schmidt, § 127 Rn. 7; Baumbach/Hopt/Hopt, HGB, § 127 Rn. 3; a.A.: Riegger/Götze, in: Münchener Vertragshandbuch, S. 256.
66 Baumbach/Hopt/Hopt, HGB, § 117 Rn. 12; Riegger/Götze, in: Münchener Vertragshandbuch, Bd. 1, S. 256 Rn. 11.
67 BGH, JuS 2002, 714 = NJW-RR 2002, 540.
68 Hesselmann/Tillmann, Handbuch der GmbH & Co. KG, Rn. 301.
69 BGHZ, BB 1977, 1271; Wirth, in: Münchener Handbuch des Gesellschaftsrechts, Bd. 2, § 10 Rn. 3.

vorab" erstattet werden sollen. Im ersteren Fall erhält der Komplementär die Vergütung und den Aufwendungsersatz auch dann, wenn die Gesellschaft in einem Geschäftsjahr einen Verlust erwirtschaftet. Im zweiten Fall würde der Komplementär in einem Verlustjahr leer ausgehen.

Formulierungsbeispiel: Klarstellung der Vergütung des Komplementärs 116

> Die Vergütung für die Geschäftsführung und der Aufwendungsersatz stellen im Verhältnis der Gesellschafter zueinander Aufwand dar.

Steuerrechtlich stellt eine solche Tätigkeitsvergütung eine „Sondervergütung" i.S.v. § 15 Abs. 1 Satz 1 Nr. 2 2. Halbs. EStG dar,[70] die steuerrechtlich dem Gewinn der KG hinzugerechnet wird und die Gewerbesteuer der KG nicht mindert. 117

I. Gesellschafterversammlung und Gesellschafterbeschlüsse

Literatur:

Beck'sches Handbuch der Personengesellschaften, 2. Aufl. 2002; *Flume*, Die Problematik der Zustimmungspflicht des Gesellschafters einer Personengesellschaft zu Gesellschafterbeschlüssen und zur Änderung des Gesellschaftsvertrages, ZHR 1991, 119; *Köster*, Anfechtungs- und Nichtigkeitsklage gegen Gesellschafterbeschlüsse bei OHG und KG, 1981; *Kort*, Zulässigkeit und Grenzen von Mehrheitsentscheidungen bei Kommanditgesellschaften Teil I, DStR 1993, 401 und Teil II, DStR 1993, 438; *Marburger*, Abschied vom Bestimmtheitsgrundsatz im Recht der Personengesellschaften?, NJW 1984, 2252; *ders.*, Zum „Verzicht" auf den Bestimmtheitsgrundsatz in einer Personengesellschaft, ZGR 1989, 146; *Münchener Handbuch des Gesellschaftsrechts*, Bd. 2, 2. Aufl. 2003; *Sainger*, Hinzuziehung von Stellvertreter oder Beistand bei Beschlussfassung und Kontrolle im Gesellschaftsrecht, NJW 1992, 348 ff.; *Vogel*, Gesellschafterbeschlüsse und Gesellschafterversammlung, 2. Aufl. 1986; *H.P. Westermann*, Die Anpassung von Gesellschaftsverträgen an veränderte Umstände, in: FS für Hefermehl, 1976, S. 225 ff.

I. Allgemeines

Anders als für Kapitalgesellschaften gibt es **keine gesetzlichen Regelungen** im BGB und HGB **für Gesellschafterversammlungen** von Personengesellschaften, einschließlich der KG. Die Versammlung ist also gesetzlich nicht als Organ der KG vorgesehen, sondern die Gesellschafter von Personengesellschaften sind „Herren der Gesellschaft". Für die Fassung von Gesellschafterbeschlüssen ist eine Versammlung der Gesellschafter gesetzlich nicht erforderlich. Es genügt eine **Stimmabgabe**[71] Die meisten Gesellschaftsverträge sehen jedoch vor, dass und wie Beschlüsse der Gesellschafter auf Gesellschafterversammlungen gefasst werden. Der Gestaltungsrahmen ist hierbei weit.[72] 118

Der **Gesellschaftsvertrag** sollte also Regelungen zur Gesellschafterversammlung treffen, insb.

- Einberufungsform,
- Einberufungsfrist,
- Einberufungskompetenz,
- Ort der Gesellschafterversammlung,
- Beschlussfähigkeit,
- Vertretung und Beratung von Gesellschaftern,
- Leitung der Versammlung und
- Erstellung des Protokolls.

---

70 Vgl. H 15.8 (3) Stichwort „Tätigkeitsvergütung" EStR 2005.
71 Baumbach/Hopt/Hopt, HGB, § 119 Rn. 26 ff.
72 MünchKomm-HGB/Enzinger, § 119 Rn. 40 ff.

Es könnte auch auf die entsprechenden Regelungen des **GmbH-Rechts** (§§ 46 – 51 GmbHG) oder die Grundsätze zur **aktienrechtlichen Hauptversammlung** verwiesen werden. In der Praxis ist es jedoch empfehlenswert, Vorschriften zur Gesellschafterversammlung in den Vertrag aufzunehmen. Dadurch sind die geltenden Bestimmungen für die Gesellschafter besser nachvollziehbar. Zudem können Regelungen eingeführt werden, die das GmbH-Recht nicht enthält, z.B. zur Beschlussfähigkeit, Vertretung, Erstellung eines Protokolls und zur Möglichkeit der Beschlussfassung außerhalb von Gesellschafterversammlungen. Der Ablauf der Versammlung kann im Wesentlichen frei geregelt werden. Allerdings muss den Gesellschaftern stets die ausreichende Möglichkeit erhalten bleiben, ihre Meinung darzulegen und ihr Informationsrecht auszuüben.[73]

II. Gesellschafterversammlung

1. Einberufung und Ladung

119 Mangels gesellschaftsvertraglicher Regelung zur Einberufung und Ladung herrscht grds. **Formfreiheit**. Es hat **jeder Gesellschafter** mit Stimmrecht das Recht, die **Gesellschafterversammlung einzuberufen**.[74] Das Recht zur Einberufung kann auf den Komplementär übertragen werden, was insb. bei **Publikumsgesellschaften** sinnvoll ist. Neben dem grds. Einberufungsrecht des geschäftsführenden, persönlich haftenden Gesellschafters aufgrund gesellschaftsvertraglicher Regelung (dies ähnelt der Einberufungsbefugnis des Geschäftsführers als Vertretungsorgan der GmbH, § 49 Abs. 1 GmbHG) kann einem Gesellschafter oder einer bestimmten Anzahl von Gesellschaftern das Recht eingeräumt werden, einen Antrag auf Einberufung einer Gesellschafterversammlung zu stellen (in Anlehnung an das Minderheitsrecht von GmbH-Gesellschaftern nach § 50 GmbHG).

120 **Formulierungsbeispiel: Präzisierung des Rechts auf Einberufung der Gesellschafterversammlung**

> Gesellschafter, die allein oder zusammen über mindestens 25 % aller in der Gesellschaft vorhandenen Stimmen verfügen, können jederzeit bei dem Komplementär den Antrag auf Einberufung einer Gesellschafterversammlung mit einer bestimmten Tagesordnung stellen. Kommt der Komplementär diesem Verlangen nicht binnen zwei Wochen nach, können die Antragsteller selbst die Gesellschafterversammlung einberufen. Die Vorschriften über die Einberufung gelten entsprechend.

2. Beschlussfähigkeit der Gesellschafterversammlung

121 Regelungen über die Beschlussfähigkeit der Gesellschafterversammlung dienen einerseits dazu, Gesellschafter vor Beschlüssen zu schützen, die ohne ihre Anwesenheit gefasst werden. Andererseits sollen **Minderheitsgesellschaften** die Fassung von Beschlüssen nicht verhindern können, indem sie der Gesellschafterversammlung fernbleiben. Daher enthalten Gesellschaftsverträge oft eine **zweistufige Regelung**: Wenn die erste Gesellschafterversammlung beschlussunfähig ist, ist eine zweite Gesellschafterversammlung mit derselben Tagesordnung einzuberufen, die ohne Rücksicht auf die Zahl der anwesenden bzw. vertretenen Gesellschafter beschlussfähig ist. Die Festlegung des **Quorums** für die Beschlussfähigkeit der (ersten) Gesellschafterversammlung hängt vor allem von der Gesellschaftsstruktur und der Anzahl der Gesellschafter bzw. vorhandenen Stimmen ab. Zu berücksichtigen sind dabei insb. die Interessen des bzw. der Minderheitsgesellschafter. Es kann natürlich auch festgelegt werden, dass die Gesellschafterversammlung nur bei Anwesenheit oder Vertretung aller vorhandenen Gesellschafter beschlussfähig ist (was aus praktischen Gründen nicht zu empfehlen ist).

3. Vertretung in der Gesellschafterversammlung und Teilnahmerecht

122 Mangels gesellschaftsvertraglicher Regelungen können **nur Gesellschafter** an den Versammlungen teilnehmen, und zwar auch dann, wenn sie durch Gesetz oder Vertrag vom Stimmrecht ausgeschlossen sind. Sollen generell auch **Nichtgesellschafter** bei Gesellschafterversammlungen teilnahmeberechtigt sein,

---

73 Stengel, in: Beck'sches Handbuch der Personengesellschaften, § 3 Rn. 445.
74 MünchKomm-HGB/Enzinger, § 119 Rn. 49.

empfiehlt es sich, **entsprechende Regelungen im Gesellschaftsvertrag** aufzunehmen. Ob und ggf. durch welche Personen sich ein Gesellschafter auf Gesellschafterversammlungen vertreten lassen kann, hängt von der jeweiligen Ausgestaltung der Gesellschaft ab. Als **vertretungsberechtigte Personen** kommen insb. andere Gesellschafter, Angehörige, zur Berufsverschwiegenheit verpflichtete Personen, Testamentsvollstrecker usw. in Betracht.[75]

Insb. in **Familiengesellschaften** werden häufig keine anderen Vertreter als Gesellschafter, Abkömmlinge oder Ehegatten zugelassen. Der Gesellschaftsvertrag kann jedoch auch zulassen, dass eine **Vertretung allgemein zulässig** ist, ohne die möglichen Vertretungspersonen genauer zu spezifizieren. Wenn die Vertretung in Gesellschafterversammlungen vertraglich zulässig ist, kann sie insoweit eingeschränkt werden, als ein Vertreter nur von einer bestimmten Anzahl von Gesellschaftern bevollmächtigt werden kann. Weiterhin kann der Gesellschaftsvertrag verlangen, dass die Vollmacht in jedem Fall der Schriftform bedarf.

Neben der Möglichkeit der Vertretung sollte auch das **Teilnahmerecht von Beratern** gemeinsam mit dem Gesellschafter auf Gesellschafterversammlungen geregelt werden. Dies empfiehlt sich insb., wenn Gesellschafter geschäftlich unerfahren sind. Dann sollte die **Teilnahme Dritter gestattet werden**, wenn auch die anderen Gesellschafter von dieser Absicht vorab informiert werden. Eine entsprechende „Beratungsklausel" ist in § 10 Abs. 6 des Mustervertrages (Rn. 377) enthalten. Ohne eine solche Klausel müsste die Versammlung im Einzelfall über die Zulassung von Beratern beschließen.

4. Ort der Versammlung und Versammlungsleiter

Als Ort, an dem die Gesellschafterversammlung stattfindet, werden meist der **Sitz bzw. die Geschäftsräume der KG** im Gesellschaftsvertrag genannt. Der Gesellschaftsvertrag kann es auch dem einberufungsberechtigten Komplementär überlassen, den Ort der Versammlung zu bestimmen. Möglich ist es außerdem, einen grundsätzlichen Versammlungsort festzulegen, von dem im Einzelfall mit Zustimmung von Gesellschaftern mit einem bestimmten Anteil aller Stimmen in der Gesellschaft abgewichen werden kann.

Bei einer größeren Anzahl von Gesellschaftern, also insb. bei **Publikums-KG**, ist für die praktische Durchführung der Gesellschafterversammlung ein **Versammlungsleiter** notwendig. Dem geschäftsführenden Komplementär steht kein generelles Recht zur Versammlungsleitung zu. Der Gesellschaftsvertrag kann jedoch bestimmen, wer die Versammlung leiten soll (z.B. der Älteste der Anwesenden, Komplementär), bzw. regeln, wie der Versammlungsleiter bestimmt wird.

5. Protokoll

Ein **Protokoll** über die Gesellschafterversammlungen einer KG wird **vom Gesetz nicht gefordert**, ist aber aus **Beweisgründen** sehr zu empfehlen. Der Inhalt des Versammlungsprotokolls muss dem Zweck gerecht werden, den **Versammlungsverlauf so genau wiederzugeben**, dass sich Abwesende ohne Schwierigkeiten über den Inhalt der Veranstaltung unterrichten können, und so, dass das Protokoll bei Streit über Vorgänge und gefasste Beschlüsse Klarheit schaffen kann. Für den Fall, dass Beschlüsse außerhalb von Gesellschafterversammlungen gefasst werden können, sollte hierfür eine gesonderte Bestimmung über die Erstellung des Protokolls getroffen werden.

6. Beschlüsse außerhalb der Versammlung

Außerhalb einer Gesellschafterversammlung können Beschlüsse gefasst werden, wenn alle Gesellschafter hiermit und mit der Art der Abstimmung einverstanden sind. Als **Abstimmungsart** kommt schriftliche, telefonische oder telegrafische, elektronische Abstimmung oder Abstimmung in Textform in Betracht. **Schriftlich** bedeutet, dass jeder Gesellschafter seine Abstimmungserklärung eigenhändig unterzeichnen muss (§ 126 BGB). Abstimmung in **Textform** bedeutet u.a. eine Abstimmung per Computerfax oder E-Mail.[76] Abstimmung in **elektronischer Form** bedeutet, dass eine Erklärung per E-Mail, die

---

[75] Weipert, in: Münchener Handbuch des Gesellschaftsrechts, Bd. 2, § 14 Rn. 91 ff.; MünchKomm-HGB/Enzinger, § 119 Rn. 52 ff.

[76] Palandt/Heinrichs, BGB, § 126b Rn. 3.

mit einer elektronischen Signatur nach dem Signaturgesetz versehen ist, abgegeben wird (§ 126a BGB). Diese Art der Abstimmung ist derzeit wohl noch unpraktikabel, weil die wenigsten Gesellschafter über die erforderliche technische Ausstattung verfügen werden.

III. Gesellschafterbeschlüsse

1. Mehrheitserfordernisse bei der Beschlussfassung

128 Soweit der Gesellschaftsvertrag nichts anderes bestimmt, sind **Gesellschafterbeschlüsse einstimmig** zu fassen (§§ 161 Abs. 2, 119 Abs. 1 HGB). Entscheidet nach dem Gesellschaftsvertrag die Mehrheit der Stimmen, so ist nach dem Gesetz diese im Zweifel nach der Zahl der Gesellschafter („**Mehrheit nach Köpfen**") zu berechnen (§ 119 Abs. 2 HGB). Diese Regelung ist antiquiert. Moderne Gesellschaftsverträge sehen i.d.R. vor, dass sich die Zahl der Stimmen eines jeden Gesellschafters nach der Höhe seines **festen Kapitalkontos** richtet („**kapitalkontenorientiertes Stimmrecht**").

129 Lässt der Gesellschaftsvertrag **Beschlüsse mit Stimmenmehrheit** zu, wie es regelmäßig der Fall ist, so sind **bestimmte Grenzen** (vor allem zum Schutz von Minderheiten) zu beachten.[77] Zunächst sind Eingriffe (der Mehrheit) in den **Kernbereich der Gesellschafterposition** nur mit Zustimmung des betroffenen Gesellschafters möglich. Der genaue Umfang des Kernbereichs ist streitig, zu ihm gehören jedenfalls Eingriffe in das Stimmrecht, Gewinnbezugsrecht, Geschäftsführungsrecht, Kontrollrecht, Recht auf Bezug des Liquidationserlöses, Entzug und Begründung von Sonderrechten.[78]

Daneben gilt der **Bestimmtheitsgrundsatz**, der besagt, dass die allgemeine Zulassung von Mehrheitsbeschlüssen grds. nur für laufende Geschäfte gilt. Bei Beschlüssen mit ungewöhnlichem Inhalt muss sich die Zulässigkeit eines Mehrheitsbeschlusses eindeutig aus dem Gesellschaftsvertrag ergeben.[79] Dies gilt z.B. für den Ausschluss aus der Gesellschaft, Entziehung der Vertretungsmacht, Begründung neuer Pflichten für Gesellschafter, Umwandlung in eine GmbH, Bildung von Rücklagen, Eingriffe in entstandene Gesellschafterrechte, Feststellung des Jahresabschlusses etc. Der Bestimmtheitsgrundsatz gilt nicht für Publikumsgesellschaften.[80]

130 Üblicherweise unterscheiden Gesellschaftsverträge zwischen Beschlüssen, die mit **einfacher Mehrheit**, mit **qualifizierter Mehrheit** oder mit den **Stimmen aller Gesellschafter** zu fassen sind. Welche Beschlüsse jeweils mit welcher Mehrheit gefasst werden sollen, hängt von den **Umständen des Einzelfalls** und **Interessenlage** der Gesellschafter ab. Bei Beschlussgegenständen, für die die Stimmen aller Gesellschafter notwendig sind, sollte nicht von **Einstimmigkeit** gesprochen werden. Denn Einstimmigkeit kann auch dann vorliegen, wenn alle erschienenen bzw. vertretenen Gesellschafter zustimmen. Wenn mindestens ein Gesellschafter nicht erschienen ist, stellt sich die Frage, ob Einstimmigkeit vorlag oder ob Einstimmigkeit bedeutet, dass alle Gesellschafter erschienen sind und mitgestimmt haben. Daher sollte stets ausdrücklich klargestellt werden, in welchen Fällen die Stimmen aller Gesellschafter zur Beschlussfassung erforderlich sein sollen. Auch bei Mehrheitsentscheidungen sollte die Stimmenmehrheit stets **ausreichend definiert** werden. Insb. sollte genau formuliert werden, welche Mehrheit gemeint ist, nämlich die der **abgegebenen** Stimmen, aller in der Gesellschaft **vorhandenen Stimmen** oder die Stimmen der **anwesenden und vertretenen Gesellschafter**.

131 Darüber hinaus ist zu regeln, ob **Stimmenthaltungen** berücksichtigt werden. Mangels vertraglicher Bestimmung sind Enthaltungen als Gegenstimmen zu werten.[81]

---

77 Vgl. umfassend: Kort, DStR 1993, 401 und DStR 1993, 438.
78 MünchKomm-HGB/Enzinger, § 119 Rn. 60 ff.; Baumbach/Hopt/Hopt, HGB, § 119 Rn. 35 f.
79 BGH, NJW 1988, 411.
80 Baumbach/Hopt/Hopt, HGB, Anh § 177a Rn. 69a; MünchKomm-HGB/Enzinger, § 119 Rn. 78 ff.
81 BGH, DStR 2001, 495.

2. Stimmrechtsausschluss

Das Gesetz **schließt das Stimmrecht** des betroffenen Gesellschafters lediglich in den Fällen von § 113 Abs. 2 HGB (Geltendmachung von Ansprüchen gegen einen Gesellschafter, der das Wettbewerbsverbot verletzt hat), § 117 HGB und § 127 HGB (Beschlussfassung betreffend die Entziehung der Geschäftsführungs- und/oder Vertretungsbefugnis) und § 140 HGB (Ausschluss eines Gesellschafters) aus. 132

Für die KG gibt es jedoch **keine gesetzliche Regelung** zur Frage des **Ausschlusses des Stimmrechts** eines Gesellschafters bei **Interessenkollision** zwischen persönlichem Interesse und Gesellschaftsinteresse. Es gilt jedoch entsprechend § 34 BGB, § 47 Abs. 4 GmbHG ein Stimmverbot bei Interessenkonflikt zwischen unmittelbaren Vermögensinteressen der Gesellschaft und des Gesellschafters. Es gilt der Grundsatz, dass niemand in eigener Sache richten kann.[82] Mangels ausdrücklicher gesetzlicher Regelung ist es allerdings empfehlenswert, im Gesellschaftsvertrag zu bestimmen, ob und ggf. in welchen Fällen das Stimmrecht ausgeschlossen ist.[83] 133

> **Hinweis:**
>
> In **Familien-Personengesellschaften** wird häufig, insb. anlässlich der Aufnahme von Angehörigen als Kommanditisten, das Stimmrecht der neu hinzugekommenen Gesellschafter eingeschränkt. Dies mag im Interesse des bisherigen Gesellschafters liegen, der wie bisher uneingeschränkt die Entscheidungen treffen will. Allerdings kann eine gesellschaftsvertragliche Klausel, wonach der Senior in allen Angelegenheiten, einschließlich Änderung des Gesellschaftsvertrages und Auflösung der Gesellschaft, allein entscheiden kann, im Fall der schenkungsweise aufgenommenen Angehörigen zur Versagung der steuerrechtlichen Mitunternehmerstellung führen.[84]

3. Stimmbindung, Stimmrechtsübertragung

Gesellschafter untereinander können sich **schuldrechtlich verpflichten**, in einem bestimmten Sinne abzustimmen, ohne dass hierzu die Zustimmung der anderen Gesellschafter notwendig ist. Üblich sind z.B. **Stimmbindungsverträge** nach Maßgabe der Mehrheit einer Gruppe oder eines Familienstammes von Gesellschaftern. Zulässig sind auch **Stimmbindungen gegenüber Dritten**, jedenfalls bei Treuhand, Unterbeteiligung und Nießbrauch.[85] Stimmt ein Gesellschafter entgegen der Stimmbindungsvereinbarung ab, ist die Stimmabgabe trotzdem wirksam, die bindungsgemäße Stimmabgabe kann jedoch auf gerichtlichem Wege durchgesetzt werden, ggf. im Wege des **einstweiligen Rechtsschutzes**.[86] 134

Das Stimmrecht als nicht-vermögensrechtliches Mitgliedschaftsrecht kann nicht isoliert von der Mitgliedschaft übertragen werden, sog. **Abspaltungsverbot**.[87] 135

IV. Fehlerhafte Beschlüsse und Abwehrrechte

Anders als bei den Kapitalgesellschaften gibt es **kein gesetzliches System** von **Nichtigkeits- oder Anfechtungsgründen** und deren jeweiligen (gerichtlichen) Angreifbarkeit. Mangelhafte Gesellschafterbeschlüsse bei der KG sind nach h.M. und nach der Rspr. stets nichtig.[88] 136

---

82 Baumbach/Hopt/Hopt, HGB, § 119 Rn. 8 ff.
83 Zu den Grenzen des vertraglichen Stimmrechtsausschlusses, insb. beim Komplementär, siehe Weipert, in: Münchener Handbuch des Gesellschaftsrechts, Bd. 2, § 14 Rn 21 ff.
84 BFH, NJW 1989, 2910; abgrenzend: BFH, NJW 2001, 1086.
85 Baumbach/Hopt/Hopt, HGB, § 119 Rn. 17 f.; MünchKomm-HGB/Enzinger, § 119 Rn. 37.
86 Baumbach/Hopt/Hopt, HGB, § 119 Rn. 17 f.; BGH, NJW 1967, 1963.
87 Baumbach/Hopt/Hopt, HGB, § 119 Rn. 19.
88 Baumbach/Hopt/Hopt, HGB, § 119 Rn. 31 m.w.N.; a.A.: MünchKomm-HGB/Enzinger, § 119 Rn. 98 ff.

1. Mögliche Mängel von Gesellschafterbeschlüssen

137 Der Beschluss der Gesellschafter einer KG kann **inhaltliche Mängel** aufweisen (z.B. Verstöße gegen gesellschaftsvertragliche Bestimmungen, Sittenwidrigkeit) oder **verfahrensfehlerhaft** zustande gekommen sein. Verfahrensfehler können unter Umständen **geheilt** werden, z.B. wenn ein nicht oder nicht ordnungsgemäß geladener Gesellschafter erscheint.[89] Von Beschlussmängeln sind **Stimmabgabemängel** zu entscheiden, die nur dann zu einem Beschlussmangel führen, wenn der Beschluss auf der Stimmrechtsausübung, die vom Stimmrechtsmangel betroffen ist, **beruht**.[90] Daher sind Stimmabgabemängel, die keinen Beschlussmangel zur Folge haben, nur bei Mehrheitsbeschlüssen möglich.[91] Führt die fehlerhafte Stimmabgabe zu einem mangelhaften Beschluss, gilt wiederum der allgemeine Grundsatz, dass mangelhafte Beschlüsse der Gesellschafter einer Kommanditgesellschaft nichtig sind.

2. Gerichtliche Geltendmachung von Beschlussmängeln

138 Soll die Nichtigkeit eines Gesellschafterbeschlusses **im Klagewege** gerügt werden, so ist die Unwirksamkeit nach h.M. im Wege der **Feststellungsklage** gemäß § 256 ZPO zu erheben,[92] möglich ist auch eine **inzidente Rüge**. Die Klage ist nicht gegen die Gesellschaft selbst zu richten, sondern gegen diejenigen Gesellschafter, die die Unwirksamkeit des Beschlusses bestreiten.[93] Die Gesellschaft ist verpflichtet, hierzu die Namen und Anschriften der Gesellschafter bekannt zu geben.[94] Die Geltendmachung von Beschlussmängeln, insb. im Wege der Feststellungsklage, ist **grds. nicht fristgebunden**, auch nicht bei Publikums-KG.[95] Das (Klage-)Recht, einen Beschluss anzugreifen, kann allenfalls verwirkt werden.[96]

3. Gesellschaftsvertragliche Regelung

139 Es empfiehlt sich, das Rechtsschutzsystem der KG vertragsrechtlich dem Klagesystem der GmbH anzunähern, soweit dies möglich ist. Insb. sollte der Gesellschaftsvertrag der KG eine **Frist** enthalten, **innerhalb derer ein Beschlussmangel geltend zu machen** und Klage zu erheben ist. Eine solche gesellschaftsvertragliche Fristbestimmung ist zulässig. Als zulässige Dauer wird in Anlehnung an § 246 AktG eine Frist (im Sinne einer materiellen Ausschlussfrist) von **etwa einem Monat** für zulässig erachtet.[97] Ist die gesellschaftsvertragliche Frist zu kurz bemessen und daher nicht anwendbar, **gilt die angemessene Frist** (von mindestens einem Monat).[98] Weiterhin sollte der Gesellschaftsvertrag vorsehen, dass Beschlussmängel nicht gegenüber den Gesellschaftern, sondern (nur) **gegenüber der Gesellschaft** als Beklagte geltend gemacht werden können.[99] Das Urteil entfaltet dann zwar keine Rechtskraft gegenüber den anderen Gesellschaftern. Diese sind jedoch verpflichtet, sich an die gerichtliche Entscheidung zu halten.[100]

140 Das **Klagesystem** für mangelhafte Gesellschafterbeschlüsse bei der KG kann jedoch **nicht vollständig dem der Kapitalgesellschaften angeglichen** werden. Es ist nicht möglich, durch den Gesellschaftsver-

---

89 Weipert, Münchener Handbuch des Gesellschaftsrechts, Bd. 2, KG, § 14 Rn. 127 ff.
90 OLG München, NZG 1999, 591; BGH, DStR 2001, 495.
91 Weipert, Münchener Handbuch des Gesellschaftsrechts, Bd. 2, KG, § 14 Rn. 127 ff.
92 Baumbach/Hopt/Hopt, HGB, § 119 Rn. 97; BGH, BB 1999, 1835 = NZG 1999, 935.
93 Baumbach/Hopt/Hopt, HGB, § 119 Rn. 97; BGH, NJW 1995, 1218; BB 1999, 1835 = NZG 1999, 935 = NJW 1999, 3113; NJW-RR 1990, 474; siehe zum Klagerecht des indirekt über Treuhänder Beteiligten (dieses ablehnend) OLG München DB 2005, 1211.
94 BGH, NJW 1988, 411.
95 BGH, BB 1999, 1835 mit kritischer Anm. von Casper.
96 BGH, BB 1999, 1835 = NZG 1999, 935 = NJW 1999, 3113.
97 BGH, NJW 1995, 1218; NJW-RR 1990, 474; BB 1999, 1835 = NZG 1999, 935 = NJW 1999, 3113.
98 BGH, NJW 1995, 1218.
99 BGH, NJW 1995, 1218; NJW-RR 1990, 474; NJW-RR 1990, 474; zur entsprechenden Auslegung des Gesellschaftsvertrages einer Publikums-KG siehe BGH, BB 1999, 1835 = NZG 1999, 935 = NJW 1999, 3113.
100 BGH, NJW-RR 1990, 474.

trag festzulegen, dass ein mangelhafter Beschluss zunächst wirksam ist und erst durch eine rechtsgestaltende Anfechtungsklage für die Zukunft für unwirksam erklärt wird.[101]

Checkliste: Regelungsgegenstände bei Gesellschafterversammlung und Beschlussfassung: ☑ 141

- Gesellschafterversammlungen:
  - ☐ Grundsatz der Beschlussfassung in Versammlungen, Möglichkeit der Beschlussfassung außerhalb von Versammlungen,
  - ☐ Einberufung (Einberufungsberechtigung, Form, Frist, Ruhen des Stimmrechts bei unbekanntem Aufenthalt),
  - ☐ Ort der Versammlung,
  - ☐ Beschlussfähigkeit, zweite Versammlung bei Beschlussunfähigkeit,
  - ☐ Vertretung und Beratung in Gesellschafterversammlungen,
  - ☐ Versammlungsleiter,
  - ☐ Protokoll bei Versammlungen und bei Beschlussfassung außerhalb von Versammlungen.
- Gesellschafterbeschlüsse:
  - ☐ Mehrheitserfordernisse, z.B. grds. einfache Mehrheit der abgegebenen oder aller vorhandenen Stimmen, qualifizierte Mehrheit bzw. Stimmen aller Gesellschafter für bestimmte Angelegenheiten,
  - ☐ Wertung von Stimmenthaltungen,
  - ☐ Zahl der Stimmen: nach Köpfen oder nach dem jeweiligen Betrag des Kapitalkontos,
  - ☐ Ausschluss des Stimmrechts,
  - ☐ Geltendmachung von Beschlussmängeln (Frist, gegenüber den Gesellschaftern/der Gesellschaft).

J. Jahresabschluss

Literatur:

Binz/Sorg, Bilanzierungskompetenz bei der Personengesellschaft, DB 96, 969; ***Felix***, Urteilsanmerkungen, ZIP 1995, 129 ff.; ***Hoffmann/Sauter***, Der Jahresabschluss der KG als Exerzierfeld einer Bilanzrechtsrevolution, DStR 1996, 967 ff.; ***v. Langenfeld***, Die grundstücksverwaltende Personengesellschaft als Instrument der Vermögensnachfolge, DAI-FS (2003), 395 ff.; ***v. Oertzen/Hermann***, Vermögensverwaltende GbR vs. vermögensverwaltende KG: Überblick über die zivil- und steuerrechtlichen Gemeinsamkeiten bzw. Unterschiede, ZEV 2003, 401; ***Schön***, Bilanzkompetenzen und Ausschüttungsrechte in der Personengesellschaft, Handelsbilanzen und Steuerbilanzen, in: FS für Beisse, 1997, S. 471 ff.; ***Schulze-Osterloh***, Aufstellung und Feststellung des handelsrechtlichen Jahresabschlusses der Kommanditgesellschaft, BB 1995, 2519 ff.; ***ders***., Bilanzierungsentscheidungen bei der Personenhandelsgesellschaft und ihre Auswirkungen auf die Haftung des Kommanditisten und das Abfindungsguthaben aufgrund einer Buchwertklausel, BB 1997, 1783.

IdW: Stellungnahme zur Rechnungslegung bei Personenhandelsgesellschaften IDW RS HFA 7), WpG 2002, 1259 ff.

Bundessteuerberaterkammer: Hinweise der Bundessteuerberaterkammer zum Ausweis des Eigenkapitals bei Personenhandelsgesellschaften im Handelsrecht, DStR 2006, 668 ff.

Der **Jahresabschluss** einer gewerblich tätigen KG ist innerhalb einer dem **ordnungsgemäßen Geschäftsgang entsprechenden Zeit aufzustellen** (§ 243 Abs. 3 HGB). Die Sechs-Monats-Frist für kleine Kapitalgesellschaften (§ 264 Abs. 1 HGB) gilt aber grds. entsprechend auch für Personengesellschaften und darf nur in besonderen Ausnahmefällen geringfügig überschritten werden.[102] 142

---

101 BGH, NZG 1999, 935 m. Anm. von Brandes; BGH, NJW-RR 1990, 474; NJW 1995, 1218.
102 Baumbach/Hopt/Hopt, HGB, § 243 Rn. 10.

Der **Jahresabschluss** ist grds. nach den handelsrechtlichen Vorschriften vom **Komplementär** aufzustellen (§§ 238 ff. HGB). Er muss klar und übersichtlich sein (§ 243 Abs. 1 und 2 HGB). Die Gesellschafter können, soweit die Vorschriften der §§ 238 ff. HGB nicht zwingender Natur sind, vereinbaren, von diesen Vorschriften abzuweichen. Eine solche Vereinbarung erfolgt i.d.R. dahingehend, dass bestimmt wird, dass die steuerrechtlichen Vorschriften über die Gewinnermittlung zu beachten sind, soweit nicht zwingend handelsrechtliche Vorschriften entgegenstehen.[103] Das Steuerrecht erklärt zwar grds. die handelsrechtlichen Grundsätze ordnungsgemäßer Buchführung für die Aufstellung des Jahresabschlusses als maßgeblich (§ 5 Abs. 1 Satz 1 EStG). Es enthält jedoch zunehmend abweichende **Bilanzierungs- und Bewertungsvorschriften**, da es Zweck der einkommensteuerrechtlichen Gewinnermittlung ist, den „**wirklichen**" **Gewinn** zu erfassen. Eine Vereinbarung, wonach bei der Aufstellung eines Jahresabschlusses die steuerlichen Vorschriften über der Gewinnermittlung zu beachten sind, soweit nicht zwingend handelsrechtliche Vorschriften entgegenstehen, wird gewählt, wenn der Verfasser des Gesellschaftsvertrages **Minderheitsgesellschafter schützen** will, die nicht in der Gesellschaft tätig und an einem möglichst hohen Gewinn der KG interessiert sind.

143   Nur die **Aufstellung des Jahresabschlusses** ist Angelegenheit des persönlich haftenden Gesellschafters. Die **Feststellung des Jahresabschlusses** fällt als **Grundlagengeschäft** in die alleinige Zuständigkeit aller Gesellschafter,[104] wenn der Gesellschaftsvertrag nichts Abweichendes bestimmt. Da diese Auffassung in der gesellschaftsrechtlichen Lit. z.T. bestritten wird, empfiehlt es sich, im Vertrag die Streitfrage zu regeln.[105]

144   Im Zusammenhang mit der Aufstellung und Feststellung der Bilanz stellt sich die Frage, ob der Komplementär oder die Gesellschafterversammlung über **Bewertungswahlrechte und Bilanzierungsmaßnahmen** entscheidet. In der Lit. wird die Frage kontrovers diskutiert.[106] Der **BGH** hat mit Urteil v. 23.9.1996[107] die Frage dahingehend entschieden, dass Entscheidungen über „gewinnverwendende" **Bilanzierungsmaßnahmen** den Gesellschaftern zustehen. Das Urteil wird in der Lit. z.T. kritisch kommentiert.[108] Wenn der Komplementär die entsprechenden Rechte haben soll, muss dies im Gesellschaftsvertrag festgelegt werden.

145   Der Jahresabschluss spiegelt auch die im Gesellschaftsvertrag vorgesehene **Gewinnverwendung/Ergebnisverteilung** wider. Grds. gibt es **zwei Möglichkeiten**: In der Vertragspraxis erfolgt i.a.R. eine **Bilanzierung nach vollständiger Gewinnverwendung**. Dies heißt, dass Gewinnanteile noch in alter Rechnung verbucht und den entsprechenden Konten (Kapital-, Darlehens-, Verrechnungs- oder Rücklagenkonten) zugewiesen werden. In der Bilanz erscheinen daher regelmäßig kein Gewinn- oder Verlustvortrag, kein Jahresüberschuss, kein Fehlbetrag und auch kein Bilanzgewinn. Eines Gewinnverwendungsbeschlusses bedarf es dann nicht. Der **Gesellschaftsvertrag** kann jedoch auch die Verwendung des Jahresüberschusses gar nicht oder nur zum Teil vorweg regeln.

146   **Formulierungsbeispiel: Verwendung des Jahresüberschusses – keine Vorabregelung**

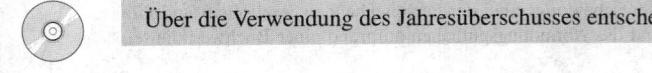

Über die Verwendung des Jahresüberschusses entscheidet die Gesellschafterversammlung.

---

103 Vgl. § 12 Abs. 1 Satz 2 des Mustervertrages (Rn. 377).
104 BGHZ 76, 338; BGH, DB 1996, 926.
105 Vgl. § 12 Abs. 4 Satz 1 des Mustervertrages (Rn. 377).
106 Zum Meinungsstand vgl. Schulze/Osterloh, BB 1995, 2519 ff. mit Rspr.- und Lit.-N.; Baumbach/Hopt/Hopt, HGB § 164 Rn. 3 und § 120 Nr. 6; Felix, ZIP 1995, 129, 130.
107 DB 1996, 926 = GmbHR 1996, 456.
108 Hoffmann/Sauter, DStR 1996, 967; Binz/Sorg, DB 1996, 969.

Formulierungsbeispiel: Verwendung des Jahresüberschusses – teilweise Vorabregelung[109]

> Der Jahresüberschuss wird zu ... % dem Rücklagekonto und zu ... % den Verrechnungskonten der Gesellschafter zugewiesen. Im Übrigen beschließt über die Verwendung des Bilanzgewinnes die Gesellschafterversammlung.
>
> *(Formulierungsalternative:*
>
> *Über die Verwendung des Jahresüberschusses entscheidet die Gesellschaftsversammlung mit der Maßgabe, dass den Verrechnungskonten der Gesellschafter mindestens...% des Jahresüberschusses gutgeschrieben werden müssen.)*

Bei einer solchen Formulierung im Gesellschaftsvertrag wird in der Bilanz als „Bilanzgewinn" nur der Betrag ausgewiesen, der nicht bestimmten Konten der Gesellschafter zuzuweisen ist. Der Jahresabschluss wird also **unter teilweiser Verwendung des Jahresergebnisses aufgestellt**. Die Gesellschafterversammlung beschließt lediglich über den **restlichen Jahresüberschuss** (= Bilanzgewinn); insoweit ist ein Gewinnverwendungsbeschluss der Gesellschafterversammlung notwendig, der sich mit der Frage befasst, welcher Teil des Bilanzgewinnes auf neue Rechnung vorgetragen wird und welcher Teil welchen Konten der Gesellschafter gutgebracht wird.

Hat die Gesellschaft einen **Jahresverlust** erlitten, wird dieser – je nach den entsprechenden Regelungen im Gesellschaftsvertrag – im **Eigenkapital gezeigt** oder bei der Aufstellung des Jahresabschlusses sofort dem **Verlustvortragskonto**, **Rücklagenkonto** oder **Verrechnungs- / Darlehenskonto** belastet.

In der Bestimmung des Gesellschaftsvertrages, die sich mit dem Jahresabschluss beschäftigt, sollte ferner geregelt werden:

- dass **Zinsen** auf Verrechnungskonten und die Kosten der Geschäftsführung als Aufwand bzw. Ertrag zu behandeln sind,
- dass die Gesellschafterversammlung beschließen kann, dass der Jahresabschluss (z.B. von einem Wirtschaftsprüfer) **geprüft** wird, und
- dass der **geänderte** Jahresabschluss für die Gesellschafter maßgeblich ist, wenn er nachträglich berichtigt wird, insb. aufgrund einer steuerlichen Außenprüfung.

Unter **steuerrechtlichem Aspekt** ist darauf hinzuweisen, dass steuerrechtlich der anteilige Jahresüberschuss von den Gesellschaftern, soweit er auf sie entfällt, zu versteuern ist, unabhängig davon, wie die Gesellschaft bilanziert und unabhängig davon, ob und welchen Konten der Verlustanteil zugeschrieben wird.

Im Fall einer **vermögensverwaltenden Kommanditgesellschaft** stellt sich die Frage, ob diese verpflichtet ist, einen Jahresabschluss mit Bilanz und Gewinn- und Verlustrechnung aufzustellen oder ob es genügt, wenn diese eine Einnahmen- und Überschussrechnung aufstellt. Handelsgesellschaften sind gemäß § 6 Abs. 1 i.V.m. § 238 HGB verpflichtet, **Bücher zu führen** und in diesen die Handelsgeschäfte und die Lage des Vermögens nach den **Grundsätzen ordnungsgemäßer Buchführung** ersichtlich zu machen. Die h.M. bejaht die **Buchführungs- und Bilanzierungspflicht** nach §§ 238 HGB für die vermögensverwaltende KG, da die Kommanditgesellschaft Kaufmann kraft Eintragung in das Handelsregister ist.[110] Selbst wenn die vermögensverwaltende KG eine Bilanz aufstellen müsste, geht diese Auffassung faktisch ins Leere, da die **Aufstellung der Bilanz nicht erzwungen werden kann**.[111]

Aus **steuerlichen Gründen** ist eine Buchführung und eine Bilanzierung jedenfalls nicht erforderlich, da nach § 140 AO Buchführungs- und Aufzeichnungspflichten nach anderen Gesetzen als dem Steuergesetz

---

109 Weitere Varianten siehe bei Sommer, Die Gesellschaftsverträge der GmbH & Co. KG, lit. c, § 13.
110 Ebenroth/Boujong/Joost/Wiedemann, § 238 Rn. 11; Winkljohann/Klein, in: Beck'scher Bilanzkommentar, § 238 Rn. 42; unentschieden Langenfeld, DAI-FS (2003), 411.
111 V. Oertzen/Hermann, ZEV 2003, 401.

für steuerliche Zwecke nur zu erfüllen sind, wenn sie für die Besteuerung von Bedeutung sind. Da steuerrechtlich nur eine Überschussrechnung notwendig ist, können aus der Abgabenordnung keine steuerlichen Buchführungs- und Bilanzierungspflichten abgeleitet werden.

153 Steuerrechtlich haben die Gesellschafter einer vermögensverwaltenden Kommanditgesellschaft **keine Einkünfte aus Gewerbebetrieb**. Die KG hat somit kein Betriebsvermögen, sondern **steuerliches Privatvermögen**. Es fällt **keine Gewerbesteuer** an. **Stille Reserven**, die bei einer Veräußerung aufgedeckt werden, unterliegen nur dann der Einkommensteuerpflicht, wenn die für Privatvermögen geltenden einkommensteuerlichen Vorschriften (§§ 17, 23 EStG) eingreifen.

154 Beteiligt sich eine vermögensverwaltende Personengesellschaft (Obergesellschaft) mit **Einkünften aus Vermietung und Verpachtung** an einer gewerblich tätigen anderen Personengesellschaft (Untergesellschaft), so bedeutet dies nicht, dass die gesamten Einkünfte der Obergesellschaft als Einkünfte aus Gewerbebetrieb gelten.[112] Die gewerblichen Einkünfte der Untergesellschaft färben somit nicht auf die Einkünfte der Obergesellschaft ab.

155 **Formulierungsbeispiel: Jahresabschluss einer vermögensverwaltenden KG**

> **§ 12 Jahresabschluss**
>
> (1) Die Ermittlung der Einkünfte der Gesellschaft erfolgt durch Ermittlung der Einnahmen und Werbungskosten („Jahresrechnung").
>
> (2) Die Gesellschafterversammlung kann beschließen, dass die Jahresrechnung von einem Wirtschaftsprüfer/Steuerberater geprüft wird. Die Jahresrechnung und der Prüfungsbericht sind den Gesellschaftern unverzüglich zuzuleiten.
>
> (3) Die Jahresrechnung wird von der Gesellschafterversammlung festgestellt.
>
> (4) Wird die Jahresrechnung nachträglich berichtigt, insb. aufgrund einer Außenprüfung, ist die berichtigte Jahresrechnung für die Gesellschafter maßgeblich.

K. Gewinnverwendung/Ergebnisverteilung

Literatur:

Frystarzki, Sonderbetriebsergebnisse und Gewerbesteuer, Wie lässt sich der Gesellschaftsvertrag (steuerlich) richtig gestalten?, EStB 2001, 1997 ff.; *Ottersbach*, Gewerbesteuerklauseln unter Berücksichtigung des § 35 EStG, EStR 2003, 2023 ff.; *Roemer*, Gesellschaftsvertragliche Sonderregelungen für die Umverteilung bei Personengesellschaften, INF 2001, 556 ff.; *Roser*, Gewerbesteuerausgleich zwischen den Gesellschaftern, Fälle und Folgen der Mischung von Gesellschafts- und Gesellschafterebene, EStB 2003, 157 ff.

BMF-Schreiben v. 30.5.1997, BStBl. 1997 I, S. 627; v. 15.12.1993, BStBl. 1993 I, S. 976; v. 26.11.2004, BStBl. 2004 I, S. 1190.

156 Nach dem **Gesetz** wird der **Gewinn** einer KG wie folgt **verteilt**: Zunächst werden die Kapitalanteile mit je 4 % verzinst (§§ 168 Abs. 1, 121 Abs. 1 und 2 HGB). Der darüber hinausgehende Gewinn wird, soweit nicht im Gesellschaftsvertrag etwas anderes vereinbart ist, in einem angemessenen Verhältnis verteilt (§ 168 Abs. 2 HGB). Dies bedeutet, dass die **Verwendung des Jahresüberschusses determiniert** ist. Der Gewinnanteil des Kommanditisten wird seinem „Gewinnkonto" gutgeschrieben und kann von ihm in voller Höhe entnommen werden, solange sein Kapitalanteil nicht durch Verluste unter die bedungene Einlage abgemindert ist oder durch Auszahlung abgemindert würde (§ 169 Abs. 1 Satz 2 HGB).

157 Es liegt auf der Hand, dass die gesetzliche Regelung zum Streit darüber führen würde, wie der Überschuss „**nach den Umständen**" angemessen zu verteilen ist. Es ist auch naheliegend, dass ein nahezu unbeschränktes Entnahmerecht in einer KG wirtschaftlich nicht vernünftig ist. Aus diesem Grund ent-

---

112 BFH, DStRE 2005, 64.

halten moderne Gesellschaftsverträge **abweichende Regelungen für die Gewinnverteilung** und für das **Entnahmerecht**. In modernen Gesellschaften wird der Gewinn nach Maßgabe der festen Kapitalkonten („Kapitalkonto I") verteilt. Die Gewinnverteilung knüpft damit an der Höhe der jeweiligen Einlagen der Gesellschafter an, sei es an die bedungene Einlage, sei es an die tatsächlich geleistete Einlage.[113] Zu den hieraus resultierenden Entnahmerechten vgl. oben Rn. 89 ff.

Bei einer **Kapitalgesellschaft** wird deutlich zwischen **Gewinnverwendung und Gewinnverteilung unterschieden**. Die Gewinnverwendung betrifft die Frage, ob und ggf. welcher Teil des Jahresüberschusses an die Gesellschafter ausgeschüttet und welcher Teil des Jahresüberschusses in der Gesellschaft thesauriert wird (als Rücklage oder als Gewinnvortrag). 158

Bei der **Personengesellschaft** ist dies anders. Die Gesellschafter **beschließen i.d.R. nicht über Ausschüttungen**. Sie stellen i.d.R. lediglich den Jahresabschluss fest, weil der Gesellschaftsvertrag regelt, auf welche Konten der Jahresüberschuss zu verteilen ist. Da die Gewinnanteile i.d.R. den Gesellschafterkonten gutgeschrieben werden, tritt an die Stelle der Gewinnverwendung das **Entnahmerecht** der Gesellschafter. 159

Die Bestimmungen über die Gewinnverwendung/Ergebnisverteilung regeln lediglich, nach welchem Maßstab der Jahresüberschuss/Verlust auf welche Gesellschafterkonten verteilt wird. Soll die Bilanz der gewerblich tätigen KG unter vollständiger Verwendung des Jahresergebnisses aufgestellt werden, muss dies im Gesellschaftsvertrag geregelt werden: 160

Formulierungsbeispiel: Vollständige Verwendung des Jahresergebnisses[114] 161

(1) Der Jahresüberschuss wird wie folgt verteilt:

a) Zunächst wird den Verrechnungskonten der Gesellschafter ein Betrag gutgeschrieben, der ... % der Verrechnungskonten der Kommanditisten p.a. entspricht; für die Berechnung der Zinsen ist der jeweilige Bestand am Ende eines Kalendermonats maßgeblich.

b) Der verbleibende Jahresüberschuss wird den Verrechnungskonten der Gesellschafter im Verhältnis ihrer festen Kapitalkonten gutgeschrieben; die Gesellschafterversammlung kann jedoch bis zu ... % des Jahresüberschusses den Rücklagekonten zuweisen.

(2) Ein etwaiger Verlust wird auf die Gesellschafter im Verhältnis ihrer Kapitalkonten verteilt.

Die Zuweisung des anteiligen Jahresüberschusses zu einzelnen Konten des Gesellschafters hängt eng mit den **jeweiligen Bestimmungen über die Entnahmerechte** der Gesellschafter zusammen. Entnahmefähige Gewinnanteile werden in modernen Gesellschaftsverträgen den **Verrechnungs-/Darlehenskonten** gutgeschrieben, nicht entnahmefähige Gewinnanteile werden i.d.R. den Rücklagekonten gutgebracht (Einzelheiten siehe oben Rn. 75 ff. und 89 ff.). 162

Die **Gewerbesteuerbelastung** der gewerblich tätigen KG wird durch das steuerliche Ergebnis der Gesellschaft sowie durch steuerliche Ergebnisanteile aus Ergänzungs- und Sonderbilanzen einzelner Gesellschafter beeinflusst. Da mittlerweile vom Gesetzgeber zahlreiche steuerliche **Sonder- und Missbrauchstatbestände** eingeführt wurden, die mitunter eine hohe gewerbesteuerliche Einmalbelastung der Gesellschaft nach sich ziehen, besteht die Notwendigkeit einer gesellschaftsvertraglichen Regelung, die zweckmäßigerweise im Rahmen der Gewinnverteilung der KG erfolgt.[115] 163

Der Mustervertrag (Rn. 377) enthält in § 13 Abs. 2 eine entsprechende **Gewerbesteuerklausel**. Die Klausel schreibt für die Fälle, in denen die Gewerbesteuer durch Ergebnisanteile einzelner Gesellschafter 164

---

113 So auch § 13 Abs. 1 Nr. 1 des Mustervertrages (Rn. 377).
114 Weitere Varianten über die Ergebnisverwendung siehe bei Sommer, Die Gesellschaftsverträge der GmbH & Co. KG, lit. c, § 13.
115 Roser, EStB 2003, 157 ff.; Frysatzki, EStB 2001, 197 ff.; Roemer, INF 2001, 556 ff.; Ottersbach, DStR 2002, 2023.

beeinflusst wurde, eine **generelle Ausgleichspflicht** im Rahmen der Gewinnverteilung vor. Nach Einführung der Anrechnung der Gewerbesteuer auf die persönliche Einkommensteuerschuld des Gesellschafters (§ 35 EStG) ergibt sich die Notwendigkeit, auch die Vor- und Nachteile durch die Anrechnung der Gewerbesteuer auf die Einkommensteuer der Gesellschafter auszugleichen. Da die Personengesellschaft Schuldnerin der gesamten Gewerbesteuer der Gesellschaft ist, einschließlich der gesellschafterbezogenen Bestandteile des Gewerbeertrages, für die Anrechnung nach § 35 EStG die Gewerbesteuermessbeträge jedoch nach dem allgemeinen Gewinnverteilungsschlüssel den Gesellschaftern zugewiesen werden, sind die gesellschafterbezogenen Gewerbesteuereffekte über einen Vorabausgleich unter Berücksichtigung gegenläufiger Entlastungseffekte infolge der Regelung des § 35 EStG zu ermitteln. Bei der Ausgleichsregelung empfiehlt sich ferner eine vertragliche Vereinbarung einer **Mindestbetragsregelung**.

165 Der Gesellschaftsvertrag muss ferner eine Regelung für die **Verteilung eines etwaigen Verlustes** enthalten. Üblicherweise wird der Jahresfehlbetrag entsprechend dem Verhältnis der festen Kapitalkonten unter den Gesellschaftern verteilt. Ob die Gesellschafter den Verlust im Jahr der Entstehung mit positiven Einkünften aus anderen Einkunftsarten ausgleichen oder ihn im Rahmen des § 10d EStG abziehen können oder ob der anteilige Verlust lediglich mit zukünftigen Gewinnen der Gesellschaft verrechnet werden kann (verrechenbare Verluste), bestimmt § 15a Abs. 2 und Abs. 3 EStG. Nach dieser Vorschrift sind Verluste nur bis zur Höhe des **steuerlichen Kapitalkontos** bzw. bis zur Höhe der im Handelsregister eingetragenen **Haftsumme** (überschießende Außenhaftung) ausgleichs- oder abzugsfähig. Darüber hinaus entstehende Verluste können nur mit zukünftigen Gewinnen verrechnet werden („verrechenbare" Verluste gemäß § 15a Abs. 2 EStG). Aus gesellschaftsvertraglicher Sicht bedarf es daher besonderer Sorgfalt bei der Ausgestaltung der Kapitalkonten sowie der Höhe der im Handelsregister eingetragenen Hafteinlage.[116]

Zum **Umfang des steuerlichen Kapitalkontos** gehören tatsächlich geleistete Einlagen, insb. Pflichteinlagen, aber auch Zuschüsse zum Ausgleich von Verlusten, in der Bilanz ausgewiesene (gesamthänderisch gebundene) Kapital- und Gewinnrücklagen sowie Forderungskonten der Gesellschafter (besser: Gesellschafterkonten), sofern diese nach handelsrechtlichen Grundsätzen als **Eigenkapital** zu qualifizieren sind. Ob ein Konto des Gesellschafters Eigenkapital oder Fremdkapital ist, lässt sich nur anhand einer **Prüfung der Gesamtumstände** im Einzelfall entscheiden. Ein wesentliches Indiz für die Qualifizierung als Eigenkapital ist, wenn nach der gesellschaftsrechtlichen Abrede auf dem betreffenden Konto auch Verluste verbucht werden.

166 Nach der Rspr. des BFH zählt steuerliches **Sonderbetriebsvermögen** grds. nicht zum Eigenkapital gemäß § 15a EStG. Auch **eigenkapitalersetzende Darlehen** sind als Fremdkapital zu qualifizieren, eine Einbeziehung in das steuerliche Eigenkapital gemäß § 15a EStG ist daher nicht möglich. Neben dem Kapital aus der Gesamthandelsbilanz zählt jedoch auch das Kapital laut **Ergänzungsbilanz** zum steuerlichen Kapitalkonto i.S.d. § 15a EStG. Als Konsequenz der Nichtberücksichtigung des steuerlichen Sonderbetriebsvermögens bei der Ermittlung des Verlustausgleichspotenzials gemäß § 15a EStG können **Gewinne** aus dem steuerlichen Sonderbetriebsvermögen des Gesellschafters nicht mit dem über den nach § 15a Abs. 1 Satz 1, 2 EStG ausgleichs- und abzugsfähigen Teil des Verlusts hinaus verrechnet werden. Dies kann dazu führen, dass einzelne Gesellschafter Sondervergütungen gemäß § 15 Abs. 1 Nr. 2, 2. Halbs. EStG zu versteuern haben, denen aus dem Gesamthandsvermögen nur ein verrechenbarer Verlust gemäß § 15a Abs. 2 EStG gegenübersteht. Auf der anderen Seite können Sonderbetriebsausgaben (z.B. Zinsen für Refinanzierungsdarlehen einzelner Gesellschafter) unbegrenzt zum Verlustausgleich herangezogen werden, auch wenn dem Kommanditisten aus dem Gesamthandsvermögen nur verrechenbare Verluste zugewiesen werden. Aus diesem Grund bedarf es für die Vereinbarung insb. von **Tätigkeitsvergütungen** eindeutiger vertraglicher Abreden auf gesellschaftsvertraglicher oder schuldrechtlicher Basis (Gewinnvorab oder Sondervergütung?).

---

116 Beachte hierzu: BMF-Schreiben v. 30.5.1997, BStBl. 1997 I, S. 627; BMF-Schreiben, BStBl. 1993 I, S. 976 und v. 26.11.2004, BStBl. 2004 I, S. 1190.

Der BFH hat in der Entscheidung v. 13.10.1998[117] die Auffassung der Finanzverwaltung zu Vorabvergütungen auch für ein Darlehen bestätigt. Ist das Darlehen eines Kommanditisten in der Handels- und Steuerbilanz der KG als Fremdkapital ausgewiesen, so gehören die als Sonderbetriebseinnahmen zu erfassenden Zinsen – sofern sie nicht als Gewinnvoraus geschuldet werden – nicht zu den Gewinnen, die dem Kommanditisten aus seiner Beteiligung an der KG zuzurechnen sind. Hieraus ergibt sich ein Saldierungsverbot mit der Folge, dass auch Zinsen als Sondervergütungen ungeachtet steuerlich verrechenbarer Verluste gemäß § 15a EStG zu versteuern sind.

Ist eine solche ungünstige Besteuerungssituation gegeben, müssen rechtzeitig **Maßnahmen vor dem Jahresende** erfolgen, die das Entstehen eines negativen Kapitalkontos verhindern (z.B. rechtzeitige Einlagen, Verzicht auf werthaltige Gesellschafterdarlehen, Verzicht auf Tätigkeitsvergütungen etc.) oder eine Vergütungsregelung, die Tätigkeitsvergütungen und Darlehenszinsen nur als Gewinnvorab gewährt.

167

Scheidet ein Gesellschafter im Lauf eines Wirtschaftsjahres aus der Gesellschaft aus, stellt sich die Frage, ob er **am Ergebnis dieses Wirtschaftsjahrs** pro rata temporis seiner Zugehörigkeit **beteiligt** ist oder nicht. Handelsrechtlich kann diese Frage so oder so geregelt werden. Steuerrechtlich ist der ausgeschiedene Gesellschafter am Ergebnis pro rata temporis beteiligt.[118] Streitig ist, ob seine Beteiligung am Ergebnis des laufenden Wirtschaftsjahres auch mit steuerlicher Wirkung **im Gesellschaftsvertrag ausgeschlossen** werden kann.[119]

168

Ist eine Kapitalgesellschaft an einer gewerblich tätigen KG beteiligt und wird ihr Anteil veräußert, löst dies bei der KG **Gewerbesteuer** aus (§ 7 Satz 2 Nr. 2 GewStG). Die Belastung der KG mit der Gewerbesteuer aus dem Verkauf des Anteils der Kapitalgesellschaft muss zwischen den Gesellschaftern ausgeglichen werden, am besten über eine **Gewerbesteuerklausel** (siehe hierzu oben Rn. 163 f. und § 13 Abs. 2 des Mustervertrages, Rn. 377).

169

L. Verfügungen über Gesellschaftsanteile und sonstige Ansprüche gegen die Gesellschaft

Literatur:
Münchener Handbuch des Gesellschaftsrechts, Bd. 2, 2. Aufl. 2003; *Sommer*, Die Gesellschaftsverträge der GmbH & CoKG, 3. Aufl. 2005.

I. Allgemeines

Es ist heute allgemein anerkannt, dass der Gesellschaftsanteil an einer KG (die Mitgliedschaft) selbst **Gegenstand rechtsgeschäftlicher Verfügung** sein kann. Die **Mitgliedschaft** kann daher **übertragen und belastet** (z.B. durch Nießbrauch, Verpfändung) werden. Voraussetzung ist dabei stets, dass alle anderen Gesellschafter der Verfügung zustimmen. Insoweit ist auch die Übertragung eines Teils der Gesellschafterbeteiligung möglich.[120] Mit der Übertragung des Gesellschaftsanteils gehen alle Rechte und Pflichten des bisherigen Gesellschafters auf den Erwerber über, insb. die zwingend mit der Gesellschaftsbeteiligung verbundenen Rechte und Pflichten wie Stimmrecht, Informationsrechte, Wettbewerbsverbot etc.[121]

170

Abzugrenzen von der Verfügung über die Gesellschaftsbeteiligung an sich sind **Verfügungen über einzelne Vermögensrechte** der Gesellschafter. Diese sind gemäß § 717 Satz 2 BGB **frei übertragbar**. Zu diesen frei übertragbaren Rechten gehören u.a. Ansprüche der Gesellschafter gegenüber der Gesellschaft auf einen Gewinnanteil, also auf bereits festgestellte Gewinne, auf das Auseinandersetzungsguthaben bei

171

---

117 BStBl. 1999 II, S. 163.
118 L. Schmidt/Wacker, EStG, § 15 Rn. 453 m.N. zur Rspr. und Lit.
119 Vgl. L. Schmidt/Wacker, EStG, § 16 Rn. 445.
120 Piehler/Schulte, in: Münchener Handbuch des Gesellschaftsrechts, Bd. 2, § 35 Rn. 1 ff.; Müller, in: Beck'sches Handbuch der Personengesellschaften, § 4 Rn. 38.
121 Piehler/Schulte, in: Münchener Handbuch des Gesellschaftsrechts, Bd. 2, § 35 Rn. 15 ff.

Auflösung, Aufwendungsersatzansprüche aus der Geschäftsführung und sonstige Ansprüche der Gesellschafter gegen die Gesellschaft im Zusammenhang mit dem Gesellschaftsverhältnis, z.B. auf Schadensersatz.[122]

II. Gesellschaftsvertragliche Regelungen

172 Die Gesellschafter sind in der **konkreten Ausgestaltung der Regelung** über die Abtretbarkeit des Gesellschaftsanteils **weitestgehend frei**. Der Gesellschaftsvertrag kann die Verfügung über Gesellschaftsanteile erschweren oder erleichtern, z.B. indem Übertragungen in bestimmten Fällen von der Zustimmungspflicht generell freigestellt werden. Die für Verfügungen über den Gesellschaftsanteil notwendige Zustimmung kann bereits im Gesellschaftsvertrag allgemein oder für bestimmte Fälle erteilt werden. Der Vertrag kann auch vorsehen, dass die Zustimmung nur aus wichtigem Grund versagt werden darf.

173 Hinsichtlich der **Zustimmung** kann der Gesellschaftsvertrag zudem festlegen, wie die Zustimmung erteilt werden soll, z.B. durch jeden Gesellschafter oder durch Gesellschafterbeschluss. Es ist dabei auch möglich, die Zustimmung durch **Mehrheitsbeschluss** zuzulassen. Eine **generelle Zustimmung** im Gesellschaftsvertrag kommt insb. für die Übertragung auf Familienangehörige in Betracht. Bei der Zulässigkeit von Teilübertragung von Gesellschaftsanteilen kann der Gesellschaftsvertrag das Entstehen von Kapitalkonten verhindern, die nicht durch eine „runde" Zahl ohne Rest teilbar sind.

174 **Formulierungsbeispiel: Teilübertragung von Gesellschaftsanteilen**

> Wird nur ein Teil eines Gesellschaftsanteils übertragen, so müssen die neuen festen Kapitalkonten ein ganzzahliges Vielfaches von ... € betragen.

175 In Bezug auf die **Treuhand bei KG-Gesellschaftsanteilen** bedarf zweifellos die Übertragung des Anteils auf einen Treuhänder der Zustimmung aller anderen Gesellschafter. Streitig ist, ob auch eine **Vereinbarungstreuhand**, mit der ein Gesellschafter vereinbart, seinen Gesellschaftsanteil künftig treuhänderisch für einen Anderen (Treugeber) zu halten, zustimmungsbedürftig ist. Zum Schutz der Mitgesellschafter wird dies häufig bejaht.[123] Um hier Unklarheiten zu vermeiden, empfiehlt es sich, im Gesellschaftsvertrag ausdrücklich zu regeln, ob und inwieweit Vereinbarungen über eine Treuhand der Zustimmung bedürfen.

176 Die Formulierung der gesellschaftsvertraglichen Regelungen bedarf besonderer Sorgfalt. Dabei sind insb. **folgende Fragen** zu berücksichtigen:

- Wer entscheidet über die Zustimmung (Gesellschafterversammlung, einzelne oder alle anderen Gesellschafter, der Komplementär, eine bestimmte Gesellschaftergruppe)?
- Darf die Zustimmung ohne Grund oder nur bei wichtigem bzw. einem bestimmten Grund verweigert werden? Welche Rechte hat der Gesellschafter, wenn die Zustimmung verweigert wird?
- Ist die Teilverfügung, vor allem -übertragung, zulässig?
- Sollen gesonderte Regelungen für Komplementäre gelten?

177 Bei der Gestaltung der gesellschaftsvertraglichen Regelung zur Verfügung über Gesellschaftsanteile sind weiterhin insb. die **Regelungen zur Kündigung** und deren Folgen, zur **Vererblichkeit von Gesellschaftsanteilen** und zum **Vorkaufsrecht** zu beachten. Diese Vertragsklauseln müssen aufeinander abgestimmt werden.

178 Häufig wollen Gesellschafter verhindern, dass **unerwünschte Außenstehende** in die Gesellschaft eindringen oder dass sich die Machtverhältnisse innerhalb der Gesellschaft verschieben. Um dies zu vermeiden, können Gesellschaftsverträge für den Fall der Übertragung von Gesellschaftsanteilen Vorkaufsrechte, Vorerwerbsrechte oder Andienungsverpflichtungen zu Gunsten der Mitgesellschafter vorsehen.

---

122 V. Falkenhausen/H.C. Schneider, in: Münchener Handbuch des Gesellschaftsrechts, Bd. 2, § 25 Rn. 5 ff.; Müller, in: Beck'sches Handbuch der Personengesellschaften, § 4 Rn. 34.

123 Piehler/Schulte, in: Münchener Handbuch des Gesellschaftsrechts, Bd. 2, § 35 Rn. 11.

III. Vorkaufs- und Vorerwerbsrecht

Das **Vorkaufsrecht** ist die Befugnis, einen Gegenstand zu erwerben, wenn der Vorkaufsverpflichtete einen Gegenstand an einen Dritten verkauft hat. Mit der Ausübung des Vorkaufsrechts kommt dann der Kaufvertrag zwischen dem Vorkaufsberechtigten und dem Vorkaufsverpflichteten (Verkäufer) mit dem gleichen Inhalt zustande, wie der Kaufvertrag zwischen dem Verkäufer und dem Dritten. Das Vorkaufsrecht ist in den Vorschriften der **§§ 463 ff.** BGB geregelt. Bei der gesellschafsvertraglichen Regelung zum Vorkaufsrecht ist im Einzelfall jede Bestimmung in den § 463 ff. BGB daraufhin zu überprüfen, ob sie **anwendbar** sein bzw. ob und ggf. wie sie **modifiziert** werden soll. Bei Gesellschaftsanteilen wird i.d.R. die Wochenfrist des § 469 Abs. 2 Satz 1 BGB verlängert. Der Mustervertrag (Rn. 337) sieht in § 16 Abs. 1 Satz 2 eine Frist von einem vollen Kalendermonat ab Zugang des schriftlichen Kaufvertrages vor.

Wenn das Vorkaufsrecht **mehreren Berechtigten einzeln** zusteht, ergeben sich mehrere Problembereiche. Zunächst stellt sich die Frage, ob der einzelne Gesellschafter sein Vorkaufsrecht ganz oder auch nur teilweise ausüben kann. Die Möglichkeit, das Vorkaufsrecht nur teilweise auszuüben, kann im Gesellschaftsvertrag ausgeschlossen werden (siehe § 16 Abs. 1 Satz 3 des Mustervertrages, Rn. 377). Wenn nicht alle Gesellschafter von ihrem Vorkaufsrecht Gebrauch gemacht haben (**Vorkaufsrecht erster Stufe**), sollten den kaufwilligen Gesellschaftern auch die Teile des verkauften Gesellschaftsanteils zum Erwerb offenstehen, die in der ersten Stufe nicht „vorgekauft" wurden. In diesem Fall stellen sich die weiteren Fragen, ob sich das Vorkaufsrecht nach dem Verhältnis der festen Kapitalkonten oder nach dem Ankauf auf erster Stufe richten, und ob alle Gesellschafter, die auf der ersten Stufe gekauft haben, auch auf den weiteren Stufen den auf sie weiter entfallenen Gesellschaftsanteil kaufen müssen. Diese Punkte sollten eindeutig im Gesellschaftsvertrag geregelt werden.

Schließlich stellt sich die Frage, welche Konsequenz es hat, wenn **nicht alle Vorkaufsberechtigten von ihrem Vorkaufsrecht Gebrauch machen** und der Gesellschaftsanteil nur zum Teil von den Vorkaufsberechtigten erworben wird. Für den betroffenen Gesellschafter kann dies z.B. dann von erheblichem Nachteil sein, wenn der ihm verbleibende Gesellschaftsanteil so klein wird, dass sich für diesen restlichen Gesellschaftsanteil kein Käufer mehr findet. Um dies zu vermeiden, kann der Gesellschaftsvertrag z.B. bestimmen, dass der Gesellschafter, der seinen gesamten Gesellschaftsanteil kaufen wollte, die Gesellschaft hinsichtlich des ihm verbleibenden Gesellschaftsanteils vorzeitig kündigen kann (siehe § 16 Abs. 3 des Mustervertrages, Rn. 377). Das Kündigungsrecht ist insoweit von Vorteil, als der Gesellschafter möglicherweise früher als allgemein im Gesellschaftsvertrag vorgesehen kündigen kann. Diese Lösung ist jedoch von Nachteil, wenn die Abfindung für den kündigenden Gesellschafter niedriger ist als der Verkehrswert oder wenn sich die Auszahlung des Abfindungsguthabens über mehrere Jahre erstreckt. Alle diese Probleme entfallen, wenn das Vorkaufsrecht nur gemeinsam von allen anderen Gesellschaftern ausgeübt werden kann.

Formulierungsbeispiel: Ausschließlich gemeinsame Ausübung des Vorkaufsrechts

> Die anderen Kommanditisten können ihr Vorkaufsrecht nur gemeinschaftlich ausüben.

Bei **Familien-KG** besteht häufig eine Beschränkung für die Übertragbarkeit der Gesellschaftsanteile auf gesellschaftsfremde Dritte. In diesem Fall sind Vorkaufsrechte sinnvoll, bei denen auf **erster Stufe** die Gesellschafter desselben Familienstammes und auf **zweiter Stufe** möglicherweise auch die übrigen Gesellschafter vorkaufsberechtigt sind.[124]

Die Regelung des Vorkaufsrechts im Gesellschaftsvertrag der KG steht in enger Verbindung mit den Regelungen über die **Verfügung über Gesellschaftsanteile**. Diese Vertragsklauseln sollten daher unbedingt aufeinander abgestimmt werden.

Das Vorkaufsrecht hat den Vorteil, dass es den festen **gesetzlichen Regelungen** der §§ 463 ff. BGB unterliegt. Von Nachteil ist jedoch, dass das Vorkaufsrecht nur bei Anteilsverkauf eingreift und nicht bei ande-

---

[124] Stengel, in: Beck'sches Handbuch der Personengesellschaften, § 15 Rn. 84.

ren Kausalgeschäften (z.B. Schenkung, Tausch, Einbringung) und dass der Kaufvertrag mit dem Dritten bereits abgeschlossen sein muss. Darüber hinaus besteht das Problem, dass die Mitgesellschafter, die das Eindringen eines gesellschaftsfremden Dritten verhindern wollen, einen eventuell zu hohen Kaufpreis entrichten müssen, der mit dem Dritten vereinbart wurde.[125]

185 Um diese **Nachteile** des Vorkaufsrechts **zu vermeiden**, kann der Gesellschaftsvertrag alternativ **Vorerwerbsrechte** vorsehen, die insb. an jedes Kausalgeschäft anknüpfen und als maximalen Kaufpreis die beim Ausscheiden zu zahlende Abfindung vorsehen, während sie sich im Übrigen an den Regelungen zum Vorkaufsrecht orientieren.[126]

IV. Andienungspflicht

186 Anstatt eines Vorkaufs- oder Vorerwerbsrechts kann der Gesellschaftsvertrag auch **Andienungsverpflichtungen** festlegen. Diese setzen noch vor dem Vertrag an, mit dem sich der Gesellschafter zur Anteilsübertragung an einen Dritten verpflichtet. Denn bei einer Andienungspflicht hat der Gesellschafter zunächst den Mitgesellschaftern seinen Gesellschaftsanteil **zum Erwerb anzubieten**. Erst wenn die anderen Gesellschafter (eventuell durch Gesellschafterbeschluss) das **entsprechende Angebot abgelehnt** haben, kann der Gesellschafter, der seinen **Anteil veräußern will**, diesen einem Dritten zu denselben oder für den Dritten schlechteren Bedingungen anbieten. Die Andienungsverpflichtung kann auch mit einem Vorkaufsrecht bei einem späteren Verkauf verbunden werden.[127] Im Übrigen ist die Andienungsverpflichtung ebenso wie das Vorkaufs- und Vorerwerbsrecht weitgehend frei im Gesellschaftsvertrag regelbar. Wenn bereits im Gesellschaftsvertrag im Rahmen der Andienungsverpflichtung ein Übernahmepreis festgelegt wird, ist jedoch zu beachten, dass dieser von der Rspr. (ähnlich wie die Abfindung bei Ausscheiden) als unangemessen erachtet und angepasst werden kann.[128]

V. Komplementär- und Kommanditistenbeteiligung

187 Bei der KG ist bei gesellschaftsvertraglichen Regelungen zu Vorkaufs- und Vorerwerbsrechten sowie Andienungsverpflichtungen die **Aufteilung in persönlich beschränkt und unbeschränkt haftende Gesellschafter** besonders zu bedenken. Zunächst ist zu entscheiden, ob die entsprechenden Rechte bzw. Pflichten nur für Kommanditbeteiligungen gelten oder ob auch die Anteile der Komplementäre erfasst werden. Dabei ist zu berücksichtigen, inwieweit Kommanditisten und persönlich haftende Gesellschafter über ihren Gesellschaftsanteil (nach dem Gesellschaftsvertrag) verfügen können. Weiterhin ist zu regeln, ob jeweils Kommanditisten und Komplementäre ein Vorerwerbs- oder Vorkaufsrecht gelten machen können oder ob dies nur „innerhalb derselben Gesellschafterart" möglich sein soll.

188 Weiterhin ist zu bedenken, dass ein Gesellschafter **nicht gleichzeitig Komplementär und Kommanditist** derselben Gesellschaft sein kann.[129] Wenn ein Komplementär aufgrund eines Vorkaufsrechts einen Kommanditanteil erwirbt, erhöht sich seine Beteiligung (Einlage) entsprechend. Erwirbt ein Kommanditist den Anteil eines persönlich haftenden Gesellschafters, so wandelt sich seine Gesellschafterstellung in die eines Komplementärs.[130] Schließlich ist zu beachten, dass stets mindestens ein Kommanditist und ein Komplementär in der KG vorhanden sein müssen. Diese Punkte sollten ebenfalls bei der gesellschaftsvertraglichen Regelung berücksichtigt werden.

---

125 Piehler/Schulte, in: Münchener Handbuch des Gesellschaftsrechts, Bd. 2, § 335 Rn. 12.
126 Piehler/Schulte, in: Münchener Handbuch des Gesellschaftsrechts, Bd. 2, § 335 Rn. 12.
127 Piehler/Schulte, in: Münchener Handbuch des Gesellschaftsrechts, Bd. 2, § 335 Rn. 12.
128 BGH, NJW 1964, 2536.
129 Michalski, NZG 1998, 95; BGH, WM 1963, 989.
130 Ebenroth/Boujong/Joost/Strohn, HGB, § 173 Rn. 42.

M. Vererbung von Gesellschaftsanteilen

Literatur:

Bode, Zivil- und steuerrechtliche Beurteilung einer „Erlösteilungsklausel" in Gesellschaftsvertrag und letztwilliger Verfügung, ZEV 2005, 371; *Felix*, Basiswissen zur Vererbung von Personen- und Kapitalgesellschaftsbeteiligungen, KÖSDI 1996, 10576; *Feddersen/Kiem*, Steuerliche Gestaltungsprobleme bei der Vererbung von Personengesellschaften, ZGR 1995, 479 ff.; *Göz*, Die Nachfolgeregelung bei der GmbH & Co. KG, NZG 2004, 345; *Michalski*, Gesellschaftsrechtliche Gestaltungsmöglichkeiten zur Perpetuierung von Unternehmen, 1980; *Münchener Handbuch des Gesellschaftsrechts*, Bd. 2, 2. Aufl. 2003; *Nieder*, Handbuch der Testamentsgestaltung, 2. Aufl. 2000; *v. Rechenberg*, Erbfolge und Erbteilung in der GmbH & Co. KG, GmbHR 2005, 386 ff.; *Reimann*, Gesellschaftsvertragliche Abfindung und erbrechtlicher Ausgleich, ZEV 1994, 7 ff.; *ders.*, Die qualifizierte Nachfolgeklausel – Gestaltungsmittel und Störfaktor, ZEV 2002, 487; *Sommer*, Die Gesellschaftsverträge der GmbH & Co. KG, 3. Aufl. 2005; *Sommer/Kerschbaumer*, „Echte" und „überquotale" Teilungsanordnungen – Zivil- und steuerrechtliche Probleme, ZEV 2004, 13; *Ulmer*, Nachlasszugehörigkeit vererbter Personengesellschaftsbeteiligungen?, NJW 1984, 1496 ff.; *Zöller*, Nachfolge von Todes wegen bei Beteiligungen an Personengesellschaften, MittRhNotK 1999, 121 ff.

BMF-Schreiben v. 14.3.2006 – IV B2 – S 2242 – 7/06, BStBl. 2006 I, S. 253 ff. (ertragsteuerliche Behandlung der Erbengemeinschaft und ihrer Auseinandersetzung); BMF-Schreiben v. 28.2.2006 – IV B2 – S 2242 – 6/06, BStBl. 2006 I, S. 228 ff. (Realteilung).

Um die vom Erblasser gewünschte Person bzw. Personen in seine Gesellschafterstellung nachfolgen zu lassen, müssen die jeweils anwendbaren gesellschaftsrechtlichen und erbrechtlichen **Regelungen genau aufeinander abgestimmt** sein. Das Gesellschaftsrecht (die entsprechenden gesetzlichen Regelungen des Gesellschaftsrechts sowie die Regelungen des Gesellschaftsvertrages der KG) entscheidet darüber, ob die Beteiligung an einer KG überhaupt vererblich ist. Insoweit hat das **Gesellschaftsrecht Vorrang vor dem Erbrecht**.[131] Erst wenn das Gesellschaftsrecht die Übertragung durch Verfügung von Todes wegen ermöglicht, können erbrechtliche Regelungen zum Tragen kommen. Bevor eine erbrechtliche Verfügung getroffen wird, ist also stets der Gesellschaftsvertrag daraufhin zu überprüfen, ob und an welche Personen der Gesellschaftsanteil vererbt werden kann. 189

Die verschiedenen von der Kautelarpraxis entworfenen Optionen zur Regelung der Nachfolge in Gesellschaftsanteile in Personengesellschaften werden **Nachfolgeklauseln** genannt. Diese Nachfolgeklauseln werden unter Rn. 221 ff. näher dargestellt. 190

I. Gesetzliche Regelung bei Tod eines Gesellschafters

Nach den gesetzlichen Regelungen löst der Tod eines Gesellschafters einer KG **nach Art der Gesellschafterstellung** unterschiedliche Rechtsfolgen aus. 191

1. Rechtsfolgen bei Tod eines Komplementärs

Bis zum In-Kraft-Treten des Handelsrechtsreformgesetzes am 1.7.1998 sah das HGB als **gesetzlichen Regelfall** die **Auflösung der KG** beim Tod eines persönlich haftenden Gesellschafters vor (§§ 161 Abs. 2, 131 Nr. 4 HGB a.F.), sofern die Gesellschafter vertraglich nichts anderes vereinbart hatten. Bereits unter der früheren Gesetzeslage war die gesetzlich vorgesehene Auflösung der KG beim Tod eines Komplementärs in der gesellschaftsrechtlichen Praxis eher die Ausnahme. In den meisten Fällen sahen die Gesellschaftsverträge die Fortführung der KG durch die überlebenden Gesellschafter vor, sei es mit oder ohne Nachfolger für den verstorbenen Komplementär. 192

Nach der seit dem In-Kraft-Treten des Handelsrechtsreformgesetzes am 1.7.1998 geltenden neuen gesetzlichen Regelung scheidet **der Verstorbene aus der KG aus**, während diese gleichzeitig **von den übrigen Gesellschaftern fortgesetzt** wird, sofern der Gesellschaftsvertrag keine abweichende Regelung trifft (§§ 161 Abs. 2, 131 Abs. 3 Satz 1 Nr. 1, Satz 2 HGB). Bleibt also mangels abweichender vertraglicher 193

---

131 Vgl. Esch, NJW 1981, 2222 f.; Reimann, ZEV 1994, 7; Klein, in: Münchener Handbuch des Gesellschaftsrechts, Bd. 2, § 40 Rn. 4.

Bestimmung die gesetzliche Regelung anwendbar, so treten die Erben **nicht** in die Gesellschafterstellung des Komplementärs ein.

194 Der Gesellschaftsvertrag kann jedoch die nach der gesetzlichen Regelung unvererbliche Beteiligung eines Komplementärs **für vererblich erklären**.

195 Scheidet der persönlich haftende Gesellschafter gemäß der gesetzlichen Regelung des § 131 Abs. 3 Satz 1 Nr. 1, Satz 2 HGB mit seinem Tod aus der Gesellschaft aus, **entfallen unmittelbar** auch die **personenrechtlichen Bestandteile** seiner Mitgliedschaft.[132] **In den Nachlass** des verstorbenen Komplementärs fallen hingegen sein **Abfindungsanspruch** aus § 738 Abs. 1 Satz 2 BGB (i.V.m. §§ 161 Abs. 2, 105 Abs. 3 HGB) und **sonstige vermögensrechtliche Ansprüche** und **Verbindlichkeiten** aus §§ 738, 740 BGB (i.V.m. §§ 161 Abs. 2, 105 Abs. 3 HGB), soweit diese gesellschaftsvertraglich nicht ausgeschlossen sind (siehe zur Zulässigkeit der Beschränkung oder des Ausschlusses von Abfindungsansprüchen unten Rn. 274 ff.).

196 Ist im Gesellschaftsvertrag die Beteiligung eines Komplementärs für vererblich erklärt, hat der bzw. haben die Erben folgendes **Wahlrecht**:

- Grds. rückt jeder Erbe in Höhe seiner Erbquote in die Stellung als Komplementär ein.
- Alternativ kann jeder Erbe sein Verbleiben in der Gesellschaft davon abhängig machen, dass ihm – unter Belassung des bisherigen Gewinnanteils – die **Stellung eines Kommanditisten** eingeräumt wird (§§ 161 Abs. 2, 139 Abs. 1 HGB).

197 Die letztgenannte Option muss jeder Erbe **innerhalb einer Frist von drei Monaten** nach Erlangung der Kenntnis von der Erbschaft ausüben. Die übrigen Gesellschafter haben die Möglichkeit, einen Antrag eines Erben auf Wechsel in die Kommanditistenstellung abzulehnen (§§ 161 Abs. 2, 139 Abs. 2 HGB). In diesem Fall hat der jeweilige Erbe das Recht, ohne Einhaltung einer Kündigungsfrist sein Ausscheiden aus der Gesellschaft zu erklären (§§ 161 Abs. 2, 139 Abs. 2 HGB).[133]

2. Rechtsfolgen bei Tod eines Kommanditisten

198 Nach dem Tod eines Kommanditisten wird die KG nach der gesetzlichen Regelung – anders als beim Tod eines Komplementärs – **mit den Erben fortgesetzt**, sofern der Gesellschaftsvertrag keine andere Bestimmung trifft (§ 177 HGB). Das Gesetz stellt die **Kommanditbeteiligung** also **vererblich**.

199 Hintergrund der **unterschiedlichen Rechtsfolgen** beim Tod eines Komplementärs und beim Tod eines Kommanditisten ist die **stärkere Personenbezogenheit** der die Geschäftsführung und Vollhaftung beinhaltenden Komplementärstellung gegenüber der eher kapitalbezogenen Kommanditistenstellung.[134]

200 § 177 HGB ermöglicht es jedoch den Gesellschaftern, die Vererblichkeit der Kommanditbeteiligung durch **gesellschaftsvertragliche Vereinbarung** auszuschließen oder einzuschränken.

3. Sonderrechtsnachfolge bei Erbengemeinschaft

201 Hat der verstorbene Gesellschafter **nur einen Erben**, rückt dieser über die in § 1922 BGB angeordnete **Gesamtrechtsnachfolge** unmittelbar in die Gesellschafterstellung des Verstorbenen ein, sofern diese vererblich gestellt war. Anders ist die Situation im Fall mehrerer Erben.

202 Eine **Erbengemeinschaft** kann nach der h.M. **nicht Gesellschafterin** einer werbend tätigen Personengesellschaft sein.[135] Ist die Gesellschafterstellung des verstorbenen Komplementärs oder Kommanditisten nach dem Gesellschaftsrecht vererblich gestellt (im Fall eines Komplementärs also durch gesellschafts-

---

[132] MünchKomm-BGB/Ulmer, § 738 Rn. 7; Klein, in: Münchener Handbuch des Gesellschaftsrechts, Bd. 2, § 40 Rn. 8.

[133] Vgl. zu dem Wahlrecht der Erben näher Baumbach/Hopt/Hopt, HGB, § 139 Rn. 37 f. und Ebenroth/Boujong/Joost/Lorz, HGB, § 139 Rn. 95 ff.

[134] Vgl. Klein, in: Münchener Handbuch des Gesellschaftsrechts, Bd. 2, § 40, Rn. 1.

[135] BGHZ 22, 186, 192; 68, 225, 237; BGH, NJW 1983, 2376 f.; MünchKomm-BGB/Ulmer, § 705 Rn. 81 m.w.N.

vertragliche Vereinbarung, im Fall eines Kommanditisten bei Anwendung der gesetzlichen Regelung des § 177 HGB oder einer entsprechenden gesellschaftsvertraglichen Vereinbarung), rückt jeder Erbe daher mit dem Erbfall **unmittelbar** aufgrund einer **Sondererbfolge** (auch Sonderrechtsnachfolge genannt) in die Rechtsstellung des verstorbenen Gesellschafters ein.[136] Jeder Erbe wird in **Höhe seiner Erbquote** Gesellschafter der KG, nicht hingegen die Erbengemeinschaft. Das nach § 1922 BGB geltende **Prinzip der Gesamtrechtsnachfolge** wird insoweit **durchbrochen**.[137] Der Anteil an einer KG kann somit „zielgenau" vererbt werden. Er fällt nicht in die streitanfällige Erbengemeinschaft (wie der Anteil an einer Kapitalgesellschaft).

Rücken aufgrund einer entsprechenden Vereinbarung im Gesellschaftsvertrag (sog. **qualifizierte Nachfolgeklausel**) nicht sämtliche Erben in die Gesellschafterstellung nach und ist der Wert des jeweiligen Anteils des nachrückenden Erben an der KG größer als der Wert des ihm erbrechtlich zugewiesenen oder von Gesetzes wegen zustehenden Anteils am Nachlass, also seiner Erbquote, besteht insoweit ein **Ausgleichsanspruch der übrigen Erben**. Der Streit über den Wert des Gesellschaftsanteils ist damit programmiert. Will der Erblasser-Gesellschafter dies vermeiden, muss er dem begünstigten Gesellschaftererben insoweit ein **Vorausvermächtnis**[138] zuweisen. 203

II. Steuerliche Folgen der Vererbung von Gesellschaftsanteilen

Die Vererbung von Gesellschaftsanteilen hat nicht nur erbschaftsteuerliche, sondern teilweise auch **einkommensteuerliche Folgen**. Dies gilt auch dann, wenn ein Komplementär oder Kommanditist mit seinem Tod aus der Gesellschaft ausscheidet und die KG allein unter den Altgesellschaftern, nicht hingegen mit den Erben fortgesetzt wird. 204

Da sich die steuerlichen Folgen danach unterscheiden, ob Erben in die Gesellschafterstellung des verstorbenen Gesellschafters nachrücken oder nicht, werden zunächst nur einige **allgemeine steuerliche Besonderheiten** der Nachfolge in Anteilen an Personengesellschaften dargestellt. Hierzu zählen insb. die erbschaftsteuerliche Bewertung von KG-Anteilen, die Begünstigungen für Betriebsvermögen und die steuerlichen Besonderheiten der Erbauseinandersetzung im Zusammenhang mit der Vererbung von Gesellschaftsanteilen. Im Rahmen der Nachfolgeklauseln (siehe unten Rn. 221 ff.) werden dann die unterschiedlichen steuerlichen Folgen der verschiedenen Nachfolgemodelle abgehandelt. 205

1. Erbschaftsteuerliche Bewertung von KG-Anteilen

Bei der Bewertung des Gesellschaftsanteils des verstorbenen Gesellschafters ist zunächst zu unterscheiden, ob es sich bei der KG um eine **gewerblich tätige** (§ 15 Abs. 1 Satz 1 Nr. 2 EStG) oder eine **gewerblich geprägte** (§ 15 Abs. 3 EStG) einerseits oder eine **rein vermögensverwaltende KG** andererseits handelt. In den ersten beiden Fällen richtet sich die Bewertung des Anteils des verstorbenen Komplementärs oder Kommanditisten nach den Vorschriften über die **Bewertung von Betriebsvermögen** nach §§ 95 ff. BewG. Dies ergibt sich aus §§ 12 Abs. 1, Abs. 5 ErbStG. Das Erbschaftsteuerrecht knüpft sowohl für die Bewertung des Anteils als auch für die Vergünstigungen nach §§ 13a, 19a ErbStG über die §§ 95 ff. BewG an den ertragsteuerlichen Begriff des Betriebsvermögens an (§§ 95, 97 BewG und §§ 13a Abs. 4 Nr. 1, 19a Abs. 2 Nr. 1 ErbStG). 206

Gegenstand des der Erbschaftsteuer unterliegenden Betriebsvermögens sind zunächst **alle Wirtschaftsgüter**, die der Gesamtheit der Mitunternehmer gehören (Gesamthandsvermögen). Einbezogen wird jedoch auch das **Sonderbetriebsvermögen** (§ 97 Abs. 1 Satz 1 Nr. 5 BewG) wie etwa die von einem Gesellschafter der KG zur Nutzung überlassenen Wirtschaftsgüter (z.B. Grundstücke, Gebäude oder Maschinen).[139] 207

---

136 BGHZ 22, 186, 192; 68, 225, 237; MünchKomm-BGB/Leipold, § 1922 Rn. 60 m.w.N.
137 Vgl. MünchKomm-BGB/Leipold, § 1922 Rn. 60 m.w.N.
138 Siehe hierzu Sommer/Kerschbaumer, ZEV 2004, 13.
139 L. Schmidt/Wacker, EStG, § 15 Rn. 514.

208 Die **Bewertung** des Betriebsvermögens erfolgt grds. mit den **Steuerbilanzwerten** der Einzelwirtschaftsgüter mit den folgenden **wichtigen Ausnahmen**:

- **Betriebsgrundstücke** sind stets mit dem Grundstückswert gemäß den §§ 138 ff. BewG anzusetzen,
- **Wertpapiere** und **Anteile** an **Kapitalgesellschaften** regelmäßig mit dem gemeinen Wert (§ 11 BewG), der ggf. nach dem Stuttgarter Verfahren zu schätzen ist.

209 Handelt es sich bei dem KG-Vermögen dagegen nicht um Betriebsvermögen, wie etwa bei einer **vermögensverwaltenden KG**, erfolgt die Bewertung gemäß § 12 Abs. 1 ErbStG nach den allgemeinen Bewertungsvorschriften des Bewertungsgesetzes (**steuerliches Privatvermögen**). Maßgeblich sind dann die (anteiligen) gemeinen Werte der Einzelwirtschaftsgüter (§ 9 BewG).

2. Steuerbegünstigungen für Betriebsvermögen

210 Die Vererbung von Komplementär- und Kommanditbeteiligungen ist, sofern es sich bei der KG um eine **gewerblich tätige** oder **gewerblich geprägte KG** handelt, unabhängig von der Beteiligungshöhe nach §§ 13a, 19a ErbStG **steuerbegünstigt**.

211 Das Erbschaftsteuergesetz gewährt in §§ 13a, 19a folgende **Begünstigungen für Betriebsvermögen:**

- **Freibetrag** i.H.v. 225.000 € für alle Erwerber gemeinsam (§ 13a Abs. 1 ErbStG),
- **Bewertungsabschlag** i.H.v. 35 % (§ 13a Abs. 2 ErbStG) auf den um den Freibetrag gekürzten Wert,
- **Tarifbegrenzung**: Auf den Erwerb ist stets die günstigste Steuerklasse I anwendbar (sog. Entlastungsbetrag i.H.v. 88 % nach § 19a ErbStG).

212 Zu beachten ist stets, dass die **gewährten Begünstigungen rückwirkend wegfallen**, soweit der Erwerber das geerbte Betriebsvermögen nicht wenigstens fünf Jahre (**Haltefrist**) hält (sog. **steuerschädliche Verwendung**). Steuerschädlich sind dabei vor allem die Veräußerung der KG bzw. der geerbten Gesellschaftsanteile, die Betriebsaufgabe, die Veräußerung wesentlicher Betriebsgrundlagen sowie Entnahmen innerhalb der Haltefrist, die die Summe der eigenen Einlagen und seit Erwerb erwirtschafteten Gewinne um mehr als 52.000 € übersteigen (§§ 13a Abs. 5, 19a Abs. 5 ErbStG).

213 Von wesentlicher Bedeutung für die Gestaltungspraxis ist, dass der **Freibetrag i.H.v. 225.000 €** nach § 13a Abs. 1 Satz 1 Nr. 2 ErbStG **nur einmal** innerhalb von jeweils zehn Jahren für Erwerbe von derselben Person geltend gemacht werden kann. Der **Bewertungsabschlag** i.H.v. 35 % hingegen unterliegt dieser Einschränkung nicht.

214 Die erbschaftsteuerliche Besserstellung des Betriebsvermögens gegenüber anderen Vermögensgegenständen steht auf dem Prüfstand des BVerfG.[140] Über die **Verfassungsmäßigkeit der Besserstellung** will das BVerfG in 2007 entscheiden.

215 Auch der Gesetzgeber plant, Änderungen des Erbschaftsteuergesetzes, die u.a die Begünstigungen für Betriebsvermögen betreffen, vorzunehmen. Der Koalitionsvertrag zwischen CDS/CSU und SPD v. 11.11.2005 sah eine Umsetzung der Kernelemente des „Gesetzes zur Sicherung der Unternehmensnachfolge",[141] das in erster Lesung am 2.6.2005 in den damaligen Bundestag eingebracht wurde, zum 1.1.2007 vor. Dieser Termin konnte zwar nicht eingehalten werden, inzwischen hat das Bundeskabinett jedoch einen am 25.10.2006 beschlossenen **Entwurf** eines „**Gesetzes zur Erleichterung der Unternehmensnachfolge**" (UntErlG)[142] vorgelegt. Das UntErlG soll im Lauf des Jahres 2007 in Kraft treten. Es sieht im Kern vor, dass für sog. **produktives Vermögen** die bisherigen Begünstigungen für Betriebsvermögen nach §§ 13a, 19a ErbStG ersetzt werden durch **folgendes Modell**: Den Erben/Beschenkten wird die Erbschaftsteuer über einen Zeitraum von zehn Jahren zinslos gestundet. Pro Jahr der Unternehmensfortführung werden 10 % der Steuerschuld erlassen. Produktives Vermögen könnte somit im Fall einer Unternehmensfortführung nach Ablauf von zehn Jahren erbschaftsteuerfrei vererbt werden. **Nicht produktives**

---

140 Vorlagebeschluss des BFH, BStBl. 2002 II, S. 598 ff.
141 BT-Drucks. 15/5555 und 15/5603; BR-Drucks. 322/05.
142 Veröffentlicht unter: www.bundesfinanzministerium.de.

Vermögen, insb. Geld und Geldforderungen sowie Dritten zur Nutzung überlassene Grundstücke, Wertpapiere und Beteiligungen an Kapitalgesellschaften i.H.v. bis zu 25 %, sollen nach dem Gesetzesentwurf erbschaftsteuerlich regelmäßig nicht begünstigt werden (siehe zur geplanten Neuregelung auch Rn. 20).

3. Schenkungsteuer

Scheidet der verstorbene Gesellschafter aus der KG aus, **ohne dass seine Erben** in seine Gesellschafterstellung **nachrücken**, so dass sein Anteil auf die anderen Gesellschafter oder die Gesellschaft selbst übergeht, unterliegt dieser Vorgang der Schenkungsteuer, soweit der Wert, der sich für seinen Anteil zur Zeit seines Ausscheidens nach § 12 ErbStG ergibt, den Abfindungsanspruch der Erben übersteigt (§ 7 Abs. 7 ErbStG). 216

Hat der ausgeschiedene Gesellschafter **Anspruch auf eine Abfindung**, so gilt Folgendes: Entspricht die Abfindung dem steuerlichen Wert des Anteils an der Gesellschaft oder ist die Abfindung höher, entsteht kein **Schenkungsteuerproblem**. Ist die Abfindung jedoch niedriger als der erbschaftsteuerliche Wert des Anteils, so wird Schenkungsteuer ausgelöst. 217

4. Einkommensteuerliche Folgen der Erbauseinandersetzung bei Gesellschaftsanteilen

Die einkommensteuerlichen Folgen im Anschluss an einen Erbfall eines Kommanditisten oder Komplementärs hängen maßgeblich davon ab, **welche Personen in die Gesellschafterstellung nachfolgen** und wie die anschließende Erbauseinandersetzung mit den übrigen Erben sowie etwaigen Vermächtnisnehmern geregelt wird. 218

Zwei Beschlüsse des Großen Senats des BFH v. 5.7.1990 zur vorweggenommenen Erbfolge[143] und zur Besteuerung der Erbauseinandersetzung[144] haben die steuerliche Behandlung der Vererbung von Gesellschaftsanteilen erheblich geändert. Während die frühere Rspr. Erbfall und die zeitnah hierzu erfolgende **Erbauseinandersetzung als einheitlichen und unentgeltlichen privaten Vorgang** ansah, hat der Große Senat diese **Einheitstheorie** aufgegeben und geht nunmehr davon aus, dass die Erbauseinandersetzung dem Erbfall als **selbständiger Rechtsvorgang** nachfolgt. Die eigentliche Erbauseinandersetzung stellt daher nur noch in Fällen der echten Realteilung einen unentgeltlichen Vorgang dar. Ausgleichszahlungen im Rahmen der Erbauseinandersetzung über einen Gesellschaftsanteil einer KG führen hingegen zu einem entgeltlichen steuerpflichtigen Veräußerungsgeschäft gemäß § 16 EStG beim weichenden Erben und einem korrespondierenden Anschaffungsvorgang beim ausgleichenden Erben. In einem weiteren Urteil hat der 4. Senat des BFH[145] entschieden, dass Mitunternehmeranteile, die vom Erblasser gesondert auf die Miterben übergegangen sind, in die Erbauseinandersetzung einbezogen und abweichend aufgeteilt werden können. Ausgleichszahlungen an die weichenden Miterben führten auch in diesem Fall zu Anschaffungskosten. Diese Entscheidung bedeutet, dass das Steuerrecht die gesellschaftsrechtliche Sonderrechtsnachfolge für Anteile an einer Personengesellschaft ignoriert. Die Finanzverwaltung hat die **einkommensteuerlichen Grundsätze der Erbauseinandersetzung** in einem aktualisierten **BMF-Schreiben v. 14.3.2006**[146] mit zahlreichen Beispielen zusammengefasst. 219

Schuldzinsen des in die Gesellschafterstellung nachfolgenden Erben aufgrund einer Fremdfinanzierung von Abfindungs- bzw. Pflichtteilszahlungen sind einkommensteuerlich nicht abziehbar.[147] Als weitere Folge einer Erbauseinandersetzung mit Abfindungszahlungen werden zur Finanzierung der privaten Steuern sowie des Schuldendienstes häufig **hohe Entnahmevorgänge** ausgelöst, die wiederum nachträglich die erbschaftsteuerlichen Vergünstigungen gefährden können (sofern hierdurch schädliche Überentnahmen

---

[143] BStBl. 1995 II, S. 847.
[144] BStBl. 1995 II, S. 837.
[145] BFH, DStR 1991, 455 m. Anm. Schmidt, 456 f.
[146] BMF-Schreiben v. 14.3.2006, BStBl. 2006 I, S. 253 ff. zur ertragsteuerlichen Behandlung der Erbengemeinschaft und ihrer Auseinandersetzung.
[147] BMF-Schreiben v. 11.8.1994, BStBl. 1994 I, S. 603

gemäß § 13a Abs. 5 ErbStG ausgelöst werden). Daher muss das zentrale Ziel einer Nachfolgeregelung über einen Gesellschaftsanteil die Ermöglichung einer **Realteilung ohne Ausgleichszahlung** unter den Erben sein.[148]

III. Gesellschaftsvertragliche Gestaltungsmöglichkeiten

220 Im Zusammenhang mit den jeweiligen gesellschaftsrechtlichen Nachfolgeklauseln werden im Folgenden auch die **einkommens- und erbschaftsteuerlichen Rechtsfolgen** der unterschiedlichen Nachfolgeregelungen angesprochen.

1. Fortsetzungsklausel

a) Zivilrecht

221 Eine Fortsetzungsklausel liegt vor, wenn der Gesellschaftsvertrag bestimmt, dass ein **Kommanditist mit seinem Tod** aus der Gesellschaft **ausscheidet** und **die Gesellschaft** von den verbliebenen Gesellschaftern **fortgesetzt** wird.[149] Die gleiche Rechtsfolge ergibt sich bei Tod eines Komplementärs bereits nach dem Gesetz (§§ 161 Abs. 2, 131 Abs. 3 Satz 1 Nr. 1 HGB).

222 Wird die Gesellschaft ohne die Erben des verstorbenen Gesellschafters unter den Mitgesellschaftern fortgesetzt, erhalten die Erben eine Abfindung, es sei denn, der Gesellschaftsvertrag schließt die **Abfindung** aus; dies ist zulässig.[150] Die Abfindung fällt – anders als die Beteiligung selbst – in den Nachlass.

223 **Formulierungsbeispiel: Fortsetzungsklausel**

> Ein Kommanditist scheidet mit seinem Tod aus der Gesellschaft aus. Die Gesellschaft wird von den verbliebenen Gesellschaftern ohne die Erben des verstorbenen Gesellschafters fortgesetzt.

b) Einkommensteuer

224 Mit der **Übernahme der Beteiligung durch die verbleibenden Gesellschafter** und die **Zahlung einer Abfindung** an die Erben liegt einkommensteuerlich eine **Betriebsaufgabe** in der Person des Erblassers vor. Soweit der Abfindungsanspruch das steuerliche Kapitalkonto im Zeitpunkt des Erbfalls übersteigt, entsteht auf Seiten des Erblassers ein **Veräußerungsgewinn** gemäß § 16 Abs. 1 Nr. 2 EStG.[151] Der Veräußerungsgewinn ist unter der Voraussetzung des § 34 Abs. 3 EStG **tarifbegünstigt**. Die auf die Abfindung entfallende Einkommensteuerschuld mindert als abzugsfähige Nachlassverbindlichkeit die Erbschaftsteuer nach § 10 Abs. 5 Nr. 2 ErbStG.

225 Besondere Vorsicht ist geboten, wenn beim Erblasser **Sonderbetriebsvermögen** vorhanden war. Soweit es auf Erben übergeht, die nicht bereits Gesellschafter sind oder durch den Erbfall werden, gilt dies als **Entnahme** von bislang im Sonderbetriebsvermögen des Erblassers befindlichen Wirtschaftsgütern in das steuerliche Privatvermögen. Sofern hierbei **stille Reserven** aufgedeckt werden, führt dies zu einem zusätzlichen Gewinn, der gemäß §§ 16, 34 EStG zu versteuern ist. Das Sonderbetriebsvermögen und der Anteil an der KG sollten daher immer an dieselben Personen vererbt werden.

226 Vermeiden lässt sich die Aufdeckung stiller Reserven im Sonderbetriebsvermögen auch durch eine **lebzeitige Übertragung des Sonderbetriebsvermögens**, etwa einer Immobilie, in das Betriebsvermögen einer weiteren Gesellschaft, z.B. einer gewerblich geprägten Personengesellschaft in der Rechtsform einer GmbH & Co. KG, an der der Erblasser sämtliche Anteile hält. Für eine **Buchwertfortführung** muss die Übertragung der Immobilie unentgeltlich oder gegen Gewährung von Gesellschaftsrechten erfolgen.

---

148 Beachte hierzu BMF-Schreiben v. 28.2.2006, BStBl. 2006 I, S. 228 ff. zur Realteilung.
149 Vgl. Baumbach/Hopt/Hopt, HGB, § 139 Rn. 1.
150 Baumbach/Hopt/Hopt, HGB, § 131 Rn. 62.
151 Vgl. BMF-Schreiben v. 14.3.2006, BStBl. 2006 I, S. 253 ff., Tz. 69.

In diesem Fall kann die Beteiligung an der Grundstücks-KG und die Beteiligung an der operativen KG an verschiedene Personen vererbt werden.

c) Erbschaftsteuer

Da die Erben selbst lediglich einen Abfindungsanspruch, nicht Betriebsvermögen erben, haben sie den Abfindungsanspruch mit seinem **Nennwert zu versteuern** (§ 3 Abs. 1 Nr. 1 ErbStG). Die Begünstigungen von Betriebsvermögen (§§ 13a, 19a ErbSt) kommen zu Gunsten der Erben folglich nicht zur Anwendung. Sofern ein Veräußerungsgewinn in der Person des Erblassers entsteht, ist die Einkommensteuerbelastung eine **abzugsfähige Nachlassverbindlichkeit** gemäß § 10 Abs. 5 Nr. 2 ErbStG.

Sollte der Steuerwert des auf die verbleibenden Gesellschafter übergehenden Gesellschaftsanteils höher sein als die Abfindungsansprüche der Erben, liegt insoweit eine **Schenkung auf den Todesfall** gemäß § 3 Abs. 1 Nr. 2 ErbStG vor, für den die Vergünstigungen der §§ 13a, 19a ErbStG gewährt werden.

> **Hinweis:**
>
> In den meisten Fällen ist dieser Besteuerungstatbestand jedoch wegen der Anknüpfung an die Steuerbilanzwerte von geringer Bedeutung. Die Fortsetzungsklausel bewirkt damit häufig eine faktische Nichtberücksichtigung der Begünstigungen für Betriebsvermögen und führt daher zu einer äußerst ungünstigen Besteuerung des Erbfalls, vor allem wenn zusätzlich ein einkommensteuerlicher Veräußerungsgewinn entsteht.

2. Einfache Nachfolgeklausel

a) Zivilrecht

Unter einer **einfachen Nachfolgeklausel** versteht man eine gesellschaftsvertragliche Vereinbarung, wonach die Gesellschaft beim Tod eines Gesellschafters mit den Erben des verstorbenen Gesellschafters fortgesetzt wird.[152] Im Fall des Todes eines Kommanditisten ergibt sich dies bereits aus § 177 HGB. Zur Klarstellung kann die einfache Nachfolgeklausel dennoch in den Gesellschaftsvertrag aufgenommen werden. Damit wird im Ergebnis der Gesellschaftsanteil vererblich gestellt. Wer tatsächlich Erbe wird, bestimmt sich ausschließlich nach Erbrecht.

Formulierungsbeispiel: Einfache Nachfolgeklausel

> Durch den Tod eines Komplementärs wird die Gesellschaft nicht aufgelöst, sondern mit den Erben des verstorbenen Komplementärs fortgesetzt.

b) Einkommensteuer

Einkommensteuern löst die Erbfolge aufgrund einer einfachen Nachfolgeklausel **grds. nicht aus**. Die Miterben werden unmittelbar Gesellschafter im Wege der **Sonderrechtsnachfolge**[153] und führen gemäß § 6 Abs. 3 EStG die Buchwerte des Erblassers (anteilig) fort. Der Vorgang beurteilt sich als **unentgeltlicher Erwerb** (kein Veräußerungs- und Anschaffungsvorgang) und bleibt folglich ohne einkommensteuerliche Auswirkung für sämtliche Beteiligte. Nur im Fall einer späteren **Erbauseinandersetzung** kann es zu einkommensteuerlich relevanten Vorgängen kommen, sofern anlässlich der Auseinandersetzung bspw. Erben ihre Gesellschafterstellung aufgeben und hierbei Ausgleichszahlungen unter den Erben gezahlt werden.

c) Erbschaftsteuer

Erbschaftsteuerlich übernehmen die Erben **Betriebsvermögen**, womit die **Begünstigungen der §§ 13a, 19a, ErbStG** zur Anwendung kommen. Ein späteres Ausscheiden einzelner Erben stellt hierbei keine

---

[152] Baumbach/Hopt/Hopt, HGB, § 139 Rn. 1.
[153] Vgl. BMF-Schreiben v. 14.3.2006, BStBl. 2006 I, S. 253 ff., Tz. 71.

schädliche Verwendung i.S.v. §§ 13a Abs. 5, 19a Abs. 5 ErbStG dar, soweit der Vorgang im Rahmen der Erbauseinandersetzung erfolgt.

> **Hinweis:**
> Sowohl in erbschaftsteuerlicher als auch ertragsteuerlicher Hinsicht ist die einfache Nachfolgeklausel interessant. Hat der Erblasser jedoch mehrere Erben, werden häufig zusätzliche Regelungen, z.B. eine Teilungsanordnung, erforderlich sein, wenn die Erben nicht alle entsprechend ihrer Erbquote auch in den Gesellschaftsanteil des Erblassers einrücken sollen.

3. Qualifizierte Nachfolgeklausel

a) Zivilrecht

232 Ein **Nachteil** der einfachen Nachfolgeklausel ist die **Zersplitterung der Beteiligungen der Altgesellschafter** im Fall mehrerer Erben. Abhilfe bietet die sog. **qualifizierte Nachfolgeklausel**, die die Nachfolge in den Komplementär- oder Kommanditanteil auf einen oder mehrere Erben beschränkt. Der Gesellschaftsvertrag kann dabei vorsehen, dass nur eine Person oder mehrere bestimmte Personen oder Personen aus bestimmten Gruppen (Gesellschafter, Familienmitglieder, einzelne Familienstämme, Ehegatten, Abkömmlinge etc.) Rechtsnachfolger des verstorbenen Gesellschafters in einen Gesellschaftsanteil werden können.[154]

233 **Formulierungsbeispiel: Qualifizierte Nachfolgeklausel**

> Durch den Tod eines Kommanditisten wird die Gesellschaft nicht aufgelöst, sondern mit den Erben des verstorbenen Gesellschafters fortgesetzt. Rechtsnachfolger eines verstorbenen Gesellschafters in dessen Gesellschaftsanteil können jedoch nur Ehegatten und/oder Abkömmlinge sein.

> **Hinweis:**
> Gerade bei der qualifizierten Nachfolgeklausel ist auf die Abstimmung zwischen Gesellschaftsvertrag und erbrechtlichen Verfügungen besonders zu achten. Wird der im Gesellschaftsvertrag „qualifizierte" Nachfolger nicht auch (wenigstens mit einem Zwerganteil) Miterbe, rücken weder er noch die nicht „qualifizierten" Erben in die Gesellschafterstellung des Erblassers ein.[155]

234 Unabhängig von seiner Erbquote geht der Gesellschaftsanteil im Wege der **Sonderrechtsnachfolge unmittelbar und im Ganzen** auf den qualifizierten Miterben über.[156] Erhält der „qualifizierte" Miterbe durch die Nachfolge in den Gesellschaftsanteil einen größeren Anteil am Nachlass, als ihm nach seiner Erbquote zusteht, trifft ihn eine **Ausgleichspflicht gegenüber seinen Miterben**. Dies lässt sich verhindern, indem dem qualifizierten Miterben und Nachfolger die Beteiligung im Wege des **Vorausvermächtnisses (§ 2150 BGB)** zugewandt wird.[157]

> **Hinweis:**
> Auch im Fall der Zuwendung des Gesellschaftsanteils durch Vorausvermächtnis sollte der Erblasser regelmäßig Pflichtteilsverzichtsverträge mit den Pflichtteilsberechtigten abschließen, um nicht Gefahr zu laufen, seinen Nachfolger Abfindungsansprüchen „durch die Hintertür", nämlich Pflichtteilsansprüchen, auszusetzen.

---

154 Vgl. Baumbach/Hopt/Hopt, HGB, § 139 Rn. 14 ff.; Klein, in: Münchner Handbuch des Gesellschaftsrechts, Bd. 2, KG, § 41 Rn. 24.
155 Vgl. BGH, WM 1971, 308, 309; WM 1987, 981; Klein, in: Münchener Handbuch des Gesellschaftsrechts, Bd. 2, § 41 Rn. 14.
156 BGHZ 68, 225, 236; Klein, in: Münchener Handbuch des Gesellschaftsrechts, Bd. 2, § 41 Rn. 23.
157 Vgl. hierzu Sommer/Kerschbaumer, ZEV 2004, 13.

b) Einkommensteuer

Die qualifizierte Nachfolge bleibt wie die einfache Nachfolge **grds. ohne einkommensteuerliche Auswirkungen** für sämtliche Beteiligte. Der qualifizierte Nachfolger wird alleiniger Mitunternehmer. Eine von ihm zu zahlende Abfindung an die nicht zur Nachfolge berufenen Miterben führt daher **weder zu Anschaffungskosten** beim Nachfolger **noch zu einem Veräußerungsgewinn** bei den Miterben.[158]

235

Ein in der Praxis häufig auftretendes Problem stellt wiederum vorhandenes **Sonderbetriebsvermögen des Erblassers** dar. Da die Sondererbfolge nur an den KG-Anteilen eintritt und nicht am steuerlichen Sonderbetriebsvermögen geht dieses zivilrechtlich auf die gesamte Erbengemeinschaft über. Steuerrechtlich wird es in Höhe der Erbquoten der qualifizierten Miterben zu deren Sonderbetriebsvermögen, in Höhe der Erbquoten der weichenden Miterben jedoch zu Privatvermögen. Insoweit kommt es mit dem Erbfall zu einem **Entnahmegewinn** des Erblassers und damit zu einer **Aufdeckung stiller Reserven**.[159]

236

> **Hinweis:**
>
> Die steuerpflichtige Aufdeckung stiller Reserven lässt sich verhindern, indem der qualifizierte Nachfolger **zum Alleinerben berufen** wird, so dass auch das Sonderbetriebsvermögen allein auf den qualifizierten Nachfolger übergeht. Den übrigen „Miterben" werden Vermächtnisse zugewandt. Alternativ kann der Erblasser die Wirtschaftsgüter des Sonderbetriebsvermögens noch zu Lebzeiten zu Buchwerten gemäß § 6 Abs. 5 EStG auf eine gewerblich geprägte Personengesellschaft, an der er allein sämtliche Anteile hält, übertragen. In beiden Fällen bleibt die Betriebsvermögenseigenschaft entweder als Sonderbetriebsvermögen des Nachfolgers (Alleinerbeinsetzung) oder als Gesamthandsvermögen der weiteren Personengesellschaft gewahrt.

c) Erbschaftsteuer

Die erbschaftsteuerlichen Folgen des Anteilsübergangs aufgrund qualifizierter Nachfolgeklausel beurteilen der für Erbschaftsteuer zuständige 2. Senat des BFH[160] und der für Ertragsteuern zuständige 8. Senat des BFH[161] unterschiedlich. Der 2. Senat des BFH sieht hierin lediglich eine **Art der Erbauseinandersetzung** bezogen auf den übergegangenen Gesellschaftsanteil, die – da dem Erbanfall nachgelagert – erbschaftsteuerlich unbeachtlich ist. Erbschaftsteuerlich werden auch die gesellschaftsrechtlich nicht nachfolgeberechtigten Erben zunächst für eine logische Sekunde Rechtsnachfolger in den Gesellschaftsanteil. Sie partizipieren damit an der niedrigen Bewertung des Betriebsvermögens mit Freibetrag und Bewertungsabschlag nach § 13a ErbStG, obwohl sie gesellschaftsrechtlich nie Gesellschafter wurden.[162] Dieser Ansicht des 2. Senats des BFH hat sich die **Verwaltung** angeschlossen (vgl. R 55 Abs. 2 Satz 1 und 2 ErbStR). Nach Auffassung des 8. Senats des BFH[163] entspricht die qualifizierte Nachfolgeklausel zivilrechtlich eher einer **„dinglichen" Teilungsanordnung**, nach der die Beteiligung erbschaftsteuerlich von Beginn an allein dem zur Nachfolge berufenen Erben zusteht, der damit auch allein in vollem Umfang die Begünstigungen der §§ 13a und 19a ErbStG erhält.[164]

237

4. Eintrittsklausel

a) Zivilrecht

Eintrittsklauseln setzen voraus, dass nach dem Gesellschaftsvertrag die Beteiligung nicht auf die Erben übergeht, sondern den übrigen Gesellschaftern anwächst. Nach der Eintrittsklausel sind alle oder einzelne

238

---

158 BMF-Schreiben v. 14.3.2006, BStBl. 2006 I, S. 253 ff., Tz. 72.
159 BStBl. 1992 II, S. 512; L. Schmidt/Wacker, EStG, § 16 Rn. 674 m.w.N.
160 BStBl. 1983 II, S. 329.
161 BStBl. 1994 II, S. 625.
162 Vgl. Troll/Gebel/Jülicher, ErbStG, § 13a Rn. 39; Gebel, BB 1995, 2515.
163 BStBl. 1994 II, S. 625.
164 Vgl. auch Merkle, FR 1997, 137 ff.

Erben berechtigt, durch Erklärung gegenüber den übrigen Gesellschaftern in die Gesellschaft einzutreten (§§ 328 Abs. 1, 331 BGB).[165] Der durch die Eintrittsklausel Begünstigte, der im Übrigen nicht Erbe sein muss, entscheidet also darüber, ob er Gesellschafter wird oder nicht. Ist der **Begünstigte zugleich Erbe**, hat er das **Wahlrecht** zwischen der **Nachfolge in den Gesellschaftsanteil** und dem **Abfindungsanspruch**. Der Eintritt erfolgt durch Abschluss eines Vertrages zwischen Eintrittsberechtigtem und den verbleibenden Gesellschaftern. Die Eintrittsklausel kann aber auch ein bindendes Vertragsangebot der Gesellschafter an den Begünstigten enthalten.[166]

> **Hinweis:**
> Eintrittsklauseln werfen das Problem auf, dass sämtliche Erben zunächst aus der Gesellschaft ausgeschieden sind und ihnen Abfindungsansprüche gegen die Erbengemeinschaft zustehen. Der Berechtigte müsste ferner seine Einlage erbringen. Als Gestaltungsmöglichkeit bietet sich in diesem Fall an, dass die Abfindung der Erben ausgeschlossen und der Berechtigte von der Einlagepflicht freigestellt wird. Ferner müssten sich die Mitgesellschafter nach §§ 328, 331 BGB zur Übertragung der mit dem Anteil des Erblassers ursprünglich verbundenen Rechte an den Eintrittsberechtigten verpflichten (Treuhandlösung).[167]

b) Einkommensteuer

239 Die einkommensteuerlichen Folgen der Eintrittsklausel hängen davon ab, ob der oder die Erben von ihrem **Eintrittsrecht Gebrauch machen**. Mit dem Eintritt eines bzw. aller Erben kommen die **Grundsätze der einfachen bzw. qualifizierten Nachfolgeklausel** zur Anwendung. Üben die Erben ihr Eintrittsrecht nicht aus, kommt es zur Anwendung der **Rechtsfolgen der Fortsetzungsklausel**.

> **Hinweis:**
> Zur Anwendung der Rechtsfolgen der Fortsetzungsklausel kommt es auch dann, wenn die Erben ihr Eintrittsrecht nicht innerhalb einer Frist von sechs Monaten ausüben.[168]

c) Erbschaftsteuer

240 Auch erbschaftsteuerlich richten sich die Besteuerungsfolgen danach, welche Nachfolgelösung im Ergebnis zur Anwendung gelangt. Sofern einer bzw. alle Erben in die Beteiligung nachfolgen, liegt ein **Erwerb durch Erbanfall** vor (§ 3 Abs. 1 Nr. 1 ErbStG), für den die Begünstigungen für Betriebsvermögen in Anspruch genommen werden können (R 55 Abs. 2 Satz 3 ErbStR). Machen die Erben von ihrem Eintrittsrecht keinen Gebrauch, kommt es zur ungünstigen Besteuerung auf Basis des Nominalwerts des Abfindungsanspruchs ohne Begünstigungen für Betriebsvermögen.

241 **Formulierungsbeispiel: Eintrittsklausel**

> Stirbt ein Gesellschafter, sind die Personen, die er zu Lebzeiten durch Erklärung gegenüber der Gesellschaft oder durch Verfügung von Todes wegen bestimmt hat, berechtigt, mit Wirkung ab dem Tod des Gesellschafters in die Gesellschaft einzutreten. Das Eintrittsrecht ist innerhalb von sechs Monaten nach dem Tod des verstorbenen Gesellschafters auszuüben. Der Gesellschaftsanteil des verstorbenen Gesellschafters wird von den übrigen Gesellschaftern im Verhältnis ihrer festen Kapitalanteile so lange als Treuhänder gehalten, bis der oder die Eintrittsberechtigten von ihrem Eintrittsrecht Gebrauch gemacht haben oder die Sechs-Monats-Frist abgelaufen ist. Macht der Berechtigte von seinem Eintrittsrecht fristgerecht Gebrauch, haben die anderen Gesellschafter dem Eintrittsberechtigten die von ihnen anteilig gehaltene Beteiligung des verstorbenen Gesellschafters unentgeltlich zu übertragen.

---

165 Baumbach/Hopt/Hopt, HGB, § 139 Rn. 50 f.
166 Baumbach/Hopt/Hopt, HGB, § 139 Rn. 51.
167 Baumbach/Hopt/Hopt, HGB, §§ 139 Rn. 54 m.w.N.
168 BMF-Schreiben v. 14.3.2006, BStBl. 2006 I, S. 253 ff., Tz. 70.

5. Rechtsgeschäftliche Nachfolgeklausel

Wie bei erbrechtlichen Nachfolgeklauseln soll bei einer **rechtsgeschäftlichen Nachfolgeklausel** die Nachfolge des Begünstigten (eines Erben oder auch eines Dritten) mit dem Erbfall erfolgen, aber im Unterschied zu diesen durch **Rechtsgeschäft unter Lebenden**. Zu ihrer Gültigkeit setzen rechtsgeschäftliche Nachfolgeklauseln die **Mitwirkung des Begünstigten** voraus.[169] Dies bedingt, dass der künftige Nachfolger am Abschluss des Gesellschaftsvertrages bereits beteiligt ist oder dem Gesellschaftsvertrag für den Fall seines Eintritts zustimmt.[170] Rechtstechnisch handelt es sich bei der rechtsgeschäftlichen Nachfolgeklausel um eine durch das Überleben des Nachfolgers **aufschiebend bedingte Anteilsübertragung unter Lebenden auf den Todesfall**.[171]

242

Der Anteilserwerb ist beim Nachfolger **steuerpflichtig** nach § 3 Abs. 1 Nr. 2 Satz 1 ErbStG. Ob das Sonderbetriebsvermögen vollständig auf den Nachfolger übergeht, hängt von der jeweils getroffenen Regelung ab.

243

IV. Ausübung der Gesellschafterrechte durch gemeinsamen Vertreter

Insb. dann, wenn mehrere Erben in die Gesellschafterstellung einrücken, bietet sich eine gesellschaftsvertragliche Regelung an, wonach die Erben ihre Rechte nur **einheitlich durch einen gemeinsamen Vertreter** ausüben können. Mit dem Komplementäranteil gehen insb. auch dem Erblasser zustehende Geschäftsführungs- und Vertretungsbefugnisse auf die Nachfolger über.[172] Eine derartige Vertreterklausel ist zur Vermeidung einer zu starken Vervielfältigung der Mitgliedschaftsrechte vor allem in Folge des Erbgangs häufig sinnvoll. Die **Zulässigkeit einer Vertreterklausel** ist zwar nicht unumstritten, nach heute überwiegender Meinung jedenfalls doch insoweit zu bejahen, als hierdurch nicht in den **Kernbereich der Mitgliedschaft** der Nachfolger-Erben eingegriffen wird.[173] Der gemeinsame Vertreter ist als der Bevollmächtigte der Gruppe grds. weisungsgebunden und zwingend abberufbar.[174]

244

V. Testamentsvollstreckung

1. Komplementärbeteiligung

Ob der Anteil eines persönlich haftenden Gesellschafters der **Verwaltung eines Testamentsvollstreckers** unterliegen kann, ist umstritten, wird von Rspr. und Schrifttum aber überwiegend abgelehnt.[175] Begründet wird dies mit der Unvereinbarkeit der **unbeschränkten persönlichen Haftung eines Komplementärs** nach § 128 HGB und der nach §§ 2206 Abs. 1, 2208 BGB **beschränkten Rechtsmacht des Testamentsvollstreckers**.[176]

245

Nach einer Entscheidung des BGH aus dem Jahre 1986 ist jedoch eine Testamentsvollstreckung über einen **künftigen Auseinandersetzungsanspruch** und sonstige aus der Beteiligung abzuleitende übertragbare Vermögensrechte zulässig.[177] Unzulässig bleibt hingegen die Testamentsvollstreckung über die nicht vermögensrechtlichen Mitgliedschaftsrechte.[178]

246

---

169 Vgl. Baumbach/Hopt/Hopt, HGB, §§ 139 Rn. 57 f.
170 Vgl. BGHZ 68, 225, 231 ff.; Klein, in: Münchener Handbuch des Gesellschaftsrechts, Bd. 2, § 41 Rn. 28 m.w.N.
171 Vgl. BGH, NJW 1970, 1638, 1639; Baumbach/Hopt/Hopt, HGB, §§ 139 Rn 57.
172 Vgl. BGH, NJW 1959, 192; GK/Ulmer, HGB, § 139 Anm. 62 – 64 m.w.N.
173 Vgl. BGH, NJW 1993, 1265, 1266 f. m.w.N.; Baumbach/Hopt/Hopt, HGB, § 163 Rn. 10 f. m.w.N.
174 Baumbach/Hopt/Hopt, HGB, § 163 Rn. 10, 16.
175 Vgl. Baumbach/Hopt/Hopt, HGB, § 139 Rn. 21; Nieder, Handbuch der Testamentsgestaltung, Rn. 938 m.w.N.
176 BGHZ 108, 187, 195; Nieder, Handbuch der Testamentsgestaltung, Rn. 938.
177 BGHZ 98, 48, 56 f.
178 Nieder, Handbuch der Testamentsgestaltung, Rn. 938 m.w.N. aus Rspr. und Lit.

Zu den verschiedenen Möglichkeiten, dem Testamentsvollstrecker die Wahrnehmung der nicht vermögensrechtlichen Mitgliedschaftsrechte an der Komplementärbeteiligung zu ermöglichen, siehe Nieder, Handbuch der Testamentsgestaltung, Rn. 939.

2. Kommanditbeteiligung

247 Ob eine **Testamentsvollstreckung über einen Kommanditanteil** zulässig ist, war ebenfalls lange Zeit umstritten.[179] Mit Beschluss v. 3.7.1989 hat der 2. Senat des BGH[180] die Dauertestamentsvollstreckung über eine Kommanditbeteiligung unter Einbeziehung auch der nicht vermögensrechtlichen Mitgliedschaftsrechte ausdrücklich zugelassen, sofern die Mitgesellschafter dem entweder **bereits im Gesellschaftsvertrag oder später zustimmen**.[181] Der Testamentsvollstrecker bedarf allerdings der Zustimmung der Erben, wenn er deren persönliche Haftung begründen will, er in den Kernbereich der Mitgliedschaftsrechte der Kommanditistenerben eingreifen möchte oder die erbrechtliche Beschränkung des Testamentsvollstreckeramtes nach § 2205 Satz 3 betroffen ist.[182]

VI. Abfindung

248 Beim Tod eines Gesellschafters kann die Verpflichtung zur Zahlung einer Abfindung **beschränkt oder ausgeschlossen** werden.[183]

N. Ausschließung und Ausscheiden von Gesellschaftern

Literatur:

Cebulla, Einlagenrückgewähr, Haftung und Bilanzierung beim Ausscheiden eines Kommanditisten, DStR 2000, 1917; *Flume*, „Hinauskündigung" aus der Personengesellschaft und Abfindung, DB 1986, 629 ff.; *Grunewald*, Der Ausschluss aus Gesellschaft und Verein, 1988; *Hartmann*, Der ausscheidende Gesellschafter in der Wirtschaftspraxis, 4. Aufl. 1983; *Huber*, Der Ausschluss des Personenhandelsgesellschafters ohne wichtigen Grund, ZGR 1980, 177 f.; *Kreutz*, Hinauskündigungsklauseln im Recht der Personenhandelsgesellschaften, ZGR 1983, 109 ff.; *Krüger*, Die Anwachsung von Gesellschaftsanteilen im Zivil- und Steuerrecht, DStZ 1986, 382; *Paus*, Realteilung einer Personengesellschaft, FR 2002, 1217; *Rogall*, Steuerneutrale Bar- und Sachabfindung beim Ausscheiden aus Personengesellschaften – zum Verhältnis von § 6 Abs. 5 EStG zu § 16 EStG DStR 2006, 731; *Röhrig*, Die „neue" Realteilung, EStB 2002, 231; *Schulze zur Wiesche*, Veräußerung von Gesellschaftsanteilen und Sonderbetriebsvermögen, DStZ 1985, 55 ff.; *Sommer*, Die Gesellschaftsverträge der GmbH & Co. KG, 3. Aufl. 2005; *Westermann/Pöllath*, Abberufung und Ausschließung von Gesellschaftern/Geschäftsführern in Personengesellschaften und GmbH, 3. Aufl. 1986.

I. Ausschluss von Gesellschaftern

1. Ausschließungsverfahren

249 Nach dem Gesetz erfolgt der **Ausschluss** eines Komplementärs oder Kommanditisten **durch Gerichtsurteil nach Klage der übrigen Gesellschafter** (§§ 161 Abs. 2, 140 Abs. 1, 133 HGB). Der Ausschluss ist auch dann möglich, wenn nach der Ausschließung nur ein Gesellschafter verbleibt (§ 140 Abs. 1 Satz 2 HGB). Die Vorschrift des § 140 HGB ist **nicht zwingend**. Der Gesellschaftsvertrag kann das Ausschlussrecht vielmehr einengen oder erweitern.[184] Insb. können die Gesellschafter in Anlehnung an § 737 BGB vereinbaren, dass die Ausschließung anstelle einer Gestaltungsklage nach § 140 HGB durch **Gesellschaf-**

---

179 Baumbach/Hopt/Hopt, HGB, § 139 Rn. 24 ff.
180 BGHZ 108, 187.
181 Siehe hierzu auch Nieder, Handbuch der Testamentsgestaltung, Rn. 940; Weidlich ZEV 1994, 205; Ulmer, NJW 1990, 73; Baumbach/Hopt/Hopt, HGB, § 139 Rn. 24 ff.
182 Vgl. Nieder, Handbuch der Testamentsgestaltung, Rn. 940; Ulmer, NJW 1990, 73; Baumbach/Hopt/Hopt, HGB, § 139 Rn. 27.
183 Baumbach/Hopt/Hopt, HGB, § 139 Rn. 17; MünchKomm-BGB/Ulmer, § 738 Rn. 40 ff., 61 und siehe unten Rn. 274 ff.
184 Vgl. Ebenroth/Boujong/Joost/Lorz, HGB, § 140 Rn. 43; Baumbach/Hopt/Hopt, HGB, § 140 Rn. 28 ff.

terbeschluss der übrigen Gesellschafter erfolgen kann.[185] Bei der Abstimmung über den Ausschluss ist der auszuschließende Gesellschafter nicht stimmberechtigt.[186] **Wirksam** wird die Ausschließung aufgrund Gesellschafterbeschlusses **mit der Mitteilung an den Ausgeschlossenen**.[187]

2. Wichtiger Grund

Die Ausschließung eines Gesellschafters setzt nach §§ 161 Abs. 2, 140 Abs. 1 Satz 1, 133 HGB grds. das **Vorliegen eines wichtigen Grundes** voraus. Der Begriff des wichtigen Grundes nach § 140 Abs. 1 entspricht grds. dem in § 133 HGB. Nach § 133 Abs. 2 HGB liegt ein wichtiger Grund insb. dann vor, wenn ein anderer Gesellschafter eine ihm nach dem Gesellschaftsvertrag obliegende wesentliche Verpflichtung vorsätzlich oder aus grober Fahrlässigkeit verletzt oder wenn die Erfüllung einer solchen Verpflichtung unmöglich wird. Der Ausschließungsgrund muss den übrigen Gesellschaftern die **Fortsetzung** des Gesellschaftsverhältnisses mit dem Auszuschließenden **unzumutbar machen**.[188] Im Unterschied zu § 133 HGB muss der wichtige Grund nach § 140 HGB gerade **in der Person des Auszuschließenden** selbst liegen.[189] Anderenfalls bleibt nur die **Auflösungsklage** nach § 133 HGB. Nach umstrittener, aber wohl h.M. sind an das Vorliegen eines wichtigen Grundes dann strengere Anforderungen zu stellen, wenn der Kläger als einziger Gesellschafter übrig bleibt.[190]

250

Der Ausschluss eines Gesellschafters ist keine Strafe für den Betroffenen, sondern das **letzte Mittel**, wenn nur auf diese Weise Schaden von der Gesellschaft abgewendet werden kann.[191] Er ist daher nur zulässig, wenn sich **kein anderer zumutbarer Weg** zur Bereinigung der aufgetretenen Probleme findet. Persönliche Spannungen und gesellschaftsbezogene Meinungsverschiedenheiten können die Ausschließung eines Gesellschafters aus der KG nur in besonders schwerwiegenden Fällen rechtfertigen.[192] **Mildere Mittel**, die einer Ausschließung vorgehen, können insb. die bloße **Entziehung oder Beschränkung der Vertretungsmacht oder Geschäftsführung**[193] oder die Umwandlung der Beteiligung als Komplementär in eine Kommanditistenstellung[194] sein.[195]

251

Ein **Verschulden des Auszuschließenden** ist nicht erforderlich.[196] Wichtige Gründe für die Ausschließung eines Gesellschafters sind z.B. Veruntreuung und Unterschlagungen, unberechtigte Entnahmen, wiederholte Eigenmächtigkeiten in der Geschäftsführung, schädigende Äußerungen gegenüber der finanzierenden Hausbank etc., nicht hingegen die Verletzung untergeordneter Pflichten.[197]

252

Gegenüber Kommanditisten ist das Ausschließungsrecht stärker **eingeschränkt**. Aufgrund ihres loseren Verhältnisses zu den Mitgesellschaftern sind an den wichtigen Grund strengere Voraussetzungen zu stel-

253

---

185   BGH, NJW-RR 1997, 925; BGHZ 107, 351, 356; Baumbach/Hopt/Hopt, HGB, § 140 Rn. 30; Ebenroth/Boujong/Joost/Lorz, HGB, § 140 Rn. 45.
186   Vgl. BGH, NJW-RR 1997, 925; Baumbach/Hopt/Hopt, HGB, § 119 Rn. 8.
187   Baumbach/Hopt/Hopt, HGB, § 140 Rn. 30; Piehler, DStR 1991, 716.
188   Vgl. etwa BGH, NJW-RR 1993, 1123, 1124; Ebenroth/Boujong/Joost/Lorz, HGB, § 140 Rn. 5 m.w.N. aus der Rspr.
189   Baumbach/Hopt/Hopt, HGB, § 140 Rn. 5.
190   Vgl. BGHZ 51, 204, 205; näher hierzu Baumbach/Hopt/Hopt, HGB, § 140 Rn. 14; Ebenroth/Boujong/Joost/Lorz, HGB, § 140 Rn. 7.
191   Baumbach/Hopt/Hopt, HGB, § 140 Rn. 6.
192   BGH, GmbHR 1995, 131 f.
193   BGH, DB 1971, 140; WM 1977, 500.
194   BGH, NJW 1961, 1767; WM 1971, 20, 22.
195   Vgl. zu weiteren milderen Mitteln etwa Baumbach/Hopt/Hopt, HGB, § 140 Rn. 6.
196   BGH, BB 1952, 649; Ebenroth/Boujong/Joost/Lorz, HGB, § 140 Rn. 11.
197   Vgl. hierzu im Einzelnen auch m.N. aus der Rspr. Ebenroth/Boujong/Joost/Lorz, HGB, § 140 Rn. 20 ff.; Baumbach/Hopt/Hopt, HGB, § 140 Rn. 7, § 133 Rn. 7 ff.

len, es sei denn, es handelt sich um ein Verhalten des Kommanditisten, das für die Mitgesellschafter ebenso gefährlich ist wie das eines Komplementärs.[198]

3. Rechtsfolgen des Ausschlusses

254 Ein ausgeschlossener Gesellschafter **scheidet mit Rechtskraft des Urteils**[199] bzw. mit der **Mitteilung des Beschlusses** an den Auszuschließenden[200] **aus**. Für die Auseinandersetzung zwischen dem ausgeschlossenen Gesellschafter und den anderen Gesellschaftern gelten die Vorschriften der §§ 738 – 740 BGB.[201] Der ausgeschlossene Gesellschafter hat grds. **Anspruch auf eine Abfindung** in Höhe des vollen Wertes seines Gesellschaftsanteils (§§ 161 Abs. 2, 105 Abs. 2 HGB, § 738 BGB). Der Abfindungsanspruch wird jedoch regelmäßig durch den Gesellschaftsvertrag beschränkt (vgl. hierzu Rn. 264 ff.).

II. Ausscheiden eines Gesellschafters

1. Ausscheiden nach der gesetzlichen Regelung

255 Sofern im Gesellschaftsvertrag nichts anderes vereinbart ist, scheidet ein **Komplementär** nach § 131 Abs. 3 Satz 1 aus der KG aus, wenn er **verstirbt**, über sein Vermögen das **Insolvenzverfahren** eröffnet wurde, er oder einer seiner **Privatgläubiger gekündigt** hat, weitere im Gesellschaftsvertrag vorgesehene Fälle eingetreten sind oder die übrigen Gesellschafter das Ausscheiden beschlossen haben.

Nach §§ 161 Abs. 2, 131 Abs. 3 Satz 1 gilt das Gleiche für das Ausscheiden eines **Kommanditisten**. Lediglich im Fall des Todes des Kommanditisten ordnet § 177 HGB an, dass die Gesellschaft mit den Erben fortgesetzt wird.

2. Vertragliche Vereinbarungen

256 Zunächst stellt § 131 Abs. 3 Satz 1 Nr. 5 HGB ausdrücklich klar, dass weitere Tatbestände als **Ausscheidungsgründe gesellschaftsvertraglich festgelegt werden können**. Hingegen bezweckt die Vorschrift nicht, die Möglichkeiten der Ausschließung von Gesellschaftern durch Gesellschaftsvertrag oder Gesellschafterbeschluss zu erleichtern.[202] Moderne Gesellschaftsverträge unterscheiden **zwei Gruppen von Fällen**, in denen Gesellschafter ausscheiden:

- Eine Gruppe behandelt die Fälle, in denen ein **Gesellschafterbeschluss** erforderlich ist.
- In einer anderen Gruppe von Fällen scheidet ein Gesellschafter mit Eintritt eines Ereignisses automatisch aus der Gesellschaft aus, ohne dass es eines Beschlusses der übrigen Gesellschafter bedarf. Ein **automatisches Ausscheiden** sollte nur für die Fälle vereinbart werden, in denen es unvorstellbar ist, dass der Gesellschafter nicht ausgeschlossen würde.

3. Rechtsfolgen des Ausscheidens

257 **Rechtsfolge des Ausscheidens** eines Gesellschafters ist eine „**Anwachsung**" seines Anteils bei den verbleibenden Gesellschaftern (§ 738 Abs. 1 Satz 1 BGB) und das **Entstehen von Abfindungsansprüchen** des ausgeschiedenen Gesellschafters bzw. seiner Erben. Scheidet der einzige persönlich haftende Gesellschafter einer KG aus, ohne dass ihm ein Erbe nachfolgt, führt dies zur **Auflösung der KG**, da diese ohne persönlich haftenden Gesellschafter als Werbende nicht fortbestehen kann.[203] Die KG erlischt in jedem

---

198 Vgl. hierzu näher Baumbach/Hopt/Hopt, HGB, § 140 Rn. 10 m.w.N. auch aus der Rspr.
199 Baumbach/Hopt/Hopt, HGB, § 140 Rn. 22.
200 Ebenroth/Boujong/Joost/Lorz, HGB, § 140 Rn. 45.
201 Baumbach/Hopt/Hopt, HGB, § 140 Rn. 26; Ebenroth/Boujong/Joost/Lorz, HGB, § 140 Rn. 36.
202 Baumbach/Hopt/Hopt, HGB, § 131 Rn. 25; Ebenroth/Boujong/Joost/Lorz, HGB, § 131 Rn. 53.
203 Vgl. Baumbach/Hopt/Hopt, HGB, § 131 Rn. 18, 34.

Fall, wenn von zwei Gesellschaftern nur noch einer übrig bleibt (Konfusion).[204] In diesem Fall geht das Gesellschaftsvermögen auf den Verbliebenen im Wege der Gesamtrechtsnachfolge über.[205]

Das Ausscheiden des Gesellschafters beseitigt seine **Haftung** nicht (vgl. §§ 159, 160 HGB). Der ausgeschiedene Gesellschafter haftet jedoch nur für alle **Altschulden**, nicht hingegen für **Neuschulden** aus der Zeit nach seinem Ausscheiden.[206] §§ 161 Abs. 2, 160 Abs. 1 HGB begrenzt die **Nachhaftung** des ausgeschiedenen Komplementärs wie die des Kommanditisten. Für Altschulden haftet er nur dann, wenn sie vor Ablauf von fünf Jahren nach seinem Ausscheiden fällig sind und der Anspruch gegen ihn (nicht die Gesellschaft selbst) in einer in § 197 Abs. 1 Nr. 3 – 5 BGB bezeichneten Art (Rechtskraft oder Vollstreckbarkeit) festgestellt ist oder eine gerichtliche oder behördliche Vollstreckungshandlung vorgenommen oder beantragt wird. § 160 Abs. 1 Satz 1 HGB enthält eine Ausschlussfrist (Einwendung), keine Verjährungsregelung.[207]

258

Aufgrund der **fünfjährigen Nachhaftung** hat der ausgeschiedene Gesellschafter einen Anspruch gegen die KG, ihn von den gemeinschaftlichen Schulden zu befreien (§§ 161 Abs. 2, 105 Abs. 2 HGB, § 738 Abs. 1 Satz 2 BGB).[208]

259

III. Steuerliche Folgen

War der ausgeschlossene oder anderweitig ausgeschiedene Gesellschafter **Mitunternehmer**, muss er einen möglichen **Veräußerungsgewinn** nach § 16 Abs. 3 EStG versteuern. Der Gewinn ist ggf. nach § 34 EStG begünstigt.

260

O. Abfindung des ausgeschiedenen Gesellschafters

Literatur:

Dauner-Lieb, Abfindungsklauseln bei Personengesellschaften, Methodische Anmerkungen zum Urteil des BGH v. 20.9.1993, ZHR 158, 1994, 271 ff.; ***Engel***, Abfindungsklauseln – Eine systematische Übersicht, NJW 1986, 345 ff.; ***Hess***, Die Nichtigkeit von Abfindungsklauseln betreffend den Geschäftsanteil ausgeschiedener Gesellschafter nach § 138 BGB, NZG 2001, 648; ***Huber***, Der Ausschluss des Personengesellschafters ohne wichtigen Grund, ZGR 1980, 177 ff.; ***Hülsmann***, Abfindungsklauseln: Kontrollkriterien der Rechtsprechung, NJW 2002, 1673; ***Kort***, Die neuere Entwicklung im Recht der Abfindungsklauseln, DStR 1995, 1961; ***Lange***, Neues zu Abfindungsklauseln, NZG 2001, 635; ***Mecklenbrauck***, Abfindungsbeschränkungen in Gesellschaftsverträgen, BB 2000, 2001; ***Reimann***, Gesellschaftsvertragliche Abfindung und erbrechtlicher Ausgleich, ZEV 1994, 7 ff.; ***Sommer***, Die Gesellschaftsverträge der GmbH & Co. KG, 3. Aufl. 2005; ***Sommer/Kemper***, Einheitswertabhängige Abfindungen, DStR 1993, 1409 ff. und 1441 ff.

IDW, Standard-Grundsätze zur Durchführung von Unternehmensbewertungen (IDW S 1) i.d.F. v. 18.10.2005, Wpg 2005, 1303 ff.

I. Gesetzliche Abfindung

Ein ausscheidender Komplementär ebenso wie ein ausscheidender Kommanditist (bzw. deren Erben) haben nach dem Gesetz einen **Anspruch auf Abfindung**, die nach den Vorschriften der §§ 161 Abs. 2, 105 Abs. 2 HGB, 738 – 740 BGB zu berechnen ist. Nach § 738 Abs. 1 Satz 2 BGB ist dem ausgeschiedenen Gesellschafter

261

„...dasjenige zu zahlen, was er bei der Auseinandersetzung erhalten würde, wenn die Gesellschaft zurzeit seines Ausscheidens aufgelöst worden wäre."

---

204 Baumbach/Hopt/Hopt, HGB, § 131 Rn. 25.
205 BGH, ZIP 2004, 1047; Baumbach/Hopt/Hopt, HGB, § 131 Rn. 35.
206 Vgl. Baumbach/Hopt/Hopt, HGB, § 128 Rn. 3, 28 ff.
207 Baumbach/Hopt/Hopt, HGB, § 160 Rn. 3.
208 BGHZ 23, 28; Baumbach/Hopt/Hopt, HGB, § 131 Rn. 42.

262 Zusätzlich hat er einen **Anspruch auf die Rückgabe von Gegenständen**, die er der Gesellschaft zur Benutzung überlassen hat (§§ 738 Abs. 1 Satz 2, 732 BGB). Der Abfindungsanspruch richtet sich als gesetzlicher, aus dem Gesellschaftsverhältnis entspringender Anspruch gegen die Gesellschaft.[209] Nach §§ 161 Abs. 2, 128, 130 HGB haften auch die übrigen Gesellschafter gesamtschuldnerisch für den Anspruch.[210]

263 Zur **Ermittlung des Abfindungsguthabens** des ausgeschiedenen Gesellschafters ist zunächst das **gesamte Unternehmen zu bewerten**. Der ermittelte Wert, d.h. der (fiktive) Auseinandersetzungsgewinn, ist im Anschluss nach dem Gewinnverteilungsschlüssel für das Ergebnis auf die jeweiligen Gesellschafterkonten zu verteilen.[211] Die Bewertung erfolgt also nicht auf der Grundlage des Anteilswerts des ausgeschiedenen Gesellschafters, d.h. losgelöst von der Ermittlung des Wertes der Gesellschaft bzw. des von ihr betriebenen Unternehmens. Dies liegt besonders daran, dass mangels Handelbarkeit der Anteile von Personengesellschaften die Feststellung eines solchen isolierten Wertes meist kaum möglich ist.[212] Die Bewertung erfolgt nach dem **vollen wirtschaftlichen Wert** des lebenden Unternehmens (**Verkehrswert**) **einschließlich der stillen Reserven und des Firmenwertes (Goodwill)**.[213] Dabei handelt es sich im Allgemeinen um den Wert, der sich bei einem Verkauf des lebensfähigen Unternehmens als Einheit ergeben würde.[214]

Wie, d.h. nach welcher **Methode** dieser Wert zu ermitteln ist, ist gesetzlich nicht näher geregelt. Die Methode ist vielmehr **sachverhaltsspezifisch auszuwählen**.[215] Dabei ist regelmäßig nicht auf den Substanzwert, sondern auf den **Ertragswert** (Prognose der künftigen Überschüsse der Einnahmen über die Ausgaben unter Abzinsung) abzustellen.[216] Bei Wahl der Ertragswertmethode entfällt eine gesonderte Abrechnung schwebender Geschäfte nach § 740 BGB.[217] Der Ertragswert ist regelmäßig anhand konkreter Unterlagen zu schätzen, wie von §§ 161 Abs. 2, 105 Abs. 2 HGB, § 738 Abs. 2 BGB vorgesehen.[218] Die Schätzung erfolgt i.d.R. aufgrund eines **Sachverständigengutachtens**.[219]

Die Ermittlung erfolgt hierbei durch Erstellung einer **Auseinandersetzungsbilanz**.[220] Bei der Aufstellung der Bilanz und der Abrechnung ist der ausgeschiedene Gesellschafter mitwirkungsberechtigt.[221]

II. Abweichende Vereinbarungen

264 Die **Berechnung des Abfindungsguthabens** ist häufig problematisch und streitanfällig, weil sie eine **Unternehmensbewertung** erfordert. Da das Gesetz keine Bewertungsmethode vorgibt, neben der Ertragswertmethode aber auch andere betriebswirtschaftliche Methoden zur Unternehmensbewertung herangezogen werden,[222] versucht die Kautelarpraxis, die Probleme bei der Unternehmensbewertung durch die **gesellschaftsvertragliche Vereinbarung von Abfindungsklauseln**[223] zu umgehen. In Abfindungs-

---

209 MünchKomm-BGB/Ulmer, § 738 Rn. 16.
210 BGHZ 148, 201, 206 f.; BGH, WM 1971, 1451; Baumbach/Hopt/Hopt, HGB, § 131 Rn. 48.
211 Vgl. MünchKomm-BGB/Ulmer, § 738 Rn. 25.
212 MünchKomm-BGB/Ulmer, § 738 Rn. 33.
213 BGH, ZIP 2002, 1148; Baumbach/Hopt/Hopt, HGB, § 131 Rn. 49; Palandt/Sprau, BGB, § 738 Rn. 5.
214 BGHZ 17, 136; 116, 370; BGH, NJW 1974, 312; Baumbach/Hopt/Hopt, HGB, § 131 Rn. 49.
215 BGH, NJW 1991, 1547; NJW 1993, 2101.
216 BGHZ 116, 359, 370 f.; Baumbach/Hopt/Hopt, HGB, § 131 Rn. 49; Palandt/Sprau, BGB, § 738 Rn. 5; MünchKomm-BGB/Ulmer, § 738 Rn. 32.
217 Baumbach/Hopt/Hopt, HGB, § 131 Rn. 49; Palandt/Sprau, BGB, § 738 Rn. 5.
218 Baumbach/Hopt/Hopt, HGB, § 131 Rn. 49; Palandt/Sprau, BGB, § 738 Rn. 5.
219 BGH, NJW 1985, 192, 193; MünchKomm-BGB/Ulmer, § 738 Rn. 32.
220 Baumbach/Hopt/Hopt, HGB, § 131 Rn. 50 f.; näher zu der Bedeutung der Abfindungsbilanz nach dem Übergang von der Substanz- zu der Ertragswertermittlung für die Zwecke der Abfindung MünchKomm-BGB/Ulmer, § 738 Rn. 23 ff.
221 Palandt/Sprau, BGB, § 738 Rn. 5.
222 Vgl. hierzu die Übersicht bei Baumbach/Hopt/Hopt, HGB, Einl. vor § 1 Rn. 34 ff.
223 Baumbach/Hopt/Hopt, HGB, § 131 Rn. 58 ff.

klauseln werden i.d.R. Verfahren zur Bewertung des Unternehmens vereinbart sowie die Bewertungsmaßstäbe und Zahlungsmodalitäten festgelegt. Ferner wird typischerweise die Teilnahme am Gewinn und Verlust schwebender Geschäfte ausgeschlossen und vereinbart, ob und wie ein etwaiger Firmenwert bei der Berechnung berücksichtigt wird.

> **Hinweis:**
> Welche Klausel der Verfasser eines Gesellschaftsvertrags wählen sollte, hängt vom Einzelfall ab. Kriterien für Wahl und Ausgestaltung einer Abfindungsklausel sollten sich in erster Linie an den Wünschen und Interessen des Auftraggebers, der Struktur und der Rechtsform des Unternehmens, der Anzahl der Gesellschafter und der Branche orientieren. So sollten etwa Unternehmen mit hohem, aber unrentablem Grundvermögen nicht mit dem Ertragswert bewertet werden.

III. Einzelne Abfindungsklauseln

Neben möglichem Streit über die Berechnung des Abfindungsanspruchs sprechen das Interesse der Gesellschaft und der verbleibenden Gesellschafter an der **Überlebensfähigkeit der Gesellschaft** und der **Begrenzung des Liquiditätsabflusses** für die vertragliche Vereinbarung einer Abfindung. Die zuletzt genannten Gründe legen die Vereinbarung einer unter dem Verkehrswert liegenden Abfindung nahe. Zwischen dem Interesse der Gesellschaft und der verbleibenden Gesellschafter an einer möglichst niedrigen und dem Interesse des Ausgeschiedenen an einer möglichst hohen Abfindung besteht naturgemäß ein Spannungsfeld. Die hieraus resultierende Konfliktgefahr ist durch möglichst **klare Abfindungsregelungen** zu reduzieren.

1. Ertragswertklauseln

Wird als Maßstab für die Abrechnung der Ertragswert gewählt, so genügt es nicht, in einer Abfindungsklausel nur die Bewertung zum Ertragswert anzuordnen. Auch **zur Bestimmung des Ertragswerts** können **unterschiedliche Methoden** herangezogen werden. Es ist daher empfehlenswert, zusätzliche Aussagen über die anzuwendende Ertragswertmethode zu treffen, insb. zur Methode der **Bewertung der Ertragskraft** (pauschale/analytische Methode) und zum **Kapitalisierungszinsfuß**. Scheuen die Gesellschafter davor zurück, sich auf eine bestimmte Methode zur Bewertung des Unternehmens festzulegen, kann auf die jeweilige vom Institut für Wirtschaftsprüfer in Deutschland e.V. empfohlene Bewertungsmethode verwiesen werden (standardisiertes Ertragswertverfahren – IDW S 1).[224]

Formulierungsbeispiel: Ertragswertklausel mit Angabe der anzuwendenden Ertragsmethode

> Die Abfindung bemisst sich nach der Summe aus den Forderungskonten des ausgeschiedenen Gesellschafters (Verrechnungskonto, Darlehenskonto) und dessen Anteil am Ertragswert. Der Ertragswert ist nach der Methode zu ermitteln, die das Institut der Wirtschaftsprüfer in Düsseldorf jeweils am Stichtag des Ausscheidens empfiehlt (derzeit Standard IDW S 1).

2. Buchwertklauseln

Eine Buchwertklausel **beschränkt die Abfindung** des ausscheidenden Gesellschafters **auf den Buchwert seines Anteils**.[225] Buchwertklauseln führen typischerweise zu einer **Beschränkung der Abfindung** gegenüber dem anteiligen Ertragswert, können im Einzelfall aber auch den gegenteiligen Effekt haben.[226]

---

[224] Der Text des IDW, Standard-Grundsätze zur Durchführung von Unternehmensbewertungen (IDW S 1) i.d.F. v. 18.10.2005, ist abgedruckt in WPg 2005, S. 1303 ff.; zu einem Muster für eine ausführliche Ertragswertklausel siehe Ulmer, in: FS für Quack, S. 501 ff.
[225] Baumbach/Hopt/Hopt, HGB, § 131 Rn. 64.
[226] MünchKomm-BGB/Ulmer, § 738 Rn. 63, 46.

269 Mit der Beschränkung auf den Buchwert sind dem ausscheidenden Gesellschafter sein Anteil an den **stillen Reserven** und einem **Geschäfts- und Firmenwert** nicht zu vergüten.[227] Buchwertklauseln sind regelmäßig dahingehend auszulegen, dass dem ausgeschiedenen Gesellschafter **folgende Vermögenspositionen auszuzahlen** sind:

- Guthaben auf Einlagekonten (KKI),
- einbehaltene Gewinne sowie
- sonstige anteilige Rücklagen und Rückstellungen mit Eigenkapitalcharakter nach Maßgabe der letzten, auf den Stichtag der Abfindung fortzuschreibenden Handelsbilanz.[228]

Um Unklarheiten darüber zu vermeiden, wie mit **Verrechnungs- und anderen Forderungskonten** (z.B. Darlehenskonten) der ausscheidenden Gesellschafter umzugehen ist, sollte in dem Gesellschaftsvertrag auch hierzu eine Regelung getroffen werden. Hier bestehen grds. **zwei Möglichkeiten**: Die Forderungskonten werden dem Saldo der Kapitalkonten hinzugerechnet und ergeben insgesamt das Abfindungsguthaben, das gemäß den Bestimmungen des Gesellschaftsvertrags (i.d.R. ratenweise) gezahlt wird.[229] Alternativ trifft der Gesellschaftsvertrag für die Forderungskonten abweichende Auszahlungsregelungen. Enthält der Gesellschaftsvertrag keine gesonderten Regeln für die Auszahlung der Forderungen des Gesellschafters gegen die Gesellschaft und werden diese Forderungen nicht in die Regeln über die Auszahlung der Abfindung einbezogen, sind die Beträge auf den Forderungskonten **unmittelbar mit Ausscheiden aus der KG fällig**. Dies kann zu einer unerwünschten Liquiditätsbelastung der Gesellschaft führen und sollte vermieden werden.

> **Hinweis:**
>
> Soll der „Buchwert" alle Konten des Gesellschafters umfassen, also auch Forderungskonten, stellt sich das Problem, wie mit dem Kapitalverlustkonto umgegangen werden soll. Wird ein solches Konto in den Buchwert einbezogen und ist das Kapitalverlustkonto höher als die übrigen Kapitalkonten, so führt dies zu einer „Nachschusspflicht" des ausgeschiedenen Gesellschafters jedenfalls dann, wenn das Kapitalverlustkonto zu einer Verringerung seines Verrechnungskontos oder Darlehenskontos führt.

270 **Buchwertklauseln** wurden von der Rspr. zunächst **grds.** für **zulässig** gehalten. Inzwischen **differenziert** die Rspr. Jedenfalls bei **erheblicher Abweichung** zwischen Buchwert und Verkehrswert kann eine Buchwertklausel wegen unzumutbarer Erschwerung der Kündigung nach § 723 Abs. 3 BGB **nichtig** sein.[230] Hingegen sind Buchwertklauseln bei erheblichem Missverhältnis zwischen Buchwert und Verkehrswert regelmäßig nicht bereits nach § 138 BGB nichtig.[231]

271 **Sittenwidrig** und damit nach § 138 BGB nichtig kann eine Buchwertklausel jedoch sein, wenn sie Dritte beeinträchtigt. Dies ist z.B. bei Buchwertklauseln der Fall, die nur für den Fall einer Insolvenz des Gesellschafters oder den Fall des Zugriffs von Privatgläubigern eines Gesellschafters gelten sollen.[232]

3. Abfindung i.H.v. steuerlichen Werten (Stuttgarter Verfahren)

272 Häufig finden sich in Gesellschaftsverträgen von Personengesellschaften Abfindungsklauseln, die auf steuerliche Werte abstellen. Als **steuerorientierter Maßstab für die Abfindung** wird regelmäßig der Wert nach dem **Stuttgarter Verfahren**[233] verwendet. Das Stuttgarter Verfahren wird von der Finanzver-

---

[227] Baumbach/Hopt/Hopt, HGB, § 131 Rn. 64.
[228] MünchKomm-BGB/Ulmer, § 738 Rn. 63 m.w.N.
[229] Vgl. hierzu Sommer, Die Gesellschaftsverträge der GmbH & Co. KG, lit. c., § 20 Anm. 4.
[230] BGHZ 116, 369 (für die GmbH); 123, 283; MünchKomm-BGB/Ulmer, § 738 Rn. 64; Baumbach/Hopt/Hopt, HGB, § 131 Rn. 64 m.w.N.
[231] Hierzu näher MünchKomm-BGB/Ulmer, § 738 Rn. 64, 46 ff., sowie unten Rn. 274 f
[232] MünchKomm-BGB/Ulmer, § 738 Rn. 64.
[233] Vgl. hierzu etwa Heller, GmbHR 1999, 594; Ebenroth/Boujong/Joost/Lorz, HGB, § 131 Rn. 71 ff.

waltung für die Bewertung nicht börsennotierter Anteile an Kapitalgesellschaften verwendet (siehe R 97 – 100 ErbStR 2003). Im Vordergrund steht der **Vermögenswert**, der dem **Einheitswert des Betriebsvermögens** entspricht. Dieser setzt sich zusammen aus den einzelnen Werten laut Steuerbilanz, ausgenommen Beteiligungen an Kapitalgesellschaften und Grundvermögen, für die die Wertansätze aus der Steuerbilanz zu korrigieren sind. **Grundvermögen** ist hiernach nicht mit den steuerlichen Buchwerten, sondern mit den erbschaftsteuerlichen Grundbesitzwerten zu übernehmen (§ 138 Abs. 3, 145 ff. BewG). Finanzanlagen sowie **Beteiligungen an Kapitalgesellschaften** sind mit dem Börsenkurs anzusetzen (R 98 Abs. 2 Satz 3 ErbStR 2003). Der Ertragswert spielt insoweit eine Rolle, als eine Überrendite dem Vermögenswert zugerechnet, eine Unterrendite vom Vermögenswert abgezogen wird.

Bei **anlageintensiven Gesellschaften**, wie etwa im Bereich Industrie, z.T. auch Handel, führt das Stuttgarter Verfahren dazu, dass der Substanzwert gegenüber dem Ertragswert wesentlich stärker gewichtet wird. Dies kann ein Nachteil für einen ausscheidenden Gesellschafter sein. Bei **Dienstleistungsunternehmen** hingegen entscheidet im Wesentlichen der Ertragswert über den Wert des KG-Anteils.[234]

Das Stuttgarter Verfahrens vermeidet Streitigkeiten über Bewertungsprobleme (**Streitvermeidungsfunktion**), vereinfacht die Bewertung (**Vereinfachungsfunktion**), beschränkt den Abfluss von Liquidität aus dem Unternehmen (**Liquiditätserhaltungsfunktion**) und gleicht die Interessen des ausscheidenden und der anderen Gesellschafter aus (**Ausgleichsfunktion**).

Der BGH hat gegen eine Abfindung in Höhe des gemeinen Werts i.S.d. Stuttgarter Verfahrens offenbar keine Bedenken.[235]

IV. Einschränkung des Abfindungsanspruchs

Ob im Einzelfall vereinbarte Abfindungsklauseln in Gesellschaftsverträgen **zulässig** sind, hängt auch von ihrer **Ausgestaltung im Einzelnen** ab. Insb. Buchwertklauseln können zu einer Beschränkung des Abfindungsanspruchs führen, die grds., nicht aber ausnahmslos zulässig ist.[236] Ob eine Beschränkung des Abfindungsanspruchs im Einzelfall hinzunehmen ist, hängt nach der Rspr. des BGH maßgeblich von der **Diskrepanz zwischen dem gesellschaftsvertraglich geschuldeten Abfindungsbetrag** einerseits und dem **tatsächlichen Anteilswert**, also dem Verkehrswert, anderseits ab. Der gesellschaftsvertraglich vereinbarte Abfindungsanspruch darf nicht erheblich (i.S.e. **groben Missverhältnisses**) hinter dem Verkehrswert zurückbleiben.[237]

Dabei unterscheiden sich die **Rechtsfolgen** im Fall einer erheblichen Abweichung danach, ob eine solche **Abweichung bereits im Zeitpunkt des Abschlusses** des Gesellschaftsvertrags oder **erst nach Vertragsschluss** durch eine entsprechend positive Geschäftsentwicklung eingetreten ist.[238] Liegt bereits **bei Vertragsschluss** ein grobes Missverhältnis zwischen Abfindungswert nach Gesellschaftsvertrag und Verkehrswert vor, ist die Abfindungsklausel wegen **Sittenwidrigkeit** gemäß § 138 Abs. 1 BGB nichtig.[239] An die Stelle der nichtigen Abfindungsregelung tritt die gesetzliche Regelung des § 738 Abs. 1 Satz 2 BGB (i.V.m. §§ 161 Abs. 2, 105 Abs. 3 HGB). Der ausscheidende Gesellschafter erhält also als Abfindung den Verkehrswert seiner Beteiligung.[240] Tritt das grobe Missverhältnis **erst nachträglich** ein, wird die gesellschaftsvertragliche Abfindungsregelung **nicht unwirksam**.[241] Die Regelung ist in einem solchen

---

234 Vgl. näher zum Stuttgarter Verfahren Sommer, Die Gesellschaftsverträge der GmbH & Co. KG, lit. c., § 20 Ziff. 5; Meincke, ErbStG, § 12 Rn. 42 ff.
235 Vgl. BGH, NJW 1983, 2881; WM 1986, 1384, 1385; gegen das Stuttgarter Verfahren hingegen wohl LG Mannheim, BB 1956, 592 f.; LG Hamburg, BB 1970, 1321.
236 Vgl. BGH, NJW 198, 2685, 2686; NJW 1985, 192, 193; NJW 1993, 2101, 2102; BGHZ 116, 359; Palandt/Sprau, BGB, § 738 Rn. 7.
237 BGHZ 116, 359, 360; BGH, NJW 1985, 192; NJW 1993, 3193.
238 BGHZ 116, 359; BGH, NJW 1993, 2101; NJW 1993, 3193.
239 BGHZ 116, 359, 376; OLG Hamm, NZG 2003, 440.
240 BGHZ 116, 359, 376; OLG Hamm, NZG 2003, 440.
241 BGH, NJW 1993, 2101, 3193; OLG München, DB 2004, 2207, 2209; Palandt/Sprau, BGB, § 738 Rn. 8.

Fall allerdings durch ergänzende Vertragsauslegung anzupassen. Eine solche Anpassung, bei der insb. auf Liquiditätsinteressen der Gesellschaft Rücksicht zu nehmen ist, führt jedoch regelmäßig nicht zu einer Abfindung nach dem Verkehrswert, sondern zu einer Abfindung, die zwischen der vertraglich vereinbarten und dem Verkehrswert liegt.[242]

V. Fälligkeit und Verzinsung

276 Der Anspruch ist **mit dem Ausscheiden fällig**.[243] Diese objektive Härte wird i.d.R. in Gesellschaftsverträgen durch **Ratenzahlungsvereinbarungen** gemildert. Als Ratenzahlungszeitraum kommen in aller Regel maximal zehn Jahre in Betracht.[244] Die Zulässigkeit der Länge des Ratenzahlungszeitraums hängt wesentlich auch von der vereinbarten Verzinsung des Abfindungsguthabens ab.

VI. Befreiung von Schulden/Sicherheitsleistung

277 Nach dem Gesetz sind die übrigen Gesellschafter verpflichtet, den ausgeschiedenen Gesellschafter von gemeinschaftlichen **Schulden zu befreien** oder hinsichtlich noch nicht fälliger Schulden **Sicherheit zu leisten** (§§ 161 Abs. 2, 105 Abs. 2 HGB, § 738 Abs. 1 Satz 2 und Satz 3 BGB). Diese Ansprüche werden i.d.R. im Gesellschaftsvertrag ausgeschlossen.

VII. Steuerliche Auswirkungen des Ausscheidens

278 Zu den **ertragsteuerlichen Auswirkungen** des Ausscheidens eines Gesellschafters einer KG wird auf die einschlägigen Erläuterungswerke verwiesen.[245]

279 Bestimmte Abfindungsregelungen können zu **schenkungsteuerlichen Problemen** führen (vgl. § 7 Abs. 5 und Abs. 7 ErbStG). Gemäß § 7 Abs. 7 ErbStG gilt als Schenkung auch der auf einem Gesellschaftsvertrag beruhende Übergang des Anteils eines Gesellschafters bei dessen Ausscheiden auf die anderen Gesellschafter oder die Gesellschaft, soweit der Wert, der sich für seinen Anteil zur Zeit seines Ausscheidens nach § 12 ErbStG ergibt, den Abfindungsanspruch übersteigt. Nur wenn die Abfindung mindestens dem steuerlichen Wert des Anteils an der Gesellschaft entspricht, entsteht keine Schenkungsteuer.

P. Informationsrechte

Literatur:
Huber, Das Auskunftsrecht des Kommanditisten, ZGR 1982, 539 ff.; *Schießl*, Informationsrechte der Personengesellschafter im Lichte der GmbH-Novelle 1980, GmbHR 1985, 109; *K. Schmidt*, Informationsrechte in Gesellschaften und Verbänden, 1984; *Weipert*, Gesellschafterinformationsrechte in der Kommanditgesellschaft DStR 1992, 1097; *Wohlleben*, Informationsrechte des Gesellschafters, 1989.

280 Bei den Informationsrechten der Gesellschafter sind **Kontrollrechte und Auskunftsrechte** zu unterscheiden. Weiterhin ist zwischen **individuellen** Informationsrechten, die jeder Gesellschafter ausüben kann, und **kollektiven** Informationsrechten, die eines Gesellschafterbeschlusses bedürfen, zu differenzieren. Bei der KG sind Informationsrechte darüber hinaus je nach der Gesellschafterstellung, also für die Komplementäre und Kommanditisten, verschieden. Die Informationsrechte der Gesellschafter bestehen stets gegenüber der KG.

---

242 Vgl. BGH, NJW 1993, 2101; NJW 1993, 3193; OLG München, DB 2004, 2207, 2209 (Gericht setzte Abfindung auf 50 % des Verkehrswertes fest); Palandt/Sprau, BGB, § 738 Rn. 8.
243 Palandt/Sprau, BGB, § 738 Rn. 6; MünchKomm-BGB/Ulmer, § 738 Rn. 20 m.w.N. (str.).
244 Baumbach/Hopt/Hopt, HGB, § 131 Rn. 68 ff.
245 Vgl. im Übrigen insb. L. Schmidt/Wacker, EStG, § 16 Rn. 400 ff.

I. Kontrollrechte

Alle Gesellschafter haben **Anspruch auf eine ordentliche Geschäftsführung**. Der Sicherung dieses Anspruches dienen die gesellschaftsrechtlichen Kontrollrechte. Auskünfte und Erläuterungen, die in diesem Zusammenhang geltend gemacht werden können, sind Hilfsrechte zu dem Kontrollrecht.

281

Die **persönlich haftenden Gesellschafter** können sich (wie die Gesellschafter einer OHG) jederzeit über die Angelegenheiten der Gesellschaft unterrichten und die Handelsbücher und Papiere der Gesellschaft einsehen (§ 118 Abs. 1 HGB). Dieses Recht steht jedem Komplementär einzeln zu. Zur Verwirklichung des Rechts dürfen die Gesellschafter **auf eigene Kosten Sachverständige** hinzuziehen, sofern diese von Amts wegen zur Verschwiegenheit verpflichtet sind.[246]

282

Kommanditisten steht hingegen ein solches Kontrollrecht nach dem Gesetz nur in **Zusammenhang mit dem Jahresabschluss** zu (§ 166 Abs. 1 HGB). Die weiteren Rechte des § 118 HGB stehen den Kommanditisten gesetzlich nicht zu (§ 166 Abs. 2 HGB). Allerdings kann bei **wichtigem Grund** das Gericht auf Antrag die Mitteilung einer Bilanz und eines Jahresabschlusses oder sonstiger Aufklärungen oder die Vorlegung der Bücher anordnen (§ 166 Abs. 3 HGB). Ein wichtiger Grund ist z. B. der begründete Verdacht nicht ordnungsgemäßer Geschäfts- oder Buchführung. Der Antrag nach § 166 Abs. 3 HGB richtet sich gegen die KG. **Zuständig** sind hierfür die Gerichte der **freiwilligen Gerichtsbarkeit** (§ 145 Abs. 1 FGG). Es handelt sich dabei um eine Handelssache als **sog. echtes Streitverfahren** der freiwilligen Gerichtsbarkeit.[247] Die h.M. erlaubt jedoch wahlweise auch die ordentliche Gerichtsbarkeit in Anspruch zu nehmen.[248]

283

Die Vorschrift des § 166 HGB ist **dispositiv**, den Kommanditisten können im Gesellschaftsvertrag weiter gehende Rechte eingeräumt werden. Z.B. können ihnen auch die Rechte aus § 118 HGB zugestanden werden.[249] **Einschränkungen** des Kontrollrechts sind **grds. möglich**, es darf jedoch nicht schlechthin ausgeschlossen werden.[250] Das Informationsrecht des Komplementärs kann im Gesellschaftsvertrag oder durch einstimmigen Gesellschafterbeschluss allgemein oder im Einzelfall eingeschränkt werden.[251] Solche einschränkenden Vereinbarungen sind jedoch nach § 118 Abs. 2 HGB nicht wirksam, soweit Grund zu der Annahme **unredlicher Geschäftsführung** besteht. Die Geltendmachung einer solchen unredlichen Geschäftsführung unterliegt keinen strengen Anforderungen, insbes. muss kein Beweis erbracht werden; es genügt die Behauptung von Tatsachen für den Verdacht.[252]

284

II. Auskunftsrechte

Ein **individuelles Auskunftsrecht**, das jedem Gesellschafter einzeln das Recht auf Erteilung einer Auskunft gewährt, wird für die Komplementäre aus § 118 Abs. 1 HGB abgeleitet.[253] Daneben steht allen Gesellschaftern, also Komplementären und Kommanditisten, ein **allgemeiner Auskunftsanspruch** in Form eines Kollektivrechts zu, das nur von der Gesamtheit der Gesellschafter für die Gesellschaft auf deren Kosten geltend gemacht werden kann. Hierfür ist ein **wirksamer Gesellschafterbeschluss notwendig**. Andernfalls kann das Recht von jedem einzelnen Gesellschafter im Wege der actio pro socio geltend gemacht werden.[254] Der Auskunftsanspruch als Kollektivrecht der Gesellschafter dient dazu, dass die Gesellschafter ihr Stimmrecht in den Gesellschafterversammlungen sachgerecht wahrnehmen können.[255]

285

---

246 Weipert, DStR 1992, 1097.
247 OLG Hamm, FGPrax 2006, 30.
248 Weipert, DStR 1992, 1097.
249 Baumbach/Hopt/Hopt, HGB, § 166 Rn. 20.
250 Baumbach/Hopt/Hopt, HGB, § 166 Rn. 18.
251 Baumbach/Hopt/Hopt, HGB, § 118 Rn. 17.
252 Baumbach/Hopt/Hopt, HGB, § 118 Rn. 18; Ebenroth/Boujong/Joost/Mayen, HGB, § 118 Rn. 35.
253 Weipert, in: Münchener Handbuch des Gesellschaftsrechts, Bd. 2, § 15 Rn. 8 m.w.N.
254 Weipert, in: Münchener Handbuch des Gesellschaftsrechts, Bd. 2, § 15 Rn. 7.
255 Weipert, DStR 1992, 1097.

Kommanditisten steht zwar kein individuelles Auskunftsrecht wie Komplementären zu. Nach überwiegender Ansicht in der Lit. haben jedoch auch **Kommanditisten ein allgemeines Informationsrecht** über § 166 HGB hinaus.[256]

III. Sachlicher und persönlicher Anwendungsbereich der Informationsrechte

286 Informationsrechte der Gesellschafter beziehen sich auf **alle außergewöhnlichen und gewöhnlichen „Angelegenheiten der Gesellschaft"** (vgl. § 118 HGB). Darunter fällt grds. alles, was die Gesellschaft betrifft, insb. die Geschäftsführung, die wirtschaftlichen Verhältnisse der KG, ihre Beziehungen gegenüber Dritten und ihre Beziehungen zu den Gesellschaftern.[257] Nicht abschließend geklärt ist, ob zu den Angelegenheiten der Gesellschaft auch die **Verhältnisse innerhalb verbundener Unternehmen** gelten. Hier wird überwiegend danach unterschieden, dass gegenüber Töchtern der KG oder sonstigen Gesellschaften, an denen die KG beteiligt ist (also „nach unten"), Informationsrechte bestehen, da es sich um Angelegenheiten der KG selbst handelt. Demgegenüber hat die abhängige KG gegenüber dem an ihr mehrheitlich beteiligten Unternehmen (also „nach oben") kein Informationsrecht und entsprechend auch keine Informationspflicht gegenüber anderen Gesellschaftern.[258] Jeglicher Unsicherheit kann dadurch begegnet werden, dass eine **eindeutige Regelung im Gesellschaftsvertrag** getroffen wird. Der Mustervertrag (Rn. 337) sieht hierzu im § 21 Abs. 1 Satz 2 nachfolgendes Formulierungsbeispiel vor.

287 **Formulierungsbeispiel: Angelegenheiten der Gesellschaft**

> Angelegenheiten der Gesellschaft sind auch Angelegenheiten von Gesellschaften, an denen die Gesellschaft beteiligt ist.

288 Als **nichtvermögensrechtliche Mitgliedschaftsrechte** können Informationsrechte der KG-Gesellschafter **grds. nur persönlich ausgeübt** und **nicht übertragen** werden, sie hängen also an der Gesellschafterstellung. Die Informationsrechte bestehen während der Mitgliedschaft bis zum Ausscheiden ungeschmälert fort, erlöschen jedoch mit dem Ende der Mitgliedschaft. Der Gesellschaftsvertrag kann ausgeschiedenen Gesellschaftern allerdings **weiter gehende Rechte** einräumen.[259] Für neu eingetretene Gesellschafter erstreckt sich das mitgliedschaftliche Informationsrecht auch auf den Zeitraum vor ihrem Eintritt. Es ist jedoch stets zu beachten, dass das Informationsrecht zeitnah auszuüben ist.[260]

IV. Gerichtliche Geltendmachung

289 Gerichtlich sind die Ansprüche der KG-Gesellschafter im Zusammenhang mit den Informationsrechten im streitigen Verfahren **durch Klage vor den ordentlichen Gerichten** geltend zu machen. Die Art der Vollstreckung eines Titels, der das Recht auf Einsicht in Urkunden bestätigt, ist streitig. Vertreten wird die Zwangsvollstreckung nach § 838 ZPO (Wegnahme durch den Gerichtsvollzieher zum Zwecke der Herausgabe) oder nach § 888 ZPO (Zwangsmittel, um den Schuldner zur Vornahme einer nichtvertretbaren Handlung anzuhalten).[261]

---

256 Baumbach/Hopt/Hopt, HGB, § 166 Rn. 11 m.w.N.
257 Baumbach/Hopt/Hopt, HGB, § 118 Rn. 3; Weipert, in: Münchener Handbuch des Gesellschaftsrechts, Bd. 2, § 15 Rn. 11.
258 Baumbach/Hopt/Hopt, HGB, § 118 Rn. 16; Weipert, DStR, 1992, 1097; Weipert, in: Münchener Handbuch des Gesellschaftsrechts, Bd. 2, § 15 Rn. 13 ff.
259 Weipert, DStR 1992, 1097.
260 OLG Hamm, FGPrax 2005, 30.
261 Weipert, in: Münchener Handbuch des Gesellschaftsrechts, Bd. 2, § 15 Rn. 50 ff.; Baumbach/Hopt/Hopt, HGB, § 118 Rn. 15, § 166 Rn. 14.

Q. Wettbewerbsverbot

Literatur:

Bechthold, Kartellgesetz Gesetz gegen Wettbewerbsbechränkungen, 3. Aufl. 2002; *Kanzleiter*, Der Kommanditanteil, ein möglicher Bestandteil des Gesamtguts der Gütergemeinschaft! – Zugleich Anm. zum Beschl. des BayObLG v. 22.1.2003 – 3Z BR 238/02, 239/02 und 240/02, DNotZ 2003, 422; *ders.*, Schranken der Zulässigkeit von Wettbewerbsverboten in Gesellschaftsverträgen, DNotZ 1989, 195; *Löffler*, Zur Reichweite des gesetzlichen Wettbewerbsverbots in der Kommanditgesellschaft, NJW 1986, 223; *Mayer*, Wettbewerbsklauseln in Personengesellschaftsverträgen, NJW 1991, 23.

I. Gesetzliches Wettbewerbsverbot und Rechtsfolgen bei Verstoß

Das **gesetzliche Wettbewerbsverbot** ist in § 112 HGB geregelt. Danach darf ein Gesellschafter ohne **Einwilligung** der anderen nicht in dem Handelszweig der Gesellschaft Geschäfte tätigen, und er darf **nicht an einer anderen gleichartigen Handelsgesellschaft als persönlich haftender Gesellschafter teilnehmen**. Die Einwilligung zur Teilnahme an einer anderen Gesellschaft gilt nach § 112 Abs. 2 HGB als erteilt, wenn sie den übrigen Gesellschaftern bei Eingehung der Gesellschaft bekannt ist. Dem Wettbewerbsverbot unterfallen also Beteiligungen mit persönlicher Haftung an **gleichartigen Handelsgesellschaften**, d.h. als Komplementär oder OHG-Gesellschafter innerhalb des sachlich und räumlich relevanten Marktes, sowie Geschäfte im Handelszweig der Gesellschaft. Der weite Begriff der Geschäfte umfasst auch die Tätigkeit als GmbH-Geschäftsführer, als AG-Vorstandsmitglied, als Makler oder Handelsvertreter sowie den wesentlichen Einfluss auf die Geschäftsführung eines anderen Unternehmens.[262] Bei den Begriffen Handelszweig und gleichartiges Handelsgeschäft ist auf den **sachlich und räumlich relevanten Markt** abzustellen. Es kommt dabei auf den tatsächlichen und konkret gewollten und verwirklichten Unternehmensgegenstand der KG an.[263]

290

Das gesetzliche Wettbewerbsverbot gilt bei der KG **grds. nicht für den Kommanditisten** (§ 165 HGB). **Ausnahmen** gelten nur, wenn der Kommanditist in der Lage ist, auf die KG einen **beherrschenden Einfluss** auszuüben.[264] In einer grundlegenden Entscheidung hat der BGH nicht nur einen Kommanditisten mit einer beherrschenden Mehrheitsbeteiligung dem Wettbewerbsverbot unterworfen, sondern auch die 100 %-ige Muttergesellschaft, die hinter dem Mehrheitsgesellschafter stand.[265]

Das gesetzliche Wettbewerbsverbot gilt nur für die **Dauer der Zugehörigkeit** zur Gesellschaft. Wenn eine Wettbewerbstätigkeit eines Gesellschafters auch nach dessen Ausscheiden aus der KG verboten sein soll, ist dies gesondert zu vereinbaren.

291

Die **gesetzlichen Rechtsfolgen** bei einem Verstoß gegen das gesetzliche Wettbewerbsverbot regelt § 113 HGB. Danach hat die Gesellschaft insb. **Anspruch** auf **Schadensersatz**, **Eintrittsrechte** und **Unterlassungsansprüche**.[266] Die Geltendmachung dieser Ansprüche setzt nach § 113 Abs. 2 HGB einen entsprechenden **Beschluss der übrigen Gesellschafter** voraus. Dieser Beschluss bedarf keiner bestimmten Form. Ausreichend ist, wenn das Einverständnis der übrigen Gesellschafter durch stillschweigendes Verhalten zum Ausdruck gebracht wird, z.B. durch gemeinsame Klageerhebung.[267] Der Unterlassungsanspruch kann allerdings von jedem Gesellschafter, auch den Kommanditisten, ohne entsprechenden Gesellschafterbeschluss gerichtlich geltend gemacht werden.[268]

292

---

262 Baumbach/Hopt/Hopt, HGB, § 112 Rn. 4 ff.; MünchKomm-HGB/Langhein, § 112 Rn. 10.
263 MünchKomm-HGB/Langhein, § 112 Rn. 11.
264 Löffler, NJW 1986, 223; Boehmer/Hoffmann, in: Münchener Handbuch des Gesellschaftsrechts, Bd. 2, § 16 Rn. 44 ff.
265 BGH, NJW 1984, 1351
266 Boehner/Hoffmann, in: Münchener Handbuch des Gesellschaftsrechts, Bd. 2, § 16 Rn. 26 ff.
267 Löffler, NJW 1986, 223; MünchKomm-HGB/Langhein, § 113 Rn. 19.
268 Löffler, NJW 1986, 223; Boehner/Hoffmann, in: Münchener Handbuch des Gesellschaftsrechts, Bd. 2, KG, § 16 Rn. 34.

II. Gesellschaftsvertragliche Regelungen

293 Das Wettbewerbsverbot des § 112 HGB, die Rechtsfolgen bei Verstoß gegen das Wettbewerbsverbot nach § 113 HGB und die Befreiung des Kommanditisten vom Wettbewerbsverbot gemäß § 165 HGB stellen **kein zwingendes Recht** dar. Der Gesellschaftsvertrag kann (in den Grenzen von § 1 GWB und § 138 BGB) Wettbewerbsverbote und deren Folgen begründen, ausschließen, verschärfen, mildern und gegenständlich, zeitlich oder persönlich beschränken. Er kann insb. anordnen, dass alle Gesellschafter einer KG vom Verbot erfasst werden oder dass eine gewerbliche Tätigkeit auch in einem anderen Handelszweig verboten ist.

294 **Auf Kommanditisten** kann das gesetzliche Wettbewerbsverbot ausgeweitet werden, indem der **Gesellschaftsvertrag** dies bestimmt.

295 **Formulierungsbeispiel: Gesetzliches Wettbewerbsverbot – Ausweitung auf den Kommanditisten**

> Die Vorschriften des § 112 HGB gelten auch für Kommanditisten.

Alternativ kann das Verbot gleichzeitig auch in **sachlicher Hinsicht erweitert** und genau umgrenzt werden.[269] Um, soweit dies überhaupt möglich ist, zu vermeiden, dass das Wettbewerbsverbot wegen Verstoß gegen § 1 GWB oder § 138 BGB insgesamt unwirksam ist, kann die gesellschaftsvertragliche Regelung zum Wettbewerbsverbot um folgenden Halbsatz erweitert werden.

296 **Formulierungsbeispiel: Gesetzliches Wettbewerbsverbot – Sachliche Erweiterung**

> ... soweit dies ohne Verstoß gegen gesetzliche Vorschriften vereinbart werden kann.

Empfehlenswert ist es weiterhin, eine „Öffnungsklausel" in die gesellschaftsvertragliche Regelung einzufügen, die es der Gesellschafterversammlung ermöglicht, Gesellschafter im Einzelfall von dem Verbot zu befreien.

297 **Formulierungsbeispiel: Gesetzliches Wettbewerbsverbot – Öffnungsklausel**

> Durch Gesellschafterbeschluss können Gesellschafter von dem Wettbewerbsverbot befreit werden. Betroffene Gesellschafter haben hierbei kein Stimmrecht.

III. Wirksamkeit nachvertraglicher Wettbewerbsverbote

298 Die Wirksamkeit von **nachvertraglichen Wettbewerbsverboten**, die den Gesellschafter auch nach seinem Ausscheiden binden, ist insb. an § 1 GWB und § 138 BGB zu messen. Danach ist es jedenfalls dringend empfehlenswert, ein nachvertragliches Wettbewerbsverbot in **sachlicher, räumlicher und zeitlicher Hinsicht zu begrenzen**. Die Dauer sollte zwei Jahre nach Ausscheiden aus der Gesellschaft nicht überschreiten.[270]

299 Ist ein nachvertragliches Wettbewerbsverbot nach § 1 GWB oder § 138 BGB unwirksam, so kommt eine **geltungserhaltende Reduktion** nur in Betracht, wenn das Verbot ausschließlich wegen der Überschreitung der zeitlich angemessenen Grenze unwirksam ist.[271]

1. Kontrolle nach § 1 Abs. 1 GWB

300 Nach § 1 Abs. 1 GWB sind **wettbewerbsbeschränkende Vereinbarungen grds. unwirksam**. Die Regelung greift jedoch nur bei einer spürbaren Beeinträchtigung des Wettbewerbs ein. Der spürbare Einfluss ist

---

269 Vgl. auch das Formulierungsbeispiel in § 22 Abs. 1 des Mustervertrags (Rn. 377).
270 Mayer, NJW 1991, 23; Boehner/Hoffmann, Münchener Handbuch des Gesellschaftsrechts, Bd. 2, KG, § 16, Rn. 62; OLG Hamm, NJW-RR 1993, 1314.
271 BGH, NJW 2004, 66; OLG Hamm, NJW-RR 1993, 1314; OLG Stuttgart, NZG 1999, 252.

allerdings nur auf dem konkreten Markt erforderlich.²⁷² Dies ist bei kleinen Personengesellschaften nicht unbedingt der Fall.²⁷³ Von § 1 GWB ausgenommen sind solche Wettbewerbsverbote, die zum **Schutz des Bestands** und zur **Erhaltung des Gesellschaftsunternehmens** notwendig sind.²⁷⁴ Ob und in welchem **Umfang** danach ein (nachvertragliches) Wettbewerbsverbot zulässig ist, richtet sich nach dem Einzelfall. **Beurteilungskriterien** hierfür sind u.a. die Kenntnis des betreffenden Gesellschafters über Kundenkreis und Wettbewerbsstruktur, Vertriebssysteme, Produktionsverfahren etc. sowie die Möglichkeit, derartige Kenntnis zu eigenen Zwecken zu missbrauchen. Bei Kommanditisten ist insb. zu beachten, ob sie geschäftsführungsberechtigt sind und ob sie über erweiterte Kontroll- und Informationsrechte verfügen. Von Bedeutung ist stets, ob ein Gesellschafter maßgeblichen Einfluss auf die Geschäftsführung der Gesellschaft hat.

2. Sittenwidrigkeit nach § 138 BGB

Nach dem Kontrollmaßstab des § 138 BGB (der durch das grundgesetzliche Gebot der Berufsfreiheit nach Art. 12 GG geprägt ist) sind Wettbewerbsverbote nur wirksam, wenn sie für ein **schutzwürdiges Interesse des Berechtigten erforderlich** und in ihrem **zeitlichen, örtlichen und sachlichen Umfang angemessen** sind.²⁷⁵ Wettbewerbsverbote sind also im Rahmen von § 138 BGB nur gerechtfertigt, soweit und solange sie erforderlich sind, um die Gesellschaft vor einer illoyalen Verwertung der gemeinsamen Arbeit der verbleibenden und des ausscheidenden Gesellschafters oder vor einem Missbrauch der Ausübung der Berufsfreiheit zu schützen.²⁷⁶ In **zeitlicher Hinsicht** gilt auch hier, wie im Rahmen des § 1 GWB, eine Obergrenze von zwei Jahren.²⁷⁷ Im Einzelfall kann jedoch auch ein über ein halbes Jahr hinausgehendes Wettbewerbsverbot sittenwidrig sein, z.B. wenn ein Gesellschafter bereits nach fünfeinhalb Monaten aus der Gesellschaft ausscheidet.²⁷⁸ Ebenso wie bei der kartellrechtlichen Beurteilung sind die Maßstäbe des § 138 BGB jeweils auf den **konkreten Einzelfall** anzuwenden. Z.B. können insb. **sog. Branchenschutzklauseln**, die ein Tätigkeitsverbot in der gesamten Branche der Gesellschaft verbieten, im Einzelfall einem Berufsverbot gleichkommen und sittenwidrig sein.²⁷⁹ Hingegen sind Klauseln, die es einem ausgeschiedenen Gesellschafter verbieten, die Erfolge seiner Tätigkeit illoyal zu verwerten, regelmäßig zulässig, z.B. sog. **Kundenschutzklauseln**.²⁸⁰ Es kommt allerdings nur auf den jeweiligen Einzelfall an.

301

R. Wechsel im Gesellschafterbestand und Wechsel der Gesellschafterstellung

Literatur:

Adel, Kommanditistenwechsel und Haftung, DStR 1994, 1580; *Blümich*, Einkommensteuergesetz Körperschaftsteuergesetz Gewerbesteuergesetz, Stand: Dezember 2005; *Bormann*, Nachhaftungsbegrenzung beim Wechsel vom Vollzum Teilhafter, NZG 2004, 751; *Brandenberg*, Aktuelle Entwicklungen zu § 15a EStG: Mindestbesteuerung, Wechsel im Gesellschafterstatus, vorgezogene Einlagen, DB 2004, 1632; *Brinkmann/Schmidtmann*, Gewerbesteuerliche Belastungen bei der Veräußerung von Mitunternehmeranteilen durch Kapitalgesellschaften, DStR 2003, 93; *Füger/Rieger*, Veräußerung von Mitunternehmeranteilen und Gewerbesteuer, DStR 2002, 933; *Geissler*, Entgeltliche und unentgeltliche Aufnahme einer natürlichen Person in ein Einzelunternehmen, FR 2001, 1029; *Jeschke*, Der Rechtsnachfolgevermerk im Handelsregister bei der Übertragung von Mitgliedschaftsrechten an Kommanditgesellschaften, DB

---

272 Bechthold, Kartellgesetz, § 1 Rn. 43; Kanzleiter, DNotZ 1989, 195.
273 Mayer, NJW 1991, 23.
274 Bechthold, Kartellgesetz, § 1 Rn. 39; Kanzleiter, DNotZ 1989, 195; Mayer, NJW 1991, 23.
275 Palandt/Heinrichs, BGB, § 138, Rn. 104; Bamberger/Roth, BGB, § 138, Rn. 77.
276 BGH, NJW 2004, 66.
277 BGH, NJW 2004, 66.
278 OLG Stuttgart, NZG 1999, 252.
279 OLG Hamm, NJW-RR 1993, 1314; Mayer, NJW 1991, 23.
280 Mayer, NJW 1991, 23.

1983, 541; *Klumpp*, Die Schenkung von Gesellschaftsanteilen und deren Widerruf, ZEV 1995, 385; *Michalski*, Der Gesellschafterwechsel bei Personengesellschaften, NZG 1998, 95; *Münchener Handbuch des Gesellschaftsrechts*, Bd. 2, 2. Aufl. 2003; *Peter*, Der Begriff der Beteiligung an einer (vermögensverwaltenden) Personengesellschaft im Rahmen der Besteuerung privater Veräußerungsgeschäfte gemäß § 23 Abs. 1 Satz 4 EStG, DStR 1999, 1337; *Scheifele*, Veräußerung von Mitunternehmeranteilen und Gewerbesteuer: Vertragliche Gestaltungsmöglichkeiten, DStR 2006, 253; *K. Schmidt*, Kommanditistenwechsel und Nachfolgevermerk, GmbHR 1981, 253; *L. Schmidt*, Einkommensteuergesetz, 25. Aufl. 2006; *Söffing*, Das negative Kapitalkonto eines Kommanditisten bei Gesellschafterwechsel und Gesellschaftsauflösung, BB 1982, 629; *Terbrack*, Neuere Entwicklungen bei der registergerichtlichen Behandlung von Kommanditanteilsübertragungen DStR 2004, 1964; *Wacker*, „Vorgezogene Einlagen" und § 15a EStG, DB 2004, 11; *Watrin/Sievert/Nußmann*, Steuerliche Konsequenzen von Beteiligungsumwandlungen im Rahmen von § 15a EStG, BB 2004, 1529; *Wendt*, Teilanteilsübertragung und Aufnahme eines Gesellschafters in ein Einzelunternehmen nach den Änderungen des EStG durch das UntStFG, FR 2002, 127.

Centrale-Gutachtendienst, Veräußerungsgewinn: Keine Tarifbegünstigung bei Veräußerung eines Teilmitunternehmeranteils ohne Aufdeckung aller stiller Reserven, GmbHR 2003, 1351.

302 **Wechsel im Gesellschafterbestand** der KG, ohne dabei die Identität der KG selbst zu berühren, können sich ergeben durch[281]

- Ausscheiden von Gesellschaftern aus der KG (siehe Rn. 255 ff.),
- Aufnahme neuer Gesellschafter (auch Eintritt oder Beitritt),
- Übertragung von Gesellschaftsbeteiligungen (ganz oder teilweise auf Dritte).

303 Bei der KG ist hierbei stets zwischen der **Beteiligung von persönlich haftenden Gesellschaftern**, die grds. gleich behandelt wird wie die Beteiligung an einer OHG, und der **Kommanditistenbeteiligung** zu unterscheiden.

304 Auch der „**Status**" **eines KG-Gesellschafters** kann wechseln. Eine Kommanditbeteiligung kann in eine Komplementärbeteiligung umgewandelt werden und umgekehrt.

I. Aufnahme neuer Gesellschafter

1. Aufnahmevertrag mit dem neuen Gesellschafter, Eintragung ins Handelsregister

305 Der Beitritt neuer Gesellschafter in eine KG erfolgt durch **Aufnahmevertrag** zwischen dem Beitretenden und allen bisherigen Gesellschaftern. Die KG selbst ist nicht Vertragspartei.[282] Der Gesellschaftsvertrag kann die Aufnahme neuer Gesellschafter erleichtern. Insb. kann der Komplementär ermächtigt werden, nach seiner eigenen Wahl weitere Kommanditisten in die KG aufzunehmen. Auch der KG selbst kann das Recht eingeräumt werden, weitere Gesellschafter (durch Aufnahmevertrag im eigenen Namen mit Wirkung für alle Gesellschafter) aufzunehmen. Dies kann vor allem bei **Publikums-KG** sinnvoll sein. Eine solche Ermächtigung kann auch außerhalb des Gesellschaftsvertrags erteilt werden.[283]

306 Der Gesellschaftsvertrag kann die **Aufnahmemöglichkeit auch einschränken**, insb. durch **Festlegung bestimmter Voraussetzungen** in der Person des Beitretenden, z.B. betreffend Alter, Ausbildung oder bei Familien-KG die Beschränkung auf Abkömmlinge oder Angehörige.[284]

307 **Vertretung** ist auch auf Seiten des Beitretenden möglich. Beim Eintritt von **Minderjährigen** ist zu beachten, dass der gesetzlichen Vertreter hierbei von der Vertretung ausgeschlossen ist, wenn er selbst, sein Ehegatte oder eine in gerader Linie verwandte Person Gesellschafter ist bzw. gleichzeitig wird (§§ 181, 1269 Abs. 2, 1795 BGB). Darüber hinaus unterliegt der Aufnahmevertrag mit dem Minderjährigen in

---

281 Zur Schenkung von KG-Beteiligungen siehe Piehler/Schulte, Münchener Handbuch des Gesellschaftsrechts, Bd. 2, KG, § 34 Rn. 26 ff.
282 Piehler/Schulte, in: Münchener Handbuch des Gesellschaftsrechts, Bd. 2, § 34 Rn. 2.
283 BGH, NJW 1978, 1000; Piehler/Schulte, in: Münchener Handbuch des Gesellschaftsrechts, Bd. 2, § 34 Rn. 2, 17.
284 Piehler/Schulte, in: Münchener Handbuch des Gesellschaftsrechts, Bd. 2, § 34 Rn. 2, 18.

gleichem Maße der **Genehmigungspflicht** wie der Gründungsvertrag, das gilt auch im Übrigen für mögliche Genehmigungserfordernisse.[285]

Der Aufnahmevertrag ist ebenso wie der Gründungsvertrag und die Änderung des Gesellschaftsvertrags **grds. formfrei**. Zu möglichen Formerfordernissen vgl. Rn. 43.[286] 308

Inhaltlich sollte der Aufnahmevertrag den Zeitpunkt von Eintritt und Ergebniszurechnung, Zeitpunkt und Art der Einlageleistung, Beteiligung des eintretenden Gesellschafters am Vermögen der KG[287] und Kosten- und Steuerregelungen[288] enthalten. Entsprechend den Vereinbarungen über die Beteiligung wächst das Gesellschaftsvermögen mit dem wirksamen Beitritt den bisherigen Gesellschaftern ab und dem Aufgenommenen zu. Der Eingetretene erhält die **Gesellschafterstellung mit allen Rechten und Pflichten**.[289] 309

> **Hinweis:**
> Eine Rückwirkung der Ergebniszurechnung ist schuldrechtlich zwar wirksam, wird aber steuerlich nur in sehr engen Grenzen anerkannt.[290]

Die Aufnahme neuer Gesellschafter ist nach §§ 161 Abs. 2 i.V.m. 107, 162 Abs. 3, Abs. 1, 106 Abs. 2 Nr. 1, 108 HGB zur **Eintragung ins Handelsregister** von allen Gesellschaftern anzumelden. Es gelten dieselben Grundsätze wie bei der Gründung (vgl. Rn. 54 ff.).[291] 310

2. Besonderheiten beim Beitritt von Komplementären

Der eintretende neue persönlich haftende Gesellschafter **haftet** nach § 130 HGB **für alle bisherigen und künftig begründeten Gesellschaftsverbindlichkeiten** wie jeder andere Komplementär nach §§ 128, 129 HGB. 311

3. Besonderheiten beim Beitritt von Kommanditisten

Bei dem Aufnahmevertrag mit einem beitretenden Kommanditisten ist insb. zwischen **dessen zu erbringender Einlage** und der **Haftsumme** zu unterscheiden und beides **vertraglich gesondert zu regeln**.[292] Für die Wirksamkeit des Eintritts sollte die Eintragung in das Handelsregister als **aufschiebende Bedingung** vereinbart werden, um die unbeschränkte Haftung für den Zeitraum zwischen Beitritt und Eintragung nach § 172 Abs. 2 HGB (falls die Kommanditisteneigenschaft dem Gläubiger nicht bekannt war) zu vermeiden. 312

Im Übrigen haftet der neue Kommanditist **ab Wirksamkeit des Eintritts** mit seiner Haftsumme auch für alle vor seinem Eintritt begründeten Verbindlichkeiten der Gesellschaft (§ 173 Abs. 1 HGB). Das gilt nach dem Gesetzeswortlaut auch bei Eintritt eines Kommanditisten in eine offene Handelsgesellschaft. Abweichende Vereinbarungen können nicht mit Wirkung im Außenverhältnis vereinbart werden (§ 173 Abs. 2 HGB). 313

---

285 Piehler/Schulte, in: Münchener Handbuch des Gesellschaftsrechts, Bd. 2, § 34 Rn. 3 f., 21.
286 Piehler/Schulte, in: Münchener Handbuch des Gesellschaftsrechts, Bd. 2, § 34 Rn. 7 ff.
287 Piehler/Schulte, in: Münchener Handbuch des Gesellschaftsrechts, Bd. 2, § 34 Rn. 2, 20, 22; Riegger/Götze, in: Münchener Vertragshandbuch, Bd. 1, S. 331 ff. Rn. 1 ff.
288 Piehler/Schulte, in: Münchener Handbuch des Gesellschaftsrechts, Bd. 2, § 34 Rn. 2, 22.
289 Piehler/Schulte, in: Münchener Handbuch des Gesellschaftsrechts, Bd. 2, § 34 Rn. 39.
290 Piehler/Schulte, in: Münchener Handbuch des Gesellschaftsrechts, Bd. 2, § 34 Rn. 2, 20; Blümich/Stuhrmann, EStG, § 16 Rn. 162 ff.; L. Schmidt/Wacker, EStG, § 16 Rn. 440 ff.
291 Piehler/Schulte, in: Münchener Handbuch des Gesellschaftsrechts, Bd. 2, § 34 Rn. 40 ff. und Rn. 2, 20, 22; Riegger/Götze, in: Münchener Vertragshandbuch, Bd. 1, S. 334 Rn. 1 ff.
292 Piehler/Schulte, in: Münchener Handbuch des Gesellschaftsrechts, Bd. 2, § 34 Rn. 23, insb. zum Problem, dass mangels Regelung zur Haftsumme die Pflichteinlage im Zweifel der Haftsumme entspricht.

4. Steuerliche Folgen des Eintritts

314 Einkommensteuerrechtlich ist die entgeltliche Aufnahme eines neuen Gesellschafters in eine bestehende Mitunternehmerschaft grds. als **Veräußerung und Anschaffung von Anteilen** an den einzelnen zum Gesellschaftsvermögen gehörenden Wirtschaftsgütern anzusehen.[293] Der neue Gesellschafter leistet entweder eine Einlage in das KG-Vermögen oder er „bezahlt" die Altgesellschafter.[294]

315 Sind im Vermögen der KG **stille Reserven** enthalten, an denen der Eintretende bei Ausscheiden oder Liquidation der Gesellschaft teilnimmt, dann ist es i.d.R. angemessen, wenn der Beitretende hierfür ein **Aufgeld** zahlt. Wird der Kapitalanteil des Eintretenden neu geschaffen, ist der Erwerbsvorgang steuerlich neutral. Die Besteuerung der bisherigen Gesellschafter wird vermieden. Wird dagegen an die bisherigen Gesellschafter ein Kaufpreis gezahlt, liegt eine Veräußerung des Teils eines Mitunternehmeranteils vor, die nach § 16 Abs. 1 Satz 1 Nr. 2, Satz 2 EStG beim „Altgesellschafter" als **laufender Gewinn** im Rahmen der Einkünfte aus Gewerbebetrieb steuerbar ist. Eine **Zwischenbilanz** muss nicht aufgestellt werden.[295]

316 Die **Beteiligung an der Mitunternehmerschaft** beginnt **mit der Wirksamkeit des Beitritts** und der Beteiligung am Gewinn. Schuldrechtliche Vereinbarungen über einen rückwirkenden Beitritt werden steuerrechtlich grds. nicht anerkannt.[296]

317 **Umsatzsteuer** fällt nach § 4 Nr. 8f UStG nicht an. **Grunderwerbsteuerpflicht** besteht nach § 1 Abs. 2a GrEStG, wenn mindestens 95 % der Anteile auf den Beitretenden übergehen (und ein inländisches Grundstück zum Vermögen der Gesellschaft gehört).[297]

II. Gesellschafterwechsel (Übertragung des Gesellschaftsanteils)

1. Veräußerungs- und Übertragungsvertrag, Eintragung ins Handelsregister

318 Nach heute nahezu einhelliger Meinung kann der Gesellschaftsanteil an einer KG als solcher **Gegenstand von rechtsgeschäftlichen Verfügungen** sein. Daher ist es nicht (mehr) notwendig, zwei getrennte Vereinbarungen (mit allen Gesellschaftern) über erstens den Austritt des bisherigen Gesellschafters und zweitens den Eintritt des neuen Gesellschafters (ggf. kombiniert) zu treffen. Vielmehr kann der Gesellschaftsanteil mit allen Rechten und Pflichten der Mitgliedschaft im Rahmen eines **einheitlichen Rechtsgeschäfts** übertragen werden.[298] Verpflichtungs- und Übertragungsvertrag werden nur zwischen dem Veräußerer (bisheriger Gesellschafter) und Erwerber (neuer Gesellschafter) ohne Beteiligung der anderen Gesellschafter oder gar der KG geschlossen. Die Übertragung bedarf allerdings zu ihrer Wirksamkeit der **Zustimmung aller anderen Gesellschafter**.[299] Zulässig ist auch die Teilabtretung von Gesellschaftsanteilen, sofern diese ausdrücklich gesellschaftsvertraglich zugelassen wird.[300]

---

293 Riegger/Götze, in: Münchener Vertragshandbuch, Bd. 1, S. 333 Rn. 6; Piehler/Schulte, in: Münchener Handbuch des Gesellschaftsrechts, Bd. 2, § 39 Rn. 62 ff.

294 Zu steuerlichen Folgen bei Einbringung von Sacheinlagen siehe Sauter, in: Beck'sches Handbuch der Personengesellschaften, § 2 Rn. 207 ff.

295 Riegger/Götze, in: Münchener Vertragshandbuch, Bd. 1, S. 333 Rn. 6; Piehler/Schulte, in: Münchener Handbuch des Gesellschaftsrechts, Bd. 2, § 39 Rn. 63 ff.

296 Riegger/Götze, in: Münchener Vertragshandbuch, Bd. 1, S. 334 Rn. 4.

297 Riegger/Götze, in: Münchener Vertragshandbuch, Bd. 1, S. 333 Rn. 6.

298 Michalski, NZG 1998, 95; Adel, DStR 1994, 1580; Riegger/Götze, in: Münchener Vertragshandbuch, Bd. 1, S. 341 Rn. 1; Piehler/Schulte, in: Münchener Handbuch des Gesellschaftsrechts, Bd. 2, § 35 Rn. 1.

299 Michalski, NZG 1998, 95; Adel, DStR 1994, 1580; Piehler/Schulte, in: Münchener Handbuch des Gesellschaftsrechts, Bd. 2, § 35 Rn. 4 f.

300 Michalski, NZG 1998, 95; Piehler/Schulte, in: Münchener Handbuch des Gesellschaftsrechts, Bd. 2, § 35 Rn. 3.

Das **schuldrechtliche Verpflichtungsgeschäft** bedarf hingegen grds. nicht der Zustimmung der anderen Gesellschafter.[301]

319

Die Zustimmung kann **bereits im Voraus im Gesellschaftsvertrag** für alle oder bestimmte Übertragungen (z.B. an Mitgesellschafter, Angehörige etc.) oder im Einzelfall durch Gesellschafterbeschluss (auch durch Mehrheitsbeschluss, sofern ausdrücklich gesellschaftsvertraglich geregelt) erteilt werden.[302]

320

Sowohl der dingliche als auch der schuldrechtliche Übertragungsvertrag sind grds. **form- und genehmigungsfrei**.[303]

321

Inhaltlich sollten in den Veräußerungs- und Übertragungsvertrag vor allem Regelungen über den Zeitpunkt der dinglichen und schuldrechtlichen Übertragung, die Ergebnisbeteiligung für das laufende Geschäftsjahr, den Kaufpreis, die Gewährleistung und Haftung[304] des Veräußerers sowie die Kosten der Handelsregisteranmeldung getroffen werden.[305]

322

Bei der Übertragung des Gesellschafteranteils **gehen alle Rechte und Pflichten** des veräußernden Gesellschafters **auf den neuen Gesellschafter über**. Dazu gehören zwingend die nicht abspaltbaren Mitgliedschaftsrechte und -pflichten wie Stimmrecht, Informationsrechte etc. Über Vermögensrechte, die selbständig übertragen werden können, können die Parteien etwas anderes vereinbaren.[306] Der Erwerber erlangt also die Rechtsstellung, die auch der Veräußerer hatte, allerdings **nicht diesem zustehende höchstpersönliche Rechte**.[307]

323

Der **Anteil am Jahresergebnis** bei Anteilsübertragung während des laufenden Geschäftsjahres gebührt dem Veräußerer und dem Erwerber mangels anderweitiger Vereinbarung **zeitanteilig** (§ 101, Nr. 2 BGB). Der Anspruch gegenüber der Gesellschaft auf Auszahlung entsteht jedoch erst mit dem Feststellungsbeschluss über den Jahresabschluss. Da dieser regelmäßig erst nach Anteilsübertragung gefasst wird, sollten vertragliche Bestimmungen zur Erstattung eines entsprechenden Gewinnanteils vom Käufer an den Veräußerer (bzw. Minderung des Kaufpreises bei Verlust) getroffen werden.[308] **Steuerrechtlich** wird das Ergebnis des laufenden Geschäftsjahres i.d.R. zeitanteilig zwischen dem Verkäufer und dem Erwerber geteilt.

Den **Übergang der Forderungen** des bisherigen Gesellschafters gegen die KG aus dem Gesellschaftsverhältnis (**Sozialverbindlichkeiten**) können die Parteien frei vereinbaren. Mangels einer solchen Vereinbarung gehen im Zweifel nur diejenigen Sozialverbindlichkeiten über, die beim Vertragsschluss aus dem Rechenwerk der KG erkennbar sind.[309]

324

Der veräußernde Gesellschafter **haftet** nach Maßgabe und innerhalb der zeitlichen Grenzen des § 160 HGB (fünf Jahre ab Eintragung des Ausscheidens) für die zur Zeit der Mitgliedschaftsübertragung (das muss nicht der Eintragungszeitpunkt sein) bereits begründeten Verbindlichkeiten nach § 128 HGB (Komplementär) bzw. §§ 171, 172 HGB (Kommanditist) weiter.

325

---

301 Michalski, NZG 1998, 95.
302 Siehe zu Verfügungen Michalski, NZG 1998, 95; Piehler/Schulte, in: Münchener Handbuch des Gesellschaftsrechts, Bd. 2, § 35 Rn. 6.
303 Siehe zu Formerfordernissen und Genehmigungspflicht, vor allem bei Minderjährigen und Ehegatten: Michalski, NZG 1998, 95; Piehler/Schulte, in: Münchener Handbuch des Gesellschaftsrechts, Bd. 2, § 35 Rn. 26 ff.
304 Zur Haftung aus Verschulden bei Vertragsverhandlungen bei unrichtigen Gewinnangaben siehe BGH, NZG 2003, 873.
305 Riegger/Götze, in: Münchener Vertragshandbuch, Bd. 1, S. 340 ff. Rn. 1 ff.
306 Piehler/Schulte, in: Münchener Handbuch des Gesellschaftsrechts, Bd. 2, § 35 Rn. 16 ff.
307 Michalski, NZG 1998, 95; Piehler/Schulte, in: Münchener Handbuch des Gesellschaftsrechts, Bd. 2, § 35 Rn. 16 ff.
308 Riegger/Götze, in: Münchener Vertragshandbuch, Bd. 1, S. 342 f. Rn. 5.
309 BGH, NJW 1966, 1307; BGH, NJW 1973, 328; BGH, NJW-RR 1987, 286; Michalski, NZG 1998, 95; Piehler/Schulte, in: Münchener Handbuch des Gesellschaftsrechts, Bd. 2, § 35 Rn. 19 ff.

326 Der Gesellschafterwechsel ist beim **Handelsregister anmelde- und eintragungspflichtig**, bei Übertragung einer Kommanditbeteiligung mit dem sog. Nachfolgevermerk. Im Übrigen wird auf die Ausführungen zur Handelsregisteranmeldung und -eintragung bei Gründung der Gesellschaft, und Eintritt neuer Gesellschafter verwiesen (Rn. 45 ff., 310).

2. Besonderheiten bei Übertragung des Gesellschaftsanteils eines Komplementärs

327 Der **Erwerber haftet** wie ein sonst eintretender persönlich haftender Gesellschafter auch **für alle vor dem Beteiligungserwerb begründeten Gesellschaftsverbindlichkeiten** (§§ 161 Abs. 2, 130 HGB). Erwerber und Veräußerer haften also gegenüber Dritten nach §§ 128, 130 HGB für (solche bisherigen) Gesellschaftsverbindlichkeiten. Einen **Befreiungsanspruch** hat der Veräußerer nur dann gegen den neuen Gesellschafter, wenn dies **vertraglich vereinbart** wurde.[310]

3. Besonderheiten bei Übertragung des Gesellschaftsanteils eines Kommanditisten

328 Die **Haftung des neuen Kommanditisten** (Erwerber des Gesellschaftsanteils) richtet sich ebenso wie beim Eintritt in eine KG als Kommanditist nach § 173 HGB.[311] Zur Vermeidung der unbeschränkten Haftung nach § 176 HGB vor Eintragung der Kommanditbeteiligung des neuen Gesellschafters ins Handelsregister ist es aus Sicht des Erwerbers dringend empfehlenswert, die (dingliche) Übertragung des Gesellschaftsanteils unter die **aufschiebende Bedingung der Handelsregistereintragung** zu stellen. Die bereits durch den Veräußerer geleistete Einlage (Haftsumme) wirkt auch für den Erwerber weiterhin haftungsbefreiend i.S.v. § 171 Abs. 1 2. Halbs. HGB.[312]

329 **Voraussetzung** ist allerdings, dass die Eintragung der Übertragung ins Handelsregister mit dem sog. **Nachfolgevermerk** erfolgt und dass bei der Anmeldung versichert wird, dass dem ausgeschiedenen Kommanditisten (Veräußerer) für die von ihm aufgegebenen Rechte keinerlei Abfindung aus dem Vermögen der KG gewährt oder versprochen wurde, da dies die Haftung nach § 172 Abs. 4 HGB wieder aufleben lassen würde.[313] Zum Handelsregister anzumelden und darin einzutragen ist, dass der Anteil im Wege der **Sonder- bzw. Gesamtrechtsnachfolge** erworben wurde. Der Nachfolgevermerk muss dabei die Verbindung zwischen dem übertragenden (ausscheidenden) und dem erwerbenden (eintretenden) Kommanditisten erkennen lassen.[314]

330 **Formulierungsbeispiel: Anmeldung der Übertragung beim Handelsregister mit Nachfolgevermerk**

> Der Kommanditist A hat seine Beteiligung an der KG mit Wirkung zum Zeitpunkt der Eintragung der Rechtsnachfolge im Handelsregister auf B (Name, Geburtsdatum, Wohnort) übertragen. A scheidet dadurch aus der KG aus und B tritt an seiner Stelle im Wege der Sonderrechtsnachfolge mit der Einlage des A i.H.v. ... € als Kommanditist in die KG ein. Der ausscheidende Kommanditist A und der persönlich haftende Gesellschafter C versichern hiermit, dass dem ausscheidenden Kommanditisten A von Seiten der KG für die von ihm aufgegebenen Rechte keinerlei Abfindung aus dem Gesellschaftsvermögen versprochen oder gewährt worden ist.

---

310 Michalski, NZG 1998, 95.
311 Siehe dazu Adel, DStR 1994, 1580.
312 Adel, DStR 1994, 1580; Piehler/Schulte, in: Münchener Handbuch des Gesellschaftsrechts, Bd. 2, § 35 Rn. 43 ff.; beide auch zur Haftung bei nicht eingezahlter Einlage und Einlagerückgewähr.
313 OLG Hamm, NZG 2005, 272; Adel, DStR 1994, 1580; Piehler/Schulte, in: Münchener Handbuch des Gesellschaftsrechts, Bd. 2, § 35 Rn. 38 f., 58.
314 OLG Köln, ZIP 2004, 505.

4. Steuerliche Folgen

Bei entgeltlicher Übertragung[315] erzielt der **Veräußerer einen Veräußerungsgewinn oder -verlust** i.H.d. Mehr- bzw. Minderbetrags des Kaufpreises, abzüglich der Veräußerungskosten gegenüber dem steuerlichen Kapitalkonto, der nach § 16 Abs. 1 Satz 1 Nr. 2 EStG besteuert wird.[316] Wird nur ein Teil der Beteiligung veräußert, entfällt die steuerliche Privilegierung durch die **Tarifbegünstigung** nach § 34 EStG (§ 16 Abs. 1 Satz 2 EStG). Die Veräußerung von Anteilen an einer vermögensverwaltenden KG gilt steuerlich als die Veräußerung der anteiligen Wirtschaftsgüter der KG. Anteilsveräußerungen sind daher nur steuerpflichtig, soweit die Veräußerung der Wirtschaftsgüter als **Spekulationsgeschäft** unter § 23 Abs. 1 Satz 4 EStG[317] oder unter § 17 EStG[318] fällt. 331

Der Erwerber **verteilt seine Anschaffungskosten** für die Beteiligung auf die einzelnen Wirtschaftsgüter, soweit sie ihm zurechenbar sind.[319] Die Anschaffungskosten können, soweit sie den anteiligen Buchwert des Veräußerers übersteigen, grds. in einer Ergänzungsbilanz des Erwerbers gesondert erfasst werden.[320] 332

Eine **schuldrechtliche Vereinbarung zur Rückwirkung** betreffend die zeitliche Abgrenzung des Anteils am Gewinn der KG wird steuerlich grds. nicht anerkannt.[321] 333

Auf die Gesellschaft hat die Anteilsübertragung **keine einkommensteuerlichen Auswirkungen**.[322] 334

Gewerbesteuer, **Umsatzsteuer** und **Grunderwerbsteuer** (ausnahmsweise nach § 1 Abs. 2a GrEStG, siehe dazu oben Rn. 317) fallen durch die Anteilsübertragung grds. nicht an.[323] Bei Anteilsveräußerung unter Beteiligung von juristischen Personen besteht allerdings die Gefahr der Gewerbesteuerbelastung der KG nach § 7 Satz 2 GewStG, deren Ausgleich bei der Vertragsgestaltung zu berücksichtigen ist.[324] 335

III. Wechsel der Art der Gesellschafterstellung

Ebenso wie die Übertragung der Mitgliedschaft nicht (mehr) durch Austritt des alten und Eintritt des neuen Gesellschafters erfolgen muss, ist auch die **Umwandlung der Gesellschafterstellung**, also die Änderung der „Art" der Beteiligung des Gesellschafters, nicht (mehr) mittels Austritt als Komplementär und Eintritt als Kommanditist (bzw. umgekehrt) notwendig. Der Wechsel der Gesellschafterstellung erfolgt vielmehr **durch inhaltliche Änderung der fortbestehenden Mitgliedschaft** unter Mitwirkung aller Gesellschafter.[325] Durch den Gesellschaftsvertrag kann einzelnen oder allen Gesellschaftern das Recht eingeräumt werden, ihre Gesellschafterstellung unter bestimmten Voraussetzungen umzuwandeln.[326] 336

Die Regelung zur Umwandlung muss insb. die neue Rechtsstellung des Gesellschafters und die damit verbundenen Rechte und Pflichten festlegen. Klärungsbedarf besteht auch dahingehend, ob der Gesellschafter aus seiner bisherigen Stellung Auseinandersetzungs- oder Abfindungsansprüche hat.[327] Darüber 337

---

315 Siehe zu (teil-)unentgeltlichen Übertragungen Piehler/Schulte, in: Münchener Handbuch des Gesellschaftsrechts, Bd. 2, § 39 Rn. 22 ff., 42 ff.; L. Schmidt/Wacker, EStG, § 16 Rn. 450 ff.
316 Riegger/Götze, in: Münchener Vertragshandbuch, Bd. 1, S. 344 Rn. 10; Piehler/Schulte, in: Münchener Handbuch des Gesellschaftsrechts, Bd. 2, § 39 Rn. 3 ff.
317 Piehler/Schulte, in: Münchener Handbuch des Gesellschaftsrechts, Bd. 2, § 39 Rn. 27; Peter, DStR 1999, 1337
318 Piehler/Schulte, in: Münchener Handbuch des Gesellschaftsrechts, Bd. 2, § 39 Rn. 28; BFH, BStBl. 2000 II, S. 686.
319 Riegger/Götze, in: Münchener Vertragshandbuch, Bd. 1, S. 344 Rn. 10.
320 Piehler/Schulte, in: Münchener Handbuch des Gesellschaftsrechts, Bd. 2, § 39 Rn. 20.
321 Piehler/Schulte, in: Münchener Handbuch des Gesellschaftsrechts, Bd. 2, § 39 Rn. 14 f.; Blümich/Stuhrmann, EStG, § 16 Rn. 162 ff.
322 Piehler/Schulte, in: Münchener Handbuch des Gesellschaftsrechts, Bd. 2, § 39 Rn. 21.
323 Piehler/Schulte, in: Münchener Handbuch des Gesellschaftsrechts, Bd. 2, § 39 Rn. 31 ff.
324 Brinkmann/Schmidtmann, DStR 2003, 93; Füger/Rieger, DStR 2002, 933; Scheifele, DStR 2006, 253.
325 Piehler/Schulte, in: Münchener Handbuch des Gesellschaftsrechts, Bd. 2, § 35 Rn. 61 f.
326 Piehler/Schulte, in: Münchener Handbuch des Gesellschaftsrechts, Bd. 2, § 35 Rn. 62.
327 Piehler/Schulte, in: Münchener Handbuch des Gesellschaftsrechts Bd. 2, § 35 Rn. 65.

hinaus sind Regelungen zur Tätigkeitsvergütung, Gewinnvorab und ggf. Pensionsansprüche empfehlenswert.[328] Die Umwandlung erfolgt durch **Gesellschafterbeschluss** bzw. übereinstimmende Erklärung aller Gesellschafter (Vereinbarung).

338 Die Vereinbarung ist **grds. form- und genehmigungsfrei**.[329]

339 Der Wechsel ist von allen Gesellschaftern zur **Eintragung ins Handelsregister** anzumelden.[330] Im Handelsregister wird der Statuswechsel als Eintritt und Austritt eingetragen.[331]

340 **Formulierungsbeispiel: Anmeldung des Wechsels der Art der Gesellschafterstellung**

> Der bisherige persönlich haftende Gesellschafter A (bzw. Kommanditist B) ist mit Wirkung zum 1.1.2006 als persönlich haftender Gesellschafter (bzw. Kommanditist) aus der Gesellschaft ausgeschieden und gleichzeitig als Kommanditist (bzw. persönlich haftender Gesellschafter) in die KG eingetreten.

1. Besonderheiten beim Wechsel vom Kommanditisten zum Komplementär

341 Der (jetzt) persönlich haftende Gesellschafter **haftet entsprechend § 130 HGB** ab Wechsel der Gesellschafterstellung in die eines Komplementärs für alle früheren und neu begründeten Gesellschaftsverbindlichkeiten unbeschränkt.[332]

342 Der Komplementär muss als vertretungsberechtigter Gesellschafter (§§ 162 Abs. 2, 125 HGB) zudem persönlich (und notariell beglaubigt) seine **Namensunterschrift unter Angabe der Firma** zur Aufbewahrung beim Gericht zeichnen (§§ 161 Abs. 2, 108 Abs. 2, 12 Abs. 1 HGB).

2. Besonderheiten beim Wechsel vom Komplementär zum Kommanditisten

343 In der Umwandlungsvereinbarung sind insb. **Einlage und Haftsumme festzulegen**, die durch Umbuchung der Kapitalkonten erbracht werden können.[333]

344 Die **Haftung** des bisherigen Komplementärs bleibt **für bis zur Eintragung des Gesellschafterwechsels begründete Gesellschaftsverbindlichkeiten unbeschränkt**, jedoch zeitlich begrenzt auf fünf Jahre ab Eintragung des Wechsels im Handelsregister (§ 160 Abs. 3 HGB[334]).

345 Als Kommanditist **haftet er zudem** (§ 160 Abs. 3 Satz 3 HGB) jetzt **für alle früheren** (insoweit ohne die Grenzen des § 160 HGB) und **neuen Verbindlichkeiten** der Gesellschaft **beschränkt auf seine Haftsumme**, sobald diese im Handelsregister eingetragen ist. Eine unbeschränkte Haftung zwischen Wechsel der Gesellschafterstellung und deren Handelsregistereintragung nach § 176 Abs. 2 HGB wird mit der Umwandlung (im Gegensatz zu Beitritt und Erwerb der Kommanditbeteiligung) nach Ansicht der Lit. nicht begründet.[335]

---

328 Riegger/Götze, in: Münchener Vertragshandbuch, Bd. 1, S. 321 ff. Rn. 1 ff.
329 Riegger/Götze, in: Münchener Vertragshandbuch, Bd. 1, S. 322 Rn. 1.
330 Riegger/Götze, in: Münchener Vertragshandbuch, Bd. 1, S. 323 Rn. 1.
331 Piehler/Schulte, in: Münchener Handbuch des Gesellschaftsrechts, Bd. 2, § 35 Rn. 61; Riegger/Götze, in: Münchener Vertragshandbuch, Bd. 1, S. 325 Rn. 2.
332 Piehler/Schulte, in: Münchener Handbuch des Gesellschaftsrechts, Bd. 2, § 35 Rn. 67.
333 Piehler/Schulte, in: Münchener Handbuch des Gesellschaftsrechts, Bd. 2, § 35 Rn. 65; Ebenroth/Boujong/Joost/Strohn, HGB, § 171 Rn. 45 f.
334 Bormann, NZG 2004, 751, auch zu Gestaltungsmöglichkeiten.
335 Piehler/Schulte, in: Münchener Handbuch des Gesellschaftsrechts, Bd. 2, § 35 Rn. 69; Baumbach/Hopt/Hopt, HGB, § 176 Rn. 10; a.A.: BGHZ 66, 99, wonach eine Ausnahme von § 176 Abs. 2 HGB nur bei Erwerb des Kommanditanteils kraft Erbfolge, wenn der Erbe bereits vor dem Erbfall Kommanditist war, in Betracht kommt.

3. Steuerliche Folgen

Der Wechsel der Gesellschafterstellung unter Beibehaltung des Mitunternehmeranteils (Fortführung des Kapitalkontos) ist **kein Veräußerungsvorgang** und führt daher nicht zu einem einkommensteuerlichen Gewinn. Wenn sich jedoch auch die Beteiligungsverhältnisse mit der Gewinnverteilung ändern, wird dies insoweit als Veräußerung eines Teils eines Mitunternehmeranteils voll besteuert.[336]

346

Bei Wechsel in die Kommanditistenstellung ist zu beachten, dass ein **Verlustanteil** für das gesamte Jahr des Wechsels den **Restriktionen des § 15a EStG** unterliegt, der den Verlustabzug beschränkt (sog. **Mindestbesteuerung oder Verlustverwertungsbeschränkung**). Bei unterjährigem Wechsel der Gesellschafterstellung gilt das sog. **Stichtagsprinzip**. Es kommt also für die Qualifikation der Gewinne bzw. Verluste des gesamten Jahres auf den Zeitpunkt der Rechtsverhältnisse am jeweiligen Bilanzstichtag an. Eine zeitanteilige Aufteilung findet daher bei Wechsel der Gesellschafterstellung während des laufenden Jahres nicht statt.[337] Aus steuerlicher Sicht gilt der Statuswechsel als im Zeitpunkt der zivilrechtlichen Wirksamkeit (insb. zur Zeit des betreffenden Gesellschafterbeschlusses) vollzogen, also nicht erst mit Anmeldung oder Eintragung ins Handelsregister.[338]

347

Dieselben Grundsätze, insb. das Stichtagsprinzip, gelten **beim Wechsel in die Stellung eines persönlich haftenden Gesellschafters**. Dessen Verluste bei Statuswechsel während des laufenden Jahres sind voll ausgleichsfähig und unterfallen nicht zeitanteilig den Beschränkungen des § 15a EStG.[339] Bis zum Statuswechsel als verrechenbar festgestellte Verluste (nach § 15a EStG) werden allerdings nicht in ausgleichsfähige Verluste umqualifiziert.[340]

348

S. Änderung des Gesellschaftsvertrags

Literatur:

Brändel, Änderungen des Gesellschaftsvertrages durch Mehrheitsentscheidung/Der „Bestimmtheitsgrundsatz" im Wandel der Rechtsprechung, in: FS für Simpel, 1985, S. 95; *Kollhosser*, Zustimmungspflicht zur Abänderung von Gesellschaftsverträgen bei Personenhandelsgesellschaften?, in: FS für H. Westermann, 1974, S. 275; *Mecke*, Von der Personen- zur Kapitalgesellschaft – Vertragsändernde Mehrheitsbeschlüsse in der OHG und KG am Beispiel der Umwandlung (Umwandlungsklausel), ZHR 1989, 35; *Münchener Handbuch des Gesellschaftsrechts*, Bd. 2, 2. Aufl. 2004; *Römermann*, Schriftformerfordernisse bei Gesellschaftsverträgen, NZG 1998, 978; *Weipert*, Vorsorgliche Anpassung von Personengesellschaftsverträgen als Bestandteil der Pflicht zur verantwortungsbewussten Unternehmensführung, ZGR 1990, 142; *Wertenbruch*, Gewinnausschüttung und Entnahmepraxis in der Personengesellschaft, NZG 2005, 665.

Der Gesellschaftsvertrag der KG kann selbstverständlich nachträglich **geändert werden**. Eine Vertragsänderung kann z.B. notwendig werden, wenn sich die wirtschaftlichen Verhältnisse oder Zielsetzungen der Gesellschaft ändern oder wenn sich Struktur und Gesellschafterbestand der KG wandeln.

349

Die Änderung des Gesellschaftsvertrags bedarf **grds. der Zustimmung aller Gesellschafter**, also sowohl der Kommanditisten als auch der Komplementäre (§§ 161 Abs. 2, 119 Abs. 1 HGB). Die Änderung kann ausdrücklich oder konkludent vorgenommen werden.

350

Der Vertrag kann weiterhin geändert werden, indem sich die Gesellschafter über längere Zeit hindurch abweichend vom Gesellschaftsvertrag **verhalten**.[341] Eine bestimmte **Dauer der Übung**, die zur Vertragsänderung führt, kann nicht festgesetzt werden. Dies hängt vom Einzelfall, insb. von der Bedeutung der

---

336 Riegger/Götze, in: Münchener Vertragshandbuch, Bd. 1, S. 324 Rn. 9.
337 BFH, BB 2004, 1834; Watrin/Sievert/Nussmann, BB 2004, 1529; Bernwart, DB 2004, 1632.
338 Watrin/Sievert/Nussmann, BB 2004, 1529; Bernwart, DB 2004, 1632; zu „vorgezogenen Einlagen" siehe auch Wacker, DB 2004, 11.
339 Bernwart, DB 2004, 1632; Watrin/Sievert/Nussmann, BB 2004, 1529.
340 Bernwart, DB 2004, 1632; Watrin/Sievert/Nussmann, BB 2004, 1529.
341 BGH, NZG 2005, 625, in diesem Fall die Vertragsänderung durch langjährige Übung ablehnend; zu diesem Urteil: Wertenbruch, NZG 2005, 665.

betroffenen gesellschaftsvertraglichen Regelungen ab. Vorraussetzung ist jedoch stets, dass alle Gesellschafter bei Abweichung vom Gesellschaftsvertrag einvernehmlich gehandelt haben.[342] In der Praxis kann eine stillschweigende Vertragsänderung durch lang andauernde Übung insb. in Familiengesellschaften vorkommen, wenn die Familienmitglieder über lange Zeit anderes praktizieren, als sie es ursprünglich im Gesellschaftsvertrag vorgesehen hatten.[343]

351 Von dem **gesetzlichen Einstimmigkeitserfordernis** wird in Gesellschaftsverträgen von KG regelmäßig abgewichen. Der Gesellschaftsvertrag kann vorsehen, dass eine Vertragsänderung durch Beschlussfassung der Gesellschafter mit **einfacher oder qualifizierter Mehrheit** möglich ist. Ob eine Vertragsänderung durch Mehrheitsentscheidung zulässig sein soll und, wenn ja, mit welcher erforderlichen Mehrheit der Stimmen, hängt u.a. von der personellen Struktur der KG und einem eventuell gewünschten Minderheitenschutz ab. Jedenfalls muss eine Abweichung vom Einstimmigkeitserfordernis **ausdrücklich geregelt** sein. Die bloß allgemeine gesellschaftsvertragliche Regelung, dass Gesellschafterbeschlüsse mit einfacher Mehrheit beschlossen werden, reicht nicht. Vielmehr müssen nach dem **Bestimmtheitsgrundsatz** (siehe oben Rn. 129) die Regelungen des Gesellschaftsvertrags eindeutig ergeben, dass gerade eine Änderung des Gesellschaftsvertrags einer bestimmten Mehrheit bei der Beschlussfassung der Gesellschafter bedarf.[344]

352 Ebenso wie der Abschluss des Gesellschaftsvertrags bedarf auch die Änderung **grds. keiner Form oder Genehmigung**.[345] Formerfordernisse für die Vertragsänderung können sich jedoch aus besonderen gesetzlichen Stimmungen ergeben (siehe dazu Rn. 43). Auch der Gesellschaftsvertrag selbst kann ein Schriftformerfordernis vorsehen. Eine entsprechende Klausel befindet sich häufig am Ende eines Gesellschaftsvertrags (im Mustervertrag Rn. 377 bei den Schlussbestimmungen in § 26 Abs. 1).

353 **Formulierungsbeispiel: Einfache Schriftformklausel**

> Änderungen und Ergänzungen dieses Vertrags bedürfen zu ihrer Wirksamkeit der Schriftform.

354 Dieser Schriftformklausel kommt jedoch in der Praxis **lediglich Klarstellungsfunktion** zu. Nach der Rspr. kann die Schriftformklausel ohne Einhaltung der vereinbarten Form konkludent mit der Vertragsänderung aufgehoben werden.[346] Um das vertragliche Schriftformerfordernis gegen diese „automatische Aufhebung" abzusichern, wird häufig erwogen, Verträgen eine **Sicherheitsklausel** beizufügen.

355 **Formulierungsbeispiel: Sicherheitsklausel**

> Dies gilt auch für die Aufhebung dieser Schriftformklausel.

Ob diese Bestimmung im Ergebnis dazu führt, dass das Schriftformerfordernis nicht konkludent aufgehoben werden kann, und eine nicht in Schriftform erfolgte Vertragsänderung daher unwirksam ist, ist bislang ungeklärt.[347]

356 Ohnehin erscheint es aus praktischen Gründen fraglich, ob den Gesellschaftern die Möglichkeit genommen werden soll, den Vertrag auch ohne Einhaltung einer bestimmten Form wirksam ändern zu können. Dies ist im Einzelfall bei der **Gestaltung der Schriftformklausel** zu bedenken.

---

342 Happ, in: Münchener Handbuch des Gesellschaftsrechts, Bd. 2, § 2 Rn. 138.
343 Sauter, Beck'sches Handbuch der Personengesellschaften, KG, § 2 Rn. 64.
344 Happ, in: Münchener Handbuch des Gesellschaftsrechts, Bd. 2, § 2 Rn. 133; BayObLG, NZG 2005, 173.
345 Vgl. zum Genehmigungserfordernis bei minderjährigen Gesellschaftern und zur steuerlichen Anerkennung Riegger/Götze, in: Münchener Vertragshandbuch, Bd. 1, S. 271 f. Rn. 5.
346 Happ, in: Münchener Handbuch des Gesellschaftsrechts, Bd. 2, § 2 Rn. 136; Römermann, NZG 1998, 978.
347 Römermann, NZG 1998, 981; Wertenbruch, NZG 2005, 665; Riegger/Götze, in: Münchener Vertragshandbuch, Bd. 1, S. 263 Rn. 41; MünchKomm-HGB/Enzinger, § 119 Rn. 45 ff.; aber wohl abzulehnen: Piehler/Schulte, in: Münchener Handbuch des Gesellschaftsrechts, Bd. 2, § 34 Rn. 17.

Jedenfalls ist es aus Gründen der **Rechtssicherheit** zu empfehlen, sowohl den Vertrag bei Abschluss als auch Vertragsänderungen schriftlich festzuhalten.

T. Auflösung/Liquidation

Literatur:

Ensthaler, Die Liquidation von Personengesellschaften, 1985; *Grziwotz*, Die Liquidation von Personengesellschaften, DStR 1992, 1365 ff.; ***Münchener Handbuch des Gesellschaftsrechts***, Bd. 2, KG, 2. Aufl. 2003; ***Sudhoff***, Berechnung und Verteilung des Liquidationserlöses bei OHG und KG, NJW 1957, 731 ff.

I. Allgemeines

Nach dem Gesetz kommt es **in folgenden Fällen** zur Auflösung einer KG:

- Ablauf der Zeit, für die die Gesellschaft eingegangen wurde,
- Beschluss der Gesellschafter,
- Eröffnung des Insolvenzverfahrens über das Vermögen der Gesellschaft,
- gerichtliche Entscheidung (vgl. §§ 161 Abs. 2, 131 Abs. 1 HGB).

Mit der **Auflösung** der KG ist diese **nicht beendet**. Auflösung bedeutet vielmehr nur den Übergang aus der dem Gesellschaftszweck gewidmeten, werbenden Tätigkeit in die Abwicklung der Gesellschaft (**Zweckänderung**).[348] Auf die Auflösung der KG folgt ihre **Abwicklung** (**Liquidation**). Diese stellt die Auseinandersetzung unter den Gesellschaftern dar (§§ 161 Abs. 2, 145 ff. HGB, §§ 730 ff. BGB). Die Auseinandersetzung der Gesellschafter ist die gesetzliche Regelfolge der Auflösung, wenn die Gesellschafter nichts anderes vereinbart haben und nicht über das Vermögen der Gesellschaft das Insolvenzverfahren eröffnet wird (§§ 161 Abs. 2, 145 Abs. 1 HGB).[349] Das Ende der Abwicklung schließlich bewirkt die Vollbeendigung (Ende) der Gesellschaft.[350]

II. Liquidation nach der gesetzlichen Rechtslage

Die **Liquidation** der KG richtet sich nach den **§§ 161 Abs. 2, 145 ff. HGB**. Nach dem Gesetz sind sämtliche Gesellschafter **Liquidatoren**, auch solche, die vor der Auflösung keine Geschäftsführungsbefugnis und Vertretungsmacht hatten, also auch die Kommanditisten (§ 161 Abs. 2, 146 Abs. 1 HGB).[351] Doch kann sowohl durch den Gesellschaftsvertrag als auch einen ad hoc gefassten Gesellschafterbeschluss vor oder nach Auflösung der KG die Liquidation einzelnen Gesellschaftern übertragen werden.[352] Wenn der Gesellschaftsvertrag nichts Abweichendes bestimmt, ist dieser Beschluss einstimmig zu fassen.[353]

Die Liquidatoren und ihre Vertretungsmacht müssen die Gesellschafter zur **Eintragung in das Handelsregister** anmelden (§§ 161 Abs. 2, 148 Abs. 1 Satz 1 HGB). Die **Aufgabe der Liquidatoren** besteht darin, die laufenden Geschäfte der KG zu beenden, ihre Forderungen einzuziehen, das übrige Vermögen in Geld umzusetzen und die Gläubiger zu befriedigen (§§ 161 Abs. 2, 149 Satz 1 HGB). Eine besondere Vergütung erhalten Sie hierfür mangels abweichender Regelung nicht.[354] Die Liquidatoren sind verpflichtet, eine **Liquidationseröffnungsbilanz** sowie in dem Zeitpunkt, in dem das Vermögen vollständig gemäß § 155 HGB unter den Gesellschaftern verteilbar ist, eine **Liquidationsschlussbilanz** zu erstellen (§§ 161 Abs. 2, 154 HGB).[355]

357

358

359

360

---

348 Baumbach/Hopt/Hopt, HGB, § 131 Rn. 2.
349 Baumbach/Hopt/Hopt, HGB, § 131 Rn. 2; § 145 Rn. 1 ff.
350 Baumbach/Hopt/Hopt, HGB, § 131 Rn. 2.
351 Vgl. Baumbach/Hopt/Hopt, HGB, § 146 Rn. 2.
352 Sog. gekorene Liquidatoren, vgl. Baumbach/Hopt/Hopt, HGB, § 146 Rn. 4.
353 Baumbach/Hopt/Hopt, HGB, § 146 Rn. 4.
354 Baumbach/Hopt/Hopt, HGB, § 149 Rn. 1.
355 Baumbach/Hopt/Hopt, HGB, § 154 Rn. 2, 3.

III. Andere Art der Auseinandersetzung

361 Sowohl durch Gesellschaftsvertrag als auch einen ad hoc gefassten Gesellschafterbeschluss können die Gesellschafter statt der Liquidation auch eine **andere Art der Auseinandersetzung** vereinbaren (§§ 161 Abs. 2, 145 Abs. 1 HGB).[356] Als andere Art der Auseinandersetzung kommen insb. in Betracht:

- Übernahme des Handelsgeschäfts durch einen Gesellschafter aufgrund kaufähnlicher Vereinbarung mit Abfindung der übrigen Gesellschafter,
- Einbringung des Handelsgeschäfts in eine GmbH, eine AG, eine KGaA, die zu diesem Zweck gegründet wird oder schon besteht und dafür neue Anteile ausgibt,
- Naturalteilung des Gesellschaftsvermögens,
- Übertragung des Gesamthandsvermögens auf Treuhänder zur endgültigen Abfindung der Gläubiger (Liquidationsvergleich und Ausgleich unter den Gesellschaftern mit aktivem und passivem Kapitalkonto),
- Übertragung aller Anteile auf einen Nicht-Gesellschafter.

IV. Verteilung des Gesellschaftsvermögens

362 Das nach Berichtigung der Schulden **verbleibende Vermögen** ist unter den Gesellschaftern **entsprechend ihren Kapitalanteilen zu verteilen** (§§ 161 Abs. 2, 155 Abs. 1 HGB). Der Anspruch ist auf Geld gerichtet.[357] Bestimmt der Gesellschaftsvertrag, dass für die Beteiligung des Gesellschafters am Gewinn und am Vermögen die jeweiligen festen Kapitalkonten maßgeblich sind, so empfiehlt es sich, auch die Verteilung des Liquidationsgewinns nach dem Verhältnis der festen Kapitalkonten vorzusehen.

363 Reichen die Mittel der Gesellschaft nicht aus, sämtliche Schulden zu decken, so besteht für die Gesellschafter eine **Nachschusspflicht** (§§ 161 Abs. 2, 151 Abs. 3 HGB, § 735 BGB).[358] Kommanditisten haften nicht mehr, soweit sie ihre Einlage erbracht haben.[359] Handelt es sich hierbei um Schulden der Gesellschaft, haften die Gesellschafter hierfür nach dem **gesellschaftsvertraglich oder gesetzlich vereinbarten Verlustteilungsschlüssel**.[360] Wurden zwar die Gesellschaftsgläubiger in der Abwicklung befriedigt, bleiben aber die Gesellschafter mit aktivem Kapitalkonto ganz oder teilweise ungedeckt, so haften hierfür die Gesellschafter mit passivem Kapitalkonto nach dem Verlustverteilungsschlüssel.[361]

364 Ferner sind die der KG von Gesellschaftern zur **Benutzung überlassenen Gegenstände** außerhalb der vorstehend erläuterten Verteilung des Gesellschaftsvermögens an die entsprechenden Gesellschafter zurückzugeben (§§ 161 Abs. 2, 105 Abs. 3 HGB, § 732 BGB).[362]

V. Steuerfolgen der Liquidation

365 Die Liquidation ist eine nach § 16 EStG **steuerpflichtige Aufgabe des Geschäftsbetriebs**.[363] Im Ergebnis werden die im Betriebsvermögen vorhandenen **stillen Reserven** im Zuge der Überführung in das Privatvermögen aufgedeckt, soweit sie nicht bereits anlässlich einer vorangegangenen Veräußerung der Einzelwirtschaftsgüter realisiert wurden.[364] Der hierbei entstehende Gewinn ist unter den Voraussetzungen des § 34 EStG tarifbegünstigt und unterliegt als Aufgabe des gesamten Gewerbebetriebs nicht der Gewerbesteuer, soweit er nur auf natürliche Personen als unmittelbar beteiligte Mitunternehmer entfällt.

---

356 Vgl. Baumbach/Hopt/Hopt, HGB, § 145 Rn. 8, 10.
357 Baumbach/Hopt/Hopt, HGB, § 155 Rn. 1.
358 Baumbach/Hopt/Hopt, HGB, § 155 Rn. 3.
359 Vgl. Schmid, in: Münchener Handbuch des Gesellschaftsrechts, Bd. 2, § 46 Rn. 90.
360 Baumbach/Hopt/Hopt, HGB, § 155 Rn. 3.
361 Baumbach/Hopt/Hopt, HGB, § 155 Rn. 3.
362 Baumbach/Hopt/Hopt, HGB, § 155 Rn. 6; § 131 Rn. 41.
363 Vgl. L. Schmidt/Wacker, EStG, § 16 Rn. 173.
364 Vgl. BFH, BStBl. 1993 II, S. 710.

Aufgrund der unterschiedlichen Steuerfolgen ist abzugrenzen zwischen **laufendem (nicht tarifbegünstigtem) und nach § 34 EStG tarifbegünstigtem Aufgabegewinn**. In Fällen einer sukzessiven Abwicklung des Betriebs sollte darauf geachtet werden, dass diese zeitlich nicht zu lange gestreckt wird. Erfolgt der Abverkauf innerhalb eines Zeitraums von sechs Monaten, werden regelmäßig die Tarifbegünstigungen nach § 34 EStG für einen Aufgabegewinn gewährt.

366

U. Schiedsgericht

Literatur:

Ebbing, Satzungsmäßige Schiedsklauseln, NZG 1999, 754; *ders*., Schiedsvereinbarungen in Gesellschaftsverträgen, NZG 1998, 281; *Rodloff*, Einbeziehung und Ausgestaltung von Schiedsabreden im Gesellschaftsrecht, DStR 1997, 1408; *Schütze*, Zur notariellen Beurkundung von Schiedsvereinbarungen, BB 1992, 1877.

Das **Schiedsgericht** entscheidet **bürgerliche Rechtsstreitigkeiten** anstelle eines Staatsgerichts, sofern für die Geltendmachung eines Anspruches der ordentliche Rechtsweg zulässig ist. Ein Instanzenzug zwischen Schieds- und Staatsgericht gibt es nicht. Der **Vorteil eines Schiedsgerichts** ist es, dass bei ihm die Möglichkeit besteht, Schiedsrichter zu benennen, die das Vertrauen der Parteien genießen und die sachverständig sind. Schiedsgerichtsverfahren können kostengünstiger sein im Vergleich zu voll ausgeschöpften Instanzenzügen der ordentlichen Gerichtsbarkeit. Schiedsgerichte entscheiden i.d.R. schneller als staatliche Gerichte. Da die mündliche **Verhandlung** vor dem Schiedsgericht **nicht öffentlich** ist, ist es möglich, Streitigkeiten diskreter abzuwickeln als vor staatlichen Gerichten.

367

Diesem Vorteil steht der **Nachteil** entgegen, dass der Schiedsspruch **keiner weiteren Kontrolle durch staatliche Gerichte** unterliegt, sofern er nicht an schwerwiegenden Mängeln leidet.

368

Die gesetzlichen Grundlagen eines Schiedsgerichtsverfahrens finden sich in den Vorschriften der **§§ 1025 ff. ZPO**. Zu unterscheiden sind zum einen die **Schiedsvereinbarung** und zum anderen der **Schiedsrichtervertrag**. Die Schiedsvereinbarung ist eine Vereinbarung zwischen den Parteien, alle oder einzelne Streitigkeiten zwischen ihnen in Bezug auf ein bestimmtes Rechtsverhältnis vertraglicher oder nicht vertraglicher Art der Entscheidung des Schiedsgerichts zu unterwerfen (§ 1029 Abs. 1 ZPO). Eine Schiedsvereinbarung kann in Form einer selbständigen Vereinbarung (Schiedsabrede) oder in Form einer Klausel in einem Vertrag (Schiedsklausel) geschlossen werden (§ 1029 Abs. 2 ZPO). Der Schiedsrichtervertrag ist der zwischen den Parteien und dem oder den Schiedsrichtern vereinbarte Vertrag. Er verpfichtet den Schiedsrichter zur Ausübung des Schiedsrichteramtes.

369

Das Schiedsverfahren ist ferner abzugrenzen vom **Schiedsgutachterverfahren**.[365] Ein Schiedsgutachten entscheidet nicht einen Rechtsstreit anstelle des staatlichen Gerichts, das Schiedsgutachten regelt vielmehr einzelne Elemente eines Rechtsverhältnisses. Die Abrede, ein Dritter soll eine Leistung nach billigem Ermessen bestimmen (§§ 317 ff. BGB), ist ein **Schiedsgutachtenvertrag**. Ein Schiedsgutachten und kein Schiedsspruch ist i.d.R. auch dann gewollt, wenn der Dritte nur Tatsachen oder sonstige Elemente, die für die Entscheidung eines Rechtsstreits erheblich sind (z.B. der Wert eines Grundstücks, die Höhe des Abfindungsguthabens), feststellen soll.

Schiedsrichter können nur natürliche Personen sein. Ein Beteiligter darf nicht Schiedsrichter sein, denn niemand darf in eigener Sache entscheiden. Die **Schiedsvereinbarung** ist ein **privatrechtlicher Vertrag** über prozessuale Beziehungen und verpflichtet die Parteien, an seiner Durchführung nach Kräften mitzuwirken, z.B. Schiedsrichter zu ernennen, die von den Schiedsrichtern verlangten Vorschüsse zu zahlen etc. **Rechtsnachfolger** sind an die Schiedsvereinbarung gebunden, unabhängig davon, ob sie als Gesamtrechtsnachfolger oder im Wege der Einzelrechtsnachfolge in die Gesellschaft eintreten.

Die **Form der Schiedsvereinbarung** wird **in § 1031 ZPO** geregelt. Die Parteien müssen entweder ein Schriftstück unterzeichnen oder die Schiedsvereinbarung muss in zwischen ihnen gewechselten Schreiben, Fernkopien, Telegrammen oder anderen Formen der Nachrichtenübermittlung, die den Nachweis

370

---

365 Siehe hierzu Baumbach/Lauterbach/Albers/Hartmann, ZPO, vor § 1025 Rn. 12 ff.

der Vereinbarung sicherstellen, enthalten sein. Die §§ 1034 ff. ZPO regeln die **Zusammensetzung des Schiedsgerichts**, wenn die Parteien keine abweichende Vereinbarung treffen.

V. Insolvenz der KG

Literatur:

Münchener Handbuch des Gesellschaftsrechts, Bd. 2, 2. Aufl. 2003; ***Schlitt***, Die GmbH & Co. KG in der Insolvenz nach neuem Recht, 1. Teil, NZG 1998, 701; 2. Teil, NZG 1998, 75; ***Uhlenbruck***, Die neue Insolvenzordnung, Auswirkungen auf das Recht der GmbH und der GmbH & Co. KG, GmbHR 1995, 81 ff.

I. Insolvenzgründe und Antragspflicht

371 Zwingender Grund für die Stellung eines Antrags auf Eröffnung des Insolvenzverfahrens ist die **Zahlungsunfähigkeit** (§ 17 InsO, §§ 161 Abs. 2, 130a Abs. 1 HGB). Hat die KG keinen persönlich haftenden Gesellschafter, der eine natürliche Person ist, erweitern § 19 InsO, §§ 161 Abs. 2, 131a Abs. 1 HGB die Insolvenzantragspflicht auf die **Überschuldung der Gesellschaft**. Liegt einer der genannten Insolvenzgründe vor, muss die Geschäftsführung ohne schuldhaftes Zögern, spätestens innerhalb von drei Wochen nach Kenntnis vom Insolvenzgrund **Antrag auf Eröffnung des Insolvenzverfahrens stellen** (§§ 130a Abs. 1, 177a HGB).[366] Zur Antragstellung ist jeder Geschäftsführer ungeachtet seiner internen Aufgabenstellung verpflichtet, eine interne Zuständigkeitsvereinbarung entbindet ihn also nicht.[367] **Nicht antragsberechtigt** sind Kommanditisten. Sie können ggf. einen Antrag als Gläubiger stellen.

II. Folgen der Insolvenz für die Gesellschaft

372 Durch die Eröffnung des Insolvenzverfahrens über ihr Vermögen **wird die KG aufgelöst** (§§ 161 Abs. 2, 131 Abs. 1, Satz 1 Nr. 3 HGB). Die Gesellschafter können nur dann, wenn das Insolvenzverfahren auf Antrag des Schuldners eingestellt wurde oder ein Insolvenzplan, der den Fortbestand der Gesellschaft vorsieht, bestätigt wurde, die **Fortsetzung der KG beschließen** (§§ 161 Abs. 2, 144 Abs. 1 HGB).

373 Zur **Insolvenzmasse** gehört das gesamte Gesellschaftsvermögen. **Insolvenzgläubiger** (§§ 38, 39 InsO) sind nur die Gläubiger der Gesellschaft, nicht auch Gläubiger von Forderungen gegen einen oder auch alle Gesellschafter persönlich.[368] Während zur Insolvenzmasse auch etwaige Einlagerückstände einzelner Gesellschafter zählen, sind die Gesellschafter selbst mit ihrer Einlage nicht Insolvenzgläubiger, auch nicht mit einem Darlehen mit Eigenkapitalcharakter.[369]

Für **Ansprüche der Gesellschafter gegen die Gesellschaft** gilt Folgendes: Handelt es sich um **Ansprüche aus dem Gesellschaftsverhältnis** wie Gewinnanteile, sind die Gesellschafter insoweit keine Insolvenzgläubiger. Etwas anderes gilt für Ansprüche aus Rechtsgeschäften mit der Gesellschaft, die die Gesellschafter wie fremde Dritte abgeschlossen haben (**echte Drittforderungen**), und für **Aufwendungsersatzansprüche** (§§ 161 Abs. 2, 110 HGB).[370]

374 **Während des Insolvenzverfahrens** können die Gläubiger der Gesellschaft nicht unmittelbar gegen einzelne Gesellschafter vorgehen (§§ 161 Abs. 2, 128 HGB i.V.m. § 93 InsO, 171 Abs. 2 HGB). So wird etwa das Recht, von Kommanditisten die Leistung ihrer Einlage zu verlangen, allein vom Insolvenzverwalter ausgeübt. Auch die **persönliche Haftung** eines Komplementärs für die Verbindlichkeiten der Gesellschaft kann während der Dauer des Insolvenzverfahrens nur vom Insolvenzverwalter geltend gemacht werden.

375 Werden neben der KG auch die **Gesellschafter insolvent** mit der Folge des Ausscheidens des Gesellschafters nach §§ 161 Abs. 2, 131 Abs. 3, Satz 1 Nr. 2 HGB, werden beide **Insolvenzverfahren unabhängig**

---

366 Vgl. dazu Baumbach/Hopt/Hopt, HGB, § 130a Rn. 5 ff.
367 BGH, NJW 1994, 2149.
368 Baumbach/Hopt/Hopt, HGB, § 124 Rn. 46.
369 BGHZ 93, 159; siehe auch Baumbach/Hopt/Hopt, HGB, § 124 Rn. 46.
370 Vgl. hierzu Baumbach/Hopt/Hopt, HGB, § 124 Rn. 46, 52.

voneinander und nach ihrer eigenen Haftungsordnung abgewickelt. So werden etwa auch die Gläubiger der Gesellschaft im Insolvenzverfahren über das Vermögen eines oder mehrerer Gesellschafter mit dem vollen Forderungsbetrag berücksichtigt (§ 43 InsO), nicht nur mit dem bei der Gesellschaft erlittenen Ausfall (so die Rechtslage nach § 212 KO).[371]

Nach **Beendigung des Insolvenzverfahrens und vollständiger Verteilung** des Gesellschaftsvermögens ist die **Gesellschaft beendet**. Wird hingegen das Gesellschaftsvermögen nicht vollständig benötigt, um die Gläubiger zu befriedigen, können die Gesellschafter die KG nach Beendigung des Insolvenzverfahrens fortsetzen. Mangels eines entsprechenden Gesellschafterbeschlusses folgt auf das Insolvenzverfahren die Liquidation der KG.

376

W. Muster: Gesellschaftsvertrag einer typischen KG

Gesellschaftsvertrag

der ... KG

mit dem Sitz in ...

377

§ 1
Präambel

Die Unterzeichneten beabsichtigen, sich zum Betrieb eines Autohauses in Form einer KG zusammenzuschließen. Herr/Frau ... wird für die KG tätig sein und persönlich haften, die anderen Gesellschafter sollen als Kommanditisten nur mit ihrer Einlage haften. Dies vorausgeschickt, vereinbaren die Parteien, was folgt.

§ 2
Firma, Sitz, Geschäftsjahr

(1) Die Firma der Gesellschaft lautet:

„... KG"

(2) Sitz der Gesellschaft ist ...

§ 3
Gegenstand des Unternehmens

(1) Gegenstand des Unternehmens ist

1. der Handel mit neuen und gebrauchten Kraftfahrzeugen und Motorrädern der Marke BMW sowie mit Zubehörteilen,
2. die Erbringung von Serviceleistungen für Pkw und Motorräder der Marke BMW,
3. die Reparatur von Pkw und Motorrädern.

(2) Die Gesellschaft ist berechtigt, Hilfs- und Nebengeschäfte zu tätigen. Sie ist weiter berechtigt, sämtliche Geschäfte zu tätigen, die geeignet sind, den Gegenstand des Unternehmens mittelbar oder unmittelbar zu fördern.

(3) Die Gesellschaft kann sich an Unternehmen mit gleichem oder ähnlichem Unternehmensgegenstand beteiligen oder solche Unternehmen gründen; sie kann Zweigniederlassungen errichten.

---

371 Vgl. hierzu Baumbach/Hopt/Hopt, HGB, § 128 Rn. 47.

§ 4
Gesellschafter, Einlagen, Haftsummen

(1) Persönlich haftender Gesellschafter (Komplementär) ist Herr/Frau ... Sie/Er verpflichtet sich, eine Einlage i.H.v. ... € zu erbringen.

(2) Weitere Gesellschafter (Kommanditisten) sind:

1. Herr/Frau ... mit einer Einlage und Haftsumme i.H.v. ... €;
2. Herr/Frau ... mit einer Einlage und Haftsumme i.H.v. ... €;
3. Herr/Frau ... mit einer Einlage und Haftsumme i.H.v. ... €;
4. ...

(3) Die Einlagen sind wie folgt einzuzahlen:

1. ... % sofort,
2. der Rest auf Anforderung des Komplementärs.

§ 5
Änderungen der Einlagen und Haftsummen

(1) Änderungen der Einlagen können grundsätzlich nur aufgrund eines einstimmigen Gesellschafterbeschlusses erfolgen.

(2) Erhöhungen der Einlagen sollen grundsätzlich nur aus Gesellschaftsmitteln zulasten des Rücklagekontos gemäß § 6 Abs. 6 erfolgen.

(3) Für Änderungen der Haftsummen gilt Abs. 1 entsprechend.

§ 6
Konten der Gesellschafter

(1) Bei der Gesellschaft werden u.a. Kapitalkonten, Kapitalverlustkonten, Verrechnungskonten und Rücklagekonten geführt.

(2) Auf den Kapitalkonten werden lediglich die Einlagen gemäß § 4 dieses Vertraes gebucht. Die Kapitalkonten werden nicht verzinst.

(3) Auf den Kapitalverlustkonten werden die Verlustanteile der Gesellschafter sowie alle Gewinnanteile bis zum Ausgleich des Verlustes verbucht, soweit sie nicht auf Rücklagenkonten zu buchen sind. Die Kommanditisten sind nicht verpflichtet, Verluste auf Kapitalverlustkonten in anderer Weise als durch künftige Gewinnanteile auszugleichen.

(4) Einlagen, die nicht auf dem Kapitalkonto zu buchen sind, Gewinnanteile, soweit sie nicht zum Ausgleich von Verlustkonten benötigt werden oder auf Rücklagekonten zu verbuchen sind, sowie alle sonstigen Forderungen und Verbindlichkeiten zwischen der Gesellschaft und einem Gesellschafter werden auf Verrechnungskonten gebucht. Stehen gelassene Gewinne stellen keine Darlehen des Gesellschafters an die Gesellschaft dar, soweit nicht etwas anders schriftlich vereinbart wird; §§ 488 ff. BGB gelten nicht.

(5) Verrechnungskonten werden im Soll und Haben mit ... Prozentpunkten über dem jeweiligen Basiszinssatz p.a. verzinst. Bemessungsgrundlage für die Zinsen ist der Stand der Verrechnungskonten zum Ende eines jeden Kalendermonats. Die Zinsen auf den Verrechnungskonten stellen im Verhältnis unter den Gesellschaftern Aufwand bzw. Ertrag dar.

(6) Für alle Kommanditisten wird ein gemeinsames Rücklagekonto geführt, in das von der Gesellschafterversammlung beschlossene Rücklagen eingestellt werden. Das Rücklagekonto wird nicht verzinst. Am Rücklagekonto sind die Kommanditisten im Verhältnis ihrer Kapitalkonten beteiligt. Verluste werden zunächst gegen Guthaben auf Rücklagenkonten gebucht und erst dann, wenn keine Guthaben mehr vorhanden sind, auf Kapitalverlustkonten.

§ 7
Dauer der Gesellschaft, Kündigung

(1) Die Gesellschaft wird auf unbestimmte Dauer errichtet.

(2) Die Gesellschaft kann mit einer Frist von ... Monaten zum Ende eines Geschäftsjahres gekündigt werden, erstmals jedoch zum 31.12.20 ...

(3) Die Kündigung hat durch eingeschriebenen Brief an alle anderen Gesellschafter zu erfolgen. Für die Rechtzeitigkeit der Kündigung ist der Tag der Aufgabe des Kündigungsschreibens zur Post maßgeblich.

(4) Durch die Kündigung wird die Gesellschaft nicht aufgelöst, sondern von den verbleibenden Gesellschaftern fortgesetzt.

§ 8
Geschäftsführung und Vertretung

(1) Zur Geschäftsführung und Vertretung der Gesellschaft ist der Komplementär allein berechtigt und verpflichtet.

(2) Der Komplementär ist für Rechtsgeschäfte zwischen ihm und der Gesellschaft von den Beschränkungen des § 181 BGB befreit.

(3) Die Komplementärin bedarf für folgende Angelegenheiten der vorherigen Zustimmung der Gesellschafterversammlung:

1. Erwerb, Veräußerung oder Belastung von Grundstücken und grundstücksgleichen Rechten sowie sonstige Verfügungen über Grundstücke und grundstücksgleiche Rechte;
2. Erwerb von Unternehmen oder Beteiligungen an solchen oder deren Veräußerung oder Belastung;
3. Errichtung und Aufgabe von Zweigniederlassungen und Betriebsstätten;
4. Abschluss, Änderung und Beendigung von Organschaftsverträgen sowie Betriebsübernahme- und Betriebsüberlassungsverträgen jeder Art;
5. Abschluss, Änderung und Beendigung von Dienstverträgen mit Angestellten mit jährlichen Bruttobezügen von mehr als ... €;
6. Abschluss, Änderung und Beendigung von Miet- und Pachtverträgen mit Miet- und Pachtzinsen von mehr als ... € netto pro Monat;
7. Investitionen ab einem Betrag von ... € ohne USt im Einzelfall, wenn sie in dem genehmigten jährlichen Investitionsplan nicht enthalten sind;
8. Aufnahme von langfristigen Darlehen und Kontokorrentkrediten über ... € im Einzelfall hinaus sowie über den Betrag von ... € insgesamt je Geschäftsjahr;
9. Übernahme von Bürgschaften, Abschluss von Garantieverträgen, Schuldbeitritten, Abgabe von Patronatserklärungen und Eingehung von ähnlichen Verpflichtungen;
10. Führung von Aktivprozessen und prozessbeendenden Handlungen und Erklärungen, soweit der Streitwert den Betrag von ... € übersteigt;

11. Abschluss, Änderung und Aufhebung von Verträgen mit Gesellschaftern oder deren Angehörigen oder Gesellschaften, die mehrheitlich von Gesellschaftern und/oder deren Angehörigen i.S.v. § 15 AO beherrscht werden;

12. Aufnahme von stillen Gesellschaftern;

13. Veräußerung und Verpachtung des gesamten Gesellschaftsvermögens;

14. Sonstige Geschäfte, die über den gewöhnlichen Geschäftsbetrieb der Gesellschaft hinausgehen.

§ 9
Vergütung des Komplementärs, Auslagenersatz

(1) Der Komplementär erhält für seine Tätigkeit eine Vergütung, die in einem gesondert abzuschließenden Vertrag festgelegt wird und aus einem monatlichen Festgehalt und einer Tantieme in Abhängigkeit vom Jahresergebnis der KG zu bestehen hat. Die Vergütung ist jährlich von der Gesellschafterversammlung unter Berücksichtigung der Entwicklung der Lebenshaltungskosten und der Ertragslage der Gesellschaft zu überprüfen und ggf. anzupassen.

(2) Der Komplementär hat Anspruch auf Ersatz aller seiner Aufwendungen, soweit sie zur Erfüllung seiner Aufgaben erforderlich sind.

(3) Die Vergütung für die Geschäftsführung und der Aufwendungsersatz stellen im Verhältnis der Gesellschafter zueinander Aufwand dar.

§ 10
Gesellschafterversammlungen

(1) Beschlüsse der Gesellschafter werden auf Gesellschafterversammlungen gefasst. Der Abhaltung einer Gesellschafterversammlung bedarf es nicht, wenn sich alle Gesellschafter mit einer schriftlichen oder mit einer fernmündlichen Abstimmung oder mit einer Abstimmung in Textform (Fax, E-Mail) einverstanden erklären.

(2) Die Einberufung der Gesellschafterversammlung erfolgt durch den Komplementär. Die Einberufung hat unter gleichzeitiger Bekanntgabe der Tagesordnung und des Tagungslokals mittels eingeschriebenen Briefes, der mindestens 14 Tage vor dem Termin der Gesellschafterversammlung an die anderen Gesellschafter zur Absendung gebracht sein muss, zu erfolgen. Die Einladung ist mit ihrer Aufgabe zur Post bewirkt. Der Tag der Absendung der Einladung (Poststempel) und der Tag der Versammlung werden bei der Fristberechnung nicht mitgezählt. Ist der Aufenthalt eines Gesellschafters unbekannt oder kann er aus anderen Gründen nicht ordnungsgemäß geladen werden, so ruht sein Stimmrecht bis zur Beseitigung dieses Zustandes.

(3) Gesellschafterversammlungen finden jeweils am Sitz der Gesellschaft statt.

(4) Eine Gesellschafterversammlung ist beschlussfähig, wenn die anwesenden und vertretenen Gesellschafter ... % aller Stimmen auf sich vereinigen. Ist eine ordnungsgemäß einberufene Gesellschafterversammlung beschlussunfähig, so ist eine neue Gesellschafterversammlung mit gleicher Tagesordnung unter Einhaltung der in Abs. 2 genannten Form- und Fristvorschriften einzuberufen. Diese Gesellschafterversammlung ist ohne Rücksicht auf die Zahl der Stimmen der anwesenden und vertretenen Gesellschafter beschlussfähig. Hierauf ist in der Einladung hinzuweisen.

(5) Jeder Gesellschafter kann sich auf Gesellschafterversammlungen nur von anderen Gesellschaftern oder von einem zur Berufsverschwiegenheit verpflichteten, sachverständigen Dritten vertreten lassen.

(6) Jeder Gesellschafter kann sich von einem zur Berufsverschwiegenheit verpflichteten, sachverständigen Dritten in der Gesellschafterversammlung beraten lassen, wenn er dies den anderen Ge-

sellschaftern mit einer Frist von mindestens acht Tagen vorher schriftlich mitgeteilt hat. Im Fall von Satz 1 sind auch die anderen Gesellschafter berechtigt, sich von je einem Berater in der Gesellschaftsversammlung beraten zu lassen.

(7) Die Gesellschafterversammlung wird von dem Komplementär geleitet. Ist der Komplementär nicht anwesend oder ist er nicht bereit, die Gesellschafterversammlung zu leiten, wird der Leiter mit der einfachen Mehrheit der abgegebenen Stimmen gewählt.

(8) Über die Gesellschafterversammlung ist ein Protokoll zu fertigen, das von dem Leiter der Gesellschafterversammlung zu erstellen ist; Abschriften des Protokolls sind allen Gesellschaftern unverzüglich zuzuleiten. Das Protokoll hat mindestens die Namen der anwesenden und vertretenen Gesellschafter, die Namen der Vertreter und Berater, etwaige Verzichte auf die Einhaltung von Form- und Fristvorschriften, alle Anträge und alle Beschlüsse einschließlich der jeweiligen Abstimmungsergebnisse zu enthalten.

(9) Werden Beschlüsse außerhalb von Gesellschafterversammlungen gefasst, ist der Wortlaut des Beschlussantrags und das Ergebnis der Abstimmung in einem Protokoll festzuhalten. Das Protokoll ist von dem Komplementär zu erstellen; Abschriften des Protokolls sind allen Gesellschaftern unverzüglich zuzuleiten.

§ 11
Gesellschafterbeschlüsse

(1) Gesellschafterbeschlüsse werden mit der einfachen Mehrheit der abgegebenen Stimmen gefasst, soweit der Vertrag oder das Gesetz nicht eine andere Mehrheit zwingend vorschreiben. Enthaltungen gelten als nicht abgegebene Stimmen. Die Gesellschafter beschließen mit dieser Mehrheit insb. über folgende Angelegenheiten:

1. Ausschluss von Gesellschaftern,
2. Bestimmung des Wirtschaftsprüfers,
3. Entlastung der Komplementärin,
4. ...

(2) Eine Mehrheit von ... % der abgegebenen Stimmen ist in folgenden Angelegenheiten erforderlich:

1. Feststellung des Jahresabschlusses,
2. Zustimmung zu zustimmungsbedürftigen Geschäften gemäß § 8 Abs. 3,
3. Bildung von Rücklagen,
4. Auszahlungen an Kommanditisten,
5. ...

(3) Folgende Beschlüsse können in jedem Fall nur mit den Stimmen aller vorhandenen Gesellschafter gefasst werden:

1. Aufnahme neuer Gesellschafter,
2. Zustimmung zur Verfügung und Belastung von Gesellschaftsanteilen und sonstigen Rechten gegen die Gesellschaft,
3. Auflösung der Gesellschaft,
4. Änderungen des Gesellschaftsvertrags,
5. Beschlüsse, die eine Nachschusspflicht begründen,
6. ...

(4) Je ... € des festen Kapitalkontos gewähren eine Stimme.

(5) Außer in den vom Gesetz angeordneten Fällen ist das Stimmrecht eines Gesellschafters auch in den Fällen des § 47 Abs. 4 GmbHG ausgeschlossen.

(6) Ist das Stimmrecht eines Gesellschafters in einzelnen Angelegenheiten ausgeschlossen, werden seine Stimmen bei der Ermittlung der für den Beschluss erforderlichen Stimmen nicht berücksichtigt.

(7) Einwendungen gegen die Wirksamkeit eines Beschlusses sind innerhalb eines Monats seit Zugang des betreffenden Protokolls durch Feststellungsklage geltend zu machen. Die Klage ist nur gegen die Gesellschaft zu richten.

§ 12
Jahresabschluss

(1) Der Komplementär hat innerhalb der gesetzlichen Frist (§ 264 Abs. 1 HGB) den Jahresabschluss für das abgelaufene Geschäftsjahr aufzustellen und den Gesellschaftern den Entwurf unverzüglich zu übersenden. Soweit nicht zwingende handelsrechtliche Vorschriften oder dieser Vertrag entgegenstehen, sind die steuerrechtlichen Vorschriften über die Gewinnermittlung zu beachten.

(2) Die Verzinsung der Verrechnungskonten im Soll und Haben und die Kosten der Geschäftsführung sind als Aufwand bzw. als Ertrag zu behandeln.

(3) Die Gesellschafterversammlung kann beschließen, dass der Jahresabschluss von einem Wirtschaftsprüfer geprüft wird. Der Jahresabschluss und der Prüfungsbericht sind den Gesellschaftern unverzüglich zuzuleiten.

(4) Der Jahresabschluss wird von der Gesellschafterversammlung festgestellt. Der Entwurf des Jahresabschlusses ist den Gesellschaftern rechtzeitig vor der Beschlussfassung, mindestens jedoch 14 Tage vorher, zuzuleiten.

(5) Wird der Jahresabschluss nachträglich berichtigt, insb. aufgrund einer steuerlichen Außenprüfung, ist der geänderte Jahresabschluss maßgeblich, sofern nicht abweichende handelsrechtliche Vorschriften entgegenstehen.

§ 13
Gewinnverwendung, Ergebnisverteilung

(1) Der Jahresüberschuss wird wie folgt verteilt:

1. Zunächst wird den Verrechnungskonten der Kommanditisten ein Betrag gutgeschrieben, der ... % der Verrechnungskonten der Kommanditisten p.a. entspricht. Maßgeblich ist der jeweilige Stand der Verrechnungskonten am Ende eines Kalendermonats.
2. Der verbleibende Jahresüberschuss wird den Verrechnungskonten der Kommanditisten im Verhältnis ihrer festen Kapitalkonten gutgeschrieben; die Gesellschafterversammlung kann jedoch bis zu ... % des Jahresüberschusses den Rücklagekonten zuweisen.

(2) Gewerbesteuermehr- oder Gewerbesteuerminderbelastungen werden wie folgt ausgeglichen:

1. Gewerbesteuererhöhungen bzw. Gewerbesteuerminderungen bei der Gesellschaft, die durch persönliche Verfügungen einzelner Gesellschafter bzw. aus Sonder- bzw. Ergänzungsbilanzen resultieren („Gesellschafterbezogene Anteile an Gewerbeerträgen"), sind unter den Gesellschaftern vorab auszugleichen. Der Betrag der Gewerbesteuererhöhung oder -minderung wird dem dies verursachenden Gesellschafter als Vorabaufwand bzw. als Vorwegertrag zugerechnet.

2. Gewerbesteuererhöhungen gemäß Ziff. 1 werden nur insoweit ausgeglichen, als sie nicht zu einer Erhöhung der Gewerbesteueranrechnung gemäß § 35 EStG bei den anderen Gesellschaftern geführt haben. Nachteile aus der Gewerbesteueranrechnung gemäß § 35 EStG, die den anderen Gesellschaftern im Fall einer Gewerbesteuerminderung gemäß Ziff. 1 entstehen, vermindern den Vorabgewinn des verursachenden Gesellschafters.

3. Ein Ausgleich gemäß Ziff. 1 und 2 findet nur in den Fällen statt, in denen der gesellschafterbezogene Anteil am Gewerbeertrag ... % des gesamten Gewerbeertrages (vor Zurechnung bzw. Abrechnung des gesellschafterbezogenen Ergebnisanteils) beträgt.

4. Verbleibt nach Berücksichtigung eines gesellschafterbezogenen Anteils am Gewerbeertrag gemäß Ziff. 1 ein negativer Gewerbesteuerertrag, werden sich die Gesellschafter über einen Ausgleich gemäß den unter Ziff. 1 – 3 genannten Grundsätzen verständigen. Ein Ausgleich erfolgt erstmals für das Jahr, für das eine positive Gewerbesteuer für die Gesellschaft festgesetzt wird.

5. Soweit kein handelsrechtlicher Jahresüberschuss der Gesellschaft vorhanden ist oder nicht ausreicht, ist der Gesellschafter, der eine Gewerbesteuermehrbelastung verursacht hat, verpflichtet, den Nachteil der anderen Gesellschafter durch eine entsprechende Bareinlage auszugleichen.

6. Können sich die Gesellschafter nicht über den Ausgleich einigen, wird dieser von einem Wirtschaftsprüfer/Steuerberater als Schiedsgutachter mit bindender Wirkung für alle Gesellschafter ermittelt. Können sich die Gesellschafter nicht auf einen Wirtschaftsprüfer/Steuerberater verständigen, wird dieser von der zuständigen Wirtschaftsprüferkammer oder Steuerberaterkammer bestimmt. Der so bestimmte Wirtschaftsprüfer wird von der Gesellschaft zu angemessenen Konditionen beauftragt. Der Schiedsgutachter hat die Berechnung des Vorabgewinns/Ausgleiches unter Berücksichtigung der individuellen einkommensteuerlichen Kennzahlen der Gesellschafter zu ermitteln. Hierbei werden nur solche Einflussfaktoren berücksichtigt, die sich aus der Beteiligung an der ... KG ergeben. Die Kosten des Schiedsgutachters trägt die Gesellschaft.

(3) Ein etwaiger Jahresfehlbetrag ist entsprechend den festen Kapitalkonten unter den Gesellschaftern zu verteilen.

(4) Scheidet ein Gesellschafter im Laufe eines Wirtschaftsjahres aus, ist er am Ergebnis der Gesellschaft pro rata temporis beteiligt.

§ 14 Entnahmen, Auszahlungen

(1) Die Kosten der Geschäftsführung für den Komplementär können zum jeweiligen Fälligkeitszeitpunkt entnommen werden.

(2) Auszahlungen an Kommanditisten zulasten ihrer Verrechnungskonten beschließt die Gesellschafterversammlung.

(3) Die Kommanditisten sind berechtigt, von der Gesellschaft die Auszahlung folgender Beträge zulasten ihrer Verrechnungskonten zu verlangen, soweit diese entsprechende Guthaben ausweisen.

1. Die auf ihren anteiligen Jahresüberschuss (Gewinnanteil) entfallenden Ertragsteuern (Einkommensteuern, Kirchensteuern, Solidaritätszuschlag, etc.); die auf den Gewinnanteil entfallenden Steuern sind – ohne Rücksicht auf sonstige Einkünfte/Verluste des Gesellschafters – zu ermitteln. Der Ermittlung der (fiktiven) Einkommensteuer wird die Grundtabelle zugrunde gelegt, unabhängig davon, ob ein Gesellschafter verheiratet ist oder nicht; bei der Ermittlung der Kirchensteuer wird der jeweilige Kirchensteuersatz in ... (z.B. Bayern) zugrunde gelegt. Bemessungsgrundlage für das Entnahmerecht von Ertragsteuern ist der von dem Gesellschafter für das letzte vorangehende Geschäftsjahr zu versteuernde anteilige Jahresüberschuss.

2. ... % ihres Gewinnanteils im vorangegangenen Geschäftsjahr.

3. Im Übrigen beschließt die Gesellschafterversammlung über Auszahlungen.

(4) Erben/Vermächtnisnehmer können die Auszahlung der auf die geerbte Beteiligung entfallenden Erbschaftsteuer verlangen. Die entnehmbare Erbschaftsteuer entspricht der Differenz zwischen der nachgewiesenen tatsächlich angefallenen Erbschaftsteuer und der nachgewiesenen Erbschaftsteuer, die anfallen würde, wenn die Beteiligung an der KG nicht zum steuerpflichtigen Nachlass gehören würde. Der betroffene Gesellschafter kann anstelle der Auszahlung gemäß Satz 1 verlangen, dass die Gesellschaft ihm ein entsprechendes verzinsliches Darlehen gewährt, das innerhalb von ... Jahren in gleichen Raten zurückgezahlt werden muss, wenn sich die Parteien nicht über andere Konditionen verständigen. Der Zinssatz soll angemessen sein, 4 % p.a. nicht unterschreiten und wird von der Gesellschafterversammlung festgelegt.

§ 15
Verfügungen über Gesellschaftsanteile und sonstige Ansprüche gegen die Gesellschaft/Belastung von Gesellschaftsanteilen

(1) Die Gesellschafter können ihre Beteiligung oder einen Teil ihrer Beteiligung auf Abkömmlinge, Ehegatten, Mitgesellschafter und/oder auf Abkömmlinge von Mitgesellschaftern übertragen. Eine Übertragung auf andere Personen bedarf der Zustimmung der Gesellschafterversammlung. Der Beschluss bedarf der einfachen Mehrheit der Stimmen aller anderen Gesellschafter. Er kann jedoch nicht ohne Zustimmung des Komplementärs gefasst werden. Wird die Zustimmung ohne wichtigen Grund verweigert, kann der betroffene Gesellschafter verlangen, dass die anderen Gesellschafter seinen Gesellschaftsanteil im Verhältnis ihrer festen Kapitalkonten erwerben. Als Kaufpreis erhält der veräußerungswillige Kommanditist den Betrag, der ihm als Abfindung gemäß § 20 dieses Gesellschaftsvertrages zustehen würde.

(2) Die Abtretung von Gesellschaftsanteilen an Unternehmen, die mit einem Gesellschafter gesellschaftsrechtlich so verbunden sind, dass der Gesellschafter dort den bestimmenden Einfluss hat, ist ohne Zustimmung der Gesellschafterversammlung zulässig. Der übertragende Gesellschafter hat jedoch dafür zu sorgen, dass bei Wegfall seines bestimmenden Einflusses die Beteiligung an der Gesellschaft auf ihn zurückübertragen wird.

(3) Die Abtretung von Gesellschaftsanteilen von einem Treuhänder an den Treugeber bedarf nicht der Zustimmung gemäß Abs. 1, wenn für den Abschluss des Treuhandvertrages die Zustimmung gemäß Abs. 1 erteilt wurde.

(4) Wird nur ein Teil eines Gesellschaftsanteils übertragen, so müssen die neuen festen Kapitalkonten ein ganzzahliges Vielfaches von ... € betragen.

(5) Abs. 1 Sätze 1 – 4 gelten entsprechend, wenn der Gesellschaftsanteil eines Gesellschafters oder ein Anspruch des Gesellschafters gegen die Gesellschaft belastet werden soll.

(6) Verfügungen über Gesellschaftsanteile und/oder sonstige Ansprüche gegen die Gesellschaft sowie die Belastung von Gesellschaftsanteilen und von Ansprüchen gegen die Gesellschaft bedürfen der Schriftform.

§ 16
Vorkaufsrecht

(1) Verkauft ein Gesellschafter seinen Gesellschaftsanteil ganz oder zum Teil, steht den anderen Gesellschaftern ein Vorkaufsrecht im Verhältnis ihrer Kapitalkonten zu (Vorkaufsrecht erster Stufe). Für das Vorkaufsrecht gelten die Vorschriften der §§ 463 ff. BGB entsprechend, wobei das Vorkaufsrecht bis zum Ablauf des nächsten vollen Kalendermonates nach Zugang des unterzeichneten Kaufvertrages auszuüben ist. Jeder Gesellschafter kann von seinem Vorkaufsrecht nur insgesamt oder gar nicht Gebrauch machen.

(2) Macht ein Gesellschafter von seinem Vorkaufsrecht nicht oder nicht fristgerecht Gebrauch, geht das Vorkaufsrecht auf die vorkaufswilligen Gesellschafter im Verhältnis ihrer festen Kapitalkonten nach Ausübung des Vorkaufsrechtes auf der ersten Stufe über (Vorkaufsrecht zweite Stufe usw.). Abs. 1 Satz 2 und 3 gelten entsprechend, mit der Maßgabe, dass an Stelle des Zugangs des Kaufvertrages die Mitteilung tritt, dass ein Gesellschafter sein Vorkaufsrecht nicht ausüben will oder nicht ausgeübt hat. Kein Gesellschafter, der sein Vorkaufsrecht auf einer Stufe ausgeübt hat, muss sein Vorkaufsrecht auf einer späteren Stufe ebenfalls ausüben.

(3) Wird der verkaufte Gesellschaftsanteil von den anderen Gesellschaftern nicht vollständig angekauft, ist der betroffene Gesellschafter berechtigt, die Gesellschaft mit einer Frist von zwölf Monaten zum Ende eines Geschäftsjahres zu kündigen. Das Kündigungsrecht erlischt, wenn es nicht innerhalb von sechs Monaten ausgeübt worden ist; die Frist beginnt am Ende der letzten Vorkaufsfrist gemäß Abs. 1 Satz 2 und Satz 3 und Abs. 2.

§ 17
Vererbung von Gesellschaftsanteilen

(1) Durch den Tod eines Gesellschafters wird die Gesellschaft nicht aufgelöst, sondern mit den Erben des verstorbenen Gesellschafters fortgesetzt. Rechtsnachfolger eines verstorbenen Gesellschafters in den Gesellschaftsanteil können jedoch nur Gesellschafter, Ehegatten und/oder Abkömmlinge sein.

(2) Sind mehrere Erben vorhanden, so ist ihnen die Ausübung aller ihrer Gesellschafterrechte nur durch einen Bevollmächtigten gestattet, ausgenommen das Recht zur Kündigung der Gesellschaft. Dieser Bevollmächtigte ist von der Erbengemeinschaft gegenüber der Gesellschaft innerhalb von drei Monaten nach dem Tod des Gesellschafters zu benennen. Das Stimmrecht der Erben ruht, bis sie einen Bevollmächtigten benannt haben und bis der Bevollmächtigte eine von allen Erben unterzeichnete Vollmacht vorlegt, die ihn zur einheitlichen Ausübung der Gesellschafterrechte der Erben, ausgenommen das Recht zur Kündigung der Gesellschaft, ermächtigt. Sätze 1 – 3 gelten im Fall des Widerrufes der Vollmacht entsprechend, bis ein neuer Bevollmächtigter benannt ist und seine Vollmacht vorgelegt hat.

(3) Hat ein verstorbener Gesellschafter Testamentsvollstreckung hinsichtlich seiner Beteiligung angeordnet, so werden die Rechte des/der in die Gesellschaft eintretenden Erben durch den Testamentsvollstrecker ausgeübt. Der Bestellung eines Bevollmächtigten gemäß Abs. 2 bedarf es in diesen Fällen erst mit dem Ende der Testamentsvollstreckung.

(4) Vermächtnisnehmer stehen Erben gleich.

§ 18
Ausschluss von Gesellschaftern

(1) Die Gesellschafterversammlung kann mit einfacher Mehrheit aller Stimmen einen Gesellschafter aus der Gesellschaft ausschließen,

1. wenn in seiner Person ein wichtiger Grund gegeben ist, der nach den Vorschriften des § 140 HGB seinen gerichtlichen Ausschluss aus der Gesellschaft ermöglichen würde;
2. wenn ein Gesellschafter geheiratet hat, ohne mit seinem Ehegatten rechtswirksam zu vereinbaren, dass bei Beendigung des Güterstandes die Beteiligung an der Gesellschaft für die Berechnung des Zugewinns des Gesellschafters außer Betracht bleiben soll, oder wenn er eine solche Vereinbarung mit seinem Ehegatten rückgängig macht.

(2) Statt des Ausschlusses kann die Gesellschafterversammlung beschließen, dass der Gesellschaftsanteil des betroffenen Gesellschafters ganz oder teilweise auf einen oder mehrere Gesellschafter und/oder Dritte abzutreten ist. In diesen Fällen ist der betroffene Gesellschafter verpflichtet, seinen

Gesellschaftsanteil unverzüglich gemäß dem gefassten Beschluss abzutreten. Die Komplementärin wird bevollmächtigt, die Abtretung vorzunehmen. Das Recht zum Ausschluss des betroffenen Gesellschafters bleibt unberührt.

(3) Ein Ausschließungs- und Abtretungsbeschluss kann nur gefasst werden

- im Fall des Abs. 1 Nr. 1 innerhalb von sechs Monaten ab dem Zeitpunkt, ab dem der zur Ausschließung berechtigende Tatbestand den anderen Gesellschaftern bekannt geworden ist;
- in den Fällen des Abs. 1 Nr. 1 und Nr. 2 jederzeit und ohne Rücksicht darauf, wann der zur Ausschließung berechtigende Tatbestand eingetreten oder den übrigen Gesellschaftern bekannt geworden ist, und unabhängig davon, wie viel Zeit seither verstrichen ist.

(4) Der betroffene Gesellschafter hat bei der Fassung des Ausschließungs- und/oder Abtretungsbeschlusses kein Stimmrecht.

§ 19
Ausscheiden aus der Gesellschaft

(1) Ein Gesellschafter scheidet u.a. aus der Gesellschaft mit dem Eintritt der folgenden Ereignisse aus, ohne dass es eines Beschlusses der anderen Gesellschafter bedarf:

1. mit dem Ablauf der Kündigungsfrist;
2. mit der Eröffnung des Insolvenzverfahrens oder mit der Ablehnung der Eröffnung des Insolvenzverfahrens mangels Masse oder mit dem Antrag auf Eröffnung eines Insolvenzverfahrens über sein Vermögen;
3. mit der Einzelzwangsvollstreckung in seine Gesellschaftsanteile oder eines seiner sonstigen Gesellschaftsrechte oder seine Ansprüche gegen die Gesellschaft, und zwar mit dem Ablauf einer Frist von drei Monaten ab Zustellung des Pfändungs- und Überweisungsbeschlusses, falls die Zwangsvollstreckungsmaßnahme nicht zu diesem Zeitpunkt aufgehoben worden ist;
4. ...

(2) In den Fällen des Abs. 1 wird die Gesellschaft unter Beibehaltung der bisherigen Firma von den verbleibenden Gesellschaftern fortgesetzt.

§ 20
Abfindung

(1) In den Fällen des Ausscheidens eines Gesellschafters hat der ausscheidende Gesellschafter Anspruch auf eine Abfindung nach Maßgabe der Bestimmungen dieses Vertrages.

- *Formulierungsvariante:*

(2) Zum Zwecke der Ermittlung des Abfindungsguthabens ist von dem Komplementär eine Abfindungsbilanz nach Maßgabe der nachfolgenden Vorschriften aufzustellen, wenn sich die Parteien nicht über die Höhe des Abfindungsguthabens einigen können. Die Abfindung bemisst sich nach dem Stand des Kapitalkontos des betroffenen Gesellschafters in der Auseinandersetzungsbilanz.

1. *Fällt der Stichtag des Ausscheidens nicht mit dem Ende eines Geschäftsjahres zusammen, ist der Berechnung der Abfindung die letzte, dem Ausscheiden vorangehende Jahresbilanz zugrunde zu legen. Die zwischen dem Bilanzstichtag und dem Stichtag des Ausscheidens entstandenen Gewinne oder Verluste sind bei der Ermittlung der Abfindung nicht zu berücksichtigen. Die der Berechnung der Abfindung zugrunde zu legende Bilanz bleibt auch dann maßgeblich, wenn diese Bilanz nachträglich (z.B. aufgrund einer steuerlichen Außenprüfung) geändert wird.*
2. *In der Auseinandersetzungsbilanz ist das Grundvermögen mit 50% des Verkehrswertes anzusetzen. Wenn sich die Parteien über den Verkehrswert der Grundstücke nicht einigen, ist der Verkehrs-*

wert durch einen vereidigten Sachverständigen als Schiedsgutachter, der einvernehmlich von der Gesellschaft und dem betroffenen Gesellschafter zu bestimmen ist, zu ermitteln. Können sich die Beteiligten über die Person des Sachverständigen nicht einigen, ist dieser von dem Präsidenten der für die Gesellschaft zuständigen Industrie- und Handelskammer zu bestimmen. Die Gesellschaft hat den Sachverständigen zu angemessenen Bedingungen zu beauftragen. Der Sachverständige entscheidet nach billigem Ermessen auch darüber, welche Beteiligten seine Kosten zu tragen haben und in welcher Höhe.

- *Formulierungsalternative zu (2) Ziff. 2:*

2. In der Auseinandersetzungsbilanz ist das Grundvermögen mit dem Bedarfswert gemäß § 146 BewG anzusetzen, der der Ermittlung des Erbschaftsteuerwertes von Grundstücken zugrunde zu legen ist. Können sich die Parteien nicht einigen, ist der Bedarfswert durch einen vereidigten Grundstückssachverständigen als Schiedsgutachter, der einvernehmlich von der Gesellschaft und dem betroffenen Gesellschafter zu bestimmen ist, zu ermitteln. Können sich die Beteiligten über die Person des Sachverständigen nicht einigen, ist dieser von dem Präsidenten der für die Gesellschaft zuständigen Industrie- und Handelskammer zu bestimmen; die Gesellschaft hat den Sachverständigen zu üblichen Konditionen zu beauftragen. Der Sachverständige entscheidet nach billigem Ermessen auch darüber, welche Beteiligten seine Kosten zu tragen haben und in welcher Höhe. Im Übrigen sind die Bilanzwerte anzusetzen.

- *Formulierungsvariante:*

(2) Das Abfindungsguthaben entspricht dem Anteil des ausgeschiedenen Gesellschafters am Buchwert der Gesellschaft. Erfolgt das Ausscheiden zum Ende eines Geschäftsjahres, ist der Buchwert am Ende des Geschäftsjahres maßgeblich. Erfolgt das Ausscheiden im Laufe eines Geschäftsjahres, ist der Buchwert am Beginn des jeweiligen Geschäftsjahres maßgeblich. Der Buchwert bleibt auch bei einer späteren Änderung (z.B. anlässlich einer Außenprüfung) maßgeblich, mit der Folge, dass später festgestellte Vermögens- oder Ertragsänderungen die Abfindung nicht beeinflussen und nur die verbliebenen Gesellschafter betreffen. Das Guthaben auf dem Verrechnungskonto ist dem ausgeschiedenen Gesellschafter innerhalb von...Monaten ab dem Ausscheiden zur Hälfte und der Rest...Monate später auszuzahlen. Ein negatives Verrechnungskonto ist zum Zeitpunkt des Ausscheidens auszugleichen. Die Rückzahlung von Darlehen des ausgeschiedenen Gesellschafters an die Gesellschaft richtet sich nach dem Darlehensvertrag.

- *Formulierungsvariante:*

(2) Die Abfindung bemisst sich nach der Summe aus den Forderungskonten des ausgeschiedenen Gesellschafters (Verrechnungskonto, Darlehenskonto) und dessen Anteil am Ertragswert. Der Ertragswert ist nach der Methode zu ermitteln, die das Institut der Wirtschaftsprüfer in Düsseldorf jeweils am Stichtag des Ausscheidens empfiehlt (derzeit Standard „S 1").

- *Formulierungsvariante:*

(2) Das Abfindungsguthaben ist nach billigem Ermessen ohne Bindung an § 738 BGB und dessen Auslegung unter Berücksichtigung der Dauer der Mitgliedschaft des ausgeschiedenen Gesellschafters in der Gesellschaft, seines Anteils an Aufbau und Erfolg des Unternehmens, des Anlasses seines Ausscheidens und unter Berücksichtigung der Liquidität und des Vermögens der Gesellschaft zum Zeitpunkt des Ausscheidens und der wirtschaftlichen Auswirkungen der Zahlung des Abfindungsguthabens sowie unter Berücksichtigung der Interessen des ausgeschiedenen Gesellschafters zu ermitteln.)

(3) Können sich die Beteiligten nicht über die Höhe des Abfindungsguthabens einigen, so ist das Abfindungsguthaben für alle Beteiligten verbindlich durch einen Schiedsgutachter zu ermitteln. Können sich die Parteien nicht über die Person des Schiedsgutachters einigen, so wird dieser durch den Präsidenten der für die Gesellschaft zuständigen Industrie- und Handelskammer bestimmt und von der

Gesellschaft zu üblichen Bedingungen beauftragt. Der Schiedsgutachter entscheidet auch über die Tragung der Kosten für die Ermittlung des Abfindungsguthabens nach billigem Ermessen.

(4) In den Fällen der §§ 18, 19 Abs. 1 Ziff. 1 und Ziff. 2 dieses Vertrages erhält der betroffene Gesellschafter als Abfindung lediglich seinen Anteil am Buchwert und den Saldo seiner Forderungskonten in der letzten ordentlichen Jahresbilanz, die seinem Ausscheiden vorangeht oder auf den Stichtag des Ausscheidens aufgestellt wird. Ein negativer anteiliger Buchwert ist mit Forderungen des ausgeschiedenen Gesellschafters (z.B. aus Guthaben auf Darlehens- und Verrechnungskonten und sonstigen Abfindungsansprüchen) zu verrechnen. Der ausgeschiedene Gesellschafter ist jedoch nicht verpflichtet, weitere Einlagen zu leisten. Der ermittelte Buchwert bleibt auch bei einer späteren Änderung des Jahresabschlusses (z.B. anlässlich einer Außenprüfung) maßgeblich. Sollte diese Abfindungsbeschränkung unwirksam sein, erhält der betreffende Gesellschafter 50% der Abfindung gemäß Abs. 2.

(5) Die Auszahlung der Abfindung erfolgt in ... gleichen Jahresraten, von denen die erste ... Monate nach dem Stichtag des Ausscheidens zur Zahlung fällig wird.

(6) Sollte die Einhaltung der Jahresraten nicht ohne schweren Schaden für die Gesellschaft möglich sein, ermäßigt sich die Höhe der Jahresraten auf den Betrag, der für die Gesellschaft ohne schwere Schädigung tragbar ist, wobei sich die Zahl der Jahresraten entsprechend erhöht. Entsteht darüber, ob die Einhaltung der Jahresraten ohne schweren Schaden für die Gesellschaft möglich ist und/oder um welche Zahl sich die Jahresraten erhöhen, eine Meinungsverschiedenheit zwischen den Beteiligten, so wird diese von einem Wirtschaftsprüfer als Schiedsrichter nach billigem Ermessen entschieden. Können sich die Parteien nicht über die Person des Schiedsrichters einigen, so wird dieser durch den Präsidenten der für den Sitz der Gesellschaft zuständigen Industrie- und Handelskammer bestimmt und von einer Partei zu angemessenen Bedingungen beauftragt. Der Schiedsrichter entscheidet auch über die Tragung seiner Kosten nach billigem Ermessen.

(7) Das Abfindungsguthaben ist ab Fälligkeit der ersten Rate mit ...% über dem jeweiligen Basiszinssatz p.a. (alternativ: ... mit ...% p.a.) zu verzinsen. Die aufgelaufenen Zinsen sind mit dem jeweiligen Hauptsachebetrag zu bezahlen. Die Gesellschaft ist berechtigt, die Abfindung ganz oder teilweise früher auszuzahlen.

(8) Weitere Ansprüche des Ausscheidenden bestehen nicht. Sicherheit wegen der Inanspruchnahme durch Gesellschaftsgläubiger oder Befreiung von den Gesellschaftsschulden kann er nicht verlangen.

§ 21
Informationsrechte

(1) Den Kommanditisten stehen abweichend von § 166 Abs. 2 HGB auch die Rechte des § 118 HGB zu. Angelegenheiten der Gesellschaft sind auch Angelegenheiten von Gesellschaften, an denen die Gesellschaft beteiligt ist. Die Kommanditisten können ihr Informationsrecht auf ihre Kosten auch durch sachverständige Dritte, die berufsrechtlich zur Verschwiegenheit verpflichtet sind, ausüben lassen.

(2) Treugebern von Treuhandgesellschaftern, Nießbrauchern an Gesellschaftsanteilen und Testamentsvollstreckern stehen die gleichen Rechte zu, die Kommanditisten nach Abs. 1 zustehen.

§ 22
Wettbewerbsverbot

(1) Kein Gesellschafter darf während seiner Zugehörigkeit zur Gesellschaft mittelbar oder unmittelbar, gelegentlich oder gewerbsmäßig, unter eigenem oder fremdem Namen, auf eigene oder fremde

Rechnung auf dem Tätigkeitsgebiet der Gesellschaft Geschäfte machen oder ein Unternehmen, das Geschäfte auf dem Tätigkeitsgebiet der Gesellschaft betreibt, erwerben, sich an einem solchen Unternehmen beteiligen oder es auf andere Weise unterstützen, soweit dies ohne Verstoß gegen gesetzliche Vorschriften vereinbart werden kann.

(2) Das Wettbewerbsverbot gemäß Abs. 1 gilt auch bis zum Ablauf von ... Kalendermonaten ab dem Ausscheiden des Gesellschafters aus der Gesellschaft.

(3) Durch Gesellschafterbeschluss können Gesellschafter von dem Wettbewerbsverbot befreit werden. Betroffene Gesellschafter haben hierbei kein Stimmrecht.

(4) Im Fall der Verletzung der Bestimmungen in Abs. 1 und 2 gilt § 113 HGB entsprechend.

§ 23
Liquidation

(1) Die Liquidation der Gesellschaft erfolgt durch den Komplementär, soweit die Gesellschafterversammlung nichts Abweichendes beschließt.

(2) Das nach Befriedigung der Gläubiger verbleibende Vermögen der Gesellschaft ist im Verhältnis der Kapitalkonten unter den Gesellschaftern zu verteilen.

§ 24
Schiedsgericht

Zur Entscheidung über alle Streitigkeiten, die sich zwischen der Gesellschaft auf der einen Seite und den Gesellschaftern auf der anderen Seite oder zwischen Gesellschaftern untereinander aufgrund des Gesellschaftsverhältnisses – auch über die Rechtswirksamkeit des Gesellschaftsvertrages oder einzelner seiner Bestimmungen – ergeben, ist unter Ausschluss des ordentlichen Rechtswegs ein Schiedsgericht zu berufen, soweit dieser Vertrag nichts Abweichendes bestimmt. Über die Zuständigkeit, die Zusammensetzung und das Verfahren haben die Gesellschafter in einer gesonderten Urkunde eine Vereinbarung getroffen.

§ 25
Salvatorische Klausel

Sollte eine Bestimmung dieses Vertrages unwirksam sein oder werden, so gelten die übrigen Bestimmungen gleichwohl. Die Gesellschafter verpflichten sich, die nichtige Bestimmung durch eine solche zu ersetzen, die dem wirtschaftlichen Zweck der unwirksamen Bestimmung am nächsten kommt. Entsprechendes gilt, wenn der Vertrag eine Lücke aufweisen sollte.

§ 26
Schlussbestimmungen

(1) Änderungen und Ergänzungen dieses Vertrages bedürfen zu ihrer Wirksamkeit der Schriftform, soweit nicht im Gesetz eine notarielle Beurkundung vorgeschrieben ist.

(2) Die Kosten dieses Vertrages werden von der Gesellschaft getragen.

§ 4 GmbH & Co. KG

Inhaltsverzeichnis

	Rn.
A. Einführung	1
I. Praktische Verbreitung der Rechtsform der GmbH & Co. KG	1
II. Rechtliche Anerkennung der Rechtsform der GmbH & Co. KG	3
III. Gründe für die Wahl der Rechtsform der GmbH & Co. KG	6
1. Zivilrecht	6
2. Steuerrecht	9
IV. Arten der GmbH & Co. KG	10
V. Verzahnung der beiden Gesellschaftsverträge	11
1. Grundsatz: Notwendigkeit der Verzahnung	11
a) Problematik	11
b) Anwendungsfälle der Verzahnung	16
aa) Übertragung von Gesellschaftsanteilen	16
bb) Belastung von Gesellschaftsanteilen	19
cc) Vererbung von Gesellschaftsanteilen	22
dd) Testamentsvollstreckung	25
ee) Kündigung der Gesellschaft	28
ff) Ausschließung eines Gesellschafters	31
gg) Zwangsvollstreckung	34
hh) Gesellschafterversammlungen und -beschlüsse	37
2. Ausnahme: Einheits-GmbH & Co. KG	42
a) Vorteile der Einheits-GmbH & Co. KG	42
b) Rechtliche Zulässigkeit der Einheits-GmbH & Co. KG	44
c) Problembereiche bei der Vertragsgestaltung	45
aa) Überblick	45
bb) Beschlussfassung	46
(1) Problematik	46
(2) Lösungsvorschläge	47
cc) Kapitalschutz	52
B. Gründung	56
I. Art und Weise	56
II. Komplementär-GmbH	57
1. GmbH	57
2. AG	60
3. Stiftung	61
4. Ausländische Kapitalgesellschaft	69
III. Kommanditist	75
IV. Entstehung der GmbH & Co. KG	79
1. Gründung der Komplementär-GmbH	79
a) Beteiligung Minderjähriger	79
b) Kapitalaufbringung und -erhaltung	80
c) Unternehmensgegenstand	82
2. Gründung GmbH & Co. KG	85
a) Abschluss des Gesellschaftsvertrags	85
b) Zeitpunkt des Entstehens der GmbH & Co. KG	87
aa) Innenverhältnis	87
bb) Außenverhältnis	88
C. Gesellschaftsvertrag	96
I. Grundsatz der Vertragsfreiheit	96
II. Einzelfragen des Gesellschaftsvertrags	97
1. Firma	97
2. Unternehmensgegenstand	104
3. Geschäftsjahr	106
4. Einlagen der Gesellschafter	108
a) Einführung	108
b) Einlage der Komplementär-GmbH	109
c) Einlagen der Kommanditisten	111
aa) Überblick	111
bb) Pflichteinlage (Innenverhältnis)	112
cc) Haftsumme (Außenverhältnis)	114
5. Konten der Gesellschafter	121
a) Grundlagen	121
b) Gesetzliches Regelungsmodell	122
aa) Kapitalanteil der Komplementär-GmbH	122
bb) Kapitalanteil der Kommanditisten	123
c) Vertragliche Gestaltungsmöglichkeiten	127
aa) Notwendigkeit einer vertraglichen Regelung	127
bb) Zweikontenmodell	128
cc) Dreikontenmodell	130
dd) Vierkontenmodell	132
6. Geschäftsführung und Vertretung	134
a) Geschäftsführung	134
aa) Gesetzliches Regelungsmodell	134
bb) Vertragliche Regelungsmöglichkeiten	137
b) Vertretung	143
aa) Gesetzliches Regelungsmodell	143
bb) Vertragliche Regelungsmöglichkeiten	144
c) Umsatzsteuer-Pflicht von Leistungen für Geschäftsführung und Vertretung	150
7. Gesellschafterversammlung und -beschluss	154
a) Gesellschafterversammlung	154
b) Gesellschafterbeschluss	156
c) Anfechtung des Gesellschafterbeschlusses	161
8. Jahresabschluss und Publizität	164
9. Gewinnverwendung und -verteilung	167
a) Gesetzliches Regelungsmodell	167
b) Vertragliche Regelungsmöglichkeiten	168
10. Entnahmerecht	172

a) Gesetzliches Regelungsmodell 172	(3) Fortsetzungsklausel 218
b) Vertragliche Regelungsmöglichkeiten. . . 173	(4) Eintrittsklausel.............. 221
11. Kündigung der Gesellschaft................ 176	(5) Rechtsgeschäftliche Nachfolge-
a) Ordentliche Kündigung.............. 176	klausel 229
b) Außerordentliche Kündigung 178	cc) Testamentsvollstreckung am Kom-
12. Ausschluss von Gesellschaftern........... 179	manditanteil 232
13. Ausscheiden von Gesellschaftern 181	D. Geschäftsbriefe 236
14. Güterstandsklausel...................... 186	E. Übertragung von Anteilen an der GmbH &
a) Notwendigkeit einer Güterstandsklausel 186	Co. KG 238
b) Zulässigkeit einer Güterstandsklausel. . . 189	I. Gegenstand der Anteilsübertragung 238
c) Ausgestaltung einer Güterstandsklausel . 192	II. Übertragbarkeit der Gesellschaftsanteile...... 241
d) Form................................ 194	III. Zustimmungserfordernisse 242
e) Sanktionen bei Verstoß gegen die Güter-	IV. Vorkaufsrechte........................ 247
standsklausel 195	V. Form 250
15. Erbfolge 199	VI. Ergebnisverteilung..................... 255
a) Tod des persönlich haftenden Gesell-	VII. Wirksamwerden und Haftungsrisiken........ 257
schafters 199	VIII. Handelsregisteranmeldung 261
b) Tod eines Kommanditisten 201	F. Formulierungsbeispiele für eine beteiligungs-
aa) Gesetzliches Regelungsmodell..... 201	identische GmbH & Co. KG................ 265
bb) Vertragliche Gestaltungsmöglich-	I. Gesellschaftsvertrag einer GmbH & Co. KG . . 265
keiten 208	II. Gesellschaftsvertrag einer Komplementär-
(1) Einfache Nachfolgeklausel 208	GmbH 266
(2) Qualifizierte Nachfolgeklausel . 212	

Kommentare und Gesamtdarstellungen:

Baumbach/Hopt, Kommentar zum Handelsgesetzbuch, 32. Aufl. 2006; *Binz/Sorg*, Die GmbH & Co. KG im Gesellschafts- und Steuerrecht, 10. Aufl. 2005; *Ebenroth/Boujong/Joost*, Kommentar zum Handelsgesetzbuch, 2001; *Hesselmann/Tillmann/Mueller-Thuns*, Handbuch der GmbH & Co. KG, 19. Aufl. 2005; *Münchener Handbuch des Gesellschaftsrechts*, Bd. 2, 2. Aufl. 2004; *Münchener Kommentar zum Handelsgesetzbuch*, Bd. 2, 2. Aufl. 2006; *Preißer/von Rönn*, Die KG und die GmbH & Co. KG, 2005; *Reichert/Weller*, Der GmbH-Geschäftsanteil, 2006; *Scherer/Blanc/Kormann/Groth/Wimmer*, Familienunternehmen, 2005; *K. Schmidt*, Gesellschaftsrecht, 4. Aufl. 2002; *Schulze zur Wiesche/Ottersbach*, GmbH & Co. KG, 3. Aufl. 2005; *Scholz*, Kommentar zum GmbH-Gesetz, 9. Aufl. 2002; *Sudhoff*, Familienunternehmen, 2. Aufl. 2005; *ders.*, GmbH & Co. KG, 6. Aufl. 2005; *Wagner/Rux*, Die GmbH & Co. KG, 10. Aufl. 2004.

Formularbücher und Mustersammlungen:

Beck'sches Formularbuch Bürgerliches, Handels- und Wirtschaftsrecht, 9. Aufl. 2006; *Münchener Vertragshandbuch*, Bd. 1, 6. Aufl. 2005; *Hopt*, Vertrags- und Formularbuch zum Handels-, Gesellschafts-, Bank- und Transportrecht, 3. Aufl. 2006; *Priester*, Vertragsgestaltung bei der GmbH & Co. KG, 3. Aufl. 2000; *Sommer*, Die Gesellschaftsverträge der GmbH & Co. KG, 3. Aufl. 2005.

Aufsätze und Rechtsprechungsübersichten:

Bahnsen, Gestaltung einer GmbH & Co. KG als „Einheitsgesellschaft", GmbHR 2001, 186; *Balz/Ilina*, Kommanditkapital nach International Accounting Standards – Ist die GmbH & Co. KG kapitalmarkttauglich?, BB 2005, 2759; *Beckmann*, Die AG & Co. KG – eine attraktive Unternehmensform?, DStR 1995, 296; *Behrens/Schmitt*, Umsatzsteuer auf die Geschäftsführung und Übernahme der unbeschränkten Haftung durch die Komplementär-GmbH, GmbHR 2003, 269; *Binz/Mayer*, Beurkundungspflichten bei der GmbH & Co. KG, NJW 2002, 3054; *Binz/Sorg*, Die ausländische Kapitalgesellschaft & Co. KG im Aufwind, GmbHR 2003, 249; *Bitter/Grashoff*, Anwendungsprobleme des Kapitalgesellschaften- und Co- Richtlinie-Gesetzes, DB 2000, 833; *Borsch*, Die Stärkung des Einflusses der Komplementär-GmbH in der GmbH & Co. KG, GmbHR 2003, 881; *BStBK*, Hinweise der Bundessteuerberaterkammer zum Ausweis des Eigenkapitals bei Personenhandelsgesellschaften im Handelsrecht, DStR 2006, 668; *Carlé*, Gesellschafterkonten der GmbH & Co. KG, KÖSDI 1985, 6095; *Carlé*, Strategien im Hinblick auf die erweiterte Prüfungs- und Publizitätspflicht im KapCoRiLiG, KÖSDI 2000, 12653; *Carlé/Bauschatz*, Die durch Kapitalkonten abgebildete Beteiligung einer Personengesellschaft im Gesellschafts- und Steuerrecht, FR 2002, 1153; *dies.* Vermeidbares Haftungsrisiko bei der Umwandlung einer GmbH in eine GmbH & Co. KG, ZIP 2002, 2072; *Carlé/Carlé*, Ist die Stimmausübung der Kommanditisten in der Gesellschafterversammlung der Komplementär-GmbH einer Einheits-GmbH & Co.

KG geprägeschädlich i.S.d. § 15 III Nr. 2 EStG?, GmbHR 2001, 100; *Carlé/Strahl*, Gestaltungspraxis: Formwechsel der GmbH in die GmbH & Co. KG im Zivil- und Steuerrecht, KÖSDI 2005, 14830; *Dorozala/Söffing*, Zur Vermeidung handelsrechtlicher Offenlegungspflichten durch alternative Rechtsformen, DStR 2000, 1567; *Eisolt/Verdenhalven*, Erläuterungen des Kapitalgesellschaften- und Co-Richtlinie-Gesetzes (KapCoRiLiG), NZG 2000, 130; *Ettinger/Eberl*, Die vorweggenommene Erbfolge unter Verwendung einer gewerblich geprägten GmbH & Co. KG, GmbHR 2004, 548; *Farr*, Aufstellung, Prüfung und Offenlegung des Anhangs im Jahresabschluss der GmbH & Co. KG, GmbHR 2000, 543 und 605; *Flesner*, Die GmbH-Reform (MoMiG) aus Sicht der Akquisitions- und Restrukturierungspraxis, NZG 2006, 641; *Fröhler*, Die Insichgeschäftsbeschränkung nach § 181 BGB bei der GmbH & Co. KG, BWNotZ 2005, 129; *Fröhlich*, Formwechsel einer GmbH in eine GmbH & Co. KG, GmbH-StB 2004, 186; *Frystatzki*, Eigenkapital oder Fremdkapital?, EStB 2006, 342; *Gassen*, Zulässigkeit und Grenzen gesellschaftsrechtlich vereinbarter Pflichten zur Vornahme familien- und erbrechtlicher Vereinbarungen mit Dritten, RNotZ 2004, 423; *Gassmann*, Wege aus der GbR in die GmbH & Co. KG in handels- und steuerrechtlicher Sicht, DB 2004, 2066; *Geschwendtner*, Testamentsvollstreckung an einem Kommanditanteil, NJW 1996, 362; *Götz*, Grunderwerbsteuerliche Fragen bei der Übertragung eines Kommanditanteils an einer GmbH & Co. KG, GmbHR 2005, 615; *ders.*, Grunderwerbsteuerliche Fragen bei der Übertragung von Personengesellschaftsanteilen, BB 2006, 578; *Göz*, Die Nachfolgeregelung bei der GmbH & Co. KG, NZG 2004, 245; *Haas*, Der Entwurf des „MoMiG" und weitergehende Vorschläge zur Bekämpfung des Missbrauchs der GmbH, GmbHR 2006, 729; *Hempe*, Eigenkapitalausweis der GmbH & Co. KG nach dem KapCoRiLiG, DB 2000, 1293; *Herrmann*, Zur Rechnungslegung der GmbH & Co. KG im Rahmen des KapCoRiLiG, Wpg. 2001, 271; *Hess*, Die Nichtigkeit von Abfindungsklauseln betreffend den Geschäftsanteil ausgeschiedener Gesellschafter nach § 138 BGB, NZG 2001, 648; *Hiller/Robisch*, Umsatzsteuerbarkeit von Geschäftsführungsleistungen an eine GmbH, DStR 2005, 1125; *Hoffmann*, Eigenkapitalausweis und Ergebnisverteilung bei Personenhandelsgesellschaften nach Maßgabe des KapCoRiLiG, DStR 2000, 837; *ders.*, Publizitätsvermeidungsstrategien bei kleinen und mittelgroßen GmbH's, GmbH-StB 2000, 83; *Hohaus/Eickmann*, Die Beteiligung Minderjähriger an vermögensverwaltenden Familien-KG – Anforderungen für die steuerliche Anerkennung, BB 2004, 1707; *Huber*, Gesellschafterkonten in der Personengesellschaft, ZGR 1988, 1; *Hübner*, Die (dis-)qualifizierte Nachfolgeklausel, ZErb 2004, 34; *ders.* Die Eintrittsklausel im Einkommen- und Erbschaftsteuerrecht, ErbStB 2006, 17; *Hülsmann*, Abfindungsklauseln: Kontrollkriterien der Rechtsprechung, NJW 2002, 1673; *Hundt-Esswein*, Geschäftsführer- und Vertretungsleistung an eine Personengesellschaft, UVR 2003, 250; *Ivo*, Die Vererbung von Kommanditanteilen, ZEV 2006, 302; *Jansen*, Die Sanktionen der Publizitätsverweigerung nach dem Kapitalgesellschaften- und Co-Richtlinien-Gesetz, DStR 2000, 596; *Janzen*, Kreditvergaben der GmbH & Co. KG an ihre Gesellschafter nach der neueren Rechtsprechung des BGH, DB 2006, 2108; *Jorde/Götz*, Gestaltung der Einheits(kommandit)gesellschaft – Praxisfragen aus steuer-, zivil- und sozialversicherungsrechtlicher Sicht, BB 2005, 2718; *Kempermann*, Die Formbedürftigkeit der Abtretung einer Beteiligung an einer GmbH & Co. KG, NJW 1991, 684; *Kiesel/Grimm*, Die Offenlegungsverpflichtung bei Kapitalgesellschaften & Co. nach dem Beschluss des EuGH vom 23.3.2004, DStR 2004, 2210; *Kirchdörfer/Lorz*, Familienvermögensgesellschaften als Organisationsmodelle im Rahmen der Familienstrategie und der Planung der Vermögensnachfolge, DB Beilage 3/2004; *Koblenzer*, Umstrukturierungen im Rahmen einer Unternehmensnachfolge, ErbStB 2003, 228 (Teil I) und 2004, 49 (Teil II); *Koblenzer/Groß*, Qualifizierte Nachfolgeklauseln bei Personengesellschaften, ErbStB 2003, 367; *Kohler*, Eigenkapital in der Bilanz – auch bei zwingender Rückzahlbarkeit?, ZHR 170 (2006), 101; *Korezkij*, Ausgewählte steuerliche Fragen im Zusammenhang mit einer Einheits-GmbH & Co. KG, GmbHR 2004, 1383; *Kraft/Ulrich*, Zielgesellschaft GmbH & Co. KG: Zivil- und steuerrechtliche Gestaltungsmöglichkeiten bei Veräußerung und Erwerb, DB 2006, 711; *Krietenstein*, Gewerbliche Prägung der Einheits-GmbH & Co. KG, StuB 2006, 16; *Kroschewski*, Grunderwerbsteuer bei der GmbH & Co. KG, GmbHR 2003, 157; *Kuhlemann*, Umsatzsteuerliche Steuerbarkeit und Steuerpflicht von Gesellschafterleistungen, DStR 2005, 634; *Kusterer*, Die Umwandlung einer GmbH & Co. KG in eine GmbH durch Formwechsel, GmbH-StB 2002, 453; *Kusterer/Kirnberger/Fleischmann*, Der Jahresabschluss der GmbH & Co. KG nach dem KapCoRiLiG, DStR 2000, 606; *Küthig/Wirth/Dürr*, Personenhandelsgesellschaften durch IAS 32 (rev. 2003) vor der Schuldenfalle?, Wpg. 2006, 69; *Lange*, Neues zu Abfindungsklauseln, NZG 2001, 635; *Langenfeld*, Die Eheverträgegestaltung auf dem Prüfstand der richterlichen Inhaltskontrolle, ZEV 2004, 311; *ders.*, Die grundstücksverwaltende Personengesellschaft als Instrument der Vermögensnachfolge, in: FS 50 Jahre Deutsches Anwaltsinstitut e.V., Bochum 2003, S. 395 ff.; *Ley*, Gesellschafterkonten der OHG und KG: Gesellschaftsrechtliche und steuerrechtliche Charakterisierung und Bedeutung, KÖSDI 1994, 9972; *ders.*, Rechtsnatur und Abgrenzung aktivistischer Gesellschafterkonten, DStR 2003, 957; *ders.*, Zur steuerlichen Behandlung der Gesellschafterkapitalkonten sowie der Forderungen und Verbindlichkeiten zwischen einer gewerblichen Personengesellschaft und ihren Gesellschaftern, KÖSDI 2002, 13459; *Limmer*, Der Familienpool, ZFE 2004, 40; *ders.*, Die identitätswahrende Umwandlung einer BGB-Gesellschaft in einer GmbH und Co. KG, DStR 2000, 1230; *Luttermann*, Das Kapitalgesellschaften- und Co.-Richtlinie-Gesetz, ZIP 2000, 517; *D. Mayer*, Testamentsvollstreckung am Kommanditanteil, ZIP 1990, 976; *Mock*, Anwendbarkeit des § 139 HGB auf die GbR, NZG 2004, 118; *Mohr*, Der Entwurf zur Reform des GmbH-Rechts, GmbH-StB 2006, 206; *ders.*, Haftungsrisiken der Kommanditisten in der GmbH & Co. KG, GmbH-StB 2006, 108; *Neu*, Umwandlung einer GmbH in eine GmbH & Co. KG: Motive, Wege, Formulierungen und Steuerfolgen,

GmbH-StB 2002, 77; *Oellrich*, Neuer Vorsteuerabzug und neue Umsatzsteuerpflicht des Gesellschafter-Geschäftsführers einer Personengesellschaft, DStR 2003, 1333; *von Oertzen/Hermann*, Vermögensverwaltende GbR vs. Vermögensverwaltende KG: Überblick über die zivil- und steuerrechtlichen Gemeinsamkeiten bzw. Unterschiede, ZEV 2003, 400; *Oppenländer*, Zivilrechtliche Aspekte der Gesellschafterkonten der OHG und KG, DStR 1998, 939; *Ott*, Umwandlung einer GmbH in eine GmbH & Co. KG, StuB 2005, 739; *Pauli*, Fallstricke bei Errichtung einer gewerblich geprägten Immobilien GmbH & Co. KG, DB 2005, 1021; *Pentz*, Zum Umfang der Vertretungsbefugnis eines Testamentsvollstreckers an einem KG-Anteil, NZG 1999, 825; *Pickhardt-Poremba/Hechler*, Ausgewählte steuerrechtliche Fragen im Zusammenhang mit einer Einheits-GmbH & Co. KG, GmbHR 2004, 1383; *Priester*, Unternehmenssteuer-Reform und Gesellschaftsvertrag – Kautelarpraktische Überlegungen, DStR 2001, 795; *Prinz*, Eigenkapitalvernichtende Konsequenzen freiwilliger IAS/IFRS Bilanzierung bei deutschen Personengesellschaften, FR 2006, 566; *Rädler*, Gedanken zur deutschen Steuerreform zu Beginn 2006, in: FS für Arndt Raupach, Köln 2006, S. 97 f.; *Frhr. v. Rechenberg*, Erbfolge und Erbteilung in der GmbH & Co. KG, GmbHR 2005, 386; *Reimann*, Die qualifizierte Nachfolgeklausel – Gestaltungsmittel und Störfaktor, ZEV 2002, 487; *Reymann*, Das Vermächtnis des Kommanditisten, ZEV 2006, 307; *Richter/Sturm*, Die Unternehmensstiftung nach der Stiftungsrechtsreform, ZErb 2006, 75; *Robisch*, Geänderte Rechtsprechung des BFH zu Geschäftsführerleistungen bei Personengesellschaften – dargestellt am Beispiel einer GmbH & Co. KG, UVR 2002, 361; *Rodewald*, Zivil- und steuerrechtliche Bedeutung der Gestaltung von Gesellschafterkonten, GmbHR 1988, 521; *Roemer*, Gesellschaftsvertragliche Sonderregelungen für die Gewinnverteilung bei Personengesellschaften, INF 2001, 556; *Röhrig/Doege*, Das Kapital der Kommanditisten im Handels- und Ertragsteuerrecht, DStR 2006, 489; *Schäfer*, Das bedingte Austrittsrecht nach § 139 HGB in der GbR, NJW 2005, 3665; *Schörnig*, Die Bedeutung des § 139 HGB bei der Gesellschafternachfolge, ZEV 2001, 129; *Scheffler*, Neue Vorschriften zur Rechnungslegung, Prüfung und Offenlegung nach dem Kapitalgesellschaften & Co. Richtlinien-Gesetz, DStR 2000, 529; *Schindhelm/Wilde*, Die AG & Co. KG, GmbHR 1993, 411; *Schlitt*, Die Auswirkungen des Handelsrechtsreformgesetzes auf die Gestaltung von GmbH & Co. KG-Verträgen, NZG 1998, 580; *ders.*, Die GmbH & Co. KG in der Insolvenz nach neuem Recht, NZG 1998, 701 und 755; *Schmidt*, Jahresabschlusspublizität bei der GmbH & Co. KG, GmbHR 2004, 1512; *K. Schmidt*, Zur Binnenverfassung der GmbH & Co. KG – Wer ist Herr im Haus: die GmbH oder die Kommanditisten?, in: FS für Volker Röhricht, Köln 2005, S. 511 ff.; *Schön*, Die vermögensverwaltende Personengesellschaft – ein Kind der HGB-Reform, DB 1998, 1169; *Schopp*, Kapitalkonten und Gesellschafterdarlehen in den Abschlüssen von Personenhandelsgesellschaften, BB 1987, 581; *Schubert*, Die Einlage in Personenhandelsgesellschaften nach HGB-Bilanzrecht und IAS 32 (2003) – Eigen- oder Fremdkapital?, WM 2006, 1033; *Schultze*, Die Reichweite des Formerfordernisses bei der Veräußerung einer Beteiligung an einer GmbH & Co. KG, NJW 1991, 1936; *Schulze zur Wiesche*, Die Stiftung & Co. KG – eine attraktive Unternehmensform, Wpg. 1988, 128; *Schwedhelm*, Einbringung: Übertragung von Anteilen an einer GmbH & Co. KG auf eine Schwester-GmbH & Co. KG im Wege des Anwachsungsmodells, GmbHR 2004, 1525; *Schwedhelm*, Verschmelzung einer GmbH & Co. KG auf eine GmbH, GmbHR 2003, 464; *Simon*, Bestellung und Abberufung des Aufsichtsrats in der GmbH und GmbH & Co. KG, GmbHR 1999, 257; *Söffing/Thoma*, Der Familienpool in der Nachfolgeplanung, ErbStB 2003, 39; *Spiegelberger*, Die Familien-GmbH & Co. KG, ZEV 2003, 391; *Stollenwerk*, Die Konten Modelle in der GmbH & Co. KG, GmbH-StB 1998, 226; *Stollenwerk*, Generationenwechsel bei GmbH & Co. KG, Erbfolge oder Verkauf?, GmbH-StB 2006, 136; *Stützel*, Offene Fragen zur Umsatzsteuer bei Leistungsbeziehungen zwischen Gesellschaft und Gesellschaftern, DStR 2004, 1642; *Theile*, Ausweisfragen beim Jahresabschluss der GmbH & Co. KG nach neuem Recht, BB 2000, 555; *ders.*, Besonderheiten beim neuen Einzelabschluss der GmbH & Co. KG, GmbHR 2000, 1135; *ders.*, Publizität des Einzel- oder Konzernabschlusses bei der GmbH & Co. KG nach neuem Recht?, GmbHR 2000, 215; *Uhlenbruck*, Die neue Insolvenzordnung: Auswirkungen auf das Recht der GmbH und GmbH & Co. KG, GmbHR 1995, 81 und 195; *Ulmer*, Das Recht der GmbH und GmbH & Co. nach 50 Jahren BGH-Rechtsprechung, in: 50 Jahre Bundesgerichtshof, Festgabe aus der Wissenschaft, Band II, München 2000, S. 273 ff.; *Ulmer*, Testamentsvollstreckung an Kommanditanteilen?, NJW 1990, 73; *Wagner*, Die AG & Co. KG – innovative, grenzüberschreitende Unternehmensrechtsform?, WiB 1994, 341; *Walkenhorst*, Umsatzbesteuerung von Geschäftsführerleistungen, GmbH-StB 2004, 367; *Wälzholz*, Die haftungsbeschränkende private GbR – Phönix aus der Asche?, MittBayNot 2003, 35; *ders.*, Vertragsgestaltung des Gesellschaftsvertrages der GmbH & Co. KG aus steuerlicher Sicht, in: Deutscher Anwaltverein (Hrsg.), Steueranwalt 2005/2006, Stuttgart 2006, S. 91 ff.; *Waßmer*, Die GmbH & Stroh KG als Publizitätsvermeidungsmodell, GmbHR 2002, 412; *Weimann*, Führung der Geschäfte einer Personengesellschaft als Umsatz des Geschäftsführers an die Gesellschaft, DB 2003, 238; *Weimar/Delp*, Die Stiftung & Co. KG in rechtlicher und steuerlicher Sicht, INF 1987, 74; *Weimar/Geitzhaus/Delp*, Die Stiftung & Co. als Rechtsform der Unternehmung, BB 1986, 1999; *Werner*, Die GmbH & Co. KG in der Form der Einheitsgesellschaft, DStR 2006, 706; *Wertenbruch*, Die Rechtsprechung zum Personengesellschaftsrecht in den Jahren 2003 bis 2005, NZG 2006, 408; *Westermann*, Die Gestaltungsfreiheit im Recht der Personengesellschaften in den Händen des Bundesgerichtshofs, in: 50 Jahre Bundesgerichtshof, Festgabe aus der Wissenschaft, Bd. II, München 2000, S. 245 ff.; *ders.*, Die grds. Bedeutung des Grundsatzes der Selbstorganschaft im Personengesellschaftsrecht, in: FS für Marcus Lutter, Köln 2000, S. 955 ff.; *ders.*, Die Befreiung von den Beschränkungen des § 181 BGB bei der GmbH & Co. KG, MittBayNot 1998, 155; *Wolf*, Die Haftung des Gesellschaftererben für Verbindlichkeiten einer Personenhandelsgesellschaft, DB 2003, 1423; **Zimmer/Eckhold**, Das Kapitalgesellschaften & Co.-Richtlinie-Gesetz, NJW 2000, 1361; **Zugmaier**, Geschäftsführungs- und Vertretungsleistungen der Gesellschafter an die Gesellschaft und Umsatzsteuer, DStR 2004, 124; **ders.**, Umsatzsteuerliche Behandlung der Geschäftsführungsleistungen bei Personengesellschaften, INF 2003, 309; **ders.**, Umsatzsteuerliche Behandlung von Geschäftsführungsleistungen, Tätigkeitsvergütungen und Gewinnvoraus bei Sozietäten, NJW 2003, 801.

A. Einführung

I. Praktische Verbreitung der Rechtsform der GmbH & Co. KG

1 Neben der GmbH ist die GmbH & Co. KG heute **eine der beliebtesten Rechtsformen** in Deutschland. Schätzungen zufolge werden ca. 80 % aller KG in der Rechtsform der GmbH & Co. KG geführt. Insgesamt bestehen derzeit ca. 150.000 Unternehmen in der Rechtsform der GmbH & Co. KG.[1]

Hans Martin Schmidt hat daher bereits 1965 von einem „Siegeszug der GmbH & Co. KG" gesprochen,[2] der sich – mit gewissen Höhen und Tiefen[3] – bis heute fortgesetzt hat. Der wesentliche Grund für den Erfolg der GmbH & Co. KG dürfte darin liegen, dass sie die zivilrechtlichen Vorteile der Haftungsbeschränkung mit den steuerlichen Vorteilen der Personengesellschaft auf nahezu ideale Weise miteinander verbindet.[4]

2 Bei der GmbH & Co. KG handelt es sich **rechtlich um eine Personengesellschaft**, sachlich aber eher um eine Kapitalgesellschaft. Die Typenvermischung zwischen Personen- und Kapitalgesellschaftsrecht hat zur Folge, dass auf die GmbH & Co. KG vielfach die Regeln des Kapitalgesellschaftsrechts zur Anwendung kommen.

II. Rechtliche Anerkennung der Rechtsform der GmbH & Co. KG

3 Die Rechtsform der GmbH & Co. KG war **vom Gesetzgeber nicht vorgesehen**. Vielmehr wurde die GmbH & Co. KG von der Vertragspraxis entwickelt. Bereits Anfang des letzten Jahrhunderts sollte auf diese Weise die doppelte Besteuerung der Gewinne von Kapitalgesellschaften auf der Ebene der Gesellschaft und der Ebene der Gesellschafter vermieden werden. Das BayObLG hat die neue Rechtsform bereits im Jahr 1912 anerkannt und u.a. Folgendes ausgeführt:[5]

„Die KG sei zwar zu dem Zwecke errichtet worden, die Steuerbelastung zu mindern; dieser Umstand könne aber eine Nichtigkeit des Gesellschaftsvertrages nicht begründen. Die Steuergesetze knüpfen die stärkere Belastung der GmbH an das formelle Moment, dass eine GmbH vorliege. Wenn nun die Gesellschafter zur Erreichung ihrer Ziele eine Gesellschaftsform wählten, bei der die Steuerbelastung geringer sei, so hätten sie lediglich einen Weg beschritten, den die Steuergesetze selbst ihnen offenließen. Weder sei die Beteiligung einer GmbH als persönlich haftender Gesellschafter an einer KG durch eine positive Vorschrift ausgeschlossen noch ergebe sich der Ausschluss aus der Verfassung oder aus dem Wesen der GmbH."

---

1 Weitere statistische Angaben finden sich bei Binz/Sorg, Die GmbH & Co. KG, § 1 Rn. 39 ff.; Liebscher, in: Sudhoff, GmbH & Co. KG, § 2 Rn. 2; Mueller-Thuns, in: Hesselmann/Tillmann/Mueller-Thuns, Handbuch der GmbH & Co. KG, § 1 Rn. 9.

2 GmbHR 1965, 7.

3 Insb. seit dem mit der Körperschaftsteuerreform 1977 eingeführten Anrechnungsverfahren (und der im Jahr 2001 erfolgten Umstellung auf das Halbeinkünfteverfahren) hat die Rechtsform der GmbH gegenüber der GmbH & Co. KG wieder an Bedeutung gewonnen. Siehe dazu statt aller Priester, DNotZ 1977, 159.

4 Siehe dazu allgemein auch Rädler, Gedanken zur deutschen Steuerreform zu Beginn 2006, in: FS für Arndt Raupach, S. 97, 98 („Deutschland ist seit langem ein Land der Personengesellschaften").

5 BayObLG, OLGE 27, 331 = GmbHR 1914, 9; siehe später auch RGZ 105, 101 (Hanseatische Motorengesellschaft mbH & Co.).

An einer **gesetzlichen Regelung** zur GmbH & Co. KG **fehlt** es auch heute noch. Doch gibt es inzwischen zahlreiche Bestimmungen, in denen die Zulässigkeit der Rechtsform der GmbH & Co. KG als selbstverständlich vorausgesetzt wird. Dazu gehören u.a.: 4

- Firmenrecht (§ 19 Abs. 2 HGB),
- Eigenkapitalersetzende Darlehen (§ 129a HGB i.V.m. §§ 32a und b GmbHG),
- Pflichten bei Zahlungsunfähigkeit oder Überschuldung (§§ 130a und 130b HGB),
- Auflösung der Gesellschaft (§ 131 Abs. 2 HGB),
- Kapitalaufbringung (§ 172 Abs. 6 HGB),
- Angaben auf Geschäftsbriefen (§ 177a HGB),
- Jahresabschluss und Offenlegung (§§ 264a, 335b HGB),
- Insolvenzverfahren (§§ 15 Abs. 3, 19 Abs. 3 InsO),
- Mitbestimmung (§ 4 MitbestG).

Die **steuerrechtliche Anerkennung** der Rechtsform der GmbH & Co. KG ist heute gleichfalls unumstritten (siehe etwa §§ 15 Abs. 3 Nr. 2 EStG, 15a EStG). Bereits im Jahr 1951 hat der BFH dazu ausgeführt:[6]

„Es kann nicht als ein Missbrauch von Gestaltungsmöglichkeiten des bürgerlichen Rechts angesehen werden, wenn ein Steuerpflichtiger zur Ersparung von Steuern die für ihn günstigste Rechtsform wählt. [...] Bei der einschneidenden Natur der Steuertarife kann es dem Steuerpflichtigen nicht verwehrt werden, die für ihn günstigste rechtliche Form zu wählen."

Neben der Anerkennung der Rechtsform als solcher stellt sich stets die weitere Frage, ob die Mitunternehmerstellung der einzelnen Gesellschafter und die vorgesehene Gewinnverteilung auch **steuerlich anzuerkennen** sind.[7] Dies ist bereits bei der Ausgestaltung des Gesellschaftsvertrags einer GmbH & Co. KG zu berücksichtigen. 5

III. Gründe für die Wahl der Rechtsform der GmbH & Co. KG[8]

1. Zivilrecht

Bei der Wahl der richtigen Rechtsform gilt es stets alle Umstände des jeweiligen Einzelfalls zu berücksichtigen. Steuerliche Gründe spielen bei der Rechtsformwahl zwar meist eine wichtige Rolle, sollten aber niemals allein entscheidend sein. 6

Die zivilrechtlichen **Vorteile** der Rechtsform der GmbH & Co. KG können wie folgt zusammengefasst werden:

- **Vielfältige Verwendungsmöglichkeiten:** Die Rechtsform der GmbH & Co. KG kann für eine Vielzahl von unternehmerischen Zwecken verwendet werden. Aufgrund des Handelsrechtsreformgesetzes aus dem Jahr 1998 kann sich die Tätigkeit einer GmbH & Co. KG insb. auch auf die Verwaltung eigenen Vermögens beschränken (§§ 105 Abs. 2, 161 Abs. 2 HGB). Der Betrieb eines vollkaufmännischen Gewerbes ist demnach nicht mehr erforderlich. Die GmbH & Co. KG wird daher oftmals auch als vermögensverwaltende Gesellschaft, als Holding-Gesellschaft, als Besitzgesellschaft bei Betriebsaufspaltungen oder als Publikumsgesellschaft auf dem Kapitalmarkt genutzt.

---

6 BFH, BStBl. 1951 III, S. 181 = GmbHR 1951, 107.

7 Siehe dazu die Auffassung des Finanzverwaltung in R 15.8 und 15.9 EStR 2005 und Wacker, in: Schmidt, EStG, § 15 Rn. 250 ff. (allgemein zur Mitunternehmerstellung), Rn. 700 ff. (zu Besonderheiten bei der GmbH & Co. KG) und Rn. 740 ff. (zu Besonderheiten bei Familiengesellschaften).

8 Ein ausführlicher Vergleich der einzelnen Rechtsformen findet sich u.a. bei Binz/Sorg, Die GmbH & Co. KG, § 22 Rn. 1 ff.; Gummert, in: Münchener Handbuch des Gesellschaftsrechts, Bd. 2, § 49 Rn. 7 ff.; Liebscher, in: Sudhoff, GmbH & Co. KG, § 2 Rn. 3 ff.; Mueller-Thuns, in: Hesselmann/Tillmann/Mueller-Thuns, Handbuch der GmbH & Co. KG, § 2.

- **Vertragsfreiheit:** Die Gesellschaftsverträge der KG und der GmbH können nach den individuellen Wünschen der Gesellschafter ausgestaltet werden (§ 163 HGB und § 45 GmbHG). Die Vertragsfreiheit wird lediglich durch die gerichtliche Inhaltskontrolle[9] und (faktisch auch) durch die steuerliche Anerkennung begrenzt.[10]
- **Publizität:** Der Gesellschaftsvertrag der KG muss (anders als die Satzung von Kapitalgesellschaften) nicht beim Handelsregister eingereicht werden und unterliegt damit nicht der Registerpublizität. Lediglich der Jahresabschluss muss jährlich beim Registergericht offengelegt werden.
- **Haftungsbeschränkung:** Mit der Rechtsform der GmbH & Co. KG kann die persönliche Haftung natürlicher Person ausgeschlossen werden, ohne dass das Unternehmen als Kapitalgesellschaft geführt werden muss.
- **Fremdorganschaft:** Die Geschäftsführung der GmbH & Co. KG muss nicht unbedingt von Gesellschaftern wahrgenommen werden, sondern kann auch auf Dritte übertragen werden.[11] Damit hat die Gesellschaft größere Möglichkeiten bei der Auswahl ihrer Geschäftsführer. Als Geschäftsführer können insb. Personen gewonnen werden, die nicht bereit sind, die persönliche Haftung für die Verbindlichkeiten der Gesellschaft zu übernehmen („Trennung von Herrschaft und Haftung").
- **Herrschaft ohne Mehrheit:** In vielen Fällen werden die Gesellschafter sowohl an der Komplementär-GmbH als auch an der KG beteiligt sein. Beide Beteiligungen können aber auch voneinander getrennt werden. Die Gesellschafter der Komplementär-GmbH können die Geschäftsführung der KG auch dann bestimmen, wenn sie nicht zugleich als Kommanditisten an deren Vermögenssubstanz beteiligt sind. Umgekehrt können die Kommanditisten auch dann am wirtschaftlichen Erfolg der KG beteiligt werden, wenn sie keinen Einfluss auf die Geschäftsführung ausüben wollen oder sollen.
- **Unternehmensnachfolge:**[12] Die GmbH & Co. KG eignet sich zudem in besonderer Weise dazu, Nachfolger im Rahmen der vorweggenommenen Erbfolge an das Unternehmen heranzuführen. Mit der Übertragung von Kommanditanteilen können die Kinder bspw. bereits an der Vermögenssubstanz beteiligt werden, ohne dass sie Einfluss auf die Geschäftsführung nehmen können. Zudem kann den unterschiedlichen Interessen und Fähigkeiten mehrerer Nachfolger optimal Rechnung getragen werden. Alle Kinder erhalten eine kapitalmäßige Beteiligung an der KG, um ihre Verbundenheit mit dem Unternehmen zu stärken und Streitigkeiten unter den Erben zu vermeiden. Der eigentliche Unternehmensnachfolger erhält zudem die Beteiligung an der Komplementär-GmbH, so dass er auch die Geschäftsführung des Unternehmens bestimmen kann.
- **Kontinuität der Rechtsform:** Die GmbH & Co. KG hat stets einen persönlich haftenden Gesellschafter, so dass die mit Wegfall des persönlich haftenden Gesellschafters (z.B. aufgrund einer Umwandlung der Rechtsstellung eines Erben nach § 139 HGB[13]) verbundenen Probleme von vornherein nicht bestehen.

---

9 Bspw. im Zusammenhang mit der Beschränkung der Abfindung bei Ausscheiden eines Gesellschafters, siehe dazu etwa Hopt, in: Baumbach/Hopt/Hopt, HGB, § 131 Rn. 58 ff.; Lorz, in: Ebenroth/Boujong/Joost, HGB, § 131 Rn. 112 ff.; MünchKomm-HGB/K.Schmidt, § 131 Rn. 148 ff. – Allgemein dazu H. P. Westermann, Die Gestaltungsfreiheit im Recht der Personengesellschaften in den Händen des Bundesgerichtshofs, in: 50 Jahre Bundesgerichtshof, Festgabe aus der Wissenschaft, Bd. II, S. 245 ff.

10 Siehe dazu die Auffassung des Finanzverwaltung in R 15.8 und 15.9 EStR 2005 und Wacker, in: Schmidt, EStG, § 15 Rn. 250 ff. (allgemein zur Mitunternehmerstellung), Rn. 700 ff. (zu Besonderheiten bei der GmbH & Co. KG) und Rn. 740 ff. (zu Besonderheiten bei Familiengesellschaften).

11 Ausführlich zum Grundsatz der Selbstorganschaft im Personengesellschaftsrecht zuletzt H. P. Westermann, Die grds. Bedeutung des Grundsatzes der Selbstorganschaft im Personengesellschaftsrecht, in: FS für Marcus Lutter, S. 955 ff.

12 Ausführlich zu Fragen der Unternehmensnachfolge, Teil 2: Gesellschaftsrecht, 9. Kapitel.

13 Siehe dazu etwa Mock, NZG 2004, 118; Schäfer, NJW 2005, 3665; Schörnig, ZEV 2001, 129; Wolf, DB 2003, 1423.

Im Rahmen der **Rechnungslegung und Mitbestimmung** hat die GmbH & Co. KG gegenüber der Kapitalgesellschaft heute dagegen keine Vorteile mehr:

- **Rechnungslegung:** Für die GmbH & Co. KG gelten für die Rechnungslegung und Publizität heute weitgehend dieselben Vorschriften wie für Kapitalgesellschaften (§§ 264a ff. HGB). Etwas anderes gilt nur dann, wenn (auch) eine natürliche Person persönlich haftender Gesellschafter ist.[14]
- **Mitbestimmung:** Verfügt eine Kapitalgesellschaft i.d.R. über mehr als 2.000 Arbeitnehmer, unterliegt sie der paritätischen Mitbestimmung.[15] Bei der GmbH & Co. KG werden die Arbeitnehmer der KG der Komplementär-GmbH zugerechnet, wenn die Mehrheit der Kommanditisten über die Mehrheit an der Komplementär-GmbH verfügt (§ 4 MitbestG). Dies gilt auch dann, wenn neben der Komplementär-GmbH eine natürliche Person persönlich haftende Gesellschafterin ist. Dagegen unterliegt eine Stiftung & Co. KG oder eine Ltd. & Co. KG nach dem eindeutigen Gesetzeswortlaut nicht der Mitbestimmung. Das Drittelbeteiligungsgesetz[16] enthält dagegen keine Sonderegelung für die GmbH & Co. KG, so dass diese Rechtsform bei Unternehmen mit 501 bis 2.000 Arbeitnehmern nicht der Mitbestimmung unterliegt.

Ein **Nachteil** der Rechtsform der GmbH & Co. KG besteht sicherlich darin, dass es sich rechtlich um zwei Gesellschaften handelt, deren Führung und Verwaltung mit einem erhöhten Aufwand verbunden ist (u.a. zwei Buchhaltungen, zwei Jahresabschlüsse, zwei Steuererklärungen). In der Praxis fällt dies in den meisten Fällen allerdings nicht entscheidend ins Gewicht, da die Komplementär-GmbH i.d.R. keinen eigenen Geschäftsbetrieb unterhält und die sonstigen Geschäftsvorfälle eher unbedeutend sind.

2. Steuerrecht

Die GmbH & Co. KG bietet heute auch zahlreiche **steuerliche Vorteile**. Dazu gehören u.a.:

- **Einheitsprinzip:** Die GmbH & Co. KG ist für Zwecke der Ertragsteuern kein eigenes Steuersubjekt.[17] Vielmehr werden die Gewinne unmittelbar bei den einzelnen Mitunternehmen besteuert (§ 15 Abs. 1 Nr. 2 EStG). Verluste der KG können daher mit anderen Einkünften der Gesellschafter (in den Grenzen der §§ 15a und 2b EStG) verrechnet werden. Bei einer GmbH können die Verluste von den Gesellschaftern dagegen regelmäßig nicht genutzt werden.
- **Übertragung einzelner Wirtschaftsgüter:** Bei der GmbH & Co. KG ist die Übertragung einzelner Wirtschaftsgüter vom Gesellschafter auf die Gesellschaft (und umgekehrt) unter bestimmten Voraussetzungen ohne Gewinnrealisierung möglich (siehe § 6 Abs. 5 Satz 3 EStG).[18] Bei einer GmbH kommt es dagegen stets zu einer Gewinnrealisierung (§ 6 Abs. 6 EStG).
- **Gesellschafter-Fremdfinanzierung:** Die (komplizierten) Regelungen zur Gesellschafter-Fremdfinanzierung finden keine Anwendung bei einer GmbH & Co. KG, an der ausschließlich natürliche Personen als Kommanditisten beteiligt sind und bei der die Komplementär-GmbH am Kapital und Vermögen der Gesellschaft nicht beteiligt ist (siehe § 8a Abs. 5 Satz 1 KStG). Kommanditisten, die gleichzeitig Gesellschafter der Komplementär-GmbH sind, werden allerdings als nahestehende Personen angesehen.

---

14 Ausführlich dazu Teil 2: Gesellschaftsrecht, 15. Kapitel, § 1.
15 In Deutschland fallen „nur" ca. 750 Unternehmen unter die paritätische Mitbestimmung nach dem Mitbestimmungsgesetz (siehe www.boeckler.de). Dagegen gilt die Mitbestimmung nach dem Drittelbeteiligungsgesetz für ca. 3.000 Unternehmen.
16 Die Mitbestimmung nach den §§ 76 ff. BetrVG a.F. ist seit dem 1.7.2004 im Drittelbeteiligungsgesetz geregelt, Zweites Gesetz zur Vereinfachung der Wahl der Arbeitnehmervertreter in den Aufsichtsrat vom 18.5.2004, BGBl. 2004 I, S. 974. Siehe dazu etwa Bauer, DB 2004, Editorial; Huke/Prinz, BB 2004, 2633.
17 Grundlegend zur Besteuerung der GmbH & Co. KG BFH, BStBl. 1984 II, S. 751 = NJW 1984, 1481 = DB 1984, 2383 = GmbHR 1984, 355. – In vielen ausländischen Staaten (z.B. Spanien, Portugal, Belgien und Griechenland) werden Personenhandelsgesellschaften dagegen als juristische Personen angesehen und unterliegen demnach der Körperschaftsteuer. Ausführlich zur Besteuerung von Personenhandelsgesellschaften im Ausland siehe Hey/Bauersfeld, IStR 2005, 649 (mit einer tabellarischen Übersicht).
18 Siehe dazu Schmidt/Glanegger, EStG, § 6 Rn. 530 ff.

- **Gewerbesteuer:** Bei der Gewerbesteuer steht der GmbH & Co. KG ein Freibetrag i.H.v. 24.500 € zu (§ 11 Abs. 1 Satz 3 Nr. 1 GewStG). Bei kleineren Gewerbebetrieben kann auch die Anwendung des Staffeltarifs von Vorteil sein (§ 11 Abs. 2 GewStG). Entscheidend ist aber, dass die Gesellschafter der GmbH & Co. KG die Gewerbesteuer pauschal auf ihre Einkommensteuer anrechnen können (§ 35 Abs. 1 Nr. 2 EStG).
- **Bewertungsvorteile:** Anteile an einer GmbH & Co. KG werden für Zwecke der Erbschaft- und Schenkungsteuer mit den Steuerbilanzwerten bewertet (§ 12 Abs. 5 ErbStG i.V.m. §§ 95 ff. BewG). Ein Firmenwert sowie etwaige stille Reserven werden demnach nicht berücksichtigt.[19]
- **Begünstigungen bei der Erbschaft- und Schenkungsteuer:** Bei der Übertragung von Anteilen an einer GmbH & Co. KG werden die Begünstigungen für Betriebsvermögen stets gewährt. Dies gilt unabhängig von der Höhe der Beteiligung des Erblassers oder Schenkers. Bei einem späteren Formwechsel in eine Kapitalgesellschaft kommt es (anders als im umgekehrten Fall) zu keiner Nachversteuerung (§§ 13a, 19a ErbStG).[20]
- **Grunderwerbsteuer:** Die Übertragung von Grundstücken von Gesellschaftern auf Personengesellschaften ist grds. grunderwerbsteuerfrei möglich (siehe §§ 5 und 6 GrEStG). Die Übertragung auf eine GmbH löst dagegen stets Grunderwerbsteuer i.H.v. 3,5 % des Grundbesitzwerts aus.[21]
- **Umstrukturierung:** Der Formwechsel von der GmbH & Co. KG in die GmbH ist ohne Aufdeckung stiller Reserven möglich (siehe § 25 Satz 1 UmwStG i.V.m. §§ 20 ff. UmwStG). Ein Formwechsel von der GmbH in die GmbH & Co. KG ist grds. auch zu Buchwerten möglich, allerdings kann auf Ebene der Gesellschafter ein steuerpflichtiger Übernahmegewinn entstehen (§ 14 UmwStG).
- **Realteilung:** Bei einer GmbH & Co. KG kann eine Aufteilung zivilrechtlich sowohl im Wege der Auflösung durch Übertragung aller Einzelwirtschaftsgüter (§§ 145 Abs. 1, 161 Abs. 2 HGB) als auch im Wege der Spaltung mit partieller Gesamtrechtsnachfolge (§§ 123 ff. UmwG) erfolgen. In beiden Fällen ist die Teilung unter bestimmten Voraussetzungen steuerneutral möglich (einerseits nach § 16 Abs. 3 Satz 2 bis 4 EStG[22] und andererseits nach § 15 UmwStG). Bei der GmbH ist dagegen eine Aufteilung zivilrechtlich nur nach den Vorschriften des Umwandlungsgesetzes möglich. Steuerneutralität besteht nur dann, wenn mindestens Teilbetriebe übergehen, nicht aber bei der Übertragung einzelner Wirtschaftsgüter.
- **Unternehmensverkauf:** Beim Verkauf von Anteilen an einer GmbH & Co. KG kann der Käufer die Buchwerte der einzelnen Wirtschaftsgüter unter bestimmten Voraussetzungen aufstocken und dadurch neues Abschreibungsvolumen schaffen. Dagegen kann der Kaufpreis für den Anteil an einer Kapitalgesellschaft als nicht abnutzbares Wirtschaftsgut vom Käufer nicht abgeschrieben werden. Die früher praktizierten Aufstockungsmodelle (Step up) sind heute im Regelfall nicht mehr praktikabel.

IV. Arten der GmbH & Co. KG

10 Die **Erscheinungsformen der GmbH & Co. KG** sind außerordentlich zahlreich. In der Praxis sind vor allem die folgenden Gestaltungen verbreitet, wobei die Bezeichnungen nicht einheitlich verwendet werden.

- **Typische GmbH & Co. KG (Echte GmbH & Co. KG):** Als typische GmbH & Co. KG wird im Allgemeinen eine GmbH & Co. KG bezeichnet, bei der die Komplemetär-GmbH der einzige persönlich

---

19 Siehe dazu R 114 ff. ErbStR und Gebel, in: Troll/Gebel/Jülicher, ErbStG, § 12 Rn. 840 ff.
20 Siehe dazu R 62 ff. ErbStR und Jülicher, in: Troll/Gebel/Jülicher, ErbStG, § 13a Rn. 130 ff. und Rn. 243 ff.
21 Zu grunderwerbsteuerrechtlichen Fallstricken im Zusammenhang mit der GmbH & Co. KG siehe Götz, BB 2006, 578; Götz, GmbHR 2005, 615; Kroschewski, GmbHR 2003, 157.
22 Zur ertragsteuerlichen Behandlung der Realteilung siehe BMF, Schreiben v. 28.2.2006 – IV B 2 – S 2242 – 6/06, BStBl. 2006 I, S. 228 = DStR 2006, 426 = DB 2006, 527. Ausführlich dazu Heß, DStR 2006, 777; Neumann, EStB 2006, 143; Rogall/Stangl, FR 2006, 345; Schell, BB 2006, 1026; Schulze zur Wiesche, DB 2006, 921; Slabon, ZErb 2006, 258; Spiegelberger, NWB Fach 3, S. 14019 (2006). – Allgemein zur Realteilung einer Personengesellschaft siehe Schmidt/Wacker, EStG, § 16 Rn. 530 ff.

haftende Gesellschafter ist. Die untypische (unechte) GmbH & Co. KG, bei der neben der Komplementär-GmbH noch eine natürliche Person persönlich haftender Gesellschafter ist, kommt in der Praxis nur selten vor.

- **Beteiligungsidentische GmbH & Co. KG (Personengleiche GmbH & Co. KG):** Die beteiligungsidentische GmbH & Co. KG dürfte die am weitesten verbreitete Art der GmbH & Co. KG sein. Die Gesellschafter sind an der KG und an der Komplementär-GmbH in gleichem Umfang beteiligt. Damit der Gleichlauf zwischen beiden Gesellschaften dauerhaft erhalten bleibt, müssen beide Gesellschaftsverträge miteinander „verzahnt" werden.[23]
- **Nicht beteiligungsidentische GmbH & Co. KG (Personenverschiedene GmbH & Co. KG):** An der KG und an der Komplementär-GmbH sind in diesem Fall unterschiedliche Personen beteiligt. Auf diese Weise lassen sich Herrschaft (Komplementär-GmbH) und Mehrheit (Kommanditbeteiligung) voneinander trennen.
- **Einmann-GmbH & Co. KG:** Die Gründung einer GmbH & Co. KG kann durch eine Person allein erfolgen. Diese ist dann alleiniger Gesellschafter und Geschäftsführer der Komplementär-GmbH sowie alleiniger Kommanditist. Für den Abschluss des Gesellschaftsvertrags muss der Geschäftsführer von dem Verbot von Insichgeschäften (§ 181 BGB) befreit sein.
- **Doppelstöckige GmbH & Co. KG:**[24] Bei der doppelstöckigen GmbH & Co. KG ist der Komplementär (oder Kommanditist) wiederum eine GmbH & Co. KG. Diese Rechtsform ist gesetzlich anerkannt (siehe § 15 Abs. 3 Nr. 2 Satz 2 EStG und § 4 Abs. 1 Satz 2 und 3 MitbestG). In der Praxis kommt sie heute allerdings kaum noch vor.
- **Sternförmige GmbH & Co. KG:** In diesem Fall ist eine GmbH gleichzeitig persönlich haftende Gesellschafterin mehrerer KG. Das gesetzliche Mindestkapital muss somit nur einmal aufgebracht werden. Gleichzeitig reduziert sich der Aufwand für die Rechnungslegung, Bilanzierung und Offenlegung. Wirtschaftliche Schwierigkeiten einer Gesellschaft können allerdings auch die anderen Gesellschaften belasten.
- **Gewerblich geprägte GmbH & Co. KG:** Eine gewerblich geprägte GmbH & Co. KG liegt vor, wenn ausschließlich eine oder mehrere Kapitalgesellschaften persönlich haftende Gesellschafter sind und nur diese zur Geschäftsführung befugt sind (§ 15 Abs. 3 Nr. 2 EStG). Gewerblich geprägte Gesellschaften werden in der Praxis vielfach eingesetzt, um Betriebsvermögen zu schaffen (z.B. zur Erlangung der Vergünstigungen der §§ 13a, 19a ErbStG[25]) oder zu konservieren (z.B. zur Verhinderung der ungewollten Entnahme von Betriebsvermögen im Erbfall). Die gewerbliche Prägung kann aber auch bewusst verhindert werden, indem bspw. ein Kommanditist zum Geschäftsführer der KG bestellt wird.[26] Auf diese Weise kann – je nach Interessenlage – zwischen Betriebsvermögen und Privatvermögen hin und her gewechselt werden.

---

23 Zur Bedeutung der Verzahnung für die Vertragsgestaltung siehe insb. Lüke, in: Hesselmann/Tillmann/Mueller-Thuns, Handbuch der GmbH & Co. KG, § 3; siehe auch unten Rn. 11 ff.
24 Ausführlich zur doppelstöckigen GmbH & Co. KG: Fromm, GmbHR 2005, 425; Meyer-Scharenberg, DStR 1991, 919; Schmidt, DB 1990, 93; Tillmann, DB 1986, 1319.
25 Zu Fragen der vermögensverwaltenden (gewerblich geprägten) Gesellschaften: Ettinger/Eberl, GmbHR 2004, 548; Hohaus/Eickmann, BB 2004, 1707; Kirchdörfer/Lorz, DB Beilage 3/2004; Koblenzer, ErbStB 2003, 228 (Teil I) und 2004, 49 (Teil II); Langenfeld, Die grundstücksverwaltende Personengesellschaft als Instrument der Vermögensnachfolge, in: FS 50 Jahre Deutsches Anwaltsinstitut e.V., S. 395 ff.; Limmer, ZFE 2004, 40; von Oertzen/Hermann, ZEV 2003, 400; Pauli, DB 2005, 1021; Schön, DB 1998, 1169; Andreas Söffing/Thoma, ErbStB 2003, 39; Spiegelberger, ZEV 2003, 391; Wälzholz, MittBayNot 2003, 35.
26 § 15 Abs. 3 Nr. 2 EStG verlangt, dass „ausschließlich eine oder mehrere Kapitalgesellschaften persönlich haftende Gesellschafter sind". Siehe dazu Eckl, in: Hesselmann/Tillmann/Mueller-Thuns, Handbuch der GmbH & Co. KG, § 8 Rn. 10 ff.; Schmidt/Wacker, EStG, § 15 Rn. 211 ff.

- **Familien-GmbH & Co. KG:** Von einer Familien-GmbH & Co. KG spricht man, wenn die Gesellschafter durch die Zugehörigkeit zu einer Familie miteinander verbunden sind.[27] Zivilrechtlich bestehen an sich keine Besonderheiten. Bei der Beteiligung minderjähriger Gesellschafter ist allerdings auf den wirksamen Abschluss des Gesellschaftsvertrags bzw. die Wirksamkeit der Anteilsübertragung zu achten.[28] Steuerrechtlich muss der Gesellschaftsvertrag allerdings die Mitunternehmerstellung der einzelnen Gesellschafter gewährleisten.
- **Einheits-GmbH & Co. KG:** Bei der Einheits-GmbH & Co. KG werden sämtliche Geschäftsanteile an der Komplementär-GmbH von der KG gehalten. Die KG ist alleinige Gesellschafterin ihrer eigenen Komplementärin. Die Vorteile dieser Rechtsform bestehen vor allem darin, dass ein Auseinanderfallen der Anteile an der KG und der Anteile an der GmbH nicht möglich ist und damit auch eine aufwendige „Verzahnung" beider Gesellschaften entfällt. Die Zulässigkeit der Einheits-GmbH & Co. KG ist gesetzlich anerkannt (siehe §§ 172 Abs. 6 Satz 1, 264c Abs. 4 HGB). Den Schwierigkeiten im Bereich der Willensbindung und des Gläubigerschutzes ist bei der Ausgestaltung des Gesellschaftsvertrags Rechnung zu tragen.[29]
- **Publikums-GmbH & Co. KG:** Die Rechtsform der GmbH & Co. KG wird vielfach auch für den Kapitalmarkt eingesetzt (z.B. Medien-, Schiffs- oder Windkraftfonds). Die Gesellschaft beruht in diesen Fällen nicht auf der persönlichen Verbundenheit der Gesellschafter untereinander, sondern auf einem von einem Dritten vorformulierten Gesellschaftsvertrag. Die Rspr. hat daher zum Schutz der Kapitalanleger ein Sonderrecht für Publikumsgesellschaften entwickelt.[30]

V. Verzahnung der beiden Gesellschaftsverträge

1. Grundsatz: Notwendigkeit der Verzahnung

a) Problematik

11 Eine GmbH & Co. KG ist **wirtschaftlich ein Unternehmen**, besteht aber **rechtlich aus zwei Gesellschaften**: Der KG, die die eigentlichen unternehmerischen Aktivitäten betreibt, und der Komplementär-GmbH, die der Haftungsbeschränkung dient. Das Unternehmen wird am Markt nur dann als Einheit auftreten, wenn die beiden Gesellschaften auch rechtlich miteinander verbunden werden.

12 Für beide Gesellschaften bestehen völlig **unterschiedliche rechtliche Regelungen** (einerseits §§ 161 ff. HGB und andererseits §§ 1 ff. GmbHG). Im Interesse der Einheit des Unternehmens sollten für beide Gesellschaften aber weitgehend die gleichen Regelungen gelten. Bei der Ausgestaltung der Gesellschaftsverträge gilt es daher, die verschiedenen Regelungsmodelle einander anzugleichen.

---

27 Umfassend zu Familienunternehmen aus Sicht der Praxis Scherer/Blanc/Kormann/Groth/Wimmer, Familienunternehmen. Sudhoff/Winkler, Familienunternehmen.

28 Zur Beteiligung von Minderjährigen an einer GmbH & Co. KG siehe Hohaus/Eickmann, BB 2004, 1707; Ivo, ZEV 2005, 193; Maier-Reimer/Marx, NJW 2005, 3025; Rust, DStR 2005, 1942; Werner, GmbHR 2006, 737; ausführlich, Teil 2: Gesellschaftsrecht, 11. Kapitel.

29 Zu den Streitfragen im Zusammenhang mit der Einheitsgesellschaft siehe unten Rn. 42 ff. und Bahnsen, GmbHR 2001, 186; Carlé/Carlé, GmbHR 2001, 100; Jorde/Götz, BB 2005, 2718; Korezkij, GmbHR 2004, 1383; Krietenstein, StuB 2006, 16; Pickhardt-Poremba/Hechler, GmbHR 2004, 1383; Werner, DStR 2006, 706.

30 Zum Sonderrecht der Publikumsgesellschaften siehe zuletzt etwa BGH, DStR 2006, 621 = WM 2006, 774 = BB 2006, 795 = DB 2006, 835 = ZIP 2006, 754 = EWiR 2006, 301 (Schäfer) = NZG 2006, 379 = DNotZ 2006, 631 (zum Bestimmtheitsgrundsatz im Zusammenhang mit Nachschusspflichten); BGH, NJW 2006, 2854 = DStR 2006, 1711 = WM 2006, 1627 = DB 2006, 1837 = ZIP 2006, 1579 = BB 2006, 1925 = NZG 2006, 703 = ZNotP 2006, 388 = EWiR 2006, 761 (Gehling zur Erteilung von Handelsregistervollmachten); BGH, ZIP 2003, 1338 = EWiR 2003, 1217 (Kort) = DB 2003, 1670 = BB 2003, 1637 = DStR 2003, 1541 = NJW 2003, 2676 = NZG 2003, 769 = DNotZ 2003, 773 (Nachtragsliquidation nur durch Bestellung eines Liquidators in Analogie zum Aktienrecht); allgemein zum Sonderrecht der Publikums-GmbH & Co. KG siehe Gummert und Levedag, in: Münchener Handbuch des Gesellschaftsrechts, Bd. 2, § 61 ff.; Henze, in: Ebenroth/Boujong/Joost, HGB, Anhang nach § 177a, B.; Baumbach/Hopt/Hopt, HGB, Anh § 177a Rn. 52 ff.

Die Notwendigkeit einer solchen Verzahnung besteht in besonderer Weise bei der beteiligungsidentischen GmbH & Co. KG. In diesem Fall muss insb. sichergestellt sein, dass die Anteile an der Gesellschaft nicht ohne die Anteile an der jeweils anderen Gesellschaft übertragen werden können.

Die Verbindung der beiden Gesellschaften sollte zunächst durch eine **allgemeine Verzahnungsklausel** zum Ausdruck gebracht werden.

Formulierungsbeispiel: Verzahnungsklausel – Gesellschaftsvertrag KG 13

> Die Kommanditisten müssen am Gesellschaftskapital (Festkapital) der KG und am Stammkapital der Komplementär-GmbH stets in gleichem Umfang beteiligt sein. Die Gesellschafter werden alles tun, was zur Herstellung und Beibehaltung des Beteiligungsgleichlaufs erforderlich oder zweckmäßig ist.

Formulierungsbeispiel: Verzahnungsklausel – Gesellschaftsvertrag GmbH 14

> Die Gesellschafter müssen am Stammkapital der GmbH in gleichem Umfang beteiligt sein wie am Gesellschaftskapital (Festkapital) der KG. Eigene Anteile und eingezogene Geschäftsanteile werden dabei nicht berücksichtigt. Die Gesellschafter werden alles tun, was zur Herstellung und Beibehaltung des Beteiligungsgleichlaufs erforderlich oder zweckmäßig ist.

Darüber hinaus besteht im Hinblick auf eine Vielzahl von Einzelfragen die Notwendigkeit einer **wechselseitigen Verzahnung** der beiden Gesellschaftsverträge. 15

b) Anwendungsfälle der Verzahnung

aa) Übertragung von Gesellschaftsanteilen

Geschäftsanteile an einer **GmbH** sind frei übertragbar (§ 15 Abs. 1 GmbHG). Anteile an einer **KG** können nach der gesetzlichen Regelung dagegen nicht abgetreten werden (§§ 161 Abs. 2, 105 Abs. 3 HGB, § 719 Abs. 1 BGB). Im Regelfall stellt weder das strikte Abtretungsverbot noch die völlig freie Abtretung eine sachgerechte Regelung dar. Durch eine Lockerung des Abtretungsverbots im KG-Vertrag und eine Beschränkung der freien Abtretbarkeit im GmbH-Vertrag kann ein Gleichlauf erreicht werden. Bspw. kann vorgesehen werden, dass die Abtretung an bestimmte Personen (z.B. Mitgesellschafter, Ehegatten, leibliche Abkömmlinge) stets zulässig ist. Ergänzend sollte vorgesehen werden, dass die Übertragung von Anteilen an beiden Gesellschaften jeweils nur in gleichem Umfang und an den gleichen Erwerber zulässig ist. 16

Formulierungsbeispiel: Übertragung von Gesellschaftsanteilen – Gesellschaftsvertrag KG 17

> (1) Jede entgeltliche oder unentgeltliche Verfügung über Gesellschaftsanteile oder Ansprüche des Gesellschafters gegen die Gesellschaft bedarf zu ihrer Wirksamkeit der vorherigen Zustimmung der Gesellschafterversammlung. Der Beschluss ist mit einer Mehrheit von 75 % der abgegebenen Stimmen zu fassen. Der betroffene Gesellschafter hat dabei kein Stimmrecht.
>
> (2) Die vorstehende Regelung gilt nicht für Verfügungen zugunsten von Mitgesellschaftern, Ehegatten, Lebenspartnern und leiblichen Abkömmlingen von Gesellschaftern.
>
> (3) Die Verfügung über Gesellschaftsanteile ist stets nur dann zulässig, wenn der Veräußerer gleichzeitig seinen Geschäftsanteil an der Komplementär-GmbH im gleichen Umfang an denselben Erwerber überträgt oder durch die Verfügung gerade der Gleichlauf der Beteiligungsquoten hergestellt werden soll.

18 **Formulierungsbeispiel: Übertragung von Gesellschaftsanteilen – Gesellschaftsvertrag GmbH**

(1) Jede entgeltliche oder unentgeltliche Verfügung über Geschäftsanteile oder Ansprüche des Gesellschafters gegen die Gesellschaft bedarf zu ihrer Wirksamkeit der vorherigen Zustimmung der Gesellschafterversammlung. Der Beschluss ist mit einer Mehrheit von 75 % der abgegebenen Stimmen zu fassen. Der betroffene Gesellschafter hat dabei kein Stimmrecht.

(2) Die vorstehende Regelung gilt nicht für Verfügungen zugunsten von Mitgesellschaftern, Ehegatten, Lebenspartnern und leiblichen Abkömmlingen von Gesellschaftern.

(3) § 17 GmbHG bleibt unberührt.

(4) Die Verfügung über Geschäftsanteile ist stets nur dann zulässig, wenn der Veräußerer gleichzeitig seinen Gesellschaftsanteil an der KG im gleichen Umfang an denselben Erwerber überträgt oder durch die Verfügung gerade der Gleichlauf der Beteiligungsquoten hergestellt werden soll.

bb) Belastung von Gesellschaftsanteilen

19 Ähnliche Überlegungen wie für die Übertragung von Anteilen gelten auch für deren Belastung (z.B. die Verpfändung oder die Bestellung von Nießbrauchsrechten). Auch insoweit sollte grds. in beiden Gesellschaftsverträgen eine **parallele Regelung** enthalten sein, damit die Anteile an beiden Gesellschaften gleichmäßig belastet oder lastenfrei sind.

Ferner sollte auch im Hinblick auf etwaige **Vorkaufs- und Ankaufsrechte** sichergestellt sein, dass diese nur **einheitlich** ausgeübt werden können.

20 **Formulierungsbeispiel: Vorkaufsrecht – Gesellschaftsvertrag KG**

Das Vorkaufsrecht kann stets nur dann ausgeübt werden, wenn gleichzeitig auch ein Erwerb hinsichtlich des Geschäftsanteils des Kommanditisten an der Komplementär-GmbH erfolgt.

21 **Formulierungsbeispiel: Vorkaufsrecht – Gesellschaftsvertrag GmbH**

Das Vorkaufsrecht kann stets nur dann ausgeübt werden, wenn gleichzeitig auch ein Erwerb hinsichtlich des Kommanditanteils des Gesellschafters erfolgt.

cc) Vererbung von Gesellschaftsanteilen

22 Geschäftsanteile an der GmbH sind **frei vererblich** (§ 15 Abs. 1 GmbHG). Die Satzung kann die Vererblichkeit nicht einschränken. Allenfalls mittelbar kann die Erbfolge in die GmbH-Anteile gesteuert werden, in dem bspw. über eine Einziehungs- oder Abtretungsklausel Einfluss auf die künftigen Gesellschafter genommen wird. Mehrere Erben erwerben den GmbH-Geschäftsanteil in ungeteilter **Erbengemeinschaft** und können ihre Rechte aus dem Anteil nur gemeinsam ausüben (§ 18 Abs. 1 GmbHG).

Der Anteil eines Kommanditisten an der GmbH & Co. KG ist gleichfalls **frei vererblich** (§ 177 HGB). Bei mehreren Erben geht der Kommanditanteil jedoch nicht auf die Erbengemeinschaft über. Vielmehr erwerben die **mehreren** Erben den Anteil im Wege der dinglich wirkenden Sondererbfolge unmittelbar in Höhe ihrer **Erbquoten**. Der Gesellschaftsvertrag der KG kann für die Erbfolge in den Kommanditanteil jedoch eine **abweichende Regelung** vorsehen.

> **Hinweis:**
> Durch die Verzahnung der beiden Gesellschaftsverträge gilt es sicherzustellen, dass der Anteil an der Komplementär-GmbH und der Kommanditanteil im Erbfall auf denselben Erwerber übergehen und damit die Beteiligungsidentität erhalten bleibt.

Formulierungsbeispiel: Vererbung von Gesellschaftsanteilen – Gesellschaftsvertrag KG 23

(1) Im Fall des Todes eines Kommanditisten wird die Gesellschaft nicht aufgelöst, sondern mit den nachfolgeberechtigten Erben fortgesetzt. Nachfolgeberechtigt sind nur Mitgesellschafter, Ehegatten und Lebenspartner des verstorbenen Gesellschafters und dessen leibliche Abkömmlinge.

(2) Sind keine nachfolgeberechtigten Erben vorhanden, wird die Gesellschaft von den verbleibenden Gesellschaftern fortgesetzt. Die Erben erhalten in diesem Fall eine Abfindung nach Maßgabe dieses Gesellschaftsvertrags.

(3) Die vorstehenden Regelungen gelten für Vermächtnisnehmer entsprechend.

Formulierungsbeispiel: Vererbung von Gesellschaftsanteilen – Gesellschaftsvertrag GmbH 24

(1) Die Geschäftsanteile sind vererblich.

(2) Geht ein Geschäftsanteil im Fall des Todes eines Gesellschafters ganz oder teilweise auf eine Person über, die nicht nachfolgeberechtigt ist, so kann die Gesellschafterversammlung unter Ausschluss des Stimmrechts des betroffenen Gesellschafters innerhalb von sechs Monaten nach Kenntnis von Erbfall und Erben die Einziehung oder Übertragung des Geschäftsanteils beschließen. Nachfolgeberechtigt sind nur Mitgesellschafter, Ehegatten und Lebenspartner des verstorbenen Gesellschafters und dessen leibliche Abkömmlinge. Die Erben erhalten in diesem Fall eine Abfindung nach Maßgabe dieser Satzung.

(3) Mehrere Erben oder Vermächtnisnehmer sind verpflichtet, sich durch einen gemeinsamen Bevollmächtigten vertreten zu lassen. Der Bevollmächtigte muss zur Berufsverschwiegenheit verpflichtet sein, sofern er nicht selbst Gesellschafter ist. Die Gesellschafterechte der Erben und Vermächtnisnehmer ruhen – mit Ausnahme des Gewinnbezugsrechts – solange der Bevollmächtigte nicht durch eine schriftliche Erklärung gegenüber der Gesellschaft bestimmt worden ist.

dd) Testamentsvollstreckung

Die Testamentsvollstreckung an **GmbH-Geschäftsanteilen** ist grds. **zulässig**. Der Testamentsvollstrecker übt die aus dem Geschäftsanteil verbundenen Vermögens- und Verwaltungsrechte aus. **Ausgenommen** ist allerdings die Wahrnehmung höchstpersönlicher Gesellschafterrechte, wie etwa ein dem Gesellschafter-Erben statutarisch eingeräumtes Geschäftsführungsrecht. Darüber hinaus können die Befugnisse des Testamentsvollstreckers auch durch die Satzung oder bei Eingriffen in den Kernbereich der Mitgliedschaft eingeschränkt sein. 25

Die Testamentsvollstreckung an einem **Kommanditanteil** ist gleichfalls **zulässig**. Dies gilt auch dann, wenn die Hafteinlage nicht voll erbracht bzw. wieder zurückgezahlt worden ist. Die Ausübung der Gesellschafterrechte bedarf allerdings der **Zustimmung** durch die anderen Gesellschafter. Die Zustimmung kann nach Eintritt des Erbfalls erteilt werden oder bereits im Gesellschaftsvertrag enthalten sein.

Formulierungsbeispiel: Testamentsvollstreckung – Gesellschaftsvertrag KG 26

(1) Die Anordnung der Testamentsvollstreckung im Hinblick auf Kommanditanteile an der Gesellschaft ist zulässig.

(2) Im Fall der Testamentsvollstreckung werden die Rechte des Erben durch den Testamentsvollstrecker ausgeübt.

27 **Formulierungsbeispiel: Testamentsvollstreckung – Gesellschaftsvertrag GmbH**

(1) Die Anordnung der Testamentsvollstreckung im Hinblick auf Geschäftsanteile an der Gesellschaft ist zulässig.

(2) Im Fall der Testamentsvollstreckung werden die Rechte des Erben durch den Testamentsvollstrecker ausgeübt.

ee) Kündigung der Gesellschaft

28 Bei der GmbH sieht das **Gesetz kein Kündigungsrecht** vor. Den Gesellschaftern einer KG steht dagegen das Recht zu, die Gesellschaft jeweils zum Schluss eines Geschäftsjahrs mit einer Frist von sechs Monaten zu kündigen (§§ 161 Abs. 2, 131 Abs. 3 Nr. 3, 132 HGB). Das Kündigungsrecht ist in seinem Kerngehalt unentziehbar (siehe §§ 161 Abs. 2, 105 Abs. 3 HGB, § 723 Abs. 3 BGB). Im Interesse des Gleichlaufs zwischen beiden Gesellschaftern könnte auch den Gesellschaftern der GmbH ein entsprechendes Kündigungsrecht eingeräumt werden. Vielfach wird eine solche Regelung allein noch nicht ausreichend sein. Denn danach ist die Kündigung beider Gesellschaften zwar nur unter einheitlichen Voraussetzungen und mit denselben Rechtsfolgen möglich. Gleichwohl ist nicht ausgeschlossen, dass ein Gesellschafter nur eine Gesellschaft kündigt. Um zu verhindern, dass beide Beteiligungen auseinanderfallen, ist daher eine weitergehende Regelung notwendig, wonach die Kündigung von beiden Gesellschaften nur einheitlich möglich ist.

29 **Formulierungsbeispiel: Kündigung der Gesellschaft – Gesellschaftsvertrag KG**

(1) Jeder Gesellschafter kann durch Kündigung seinen Austritt aus der Gesellschaft erklären.

(2) Die Kündigung hat unter Einhaltung einer Frist von einem Jahr zum Ende eines Geschäftsjahrs zu erfolgen. Die Kündigung ist erstmals zum 31.12.... zulässig. Das Recht zur Kündigung aus wichtigem Grund bleibt unberührt.

(3) Die Kündigung hat schriftlich durch Einwurf-Einschreiben zu erfolgen. Die Kündigung ist gegenüber der Gesellschaft zu erklären. Für die Rechtzeitigkeit der Kündigung ist der Zugang bei der Gesellschaft maßgebend. Die Geschäftsführerin hat alle Gesellschafter unverzüglich über die Kündigung zu informieren.

(4) Die Kündigung ist nur wirksam, wenn der Gesellschafter eine etwaige Beteiligung an der Komplementär-GmbH zum selben Stichtag gleichzeitig kündigt.

(5) Im Fall der wirksamen Kündigung wird die Gesellschaft unter den verbleibenden Gesellschaftern fortgesetzt. Der kündigende Gesellschafter erhält eine Abfindung nach Maßgabe dieses Gesellschaftsvertrags.

30 **Formulierungsbeispiel: Kündigung der Gesellschaft – Gesellschaftsvertrag GmbH**

(1) Jeder Gesellschafter kann durch Kündigung seinen Austritt aus der Gesellschaft erklären.

(2) Die Kündigung hat unter Einhaltung einer Frist von einem Jahr zum Ende eines Geschäftsjahrs zu erfolgen. Die Kündigung ist erstmals zum 31.12.... zulässig. Das Recht zur Kündigung aus wichtigem Grund bleibt unberührt.

(3) Die Kündigung hat schriftlich durch Einwurf-Einschreiben zu erfolgen. Die Kündigung ist gegenüber der Gesellschaft zu erklären. Für die Rechtzeitigkeit der Kündigung ist der Zugang bei der Gesellschaft maßgebend. Die Geschäftsführer haben alle Gesellschafter unverzüglich über die Kündigung zu informieren.

(4) Die Kündigung ist nur wirksam, wenn der Gesellschafter eine etwaige Beteiligung an der KG zum selben Stichtag gleichzeitig kündigt.

(5) Im Fall der wirksamen Kündigung wird die Gesellschaft unter den verbleibenden Gesellschaftern fortgesetzt. Der kündigende Gesellschafter erhält eine Abfindung nach Maßgabe dieser Satzung.

ff) Ausschließung eines Gesellschafters

Der Ausschluss eines Gesellschafters aus einer **GmbH** ist gesetzlich nicht geregelt. Allerdings ist anerkannt, dass bei Vorliegen eines **wichtigen Grundes** ein Gesellschafter ausgeschlossen werden kann.

In einer **KG** kann ein Gesellschafter **durch gerichtliche Entscheidung** aus der Gesellschaft ausgeschlossen werden, wenn alle übrigen Gesellschafter dies beantragen und ein wichtiger Grund vorliegt (§§ 161 Abs. 2, 140 HGB). Das Ausschlussrecht kann im Gesellschaftsvertrag sowohl erweitert als auch beschränkt werden. Im Interesse eines Gleichlaufs der Beteiligungsverhältnisse an beiden Gesellschaften gilt es sicherzustellen, dass bei Ausschluss eines Gesellschafters aus einer Gesellschaft auch ein Ausschluss aus der jeweils anderen Gesellschaft möglich ist. Denn anderenfalls wäre das Ziel einer Trennung von einem missliebigen Gesellschafter nur unvollständig erreicht.

Formulierungsbeispiel: Ausschließung eines Gesellschafters – Gesellschaftsvertrag KG

(1) Jeder Gesellschafter kann bei Vorliegen eines wichtigen Grundes aus der Gesellschaft ausgeschlossen werden.

(2) Ein wichtiger Grund liegt insb. vor, wenn ein Gesellschafter aus der Komplementär-GmbH ausgeschlossen worden ist.

(3) Der Ausschluss bedarf eines Beschlusses der Gesellschafterversammlung. Der Beschluss bedarf einer Mehrheit von 75 % der abgegebenen Stimmen. Dem betroffenen Gesellschafter steht dabei kein Stimmrecht zu.

(4) Der betroffene Gesellschafter hat Anspruch auf eine Abfindung nach Maßgabe dieses Gesellschaftsvertrags.

Formulierungsbeispiel: Ausschließung eines Gesellschafters – Gesellschaftsvertrag GmbH

(1) Jeder Gesellschafter kann bei Vorliegen eines wichtigen Grundes aus der Gesellschaft ausgeschlossen werden.

(2) Ein wichtiger Grund liegt insb. vor, wenn ein Gesellschafter aus der GmbH & Co. KG ausgeschlossen worden ist.

(3) Der Ausschluss bedarf eines Beschlusses der Gesellschafterversammlung. Der Beschluss bedarf einer Mehrheit von 75 % der abgegebenen Stimmen. Dem betroffenen Gesellschafter steht dabei kein Stimmrecht zu.

(4) Der betroffene Gesellschafter hat Anspruch auf eine Abfindung nach Maßgabe dieser Satzung.

gg) Zwangsvollstreckung

Die Zwangsvollstreckung in den Geschäftsanteil eines GmbH-Gesellschafters hat auf den Bestand der **GmbH keine unmittelbaren Auswirkungen**. Dagegen kann der Gläubiger eines Kommanditisten, der dessen Anteil pfändet, die Gesellschaft kündigen (§ 135 HGB). Das Kündigungsrecht des Gläubigers kann durch den Gesellschaftsvertrag nicht ausgeschlossen werden. Allerdings kann der Gesellschaftsvertrag der KG vorsehen, dass die Zwangsvollstreckung in den Kommanditanteil einen wichtigen Grund für den Ausschluss eines Gesellschafters darstellt. Eine parallele Regelung kann auch in die Satzung der

GmbH aufgenommen werden, um den Bestand beider Gesellschaften nicht zu gefährden. Darüber hinaus ist sicherzustellen, dass ein Ausschluss des Gesellschafters aus beiden Gesellschaften auch dann möglich ist, wenn nur in einen Gesellschaftsanteil vollstreckt wird.

35 Formulierungsbeispiel: Zwangsvollstreckung – Gesellschaftsvertrag KG

(1) Ein Gesellschafter scheidet aus der Gesellschaft aus, wenn

(a) die Einzelzwangsvollstreckung in den Gesellschaftsanteil eines Gesellschafters, seine sonstigen Gesellschafterrechte oder seine Ansprüche gegen die Gesellschaft betrieben wird und nicht innerhalb von drei Monaten nach Zustellung des Pfändungs- bzw. Überweisungsbeschlusses wieder aufgehoben wird oder

(b) über das Vermögen eines Gesellschafters das Insolvenzverfahren eröffnet oder die Eröffnung mangels Masse abgelehnt wird oder

(c) ...

(2) Der Ausschluss aus der Gesellschaft erfolgt mit Eintritt des jeweiligen Ereignisses, ohne dass es dafür noch eines Beschlusses der Gesellschafterversammlung bedarf.

(3) Die Gesellschaft wird mit den verbleibenden Gesellschaftern fortgesetzt.

(4) Der betroffene Gesellschafter hat Anspruch auf eine Abfindung nach Maßgabe dieses Gesellschaftsvertrags.

36 Formulierungsbeispiel: Zwangsvollstreckung – Gesellschaftsvertrag GmbH

(1) Die Einziehung von Geschäftsanteilen mit Zustimmung des Gesellschafters ist jederzeit zulässig.

(2) Die Einziehung von Geschäftsanteilen ohne Zustimmung des Gesellschafters ist zulässig, wenn

(a) die Einzelzwangsvollstreckung in den Geschäftsanteil eines Gesellschafters, seine sonstigen Gesellschafterrechte oder seine Ansprüche gegen die Gesellschaft betrieben wird und nicht innerhalb von drei Monaten nach Zustellung des Pfändungs- bzw. Überweisungsbeschlusses wieder aufgehoben wird oder

(b) über das Vermögen eines Gesellschafters das Insolvenzverfahren eröffnet oder die Eröffnung mangels Masse abgelehnt wird oder

(c) ...

(3) Die Einziehung bedarf eines Beschlusses der Gesellschafterversammlung. Der Beschluss bedarf einer Mehrheit von 75 % der abgegebenen Stimmen. Dem betroffenen Gesellschafter steht dabei kein Stimmrecht zu.

(4) Die Gesellschafterversammlung kann beschließen, dass der Geschäftsanteil anstelle der Einziehung an die Gesellschaft, einen Gesellschafter oder einen von der Gesellschaft bestimmten Dritten abzutreten ist. Der betroffene Gesellschafter bevollmächtigt die jeweiligen Geschäftsführer der Gesellschaft bereits heute zur Vornahme der Abtretung.

(5) Die Gesellschaft teilt dem betroffenen Gesellschafter den Beschluss über die Einziehung bzw. die Abtretung des Geschäftsanteils schriftlich mit.

(6) Der betroffene Gesellschafter hat Anspruch auf eine Abfindung nach Maßgabe dieser Satzung.

hh) Gesellschafterversammlungen und -beschlüsse

Die Regeln über Gesellschafterversammlungen und -beschlüsse bei KG und Komplementär-GmbH sollten gleichfalls aufeinander abgestimmt werden. In der Praxis werden die Versammlungen vielfach gleichzeitig erfolgen.

Für die Komplementär-GmbH enthält das Gesetz **verschiedene Bestimmungen über Gesellschafterversammlungen und -beschlüsse** (§§ 47 ff. GmbHG), von denen im Gesellschaftsvertrag abgewichen werden kann (§ 46 GmbHG). Gesellschafterbeschlüsse können danach grds. mit der einfachen Mehrheit der abgegebenen Stimmen gefasst werden (§ 47 Abs. 1 GmbHG). Für bestimmte Beschlüsse (z.B. Satzungsänderungen) ist jedoch eine Mehrheit von drei Vierteln der abgegebenen Stimmen erforderlich (§ 53 Abs. 2 GmbHG). Je 50 € eines Stimmanteils gewähren eine Stimme (§ 47 Abs. 2 GmbHG). Fehlerhafte Gesellschafterbeschlüsse sind bei der GmbH i.d.R. nicht nichtig, sondern nur anfechtbar (§§ 241 ff. AktG analog).

Das HGB enthält keinerlei Vorschriften für die Gesellschafterversammlung einer KG. Für Gesellschafterbeschlüsse ist grds. die Zustimmung aller Gesellschafter erforderlich (§ 119 Abs. 1 HGB). Der Gesellschaftsvertrag kann auch eine Mehrheitsentscheidung vorsehen. Allerdings muss für **Grundlagenbeschlüsse** (z.B. Änderungen des Gesellschaftsvertrags) dem Bestimmtheitsgrundsatz Rechnung getragen werden. Danach müssen die Beschlussgegenstände bereits im Gesellschaftsvertrag konkret bezeichnet werden. Bei **Mehrheitsentscheidungen** richtet sich das Stimmrecht in der KG grds. nach Köpfen (§ 119 Abs. 2 HGB). Das Stimmrecht ist danach unabhängig von der Kapitalbeteiligung des Gesellschafters. Eine abweichende Regelung im Gesellschaftsvertrag ist jedoch möglich und üblich. **Beschlussmängel** haben bei der KG i.d.R. die Nichtigkeit des Gesellschafterbeschlusses zur Folge, die im Wege der Feststellungsklage geltend zu machen ist. Im Interesse der Rechtssicherheit ist eine Angleichung des Rechtsschutzes gegen Beschlussmängel bei beiden Gesellschaften vielfach zweckmäßig.

Formulierungsbeispiel: Gesellschaftsbeschlüsse – Gesellschaftsvertrag KG

(1) Gesellschafterbeschlüsse werden mit der einfachen Mehrheit der abgegebenen Stimmen gefasst, soweit dieser Gesellschaftsvertrag oder das Gesetz nicht zwingend eine andere Mehrheit vorsehen. Stimmenthaltungen gelten als nicht abgegebene Stimmen.

(2) Je 100 € eines Kapitalanteils gewähren eine Stimme.

(3) § 47 Abs. 4 GmbHG (Stimmrechtsausschluss in eigenen Angelegenheiten) gilt entsprechend.

(4) Einwendungen gegen die Wirksamkeit eines Gesellschafterbeschlusses sind innerhalb von zwei Monaten seit Zugang der Niederschrift über die Gesellschafterversammlung durch Feststellungsklage geltend zu machen. Die Klage ist gegen die Gesellschaft zu richten. Nach Ablauf der Frist gelten etwaige Beschlussmängel als geheilt.

Formulierungsbeispiel: Gesellschaftsbeschlüsse – Gesellschaftsvertrag GmbH

(1) Gesellschafterbeschlüsse werden mit der einfachen Mehrheit der abgegebenen Stimmen gefasst, soweit dieser Gesellschaftsvertrag oder das Gesetz nicht zwingend eine andere Mehrheit vorsehen. Stimmenthaltungen gelten als nicht abgegebene Stimmen.

(2) Je 100 € eines Kapitalanteils gewähren eine Stimme.

(3) Einwendungen gegen die Wirksamkeit eines Gesellschafterbeschlusses sind innerhalb von zwei Monaten seit Zugang der Niederschrift über die Gesellschafterversammlung durch Klage geltend zu machen. Nach Ablauf der Frist gelten etwaige Beschlussmängel als geheilt.

2. Ausnahme: Einheits-GmbH & Co. KG

a) Vorteile der Einheits-GmbH & Co. KG

42 Die aufwendige und störanfällige Verzahnung der beiden Gesellschaftsverträge entfällt bei der Einheits-GmbH & Co. KG. Dabei handelt es sich um eine GmbH & Co. KG, bei der sämtliche Anteile an der Komplementär-GmbH von der KG gehalten werden.

43 Die wesentlichen **Vorteile** der Einheits-GmbH & Co. KG sind:

- **Gleichlauf der Beteiligungen:** Die Anteile an der Komplementär-GmbH werden im Fall einer Veräußerung der Anteile der KG automatisch mitübertragen, so dass die Anteile an beiden Gesellschaften niemals auseinanderfallen können. Eine Verzahnungsklausel ist dafür nicht erforderlich.
- **Formfreiheit der Anteilsübertragung:** Die Übertragung der Anteile an der Komplementär-GmbH bedarf der notariellen Beurkundung (§ 15 Abs. 3 und 4 GmbHG). Die Anteile an der KG können dagegen grds. formlos übertragen werden. Aufgrund der Verzahnungsklausel müssen die Kommanditanteile aber stets zusammen mit dem Anteil an der Komplementär-GmbH übertragen werden. Daher bedarf ausnahmsweise auch die Übertragung der Anteile an einer KG zu ihrer Wirksamkeit der notariellen Beurkundung.[31] Bei der Einheits-GmbH & Co. KG müssen dagegen nur die Anteile an der KG übertragen werden, so dass die Notwendigkeit einer Beurkundung der Anteilsübertragung (und die damit verbundenen Kosten) entfällt.
- **Einheitlichkeit der Beschlussfassung:** Die Beschlussfassung in beiden Gesellschaften muss bei der Einheits-GmbH & Co. KG nicht aufeinander abgestimmt werden, da die Gesellschafterrechte der GmbH-Gesellschafter ohnehin von der KG ausgeübt werden.
- **Gewinnverwendung:** Die Gewinnausschüttungen der Komplementär-GmbH stehen unmittelbar der KG zu, an der die Kommanditisten unmittelbar beteiligt sind. Die Gewinnverwendung wird dadurch vereinfacht.
- **Kein Sonderbetriebsvermögen:** Bei der GmbH & Co. KG handelt es sich bei den Anteilen der Kommanditisten an der Komplementär-GmbH i.d.R. um Sonderbetriebsvermögen. Die damit verbundenen Probleme (z.B. ungewollte Entnahme im Erbfall) werden bei der Einheits-GmbH & Co. KG von vornherein vermieden, weil es hier kein Sonderbetriebsvermögen gibt.
- **Umsatzsteuer**: Bei einer Einheits-GmbH & Co. KG, die steuerfreie Umsätze tätigt, kann durch die Begründung einer umsatzsteuerlichen Organschaft zwischen der KG als Organträgerin und der Komplementär-GmbH als Organgesellschaft erreicht werden, dass die Geschäfts- und Vertretungsleistungen steuerfreie Innenumsätze sind.[32]

b) Rechtliche Zulässigkeit der Einheits-GmbH & Co. KG

44 Die Einheits-GmbH & Co. KG ist eine Entwicklung der Kautelarpraxis, die vom Gesetzgeber nicht ausdrücklich vorgesehen worden ist. Im wissenschaftlichen Schrifttum werden daher immer wieder Bedenken an der Zulässigkeit und Praktikabilität dieser Rechtsform geäußert.[33] In der Praxis hat sich die Einheits-

---

31 Siehe dazu BGH, NJW 1986, 2642 = BB 1986, 1251 = DB 1986, 1513 = GmbHR 1986, 258 = DNotZ 1986, 687 mit Anm. Tiedau = ZIP 1986, 1046 = EWiR 1986, 687 (Günther); ausführlich zu Fragen der Beurkundung, Teil 2: Gesellschaftsrecht, 14. Kapitel.

32 Siehe dazu OFD Frankfurt, Verfügung v. 9.8.2006 – S 7100 A – 82 – St 11, DStR 2006, 1797; OFD Karlsruhe, Verfügung v. 29.4.2005 – S 7100, DStR 2005, 1143; OFD Düsseldorf, Köln und Münster, Verfügung v. 2.2.2005 – S 7100, DStR 2005, 381 = GmbHR 2005, 574; OFD Nürnberg, vom 31.5.2005 – S 7100 – 626/St 43, UR 2005, 464. Anders noch OFD Nürnberg v. 28.10.2004, S 7100 – 626/St 43, DStR 2005, 156 = GmbHR 2004, 1607 = UR 2005, 465.

33 Insb. K. Schmidt, Gesellschaftsrecht, § 56 II 3e), S. 1637 („absonderliche Verschachtelung", bei der „die Phantasie der Kautelarjuristen mit den Gesellschaftsformen durchgegangen ist"); Schmidt, in: Scholz, GmbHG, Anh. § 46 Rn. 61 („Die Vertragspraxis sollte die Einheits-GmbH & Co. KG meiden. [...] Sie ist zwar zulässig [...], aber praktisch nicht unbedenklich.").

GmbH & Co. KG aber zwischenzeitlich durchgesetzt[34] und ist mittelbar auch vom Gesetzgeber anerkannt worden (§ 172 Abs. 6 HGB).[35] Die Einheits-GmbH & Co. KG wird zudem steuerrechtlich anerkannt[36] und kann insb. als gewerblich geprägte Gesellschaft im Rahmen der Nachfolgeplanung verwendet werden.[37]

c) Problembereiche bei der Vertragsgestaltung

aa) Überblick

Die Praktikabilität der Einheits-GmbH & Co. KG wird vielfach infrage gestellt, weil die Beteiligung der KG an der Komplementär-GmbH Probleme bei der Beschlussfassung und dem Kapitalschutz mit sich bringen. Diese lassen sich bei sachgerechter Vertragsgestaltung aber zufriedenstellend lösen.[38]

bb) Beschlussfassung

(1) Problematik

Die Schwierigkeiten der Beschlussfassung zeigen sich insb. bei der Ausübung der Stimmrechte der GmbH. Gesellschafter der GmbH ist die KG. Diese wird aber durch die Komplementär-GmbH vertreten, so dass diese die Rechte an ihren Anteilen quasi selbst ausübt. Dies zeigt sich insb. bei Beschlüssen über die Bestellung, Abberufung und Entlastung der Geschäftsführer der Komplementär-GmbH. Diese Entscheidungen obliegen im Regelfall der Gesellschafterversammlung der Komplementär-GmbH (§ 46 Nr. 5 GmbHG). Alleiniger Gesellschafter der Komplementär-GmbH ist die KG. Die Gesellschafterrechte der KG werden in der Gesellschafterversammlung durch die Komplementär-GmbH wahrgenommen, wobei diese wiederum durch ihre Geschäftsführer vertreten wird. Eine solche Entscheidung in eigener Sache ist aber nicht zulässig. Im Ergebnis besteht weitgehend Einigkeit, dass das Stimmrecht in diesen Fällen nicht den Geschäftsführern der Komplementär-GmbH, sondern den Kommanditisten zusteht. Die rechtliche Begründung und die vertragliche Umsetzung sind allerdings im Einzelnen umstritten.

(2) Lösungsvorschläge

Im Schrifttum wird vereinzelt die Auffassung vertreten, dass sich der Ausschluss des Stimmrechts der Geschäftsführer der Komplementär-GmbH in deren Gesellschafterversammlung bereits aus dem **gesetzlichen Regelungsmodell** ergebe (u.a. in Analogie zu § 47 Abs. 4 GmbHG bzw. §§ 71b, d AktG). Dies erscheint aber nicht überzeugend, da KG und Komplementär-GmbH rechtlich zwei selbständige Gesellschaften sind und auch bei einer Einpersonen-GmbH der Gesellschafter stimmberechtigt ist. Angesichts der bestehenden Rechtsunsicherheit sollte die Problematik in der Praxis in jedem Fall vertraglich ausdrücklich geregelt werden.

Zur Vermeidung der Interessenkollision wird vielfach vorgeschlagen, bei der Komplementär-GmbH ein **weiteres Organ** zu schaffen (z.B. einen Beirat), auf das dann die entsprechenden Beschlusszuständig-

---

[34] Stellvertretend für viele zuletzt Binz/Sorg, Die GmbH & Co. KG, § 8 Rn. 72 („Die Einheitsgesellschaft ist die am konsequentesten zu Ende gedachte Erscheinungsform der GmbH & Co. KG. [...]. Die Einheitsgesellschaft ist der Praxis deshalb uneingeschränkt zu empfehlen."); Jorde/Götz, BB 2005, 2718, 2719; („Die Vorteile der Einheitsgesellschaft sind evident."); Werner, DStR 2006, 706, 711; („Der Einsatz der GmbH & Co. KG in der Rechtsform der Einheitsgesellschaft kann der Praxis daher uneingeschränkt empfohlen werden.").

[35] Mit der im Rahmen der GmbH-Novelle von 1980 eingefügten Vorschrift sollte der Gläubigerschutz bei KG verbessert werden, bei denen keine natürliche Person persönlich haftender Gesellschafter ist. Die Einbringung der Anteile an der Komplementär-GmbH in die KG befreit den Kommanditisten demnach nicht von seiner persönlichen Haftung.

[36] Siehe etwa BFH, BStBl. 1985 II, S. 683 = DB 1985, 2228 = DStR 1985, 672 = BB 1985, 2092 = GmbHR 1986, 64 (zur verdeckten Gewinnausschüttung bei einer Einheits-GmbH & Co. KG).

[37] Dies ist aber nicht ganz unumstritten. Zum Streitstand: Bahnsen, GmbHR 2001, 186; Carlé/Carlé, GmbHR 2001, 100; Jorde/Götz, BB 2005, 2718; Korezkij, GmbHR 2004, 1383; Krietenstein, StuB 2006, 16; Pickhardt-Poremba/Hechler, GmbHR 2004, 1383; Werner, DStR 2006, 706.

[38] Ausführlich Binz/Sorg, Die GmbH & Co. KG, § 8 Rn. 8 ff.; Jorde/Götz, BB 2005, 2718; Werner, DStR 2006, 706.

keiten der Gesellschafterversammlung übertragen werden. Mitglieder des Beirats wären die jeweiligen Kommanditisten. Allerdings können der Gesellschafterversammlung nicht alle Rechte zur Beschlussfassung entzogen werden, so dass die Problematik auf diese Weise nur für einzelne Teilbereiche gelöst werden kann.

49 Ein weiterer Vorschlag geht dahin, die **Mitwirkungsrechte** der Komplementär-GmbH im Hinblick auf die von der KG gehaltenen Anteile auf die Kommanditisten zu **übertragen**. Dabei wird den Kommanditisten im Gesellschaftsvertrag die Geschäftsführungs- und Vertretungsbefugnis eingeräumt. Die Geschäftsführungsbefugnis (§ 164 HGB) muss nicht dem persönlich haftenden Gesellschafter zustehen, sondern kann auch einem Kommanditisten übertragen werden. Die organschaftliche Vertretungsbefugnis steht **zwingend** dem persönlich haftenden Gesellschafter zu (§ 170 HGB). Dies schließt aber nicht aus, dass dem Kommanditisten im Gesellschaftsvertrag eine rechtsgeschäftliche Vollmacht erteilt wird.

Allerdings ist auch diese **Vollmachtslösung** nicht völlig unbedenklich. Die den Kommanditisten erteilte Vollmacht könnte von den Geschäftsführern der Komplementär-GmbH jederzeit widerrufen werden. Dies lässt sich möglicherweise dadurch ausschließen, dass das Vertretungsrecht im Gesellschaftsvertrag als nicht entziehbares Sonderrecht ausgestaltet wird. Zumindest ein Widerruf aus wichtigem Grund bleibt aber auch dann möglich. Darüber hinaus würden die Kommanditisten als rechtsgeschäftlich Bevollmächtigte dem Weisungsrecht der Geschäftsführer unterliegen, obwohl deren Einfluss gerade ausgeschlossen werden soll. Schließlich ist auch nicht ganz klar, wer bei der Vollmachtlösung eigentlich wen bevollmächtigt.[39]

50 In dem **Gesellschaftsvertrag** der KG wird die Geschäftsführungs- und Vertretungsbefugnis der Komplementär-GmbH insoweit eingeschränkt, als es um die Wahrnehmung der Gesellschafterrechte an ihr selbst geht. Diese Rechte verbleiben vielmehr bei den Kommanditisten als Gründer der GmbH & Co. KG.[40]

51 **Formulierungsbeispiel: Beschlussfassung – Gesellschaftsvertrag KG**

> (1) Zur Geschäftsführung und Vertretung ist die Komplementärin allein berechtigt und verpflichtet. Dies gilt jedoch nicht, soweit es um die Wahrnehmung der Gesellschafterrechte in der Komplementär-GmbH selbst geht. In diesem Fall stehen die Rechte den Kommanditisten selbst zu, denen insoweit die Geschäftsführungs- und Vertretungsbefugnis eingeräumt wird.
>
> (2) Die Kommanditisten entscheiden über alle Maßnahmen durch Beschluss. Für die Versammlung der Kommanditisten und deren Einberufung, Leitung und Durchführung gelten die Regelungen über Gesellschafterversammlungen in diesem Gesellschaftsvertrag entsprechend.
>
> (3) Beschlüsse der Kommanditisten, die Verfügung über Geschäftsanteile an der Komplementär-GmbH, die Änderung von deren Gesellschaftsvertrag oder ihre Auflösung zum Gegenstand haben, bedürfen der Einstimmigkeit. Für alle anderen Beschlüsse genügt die Mehrheit der abgegebenen Stimmen. Je 100 € des festen Kapitalanteils eines Kommanditisten gewähren eine Stimme.
>
> (4) Die Kommanditisten bestimmen in dem Beschluss zugleich einen oder mehreren Kommanditisten, der/die den Beschluss in der vorgesehenen Form ausführt/ausführen.

cc) Kapitalschutz

52 **Bedenken** gegen die Rechtsform der Einheits-GmbH & Co. KG werden immer wieder unter dem Gesichtspunkt des Kapitalschutzes geltend gemacht. Beide Gesellschaften erfordern die Aufbringung und Erhaltung eines Haftungskapitals. Die Gefahr, dass beide Haftungsmassen miteinander vermischt werden, hat bereits der Gesetzgeber gesehen. Daher ist es ausgeschlossen, dass die Kommanditisten ihre

---

39 So insb. Binz/Sorg, Die GmbH & Co. KG, § 8 Rn. 20.
40 Dafür u.a. Binz/Sorg, Die GmbH & Co. KG, § 8 Rn. 24; Lüke, in: Hesselmann/Tillmann/Mueller-Thuns, Handbuch der GmbH & Co. KG, § 4 Rn. 31; Jorde/Götz, BB 2005, 2718; Werner, DStR 2006, 706.

Kommanditeinlagen dadurch erbringen, dass sie ihre GmbH-Anteile auf die KG übertragen (§ 172 Abs. 6 HGB). Darüber hinaus muss für die von der KG gehaltenen Anteile an der Kompelementär-GmbH i.H.d. aktivierten Betrags auf der Passivseite der Bilanz ein Ausgleichsposten für eigene Anteile gebildet werden (§ 264c Abs. 4 HGB). Dieser Sonderposten unterliegt zudem einer gesetzlichen Ausschüttungssperre.

Bei der Einheits-GmbH & Co. KG bestehen **weitere Risiken für den Gläubigerschutz**, die bislang noch nicht abschließend geklärt sind. Im Wesentlichen geht es darum, dass beide Haftungsmassen unabhängig voneinander aufgebracht und erhalten bleiben, da die Gläubiger der GmbH und der KG nicht notwendigerweise identisch sein müssen. Werden die Regeln über die Kapitalaufbringung und -erhaltung bei der GmbH und der KG eingehalten, bestehen unter Gläubigerschutzgesichtspunkten keine Haftungsrisiken.

Der sicherste Weg besteht in diesem Zusammenhang derzeit wohl in folgendem Vorgehen:

- **Volleinzahlung des Stammkapitals der GmbH:** Die Gesellschafter der GmbH sollten die Stammeinlagen stets in voller Höhe erbringen. Denn im Fall einer Teileinzahlung haftet die KG für die ausstehenden Einlagen, wenn sie später die Geschäftsanteile erwirbt (§ 16 Abs. 3 GmbHG). Kann die KG die fehlenden Einlagen nicht aufbringen, müsste die GmbH selbst für die Erfüllung der Einlageverpflichtung (§§ 161 Abs. 2, 128 HGB) einstehen. Im Ergebnis käme es zu einer Verkürzung der Haftungsmasse zulasten der Gläubiger. In diesem Fall haften die Kommanditisten möglicherweise persönlich und gesamtschuldnerisch. Eine Volleinzahlung ist zudem empfehlenswert, weil sich die Anteile an der Komplementär-GmbH i.d.R. innerhalb von drei Jahren seit Gründung in der Hand der KG vereinigen (§ 19 Abs. 4 GmbHG).

- **Unentgeltliche Übertragung der Anteile an der Komplementär-GmbH auf die KG:** Überträgt ein Kommanditist seine Beteiligung an der GmbH gegen Zahlung eines Entgelts auf die KG, wird ihm seine zuvor gezahlte Kapitaleinlage aus dem Vermögen der KG zurückgewährt. Dies führt zu einer Wiederbegründung der Haftung des Kommanditisten (§ 172 Abs. 4 Satz 1 HGB). Die persönliche Haftung des Kommanditisten ergibt sich auch daraus, dass der Gesetzgeber für den umgekehrten Fall – der Kommanditist erbringt seine Hafteinlage von vornherein durch die Abtretung der Anteile an der Komplementär-GmbH – eine Erfüllungswirkung verneint (§ 172 Abs. 6 HGB).

Formulierungsbeispiel: Kapitalschutz – Gesellschaftsvertrag KG

(1) Persönlich haftende Gesellschafterin ist die ... -GmbH. Sie ist zur Erbringung einer Einlage weder berechtigt noch verpflichtet.

(2) Kommanditisten sind: ... mit einer Einlage von ....

(3) Die Einlagen sind sofort in voller Höhe in bar zu leisten.

(4) Zusätzlich zu der vorstehenden Geldeinlage verpflichten sich die Kommanditisten, ihre voll einbezahlten Geschäftsanteile an der Komplementär-GmbH unentgeltlich, frei von Rechten Dritter und auf eigene Kosten auf die KG zu übertragen.

Formulierungsbeispiel: Kapitalschutz – Gesellschaftsvertrag GmbH

(1) Das Stammkapital der Gesellschaft beträgt 25.000 €.

(2) An dem Stammkapital sind beteiligt: ... mit einer Stammeinlage von ... €.

(3) Die Stammeinlagen sind in bar zu leisten und sofort in voller Höhe zur Zahlung fällig.

B. Gründung

I. Art und Weise

56 Eine GmbH & Co. KG kann auf verschiedene Art und Weise gegründet werden:

- **Neugründung der GmbH und der KG:** Im Regelfall wird eine GmbH & Co. KG durch Abschluss eines Gesellschaftsvertrags zwischen der neu gegründeten Komplementär-GmbH und den Kommanditisten gegründet.

- **Eintritt der Komplementär-GmbH in eine bereits bestehende Personengesellschaft:** Eine GmbH & Co. KG kann aber auch dadurch gegründet werden, dass eine GmbH als neue persönlich haftende Gesellschafterin in eine bereits bestehende KG bzw. OHG eintritt und die bisherigen persönlich haftenden Gesellschafter die Stellung als Kommanditisten übernehmen bzw. aus der Gesellschaft ausscheiden.[41]

- **Erwerb einer Vorrats-GmbH & Co. KG:** Darüber hinaus kann auch eine Vorratsgesellschaft erworben werden. Beim Erwerb einer Vorrats-GmbH & Co. KG dürften die von der Rspr. entwickelten Grundsätze zum Erwerb einer Vorrats-GmbH (und die damit verbundenen Haftungsfragen) keine Anwendung finden.

- **Umwandlung:** Eine GmbH & Co. KG kann schließlich aufgrund der Umwandlung einer bestehenden Gesellschaft errichtet werden. In Betracht kommt insb. der Formwechsel einer Kapitalgesellschaft in eine GmbH & Co. KG.[42]

II. Komplementär-GmbH

1. GmbH

57 **Persönlich haftende Gesellschafterin** einer GmbH & Co. KG ist regelmäßig ausschließlich eine GmbH. Natürliche Personen sind nur selten als (weitere) persönlich haftende Gesellschafter an einer GmbH & Co. KG beteiligt. Grund für die Übernahme der persönlichen Haftung durch eine natürliche Person kann bspw. die Vermeidung der Publizität der GmbH & Co. KG sein (§ 264a HGB). Die Stellung des persönlich haftenden Gesellschafters kann dabei grds. auch von einer überschuldeten oder vermögenslosen natürlichen Person übernommen werden.[43]

58 Anerkannt ist heute, dass bereits die **Vor-GmbH** Gesellschafterin einer GmbH & Co. KG sein kann.[44] Der Abschluss des KG-Vertrags ist somit bereits unmittelbar nach der notariellen Beurkundung des GmbH-Vertrags möglich. Es ist insb. nicht erforderlich, die Eintragung der GmbH im Handelsregister abzuwarten. Nach überwiegender Auffassung[45] ist die Vertretungsmacht der Geschäftsführer der Vor-GmbH aber noch auf gründungsnotwendige Rechtsgeschäfte beschränkt. Zum Abschluss des KG-Vertrags bedarf es daher eines einstimmigen Beschlusses aller GmbH-Gesellschafter oder der Mitwirkung aller GmbH-Gesellschafter. Eine entsprechende Ermächtigung sollte vorsorglich bereits in den Vertrag über die Gründung der Komplementär-GmbH aufgenommen werden.

---

41 Zur Nachhaftung des ausscheidenden Gesellschafters für die Verbindlichkeiten der Gesellschaft siehe § 160 HGB.
42 Zum Formwechsel einer GmbH in eine GmbH & Co. KG siehe etwa Carlé/Bauschatz, ZIP 2002, 2072; Carlé/Strahl, KÖSDI 2005, 14830; Fröhlich, GmbH-StB 2004, 186; Neu, GmbH-StB 2002, 77; Ott, StuB 2005, 739; zur Umwandlung einer GbR in eine GmbH & Co. KG siehe etwa Gassmann, DB 2004, 2066; Limmer, DStR 2000, 1230; zu weiteren Umwandlungsvarianten unter Beteiligung einer GmbH & Co. KG siehe Kusterer, GmbH-StB 2002, 453; Schwedhelm, GmbHR 2003, 464; Schwedhelm, GmbHR 2004, 1525.
43 Grundlegend BGH („Rektor-Fall"), BGHZ 45, 204 = WM 1996, 471.
44 Grundlegend BGH, BGHZ 80, 129 = BB 1981, 689 = ZIP 1981, 394 = DB 1981, 1032 = NJW 1981, 1373.
45 So insb. auch BGH, BGHZ 80, 129, 139 = BB 1981, 689 = ZIP 1981, 394 = DB 1981, 1032 = NJW 1981, 1373. Ferner Lutter/Bayer, in: Lutter/Hommelhoff, GmbHG, § 11 Rn. 11; a.A. u.a.: Binz/Sorg, Die GmbH & Co. KG, § 3 Rn. 53.

Formulierungsbeispiel: Mantel zur Gründung der GmbH 59

> Die Gesellschaft und ihre Geschäftsführer sind berechtigt, bereits vor der Eintragung der Gesellschaft im Handelsregister Rechtsgeschäfte jeder Art vorzunehmen. Dies gilt insb. für die Beteiligung an anderen Gesellschaften beliebiger Rechtsform und die Übernahme der Stellung als persönlich haftende Gesellschafterin bei der ... -GmbH & Co. KG.

Dagegen ist die Komplementärfähigkeit der **Vorgründungsgesellschaft** bis heute umstritten. Nachdem es sich meist um eine reine Innengesellschaft handelt, wird man die Komplementärfähigkeit wohl verneinen müssen.[46]

2. AG

Die Rolle des persönlich haftenden Gesellschafters muss keineswegs von einer GmbH wahrgenommen werden. An deren Stelle kann auch eine andere juristische Person treten. Zulässig ist bspw. Auch die Rechtsform der **AG & Co. KG**.[47] Allerdings findet sich diese Rechtsform in der Praxis nur selten. Die Ursache dafür dürfte vor allem in der geringeren Flexibilität des Aktienrechts liegen: Das Mindestkapital ist mit 50.000 € (§ 7 AktG) doppelt so hoch wie bei der GmbH, der Grundsatz der Satzungsstrenge (§ 23 Abs. 5 AktG) schränkt die Satzungsgestaltung erheblich ein und die vorgegebene Zuständigkeitsverteilung zwischen Vorstand, Aufsichtsrat und Hauptversammlung erschwert die Möglichkeiten einer individuellen Steuerung der Gesellschaft. 60

3. Stiftung

Bei der Stiftung & Co. KG handelt es sich um eine KG, bei der eine **Stiftung** die **Rolle des persönlich haftenden Gesellschafters** übernimmt.[48] Schätzungen zufolge bestehen heute in Deutschland ca. 100 Unternehmen, die in der Rechtsform der Stiftung & Co. KG geführt werden. 61

Beispiele:
- *Kaufland Stiftung & Co. KG, Neckarsulm (ehemals Lidl & Schwarz Stiftung & Co. KG);*
- *Diehl Stiftung & Co. KG, Nürnberg;*
- *Schörghuber Stiftung & Co. KG, München.*

Mit der Rechtsform der Stiftung & Co. KG können im Einzelfall folgende **Vorteile** verbunden sein: 62

- **Haftungsbeschränkung**: Die Haftung der Stiftung als persönlich haftende Gesellschafterin ist auf das Stiftungsvermögen beschränkt. Die Beschränkung der Haftung ist dabei noch weitreichender als bei der GmbH & Co. KG. Eine Durchgriffshaftung (z.B. wegen Unterkapitalisierung) kommt bei einer Stiftung & Co. KG nicht in Betracht, da eine Stiftung weder über Mitglieder noch über Gesellschafter verfügt.

- **Unternehmensführung**: Die Geschäftsführung obliegt im Regelfall dem Stiftungsvorstand. Die Stellung als Stiftungsvorstand genießt im Allgemeinen ein höheres Ansehen als die vergleichbare Position als Geschäftsführer einer Komplementär-GmbH, was bei der Suche nach geeigneten Führungskräften von Vorteil sein kann.

---

46 Zur Komplementärfähigkeit einer Außen-GbR siehe LG Berlin, DB 2003, 1380 = NZG 2003, 580 = BB 2003, 1351 = ZIP 2003, 1201 = GmbHR 2003, 719 = DStR 2003, 1585 mit Anm. Wälzholz; ausführlich dazu Bergmann, ZIP 2003, 2231; Schmidt/Bierly, NJW 2004, 1210.

47 Ausführlich dazu Beckmann, DStR 1995, 296; Schindhelm/Wilde, GmbHR 1993, 411; Wagner, WiB 1994, 341. Zur Zuständigkeit des Aufsichtsrats in einer KG, bei der eine AG Kommanditistin ist siehe OLG Frankfurt, ZIP 2006, 1904.

48 Siehe dazu etwa Brandmüller/Lindner, Gewerbliche Stiftungen, Unternehmensstiftung, Stiftung & Co., Familienstiftung; Delp, Die Stiftung & Co. KG; Hennerkes, Steuerberater-Jahrbuch 1984/85, S. 107 ff.; Höfner-Byok, Die Stiftung & Co. KG; Muscheler, Stiftungsrecht, S. 317 ff.; Richter/Sturm, ZErb 2006, 75; Schulze zur Wiesche, Wpg. 1988, 128; Weimar/Delp, INF 1987, 74; Weimar/Geitzhaus/Delp, BB 1986, 1999.

- **Gestaltung:** Die Gestaltung einer Stiftung & Co. KG erfordert – im Unterschied zur GmbH & Co. KG – keine Regelungen zur Verzahnung der Kommanditanteile mit den Anteilen an der Komplementärin, da die Komplementärstiftung keine Gesellschafter hat. Die Gründung einer Einheitsgesellschaft erübrigt sich somit.
- **Unternehmensnachfolge:** Die Stiftung & Co. KG bietet im Einzelfall weitgehende Möglichkeiten, den Fortbestand des Unternehmens über mehrere Generationen hinweg zu sichern.
- **Publizität:** Die Stiftung & Co. KG ist in gleicher Weise wie die GmbH & Co. KG zur Offenlegung ihres Jahresabschlusses im Handelsregister verpflichtet. Dagegen ist die Komplementär-Stiftung weder im Handelsregister eingetragen noch gelten für sie sonstige Publizitätsvorschriften.

63 Zu den **Nachteilen** der Rechtsform der Stiftung & Co. KG gehören u.a.:
- **Staatliche Aufsicht:** Für die Gründung der Stiftung bedarf es einer staatlichen Anerkennung durch die nach dem jeweiligen Landesrecht zuständige Verwaltungsbehörde (§§ 80 ff. BGB). Stiftungen unterliegen zudem (anders als Kapitalgesellschaften) einer staatlichen Rechtsaufsicht, die allerdings bei privatnützigen Stiftungen in den meisten Bundesländern eingeschränkt ist.
- **Anerkennung:** Die Rechtsform der Stiftung & Co. KG ist (rechtspolitisch) umstritten,[49] was sich unter Umständen auf die Anerkennung im Rechts- und Geschäftsverkehr nachteilig auswirken kann.
- **Gewerbliche Prägung:** Die Stiftung & Co. KG führt nicht zu einer gewerblichen Prägung der Einkünfte (§ 15 Abs. 3 Nr. 2 EStG meint nur Kapitalgesellschaften i.S.v. § 1 Abs. 1 Nr. 1 KStG, nicht aber auch Körperschaften i.S.v. § 1 Abs. 1 Nr. 4 oder 5 KStG).

64 Die Rspr. musste bislang zur Rechtsform der Stiftung & Co. KG nicht Stellung nehmen. Die **Gestaltung** des KG-Vertrags und der Stiftungssatzung sollten daher in jedem Fall frühzeitig mit den zuständigen Stiftungs- und Finanzbehörden abgestimmt werden.

65 Für die **Entstehung** der Stiftung & Co. KG gelten grds. die gleichen Vorschriften wie für eine GmbH & Co. KG. Allerdings geht die überwiegende Auffassung davon aus, dass es eine Vor-Stiftung (anders als eine Vor-GmbH) nicht gibt. Die Stiftung & Co. KG kann daher erst errichtet werden, wenn die Stiftung anerkannt worden ist.

66 In der **Stiftungssatzung** sollte klar gestellt werden, dass die Stiftung die Stellung als persönlich haftende Gesellschafterin in einer KG übernehmen wird und übernehmen soll. Anderenfalls kann nicht ohne weiteres davon ausgegangen werden, dass die durch die Übernahme der persönlichen Haftung verbundene Gefährdung der Stiftung dem Willen des Stifters entspricht.

67 In diesem Zusammenhang ist auch auf eine **angemessene Kapitalausstattung der Stiftung** zu achten. Diese sollte sich vor allem am Umfang der unternehmerischen Tätigkeit der KG und nicht am gesetzlichen Mindestkapital einer Komplementär-GmbH orientieren.

68 Der **Zweck einer Stiftung** kann sich nach allgemeiner Meinung nicht darauf beschränken, ihr eigenes Vermögen zu verwalten. Vielmehr muss die Stiftung stets auch einen darüber hinausgehenden Zweck verfolgen. Aus dem Verbot der Selbstzweckstiftung wird überwiegend abgeleitet, dass der Zweck einer Stiftung nicht nur in der Übernahme der Rolle als persönlich haftende Gesellschafterin einer KG bestehen kann. I.d.R. sollte die Stiftung daher noch weitere (steuerbegünstigte) Zwecke verfolgen, die durchaus auch eine Verbindung zu dem Unternehmen der KG aufweisen dürfen.

Beispiele:
- *Versorgung von Mitarbeitern und deren Hinterbliebenen,*
- *Förderung der Aus- und Weiterbildung von Auszubildenden,*
- *Unterstützung von anderen Gesellschaftern der KG, oder*
- *Finanzierung von gemeinnützigen Tätigkeiten am Standort des Unternehmens.*

---

49 Siehe etwa K. Schmidt, der in der Rechtsform der Stiftung & Co. KG eine „Perversion des Stiftungsrechts" (in: Stiftungswesen, Stiftungsrecht, Stiftungspolitik, S. 30 f.) gesehen und eine Rückbesinnung auf den Sinn des Stiftungsrechts gefordert hat.

4. Ausländische Kapitalgesellschaft

Nach allgemeiner Auffassung kann auch eine ausländische Kapitalgesellschaft Komplementärin sein.[50] Dies gilt aufgrund der neueren Rspr. des EuGH[51] zumindest für Kapitalgesellschaften aus dem EU-Ausland (z.B. englische private limited companies). Gleiches dürfte auch für Gesellschaften aus den Mitgliedsstaaten des EWR (Liechtenstein,[52] Island und Norwegen) und aus den USA[53] gelten. Für Gesellschaften aus Drittstaaten ist die Rechtslage dagegen noch nicht abschließend geklärt; die Komplementärfähigkeit auch von diesen Gesellschaften dürfte aber zu bejahen sein.[54]

Im Vergleich zur „klassischen" GmbH & Co. KG weist die Ltd. & Co. KG vor allem folgende **Vorteile** auf:

- **Kapitalaufbringung:** Bei der Gründung einer englischen private limited company muss kein Mindestkapital aufgebracht werden.
- **Mitbestimmung:** Die Ltd. & Co. KG unterliegt (anders als die GmbH & Co. KG) nicht der Mitbestimmung nach dem Mitbestimmungsgesetz (§ 4 Abs. 1 MitbestG), was insb. bei Unternehmen mit i.d.R. mehr als 2.000 Arbeitnehmern von Vorteil sein kann.[55]
- **Gründungsdauer und -kosten:** Die Gründung der englischen private limited company ist unter Umständen schneller und kostengünstiger möglich als die einer deutschen GmbH.[56]
- **Deutsches Recht:** Bei Gründung einer private limited company gilt für alle Fragen der Gesellschaft zwingend englisches Recht. Dies ist auch dann der Fall, wenn die Gesellschaft ausschließlich in Deutschland tätig ist und alle Gesellschafter und Organmitglieder in Deutschland an-sässig sind. Bei einer Ltd. & Co. KG nimmt i.d.R. nur die KG am Rechtsverkehr teil. Für diese gilt uneingeschränkt deutsches Recht. Die Besonderheiten des englischen Gesellschaftsrechts sind bei der Verzahnung zwischen beiden Gesellschaften zu berücksichtigen. Diese Problematik lässt sich möglicherweise durch die Gründung einer Einheits-Ltd. & Co. KG vermeiden.

Bei der Wahl der Rechtsform sind auch mögliche **Nachteile** der Ltd. & Co. KG zu berücksichtigen:

---

50 Zur Zulässigkeit einer Ltd. & Co. KG zuletzt LG Bielefeld, GmbHR 2006, 89 = NZG 2006, 504; allgemein zur Rechtsform der Ltd. & Co. KG Binz/Sorg, GmbHR 2003, 249; Kowalski/Bormann, GmbHR 2005, 1045; Schlichte, DB 2006, 87, 1357 und 2672; Süß, GmbHR 2005, 673; Werner, GmbHR 2005, 288; ders., Sonderheft GmbHR 2006, 41.

51 Grundlegend EuGH (Inspire Art Ltd.), GmbHR 2003, 1260 mit Anm. Meilicke; ausführlich zum Ganzen: Eidenmüller, Ausländische Kapitalgesellschaften im deutschen Recht; Hirte/Bücker, Grenzüberschreitende Gesellschaften; Lutter, Europäische Auslandsgesellschaften im deutschen Recht; Lutter, Das Kapital der AG in Europa; Mellert/Verfürth, Wettbewerb der Gesellschaftsformen; Sandrock/Wetzler, Deutsches Gesellschaftsrecht im Wettbewerb der Rechtsordnungen; Spahlinger/Wegen, Internationales Gesellschaftsrecht in der Praxis; Triebel/von Hase/Melerski, Die Limited in Deutschland; Weller, Europäische Rechtsformwahlfreiheit und Gesellschafterhaftung.

52 Zur Anerkennung einer Gesellschaft aus dem Fürstentum Liechtenstein siehe BGH, ZIP 2005, 1869 = DB 2005, 2345 = BB 2005, 2373 = DStR 2005, 1870 = WM 2005, 2049 = NJW 2005, 3351 = NZG 2005, 974 = RIW 2005, 945 mit Anm. Leible/Hoffmann = Rpfleger 2006, 20 = DNotZ 2006, 143 mit Anm. Thölke; ausführlich dazu: Rehm, Der Konzern 2006, 166; Weller, ZGR 2006, 748.

53 BGH, GmbHR 2005, 51 mit Anm. Kleinert = DStR 2004, 2113 mit Anm. Goette = IPrax 2005, 340 = RIW 2005, 147. Siehe dazu auch Paal, RIW 2005, 735. BGH, DStR 2004, 1841 = BB 2004, 1868 mit Anm. Mellert = EWiR 2004, 919 (Paefgen) = IPrax 2005, 339. Siehe dazu auch Ebke, RIW 2004, 740; Stürner, IPrax 2005, 305.

54 Zur Komplementärfähigkeit einer AG schweizerischen Rechts siehe OLG Saarbrücken, GmbHR 1990, 348 = DB 1989, 1076 = NJW 1990, 647 = EWiR 1989, 789 (Semler) und OLG Stuttgart, GmbHR 1995, 530 = WM 1995, 928 = ZIP 1995, 1004 mit Anm. Mankowski; zur Rechts- und Parteifähigkeit einer schweizerischen AG siehe OLG Hamm, ZIP 2006, 1822.

55 Allgemein zu Strategien zur Vermeidung der paritätischen Mitbestimmung Rieble, BB 2006, 2018.

56 Der zeitliche Vorteil – sofern ein solcher heute überhaupt noch gegeben ist – wird allerdings dadurch relativiert, dass die deutsche Vor-GmbH bereits Komplementärin einer GmbH & Co. KG sein kann, wohingegen das englische Gesellschaftsrecht eine Vorgesellschaft nicht kennt.

- **Rechtsunsicherheit:** Die Ltd. & Co. KG ist eine KG, an der als persönlich haftende Gesellschafterin eine englische private limited company beteiligt ist. Es kommt nicht nur – wie bei der GmbH & Co. KG – zu einer Vermischung mehrerer Rechtsformen, sondern zugleich zu einem Zusammentreffen von englischem und deutschem Recht. Für die Komplementärin gilt ausschließlich und zwingend englisches Gesellschaftsrecht. Die KG unterliegt dagegen deutschem Gesellschaftsrecht. Die Schnittstellen zwischen deutschem und englischem Gesellschaftsrecht sind bislang höchstrichterlich kaum geklärt. Dies gilt insb. auch für eine etwaige persönliche Haftung der Gesellschafter bzw. Geschäftsführer in einer Krise der Gesellschaft.[57]
- **Beratungsaufwand:** Bei der Ltd. & Co. KG bedarf es einer kontinuierlichen Abstimmung zwischen englischem und deutschem Gesellschaftsrecht. Im Vergleich zur deutschen GmbH & Co. KG dürfte dies nicht nur zu einem erhöhten Beratungsaufwand, sondern auch zu höheren Beratungskosten führen.
- **Laufende Kosten:** Die englische private limited company muss in England ein registered office (sec. 287 Company Act 1985) unterhalten. Ferner muss die Gesellschaft in England verschiedene Register führen und gegenüber dem englischen companies house zahlreiche Anzeige- und Publizitätspflichten erfüllen (siehe sec. 242 ff., 287 ff. und 363 ff. Companies Act 1985). Diese Aufgaben werden i.d.R. vom company secretary (sec. 283 Company Act 1985) wahrgenommen. Bei einer Gesellschaft, die in England nicht unternehmerisch tätig ist, wird die Einhaltung dieser Pflichten i.d.R. mit zusätzlichen Kosten verbunden sein (z.B. Miete für ein registered office, Wahrnehmung der Aufgaben des com-pany secretary durch einen Rechtsanwalt, etc.).[58]

72   Die **Eintragung** der Ltd. & Co. KG im deutschen Handelsregister kann nach überwiegender Auffassung nicht davon abhängig gemacht werden, dass die englische private limited company eine Zweigniederlassung in das deutsche Handelsregister einträgt.[59] Denn die europäische Niederlassungsfreiheit erfordert, die englische private limited company in Deutschland uneingeschränkt als Kapitalgesellschaft und damit auch als Komplementärin anzuerkennen.

Darüber hinaus stellt sich die Frage, ob eine englische private limited company, die in Deutschland ausschließlich als persönlich haftende Gesellschafterin einer KG tätig wird, überhaupt verpflichtet ist, eine **Zweigniederlassung zur Eintragung in das Handelsregister** anzumelden (§ 13d Abs. 2 Satz 1 HGB). Der bloße Erwerb einer Beteiligung an einer KG ist nach überwiegender Auffassung für die Begründung einer Zweigniederlassung nicht ausreichend. Die englische private limited company beschränkt sich indes nicht darauf, die Beteiligung an der deutschen KG zu erwerben und zu halten. Vielmehr ist sie zur Geschäftsführung und Vertretung der KG berechtigt und verpflichtet. Es ist demnach davon auszugehen, dass in diesen Fällen in Deutschland regelmäßig eine Zweigniederlassung vorliegt.[60] Für die Praxis besteht der sicherste Weg in jedem Fall darin, das Bestehen einer Zweigniederlassung zur Eintragung zum Handelsregister anzumelden.

73   Bei einer deutschen GmbH & Co. KG ist die „Vertretungsmacht der Gesellschafter" zur Eintragung in das Handelsregister anzumelden (§§ 162 Abs. 1 Satz 1, 106 Abs. 2 Nr. 4 HGB). Handelt es sich bei dem persönlich haftenden Gesellschafter um eine GmbH, ist lediglich deren Vertretungsbefugnis anzumelden. Die Vertretungsbefugnis der Geschäftsführer der Komplementär-GmbH (bei der KG) muss nicht angemeldet

---

57   Zur persönlichen Haftung der Gründer einer in Deutschland tätigen englischen private limited company siehe bspw. LG Kiel, DB 2006, 1314 = GmbHR 2006, 710 mit Anm. Leutner/Langner = BB 2006, 1468 = ZIP 2006, 1248 mit Anm. Just = EWiR 2006, 429 (Schilling) = NZG 2006, 672.

58   Zum englischen Gesellschaftsrecht siehe u.a. Güthoff, Gesellschaftsrecht in Großbritannien; Heckschen/Köklü/Maul, Private Limited Company; Heinz, Die englische Limited; Höfling, Das englische internationale Gesellschaftsrecht; Just, Die englische Limited in der Praxis; Römermann, Private Limited Company in Deutschland; Triebel/von Hase/Melerski, Die Limited in Deutschland.

59   So auch Süß, GmbHR 2005, 673, 674; a.A. wohl: Kowalski/Bormann, GmbHR 2005, 1045, 1046; Werner, GmbHR 2005, 288, 291.

60   Kowalski/Bormann, GmbHR 2005, 1045, 1046; Werner, GmbHR 2005, 288, 289 ff.; a.A.: Süß, GmbHR 2005, 673, 673.

werden. Deren Vertretungsbefugnis ergibt sich vielmehr durch die Bezugnahme auf die Registereintragung der Komplementär-GmbH. Nach dem Gesetzeswortlaut ist auch bei einer Ltd. & Co. KG lediglich die **Vertretungsmacht der englischen private limited company** und nicht auch diejenige der directors zur Eintragung in das Handelsregister anzumelden. Im deutschen Handelsregister der KG findet sich dann zwar ein Verweis auf die Eintragung der englischen private limited company im companies house, doch werden dort keinerlei Angaben über die Vertretungsbefugnis der directors gemacht. Die Vertretungsverhältnisse bei einer Ltd. & Co. KG wären demnach auch bei einer doppelten Handelsregistereinsicht nicht ersichtlich. Im Interesse der Transparenz des Rechtsverkehrs **verlangt die Rspr.** daher, dass in diesem Fall nicht nur die Komplementärin, sondern auch die zu ihrer Vertretung befugten Organe und deren Vertretungsbefugnisse in das Handelsregister der deutschen KG eingetragen werden. Eine solche Erweiterung der eintragungspflichtigen Tatsachen ist nicht nur bei der Ltd. & Co. KG anerkannt,[61] sondern erfolgt bspw. auch bei der Eintragung einer GbR als persönlich haftende Gesellschafterin einer KG.[62]

Bei einer Ltd. & Co. KG sind demnach auch die Organe der englischen private limited company und deren Vertretungsbefugnis zur Eintragung in das deutsche Handelsregister anzumelden. Die englische private limited company kann als persönlich haftende Gesellschafterin unstreitig von dem Verbot des Selbstkontrahierens (§ 181 BGB) befreit werden. Eine solche Befreiung ist zur Eintragung in das Handelsregister der Ltd. & Co. KG anzumelden.

Der director einer englischen private limited company kann nicht von den Beschränkungen des § 181 BGB befreit werden.[63] Gleichwohl kann auch bei einer Ltd. & Co. KG im Handelsregister der KG eingetragen werden, dass den directors der private limited company durch die KG die Befreiung von dem Verbot von Insichgeschäften erteilt wurde. Denn in diesem Fall geht es nicht um die (unzulässige) Befreiung des directors von dem Verbot von Insichgeschäften durch die englische private limited company, sondern um die (zulässige) Befreiung der directors von dem Verbot von Insichgeschäften durch die deutsche KG. Demnach könnte bspw. angemeldet und eingetragen werden, dass die jeweiligen directors der Komplementärin im Verhältnis zur KG von den Beschränkungen des § 181 BGB befreit sind. Ist auch die Komplementärin von dem Verbot von Insichgeschäften befreit, könnte angemeldet und eingetragen werden, dass die Komplementärin und ihre directors von den Beschränkungen des § 181 BGB befreit sind.[64]

74

III. Kommanditist

Kommanditisten der GmbH & Co. KG sind in der Praxis meist eine oder mehrere natürliche Personen. Kommanditisten können aber auch juristische Personen, Personenhandelsgesellschaften (siehe §§ 129a Satz 2, 130a Abs. 1 Satz 1 2. Halbs. 172 Abs. 6 Satz 2 und 172a Satz 2 HGB) und GbR (siehe § 162 Abs. 1 Satz 2 HGB) sein.

75

Dagegen können Erbengemeinschaften, Ehegatten in Gütergemeinschaft[65] und nicht rechtsfähige Vereine nach bislang h.A. **nicht** Kommanditist sein.

---

61 So schon das BayObLG, GmbHR 1986, 305 = ZIP 1986, 840 = EWiR 1986, 595 (Bokelmann) = WM 1986, 968 = NJW 1986, 3029, dass dabei eine Analogie zu § 33 Abs. 2 Satz 2 HGB angenommen hat. Zustimmend MünchKomm-HGB/Heidinger, Vor § 17 Rn. 94; Süß, GmbHR 2005, 673, 674; Werner, GmbHR 2005, 288, 292.
62 Siehe nur LG Berlin, DB 2003, 1380 = NZG 2003, 580 = BB 2003, 1351 = ZIP 2003, 1201 = GmbHR 2003, 719 = DStR 2003, 1585 mit Anm. Wälzholz (in Analogie zu § 106 Abs. 2 Nr. 4 HGB).
63 Gegen die Eintragungsfähigkeit einer Befreiung der directors von den Beschränkungen des § 181 BGB auch OLG München, DB 2005, 1955 = GmbHR 2005, 1302 = NZG 2005, 850 = ZIP 2005, 1826 = EWiR 2005, 765 (Just) = MittBayNot 2005, 512 = RNotZ 2005, 553 = Rpfleger 2006, 84 = DNotZ 2006, 152 = NJW-RR 2005, 1486; OLG Celle, GmbHR 2005, 1303 = DStR 2006, 199 = NZG 2006, 273; OLG Düsseldorf, NZG 2006, 317 = ZIP 2006, 806 = GmbHR 2006, 548 = DB 2006, 1102 = RNotZ 2006, 292.
64 Zur Eintragungsfähigkeit der Befreiung von den Beschränkungen des § 181 BGB bei einer Ltd. & Co. KG siehe OLG Frankfurt, DB 2006, 1949 = ZIP 2006, 1673 = BB 2006, 2152 = GmbHR 2006, 1156 mit Anm. Werner = NZG 2006, 830.
65 BayObLG, ZIP 2003, 480 mit Anm. Grziwotz S. 848 = DB 2003, 715 = NZG 2003, 431 = DNotZ 2003, 445; ausführlich dazu Kanzleiter, DNotZ 2003, 422.

76 **Minderjährige Kommanditisten** müssen bei Abschluss des KG-Vertrags von ihrem gesetzlichen Vertreter vertreten werden.[66] Ist dieser selbst Gesellschafter der KG, ist ein Ergänzungspfleger erforderlich (§§ 1909, 1795 Abs. 2, 1629 Abs. 2, 181 BGB). Für mehrere minderjährige Gesellschafter ist jeweils ein eigener Ergänzungspfleger zu bestellen. Daneben ist die Genehmigung des Familien- bzw. Vormundschaftsgerichts erforderlich (§§ 1822 Nr. 3, 1643 Abs. 1 BGB).

77 Ein Gesellschafter kann an ein und derselben GmbH & Co. KG nicht gleichzeitig als Komplementär und Kommanditist beteiligt sein. Ein Gesellschafter kann auch nicht mit mehreren Kommanditeinlagen nebeneinander beteiligt sein, da das Gesetz nur eine einheitliche Beteiligung zulässt. Geht bspw. aufgrund eines Erbfalls die Beteiligung eines Kommanditisten auf einen anderen Kommanditisten über, so wächst dessen Anteil dem bestehenden Kommanditanteil im Außenverhältnis zu. Lediglich im Innenverhältnis unter den Gesellschaftern besteht die Möglichkeit einer abweichenden Abrede. Eine solche kommt insb. in Betracht, wenn beide Beteiligungen mit unterschiedlichen Rechten und Pflichten ausgestattet sind.

78 Die GmbH & Co. KG kann auch als **Einpersonen-GmbH & Co. KG** errichtet werden. In diesem Fall ist ein und dieselbe Person Gesellschafter der GmbH, Geschäftsführer der GmbH und Kommanditist. Dem Erfordernis, dass eine Personengesellschaft mindestens zwei Gesellschafter haben muss, ist Genüge getan: Gesellschafter der KG sind einerseits die Komplementär-GmbH und andererseits der Kommanditist. Nach Abschluss des KG-Vertrags sollte unverzüglich eine entsprechende Niederschrift errichtet werden (wegen § 35 Abs. 4 Satz 2 GmbHG).

IV. Entstehung der GmbH & Co. KG

1. Gründung der Komplementär-GmbH[67]

a) Beteiligung Minderjähriger

79 Die Gründung der Komplementär-GmbH erfolgt durch notariell beurkundeten Abschluss des GmbH-Vertrags (§ 2 GmbHG). Bei Beteiligung von Minderjährigen ist nach überwiegender Auffassung die **Genehmigung des Familien- bzw. Vormundschaftsgerichts** erforderlich (siehe §§ 1643 Abs. 1 i.V.m. §§ 1822 Nr. 3 bzw. 10 BGB). Ferner ist für den Minderjährigen die **Bestellung eines Ergänzungspflegers** notwendig, wenn einer seiner gesetzlichen Vertreter zu den übrigen Gründern gehört und deshalb von der Vertretung ausgeschlossen ist (§§ 1629 Abs. 2, 1795 Abs. 2, 1909 Abs. 1 BGB).

b) Kapitalaufbringung und -erhaltung

80 Das **Stammkapital** der Komplementär-GmbH wird nach der Gründung vielfach darlehensweise der GmbH & Co. KG zur Verfügung gestellt. Allerdings ist bislang höchstrichterlich noch nicht geklärt, ob diese Praxis den gesetzlichen Vorschriften über die Kapitalaufbringung und -erhaltung bei der GmbH entspricht.[68]

Derzeit dürfte bei der **Bargründung** einer GmbH & Co. KG der sicherste Weg darin bestehen, für beide Gesellschaften ein eigenes Bankkonto einzurichten und dauerhaft zu unterhalten. Die Gesellschafter der Komplementär-GmbH sollten die geschuldeten Einlagen nach der Errichtung des notariellen Gesell-

---

66 Zur Beteiligung Minderjähriger siehe Hohaus/Eickmann, BB 2004, 1707; Ivo, ZEV 2005, 193; Maier-Reimer/Marx, NJW 2005, 3025; Rust, DStR 2005, 1942; Werner, GmbHR 2006, 737; ausführlich, Teil 2: Gesellschaftsrecht, 11. Kapitel.

67 Zur Gründung einer GmbH siehe, Teil 2: Gesellschaftsrecht, 2. Kapitel, § 1.

68 Siehe dazu OLG Thüringen, DB 2006, 1484 = ZIP 2006, 1534 = EWiR 2006, 497 (Priester) = GmbHR 2006, 940 mit Anm. Werner = NZG 2006, 661; BGH, GmbHR 2004, 302 mit Anm. Bähr/Hoos = BB 2004, 293 = DB 2004, 371 = ZIP 2004, 263 = EWiR 2004, 911 (Schöne) = DStR 2004, 427 = WM 2004, 325 = NJW 2004, 1111 = NZG 2004, 233 = DNotZ 2004, 720; ausführlich dazu Janzen, DB 2006, 2108; allgemein zur Problematik der Kapitalaufbringung und -erhaltung bei Gründung einer GmbH & Co. KG: Binz/Sorg, Die GmbH & Co. KG, § 3 Rn. 4 ff.

schaftsvertrags ordnungsgemäß auf ein Konto der Vor-GmbH einbezahlen. In gleicher Weise sollten die Kommanditisten die im Handelsregister eingetragenen Haftsummen auf ein Konto der KG einzahlen.

Angesichts der mit einem Verstoß gegen die Kapitalerhaltung verbundenen zivilrechtlichen (§§ 31, 43 Abs. 3 GmbHG) und strafrechtlichen (u.a. § 266 StGB) **Haftungsrisiken** sollte die Komplementär-GmbH bis zu einer abschließenden Klärung der Rechtslage grds. keine Darlehen zulasten des Stammkapitals an die KG gewähren.

Die sich daraus ergebende **Liquiditätsbelastung** kann im Einzelfall dadurch abgemildert werden, dass man an der Komplementär-GmbH mindestens zwei Gesellschafter beteiligt und dadurch die sonst faktisch bestehende Verpflichtung zur Volleinzahlung des Stammkapitals i.H.v. 25.000 € vermeidet. Bei einer Mehrpersonen-Komplementär-GmbH ist es ausreichend, wenn auf jede Stammeinlage ein Viertel und insgesamt 12.500 € einbezahlt werden (§ 7 Abs. 2 GmbHG). Die restlichen Einlagen können den Gesellschaftern von der Gesellschaft dann zeitlich unbefristet gestundet werden. Dabei kann die Stundung zinslos und ohne Sicherheiten erfolgen.

c) Unternehmensgegenstand

Als Gegenstand der Komplementär-GmbH muss die Beteiligung als persönlich haftende Gesellschafterin an einer bestimmten GmbH & Co. KG genannt werden (§ 3 Abs. 1 Nr. 2 GmbHG). Umstritten ist, ob darüber hinaus auch der Unternehmensgegenstand der KG anzugeben ist.[69] Zur Vermeidung von Streitigkeiten mit den Registergerichten sollte dieser vorsorglich auch in den Unternehmensgegen-stand der Komplementär-GmbH aufgenommen werden. Allerdings ist dann bei jeder Änderung des Unternehmensgegenstands der KG auch die Satzung der Komplementär-GmbH anzupassen.

Formulierungsbeispiel: Unternehmensgegenstand – Gesellschaftsvertrag GmbH

> Gegenstand des Unternehmens ist die Beteiligung als persönlich haftende Gesellschafterin an der ... -GmbH & Co. KG mit dem Sitz in ..., deren Tätigkeit ... ist.

Eine GmbH, die bislang einen **eigenen gewerblichen Betrieb** unterhalten hat, sollte vor der Übernahme der Stellung als persönlich haftende Gesellschafterin vorsorglich stets den in der Satzung festgelegten Unternehmensgegenstand anpassen, da es sich dabei nicht nur um eine unwesentliche Änderung des Tätigkeitsbereichs handelt. Bei Kenntnis des Kommanditisten von dem Unternehmensgegenstand der GmbH kann anderenfalls sogar der KG-Vertrag wegen Missbrauchs der Vertretungsmacht unwirksam sein.

2. Gründung GmbH & Co. KG

a) Abschluss des Gesellschaftsvertrags

Für den Abschluss des KG-Gesellschaftsvertrags gelten die allgemeinen Vorschriften (§§ 145 ff. BGB). Eine Stellvertretung ist zulässig (§§ 164 ff. BGB). Sind die Kommanditisten zugleich auch Geschäftsführer der Komplementär-GmbH ist eine Befreiung vom Verbot des Insichgeschäfts (§ 181 BGB) notwendig.

Für den Abschluss des KG-Vertrags ist keine besondere Form vorgeschrieben. **Schriftform** wird sich allerdings i.d.R. allein schon empfehlen, um die Rechtsverhältnisse unter den Gesellschaftern klar und zweifelsfrei festzulegen. Zudem verlangen die Finanzbehörden meist die Vorlage eines schriftlichen Gesellschaftsvertrags.

---

69 Dagegen wohl BayObLG, DB 1995, 1801 = BB 1995, 1814 = GmbHR 1995, 722; BayObLG, GmbHR 1996, 360. So auch Lutter/Bayer, in: Lutter/Hommelhoff, GmbHG, § 3 Rn. 6; anders noch BayObLG, NJW 1976, 1694 = WM 1987, 334.

Eine **notarielle Beurkundung** des KG-Gesellschaftsvertrags ist im Regelfall nicht erforderlich. Etwas anderes gilt nur dann, wenn sich ein Gesellschafter verpflichtet, der Gesellschaft ein Grundstück (§ 311b Abs. 1 BGB) oder einen GmbH-Geschäftsanteil zu übertragen (§ 15 Abs. 4 GmbHG).[70]

> *Beispiel:*
> *Der notariellen Beurkundung bedarf danach der Gesellschaftsvertrag einer Einheits-GmbH & Co. KG, bei der sich der Gesellschafter verpflichtet, seinen Anteil an der Komplementär-GmbH unentgeltlich auf die KG zu übertragen.*

Eine notarielle Beurkundung des KG-Vertrags kann ferner erforderlich sein, wenn der Gesellschaftsvertrag für bestimmte Fälle (z.B. das Ausscheiden eines Gesellschafters) eine Verpflichtung enthält, neben dem Kommanditanteil gleichzeitig auch den Anteil an der Komplementär-GmbH zu übertragen (§ 15 Abs. 4 GmbHG).[71] Ferner führt die Verpflichtung der Gesellschafter zum Abschluss eines Ehevertrags dazu, dass auch der Gesellschaftsvertrag der Beurkundung bedarf (siehe § 1410 BGB).[72]

b) Zeitpunkt des Entstehens der GmbH & Co. KG

aa) Innenverhältnis

87 Im **Innenverhältnis** entsteht die GmbH & Co. KG mit dem Abschluss des Gesellschaftsvertrags, soweit dieser nichts anderes vorsieht.

bb) Außenverhältnis

88 Im **Außenverhältnis** richtet sich der Zeitpunkt des Entstehens der GmbH & Co. KG nach dem von der Gesellschaft in Aussicht genommenen Geschäftsbetrieb, da die GmbH & Co. KG nach herrschender Auffassung keine Handelsgesellschaft kraft Rechtsform ist.

89 Ist der Geschäftsbetrieb der GmbH & Co. KG auf den **Betrieb eines vollkaufmännischen Handelsgewerbes** ausgerichtet (§ 1 Abs. 2 HGB), entsteht die Gesellschaft im Außenverhältnis nicht erst durch die deklaratorisch wirkende Handelsregistereintragung, sondern bereits im **Zeitpunkt des Geschäftsbeginns** (§§ 161 Abs. 2, 123 Abs. 2 HGB). Als Zeitpunkt des Geschäftsbeginns gelten bereits bloße Vorbereitungsgeschäfte, wie die Eröffnung eines Bankkontos, die Anmietung von Geschäftsräumen oder der Abschluss von Arbeitsverträgen.

90 **Formulierungsbeispiel: Entstehungszeitpunkt – Gesellschaftsvertrag KG**

> Die Gesellschaft beginnt am .... Alle Gesellschafter stimmen der Aufnahme der Geschäftstätigkeit zu.

91 Ist der Geschäftsbetrieb der GmbH & Co. KG nur auf ein **Kleingewerbe** gerichtet oder betreibt die Gesellschaft überhaupt **kein Gewerbe** (sondern verwaltet bspw. nur eigenes Vermögen), entsteht die

---

70 Ausführlich zu Fragen der notariellen Beurkundung bei der GmbH & Co. KG: Binz/Mayer, NJW 2002, 3054; Kempermann, NJW 1991, 684; Schultze, NJW 1991, 1936; siehe ferner Teil 2: Gesellschaftsrecht, 14. Kapitel.

71 Siehe dazu BGH, NJW 1986, 2642 = BB 1986, 1251 = DB 1986, 1513 = GmbHR 1986, 258 = DNotZ 1986, 687 mit Anm. Tiedau = ZIP 1986, 1046 = EWiR 1986, 687 (Günther).

72 Siehe dazu unten Rn. 194.

Gesellschaft im Außenverhältnis mit der **fakultativen Handelsregistereintragung**, der in diesen Fällen konstitutive Wirkung zukommt. Bis zur Eintragung handelt es sich um eine GbR.[73]

Formulierungsbeispiel: Entstehungszeitpunkt – Gesellschaftsvertrag KG 92

> Die Gesellschaft beginnt mit ihrer Eintragung in das Handelsregister.

> **Hinweis:**
>
> Eine Geschäftsaufnahme vor Eintragung der GmbH & Co. KG im Handelsregister ist allerdings mit zahlreichen Haftungsrisiken verbunden, die immer noch nicht abschließend geklärt sind.[74] In der Praxis sollte man sich daher stets um eine rasche Registereintragung bemühen oder im Einzelfall auch den Erwerb einer Vorratsgesellschaft in Betracht ziehen.

Haftungsgefahren können sich insb. für Kommanditisten ergeben, wenn die Gesellschaft ihren Geschäftsbetrieb schon vor ihrer Eintragung in das Handelsregister aufnimmt (§ 176 Abs. 1 HGB). In diesem Fall haftet jeder Kommanditist, der dem Geschäftsbeginn vor der Eintragung zugestimmt hat, für die bis zur Eintragung begründeten Gesellschaftsverbindlichkeiten wie ein persönlich haftender Gesellschafter. Etwas anderes gilt nur, wenn dem Gläubiger die Beteiligung als Kommanditist bekannt war (§ 176 Abs. 1 Satz 1 2. Halbs. HGB). Zur Vermeidung einer persönlichen Haftung der Kommanditisten sollte im Gesellschaftsvertrag vereinbart werden, dass die Gesellschaft ihre Geschäfte erst beginnen darf, wenn sie im Handelsregister eingetragen ist. Verstößt der geschäftsführende Gesellschafter gegen diese Abrede, haften die Kommanditisten nur i.H.d. Haftsumme, soweit die Einlage nicht schon geleistet ist. 93

Formulierungsbeispiel: Ausschluss vorzeitiger Geschäftsbeginn – Gesellschaftsvertrag KG 94

> Die Gesellschaft beginnt erst mit ihrer Eintragung im Handelsregister. Ein vorzeitiger Geschäftsbeginn ist nicht zulässig.

Die GmbH & Co. KG ist **von allen Gesellschaftern** zur Eintragung in das Handelsregister **anzumelden** (§§ 162, 106 HGB).[75] Die Registeranmeldung ist auch von den nicht vertretungsberechtigten Kommanditisten zu unterzeichnen. Die Anmeldung kann durch einen Stellvertreter erfolgen. Die Vollmacht bedarf jedoch der öffentlichen Beglaubigung (§ 12 Abs. 2 HGB). 95

Die GmbH & Co. KG kann in allen Fällen bereits vor der Komplementär-GmbH in das Handelsregister eingetragen werden. Nach Eintragung der Komplementär-GmbH muss dann allerdings die Registereintragung der GmbH & Co. KG berichtigt werden und der Zusatz „i.Gr." gelöscht werden. In der Praxis wird daher die Eintragung der GmbH & Co. KG im Regelfall erst nach bzw. zeitgleich mit der Eintragung der Komplementär-GmbH erfolgen.

---

[73] Aus diesem Grund soll die gewerbliche Prägung einer vermögensverwaltenden GmbH & Co. KG nach überwiegender Auffassung auch erst ab Eintragung im Handelsregister bestehen. So etwa FG Köln, DStRE 2005, 747; Schmidt/Wacker, EStG, § 15 Rn. 227; a.A.: (Beginn der gewerblichen Prägung bereits ab dem Zeitpunkt der Handelsregisteranmeldung) Pauli, DB 2005, 1021, 1023; Stahl, NJW 2000, 3100. Dieser Auffassung ist zuzustimmen, wenn es dann auch zur Eintragung der GmbH & Co. KG im Handelsregister kommt. Denn der Steuerpflichtige hat mit der Handelsregisteranmeldung alles getan, was zur Errichtung der Gesellschaft notwendig ist. Auf den Zeitpunkt der Handelsregistereintragung hat er keinen Einfluss, so dass ihm aus der (verzögerten) Eintragung im Handelsregister auch kein (steuerlicher) Nachteil entstehen darf.

[74] Ausführlich zu den Haftungsrisiken in der Gründungsphase der GmbH & Co. KG: Binz/Sorg, Die GmbH & Co. KG, § 3 Rn. 56 ff.; Ihrig, in: Sudhoff, GmbH & Co. KG, § 11; Gummert, in: Münchener Handbuch des Gesellschaftsrechts, Bd. 2, § 50 Rn. 27 ff.; Lüke, in: Hesselmann/Tillmann/Mueller-Thuns, Handbuch der GmbH & Co. KG, § 4 Rn. 62 ff.

[75] Zu Fragen der Handelsregisteranmeldung (samt Mustern) siehe 1. Teil: Handelsrecht, 2. Kapitel.

C. Gesellschaftsvertrag

I. Grundsatz der Vertragsfreiheit

96 Nach der gesetzlichen Regelung bestimmt sich das Rechtsverhältnis der Gesellschafter untereinander (Innenverhältnis) in erster Linie nach dem Gesellschaftsvertrag (§§ 161 Abs. 2, 109 HGB) und nur ergänzend nach den gesetzlichen Vorschriften. Die Gesellschafter können aufgrund der Vertragsfreiheit in dem Gesellschaftsvertrag ihre Rechtsverhältnisse ihren Vorstellungen entsprechend gestalten, soweit dem nicht zwingende Vorschriften des Gesellschaftsrechts dem entgegenstehen.

II. Einzelfragen des Gesellschaftsvertrags

1. Firma

97 Die Firma der GmbH & Co. KG[76] muss die Bezeichnung „KG" oder eine allgemein verständliche Abkürzung dieser Bezeichnung enthalten (§ 19 Abs. 1 Nr. 3 HGB).

> **Hinweis:**
> Die früher weit verbreitete Firmierung als „GmbH & Co." ist daher kein zulässiger Rechtsformzusatz und darf nicht mehr verwendet werden.

Bei einer GmbH & Co. KG, in der keine natürliche Person persönlich haftet, muss die Firma die **Haftungsbeschränkung** deutlich machen (§ 19 Abs. 2 HGB). Aus dem Gesetz ergibt sich allerdings nicht, in welcher Form die Haftungsbeschränkung gekennzeichnet werden muss. Allgemein anerkannt ist der Rechtsformzusatz „GmbH & Co. KG". Nach überwiegender Auffassung ist auch ein ausgeschriebener Firmenzusatz wie „beschränkt haftende KG" möglich, doch dürfte dies im Unternehmensalltag wenig praktikabel sein.

Der Rechtsformzusatz „GmbH & Co. KG" sollte möglichst unverändert **am Ende der Firma** aufgenommen werden. Denn Änderungen und Umstellungen (z.B. A KG GmbH & Co., A GmbH B KG, A & Cie. GmbH Co. KG) könnten im Einzelfall darauf hindeuten, dass eine weitere natürliche Person unbeschränkt haftet, und eine Rechtsscheinhaftung begründen.

98 Die Firma der GmbH & Co. KG muss heute nicht mehr der Firma der Komplementär-GmbH entlehnt sein, sondern kann vielmehr **frei gewählt** werden. Zulässig sind Personen-, Sach- und Fantasiefirmen. Die allgemeinen Grundsätze des Firmenrechts gelten auch für die GmbH & Co. KG. Danach muss die Firma zur Kennzeichnung geeignet sowie unterscheidungskräftig sein (§ 18 Abs. 1 HGB) und darf die angesprochenen Verkehrskreise nicht irreführen (§ 18 Abs. 2 HGB).

99 Immer noch **umstritten** ist die Frage, ob die Firma einer GmbH & Co. KG auch die Namen von Kommanditisten oder Nichtgesellschaftern enthalten darf.[77] Dies wird teilweise verneint, weil auf diese Weise über die Person des persönlich haftenden Gesellschafters falsche Vorstellungen hervorgerufen werden könnten. Diese Auffassung ist nicht überzeugend. Bei der Firmierung als GmbH & Co. KG gehen die Teilnehmer des Rechtsverkehrs ohnehin davon aus, dass keine natürliche Person persönlich haftet, so dass insofern auch keine Irreführung erfolgen kann. Allerdings darf die Firma die Namensrechte der betroffenen Personen nicht verletzen und muss auch wettbewerbsrechtlich zulässig sein.

100 Jede neue Firma muss sich von allen an demselben Ort bereits bestehenden Firmen deutlich unterscheiden (§ 30 Abs. 1 HGB). Der **Grundsatz der Unterscheidbarkeit** gilt auch für die Firmen der GmbH & Co.

---

76 Ausführlich zu Fragen des Firmenrechts 1. Teil: Handelsrecht, 3. Kapitel.
77 Siehe dazu zuletzt OLG Saarbrücken, NZG 2006, 586 = ZIP 2006, 1772 = DNotZ 2006, 711 (Die Firma einer KG darf den Namen ihres Kommanditisten tragen); zum Streitstand: MünchKomm-HGB/Heidinger, § 18 Rn. 167 ff.

KG und ihrer eigenen Komplementär-GmbH.[78] Allein der Rechtsformzusatz – einerseits „GmbH" und andererseits „GmbH & Co. KG" – begründet keine ausreichende Unterscheidbarkeit.[79] Eine etwaige Verwechslungsgefahr zwischen beiden Firmen muss daher durch entsprechende Zusätze verhindert werden. In der Praxis wird die Komplementär-GmbH daher i.d.R. als Verwaltungs-, Besitz-, Beteiligungs- oder Geschäftsführungsgesellschaft bezeichnet.

Scheidet ein Gesellschafter aus der GmbH & Co. KG aus, dessen Name in der Firma enthalten ist, bedarf es zur Fortführung der Firma dessen Einwilligung (§ 24 Abs. 2 HGB). Es ist zwar umstritten, ob dies auch für eine GmbH & Co. KG gilt, da deren Firma nach der gesetzlichen Regelung keinen Namen eines Gesellschafters enthalten muss.[80] Doch sollte man das damit verbundene Streitpotenzial, das gerade im Fall eines streitigen Ausscheidens nicht zu unterschätzen ist, vorsorglich vertraglich regeln.

Formulierungsbeispiel: Ausscheidens eines Gesellschafters und Fortführung der Firma – Gesellschaftsvertrag GmbH & Co. KG

> Die Firma der Gesellschaft lautet: ... GmbH & Co. KG.
>
> Die Gesellschaft ist zur Fortführung der Firma auch dann berechtigt, wenn einer oder mehrere Gesellschafter ausscheiden und ihr Name in der Firma enthalten ist. Die Einwilligung zur Firmenfortführung wird bereits heute erteilt.

In der Praxis kann es sich empfehlen, die Firma der GmbH & Co. KG und der Komplementär-GmbH **vor Anmeldung zum Handelsregister** vorsorglich mit der zuständigen Industrie- und Handelskammer **abzustimmen**. Die Vorlage einer entsprechenden Stellungnahme der Industrie- und Handelskammer trägt in vielen Fällen zur Beschleunigung der Eintragung im Handelsregister bei.

2. Unternehmensgegenstand

Das HGB sieht – anders als das GmbH-Recht (§ 3 Abs. 1 Nr. 2 GmbHG) – keine Regelungen zum Gegenstand des Unternehmens vor. Eine entsprechende Regelung im Gesellschaftsvertrag der GmbH & Co. KG kann gleichwohl **zweckmäßig** sein. Der Gegenstand des Unternehmens ist u.a. für den Umfang der Geschäftsführungsbefugnisse der Komplementärin (§ 116 HGB), die Mitwirkungsrechte der Kommanditisten (§ 164 HGB) und dem Wettbewerbsverbot des Komplementärs (§ 112 HGB) maßgebend. Die Vertretungsmacht des Komplementärs ist dagegen unabhängig vom Gegenstand des Unternehmens (§ 126 HGB).

Formulierungsbeispiel: Unternehmensgegenstand – Gesellschaftsvertrag GmbH & Co. KG

> Gegenstand des Unternehmens ist ....
>
> Die Gesellschaft ist berechtigt, sämtliche Geschäfte zu tätigen, die geeignet sind, den Gegenstand des Unternehmens mittelbar oder unmittelbar zu fördern.
>
> Die Gesellschaft kann sich an Unternehmen mit gleichem oder ähnlichem Unternehmensgegenstand beteiligen oder solche Unternehmen gründen. Sie kann Zweigniederlassungen errichten.

3. Geschäftsjahr

Das Geschäftsjahr ist das Kalenderjahr. Es darf kürzer, aber nicht länger als zwölf Monate sein (§ 240 Abs. 2 Satz 2 HGB und § 8b EStDV). Die Gesellschafter können ein vom Kalenderjahr abweichendes Wirtschaftsjahr wählen. Bei Gründung der Gesellschaft kann die Wahl frei erfolgen. Spätere Änderungen des Geschäftsjahrs sind dagegen nur im Einvernehmen mit dem Finanzamt möglich (§ 4a Abs. 1 Nr. 2

---

78 Zur Firma der GmbH siehe § 4 GmbHG.
79 BGH, BGHZ 46, 7 = WM 1966, 973.
80 Siehe dazu MünchKomm-HGB/Heidinger, § 24 Rn. 14; Hopt, in: Baumbach/Hopt/Hopt, HGB, § 24 Rn. 12.

EStG). Im Regelfall sollte man auf einen Gleichlauf des Geschäftsjahrs der GmbH & Co. KG und der Komplementär-GmbH achten.

107 **Formulierungsbeispiel: Geschäftsjahr – Gesellschaftsvertrag GmbH & Co. KG**

> Das Geschäftsjahr ist das Kalenderjahr. Das erste Geschäftsjahr ist ein Rumpfgeschäftsjahr.

4. Einlagen der Gesellschafter

a) Einführung

108 In dem Gesellschaftsvertrag verpflichten sich die Gesellschafter, den Gesellschaftszweck zu fördern und die vereinbarten Beiträge zu leisten (§§ 162 Abs. 2, 105 Abs. 3 HGB, § 705 BGB). **Einlagen** sind Beiträge, die in das Gesellschaftsvermögen der GmbH & Co. KG erbracht werden und zu einer Mehrung der Haftungsmasse führen. Den Gegenstand der Einlagen und die Art ihrer Erbringung können die Gesellschafter grds. frei vereinbaren.

b) Einlage der Komplementär-GmbH

109 Der Beitrag der Komplementär-GmbH besteht vielfach darin, dass sie die persönliche Haftung übernimmt und die Geschäfte der GmbH & Co. KG führt (siehe § 706 Abs. 3 BGB). Eine (vermögensmäßige) Einlage erbringt die Komplementär-GmbH meist nicht. Dies hat vor allem steuerliche Gründe. Bei einer Aufstockung der Kommanditeinlagen ohne entsprechende Erhöhung der Einlage der Komplementär-GmbH könnte es sonst zu einer verdeckten Gewinnausschüttung kommen. Im Übrigen wäre sonst auch die Übertragung von Grundstücken zwischen der GmbH & Co. KG und den Kommanditisten nicht in voller Höhe steuerbefreit (§§ 5, 6 GrEStG).

110 **Formulierungsbeispiel: Einlage der Komplementärin – Gesellschaftsvertrag GmbH & Co. KG**

> (1) Persönlich haftende Gesellschafterin (Komplementärin) ist die Verwaltungsgesellschaft ... mbH mit Sitz in ....
>
> (2) Die Komplementärin ist zur Erbringung einer Einlage weder berechtigt noch verpflichtet. Sie ist am Vermögen der Gesellschaft nicht beteiligt.

c) Einlagen der Kommanditisten

aa) Überblick

111 Bei den Einlagen der Kommanditisten ist zwischen der im Handelsregister einzutragenden Haftsumme und der im Gesellschaftsvertrag vereinbarten Pflichteinlage[81] zu unterscheiden.[82]

- **Haftsumme (Hafteinlage):** Die Haftsumme bezeichnet den Betrag, bis zu dem der Kommanditist den Gläubigern der Gesellschaft unmittelbar und persönlich haftet, sofern er nicht seine Einlage in haftungsbefreiender Weise in das Gesellschaftsvermögen erbracht hat (§ 171 Abs. 1 HGB).
- **Pflichteinlage (Einlage):** Die Pflichteinlage meint den Betrag, den der Kommanditist als Beitrag an die Gesellschaft zu leisten hat.

---

[81] Die gesetzliche Terminologie in §§ 171, 172 HGB ist teilweise irreführend. Das HGB meint in § 171 Abs. 1 mit „Einlage" im 1. Halbs. die in das Handelsregister einzutragende Haftsumme (Hafteinlage) und in § 171 Abs. 1 im 2. Halbs. die im Verhältnis unter den Gesellschaftern zu leistende Einlage (Pflichteinlage).

[82] Grundlegend zum Ganzen: MünchKomm-HGB/K. Schmidt, §§ 171 Rn. 5 ff.; Ebenroth/Boujong/Joost/Strohn, HGB, § 171 Rn. 5 ff.

bb) Pflichteinlage (Innenverhältnis)

Hinsichtlich des Beitrags, den die Gesellschafter im Innenverhältnis als Pflichteinlage vereinbaren, besteht völlige **Vertragsfreiheit**. Jeder Gesellschafter muss den Gesellschaftszweck lediglich in irgendeiner Weise fördern. Dabei genügt jeder Beitrag im weitesten Sinn. Die Aufbringung von bestimmten Vermögenswerten ist demnach keineswegs notwendig. 112

Die Pflichteinlage hat nur für das **Innenverhältnis** unter den Gesellschaftern Bedeutung. Die im Außenverhältnis zu den Gläubigern maßgebende Haftsumme kann die Pflichteinlage über- oder unterschreiten. Mangels ausdrücklicher Vereinbarung entspricht die Haftsumme der Pflichteinlage. Der Gesellschaftsvertrag sollte dies aber vorsorglich klarstellen. 113

Auf dem Kapitalkonto des Kommanditisten in der **Bilanz** der GmbH & Co. KG ist nur die Pflichteinlage zu erfassen. Ist die Haftsumme höher als die Pflichteinlage, muss die Differenz jedoch im Anhang angegeben werden (§ 264c Abs. 2 Satz 9 HGB). Damit soll deutlich gemacht werden, inwieweit neben dem in der Bilanz ausgewiesenen Eigenkapital eine weitere Haftung des Kommanditisten besteht.

cc) Haftsumme (Außenverhältnis)

Ein gesetzliches Mindestkapital besteht bei der GmbH & Co. KG – anders als bei der GmbH – nicht. Gleichwohl sollte die Haftsumme in der Praxis nicht ohne weiteres nur mit 1 € oder 1.000 € festgesetzt werden. Denn die im Handelsregister eingetragene Haftsumme ist vor allem auch für die **Kreditwürdigkeit der Gesellschaft** maßgebend.[83] Darüber hinaus ist auch die Möglichkeit der steuerlichen Verlustverrechnung u.a. von der Höhe der Haftsumme abhängig (§ 15a EStG). Zeichnet sich zum Jahresende ab, dass die im Handelsregister eingetragene Haftsumme zur steuerlichen Verlustverrechnung nicht ausreicht, hat der Kommanditist im Wesentlichen zwei Möglichkeiten: Entweder er erbringt bis zum Bilanzstichtag neue Einlagen oder er erhöht die im Handelsregister eingetragene Haftsumme, ohne der Gesellschaft tatsächlich neue Mittel zuzuführen. Im letzteren Fall ist es jedoch erforderlich, dass die erhöhte Haftsumme noch im laufenden Geschäftsjahr im Handelsregister eingetragen wird. Die bloße Handelsregisteranmeldung ist nicht ausreichend.[84] Falls die Handelsregistereintragung bis zum Jahresende zeitlich nicht mehr möglich ist, kann unter Umständen eine Umwandlung der Stellung des Kommanditisten in die eines persönlich haftenden Gesellschafters in Betracht kommen. Dafür ist ein Gesellschafterbeschluss notwendig und ausreichend, der sofort wirksam wird. Die Eintragung im Handelsregister ist in diesem Fall auch für Zwecke der steuerlichen Verlustverrechnung nicht erforderlich.[85] 114

Die für das Außenverhältnis maßgebende Haftsumme muss von den Gesellschaftern als **Geldeinlage oder Sacheinlage tatsächlich erbracht** werden. 115

Geldeinlagen sind grds. auf ein Konto der GmbH & Co. KG einzuzahlen. Einer Leistung auf ein Konto der Komplementär-GmbH kommt nur ausnahmsweise Erfüllungswirkung zu. Der Kommanditist kann (weiter gehend als der Gesellschafter einer GmbH) seine Einlage auch durch Zahlung auf ein debitorisches Konto erbringen.[86] Die Einlageschuld erlischt, wenn die Gesellschaft frei darüber verfügen kann (z.B. im Rahmen einer Kreditlinie). Wird die Leistung von der Bank vereinnahmt, hat der Kommanditist mit der Zahlung eine Gesellschaftsschuld erfüllt und kann mit seinem Erstattungsanspruch (nach § 110 HGB) gegen die Einlageforderung aufrechnen. Ein Aufrechnungsverbot besteht – anders als im GmbH-Recht nach § 19 Abs. 2 Satz 2 GmbHG – bei der KG nicht.[87]

---

[83] Dieser Aspekt kann im Hinblick auf „Basel II" nicht nur für die Kreditwürdigkeit, sondern auch für das Rating der Gesellschaft, den Erhalt von staatlichen Fördermitteln sowie die Erschließung neuer Finanzierungsmöglichkeiten (z.B. Mezzanine-Kapital, Beteiligung von anderen Gesellschaften) von Bedeutung sein.

[84] Schmidt/Wacker, EStG, § 15a Rn. 132 m.w.N.

[85] BFH, BStBl. 2004 II, 423 = DStR 2004, 678 = DB 2004, 791 = BB 2004, 813 = GmbHR 2004, 679 = NZG 2004, 630.

[86] Zuletzt OLG Schleswig, DB 2006, 207 = ZIP 2005, 2211 = EWiR 2005, 891 (Haas/Hoßfeld).

[87] Siehe dazu OLG Dresden, DB 2004, 1770 = GmbHR 2004, 1156 = ZIP 2004, 405 = BB 2004, 2170 = NZG 2004, 1155.

In welcher Höhe **Sacheinlagen** auf die Einlageverpflichtung angerechnet werden, muss im Gesellschaftsvertrag geregelt sein. Die Haftungsbefreiung im Außenverhältnis tritt stets nur bis zur Höhe des tatsächlichen Verkehrswerts der Sacheinlage ein. Besondere Vorschriften für Sacheinlagen bestehen – anders als im GmbH-Recht – nicht. Ein Sachgründungsbericht ist nicht erforderlich. Eine Werthaltigkeitskontrolle durch das Registergericht erfolgt nicht. Gegenstand einer Sacheinlage können alle bilanzierungsfähigen Wirtschaftsgüter sein. Die Haftsumme kann bspw. auch durch das Stehenlassen von Gewinnen geleistet werden, wenn diese dem Privatkonto des Gesellschafters gutgeschrieben und nicht in eine Rücklage eingestellt werden. Allerdings kann die Haftsumme nach überwiegender Auffassung nicht durch die Erbringung von Dienstleistungen erbracht werden.[88] Ein **Wechsel** von der Bareinlage zur Sacheinlage ist mit Zustimmung aller anderen Gesellschafter möglich.

116 **Formulierungsbeispiel: Bareinlage – Gesellschaftsvertrag GmbH & Co. KG**

> (1) Kommanditisten sind ... mit einer Pflichteinlage i.H.v. ... €.
>
> (2) Die Pflichteinlagen sind sofort in voller Höhe in bar zu erbringen.
>
> (3) Die Pflichteinlagen der Kommanditisten entsprechen den Haftsummen.

117 **Formulierungsbeispiel: Bar- und Sacheinlage – Gesellschaftsvertrag GmbH & Co. KG**

> (1) Kommanditisten sind ... mit einer Pflichteinlage i.H.v. ... €.
>
> (2) Der Kommanditist ... erbringt seine Pflichteinlage durch Übertragung seines unter Firma ... betriebenen Einzelunternehmens (AG ..., HRA ...) mit allen Aktiven und Passiven, einschließlich des Betriebsgrundstücks ... (Grundbuch ..., Blatt ...) gemäß der Bilanz zum ... in das Gesamthandvermögen der Gesellschaft. Der Betrag der Sacheinlage, der die Pflichteinlage übersteigt, wird der Gesellschaft von dem Kommanditisten als Darlehen zur Verfügung gestellt.
>
> (3) Der Kommanditist ... erbringt seine Pflichteinlage in bar. Ein Teilbetrag i.H.v. ... € ist sofort zur Zahlung fällig. Die restliche Pflichteinlage ist innerhalb von 14 Tagen nach Aufforderung durch die Komplementärin zur Zahlung fällig.
>
> (4) Die Pflichteinlagen der Kommanditisten entsprechen den Haftsummen.

118 Kommanditisten haften den Gesellschaftsgläubigern für die Verbindlichkeiten der GmbH & Co. KG bis zur Höhe ihrer Einlage unmittelbar. Die **persönliche Haftung** ist aber **ausgeschlossen**, soweit sie die Einlage geleistet haben (§ 171 Abs. 1 HGB). Dabei kommt es auf die tatsächliche Wertzuführung an. Bei der Sacheinlage eines Kommanditisten entfällt die Haftung somit nur dann, wenn die Einlage nicht überbewertet wurde. Während den Gesellschaftern im Innenverhältnis die Bewertung der Einlagen grds. frei steht, d.h. die Sacheinlage in beliebiger Weise über- bzw. unterbewertet werden kann, kommt es für die Frage der Haftung im Außenverhältnis ausschließlich auf den wahren Wert der Sacheinlage an. Dabei obliegt dem Kommanditisten der Beweis dafür, dass seine Einlage im Zeitpunkt ihrer Einbringung vollwertig ist. Erbringt der Kommanditist seine Einlage durch Aufrechnung mit einer Forderung gegen die Gesellschaft, kommt es nur bei Vollwertigkeit der Forderung zu einer Enthaftung. Die Einlage des Kommanditisten kann auch durch bloße Umbuchung erbracht werden, was insb. bei der schenkweisen Aufnahme eines Kommanditisten, der Erhöhung einer Einlage oder der Umwandlung einer Komplemen-

---

88 Siehe dazu im Einzelnen MünchKomm-HGB/K. Schmidt, §§ 171, 172 Rn. 56; Ebenroth/Boujong/Joost/Strohn, HGB, § 171 Rn. 55.

tärbeteiligung in die eines Kommanditisten geschieht. Haftungsbefreiende Wirkung kommt der Umbuchung jedoch nur zu, soweit die eingebuchte Einlage wertmäßig gedeckt ist.[89]

Die Haftung des Kommanditisten ist **ausgeschlossen**, soweit er seine Einlage geleistet hat. Sie lebt jedoch den Gesellschaftsgläubigern gegenüber insoweit wieder auf, als die Einlage dem Kommanditisten (z.B. anlässlich des Ausscheidens) offen oder verdeckt zurückbezahlt wird (§ 172 Abs. 4 HGB). Die Haftung ist auch in diesem Fall auf die im Handelsregister eingetragene Hafteinlage beschränkt. Eine darüber hinausgehende Haftung tritt selbst dann nicht ein, wenn der Kommanditist aus dem Gesellschaftsvermögen einen höheren Betrag zurückerhält.

119

Eine **unbeschränkte Haftung** trifft den Kommanditisten nur, wenn er Zahlungen erhält und dadurch das zur Erhaltung des Stammkapitals erforderliche Vermögen der Komplementär-GmbH angegriffen wird (§§ 30, 31 GmbHG).[90] Diese Haftung ist – anders als die Haftung nach § 172 Abs. 4 HGB – nicht auf die Höhe der Einlage beschränkt. Die Haftung greift auch dann ein, wenn der Kommanditist nicht zugleich an der Komplementär-GmbH beteiligt ist.[91] Die Finanzierungsverantwortung für die Komplementär-GmbH obliegt somit auch dem Nur-Kommanditisten.

120

5. Konten der Gesellschafter[92]

a) Grundlagen

Die vermögensmäßige Beteiligung der Gesellschafter an der GmbH & Co. KG wird bilanziell in Form eines **Kapitalanteils** dargestellt. Bei dem Kapitalanteil handelt es sich lediglich um eine Rechengröße. Ein positiver Kapitalanteil ist keine Forderung des Gesellschafters gegen die Gesellschaft. Umgekehrt ist ein negativer Kapitalanteil auch keine Verbindlichkeit des Gesellschafters gegenüber der Gesellschaft (siehe § 707 BGB). Jeder Gesellschafter hat nur einen Kapitalanteil. Die Summe der Kapitalanteile entspricht dem (buchmäßigen) Eigenkapital der Gesellschaft.

121

Die Kapitalanteile der Gesellschafter sind sowohl handelsrechtlich als auch steuerrechtlich von erheblicher Bedeutung.

Beispiele:
- *Handelsrecht*
  - *Gewinn- und Verlustverteilung,*
  - *Zulässigkeit von Entnahmen,*
  - *Haftung der Kommanditisten,*
  - *Abfindung der Kommanditisten bei Ausscheiden aus der Gesellschaft,*
  - *Auseinandersetzungsguthaben bei Beendigung der Gesellschaft.*
- *Steuerrecht*
  - *Möglichkeit der Verlustverrechnungen (§ 15a EStG),*
  - *Ausweis der Kapitalanteile im Jahresabschluss (§ 264c Abs. 2 HGB).*

---

89 Zur Frage der wertmäßigen Deckung bei einem negativen Kapitalkonto und Vorhandensein von stillen Reserven siehe BGH, BGHZ 101, 123 = BB 1987, 1984 = NJW 1987, 3184 = DB 1987, 2301 = DNotZ 1988, 500 = ZIP 1987, 1254 = GmbHR 1987, 466; ausführlich dazu: Buchner, DNotZ 1988, 467; Frey, ZGR 1988, 281; Saßenrath, BB 1990, 1209; Schmidt, BB 1989, 1702.
90 Grundlegend BGH, BGHZ 60, 324 = NJW 1973, 1036 = WM 1973, 507.
91 Grundlegend BGH, BGHZ 110, 342 = ZIP 1990, 578 = EWiR 1990, 479 (Bergmann) = BB 1990, 802 = DB 1990, 982 = GmbHR 1990, 251 = NJW 1990, 1725. Siehe dazu zuletzt auch OLG Celle, GmbHR 2003, 900 = NZG 2004, 183.
92 Ausführlich zum Ganzen: BStBK, DStR 2006, 668; siehe dazu auch Westerfelhaus, DStR 2006, 2187 und Kalina-Kerschbaum, DStR 2006, 2188; Carlé, KÖSDI 1985, 6095; Carlé/Bauschatz, FR 2002, 1153; Frystatzki, EStB 2006, 342; Huber, ZGR 1988, 1; Ley, KÖSDI 1994, 9972; Ley, DStR 2003, 957; Ley, KÖSDI 2002, 13459; Rodewald, GmbHR 1988, 521; Röhrig/Doege, DStR 2006, 489; Oppenländer, DStR 1998, 939; Schopp, BB 1987, 581; Stollenwerk, GmbH-StB 1998, 226.

b) Gesetzliches Regelungsmodell

aa) Kapitalanteil der Komplementär-GmbH

122 Nach der gesetzlichen Regelung ist der Kapitalanteil des persönlich haftenden Gesellschafters variabel (§§ 161 Abs. 2, 120 Abs. 2 HGB).[93] Der Einlage der Komplementär-GmbH werden spätere Gewinnanteile hinzugerechnet und Verlustanteile sowie Entnahmen abgezogen. Der Kapitalanteil gibt somit den jeweiligen Stand der Einlage wider. Für die Komplementär-GmbH ist demnach ein **bewegliches Kapitalkonto** vorgesehen.

bb) Kapitalanteil der Kommanditisten

123 Für die Kommanditisten ist gleichfalls ein **bewegliches Kapitalkonto** vorgesehen, auf dem Gewinnanteile gutgeschrieben und Verlustanteile abgeschrieben werden (§§ 167 Abs. 1, 120 Abs. 2 HGB). Dem Kapitalanteil des Kommanditisten werden Gewinnanteile allerdings nur solange gutgeschrieben, bis dieser die vertraglich vereinbarte Einlage erreicht (§ 167 Abs. 2 HGB). Im Übrigen sind beim Kommanditisten Entnahmen zulasten des Kapitalkontos ausgeschlossen (§ 169 Abs. 1 Satz 2 2. Halbs. HGB).

124 Für den Kommanditisten ist neben dem Kapitalkonto daher ein **zweites Konto** einzurichten, auf dem die Gewinnanteile – sobald das Kapitalkonto den Betrag der Einlage erreicht – gutgeschrieben und die Entnahmen abgeschrieben werden können. Dieses zweite Konto wird vielfach als **Gewinnkonto** bezeichnet.

Ein Guthaben auf dem Gewinnkonto kann vom Kommanditisten nach der gesetzlichen Regelung jederzeit entnommen werden (§ 169 Abs. 1 Satz 2 1. Halbs. HGB). Für den Kommanditisten besteht somit keine Entnahmebeschränkung (siehe §§ 169 Abs. 1 Satz 1, 122 Abs. 1 HGB).

Verlustanteile werden auch dann das Kapitalkonto des Kommanditisten belasten, wenn sich auf dem Gewinnkonto noch ein Guthaben befindet. Denn der Kommanditist muss einen einmal bezogenen Gewinn auch bei späteren Verlusten nicht zurückzahlen (§ 169 Abs. 2 HGB). Als „bezogen" gilt der Gewinn bereits dann, wenn er dem Konto gutgeschrieben worden ist; auf die Auszahlung kommt es nicht an.

125 Das Kapitalkonto des Kommanditisten kann durch die Belastung mit den Verlustanteilen negativ werden. Spätere Gewinne werden dann solange dem Kapitalkonto gutgeschrieben, bis der Betrag der Einlage wieder erreicht ist. Eine Auszahlung der Gewinne kann der Kommanditist in diesem Fall nicht verlangen (§ 169 Abs. 1 Satz 2 2. Halbs. HGB).

An dem Kapitalkonto des Kommanditisten zeigt sich, ob er seine Einlage mit **haftungsbefreiender Wirkung** erbracht hat (§ 171 Abs. 1 2. Halbs. HGB) bzw. ihm diese wieder zurückgewährt worden ist (§ 172 Abs. 4 HGB).

126 Das Gewinnkonto des Kommanditisten ist ein **echtes Forderungskonto**. Im Fall des Ausscheidens aus der Gesellschaft steht dem Kommanditisten daher ein etwaiges Guthaben auf dem Gewinnkonto neben einem Abfindungsguthaben zu. Entnahmen zulasten des Gewinnkontos führen demnach auch nicht zu einem Wiederaufleben der Haftung des Kommanditisten (§ 172 Abs. 4 HGB).

c) Vertragliche Gestaltungsmöglichkeiten

aa) Notwendigkeit einer vertraglichen Regelung

127 Das gesetzliche Regelungsmodell gilt allgemein als unzweckmäßig. Die **Gründe** dafür sind u.a.:
- **Variable und feste Kapitalkonten:** Die Rechte der Gesellschafter untereinander richten sich zweckmäßigerweise nach ihrem Kapitalanteil. Nach der gesetzlichen Regelung sind die Kapitalkonten variabel. Dies führt dazu, dass sich die Rechte der Gesellschafter (z.B. die Beteiligung am Gewinn und Verlust, das Stimmrecht oder der Anteil am Auseinandersetzungsguthaben) jedes Jahr ändern. Ein einzelner Gesellschafter kann zudem das Beteiligungsverhältnis einseitig ändern, indem er bspw. seinen

---

[93] Siehe dazu statt vieler MünchKomm-HGB/Priester, § 120 Rn. 94 ff.

Gewinnanteil stehenlässt oder weitere Einlagen vornimmt. Aus diesen Gründen ist die Einrichtung fester Kapitalkonten allgemein üblich. Eine Änderung der Kapitalkonten bedarf dann eines geänderten Gesellschaftsvertrags, der nur mit Zustimmung aller Gesellschafter möglich ist.

- **Entnahmerecht:** Das Entnahmerecht der Kommanditisten ist grds. unbeschränkt, so dass die Gesellschaft kaum Möglichkeiten zur Bildung von Rücklagen hat.
- **Eigenkapital und Fremdkapital:** Die einzelnen Konten sollten deutlich machen, ob es sich um Eigen- oder Fremdkapital handelt. Die einzelnen Guthaben sind daher auf getrennten Konten zu buchen. Maßgebend für die Abgrenzung ist nicht die Bezeichnung der Konten, sondern die tatsächliche Buchung. Werden auf dem jeweiligen Konto auch Verlustanteile des Gesellschafters gebucht, handelt es sich i.d.R. um ein Kapitalkonto, anderenfalls um ein Forderungskonto. Die etwaige Verzinsung des Kontos ist für die Abgrenzung dagegen ohne Bedeutung.[94]

> **Hinweis:**
> Eine vertragliche Regelung ist daher üblich und notwendig. In der Praxis werden überwiegend Zwei-, Drei- oder Vierkontenmodelle geführt. Daneben können für einzelne Gesellschafter oder die Gesamthand Rücklagenkonten geführt werden (siehe § 264c Abs. 2 Satz 8 HGB).

bb) Zweikontenmodell

Beim Zweikontenmodell werden **zwei Gesellschafterkonten** geführt:

- ein festes Kapitalkonto (Kapitalkonto I) und
- ein variables Kapitalkonto (Kapitalkonto II).

Auf dem **Kapitalkonto I** wird nur die Einlage des Gesellschafters gebucht, und zwar unabhängig davon, ob sie bereits geleistet worden ist oder nicht. Das Kapitalkonto I legt die Beteiligung der Gesellschafter am Vermögen der Gesellschaft fest. Die Rechte der Gesellschafter (z.B. die Beteiligung am Gewinn und Verlust, das Stimmrecht oder der Anteil am Auseinandersetzungsguthaben) richten sich nach dem Kapitalkonto I. Das Kapitalkonto I ist fest.

Auf dem **Kapitalkonto II** werden die Gewinne und Verluste sowie die Einlagen und Entnahmen gebucht.

Der entscheidende **Nachteil des Zweikontenmodells** ist, dass auf dem Kapitalkonto II Eigenkapital und Fremdkapital nicht getrennt werden. Zudem werden stehengelassene Gewinne mit späteren Verlusten verrechnet, so dass das gesetzliche Entnahmerecht der Kommanditisten faktisch beschränkt wird. Die Gewinnanteile, die auch bei späteren Verlusten frei entnommen werden können, sollten auf einem gesonderten Konto gebucht werden.

cc) Dreikontenmodell

Beim Dreikontenmodell wird das Kapitalkonto II in zwei Konten untergliedert, so dass insgesamt drei Gesellschafterkonten geführt werden:

- ein festes Kapitalkonto (Kapitalkonto I),
- ein variables Kapitalkonto (Kapitalkonto II) und
- ein Darlehenskonto (Privat- oder Verrechnungskonto).

Auf dem **Kapitalkonto I** wird die Einlage des Gesellschafters gebucht.

Auf dem **Kapitalkonto II** werden nur die nicht entnahmefähigen Gewinne und die Verluste gebucht.

---

94 Zur Abgrenzung zwischen Kapitalkonto und Darlehenskonto siehe etwa BFH, BStBl. 2004 II, S. 344 = DStR 2002, 1480 = DB 2002, 2138; BFH, BStBl. 1997 II, S. 36 = DB 1996, 2524 = GmbHR 1997, 43 = BB 1996, 2564.

Dagegen werden die entnahmefähigen Gewinne, die Entnahmen und Einlagen auf einem gesonderten Konto (**Privat- oder Verrechnungskonto**) verbucht. Dabei handelt es sich um ein echtes Forderungskonto.

131 Die getrennte Verbuchung der entnahmefähigen und der nicht entnahmefähigen Gewinne hat den **Vorteil**, dass stehengelassene Gewinne nicht mit späteren Verlusten verrechnet werden und daher auch weiterhin entnommen werden können. Es kommt damit zu keiner Vermischung von Eigen- und Fremdkapital.

dd) Vierkontenmodell

132 Im Rahmen des Vierkontenmodells wird das Kapitalkonto II nochmals untergliedert, so dass insgesamt **vier Gesellschafterkonten** geführt werden:

- ein festes Kapitalkonto (Kapitalkonto I),
- ein variables Kapitalkonto (Kapitalkonto II),
- ein Privat- oder Verrechnungskonto und
- ein Verlustkonto.

In diesem Fall werden auf dem **Kapitalkonto II** nur die nicht entnahmefähigen Gewinne eines Gesellschafters gebucht. Die Verluste werden dagegen auf einem **gesonderten Verlustkonto** verbucht. Dies hat den **Vorteil**, dass etwaige Verluste mit einem etwaigen Guthaben auf dem Kapitalkonto II verrechnet werden. Ist auf dem Verlustkonto eines Gesellschafters ein Verlustvortrag ausgewiesen, werden künftige Gewinne dem Verlustkonto solange gutgeschrieben bis dieses ausgeglichen ist. Erst danach erfolgt eine Buchung auf dem Kapitalkonto II oder auf dem Privat- oder Verrechnungskonto.

133 **Formulierungsbeispiel: Kontenführung – Gesellschaftsvertrag GmbH & Co. KG**

(1) Für jeden Gesellschafter werden folgende Konten geführt:

- ein festes Kapitalkonto I,
- ein Kapitalkonto II,
- ein Privatkonto und
- ein Verlustvortragskonto.

Ferner kann die Gesellschaft Darlehenskonten und ein gesamthänderisches Rücklagenkonto führen.

(2) Auf dem Kapitalkonto I wird die Pflichteinlage des Gesellschafters gebucht. Das Kapitalkonto I weist die vermögensmäßige Beteiligung des Gesellschafters an der Gesellschaft aus. Das Kapitalkonto I verändert sich durch Gewinne und Verluste oder Einlagen und Entnahmen nicht. Das Kapitalkonto I wird nicht verzinst.

(3) Auf dem Kapitalkonto II werden die nicht entnahmefähigen Gewinnanteile eines Gesellschafters gebucht. Das Kapitalkonto II wird nicht verzinst.

(4) Auf einem Privatkonto werden die entnahmefähigen Gewinnanteile eines Gesellschafters gebucht, soweit diese nicht zum Ausgleich des Verlustvortragskontos benötigt werden. Ferner werden auf dem Privatkonto alle sonstigen Forderungen und Verbindlichkeiten zwischen dem Gesellschafter und der Gesellschaft gebucht. Entnahmen dürfen nur insoweit erfolgen, als das Privatkonto dadurch nicht negativ wird. Das Privatkonto wird sowohl im Soll als auch im Haben mit 2 % über dem jeweiligen Basiszinssatz nach der Zinsstaffelmethode verzinst. Etwaige Zinsen werden im Verhältnis zur Gesellschaft als Aufwand bzw. Ertrag behandelt.

(5) Auf einem Verlustvortragskonto werden die Verlustanteile eines Gesellschafters gebucht. Gewinne können erst nach Ausgleich eines Verlustvortragskontos auf dem Kapitalkonto II oder auf dem Privatkonto gebucht werden. Das Verlustvortragskonto wird nicht verzinst.

> (6) Darlehen des Gesellschafters an die Gesellschaft werden auf Darlehenskonten gebucht. Zwischen der Gesellschaft und dem Gesellschafter wird diesbezüglich ein Darlehensvertrag geschlossen, in dem alle Einzelheiten, insb. auch die Verzinsung und Kündigung des Darlehens geregelt werden.
>
> (7) Die Gesellschaft kann ein gesamthänderisch gebundenes Rücklagenkonto einrichten, an dem die Gesellschafter im Verhältnis ihrer Beteiligung an der Gesellschaft beteiligt sind. Das Rücklagenkonto ist Eigenkapital und wird nicht verzinst. Entnahmen und Umbuchungen vom Rücklagenkonto sind nur aufgrund eines einstimmigen Gesellschafterbeschlusses zulässig.

6. Geschäftsführung und Vertretung

a) Geschäftsführung

aa) Gesetzliches Regelungsmodell

Nach der gesetzlichen Regelung sind bei der GmbH & Co. KG alle (aber auch nur die) persönlich haftenden Gesellschafter zur Geschäftsführung berechtigt und verpflichtet (§§ 161 Abs. 2, 114 ff. HGB). Ist die persönlich haftende Gesellschafterin eine GmbH, wird die Geschäftsführung durch deren Geschäftsführer wahrgenommen (§§ 35 ff. GmbHG).

Mehrere Komplementäre sind grds. einzeln zur Geschäftsführung befugt (§ 115 Abs. 1 1. Halbs. HGB). Jeder Komplementär kann jedoch der beabsichtigten Geschäftsführungsmaßnahme eines anderen widersprechen; die Maßnahme muss dann unterbleiben (§ 115 Abs. 1 2. Halbs. HGB).

Der **Umfang der Geschäftsführungsbefugnis** ist auf die Handlungen begrenzt, die der gewöhnliche Betrieb des Handelsgewerbes mit sich bringt (§ 116 Abs. 1 HGB). Bei außergewöhnlichen Geschäften ist ein Beschluss aller Gesellschafter erforderlich (§ 116 Abs. 2 HGB), so dass auch die Zustimmung der Kommanditisten erforderlich ist. Eine Sonderregelung besteht für die Bestellung von Prokuristen, die der Zustimmung aller Komplementäre bedarf (§ 116 Abs. 3 HGB).

Die Kommanditisten sind nicht nur von der Führung der Geschäfte ausgeschlossen, sondern können einer Handlung der persönlich haftenden Gesellschafter grds. auch nicht widersprechen. Etwas anderes gilt nur, wenn die Handlung über den gewöhnlichen Betrieb des Handelsgeschäfts der KG hinausgeht (§ 164 Satz 1 2. Halbs. HGB). Gegen gewöhnliche Handlungen der Geschäftsführung besteht somit kein Widerspruchsrecht. **Außergewöhnliche Geschäfte** sind solche, die nach Inhalt, Zweck, Bedeutung oder Risiko über den üblichen Rahmen des Unternehmens der Gesellschaft hinausgehen (vgl. § 116 Abs. 1 und Abs. 2 HGB).

Maßnahmen, die das Gesellschaftsverhältnis selbst betreffen (sog. **Grundlagengeschäfte**), wie bspw. die Änderung des Gesellschaftsvertrags gehören nicht zu den Geschäftsführungshandlungen. Derartige Maßnahmen bedürfen stets der Zustimmung aller Gesellschafter.

bb) Vertragliche Regelungsmöglichkeiten

Die gesetzliche Regelung der Geschäftsführung ist dispositiv und kann durch den Gesellschaftsvertrag nahezu **beliebig abgeändert** werden (§§ 109, 163 HGB).

Die Geschäftsführungsbefugnis der Komplementäre kann über die gesetzliche Regelung hinaus **erweitert** werden. Zulässig ist bspw. die Ausdehnung der Geschäftsführungsbefugnis auf einzelne oder alle außergewöhnlichen Geschäfte. Allerdings kann der Ausschluss des Widerspruchsrechts des Kommanditisten (§ 164 HGB) die steuerliche Anerkennung der Mitunternehmerstellung gefährden.[95]

Möglich ist auch eine **Einschränkung** der gesetzlich vorgesehenen Geschäftsführungsbefugnisse des Komplementärs. In der Praxis wird vielfach anstelle der gesetzlich vorgesehenen Einzelgeschäftsführungsbefugnis eine **Gesamtgeschäftsführungsbefugnis** vereinbart. Durch den Zwang zum gemeinsamen

---

[95] Siehe dazu Eckl, in: Hesselmann/Tillmann/Mueller-Thuns, Handbuch der GmbH & Co. KG, § 8 Rn. 28 ff. und Rn. 66 ff., und Schmidt/Wacker, EStG, § 15 Rn. 266 ff., Rn. 322 und Rn. 750 ff., beide mit umfangreichen Nachweisen zur Rspr.

Handeln soll eine gewisse Kontrolle gewährleistet werden. Die Gesamtgeschäftsführungsbefugnis kann unterschiedlich ausgestaltet werden, um etwa die herausgehobene Stellung eines Komplementärs oder ein Gleichgewicht zwischen verschiedenen Familienstämmen zu gewährleisten.

138 Sind **mehrere Komplementäre** vorhanden, kann der Gesellschaftsvertrag vorsehen, dass die Geschäftsführung nur einem oder mehreren von ihnen allein übertragen wird. Die übrigen Komplementäre sind dann von der Geschäftsführung ausgeschlossen (§ 114 Abs. 2 HGB). Zulässig ist auch der vollständige Ausschluss aller Komplementäre von der Geschäftsführung und die Übertragung auf einen Kommanditisten, nicht aber auf einen außenstehenden Dritten.

139 Die **Rechtsstellung der Kommanditisten** kann im Hinblick auf die Geschäftsführung gleichfalls erweitert oder eingeschränkt werden. Die Position der Kommanditisten kann bspw. dadurch gestärkt werden, dass für einzelne Geschäfte oder bestimmte Arten von Geschäften ihre vorherige Zustimmung erforderlich ist. Der Gesellschaftsvertrag kann darüber hinaus vorsehen, dass die Kommanditisten neben oder anstelle der Komplementär-GmbH die Geschäfte der Gesellschaft führen.

Die Ausgestaltung der Geschäftsführungsbefugnis der Kommanditisten kann Auswirkungen auf die **gewerbliche Prägung** der GmbH & Co. KG haben (§ 15 Abs. 3 Nr. 2 EStG).[96] Die gewerbliche Prägung setzt u.a. voraus, dass nur die Komplementär-GmbH zur Geschäftsführung der Gesellschaft befugt ist. Wird einem Kommanditisten somit allein oder neben der Komplementär-GmbH die Geschäftsführungsbefugnis eingeräumt, entfällt die gewerbliche Prägung. Dagegen bleibt die gewerbliche Prägung erhalten, wenn ein Kommanditist Geschäftsführer der Komplementär-GmbH ist und damit die Geschäfte der GmbH & Co. KG mittelbar führt. Je nach Interessenlage kann die GmbH & Co. KG somit als gewerblich geprägte oder als vermögensverwaltende Gesellschaft ausgestaltet werden.

140 Der Gesellschaftsvertrag kann die Stellung des Kommanditisten aber auch schwächen und das gesetzliche Zustimmungsrecht auf bestimmte Geschäfte beschränken, die Zustimmung durch einzelne oder eine bestimmte Mehrheit der Kommanditisten als ausreichend ansehen oder das Zustimmungsrecht auf ein (echtes) Widerspruchsrecht reduzieren. Die Stellung mehrerer Kommanditisten kann dabei auch unterschiedlich geregelt werden.

141 Die Rechtsgeschäfte, die **über den gewöhnlichen Geschäftsbetrieb** hinausgehen (§ 116 Abs. 2 HGB) oder die sonst der **Zustimmung der Kommanditisten** bedürfen, können im Gesellschaftsvertrag näher bezeichnet werden. Dabei sollte klar gestellt werden, ob die zustimmungsbedürftigen Rechtsgeschäfte abschließend oder nur beispielhaft aufgeführt sind.

Beispiele:

Rechtsgeschäfte, die in einen solchen Katalog aufgenommen werden können, sind etwa:
- *Erwerb, Veräußerung und Belastung von Grundstücken und grundstücksgleichen Rechten,*
- *Erwerb, Veräußerung und Belastung von Unternehmen sowie von Unternehmensbeteiligungen,*
- *Errichtung und Aufgabe von Zweigniederlassungen und Betriebsstätten,*
- *Bestellung und Abberufung von Prokuristen und Handlungsbevollmächtigten,*
- *Abschluss, Änderung und Beendigung von Unternehmens- und Beherrschungsverträgen,*
- *Abschluss, Änderung und Beendigung von Dienstverträgen (ggf. beschränkt auf Verträge mit einer jährlichen Bruttovergütung von mehr als ... €),*
- *Abschluss, Änderung und Beendigung von Miet-, Pacht und Leasingverträgen (ggf. beschränkt auf Verträge mit einer jährlichen Zahlungsverpflichtung von mehr als ... €),*
- *Abschluss, Änderung und Beendigung von Darlehensverträgen (ggf. beschränkt auf Verträge mit einer Laufzeit von mehr als ... Monaten oder einer Darlehenssumme von mehr als ... €),*
- *Übernahme von Bürgschafts- und sonstigen Garantieverpflichtungen (ggf. beschränkt auf Verpflichtungen von mehr als ... €),*

---

96 Siehe dazu Eckl, in: Hesselmann/Tillmann/Mueller-Thuns, Handbuch der GmbH & Co. KG, § 8 Rn. 10 ff.; Schmidt/Wacker, EStG, § 15 Rn. 211 ff.

- Führung von Prozessen (ggf. beschränkt auf Prozesse mit einem Streitwert von mehr als ... €),
- Abschluss, Änderung und Beendigung von Verträgen mit Gesellschaftern, deren Angehörigen (i.S.v. § 15 AO) und Gesellschaften, an denen Gesellschafter oder deren Angehörige zusammen mehrheitlich beteiligt werden,
- Abschluss, Änderung und Beendigung von Verträgen über stille Gesellschaftsverhältnisse,
- Investitionen, die einen Betrag von ... € im Einzelfall oder von ... € im Geschäftsjahr überschreiten.

Formulierungsbeispiel: Geschäftsführungsbefugnis – Gesellschaftsvertrag GmbH & Co. KG   142

(1) Die persönlich haftende Gesellschafterin ist allein zur Geschäftsführung und Vertretung der Gesellschaft berechtigt.

(2) Für Rechtsgeschäfte, die über den gewöhnlichen Geschäftsbetrieb hinausgehen, bedarf die persönlich haftende Gesellschafterin der vorherigen Zustimmung der Gesellschafterversammlung. (Dazu gehören insb. die folgenden Rechtsgeschäfte: ...).

b)   Vertretung

aa)   Gesetzliches Regelungsmodell

Die GmbH & Co. KG wird durch die **persönlich haftenden Gesellschafter** vertreten (§§ 125 ff. HGB). Die Kommanditisten sind zur Vertretung der Gesellschaft nicht ermächtigt (§ 170 HGB).   143

Jeder persönlich haftende Gesellschafter vertritt die Gesellschaft **einzeln** (§ 125 Abs. 1 HGB).[97] Der Umfang der Vertretungsmacht ist im Gesetz zwingend festgelegt (§ 126 BGB). Eine **Beschränkung des Umfangs** der Vertretungsmacht ist Dritten gegenüber unwirksam. Die Vertretungsmacht erstreckt sich auf alle gerichtlichen und außergerichtlichen Geschäfte und Rechtshandlungen. Die Vertretungsmacht ist somit umfassend.

bb)   Vertragliche Regelungsmöglichkeiten

Von den gesetzlichen Regelungen über die Vertretung der GmbH & Co. KG kann im Gesellschaftsvertrag in **beschränktem Umfang** abgewichen werden.   144

Grds. ist jeder persönlich haftende Gesellschafter einzeln zur Vertretung der Gesellschaft berechtigt (§ 125 Abs. 1 1. Halbs. HGB). Einzelne, aber nicht alle Komplementäre können von der Vertretung ausgeschlossen werden (§ 125 Abs. 1 2. Halbs. HGB). Der **Grundsatz der Selbstorganschaft** verlangt, dass die Gesellschaft durch einen Gesellschafter vertreten wird.

Sind neben der Komplementär-GmbH weitere persönlich haftende Gesellschafter vorhanden und sind diese entweder allein oder untereinander gesamtvertretungsberechtigt, kann die Komplementär-GmbH im Gesellschaftsvertrag wirksam von der Geschäftsführung und Vertretung der GmbH & Co. KG ausgeschlossen werden. Es kann bspw. vereinbart werden, dass die Komplementär-GmbH die Geschäftsführung und Vertretung erst dann ausüben soll, wenn die anderen persönlich haftenden Gesellschafter durch Tod oder aus sonstigen Gründen weggefallen sind (**Reserve-Komplementär-GmbH**).   145

Im Gesellschaftsvertrag kann darüber hinaus die **Einzelvertretungsmacht** einzelner oder aller persönlich haftenden Gesellschafter **eingeschränkt** werden. Denkbar ist, dass mehrere persönlich haftende Gesellschafter die Gesellschaft nur gemeinsam (**echte Gesamtvertretung**, § 125 Abs. 2 HGB) oder nur gemeinsam mit einem Prokuristen (**unechte Gesamtvertretung**, § 125 Abs. 3 HGB) vertreten können. Dabei muss aber gewährleistet sein, dass die Gesellschaft durch die persönlich haftenden Gesellschafter **allein** vertreten wird. Mit dem Grundsatz der Selbstorganschaft wäre es nicht vereinbar, wenn die Komplementär-GmbH die Gesellschaft nur gemeinsam mit einem Prokuristen der GmbH & Co. KG vertreten könnte.[98]

---

97 Zur Eintragungsfähigkeit der abstrakten Vertretungsbefugnis bei einer GmbH & Co. KG im Handelsregister siehe OLG Köln, NZG 2004, 666 = GmbHR 2004, 1157.

98 Siehe BGH, BGHZ 45, 204 = WM 1966, 471.

146 Die Komplementär-GmbH übt die Vertretung der Gesellschaft im Regelfall **durch ihre Organe** aus. Als Geschäftsführer der Komplementär-GmbH können auch Nicht-Gesellschafter bestellt werden. Für die GmbH gilt der Grundsatz der Selbstorganschaft nicht. Der schuldrechtliche Anstellungsvertrag des Geschäftsführers kann entweder mit der Komplementär-GmbH oder unmittelbar mit der KG geschlossen werden.[99]

147 Die **Kommanditisten** sind zur Vertretung der GmbH & Co. KG nicht befugt (§ 170 HGB). Diese Regelung ist zwingend. Damit ist aber nur die **organschaftliche Vertretung** der Gesellschaft gemeint. Nicht ausgeschlossen ist es, einem Kommanditisten Vollmacht für die GmbH & Co. KG zu erteilen (z.B. auch eine Generalvollmacht oder eine Prokura).[100] Darüber hinaus kann ein Kommanditist zum Geschäftsführer der Komplementär-GmbH bestellt werden, so dass er mittelbar auch zur Vertretung der GmbH & Co. KG befugt ist. Es ist auch möglich, dass ein Kommanditist gleichzeitig Prokurist der GmbH & Co. KG und Geschäftsführer der Komplementär-GmbH ist. In diesem Fall ist stets zu unterscheiden, ob er als Geschäftsführer der Komplementär-GmbH – und damit als organschaftlicher Vertreter – oder als Prokurist der GmbH & Co. KG – und damit als rechtsgeschäftlicher Vertreter – handelt.

148 Das gesetzliche **Verbot von Insichgeschäften** (§ 181 BGB) gilt auch für den persönlich haftenden Gesellschafter einer GmbH & Co. KG.[101] Dabei sind im Wesentlichen **drei Fallkonstellationen** zu unterscheiden:

- Insichgeschäfte zwischen der GmbH & Co. KG und der Komplementär-GmbH: Die Komplementär-GmbH unterliegt als organschaftliche Vertreterin der GmbH & Co. KG dem Verbot von Insichgeschäften (§ 181 BGB). Im Gesellschaftsvertrag der GmbH & Co. KG kann sie davon befreit werden. Die Zulässigkeit von Insichgeschäften kann im Handelsregister der GmbH & Co. KG eingetragen werden.
- Insichgeschäfte zwischen der Komplementär-GmbH und ihrem Geschäftsführer: Für den Geschäftsführer der Komplementär-GmbH gilt gleichfalls das Verbot von Insichgeschäften. Dem Geschäftsführer können Insichgeschäfte aber durch Gesellschafterbeschluss gestattet werden, wenn dies in der Satzung vorgesehen ist.[102] Die Befugnis zum Abschluss von Insichgeschäften muss im Handelsregister der GmbH eingetragen werden.
- Insichgeschäfte zwischen der GmbH & Co. KG und dem Geschäftsführer der Komplementär-GmbH: Insichgeschäfte liegen auch vor, wenn der Geschäftsführer der Komplementär-GmbH unmittelbar mit der GmbH & Co. KG ein Rechtsgeschäft abschließt (z.B. einen Geschäftsführer-Anstellungsvertrag). Die Zulässigkeit solcher Insichgeschäfte kann unmittelbar im Handelsregister der GmbH & Co. KG eingetragen werden. Allerdings kann nur eingetragen werden, dass die jeweiligen Geschäftsführer der Komplementär-GmbH Rechtsgeschäfte mit sich im eigenen Namen und als Vertreter der GmbH & Co. KG vornehmen dürfen. Dagegen kann im Handelsregister der GmbH & Co. KG nicht eingetragen werden, dass bestimmte, namentlich bezeichnete Geschäftsführer der Komplementär-GmbH vom Verbot von Insichgeschäften befreit sind.[103]

---

99 Siehe dazu OLG München, GmbHR 2003, 776 = DB 2003, 1503 = ZIP 2003, 1367 = NZG 2003, 722 (Zuständigkeit der Zivilgerichte und nicht der Arbeitsgerichte für dienstvertragliche Streitigkeiten zwischen einer GmbH & Co. KG und dem Geschäftsführer der Komplementär-GmbH); ausführlich zu den (arbeitsrechtlichen) Fragen des Anstellungsverhältnisses: Binz/Sorg, Die GmbH & Co. KG, § 9 Rn. 6 ff.; Mussaeus, in: Hesselmann/Tillmann/Mueller-Thuns, Handbuch der GmbH & Co. KG, § 5 Rn. 34 ff.

100 MünchKomm-HGB/Grunewald, § 170 Rn. 15 ff.; Baumbach/Hopt/Hopt, HGB, § 170 Rn. 3.

101 Zur Problematik der Insichgeschäfte bei der GmbH & Co. KG ausführlich: Fröhler, BWNotZ 2005, 129; Westermeier, MittBayNot 1998, 155.

102 Dazu zuletzt KG, DB 2006, 1261 = NZG 2006, 718; zur Frage, ob der von § 181 BGB befreite Geschäftsführer der Komplementär-GmbH berechtigt ist, im Einzelfall auch eine entsprechende Befreiung im Verhältnis zur KG zu vereinbaren, siehe OLG Düsseldorf, DB 2004, 2806 = GmbHR 2005, 105 = NZG 2005, 131 = DNotZ 2005, 232.

103 Grundlegend dazu BayObLG, GmbHR 2000, 731 = DB 2000, 1066 = BB 2000, 1054 = NZG 2000, 684; BayObLG, GmbHR 2000, 385 = ZIP 2000, 385 = DB 2000, 867; BayObLG, GmbHR 2000, 91 = BB 2000, 59 = NZG 2000, 138 = DB 2000, 37 = DNotZ 2000, 527; zur Anwendung von § 181 BGB bei einer GmbH & Co. KG, bei der eine Aktiengesellschaft Kommanditistin und alleinige Gesellschafterin der Komplementär-GmbH ist, siehe OLG Frankfurt, ZIP 2006, 1904.

> **Hinweis:**
> In der Praxis lassen sich zahlreiche Vertretungsprobleme vermeiden, wenn von Anfang an sowohl im Gesellschaftsvertrag der GmbH als auch der GmbH & Co. KG eine Befreiung von den Beschränkungen des § 181 BGB (bzw. zumindest die Möglichkeit einer solchen Befreiung durch Gesellschaftsbeschluss) vorgesehen ist.

Formulierungsbeispiel: Befreiung von den Beschränkungen des § 181 BGB – Gesellschaftsvertrag GmbH & Co. KG 149

(1) Die persönlich haftende Gesellschafterin ist allein zur Geschäftsführung und Vertretung der Gesellschaft berechtigt.

(2) Die persönlich haftende Gesellschafterin und ihre jeweiligen Geschäftsführer sind von den Beschränkungen des § 181 BGB befreit.

c) Umsatzsteuer-Pflicht von Leistungen für Geschäftsführung und Vertretung[104]

Die Komplementär-GmbH erhält für die Übernahme der Geschäftsführung und der persönlichen Haftung von der GmbH & Co. KG eine **Vergütung** sowie den **Ersatz ihrer Auslagen**. Eine entsprechende Vereinbarung ist vor allem aus steuerrechtlichen Gründen notwendig, um die Annahme einer verdeckten Gewinnausschüttung zu vermeiden.[105] 150

Früher ging man davon aus, dass die Komplementär-GmbH ihre Geschäftsführungs- und Vertretungsleistungen auf der Grundlage des Gesellschaftsvertrags erbringt und es sich daher um keine umsatzsteuerpflichtigen Leistungen handelt. Heute besteht weitgehend Einigkeit darüber, dass auch die Leistungen eines Gesellschafters gegenüber seiner Gesellschaft **der USt unterliegen** können. Eine umsatzsteuerpflichtige Leistung liegt immer vor, wenn der Leistende als Unternehmer selbständig tätig ist und er für die Leistung eine Sondervergütung, d.h. nicht nur eine Gewinnbeteiligung, erhält.[106] 151

Die Umsatzsteuerpflicht ist für die GmbH & Co. KG von **Nachteil**, wenn sie selbst nicht zum Vorsteuerabzug berechtigt ist (Fälle des § 4 UStG). Die USt ist dann bei der GmbH & Co. KG ein echter Kostenfaktor. 152

---

104 Zur Problematik der USt bei der GmbH & Co. KG siehe Behrens/Schmitt, GmbHR 2003, 269; Hiller/Robisch, DStR 2005, 1125; Hundt-Esswein, UVR 2003, 250; Kuhlemann, DStR 2005, 634; Oellrich, DStR 2003, 1333; Robisch, UVR 2002, 361; Stützel, DStR 2004, 1642; Titgemeyer, BB 2007, 189; Walkenhorst, GmbH-StB 2004, 367; Weimann, DB 2003, 238; Zugmaier, DStR 2004, 124; Zugmaier, INF 2003, 309; Zugmaier, NJW 2003, 801.

105 Ausführlich zum Ganzen: Binz/Sorg, Die GmbH & Co. KG, § 16 Rn. 140 ff.; Eckl, in: Hesselmann/Tillmann/Mueller-Thuns, Handbuch der GmbH & Co. KG, § 8 Rn. 180 ff.; Levedag, in: Münchener Handbuch des Gesellschaftsrechts, Bd. 2, § 57 Rn. 196 ff.

106 Grundlegend BFH, BStBl. 2003 II, S. 36 = DStR 2002, 1346 = DB 2002, 1757 = BB 2002, 1734 = NZG 2002, 1077 = GmbHR 2002, 1039 (zur Personengesellschaft) und BFH, Urt. v. 10.3.2005 – V R 29/03, BStBl. 2005 II, S. 730 = DStR 2005, 919 = BB 2005, 1206 = DB 2005, 1311 = GmbHR 2005, 794 = ZIP 2005, 1172 = NZG 2005, 607 (zur Kapitalgesellschaft). Die Finanzverwaltung hat in zahlreichen (untereinander teilweise widersprechenden) Schreiben und Erlassen zu der Problematik Stellung genommen. Siehe dazu nur BMF, Schreiben v. 21.9.2005 – IV A 5 – S 7104 – 19/05, BStBl. 2005 I, S. 936 = DStR 2005, 1691 mit Anm. Küffner/Zugmaier = DB 2005, 2103; BMF, Schreiben v. 23.12.2003 – IV B 7 – S 7100 – 246/03, BStBl. 2004 I, S. 240 = DStR 2004, 90; BMF, Schreiben v. 17.6.2003 – IV B 7 – S 7100 – 121/03, BStBl. 2003 I, S. 378 = DStR 2003, 1123; BMF, Schreiben v. 13.12.2002 – IV B 7 – S 7100 – 315/02, BStBl. 2003 I, S. 68 = DStR 2003, 77; OFD Frankfurt, Verfügung v. 9.8.2006, S 7100 A – 82 – St 11, DStR 2006, 1797; OFD Nürnberg, Verfügung v. 31.5.2005 – S 7100 – 626/St 43, UR 2005, 464; OFD Karlsruhe, Verfügung v. 29.4.2005 – S 7100, DStR 2005, 1143; OFD Düsseldorf, Köln und Münster, Verfügung v. 2.2.2005 – S 7100, DStR 2005, 381 = GmbHR 2005, 574; OFD Nürnberg, Verfügung v. 28.10.2004 – S 7100 – 626/St 43, DStR 2005, 156 = GmbHR 2004, 1607 = UR 2005, 465; OFD Frankfurt, Verfügung v. 23.4.2004 – S 7100 A – 82 – St I 1.10, GmbHR 2004, 1166.

Die Umsatzsteuerpflicht lässt sich grds. vermeiden, indem die Komplementär-GmbH für ihre Leistungen kein Sonderentgelt, sondern einen erhöhten Gewinnanteil erhält. Falls die GmbH & Co. KG Verluste erwirtschaftet, dürfen dann allerdings keinerlei Zahlungen erfolgen. Dies ist aber vielfach nicht gewollt, da dann auch der Geschäftsführer keine Vergütung erhalten würde.

Umsatzsteuerbare Leistungen liegen auch dann nicht vor, wenn die Komplementär-GmbH nicht selbständig tätig wird, wenn also die Komplementär-GmbH in die GmbH & Co. KG wirtschaftlich, organisatorisch und finanziell eingegliedert ist. Zwischen beiden Gesellschaften muss mithin eine umsatzsteuerliche Organschaft (§ 2 Abs. 2 Nr. 2 UStG) begründet werden. Bei einer GmbH & Co. KG ist eine solche Eingliederung im Regelfall allerdings ausgeschlossen, da die Komplementär-GmbH der GmbH & Co. KG nicht untergeordnet ist (Abschnitt 21 Abs. 2 Satz 3 UStR 2005). Dagegen ist bei einer Einheits-GmbH & Co. KG eine solche Eingliederung möglich.[107] Durch die Begründung einer Einheitsgesellschaft kann die Umsatzsteuerpflicht der Leistungen der GmbH & Co. KG somit verhindert werden.

153 **Formulierungsbeispiel: Vergütung der Geschäftsführung – Gesellschaftsvertrag GmbH & Co. KG**

> (1) Für die Übernahme der Geschäftsführung erhält die persönlich haftende Gesellschafterin eine feste Vergütung i.H.v. ... € pro Jahr. Die Höhe der Vergütung ist somit vom Gewinn der Gesellschaft unabhängig.
>
> (2) Für die Übernahme der persönlichen Haftung[108] erhält die persönlich haftende Gesellschafterin eine jährliche Vergütung i.H.v. 5 % ihres am Ende des Geschäftsjahres gezeichneten Kapitals.[109]
>
> (3) Die angefallenen Auslagen erhält die persönlich haftende Gesellschafterin in angemessenem Umfang ersetzt.

---

107 So OFD Frankfurt, Verfügung v. 9.8.2006 – S 7100 A – 82 – St 11, DStR 2006, 1797; OFD Karlsruhe, Verfügung v. 29.4.2005 – S 7100, DStR 2005, 1143; OFD Düsseldorf, Köln und Münster, Verfügung v. 2.2.2005 – S 7100, DStR 2005, 381 = GmbHR 2005, 574; OFD Nürnberg, vom 31.5.2005 – S 7100 – 626/St 43, UR 2005, 464. – Anders noch OFD Nürnberg v. 28.10.2004, S 7100 – 626/St 43, DStR 2005, 156 = GmbHR 2004, 1607 = UR 2005, 465.

108 Der USt unterliegt nur die Vergütung für die Geschäftsführung und nicht auch die Vergütung für die Haftungsübernahme (§ 4 Nr. 8 lit. g) UStG), so dass es sinnvoll sein kann, beides gesondert zu regeln. – Die Finanzverwaltung vertritt insoweit teilweise aber eine andere Auffassung (siehe BFH, BStBl. 2003 II, S. 36 = DStR 2002, 1346 = DB 2002, 1757 = BB 2002, 1734 = NZG 2002, 1077 = GmbHR 2002, 1039 [zur Personengesellschaft] und BFH, Urt. v. 10.3.2005 – V R 29/03, BStBl. 2005 II, S. 730 = DStR 2005, 919 = BB 2005, 1206 = DB 2005, 1311 = GmbHR 2005, 794 = ZIP 2005, 1172 = NZG 2005, 607 [zur Kapitalgesellschaft]; BMF, Schreiben v. 21.9.2005 – IV A 5 – S 7104 – 19/05, BStBl. 2005 I, S. 936 = DStR 2005, 1691 mit Anm. Küffner/Zugmaier = DB 2005, 2103; BMF, Schreiben v. 23.12.2003 – IV B 7 – S 7100 – 246/03, BStBl. 2004 I, S. 240 = DStR 2004, 90; BMF, Schreiben v. 17.6.2003 – IV B 7 – S 7100 – 121/03, BStBl. 2003 I, S. 378 = DStR 2003, 1123; BMF, Schreiben v. 13.12.2002 – IV B 7 – S 7100 – 315/02, BStBl. 2003 I, S. 68 = DStR 2003, 77; OFD Frankfurt, Verfügung v. 9.8.2006, S 7100 A – 82 – St 11, DStR 2006, 1797; OFD Nürnberg, Verfügung v. 31.5.2005 – S 7100 – 626/St 43, UR 2005, 464; OFD Karlsruhe, Verfügung v. 29.4.2005 – S 7100, DStR 2005, 1143; OFD Düsseldorf, Köln und Münster, Verfügung v. 2.2.2005 – S 7100, DStR 2005, 381 = GmbHR 2005, 574; OFD Nürnberg, Verfügung v. 28.10.2004 – S 7100 – 626/St 43, DStR 2005, 156 = GmbHR 2004, 1607 = UR 2005, 465; OFD Frankfurt, Verfügung v. 23.4.2004 – S 7100 A – 82 – St I 1.10, GmbHR 2004, 1166). Danach wird das Entgelt für die Haftungsübernahme nicht im Rahmen eines Austauschverhältnisses gewährt und stellt damit grds. kein Sonderentgelt dar. Falls ausnahmsweise ein Sonderentgelt vorliegen sollte, ist die Leistung nicht gemäß § 4 Nr. 8 lit. g) UStG steuerfrei. Mit dem Gesetzeswortlaut lässt sich dies allerdings kaum vereinbaren.

109 Siehe dazu BGH, GmbHR 2006, 321 mit Anm. Schulze = NZG 2006, 194 = BB 2006, 511 = DStR 2006, 524 = ZIP 2006, 230 = DB 2006, 329 (Hängt die Höhe der einer Komplementär-GmbH für die Haftungsübernahme zu zahlenden Vergütung nach dem Gesellschaftsvertrag von der Höhe des Stammkapitals der GmbH ab, dürfen deren Gesellschafter nicht ohne Wahrung der gesellschaftsrechtlichen Treuepflichten gegenüber der KG in erheblichem Umfang erhöhen).

(4) Vergütung und Auslagenersatz sind jeweils vier Wochen nach Feststellung des Jahresabschlusses der Gesellschaft für das vorangegangene Geschäftsjahr zur Zahlung fällig.

(5) Die Gesellschaft schuldet der persönlich haftenden Gesellschafterin zusätzlich eine etwa anfallende USt gegen Vorlage einer dem UStG entsprechenden Rechnung.

7. Gesellschafterversammlung und -beschluss

a) Gesellschafterversammlung

Das HGB sieht – anders als das GmbH-Recht in §§ 46 ff. GmbHG – **keine Regelungen für die Gesellschafterversammlung** vor. Entsprechende Regelungen im Gesellschaftsvertrag sind aber möglich und üblich (siehe § 163 HGB). Dabei sollten u.a. **folgende Fragen** geregelt werden: 154

- Einberufung der Gesellschafterversammlung, u.a.
  - Einberufungskompetenz,
  - Recht und Pflicht zur Einberufung einer Gesellschafterversammlung,
  - Zeit und Ort der Gesellschafterversammlung,
  - Form der Einberufung,
  - Frist der Einberufung,
  - Bekanntgabe der Tagesordnung,
- Beschlussfähigkeit der Gesellschafterversammlung,
- Durchführung der Gesellschafterversammlung, u.a.
  - Leitung der Gesellschafterversammlung,
  - Teilnahme- und Rederecht von Nichtgesellschaftern (z.B. Angehörigen, Rechts- und Steuerberatern),
  - Stimmrecht in Gesellschafterversammlungen (z.B. Person des Vertreters, Nachweis von Vollmachten),
  - Ausschluss von Personen von der Gesellschafterversammlung,
- Niederschrift über Gesellschafterversammlung, u.a.
  - Ergebnis- oder Wortprotokoll,
  - Protokollführer,
  - Unterzeichnung des Protokolls,
  - Verteilung des Protokolls.

Bei beteiligungsidentischer GmbH & Co. KG sollten die Regelungen für die Gesellschafterversammlung zwischen der Komplementär-GmbH und der GmbH & Co. KG **miteinander koordiniert** werden.

Formulierungsbeispiel: Gesellschafterversammlung – Gesellschaftsvertrag GmbH & Co. KG 155

(1) Gesellschafterversammlungen werden durch die persönlich haftende Gesellschafterin einberufen.

(2) Die persönlich haftende Gesellschafterin hat spätestens acht Monate nach Ende eines jeden Geschäftsjahres eine Gesellschafterversammlung einzuberufen. Eine Gesellschafterversammlung soll ferner einberufen werden, wenn es das Interesse der Gesellschaft erfordert oder Gesellschafter, die zusammen über mindestens 10 % des Festkapitals der Gesellschaft verfügen, dies unter Angabe des Zwecks und der Gründe schriftlich verlangen.

(3) Die Gesellschafterversammlung ist schriftlich durch Einwurf-Einbschreiben einzuberufen. Die Einberufung muss insb. den Zeitpunkt, den Ort und die Tagesordnung enthalten. Zwischen der Absendung der Einberufung und dem Tag der Gesellschafterversammlung muss eine Frist von mindestens 14 Tagen liegen. Der Tag, an dem die Einberufung abgesendet worden ist und an dem die Gesellschafterversammlung stattfindet, werden dabei nicht mitgerechnet.

(4) Alle Gesellschafter sind verpflichtet, der Gesellschaft eine ladungsfähige Anschrift im Inland und etwaige Änderungen stets unverzüglich schriftlich mitzuteilen. Die Ladung eines Gesellschafters ist ordnungsgemäß, wenn sie an die der Gesellschaft zuletzt mitgeteilte Anschrift gerichtet worden ist.

(5) Die Gesellschafterversammlungen finden am Sitz der Gesellschaft statt.

(6) Den Vorsitz in der Gesellschafterversammlung führt jeweils der älteste Gesellschafter.

(7) Jeder Gesellschafter kann sich in der Gesellschafterversammlung durch einen anderen Gesellschafter, seinen Ehegatten oder Lebenspartner, eine zur Berufsverschwiegenheit verpflichtete Person oder einen Testamentsvollstrecker vertreten lassen. Die Vertretungsbefugnis ist durch Vorlage einer schriftlichen Vollmacht oder eines Testamentsvollstreckerzeugnisses nachzuweisen. Dem Vorsitzenden der Gesellschafterversammlung ist eine Abschrift zur Beifügung zur Niederschrift zu übergeben.

(8) Die Gesellschafterversammlung ist beschlussfähig, wenn die anwesenden und vertretenen Gesellschafter mindestens 75 % der nach dem Gesellschaftsvertrag vorhandenen Stimmen repräsentieren. Ist die Gesellschafterversammlung beschlussunfähig, kann frühestens innerhalb von zwei Wochen erneut eine Gesellschafterversammlung einberufen werden. Diese Gesellschafterversammlung ist unabhängig von der Zahl der anwesenden und vertretenen Stimmen beschlussfähig. Darauf muss in der Einberufung ausdrücklich hingewiesen werden

(9) Über jede Gesellschafterversammlung ist eine Niederschrift zu fertigen. Die Niederschrift muss mindestens Angaben über Zeit und Ort der Versammlung, die anwesenden und vertretenen Teilnehmer sowie alle Anträge und Beschlüsse einschließlich der jeweiligen Abstimmungsergebnisse enthalten. Eine Abschrift der Ladung ist der Niederschrift beizufügen, sofern nicht alle Gesellschafter auf die Einhaltung von Form- und Fristvorschriften verzichtet haben. Die Niederschrift ist vom Vorsitzenden und einem weiteren Teilnehmer der Gesellschafterversammlung zu unterzeichnen. Die Gesellschaft übersendet jedem Gesellschafter unverzüglich eine vollständige Abschrift der Niederschrift.

b) Gesellschafterbeschluss

156 Nach der gesetzlichen Regelung sind Gesellschafterbeschlüsse in der GmbH & Co. KG grds. **einstimmig** zu fassen (§ 119 Abs. 1 HGB). Kommt es nach dem Gesellschaftsvertrag auf die Mehrheit der Stimmen an, soll sich die Mehrheit nach der Zahl der Gesellschafter bestimmen (§ 119 Abs. 2 HGB).

Eine **abweichende Regelung** im Gesellschaftsvertrag ist grds. möglich (§ 109 HGB) und vielfach auch sinnvoll. Denn das gesetzlich vorgesehene Einstimmigkeitsprinzip wird Gesellschafterbeschlüsse vielfach verhindern. Das Stimmrecht nach Köpfen trägt der Kapitalbeteiligung der Gesellschafter in keiner Weise Rechnung und ist daher nur selten interessengerecht. Bei beteiligungsidentischer GmbH & Co. KG kann es zudem zweckmäßig sein, die Beschlusserfordernisse bei der Komplementär-GmbH und der GmbH & Co. KG aufeinander abzustimmen.

157 Sieht der Gesellschaftsvertrag Mehrheitsbeschlüsse vor, sollte zugleich festgelegt werden, wie die Mehrheit im Einzelnen bestimmt werden soll. Dabei ist insb. zu bestimmen, worauf sich das Mehrheitserfordernis (z.B. 51 %, 66 2/3 % oder 75 %) im Einzelfall beziehen soll (z.B. die abgegebenen Stimmen, die vorhandenen Stimmen oder die anwesenden und vertretenden Stimmen).

Die **Zulässigkeit von Mehrheitsbeschlüssen** unterliegt verschiedenen Beschränkungen, deren Grenzen im Einzelnen umstritten sind.[110]

Nach dem Bestimmtheitsgrundsatz gilt eine Regelung der Mehrheitsbeschlüsse im Gesellschaftsvertrag nur für die **laufenden Angelegenheiten** der Gesellschaft.[111] Bei Beschlüssen mit ungewöhnlichem Inhalt muss sich der Beschlussgegenstand dagegen eindeutig aus dem Gesellschaftsvertrag ergeben. Dies gilt bspw. für Beschlüsse über den Ausschluss oder die Aufnahme eines Gesellschafters, die Bildung von Rücklagen, die Feststellung des Jahresabschlusses und die Begründung neuer Pflichten der Gesellschafter.

Eingriffe in den **Kernbereich der Gesellschafterrechte** sind darüber hinaus stets nur mit Zustimmung des betroffenen Gesellschafters zulässig.[112] Zum Kernbereich gehört bspw. das Stimmrecht, das Gewinnbezugsrecht, das Recht zur Geschäftsführung, die Beteiligung am Liquidationserlös sowie etwaige Sonderrechte eines Gesellschafters.

Der Rechtsunsicherheit im Bereich der Mehrheitsbeschlüsse ist nach Möglichkeit durch eine **sorgfältige Ausgestaltung des Gesellschaftsvertrags** Rechnung zu tragen.

Der Gesellschaftsvertrag kann **Mehrstimmrechte** vorsehen (siehe demgegenüber § 12 Abs. 2 AktG). Im Zusammenhang mit der Regelung der Unternehmensnachfolge werden teilweise auch Vetorechte oder sonstige Sonderrechte für den Veräußerer vereinbart. Dies ist grds. zulässig, kann steuerlich aber die Mitunternehmerstellung des Erwerbers gefährden.

Im Gesellschaftsvertrag wird meist vereinbart, dass sich das **Stimmrecht nach den Kapitalanteilen** richtet. Die Komplementär-GmbH ist am Kapital der Gesellschaft meist nicht beteiligt, so dass ihr grds. kein Stimmrecht zusteht. Zumindest bei der beteiligungsidentischen GmbH & Co. KG ist es zulässig, das Stimmrecht der Komplementär-GmbH auszuschließen.[113]

Im Fall von **Interessenkonflikten** ist für Gesellschafterbeschlüsse der GmbH & Co. KG kein allgemeines Stimmverbot vorgesehen (siehe demgegenüber, § 47 Abs. 4 GmbHG). Lediglich aus einzelnen Regelungen lässt sich der Grundsatz ableiten, dass niemand Richter in eigener Sache sein soll (siehe §§ 113, 117, 127, 140, 141 HGB). Eine klarstellende Regelung, die zudem mit dem Stimmverbot bei der Komplementär-GmbH abgestimmt ist, erscheint daher zweckmäßig.

Formulierungsbeispiel: Gesellschafterbeschluss – Gesellschaftsvertrag GmbH & Co. KG

> (1) Beschlüsse der Gesellschafter werden in Gesellschaftsversammlungen gefasst. Eine Gesellschafterversammlung ist nur dann nicht erforderlich, wenn sich alle Gesellschafter mit einer anderen Form der Beschlussfassung einverstanden erklären und diese Form gesetzlich zulässig ist.

---

110 Ausführlich dazu: Ebenroth/Boujong/Joost/Goette, HGB, § 119 Rn. 45 ff.; Hopt, in: Baumbach/Hopt/Hopt, HGB, § 119 Rn. 33 ff.

111 Zum Bestimmtheitsgrundsatz siehe zuletzt etwa OLG Hamburg, ZIP 2006, 895; zustimmend: Priester, DStR 2007, 28 (zum Bestimmtheitserfordernis bei Abweichung vom Einstimmigkeitsprinzip für die Feststellung des Jahresabschlusses); BayObLG, ZIP 2005, 164 = NZG 2005, 173 = DB 2005, 43 = GmbHR 2005, 364 mit Anm. Werner (Der Eintritt einer Komplementär-GmbH in eine KG bedarf nicht der Einstimmigkeit, wenn „Beschlüsse über Änderungen des Gesellschaftsvertrags, Abtretung von Gesellschaftsbeteiligungen oder über die Auflösung der Gesellschaft" einer Mehrheit von drei Vierteln der abgegebenen Stimmen bedürfen.). Kritisch dazu: Priester, in: FS für Ulrich Huber, S. 905 ff. – Siehe ferner BGH, DStR 2006, 621 = WM 2006, 774 = BB 2006, 795 = DB 2006, 835 = ZIP 2006, 754 = EWiR 2006, 301 (Schäfer) = NZG 2006, 379 = DNotZ 2006, 631 (zum Bestimmtheitsgrundsatz im Zusammenhang mit Nachschusspflichten bei einer Publikumsgesellschaft).

112 Siehe dazu etwa BGH, ZIP 2004, 2282 = EWiR 2005, 25 (Grunewald) = WM 2004, 2390 = DB 2004, 1634 = BB 2004, 2653 = DStR 2005, 37 = NZG 2005, 33 (Entziehung des gesellschaftsvertraglich vereinbarten Mitarbeitsrechts ohne die Zustimmung des Kommanditisten nur bei Vorliegen eines wichtigen Grundes zulässig).

113 So BGH, NJW 1993, 2100 = ZIP 1993, 1076 = EWiR 1993, 787 (Fleck) = DB 1993, 1664 = DStR 1993, 1341 mit Anm. Goette; OLG München, GmbHR 1999, 81 = NJW-RR 1999, 472 = ZIP 1998, 1039 = EWiR 1998, 1039 (Bork).

> (2) Gesellschafterbeschlüsse werden mit der einfachen Mehrheit der abgegebenen Stimmen gefasst, soweit der Gesellschaftsvertrag oder das Gesetz nicht zwingend eine andere Mehrheit vorsehen Stimmenthaltungen werden dabei nicht mitgezählt.
>
> (3) Je 100 € eines Kapitalanteils gewähren eine Stimme. Das Stimmrecht aus einem Gesellschaftsanteil kann nur einheitlich ausgeübt werden.
>
> (4) Ein Gesellschafter hat – neben den im Gesetz vorgesehenen Fällen – kein Stimmrecht, wenn er durch eine Beschlussfassung entlastet oder von einer Verbindlichkeit befreit werden soll. Gleiches gilt, wenn der Beschluss die Einleitung oder Erledigung eines Rechtsstreits der Gesellschaft mit ihm zum Gegenstand hat. In diesen Fällen darf der Gesellschafter sein Stimmrecht auch nicht durch andere oder für andere ausüben.

c) Anfechtung des Gesellschafterbeschlusses

161 Fehlerhafte Beschlüsse der GmbH & Co. KG sind i.d.R. nichtig. Die Nichtigkeit ist mit einer **Feststellungsklage** (§ 256 ZPO) geltend zu machen, die gegen die Gesellschafter und nicht gegen die Gesellschaft zu richten ist. Eine besondere Klagefrist ist nicht vorgesehen.

162 Das Rechtsschutzsystem gegen fehlerhafte Beschlüsse der Komplementär-GmbH ist dagegen völlig unterschiedlich ausgestaltet. **Beschlussmängel** haben im Regelfall nur die Anfechtbarkeit zur Folge. Der Mangel ist grds. mittels einer Anfechtungsklage innerhalb eines Monats gerichtlich geltend zu machen (§§ 243 ff. AktG analog).

Bei der GmbH & Co. KG ist es zweckmäßig, den Rechtsschutz gegen fehlerhafte Gesellschafterbeschlüsse in beiden Gesellschaften einander anzugleichen.

163 **Formulierungsbeispiel: Beschlussmängel – Gesellschaftsvertrag GmbH & Co. KG**

> Einwendungen gegen die Wirksamkeit eines Gesellschafterbeschlusses können nur innerhalb einer Frist von zwei Monaten nach Erhalt der Niederschrift über die Gesellschafterversammlung geltend gemacht werden. Die Klage ist gegen die Gesellschaft zu richten. Nach Ablauf der Frist gelten etwaige Beschlussmängel als geheilt.

8. Jahresabschluss und Publizität

164 Für den Jahresabschluss einer GmbH & Co. KG sowie dessen **Prüfung und Offenlegung** ist zu unterscheiden, ob an der Gesellschaft neben der Komplementär-GmbH auch eine natürliche Person als persönlich haftende Gesellschafterin beteiligt ist.[114]

- **GmbH & Co. KG mit natürlicher Person als persönlich haftender Gesellschafterin:** In diesem Fall hat die Gesellschaft einen Jahresabschluss bestehend aus Bilanz sowie Gewinn- und Verlustrechnung aufzustellen (§§ 242 ff. HGB). Der Jahresabschluss ist i.d.R. innerhalb der ersten sechs Monate des folgenden Geschäftsjahres aufzustellen (§§ 243 Abs. 3 i.V.m. § 264 Abs. 1 Satz 3 analog HGB). Der Jahresabschluss muss weder geprüft noch offengelegt werden.

- **GmbH & Co. KG ohne natürliche Person als persönlich haftende Gesellschafterin:** Für die GmbH & Co. KG, bei der keine natürliche Person persönlich haftender Gesellschafter ist (dies ist in der Praxis der Regelfall) gelten für den Jahresabschluss die Vorschriften für Kapitalgesellschaften (§ 264a HGB).

---

114 Zu den Auswirkungen des Kapitalgesellschaften- und Co-Richtlinie-Gesetzes aus dem Jahr 2000 auf die GmbH & Co. KG siehe Bitter/Grashoff, DB 2000, 833; Carlé, KÖSDI 2000, 12653; Dorozala/Söffing, DStR 2000, 1567; Eisolt/Verdenhalven, NZG 2000, 130; Farr, GmbHR 2000, 543 und 605; Hempe, DB 2000, 1293; Herrmann, Wpg. 2001, 271; Hoffmann, GmbH-StB 2000, 83; Hoffmann, DStR 2000, 837; Jansen, DStR 2000, 596; Kiesel/Grimm, DStR 2004, 2210; Kusterer/Kirnberger/Fleischmann, DStR 2000, 606; Luttermann, ZIP 2000, 517; Scheffler, DStR 2000, 529; Schmidt, GmbHR 2004, 1512; Theile, BB 2000, 555; Theile, GmbHR 2000, 1135; Theile, GmbHR 2000, 215; Waßmer, GmbHR 2002, 412; Zimmer/Eckhold, NJW 2000, 1361.

Der Jahresabschluss muss einen Anhang (§ 284 ff. HGB) und einen Lagebericht (§ 289 HGB) umfassen. Kleine Gesellschaften (§ 267 Abs. 1 HGB) sind allerdings von der Verpflichtung zur Aufstellung eines Lageberichts befreit. Der Jahresabschluss ist innerhalb der ersten drei Monate des folgenden Geschäftsjahres aufzustellen (§ 264 Abs. 1 Satz 1 HGB). Für kleine Gesellschaften (§ 267 Abs. 1 HGB) gilt eine Aufstellungsfrist von sechs Monaten (§ 264 Abs. 1 Satz 3 HGB). Ferner muss der Jahresabschluss in diesem Fall geprüft (§§ 316 ff. HGB) und offen gelegt werden (§§ 325 ff. HGB). Kleine Gesellschaften (§ 267 Abs. 1 HGB) sind auch von der Prüfungspflicht befreit und können bei der Offenlegung Erleichterungen (§ 326 HGB) in Anspruch nehmen.

Die **Offenlegung des Jahresabschlusses im Handelsregister** wird von vielen Gesellschaften gescheut und bislang auch kaum beachtet.[115] Das Registergericht schreitet bislang nur auf Antrag ein (§§ 335a, 335b HGB). Der Antrag kann allerdings von jedermann gestellt werden; ein besonderes Interesse ist nicht erforderlich.[116]

Im Schrifttum finden sich zahlreiche Strategien, mit denen die **gesetzliche Publizitätspflicht vermieden** werden kann.[117] Der sicherste Weg dürfte wohl in der Aufnahme einer natürlichen Person als (weiteren) persönlich haftenden Gesellschafter bestehen.[118] Die Empfehlung, eine vermögenslose oder überschuldete Person als persönlich haftenden Gesellschafter aufzunehmen, erscheint dabei weder praktikabel[119] noch rechtlich gesichert.[120] Darüber hinaus ist zu berücksichtigen, dass die Aufnahme einer natürlichen Person als persönlich haftenden Gesellschafter die gewerbliche Prägung entfallen lässt (§ 15 Abs. 3 Satz 2 EStG).[121]

Die **Aufstellung** des Jahresabschlusses obliegt dem persönlich haftenden Gesellschafter.[122] Die **Feststellung** des Jahresabschlusses ist dagegen ein Grundlagengeschäft, für das die Zustimmung aller Gesellschafter erforderlich ist.[123]

---

115 In Deutschland reichen derzeit nur ca. 5 % – 20 % aller Gesellschaften ihren Jahresabschluss beim Handelsregister ein. Siehe dazu etwa Kiesel/Grimm, DStR 2004, 2210; Kuntze-Kaufhold, BB 2006, 428; Marx/Dallmann, BB 2004, 929.
116 Zu den zum 1.1.2007 durch das Gesetz über elektronische Handelsregister und Genossenschaftsregister sowie das Unternehmensregister (EHUG), BGBl. 2006 I, S. 2553 (siehe dazu auch die Gesetzesentwürfe in BR-Drucks. 942/04 v. 30.12.2005, BT-Drucks. 16/960 v. 15.03.2006 und BT-Drucks. 16/2781 v. 27.9.2006) in Kraft getretenen Änderungen siehe Clausnitzer/Blatt, GmbHR 2006, 1303; Dauner-Lieb/Linke, DB 2006, 767; Deilmann, BB 2006, 2347; Grashoff, DB 2006, 2641; Grashoff, DB 2006, 513; Krafka, MittBayNot 2005, 290; MünchKomm-HGB/Krafka, Vor § 8 HGB Rn. 1 ff.; Krafka/Willer, DNotZ 2006, 885; Liebscher/Scharff, NJW 2006, 3745; Melchior, NotBZ 2006, 409; Meyding/Bödeker, BB 2006, 1009; Noack, NZG 2006, 801; Noack, notar 2005, 14; Ries, Rpfleger 2006, 233; Schlotter, BB 2007, 1; Schmidt, DStR 2006, 2272; Seibert/Decker, DB 2006, 2446; Seibert/Wedemann, GmbHR 2007, 17; Spindler, WM 2006, 109..
117 Siehe dazu BGH, ZIP 2004, 2282 = EWiR 2005, 25 (Grunewald) = WM 2004, 2390 = DB 2004, 1634 = BB 2004, 2653 = DStR 2005, 37 = NZG 2005, 33.
118 Siehe dazu jüngst LG Osnabrück, GmbHR 2005, 1618 mit Anm. C. Schmidt (keine Pflicht zur Offenlegung des Jahresabschlusses bei einer GmbH & Co. KG, wenn natürliche Personen der Gesellschaft als weitere persönlich haftende Gesellschaft beitreten und auch im Handelsregister eingetragen werden).
119 Die persönlich haftenden Gesellschafter treten dann auch nach außen (z.B. auf Geschäftsbriefen) in Erscheinung, was im Hinblick auf die Reputation eines Unternehmens, die Kreditwürdigkeit oder die sonstige Außendarstellung meist aber nicht gewünscht sein wird.
120 Die Rspr. hatte über einen solchen Fall bislang noch nicht zu entscheiden. Bei einer Gestaltung, die ausschließlich darauf gerichtet ist, europarechtlich vorgegebene Publizitätspflichten zu umgehen, dürfte der Einwand des Rechtsmissbrauchs aber nahe liegen.
121 Bei vermögensverwaltenden Gesellschaften kann dies u.a. eine steuerpflichtige Entnahme zur Folge haben.
122 Zu Bilanzierungsentscheidungen in Familienunternehmen allgemein siehe Binz/Mayer, DB 2006, 1599.
123 Zu Fragen der Buchführung und Bilanzierung siehe statt aller Baumbach/Hopt/Merkt, HGB, Einl. § 238, Rn. 15 m. zahlr. w.N.; zu möglichen Auswirkungen der International Accounting Standards auf die GmbH & Co. KG siehe Balz/Ilina, BB 2005, 2759; Kohler, ZHR 170 (2006), 101; Küthig/Wirth/Dürr, Wpg. 2006, 69; Prinz, FR 2006, 566; Schubert, WM 2006, 1033.

166 **Formulierungsbeispiel: Jahresabschluss – Gesellschaftsvertrag GmbH & Co. KG**

> (1) Die persönlich haftende Gesellschafterin hat den Jahresabschluss innerhalb der gesetzlichen Frist aufzustellen.
>
> (2) Der Jahresabschluss hat den steuerlichen Vorschriften zu entsprechen, soweit nicht zwingende handelsrechtliche Bestimmungen oder dieser Gesellschaftsvertrag etwas anderes vorsehen. Wird der Jahresabschluss nachträglich berichtigt, insb. aufgrund einer steuerlichen Betriebsprüfung, ist der berichtigte Jahresabschluss maßgeblich.
>
> (3) Die Ausübung von Bewertungswahlrechten und Bilanzmaßnahmen steht in allen Fällen der persönlich haftenden Gesellschafterin allein zu.
>
> (4) Die Gesellschafterversammlung kann beschließen, dass der Jahresabschluss auch dann von einem Wirtschaftsprüfer geprüft wird, wenn keine gesetzliche Prüfungspflicht besteht. Der Prüfungsbericht ist allen Gesellschaftern unverzüglich zu übersenden.
>
> (5) Der Jahresabschluss wird von der Gesellschafterversammlung festgestellt. Der Entwurf des Jahresabschlusses ist allen Gesellschaftern zusammen mit der Einberufung der Gesellschafterversammlung zu übersenden.

9. Gewinnverwendung und -verteilung

a) Gesetzliches Regelungsmodell

167 Nach der gesetzlichen Regelung haben zunächst alle Gesellschafter einen Anspruch auf einen **pauschalen Vorabgewinn** i.H.v. 4 % ihres Kapitalanteils (§§ 168 Abs. 1, 121 Abs. 1 und 2 HGB). Gesellschafter mit einem negativen Kapitalanteil oder Gesellschafter ohne Kapitalanteil (z.B. Komplementär-GmbH) haben keinen Anspruch auf einen Vorabgewinn. Der Prozentsatz von 4 % mindert sich entsprechend, wenn der Gewinn der Gesellschaft für die Verteilung des Vorabgewinns nicht ausreicht (§ 121 Abs. 1 Satz 2 HGB).

Die **Verteilung eines übersteigenden Gewinns** erfolgt bei der GmbH & Co. KG nach einem den Umständen angemessenen Verhältnis (§ 168 Abs. 2 HGB).[124] Gleiches gilt für etwaige Verluste. Die Frage der Angemessenheit kann Anlass für Streitigkeiten unter den Gesellschaftern sein, so dass in der Praxis meist eine abweichende Gewinnverteilung gewählt wird. Am Verlust nehmen die Kommanditisten jedoch nur bis zum Betrag ihres Kapitalanteils teil (§ 167 Abs. 3 HGB).

b) Vertragliche Regelungsmöglichkeiten

168 Der Gesellschaftsvertrag kann bei der Gewinnverteilung von der gesetzlichen Regelung **handelsrechtlich** grds. beliebig abweichen.[125] Die vereinbarte Gewinnverteilung ist aber nicht unbedingt auch steuerrechtlich anzuerkennen. Insb. bei Familiengesellschaften ist daher auf eine angemessene Gewinnverteilung zu achten.[126]

Die **Verteilung des Jahresüberschusses** kann entweder unmittelbar im Gesellschaftsvertrag erfolgen oder einer Entscheidung der Gesellschafterversammlung überlassen werden. Beide Möglichkeiten können auch miteinander kombiniert werden, so dass die Gesellschafterversammlung nur über die Verwendung eines Teils des Jahresüberschusses frei entscheiden kann.

---

124 Und nicht – wie bei der OHG – nach Köpfen (§ 121 Abs. 3 HGB).

125 Zu Fragen der disquotalen Gewinnausschüttungen im Zusammenhang mit der Unternehmensnachfolge siehe Tavakoli, DB 2006, 1882. – Zu steuerlichen Fragen siehe insb. Priester, DStR 2001, 795; Roemer, INF 2001, 556; Wälzholz, in: DAV (Hrsg.), Steueranwalt 2005/2006, S. 91 ff.

126 Siehe dazu aus Sicht der Finanzverwaltung R 15.8 und R 15.9 EStR 2005 (insb. auch H 15.9 (3) zur sog. 15 %-Grenze). Bei Vereinbarung einer übermäßigen Gewinnbeteiligung kann zudem eine steuerpflichtige Schenkung vorliegen (§ 7 Abs. 6 ErbStG und R 21 ErbStR).

Das HGB enthält keine Regelungen über die Bildung von Rücklagen. Der Gesellschaftsvertrag wird die Bildung von Rücklagen zur Stärkung der Kapitalbasis aber regelmäßig vorsehen. Ergänzend sollten (flexible) Unter- und Obergrenzen für die Rücklagen bestimmt werden.

Die Komplementär-GmbH muss handelsrechtlich nicht am Gewinn beteiligt werden. Aus steuerrechtlichen Gründen muss die Komplementär-GmbH jedoch eine Gewinnbeteiligung erhalten, da anderenfalls eine verdeckte Gewinnausschüttung bzw. eine verdeckte Einlage vorliegen kann. Ist die Komplementär-GmbH am Vermögen der GmbH & Co. KG nicht beteiligt (dies ist in der Praxis der Regelfall), muss sie neben dem Ersatz ihrer Auslagen eine **angemessene Vergütung** erhalten. Als Anhaltspunkt dient dabei die Höhe der Avalprovisionen von Banken. Ist die Komplementär-GmbH dagegen am Vermögen der GmbH & Co. KG beteiligt, muss der Gewinn auch dem Kapitaleinsatz Rechnung tragen. 169

Am **Verlust** sollte die Komplementär-GmbH nicht beteiligt werden, um deren Überschuldung zu vermeiden. In diesem Zusammenhang sollte klargestellt werden, dass dies keine Freistellungsverpflichtung der Kommanditisten beinhaltet und deren beschränkte Haftung somit unberührt bleibt.

Im Rahmen der Gewinnverteilung sollte darüber hinaus geregelt werden, dass **Mehr- oder Minderbelastungen bei der Gewerbesteuer** der Gesellschaft, die durch einzelne Gesellschafter verursacht worden sind, deren Gewinnanteil hinzuzurechnen bzw. zu belasten sind. 170

Formulierungsbeispiel: Gewinnverwendung und -verteilung – Gesellschaftsvertrag GmbH & Co. KG 171

(1) An dem Jahresüberschuss und einem etwaigen Jahresfehlbetrag sind die Kommanditisten im Verhältnis ihrer Beteiligung am Festkapital der Gesellschaft (Kapitalkonto I) beteiligt.

(2) Die Gesellschafterversammlung entscheidet über die Verwendung des Jahresüberschusses ... unter Berücksichtigung folgender Vorgaben:

Die Gewinnanteile der Kommanditisten sind vorrangig zum Ausgleich eines etwaigen Verlustvortrags auf dem Verlustvortragskonto zu verwenden.

Die übrigen Gewinnanteile der Kommanditisten sind dem Verrechnungskonto gutzuschreiben.

(3) Die Gesellschafterversammlung kann beschließen, dass der Jahresüberschuss i.H.v. bis zu ... % in die Rücklagen eingestellt wird.

(4) Die Verlustanteile der Kommanditisten werden dem Verlustvortragskonto belastet. Eine Nachschusspflicht der Kommanditisten wird dadurch jedoch nicht begründet. Die gesetzlichen Vorschriften für die beschränkte Haftung der Kommanditisten bleiben unberührt.

(5) Kommt es bei der Gesellschaft zu einer Mehr- oder Minderbelastung mit Gewerbesteuer, die durch steuerliche Sonder- oder Ergänzungsbilanzen oder sonstige Verfügungen einzelner Gesellschafter verursacht worden ist, wird der Betrag dem Gewinnanteil des entsprechenden Gesellschafters vorweg gutgeschrieben bzw. belastet. Im Fall einer Mehrbelastung gilt dies jedoch nur, soweit es bei den anderen Gesellschaftern dadurch nicht zu einer Erhöhung der Gewerbesteueranrechnung (§ 35 EStG) gekommen ist. Im Fall einer Minderbelastung ist die Gutschrift des verursachenden Gesellschafters um etwaige Nachteile der anderen Gesellschafter bei der Gewerbesteueranrechnung zu kürzen.

10. Entnahmerecht

a) Gesetzliches Regelungsmodell

Das Gesetz geht davon aus, dass jeder **persönlich haftende Gesellschafter** die Gewinne des letzten Jahres unbeschränkt entnehmen kann (§ 122 HGB). Mit der Liquiditäts- und Investitionsplanung der Gesellschaft wird dies allerdings kaum zu vereinbaren sein. 172

Der **Kommanditist** darf dagegen grds. nur den ihm zustehenden Gewinn entnehmen (§ 169 Abs. 1 HGB).[127] Ein Steuerentnahmerecht kennt das Gesetz nicht.

b) Vertragliche Regelungsmöglichkeiten

173 Die gesetzlichen Entnahmeregelungen sind dispositiv, so dass die Gesellschafter das Entnahmerecht der Gesellschafter an die individuellen Bedürfnisse anpassen können. Bei der **Ausgestaltung der Entnahmeregelung** sind insb. folgende Umstände zu berücksichtigen:

- Gewinn der Gesellschaft,
- Liquiditätssituation der Gesellschaft,
- Finanzierung der Gesellschaft,
- Mitarbeit der Gesellschafter,
- Deckung des Lebensbedarfs der Gesellschafter,
- Zeitpunkt und Höhe der Entnahme.

174 Für die Steuern, die mit der Beteiligung an der Gesellschaft zusammen hängen, wird vielfach ein **spezielles Steuerentnahmerecht** sinnvoll sein. Denn der Gesellschafter muss den auf ihn entfallenden Jahresüberschuss unabhängig davon versteuern, ob und in welchem Umfang er an ihn ausgeschüttet wird. Darüber hinaus können sich Liquiditätsprobleme ergeben, da Ausschüttung und Steuerzahlung zeitlich meist auseinanderfallen werden.

Für Erben und Vermächtnisnehmer kann darüber hinaus ein Entnahmerecht in Bezug auf die **Erbschaftsteuer** vorgesehen werden. Das Entnahmerecht sollte allerdings auf den Teil der Erbschaftsteuer beschränkt werden, der auf die Gesellschaftsbeteiligung entfällt. Zudem gilt es eine Überentnahme zu vermeiden, da auch die Entnahme zur Bezahlung der Erbschaftsteuer als nachsteuerschädlich gilt (§ 13a Abs. 5 Nr. 3 ErbStG).[128] In diesem Fall kann anstelle einer Entnahme die Gewährung eines fremdüblichen Darlehens i.H.d. Erbschaftsteuer in Betracht kommen.

175 **Formulierungsbeispiel: Entnahmerecht – Gesellschaftsvertrag GmbH & Co. KG**

> (1) Die Kommanditisten sind berechtigt, zulasten ihres Verrechnungskontos folgende Beträge zu entnehmen:
>
> (a) Die auf den Gesellschaftsanteil sowie etwaige Tätigkeitsvergütungen, Zinsen, Miet- und Pachteinnahmen entfallenden persönlichen Steuern (Einkommensteuer einschließlich Solidaritätszuschlag und Kirchensteuer) zum jeweiligen Fälligkeitszeitpunkt. Maßgebend für die Höhe des Entnahmerechts ist der jeweilige steuerliche Höchstsatz unabhängig von der tatsächlichen Besteuerung des Gesellschafters.
>
> (b) Die auf den Geschäftsanteil an der Gesellschaft und der Komplementär-GmbH entfallende Erbschaftsteuer zum jeweiligen Fälligkeitszeitpunkt. Die Höhe der Steuer ist der Gesellschaft durch geeignete Unterlagen des Finanzamts oder eines Steuerberaters nachzuweisen.
>
> (2) Die Kommanditisten sind darüber hinaus berechtigt, etwaige Guthaben von ihrem Verrechnungskonto jederzeit zu entnehmen, soweit dieses dadurch nicht negativ wird.
>
> (3) Über weitergehende Entnahmen oder Einschränkungen des Entnahmerechts entscheidet die Gesellschafterversammlung.

---

127 Siehe dazu BGH, ZIP 2005, 1552 = DB 2005, 1900 = WM 2005, 1701 = NZG 2005, 807 (zur Erstattungspflicht der Gesellschaft nach § 110 HGB, wenn die Kommanditisten in der Krise der Gesellschaft Entnahmen wieder zurückzahlen).

128 So zumindest die Finanzverwaltung in R 65 Abs. 1 Satz 2 ErbStR. Zu Recht kritisch dazu Jülicher, in: Troll/Gebel/Jülicher, ErbStG, § 13a Rn. 305 ff.

11. Kündigung der Gesellschaft

a) Ordentliche Kündigung

Jeder Gesellschafter der GmbH & Co. KG kann die Gesellschaft zum Ende eines Geschäftsjahres unter Einhaltung einer Frist von sechs Monaten kündigen (§§ 161 Abs. 2, 132 HGB). Der Gesellschaftsvertrag kann das **Recht zur Kündigung** erleichtern oder erschweren, nicht aber ganz ausschließen (§ 723 Abs. 3 BGB). Unzulässig sind ferner Regelungen, die einem Ausschluss der Kündigung nahe kommen, z.B. eine übermäßig lange Bindung an die Gesellschaft oder die Bindung der Kündigung an die Zustimmung der anderen Gesellschafter.

Die Kündigung führt dazu, dass der kündigende Gesellschafter aus der Gesellschaft ausscheidet (§ 131 Abs. 3 Nr. 3 HGB). Die Gesellschaft besteht somit grds. fort. Der Gesellschaftsvertrag kann eine abweichende Regelung vorsehen. Dem ausscheidenden Gesellschafter steht ein **Anspruch auf Abfindung** zu (§ 738 BGB).

Formulierungsbeispiel: Kündigung – Gesellschaftsvertrag GmbH & Co. KG

> (1) Jeder Gesellschafter kann durch Kündigung seinen Austritt aus der Gesellschaft erklären.
>
> (2) Die Kündigung hat unter Einhaltung einer Frist von einem Jahr zum Ende eines Geschäftsjahres zu erfolgen. Die Kündigung ist erstmals zum 31.12.... zulässig. Das Recht zur Kündigung aus wichtigem Grund bleibt unberührt.
>
> (3) Die Kündigung hat schriftlich durch Einwurf-Einschreiben zu erfolgen. Die Kündigung ist gegenüber der Gesellschaft zu erklären. Für die Rechtzeitigkeit der Kündigung ist der Zugang bei der Gesellschaft maßgebend. Die Geschäftsführerin hat alle Gesellschafter unverzüglich über die Kündigung zu informieren.
>
> (4) Die Kündigung ist nur wirksam, wenn der Gesellschafter eine etwaige Beteiligung an der Komplementär-GmbH gleichzeitig zu demselben Stichtag kündigt.
>
> (5) Im Fall der wirksamen Kündigung wird die Gesellschaft unter den verbleibenden Gesellschaftern fortgesetzt. Der kündigende Gesellschafter erhält eine Abfindung nach Maßgabe dieses Gesellschaftsvertrags.

b) Außerordentliche Kündigung

Jeder Gesellschafter kann die Gesellschaft darüber hinaus bei Vorliegen eines **wichtigen Grundes** kündigen (§ 133 HGB). Nach überwiegender Auffassung ist zur Geltendmachung dieses Rechts die Erhebung einer **gerichtlichen Klage** erforderlich. Der Gesellschaftsvertrag kann aber vorsehen, dass eine Kündigungserklärung ausreichend ist.

Minderjährige Gesellschafter haben nach Erreichen der Volljährigkeit das Recht, eine GbR zu kündigen (§ 723 Abs. 1 Satz 3 Nr. 2 BGB). Das Erreichen der Volljährigkeit stellt grds. auch für Gesellschafter einer GmbH & Co. KG einen wichtigen Grund zur Kündigung dar (siehe § 133 Abs. 2 HGB). Dies gilt jedoch dann nicht, wenn der Minderjährige Kommanditist ist und seine Hafteinlage voll erbracht worden ist. In diesem Fall besteht kein Risiko einer persönlichen Haftung, so dass kein sachlicher Grund für ein Sonderkündigungsrecht besteht.[129]

---

[129] Die Einzelheiten sind noch nicht abschließend geklärt. Siehe dazu im Einzelnen Behnke, NJW 1998, 3078; Behnke, NZG 1999, 244; Dauner-Lieb, ZIP 1996, 1818; Habersack, FamRZ 1999, 1; Klumpp, ZEV 1998, 409; Muscheler, WM 1998, 2271; Reimann, DNotZ 1999, 179.

12. Ausschluss von Gesellschaftern

179 Nach der gesetzlichen Regelung kann ein Gesellschafter bei Vorliegen eines **wichtigen Grundes**[130] auf Antrag der übrigen Gesellschafter durch gerichtliches Urteil aus der Gesellschaft ausgeschlossen werden (§ 140 HGB).[131] Der Gesellschaftsvertrag kann aber auch vorsehen, dass für den Ausschluss ein **Beschluss der anderen Gesellschafter** ausreichend ist. Dem betroffenen Gesellschafter sollte dabei kein Stimmrecht zustehen.[132] Anstelle des Ausschlusses kann der Gesellschafter auch verpflichtet werden, seinen Gesellschaftsanteil an einen oder mehrere Dritte abzutreten.

180 **Formulierungsbeispiel: Ausschluss von Gesellschaftern – Gesellschaftsvertrag GmbH & Co. KG**

> (1) Ein Gesellschafter kann aus der Gesellschaft ausgeschlossen werden, wenn in seiner Person ein wichtiger Grund vorliegt. Als wichtiger Grund gilt insbesondere, wenn
>
> (a) ein Gesellschafter eine ihm nach dem Gesellschaftsvertrag obliegende wesentliche Verpflichtung vorsätzlich oder grob fahrlässig verletzt oder die Erfüllung einer solchen Verpflichtung unmöglich wird (§ 133 HGB) oder
>
> (b) ein Gesellschafter nicht mehr am Kapital der Komplementär-GmbH beteiligt ist.
>
> (2) Über den Ausschluss entscheidet die Gesellschafterversammlung mit einer Mehrheit von 75 % der abgegebenen Stimmen. Dem betroffenen Gesellschafter steht dabei kein Stimmrecht zu. Vor der Beschlussfassung soll ihm allerdings nochmals die Möglichkeit zur Stellungnahme gegeben werden.
>
> (3) Die Gesellschafterversammlung kann – anstelle des Ausschlusses – auch beschließen, dass der betroffene Gesellschafter seinen Gesellschaftsanteil ganz oder teilweise an einen oder mehrere von der Gesellschaft bestimmte Dritte abzutreten hat. Jeder Gesellschafter erteilt für diesen Fall der persönlich haftenden Gesellschafterin bereits heute unwiderruflich Vollmacht, die Abtretung vorzunehmen und alle dazu erforderlichen Erklärungen abzugeben und entgegenzunehmen.
>
> (4) Steht ein Gesellschaftsanteil mehreren Personen zu, ist ein Ausschluss auch dann zulässig, wenn die Voraussetzungen nur in der Person eines Gesellschafters vorliegen.
>
> (5) Die Gesellschafterversammlung muss über den Ausschluss eines Gesellschafters spätestens innerhalb von sechs Monaten, nachdem ein Gesellschafter von dem die Ausschließung rechtfertigenden Umstand positive Kenntnis erlangt hat, entscheiden.
>
> (6) Der Ausschluss wird mit dem Zugang des Gesellschafterbeschlusses bei dem betroffenen Gesellschafter wirksam, sofern dieser in der Gesellschafterversammlung nicht persönlich anwesend war.
>
> (7) Der ausgeschlossene Gesellschafter erhält eine Abfindung nach Maßgabe dieses Gesellschaftsvertrags.

---

130 Zum Begriff des wichtigen Grundes i.S.v. §§ 140, 133 Abs. 2 HGB siehe Baumbach/Hopt/Hopt, HGB, § 140 Rn. 5 ff. und § 133 Rn. 5 ff.; Ebenroth/Boujong/Joost, HGB, § 140 Rn. 5 ff. und § 133 Rn. 4 ff.; MünchKomm-HGB/K. Schmidt, § 140 Rn. 16 ff. und § 133 Rn. 11 ff.

131 Siehe dazu etwa OLG München, NZG 2004, 374 = DB 2004, 866 = GmbHR 2004, 587 = DStR 2004, 1097 mit Anm. Angerer = EWiR 2004, 1227 (Trölitzsch; zum Ausschluss der Komplementär-GmbH aus einer Familiengesellschaft, bei der alle wesentlichen Entscheidungen des Kommanditisten vorbehalten sind).

132 Ausführlich zum Ganzen: Kilian, WM 2006, 1567.

13. Ausscheiden von Gesellschaftern

In bestimmten Fällen scheidet der Gesellschafter nach der gesetzlichen Regelung **automatisch** aus der Gesellschaft aus (§ 131 Abs. 3 HGB). Einer Klage oder eines Gesellschafterbeschlusses bedarf es in diesen Fällen nicht. Das Gesetz sieht ein Ausscheiden insb. in folgenden Fällen vor:

- Tod eines persönlich haftenden Gesellschafters (siehe §§ 131 Abs. 3 Nr. 1 und 177 HGB),
- Eröffnung des Insolvenzverfahrens über das Vermögen eines Gesellschafters (§ 131 Abs. 3 Nr. 2 HGB),[133]
- Kündigung des Gesellschafters (§ 131 Abs. 3 Nr. 3 i.V.m. § 132 HGB),
- Kündigung durch einen Privatgläubiger des Gesellschafters (§ 131 Abs. 3 Nr. 4 i.V.m. § 135 HGB).

Der Gesellschaftsvertrag kann weitere Gründe vorsehen, die zum Ausscheiden eines Gesellschafters führen (§ 131 Abs. 3 Satz 1 Nr. 5 HGB). Allerdings ist dies kein „Freibrief" für den jederzeit zulässigen Ausschluss eines Gesellschafters. Die von der Rspr. entwickelten Grenzen für **gesellschaftsvertragliche Ausschlussklauseln** sind vielmehr auch in diesem Fall zu beachten.[134] Demnach ist ein Ausschluss eines Gesellschafters nur bei Vorliegen eines **sachlichen Grundes** möglich, der im Gesellschaftsvertrag klar und bestimmt festgelegt sein muss. Im Übrigen sind die gesamten Umstände des jeweiligen Einzelfalls zu berücksichtigen.

Das Ausscheiden eines Gesellschafters beseitigt seine **Haftung** nicht (siehe §§ 159, 160 HGB). Der ausgeschiedene Gesellschafter haftet jedoch nur für die bis zu seinem Ausscheiden entstandenen Schulden.

Nach der gesetzlichen Regelung führt die **Eröffnung des Insolvenzverfahrens** über das Vermögen eines Gesellschafters zum Ausscheiden des betreffenden Gesellschafters und nicht zur Auflösung der Gesellschaft. Eine Erklärung gegenüber dem Insolvenzverwalter ist dafür nicht erforderlich. Die Ablehnung eines Insolvenzantrags mangels Masse steht der Eröffnung des Insolvenzverfahrens nicht gleich. Der Gesellschaftsvertrag kann aber eine abweichende Regelung vorsehen. Angesichts der nicht unerheblichen Zahl masseloser Insolvenzen erscheint dies im Regelfall auch empfehlenswert.

Hat eine GmbH & Co. KG nur einen Kommanditisten, führt die Eröffnung des Insolvenzverfahrens über das Vermögen der Komplementär-GmbH zu deren Ausscheiden aus der KG und gleichzeitig auch zur Vollbeendigung der KG.[135] Denn nach dem Ausscheiden der Komplementär-GmbH verbleibt nur noch ein Gesellschafter, dem das Vermögen der KG im Rahmen der Gesamtrechtsnachfolge anwächst. Mit dem angefallenen Vermögen haftet er auch für die Verbindlichkeiten der KG.[136]

Formulierungsbeispiel: Ausscheiden von Gesellschaftern – Gesellschaftsvertrag GmbH & Co. KG

> (1) Ein Gesellschafter scheidet aus der Gesellschaft aus, wenn
>
> (a) über das Vermögen eines Gesellschafters das Insolvenzverfahren eröffnet wird, die Eröffnung eines Insolvenzverfahrens mangels Masse abgelehnt wird oder ein Gesellschafter die Richtigkeit eines Vermögensverzeichnisses an Eides statt zu versichern hat oder

---

[133] Zur Insolvenz der Komplementär-GmbH siehe BGH, ZIP 2004, 1047 = WM 2004, 1138 = DB 2004, 1258 = BB 2004, 1244 = DStR 2004, 1137 = NZG 2004, 611 = GmbHR 2004, 952; a.A. zur Simultaninsolvenz von GmbH und KG: K. Schmidt, GmbHR 2002, 1209 und 2003, 1404; ausführlich zu Fragen der Insolvenz der GmbH & Co. KG: Schlitt, NZG 1998, 701 und 755; Uhlenbruck, KG, GmbHR 1995, 81 und 195.

[134] Siehe dazu Baumbach/Hopt/Hopt, HGB, § 140 Rn. 30 ff.; Ebenroth/Boujong/Joost/Lorz, HGB, § 140 Rn. 52 ff.; weitergehend MünchKomm-HGB/K. Schmidt, § 131 Rn. 85 ff. (insb. Rn. 87) und § 140 Rn. 98 ff.

[135] Siehe dazu auch OLG Frankfurt, GmbHR 2005, 1137 = DB 2005, 2239 = ZIP 2005, 2157 = EWiR 2005, 881 (Heckschen) = NZG 2005, 844 (Keine Amtslöschung einer Komplementär-GmbH, solange diese noch Mitwirkungsrechte und -pflichten bei der GmbH & Co. KG wahrzunehmen hat).

[136] Ausführlich zu den Folgen des Ausscheidens des einzigen Komplementärs: Bork/Jacoby, ZGR 2005, 611.

(b) in den Gesellschaftsanteil eines Gesellschafters oder seine sonstigen Rechte und Ansprüche als Gesellschafter Zwangsvollstreckungsmaßnahmen eingeleitet werden und diese nicht innerhalb von drei Monaten nach Zustellung des Pfändungs- und/oder Überweisungsbeschlusses wieder aufgehoben werden oder

(c) ein Gesellschafter die Gesellschaft wirksam kündigt.

(2) Der Gesellschafter scheidet mit Eintritt des jeweiligen Ereignisses aus der Gesellschaft aus, ohne dass dafür ein Beschluss der Gesellschafterversammlung erforderlich ist. Im Fall der Kündigung der Gesellschaft erfolgt das Ausscheiden nicht vor Ablauf der Kündigungsfrist.

(3) Im Fall des Ausscheidens eines Gesellschafters wird die Gesellschaft von den verbleibenden Gesellschaftern unter Beibehaltung der bisherigen Firma fortgesetzt.

(4) Der ausscheidende Gesellschafter erhält eine Abfindung nach Maßgabe dieses Gesellschaftsvertrags.

14. Güterstandsklausel

a) Notwendigkeit einer Güterstandsklausel

186 Angesichts einer **Scheidungsquote von über 30 %** ist der Abschluss eines maßgeschneiderten Ehevertrags für jeden Gesellschafter an sich eine absolute Notwendigkeit.[137] Gleichwohl wird das Thema „Ehevertrag" in der Praxis vielfach völlig vernachlässigt. Schätzungen zufolge hat nicht einmal jeder fünfte Gesellschafter einen Ehevertrag.

187 Hinzu kommt, dass voraussichtlich viele Eheverträge der seit dem Jahr 2004 von der Rspr. neu entwickelten **gerichtlichen Inhalts- und Ausübungskontrolle** nicht uneingeschränkt standhalten werden.[138] Dabei wirft die Scheidung eines Gesellschafters besondere Schwierigkeiten auf, die unter Umständen auch die anderen Gesellschafter und die Gesellschaft selbst in „Mitleidenschaft" ziehen können. Beispiele dafür sind etwa:

- **Belastung der Mitgesellschafter:** Die Scheidung ist vielfach keine reine „Privatangelegenheit" eines Gesellschafters, sondern kann auch die Gesellschaft und die Mitgesellschafter belasten. Eine Scheidung erschwert vielfach die Zusammenarbeit in der Gesellschaft. Dies gilt vor allem für Familienunternehmen, bei denen die Gesellschafter und deren Ehegatten oftmals auch persönlich oder verwandtschaftlich miteinander verbunden sind. Zusätzliche Probleme treten auf, wenn der Ehegatte des Gesellschafters in der Gesellschaft angestellt war und die Scheidung auch zur Beendigung des Arbeitsverhältnisses führt.

- **Mittelverknappung bei Gesellschaft:** Zugewinnausgleichsansprüche sind regelmäßig sofort, in voller Höhe und in bar zur Zahlung fällig. Die zur Erfüllung dieser Ansprüche erforderliche Liquidität wird nicht immer in ausreichendem Maße vorhanden sein. Dabei ist auch zu berücksichtigen, dass Gesellschaftsbeteiligungen für Zwecke des Zugewinnausgleichs grds. mit dem tatsächlichen Verkehrswert, d.h. einschließlich etwaiger stiller Reserven und des Firmenwerts, zu bewerten sind. Kann die Zugewinnausgleichsforderung nicht bzw. nicht in vollem Umfang aus dem (liquidem) Privatvermögen beglichen werden, ist der ausgleichspflichtige Gesellschafter möglicherweise gezwungen, seine Gesellschaftsbeteiligung ganz oder teilweise zu veräußern bzw. zu verpfänden. In anderen Fällen wird

---

137 Zur Gestaltung von Eheverträgen siehe insb. Langenfeld, Handbuch der Eheverträge und Scheidungsvereinbarungen; Münch, Ehebezogene Rechtsgeschäfte; ausführlich zum Ganzen Teil 2: Gesellschaftsrecht, 10. Kapitel.

138 Grundlegend BGH, BGHZ 158, 81 = NJW 2004, 930 = FamRZ 2004, 601 mit Anm. Borth = ZNotP 2004, 157 = RNotZ 2004, 150 = NotBZ 2004, 152 = MDR 2004, 573 = MittBayNot 2004, 270 mit Anm. Brandt = JZ 2004, 1021 mit Anm. Dauner-Lieb = DNotZ 2004, 550. Zuletzt BGH, FamRZ 2006, 1359 mit Anm. Bergschneider, S. 1437; siehe ferner insb. Hahne, DNotZ 2004, 84; Langenfeld, ZEV 2004, 311; Münch, FamRZ 2005, 570.

der Gesellschafter der Gesellschaft zumindest keine neuen Mittel zur Verfügung stellen bzw. bereits gewährte Mittel wieder abziehen.

- **Belastung des Gesellschafters:** Ein Scheidungsverfahren belastet die meisten Gesellschafter nicht nur finanziell, sondern auch persönlich, emotional und zeitlich, was sich insb. bei Gesellschafter-Geschäftsführern nachteilig auswirken kann.
- **Publizität:** Das Scheidungsverfahren führt möglicherweise zur unfreiwilligen Offenlegung von Informationen über das Unternehmen, insb. bei der Berechnung eines Zugewinnausgleichs oder von Unterhaltsansprüchen. Gerade im deutschen Mittelstand, wo selbst der gesetzlichen Verpflichtung zur Offenlegung von Jahresabschlüssen nur zurückhaltend entsprochen wird, sollten auch die Folgen einer möglichen Medienberichterstattung über eine Scheidung berücksichtigt werden. Zudem kann mit der Publizität eines Scheidungsverfahrens ein nicht unerhebliches „Erpressungspotenzial" verbunden sein.

Die Scheidung eines Gesellschafters kann für die Gesellschaft und die Mitgesellschafter somit durchaus mit **erheblichen Nachteilen** verbunden sein. Die Gesellschafter sollten daher bereits im Gesellschaftsvertrag zum Abschluss eines entsprechenden Ehevertrags verpflichtet werden. 188

b) Zulässigkeit einer Güterstandsklausel

Die rechtliche Zulässigkeit von Güterstandsklauseln in Gesellschaftsverträgen ist höchstrichterlich noch nicht abschließend geklärt. Im älteren Schrifttum ist man stets davon ausgegangen, dass Güterstandsklauseln im Interesse der Gesellschaft notwendig und daher auch rechtlich zulässig sind.[139] Im neueren Schrifttum finden sich zunehmend auch kritische Stellungnahmen.[140] Noch nicht abzusehen ist, welche Auswirkungen die neuere Rspr. des BGH zur Inhaltskontrolle von Eheverträgen auf Güterstandsklauseln in Gesellschaftsverträgen hat.[141] 189

Grds. ist davon auszugehen, dass zwischen der gerichtlichen Inhaltskontrolle von Eheverträgen und der Wirksamkeit von Güterstandsklauseln in Gesellschaftsverträgen **kein rechtlicher Zusammenhang** besteht. Die Güterstandsklausel ist insb. nicht ursächlich dafür, dass ein Ehevertrag im Einzelfall einer gerichtlichen Inhaltskontrolle nicht standhält. Denn die Güterstandsklausel ist im Regelfall nicht so ausgestaltet, dass der Gesellschafter-Ehegatte ihr nur durch Abschluss eines unwirksamen Ehevertrags Rechnung tragen kann. Vielmehr gibt die Güterstandsklausel meist nur einen bestimmten Rahmen vor, innerhalb dessen der Gesellschafter mit seinem Ehegatten einen Ehevertrag abschließen kann. Der Gesellschaftsvertrag wird bspw. vorsehen, dass die Gesellschaftsbeteiligung bei der Berechnung des Zugewinnausgleichs außer Betracht bleiben muss. Allerdings wird er dem Gesellschafter nicht vorschreiben, dass diese Beschränkung des Zugewinnausgleichs ohne jeden finanziellen Ausgleich oder in sonst einseitig belastender Weise erfolgen muss. 190

Die Güterstandsklausel ist zudem **sachlich gerechtfertigt**, da der Ausschluss einer Gesellschaftsbeteiligung aus dem Zugewinnausgleich dem berechtigten Interesse am langfristigen Erhalt des Unternehmens Rechnung trägt. Dies hat auch die neuere Rspr. wiederholt anerkannt.[142] Im Regelfall bezieht sich die

---

[139] Siehe etwa Boesebeck, DB 1958, 1147, 1149; Fasselt, DB 1982, 939; Model, GmbHR 1958, 82, 86; Sichtermann, BB 1959, 349.

[140] Haegele, GmbHR 1966, 24, 31 (Ehevertragsklausel greift in die private Sphäre des Gesellschafters ein und kann im Einzelfall gegen die guten Sitten verstoßen); Meincke, DStR 1991, 515, 517; DStR 1986, 135, 137 (Ehevertragsklausel problematisch, da sie nicht auf einen angemessenen Interessenausgleich unter den Ehegatten Rücksicht nimmt); Limmer, Wprax 1995, 42, 44 (Pflicht zur Vereinbarung der Gütertrennung problematisch).

[141] Ausführlich dazu Gassen, RNotZ 2004, 423.

[142] Grundlegend BGH, FamRZ 1997, 800 („Ist einer der Ehegatten Unternehmer, wird ein künftiger gegen ihn bestehender Zugewinnausgleichsanspruch typischerweise durch die Ertragskraft und Wertsteigerung des vom Ausgleichsschuldner betriebenen Unternehmens geprägt. Dieser Anspruch kann häufig nur aus der Substanz des Unternehmens befriedigt werden und gefährdet nicht selten dessen Liquidität und Fortbestand. Damit können auch schutzwürdige Interessen Dritter, z.B. von Mitgesellschaftern oder Arbeitnehmern, nachhaltig betroffen werden."). Auch verschiedene OLG haben jüngst bestätigt, dass der Ausschluss des Zugewinns bei unternehmerischem Vermögen sachlich gerechtfertigt ist. Siehe etwa OLG Hamm, FamRZ 2006, 1034 mit Anm. Bergschneider; OLG Hamm, FamRZ 2006, 337 und OLG Frankfurt, FamRZ 2006, 339 = MittBayNot 2006, 151.

Güterstandsklausel zudem nur auf den Güterstand des Gesellschafter-Ehegatten und nicht auch auf den nachehelichen Unterhalt oder den Versorgungsausgleich. Der Zugewinnausgleich gehört nach der Rspr. des BGH aber gerade nicht zum unmittelbaren „Kernbereich des Scheidungsfolgenrechts" und ist daher in weitem Umfang einer vertraglichen Regelung zulässig. Schließlich kann die Güterstandsklausel ihr Ziel nur dann erreichen, wenn es zum Abschluss eines **wirksamen und ausgewogenen Ehevertrags** kommt. Ein Ehevertrag, der ganz oder teilweise unwirksam ist oder wird, schützt die Gesellschaft nicht vor den nachteiligen Folgen einer Ehescheidung.

191 Insgesamt ist daher davon auszugehen, dass Güterstandsklauseln **grds. wirksam** sind, da sie die Eheschließungsfreiheit nur geringfügig beeinträchtigen und mit ihnen berechtigte Interessen verfolgt werden. Gleichwohl kommt es stets auf die konkrete Ausgestaltung der Güterstandsklausel und die sonstigen Umstände des Einzelfalls an. Im Interesse einer vorsorgenden Vertragsgestaltung sollte daher nach Möglichkeit auf eine ausgewogene Gestaltung von Güterstandsklauseln geachtet werden. Aus Gründen der Transparenz kann es zudem sinnvoll sein, im Gesellschaftsvertrag eine **gesonderte Güterstandsklausel** vorzusehen und diese nicht mit der allgemeinen Klausel über den Ausschluss von Gesellschaftern zu verbinden.

c) Ausgestaltung einer Güterstandsklausel

192 Eine Güterstandsklausel sollte den Gesellschaftern so wenig inhaltliche Vorgaben wie möglich machen. Unter **Berücksichtigung der berechtigten Interessen** der Gesellschaft und der Mitgesellschafter erscheint es dabei regelmäßig ausreichend, dass die Beteiligung an der Gesellschaft im Fall einer Scheidung keinen Ansprüchen Dritter unterliegt. Problematisch ist es daher, wenn ein Gesellschaftsvertrag den Gesellschafter dazu verpflichtet,

- den Güterstand der Gütertrennung abzuschließen und eine Modifizierung der Zugewinngemeinschaft nicht als ausreichend ansieht,
- einen vollständigen Ausschluss des Zugewinns verlangt und eine Herausnahme der Gesellschaftsbeteiligung aus dem Zugewinn nicht genügen lässt,
- einen Ehevertrag abzuschließen, bei dem die Interessen des anderen Ehegatten nicht in angemessener Weise berücksichtigt werden.

Darüber hinaus kann der Gesellschafter-Ehegatte auch ein **berechtigtes Interesse** daran haben, dass die Gewinne der Gesellschaft für die Berechnung von Unterhaltsansprüchen nicht oder nicht vollständig offen gelegt werden müssen. Allerdings rechtfertigt dies nicht, von einem Gesellschafter einen vollständigen Verzicht auf nachehelichen Unterhalt zu verlangen.

193 Umgekehrt ist es **nicht ausreichend**, dass der Gesellschaftsvertrag nur vorsieht, dass der Gesellschaftsanteil des Gesellschafters in keiner Weise einem etwaigen Zugewinnausgleich unterliegt. Vielmehr muss die Güterstandsklausel die Gesellschafter dazu verpflichten, auch alle sonstigen Vermögenswerte, die der Gesellschaft unmittelbar oder mittelbar dienen, aus dem Zugewinn auszuschließen. Dies gilt insb. für das gesamte Sonderbetriebsvermögen des Gesellschafters einer GmbH & Co. KG (z.B. Grundstücke, Gesellschafterdarlehen, Beteiligung an der Komplemetär-GmbH) und die sonstigen Rechte und Ansprüche des Gesellschafters, die zwar wirtschaftlich, nicht aber rechtlich zur Gesellschaftsbeteiligung gehören (z.B. Ansprüche auf bereits festgestellte Gewinne, Aufwendungsersatzansprüche gegen die Gesellschaft).

d) Form

194 Eheverträge bedürfen zu ihrer Wirksamkeit der notariellen Beurkundung (§ 1410 BGB). Umstritten ist, ob die Güterstandsklausel im Gesellschaftsvertrag dazu führt, dass der Gesellschaftsvertrag der Beurkundung bedarf. Bei der Komplementär-GmbH ist die Frage ohne praktische Relevanz, da der Gesellschaftsvertrag ohnehin stets beurkundet werden muss (§ 2 GmbHG). Bei der GmbH & Co. KG führt die Aufnahme einer Güterstandsklausel in den Gesellschaftsvertrag nach ganz herrschender Auffassung zur **Beurkundungs-**

pflicht. Dies wird damit begründet, dass der Gesellschafter bei Abschluss des KG-Vertrags bereits eine mittelbare Bindung eingeht und ihm im Fall einer Pflichtverletzung wirtschaftliche Nachteile drohen.[143]

e) Sanktionen bei Verstoß gegen die Güterstandsklausel

Die meisten Gesellschaftsverträge sehen vor, dass ein Verstoß gegen die Verpflichtung zum Abschluss eines Ehevertrags einen wichtigen Grund darstellt, der den Ausschluss eines Gesellschafters rechtfertigt. Im Hinblick auf den verfassungsrechtlichen Grundsatz der Verhältnismäßigkeit erscheint im Regelfall aber ein **abgestuftes Vorgehen** als vorzugswürdig:

- **Nachfrist:** Sofern der Gesellschafter den Abschluss eines entsprechenden Ehevertrags nicht nachweist, sollte ihm nochmals eine Nachfrist gesetzt werden. Dabei sollte er auch auf mögliche Sanktionen hingewiesen werden.
- **Beschluss der Gesellschafterversammlung:** Die Sanktionen sollten nicht automatisch (z.B. mit Fristablauf) eingreifen. Vielmehr sollte die Gesellschafterversammlung durch Beschluss über die Sanktionen beschließen.
- **Rechtliches Gehör:** Dem betroffenen Gesellschafter sollte in der Gesellschafterversammlung nochmals die Möglichkeit zur persönlichen Stellungnahme gewährt werden.
- **Mehrheitserfordernis:** Für den Beschluss der Gesellschafterversammlung sollte eine qualifizierte Mehrheit, unter Umständen sogar Einstimmigkeit aller anderen Gesellschafter, vorgesehen werden.
- **Differenzierte Sanktionen:** Die Sanktion sollte nicht schematisch in dem Ausschluss des Gesellschafters aus der Gesellschaft bestehen. Vielmehr sollten auch andere Sanktionsmöglichkeiten (z.B. Ruhen des Stimmrechts oder Verpflichtung, die Gewinne in eine Rücklage einzustellen) als mildere Mittel vorgesehen werden. Über die konkrete Sanktion sollte die Gesellschafterversammlung unter Berücksichtigung aller Umstände des jeweiligen Einzelfalls entscheiden.

Ein solches Vorgehen trägt nicht nur den berechtigten Interessen des Gesellschafters, der gegen eine Güterstandsklausel verstößt, angemessen Rechnung, sondern wird vielfach auch aus Sicht der Gesellschaft **zweckmäßig** sein. Denn bei einem Gesellschafter, der (z.B. aufgrund seiner besonderen Kenntnisse oder Erfahrungen) für die Gesellschaft von entscheidender Bedeutung ist, wird ein Ausschluss faktisch kaum in Betracht kommen. In einem solchen Fall sind nur andere Sanktionen praktikabel und effektiv. Der Ausschluss eines Gesellschafters kann im Übrigen auch daran scheitern, dass die Gesellschaft die dann fällig werdende Abfindung – trotz Abfindungsbeschränkung im Gesellschaftsvertrag – nicht bezahlen kann.

Wird ein Gesellschafter im Einzelfall gleichwohl aus der Gesellschaft **ausgeschlossen**, weil er seiner Verpflichtung zum Abschluss eines entsprechenden Ehevertrags nicht nachgekommen ist, erhält er eine **Abfindung**. Die Abfindung richtet sich grds. nach dem tatsächlichen Wert der Gesellschaftsbeteiligung (§ 738 BGB). Der Gesellschaftsvertrag kann aber Art und Höhe der Abfindung, die Berechnungsmodalitäten und die Auszahlung im Einzelnen regeln. Noch nicht abschließend geklärt ist, ob und inwieweit die Höhe der Abfindung durch den Gesellschaftsvertrag reduziert werden kann.[144] Sicher ist nur, dass ein vollständiger Ausschluss der Abfindung unzulässig ist. Im Übrigen kommt es auf alle Umstände des Einzelfalls an. Dabei kommt dem Anlass des Ausscheidens besondere Bedeutung zu. Der Gesellschafter hat zwar gegen die Güterstandsklausel im Gesellschaftsvertrag verstoßen, doch ist ihm dies unter Umständen nicht oder nur eingeschränkt vorwerfbar. Geht man davon aus, dass der Gesellschafter-Ehegatte keinen unzulässigen Druck auf den anderen Ehegatten ausüben soll (und darf), kann das Nicht-Zustandekommen des Ehevertrags auch auf dem Verhalten des anderen Ehegatten beruhen. Eine erhebliche Beschränkung

---

143 MünchKomm-BGB/Kanzleiter, § 1410 Rn. 3; Riegger/Götze, in: Münchener Handbuch des Gesellschaftsrechts, Bd. 2, Abschnitt III. 4. Anm. 13, S. 274 f.
144 Zur Zulässigkeit von Abfindungsklauseln siehe zuletzt etwa BGH, DB 2006, 999 = ZIP 2006, 851 = DStR 2006, 1005 = NZG 2006, 425 = DNotZ 2006, 707 (Unwirksamkeit einer Ertragswertklausel, wenn der Ertragswert den Liquidationswert erheblich übersteigt); allgemein dazu etwa Hess, NZG 2001, 648; Baumbach/Hopt/Hopt, HGB, § 131 Rn. 58 ff.; Hülsmann, NJW 2002, 1673; Lange, NZG 2001, 635; Ebenroth/Boujong/Joost/Lorz, HGB, § 131 Rn. 112 ff.; MünchKomm-HGB/K. Schmidt, § 131 Rn. 148 ff.

der Abfindung könnte zudem eine Beeinträchtigung der Eheschließungsfreiheit darstellen, die im Hinblick auf den verfassungsrechtlichen Schutz der Ehe problematisch sein könnte.

197 Gleichwohl erscheint eine gewisse **Beschränkung der Abfindung notwendig** und sachgerecht. Der tatsächliche Wert der Gesellschaftsbeteiligung ist in der Praxis nur schwer zu ermitteln. Zudem würde angesichts der geringen Eigenkapitalausstattung vieler deutscher Unternehmen eine Abfindung zum vollen Verkehrswert den Bestand des Unternehmens gefährden und nicht sichern. Schließlich erscheint es legitim, dass die Gesellschafter die Einhaltung der vertraglich eingegangenen Verpflichtungen auch von gewissen finanziellen Anreizen abhängig machen. Abschläge vom tatsächlichen Wert der Gesellschaftsbeteiligung sollten gleichwohl nur zurückhaltend vorgenommen werden. Die Rspr. gibt keine genauen Grenzwerte vor, sondern nimmt stets eine **Einzelfallbetrachtung** vor. Eine Abfindung i.H.v. ca. 75 % des tatsächlichen Verkehrswerts sollte nach Möglichkeit als Untergrenze eingehalten werden. Eine weitergehende Beschränkung der Abfindung erscheint nur dann zulässig, wenn der Gesellschafter vorsätzlich gegen eine Güterstandsklausel verstoßen hat. Dies wird man bspw. annehmen können, wenn ein Gesellschafter nach Aufforderung durch die Gesellschaft einen entsprechenden Ehevertrag vorlegt und diesen im unmittelbaren Anschluss (heimlich) wieder aufhebt. Hier wird die Gesellschaft bewusst getäuscht, da ihr die spätere Aufhebung des Ehevertrags gerade verborgen bleiben soll.

198 **Formulierungsbeispiel: Güterstandsklausel – Gesellschaftsvertrag GmbH & Co. KG**

(1) Jeder Gesellschafter ist verpflichtet, die Gesellschaft über seinen jeweiligen Güterstand und etwaige spätere Änderungen unverzüglich schriftlich zu informieren.

(2) Im Interesse des langfristigen Fortbestands der Gesellschaft verpflichten sich alle verheirateten Gesellschafter, mit ihrem Ehegatten einen wirksamen Ehevertrag abzuschließen und auf diese Weise sicherzustellen, dass

(a) die Beteiligung an der Gesellschaft, einschließlich aller dazu gehörenden Nebenrechte, Guthaben und Ansprüche, im Fall einer Scheidung der Ehe in keiner Weise einem Zugewinnausgleich und auch keinen sonstigen eherechtlichen Ansprüchen unterliegt und

(b) der jeweilige Gesellschafter über die Beteiligung an der Gesellschaft stets allein verwaltungs- und verfügungsbefugt ist.

(3) Bei Abschluss des Ehevertrags wird jeder Gesellschafter die berechtigten Interessen seines Ehegatten angemessen berücksichtigen und sicherstellen, dass der Ehevertrag in einem fairen und transparenten Verfahren zustande kommt. Die Gesellschafter werden die von ihnen abgeschlossenen Eheverträge an veränderte Umstände anpassen, um ihre dauerhafte Wirksamkeit zu gewährleisten.

(4) Zum Schutz der Gesellschaft vor einer ungewollten Öffentlichkeit soll in dem Ehevertrag vereinbart werden, dass alle Informationen (insb., aber nicht nur unternehmensinterne Zahlen) gegenüber jedermann stets absolut vertraulich zu behandeln sind. Die Vereinbarung soll nach Möglichkeit durch eine angemessene Vertragsstrafe gesichert werden. Ferner soll für alle vermögensrechtlichen Streitigkeiten aus der Ehe die Zuständigkeit eines Schiedsgerichts vereinbart werden, bei dem die Öffentlichkeit ausgeschlossen ist.

(5) Die vorstehende Verpflichtung gilt sinngemäß für Gesellschafter, die mit einem Partner gleichen oder verschiedenen Geschlechts in einer Ehe oder einer sonstigen Lebenspartnerschaft nach in- oder ausländischem Recht zusammen leben, entsprechend.

(6) Jeder Gesellschafter ist verpflichtet, der Gesellschaft die Einhaltung der vorstehenden Verpflichtung nach schriftlicher Aufforderung unverzüglich, spätestens aber nach Ablauf von zwölf Monaten, nachzuweisen. Als Nachweis gilt insb. die Vorlage einer beglaubigten Abschrift des Ehevertrags. Auf begründeten Antrag des Gesellschafters ist die Frist um weitere sechs Monate zu verlängern.

(7) Kommt ein Gesellschafter dieser Verpflichtung gleichwohl nicht nach, entscheidet die Gesellschafterversammlung mit einer Mehrheit von 75 % der abgegeben Stimmen über die im Einzelfall geeigneten Sanktionen. Dem betroffenen Gesellschafter steht dabei kein Stimmrecht zu. Die Gesellschafterversammlung soll vor einer Beschlussfassung dem betroffenen Gesellschafter in jedem Fall nochmals die Möglichkeit zu einer Stellungnahme geben.

(8) Die Gesellschafterversammlung hat bei ihrer Entscheidung insb. die Art und Schwere der konkreten Pflichtverletzung und die Ursachen für die Pflichtverletzung zu berücksichtigen. Im Einzelfall kann ein Gesellschafter auch aus der Gesellschaft ausgeschlossen werden. In diesem Fall erhält er eine Abfindung nach Maßgabe dieses Gesellschaftsvertrags. Die Abfindung ist spätestens innerhalb von drei Monaten nach dem Wirksamwerden des Ausscheidens zur Zahlung fällig.

15. Erbfolge[145]

a) Tod des persönlich haftenden Gesellschafters

Bei der typischen GmbH & Co. KG ist die Komplementär-GmbH der **einzige persönlich haftende Gesellschafter**. Die GmbH ist als juristische Person unsterblich, so dass es insoweit keiner Nachfolgeregelung bedarf. Dies gilt aber nur für die Nachfolge in die Stellung des persönlich haftenden Gesellschafters und nicht auch für die Anteile an der Komplementär-GmbH. Die Erbfolge im Hinblick auf diese Anteile muss in einer Verfügung von Todes wegen gesondert geregelt werden, die sowohl mit der Satzung der Komplementär-GmbH als auch mit der Nachfolge in die Kommanditgesellschaftsanteile abgestimmt werden muss.[146]

199

Im Unterschied zur KG – mit einer natürlichen Person als persönlich haftendem Gesellschafter – kann es bei einer GmbH & Co. KG nie dazu kommen, dass der **letzte bzw. einzige Komplementär wegfällt** (z.B. weil die Erben die Rechtsstellung nach § 139 HGB in die eines Kommanditisten umwandeln) und die Gesellschaft aufgelöst wird. Aus diesem Grund wird vielfach bereits zu Lebzeiten neben dem potenziellen Erblasser eine GmbH als weitere persönlich haftende Gesellschafterin in die KG aufgenommen (sog. Reserve-GmbH).

Im Fall des **Todes eines persönlich haftenden Gesellschafters** einer KG gelten im Übrigen dieselben Grundsätze wie für den Tod eines Gesellschafters einer OHG. Nach der gesetzlichen Regelung führt der Tod eines persönlich haftenden Gesellschafters nicht zur Auflösung der Gesellschaft. Der verstorbene Gesellschafter scheidet vielmehr aus der Gesellschaft aus und die Gesellschaft wird mit den verbleibenden Gesellschaftern fortgesetzt (§ 131 Abs. 3 Satz 1 Nr. 1 HGB). Den Erben des Gesellschafters steht ein schuldrechtlicher Anspruch auf Abfindung i.H.d. vollen Verkehrswerts der Beteiligung (§ 105 Abs. 3 HGB i.V.m. § 738 Abs. 1 Satz 2 BGB) zu. Dies kann den Fortbestand der Gesellschaft unter Umständen gefährden.[147] Der Gesellschaftsvertrag wird die Höhe der Abfindung daher regelmäßig beschränken und die Modalitäten der Auszahlung (z.B. Stundung, Verzinsung, Sicherleistung, Sachwertabfindung) näher regeln.

200

Neben der Abfindung kann der Gesellschaftsvertrag die **Vererbung der Gesellschaftsanteile** auch im Weiteren beliebig regeln. Die Gesellschafter können die Anteile der persönlich haftenden Gesellschafter insb. vererblich stellen, so dass diese auf alle Erben (einfache Nachfolgeklausel) oder einzelne Erben (qualifizierte Nachfolgeklausel) übergehen. Die Nachfolgefolgeregelung muss nicht unbedingt für alle

---

145 Ausführlich zur Nachfolge bei der GmbH & Co. KG: Göz, NZG 2004, 245; Levedag, in: Münchener Handbuch des Gesellschaftsrechts, Bd. 2, §§ 59 und 60; Ivo, ZEV 2006, 302; Frhr. v. Rechenberg, GmbHR 2005, 386; Reymann, ZEV 2006, 307; Stollenwerk, GmbH-StB 2006, 136; ferner Teil 2: Gesellschaftsrecht, 9. Kapitel.

146 Zur Notwendigkeit der Verzahnung der Gesellschaftsverträge von GmbH und GmbH & Co. KG für den Erbfall siehe bereits oben Rn. 11 ff.

147 Zur Kritik an der Neuregelung durch das Handelsrechtsreformgesetz siehe Gustavus, GmbHR 1998, 17, 20; Lamprecht, ZIP 1997, 919, 920 f.; Marotzke, ZEV 1997, 389, 390; Priester, DNotZ 1998, 691, 704 f.; K. Schmidt, NJW 1998, 2161, 2166; K. Schmidt, DB 1998, 61, 64.

Gesellschafter einheitlich sein. Vielmehr kann die Nachfolge für die einzelnen Gesellschafter oder Gesellschaftergruppen unterschiedlich geregelt werden.[148]

b) Tod eines Kommanditisten
aa) Gesetzliches Regelungsmodell

201 Beim Tod eines Kommanditisten wird die Gesellschaft mit den Erben fortgesetzt (§ 177 HGB). Die gesetzliche Regelung entspricht der **einfachen Nachfolgeklausel**. Der Gesellschaftsanteil des Kommanditisten ist grds. vererblich. Der Gesellschaftsvertrag kann die Vererblichkeit des Kommanditistenanteils aber beschränken oder ganz ausschließen. Für die Erbfolge in Anteile von persönlich haftenden Gesellschaftern und Kommanditisten besteht somit ein spiegelbildliches Regel-Ausnahmeverhältnis:

- **Persönlich haftende Gesellschafter:** Anteile von persönlich haftenden Gesellschaftern sind kraft Gesetzes nicht vererblich, können durch eine Vereinbarung im Gesellschaftsvertrag (z.B. eine einfache oder qualifizierte Nachfolgeklausel) aber vererblich gestellt werden. Der Gesetzgeber geht offensichtlich davon aus, dass sich die persönlich haftenden Gesellschafter aufgrund ihrer persönlichen Verbundenheit zusammengeschlossen haben und vertrauensvoll zusammenarbeiten. In diese homogene Gemeinschaft sollen demnach auch im Erbfall keine fremden Personen eindringen.

- **Kommanditisten:** Die Anteile eines Kommanditisten sind kraft Gesetzes vererblich. Die Vererblichkeit kann durch den Gesellschaftsvertrag aber ausgeschlossen oder eingeschränkt werden. Nach der Vorstellung des Gesetzgebers ist der Kommanditist typischerweise rein kapitalmäßig an der Gesellschaft beteiligt, so dass dem Gedanken der persönlichen Verbundenheit unter den Gesellschaftern geringere Bedeutung zukommt.

202 Mit dem **Tod des Kommanditisten** geht dessen Gesellschafterstellung mit allen Rechten und Pflichten, sofern sie nicht höchstpersönlicher Natur waren, auf den oder die Erben über. Dies gilt auch für eine etwa noch ausstehende Hafteinlage des Erblassers. Der Erbe kann die Verpflichtung zur Leistung der Einlage nur dadurch vermeiden, dass er die Erbschaft insgesamt ausschlägt. Ein Recht, aus der Gesellschaft auszuscheiden (siehe § 139 HGB), steht ihm nicht zu.

203 Bei **mehreren Erben** geht der Kommanditanteil nicht auf die Erbengemeinschaft, sondern im Wege der Sondererbfolge unmittelbar auf die einzelnen Erben entsprechend ihrer Erbquote über.[149]

204 **Minderjährige Erben** bedürfen für den Erwerb des Kommanditanteils im Wege der Erbfolge keiner Genehmigung des Familien- bzw. Vormundschaftsgerichts. Hat der Erblasser die Hafteinlage voll erbracht und ist sie auch nicht an ihn zurückbezahlt worden, steht dem Erben bei Erreichen der Volljährigkeit kein Sonderkündigungsrecht zu (siehe §§ 161 Abs. 2, 105 Abs. 3 HGB und § 723 Abs. 1 Satz 3 Nr. 2 BGB). Dies gilt nach überwiegender Auffassung auch dann, wenn die Hafteinlage noch nicht vollständig erbracht bzw. wieder zurückbezahlt worden ist.[150]

> **Hinweis:**
> Erblasser, die minderjährige Personen als Erben einsetzen wollen, sollten die Hafteinlage stets in voller Höhe einzahlen und nicht an sich zurückbezahlen, um ein Sonderkündigungsrecht rechtssicher auszuschließen.

205 Das Ausscheiden des Erblassers und der Übergang seiner Beteiligung auf seine Erben ist durch alle Gesellschafter und Erben zur Eintragung in das **Handelsregister** anzumelden (§§ 162 Abs. 3, 161 Abs. 2,

---

148 Ausführlich zum Ganzen: Klein, in: Münchener Handbuch des Gesellschaftsrechts, §§ 40 ff.; Ebenroth/Boujong/Joost/Lorz, HGB, § 131 Rn. 40 ff. und § 139 Rn. 1 ff.; MünchKomm-HGB/K. Schmidt, § 131 Rn. 61 ff. und § 139 Rn. 1 ff.
149 BGH, NJW 1983, 2376; KG, ZEV 2001, 72 = DNotZ 2001, 408.
150 Habersack, FamRZ 1999, 1, 2; Reimann, DNotZ 1999, 179, 181; a.A. allerdings: Christmann, ZEV 2000, 45, 47.

143 Abs. 2 und 3, 107 HGB). Bei mehreren Erben ist die Aufteilung der Hafteinlage auf die einzelnen Erben anzumelden und einzutragen. Das Ausscheiden eines verstorbenen Kommanditisten und der Eintritt seiner Erben in die Gesellschaft sind auch dann zur Eintragung in das Handelsregister anzumelden, wenn der Kommanditanteil anschließend auf eine andere Person (z.B. einen Miterben) übertragen wird. Ein Verzicht auf die Zwischeneintragung des Erben ist anders als im Grundbuch (siehe § 40 GBO) nicht möglich.[151] War der Erbe bereits vor Eintritt des Erbfalls Kommanditist, ist die Erhöhung der Hafteinlage einzutragen. Die Rechtsnachfolge ist grds. durch Vorlage der Ausfertigung eines Erbscheins nachzuweisen.[152]

206 Für Verbindlichkeiten, die **vor der Eintragung des Kommanditisten im Handelsregister** entstanden sind, haftet dieser persönlich, wenn der Erblasser im Zeitpunkt des Erbfalls nicht bzw. noch nicht als Kommanditist eingetragen war (§ 176 Abs. 2 HGB). War der Erblasser dagegen als Kommanditist eingetragen und hat der Erbe die Eintragung der Rechtsnachfolge im Handelsregister unverzüglich beantragt, kommt eine persönliche Haftung nicht in Betracht.[153] Die Eintragung der Erben als Kommanditisten sollte daher unverzüglich zur Eintragung in das Handelsregister angemeldet werden. Die Rechtsnachfolge sollte dabei aus der Handelsregistereintragung deutlich werden.

207 Ist der Erbe eines Kommanditisten bereits **vor dem Erbfall** Gesellschafter, ist nach seiner Gesellschafterstellung zu unterscheiden:

- Ist der Erbe bereits Kommanditist, vereinigen sich beide Anteile zu einem einheitlichen Anteil, sofern sie mit denselben Rechten und Pflichten ausgestattet sind. Eine Vereinigung ist bspw. nicht möglich, wenn der ererbte Anteil durch die Anordnung der Nacherbfolge oder der Testamentsvollstreckung belastet ist.
- War der Erbe bislang persönlich haftender Gesellschafter, bleibt er dies auch weiterhin. Das im Handelsregister eingetragene Haftkapital der Kommanditisten ist entsprechend herabzusetzen. Im Verhältnis zu den Mitgesellschaftern können die beiden Beteiligungen getrennt voneinander behandelt werden.

bb) Vertragliche Gestaltungsmöglichkeiten
(1) Einfache Nachfolgeklausel

208 Nach der gesetzlichen Regelung geht der Anteil eines Kommanditisten im Erbfall auf den oder die Erben über. Dies entspricht der **einfachen Nachfolgeklausel**.

Zu den nachfolgeberechtigten Erben gehören auch **Ersatzerben** und **Vorerben**, nicht aber Vermächtnisnehmer. Eine abweichende Regelung ist möglich, so dass auch Vermächtnisnehmer nachfolgeberechtigt sein können. Bei Vermächtnisnehmern erfolgt allerdings kein unmittelbarer Rechtsübergang. Vielmehr muss der Gesellschaftsanteil nach Eintritt des Erbfalls erst auf den Vermächtnisnehmer übertragen werden.

209 **Formulierungsbeispiel: Einfache Nachfolgeklausel – Gesellschaftsvertrag GmbH & Co. KG**

(1) Beim Tod eines Kommanditisten wird die Gesellschaft mit dessen Erben fortgesetzt. Alle Rechte und Pflichten des verstorbenen Kommanditisten gehen auf dessen Erben über, sofern sie nicht höchstpersönlicher Natur waren.

(2) Die vorstehende Regelung gilt entsprechend für die Nachfolge durch Vermächtnisnehmer.

---

151 Siehe KG, ZEV 2001, 72 = DNotZ 2001, 408.
152 Siehe dazu KG, DB 2003, 876 = NZG 2003, 122; KG, DB 2000, 2011 = ZEV 2001, 72; OLG Köln, FamRZ 2005, 640 = DNotZ 2005, 555.
153 Die Einzelheiten sind allerdings höchstrichterlich noch nicht abschließend geklärt. Siehe zum Streitstand Baumbach/Hopt/Hopt, HGB, § 176 Rn. 12; Ebenroth/Boujong/Joost/Strohn, HGB, § 176 Rn. 25 ff.; MünchKomm-HGB/K. Schmidt, § 176 Rn. 22.

210 Die einfache Nachfolgeklausel hat den **Vorteil**, dass sie einen Konflikt zwischen erbrechtlicher und gesellschaftsvertraglicher Nachfolgeregelung weitgehend ausschließt und daher wenig störanfällig ist. Die Beteiligung aller Erben an der (meist wertvollen) Gesellschaftsbeteiligung wird in vielen Fällen auch den subjektiven Gerechtigkeitsvorstellungen des Erblassers entsprechen und von ihm als Beitrag zur Sicherung des Familienfriedens angesehen werden. Aus Sicht des jeweiligen Erblassers ist die einfache Nachfolgeklausel insoweit attraktiv, als er in diesem Fall die Nachfolge nach seinen eigenen Vorstellungen gestalten kann und auf die Interessen seiner Mitgesellschafter keinerlei Rücksicht nehmen muss.

Die große Gestaltungsfreiheit des Erblassers kann sich aber auch als **Nachteil** erweisen. Bei der einfachen Nachfolgeklausel haben die Mitgesellschafter auf die Auswahl des Nachfolgers und dessen persönliche und fachliche Qualifikation keinerlei Einfluss. Bei einem Übergang des Kommanditanteils auf mehrere Erben kann es zumindest nach mehreren Erbfolgen zu einer Zersplitterung des Anteils kommen. Eine große Zahl von Gesellschaftern mit möglicherweise unterschiedlichen Interessen kann für die Fortführung der Gesellschaft eine Belastung darstellen.

211 Die einfache Nachfolgeklausel gilt zwar bereits kraft Gesetzes. Eine entsprechende Regelung im Gesellschaftsvertrag erscheint gleichwohl zweckmäßig, um den Gesellschaftern die Folgen eines Erbfalls deutlich zu machen.

(2) Qualifizierte Nachfolgeklausel

212 Bei der **qualifizierten Nachfolgeklausel** bestimmt der Gesellschaftsvertrag, dass nicht alle Erben, sondern nur einzelne oder einer von ihnen in die Gesellschafterstellung einrücken.[154] Der Gesellschaftsvertrag kann den Kreis der nachfolgeberechtigten Personen grds. in beliebiger Weise einschränken. Möglich sind etwa **folgende Regelungen**:

- namentliche Bezeichnung der Nachfolger,
- Zugehörigkeit zu einer bestimmten Personengruppe (z.B. einer Familie oder dem Kreis der Gesellschafter),
- bestimmtes Verwandtschaftsverhältnis zum Erblasser (z.B. Ehegatten, Lebenspartner, Abkömmlinge – z.B. eheliche, außereheliche, nicht eheliche, leibliche oder angenommene Kinder),
- Kreis der gesetzlichen Erben,
- Alter im Zeitpunkt des Erbfalls (z.B. Mindestalter oder Höchstalter),
- Geschlecht,
- berufliche Ausbildung und Qualifikation.

Die für die Nachfolge maßgeblichen Kriterien dürfen allerdings nicht gegen gesetzliche Vorschriften verstoßen oder **sittenwidrig** sein.

213 Der Gesellschaftsanteil geht dann im Wege der **Sonderrechtsnachfolge** unmittelbar und im Ganzen auf den qualifizierten Erben über. Die übrigen Erben werden nicht Gesellschafter, sondern erlangen lediglich einen schuldrechtlichen Ausgleichsanspruch gegen den nachfolgeberechtigten Erwerber. Der qualifizierte Nachfolger erwirbt den Anteil aufgrund einer quasi dinglich wirkenden Teilungsanordnung automatisch mit dem Erbfall. Am übrigen Nachlass ist der qualifizierte Erbe nur entsprechend seiner Erbquote beteiligt.[155]

Die qualifizierten Nachfolger erwerben aufgrund der **gesellschaftsvertraglichen Nachfolgeregelung** mehr als ihnen erbrechtlich zustehen würde. Den nicht qualifizierten Erben steht dementsprechend ein schuldrechtlicher Ausgleichsanspruch zu. Für die Höhe des Wertausgleichs ist der tatsächliche Verkehrswert der Gesellschaftsbeteiligung maßgebend. Bei dem Anspruch handelt es sich um einen erbrechtlichen

---

154 Ausführlich zur qualifizierten Nachfolgeklausel und den damit verbundenen Problemen: Hübner, ZErb 2004, 34; Koblenzer/Groß, ErbStB 2003, 367; Reimann, ZEV 2002, 487.

155 Grundlegend BGH, BGHZ 68, 225 = NJW 1977, 1339; anders insoweit noch BGHZ 22, 186 = NJW 1957, 180.

Ausgleich und nicht um eine gesellschaftsrechtliche Abfindung, so dass etwaige **Abfindungsklauseln** im Gesellschaftsvertrag für die Bestimmung der Höhe des Ausgleichsanspruchs ohne Bedeutung sind. Der Erblasser kann Art, Höhe und Fälligkeit des Ausgleichsanspruchs im Testament regeln (z.B. Verfahren zur Ermittlung des Unternehmenswerts, Bewertungsabschläge, Stundungsregelung). Dabei gilt es insb. auch den mit der Beteiligung verbundenen unternehmerischen Risiken, etwaigen Steuerlasten, der Liquiditätssituation des Unternehmensnachfolgers und der Eigenkapitalausstattung des Unternehmens angemessen Rechnung zu tragen.

Bei der qualifizierten Nachfolgeklausel muss die Person, die nach dem Gesellschaftsvertrag zur Nachfolge berechtigt ist, auch **tatsächlich gesetzlicher oder testamentarischer Erbe** werden, um in die Gesellschafterstellung nachzufolgen. Wird der gesellschaftsvertraglich zugelassene Nachfolger nicht Erbe, geht die Nachfolgeregelung ins Leere.[156] 214

Zusätzlicher Abstimmungsbedarf ergibt sich bei der qualifizierten Nachfolgeklausel dann, wenn zum Gesellschaftsanteil **Sonderbetriebsvermögen** gehört. Das Zivilrecht kennt den Begriff des Sonderbetriebsvermögens nicht. Wirtschaftsgüter, die der Gesellschafter der Gesellschaft zur Nutzung überlässt (z.B. ein Grundstück), fallen daher in den Nachlass. Die Sondererbfolge aufgrund der qualifizierten Nachfolgeklausel erfasst nur den Anteil an der Personengesellschaft, nicht aber auch das dazu gehörende Sonderbetriebsvermögen. Es besteht demnach ein hohes Risiko, dass im Todesfall Gesellschaftsanteil und Sonderbetriebsvermögen auf verschiedene Personen übergehen und es dadurch zu einer Entnahme kommt. In diesem Fall werden auch bei der Erbschaftsteuer die Vergünstigungen für Betriebsvermögen nicht gewährt (§§ 13a, 19a ErbStG).

Formulierungsbeispiel: Qualifizierte Nachfolgeklausel – Gesellschaftsvertrag GmbH & Co. KG 215

> (1) Beim Tod eines Kommanditisten wird die Gesellschaft mit seinen Erben fortgesetzt, sofern es sich dabei um den Ehegatten, den Lebenspartner, die leiblichen Abkömmlinge des Gesellschafters oder um Mitgesellschafter handelt.
>
> (2) Sind keine nachfolgeberechtigten Erben vorhanden, wird die Gesellschaft mit den verbleibenden Gesellschaftern fortgesetzt. Die Erben erhalten in diesem Fall eine Abfindung nach Maßgabe dieses Gesellschaftsvertrags.
>
> (3) Die vorstehenden Regelungen gelten für Vermächtnisnehmer entsprechend.

Vorteil der qualifizierten Nachfolgeklausel ist es, dass es – anders als bei der einfachen Nachfolgeklausel – nicht dem freien Willen des Erblassers oder familiären Zufälligkeiten überlassen bleibt, wer und insb. wie viele Erben die Gesellschafterstellung übernehmen. Die Nachfolge wird vielmehr auf einen oder mehrere Erben beschränkt. Auf diese Weise werden auch die Interessen der anderen Gesellschafter an einer berechenbaren Nachfolge angemessen berücksichtigt. Zugleich kann eine Zersplitterung des Gesellschaftsanteils verhindert und die Homogenität des Gesellschafterkreises gewährleistet werden. 216

Aus Sicht des potenziellen Erblassers kann die Einschränkung der Vererblichkeit des Gesellschaftsanteils aber auch ein **Nachteil** sein. Der Erblasser muss bei der Nachfolgeplanung die Vorgaben des Gesellschaftsvertrags berücksichtigen. Die Zuwendung des Gesellschaftsanteils an eine Person, die nach dem Gesellschaftsvertrag nicht nachfolgeberechtigt ist, kann daher nur nach einer Änderung des Gesellschaftsvertrags und der Zustimmung der anderen Gesellschafter erfolgen.

Die qualifizierte Nachfolgeklausel erfordert zudem einen hohen **Abstimmungsbedarf** zwischen Erbrecht, Gesellschaftsrecht und Steuerrecht, wodurch sie außerordentlich störanfällig ist. Denn eine mangelnde Abstimmung gefährdet nicht nur die zivilrechtliche Nachfolge, sondern beinhaltet auch erhebliche steuerrechtliche Risiken. 217

---

156 Zu den Folgen einer mangelnden Abstimmung zwischen Erbrecht und Gesellschaftsrecht siehe auch die beiden Haftungsfälle BGHZ 150, 319 = NJW 2002, 2787 = ZEV 2002, 322 mit Anm. Limmer, und BGH, NJW 1995, 2551.

(3) Fortsetzungsklausel

218 Bei einer **Fortsetzungsklausel** wird die Gesellschaft im Fall des Todes eines Kommanditisten mit den verbleibenden Gesellschaftern fortgeführt. Der verstorbene Kommanditist scheidet mit dem Tod aus der Gesellschaft aus. Sein Gesellschaftsanteil geht nicht auf die Erben über, sondern wächst den anderen Gesellschaftern an (§ 105 Abs. 3 HGB i.V.m. § 738 Abs. 1 Satz 1 BGB). Den Erben des verstorbenen Gesellschafters steht ein schuldrechtlicher Abfindungsanspruch gegen die Gesellschaft zu (§ 105 Abs. 3 HGB i.V.m. § 738 Abs. 1 Satz 2 BGB). Eine Sondererbfolge findet nicht statt. Der schuldrechtliche Abfindungsanspruch steht mehreren Erben als Berechtigten in Erbengemeinschaft zu. Schuldner des Abfindungsanspruchs ist die Gesellschaft. Die Gesellschafter haften dafür aber persönlich (§§ 128 ff., 171 ff. HGB).

Die Abfindung der Erben richtet sich grds. nach dem **tatsächlichen Wert des Gesellschaftsanteils**, unter Berücksichtigung etwaiger stiller Reserven und des Geschäftswerts. Art, Höhe und Fälligkeit des Abfindungsanspruchs können in dem Gesellschaftsvertrag näher geregelt werden. Nach überwiegender Auffassung kann die Abfindung für den Tod eines Gesellschafters sogar vollständig ausgeschlossen werden.[157] Allerdings dürfte dies im Regelfall wenig sachgerecht sein.

219 **Formulierungsbeispiel: Fortsetzungsklausel – Gesellschaftsvertrag GmbH & Co. KG**

> Beim Tod eines Kommanditisten wird die Gesellschaft unter den verbleibenden Gesellschaftern fortgesetzt. Die Erben erhalten eine Abfindung nach Maßgabe dieses Gesellschaftsvertrags.

220 Die Fortsetzungsklausel kann von **Vorteil** sein, wenn die Gesellschaft auf einer besonders engen und persönlichen Verbundenheit der Kommanditisten beruht und keine andere Person in diesen Gesellschafterkreis einrücken soll. Dies dürfte bei Kommanditisten allerdings nur ausnahmsweise der Fall sein, da sie meist nur kapitalmäßig an der Gesellschaft beteiligt sind.

Ein **Nachteil** der Fortsetzungsklausel besteht darin, dass der Kommanditanteil für die Erben dauerhaft verloren ist. Die Abfindung kann den Verlust des Gesellschaftsanteils möglicherweise auch dann nur teilweise ausgleichen, wenn sie an sich zum wahren Wert erfolgt. Dies gilt zunächst für eine Beteiligung an etwaigen Wertsteigerungen in der Zukunft. Darüber hinaus bedeutet die Fortsetzungsklausel aber auch einen endgültigen Verlust der mit einer Gesellschaftsbeteiligung im Einzelfall verbundenen ideellen Werte (z.B. Familientradition, Reputation, Image, Ansehen). Zudem gefährdet die Fortsetzungsklausel auch den dauerhaften Fortbestand der Gesellschaft. Mit jedem Erbfall verringert sich die Anzahl der Gesellschafter, sofern nicht auf anderem Wege neue Gesellschafter aufgenommen werden, so dass die Gesellschaft langfristig „ausstirbt". Dieses Risiko besteht vor allem bei GmbH & Co. KG's mit einem überschaubaren Gesellschafterkreis. Bei einer typischen GmbH & Co. KG mit nur einem Kommanditisten kommt es zudem zur Beendigung der Gesellschaft, da es an einem zweiten Gesellschafter fehlt und die Einpersonengesellschaft bislang nicht anerkannt wird. Das Gesellschaftsvermögen geht im Wege der Gesamtrechtsnachfolge auf die Komplementär-GmbH als den einzigen verbleibenden Gesellschafter über. Ein weiterer Nachteil der Fortsetzungsklausel besteht zudem darin, dass es bei der Gesellschaft regelmäßig zu einer gewissen Liquiditätsbelastung kommt und die Frage der Abfindung auch immer Anlass für streitige Auseinandersetzungen sein kann.

(4) Eintrittsklausel

221 Die Eintrittsklausel[158] bewirkt – anders als die erbrechtlichen Nachfolgeklauseln – keinen automatischen und unmittelbaren Übergang des Kommanditanteils. Vielmehr wird dem Berechtigten im Wege eines **Vertrags zu Gunsten Dritter** (§§ 328, 331 BGB) lediglich das Recht eingeräumt, bei Tod des Kommanditisten in die Gesellschaft einzutreten. Der Eintritt des neuen Gesellschafters erfolgt demnach nicht nach den Bestimmungen des Erbrechts, sondern aufgrund eines rechtsgeschäftlichen Vertrags zwischen dem

---

157 BGH, WM 1971, 1338.
158 Ausführlich dazu: Hübner, ErbStB 2006, 17.

Eintrittsberechtigten und den verbleibenden Gesellschaftern. Die Mitgliedschaft wird neu begründet. Die Mitwirkung des Eintrittsberechtigten an der Begründung der Eintrittsklausel im Gesellschaftsvertrag ist – anders als bei der rechtsgeschäftlichen Nachfolgeklausel – nicht erforderlich. Die Nachfolgeregelung im Gesellschaftsvertrag begründet lediglich ein Eintrittsrecht, aber keine Eintrittspflicht. Der Eintrittsberechtigte muss nur dann mitwirken, wenn er von seinem Eintrittsrecht tatsächlich Gebrauch macht.

Der Eintritt kann sich je nach der Ausgestaltung des Gesellschaftsvertrags auf unterschiedliche Art und Weise vollziehen. Der Eintritt kann allein aufgrund einer **einseitigen Erklärung** des Eintrittsberechtigten gegenüber den verbleibenden Gesellschaftern erfolgen. Eine solche Regelung ermöglicht einen schnellen und unkomplizierten Eintritt in die Gesellschaft. Der Gesellschaftsvertrag kann aber auch vorsehen, dass der Eintritt erst mit dem Abschluss eines **gesonderten Aufnahmevertrags** mit den verbleibenden Gesellschaftern zustande kommt. In diesem Fall verbleibt den Gesellschaftern noch ein gewisser Entscheidungsspielraum. Auf diese Weise kann die Grundlage für eine vertrauensvolle Zusammenarbeit mit dem neuen Gesellschafter geschaffen werden. Allerdings können die Vertragsverhandlungen auch Anlass für Konflikte im Vorfeld des Eintritts sein. Der Gesellschaftsvertrag sollte den Vollzug des Eintritts ausdrücklich regeln, da es anderenfalls einer Auslegung der jeweiligen Eintrittsklausel bedarf.[159]

Bei **Minderjährigen** ist für den Eintritt in die Gesellschaft die **Genehmigung des Vormundschafts- bzw. Familiengerichts** erforderlich (§§ 1643 Abs. 1, 1822 Nr. 3 BGB). Ist der gesetzliche Vertreter des Minderjährigen selbst Gesellschafter, bedarf es zudem der Bestellung eines **Ergänzungspflegers** (§ 1795 BGB). Erfolgt der Eintritt des Minderjährigen durch eine einseitige Erklärung, sollte dieser die schriftliche Einwilligung der gesetzlichen Vertreter beigefügt und den anderen Gesellschaftern mitgeteilt werden (siehe § 111 BGB). Unabhängig von der Frage der Genehmigungsbedürftigkeit des Eintritts des Minderjährigen in die Gesellschaft, stehen dem Minderjährigen das Recht zur Kündigung und die Möglichkeit der Haftungsbeschränkung zu (§§ 723 Abs. 1 Satz 3 Nr. 2, 1629a BGB).

222

Der **Eintrittsberechtigte** kann unmittelbar im Gesellschaftsvertrag bezeichnet werden. Dies ist aber keineswegs zwingend. Es kann auch vorgesehen werden, dass der Erblasser den Eintrittsberechtigten in einer Verfügung von Todes wegen oder durch eine Erklärung unter Lebenden bestimmt. In diesem Fall kann der potenzielle Erblasser den Eintrittsberechtigten grds. auch ohne Zustimmung der anderen Gesellschafter ändern, was ihm eine flexible Anpassung der Nachfolge ermöglicht. Eine solche einseitige Änderung des Eintrittsberechtigten kann aber für die anderen Gesellschafter mit einem gewissen Risiko verbunden sein. Im Interesse der Homogenität des Gesellschafterkreises kann es daher sinnvoll sein, das Benennungsrecht des Erblassers auf einen bestimmten Personenkreis zu beschränken oder bestimmte persönliche oder fachliche Anforderungen für die Person des Eintrittsberechtigten festzulegen.

223

Der Erblasser kann grds. auch **mehrere Eintrittsberechtigte** bestimmen. Bei einem gleichzeitigen Eintritt mehrerer Gesellschafter kann es aber zu einer unerwünschten Zersplitterung der Beteiligung kommen. Der Gesellschaftsvertrag sollte die Anzahl der Eintrittsberechtigten daher begrenzen. Die Bestimmung des Eintrittsberechtigten kann einem Dritten (z.B. einem Testamentsvollstrecker, einem Gesellschafter oder einem Erben) überlassen werden. Der Grundsatz der Höchstpersönlichkeit (§ 2065 Abs. 2 BGB) gilt nur für Verfügungen von Todes wegen, nicht aber für die rechtsgeschäftliche Übertragung eines Gesellschaftsanteils aufgrund eines Vertrags zu Gunsten Dritter.

Im Interesse der Planungssicherheit der anderen Gesellschafter sollte der Gesellschaftsvertrag das Eintrittsrecht **zeitlich** klar befristen. Sieht der Gesellschaftsvertrag keine solche Frist vor, muss der Eintritt in **angemessener Frist** erfolgen. Die Angemessenheit hängt von den Umständen des jeweiligen Einzelfalls ab und lässt sich daher nur schwer bestimmen. Die Eintrittsklausel sollte stets eine ergänzende Regelung für den Fall enthalten, dass das Eintrittsrecht nicht bzw. nicht rechtzeitig ausgeübt wird. Meist wird dann eine Fortsetzung der Gesellschaft mit den verbleibenden Gesellschaftern und eine Abfindung der Erben in Betracht kommen.

224

---

159 Grundlegend BGH, NJW 1978, 264 (Bei der Auslegung kommt es vor allem darauf an, ob die Person des Eintrittsberechtigten und seine Rechte und Pflichten bereits verbindlich feststehen. Besteht danach kein Regelungsbedarf mehr, wird man i.d.R. eine einseitige Eintrittserklärung für ausreichend ansehen. Anderenfalls ist der Abschluss eines gesonderten Aufnahmevertrags erforderlich).

225 Der Eintritt wird im **Außenverhältnis** mit dem wirksamen Abschluss des Aufnahmevertrags bzw. der Abgabe der Eintrittserklärung wirksam. Eine Rückwirkung auf den Zeitpunkt des Erbfalls ist insoweit nicht möglich. Im **Innenverhältnis** kann allerdings vorgesehen werden, dass der Eintrittsberechtigte so behandelt wird, als ob der bereits mit dem Erbfall in die Gesellschaft eingetreten wäre.

226 Wird der Eintrittsberechtigte Kommanditist, sollte der Eintritt zur Vermeidung einer persönlichen Haftung (siehe § 176 Abs. 2 HGB) aufschiebend bedingt mit Eintragung im Handelsregister erfolgen. Bis zur **Handelsregistereintragung** kann dem Eintrittsberechtigten ergänzend die Stellung eines atypisch stillen Gesellschafters eingeräumt werden.

227 **Formulierungsbeispiel: Eintrittsklausel – Gesellschaftsvertrag GmbH & Co. KG**

> (1) Jeder Kommanditist kann für seinen Todesfall nach freiem Belieben eine Person bestimmen, die berechtigt ist, als Nachfolger in die Gesellschaft einzutreten. Die Bestimmung wird erst wirksam, wenn sie allen Gesellschaftern schriftlich zugegangen ist.
>
> (2) Hat der verstorbene Kommanditist keinen Eintrittsberechtigten bestimmt, steht das Bestimmungsrecht dem Testamentsvollstrecker zu.
>
> (3) Der Berechtigte kann innerhalb von drei Monaten nach dem Tod des Kommanditisten eine Erklärung über seinen Eintritt abgeben. Der Eintritt wird mit Zugang der Erklärung bei den anderen Gesellschaftern wirksam. Der Eintrittsberechtigte tritt in alle Rechte und Pflichten des verstorbenen Gesellschafters ein, sofern sie nicht höchstpersönlicher Natur sind. Im Innenverhältnis erfolgt der Eintritt mit Wirkung zum Tag des Erbfalls.
>
> (4) Macht der Berechtigte von seinem Eintrittsrecht Gebrauch, sind die anderen Gesellschafter verpflichtet, ihm den von ihnen treuhänderisch gehaltenen Gesellschaftsanteil des verstorbenen Gesellschafters einschließlich des Kapitalanteils und aller dazugehöriger Rechte und Ansprüche unverzüglich und unentgeltlich zu übertragen. Ein Abfindungsanspruch der Erben besteht nicht.
>
> (5) Wird das Eintrittsrecht dagegen nicht oder nicht wirksam ausgeübt, setzen die übrigen Gesellschafter die Gesellschaft fort. Den Erben steht in diesem Fall ein Abfindungsanspruch nach Maßgabe dieses Gesellschaftsvertrags zu.

228 Ein **Vorteil** der Eintrittsklausel besteht darin, dass der Erblasser die Nachfolge in den Gesellschaftsanteil unabhängig von seiner sonstigen Erbfolge regeln kann. Der Gesellschaftsanteil kann aufgrund der Eintrittsklausel sowohl auf Erben als auch auf Nicht-Erben übertragen werden. Die Beschränkungen des Erbrechts braucht der Erblasser bei der Eintrittsklausel nicht zu berücksichtigen. Den Eintrittsberechtigten muss er bspw. nicht höchstpersönlich bestimmen, sondern kann dies auch einem Dritten überlassen. Die Bestimmung kann auch noch nach Eintritt des Erbfalls und in Kenntnis der dann bestehenden Umstände erfolgen. Mit der Eintrittsklausel kann der Erblasser die Nachfolge in den Gesellschaftsanteil auch dann noch regeln, wenn ihm die Errichtung einer Verfügung von Todes wegen aufgrund einer bindenden Erbeinsetzung an sich nicht mehr möglich ist.

Die Eintrittsklausel ermöglicht dem Erblasser eine **flexible Anpassung** seiner Nachfolgeplanung. Dies gilt insb., wenn der Eintrittsberechtigte nicht unmittelbar im Gesellschaftsvertrag bestimmt wird, sondern aufgrund einer gesonderten Erklärung des Erblassers erfolgt. Die Eintrittsklausel lässt aber auch dem Eintrittsberechtigten alle Möglichkeiten offen. Der Eintrittsberechtigte muss sich insb. erst nach Eintritt des Erbfalls entscheiden, ob er in die Gesellschaft eintritt und die damit verbundene Haftung und Verantwortung übernimmt. Diese Flexibilität der Eintrittsklausel ist aber zugleich ein entscheidender **Nachteil**. Der Erblasser und die anderen Gesellschafter haben keinerlei Sicherheit, ob der beabsichtigte Nachfolger auch tatsächlich in die Gesellschaft eintritt. Macht der Eintrittsberechtigte von seinem Eintrittsrecht keinen Gebrauch, kann der dann bestehende Abfindungsanspruch der Erben die Gesellschaft in ihrer Liquidität und *Eigenkapitalausstattung* nicht unerheblich belasten. Diese Unsicherheit kann der Erblasser allenfalls beseitigen, wenn er das Eintrittsrecht einem Erben bzw. Vermächtnisnehmer einräumt. In diesem Fall kann er im Wege der Auflage oder aufgrund einer bedingten Zuwendung einen mittelbaren Zwang zur Ausübung des Eintrittsrechts begründen. Im Übrigen kann die Eintrittsklausel keine Verpflichtung zur Ausübung des Eintrittsrechts begründen, da dies einen unzulässigen Vertrag zulasten eines Dritten darstellen würde. Die mit der Eintrittsklausel verbundene Unsicherheit kann aber nicht nur für den Erblasser und die übrigen Gesellschafter, sondern auch für den Eintrittsberechtigten selbst nachteilig sein. Das Eintrittsrecht entsteht im Regelfall erst mit dem Tod des Erblassers und kann bis dahin ohne Zustimmung und Kenntnis des Eintrittsberechtigten jederzeit beliebig geändert werden. Für den Eintrittsberechtigten ist es daher gleichfalls völlig ungewiss, ob er überhaupt das Recht zum Eintritt in die Gesellschaft erhält.

(5) Rechtsgeschäftliche Nachfolgeklausel

Die rechtsgeschäftliche Nachfolgeklausel ermöglicht beim Tod eines Kommanditisten den **Eintritt von Nachfolgern außerhalb der Erbfolge**. Die Nachfolge erfolgt in diesem Fall ohne Rücksicht auf die Erbenstellung des Nachfolgers. Im Hinblick auf das Verbot von Verträgen zulasten Dritter ist eine rechtsgeschäftliche Nachfolge nur dann möglich, wenn der Nachfolger am Gesellschaftsvertrag beteiligt war oder der Übernahme der mit dem Anteil verbundenen Rechte und Pflichten in sonstiger Weise zustimmt. Ohne Beteiligung des Nachfolgers ist eine rechtsgeschäftliche Nachfolgeklausel unwirksam und kann ggf. in eine Eintrittsklausel umgedeutet werden.[160]

Die rechtsgeschäftliche Nachfolgeklausel unterscheidet sich von der Eintrittsklausel dadurch, dass sie nicht nur ein Eintrittsrecht begründet, sondern der Gesellschaftsanteil mit dem Erbfall **unmittelbar und mit dinglicher Wirkung auf den Nachfolger** übergeht. Im Unterschied zur erbrechtlichen Nachfolgeklausel erfolgt die Übertragung des Gesellschaftsanteils aber nicht aufgrund des Erbrechts, sondern aufgrund eines Rechtsgeschäfts zu Lebzeiten, das mit dem Tod des Erblassers vollzogen wird.

Formulierungsbeispiel: Rechtsgeschäftliche Nachfolgeklausel – Gesellschaftsvertrag GmbH & Co. KG

> Beim Tod des Kommanditisten ...... geht dessen Beteiligung (einschließlich des damit verbundenen Kapitalanteils sowie aller Forderungen und Verbindlichkeiten) vereinbarungsgemäß auf seinen Nachfolger ...... über. Der Übergang erfolgt unmittelbar und automatisch mit dem Tod des Gesellschafters, ohne dass es einer weiteren Erklärung bedarf. Nachfolger ...... stimmt der Nachfolgeregelung bereits heute in vollem Umfang und vorbehaltlos zu.

Ein **Vorteil** der rechtsgeschäftlichen Nachfolgeklausel besteht darin, dass es zu einer klaren Trennung von Erbrecht und Gesellschaftsrecht kommt. Der Erblasser kann auf diese Weise den Gesellschaftsanteil auch auf einen Nichterben übertragen. Eine Kollision zwischen erbrechtlicher und gesellschaftsrechtlicher Nachfolgeregelung ist nicht möglich. Die rechtsgeschäftliche Nachfolgeklausel kann insb. eine interessante Gestaltung sein, wenn der Erblasser seine Verfügung von Todes wegen nicht mehr ändern kann (z.B. aufgrund einer bindend gewordenen Erbeinsetzung in einem Erbvertrag oder einem gemeinschaftlichen Testament) und nunmehr eine andere Person als Unternehmensnachfolger bestimmen möchte. Die erbrechtliche Bindungswirkung kann der Erblasser durch eine rechtsgeschäftliche Regelung der Nachfolge faktisch umgehen.

Bei der rechtsgeschäftlichen Nachfolgeklausel ist der Nachfolger nicht nur – wie bei der Eintrittsklausel – berechtigt, sondern auch verpflichtet, den Gesellschaftsanteil zu übernehmen. Dies bedeutet für den Erblasser eine gewisse Planungssicherheit. Die mit der rechtsgeschäftlichen Nachfolgeklausel verbundene Bindung kann sich aber auch als **Nachteil** erweisen. Denn nicht nur der Nachfolger, sondern auch der Erblasser selbst ist an die Vereinbarung gebunden. Eine spätere Änderung der Nachfolgeregelung ist daher grds. nur mit Zustimmung des Nachfolgers und der anderen Gesellschafter möglich. Etwas anderes gilt nur dann, wenn sich der Erblasser das Recht zum Rücktritt oder zur Anpassung vertraglich vorbehalten hat.

---

160 BGHZ 68, 225 = NJW 1977, 1339.

cc) Testamentsvollstreckung am Kommanditanteil

232 Die Testamentsvollstreckung am Kommanditanteil ist **zulässig**.[161] Dies gilt auch, wenn die Hafteinlage nicht voll erbracht bzw. wieder zurückgezahlt worden ist. Die Ausübung der Gesellschafterrechte bedarf allerdings der Zustimmung durch die anderen Gesellschafter. Die Zustimmung kann nach Eintritt des Erbfalls erteilt werden oder bereits im Gesellschaftsvertrag enthalten sein. Der Erblasser sollte daher bereits bei Errichtung der Verfügung von Todes wegen prüfen, ob der Gesellschaftsvertrag die Zulässigkeit der Testamentsvollstreckung vorsieht.

233 **Formulierungsbeispiel: Testamentsvollstreckung am Kommanditanteil – Gesellschaftsvertrag GmbH & Co. KG**

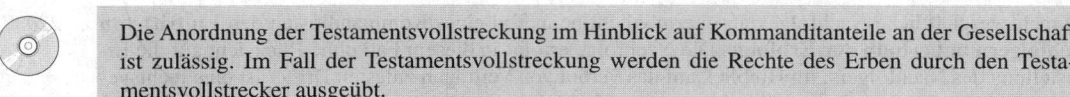

Die Anordnung der Testamentsvollstreckung im Hinblick auf Kommanditanteile an der Gesellschaft ist zulässig. Im Fall der Testamentsvollstreckung werden die Rechte des Erben durch den Testamentsvollstrecker ausgeübt.

234 Mit Zustimmung der anderen Gesellschafter kann der **Testamentsvollstrecker** grds. alle Rechte, die mit der Kommanditbeteiligung verbunden sind, ausüben. Anderenfalls kann sich die Testamentsvollstreckung nicht auch auf die Innenseite der Beteiligung erstrecken. Die Testamentsvollstreckung über die zur Außenseite gehörenden Vermögensrechte bleibt dagegen unberührt. Der Testamentsvollstrecker ist jedoch nicht zur Ausübung der Mitgliedschaftsrechte befugt, wenn es dadurch zu einer Erweiterung der Haftung des Erben kommen würde. An einem Beschluss über die Erhöhung der Hafteinlage kann der Testamentsvollstrecker daher grds. nicht mitwirken.

235 **Formulierungsbeispiel: Verfügung von Todes wegen**

(1) Ich ordne Testamentsvollstreckung an. Zum Testamentsvollstrecker ernenne ich ..., ersatzweise .... Einen weiteren Ersatztestamentsvollstrecker bestimme ich nicht.

(2) Der Testamentsvollstrecker hat die Aufgabe, den gesamten Nachlass, einschließlich meiner Beteiligung als Kommanditist an der ... -KG mit dem Sitz in ..., eingetragen im Handelsregister des AG unter HRA ... (Geschäftsanschrift: ...), auf die Dauer von ... zu verwalten. Der Testamentsvollstreckung unterliegen insb. auch die zu der Kommanditbeteiligung gehörenden Rechte und Ansprüche sowie die an die Gesellschaft zur betrieblichen Nutzung überlassenen Gegenstände, insb. das Grundstück Flurstück Nr. ..., eingetragen im Grundbuch des AG ....

(3) Der Testamentsvollstrecker ist berechtigt, alle mit der Beteiligung verbundenen Rechte auszuüben, soweit dies gesetzlich zulässig ist und dadurch keine persönliche Haftung der Erben begründet wird.

(4) Den Erben wird die Auflage gemacht, dem Testamentsvollstrecker die Fortführung der Gesellschaftsbeteiligung zu ermöglichen und ihm alle dazu erforderlichen Vollmachten zu erteilen bzw. die vom Erblasser erteilten Vollmachten für die Dauer der Testamentsvollstreckung nicht zu widerrufen.

(5) Der Testamentsvollstrecker ist von den Beschränkungen des § 181 BGB befreit.

(6) In der Eingehung von Verbindlichkeiten für den Nachlass ist der Testamentsvollstrecker nicht beschränkt.

(7) Der Testamentsvollstrecker erhält eine Vergütung i.H.v. .... €.

---

161 Grundlegend zur Dauertestamentsvollstreckung über eine Kommanditbeteiligung: BGHZ 108, 187 = NJW 1989, 3152. Ausführlich zum Ganzen: Geschwendtner, NJW 1996, 362; D. Mayer, ZIP 1990, 976; Pentz, NZG 1999, 825; Ulmer, NJW 1990, 73.

D. Geschäftsbriefe

Die GmbH & Co. KG muss auf ihren Geschäftsbriefen bestimmte Mindestangaben machen (§§ 125a, 177a HGB). Geschäftspartnern soll auf diese Weise die Möglichkeit eingeräumt werden, sich näher über die Gesellschaft zu informieren. Nach der gesetzlichen Regelung müssen Geschäftsbriefe **mindestens** folgende Angaben enthalten:

- Rechtsform der KG (z.B. GmbH & Co. KG),
- Sitz der Gesellschaft (z.B. München),
- Registergericht des Sitzes der Gesellschaft (z.B. AG München),
- Handelsregisternummer (z.B. HRA 123),
- Firma der persönlich haftenden Gesellschafterin (z.B. persönlich haftende Gesellschafterin: X-Verwaltungs-GmbH),
- Rechtsform der persönlich haftenden Gesellschafterin (z.B. GmbH),
- Registergericht des Sitzes der Gesellschaft der persönlich haftenden Gesellschafterin (z.B. Amtsgericht München),
- Handelsregisternummer der persönlich haftenden Gesellschafterin (z.B. HR B 456),
- Namen aller Geschäftsführer der persönlich haftenden Gesellschafterin, und zwar mit Familiennamen und mindestens einem ausgeschriebenen Vornamen (z.B. Geschäftsführer: AB und CD),
- Soweit vorhanden: Namen des Vorsitzenden des Aufsichtsrats der persönlich haftenden Gesellschafterin, und zwar mit Familiennamen und mindestens einem ausgeschriebenen Familiennamen (z.B. Vorsitzender des Aufsichtsrats: XY).

236

Der **Begriff des Geschäftsbriefs** ist weit zu verstehen und umfasst insb. auch E-Mails.

Fehlende, unrichtige und unvollständige Angaben können vom Registergericht mit einem **Zwangsgeld** belegt werden (§§ 125a Abs. 2 i.V.m. 37a Abs. 4 HGB). Im Einzelfall können Geschäftspartnern aber auch Schadensersatzansprüche nach den Grundsätzen der Rechtsscheinhaftung oder der Haftung wegen Verschuldens bei Vertragsabschluss zustehen.[162] Nicht nur bei Gründung der GmbH & Co. KG, sondern auch bei späteren Änderungen sollte daher stets auf ordnungsgemäße Geschäftsbriefe geachtet werden.

237

> **Hinweis:**
>
> Im Rahmen der derzeit geplanten Reform des GmbH-Rechts gibt es Überlegungen, wonach auf Geschäftsbriefen der GmbH künftig auch das gezeichnete und das eingezahlte Kapital anzugeben ist (z.B. Gezeichnetes Kapital: 10.000 €, Eingezahltes Kapital: 5.000 €). Die Gesetzesänderung soll auch für die Komplementär-GmbH gelten. Ein Bestandsschutz für Altgesellschaften ist nicht vorgesehen.[163]

---

162 Zum Streitstand siehe etwa Ebenroth/Boujong/Joost/Hillmann, HGB, § 125a Rn. 11 f.; Baumbach/Hopt/Hopt, HGB, § 125a Rn. 11; MünchKomm-HGB/K. Schmidt, § 125a Rn. 16 ff.

163 Der im Juni 2006 vorgelegte Referentenentwurf eines Gesetzes zur Modernisierung des GmbH-Rechts und zur Bekämpfung von Missbräuchen (MoMiG) sieht die Angabe des Kapitals auf Geschäftsbriefen allerdings nicht mehr vor (Volltext im Internet unter www.bundesjustizministerium.de). Ausführlich dazu: Bayer/Graff, DStR 2006, 1654; Breitenstein/Meyding, BB 2006, 1457; Ehinger, BB-Special 7/2006, 24; Flesner, NZG 2006, 641; Haas, GmbHR 2006, 729; Lutter, BB-Special 7/2006, 2; Mohr, GmbH-StB 2006, 206; Noack, DB 2006, 1475; Priester, ZIP 2006, 1557; Römermann, GmbHR 2006, 673; Schäfer, BB-Special 7/2006, 5; Schiffer, BB-Special 7/2006, 14; Seibert, GmbHR 2006, R 241; Seibert, BB 2006, Heft 26, Editorial; Seibert, ZIP 2006, 1157; Triebel/Otte, ZIP 2006, 1321; Wulfetange, BB-Special 7/2006, 19; Ziemons, BB-Special 7/2006, 9; Zypries, BB-Special 7/2006, 1.

E. Übertragung von Anteilen an der GmbH & Co. KG

I. Gegenstand der Anteilsübertragung

238 Bei der Übertragung von Anteilen an einer GmbH & Co. KG ist stets[164] zwischen der Übertragung der Anteile an der Komplementär-GmbH und der Übertragung der Anteile an der KG zu unterscheiden. Rechtlich handelt es sich um die Übertragung von Anteilen an **zwei unterschiedlichen Gesellschaften**. Wirtschaftlich wird die Anteilsübertragung an beiden Gesellschaften dagegen meist einen einheitlichen Vorgang darstellen. Die Unterscheidung zwischen den Anteilen an den beiden Gesellschaften ist insb. notwendig, weil für beide Übertragungen unterschiedliche rechtliche Regelungen gelten.

- **GmbH & Co. KG:** Die Kommanditanteile sind nach der gesetzlichen Regelung nicht übertragbar. Eine Übertragung ist nur mit Zustimmung aller Gesellschafter möglich. Besondere Formvorschriften für die Anteilsübertragung bestehen nicht. Die Anteilsübertragung ist zur Eintragung in das Handelsregister anzumelden.

- **Komplementär-GmbH:** Die Anteile an der Komplementär-GmbH sind nach der gesetzlichen Regelung frei übertragbar. Die Satzung kann die Übertragbarkeit jedoch einschränken oder auch ganz ausschließen. Die Übertragung der Anteile an der Komplementär-GmbH bedarf zu ihrer Wirksamkeit der notariellen Beurkundung. Der Gesellschafterwechsel bei der Komplementär-GmbH wird nicht im Handelsregister eingetragen, doch müssen die Geschäftsführer eine neue Gesellschafterliste einreichen.

Im Rahmen der Übertragung der Anteile an einer GmbH & Co. KG gilt es, die **unterschiedlichen Regelungen miteinander in Einklang zu bringen**. Gerade bei der beteiligungsidentischen GmbH & Co. KG ist es vielfach gewünscht und durch entsprechende Verzahnungsklauseln im Gesellschaftsvertrag auch sichergestellt, dass die Anteile an beiden Gesellschaften nur in gleichem Umfang und auf den gleichen Erwerber übertragen werden.[165]

239 Der Übertragungsvertrag sollte darüber hinaus auch regeln, ob und inwieweit Forderungen und **Verbindlichkeiten** des Veräußerers gegenüber der Gesellschaft mit auf den Erwerber übergehen. Dazu gehören insb. Guthaben und Verbindlichkeiten auf Privatkonten. Verbindlichkeiten können nach allgemeinen Regeln (§§ 414 ff. BGB) nur mit Zustimmung der Gesellschaft auf den Erwerber übergehen.

240 Gesellschafter der GmbH & Co. KG verfügen neben ihrem Anteil an der Gesellschaft meist auch über **Sonderbetriebsvermögen**. Dabei handelt es sich um Wirtschaftsgüter, die zivilrechtlich im Eigentum des Gesellschafters stehen und entweder dazu geeignet und bestimmt sind, dem Betrieb der Gesellschaft zu dienen (Sonderbetriebsvermögen I, z.B. ein Grundstück des Gesellschafters, dass der Gesellschaft zur betrieblichen Nutzung überlassen wird), oder der Beteiligung des Gesellschafters an der Gesellschaft zumindest förderlich sind (Sonderbetriebsvermögen II, z.B. Beteiligung des Gesellschafters an der Komplementär-GmbH).[166] Das Sonderbetriebsvermögen gehört zivilrechtlich nicht zum Anteil des Gesellschafters an der GmbH & Co. KG und geht daher im Fall einer Anteilsübertragung regelmäßig nicht auf den Erwerber über. Für die Übertragung des Sonderbetriebsvermögens bedarf es vielmehr eines gesonderten Übertragungsvertrags nach den für das jeweilige Wirtschaftsgut geltenden Vorschriften (z.B. bei Grundstücken nach §§ 873, 925 BGB, bei GmbH-Geschäftsanteilen nach §§ 15 Abs. 3 und 4 GmbHG). Im Vorfeld der Übertragung von Anteilen an einer GmbH & Co. KG sollte stets geklärt werden, ob und inwieweit etwaiges Sonderbetriebsvermögen mit übertragen werden soll.

---

164 Etwas anderes gilt nur für die Einheits-GmbH & Co. KG, bei der nur die Kommanditanteile übertragen werden müssen. Zur Rechtsform der Einheits-GmbH & Co. KG siehe auch unter Rn. 42 ff.

165 Zur Verzahnungsproblematik und entsprechenden Formulierungsbeispielen, siehe oben Rn. 11 ff.

166 Der Begriff des *Sonderbetriebsvermögens* ist gesetzlich nicht geregelt. Ausführlich dazu Wacker, in: Schmidt, EStG, 25. Aufl. 2006, § 15 Rn. 506 ff.

II. Übertragbarkeit der Gesellschaftsanteile

Anteile an Personengesellschaften galten früher als nicht übertragbar. Anteilsübertragungen erfolgten daher in der Weise, dass der Altgesellschafter aus der Gesellschaft gegen Abfindung ausgetreten und der Neugesellschafter gegen Erbringung einer Einlage in die Gesellschaft eingetreten ist. Eine Anteilsübertragung nach diesem **Austritt-Eintritt-Modell** ist auch heute noch möglich. Nachteil dieser Gestaltung ist allerdings, dass es zu einer Verdopplung der Haftsummen kommt. Der ausscheidende Altgesellschafter haftet für alle bis zu seinem Ausscheiden begründeten Verbindlichkeiten in Höhe seiner Haftsumme wegen der Rückgewähr der Einlage (§§ 161 Abs. 2, 160 HGB). Den eintretenden Gesellschafter trifft die gleiche Haftung, solange er seine Einlage nicht erbracht hat bzw. ihm diese zurückgewährt worden ist (§ 173 HGB). 241

Heute ist die **Übertragbarkeit** von Anteilen an Personengesellschaften **allgemein anerkannt**. In der Praxis erfolgt daher regelmäßig eine unmittelbare Übertragung der Anteile der Personengesellschaft (**Übertragungsmodell**). Der eintretende Gesellschafter übernimmt unmittelbar den Kommanditanteil des ausscheidenden Gesellschafters und tritt in vollem Umfang in dessen Rechtsstellung ein. Hat der Veräußerer seine Hafteinlage erbracht, haftet weder der Veräußerer noch der Erwerber. Anderenfalls haften Veräußerer und Erwerber gesamtschuldnerisch i.H.d. Haftsumme. Die Haftung besteht damit – im Unterschied zum Austritt-Eintritt-Modell – insgesamt nur i.H.d. Haftsumme und nicht i.H.d. doppelten Haftsumme.

III. Zustimmungserfordernisse

Die Übertragung des Anteils an einer Personengesellschaft bedarf der **Zustimmung sämtlicher Gesellschafter**. Der Zustimmung bedarf dabei nur das Verfügungsgeschäft und nicht auch das schuldrechtliche Verpflichtungsgeschäft. Solange nicht alle Gesellschafter ihre Zustimmung erteilt haben, ist die Anteilsübertragung schwebend unwirksam (§§ 182 ff. BGB). Mit Erteilung der Zustimmung wird die Anteilsübertragung rückwirkend wirksam. Versagt dagegen nur ein Gesellschafter seine Zustimmung, wird die Anteilsübertragung endgültig unwirksam. Eine Verpflichtung zur Zustimmung, etwa aus dem Gesichtspunkt der gesellschaftsrechtlichen Treuepflicht, besteht nur in Ausnahmefällen.[167] 242

Die Zustimmung kann bereits im Gesellschaftsvertrag enthalten sein. Aufgrund des personalistischen Charakters der Personengesellschaft wird die Zustimmung in der Praxis meist nicht generell, sondern nur für bestimmte Fälle erteilt (z.B. Übertragung auf Mitgesellschafter, Ehegatten, Lebenspartner, leibliche Abkömmlinge). Dagegen ist bei größeren Personengesellschaften (z.B. Fonds) eine freie Übertragbarkeit üblich. 243

Der Gesellschaftsvertrag kann auch vorsehen, dass die Zustimmung nicht von allen Gesellschaftern erteilt werden muss, sondern dazu ein Gesellschafterbeschluss mit einfacher bzw. qualifizierter Mehrheit ausreichend ist. In diesem Fall sollte auch geregelt werden, ob der betroffene Gesellschafter von seinem Stimmrecht ausgeschlossen ist, was grds. nicht der Fall ist.

Darüber hinaus kann die Zustimmung auch auf andere Organe der Gesellschaft (z.B. einen Beirat), die Komplementärin oder die anderen Kommanditisten übertragen werden. Der Gesellschaftsvertrag kann ferner Gründe vorsehen, unter denen die Zustimmung zu erteilen ist bzw. versagt werden kann.

---

167 Siehe etwa BGH, ZEV 2005, 71 mit Anm. Reimann = DStR 2005, 255 = BB 2005, 67= DB 2005, 46 = ZIP 2005, 25 = EWiR 2005, 181 (Leinekugel) = NZG 2005, 129 = DNotZ 2005, 309 (zur Frage, ob ein Gesellschafter aufgrund der gesellschaftsrechtlichen Treuepflicht verpflichtet ist, einer Übertragung des Gesellschaftsanteils zu Lebzeiten zuzustimmen, wenn der Übergang von Todes wegen durch den Gesellschaftsvertrag zugelassen ist); OLG München, DB 2003, 2767 = BB 2004, 16 = DStR 2004, 286 = NZG 2004, 125 (zur Zustimmungspflicht von Minderheitsgesellschaftern, wenn das gesellschaftsrechtlich vorgesehene Quorum für einen Beschluss über die Geschäftsführervergütung nicht erreicht worden ist).

244 **Formulierungsbeispiel: Zustimmungserfordernisse bei Urteilsübertragung – Gesellschaftsvertrag GmbH & Co. KG**

> (1) Jede entgeltliche oder unentgeltliche Verfügung über Gesellschaftsanteile, Teile von Gesellschaftsanteilen oder Ansprüche eines Gesellschafters gegen die Gesellschaft bedarf zu ihrer Wirksamkeit der vorherigen Zustimmung durch die Gesellschafterversammlung. Der Beschluss bedarf einer Mehrheit von 75 % der abgegebenen Stimmen. Der betroffene Gesellschafter hat dabei kein Stimmrecht.
>
> (2) Die Zustimmung der Gesellschaftsversammlung ist jedoch nicht erforderlich bei Verfügungen zu Gunsten von Mitgesellschaftern, Ehegatten, Lebenspartnern und leiblichen Abkömmlingen eines Gesellschafters.

245 Die Kommanditanteile können **ganz oder teilweise** übertragen werden. Besondere Teilbarkeitsvorschriften sind dabei nicht zu beachten. Im Interesse eines Gleichlaufs zwischen der Beteiligung an der KG und an der Komplementär-GmbH sollte aber die im GmbH-Recht geltende Teilbarkeitsregelung auch bei den Kommanditanteilen berücksichtigt werden. Auf diese Weise kann zugleich eine Zersplitterung der Kommanditanteile verhindert werden.

246 **Formulierungsbeispiel: Teilbarkeit bei Anteilsübertragung – Gesellschaftsvertrag GmbH & Co. KG**

> Bei jeder Verfügung über Teile von Gesellschaftsanteilen müssen die Festkapitalkonten stets durch 50 € teilbar sein.

IV. Vorkaufsrechte

247 Ergänzend bzw. alternativ zu den Zustimmungserfordernissen kann der Gesellschaftsvertrag auch **Vorkaufsrechte für die anderen Gesellschafter** vorsehen. Diese Rechte können im Gesellschaftsvertrag weitgehend beliebig ausgestaltet werden.

Das Vorkaufsrecht ist das Recht, den Gesellschaftsanteil zu erwerben, wenn ein Gesellschafter seinen Gesellschaftsanteil an einen Dritten verkauft hat. Mit der **Ausübung des Vorkaufsrechts** kommt zwischen dem Vorkaufsberechtigten und dem Vorkaufsverpflichteten (Verkäufer) ein Kaufvertrag mit dem gleichen Inhalt zustande, wie er zwischen dem Verkäufer und dem (ursprünglichen) Käufer abgeschlossen worden ist. Das Vorkaufsrecht entsteht nur bei Verkauf eines Gesellschaftsanteils, nicht aber bei anderen Formen der Veräußerung (z.B. unentgeltlichen Anteilsübertragungen, Tauschvorgängen oder Einbringungen). In der Vereinbarung von Vorkaufsrechten kann ggf. auf das gesetzliche Regelungsmodell (§§ 463 ff. BGB) Bezug genommen werden. Diese bedürfen aber im Einzelfall der vertraglichen Modifizierung (z.B. Verlängerung der Frist von einer Woche für die Ausübung des Vorkaufsrechts, § 469 Abs. 2 Satz 1 BGB).

248 **Formulierungsbeispiel: Vorkaufsrechte – Gesellschaftsvertrag GmbH & Co. KG**

> (1) Verkauft ein Kommanditist seinen Gesellschaftsanteil ganz oder teilweise, steht den anderen Kommanditisten ein Vorkaufsrecht im Verhältnis ihrer Beteiligung am Festkapital zu. Der verkaufswillige Gesellschafter muss den Abschluss und den Inhalt des Kaufvertrags allen Kommanditisten schriftlich in vollem Umfang mitteilen. Eine Mitteilung per E-mail, in Textform oder per Telefax ist nicht ausreichend. Das Vorkaufsrecht ist sodann spätestens innerhalb von 30 Tagen nach Zugang der Mitteilung an alle Mitgesellschafter durch schriftliche Erklärung auszuüben. Maßgebend für die Rechtzeitigkeit der Erklärung ist der Zugang beim verkaufswilligen Gesellschafter. Jeder Vorkaufsberechtigte kann von seinem Vorkaufsrecht nur insgesamt oder überhaupt nicht Gebrauch machen. Für das Vorkaufsrecht gelten im Übrigen die Regelungen der §§ 463 ff. BGB sinngemäß.

> (2) Übt ein Vorkaufsberechtigter sein Vorkaufsrecht nicht oder nicht wirksam aus, geht das Vorkaufsrecht auf die anderen vorkaufsberechtigten Gesellschafter im Verhältnis ihrer Beteiligung am Festkapital über. Das Vorkaufsrecht ist dann innerhalb von 30 Tagen nach Zugang der Mitteilung, dass ein Kommanditist sein Vorkaufsrecht nicht oder nicht wirksam ausgeübt hat, auszuüben. Im Übrigen gelten die Regelungen in Abs. (1) entsprechend.
>
> (3) Für den Fall, dass die Kommanditisten ihr Vorkaufsrecht nicht einheitlich ausüben, ist der verkaufswillige Gesellschafter berechtigt, in beliebiger Weise über den Teil des Gesellschaftsanteils zu verfügen, an dem kein Vorkaufsrecht ausgeübt worden ist.
>
> (4) Das Vorkaufsrecht kann stets nur zusammen mit dem Vorkaufsrecht hinsichtlich eines etwaigen Geschäftsanteils des betreffenden Gesellschafters an der Komplementär-GmbH ausgeübt werden.

Neben dem Vorkaufsrecht kann den anderen Gesellschaftern auch ein **Erwerbsrecht** eingeräumt werden. Im Rahmen dessen muss der Gesellschafter den Anteil zunächst den Mitgesellschaftern zum Kauf anbieten, bevor er mit einem Dritten einen Kaufvertrag abschließt. Der Kaufpreis bzw. die Modalitäten der Preisfindung werden dabei regelmäßig bereits im Gesellschaftsvertrag vereinbart.

249

Darüber hinaus können auch zusätzliche Kauf- und Verkaufsoptionen vereinbart werden, bspw. zum Schutz bestimmter Minderheiten oder dem Erhalt von Familienstämmen.

V. Form

Der Vertrag über die Abtretung der Kommanditanteile bedarf zu seiner Wirksamkeit grds. keiner besonderen Form. **Schriftform** ist aber schon aus Gründen der Beweisbarkeit üblich und **empfehlenswert**.

250

Eine **notarielle Beurkundung** ist nicht schon dann erforderlich, wenn das Vermögen der KG ausschließlich oder überwiegend aus Grundstücken besteht (§ 311b Abs. 1 BGB).[168] Etwas anderes gilt aber, wenn neben dem Kommanditanteil auch ein Grundstück, das steuerrechtlich meist zum Sonderbetriebsvermögen I gehören wird, auf den Erwerber übertragen wird. In diesem Fall bedarf die gesamte Vereinbarung der notariellen Beurkundung.

251

Die Übertragung der Anteile an der Komplementär-GmbH bedarf unstreitig der notariellen Beurkundung (§ 15 Abs. 3 und 4 GmbHG). Vielfach werden die Anteile an der Komplementär-GmbH und die Anteile an der KG gleichzeitig auf einen Erwerber übertragen. In diesem Fall stellt sich die Frage, ob auch die Verpflichtung zur Übertragung der Kommanditanteile der notariellen Beurkundung bedarf. Dies ist immer dann zu bejahen, wenn beide Vereinbarungen eine rechtliche Einheit bilden, so dass sie „miteinander stehen und fallen".[169] I.d.R. wird zumindest eine der Vertragsparteien davon ausgehen, dass zwischen beiden Vereinbarungen eine wechselseitige Abhängigkeit besteht. Eine Beurkundungspflicht entfällt demnach nur, wenn die Verpflichtung zur Übertragung der Kommanditanteile ausnahmsweise unabhängig von der Verpflichtung zur Übertragung der Anteile an der Komplementär-GmbH sein soll.

Noch nicht abschließend geklärt ist die Frage, ob durch die Beurkundung der Abtretung der Anteile an der Komplementär-GmbH auch ein etwaiger Formmangel im Hinblick auf die Übertragung der Kommanditanteile geheilt werden kann (§ 15 Abs. 4 Satz 2 GmbHG). Die ganz überwiegende Auffassung bejaht

252

---

168 BGH, BGHZ 86, 367 = NJW 1993, 1110 = WM 1983, 358 = BB 1983, 660 = ZIP 1983, 436; ausführlich zum Ganzen: Staudinger/Wufka, BGB, § 311b Rn. 118 ff. m. zahlr. w.N. auch zur Gegenauffassung; zu Recht kritisch zur herrschenden Auffassung zuletzt Herrmanns, ZIP 2006, 2296.
169 Siehe dazu BGH, NJW 1986, 2642 = BB 1986, 1251 = DB 1986, 1513 = GmbHR 1986, 258 = DNotZ 1986, 687 mit Anm. Tiedau = ZIP 1986, 1046 = EWiR 1986, 687 (Günther); ausführlich zu Fragen der Beurkundung Teil 2: Gesellschaftsrecht, 14. Kapitel.

dies.[170] Die **Heilungswirkung** tritt allerdings erst mit Wirksamwerden der dinglichen Abtretung – und nicht rückwirkend – ein. Im Übrigen erstreckt sich die Heilung nicht auf etwaige Formmängel nach anderen Formvorschriften. Die formnichtige Übertragung eines Grundstücks kann bspw. nur durch Auflassung und Grundbucheintragung geheilt werden (§ 311b Abs. 1 Satz 2 BGB).

253 Keine Beurkundungspflicht besteht bei einer **Einheits-GmbH & Co. KG**, da in diesem Fall nur die Anteile an der KG übertragen werden.

254 Die Verpflichtung zur **schenkweisen Übertragung** eines Kommanditanteils bedarf grds. der notariellen Beurkundung (§ 518 Abs. 1 BGB). Mit der dinglichen Übertragung wird der Formmangel jedoch geheilt (§ 518 Abs. 2 BGB).

VI. Ergebnisverteilung

255 Der Vertrag über die Anteilsübertragung sollte stets auch die **Beteiligung am Jahresergebnis** der Gesellschaft regeln.
- Im **Außenverhältnis** zur Gesellschaft steht der Gewinnanspruch grds. demjenigen zu, der im Zeitpunkt der Feststellung des Jahresabschlusses Gesellschafter war. Das ist i.d.R. der Erwerber.
- Im **Innenverhältnis** zwischen Veräußerer und Erwerber richtet sich die Verteilung des Jahresergebnisses dagegen danach, wer während des jeweiligen Geschäftsjahres Inhaber des Gesellschaftsanteils war (§ 101 Nr. 2 BGB). Bei Veräußerung innerhalb eines Geschäftsjahres wird das Jahresergebnis zeitanteilig aufgeteilt. Der Veräußerer kann daher i.d.R. vom Erwerber einen Ausgleich verlangen. Allerdings kann im Übertragungsvertrag eine abweichende Beteiligung am Jahresergebnis vereinbart werden.

256 **Steuerrechtlich** wird das Ergebnis der Gesellschaft dem Veräußerer und dem Erwerber gleichfalls nach der Dauer der Beteiligung zugerechnet.[171] Zur Vermeidung einer Ergebnisabgrenzung – und der damit regelmäßig verbundenen Notwendigkeit der Aufstellung einer Zwischenbilanz – kann eine Übertragung zum Ende eines Geschäftsjahres zweckmäßig sein.

VII. Wirksamwerden und Haftungsrisiken

257 Die Anteilsübertragung wird bereits **mit Abschluss des Übertragungsvertrags** und nicht erst mit Eintragung des Erwerbers im Handelsregister wirksam.

258 Bei der Übertragung von Kommanditanteilen **haftet der Erwerber** bis zur Eintragung im Handelsregister grds. **unbeschränkt** (§ 176 Abs. 2 HGB).[172] Diese Haftung ist für den Kommanditisten besonders gefährlich, da sie auch dann eingreift, wenn er der Fortsetzung der Geschäfte durch die Gesellschaft nicht ausdrücklich zugestimmt hat.

Ein in eine Gesellschaft neu eintretender Kommanditist kann – und sollte – sich vor der unbeschränkten Haftung schützen, indem die rechtliche Wirksamkeit des Beitritts durch die Eintragung im Handelsregister aufschiebend bedingt ist. Nachteil des aufschiebend bedingten Beitritts ist allerdings, dass die Gesellschafterstellung – und damit auch die Teilnahme am Gewinn und Verlust – von einem zufälligen Ereignis, nämlich der Handelsregistereintragung, abhängt. Deshalb sollten die Gesellschafter im Innenverhältnis zusätzlich vereinbaren, dass der Beitritt zu einem bestimmten Stichtag vor der Handelsregistereintragung

---

170 BGH, GmbHR 1993, 106 = NJW-RR 1992, 991; siehe dazu auch BGH, NJW-RR 1987, 807. Im Schrifttum etwa Binz/Sorg, Die GmbH & Co. KG, § 6 Rn. 8 ff.; Reichert/Weller, Der GmbH-Geschäftsanteil, § 15 Rn. 126 und 131; Scholz/Winter, GmbHG, § 15 Rn. 76; Winter/Löbbe, in: Ulmer/Habersack/Winter, GmbHG, § 15 Rn. 102; a.A.: Kempermann, NJW 1991, 684.

171 Siehe dazu im Einzelnen Schmidt/Wacker, EStG, § 15 Rn. 452 und § 16 Rn. 440 ff.

172 So BGH, NJW 1983, 2258 mit Anm. K. Schmidt = BB 1983, 1118 = DB 1983, 1419 = GmbHR 1983, 238 = ZIP 1983, 822 = EWiR 1985, 699. Ausführlich dazu: Huber, ZGR 1984, 167; kritisch dazu aber das ganz überwiegende Schrifttum, siehe etwa Baumbach/Hopt/Hopt, § 176 Rn. 11; MünchKomm-HGB/K. Schmidt, § 176 Rn. 26; Ebenroth/Boujong/Joost/Strohn, HGB, § 176 Rn. 25 ff.

erfolgt. Damit diese Rückbeziehung auch steuerrechtlich anerkannt wird, ist zusätzlich eine atypische stille Beteiligung zu vereinbaren, die inhaltlich der Kommanditbeteiligung entspricht und später durch diese ersetzt wird. Der eintretende Gesellschafter ist demnach aufschiebend bedingter Kommanditist und auflösend bedingter atypisch stiller Gesellschafter.[173]

Allerdings ist bis heute **umstritten**, ob dieses **Haftungsrisiko** auch bei einer GmbH & Co. KG besteht. Ausgangspunkt der Überlegungen ist die gesetzliche Regelung, wonach die positive Kenntnis des Gläubigers von der Kommanditistenstellung die unbeschränkte Haftung ausschließt (§ 176 Abs. 1 Satz 1 2. Halbs. HGB). Die Rspr. geht (wohl) bis heute davon aus, dass die Haftung auch dann eingreift, wenn der Vertragspartner aufgrund der Firmierung Kenntnis davon hat, dass es sich bei der KG um eine GmbH & Co. KG handelt.[174] Dies wird zunächst damit begründet, dass auch bei einer GmbH & Co. KG ein weiterer persönlich haftender Gesellschafter vorhanden sein kann. Zudem könne man nur bei geschäftsgewandten Personen davon ausgehen, dass sie aus der Firmierung als GmbH & Co. KG entsprechende Rückschlüsse ziehen. Schließlich ist für die Kommanditistenstellung und die Höhe der Haftsumme die Eintragung im Handelsregister und nicht die Firmierung maßgebend. Spätestens seit der **Neuregelung des Firmenrechts** für die GmbH & Co. KG im Jahr 1981 (§ 19 Abs. 2 HGB) muss man jedoch davon ausgehen, dass ein Geschäftspartner allein aufgrund der Firmierung **positive Kenntnis** von der Zusammensetzung des Gesellschafterkreises hat. Sein Vertrauen darauf, dass ihm eine natürliche Person unbeschränkt persönlich haftet, erscheint nicht mehr schutzwürdig.[175] Der BGH hatte bislang noch keine Gelegenheit, zu der Rechtsfrage Stellung zu nehmen.[176] Für die Beratungspraxis besteht der sicherste Weg derzeit darin, die Schutzvorkehrungen auch bei einem Beitritt zu einer GmbH & Co. KG zu beachten.

259

Formulierungsbeispiel: Anteilsübertragung

260

> ... überträgt von seinem Kommanditanteil an der Firma ... GmbH & Co. KG mit dem Sitz in ... (AG ..., HRA) mit einer Hafteinlage i.H.v. ... € einen Anteil i.H.v. ... € an ... zur alleinigen Berechtigung.
>
> Die Veräußerung erfolgt unentgeltlich als Schenkung.
>
> Im Innenverhältnis gilt als Übertragungszeitpunkt der .... Zu diesem Zeitpunkt gelten im Verhältnis zum Veräußerer alle Rechte und Pflichten aus dem Kommanditanteil anteilig als auf den Erwerber übergegangen.
>
> Der Veräußerer haftet nur dafür, dass der veräußerte Gesellschaftsanteil rechtswirksam begründet, voll einbezahlt, durch Verluste oder Entnahmen nicht gemindert und nicht mit Rechten Dritter belastet ist. Eine Gewährleistung für das von der KG betriebene Unternehmen wird ausgeschlossen. Zusagen sind keine getroffen.
>
> Die Vertragsteile sind sich einig, dass der veräußerte Gesellschaftsanteil vom Veräußerer auf den Erwerber übergeht. Die Übertragung ist aufschiebend bedingt durch die Eintragung des Erwerbers als Kommanditist im Handelsregister.

VIII. Handelsregisteranmeldung

Die Übertragung der Kommanditanteile ist von allen Gesellschaftern zur Eintragung in das Handelsregister anzumelden. Durch die Eintragung eines **Rechtsnachfolgevermerks** („im Wege der Sonderrechts-

261

---

173 Siehe dazu Hecht, ZEV 2004, 105.
174 BGH, NJW 1980, 54 = BB 1979, 1369 = GmbHR 1979, 223 = DB 1979, 2126 = DNotZ 1980, 56; BGH, NJW 1980, 54 = GmbHR 1979, 223 = WM 1979, 1057 = DB 1979, 2126 = DNotZ 1980, 56.
175 I.d.S. insb. MünchKomm-HGB/K. Schmidt, § 176 Rn. 50.
176 Eine Änderung der Rspr. wurde aber bereits angedeutet. Siehe BGH, NJW 1983, 2258 mit Anm. K. Schmidt = BB 1983, 1118 = DB 1983, 1419 = GmbHR 1983, 238 = ZIP 1983, 822 = EWiR 1985, 699; ausführlich dazu: Huber, ZGR 1984, 167.

nachfolge" oder „als Rechtsnachfolger") ist deutlich zu machen, dass der Kommanditistenwechsel im Wege der Sonderrechtsnachfolge und nicht durch Austritt und Eintritt erfolgt ist. Die bloße Eintragung, dass ein Kommanditist ausgeschieden (§§ 161 Abs. 2, 143 Abs. 2 HGB) und ein anderer Kommanditist eingetreten (§§ 161 Abs. 2, 107 HGB) ist, würde die Rechtslage – Haftung nur mit einer Einlage (§ 172 Abs. 1 HGB) – nicht zutreffend wiedergeben.

262 Bei Eintragung eines Rechtsnachfolgevermerks **haftet** weder der Veräußerer noch der Erwerber, wenn die Einlage erbracht worden ist. Wurde die Einlage dagegen nicht erbracht, haften beide gesamtschuldnerisch. Die Haftung des Veräußerers ist allerdings zeitlich begrenzt (§ 160 HGB). Erbringt der Erwerber die ausstehende Einlage, werden beide von der Haftung frei. Wird die Einlage nach dem Anteilserwerb an den Erwerber zurückgezahlt, führt dies zu einem Wiederaufleben der Haftung beider und damit auch des bereits ausgeschiedenen Gesellschafters.[177] Der Veräußerer bleibt demnach für die Dauer der Nachhaftung für die Erhaltung der Haftsumme verantwortlich.

Wird im Handelsregister **kein Rechtsnachfolgevermerk** eingetragen, soll die Haftung des ausscheidenden Kommanditisten auch dann wieder aufleben, wenn er für seinen Anteil keinerlei Zahlungen erhalten hat. Denn dadurch entsteht der unzutreffende Rechtsschein, als wäre zu dem früheren Kommanditisten ein weiterer Kommanditist mit einer weiteren Haftsumme hinzugekommen. Dieser Rechtsschein geht zulasten des Altgesellschafters, da sich der Neugesellschafter auf die Einlagenleistung seines Rechtsvorgängers berufen kann.[178]

263 Das Registergericht kann die Eintragung der Sonderrechtsnachfolge zudem von einer **Abfindungsversicherung** abhängig machen. Die Rspr. geht davon aus, dass mit dieser Versicherung überprüft werden kann, ob der Kommanditistenwechsel tatsächlich im Wege der Sonderrechtsnachfolge erfolgt ist.[179]

264 **Formulierungsbeispiel: Handelsregisteranmeldung**

> Zur Eintragung in das Handelsregister wird angemeldet:
>
> Der Kommanditist, ..., geboren am ... in ..., wohnhaft in ..., hat im Wege der Einzelrechtsnachfolge von seiner Kommanditeinlage i.H.v. ... € einen Anteil i.H.v. ... € an ..., geboren am ... in ..., wohnhaft in ..., übertragen. ... ist demnach noch mit einer Kommanditeinlage i.H.v. ... € an der Gesellschaft beteiligt.
>
> Alle vertretungsberechtigten Gesellschafter und der übertragende Kommanditist versichern, dass der Kommanditist keine Abfindung aus dem Gesellschaftsvermögen erhalten hat und ihm eine solche auch nicht versprochen worden ist.

---

177 So BGH, NJW 1976, 751 = BB 1976, 383 = WM 1976, 130. So jetzt auch MünchKomm-HGB/K. Schmidt, § 173 Rn. 33; Ebenroth/Boujong/Joost/Strohn, HGB, § 173 Rn. 21; a.A. allerdings: Baumbach/Hopt/Hopt, HGB, § 173 Rn. 12.
178 Grundlegend BGH, BGHZ 81, 82 = NJW 1981, 2747 = WM 1981, 841 = BB 1981, 1483 = ZIP 1981, 981 = DB 1981, 2019 = DNotZ 1982, 490; ausführlich dazu: Eckert, ZHR 1993, 565; Ulrich Huber, ZGR 1984, 146; Jeschke, DB 1983, 541; K. Schmidt, GmbHR 1981, 253.
179 BGH, ZIP 2005, 2257 = DStR 2006, 51 = DB 2005, 2811 = NZG 2006, 15. Ausführlich dazu: Ulrich, GmbHR 2006, 194.

F. Formulierungsbeispiele für eine beteiligungsidentische GmbH & Co. KG

I. Gesellschaftsvertrag einer GmbH & Co. KG

Gesellschaftsvertrag der Firma ... GmbH & Co. KG

§ 1
Firma und Sitz

(1) Die Firma der Gesellschaft lautet: ... GmbH & Co. KG.

(2) Die Gesellschaft ist auch dann zur Fortführung der Firma berechtigt, wenn einer oder mehrere Gesellschafter ausscheiden und ihr Name in der Firma enthalten ist. Alle Gesellschafter stimmen der Firmenfortführung bereits heute unwiderruflich zu.

(3) Sitz der Gesellschaft ist ....

§ 2
Gegenstand

(1) Gegenstand des Unternehmens ist ....

(2) Die Gesellschaft ist berechtigt, sämtliche Geschäfte zu tätigen, die geeignet sind, den Gegenstand des Unternehmens mittelbar oder unmittelbar zu fördern.

(3) Die Gesellschaft kann sich an Unternehmen mit gleichem oder ähnlichem Unternehmensgegenstand beteiligen oder solche Unternehmen gründen. Sie kann Zweigniederlassungen errichten.

§ 3
Geschäftsjahr und Dauer der Gesellschaft

(1) Geschäftsjahr ist das Kalenderjahr. Das erste Geschäftsjahr ist ein Rumpfgeschäftsjahr.

(2) Die Gesellschaft beginnt erst mit ihrer Eintragung im Handelsregister. Ein vorzeitiger Geschäftsbeginn ist nicht zulässig. Die Dauer der Gesellschaft ist unbestimmt.

§ 4
Gesellschafter und Einlagen

(1) Persönlich haftende Gesellschafterin (Komplementärin) ist die ...-GmbH mit Sitz in .... Die Komplementärin ist zur Erbringung einer Einlage weder berechtigt noch verpflichtet. Sie ist am Vermögen der Gesellschaft nicht beteiligt.

(2) Kommanditisten sind

(a) ... mit einer Pflichteinlage i.H.v. ... € und

(b) ... mit einer Pflichteinlage i.H.v. ... €.

Die Kommanditisten haben die Pflichteinlagen sofort in voller Höhe in bar zu erbringen. Die Pflichteinlagen der Kommanditisten entsprechen den Haftsummen.

§ 5
Verzahnung der Beteiligungen

(1) Die Kommanditisten sollen am Festkapital der KG und am Stammkapital der persönlich haftenden Gesellschafterin stets in gleichem Umfang beteiligt sein.

(2) Jeder Gesellschafter ist verpflichtet, alle zur Herstellung oder Beibehaltung des Beteiligungsgleichlaufs erforderlichen oder zweckmäßigen Maßnahmen zu ergreifen und zuzustimmen.

§ 6
Gesellschafterkonten

(1) Für jeden Gesellschafter werden folgende Konten geführt:

(a) ein festes Kapitalkonto I,

(b) ein Kapitalkonto II,

(c) ein Privatkonto und

(d) ein Verlustvortragskonto.

Ferner kann die Gesellschaft Darlehenskonten und ein gesamthänderisches Rücklagenkonto führen.

(2) Auf dem Kapitalkonto I wird die Pflichteinlage des Gesellschafters gebucht. Das Kapitalkonto I weist die vermögensmäßige Beteiligung des Gesellschafters an der Gesellschaft aus. Das Kapitalkonto I verändert sich durch Gewinne und Verluste oder Einlagen und Entnahmen nicht. Das Kapitalkonto I wird nicht verzinst.

(3) Auf dem Kapitalkonto II werden die nicht entnahmefähigen Gewinnanteile eines Gesellschafters gebucht. Das Kapitalkonto II wird nicht verzinst.

(4) Auf einem Privatkonto werden die entnahmefähigen Gewinnanteile eines Gesellschafters gebucht, soweit diese nicht zum Ausgleich des Verlustvortragskontos benötigt werden. Ferner werden auf dem Privatkonto alle sonstigen Forderungen und Verbindlichkeiten zwischen dem Gesellschafter und der Gesellschaft gebucht. Entnahmen dürfen nur insoweit erfolgen, als das Privatkonto dadurch nicht negativ wird. Das Privatkonto wird sowohl im Soll als auch Haben mit 2 % über dem jeweiligen Basiszinssatz nach der Zinsstaffelmethode verzinst. Etwaige Zinsen werden im Verhältnis zur Gesellschaft als Aufwand bzw. Ertrag behandelt.

(5) Auf einem Verlustvortragskonto werden die Verlustanteile eines Gesellschafters gebucht. Gewinne können erst nach Ausgleich eines Verlustvortragskontos auf dem Kapitalkonto II oder auf dem Privatkonto gebucht werden. Das Verlustvortragskonto wird nicht verzinst.

(6) Darlehen des Gesellschafters an die Gesellschaft werden auf Darlehenskonten gebucht. Zwischen der Gesellschaft und dem Gesellschafter wird diesbezüglich ein Darlehensvertrag geschlossen, in dem alle Einzelheiten, insb. auch die Verzinsung und Kündigung des Darlehens, geregelt werden.

(7) Die Gesellschaft kann ein gesamthänderisch gebundenes Rücklagenkonto einrichten, an dem die Gesellschafter im Verhältnis ihrer Beteiligung an der Gesellschaft beteiligt sind. Das Rücklagenkonto ist Eigenkapital und wird nicht verzinst. Entnahmen und Umbuchungen vom Rücklagenkonto sind nur aufgrund eines einstimmigen Gesellschafterbeschlusses zulässig.

§ 7
Geschäftsführung und Vertretung

(1) Die persönlich haftende Gesellschafterin ist allein zur Geschäftsführung und Vertretung der Gesellschaft berechtigt.

(2) Die persönlich haftende Gesellschafterin und ihre jeweiligen Geschäftsführer sind von den Beschränkungen des § 181 BGB befreit.

(3) Für Rechtsgeschäfte, die über den gewöhnlichen Geschäftsbetrieb hinausgehen, bedarf die persönlich haftende Gesellschafterin grds. der vorherigen Zustimmung der Gesellschafterversammlung. Dazu gehören insb. die folgenden Rechtsgeschäfte:

(a) Erwerb und Veräußerung von anderen Unternehmen oder Unternehmensbeteiligungen im In- und Ausland,

(b) Errichtung und Aufhebung von Zweigniederlassungen im In- oder Ausland,

(c) Abschluss, Änderung und Beendigung von Unternehmensverträgen und Verträgen über stille Gesellschaften,

(d) Erwerb, Veräußerung und Belastung von Grundstücken und grundstücksgleichen Rechten im In- und Ausland,

(e) Vornahme von Investitionen i.H.v. mehr als ... € im Einzelfall und mehr als ... € im Geschäftsjahr,

(f) Bestellung und Abberufung von Prokuristen und Handlungsbevollmächtigten,

(g) Abschluss, Änderung und Beendigung von Dienstverträgen, die eine jährliche Gesamtverpflichtung von mehr als ... € (brutto) vorsehen,

(h) Erteilung oder Änderung von Pensionszusagen, Tantiemen oder Mitarbeiterbeteiligungen,

(i) Abschluss, Änderung und Beendigung von Miet-, Pacht-, Leasing- und sonstigen Dauerschuldverträgen mit einer Laufzeit von mehr als drei Jahren,

(j) Abschluss, Änderung und Beendigung von Kreditverträgen über mehr als ... € im Einzelfall und mehr als ... € im Geschäftsjahr,

(k) Übernahme von Bürgschaften und Garantieverpflichtungen,

(l) Abschluss, Änderung und Beendigung von Verträgen mit Gesellschaftern, deren Angehörigen (§ 15 AO) und Gesellschaften, an denen die Gesellschafter und deren Angehörige mehrheitlich beteiligt sind.

(4) Die vorherige Zustimmung der Gesellschafterversammlung ist ausnahmsweise nicht erforderlich, wenn

(a) die Maßnahme bereits in einem von der Gesellschafterversammlung beschlossenen Wirtschafts-, Finanz- oder Investitionsplan vorgesehen ist und

(b) in dringenden Fällen. In diesem Fall muss die Gesellschafterversammlung aber unverzüglich informiert werden.

§ 8
Vergütung der persönlich haftenden Gesellschafterin

(1) Für die Übernahme der Geschäftsführung erhält die persönlich haftende Gesellschafterin eine feste Vergütung i.H.v. ... € pro Jahr. Die Höhe der Vergütung ist somit vom Gewinn der Gesellschaft unabhängig.

(2) Für die Übernahme der persönlichen Haftung erhält die persönlich haftende Gesellschafterin eine jährliche Vergütung i.H.v. 5 % ihres am Ende des Geschäftsjahres gezeichneten Kapitals.

(3) Die angefallen Auslagen erhält die persönlich haftende Gesellschafterin in angemessenem Umfang ersetzt.

(4) Vergütung und Auslagenersatz sind jeweils vier Wochen nach Feststellung des Jahresabschlusses der Gesellschaft für das vorangegangene Geschäftsjahr zur Zahlung fällig.

(5) Die Gesellschaft schuldet der persönlich haftenden Gesellschafterin zusätzlich eine etwa anfallende USt gegen Vorlage einer dem UStG entsprechenden Rechnung.

§ 9
Gesellschafterversammlung

(1) Gesellschafterversammlungen werden durch die persönlich haftende Gesellschafterin einberufen.

(2) Die persönlich haftende Gesellschafterin hat mindestens einmal jährlich innerhalb der gesetzlichen Fristen eine Gesellschafterversammlung einzuberufen. Eine Gesellschafterversammlung soll ferner dann einberufen werden, wenn es das Interesse der Gesellschaft erfordert oder Gesellschafter, die zusammen über mindestens 10 % des Festkapitals der Gesellschaft verfügen, dies unter Angabe des Zwecks und der Gründe schriftlich verlangen.

(3) Die Gesellschafterversammlung ist schriftlich durch Einwurf-Einschreiben einzuberufen. Die Einberufung muss insb. Zeitpunkt, Ort und Tagesordnung enthalten. Zwischen der Absendung der Einberufung und dem Tag der Gesellschafterversammlung muss eine Frist von mindestens 14 Tagen liegen. Der Tag, an dem die Einberufung abgesendet worden ist und an dem die Gesellschafterversammlung stattfindet, werden dabei nicht mitgerechnet.

(4) Alle Gesellschafter sind verpflichtet, der Gesellschaft eine ladungsfähige Anschrift im Inland und etwaige Änderungen stets unverzüglich schriftlich mitzuteilen. Die Ladung eines Gesellschafters ist ordnungsgemäß, wenn sie an die der Gesellschaft zuletzt mitgeteilte Anschrift gerichtet worden ist.

(5) Die Gesellschafterversammlungen finden am Sitz der Gesellschaft statt.

(6) Den Vorsitz in der Gesellschafterversammlung führt jeweils der älteste Gesellschafter.

(7) Jeder Gesellschafter kann sich in der Gesellschafterversammlung durch einen anderen Gesellschafter, seinen Ehegatten oder Lebenspartner, eine zur Berufsverschwiegenheit verpflichtete Person oder einen Testamentsvollstrecker vertreten lassen. Die Vertretungsbefugnis ist durch Vorlage einer schriftlichen Vollmacht oder eines Testamentsvollstreckerzeugnisses nachzuweisen. Dem Vorsitzenden der Gesellschafterversammlung ist eine Abschrift zur Beifügung zur Niederschrift zu übergeben.

(8) Die Gesellschafterversammlung ist beschlussfähig, wenn die anwesenden und vertretenen Gesellschafter mindestens 75 % der nach dem Gesellschaftsvertrag vorhandenen Stimmen repräsentieren. Ist die Gesellschafterversammlung beschlussunfähig, kann frühestens innerhalb von zwei Wochen erneut eine Gesellschafterversammlung einberufen werden. Diese Gesellschafterversammlung ist dann unabhängig von der Zahl der anwesenden und vertretenen Stimmen beschlussfähig. Darauf muss in der Einberufung allerdings ausdrücklich hingewiesen werden

(9) Über jede Gesellschafterversammlung ist eine Niederschrift zu fertigen. Die Niederschrift muss mindestens Angaben über Zeit und Ort der Versammlung, die anwesenden und vertretenen Teilnehmer sowie alle Anträge und Beschlüsse einschließlich der jeweiligen Abstimmungsergebnisse enthalten. Eine Abschrift der Ladung ist der Niederschrift beizufügen, sofern nicht alle Gesellschafter auf die Einhaltung von Form- und Fristvorschriften verzichtet haben. Die Niederschrift ist vom Vorsitzenden und einem weiteren Teilnehmer der Gesellschafterversammlung zu unterzeichnen. Die Gesellschaft übersendet jedem Gesellschafter unverzüglich eine vollständige Abschrift der Niederschrift.

(10) Die Gesellschafterversammlung kann zusammen mit der Gesellschafterversammlung der persönlich haftenden Gesellschafterin stattfinden. Jeder Gesellschafter kann verlangen, dass die Geschäftsführer der persönlich haftenden Gesellschafterin bei den Gesellschafterversammlungen anwesend sind.

§ 10
Gesellschafterbeschlüsse

(1) Beschlüsse der Gesellschafter werden in Gesellschaftsversammlungen gefasst. Eine Gesellschafterversammlung ist nur dann nicht erforderlich, wenn sich alle Gesellschafter mit einer anderen Form der Beschlussfassung einverstanden erklären und diese Form gesetzlich zulässig ist.

(2) Gesellschafterbeschlüsse werden mit der einfachen Mehrheit der abgegebenen Stimmen gefasst, soweit dieser Gesellschaftsvertrag oder das Gesetz nicht zwingend eine andere Mehrheit vorsieht. Stimmenthaltungen werden dabei nicht mitgezählt.

(3) Je 100 € eines Kapitalanteils gewähren eine Stimme. Das Stimmrecht aus einem Gesellschaftsanteil kann nur einheitlich ausgeübt werden.

(4) Ein Gesellschafter hat kein Stimmrecht, wenn er durch eine Beschlussfassung entlastet oder von einer Verbindlichkeit befreit werden soll. Gleiches gilt, wenn der Beschluss die Einleitung oder Erledigung eines Rechtsstreits der Gesellschaft mit ihm zum Gegenstand hat. In diesen Fällen darf der Gesellschafter sein Stimmrecht auch nicht durch andere oder für andere ausüben.

(5) Werden Beschlüsse außerhalb von Gesellschafterversammlungen gefasst, haben die Geschäftsführer der Gesellschaft darüber eine gesonderte Niederschrift zu erstellen. Die Niederschrift muss mindestens Angaben zur Art und Weise der Beschlussfassung, den Anträgen, der Stimmabgabe der Gesellschafter sowie das jeweilige Abstimmungsergebnis enthalten. Die Gesellschaft übersendet jedem Gesellschafter unverzüglich eine vollständige Abschrift der Niederschrift.

(6) Einwendungen gegen die Wirksamkeit eines Gesellschafterbeschlusses sind innerhalb von zwei Monaten seit Zugang der Niederschrift über die Gesellschafterversammlung durch Feststellungsklage geltend zu machen. Die Klage ist gegen die Gesellschaft zu richten. Nach Ablauf der Frist gelten etwaige Beschlussmängel als geheilt.

§ 11
Informationsrechte der Kommanditisten

(1) Jeder Kommanditist ist berechtigt, von der Gesellschaft Auskunft über sämtliche Angelegenheiten der Gesellschaft zu verlangen.

(2) Jeder Kommanditist kann darüber hinaus Einsicht in den Jahresabschluss und die Bücher der Gesellschaft nehmen und sich daraus auch Kopien anfertigen. Der Kommanditist kann dabei einen zur Berufsverschwiegenheit verpflichteten Rechtsanwalt, Steuerberater oder Wirtschaftsprüfer hinzuziehen.

(3) Die Gesellschaft kann die Auskunft und Einsicht verweigern, wenn zu befürchten ist, dass der Kommanditist sie zu gesellschaftsfremden Zwecken verwenden und dadurch der Gesellschaft oder einem verbundenen Unternehmen einen nicht unerheblichen Nachteil zufügen wird. Die Verweigerung bedarf eines Beschlusses der Gesellschafterversammlung.

§ 12
Jahresabschluss

(1) Die persönlich haftende Gesellschafterin hat den Jahresabschluss sowie ggf. auch einen Lagebericht innerhalb der gesetzlichen Fristen aufzustellen.

(2) Der Jahresabschluss hat den steuerlichen Vorschriften zu entsprechen, soweit nicht zwingende handelsrechtliche Bestimmungen oder dieser Gesellschaftsvertrag etwas anderes vorsehen. Wird der Jahresabschluss nachträglich berichtigt, insb. aufgrund einer steuerlichen Betriebsprüfung, ist der berichtigte Jahresabschluss maßgeblich.

(3) Die Ausübung von Bewertungswahlrechten und Bilanzmaßnahmen steht in allen Fällen der persönlich haftenden Gesellschafterin allein zu.

(4) Die Gesellschafterversammlung kann beschließen, dass der Jahresabschluss auch dann von einem Wirtschaftsprüfer geprüft wird, wenn keine gesetzliche Prüfungspflicht besteht. Der Prüfungsbericht ist allen Gesellschaftern unverzüglich zu übersenden.

(5) Der Jahresabschluss wird von der Gesellschafterversammlung festgestellt. Der Entwurf des Jahresabschlusses ist (ggf. zusammen mit dem Lagebericht sowie dem Prüfungsbericht) allen Gesellschaftern zusammen mit der Einberufung der Gesellschafterversammlung zu übersenden. Die Geschäftsführer sollen den Gesellschaftern auch einen Vorschlag für die Verwendung eines etwaigen Gewinns unterbreiten. Die Gesellschafterversammlung kann über die Feststellung des Jahresabschluss frühestens 14 Tage nach dessen Versendung an die Gesellschafter beschließen.

§ 13
Gewinn- und Verlustbeteiligung

(1) An dem Jahresüberschuss und einem etwaigen Jahresfehlbetrag sind die Kommanditisten im Verhältnis ihrer Beteiligung am Festkapital der Gesellschaft (Kapitalkonto I) beteiligt.

(2) Die Gesellschafterversammlung entscheidet über die Verwendung des Jahresüberschusses. Die Gewinnanteile der Kommanditisten sind allerdings stets vorrangig zum Ausgleich eines etwaigen Verlustvortrags auf dem Verlustvortragskonto zu verwenden und im Übrigen dem Verrechnungskonto gutzuschreiben.

(3) Die Gesellschafterversammlung kann beschließen, dass der Jahresüberschuss i.H.v. bis zu ... % in die Rücklagen eingestellt wird.

(4) Die Verlustanteile der Kommanditisten werden dem Verlustvortragskonto belastet. Eine Nachschusspflicht der Kommanditisten wird dadurch jedoch nicht begründet. Die gesetzlichen Vorschriften für die beschränkte Haftung der Kommanditisten bleiben unberührt.

(5) Kommt es bei der Gesellschaft zu einer Mehr- oder Minderbelastung mit Gewerbesteuer, die durch steuerliche Sonder- oder Ergänzungsbilanzen oder sonstige Verfügungen einzelner Gesellschafter verursacht worden ist, wird der Betrag dem Gewinnanteil des entsprechenden Gesellschafters vorweg gutgeschrieben bzw. belastet. Im Fall einer Mehrbelastung gilt dies jedoch nur, soweit es bei den anderen Gesellschaftern dadurch nicht zu einer Erhöhung der Gewerbesteueranrechung (§ 35 EStG) gekommen ist. Im Fall einer Minderbelastung ist die Gutschrift des verursachenden Gesellschafters um etwaige Nachteile der anderen Gesellschafter bei der Gewerbesteueranrechung zu kürzen.

§ 14
Entnahmen

(1) Die Kommanditisten sind berechtigt, zulasten ihres Verrechnungskontos folgende Beträge zu entnehmen:

(a) Die auf den Gesellschaftsanteil sowie etwaige Tätigkeitsvergütungen, Zinsen, Miet- und Pachteinnahmen entfallenden persönlichen Steuern (Einkommensteuer einschließlich Solidaritätszuschlag und Kirchensteuer) zum jeweiligen Fälligkeitszeitpunkt. Maßgebend für die Höhe des

Entnahmerechts ist der jeweilige steuerliche Höchstsatz unabhängig von der tatsächlichen Besteuerung des Gesellschafters.

(b) Die auf den Geschäftsanteil an der Gesellschaft und der persönlich haftenden Gesellschafterin entfallende Erbschaftsteuer zum jeweiligen Fälligkeitszeitpunkt. Die Höhe der Steuer ist der Gesellschaft durch geeignete Unterlagen des Finanzamts oder eines Steuerberaters nachzuweisen.

(2) Die Kommanditisten sind darüber hinaus berechtigt, etwaige Guthaben von ihrem Verrechnungskonto jederzeit zu entnehmen, soweit dieses dadurch nicht negativ wird.

(3) Über weitergehende Entnahmen oder Einschränkungen des Entnahmerechts entscheidet die Gesellschafterversammlung.

§ 15
Verfügung über Gesellschaftsanteile

(1) Jede entgeltliche oder unentgeltliche Verfügung über Gesellschaftsanteile, Teile von Gesellschaftsanteilen oder Ansprüche eines Gesellschafters gegen die Gesellschaft bedarf zu ihrer Wirksamkeit der vorherigen Zustimmung durch die Gesellschafterversammlung. Der Beschluss bedarf einer Mehrheit von 75 % der abgegebenen Stimmen. Der betroffene Gesellschafter hat dabei kein Stimmrecht.

(2) Die Zustimmung der Gesellschaftsversammlung ist jedoch nicht erforderlich bei Verfügungen zu Gunsten von Mitgesellschaftern, Ehegatten, Lebenspartnern und leiblichen Abkömmlingen eines Gesellschafters.

(3) Bei jeder Verfügung über Teile von Gesellschaftsanteilen müssen die Festkapitalkonten stets durch 50 € teilbar sein.

(4) Die Verfügung über Gesellschaftsanteile ist stets nur dann zulässig, wenn der Veräußerer gleichzeitig seinen Geschäftsanteil an der persönlich haftenden Gesellschafterin im gleichen Umfang an denselben Erwerber überträgt oder durch die Verfügung gerade der Gleichlauf der Beteiligungsquoten hergestellt werden soll.

§ 16
Vorkaufsrecht

(1) Verkauft ein Kommanditist seinen Gesellschaftsanteil ganz oder teilweise, steht den anderen Kommanditisten ein Vorkaufsrecht im Verhältnis ihrer Beteiligung am Festkapital zu. Der verkaufswillige Gesellschafter muss den Abschluss und den Inhalt des Kaufvertrags allen Kommanditisten schriftlich in vollem Umfang mitteilen. Eine Mitteilung per E-mail, in Textform oder per Telefax ist nicht ausreichend. Das Vorkaufsrecht ist sodann spätestens innerhalb von 30 Tagen nach dem Zugang der Mitteilung an alle Mitgesellschafter durch schriftliche Erklärung auszuüben. Maßgebend für die Rechtzeitigkeit der Erklärung ist der Zugang beim verkaufswilligen Gesellschafter. Jeder Vorkaufsberechtigte kann von seinem Vorkaufsrecht nur insgesamt oder überhaupt nicht Gebrauch machen. Für das Vorkaufsrecht gelten im Übrigen die Regelungen der §§ 463 ff. BGB sinngemäß.

(2) Übt ein Vorkaufsberechtigter sein Vorkaufsrecht nicht oder nicht wirksam aus, geht das Vorkaufsrecht auf die anderen vorkaufsberechtigten Gesellschafter im Verhältnis ihrer Beteiligung am Festkapital über. Das Vorkaufsrecht ist dann innerhalb von 30 Tagen nach Zugang der Mitteilung, dass ein Kommanditist sein Vorkaufsrecht nicht oder nicht wirksam ausgeübt hat, auszuüben. Im Übrigen gelten die Regelungen in Abs. 1 entsprechend.

(3) Für den Fall, dass die Kommanditisten ihr Vorkaufsrecht nicht einheitlich ausüben, ist der verkaufswillige Gesellschafter berechtigt, in beliebiger Weise über den Teil des Gesellschaftsanteils zu verfügen, an dem kein Vorkaufsrecht ausgeübt worden ist.

(4) Das Vorkaufsrecht kann stets nur zusammen mit dem Vorkaufsrecht hinsichtlich eines etwaigen Geschäftsanteils des betreffenden Gesellschafters an der persönlich haftenden Gesellschafterin ausgeübt werden.

§ 17
Erbfolge und Testamentsvollstreckung

(1) Beim Tod eines Kommanditisten wird die Gesellschaft mit seinen Erben fortgesetzt, sofern es sich dabei um den Ehegatten, den Lebenspartner oder die leiblichen Abkömmlinge des Gesellschafters oder um Mitgesellschafter handelt.

(2) Sind keine nachfolgeberechtigten Erben vorhanden, wird die Gesellschaft mit den verbleibenden Gesellschaftern fortgesetzt. Die Erben erhalten in diesem Fall eine Abfindung nach Maßgabe dieses Gesellschaftsvertrags.

(3) Die vorstehenden Regelungen gelten für Vermächtnisnehmer entsprechend.

(4) Die Anordnung der Testamentsvollstreckung im Hinblick auf Kommanditanteile an der Gesellschaft ist zulässig. Im Fall der Testamentsvollstreckung werden die Rechte des Erben durch den Testamentsvollstrecker ausgeübt.

§ 18
Ausschluss von Gesellschaftern

(1) Ein Gesellschafter kann aus der Gesellschaft ausgeschlossen werden, wenn in seiner Person ein wichtiger Grund vorliegt. Als wichtiger Grund gilt insb., wenn

(a) ein Gesellschafter eine ihm nach dem Gesellschaftsvertrag obliegende wesentliche Verpflichtung vorsätzlich oder grob fahrlässig verletzt oder die Erfüllung einer solchen Verpflichtung unmöglich wird (§§ 133, 140 HGB) oder

(b) ein Gesellschafter nicht mehr am Kapital der persönlich haftenden Gesellschafterin beteiligt ist.

(2) Über den Ausschluss entscheidet die Gesellschafterversammlung mit einer Mehrheit von 75 % der abgegebenen Stimmen. Dem betroffenen Gesellschafter steht dabei kein Stimmrecht zu. Vor der Beschlussfassung soll ihm allerdings nochmals die Möglichkeit zur Stellungnahme gegeben werden.

(3) Die Gesellschafterversammlung kann – anstelle des Ausschlusses – auch beschließen, dass der betroffene Gesellschafter seinen Gesellschaftsanteil ganz oder teilweise an einen oder mehrere von der Gesellschaft bestimmte Dritte abzutreten hat. Jeder Gesellschafter erteilt für diesen Fall der persönlich haftenden Gesellschafterin bereits heute unwiderruflich Vollmacht, die Abtretung vorzunehmen und alle dazu erforderlichen Erklärungen abzugeben und entgegenzunehmen.

(4) Steht ein Gesellschaftsanteil mehreren Personen zu, ist ein Ausschluss auch dann zulässig, wenn die Voraussetzungen nur in der Person eines Gesellschafters vorliegen.

(5) Die Gesellschafterversammlung muss über den Ausschluss eines Gesellschafters spätestens innerhalb von sechs Monaten, nachdem ein Gesellschafter von dem die Ausschließung rechtfertigenden Umstand positive Kenntnis erlangt hat, entscheiden.

(6) Der Ausschluss wird mit dem Zugang des Gesellschafterbeschlusses bei dem betroffenen Gesellschafter wirksam, sofern dieser in der Gesellschafterversammlung nicht persönlich anwesend war.

(7) Der ausgeschlossene Gesellschafter erhält eine Abfindung nach Maßgabe dieses Gesellschaftsvertrags.

§ 19
Ausscheiden aus der Gesellschaft

(1) Ein Gesellschafter scheidet aus der Gesellschaft aus, wenn

(a) über das Vermögen eines Gesellschafters das Insolvenzverfahren eröffnet wird, die Eröffnung eines Insolvenzverfahrens mangels Masse abgelehnt wird oder ein Gesellschafter die Richtigkeit eines Vermögensverzeichnisses an Eides statt zu versichern hat oder

(b) in den Gesellschaftsanteil eines Gesellschafters oder seine sonstigen Rechte und Ansprüche als Gesellschafter Zwangsvollstreckungsmaßnahmen eingeleitet werden und diese nicht innerhalb von drei Monaten nach Zustellung des Pfändungs- und/oder Überweisungsbeschlusses wieder aufgehoben werden oder

(c) ein Gesellschafter die Gesellschaft wirksam kündigt.

(2) Der Gesellschafter scheidet mit Eintritt des jeweiligen Ereignisses aus der Gesellschaft aus, ohne dass dafür ein Beschluss der Gesellschafterversammlung erforderlich ist. Im Fall der Kündigung der Gesellschaft erfolgt das Ausscheiden nicht vor Ablauf der Kündigungsfrist.

(3) Im Fall des Ausscheidens eines Gesellschafters wird die Gesellschaft von den verbleibenden Gesellschaftern unter Beibehaltung der bisherigen Firma fortgesetzt.

(4) Der ausscheidende Gesellschafter erhält eine Abfindung nach Maßgabe dieses Gesellschaftsvertrags.

§ 20
Kündigung

(1) Jeder Gesellschafter kann durch Kündigung seinen Austritt aus der Gesellschaft erklären.

(2) Die Kündigung hat unter Einhaltung einer Frist von einem Jahr zum Ende eines Geschäftsjahres zu erfolgen. Die Kündigung ist erstmals zum 31.12.... zulässig. Das Recht zur Kündigung aus wichtigem Grund bleibt unberührt.

(3) Die Kündigung hat schriftlich durch Einwurf-Einschreiben zu erfolgen. Die Kündigung ist gegenüber der Gesellschaft zu erklären. Für die Rechtzeitigkeit der Kündigung ist der Zugang bei der Gesellschaft maßgebend. Die Geschäftsführerin hat alle Gesellschafter unverzüglich über die Kündigung zu informieren.

(4) Die Kündigung ist nur wirksam, wenn der Gesellschafter eine etwaige Beteiligung an der persönlich haftenden Gesellschafterin zum selben Stichtag gleichzeitig kündigt.

(5) Im Fall der wirksamen Kündigung wird die Gesellschaft unter den verbleibenden Gesellschaftern fortgesetzt. Der kündigende Gesellschafter erhält eine Abfindung nach Maßgabe dieses Gesellschaftsvertrags.

§ 21
Güterstand der Gesellschafter

(1) Jeder Gesellschafter ist verpflichtet, die Gesellschaft über seinen jeweiligen Güterstand und etwaige spätere Änderungen unverzüglich schriftlich zu informieren.

(2) Im Interesse des langfristigen Fortbestands der Gesellschaft verpflichten sich alle Gesellschafter, die verheiratet sind, mit ihrem Ehegatten einen wirksamen Ehevertrag abzuschließen und auf diese Weise sicherzustellen, dass

(a) die Beteiligung an der Gesellschaft (einschließlich aller dazu gehörenden Nebenrechte, Guthaben und Ansprüche) im Fall einer Scheidung der Ehe in keiner Weise einem Zugewinnausgleich und auch keinen sonstigen eherechtlichen Ansprüchen unterliegt und

(b) der jeweilige Gesellschafter über die Beteiligung an der Gesellschaft stets allein verwaltungs- und verfügungsbefugt ist.

(3) Bei Abschluss des Ehevertrags wird jeder Gesellschafter die berechtigten Interessen seines Ehegatten angemessen berücksichtigen und sicherstellen, dass der Ehevertrag in einem fairen und transparenten Verfahren zustande kommt. Die Gesellschafter werden die von ihnen abgeschlossenen Eheverträge an veränderte Umstände anpassen, um ihre dauerhafte Wirksamkeit zu gewährleisten.

(4) Zum Schutz der Gesellschaft vor einer ungewollten Öffentlichkeit soll in dem Ehevertrag vereinbart werden, dass alle Informationen (insb., aber nicht nur unternehmensinterne Zahlen) gegenüber jedermann stets absolut vertraulich zu behandeln sind. Die Vereinbarung soll nach Möglichkeit durch eine angemessene Vertragsstrafe gesichert werden. Ferner soll für alle vermögensrechtlichen Streitigkeiten aus der Ehe die Zuständigkeit eines Schiedsgerichts vereinbart werden, bei dem die Öffentlichkeit ausgeschlossen ist.

(5) Die vorstehende Verpflichtung gilt sinngemäß für Gesellschafter, die mit einem Partner (gleichen oder verschiedenen Geschlechts) in einer Ehe oder einer sonstigen Lebenspartnerschaft nach in- oder ausländischem Recht zusammen leben, entsprechend.

(6) Jeder Gesellschafter ist verpflichtet, der Gesellschaft die Einhaltung der vorstehenden Verpflichtung nach schriftlicher Aufforderung unverzüglich, spätestens aber nach Ablauf von zwölf Monaten, nachzuweisen. Als Nachweis gilt insb. die Vorlage einer beglaubigten Abschrift eines Ehevertrags. Auf begründeten Antrag des Gesellschafters ist die Frist um weitere sechs Monate zu verlängern.

(7) Kommt ein Gesellschafter dieser Verpflichtung gleichwohl nicht nach, entscheidet die Gesellschafterversammlung mit einer Mehrheit von 75 % der abgegeben Stimmen über die im Einzelfall geeigneten Sanktionen. Dem betroffenen Gesellschafter steht dabei kein Stimmrecht zu. Die Gesellschafterversammlung soll vor einer Beschlussfassung dem betroffenen Gesellschafter in jedem Fall nochmals die Möglichkeit zu einer Stellungnahme geben.

(8) Die Gesellschafterversammlung hat bei ihrer Entscheidung insb. die Art und Schwere der konkreten Pflichtverletzung und die Ursachen für die Pflichtverletzung zu berücksichtigen. Im Einzelfall kann ein Gesellschafter auch aus der Gesellschaft ausgeschlossen werden. In diesem Fall erhält er eine Abfindung nach Maßgabe dieses Gesellschaftsvertrags. Die Abfindung ist spätestens innerhalb von drei Monaten nach dem Wirksamwerden des Ausscheidens zur Zahlung fällig.

§ 22
Abfindung ausscheidender Gesellschafter

(1) Ein Gesellschafter, der aus der Gesellschaft ausscheidet, hat Anspruch auf eine Abfindung.

(2) Für die Höhe der Abfindung ist nach dem Grund des Ausscheidens zu unterscheiden:

(a) In den Fällen der §§ 18 Abs. 1a und 19 Abs. 1a und 1b dieses Gesellschaftsvertrags richtet sich die Höhe der Abfindung nach dem Anteil des ausscheidenden Gesellschafters am Gesellschaftskapital (Festkapital). Hinzu kommt der auf den betreffenden Gesellschaftsanteil entfallende Anteil an etwaigen Rücklagen. Die auf den betreffenden Geschäftanteil entfallenden Verlustvorträge sind abzuziehen.

(b) In allen anderen Fällen beträgt die Abfindung 75 % des anteiligen Unternehmenswerts, der der Beteiligung des ausscheidenden Gesellschafters am Gesellschaftskapital (Festkapital) entspricht. Für die Berechnung des Unternehmenswerts sind die vom Institut der Wirtschaftsprüfer in Deutschland e.V. (IDW), Düsseldorf aufgestellten Grundsätze zur Durchführung von Unternehmensbewertungen in der zum Zeitpunkt des Ausscheidens gültigen Fassung maßgebend.

(3) Scheidet ein Gesellschafter zum Ende eines Geschäftsjahres aus der Gesellschaft aus, ist dies auch der maßgebliche Stichtag für die Ermittlung der Abfindung. In allen anderen Fällen sind die Verhältnisse zum Ende des vorangegangenen Geschäftsjahres maßgebend.

(4) Änderungen des für die Bestimmung der Abfindung maßgeblichen Jahresabschlusses der Gesellschaft (z.B. aufgrund einer steuerlichen Betriebsprüfung) bleiben unberücksichtigt. An schwebenden Geschäften nimmt der ausscheidende Gesellschafter nicht teil.

(5) Kommt eine Einigung über die Höhe der Abfindung nicht zustande, wird sie für alle Beteiligten mit bindender Wirkung von einem Wirtschaftsprüfer festgesetzt. Falls die Beteiligten sich über die Person des Wirtschaftsprüfers nicht einigen können, soll er auf Antrag eines Beteiligten von dem am Sitz der Gesellschaft zuständigen Präsidenten der Wirtschaftsprüferkammer bestimmt werden. Die Kosten des Verfahrens tragen alle Beteiligten zu untereinander gleichen Teilen.

(6) Die Abfindung ist in fünf gleichen Jahresraten zu bezahlen. Die erste Rate ist spätestens am Ende des Monats zur Zahlung fällig, in dem sich die Beteiligten über die Höhe der Abfindung geeinigt haben oder diese sonst verbindlich festgesetzt worden ist. Ab dem Zeitpunkt des Ausscheidens aus der Gesellschaft ist die Abfindung mit jährlich 2 % über dem jeweiligen Basiszinssatz zu verzinsen. Die Zinsen sind mit der jeweiligen Rate zur Zahlung fällig. Die Gesellschaft ist zu einer Sicherheitsleistung für die Abfindung nicht verpflichtet.

(7) Verrechnungskonto und Darlehenskonto des ausscheidenden Gesellschafters sind gesondert auszugleichen. Ein etwaiges Guthaben auf dem Verrechnungskonto ist dem Gesellschafter unverzüglich auszubezahlen und ein etwaiger Fehlbetrag von dem Gesellschafter unverzüglich auszugleichen.

§ 23
Wettbewerbsverbot

(1) Kein Gesellschafter darf der Gesellschaft während seiner Zugehörigkeit zur Gesellschaft und zwei Jahre nach seinem Ausscheiden aus der Gesellschaft unmittelbar oder mittelbar, gelegentlich oder gewerbsmäßig, unter eigenem oder unter fremdem Namen, für eigene oder für fremde Rechnung der Gesellschaft in ihrem Geschäftszweig Konkurrenz machen oder sich an einem Konkurrenzunternehmen beteiligen. Eine Entschädigung hierfür ist nicht zu leisten.

(2) Sonstige vertragliche oder gesetzliche Rechte, insb. Ansprüche auf Schadensersatz und auf Herausgabe des Erlangten, bleiben unberührt.

(3) Über Befreiungen von dem Wettbewerbsverbot entscheidet die Gesellschafterversammlung mit einfacher Mehrheit der abgegeben Stimmen. Dem betroffenen Gesellschafter steht dabei kein Stimmrecht zu. Die Befreiung vom Wettbewerbsverbot ist unwiderruflich, solange sich die dafür maßgeblichen Umstände nicht wesentlich verändert haben.

§ 24
Geheimhaltung

(1) Jeder Gesellschafter ist verpflichtet, über sämtliche Angelegenheiten der Gesellschaft gegenüber jedermann absolutes Stillschweigen zu bewahren. Diese Verpflichtung besteht auch nach dem Ausscheiden aus der Gesellschaft fort.

(2) Die Verpflichtung zur Geheimhaltung gilt nicht gegenüber Rechtsanwälten, Steuerberatern und Wirtschaftsprüfern, soweit diese die berechtigten Interessen des Gesellschafters wahrnehmen.

(3) Über weitere Ausnahmen von der Verpflichtung zur Geheimhaltung entscheidet die Gesellschafterversammlung mit einfacher Mehrheit der abgegeben Stimmen. Dem betroffenen Gesellschafter steht dabei kein Stimmrecht zu.

§ 25
Liquidation

(1) Über die Auflösung der Gesellschaft entscheidet die Gesellschafterversammlung mit einer Mehrheit von 75 % der abgegebenen Stimmen.

(2) Im Fall der Auflösung der Gesellschaft wird die Liquidation von der persönlich haftenden Gesellschafterin nach Maßgabe der gesetzlichen Bestimmungen vorgenommen. Die Gesellschafterversammlung kann mit einer Mehrheit von 75 % der abgegebenen Stimmen einen anderen Liquidator bestimmen oder eine andere Art der Liquidation festlegen.

(3) Das nach der Durchführung der Liquidation verbleibende Vermögen steht den Kommanditisten im Verhältnis ihrer Beteiligung am Festkapital der Gesellschaft (Kapitalkonto I) zu.

§ 26
Schlussbestimmungen

(1) Soweit dieser Vertrag keine abweichenden Regelungen enthält, gelten die Vorschriften des HGB über die KG.

(2) Sollten einzelne Bestimmungen dieses Vertrags unwirksam sein oder werden, so wird die Rechtswirksamkeit des übrigen Vertragsinhalts dadurch nicht berührt. Die betreffende Bestimmung ist durch eine wirksame Bestimmung zu ersetzen, die dem angestrebten Zweck wirtschaftlich möglichst nahe kommt. In gleicher Weise sind etwaige Vertragslücken zu ergänzen.

(3) Änderungen und Ergänzungen dieses Vertrags bedürfen zu ihrer Wirksamkeit der Schriftform, soweit nicht im Einzelfall eine andere Form zwingend vorgeschrieben ist.

II. Gesellschaftsvertrag einer Komplementär-GmbH

Satzung der Firma ... GmbH mit dem Sitz in ...

§ 1
Firma und Sitz

(1) Die Firma der Gesellschaft lautet: ... GmbH.

(2) Sitz der Gesellschaft ist ....

§ 2
Gegenstand des Unternehmens

(1) Gegenstand des Unternehmens ist die Beteiligung als persönlich haftende Gesellschafterin an der ...-GmbH & Co. KG mit dem Sitz in ..., deren Tätigkeit ... ist.

(2) Die Gesellschaft ist berechtigt, sämtliche Geschäfte zu tätigen, die geeignet sind, den Gegenstand des Unternehmens mittelbar oder unmittelbar zu fördern.

(3) Die Gesellschaft kann sich an Unternehmen mit gleichem oder ähnlichem Unternehmensgegenstand beteiligen oder solche Unternehmen gründen. Sie kann Zweigniederlassungen im In- und Ausland errichten.

§ 3
Geschäftsjahr und Dauer der Gesellschaft

(1) Geschäftsjahr ist das Kalenderjahr. Das erste Geschäftsjahr endet am 31.12. des Jahres, in dem die Gesellschaft in das Handelsregister eingetragen wird.

(2) Die Dauer der Gesellschaft ist unbestimmt.

§ 4
Stammkapital und Stammeinlagen

(1) Das Stammkapital der Gesellschaft beträgt ... € (in Worten: ... €).

(2) Von dem Stammkapital übernehmen

(a) ... eine Stammeinlage im Nennbetrag zu ... € und

(b) ... eine Stammeinlage im Nennbetrag zu ... €.

(3) Die Stammeinlagen sind jeweils sofort in voller Höhe in bar zu erbringen.

§ 5
Verzahnung der Beteiligungen

(1) Solange die Gesellschaft persönlich haftende Gesellschafterin der ...-GmbH & Co. KG ist, sollen alle Gesellschafter am Stammkapital der GmbH und am Festkapital der KG stets in gleichem Umfang beteiligt sein. Eigene Anteile und eingezogene Geschäftsanteile werden dabei nicht berücksichtigt.

(2) Jeder Gesellschafter ist verpflichtet, alle zur Herstellung oder Beibehaltung des Beteiligungsgleichlaufs erforderlichen oder zweckmäßigen Maßnahmen zu ergreifen und zuzustimmen.

§ 6
Geschäftsführung und Vertretung

(1) Die Gesellschaft hat einen oder mehrere Geschäftsführer.

(2) Ist nur ein Geschäftsführer bestellt, so vertritt dieser die Gesellschaft allein. Sind mehrere Geschäftsführer bestellt, so wird die Gesellschaft durch zwei Geschäftsführer gemeinschaftlich oder durch einen Geschäftsführer in Gemeinschaft mit einem Prokuristen vertreten.

(3) Die Gesellschafterversammlung kann einem, mehreren oder allen Geschäftsführern Einzelvertretungsbefugnis und Befreiung von den Beschränkungen des § 181 BGB erteilen.

(4) Sind mehrere Geschäftsführer bestellt, führen sie die Geschäfte gemeinschaftlich. Beschlüsse werden mit der einfachen Mehrheit aller Stimmen gefasst. Jeder Geschäftsführer hat eine Stimme. Die Gesellschafterversammlung kann für die Geschäftsführung eine Geschäftsordnung erlassen, in der auch abweichende Regelungen vorgesehen werden können.

(5) Bei der Führung der Geschäfte der ...-GmbH & Co. KG haben die Geschäftsführer das Gesetz, diese Satzung sowie den Gesellschaftsvertrag der ...-GmbH & Co. KG zu beachten. Die Gesellschaf-

ter können den Geschäftsführern auch hinsichtlich der Geschäftsführung der ...-GmbH & Co. KG Weisungen erteilen.

(6) Für folgende Geschäfte bedürfen die Geschäftsführer der vorherigen Zustimmung der Gesellschafterversammlung:

(a) alle Geschäfte, Maßnahmen und Handlungen, die nicht im Zusammenhang mit der Geschäftsführung bei der ...-GmbH & Co. KG stehen,

(b) alle Geschäfte, die über den gewöhnlichen Betrieb der Gesellschaft hinausgehen,

(c) Abgabe von Erklärungen jeglicher Art in Gesellschafterversammlungen der ...-GmbH & Co. KG.

(7) Die vorstehenden Regelungen gelten für die Liquidatoren der Gesellschaft entsprechend.

§ 7
Gesellschafterversammlung

(1) Gesellschafterversammlungen werden durch die Geschäftsführer einberufen.

(2) Die Geschäftsführer haben mindestens einmal jährlich innerhalb der gesetzlich vorgesehenen Frist eine Gesellschafterversammlung einzuberufen. Eine Gesellschafterversammlung soll ferner dann einberufen werden, wenn es das Interesse der Gesellschaft erfordert oder Gesellschafter, deren Geschäftsanteile zusammen mindestens 10 % des Stammkapitals der Gesellschaft entsprechen, dies unter Angabe des Zwecks und der Gründe schriftlich verlangen.

(3) Die Gesellschafterversammlung ist schriftlich durch Einwurf-Einschreiben einzuberufen. Die Einberufung muss insb. Zeitpunkt, Ort und Tagesordnung enthalten. Zwischen der Absendung der Einberufung und dem Tag der Gesellschafterversammlung muss eine Frist von mindestens 14 Tagen liegen. Der Tag, an dem die Einberufung abgesendet worden ist und an dem die Gesellschafterversammlung stattfindet, werden dabei nicht mitgerechnet.

(4) Alle Gesellschafter sind verpflichtet, der Gesellschaft eine ladungsfähige Anschrift im Inland und etwaige Änderungen stets unverzüglich schriftlich mitzuteilen. Die Ladung eines Gesellschafters ist ordnungsgemäß, wenn sie an die der Gesellschaft zuletzt mitgeteilte Anschrift gerichtet worden ist.

(5) Die Gesellschafterversammlungen finden am Sitz der Gesellschaft statt.

(6) Den Vorsitz in der Gesellschafterversammlung führt jeweils der älteste Gesellschafter.

(7) Jeder Gesellschafter kann sich in der Gesellschafterversammlung durch einen anderen Gesellschafter, seinen Ehegatten oder Lebenspartner, eine zur Berufsverschwiegenheit verpflichtete Person oder einen Testamentsvollstrecker vertreten lassen. Die Vertretungsbefugnis ist durch Vorlage einer schriftlichen Vollmacht oder eines Testamentsvollstreckerzeugnisses nachzuweisen. Dem Vorsitzenden der Gesellschafterversammlung ist eine Abschrift zur Beifügung zur Niederschrift zu übergeben.

(8) Die Gesellschafterversammlung ist beschlussfähig, wenn die anwesenden und vertretenen Gesellschafter mindestens 75 % der nach dem Gesellschaftsvertrag vorhandenen Stimmen repräsentieren. Ist die Gesellschafterversammlung beschlussunfähig, kann frühestens innerhalb von zwei Wochen erneut eine Gesellschafterversammlung einberufen werden. Diese Gesellschafterversammlung ist dann unabhängig von der Zahl der anwesenden und vertretenen Stimmen beschlussfähig. Darauf muss in der Einberufung allerdings ausdrücklich hingewiesen werden.

(9) Über jede Gesellschafterversammlung ist eine Niederschrift zu fertigen. Die Niederschrift muss mindestens Angaben über Zeit und Ort der Versammlung, die anwesenden und vertretenen Teilnehmer sowie alle Anträge und Beschlüsse einschließlich der jeweiligen Abstimmungsergebnisse enthalten. Eine Abschrift der Ladung ist der Niederschrift beizufügen, sofern nicht alle Gesellschafter auf die Einhaltung von Form- und Fristvorschriften verzichtet haben. Die Niederschrift ist vom Vorsitzenden und einem weiteren Teilnehmer der Gesellschafterversammlung zu unterzeichnen. Die Gesellschaft übersendet jedem Gesellschafter unverzüglich eine vollständige Abschrift der Niederschrift.

(10) Die Gesellschafterversammlung kann zusammen mit der Gesellschafterversammlung der ...-GmbH & Co. KG stattfinden.

§ 8
Gesellschafterbeschlüsse

(1) Beschlüsse der Gesellschafter werden in Gesellschaftsversammlungen gefasst. Eine Gesellschafterversammlung ist nur dann nicht erforderlich, wenn sich alle Gesellschafter mit einer anderen Form der Beschlussfassung einverstanden erklären und diese Form gesetzlich zulässig ist.

(2) Gesellschafterbeschlüsse werden mit der einfachen Mehrheit der abgegebenen Stimmen gefasst, soweit dieser Gesellschaftsvertrag oder das Gesetz nicht zwingend eine andere Mehrheit vorsehen. Stimmenthaltungen werden dabei nicht mitgezählt.

(3) Je 100 € eines Kapitalanteils gewähren eine Stimme. Das Stimmrecht aus einem Gesellschaftsanteil kann nur einheitlich ausgeübt werden.

(4) Ein Gesellschafter hat kein Stimmrecht, wenn er durch eine Beschlussfassung entlastet oder von einer Verbindlichkeit befreit werden soll. Gleiches gilt, wenn der Beschluss die Einleitung oder Erledigung eines Rechtsstreits der Gesellschaft mit ihm zum Gegenstand hat. In diesen Fällen darf der Gesellschafter sein Stimmrecht auch nicht durch andere oder für andere ausüben.

(5) Werden Beschlüsse außerhalb von Gesellschafterversammlungen gefasst, haben die Geschäftsführer der Gesellschaft darüber eine gesonderte Niederschrift zu erstellen. Die Niederschrift muss mindestens Angaben zur Art und Weise der Beschlussfassung, den Anträgen, der Stimmabgabe der Gesellschafter und das jeweilige Abstimmungsergebnis enthalten. Die Gesellschaft übersendet jedem Gesellschafter unverzüglich eine vollständige Abschrift der Niederschrift.

(6) Einwendungen gegen die Wirksamkeit eines Gesellschafterbeschlusses können nur innerhalb einer Frist von zwei Monaten nach Erhalt der Niederschrift über die Gesellschafterversammlung geltend gemacht werden. Nach Ablauf der Frist gelten etwaige Beschlussmängel als geheilt.

§ 9
Jahresabschluss und Gewinnverwendung

(1) Die Geschäftsführer haben innerhalb der gesetzlichen Fristen den Jahresabschluss (und ggf. auch einen Lagebericht) aufzustellen und diesen (zusammen mit einem etwaigen Prüfungsbericht) an alle Gesellschafter zu übersenden. Die Geschäftsführer sollen den Gesellschaftern auch einen Vorschlag für die Verwendung eines etwaigen Gewinns unterbreiten. Die Gesellschafterversammlung kann über die Feststellung des Jahresabschlusses frühestens 14 Tage nach dessen Versendung an die Gesellschafter beschließen.

(2) Im Übrigen gelten für den Jahresabschluss, den Lagebericht und die Gewinnverwendung die jeweiligen gesetzlichen Bestimmungen.

§ 10
Verfügung über Geschäftsanteile

(1) Jede entgeltliche oder unentgeltliche Verfügung über Gesellschaftsanteile oder Ansprüche des Gesellschafters gegen die Gesellschaft bedarf zu ihrer Wirksamkeit der vorherigen Zustimmung der Gesellschafterversammlung. Der Beschluss ist mit einer Mehrheit von 75 % der abgegebenen Stimmen zu fassen. Der betroffene Gesellschafter hat dabei kein Stimmrecht.

(2) Die vorstehende Regelung gilt nicht für Verfügungen zu Gunsten von Mitgesellschaftern, Ehegatten und Lebenspartnern von Gesellschaftern und leiblichen Abkömmlingen von Gesellschaftern.

(3) § 17 GmbHG bleibt unberührt.

(4) Die Verfügung über Geschäftsanteile ist stets nur dann zulässig, wenn der Veräußerer gleichzeitig seinen Gesellschaftsanteil an der KG im gleichen Umfang an denselben Erwerber überträgt oder durch die Verfügung gerade der Gleichlauf der Beteiligungsquoten hergestellt werden soll.

§ 11
Vorkaufsrecht

(1) Verkauft ein Gesellschafter seinen Gesellschaftsanteil ganz oder teilweise, steht den anderen Gesellschaftern ein Vorkaufsrecht im Verhältnis ihrer Beteiligung am Stammkapital zu. Der verkaufswillige Gesellschafter muss den Abschluss und den Inhalt des Kaufvertrags allen Gesellschaftern schriftlich in vollem Umfang mitteilen. Eine Mitteilung per E-mail, in Textform oder per Telefax ist nicht ausreichend. Das Vorkaufsrecht ist sodann spätestens innerhalb von 30 Tagen nach dem Zugang der Mitteilung an alle Mitgesellschafter durch schriftliche Erklärung auszuüben. Maßgebend für die Rechtzeitigkeit der Erklärung ist der Zugang beim verkaufswilligen Gesellschafter. Jeder Vorkaufsberechtigte kann von seinem Vorkaufsrecht nur insgesamt oder überhaupt nicht Gebrauch machen. Für das Vorkaufsrecht gelten im Übrigen die Regelungen der §§ 463 ff. BGB sinngemäß.

(2) Übt ein Vorkaufsberechtigter sein Vorkaufsrecht nicht oder nicht wirksam aus, geht das Vorkaufsrecht auf die anderen vorkaufsberechtigten Gesellschafter im Verhältnis ihrer Beteiligung am Festkapital über. Das Vorkaufsrecht ist dann innerhalb von 30 Tagen nach Zugang der Mitteilung, dass ein Gesellschafter sein Vorkaufsrecht nicht oder nicht wirksam ausgeübt hat, auszuüben. Im Übrigen gelten die Regelungen in Abs. 1 entsprechend.

(3) Für den Fall, dass die Gesellschafter ihr Vorkaufsrecht nicht einheitlich ausüben, ist der verkaufswillige Gesellschafter berechtigt, in beliebiger Weise über den Teil des Gesellschaftsanteils zu verfügen, an dem kein Vorkaufsrecht ausgeübt worden ist.

(4) Das Vorkaufsrecht kann stets nur dann ausgeübt werden, wenn gleichzeitig auch ein Erwerb hinsichtlich des Kommanditanteils des Gesellschafters erfolgt.

§ 12
Erbfolge und Testamentsvollstreckung

(1) Die Geschäftsanteile sind vererblich.

(2) Geht ein Geschäftsanteil im Fall des Todes eines Gesellschafters ganz oder teilweise auf eine Person über, die nicht nachfolgeberechtigt ist, so kann die Gesellschafterversammlung unter Ausschluss des Stimmrechts des betroffenen Gesellschafters innerhalb von sechs Monaten nach Kenntnis von Erbfall und Erben die Einziehung oder Übertragung des Geschäftsanteils beschließen. Nachfolgeberechtigt sind nur Mitgesellschafter, Ehegatten und Lebenspartner des verstorbenen Gesellschafters und dessen leibliche Abkömmlinge. Die Erben erhalten in diesem Fall eine Abfindung nach Maßgabe dieser Satzung.

(3) Mehrere Erben oder Vermächtnisnehmer sind verpflichtet, sich durch einen gemeinsamen Bevollmächtigten vertreten zu lassen. Der Bevollmächtigte muss zur Berufsverschwiegenheit verpflichtet sein, sofern er nicht selbst Gesellschafter ist. Die Gesellschafterrechte der Erben und Vermächtnisnehmer ruhen – mit Ausnahme des Gewinnbezugsrechts – solange der Bevollmächtigte nicht durch eine schriftliche Erklärung gegenüber der Gesellschaft bestimmt worden ist.

(4) Die Anordnung der Testamentsvollstreckung im Hinblick auf Geschäftsanteile an der Gesellschaft ist zulässig. Im Fall der Testamentsvollstreckung werden die Rechte des Erben durch den Testamentsvollstrecker ausgeübt.

(5) Die vorstehenden Regelungen gelten für Vermächtnisnehmer entsprechend.

§ 13
Einziehung von Geschäftsanteilen

(1) Die Einziehung von Geschäftsanteilen mit Zustimmung des Gesellschafters ist jederzeit zulässig.

(2) Die Einziehung von Geschäftsanteilen ohne Zustimmung des Gesellschafters ist zulässig, wenn

(a) die Einzelzwangsvollstreckung in den Geschäftsanteil eines Gesellschafters, seine sonstigen Gesellschafterrechte oder seine Ansprüche gegen die Gesellschaft betrieben wird und nicht innerhalb von drei Monaten nach Zustellung des Pfändungs- bzw. Überweisungsbeschlusses wieder aufgehoben wird oder

(b) über das Vermögen eines Gesellschafters das Insolvenzverfahren eröffnet oder die Eröffnung mangels Masse abgelehnt wird oder

(c) ein Gesellschafter die Richtigkeit eines Vermögensverzeichnisses an Eides statt zu versichern hat oder

(d) in der Person eines Gesellschafters ein wichtiger Grund (entsprechend §§ 133, 140 HGB) vorliegt oder

(e) eine Person aufgrund Erbfolge Gesellschafter wird, die nicht zu den nachfolgeberechtigten Personen nach dieser Satzung gehört, oder

(f) ein Gesellschafter nicht oder nicht mehr in gleichem Umfang an der GmbH und an der ...-GmbH & Co. KG beteiligt ist oder

(g) ein Gesellschafter nicht mehr Gesellschafter der ...-GmbH & Co. KG ist,

(h) ein Gesellschafter über seinen Gesellschaftsanteil an der ...-GmbH & Co. KG verfügt, ohne gleichzeitig in gleicher Weise auch über seinen Geschäftsanteil an der Gesellschaft zu verfügen.

(3) Steht ein Geschäftsanteil mehreren Mitberechtigten ungeteilt zu, so ist die Einziehung auch zulässig, wenn deren Voraussetzungen nur in der Person eines Mitberechtigten vorliegen.

(4) Die Einziehung bedarf eines Beschlusses der Gesellschafterversammlung. Der Beschluss bedarf einer Mehrheit von 75 % der abgegebenen Stimmen. Dem betroffenen Gesellschafter steht dabei kein Stimmrecht zu.

(5) Die Gesellschafterversammlung kann beschließen, dass der Geschäftsanteil anstelle der Einziehung an die Gesellschaft, einen Gesellschafter oder einen von der Gesellschaft bestimmten Dritten abzutreten ist. Der betroffene Gesellschafter bevollmächtigt die jeweiligen Geschäftsführer der Gesellschaft bereits heute zur Vornahme der Abtretung.

(6) Die Gesellschaft teilt dem betroffenen Gesellschafter den Beschluss über die Einziehung bzw. die Abtretung des Geschäftsanteils schriftlich mit.

(7) Der betroffene Gesellschafter hat Anspruch auf eine Abfindung nach Maßgabe dieser Satzung.

§ 14
Kündigung der Gesellschaft

(1) Jeder Gesellschafter kann durch Kündigung seinen Austritt aus der Gesellschaft erklären.

(2) Die Kündigung hat unter Einhaltung einer Frist von einem Jahr zum Ende eines Geschäftsjahres zu erfolgen. Die Kündigung ist erstmals zum 31.12.... zulässig. Das Recht zur Kündigung aus wichtigem Grund bleibt unberührt.

(3) Die Kündigung hat schriftlich durch Einwurf-Einschreiben zu erfolgen. Die Kündigung ist gegenüber der Gesellschaft zu erklären. Für die Rechtzeitigkeit der Kündigung ist der Zugang bei der Gesellschaft maßgebend. Die Geschäftsführer haben alle Gesellschafter unverzüglich über die Kündigung zu informieren.

(4) Die Kündigung ist nur wirksam, wenn der Gesellschafter eine etwaige Beteiligung an der KG zum selben Stichtag gleichzeitig kündigt.

(5) Im Fall der wirksamen Kündigung wird die Gesellschaft unter den verbleibenden Gesellschaftern fortgesetzt. Der kündigende Gesellschafter erhält eine Abfindung nach Maßgabe dieser Satzung.

§ 15
Güterstand der Gesellschafter

(1) Jeder Gesellschafter ist verpflichtet, die Gesellschaft über seinen jeweiligen Güterstand und etwaige spätere Änderungen unverzüglich schriftlich zu informieren.

(2) Im Interesse des langfristigen Fortbestands der Gesellschaft verpflichten sich alle Gesellschafter, die verheiratet sind, mit ihrem Ehegatten einen wirksamen Ehevertrag abzuschließen und auf diese Weise sicherzustellen, dass

(a) die Beteiligung an der Gesellschaft (einschließlich aller dazu gehörenden Nebenrechte, Guthaben und Ansprüche) im Fall einer Scheidung der Ehe in keiner Weise einem Zugewinnausgleich und auch keinen sonstigen eherechtlichen Ansprüchen unterliegt und

(b) der jeweilige Gesellschafter über die Beteiligung an der Gesellschaft stets allein verwaltungs- und verfügungsbefugt ist.

(3) Bei Abschluss des Ehevertrags wird jeder Gesellschafter die berechtigten Interessen seines Ehegatten angemessen berücksichtigen und sicherstellen, dass der Ehevertrag in einem fairen und transparenten Verfahren zustande kommt. Die Gesellschafter werden die von ihnen abgeschlossenen Eheverträge an veränderte Umstände anpassen, um ihre dauerhafte Wirksamkeit zu gewährleisten.

(4) Zum Schutz der Gesellschaft vor einer ungewollten Öffentlichkeit soll in dem Ehevertrag vereinbart werden, dass alle Informationen (insb., aber nicht nur unternehmensinterne Zahlen) gegenüber jedermann stets absolut vertraulich zu behandeln sind. Die Vereinbarung soll nach Möglichkeit durch eine angemessene Vertragsstrafe gesichert werden. Ferner soll für alle vermögensrechtlichen Streitigkeiten aus der Ehe die Zuständigkeit eines Schiedsgerichts vereinbart werden, bei dem die Öffentlichkeit ausgeschlossen ist.

(5) Die vorstehende Verpflichtung gilt sinngemäß für Gesellschafter, die mit einem Partner (gleichen oder verschiedenen Geschlechts) in einer Ehe oder einer sonstigen Lebenspartnerschaft nach in- oder ausländischem Recht zusammenleben, entsprechend.

(6) Jeder Gesellschafter ist verpflichtet, der Gesellschaft die Einhaltung der vorstehenden Verpflichtung nach schriftlicher Aufforderung unverzüglich, spätestens aber nach Ablauf von zwölf Monaten, nachzuweisen. Als Nachweis gilt insb. die Vorlage einer beglaubigten Abschrift eines Ehevertrags. Auf begründeten Antrag des Gesellschafters ist die Frist um weitere sechs Monate zu verlängern.

(7) Kommt ein Gesellschafter dieser Verpflichtung gleichwohl nicht nach, entscheidet die Gesellschafterversammlung mit einer Mehrheit von 75 % der abgegeben Stimmen über die im Einzelfall geeigneten Sanktionen. Dem betroffenen Gesellschafter steht dabei kein Stimmrecht zu. Die Gesellschafterversammlung soll vor einer Beschlussfassung dem betroffenen Gesellschafter in jedem Fall nochmals die Möglichkeit zu einer Stellungnahme geben.

(8) Die Gesellschafterversammlung hat bei ihrer Entscheidung insb. die Art und Schwere der konkreten Pflichtverletzung und die Ursachen für die Pflichtverletzung zu berücksichtigen. Im Einzelfall kann ein Gesellschafter auch aus der Gesellschaft ausgeschlossen werden. In diesem Fall erhält er eine Abfindung nach Maßgabe dieser Satzung, mindestens aber i.H.v. 75 % des tatsächlichen Verkehrswerts seiner Beteiligung. Die Abfindung ist spätestens innerhalb von drei Monaten nach dem Wirksamwerden des Ausscheidens zur Zahlung fällig.

§ 16
Abfindung ausscheidender Gesellschafter

(1) Ein Gesellschafter, der aus der Gesellschaft ausscheidet, hat Anspruch auf eine Abfindung.

(2) Die Höhe der Abfindung richtet sich nach dem Nennbetrag des betreffenden Geschäftsanteils, soweit dieser einbezahlt ist. Hinzu kommt der auf den betreffenden Geschäftsanteil entfallende Anteil an etwaigen Rücklagen und einem Gewinnvortrag. Die auf den betreffenden Geschäftanteil entfallenden Verlustvorträge sind abzuziehen.

(3) Scheidet ein Gesellschafter zum Ende eines Geschäftsjahres aus der Gesellschaft aus, ist dies auch der maßgebliche Stichtag für die Ermittlung der Abfindung. In allen anderen Fällen sind die Verhältnisse zum Ende des vorangegangenen Geschäftsjahres maßgebend.

(4) Am Gewinn oder Verlust des laufenden Geschäftsjahres ist der ausscheidende Gesellschafter nicht beteiligt.

(5) Änderungen des für die Bestimmung der Abfindung maßgeblichen Jahresabschlusses der Gesellschaft (z.B. aufgrund einer steuerlichen Betriebsprüfung) bleiben unberücksichtigt.

(6) Kommt eine Einigung über die Höhe der Abfindung nicht zustande, wird sie für alle Beteiligten mit bindender Wirkung von einem Wirtschaftsprüfer festgesetzt. Falls die Beteiligten sich über die Person des Wirtschaftsprüfers nicht einigen können, soll er auf Antrag eines Beteiligten von dem am Sitz der Gesellschaft zuständigen Präsidenten der Wirtschaftsprüferkammer bestimmt werden. Die Kosten des Verfahrens tragen alle Beteiligten zu untereinander gleichen Teilen.

(7) Die Abfindung ist spätestens am Ende des Monats zur Zahlung fällig, in dem sich die Beteiligten über deren Höhe geeinigt haben oder diese sonst verbindlich festgesetzt worden ist. Ab dem Zeitpunkt des Ausscheidens aus der Gesellschaft ist die Abfindung mit jährlich 2 % über dem jeweiligen Basiszinssatz zu verzinsen. Die Zinsen sind mit der Abfindung zur Zahlung fällig. Die Gesellschaft ist zu einer Sicherheitsleistung für die Abfindung nicht verpflichtet.

§ 17
Wettbewerbsverbot

(1) Kein Gesellschafter darf der Gesellschaft während seiner Zugehörigkeit zur Gesellschaft und zwei Jahre nach seinem Ausscheiden aus der Gesellschaft unmittelbar oder mittelbar, gelegentlich oder gewerbsmäßig, unter eigenem oder unter fremdem Namen, für eigene oder für fremde Rechnung der Gesellschaft in ihrem Geschäftszweig Konkurrenz machen oder sich an einem Konkurrenzunternehmen beteiligen. Eine Entschädigung hierfür ist nicht zu leisten.

(2) Sonstige vertragliche oder gesetzliche Rechte, insb. Ansprüche auf Schadensersatz und auf Herausgabe des Erlangten, bleiben unberührt.

(3) Über Befreiungen von dem Wettbewerbsverbot entscheidet die Gesellschafterversammlung mit einfacher Mehrheit der abgegeben Stimmen. Dem betroffenen Gesellschafter steht dabei kein Stimmrecht zu. Die Befreiung vom Wettbewerbsverbot ist unwiderruflich, solange sich die dafür maßgeblichen Umstände nicht wesentlich verändert haben.

§ 18
Geheimhaltung

(1) Jeder Gesellschafter ist verpflichtet, über sämtliche Angelegenheiten der Gesellschaft gegenüber jedermann absolutes Stillschweigen zu bewahren. Diese Verpflichtung besteht auch nach dem Ausscheiden aus der Gesellschaft fort.

(2) Die Verpflichtung zur Geheimhaltung gilt nicht gegenüber Rechtsanwälten, Steuerberatern und Wirtschaftsprüfern, soweit diese die berechtigten Interessen des Gesellschafters wahrnehmen.

(3) Über weitere Ausnahmen von der Verpflichtung zur Geheimhaltung entscheidet die Gesellschafterversammlung mit einfacher Mehrheit der abgegeben Stimmen. Dem betroffenen Gesellschafter steht dabei kein Stimmrecht zu.

§ 19
Liquidation

(1) Über die Auflösung der Gesellschaft entscheidet die Gesellschafterversammlung mit einer Mehrheit von 75 % der abgegebenen Stimmen.

(2) Im Fall der Auflösung der Gesellschaft wird die Liquidation von den Geschäftsführern der Gesellschaft nach Maßgabe der gesetzlichen Bestimmungen vorgenommen. Die Gesellschafterversammlung kann mit einer Mehrheit von 75 % der abgegebenen Stimmen einen anderen Liquidator bestimmen oder eine andere Art der Liquidation festlegen.

(3) Das nach der Durchführung der Liquidation verbleibende Vermögen steht den Gesellschaftern im Verhältnis ihrer Beteiligung am Stammkapital der Gesellschaft zu.

§ 20
Bekanntmachungen

Die Bekanntmachungen der Gesellschaft erfolgen nur im elektronischen Bundesanzeiger.

§ 21
Schlussbestimmungen

(1) Die Nichtigkeit oder Anfechtbarkeit einzelner Bestimmungen dieser Satzung soll die Gültigkeit der übrigen Bestimmungen nicht berühren. Die ungültige Bestimmung ist durch eine wirtschaftlich möglichst gleichwertige zu ersetzen.

(2) Ergänzend zu diesem Gesellschaftsvertrag gelten die Bestimmungen des Gesetzes betreffend die GmbH in der jeweils gültigen Fassung.

§ 22
Gründungsaufwand

Den Gründungsaufwand einschließlich der Kosten der Gründungsberatung i.H.v. ca. 2.000 € trägt die Gesellschaft. Etwa darüber hinausgehende Gründungskosten tragen die Gesellschafter.

§ 5 Partnerschaftsgesellschaft

Inhaltsverzeichnis

	Rn.
A. **Allgemeines**	1
I. Rechtsnatur der Partnerschaftsgesellschaft	1
1. Entstehungsgeschichte	1
2. Motive	2
3. Rechtliche Einordnung der Partnerschaftsgesellschaft	3
4. Konsequenzen der Rechtsfähigkeit	4
II. Erscheinungsformen der Partnerschaftsgesellschaft	5
1. Heilberufe	6
2. Rechts- und wirtschaftsberatende Berufe	7
3. Freie Berufe mit naturwissenschaftlicher Ausrichtung	8
4. Sonstige	9
5. Erfordernis der Selbständigkeit	10
6. Berufsrechtsvorbehalt	11
7. Gewerbliche Nebentätigkeiten	12
III. Kriterien der Rechtsformwahl	13
1. Gesellschaftsrechtliche Gegenüberstellung mit der GbR	14
2. Partnerschaftsgesellschaft im Vergleich zur GmbH	16
3. Steuerrechtliche Überlegungen	18
a) Laufende Besteuerung	18
b) Entgeltliches Ausscheiden aus der Gesellschaft	21
c) Erbschaft- und Schenkungsteuer	23
4. Partnerschaft als Alternative zur GbR	26
IV. Haftungskonzept der Partnerschaftsgesellschaft	27
1. Haftung der Gesellschaft mit ihrem eigenen Vermögen	27
2. Haftung der Partner für die allgemeinen Verbindlichkeiten der Gesellschaft	28
3. Haftungskonzentration	33
4. Höchstsummenbeschränkung	36
V. Partnerschaftsgesellschaft mit Angehörigen verschiedener freier Berufe	37
VI. Abspaltungsverbot	40
B. **Gründung und vertragliche Regelungen in der Partnerschaftsgesellschaft**	42
I. Vertrag	43
II. Eintragungsverfahren	49
C. **Inhaltliche Ausgestaltung des Partnerschaftsvertrages**	52
I. Name der Partnerschaft	52
1. Gesellschaftsrechtliche Vorgaben	53
a) Name mindestens eines Partners	53
b) Gesellschaftsformzusatz	54
c) Berufsbezeichnungen	55
d) Sonstige Namenszusätze	56
2. Berufsrechtliche Vorgaben	57
II. Beitragspflichten der Partner	58
III. Geschäftsführung	62
IV. Vertretung der Partnerschaft	66
V. Gesellschafterbeschlüsse	70
VI. Informationsrechte	73
VII. Gewinnverteilung	75
1. Gewinnermittlung	75
2. Gewinnfeststellung	77
3. Konten	78
4. Gewinnverteilung	79
a) „Eat what you kill"	80
b) Punktesysteme	81
c) Einfache Quotenvereinbarung	82
d) Grenzen im Bestimmtheitsgrundsatz	83
5. Entnahmen	84
IX. Wettbewerbsverbote	86
1. Gesetzliche Wettbewerbsverbote	86
2. Vertragliche Wettbewerbsverbote	90
X. Ausscheiden eines Partners zu Lebzeiten	92
1. Vereinbarung	92
2. Kündigung	93
3. Weitere gesetzliche Gründe für das Ausscheiden eines Partners	101
4. Ausschließung eines Partners	105
5. Abfindung	106
a) Gesetzliche Regelung	107
b) Vertragliche Modifikation des Abfindungsanspruchs	108
XI. Tod eines Partners	109
1. Gesetzliche Regelung	109
2. Vertragliche Regelungen	110
XII. Anteilsübertragung	112
D. **Beendigung der Partnerschaft**	114
I. Liquidationsverfahren	114
1. Auflösung der Gesellschaft	114
2. Liquidation	117
II. Insolvenz der Partnerschaftsgesellschaft	120
1. Insolvenzfähigkeit	120
2. Vertretung der Gesellschaft im Verfahren	121
3. Eröffnungsgründe	122
4. Wirkung der Insolvenzverfahrenseröffnung	123
5. Verwertung des Gesellschaftsvermögens	125
6. Persönliche Gesellschafterhaftung	126
III. Umwandlung	127
1. Verschmelzung und Spaltung	128
2. Formwechsel	131

Kommentare und Gesamtdarstellungen:

Erman, Kommentar zum Bürgerlichen Gesetzbuch, 11. Aufl. 2004; *Flume*, Personengesellschaft, 1977; *Henssler*, Partnerschaftsgesellschaftsgesetz, 1997; *Kesseler*, Das Insolvenzverfahren über das Vermögen einer Partnerschaftsgesellschaft, 2004; *Kübler/Prütting*, Kommentar zur Insolvenzordnung, Loseblatt: Stand März 2006; *Meilicke/Graf v. Westphalen/Hoffmann/Lenz*, Partnerschaftsgesellschaftsgesetz: PartGG, 2. Aufl. 2006; *Michalski/Römermann*, PartGG, 3. Aufl. 2005; *dies.*, Vertrag der Partnerschaftsgesellschaft, 3. Aufl. 2002; *Münchener Handbuch des Gesellschaftsrechts*, Bd. 1, 2. Aufl. 2004; Bd. 2, 2. Aufl. 2003; *Münchener Kommentar zum Bürgerlichen Gesetzbuch*, Bd. 5 (§§ 705 – 853, PartGG, ProdHaftG), 4. Aufl. 2004; *Palandt*, Bürgerliches Gesetzbuch, 66. Aufl. 2007; *Schlegelberger*, HGB, Kommentar, 5. Aufl. 1977; *K. Schmidt*, Gesellschaftsrecht, 4. Aufl. 2002; *Soergel*; Bürgerliches Gesetzbuch, Band 4, 11. Aufl. 1985; *Staudinger/Habermeier*, Kommentar zum Bürgerlichen Gesetzbuch, Buch II: Recht der Schuldverhältnisse, §§ 705 – 740, 13. Aufl. Bearb. 2003.

Formularbücher und Mustersammlungen:

Gummert, Münchener Anwaltshandbuch Personengesellschaftsrecht, 2005.

Aufsätze und Rechtsprechungsübersichten:

Habersack, Der Regreß bei akzessorischer Haftung – Gemeinsamkeiten zwischen Bürgschafts- und Gesellschaftsrecht, AcP 198 (1998), 152; *Hadding*, Inhalt und Verjährung der Haftung als Gesellschafter einer OHG oder KG, ZGR 1981, 581; *Jawansky*, Haftung und Vertrauensschutz bei Berufsausübung in der Rechenschaftsgesellschaft, DB 2001, 2281; *Kesseler*, Die Durchsetzung persönlicher Gesellschafterhaftung nach § 93 InsO, ZIP 2002, 1974; *Meller-Hanich*, Verfügbarkeit von Forderungen und Gläubigerzugriff, KTS 2000, 37 ff.; *Michalski*, Zum Regierungsentwurf eines Partnerschaftsgesellschaftsgesetzes, ZIP 1993, 1210; *Michalski/Römermann*, Wettbewerbsbeschränkungen zwischen Rechtsanwälten, ZIP 1994, 433; *Schick*, Der Konkurs des Freiberuflers – Berufsrechtliche, konkursrechtliche und steuerrechtliche Aspekte, NJW 1990, 2359; *Schön*, Der Nießbrauch am Gesellschaftsanteil, ZHR 158 (1994), 229; *K. Schmidt*, Die Freiberufliche Partnerschaft, NJW 1995, 1; *Seibert*, Die Partnerschaft für die freien Berufe, DB 1994, 2381; *Stuber*, Das Partnerschaftsgesellschaftsgesetz unter besonderer Berücksichtigung der Belange der Anwaltschaft, WiB 1994, 707; *Thümmel*, Die Partnerschaft – Eine neue Gesellschaftsform für Freiberufler, WPg 1971, 399; *Wertenbruch*, Partnerschaftsgesellschaft und neues Umwandlungsgesetz, ZIP 1995, 712; *ders.*, Die Parteifähigkeit der GbR – die Änderungen für die Gerichts- und Vollstreckungspraxis, NJW 2002, 324.

A. Allgemeines

I. Rechtsnatur der Partnerschaftsgesellschaft

1. Entstehungsgeschichte

Die ersten Ansätze zur Schaffung einer **eigenen Gesellschaftsform für die freien Berufe** hatte es schon in den 50er Jahren gegeben.[1] Ende der 60er und Anfang der 70er Jahre setzte die Diskussion wieder ein und führte 1971 zu einem ersten Gesetzentwurf im Bundestag.[2] Der 6. Bundestag konnte über den Entwurf wegen seiner Auflösung nicht mehr entscheiden, der 7. Bundestag beschloss ein entsprechendes Gesetz, das aber schließlich vom Bundesrat abgelehnt wurde.[3] Nach eingehender Diskussion zu Beginn der 90er Jahre verabschiedete der Bundestag schließlich am 26.5.1994 das Partnerschaftsgesellschaftsgesetz (PartGG).[4]

1

2. Motive

Die **Personengesellschaften** des Handelsrechts waren aufgrund der **mangelnden gewerblichen Betätigung der Freiberufler** für diese verschlossen, so dass als Kooperationsform nur die GbR in Betracht kam. Diese wurde allerdings deshalb als nicht ideal für die Kooperation von Freiberuflern angesehen, da aufgrund der (damals) fehlenden Rechts- und Namensfähigkeit, der wenig verfestigten Innenstruktur und

2

---

1 Thümmel, WPg 1971, 399.
2 BT-Drucks. VI/2047.
3 BR-Drucks. 444/1/76.
4 BGBl. I, S. 1744 f.

der mangelnden Registerpublizität gerade bei größeren Organisationseinheiten, wie sich diese am Freiberuflermarkt immer stärker herausbildeten, es schlicht an der **Praktikabilität der GbR mangelte**.[5]

3. Rechtliche Einordnung der Partnerschaftsgesellschaft

3   Bei der Partnerschaftsgesellschaft handelt es sich um eine **Personengesellschaft**. Das PartGG verweist weitgehend auf das Recht der Personenhandelsgesellschaften und damit auch auf das **Recht der BGB-Gesellschaft**. Während die Frage der Rechtsnatur der handelsrechtlichen Personengesellschaften, insb. die Frage ihrer Rechtssubjektivität[6] noch immer umstritten ist, hat der Gesetzgeber diese Frage für die Partnerschaftsgesellschaft eindeutig entschieden. Die amtliche Überschrift zu § 7 PartGG lautet: „rechtliche Selbständigkeit". Dazu führt die Begründung des Gesetzes an, dass in Kenntnis der Diskussion bei den übrigen Personengesellschaften jedenfalls für die Partnerschaftsgesellschaft eine positiv-rechtliche Festlegung auf die **vollständige Verselbständigung dieser Gesellschaftsform** erfolgen soll.[7]

4. Konsequenzen der Rechtsfähigkeit

4   Die Partnerschaftsgesellschaft ist **Träger ihres eigenen Gesellschaftsvermögens**, sie ist damit auch besitz- und erbfähig. Sie kann ferner Mitglied anderer Gesellschaften sein, soweit dies nicht gesetzlich ausgeschlossen ist, wie dies bspw. für die Mitgliedschaft bei anderen Partnerschaftsgesellschaften der Fall ist. Die Gesellschaft ist markenfähig (§ 7 Nr. 3 Markenrechtsreformgesetz). Die Partnerschaftsgesellschaft kann folgerichtig auch selbst in das Grundbuch eingetragen werden. Die Gesellschaft kann Partei eines Rechtsstreits sein und auch Trägerin der Schuldnerrolle im Insolvenzverfahren.[8]

II. Erscheinungsformen der Partnerschaftsgesellschaft

5   **Zielgruppe des PartGG** sind die freien Berufe. Der Begriff des freien Berufes ist dabei in § 1 Abs. 2 Satz 1 PartGG legaldefiniert. Die bewusst weit gefasste Formulierung bestimmt, dass ein Freiberufler auf Grundlage besonderer beruflicher Qualifikationen oder schöpferischer Begabung persönlich, eigenverantwortlich und fachlich unabhängig Dienstleistungen höherer Art im Interesse des Auftraggebers und/oder der Allgemeinheit erbringt. Wegen dieser unscharfen Definition findet sich in § 1 Abs. 2 Satz 2 PartGG ein Katalog von Professionen, die als Freiberufler im Sinne des Gesetzes gelten. Der Katalog ist allerdings nicht abschließend.

1. Heilberufe

6   Zu den **Heilberufen** zählen die Ärzte, Zahnärzte, Tierärzte, Heilpraktiker, Krankengymnasten, Hebammen, Heilmasseure, medizinisch-diagnostische Assistenten, Krankenschwestern, Logopäden, Zahnpraktiker, Blutgruppengutachter, Ergotherapeuten, Fleischbeschauer, Rettungsassistenten, Psychotherapeuten, nicht jedoch Altenpfleger, Bademeister oder Fußpfleger u.Ä.

2. Rechts- und wirtschaftsberatende Berufe

7   Zu den **rechts- und wirtschaftsberatenden Berufen** zählen die Rechtsanwälte sowie die sonstigen Mitglieder der Rechtsanwaltskammern, insb. andere Inhaber einer Erlaubnis nach dem Rechtsberatungsgesetz, die Patentanwälte, die Wirtschaftsprüfer, vereidigte Buchprüfer, Steuerberater und Steuerbevollmächtigte, sonstige beratende Volks- und Betriebswirte, streitig ist es für Rechtsbeistände[9] und Insolvenzverwalter.

---

5   So die Begründung des RegE, BT-Drucks. XII/6152, S. 7 ff.
6   Nicht zu verwechseln mit der seit BGHZ 146, 241 = NJW 2001, 1056 anerkannten Rechtsfähigkeit.
7   BT-Drucks. XII/6152, S. 9, 16.
8   Zu den sonstigen Konsequenzen der Rechtsfähigkeit siehe die Ausführungen zur GbR (Teil 2: Gesellschaftsrecht, 1. Kapitel, § 1 Rn. 18 ff.).
9   Siehe dazu Michalski/Römermann, Vertrag der Partnerschaftsgesellschaft, Rn. 40 f. m.w.N.

3. Freie Berufe mit naturwissenschaftlicher Ausrichtung

Zu den **naturwissenschaftlich orientierten Freiberuflern** zählen Ingenieure, gleich ob es sich um beratende oder tatsächlich leitende Ingenieure handelt, Architekten einschließlich der Innenarchitekten und Gartenarchitekten, Chemiker, hauptberufliche Sachverständige, Softwareberater und Systemanalytiker u.Ä.

4. Sonstige

Weiter gehören zu den freien Berufen auch die **Journalisten**, **Dolmetscher** und **Übersetzer** sowie Bildberichterstatter, Lotsen, sonstige Wissenschaftler, Künstler, Schriftsteller, ggf. auch Lehrer und Erzieher.

5. Erfordernis der Selbständigkeit

Bei allen vorgenannten Berufen ist es in jedem Fall erforderlich, dass die Tätigkeit, zumindest was den Inhalt der Partnerschaftsgesellschaft angeht, **selbständig ausgeübt** wird und insofern auch **keine Weisungsgebundenheit** besteht.

6. Berufsrechtsvorbehalt

Nach § 1 Abs. 3 PartGG hängt die **Zulässigkeit** der Eingehung einer Partnerschaftsgesellschaft über das Erfüllen der Voraussetzungen des PartGG hinaus auch davon ab, dass die **entsprechenden berufsrechtlichen Vorgaben** des jeweiligen freien Berufes erfüllt sind. Lässt ein freier Beruf die Bildung von Partnerschaftsgesellschaften nicht zu, kann dies auch durch das PartGG nicht erlaubt werden. So ist bspw. Notaren die Eingehung einer Partnerschaftsgesellschaft untersagt.

7. Gewerbliche Nebentätigkeiten

Problematisch für das Bestehen einer PartG ist es, wenn neben der freiberuflichen Tätigkeit innerhalb der Gesellschaft **auch gewerbliche Tätigkeiten** entfaltet werden. Ulmer nennt als Beispiele Verlagstätigkeiten einer Rechtsanwaltpartnerschaft oder eine Ärztesozietät mit angeschlossenem Analysezentrum.[10] Teilweise wird dazu die Auffassung vertreten, dass jedenfalls dann, wenn die gewerbliche Tätigkeit vollkaufmännischen Charakter annehme, eine **Eintragung im Handelsregister** und nicht im Partnerschaftsregister zu erfolgen habe.[11] Dies dürfte ebenso abzulehnen sein wie der **Rückgriff auf die steuerliche Abfärbetheorie**. Zutreffend dürfte es vielmehr sein, der Partnerschaft solche gewerblichen Nebentätigkeiten als für die Eintragung als Partnerschaft unschädlich zu gestatten, die – unabhängig von ihrem Umfang – jedenfalls im Verhältnis zur freiberuflichen Tätigkeit **bloße Nebenzweckverfolgung** sind.[12] Erst wenn diese Grenze überschritten wird, ist der freiberufliche Charakter der Gesellschaft gefährdet.

III. Kriterien der Rechtsformwahl

Dadurch, dass die Partnerschaftsgesellschaft nur den Angehörigen der Freien Berufe offen steht, ist die Wahl dieser Gesellschaftsform von vornherein nur eingeschränkt möglich. Für die Angehörigen der Freien Berufe stellt sich die Frage, ob sie ihre Gesellschaft in Form einer Personenhandelsgesellschaft organisieren wollen, nicht, da ihnen diese nicht offen steht. Faktisch stellt sich für Freiberufler also nur die Frage, inwieweit die Wahl der **GbR** oder diejenige einer Kapitalgesellschaftsform, insb. also der **GmbH**, **als Alternativen zur Partnerschaftsgesellschaft** in Betracht kommen.

1. Gesellschaftsrechtliche Gegenüberstellung mit der GbR

Der ursprünglich für die Partnerschaftsgesellschaft sprechende **Vorteil**, dass ihr nämlich im Gegensatz zur GbR die Rechtsfähigkeit nach § 7 PartGG gesetzlich zugeordnet ist, ist durch das Urteil des 2. Senats des

---

10 MünchKomm-BGB/Ulmer, § 1 PartGG Rn. 19.
11 Meilicke/v. Westphalen/Hoffmann/Lenz, PartGG, § 1 Rn. 81 ff.
12 So MünchKomm-BGB/Ulmer, § 1 PartGG Rn. 21.

BGH v. 29.1.2001[13] weggefallen, da seither auch die **BGB-Außengesellschaft rechtsfähig** ist. Ein fortbestehender Vorteil besteht allerdings in der **Registerfähigkeit der Partnerschaftsgesellschaft**. Gerade im Fall des Zusammenschlusses einer größeren Zahl von Personen wird die **GbR immer unpraktischer**. Vertretungsregeln bei der GbR können nur über Vorlage des Gesellschaftsvertrages oder von Vollmachten nachgewiesen werden, was die **praktische Handhabung** erheblich erschwert.

> **Hinweis:**
>
> Gleiches gilt für den Fall, dass die Gesellschaft Inhaberin **im Register verzeichneter Rechte**, insb. also von **Grundstücken**, ist. In diesem Fall ist bei jedem Wechsel im Personenbestand der GbR eine Grundbuchberichtigung erforderlich, bei der Partnerschaftsgesellschaft kommt es nur zur Korrektur im Partnerschaftsregister. Soll die Gesellschaft gar im **Ausland** tätig werden, kann sich die Eintragung in einem Register als der Erleichterung der Geschäftsaufnahme sehr förderlich erweisen.

15 In den Fällen allerdings, in denen die **Registerpublizität als Nachteil empfunden** wird, hat umgekehrt die GbR ihre Vorzüge. Was die Haftung für Gesellschaftsschulden anbelangt, stehen sich Partnerschaftsgesellschaft und GbR grds. gleich, allerdings beschränkt sich die **Nachhaftungsfrist** eines ausscheidenden Gesellschafters bei der Partnerschaftsgesellschaft auf fünf Jahre nach Eintragung des Ausscheidens im Register, während bei der BGB-Gesellschaft die Kenntnis vom Ausscheiden des Gläubigers erforderlich ist.[14] Ein ganz entscheidender Vorteil der Partnerschaftsgesellschaft gegenüber der GbR ist die Möglichkeit der **Haftungsbeschränkung nach § 8 Abs. 2 PartGG**.[15]

2. Partnerschaftsgesellschaft im Vergleich zur GmbH

16 Gegenüber der GmbH teilt die Partnerschaftsgesellschaft die Vorteile, die auch die anderen Personengesellschaften besitzen.[16] Dabei handelt es sich insb. um **Vereinfachungen bei der Rechnungslegung**, bei der **Besteuerung** und bei **Gründung, Änderung und Beendigung der Gesellschaft**. Die ehemals bestehenden erheblichen Nachteile in Form der nicht bzw. nur unter erheblichen Umständen möglichen Haftungsbeschränkung nach der Regelung des alten § 8 PartGG sind durch die Neuregelung im Jahr 1998 beseitigt worden, so dass für die wesentlichen, einer Partnerschaftsgesellschaft drohenden Haftungsfälle, nämlich diejenigen aus Berufpflichtverletzungen, die **Beschränkungsmöglichkeiten** – jedenfalls wenn man die berufsrechtlichen Vorgaben mit in Betracht zieht – kaum mehr unterschiedlich sind.

17 Ein alle Personengesellschaften prägendes Element ist die auch für die PartG geltende **Selbstorganschaft**, wonach die Geschäftsführung zwingend bei den Partnern selbst liegt. Anders als bei den Kapitalgesellschaften sind somit **gesellschaftsfremde Dritte nicht als Geschäftsführer einsetzbar**. Dies hindert selbstverständlich nicht daran, solche Dritten mit entsprechender Vollmacht auszustatten und in der Gesellschaft tätig werden zu lassen, soweit berufsrechtliche Regelungen dies nicht beschränken. Die organschaftliche Vertretung obliegt aber gleichwohl ausschließlich den Partnern.

3. Steuerrechtliche Überlegungen

a) Laufende Besteuerung

18 Für die Personengesellschaften kennzeichnend ist das **steuerliche Prinzip der Einheitsbetrachtung**. Die Zurechnung der Unternehmenserträge erfolgt danach nicht bei der Gesellschaft, sondern nur und ausschließlich beim jeweiligen Gesellschafter. Je nach Tätigkeitsgegenstand der Gesellschaft können **Gewinneinkünfte** oder auch **Überschusseinkünfte** erzielt werden, was erhebliche Besteuerungsunterschiede nach sich ziehen kann. Je nach Art der entfalteten Tätigkeit kommt auch die Belastung mit der Gewerbesteuer in Betracht. Hierbei gilt die sog. **Abfärbetheorie** (§ 15 Abs. 3 Nr. 1 EStG). Soweit auch

---

13   BGHZ 146, 241 = NJW 2001, 1056.
14   MünchKomm-BGB/Ulmer, § 736 Rn. 27; Erman/Westermann, BGB, § 736 Rn. 8.
15   Siehe dazu nachstehend Rn. 33 ff.
16   Siehe dazu Teil 2: Gesellschaftsrecht, 1. Kapitel § 1 Rn. 50 ff.

nur ein geringer Teil der Einkünfte gewerblicher Natur ist, gelten alle Einkünfte als gewerbliche, was insb. die Gewerbesteuerpflicht nach sich zieht.[17] Für die PartG kann dies dort eine Rolle spielen, wo neben der freiberuflichen Tätigkeit eine dieser in Form des „Nebenzwecks" dienende gewerbliche Tätigkeit entfaltet wird.[18]

Leistungsvergütungen eines Partners werden steuerlich seinem Gewinn zugerechnet. Wirtschaftsgüter, die ein Gesellschafter der Gesellschaft zur Verfügung stellt, werden steuerlich als Betriebsvermögen (**Sonderbetriebsvermögen I**) behandelt, was deren **Steuerverstrickung** und damit auch die steuerliche Relevanz etwaiger Veräußerungsgewinne oder -verluste nach sich zieht. **Veräußerungsgewinne**, die auch in einer Entnahme bestehen können, sind damit steuerlich relevant. Steht das Gebäude, in dem die freiberufliche Praxis betrieben wird, im Eigentum eines Partners, stellt dies bei diesem Partner steuerliches Betriebsvermögen dar. 19

Organisieren sich die Freiberufler dagegen in Form einer Kapitalgesellschaft, wird diese als **eigenständiges Steuerrechtssubjekt** behandelt. Die Kapitalgesellschaft unterliegt nicht der Einkommens-, sondern der **Körperschaftsteuer**. Für Kapitalgesellschaften spielt es keine Rolle, welcher der sieben Einkunftsarten des EStG ihre Einkünfte zuzuordnen sind, diese gelten **immer als gewerbliche Einkünfte** (§ 8 Abs. 2 KStG), womit die Gewinne nach § 7 Satz 1 GewStG zusätzlich der Gewerbesteuer unterliegen. Bei der Ermittlung des Gewinns werden schuldrechtliche Vertragsbeziehungen zwischen der Kapitalgesellschaft und ihren Gesellschaftern grds. anerkannt. Die Einkünfte, die der Gesellschafter aus seiner Gesellschaftsbeteiligung zieht, sind bei diesem regelmäßig Einkünfte aus Kapitalvermögen.[19] 20

b) Entgeltliches Ausscheiden aus der Gesellschaft

Die **entgeltliche Veräußerung eines Anteils** an einer Partnerschaft unterfällt der **Besteuerung**. Wird also ein Veräußerungsgewinn erzielt, wird der Gewinn mit der Einkommensteuer belastet. Möglich ist nach § 34 Abs. 3 EStG, ggf. i.V.m. § 16 Abs. 4 EStG eine **steuerliche Privilegierung** wegen alters- oder gesundheitsbedingter Betriebsaufgabe. 21

Die Veräußerung von **wesentlichen Anteilen an einer Kapitalgesellschaft** unterliegt nach § 17 EStG der Einkommensteuer. Der Veräußerungsgewinn unterfällt dabei nach § 3 Nr. 40 EStG i.V.m. § 3c Abs. 2 EStG dem **Halbeinkünfteverfahren**. Abweichungen gibt es wiederum dort, wo es sich um einbringungsgeborene Anteile oder um Anteile handelt, die von einer anderen Kapitalgesellschaft gehalten werden (Schachtelprivileg). 22

c) Erbschaft- und Schenkungsteuer

Die **Bewertung eines Anteils** an einer Personengesellschaft erfolgt grds. nach den Regeln des § 12 ErbStG. Zu unterscheiden ist dabei insb. danach, ob es sich bei der Gesellschaft um **Betriebsvermögen im steuerlichen Sinne** handelt. 23

> **Hinweis:**
> Ist Vermögen als Betriebsvermögen einzustufen, so richtet sich die Besteuerung gemäß § 12 Abs. 5 ErbStG nach den §§ 95 ff. BewG. Dies führt i.d.R. dazu, dass der **erbschaftsteuerliche Wert von Betriebsvermögen** erheblich vom Verkehrswert abweicht.

Die Bewertung von Kapitalgesellschaftsanteilen erfolgt nach § 11 BewG. Danach ist zunächst der **Kurswert maßgeblich**, ist ein solcher nicht feststellbar, ist ein **Durchschnittswert der Verkäufe** der letzten Jahre zu bilden. Sind auch solche Referenzgrößen nicht vorhanden, wird das **Stuttgarter Verfahren** angewandt. 24

---

17 BStBl. 2000 II, S. 229.
18 Siehe dazu Rn. 12.
19 Zum Vergleich der Besteuerung zwischen Personen- und Kapitalgesellschaften siehe die Ausführungen zur GbR, Teil 2: Gesellschaftsrecht, 1. Kapitel, § 1 Rn. 69.

25 Für die Anwendung der **steuerlichen Privilegierungsvorschriften** zum Betriebsvermögen (§§ 13a, 19a ErbStG), spielt es grds. keine Rolle, ob eine Personen- oder Kapitalgesellschaftsbeteiligung weitergegeben wird. Zu beachten ist allerdings, dass die Beteiligungsschwelle bei Kapitalgesellschaften bei 25 % liegt, so dass darunter liegende Kapitalanteile zwar nach § 17 EStG als wesentliche Beteiligungen angesehen, nach dem ErbStG aber nicht als entsprechend privilegierte Beteiligungen behandelt werden.

4. Partnerschaft als Alternative zur GbR

26 Angesichts der **erheblichen Vorteile**, die die **Partnerschaftsgesellschaft** ihren Gesellschaftern insb. gegenüber der GbR bieten kann, ohne dass gleichzeitig das Kleid der Kapitalgesellschaft übergestreift werden müsste, ist auch heute noch die von Henssler 2001 geäußerte Verwunderung darüber, dass immer noch extrem wenig Rechtsanwaltssozietäten die Partnerschaftsgesellschaft als Gesellschaftsform wählen, weiterhin zutreffend.[20]

IV. Haftungskonzept der Partnerschaftsgesellschaft

1. Haftung der Gesellschaft mit ihrem eigenen Vermögen

27 Da die Gesellschaft als **rechtsfähige Gesamthandsgesellschaft** unter eigenem Namen Verbindlichkeiten eingehen und Rechte erwerben kann, ist sie selbst Beteiligte der in ihrem Namen geschlossenen Verträge (§ 7 Abs. 2 PartGG, § 124 Abs. 1 HGB). Folgerichtig haftet sie mit ihrem **eigenen Vermögen** für diese Verbindlichkeiten.[21] Unumstritten ist ferner, dass die rechtsfähigen Personengesellschaften für **gesetzliche Verbindlichkeiten**, die durch die organschaftlichen Vertreter begründet werden, nach den Regeln der **Organhaftung** (§ 31 BGB analog) mit ihrem Vermögen einzustehen haben. Dies gilt für die Partnerschaftsgesellschaft im gleichen Umfang wie für die OHG und die KG.[22]

2. Haftung der Partner für die allgemeinen Verbindlichkeiten der Gesellschaft

28 § 8 Abs. 1 Satz 1 PartGG bestimmt, dass die Partner als **Gesamtschuldner neben dem Vermögen der Partnerschaft** für deren Verbindlichkeiten haften. Die Norm ist dem § 128 HGB nachgebildet. Nach der Wende der Rspr. mit der Entscheidung v. 29.1.2001 entspricht die Grundregel der Haftung für alle Personengesellschaften nunmehr der des § 128 HGB. § 129 HGB, auf den § 8 Abs. 1 Satz 2 PartGG ebenso verweist wie auf den § 130 HGB, bestimmt, dass der Partner **jedwede Einwendungen und Einreden**, d.h. sowohl eigene wie auch diejenigen der Gesellschaft, erheben kann. § 130 HGB lässt den eintretenden Gesellschafter auch für Altverbindlichkeiten haften. Grds. ergreift die Haftung der Partner für die Verbindlichkeiten der Gesellschaft alle Verbindlichkeiten, die diese hat. Eine Ausnahme gilt nur insoweit, als bei Verbindlichkeiten, die auf der Verletzung beruflicher Fehler eines Partners beruhen, **Beschränkungen der Haftung** der Mitgesellschafter bestehen können.

29 Keine Rolle spielt es, wer Gläubiger der Gesellschaftsverbindlichkeit ist. Durch Rechtsgeschäft oder auf gesetzlicher Grundlage begründete Forderungen eines Mitgesellschafters, die Drittansprüche und nicht Sozialansprüche darstellen,[23] werden von der **akzessorischen Gesellschafterhaftung** erfasst. Keine Gesellschaftsverbindlichkeit sind solche, die der Gesellschafter aufgrund eigenen Versprechens einem Gesellschaftsgläubiger gegenüber eingeht, sei es auch für Verbindlichkeiten, für die auch die Gesellschaft einzustehen hat. **Verbürgt** sich bspw. ein Gesellschafter für eine Gesellschaftsschuld, so hat die Anspruchnahme aus der Bürgschaft mit seiner Gesellschafterhaftung nichts zu tun.[24]

---

20 Siehe dazu Henssler in einem Interview der Rechtsanwaltskammer Köln, Mitteilungen der RAK Köln, 2001, S. 95, 96.

21 Siehe dazu K. Schmidt, Gesellschaftsrecht, § 48 I.1. m.w.N.

22 K. Schmidt, Gesellschaftsrecht, § 10 IV.2.c.

23 Siehe zur Differenzierung die Darstellung zur GbR, Teil 2: Gesellschaftsrecht, 1. Kapitel, § 1 Rn. 115.

24 Siehe dazu allerdings die insolvenzrechtliche Besonderheit des § 93 InsO, die nach herrschender, aber abzulehnender Auffassung auch für Bürgschaften und ähnliche persönliche Verpflichtungen gilt, siehe dazu BGH, ZIP 2002, 1492, m. umf. N. für die herrschende Auffassung, dagegen: Kesseler, ZIP 2002, 1974 m.w.N.

Die **Haftung** besteht nur in **Abhängigkeit von der Verbindlichkeit** der Gesellschaft. Die Haftungsverbindung ist dabei nicht etwa eine gesamtschuldnerische, die Gesellschafterhaftung steht vielmehr in einem der **Bürgenhaftung vergleichbaren** Verhältnis zur Gesellschaftsschuld als Hauptforderung.[25] Das Prinzip der Gesamtschuld gilt nur im Verhältnis der Gesellschafter untereinander.

Worauf die Gesellschafter aus der Gesellschafterhaftung haften, ist umstritten. Die Vertreter der **sog. Erfüllungstheorie** gehen davon aus, dass der Gesellschafter genau die gleiche Leistung schulde wie die Gesellschaft, so dass er insb. auch auf die Erfüllung solcher Verbindlichkeiten in Anspruch genommen werden kann, die nicht auf eine Geldleistung lauten.[26] Die genau gegenteilige Auffassung, die den Namen **Haftungstheorie** erhalten hat, geht demgegenüber davon aus, dass die Gesellschafter nur eine auf Geld gerichtete Einstandspflicht für die Verbindlichkeiten der Gesellschaft trifft. Dieser Auffassung hat sich auch der BGH, wenn auch in etwas abgeschwächter Form, angeschlossen.[27]

Soweit dem Partner gegen die Inanspruchnahme durch den Gesellschaftsgläubiger **Einwendungen oder Einreden** zustehen, richtet sich dies nach den Regeln des allgemeinen Schuldrechts. Besonderer **verjährungsunterbrechender Maßnahmen** gegenüber dem Gesellschafter bedarf es nicht, so dass dieser keine Verjährungseinrede zu gegenüber der Gesellschaft unverjährten Forderung erheben kann.[28] Der Partner kann gegenüber der Haftungsinanspruchnahme allerdings auch solche Einreden geltend machen, die nicht ihm persönlich, sondern der Gesellschaft selbst zustehen.

3. Haftungskonzentration

Interessantester Aspekt der Partnerschaftsgesellschaft und damit ihr größter Vorteil gegenüber der BGB-Gesellschaft ist die mit der Gesetzesänderung v. 1.8.1998 eingeführte **gesetzliche Haftungskonzentration für berufliche Fehler**. Nach § 8 Abs. 2 PartGG haften für solche Fehler nur der oder diejenigen Partner, die mit der Bearbeitung des konkreten Auftrags befasst waren. Vor der Gesetzesänderung war dies nur durch schuldrechtliche Vereinbarung möglich.

Zunächst ist festzuhalten, dass die Haftung der Partnerschaftsgesellschaft mit ihrem Vermögen durch die Haftungskonzentration des § 8 Abs. 2 PartGG nicht eingeschränkt wird. Begeht ein Partner eine **Berufspflichtverletzung** und entsteht dadurch einem Mandanten ein Schaden, haftet dafür das **gesamte Vermögen der Gesellschaft**. Die Haftungskonzentration privilegiert nur die Mitgesellschafter insoweit, als diese von ihrer grds. bestehenden Haftung nach § 8 Abs. 1 PartGG befreit sind. Voraussetzung ist, dass es sich bei dem Anspruch des Mandanten um einen solchen wegen der **Verletzung beruflicher Fehler** handelt. In diesem Fall sind aber Ansprüche gegen andere Partner aus jedem Rechtsgrund, d.h. sowohl aus den vertraglichen wie auch den quasi-vertraglichen und auch den deliktischen Ansprüchen, ausgeschlossen.[29] Für all diejenigen Ansprüche, die nicht auf einer Berufspflichtverletzung beruhen, greift die Haftungskonzentration damit nicht.

Von der Haftungskonzentration profitieren nur diejenigen Partner, die **keinen Anteil an der Bearbeitung des Auftrags** hatten bzw. nur mit untergeordneter Bedeutung für diesen tätig waren. Entscheidend ist der tatsächliche Bearbeitungsbeitrag. Sobald der Mandant einen Partner als Bearbeiter wahrnimmt, sei es auch nur durch eine Unterschrift, greift die Haftung.[30] Wenn allerdings keiner der Partner die Bearbeitung des Auftrags übernimmt, dieser also „liegen bleibt", und dem Mandanten dadurch Schäden entstehen,

---

25 Henssler, PartGG, § 8 Rn. 12; ders., in: FS für Vieregge, S. 361, 364; Michalski/Römermann, PartGG, § 8 Rn. 16; zur GbR: Habersack, AcP 198 (1998), 152, 159 ff.; a.A.: Meilicke/v. Westphalen/Hoffmann/Lenz, PartGG, § 8 Rn. 11.
26 Siehe dazu vor allem Hadding, ZGR 1981, 581; Flume, Personengesellschaft, § 16 III.2 – 4; siehe auch MünchKomm-BGB/Ulmer, § 714 Rn. 43.
27 BGHZ 73, 217; BGH, NJW 1987, 2369.
28 Wertenbruch, NJW 2002, 324, 325; Palandt/Sprau, BGB, § 714 Rn. 15.
29 Michalski/Römermann, PartGG, § 8 Rn. 25; MünchKomm-BGB/Ulmer, § 8 PartGG Rn. 17.
30 Siehe dazu auch Jawansky, DB 2001, 2281, 2283; Kesseler, Das Insolvenzverfahren über das Vermögen einer Partnerschaftsgesellschaft, Rn. 49.

haften alle Partner, was insb. auch dann gelten kann, wenn nur ein Angestellter die Bearbeitung ohne Beaufsichtigung durch einen Partner übernimmt.[31]

4. Höchstsummenbeschränkung

36 § 8 Abs. 3 PartGG öffnet **Haftungsbeschränkungsregelungen** den Weg in die Partnerschaftsgesellschaft, wenn dies von Seiten des **Berufsrechts** zugelassen ist. Die Möglichkeit, vertragliche Höchstsummenbegrenzungen zu vereinbaren, wird dabei von einer ganzen Reihe der Berufsordnungen akzeptiert.

> *Beispiele:*
>
> § 67a StBerG, § 51a BRAO und § 54a WPO.

Daneben bestehen allerdings auch gesetzliche Haftungsbeschränkungen, bspw. hinsichtlich der Haftung für Abschlussprüfungen.

V. Partnerschaftsgesellschaften mit Angehörigen verschiedener freier Berufe

37 Das PartGG unterscheidet nicht danach, welche freien Berufe unter ihrem Gesellschaftsmantel miteinander kooperieren. Das Gesetz ist damit für **interprofessionelle Sozietäten** vollkommen offen, soweit nur die Mindestbedingung der Ausübung eines freien Berufes durch jeden der Partner erfüllt ist. Aus Sicht des PartGG könnten sich damit auch Wirtschaftsprüfer und Hebammen in einer Partnerschaft zusammentun. Es war allerdings nicht Ziel des PartGG, durch seine Einführung interprofessionellen Sozietäten eine besondere, über die bestehenden Kooperationsmöglichkeiten hinausgehende gesellschaftsrechtliche Plattform zu bieten. Das **Berufsrecht**, das die Kooperation verschiedener freier Berufe ggf. einschränken kann, geht insoweit dem PartGG vor (§ 1 Abs. 3 PartGG).

38 Alle Freien Berufe, die nicht berufsrechtlich geregelt sind, dürfen grds. miteinander kooperieren. Nur dort, wo **berufsrechtliche Reglementierungen** bestehen, müssen hinsichtlich der Zulässigkeit der Partnerschaftsgesellschaft die berufsrechtlichen Vorgaben jedes kooperierenden Berufsträgers erfüllt sein, so dass es nicht darauf ankommt, ob das **Berufsrecht eines freien Berufes die Partnerschaftsgesellschaft zulässt**, wenn das Berufsrecht des kooperierenden Partners die gemeinsame Berufsausübung verbietet.[32]

> **Hinweis:**
>
> Eine Prüfung der berufsrechtlichen Zulässigkeit einer Kooperation wird durch die Registergerichte allerdings nicht durchgeführt. Erforderlich sind zwar Angaben dazu, diese werden allerdings nach § 4 Abs. 2 Satz 2 PartGG nicht überprüft, es sei denn, es wäre dem Gericht offenbar, dass die Angabe unzutreffend ist. Allerdings werden im **Registrierungsverfahren** anstelle der IHK die Berufskammern gehört, so dass insoweit Querinformationen stattfinden.

39 In den einzelnen Berufsordnungen ist die **Möglichkeit der Kooperation mit anderen Freien Berufen** unterschiedlich geregelt. So sieht die BRAO vor, dass eine Kooperation mit Patentanwälten, Steuerberatern, Steuerbevollmächtigten, Wirtschaftsprüfern und vereidigten Buchprüfern möglich ist. Das **Steuerberatungsgesetz** sieht in § 56 Abs. 1 Satz 2 eine identische Regelung für Steuerberater vor. § 44b WPO eröffnet einen weiteren Rahmen, da dort auf das Bestehen eines Zeugnisverweigerungsrechts nach der StPO und der Verkammerung des Berufes abgestellt wird, so dass theoretisch auch eine Kooperation zwischen Wirtschaftsprüfern und Ärzten in Betracht kommt.

---

31 Partiell anderer Ansicht OLG München, DB 2001, 809, 811; siehe dazu auch Kesseler, Das Insolvenzverfahren über das Vermögen einer Partnerschaftsgesellschaft, Rn. 49.
32 Siehe dazu auch die Gesetzesbegründung, BT-Drucks. XII/6152, S. 10.

VI. Abspaltungsverbot

Die den Partnern aus dem Gesellschaftsverhältnis zustehenden **Ansprüche** sind **grds. nicht übertragbar** (§ 717 Satz 1 BGB). Das **Abspaltungsverbot** bezieht sich auf sämtliche Mitverwaltungsrechte.[33] Abweichend von diesem Grundprinzip sind nach § 717 Satz 2 BGB Ansprüche des Partners, die diesem aus der Geschäftsführung zustehen, und Ansprüche auf den Gewinnanteil abtretbar.[34]

40

Die **Bestellung eines Nießbrauchs am Gesellschaftsanteil** kann nur mit Zustimmung der Mitgesellschafter bzw. bei Vorliegen entsprechender gesellschaftsvertraglicher Regelungen vonstatten gehen.[35] Es reicht nicht aus, dass nur die Übertragbarkeit des Anteils zugelassen ist.[36] Endet die Mitgliedschaft, ohne dass die Gesellschaft mit den Gesamtrechtsnachfolgern fortgesetzt würde, kann sich der Nießbrauch im Wege der **Surrogation** nur noch **am Liquidationsanspruch** oder dem **Abfindungsanspruch** fortsetzen.[37] Dem Nießbraucher stehen die Verwaltungsrechte hinsichtlich der laufenden Angelegenheiten der Gesellschaft zu,[38] der Partner behält die Kompetenz in allen außergewöhnlichen Maßnahmen.[39] Dem Nießbraucher steht nur der **entnahmefähige Gewinn**, abzüglich etwa beschlossener Rücklagen,[40] zu, wobei bei Auflösung von Rücklagen auch diese Beträge dem Nießbraucher zustehen.[41]

41

B. Gründung und vertragliche Regelungen in der Partnerschaftsgesellschaft

Die Gründung einer Partnerschaftsgesellschaft setzt voraus, dass zwischen den Gesellschaftern ein **Partnerschaftsvertrag** (§ 3 Abs. 1 PartGG) geschlossen wird und, dies grenzt die Partnerschaftsgesellschaft von den Personengesellschaften des Handelsrechts ab, eine **konstitutive Eintragung im Register** erfolgt (§ 7 Abs. 1 PartGG).

42

I. Vertrag

Das Gesetz sieht für den abzuschließenden Partnerschaftsvertrag bestimmte **Mindestanforderungen** vor. So muss zwingend mindestens der Name und der Sitz der Gesellschaft, ferner Name und Wohnort sowie der in der Partnerschaft ausgeübte Beruf eines jeden Partners und letztlich auch der Gegenstand der Gesellschaft vertraglich geregelt sein. Während diese Mindesterfordernisse gesetzlich (§ 3 Abs. 2 PartGG) vorgegeben sind, stimmen sie de facto mit Ausnahme der Angabe des Wohnortes jedes Gesellschafters mit den inhaltlichen Erfordernissen der **Gründung einer BGB-Gesellschaft** überein, was sich dort allerdings nicht aus dem Gesetz direkt, sondern vielmehr nur aus der Verfolgung des gemeinsamen Zwecks, § 705 BGB, ergibt.

43

Was die Wahl des **Sitzes der Gesellschaft** angeht, geht die herrschende Auffassung davon aus, dass im Hinblick auf die alleinige Zulassung der Partnerschaft für freie Berufe eine freie Sitzwahl möglich ist und damit die Wahl des Verwaltungssitzes nicht zwingend erforderlich erscheint.[42] Der Partnerschaftsgesell-

44

---

33 Erman/Westermann, BGB, § 717 Rn. 2; MünchKomm-BGB/Ulmer, § 717 Rn. 5.
34 Zu den Einzelheiten siehe die Ausführungen zur GbR, Teil 2: Gesellschaftsrecht, 1. Kapitel, § 1 Rn. 133 ff.
35 K. Schmidt, Gesellschaftsrecht, § 61 II; BGHZ 58, 316; BGH, NJW 1999, 571; Schön, ZHR 158 (1994), 229, 238.
36 MünchKomm-BGB/Ulmer, § 705 Rn. 97 m.w.N.
37 MünchKomm-BGB/Ulmer, § 705 Rn. 98; Schön, ZHR 158 (1994), 229, 245 ff.
38 Ulmer, in: FS für Fleck, S. 383, 394; Flume, Personengesellschaft, I/1 § 17 VI; Schlegelberger/K. Schmidt, HGB, vor § 230 Rn. 16; Gummert, in: Münchener Handbuch des Gesellschaftsrechts, Bd. 1, § 16 Rn. 26.
39 Siehe dazu auch BGH, NJW 1999, 571.
40 BGH, DNotZ 1975, 735.
41 Zu weiteren Einzelheiten siehe die Ausführungen zur GbR, Teil 2: Gesellschaftsrecht, 1. Kapitel, § 1 Rn. 137 f.
42 MünchKomm-BGB/Ulmer, § 3 PartGG Rn. 17; Michalski/Römermann, PartGG, § 2 Rn. 15; Salger, in: Münchener Handbuch des Gesellschaftsrechts, Bd. 1, § 38 Rn. 3.

45 Was den **Gegenstand der Gesellschaft** angeht, ist dieser klar und eindeutig festzulegen. Dass der Gegenstand **kein Handelsgewerbe** sein darf, versteht sich von selbst (§ 1 Abs. 1 Satz 2 PartGG). Übt die Gesellschaft tatsächlich gewerbliche Tätigkeiten anstelle der freiberuflichen aus, führt dies trotz Angabe des entsprechenden Gegenstandes und Eintragung im Partnerschaftsregister dazu, dass sie insoweit entweder BGB-Gesellschaft oder Personengesellschaft des Handelsrechts ist.[43] Die Ausübung einer gewerblichen Tätigkeit als Nebenzweck ist dagegen zulässig.[44]

> **Hinweis:**
> Auch insoweit spielen die Berufsrechte wieder eine Rolle, als bspw. nach § 55 Abs. 1 BOStB keine Gesellschaftsgegenstände angegeben werden können, die nach dem § 50 StBerG nicht mit dem Beruf des Steuerberaters zu vereinen sind.

46 Die **Angabe** des von jedem Partner in der Gesellschaft **ausgeübten Berufes** spielt dann eine besondere Rolle, wenn ein Partner mehrfach qualifiziert ist und innerhalb der Partnerschaftsgesellschaft nur einen oder jedenfalls nicht alle von ihm ausgeübten Berufe praktiziert. Dies sollte durch konkrete Angabe des Berufes deutlich gemacht werden, nicht allein durch Voranstellung einer Berufsbezeichnung bei einem der Partner.

Beispiel:

„Rechtsanwalt Müller".

47 Aus den **Berufsrechten** können sich im Übrigen Erfordernisse dazu ergeben, welche **besonderen Voraussetzungen** erfüllt sein müssen, damit die Gründung der Gesellschaft möglich ist. Bei einer Steuerberatungsgesellschaft ist es erforderlich, dass entsprechend § 50 Abs. 4 StBerG mindestens die Hälfte der Partner qualifizierte Steuerberater sind. Ein ähnliches **Mehrheitserfordernis** sieht § 28 WPO vor.

48 § 3 Abs. 1 PartGG bestimmt, dass der **Partnerschaftsvertrag in Schriftform** geschlossen werden muss. Streitig ist, inwieweit das Schriftformerfordernis **konstitutive Bedeutung** hat, ob also nach Eintragung der Gesellschaft im Partnerschaftsregister die mangelnde Schriftform dazu führt, dass bei Ingangsetzung der Gesellschaft die **Grundsätze der fehlerhaften Gesellschaft** anzuwenden sind.

Die **herrschende Auffassung** geht dabei davon aus, dass die Nichteinhaltung der Schriftform grds. zur Fehlerhaftigkeit der Gesellschaft führt.[45]

Die **Gegenauffassung**, die davon ausgeht, dass nach Eintragung die Gesellschaft auch ohne schriftlichen Partnerschaftsvertrag entsteht,[46] ist abzulehnen. Zwar ist es durchaus richtig, dass nach der amtlichen Begründung des Gesetzes mit dem schriftlichen Gesellschaftsvertrag nur eine ausreichende Beweisgrundlage geschaffen werden sollte und bei Nichteinhaltung des Schriftformerfordernisses Dritten keine Nachteile drohen, gleichwohl ist die gesetzliche Folge der Nichteinhaltung eines Formerfordernisses nach § 125 BGB die **Nichtigkeit des Rechtsgeschäfts**. Soweit der Gesetzgeber Abweichungen hiervon hätte statuieren wollen, hätte dies im Gesetz zum Ausdruck kommen müssen.

---

43 Salger, in: Münchener Handbuch des Gesellschaftsrechts, Bd. 1, § 38 Rn. 6.
44 Siehe dazu Rn. 12.
45 Meilicke/v. Westphalen/Hoffmann/Lenz, PartGG, § 9 Rn. 10; Stuber, WiB 1994, 707; Michalski/Römermann, PartGG, § 3 Rn. 12; MünchKomm-BGB/Ulmer, § 3 PartGG Rn. 7 f.
46 K. Schmidt, NJW 1995, 1, 3; Salger, in: Münchener Handbuch des Gesellschaftsrechts, Bd. 1, § 38 Rn. 10.

II. Eintragungsverfahren

Anders als die Personengesellschaften des Handelsrechts sieht § 7 Abs. 1 PartGG eine **konstitutive** und **nicht bloß deklaratorische Registereintragung** vor. Vor der Eintragung können die Partner allerdings in Form einer BGB-Gesellschaft verbunden sein. Die Eintragung ist von sämtlichen Gesellschaftern anzumelden, und zwar am Registergericht des vertragsmäßigen Sitzes der Gesellschaft. Ändert sich im Gesellschafterbestand der Gesellschaft etwas, ist auch dies zur Eintragung anzumelden. Die Eintragung ist durch **Namensunterschrift nebst** (bis zum 31.12.2006) **Zeichnung der Firma** der Partnerschaft einzureichen. Die öffentliche Beglaubigung oder notarielle Beurkundung ist vorgeschrieben, ebenso wie dies im Handelsregister der Fall ist. Vollmachten bedürfen der entsprechenden Form.

49

Eine **Vorlage des Vertrags** der Partnerschaftsgesellschaft beim Handelsregister ist allerdings nicht erforderlich, was die Eintragung einer Gesellschaft zulässt, ohne dass diese wirksam entstanden ist. Ist die Gesellschaft in Gang gesetzt, gelten dann die **Grundsätze der fehlerhaften Gesellschaft**.

50

Wie den Personenhandelsgesellschaften ist es auch den Partnerschaften nach § 5 Abs. 2 PartGG in Verbindung mit den entsprechenden Vorschriften des HGB erlaubt, **Zweigniederlassungen** zu errichten, was insb. bei größeren überörtlichen Sozietäten praxisrelevant wird. Für die Zweigniederlassung gilt das Gleiche wie für Zweigniederlassungen bei den Personenhandelsgesellschaften, d.h., diese entstehen nicht erst durch Eintragung, sondern mit tatsächlicher Begründung, die **Eintragung ist rein deklaratorisch**.

51

C. Inhaltliche Ausgestaltung des Partnerschaftsvertrages

I. Name der Partnerschaft

Bei der **Namensfindung** innerhalb der Partnerschaftsgesellschaft sind sowohl die Voraussetzungen des Gesellschaftsrechts wie auch diejenigen der jeweils einschlägigen Berufsordnungen zu beachten.

52

1. Gesellschaftsrechtliche Vorgaben

a) Name mindestens eines Partners

Nach § 2 Abs. 1 PartGG ist notwendiger Bestandteil des Namens der Partnerschaft der **Familienname mindestens eines der Partner**. Es besteht durchaus die Möglichkeit, den Namen mehrerer oder gar aller Partner zu wählen, nicht möglich ist jedoch eine **Phantasiebezeichnung**. Bei Verwechslungsgefahr gelten die gleichen Voraussetzungen wie bei der Firmenwahl der Personenhandelsgesellschaften. Bei allgemein eingeführten Künstlernamen ist auch deren Verwendung möglich. Sobald der Familienname eines Partners Eingang in den Namen der Partnerschaftsgesellschaft gefunden hat, spielt es keine Rolle mehr, ob sich der Name des namensgebenden Partners durch etwaige **Namensänderung** (bspw. bei Eheschließung/Scheidung) wieder ändert, der Name der Partnerschaftsgesellschaft kann dann **fortgeführt** werden (§ 2 Abs. 2 PartGG i.V.m. § 21 HGB). Ebenso ist die Fortführung des Namens möglich, wenn der namensgebende Partner ausscheidet (§ 2 Abs. 2 PartGG i.V.m. § 24 HGB).

53

b) Gesellschaftsformzusatz

§ 2 Abs. 1 PartGG fordert für den Namen der Gesellschaft die **Beifügung eines die Gesellschaftsform kennzeichnenden Zusatzes** in Form der Alternativen „und Partner" bzw. „Partnerschaft". Zulässig sind allerdings auch solche Zusätze, die statt des Wortes „und" das kaufmännische „&" oder ein „+" oder ein abgekürztes „u." führen.[47] Nach zutreffender Auffassung ist auch eine Verbindung nur durch ein **Logo** oder ganz ohne beifügenden Zusatz möglich,[48] da es allein um die Kennzeichnung der Gesellschaftsform geht. Macht die Partnerschaft von der Möglichkeit der Nennung aller Partner im Namen Gebrauch,

54

---

47 BGH, WiB 1997, 752 (Römermann).
48 Michalski/Römermann, Vertrag der Partnerschaftsgesellschaft, Rn. 103.

kommt die Firmierung unter „und Partner" wegen Irreführung nicht mehr in Betracht. Möglich ist auch die Nutzung der weiblichen Form „und Partnerin".

c) Berufsbezeichnungen

55 § 2 Abs. 1 PartGG fordert die **Nennung der Berufsbezeichnungen** aller in der Partnerschaft vertretenen Berufe. Werden in der Partnerschaft sowohl die Berufe des Rechtsanwalts wie auch des Steuerberaters und des Wirtschaftsprüfers ausgeübt, so hat der Partnerschaftsname die Bezeichnung Rechtsanwälte, Steuerberater und Wirtschaftsprüfer zu enthalten. Die Reihenfolge spielt dabei selbstverständlich keine Rolle. Gibt es in der Berufsbezeichnung Unterschiede in der Singular- und Pluralform, erfordert die Firmenwahrheit insoweit die korrekte Angabe.

d) Sonstige Namenszusätze

56 Eine **Beschränkung sonstiger Namenszusätze** sieht § 2 PartGG nicht vor. Diese sind bei Wahrung der **Irreführungsverbote** grds. zulässig.[49]

2. Berufsrechtliche Vorgaben

57 Neben den Vorgaben des PartGG sind auch diejenigen der jeweils betroffenen **Berufsordnungen** zu beachten.[50] Interessant ist, dass einzelne Berufsordnungen **Einschränkungen** gegenüber den gesetzlichen Vorgaben des PartGG vorsehen. So ist insb. in § 53 StBerG und § 31 WPO geregelt, dass dann, wenn die Gesellschaft als Steuerberatungsgesellschaft oder Wirtschaftsprüfungsgesellschaft zugelassen ist, gerade keine anderen Berufe genannt werden müssen.[51]

II. Beitragspflichten der Partner

58 Ebenso wie bei der BGB-Gesellschaft[52] lebt auch die Partnerschaftsgesellschaft davon, dass die Gesellschafter die **vertraglich versprochenen Beiträge erbringen**. Im Rahmen der Partnerschaftsgesellschaft wird es sich dabei im Zweifel primär um die **Erbringung der entsprechenden freiberuflichen Leistungen** handeln. Wie und in welchem Umfang die Partner die Erbringung von Beiträgen vereinbaren, ist diesen überlassen. So kann durchaus vereinbart werden, dass einzelne der Partner Vollzeit, andere nur Teilzeit in der Gesellschaft tätig sind. Der Begriff der Freiberuflichkeit schließt es dabei fast zwingend ein, dass die Partner bei der Definition des Umfangs ihrer Tätigkeit eine gewisse Freiheit besitzen. So kann unter voller Arbeitskraft sowohl die 40- wie auch die 60-Stunden-Woche verstanden werden. In diesen Fällen ist es Aufgabe der vertraglichen Regelungen, entsprechende Anpassungen durch Ergebnisbeteiligungen vorzusehen.

Pauschale Regelungen für die Bemessung der Tätigkeit kann es dabei nicht geben, da Quantität und Qualität der Beiträge nicht unbedingt in einem Verhältnis zueinander stehen müssen.

Es kommt schließlich auch in Betracht, dass einzelne Partner sich durch **„werbende" Maßnahmen** für die Gesellschaft engagieren, sei es durch Vortragsveranstaltungen, wissenschaftliche Tätigkeiten oder sonstige Formen der Akquise.

59 Die Verpflichtung eines Partners, durch Beitragsleistung zur Verwirklichung des Zwecks der Gesellschaft beizutragen, kann nur **vertraglich begründet** werden. Dies mag im Einzelfall vertraglich ausdrücklich geregelt sein oder aber sich konkludent ergeben, vereinbart werden muss es aber in jedem Fall.

---

49 Salger, in: Münchener Handbuch des Gesellschaftsrechts, Bd. 1, § 38 Rn. 21.
50 Eine Zusammenstellung für die meisten Berufsordnungen findet sich bei Michalski/Römermann, Vertrag der Partnerschaftsgesellschaft, Rn. 116 ff.
51 Siehe dazu Seibert, DB 1994, 2381, 2383.
52 Siehe Teil 2: Gesellschaftsrecht, 1. Kapitel, § 1 Rn. 149 ff.

Formulierungsbeispiel: Beitragsleistung eines Partners

> Ein jeder der Partner ist verpflichtet, seine volle Arbeitskraft der Gesellschaft zur Verfügung zu stellen. Die Partner gehen dabei davon aus, dass es sich um eine vollzeitige Tätigkeit von mindestens jahresdurchschnittlich 40 Stunden in der Woche handelt.

Eine **gesetzliche Verpflichtung** zur Leistung gleicher Beiträge besteht nicht. Wo unterschiedliche Beitragsleistungen auch zu unterschiedlichen Beteiligungsverhältnissen an der Gesellschaft führen sollen, sollte dies im Gesellschaftsvertrag zum Ausdruck kommen. Die Partner sind nur zur Leistung solcher Beiträge verpflichtet, die zu erbringen sie bereits im Gesellschaftsvertrag versprochen haben. Eine **spätere Erhöhung** ist nur im Einverständnis der Partner möglich. Soweit im Partnerschaftsvertrag vorgesehen ist, dass über eine Erhöhung der Beitragspflichten, bspw. Teilzeit- zur Vollzeittätigkeit, durch **Mehrheitsbeschluss** abgestimmt und diese damit auch für den überstimmten Partner festgesetzt werden kann, sind die Anforderungen, die die Rspr. insoweit in Form des Bestimmtheitsgrundsatzes[53] aufstellt, zu beachten.

III. Geschäftsführung

Zur Geschäftsführung bestimmt § 6 Abs. 3 PartGG, dass primär die **vertraglichen Vereinbarungen** der Partner entscheidend für die **Geschäftsführungsbefugnisse** sind, in Ermangelung einer solchen Regelung die §§ 110 – 116 Abs. 2, 117 – 119 HGB entsprechende Anwendung finden.[54]

Grds. besteht die Möglichkeit von der **gesetzlichen Regelung**, wonach alle Partner zur Führung der Geschäfte berechtigt und verpflichtet sind, **gesellschaftsvertraglich abzuweichen**. Entsprechend § 114 Abs. 2 HGB können die Partner Geschäftsführungskompetenzen delegieren, wobei allerdings auch bei der Partnerschaftsgesellschaft das **Prinzip der Selbstorganschaft** gilt. Bei großen Rechtsanwaltsgesellschaften hat sich dafür sogar die eigene Position des „Managing Partners" herausgebildet. Bestehen **Geschäftsverteilungspläne** unter den Partnern, muss im Einzelfall entschieden werden, ob damit nur eine Aufgabenzuordnung oder auch eine Einschränkung der Geschäftsführungsbefugnis gewollt ist.

Der vollständige Ausschluss eines Partners von der Geschäftsführung ist nur im Hinblick auf die **sog. sonstigen Geschäfte** (§ 6 Abs. 2 PartGG) zulässig. Um sonstige Geschäfte handelt es sich bei den allgemeinen betriebsbedingten Geschäften.

Beispiele:

Anstellung von Personal, Anmietung von Räumlichkeiten, Bestellung von Büromitteln etc.

§ 6 Abs. 2 PartGG sieht vor, dass der Ausschluss eines Partners von der **Geschäftsführung bei den Kerngeschäften**, d.h. den von der Gesellschaft angebotenen freiberuflichen Dienstleistungen, nicht vereinbart werden kann. Die Annahme und Bearbeitung von Mandaten und sonstigen „Kunden"-Beziehungen kann einem Partner nicht vertraglich entzogen werden. Mit der Freiberuflichkeit unvereinbar ist es auch, die Frage der **Rechnungsstellung** dem Zuständigkeitsbereich des Partners zu entziehen. Damit wird nicht jede Einflussnahme der anderen Partner auf die Annahme und Durchführung von Mandats-, Kunden- oder Patientenbeziehungen unterbunden. Insoweit bestehen durchaus **berechtigte Interessen** der Mitgesellschafter, dass als besonders riskant oder haftungsträchtig eingestufte Mandate, solche, denen die Kapazitäten der Gesellschaft nicht gewachsen sind oder die dem fachlichen Profil nicht entsprechen, nicht angenommen werden. Die Trennlinie zwischen der Wahrnehmung berechtigter Interessen der Mitgesellschafter und der **unzulässigen Einflussnahme** auf die freiberufliche Tätigkeit des Partners ist naturgemäß unscharf.

---

53 Zu diesem BGH, NJW 1995, 194; BGHZ 132, 263, 268; MünchKomm-BGB/Ulmer, § 709 BGB Rn. 84 ff.
54 Zum Begriff der Geschäftsführung kann auf die entsprechenden Ausführungen bei der GbR verwiesen werden (Teil 2: Gesellschaftsrecht, 1. Kapitel, § 1 Rn. 175 f.); siehe dort auch zur Unterscheidung zwischen gewöhnlichen, außergewöhnlichen und sog. Grundlagengeschäften.

65 Die **Berufsrechte** der einzelnen Freien Berufe sehen teilweise **eigene Vorgaben für die Geschäftsführung** von Berufsausübungsgesellschaften vor. So finden sich in § 50 Abs. 1 und 2 StBerG und § 28 WPO Regelungen zur Besetzung der Geschäftsführung in Steuerberatungs- bzw. Wirtschaftsprüfungsgesellschaften.

IV. Vertretung der Partnerschaft

66 Nach § 7 Abs. 3 PartGG, der auf §§ 125 Abs. 1 und 2, 126, 127 HGB verweist, sind die Vertretungsregelungen der Personenhandelsgesellschaft auf die Partnerschaftsgesellschaft entsprechend anzuwenden. Danach gilt grds. die **Alleinvertretungsmacht jedes Partners** für die Gesellschaft. Es besteht allerdings die Möglichkeit, durch vertragliche Regelung einzelne Partner von der Vertretung der Gesellschaft auszuschließen. Ebenso kann anstelle der Einzelvertretung eine **Gesamtvertretung** i.S.d. § 125 Abs. 2 HGB vereinbart werden, wonach zwei oder mehr Partner nur gemeinsam die Gesellschaft vertreten können. Das Prinzip der Selbstorganschaft verhindert allerdings die **Einsetzung von Fremdgeschäftsführern** unter Ausschluss der Vertretungsmacht der Partner. Die Vertretungsregelungen sind zur Eintragung ins **Partnerschaftsregister** anzumelden und dort auch einzutragen.

67 Eine **Einschränkung der Vertretungsmacht nach außen** kommt bei der Partnerschaftsgesellschaft ebenso wenig wie bei den Personenhandelsgesellschaften in Betracht. Nichts hindert die Partner allerdings daran, im Innenverhältnis Regelungen dazu zu treffen, inwieweit ein einzelner Partner die Gesellschaft nach außen vertreten darf. Eine Gesamtvertretung, wie sie bei den Personenhandelsgesellschaften in der Gestaltung möglich ist, dass ein Gesellschaft entweder mit einem anderen Gesellschafter oder mit einem Prokuristen vertreten kann, ist bei der Partnerschaftsgesellschaft ausgeschlossen, da diese die **Prokura** nicht kennen. Möglich ist es allerdings, entsprechend § 126 Abs. 3 HGB, auf den § 7 Abs. 3 PartGG verweist, die Vertretungsmacht eines Partners dergestalt einzuschränken, dass sich diese nur auf eine Niederlassung der Partnerschaftsgesellschaft beschränkt, was allerdings voraussetzt, dass die Niederlassung einen abgrenzenden Namen, bspw. einen Ortszusatz, führt.

68 § 7 Abs. 3 PartGG verweist ferner auf § 127 HGB, wonach auf Antrag der übrigen Gesellschafter **durch gerichtliche Entscheidung** einem Partner die **Vertretungsmacht entzogen** werden kann, wenn dafür ein **wichtiger Grund** vorliegt. Die Regelung kann durch Gesellschaftsvertrag abbedungen werden.[55]

69 **Verletzt ein geschäftsführender Partner seine Verpflichtungen** schuldhaft, so haftet er grds. der Gesellschaft auf Ersatz des daraus entstehenden Schadens. Der **gesetzliche Haftungsmaßstab** entspricht dem der GbR in § 708 BGB wonach für **„eigenübliche Sorgfalt"** einzustehen ist. Überschreitet der Partner seine Befugnisse und konnte (bzw. hätte mit eigenüblicher Sorgfalt können müssen) dies erkennen, haftet er alsdann nach den Maßstäben der **Geschäftsführung ohne Auftrag** verschuldensunabhängig.[56]

V. Gesellschafterbeschlüsse

70 Gesellschafterbeschlüsse sind nach der Regel des § 119 HGB grds. nach dem **Einstimmigkeitsprinzip** zu fällen. Besonderer Regelungen zu Gesellschafterbeschlüssen bedarf es nur dann, wenn unter den Partnern vereinbart wurde, über bestimmte Gegenstände gesellschaftlicher Angelegenheiten durch Beschluss einer wie auch immer bestimmten Mehrheit der Gesellschafter zu entscheiden. Diese Mehrheitsbeschlüsse sind es, die besonderer vertraglicher Regelung bedürfen. Ohne weitere konkrete Angaben, gilt **im Zweifel die Kopfmehrheit**. Gesellschaftsvertraglich sind Vereinbarungen zu Senioritätsabstufungen, Kapitalbeteiligungen oder auch einzeln zugeordneten Stimmrechte vereinbar. Es kommt ferner in Betracht, unterschiedliche Mehrheitserfordernisse nach dem Grad der Bedeutung der Beschlüsse vorzusehen, so dass bspw. bei der Änderung des Gesellschaftsvertrages andere Mehrheitserfordernisse gelten als bei einfachen

---

[55] Zu den etwaigen Beschränkungen siehe die Ausführungen bei der GbR (Teil 2: Gesellschaftsrecht, 1. Kapitel, § 1 Rn. 199 f.).
[56] BGH, NJW 1997, 314; MünchKomm-BGB/Ulmer, § 708 Rn. 10; von Ditfurth, in: Münchener Handbuch des Gesellschaftsrechts, Bd. 1, § 7 Rn. 61 m.w.N.

Geschäftsführungsmaßnahmen. Zu bedenken ist ferner, dass für Gesellschafterbeschlüsse, die zu einer Änderung des Gesellschaftsvertrages führen, die **Schriftform erforderlich** ist.

Besondere Bedeutung kann bei Geschäftsführungsmaßnahmen die Vereinbarung von Beschlusszuständigkeiten aller Partner in Form des **Mehrheitsbeschlusses** in Angelegenheiten haben, die den **Kernbereich der freiberuflichen Tätigkeit** angehen. Änderungen des Geschäftsverteilungsplanes oder sonstige inhaltliche Regelungen zur Art der Ausübung der freiberuflichen Tätigkeit dürften **gegen den Willen** eines betroffenen Partners nicht durch Mehrheitsentscheidung zu regeln sein.[57] Ferner ist insb. dann, wenn bei interprofessionellen Partnerschaften Mehrheiten der einen Berufsträgergruppe in den Bereich der anderen Berufsgruppen zugewiesenen freiberuflichen Tätigkeit eingreifen können, Vorsicht bei Mehrheitsbeschlüssen geboten.[58] Aus dem gleichen Grund können sich **Stimmrechtsausschlüsse** verbieten.[59]

71

Änderungen des Partnerschaftsvertrages bedürfen grds. der **Zustimmung aller Partner**. Der Vertrag kann vorsehen, dass bestimmte Änderungen Mehrheitsbeschlüssen zugänglich sind. Zu beachten ist der sog. **Bestimmtheitsgrundsatz**.[60] Mehrheitsbeschlüsse in vertragsändernden Angelegenheiten sind danach nur dann zulässig, wenn dies ausdrücklich im Vertrag geregelt wurde und die Grenzen etwaiger Beschlussinhalte aufgezeigt sind. Bei ungewöhnlichen Punkten bedarf es danach einer ausdrücklichen Erwähnung möglicher Beschlussgegenstände im Gesellschaftsvertrag.[61]

72

VI. Informationsrechte

Nach § 6 Abs. 3 PartGG stehen den Partnern einer Partnerschaftsgesellschaft die gleichen **Informations- und Kontrollrechte** zu, die ein Gesellschafter einer Personenhandelsgesellschaft nach § 118 HGB für sich beanspruchen kann. Sie stimmen damit inhaltlich mit denen eines Gesellschafters einer GbR nach § 716 BGB überein. Danach besteht grds. eine Kontrollbefugnis und ein Auskunftsanspruch. Die Kontrollbefugnis bezieht sich darauf, in die Schriften der Gesellschaft, wie Korrespondenzen, Handakten, Verträge etc., Einsicht nehmen zu können.

73

Problematisch sind die Informationsrechte immer dann, wenn **berufsrechtliche Schweigepflichten** der Einsichtnahme entgegenstehen. Die in der Begründung zum Gesetzesentwurf angegebene Beschränkung, wonach das Kontrollrecht sich ausschließlich auf **wirtschaftliche Verhältnisse** beziehen soll,[62] ist insofern unklar, als die wirtschaftlichen Verhältnisse einer Gesellschaft durch den Inhalt eines Mandats erheblich beeinflusst werden können, was schon daran schnell erkennbar wird, wenn man sich mögliche Haftungsansprüche eines Mandanten gegen die Gesellschaft vor Augen führt. Eine saubere Trennung aufgrund dieses Maßstabs ist damit nicht möglich.[63] Keinesfalls kommt es insoweit in Betracht, von einem Zurückweichen der Schweigepflichten im Hinblick auf das Informationsinteresse zu sprechen, da es sich bei den durch die berufsrechtlichen Schweigepflichten geschützten Interessen der Mandanten an dem **eigenen Recht auf informationelle Selbstbestimmung** um ein gegenüber dem Informationsinteresse der Partner **höherrangiges Rechtsgut** handelt. Dort, wo das Mandat erkennbar der gesamten Partnerschaft erteilt wurde, unter der – ggf. auch konkludent – abgegebenen Erklärung, dass zur Mandatsbearbeitung auch andere Partner eingeschaltet werden können, ist von einer **Entbindung von der Schweigepflicht** auszugehen. Wo dies aber erkennbar nicht der Fall ist, insb. die Konsultation nur eines bestimmten Partners angestrebt wird, ist um einen entsprechenden Verzicht des Mandanten nachzusuchen.[64]

74

---

57 MünchKomm-BGB/Ulmer, § 6 PartGG Rn. 39.
58 Siehe dazu auch MünchKomm-BGB/Ulmer, § 6 PartGG Rn. 34.
59 Siehe dazu Michalski/Römermann, PartGG, § 6 Rn. 29.
60 Siehe dazu zur GbR Teil 2: Gesellschaftsrecht, 1. Kapitel, § 1 Rn. 219 f.
61 St. Rspr. BGHZ 8, 35, 41; 85, 350, 355; BGH, NJW 1988, 411.
62 BT-Drucks. XII/6152, S. 15.
63 Siehe dazu auch Michalski/Römermann, PartGG, § 6 Rn. 34, 37; Plückelmann, in: Münchener Anwaltshandbuch Personengesellschaftsrecht, § 4 Rn. 127 m.w.N.
64 Siehe dazu auch MünchKomm-BGB/Ulmer, § 6 PartGG Rn. 39.

Die **Geltendmachung** von Informationsrechten **nach dem Ausscheiden** eines Partners ist grds. ausgeschlossen. Sie kommen allenfalls hinsichtlich solcher Informationen in Betracht, die für die Auseinandersetzung von Bedeutung sind. Eine Durchbrechung der Schweigepflichten ist allerdings auch in diesem Fall nicht möglich.

VII. Gewinnverteilung

1. Gewinnermittlung

75 Eine **gesetzliche Verpflichtung zur Buchführung** entsprechend der §§ 238 ff. HGB besteht für die Partnerschaftsgesellschaft anders als für die Personengesellschaften des Handelsrechts nicht. Auch steuerrechtlich besteht die Verpflichtung, nach § 5 Abs. 1, den Gewinn durch Betriebsvermögensvergleich zu ermitteln, nur für Gewerbetreibende, nicht jedoch für die freiberuflich tätigen Partnerschaftsgesellschaften. Allerdings ist zu beachten, dass dann, wenn die **Gesellschaft gewerblich geprägt** ist, eine Buchführungspflicht gleichwohl in Betracht kommen kann. Dies wäre insb. dann der Fall, wenn neben der freiberuflichen Tätigkeit gewerbliche Einkünfte bezogen würden, die nach der **Abfärbetheorie** dann letztlich auch auf den Gesamtbetrieb der Partnerschaft durchschlügen. Grundlage der Gewinnermittlung der Partnerschaftsgesellschaft ist damit die für die BGB-Gesellschaft in § 721 BGB getroffene Regelung.[65]

76 Rechtspraktisch wird die **Art der Gewinnermittlung** durch die steuerrechtlichen Vorgaben für die Partnerschaftsgesellschaft bestimmt. Nichts hindert die Gesellschaft allerdings daran, freiwillig eine Buchführung einzuführen und ihren **Gewinn steuerrechtlich durch Betriebsvermögensvergleich** zu ermitteln. In der Praxis kommt es allerdings wesentlich häufiger zur Nutzung der steuerrechtlich nach § 4 Abs. 3 EStG eröffneten Möglichkeit zur Gewinnermittlung, die **Einnahmenüberschussrechnung** zu verwenden. Der wesentliche Unterschied beider Ermittlungsmethoden liegt darin, dass die Einnahmenüberschussrechnung im Prinzip eine Gewinnermittlung allein auf Basis tatsächlicher Zahlungsströme unter Gegenüberstellung der Betriebseinnahmen zu den Betriebsausgaben vorsieht. Da im Bereich des Anlagevermögens die Abschreibungen wie beim Betriebsvermögensvergleich behandelt werden, geht es bei freiberuflichen Tätigkeiten, die größeres Umlaufvermögen nicht kennen, primär um den Ansatz von Forderungen. Dadurch, dass die gegen Mandanten bestehenden Forderungen nicht schon mit ihrer Entstehung, sondern erst mit dem tatsächlichen Zufluss der Beträge in die Gewinnermittlung einfließen, kann sich eine **Verschiebung der Besteuerung in zeitlicher Hinsicht** ergeben. Das Totalergebnis der gesamten Tätigkeit ist nach beiden Ermittlungsmethoden allerdings immer gleich.

> **Hinweis:**
> Zur Aufstellung des **jährlichen Rechnungsabschlusses** sind die Partner, ggf. nur die geschäftsführenden, unabhängig von den steuerrechtlichen Vorgaben nach § 1 Abs. 4 PartGG i.V.m. §§ 713, 666 BGB verpflichtet.

2. Gewinnfeststellung

77 Nach Aufstellung des Rechnungsabschlusses bedarf dieser entsprechend § 119 HGB der **Feststellung durch die Partner**.[66] Die Feststellung des Abschlusses ist die **Billigung** desselben durch die Partner. Erst mit der Feststellung entstehen etwaige Ansprüche auf Auszahlung des Gewinns bzw. Verpflichtungen zum Ausgleich des Verlusts.[67] Die Feststellung des Abschlusses ist **grds. einstimmig** vorzunehmen, soweit

---

65 Siehe bei der GbR, Teil 2: Gesellschaftsrecht, 1. Kapitel, § 1 Rn. 267 ff.
66 Zur Differenzierung zwischen Aufstellung und Feststellung des Abschlusses siehe MünchKomm-BGB/Ulmer, § 721 Rn. 6 ff.; Soergel/Hadding, BGB, § 721 Rn. 2.
67 BGHZ 80, 357.

nicht im Gesellschaftsvertrag eine andere Mehrheit geregelt ist.[68] Die Feststellung umfasst dabei auch die Verwendung des Gewinns der Gesellschaft.

3. Konten

Die Fragen der **Bildung von Gesellschafterkonten**[69] spielen bei den freiberuflich tätigen Partnerschaftsgesellschaften nur eine untergeordnete Rolle. Nur in den Fällen, in denen die freiberufliche Tätigkeit kapitalintensiv durchgeführt wird, können diese von Bedeutung sein, so bspw. bei fachärztlichen Praxen mit aufwendigem Gerätepark. Insoweit kann es sich anbieten, neben dem **Festkapitalkonto** auch noch weitere **Ergebnisbeteiligungs- und Darlehenskonten** zu führen.

4. Gewinnverteilung

Während § 6 Abs. 3 PartGG für die Rechtsverhältnisse der Partner untereinander weitgehend auf das HGB verweist, findet sich eine Verweisung auf § 121 HGB gerade nicht. Der Gesetzgeber hat damit berücksichtigt, dass der Anteil eines Partners am Ergebnis der Gesellschaft gerade **nicht durch das Kapital**, sondern vielmehr durch die **laufende freiberufliche Leistung** in der Gesellschaft bestimmt wird. Soweit keine Regelungen im Partnerschaftsvertrag enthalten sind, gilt damit die Verweisung des § 1 Abs. 4 PartGG auf § 722 BGB, wonach die **Ergebnisverteilung** im Zweifel nach Köpfen erfolgt. Gesellschaftsvertraglich ist eine Änderung möglich, was in der Praxis jedenfalls bei größeren Gesellschaften auch häufig genutzt wird. Neben der klassischen Verteilung nach Köpfen finden sich in der Praxis vor allen Dingen die **folgenden Gewinnverteilungsmodelle** im Rahmen freiberuflicher Zusammenschlüsse.

a) „Eat what you kill"

Ein im deutschen Gesellschaftsrecht bislang wenig verbreitetes, im amerikanischen Rechtsraum allerdings gar nicht selten praktiziertes Gewinnverteilungsmodell ist die **Zuordnung nach den tatsächlich durch den einzelnen Partner erzielten Umsätzen**. Der dafür verwendete Begriff des „eat what you kill" illustriert die wesentlichen Bestandteile dieser Verteilungsmethode anschaulich. Abgrenzungen kann es dabei danach geben, **wie hoch der Umsatzanteil** eines jeden Partners ist oder wie hoch die abgerechneten Stunden. Eine Rolle können auch gewisse **Akquisitionsleistungen** spielen, schließlich kann Berücksichtigung auch weichen Kriterien gewährt werden, wie bspw. der **Reputationsverbesserung** der Gesellschaft durch wissenschaftliche, politische oder kulturelle Tätigkeiten einer der Partner. Für einen solchen Fall bietet es sich allerdings an, **keine starren Regelungen** in den Vertrag aufzunehmen, sondern vielmehr **jährlich neu festzusetzen**, mit welcher Gewichtung etwaige Beiträge bei der Gewinnverteilung zu berücksichtigen sind.

b) Punktesysteme

Häufig anzutreffen sind bei freiberuflichen Gesellschaften Gewinnverteilungssysteme, die darauf basieren, welchen **Gewinnverteilungspunktewert ein Partner jeweils erreicht hat**, wobei bei Eintritt in die Partnerschaft ein bestimmter Wert zugeordnet wird, der dann über die Zeitdauer der Partnerschaft kontinuierlich ansteigt, bis bestimmte Höchstbeträge erreicht sind. Ggf. kann vorgesehen werden, dass für bestimmte Leistungen **Bonuspunkte** vergeben werden und unter bestimmten anderen Voraussetzungen Punkte auch wieder reduziert werden können, bspw. durch nur noch zeitlich eingeschränkte Tätigkeit mit zunehmendem Alter.

c) Einfache Quotenvereinbarung

Häufig anzutreffen sind auch Vereinbarungen, wonach Partnern nach gewissen Übergangszeiten **gleiche Quotenbeteiligungen am Gewinn** eingeräumt werden. Diese Verteilungsmodelle werden bei freiberuflichen Berufsausübungsgesellschaften deshalb immer weniger verwendet, weil sie zwar durch ihre Klarheit praktische Vorzüge bieten, auf der anderen Seite aber dem der freiberuflichen Tätigkeit immer

---

68   MünchKomm-BGB/Ulmer, § 721 Rn. 8.
69   Zur GbR siehe Teil 2: Gesellschaftsrecht, 1. Kapitel, § 1 Rn. 173 f.

innewohnenden Element der **individuellen Prägung der Tätigkeit** und des damit verbundenen Erfolgs nicht in dem Maße Rechnung tragen, wie das bei den anderen Verteilungsmodellen der Fall ist.

d) Grenzen im Bestimmtheitsgrundsatz

83 Die Festlegung der Kriterien der Ergebnisverteilung im Gesellschaftsvertrag sind deshalb von großer Bedeutung, weil sie nicht nur helfen können, Streit in der Gesellschaft zu vermeiden, sondern auch im Hinblick auf den von der Rspr. gebildeten **Bestimmtheitsgrundsatz** Bedeutung haben. Solche Gewinnverteilungsmodelle, die es den Mitgesellschaftern ermöglichen, in den Gewinnanteil eines Gesellschafters in einer Form einzugreifen, die dieser bei Eintritt in die Gesellschaft praktisch nicht kalkulieren kann, können gegen das Prinzip der Bestimmtheit verstoßen. Es sollte also auch in den Fällen, in denen die Gewinnbeteiligung von einer **Vielzahl weicher Faktoren abhängig** gemacht werden soll, dazu ein klarer Maßstab im Vertrag geregelt werden.

5. Entnahmen

84 Den Partnern einer Partnerschaftsgesellschaft steht nach § 721 Abs. 2 BGB ebenso wie den Gesellschaftern einer GbR ein **Anspruch auf Auszahlung des ihnen zustehenden Gewinnanteils** zu.[70] Soweit im Einzelfall eine Beschränkung dieses Auszahlungsanspruchs gewollt ist, bedarf es dazu einer vertraglichen Vereinbarung. Dies wird bei den üblichen Berufsausübungsgesellschaften selten vorkommen, gleichwohl ist es bei denjenigen Gesellschaften denkbar, die aufgrund erhöhten Kapitalbedarfs bspw. wegen kostenintensiver Anschaffung von Geräten bestimmte **Rücklagen für Investitionen** benötigen. So kann es durchaus in Betracht kommen, bei ärztlichen Praxen mit großem Apparateaufwand bereits im Gesellschaftsvertrag vorzusehen, dass zur Finanzierung größerer Anschaffungen bestimmte Teile des Gewinnes durch Gesellschafterbeschluss in Rücklagen eingestellt werden können.

85 Gesetzlich nicht vorgesehen ist ein **Entnahmerecht**, wie es die OHG in § 122 Abs. 1 HGB kennt. Soweit den Gesellschaftern also vor Gewinnfeststellung für das betreffende Geschäftsjahr Entnahmen möglich sein sollen, empfiehlt sich eine entsprechende **Regelung im Gesellschaftsvertrag**. Diese kann allerdings als konkludent vereinbart angenommen werden, wenn es sich bei der Partnerschaft um eine solche handelt, in der die Gesellschafter ihre wesentliche berufliche Tätigkeit ausüben. Es ist nämlich nicht anzunehmen, dass ein Gesellschafter ausschließlich beruflich für die Gesellschaft tätig ist und gleichwohl keine laufenden Einnahmen benötigt.

IX. Wettbewerbsverbote

1. Gesetzliche Wettbewerbsverbote

86 § 6 Abs. 3 Satz 2 PartGG verweist auf die Bestimmungen der §§ 112, 113 HGB. Anders als den Gesellschaftern einer GbR ist den Partnern damit ein **gesetzliches Wettbewerbsverbot** auferlegt. Das Wettbewerbsverbot gilt **grds. für alle Partner**, da die Ausübung der freiberuflichen Tätigkeit innerhalb der Gesellschaft eine Wettbewerbssituation grds. nicht zulassen kann, ohne dass dadurch die Verwirklichung des Gesellschaftszwecks unterwandert würde. Vertraglich ist es selbstverständlich möglich, entsprechende Erlaubnisse zu erteilen. Gegenständlich sind Wettbewerbsmaßnahmen verboten, bei denen der Partner mit der von ihm selbst, aber auch von den Mitgesellschaftern innerhalb der Gesellschaft ausgeübten freiberuflichen Tätigkeiten in einen Wettbewerb tritt. Geht dagegen ein mehrfach qualifizierter Partner einer Tätigkeit nach, die weder von ihm noch von den anderen Partnern in der Gesellschaft ausgeübt wird, ist das Wettbewerbsverbot nicht betroffen. Im Übrigen erfolgt die gegenständliche Begrenzung analog derjenigen der GbR.[71]

87 Eine **räumliche Begrenzung** der Reichweite des Wettbewerbsverbots ist bei Partnerschaftsgesellschaften, die grds. **überörtlich Dienstleistungen** anbieten können, schwieriger als bei lokal beschränkten Gesellschaften.

---

70 Soergel/Hadding, BGB, § 721 Rn. 5.
71 Siehe Teil 2: Gesellschaftsrecht, 1. Kapitel, § 1 Rn. 258 ff.

Beispiel:

Die Tätigkeit eines Allgemeinarztes, der Mitglied einer in Partnerschaftsform organisierten Allgemeinpraxis in Hamburg ist, dürfte als Notdienstvertretung in München keinen Wettbewerb gegenüber der Partnerschaft darstellen.

Gleiches dürfte für eine lokal tätige Anwaltskanzlei gelten. Problematischer wird dies allerdings in den Fällen, in denen aufgrund der Größe der Gesellschaft oder des Spezialisierungsgrades der räumliche Einzugsbereich wesentlich weiter gefasst ist.

Das Wettbewerbsverbot gilt nach der gesetzlichen Regelung nur für diejenigen **Zeiträume**, während derer der Partner Mitglied der Gesellschaft ist. Nach dem Ausscheiden ist ein solches ohne besondere Vereinbarung grds. nicht gegeben.[72]

Bzgl. des konkreten wettbewerbswidrigen Verhaltens des Gesellschafters steht der Gesellschaft zunächst ein **Unterlassungsanspruch** zu. Hinsichtlich der bereits entstandenen Beeinträchtigungen der Gesellschaft trifft den Gesellschafter ein **Schadenersatzanspruch**, der sich nach den allgemeinen Vorschriften richtet. Daneben tritt auch für die Partnerschaft in entsprechender Anwendung des § 113 HGB das Recht, das Geschäft an sich zu ziehen, das **sog. Eintrittsrecht**.[73]

2. Vertragliche Wettbewerbsverbote

Wegen der wettbewerbsbeschränkenden Natur von Wettbewerbsverboten dürfen Wettbewerbsverbote nicht extensiv, sondern nur zur **Wahrung berechtigter Interessen** der Partner verwendet werden. Während der Dauer der Mitgliedschaft eines Partners in der Gesellschaft sind deshalb über die gesetzlichen Regelungen hinausgehende vertragliche Wettbewerbsverbote kaum sinnvoll. Regelungen kommen deshalb in diesem Bereich praktisch nur dort wirklich in Betracht, wo Wettbewerbsbeschränkungen gelockert werden sollen. Lässt sich ein Partner für die Gesellschaft nur dann gewinnen, wenn diesem gleichzeitig die Möglichkeit eingeräumt bleibt, seine bisherige Praxis auch insoweit weiter zu betreiben, als diese in Konkurrenz mit der Partnerschaft steht, kann für die Gesellschaft die Notwendigkeit bestehen, diesen Partner insoweit von **Wettbewerbsverboten zu befreien**. Wichtig ist es in diesen Fällen, genaue Regelungen zum Inhalt der zulässigen Wettbewerbstätigkeit vorzusehen, allein schon um Streit zu vermeiden.

Vertragliche Regelungen machen allerdings dort überall Sinn, wo die gesetzlichen Wettbewerbsverbote nicht mehr greifen. Der ausgeschiedene Partner unterliegt keinem Wettbewerbs-, sondern nur noch einem **Abwerbeverbot**. Es kann durchaus im Interesse der Partnerschaft stehen, nicht nur die Abwerbung bestehender Mandanten durch den ausgeschiedenen Gesellschafter verhindern zu können, sondern darüber hinaus zumindest für eine begrenzte Zeit nicht mit diesem in den Wettbewerb um die **Akquisition neuer Mandate** zu treten. Die Zulässigkeit solcher Vereinbarungen richtet sich nach **drei Kriterien**:

- der **Dauer** des Wettbewerbsverbotes,
- dem **Gegenstand** des Wettbewerbsverbotes und schließlich
- des **räumlichen Geltungsbereichs**.[74]

Gefordert wird letztlich eine Interessenabwägung zwischen den berechtigten wirtschaftlichen Interessen der Partnerschaft auf der einen und der Aufrechterhaltung der wirtschaftlichen Bewegungsfreiheit des Ausgeschiedenen auf der anderen Seite.

In **zeitlicher Hinsicht** werden Wettbewerbsverbote, die über zwei Jahre hinausgehen, als unzulässig angesehen.[75] In **räumlicher Hinsicht** ist eine Abgrenzung auf abstrakter Ebene ebenso schwer möglich wie bei der entsprechenden Begrenzung der Wettbewerbsverbote eines aktiven Partners. Gleiches gilt letztlich hinsichtlich der gegenständlichen Grenzen. Entscheidend ist die Strukturierung aller drei Elemente.

---

72 Siehe dazu auch Michalski/Römermann, ZIP 1994, 433, 437.
73 Soergel/Hadding, BGB, § 705 Rn. 62.
74 BGH, WM 1986, 1251.
75 BGH, NJW 2004, 66.

Beispiel:

So kann einem auf nordrhein-westfälisches Kommunalrecht spezialisierten Anwalt auferlegtes Wettbewerbsverbot, dessen räumlicher Geltungsbereich Nordrhein-Westfalen und dessen gegenständliche Grenzen das Kommunalrecht sind, schon nach wesentlich kürzeren Zeiträumen als zwei Jahren unangemessen belasten, während das gleiche Verbot einen nach München verzogenen Allgemeinanwalt wenig tangiert.

X. Ausscheiden eines Partners zu Lebzeiten

1. Vereinbarung

92 So wie die **Aufnahme eines neuen Partners** in die Partnerschaftsgesellschaft durch vertragliche Vereinbarung vonstatten gehen kann, kann gleichermaßen zwischen den Partnern vereinbart werden, dass ein **Partner die Gesellschaft verlässt**. Dazu bedarf es grds. des **Abschlusses eines entsprechenden Vertrages**, in dem dann auch die Folgen des Ausscheidens, insb. die Vereinbarung eines besonderen Ausscheidensentgelts, Regelungen zur internen Haftungsverteilung, zu Wettbewerbsverboten und Ähnlichem getroffen werden können.

2. Kündigung

93 Anders als bei den Personenhandelsgesellschaften enthielt die Partnerschaftsgesellschaft von Beginn an in § 9 Abs. 2 PartGG a.F., der inzwischen aufgehoben wurde, eine Bestimmung, wonach das Ausscheiden eines Partners die Regel und die Auflösung der Gesellschaft die Ausnahme ist. Nach entsprechender Änderung des § 131 HGB konnte diese Sondervorschrift wegfallen und ist nunmehr durch die einfache Verweisung des § 9 Abs. 1 PartGG geregelt. Nach der gesetzlichen Regelung des § 9 Abs. 1 PartGG i.V.m. § 132 HGB ist bei einer **auf unbestimmte Zeit eingegangenen** Gesellschaft die **Kündigung jederzeit unter Einhaltung einer Frist von sechs Monaten** zum Schluss eines jeden Geschäftsjahres möglich. Die Kündigung führt zum Ausscheiden des Partners.

94 Ist die Partnerschaft allerdings **für bestimmte Zeit** eingegangen, besteht das **Kündigungsrecht grds. nicht**. Wird eine Partnerschaft danach über die vereinbarte Frist hinaus fortgesetzt, bleibt es beim gesetzlichen Kündigungsrecht.[76] Die **Kündigungserklärung** ist eine einseitige empfangsbedürftige Willenserklärung, die nach dem Gesetz **keiner besonderen Form bedarf**. Die vertragliche Vereinbarung der Schriftform erscheint allerdings sinnvoll. Zu den Voraussetzungen der Kündigung zur Unzeit und des Kündigungsmissbrauchs siehe die entsprechenden Ausführungen zur GbR.[77]

95 Anders als bei der GbR sieht das Handelsrecht, auf das das PartGG verweist, in § 133 HGB **keine Kündigung aus wichtigem Grund** vor. Dazu muss die **Auflösungsklage** erhoben werden. Die nach derzeitigem Gesetzesstand eher unpraktikable Möglichkeit der Erhebung der Auflösungsklage, die dem grundsätzlichen Vorrang des Fortbestands der Gesellschaft in § 131 HGB widerspricht, sollte ggf. durch abweichende gesellschaftsvertragliche Vereinbarungen ersetzt werden.

96 Zu in der Person eines Mitgesellschafters begründeten **Kündigungsgründen** gehören neben den klassischen Verletzungen der Gesellschafterpflichten wie dem Griff in die Kasse, die schwere Verletzung eines Wettbewerbsverbots, die erhebliche Rufschädigung und die gegen Mitgesellschafter erhobene Hand, auch verschuldensunabhängige Gründe wie bspw. eine dauernde, die Mitwirkung an der Verwirklichung des Gesellschaftszwecks ausschließende Krankheit oder der Vermögensverfall.[78] Entscheidend ist, dass dem Kündigungsgrund die **Prognose künftiger Unzumutbarkeit** innewohnt. Streitig ist, ob sich ein kündigender Partner durch eigenes gesellschaftsvertragswidriges Verhalten des Kündigungsrechts begeben kann.[79] Wird ein vertragswidriges Verhalten über längere Zeit hingenommen bzw. wird nach einem

---

76 BGHZ 10, 91, 98.
77 Teil 2: Gesellschaftsrecht, 1. Kapitel, § 1 Rn. 340 ff.
78 MünchKomm-BGB/Ulmer, § 723 Rn. 30 ff.
79 Siehe dazu MünchKomm-BGB/Ulmer, § 723 Rn. 34 m.w.N.

solchen Vorgang über längere Zeit zugewartet, so kann dies zur **Verwirkung des Kündigungsrechts aus wichtigem Grund** führen.[80]

Hinsichtlich der gesellschaftsvertraglichen Möglichkeiten zur Regelung der ordentlichen Kündigung kann auf die Ausführung zur GbR verwiesen werden.[81] Für die **Modifizierung der Regelungen zur Kündigung** aus wichtigem Grund bedarf es **besonderer vertraglicher Vereinbarungen**. Eine **Einschränkung** der Kündigungsmöglichkeiten aus wichtigem Grund ist **grds. unzulässig**.[82] Gleiches gilt im Kern auch für die Einschränkung des Verfahrens durch Vereinbarung von besonderen Fristen oder sonstigen Erschwernissen.[83] Formerfordernisse können allerdings vereinbart werden.[84] Sinnvoll erscheint es, bei der Partnerschaftsgesellschaft anstelle des aufwendigen Verfahrens der Erhebung der Auflösungsklage ggf. die Kündigungsmöglichkeit vorzusehen, wonach es dem Gesellschafter möglich ist, durch Kündigung aus wichtigem Grund aus der Gesellschaft auszutreten.

97

Rechtsfolge des kündigungsbedingten Ausscheidens ist es zunächst, dass der **Partnerschaftsanteil den anderen Partnern unmittelbar anwächst**. Die Ansprüche auf Rückgabe zur Benutzung überlassener Gegenstände und der sonstigen Ausscheidensfolgen gelten nach § 1 Abs. 4 PartGG die §§ 738 ff. BGB entsprechend. Danach steht dem Partner nach § 738 Abs. 1 Satz 2 BGB vor allem der **Anspruch auf sein Auseinandersetzungsguthaben** zu.[85] Dieses ist auf den Ausscheidenszeitpunkt zu bestimmen. Zu einer Auseinandersetzung in realen Gegenständen kommt es nicht, der Abfindungsanspruch ist ein reiner Geldanspruch. Zu den Schwierigkeiten der Ermittlung des Wertes des Abfindungsguthabens siehe die Ausführungen zur GbR.[86] Es empfiehlt sich auch für die Partnerschaftsgesellschaft, Regelungen zur Ermittlung des etwaigen **Abfindungsguthabens** zu treffen. Diese sollten dabei der Tatsache Rechnung tragen, dass bei freiberuflichen Berufsausübungsgesellschaften auf der einen Seite dem bilanzierten Gesellschaftskapital wenig, dem Ertrag dagegen viel Bedeutung zukommt, auf der anderen Seite allerdings auch zu beachten ist, dass die Ertragsentwicklung einer Gesellschaft wesentlich durch die persönliche Tätigkeit eines jeden Partners beeinflusst ist, so dass die Beteiligung an einem Goodwill der Gesellschaft zu berücksichtigen hat, dass der ausscheidende Partner an dessen fortwährender Pflege gerade nicht mehr mitwirkt. **Abfindungsklauseln**, die zu einem erheblichen Missverhältnis zwischen echten und gesellschaftsvertraglich festgelegten Werten des Gesellschaftsanteils führen, können als faktische Einschränkung des Kündigungsrechts unwirksam sein.

98

Neben die Auszahlung des Abfindungsentgelts tritt der Anspruch des Gesellschafters auf die **Befreiung von** den zum Zeitpunkt seines Ausscheidens bestehenden **Verbindlichkeiten** (§ 10 Abs. 2 PartGG, § 159 Abs. 1 HGB). Grds. besteht die **Nachhaftung**, nach der jeder auch ausgeschiedene Partner für die Dauer von fünf Jahren den Gläubigern gegenüber für die Verbindlichkeiten der Gesellschaft haftet. Diese Verbindlichkeiten sind in der Auseinandersetzungsbilanz, die zur Berechnung des Abfindungsanspruchs führt, zu berücksichtigen. Würde insoweit keine Verpflichtung bestehen, den ausgeschiedenen Partner von der Haftung freizustellen, müsste dieser hinnehmen, dass die Verbindlichkeit sowohl abfindungsmindernd berücksichtigt wird, ihm aber gleichwohl immer noch entgegengehalten werden könnte.

99

Die gesetzlich vorgesehene **Beteiligung an laufenden Geschäften**[87] spielt für die Praxis eine nur untergeordnete Rolle, da sie regelmäßig bei der **Bemessung des Abfindungsentgelts** Berücksichtigung findet. Es empfehlen sich dringend vertragliche Regelungen, nach denen mit dem Abfindungsentgelt entsprechende Ansprüche abgegolten sind, da ansonsten die Gefahr besteht, ggf. noch jahrelang in Abrechnungen verwickelt zu sein, obwohl die personale Trennung bereits stattgefunden hat.

100

---

80   MünchKomm-BGB/Ulmer, § 723 Rn. 47.
81   Teil 2: Gesellschaftsrecht, 1. Kapitel, § 1 Rn. 346.
82   Staudinger/Habermeier, BGB, § 723 Rn. 43.
83   Staudinger/Habermeier, BGB, § 723 Rn. 42; MünchKomm-BGB/Ulmer, § 723 Rn. 74.
84   MünchKomm-BGB/Ulmer, § 723 Rn. 74.
85   Salger, in: Münchener Handbuch des Gesellschaftsrechts, Bd. 1, § 44 Rn. 48.
86   Teil 2: Gesellschaftsrecht, 1. Kapitel, § 1 Rn. 369 ff.
87   Zur GbR Teil 2: Gesellschaftsrecht, 1. Kapitel, § 1 Rn. 378.

3. Weitere gesetzliche Gründe für das Ausscheiden eines Partners

101 Entsprechend der jetzt geltenden Regelung für die Personenhandelsgesellschaften und entgegen denjenigen zur GbR führt die **Eröffnung des Insolvenzverfahrens** über das Vermögen eines Partners nicht zur Auflösung der Gesellschaft, sondern nach § 9 Abs. 1 PartGG, § 131 Abs. 3 Nr. 2 HGB zum Ausscheiden des Partners. Die bloße Antragstellung zur Eröffnung eines Insolvenzverfahrens führt dagegen nicht zum Ausscheiden.

Gleiches gilt für die **Abweisung des Insolvenzantrags mangels Masse**. Die Gesellschafter sollten darüber nachdenken, ob im Partnerschaftsvertrag eine Regelung getroffen wird, wonach auch die Abweisung mangels Masse zum Ausscheiden des Gesellschafters führt.[88] Aus **wirtschaftlicher Sicht** ist es zwar so, dass der Partner, über dessen Vermögen die Eröffnung des Verfahrens mangels Masse abgelehnt wurde, regelmäßig noch weniger leistungsfähig ist als derjenige, bei dem zumindest ausreichend Masse für die Eröffnung des Verfahrens vorhanden war. Ein entscheidender Unterschied besteht aber darin, dass die **Verfügungsmacht** über das Vermögen des nicht im Insolvenzverfahren befindlichen Partners bei diesem verbleibt und **nicht auf einen Insolvenzverwalter übergeht**.

Abzuwägen ist auch der der Gesellschaft entstehende **Imageschaden** gegen den auf Seiten des Partners durch das Ausscheiden aus der Gesellschaft entstehenden Verlust seiner beruflichen Einkommensgrundlage. Der Partnerschaft droht nur die Kündigung durch einen Privatgläubiger eines Partners, was im Ergebnis aber keine anderen Folgen als dessen Ausscheiden nach sich zieht.

102 Nach § 9 Abs. 1 PartGG, § 135 HGB ist den Gläubigern eines Gesellschafters die Möglichkeit eröffnet, die **Partnerschaft zu kündigen**, wenn trotz Vorliegens eines nicht bloß vorläufig vollstreckbaren Titels eine Befriedigung aus dem Vermögen des Partners nicht erlangt werden konnte. Wirtschaftlich wird es dem Gläubiger erst so möglich, auf das im Gesellschaftsanteil gebundene Vermögen des Vollstreckungsschuldners zuzugreifen.

103 Eine Besonderheit der Partnerschaftsgesellschaft ist das Ausscheiden eines Partners aufgrund des **Verlustes der erforderlichen Zulassung zu dem Freien Beruf**, den er in der Gesellschaft ausübt (§ 9 Abs. 3 PartGG). Dies spielt selbstverständlich nur dort eine Rolle, wo es für die Ausübung eines freien Berufes einer förmlichen Zulassung bedarf.

Beispiele:

Bei Ärzten, Rechtsanwälten, Wirtschaftsprüfern oder Steuerberatern und anderen verkammerten Berufen.

Die gesetzliche Regelung ist insofern **deklaratorischer Natur**, als der Zweck einer Partnerschaftsgesellschaft gerade die unter dem Dach der Gesellschaft stattfindende Ausübung eines freien Berufes ist. In der Person des die Zulassung verlierenden Partners ist dieser Zweck nicht mehr erreichbar, was insoweit bereits zu einem **Scheitern der Zweckverwirklichung** führt.

Erforderlich ist der **endgültige Verlust der Zulassung**, ein nur zeitweiliges Ruhen reicht dagegen nicht aus. Insoweit erscheint es sinnvoll, in den Gesellschaftsvertrag Regelungen aufzunehmen, dass, jedenfalls während der Zeitdauer des Ruhens einer Zulassung, die Beteiligung am Ergebnis der Gesellschaft nicht weiterläuft. Überlegungen, wonach das Ausscheiden aus der Gesellschaft schon zu einem Zeitpunkt vereinbart werden sollte, zu dem die Entziehung der beruflichen Zulassung noch nicht rechtskräftig ist,[89] sind insoweit mit Bedacht zu verfolgen, als dadurch dem Entziehungsverfahren bereits vorgegriffen werden kann. Der Schaden auf Seiten des Gesellschafters kann insofern wesentlich höher als der auf Seiten der Gesellschaft sein, wird diesem doch die berufliche Heimstatt entzogen. Sind die Gründe für das **Entziehungsverfahren** so schwerwiegend, dass dadurch eine Schädigung der Gesellschaft zu befürchten ist, kommt immer auch das Verfahren auf **Ausschließung** in Betracht.

---

88 So bspw. Michalski/Römermann, Vertrag der Partnerschaftsgesellschaft, Rn. 249; dies., PartGG, § 9 Rn. 7.
89 Salger, in: Münchner Handbuch des Gesellschaftsrecht, Bd. 1, § 44 Rn. 27.

Übt ein **mehrfach qualifizierter Partner** in der Gesellschaft nicht nur einen, sondern mehrere freie Berufe aus, kommt ein Ausscheiden aus der Partnerschaft nur dann in Betracht, wenn die Entziehung der Zulassung alle in der Gesellschaft ausgeübten Berufe betrifft.

4. Ausschließung eines Partners

Während die BGB-Gesellschaft eine Ausschließung eines Gesellschafters nur für den Fall vorsieht, dass eine Fortsetzungsklausel vereinbart ist, ist dies bei der Partnerschaftsgesellschaft gesetzliche Regel für den Fall, dass **in der Person des auszuschließenden Partners ein wichtiger Grund** eintritt. Die Ausschließung erfolgt dabei nach § 9 Abs. 1 PartGG, §§ 140, 133 HGB. Nach der gesetzlichen Regelung setzt die Ausschließung eine **Ausschließungsklage** voraus, die von sämtlichen anderen Partnern gegen den Auszuschließenden zu erheben ist. Einzelne Partner können dabei ggf. an der Mitwirkung zur Ausschließungsklage verpflichtet sein.

Gesetzlich vorgesehene Gründe einer Ausschließung sind dabei die vorsätzliche oder grob fahrlässige Verletzung wesentlicher gesellschaftsrechtlicher Pflichten, aber auch der Fall, dass diese Pflichterfüllung unmöglich wird, insb. also eine Mitarbeit dauerhaft ausgeschlossen ist. Entscheidend ist dabei, dass es für die Mitgesellschafter **nicht zumutbar** ist, die Partnerschaft mit dem Betroffenen **fortzusetzen**.[90] Von Seiten der Gerichte werden dabei umfassende **Interessenabwägungen** angestellt. Von größter praktischer Bedeutung sind dabei, neben der Unfähigkeit, den Beruf auszuüben, vor allen Dingen die verhaltensbedingten Ausschließungsgründe. Neben dem Griff in die Kasse[91] können dies auch sonstige Straftaten gegen Mitgesellschafter oder auch gegenüber außenstehenden Dritten sein, wenn dadurch die Interessen der Gesellschaft erheblich beeinträchtigt werden. Ein bloßer Verdacht dürfte regelmäßig nicht reichen. Verhaltensbedingte Ausschließungsgründe können aber auch die dauernde Untätigkeit, Verstöße gegen das Wettbewerbsverbot[92] und die Illoyalität gegenüber Mitgesellschaftern sein. Die **Verletzung beruflicher Pflichten** wird, jedenfalls solange sie nicht vorsätzlich geschieht, in einem **Einzelfall kaum zur Ausschließung genügen**, wird diese aber fortgesetzt, kann sich aus der Gesamtschau ein Ausschließungsgrund ergeben.

> **Hinweis:**
>
> Die Regelung des § 140 HGB ist **nicht zwingend**. Den Gesellschaftern steht es deshalb offen, **vertraglich Änderungen zu vereinbaren**. Eine oftmals sinnvolle Vereinbarung ist dabei, die Ausschließungsklage durch einen Ausschließungsbeschluss der Mitgesellschafter zu regeln. Allerdings ist es notwendig, dass im Gesellschaftsvertrag mit ausreichender Bestimmtheit geregelt ist, unter welchen Voraussetzungen diese in Betracht kommt. Es kann sich ferner je nach Gesellschaftstyp empfehlen, **Kataloge möglicher Ausschlussgründe** zu vereinbaren, womit dann im Einzelfall die Frage um das Vorliegen eines wichtigen Grundes vereinfacht werden kann.

5. Abfindung

Nach § 1 Abs. 4 PartGG i.V.m. § 738 Abs. 1 Satz 2 BGB steht dem ausgeschiedenen Partner ein **Anspruch auf Zahlung** des Betrages zu, der ihm bei einer Auseinandersetzung zum Zeitpunkt des Ausscheidens zugestanden hätte.

a) Gesetzliche Regelung

Das Gesetz bestimmt die **Höhe des Abfindungsanspruchs** als den Betrag, der dem Gesellschafter zustünde, wenn die Gesellschaft zum Zeitpunkt des Ausscheidens liquidiert worden wäre, wobei grds. nicht

---

90   BGHZ 69, 169.
91   BGHZ 6, 113, 116; 80, 346.
92   BGH, WM 1957, 582.

von dem Zerschlagungswert, sondern vom Fortführungswert auszugehen ist.[93] Zu den denkbaren Methoden siehe die Ausführungen zur GbR, 2. Teil: Gesellschaftsrecht,1. Kapitel, § 1 Rn. 369 f. Für die Berechnung des etwaigen Abfindungsentgelts gilt das **Prinzip der Gesamtabrechnung**, wonach zumindest[94] für alle aus dem Gesellschaftsverhältnis selbst resultierenden Ansprüche eine Durchsetzungssperre bis zur Feststellung des Abrechnungssaldos gilt.

b) Vertragliche Modifikation des Abfindungsanspruchs

108 Grds. gilt, dass die **gesetzlichen Bestimmungen zur Abfindungsregelung** eines ausscheidenden Gesellschafters **dispositiv** sind und damit auch Abweichungen zulasten des Partners vertraglich vereinbart werden können.[95] Greifen gesellschaftsvertragliche Regelungen nur bei der Zahlungsweise eines Abfindungsentgelts ein, sind diese, jedenfalls soweit normale zeitliche Grenzen gewahrt bleiben, unproblematisch. 15 Jahre sind als zu lang eingestuft worden.[96]

Die **Sittenwidrigkeit einer Abfindungsklausel** wird allgemein dann angenommen, wenn diese allein **gläubigerbenachteiligende Wirkung** hat. Regelungen, wonach der Abfindungsanspruch eines Gesellschafters im Zwangsvollstreckungs- bzw. Insolvenzfall ausgeschlossen oder beschränkt wird, während er in sonstigen Fällen des Ausscheidens aus wichtigem Grund nicht oder weniger stark eingeschränkt ist, sind nichtig.[97] Problematisch sind Abfindungsklauseln ferner dann, wenn diese eine **knebelnde Wirkung** haben,[98] insb. also dann, wenn die Abfindungsregelung dazu führt, dass dem Gesellschafter erhebliche Teile seines in der Gesellschaft gebundenen Vermögenswertes verloren gehen und eine solche Klausel nicht durch den Zweck der Gesellschaft oder sonstige bedeutende rechtliche Erwägungen gerechtfertigt ist.[99]

XI. Tod eines Partners

1. Gesetzliche Regelung

109 Das **Ausscheiden eines Partners** aus der Gesellschaft **aufgrund Todes** hat nach der gesetzlichen Regelung des § 9 Abs. 4 Satz 1 PartGG zur Folge, dass der Anteil nicht etwa an die Erben übergeht, sondern vielmehr den anderen Gesellschaftern anwächst. Den **Erben** steht in diesem Fall nur der **Abfindungsanspruch** zu.

2. Vertragliche Regelungen

110 Die gesetzliche Regelung des § 9 Abs. 4 Satz 1 PartGG kann durch **vertragliche Vereinbarungen der Partner abbedungen** werden. So ist es möglich, eine Beteiligung an der Partnerschaftsgesellschaft vererblich zu stellen. Durch die **Vererblichkeit** des Anteils sind allerdings die Grundvoraussetzungen der Mitgliedschaft in einer Partnerschaftsgesellschaft nicht auszuhebeln, der Nachfolger in den Gesellschaftsanteil muss also ebenfalls **partnerschaftsfähig** sein, d.h. die Qualifikationen zur Ausübung des freien Berufes besitzen.

Bei **Berufsausübungsgesellschaften**, die nicht nur einen Freien Beruf ausüben, dürfte dabei die Qualifikation in irgendeinem der ausgeübten Berufe ausreichend sein, auch wenn der Erblasser in diesem nicht

---

93 Schlegelberger/K. Schmidt, HGB, § 138 Rn. 55; Piehler/Schulte, in: Münchener Handbuch des Gesellschaftsrechts, Bd. 1, § 10 Rn. 82; Mutter, in: Münchener Anwaltshandbuch Personengesellschaftsrecht, § 6 Rn. 122.
94 Nach der Rspr. soll dies auch für Drittgläubigerforderungen eines Gesellschafters gelten, BGH, WM 1964, 1052; 1979, 937, 938; dagegen: MünchKomm-BGB/Ulmer, § 738 Rn. 18.
95 BGH, NJW 1985, 192; DB 1989, 1399; NJW 1992, 892; NJW 1993, 2101.
96 BGH, NJW 1989, 2685.
97 BGHZ 32, 151; 62, 22; zur GmbH siehe auch BGHZ 144, 365.
98 MünchKomm-BGB/Ulmer, § 738 Rn. 49; K. Schmidt, Gesellschaftsrecht, § 50 IV.2.c. bb.; Piehler/Schulte, in: Münchener Handbuch des Gesellschaftsrechts, Bd. 1, § 10 Rn. 99, jew. m.w.N.
99 BGHZ 116, 359, 376; NJW 1994, 2536, 2539; zu Einzelfragen siehe die Ausführungen zur GbR, 2. Teil: Gesellschaftsrecht, 1. Kapitel, § 1 Rn. 371 ff.

qualifiziert war. Die gesetzliche Formulierung, wonach grds. jeder, der auch nur irgendeinen Freien Beruf ausübt, ausreichend qualifiziert sein soll, in den Anteil nachzufolgen, ist **teleologisch** dahingehend **einengend auszulegen**, dass dies nur dann gilt, wenn der Beruf auch in der Partnerschaftsgesellschaft ausgeübt wird. In der Lit. wird empfohlen, dies vorsichtshalber bei der **Vereinbarung von Nachfolgeklauseln** im Vertrag ausdrücklich vorzusehen. Gegen eine entsprechende Klausel spricht grds. nichts, m.E. orientiert sich die entsprechende Auslegung des Gesetzes insoweit zu sehr am Wortlaut, da ansonsten durch Erbfolge eine Zweckänderung der Gesellschaft herbeigeführt werden könnte. Das Gesetz muss also so verstanden werden, dass nur ein an der Verwirklichung des Gesellschaftszwecks mitwirkungsfähiger Partner, d.h. ein solcher, der für die in der Gesellschaft ausgeübten Tätigkeiten qualifiziert ist, nachfolgefähig ist.

Was den **Inhalt möglicher vertraglicher Klauseln** angeht, kann auf die Ausführungen zur GbR verwiesen werden.[100] Vereinbart werden können damit sowohl **einfache wie auch qualifizierte Nachfolgeklauseln** sowie die verschiedenen Formen der **Eintrittsklauseln**. Der Vereinbarung einer Fortsetzungsklausel bedarf es naturgemäß nicht, da dies bereits gesetzliche Regel ist. Bei der vertraglichen Gestaltung all dieser Klauseln sollte allerdings besonderes Augenmerk darauf gelegt werden, dass die **Rechtsnachfolge** in einen Anteil an einer Partnerschaftsgesellschaft, bei der die persönliche Komponente der Gesellschafterstellung eine noch wesentlich stärkere Rolle als bei den kapitalistischer geprägten Personenhandelsgesellschaften spielt, mit Vorsicht angegangen werden sollte. Dabei kann es sich, selbst für den Fall, dass eine Gesellschaft mit den Erben grds. fortgesetzt werden soll, empfehlen, **besondere Probefristen** oder Ähnliches zu vereinbaren, um bei möglichen persönlichen Konflikten Trennungen zu erleichtern.

111

XII. Anteilsübertragung

Veränderungen im Gesellschafterbestand einer Personengesellschaft sind selbstverständlich dergestalt möglich, dass ein **Aufnahmevertrag mit einem neuen Gesellschafter** und eine **Ausscheidensvereinbarung mit dem die Gesellschaft verlassenden** Gesellschafter geschlossen wird. Auch soweit diese Vorgänge kombiniert werden, handelt es sich rechtlich doch nur um einen Aus- und einen Neueintritt. Seit langem ist allerdings anerkannt, dass ein Gesellschafterwechsel auch dergestalt vonstatten gehen kann, dass der Gesellschaftsanteil von dem bisherigen auf den neuen Gesellschafter direkt übertragen wird.[101]

112

Die Übertragung des Gesellschaftsanteils setzt allerdings voraus, dass die Mitgesellschafter dieser **Veränderung im Gesellschafterbestand zustimmen**. Dies kann entweder dadurch geschehen, dass entsprechende Regelungen bereits im Gesellschaftsvertrag enthalten sind, kann allerdings auch durch ad hoc gegebene Zustimmung erfolgen. Bei der Partnerschaftsgesellschaft gelten darüber hinaus selbstverständlich auch für den eintretenden Gesellschafter die Voraussetzungen, die an jedes Mitglied einer Partnerschaftsgesellschaft gestellt werden. Auch er muss also einen – nach der hier vertretenen Auffassung von der Gesellschaft ausgeübten – freien Beruf ausüben bzw. zumindest für diesen qualifiziert sein.

Gesellschaftsvertraglich können die **verschiedensten Varianten zur Übertragbarkeit** eines Anteils geregelt werden. So kann bspw. vorgesehen werden, dass er innerhalb des Familienkreises frei, im Übrigen nur nach Zustimmung der Gesellschafter oder überhaupt nicht übertragen werden kann, dass den Gesellschaftern ein Vetorecht zusteht, dass sowohl Zustimmung als auch Veto nur durch Mehrheitsbeschluss möglich sind, dass der Eintretende zunächst Gesellschafter auf Probe ist, der Gestaltung sind nur die allgemeinen **Grenzen der Sitten- und Gesetzeswidrigkeit** gesetzt.

113

---

100 Teil 2: Gesellschaftsrecht, 1. Kapitel, § 1 Rn. 311.
101 MünchKomm-BGB/Ulmer, § 719 Rn. 25; K. Schmidt, Gesellschaftsrecht, § 45 III.2.; eingehend auch zur GbR, Teil 2: Gesellschaftsrecht, 1. Kapitel, § 1 Rn. 299 ff.

D. Beendigung der Partnerschaft

I. Liquidationsverfahren

1. Auflösung der Gesellschaft

114 **Gesetzliche Gründe für die Auflösung** der Partnerschaft sind nach § 9 Abs. 1 PartGG abschließend[102] die in § 131 HGB genannten. Dabei handelt es sich um den Ablauf der Zeit, für welche die Gesellschaft eingegangen wurde, einen entsprechenden Beschluss der Partner, die Eröffnung des Insolvenzverfahrens über die Gesellschaft und schließlich die gerichtliche Entscheidung.

> **Hinweis:**
> Die **Auflösung durch Zeitablauf** dürfte in der Praxis praktisch keine Rolle spielen, da Gesellschaften, die nicht als Gelegenheits-, sondern als Dauergesellschaften, wie insb. solche zur Berufsausübung, eingegangen werden, nicht mit Fristen versehen sind.

115 Von praktischer Bedeutung ist die **Auflösung der Gesellschaft durch** den jederzeit möglichen **Beschluss der Gesellschafter**. Da dieser nach den gesetzlichen Bestimmungen **grds. einstimmig** zu fassen ist, sind Interessen einzelner Partner dadurch nicht unzulässig beeinträchtigt. Anderes kann gelten, wenn der Beschluss nach den vertraglichen Vereinbarungen mit Mehrheit gefasst werden kann. Dabei ist darauf zu achten, dass Minderheitenrechte Berücksichtigung finden und insb. dem **Bestimmtheitsgrundsatz** bei der Vereinbarung im Gesellschaftsvertrag Genüge getan wird, wozu es sich empfiehlt, ausdrücklich zu vereinbaren, dass die Gesellschaft durch (qualifizierten) Mehrheitsbeschluss aufgelöst werden kann. In Sonderfällen kann eine Verpflichtung der Partner bestehen, der Auflösung zuzustimmen, bspw. bei dauernden Verlusten.[103]

116 Die Gesellschaft wird auch dann aufgelöst, wenn das **Insolvenzverfahren** über deren Vermögen eröffnet wird. Die bloße Antragstellung reicht ebenso wenig aus wie die Abweisung des Verfahrens mangels Masse.[104] Dies ist logisch konsequent, da auch im Fall der Nichteröffnung mangels Masse eindeutig feststeht, dass die Gesellschaft wirtschaftlich am Ende ist. Ein Unterschied besteht allerdings darin, dass mit Verfahrenseröffnung der **Zweck der Gesellschaft** insolvenzverfahrensrechtlich überlagert und nicht mehr auf den Betrieb einer werbenden Gesellschaft, sondern nur noch auf **Gläubigerbefriedigung** ausgerichtet ist.

2. Liquidation

117 Mit der Auflösung der Gesellschaft tritt diese in das **Liquidationsstadium** ein. **Zweck der Gesellschaft** ist fortan nicht mehr die Ausübung des freien Berufes in der Gesellschaft, sondern vielmehr nur noch deren **Abwicklung**. Was die Liquidation der Gesellschaft angeht, verweist das PartGG in § 10 Abs. 1 auf die §§ 145 – 158 HGB, hinsichtlich der **Nachhaftung** verweist § 10 Abs. 2 PartGG auf die §§ 159 und 160 HGB.

Wie bei den anderen Personengesellschaften gilt auch für die Partnerschaftsgesellschaft, dass die Liquidation **grds. durch sämtliche Partner** als Liquidatoren erfolgt, selbst wenn im Vertrag für die werbende Gesellschaft eine andere Regelung vorgesehen ist, § 146 HGB. Das **Prinzip der Selbstorganschaft** ist im Liquidationsverfahren **durchbrochen**, d.h. Liquidatoren können auch gesellschaftsfremde Dritte sein. Aufgrund der **Registerpflicht** sind die Liquidatoren zum Partnerschaftsregister anzumelden.

118 Hinsichtlich der Durchführung der Liquidation kann auf die Ausführungen zur GbR verwiesen werden.[105] Auch die Liquidatoren der Partnerschaftsgesellschaft haben danach die **laufenden Geschäfte** der Ge-

---

102 BGHZ 75, 179; 82, 326.
103 BGH, NJW 1960, 434.
104 Siehe dazu BGHZ 75, 178; 96, 154.
105 Teil 2: Gesellschaftsrecht, 1. Kapitel, § 1 Rn. 390 ff.

sellschaft **zu beenden**, etwaige **Forderungen einzuziehen**, die **Gläubiger zu befriedigen** und das **sonstige Vermögen in verteilbare Geldbeträge umzuwandeln**.

Reicht das Vermögen der Partnerschaftsgesellschaft im Einzelfall nicht, um die Verbindlichkeiten der Gesellschaft zu decken, besteht nach § 1 Abs. 4 PartGG i.V.m. § 735 BGB die **Verpflichtung zur Nachhaftung**. Diese Regelung erfährt allerdings insoweit eine Einschränkung, als solche Verbindlichkeiten, die aus einer von einem Partner aufgrund der **Haftungskonzentration** allein zu verschuldenden Berufspflichtverletzung resultieren, auch eine Einschränkung des § 735 BGB bewirken.

II. Insolvenz der Partnerschaftsgesellschaft

1. Insolvenzfähigkeit

Nach § 11 Abs. 2 Nr. 1 InsO ist die Partnerschaftsgesellschaft als Gesellschaft **ohne eigene Rechtspersönlichkeit** für insolvenzfähig erklärt. Über ihr Vermögen kann damit ein von dem Verfahren über das Vermögen der Partner **unabhängiges Insolvenzverfahren** eröffnet werden. Gleiches gilt für die Vorpartnerschaft (im Ergebnis eine GbR), die fehlerhafte Partnerschaft und die Gesellschaft in Liquidation.[106] Die Gesellschaft selbst ist auch als Schuldnerin des Verfahrens anzusehen.

2. Vertretung der Gesellschaft im Verfahren

Grds. wird die Gesellschaft auch **im laufenden Insolvenzverfahren** durch die **vertretungsberechtigten Personen vertreten**, d.h. durch ihre Liquidatoren. Anderes kann dann gelten, wenn das Insolvenzrecht besondere Bestimmungen hinsichtlich der Vertretung der Gesellschaft im Verfahren trifft, so wie dies bspw. bei der Antragstellung zur Eröffnung des Insolvenzverfahrens der Fall ist.[107]

3. Eröffnungsgründe

Für die Partnerschaftsgesellschaft gelten **die gleichen Eröffnungsgründe**, die auch für die anderen Personengesellschaften einschlägig sind, wobei zu beachten ist, dass die Fragestellungen, die sich für die anderen Personengesellschaften daraus ergeben können, dass alle ihre Gesellschafter juristische Personen sind, für die Partnerschaftsgesellschaft keine Rolle spielen.[108]

4. Wirkung der Insolvenzverfahrenseröffnung

Wird das Insolvenzverfahren nicht eröffnet, sei es auch, weil das Gericht die Eröffnung mangels Masse abgelehnt hat, ergeben sich für die Gesellschaft zunächst keine gesellschaftsrechtlichen Konsequenzen. Anders als bei den rein kapitalistisch strukturierten Personengesellschaften des Handelsrechts, die keine natürliche Person als Gesellschafter haben, führt bei der Partnerschaftsgesellschaft die Abweisung des Verfahrens mangels Masse **nicht zur Auflösung**. Allerdings wird die Partnerschaft **in der Schuldnerkartei eingetragen** (§ 26 Abs. 2 Satz 1 InsO).

Die Eröffnung des Insolvenzverfahrens bewirkt zunächst die Auflösung der Gesellschaft nach § 9 Abs. 1 PartGG, § 131 Abs. 1 Nr. 3 HGB. Die Auflösung ist im **Partnerschaftsgesellschaftsregister einzutragen**. Sie wird ferner im **Grundbuch vermerkt** (§ 32 InsO). Schwebende Prozesse der Gesellschaft werden nach § 240 ZPO unterbrochen. Für die Partner selber zieht die Insolvenz der Gesellschaft nach zutreffender Auffassung nicht die gleichen Konsequenzen nach sich, die die Insolvenz des Partners selbst hätte. Die gegenteilige Auffassung[109] dürfte überholt sein.[110]

---

106 Eingehend dazu Kesseler, Das Insolvenzverfahren über das Vermögen einer Partnerschaftsgesellschaft, Rn. 51 ff.
107 Siehe dazu Kesseler, Das Insolvenzverfahren über das Vermögen einer Partnerschaftsgesellschaft, Rn. 81.
108 Zu den Eröffnungsgründen der GbR siehe Teil 2: Gesellschaftsrecht, 1. Kapitel, § 1 Rn. 404 ff.
109 Siehe dazu bspw. Kübler/Prütting/Lüke, InsO, § 80 Rn. 18.
110 Siehe dazu eingehend Kesseler, Das Insolvenzverfahren über das Vermögen einer Partnerschaftsgesellschaft, Rn. 198 ff.

5. Verwertung des Gesellschaftsvermögens

125 Bei der **Verwertung des Gesellschaftsvermögens** ergeben sich für die Insolvenz der Partnerschaftsgesellschaft erhebliche Unterschiede zu den Insolvenzverfahren bei den anderen Gesellschaften ohne Rechtspersönlichkeit. Die Besonderheiten ergeben sich weniger aus der Gesellschaftsstruktur als vielmehr daraus, dass bei sehr vielen Freien Berufen **besondere Verschwiegenheitsverpflichtungen** gegenüber Mandanten und damit Schuldnern der Gesellschaft bestehen. Die Verwertung von offenen Forderungen aus einem ärztlichen Behandlungsvertrag, aus einem rechtsanwaltlichen oder steuerberaterlichen Mandat berührt immer auch die Geheimnisinteressen des Mandanten.

Es stellt sich die Frage, wie sich die **Durchsetzung einer Arztforderung** realisieren lässt, ohne dass der Gläubiger weiß, um welche Behandlung es sich gehandelt hat. Gleiches gilt für die anderen dem Geheimnisschutz unterliegenden Berufe. Die Überlegungen gelten im Kern auch in den Fällen, in denen sich der Insolvenzverwalter entschließt, die Praxis der Gesellschaft weiter zu betreiben. Für die Durchsetzung von Forderungen lässt sich noch eine relativ einfache Formel entwickeln, wonach die Partner verpflichtet sind, dem Insolvenzverwalter, der die Forderungsdurchsetzung betreibt, immer so viel an Informationen zu geben, wie er gerade zur Durchsetzung benötigt. Ist damit ein Mandant/Patient ohne weitere Diskussion zur Zahlung der Forderung bereit, bedarf es überhaupt keiner Weitergabe sensibler Daten, je vehementer das Bestehen der Forderung allerdings bestritten wird, umso mehr Informationen muss der Berufsträger preisgeben.[111]

6. Persönliche Gesellschafterhaftung

126 Die **persönliche Haftung der Gesellschafter** für die Verbindlichkeiten der Gesellschaft wird nach § 93 InsO im laufenden Insolvenzverfahren über die Gesellschaft **durch den Insolvenzverwalter geltend gemacht**.[112] Die Partnerschaftsgesellschaft unterscheidet sich insofern nicht von den anderen Personengesellschaften, so dass insoweit auf die Ausführungen zur GbR verwiesen werden kann.[113]

III. Umwandlung

127 Während das UmwG die GbR praktisch vollständig von Umwandlungsvorgängen ausschließt,[114] ist die aus freiberuflicher Sicht bestehende Alternativgesellschaftsform der Partnerschaft **grds. umwandlungsfähig**.

1. Verschmelzung und Spaltung

128 Die **Verschmelzung einer Partnerschaftsgesellschaft auf einen anderen Rechtsträger** ist grds. möglich, soweit nicht besondere Bestimmungen des UmwG der Verschmelzung einer Personengesellschaft auf den Zielrechtsträger entgegenstehen. Besonderheiten für die Partnerschaftsgesellschaft bestehen insoweit nicht. Allerdings kann sich daraus, dass der übernehmende Rechtsträger nicht geeignet ist, gesellschaftsrechtliche Heimstatt für freiberufliche Tätigkeiten zu sein, eine Verschmelzung ausschließen.

> *Beispiel:*
>
> *So wäre die Verschmelzung einer Partnerschaft auf eine OHG unter Beibehaltung der freiberuflichen Tätigkeit nicht möglich.*

129 Die Verschmelzung unter Beteiligung einer **Partnerschaft als Zielrechtsträger** ist nunmehr in den §§ 45a ff. UmwG ausdrücklich geregelt. Die Einfügung in das UmwG soll den Besonderheiten der Partnerschaftsgesellschaft Rechnung tragen, indem sie insb. bestimmt, dass bei **Wirksamwerden der**

---

111 Siehe zu dem entsprechenden Konzept Kesseler, Das Insolvenzverfahren über das Vermögen einer Partnerschaftsgesellschaft, Rn. 215 ff.; siehe dazu auch Meller-Hanich, KTS 2000, 37 ff.; Schick, NJW 1990, 2359 ff.
112 Siehe zur Partnerschaftsgesellschaft eingehend Kesseler, Das Insolvenzverfahren über das Vermögen einer Partnerschaftsgesellschaft, Rn. 435 – 703.
113 Teil 2: Gesellschaftsrecht, 1. Kapitel, § 1 Rn. 418.
114 Vgl. dazu die Ausführung zur GbR, Teil 2: Gesellschaftsrecht, 1. Kapitel, § 1 Rn. 419.

Verschmelzung alle Anteilsinhaber natürliche Personen sind, die einen Freien Beruf ausüben. Um den **Gründungsanforderungen an die Partnerschaft** Genüge zu tun, sieht § 45b UmwG ferner vor, dass im Verschmelzungsvertrag diejenigen Angaben zu den Partnern aufzunehmen sind, die auch nach dem PartGG gefordert werden, nämlich Name und Vorname, Wohnort sowie der in der Partnerschaft auszuübende Beruf.

Möglich ist auch die **Spaltung einer Partnerschaft** nach § 123 UmwG. Zu beachten ist dabei allerdings, dass eine **Ausgliederung** nach § 123 Abs. 3 UmwG nicht auf eine Partnerschaft möglich ist, da deren Gesellschafterkreis auf natürliche Personen beschränkt ist, was bei der Ausgliederung dadurch umgangen würde, dass die Partnerschaftsgesellschaft wiederum Mitglied einer anderen Partnerschaftsgesellschaft würde. 130

2. Formwechsel

Der **Formwechsel von der BGB-Gesellschaft zur Partnerschaftsgesellschaft** ist im UmwG **nicht geregelt**. Gleichwohl ist er möglich. Vor der Eintragung einer Partnerschaftsgesellschaft ist die „Vor-Gesellschaft" ohnehin nach den gesetzlichen Bestimmungen GbR. Mit der Eintragung in das Register wird sie identitätswahrend in eine Partnerschaft umgewandelt.[115] Dies kommt auch im Gesetz zum Ausdruck, wenn § 2 Abs. 2 PartGG davon spricht, dass eine Umwandlung einer BGB-Gesellschaft in eine Partnerschaft möglich ist. An dem grds. möglichen Wechsel zwischen den einzelnen Personengesellschaftsformen hat der Gesetzgeber also auch für die Partnerschaft festgehalten. 131

> **Hinweis:**
>
> **Gesetzlich ausdrücklich geregelt** ist nunmehr auch die **Umwandlung in eine GmbH**. Nach § 225a UmwG kann die Partnerschaft in eine Kapitalgesellschaft oder eine eingetragene Genossenschaft formwandelnd umgewandelt werden. Inhaltlich entspricht dies dem § 215 Abs. 1 UmwG für die Personenhandelsgesellschaften.

Problematischer ist die **formwechselnde Umwandlung von der GmbH zurück** zur Partnerschaft. Insofern sieht das Gesetz nur eine Einbahnstraße vor. Bislang bietet sich allerdings der Ausweg, die GmbH zunächst in eine BGB-Gesellschaft umzuwandeln und alsdann die BGB-Gesellschaft selber durch Eintragung in das Partnerschaftsregister zur Partnerschaft aufzuwerten.[116] 132

---

115 Siehe dazu auch Michalski, ZIP 1994, 1213; K. Schmidt, NJW 1995, 1, 7.
116 Siehe dazu K. Schmidt, NJW 1995, 1, 7; Wertenbruch, ZIP 1995, 712, 716.

§ 6 EWIV

Inhaltsverzeichnis

		Rn.
A.	**Überlegungen zur Rechtsformwahl (Zivilrecht und Steuerrecht)**	1
I.	Vorbemerkungen	1
II.	Europaweite Niederlassungsfreiheit	3
III.	Anwendbares Recht	5
IV.	Zweck	8
V.	Mitglieder	9
VI.	Beteiligung der Arbeitnehmer	13
VII.	Haftung	14
VIII.	Finanzierung	15
IX.	Buchführung, Ergebnis und Besteuerung	17
	1. Buchführung	17
	2. Ergebnis	18
	3. Besteuerung	19
B.	**Praktische Anwendungsfälle und Erscheinungsformen**	22
C.	**Gründung der Gesellschaft (Verfahren und Möglichkeiten der Errichtung)**	25
I.	Gründungsvertrag	26
	1. Form	26
	2. Mindestinhalt	27
	3. Muster: Gründungsvertrag einer EWIV	28
II.	Eintragung im Register	29
	1. Registerverfahren	29
	a) Anmeldung zur Eintragung in das Register	29
	b) Hinterlegung beim Register	31
	c) Eintragung in das Register	32
	d) Bekanntmachung der Eintragung im Register	33
	2. Wirkungen der Eintragung	35
	a) Handelsrechtliche Publizitätswirkungen	35
	b) Rechtssubjektwirkungen	36
	c) Handelndenhaftung im Vorgründungsstadium	37
D.	**Gestaltung des Gesellschaftsvertrages**	38
E.	**Geschäftsführung und Vertretung**	42
I.	Geschäftsführung	43
	1. Geschäftsführer	43
	2. Bestellungsvoraussetzungen und -hindernisse	44
	3. Bestellung und Entlassung der Geschäftsführer	47
	4. Geschäftsführung	50
	5. Pflichten der Geschäftsführer	54
	a) Sorgfaltspflicht und Verantwortlichkeit der Geschäftsführer	55
	b) Mindestangaben auf Geschäftspapier	56
	c) Ordnungsgemäße Buchführung und Aufstellung des Jahresabschlusses	58
	d) Rechenschaft gegenüber den Mitgliedern	59
	e) Anhörung der Mitglieder	60
	f) Abwicklung der Vereinigung außerhalb der Insolvenz	61
	g) Stellung des Insolvenzantrags in bestimmten Fällen	62
	h) Publizitätspflichten	63
	6. Haftung der Geschäftsführer	64
II.	Vertretung	65
F.	**Verfügungen über Gesellschaftsanteile**	68
I.	Verkauf und Abtretung	68
II.	Verpfändung, Nießbrauch und Treuhand	69
G.	**Aufnahme eines neuen Gesellschafters**	70
H.	**Änderungen des Gesellschaftsvertrages**	72
I.	Verfahren der Änderung des Gesellschaftsvertrages	72
	1. Mitgliederbeschluss	72
	2. Eintragung in das Register	74
	3. Hinterlegung beim Register	75
	4. Bekanntmachung	76
II.	Sitzverlegung	77
I.	**Gesellschafterbeschlüsse**	79
I.	Beschlussgegenstände	79
II.	Zustandekommen von Gesellschafterbeschlüssen	80
III.	Stimmrechte der Mitglieder	81
	1. Einstimmigkeitsprinzip	82
	2. Mehrheitsprinzip	85
IV.	Fehlerhafte Gesellschafterbeschlüsse	86
J.	**Nachfolge in Gesellschaftsanteile (Erbfall)**	87
K.	**Ausschließung und Ausscheiden von Gesellschaftern**	88
I.	Kündigung eines Mitgliedes	88
II.	Ausschluss eines Mitgliedes	90
III.	Ausscheiden eines Mitgliedes	91
IV.	Publizität	93
V.	Auseinandersetzungsguthaben	94
VI.	Nachhaftung des ausgeschiedenen Mitgliedes	95
L.	**Insolvenz**	96
M.	**Auflösung und Liquidation**	99
I.	Auflösung	99
	1. Auflösungsgründe	99
	a) Auflösung durch Beschluss der Mitglieder	99
	aa) Auflösung durch notwendigen Beschluss der Mitglieder	99
	bb) Auflösung durch freiwilligen Beschluss der Mitglieder	101
	b) Auflösung durch gerichtliche Entscheidung	102

aa)	Zwangsweise Auflösung durch gerichtliche Entscheidung 102	I.	Auf Umwandlungen einer EWIV anwendbares Recht 111
bb)	Freiwillige Auflösung durch gerichtliche Entscheidung 104	II.	EWIV im deutschen UmwG 112
2. Eintragung der Auflösung im Register 106		III.	Rechtsformspezifische Besonderheiten aufgrund des europäischen Charakters der EWIV? 113
II. Abwicklung............................. 107		IV.	Besonderheiten bei EU-grenzüberschreitenden Umwandlungen....................... 114
1. Abwickler 107			
2. Abwicklung 108			
3. Schluss der Abwicklung 109		V.	Umwandlung: wirtschaftlich vergleichbare Vorgänge 115
N. Umwandlungsmöglichkeiten 111			

Kommentare und Gesamtdarstellungen:

Anderson, European Economic Interest Groupings (Current EC Legal Developments Series), 1990; *Autenrieth*, Die Europäische Wirtschaftliche Interessenvereinigung (EWIV), 1990; *Brindlmayer/Förschle/Hense/Lenhard*, EWIV – Die Europäische Wirtschaftliche Interessenvereinigung, 1989; *Commission of the European Communities*, European Economic Interest Grouping, the emergence of a new form of European cooperation, 1993, Office for Official Publications of the European Communities; *Dauses* (Hrsg.), Handbuch des EU Wirtschaftsrechts, Loseblattsammlung, Bd. 1, 16. Aufl. 2006; *Europäische Kommission* (Amt für Amtliche Veröffentlichungen der EG), Die Europäische Wirtschaftliche Interessenvereinigung als Instrument der grenzüberschreitenden Kooperation. Praktisches Handbuch für KMU, 2. Aufl., 1999; *Frenz*, Handbuch Europarecht, Bd. 1 – Europäische Grundfreiheiten, 2004; *Ganske*, Das Recht der Europäischen Wirtschaftlichen Interessenvereinigung (EWIV), Systematische Darstellung mit Texten und Materialien, 1988; *Gustavus/Melchior/Böhringer*, Handelsregister-Anmeldungen, 6. Aufl. 2004; *Hartard*, Die Europäische Wirtschaftliche Interessenvereinigung im deutschen, englischen und französischen Recht, Recht des Internationalen Wirtschaftsverkehrs, Bd. 7, 1991; *Hohloch*, (Hrsg.), EU-Handbuch Gesellschaftsrecht, Loseblattsammlung, 4. Lieferung 2001; *Lutter*, Umwandlungsgesetz, 3. Aufl. 2004; *Mayer/Widmann*, Umwandlungsrecht, 88. EL Juli 2006; *Münchener Kommentar zum Handelsgesetzbuch*, 2. Aufl. 2005; *Schwappach* (Hrsg.), EU-Rechtshandbuch für die Wirtschaft, 2. Aufl. 1996; *Schlüter*, Die Europäische Wirtschaftliche Interessenvereinigung (EWIV), § 26, S. 1311 – 1330, in: Arens/Rinck, Gesellschaftsrecht, 2002; *Selbherr/Manz*, Kommentar zur Europäischen Wirtschaftlichen Interessenvereinigung, 1995; *Zahorka*, Die Europäische Wirtschaftliche Interessenvereinigung (EWIV), die einzige transnationale Unternehmensform für Kooperationen in Europa, 2000.

Aufsätze und Rechtsprechungsübersichten:

Funkat, Die praktische Akzeptanz der EWIV als Gesellschaftsform, EWS 1998, 122; *Salbach/Delp*, Die Besteuerung der EWIV in Luxemburg, RIW 1995, 658; *Schlüter*, Die EWIV: Modellfall für ein europäisches Gesellschaftsrecht?, EuZW 2002, 589.

Internet:

Libertas, (**Europäisches Institut GmbH**), Eine „Denkfabrik" (think tank) für europäische und internationale wirtschaftliche, rechtliche und politische Fragen, die interdisziplinär behandelt werden, http://www.ewiv.eu, mit dem Europäischen EWIV-Informationszentrum mit Sitz in Sindelfingen/Stuttgart.

A. Überlegungen zur Rechtsformwahl (Zivilrecht und Steuerrecht)

I. Vorbemerkungen

Die Rechtsform der Europäischen Wirtschaftlichen Interessenvereinigung (EWIV, nachfolgend auch „Vereinigung") geht auf die im Jahre 1967 für die Zusammenarbeit selbständiger Unternehmen geschaffene **französische Rechtsform** „groupement d'intérêt économique (GIE[1])" zurück, welche in der französischen Wirtschaft verbreitet war.

> **Hinweis:**
> Bekanntere Beispiele für diesen nationalen französischen Vorläufer der EWIV waren der Flugzeugbauer Airbus in Toulouse oder die Weltraumfirma Arianéspace.

---

1   Ordonnance n° 67-821 du 23 septembre 1967.

2 Die EWIV stellt die **Weiterentwicklung der GIE** dar und ist im Jahre 1985 durch eine europäische Verordnung (nachfolgend auch „Verordnung" oder „EWIV-VO"[2]) auf der Grundlage des heutigen **Art. 308 EG-Vertrag** eingeführt worden. Die Verordnung ist **sekundäres Gemeinschaftsrecht** und gilt seit dem 1.7.1989 unmittelbar in jedem Mitgliedstaat, so dass die Errichtung einer EWIV seit diesem Zeitpunkt in allen Mitgliedstaaten möglich ist. Neben die derzeit **25 Mitgliedstaaten der Europäischen Union** treten diejenigen des **Europäischen Wirtschaftsraums**, d.h. Island, Norwegen und Liechtenstein. Aus wichtigen Drittstaaten außerhalb des Europäischen Wirtschaftsraums, wie z.B. aus der Schweiz, den USA oder der GUS, können Mitglieder nur als sog. „**assoziierte**" **Mitglieder** in eine EWIV aufgenommen werden.

> **Hinweis:**
>
> Die Vereinigung heißt European Economic Interest Grouping (EEIG) in Großbritannien und Irland, Groupement Européen d´intérêt économique (GEIE) in Frankreich, Gruppo Europeo di Interesse Economico (GEIE) in Italien, Agrupaciones de Interés Económico (AEIE) in Spanien und Europese Economische Samenwerkingsverbanden (EESV) in den Niederlanden. Das deutsche Ausführungsgesetz (nachfolgend auch „EWIV-Ausführungsgesetz") ist am 1.1.1989 in Kraft getreten.[3]

II. Europaweite Niederlassungsfreiheit

3 Der im Gründungsvertrag genannte **Sitz** muss **in der Gemeinschaft** gelegen sein. Als Sitz ist entweder der Ort, an dem die **Vereinigung** ihre **Hauptverwaltung** hat, oder der Ort, an dem eines der **Mitglieder** der Vereinigung seine **Hauptverwaltung** hat, zu bestimmen. Bei einer **natürlichen Person** ist dies der Ort, an dem diese ihrer **Haupttätigkeit** nachgeht, sofern die Vereinigung dort tatsächlich eine Tätigkeit ausübt (Art. 12 EWIV-VO). Der Sitz der Vereinigung kann unter Einhaltung eines bestimmten vorgeschriebenen Verfahrens **innerhalb der Gemeinschaft verlegt** werden (Art. 13 EWIV-VO). Hat die Sitzverlegung einen Wechsel des auf den Gründungsvertrag und die innere Verfassung der Vereinigung anwendbaren Rechts zur Folge, so ist ein **Verlegungsplan** zu erstellen und ein bestimmtes **Verfahren** durchzuführen (Art. 14 EWIV-VO). Die EWIV genießt als erste genuin supranationale europäische Rechtsform seit jeher die Freiheit der **freien Standortwahl und -verlegung** in Europa, die zwar das auf sie anwendbare Recht ändern, niemals jedoch ihre Existenz berühren kann.

4 Die EWIV wird daher als Rechtsform für solche Vorhaben und Unternehmungen infrage kommen, die nach ihrer Art am besten auf europäischer Ebene durchgeführt werden können. Die Gründer der EWIV können sich als Sitzstaat denjenigen Mitgliedstaat aussuchen, der die für ihr Vorhaben **günstigsten rechtlichen Rahmenbedingungen** bietet und können den Sitz außerdem im Zuge etwaiger späterer Restrukturierungsvorgänge innerhalb des Gemeinschaftsgebietes verlegen. Ein Gesichtspunkt für die Auswahl des Sitzstaates kann auch dessen **Rechtssicherheit**, also das Vorhandensein von Rspr. und Lit. zu allen Fragen sein. Insofern treten die Rechtsordnungen in ganz Europa miteinander in den Wettbewerb. Im Zuge der Harmonisierung der nationalen Rechte durch EG-Richtlinien und der einschlägigen Entscheidungen des EuGH sollte allerdings ein „**ebenes europäisches Spielfeld**" („level playing field") entstehen, auf dem der Standort eines Unternehmens nicht nach rechtlichen, sondern vorwiegend nach wirtschaftlichen Kriterien ausgesucht wird. Unabhängig von der Wahl des Sitzes kann die EWIV (Zweig-)Niederlassungen auf der ganzen Welt gründen, z.B. in den USA oder in Japan.

III. Anwendbares Recht

5 Zunächst sind auf die EWIV die Bestimmungen der **Verordnung** anzuwenden. Diese regeln insb. die **Gründung und die innere Verfassung der EWIV**. Damit ist der Regelungsinhalt der EWIV-VO gering.

---

2   Verordnung Nr. 2137/85 v. 25.7.1985.
3   EWIV-Ausführungsgesetz v. 14.4.1988, BGBl. I, S. 514.

Vorbehaltlich der Verordnung ist das innerstaatliche Recht des Staates anzuwenden, in dem die Vereinigung nach dem Gründungsvertrag ihren **Sitz** hat, und zwar einerseits auf den **Gründungsvertrag** mit Ausnahme der Fragen, die den Personenstand und die Rechts-, Geschäfts- und Handlungsfähigkeit natürlicher Personen sowie die Rechts- und Handlungsfähigkeit juristischer Personen betreffen, und andererseits auf die **innere Verfassung** der Vereinigung (Art. 2 Abs. 1 EWIV-VO). Soweit die Verordnung also nicht selbst die Gründung und die innere Verfassung der EWIV regelt, ist insoweit **subsidiär** das entsprechende **nationale Recht des Sitzstaates** anwendbar.

Teilweise **verweist** die Verordnung selbst auch an anderen Stellen auf das nationale Recht des Sitzstaates für bestimmte Regelungsmaterien.

Beispiel:

In Art. 36 EWIV-VO wird auf das Insolvenzrecht verwiesen.

In den **von der Verordnung ohnehin nicht erfassten Bereichen** gelten die **Rechtsvorschriften der Mitgliedstaaten und der Gemeinschaft**.

Beispiele:

Im Arbeits- und Sozialrecht, im Wettbewerbsrecht und im Recht des Geistigen Eigentums (aus den Erwägungsgründen).

Auf den Rechtsgebieten, zu denen sich die Verordnung gar nicht verhält, sind die insoweit anwendbaren Rechtsnormen also nach allgemeinen Grundsätzen zu ermitteln, d.h. nach kollisionsrechtlichen und nach sachrechtlichen Normen des Europäischen wie des nationalen Rechts.

Soweit die Verordnung nicht gilt, sind auf eine **EWIV mit Sitz in Deutschland** die Vorschriften des **deutschen Ausführungsgesetzes**, im übrigen entsprechend die für eine **offene Handelsgesellschaft** geltenden Vorschriften anzuwenden (§ 1 EWIV-Ausführungsgesetz). Da sich der deutsche Gesetzgeber somit dafür entschieden hat, die EWIV als OHG zu behandeln, sind auf sie die §§ 105 ff. HGB und subsidiär die §§ 705 ff. BGB anwendbar. In Teilbereichen, wie der **Bestellung der Geschäftsführer** der Vereinigung, entspricht das Recht der EWIV im Einklang mit der deutschen Ausführungsgesetzgebung allerdings auch deutschem materiellem GmbH-Recht. Eine EWIV mit Sitz in Deutschland ist **Handelsgesellschaft kraft Rechtsform** (§ 1 EWIV-Ausführungsgesetz). Für sie gelten daher die Vorschriften des **HGB** und die Vorschriften über **Handelssachen** aus dem **Recht der freiwilligen Gerichtsbarkeit** (§§ 125 – 158 FGG).

6

Soweit zwingendes europäisches und subsidiär anwendbares nationales Gesetzesrecht es jeweils zulassen, gelten für die EWIV der **Inhalt ihres Gründungsvertrages** und die **Beschlüsse ihrer Mitglieder**.

Das **Registerrecht** und die **Registerpublizität** der EWIV (Art. 39 EWIV-VO) unterliegt wie gewohnt der lex fori. Weitere klassische Angelegenheiten der **Mitgliedstaaten** stellen die **Tätigkeit der EWIV** und deren **Sanktionierung** dar. Übt eine Vereinigung in einem Mitgliedstaat eine Tätigkeit aus, die gegen dessen öffentliches Interesse verstößt, so kann eine zuständige Behörde dieses Staates diese Tätigkeit untersagen. Gegen die Entscheidung der zuständigen Behörde muss ein **Rechtsbehelf** bei einem Gericht eingelegt werden können (Art. 38 EWIV-VO). Das EWIV-Ausführungsgesetz sieht gegenüber Geschäftsführern und Abwicklern auf dem Gebiet des Ordnungswidrigkeitenrechts Zwangsgelder des Registergerichts (§ 12) sowie auf dem Gebiet des Nebenstrafrechts Strafen für falsche Angaben (§ 13), für die Verletzung der Geheimhaltungspflicht (§ 14) und für die Verletzung der Insolvenzantragspflicht (§ 15) vor.

7

Der Verordnungsgeber hatte festgestellt, dass die **grenzüberschreitende Zusammenarbeit** zwischen Personen, Gesellschaften und anderen juristischen Einheiten auf **rechtliche, steuerliche und psychologische Schwierigkeiten** stoßen kann (aus den Erwägungsgründen). Damit dürfte insb. auch der Umstand gemeint sein, dass sich zumindest einer der Kooperationspartner der EWIV zwangsläufig einem für ihn fremden Recht unterwerfen muss. Das Ziel des Abbaus dieser Schwierigkeiten erscheint jedoch mit der vorliegenden Regelungskonzeption verfehlt. Wie an der vorangehenden Rechtsquellenpyramide deutlich wird, ist das auf die Angelegenheiten der EWIV anwendbare Recht weder ein supranationales europäisches Recht noch wenigstens ein einziges bestimmtes nationales Recht.

> **Hinweis:**
> Die Tatsache, dass in Wahrheit verschiedene nationale Rechte in einem komplizierten Zusammenwirken die Angelegenheiten der EWIV regeln, könnte vor der Wahl dieser Rechtsform insofern eher abschrecken. Weitere Harmonisierung der Gesellschaftsrechte in Europa ist wünschenswert. Auf jeden Fall sollte der Gesellschaftsvertrag sorgfältig und detailliert ausgearbeitet werden und damit so wenig wie möglich der Regelung durch die sonst anwendbaren Gesetze überlassen werden.

IV. Zweck

8   Die Vereinigung hat den Zweck, die **wirtschaftliche Tätigkeit ihrer Mitglieder zu erleichtern** oder zu entwickeln, indem Mittel, Tätigkeiten oder Erfahrungen zusammengeschlossen werden. Diese Vorgehensweise führt zu besseren Ergebnissen als ein einzelnes Vorgehen des jeweiligen Mitgliedes. Die Vereinigung hat **nicht** den Zweck, **Gewinn für sich selbst zu erzielen**. Ihre Tätigkeit muss im Zusammenhang mit der **wirtschaftlichen Tätigkeit ihrer Mitglieder** stehen und darf nur eine **Hilfstätigkeit** hierzu bilden (Art. 3 Abs. 1 EWIV-VO). Der Zweck oder – anders ausgedrückt – der Unternehmensgegenstand der EWIV darf sich also nicht vollständig mit den Unternehmensgegenständen ihrer Mitglieder decken.

Da die Vereinigung **keinen eigenen Zweck** verfolgt, sondern nur die Zwecke ihrer Mitglieder fördert, bietet sich die Rechtsform der EWIV für selbständige Unternehmen an, die EU-grenzüberschreitend zusammenarbeiten wollen. Sie eignet sich für **Arbeitsgemeinschaften**, deren Mitglieder ihre unternehmerische Selbständigkeit nicht aufgeben wollen. Sie ähnelt einem Konsortium. Aufgrund ihres Hilfszwecks ist die Rechtsform der EWIV für größere und rein gewinnorientierte Unternehmen ungeeignet.

Die Vereinigung unterliegt einer Reihe von **Verwendungsbeschränkungen** (Art. 3 Abs. 2 EWIV-VO):

- So darf sie aufgrund ihres Zwecks weder unmittelbar noch mittelbar die Leitungs- oder Kontrollmacht über die eigenen Tätigkeiten ihrer Mitglieder oder die Tätigkeiten eines anderen Unternehmens ausüben (**Konzernleitungsverbot**). Das Konzernleitungsverbot gilt auch für Teilkonzerne, in denen eine EWIV zwischen einem übergeordneten Mitglied und anderen Unternehmen steht. Mit diesem Verbot soll vermieden werden, dass die mögliche unternehmerische Mitbestimmung in den Mitgliedsunternehmen oder in anderen Unternehmen dadurch ausgehöhlt werden könnte, dass diese Unternehmen durch eine nicht mitbestimmte EWIV geleitet würden. Das Verbot muss sich daher sowohl auf vertragliche wie auf faktische Konzernleitung erstrecken.

- Ferner darf die Vereinigung auch weder unmittelbar noch mittelbar, aus welchem Grunde auch immer, **Anteile an einem Mitgliedsunternehmen** halten. Die Vereinigung darf Anteile an einem anderen Unternehmen nur für Rechnung ihrer Mitglieder und nur insoweit halten, als es notwendig ist, um das Ziel der Vereinigung zu erreichen (**Holdingverbot**).

- Die Vereinigung darf außerdem aus mitbestimmungsrechtlichen Gründen nicht mehr als 500 Arbeitnehmer beschäftigen (**Größenmerkmal**).

- Sie darf auch nicht von einer Gesellschaft dazu benutzt werden, einem Leiter einer Gesellschaft oder einer mit ihm verbundenen Person ein Darlehen zu gewähren, wenn solche Darlehen nach den für die Gesellschaften geltenden Gesetzen der Mitgliedstaaten einer Einschränkung oder Kontrolle unterliegen (**Darlehensgewährungsverbot**).

- Auch darf eine Vereinigung nicht für die Übertragung eines Vermögensgegenstands zwischen einer Gesellschaft und einem Leiter oder einer mit ihm verbundenen Person benutzt werden, außer soweit es nach den für die Gesellschaften geltenden Gesetzen der Mitgliedstaaten zulässig ist.

- Schließlich darf sie nicht Mitglied einer anderen EWIV sein (**Beteiligungsverbot**), da anderenfalls die Unternehmensverbindungen zu verschachtelt werden würden.

> **Hinweis:**
>
> Die EWIV kann also **nicht für Konzernsachverhalte** eingesetzt werden; sie kann verschiedene Unternehmen nicht konzernieren. Dies hängt eng mit dem **Zweck der EWIV** zusammen, der gerade kein eigener Zweck ist. Die Begrenzung der Anzahl der Arbeitnehmer auf 500 ist von größeren Unternehmen und für größere Projekte zu beachten. Denkbar ist allerdings die Aufteilung eines Projekts auf verschiedene Vereinigungen.
>
> Arbeitnehmer könnten möglicherweise auch von den Mitgliedsunternehmen der EWIV ohne Wechsel des Arbeitgebers überlassen werden, um die Höchstzahl der Arbeitnehmer zulässigerweise überschreiten zu können. Mit der Vereinigung dürfen allerdings keine neuen Arbeitsverhältnisse eingegangen werden, und darüber entscheiden die anwendbaren nationalen Arbeitsgesetze, wie in der BRD etwa das AÜG oder die im BGB geregelte Rechtsfigur des Betriebsübergangs. Für größere Unternehmen bzw. Unternehmensverbindungen auf der europäischen Ebene gibt es die Europäische Aktiengesellschaft.[4]

V. Mitglieder

Mitglieder einer Vereinigung können **Gesellschaften** i.S.d. heutigen Art. 48 Abs. 2 EG-Vertrag sein. In Deutschland kämen also bspw. auch Partnerschaftsgesellschaften als Mitglieder einer EWIV in Betracht. Diesen Gesellschaften gleichgestellt sind andere **juristische Einheiten des öffentlichen oder des Privatrechts**.

Beispiele:

Gemeinnützige Unternehmen, die keinen Erwerbszweck verfolgen, Idealvereine oder Anstalten des öffentlichen Rechts.

Ihnen allen ist gemeinsam, dass sie nach dem Recht eines Mitgliedstaates gegründet worden sein und ihren satzungsmäßigen oder gesetzlichen Sitz und ihre Hauptverwaltung in der Gemeinschaft haben müssen. Mitglieder einer Vereinigung können weiterhin **natürliche Personen** sein, die eine **gewerbliche**, **kaufmännische**, **handwerkliche**, **landwirtschaftliche** oder **freiberufliche Tätigkeit** in der Gemeinschaft ausüben oder dort **andere Dienstleistungen** erbringen (Art. 4 Abs. 1 EWIV-VO). Bei diesen natürlichen Personen könnte es sich auch z.B. um mehrere Familienmitglieder handeln. Diese natürlichen Personen müssen zwar nicht Staatsangehörige eines EU-Mitgliedstaates, jedoch **in einem EU-Mitgliedstaat ansässig** sein. Alle diese mitgliedsfähigen Personen genießen die europaweite Niederlassungs- und Dienstleistungsfreiheit.

Eine Vereinigung muss aus **mindestens zwei** solchen **Mitgliedern** bestehen. Zudem müssen im Kreise der Mitglieder mindestens zwei verschiedene Mitgliedstaaten repräsentiert sein (**obligatorische Mehrstaatlichkeit**). D.h., die Vereinigung muss entweder aus mindestens zwei solchen Gesellschaften oder anderen juristischen Einheiten bestehen, die ihre jeweiligen Hauptverwaltungen in verschiedenen Mitgliedstaaten haben. Ferner kann sie auch aus mindestens zwei solchen natürlichen Personen bestehen, die ihre jeweiligen Haupttätigkeiten in verschiedenen Mitgliedstaaten ausüben. Schließlich kann die Vereinigung aus mindestens einer solchen Gesellschaft oder einer solchen anderen juristischen Einheit und einer solchen natürlichen Person bestehen, wobei die Gesellschaft oder die andere juristische Einheit ihre Hauptverwaltung in einem Mitgliedstaat hat und die natürliche Person ihre Haupttätigkeit in einem anderen Mitgliedstaat ausübt (Art. 4 Abs. 2 EWIV-VO).

Da es für die obligatorische Mehrstaatlichkeit auf den **tatsächlichen Verwaltungssitz** ankommt, könnte auch z.B. eine aus England nach Spanien gezogene Gesellschaft, die in England im dortigen Gesellschaftsregister („Companies House") eingetragen bleibt, mit einer in England ansässigen Gesellschaft

---

[4] Verordnung über das Statut der Europäischen Aktiengesellschaft (Rat der Europäischen Union, Dokumenten-Nr. 14886/00).

zusammen eine EWIV bilden. Beide Gesellschaften wären zwar in England gegründet und blieben dort auch eingetragen, hätten ihren jeweiligen tatsächlichen Verwaltungssitz jedoch in zwei verschiedenen Staaten, nämlich in Großbritannien und in Spanien.

Personen oder Institutionen aus **Drittstaaten außerhalb des Europäischen Wirtschaftsraums** können als sog. „**assoziierte**" **Mitglieder** in eine EWIV aufgenommen werden, werden als solche aber nicht in das Handelsregister eingetragen, haften nicht im Außenverhältnis und besitzen kein förmliches Stimmrecht. Sie können allerdings im Innenverhältnis eine Haftung übernehmen und auf den Mitgliederversammlungen sprechen, informieren und Meinungen bilden. Sie können sich natürlich auch über eine in einem EU-Mitgliedstaat ansässige Tochtergesellschaft an einer EWIV beteiligen.

11 Ein **Mitgliedstaat** kann vorsehen, dass die in seinen **nationalen Registern** eingetragenen Vereinigungen nicht mehr als 20 Mitglieder haben dürfen. Zu diesem Zweck kann der Mitgliedstaat vorsehen, dass in Übereinstimmung mit seinen Rechtsvorschriften jedes Mitglied einer nach seinen Rechtsvorschriften gebildeten rechtlichen Einheit, die keine eingetragene Gesellschaft ist, als Einzelmitglied der Vereinigung behandelt wird (Art. 4 Abs. 3 EWIV-VO). Bspw. zählt das Vereinigte Königreich jedes Mitglied einer „Partnership", welches Mitglied einer in seinem Hoheitsgebiet eingetragenen EWIV ist, als Mitglied dieser EWIV. Damit wird die **Höchstzahl an Mitgliedern**, sofern eine solche vorgesehen ist, viel schneller erreicht.

12 Jeder Mitgliedstaat ist ermächtigt, bestimmte Gruppen von natürlichen Personen, Gesellschaften und anderen juristischen Einheiten aus Gründen seines **öffentlichen Interesses** von der **Beteiligung an einer Vereinigung auszuschließen** oder diese Beteiligung Einschränkungen zu unterwerfen (Art. 4 Abs. 4 EWIV-VO).

> *Beispiele:*
> *Staatlich besonders beaufsichtigte Unternehmen wie Banken und Versicherungsunternehmen.*

Die Übertragung der Mitgliedschaft sowie die Neuaufnahme von Mitgliedern bedarf der **Zustimmung der übrigen Mitglieder** (Art. 22 und 26 EWIV-VO).

Hinweis:

Die EWIV wird somit nur von solchen Personen als Rechtsform in Betracht gezogen werden, die als solche Mitglieder einer EWIV sein können, und die in ihrer Gesamtheit in verschiedenen Mitgliedstaaten ansässig sind. Eine genuin supranationale europäische Rechtsform wird nur für Personen mit einem echten europäischen Vorhaben interessant sein. Der Kreis der Mitglieder ist persönlich geprägt. Die Rechtsform eignet sich also für persönliche Arbeitsgemeinschaften, die von der Gemeinschaft der Mitglieder getragen werden. Zumindest die Gründungsmitglieder einer EWIV sollten sich vor der Gründung besser schon eine Zeit lang gekannt haben. Dieses personengesellschaftliche Charakteristikum ist bei der Rechtsformwahl ebenfalls zu berücksichtigen.

VI. Beteiligung der Arbeitnehmer

13 Arbeitnehmer einer Gesellschaft können durch **unternehmerische Mitbestimmung** oder durch **betriebsverfassungsrechtliche Mitbestimmung** beteiligt werden.

Eine Mitbestimmung der Arbeitnehmer einer EWIV **auf Unternehmensebene** ist nicht vorgesehen. Eine solche müsste durch entsprechende Gestaltung des Gründungsvertrages (Art. 16 Abs. 1 Satz 2 EWIV-VO) freiwillig eingeführt werden. Als Gremien kämen die Mitgliederversammlung, die Geschäftsführung oder ein Aufsichtsrat (Beirat, Verwaltungsrat) infrage.

Eine Mitwirkung der Arbeitnehmer einer EWIV **auf Betriebsebene** ist ebenfalls nicht vorgesehen. Da sich die Verordnung zum Arbeits- und Sozialrecht überhaupt nicht verhält und noch nicht einmal subsidiär das entsprechende nationale Recht des Sitzstaates für anwendbar erklärt, müssen die anwendbaren betriebsverfassungsrechtlichen Normen anhand des **Internationalen Arbeitsrechts** ermittelt werden. Der kollisionsrechtliche Anknüpfungspunkt des Internationalen Arbeitsrechts ist allgemein die Betriebsstätte. Für in Deutschland gelegene Betriebsstätten einer EWIV gilt danach unabhängig vom Sitz der EWIV (z.B. in Frankreich) das deutsche BetrVG. Soweit es auf das zuständige nationale Recht einwirkt, gilt auch immer europäisches Arbeits- und Sozialrecht.

> **Hinweis:**
>
> Die Mitbestimmung ist ein bei der Rechtsformwahl zu berücksichtigender Aspekt. Sofern eine Beteiligung der Arbeitnehmer in einem Unternehmen weitgehend vermieden werden („Flucht aus der Mitbestimmung") oder zumindest individuell ausgestaltet werden soll, bietet die EWIV durchaus flexible Gestaltungsmöglichkeiten.

VII. Haftung

Der Schutz Dritter erfordert, dass eine **weitgehende Offenlegung** sichergestellt wird und die Mitglieder der Vereinigung unbeschränkt und gesamtschuldnerisch für deren Verbindlichkeiten, einschließlich der Verbindlichkeiten im Bereich der Steuern und der sozialen Sicherheit, haften. Durch diesen Grundsatz darf jedoch nicht die Freiheit berührt werden, durch besonderen Vertrag zwischen der Vereinigung und einem Dritten die Haftung eines oder mehrerer ihrer Mitglieder für eine bestimmte Verbindlichkeit auszuschließen oder zu beschränken (aus den Erwägungsgründen). Die **Mitglieder der Vereinigung haften ansonsten unbeschränkt** und **gesamtschuldnerisch** für deren Verbindlichkeiten jeder Art (Art. 24 Abs. 1 Satz 1 EWIV-VO). Die Mitglieder der Vereinigung können auch nur **juristische Personen** sein, so dass die Haftung tatsächlich begrenzt wird. Das einzelstaatliche Recht bestimmt die Folgen der unbeschränkten und gesamtschuldnerischen Haftung der Mitglieder der Vereinigung für deren Verbindlichkeiten (Art. 24 Abs. 1 Satz 2 EWIV-VO).

14

In den **Anwendungsbereich des nationalen Rechts** fallen demnach z.B. die Möglichkeit der **Haftungsvereinbarung** mit einem einzelnen Gläubiger, die Erfüllungswirkung, die möglichen persönlichen Einwendungen des in Anspruch genommenen Mitgliedes (in Deutschland § 1 EWIV-Ausführungsgesetz i.V.m. § 129 HGB) oder des Innenregresses eines persönlich in Anspruch genommenen Mitgliedes gegen die übrigen Mitglieder der Vereinigung. Bis zum Schluss der Abwicklung der Vereinigung können deren Gläubiger ihre Forderungen gegenüber einem Mitglied erst dann geltend machen, wenn sie die Vereinigung **zur Zahlung aufgefordert** haben und diese nicht innerhalb einer angemessenen Frist gezahlt worden ist (Art. 24 Abs. 2 EWIV-VO). Die unbeschränkte und gesamtschuldnerische Haftung der Mitglieder für die Verbindlichkeiten der Vereinigung stellt eine systembedingte Konsequenz aus den fehlenden Vorschriften über Kapitalaufbringung und -erhaltung dar.

> **Hinweis:**
>
> Entscheiden sich die Gründer also für die Rechtsform der EWIV oder kommen später Mitglieder neu hinzu, so müssen diese alle das Haftungsrisiko in Kauf nehmen. Die persönliche Haftung ist allerdings ohnehin schon von den bisherigen Kooperationsformen (in Deutschland z.B. GbR) her bekannt. Außerdem tragen die Mitglieder der Vereinigung ohnehin ihr eigenes unternehmerisches Risiko, welches ihnen die Vereinigung nicht abnehmen kann. Die Haftungsrisiken auf Ebene der Mitglieder selbst dürften wesentlich höher als die Haftungsrisiken auf der Ebene der EWIV sein, da die EWIV keine eigenwirtschaftliche Aktivität ausübt. Zudem ist die Haftung der Mitglieder für die Verbindlichkeiten der Vereinigung tatsächlich begrenzt, wenn es sich bei den Mitgliedern um beschränkt haftende Gesellschaften handelt. Dies gilt umso mehr, wenn alle Mitglieder beschränkt haftende Gesellschaften sind, z.B. nationale Kapitalgesellschaften.

Schließlich können im Außenverhältnis wirksame Haftungsvereinbarungen mit einzelnen Gläubigern geschlossen werden. Immerhin noch im Innenverhältnis wirksame Haftungsvereinbarungen können zwischen den Mitgliedern geschlossen werden. Eine beschränkte Haftung würde gerade in der Anfangsphase einer Gesellschaft wirtschaftlich keine großen Vorteile bringen, da sich in der Praxis häufig die

Gesellschafter bzw. die Geschäftsführer persönlich für die Verbindlichkeiten einer jungen und finanziell schwachen GmbH verbürgen müssen.

VIII. Finanzierung

15 **Kapital** ist für die Gründung der Vereinigung nicht erforderlich. Eine Vereinigung kann **mit oder ohne Bar- oder Sacheinlagen** bzw. **sonstige einlagefähige Gegenstände** gegründet werden. Als sonstige einlagefähige Gegenstände kommen Dienstleistungen, Rechte, Patente, besonderes Wissen (Know-how), Geschäftsverbindungen oder eine Aufrechnung des Mitgliedes gegen seine etwaige Einlageverpflichtung in Betracht. Es existieren **keine Vorschriften über die Kapitalaufbringung und -erhaltung**. Eine Vereinigung kann sich also nicht über den **Kapitalmarkt** finanzieren (Art. 23 EWIV-VO). Im Laufe der Dauer einer EWIV **kann** die Vereinigung jedoch eigenes Kapital ansammeln.

> **Hinweis:**
> Bei der Wahl dieser Rechtsform ist also zu bedenken, dass sich die Vereinigung organisch durch ihre Mitglieder (**Eigenmittel**) oder durch Darlehen (**Fremdmittel**) finanzieren können muss und daher finanziell von ihren Mitgliedern abhängig ist.

Die Mitglieder können der Vereinigung die notwendigen Mittel

- durch Beiträge,
- durch laufende Zuschüsse,
- durch Erbringung von Dienstleistungen oder sogar
- durch die Einräumung von Verfügungsmacht über Konten zuführen.

Die Verordnung verpflichtet sie jedoch nicht zur **Erbringung von laufenden Leistungen**. Jedes Mitglied kann oder bestimmte Mitglieder können jedoch im **Gesellschaftsvertrag** zur Finanzierung der Vereinigung zur Leistung von vereinbarten Beiträgen verpflichtet werden (vgl. Art. 17 Abs. 2 lit. e) EWIV-VO). Änderungen des Beitrags jedes Mitgliedes oder bestimmter Mitglieder zur Finanzierung der Vereinigung können immer nur **einstimmig** beschlossen werden (Art. 17 Abs. 2 lit. e) EWIV-VO). Mit den Beiträgen können dann weitere Mittel erwirtschaftet werden. Die Mitglieder der Vereinigung tragen entsprechend dem im Gründungsvertrag vorgesehenen Verhältnis oder, falls dieser hierüber nichts bestimmt, zu gleichen Teilen zum Ausgleich des Betrags bei, um den die Ausgaben die Einnahmen übersteigen (Art. 21 Abs. 2 EWIV-VO). Die Mitglieder sind also zumindest zum **Nachschuss** verpflichtet.

16 Die Vereinigung kann den **Kreditrahmen** ihrer Mitglieder erweitern und zugleich die Kreditkosten senken, weil die unbeschränkte gesamtschuldnerische Haftung der Mitglieder die Bereitschaft zur Kreditvergabe erhöhen kann, die Bestellung persönlicher Sicherheiten jedes einzelnen Mitgliedes nicht erforderlich ist und die Finanzinstitute bei der Gesamtbeurteilung der **Kreditwürdigkeit** der Vereinigung auch die Bonität ihrer Mitglieder berücksichtigen sollen. Die Kontrolle der Zusammensetzung des Mitgliederkreises durch das Einstimmigkeitsprinzip bei der Aufnahme neuer Mitglieder, beim Wechsel von Mitgliedern und beim Ausscheiden von Mitgliedern gibt Banken und Versicherungen für die Vergabe von Krediten an eine EWIV sowie Behörden für die Teilnahme einer EWIV an öffentlich finanzierten Programmen die notwendige Sicherheit.

IX. Buchführung, Ergebnis und Besteuerung

1. Buchführung

17 Die Vereinigung ist nach europäischem Recht zur förmlichen **Rechnungslegung** und deren **Prüfung** nicht verpflichtet und unterliegt keiner **Rechnungslegungspublizität**. Eine einfache **Einnahmen-Überschuss-Rechnung** ist danach ausreichend. Eine EWIV mit Sitz in Deutschland hat hingegen einen **Jahresabschluss** aufzustellen (§ 6 EWIV-Ausführungsgesetz). Die für alle Kaufleute geltenden Vorschriften über **Handelsbücher** (§§ 238 – 263 HGB) gelten auch für eine EWIV mit Sitz in Deutschland, allerdings

nicht die ergänzenden Vorschriften für Kapitalgesellschaften über die **Prüfung und Offenlegung des Jahresabschlusses** (§§ 264 – 335 HGB).

2. Ergebnis

Auch wenn die Vereinigung nicht den Zweck hat, durch eigene unternehmerische Tätigkeit für sich selbst Gewinn zu erzielen, so werden etwa anfallende **Gewinne an die Mitglieder verteilt**, sofern sie nicht **reinvestiert** oder aus ihnen **Rücklagen** gebildet werden. Gewinne aus den Tätigkeiten der Vereinigung gelten als Gewinne der Mitglieder und sind auf diese in dem **im Gründungsvertrag vorgesehenen Verhältnis** oder, falls dieser hierüber nichts bestimmt, **zu gleichen Teilen** aufzuteilen (Art. 21 Abs. 1 EWIV-VO).

Die Mitglieder der Vereinigung tragen entsprechend dem im Gründungsvertrag vorgesehenen Verhältnis oder, falls dieser hierüber nichts bestimmt, zu gleichen Teilen zum Ausgleich des Betrags bei, um den die Ausgaben die Einnahmen übersteigen (Art. 21 Abs. 2 EWIV-VO). Die **Verlustausgleichspflicht** ist erforderlich, da die Vereinigung kein eigenes Kapital zu haben braucht und sich nicht an den Kapitalmarkt wenden darf. Der Sache nach stellt die Verlustausgleichspflicht eine Art **Nachschusspflicht** der Mitglieder dar.

Möglicherweise wird die Vereinigung ihren Mitgliedern auch gewinnträchtige Geschäfte **vermitteln**, oder die Vereinigung handelt **im Namen und auf Rechnung ihrer Mitglieder**, die dann selbst unmittelbar die Gewinne erzielen.

> **Hinweis:**
>
> Die vorgenannten Bestimmungen beziehen sich alle auf die **Verteilung** der Gewinne und Verluste. Zur **Ermittlung** der Gewinne und Verluste und zur **Ausschüttung** der Gewinne sagt die Verordnung nichts. Insoweit ist daher auf das subsidiär anwendbare nationale Recht des Sitzstaates der EWIV (in Deutschland also auf das HGB) zurückzugreifen.

3. Besteuerung

Die Verordnung sieht vor, dass das Ergebnis der Tätigkeit der Vereinigung **nur bei den Mitgliedern zu besteuern** ist (Art. 40 EWIV-VO). Der Verordnungsgeber hat sich also für das **Transparenz- oder Mitunternehmerprinzip** entschieden. Aus diesem Grunde kann auf der Ebene der EWIV keine Körperschaftssteuer anfallen, wohl aber auf der Ebene der Mitglieder **Einkommen- oder Körperschaftssteuer**, je nach dem, ob es sich bei dem betreffenden Mitglied um eine natürliche oder um eine juristische Person handelt. Im Rahmen der Besteuerung der Mitglieder einer EWIV sind selbstverständlich die zwischen den Mitgliedstaaten geschlossenen **Doppelbesteuerungsabkommen** zu berücksichtigen.

Auf der Ebene der EWIV kann jedoch **Umsatzsteuer** anfallen, denn der EWIV wird trotz fehlender Gewinnerzielungsabsicht grds. die **Unternehmereigenschaft** beigelegt. Dies gilt zumindest solange, als die EWIV überhaupt entgeltliche Leistungen erbringt und ihre Kosten nicht nur im Umlageverfahren durch ihre Mitgliederbeiträge deckt. Nach Auflösung des Bundesamtes für Finanzen zum 1.1.2006 wurden dessen Aufgaben neu geordnet, so dass nunmehr das Bundeszentralamt für Steuern (BZSt) in Saarlouis im Saarland die Umsatzsteueridentifikationsnummern für „deutsche" EWIV vergibt.[5]

Außerdem kann auf der Ebene der EWIV **Gewerbesteuer** anfallen, wenn die EWIV Einkünfte aus einem Gewerbebetrieb und nicht etwa z.B. aus freiberuflicher Tätigkeit erzielt. Die fehlende Gewinnerzielungsabsicht der EWIV schließt die Gewerblichkeit ihrer Einkünfte nicht von vornherein aus. Die Umsatz- und die Gewerbesteuer werden zwar auf der Ebene der EWIV ermittelt, die insoweit als Steuersubjekt angesehen wird. Aufgrund des Transparenz- oder Mitunternehmerprinzips sind Steuerschuldner jedoch die Mitglieder der EWIV als Gesamtschuldner. Ein Gewerbesteuerbescheid etwa kann nur gegen die Mitglieder der EWIV erlassen werden. Das System der Besteuerung der EWIV entspricht voll dem der **Besteuerung der steuerlich transparenten Mitunternehmerschaften** (Personengesellschaften und Personenhandels-

---

[5] Die Internetadresse seit dem 2.1.2006 lautet: http://www.bzst.de.

gesellschaften) in Deutschland. Das deutsche EWIV-Ausführungsgesetz enthält keine Vorschriften zur Besteuerung der EWIV.

Die EWIV führt für ihre Mitarbeiter **Lohnsteuer** ab, sofern sie Mitarbeiter hat. Die EWIV kann im eigenen Namen Immobilien erwerben und demzufolge zur Zahlung von **Grunderwerbsteuer** verpflichtet werden. Werden Anteile an einer EWIV verschenkt oder vererbt, kann **Schenkung- oder Erbschaftsteuer** anfallen.[6]

21 Im Übrigen ist das **einzelstaatliche Steuerrecht** anzuwenden, und zwar insb. in Bezug auf Gewinnverteilung, Steuerverfahren und alle Verpflichtungen, die durch die einzelstaatlichen Steuervorschriften auferlegt werden (aus den Erwägungsgründen). Die **steuerliche Gewinnermittlung** und die **steuerliche Verlustberücksichtigung** sind nicht gleichzusetzen mit der handelsrechtlichen Gewinn- und Verlustermittlung und unterliegen nur nationalem Recht.

> **Hinweis:**
>
> Die weitestgehend fehlenden Anforderungen an die Rechnungslegung, deren Prüfung und deren Publizität halten den entsprechenden Verwaltungsaufwand und die entsprechenden Kosten gering. Insoweit dürfte die EWIV eine flexible und unbürokratische Rechtsform darstellen. Für die Verlustrisiken gilt dasselbe wie für die Haftungsrisiken: Sie dürften weder auf der Ebene der Vereinigung noch auf der Ebene der Mitglieder eine große Bedeutung erlangen. Aus eben demselben Grunde dürfte auch die entsprechende Besteuerung der Gewinne bzw. die steuerliche Verlustberücksichtigung auf der Ebene der Mitglieder insoweit ebenfalls keine große Rolle spielen.

B. Praktische Anwendungsfälle und Erscheinungsformen

22 Die EWIV eignet sich ohne weiteres für **Kooperationsvorhaben**. Auf folgenden Gebieten im Zusammenhang mit Kooperationsvorhaben übt eine EWIV Hilfsfunktionen aus:

- Forschung und Entwicklung,
- Wissens- und Technologietransfer,
- Einkauf,
- Lagerung und Transport,
- Logistik,
- gemeinsame Anschaffung und Nutzung von Verkehrs- und Produktionsmitteln,
- Qualitätskontrolle,
- Angebote und Bieterverfahren, gerade auch im öffentlichen Auftragswesen,
- Vermarktung,
- Werbung und Vertrieb, wie z.B. auch Versandhandel,
- gemeinsame Handelsmarken,
- Markt und Meinungsforschung,
- Information und Kommunikation,
- Veranstaltungen,
- Schulung und Fortbildung des Personals,
- Kunden- und Reparaturdienst,
- Inkasso,
- Umweltschutz und
- nukleare Sicherheit.

---

6   Zur Besteuerung der EWIV in Deutschland vgl. das BMF-Schreiben v. 15.11.1988 – IV C 5 S 1316 67/88.

Beispiele:

- *Arbeitsgemeinschaften im Anlagenbau bei industriellen Großaufträgen*, deren einzelne Mitglieder verschiedenen Branchen und Wirtschaftszweigen angehören;
- die sog. „CESAR EWIV" (Central European Society for Anticancer Drug Research) mit Hauptverwaltung in Wien, die auf dem Gebiet von **Forschung und Entwicklung** tätig ist;
- die sog. „Groupement Européen des Sociétés d'Auteurs et Compositeurs EWIV"[7] aus Brüssel, der als deutsches Mitglied die „Gema" (= Gesellschaft für musikalische Aufführungsrechte) angehört;
- die in Wien eingetragene EURATEL EWIV (European Railway Telecommunications) als Beispiel für eine EWIV mit großen Mitgliedsunternehmen;
- der deutsch-französische TV-Kulturkanal „arte" mit Sitz im französischen Straßburg;
- die sog. „Freiberufler-EWIV", in der **Freiberufler** wie Rechtsanwälte, Steuerberater oder Unternehmensberater zum Zweck der Beschaffung ausländischer Lit. und Rspr., der Bearbeitung gemeinsamer internationaler Mandate, der Abfassung und Zirkulierung gemeinsamer Mandantenrundschreiben, gemeinsamer Akquisitionsanstrengungen, der ständigen Fortbildung, des Personalaustausches und der Zusammenarbeit in der EDV kooperieren;
- die erste EWIV in den Beitrittsländern in Mittel- und Osteuropa, die von einer deutschen und einer litauischen Unternehmensberaterin gegründete und am 2.3.2006 in Vilnius/Litauen eingetragene „Open Europe Consulting-EWIV".

Der Zweck einer EWIV kann auch darin bestehen, **bestimmte Dienstleistungen** und Unternehmensfunktionen ihrer Mitgliedsunternehmen **effizienzsteigernd auszulagern**, zu bündeln und zu teilen (outsourcing/shared service center). 23

Beispiele:

- die EWIV, die aus den nationalen Tochterfirmen der Schweizer Winterthur Versicherung besteht, deren jeweilige Revisionsabteilungen auf diese Art und Weise Synergieeffekte erzielen;
- die überwiegend aus italienischen sowie aus einem luxemburgischen Tochterunternehmen der italienischen IMI-Bank bestehende EWIV mit Sitz in Brüssel, deren Mitglieder in dieser Rechtsform Informationsflüsse steuern und ihre Interessen im Hinblick auf die EU vertreten.

Die EWIV ähnelt den aus nationalen und grenzüberschreitenden Sachverhalten bekannten gemeinsamen Tochterunternehmen (**Gemeinschaftsunternehmen**, „joint venture"). Die Europäische Kommission hat im September 1997 festgestellt, dass die Beteiligung von EWIV an **öffentlichen Aufträgen** und **öffentlich finanzierten Programmen** noch ausbaufähig ist, obwohl EWIV in Bewerbungsverfahren um die Teilnahme an Gemeinschaftsprogrammen aus keinen rechtsformspezifischen Gründen benachteiligt sind.[8] Die **Zahl in Europa aktiver EWIV** kann grob vielleicht auf etwa 2.000 geschätzt werden. 24

> **Hinweis:**
> EWIV **sitzen am häufigsten** in Frankreich, in Belgien, in Luxemburg sowie in den Niederlanden und in Großbritannien.[9]

C. Gründung der Gesellschaft (Verfahren und Möglichkeiten der Errichtung)

Diejenigen, die eine Vereinigung errichten wollen, müssen einen **Gründungsvertrag** schließen und die Vereinigung in ein **nationales Register** des Staates des durch den Gründungsvertrag bestimmten Sitzes der Vereinigung **eintragen** lassen (Art. 1 Abs. 1 EWIV-VO). 25

---

7   Siehe http://www.gesac.org.
8   Vgl. http://europa.eu.int/scadplus/printversion/de/lvb/l26015.htm.
9   Quelle für die ungefähre Anzahl sowie für die häufigsten Sitzstaaten der EWIV ist das europäische EWIV-Informationszentrum.

I. Gründungsvertrag

1. Form

26 Der Gründungsvertrag muss **in schriftlicher Form** abgeschlossen werden (Art. 5 und 7 EWIV-VO). Die EWIV-VO schreibt **keine notarielle Beurkundung** des Gründungsvertrages vor. Da die Gründung zu den von der EWIV-VO geregelten Angelegenheiten zählt, dürfen auch die nationalen Rechte keine notarielle Beurkundung des Gründungsvertrages vorschreiben.

2. Mindestinhalt

27 Der **Gründungsvertrag** muss **mindestens** die folgenden **Angaben** enthalten (Art. 5 EWIV-VO):

- den **Namen** der Vereinigung (Firma) mit den voran- oder nachgestellten Worten „**Europäische Wirtschaftliche Interessenvereinigung**" oder der Abkürzung „**EWIV**", es sei denn, dass diese Worte oder diese Abkürzung bereits im Namen enthalten sind;
- den **Sitz** der Vereinigung;
- den **Unternehmensgegenstand**, für den die Vereinigung gegründet worden ist (Zweck);
- den Namen, die Firma, die Rechtsform, den Wohnsitz oder den Sitz sowie ggf. die Nummer und den Ort der Registereintragung eines jeden **Mitgliedes** der Vereinigung sowie
- die **Dauer** der Vereinigung, sofern diese nicht unbestimmt ist.

An diesem Mindestinhalt wird deutlich, dass für den Gründungsvertrag und damit für die innere Verfassung der Vereinigung insgesamt ein **weiter Gestaltungsfreiraum** besteht.

3. Muster: Gründungsvertrag einer EWIV[10]

28

Gründungsvertrag

Die Unterzeichneten

1. Herr/Frau ...., geb. ...., wohnhaft ..., Beruf ...[1]

und

2. die Gesellschaft .... nach .... Recht mit Sitz in ...., eingetragen im Register .... unter Nr. ...., vertreten – laut beigefügter privatschriftlicher Vollmacht[2] –

gründen eine europäische wirtschaftliche Interessen Vereinigung – EWIV gemäß Verordnung (EWG) 2137/85 und dem Gesetz/der Verordnung ....[3]

Artikel 1
Firma der Vereinigung

Die Vereinigung hat die Firma:

.......[4]

Artikel 2
Zweck

Der Zweck der EWIV ist:

- die Herstellung von ....,
- die Erbringung von ....,

---

10 Dokument der Generaldirektion Unternehmen und Industrie der Kommission der Europäischen Gemeinschaften mit dem Titel „Die EWIV als Instrument der grenzübergreifenden Kooperation" mit Dokumentennummer 23/0331/98, Amt für amtliche Veröffentlichungen, 1999, ISBN 92-828-2794-1.

- die Förderung von ......,
- der Vertrieb von .... und/oder
- die Koordinierung von ....[5+6]

Artikel 3
Sitz der Vereinigung

Die Vereinigung hat ihren Sitz in ....[7]

Artikel 4
Dauer

Die Vereinigung wird auf unbestimmte Zeit eingegangen.

(Formulierungsalternative:

Die Dauer der Vereinigung wird auf .... Jahre, gerechnet vom Datum ihrer Eintragung in das Register ...., festgelegt.)[8]

Artikel 5
Kapital

Die Vereinigung wird ohne Anfangskapital gegründet.[9]

(Formulierungsvarianten:

- *Die Mitgliederversammlung kann einstimmig/bzw. mit .... Mehrheit beschließen, die Vereinigung mit Kapital auszustatten. Dabei sind gleichzeitig die Höhe der Kapitalausstattung, der Wert jedes Anteils sowie die von jedem Mitglied zu leistende Einlage festzulegen.*
- *Das Kapital der Vereinigung beträgt .... , unterteilt in gleiche Anteile zu je .... Die Anteile werden den Mitgliedern gemäß ihren Einlagen/bzw. zu gleichen Teilen zugeteilt/bzw. zu unterschiedlichen Anteilen.)*

Artikel 6
Einlagen

1. Bareinlagen

Herr/Frau .... bringt einen Betrag i.H.v. .... in die Vereinigung ein.[10]

(Formulierungsalternative:

Die öffentlich-rechtliche Einrichtung .... bringt einen Betrag i.H.v. .... in die Vereinigung ein.)

2. Sacheinlagen/immaterielle Vermögensgegenstände

Herr/Frau .... bringt folgende Vermögenswerte in die Vereinigung ein: ....[11]

(Formulierungsalternative:

Die Gesellschaft...bringt folgende Vermögenswerte in die Vereinigung ein:.......)

Artikel 7
Finanzierung

Die Finanzierung der Vereinigung wird gewährleistet entweder durch regelmäßige oder andere Beiträge der Mitglieder, deren Modalitäten von der Mitgliederversammlung festgelegt werden.[12]

(Formulierungsvarianten:

- *... durch die Vergütung der für die Mitglieder oder Dritte erbrachten Leistungen. Höhe und Modalitäten dieser Vergütung werden durch den/die Geschäftsführer festgelegt.*
- *Gegebenenfalls kann eine Aufnahmegebühr für neue Mitglieder festgelegt werden, deren Modalitäten von der Mitgliederversammlung bestimmt werden.)*

Artikel 8
Aufnahme neuer Mitglieder

Über die Aufnahme neuer Mitglieder beschließt die Mitgliederversammlung einstimmig.[13]

Artikel 9
Anwartschaftszeit[14]

(1) Die Vollmitgliedschaft wird erst nach einer Anwartschaftszeit von .... Monaten erworben. Während dieser Zeit hat der Beitrittskandidat den Status eines „Anwärters".

(2) Über die Aufnahme von Anwärtern entscheidet die Mitgliederversammlung einstimmig.[15]

(3) Während der Anwartschaftszeit haben Anwärter nicht die Rechte und Pflichten von Vollmitgliedern. Die Rechte und Pflichten von Anwärtern werden von der Mitgliederversammlung einstimmig festgelegt.

(4) Die Anwartschaftszeit kann durch den Anwärter sowie durch die Vereinigung jederzeit mittels Einschreiben beendet werden. Die diesbezügliche Entscheidung wird von der Mitgliederversammlung einstimmig getroffen.

(5) Nach Beendigung der Anwartschaftszeit ist der Anwärter berechtigt, die Vollmitgliedschaft zu beantragen. Über die Aufnahme als Vollmitglied beschließt die Mitgliederversammlung einstimmig.

(6) Dieser Beschluss wird erst mit Beginn des neuen Geschäftsjahres wirksam. Bis zu diesem Zeitpunkt verlängert sich die Anwartschaftszeit automatisch.[16]

Artikel 10
Kündigung eines Mitgliedes

(1) Das Ausscheiden eines Mitgliedes aus der Vereinigung durch Kündigung ist möglich mit einstimmiger Zustimmung der übrigen Mitglieder.

(Formulierungsvarianten:

- *... ist möglich mit Zustimmung von .... der Mitglieder.*
- *... ist möglich, wenn ihm die Zustimmung zur Übertragung seiner Beteiligung von den Mitgliedern verweigert worden ist.[17]*
- *... ohne dass die Zustimmung der übrigen Mitglieder erforderlich ist.)*

(2) Jedes Mitglied der Vereinigung kann ferner aus wichtigem Grund kündigen. Die Kündigung ist mit einer Frist von mindestens .... Monaten per Einschreiben mit Rückschein an die Geschäftsführer zu richten.[18]

Artikel 11
Ausschluss eines Mitgliedes

(1) Ein Mitglied kann aus der Vereinigung ausgeschlossen werden, wenn es grob gegen seine Pflichten verstößt oder wenn es schwere Störungen der Arbeit der Vereinigung verursacht oder zu verursachen droht.[19]

(Formulierungsalternative:

Ein Mitglied kann aus einem der nachstehenden Gründe aus der Vereinigung ausgeschlossen werden:.......)

(2) Der Beschluss zum Ausschluss eines Mitgliedes wird von der Mitgliederversammlung einstimmig festgelegt.[20]

Artikel 12
Abtretung von Beteiligungen

Jedes Mitglied kann seine Beteiligung an der Vereinigung ganz oder teilweise an ein anderes Mitglied oder einen Dritten abtreten. Die Abtretung wird erst wirksam, wenn die übrigen Mitglieder ihr einstimmig zugestimmt haben.[21]

Artikel 13
Rechtsnachfolge im Todesfall

Im Falle des Todes einer natürlichen Person, die Mitglied der Vereinigung ist, hat die Entscheidung über eine Rechtsnachfolge in die Mitgliedschaft von den verbleibenden Mitgliedern einstimmig zu erfolgen.[22]

Artikel 14
Ansprüche und Verbindlichkeiten eines ausscheidenden Mitgliedes

Scheidet ein Mitglied aus einem anderen Grund als dem der Abtretung seiner Anteile gemäß Artikel 12 aus der Vereinigung aus, so wird das Auseinandersetzungsguthaben dieses Mitgliedes oder die Höhe der Forderungen der Vereinigung gegen dieses Mitglied auf der Grundlage des zum Zeitpunkt des Ausscheidens des Mitgliedes vorhandenen Vermögens der Vereinigung ermittelt.[23]

Artikel 15
Haftung

(1) Die Mitglieder der Vereinigung haften unbeschränkt und gesamtschuldnerisch für deren Verbindlichkeiten jeder Art.[24]

(2) Im Innenverhältnis werden die Folgen dieser Haftung zu gleichen Teilen verteilt.

(Formulierungsalternative:

... im Verhältnis der Beteiligung an den Gewinnen der Vereinigung verteilt.)

Artikel 16
Die Mitgliederversammlung

(1) Die Mitgliederversammlung setzt sich aus allen Mitgliedern der Vereinigung zusammen. Sie kann jeden Beschluss zur Verwirklichung des Zwecks der Vereinigung fassen.

(2) Die Mitgliederversammlung tritt zusammen bzw. wird angehört auf Verlangen eines Mitgliedes bzw. auf Veranlassung eines Geschäftsführers.

(3) Die Anhörung erfolgt in Form einer tatsächlichen Zusammenkunft.[25]

(4) In jedem Fall ist jedoch eine jährliche Generalversammlung[26] einzuberufen, um folgende Beschlüsse zu fassen:

- Genehmigung des Jahresabschlusses,
- ....

(5) Die Einberufung der Mitgliederversammlung erfolgt durch den Geschäftsführer/Vorstandsvorsitzenden brieflich.[27]

(6) In der Benachrichtigung zur Einberufung ist die Tagesordnung anzugeben.[28]

(7) Die Mitglieder können sich durch einen Bevollmächtigten vertreten lassen.[29]

(8) Jedes Mitglied verfügt über .... Stimme/n.[30]

(Formulierungsalternative:

... über so viele Stimmen, wie es Anteile besitzt.)

(9) Die Mitglieder können folgende Beschlüsse[31] nur einstimmig fassen:

a) Änderung des Zwecks der Vereinigung

b) Änderung der Stimmenanzahl jedes Mitgliedes

c) Änderung der Bedingungen für die Beschlussfassung

d) Verlängerung der Dauer der Vereinigung

e) Änderung des Beitrags jedes Mitgliedes oder bestimmter Mitglieder zur Finanzierung der Vereinigung

f) Verlegung des Sitzes der Vereinigung in einen anderen EWR-Mitgliedstaat

g) Aufnahme neuer Mitglieder

h) Abtretung von Beteiligungen ganz oder teilweise auf ein anderes Mitglied oder an Dritte,

i) ....

(10) Bei allen anderen Gegenständen regeln sich die Beschlussfähigkeit und die Beschlussfassung wie folgt:

Die Versammlung ist nur beschlussfähig, wenn mindestens die Hälfte der Mitglieder, die auch mindestens die Hälfte der Stimmen vertreten, anwesend oder vertreten ist.

(Formulierungsalternative:

Die Beschlussfassung erfolgt mit Dreiviertelmehrheit der Stimmen der anwesenden oder vertretenen Mitglieder.)[32]

Artikel 17
Geschäftsführung

(1) Die Vereinigung hat einen Geschäftsführer/einen Vorstand, der aus .... Mitgliedern besteht.[33]

(2) Die Geschäftsführer werden von der Mitgliederversammlung einstimmig[34] bestellt.
Sie werden für einen Zeitraum von .... Jahren bestellt und können ohne vorherige Kündigungsfrist abberufen werden.

(Formulierungsalternative:

... zu den gleichen Bedingungen wie bei ihrer Bestellung abberufen werden.)

Artikel 18
Befugnisse der Geschäftsführer[35]

(1) Der/Die Geschäftsführer kann/können alle zur Erreichung des Zwecks der Vereinigung erforderlichen oder zweckdienlichen Handlungen vornehmen, soweit diese nicht durch Gesetz oder den vorliegenden Vertrag der Mitgliederversammlung vorbehalten sind.

(2) Der/Die Geschäftsführer kann/können insbesondere: ....

(3) Die Vereinigung wird Dritten gegenüber nur durch die gemeinsame Unterschrift von mindestens .... Geschäftsführern wirksam verpflichtet.

Artikel 19
Geschäftsjahr

Das Geschäftsjahr beginnt am .... und endet am ....[36]

Artikel 20
Jahresabschluss

(1) Nach Ablauf des Geschäftsjahres wird der Jahresabschluss von dem/den Geschäftsführer/n erstellt, die ihn innerhalb von .... Monaten nach Abschluss des Geschäftsjahres den Mitgliedern zur Genehmigung vorzulegen haben.

(2) Der Jahresabschluss ist zu veröffentlichen.[37]

Artikel 21
Ergebnisse

(1) Weist der Jahresabschluss einen Gewinn aus, kann die Mitgliederversammlung beschließen, diesen teilweise einem Rücklagenfonds zuzuweisen oder ihn unter den Mitgliedern zu gleichen Teilen[38] zu verteilen.

(2) Im Falle von Verlusten kann/können der/die Geschäftsführer die Mitglieder der Vereinigung auffordern, im gleichen Verhältnis zum Ausgleich des Verlustes beizutragen.

Artikel 22
Kontrolle

Die Kontrolle der Finanzsituation, der Jahresabschlüsse und der Geschäftsführung wird von einem Aufsichtsrat[39] wahrgenommen, der von der Mitgliederversammlung nach folgenden Modalitäten und Bedingungen ernannt wird: ....

Artikel 23
Auflösung

(1) Die Mitgliederversammlung kann eine vorzeitige Auflösung der Vereinigung einstimmig[40] beschließen.

(2) Das Ausscheiden eines Mitgliedes führt[41] zur Auflösung der Vereinigung.

Artikel 24
Abwicklung

(1) Nach Ablauf der Dauer der Vereinigung oder im Falle vorzeitiger Auflösung wird die Vereinigung von dem/den Geschäftsführer/n und/oder von einem oder mehreren auf Beschluss der Mitgliederversammlung bestellten Liquidatoren abgewickelt.

(2) Nach Begleichung der Verbindlichkeiten und der Aufwendungen der Vereinigung wird der verbleibende Aktiv- bzw. Passivsaldo zu gleichen Teilen[42] auf die Mitglieder aufgeteilt.

Artikel 25
Streitigkeiten zwischen den Mitgliedern

Über alle Streitigkeiten, die sich hinsichtlich der Gültigkeit, der Auslegung oder Anwendung des vorliegenden Vertrages zwischen den Mitgliedern und/oder dem/den Geschäftsführer/n und/oder der Vereinigung oder zwischen den Mitgliedern untereinander ergeben und die nach dem Gesetz nicht zwingend in die Zuständigkeit der ordentlichen Gerichte fallen, entscheidet ein (Gremium von) Schlichter/n oder Schiedsmännern, der/die nach folgenden Modalitäten ernannt wird/werden: ....[43]

Artikel 26
Geschäftsordnung[44]

Die Rechte und Pflichten der Mitglieder sind in der dem Vertrag beigefügten Geschäftsordnung festgelegt. Die Mitglieder können diese Geschäftsordnung einstimmig[45] abändern.

Artikel 27
Sprachen

(1) Der vorliegende Vertrag ist in .... und .... Sprache abgefasst, im Falle von Streitigkeiten hinsichtlich der Auslegung gilt die .... Fassung.

(2) Für offizielle Beziehungen und Mitteilungen unter den Mitgliedern wird die Verwendung der .... Sprache festgelegt.

.................., den ....

....................[46]

....

....

Erläuterungen:

1. Hier sind die verschiedenen Gründungsmitglieder der Vereinigung einzutragen. Dazu sind alle zur Identifizierung der Mitglieder und ihrer Vertreter erforderlichen Angaben zu machen. Als mögliche andere Gründungsmitglieder kommen noch öffentlich-rechtliche Einrichtungen in Betracht. Solche öffentlich-rechtlichen Einrichtungen können sogar Vollmitglieder einer EWIV sein. Hingegen kann eine EWIV nicht Mitglied einer anderen EWIV werden (siehe Art. 3 Abs. 2 lit. f) der Verordnung).

> **Hinweis:**
> Die Mitglieder einer EWIV müssen aus mindestens zwei Mitgliedstaaten des EWR stammen.
>
> In Irland und Griechenland ist die Zahl der Mitglieder einer EWIV auf 20 begrenzt.

2. Es kommt auch eine Vollmachtserteilung gemäß Satzung in Betracht.
3. Hier ist das innerstaatliche Gesetz anzugeben, das für die EWIV im Staat ihres Sitzes gilt.
4. Der Firma einer EWIV muss entweder die Abkürzung EWIV oder die Bezeichnung „Europäische Wirtschaftliche Interessenvereinigung" vor- oder nachgestellt sein, wenn diese Abkürzung bzw. Bezeichnung nicht bereits in der Firma enthalten ist.
5. Der Zweck, d.h. die Tätigkeit einer EWIV kann sehr unterschiedlich sein. Er muss jedoch in jedem Fall einen Hilfscharakter in Bezug auf die wirtschaftlichen Aktivitäten der Mitglieder aufweisen und

ein Mindestmaß an wirtschaftlicher Tätigkeit beinhalten. Es ist wichtig, dass die Gründungsmitglieder den Gegenstand ihrer Kooperation möglichst genau bestimmen, damit der Inhalt ihrer Verpflichtungen von vornherein feststeht.

6. Nach der Angabe des Zwecks der EWIV können zusätzlich die Aktivitäten aufgeführt werden, die die Vereinigung dazu ausüben kann.

Formulierungsbeispiel: Angabe des Zwecks

> Im Rahmen dieses Gegenstands umfasst die Kooperation der Mitglieder insbesondere ....

7. An dieser Stelle sind der jeweilige Mitgliedstaat des EWR (Europäischer Wirtschaftsraum), in dem der Sitz der Vereinigung liegen soll, und die Adresse anzugeben.

> **Hinweis:**
>
> Als Sitz der Vereinigung kann der Ort gewählt werden, an dem sich die Hauptverwaltung eines der Mitglieder befindet bzw. an dem es seine Haupttätigkeit ausübt.
>
> Vom Staat des EWIV-Sitzes hängt ab, welches innerstaatliche Recht auf die EWIV anwendbar ist.

8. Wenn die Vereinigung auf bestimmte Zeit gegründet wird, ist die Dauer festzulegen. Es sind die genauen Angaben des entsprechenden nationalen Registers anzufügen. Wird keine Dauer angegeben, gilt die Vereinigung automatisch als auf unbestimmte Zeit gegründet.
9. Wenn die Vereinigung nicht über Anfangskapital verfügen soll, sind ggf. die Bedingungen für eine spätere Kapitalausstattung anzugeben.
10. Wenn die Mitglieder Einlagen zu leisten haben, ist die Höhe und die Art der Einlagen anzugeben und welche Mitglieder diese Bareinlagen in welcher Höhe zu erbringen haben.
11. Auch hier ist anzugeben, welche Mitglieder Sacheinlagen/immaterielle Vermögensgegenstände einbringen und welcher Art diese sind. Die erfolgt anhand einer kurzen Beschreibung der einzubringenden Sachwerte (z.B. kostenlose Zurverfügungstellung eines Gebäudes) oder der immateriellen Vermögensgegenstände (z.B. Recht der unentgeltlichen Nutzung eines Patents).
12. Eine EWIV muss nicht zwingend mit Kapital ausgestattet werden. Wenn dieser Punkt nicht im Vertrag geregelt ist, haben die Mitglieder zu gleichen Teilen zur Finanzierung der Tätigkeit der EWIV beizutragen.
13. Zusätzlich können **besondere Aufnahmebedingungen** für Mitglieder festgelegt werden.

Formulierungsbeispiel: Merkmale der Mitglieder

> In die Vereinigung können aufgenommen werden: Natürliche und juristische Personen, Gesellschaften und andere öffentlich-rechtliche oder privatrechtliche juristische Einheiten, die nach dem Recht eines der EWR-Mitgliedstaaten gegründet worden sind und folgende Bedingungen erfüllen ....

Es steht den Mitgliedern ferner frei, neue Mitglieder von der Haftung für vor ihrem Beitritt entstandene Verbindlichkeiten zu befreien oder ihnen eine Beitrittsgebühr aufzuerlegen.

Formulierungsbeispiel: Haftungsbefreiung

> Neue Mitglieder sind von der unbeschränkten und gesamtschuldnerischen Haftung gegenüber Dritten für vor ihrem Beitritt entstandene Verbindlichkeiten der Vereinigung ausgenommen.

Formulierungsbeispiel: Beitrittsgebühr

> Für die Aufnahme neuer Mitglieder kann eine Gebühr erhoben werden, deren Höhe von der Mitgliederversammlung zum Zeitpunkt der Aufnahme festgelegt wird.

Zur Vereinfachung der Buchführung der Vereinigung kann die nachfolgende Klausel aufgenommen werden. Dabei ist jedoch zu beachten, dass dadurch die Flexibilität bei der Aufnahme neuer Mitglieder etwas eingeschränkt wird.

Formulierungsbeispiel: Aufnahmezeitpunkt

> Neue Mitglieder können nur zu Beginn eines Geschäftsjahres aufgenommen werden.

Schließlich kann es in der Vereinigung auch assoziierte Mitglieder geben. In diesem Zusammenhang ist zu regeln, ob es solche Mitglieder geben soll und wenn ja, zu welchen Bedingungen sie sich an der Vereinigung beteiligen können.

Formulierungsbeispiel: Assoziierte Mitglieder

> Die EWIV kann Kooperationsbeziehungen mit Rechtssubjekten eingehen, die ihren Sitz außerhalb des EWR haben. Diese sind nicht als Mitglieder anzusehen, können jedoch den Status als „assoziierte Mitglieder" erhalten. Über die Modalitäten und den Inhalt solcher Kooperationsbeziehungen beschließt die Mitgliederversammlung einstimmig/bzw. mit .... Mehrheit.

14. Eine solche Klausel ist aufzunehmen, wenn die Vollmitgliedschaft erst nach einer Anwartschaftszeit gewährt werden soll. Sie ist jedoch nicht zwingend vorgeschrieben. Eine Anwartschaftszeit ermöglicht aber dem Kandidaten und den Mitgliedern der Vereinigung eine gegenseitige Einschätzung, die zu einer fundierten Entscheidung über die Zweckmäßigkeit der Neuaufnahme beiträgt.

15. Im Folgenden ist festzulegen, nach welchen Modalitäten Anwärter aufgenommen werden sollen. Der Gründungsvertrag kann jeweils auch eine einfache Mehrheit der Mitglieder oder ein ganz bestimmtes Mehrheitsverhältnis vorsehen.

16. Zur Vereinfachung der Buchführung der Vereinigung kann wieder eine solche Klausel aufgenommen werden. Wie unter Erläuterung 13 gesagt, wird dadurch jedoch die Flexibilität bei der Aufnahme neuer Mitglieder etwas eingeschränkt.

17. Für die Übertragung der Beteiligung auf einen Dritten ist die einstimmige Zustimmung der anderen Mitglieder erforderlich (vgl. Art. 12 des Gründungsvertrages). Für den Fall der Verweigerung dieser Zustimmung kann der Vertrag die Möglichkeit des Ausscheidens vorsehen.

18. Zur Vereinfachung der Buchführung der Vereinigung kann die nachfolgende Formulierung aufgenommen werden. Hier ist wiederum zu beachten, dass dadurch die Flexibilität beim Ausscheiden eines Mitgliedes in gewissem Maße eingeschränkt wird.

Formulierungsbeispiel: Kündigungsfrist

> Die Kündigung ist mit einer Frist von mindestens .... Monaten vor Ende des Geschäftsjahres per Einschreiben mit Rückschein an die Geschäftsführer zu richten.

19. In bestimmten Mitgliedstaaten zieht die Insolvenz/der Konkurs eines Mitgliedes automatisch seinen Ausschluss nach sich.

20. Im Folgenden ist wieder festzulegen, nach welchen Modalitäten Mitglieder ausgeschlossen werden. Der Gründungsvertrag kann jeweils auch eine einfache Mehrheit der Mitglieder oder ein ganz bestimmtes Mehrheitsverhältnis bzw. einen einstimmigen oder mit bestimmter Mehrheit gefassten Beschluss der Geschäftsführer vorsehen.

21. Es handelt sich um eine zwingende Bestimmung nach Art. 22 der Verordnung. Wenn ein Mitglied durch Veräußerung seiner Beteiligung aus der Vereinigung ausscheidet, wird die Mitgliedschaft des Erwerbers erst mit ausdrücklicher Zustimmung aller verbleibenden Mitglieder wirksam.

> **Hinweis:**
>
> Wird die Zustimmung zur Abtretung einer Beteiligung verweigert, kann das Mitglied trotzdem kündigen, wenn die Bedingungen nach Art. 10 des Gründungsvertrages gegeben sind.

22. An dieser Stelle ist festzulegen, unter welchen Bedingungen eine Rechtsnachfolge in die Mitgliedschaft stattfinden kann. Es kann auch hier ein ganz bestimmtes Mehrheitsverhältnis bzw. ein einstimmig oder mit bestimmter Mehrheit gefasster Beschluss der Geschäftsführer vorgesehen werden.

> **Hinweis:**
>
> Wird die Zustimmung zur Übernahme der Beteiligung verweigert, haben die Erben des verstorbenen Mitgliedes Anspruch auf das Auseinandersetzungsguthaben gemäß Art. 14 des Gründungsvertrages.

23. Scheidet ein Mitglied durch Kündigung, Ausschluss oder Tod aus der Vereinigung aus, wird sein Auseinandersetzungsguthaben an ihn oder seine Erben ausgezahlt, außer wenn diese die Übernahme der Beteiligung wünschen und dieser zugestimmt wird (vgl. Art. 33 der Verordnung).

> **Hinweis:**
>
> Ein aus einer EWIV ausscheidendes Mitglied haftet noch bis fünf Jahre nach seinem Ausscheiden für die vor seinem Ausscheiden entstandenen Verbindlichkeiten der Vereinigung.

24. Vom Grundsatz der gesamtschuldnerischen Haftung einer EWIV nach außen ist keinerlei Ausnahme möglich, d.h. von jedem Mitglied kann die gesamte Zahlung einer Verbindlichkeit der Vereinigung verlangt werden, wenn diese ihren Verpflichtungen nicht nachkommt. Es steht den Mitgliedern einer EWIV jedoch frei festzulegen, wie sie das mit ihrer Beteiligung an der Vereinigung verbundene Risiko intern unter sich verteilen.

> **Hinweis:**
>
> Die Mitglieder können mittels einer besonderen Vereinbarung zwischen der Vereinigung und einem Dritten die Haftung eines oder mehrerer Mitglieder für eine bestimmte Verbindlichkeit der Vereinigung ausschließen oder begrenzen.

25. Hier ist die Form der Anhörung zu regeln. Dabei kann jede Form gewählt werden.

   Beispiele:

   Telefonische Konsultation, Telekonferenz o.ä.

26. Diese Bestimmung ist fakultativ.

27. Auch hier bestehen mehrere Möglichkeiten der Einberufung, unter denen die Mitglieder frei auswählen können.

   Beispiele:

   Per Fernschreiben, Telefax oder .... Werktage vor der geplanten Zusammenkunft.

28. Diese Bestimmung ist fakultativ.

29. Es kann frei festgelegt werden, ob sich die Mitglieder von einem Bevollmächtigten vertreten lassen dürfen. Daher ist auch die folgende Formulierung möglich.

Formulierungsbeispiel: Bevollmächtigter

> Die Mitglieder können sich nicht von einem Bevollmächtigten vertreten lassen.

30. Die Stimmen können frei von den Mitgliedern unter der Bedingung festgelegt werden, dass kein Mitglied über die Stimmenmehrheit verfügen darf (siehe Art. 17 Abs. 1 der Verordnung).
31. Die unter Art. 16 Abs. 9 a) bis h) des Gründungsvertrages angeführten Beschlüsse können gemäß einer zwingenden Bestimmung der Verordnung nur einstimmig gefasst werden. Sie müssen demnach nicht unbedingt im Gründungsvertrag aufgeführt werden. Ihre Erwähnung verdeutlicht jedoch den Unterzeichnern des Vertrages die Funktionsweise der EWIV und trägt zur Konkretisierung der eingegangenen Verpflichtungen bei.

> **Hinweis:**
>
> Der unter Art. 16 Abs. 9 d) des Gründungsvertrages aufgeführte Beschluss gilt nur für den Fall, dass die EWIV auf bestimmte Dauer gegründet wurde. Den Mitgliedern steht es frei, weitere Gegenstände aufzuführen, über die einstimmig zu beschließen ist. Einstimmigkeit ist jedoch eine stark einengende Bedingung und kann in bestimmten Fällen zu Blockierungen führen.

32. Es kann frei festgelegt werden, bei welchen anderen Gegenständen die Beschlussfähigkeit gegeben ist, welche Mehrheiten erforderlich sind bzw. welche Anzahl von Mitgliedern für die Beschlussfassung erforderlich und welche Anzahl von Stimmen diese vertreten.
33. In der Bestimmung wird geregelt, wie viele Geschäftsführer es geben soll. Es ist auch festzulegen, ob eine juristische Person die Geschäftsführung übernehmen kann. Diese Möglichkeit ist in einigen Mitgliedstaaten ausdrücklich vorgesehen.
34. Hier können die verschiedenen Mehrheitsverhältnisse festgelegt werden.
35. Jeder Geschäftsführer vertritt die Vereinigung gegenüber Dritten. Im Innenverhältnis ist eine Beschränkung der Befugnisse jederzeit möglich. Allerdings kann diese Beschränkung Dritten nicht entgegengesetzt werden, sie kann aber die Haftung des Geschäftsführers gegenüber der Vereinigung bewirken.

Die einzige Möglichkeit der Beschränkung der Vertretungsbefugnis der Geschäftsführer nach außen besteht in der Festlegung, dass sie sämtliche oder bestimmte Geschäfte, die dann im Vertrag aufgeführt werden müssen, gemeinschaftlich ausführen and somit auch gemeinschaftlich unterzeichnen müssen. Eine solche Bestimmung entfaltet ihre Wirkung gegenüber Dritten jedoch nur, wenn sie zuvor bekannt gemacht wurde.

36. Normalerweise beginnt das Geschäftsjahr am 1. Januar und endet am 31. Dezember eines jeden Jahres. Für das erste Geschäftsjahr können spezielle Vereinbarungen getroffen werden.
37. Diese Bestimmung ist fakultativ. Im Unterschied zur Verordnung 2137/85 sieht das innerstaatliche Recht einiger Mitgliedstaaten vor, dass EWIV einen Jahresabschluss zu erstellen haben. Ist dies nicht der Fall, können die Mitglieder beschließen, keine Jahresabschlüsse zu erstellen bzw. zu veröffentlichen. Die Erstellung und Veröffentlichung von Jahresabschlüssen kann jedoch, auch wenn sie freiwillig erfolgt, für die Beteiligung der EWIV an öffentlichen Ausschreibungen sowie die Aufnahme von Krediten von Vorteil sein (siehe Mitteilung der Kommission, ABl. C285 vom 20. September 1997, S. 17).
38. Die Gewinne können auf unterschiedliche Weise verteilt werden. Bspw. können sie auch entsprechend der Anzahl der Anteile des jeweiligen Mitgliedes verteilt werden.

Enthält der Vertrag keine Bestimmungen hierzu, sind sowohl Gewinne als auch Verluste zu gleichen Teilen auf die Mitglieder aufzuteilen.

39. Laut Verordnung ist ein Kontrollorgan für die EWIV nicht zwingend vorgeschrieben. Den Mitgliedern steht es jedoch frei, ein solches vorzusehen. Sie sind auch frei in der Wahl der Form, die dieses Kontrollorgan haben soll.

40. Die Modalitäten der Beschlussfassung wie die Mehrheitsverhältnisse können die Mitglieder frei festlegen.

41. Es kann festgelegt werden, ob die Vereinigung nach dem Ausscheiden eines der Mitglieder weiter bestehen soll. Enthält der Vertrag keine Bestimmungen hierzu, besteht die Vereinigung weiter, es sei denn, es verbleiben nur noch ein Mitglied bzw. nur noch Mitglieder aus einem einzigen Mitgliedstaat.

42. Der Vertrag kann regeln, wie etwaige Aktiv- bzw. Passivüberschüsse verteilt werden sollen.

Enthält der Vertrag keine Bestimmungen hierzu, werden sie zu gleichen Teilen aufgeteilt. Normalerweise besteht Übereinstimmung zwischen der in den Art. 5, 6, 7 (Kapital, Einlagen, Finanzierung) und Art. 15 (interne Verteilung der Haftung) des Gründungsvertrages gewählten Verteilung und diesem Artikel.

43. Eine solche Bestimmung ist nicht zwingend vorgeschrieben. Zur Beilegung von Streitfällen untereinander steht es den Mitgliedern frei, außergerichtliche Verfahren zur Regelung von Streitfällen (Schieds-, Schlichtungs- oder Vergleichsverfahren) in Anspruch zu nehmen. Dadurch können lange Gerichtsverfahren vermieden werden, die die Tätigkeit der Vereinigung lahm legen könnten, da diese stark vom gegenseitigen Vertrauen der Mitglieder abhängt.

44. Eine Geschäftsordnung ist nicht zwingend vorgeschrieben. Sie kann jedoch mit dem Vertrag oder später aufgesetzt werden, um die Rechte und Pflichten der Mitglieder im Einzelnen festzulegen.

45. Die Mehrheitsverhältnisse können frei festgelegt werden.

46. Es folgen sämtliche Unterschriften der Gründungsmitglieder, ggf. in notariell beglaubigter Form.

II. Eintragung im Register

1. Registerverfahren

a) Anmeldung zur Eintragung in das Register

Sämtliche Geschäftsführer haben eine Vereinigung mit Sitz in Deutschland bei dem **Handelsregister**, in dessen Gerichtsbezirk sie ihren im Gründungsvertrag genannten Sitz hat, **zur Eintragung in das Register anzumelden** (Art. 6 EWIV-VO i.V.m. Art. 39 Abs. 1 EWIV-VO, § 2 Abs. 1 EWIV-Ausführungsgesetz i.V.m. § 3 Abs. 1 EWIV-Ausführungsgesetz).

Die Anmeldung zur Eintragung der Vereinigung in das Register hat zu enthalten (§ 2 Abs. 2 EWIV-Ausführungsgesetz):

- die **Firma** der Vereinigung mit den voran- oder nachgestellten Worten „**Europäische Wirtschaftliche Interessenvereinigung**" oder der Abkürzung „**EWIV**", es sei denn, dass diese Worte oder die Abkürzung bereits in der Firma enthalten sind;
- den **Sitz** der Vereinigung;
- den **Unternehmensgegenstand** (Zweck);
- den Namen, die Firma, die Rechtsform, den Wohnsitz oder den Sitz sowie ggf. die Nummer und den Ort der Registereintragung eines jeden **Mitgliedes** der Vereinigung;
- die **Geschäftsführer** mit Namen, Beruf und Wohnsitz sowie mit der Angabe, welche **Vertretungsbefugnis** sie haben sowie
- die **Dauer** der Vereinigung, sofern die Dauer nicht unbestimmt ist.

> **Hinweis:**
>
> **Weitere anmeldepflichtige Tatsachen** können sich aus dem Handelsrecht ergeben (§ 2 Abs. 4 EWIV-Ausführungsgesetz i.V.m. § 1 EWIV-Ausführungsgesetz), z.B. die Erteilung oder das Erlöschen einer handelsrechtlichen Prokura (§ 53 HGB).

30 In der Anmeldung zur Eintragung haben die Geschäftsführer zu **versichern**, dass **keine Umstände** vorliegen, die ihrer **Bestellung** nach Art. 19 Abs. 1 EWIV-VO **entgegenstehen**, und dass sie über ihre **unbeschränkte Auskunftspflicht gegenüber dem Gericht** belehrt worden sind (§ 3 Abs. 3 EWIV-Ausführungsgesetz). Außerdem haben sie die **Firma** nebst ihrer **Namensunterschrift** zur Aufbewahrung bei dem Gericht zu **zeichnen** (§ 3 Abs. 4 EWIV-Ausführungsgesetz).

b) Hinterlegung beim Register

31 Der **Gründungsvertrag** ist bei diesem Register zu hinterlegen (Art. 7 Satz 1 EWIV-VO). Darüber hinaus müssen die **Bestellungsurkunden der Geschäftsführer** beim Register hinterlegt werden (Art. 7 Satz 2 lit. d) EWIV-VO), in denen die jeweiligen Namen und die Angabe, ob sie allein oder nur gemeinschaftlich handeln können, enthalten sein müssen. Schließlich gehört dazu die Versicherung der Geschäftsführer, dass keine **Bestellungshindernisse** vorliegen (Art. 7 Satz 2 lit. d) EWIV-VO i.V.m. § 3 Abs. 3 EWIV-Ausführungsgesetz).

c) Eintragung in das Register

32 Die Vereinigung wird **im Staat des Sitzes** in ein nationales Register eingetragen (Art. 6 EWIV-VO i.V.m. Art. 39 Abs. 1 EWIV-VO). In Deutschland werden EWIV wie die OHG in die **Abteilung A** des Handelsregisters eingetragen.

d) Bekanntmachung der Eintragung im Register

33 In dem **nationalen amtlichen Mitteilungsblatt des Sitzstaates** ist Folgendes bekanntzumachen (Art. 8 EWIV-VO i.V.m. Art. 39 EWIV-VO):

- **Nummer**, **Tag** und **Ort der Eintragung der Vereinigung** in Form einer vollständigen Wiedergabe;
- die **zwingend vorgeschriebenen Angaben** im Gründungsvertrag und ihre **Änderungen** in Form einer vollständigen Wiedergabe sowie
- die **weiteren zu hinterlegenden Urkunden und Angaben** entsprechend dem anwendbaren einzelstaatlichen Recht entweder in Form einer vollständigen oder auszugsweisen Wiedergabe oder in Form eines Hinweises auf ihre Hinterlegung beim Register.

34 Nach der Bekanntmachung im nationalen amtlichen Mitteilungsblatt des Sitzstaates – in Deutschland also im Bundesanzeiger – wird die Gründung einer Vereinigung unter Angabe von Nummer, Tag und Ort der Eintragung sowie von Tag und Ort der Bekanntmachung im nationalen amtlichen Mitteilungsblatt des Sitzstaates und dessen Titels im **Amtsblatt der Europäischen Gemeinschaften** angezeigt (Art. 11 EWIV-VO). Zu diesem Zweck hat das Gericht die nach Art. 11 EWIV-VO im Amtsblatt der Europäischen Gemeinschaften zu veröffentlichenden Angaben binnen **eines Monats** nach der Bekanntmachung im Bundesanzeiger dem Amt für amtliche Veröffentlichungen der Europäischen Gemeinschaften mitzuteilen (Art. 4 Abs. 2 EWIV-Ausführungsgesetz).

2. Wirkungen der Eintragung

a) Handelsrechtliche Publizitätswirkungen

35 Die Gründung ist also im Sitzstaat Gegenstand der **handelsrechtlichen Publizität**. Die **Bekanntmachung** hat für die Errichtung der Vereinigung allerdings nur **deklaratorischen Charakter**. Die Vereinigung kann die nach der Verordnung bekanntmachungspflichtigen Urkunden und Angaben entsprechend den in nationales Recht umgesetzten Bedingungen der Ersten EG-Richtlinie auf dem Gebiet des Ge-

sellschaftsrechts („**Publizitätsrichtlinie**"[11]) jedoch erst nach Bekanntmachung **Dritten entgegensetzen** (Art. 9 Abs. 1 EWIV-VO).

b) Rechtssubjektwirkungen

Die so gegründete Vereinigung hat von der Eintragung an die Fähigkeit, im eigenen Namen **Träger von Rechten und Pflichten** jeder Art zu sein, Verträge zu schließen oder andere Rechtshandlungen durchzuführen und vor Gericht zu stehen (Art. 1 Abs. 2 EWIV-VO). Sie ist also **rechts-, partei- und prozessfähig**, und zwar in der gesamten Gemeinschaft. Die **Eintragung in ein nationales Register** besitzt insofern **konstitutive Wirkung**. Allerdings ist dies nicht gleichbedeutend mit einer eigenen Rechtspersönlichkeit der EWIV. Die Mitgliedstaaten bestimmen vielmehr, ob die in ihren nationalen Registern eingetragenen Vereinigungen **Rechtspersönlichkeit** haben (Art. 1 Abs. 3 EWIV-VO).

36

> **Hinweis:**
> Die in deutschen Handelsregistern eingetragenen Vereinigungen haben demnach wie die deutsche offene Handelsgesellschaft in diesem Sinne **keine eigene Rechtspersönlichkeit**, sind aber den juristischen Personen angenähert. Die deutsche offene Handelsgesellschaft kann unter ihrer Firma Rechte erwerben und Verbindlichkeiten eingehen, Eigentum und andere dingliche Rechte an Grundstücken erwerben, vor Gericht klagen und verklagt werden (§ 124 Abs. 1 HGB). Zur Zwangsvollstreckung in das Gesellschaftsvermögen ist ein gegen die Gesellschaft gerichteter vollstreckbarer Schuldtitel erforderlich (§ 124 Abs. 2 HGB). Auch der italienische Gesetzgeber hat sich gemäß Art. 1 Abs. 3 EWIV-VO dafür entschieden, „italienischen" („seinen") EWIV keine eigene Rechtspersönlichkeit zuzuerkennen.

c) Handelndenhaftung im Vorgründungsstadium

Ist im Namen einer Vereinigung vor ihrer Eintragung gehandelt worden und übernimmt die Vereinigung nach der Eintragung die sich aus diesen Handlungen ergebenden Verpflichtungen nicht, so **haften** die natürlichen Personen, Gesellschaften oder anderen juristischen Einheiten, die diese **Handlungen ausgeführt** haben, aus ihnen **unbeschränkt** und **gesamtschuldnerisch** (Art. 9 Abs. 2 EWIV-VO). Mit der Eintragung gehen die sich aus den Handlungen ergebenden Verpflichtungen also nicht automatisch auf die Vereinigung über, sondern nur, wenn die **Vereinigung** sie **übernimmt**, also etwa die Handlungen genehmigt.

37

Hiervon zu unterscheiden sind Fälle, in denen vor Eintragung der Vereinigung im Namen der **Vorvereinigung** gehandelt wird, sofern das nationale Gesellschaftsrecht des Sitzstaates eine Vorgesellschaft kennt. Die Vorvereinigung ist als solche existent und kann von ihren Gründern verpflichtet werden. Ob durch die Handlungen die Vereinigung oder die Vorvereinigung verpflichtet werden soll, ist ggf. durch Auslegung zu ermitteln. Ab Eintragung haften die Gründer und danach alle Mitglieder unbeschränkt und gesamtschuldnerisch für die Verbindlichkeiten der Vereinigung (Art. 24 Abs. 1 EWIV-VO). Wegen der unbeschränkten persönlichen Haftung der Mitglieder der Vereinigung macht es im Ergebnis keinen Unterschied, ob durch die unmittelbare Verpflichtung der Vorvereinigung deren Gründer oder ob durch die unmittelbare Verpflichtung der Vereinigung deren Mitglieder verpflichtet werden. Handelnde Personen, die keine Gründer und keine späteren Mitglieder der Vereinigung sind, sind jedoch persönlichen Haftungsrisiken ausgesetzt.

D. Gestaltung des Gesellschaftsvertrages

Die Fähigkeit der Vereinigung zur Anpassung an die wirtschaftlichen Bedingungen ist dadurch zu gewährleisten, dass ihren Mitgliedern **weitgehende Freiheit** bei der Gestaltung ihrer vertraglichen Beziehungen sowie der inneren Verfassung der Vereinigung gelassen wird (aus den Erwägungsgründen). Auch nach

38

---

11   68/151/EWG.

dem auf den Gründungsvertrag subsidiär anwendbaren nationalen Recht, also im Falle einer EWIV mit Sitz in Deutschland nach den für den Gesellschaftsvertrag einer offenen Handelsgesellschaft geltenden Vorschriften der §§ 105 ff. HGB, 705 ff. BGB, besitzen die Gründer bzw. Gesellschafter eine **weitgehende Gestaltungsfreiheit**. Die EWIV-VO selbst erlaubt an einigen Stellen ausdrücklich **abweichende Bestimmungen** durch den Gründungsvertrag für bestimmte Regelungsmaterien. Bei solchen Regelungsmaterien handelt es sich um:

- die **Organe** der EWIV und deren **Befugnisse** (Art. 16 Abs. 1 Satz 2 EWIV-VO),
- die **Vertretungsbefugnis der Geschäftsführer** (Art. 20 Abs. 2 EWIV-VO),
- **Mehrstimmrechte der Mitglieder** (Art. 17 Abs. 1 Satz 2 EWIV-VO),
- die **Beschlussfähigkeit** und **Mehrheitserfordernisse** („quoren") für bestimmte Beschlüsse (Art. 17 Abs. 3 Satz 1 EWIV-VO),
- **Zulassung eines Mehrheitsbeschlusses** der Mitglieder **für die freiwillige Auflösung** der Vereinigung (Art. 31 Abs. 1 Satz 2 EWIV-VO),
- **Zustimmungserfordernisse** der Mitglieder zur **ordentlichen Kündigung eines Mitgliedes** (Art. 27 Abs. 1 Satz 1 EWIV-VO),
- **Zustimmungserfordernisse** der Mitglieder zur **Bestellung von Sicherheiten** an der Beteiligung eines Mitgliedes an der Vereinigung (Art. 22 Abs. 2 Satz 1, 2. Halbs. EWIV-VO),
- die **Gewinnverteilung** (Art. 21 Abs. 1 EWIV-VO),
- das Verhältnis, in dem die Mitglieder untereinander zum **Verlustausgleich** verpflichtet sind (Art. 21 Abs. 2 EWIV-VO),
- **Befreiung der Mitglieder von der Haftung** für die vor ihrem Beitritt entstandenen Verbindlichkeiten der Vereinigung (Art. 26 Abs. 2 Satz 2 EWIV-VO),
- Regelungen über das „Ob" und „Wie" des **Fortbestehens der Vereinigung** für den Fall des Ausscheidens eines Mitgliedes infolge der Abtretung einer Beteiligung an der Vereinigung oder einer Nachfolge in die Vereinigung von Todes wegen (Art. 30 EWIV-VO) sowie
- **Nachfolgeregelungen** für den Fall des Todes einer natürlichen Person, die Mitglied der Vereinigung ist (Art. 28 Abs. 2 EWIV-VO).

Bei der Gestaltung des Gesellschaftsvertrages kann also von den vorgenannten **Regelungsermächtigungen** Gebrauch gemacht werden.

39 Eine wichtige Angelegenheit, die im Gesellschaftsvertrag geregelt werden sollte, sind die **Beitragspflichten der Mitglieder**, weil die EWIV kein eigenes Kapital hat und die EWIV-VO keine Beitragspflichten der Mitglieder regelt. Die Mitglieder können Änderungen des Beitrags jedes Mitgliedes oder bestimmter Mitglieder zur Finanzierung der Vereinigung immer nur einstimmig beschließen (Art. 17 Abs. 2 lit. f) EWIV-VO). Sich an die Beitragspflichten der Mitglieder unmittelbar anschließende wichtige Regelungsmaterien sind die **Gewinn- und Verlustverteilung** einschließlich der **Verteilung der Liquidationsgewinne und -verluste** sowie eventuelle **Vor- und Nachschusspflichten**. Der Bestand etwaiger Pflichtmitgliedschaften in den **Industrie- und Handelskammern** und entsprechender Pflichtbeiträge sollten überprüft werden.

40 An den Regelungen über die Besetzung der Organe und die Organstruktur insgesamt entscheidet sich die **Leitung und Kontrolle der Vereinigung** („Corporate Governance"), über die sich die Gründer bzw. späteren Mitglieder einig sein sollten. Hierzu gehört auch die Entscheidung, ob die EWIV **unternehmerisch mitbestimmt** werden soll. In allen Fällen, in denen die Verordnung nicht vorsieht, dass die Beschlüsse einstimmig gefasst werden müssen, sollte der Gründungsvertrag die Bedingungen für die **Beschlussfähigkeit** und die **Mehrheit**, die für die Beschlüsse oder bestimmte Beschlüsse gelten sollen, festlegen (vgl. Art. 17 Abs. 3 Satz 1 EWIV-VO). Enthält der Vertrag keine Bestimmungen, so sind die Beschlüsse einstimmig zu fassen (vgl. Art. 17 Abs. 3 Satz 2 EWIV-VO). Bei hoher Mitgliederzahl könnte dann die Handlungsfähigkeit der Vereinigung beeinträchtigt sein. Weiterhin könnte der bzw. könnten die

Geschäftsführer der EWIV bestimmten **Zustimmungsvorbehalten** der Mitgliederversammlung oder anderer Organe unterworfen werden, häufig bei außergewöhnlichen Geschäftsführungsmaßnahmen.

Beispiel:

Bestimmte Grenzen für Transaktionsvolumina.

Solche Zustimmungsvorbehalte entfalten freilich nur im Innenverhältnis rechtliche Wirkung. Außerdem könnte der Gesellschaftsvertrag aus Gründen der Rechtssicherheit **fehlerhafte Beschlüsse** regeln und insb. **Fristen** für die gerichtliche oder außergerichtliche Geltendmachung der Fehlerhaftigkeit von Beschlüssen vorsehen.

Regelungen über den **Mitgliederbestand bzw. -wechsel** sind insb. ratsam, wenn die Verfolgung des Zwecks der EWIV von dem Bestand und von der Zusammensetzung ihrer Mitglieder, möglicherweise insb. auch von bestimmten einzelnen ihrer Mitglieder abhängt. Der Gründungsvertrag kann für solche Fälle **Eintritts- oder Nachfolgeklauseln**, **Andienungspflichten** des austrittswilligen Mitgliedes und **Vorkaufsrechte** der übrigen Mitglieder vorsehen. Für den Ausschluss von Mitgliedern können im Gesellschaftsvertrag Mitgliederbeschlüsse als erforderlich und ausreichend bestimmt werden, sofern eine erfolgreiche Ausschlussklage nicht zur Voraussetzung des Ausschlusses eines Mitgliedes aus der Vereinigung gemacht werden soll.

41

> **Hinweis:**
>
> Für die Praxis könnten auch **schiedsgerichtliche Vereinbarungen** empfehlenswert sein. Die Unsicherheitsfaktoren, welches Gericht im konkreten Konfliktfalle international zuständig wäre und welches Recht auf diesen konkreten Fall anwendbar wäre, könnten auf diese Art und Weise ausgeschaltet werden. Auch im Falle eines bestehenden Zeit- oder Termindrucks eines Projekts oder einer Tätigkeit, zu deren Zweck die EWIV gegründet worden ist, können schiedsgerichtliche Vereinbarungen sinnvoll sein.
>
> Von praktischer Bedeutung sind ferner Regelungen über die Verbindlichkeit einer bestimmten europäischen **Sprache** in mündlicher und schriftlicher Form, z.B. für den Gründungsvertrag oder für Mitgliederbeschlüsse, sowie Regelungen über **Übersetzungen**. Weiter sollten Bestimmungen über die **Kommunikation** und deren **Kostentragung** getroffen werden.

Insgesamt ist ein **detaillierter Gesellschaftsvertrag** empfehlenswert, da die komplizierte Rechtsquellenhierarchie und Verweisungssystematik leicht für Unklarheiten sorgen können als auch die Gefahr einer **nationalen Zersplitterung** des auf die Angelegenheiten der EWIV anwendbaren Rechts in sich bergen.

E. Geschäftsführung und Vertretung

Die Organe der Vereinigung sind die **gemeinschaftlich handelnden Mitglieder** und der oder die **Geschäftsführer**. Der Gründungsvertrag kann **andere Organe** vorsehen; er bestimmt in diesem Fall deren **Befugnisse** (Art. 16 Abs. 1 EWIV-VO). Solche anderen Organe können etwa ein Aufsichtsrat, ein Verwaltungsrat, ein Beirat oder ein Lenkungsausschuss („Steering Committee") sein. Für eine auf dem Gebiet der Forschung und Entwicklung (F&E) tätige EWIV könnte sich ein wissenschaftlicher Beirat, ein Sachverständigenrat oder eine Ethik-Kommission oder ein Ethik-Ausschuss anbieten. Oberstes Willensbildungsorgan ist die Mitgliederversammlung. Die als Organ handelnden Mitglieder der Vereinigung können jeden Beschluss zur Verwirklichung des Unternehmensgegenstands der Vereinigung fassen (Art. 16 Abs. 2 EWIV-VO). Anders als die Gesellschafter einer deutschen OHG sind die Mitglieder einer EWIV nicht als solche geschäftsführungs- und vertretungsberechtigt. **Mitgliedschaft** und **Leitung** der Vereinigung werden **organisatorisch getrennt**.

42

I. Geschäftsführung

1. Geschäftsführer

43 Die Geschäfte der Vereinigung werden von **einer oder mehreren natürlichen Personen** geführt, die **durch den Gründungsvertrag** oder **durch Beschluss der Mitglieder bestellt** werden (Art. 19 Abs. 1 EWIV-VO). Die **Anzahl** der Geschäftsführer ist nicht begrenzt. Die Geschäftsführer können, müssen aber nicht selbst Mitglieder der Vereinigung sein (**Fremdorganschaft**). Das Recht der Geschäftsführung der EWIV ähnelt materiell insgesamt dem **deutschen GmbH-Recht**, nicht dem deutschen OHG-Recht.

2. Bestellungsvoraussetzungen und -hindernisse

44 Geschäftsführer einer Vereinigung können nicht Personen sein, die nach dem auf sie anwendbaren Recht oder nach dem innerstaatlichen Recht des Staates des Sitzes der Vereinigung oder aufgrund einer in einem Mitgliedstaat ergangenen oder anerkannten **gerichtlichen Entscheidung** oder **Verwaltungsentscheidung** dem Verwaltungs- oder Leitungsorgan von Gesellschaften nicht angehören dürfen, **Unternehmen nicht leiten dürfen** oder nicht als Geschäftsführer einer Europäischen Wirtschaftlichen Interessenvereinigung handeln dürfen (Art. 19 Abs. 1 EWIV-VO). Werden Bestellungshindernisse missachtet, so wäre die Bestellung als Geschäftsführer nach deutschem Recht nichtig.

45 Ein **Mitgliedstaat** kann bei Vereinigungen, die in seine nationalen Register eingetragen sind, vorsehen, dass eine **juristische Person** unter der Bedingung Geschäftsführer sein kann, dass sie eine oder mehrere natürliche Personen als Vertreter bestimmt. Diese natürlichen Personen müssen aus den bei den nationalen Registern zu hinterlegenden Urkunden und Angaben über die Geschäftsführer entsprechend hervorgehen. Macht ein Mitgliedstaat von dieser Möglichkeit Gebrauch, so hat er vorzusehen, dass dieser oder diese Vertreter so haften, als ob sie selbst Geschäftsführer der Vereinigung wären. Die Bestellungshindernisse für Geschäftsführer einer EWIV gelten auch für diese Vertreter (Art. 19 Abs. 2 EWIV-VO).

Deutschland hat von dieser Möglichkeit keinen Gebrauch gemacht; auch nach deutschem GmbH-Recht können nur natürliche Personen Geschäftsführer einer GmbH sein (§ 6 Abs. 2 Satz 1 GmbHG). In vielen anderen EU-Mitgliedstaaten können auch juristische Personen Geschäftsführer einer entsprechenden nationalen Kapitalgesellschaft sein. Z.B. können nationale Kapitalgesellschaften als „Management"-Gesellschaften andere nationale Kapitalgesellschaften führen.

46 Die Geschäftsführer einer EWIV müssen weder nach dem deutschen Ausführungsgesetz bzw. dem deutschen GmbH-Gesetz geschweige denn nach der europäischen Verordnung im Sitzstaat der EWIV **ansässig** sein. Sie müssen noch nicht einmal in einem Mitgliedstaat der EU oder des Europäischen Wirtschaftsraums ansässig sein, sondern können auch in Drittstaaten außerhalb der EU ansässig sein. Im Einzelfall sollte vor der Bestellung eines einzelnen Geschäftsführers einer EWIV aus einem bestimmten Drittstaat außerhalb der EU Rücksprache mit dem zuständigen Registergericht des Sitzstaates der EWIV gehalten werden.

3. Bestellung und Entlassung der Geschäftsführer

47 Die **ersten Geschäftsführer** sind bei der **Gründung** der EWIV zu bestellen.

48 Der Gründungsvertrag oder, falls dieser keine dahingehenden Bestimmungen enthält, ein einstimmiger Beschluss der Mitglieder legt die **Bedingungen für die Bestellung** und die **Entlassung** des Geschäftsführers oder der Geschäftsführer sowie deren **Befugnisse** fest (Art. 19 Abs. 3 EWIV-VO). Sind die Bedingungen für die Entlassung der Geschäftsführer nicht festgelegt, so ist die Bestellung der Geschäftsführer zu jeder Zeit **widerruflich**, unbeschadet der **Entschädigungsansprüche** aus bestehenden Verträgen (§ 7 EWIV-Ausführungsgesetz). Die Möglichkeit der Abberufung eines Geschäftsführers darf nicht ganz ausgeschlossen werden, denn die Abberufung eines Geschäftsführers stellt die **äußerste Konsequenz der Weisungsgebundenheit** der Geschäftsführer sowie der Organstruktur und -hierarchie der Vereinigung dar, in der die Mitgliederversammlung das oberste Organ der Vereinigung ist.

49 Die Geschäftsführer selbst haben sich zur **Eintragung in das Handelsregister anzumelden** (Art. 39 EWIV-VO, § 3 Abs. 1 Satz 1 EWIV-Ausführungsgesetz). In der Anmeldung zur Eintragung haben sie

zu versichern, dass keine Umstände vorliegen, die nach Art. 19 Abs. 1 EWIV-VO ihrer Bestellung entgegenstehen, und dass sie über ihre **unbeschränkte Auskunftspflicht gegenüber dem Gericht** belehrt worden sind (§ 3 Abs. 3 EWIV-Ausführungsgesetz). Falsche Angaben zu machen ist strafbar (§ 13 EWIV-Ausführungsgesetz). Die Geschäftsführer haben die Firma nebst ihrer Namensunterschrift zur Aufbewahrung bei dem Gericht zu zeichnen (§ 3 Abs. 4 EWIV-Ausführungsgesetz). Sie werden mit Namen, Beruf und Wohnsitz sowie unter Angabe ihrer Vertretungsbefugnis in das **Handelsregister eingetragen** (Art. 7 Satz 2 lit. d) EWIV-VO, § 2 Abs. 2 Nr. 5 EWIV-Ausführungsgesetz).

4. Geschäftsführung

Unter **Geschäftsführung** versteht man nach deutschem Recht jede auf die Verwirklichung des Gesellschaftszwecks gerichtete Tätigkeit, die nicht die Grundlagen der Gesellschaft betrifft.[12] Die von den Geschäftsführern der EWIV zu führenden Geschäfte umfassen die **gewöhnlichen** und die **außergewöhnlichen Geschäfte**, nicht jedoch die den Mitgliedern obliegenden **Grundlagengeschäfte**. Für die außergewöhnlichen Geschäftsführungsmaßnahmen der Geschäftsführer werden den Mitgliedern oder anderen Organen, wie einem Beirat, häufig Zustimmungsrechte eingeräumt.

50

Gewöhnliche Geschäftsführungsmaßnahmen nach deutschem Recht sind:

51

- Die Anmietung und die Verwaltung der Geschäftsräume,
- die Organisation des Betriebs einschließlich der Einstellung, Entlassung, Anleitung und Beaufsichtigung der Mitarbeiter,
- die Vorbereitung und der Abschluss von Rechtsgeschäften zur Verfolgung des Gesellschaftszwecks,
- die Verwaltung des Gesellschaftsvermögens,
- die Geltendmachung von Gesellschaftsforderungen,
- die Buchführung,
- die Aufstellung des Jahresabschlusses und
- die Besorgung der Geschäftskorrespondenz.[13]

Außergewöhnliche Geschäftsführungsmaßnahmen gehen nach deutschem Recht nach Inhalt und Zweck über den bisherigen Geschäftsbetrieb hinaus und tragen Ausnahmecharakter, bewegen sich jedoch noch innerhalb des Gesellschaftszwecks.

52

Hierzu gehören:

- bedeutende Investitionen,
- häufig der Erwerb von Grundstücken,
- die Eingehung oder die Beendigung von bedeutenden vertraglichen Bindungen oder von Beziehungen zu wichtigen Geschäftspartnern oder besonders riskante Geschäfte.[14]

Grundlagengeschäfte nach deutschem Recht sind Maßnahmen, die das Verhältnis der Gesellschafter untereinander und damit die Grundlagen der Gesellschaft betreffen. Es handelt sich dabei um Maßnahmen wie:

53

- die Änderung des Gesellschaftsvertrages,
- die Aufnahme neuer Gesellschafter,
- den Ausschluss von Gesellschaftern,
- die Genehmigung der Veräußerung oder Belastung eines nach dem Gesellschaftsvertrag abtretbaren Gesellschaftsanteils,
- die Erhöhung der Beiträge,

---

12 MünchKomm-HGB/Rawert, § 114 Rn. 6.
13 MünchKomm-HGB/Rawert, § 114 Rn. 8.
14 MünchKomm-HGB/Jickeli, § 116 Rn. 6 – 35.

- die Übertragung des ganzen Vermögens der Gesellschaft,
- die Verleihung, Verteilung oder Entziehung der Geschäftsführungs- bzw. Vertretungsbefugnis,
- Entscheidungen über die Vergütung von Geschäftsführern,
- die Feststellung des Jahresabschlusses und
- die Wahl der Abschlussprüfer.

Die **Ausführung von Gesellschafterbeschlüssen** ist hingegen eine Geschäftsführungsmaßnahme.[15]

5. Pflichten der Geschäftsführer

54 Die Pflichten der Geschäftsführer ergeben sich insb. aus der **EWIV-VO**, den jeweiligen **nationalen Ausführungsgesetzen**, den jeweiligen **nationalen Rechten der jeweiligen der EWIV vergleichbaren Gesellschaftsformen**, dem **Gründungsvertrag** sowie den **Mitgliederbeschlüssen**. Die Geschäftsführer sind allgemein zur Beachtung der **Sorgfalt** und insb. zu einigen weiteren ausdrücklichen Verhaltensweisen verpflichtet, wie nachfolgend dargestellt.

a) Sorgfaltspflicht und Verantwortlichkeit der Geschäftsführer

55 Die Geschäftsführer der Vereinigung haben bei ihrer Geschäftsführung die **Sorgfalt eines ordentlichen und gewissenhaften Geschäftsleiters** anzuwenden. Über vertrauliche Angaben und Geheimnisse der Vereinigung, namentlich Betriebs- und Geschäftsgeheimnisse, die ihnen durch ihre Tätigkeit bekannt geworden sind, haben sie **Stillschweigen** zu bewahren (§ 5 Abs. 1 EWIV-Ausführungsgesetz). Die Verletzung der Geheimhaltungspflicht ist strafbar (§ 14 EWIV-Ausführungsgesetz).

b) Mindestangaben auf Geschäftspapier

56 Briefe, Bestellscheine und ähnliche Schriftstücke müssen **lesbar folgende** Angaben enthalten:
- den **Namen** der Vereinigung mit den voran- oder nachgestellten Worten „**Europäische Wirtschaftliche Interessenvereinigung**" oder der Abkürzung „EWIV", es sei denn, dass diese Worte oder diese Abkürzung bereits im Namen enthalten sind,
- den Ort des Registers, in das die Vereinigung eingetragen ist, und die Nummer der Eintragung der Vereinigung in dieses **Register**,
- die **Anschrift** der Vereinigung an ihrem Sitz,
- soweit zutreffend, die Angabe, dass die **Geschäftsführer** gemeinschaftlich handeln müssen sowie,
- soweit zutreffend, die Angabe, dass die Vereinigung **abgewickelt** wird (Art. 25 EWIV-VO).

57 Geschäftsführer, die für die vorgeschriebenen Mindestangaben auf Geschäftspapier nicht sorgen, sind hierzu vom Registergericht durch **Festsetzung von Zwangsgeld** anzuhalten (§ 12 EWIV-Ausführungsgesetz).

c) Ordnungsgemäße Buchführung und Aufstellung des Jahresabschlusses

58 Die Geschäftsführer sind verpflichtet, für die **ordnungsgemäße Buchführung** der Vereinigung zu sorgen und den **Jahresabschluss** aufzustellen (§ 6 EWIV-Ausführungsgesetz).

d) Rechenschaft gegenüber den Mitgliedern

59 Jedes Mitglied hat das Recht, von den Geschäftsführern **Auskünfte** über die Geschäfte der Vereinigung zu erhalten und in die Bücher und Geschäftsunterlagen Einsicht zu nehmen (Art. 18 EWIV-VO). Die entsprechenden deutschen nationalen Vorschriften finden sich in § 51a GmbHG und in § 118 HGB.

---

15 MünchKomm-HGB/Rawert, § 114 Rn. 9.

e) Anhörung der Mitglieder

Auf Veranlassung eines Geschäftsführers oder auf Verlangen eines Mitgliedes haben der oder die Geschäftsführer die **Mitglieder anzuhören**, damit diese einen **Beschluss fassen** (Art. 17 Abs. 4 EWIV-VO).

f) Abwicklung der Vereinigung außerhalb der Insolvenz

Die Geschäftsführer wickeln die Vereinigung ab, wenn die **Abwicklung der Vereinigung** nicht durch den Gründungsvertrag oder durch Beschluss der Mitglieder der Vereinigung anderen Personen übertragen ist (§ 10 Abs. 1 EWIV-Ausführungsgesetz).

g) Stellung des Insolvenzantrags in bestimmten Fällen

Wird eine Vereinigung, bei der **kein Mitglied eine natürliche Person** ist, zahlungsunfähig oder ergibt sich die Überschuldung der Vereinigung, so sind die Geschäftsführer und die Abwickler verpflichtet, die Eröffnung des Insolvenzverfahrens zu beantragen; dies gilt nicht, wenn zu den Mitgliedern der Vereinigung andere Gesellschaften ohne Rechtspersönlichkeit gehören, bei der ein persönlich haftender Gesellschafter eine natürliche Person ist (§ 11 Satz 2 EWIV-Ausführungsgesetz i.V.m. der entsprechenden Anwendung des § 130a HGB). Die Verletzung dieser Pflicht ist strafbewehrt (§ 15 EWIV-Ausführungsgesetz).

h) Publizitätspflichten

Den oder die Geschäftsführer treffen grds. die Publizitätspflichten, d.h. die **Anmeldung zur Eintragung in das Register** und die **Hinterlegung** von Urkunden und Angaben betreffend alle publizitätspflichtigen Vorgänge (vgl. insb. Art. 7 EWIV-VO sowie §§ 2, 3 EWIV-Ausführungsgesetz).

6. Haftung der Geschäftsführer

Geschäftsführer, die ihre Pflichten verletzen, sind der Vereinigung zum **Ersatz** des daraus entstehenden **Schadens** als **Gesamtschuldner** verpflichtet. Ist streitig, ob sie die Sorgfalt eines ordentlichen und gewissenhaften Geschäftsleiters angewandt haben, so trifft sie die **Beweislast** (Art. 2 Abs. 1 EWIV-VO i.V.m. § 5 Abs. 2 EWIV-Ausführungsgesetz).

Die Schadensersatzansprüche **verjähren** in fünf Jahren (§ 5 Abs. 3 EWIV-Ausführungsgesetz).

II. Vertretung

Gegenüber Dritten wird die Vereinigung ausschließlich durch den **Geschäftsführer** oder, wenn es mehrere sind, durch einen jeden Geschäftsführer vertreten (Art. 20 Abs. 1 Satz 1 EWIV-VO). Die Geschäftsführer sind also **einzelvertretungsberechtigt**. Der Gründungsvertrag kann vorsehen, dass die Vereinigung nur durch zwei oder mehr gemeinschaftlich handelnde Geschäftsführer wirksam verpflichtet werden kann (**Gesamtvertretung**). Diese Bestimmung kann Dritten nur dann entgegengesetzt werden, wenn sie bekannt gemacht worden ist (vgl. Art. 20 Abs. 2 EWIV-VO).

> **Hinweis:**
> Nach dem jeweiligen nationalen Recht des Sitzstaates kann der bzw. können die Geschäftsführer einer EWIV vom **Verbot des Selbstkontrahierens** befreit werden.

Jeder der Geschäftsführer verpflichtet die Vereinigung, wenn er in ihrem Namen handelt, gegenüber Dritten, selbst wenn seine Handlungen nicht zum **Unternehmensgegenstand** der Vereinigung gehören, es sei denn, die Vereinigung beweist, dass dem Dritten bekannt war oder dass er darüber nach den Umständen nicht in Unkenntnis sein konnte, dass die Handlung die Grenzen des Unternehmensgegenstands der Vereinigung überschritt. Allein die Bekanntmachung des Unternehmensgegenstands reicht nicht aus, um diesen Beweis zu erbringen. Eine Beschränkung der Befugnisse des Geschäftsführers oder der Geschäftsführer durch den Gründungsvertrag oder durch einen Beschluss der Mitglieder kann Dritten nicht entgegengesetzt werden, selbst wenn sie bekannt gemacht worden ist (Art. 20 Abs. 1 Satz 2 und Satz 3 EWIV-VO). Diese Bestimmungen entsprechen voll jenen der Ersten EG-Richtlinie auf dem Gebiet des

Gesellschaftsrechts („**Publizitätsrichtlinie**"[16]). Die Vertretungsmacht der Geschäftsführer im Außenverhältnis ist damit **praktisch unbeschränkt und unbeschränkbar**. Der Geschäftsführer, der die Grenzen seiner Befugnisse überschreitet, kann sich im Innenverhältnis gegenüber der Vereinigung bzw. deren Mitgliedern schadensersatzpflichtig machen.

67 Neben der von der EWIV-VO geregelten **organschaftlichen Vertretungsmacht** der Geschäftsführer ist auch an die durch nationales Recht zu regelnde **rechtsgeschäftliche Vertretungsmacht** zu denken, nach deutschem Recht also etwa aufgrund der Erteilung handelsrechtlicher Vollmachten wie der **Prokura** oder der **Handlungsvollmacht** (§ 1 EWIV-Ausführungsgesetz, § 6 Abs. 1 HGB, §§ 48 – 53 HGB, § 54 HGB). Der Gründungsvertrag kann auch die sog. **unechte Gesamtvertretung** vorsehen, d.h. die Vertretung durch einen Geschäftsführer gemeinsam mit einem Prokuristen. Da Prokuristen einer deutschen EWIV nicht in das deutsche Handelsregister eingetragen werden (Art. 7 EWIV-VO, § 2 EWIV-Ausführungsgesetz), kann eine unechte Gesamtvertretung im Fall der unterbliebenen Mitwirkung eines Prokuristen der EWIV Dritten nicht entgegengesetzt werden, wohl aber im Fall der unterbliebenen Mitwirkung eines Geschäftsführers der EWIV. An dieser Stelle befindet sich das Recht der EWIV etwas unterhalb des Schutzniveaus der Publizitätsrichtlinie. Nach den von der Publizitätsrichtlinie harmonisierten nationalen Handels- und Gesellschaftsrechten der Mitgliedstaaten kann eine eingetragene und bekannt gemachte unechte Gesamtvertretung auch im Fall der unterbliebenen Mitwirkung (bloß) eines Prokuristen einer nationalen Gesellschaft Dritten sehr wohl entgegengesetzt werden.

F. Verfügungen über Gesellschaftsanteile

I. Verkauf und Abtretung

68 Jedes Mitglied der Vereinigung kann seine **Beteiligung an der Vereinigung** ganz oder teilweise an ein anderes Mitglied oder an einen Dritten **abtreten**. Die Abtretung wird erst wirksam, wenn die übrigen **Mitglieder** ihr **einstimmig zugestimmt** haben (Art. 22 Abs. 1 EWIV-VO). Es können sogar nur die einzelnen mitgliedschaftlichen Rechte abgetreten werden, z.B. das Stimmrecht oder der Anspruch auf den Gewinnanteil bzw. auf das Auseinandersetzungsguthaben. Die Abtretung gesamter Anteile ist zur **Eintragung** in das **Handelsregister anzumelden** und **bekannt zu machen** (§ 2 Abs. 2 Nr. 4 EWIV-Ausführungsgesetz i.V.m. Abs. 3 Nr. 1 EWIV-Ausführungsgesetz). Das Gericht hat die Abtretung des gesamten oder eines Teils der Beteiligung an der Vereinigung durch ein Mitglied nach Art. 22 Abs. 1 EWIV-VO gemäß § 10 HGB durch einen Hinweis auf die Einreichung der Urkunden beim Handelsregister bekannt zu machen (§ 4 Abs. 1 EWIV-Ausführungsgesetz).

II. Verpfändung, Nießbrauch und Treuhand

69 Ein Mitglied der Vereinigung kann eine **Sicherheit an seiner Beteiligung** an der Vereinigung erst dann bestellen, wenn die übrigen **Mitglieder** dem **einstimmig zugestimmt** haben, es sei denn, dass der Gründungsvertrag etwas anderes bestimmt. Der Sicherungsnehmer kann zu keinem Zeitpunkt aufgrund dieser Sicherheit Mitglied der Vereinigung werden (Art. 22 Abs. 2 EWIV-VO). Die Sicherungsrechte des deutschen Rechts sind die Verpfändung des Anteils, der Nießbrauch und die Treuhand. Die Sicherungsabtretung ist stets mit einem unmittelbaren Gesellschafterwechsel verbunden und ist damit ein Fall des Art. 22 Abs. 1 EWIV-VO. Eine Sicherungsabtretung könnte in eine Sicherungsabtretung der mitgliedschaftlichen Vermögensrechte umgedeutet werden.

G. Aufnahme eines neuen Gesellschafters

70 Die Vereinigung darf sich nicht öffentlich an den **Kapitalmarkt** wenden (Art. 23 EWIV-VO).

---

16 68/151/EWG.

> **Hinweis:**
> Die Mitglieder der Vereinigung entscheiden **einstimmig** über die **Aufnahme neuer Mitglieder** (Art. 26 Abs. 1 EWIV-VO).

Die Geschäftsführer haben die Aufnahme eines neuen Mitgliedes zur **Eintragung in das Handelsregister** anzumelden, welche dort eingetragen und in Form einer vollständigen Wiedergabe bekannt gemacht wird (Art. 7 Satz 2 lit. a) EWIV-VO i.V.m. Art. 8 EWIV-VO, § 2 Abs. 2 Nr. 4 und Abs. 3 Nr. 1 EWIV-Ausführungsgesetz i.V.m. § 3 Abs. 1 Satz 1 EWIV-Ausführungsgesetz).

Jedes neue Mitglied **haftet** für die **Verbindlichkeiten der Vereinigung** einschließlich derjenigen, die sich aus der Tätigkeit der Vereinigung vor seinem Beitritt ergeben (Art. 26 Abs. 2 Satz 1 EWIV-VO). Dasselbe gilt für die Gesellschafter einer OHG (§ 130 Abs. 1 HGB). Das Mitglied der Vereinigung kann jedoch durch eine **Klausel im Gründungsvertrag oder in dem Rechtsakt über seine Aufnahme** von der Zahlung der vor seinem Beitritt entstandenen Verbindlichkeiten **befreit** werden (Art. 26 Abs. 2 Satz 2 EWIV-VO). Diese Klausel ist zur Eintragung in das Handelsregister anzumelden (§ 2 Abs. 3 Nr. 7 EWIV-Ausführungsgesetz). Der oder die Geschäftsführer (§ 3 Abs. 1 Satz 1 EWIV-Ausführungsgesetz) oder das neue Mitglied (§ 3 Abs. 2 Satz 2 EWIV-Ausführungsgesetz) können die Klausel zur **Eintragung** in das **Handelsregister** anmelden. Die Klausel kann **Dritten** nur dann **entgegengesetzt** werden, wenn sie in das Register eingetragen und bekannt gemacht worden ist (Art. 26 Abs. 2 Satz 3 EWIV-VO). Im Hinblick auf den Haftungsausschluss kommt es dann darauf an, wann genau eine Verbindlichkeit entstanden ist. Über den **Zeitpunkt der Entstehung der betreffenden Verbindlichkeit** entscheidet dasjenige nationale Recht, welches nach allgemeinen international-privatrechtlichen Grundsätzen auf diese Verbindlichkeit anwendbar ist.

H. Änderungen des Gesellschaftsvertrages

I. Verfahren der Änderung des Gesellschaftsvertrages

1. Mitgliederbeschluss

Die Mitglieder können die folgenden Änderungen des Gesellschaftsvertrages **immer nur einstimmig** beschließen (Art. 17 Abs. 2 lit. a) – Abs. 2 lit. e) EWIV-VO):

- Änderungen des **Unternehmensgegenstands** der Vereinigung,
- Änderungen der **Stimmenzahl** eines jeden Mitgliedes,
- Änderungen der **Bedingungen für die Beschlussfassung**,
- eine Verlängerung der **Dauer** der Vereinigung über den im Gründungsvertrag festgelegten Zeitpunkt hinaus sowie
- Änderungen des **Beitrags** jedes Mitgliedes oder bestimmter Mitglieder zur Finanzierung der Vereinigung.

Andere Änderungen des Gesellschaftsvertrages können **mehrheitlich** beschlossen werden, sofern der Gründungsvertrag dies zulässt (Art. 17 Abs. 2 lit. f), Abs. 2 lit. g) EWIV-VO):

- Änderungen jeder **anderen Verpflichtung** eines Mitgliedes sowie
- jede sonstige Änderung des **Gründungsvertrages**.

2. Eintragung in das Register

Die Geschäftsführer der EWIV haben **Änderungen**

- der Firma,
- des Sitzes,

- des Unternehmensgegenstandes,
- der Mitglieder der Vereinigung,
- der Geschäftsführer und ihrer Vertretungsbefugnis sowie
- der Dauer der Vereinigung

zur **Eintragung** in das **Register** anzumelden (§ 2 Abs. 3 Nr. 1 EWIV-Ausführungsgesetz und § 3 Abs. 1 Satz 1 EWIV-Ausführungsgesetz).

3. Hinterlegung beim Register

75 Beim Register sind alle **Urkunden** und **Angaben** zu hinterlegen, die die folgenden Änderungen des Gesellschaftsvertrages betreffen (vgl. Art. 7 Satz 2 EWIV-VO):

- jede **Änderung des Gründungsvertrages**, einschließlich jeder Änderung der Zusammensetzung der Vereinigung,
- die Klausel, die ein **neues Mitglied** von der **Haftung** für Verbindlichkeiten **befreit**, die vor seinem Beitritt entstanden sind,
- jede **Abtretung** der gesamten oder eines Teils der Beteiligung an der Vereinigung durch ein Mitglied,
- die Bestellung des Geschäftsführers oder der **Geschäftsführer** der Vereinigung, ihre Namen und alle anderen Angaben zur Person, die von dem Recht des Mitgliedstaates, in dem das Register geführt wird, verlangt werden, die Angabe, ob sie **allein oder nur gemeinschaftlich handeln können**, sowie die **Beendigung** der Stellung als Geschäftsführer,
- die Errichtung und die Aufhebung jeder **Niederlassung** der Vereinigung sowie
- den **Verlegungsplan**.

4. Bekanntmachung

76 Die wichtigsten Änderungen des Gründungsvertrages, d.h. die, die seinen Mindestinhalt betreffen, werden **bekannt gemacht** (Art. 5 und 8 EWIV-VO).

II. Sitzverlegung

77 Die Sitzverlegung ist in Art. 13 und 14 EWIV-VO geregelt. Wird der Sitz der EWIV **innerhalb des Landes der Registrierung der EWIV** verlegt, ändert die Verlegung also nicht das auf den Gründungsvertrag und die innere Verfassung der Vereinigung subsidiär anwendbare nationale Recht, so genügt dafür ein **Mitgliederbeschluss** unter den im **Gründungsvertrag** vorgesehenen Bedingungen (Art. 13 EWIV-VO i.V.m. Art. 17 Abs. 2g EWIV-VO). Umfasst ein Staat mehrere Gebietseinheiten, von denen jede ihre eigenen Rechtsnormen hat, die auf den Gründungsvertrag und die innere Verfassung der Vereinigung anzuwenden sind, so gilt für die Bestimmung des auf den Gründungsvertrag und die innere Verfassung der Vereinigung subsidiär anwendbaren nationalen Rechts jede Gebietseinheit als Staat (Art. 2 Abs. 2 EWIV-VO).

Beispiel:

*Verlegt eine im Vereinigten Königreich eingetragene EWIV ihren Sitz zwischen England, Wales, Schottland oder Nordirland, so würde eine solche Sitzverlegung das auf den Gründungsvertrag und die innere Verfassung der Vereinigung subsidiär anwendbare nationale Recht ändern und folglich nicht mehr zu den nationalen Sitzverlegungen zählen. Es würde sich dann um eine **grenzüberschreitende Sitzverlegung** handeln, die das auf den Gründungsvertrag und die innere Verfassung der Vereinigung subsidiär anwendbare nationale Recht ändern würde.*

78 Für solche grenzüberschreitenden Sitzverlegungen muss ein **Verlegungsplan** erstellt, hinterlegt und bekannt gemacht werden. Es ist ein in Art. 14 EWIV-VO näher beschriebenes, insb. dem Gläubigerschutz dienendes **Verfahren** einzuhalten, welches dem Verfahren der dritten EG-Richtlinie auf dem Gebiet des Gesellschaftsrechts („Fusionsrichtlinie"[17]) nachgebildet ist. Die Möglichkeit der EU-grenzüberschreiten-

---

17   78/855/EWG.

den Sitzverlegung ohne Auflösung und Neugründung ist nicht selbstverständlich. Sie ist ohne weiteres nur den genuin europäischen Gesellschaftsformen zueigen, wie z.B. der EWIV oder der Europäischen AG. Bei den nationalen Gesellschaftsformen, wie z.B. einer deutschen GmbH oder AG, beginnt sich die Möglichkeit der identitätswahrenden EU-grenzüberschreitenden Sitzverlegung erst durchzusetzen, etwa durch die Zehnte EG-Richtlinie auf dem Gebiet des Gesellschaftsrechts („Internationale Verschmelzungsrichtlinie"[18]) und insb. auch durch die jüngere Rspr. des EuGH zur Niederlassungsfreiheit der Gesellschaften in Europa.[19]

I. Gesellschafterbeschlüsse

I. Beschlussgegenstände

Die als Organ handelnden Mitglieder der Vereinigung können **jeden Beschluss zur Verwirklichung des Unternehmensgegenstands** der Vereinigung fassen (Art. 16 Abs. 2 EWIV-VO). Die Mitglieder können folglich alle Entscheidungen der Geschäftsführer jederzeit und ohne weiteres an sich ziehen. Diese latente **Allzuständigkeit der Mitglieder** entspricht inhaltlich der der Gesellschafter einer deutschen GmbH (vgl. §§ 37, 45, 46 GmbHG).   79

II. Zustandekommen von Gesellschafterbeschlüssen

Weder die EWIV-VO noch das deutsche Ausführungsgesetz schreiben zur Fassung von Gesellschafterbeschlüssen die Abhaltung einer **Mitgliederversammlung** vor. Auf Veranlassung eines Geschäftsführers oder auf Verlangen eines Mitgliedes haben der oder die Geschäftsführer die Mitglieder anzuhören, damit diese einen Beschluss fassen (Art. 17 Abs. 4 EWIV-VO). Im Rahmen dieser **Anhörung** müssen sich die Mitglieder untereinander austauschen können.   80

III. Stimmrechte der Mitglieder

Jedes Mitglied hat **eine Stimme**. Der Gründungsvertrag kann jedoch bestimmten Mitgliedern **mehrere Stimmen** unter der Bedingung gewähren, dass ein einziges Mitglied **nicht** die **Stimmenmehrheit** besitzt (Art. 17 Abs. 1 EWIV-VO).   81

1. Einstimmigkeitsprinzip

Aufgrund des personengesellschaftlichen Charakters der EWIV ist das Einstimmigkeitsprinzip stark ausgeprägt.   82

Die Mitglieder können die folgenden Beschlüsse **immer nur einstimmig** fassen (Art. 17 Abs. 2 EWIV-VO):   83

- Änderungen des **Unternehmensgegenstands** der Vereinigung,
- Änderungen der **Stimmenzahl** eines jeden Mitgliedes,
- Änderungen der **Bedingungen für die Beschlussfassung**,
- eine Verlängerung der **Dauer** der Vereinigung über den im Gründungsvertrag festgelegten Zeitpunkt hinaus sowie
- Änderungen des **Beitrags** jedes Mitgliedes oder bestimmter Mitglieder zur **Finanzierung** der Vereinigung.

Immer nur einstimmig beschlossen werden können ferner   84

- **grenzüberschreitende Sitzverlegungen** (Art. 14 Abs. 1 Satz 3 EWIV-VO),

---

18 2005/56/EWG v. 20.9.2005, abrufbar auf den Internetseiten der Europäischen Union (http://europa.eu.int).
19 Centros Ltd. v. Erhvervs- og Selskabsstyrelsen, Rs. C-212/97, Überseering B.V. v. Nordic Construction Company Baumanagement GmbH, Rs. C-208/00, Kamer van Koophandel en Fabrieken voor Amsterdam v. Inspire Art Ltd., Rs. C-167/01, alle abrufbar auf den Internetseiten der Europäischen Union (http://europa.eu.int).

- die Zustimmung zur **Abtretung einer Beteiligung** an der Vereinigung (Art. 22 Abs. 1 EWIV-VO),
- die **Aufnahme neuer Mitglieder** (Art. 26 Abs. 1 EWIV-VO),
- die Zustimmung zur **ordentlichen Kündigung** der Mitgliedschaft (Art. 27 Abs. 1 Satz 1 EWIV-VO) sowie
- die Zustimmung zur **Nachfolge** in die Vereinigung im Falle des Todes einer natürlichen Person, die Mitglied der Vereinigung war (Art. 28 Abs. 2 EWIV-VO).

> **Hinweis:**
> Einstimmigkeit bedeutet die Zustimmung aller Mitglieder, d.h. **aller vorhandenen Stimmen**, nicht bloß der auf einer Mitgliederversammlung anwesenden oder abgegebenen Stimmen.

2. Mehrheitsprinzip

85 In den anderen Fällen kann der **Gründungsvertrag** die Bedingungen für die **Beschlussfähigkeit** und die **Mehrheiten** (quoren), die für die Beschlüsse oder bestimmte Beschlüsse gelten sollen, festlegen. Diese Beschlüsse oder diese Arten von Beschlüssen müssen bezeichnet werden (**Bestimmtheitsgrundsatz**). Teilweise lässt bereits die EWIV-VO selbst ausdrücklich vom Einstimmigkeitsprinzip abweichende Bestimmungen im Gründungsvertrag zu. Hiervon sind die folgenden Beschlussgegenstände betroffen:

- **Änderungen jeder anderen Verpflichtung** eines Mitgliedes außer der Beitragspflicht (Art. 17 Abs. 2 lit. f) EWIV-VO),
- solche **Änderungen des Gründungsvertrages**, die sich nicht auf den Unternehmensgegenstand, die Stimmenzahl eines jeden Mitgliedes, die Bedingungen für die Beschlussfassung, die Änderungen des Beitrags eines jeden Mitgliedes oder die Änderung sonstiger Verpflichtungen eines jeden Mitgliedes beziehen (Art. 17 Abs. 2 lit. g) EWIV-VO),
- die **Bedingungen** für die **Bestellung und die Entlassung** von **Geschäftsführern** sowie deren **Befugnisse** (Art. 19 Abs. 3 EWIV-VO),
- die Zustimmung zur **Bestellung einer Sicherheit** an einer Beteiligung an der Vereinigung (Art. 22 Abs. 2 EWIV-VO),
- die Bedingungen für den **Fortbestand** der Vereinigung nach Ausscheiden eines Mitglieds (Art. 30 EWIV-VO) sowie
- die **Auflösung** der Vereinigung (Art. 31 Abs. 1 EWIV-VO).

> **Hinweis:**
> Enthält der Vertrag keine Bestimmungen, so sind die Beschlüsse einstimmig zu fassen (Art. 17 Abs. 3 EWIV-VO). Auch in den Fällen zulässiger Mehrheitsentscheidungen kommt es auf alle vorhandenen Stimmen an.

IV. Fehlerhafte Gesellschafterbeschlüsse

86 Fehlerhafte Gesellschafterbeschlüsse sind nach dem **subsidiär anwendbaren nationalen Recht des Sitzstaates** (Art. 2 Abs. 1 EWIV-VO) zu beurteilen.

J. Nachfolge in Gesellschaftsanteile (Erbfall)

87 Ein Mitglied der Vereinigung scheidet ipso iure aus der Vereinigung aus, wenn es verstirbt (Art. 28 Abs. 1 Satz 1 EWIV-VO). Die Vereinigung **besteht** mit den verbleibenden Mitgliedern **fort**. Im Falle des Todes einer natürlichen Person, die Mitglied der Vereinigung ist, kann niemand ihre **Nachfolge** in der Vereinigung antreten, es sei denn nach Maßgabe des **Gründungsvertrages** oder, wenn dieser hierüber nichts enthält, **mit einstimmiger Zustimmung der verbleibenden Mitglieder** (Art. 28 Abs. 2 EWIV-VO).

K. Ausschließung und Ausscheiden von Gesellschaftern

I. Kündigung eines Mitgliedes

Die Kündigung eines Mitgliedes der Vereinigung ist nach Maßgabe des **Gründungsvertrages** oder, falls dieser hierüber nichts bestimmt, **mit einstimmiger Zustimmung der übrigen Mitglieder** möglich. Der Gründungsvertrag kann **Kündigungsgründe** und **Kündigungsfristen** regeln. Ein Mitglied einer in Deutschland eingetragenen, unbefristeten EWIV kann sechs Monate zum Schluss eines Geschäftsjahres kündigen, wenn der Gründungsvertrag nichts anderes bestimmt (§ 1 EWIV-Ausführungsgesetz i.V.m. § 132 HGB). 88

Jedes Mitglied der Vereinigung kann ferner **aus wichtigem Grund** ohne Zustimmung seiner Mitgesellschafter kündigen (Art. 27 Abs. 1 EWIV-VO). Nach deutschem Personengesellschaftsrecht ist ein wichtiger Grund insb. vorhanden, wenn ein anderer Gesellschafter eine ihm nach dem Gesellschaftsvertrag obliegende **wesentliche Verpflichtung** vorsätzlich oder grob fahrlässig **verletzt** oder wenn die Erfüllung einer solchen Verpflichtung unmöglich wird (vgl. § 133 Abs. 2 HGB). Vergleichbare Umstände, wie die Beeinträchtigung oder Verhinderung der Erreichung des **Zwecks der Vereinigung** oder die **Unzumutbarkeit der Fortsetzung der Vereinigung**, können ebenfalls wichtige Gründe für eine außerordentliche Kündigung darstellen. 89

> **Hinweis:**
> Kündigung bedeutet Kündigung der Mitgliedschaft mit der Folge des Ausscheidens des Mitgliedes, **nicht** Kündigung der EWIV mit der Folge der **Auflösung der Vereinigung**.

II. Ausschluss eines Mitgliedes

Die Mitglieder einer EWIV unterliegen den allgemeinen **gesellschaftsrechtlichen Treue- und Mitwirkungspflichten**, die Mitglieder einer „deutschen" EWIV denjenigen, die die deutsche Rspr. für die Gesellschafter einer OHG herausgearbeitet hat. Jedes Mitglied der Vereinigung kann aus den im Gründungsvertrag angeführten Ausschlussgründen, in jedem Fall aber dann ausgeschlossen werden, wenn es **grob** gegen seine **Pflichten verstößt** oder wenn es **schwere Störungen der Arbeit der Vereinigung verursacht** oder zu verursachen droht. Mitglieder können im letztgenannten Sinne nur durch gerichtliche Entscheidung auf gemeinsamen Antrag der Mehrheit der übrigen Mitglieder ausgeschlossen werden, es sei denn, dass der Gründungsvertrag etwas anderes bestimmt (Art. 27 Abs. 2 EWIV-VO). 90

Eine **Ausschließungsklage**, wie sie der von Art. 27 Abs. 2 EWIV-VO verdrängte § 140 HGB vorsieht, müsste im Gründungsvertrag abbedungen werden, wenn ein Gesellschafterbeschluss zum Ausschluss eines Mitgliedes ausreichen soll. Eine solche Klausel im Gründungsvertrag würde die Mitglieder der Vereinigung vor den Folgen unsozialen Verhaltens warnen. Das Ausscheiden beendet die Mitgliedschaft. Vorbehaltlich anderer Bestimmungen im Gründungsvertrag **besteht** die **Vereinigung** nach den im Gründungsvertrag oder in einem einstimmigen Beschluss der verbleibenden Mitglieder festgelegten Bedingungen zwischen den verbleibenden Mitgliedern **fort** (Art. 30 EWIV-VO).

III. Ausscheiden eines Mitgliedes

Ein Mitglied der Vereinigung scheidet ipso iure aus der Vereinigung aus, wenn es **verstirbt** oder wenn es **nicht mehr Mitglied sein kann**, also juristische Personen etwa ihren Sitz nicht mehr in der Gemeinschaft haben oder natürliche Personen nicht mehr bestimmte Tätigkeiten ausüben. 91

Außerdem kann ein Mitgliedstaat für die Zwecke seiner Rechtsvorschriften über Auflösung, Abwicklung, Zahlungsunfähigkeit oder Zahlungseinstellung vorsehen, dass ein Mitglied einer Vereinigung ab dem in diesen Rechtsvorschriften bestimmten Zeitpunkt aus dieser ausscheidet (Art. 28 Abs. 1 EWIV-VO). Von dieser Regelungsermächtigung hat die BRD im Ausführungsgesetz Gebrauch gemacht. Ein Mitglied scheidet danach aus der Vereinigung aus, wenn es entweder **insolvent wird** (§ 8 EWIV-Ausführungsge- 92 setz) oder wenn sein **Privatgläubiger die Vereinigung** nach § 135 HGB **kündigt** (§ 9 EWIV-Ausführungsgesetz).

Hat ein Privatgläubiger eines Mitgliedes der Vereinigung, nachdem innerhalb der letzten sechs Monate eine Zwangsvollstreckung in das bewegliche Vermögen des Mitgliedes der Vereinigung ohne Erfolg versucht ist, aufgrund eines nicht bloß vorläufig vollstreckbaren Schuldtitels die Pfändung und Überweisung des Anspruchs auf dasjenige erwirkt, was dem Mitglied der Vereinigung bei der Auseinandersetzung zukommt, so kann er die Vereinigung ohne Rücksicht darauf, ob sie für bestimmte oder unbestimmte Zeit eingegangen ist, sechs Monate vor dem Ende des Geschäftsjahrs für diesen Zeitpunkt kündigen (vgl. § 135 HGB).

> **Hinweis:**
> Wie bei der Kündigung durch das Mitglied selbst ist auch bei der Kündigung durch den Privatgläubiger eines Mitgliedes die Rechtsfolge der Kündigung die Beendigung der Mitgliedschaft und das Ausscheiden des Mitgliedes zum Ablauf der Kündigungsfrist (vgl. § 131 Abs. 3 Nr. 3 und Nr. 4 HGB).

IV. Publizität

93 Sobald ein Mitglied aus der Vereinigung ausgeschieden ist, **unterrichten** der oder die Geschäftsführer hierüber **die übrigen Mitglieder**. Der oder die Geschäftsführer und jeder Beteiligte können die Änderung in der Zusammensetzung der Mitglieder **zur Eintragung in das Handelsregister anmelden** (Art. 29 EWIV-VO i.V.m. Art. 7 Satz 2 lit. a) EWIV-VO, § 2 Abs. 3 Nr. 1 EWIV-Ausführungsgesetz i.V.m. Nr. 3 EWIV-Ausführungsgesetz sowie § 2 Abs. 1 Satz 1 und Abs. 2 Satz 1 EWIV-Ausführungsgesetz). Die Änderung in der Zusammensetzung der Mitglieder wird in Form einer vollständigen Wiedergabe bekannt gemacht (Art. 29 EWIV-VO i.V.m. Art. 8 EWIV-VO).

V. Auseinandersetzungsguthaben

94 Scheidet ein Mitglied aus einem anderen Grund als dem der Abtretung seiner Rechte aus der Vereinigung aus, so wird das **Auseinandersetzungsguthaben** dieses Mitgliedes oder die Höhe der Forderungen der Vereinigung gegen dieses Mitglied auf der Grundlage des Vermögens der Vereinigung ermittelt, wie es im Zeitpunkt des Ausscheidens des Mitgliedes vorhanden ist. Der Wert der Ansprüche und Verbindlichkeiten des ausscheidenden Mitgliedes darf nicht im Voraus pauschal bestimmt werden (Art. 33 EWIV-VO).

VI. Nachhaftung des ausgeschiedenen Mitgliedes

95 Jedes aus der Vereinigung ausscheidende Mitglied haftet grds. für die Verbindlichkeiten, die sich aus der Tätigkeit der Vereinigung vor seinem Ausscheiden ergeben (Art. 34 i.V.m. Art. 24 EWIV-VO). Die Verbindlichkeiten selbst richten sich nach dem auf sie nach allgemeinen kollisionsrechtlichen Grundsätzen anwendbaren nationalen Recht. Allerdings wird jede durch das anwendbare einzelstaatliche Recht vorgesehene längere Verjährungsfrist durch eine **Verjährungsfrist von fünf Jahren nach der Bekanntmachung des Ausscheidens** eines Mitgliedes der Vereinigung ersetzt, soweit es sich um Ansprüche gegen dieses Mitglied wegen Verbindlichkeiten handelt, die sich aus der Tätigkeit der Vereinigung vor seinem Ausscheiden ergeben haben (Art. 37 Abs. 1 EWIV-VO). Die **Haftung des ausgeschiedenen Mitgliedes** verjährt also fünf Jahre nach Bekanntmachung seines Ausscheidens. Art. 37 Abs. 1 EWIV-VO erfasst allerdings nicht **Verbindlichkeiten der Vereinigung aus Dauerschuldverhältnissen**.

> **Hinweis:**
> Die Haftung der Gesellschafter und auch die Haftung ausgeschiedener Gesellschafter ist eine gesellschaftsrechtliche Regelungsmaterie und unterliegt als solche dem Gesellschaftsstatut, d.h. i.d.R. dem nationalen Recht des Staates, in dem die Gesellschaft ihren Sitz hat. Für eine EWIV mit Sitz in

Deutschland, also für eine „deutsche" EWIV, würden damit insoweit § 159 HGB und die zugehörige deutsche Rspr. des BGH und BAG gelten.

L. Insolvenz

Die Vereinigung unterliegt dem **einzelstaatlichen Recht** über **Zahlungsunfähigkeit** und **Zahlungseinstellung** (Art. 36 Satz 1 EWIV-VO). Welches nationale Insolvenzrecht bei internationalen Insolvenzfällen anzuwenden ist, richtet sich nach dem **Internationalen Insolvenzrecht** (i.S.d. Internationalen Privatrechts). Es ist in Europa inzwischen weitgehend vergemeinschaftet, und zwar mit der am 31.5.2002 in Kraft getretenen **Verordnung des Rates über Insolvenzverfahren** (EuInsVO).[20]

96

> **Hinweis:**
> Nach deutschem Recht kann ein Insolvenzverfahren über das Vermögen jeder natürlichen und jeder juristischen Person eröffnet werden (§ 11 Abs. 1 Satz 1 InsO). Ferner kann nach deutschem Recht über die Vermögen von Gesellschaften ohne Rechtspersönlichkeit ein Insolvenzverfahren eröffnet werden, zu denen nach dem ausdrücklichen Gesetzeswortlaut u.a. die OHG und die EWIV zählen (§ 11 Abs. 2 Nr. 1 InsO). „Deutsche" Europäische Wirtschaftliche Interessenvereinigungen sind also **insolvenzfähig**.

Den **Antrag auf Eröffnung des Insolvenzverfahrens** über das Vermögen der Vereinigung können auch die Geschäftsführer der Vereinigung stellen (§ 11 Satz 1 EWIV-Ausführungsgesetz). Wird eine Vereinigung, bei der kein Mitglied eine natürliche Person ist, zahlungsunfähig oder ergibt sich die Überschuldung der Vereinigung, so sind die Geschäftsführer und die Abwickler verpflichtet, die Eröffnung des Insolvenzverfahrens zu beantragen. Dies gilt nicht, wenn zu den Mitgliedern der Vereinigung andere Gesellschaften ohne Rechtspersönlichkeit gehören, bei der ein persönlich haftender Gesellschafter eine natürliche Person ist (§ 11 Satz 2 EWIV-Ausführungsgesetz i.V.m. der entsprechenden Anwendung des § 130a HGB). Die **Verletzung der Insolvenzantragspflicht** ist strafbewehrt (§ 15 EWIV-Ausführungsgesetz). Daneben können die Mitglieder oder die Gläubiger der EWIV den Antrag auf Eröffnung des Insolvenzverfahrens stellen (§§ 11 Abs. 2 Nr. 1, 13 Abs. 1, 14, 15 Abs. 1 InsO).

97

Die **Insolvenzgründe** richten sich ebenfalls nach anwendbaren nationalem Recht, in der BRD also nach den §§ 16 – 19 InsO.

98

> **Hinweis:**
> **Insolvenzverfahren** können nicht nur gegen die Vereinigung, sondern auch **gegen einzelne ihrer Mitglieder** eröffnet werden. Die Eröffnung eines Verfahrens gegen eine Vereinigung wegen Zahlungsunfähigkeit oder Zahlungseinstellung hat nicht von Rechts wegen zur Folge, dass ein solches Verfahren auch gegen die Mitglieder dieser Vereinigung eröffnet wird (Art. 36 Satz 2 EWIV-VO).

---

20 Verordnung des Rates mit der Nr. 1346/2000.

M. Auflösung und Liquidation

I. Auflösung

1. Auflösungsgründe

a) Auflösung durch Beschluss der Mitglieder

aa) Auflösung durch notwendigen Beschluss der Mitglieder

99 Die Vereinigung muss durch Beschluss ihrer Mitglieder aufgelöst werden. Dieser Beschluss muss die Feststellung enthalten, dass die im Gründungsvertrag bestimmte Dauer abgelaufen (**Fristablauf**) oder ein anderer in diesem Vertrag vorgesehener Auflösungsgrund (**Ereignis**) eingetreten ist. Die Vereinigung muss ferner durch Beschluss ihrer Mitglieder aufgelöst werden, der feststellt, dass der Unternehmensgegenstand der Vereinigung verwirklicht worden ist oder nicht weiter verfolgt werden kann (**Zweckerreichung**).

> **Hinweis:**
> Ist binnen drei Monaten nach Eintritt eines dieser Fälle kein Beschluss der Mitglieder über die Auflösung der Vereinigung ergangen, so kann jedes Mitglied bei Gericht beantragen, diese Auflösung auszusprechen (Art. 31 Abs. 2 EWIV-VO).

100 Die Vereinigung muss ferner durch Beschluss ihrer Mitglieder oder des verbleibenden Mitgliedes aufgelöst werden, wenn die **Anforderungen an die Zusammensetzung der Mitglieder und die obligatorische Mehrstaatlichkeit** (Art. 4 Abs. 2 EWIV-VO) nicht mehr erfüllt sind (Art. 31 Abs. 3 EWIV-VO). Scheidet also etwa das vorletzte Mitglied aus der Vereinigung aus, so hat das letzte Mitglied durch Beschluss die Vereinigung aufzulösen. Die Vereinigung besteht dann als Ein-Personen-Vereinigung zum Zwecke der Abwicklung bis zu deren Schluss fort (Art. 35 Abs. 3 EWIV-VO). Entsprechendes gilt, wenn die letzten beiden verbliebenen Mitglieder der Vereinigung demselben Recht unterliegen.

bb) Auflösung durch freiwilligen Beschluss der Mitglieder

101 Die Vereinigung kann durch Beschluss ihrer Mitglieder aufgelöst werden, der diese Auflösung ausspricht. Dieser Beschluss muss **einstimmig** gefasst werden, es sei denn, dass der Gründungsvertrag etwas anderes bestimmt (Art. 31 Abs. 1 EWIV-VO).

b) Auflösung durch gerichtliche Entscheidung

aa) Zwangsweise Auflösung durch gerichtliche Entscheidung

102 Wenn ein **zwingender Auflösungsgrund** vorliegt, nach dem die Vereinigung durch Beschluss ihrer Mitglieder aufgelöst werden muss, die Mitglieder den Auflösungsbeschluss jedoch nicht fassen, so muss das Gericht auf Antrag eines Mitgliedes die Auflösung der Vereinigung aussprechen (Art. 31 Abs. 2 EWIV-VO).

103 Auf Antrag jedes Beteiligten oder einer zuständigen Behörde muss das Gericht ferner im Falle der **Verletzung** der Bestimmungen der Verordnung über **Tätigkeit und Zweck** der Vereinigung, über den **Sitz** der Vereinigung oder über die **Zusammensetzung der Mitglieder** der Vereinigung sowie die **obligatorische Mehrstaatlichkeit** die Auflösung der Vereinigung aussprechen, es sei denn, dass die **Mängel** der Vereinigung **behoben werden** können und vor der Entscheidung in der Sache behoben werden (Art. 32 Abs. 1 EWIV-VO).

Als **antragsberechtigte Beteiligte** dürften angesichts der zur Auflösbarkeit der EWIV führenden Verstöße die folgenden Personen gelten:

- Mitglieder und Geschäftsführer der EWIV,
- Arbeitnehmer und ggf. Arbeitnehmervertreter der EWIV,

- von der EWIV beherrschte Unternehmen,
- Darlehensgeber der EWIV und
- Mitglieder einer anderen EWIV.

Antragsberechtigte Behörden sind bspw.

- das Department of Trade and Industry im Vereinigten Königreich,
- das Justizministerium in den Niederlanden und
- die Bundesanstalt für Finanzdienstleistungsaufsicht in der Bundesrepublik Deutschland.

> Hinweis:
> Die nach Art. 32 Abs. 1 EWIV-VO auflösbare EWIV muss ihren Sitz nicht im Staat der antragsberechtigten Behörde haben. Die EWIV-VO regelt nicht die Zuständigkeit des Gerichts für die Entscheidung über die Auflösung der EWIV, so dass das zuständige Gericht anhand nationaler Rechtsvorschriften ermittelt werden muss. Nach den allgemeinen Grundsätzen des deutschen Zivilprozessrechts wäre das Gericht am Sitz der EWIV zuständig.

bb) Freiwillige Auflösung durch gerichtliche Entscheidung

Auf Antrag eines Mitgliedes kann das Gericht die Auflösung der Vereinigung **aus wichtigem Grund** aussprechen (Art. 32 Abs. 2 EWIV-VO). Auch nach deutschem Recht können nur die Gesellschafter die Auflösungsklage erheben (§ 133 Abs. 1 HGB). Nach deutschem Recht läge ein solcher wichtiger Grund insb. dann vor, wenn ein anderer Gesellschafter eine ihm nach dem Gesellschaftsvertrag obliegende wesentliche **Verpflichtung** vorsätzlich oder grob fahrlässig **verletzen** oder wenn die Erfüllung einer solchen Verpflichtung **unmöglich** würde (§ 133 Abs. 2 HGB). Die Auflösung der EWIV liegt letztlich im **pflichtgemäßen Ermessen des Gerichts**. In diesem Zusammenhang ist wie immer zu beachten, dass der Bestand von einmal existierenden EWIV möglichst geschützt werden soll (**Bestandsschutz**). Die **letzte Instanz für die Auslegung** des unbestimmten Rechtsbegriffs des „wichtigen Grundes" ist der **EuGH**. 104

Ein Mitgliedstaat kann vorsehen, dass das Gericht auf Antrag einer zuständigen Behörde die Auflösung einer Vereinigung, die ihren Sitz im dem Staat dieser Behörde hat, in den Fällen aussprechen kann, in denen die Vereinigung durch ihre **Tätigkeit** gegen das **öffentliche Interesse dieses Staates verstößt**, sofern diese Möglichkeit in den Rechtsvorschriften dieses Staates für eingetragene Gesellschaften oder andere juristische Einheiten, die diesen Rechtsvorschriften unterliegen, vorgesehen ist (Art. 32 Abs. 3 EWIV-VO). 105

Der nationale Gesetzgeber darf von dieser Regelungsermächtigung der EWIV-VO also nur insoweit Gebrauch machen, als die entsprechenden Vorschriften auch für seine eigenen nationalen Gesellschaftsformen gelten, also nicht diskriminierend wirken. Die entsprechende Regelung etwa für deutsche GmbH könnte sich in § 62 GmbHG finden. Danach kann die GmbH ohne Anspruch auf Entschädigung aufgelöst werden, wenn sie das Gemeinwohl dadurch gefährdet, dass die Gesellschafter gesetzwidrige Beschlüsse fassen oder gesetzwidrige Handlungen der Geschäftsführer wissentlich geschehen lassen. Das Verfahren und die Zuständigkeit der Behörden richten sich nach den für streitige Verwaltungssachen landesgesetzlich geltenden Vorschriften. Der deutsche Gesetzgeber hat von der Regelungsbefugnis des Art. 32 Abs. 3 EWIV-VO jedoch keinen Gebrauch gemacht.

2. Eintragung der Auflösung im Register

Der oder die **Geschäftsführer** der Vereinigung müssen und jeder **Beteiligte** kann den Auflösungsbeschluss zum Register einreichen, der alsdann bekannt gemacht wird (Art. 31 Abs. 4 EWIV-VO i.V.m. Art. 7 Satz 2 lit. f) und Art. 8c EWIV-VO, § 2 Abs. 3 Nr. 4 EWIV-Ausführungsgesetz i.V.m. § 3 Abs. 1 und Abs. 2 Satz 1 EWIV-Ausführungsgesetz). Beteiligte sind grds. die Mitglieder der Vereinigung. 106

II. Abwicklung

1. Abwickler

107 Die **Geschäftsführer** wickeln die Vereinigung ab, wenn die Abwicklung der Vereinigung nicht durch den Gründungsvertrag oder durch Beschluss der Mitglieder der Vereinigung anderen Personen übertragen ist (§ 10 Abs. 1 EWIV-Ausführungsgesetz). **Abwickler** einer Vereinigung können nicht Personen sein, die nach dem auf sie anwendbaren Recht, oder nach dem innerstaatlichen Recht des Staates des Sitzes der Vereinigung, oder aufgrund einer in einem Mitgliedstaat ergangenen oder anerkannten **gerichtlichen Entscheidung oder Verwaltungsentscheidung** dem **Verwaltungs- oder Leitungsorgan von Gesellschaften nicht angehören dürfen**, **Unternehmen nicht leiten dürfen** oder nicht als Geschäftsführer einer Europäischen Wirtschaftlichen Interessenvereinigung handeln dürfen (§ 10 Abs. 2 EWIV-Ausführungsgesetz i.V.m. Art. 19 Abs. 1 Satz 2 EWIV-VO).

Die Geschäftsführer haben die Abwickler mit Namen, Beruf und Wohnsitz sowie mit der Angabe, welche Vertretungsbefugnis sie besitzen, **zur Eintragung in das Register anzumelden** (§ 2 Abs. 3 Nr. 5 EWIV-Ausführungsgesetz i.V.m. § 3 Abs. 1 Satz 1 EWIV-Ausführungsgesetz). Die Abwickler haben die **Firma** nebst ihrer **Namensunterschrift** zur Aufbewahrung bei dem Gericht zu **zeichnen** (§ 10 Abs. 2 EWIVO-Ausführungsgesetz i.V.m. § 3 Abs. 4 EWIV-Ausführungsgesetz). **Änderungen der Personen der Abwickler** und der Angaben zur Eintragung in das Register sind von den Abwicklern anzumelden. Die betreffenden Urkunden und Angaben sind dort zu hinterlegen (Art. 7 Satz 2 lit. g) EWIV-VO). Eine Beschränkung des Umfanges der **Befugnisse der Abwickler** ist Dritten gegenüber unwirksam (§ 151 HGB).

2. Abwicklung

108 Die **Auflösung** der Vereinigung führt zu deren **Abwicklung** (Art. 35 Abs. 1 EWIV-VO, vgl. § 145 HGB). Die Abwicklung und die Beendigung der Vereinigung unterliegen dem **einzelstaatlichen Recht** (Art. 35 Abs. 2 EWIV-VO, § 1 EWIV-Ausführungsgesetz, §§ 145 – 158 HGB). Die Fähigkeit der Vereinigung, im eigenen Namen Träger von Rechten und Pflichten jeder Art zu sein, Verträge zu schließen oder andere Rechtshandlungen durchzuführen und vor Gericht zu stehen (**Rechts- und Parteifähigkeit**), besteht bis zum Schluss der Abwicklung fort (Art. 35 Abs. 3 EWIV-VO).

Hiervon ist allerdings die **Rechtspersönlichkeit** zu unterscheiden; ob eine EWIV diese hat oder nicht, entscheidet das nationale Recht (Art. 1 Abs. 3 EWIV-VO). Bis zum Schluss der Abwicklung der Vereinigung können deren **Gläubiger** ihre **Forderungen** gegenüber einem Mitglied erst dann geltend machen, wenn sie die Vereinigung zur Zahlung aufgefordert haben und diese nicht innerhalb einer angemessenen Frist gezahlt worden ist (Art. 24 Abs. 2 EWIV-VO).

3. Schluss der Abwicklung

109 **Sämtliche Abwickler** haben den Schluss der Abwicklung der Vereinigung **zur Eintragung in das Register anzumelden** (§ 2 Abs. 3 Nr. 6 EWIV-Ausführungsgesetz i.V.m. § 3 Abs. 1 Satz 2 EWIV-Ausführungsgesetz). Sie haben die betreffenden Urkunden und Angaben dort zu hinterlegen (Art. 35 Abs. 4 EWIV-VO i.V.m. Art. 7 Satz 2 lit. h) EWIV-VO).

110 In dem **nationalen amtlichen Mitteilungsblatt des Sitzstaates** ist die Löschung der Vereinigung in Form einer vollständigen Wiedergabe bekanntzumachen (Art. 8 EWIV-VO i.V.m. Art. 39 EWIV-VO). Nach der Bekanntmachung in dem nationalen amtlichen Mitteilungsblatt des Sitzstaates wird der Schluss der Abwicklung unter Angabe von Nummer, Tag und Ort der Eintragung sowie von Tag und Ort der Bekanntmachung im nationalen amtlichen Mitteilungsblatt des Sitzstaates und dessen Titels im **Amtsblatt der Europäischen Gemeinschaften** angezeigt (Art. 11 EWIV-VO).

> Hinweis:
>
> Jede durch das anwendbare einzelstaatliche Recht vorgesehene längere Verjährungsfrist wird durch eine **Verjährungsfrist von fünf Jahren nach der Bekanntmachung des Schlusses der Abwicklung** der Vereinigung ersetzt, soweit es sich um Ansprüche gegen dieses Mitglied wegen Verbindlich-

> keiten handelt, die sich aus der Tätigkeit der Vereinigung ergeben haben (Art. 37 Abs. 2 EWIV-VO). Die Haftung des Mitgliedes verjährt also fünf Jahre nach Bekanntmachung des Schlusses der Abwicklung der Vereinigung.

N. Umwandlungsmöglichkeiten

I. Auf Umwandlungen einer EWIV anwendbares Recht

Die Verordnung verhält sich überhaupt nicht zum **Umwandlungsrecht**. Auch das **EWIV-Ausführungsgesetz** regelt nicht das Umwandlungsrecht. Es stellt sich dann die Frage, ob auf Umwandlungen das **nationale Recht des Sitzstaates der EWIV** anwendbar wäre. Dies wäre der Fall, wenn eine Umwandlung die **Gründung** oder **innere Verfassung** der Vereinigung betreffen würde. Es wäre zu überlegen, ob ein Umwandlungsvorgang einem Gründungsvorgang gleichgestellt werden könnte. Nach Ansicht der Verfasserin spricht dafür vor allem der Umstand, dass eine Umwandlung – genauso wie eine Gründung – den Rechtsträger betrifft, welcher im Falle einer Gründung errichtet und im Falle einer Umwandlung eben umgewandelt wird. Eine Umwandlung könnte demnach auch als eine nachträgliche Gründung, als eine „Umgründung" verstanden werden. Da der Rechtsträger, vor allem mit seiner Rechtsform, auch der inneren Verfassung der Gesellschaft einen Rahmen setzt, wäre es nach Ansicht der Verfasserin gerechtfertigt, das nationale Recht des Sitzstaates der EWIV auf ihre Umwandlungsvorgänge anzuwenden. Für eine „deutsche" EWIV, d.h. für eine EWIV mit Sitz in Deutschland, würde danach für ihre Umwandlungen das deutsche **UmwG** gelten.

111

II. EWIV im deutschen UmwG

Es spricht nichts dagegen und entspricht herrschender Ansicht, dass die EWIV als Personenhandelsgesellschaft (§ 1 EWIV-Ausführungsgesetz) ein **verschmelzungsfähiger**,[21] **spaltungsfähiger**[22] und **formwechselnder**[23] **Rechtsträger** nach dem deutschen **UmwG** sein kann (§§ 3 Abs. 1 Nr. 1, 124 Abs. 1, 191 Abs. 1 Nr. 1 UmwG).[24] Die EWIV fällt damit unter den Begriff der „OHG" bzw. den Begriff der „**Personenhandelsgesellschaft**" i.S.d. UmwG. Diese Subsumtion ist ähnlich einer **Substitution**. Von einer Substitution spricht man beim Ersatz eines inländischen Tatbestandsmerkmals durch ein entsprechendes ausländisches Tatbestandsmerkmal. Die Recherchen der Verfasserin zu praktischen Anwendungsfällen einer Umwandlung einer EWIV im deutschen Rechtsraum sowie zu einschlägigen Entscheidungen des EuGH oder deutscher Gerichte sind leider ergebnislos geblieben.[25] Solche Vorhaben sollten daher zuvor mit den zuständigen Registergerichten besprochen werden.

112

III. Rechtsformspezifische Besonderheiten aufgrund des europäischen Charakters der EWIV?

Die Tatsache, dass an einer EWIV aus rechtsformspezifischen Gründen immer **Mitglieder** aus mindestens zwei **verschiedenen EU-Mitgliedstaaten** beteiligt sein müssen,[26] stellt keine Besonderheit dar, die bei Umwandlungsvorgängen nach dem deutschen UmwG besonders zu berücksichtigen wäre. Auch an deutschen Personenhandelsgesellschaften und überhaupt an nationalen Gesellschaftsformen können im

113

---

21 Lutter/Drygala, UmwG, § 1 Rn. 33 und § 3 Rn. 4 sowie Lutter/Schmidt, UmwG, § 39 Rn. 12.
22 Lutter/Schaumburg/Schumacher, UmwG, Anh. § 151 Rn. 109.
23 Lutter/Decher, UmwG, § 191 Rn. 2 und § 214 Rn. 5.
24 A.A.: Widmann/Mayer, UmwG, § 39 Rn. 17 und § 191 Rn. 8.
25 EuGH: EWIV – Firma – Eintragung der in Gründung befindlichen Vereinigung European Information Technology Observatory, Europäische Wirtschaftliche Interessenvereinigung, in das Handelsregister, 18.12.1997, Rs. C-402/96, EuGH Slg. 1997 I – 7515; OLG Frankfurt, Firmierung einer EWIV, 9.12.1996, 20 W 308/95, EWS 1997, 71 = EuZW 1997, 285.
26 Vgl. unter Rn. 10.

Ausland ansässige Gesellschafter beteiligt sein, für die bei Umwandlungsvorgängen nach dem deutschen UmwG keine weiteren Besonderheiten gelten. Dies wird vermutlich nach den nationalen UmwG anderer EU-Mitgliedstaaten als der BRD nicht anders sein, wäre aber im Einzelfall zu prüfen.

IV. Besonderheiten bei EU-grenzüberschreitenden Umwandlungen

114 Soll eine EWIV nicht nur an nationalen Umwandlungen innerhalb ihres jeweiligen Sitzstaates, sondern auch an **EU-grenzüberschreitenden Umwandlungen** beteiligt werden, so sind auch für eine EWIV – ganz genauso wie für die nationalen Gesellschaftsformen in dem betreffenden Sitzstaat – die für EU-grenzüberschreitende Umwandlungen geltenden Regeln und Vorschriften sowie die einschlägige Rspr. des EuGH zu berücksichtigen. Die EU-grenzüberschreitende Umwandlung ist allerdings ein Thema für sich, welches sich zudem im Fluss befindet. Die folgenden wichtigen Eckpunkte aus jüngerer Zeit in diesem Thema sollen eine Orientierungshilfe bieten:

- Auf europäischer Ebene ist grds. zunächst die **10. EG-Richtlinie auf dem Gebiet des Gesellschaftsrechts** über die grenzüberschreitende Verschmelzung von Kapitalgesellschaften (!) aus dem Jahre 2005[27] zu nennen. Allerdings ist zu beachten, dass die EWIV als Personengesellschaft qualifiziert[28] wird und damit gerade nicht in den Anwendungsbereich dieser Richtlinie (Art. 1) fällt.

- Des weiteren ist auf europäischer Ebene die **Fortentwicklung des Europäischen Gesellschaftsrechts** durch die **Rechtssprechung des Europäischen Gerichtshofs** zu beobachten. In der Rechtssache „Sevic"[29] hat der EuGH am 13.12.2005 zu Gunsten einer **EU-grenzüberschreitenden Verschmelzung** entschieden. Der Generalanwalt beim EuGH, Antonio Tizzano, hatte in seinen Schlussanträgen in dieser Rechtssache betont, dass die grenzüberschreitende Verschmelzung, in jenem Fall die einer S.A. nach luxemburgischen Recht auf eine AG nach deutschem Recht, in den Schutzbereich der Niederlassungsfreiheit falle. Unter dem vollen Genuss der Niederlassungsfreiheit sei nämlich die Möglichkeit zu verstehen, in stabiler und kontinuierlicher Weise am Wirtschaftsleben eines anderen EU-Mitgliedstaates teilzunehmen („Gebhard"[30]), wobei nicht nur die unmittelbare Ausübung der jeweiligen wirtschaftlichen Tätigkeit, sondern auch alle sonstigen hierfür nützlichen Tätigkeiten geschützt seien („Kommission/Italien"[31] und „Kommission/Griechenland"[32]). Verschmelzungen, Erwerb und Veräußerung sowie die Gründung von Gesellschaften stellten sogar wesentliche wirtschaftliche Tätigkeiten dar. Der Schutzbereich der Niederlassungsfreiheit wird hiernach sehr weit interpretiert. Es ist nichts dafür ersichtlich, im Hinblick auf die Niederlassungsfreiheit der Gesellschaften in Europa zwischen nationalen und europäischen Gesellschaften oder zwischen Personen- und Kapitalgesellschaften zu unterscheiden. Sowohl nationale (Personen- und Kapital-)Gesellschaften als auch EWIV, die sich jeweils an EU-grenzüberschreitenden Umwandlungen beteiligen möchten, könnten sich damit auf ihre gemeinschaftsrechtlich garantierte **Niederlassungsfreiheit** nach Art. 43 und 48 EG-Vertrag berufen. Auch die Rspr. des EuGH zur **grenzüberschreitenden Sitzverlegung**,[33] welche parallel durch eine entsprechende 14. EG-Richtlinie auf dem Gebiet des Gesellschaftsrechts ermöglicht werden soll, und die damit sich im Vordringen befindlichen liberalen **international-privatrechtlichen Theorien** (**Gründungstheorie**, im Unterschied zur Sitztheorie) stellen Weichen für die grenzüberschreitenden Umwandlungen und damit auch für solche unter Beteiligung von EWIV. Nicht die Beteiligung einer EWIV an einer Umwandlung macht die Umwandlung zu einer EU-grenzüberschreitenden Umwandlung. Den EU-grenzüberschreitenden Charakter erhält die Umwandlung erst durch die Beteiligung von

---

27 2005/56/EWG v. 20.9.2005, abrufbar auf den Internetseiten der Europäischen Union (http://europa.eu.int).
28 Vgl. unter Rn. 5 ff.
29 Rs. C-411/03, abrufbar auf den Internetseiten der Europäischen Union unter http://europa.eu.int.
30 Reinhard Gebhard v. Consiglio dell'Ordine degli Avvocati e Procuratori di Milano, Rs. C-55/94.
31 Rs. 63/86.
32 Rs. 305/87.
33 Centros Ltd. v. Erhvervs- og Selskabsstyrelsen, Rs. C-212/97, Übersering B.V. v. Nordic Construction Company Baumanagement GmbH, Rs. C-208/00, Kamer van Koophandel en Fabrieken voor Amsterdam v. Inspire Art Ltd., Rs. C-167/01, alle abrufbar auf den Internetseiten der Europäischen Union (http://europa.eu.int).

- nationalen Rechtsträgern aus verschiedenen EU-Mitgliedstaaten bzw. durch die Beteiligung von EWIV mit jeweiligen Sitzen in verschiedenen EU-Mitgliedstaaten.
- Auf den jeweiligen nationalen Ebenen sind die entsprechenden **Auslegungen** der jeweiligen **nationalen Umwandlungsvorschriften** für die Beteiligtenfähigkeit von ausländischen Rechtsträgern an Umwandlungen nach nationalen inländischen UmwG entscheidend. Die jeweiligen nationalen Umwandlungsvorschriften sind durch die EG-Richtlinien auf dem Gebiet des Gesellschaftsrechts betreffend nationale Umwandlungen (3. „**Fusionsrichtlinie**"[34] und 6. „**Spaltungsrichtlinie**"[35]) europäisch vorgeformt und harmonisiert. Aus deutscher Sicht ginge es danach um die Auslegung des § 1 des deutschen UmwG im Hinblick auf die Beteiligtenfähigkeit ausländischer Rechtsträger an Umwandlungsvorgängen nach dem **deutschen UmwG**.[36] Sieht man eine EWIV mit Sitz in der BRD kraft Kodifizierung im deutschen UmwG als einen inländischen umwandlungsfähigen Rechtsträger an, so wäre aus deutscher Sicht eine EWIV mit Sitz ausserhalb der BRD als ein ausländischer Rechtsträger anzusehen, der entweder kraft Substitution, kraft Auslegung oder aber gar nicht zu den nach dem deutschen UmwG beteiligtenfähigen Rechtsträgern gehört.
- Hilft weder das europäische noch das nationale Recht allein weiter, so können grenzüberschreitende Umwandlungen im Zweifel unter Anwendung der **Vereinigungstheorie** bewältigt werden, nach der die Anforderungen der beteiligten Rechtsordnungen kumuliert werden. Die Beteiligung einer EWIV an einer EU-grenzüberschreitenden Umwandlung würde daher zur Beteiligung der nationalen Rechtsordnung des Sitzstaates der EWIV führen.

V. Umwandlung: wirtschaftlich vergleichbare Vorgänge

Nach der Auflösung der Gesellschaft findet die Liquidation statt, sofern nicht eine andere Art der Auseinandersetzung von den Gesellschaftern vereinbart oder über das Vermögen der Gesellschaft das Insolvenzverfahren eröffnet ist (Art. 35 Abs. 2 EWIV-VO, § 1 EWIV-Ausführungsgesetz, § 145 Abs. 1 HGB). **Andere Arten der Auseinandersetzung**, die den Umwandlungsmöglichkeiten zumindest im wirtschaftlichen Ergebnis nahe kommen, sind die **Übernahme durch ein Mitglied** oder **Einbringungsvorgänge**.

---

34 78/855/EWG.
35 82/891/EWG.
36 Vgl. etwa Lutter/Drygala, UmwG, § 1 Rn. 5 – 32.

2. Kapitel: Recht der Kapitalgesellschaften
§ 1 GmbH

Inhaltsverzeichnis

	Rn.			Rn.
A.	**GmbH als Rechtsform**	1	aa) Einzelne Einlagegegenstände	61
I.	Erscheinungsformen	1	bb) Auswirkung auf schon erfolgte	
II.	Überlegungen zur Rechtsformwahl	2	Heilungen (Altfälle)	66
III.	Steuerpflicht der GmbH und ihrer Gesellschafter	3	4. Voreinzahlung	67
			5. Leistung zur freien Verfügung	68
B.	**Gründung der Gesellschaft**	4	6. Versicherung des Geschäftsführers	72
I.	Vorgründungsgesellschaft und Vor-GmbH als Vorstufen zur GmbH	4	a) Allgemeines	72
			b) Inhalt	73
II.	Errichtung der GmbH	5	c) Maßgebender Zeitpunkt für die Richtigkeit der Versicherung	75
	1. Form und Auslandsbeurkundungen	5	7. Beitreibungsmöglichkeiten hinsichtlich der Stammeinlage	76
	2. Satzung und Gründungsurkunde	7		
	3. Gründer	9	8. Einlageleistung bei der Einmann-GmbH	77
	4. Vertretung bei der Gründung	10	V. Mantelkauf und Vorratsgründung	78
	5. Geschäftsführung und Vertretung	15	1. Vorratsgesellschaft und Mantelgesellschaft	79
	6. Genehmigungserfordernisse	16	a) Mantelgesellschaft	80
	7. Anmeldung, Prüfungsumfang des Registergerichts, Eintragung ins Handelsregister	17	b) Vorratsgesellschaft	83
III.	Gründungsphasen und die jeweilige Haftung	20	2. Anwendung der Gründungsvorschriften	87
	1. Vorgründungsgesellschaft und Haftung	21	a) Stammkapitalaufbringung	87
	2. Vor-GmbH und Haftung	25	b) Anwendung des Haftungssystems bei der Gründung	90
	a) Vor-GmbH	25		
	b) Einmann-Vor-GmbH	29	3. Weitere Einzelfragen zu Mantel- und Vorratsgesellschaften	91
	c) Haftung bei der Vor-GmbH	32	a) Abgrenzungsfragen bei sog. Mantelgesellschaften	91
	aa) Unterbilanzhaftung/Vorbelastungshaftung	33	b) Geltung für die Vergangenheit	92
	bb) Verlustdeckungshaftung	36	c) Haftung von Rechtsnachfolgern und Rechtsvorgängern	94
	(1) Vor-GmbH ohne Eintragungsabsicht	37	d) Registerrecht	95
	(2) Scheitern der Eintragung	38	e) Verdeckte Sacheinlagen	96
	(3) Fortführung des Geschäftes ohne Eintragung	40	f) Darlehens-/Treuhand- und Kaskadenmodelle	97
	cc) Haftungsbeschränkung bei der Vor-GmbH	43	g) IHK-Beitragspflicht der Vorratsgesellschaften	100
	dd) Handelndenhaftung	44	h) Anwendung weiterer Regelungen aus dem Bereich der Gründung der GmbH	101
IV.	Erbringung der Stammeinlagen	45	i) Umwandlung als Alternative	102
	1. Erbringung der Stammeinlagen bei der Bargründung	46	VI. Satzungsänderungen im Gründungsstadium	103
	2. Erbringung der Stammeinlagen bei der (offenen) Sachgründung	52	VII. Gesellschafterwechsel im Gründungsstadium	105
	3. Verdeckte Sacheinlage	54	1. Zulässigkeit des Gesellschafterwechsels	105
	a) Verdeckte Sacheinlage durch Hin- und Herzahlen	55	2. Haftung des Ausscheidenden	106
			3. Haftung des Eintretenden	107
	b) Verrechnung zur Tilgung der Bareinlageverpflichtung	56	VIII. Muster	108
			1. Muster: Gründung einer GmbH (notarielle Niederschrift)	108
	c) Rechtsfolgen der verdeckten Sacheinlage	57	2. Muster: Gesellschaftsvertrag	109
	d) Heilung verdeckter Sacheinlagen	59	**C.** **Satzung der GmbH**	110

I.	Zwingende Regelungen 110		a) Überblick über die gesetzlichen Pflichten 175
	1. Firma 110		b) Vertretung und Geschäftsführung 176
	a) Kennzeichnungseignung 111		aa) Vertretungsmacht 177
	b) Unterscheidungskraft................ 112		bb) Verbot des Selbstkontrahierens
	c) Irreführungsverbot (§ 18 Abs. 2 HGB) .. 113		(§ 181 BGB)...................... 178
	d) Firmenfortführung 115		cc) Befreiung vom Verbot des Selbst-
	2. Sitz 116		kontrahierens 180
	3. Unternehmensgegenstand 119		dd) Geschäftsführung 186
	4. Stammkapital und Stammeinlagen 121		c) Allgemeine Treuepflicht 187
II.	Fakultative Regelungen 123		d) Wettbewerbsverbot 188
	1. Bekanntmachungen 123		aa) Fremdgeschäftsführer 189
	2. Zustimmungspflichtige Rechtsgeschäfte... 127		bb) Alleingesellschafter- und Gesell-
	a) Gesetzliche Zustimmungspflichten 127		schafter-Geschäftsführer........... 190
	b) Fakultative Zustimmungspflichten 128		6. Haftung des Geschäftsführers 191
	aa) Vereinigung bzw. Zusammenlegung		a) Haftung gegenüber der GmbH 191
	von Geschäftsanteilen............ 128		b) Haftung gegenüber den Gesellschaftern . 195
	bb) Kataloge zustimmungsbedürftiger		c) Haftung gegenüber Dritten 196
	Rechtsgeschäfte 129		7. Beendigung der Geschäftsführertätigkeit .. 198
	3. Veräußerungsbeschränkungen 133		a) Amtsniederlegung und Abberufung..... 198
	a) Vinkulierungsklauseln................ 133		aa) Amtsniederlegung................. 198
	b) Vorkaufsrechte...................... 135		bb) Abberufung....................... 200
	c) Andienungsrechte und Andienungs-		cc) Probleme des Registervollzuges ... 202
	pflichten........................... 136		b) Beendigung des Anstellungsvertrags.... 204
	d) Mitverkaufsrechte und Mitverkaufs-		8. Fehlerhafte Organstellung/faktischer Ge-
	pflichten........................... 137		schäftsführer 208
	4. Vererbung.............................. 138	II.	Gesellschafter 209
	5. Kündigung, Einziehung, Ausschluss 139		1. Rechte und Pflichten der Gesellschafter ... 209
	a) Kündigung......................... 139		a) Vermögensrechte.................... 209
	b) Einziehung (Amortisation) 140		b) Informationsrechte................... 210
	c) Ausschluss......................... 145		c) Sonderrechte 211
	6. Abfindungsklauseln..................... 148		d) Stimmrecht 214
	7. Satzungsmäßige Sonderrechte 153		e) Treuepflicht 216
	8. Informationsrechte...................... 154		f) Wettbewerbsverbot 219
	9. Stimmrecht und Stimmverbot 155		g) Belastungen der Geschäftsanteile 221
	a) Anteile mit und ohne Stimmrecht 155		aa) Verpfändung...................... 221
	b) Abdingbarkeit des Stimmverbots nach		bb) Nießbrauch....................... 225
	§ 47 Abs. 2 GmbHG 156		2. Haftung der Gesellschafter 226
	10. Gesellschafterbeschlüsse 157		a) Fallgruppen der Durchgriffshaftung 227
	a) Beschlüsse in einer Gesellschafterver-		b) Haftung wegen existenzvernichtenden
	sammlung 157		Eingriffs............................ 230
	b) Beschlüsse außerhalb einer Gesellschaf-		aa) Entwicklung der Rechtsprechung
	terversammlung 162		des BGH 230
	11. Geschäftsjahr 164		bb) Anwendungsfälle in der oberge-
	12. Dauer 165		richtlichen Rechtsprechung 232
	13. Kosten der Gründung................... 166		cc) Reichweite des Anwendungsbe-
D.	Organisation der GmbH 168		reichs 233
I.	Geschäftsführung 168		dd) Materielle Unterkapitalisierung als
	1. Grundlegendes zur Geschäftsführung 168		existenzvernichtender Eingriff 236
	2. Bestellung zum Geschäftsführer 169		ee) Dogmatik 237
	a) Voraussetzungen laut Satzung/Gesetz... 170		ff) Umfang der Haftung............... 238
	b) Ausländische Geschäftsführer 171		gg) Beweislast........................ 239
	3. Anstellungsvertrag...................... 172	III.	Weitere Organe der GmbH 240
	4. Stellung des Geschäftsführers im Arbeits-		1. Fakultativer Aufsichtsrat 240
	und Sozialrecht 173		2. Zwingender Aufsichtsrat 241
	a) Arbeitsrecht 173		3. Beirat 243
	b) Sozial- und Rentenversicherungspflicht . 174		4. Abschlussprüfer 244
	5. Rechte und Pflichten der Geschäftsführer . 175		

E.	**Gesellschafterversammlung und -beschlüsse** 245		c) Differenzierung zwischen Bareinlage und Sacheinlage 322	
I.	Gesellschafterversammlung 245		5. Ausfallhaftung der Gesellschafter für nicht erbrachte Stammeinlagen 323	
	1. Einberufung 245	VI.	Anmeldung der Kapitalerhöhung zum Handelsregister 324	
	2. Teilnahmerecht 246			
II.	Gesellschafterbeschlüsse 249	VII.	Sachkapitalerhöhung 326	
	1. Allgemeine Voraussetzungen 249		1. Besondere Erfordernisse 326	
	2. Stimmrechtsvollmacht 253		2. Verdeckte Sachkapitalerhöhung 328	
	3. Beschlussfeststellung 256		3. Schütt-aus-hol-zurück-Verfahren 330	
III.	Satzungsänderungen 258	VIII.	Kapitalerhöhung aus Gesellschaftsmitteln 331	
IV.	Ungeschriebene Mitwirkungsbefugnisse der Gesellschafter – „Holzmüller"/„Gelatine" 264	IX.	Zeitpunkt der Kapitalerhöhung 335	
	1. Ungeschriebene Mitwirkungsbefugnisse im Aktienrecht 264		1. Kapitalerhöhung im Gründungsverfahren einer GmbH 336	
	a) „Holzmüller" 265		a) Die Verpflichtung zur Mitwirkung an einer später beabsichtigten Kapitalerhöhung vor Gründung der GmbH oder zu einem späteren Zeitpunkt 336	
	b) „Gelatine"-Entscheidungen 266			
	2. Ungeschriebene Mitwirkungsbefugnisse im GmbH-Recht 270			
	a) Ausgangslage 270		b) Kapitalerhöhung im Stadium der Vor-GmbH 337	
	b) Übertragbarkeit der „Holzmüller"/„Gelatine"-Grundsätze auf das GmbH-Recht 271		aa) Sofort wirksame Kapitalerhöhung 338	
			bb) Bedingte Kapitalerhöhung 339	
V.	Beschlussanfechtung 273		2. Kapitalerhöhung im Insolvenz- bzw. Liquidationsverfahren 340	
VI.	Beschlussfeststellungsklage 278			
VII.	Nichtige Beschlüsse 279		a) Kapitalerhöhung während eines laufenden Insolvenz- oder Liquidationsverfahrens 340	
F.	**Kapitalerhöhung und -herabsetzung** 283			
I.	Kapitalerhöhung gegen Einlagen 283			
II.	Notwendigkeit einer sachlichen Rechtfertigung der Kapitalerhöhung 286		b) Auswirkungen eines Insolvenzantrages oder Liquidationsbeschlusses auf eine bereits beschlossene Kapitalerhöhung 341	
III.	Kapitalerhöhung mit Agio 291			
IV.	Zulassung zur Übernahme der neuen Geschäftsanteile 294	X.	Unwirksame Kapitalerhöhungen 343	
	1. Notwendigkeit eines ausdrücklichen Zulassungsbeschlusses 295		1. Unwirksamkeitsgründe 343	
			2. Rückabwicklung von gescheiterten Kapitalerhöhungen 346	
	2. Ausschluss von Gesellschaftern vom Bezug neuer Gesellschaftsanteile 296	XI.	Kapitalherabsetzung 347	
	a) Formelle Voraussetzungen eines Bezugsrechtsausschlusses 297		1. Ordentliche Kapitalherabsetzung 349	
			2. Vereinfachte Kapitalherabsetzung 350	
	b) Materielle Voraussetzungen eines Bezugsrechtsausschlusses 300	G.	**Kapitalerhaltung und Eigenkapitalersatzrecht** 352	
	3. Faktischer Bezugsrechtsausschluss 303	I.	Kapitalerhaltung 352	
	4. Folgen eines rechtswidrigen Bezugsrechtsausschlusses für die Kapitalerhöhung 305		1. Auszahlung 353	
			a) Darlehensgewährung und Cash-Pool 354	
V.	Erbringung der übernommenen Stammeinlagen 308		b) Besicherung 357	
	1. Wertgleiche Deckung 309		2. Unterbilanz 358	
	a) Tilgung durch Zahlung auf debitorisches Konto 310		3. Gesellschafterstellung 359	
			4. Rechtsfolgen 360	
	b) Verzicht auf Vorbehalt der wertgleichen Deckung 311	II.	Kapitalersatz 361	
			1. Gesetzliche Erleichterungen 365	
	2. Leistung zur freien Verfügung der Geschäftsführung (Cash-Pool, Hin- und Herzahlen bzw. Her- und Hinzahlen) 312		a) Kleinbeteiligungsprivileg 366	
			b) Sanierungsprivileg 367	
			2. Eigenkapitalersetzende Gebrauchsüberlassung 370	
	3. Voreinzahlung auf eine Einlageschuld 316			
	4. Schlussfolgerungen 320		3. Finanzplankredit 372	
	a) Leistung zur freien Verfügung bei regulärer Zahlung und Voreinzahlung 320	H.	**Jahresabschluss, Ergebnisverwendung und Gewinnverteilung** 373	
		I.	Jahresabschluss 373	
	b) Keine Übertragbarkeit auf die Gründung 321	II.	Ergebnisverwendung 374	
		III.	Gewinnverteilung 375	

I.	Änderungen im Gesellschafterbestand und Treuhandabreden 376	V.	Treuhandvereinbarungen 397	
I.	Ausscheiden zu Lebzeiten 376		1. Formfragen 397	
	1. Kündigung 376		2. Zustimmungsbedürftigkeit 398	
	2. Einziehung 377	J.	Beendigung, Liquidation, Insolvenz 399	
	3. Ausschließung 381	I.	Liquidation im Gründungsstadium 399	
II.	Anteilsveräußerung 384	II.	Weitere Rechtsfragen zur Liquidation 401	
	1. Beurkundungsbedürftigkeit 386	III.	Insolvenz der GmbH 404	
	2. Heilung der unwirksamen Abtretung 388		1. Pflicht zur Stellung des Antrags auf Insolvenzeröffnung 405	
	3. Anmeldung des Erwerbers gemäß § 16 GmbHG 389		2. Insolvenzverfahren 408	
III.	Tod eines Gesellschafters 390		3. Alternative Handlungsmöglichkeiten in der Krise der GmbH 411	
IV.	Abfindung 395		4. Firmenbestattung 412	

§ 1 GmbH

Kommentare und Gesamtdarstellungen:

Angermeyer, Die aktienrechtliche Prüfung von Sacheinlagen, 1994; ***Baumbach/Hueck***, Kommentar zum GmbH-Gesetz, 18. Aufl. 2006; ***Bayerische Notarkasse***, Streifzug durch die Kostenordnung, 6. Aufl. 2004; ***Beck´sches Handbuch der GmbH***, 3. Aufl. 2002; ***Beck´sches Notarhandbuch***, 4. Aufl. 2006; *Bode,* Die gescheiterte Gründung der Ein-Mann-GmbH, 1994; ***Bumiller/Winkler***, FGG, 8. Aufl. 2006; *Eckhold,* Materielle Unterkapitalisierung, 2002; ***Goette***, Die GmbH, 2. Aufl. 2002; ***Gosch/Schwedhelm/Spiegelberger***, GmbH-Beratung, 2006 (Loseblatt); *Hachenburg*, GmbHG, 8. Aufl. 1992/1997; ***Heckschen/Heidinger***, Die GmbH in der Gestaltungspraxis, 2005; *Henze,* Aktienrecht, 5. Aufl. 2002; ***Herchen***, Agio und verdecktes Agio im Recht der Kapitalgesellschaften, 2004; *Hölters,* Handbuch des Unternehmens- und Beteiligungskaufs, 6. Aufl. 2005; ***Kallmeyer***, GmbH-Handbuch (Loseblatt); ***Keidel/Krafka/Willer***, Registerrecht, 6. Aufl. 2003; ***Keidel/Kuntze/Winkler***, FGG, 14. Aufl.1999; ***Kübler/Prütting***, Das neue Insolvenzrecht, 2. Aufl. 2000; ***Kussrow***, Die Ein-Mann-GmbH in Gründung: Gründungs- und Haftungsprobleme, 1986; ***Lutter/Hommelhoff***, GmbHG, 16. Aufl. 2004; *Lutter,* Umwandlungsgesetz, 3. Aufl. 2004; *Mayer,* Praxis der GmbH für Wirtschaftsprüfer, 1999*;* ***Meyer-Panhuysen***, Die fehlerhafte Kapitalerhöhung, 2003; *Michalski*, GmbHG, 2002; ***Müller-Eising***, Die verdeckte Sacheinlage, 1992; ***Münchener Kommentar zum Aktiengesetz***, Bd. 1 (§§ 1 – 53), 2. Aufl. 2000; ***Münchener Anwaltshandbuch Aktienrecht***, 2005; ***Münchener Handbuch des Gesellschaftsrechts***, Bd. 2: GmbH, 2. Aufl. 2003; ***Münchener Kommentar Aktiengesetz***, Bd. 1 (§§ 1 – 53), 2. Aufl. 2000; ***Münchener Kommentar zum Bürgerlichen Gesetzbuch***, Bd. 5 (§§ 705 – 853), 4. Aufl. 2004; ***Reul/Heckschen/Wienberg***, Insolvenzrecht in der Kautelarpraxis, 2006; ***Roth/Altmeppen***, Kommentar zum GmbHG, 5. Aufl. 2005; *Röhricht,* Gesellschaftsrecht in der Diskussion, 2003; *K. Schmidt/Uhlenbruck,* Die GmbH in Krise, Sanierung und Insolvenz, 3. Aufl. 2003; *Rowedder*, GmbHG, 4. Aufl. 2002; *K. Schmidt,* Gesellschaftsrecht, 4. Aufl. 2002; ***Semler/Stengel***, UmwG, 2003; ***Sernetz/Haas***, Kapitalaufbringung und -erhaltung in der GmbH, 2003; *Scholz,* Kommentar zum GmbHG, Bd. 1: §§ 1 – 34 GmbHG/Konzernrecht, 10. Aufl. 2006, 9. Aufl. 2000/2002; *Sotiropoulos,* Kredite und Kreditsicherheiten der GmbH zu Gunsten ihrer Gesellschafter und nahe stehender Dritter, 1995; ***Tillmann/Mohr***, GmbH-Geschäftsführer, 8. Aufl. 2003; ***Vetter/Stadler***, Haftungsrisiken beim konzernweiten Cash Pooling, 2003; Ulmer, GmbHG, Bd. 1: Einl., §§ 1 – 28 GmbHG, 2005, Bd. 2: §§ 29 – 52 GmbHG, 2006; ***Widmann/Mayer***, Umwandlungsrecht Stand: Januar 2007.

Formularbücher und Mustersammlungen:

Böttcher/Ries, Formularpraxis des Handelsregisterrechts, 2003; *Jaeger,* Der Anstellungsvertrag des GmbH-Geschäftsführers, 4. Aufl. 2001; *Langenfeld,* GmbH-Vertragspraxis, 5. Aufl. 2006; ***Münchener Vertragshandbuch***, Bd. 1: Gesellschaftsrecht, 6. Aufl. 2005; ***Reichert/Harbarth***, Der GmbH-Vertrag, 3. Aufl. 2001.

Aufsätze und Rechtsprechungsübersichten:

Abramenko, Die Einberufung der Gesellschafterversammlung durch Unbefugte, GmbHR 2004, 723; ***Abramenko***, Die Nachholung der Beschlussfeststellung außerhalb der Gesellschafterversammlung, GmbHR 2003, 1471; ***Altmeppen***, Die Grenzen der Zulässigkeit des Cash-Pooling, ZIP 2006, 1025; *ders.,* Das unvermeidliche Scheitern des Innenhaftungskonzepts in der Vor-GmbH, NJW 1997, 3272; *ders.,* Zur Mantelverwendung in der GmbH. Zugleich Anmerkung zu BGH, B. v. 09.12.2002 – II ZB 12/02 –, NZG 2003, 145; *ders.,* Zur Verwendung eines „alten" GmbH-Mantels, DB 2003, 2050; *ders.,* Ausfall- und Verhaltenshaftung des Mitgesellschafters in der GmbH. Zugleich Anmerkung zu BGH, U. v. 25.02.2002 – II ZR 196/00 –, ZIP 2002, 961; *ders.,* Zur Entwicklung eines neuen Gläubigerschutzkonzeptes in der GmbH. Zugleich Anmerkung zu BGH, U. v. 24.06.2002 - II ZR 300/00, ZIP 2002, 1553; *ders.*, Neues zum Finanzplan und zum Sanierungskredit, in: FS für Sigle, 2000, S. 211ff.; *Altrichter/Herzberg*, Steuerliche Aspekte der verdeckten Sacheinlage, GmbHR 2004, 1188; *Armbrüster*, Zur Beurkundungsbedürftigkeit von Treuhandabreden über GmbH-Anteile, DNotZ 1997, 762; *Assman/Sethe*, Die Auswirkungen von Vorkaufsrechten und Vinkulierungsklauseln auf den Paketerwerb von GmbH-Anteilen, in: FS für Zöllner, 1999, S. 3ff.; *Bacher*, Die Abdingbarkeit des Stimmverbots nach § 47 Abs. 4 GmbHG in der Satzung, GmbHR 2001, 133; *Bacher/Spieth*, Fehlerhafte Abfindungsklauseln in GmbH-Satzungen, GmbHR 2003, 517; *dies.*, Die Anfechtbarkeit oder Nichtigkeit fehlerhafter Abfindungsklauseln in der GmbH-Satzung, GmbHR 2003, 973; *Barta*, Die „Gelatine"-Entscheidung des BGH: Auswirkungen auf die Beratungspraxis bei AG und GmbH, GmbHR 2004, R 289; *Barth*, Keine Erfüllung der Formerfordernisse des § 15 Abs. 3 und Abs. 4 GmbHG durch antizipierende Satzungsklauseln, GmbHR 2004, 383; *Bärwaldt*, Die Anmeldung des eigenen Ausscheidens als Geschäftsführer, GmbHR 2001, 290; *ders.*, Der Zeitpunkt der Richtigkeit der Versicherung der Geschäftsführung über die Leistung der Stammeinlagen und deren endgültig freie Verfügbarkeit. Zugleich Anmerkung zu LG Gießen, B. v. 15.10.2002 – 6 T 9/02 –, GmbHR 2003, 524; *Bärwaldt/Günzel*, Der GmbH-Gesellschafterbeschluss und die Form der Stimmrechtsvollmacht, GmbHR 2002, 1112; *Baumann/Müller*, Die Haftung der Gründungsgesellschafter bei der echten und unechten Vor-GmbH. Anmerkung zu: OLG Bremen, U. v. 08.06.2000 – 5 U 2/00 –, NZG 2001, 218; *Bayer*, Neue und neueste Entwicklungen zur verdeckten GmbH-Sacheinlage, ZIP 1998, 1985; *Bayer/Lieder*, Kapitalaufbringung im Cash-Pool, GmbHR 2006, 449; *Bayer/Schmidt*, Die Insolvenzantragspflicht der Geschäftsführung nach §§ 92 Abs. 2 AktG, 64 Abs. 1 GmbHG, AG 2005, 644; *Becker*, Heilung verdeckter Sacheinlagen bei der GmbH, RNotZ 2005, 569; *Benecke*, Inhaltskontrolle im Gesellschaftsrecht oder: „Hinauskündigung" und das Anstandsgefühl aller billig und gerecht Denkenden, ZIP 2005, 1437; *dies.*, Der Erstattungsanspruch nach § 31 Abs. 1 GmbHG bei anderweitig aufgefülltem Stammkapital. Anmerkung zu BGH, Urt. v. 29.05.2000 – II ZR 118/98 –, ZIP 2000, 1969; *Berg/Schmich*, Kreditgewährung unter Verstoß gegen § 30 GmbHG als verdeckte Gewinnausschüttung?, FR 2005, 190; *Beuthien*, Vertretungsmacht bei der Vor-GmbH – erweiterbar oder unbeschränkbar? NJW 1997, 565; *ders.*, Gibt es eine organschaftliche Stellvertretung? NJW 1999, 1142; *Bieder*, Bindungswirkung und Minderheitenschutz bei der Gesellschaftsfinanzierung durch Finanzplankredite, WM 2000, 2533ff.; *Binz/Sorg*, Gesellschafts- und steuerrechtliche Aspekte eines Beteiligungsmodells bei GmbH und GmbH & Co. KG, GmbHR 2005, 893; *Bischoff*, Sachliche Voraussetzungen von Mehrheitsbeschlüssen in Kapitalgesellschaften, BB 1987, 1055; *Blöse*, Darlegungs- und Beweislast bei Ansprüchen aus Eigenkapitalersatz. Zugleich Anmerkung zu BGH, U. v. 17.02.2003 – II ZR 281/00 –, ZIP 2003, 1687; *Böcker*, Anmeldung einer in der Zukunft liegenden Geschäftsführerbestellung, MittRhNotK 2000, 61; *Bohlscheid*, Ausländer als Gesellschafter und Geschäftsführer einer deutschen GmbHRNotZ 2005, 505; *Bohrer*, Kann eine GmbH wirtschaftlich neu gegründet werden? Von Mänteln, Mimikry-Gesellschaften und Vertrauenshaftung, DNotZ 2003, 888; *Böhringer*, Klarstellungsvermerk zum Eintragungsvermerk bei wiederholter Auflassung, zugleich Anmerkung zu BGH, Urt. v. 7.7.2003 – II ZR 235/01, NotBZ 2004, 13; *ders.*, Nachweis der Geldeinlage bei GmbH-Gründung, Rpfleger 2002, 551; *Bormann*, Die Stellvertretung im Gesellschaftsrecht – Ein aktueller Überblick, NotBZ 2003, 405; *ders.*, Umdenken im Kapitalersatzrecht? Die Auswirkungen der „Balsam/Procedo"-Entscheidungen auf eigenkapitalersetzende Gesellschafterdarlehen – Erwiderung zu Kurth, Delhaes, DB 2000, 2577, (zugl. Anmerkung zu BGH, Urt. v. 29.05.2000 – II ZR 118/98 – und BGH, Urt. v. 29.05.2000 – II ZR 347/97 –), DB 2001, 907; *Bormann/Halaczinsky*, Vorratsgesellschaft und Kapitalaufbringung – Oder: „Wer schlecht zahlt, zahlt doppelt", GmbHR 2000, 1022; *Borsch*, Die Zulässigkeit des inländischen Doppelsitzes für Gesellschaften mbH, GmbHR 2003, 258; *Böttcher*, Managementbeteiligungen im Spiegel der aktuellen Rechtsprechung, NZG 2005, 992; *Boujong*, Das GmbH-Recht in den Jahren 2000 bis 2002, NZG 2003, 497; *Brandes*, Die Rechtsprechung des BGH zur GmbH, WM 1995, 641; *v. Bredow/Schumacher*, Registerkontrolle und Haftungsrisiken bei der Verwendung von GmbH-Mantelgesellschaften, DStR 2003, 1032; *Brinkmann*, Neues Verjährungsrecht contra Gläubigerschutz?, NZG 2002, 855; *Bruhns*, Verpfändung von GmbH-Anteilen in der Finanzierungspraxis, GmbHR 2006, 587; *Bruns*, Zur Reichweite der Haftung wegen existenzvernichtenden Eingriffs, NZG 2004, 409; *Buchholz*, Die Eintragungsfähigkeit der Vor-GmbH in die Handwerksrolle, NZG 2001, 884; *Bütter/Tonner*, Wirksamkeit von Rückkaufrechten und auflösenden Bedingungen in Schenkungsverträgen über Gesellschaftsanteile, NZG 2003, 193; *Cahn*, Das richterrechtliche Verbot der Kreditvergabe an Gesellschafter und seine Folgen, Der Konzern 2004, 235; *ders.*, Die Ausfallhaftung des GmbH-Gesellschafters. Anmerkung zu BGH, Urt. v. 25.02.2002 – II ZR 196/00 –, ZGR 2003, 299; *Casper/Ullrich*, Zur Reichweite des Sanierungsprivilegs in § 32 a Abs. 3 S. 3 GmbHG, GmbHR 2000, 472; *Cebulla*, Haftungsmodelle bei der GmbH-Gründung, NZG 2001, 972; *Clausnitzer/Blatt*, Das neue elektronische Handels- und Unternehmensregister – ein Überblick über die wichtigsten Veränderungen aus Sicht der Wirtschaft, GmbHR 2006, 1303; *Crezelius*, Die werdende GmbH - Gesellschaftsrechtliche Grundlagen, bilanz- und steuerrechtliche Konsequenzen, DStR 1987, 743; *Dahl*, Die Kollision eigenkapitalersetzender Gebrauchsüberlassungen mit Grundpfandrechten, NZI 2003, 191; *Dahlbender*, Die gemeinnützige GmbH – Hinweise zur Errichtung der GmbH und zur Formulierung der Satzung, GmbH-StB 2006, 17; *Dißars*, Einlagegegenstand in eine GmbH zur Heilung einer verdeckten Sacheinlage, BB 2003, 1922; *Drygala*, Zur Neuregelung der Tätigkeitsverbote für Geschäftsleiter von Kapitalgesellschaften, ZIP 2005, 423; *Ebert*, Folgepflicht und Haftung des GmbH-Geschäftsführers beim Erhalt und bei der Ausführung von

Weisungen, GmbHR 2003, 444; *Emde*, Vorratsgesellschaft und verschleierte Sacheinlage – Zweiter Teil des Themas „Wer gezahlt hat, hat gezahlt", GmbHR 2003, 1034; *ders.*, Vorratsgesellschaft und Kapitalaufbringung – oder: Wer gezahlt hat, hat gezahlt, Antwort auf Bormann/Halaczinsky, GmbHR 2000, 1193; *Ettinger/Reiff*, Die Auswirkungen der Entscheidung des BGH vom 07.07.2003 auf zukünftige und bereits vollzogene Heilungen verdeckter Sacheinlagen bei der GmbH, NZG 2004, 258; *dies.*, Heilungsmöglichkeiten der fehlerhaften Kapitalaufbringung bei der Vorrats-GmbH, GmbHR 2005, 324; *Falk/Schäfer*, Insolvenz- und gesellschaftsrechtliche Haftungsrisiken der übertragenden Sanierung, ZIP 2004, 1337; *Fastrich*, Optimierung des Gläubigerschutzes bei der GmbH – Praktikabilität und Effizienz, DStR 2006, 656; *Fett/Spiering*, Typische Probleme bei der Kapitalerhöhung aus Gesellschaftsmitteln, NZG 2002, 358; *Fischer*, Die Bestellung von Arbeitnehmern zu Organmitgliedern juristischer Personen und das Schicksal ihres Arbeitsvertrags, NJW 2003, 2417; *Fischer/Gasteyer*, Grenzen der Sicherheitenbestellung bei der GmbH, NZG 2003, 517; *Fleischer*, Ungeschriebene Hauptversammlungszuständigkeiten im Aktienrecht: Von „Holzmüller" zu „Gelatine", NJW 2004, 2335; *ders.*, Der Finanzplankredit im Gesamtgefüge der einlagegleichen Gesellschafterleistungen; zugleich Anmerkung zu BGH, Urt. v. 28.06.1999 – II ZR 272/98 –, DStR 1999, 1774; *Fritzsche*, Abgabe und Wirksamwerden der Geschäftsführerversicherung nach § 8 Abs. 2 GmbHG, Rpfleger 2002, 552; *Fröhlich*, Kapitalschnitt zur Sanierung durch vereinfachte Kapitalherabsetzung und gleichzeitige Kapitalerhöhung, GmbH-StB 2006, 181; *Fromm*, Banken als faktische Gesellschafter bei Turnaround-Finanzierungen. Gefahren für Unternehmen und Kreditinstitute, GmbHR 2003, 1114; *Fuhrmann*, Kreditgewährung an Gesellschafter: Ende des konzernweiten Cash Managements?, NZG 2004, 552; *Gärtner*, Keine verschleierte Sacheinlage bei Bargründung einer GmbH und unmittelbar folgendem Umsatzgeschäft, GmbHR 2003, 1417; *Gassen*, Zulässigkeit und Grenzen gesellschaftsrechtlich vereinbarter Pflichten zur Vornahme familien- und erbrechtlicher Vereinbarungen mit Dritten, RNotZ 2004, 423; *Gehrlein*, Rechtsprechungsübersicht zum GmbH-Recht in den Jahren 2001 – 2004: GmbH-Gründung, Ausscheiden eines Gesellschafters und Gesellschafterhaftung, BB 2004, 2361; *ders.*, Neue Tendenzen zum Verbot der freien Hinauskündigung eines Gesellschafters, NJW 2005, 1969; *v. Gerkan*, Verdeckte Sacheinlagen in der GmbH, GmbHR 1992, 433; *Goette*, Ausschließung und Austritt aus der GmbH in der Rechtsprechung des Bundesgerichtshofs, DStR 2001, 533; *ders.*, Aus der neueren Rechtsprechung des BGH zum GmbH-Recht, ZIP 2005, 1481; *ders.*, Auslandsbeurkundungen im Kapitalgesellschaftsrecht, DStR 1996, 709ff.; *ders.*, Auslandsbeurkundungen im Kapitalgesellschaftsrecht, MittRhNotK 1997, 1; *ders.*, Die Rechtsprechung des BGH zum Gesellschaftsrecht im Jahr 2001, ZNotP 2002, 366; *ders.*, Zur jüngeren Rechtsprechung des II. Zivilsenats zum Gesellschaftsrecht, DStR 2006, 139; *ders.*, Haftungsfragen bei der Verwendung von Vorratsgesellschaften und „leeren" GmbH-Mänteln, DStR 2004, 461; *ders.*, Die Rechtsprechung des BGH zum Gesellschaftsrecht im Jahr 1997, ZNotP 1998, 42; *ders.*, in: FS für Lutter, Zum Zeitpunkt des Wirksamwerdens des Zwangseinziehungsbeschlusses, 2000, S. 399; *ders.*, Die Rechtsprechung des BGH zum Gesellschaftsrecht im Jahr 1998, ZNotP 1999, 50; *ders.*, Der Stand der höchstrichterlichen Rechtsprechung zur Kapitalerhaltung und zum Rückgewährverbot im GmbH-Recht, DStR 1997, 1495; *Gottwald*, Staatliche Genehmigungserfordernisse bei GmbH-Gründungen, DStR 2001, 945; *Götze*, „Gelatine" statt „Holzmüller" – Zur Reichweite ungeschriebener Mitwirkungsbefugnisse der Hauptversammlung, NZG 2004, 585; *ders.*, Die Auswirkungen der Eröffnung eines Insolvenzverfahrens auf die Durchführung einer zuvor beschlossenen Kapitalerhöhung, ZIP 2002, 2204; *Grooterhorst*, Praktische Probleme beim Erwerb einer Vorrats-AG, NZG 2001, 145; *Groß*, Der Inhalt des Bezugsrechts nach § 186 AktG. Ein Beitrag zum gekreuzten und faktischen Bezugsrechtsausschluß, AG 1993, 449; *Grziwotz*, Eheverträge von Unternehmern, ZIP 2006, 9; *Grunewald*, Ausschluss aus Freiberuflersozietäten und Mitunternehmergesellschaften ohne besonderen Anlass, DStR 2004, 1750; *Grunewald/Gehling/Rodewig*, Gutgläubiger Erwerb von GmbH-Anteilen, ZIP 2006, 685; *Gundlach/Frenzel/Schmidt*, Blick ins Insolvenzrecht, DStR 2004, 1183; *Gundlach/Frenzel/Schmidt*, Die Kapitalerhöhung in der Insolvenz – Eine Erwiderung auf den Beitrag von Thilo Kuntz, (DStR 2006, 519), DStR 2006, 1048; *Gustavus*, Möglichkeiten zur Beschleunigung des Eintragungsverfahrens bei der GmbH: Antworten auf den Vorschlag des Deutschen Industrie- und Handelstages zur Übernahme der Registerführung durch die Industrie- und Handelskammern, GmbHR 1993, 259; *Haack*, Eigenkapitalersetzende Gesellschafterdarlehen (Fach 18, 3837-3850), NWB 2002, 731; *Haas*, Die Rechtsfigur des „faktischen GmbH-Geschäftsführers", NZI 2006, 494; *ders.*, Die Haftung des Gesellschafters bei „Waschkorblagen", NZI 2004, Heft 3, S. V; *ders.*, Aktuelle Rechtsprechung zum Kapitalersatzrecht, NZI 2002, 457; *ders.*, Aktuelle Rechtsprechung zur Insolvenzantragspflicht des GmbH-Geschäftsführers nach § 64 Abs. 1 GmbHG, DStR 2003, 423; *Haase*, Das ruhende Arbeitsverhältnis eines zum Vertretungsorgan einer GmbH bestellten Arbeitnehmers und das Schriftformerfordernis gemäß § 623 BGB, GmbHR 2004, 279; *Habersack*, Das Andienungs- und Erwerbsrecht bei Erwerb und Veräußerung eigener Anteile, ZIP 2004, 1121; *Habersack/Verse*, Rechtsfragen der Mitarbeiterbeteiligung im Spiegel der neueren Rechtsprechung, ZGR 2005, 451; *Habersack*, Mitwirkungsrechte der Aktionäre nach Macroton und Gelatine, AG 2005, 137; *Habersack/Schürnbrand*, Cash-Management und Sicherheitenbestellung bei AG und GmbH im Lichte des richterrechtlichen Verbots der Kreditvergabe an Gesellschafter, NZG 2004, 689; *Hadding*, Zum gesetzlich notwendigen Umfang der notariellen Beurkundung der „Vereinbarung", einen GmbH-Geschäftsanteil zu übertragen, ZIP 2003, 2133; *Hallweger*, Die freie Verfügbarkeit von Bareinlagen aus Kapitalerhöhungen in der Aktiengesellschaft, DStR 2002, 2131; *Heckschen*, Firmenbildung und Firmenverwertung – aktuelle Tendenzen, NotBZ 2006, 346; *ders.*, MoMiG – Ein Überblick über den aktuellen Diskussionsstand, NotBZ 2006,

381; *ders.*, Aktuelle Beratungshinweise bei Kündigung, Einziehung und Ausschluss von GmbH-Geschäftsanteilen, GmbHR 2006, 1254; *ders.*, Auslandsbeurkundung und Richtigkeitsgewähr, DB 1990, 161; *ders.*, Umstrukturierung in Unternehmen, in: K. Schmidt/Riegger (Hrsg.), Gesellschaftsrecht, 1999, S. 129ff.; *ders.*, Umwandlungsrecht und Insolvenz, in: FS für Widmann, 2000, S. 31ff.; *ders.*, Umstrukturierungen krisengeschüttelter Kapitalgesellschaften: Umwandlungsmaßnahmen nach Stellung des Insolvenzantrags, DB 2005, 2675; *ders.*, Agio und Bezugsrechtsausschluss bei der GmbH, DStR 2001, 1437 ff.; *Heckschen/Voigt*, Mitarbeiterbeteiligungsmodelle, NotBZ 2005, 427; *Heidenhain*, Anwendung der Gründungsvorschriften des GmbH-Gesetzes auf die wirtschaftliche Neugründung einer Gesellschaft, (zugl. Anmerkung zu BGH, 07.07.2003 – II ZB 4/02 –), NZG 2003, 1051; *ders.*, Aufgabe des Beurkundungserfordernisses beim Verkauf und der Abtretung von GmbH-Geschäftsanteilen, ZIP 2001, 721; *Heidinger*, Zum Einlagegegenstand der verdeckten Sacheinlage, ZNotP 2004, 465; *ders.*, Die Versicherung der Geschäftsführer über die Stammeinlageleistung, in: FS 10 Jahre DNotI, 2003, S. 235; *ders.*, Der Zeitpunkt der Richtigkeit der Geschäftsführerversicherung, Rpfleger 2003, 545; *ders.*, Die wirtschaftliche Neugründung – Grenzen der analogen Anwendung des Gründungsrechts, ZGR 2005, 101; *ders.*, Neues zur Verwendung von Vorratsgesellschaften und zum Mantelkauf. Zugleich Anmerkung zu BGH, U. v. 09.12.2002 – II ZB 12/02 –, ZNotP 2003, 82; *ders.*, Neues zur Kapitalaufbringung bei der Kapitalerhöhung, GmbHR 2002, 1045; *ders.*, Neues zur Voreinzahlung bei der Kapitalerhöhung. Anmerkung zu BGH, Urt. v. 18.09.2000 – II ZR 365/98 –, DNotZ 2001, 154, DNotZ 2001, 341; *ders.*, Haftung wegen Darlehensgewährung an Gesellschafter, NotBZ 2004, 463; *ders.*, Die neuen gesetzlichen Ausnahmen zum Kapitalersatzrecht – das Kleinbeteiligungs- und Sanierungsprivileg, ZNotP 1999, 423; *Heil*, Die verdeckte Sacheinlage bei Beteiligung Dritter, NZG 2001, 913; *Henkel*, Die verdeckte Sacheinlage im GmbH-Recht unter Beteiligung von dem Gesellschafter nahestehenden Personen, GmbHR 2005, 1589; *Hentzen*, Die Abgrenzung von Kapitalaufbringung und Kapitalerhaltung im Cash-Pool, DStR 2006, 948; *Henze*, Zur Problematik der „verdeckten (verschleierten) Sacheinlage" im Aktien- und GmbH-Recht – Unter besonderer Berücksichtigung der Rückzahlung von Darlehen aus den Mitteln der Kapitalerhöhung, ZHR 1990, 105; *ders.*, Gesichtspunkte des Kapitalerhaltungsgebots und seiner Ergänzung im Kapitalgesellschaftsrecht in der Rechtsprechung des BGH, NZG 2003, 649; *ders.*, Holzmüller vollendet das 21. Lebensjahr, in: FS für Ulmer, 2003, S. 211ff.; *ders.*, Erfordernis der wertgleichen Deckung bei Kapitalerhöhung mit Bareinlagen? Anmerkung zu BGH, Urt. v. 18.03.2002 – II ZR 363/00 – und BGH, Urt. v. 18.03.2002 – II ZR 369/00 –, BB 2002, 955; *ders.*, Entwicklungen der Rechtsprechung des BGH im GmbH-Recht – Freud und Leid der Kommentatoren, GmbHR 2000, 1069; *Herchen*, Vorratsgründung, Mantelverwendung und geräuschlose Beseitigung der GmbH, DB 2003, 2211; *Hey*, Die Bewertung der Vermögensgegenstände in der „Vorbelastungsbilanz" einer GmbH, GmbHR 2001, 905; *Hiort*, Kapitalerhöhung in der GmbH durch (Teil-)Einlage obligatorischer Nutzungsrechte, BB 2004, 2760; *Hirte*, Die Entwicklung des Unternehmens- und Gesellschaftsrechts in Deutschland in den Jahren 1996 und 1997. 2. Teil: Gesellschaft mit beschränkter Haftung (GmbH), NJW 1998, 3459; *ders.*, Die Rechtsentwicklung im Bereich der kapitalersetzenden Gesellschafterleistungen in den Jahren 2000 – 2002, ZInsO 2003, 534; *Hölzle*, Materielle Unterkapitalisierung und Existenzvernichtungshaftung – Das Phantom als Fallgruppe der Durchgriffshaftung, ZIP 2004, 1729; *ders.*, Sanierende Übertragung – Besonderheiten des Unternehmenskaufs in Krise und Insolvenz, DStR 2004, 1433; *Hoffmann/Köster*, Beschlussfeststellung und Anfechtungsklageerfordernis im GmbH-Recht, GmbHR 2004, 1327; *Hommelhoff/Kleindiek*, Schuldrechtliche Verwendungspflichten und „freie Verfügung" bei der Barkapitalerhöhung, ZIP 1987, 477; *Huber*, Beirat und Beiratsmitglied – praxisrelevante Aspekte für ihre Tätigkeit, GmbHR 2004, 772; *Hübner*, Zwangsabtretung und Zwangseinziehung im Erbschaftsteuerrecht – Folgen der Regelung gegen unkontrollierte Gesellschafternachfolge, ErbStB 2004, 387; *Huep*, Die Haftungsbeschränkung zugunsten der Gesellschafter einer BGB-Gesellschaft, NZG 2000, 285; *Hüffer*, Zuordnungsprobleme und Sicherung der Kapitalaufbringung bei der Einmanngründung der GmbH, ZHR 1981, 521; *ders.*, Probleme des Cash Managements im faktischen Aktienkonzern, AG 2004, 416; *Hülsmann*, Abfindungsklauseln: Kontrollkriterien der Rechtsprechung, NJW 2002, 1673; *Jawansky*, Die Geltendmachung von Ansprüchen aus existenzvernichtendem Eingriff gegen GmbH-Gesellschafter durch den Insolvenzverwalter, DB 2003, 2757; *Kallmeyer*, Ist die Wiederbelebung einer Mantel-GmbH wirklich strenger zu behandeln als der Formwechsel einer AG in eine GmbH? Anmerkung zu BGH, B. v. 07.07.2003 – II ZR 4/02 –, DB 2003, 2583; *ders.*, Einführung des „Euro" für die GmbH, GmbHR 1998, 963; *Kanzleiter*, Leistungen auf die Stammeinlage bei der GmbH, BWNotZ 1996, 153; *ders.*, Der Zweck der Beurkundungspflicht für Veräußerungsverträge über GmbH-Geschäftsanteile. Entgegnung zu Heidenhain, Aufgabe des Beurkundungserfordernisses bei Verkauf und Abtretung von GmbH-Geschäftsanteilen, ZIP 2001, 721, ZIP 2001, 2105; *Karollus*, Voreinzahlungen auf künftige Kapitalerhöhungen, DStR 1995, 1065; *Keilbach*, Die Prüfungsaufgaben der Registergerichte, MittRhNotK 2000, 365; *Keller*, Außenhaftung des GmbH-Geschäftsführers bei Wettbewerbsverstößen und Verletzung gewerblicher Schutzrechte, GmbHR 2005, 1235; *Kersting*, Europäische Vorgaben zur Handelnden-Haftung und zur Haftung in der Vorgesellschaft – Zur Europarechtswidrigkeit des Konzepts der Innenhaftung, GmbHR 2003, 1466; *Kiethe*, Die Renaissance des § 826 BGB im Gesellschaftsrecht – Neuere Tendenzen in der Rechtsprechung, NZG 2005, 833; *Kleindiek*, Zur Gründerhaftung in der Vor-GmbH – Besprechung der Entscheidung BGH, U. v. 27.01.1997 – 11 ZR 123/94 – = ZIP 1997, 679 = BB 1997, 905, ZGR 1997, 427; *Kleinert/Blöse/v. Xylander*, Erfüllung der Formerfordernisse gemäß § 15 Abs. 3 und 4 S. 1 GmbHG durch antizipierende Satzungsklauseln – ein Gestaltungsvorschlag, GmbHR 2003, 1230; *Knepper/Langner*,

Keine Rentenversicherungspflicht des selbstständigen GmbH-Gesellschafter-Geschäftsführers gemäß § 2 Satz 1 Nr. 9 SGB VI, DStR 2006, 1283; *Knoche*, Wirksamkeit von Auslandsbeurkundungen im Gesellschaftsrecht, in: FS 200 Jahre Rheinisches Notariat, 1998, S. 279ff.; *König*, Doppelsitz einer Kapitalgesellschaft – gesetzliches Verbot oder zulässiges Hilfsmittel der Gestaltung einer Fusion?, AG 2000, 18; *ders.*, Zur notariellen Beurkundung der Abtretung von GmbH-Geschäftsanteilen – Ein Vorschlag zur Einschränkung des § 15 Abs. 3 und 4 GmbHG, ZIP 2004, 1838; *Kornblum*, Bundesweite Rechtstatsachen zum Unternehmens- und Gesellschaftsrecht, Stand: 1.1.2005, GmbHR 2006, 28; *Kort*, Aktien aus vernichteten Kapitalerhöhungen, ZGR 1994, 291; *ders.*, Voreinzahlungen auf künftige Kapitalerhöhungen bei AG und GmbH, DStR 2002, 1223; *ders.*, Das Verhältnis von Auszahlungsverbot (§ 30 Abs. 1 GmbHG) und Erstattungspflicht (§31 GmbHG). Anmerkung zu BGH, Urt. v. 29.05.2000 – II ZR 118/98 – („Balsam/Procedo"), ZGR 2001, 615; *Kowalski/Bormann*, (Manager-)Beteiligung auf Zeit – ein Fall der Sittenwidrigkeit?, GmbHR 2004, 1438; *Krafczyk/Gerlach*, Keine Haftung des arglistig getäuschten Anteilskäufers für rückständige Stammeinlage, GmbHR 2006, 1038; *Krafka*, Gestaltungsformen der Gesamtprokura, in: FS 10 Jahre DNotI, 2003, S. 223ff.; *Kuntz*, Die Kapitalerhöhung in der Insolvenz, DStR 2006, 519; *ders.*, Nochmals: Die Kapitalerhöhung in der Insolvenz - Antwort auf Gundlach/Frenzel/Schmidt in DStR 2006, 1048, DStR 2006, 1050; *Kurth*, Zur Heilung der verdeckten Sacheinlage. Zugleich Anmerkung zu BGH, U. v. 07.07.2003 – II ZR 235/01 –, NJW 2003, 3180; *Kurth/Delhaes*, Die Entsperrung kapitalersetzender Darlehen. Die Auswirkungen der Procedo-Urteile in rechtlicher, bilanzieller und steuerlicher Hinsicht, DB 2000, 2577; *Kutzer*, Die Tilgung der Bareinlagenschuld durch den GmbH-Gesellschafter, GmbHR 1987, 297; *Lamb/Schluck-Amend*, Kapitalaufbringung im Rahmen des Cash-Poolings, DB 2006, 879; *Lange*, Neues zu Abfindungsklauseln. Anmerkung zu: OLG Dresden, U. v. 18.05.2000 – 21 U 3559/99 – und BGH, U. v. 19.06.2000 - II ZR 73/99 –, NZG 2001, 635; *Langenbucher*, Zum Tatbestand der verdeckten Sacheinlage bei der GmbH, (zugl. Anmerkung zu: BGH, U. v. 16.09.2002 – II ZR 1/00 –), NZG 2003, 211; *dies.*, Zur Rechtsfolge der verdeckten Sacheinlage bei der GmbH. Zugleich Anmerkung zu BGH v. 07.07.2003 – II ZR 235/01 –, DStR 2003, 1838; *Langenfeld*, GmbH-Musterformulierung: Kapitalerhöhung im Ausschüttungs-Rückhol-Verfahren, GmbH-StB 1999, 295; *ders.*, Verdeckte Sacheinlagen bei der GmbH – die unendliche Geschichte des richtigen Einbringungsgegenstandes, GmbHR 2004, 298; *Langner/Heydel*, Nachfolgeklauseln im GmbH-Gesellschaftsvertrag, GmbHR 2006, 291; *Langner/Mentgen*, Aufsteigende Darlehen im physischen Cash Pooling und die neue Rechtsprechung des BGH, GmbHR 2004, 1121; *Lavall*, Verdeckte Gewinnausschüttungen und Geschäftschancenlehre im GmbH-Recht, NJW 1997, 1742; *Lenz*, Haftung der Gesellschafter und Handelnden bei Vorgründungsgesellschaft und Vor-GmbH, INF 2002, 147; *ders.*, Vererbung von GmbH-Geschäftsanteilen, GmbHR 2000, 927; *Liebscher*, Umgehungsresistenz von Vinkulierungsklauseln, ZIP 2003, 825; *Liebscher/Lübke*, Die zwangsweise Verwertung vinkulierter Anteile – zur angeblich vinkulierungsfreien Pfand- und Insolvenzverwertung, ZIP 2004, 241; *Liebscher/Scharff*, Das Gesetz über elektronische Handelsregister und Genossenschaftsregister sowie das Unternehmensregister, NJW 2006, 3745; *Liese/Theusinger*, Beschlussfassung durch GmbH-Gesellschafter – das Ende des kombinierten Verfahrens?, GmbHR 2006, 682; *Lindemeier*, Die Versicherung des Geschäftsführers einer GmbH gegenüber dem Registergericht zur Sicherung der Kapitalaufbringung, RNotZ 2003, 503; *Lohr*, Die Gestaltung von Aufhebungsverträgen mit GmbH-Geschäftsführern, ZNotP 2004, 82; *Loritz*, Rechtsfragen der notariellen Beurkundung beim Verkauf und Abtretung von GmbH-Geschäftsanteilen, DNotZ 2000, 90; *Lösler*, Konsortialkredit, Sicherheitenpool und Kapitalersatzrecht, ZInsO 2003, 773; *Lutter*, Haftungsrisiken bei der Gründung einer GmbH, JuS 1998, 1073; *ders.*, Haftung und Haftungsfreiräume des GmbH-Geschäftsführers – 10 Gebote an den Geschäftsführer, GmbHR 2000, 301; *ders.*, Erfordernisse eines Bezugsrechtsausschlusses, ZGR 1979, 401; *ders.*, Das überholte Thesaurierungsgebot bei Eintragung einer Kapitalgesellschaft im Handelsregister, NJW 1989, 2649; *ders.*, Gescheiterte Kapitalerhöhungen, in: FS für Schilling, 1973, S. 207ff.; *Lutter/Banerjea*, Die Haftung des Geschäftsführers für existenzvernichtende Eingriffe, ZIP 2003, 2177; *Luttermann/Lingl*, Unterbilanzhaftung, Organisationseinheit der Vor-GmbH und Haftungskonzept, NZG 2006, 454; *Lutz/Matschke*, Zur Bewertung von Sacheinlagen bei Gründung und Kapitalerhöhung unter dem Aspekt des Gläubigerschutzes, WPg 1992, 741; *Maurer*, Vorbelastungshaftung und Eintragungshindernis bei Kapitalgesellschaften, BB 2001, 2537; *Mayer*, Ein Beitrag zur „Entschleierung" der verschleierten Sacheinlage im Recht der GmbH, NJW 1990, 2593; *ders.*, Dispositionen über die Einlageleistungen vor Eintragung der GmbH im Handelsregister, in: FS für Schippel, 1996, 473; *Melchior*, Handelsregisteranmeldungen und EHUG – was ist neu?, NotBZ 2006, 409; *ders.*, Frühjahrsputz bei der GmbH – Zur Ankündigung grundlegender Reformen des GmbH-Gesetzes, GmbHR 2005, R 165; *ders.*, Ausschließungsgründe für Geschäftsführer werden novelliert. Schwarze Schafe – Weiße Weste: Re-loaded!, GmbHR 2005, R 29; *Meyding/Schnorbus/Hennig*, Die GmbH in der Registerpraxis, ZNotP 2006, 122; *Meyding/Heidinger*, Der Gläubigerschutz bei der „wirtschaftlichen Neugründung" von Kapitalgesellschaften, in: FS 10 Jahre DNotI, 2003, S. 257 ff.; *Meyer*, Die Abhängigkeit der Haftung des Handelnden von der Vertretungsmacht für die Vor-GmbH. Zugleich eine Darstellung der Rechtsverhältnisse im Gründungsstadium, GmbHR 2002, 1176; *ders.*, Die Insolvenzanfälligkeit der GmbH als rechtspolitisches Problem, GmbHR 2004, 1417; *Meyer/Ludwig*, Annäherung der Rechtsfolgen verdeckter Sacheinlagen im Aktien- und GmbH-Recht, zugleich Anmerkung zu BGH, Urt. v. 7.7.2003 – II ZR 235/01, NotBZ 2004, 1; *Michalski/Barth*, Außenhaftung der Gesellschafter einer Vor-GmbH, NZG 1998, 525; *ders.*, Kollision von kapitalersetzender Nutzungsüberlassung und Grundpfandrechten, NZG 1999, 277; *Miesen*, Gesellschaftsrechtliche Hinauskündigungsklauseln, RNotZ 2006, 522; *Mohr*, Aufsichtsrat und Beirat in der GmbH. Einsatzmöglichkeiten und Satzungsgestaltung, GmbH-StB 2001, 86; *ders.*, Testamentsanordnungen des GmbH-Gesellschafters (Teil 1), Zivil- und steuerrechtliche Gestaltung der letztwilligen Verfügung, GmbHR-StB 2004, 374; *ders.*, Testamentsanordnungen des GmbH-Gesellschafters (Teil 2), Hinweise zur wirksamen und verbindlichen Durchführung der Anordnung, GmbHR-StB 2005, 23; *Müller*, Verjährung des Einlageanspruchs der GmbH nach der Schuldrechtsreform, BB 2002, 1377; *Münch*, Inhaltskontrolle von Eheverträgen, ZNotP 2004, 122; *Müther*, Vor-GmbH – Die häufigsten Praxisprobleme, MDR 2001, 366; *ders.*, Die Voreinzahlung auf die Barkapitalerhöhung bei der GmbH unter besonderer Berücksichtigung der BGH-Rechtsprechung, NJW 1999, 404; *Nagel*, Begründung und Beschränkung der Gesellschafterhaftung bei BGB-Gesellschaft. Zugl. Anmerkung zu: BGH, U. v. 27.09.1999 – II ZR 371/98 –, DStR 2000, 2091; *Niemeier*, GmbH und Limited im Markt der Unternehmensträger – Marktdaten zur Reformdebatte, ZIP 2006, 2237; *Nietsch*, Einstweiliger Rechtsschutz bei Beschlussfassung in der GmbH-Gesellschafterversammlung, GmbHR 2006, 393; *Noack*, Das EHUG ist beschlossen – elektronische Handels- und Unternehmensregister ab 2007; NZG 2006, 801; *ders.*, Pflichtbekanntmachungen bei der GmbH: Neue Regeln durch das Justizkommunikationsgesetz, DB 2005, 599; *Oppermann*, Bekanntmachungen der GmbH und der AG im „Bundesanzeiger", RNotZ 2005, 597; *Otto*, Gesellschafterstreit und Anteilsfungibilität in der gesellschaftsrechtlichen Vertragspraxis, GmbHR 1996, 16; *Pape*, Gesetzwidrigkeit der Verweisung des Insolvenzverfahrens bei gewerbsmäßiger Firmenbestattung, ZIP 2006, 877; *Paul*, Der Erstattungsanspruch gem. § 31 Abs. 1 GmbHG und die Gläubigerschutzvorschriften des Kapitalaufbringungsrechts – Zugleich Anmerkung zu BGH, Urt. v. 27.11.2000 – II ZR 83/00 –, ZInsO 2001, 243; *ders.*, Die Ausfallhaftung der Mitgesellschafter nach § 31 Abs. 3 GmbHG: Voraussetzungen und Rechtsfolgen der Vorschrift. Zugleich Anmerkung zu BGH, Urt. v. 25.02.2002 – II ZR 196/00 –, ZInsO 2003, 454; *Peetz*, Die Vor-GmbH und der gewissenhafte Gründer, GmbHR 2003, 933; *Pelz*, Die persönliche Haftung des Geschäftsführers einer GmbH, RNotZ 2003, 415; *Pentz*, Eingeschränkte Unverjährbarkeit von Einlageansprüchen und von Forderungen gegen das Auszahlungsverbot als Folge der Schuldrechtsreform, GmbHR 2002, 225; *ders.*, Neues zur verdeckten Sacheinlage – Zugleich Anmerkung zu BGH, U. v. 07.07.2003 – II ZR 235/01 –, ZIP 2003, 2093; *ders.*, Einzelfragen zu Cash Management und Kapitalerhaltung, ZIP 2006, 781; *ders.*, Anmeldung und Anfechtung des Geschäftsanteilserwerbs, DStR 2006, 855; *ders.*, Die Änderungen und Ergänzungen der Kapitalersatzregeln im GmbH-Gesetz, GmbHR 1999, 437; *Peters*, Das Vertretungsverbot nach § 181 BGB bei der Beschlussfassung in der GmbH, ZNotP 2006, 89; *Petersen*, Die fehlgeschlagene Ein-Mann-Gründung – liquidationsloses Erlöschen oder Fiktion des Fortbestandes, NZG 2004, 400; *Petersen/Rothenfußer*, Privatautonomie und Verkehrsschutz bei der GbR mbH. Anmerkung zu BGH, 27.09.1999 – II ZR 371/98 –, GmbHR 2000, 757; *dies.*, Die GbR mbH im System des Gesellschafts- und Steuerrechts, GmbHR 2000, 801; *Peus*, Überkapitalisierung durch Kapitalschutzrecht? Zugl. Anmerkung zu BGH, Urt. v. 27.11.2000 – II ZR 83/00 –, GmbHR 2001, 655; *Philipp/Weber*, Materielle Unterkapitalisierung als Durchgriffshaftung im Lichte der jüngeren BGH-Rechtsprechung zur Existenzvernichtung, DB 2006, 142; *Plagemann/Radtke-Schwenzer*, GmbH-Geschäftsführer: „Arbeitnehmerähnlich"? – Zur Rentenversicherungspflicht mitarbeitender Gesellschafter gem. § 2 Nr. 9 SGB VI, NZG 2006, 281; *Pluskat*, Die Zulässigkeit des Mehrfachsitzes und die Lösung der damit verbundenen Probleme, WM 2005, 601; *Pohlmann*, Zusammentreffen von eigenkapitalersetzender Nutzungsüberlassung und Grundpfandrechten. Zugleich eine Besprechung des Urteils des BGH v. 07.12.1998 – II ZR 382/96 –, DStR 1999, 35, DStR 1999, 595; *Preuß*, Die Wahl des Satzungssitzes im geltenden Gesellschaftsrecht und nach dem MoMiG-Entwurf, GmbHR 2007, 57; *Priester*, Satzungsänderungen bei der Vor-GmbH, ZIP 1987, 280; *Priester*, Kapitalaufbringung bei korrespondierenden Zahlungsvorgängen, ZIP 1991, 345; *ders.*, Mantelverwendung und Mantelgründung bei der GmbH, DB 1983, 2291; *ders.*, Die Zusammenlegung von GmbH-Anteilen, GmbHR 1976, 131; *Priester*, Wertgleiche Deckung statt Bardepot? Die Verwendung von Geldeinlagen bei Kapitalerhöhung, (Anmerkung zu: BGHZ 119, 177), ZIP 1994, 599; *ders.*, Notar und Gesellschaftsrecht, DNotZ-Sonderheft 2001: 100 Jahre DNotZ, 2001, S. 52 ff.; *Pröpper*, Einbringung eines Einzelunternehmens – Musterformulierung einer Kapitalerhöhung durch Sacheinlage, GmbH-StB 2006, 208; *Rakete-Dombek*, Das Ehevertragsurteil des BGH – oder: Nach dem Urteil ist vor dem Urteil, NJW 2004, 1273; *Reemann*, Sicherheitsleistungen der GmbH für Verbindlichkeiten ihrer Gesellschafter und das Auszahlungsverbot des § 30 Abs. 1 GmbHG, MittRhNotK 1996, 113; *Reich*, Kapitalerhöhung im „Schütt-aus-Hol-zurück"-Verfahren, NotBZ 2000, 112; *Reichert*, Mitwirkungsrechte und Rechtsschutz der Aktionäre nach Macroton und Gelatine, AG 2005, 150; *Reichert-Clauß*, Bereicherungsrechtliche Rückabwicklung des verdeckten Geschäfts bei verdeckter Sacheinlage, NZG 2004, 273; *Reiff/Ettinger*, Gesellschaftsrechtliche Treuepflichten im Zusammenhang mit der Heilung von verdeckten Sacheinlagen bei der GmbH, DStR 2004, 1258; *Reimann*, Gesellschaftsvertragliche Nachfolgeregelungen in der Kautelarpraxis – zivilrechtliche und steuerrechtliche Fragen, ZNotP 2006, 162; *Remmert/Horn*, Die Haftung des GmbH-Geschäftsführers für im Vorfeld einer Insolvenz nicht abgeführte Lohn- und Umsatzsteuer, NZG 2006, 881; *Renner*, Die Stellung des atypisch stillen Gesellschafters in der Insolvenz des Geschäftsinhabers, ZIP 2002, 1430; *Reymann*, Die Verpfändung von GmbH-Geschäftsanteilen, DNotZ 2005, 425; *Riegger*, Die Begrenzung der Finanzierungsfolgenverantwortung in § 32 a Abs. 3 S. 2 GmbHG, in: FS für Sigle, 2000, S. 229ff.; *Robrecht*, Außenhaftung der Gesellschafter nach Scheitern der GmbH-Gründung GmbHR 2003, 1121; *Rodewaldt/Scheel*, Kapitalaufbringung in der GmbH durch Einlage von Dienstleistungen?, GmbHR 2003, 1478; *Rohles-Puderbach*, Vorrats- und Mantelgesellschaften – Entwicklung, Haftungsrisiken und Umsetzung in der Praxis –, RNotZ 2006, 274; *Römermann*, Erste Praxisprobleme mit der Neuregelung der Anwalts-GmbH, GmbHR 1999, 526; *Roth*, Gläubigerschutz durch Existenzschutz, NZG 2003, 1081; *Rubner*, Abschied von der Existenzvernichtungshaftung, DStR 2005, 1694; *Salzig*, Die Kapitalaufbringung bei der sog. GmbH-Stafette, in: FS 10 Jahre DNotI, 2003, S. 293ff.; *Schäfer*, Offene Fragen der Haftung des BGB-Gesellschafters, ZIP 2003, 1225; *ders.*, Nutzung von Vorrats- oder Mantelgesellschaften – Risiken und gesellschaftsrechtliche Gestaltungslösungen, GmbH-StB 2004, 114; *ders.*, Stimmrechtslose Anteile in der GmbH – Teil 1: Zulässigkeit der Bildung stimmrechtsloser Anteile, GmbHR 1998, 113; *ders.*, Darlehensgewährung an Gesellschafter als verbotene Ausschüttung i.S.v. §30 GmbHG – Todesstoß für das konzernweite Cash Pooling?, GmbHR 2005, 133; *Schaub*, Vorratsgesellschaften vor dem Aus?, NJW 2003, 2125; *Schilmar*, Kapitalschutz beim Cash-Management, DStR 2006, 568; *Schmelz*, Cash-Management, quo vadis?, NZG 2006, 456; *K. Schmidt*, Finanzplanfinanzierung, Rangrücktritt und Eigenkapitalersatz – Zum System des Kapitalschutzes bei „funktionellem Eigenkapital"; ZIP 1999, 1241; *ders.*, Vorratsgründung, Mantelkauf und Mantelverwendung, NJW 2004, 1345; *ders.*, Die Gesellschafterhaftung bei der Gesellschaft bürgerlichen Rechts als gesetzliches Schuldverhältnis. Zum Stand der Rechtsfortbildung nach den BGH-Urteilen vom 24.02.2003 und vom 07.04.2003, (Zugleich Anmerkung zu BGH, U. v. 24.02.2003 und Anmerkung zu BGH, U. v. 07.04.2003), NJW 2003, 1897; *ders.*, Zur Übertragung von Vor-Gesellschaftsanteilen, GmbHR 1997, 869; *ders.*, Barkapitalaufbringung und „freie Verfügung" bei der Aktiengesellschaft und der GmbH, AG 1986, 106; *ders.*, Gesellschafterhaftung und „Konzernhaftung" bei der GmbH. Anmerkung zu BGH, U. v. 17.09.2001 – II ZR 178/99 – („Bremer Vulkan"), NJW 2001, 3577; *ders.*, Gesetzliche Formenstrenge bei GmbH-Beschlüssen – Zur Deutung des § 48 GmbHG durch das BGH-Urteil vom 16.1.2006, NJW 2006, 2599; *ders.*, Zur Problematik der Sacheinlagen bei Gründung und Kapitalerhöhung der Gesellschaft mit beschränkter Haftung, BWNotZ 1995, 110; *Schneider/Schneider*, Die zwölf goldenen Regeln des GmbH-Geschäftsführers zur Haftungsvermeidung und Vermögenssicherung, GmbHR 2005, 1229; *Schneider/Wiechers*, Zur Zulässigkeit von Vereinbarungen über Rückübertragungen gesellschaftsrechtlicher Beteiligungen von Managern und Mitarbeitern, DB 2005, 2450; *Schnorbus*, Die Teilnahme des Scheingesellschafters an Strukturmaßnahmen in der GmbH, ZGR 2004, 126; *Schnorr*, Die Verjährung von Einlageforderungen im Kapitalgesellschaftsrecht, DStR 2002, 1269; *Schockenhoff*, Die befristete Unternehmensbeteiligung des GmbH-Geschäftsführers, ZIP 2005, 1009; *Schönherr/Lemaitre*, Eckpfeiler der geplanten Unternehmenssteuerreform 2008, GmbHR 2007, R 17; *Schöpflin*, Die Lehre von der verdeckten Sacheinlage – eine gelungene Rechtsfortbildung?, GmbHR 2003, 57; *Schulte/Warnke*, Vier Jahre nach der HGB-Reform – Das neue Firmenrecht der GmbH im Handelsregisterverfahren, GmbHR 2002, 626; *Schulz*, Zur Formbedürftigkeit von Vereinbarungs- und Erwerbstreuhand an GmbH-Geschäftsanteilen, GmbHR 2001, 282; *Schumm*, Heilung einer „verdeckten Sachgründung" unter Beteiligung einer Gesellschaft bürgerlichen Rechts, NWB 2004, 1767; *Seeger*, Die „einseitige Abhängigkeit" – zum Umfang der Beurkundungspflicht bei zusammengesetzten Grundstücksgeschäften, MittBayNot 2003, 11; *Seibert/Becker*, Das Gesetz über elektronische Handelsregister und Genossenschaftsregister sowie das Unternehmensregister (EHUG) – der „Big Bang" im Recht der Unternehmenspublizität, DB 2006, 2446; *Seibt*, Heilung verdeckter Sacheinlagen nach der neuen BGH-Rechtsprechung, NJW-Spezial 2004, 27; *Seifert*, Firmenrecht „online" – Die sog. Internet-Domain als Bestandteil der Handelsfirma, Rpfleger 2001, 395; *Semler/Asmus*, Der stimmlose Beschluss, NZG 2004, 881; *Servatius*, Über die Beständigkeit des Erstattungsanspruchs wegen Verletzung des Stammkapitals – Zugleich Anmerkung zu BGH, Urt. v. 29.05.2000 – II ZR 347/97 – und – II ZR 118/98 –, GmbHR 2000, 1028; *Sick/Schwarz*, Auslandsbeurkundung im Gesellschaftsrecht, NZG 1998, 540; *Sieger/Aleth*, Finanzplankredite: Stand der Rechtsprechung und offene Fragen, GmbHR 2000, 503; *Sieger/Hasselbach*, Die Kapitalerhöhung im „Schütt-aus-hol-zurück"-Verfahren bei der GmbH – Offene Fragen nach der Entscheidung des BGH, Urt. v. 26.05.1997 – II ZR 69/96 = BGHZ 135, 381, GmbHR 1999, 205; *Sieger/Schulte*, Vereinbarungen über Satzungsänderungen – Ein Beitrag zur Frage der Formbedürftigkeit von vertraglichen Absprachen der Gesellschafter einer GmbH über die Vornahme von Satzungsänderungen, GmbHR 2002, 1050; *Sieger/Wirtz*, Cash-Pool: Fehlgeschlagene Kapitalmaßnahmen und Heilung im Recht der GmbH, ZIP 2005, 2277; *Sikora/Schwab*, Das EHUG in der notariellen Praxis, MittBayNot 2007, 1; *Simon*, Von „Holzmüller" zu „Gelatine" – Ungeschriebene Hauptversammlungszuständigkeiten im Lichte der BGH-Rechtsprechung, DStR 2004, 1482; *Sosnitza*, Manager- und Mitarbeitermodelle im Recht der GmbH – Zur aktuellen Rechtsprechung im Zusammenhang mit Hinauskündigungsklauseln, DStR 2006, 99; *Sotiropoulos*, Fragen der Darlehensgewährung der GmbH an ihre Gesellschafter, insbesondere im Gründungs- und Liquidationsstadium, GmbHR 1996, 653; *Spiegelberger/Walz*, Die Prüfung der Kapitalaufbringung im Rahmen der GmbH-Gründung, GmbHR 1998, 761; *Spindler/Kepper*, Funktionen, rechtliche Rahmenbedingungen und Gestaltungsmöglichkeiten des GmbH-Beirats, DStR 2005, 1738, 1755; *Spindler/Kramski*, Der elektronische Bundesanzeiger als zwingendes Gesellschaftsblatt für Pflichtbekanntmachungen der GmbH, NZG 2005, 746; *Stahlschmidt/Laws*, Die Auswirkungen insolvenzrechtlicher Anfechtungsmöglichkeiten auf die Haftung des Geschäftsführers für Steuerschulden der insolventen GmbH, GmbHR 2006, 410; *Stein*, Zweifelsfragen der nominellen Kapitalerhöhung durch den GmbH-Scheingesellschafter, in: FS für Ulmer, 2003, S. 643ff.; *ders.*, Kapitalerhaltung bei GmbH & AG, DZWiR 2004, 493; *Steinbeck*, Besicherung von Gesellschafterverbindlichkeiten durch die GmbH. Mißbrauch der Vertretungsmacht durch den Geschäftsführer?, WM 1999, 885; *Steinbeck*, Zur systematischen Einordnung des Finanzplankredits – Anmerkung zu BGH, Urt. v. 28.06.1999 - II ZR 272/98

–, ZGR 2000, 503; *Stimpel*, Zum Auszahlungsverbot des § 30 Abs. 1 GmbHG – Die Befreiung vom handelsbilanziellen Denken und die Unzulässigkeit von Vermögenszuwendungen an Gesellschafter gegen hinausgeschobene schuldrechtliche Ausgleichsverpflichtungen, in: FS 100 Jahre GmbHG, 1992, S. 335 ff.; *Stück*, Der GmbH-Geschäftsführer zwischen Gesellschaftsrecht und Arbeitsrecht im Spiegel aktueller Rechtsprechung, GmbHR 2006, 1009; *Sustmann*, Keine Tilgung der künftigen Einlageschuld durch Einzahlung auf ein debitorisches Konto vor Kapitalerhöhungsbeschluss, NZG 2004, 760; *Swoboda*, Die Anwendung der Vorschriften zur „verschleierten Sachgründung" im Zusammenhang mit der „wirtschaftlichen Neugründung" von Vorratsgesellschaften, GmbHR 2005, 649; *Tebben*, Gesellschaftsvertraglicher Schutz gegen Treuhand- und Unterbeteiligungen an Geschäftsanteilen, GmbHR 2007, 63; *Teichmann*, Die Bestellung eines Ausländers zum Geschäftsführer einer deutschen GmbH, (Anmerkung zu: OLG Köln, B. v. 30.09.1998 – 2 Wx 22/98 –), IPRax 2000, 110; *Temme*, Rechtsfolgen fehlerhafter Kapitalerhöhungen bei der GmbH, RNotZ 2004, 1; *Temme/Küperkoch*, Heilung und „Reparatur" fehlerhafter Kapitalerhöhungsbeschlüsse, GmbHR 2004, 1556; *Terbrack*, Neuregelung der Bekanntmachungen bei der GmbH, DStR 2005, 2045; *Thaeter*, Von Mänteln und Vorräten: zur Figur der wirtschaftlichen Neugründung, DB 2003, 2112; *Thaeter/Meyer*, Vorratsgesellschaften - Folgerungen für die Praxis aus der Entscheidung des BGH v. 9.12.2002 (DB 2003, 330), DB 2003, 539; *Tillmann/Tillmann*, Das Kleinbeteiligungsprivileg – zur Problematik der atypischen Rechtsstellung der Gesellschafter, GmbHR 2003, 325; *Timm*, Zur Sachkontrolle von Mehrheitsentscheidungen im Kapitalgesellschaftsrecht – dargestellt am Beispiel „strukturverändernder Entscheidungen" –, ZGR 1987, 403; *Trölitzsch*, Die Amtsniederlegung von Geschäftsführern in der Krise der GmbH, GmbHR 1995, 857; *Tsambikakis*, Aktuelles aus dem Strafrecht bei GmbH und GmbH & Co. KG, GmbHR 2005, 331; *Tschernig*, Der Ausschluß eines GmbH-Gesellschafters durch Gesellschafterbeschluß, GmbHR 1999, 691; *Uhländer*, Eigenkapitalersetzende Darlehen im Steuerrecht und Gesellschaftsrecht – ein systematischer Überblick, BB 2005, 70; *Ulmer*, Von „TBB" zu „Bremer Vulkan" – Revolution oder Evolution? Zum Bestandsschutz der abhängigen GmbH gegen existenzgefährdende Eingriffe ihres Alleingesellschafters, ZIP 2001, 2021; *van Venrooy*, Zwingende Zustimmungsvorbehalte der Gesellschafterversammlung gegenüber der Geschäftsführung, GmbHR 2005, 1243; *Vetter*, Rechtsfolgen existenzvernichtender Eingriffe, ZIP 2003, 601; *ders.*, Darlehen der GmbH an ihren Gesellschafter und Erhaltung des Stammkapitals, BB 2004, 1509; *Vollmer/Smerdka*, Neuorientierung im Eigenkapitalersatzrecht – Sanierungserleichterungen für private und institutionelle Investoren, DB 2000, 757; *Wachter*, Güterstandsklauseln in GmbH-Satzungen – Hinweise zur vorsorgenden Regelung von Scheidungsfolgen für Gesellschafter, GmbH-StB 2006, 234; *ders.*, Auswirkungen der Schuldrechtsreform auf die GmbH-Errichtung, GmbHR 2002, 665; *ders.*, Auswirkungen des EuGH-Urteils in Sachen Inspire Art Ltd. auf Beratungspraxis und Gesetzgebung – Deutsche GmbH v. englische private limited Company, (Zugleich Anmerkung zu EuGH, U. v. 30.09.2003 – Rs. C-l67/01 –), GmbHR 2004, 88; *ders.*, Amtsniederlegung von GmbH-Geschäftsführern, GmbHR 2001, 1129; *Wackerbarth*, Existenzvernichtungshaftung 2005: Unternehmerische Entscheidungen auf dem Prüfstand?, ZIP 2005, 877; *Wagner*, Gründung bzw. Kapitalerhöhung von Kapitalgesellschaften; Aufgeld auf satzungsmäßiger bzw. schuldrechtlicher Grundlage, DB 2004, 193; *Wagner/Sperneac-Wolfer*, Die neue „Balsam/Procedo"-Rechtsprechung des BGH: gesellschaftsrechtliche und verfassungsrechtliche Aspekte (Anmerkung zu BGH, v. 29.05.2000 – II ZR 118/98 –, – II ZR 347/97 –, und – II ZR 75/98 –) NZG 2001, 9; *Wahl*, Die Haftung für „existenzvernichtende Eingriffe" in der instanzgerichtlichen Rechtsprechung, GmbHR 2004, 994; *Waldner*, Handelsregisteranmeldungen auf Vorrat, ZNotP 2000, 188; *Wälzholz*, Die Amtsniederlegung des Geschäftsführers – Möglichkeiten und Risiken einer Amtsbeendigung in der Krise, GmbH-StB 2006, 264; *ders.*, Gestaltungsmöglichkeiten zur Ergebnisverwendung, Formulierungshilfen für Ausschüttung, Thesaurierung, Rücklagen, GmbH-StB 2005, 144; *Wälzholz/Bachner*, Probleme der so genannten Stafetten-Gründung von Kapitalgesellschaften, NZG 2006, 361; *Weber/Brügel*, Die Haftung des Managements in der Unternehmenskrise: Insolvenz, Kapitalerhaltung und existenzvernichtender Eingriff, DB 2004, 1923; *Wegmann*, Vorzeitige Zahlungen auf Kapitalerhöhungen bei der GmbH, DStR 1992, 1620; *ders.*, Kapitalaufbringung bei der Barkapitalerhöhung der GmbH, MittBayNot 2003, 199; *Wehrstedt/Füssenich*, Die Einziehung von GmbH-Geschäftsanteilen – Alternativen und Gestaltungsvorschlag, GmbHR 2006, 698; *Weiler*, Haftung für rückständige Einlagen bei angefochtenem GmbH-Anteilserwerb, ZIP 2006, 1754; *Weitemeyer*, Die Unterbilanzhaftung bei „Start-up-Unternehmen", NZG 2006, 648; *Werner*, Treuhandverhältnisse an GmbH-Anteilen, GmbHR 2006, 1248; *ders.*, Präsenz anwaltlicher Berater in der Gesellschafterversammlung der GmbH, GmbHR 2006, 871; *ders.*, Aktiengesellschaften von der Stange, NZG 2001, 397; *ders.*, Aktuelle Probleme beim Einsatz von Vorratsgesellschaften, DStR 2005, 525; *Wertenbruch*, Rechtsfolgen und Heilung einer (mittelbar) verdeckten Sacheinlage. Zugleich Anmerkung zu BGH, U. v. 07.07.2003 – II ZR 18/01 –, NZG 2003, 867, NZG 2003, 1107; *Wessels*, Cash-Pooling und Upstream-Sicherheiten – Gestaltungspraxis im Lichte aktueller BGH-Rechtsprechung und anstehender GmbH-Novelle, ZIP 2006, 1701; *ders.*, Aufsteigende Finanzierungshilfen in GmbH und AG, ZIP 2004, 793; *Westermann*, Streitfragen zum Vorkaufsrecht im Gesellschaftsrecht – die hohe Schule von Umgehung und Erschleichung von Rechtspositionen?, in: FS für Wiedemann, 2000, S. 1349ff.; *Wicke*, Schuldrechtliche Nebenvereinbarungen bei der GmbH – Motive, rechtliche Behandlung, Verhältnis zum Gesellschaftsvertrag, DStR 2006, 1137; *ders.*, Echte und unechte Bestandteile im Gesellschaftsvertrag der GmbH, DNotZ 2006, 419; *Wiedemann*, Die Erfüllung der Geldeinlagepflicht bei Kapitalerhöhungen im Aktienrecht, ZIP 1991, 1267; *ders.*, Rechtsethische Maßstäbe im Unternehmens- und Gesellschaftsrecht, ZGR 1980, 147; *Wiegand*, Offene Fragen zur neuen

Gründerhaftung in der Vor-GmbH, BB 1998, 1065; *Wienands/Teufel*, Darlehen einer GmbH an ihren Gesellschafter, Aktuelle steuerliche Beratungsschwerpunkte, GmbHR 2004, 1301; *Wilhelm*, Rechtswissenschaft und Rechtsprechung im Gesellschaftsrecht insbesondere in den Beispielen der verdeckten Sacheinlage und der Vor-GmbH, in: GS für Knobbe-Keuk, 1997, S. 321 ff.; *Wilhelm*, Umgehungsverbote im Recht der Kapitalaufbringung, (Werner Flume zum 95. Geburtstag), ZHR 2003, 520; *Willemsen/Coenen*, Kapitalersetzende Gesellschafterleistungen nach den Procedo-Urteilen des BGH. Erwiderung auf Kurth, Delhaes, DB 2000, 2577, (zugl. Anmerkung zu BGH, Urt. v. 29.05.2000 - II ZR 75/98 und II ZR 118/98 - und II ZR 347/97 -), DB 2001, 910; *Witt*, Formbedürftigkeit und Heilung von Formmängeln bei der gleichzeitigen Einbringung von KG- und GmbH-Anteilen in eine Holding-Gesellschaft, ZIP 2000, 1033; *Wittig*, Übernahme der Gesellschafterstellung an Krisenunternehmen als Sanierungsbeitrag der finanzierenden Kreditinstitute, in FS Uhlenbruck, 2000, S. 685ff.; *Zacharias*, Die neue BGH-Rechtsprechung zur Haftung neuer GbR-Gesellschafter für Altverbindlichkeiten: Existenzbedrohung für Freiberufler? (Zugleich Anmerkung zu BGH, U. v. 07.04.2003 – II ZR 56/02 –), BB 2003, 1916; *Zeilinger*, Die Einziehung von GmbH-Geschäftsanteilen als Instrument zum Ausschluss einzelner Gesellschafter aus der GmbH, GmbHR 2002, 772; *Zöllner*, Folgen der Nichtigerklärung durchgeführter Kapitalerhöhungsbeschlüsse, AG 1993, 68; *ders.*, Folgen der Nichtigkeit einer Kapitalerhöhung für nachfolgende Kapitalerhöhungen, in: FS für Hadding, 2004, S. 725.

A. GmbH als Rechtsform

I. Erscheinungsformen

1 Die GmbH ist in Deutschland die **beliebteste Rechtsform für kleine und mittlere Unternehmen.**[1] In zahlreichen Fällen hat die GmbH sogar nur einen Gesellschafter, der oft gleichzeitig Geschäftsführer ist (Einmann-GmbH). Häufig wird die Rechtsform der GmbH auch für mittelständische Unternehmen gewählt, insb. wenn eine Haftungsbeschränkung gewollt und der Kreis der Gesellschafter überschaubar ist sowie wenn alle oder einige Gesellschafter aktiv im Unternehmen mitarbeiten.

Eine GmbH kann **zu jedem gesetzlich zulässigen Zweck** gegründet werden, so z.B. für wirtschaftliche, ideelle, gemeinnützige, sportliche wie auch für Zwecke der öffentlichen Hand, z.B. bei städtischen Versorgungsbetrieben. Bevorzugt wird die GmbH u.a. als Gesellschaft im Rahmen von Konzernverbindungen.[2] GmbH werden auch oft zum Zweck der besseren Risikoverteilung und Nutzung steuerlicher Vergünstigungen mit Personengesellschaften kombiniert (z.B. Kombination von Besitz- und Betriebsgesellschaft oder Produktions- und Vertriebsgesellschaft). Eine weitere wichtige Erscheinungsform ist die GmbH als Komplementär einer GmbH & Co. KG, d.h. die GmbH ist der persönlich haftende Gesellschafter der KG.[3]

II. Überlegungen zur Rechtsformwahl

2 Grund für die Beliebtheit der GmbH ist zum einen, dass – im Gegensatz zu Personengesellschaften – die **Haftung grds. auf das Gesellschaftsvermögen beschränkt** ist und somit keine persönliche Haftung der Gesellschafter besteht. Zum anderen ist das Recht der GmbH im Vergleich zu anderen Kapitalgesellschaften (AG, KGaA) in viel weiterem Umfang flexibel und kann daher auf die jeweiligen Bedürfnisse weitgehend angepasst werden (z.B. Ausgestaltung als eher kapitalistische oder eher personalistische Gesellschaft). Nicht zuletzt ist die Gründung einer GmbH einfacher und billiger als z.B. die einer AG.

Als juristische Person ist die GmbH selbst Inhaber von Rechten und Pflichten. Die GmbH ist kraft Gesetzes und unabhängig von ihrer Tätigkeit **Handelsgesellschaft** (§ 13 Abs. 3 GmbHG) und Kaufmann (§ 6 Abs. 1 HGB). Die GmbH ist als Kaufmann buchführungspflichtig (§ 238 Abs. 1 Satz 1 HGB) und muss zu Beginn ihrer Tätigkeit, spätestens auf den Tag ihrer Eintragung im Handelsregister, eine Eröff-

---

1 Zur Bedeutung bzw. Entwicklung der GmbH in den letzten Jahren Baumbach/Hueck/Hueck/Fastrich, GmbHG, Einl. Rn. 29; Kornblum, GmbHR 2007, 25; ders., GmbHR 2006, 28; ein ausführlicher statistischer Vergleich von GmbH und Ltd. findet sich bei Niemeier, ZIP 2006, 2237.

2 Dazu sowie zur stillen Gesellschaft vgl. Teil 2: Gesellschaftsrecht, 5. Kapitel § 1 Unternehmensverträge und andere konzernrechtliche Verträge.

3 Ausführlich zu den häufigsten Zwecken von GmbH Baumbach/Hueck/Hueck/Fastrich, GmbHG, Einl. Rn. 32.

nungsbilanz und zum Schluss eines jeden Geschäftsjahres einen Jahresabschluss (§§ 242 Abs. 1 Satz 1, 264 Abs. 1 Satz 1 HGB) aufstellen.

Eine GmbH kann nach dem UmwG **grds. für alle Arten der Umwandlung** (Verschmelzung, Spaltung, Vermögensübertragung und Formwechsel) Ausgangs- und Zielrechtsträger sein. Sie ist weitestgehend uneingeschränkt beteiligungsfähig.

> **Hinweis:**
>
> Da den Gesellschaftsgläubigern gemäß § 13 Abs. 1 GmbHG nur das Gesellschaftsvermögen haftet, ist die Kreditwürdigkeit von GmbH nicht sehr hoch, die Insolvenzanfälligkeit allerdings hoch.[4]

III. Steuerpflicht der GmbH und ihrer Gesellschafter

Die GmbH[5] ist **als Kapitalgesellschaft körperschaftsteuerpflichtig** (§ 1 Abs. 1 Nr. 1 KStG) mit einem Steuersatz von 25 % des zu versteuernden Einkommens. Alle Einkünfte der GmbH sind als Einkünfte aus Gewerbebetrieb zu behandeln (§ 8 Abs. 1, 2 KStG).

Natürliche Personen als Gesellschafter der GmbH müssen die Hälfte aller von der GmbH an sie ausgeschütteten Gewinne als Einkünfte aus Kapitalvermögen **zu ihrem persönlichen Einkommensteuersatz** versteuern (§ 3 Nr. 40 Satz 1d, e EStG, sog. Halbeinkünfteverfahren). Sind juristische Personen Gesellschafter, unterliegen die an sie ausgeschütteten Gewinne nicht der Körperschaftsteuer (§ 8b Abs. 1 Satz 1 KStG).

Als Kapitalgesellschaft unterliegt die GmbH der **Gewerbesteuer** (§ 2 Abs. 1, 2 GewStG). Die GmbH ist als Unternehmen auch umsatzsteuerpflichtig.

B. Gründung der Gesellschaft

I. Vorgründungsgesellschaft und Vor-GmbH als Vorstufen zur GmbH

Verabreden die zukünftigen Gesellschafter einer GmbH die Gründung einer GmbH, so entsteht mit der verbindlichen Verabredung eine **sog. Vorgründungsgesellschaft**. Diese Vorgründungsgesellschaft ist, je nachdem ob sie ein Handelsgewerbe betreibt oder nicht, eine OHG oder eine GbR und unterliegt den dafür maßgeblichen Regelungen. Neben dem Gesellschaftsvermögen haften den Gläubigern also grds. die Gesellschafter mit ihrem Privatvermögen. Die Vorgründungsgesellschaft ist **rechtlich unabhängig** von der späteren Vor-GmbH und GmbH. Aktiva, Passiva und Verträge der Vorgründungsgesellschaft gehen nicht auf die Vor-GmbH über.

Wird von den Gründern anschließend der Gesellschaftsvertrag der GmbH **notariell beurkundet**, besteht ab der wirksamen Beurkundung eine **sog. Vor-GmbH**. Diese ist ein Personenverband sui generis, wird aber bereits den Regeln zur GmbH unterworfen, soweit diese nicht die Eintragung der GmbH voraussetzen.

Erfolgt nach der Anmeldung durch die Geschäftsführung die Eintragung ins Handelsregister, wird die Vor-GmbH **automatisch zur GmbH**. Alle Rechte und Verbindlichkeiten, die von der Vor-GmbH erworben bzw. eingegangen worden sind, gehen auf die GmbH über, ohne dass es eines zusätzlichen Übertragungsaktes bedarf.

Mit der Eintragung der GmbH ist die GmbH gemäß § 13 GmbHG als juristische Person entstanden.

---

4   Zur Insolvenzanfälligkeit der GmbH Fastrich, DStR 2006, 656; Meyer, GmbHR 2004, 1417.
5   Zur geplanten Unternehmenssteuerreform vgl. Schönherr/Lemaitre, GmbHR 2007, R 17.

II. Errichtung der GmbH

1. Form und Auslandsbeurkundungen

Die Gründung der GmbH und die Vereinbarung der Satzung bedürfen der **notariellen Beurkundung** gemäß § 2 GmbHG. Ein deutscher Notar kann Beurkundungen **wirksam nur in Deutschland** vornehmen. Beurkundet er im Ausland, so ist die Beurkundung unwirksam.[6]

Die Frage, inwieweit Rechtsgeschäfte, die die GmbH betreffen und bei denen der Gesetzgeber eine notarielle Beurkundung vorsieht, **auch im Ausland beurkundet werden können**, ist seit Jahrzehnten umstritten.[7] Die Vorschriften des GmbH-Gesetzes, insb. §§ 2, 15, 53 GmbHG, schreiben nicht ausdrücklich vor, ob die Beurkundung vor einem deutschen oder auch vor einem ausländischen Notar erfolgen kann. Wird eine Beurkundung im Ausland gewählt, so ist die Frage nach der Rechtswirksamkeit aus Art. 11 Abs. 1 EGBGB heraus zu beantworten. Danach wäre es grds. ausreichend, wenn entweder dem sogenannten Geschäftsrecht/Wirkungsstatut oder dem Ortsrecht/Ortsform Genüge getan ist. Art. 11 Abs. 5 EGBGB sieht davon abweichend für sachenrechtliche Rechtsgeschäfte vor, dass ausschließlich das Recht der belegenen Sache maßgeblich ist. Daraus folgert ein Teil der Lehre und Rspr., dass auch für gesellschaftsrechtliche Vorgänge das Geschäftsrecht maßgeblich sei.[8] Es reiche demnach nicht aus, wenn nur die Beurkundungsform gewählt wird, die nach dem Recht am Platz der vorgenommenen Rechtshandlung ausreichend ist (Ortsrecht/Ortsform).

Die mittlerweile wohl überwiegende Auffassung fordert für die Beurkundung von sogenannten Strukturbeschlüssen, d.h. Gründung, Kapitalerhöhung/Satzungsänderung, Umwandlung und Beschluss über einen Unternehmensvertrag, die **Beachtung des sogenannten Geschäftsrechts**.[9] Entscheidet man sich dafür, dass das Geschäftsrecht zu beachten ist, so ist weiterhin zu untersuchen, ob die Beurkundung im Ausland der deutschen Beurkundung gleichwertig ist.[10] Entscheidend ist, ob Beurkundungsperson und Beurkundungsverfahren **generell nach den abstrakten gesetzlichen Anforderungen** gleichwertig mit den deutschen Anforderungen an Beurkundung und Urkundsperson sind.[11] Nach Goette, Richter am zuständigen Zweiten Senat des BGH, spricht vieles dafür, dass Strukturbeschlüsse, bei denen die Mitwirkung des Notars der sog. „materiellen Richtigkeitsgewähr" dient, einer Beurkundung durch einen ausländischen Notar nicht zugänglich sind.[12] **Unzweifelhaft ist dies** jedenfalls dann, wenn der ausländische Notar seine Haftung für die Beurkundung ausschließt.[13]

Hingegen sind bei Anteilsübertragungen die beiden Alternativen des Art. 11 Abs. 1 EGBGB (Geschäftsrecht und Ortsform) nach überwiegender Meinung **gleichberechtigt**. Bei Anteilsübertragungen erfüllt eine Beurkundung im Ausland dann die Anforderungen des Geschäftsrechts, wenn sie der deutschen Beurkundung gleichwertig ist (Substitution).[14] Das OLG München[15] hat eine Abtretung in Basel als gleich-

---

6   Michalski/Michalski, GmbHG, § 2 Rn. 21; Scholz/Emmerich, GmbHG, § 2 Rn. 17.
7   Vgl. dazu ausführlich: GK/Röhricht, AktG, § 23 Rn. 49 ff.; Heckschen, DB 1990, 161 ff.; ders., in: Widmann/Mayer, Umwandlungsrecht, § 6 UmwG Rn. 42 ff.; Goette, DStR 1996, 709 ff.
8   OLG Hamm, NJW 1974, 1057; Baumbach/Hueck/Hueck/Fastrich, GmbHG, § 2 Rn. 9; Lutter/Bayer, in: Lutter/Hommelhoff, GmbHG, § 2 Rn. 16; Roth, in: Roth/Altmeppen, GmbHG, § 2 Rn. 22; so wohl auch Rowedder/Schmidt-Leithoff/Schmidt-Leithoff, GmbHG, § 2 Rn. 41 f.
9   Goette, DStR 1996, 709, 713; Heckschen, DB 1990, 161 jeweils m.w.N.
10 Baumbach/Hueck/Hueck/Fastrich, GmbHG, § 2 Rn. 9; Michalski/Michalski, GmbHG, § 2 Rn. 22; Scholz/Westermann, GmbHG, Einl. Rn. 136.
11 Davon geht der II. Senat des BGH als Voraussetzung für eine Gleichwertigkeit aus; vgl. BGHZ 80, 76, 80; NJW 1981, 1160.
12 Goette, DStR 1996, 709, 714; ders., MittRhNotK 1997, 1, 5.
13 Lutter/Drygala, in : Lutter, UmwG, § 6 Rn. 8; Heckschen, in: Widmann/Mayer, Umwandlungsrecht, § 6 UmwG Rn. 54; Schröer, in: Semler/Stengel, UmwG, § 6 Rn. 13; krit. hierzu Sick/Schwarz, NZG 1998, 540, 544.
14 Scholz/Winter/Seibt, GmbHG, § 15 Rn. 82 m.w.N.; Michalski/Ebbing, GmbHG, § 15 Rn. 97.
15 OLG München, GmbHR 1998, 46 = NZG 1998, 156 = NJW-RR 1998, 758; dazu Mankowski, EWiR 1998, 309.

wertig anerkannt. Auch der BGH[16] ließ die Beurkundung einer Anteilsübertragung durch einen Schweizer Notar unbeanstandet.[17] Die Beurkundung durch einen amerikanischen notary public genügt diesen Anforderungen jedoch nicht.[18]

2. Satzung und Gründungsurkunde

Die Gründung einer GmbH erfolgt durch Errichtung einer sog. Gründungsurkunde (Mantelurkunde), an die als Anlage die Satzung[19] genommen wird.

7

Es empfiehlt sich, in der Gründungsurkunde (statt durch die Satzung) die erste Geschäftsführung zu bestellen, um nicht für jede Änderung der Geschäftsführung eine Satzungsänderung erforderlich zu machen, sowie die Kompetenzen dieser Geschäftsführung festzulegen. In die Satzung sollte nur dann der Name einzelner Geschäftsführer aufgenommen werden, wenn diesem ein **satzungsmäßiges Sonderrecht** zur Geschäftsführung eingeräumt werden soll.[20]

Weiterhin bestimmt die Satzung häufig die **Übernahme der Gründungskosten** durch die Gesellschaft. Nur wenn die Satzung eine solche Regelung unter Angabe eines konkreten Betrages enthält, darf die Gesellschaft die Kosten insoweit tragen; im Übrigen müssen die Gründer die Kosten übernehmen.

Der Notar sowie der anwaltliche Berater müssen bei der Gründung umfangreich über den Hergang der Gründung und die Haftungsgefahren für die Beteiligten belehren. Eine dementsprechende Belehrung wird ebenfalls in die Gründungsurkunde aufgenommen.

Muster: Belehrung und Hergang der Gründung und Haftungsgefahren

8

> Der Notar gab den Erschienenen folgende Hinweise und Aufklärungen:
>
> 1. Die Gesellschaft entsteht als Gesellschaft mit beschränkter Haftung erst mit ihrer Eintragung in das Handelsregister. Mit dem wirksamen Abschluss des Gesellschaftsvertrags entsteht jedoch eine Vorgesellschaft, für die bereits wirksam gehandelt werden kann und deren Rechtsnachfolger die GmbH ist. Bei Geschäftsaufnahme vor der Eintragung kann es für Verbindlichkeiten der Vorgesellschaft zu einer unbeschränkten, persönlichen Haftung der Gründungsgesellschafter kommen. Auch die Geschäftsführer, die vor Eintragung der Gesellschaft handeln, können persönlich haften.
>
> 2. Zahlungen auf die Stammeinlage, die vor der heutigen Beurkundung des GmbH-Vertrags vorgenommen wurden, haben keine tilgende Wirkung und sind daher zu vermeiden.
>
> 3. Sind Geldeinlagen vereinbart, können diese nicht durch Aufrechnung/Verrechnung mit Forderungen gegen die Gesellschaft erbracht werden; auch andere sog. verdeckte Sacheinlagen führen dazu, dass – unbeschadet der Rechte des Gesellschafters aus dem verdeckten Geschäft – die Stammeinlage nochmals bar erbracht werden muss. Verkauft der Gesellschafter oder eine diesem nahestehende Person z.B. in engem zeitlichen Zusammenhang mit der Gründung an die Gesellschaft Gegenstände, so gilt die Zahlung des Kaufpreises als Rückzahlung der Stammeinlage und damit als verdeckte Sacheinlage im obigen Sinne.
>
> 4. Alle Gesellschafter haften im Verhältnis ihrer Geschäftsanteile für die Einzahlung derjenigen Stammeinlagen, auf die die geschuldeten Beträge von dem dazu verpflichteten Gesellschafter nicht zu erlangen sind. Dies kann bei Ausfall aller übrigen Gesellschafter zur Haftung eines einzelnen Gesellschafters für die gesamte Stammeinlage führen. Diese Haftung gilt insb. auch für

---

16 BGH, NJW-RR 2000, 273 = DStR 2000, 601; dazu Werner, EWiR 2000, 487.
17 Ablehnend: Knoche, in: FS 200 Jahre Rheinisches Notariat, S. 279 ff.
18 OLG Stuttgart, DB 2000, 1218.
19 Dazu ausführlich unter Rn. 109.
20 Vgl. dazu unten Rn. 153.

solche Leistungen auf die Stammeinlage, die keine Tilgungswirkung haben, schon vor Eintragung ohne Werterhaltung verbraucht oder an die Gesellschafter zurückgezahlt wurden.

5. Die Stammeinlagen müssen sich im Zeitpunkt des Eingangs der Registeranmeldung bei Gericht in der freien, uneingeschränkten Verfügung der Geschäftsführung befinden und dürfen – mit Ausnahme der satzungsmäßig übernommenen Gründungskosten – auch nicht durch die Eingehung von Verbindlichkeiten angetastet sein.

6. Der Wert des Gesellschaftsvermögens darf im Zeitpunkt der Handelsregistereintragung der Gesellschaft nicht niedriger sein als das Stammkapital und jeder Gesellschafter ist verpflichtet, den Fehlbetrag zu erbringen und zwar ohne Beschränkung auf die Höhe der übernommenen Einlage.

7. Wer falsche Angaben bei der Errichtung der Gesellschaft macht oder die Gesellschaft durch Einlagen oder Gründungsaufwand vorsätzlich oder grob fahrlässig schädigt, haftet nach § 9a GmbHG u.a. auf Schadensersatz; falsche Angaben bei der Eintragung der Gesellschaft in das Handelsregister sind nach § 82 GmbHG mit Freiheitsstrafe bis zu 3 Jahren oder Geldstrafe bedroht.

8. Der Allein- oder Mehrheitsgesellschafter einer GmbH, der deren Geschäfte als alleiniger Geschäftsführer führt, haftet für die Verluste der Gesellschaft persönlich, wenn er bei der Verfolgung seiner außerhalb der Gesellschaft bestehenden geschäftlichen Interessen keine angemessene Rücksicht auf die eigenen Belange der von ihm abhängigen Gesellschaft nimmt und insb. nicht dafür sorgt, dass diese ihre Schulden bezahlen kann (existenzvernichtender Eingriff).

3. Gründer

9   Gründer einer GmbH können **natürliche und juristische Personen** sein. Wird eine GbR Gesellschafterin einer GmbH,[21] so ist die neue Rspr. des BGH zur Rechts- und Parteifähigkeit der GbR zu beachten. Der BGH und andere Bundesgerichte haben die Rechtsfähigkeit der GbR in weitem Umfang anerkannt.[22] Es ist daher konsequent, in diesem Fall nur noch die GbR unter ihrem Namen einzutragen. Die Vertretungsmacht für die GbR muss aus der Liste gemäß § 8 Abs. 1 Nr. 3 GmbHG, die nur über die Gesellschafter als solche informieren soll, nicht ersichtlich sein. Auch bei ausländischen Gesellschaften wie z.B. der private limited company (Ltd.) englischen Rechts[23] oder der limitied liability company (LLC) (USA) hindert das fehlende oder nicht aussagekräftige Register nicht deren Aufnahme in die Gesellschafterliste.

4. Vertretung bei der Gründung

10 Die Beteiligten können sich bei der Gründung vertreten lassen. Gemäß § 2 Abs. 2 GmbHG bedarf die Vollmacht der **notariellen Errichtung oder Beglaubigung**. Tritt eine Kapitalgesellschaft oder eine Personenhandelsgesellschaft als Gründer auf, so ist zum Nachweis der Vertretungsberechtigung ein aktueller Registerauszug vorzulegen, der nach der Registerpraxis der meisten Handelsregister nicht älter als sechs (teilweise auch zwölf) Wochen alt sein darf. Der Nachweis kann auch durch eine aktuelle Notarbescheinigung erbracht werden (gemäß § 21 BNotO).

11 Hinsichtlich **ausländischer Gesellschaften**, die den Gründungsvorgang vornehmen, ist jeweils zu prüfen, ob in den betreffenden Ländern Handelsregister existieren.[24]

12 Die Unterzeichnung einer GmbH-Satzung durch einen **nur mündlich bevollmächtigten Vertreter** des Gründers soll wegen § 2 Abs. 2 GmbHG unwirksam sein. Die notarielle Form der Vollmachtserteilung ist nach h.M. Wirksamkeitsvoraussetzung für die Vollmacht. Nur bei GmbH-Gründungen mit mehr als

---

21 Zugelassen nach BGH, GmbHR 1981, 188.
22 BGHZ 146, 341 ff. = NJW 2001, 1056; MünchKomm-BGB/Ulmer, § 705 Rn. 310 m.w.N.
23 Zur englischen Limited ausführlich Heckschen/Heidinger, Die GmbH in der Gestaltungspraxis, § 13.
24 Dazu und zum Nachweis der Vertretungsberechtigung vgl. Heckschen, in: Widmann/Mayer, Umwandlungsrecht, § 13 UmwG Rn. 105.1 ff.; Heckschen/Heidinger, Die GmbH in der Gestaltungspraxis, § 2 Rn. 28 ff.

einem Gesellschafter ist die nachträgliche Genehmigung durch den jeweils vertretenen Gründer gemäß § 177 Abs. 1 BGB möglich.[25]

Die Vollmacht muss ihrem Umfang nach das **Errichtungsgeschäft nur umfassen**, einer explizit hierauf beschränkten Sondervollmacht bedarf es daher nicht.[26] Generalvollmacht und Prokura[27] reichen daher aus. Hinsichtlich der Form gelten für die notarielle Beurkundung § 128 BGB sowie §§ 8 ff., 40 BeurkG. Da die Vollmacht nur zu beglaubigen und nicht zu beurkunden ist, sind an die Person des Notars nicht dieselben strengen Voraussetzungen wie für die Beurkundung des Gesellschaftsvertrags zu stellen. So ist auch eine **Beglaubigung durch einen ausländischen Notar möglich**.[28]

13

Bei der Einmann-Gründung ist nach überwiegender Ansicht in Lit. und Rspr. eine vollmachtlose Vertretung unzulässig[29] und auch nicht genehmigungsfähig. Die Einmann-Gründung als Organisationsakt ist ein einseitiges Rechtsgeschäft i.S.d. § 180 Satz 1 BGB. Es könne gegenüber der Gesellschaft noch keine empfangsbedürftige Willenserklärung abgegeben werden, da die GmbH erst durch ihre spätere Eintragung im Handelsregister entstehe. Auch eine nur mündliche Vollmacht soll grds. nicht ausreichen, da nach h.M. die **Form des § 2 Abs. 2 GmbHG Wirksamkeitsvoraussetzung** ist. Mangels formwirksamer Vollmacht liege nämlich eine Vertretung ohne Vertretungsmacht vor.[30] Die Vollmacht muss allerdings nicht zwingend bei der Beurkundung der Gründung räumlich vorliegen, wenn sie nur vorher formgerecht wirksam erteilt wurde.

14

5. Geschäftsführung und Vertretung[31]

Bei der Gründung der GmbH ist eine Geschäftsführung zu bestellen. Die Bestellung einer Geschäftsführung ist **zwingende Eintragungsvoraussetzung**, da andernfalls die Vorgesellschaft handlungsunfähig wäre und die GmbH nicht beim Handelsregister angemeldet werden könnte.

15

> **Hinweis:**
> Um nicht die Bestellung neuer Geschäftsführer von einer Satzungsänderung abhängig zu machen, empfiehlt es sich, den Geschäftsführer in der Gründungsurkunde, nicht aber in der Satzung zu bestellen. Dies vermeidet auch Irritationen über die Frage, ob es sich um ein satzungsmäßiges Sonderrecht handelt oder nicht.

6. Genehmigungserfordernisse[32]

Die Genehmigungsbedürftigkeit einer GmbH richtet sich **nach den öffentlich-rechtlichen Normen**, die bei der Verwirklichung des Unternehmensgegenstandes, so wie er in der Satzung niedergelegt ist, anwendbar sind.[33] Die GmbH kann natürlich die Genehmigungsbedürftigkeit ihrer Geschäftstätigkeit nicht

16

---

25 Lutter/Bayer, in: Lutter/Hommelhoff, GmbHG, § 2 Rn. 17; zu Problemen bei der Einmann-Gründung vgl. Heckschen/Heidinger, Die GmbH in der Gestaltungspraxis, § 2 Rn. 95 ff.
26 Baumbach/Hueck/Hueck/Fastrich, GmbHG, § 2 Rn. 17.
27 Vgl. hierzu BGH, BB 1996, 601; zur Zulässigkeit einer Generalvollmacht vgl. Heckschen/Heidinger, Die GmbH in der Gestaltungspraxis, § 4 Rn. 5.
28 Baumbach/Hueck/Hueck/Fastrich, GmbHG in der Gestaltungspraxis, § 2 Rn. 16; Scholz/Emmerich, GmbHG, § 2 Rn. 25; zu Fragen der Notwendigkeit einer Apostille oder Legalisation vgl. Heckschen, in: Widmann/Mayer, Umwandlungsrecht, § 13 UmwG Rn. 105.1 ff.
29 DNotI-Gutachten Nr. 62376 v. 27.9.2005; Roth, in: Roth/Altmeppen, GmbHG, § 2 Rn. 28; Rowedder/Schmidt-Leithoff/Schmidt-Leithoff, GmbHG, § 2 Rn. 56; Michalski/Michalski, GmbHG, § 2 Rn. 34; Bärwaldt/Günzel, GmbHR 2002, 1112; DNotI-Report 2001, 23 m.w.N.; LG Berlin, GmbHR 1996, 123; obiter dictum auch OLG Frankfurt, GmbHR 2003, 415.
30 LG Berlin, GmbHR 1996, 123; Rowedder/Schmidt-Leithoff/Schmidt-Leithoff, GmbHG, § 2 Rn. 56; Baumbach/Hueck/Hueck/Fastrich, GmbHG, § 2 Rn. 18.
31 Ausführlich dazu unter Rn. 168 ff.
32 Vgl. Gottwald, DStR 2001, 945 ff.
33 Michalski/Heyder, GmbHG, § 8 Rn. 16.

dadurch vermeiden, dass sie geplante oder tatsächlich praktizierte genehmigungsbedürftige Geschäfte nicht in den Unternehmensgegenstand mit aufnimmt. Die entsprechenden gesetzlichen Genehmigungserfordernisse stellen nicht darauf ab, ob die Tätigkeit in der Satzung mit in den Gegenstand aufgenommen ist, sondern ob sie ausgeübt wird.

Entsprechende Genehmigungen sind nach der derzeitigen Rechtslage bei der Anmeldung der GmbH einzureichen. Das MoMiG sieht vor, dass künftig bei der Anmeldung die Versicherung ausreicht, dass die Genehmigung beantragt worden ist und die Genehmigung dann grds. binnen drei Monaten nach Eintragung beim Handelsregister einzureichen ist.[34]

Beispiele für derartige Genehmigungserfordernisse:[35]
Banken (§§ 1, 32 KWG), Baubetreuung/Bauträger (§ 34c GewO), Finanzdienstleistungen (§ 32 KWG), Finanzierungsvermittlung (§ 34c GewO), Gaststätten (§ 2 GastG), Handwerk (§ 7 Abs. 4 HWO), Inkassotätigkeit (§ 1 Abs. 1 Satz 2 Nr. 5 RBerG), Kapitalanlagen (§ 7 InvG), Makler bezüglich Grundstücken, Kapitalanlagen, Krediten, Darlehen (§ 34c GewO), Rechtsangelegenheiten (§§ 59c Abs. 1, 59g BRAO, § 1 RBerG), Steuerberatung (§§ 49 ff. StBerG), Wirtschaftsprüfung (§§ 1, 27 ff. WiPrO), ab dem 22.5.2007 Versicherungsvermittlung und -beratung (§§ 34d, 34e GewO).[36]

7. Anmeldung, Prüfungsumfang des Registergerichts, Eintragung ins Handelsregister

17 Alle Geschäftsführer, auch die stellvertretenden, müssen die GmbH zur Eintragung ins Handelsregister anmelden. Die Anmeldung hat in öffentlich beglaubigter Form zu erfolgen und muss seit dem 1.1.2007 in elektronischer Form zum Handelsregister eingereicht werden.[37] Die **Anmeldung darf erst erfolgen**, wenn die in § 7 Abs. 2 und 3 GmbHG genannten Mindesteinlagen zur freien Verfügung der Geschäftsführung erbracht worden sind.[38] Dies ist in der Anmeldung zu versichern.

18 Das Handelsregister prüft **auf der Grundlage der Anmeldung** und den Angaben der Anmelder. Nur bei begründeten Zweifeln ist das Gericht zu weiterer Ermittlung und Anforderung von Unterlagen, z.B. Sachverständigengutachten hinsichtlich der Sacheinlagen, befugt.

Die Prüfung erstreckt sich auf die **formelle und materielle Richtigkeit** der ordnungsgemäßen Errichtung und Anmeldung der GmbH, also auf die Erfüllung aller gesetzlichen Eintragungsvoraussetzungen. Das Registergericht prüft also insb., ob die Anmeldung selbst ordnungsgemäß ist und alle erforderlichen Unterlagen (Vollmachten, Genehmigungen etc.) in der erforderlichen Form enthält, des Weiteren ob der Gesellschaftsvertrag formell ordnungsgemäß beurkundet wurde.

Die **Wirksamkeit des Gesellschaftsvertrags** prüft das Registergericht aber nur nach Maßgabe des § 9c Abs. 2 GmbHG. Das Registergericht prüft z.B. auch die Wirksamkeit der Bestellung der Geschäftsführer, die Genehmigungsbedürftigkeit des Unternehmensgegenstandes und die Festsetzung und Übernahme der Stammeinlagen. Die Erbringung der Einlagen überprüft das Gericht genau, insb. ob die Sacheinlagen ordnungsgemäß bewertet worden sind. Die **Werthaltigkeit der Sacheinlagen** ist durch die Vorlage entsprechender Urkunden nachzuweisen, z.B. einer Werthaltigkeitsbestätigung eines Wirtschaftsprüfers. Nur bei Zweifeln darf das Registergericht die Vorlage weiterer Unterlagen fordern. Die Prüfung der Einlageleistung hat grds. (allein) anhand der Versicherung der Geschäftsführer zu erfolgen.[39]

---

34 Referentenentwurf des Gesetzes zur Modernisierung des GmbH-Rechts und zur Bekämpfung von Missbräuchen (MoMiG) des BMJ vom 29.5.2006; zum Diskussionsstand ausführlich Heckschen, NotBZ 2006, 381.
35 Ausführliche Übersicht bei Heckschen/Heidinger, Die GmbH in der Gestaltungspraxis, § 2 Rn. 33.
36 Gesetz zur Neuregelung des Versicherungsvermittlerrechts, BGBl. 2006 I, S. 3232.
37 Ausführlich zu Handelsregisteranmeldungen ab dem 1.1.2007 Melchior, NotBZ 2006, 409.
38 Siehe dazu unter Rn. 68 ff.
39 Michalski/Heyder, GmbHG, § 9c Rn. 23; Ulmer/Ulmer, GmbHG, § 9c Rn. 31; so wohl auch Fritzsche, Rpfleger 2002, 52.

Leidet die Anmeldung an **behebbaren Mängeln**, muss das Registergericht den Geschäftsführern die Möglichkeit geben, die Mängel zu beheben bzw. fehlende Unterlagen nachzureichen. Stellt das Gericht unbehebbare Mängel fest, kann es die Eintragung ablehnen oder die Rücknahme der Anmeldung anregen.

Ergibt die Prüfung keinen Anlass zur Beanstandung, trägt das Registergericht die GmbH in die Abteilung B des Handelsregisters mit dem in § 10 GmbHG genannten Inhalt ein. Damit ist die GmbH als juristische Person i.S.d. § 13 GmbHG entstanden.

Das Registergericht veröffentlicht die Eintragung in den durch § 10 HGB vorgeschriebenen Medien. Seit der Änderung des § 10 HGB durch das EHUG mit Wirkung v. 1.1.2007 geschieht dies auf elektronischem Wege und bis Ende 2008 zusätzlich in einer Tageszeitung oder in einem anderen Blatt (Art. 61 Abs. 4 EGHGB n.F.).[40]

Checkliste: Anmeldung einer GmbH bei Bargründung/Sachgründung ☑ 19

Anmeldung
☐ der Gesellschaft
☐ der Geschäftsführer und ggf. der Prokuristen
☐ der Vertretungsbefugnis der Geschäftsführer und ggf. der Prokuristen
☐ ggf. der Befreiung der Geschäftsführer vom Selbstkontrahierungsverbot (§ 181 BGB)
☐ der Anschrift

Versicherung
☐ des Fehlens von Bestellungshindernissen für Geschäftsführer
☐ der Belehrung der Geschäftsführer über die uneingeschränkte Auskunftspflicht nach dem BZRG
☐ der Erbringung der gesetzlichen Mindesteinlagen
☐ der freien Verfügbarkeit über die gesetzlichen Mindesteinlagen

Zeichnung
☐ der Unterschriften der Geschäftsführer und ggf. Prokuristen zur Aufbewahrung bei Gericht

Vorlage
☐ des Gesellschaftsvertrags in Ausfertigung und beglaubigter Abschrift
☐ ggf. Gründungsvollmachten
☐ Liste der Gesellschafter
☐ ggf. staatliche Genehmigung oder Vorbescheid/Unbedenklichkeitsbescheinigung

Besonderheiten bei Sachgründung:
- **Versicherung**

☐ des Fehlens von Bestellungshindernissen für Geschäftsführer
☐ der Belehrung der Geschäftsführer über die uneingeschränkte Auskunftspflicht nach dem BZRG
☐ der Bewirkung der Sacheinlagen
☐ der freien Verfügbarkeit über die bewirkten Bar- und Sacheinlagen

- **zusätzlich Vorlage**

☐ der Einbringungsverträge
☐ des Sachgründungsberichts mit Unterlagen über die Werthaltigkeit

---

40 Gesetz über elektronische Handelsregister und Genossenschaftsregister sowie das Unternehmensregister (EHUG) v. 10.11.2006, BGBl. 2006 I, S. 1553; dazu Clausnitzer/Blatt, GmbHR 2006, 1303; Seibert/Becker, DB 2006, 2446, 2450; Noack, NZG 2006, 801, 805; Liebscher/Scharff, NJW 2006, 3754.

III. Gründungsphasen und die jeweilige Haftung

20 Das **Haftungssystem**[41] für die Gründungsphase der GmbH stand im Mittelpunkt der Rspr. der letzten Jahre.[42]

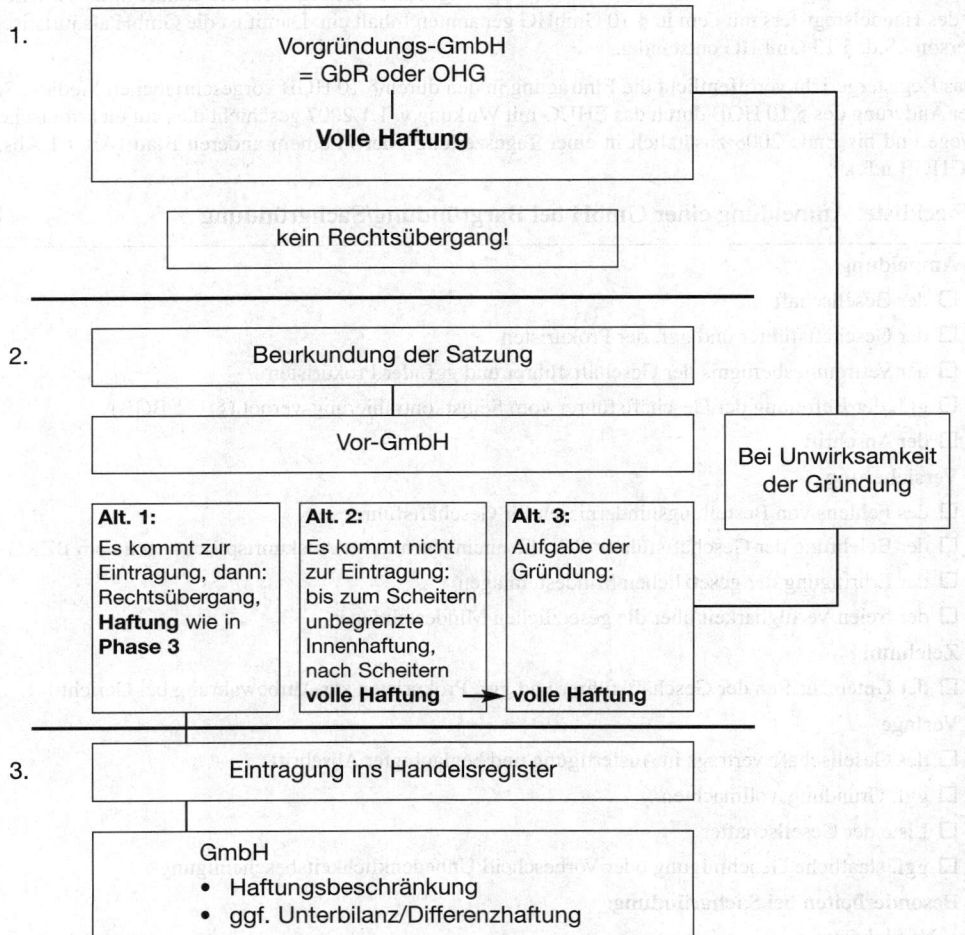

1. Vorgründungsgesellschaft und Haftung

21 Bei der Vorgründungsgesellschaft, also der Gesellschaft, die vor Beurkundung der Satzung der GmbH besteht, handelt es sich in der Regel um eine **GbR oder eine OHG**.

22 Die Forderungen und Verbindlichkeiten der Vorgründungsgesellschaft gehen **nicht automatisch** auf die Vor-GmbH über, da zwischen Vorgründungsgesellschaft und der Vor-GmbH keine Identität besteht. Alle Rechte und Verbindlichkeiten bleiben also bei der Vorgründungsgesellschaft bzw. ihren Gesellschaftern und gehen nicht auf die Vor-GmbH oder gar die GmbH über. Auch die persönliche Haftung der Gesell-

---

41 Dazu Heckschen/Heidinger, Die GmbH in der Gestaltungspraxis, § 1 Rn. 12 ff.
42 Einen guten Überblick über die Entwicklung der Rspr. gibt Goette, Die GmbH, § 1 Rn. 43 ff. sowie Jacoby, DNotZ 2003, 216; zur Europarechtswidrigkeit des Innenhaftungskonzeptes Kersting, GmbHR 2003, 1466.

schafter für Verbindlichkeiten aus Geschäften der Vorgründungs-GbR/OHG erlischt grds. weder mit der Gründung noch der Eintragung der GmbH.[43] Ein Übergang findet nur statt bei einer **Schuldübernahme nach §§ 414, 415 BGB** oder einer diese **umfassenden Vertragsübernahme** durch die Vor-GmbH. Die hierfür erforderliche Zustimmung des Vertragspartners kann dabei nicht (konkludent) aus der Tatsache abgeleitet werden, dass er im Zeitpunkt des Vertragsschlusses (z.B. wegen des Auftretens als GmbH i.G.) glaubte, mit einer beschränkt haftenden GmbH zu kontrahieren, da darin die Auswechslung eines unbeschränkt haftenden gegen einen bloß beschränkt haftenden Vertragspartner läge.[44]

Tätigen die Gesellschafter in dieser Vorgründungsphase Geschäfte, wird regelmäßig die **Vorgründungsgesellschaft als GbR oder OHG verpflichtet**. Wollen die Beteiligten zur Vermeidung einer persönlichen Haftung kein Geschäft der Vorgründungs-GbR/-OHG, sondern ein Geschäft der Vor-GmbH herbeiführen, so können sie sich ein Angebot seitens des Vertragspartners geben lassen, das die Vor-GmbH dann nach Beurkundung der Satzung beim Notar annimmt, sich gegenüber dem Geschäftspartner ausdrücklich die Genehmigung des Geschäfts nach der Gründung der GmbH vorbehalten oder das Geschäft unter die aufschiebende Bedingung des Gründungsakts stellen. Ansonsten bedarf es einer **vorzeitigen Einwilligung des Gläubigers** zu einer Schuldübernahme durch die eingetragene GmbH. Weiter wäre es auch möglich, dass die Vorgründungsgesellschafter ausdrücklich mit dem Vertragspartner vereinbaren, dass nicht sie selbst persönlich für die Verbindlichkeiten aus diesem Geschäft haften, sondern nur das Gesellschaftsvermögen. Eine solche individuelle Vereinbarung einer Haftungsbeschränkung mit jedem einzelnen Gläubiger ist jedoch allenfalls bei der GbR zulässig; hier sind allerdings die einschränkenden Grundsätze der BGH-Rspr. zur GbR mbH zu berücksichtigen.[45] Eine Freizeichnung von den Verbindlichkeiten wird nicht allein dadurch erreicht, dass die Handelnden im Namen der zukünftigen GmbH tätig werden. Ggf. greift eine **Haftung nach § 179 BGB** für den Vertreter ohne Vertretungsmacht ein. 23

Die Ansprüche gegen die Gesellschafter verjähren gemäß § 159 Abs. 1 HGB **fünf Jahre** nach der Auflösung der Gesellschaft. Für die GbR wird § 159 Abs. 1, 4 HGB entsprechend angewandt.[46]

Soll ein Unternehmen der Vorgründungsgesellschaft auf die Vor-GmbH oder GmbH übergehen, kann dies entweder im **Rahmen einer Sachgründung** erfolgen oder nach einer **Bargründung durch zusätzliche Einlage**. Es ist aber für die (Vor-) GmbH nicht zulässig, das Vorgründungsunternehmen aus den Barmitteln, die die Gesellschafter bei der Bargründung aufgebracht haben, zu kaufen. Es würde sich dabei um eine verdeckte Sachgründung handeln.[47] Ein einfacher Weg zur Herbeiführung einer Gesamtrechtsnachfolge besteht darin, dass die Gesellschafter ihre Anteile an der Vorgründungsgesellschaft im Rahmen der Sachgründung oder einer späteren (geringfügigen) Sachkapitalerhöhung einbringen. Mit der Einbringung der Anteile bei der GmbH **erlischt die Vorgründungsgesellschaft**, deren Alleingesellschafter dann ja die GmbH ist. Alle Rechte und Pflichten gehen auf diese im Wege einer Anwachsung über. Eine zusätzliche Option zur Überleitung des Vermögens der Vorgründungsgesellschaft ist die Verschmelzung der Gesellschaft auf die GmbH nach den Regeln des UmwG. 24

> **Hinweis:**
>
> Das Vermögen eines Einzelkaufmanns kann auf die Vor-GmbH oder die GmbH auch durch Ausgliederung nach § 152 UmwG auf die (Einmann-)GmbH übertragen werden.

---

43 BGH, GmbHR 2001, 293.
44 BGH, DNotZ 1999, 224 = ZNotP 1998, 284 = DNotI-Report 1998, 122 = NJW 1998, 1645 = ZIP 1998, 646, 647 = DStR 1998, 821.
45 BGH, NJW 1999, 3483 = GmbHR 1999, 1134; siehe dazu Schäfer, ZIP 2003, 1225; Petersen/Rothenfußer, GmbHR 2000, 757; dies., GmbHR 2000, 801; Huep, NZG 2000, 285; Nagel, DStR 2000, 2091.
46 Palandt/Sprau, BGB, Vorb v § 723 Rn. 3; BFH, NJW-RR 1998, 1185.
47 Siehe dazu unter Rn. 54 ff.

2. Vor-GmbH und Haftung

a) Vor-GmbH

25 Die Vor-GmbH oder Vorgesellschaft (auch GmbH in Gründung bzw. GmbH i.G.) entsteht mit Abschluss des notariellen Gesellschaftsvertrags.[48] Sie ist ein **Personenverband eigener Art**, der einem Sonderrecht unterstellt ist, das aus den im Gesetz und im Gesellschaftsvertrag enthaltenen Gründungsvorschriften und dem Recht der eingetragenen GmbH besteht, soweit dieses nicht die Eintragung voraussetzt.[49] Die Vorgesellschaft ist **körperschaftlich strukturiert und teilrechtsfähig**.[50] Sie kann unternehmerisch tätig werden.[51] Sie ist namens- und firmenfähig,[52] grundbuchfähig, konto-, wechsel- und scheckfähig,[53] aktiv und passiv parteifähig[54] und insolvenzfähig (§ 11 Abs. 2 Nr. 1 InsO). Sie kann Komplementärin einer KG sein[55] und kann Anträge im Verfahren vor dem Handelsregister stellen.[56] Nach dem OLG Hamm[57] ist nur eine echte Vor-GmbH parteifähig. Betreiben die Parteien die Eintragung nicht und führen sie die Geschäfte gleichwohl fort, sei die Vor-GmbH nach der Rspr. des BGH als Personengesellschaft zu behandeln.

26 Mit der **notariellen Beurkundung des GmbH-Gesellschaftsvertrags** bzw. der GmbH-Satzung entsteht die Vor-GmbH. Wird zwar eine GmbH-Gründung beurkundet, ist diese jedoch nicht wirksam, so bleibt das entstehende Gebilde im Stadium der Vorgründungsgesellschaft stecken. Gleiches gilt, wenn bei der GmbH-Gründung vollmachtlose Vertreter auftreten, deren Handeln nicht genehmigt wird. Es bleibt dann bei einer unbeschränkten Haftung der Gesellschafter dieser GbR/OHG.

27 Die Vor-GmbH kann, seit der BGH das Vorbelastungsverbot aufgegeben hat, **Rechte erwerben und Verbindlichkeiten eingehen**. In der Vor-GmbH haftet den Gläubigern die Vor-GmbH sowie diejenigen, die für die Vor-GmbH handeln (sog. Handelndenhaftung gemäß § 11 Abs. 2 GmbHG). Die Gesellschafter der Vor-GmbH haften aufgrund der **sog. Verlustdeckungshaftung** für alle Verluste der Vor-GmbH unbeschränkt mit ihrem Privatvermögen, allerdings nur entsprechend ihrem Anteil an der Vor-GmbH und nur gegenüber der GmbH (proratarische Innenhaftung). Unmittelbar gegenüber den Gläubigern im Sinne einer Außenhaftung haften die Gesellschafter, wenn die Vor-GmbH keinen Geschäftsführer hat, nur einen Gesellschafter hat oder vermögenslos ist.

Aufgrund ihrer körperschaftlichen Struktur kann die Vor-GmbH im Rechtsverkehr ihre Rechte und Pflichten wahrnehmen. Organschaftliche Vertreter sind ihre Geschäftsführer,[58] die durch Mehrheitsbeschluss bestellt werden.[59] Geschäftsführungs- und Vertretungsmacht der Geschäftsführer werden nach Ansicht des BGH[60] und der h.M. in der Lit.[61] **durch den Zweck der Vorgesellschaft** beschränkt. In der Lit.[62] wird

---

48 BGHZ 91, 148, 151 = ZIP 1984, 950, 951.
49 BGHZ 51, 30, 32; 117, 323, 326; 134, 333, 336.
50 Michalski/Michalski, GmbHG, § 11 Rn. 58; für die Eintragungsfähigkeit in der Handwerksrolle: Buchholz, NZG 2001, 884.
51 BGHZ 134, 333, 335.
52 BGHZ 120, 103.
53 BGHZ 117, 323, 326.
54 BGHZ 79, 239, 241; BGH, ZIP 1998, 109.
55 BGHZ 80, 129, 130.
56 BGHZ 117, 323, 325.
57 OLG Hamm, ZIP 2006, 2031 = NZG 2006, 754 = GmbHR 2006, 1044 (n. rkr., Az. des BGH: IV ZR 232/06).
58 BGHZ 80, 129, 132; BGHZ 117, 323, 326.
59 BGHZ 80, 212, 214.
60 BGHZ 80, 129, 139.
61 Baumbach/Hueck/Hueck/Fastrich, GmbHG, § 11 Rn. 19 f.; Roth, in: Roth/Altmeppen, GmbHG, § 11 Rn. 46 ff.; Rowedder/Schmidt-Leithoff/Schmidt-Leithoff, GmbHG, § 11 Rn. 85 ff.; Lutter, JuS 1998, 1073, 1076; Wiegand, BB 1998, 1065, 1070; Meyer, GmbHR 2002, 1176, 1180.
62 Vgl. nur Scholz/K. Schmidt, GmbHG, § 11 Rn. 63 f.; Michalski/Michalski, GmbHG, § 11 Rn. 55; Beuthien, NJW 1997, 565 differenziert nach vollkaufmännischem Betrieb und sonstiger Vor-GmbH.

diese Beschränkung der Vertretungsmacht kritisiert, da der Zweck der Vorgesellschaft mit dem der später eingetragenen GmbH bereits deckungsgleich sei. Eine Erweiterung der beschränkten Vertretungsmacht und/oder Geschäftsführungsbefugnis sowie die Ermächtigung zur Aufnahme der Geschäfte kann aber durch alle Gesellschafter gemeinsam beschlossen werden.[63]

Von der nach h.M. beschränkten Vertretungs- bzw. Geschäftsführungsbefugnis erfasst werden die **gesetzlichen Aufgaben der Geschäftsführer im Gründungsstadium**, also alles, was mit der Einbringung der Stammeinlagen und der Herbeiführung der Eintragung zu tun hat. Bei Sacheinlagen sind die Geschäftsführer zu deren ordnungsgemäßer Verwaltung und Erhaltung befugt. Wurde ein Unternehmen im Wege einer Sacheinlage eingebracht, umfasst die Vertretungsmacht auch die **Ermächtigung zur Führung des Unternehmens**, das bedeutet i.d.R. unbeschränkte Vertretungsmacht.[64]

Die **Rspr. des BGH** zum unternehmensbezogenen Vertreterhandeln ist auch auf die Rechtsgeschäfte der Vorgründungs-[65] und der Vor-GmbH anzuwenden. Der Wille der Beteiligten geht im Zweifel dahin, dass der Inhaber des Unternehmens, nicht jedoch die für das Unternehmen handelnde Person die Vertragspartei ist.[66] Handelt demnach jemand für eine Vorgründungs- oder Vor-GmbH, wird diese im Zweifel auch dann verpflichtet, wenn – z.B. infolge einer Falschbezeichnung – **nicht klar erkennbar ist**, dass er für eine solche Gesellschaft handelt. Dies dürfte auch bei dem häufig in der Praxis vorkommenden Fall des Handelns im Namen der noch nicht existierenden GmbH gelten.

Die Vor-GmbH wird zur GmbH mit Eintragung der GmbH durch das Registergericht. **Bei einer Unterbilanz** zum Zeitpunkt der Anmeldung nimmt die ganz h.M. in Lit. und Rspr. ein Eintragungshindernis an. Hingegen ist derzeit noch streitig, ob eine Unterbilanz zum späteren Zeitpunkt der Eintragung ein Eintragungshindernis darstellt.[67] Da man dann zum Zeitpunkt der Eintragung letztlich den Austausch der Stammeinlageverpflichtung auf bare Einlageleistung durch eine bloße Forderung (Haftung) gegen den Gesellschafter akzeptieren würde, was im übrigen GmbH-Recht streng untersagt ist,[68] verweigern die Registerrichter daher die Eintragung **bei Kenntnis eines Verlustes des Stammkapitals** vor der Eintragung, der zu einer Unterbilanzhaftung führt, zu Recht.[69] Bei begründeten Zweifeln am zumindest wertmäßigen Vorhandensein der Einlage kann ein Nachweis für die wertgleiche Deckung verlangt werden. Bei einer Unterbilanz wegen Überbewertung einer Sacheinlage schon vor der Anmeldung genügt es zur Beseitigung des Eintragungshindernisses, wenn die Differenz in bar geleistet wird, da die bare Vollleistungspflicht als primäre Verpflichtung der Inferenten von Gesetzes wegen besteht.

Die Vor-GmbH endet mit der Entstehung der GmbH durch Eintragung in das Handelsregister. Die durch die Vor-GmbH begründeten Rechte und Pflichten gehen damit **automatisch auf die GmbH** über.[70]

b) Einmann-Vor-GmbH

Die Behandlung der Einpersonen-Vor-GmbH ist noch nicht höchstrichterlich entschieden. Eine Einmann-Vorgründungsgesellschaft kann es nicht geben, da hier noch Personengesellschaftsrecht anwendbar ist,

---

63 BGHZ 80, 129, 139.
64 Baumbach/Hueck/Hueck/Fastrich, GmbHG, § 11 Rn. 20.
65 OLG Stuttgart, NZG 2002, 910, 911.
66 BGHZ 91, 148, 152 zur Vorgründungs-GmbH; BGH, ZIP 1998, 646, 647 f.; BGH, ZIP 1998, 1223.
67 Vgl. z.B. abl. Rowedder/Schmidt-Leithoff/Schmidt-Leithoff, GmbHG, § 9c Rn. 27; Scholz/Winter/Veil, GmbHG, § 9c Rn. 29 m.w.N.; Maurer, BB 2001, 2537; a.A.: z.B. Roth, in: Roth/Altmeppen, GmbHG, § 9 c Rn. 13.
68 Vgl. nur z.B. Rückgewähr als Darlehen = verdeckte Sacheinlage; Novation der Stammeinlageverpflichtung unzulässig; Verrechnungsverbot des § 19 Abs. 2, 5 GmbHG; vgl. auch BGHZ 124, 282 zur Passivierungspflicht eigenkapitalersetzender Darlehen bei Berechnung der Unterbilanz.
69 Vgl. BayObLG, GmbHR 1998, 1225 = NZG 1999, 27 = BB 1998, 2439; GmbHR 1992, 109 = DB 1991, 2536.
70 BGHZ 80, 129, 137 ff.

wonach die Einmann-Gesellschaft grds. nicht zulässig ist. Die zunehmende Ansicht in Lit.[71] und Rspr.[72] geht aber davon aus, dass auch bei der Einpersonen-Gründung bereits nach der Beurkundung der Gründungssatzung eine **Vor-GmbH entsteht**.

30 Auf die Haftung der Gründer einer Vor-GmbH werden statt der personengesellschaftsrechtlichen Regelungen grds. schon die **Haftungsprivilegien der eingetragenen GmbH** auf die Vor-GmbH übertragen. Mit Rücksicht auf die besondere Gefährdungslage der Gesellschaftsgläubiger bei der Einpersonen-Gründung wird teilweise die Ansicht vertreten,[73] dass der Gründer von Anfang an neben der Vorgesellschaft für deren Verbindlichkeiten zu haften habe. Es ist aber konsequent, dass auch für die Einmann-Vor-GmbH die persönliche Haftung des Gründers erst dann einsetzt, wenn das Vorhaben scheitert.[74]

31 Davon zu unterscheiden ist die Frage, ob bei Scheitern der Gründung der Einmann-GmbH die **Verlustdeckungshaftung als Innen- oder Außenhaftung** konzipiert ist. Die Rspr.[75] lehnt das grds. Konzept der Innenhaftung für die Einpersonen-Gründung ab. Die Gläubiger können daher den Gründungsgesellschafter anders als bei der Mehrpersonengründung unmittelbar in Anspruch nehmen. Die unmittelbare Außenhaftung verursacht dort Schwierigkeiten, wo der Alleingesellschafter die Vor-GmbH nicht in eigenem Interesse gründet, sondern lediglich als Treuhänder handelt.[76] **Hinsichtlich der Unterbilanzhaftung** hat der BGH allerdings entschieden, dass es auch für die Einmann-GmbH bei der Innenhaftung bleibt.[77]

c) Haftung bei der Vor-GmbH

32 Hinsichtlich der Haftungsverhältnisse bei der Vor-GmbH **ist zu unterscheiden** zwischen der Haftung der Vor-GmbH selbst, der persönlichen Haftung der Gründer für die Geschäfte der gescheiterten Vor-GmbH, der Haftung der Handelnden gemäß § 11 Abs. 2 GmbHG und letztendlich der sog. Differenz- oder Unterbilanzhaftung der Gründer nach Eintragung der GmbH in das Handelsregister. Die persönliche Haftung der Gründer wird von der Rspr. differenziert behandelt,[78] je nachdem, ob es zur Eintragung kommt oder diese scheitert.

aa) Unterbilanzhaftung/Vorbelastungshaftung

33 Für die Geschäfte **aus der Zeit der Vor-GmbH** trifft die Gründer, wenn es zur Eintragung der GmbH kommt, die sog. Unterbilanzhaftung/Vorbelastungshaftung,[79] die das frühere Vorbelastungsverbot ablöst. Die Vor-GmbH kann also schon über das eingezahlte Stammkapital verfügen und Verbindlichkeiten eingehen, die letztlich wie die Aktiva mit der Entstehung der GmbH durch die Handelsregistereintragung auf die GmbH übergehen. Die Stammkapitalziffer muss im Zeitpunkt der Eintragung durch das vorhandene Vermögen der Gesellschaft gedeckt sein. Dies erfasst auch eventuell schon vor der gesellschaftsvertraglich vereinbarten Fälligkeit geleistete Resteinlagebeträge.[80] Eine vorhandene Unterbilanz (**Aktiva – echte Passiva < Stammkapital**) und sogar eine eventuelle Überschuldung (**Aktiva – echte Passiva < 0**) zum

---

71 Baumbach/Hueck/Hueck/Fastrich, GmbHG, § 11 Rn. 44; vgl. auch Lutter/Bayer, in: Lutter/Hommelhoff, GmbHG, § 11 Rn. 28; Rowedder/Schmidt-Leithoff/Schmidt-Leithoff, GmbHG, § 11 Rn. 141 ff.; a.A.: noch Hüffer, ZHR 1981, 521, 532; vgl. auch ausführlich und m.w.N. Petersen, NZG 2004, 400 ff.

72 BayObLG, GmbHR 1994, 329 f; OLG Dresden, GmbHR 1997, 215; vgl. auch BGH, ZIP 2001, 789 = GmbHR 2001, 432; ZIP 2004, 1046.

73 Ulmer/Ulmer, GmbHG, § 11 Rn. 84.

74 Anm. Goette zu BGH, DStR 2001, 1395, 1397; Goette, ZNotP 2002, 366, 377.

75 BGH, ZIP 1997, 679 = GmbHR 1997, 405 = DStR 1997, 625; wohl auch BGH, ZIP 2005, 2257; Scholz/ K. Schmidt, GmbHG, § 11 Rn. 155; Ulmer/Ulmer, GmbHG, § 11 Rn. 84, Roth, in: Roth/Altmeppen, GmbHG, § 11 Rn. 53.

76 BGH, ZIP 2001, 789 = DStR 2001, 858 m. Anm. Goette; dazu ausführlich: Heckschen/Heidinger, Die GmbH in der Gestaltungspraxis, § 2 Rn. 87.

77 BGH, ZIP 2005, 2257.

78 Überblick bei Michalski/Barth, NZG 1998, 525.

79 BGHZ 80, 129, dort Differenzhaftung genannt.

80 BGHZ 105, 300 unter Aufgabe der gegenteiligen Rspr. vgl. BGHZ 80, 129, 137.

Zeitpunkt der Eintragung der GmbH im Handelsregister muss von den Gesellschaftern ausgeglichen werden. Von der Unterbilanzhaftung ausgenommen sind die sog. Gründungskosten, sofern deren Übernahme durch die Gesellschaft in der Satzung vorgesehen ist.[81]

In der Vorbelastungsbilanz ist als Vermögensbilanz das Gesellschaftsvermögen grds. **mit seinen wirklichen Werten nach Fortführungsgrundsätzen** anzusetzen.[82] Ist – ausnahmsweise – durch die Aufnahme der Geschäftstätigkeit durch die Vor-GmbH bereits eine Organisationseinheit entstanden, die als Unternehmen anzusehen ist, das über seine einzelnen Vermögenswerte hinaus einen eigenen Vermögenswert repräsentiert, muss für die Zwecke der Unterbilanzhaftung das Unternehmen im Ganzen nach einer hierfür betriebswirtschaftlich anerkannten Bewertungsmethode bewertet werden.[83] Von einem solchen Unternehmen kann – auch bei sog. Start-up-Unternehmen – nur dann die Rede sein, wenn es sich um ein bewertungsfähiges, strukturiertes und in das Marktgeschehen integriertes Unternehmen handelt.[84] **Bei negativer Fortbestehensprognose** ist das Gesellschaftsvermögen allerdings zu Veräußerungswerten zu bilanzieren.[85]

Die Gesellschafter haften **proratarisch (entsprechend ihrer Beteiligung)**, unbeschränkt, persönlich und wertmäßig für die Aufbringung des Stammkapitals. Die Vorbelastungshaftung ist vom BGH als Innenhaftung (Anspruch der GmbH gegen die Gesellschafter) konzipiert.[86] Die Gläubiger können die entsprechenden Ansprüche der Gesellschaft gegen die Gesellschafter jedoch pfänden und überweisen lassen. **Ein direkter Zugriff der Gläubiger auf die Gesellschafter** im Wege der Außenhaftung wurde bisher allgemein bei Vermögenslosigkeit der GmbH[87] oder im Fall der Einmann-Gesellschaft angenommen.[88] Anders hat für beide Fälle der BGH mit Urteil v. 24.10.2005 entschieden: Der grundlegende Unterschied zwischen der Ausgangssituation bei der Verlustdeckungshaftung und der Unterbilanzhaftung, nämlich dass es nur bei letzterer zur Eintragung kommt, rechtfertige es, das **Haftungssystem der Verlustdeckungshaftung nicht vollständig zu übertragen**. Vielmehr dürfe nach Eintragung der GmbH das in § 13 Abs. 2 GmbHG wirksam werdende Trennungsprinzip nicht mehr durchbrochen werden; eine persönliche Haftung der Gesellschafter sei damit, auch bei einer Einmann-GmbH oder der Vermögenslosigkeit, ausgeschlossen.[89] Nach wie vor geht der BGH mit der h.M. aber auch hier von einer nur proratarischen Haftung aus.[90] Fällt einer der proratarisch haftenden Gesellschafter aus, greift die subsidiäre Haftung der Mitgesellschafter nach § 24 GmbHG ein.

34

Der Anspruch aus Unterbilanzhaftung verjährt **entsprechend § 9 Abs. 2 GmbHG**. Früher betrug die Verjährungsfrist fünf Jahre seit Eintragung der GmbH.[91] Nach der Schuldrechtsreform galt zunächst die regelmäßige Verjährungsfrist von drei Jahren ab Kenntnis (§ 195 BGB n.F.), die auch für die Stamm-

35

---

81 Vgl. bspw. BGH, BB 1989, 871; zur Problematik der Steuerberatungskosten Crezelius, DStR 1987, 743, 748.
82 BGH, DStR 2002, 1538 = BB 2002, 959.
83 BGH, DStR 2006, 711 m. Anm. Goette = NZG 2006, 390; DStR 2002, 1538 = BB 2002, 959; ZIP 1998, 2151.
84 BGH, DStR 2006, 711 m. Anm. Goette = NZG 2006, 390; dazu Luttermann/Lingl, NZG 2006, 454; Weitemeyer, NZG 2006, 648; krit. Naraschewski, EWiR 2006, 565.
85 BGH, ZIP 1997, 2008, vgl. dazu auch Hey, GmbHR 2001, 905; Goette, Die GmbH, § 1 Rn. 57.
86 BGH, ZIP 1997, 679 = NJW 1997, 1507, a.A.: z.B. LSG Baden-Württemberg, EWiR 1998, 63 (Altmeppen); Altmeppen, NJW 1997, 3272; Kleindiek, ZGR 1997, 427, 436 ff.; Wilhelm, in: GS für Knobbe-Keuk, S. 321, 354 ff.
87 BAG, GmbHR 1998, 39; BFH, GmbHR 1998, 854.
88 Vgl. nur Michalski/Michalski, GmbHG, § 11 Rn. 62 ff.; Ulmer/Ulmer, GmbHG, § 11 Rn. 83 ff.; OLG Dresden, NZG 2001, 664, 666 zur Vorgenossenschaft, die Außenhaftung tritt zur Innenhaftung hinzu.
89 BGH, ZIP 2005, 2257; dazu Goette, DStR 2006, 139, 145.
90 BAG, GmbHR 2001, 919; dazu Henze, EWiR 2001, 759; zur fehlenden Haftungsbefreiung durch Befriedigung eines einzelnen Gläubigers über die Quote hinaus: BSG 2000, 494, 498.
91 BGHZ 105, 300; BGH, NJW 2002, 834 = JZ 2002, 312 sogar für die direkte Anwendung.

einlagepflicht herangezogen werden müsste.[92] Diesen offensichtlichen Wertungswiderspruch[93] hat der Gesetzgeber mittlerweile beseitigt und die Verjährungsfrist für die Differenzhaftung, Stammeinlageforderungen und Rückzahlungsforderungen auf **zehn Jahre** (§§ 9 Abs. 2, 19 Abs. 6, 31 Abs. 5 GmbHG n.F.) festgelegt.[94] Einzelne Vorschriften enthalten eine privilegierte Verjährung in fünf Jahren (§§ 31 Abs. 3, 43 Abs. 4 GmbHG n.F.).

Problematisch ist häufig die **Durchsetzung der Unterbilanzhaftung**. Anspruchsteller ist i.a.R. der Insolvenzverwalter, der aber meist keine oder nur unvollständige Geschäftsunterlagen vorfindet. Eine Bilanz auf den Zeitpunkt der Eintragung ist regelmäßig nicht erstellt. Nach den allgemeinen Regeln wäre die Gesellschaft – bzw. bei Insolvenz der Insolvenzverwalter – für das Bestehen von Unterbilanzhaftungsansprüchen darlegungs- und beweispflichtig.[95] Den Schwierigkeiten des Insolvenzverwalters hinsichtlich entsprechender Substanziierung begegnet der BGH mit den **Grundsätzen über die sekundäre Behauptungslast**:[96] Ergeben sich unter den bezeichneten Voraussetzungen aus dem dem Insolvenzverwalter vorliegenden Material hinreichende Anhaltspunkte dafür, dass das Stammkapital der Gesellschaft schon im Gründungsstadium angegriffen oder verbraucht worden ist oder sogar darüber hinausgehende Verluste entstanden sind, ist es Sache der Gesellschafter darzulegen, dass eine Unterbilanz nicht bestanden hat, wenn weder eine Vorbelastungsbilanz auf den Stichtag erstellt wurde noch geordnete Geschäftsunterlagen existieren.

bb) Verlustdeckungshaftung

36 Kommt es **nicht zur Eintragung der GmbH**, greifen die Grundsätze der eben dargestellten Unterbilanz-(Vorbelastungs-)Haftung grds. nicht, da diese erst mit Eintragung der GmbH entsteht. Um eine eventuelle Haftungslücke in diesem Fall zu schließen, hat der BGH für den Zeitraum vor der Eintragung, auch bei deren Scheitern, die **sog. Verlustdeckungshaftung** entwickelt, die in der Struktur und dem Umfang der Unterbilanzhaftung entspricht. Damit existiert ein abgestimmtes geschlossenes System der Gründerhaftung. Es sind jedoch wieder verschiedene Unterfälle zu unterscheiden.

(1) Vor-GmbH ohne Eintragungsabsicht

37 Wird die GmbH **endgültig nicht eingetragen**, haften die Gesellschafter persönlich. Hatten die Gründer von Anfang an keine Absicht, die GmbH eintragen zu lassen, bestand von Anfang an nur eine **sog. unechte Vor-GmbH**, in Wirklichkeit also eine Personengesellschaft. Auch die Haftung der Gesellschafter richtet sich nach den Regeln der GbR oder OHG,[97] je nachdem ob ein Handelsgewerbe betrieben wird oder nicht. Das bedeutet eine persönliche und unbeschränkte Außenhaftung der Gesellschafter neben der Haftung der GbR bzw. OHG.

(2) Scheitern der Eintragung

38 Hat ursprünglich bei der Gründung der GmbH eine **Eintragungsabsicht bestanden** und ist die Eintragung jedoch gescheitert oder geben die Gesellschafter[98] ihre Eintragungsabsicht auf, haften die Gründungsge-

---

92 Streitig: für Unverjährbarkeit z.B. Pentz, GmbHR 2002, 225 ff.
93 Vgl. zur Verjährungsproblematik im Gesellschaftsrecht: Schnorr, DStR 2002, 1269; Müller, BB 2002, 1377; Brinkmann, NZG 2002, 855; Wachter, GmbHR 2002, 665; Pentz, GmbHR 2002, 225; ders., GmbHR 2002, 632.
94 BGBl. 2004 I, S. 3214; Übergangsvorschrift ist Art. 229 § 12 Abs. 1 i.V.m. § 6 Abs. 3 EGBGB.
95 BGH, ZIP 1997, 2008 f. = DB 1997, 2372 f.; Scholz/K. Schmidt, GmbHG, § 11 Rn. 128; Lutter/Bayer, in: Lutter/Hommelhoff, GmbHG, § 11 Rn. 33; Baumbach/Hueck/Hueck/Fastrich, GmbHG, § 11 Rn. 65; Rowedder/Schmidt-Leithoff/Schmidt-Leithoff, GmbHG, § 11 Rn. 28.
96 BGH, ZIP 2003, 625 = WM 2003, 684 = BB 2003, 704 = DStR 2003, 650 ff. mit Anm. Goette; vgl. dazu Blöse, ZIP 2003, 1687; so auch schon Roth, in: Roth/Altmeppen, GmbHG, § 11 Rn. 18; vgl. schon BGH, ZIP 1997, 2008, 2009 = DB 1997, 2372, 2373.
97 Ulmer/Ulmer, GmbHG, § 11 Rn. 26; vgl. dazu schon BGHZ 22, 240, 243.
98 FG Mecklenburg-Vorpommern, EFG 2002, 1131: alle Gesellschafter.

sellschafter **persönlich, unbeschränkt und proratarisch** (entsprechend ihrer Beteiligung).[99] Diese Haftung trifft alle Gesellschafter, die der Geschäftsaufnahme vor Eintragung zugestimmt haben und umfasst sowohl rechtsgeschäftliche Verbindlichkeiten als auch solche aus gesetzlichen Schuldverhältnissen.[100] Die subsidiäre Haftung der Mitgesellschafter nach § 24 GmbHG findet auch hier Anwendung.[101] Dadurch ist ein Haftungsgleichlauf mit der Unterbilanzhaftung bei Eintragung der GmbH erreicht.

Auch diese Haftung ist als **Innenhaftung gegenüber der Vor-GmbH** ausgestaltet.[102] Nur bei Vermögenslosigkeit der Vor-GmbH[103] und der Einmann-Vor-GmbH wird von der Rspr. – anders als bei der Unterbilanzhaftung – eine **unmittelbare Außenhaftung der/des** Gesellschafter(s) befürwortet.[104] Streitig ist in diesen Fällen, ob dann nur proratarisch gehaftet wird.[105] Wird ein Insolvenzverfahren mangels Masse abgelehnt, muss das Gleiche gelten.[106]

Zur Vermeidung dieser einschneidenden Haftungsfolgen gesteht der BGH den Gesellschaftern für den Fall des Scheiterns der GmbH-Gründung in analoger Anwendung des 723 Abs. 1 BGB ein Kündigungsrecht aus wichtigem Grund zu. Folge der Kündigung ist die Auflösung der Vorgesellschaft.[107]

Die Verlustdeckungshaftung wird grds. auch angewandt, wenn die Vor-GmbH in Insolvenz fällt[108] oder von den Gründern selbst liquidiert wird.

(3) Fortführung des Geschäftes ohne Eintragung

> **Hinweis:**
>
> Bei Fortführung des Geschäftes trotz Aufgabe der Eintragungsabsicht oder Scheitern der Eintragung unterwirft der BGH[109] die Gesellschafter für alle Verbindlichkeiten aus dem gesamten Zeitraum der geschäftlichen Tätigkeit, auch aus der Zeit vor dem Scheitern, dem Personengesellschaftsrecht mit der entsprechenden persönlichen Haftung der Gesellschafter.[110]

Die Anwendung nur der proratarischen Innenhaftung auf den gesamten Zeitraum auch nach Scheitern der Eintragungsabsicht, bedeutet nach Ansicht des BGH eine Überbewertung der Vor-GmbH. Zudem ist der Zeitpunkt der Aufgabe der Eintragungsabsicht bzw. des Scheiterns der Eintragung ist in der Praxis **kaum feststellbar**.[111]

Aber auch bei der vom BGH angenommenen Rückwirkung der personengesellschaftsrechtlichen Haftung bleibt das gleiche Abgrenzungsproblem für die Entscheidung, ob überhaupt die Geschäfte ohne Chance

---

99   BGHZ 134, 333; BGH, ZIP 1996, 590; BAG, NJW 1998, 628; für die Vorgenossenschaft BGH, ZIP 2002, 353.
100 Scholz/K. Schmidt, GmbHG, § 11 Rn. 84.
101 Baumbach/Hueck/Hueck/Fastrich, GmbHG, § 11 Rn. 25; Scholz/K. Schmidt, GmbHG, § 11 Rn. 80, 82; Michalski/Michalski, GmbHG, § 11 Rn. 24: „unklar".
102 Vgl. zur Abtretung der Verlustdeckungsansprüche BGH, ZIP 2001, 789, 790; vgl. zur Haftung auch des Treugebers BGH, NJW 2001, 2092; vehement f. Außenhaftung: Michalski/Michalski, GmbHG, § 11 Rn. 63 m.w.N. in Fn. 161; auch Scholz/K. Schmidt, GmbHG, § 11 Rn. 82; so auch LSG Baden-Württemberg, DStR 1998, 177 ff.; LAG Köln, DStR 1998, 178 ff.
103 BAG, ZIP 2006, 1044 = GmbHR 2006, 756; OLG Stuttgart, NZG 2001, 86; BAG, GmbHR 2000, 1041; BAG, GmbHR 2001, 919.
104 BGH, ZIP 2001, 789, 790; jüngst auch FG Mecklenburg-Vorpommern, EFG 2002 1131.
105 Dafür BSG, GmbHR 2000, 425; BAG (X. Senat), NJW 1997, 3331; dagegen: BAG (IX. Senat), NJW 1998, 628.
106 Michalski/Michalski, GmbHG, § 11 Rn. 62 m.w.N. in Fn. 152; LG Braunschweig, GmbHR 2001, 929.
107 BGH, ZIP 2006, 2267 = NZG 2007, 20 = DStR 2006, 2322.
108 Die Insolvenzfähigkeit bestätigend BGH, NZG 2003, 1167 = NZI 2004, 28.
109 GmbHR 2003, 97 = ZIP 2002, 2309 = NZG 2003, 79; a.A.: für unbeschränkte, proratarische Innenhaftung noch OLG Bremen, ZIP 2000, 2201, 2203 ff. als Vorinstanz; zust. Münnich, EWiR 2000, 1015 f.; abl. Baumann/Müller, NZG 2001, 218 f.; K. Schmidt, GmbHR 2001, 27 ff.; krit. zum BGH-Ansatz auch Peetz, GmbHR 2003, 933.
110 So wohl auch LG Dresden, EWiR 2002, 285.
111 Zweifelnd auch BGHZ 134, 333, 341; zum maßgeblichen Zeitpunkt z.B. Müther, MDR 2001, 366, 369 f.

auf Eintragung weitergeführt wurden, bestehen.[112] Daher nimmt der BGH[113] die **unbeschränkte, persönliche und gesamtschuldnerische Außenhaftung** der Gesellschafter nach personengesellschaftsrechtlichen Grundsätzen auch dann an, wenn die Vor-GmbH nicht sofort nach dem Scheitern der Eintragung oder der Aufgabe der Eintragungsabsicht die Liquidation (nach GmbH-Recht) durchführt, also auch dann, wenn sie sich lediglich untätig verhält.

41 Nach Aufgabe der Eintragungsabsicht oder deren Scheitern müssen also die Gesellschafter die Gesellschaft **unverzüglich kündigen oder einen Liquidationsbeschluss fassen,**[114] um wenigstens eine Beschränkung auf die Verlustdeckungshaftung für die bis zu diesem Zeitpunkt entstandenen Verbindlichkeiten zu erreichen. Auch wenn ein Gesellschafter **keine Kenntnis** von der Aufgabe der Eintragungsabsicht oder der Unmöglichkeit der Eintragung hat, haftet er ansonsten weiter und sogar verschärfter als ein Gesellschafter einer Personengesellschaft.[115]

42 **Scheidet ein Gesellschafter aus der Vor-GmbH** aus, dürfte er grds. nur für diejenigen Schulden haften, die zum Zeitpunkt seines Ausscheidens bestehen und zwar nach dem zu diesem Zeitpunkt anzuwendenden Haftungssystem.[116] Bestand damals noch die Eintragungsabsicht, ist schwer zu vermitteln, dass für ihn bei späterer Aufgabe der Eintragung ohne sein Zutun das für ihn geltende Haftungssystem wechselt.

cc) Haftungsbeschränkung bei der Vor-GmbH

43 Nach der noch h.M., die von der grds. eingeschränkten Vertretungsmacht der Geschäftsführer einer Vor-GmbH ausgeht, lässt sich für die Gründer ihre persönliche, unbeschränkte Haftung nur dadurch eingrenzen, dass sie der **Geschäftsaufnahme nicht zustimmen**. Dies ist bei der Sachgründung unter Einbringung eines lebenden Unternehmens aber nicht praktikabel. Die Versuche der Lit.,[117] rechtsgeschäftlich die Beschränkung der Haftung auf das Vermögen der Vor-GmbH im Gesellschaftsvertrag oder auch durch Individualvereinbarungen mit den einzelnen Gläubigern zu erreichen, erscheinen im Lichte des Innenhaftungskonzeptes der Gründerhaftung und auch der Rspr. zur Haftungsbeschränkung bei der GbR **eher fragwürdig**.[118] Ließe man dies zu, hätte man das Haftungskonzept der GmbH schon vor ihrer Eintragung realisiert.

dd) Handelndenhaftung

44 **Drittgläubigern gegenüber** haften gemäß § 11 Abs. 2 GmbHG diejenigen persönlich, die im Namen der GmbH vor deren Eintragung handeln, soweit sie Organe der GmbH sind oder als solche auftreten (sog. Handelnde). Wird ein Handelnder in Anspruch genommen, kann er von der GmbH grds. Freistellung verlangen.[119] Die Handelndenhaftung erlischt mit Eintragung der GmbH.

IV. Erbringung der Stammeinlagen

45 Grds. müssen sich die Gesellschafter im Klaren sein, ob sie eine **Bareinlage oder eine Sacheinlage** erbringen wollen und dies offenlegen. Danach richten sich die gesetzlich vorgegebenen Regeln insb. im

---

112 Vgl. z.B. der Fall BAG, ZIP 2000, 1546 und dazu Goette, EWiR 2000, 915 f.
113 BGHZ 152, 290 = NZG 2003, 79 = ZIP 2002, 2309 mit Anm. Drygala = GmbHR 2003, 97 mit Anm. K. Schmidt; Robrecht, GmbHR 2003, 1121.
114 Roth, in: Roth/Altmeppen, GmbHG, § 11 Rn. 58.
115 OLG Koblenz, WM 2002, 182 = OLGR Koblenz 2001, 183 f.; FG Berlin, GmbHStB 2000, 269.
116 Vgl. dazu OLG Düsseldorf, GmbHR 1995, 823, das i.E. die Haftung des ausgeschiedenen Gesellschafters sogar ganz verneinte, da es noch von der inzwischen überholten Vorstellung der Begrenzung der Haftung auf die bereits eingezahlte Bareinlage ausging.
117 Vgl. jüngst wieder Cebulla, NZG 2001, 972, 975.
118 Kritisch auch: Lenz, INF 2002, 147, 149; vgl. insb. BGHZ 150, 1 = ZIP 2002, 851 = DStR 2002, 816 ff.; BGHZ 146, 341 = ZIP 2001, 330.
119 Vgl. dazu BGH, ZIP 1980, 658 = WM 1980, 955; zusammenfassend m.w.N. K. Schmidt, Gesellschaftsrecht, § 34 III 3 d dd.

Eintragungsverfahren. Allerdings lässt es die ganz h.M. in der Lit.[120] in Anlehnung an die Heilung einer verdeckten Sacheinlage[121] zu, dass eine ursprüngliche Bargründung auch nach Eintragung **in eine Sachgründung umgeändert wird**. Das KG[122] hat dies jüngst bestätigt und betont, dass dann bei der Umwidmung die entsprechenden Sachgründungsvorschriften eingehalten werden müssen.

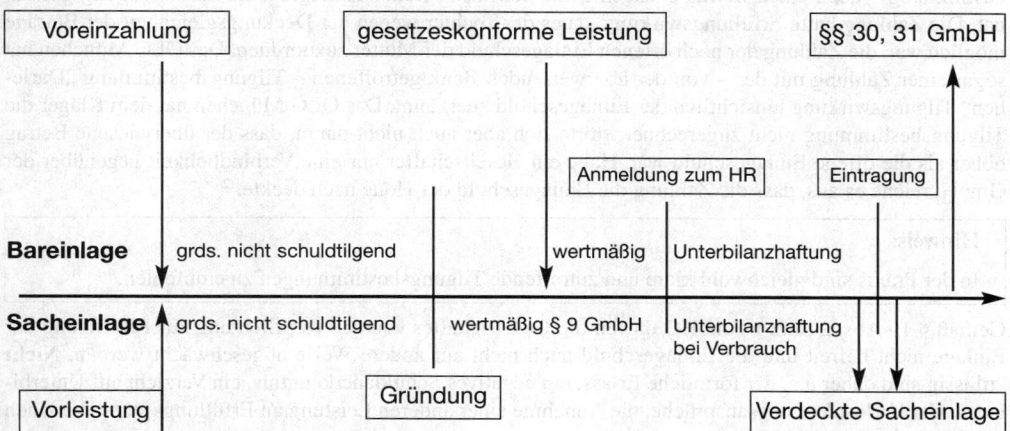

1. Erbringung der Stammeinlagen bei der Bargründung

Eine Bareinlageverpflichtung kann **nur dadurch befriedigt werden**, dass eine Barzahlung, eine Zahlung mit bestätigtem Bundesbankscheck oder eine Überweisung auf ein Bankkonto der Gesellschaft erfolgt. 46

Die Bareinlagen müssen zur Zeit der Anmeldung nicht vollständig erbracht sein. Allerdings muss auf jede Bareinlage **mindestens 1/4** eingezahlt sein. Zudem müssen alle Einlagen zusammen mindestens die Hälfte des Stammkapitals erreichen, wobei neben den Bareinlagen der Gesamtbetrag der Sacheinlagen mit berücksichtigt wird (§ 7 Abs. 2 GmbHG). 47

Für den **Mindesteinlagebetrag** verdrängen § 7 Abs. 2 und § 8 Abs. 2 GmbHG den § 362 Abs. 2 BGB (schuldtilgende Leistung auch an Dritte mit Einwilligung des Berechtigten).[123] Demgegenüber gelten für die Resteinlage § 7 Abs. 2 und § 8 Abs. 2 GmbHG nicht. Voraussetzung für die Erfüllungswirkung nach § 362 Abs. 2 BGB durch Leistung der Resteinlage an einen Dritten ist aber das Einverständnis des Geschäftsführers mit der unmittelbaren Zahlung an den Gesellschaftsgläubiger und das Bestehen einer vollwertigen, fälligen und liquiden Forderung des Gläubigers.[124] 48

Nach § 19 Abs. 4 GmbHG besteht eine **Pflicht zur vollen Einzahlung** oder Stellung einer Sicherheit über den noch nicht eingezahlten Teil, wenn sich binnen drei Jahren nach der Eintragung einer Mehrmann-Gesellschaft alle Geschäftsanteile in der Hand eines Gesellschafters oder daneben in der Hand der Gesell- 49

---

120 Scholz/Winter/Westermann, GmbHG, § 5 Rn. 106; Michalski/Zeidler, GmbHG, § 5 Rn. 172; Sieger/Wirtz, ZIP 2005, 2277, 2281.
121 Siehe dazu unter Rn. 59 ff.
122 KG, GmbHR 2005, 95 = DB 2004, 2577.
123 BGH, DB 1986, 318 = DNotZ 1986, 371 = GmbHR 1986, 115 und BGHZ 119, 177, 189 = GmbHR 1992, 815 zum AktG; vgl. dazu genauer Goette, Die GmbH, § 2 Rn. 25; abl. z.B. Hachenburg/Ulmer, GmbHG, § 56a Rn. 17 m.w.N.; Lutter/Bayer, in: Lutter/Hommelhoff, GmbHG, § 19 Rn. 35.
124 Goette, Die GmbH, § 2 Rn. 26 mit Verweis auf BGH, DStR 1997, 1257; Lutter/Bayer, in: Lutter/Hommelhoff, GmbHG, § 19 Rn. 35; BGH, ZIP 1986, 161, 162.

schaft vereinigen (sog. nachträglich entstandene Einmann-GmbH). Die Volleinzahlung bzw. Sicherung ist binnen drei Monaten seit der Vereinigung der Geschäftsanteile zu bewirken.

50 Der Tilgungswirkung einer auf die Einlageschuld geleisteten Zahlung steht nicht entgegen, dass die Zahlung **nicht ausdrücklich mit einer Tilgungsbestimmung versehen** war. Dies hat der BGH[125] in einem Fall klargestellt, in dem die Muttergesellschaft, die mit ihrer Tochtergesellschaft in Geschäftsverbindung stand, mehrere von der Tochter gestellte Rechnungen beglichen und darüber hinaus – ohne Tilgungsbestimmung – auch einen Betrag exakt in Höhe der noch offenen Einlageschuld zur Verfügung gestellt hat. Die Zahlung hatte Erfüllungswirkung, da es der Tochter wegen der Deckungsgleichheit der Beträge möglich war, die Zahlung der noch offenen Einlageschuld der Mutter zuzuordnen. Das OLG München hat sogar einer Zahlung mit der – von der überweisenden Bank getroffenen – Tilgungsbestimmung „Darlehen" Tilgungswirkung hinsichtlich der Einlageschuld zuerkannt. Das OLG München hat dem Kläger die Tilgungsbestimmung nicht zugerechnet, störte sich aber auch nicht daran, dass der überwiesene Betrag höher als die offene Einlageschuld war. Habe ein Gesellschafter nur eine Verbindlichkeit gegenüber der GmbH, reiche es aus, dass die Zahlung die Einlageschuld der Höhe nach deckte.[126]

> **Hinweis:**
> In der Praxis sind gleichwohl klare und zutreffende Tilgungsbestimmungen zu empfehlen.

51 Gemäß § 19 Abs. 2 Satz 1 GmbHG dürfen die Gesellschafter von der Verpflichtung zur Erbringung der Einlage nicht befreit und die Einlageschuld auch nicht auf andere Weise abgeschwächt werden. **Nicht zulässig** sind daher u.a. der förmliche Erlass, ein negatives Schuldanerkenntnis, ein Verzicht auf Unterbilanz- oder Verlustdeckungsansprüche, die Annahme einer anderen Leistung an Erfüllungs statt, aber auch die Auswechslung der Forderung.[127]

Der Gesellschafter darf gegen den Einlageanspruch der GmbH auch nicht mit einer eigenen Forderung aufrechnen (§ 19 Abs. 2 Satz 2 GmbHG). Die Aufrechnung durch die Gesellschaft und Aufrechnungsverträge zwischen GmbH und Gesellschafter sind nur zulässig, wenn dadurch wirtschaftlich die Einlage voll erbracht wird, d.h. die **Gegenforderung muss vollwertig, liquiide und fällig sein**. Die Aufrechenbarkeit hängt außerdem von der Art und Entstehung der Gegenforderung ab. Insb. gibt es Einschränkungen für den großen Bereich sacheinlagefähiger Leistungen nach § 19 Abs. 5 GmbHG.[128]

2. Erbringung der Stammeinlagen bei der (offenen) Sachgründung

52 Entscheiden sich die Gesellschafter für eine Sachgründung, muss der Gesellschaftsvertrag den **Gegenstand der Sacheinlage klar und eindeutig festsetzen** (§ 5 Abs. 4 GmbHG) und die Verpflichtung zur Erbringung der Sacheinlage (Sacheinlagevereinbarung) enthalten. Bei einer sog. „gemischten Sacheinlage", bei der nur ein Teil der Einlage auf die Stammeinlage angerechnet und der restliche Teil dem Gesellschafter anderweitig vergütet werden soll,[129] reicht eine Bestimmung in der Satzung aus, nach der die Höhe der Darlehensgutschrift für den über die geschuldete Sacheinlage hinausgehenden Wert später objektiv festzustellen ist.[130] Darüber hinaus ist ein **Sachgründungsbericht** zu erstellen (§ 5 Abs. 4 Satz 2 GmbHG), der bei Einbringung eines Unternehmens[131] die Jahresergebnisse der letzten beiden Geschäftsjahre enthalten muss. Die Sacheinlagen sind vor der Anmeldung vollständig zu erbringen (§ 7 Abs. 3 GmbHG).

---

125 BGH, ZIP 2001, 1997 = GmbHR 2001, 1114 = DStR 2001, 1948.
126 OLG München, GmbHR 2006, 935 = DB 2006, 1720 (n. rkr., Nichtzulassungsbeschwerde beim BGH unter Az. II ZA 10/06).
127 Baumbach/Hueck/Hueck/Fastrich, GmbHG, § 19 Rn. 15 ff.
128 Ausführlich dazu unter Rn. 53.
129 Roth, in: Roth/Altmeppen, GmbHG, § 5 Rn. 53.
130 LG München, MittBayNot 2004, 291.
131 Darunter fällt nicht die Einbringung von Gesellschaftsanteilen.

Als Sacheinlage zählt jede Einlage, **die nicht in Geld erbracht wird**. Das sind z.B. die Leistung von Wertpapieren[132] oder von obligatorischen Nutzungsrechten an einer dem Inferenten gehörenden Sache, wenn unmittelbarer Besitz für einen fest umrissenen (sicheren) Zeitraum eingeräumt wurde[133] oder obligatorischen Nutzungsrechten, deren Gegenstand die Verwertung der Namen und Logos von Sportvereinen ist und deren Nutzungsdauer feststeht.[134] Weiterhin können als Sacheinlagen Patente in die GmbH eingebracht werden, wobei im Zweifel der Grundsatz gilt, dass der Erfinder i.d.R. von seinem Recht so wenig wie möglich abgeben will.[135] Die Sacheinlagefähigkeit von Dienstleistungen des Gesellschafters selbst ist derzeit noch streitig.[136] Wegen des Gebotes der realen Kapitalaufbringung kann ein Gesellschafter eine gegen ihn bestehende Forderung allerdings nicht als Sacheinlage einbringen.[137]

53

Bringt ein Gesellschafter eine Sacheinlage ein, deren Eigentümer er gar nicht war, kann die Gesellschaft, auch die Vor-GmbH,[138] nach ganz h.M. gutgläubig **Eigentum an den Gegenständen erwerben**.[139]

Über die genauen Bewertungsansätze für Sacheinlagen besteht noch keine Einigkeit. Meist wird als Höchstwert der **Zeitwert**, möglichst ein Marktpreis bzw. derjenige Betrag, den die GmbH bei anderweitiger Beschaffung aufwenden müsste, genannt.[140] Es wird aber auch der Wert, den man bei einer Veräußerung erzielen würde, als Höchstwert vorgeschlagen.[141] Die wohl überwiegende Lit. und Rspr. differenziert dabei zwischen Anlagevermögen und Umlaufvermögen. Bei Gegenständen des Anlagevermögens soll i.a.R. der **Wiederbeschaffungswert**,[142] bei Gegenständen des Umlaufvermögens grds. der **Veräußerungswert** des Gegenstandes maßgeblich sein.[143]

Auch ein Unternehmen als Sach- und Rechtsgesamtheit ist grds. ein geeigneter Sacheinlagegegenstand bei der Gründung und der Kapitalerhöhung einer GmbH.[144] Bei der Bewertung von Unternehmen sind allerdings Besonderheiten zu beachten.[145] Für die Ermittlung des Wertes eines gesamten Unternehmens stehen in der Praxis verschiedene Bewertungsmethoden zur Verfügung.[146] Meist wird ein Unternehmen mit dem Ertragswert angesetzt, der insb. dann primär maßgeblich ist, wenn von der Fortführung des Unternehmens ausgegangen wird.[147] Ausnahmsweise muss der Liquidationswert (als Veräußerungswert bei

---

132 Vgl. LG Frankental, WM 1996, 726.
133 BGH, ZIP 2004, 1642 = GmbHR 2004, 1219 = DB 2004, 1985; siehe dazu z.B. Hiort, BB 2004, 2760.
134 BGH, ZIP 2000, 1162 = NZG 2000, 836 zur AG; vgl. zur Sacheinlagefähigkeit von Nutzungsrechten auch DNotI-Gutachten Nr. 1442 v. März 1998.
135 Zur Abweichung von diesem Grundsatz durch vertragliche Vereinbarung PatG, DB 2000, 1394.
136 Rodewaldt/Scheel, GmbHR 2003, 1478; Baumbach/Hueck/Hueck/Fastrich, GmbHG, § 5 Rn. 27; a.A.: BGH, ZIP 2004, 1642 = DB 2004, 1985 obiter dictum.
137 KG, MittBayNot 2006, 164: Der Gesellschafter brachte einen Gesellschaftsanteil ein, so dass die GmbH als Gesamtrechtsnachfolgerin Inhaberin der Forderung dieser Gesellschaft gegen den Gesellschafter wurde.
138 BGH, ZIP 2003, 30.
139 BGH, GmbHR 2003, 39; Scholz/Winter/Westermann, GmbHG, § 5 Rn. 55.
140 Lutter/Bayer, in: Lutter/Hommelhoff, GmbHG, § 5 Rn. 24; OLG Düsseldorf, WM 1991, 1669; Lutz/Matschke, WPg 1992, 741.
141 Lutter/Bayer, in: Lutter/Hommelhoff, GmbHG, § 5 Rn. 24; vgl. auch Angermayer, Die aktienrechtliche Prüfung von Sacheinlagen, S. 246 f. m.w.N.
142 Michalski/Zeidler, GmbHG, § 5 Rn. 188 m.w.N. in Fn. 420.
143 Michalski/Zeidler, GmbHG, § 5 Rn. 188 m.w.N. in Fn. 422.
144 Vgl. nur Scholz/Winter/Westermann, GmbHG, § 5 Rn. 54.
145 Vgl. dazu ausführlich Michalski/Ebbing, GmbHG, § 14 Rn. 13 ff.
146 Zu Bewertungsmethoden Jasper, in: Münchener Handbuch des Gesellschaftsrechts, Bd. 3, § 23 Rn. 18 ff.; Michalski/Ebbing, GmbHG, § 14 Rn. 16 ff.; ausführlich zur Unternehmensbewertung: Widmann, in: Hölters, Handbuch des Unternehmens- und Beteiligungskaufs, Teil II; zur möglichen Schenkungsteuerpflicht der übrigen Gesellschafter bei Einbringung eines Unternehmens zu Buchwerten vgl. BFH, MittBayNot 2006, 272 mit Anm. Wälzholz.
147 Michalski/Ebbing, GmbHG, § 14 Rn. 18.

Unternehmensliquidation) oder der Substanzwert (als Summe der Wiederbeschaffungskosten der Wirtschaftsgüter) in Ansatz gebracht werden.

3. Verdeckte Sacheinlage[148]

54 Verdeckte Sacheinlagen sind Gestaltungen zur Umgehung der Sacheinlagevorschriften sowohl bei der Gründung als auch bei der Kapitalerhöhung. Die Gesellschafter wählen **formal den Weg einer Bargründung oder -kapitalerhöhung**, führen der Gesellschaft aber nicht effektiv oder dauerhaft Barkapital zu. Die häufigsten Fälle sind die Verrechnung der Einlageforderung der Gesellschaft mit einem Darlehensrückzahlungsanspruch des Gesellschafters oder das „Hin- und Herzahlen" von Geld zur Vermeidung einer nach § 19 Abs. 5 GmbHG unzulässigen Aufrechnung. Erfasst werden aber auch andere Arten der Umgehung der Sacheinlagevorschriften.[149]

Allein aufgrund der **Einschaltung Dritter** können nach einhelliger Meinung in Rspr. und Lit. die Beteiligten nicht davon ausgehen, dass die vorgenannten Grundsätze nicht angewandt werden. Nach der Rspr. sind Dritte z.B. dann einzubeziehen, wenn sie der Gesellschaft oder dem Gesellschafter zugerechnet werden können.[150] Der BGH hat ausdrücklich festgestellt, dass insb. bei Treuhand- und Strohmannmodellen die Anwendung vorgenannter Grundsätze in Betracht kommt.[151]

a) Verdeckte Sacheinlage durch Hin- und Herzahlen

55 **Zur Beschleunigung und Erleichterung des Gründungsvorgangs** versuchen die Beteiligten häufig, eine eigentlich geplante Sachgründung in der Weise zu vollziehen, dass zunächst die Gesellschafter eine Bareinlage leisten und diese dann dazu verwenden, von sich selbst die eigentlich einzubringenden Gegenstände zu kaufen.

Bei dem Vorgang des Hin- und Herzahlens[152] wird zwar isoliert betrachtet die Einlageforderung erfüllt. Im wirtschaftlichen Ergebnis soll die Gesellschaft jedoch nur von ihrer jeweiligen Verbindlichkeit befreit werden bzw. es soll ihr der jeweils zu erwerbende Gegenstand zugeführt werden, was nur im Wege der Sacheinlage zulässig wäre. Beim Hin- und Herzahlen wird eine **verdeckte Sacheinlage** unter drei Voraussetzungen angenommen:[153]

- Begründung einer **Bareinlageverpflichtung** durch Bargründung oder Barkapitalerhöhung,
- **Verkehrsgeschäft** zwischen der Gesellschaft und dem Einlageschuldner oder einem Dritten,
- **Umgehungsabrede** zwischen dem Einlageschuldner und der Gesellschaft oder den übrigen Gesellschaftern.

Eine Umgehungsabrede liegt vor, wenn zwischen den Gesellschaftern oder mit dem Geschäftsführer vereinbart wird, dass die Bareinlage im wirtschaftlichen Ergebnis durch eine andere Leistung als in Geld erbracht werden soll oder kann. Sie wird bei einem zeitlichen und sachlichen Zusammenhang zwischen Gründung und dem Verkehrsgeschäft widerlegbar vermutet.[154] Als Zeitraum werden zumeist sechs Monate genannt.[155] Nach dem BGH[156] kann eine solche Vermutung nach Ablauf von acht Monaten nicht mehr angenommen werden.

---

148 Ausführlich: Schöpflin, GmbHR 2003, 57 ff.
149 Baumbach/Hueck/Hueck/Fastrich, GmbHG, § 19 Rn. 38; Lutter/Bayer, in: Lutter/Hommelhoff, GmbHG, § 5 Rn. 41; vgl. kritisch: Wilhelm, ZHR 2003, 520 ff.
150 Vgl. dazu ausführlich: Henkel, GmbHR 2005, 1589; Mayer, NJW 1990, 2597; Wiedemann, ZIP 1991, 1267. Die zu § 32a Abs. 3 GmbHG entwickelten Grundsätze bleiben anwendbar; vgl. auch Heil, NZG 2001, 913 ff.
151 BGHZ 110, 67.
152 Zum Tatbestand Langenbucher, NZG 2003, 211 ff.
153 BGHZ 113, 335, 344 f.; Rowedder/Schmidt-Leithoff/Pentz, GmbHG, § 19 Rn. 141; Ulmer/Ulmer, GmbHG, § 19 Rn. 181.
154 BGH, NJW 1996, 1286; OLG Düsseldorf, DB 1996, 1816.
155 Ulmer/Ulmer, GmbHG, § 5 Rn. 171 m.w.N.
156 ZIP 2002, 2045.

Allerdings ist auch bei einem **deutlichen zeitlichen Abstand** zwischen Hinzahlen (Leistung der Bareinlage) und Herzahlen (z.B. Ankauf einer Ware vom Gesellschafter) eine verdeckte Sacheinlage nicht ausgeschlossen. Der zeitliche Zusammenhang ist nur ein Indiz.[157] Entscheidend ist allein, ob eine entsprechende Abrede vor oder bei Gründung bzw. Fassung des Kapitalerhöhungsbeschlusses[158] getroffen wurde. Liegt diese (beweisbar) vor, handelt es sich um eine verdeckte Sacheinlage.

Beispiele:

- *Das mit 25.000 € festgelegte Stammkapital soll dergestalt belegt werden, dass die beiden Gesellschafter A und B jeweils ihre Pkws (Wert ca. 12.500 €) an die GmbH verkaufen, nachdem die GmbH in bar gegründet wurde. Zur Begleichung des Kaufpreises soll das eingezahlte Stammkapital verwandt werden.*
- *In eine GmbH soll das früher einzelkaufmännisch betriebene Unternehmen des Gründers eingebracht werden.[159] Das geleistete Stammkapital wird sogleich dazu benutzt, das Einzelunternehmen dem Gründungsgesellschafter abzukaufen.*
- *Bei einer Betriebsaufspaltung wird das erforderliche Anlagevermögen nach Gründung vom Gründer an die Betriebs-GmbH veräußert oder verpachtet.[160]*
- *Streitig ist, ob bei einem Verkehrsgeschäft mit dem Gesellschafter eine verdeckte Sacheinlage vorliegt, wenn kein Geld zurückfließt, sondern nur die Einbuchung einer Gesellschafterforderung oder Stundung der Kaufpreisforderung des Gesellschafters erfolgt.[161]*
- *Auch die in sachlichem und zeitlichem Zusammenhang mit der Bareinlageleistung erfolgte Rückzahlung eines Gesellschafterdarlehens stellt eine gegen das in § 19 Abs. 5 Alt. 2 GmbHG geregelte Umgehungsverbot verstoßende Verrechnung einer Forderung des Gesellschafters gegen die Gesellschaft und damit eine verdeckte Sacheinlage dar.[162] Die Reihenfolge der beiden Zahlungsvorgänge ist dabei unerheblich.*
- *Eine verdeckte Sacheinlage hat der BGH auch gesehen bei der Kapitalaufbringung bei einer in einen Cash-Pool eingebundenen GmbH, wo verabredet war, den Stammeinlagebetrag kurze Zeit nach seiner Einzahlung bei der GmbH auf ein Konto des Cash-Pools weiterzureichen. Damit konnte die GmbH zwar Darlehensverbindlichkeiten gegenüber dem Cash-Pool tilgen, hat aber anstelle des zu leistenden Barbetrags nur die Tilgung von Verbindlichkeiten und damit einen Sachwert erlangt. Der BGH hat klargestellt, dass es für Cash-Pools kein Sonderrecht gibt und auch dort die Kapitalaufbringungsvorschriften und die von der höchstrichterlichen Rspr. entwickelten Grundsätze gelten.[163]*
- *Noch nicht ausdrücklich höchstrichterlich entschieden ist die Fallkonstellation einer 100%igen Fremdfinanzierung des in zeitlichem und sachlichem Zusammenhang mit der Bargründung erfolgenden Verkehrsgeschäftes. Die bare Stammeinlage verbliebe dann zwar scheinbar unberührt im Vermögen der GmbH und wird nicht selbst an den Gesellschafter zurückgezahlt. Das Stammkapital wird gleichwohl mit Verbindlichkeiten belastet, die letztlich nur dazu dienen, dem Gründungsgesellschafter wirtschaftlich betrachtet seine Bareinlage zurückzugewähren und mit dem „verkauften" Wirtschaftsgut auszutauschen.[164] Von der Systematik her kann eine verdeckte Sacheinlage*

---

157 Vgl. BGH, NJW 1994, 1477; NJW 1996, 1286; OLG Dresden, DStR 1997, 1257; OLG Düsseldorf, NJW-RR 1997, 485; eine Übersicht zur Rspr. auch bei Hirte, NJW 1998, 3459, 3461.
158 Gehrlein, BB 2004, 2361, 2365.
159 Vgl. hierzu ausführlich Mayer, NJW 1990, 2593, 2598.
160 Spiegelberger/Walz, GmbHR 1998, 761, 773; AG Charlottenburg, GmbHR 1996, 685; ausführlich: DNotI-Gutachten Nr. 22566 v. Februar 2001; zur Beurteilung des Erwerbs bzw. der Verpachtung von Umlaufvermögen vgl. DNotI-Gutachten Nr. 60211 v. 12.7.2005.
161 Für Annahme einer verdeckten Sacheinlage Becker, RNotZ 2005, 569, 573; Michalski/Hermanns, GmbHG, § 56 Rn. 21; v. Gerkan, GmbHR 1992, 433; Kutzer, GmbHR 1987, 297; vgl. auch OLG Hamburg, DB 1988, 646; a.A.: Priester, ZIP 1991, 345; Mayer, NJW 1990, 2593.
162 OLG Celle, OLG-Report 2003, 384.
163 BGH, GmbHR 2006, 477 mit Anm. Langner = DStR 2006, 764 mit Anm. Goette = DB 2006, 772 für den Fall einer Kapitalerhöhung; dazu unter Rn. 312.
164 Vgl. dazu DNotI-Gutachten Nr. 45267 v. 31.10.2003 und Nr. 40636 vom 16.4.2003; Henze, ZHR 1990, 105, 108, 113; RGZ 152, 292, 300; Priester, ZIP 1991, 345 ff., 349; Kanzleiter, BWNotZ 1996, 153, 159; Müller-Eising, Die verdeckte Sacheinlage, S. 133 ff.; krit. Mayer, NJW 1990, 2593, 2598.

durchaus angenommen werden.[165] Der BGH hat eine verdeckte Sacheinlage in einem Fall angenommen, in dem eine GmbH kreditfinanziert ein Grundstück von einem Gesellschafter gekauft hatte, ohne die Problematik im Urteil überhaupt zu erörtern.[166]

- Z.T. wurde die zeitnahe Rückgewähr der Einlageleistung an den Inferenten als Darlehen als verdeckte Sacheinlage gewürdigt.[167] Dies hat der BGH kürzlich ausdrücklich abgelehnt.[168] Bei einer verdeckten Sacheinlage müsse bei wirtschaftlicher Betrachtung anstelle der geschuldeten Bareinlage ein anderer, sacheinlagefähiger Gegenstand eingebracht werden. Da die Darlehensverabredung unwirksam sei, käme aber eine Einbringung der Darlehensforderung nicht in Betracht.[169]

- Keine verdeckte Sacheinlage liegt nach ganz h.M. dann vor, wenn der Kaufpreis für den durch ein Austauschgeschäft eingebrachten Gegenstand nicht mit den Mitteln der eingezahlten Bareinlage beglichen wird, sondern mit darüber hinaus der GmbH zur Verfügung gestellten Barbeträgen, und der Kaufvertrag nach Eintragung der GmbH abgeschlossen wird.[170] Das eingezahlte Aufgeld sei gerade kein Teil der Stammeinlage.[171]

b) Verrechnung zur Tilgung der Bareinlageverpflichtung

56 Übernimmt der Gesellschafter bei der Gründung eine Bareinlage und wird diese Bareinlageverpflichtung mit einer Forderung des Gesellschafters gegen die Gesellschaft verrechnet, kann es sich um eine **verbotene Verrechnung** nach § 19 Abs. 2 GmbHG oder um eine verdeckte Sacheinlage handeln.

Die **Verrechnung von Forderungen** ist nach § 19 Abs. 5 GmbHG nur zulässig, wenn sie in Ausführung einer Sacheinlagevereinbarung nach § 5 Abs. 4 Satz 1 GmbHG erfolgt. § 19 Abs. 5 GmbHG erfasst Forderungen, die bei Begründung der Einlageschuld bereits bestanden haben (Altforderungen), und zwar nach h.M. nicht nur dann, wenn sie als Vergütung für eine Sacheinlage, sondern **auch auf andere Weise entstanden sind**. Ein Beispiel für eine unzulässige Verrechnung einer Altforderung ist das häufig in der Praxis anzutreffende Vorgehen, das bei der Bargründung eingezahlte Kapital dazu zu nutzen, dem Gründer eine sog. Gründungsberatung zu vergüten.

Für später entstandene Forderungen (Neuforderungen), die vollwertig, fällig und liquide sind, ist eine Verrechnung durch die Gesellschaft selbst nach § 19 Abs. 2 Satz 2 GmbHG unmittelbar nicht untersagt. Weitere Voraussetzung ist nach h.M. aber, dass die Verrechnung nicht aufgrund einer tatsächlichen oder vermuteten Verrechnungsabsprache als Umgehung der Sacheinlagevorschriften anzusehen ist.[172] Bei einer solchen Absprache liegt eine verdeckte Sachgründung bzw. Sachkapitalerhöhung vor.[173]

c) Rechtsfolgen der verdeckten Sacheinlage

57 Liegt eine verdeckte Sacheinlage vor, hat das Registergericht, sofern es dies bemerkt, die Eintragung **nach § 9c Abs. 1 Satz 1 GmbHG abzulehnen**.

---

165 So das Kurzgutachten der Centrale für GmbH, GmbHR 1997, 209, bei einem ähnlich gelagerten Sachverhalt. Zu möglichen Alternativgestaltungen vgl. Schmidt, BWNotZ 1995, 110, 117.
166 BGH, ZIP 2003, 1540 = NZG 2003, 867 = GmbHR 2003, 1051.
167 Vgl. schon unter Rn. 96; So z.B. OLG Celle, GmbHR 2003, 898; a.A.: Emde, GmbHR 2003, 1034; OLG Schleswig, BB 2000, 2014; vgl. auch BGH, DStR 2003, 1131: schon keine schuldtilgende Leistung; hingegen hält das OLG Köln, NZG 2003, 42, die Kreditvergabe der Komplementär-GmbH an die KG auch bei der Einmann-GmbH & Co. KG für unschädlich.
168 BGH, GmbHR 2006, 43 mit Anm. Werner = DStR 2006, 104 mit Anm. Goette.
169 Hier wird allerdings die Bareinlage wegen der sofortigen Rückzahlung an den Inferenten nicht zur freien Verfügung der Geschäftsführung und damit nicht schuldtilgend geleistet, vgl. dazu Rn. 68 ff.
170 Siehe z.B. Mayer, Praxis der GmbH für Wirtschaftsprüfer, Rn. 305 ff.; Gärtner, GmbHR 2003, 1417; kritisch jedoch DNotI-Gutachten Nr. 22566 v. Februar 2001, S. 5.
171 Vgl. dazu ausführlich: DNotI-Gutachten Nr. 15243 v. März 2000; Nr. 23090 v. Februar 2001 und Nr. 35789 v. Sept. 2002; a.A.: Herchen, Agio und verdecktes Agio im Recht der Kapitalgesellschaften, S. 170.
172 Baumbach/Hueck/Hueck/Fastrich, GmbHG, § 19 Rn. 36; Roth, in: Roth/Altmeppen, GmbHG, § 19 Rn. 49.
173 BGHZ 132, 133 = ZIP 1996, 595 = DB 1996, 876; vgl. im Übrigen zu Verrechnungsfällen BGH, ZIP 1994, 701; ZIP 1996, 595; OLG Düsseldorf, NJW-RR 1995, 869; OLG Celle, OLGR 2003, 384.

Kommt es zur Eintragung im Handelsregister, weil die verdeckte Sacheinlage unentdeckt bleibt, zeigen sich die **Rechtsfolgen** für die Beteiligten häufig erst bei einer Insolvenz der Gesellschaft. Da die Bareinlage noch nicht schuldtilgend geleistet ist, kann nochmalige Leistung einer Bareinlage vom Inferenten verlangt werden, der selbst hinsichtlich der geleisteten Sache auf einen (regelmäßig wertlosen) Konditionsanspruch beschränkt ist.

58

Bei einem **absprachegemäß abgeschlossenen Verkehrsgeschäft** zwischen der GmbH und dem Inferenten ist nach ganz h.M. und Rspr. jedenfalls der schuldrechtliche Verpflichtungsvertrag über die verdeckte Sacheinlage unwirksam.[174] Das Verfügungsgeschäft wurde bislang von der h.M. als wirksam betrachtet.[175] Der BGH hat nunmehr aber im Zusammenhang mit einer Heilung einer verdeckten Sacheinlage entschieden,[176] dass sowohl das schuldrechtliche Verpflichtungs- als auch das dingliche Erfüllungsgeschäft analog § 27 Abs. 3 Satz 1 AktG nichtig sind.

d) Heilung verdeckter Sacheinlagen[177]

Seit der Änderung der Rspr. des BGH im Jahre 1996[178] ist die **Heilung einer verdeckten Sacheinlage grds. zulässig.**

59

Als der BGH 2003 die Nichtigkeit auch auf das Verfügungsgeschäft erstreckte, legte er konsequent zu dem für eine Heilung zu erbringenden Einlagegegenstand[179] ausdrücklich fest:

„Zur Heilung der verdeckten Sacheinlage ist nicht der Anspruch auf Rückgewähr der fehlgeschlagenen Bareinlagezahlung, sondern der – offen zu legende und auf seine Werthaltigkeit zu prüfende – Sachwert (oder ein an seine Stelle getretener Anspruch) einzubringen.[180]

Checkliste: Heilung verdeckter Sacheinlagen durch Umwidmung der gescheiterten Bargründung/Kapitalerhöhung[181] ☑

60

☐ Notariell beurkundeter Gesellschafterbeschluss mit 3/4-Mehrheit (§ 53 Abs. 2 GmbHG) über die nachträgliche Änderung der Einlagendeckung von der Bar- zur Sacheinlage (sog. Umdeckung oder Umwidmung) sowie bei der Gründung über die Änderung der Satzung in Bezug auf die Festsetzung der Sacheinlage (§ 5 Abs. 4 GmbHG),
die Mitgesellschafter sind aus der gesellschaftsrechtlichen Treuepflicht zur Mitwirkung an der Heilung jedenfalls dann verpflichtet, wenn sich alle Gesellschafter über die geplante (verdeckte Sach-)Einlage einig waren, nur den falschen rechtlichen Weg beschritten haben und wenn die Heilungsmaßnahmen zu einem sicheren Heilungserfolg führen,[182]

---

174 BGH, DNotZ 1999, 227 ff.; z.T. sogar für Wirksamkeit des Verpflichtungsgeschäftes Scholz/Priester, GmbHG, § 56 Rn. 35 m.w.N. in Fn. 83.
175 OLG Köln, WM 1995, 488, 489; OLG Oldenburg, NZG 2000, 316, Scholz/Schneider/Westermann, GmbHG, § 19 Rn. 126; Lutter/Bayer, in: Lutter/Hommelhoff, GmbHG, § 5 Rn. 52; Michalski/Ebbing, GmbHG, § 19 Rn. 148 m.w.N. in Fn. 286; Bayer, ZIP 1998, 1985, 1990.
176 BGH, DStR 2003, 1844; dazu Langenbucher, DStR 2003, 1838 ff.; Wertenbruch, NZG 2003, 1107; weiterhin a.A.: Altrichter-Herzberg, GmbHR 2004, 1188.
177 Vgl. grundlegend: BGH, DB 1996, 872 ff.; BGH, DB 2003, 1894 = ZIP 2003, 1540; dazu Becker, RNotZ 2005, 569; Pentz, EWiR 2005, 1243; Böhringer, NotBZ 2004, 13; Langner, GmbHR 2004, 298; Meyer/Ludwig, NotBZ 2004, 1; Reichert-Clauß, NZG 2004, 273; Reiff/Ettinger, DStR 2004, 1258; Schumm, NWB 2004, 1767; Seibt, NJW-Spezial 2004, 27; Wertenbruch, NZG 2003, 1107; Kurth, NJW 2003, 3180; Pentz, ZIP 2003, 2093; Dißars, BB 2003, 1922.
178 BGHZ 132, 141; bestätigt durch BGH, DStR 2003, 1844.
179 Dazu genauer Heidinger, ZNotP 2004, 465 ff.
180 Zust. Baumbach/Hueck/Hueck/Fastrich, GmbHG, § 19 Rn. 42. Bei den zeitnahen Gesellschaftergeschäften war nach vorher h.M. Einlagegegenstand die Forderung auf Rückübertragung der Sacheinlage.
181 Vgl. auch Lutter/Bayer, in: Lutter/Hommelhoff, GmbHG, § 5 Rn. 56.
182 BGH, GmbHR 2003, 1051 = NZG 2003, 867; OLG Düsseldorf, RNotZ 2006, 242.

- ☐ Auflistung der von der Änderung betroffenen Gesellschafter und Festlegung, welche(r) der betroffenen Gesellschafter die übernommene Einlage statt in Geld durch Einbringung des konkret zu bezeichnenden Sacheinlagegegenstandes zu leisten haben (hat),
- ☐ bei Kapitalerhöhung Übernahmeerklärungen,
- ☐ Erstattung eines privatschriftlich zu unterzeichnenden (Umdeckungs-)Berichts über die Änderung der Einlagendeckung von der Bar- zur Sacheinlage durch alle Geschäftsführer und die betroffenen Gesellschafter (entspricht Sacheinlagebericht analog § 8 Abs. 1 Nr. 4 GmbHG),
- ☐ Nachweis der Vollwertigkeit des Sacheinlagegegenstandes bzw. der einzubringenden Forderung auf den Zeitpunkt unmittelbar vor Anmeldung der Umwidmung zur Eintragung in das Handelsregister durch geeignete Unterlagen (z.B. bei Forderungen eine von einem Wirtschaftsprüfer testierte Bilanz für die Bonität der GmbH),
- ☐ Einbringung des Gegenstands oder der Forderung (z.B. Eigentumsübertragung, Forderungsabtretung) gemäß § 7 Abs. 3 GmbHG,
- ☐ Anmeldung zum Handelsregister
  - mit der Versicherung des Geschäftsführers, dass die eingebrachte Forderung bzw. der eingebrachte Gegenstand werthaltig und der GmbH von den Gesellschaftern übertragen worden ist,
  - vollständiger, mit der notariellen Bescheinigung nach § 54 Abs. 1 Satz 2 GmbHG versehener Gesellschaftsvertrag,
- ☐ Eintragung im Handelsregister,
- ☐ optional Aufrechnung der verbleibenden Forderungen (z.B. Anspruch auf Rückzahlung der nicht wirksamen Bareinlagezahlung mit Anspruch auf Rückzahlung des rechtsgrundlos geleisteten Kaufpreises).[183]

Über den Bezugszeitpunkt der Werthaltigkeitskontrolle des Einlagegegenstandes liegt zur neuen Rechtslage noch keine Entscheidung des BGH vor. Die ganz h.M.[184] geht auch nach der 2003 präzisierten Rspr. zum Einlagegegenstand davon aus, dass die Wertdeckungskontrolle auf den Zeitpunkt der Heilung durch Umwidmung bezogen wird.

aa) Einzelne Einlagegegenstände

61 In der Praxis muss bei der Umsetzung dieser Vorgehensweise je nach Einlagegegenstand **differenziert** werden.[185]

Bei einem Grundstück muss die Auflassung des betroffenen Grundstücks wiederholt werden, da die GmbH trotz Eintragung im Grundbuch nicht Eigentümerin geworden ist.[186] Hat zwischenzeitlich ein gutgläubiger Dritter das Grundstück erworben, bleibt nur die Einbringung des an die Stelle des Eigentums getretenen Bereicherungsanspruchs aus § 816 Abs. 1 BGB gegen die GmbH auf Herausgabe des Verkaufserlöses aus dem Grundstückskaufvertrag. Dessen Werthaltigkeit könnte sich **bei Insolvenz der GmbH**

---

183 Wertenbruch, NZG 2003, 1007, 1108; BGH, NZG 1998, 428, 430; v. Reinersdorff, NZG 1998, 430, 431; Röhricht, Gesellschaftsrecht in der Diskussion, S. 23; hierbei ist kein Verstoß gegen § 19 GmbHG zu befürchten, da es sich um keine Einlageforderungen handelt.

184 Baumbach/Hueck/Hueck/Fastrich, § 19 Rn. 46; Kurth, NJW 2003, 3180, 3181; Schumm, NWB 2004, 1767, 1768; Reichert-Clauß, NZG 2004, 273; für Zeitpunkt der Eintragung der Umwidmung: Hommelhoff/Kleindiek, in: Lutter/Hommelhoff, GmbHG, § 5 Rn. 56; Seibt, NJW-Spezial 2004, 27, 28; kritisch: Priester, EWiR 2003, 1243 m.w.N.; zum alten Recht Michalski/Ebbing, GmbHG, § 19 Rn. 152; Lutter, JZ 1996, 913; a.A.: Krieger, ZGR 1996, 683 f. m.w.N.

185 Siehe dazu auch Heidinger, ZNotP 2004, 465 ff.; zu wertmäßig überschießenden Austauschgeschäften Heckschen/Heidinger, Die GmbH in der Gestaltungspraxis, 2005, § 2 Rn. 82.

186 Zum nicht notwendigen, aber empfehlenswerten Klarstellungsvermerk im Grundbuch: Böhringer, NotBZ 2004, 13.

aber grundlegend anders darstellen als diejenige des Grundstücks selbst, denn bezüglich eines noch vorhandenen Grundstückes ist der Inferent als Nocheigentümer nach § 47 InsO grds. aussonderungsberechtigt. Die Herausgabe könnte der Insolvenzverwalter allerdings wohl bis zur Rückzahlung des Kaufpreises verweigern (§ 273 BGB), sofern dieser nicht wirksam verrechnet wurde. Ein irgendwie gearteter Bereicherungsanspruch ist in der Insolvenz nur zur Insolvenztabelle anzumelden und nicht mehr werthaltig.

Wurden **GmbH-Geschäftsanteile** als verdeckter Sacheinlagegegenstand unwirksam übertragen, müsste die Geschäftsanteilsabtretung vom Inferenten an die GmbH wiederholt werden. Denn dieser ist noch Geschäftsanteilsinhaber geblieben. Ein gutgläubiger Erwerb von GmbH-Geschäftsanteilen ist nach geltendem Recht[187] nicht möglich. Ein Dritterwerber des Geschäftsanteils wäre die ganze Zeit über nur „Scheingesellschafter", für den zwar § 16 GmbHG gilt, durch den aber nur ein Teil der sich hieraus ergebenden Probleme gelöst werden.[188] Nach Erwerb des Geschäftsanteils durch die GmbH infolge der wiederholten Abtretung kommt ein Erwerb des weiteren Geschäftsanteilserwerbers nach § 185 Abs. 2 Satz 1 Alt. 1 (Genehmigung[189]) oder Alt. 2 (Zwischenerwerb der GmbH[190]) BGB mit ex-nunc-Wirkung in Frage, so dass die evt. nachfolgenden Geschäftsanteilsabtretungen von den Nichtberechtigten wohl nicht wiederholt werden müssten. 62

Ist **ein einzelkaufmännisches Unternehmen** übertragen worden, ist dieses zum Zeitpunkt der gewünschten Heilung i.a.R. nicht mehr so vorhanden, wie es ursprünglich hätte eingebracht werden müssen, aber veräußert wurde. Hier müssen eine Vielzahl von Ansprüchen (insb. aus §§ 989, 990, 816 Abs. 1 und 2 BGB auf Nutzungen, Bereicherungsherausgabe usw.) als Einlagegegenstand bei der Umwidmung dargestellt und deren Wert nachgewiesen werden.[191] 63

Entstand eine verdeckte Sacheinlage **durch zeitnahe Forderungsverrechnung** (z.B. Aufrechnung), steht bei der erforderlichen Wiederholung der Rechtshandlungen nur die Verrechnung mit der ursprünglichen Forderung oder mit an ihre Stelle getretenen Ansprüchen an. Diese könnte z.B. im Falle der Verjährung der betreffenden Forderung ausgeschlossen sein. 64

Bei einer verdeckten Sacheinlage durch das **Schütt-aus-hol-zurück-Verfahren**,[192] bei dem der Gewinnanspruch mit der Stammeinlageverbindlichkeit verrechnet wird, gilt grds. das zur Forderungsverrechnung Gesagte. Erfolgte aber eine tatsächliche Auszahlung des Gewinnes und eine anschließende Rückzahlung als Stammeinlage, stellt sich die Frage, ob diese Vorgänge ebenfalls unwirksam sind. Es müssten dann die tatsächlichen Zahlungsvorgänge aufgrund des Gewinnausschüttungsanspruchs wiederholt werden. Vorzugswürdig erscheint es auch in diesem Fall, den Gewinnanspruch, der durch die unwirksame Gewinnausschüttung nicht erloschen ist, als Sacheinlagegegenstand im Rahmen der Umwidmung einbringen zu können.[193] 65

bb) Auswirkung auf schon erfolgte Heilungen (Altfälle)

Die unzureichende Bareinlageleistung durch Verrechnung von Gesellschafterforderungen oder durch das Schütt-aus-hol-zurück-Verfahren wurde schon in der Vergangenheit meist dadurch geheilt, dass die **als unzulässig erkannte Forderungsverrechnung wiederholt** bzw. die noch nicht wirksam aufgerechne- 66

---

187 Der Referentenentwurf eines Gesetzes zur Modernisierung des GmbH-Rechts und zur Bekämpfung von Missbräuchen (MoMiG) des BMJ v. 29.5.2006 sieht die Einführung eines gutgläubigen Geschäftsanteilserwerbs vor; dafür auch Grunewald/Gehling/Rodewig, ZIP 2006, 685.
188 Vgl. z.B. DNotI-Gutachten Nr. 52440 v. 2.9.2004 bei Kapitalerhöhung durch Aufstockung der Geschäftsanteile im Zuge der Euroumstellung.
189 Ettinger/Reiff, NZG 2004, 258, 260.
190 Vgl. auch Böhringer, NotBZ 2004, 13, 15 für besondere Fälle beim Grundstück.
191 Siehe dazu ausführlich Ettinger/Reiff, NZG 2004, 258, 260; zu eng insofern Reichert-Clauß, NZG 2004, 273, 274, der die Ansprüche vielfach ausschließen will, weil sie nicht den Gegenstand selbst betreffen.
192 Zur Heilung einer verdeckten Sacheinlage bei Schütt-aus-hol-zurück-Verfahren DNotI-Gutachten Nr. 64282 v. 15.12.2005.
193 Ausführlich: Heckschen/Heidinger, Die GmbH in der Gestaltungspraxis, § 2 Rn. 81.

te Gesellschafterforderung in die GmbH eingebracht wurde (Abtretung mit Konfusion oder Verzicht). Insofern hat sich durch das Urteil des BGH nichts geändert und diese Art der Heilung der verdeckten Sacheinlage ist und bleibt wirksam.

Wurde in der Vergangenheit aber der Weg über die **Einbringung der Forderung auf Rückübertragung des Einlagegegenstandes** gewählt, ist dies nach der neuesten Ansicht des BGH nicht korrekt gewesen. Ist auch das Verfügungsgeschäft im Rahmen einer verdeckten Sacheinlage nichtig, existiert ein diesbezüglicher bereicherungsrechtlicher Anspruch gar nicht, sondern lediglich ein Anspruch auf Herausgabe des Einlagegegenstandes. Zur Lösung wird in der Lit. an eine Umdeutung bzw. Auslegung der Vereinbarung als Einbringung des Sachwertes selbst[194] oder auch an eine erneute Satzungsänderung nach den nunmehr geltenden Grundsätzen gedacht.[195]

4. Voreinzahlung

67 Nicht selten eröffnen die Beteiligten schon vor dem Beurkundungstermin ein **Konto für die zukünftige GmbH** und zahlen auf dieses Konto die Stammeinlagen ein. Diese Voreinzahlungen führen allerdings nicht zur Tilgung der Einlageschuld, da sie zu einem Zeitpunkt geleistet wurden, in dem weder die Stammeinlageverpflichtung noch die GmbH (noch nicht einmal die Vor-GmbH) existierte. Durch die Zahlung auf das Konto der Vorgründungsgesellschaft entsteht vielmehr **nur eine Forderung, die als Sacheinlage einzubringen wäre**.[196]

Andere Stimmen in der Lit. sprechen bei engem zeitlichen Zusammenhang zwischen der Einzahlung und der Beurkundung von einer **unschädlichen „technischen Voreinzahlung"** mit Wirkung für die Vor-GmbH.[197] Dies ist jedoch problematisch, da das Bankkonto mit einer noch nicht existierenden Vor-GmbH als Kontoinhaberin gar nicht zulässig wäre.[198] Die Banken verweigern seit einigen Jahren zurecht die Eröffnung eines Bankkontos für noch nicht existierende GmbH i.G.

Vertreten wird auch, dass ein enger zeitlicher Zusammenhang ausreicht, wenn das eingezahlte Geld nur **noch unangetastet separierbar vorhanden ist**.[199] Das OLG Schleswig hat in einer Entscheidung zur Haftung nach dem Verkauf einer Vorratsgesellschaft die Einzahlung einige Tage vor der Gründung nicht als Problem angesehen und daran keine nochmalige Stammeinlageleistung geknüpft.[200] Auch das OLG Frankfurt hat eine Stammeinlageleistung auf ein auf den Namen einer Einmann-GmbH angelegtes Konto unmittelbar vor Abschluss des Gesellschaftsvertrags als wirksam erachtet.[201] Bedingung dafür ist nach dem OLG allerdings, dass in der Gründungsurkunde das **Stammkapital auf die Gesellschaft übertragen wird**, die Voreinzahlung mit einer klaren Zweckbestimmung geleistet worden war, der Stammeinlagebetrag zur Zeit der Übernahme durch die Vorgesellschaft noch als ausscheidbarer Vermögensgegenstand unangetastet vorhanden und vom übrigen Vermögen isoliert und abgrenzbar ist. Dann handele es sich auch nicht um eine Sacheinlage, sondern um die Erfüllung einer Bareinlage.

> **Hinweis:**
> Die Einzahlung des Stammkapitals sollte, um kein Risiko einzugehen, also erst nach der Gründung erfolgen. Der z.T. von Handelsregistern verlangte Nachweis über die Einzahlung der Stammeinlage

---

194 So Heckschen/Heidinger, Die GmbH in der Gestaltungspraxis, § 2 Rn. 84; krit. Langner, GmbHR 2004, 298, 300.
195 Baumbach/Hueck/Hueck/Fastrich, GmbH in der Gestaltungspraxis, § 19 Rn. 46.
196 So z.B. Wegmann, DStR 1992, 1620; OLG Stuttgart, DNotZ 1994, 695, 698; vgl. auch DNotI-Report 1995, 65 ff.
197 Vgl. dazu Kanzleiter, DNotZ 1994, 700 f.; Mayer, in: FS für Schippel, S. 473, 479; Langenfeld, GmbH-Vertragspraxis, Rn. 188 f.
198 Siehe dazu ausführlich das DNotI-Gutachten Nr. 11848 v. Oktober 1999.
199 So auch schon OLG Düsseldorf, GmbHR 1994, 398; Gehrlein, BB 2004, 2361, 2362.
200 OLG Schleswig, GmbHR 2003, 1058.
201 OLG Frankfurt, ZIP 2005, 1596 = DB 2005, 1049.

ist nur bei begründeten Zweifeln an der Einzahlung bzw. dem noch wertmäßigen Vorhandensein der Einzahlung und der Richtigkeit der diesbezüglichen Versicherung des Geschäftsführers (§ 8 Abs. 2 GmbHG) zulässig.[202]

5. Leistung zur freien Verfügung

Eine schuldtilgende Leistung zur freien Verfügung der Geschäftsführung erfordert, dass die Einlage der Verfügungsmacht des Gesellschafters entzogen und endgültig rechtlich und tatsächlich **in das Vermögen der (Vor-)GmbH übergegangen ist**.[203] Der Gesellschafter hat die Stammeinlage so zu leisten, dass die Zugehörigkeit zum Gesellschaftsvermögen objektiv erkennbar wird. Der Zweck der Leistung zur freien Verfügung liegt in der Absicherung der realen Kapitalaufbringung durch effektive und endgültige Zufuhr der Einlagen.[204]

68

Eine Einlage kann auch dann schuldtilgend geleistet werden, wenn sie **mit einer bestimmten Zweckbestimmung versehen** wird, z.B. mit dem Ziel, eine bestimmte Investition zu tätigen.[205] Die Einlageschuld wird aber dann nicht getilgt, wenn die Einlagemittel unter (objektiver) Umgehung der Kapitalaufbringungsregeln mittelbar oder gar unmittelbar wenige Tage später **wieder an den Einleger zurückfließen**. Eine solche Hin- und Herüberweisung des Einlagebetrages tilgt die Einlageschuld nicht, da dann die Leistung nicht zur endgültig freien Verfügung der Geschäftsführung gestanden hat.[206] Dies gilt auch dann, wenn noch Guthaben bei der Gesellschaft verbleibt, weil sie schon vorher ein kreditorisches Konto hatte.[207] In einem solchen Fall löst die Rücküberweisung des Einlagebetrages allerdings keinen Erstattungsanspruch nach § 31 GmbHG aus, da dies einen ordnungsgemäß abgeschlossenen Kapitalaufbringungsvorgang voraussetzt.[208] Gerade daran fehlt es aber aufgrund der nicht schuldtilgenden bloßen Hin- und Herüberweisung des Einlagebetrages.

69

Eine endgültige freie Verfügung der Geschäftsführung liegt auch nicht vor, wenn der eingezahlte Einlagebetrag absprachegemäß **umgehend als „Darlehen"** an den Inferenten oder an ein mit ihm verbundenes Unternehmen zurückfließt.[209] Die Absprache kann – wie bei der verdeckten Sacheinlage – bei einem sachlichen und zeitlichen Zusammenhang zwischen Ein- und Auszahlung vermutet werden.[210] Zwar sind schuldrechtliche Verwendungsabreden, durch welche die Geschäftsführung verpflichtet wird, mit den einzuzahlenden Einlagemitteln in bestimmter Weise zu verfahren, aus Sicht der Kapitalaufbringung unschädlich, wenn sie allein der Umsetzung von Investitionsentscheidungen der Gesellschafter oder sonstiger ihrer Weisung unterliegender geschäftspolitischer Zwecke dienen.[211] Geht die Abrede aber dahin, die Einlagemittel unter (objektiver) Umgehung der Kapitalaufbringungsregeln mittelbar oder **unmittelbar wieder an den Einleger zurückfließen zu lassen**, sieht der BGH dies anders.[212] Hingegen hat das Thüringer OLG eine wirksame Kapitalaufbringung in einem Fall angenommen, in dem die GmbH ein Darlehen an die GmbH & Co. KG geleistet hat, deren Komplementär sie war. Da die GmbH selbst Gesell-

70

---

202 Vgl. ausführlich Böhringer, Rpfleger 2002, 551 ff. m.w.N.
203 OLG Dresden, NZG 2000, 698; zur Beweislast für die ordnungsgemäße Stammeinlageleistung: KG, GmbHR 2004, 1388; BGH, DStR 2004, 2112; vgl. auch zur Kapitalerhöhung BGH, DStR 2005, 164 = DB 2005, 155 = BB 2005, 123.
204 BGHZ 113, 335, 348.
205 Zur fehlenden Tilgungsbestimmung vgl. Rn. 50.
206 BGH, NZG 2002, 132.
207 BGH, ZIP 2004, 1046.
208 BGH, ZIP 2001, 1997 = GmbHR 2001, 1114 = DStR 2001, 1948.
209 BGH, DStR 2003, 1131 = NZG 2003, 168; bei Rückzahlung als Darlehen an beherrschte KG: OLG Oldenburg, OLG-Report 2003, 387; OLG Schleswig, ZIP 2004, 1358; OLG Braunschweig, NZG 1999, 308 zum umgekehrten Weg.
210 Vgl. zuletzt BGH, ZIP 2002, 2045, 2048.
211 BGH, ZIP 1990, 1400 f.; ZIP 1992, 1303, 1305 zu 2; BGH, NZG 2003, 168 = DStR 2003, 1131.
212 BGH, ZIP 2002, 799, 801.

schafterin der GmbH & Co. KG war, sei das Darlehen nicht an ihre Gesellschafter zurückgeflossen. Die Gesellschafter könnten stattdessen nur über die GmbH auf die Geschäftsführung der KG einwirken. Die Verwaltungs-GmbH erfülle vielmehr ihren satzungsmäßigen Unternehmensgegenstand, wenn sie die KG als eigentliche Betriebsgesellschaft mit finanziellen Mitteln ausstattet.[213]

71 Von dem Rückzahlungsverbot an die Gesellschafter wird auch das Einstellen in ein konzerninternes Cash-Pool-System erfasst.[214] Das Cash-Pooling ist Bestandteil eines in der Praxis häufig vorkommenden Cash-Managements in Konzernen. Dabei werden im sog. physischen Cash-Pool alle Konten der in den Cash-Pool einbezogenen Gesellschaften zum Tagesultimo automatisch auf Null gestellt („Zero-Balancing") und auf einem Zentral- oder Zielkonto der Betreibergesellschaft zusammengefasst. Beim manuellen Cash-Pooling hingegen erfolgt der Ausgleich durch willkürliche Einzelüberweisungen. Weist das Konto der Konzerngesellschaft einen positiven Saldo aus, wird ihr Liquidität abgezogen; bei einem negativen Saldo wird der Tochtergesellschaft Liquiditiät zugeführt. Dementsprechend erhält die Tochtergesellschaft entweder eine Darlehensforderung gegen die Betreibergesellschaft oder die Betreibergesellschaft eine Darlehensforderung gegen die Tochtergesellschaft.

Vorteile eines Cash-Poolings sind, dass Liquidität nicht am Kapitalmarkt beschafft werden muss, wenn innerhalb des Konzerns noch Liquidität vorhanden ist und den Tochtergesellschaften, die Liquidität benötigen, zur Verfügung gestellt werden kann. Ein weiterer Effekt ist, dass die Liquiditätsreserve nicht für jede Konzerngesellschaft einzeln, sondern auf den Gesamtkonzern bezogen – geringer – angesetzt werden kann. Nicht zuletzt erhält ein Konzern meist günstigere Kreditkonditionen als einzelne Konzerngesellschaften und kann durch die zentrale Verwaltung die Verwaltungskosten senken.[215]

In einem aktuellen Urteil stellt der BGH[216] klar, dass auch die in einen Cash-Pool einbezogenen Gesellschaften bei Gründung und Kapitalerhöhung den Kapitalaufbringungsvorschriften des GmbHG und den dazu entwickelten Grundsätzen der höchstrichterlichen Rspr. unterlägen. Wird also die auf eine Gründung oder Kapitalerhöhung hin geleistete Stammeinlage kurze Zeit später auf ein im Rahmen eines Cash-Pools eingerichtetes gesellschaftsfremdes Konto transferiert, fehlt die freie Verfügbarkeit über die Einlage. Die Zwischeneinzahlung auf ein Konto der GmbH führt dann zu keiner anderen Beurteilung, wenn von vornherein feststand, dass das Geld nach einer „Karenzzeit" unmittelbar im Anschluss an die Kapitalerhöhung letztlich in den Cash-Pool eingestellt wird.

Diese Regeln gelten selbstverständlich auch für Vorratsgesellschaften, die in einen Cash-Pool einbezogen sind. Es liegt keine Leistung zur freien Verfügung der Geschäftsführung vor, wenn unmittelbar nach Einzahlung der Stammeinlagen das Geld auf ein gesellschaftsfremdes Konto gezahlt wird. Auch hier liegt (zunächst) keine ordnungsgemäße Kapitalaufbringung vor.

Eine spätere Tilgung der „Darlehensschuld" durch den Gesellschafter oder das mit ihm verbundene Unternehmen im Wege der Aufrechnung tilgt dann aber auch die Einlageschuld, soweit § 19 Abs. 2, 5 GmbHG nicht entgegensteht.[217] Das Gleiche müsste dann auch für die bare Zurückzahlung der „Darlehensverbindlichkeit" gelten. Im Ergebnis ist also nur einmal die Bareinlage zu zahlen. Zu beachten bleibt jedoch, dass der Geschäftsführer i.d.R. bei diesen „Darlehensmodellen" eine strafbewehrte falsche Versicherung abgibt.[218]

---

213 Thüringer OLG, ZIP 2006, 1534 = NZG 2006, 661 = GmbHR 2006, 940 mit abl. Anm. Werner = DB 2006, 1484 (n. rkr., Revision beim BGH unter Az. II ZR 180/06); zust. Priester, EWiR 2006, 497.
214 BGH, ZIP 2004, 1616 = GmbHR 2004, 1214 = DB 2004, 2036; siehe auch Cahn, Der Konzern 2004, 235; vgl. auch BGH, DStR 2005, 204 mit zust. Anm. Goette; Sieger/Wirtz, ZIP 2005, 2277.
215 Zur Erfüllung der steuerlichen Pflichten im Cash-Pool vgl. FG Bremen, ZIP 2005, 2159.
216 BGH ZIP 2006, 665 = DStR 2006, 764 mit Anm. Goette = DB 2006, 772; dazu Hentzen, DStR 2006, 948; Bayer/Lieder, GmbHR 2006, 449; Altmeppen, ZIP 2006, 1025.
217 BGHZ 153, 107 = ZIP 2003, 211 = GmbHR 2003, 231 = DStR 2003, 1131; ebenso: OLG Hamburg, ZIP 2004, 2431; a.A.: OLG Schleswig, BB 2000, 2014 und NZG 2004, 969 = ZIP 2004, 1358; wieder bestätigt durch GmbHR 2005, 357.
218 Vgl. dazu unter Rn. 72.

6. Versicherung des Geschäftsführers[219]

a) Allgemeines

In der Anmeldung[220] der GmbH sowie einer Kapitalerhöhung (§ 56a GmbHG) haben die Geschäftsführer nach § 8 Abs. 2 GmbHG die **Versicherung abzugeben**, dass die in § 7 Abs. 2, 3 GmbHG bezeichneten Leistungen auf die Stammeinlagen bewirkt sind und der Gegenstand der Leistungen sich in der endgültig freien Verfügung der Geschäftsführer befindet. Die Versicherung muss von allen Geschäftsführern höchstpersönlich in der Form des § 12 HGB[221] abgegeben werden; Vertretung ist nicht zulässig. Sie unterliegt der formellen Prüfung des Registergerichts.[222] Zudem muss jeder Geschäftsführer nach § 8 Abs. 3 GmbHG versichern, dass keine Umstände vorliegen, die seiner Bestellung entgegenstehen und dass er über seine unbeschränkte Auskunftspflicht gegenüber dem Gericht belehrt worden ist.[223]

72

Stellt sich nach der Anmeldung, aber vor der Eintragung der GmbH heraus, dass die abgegebene Versicherung bereits **zum Zeitpunkt der Anmeldung falsch war**, wird man eine Pflicht des Geschäftsführers annehmen müssen, seine ursprüngliche – unter Umständen schuldlos – falsche Versicherung auch nach der Anmeldung noch zu berichtigen.[224]

Nach zutreffender Ansicht ist bei einem **Wechsel der Geschäftsführung** zwischen Anmeldung und Eintragung eine Wiederholung der Versicherung durch die neuen Geschäftsführer nicht erforderlich.[225]

Bei Abgabe einer falschen Versicherung machen sich die Gesellschafter und Geschäftsführer nach § 9a Abs. 1 und 3 GmbHG (bei Kapitalerhöhung i.V.m. § 57 Abs. 4 GmbHG) als Gesamtschuldner ersatzpflichtig und nach § 82 Abs. 1 Nr. 1 u. Nr. 3 GmbHG strafbar.

b) Inhalt

Inhaltlich müssen die Versicherungen der Geschäftsführer die **tatsächlichen Umstände der Einlageleistung** und bei der Einmann-GmbH zusätzlich der Sicherungsbestellung so hinreichend genau darlegen, dass dem Registergericht die Prüfung des Vorliegens dieser Voraussetzungen möglich ist.[226]

73

Aus der Versicherung muss hervorgehen, dass die Bareinlagen **mindestens 12.500 €** betragen (§ 7 Abs. 2 Satz 2 GmbHG). Nicht ausreichend ist die schlichte Wiederholung des Gesetzestextes.[227] Daher bedarf es – sofern nicht Volleinzahlung vorliegt und darauf hingewiesen wird[228] – auch der Angabe, welche

---

[219] Ausführlich: Heidinger, in: FS 10 Jahre DNotI, S. 235 ff.; Lindemeier, RNotZ 2003, 503.
[220] Die Versicherung kann auch nachgereicht werden, vgl. Keidel/Krafka/Willer, Registerrecht, Rn. 942.
[221] Michalski/Heyder, GmbHG, § 9c Rn. 23.
[222] Vgl. oben Rn. 17 f. und Ulmer/Ulmer, GmbHG, § 9c Rn. 27ff.; Roth, in: Roth/Altmeppen, GmbHG, § 9c Rn. 2; Rowedder/Schmidt-Leithoff/Schmidt-Leithoff, GmbHG, § 9c Rn. 7.
[223] Dazu Rn. 170.
[224] Scholz/Winter/Veil, GmbHG, § 8 Rn. 21; Michalski/Heyder, GmbHG, § 8 Rn. 25; Ulmer/Ulmer, GmbHG, § 8 Rn. 27 zur versehentlich vom Notar eingereichten Versicherung; Keilbach, MittRhNotK 2000, 365, 375.
[225] So Baumbach/Hueck/Hueck/Fastrich, GmbHG, § 8 Rn. 11; Roth, in: Roth/Altmeppen, GmbHG, § 8 Rn. 19; Lutter/Bayer, in: Lutter/Hommelhoff, GmbHG, § 8 Rn. 10; Michalski/Heyder, GmbHG, § 8 Rn. 35; Scholz/Winter/Veil, GmbHG, § 8 Rn. 22 u. § 9c Rn. 15; a.A.: Keidel/Krafka/Willer, Registerrecht, Rn. 945; KG, NJW 1972, 951; Rowedder/Schmidt-Leithoff/Schmidt-Leithoff, GmbHG, § 8 Rn. 16; Heinrich, in: Münchener Handbuch des Gesellschaftsrechts, Bd. 3, § 8 Rn. 11.
[226] Scholz/Winter/Veil, GmbHG, § 9c Rn. 28 und § 8 Rn. 23, 25; Rowedder/Schmidt-Leithoff/Schmidt-Leithoff, GmbHG, § 9c Rn. 29; Keidel/Krafka/Willer, Registerrecht, Rn. 945 mit Musterformulierung in Fn. 947.
[227] Michalski/Heyder, GmbHG, § 8 Rn. 27 mit Verweis auf BayObLG, GmbHR 1994, 116, 117; BayObLG, DB 1980, 438, 439; OLG Celle, GmbHR 1986, 309; OLG Hamm, WM 1987, 405, 406.
[228] Baumbach/Hueck/Hueck/Fastrich, GmbHG, § 8 Rn. 12; Lutter/Bayer, in: Lutter/Hommelhoff, GmbHG, § 8 Rn. 11; Rowedder/Schmidt-Leithoff/Schmidt-Leithoff, GmbHG, § 8 Rn. 19; OLG Frankfurt, DB 1992, 1282; LG Hannover, GmbHR 2000, 1103 = MittRhNotK 2000, 259; Michalski/Heyder, GmbHG, § 8 Rn. 28.

Gesellschafter was (Bareinlage oder Sacheinlage) und in welcher Höhe auf ihre Stammeinlage geleistet haben.[229]

Die darüber hinaus erforderliche ausdrückliche Versicherung, dass sich der Gegenstand der gesetzlichen Mindesteinlageleistungen endgültig in der freien Verfügung der Geschäftsführer befindet, beinhaltet zunächst, dass die Einlage **einmal wirksam zur freien Verfügung** geleistet wurde.[230] Seit Aufgabe des Vorbelastungsverbots[231] muss die Einlage nicht mehr gegenständlich,[232] aber zumindest noch wertmäßig vorhanden sein. Nach dem Wortlaut und Zweck des § 8 Abs. 2 GmbHG muss die Versicherung daher auch Angaben darüber enthalten, inwieweit das Anfangskapital der GmbH **durch Verbindlichkeiten vorbelastet** ist[233] oder auch nur wertgleich verwendet wurde.[234] Es ist streitig, ob eine regelmäßige zusätzliche Versicherung über das Nichtbestehen von Vorbelastungen verlangt werden kann.[235]

74 **Muster: Vollständige Versicherung der Geschäftsführer**

> Nach Belehrung durch den beglaubigenden Notar über die unbeschränkte Auskunftspflicht gegenüber dem Gericht gemäß § 53 des Gesetzes über das Zentralregister und das Erziehungsregister und die Strafbarkeit einer falschen Versicherung (§§ 82, 8 Abs. 2 GmbHG), versichert der Geschäftsführer – bei mehreren jeder für sich:
>
> Es liegen keine Umstände vor, aufgrund derer ich als Geschäftsführer nach § 6 Abs. 2 Satz 3 und 4 GmbHG von dem Amt als Geschäftsführer ausgeschlossen wäre: Während der letzten fünf Jahre erfolgte keine Verurteilung nach §§ 283 bis 283 d StGB (z.B. wegen Bankrotts, schweren Bankrotts, Verletzung der Buchführungspflicht, Schuldner- oder Gläubigerbegünstigung); auch ist dem Geschäftsführer weder durch gerichtliches Urteil noch durch vollziehbare Entscheidung einer Verwaltungsbehörde die Ausübung eines Berufes, Berufszweiges, Gewerbes oder Gewerbezweiges untersagt; ferner ist der Geschäftsführer nicht aufgrund einer behördlichen Anordnung in einer Anstalt verwahrt worden (Amtsunfähigkeit).[236]
>
> Ich bin von dem beglaubigenden Notar über meine unbeschränkte Auskunftspflicht gegenüber dem Registergericht belehrt worden.
>
> Die Gesellschafter haben folgende Leistungen auf ihre Stammeinlagen bewirkt:
>
> Der Gesellschafter Herr ...
> auf die Stammeinlage i.H.v. ... €
> einen Betrag von ... €.

---

229 Michalski/Heyder, GmbHG, § 8 Rn. 27; Rowedder/Schmidt-Leithoff/Schmidt-Leithoff, GmbHG, § 8 Rn. 19; BayObLG, DB 1986, 162; OLG Hamm, DB 1982, 945; OLG Celle, NJW-RR 1986, 1482; Scholz/Winter/Veil, GmbHG, § 8 Rn. 23; Lutter/Bayer, in: Lutter/Hommelhoff, GmbHG, § 8 Rn. 11; Böttcher/Ries, Formularpraxis des Handelsregisterrechts, Rn. 323.
230 Vgl. dazu DNotI-Report 1998, 197.
231 BGHZ 80, 129, 133.
232 Zu Unrecht daher BayObLG, GmbHR 1988, 215 f.; OLG Köln, GmbHR 1988, 227; noch weiter LG Gießen, GmbHR 1986, 163: sogar nach der Anmeldung gegenständlich.
233 Rowedder/Schmidt-Leithoff/Schmidt-Leithoff, GmbHG, § 8 Rn. 20; BayObLG, GmbHR 1992, 109 f.; BayObLG, GmbHR 1998, 1225; OLG Frankfurt, GmbHR 1992, 531; KG, GmbHR 1997, 412; OLG Düsseldorf, GmbHR 1997, 70, 71; OLG Bremen, GmbHR 1998, 40, 42.
234 Roth, DNotZ, 1989, 10; Mayer, in: FS für Schippel, S. 473, 481.
235 Dagegen: KG, DZWiR 1993, 120; Baumbach/Hueck/Hueck/Fastrich, GmbHG, § 8 Rn. 14; Rowedder/Schmidt-Leithoff/Schmidt-Leithoff, GmbHG, § 8 Rn. 20; dafür Lutter/Bayer, in: Lutter/Hommelhoff, GmbHG, § 8 Rn. 12; BayObLG, DNotZ 1999, 439; OLG Frankfurt, DNotZ 1992, 744, 745.
236 Vgl. dazu Rn. 170.

Der Gesellschafter Herr
auf die Stammeinlage i.H.v. ... €
einen Betrag von ... €.

Der Gesellschafter Herr
auf die Stammeinlage i.H.v. ... €
einen Betrag von ... €.

(Anm.: Zusätzlich bei Sacheinlage:)

Die von dem Gesellschafter zu ... zu leistende Sacheinlage, nämlich ..., ist auf die Gesellschaft übertragen. Es sind keine zusätzlichen schriftlichen Vereinbarungen getroffen worden, die über diejenigen im Vertrag über die Errichtung der GmbH hinausgehen.

Der Gegenstand der Leistungen befindet sich endgültig in der freien Verfügung der Geschäftsführung.

Das Vermögen der Gesellschaft ist – abgesehen von dem im Gesellschaftsvertrag festgesetzten Aufwand (Kosten, Gebühren und Steuern) bis zur Höhe von ... € – durch keinerlei Verbindlichkeiten vorbelastet oder aufgezehrt.

Die Gesellschaft hat von keinem Gesellschafter Vermögensgegenstände, insb. von keinem dem Gesellschafter oder einer Personengesellschaft, an der dieser beteiligt ist, gehörendem Unternehmen Vermögensgegenstände entgeltlich mit Mitteln der geleisteten Stammeinlagen oder im Wege der Verrechnung mit diesen erworben, und es besteht auch keine Absicht zu einem solchen Erwerb; darüber hinaus hat die Gesellschaft keine Schulden eines bereits bestehenden Unternehmens übernommen.

c) Maßgebender Zeitpunkt für die Richtigkeit der Versicherung

In der Praxis hat sich **folgende Vorgehensweise** eingebürgert, um einerseits eine nicht schuldtilgende Vorausleistung der Stammeinlage[237] und andererseits das zweimalige Erscheinen des Mandanten beim Notar zu vermeiden:[238] **Im Beurkundungstermin** wird die Gründung der GmbH bzw. die Kapitalerhöhung beurkundet und noch im gleichen Termin die Versicherung nach §§ 8 Abs. 2 bzw. 57 Abs. 2 GmbHG unterschrieben. Dabei erfolgt eine Treuhandabrede mit dem Notar dahingehend, dass er die Anmeldung inkl. Versicherung beim Handelsregister erst einreicht, wenn die Gesellschafter die geschuldeten Leistungen auf die Stammeinlagen erbracht und dem Notar angezeigt haben. Der Notar beglaubigt die Unterschrift unter der Versicherung entweder gleich oder einige Tage später nach erfolgtem Nachweis der Stammeinlageleistung.

> **Hinweis:**
> Einige Registerrichter verweigern bei dieser Vorgehensweise die Eintragung und „drohen" mit Strafanzeige, weil sie Zweifel an der Richtigkeit der Versicherung i.S.d. § 8 Abs. 2 GmbHG haben. Vereinzelt wurde sogar strafrechtlich nach § 82 Abs. 1 Nr. 1 o. 3 GmbHG ermittelt.

---

237 Zur Gründung Michalski/Heyder, GmbHG, § 7 Rn. 23; vgl. zur Problematik bei der Kapitalerhöhung Heidinger, GmbHR 2003, 1045, 1047 ff.
238 Vgl. DNotI-Report 2003, 42; Heidinger, Rpfleger 2003, 545; Langenfeld, GmbH-Vertragspraxis, Rn. 187 u. 190; Böttcher/Ries, Formularpraxis des Handelsregisterrechts, Rn. 323; Sernetz/Haas, Kapitalaufbringung und -erhaltung in der GmbH, Rn. 89; Fritzsche, Rpfleger 2002, 552.

Die Anmeldung wird nach einhelliger Meinung erst mit Zugang beim Registergericht wirksam. Die ganz h.M. geht davon aus, dass auch bei der Versicherung für die strafrechtliche[239] und gesellschaftsrechtliche[240] Beurteilung der Richtigkeit auf den Zugang beim Registergericht abgestellt werden muss.

7. Beitreibungsmöglichkeiten hinsichtlich der Stammeinlage

76 Im Falle verzögerter Einzahlung der von einem Gesellschafter übernommenen Stammeinlage kann ihm von der GmbH **eine Nachfrist bestimmt werden**, nach deren erfolglosem Ablauf er hinsichtlich des betroffenen Geschäftsanteils aus der Gesellschaft ausgeschlossen werden kann (Kaduzierung, § 21 GmbHG). Bei erfolgter Kaduzierung haften die Rechtsvorgänger des Geschäftsanteils nach § 22 GmbHG, notfalls muss die Einlageforderung durch Versteigerung des Geschäftsanteils gedeckt werden. Letzte Möglichkeit der Beitreibung der Einlage ist die **Ausfallhaftung der Mitgesellschafter** nach § 24 GmbHG. Diese Regelungen gelten nach h.M. nur für Bareinlagen. Zudem ist der Gesellschafter zur Zahlung von Verzugszinsen verpflichtet (§ 20 GmbHG).

8. Einlageleistung bei der Einmann-GmbH

77 Nach § 7 Abs. 2 Satz 3 GmbHG muss bei der Einmann-Gründung auch bei einer Bargründung entweder eine Volleinzahlung erfolgen oder – derzeit[241] – bei Leistung bloß der Mindesteinlage nach § 7 Abs. 2 Satz 1 und Satz 2 GmbHG für den übrigen Teil eine Sicherheit bestellt werden. Eine **Volleinzahlung oder Besicherung** hat auch zu erfolgen, wenn sich binnen drei Jahren nach Eintragung einer Mehrmann-GmbH alle Anteile in der Hand eines Gesellschafters oder daneben in der Hand der Gesellschaft vereinigen (§ 19 Abs. 4 GmbHG). Die Volleinzahlung oder Sicherung ist binnen drei Monaten seit Vereinigung der Geschäftsanteile zu bewirken.

Insb. bei Einmann-Gründungen muss **auch für Dritte** die Zahlung an die Vor-GmbH eindeutig erkennbar sein.[242] Daran fehlt es z.B., wenn der Alleingesellschafter und Alleingeschäftsführer den Betrag in einem Briefumschlag in seinem Safe verwahrt.[243]

Zur Erfüllung einer Bareinlageleistung genügt grds. die **Zahlung durch vorbehaltlose Gutschrift auf einem inländischen Bankkonto**, das für die Gesellschaft oder den Geschäftsführer in dieser Eigenschaft (also nicht als Privatkonto) eingerichtet worden ist.[244] Die Leistung auf ein Konto des Geschäftsführers genügt nur, wenn dieser nicht selbst Gesellschafter ist und das Guthaben dann tatsächlich der GmbH zur Verfügung steht.[245] Es ist ausreichend, wenn zwar nicht die Kontobezeichnung, aber andere Umstände ergeben, dass es sich um ein Konto der Gesellschaft handelt.[246] Ausnahmsweise wird auch einer Einzahlung auf die Stammeinlage im Gründungsstadium Erfüllungswirkung zuerkannt.[247]

Leistet der Gesellschafter einer Vor-GmbH eine Bareinlage auf sein eigenes Konto, das zugleich als Geschäftskonto der Gesellschaft genutzt wird, so führt das nur zur Tilgung der Einlageschuld, wenn und

---

239 Scholz/Tiedemann, GmbHG, § 82 Rn. 61; Rowedder/Schmidt-Leithoff/Schaal, GmbHG, § 82 Rn. 23.

240 LG München, GmbHR 2004, 1580 mit Anm. Bärwaldt/Glöckner; LG Gießen, GmbHR 2003, 543; OLG Köln, GmbHR 1988, 227; Baumbach/Hueck/Hueck/Fastrich, GmbHG, § 8 Rn. 12; Heidinger, Rpfleger 2003, 545 ff.; Roth, in: Roth/Altmeppen, GmbHG, § 8 Rn. 20; Langenfeld, GmbH-Vertragspraxis, Rn. 190; Heinrich, in: Münchener Handbuch des Gesellschaftsrechts, Bd. 3, § 8 Rn. 11; Bärwaldt, GmbHR 2003, 524; Michalski/Heyder, GmbHG, § 8 Rn. 25; Spiegelberger/Walz, GmbHR 1998, 761, 762; a.A.: Fritzsche, Rpfleger 2002, 552 ff.

241 Der Referentenentwurf des BMJ zur Modernisierung des GmbH-Rechts und zur Bekämpfung von Missbräuchen (MoMiG) v. 29.5.2006 sieht einen Verzicht auf die Sicherheitsleistung vor.

242 Michalski/Heyder, GmbHG, § 7 Rn. 27.

243 OLG Hamburg, NZG 2002, 53.

244 Scholz/Winter/Veil, GmbHG, § 7 Rn. 29 m.w.N.

245 Michalski/Heyder, GmbHG, § 7 Rn. 27; BGH, ZIP 2001, 513, 514 f.

246 Rowedder/Schmidt-Leithoff/Schmidt-Leithoff, GmbHG, § 7 Rn. 23; OLG Frankfurt, GmbHR 1992, 104; OLG Naumburg, GmbHR 1998, 239.

247 OLG Frankfurt, ZIP 2005, 1596 = DB 2005, 1049, vgl. auch Rn. 67.

soweit der Geschäftsführer das Guthaben **tatsächlich zur Begleichung von Gesellschaftsverbindlichkeiten** einsetzt.[248]

V. Mantelkauf und Vorratsgründung[249]

Sog. „Mantel- und Vorratsgesellschaften" werfen u.a. bei der Anwendung der Gründungsvorschriften vielfältige Fragen auf. Unter einer Mantel- oder Vorratsgesellschaft versteht man eine nur durch Geschäftsanteile/Aktien verkörperte, im Übrigen aber **unternehmenslose Gesellschaft im rechtlichen Gewand einer GmbH/AG**. Umstritten ist, ob das In-Gang-Setzen des Unternehmens (sei es erstmals oder erneut) einer „wirtschaftlichen Neugründung" gleichkommt und insoweit die Gründungsvorschriften im Moment der „wirtschaftlichen Neugründung" erneut anwendbar sind. Fraglich ist, ob es sich hier um eine Umgehung handelt, die es rechtfertigt, einzelne oder alle Vorschriften, die für die Gründung gelten, auf diese Gestaltung zu erstrecken?[250] Zudem stellt sich die Frage, ob das Registergericht die Unversehrtheit des Stammkapitals prüfen darf oder ob nur die Kapitalerhaltungsvorschriften – z.B. § 30 Abs. 1 GmbHG – eingreifen?[251] Problematisch ist auch, welches Haftungssystem gilt.

1. Vorratsgesellschaft und Mantelgesellschaft

Auch wenn der BGH zunächst eine Differenzierung zwischen Vorrats- und Mantelgesellschaften mit Rücksicht auf die Anforderungen bei der Verwendung nicht für angezeigt erachtet,[252] ist es doch wichtig, sich die unterschiedlichen Ausformungen vor Augen zu führen.

a) Mantelgesellschaft

Eine Mantelgesellschaft ist eine existente, **früher unternehmerisch tätige, jetzt aber unternehmens- und oft auch vermögenslose Gesellschaft** (bei der es noch nicht zum Insolvenzverfahren oder zur Amtslöschung nach § 141a FGG gekommen ist).

Der **BGH** definiert Mantelgesellschaften wie folgt:[253]

Die „Verwendung des ‚alten' Mantels einer existenten, im Rahmen ihres früheren Unternehmensgegenstandes tätig gewesenen, jetzt aber unternehmenslosen GmbH ... stellt wirtschaftlich eine Neugründung dar. Als wirtschaftliche Neugründung ist es anzusehen, wenn die in einer GmbH verkörperte juristische Person als unternehmensloser Rechtsträger (‚Mantel') besteht und sodann mit einem Unternehmen ausgestattet wird. Dabei macht es bei wertender Betrachtung keinen Unterschied, ob die Unternehmenslosigkeit i.S.d. Fehlens eines Geschäftsbetriebes – wie bei der ‚offenen' Vorratsgründung – von Anfang an vorgesehen ist und sodann die Gesellschaft erstmals den Geschäftsbetrieb eines Unternehmens aufnimmt, oder ob sie wie bei den sogenannten alten Gesellschaftsmänteln darauf beruht, dass der Betrieb eines (ursprünglich) vorhandenen Unternehmens mittlerweile eingestellt bzw. endgültig aufgegeben worden ist und sodann der gleichsam als ‚inhaltsloser Hülle' fortbestehenden juristischen Person ein neues Unternehmen ‚implantiert' wird ... "

---

248 BGH, GmbHR 2001, 339 = NJW 2001, 1647; dazu Heckschen, EWiR 2001, 361.
249 Ausführliche Literaturhinweise bei Heckschen/Heidinger, Die GmbH in der Gestaltungspraxis, § 2 vor Rn. 121.
250 So z.B. OLG Frankfurt, NZG 1999, 450; in ihren Vorlagebeschlüssen an den BGH: OLG Brandenburg, NZG 2002, 641 = Rpfleger 2002, 459 = DB 2002, 1600 sowie OLG Celle, FGPrax 2002, 183 = OLG Report 2002, 221; AG Duisburg, Rpfleger 1997, 219; LG Berlin, NZG 2002, 786; AG Erfurt, GmbHR 1997, 74; LG Hamburg, GmbHR 1997, 895, 896; LG Frankfurt, DB 2001, 692; LG Dresden, NJW-RR 2001, 823; LG Dresden, ZIP 2000, 18, 34.
251 BayObLG, DNotI-Report 1999, 82 = GmbHR 1999, 607; so schon OLG Frankfurt, GmbHR 1992, 456; LG Dresden, NotBZ 2000, 95; LG Kleve, NZG 2002, 587 f.; Mayer, NJW 2000, 175, 178.
252 Schon in BGHZ 117, 323 differenziert der BGH mit seiner Formulierung „Mantelverwendung nach Vorratsgründung" nicht zwischen Vorratsgesellschaft und Mantelgesellschaft.
253 BGHZ 155, 318 = ZIP 2003, 1698 = GmbHR 2003, 1125 = NZG 2003, 972.

82 Die **Entstehungsgründe von Mantelgesellschaften** sind vielfältig. Z.T. handelt es sich um Gesellschaften mit voll eingezahltem Stammkapital, mit denen einmal ein bestimmtes Geschäft beabsichtigt war, das sich aber zerschlagen hat (z.B. Gründung zum Zwecke der Unternehmensakquisition oder als Auffanggesellschaft). Bei diesen Gesellschaften dürfte die Ausgangslage derjenigen der offenen Vorratsgesellschaft gleichzusetzen sein. In anderen Fällen handelt es sich um ehemals – z.T. vor zehn und mehr Jahren – aktive Gesellschaften, deren Unternehmen eingestellt, weggefallen oder erledigt ist (z.B. Projektgesellschaften). Hier ist häufig das Stammkapital weder in Barmitteln noch auf andere Weise vollständig oder auch nur teilweise vorhanden. Im Gegenteil besitzt die Gesellschaft oftmals kaum Eigenkapital, sondern „schleppt" nur noch Verlustvorträge „mit sich herum". Nicht selten begegnen dem Praktiker Gesellschaften, die **nur noch ganz unwesentliche Geschäfte tätigen**, wie z.B. das Halten einer Kleinstbeteiligung an einer Drittgesellschaft, im Rahmen ihres satzungsmäßigen Unternehmensgegenstandes aber nicht mehr tätig sind. Die „unternehmenslosen" Zeiten reichen von mehreren Wochen bis zu vielen Jahren.

Bis zur Einführung des § 8 Abs. 4 KStG[254] lag der besondere Reiz zum Erwerb von Mantelgesellschaften in der Verwendung ihrer **häufig hohen, steuerlich nutzbaren Verlustvorträge**. Mantelgesellschaften können daher sogar überschuldet sein. Dies ist regelmäßig der Fall, wenn sog. Firmenbestatter Anteile gegen Zahlung übernehmen, dann den Gesellschaftssitz verlegen und dem ehemaligen Anteilsinhaber das Insolvenzverfahren „ersparen" wollen. Es handelt sich hier allerdings um den strafrechtlich relevanten Aufkauf insolvenzfähiger Gesellschaften.[255]

Heute besteht ein Interesse am Erwerb von Mantelgesellschaften, weil man hofft, mit einer bereits lange existierenden Gesellschaft **bei Ausschreibungen berücksichtigt zu werden**. Es soll eine „Firmenhistorie" geschaffen werden. Teilweise sind Mantelgesellschaften von Interesse, weil sie noch über Vermögenswerte wie Lizenzen, Milchquoten etc. verfügen, die nicht einzeln übertragbar sind.

b) Vorratsgesellschaft

83 Eine Vorratsgesellschaft ist eine **nur zur Weiterveräußerung gegründete Gesellschaft**, die niemals unternehmerisch tätig war. Sie dient nur der Abkürzung des Gründungsvorganges. Eine existente – weil eingetragene – GmbH soll sofort verfügbar sein, damit nicht erst das haftungsträchtige Stadium[256] der Vor-GmbH durchlaufen werden muss.

Die Vorrats-GmbH – wie auch die Mantelgesellschaft – wird i.d.R. dadurch zu wirtschaftlichem Leben erweckt, dass die Anteile an der Vorrats-Gesellschaft **an einen Dritten veräußert werden**. Im Wege einer Satzungsänderung bestimmt der Erwerber dann den für das „wirtschaftliche Leben" beabsichtigten Unternehmensgegenstand. Weiter wechselt er die Geschäftsführung der Gesellschaft aus und verlegt häufig den Sitz der Gesellschaft.

Wird die Vorratsgründung offengelegt, indem der in der Satzung niedergelegte Unternehmensgegenstand die tatsächlich beabsichtigte Tätigkeit der Gesellschaft in diesem Stadium, nämlich die „Verwaltung eigenen Vermögens" verlautbart, so spricht man von einer „**offenen Vorratsgründung**", die seit langem allgemein für zulässig erachtet wird.[257] Eine sog. „**verdeckte Vorratsgründung**" liegt dagegen vor, wenn lediglich ein fiktiver oder zumindest nicht ernstlich gewollter Unternehmensgegenstand in der Satzung angegeben wird. Die zum Unternehmensgegenstand in der Satzung gemachten Angaben sind wegen ihres fiktiven Gehalts nichtig und führen daher zur Gesamtnichtigkeit der Satzung und damit zur Nichtigkeit der Gesellschaftsgründung insgesamt.[258]

---

254 Der BFH hat dem BVerfG nach Art. 100 GG die Frage vorgelegt, ob § 8 Abs. 4 KStG verfassungsgemäß ist; vgl. BFH DB 2006, 2495 = BB 2006, 2734.
255 Siehe dazu ausführlich Rn. 412 ff.
256 Vgl. hierzu die Ausführungen unter Rn. 32 ff.
257 BGHZ 117, 323 = NJW 1992, 1984 = DB 1992, 1228.
258 Henze, Aktienrecht, Rn. 64 ff.; MünchKomm-AktG/Pentz, § 23 Rn. 91; GK/Röhricht, AktG, § 23 Rn. 120 ff.; Grooterhorst, NZG 2001, 145, 146 ff.; Werner, NZG 2001, 397, 398 ff.

In Deutschland werden Vorratsgesellschaften in den Formen der GmbH, der AG und der GmbH & Co. KG von zahlreichen gewerblich tätigen Unternehmen in vielfältigen Erscheinungsformen vertrieben. Teilweise sind diese Vorratsgesellschaften mit dem vollen gesetzlichen Stammkapital ausgestattet und werden zu Preisen zwischen 27.000 € und 28.000 € verkauft. Z.T. sind diese Vorratsgesellschaften von zwei Gesellschaftern gegründet und (zulässigerweise) nur mit der Hälfte des gesetzlichen Mindeststammkapitals ausgestattet. Bei vielen Vorratsgesellschaften wurde von dem Konto der Gesellschaft seit der Gründung nur der **absolut notwendige Gründungsaufwand** (Notargebühren, Handelsregister- und Bekanntmachungskosten) abgebucht. Die Konten werden i.d.R. zinsfrei geführt und ohne Kontoführungsgebühren betrieben. Die Verkäufer der Vorratsgesellschaften entnehmen dem Konto keine Kosten für Gründung oder Weiterveräußerung sowie für Beratung bei Gründung oder Weiterveräußerung. Mit Bilanzierungskosten etc. wird die Gesellschaft nicht belastet. Z.T. werden jedoch die IHK-Beiträge abgefordert und das Konto der Gesellschaft entsprechend belastet.[259]

84

Für andere Formen von Vorratsgesellschaften werden z.T. niedrigere Preise verlangt, jedoch ist das Stammkapital nicht in gleicher Weise vorhanden und es werden insb. zusätzliche Kosten für die „Beratung" bei der Weiterveräußerung und Erstellung der Entwürfe abgerechnet. Auf den Verlauf der Kontenbewegungen seit der Gründung der Gesellschaft ist wegen der neuen Rspr. des BGH besonderes Augenmerk zu legen.

85

I.a.R. verlangen die Anbieter, dass die Käufer den Kaufpreis vorweg oder im Notartermin begleichen. Erfolgt – wie teilweise praktiziert – nur eine bedingte Anteilsabtretung unter der Bedingung der Kaufpreiszahlung, ist Folgendes zu bedenken:

86

Für die Auswechselung der Geschäftsführung und die Änderungen der Satzung ist die **Mitwirkung des Veräußerers erforderlich**. Die Mitwirkung des Veräußerers ist für diesen äußerst gefährlich, da der Erwerber nun möglicherweise Risikogeschäfte tätigen und mit diesen die „Altgesellschaft" verpflichten könnte. **Das bloße Zurückhalten der Anmeldung** dieser Änderungen beim Registergericht ist nur eingeschränkt hilfreich, da ja der Geschäftsführer mit der Bestellung wirksam im Amt ist und sein Handeln zu Lasten der GmbH geht. Führt man sich vor Augen, dass die Altgesellschafter so das Stammkapital verlieren und möglicherweise sogar weitergehend haften, wenn sie sich mit der tatsächlichen Geschäftsaufnahme einverstanden erklären – vgl. nachstehend –, so ist von dieser Lösung abzuraten. Alternativ könnte der Erwerber die notwendigen **Änderungen bis zum Eintritt der Bedingung zurückstellen**. Dies macht aber zumindest zum Zwecke der Registeranmeldung durch den dann erst später durch die neuen Gesellschafter ernannten Geschäftsführer einen zweiten Notartermin erforderlich. Auch eine häufig notwendige Sitzverlegung, z.B. um bestimmte limitiert ausgeschriebene Aufträge an einem bestimmten Ort zu erhalten, nimmt häufig mehrere Wochen, wenn nicht Monate in Anspruch. Der Erwerber wird dadurch nicht sofort aktionsfähig.

Mitunter halten auch größere Unternehmen oder Konzerne ihre **eigenen Vorratsgesellschaften**, um jederzeit bspw. für neue Akquisitionen vorbereitet zu sein. Z.T. ist es hier nicht erforderlich, in die Satzung oder Geschäftsführung einzugreifen. Eine Änderung der Beteiligungsverhältnisse findet ebenfalls nicht statt.

Anzutreffen sind auch Gesellschaften, bei denen das Stammkapital zunächst einbezahlt und dann dem Gründer als „Darlehen" zurückbezahlt wird (**sog. Darlehensmodell**). Eine Besonderheit stellen hier GmbH & Co. KG-Vorratsgesellschaften dar, bei denen die Komplementär-GmbH der KG ihr Stammkapital darlehensweise zur Verfügung stellt.[260]

Bei der **sog. Kaskadengründung** wird eine GmbH gegründet, die ihrerseits mit dem eingezahlten Stammkapital eine GmbH gründet. Diese gründet wiederum eine weitere GmbH.

---

259 Vgl. hierzu aber VG Mainz, NotBZ 2004, 78 mit Anm. Heckschen.
260 Vgl. dazu OLG Köln, NZG 2003, 42. Das OLG verneint sowohl eine verbotene Einlagenrückgewähr wie – nicht ausdrücklich – eine verschleierte Sachgründung.

2. Anwendung der Gründungsvorschriften
a) Stammkapitalaufbringung

87 Der BGH hat zunächst zur Vorrats-GmbH entschieden,[261] dass die Verwendung des Mantels einer offen auf Vorrat gegründeten GmbH **wirtschaftlich eine Neugründung darstelle**. Auf diese wirtschaftliche Neugründung seien die Gründungsvorschriften des GmbHG einschließlich der registergerichtlichen Kontrolle entsprechend anzuwenden. Damit findet insb. auch eine registergerichtliche Prüfung der in der Anmeldung gemäß §§ 8 Abs. 2, 7 Abs. 2 und Abs. 3 GmbHG abzugebenden Versicherung über die Aufbringung bzw. Erhaltung des Stammkapitals statt. Zur Begründung führt der BGH aus, dass Bedenken gegen die Zulassung offener Vorratsgründungen vor allem auf der Befürchtung beruhten, dass bei einer späteren Verwendung des Mantels die **Gründungsvorschriften umgangen werden könnten** und somit die gesetzliche und satzungsmäßige Kapitalausstattung bei Aufnahme der wirtschaftlichen Tätigkeit nicht gewährleistet sei. Die vom Registergericht vorzunehmenden Prüfungen, insb. die Abgrenzung der wirtschaftlichen Neugründung von der – nicht zu beanstandenden – Umorganisation einer bereits vorhandenen GmbH sei nicht schwieriger als bei einer „normalen" Neugründung.

Nach dem BGH muss der Verwender des Mantels nicht das gesetzliche Mindeststammkapital, sondern das **satzungsmäßige Stammkapital aufbringen**. Nicht angesprochen wird allerdings, ob das satzungsmäßige Stammkapital in voller Höhe oder lediglich entsprechend § 7 Abs. 2 GmbHG eingezahlt sein muss, d.h. mindestens 25 % auf jede Einlage und insgesamt mind. 12.500 €. Dies könnte insb. dort problematisch sein, wo die Satzung ursprünglich Volleinzahlung vorsah. Hier und in allen anderen Fällen kann m.E. die Rspr. nicht mehr verlangen, als es das GmbHG in § 7 vorsieht.[262] Natürlich muss dies in der entsprechenden Registeranmeldung klargestellt und offen gelegt werden. Ggf. muss die Satzung geändert und entsprechend § 7 GmbHG eine reduzierte Zahlung vorgesehen werden.

Die Auffassung des BGH im Hinblick auf die Aufbringung des Stammkapitals und die (nochmalige) Kontrolle durch das Registergericht wird in der Lit. überwiegend abgelehnt: Nach dem Gründungsstadium seien **allein die Kapitalerhaltungsvorschriften** dafür vorgesehen, einer Aufzehrung des Stammkapitals zu begegnen. Die Gefahr, dass Gesellschafter Vermögen entnehmen, bestehe auch bei jeder anderen bereits in das Handelsregister eingetragenen Gesellschaft.[263] Bei der Verwendung von gebrauchten GmbH-Mänteln stelle sich darüber hinaus das Abgrenzungsproblem zu einer bloßen Umorganisation der Gesellschaft, die für die Gläubiger genauso gefährlich sein könne.[264]

88 **Auch bei Einmann-Gründungen** fragt sich, inwieweit die dort geltenden Kapitalaufbringungsvorschriften (§ 7 Abs. 2, 3, § 8 Abs. 2 Satz 2 und § 19 Abs. 4 GmbHG) beim Kauf einer Vorrats- oder Mantel-GmbH entsprechende Anwendung finden.

89 Insoweit sind **zwei Fragen** zu unterscheiden:
- Wird derjenige, der als Alleinkäufer der Vorrats- oder Mantel-GmbH sämtliche Geschäftsanteile übernimmt, einem Ein-Mann-Gründer gleichgestellt?
- Ist der Zeitraum, in dem die Gesellschaft als Vorrats- oder Mantelgesellschaft existiert hat, bei der Berechnung der Frist des § 19 Abs. 4 Satz 1 GmbHG mit zu berücksichtigen oder läuft diese Frist ab der wirtschaftlichen Neugründung neu?

Da die Entscheidungen des BGH ebenso wie die §§ 7, 8 und 19 GmbHG auf den Gläubigerschutz zielen, ist es wahrscheinlich, dass der BGH bei konsequenter Umsetzung seiner beiden Entscheidungen auch insoweit die **wirtschaftliche Neugründung der rechtlichen Gründung gleichstellt**.

---

261 BGHZ 153, 158 = ZIP 2003, 251 = GmbHR 2003, 227.
262 Zust. Rohles-Puderbach, RNotZ 2006, 274, 279.
263 Vgl. Heidenhain, NZG 2003, 1051; Schäfers, GmbH-StB 2004, 114, 116; Schaub, NJW 2003, 2125, 2126 f.; Thaeter, DB 2003, 2112, 2114 f.; Thaeter/Meyer, DB 2003, 539, 541; Veil, WuB 2003, 1040; krit. Bohrer, DNotZ 2003, 888.
264 Herchen, DB 2003, 2211, 2213; Altmeppen, NZG 2003, 145, 148.

> **Hinweis:**
>
> Für den einzigen Käufer einer Mehrmann-Vorratsgesellschaft bedeutet dies, dass er das Stammkapital voll einzuzahlen hat. Zu umgehen ist dies dadurch, dass ein zweiter Erwerber einen Anteil von mindestens 100 € übernimmt. Setzt man die wirtschaftliche Neugründung der rechtlichen Neugründung gleich, so spricht vieles dafür, dass die Dreijahresfrist des § 19 GmbHG erst mit der wirtschaftlichen Neugründung zu laufen beginnt.[265] Auch beim Kauf einer Mantelgesellschaft durch nur einen Erwerber würde es der Linie des BGH entsprechen, hinsichtlich aller Geschäftsanteile nun die Volleinzahlung zu fordern, selbst wenn die Ursprungssatzung nur die hälftige Einzahlung des Stammkapitals vorsah.

b) Anwendung des Haftungssystems bei der Gründung

Der BGH hält zur Sicherstellung der realen Kapitalaufbringung in der GmbH mit seiner Entscheidung vom 7.7.2003[266] auch bei der wirtschaftlichen Neugründung unter geteiltem Echo der Lit. die **Gründerhaftung**[267] **sowie die Handelndenhaftung**[268] für anwendbar.

90

Die Phase der wirtschaftlichen Neugründung und damit die erneute Gründerhaftung enden erst mit Offenlegung und Abgabe der Versicherung, dass das satzungsmäßig vorgesehene Stammkapital aufgebracht/vorhanden ist. Den **Zeitpunkt der Offenlegung** definiert der BGH als Eingang der Registeranmeldung/Offenlegung der Aufnahme des Geschäftsbetriebs beim Handelsregister. Bis zu diesem Zeitpunkt und der damit verbundenen Erklärung über das Vorhandensein des satzungsmäßigen Stammkapitals trifft die Gesellschafter die volle Unterbilanzhaftung sowie die Handelndenhaftung nach § 11 GmbHG.

> **Hinweis:**
>
> Bei der Verwendung von Mantel- und Vorratsgesellschaften muss also zukünftig sofort und am besten unmittelbar im Anschluss an die Übernahme der Anteile eine „Registeranmeldung" an das Gericht auf elektronischem Weg herausgehen. Unklar ist bisher, welche Wirkung eine Einreichung in Papierform oder per Fax nach dem In-Kraft-Treten des EHUG am 1.1.2007 hat. Richtigerweise kann auch eine solche Anmeldung fristwahrend sein, jedoch ist wegen des dadurch entstehenden Vollzugshindernisses eine Zwischenverfügung des Registergerichts gerechtfertigt.[269] Diese konventionelle Form der Übersendung ist insb. bei Störungen des elektronischen Übertragungsweges zu empfehlen.

Das OLG Jena hat im Rahmen einer Entscheidung zu § 17 UmwG darauf hingewiesen, dass eine **Anmeldung per Fax** fristwahrend sei und die erforderliche notariell beglaubigte Fassung nachgereicht werden könne.[270] Dies hat mit dem 1.1.2007 an Bedeutung verloren. Nun sollte der Vorratskauf sofort elektronisch angemeldet werden, bevor weitere geschäftliche Aktivitäten entfaltet werden.

Z.T. sind bei der Verwendung einer Vorratsgesellschaft Satzungsänderungen und ein dementsprechender Registervollzug **nicht erforderlich**, insb. bei Konzern-Vorrats-Töchtern, die als Unternehmensgegenstand das Halten und Verwalten von Beteiligungen vorsehen und genau zu diesem Zweck dann auch eingesetzt werden. **Auch bei der Mantelverwendung** kann es zufällig so sein, dass das Leben, welches dem leeren

---

265 Insoweit spricht auch viel dafür, § 52 AktG entsprechend anzuwenden. Die Nachgründungsfrist von zwei Jahren dürfte aufgrund der neuen Rspr. des BGH erst mit der wirtschaftlichen Neugründung beginnen. Vorteile aus der Verwendung einer dementsprechend alten Vorratsgesellschaft würden sich dann nicht mehr ergeben.
266 BGHZ 155, 318 = ZIP 2003, 1698 = GmbHR 2003, 1125.
267 Altmeppen, DB 2003, 2050, 2054; Veil, WuB 2003, 1041; Peetz, GmbHR 2003, 1127, 1128.
268 Altmeppen, DB 2003, 2050, 2054; Kallmeyer, DB 2003, 2583; Wilhelm, ZHR 2003, 520 ff.: Heidenhain, NZG 2003, 1051 ff.; Herchen, DB 2003, 2211; Veil, WuB 2003, 1040; Meyding/Heidinger, in: FS 10 Jahre DNotI, S. 257, 276. Für die AG gelten nach § 41 Abs. 1 Satz 2 AktG die gleichen Überlegungen.
269 Melchior, NotBZ 2006, 409, 414.
270 NZG 2003, 43.

Mantel „eingehaucht" wird, in dem Unternehmensgegenstand besteht, den das Unternehmen vorher hatte. Der BGH verpflichtet die Verwender hier, schlichtweg „anzumelden", dass die bisher als Vorrats-/Mantelgesellschaft existente Gesellschaft ihren Geschäftsbetrieb (wieder) aufgenommen hat und zu versichern, dass das satzungsmäßige Stammkapital vorhanden ist.[271]

> **Hinweis:**
> Welche Konsequenzen eine falsche Versicherung des Geschäftsführers bei der wirtschaftlichen Neugründung hat, ist noch nicht vollständig geklärt. Die GmbH hat Ersatzansprüche aus § 9a GmbHG. Wegen des im Strafrecht geltenden Analogieverbots besteht jedoch keine Strafbarkeit der Beteiligten nach § 82 GmbHG.[272]

3. Weitere Einzelfragen zu Mantel- und Vorratsgesellschaften

a) Abgrenzungsfragen bei sog. Mantelgesellschaften

91 Der BGH erfasst mit seiner Definition des Begriffs der Mantelgesellschaft sicherlich eindeutig die überwiegende Zahl der betroffenen Gesellschaften. Es handelt sich um solche, die ehemals unternehmerisch aktiv waren und ihre Geschäftstätigkeit völlig eingestellt haben und man bemüht sich schlichtweg darum, mit diesen Gesellschaften noch etwas „anzufangen". Es sollen erneute Gründungskosten vermieden werden. Eine erste **Abgrenzungsschwierigkeit** ergibt sich zu solchen Gesellschaften, die geschäftlich aktiv sind und lediglich vollständig ihren Unternehmensgegenstand wechseln.

> *Beispiel:*
> *A betreibt einen Blumenhandel. Infolge stark rückläufigen Umsatzes entschließt er sich zu einem Handel mit CDs und Videos.*[273]

Hier findet sich in der BGH-Entscheidung eine unklare Passage. Unter 3a aa heißt es wörtlich:

„Für die Abgrenzung der Mantelverwendung von der Umorganisation oder Sanierung einer noch aktiven GmbH ist entscheidend, ob die Gesellschaft noch ein aktives Unternehmen betrieb, an das die Fortführung des Geschäftsbetriebes – sei es auch unter wesentlicher Umgestaltung, Einschränkung oder Erweiterung seines Tätigkeitsgebietes – in irgendeiner wirtschaftlich noch gewichtbaren Weise anknüpft (sprich: 1. Alt.) **oder** ob es sich tatsächlich um einen leer gewordenen Gesellschaftsmantel ohne Geschäftsbetrieb handelt der seinen – neuen oder alten – Gesellschaftern nur dazu dient, über Meidung der rechtlichen Neugründung einer die beschränkte Haftung gewährleisteten Kapitalgesellschaft eine gänzlich neue Geschäftstätigkeit – ggf. wieder – aufzunehmen (sprich: 2. Alt.)."

Damit könnte man **eine völlige Umorganisation**, die im laufenden Geschäftsbetrieb vorgenommen wird, nicht als Mantelverwendung ansehen. Auf der anderen Seite kann man daran zweifeln, dass an das vorherige Unternehmen „in gewichtbarer Weise angeknüpft" wird, wenn der Unternehmensgegenstand völlig umgestellt und ein gänzlich anderer Geschäftsbetrieb aufgenommen wird. Die Rechtslage ist also unklar, wenn die Gesellschaft nicht noch „ein bisschen" im bisherigen Fahrwasser weiterschwimmt.[274] M.E. ist das zweite vom BGH genannte Abgrenzungskriterium maßgeblich. Nur dann, wenn der Geschäftsbetrieb eingestellt ist und die **GmbH unternehmenslos war**, kann man die Verwendung des Mantels der Neugründung gleich stellen, zumal auch bei einer völligen Umstellung des Geschäftsbetriebs an das bisherige Unternehmen ohne Unterbrechung bspw. im Bereich der inneren Organisation (Buchhaltung etc.) angeknüpft wird. Auch das LG Berlin[275] ist der Auffassung, dass die bloße Umorganisation eine erneute

---

271 Vgl. dazu Rn. 95.
272 Vgl. OLG Frankfurt, DB 1991, 2328; Rohles-Puderbach, RNotZ 2006, 274; 278; Thaeter/Meyer, DB 2003, 539, 540; Thaeter, DB 2003, 2112, 2113.
273 Vgl. dazu auch das vom Problemkreis gleiche Fallbeispiel bei Goette, DStR 2004, 461, 465.
274 Vgl. insoweit auch die Anm. Peetz, GmbHR 2003, 1128, 1129.
275 DB 2003, 1378.

Gründungskontrolle nicht rechtfertigt. Hingegen hat jüngst das LG Köln in der entgeltlichen Veräußerung des aktiven Handelsgeschäfts und unmittelbar folgender Beschränkung der Tätigkeit der Gesellschaft auf die Verwaltung eigenen Vermögens eine wirtschaftliche Neugründung gesehen.[276] Das LG Köln verneint zum einen eine wirtschaftlich gewichtbare Anknüpfung an den bisherigen Geschäftsbetrieb. Es behandelt insb. auch eine sofortige Ausstattung der Gesellschaft mit einem neuen Geschäftsbetrieb nach Aufgabe des bisherigen als wirtschaftliche Neugründung, da aus Gläubigersicht die Dauer der Inaktivität nicht entscheidend sein könne und zudem anderenfalls Abgrenzungsschwierigkeiten hinsichtlich der erforderlichen Dauer der Inaktivität entstünden. Auch das OLG Schleswig hat in der Veräußerung der Geschäftsanteile, einer zeitweiligen Einstellung des bisherigen Unternehmensgegenstandes Speditionsgeschäfte, einem Wechsel der Gesellschaftsaktivitäten in das Beteiligungsgeschäft und einer Sitzverlegung ein Anknüpfen der neuen Tätigkeit an den bisherigen Geschäftsbetrieb verneint und eine wirtschaftliche Neugründung bejaht.[277]

An die Intensität des ggf. aufrecht erhaltenen Geschäftsbetriebs dürfen allerdings nach dem BGH-Urteil **keine hohen Anforderungen** gestellt werden. Wer das Unternehmen „auf Sparflamme" und gleichsam „kleingewerblich" betreibt, fällt nicht unter den Anwendungsbereich der BGH-Rspr.[278] Auch kurze Unterbrechungen von wenigen Wochen sind unschädlich. Insoweit bestehen derzeit aber Rechtsunsicherheiten.

Das OLG Celle[279] nimmt eine **wirtschaftliche Neugründung** an, wenn die GmbH zur Zeit der Veräußerung der Geschäftsteile nicht mehr werbend tätig war. Indizien wären die Änderung des Gesellschaftszwecks, die Verlegung des Sitzes und die Bestellung eines neuen Geschäftsführers im Anschluss an die Anteilsveräußerung. Klar ist jedoch, dass ein Gesellschafterwechsel kein zwingender Anknüpfungspunkt für eine wirtschaftliche Neugründung ist. Ebenso ist es nicht zwingend erforderlich, dass überhaupt die Satzung oder die Geschäftsführung der Gesellschaft geändert wird.

Noch schwieriger wird die Abgrenzung, wenn sich der Anteilseigner z.B. wegen einer schlechten Marktlage entschließt, zunächst keine weiteren Geschäfte zu tätigen und dann bei einer späteren Wiederbelebung der Konjunktur **wiederum aktiv wird**. Der BGH stellt insoweit auf ein subjektives, in der Rechtspraxis schwer nachvollziehbares Element ab, nämlich ob der leere Gesellschaftsmantel nur dazu dient, unter Vermeidung der rechtlichen Neugründung mit einer die beschränkte Haftung gewährleistenden Kapitalgesellschaft eine gänzliche neue Geschäftstätigkeit „wieder aufzunehmen".

> **Hinweis:**
> Die neue Rspr. des BGH zum Mantelkauf bleibt auch auf die Verwendung von Vorratsgesellschaften **zusätzlich anwendbar**, bei denen zunächst das Stammkapital voll eingezahlt war und auch die vom BGH an die Offenlegung und Handelsregisteranmeldung gestellten Anforderungen erfüllt wurden. Dies zeigt sich in einem nicht seltenen Anwendungsfall der Verwendung von Vorratsgesellschaften, in dem aus einer Vorratsgesellschaft auch eine Mantelgesellschaft werden kann: Wird die Vorratsgesellschaft angekauft, um im Anschluss als Vehikel für eine Investition zu dienen, kommt es nicht selten vor, dass die Verwendung dieser Vorratsgesellschaft entweder für den für sie vorgesehenen Zweck völlig scheitert oder zu einem deutlich späteren Zeitpunkt stattfindet.

Beispiel:

A kauft von dem für Vertrieb von Vorratsgesellschaften bekannten Unternehmen F eine Vorratsgesellschaft für 27.500 €. Das Stammkapital ist voll eingezahlt. Er gibt noch am gleichen Tag gegenüber dem Handelsregister

---

276 LG Köln, RNotZ 2005, 239 mit abl. Anm. Frhr. v. Hoyenberg; abl. auch Rohles-Puderbach, RNotZ 2006, 274, 276.
277 OLG Schleswig, DB 2006, 2737 = DStR 2007, 126 (n. rkr.). Aus dem Urteil ergibt sich nicht, für welchen Zeitraum die Geschäftstätigkeit eingestellt worden war.
278 So wohl auch Goette, DStR 2004, 461, 465.
279 OLG Celle, NotBZ 2005, 444.

im Rahmen der Registeranmeldung einer Satzungsänderung eine Erklärung ab, nach der die Vorratsgesellschaft nunmehr ihre Geschäftstätigkeit aufgenommen habe und versichert (wahrheitsgemäß), dass das Stammkapital vorhanden sei. Im Anschluss daran zerschlägt sich die Hoffnung, mit der Gesellschaft ein anderes Unternehmen übernehmen zu können. Ein Jahr später bietet sich A erneut die Möglichkeit, eine derartige Akquisition vorzunehmen. Im zweiten Anlauf gelingt diese anderweitige Unternehmensübernahme. Eine erneute Erklärung gegenüber dem Handelsregister unterbleibt. Inzwischen ist das Stammkapital gemindert um Buchführungs- und Bilanzierungskosten sowie einen IHK-Beitrag. In der Folge stellt sich die Akquisition als wenig erfolgreich heraus und die Gesellschaft gerät in die Insolvenz. Der Insolvenzverwalter macht nun geltend, dass es sich angesichts des einjährigen „Liegenlassens" der Vorrats-GmbH bei der Zweitakquisition um eine Mantelverwendung handele und mangels Offenlegung die volle Unterbilanzhaftung gegenüber dem Gesellschafter A greife.

In diesem Fall liegt eine wirtschaftliche Neugründung vor, so dass eine erneute Offenlegung nach den oben genannten Grundsätzen erforderlich ist. Unterbleibt diese, droht erneut – nun zum dritten Mal – eine Unterbilanzhaftung.

b) Geltung für die Vergangenheit

92 Fraglich ist zudem, ob diese Grundsätze auch für die Vergangenheit gelten. Niemand hat in der Vergangenheit nach der Veräußerung einer Mantelgesellschaft die vom BGH geforderte Offenlegung vorgenommen und eine Erklärung zur Kapitalaufbringung bzw. -erhaltung abgegeben. Dies könnte bedeuten, dass hier **auf Jahre die Unterbilanzhaftung greifen würde**. In diesem Zusammenhang ist auch zu berücksichtigen, dass nach dem BGH der Anspruch aus Unterbilanzhaftung wegen mit Zeitablauf zunehmender Schwierigkeiten der Bewertung der Einlagen in entsprechender Anwendung von § 9 Abs. 2 GmbHG verjährt,[280] nach alter Rechtslage also in fünf Jahren ab Eintragung statt in 30 Jahren nach der alten Regelverjährung.[281] Durch das Gesetz vom 9.12.2004 wurde die Verjährungsfrist des § 9 Abs. 2 GmbHG auf zehn Jahre verlängert.[282] Durch Vertrag kann die Frist zwar nicht verkürzt,[283] aber auf max. 30 Jahre ab Entstehung des Anspruchs (§ 202 Abs. 2 BGB) verlängert werden.[284]

Wäre also bspw. im Jahre 1999 ein Mantel mit einem eingetragenen – aber nicht mehr vorhandenen – Stammkapital von 500.000 DM übernommen und in der Folge die Geschäfte lediglich neutral geführt worden, so könnte, wenn die Gesellschaft heute in die Krise gerät, der Insolvenzverwalter 255.645,94 € (= 500.000 DM) nachfordern. Der BGH lässt die Unterbilanzhaftung bis zur Offenlegung eingreifen. Hier mag ein weites neues Anwendungsfeld für Insolvenzverwalter liegen. Inwieweit der BGH im Hinblick auf die Vergangenheit hier einen „**Vertrauensschutz**" gewährt, scheint durchaus fraglich.[285] Aus der BGH-Rspr. ließen sich, anders als bspw. bei der unbeschränkten Haftung der GbR-Gesellschafter,[286] keine derart eindeutigen Schlussfolgerungen in die Richtung ziehen, dass eine Haftung ausgeschlossen ist. Ganz im Gegenteil, der BGH hat 1992[287] auf die Problematik der Haftung und Stammkapitaldeckung hingewiesen. Die Rechtslage ist seit langem unklar und ein schützenswertes Vertrauen des Rechtsverkehrs könnte man durchaus verneinen. Auch das OLG Jena lehnt bei der Aktivierung einer Vorrats-GmbH im Hinblick auf das Vorhandensein des Mindeststammkapitals einen Vertrauensschutz ab. Auf den Beginn der Vorbelastungshaftung mit Aufnahme der unternehmerischen Tätigkeit könne aus Gläubigerschutzgründen nicht verzichtet werden.[288] Ein Vertrauensschutz kommt aber hinsichtlich der Unterlassung der Offenlegung der

---

280 OLG Jena, DB 2006, 2624; OLG Schleswig, DB 2006, 2737 = DStR 2007, 126 (n. rkr.).
281 BGH, NJW 1989, 710.
282 BGBl. 2004 I, S. 3214, 3217.
283 Roth, in: Roth/Altmeppen, GmbHG, § 9 Rn. 12.
284 Baumbach/Hueck/Hueck/Fastrich, GmbHG, § 9 Rn. 10.
285 Vgl. dazu Goette, DStR 2004, 461, 465.
286 BGH, NJW 2002, 1642 = ZIP 2002, 851.
287 BGHZ 117, 323, 330 = NJW 1992, 1984.
288 OLG Jena, DB 2006, 2624; OLG Jena, GmbHR 2004, 1468, 1470 = NZG 2004, 1114; differenzierend: Werner, EWiR 2005, 179; kritisch: Heidinger, ZGR 2005, 101.

wirtschaftlichen Neugründung bei der Aktivierung eines gebrauchten GmbH-Mantels in Betracht, da die diesbezügliche Offenlegungspflicht vor dem Urteil des BGH vom 7.7.2003 nicht bekannt war.[289]

In jedem Fall bedeutet dies für all diejenigen, die Mantelgesellschaften gekauft haben, dass sie die seinerzeitige Mantelverwendung offen legen und das Stammkapital auf das satzungsmäßige Stammkapital auffüllen müssen. **Bei der wirtschaftlichen Neugründung** von Vorrats-GmbH wurden aber ohnehin i.d.R. nach deren Verkauf zumindest Satzung, Geschäftsführung und Anteilsinhaber verändert und dies beim Registergericht angemeldet. Schon aus dem Namen der Gesellschaft war und ist der Charakter als Vorratsgesellschaft erkennbar („156. Beta Verwaltungsgesellschaft"). Es wäre bloßer Formalismus, wenn hier neben der erfolgten Registeranmeldung noch eine Offenlegung gefordert würde. Diese verlangt der BGH auch nur, da sonst das Handelsregister teilweise von der „wirtschaftlichen Neugründung" nicht informiert wurde. Wurde keine Versicherung zur Erhaltung des Stammkapitals abgegeben und vom Handelsregister auch nicht eingefordert, ist nur entscheidend, ob – wie i.d.R. – das Stammkapital nur um die Gründungskosten vermindert wurde.

Bei den Mantelgesellschaften hingegen war die Mantelverwendung oft nicht erkennbar und das Stammkapital bei der wirtschaftlichen Neugründung nicht mehr vorhanden. Hier droht bis zur ausdrücklichen Offenlegung und Versicherung die Unterbilanzhaftung. Ggf. können im Anschluss daran nach einer ordentlichen Kapitalherabsetzung die eingezahlten Beträge nach der einzuhaltenden Jahresfrist wieder ausgeschüttet werden.

Fraglich ist weiterhin, **wer für welchen Zeitraum** Unterbilanzhaftungsansprüche geltend machen kann.[290] Sieht man wie der BGH in der wirtschaftlichen Neugründung eine Verlängerung der Gründungsphase, würde sich der Unterbilanzhaftungsanspruch auf den gesamten Zeitraum seit Gründung bis zur Offenlegung und entsprechender Versicherung über die Erhaltung des Stammkapitals erstrecken. Damit wären zwangsläufig Gläubiger des Unterbilanzhaftungsanspruchs nicht nur die, die Ansprüche gegen die Gesellschaft in dem Zeitraum zwischen Neugründung und Offenlegung erworben haben, sondern **sämtliche Gläubiger der Gesellschaft bis zum Zeitpunkt der Offenlegung**.[291] Für die Gläubiger, die ihre Ansprüche bereits vor der wirtschaftlichen Neugründung erlangt hatten, würde diese Rspr. des BGH ein unverhofftes und auch ungerechtfertigtes „Geschenk" darstellen. Daher sollte der Unterbilanzhaftungsanspruch auf den Zeitraum zwischen wirtschaftlicher Neugründung und Offenlegung mit entsprechender Versicherung begrenzt werden.[292]

93

Die Rechtslage ist insoweit völlig unklar. Möglich ist auch, dass die Rspr. demjenigen, der eine wirtschaftliche Neugründung betreibt, ein **Einverständnis mit der vorherigen Geschäftstätigkeit der GmbH** unterstellt und ihn so mit in die Haftung für die Vergangenheit und gegenüber Gläubigern aus der Vergangenheit einbezieht. Der BGH hat ähnlich z.B. bei der Rspr. zur unechten Vor-GmbH[293] entschieden.

c) Haftung von Rechtsnachfolgern und Rechtsvorgängern

Noch nicht höchstrichterlich geklärt ist weiterhin die Frage, ob die Unterbilanzhaftung aus dem Kauf einer Vorrats- oder Mantelgesellschaft **auf Rechtsnachfolger übergeht**. Nach der Rspr. des BGH trifft die Unterbilanzhaftung aus der Gründungsphase grds. auch die Rechtsnachfolger.[294] Gründe, die Rechtsnach-

94

---

289 OLG Jena, DB 2006, 2624; GmbHR 2004, 1468, 1470 = NZG 2004, 1114.
290 Vgl. ausführlich: Meyding/Heidinger, in: FS 10 Jahre DNotI, S. 257, 277 ff.; einschränkend: Heidinger, ZGR 2005, 101 ff.
291 Dafür Rohles-Puderbach, RNotZ 2006, 274, 281.
292 Vgl. überzeugend: Meyding/Heidinger, in: FS 10 Jahre DNotI, S. 257, 282; Heidinger, ZNotP 2003, 82, 87; ders., ZGR 2005, 101.
293 Vgl. dazu die Ausführungen unter Rn. 37.
294 BGHZ 155, 318 = ZIP 2003, 1698 = GmbHR 2003, 1125 = NZG 2003, 972; Goette, Die GmbH, § 1 Rn. 60; Scholz/Winter/Seibt, GmbHG, § 16 Rn. 42 i.V.m. 40; Thaeter, DB 2003, 2112; v. Bredow/Schumacher, DStR 2003, 1032, 1034.

folge in die Unterbilanzhaftung bei wirtschaftlicher Neugründung abzulehnen, sind nicht ersichtlich.[295] Das OLG Celle hat dementsprechend auch die Haftung des Erwerbers einer Mantel-GmbH für die Erbringung der im Zeitpunkt der wirtschaftlichen Neugründung offenen Stammeinlage bejaht.[296]

Nach dem BGH **haften die Gründer einer Vorrats-GmbH nicht** gemäß § 16 Abs. 1, Abs. 3 GmbHG für die Entnahme des von ihnen ordnungsgemäß eingezahlten Stammkapitals durch die Erwerber der Geschäftsanteile nach Anmeldung des Erwerbs bei der Gesellschaft.[297]

d) Registerrecht

95 Zur Vermeidung der Unterbilanzhaftung muss die Mantelverwendung offengelegt und seitens des Vertretungsorgans das Vorhandensein des Stammkapitals in satzungsmäßiger Höhe versichert werden.[298] Die Versicherung muss **höchstpersönlich** und kann nicht von einem Vertreter abgegeben werden. Die Registeranmeldung müssen alle Geschäftsführer und nicht nur die Geschäftsführer in vertretungsberechtigter Zahl abgeben.[299] Da die „Anzeige" oder „Offenlegung" der wirtschaftlichen Neugründung mit der damit zu verbindenden Versicherung der Erstanmeldung gleichzustellen ist, muss die „Erklärung" daher **jedenfalls notariell beglaubigt werden**.

Nicht geklärt ist, wie Registergerichte reagieren können und müssen, wenn ihnen derartige Mantelverwendungen **auf eigene Rückfrage oder Hinweise Dritter bekannt werden** und keine ordnungsgemäße Offenlegung und Versicherung erfolgt. Bei einer Neugründung würde das Gericht die Eintragung verweigern. Fraglich ist, ob das Gericht nun die Löschung von Amts wegen betreiben darf. Zudem stellt sich die Frage, ob die vom BGH angeordnete Unterbilanzhaftung als Sanktion ausreicht und ob diese auch dann greift, wenn offen gelegt, aber nicht eingezahlt wird.

e) Verdeckte Sacheinlagen

96 Bejaht man grds. die Anwendung der Gründungsvorschriften auch beim Mantelkauf, stellt sich die Frage, inwiefern auch verdeckte Sacheinlagen vorliegen können.[300] Auch wenn das ursprünglich bar eingezahlte Stammkapital beim Erwerb der Vorrats-GmbH noch erhalten ist, erscheint es durchaus begründbar, bei einem **in zeitlich und sachlich engem Zusammenhang mit dem Mantelkauf** liegenden Verkehrsgeschäft mit dem Gesellschafter (hier Erwerber) eine verdeckte Sacheinlage zu sehen. So hat das OLG Jena eine verdeckte Sacheinlage in einem Fall bejaht, in dem die an eine Mantel-GmbH geleistete Bareinlage in einem engen zeitlichen und sachlichen Zusammenhang zwecks Tilgung einer Kaufpreisschuld der Mantel-GmbH indirekt an den Gesellschafter zurückfloss.[301]

Das OLG Schleswig[302] hatte für eine Vorrats-GmbH **bei einer darlehensweisen Rückgewähr** der eingezahlten Stammeinlage an den historischen Gründungsgesellschafter in einem engen zeitlichen Zusammenhang eine verdeckte Sacheinlage angenommen, so dass nicht schuldtilgend geleistet wurde. Über § 16 Abs. 3 GmbHG haftete der Mantelkäufer hier auch für die offene Einlageschuld der historischen Gründer.

---

295 So auch OLG Düsseldorf, ZIP 2003, 1501 = NZG 2004, 380; zweifelnd: OLG Schleswig, DB 2006, 2738 unter Bezugnahme auf die Ablehnung der Haftung der Rechtsnachfolger durch den BGH bei Auszahlung der Stammeinlage.
296 OLG Celle, NotBZ 2005, 444.
297 BGH, GmbHR 2006, 306 = DStR 2006, 382.
298 Bsp. für Registeranmeldung bei Heckschen/Heidinger, Die GmbH in der Gestaltungspraxis, § 2 Rn. 191 ff.
299 Rohles-Puderbach, RNotZ 2006, 274, 276 m.w.N.; Meyding/Heidinger, in: FS 10 Jahre DNotI, S. 257, 270.
300 Vgl. dazu Werner, DStR 2005, 525; Swoboda, GmbHR 2005, 649 sowie DNotI-Gutachten Nr. 12540 v. 25.4.2000; a.A.: Priester, DB 1983, 2291, 2296; Heidinger, ZGR 2005, 101.
301 OLG Jena, GmbHR 2004, 1468, 1471 = RNotZ 2005, 52.
302 OLG Schleswig, DB 2000, 2361.

Der Annahme einer verdeckten Sacheinlage bei einer Rückzahlung der Bareinlage an den Gesellschafter als Darlehen stellt sich aber aktuell der BGH entgegen.[303] Da die Darlehensabrede unwirksam sei, gebe es schon **keine Forderungen des Inferenten gegen die GmbH**, die als Sacheinlage eingebracht werden könnten. Der Anspruch der GmbH auf Darlehensrückzahlung gegen den Inferenten sei erst recht nicht sacheinlagefähig.

f) Darlehens-/Treuhand- und Kaskadenmodelle

Beim sog. Darlehensmodell wird zunächst eine GmbH gegründet, das Stammkapital eingezahlt und kurze Zeit später **dem Gründungsgesellschafter als Darlehen zurückgewährt**. Das Darlehen ist jederzeit kündbar und der Darlehensnehmer dann zur sofortigen Rückzahlung des Darlehens verpflichtet. Kurz vor Verkauf der Gesellschaft wird das Darlehen zurückgezahlt.

Die Einlage darf nicht unter (objektiver) Umgehung der Kapitalaufbringungsregeln mittelbar oder gar unmittelbar wieder an den Einleger zurückfließen. Mangels freier Verfügung der Geschäftsführung wird dann die Bareinlage nicht schuldtilgend erbracht. Ein **enger zeitlicher Zusammenhang zwischen Hin- und Herzahlung** begründet eine Vermutung für eine vorherige Absprache. Eine Tilgungswirkung wird aber anerkannt bei einer Verrechnung der Einlageschuld gegen Neuforderungen des Gesellschafters im Einvernehmen mit der Gesellschaft, die lange nach der Begründung der Einlageforderungen entstanden sind, wenn diese Neuforderungen fällig, liquide und vollwertig sind.[304]

In zwei umstrittenen[305] Entscheidungen hatte das OLG Schleswig[306] diese Grundsätze jeweils in der Situation einer Vorratsgründung mit anschließender Rückgewähr des eingezahlten Kapitals als Darlehen bestätigt. Zudem läge kein sog. normales Verkehrsgeschäft vor, da derartige Geschäfte nicht Gegenstand einer Vorrats-GmbH seien. Eine heilende Wirkung der späteren Einzahlung wird – allerdings in Unkenntnis der später ergangenen Entscheidung des 2. Senats des BGH – abgelehnt. In einem weiteren Urteil hat das OLG Schleswig auch die Tilgungswirkung der späteren Darlehensrückzahlung an die Vorrats-GmbH im Wege der Aufrechnung abgelehnt, da es sich nicht um nachträglich entstandene Neuforderungen handele und deshalb § 19 Abs. 2 Satz 2 GmbHG entgegenstehe.[307] Anders hat jüngst das OLG Hamburg[308] die Tilgungswirkung einer späteren im Zusammenhang mit der tatsächlichen Aufnahme des Geschäftsbetriebs erfolgenden und als solche bezeichneten „Darlehensrückzahlung" anerkannt. Andernfalls stünden die Gesellschafter schlechter, als wenn sie die **ohne ausdrückliche Leistungsbestimmung** eingezahlten Stammeinlagen entnehmen und später wieder einzahlen.

Auch der BGH hat der späteren Darlehensrückzahlung Tilgungswirkung zuerkannt.[309] Die Rückzahlung der Stammeinlage an den Gesellschafter führe zwar mangels freier Verfügbarkeit für die Geschäftsführung zunächst nicht zur Tilgung der Stammeinlageschuld, und zwar auch dann, wenn die Rückzahlung als „Darlehensgewährung" deklariert wird. Die Darlehensabrede sei wegen des Verstoßes gegen die Kapitalaufbringungsvorschriften unwirksam. Die Stammeinlageschuld werde jedoch **durch die spätere irrig als „Darlehensrückzahlung" bezeichnete Leistung erfüllt**. Die Tilgungsbestimmung sei gegenstandslos und dahingehend auszulegen, dass anstelle der vermeintlichen Darlehensschuld die Einlageschuld getilgt werden sollte. Der BGH hat der vom OLG Schleswig mehrmals vertretenen Auffassung, dass das Stamm-

---

303 BGH, ZIP 2005, 2203 = GmbHR 2006, 43 mit Anm. Werner = DStR 2006, 104 mit Anm. Goette für eine Kapitalerhöhung (Aufhebung von OLG Naumburg); BGH, ZIP 2006, 331 = GmbHR 2006, 306 mit zust. Anm. Emde = DStR 2006, 382 (Aufhebung von OLG Schleswig, NZG 2005, 357); zust. Naraschewski, EWiR 2006, 307.

304 Vgl. die Ausführungen Rn. 56.

305 Vgl. z.B. Emde, GmbHR 2003, 1034, sowie ders., GmbHR 2000, 1193; dagegen: Bormann/Halaczinsky, GmbHR 2000, 1022.

306 GmbHR 2000, 1045; 2003, 1058.

307 OLG Schleswig, GmbHR 2004, 1081 = DStR 2004, 2021 (n. rkr., Revision anhängig beim BGH unter II ZR 149/04); dazu Ettinger/Reiff, GmbHR 2005, 324 und Werner, DStR 2005, 525.

308 OLG Hamburg, GmbHR 2005, 164 = RNotZ 2005, 237 (n. rkr., Revision anhängig beim BGH unter II ZR 274/04).

309 BGH, ZIP 2005, 2203 = GmbHR 2006, 43 mit Anm. Werner = DStR 2006, 104 für eine Kapitalerhöhung.

kapital bei zwischenzeitlicher Rückzahlung an den Gesellschafter letztlich zweimal aufzubringen sei, eine klare Absage erteilt. Vielmehr wird die Stammeinlage in solchen Fällen in dem Zeitpunkt wirksam erbracht, in dem das Darlehen, durch das die Bareinlage an den Gesellschafter zurückgewährt wurde, **an die Gesellschaft zurückgezahlt wird.**

> **Hinweis:**
>
> Auch bei einer späteren Darlehensrückzahlung bleibt es bei der Schadensersatzpflicht und Strafbarkeit des Geschäftsführers, wenn er wahrheitswidrig die Versicherung der freien Verfügbarkeit über die geleisteten Einlagen nach § 8 Abs. 2 GmbHG abgegeben hatte.[310]

98 Der BGH hatte sich auch mit einer Fallgestaltung zu beschäftigen, in der dem Inferenten die Bareinlage nicht aufgrund einer Darlehensabrede, sondern **aufgrund einer Treuhandabrede** zurückgezahlt wurde.[311] Auch hier wurde mit der Bareinzahlung wegen des Hin- und Herzahlens nicht die Stammeinlageschuld getilgt. Ebenso wie bei der Darlehensgestaltung kann die Einlageschuld aber durch spätere Auskehrung des vermeintlich treuhänderisch gehaltenen Betrages getilgt werden. An einer schuldbefreienden Leistung der Einlage fehlt es auch dann, wenn der Einlagebetrag an den Treugeber zurückgelangt. Dies wird dem Treuhänder wie eine Rückzahlung an sich selbst zugerechnet.[312]

99 Problematischer sind die Fälle der **sog. Kaskadengründung oder GmbH-Stafette**, bei der die gegründete GmbH ihrerseits eine oder mehrere GmbH gründet und der neugegründeten bzw. den neugegründeten GmbH aus ihrem Stammkapital dann das zur Gründung erforderliche Kapital zur Verfügung stellt.[313] Hier könnte man ein Verkehrsgeschäft annehmen, da das Halten und Verwalten eigenen Vermögens auch das Gründen einer anderen Gesellschaft umfassen könne und gerade keine Rückgewähr an den gründenden Gesellschafter erfolge. Daher kann man nur schwer von einer verdeckten Sachgründung sprechen. Normalerweise steht es der GmbH frei, ihr Kapital zwischen Gründung und Eintragung zu Verkehrsgeschäften zu nutzen.[314] Das Stammkapital muss eben nicht bis zur Handelsregistereintragung unversehrt vorhanden sein. Etwaige **Verluste werden durch die Unterbilanzhaftung kompensiert.** Weiterhin ist unbestritten, dass der Gesellschafter die Stammeinlage mit einer bestimmten Verwendungsbestimmung versehen darf. Jedoch erfasst die Rspr. zur verdeckten Sachgründung und -kapitalerhöhung auch Fälle, bei denen eine wirtschaftliche Identität zwischen Gründer und Zuwendungsempfänger vorliegt, so **unproblematisch bei Treuhand- und Strohmannfällen**.[315] Die Kaskadengründung kommt dem nahe und ist zudem vergleichbar mit den Fällen der Kapitalerhöhung durch gegenseitige Beteiligungsgewährung. Letztlich entstehen hier unzählige GmbH, obwohl nur ein einziges Mal 25.000 € (bzw. 12.500 €) aufgebracht und den Gläubigern als Haftungskapital zur Verfügung gestellt wurden. Dies entspricht nicht dem Ziel einer effektiven Kapitalaufbringung.

g) IHK-Beitragspflicht der Vorratsgesellschaften

100 Nach dem BVerwG sind Vorratsgesellschaften verpflichtet IHK-Beiträge zu zahlen, wenn die GmbH dem Grunde nach der Gewerbesteuerpflicht unterliegt und im Kammerbezirk eine Betriebsstätte hat.[316]

---

310 Vgl. oben Rn. 72.
311 BGH, ZIP 2006, 331 = GmbHR 2006, 306 mit zust. Anm. Emde = DStR 2006, 382 (Aufhebung von OLG Schleswig, NZG 2005, 357); zust. Naraschewski, EWiR 2006, 307.
312 OLG Jena, DB 2006, 2624.
313 Zur sog. GmbH-Stafette Wälzholz/Bachner, NZG 2006, 361; Salzig, in: FS 10 Jahre DNotI, 2003, S. 293 ff.; ders., NotBZ 2005, 422.
314 Vgl. BGH, GmbHR 1981, 114 sowie BGH, ZIP 2000, 2021.
315 Rowedder/Schmidt-Leithoff/Pentz, GmbHG, § 19 Rn. 150 ff.
316 BVerwG Urt. v. 19.1.2005 – 6 C 10.04, abzurufen unter www.bundesverwaltungsgericht.de, damit wurde das Urteil des VG Mainz, NotBZ 2004, 78 mit Anm. Heckschen aufgehoben.

h) Anwendung weiterer Regelungen aus dem Bereich der Gründung der GmbH

Nach ganz h.M. ist im Übrigen die eingetragene Vorrats- oder Mantel-GmbH **nicht nach den Regeln einer Vor-GmbH zu beurteilen**. Anteile werden also entsprechend § 15 GmbHG übertragen und für Satzungsänderungen, insb. Kapitalerhöhungen und Kapitalherabsetzungen, gelten die §§ 53 ff. GmbHG.[317] Bei der Einreichung einer Gesellschafterliste genügt die Unterzeichnung durch Geschäftsführer in vertretungsberechtigter Zahl (§ 40 GmbHG).

Das LG Hagen[318] verneint darüber hinaus die **Anwendbarkeit von § 5 Abs. 2 GmbHG**, wonach ein Gesellschafter bei Gründung nur einen Geschäftsanteil übernehmen darf. Ebenso wenig muss die Satzung nach Ansicht des Gerichts die Gesellschafter nebst der übernommenen Stammeinlage benennen (vgl. § 3 Abs. 1 Nr. 4 GmbHG).

Gleiches gilt für die **Einreichung einer Gesellschafterliste**. Wie beim normalen Gesellschafterwechsel genügt die Unterzeichnung durch Geschäftsführer in vertretungsberechtigter Zahl (§ 40 GmbHG).[319]

Für die Liquidation gelten die §§ 60 ff. GmbHG. In all diesen Aspekten ist auch die Vorrats- und Mantel-GmbH nicht anders als die „wirtschaftlich weiterlebende und nicht neugegründete" GmbH zu behandeln.

i) Umwandlung als Alternative

Derjenige, der die Geschäftsanteile an einer derartigen Mantelgesellschaft hält und nun aufgrund der geänderten Rspr. erkennt, dass diese Gesellschaft weder verwertungsfähig noch für ihn sinnvoll nutzbar ist, wird sich fragen, wie er die Gesellschaft möglichst lautlos über eine Verschmelzungsmaßnahme liquidieren kann.[320] Soweit die Gesellschaft lediglich ihr Stammkapital aufgebraucht hat, aber nicht insolvenzantragspflichtig ist, kann sie ohne Probleme entsprechend §§ 46 ff. UmwG oder über §§ 120 ff. UmwG verschmolzen werden. Problematisch wird es, **wenn die Vorrats- oder Mantelgesellschaft bereits überschuldet ist** und die Voraussetzungen für einen Insolvenzantrag vorliegen. Die Verschmelzungsfähigkeit von überschuldeten und insolvenzantragspflichtigen Rechtsträgern ist umstritten,[321] wird aber von der Rspr. weitgehend für zulässig erachtet.[322]

> **Hinweis:**
> Eine Umwandlung ist wegen der Gesamtrechtsnachfolge nach § 20 UmwG jedoch nur dann anzuraten, wenn die Vorrats- oder Mantel-GmbH keine wirtschaftlichen Risiken mehr in sich birgt.

VI. Satzungsänderungen im Gründungsstadium

Satzungsänderungen im Stadium der Vor-GmbH sind zulässig. Nach einhelliger Ansicht in der Rspr., der auch die registergerichtliche Praxis folgt, und überwiegender Lehre finden auf solche Satzungsänderungen die §§ 53, 54 GmbHG keine Anwendung. Vielmehr wird das Gründungsstatut ergänzt mit der Konsequenz, dass bei der Vertragsänderung alle Gründungsgesellschafter gemäß § 2 Abs. 1 GmbHG mitwirken

---

317 Vgl. dazu eindeutig zuletzt K. Schmidt, NJW 2004, 1345, 1347.
318 LG Hagen, GmbHR 2003, 845.
319 DNotI-Dokument Nr. 13159 v. 8.3.2005.
320 Heckschen/Heidinger, Die GmbH in der Gestaltungspraxis, § 2 Rn. 218 ff.
321 Vgl. dazu ausführlich: Heckschen, in: FS für Widmann, S. 31, 33; zur Gesamtproblematik und zur Frage, ob vom Handelsregister zu prüfen ist, inwieweit der aufnehmende Alleingesellschafter seinerseits überschuldet ist: Karollus, in: Lutter, UmwG, § 120 Rn. 28.
322 OLG Stuttgart, ZIP 2005, 2066 mit Anm. Heckschen, EWiR 2005, 839; LG Leipzig, DB 2006, 885; vgl. auch Heckschen, DB 2005, 2675 ff.

müssen und auch die Bestimmungen über die Vertretung gemäß § 2 Abs. 2 GmbHG zu beachten sind. Die §§ 53 ff. GmbHG sind erst ab Eintragung der Gesellschaft in das Handelsregister anzuwenden.[323]

Eine im Vordringen befindliche Literaturauffassung will hingegen bei solchen Satzungsänderungen generell mit einer 3/4-Mehrheit gefasste, notariell beurkundete Gesellschafterbeschlüsse gemäß § 53 Abs. 2 GmbHG genügen lassen.[324] Auf diese Weise vorgenommene Satzungsänderungen würden allerdings erst mit Eintragung im Handelsregister wirksam.[325] Dies setzt aber denknotwendig die **vorherige Eintragung der GmbH im Handelsregister** voraus. Nach dieser Auffassung haben die Gesellschafter also die Wahl, den Gesellschaftsvertrag entweder durch allseitige sofort wirksame Vertragsänderung zu ändern, die GmbH mit dem geänderten Vertrag anzumelden und eintragen zu lassen oder einen Mehrheitsbeschluss nach § 53 GmbHG zu fassen, der erst, nachdem die GmbH auf Grundlage des unveränderten Vertrags beim Handelsregister eingetragen wurde, ins Handelsregister eingetragen wird.

104 Die registerrechtliche Behandlung einer **Satzungsänderung im Gründungsstadium** ist im Einzelnen noch nicht geklärt. Dem Registergericht ist analog § 54 Abs. 1 Satz 2 GmbHG eine mit Notarbescheinigung versehene vollständige Fassung des Gesellschaftsvertrags vorzulegen.[326] Streitig ist aber, ob die vor Eintragung der Gesellschaft vorgenommene Satzungsänderung darüber hinaus auch einer förmlichen Anmeldung zum Handelsregister bedarf, wie es von zahlreichen Registergerichten verlangt wird. Auch in der Lit. wird z.T. eine entsprechende Anwendung von § 54 Abs. 1 Satz 1 GmbHG vorgeschlagen.[327] Nach der Gegenansicht reicht stattdessen die **formlose Vorlage der erforderlichen Unterlagen** über die Änderung des Gesellschaftsvertrags durch die Geschäftsführer aus.[328]

VII. Gesellschafterwechsel im Gründungsstadium

1. Zulässigkeit des Gesellschafterwechsels

105 Da nach h.M. übertragbare Geschäftsanteile **erst mit der Eintragung der GmbH** entstehen,[329] kann eine Änderung im Mitgliederbestand der Vor-GmbH nur im Wege einer Vertragsänderung in der Form des § 2 GmbHG erfolgen.[330] Nach dem OLG Frankfurt[331] ist die Übertragung eines Geschäftsanteils auf den letzten verbleibenden Gründungsgesellschafter im Stadium der Vor-GmbH zwar rechtlich nicht möglich, eine diesbezügliche Falschbezeichnung schadet jedoch nicht. Vielmehr hat es – soweit die Form der Änderung des Gesellschaftsvertrags nach § 2 GmbHG eingehalten war – einen wirksamen Gesellschafterwechsel durch Änderung des Gesellschaftsvertrags angenommen. Auf einen fehlerhaften Gesellschafterwechsel

---

323 BGHZ 21, 242; 29, 303 = NJW 1959, 934; OLG Düsseldorf, NJW-RR 1996, 551 f.; Baumbach/Hueck/Hueck/Fastrich, GmbHG, § 2 Rn. 13; Roth, in: Roth/Altmeppen, GmbHG, § 2 Rn. 25; Rowedder/Schmidt-Leithoff/Schmidt-Leithoff, GmbHG, § 2 Rn. 47.

324 Scholz/K. Schmidt, GmbHG, § 11 Rn. 47; für 3/4-Mehrheitsbeschluss mit Wirkung erst nach der Eintragung auch Ulmer/Ulmer, GmbHG, § 2 Rn. 20.

325 Priester, ZIP 1987, 280, 285, ist für Wirksamkeit bereits mit Beschlussfassung; für die zusätzliche Voraussetzung einer – praktisch seltenen – Mehrheitsklausel für den Gründungszeitraum Ulmer/Ulmer, GmbHG, § 2 Rn. 20.

326 Vgl. OLG Köln, GmbHR 1973, 11; OLG Schleswig, GmbHR 1975, 183; OLG Hamm, GmbHR 1986, 311; BayObLG, DB 1988, 2354; Hachenburg/Ulmer, GmbHG, § 54 Rn. 4; Lutter/Bayer, in: Lutter/Hommelhoff, GmbHG, § 2 Rn. 26; Rowedder/Schmidt-Leithoff/Zimmermann, GmbHG, § 54 Rn. 2; jeweils m.w.N.

327 Rowedder/Schmidt-Leithoff/Zimmermann, GmbHG, § 54 Rn. 2; Hachenburg/Ulmer, GmbHG, § 54 Rn. 4; Scholz/Priester, GmbHG, § 54 Rn. 4; Bayerische Notarkasse, Streifzug durch die Kostenordnung, Rn. 514.

328 BayObLG, MittBayNot 1978, 22; MittBayNot 1974, 228; für den Verein auch BayObLGZ 1972, 29, 35; Lutter/Bayer, in: Lutter/Hommelhoff, GmbHG, § 2 Rn. 26; Gustavus, DNotZ 1971, 229, 232, so auch OLG Zweibrücken, NJW-RR 2001, 32 ff. = GmbHR 2000, 1204.

329 Scholz/K. Schmidt, GmbHG, § 11 Rn. 41 m.w.N.; BGH, GmbHR 1997, 405.

330 BGHZ 29, 300, 303; BGH, ZIP 2005, 253 = GmbHR 2005, 354 = DB 2005, 440; Baumbach/Hueck/Hueck/Fastrich, GmbHG, § 2 Rn. 13; Roth, in: Roth/Altmeppen, GmbHG, § 2 Rn. 25; Lutter/Bayer, in: Lutter/Hommelhoff, GmbHG, § 2 Rn. 26.

331 GmbHR 1997, 896 f.

in der Vorgesellschaft sind allerdings die **Grundsätze der fehlerhaften Gesellschaft nicht anzuwenden**.[332]

Nach K. Schmidt[333] hingegen ist auch im Stadium der Vor-GmbH bereits eine Anteilsübertragung nur zwischen Veräußerer und Erwerber möglich, die der Zustimmung der Mitgesellschafter bedarf. Eine auf die Eintragung der GmbH aufschiebend bedingte Abtretung der erst zukünftig entstehenden Geschäftsanteile nach § 15 GmbHG wird allgemein als zulässig angesehen.

2. Haftung des Ausscheidenden

Zu der Frage der Haftung des Gesellschafters, der **aus der Vor-GmbH ausgeschieden** ist, liegt – soweit ersichtlich – weder Rspr. noch Lit. vor.

106

Derjenige, der in eine bereits bestehende Personenhandelsgesellschaft eintritt, haftet nach § 130 HGB auch für die **bereits vor seinem Eintritt begründeten Verbindlichkeiten**. Die Haftung des Ausscheidenden bleibt nach § 160 BGB noch für fünf Jahre bestehen. Neuerdings stellt sich die Rechtslage bei Eintritt in eine schon bestehende GbR genauso dar.[334] Die Haftung des Ausscheidenden ist nach § 736 Abs. 2 BGB i.V.m. § 160 HGB ebenfalls auf fünf Jahre beschränkt.

Scheidet jemand aus einer Vor-GmbH aus, bei der aufgrund seiner Veranlassung bzw. Mitwirkung bereits Verbindlichkeiten entstanden sind, so ist es naheliegend, auch dessen Haftung zu bejahen. **Die Verlustdeckungs- und Unterbilanzhaftung** sind Elemente einer einheitlichen Gründerhaftung, mit der den Gesellschaftern der Vor-GmbH das Risiko auferlegt wird, dass mit ihrer Zustimmung schon vor der Eintragung der GmbH mit der unternehmerischen Tätigkeit begonnen wird und hierbei Verluste erwirtschaftet werden. Soweit beide Prinzipien dem Gläubigerschutz dienen, kann es nicht richtig sein, wenn sich ein Gesellschafter einer Vor-GmbH einseitig durch Ausscheiden dieser Haftung entziehen könnte. **Eine Haftung auch des ausscheidenden Gesellschafters** einer Vor-GmbH ist daher zu bejahen, und zwar sowohl in Form der Verlustdeckungs- als auch in Form der Unterbilanzhaftung. Sofern bei der eingetragenen GmbH eine Unterbilanz besteht, haftet der ausscheidende Gesellschafter, wenn diese Verluste zu einer Zeit entstanden sind, zu der er noch an der Vor-GmbH beteiligt war und wenn er der vorzeitigen Geschäftsaufnahme zugestimmt hat. In diese Richtung weist auch ein Urteil des OLG Düsseldorf,[335] das eine Unterbilanzhaftung angedeutet, jedoch letztlich nicht weiter verfolgt hat, weil die GmbH in der Folgezeit nicht im Handelsregister eingetragen wurde. Daher haftet der ausscheidende Gründungsgesellschafter zumindest für die **bis zu seinem Ausscheiden verursachten Verluste**, die das Stammkapital aufgezehrt haben.

3. Haftung des Eintretenden

Eine **gesamtschuldnerische Haftung des in eine Vor-GmbH Eintretenden** kann man unter Heranziehung des in § 16 Abs. 3 GmbHG enthaltenen Rechtsgedanken (Haftung des Geschäftsanteilserwerbers für alle ausstehenden Einlageleistungen) bejahen.[336] Für eine solche Haftung spricht auch, dass die Haftungsbeschränkung des § 13 Abs. 2 GmbHG erst mit der Eintragung entsteht. Da jedoch sämtliche Aktiva und Passiva der Vor-GmbH mit Eintragung automatisch auf die GmbH übergehen, gebietet es der **Gläubigerschutz**, Ansprüche aus der Unterbilanzhaftung auch gegen die neu eingetretenen Gesellschafter der Vor-GmbH geltend machen zu können. Diese bringen mit ihrem Eintritt zumindest konkludent zum Ausdruck, mit der Geschäftsaufnahme durch die Vor-GmbH bereits vor Eintragung der GmbH jedenfalls im Ergebnis einverstanden zu sein. Auch erscheint es angesichts der vom BGH entwickelten umfassenden Haftungsstruktur der Vor-GmbH nicht sachgerecht, wenn bei einem Eintritt in eine Vor-GmbH weniger für Altverbindlichkeiten gehaftet werden würde als nach dem OHG- und GbR-Recht. Daher ist

107

---

332 BGH, ZIP 2005, 253 = GmbHR 2005, 354 = DB 2005, 440.
333 Scholz/K. Schmidt, GmbHG, § 11 Rn. 41; ders., GmbHR 1997, 869 ff.
334 BGH, ZIP 2003, 899; vgl. dazu Zacharias, BB 2003, 1916; K. Schmidt, NJW 2003, 1897.
335 GmbHR 1995, 823, 824.
336 BGHZ 68, 191, 197; Rowedder/Schmidt-Leithoff/Pentz, GmbHG, § 16 Rn. 30.

es geboten, dass auch die in die Vor-GmbH neu eintretenden Gesellschafter im Rahmen des vom BGH entwickelten Innenhaftungskonzepts – **jedenfalls gesamtschuldnerisch** – für alle bei der Vor-GmbH entstandenen Verluste haften.

VIII. Muster

1. Muster: Gründung einer GmbH (notarielle Niederschrift)

108

Die Erschienenen ließen folgende

Gründung einer Gesellschaft mit beschränkter Haftung – Mehrmanngesellschaft

beurkunden und erklärten:

Wir gründen eine Gesellschaft mit beschränkter Haftung (GmbH) mit dem als Anlage zu dieser Urkunde genommenen Gesellschaftsvertrag und der Verpflichtung zur Leistung der darin vereinbarten Stammeinlage.

§ 1
Geschäftsführerbestellung

Zum Geschäftsführer wird bestellt:

...(Name, Vorname, Geb.-Datum, Wohnort)

mit steter Einzelvertretungsmacht, auch wenn weitere Geschäftsführer bestellt sind und der Erlaubnis, mit sich im eigenen Namen und für Dritte Rechtsgeschäfte mit der GmbH vorzunehmen (Befreiung von § 181 BGB).

Die Geschäftsführung ist bereits im Gründungsstadium der Gesellschaft ermächtigt, innerhalb des Satzungsgegenstandes alle Geschäfte zu tätigen, die nach Eintragung der Gesellschaft im Handelsregister die Geschäftsführer gemäß § 35 GmbHG vorzunehmen berechtigt sind; Dritten gegenüber ist § 37 Abs. 2 GmbHG anzuwenden.

§ 2
Vollmacht

§ 3
Kosten

§ 4
Hinweise des Notars

Der Notar gab den Erschienenen folgende Hinweise und Aufklärungen:

(1) Die Gesellschaft entsteht als Gesellschaft mit beschränkter Haftung erst mit ihrer Eintragung in das Handelsregister. Mit dem Abschluss des Gesellschaftsvertrags entsteht jedoch eine Vorgesellschaft, für die bereits wirksam gehandelt werden kann und deren Rechtsnachfolger die GmbH ist. Die Geschäftsführer, die vor Eintragung der Gesellschaft handeln, haften in manchen Fällen für Schäden jedoch persönlich.

(2) Geben die Gesellschafter die Eintragung der GmbH in das Handelsregister auf, müssen sie die aus der aufgenommenen Geschäftstätigkeit aufgelaufenen Verluste in vollem Umfang ohne Beschränkung auf die übernommene Stammeinlage ausgleichen.

(3) Zahlungen auf die Stammeinlage, die vor der heutigen Beurkundung des GmbH-Vertrags vorgenommen wurden, haben keine tilgende Wirkung und sind daher zu vermeiden.

(4) Sind Geldeinlagen vereinbart, können diese nicht durch Aufrechnung/Verrechnung mit Forderungen gegen die Gesellschaft erbracht werden; auch andere sog. verdeckte Sacheinlagen führen dazu, dass – unbeschadet der Rechte des Gesellschafters aus dem verdeckten Geschäft – die Stammeinlage nochmals bar erbracht werden muss. Verkauft der Gesellschafter oder eine diesem nahestehende Person z.B. in engem zeitlichen Zusammenhang mit der Gründung an die Gesellschaft Gegenstände, so gilt die Zahlung des Kaufpreises als Rückzahlung der Stammeinlage und damit als verdeckte Sacheinlage im obigen Sinne.

(5) Alle übrigen Gesellschafter haften im Verhältnis ihrer Geschäftsanteile für die Einzahlung derjenigen Stammeinlagen, auf die die geschuldeten Beträge von dem dazu verpflichteten Gesellschafter nicht zu erlangen sind. Dies gilt insb. auch für solche Leistungen auf die Stammeinlage, die keine Tilgungswirkung haben, schon vor Eintragung ohne Werterhaltung verbraucht oder an die Gesellschafter zurückgezahlt wurden. Jeder Gesellschafter muss daher ggf. das gesamte Stammkapital allein aufbringen.

(6) Der Wert des Gesellschaftsvermögens darf im Zeitpunkt der Handelsregistereintragung der Gesellschaft nicht niedriger sein als das Stammkapital und jeder Gesellschafter ist verpflichtet, den Fehlbetrag zu erbringen und zwar ohne Beschränkung auf die Höhe der übernommenen Einlage.

(7) Die Stammeinlagen müssen sich im Zeitpunkt des Eingangs der Registeranmeldung bei Gericht in der freien, uneingeschränkten Verfügung der Geschäftsführung befinden und dürfen – mit Ausnahme der satzungsmäßigen Übernahme der Gründungskosten – auch nicht durch die Eingehung von Verbindlichkeiten angetastet sein.

(8) Wer falsche Angaben bei der Errichtung der Gesellschaft macht oder die Gesellschaft durch Einlagen oder Gründungsaufwand vorsätzlich oder grob fahrlässig schädigt, haftet nach § 9a GmbHG u.a. auf Schadensersatz; falsche Angaben bei der Eintragung der Gesellschaft in das Handelsregister sind nach § 82 GmbHG mit Freiheitsstrafe bis zu drei Jahren oder Geldstrafe bedroht.

(9) Der Allein- oder Mehrheitsgesellschafter einer GmbH, der deren Geschäfte als alleiniger Geschäftsführer führt, haftet für die Verluste der Gesellschaft persönlich, wenn er bei der Verfolgung seiner außerhalb der Gesellschaft bestehenden geschäftlichen Interessen keine angemessene Rücksicht auf die eigenen Belange der von ihm abhängigen Gesellschaft nimmt und insb. nicht dafür sorgt, dass diese ihre Schulden bezahlen kann.

Diese Niederschrift nebst Anlage wurde von dem Notar vorgelesen, genehmigt und wie folgt eigenhändig unterschrieben:

....
(Unterschrift Notar)

....
(Unterschrift der Beteiligten)

2. Muster: Gesellschaftsvertrag

Gesellschaftsvertrag

I.
Allgemeine Bestimmungen

§ 1
Firma und Sitz

(1) Die Firma der Gesellschaft lautet: ... GmbH

(2) Der Sitz der Gesellschaft ist ...

§ 2
Gegenstand des Unternehmens

(1) Gegenstand des Unternehmens ist ...

(2) Die Gesellschaft ist berechtigt, sich an anderen Unternehmen zu beteiligen und auch solche zu erwerben und Zweigniederlassungen zu errichten. Die Gesellschaft kann alle Maßnahmen ergreifen, die der Förderung des Gesellschaftszwecks dienen.

§ 3
Bekanntmachung

Die Bekanntmachungen der Gesellschaft erfolgen nur im elektronischen Bundesanzeiger.

II.
Stammkapital und Stammeinlagen

§ 4
Stammkapital

(1) Das Stammkapital beträgt ... €.

(2) Auf das Stammkapital übernehmen als ihre Stammeinlagen:

a) Herr
eine Stammeinlage i.H.v. ... €

b) Herr
eine Stammeinlage i.H.v. ... €.

(3) Die Stammeinlagen sind in bar je zur Hälfte sofort einzuzahlen, der Rest innerhalb von zwei Wochen nach Anforderung durch die Geschäftsführung.

III.
Geschäftsanteile

§ 5
Verfügung über Geschäftsanteile

(1) Ohne Zustimmung der Gesellschafterversammlung kann kein Gesellschafter seine Geschäftsanteile oder Teile davon abtreten oder sonst wie darüber verfügen.

(2) Mehrere Geschäftsanteile eines Gesellschafters können durch Gesellschafterbeschluss zu einem Geschäftsanteil zusammengelegt werden, soweit die Geschäftsanteile voll eingezahlt sind.

§ 6
Einziehung von Gesellschaftsanteilen, Ausschließung eines Gesellschafters

(1) Die Einziehung von Geschäftsanteilen ist zulässig.

(2) Mit Zustimmung des betroffenen Gesellschafters können die Gesellschafter die Einziehung jederzeit beschließen.

(3) Ohne Zustimmung des betroffenen Gesellschafters kann die Einziehung beschlossen werden, wenn in der Person des Gesellschafters ein wichtiger Grund eintritt, der sein Verbleiben in der Gesellschaft unzumutbar macht.
Das gilt insb.,

- wenn über das Vermögen eines Gesellschafters das Insolvenzverfahren eröffnet oder die Eröffnung mangels Masse abgelehnt wird, **alternativ:** wenn der Antrag auf Eröffnung des Insolvenzverfahrens über das Vermögen eines Gesellschafters gestellt ist, sofern dieser nicht innerhalb von ... Wochen/Monaten zurückgenommen oder zurückgewiesen wurde;
- bei Zwangsvollstreckungsmaßnahmen in den Geschäftsanteil eines Gesellschafters, sofern diese nicht innerhalb von drei Monaten wieder aufgehoben werden;
- wenn und soweit beim Tode eines Gesellschafters dessen Beteiligung auf Personen übergeht, die bisher nicht Gesellschafter sind; in diesem Fall endet das Recht zur Einziehung bzw. Abtretung ein Jahr, nachdem die betroffen neuen Gesellschafter den Erwerb ihrer Beteiligung bei der Gesellschaft schriftlich angemeldet haben.

(4) Die Einziehung bedarf eines Gesellschafterbeschlusses mit einfacher Mehrheit der abgegebenen Stimmen, dabei hat der betroffene Gesellschafter kein Stimmrecht, wenn die Einziehung ohne seine Zustimmung erfolgen soll.

(5) Anstelle der Einziehung können die Gesellschafter auch beschließen, dass der betroffene Gesellschafter den Geschäftsanteil an die Gesellschaft oder an in dem Beschluss bestimmte Gesellschafter oder Dritte abzutreten hat („Zwangsabtretung"). Dieser Beschluss bedarf außerdem der Zustimmung der Gesellschaft.

In diesem Falle kann jedoch jeder Gesellschafter verlangen, dass ihm ein seiner Beteiligung am Stammkapital entsprechender Teil des Geschäftsanteils des ausscheidenden Gesellschafters übertragen wird.

(6) Im Falle der Einziehung oder Abtretung eines Geschäftsanteils nach den obigen Bestimmungen berechnet sich das Entgelt für den ausscheidenden Gesellschafter nach den im Gesellschaftsvertrag festgelegten Bewertungsgrundsätzen. Sollten Gesetz oder Rechtsprechung zwingend eine andere Bemessung des Entgelts vorschreiben, so ist diese maßgebend.

Erwirbt die Gesellschaft den Geschäftsanteil nicht selbst, so haftet sie neben dem Erwerber gesamtschuldnerisch für die Zahlung des Entgelts.

(7) Mit dem Einziehungsbeschluss scheidet der betroffene Gesellschafter aus der Gesellschaft aus.

§ 7
Abfindung ausscheidender Gesellschafter

(1) Im Falle der Einziehung eines Geschäftsanteiles und in allen anderen Fällen des Ausscheidens eines Gesellschafters hat die Gesellschaft eine Abfindung zu zahlen. Die Abfindung beträgt in den Fällen des Ausscheidens aus wichtigem Grund und bei Zwangsvollstreckungsmaßnahmen in den Geschäftsanteil 50 % und in allen übrigen Fällen ... % des nach Abs. (2) und (3) zu berechnenden anteiligen Unternehmenswertes.

(2) Zur Berechnung des dem ausgeschiedenen Gesellschafter (bzw. dessen Rechtsnachfolgern) zustehenden Abfindungsguthabens ist auf den Zeitpunkt des Ausscheidens eine Bewertung des Unternehmens vorzunehmen. Es ist der objektivierte Unternehmenswert zu ermitteln, in dem sich der Wert des im Rahmen des vorhandenen Unternehmenskonzepts fortgeführten Unternehmens ausdrückt. Die Bewertung ist von einem Wirtschaftsprüfer als neutralem Gutachter nach den jeweils aktuellen Richtlinien, die das Institut für Wirtschaftsprüfer herausgibt, und dem dort festgelegten Verfahren zur Durchführung von Unternehmensbewertungen vorzunehmen.

Wird über die Person des als Schiedsgutachter – nicht als Schiedsrichter – tätig werdenden Wirtschaftsprüfers zwischen dem ausgeschiedenen Gesellschafter und der Gesellschaft keine Einigung erzielt, so wird der Wirtschaftsprüfer auf Antrag eines der Beteiligten durch das Institut der Wirtschaftsprüfer in Düsseldorf oder dessen Nachfolgeorganisation benannt. Die Kosten des Bewertungsgutachtens tragen der ausgeschiedene Gesellschafter sowie die Gesellschaft zu Lasten der verbliebenen Gesellschafter in dem Verhältnis, in dem der ausgeschiedene Gesellschafter und die verbliebenen Gesellschafter vor dem Ausscheiden des Gesellschafters am Gesellschaftskapital beteiligt waren.

(3) Der anteilige Unternehmenswert ergibt sich aus dem Verhältnis des Nennbetrags der Geschäftsanteile des ausgeschiedenen Gesellschafters zum Stammkapital.

(4) Die Abfindung ist in fünf gleichen Raten auszuzahlen. Die erste Rate wird sechs Monate nach dem Ausscheiden, jede weitere jeweils sechs Monate später fällig.
Sofern bei Fälligkeit der ersten Rate das Abfindungsgutachten noch nicht vorliegt, hat der Gutachter auf die jeweils ausstehenden Raten angemessene Abschlagszahlungen festzusetzen.
Vorzeitige Zahlungen sind in beliebiger Höhe zulässig. Sie werden auf die zuletzt zu zahlenden Raten verrechnet.
Der jeweils noch offenstehende Rest der Abfindung ist mit 6 % jährlich zu verzinsen. Die aufgelaufenen Zinsen sind jeweils mit der nächsten Rate fällig.
Sicherheitsleistung kann der ausgeschiedene Gesellschafter nicht verlangen.
Führt eine rechtskräftige Berichtigungsveranlagung durch die Finanzverwaltung, z. B. aufgrund einer steuerlichen Betriebsprüfung, zu einer Änderung der Werte, die die Grundlage für die Unternehmensbewertung gebildet haben, so findet eine Anpassung des Abfindungsanspruchs nicht statt.

(5) Wird durch die planmäßige Auszahlung der Abfindung der Fortbestand der Gesellschaft ernstlich gefährdet, so können die Laufzeiten der Auszahlung angemessen verlängert und die Höhe der einzelnen Raten entsprechend gesenkt werden. Dies gilt nicht, wenn dadurch die Existenz des ausscheidenden Gesellschafters ernstlich gefährdet würde.

IV.
Geschäftsführung und Vertretung

§ 8
Geschäftsführung

(1) Die Gesellschaft hat einen oder mehrere Geschäftsführer.

(2) Die Gesellschafterversammlung kann jederzeit einen Katalog von Geschäften beschließen, die nur mit vorheriger Zustimmung der Gesellschafterversammlung vorgenommen werden sollen.

§ 9
Vertretung

(1) Die Gesellschaft wird vertreten

- wenn nur ein Geschäftsführer vorhanden ist, durch diesen;
- wenn mehrere Geschäftsführer vorhanden sind, durch zwei Geschäftsführer gemeinsam oder durch einen Geschäftsführer gemeinsam mit einem Prokuristen.

(2) Die Gesellschafterversammlung kann die Vertretung abweichend regeln, insb. Einzelvertretung anordnen und von den Beschränkungen des § 181 BGB befreien.

V.
Gesellschafterversammlungen und Gesellschafterbeschlüsse

§ 10
Gesellschafterversammlungen und Gesellschafterbeschlüsse

(1) Die Beschlüsse der Gesellschafter werden in Versammlungen gefasst. Außerhalb von Versammlungen können sie, soweit nicht zwingendes Recht eine andere Form vorschreibt, durch schriftliche, fernschriftliche, telegrafische oder mündliche, auch fernmündliche Abstimmung gefasst werden,

wenn sich jeder Gesellschafter an der Abstimmung beteiligt. Ausdrücklich zulässig ist auch eine Kombination aus beiden Beschlussverfahren und jede andere Art der Beschlussfassung, wenn kein Gesellschafter dem widerspricht.

(2) Gesellschafterbeschlüsse betreffend die Änderung dieses Gesellschaftsvertrags, betreffend den Abschluss von Beherrschungs- oder Gewinnabführungsverträgen oder sonstigen Unternehmensverträgen und betreffend Umwandlungen oder Verschmelzungen bedürfen der Zustimmung aller Gesellschafter. Im Übrigen werden Gesellschafterbeschlüsse mit Mehrheit der abgegebenen Stimmen gefasst, soweit nicht Gesetz oder Gesellschaftsvertrag eine größere Mehrheit vorsehen. Je 50 € eines Geschäftsanteils gewähren eine Stimme. Stimmenthaltungen gelten als Nein-Stimmen.

(3) Soweit rechtlich zulässig, ist ein Gesellschafter abweichend von § 47 Abs. 4 GmbHG auch dann stimmberechtigt, wenn er durch die Beschlussfassung entlastet oder von einer Verbindlichkeit befreit werden soll oder die Beschlussfassung die Vornahme eines Rechtsgeschäfts oder die Erledigung eines Rechtsstreits gegenüber dem Gesellschafter betrifft.

(4) Über Verhandlungen der Gesellschafterversammlungen und über Gesellschafterbeschlüsse ist, soweit nicht eine notarielle Niederschrift aufgenommen wird, unverzüglich eine Niederschrift anzufertigen, in welcher der Tag der Verhandlung oder Beschlussfassung sowie die gefassten Beschlüsse anzugeben sind. Die Niederschrift ist durch jeden Gesellschafter zu unterzeichnen. Jeder Gesellschafter kann eine Abschrift der Niederschrift verlangen.

VI.
Geschäftsjahr, Dauer der Gesellschaft, Jahresabschluss

§ 11
Geschäftsjahr, Jahresabschluss, Gewinnverwendung

(1) Das Geschäftsjahr ist das Kalenderjahr.

(2) Die Dauer der Gesellschaft ist nicht beschränkt.

(3) Die Geschäftsführung hat innerhalb der gesetzlich vorgeschriebenen Fristen für das vergangene Geschäftsjahr den Jahresabschluss (Bilanz, Gewinn- und Verlustrechnung, Anhang) aufzustellen und einen schriftlichen Lagebericht zu erstatten.

(4) Die Gesellschafter können beschließen, das Jahresergebnis ganz oder teilweise in Gewinnrücklagen einzustellen oder als Gewinn vorzutragen. Im Übrigen ist das Jahresergebnis an die Gesellschafter nach dem Verhältnis der Geschäftsanteile auszuschütten.

VII.
Wettbewerbsverbot

§ 12
Wettbewerbsverbot

(1) Soweit gesetzlich zulässig, sind die Gesellschafter von etwaigen Wettbewerbsverboten gegenüber der Gesellschaft befreit.
Insb. ist den Gesellschaftern der Wettbewerb mit der Gesellschaft gestattet:

- auf allen Bereichen des Geschäftszweiges, solange und soweit diese noch nicht oder seit mindestens zwölf Monaten nicht mehr von der Gesellschaft selbst wahrgenommen werden;
- durch Beteiligung – ohne zeitliche und örtliche Beschränkung – an anderen Gesellschaften, die sich ganz oder teilweise im Geschäftszweig der Gesellschaft betätigen – unabhängig von der Größe der Beteiligung – insb. an Gesellschaften, an denen die Gesellschaft selbst beteiligt ist;

- auf allen Teilbereichen des Geschäftszweiges, für die die Gesellschafterversammlung eine Befreiung ausdrücklich beschließt.

(2) Soweit zwingend erforderlich, hat der betroffene Gesellschafter als Entgelt für die Befreiung eine angemessene Vergütung an die Gesellschaft zu zahlen. Im Zweifel beurteilt sich die Angemessenheit nach der rechtskräftigen Entscheidung der Finanzverwaltung oder des Finanzgerichts.

(3) Die Gesellschafterversammlung kann mit der für eine Satzungsänderung erforderlichen Mehrheit Befreiung vom Wettbewerbsverbot erteilen, erweitern, einschränken oder aufheben und/oder beschließen, ob und in welcher Höhe eine angemessene Vergütung an die Gesellschaft zu zahlen ist.

VIII.
Kündigung der Gesellschaft

§ 13
Kündigung

(1) Jeder Gesellschafter kann die Gesellschaft mit einer Frist von sechs Monaten zum Ende eines Geschäftsjahres durch eingeschriebenen Brief ohne Angabe von Gründen kündigen.
Der Brief ist an die Geschäftsführung und an sämtliche übrigen Gesellschafter zu richten. Für die Einhaltung der Frist ist das Datum des Poststempels maßgebend.

(2) Hat ein Gesellschafter das Gesellschaftsverhältnis gekündigt, so ist jeder andere Gesellschafter berechtigt, sich der Kündigung zu demselben Zeitpunkt anzuschließen; die Anschlusskündigung muss drei Monate vor dem Zeitpunkt, zu dem gekündigt werden kann, erfolgt sein.

(3) Wird bei der Kündigung eines Gesellschafters das nachstehend vereinbarte Erwerbsrecht ausgeübt oder wird die Beteiligung des kündigenden Gesellschafters eingezogen, so wird die Gesellschaft durch die Kündigung nicht, andernfalls wird sie durch die Kündigung aufgelöst.

(4) Der kündigende Gesellschafter ist verpflichtet, seinen Geschäftsanteil auf Verlangen auf die übrigen Gesellschafter zu übertragen.
Das Verlangen auf Erwerb des Geschäftsanteils ist gegenüber dem kündigenden Gesellschafter innerhalb von zwei Monaten seit Zugang der Kündigung durch eingeschriebenen Brief zu erklären. Das Erwerbsrecht steht den Gesellschaftern im Verhältnis ihrer Beteiligung am Stammkapital zu.
Ein gegebenenfalls verbleibender Spitzenbetrag ist unter den Erwerbswilligen zu verlosen, falls diese nicht einstimmig etwas anderes beschließen.

(5) Die Gesellschafterversammlung kann auch mit mindestens 75 % der abgegebenen Stimmen die Einziehung der Beteiligung des ausscheidenden Gesellschafters beschließen. Dabei hat der ausscheidende Gesellschafter kein Stimmrecht.

(6) Das an den ausscheidenden Gesellschafter zu zahlende Entgelt bestimmt sich nach den in diesem Gesellschaftsvertrag festgelegten Bewertungsgrundsätzen. Sollten Gesetz oder Rechtsprechung zwingend eine andere Bewertung des Entgelts vorschreiben, ist diese maßgebend.

IX.
Schlussbestimmungen

§ 14
Gründungsaufwand

Die mit der Gründung der Gesellschaft verbundenen Kosten bis zum Betrag von .... € trägt die Gesellschaft.

C. Satzung der GmbH

I. Zwingende Regelungen

1. Firma

Die Firma als Name der Gesellschaft ist gemäß § 3 Abs. 1 Nr. 1 GmbHG **zwingender Bestandteil des Gesellschaftsvertrags**. Nach § 4 GmbHG muss die Firma die Bezeichnung „Gesellschaft mit beschränkter Haftung" oder eine allgemein verständliche Abkürzung dieser Bezeichnung aus Verkehrsschutzgründen zwingend enthalten.[337]

110

Nach den §§ 17 ff. HGB ist eine Personenfirma, eine Sachfirma, eine kombinierte Mischfirma oder eine reine Phantasiefirma möglich. Jede Firma muss **zur Kennzeichnung geeignet** sein, darf nicht irreführend sein und muss Unterscheidungskraft haben (§ 18 HGB).

a) Kennzeichnungseignung

Die Firma als Name der Gesellschaft muss zur Kennzeichnung der GmbH geeignet sein, also **von den angesprochenen Verkehrskreisen als Name verstanden werden** (sog. Namensfunktion). Daraus wird abgeleitet, dass der Firmenkern aus einer wörtlichen und aussprechbaren Bezeichnung und nicht aus Bildzeichen gebildet werden muss.[338] Dies schließt aber nicht aus, dass eine Firma nicht nur aus Worten, sondern auch aus anderen Zeichen, wie z.B. Ziffern, bestehen kann. Die Namensfunktion kommt grds. nur einer wörtlichen Bezeichnung zu, so dass die vom Firmenträger gewählte Schreibweise oder sonstige graphische Gestaltung der Firma weder Firmenbestandteil wird noch ins Handelsregister eingetragen werden kann.[339]

111

Verschiedene Gerichte hatten die Ansicht vertreten, dass eine Buchstabenkombination bestehend aus mehreren nacheinanderfolgenden „AAA ... "[340] und „AKDV GmbH"[341] keine Namensfunktion zukommt. Die Buchstabenkombination sei nicht lautlich ausgeschrieben und kein aussprechbares (Phantasie-)Wort. Diese Rspr. überzeugt nur in Missbrauchsfällen.

Ob das **@-Zeichen** namensrechtliche Funktion erfüllen kann, ist streitig. Eine Firma, die das „@-Zeichen" anstelle eines a enthält, kann nicht in das Handelsregister eingetragen werden.[342] In der Praxis wird immer öfter die Internetdomain als Firmenbestandteil angestrebt. Dies ist grds. zulässig,[343] solange die Firma nicht irreführend ist. Ob in diesem Zusammenhang das „@-Zeichen" als selbständig aussprechbares und in den angesprochenen Verkehrskreisen bekanntes Sonderzeichen Firmenbestandteil sein kann, ist noch nicht abschließend geklärt, aber wohl zu befürworten.[344]

b) Unterscheidungskraft

Eine Firma hat Unterscheidungskraft, wenn sie geeignet ist, bei Lesern und Hörern die **Assoziation mit einem ganz bestimmten Unternehmen unter vielen zu wecken**. Diese abstrakte Unterscheidungskraft

112

---

337 Michalski/Michalski, GmbHG, § 4 Rn. 5.
338 Michalski/Michalski, GmbHG, § 4 Rn. 9; BGHZ 14, 155, 159 f.; OLG Celle, GmbHR 1999, 412 = NJW-RR 1999, 543; KG, GmbHR 2000, 1101, 1102 = NJW-RR 2001, 173; krit. zu dieser Einschränkung im neuen Recht: Michalski/Michalski, GmbHG, § 4 Rn. 25 m.w.N.
339 KG, DNotI-Report 2000, 170 zur Schreibweise in Großbuchstaben.
340 OLG Celle, GmbHR 1999, 412 = DB 1999, 40; OLG Frankfurt, NJW 2002, 2400.
341 OLG Celle, DB 2006, 1950 = RNotZ 2006, 548; abl. Lamsa, EWiR 2006, 657.
342 BayObLG, ZIP 2001, 960; OLG Braunschweig, EWiR 2001, 275 = OLGR 2001, 31: „met@box"; LG Leipzig, NotBZ 2002, 112: „@ toll GmbH".
343 Vgl. dazu ausführlich: Seifert, Rpfleger 2001, 395 ff.
344 Eintragung zugelassen: LG Cottbus, NJW-RR 2000, 337; CR 2002, 134; LG Berlin, NJW-RR 2004, 835 = GmbHR 2004, 428 m. zust. Anm. Thomas/Bergs; jetzt auch Lutter/Bayer, in: Lutter/Hommelhoff, GmbHG, § 4 Rn. 19.

ist zu differenzieren von der konkreten Unterscheidbarkeit von anderen Firmen am selben Ort i.S.d. § 30 HGB.[345]

Abkürzungen, die aus bloßen Buchstabenkombinationen bestehen, werden grds. als unterscheidungskräftig angesehen. In der neueren Rspr.[346] wird auch den als Silben nicht aussprechbaren Abkürzungen Unterscheidungskraft zuerkannt.

Sachfirmen, die als Firmenkern eine **bloße Gattungs- oder Branchenbezeichnung** beinhalten, wird in der Rspr. zunehmend schon die Kennzeichnungsfunktion oder jedenfalls die abstrakte Unterscheidbarkeit abgesprochen, und zwar auch, wenn es die erste Firma im Gerichtsbezirk betreffen würde.[347] Die Firma „Profi-Handwerker GmbH"[348] ist mit dem Teil „Handwerker GmbH" als zu allgemeine Bezeichnung des Geschäftsbetriebes nicht geeignet, die Assoziation mit einem bestimmten Unternehmen unter vielen anderen zu wecken. Auch der Zusatz „Profi-" sei nicht geeignet, die erforderliche Unterscheidungskraft herbeizuführen. In diesem Fall kann eine zulässige Firma durch die Voranstellung eines Namenskürzels, einer Buchstabenkombination oder eines Phantasienamens geschaffen werden.

c) Irreführungsverbot (§ 18 Abs. 2 HGB)

113 Das Irreführungsverbot enthält ein allgemeines und umfassendes Verbot, durch die Firma oder Teile derselben die angesprochenen Verkehrskreise über **Art, Umfang oder sonstige Verhältnisse des Handelsgeschäftes irrezuführen** (Grundsatz der Firmenwahrheit).[349] Es gilt nur für verkehrswesentliche geschäftliche Verhältnisse. Darüber hinaus muss die Irreführung im Verfahren vor dem Registergericht ohne aufwendige Beweisaufnahme „ersichtlich" sein (§ 18 Abs. 2 Satz 2 HGB).[350] In der Praxis wird das Irreführungsverbot von den Registergerichten häufig genutzt, um eine restriktive Firmenbildungsrechtsprechung durchzusetzen.

114 Streitig ist die Verwendung des **Namens eines Nichtgesellschafters im Firmenkern** insb. bei Personengesellschaften, da darin ein irreführender Hinweis auf die Gesellschafterstellung der genannten Person liegt. Für die GmbH ist eine weniger strenge Ansicht im Vordringen, da die Identität der Gesellschafter aus Haftungsgründen keine Rolle spielt und aufgrund der Firmenfortführungsregelungen ohnehin nicht stets die Person Gesellschafter ist, die in der Firma genannt wird.[351] So hat auch das OLG Saarbrücken die Änderung der Firma dahingehend, dass der Name eines bereits ausgeschiedenen Kommanditisten einer GmbH & Co. KG Firmenbestandteil wird, als nicht irreführend bewertet.[352]

Der Namensbestandteil „Euro" oder „European" wurde bei einem Verein – unter ausdrücklicher Aufgabe der früheren Rspr. – zugelassen, auch wenn dieser mangels entsprechender Kontakte oder Aktivitäten keinen bedeutenden europäischen Bezug hatte.[353]

Demgegenüber musste bei der **Bezeichnung „Investment"** wegen § 7 Abs. 3 KAGG a.F. der grds. geschaffene Rechtsschein, das Unternehmen betreibe Investmentgeschäfte, positiv und deutlich ausgeschlossen werden.[354] Gleiches dürfte nach dem neuen InvGG gelten. Der Firmenbestandteil „Institut" ist nur dann

---

345 Michalski/Michalski, GmbHG, § 4 Rn. 12.
346 OLG Frankfurt, OLGR 1998, 381; OLG Köln, MMR 2000, 161.
347 Meyding/Schnorbus/Hennig, ZNotP 2006, 122, 125.
348 BayObLG, Rpfleger 2003, 589 = NZG 2003, 1029 = NotBZ 2003, 353.
349 Baumbach/Hopt/Hopt, HGB, § 18 Rn. 9 m.w.N.
350 Ebenroth/Boujong/Joost/Zimmer, HGB, § 18 Rn. 69.
351 Vgl. ausführlich dazu: DNotI-Report 2003, 107 ff.; großzügig auch LG Augsburg, Beschluss v. 17.10.2002 – 3 HKT 2719/02, n.v.; LG Wiesbaden, DStR 2004, 13 59; siehe auch Schulte/Warnke, GmbHR 2002, 626, 629; strenger: LG Frankfurt, GmbHR 2002, 966.
352 OLG Saarbrücken, ZIP 2006, 1771 = NZG 2006, 586.
353 OLG Hamm, NZG 1999, 994 = Rpfleger 1999, 545 = DNotZ 1999, 842.
354 BayObLG, NZG 1999, 398 = NJW-RR 1999, 1639 = DNotZ 1999, 838.

nicht irreführend,[355] wenn ein Zusatz den Charakter einer öffentlichen oder unter öffentlicher Aufsicht oder Förderung stehenden Einrichtung ausschließt – z.B. ein Hinweis auf den Tätigkeitsbereich.

Das Irreführungsverbot gilt auch für den Namen von Partnerschaftsgesellschaften. Der Name „J-K Partner Rechtsanwälte und Steuerberatung" wird als irreführend angesehen, wenn in der Partnerschaft nur Rechtsanwälte und nicht auch Steuerberater zusammengeschlossen sind.[356]

d) Firmenfortführung

Unter bestimmten Voraussetzungen kann **eine einmal zulässige Firma** auch dann fortgeführt werden, wenn sie bei einer Neufirmierung nicht mehr zulässig wäre (Grundsatz der Firmenkontinuität geht vor Firmenwahrheit), so bei Erwerb eines Handelsgeschäfts (§ 22 HGB), Änderungen im Gesellschafterbestand (§ 24 HGB), beim Formwechsel (§ 200 Abs. 1 UmwG) und beim Zusatz „und Partner" nach § 11 Satz 1 PartGG. In all diesen Fällen muss die betreffende Firma grds. unverändert fortgeführt werden.

Fügt ein firmenfortführender Einzelkaufmann nur **eine Sachbezeichnung** (hier: Autohaus) dem im Übrigen unveränderten Firmenkern hinzu, kann dies im Einzelfall zulässig sein,[357] wenn Zweifel an der Identität der bisherigen und der geänderten Firma nicht bestehen und der Zusatz einer Veränderung der Geschäftsentwicklung Rechnung trägt, die seit der Firmenübernahme eingetreten ist. Dies gilt auch für die Weiterführung des **Firmenzusatzes „und Partner"**, wenn nur ein untergeordneter Firmenbestandteil, wie z.B. eine die Branchenzugehörigkeit beschreibende Sachbezeichnung geändert wird.[358]

Wird jedoch bei einer Veränderung des Firmennamens **dessen Kern betroffen**, so darf der Zusatz „und Partner" bei einer Nichtpartnerschaftsgesellschaft wegen § 11 Satz 1 PartGG nicht mehr fortgeführt werden.[359] Die gleichen Grundsätze gelten auch bei der Unternehmensveräußerung gemäß § 22 HGB.[360]

2. Sitz

Aufgrund der in Deutschland jedenfalls bis vor kurzem herrschenden Sitztheorie[361] muss sich der Sitz der GmbH **in Deutschland** befinden. Gemäß § 4a Abs. 2 GmbHG muss dies derzeit[362] ein Ort sein, an dem die Gesellschaft einen Betrieb hat, an dem sich die Geschäftsleitung befindet oder die Verwaltung geführt wird. Damit sollen **sog. Briefkastenfirmen** verhindert werden. Als Sitz kann auch ein inzwischen eingemeindeter Ortsteil bestimmt werden, wenn dieser für den Rechtsverkehr nach wie vor individualisierbar ist.[363]

Ein **Doppelsitz** ist nur unter hohen Anforderungen möglich.[364] Die gegen die Möglichkeit eines Doppelsitzes angeführte Problematik des Handelsregistervollzugs ist aber lösbar.[365]

---

355 OLG Frankfurt, NJW-RR 2002, 459 = Rpfleger 2001, 428 für eine Ärztepartnerschaft; Österreichischer OGH, NZG 2001, 224 für eine private GmbH mit Berufsbezeichnung „o. Uni. Prof." als weiteren Firmenbestandteil; LG Detmold, Rpfleger 1999, 333 für einen Verein.
356 OLG Rostock, DB 2006, 1674.
357 OLG Hamm, NZG 2002, 866 = DB 2003, 605.
358 BayObLG, NZG 2003, 477 = DNotZ 2003, 458.
359 OLG Stuttgart, ZIP 2000, 1108 = Rpfleger 2000, 336.
360 OLG Karsruhe, NZG 1998, 179 = NJW 1998, 1160 beim Erwerb von einer BGB-Gesellschaft.
361 Zur Sitzverlegung ins Ausland Heckschen/Heidinger, Die GmbH in der Gestaltungspraxis, § 12 Rn. 1 ff.
362 Nach dem Referentenentwurf des BMJ zur Modernisierung des GmbH-Rechts und zur Bekämpfung von Missbräuchen (MoMiG) vom 29.5.2006 wird § 4a Abs. 2 GmbHG aufgehoben und ein Verwaltungssitz im Ausland zugelassen. Vgl. zu den Änderungen Heckschen, NotBZ 2006, 381, 384 f.; Preuß, GmbHR 2007, 57.
363 Dazu DNotI-Gutachten Nr. 64655 v. 3.1.2006.
364 Michalski/Michalski, GmbHG, § 4a Rn. 16; Scholz/Emmerich, GmbHG, § 4a Rn. 16 m.w.N.; Borsch, GmbHR 2003, 258.
365 Pluskat, WM 2005, 601; König, AG 2000, 18; so auch für eine AG das LG Essen, ZIP 2001, 1632.

118 **Verlegt werden** kann der Satzungssitz nur, indem die Satzung geändert und dies in das Handelsregister eingetragen wird.[366] Die Sitzverlegung wird nach § 54 Abs. 3 GmbHG erst mit Eintragung wirksam. Wird der Satzungssitz so geändert, dass die Voraussetzungen des § 4 Abs. 2 GmbHG nicht vorliegen, ist der entsprechende Änderungsbeschluss nichtig. Es bleibt beim alten Satzungssitz.

Keine Einigkeit besteht über die Rechtsfolgen **einer nachträglichen tatsächlichen Verlegung des Verwaltungssitzes** ohne entsprechende Satzungsänderung. Die herrschende Lehre befürwortet die Einleitung eines Amtslöschungsverfahrens.[367] Nach der Rspr. hingegen führt die tatsächliche Sitzverlegung nicht zur Nichtigkeit der entsprechenden Satzungsbestimmung.[368]

3. Unternehmensgegenstand

119 Die nach § 3 Abs. 1 Nr. 2 GmbHG zwingende Angabe des Unternehmensgegenstandes im Gesellschaftsvertrag hat exakt und individuell **nach der Verkehrsübung des jeweiligen Geschäftszweiges** zu erfolgen, damit bei der Eintragung ins Handelsregister eine hinreichende Nachprüfbarkeit durch das Registergericht, die Öffentlichkeit oder die Geschäftsführer gegeben ist. Vielfach wird gefordert, dass jedenfalls der **Schwerpunkt der Geschäftstätigkeit** aus dem Gesellschaftsvertrag ersichtlich sein muss.[369] Bloße Leerformeln wie „Handeln mit Waren" oder „Erledigung von Dienstleistungen" sind unzureichend und können nicht ins Handelsregister eingetragen werden.[370] Hingegen sind die Bezeichnungen „Betrieb von Gaststätten" oder „Verwaltung von Vermögen und die Beteiligung an anderen Unternehmen" zulässig. Der Wortlaut der §§ 2, 3 GastG muss nur aufgenommen werden, wenn Unternehmensgegenstand ein bestimmter Betrieb sein soll, nicht aber „Gaststätten aller Art". An den hinreichend konkretisierten Geschäftsgegenstand dürfen Zusätze wie „und verwandte Geschäfte" angehängt werden, soweit diese lediglich einen Auffangtatbestand schaffen und erkennbar auf den Hauptgegenstand Bezug nehmen.[371]

120 **Bei Vorratsgesellschaften**[372] ist der Unternehmensgegenstand „Halten und Verwalten des Stammkapitals" anzugeben, da nur die sog. offene Vorratsgründung zulässig ist, bei der ausdrücklich klargestellt wird, dass die Gesellschaft der zukünftigen Aufnahme eines Geschäftsbetriebes dient.[373] Verdeckte Vorratsgründungen mit einem fiktiven Unternehmensgegenstand sind hingegen als Scheingeschäft gemäß § 117 BGB nichtig.[374]

Für **Rechtsanwalts-GmbH**[375] enthalten die §§ 59c Abs. 1; 59e Abs. 1 Satz 1, 2 i.V.m. § 59a Abs. 1, 3 BRAO, für Steuerberatungs- und Wirtschaftsprüfer-GmbH[376] die §§ 55 Abs. 1 BOStB, § 57 StBerG und §§ 2, 43 Abs. 2, 43a Abs. 3, 4 WPO Regelungen zum Unternehmensgegenstand. Auch für andere Freiberufler, z.B. Architekten oder Ärzte, sind in vielen Fällen Einschränkungen, häufig in den Landesgesetzen, zu beachten.[377]

---

366 Zur Sitzverlegung ins Ausland Heckschen/Heidinger, Die GmbH in der Gestaltungspraxis, § 12.
367 Baumbach/Hueck/Hueck/Fastrich, GmbHG, § 4a Rn. 9; Lutter/Bayer, in: Lutter/Hommelhoff, GmbHG, § 4a Rn. 25; Scholz/Emmerich, GmbHG, § 4a Rn. 20.
368 BayObLG, GmbHR 2002, 490 mit Anm. Borges, EWiR 2003, 927; LG Mannheim, GmbHR 2000, 874.
369 Scholz/Emmerich, GmbHG, § 3 Rn. 13; Michalski/Michalski, GmbHG, § 3 Rn. 6.
370 Heinrich, in: Münchener Handbuch des Gesellschaftsrechts, Bd. 3, § 19 Rn. 43 m.w.N.; hierzu auch BayObLG, GmbHR 2003, 414.
371 Heinrich, in: Münchener Handbuch des Gesellschaftsrechts, Bd. 3, § 19 Rn. 44; Baumbach/Hueck/Hueck/Fastrich, GmbHG, § 3 Rn. 8.
372 Vgl. dazu auch Rn. 83 ff.
373 Heinrich, in: Münchener Handbuch des Gesellschaftsrechts, Bd. 3, § 19 Rn. 45.
374 BGH, NJW 1992, 1824; Heinrich, in: Münchener Handbuch des Gesellschaftsrechts, Bd. 3, § 19 Rn. 45.
375 Zur Neuregelung der Anwalts-GmbH in den §§ 59c ff. RAO ausführlich Römermann, GmbHR 1999, 526; zum Widerruf der nach § 59c BRAO notwendigen Zulassung der Rechtsanwalts-GmbH bei Umwandlung in eine Rechtsanwalts-AG vgl. BGH, ZIP 2005, 944 = DB 2005, 1050.
376 Eingehend: Michalski/Römermann, GmbHG, Syst. Darst. Rn. 107 ff.
377 Ausführlich Michalski/Römermann, GmbHG, Syst. Darst. 129 ff., 135 ff.

Bei der Gründung **einer sog. gemeinnützigen GmbH**,[378] die aufgrund ihrer Tätigkeit steuerbefreit ist, muss sich aus dem Geschäftsgegenstand in der Satzung ergeben, dass die Gesellschaft ihre Ziele selbstlos, ausschließlich und unmittelbar i.S.d. § 51 ff. AO verfolgt.[379]

Will die Gesellschaft **genehmigungsbedürftige Unternehmensgegenstände**[380] ausüben, sind diese in den Satzungswortlaut aufzunehmen. Die erforderliche Genehmigung muss von der Gesellschaft eingeholt und nach § 8 Abs. 1 Nr. 6 GmbHG der erstmaligen Anmeldung[381] zum Registergericht beifügt werden. Die Erteilung der Genehmigung kann sich allerdings über längere Zeit hinziehen. Da die Eintragung der GmbH ins Handelsregister vom Vorliegen der Genehmigung abhängig ist,[382] sind die Gesellschafter über diesen ganzen Zeitraum nicht von der persönlichen Außenhaftung freigestellt.

> **Hinweis:**
> Als Ausweg bietet sich derzeit nur an, zunächst lediglich einen genehmigungsfreien Unternehmensgegenstand in die Satzung aufzunehmen, die GmbH damit beim Handelsregister anzumelden und sich bis zur Eintragung der GmbH tatsächlich auch nur auf diese Tätigkeiten zu beschränken.[383] Ist die GmbH dann eingetragen, kann die Gesellschaft den Unternehmensgegenstand auf die genehmigungsbedürftigen Tätigkeiten erweitern, die entsprechende Genehmigung einholen und die Änderung zum Handelsregister anmelden.[384]

4. Stammkapital und Stammeinlagen

GmbH dürfen seit dem 1.1.2002 nur noch **mit einem Mindestkapital von 25.000 €** gegründet werden.[385] Da es in der Übergangszeit der Euroumstellung mehrere Möglichkeiten der Gründung oder bloß rechnerischen Umstellung des Stammkapitals gab und die Altgesellschaften zu einer Umstellung nicht gezwungen werden können, gibt es ohne zeitliche Grenze zulässigerweise **vier verschiedene Mindeststammkapitalbeträge** und Nennbetragsstückelungen:

- bei unveränderten Altgesellschaften ohne Kapitalmaßnahme 50.000 DM,
- bei nur umgerechneten Altgesellschaften 25.564,59 € (gerundet),
- bei Neugesellschaften aus der Übergangszeit 48.895,75 DM und
- bei Neugesellschaften oder umgestellten GmbH 25.000 €.

121

Die einzelnen Stammeinlagen müssen derzeit[386] mindestens 100 € betragen und durch 50 teilbar sein (§ 5 GmbHG). Jeder Gesellschafter darf bei der Gründung **nur eine Stammeinlage übernehmen**.[387] Im Gesellschaftsvertrag sind für jede Stammeinlage deren Übernehmer und die Höhe festzusetzen. Es empfiehlt sich, auch die Fälligkeit der Stammeinlagen in der Satzung zu regeln.

---

378 Dazu Dahlbender, GmbH-StB 2006, 17.
379 Wrede/Busch, in: Münchener Handbuch des Gesellschaftsrechts, Bd. 3, § 58 Rn. 13.
380 Vgl. die Übersicht Heckschen/Heidinger, Die GmbH in der Gestaltungspraxis, § 2 Rn. 33.
381 Nach dem Referentenentwurf des BMJ zur Modernisierung des GmbH-Rechts und zur Bekämpfung von Missbräuchen (MoMiG) v. 29.5.2006 soll zukünftig für die Anmeldung die Versicherung genügen, dass die Genehmigung beantragt worden ist. Wird die Genehmigung nicht binnen einer bestimmten Frist nach Eintragung nachgereicht, ist die Gesellschaft von Amts wegen zu löschen.
382 BGHZ 102, 209 = NJW 1988, 1087, 1088; kritisch dazu: Wachter, GmbHR 2004, 88, 98; Gustavus, GmbHR 1993, 259, 262.
383 Vgl. auch BGHZ 102, 209 = NJW 1988, 1087, 1089.
384 Scholz/Priester, GmbHG, § 54 Rn. 14.
385 Zur Euroumstellung ausführlich Heckschen/Heidinger, Die GmbH in der Gestaltungspraxis, § 7.
386 Der Referentenentwurf des BMJ zur Modernisierung des GmbH-Rechts und zur Bekämpfung von Missbräuchen (MoMiG) v. 29.5.2006 sieht eine Herabsetzung der Nennbeträge auf mind. 1 € vor.
387 Diese Regelung soll nach dem Referentenentwurf des BMJ zur Modernisierung des GmbH-Rechts und zur Bekämpfung von Missbräuchen (MoMiG) v. 29.5.2006 aufgehoben werden.

122 Checkliste: zwingende Satzungsbestandteile bei Bargründung ☑

- ☐ Firma
- ☐ Sitz
- ☐ Unternehmensgegenstand
- ☐ Höhe des Stammkapitals
- ☐ Höhe der einzelnen Stammeinlagen
- ☐ Höhe der Mindesteinzahlung für jede Stammeinlage
- ☐ Übernahmeerklärung und Person des Übernehmenden für jede Stammeinlage

Zusätzlich bei Sachgründung:
- ☐ Festsetzung der Sacheinlage (Gegenstand, Gründer, Betrag der Stammeinlage)

II. Fakultative Regelungen

1. Bekanntmachungen

123 Die Bekanntmachungen einer GmbH haben nach § 12 GmbHG[388] im elektronischen Bundesanzeiger zu erfolgen. Die Satzung einer GmbH kann daneben weitere öffentliche Blätter oder elektronische Medien als Gesellschaftsblätter bestimmen.

In der GmbH-Satzung kann und sollte – schon aus Kostengründen – nunmehr der elektronische Bundesanzeiger[389] als alleiniges Veröffentlichungsorgan bestimmt werden.

124 **Formulierungsbeispiel: Bestimmung des elektronischen Bundesanzeigers als Veröffentlichungsorgan**

> Die Bekanntmachungen der Gesellschaft erfolgen nur im elektronischen Bundesanzeiger.

125 **Hinweis:**

Zu einer eindeutigen Regelung ist zu raten:[390] Das OLG München hat nach In-Kraft-Treten des neuen § 12 GmbHG die Anmeldung einer Satzungsregelung, die Veröffentlichungen „nur im Bundesanzeiger" vorsah, durch das Handelsregister als „unklar" zurückgewiesen.[391] In diesem Fall war die Satzung neu gefasst worden, die Bekanntmachungsregelung jedoch unverändert geblieben.

Da der elektronische Bundesanzeiger vor dem August 2002 noch nicht existierte, hatten alle vor diesem Tag gegründeten GmbH ihre Bekanntmachungen im gedruckten Bundesanzeiger zu veröffentlichen. Eine Auslegung dieser Satzungen dahingehend, **dass nunmehr im elektronischen Bundesanzeiger zu veröffentlichen** ist, ist zweifelhaft.[392] Gleiches muss auch für die Gesellschaften gelten, die vor dem 1.1.2003 gegründet wurden, da die Änderung des § 25 AktG, durch die der elektronische Bundesanzeiger als Gesellschaftsblatt erstmals in das Gesellschaftsrecht eingeführt wurde, erst zu diesem Tag erfolgt ist. Aus der Einfügung des Wortes „elektronischer" wird deutlich, dass, wenn bloß der Begriff „Bundesanzeiger" verwendet wird, der gedruckte Bundesanzeiger gemeint ist.

---

388 § 12 GmbHG eingefügt durch Art. 12 JKomG vom 22.3.2005, BGBl. I 2005, 837, 852 f.
389 Abrufbar unter der Internetadresse: www.ebundesanzeiger.de.
390 Oppermann, RNotZ 2005, 597 rät hingegen von Bekanntmachungsregelungen in der Satzung ab.
391 OLG München, ZIP 2006, 132 = DB 2005, 2291 = RNotZ 2005, 617. Eine solche Zwischenverfügung ist nach der Einfügung des § 12 Satz 3 GmbHG nunmehr unzulässig.
392 So aber die amtliche Begründung zum Gesetzentwurf der Bundesregierung zu § 12 GmbHG n.F.

Für **GmbH, die seit dem 1.1.2003 errichtet wurden**, ist nicht eindeutig, ob diese ihre Satzung nun anzupassen haben, wenn jetzt im elektronischen Bundesanzeiger veröffentlicht werden soll. Zwar besteht seit dem 1.1.2003 die Neuregelung im AktG. Im GmbH-Gesetz fehlte jedoch bisher ebenso eine Regelung wie es eine allgemeine Regelung, die den „gedruckten Bundesanzeiger" dem „elektronischen Bundesanzeiger" gleichstellt, nicht gibt. § 125 AktG spricht ausdrücklich vom „elektronischen Bundesanzeiger". Die Satzungsbestimmungen verwendeten bisher aber fast ausschließlich den Begriff „Bundesanzeiger". Für eine GmbH konnte man diese so auslegen, dass der gedruckte Bundesanzeiger gemeint ist. Der Gesetzgeber sieht dies ohne zeitliche Differenzierung für alle bereits bestehenden satzungsmäßigen Bekanntmachungsbestimmungen, die keinen ausdrücklichen Hinweis enthalten, anders: Spricht der Gesellschaftsvertrag vom „Bundesanzeiger" als Bekanntmachungsblatt, stehe fest, dass nunmehr „**alleine die Bekanntmachung im elektronischen Bundesanzeiger vorgeschrieben ist**".[393] Mit dem seit dem 1.1.2007[394] eingefügten Satz 3 zu § 12 GmbHG wollte der Gesetzgeber ausweislich der Gesetzesbegründung die bestehenden Unklarheiten beseitigen, ob Bekanntmachungen im elektronischen Bundesanzeiger ausreichend sind, wenn der Gesellschaftsvertrag Bekanntmachungen „im Bundesanzeiger" vorsieht.[395] Die Rechtslage ist allerdings weiterhin unklar. Die Anordnung des elektronischen Bundesanzeigers als Basisgesellschaftsblatt ist zwingendes Gesetzesrecht. Andererseits ist aber nur im elektronischen Bundesanzeiger und nicht auch parallel im gedruckten Bundesanzeiger zu veröffentlichen, es sei denn, es sollte neben dem Standardblatt noch ein weiteres Veröffentlichungsmedium bestimmt werden.[396]

126

2. Zustimmungspflichtige Rechtsgeschäfte

a) Gesetzliche Zustimmungspflichten

Nach § 17 GmbHG ist die Teilung von Gesellschaftsanteilen zustimmungsbedürftig.[397] Nach § 17 Abs. 1 GmbHG hängt die Veräußerung von Teilen eines Geschäftsanteils stets von der Genehmigung der Gesellschafter ab. Nach Abs. 3 kann dies durch die Satzung abbedungen werden, wenn die Veräußerung eines Geschäftsanteils an einen anderen Gesellschafter erfolgt.

127

Die Genehmigung ist im **Außenverhältnis** durch den oder die Geschäftsführer zu erteilen; im **Innenverhältnis** ist eine Absicherung durch einen entsprechenden Gesellschafterbeschluss erforderlich, sofern die Satzung dies nicht anders vorsieht.[398]

b) Fakultative Zustimmungspflichten

aa) Vereinigung bzw. Zusammenlegung von Geschäftsanteilen

Eine Vereinigung mehrerer Geschäftsanteile ist gesetzlich nicht vorgesehen; § 15 Abs. 2 GmbHG bestimmt gerade, dass **Geschäftsanteile selbständig bleiben**, auch wenn sie sich in der Hand ein und desselben Gesellschafters vereinigen. Nach allgemeiner Meinung ist eine Zusammenlegung von Gesellschaftsanteilen gleichwohl zulässig, wenn sie mit gleichen Rechten und Pflichten ausgestattet sind, die Stammeinlage voll erbracht ist und kein rückständiger Nachschuss besteht.[399] In diesem Fall besteht keine

128

---

[393] Amtliche Begründung zum Gesetzentwurf der Bundesregierung zu § 12 GmbHG n.F., so auch Baumbach/Hueck/Fastrich, GmbHG, § 12 Rn. 6; Scholz/Veil, GmbHG, § 12 Rn. 8; Noack, DB 2005, 599, 600; Terbrack, DStR 2005, 2045; DNotI-Report 2005, 81 ff.; kritisch: Melchior, GmbHR 2005, R 165.

[394] Gesetz über elektronische Handelsregister und Genossenschaftsregister sowie das Unternehmensregister (EHUG) v. 10.11.2006, BGBl. 2006 I, S. 2553.

[395] Punkt 37 der Stellungnahme des Bundesrates, BR-Drucks. Nr. 942/05 vom 10.2.2006; Sikora/Schwab, MittBayNot 2006, 1, 13.

[396] DNotI-Report 2005, 81; Spindler/Kramski, NZG 2005, 746, 748; Terbrack, DStR 2005, 2045.

[397] Nach van Venrooy, GmbHR 2005, 1243, besteht eine Pflicht zur Aufstellung von Zustimmungsvorbehalten in der GmbH, soweit sie erforderlich sind, um gesetzwidrige Handlungen der Geschäftsführer zu unterbinden.

[398] Mayer, in: Münchener Handbuch des Gesellschaftsrechts, Bd. 3, § 20 Rn. 29.

[399] Baumbach/Hueck/Hueck/Fastrich, GmbHG, § 15 Rn. 19; Priester, GmbHR 1976, 131.

Gefahr, dass der Rückgriff auf Vormänner, deren Einlage noch nicht voll erbracht ist und die nach § 22 GmbHG haften, erschwert wird.

Nach wohl h.M. reicht für die Vereinigung ein **entsprechender Gesellschafterbeschluss mit Zustimmung des betroffenen Gesellschafters** aus.[400] Die Gegenansicht erachtet wegen § 15 Abs. 5 GmbHG eine entsprechende Satzungsbestimmung als erforderlich, weil die Vereinigung die Abtretung erschwere, weil Teile eines vereinigten Geschäftsanteils nur noch abgetreten werden können, nachdem die Gesellschaft erneut die Teilung nach § 17 Abs.1 GmbHG genehmigt hat.[401] Ein satzungsdurchbrechender Beschluss unter Mitwirkung aller und mit entsprechendem Anfechtungsverzicht wird aber ebenfalls für wirksam erachtet.

Die Satzung kann auch eine **automatische Vereinigung** aller in der Hand eines Gesellschafters befindlichen Geschäftsanteile vorsehen.[402]

bb) Kataloge zustimmungsbedürftiger Rechtsgeschäfte

129 Bei der GmbH besteht eine umfassende Vertretungsbefugnis der Geschäftsführer nach außen. Die GmbH wird bei allen Geschäften, sogar außerhalb des Unternehmensgegenstandes der Gesellschaft, verpflichtet. Grenzen sind nur da gesetzt, wo ein **sog. kollusives Zusammenwirken** vorliegt.[403] Im Innenverhältnis zu den Gesellschaftern ist die Geschäftsführungsbefugnis insofern beschränkt, als dass Geschäfte außerhalb des Unternehmensgegenstandes einem internen Zustimmungserfordernis unterliegen. Weitere Beschränkungen ergeben sich regelmäßig aus den Geschäftsführerverträgen und einer Geschäftsordnung für die Geschäftsführung. Geschäftsführer und Gesellschafter einer GmbH können aber auch ein berechtigtes Interesse daran haben, dass der Umfang der Geschäftsführungsbefugnisse vorher abgestimmt wird und Änderungen nur mit satzungsändernder Mehrheit beschlossen werden können. Die **Aufnahme derartiger Kataloge** in die Satzung kann die Mitgesellschafter vor einer Verlagerung oder Umgestaltung der in der Geschäftsordnung oder in anderen Vereinbarungen festgelegten Geschäftsführungsbefugnisse schützen. Andererseits muss eine solche Regelung so flexibel sein, dass laufende weitere Anpassungen nicht erforderlich sind. Häufig wird dies durch die Aufnahme einer **sog. Öffnungsklausel** in den Katalog der zustimmungsbedürftigen Geschäfte in zwei Richtungen erreicht:

130 **Formulierungsbeispiel: Öffnungsklausel**

> „Die Gesellschafterversammlung kann mit der für eine Satzungsänderung erforderlichen Mehrheit beschließen, dass dieser Katalog erweitert oder eingeschränkt wird. Sie kann auch im Einzelfall Ausnahmen oder teilweise Beschränkungen zu diesem Katalog festlegen."

131 Die entscheidende Stellschraube ist dann, **mit welchen Mehrheiten derartige Beschlüsse gefasst werden können**. Umfangreiche Kataloge, die mit einem einfachen Gesellschafterbeschluss geändert werden können, machen nur eingeschränkt Sinn. Die Aufgabe des Beraters besteht darin, hier eine Feinjustierung vorzunehmen.

Darüber hinaus stellt sich häufig die Frage, ob die Kompetenz zur Änderung von Einzelbefugnissen nicht auf einen **etwa bestehenden Beirat oder Aufsichtsrat** delegiert oder zwischen Gesellschafterversammlung (besonders wichtige Änderungen) und Beirat/Aufsichtsrat (weniger wichtige Änderungen) aufgeteilt werden sollte. Eine flexible Handhabung ermöglicht z.B. folgende Klausel:

---

400 Baumbach/Hueck/Hueck/Fastrich, GmbHG, § 15 Rn. 19.
401 Jasper, in: Münchener Handbuch des Gesellschaftsrechts, Bd. 3, § 24 Rn. 220.
402 DNotI-Gutachten Nr. 54659 v. 18.11.2004.
403 Scholz/Schneider, GmbHG, § 35 Rn. 133 ff. m.w.N.

Formulierungsbeispiel: Zustimmungsvorbehalt 132

„Die Gesellschafterversammlung kann mit der für eine Satzungsänderung erforderlichen Mehrheit einen Katalog von Geschäften beschließen, die die Geschäftsführung nur mit Zustimmung der Gesellschafterversammlung vornehmen darf."

3. Veräußerungsbeschränkungen

a) Vinkulierungsklauseln

Die meisten GmbH-Satzungen stellen die Übertragung von Geschäftsanteilen unter einen **Zustimmungsvorbehalt** (sog. Vinkulierung). Bei bewusster Satzungsgestaltung fehlen Vinkulierungsklauseln, wenn die Gesellschafter eine kapitalistische Gestaltung ihrer GmbH gewählt haben. Häufiger machen sich die Beteiligten indes keine oder zu wenig Gedanken über die Vinkulierung. 133

Vinkulierungsklauseln sollen das **Eindringen Dritter verhindern bzw. kontrollieren**, können aber nach h.M. keinen vollständigen Schutz gegen das Eindringen Fremder begründen. Nach noch h.M. sind sie bei der Verwertung durch den Insolvenzverwalter oder den Pfändungsgläubiger nicht zu beachten.[404] Um auch in diesen Fällen die Kontrolle zu behalten, sollte die Satzung **Regelungen zur Einziehung und Zwangsabtretung als Gestaltungsvariante** enthalten. Andernfalls sehen sich die Mitgesellschafter nicht nur einem ihnen unbekannten Verwalter/Gläubiger gegenüber, der möglicherweise ganz andere unternehmerische Interessen verfolgt. Sie müssen auch berücksichtigen, dass sie den Verkauf der Anteile an Dritte nicht verhindern können.

> **Hinweis:**
> Bei der Satzungsgestaltung ist großes Augenmerk auf die Frage des Zustimmungsberechtigten zu legen.

Die Zustimmung **kann der „Gesellschaft" übertragen werden**. Dann ist es Aufgabe des Geschäftsführers bzw. der Geschäftsführer in vertretungsberechtigter Zahl, die Zustimmung zu erklären. Diese Frage sollte eindeutig entweder im Rahmen des Katalogs zustimmungsbedürftiger Geschäfte oder aber bei der entsprechenden Vinkulierungsklausel geregelt werden, da vertreten wird, dass ohne eine ausdrückliche Satzungsregelung diese Zustimmung nur nach einem vorherigen Gesellschafterbeschluss erteilt werden darf.[405] Weiterhin ist die erforderliche Beschlussmehrheit zu regeln. 134

Sieht die Satzung vor, dass die **Zustimmung „aller Gesellschafter"** erforderlich ist, ist unklar, ob ein einstimmiger Gesellschafterbeschluss oder eine individuelle Zustimmung jedes einzelnen Gesellschafters erforderlich sein soll. Auch mit Rücksicht auf § 13 Abs. 2 UmwG sollte dies unbedingt klargestellt weren. Die Beteiligten sind darauf hinzuweisen, dass derartige Vinkulierungsklauseln besonders gravierend in die Dispositionsbefugnis des einzelnen Gesellschafters eingreifen. Häufig ist dies auch gewünscht.

Die Satzung kann auch die **Zustimmung der „Gesellschafterversammlung"** vorsehen. Auch hier sollte die für eine Beschlussfassung erforderliche Mehrheit geregelt werden. Ist ein einstimmiger Beschluss vorgesehen, sollte klargestellt werden, ob alle oder nur die bei der Beschlussfassung anwesenden Gesellschafter an diesem Beschluss mitwirken müssen. Im Zweifel beinhaltet eine solche Klausel keine Zustimmungspflicht jedes Einzelnen. Es kommt dann nur auf den einstimmigen Beschluss aller ordnungsgemäß geladenen und anwesenden Gesellschafter an.

Eine derartige Vinkulierungsklausel kann einer Übertragung dann nicht entgegenstehen kann, wenn die Versagung der Zustimmung **treuwidrig wäre**. Vinkulierungsklauseln sollten auch keinen Streit über die

---

404 Vgl. dazu ausführlich und kritisch Liebscher/Lübke, ZIP 2004, 241 m.w.N.
405 Baumbach/Hueck/Hueck/Fastrich, GmbHG, § 15 Rn. 42; Jasper, in: Münchener Handbuch des Gesellschaftsrechts, Bd. 3, § 24 Rn. 199; Michalski/Ebbing, GmbHG, § 15 Rn. 146 m.w.N.

Frage aufkommen lassen, ob **mittelbare Anteilsübertragungen erfasst werden sollen**,[406] d.h. Gestaltungen, in denen statt einer Übertragung der Geschäftsanteile als solche an dem Geschäftsanteil Rechte für Dritte begründet werden (Treuhandvereinbarungen, Poolvereinbarungen, Stimmbindungsverträge, Unterbeteiligungen) oder aber der Anteilsinhaber übertragen wird. Dies kann durch die Veräußerung der Geschäftsanteile der Anteilsinhabergesellschaft oder im Wege von Umwandlungsmaßnahmen erfolgen. Letztlich ist es auch denkbar, dass die Kontrolle über den Anteilsinhaber durch schuldrechtliche Vereinbarungen mit Dritten (Treuhandvereinbarungen etc.) weitergegeben wird.

> **Hinweis:**
> Bei entsprechendem Wunsch der Beteiligten sollte die Vinkulierungsklausel auf mittelbare Anteilsübertragungen und auf solche Fälle erstreckt werden, in denen die Kontrolle über die Anteilsinhabergesellschaft wechselt (change of control–Klauseln). Zwar greifen bei einem mittelbaren Anteilsinhaberwechsel Vinkulierungsklauseln nicht unmittelbar, da gerade keine Anteilsveräußerung stattfindet. Ein solches Verhalten kann jedoch neben Schadensersatz- und Unterlassungsansprüchen[407] mit einer Einziehungsregelung und Zwangsabtretungsverpflichtung sanktioniert werden. Im Vorfeld mittelbarer Anteilsübertragungen sollte die Satzung Informationspflichten und Auskunftsansprüche vorsehen.

b) Vorkaufsrechte

135 In GmbH-Satzungen werden zum Schutz vor dem Eindringen fremder Dritter oftmals ausschließlich nicht näher ausgestaltete **Vorkaufsrechte zu Gunsten der Mitgesellschafter** vereinbart. Z.T. werden Vorkaufsrechte auch nur schuldrechtlich – im Rahmen von Beteiligungsverträgen oder Abreden zwischen den Gesellschaftern – vereinbart. Im Gegensatz zu der vorzugwürdigen statutarischen Begründung des Vorkaufsrechts erfasst eine schuldrechtliche Vereinbarung nicht ohne weiteres die Rechtsnachfolger.

Nachträglich können Vorkaufsrechte in die Satzung **nur mit Zustimmung der Beteiligten** aufgenommen werden. Das Vorkaufsrecht greift entgegen der Auffassung vieler Beteiligter **nur bei einem Verkaufsfall an einen Dritten** und versagt daher insb. bei Tausch-, Schenkungs-, Erb-[408] und wohl auch Einbringungsfällen. Darüber hinaus wird häufig versucht, Vorkaufsrechte zu umgehen.[409] Die **Möglichkeiten zur Vermeidung des Vorkaufsfalls** sind vielfältig. So kann bspw. die Übertragung nicht als Verkauf gestaltet werden oder aber der Verkaufsfall wird mit solchen Pflichten des Käufers belastet, die der Vorkaufsberechtigte nicht erfüllen kann oder will.[410]

> **Hinweis:**
> Die Satzung sollte Fragen der Umgehungsmöglichkeit gar nicht erst auftauchen lassen, indem z.B. die Vorkaufsfälle weitergehend definiert und die Konsequenzen der Ausübung des Vorkaufsrechtes gestaltet werden. So können auch Einbringungsfälle als das vorkaufsrechtauslösende Ereignis definiert und ein sogenanntes preislimitiertes Vorkaufsrecht festgelegt werden. Je weiter die Beteiligten hier von den dispositiven Regelungen des Gesetzes abweichen, desto eher entspricht das Vorkaufsrecht einem Andienungsrecht, das den Interessen der Beteiligten auch häufiger gerecht wird.

c) Andienungsrechte und Andienungspflichten

136 Andienungspflichten begründen für einen übertragungswilligen Gesellschafter die Verpflichtung, vor der **Übertragung seinen Anteil zu festgelegten Bedingungen** den Mitgesellschaftern anzubieten. Derartige

---

406 Vgl. dazu ausführlich: Liebscher, ZIP 2003, 825 ff.
407 Vgl. dazu im Einzelnen Liebscher, ZIP 2003, 825, 832 f.
408 Dazu DNotI-Gutachten Nr. 42719 v. 18.7.2003.
409 Vgl. dazu insb. die Darstellung bei Westermann, in: FS für Wiedemann, S. 1349 ff.
410 Westermann, in: FS für Wiedemann, S. 1349 ff., spricht von „poison pills".

Satzungsklauseln[411] müssen regeln, in welchem Verhältnis, zu welchem Zeitpunkt und für welchen Zeitraum die Andienungspflicht besteht.[412] Weiterhin sollten die Konditionen bei Ausübung des Andienungsrechts für die Mitgesellschafter definiert werden. Der veräußerungswillige Gesellschafter hat ein Interesse daran, den Zeitraum, im Rahmen dessen sich die Mitgesellschafter die Übernahme überlegen können, nicht zu weit zu fassen, während die Mitgesellschafter den Zeitraum, den der veräußerungswillige Gesellschafter nach Nichtausübung des Andienungsrechts hat, um seinen Anteil an einen Dritten zu veräußern, beschränken wollen. Schon nach kurzer Zeit kann sich der Wert des Anteils und die Gesamtkonstellation so ändern, dass die Mitgesellschafter anders entscheiden würden.

d) Mitverkaufsrechte und Mitverkaufspflichten

Mitgesellschafter können ein Interesse daran besitzen, auch **ihre Anteile an einen Erwerber mitverkaufen zu dürfen**, wenn ein Gesellschafter z.B. eine günstige Möglichkeit zur Anteilsveräußerung gefunden hat (Mitverkaufsrecht). Dies kann über eine Veräußerungsbeschränkung des Inhalts erreicht werden, dass ein Gesellschafter seinen Anteil nur verkaufen darf, wenn der Erwerber auch die Anteile der Mitgesellschafter übernimmt.[413] So wollen sich nicht selten Wagniskapitalgeber, Minderheitsgesellschafter oder bspw. der nur noch eine Minderheitsbeteiligung besitzende Senior einer Gesellschaft davor schützen, dass der Mehrheitsgesellschafter seine Anteile zu besten Bedingungen verkauft und sie ihre Beteiligung an der Gesellschaft behalten müssen.

In anderen Konstellationen hat ein Mehrheitsgesellschafter ein Interesse an einer Mitverkaufspflicht seiner Mitgesellschafter, wenn – wie häufig der Fall – **der Erwerber nur am Erwerb sämtlicher Geschäftsanteile** interessiert ist. Teilweise wollen auch Minderheitsgesellschafter, die sich bspw. als Wagniskapitalgeber beteiligen, den „Exit" aktiv gestalten. Auch solche Vereinbarungen, die die Mitgesellschafter zum Verkauf ihrer Anteile verpflichten, werden in der Praxis zunehmend wichtig. Sie lassen sich **schuldrechtlich oder satzungsmäßig**[414] mit den bereits vorbeschriebenen Vor- und Nachteilen vereinbaren. Eine schuldrechtliche Mitverkaufspflicht, z.B. in einer Gesellschaftervereinbarung, einem Konsortialvertrag oder einem Beteiligungsvertrag, ist gemäß § 15 GmbHG zu beurkunden. Bei Verletzung der statutarischen oder schuldrechtlichen Abrede kann auf Abgabe der entsprechenden Willenserklärung geklagt werden. Darüber hinaus können als Sanktion auch Einziehungs- oder Ausschlussrechte vereinbart werden.

4. Vererbung

Der Geschäftsanteil einer GmbH fällt – anders als bei der Personengesellschaft – **ohne weiteres in den Nachlass** und kann so an gesellschaftsfremde Dritte fallen. Da dies häufig unerwünscht ist, empfiehlt es sich, entsprechende Regelungen in die Satzung der GmbH aufzunehmen.[415]

In der Satzung können der oder die Erben des verstorbenen Gesellschafters verpflichtet werden, den **Geschäftsanteil an einen Dritten abzutreten**. Die Abtretung kann mit einer Vinkulierungsklausel an die Zustimmung z.B. der Gesellschaft oder einzelner Gesellschafter gebunden werden.

---

411 Formulierungsbeispiel bei Heckschen/Heidinger, Die GmbH in der Gestaltungspraxis, 2005, § 3 Rn. 139.
412 Habersack, ZIP 2004, 1121, 1127, hingegen geht von der Existenz eines allgemeinen Andienungsrechtes der Gesellschafter aus, das durch die Satzung oder einen Gesellschafterbeschluss vorbehaltlich einer sachlichen Rechtfertigung ausgeschlossen werden kann.
413 Formulierungsbeispiel bei Heckschen/Heidinger, Die GmbH in der Gestaltungspraxis, § 3 Rn. 143 sowie bei Sickinger, in: Münchener Anwaltshandbuch Aktienrecht, § 11 Rn. 12, 20.
414 Formulierungsbeispiel bei Heckschen/Heidinger, Die GmbH in der Gestaltungspraxis, § 3 Rn. 145 sowie bei Sickinger, in: Münchener Anwaltshandbuch Aktienrecht, § 11 Rn. 12, 20.
415 Formulierungsbeispiel bei Heckschen/Heidinger, Die GmbH in der Gestaltungspraxis, § 3 Rn. 162; auch bei Langner/Heydel, GmbHR 2006, 291; dies., GmbHR 2005, 377; Gassen, RNotZ 2004, 423; zu Nachfolgeklauseln im Gesellschaftsrecht Reimann, ZNotP 2006, 162.

Die Satzung kann auch vorsehen, dass die Gesellschaft **beim Tod eines Gesellschafters dessen Geschäftsanteil einziehen kann** oder muss.[416] Dabei ist aber zu bedenken, dass die Einziehung die volle Einzahlung des Geschäftsanteils und die Fähigkeit der Gesellschaft voraussetzt, das Einziehungsentgelt ohne Inanspruchnahme ihres Stammkapitals zu zahlen. Es empfiehlt sich aus letztgenanntem Grund, alternativ eine Zwangsabtretung an Dritte vorzusehen. Ist die Einziehung in der Satzung für den Fall der Vererbung eines Geschäftsanteils vorgesehen, so ist die Einberufung zur Gesellschafterversammlung, die über die Einziehung beschließen soll, auch an den/die Erben zu richten.[417] Auch die Mitteilung über die Einziehung muss an die Erben erfolgen, soweit sie nicht an der Versammlung teilgenommen haben.

> **Hinweis:**
> Selbst wenn die Gesellschafter grds. damit einverstanden sind, dass die Erben eines jeden der Mitgesellschafter in die Gesellschaft eintreten, ist es ratsam zu verlangen, dass eine größere Erbengemeinschaft durch einen bevollmächtigten Vertreter auftritt. In der Satzung kann das Ruhen des Stimmrechts bis zur Bestimmung eines solchen Vertreters festgelegt werden. Zu bedenken ist, dass die Erbengemeinschaft sich hinsichtlich des Geschäftsanteils durch Teilung nur auseinandersetzen kann, wenn die GmbH dies genehmigt (§ 17 GmbHG).

5. Kündigung, Einziehung, Ausschluss[418]

a) Kündigung

139 Durch Gesellschaftsvertrag kann den Gesellschaftern ein Kündigungsrecht eingeräumt und dieses an bestimmte tatbestandliche Voraussetzungen geknüpft werden. **In der Praxis empfiehlt es sich** häufig, in der Satzung zunächst eine Periode vorzusehen, in der eine Kündigung ausgeschlossen ist. Die Gesellschaft soll auf diese Weise eine fest vereinbarte Startphase erhalten.

Die Wirkung der Kündigung sollte weitergehend dahin modifiziert werden, dass der Kündigende aus der Gesellschaft ausscheidet und die Gesellschaft den Anteil einzieht, erwirbt oder den anderen Gesellschaftern den Erwerb überlässt.[419] Zweifel darüber, ob ein Kündigungsrecht mit der Folge der Gesellschaftsauflösung oder lediglich ein Austrittsrecht gewollt sind, sollten durch eine **klare Satzungsregelung** vermieden werden. Der BGH hat auch eine Klausel als zulässig angesehen, nach der der Geschäftsanteil des kündigenden Gesellschafters den übrigen Geschäftsanteilen proportional anwächst.[420]

Der BGH[421] hat Satzungsbestimmungen, wonach ein Gesellschafter mit der Kündigung sofort – und nicht erst mit Leistung der Abfindung – aus der Gesellschaft ausscheidet, als zulässig erachtet.

> **Hinweis:**
> Die Aufnahme einer Regelung über den Zeitpunkt des Ausscheidens ist dringend zu empfehlen, um dem Streit in der Lehre[422] über die Frage, ob der betroffene Gesellschafter erst mit Zahlung der Abfindung wirksam aus der Gesellschaft ausgeschieden ist oder bereits mit Zugang der Kündigungserklärung, zu entgehen.[423]

---

416 Lenz, GmbHR 2000, 927, 928; zu den erbschaftsteuerlichen Folgen bei Zwangseinziehung und Zwangsabtretung vgl. Hübner, ErbStB 2004, 387.
417 Roth in: Roth/Altmeppen, GmbHG, § 51 Rn. 5.
418 Aktuell dazu Heckschen, GmbHR 2006, 1254.
419 Rowedder/Schmidt-Leithoff/Rasner, GmbHG, § 60 Rn. 43.
420 Siehe dazu und zur antizipierten Anteilsübertragung Heckschen/Heidinger, Die GmbH in der Gestaltungspraxis, § 3 Rn. 146 ff.
421 GmbHR 2003, 1062 = NZG 2003, 871 = DB 2003, 2058; sich anschließend: LG Köln, ZIP 2005, 439 (rk.).
422 Die sich beim Ausschluss ergebende Problematik stellt sich im Grundsatz auch bei der Kündigung. Ausf. zum Ausschluss Ulmer/Ulmer, GmbHG, § 34 Rn. 32 ff.; Scholz/Winter/Seibt, GmbHG, Anh. § 34 Rn. 39 ff.
423 Vgl. dazu unter Rn. 144.

Ohne Satzungsregelung könnten die Folgen fatal sein, wenn sich die Rspr. der Auffassung in der Lehre,[424] die den Kündigenden/Auszuschließenden erst mit Zahlung der Abfindung ausscheiden läßt, anschließt. Über Jahre kann die **Entscheidungsfindung und Beschlussfassung in der Gesellschaft stark behindert oder blockiert sein.** Kaum eine Streitigkeit lässt sich länger hinziehen und hat einen ungewisseren Ausgang als die Auseinandersetzung um die für die Bemessung der Abfindung nötige Unternehmensbewertung.

b) Einziehung (Amortisation)

Die Einziehung von Gesellschaftsanteilen darf nur erfolgen, **soweit sie im Gesellschaftsvertrag zugelassen ist** (§ 34 Abs. 1 GmbHG). Dies gilt sowohl für die zwangsweise Einziehung als auch für die Einziehung mit Zustimmung des betroffenen Gesellschafters. Typischerweise sieht die Satzung die Einziehung für folgende Fallkonstellationen vor:

140

- wichtiger Grund (allgemein),
- Insolvenz,
- Pfändungsmaßnahmen,
- Verstoß gegen Wettbewerbsverbote,
- Verstoß gegen Mitveräußerungsverpflichtungen/-rechte,[425]
- Ausscheiden aus Anstellungsverhältnissen,
- Erbfall,[426]
- fehlende Herausnahme des Geschäftsanteils aus dem Zugewinnausgleich.

Erlaubt die Satzung die zustimmungslose Zwangseinziehung „aus wichtigem Grund" in der Person des Gesellschafters, setzt dies nach der Rspr. voraus, dass eine so **schwerwiegende Zuwiderhandlung gegen die Interessen der Gesellschaft** vorliegt, dass den übrigen Gesellschaftern nach Abwägung aller Umstände ein Verbleiben des Gesellschafters nicht zugemutet werden kann.[427] Ein „wichtiger Grund" ist zu bejahen für eine gröbliche Verletzung von Gesellschafterpflichten. Das OLG Dresden hat einen „wichtigen Grund" verneint für einen abberufenen und gekündigten Gesellschafter-Geschäftsführer, der weiter im Namen der Gesellschaft handelte.[428]

Bei verheirateten Gesellschaftern ist es i.d.R. nicht sinnvoll, dass der Geschäftsanteil in den Zugewinnausgleich bei Scheidung der Ehe eines Gesellschafters fällt. Zum einen würde über mögliche Zugewinnausgleichsforderungen nicht nur ein Mitgesellschafter in erhebliche wirtschaftliche Probleme geraten. Vor allem aber würde die durchzuführende Unternehmensbewertung Geheimhaltungsinteressen der GmbH berühren und die Geschäftstätigkeit der Gesellschaft durch zu beantwortende Auskunftsverlangen etc. behindern, wenn sich die Beteiligten des Scheidungsverfahrens über den Wert der Beteiligungen streiten. Auch nach der neuen Rspr. des BVerfG[429] und des BGH[430] bleibt die ehevertragliche Vereinbarung,[431] mit der eine Beteiligung an einer GmbH mit oder ohne Ausgleich aus dem Zugewinn herausgenommen

141

---

424 Scholz/Winter/Seibt, GmbHG, Anh. § 34 Rn. 39 ff.; Rowedder/Schmidt-Leithoff/Bergmann, GmbHG, § 34 Rn. 101 f.; kritisch: Baumbach/Hueck/Hueck/Fastrich, GmbHG, Anh. § 34 Rn. 12 ff.; a.A.: Altmeppen, in: Roth/Altmeppen, GmbHG, § 60 Rn. 95 ff.
425 Vgl. dazu Rn. 137.
426 Vgl. dazu Rn. 138; zu den erbschaftsteuerlichen Folgen bei Zwangseinziehung und Zwangsabtretung vgl. Hübner, ErbStB 2004, 387.
427 BGH, GmbHR 1987, 302; OLG München, GmbHR 1994, 406; Baumbach/Hueck/Hueck/Fastrich, GmbHG, § 34 Rn. 10.
428 Vgl. den Fall des OLG Dresden, GmbHR 1999, 234, 236.
429 BVerfG, DNotZ 2001, 222 = FamRZ 2001, 343; DNotZ 2001, 708 = FamRZ 2001, 985.
430 BGH, ZNotP 2004, 155.
431 Zu möglichen Klauseln ausführlich Wachter, GmbH-StB 2006, 234; Gassen, RNotZ 2004, 423; ausführlicher Mustereheverrag eines Unternehmers bei Grziwotz, ZIP 2006, 9.

wird, zulässig.[432] Inwieweit die **Verpflichtung zur Vereinbarung von Gütertrennung** zulässig ist, ist höchstrichterlich noch nicht geklärt und letztlich einzelfallabhängig, vor allem von einer Kompensation für den Ehepartner und davon, ob der Gesellschaftsanteil den wesentlichen Teil des Vermögens darstellt. Wegen ihrer höheren Flexibilität ist aber eine Modifikation des Zugewinnausgleichs der Verpflichtung zur Gütertrennung vorzuziehen.[433]

142 **Formulierungsbeispiel: Güterstandsklausel**

> (1) Jeder verheiratete Gesellschafter, der im Güterstand der Zugewinngemeinschaft lebt, ist verpflichtet, mit seinem Ehegatten in notarieller Urkunde zu vereinbaren, dass
>
> - er ohne die Einschränkungen des § 1365 BGB über seine Beteiligung an der Gesellschaft verfügen kann und
> - diese Beteiligung einschließlich aller Werterhöhungen bei Beendigung des Güterstandes unter Lebenden oder durch Tod vom Zugewinnausgleich ausgenommen ist.
>
> (2) Jeder verheiratete Gesellschafter, der im Güterstand der Gütergemeinschaft lebt, hat mit seinem Ehegatten in notarieller Urkunde zu vereinbaren, dass die Beteiligung an der Gesellschaft zum Vorbehaltsgut gehört.
>
> (3) Die vorstehenden Verpflichtungen gelten für Gesellschafter in eingetragener Lebenspartnerschaft und in Güterständen ausländischen Rechts entsprechend.
>
> (4) Der Gesellschafter hat der Gesellschaft den Abschluss der entsprechenden Vereinbarungen innerhalb von drei Monaten nach Aufforderung durch die Gesellschaft oder einen Mitgesellschafter schriftlich anzuzeigen, etwaige Änderungen innerhalb der gleichen Frist, jedoch ohne dass es einer Aufforderung bedarf. Verstößt der Gesellschafter gegen Satz 1, stellt dies einen wichtigen Grund zur Einziehung seines Geschäftsanteils ohne seine Zustimmung dar.

143 Ein Geschäftsanteil kann wirksam nur dann eingezogen werden, wenn der betroffene Anteil voll eingezahlt ist. Ist der Anteil – wie aufgrund des § 7 Abs. 2 und 3 GmbHG nicht selten der Fall – nicht vollständig eingezahlt, steht dies der Einziehung des Anteils entgegen. Vor allem bei der Insolvenz des Gesellschafters oder einer Störung des Verhältnisses der Gesellschafter wird der betroffene Gesellschafter nicht willens oder in der Lage sein, den Anteil noch vollständig einzuzahlen. Wollen die übrigen Gesellschafter den einzuziehenden Anteil nicht selbst vollständig einzahlen oder das langwierige Verfahren einer Kapitalherabsetzung einleiten, bleibt ihnen nur der Ausschluss des Gesellschafters, der das Vorliegen eines Ausschlussgrundes (insb. wichtiger Grund) verlangt. Dieses Problem kann durch die Satzung entschärft werden, wenn sie eine Zwangsabtretung an einen von der Gesellschaft zu benennenden Dritten oder – soweit zulässig – an die Gesellschaft vorsieht.[434]

144 Es ist äußerst streitig, **zu welchem Zeitpunkt die Einziehung wirksam wird**.[435] Nach Auffassung einiger OLG[436] und der ganz herrschenden Lehre erlangt bei Fehlen einer Satzungsregelung die Einziehung erst aufschiebend bedingt mit der Zahlung des Einziehungsentgeltes Wirksamkeit. Der Ausscheidende soll so davor geschützt werden, seine Gesellschafterstellung zu verlieren, ohne das Einziehungsentgelt erhalten zu haben. Darüber hinaus ist die Einziehung entsprechend § 34 Abs. 3 GmbHG nur wirksam, wenn die Gesellschaft in der Lage ist, **das Einziehungsentgelt zu zahlen**, ohne dafür das Stammkapital der Ge-

---

432 Wachter, GmbH-StB 2006, 234, 235 f.; Rakete-Dombek, NJW 2004, 1273, 1275; Münch, ZNotP 2004, 122, 126.
433 Zum Ganzen ausführlich und mit Formulierungsvorschlägen DNotI-Gutachten Nr. 61580 v. 30.8.2005.
434 Ausführlich dazu Wehrstedt/Füssenich, GmbHR 2006, 698.
435 Vgl. dazu ausführlich Goette, in: FS für Lutter, S. 399 f.
436 OLG Jena, NZG 2006, 36 für die Ausschließung; OLG Köln, GmbHR 1996, 609; OLG Frankfurt, GmbHR 1997, 171, 172; OLG Zweibrücken, GmbHR 1997, 939, 942; OLG Hamm, NZG 1999, 597, 598; KG, GmbHR 1999, 1202, 1203; OLG Schleswig, NZG 2000, 703, 704.

sellschaft in Anspruch nehmen zu müssen. Es stehe aber erst im Zahlungszeitpunkt fest, ob dies wirklich möglich ist. Vor diesem Hintergrund müsse die Einziehung zum Schutz des Gesellschafters und des Gesellschaftsvermögens **zwingend aufschiebend bedingt** sein.[437]

Der BGH hat ausdrücklich lediglich für den Fall der zwangsweisen Ausschließung entschieden, dass das Ausscheiden hier erst bedingt mit der Zahlung des Abfindungsentgelts wirksam werde (sog. „Bedingungslösung").[438] Aus dieser Entscheidung können aber keine eindeutigen Schlüsse für die Einziehung aufgrund einer Satzungsklausel gezogen werden. Die Lage stellt sich deutlich anders dar, wenn ein eintretender Gesellschafter eine Einziehungsklausel in der Satzung akzeptiert, in der er sich mit einem Ausscheiden **unabhängig von der Zahlung des Einziehungsentgelts** einverstanden erklärt. Nach der zutreffenden – aber von der überwiegenden Auffassung abgelehnten – Ansicht scheidet der Gesellschafter auch bei Satzungen, die dies nicht ausdrücklich festlegen, bereits unmittelbar mit dem Einziehungsbeschluss aus. Nachdem der BGH für die Kündigung[439] Satzungsklauseln ausdrücklich zugelassen hat, nach denen der Gesellschafter zum Zeitpunkt der Zustellung des Kündigungsbeschlusses ohne vorherige Zahlung des Abfindungsentgeltes ausscheidet, spricht nichts dafür, dass bei der Einziehung, die auch auf einer Satzungsbestimmung beruhen muss, nicht gleiches zu gelten hat.[440] So hat auch das KG entschieden, dass der rechtmäßig durch einen Einziehungsbeschluss ausgeschiedene Gesellschafter keine Mitgliedschaftsrechte mehr hat, auch wenn er das Abfindungsguthaben noch nicht erhalten hat. In den Urteilsgründen führt das KG aus, dass diese Rspr. jedenfalls in den Fällen gelten soll, in denen die Einziehung auf einem gesellschaftsschädigenden Verhalten des Ausgeschlossenen beruht.[441]

c) Ausschluss

Eine gesetzliche Anordnung der Ausschließung findet sich lediglich in den §§ 21, 28 Abs. 1 GmbHG für die verzögerte Einzahlung von Stammeinlagen oder Nachschüssen. Ein Austritts- und **Ausschlussrecht aus wichtigem Grund** ist aber als notwendiger Bestandteil jedes personalen Dauerrechtsverhältnisses auch bei der GmbH anzuerkennen.[442] Darüber hinaus kann die Satzung den Ausschluss eines Gesellschafters **ausdrücklich vorsehen**. Die Satzung kann das Recht zur Ausschließung modifizieren, insb. verfahrensrechtlich erschweren oder erleichtern, aber nicht beseitigen.[443]

145

Die Satzung kann sowohl Ausschließungsgründe festlegen als auch die **Form und das Verfahren** regeln. Bei entsprechender Satzungsgestaltung kann ein Gesellschafter bereits durch rechtsgestaltenden Gesellschafterbeschluss aus der Gesellschaft ausgeschlossen werden.[444] Es ist auf jeden Fall sinnvoll, dass die Satzung festlegt, dass nach Ausschließung der Anteil eingezogen oder zwangsabgetreten werden kann. Sieht die Satzung vor, dass eine Ausschließung aus wichtigem Grund erfolgen kann, so ist dies als Bestimmung des Ausschließungsgrundes ausreichend.[445] Weitere Beispiele für wichtige Gründe sind Wettbewerbsverstöße und Treupflichtverletzungen sowie ein Zerwürfnis zwischen den Gesellschaftern.[446]

---

437 Baumbach/Hueck/Hueck/Fastrich, GmbHG, § 34 Rn. 41 f.; Scholz/Westermann, GmbHG, § 34 Rn. 56; Rowedder/Schmidt-Leithoff/Rowedder/Bergmann, GmbHG, § 34 Rn. 28; ausdrücklich nur für die Zwangseinziehung: Lutter/Hommelhoff, in: Lutter/Hommelhoff, GmbHG, § 34 Rn. 28.
438 BGHZ 9, 157 = GmbHR 1953, 72.
439 GmbHR 2003, 1062 = NZG 2003, 871 = DB 2003, 2058.
440 In dieser Richtung wohl auch Goette, in: FS für Lutter, S. 399 f.
441 KG, ZIP 2006, 1098 = NZG 2006, 437 = DB 2006, 1782 (n. rkr., Revision beim BGH unter Az. II ZR 76/06).
442 Altmeppen, in: Roth/Altmeppen, GmbHG, § 60 Rn. 60.
443 OLG Jena, NZG 2006, 36.
444 BayObLG, RNotZ 2004, 41.
445 BGH, NJW 1977, 2316.
446 Vgl. z.B. den Fall des OLG Jena, NZG 2006, 36, in dem ein Gesellschafter den Mitgesellschafter wiederholt beschimpft und diskreditiert sowie mit unrichtigen oder verfälschten Tatsachen Strafanzeigen erhoben und Verleumdungen auch gegenüber Geschäftspartnern kundgetan hat.

146 Grds. nicht zulässig sind **Vereinbarungen über den Ausschluss von Gesellschaftern nach freiem Ermessen**. Nach der Rspr. des BGH sind solche sog. Hinauskündigungsklauseln grds. sittenwidrig, da der von der jederzeitigen Ausschlussmöglichkeit bedrohte Gesellschafter(-Geschäftsführer) von seinen Gesellschafterrechten keinen oder nur eingeschränkten Gebrauch machen wird. Besteht diese Gefahr im Einzelfall nicht, kann die Sittenwidrigkeit zu verneinen sein. Bei Vorliegen sachlicher Gründe sind Hinauskündigungsklauseln jedoch wirksam.

Immer häufiger anzutreffen sind Hinauskündigungsklauseln **im Zusammenhang mit Unternehmensbeteiligungsmodellen**, bei denen Geschäftsführern gesellschaftsvertraglich eine Gesellschafterstellung begrenzt auf die Dauer der Organstellung eingeräumt wird.[447] Dasselbe kann alternativ auch durch schuldrechtliche Regelungen im Rahmen des Anteilserwerbs erreicht werden. Beide Gestaltungen, die letztlich dem anderen Gesellschafter über die Abberufung das Recht zur Hinauskündigung unabhängig vom Vorliegen eines in der Satzung festgelegten sachlichen Grundes geben, sind i.d.R. nicht sittenwidrig, da sie durch besondere sachliche Gründe gerechtfertigt sind. Der BGH hat mit einer Reihe von Entscheidungen[448] für Rechtsklarheit gesorgt. So hat er Hinauskündigungsklauseln **für wirksam erachtet**, wenn der ausschließungsberechtigte Gesellschafter mit Rücksicht auf die enge persönliche Beziehung zu seiner Mitgesellschafterin die volle Finanzierung der Gesellschaft übernimmt und der Partnerin eine Mehrheitsbeteiligung und die Geschäftsführung einräumt[449] und wenn eine Praxisgemeinschaft von Ärzten einen neuen Gesellschafter aufnimmt und sich dabei eine zeitlich begrenzte Prüfungsmöglichkeit vorbehalten will.[450] Keine Bedenken hatte der BGH auch gegen eine Satzungsklausel, nach der in einer GmbH, in der alle Gesellschafter persönlich mitarbeiten, ein Geschäftsanteil eingezogen werden kann, wenn der betreffende Gesellschafter **nicht mehr in dem Gesellschaftsunternehmen tätig ist**[451] oder bezüglich des Erben eines Mitgesellschafters.[452] In einer weiteren aktuellen Entscheidung hat der BGH eine Ausschließungsklausel für zulässig erachtet, wenn die Gesellschaftsbeteiligung **nur als Annex zu einem Kooperationsvertrag** (hier: Franchise-Vertrag) der Gesellschafter anzusehen ist und sichergestellt werden soll, dass der Gesellschaft nur die Partner des Kooperationsvertrags angehören.[453]

Mit zwei weiteren Entscheidungen[454] hat der BGH Mitarbeiterbeteiligungsmodelle auf ein rechtlich sicheres Fundament gestellt. Sie eröffnen Unternehmen und Mitarbeitern die Möglichkeit, an einem für beide Seiten einträglichen motivationssteigernden Modell zu partizipieren. In der ersten Entscheidung[455] hat er ein Modell für zulässig erachtet, wonach ein mit 9,95 % an der GmbH beteiligter Geschäftsführer bei dem Erwerb der Anteile ein **unwiderrufliches Angebot zur Rückveräußerung an die GmbH** abgeben musste. Die Entscheidung, die Geschäftsführerstellung und damit die Gesellschafterstellung zu beenden, liege zwar im freien Ermessen der Gesellschafter. Das Konzept der Mitarbeiterbeteiligung als

---

447 Ausführlich dazu DNotI-Gutachten Nr. 54229 v. 11.11.2004; Miesen, RNotZ 2006, 522; zum Problem auch Benecke, ZIP 2005, 1437 und Gehrlein, NJW 2005, 1969; vgl. zur Abfindungsproblematik auch Rn. 145 ff.
448 BGHZ 112, 103; NJW 1983, 2880 = DB 1983, 1970 = WM 1983, 956; BGHZ 105, 213 = NJW 1989, 834; ZIP 2004, 903 = DB 2004, 1092 = DStR 2004, 826, ZIP 2005, 706 = GmbHR 2005, 620 = AG 2005, 397.
449 BGHZ 112, 103.
450 BGH, ZIP 2004, 903 = DB 2004, 1092 = DStR 2004, 826, dazu Grunewald, DStR 2004, 1750.
451 BGH, NJW 1983, 2880 = DB 1983, 1970 = WM 1983, 956.
452 BGHZ 105, 213 = NJW 1989, 834; zur Wirksamkeit von Schenkungsverträgen über Gesellschaftsanteile mit freiem Widerrufsvorbehalt oder Rückkaufsrecht Bütter/Tonner, NZG 2003, 193.
453 BGH, ZIP 2005, 706 = GmbHR 2005, 620 = AG 2005, 397; dazu Wagner, EWiR 2005, 621. Dass es sich bei dem Kooperationsvertrag um ein Franchise-System handelte, ergibt sich aus dem Beitrag von Goette, ZIP 2005, 1481, 1488 und DStR 2006, 139, 144.
454 BGH, ZIP 2005, 1917 = GmbHR 2005, 1558 = DStR 2005, 1913; BGH, ZIP 2005, 1920 = GmbHR 2005, 1561 mit jeweils zust. Anm. von Hinderer und Sinewe = DStR 2005, 1910; vgl. dazu Heckschen/Voigt, NotBZ 2005, 427 ff.; Goette, DStR 2006, 139, 143; Sosnitza, DStR 2006, 99; Böttcher, NZG 2005, 992; Habersack/Verse, ZGR 2005, 451; Gehrlein, NJW 2005, 1969; Kowalski/Bormann, GmbHR 2004, 1438; Schneider/Wiechers, DB 2005, 2450; Schockenhoff, ZIP 2005, 1009; a.A.: Binz/Sorg, GmbHR 2005, 893.
455 BGH, ZIP 2005, 1917 = GmbHR 2005, 1558.

Motivationsanreiz rechtfertige diese Koppelung jedoch. Der Zweck des Hinauskündigungsverbots, die Gesellschafter bei der Wahrnehmung ihrer Rechte nicht unangemessen unter Druck zu setzen, trete hierbei in den Hintergrund. Im Vordergrund stehe die ohnehin von § 38 Abs. 1 GmbHG vorgesehene Möglichkeit, sich der Geschäftsführung nach freiem Ermessen zu entledigen. Die Beteiligung sei nur Annex zur Geschäftsführerstellung, so dass der Verlust der Beteiligung nicht entscheidend ins Gewicht falle. Auch ein Verstoß gegen § 622 Abs. 6 BGB sei zu verneinen. Die Mitarbeiterbeteiligung ähnele einer Tantiemeregelung, deren Wegfall bei Beendigung des Dienstverhältnisses selbstverständlich sei.

Im zweiten Fall zu Arbeitnehmerbeteiligungsmodellen war in der Satzung verankert, das der Mitarbeiter **zur Abtretung seiner Beteiligung an Mitgesellschafter oder Dritte verpflichtet ist**, wenn er aus den Diensten der Gesellschaft ausscheidet. Der BGH stützte seine Entscheidung neben den bereits genannten Punkten darauf, dass ein „einfacher" Mitarbeiter regelmäßig durch das Kündigungsschutzgesetz geschützt und daher ein willkürliches Hinausdrängen aus der Gesellschaft durch Beendigung des Arbeitsverhältnisses ausgeschlossen sei. Das Gericht stellte weiter klar, dass eine satzungsmäßige Beschränkung der Abfindung auf den Betrag, den der Mitarbeiter bei Erwerb der Beteiligung aufgewandt hat, zulässig sei.[456]

Für die zukünftige Gestaltungspraxis bei Mitarbeiterbeteiligungen lassen sich aus den genannten Entscheidungen meines Erachtens folgende Schlussfolgerungen ableiten:

- **Mitarbeiterbeteiligungsmodelle** sollten grds. sowohl auf eine schuldrechtliche (Rückübertragungsangebot) und eine gesellschaftsrechtliche Basis (satzungsmäßige Ausschlussklausel) gestellt werden.
- **Satzungsmäßige Regelungen** bieten den maßgeblichen Vorteil, dass sie unzweifelhaft nicht der strengen AGB-rechtlichen Kontrolle und dem damit verbundenen Verbot der geltungserhaltenden Reduktion unterliegen.
- Es sollte beachtet werden, dass **eine entsprechende Befristung** für die Annahme des Rückübertragungsangebot und die Beschlussfassung über den Ausschluss aufgenommen wird, damit der ausscheidende Gesellschafter nicht unzumutbar lange über das Schicksal seiner Beteiligung im Ungewissen gelassen werden darf. Die Länge der Frist kann sich an den Regelungen zur Einziehung im Erbfall orientieren; eine Frist von einem Jahr wird als angemessen angesehen.

> **Hinweis:**
> Auch bei Ausschlussklauseln sollte der Zeitpunkt des Ausscheidens klar geregelt werden. Insoweit hat der BGH ausdrücklich entschieden, dass die Satzung für den Fall des Ausschlusses eines Gesellschafters durch Gesellschafterbeschluss anordnen kann, dass der Gesellschafter seine Gesellschafterstellung mit sofortiger Wirkung verliert.[457]

6. Abfindungsklauseln

Die Satzungsautonomie im GmbH-Recht gestattet es den Gesellschaftern, Regelungen über die Abfindung eines Gesellschafters bei seinem Ausscheiden aus der Gesellschaft zu treffen. Im Wesentlichen gibt es **zwei typische Regelungsinhalte von Abfindungsklauseln**, zum einen wird die Höhe der Abfindung und zum anderen werden die Bedingungen der Auszahlung geregelt.

Enthält eine Satzung keine Abfindungsregelungen, hat die **Abfindung zum Verkehrswert des Geschäftsanteils** zu erfolgen[458] und ist sofort mit dem Ausscheiden des Gesellschafters fällig.[459]

Abfindungsregelungen werden vor allem in die Satzung aufgenommen, um die Ermittlung der Höhe der Abfindung zu vereinfachen und die GmbH davor zu schützen, dass sie kurzfristig Kapital in umfang-

---

456 Dazu Heckschen/Heidinger, Die GmbH in der Gestaltungspraxis, § 3 Rn. 188.
457 BGHZ 32, 17 = DB 1960, 320; 2003, 2058.
458 Scholz/Westermann, GmbHG, § 34 Rn. 25; Rowedder/Schmidt-Leithoff/Rowedder/Bergmann, GmbHG, § 34 Rn. 105; Altmeppen in: Roth/Altmeppen, GmbHG, § 34 Rn. 44
459 Rowedder/Schmidt-Leithoff/Rowedder/Bergmann, GmbHG, § 34 Rn. 113.

reichem Maße für die Zahlung der Abfindung aufbringen muss sowie um die GmbH vor langwierigen Streitigkeiten um die Bewertung des Geschäftsanteils zu bewahren.

149 **Klauseln, die den Betrag der Abfindung beschränken**, sehen oftmals bei Ausscheiden, Einziehung aus wichtigem Grund, Eröffnung eines Insolvenzverfahrens oder Einzelzwangsvollstreckung eine Abfindung zum Buchwert vor. Andere Klauseln beschränken die Abfindung auf den Nennwert, Substanzwert oder Ertragswert.[460] Abfindungsklauseln können auch die Modalitäten der Zahlung der Abfindung betreffen.[461] Sie können z.B. die Fälligkeit hinausschieben, eine Ratenzahlung, Verzinsung und/oder Sicherheiten für den ausscheidenden Gesellschafter vorsehen.

Klauseln, **die einen völligen Ausschluss der Abfindung enthalten**, sind nur ausnahmsweise nicht sittenwidrig, so wenn die Gesellschaft eigene Anteile einzieht, die Gesellschaft ideelle oder gemeinnützige Zwecke verfolgt[462] oder die Klausel sich auf die Zwangseinziehung aus wichtigem Grund wegen schuldhaften Verstoßes des Betroffenen gegen seine Pflichten als Gesellschafter beschränkt.[463] Ebenso ist ein Ausschluss der Abfindung grds. zulässig, wenn er für den Fall des Todes des Gesellschafters erfolgt.[464] Die Abfindung darf auch im Rahmen sog. Geschäftsführer-/Mitarbeiterbeteiligungsmodelle ausgeschlossen werden, wenn den Mitarbeitern unentgeltlich Geschäftsanteile gewährt wurden und diese bei ihrem Ausscheiden zurückzuübertragen sind.[465]

150 Für die **Beurteilung der Wirksamkeit einer Abfindungsklausel** im Übrigen sind alle Umstände zu würdigen, so insb. das Ausmaß des Missverhältnisses zwischen Verkehrswert des Anteils und Abfindungshöhe sowie Regelungen zu den Zahlungsmodalitäten.[466] So sind Abfindungsklauseln wegen Gläubigerbenachteiligung sittenwidrig, wenn sie die Abfindung nur bei Pfändung des Geschäftsanteils oder Eröffnung des Insolvenzverfahrens über das Vermögen des Gesellschafters beschränken, aber nicht oder nicht in demselben Maße in sonstigen Fällen.[467] Abfindungsklauseln dürfen auch das Recht des Gesellschafters zum Austritt aus wichtigem Grund durch für ihn unzumutbare Vermögenseinbußen bei Ausübung dieses Rechts **nicht unbillig mittelbar einschränken bzw. faktisch ausschließen**.

Abfindungsklauseln, die zu einem groben Missverhältnis zwischen der Höhe der Abfindung und dem tatsächlichen Wert des Geschäftsanteils bereits zur Zeit ihrer Aufnahme in die Satzung führen, sind sittenwidrig und damit nichtig. Ist eine Abfindungsbeschränkung von Beginn an nichtig, muss grds. zum Verkehrswert entschädigt werden. Entsteht das grobe Mißverhältnis erst im Laufe der Zeit, wird die Abfindungsklausel aber nicht nachträglich unwirksam. Die Abfindung wird dann aber vom Gericht in angemessener Höhe festgesetzt.

151 **Formulierungsbeispiel: Abfindungsklausel 1**

> Scheidet ein Gesellschafter aus der Gesellschaft aus, so erhält er als Abfindung den Buchwert seiner Beteiligung.
>
> Die Abfindung ist in fünf gleichen Raten auszuzahlen. Die erste Rate wird sechs Monate nach dem Ausscheiden, jede weitere jeweils sechs Monate später fällig. Sofern bei Fälligkeit der ersten Rate das Abfindungsgutachten noch nicht vorliegt, hat der Gutachter auf die jeweils ausstehenden Raten

---

460 Vgl. dazu Baumbach/Hueck/Hueck/Fastrich, GmbHG, § 34 Rn. 34 ff.; Michalski/Sosnitza, GmbHG, § 34 Rn. 62 ff.
461 Ausführlich dazu Hülsmann, NJW 2002, 1673, 1677 f.
462 BGHZ 135, 387.
463 Michalski/Sosnitza, GmbHG, § 34 Rn. 63.
464 Michalski/Sosnitza, GmbHG, § 34 Rn. 64.
465 BGH, ZIP 2005, 1920 und die Vorinstanz OLG Celle, GmbHR 2003, 1428.
466 Hülsmann, NJW 2002, 1673; Michalski/Sosnitza, GmbHG, § 34 Rn. 56; ausführlich: Bacher/Spieth, GmbHR 2003, 517 ff.
467 Michalski/Sosnitza, GmbHG, § 34 Rn. 58, 61; Bacher/Spieth, GmbHR 2003, 973, 974; Lange, NZG 2001, 635, 637, 639.

angemessene Abschlagszahlungen festzusetzen. Vorzeitige Zahlungen sind in beliebiger Höhe zulässig. Sie werden auf die zuletzt zu zahlenden Raten verrechnet. Der jeweils noch offenstehende Rest der Abfindung ist mit 6 % jährlich zu verzinsen. Die aufgelaufenen Zinsen sind jeweils mit der nächsten Rate fällig. Sicherheitsleistung kann der ausgeschiedene Gesellschafter nicht verlangen.

Wird durch die planmäßige Auszahlung der Abfindung der Fortbestand der Gesellschaft ernstlich gefährdet, so können die Laufzeiten der Auszahlung angemessen verlängert und die Höhe der einzelnen Raten entsprechend gesenkt werden. Dies gilt nicht, wenn dadurch die Existenz des ausscheidenden Gesellschafters ernstlich gefährdet werden würde.

Maßgebend für die Ermittlung des Abfindungsguthabens ist der handelsrechtliche Bilanzkurs (eingezahlte Stammeinlage zzgl. offener Rücklagen, zzgl. Jahresüberschuß und Gewinnvortrag und abzgl. Jahresfehlbetrag und Verlustvortrag). Dieser ergibt sich aus der Handelsbilanz zum Ende des Geschäftsjahres, das dem Tag des Ausscheidens vorangeht oder mit diesem zusammenfällt. Ein bis zum Bewertungsstichtag noch entstandener Gewinn oder Verlust ist nicht zu berücksichtigen. Stille Reserven jeder Art und ein Firmenwert – gleichgültig ob originär oder erworben – bleiben außer Ansatz. Die Bewertungskontinuität zur letzten ordnungsgemäß festgestellten Jahresbilanz ist zu wahren. Ist der Verkehrswert der Gesellschaft niedriger, so gilt dieser. An schwebenden Geschäften nimmt der ausgeschiedene Gesellschafter nicht teil, soweit sie nicht in der maßgeblichen Handelsbilanz ausgewiesen sind. Soweit derjenige, der das Abfindungsguthaben erhält, mit diesem im Anrechnungsverfahren anrechnungs- oder vergütungsberechtigt ist, vermindert sich die Abfindung um den hieraus dem Berechtigten zukommenden Vorteil.

Bei Meinungsverschiedenheiten über die Höhe der Abfindung und die Laufzeit ihrer Auszahlung entscheidet darüber ein von den Beteiligten gemeinsam zu bestellender Sachverständiger als Schiedsgutachter. Kommt eine Einigung über die Person des Schiedsgutachters nicht zustande, so ist dieser – auf Antrag eines Beteiligten – von der für den Sitz der Gesellschaft zuständigen Industrie- und Handelskammer zu benennen.

Sollte im Einzelfall rechtskräftig festgestellt werden, dass die Abfindungsregelung rechtsunwirksam ist, so ist die niedrigste noch zulässige Abfindung zu gewähren.

Formulierungsbeispiel: Abfindungsklausel 2

Im Falle der Einziehung eines Geschäftsanteiles und in allen anderen Fällen des Ausscheidens eines Gesellschafters hat die Gesellschaft eine Abfindung zu zahlen. Die Abfindung beträgt in den Fällen des Ausscheidens aus wichtigem Grund und bei Zwangsvollstreckungsmaßnahmen in den Geschäftsanteil 50 % und in allen übrigen Fällen ... % des nach Absatz (2) und (3) zu berechnenden anteiligen Unternehmenswertes.

Zur Berechnung des dem ausgeschiedenen Gesellschafter (bzw. dessen Rechtsnachfolgern) zustehenden Abfindungsguthabens ist auf den Zeitpunkt des Ausscheidens eine Bewertung des Unternehmens vorzunehmen.

Es ist der objektivierte Unternehmenswert zu ermitteln, in dem sich der Wert des im Rahmen des vorhandenen Unternehmenskonzepts fortgeführten Unternehmens ausdrückt. Die Bewertung ist von einem Wirtschaftsprüfer als neutralem Gutachter nach den jeweils aktuellen Richtlinien, die das Institut für Wirtschaftsprüfer herausgibt, und dem dort festgelegten Verfahren zur Durchführung von Unternehmensbewertungen vorzunehmen. Wird über die Person des als Schiedsgutachter – nicht als Schiedsrichter – tätig werdenden Wirtschaftsprüfers zwischen dem ausgeschiedenen Gesellschafter und der Gesellschaft keine Einigung erzielt, so wird der Wirtschaftsprüfer auf Antrag eines der Beteiligten durch das Institut der Wirtschaftsprüfer in Düsseldorf oder dessen Nachfolgeorganisation

> benannt. Die Kosten des Bewertungsgutachtens tragen der ausgeschiedene Gesellschafter sowie die Gesellschaft zulasten der verbliebenen Gesellschafter in dem Verhältnis, in dem der ausgeschiedene Gesellschafter und die verbliebenen Gesellschafter vor dem Ausscheiden des Gesellschafters am Gesellschaftskapital beteiligt waren.
>
> Führt eine rechtskräftige Berichtigungsveranlagung durch die Finanzverwaltung, z.B. aufgrund einer steuerlichen Betriebsprüfung, zu einer Änderung der Werte, die die Grundlage für die Unternehmensbewertung gebildet haben, so findet eine Anpassung des Abfindungsanspruchs nicht statt.
>
> Der anteilige Unternehmenswert ergibt sich aus dem Verhältnis des Nennbetrags der Geschäftsanteile des ausgeschiedenen Gesellschafters zum Stammkapital.

7. Satzungsmäßige Sonderrechte

153 Satzungsmäßige Sonderrechte können **nur einem Gesellschafter**, nicht Dritten[468] (öffentliche Hand, stiller Gesellschafter, Wagniskapitalgeber, Treuhänder, früherer Unternehmensgründer, Geschäftsführer, der nicht Gesellschafter ist, etc.) eingeräumt werden. Sie können z.B. darin bestehen, einem Gesellschafter das Recht einzuräumen, einen oder mehrere Geschäftsführer zu bestellen[469] oder ein satzungsmäßiges Geschäftsführungsrecht zu erhalten. Wird ein **satzungsmäßiges Sonderrecht zur (Allein-)Geschäftsführung** gewünscht, so sollte dies eindeutig aus der Satzung hervorgehen. Die Satzung ist ansonsten nicht der richtige Platz, um den Geschäftsführer zu ernennen.

Satzungsmäßige Sonderrechte haben **den Vorteil**, dass eine Abänderung dieses Rechts der satzungsändernden Mehrheit bedarf. Besondere Relevanz haben solche Regelungen auch für die Auferlegung von Verpflichtungen, z.B. zur Erbringung von Nebenleistungen.[470] Die Aufnahme von Nebenleistungsverpflichtungen und Sonderrechten in die Satzung bietet zudem den Vorteil, dass diese auch gegenüber später eintretenden Gesellschaftern wirken.

8. Informationsrechte

154 Nach § 51a GmbHG hat jeder Gesellschafter ein **Auskunfts- und Einsichtsrecht**, das – dies ist häufig unbekannt – nicht beschränkbar ist.[471] Die Geschäftsführer haben danach auf Verlangen jedes Gesellschafters unverzüglich Auskunft über die Angelegenheiten der GmbH zu geben und Einsicht in die Bücher und Schriften zu gestatten. Dieses Recht kann **durch die Satzung nur ausgeweitet**, aber nicht eingeschränkt werden. So ist es möglich, zusätzliche Informationspflichten und -wege einzuführen, z.B. Berichte an die Gesellschafter auch ohne deren Verlangen bzw. die Einrichtung eines Informationssystems oder die Pflicht, Antworten auf Fragen eines Gesellschafters allen Gesellschaftern zu übersenden.

Möglich ist auch eine **nähere Ausgestaltung des Verfahrens der Informationserteilung** in der Satzung, soweit dadurch nicht der Kernbereich des Informationsrechts betroffen wird. So kann z.B. verlangt werden, das Informationsbegehren außerhalb von Gesellschafterversammlungen schriftlich zu stellen; das Erfordernis eines vorgeschalteten Gesellschafterbeschlusses ist aber unzulässig.[472] Streitig ist, ob man das **Einsichtsrecht des Gesellschafters auf Einsichtnahme durch einen Sachverständigen**, z.B. Wirtschaftsprüfer oder Steuerberater, beschränken kann.[473] Das OLG München hat es grds. als möglich erach-

---

468 Dazu Heckschen/Heidinger, Die GmbH in der Gestaltungspraxis, § 3 Rn. 82 ff.
469 BGH, NJW 1969, 131.
470 BGH, NJW 1993, 1788.
471 BayObLG, ZIP 1988, 1548.
472 Baumbach/Hueck/Zöllner, GmbHG, § 51a Rn. 3; Roth, in: Roth/Altmeppen, GmbHG, § 51a Rn. 41; Lutter/Hommelhoff, in: Lutter/Hommelhoff, GmbHG, § 51a Rn. 34; Schiessl, in: Münchener Handbuch des Gesellschaftsrechts, Bd. 3, § 33 Rn. 28.
473 Dafür: Baumbach/Hueck/Zöllner, GmbHG, § 51a Rn. 3; Schiessl, in: Münchener Handbuch des Gesellschaftsrechts, Bd. 3, § 33 Rn. 28; dagegen: Lutter/Hommelhoff, in: Lutter/Hommelhoff, GmbHG, § 51a Rn. 34; im Grundsatz Scholz/K. Schmidt, GmbHG, § 51a Rn. 51.

tet, in einer individuellen vertraglichen Vereinbarung anlässlich des Ausscheidens eines Gesellschafters zwischen diesem und den verbleibenden Gesellschaftern auf die Ausübung seines Auskunfts- und Einsichtsrechts zu verzichten; hilfsweise die Ausübung durch einen ermächtigten Mitgesellschafter vorzusehen. Jedoch lebe das Informationsrecht wieder auf, wenn der Gesellschafter über diesen Mitgesellschafter nicht die begehrten Informationen erhält.[474]

9. Stimmrecht und Stimmverbot

a) Anteile mit und ohne Stimmrecht

Nach § 47 Abs. 2 GmbHG gewähren bei Gesellschafterbeschlüssen jede 50 € eines Geschäftsanteils eine Stimme. Nach h.M. ist es zulässig, **Geschäftsanteile ohne Stimmrecht zu bilden**.[475] Das Stimmrecht kann für bestimmte oder alle Beschlussgegenstände ausgeschlossen werden.[476] Um die Handlungsfähigkeit der Gesellschaft zu erhalten, muss jedoch zumindest einem Gesellschafter ein Stimmrecht verbleiben. Die Schranke des § 139 Abs. 2 AktG, welche die stimmrechtslosen Anteile auf 50 % des Grundkapitals begrenzt, ist für die GmbH nicht anzuwenden. Auch der im Personengesellschaftsrecht anerkannte Bestimmtheitsgrundsatz ist auf die GmbH nicht zu übertragen. Eine nähere Bezeichnung der einzelnen Beschlussgegenstände, für die das Stimmrecht ausgeschlossen werden soll, ist daher nicht erforderlich. Vielmehr haben die Gesellschafter es selbst in der Hand, einen angemessenen Ausgleich für die Übernahme stimmrechtsloser Geschäftsanteile zu schaffen.[477]

155

Einem Inhaber eines stimmrechtslosen Geschäftsanteils müssen aber andere Rechte, inbesondere das Recht zur Teilnahme an der Gesellschafterversammlung und zur Anfechtung von Gesellschafterbeschlüssen, Informationsrechte und das Recht zur Beteiligung am Liquidationserlös verbleiben, um überhaupt noch von einem Mitgliedschaftsrecht sprechen zu können.[478] Trotz Stimmrechtsausschluss ist auch eine Zustimmung des Gesellschafters bei Eingriffen in den Kernbereich seiner Mitgliedschaft und bei Leistungsvermehrungen durch Satzungsänderung weiterhin nötig. Wird der Stimmrechtsausschluss erst im Wege der Satzungsänderung eingeführt, **muss der betroffene Gesellschafter zustimmen**.

b) Abdingbarkeit des Stimmverbots nach § 47 Abs. 2 GmbHG

Umstritten ist, ob durch die Satzung das Stimmverbot nach § 47 Abs. 4 GmbHG abbedungen werden kann. Die Rspr. hält **abweichende Satzungsbestimmungen für nichtig**, da Regelungszweck des § 47 Abs. 4 GmbHG der Schutz der Minderheiten und der Grundsatz der Richtigkeit der Willensbildung sei. Bacher[479] hingegen weist überzeugend darauf hin, dass alle Stimmverbote nach § 47 Abs. 4 GmbHG durch die Satzung abbedungen werden können, sofern einvernehmlich alle Gesellschafter zustimmen, da es sich um einen Schutz zu Gunsten der Gesellschafter handelt.

156

10. Gesellschafterbeschlüsse

a) Beschlüsse in einer Gesellschafterversammlung

Die Willensbildung der Gesellschaft findet grds. in einer Versammlung der Gesellschafter statt (§ 48 Abs. 1 GmbHG). Für die Beschlussfassung in der Gesellschafterversammlung können in die Satzung

157

---

474 OLG München, DB 2006, 328.
475 BGHZ 14, 264, 269 ff.; Scholz/K. Schmidt, GmbHG, § 47 Rn. 11; Baumbach/Hueck/Zöllner, GmbHG, § 47 Rn. 33; Rowedder/Schmidt-Leithoff/Koppensteiner, GmbHG, § 47 Rn. 16; Roth, in: Roth/Altmeppen, GmbHG, § 47 Rn. 17; Wolff, in: Münchener Handbuch des Gesellschaftsrechts, Bd. 3, § 38 Rn. 4; Lutter/Bayer, in: Lutter/Hommelhoff, GmbHG, § 3 Rn. 49; Mayer, in: Beck'sches Notarhandbuch, D I Rn. 52; Schäfer, GmbHR 1998, 113, 115.
476 Scholz/K. Schmidt, GmbHG, § 47 Rn. 11.
477 Vgl. ausführlich: Schäfer, GmbHR 1998, 113, 116 ff.
478 Wolff, in: Münchener Handbuch des Gesellschaftsrechts, Bd. 3, § 38 Rn. 4.
479 Bacher, GmbHR 2001, 133; ebenso Wolff, in: Münchener Handbuch des Gesellschaftsrechts, Bd. 3, § 38 Rn. 68.

insb. **Regelungen zu Zuständigkeit und Verfahren der Einberufung sowie Einberufungspflichten** getroffen werden.[480] Einigkeit besteht darüber, dass die Satzung die Fristen für die Einberufung verlängern, weitere Einberufungsgründe aufstellen und den Kreis der zur Einberufung berechtigten Personen erweitern kann.

Werden dagegen die Anforderungen an die Einberufung herabgesetzt, ist zu beachten, dass das **Teilnahmerecht der Gesellschafter an der Versammlung** als unverzichtbares Mitgliedschaftsrecht nicht unangemessen verkürzt bzw. erschwert werden darf. Inwieweit die Satzung vom Erfordernis einer Einberufung durch eingeschriebenen Brief befreien kann, ist umstritten.[481] Ist sichergestellt, dass alle Gesellschafter die Ladung erhalten und die Möglichkeit haben, ihr Teilnahmerecht wahrzunehmen, sind Formerleichterungen durch die Satzung indes zulässig.[482] Zweckmäßig ist dies nicht, da gerade im Streitfall ein Nachweis über die ordnungsgemäße Einberufung häufig scheitert. Streitig ist auch, ob die Satzung auf das Erfordernis der Ankündigung der Tagesordnung in der Einberufung verzichten kann.[483]

158 Ebenso sind **Regelungen zur Ausgestaltung des Teilnahmerechts an den Gesellschafterversammlungen** möglich. Grds. hat jeder Gesellschafter ein Teilnahmerecht, das auch durch einen Stimmrechtsausschluss nicht beeinträchtigt wird.[484] Da das Teilnahmerecht zu den unverzichtbaren Mitgliedschaftsrechten der Gesellschafter gehört, ist seine Einschränkung durch die Satzung jedoch nur soweit möglich, wie dieser unverzichtbare Kernbereich der Mitgliedschaft nicht betroffen wird. Damit kann nur die Ausübung des Teilnahmerechts in der Satzung geregelt werden. Eine Klausel, die die Teilnahme im Endeffekt verhindert oder auf eine Person beschränkt, auf die der Gesellschafter keinen Einfluss hat, ist daher nichtig.[485]

Andererseits ist es grds. zulässig, die Ausübung des Teilnahmerechts **durch einen (gemeinsamen) Vertreter** anstelle des Gesellschafters vorzuschreiben. Dies empfiehlt sich vor allem bei mehreren Mitberechtigten an einem Gesellschaftsanteil i.S.d. § 18 GmbHG (z.B. Erbengemeinschaft). Ebenso kann bei mehreren gesetzlichen oder organschaftlichen Vertretern das Teilnahmerecht auf nur einen Vertreter beschränkt werden. In allen übrigen Fällen ist ein sachlicher Grund für eine Klausel erforderlich, mit der das Teilnahmerecht des Gesellschafters auf die Ausübung durch einen Vertreter beschränkt und der Gesellschafter selbst von der Ausübung ausgeschlossen wird.[486] Nach h.M. ist **auch der generelle Ausschluss eines Gesellschafters**, der gleichzeitig an einem Konkurrenzunternehmen beteiligt ist, von der Teilnahme an der Gesellschafterversammlung nicht zulässig. Solche Gesellschafter-Wettbewerber können allerdings ohne Satzungsgrundlage im Einzelfall von der Teilnahme ausgeschlossen werden, wenn der Verhandlungsgegenstand eine Beeinträchtigung des gemeinsamen Interesses durch eine treuwidrige Informationsverwertung nahelegt.[487]

---

480 Wolff, in: Münchener Handbuch des Gesellschaftsrechts, Bd. 3, § 39 Rn. 20, 32, 52.
481 Für Einberufung auch durch einfachen Brief OLG Dresden, NZG 2000, 429; OLG Jena, GmbHR 1996, 536; generell gegen Formerleichterungen Michalski/Römermann, GmbHG, § 51 Rn. 119; vgl. auch DNotI-Gutachten Nr. 52534 v. 2.9.2004.
482 Für Zulässigkeit der Einberufung durch einfachen Brief oder moderne elektronische Kommunikationsmittel (Fax, E-Mail) ähnlich Lutter/Hommelhoff, in: Lutter/Hommelhoff, GmbHG, § 51 Rn. 2; Baumbach/Hueck/Zöllner, GmbHG, § 51 Rn. 39; Scholz/K. Schmidt, GmbHG, § 51 Rn. 4.
483 Rowedder/Schmidt-Leithoff/Koppensteiner, GmbHG, § 51 Rn. 3; in Einzelfällen dafür Scholz/K. Schmidt, GmbHG, § 51 Rn. 4; generell dagegen Michalski/Römermann, GmbHG, § 51 Rn. 123 f.; Baumbach/Hueck/Zöllner, GmbHG, § 51 Rn. 39.
484 BGH, WM 1985, 567; Roth, in: Roth/Altmeppen, GmbHG, § 48 Rn. 4.
485 Michalski/Römermann, GmbHG, § 48 Rn. 78 f.; Wolff, in: Münchener Handbuch des Gesellschaftsrechts, Bd. 3, § 39 Rn. 65.
486 Michalski/Römermann, GmbHG, § 48 Rn. 74 ff.; Wolff, in: Münchener Handbuch des Gesellschaftsrechts, Bd. 3, § 39 Rn. 66.
487 Rowedder/Schmidt-Leithoff/Koppensteiner, GmbHG, § 48 Rn. 9; Michalski/Römermann, GmbHG, § 48 Rn. 81 f. m.w.N.

Die Satzung kann **auch gerade die höchstpersönliche Teilnahme und Stimmrechtsausübung fordern**.[488] Das Teilnahmerecht kann durch die Satzung auch ausgedehnt werden, so dass neben dem Gesellschafter ein oder mehrere Vertreter oder gesellschaftsfremde Dritte, wie z.B. Berater, an der Gesellschafterversammlung teilnehmen dürfen.[489]

Als sinnvoll können sich Satzungsregelungen **über das Procedere der Versammlung**, z.B. die Bestimmung eines Versammlungsleiters (Ältester, Gesellschafter mit der größten Beteiligung, Los etc.) erweisen. Häufig bestimmt die Satzung, dass bei Beschlussunfähigkeit der einberufenen Versammlung binnen einer bestimmten Frist eine weitere Versammlung einzuberufen ist, die bei Hinweis auf diese Folge in jedem Fall beschlussfähig ist. 159

Die Satzung kann auch Vorschriften über die **Anforderungen an Stimmrechtsvollmachten** und Stimmrechtsvertreter treffen, so z.B. die Vollmacht an eine Schriftform binden oder auf die Einhaltung einer Form generell verzichten. Auch können Anforderungen an die Person der Stimmrechtsvertreter gestellt werden, z.B. bestimmte Qualifikationen (Rechtsanwalt, Wirtschaftsprüfer etc.) oder die Zugehörigkeit zu einer bestimmten Gruppe (Gesellschafter, Familienangehörige etc.).[490] 160

Weiterhin können die erforderlichen Beschlussmehrheiten **bis zur Einstimmigkeit heraufgesetzt** und zusätzliche Erfordernisse für die Wirksamkeit von Gesellschafterbeschlüssen, z.B. Zustimmung bestimmter Gesellschafter und Formanforderungen, aufgestellt werden. 161

b) Beschlüsse außerhalb einer Gesellschafterversammlung

Beschlüsse können nach § 48 Abs. 2 GmbHG außerhalb einer Gesellschafterversammlung **schriftlich oder in Textform** gefasst werden. Die Satzung kann andere Bestimmungen treffen, insb. schriftliche, fernschriftliche, telegrafische oder mündliche, auch fernmündliche Abstimmung zulassen oder sie ausschließen. Nur für den Fall der Satzungsänderung wird von der älteren, zunehmend kritisierten Rspr. aus § 53 Abs. 2 GmbHG eine Gesellschafterversammlung als zwingendes Erfordernis abgeleitet.[491] Nach der h.M.[492] soll die Satzung für Beschlüsse i.S.d. § 48 Abs. 2 GmbHG davon abweichend auch ein mehrheitliches Einverständnis mit der Beschlussfassung ohne eine Gesellschafterversammlung als ausreichend bestimmen können. Hier muss freilich sichergestellt sein, dass das **Teilnahmerecht aller Gesellschafter gewahrt bleibt**, d.h. insb. jeder Gesellschafter von der Abstimmung rechtzeitig Kenntnis erlangt. 162

Formulierungsbeispiel: Beschlussfassung außerhalb einer Gesellschafterversammlung 163

> Die Beschlüsse der Gesellschafter werden in Versammlungen gefasst. Außerhalb von Versammlungen können sie, soweit nicht zwingendes Recht eine andere Form vorschreibt, durch schriftliche, fernschriftliche, telegrafische oder mündliche, auch fernmündliche Abstimmung gefasst werden, wenn sich jeder Gesellschafter an der Abstimmung beteiligt.
>
> Über Verhandlungen der Gesellschafterversammlungen und über Gesellschafterbeschlüsse ist, soweit nicht eine notarielle Niederschrift aufgenommen wird, unverzüglich eine Niederschrift anzufertigen, in welcher der Tag der Verhandlung oder Beschlussfassung sowie die gefassten Beschlüsse anzugeben sind. Die Niederschrift ist durch jeden Gesellschafter zu unterzeichnen. Jeder Gesellschafter kann eine Abschrift der Niederschrift verlangen.

---

488 Roth, in: Roth/Altmeppen, GmbHG, § 48 Rn. 4; Michalski/Römermann, GmbHG, § 47 Rn. 447.
489 Wolff, in: Münchener Handbuch des Gesellschaftsrechts, Bd. 3, § 39 Rn. 64; Rowedder/Schmidt-Leithoff/Koppensteiner, GmbHG, § 48 Rn. 10.
490 Michalski/Römermann, GmbHG, § 47 Rn. 389, 445; Scholz/K. Schmidt, GmbHG, § 47 Rn. 97.
491 BGHZ 15, 324, 328; KG, NJW 1959, 1446; ebenso: Roth, in: Roth/Altmeppen, GmbHG, § 53 Rn. 17 m.w.N.; a.A.: Baumbach/Hueck/Zöllner, GmbHG, § 48 Rn. 28, § 53 Rn. 60; Marquardt, in: Münchener Handbuch des Gesellschaftsrechts, Bd. 3, § 22 Rn. 19 m.w.N.; Scholz/K. Schmidt, GmbHG, § 48 Rn. 61.
492 Michalski/Römermann, GmbHG, § 48 Rn. 294 f.; Baumbach/Hueck/Zöllner, GmbHG, § 48 Rn. 44; Lutter/Hommelhoff, in: Lutter/Hommelhoff, GmbHG, § 48 Rn. 1; a.A.: Wolff, in: Münchener Handbuch des Gesellschaftsrechts, Bd. 3, § 39 Rn. 106.

Die vom Gesetz nicht vorgesehene sog. kombinierte Beschlussfassung liegt vor, wenn ein Teil der Gesellschafter in der Gesellschafterversammlung und ein anderer Teil schriftlich abstimmt. Sie soll nach dem BGH bei Fehlen einer Satzungsgrundlage generell unzulässig sein, insb. auch dann, wenn sämtliche Gesellschafter zustimmen. Die gleichwohl ohne Satzungsgrundlage in diesem Verfahren gefassten Beschlüsse sind nach diesem nicht überzeugenden[493] Urteil nichtig.[494]

11. Geschäftsjahr

164 Enthält die Satzung keine gegenteilige Bestimmung, ist **Geschäftsjahr das Kalenderjahr**. Dies ist in der Praxis die Regel. Abweichungen in der Gründungssatzung sind möglich, doch darf das Geschäftsjahr gemäß § 240 Abs. 2 Satz 2 HGB einen Zeitraum von zwölf Monaten nicht überschreiten.

Änderungen des Geschäftsjahres können **nur im Wege der Satzungsänderung** erfolgen. Das neue Geschäftsjahr kann erst beginnen, wenn zuvor eine entsprechende Eintragung erfolgt ist.[495] Die Registeranmeldung reicht nicht aus. Die nachträgliche Umstellung auf einen dem Kalenderjahr nicht entsprechenden Zeitraum kann gemäß § 8 Abs. 1 KStG i.V.m. § 4a Abs. 1 Nr. 2 EStG nur im Einvernehmen mit dem Finanzamt erfolgen.

12. Dauer

165 Fehlt eine abweichende Satzungsregelung, ist die Gesellschaft **auf unbestimmte Zeit gegründet**.[496] Gemäß § 3 Abs. 2 GmbHG kann die Gesellschaft durch eine entsprechende Regelung im Gesellschaftsvertrag auf eine bestimmte Zeit beschränkt werden. Eine Befristung ist nur auf eine bestimmte oder objektiv genau bestimmbare Zeit möglich.[497] Mit Ablauf der bestimmten Zeit ist die Gesellschaft gemäß § 60 Abs. 1 Nr. 1 GmbHG automatisch aufgelöst. Ein satzungsändernder Fortsetzungsbeschluss ist aber ebenso möglich wie eine nachträgliche Änderung der festgesetzten Zeitdauer.

13. Kosten der Gründung

166 Die Beteiligten wünschen i.a.R., dass die **Gesellschaft die Gründungskosten tragen soll**. Dann muss eine entsprechende Klausel in die Satzung, nicht nur in das Gründungsprotokoll aufgenommen werden. Ansonsten müssen die Gründer die Kosten tragen und es würde eine verdeckte Gewinnausschüttung darstellen, wenn trotz Fehlens einer derartigen Regelung die GmbH ihren Gründern die Gründungskosten erstattet. Sieht die Satzung keine Obergrenze vor, so sind die Gründungskosten dem Handelsregister im Einzelnen nachzuweisen. Je nach Region unterschiedlich werden bei einer GmbH mit 25.000 € Stammkapital **1.500 – 2.500 € Gründungskosten als Pauschalbetrag** anerkannt. Häufig wird dann auf einen Nachweis verzichtet.[498]

167 **Checkliste: Empfehlenswerte fakultative Regelungen bei Bargründung** ☑

☐ Regelungen zu Geschäftsführung und Vertretung
☐ Übernahme des Gründungsaufwands durch die Gesellschaft
☐ Festlegung eines Gesellschaftsblattes

Zusätzlich empfehlenswert bei Mehrpersonen-GmbH:

☐ Regelungen zur Verfügung über Geschäftsanteile (Veräußerungsbeschränkungen)
☐ Regelungen zur Kündigung, Einziehung, Ausschließung
☐ Regelungen zur Vererbung

---

493 Kritisch auch Liese/Theusinger, GmbHR 2006, 682; K. Schmidt, NJW 2006, 2599.
494 BGH, ZIP 2006, 852 = NZG 2006, 428 = GmbHR 2006, 706 = DB 2006, 1048.
495 Meyding/Schnorbus/Hennig, ZNotP 2006, 122, 129.
496 Baumbach/Hueck/Hueck/Fastrich, GmbHG, § 3 Rn. 27.
497 H.M., vgl. BayObLG, BB 1975, 249; Baumbach/Hueck/Hueck/Fastrich, GmbHG, § 3 Rn. 27 m.w.N.
498 Zur Genauigkeit der Angaben der Gründungskosten: LG Essen, GmbHR 2003, 471.

- ☐ Regelungen zur Abfindung ausscheidender Gesellschafter
- ☐ Regelungen zu Gesellschafterversammlungen und -beschlüssen

Zusätzlich möglich:
- ☐ Regelungen zu Wettbewerbsverboten für Geschäftsführer[499] bzw. Gesellschafter[500]
- ☐ Regelungen zu Informationsrechten der Gesellschafter
- ☐ Regelungen zu Jahresabschluss, Ergebnisverwendung, Gewinnverteilung[501]
- ☐ Fakultativer Aufsichtsrat bzw. Beirat[502]
- ☐ Regelungen zu Geschäftsjahr und Dauer der Gesellschaft
- ☐ Zustimmungspflichtige Rechtsgeschäfte
- ☐ Sonderrechte für Gesellschafter
- ☐ Stimmrecht und -verbote
- ☐ Schied- und Mediationsabreden[503]

D. Organisation der GmbH

I. Geschäftsführung

1. Grundlegendes zur Geschäftsführung

Die GmbH muss gemäß § 6 GmbHG einen oder mehrere Geschäftsführer haben. Bestellung und Anstellungsvertrag des Geschäftsführers sind voneinander zu unterscheiden. **Nur die Bestellung zum Geschäftsführer** begründet die spezifischen organschaftlichen Rechte und Pflichten des Geschäftsführers und insb. die Vertretungsmacht der Gesellschaft. Sie enthält jedoch nicht alle Rechtsverhältnisse zwischen Geschäftsführer und GmbH, wie z.B. den Umfang der Leistungspflichten des Geschäftsführers und Gegenleistungspflichten der GmbH, z.B. den Anspruch auf Vergütung. Diese Regelungen sind vielmehr Bestandteil des Anstellungsvertrags. Anstellungsvertrag und Organverhältnis haben gleichwohl eng miteinander zu tun, da sie beide Pflichten des Geschäftsführers enthalten und der Anstellungsvertrag i.d.R. auch die Vergütung für die Organtätigkeit festlegt. Die Dauer des Anstellungsvertrags ist grds. unabhängig von der Dauer der Organstellung; die **Organstellung ist aber auch grds. wirksam**, sollte der Anstellungsvertrag unwirksam oder noch nicht abgeschlossen sein.

168

2. Bestellung zum Geschäftsführer

Ist die Bestellung des Geschäftsführers nicht schon bei der Gründung erfolgt, hat die Basiszuständigkeit, soweit nicht im Gesellschaftsvertrag eine abweichende Ermächtigung wie z.B. an Aufsichtsrat, Gesellschafterausschuss oder Beirat enthalten ist, die **Gesellschafterversammlung** (§ 46 Nr. 5 GmbHG).

169

Sieht die Satzung keine besonderen Regelungen hierfür vor, so hat die Gesellschafterversammlung eine **Annexkompetenz für den Abschluss**, die Änderung und Beendigung des Anstellungsvertrags des Geschäftsführers sowie sonstiger Regelungen, die sein Anstellungsverhältnis betreffen.[504]

---

499 Dazu unter Rn. 188.
500 Dazu unter Rn. 106 f.
501 Dazu unter Rn. 373 ff.
502 Dazu unter Rn. 240 ff.
503 Dazu ausführlich Heckschen/Heidinger, Die GmbH in der Gestaltungspraxis, § 3 Rn. 216 ff.
504 LAG Hessen, GmbHR 2001, 298; BGH, GmbHR 1995, 373; vgl. auch BGH, GmbHR 1990, 33, 34; BGH, GmbHR 1991, 363; OLG Düsseldorf, NZG 2003, 478 für die Kündigung.

Meldet der neue Geschäftsführer seine Geschäftsführerbestellung zum Handelsregister[505] an, so muss der ernennende Gesellschafterbeschluss vor dieser Erklärung gefasst und der Geschäftsführer in diesem Beschluss bereits wirksam bestellt worden sein. Denn die Anmeldung von einer in der Zukunft liegenden Bestellung ist unwirksam.[506] Die Bestellung eines Geschäftsführers **unter einer auflösenden Bedingung** ist zulässig.[507]

a) Voraussetzungen laut Satzung/Gesetz

170 Nach § 6 GmbHG muss der Geschäftsführer eine natürliche, unbeschränkt geschäftsfähige Person sein. **Bestellungsverbote** ergeben sich nach § 6 Abs. 2 Satz 3, 4 GmbHG insb. bei Personen, die wegen einer Insolvenzstraftat nach §§ 283 – 283d StGB (Bankrott, Verletzung der Buchführungspflicht, Gläubiger- oder Schuldnerbegünstigung) verurteilt worden sind, wenn seit Rechtskraft des Urteils noch nicht fünf Jahre vergangen sind sowie bei Personen, denen ein Berufs- oder Gewerbeverbot erteilt wurde, für die Dauer dieses Verbots. Jeder Geschäftsführer muss gegenüber dem Registergericht versichern, dass seiner Bestellung keine Bestellungsverbote entgegenstehen.[508] Der Entwurf des MoMiG sieht eine – m.E. nicht weit genug gehende – Erweiterung der Tätigkeitsverbote vor.[509]

Die Regelung im Gesellschaftsvertrag kann **zusätzliche Anforderungen** aufstellen, z.B. die Gesellschaftereigenschaft, das Mindestalter oder eine bestimmte Ausbildung.

b) Ausländische Geschäftsführer

171 Für ausländische Geschäftsführer[510] darf **weder eine Arbeitserlaubnis noch eine Gewerbeerlaubnis** verlangt werden. Streitig ist, ob der Ausländer jederzeit die Möglichkeit haben muss, in die BRD einzureisen.[511] Ein Teil der Lehre und der Rspr. gehen davon aus, dass das Handelsregister nicht befugt sei, eine Vorlage der erforderlichen Aufenthaltsgenehmigungen zu verlangen.[512] Die Gegenmeinung bejaht eine Prüfungsbefugnis des Registergerichts.[513] Es bestehe sonst die Gefahr, dass der betreffende Ausländer anderenfalls seinen gesetzlichen Verpflichtungen als Geschäftsführer nicht jederzeit nachkommen könne, etwa der Pflicht zur Auskunftserteilung und Einsichtgewährung in die Unterlagen der Gesellschaft (§ 51a GmbHG) und zur Sicherung des Stammkapitals (§§ 7 ff., 30 ff., 41, 43 Abs. 3, 49 Abs. 3, 64, 78 ff.

---

505 Allgemein zur Handelsregisteranmeldung mit unvollständigen Unterlagen: Waldner, ZNotP 2000, 188. In der Anmeldung ist die Angabe des Wohnortes des Geschäftsführers ausreichend, hingegen die Angabe der Wohnanschrift entbehrlich, vgl. DNotI-Report 2004, 89. Die Eintragung der Berufsbezeichnung, z.B. Architekt, ist nicht möglich, hingegen werden akademische Titel, z.B. Dipl.-Ing., eingetragen, vgl. DNotI-Dokument Nr. 13122 v. 17.6.2003.
506 OLG Düsseldorf, MittRhNotK 2000, 77 = GmbHR 2000, 232; kritisch dazu: Böcker, MittRhNotK 2000, 61; Waldner, ZNotP 2000, 188; BayObLG, ZIP 2003, 2361 = GmbHR 2003, 1356 = DB 2003, 2432 zum Ausscheiden.
507 BGH, ZIP 2005, 2255 mit abl. Anm. Theusinger/Liese, EWiR 2006, 113; OLG Stuttgart, ZIP 2004, 951 = NZG 2004, 472 mit Anm. Trölitzsch, EWiR 2004, 381.
508 Vgl. zur Versicherung Rn. 74.
509 Vgl. Heckschen, NotBZ 2006, 381, 389.
510 Dazu ausführlich: Bohlscheid: RNotZ 2005, 505.
511 So noch OLG Hamm, ZIP 1999, 1919.
512 OLG Dresden, NZG 2003, 628 = GmbHR 2003, 537 = DNotI-Report 2003, 110; OLG Frankfurt, NJW 1977, 1595; OLG Düsseldorf, GmbHR 1978, 110; LG Braunschweig, DB 1983, 706; LG Hildesheim, GmbHR 1995, 656; LG Rostock, NZG 2004, 532 = NJW-RR 2004, 398; Ulmer/Ulmer, GmbHG, § 6 Rn. 12.
513 So z.B. OLG Köln, ZNotP 1999, 128 = NZG 1999, 269; OLG Köln, GmbHR 1999, 182 = Rpfleger 1999, 130; LG Köln, GmbHR 1983, 48; GmbHR 1984, 157; OLG Hamm, ZIP 1999, 1919; OLG Zweibrücken, NZG 2001, 857; Scholz/Schneider, GmbHG, § 6 Rn. 19 am Ende; Rowedder/Schmidt-Leithoff/Schmidt-Leithoff, GmbHG, § 6 Rn. 13; Haase, GmbHR 1999, 1091; Teichmann, IPRax 2000, 110; siehe auch OLG Frankfurt, DB 2001, 1028.

GmbHG). Dies setze die Möglichkeit jederzeitiger rechtmäßiger Einreise in die BRD voraus:[514] Freilich bedürfen **Angehörige von EU-Mitgliedsstaaten** keiner Einreise- oder Aufenthaltserlaubnis.

Das OLG Dresden[515] hat bezüglich der Anforderungen an die Einreisemöglichkeiten großzügiger entschieden. Eine ausländerrechtliche Begrenzung der Aufenthaltsdauer (dort drei Monate) stehe der Bestellung eines Ausländers (dort Russe) zum GmbH-Geschäftsführer jedenfalls nicht entgegen.

3. Anstellungsvertrag

Der Anstellungsvertrag regelt das **Anstellungsverhältnis zwischen GmbH und Geschäftsführer**. Der Anstellungsvertrag des Geschäftsführers ist, wenn wie i.d.R. eine entgeltliche Tätigkeit vereinbart wird, ein Dienstvertrag in der Form eines Geschäftsbesorgungsvertrags, andernfalls ein Auftrag mit dem Recht auf Auslagenerstattung. Das Arbeitsrecht findet keine Anwendung.

172

Typische Regelungen betreffen die **Altersvorsorge und Urlaubsansprüche** oder auch die Vereinbarung eines nachvertraglichen Wettbewerbsverbots. Der Anstellungsvertrag kann die Pflichten des Geschäftsführers, die sich schon aus der Organstellung ergeben, auch konkretisieren oder ergänzen.

Aus dem Anstellungsvertrag hat der Geschäftsführer, wenn dies nicht ausgeschlossen wurde, auch einen **Anspruch auf Vergütung seiner Tätigkeit**. Häufig werden Festbezüge mit gewinnabhängigen Elementen kombiniert, z.B. einer Gewinn- oder Umsatztantieme.

Der Anstellungsvertrag wird für die GmbH von der Gesellschafterversammlung abgeschlossen und ggf. geändert, wenn nicht die Satzung etwas anderes regelt, z.B. diese Zuständigkeit auf einen Aufsichtsrat überträgt.

Nicht selten werden in der Praxis **Arbeitnehmer zu Geschäftsführern** berufen. Früher meinte das BAG, dass das Arbeitsverhältnis, das der Geschäftsführer vor seiner Bestellung zum Geschäftsführer zu der Gesellschaft hatte, während der Organstellung „ruhend fortbesteht". Mittlerweile geht es jedoch davon aus, dass der Abschluss des Geschäftsführer-Anstellungsvertrags i.d.R. die **konkludente Aufhebung des früheren Arbeitsverhältnisses** beinhaltet.[516] Eine andere Auslegung komme nur in Ausnahmefällen, und zwar bei entsprechenden deutlichen Anhaltspunkten, in Betracht.[517] Das BAG hat die streitige Frage, ob durch § 623 BGB, nach dem die Beendigung von Arbeitsverhältnissen durch Kündigung oder Aufhebungsvertrag zu ihrer Wirksamkeit der schriftlichen Form bedarf, eine konkludente Aufhebung des Arbeitsvertrags ausgeschlossen wird, offen gelassen.[518] Z.T. stellt die Lit. darauf ab, ob – unter Bezugnahme auf die von der Rspr. vertretene Andeutungstheorie – im schriftlichen Geschäftsführeranstellungsvertrag die Aufhebung des Arbeitsverhältnisses zumindest angedeutet wird[519] bzw. ausdrücklich oder konkludent enthalten ist.[520] Andere fordern hingegen eine schriftliche Aufhebung des bisherigen Arbeitsverhältnisses.[521] Eine Aufhebung des Arbeitsverhältnisses scheidet zumindest dann aus, wenn der Anstellungsvertrag nur mündlich geschlossen wird und gleichzeitig der Arbeitsvertrag nicht schriftlich gekündigt oder aufgehoben wird.[522]

---

514 Ausführlich zu den Einreisemöglichkeiten Heckschen/Heidinger, Die GmbH in der Gestaltungspraxis, § 4 Rn. 30; siehe auch Boujong, NZG 2003, 497, 503; OLG Hamm, ZIP 1999, 1919; OLG Zweibrücken, NZG 2001, 1857 m.w.N.; a.A.: Wachter, NZG 2001, 858.
515 OLG Dresden, NZG 2003, 628 = GmbHR 2003, 537 m.w.N.
516 BAG, ZIP 2006, 1692; ZIP 2006, 821; krit. Stück, GmbHR 2006, 1009, 1016.
517 BAG, ZIP 2006, 1692.
518 BAG, ZIP 2006, 1692 mit der Begründung § 623 BGB gelte nicht für vor seinem In-Kraft-Treten geschlossene Arbeitsverträge.
519 MünchKomm-BGB/Hennsler, § 623 Rn. 25.
520 Baumbach/Hueck/Zöllner/Noack, GmbHG, § 35 Rn. 173; Stück, GmbHR 2006, 1009, 1017; Altmeppen, in: Roth/Altmeppen, GmbHG, § 6 Rn. 39 m.w.N.; zu den Kriterien für eine konkludente Aufhebung vgl. Stück, GmbHR 2006, 1009, 1016 f.
521 Haase, GmbHR 2004, 279, 287; Fischer, NJW 2003, 2417, 2418 ff.
522 LAG Bremen, DB 2006, 1012.

4. Stellung des Geschäftsführers im Arbeits- und Sozialrecht

a) Arbeitsrecht

173 Der Geschäftsführer einer GmbH ist nach der Rspr. des BGH kein Arbeitnehmer; vielmehr repräsentiert er die GmbH als Arbeitgeber. Das BAG hingegen sieht Geschäftsführer nur i.d.R. nicht als Arbeitnehmer an, bejaht **in Ausnahmefällen hingegen eine Arbeitnehmereigenschaft**. Maßstab ist insb., ob über das gesellschaftsrechtliche Weisungsrecht hinaus eine auch arbeitsbegleitende und verfahrensorientierte Weisungsbefugnis besteht.

Rechtsstreitigkeiten aus dem Anstellungsvertrag des Geschäftsführers unterliegen nach § 5 Abs. 1 Satz 3 ArbGG **der ordentlichen Zivilgerichtsbarkeit**, und zwar auch dann, wenn der Geschäftsführer im Einzelfall als Arbeitnehmer eingestuft wird, da gesetzliche Vertreter von Kapitalgesellschaften nicht der Arbeitsgerichtsbarkeit unterfallen. Besonderheiten können sich ergeben, wenn der Geschäftsführer nach Beendigung der Organstellung das Dienstverhältnis als Arbeitsverhältnis fortsetzt.

b) Sozial- und Rentenversicherungspflicht

174 Geschäftsführer sind dann sozialversicherungspflichtig, wenn sie **abhängig i.S.d. § 7 Abs. 1 SGB IV** beschäftigt sind. Rentenversicherungspflicht besteht dann, wenn eine Sozialversicherungspflicht vorliegt.

Entscheidend ist, ob der Geschäftsführer über eine Kapitalbeteiligung an der GmbH oder in sonstiger Weise maßgeblichen Einfluss auf die GmbH hat. **Bei Fremdgeschäftsführern** ist i.a.R. von einer abhängigen Beschäftigung auszugehen.[523] Bei Gesellschafter-Geschäftsführern liegt eine abhängige Beschäftigung vor, wenn sie weder Mehrheitsgesellschafter sind noch über eine Sperrminorität verfügen. Bei einem Gesellschafter-Geschäftsführer, der **mehr als 50 % der Anteile an der Gesellschaft** hält, liegt keine abhängige Beschäftigung vor. Alleingesellschafter-Geschäftsführer sollen, auch wenn sie nicht abhängig beschäftigt sind, rentenversicherungspflichtig sein, wenn sie im Zusammenhang mit ihrer selbständigen Tätigkeit regelmäßig **keinen versicherungspflichtigen Arbeitnehmer beschäftigen**, dessen Arbeitsentgelt aus diesem Beschäftigungsverhältnis regelmäßig 400 € im Monat übersteigt und auf Dauer und im Wesentlichen nur für einen Auftraggeber tätig sind.[524] Dieses Urteil, das quasi jeden Alleingesellschafter-Geschäftsführer erfassen könnte, hat für erhebliche Kritik gesorgt, wird aber zugleich als Einzelfallentscheidung angesehen.[525] In Reaktion auf das Urteil des BSG wurde mittlerweile § 2 Satz 1 Nr. 9 b SGB VI ein Halbs. angefügt, nach dem bei Gesellschaftern die Auftraggeber der Gesellschaft als Auftraggeber gelten. Nach der neu angefügten Nr. 3 in § 2 Satz 4 SGB VI gelten Arbeitnehmer der Gesellschaft für die Gesellschafter auch als deren Arbeitnehmer. Nach dieser Klarstellung des Gesetzes ist ein Gesellschafter-Geschäftsführer nur noch dann rentenversicherungspflichtig, wenn – bei Vorliegen der übrigen Voraussetzungen – die Gesellschaft nur für einen Auftraggeber tätig wird.[526]

5. Rechte und Pflichten der Geschäftsführer[527]

a) Überblick über die gesetzlichen Pflichten

175 Zu den zwingenden gesetzlichen Pflichten des Geschäftsführers gehören insb.

- die Vertretung der GmbH (§ 35 GmbHG),
- die Aufstellung des Jahresabschlusses (§ 264 Abs. 1 HGB),
- die Einberufung der Gesellschafterversammlung (§ 49 Abs. 1 GmbHG),

---

523 BSG, GmbHR 2004, 494.
524 BSG, GmbHR 2006, 367 mit Anm. Löw = NZG 2006, 308 = DStR 2006, 434; dazu Plagemann/Radtke-Schwenzer, NZG 2006, 281.
525 So die Deutsche Rentenversicherung Bund, vgl. DStR 2006, 667.
526 Zur neuen Regelung Knepper/Langner, DStR 2006, 1283.
527 Überblick zu Handlungsgeboten und -verboten bei Geschäftsführertätigkeit sowie Haftungsbegrenzung bei Lutter, GmbHR 2000, 301.

- die Sicherstellung einer ordnungsgemäßen Buchführung (§ 41 GmbHG),
- das Unterlassen verbotener Auszahlungen des Stammkapitals (§ 30 GmbHG) sowie
- bei Überschuldung oder Zahlungsunfähigkeit die unverzügliche Stellung des Insolvenzantrags (§ 64 Abs. 1 GmbHG).

b) Vertretung und Geschäftsführung

Die Vertretungsmacht ist maßgeblich dafür, ob eine **Willenserklärung für die GmbH** gegenüber Dritten wirksam ist. Demgegenüber bestimmt die Geschäftsführungsbefugnis, in welchem Umfang Geschäftsführungshandlungen im Innenverhältnis gegenüber der Gesellschaft zulässig sind (vgl. § 37 Abs. 1 GmbHG). Eine eventuelle Überschreitung der Geschäftsführungsbefugnis im Innenverhältnis hat auf das Außenverhältnis, also die Wirksamkeit der Willenserklärung und eines Rechtsgeschäftes keinen Einfluss, führt vielmehr allenfalls zu einer Schadensersatzpflicht. Nach §§ 35 ff. GmbHG kommt die Geschäftsführungsbefugnis und die Vertretungsmacht bei der GmbH **grds. den Geschäftsführern zu**. Diese sind aufgrund ihrer Organstellung zur Vertretung und Geschäftsführung der GmbH verpflichtet.

176

aa) Vertretungsmacht

Grds. ist die Vertretungsmacht der Geschäftsführer[528] **nach außen unbeschränkt und unbeschränkbar**.[529] Beschränkungen, die sich aus dem Geschäftsführervertrag oder aus den in der Satzung festgelegten Zustimmungserfordernissen ergeben, wirken nicht gegenüber Dritten (§ 37 Abs. 2 GmbHG). Anderes gilt bei kollusivem Zusammenwirken zwischen Geschäftsführer und Dritten oder wenn ein Zustimmungsvorbehalt zum Gegenstand des Vertrags mit dem Dritten gemacht wird.[530] Entgegen § 37 Abs. 2 Satz 1 GmbHG wirkt eine durch Gesellschafterbeschluss begründete Beschränkung der Vertretungsmacht auch nach außen, wenn sie dem Vertragspartner erkennbar war. Darauf, dass der Geschäftsführer zum Nachteil der Gesellschaft handelt, kommt es nicht an.[531]

177

Nach § 35 Abs. 2 Satz 2 GmbHG wird die Gesellschaft **durch alle Geschäftsführer gemeinsam vertreten** (sog. Gesamtvertretungsmacht). In der Satzung kann die Vertretung anderweitig geregelt (z.B. Einzelvertretungsmacht) oder eine Ermächtigung, z.B. an die Gesellschafter, Beirat oder Aufsichtsrat, für abweichende Regelungen durch einen Beschluss enthalten sein.[532] Zulässig ist es bspw., die Vertretung durch einen Geschäftsführer an die Mitwirkung eines Prokuristen zu binden (sog. unechte/gemischte Gesamtvertretung),[533] wenn es nicht nur einen einzigen Geschäftsführer gibt.[534] Davon zu unterscheiden ist die **sog. unechte Gesamtprokura**, bei der das Vertreterhandeln eines Prokuristen an die Mitwirkung eines Geschäftsführers gebunden ist.[535] Der wesentliche Unterschied liegt darin, dass bei der unechten Gesamtgeschäftsführung der Umfang der Vertretungsmacht des mitwirkenden Prokuristen zur Vertretungsmacht des Geschäftsführers angehoben wird, die Vertretungsmacht bei der unechten Gesamtproku-

---

[528] Zur Abgrenzung von Stellvertretung nach §§ 164 ff. BGB, Organschaft und Organtätigkeit bei Körperschaften ausführlich Beuthien, NJW 1999, 1142.
[529] Rechtsvergleichender Überblick zu den Voraussetzungen und Grenzen der Vertretung bei Bormann, NotBZ 2003, 405; zur aktuellen Rspr. ders., NotBZ 2005, 203.
[530] Vgl. zu den sog. Gremienvorbehalten BGH, ZIP 1997, 1419 = NJW 1997, 2678.
[531] BGH, ZIP 2006, 1391 = GmbHR 2006, 876 = NZG 2006, 626 = DStR 2006, 1515.
[532] Baumbach/Hueck/Zöllner/Noack, GmbHG, § 35 Rn. 106.
[533] Auch bei unechter Gesamtprokura kann eine Einzelprokura erteilt werden, vgl. DNotI-Report 2004, 119. Ein neu bestellter Prokurist kann bei der Anmeldung der ihm erteilten Prokura nicht mitwirken, vgl. OLG Frankfurt, GmbHR 2005, 683 = DB 2005, 1103 im Anschluss an BayOBLG, DB 1973, 1340.
[534] Vgl. Scholz/Schneider, GmbHG, § 35 Rn. 72.
[535] Eine Bindung des Prokuristen der GmbH & Co. KG an den Geschäftsführer der Komplementär-GmbH ist hingegen nicht möglich, da der Geschäftsführer insofern Dritter ist und die Bindung eine gegen § 50 HGB verstoßende Einschränkung der Prokura darstellen würde, vgl. dazu DNotI-Gutachten Nr. 46847 v. 19.1.2004.

ra trotz Mitwirkung des Geschäftsführers im Umfang der Prokura verbleibt.[536] Dies wirkt sich z.B. bei Grundstücksgeschäften aus.

bb) Verbot des Selbstkontrahierens (§ 181 BGB)

178 Geschäftsführer, die Geschäfte zwischen sich und der GmbH abschließen wollen, unterliegen grds. dem **Verbot des Insichgeschäfts**. Jeder Verstoß gegen § 181 BGB führt grds. zur Nichtigkeit des betroffenen Rechtsgeschäfts.

179 § 181 BGB erfasst neben Insichgeschäften die sog. **Mehrfachvertretung**, die insb. in Konzernverhältnissen häufig vorkommt, z.B. bei der Gründung von 100%igen Tochtergesellschaften, bei denen der gesetzliche Vertreter der Muttergesellschaft auch zum gesetzlichen Vertreter der Tochter bestellt werden soll.[537] § 181 BGB findet hier Anwendung, wenn sich der gesetzliche Vertreter des Gesellschafters einer GmbH **mit seiner eigenen Stimme zum Geschäftsführer bestellt**. Der BGH[538] hat dies schon früher für die Eigenbestellung eines GbR-Gesellschafters zum Geschäftsführer der GbR mit den Stimmen der anderen Gesellschafter, die ihn bevollmächtigt haben, entschieden. Bei einer Einmanngesellschaft hat eine sich daraus ergebende, auf § 181 BGB beruhende Unwirksamkeit der Stimmabgabe die Unwirksamkeit des ganzen Beschlusses zur Folge. Eine danach unwirksame Bestellung zum Geschäftsführer ist allerdings grds. genehmigungsfähig. Wenn die für die Genehmigung zuständige Muttergesellschaft eine AG ist, muss zusätzlich noch **§ 112 AktG** beachtet werden. Danach kann nur der Aufsichtsrat, nicht hingegen der Vorstand eine AG bei Rechtsgeschäften mit Vorstandsmitgliedern wirksam vertreten. Anders als bei § 181 BGB ist hierbei jegliche Befreiung von diesem Verbot oder nachträgliche Genehmigung ausgeschlossen.[539] Eine Lösung kann darin bestehen, dass ein anderes einzelvertretungsberechtigtes Vorstandsmitglied oder auch ein Prokurist die Gründung vornimmt. Es wäre unschädlich, wenn dieser einzelvertretungsberechtigte Prokurist erst kurz vorher durch den Vorstand bestellt würde.

Hat eine GmbH mehrere gesamtvertretungsberechtigte Geschäftsführer, von denen **nur einer nicht dem Verbot des § 181 BGB unterliegt**, kann ein Verstoß gegen § 181 BGB verhindert werden, indem dem nicht von § 181 BGB betroffenen Geschäftsführer eine Ermächtigung zur Alleinvertretung erteilt wird.[540]

Auch ein nicht vom Verbot des § 181 BGB befreiter Geschäftsführer einer GmbH, die eine weitere GmbH gründet, kann bei der Gründung mitwirken, wenn die Satzung der neugegründeten GmbH deren Geschäftsführer von dem Verbot des § 181 BGB befreit oder eine entsprechende Ermächtigung der Gesellschafterversammlung vorsieht.[541]

cc) Befreiung vom Verbot des Selbstkontrahierens

180 **Hinweis:**
Für die Befreiung vom Verbot des § 181 BGB ist nach der Art der betroffenen Gesellschaft genau zu differenzieren.

181 **In der Einmann-GmbH** ist nach ganz h.M.[542] eine Regelung in der Satzung unabdingbare Voraussetzung für die Befreiung. Zum einen kann die Satzung die unmittelbare Befreiung des (Alleingesellschafter-)Ge-

---

536 Vgl. zu den vielfältigen Gestaltungsformen Krafka, in: FS 10 Jahre DNotI, S. 223 ff.
537 Vgl. z.B. den Fall des BayObLG, ZIP 2001, 70 = GmbHR 2001, 72 = DNotI-Report 2001, 7 = NJW-RR 2001, 469; vgl. auch schon LG Berlin, NJW-RR 1997, 1534.
538 BGHZ 112, 339 = ZIP 1990, 25 = NJW 1991, 691.
539 Str., vgl. ausführlich: DNotI-Report 2004, 75 ff.
540 DNotI-Gutachten Nr. 60370 v. 12.7.2005.
541 DNotI-Gutachten Nr. 64339 v. 15.12.2005.
542 Vgl. Scholz/Schneider, GmbHG, § 35 Rn. 115 ff.; Lutter/Hommelhoff, in: Lutter/Hommelhoff, GmbHG, § 35 Rn. 21; Michalski/Lenz, GmbHG, § 35 Rn. 87; a.A.: Altmeppen, in: Altmeppen/Roth, GmbHG, § 35 Rn. 73 ff.; Rowedder/Schmidt-Leithoff/Koppensteiner, GmbHG, § 35 Rn. 30 f.

schäftsführers von § 181 BGB enthalten.[543] Dabei muss die Satzungsregelung nicht den konkret von § 181 BGB zu befreienden Geschäftsführer benennen. Zum anderen kann sie die bloße Ermächtigung enthalten, den Geschäftsführer im Einzelfall oder generell durch (einfachen) Beschluss der Gesellschafterversammlung vom Verbot des Selbstkontrahierens zu befreien. **Fehlt eine Befreiung oder Ermächtigung** in der Satzung, muss der Alleingesellschafter-Geschäftsführer, wenn er mit sich selbst kontrahieren will, die Satzung dementsprechend ändern und dies in das Handelsregister eintragen lassen.

Nach dem BGH besteht im Zivilprozess eine **tatsächliche Vermutung** für eine Befreiung von § 181 BGB für den Gesellschafter-Geschäftsführer einer Einmann-GmbH bei üblicher notarieller Satzungsgestaltung.[544]

182

In einer Mehrpersonen-GmbH sind die Voraussetzungen für die Gestattung des Selbstkontrahierens umstritten. Dabei muss nach verbreiteter Meinung[545] insb. in der Rspr. zwischen der **generellen Befreiung und der Gestattung im Einzelfall** differenziert werden. Die generelle Gestattung muss durch eine Regelung in der Satzung erfolgen und ins Handelsregister eingetragen werden. Das OLG Celle[546] sieht konsequent die nachträgliche generelle Befreiung vom Verbot des § 181 BGB als **formgebundene Satzungsänderung** an, wenn der Gesellschaftsvertrag dazu bisher keine Regelung enthält. Eine Befreiung im Einzelfall sei aber durch einfachen[547] Gesellschafterbeschluss oder auch durch schlüssiges Handeln möglich, wenn nicht die Satzung höhere Erfordernisse aufstellt. Vereinzelt wurde ein einfacher Gesellschafterbeschluss nur dann für ausreichend erachtet, wenn eine entsprechende Ermächtigung in der Satzung enthalten ist.[548] Das LG Köln und ein großer Teil der Lit.[549] hingegen erachten eine Differenzierung zwischen genereller und konkreter Gestattung nicht für sinnvoll. Sie lassen nicht nur eine Gestattung im Einzelfall, sondern auch **generell durch Gesellschafterbeschluss** auch ohne das Erfordernis einer Ermächtigung in der Satzung zu.

183

Ist eine **Befreiungsmöglichkeit in der Satzung vorgesehen**, bezieht sich diese regelmäßig auf Beschlüsse, mit denen die gesetzlichen Vertreter schlechthin (z.B. auch als Liquidatoren) von den Beschränkungen des § 181 BGB befreit werden können.[550] Anderes gilt für den konkreten Befreiungsbeschluss aufgrund einer solchen Satzungsklausel[551] bzw. auch für die konkrete Befreiung des Geschäftsführers in der Satzung selbst.[552] Beide gelten nicht gleichermaßen für den Liquidator, selbst wenn dieser personengleich mit dem ehemaligen Geschäftsführer ist.

184

Der analog § 29 BGB **gerichtlich bestellte Notgeschäftsführer einer GmbH** kann durch gerichtlichen Beschluss von den Beschränkungen des § 181 BGB befreit werden, wenn dies im Interesse der Gesellschaft erforderlich ist und wenn die Satzung der GmbH die Befreiung des alleinvertretungsberechtigten Geschäftsführers von § 181 BGB zulässt.[553]

Soll ein gesamtvertretungsberechtigter Geschäftsführer/Vorstand mit einer anderen Gesellschaft kontrahieren, die er ebenfalls vertritt, wäre er ggf. durch § 181 BGB an einer wirksamen Vertretung gehindert.

185

---

543 Baumbach/Hueck/Zöllner/Noack, GmbHG, § 35 Rn. 140 m.w.N.
544 BGH, DStR 2004, 1305.
545 KG, GmbHR 2006, 653 = DB 2006, 1261 m.w.N. mit abl. Anm. Theusinger/Liese, EWiR 2006, 683; Scholz/Schneider, GmbHG, § 35 Rn. 98 ff. m.w.N.
546 OLG Celle, NJW-RR 2001, 175 = GmbHR 2000, 1098.
547 A.A.: Scholz/Schneider, GmbHG, § 35 Rn. 99a, der ein erhöhtes Quorum für die generelle Gestattung verlangt.
548 BayObLG, DB 1984, 1517.
549 LG Köln, RNotZ 2001, 402 mit Anm. Lohr; Baumbach/Hueck/Zöllner/Noack, GmbHG, § 35 Rn. 132; Ulmer/Paefgen, GmbHG, § 35 Rn. 64; Roth, in: Roth/Altmeppen, GmbHG, § 35 Rn. 60; Michalski/Lenz, GmbHG, 35 Rn. 83.
550 OLG Zweibrücken, GmbHR 1999, 237.
551 Vgl. BayObLG, ZIP 1996, 2110 = GmbHR 1997, 176 = DNotZ 1998, 843 für die Einzelvertretungsbefugnis.
552 Vgl. OLG Rostock, NZG 2004, 288.
553 OLG Düsseldorf, GmbHR 2002, 158, 161.

In diesem Zusammenhang ist anerkannt, dass er **für den Einzelfall auch seinen Mitgeschäftsführer ermächtigen kann**, das betreffende Rechtsgeschäft allein abzuschließen. Dies gilt auch dann, wenn er selbst nicht von § 181 BGB befreit ist.[554] Die bisherige Gesamtvertretungsmacht des ermächtigten Geschäftsführers erstarkt für den Einzelfall zur Einzelvertretungsmacht. Der jetzt einzelvertretungsberechtigte Mitgeschäftsführer muss zur Durchführung des einzelnen Rechtsgeschäftes auch nicht von § 181 BGB befreit sein, da in seiner Person § 181 BGB schon tatbestandlich nicht gegeben ist (keine Personenidentität). Allerdings kann selbst der von § 181 BGB befreite Geschäftsführer nicht seinen Mitgeschäftsführer unter Befreiung von § 181 BGB ermächtigen. Dies wird bei Rechtsgeschäften relevant, bei denen der ermächtigte Mitgeschäftsführer mit sich selbst oder als Vertreter eines Dritten kontrahieren will.

dd) Geschäftsführung

186 Die Pflicht zur Geschäftsführung beginnt **mit der Wirksamkeit der Bestellung zum Geschäftsführer**. Die Geschäftsführungsbefugnis eines Geschäftsführers umfasst allgemein alle zur Verfolgung des Gesellschaftszwecks erforderlichen gewöhnlichen Maßnahmen. Sie umfasst nicht mehr die Maßnahmen, die wegen ihrer Wichtigkeit nur durch die Gesellschafter entschieden werden können.[555]

Der Geschäftsführer kann, wenn in Satzung oder Anstellungsvertrag nichts anderes geregelt ist, grds. ohne Rücksprache mit den Gesellschaftern z.B. entscheiden über

- die laufende Geschäftsführung,
- die Umsetzung der Unternehmensziele,
- die Organisation des Unternehmens und deren Kontrolle,
- die Personalangelegenheiten und
- die Umsetzung von Beschlüssen der Gesellschafter.

> **Hinweis:**
> Je nach Unternehmen empfiehlt es sich, durch die Satzung bestimmte Maßnahmen von der vorherigen Zustimmung der Gesellschafter abhängig zu machen, z.B. den Erwerb oder die Veräußerung von Unternehmensteilen, die Errichtung und Schließung von Zweigniederlassungen, die Aufnahme von Krediten und Erwerb, Veräußerung und Belastung von Grundstücken.

Viele Aufgaben und Befugnisse, die an sich dem Geschäftsführer obliegen, können **auch auf andere Organe der Gesellschaft**, z.B. einen Beirat, übertragen werden. Grenze ist aber der Kern der Geschäftsführertätigkeit, d.h. die Vertretung der GmbH und die vom Gesetz zwingend übertragenen Aufgaben.

c) Allgemeine Treuepflicht

187 Der Geschäftsführer ist verpflichtet, für **die bestmögliche Verwirklichung des Gesellschaftszwecks** zu sorgen. Dies beinhaltet die Pflicht zur Geheimhaltung vertraulicher Betriebsinterna und Gesellschaftsgeheimnisse sowie die Pflicht zu uneigennütziger Amtsführung, z.B. darf er keine Mitarbeiter zu Privatzwecken nutzen.

d) Wettbewerbsverbot

188 Hinsichtlich der Wettbewerbsverbote ist zwischen Fremdgeschäftsführern, Alleingesellschafter-Geschäftsführern, und sonstigen Gesellschafter-Geschäftsführern zu differenzieren.

Der Verstoß gegen ein Wettbewerbsverbot kann ggf. die **fristlose Kündigung des Anstellungsvertrags** und die Abberufung des Geschäftsführers nach sich ziehen. Die GmbH kann auch Schadensersatz oder die Herausgabe des Gewinns aus diesen Geschäften fordern.

---

554 BGH, ZIP 1991, 1582 = GmbHR 1992, 107 = NJW 1992, 618.
555 Siehe dazu Rn. 264.

aa) Fremdgeschäftsführer

Der Fremdgeschäftsführer unterliegt während seiner Tätigkeit als Geschäftsführer[556] einem aus **der Treuepflicht bzw. seiner Organstellung resultierenden Wettbewerbsverbot**,[557] es sei denn, den Gesellschaftern war die anderweitige unternehmerische Tätigkeit des Geschäftsführers bei seiner Bestellung bekannt.[558] Soll ein Geschäftsführer generell vom Wettbewerbsverbot befreit werden, ist nach h.M. eine Befreiung unmittelbar in der Satzung oder eine Öffnungsklausel erforderlich, die die Gesellschafter ermächtigt, den Geschäftsführer durch einfachen Beschluss vom generellen Wettbewerbsverbot zu dispensieren.[559] Nach h.M. ist eine Befreiung für ein konkretes Geschäft auch durch einfachen Gesellschafterbeschluss möglich.[560]

189

Nach Beendigung der Tätigkeit als Geschäftsführer besteht ein Wettbewerbsverbot nur, wenn es vertraglich vereinbart wird. Eine solche Vereinbarung ist nur wirksam, wenn sie einem berechtigten Interesse der Gesellschaft dient und nach Ort, Zeit und Gegenstand die Berufsausübung und wirtschaftliche Betätigung des ausgeschiedenen Geschäftsführers nicht unbillig erschwert.[561] Wettbewerbsverbote sind nur dann nicht sittenwidrig, soweit und solange sie erforderlich sind, um die verbleibenden Gesellschafter vor einer illoyalen Verwertung der Erfolge der gemeinsamen Arbeit oder vor einem Missbrauch der Ausübung der Berufsfreiheit zu schützen.[562] Wettbewerbsverbote dürfen i.d.R. nicht über die Dauer von zwei Jahren hinaus vereinbart werden.[563] Dem Geschäftsführer ist grds. eine angemessene Entschädigung zu gewähren, die in etwa die Hälfte seiner letzten Bezüge betragen sollte. Eine Karenzentschädigung kann aber entfallen, wenn das Wettbewerbsverbot ausschließlich in einer Kunden-/Mandantenschutzklausel besteht.[564]

bb) Alleingesellschafter- und Gesellschafter-Geschäftsführer

Der Alleingesellschafter-Geschäftsführer einer GmbH unterliegt nach h.M.[565] weder als Geschäftsführer noch als Gesellschafter einer Treuepflicht und daher auch **keinem Wettbewerbsverbot**. Aus steuerlicher Sicht unterliegt der Alleingesellschafter-Geschäftsführer jedoch einem Wettbewerbsverbot, wenn er der GmbH Vermögen entzieht, dass zur Deckung des Stammkapitals erforderlich ist.

190

Für den Gesellschafter-Geschäftsführer gilt gesetzlich ebenso ein Wettbewerbsverbot. Von diesem kann ihm in der Satzung ein Dispens erteilt werden, wobei er aber für die entsprechende Beschlussfassung gemäß § 47 Abs. 4 Satz 1 GmbHG vom Stimmrecht ausgeschlossen ist.[566]

---

556 Das Wettbewerbsverbot besteht auch nach Eröffnung des Insolvenzverfahrens, vgl. DNotI-Dokument Nr. 13156 v. 18.11.2004.
557 Vgl. z.B. Altmeppen, in: Roth/Altmeppen, GmbHG, § 6 Rn. 46; zur Geschäftschancenlehre Fleischer, NZG 2003, 985.
558 H.M., so Scholz/Schneider, GmbHG, § 43 Rn. 140a; Altmeppen, in: Roth/Altmeppen, GmbHG, § 43 Rn. 22.
559 Marsch-Barner/Diekmann, in: Münchener Handbuch des Gesellschaftsrechts, Bd. 3, § 43 Rn. 68 f.; Michalski/Haas, GmbHG, § 43 Rn. 106; Scholz/Schneider, GmbHG, § 43 Rn. 138b m.w.N.; siehe auch DNotI-Gutachten Nr. 54297 v. 18.11.2004.
560 Hommelhoff/Kleindiek, in: Lutter/Hommelhoff, GmbHG, Anh § 6 Rn. 23; Marsch-Barner/Diekmann, in: Münchener Handbuch des Gesellschaftsrechts, Bd. 3, § 43 Rn. 68; Baumbach/Hueck/Zöllner/Noack, GmbHG, § 35 Rn. 43; Scholz/Schneider, § 43 Rn. 139 f. m.w.N. auch zur Gegenansicht. Die Einzelheiten sind str.; vgl. dazu ausführlich Michalski/Haas, GmbHG, § 43 Rn. 106.
561 Marsch-Barner/Diekmann, in: Münchener Handbuch des Gesellschaftsrechts, Bd. 3, § 43 Rn. 73; Scholz/Schneider, GmbHG, § 43 Rn. 135; Altmeppen, in: Roth/Altmeppen, GmbHG, § 6 Rn. 48.
562 BGH, NZG 2004, 35.
563 BGH, NZG 2004, 35; für Freiberufler-Sozietät: BGH, NJW 2000, 2584.
564 Marsch-Barner/Diekmann, in: Münchener Handbuch des Gesellschaftsrechts, Bd. 3, § 43 Rn. 74.
565 Scholz/Schneider, GmbHG, § 43 Rn. 127; Baumbach/Hueck/Zöllner/Noack, GmbHG, § 35 Rn. 43; Altmeppen, in: Roth/Altmeppen, GmbHG, § 13 Rn. 45, 47; a.A.: Marsch-Barner/Diekmann, in: Münchener Handbuch des Gesellschaftsrechts, Bd. 3, § 43 Rn. 59; Rowedder/Schmidt-Leithoff/Koppensteiner, GmbHG, § 43 Rn. 19.
566 Marsch-Barner/Diekmann, in: Münchener Handbuch des Gesellschaftsrechts, Bd. 3, § 43 Rn. 69.

6. Haftung des Geschäftsführers[567]

a) Haftung gegenüber der GmbH

191 Geschäftsführer, welche ihre Obliegenheiten verletzen, haften der Gesellschaft solidarisch für den entstandenen Schaden. Die Haftung gilt unabhängig vom Bestehen eines Anstellungsvertrags **ab dem Zeitpunkt der Bestellung zum Geschäftsführer**. Im Mittelpunkt der Haftung der Geschäftsführer gegenüber der GmbH steht § 43 GmbHG, wonach Geschäftsführer in den Angelegenheiten der Gesellschaft die Sorgfalt eines ordentlichen Kaufmanns anzuwenden haben und der Gesellschaft solidarisch für den entstandenen Schaden haften, wenn sie ihre Obliegenheiten verletzen.

192 Die Pflichten der Geschäftsführer ergeben sich zum einen aus ihrer Organstellung, zum anderen auch aus dem Anstellungsvertrag. **Als Pflichtverletzungen** kommen beispielhaft in Betracht:

- Misswirtschaft (z.B. Kassenfehlbestände, zweckwidrige Verwendung von Geldern, Verjährenlassen von Forderungen der GmbH),
- Befolgen fehlerhafter Weisungen (insb. Weisungen der Gesellschafterversammlung),
- Überschreiten der Vertretungsmacht, wenn sie in Satzung oder Anstellungsvertrag beschränkt worden ist,
- persönliche Bereicherung (z.B. Beschäftigung von Mitarbeitern zu privaten Zwecken, Privatreisen auf Geschäftskosten),
- Verletzung der Buchführungspflicht und der Pflicht zur Aufstellung und Vorlage von Jahresabschlüssen (§§ 41 Abs. 1, 42a Abs. 1 Satz 1 GmbHG),
- Weitergabe von geheimzuhaltenden Gesellschaftsinterna (ggf. strafbar nach § 85 GmbHG),
- Auszahlung von Vermögen, das zur Erhaltung des Stammkapitals erforderlich war (Haftung nach § 43 Abs. 3 GmbHG).[568]

Daneben besteht auch eine Haftung bei Insolvenzverschleppung (§ 64 Abs. 2 GmbHG, ggf. strafbar nach § 84 Abs. 1 Nr. 2 GmbHG) und für Falschangaben bei der Anmeldung der GmbH oder einer Kapitalerhöhung (§§ 9a, 57 Abs. 3 GmbHG). Weiterhin haften die Geschäftsführer für den Schaden, der der GmbH durch deliktische Handlungen, z.B. Untreue, entsteht.

193 **Ausgeschlossen ist die Haftung des Geschäftsführers**, wenn die schädigende Maßnahme in Übereinstimmung mit dem Gesetz und der Satzung auf einem Beschluss der Gesellschafter beruht. Dies ist Folge der den Geschäftsführern gemäß § 37 GmbHG obliegenden Pflicht zur Befolgung der Weisungen der Gesellschafter. Fehlerhafte Weisungen darf ein Geschäftsführer hingegen nicht ausführen. Die Haftung wird auch ausgeschlossen, soweit die Gesellschafter den Geschäftsführer gemäß § 46 Nr. 5 GmbHG entlastet haben.

194 Die Pflichtverletzung muss **vorsätzlich oder fahrlässig** erfolgen. Maßstab ist die von einem ordentlichen Geschäftsmann objektiv zu erwartende Sorgfalt, nicht die von dem jeweiligen Geschäftsführer gezeigte Sorgfalt.[569] Persönliche Eigenschaften wie Alter, Unerfahrenheit, Unfähigkeit oder Unkenntnis des Geschäftsführers bleiben daher außer Betracht. Art und Größe, wirtschaftliche Situation und Zweck des Unternehmens sowie Bedeutung der Geschäftsführungsmaßnahme und der besonderen Aufgabe des einzelnen Geschäftsführers sind allerdings zu berücksichtigen.

---

567 Ausführlich dazu: Pelz, RNotZ 2003, 415.

568 Dem Geschäftsführer obliegt hinsichtlich der Haftungsvoraussetzungen eine sekundäre Darlegungslast, vgl. BGH, ZIP 2006, 805 = NZG 2006, 429 = GmbHR 2006, 537 = DStR 2006, 1051.

569 Zur den Verhaltensmaßstäben vgl. Schneider/Schneider, GmbHR 2005, 1229; zur Haftung im Bereich des gewerblichen Rechtsschutzes (Wettbewerbsverstöße, Verletzungen gewerblicher Schutzrechte Dritter) Keller, GmbHR 2005, 1235.

Der gesetzliche Pflichtenkatalog und Sorgfaltsmaßstab kann – bis auf den Fall des § 43 Abs. 3 GmbHG – **in Satzung oder Anstellungsvertrag herabgesetzt werden**.[570] Nicht möglich ist es aber generell, im Voraus die Haftung wegen Vorsatzes zu erlassen oder deren Verjährung zu erleichtern (§§ 276 Abs. 3, 202 Abs. 1 BGB). Zulässig ist z.B. der Haftungsausschluss für leichte Fahrlässigkeit.

Der Schadensersatzanspruch nach § 43 GmbHG verjährt **in fünf Jahren ab der Entstehung** des Anspruchs. Auf die Kenntnis der Gesellschafter von den anspruchsbegründenden Tatsachen kommt es (entgegen § 199 Abs. 1 BGB) nach dem BGH nicht an.[571]

> **Hinweis:**
>
> In der Praxis ist der Abschluss von Directors & Offices Versicherungen (D & O-Versicherungen) für Geschäftsführer üblich geworden, die zu einem gewissen Grad das Haftungsrisiko abfangen.[572]

b) Haftung gegenüber den Gesellschaftern

Der Geschäftsführer haftet den Gesellschaftern **für die Auszahlung von Gesellschaftsvermögen**, das zur Erhaltung des Stammkapitals erforderlich war,[573] unter den weiteren Voraussetzungen der §§ 30 Abs. 1, 31 Abs. 3 und Abs. 6 GmbHG.

195

Im Übrigen haftet der Geschäftsführer den Gesellschaftern nur **nach allgemeinen Regeln**, so z.B. für die Verletzung der Mitgliedschaft an der GmbH (§ 823 Abs. 1 BGB) und nach § 823 Abs. 2 BGB i.V.m. einem Schutzgesetz, z.B. § 266 StGB auch bei Untreue nur gegenüber der GmbH.[574]

c) Haftung gegenüber Dritten

Eine Haftung gegenüber Dritten besteht **nach den allgemeinen zivilrechtlichen Regeln**, so insb. bei deliktischem Verhalten (§§ 823 Abs. 1, 2, 826 BGB).

196

Gläubigern gegenüber haftet der Geschäftsführer, **wenn er nicht rechtzeitig den Insolvenzantrag stellt** und diese daraufhin einen Schaden erleiden, z.B. weil sie mit der insolventen GmbH einen Vertrag schließen, den die GmbH nicht mehr erfüllen kann (§ 823 Abs. 2 BGB i.V.m. § 64 Abs. 1 GmbHG, ggf. strafbar nach § 84 Abs. 1 Nr. 2 GmbHG).

Eine Haftung für **Verschulden bei Vertragsverhandlungen** (§§ 311 Abs. 2 und 3, 280 BGB) besteht nur ausnahmsweise bei wirtschaftlichem Eigeninteresse oder Inanspruchnahme besonderen persönlichen Vertrauens, was eine besondere Interessenlage oder besondere Offenbarungspflichten voraussetzt.

Hat der Geschäftsführer gegenüber einem Vertragspartner den Anschein erweckt, **er handele für einen Einzelkaufmann oder eine Personengesellschaft**, so dass mithin eine natürliche Person haftet, haftet er dem Vertragspartner gegenüber persönlich (Rechtsscheinhaftung).

Gegenüber dem Sozialversicherungsträger haftet der Geschäftsführer persönlich für vorsätzlich nicht abgeführte fällige Arbeitnehmeranteile zur Sozialversicherung (§ 823 Abs. 2 BGB i.V.m. § 266a StGB).[575]

---

570 BGH, GmbHR 2003, 712; vgl. auch Hommelhoff/Kleindiek, in: Lutter/Hommelhoff, § 43 Rn. 40. Auf die für Arbeitnehmer geltende Haftungsprivilegierung bei betrieblich veranlasster Tätigkeit kann sich ein GmbH-Geschäftsführer nicht berufen.
571 BGH, DStR 2005, 659.
572 Baumbach/Hueck/Zöllner/Noack, GmbHG, § 43 Rn. 108 m.w.N. zu weiterführender Lit.
573 Dazu unter Rn. 352 ff.
574 BGH, GmbHR 1969, 211; in BGH, ZIP 2006, 993 mit zust. Anm. Marxen/Taschner, EWiR 2006, 509 lehnt der BGH ausdrücklich die Möglichkeit einer Strafbarkeit wegen Untreue gegenüber den Gesellschaftern mangels einer entsprechenden Vermögensbetreuungspflicht ab; § 266 StGB schütze nur die GmbH selbst.
575 Zur Haftung, wenn die GmbH nicht über die nötigen Zahlungsmittel verfügt vgl. BGH, ZIP 2006, 2127 = NZG 2006, 904 = DStR 2006, 2185 = DB 2006, 2681.

197 Auch für die vorsätzliche oder grob fahrlässige **Verletzung der steuerlichen Pflichten der Gesellschaft** (Entrichtung der Steuer, Führen von Büchern und Aufzeichnungen, Abgabe der Steuererklärungen, Erteilung von Auskünften und Mitteilungen) haftet der Geschäftsführer persönlich (§§ 34, 69 AO). Derzeit besteht zwischen den FG keine Einigkeit, ob der Geschäftsführer für die Nichtabführung der Lohnsteuer in den letzten drei Monaten vor Stellung des Antrags auf Insolvenzeröffnung auch dann haftet, wenn die Abführung der Lohnsteuer eine nach den §§ 129 ff. InsO anfechtbare Rechtshandlung dargestellt hätte.[576]

Möglich ist auch eine Haftung der Geschäftsführer **bei Vorliegen eines existenzvernichtenden Eingriffs**.[577] In den bisher von der Zivilrspr. unter diesem Stichwort entschiedenen Fällen stand die Haftung der Gesellschafter ganz im Mittelpunkt. Dagegen wurde die Geschäftsführerhaftung und ihr Verhältnis zur Verantwortlichkeit der Gesellschafter nicht problematisiert. Eine Weisung, die einen existenzvernichtenden Eingriff darstellt, ist aber rechtswidrig und nichtig und begründet weder eine Folgepflicht noch kann sie den Geschäftsführer von seinen Sorgfaltspflichten befreien.[578] Befolgt der Geschäftsführer eine solche Weisung, kann er sich der GmbH gegenüber schadensersatzpflichtig machen.

7. Beendigung der Geschäftsführertätigkeit

a) Amtsniederlegung und Abberufung

aa) Amtsniederlegung

198 Der Geschäftsführer kann **jederzeit und fristlos sein Amt niederlegen**. Die Amtsniederlegung des Geschäftsführers erfolgt durch formfreie empfangsbedürftige Erklärung.[579] Sie wird erst mit Zugang der Erklärung gegenüber dem Bestellungsorgan, der Gesellschafterversammlung, wirksam.[580] Streitig war, ob die Abgabe der Erklärung auch gegenüber einem einzelnen Gesellschafter genügt. Ein Teil der Lehre hielt dies für unzureichend, weil die Gesellschafter und ggf. Mitglieder des Aufsichtsrats keine wechselseitige Vertretungsmacht besäßen.[581] Der BGH[582] hat nun ausdrücklich ausgesprochen, dass die Amtsniederlegung eines GmbH-Geschäftsführers durch **Erklärung gegenüber einem einzigen Gesellschafter** ohne Benachrichtigung aller gesamtvertretungsberechtigter Gesellschafter für die Wirksamkeit der Amtsniederlegung ausreicht. Der Grundsatz, dass eine Willenserklärung gegenüber einem einzelnen Gesamtvertreter wirksam abgegeben werden kann, findet auch auf die Rechtsverhältnisse Anwendung, in denen die GmbH nach § 46 Nr. 5 GmbHG gemeinsam durch ihre Gesellschafter vertreten wird. Bei einer Zweimann-GmbH reicht die Erklärung des Gesellschafter-Geschäftsführer gegenüber sich selbst als Gesellschafter nicht aus, da eine ggf. erteilte Befreiung von § 181 BGB sich nicht auf die hier betroffene Gesellschafterstellung, sondern nur auf die Tätigkeit als Geschäftsführer bezieht.[583] Anderen Geschäftsführern gegenüber kann die Amtsniederlegung nicht erklärt werden.[584]

199 Für die Amtsniederlegung eines Geschäftsführers, und zwar auch eines Geschäftsführers einer Einmann-GmbH, **bedarf es grds. keines wichtigen Grundes**.[585] Nach verbreiteter Ansicht ist die Amtsniederlegung des einzigen Geschäftsführers und zugleich Allein-Gesellschafters in den Fällen des Rechtsmissbrauchs sowie bei Niederlegung zur Unzeit allerdings nach außen unwirksam. Die Amtsniederlegung

---

576 Dazu Stahlschmidt/Laws, GmbHR 2006, 410 ff. m.w.N. sowie Remmert/Horn, NZG 2006, 881.
577 Dazu Rn. 230 ff.
578 Weber/Brügel, DB 2004, 1923, 1927; Lutter/Banerjea, ZIP 2003, 2177; Ebert, GmbHR 2003, 444, 446.
579 Scholz/Schneider, GmbHG, § 38 Rn. 91; Michalski/Terlau/Schäfers, GmbHG, § 38 Rn. 85.
580 BGHZ 121, 257, 260; Michalski/Terlau/Schäfers, GmbHG, § 38 Rn. 85.
581 So z.B. Scholz/Schneider, GmbHG, § 38 Rn. 91; offen gelassen in BGHZ 121, 257, 260.
582 BGH, ZIP 2001, 2227 = NZG 2002, 43 = DNotI-Report 2002, 5; vgl. auch Lutter/Hommelhoff, in: Lutter/Hommelhoff, GmbHG, § 38 Rn. 47.
583 OLG Frankfurt, ZIP 2006, 1769 = GmbHR 2006, 1151 = DB 2006, 2003.
584 OLG Düsseldorf, MittBayNot 2006, 166.
585 Baumbach/Hueck/Zöllner/Noack, GmbHG, § 38 Rn. 83 m.w.N. Lutter/Hommelhoff, in: Lutter/Hommelhoff, GmbHG, § 38 Rn. 41 f.

ist **regelmäßig dann rechtsmissbräuchlich**, wenn er davon absieht, einen neuen Geschäftsführer zu bestellen oder kein wichtiger Grund dafür vorliegt.[586] Gleiches gilt, wenn der Geschäftsführer sein Amt nicht niederlegt, sondern sich selbst abberuft.[587] Im Interesse des Rechtsverkehrs könne es nicht angehen, dass die Handlungsfähigkeit der Gesellschaft beseitigt werde und sie sich dadurch der im öffentlichen Interesse liegenden Pflichten entledige, die an das Amt des Geschäftsführers geknüpft seien. Daran ändert sich auch nichts, wenn die Gesellschaft im Zeitpunkt der Amtsniederlegung insolvent war und die Geschäftsführertätigkeit über einen längeren Zeitraum nicht honoriert wurde.[588] Diese Grundsätze zur Einmann-GmbH gelten gleichermaßen für den Liquidator und können unter Umständen auch bei der Mehrmann-GmbH eingreifen.[589]

bb) Abberufung

Die Abberufung, durch die die Organstellung des Geschäftsführers beendet wird, ist **von der Beendigung des Anstellungsvertrags zu unterscheiden**. Gemäß § 38 Abs. 1 GmbHG ist die Abberufung von Geschäftsführern in nicht mitbestimmten GmbH[590] grds. zu jeder Zeit möglich und bedarf keines Grundes. Der Gesellschaftsvertrag kann die freie Abberufbarkeit einschränken, auch durch nur konkludente Regelung, z.B. Bestellung auf Lebenszeit oder für die Dauer der Gesellschaft. So kann die Abberufbarkeit nur bei Vorliegen wichtiger Gründe zugelassen werden, aber auch auf sachliche Gründe beschränkt werden. Bei Gesellschafter-Geschäftsführern kann sich ausnahmsweise aus der Treuebindung der Gesellschafter eine Einschränkung der freien Abberufbarkeit ergeben. Ihre Abberufung bedarf daher regelmäßig eines sachlichen Grundes, der jedoch nicht so hohe Anforderungen wie ein „wichtiger Grund" erfüllen muss.[591]

200

Die Abberufung erfolgt, wenn nicht die Satzung eine abweichende Regelung enthält, **durch Beschluss der Gesellschafterversammlung**, bei dem der abzuberufende Geschäftsführer mitstimmen darf, wenn er auch Gesellschafter ist. Anders ist dies nur, wenn – wie bei einer Abberufung aus wichtigem Grund – sein Stimmrecht ausgeschlossen ist. Der Beschluss muss dem Geschäftsführer, wenn er bei der Beschlussfassung nicht anwesend ist, bekannt gegeben werden.

Die Frage der **Zulässigkeit einstweiligen Rechtsschutzes** eines GmbH-(Fremd-)Geschäftsführers gegen seine Abberufung wird in Rspr. und Lit. nicht einheitlich beantwortet.

201

Das OLG Hamm hatte über einen Antrag auf Erlass einer einstweiligen Verfügung eines Fremdgeschäftsführers gegen seine Abberufung zu entscheiden.[592] Nach Auffassung des Gerichts ist ein solcher Antrag **schon allein deshalb unbegründet**, weil der Verfügungskläger nicht selbst Gesellschafter ist. Als Fremdgeschäftsführer ist er jederzeit abrufbar (§ 38 GmbHG).[593] Er besitzt keine vorläufigen Interessen, die durch einstweiligen Rechtsschutz zu schützen wären. Das OLG verweist dabei auf § 84 Abs. 3 Satz 4 AktG.[594] Der Widerruf der Bestellung des Vorstandes einer AG ist bis zur rechtskräftigen Feststellung des Gegenteils als wirksam zu betrachten. Der darin zum Ausdruck kommende gesetzgeberische Wille, für die Geschäfte der Gesellschaft Klarheit und Ruhe zu schaffen, beanspruche entsprechende Geltung bei

---

586 OLG Zweibrücken, GmbHR 2006, 430 = DB 2006, 662; BayObLGZ 1999, 171 ff.; OLG Düsseldorf, NotBZ 2001, 186 = GmbHR 2001, 143 = ZIP 2001, 25; Scholz/Schneider, GmbHG, § 38 Rn. 90; Trölitzsch, GmbHR 1995, 857, 860.
587 OLG Zweibrücken, ZIP 2006, 950 = GmbHR 2006, 430 = DB 2006, 662.
588 OLG Düsseldorf, NotBZ 2001, 186 = GmbHR 2001, 143 = ZIP 2001, 25; dazu auch DNotI-Dokument Nr. 13154 v. 6.12.2004. Zur Amtsniederlegung in der Krise siehe Wälzholz, GmbH-StB 2006, 264.
589 LG Memmingen, NZG 2004, 828 = Rpfleger 2004, 635.
590 Für mitbestimmte GmbH gilt gemäß § 31 MitBestG zwingend § 84 AktG; vgl. Baumbach/Hueck/Zöllner/Noack, GmbHG, § 38 Rn. 4.
591 OLG Zweibrücken, GmbHR 2003, 1206
592 OLG Hamm, GmbHR 2002, 327.
593 OLG Hamm, GmbHR 2002, 327, 328.
594 So auch Scholz/Schneider, GmbHG, § 38 Rn. 74d.

der GmbH.[595] Wegen der ansonsten auftretenden Unsicherheiten im Rechtsverkehr sollten Organfragen **keiner vorläufigen Regelung unterliegen**.[596]

Einstweiliger Rechtsschutz ist nach Ansicht des Gerichts bei Abberufungskonflikten in der GmbH **gleichwohl nicht ausgeschlossen**. Bestimmte Konstellationen machen eine Ausnahme von dem vorgenannten Grundsatz erforderlich. Bei gleichbeteiligten und gleichberechtigten Gesellschafter-Geschäftsführern einer Zweimann-GmbH bestünde z.B. die Gefahr des Wettlaufs wechselseitiger Abberufungen. Ebenso bedarf der Mehrheitsgesellschafter als Geschäftsführer einer Möglichkeit der Überprüfung seiner Abberufung. Ansonsten könnte der Minderheitsgesellschafter aufgrund des Stimmrechtsausschlusses des betroffenen Gesellschafters die Abberufung zumindest bis zur rechtskräftigen Feststellung des Gegenteils durchsetzen.[597]

cc) Probleme des Registervollzuges

202 Die **Niederlegungserklärung** wird ohne Rücksicht auf die Gründe der Niederlegung sofort mit Zugang wirksam. Sie vollzieht sich außerhalb des Registers, ist gemäß § 39 GmbHG jedoch zur Eintragung anzumelden. Die Anmeldebefugnis des Niederlegenden endet mit seinem Ausscheiden aus dem Amt. Besteht Gesamtvertretungsbefugnis, ist noch die Anmeldung durch den weiteren Geschäftsführer erforderlich.[598]

> **Hinweis:**
> Hat der Geschäftsführer sein Amt mit sofortiger Wirkung niedergelegt, ist er selbst nicht mehr anmeldebefugt; dies gilt auch dann, wenn kein weiterer Anmeldeberechtigter mehr vorhanden ist.[599] Anderes gilt jedoch, wenn der Geschäftsführer sein Amt erst mit Wirkung der entsprechenden Registereintragung niedergelegt hat.[600]

Um den Interessen des ausscheidenden Geschäftsführers an möglichst schneller Wirksamkeit der Amtsniederlegung gerecht zu werden, kann die Beendigung der Organstellung auch **an den Zugang der entsprechenden Handelsregisteranmeldung** beim Registergericht gekoppelt werden.[601]

Existiert kein handlungsfähiger Geschäftsführer mehr, muss in dringenden Fällen analog §§ 29, 48 Abs. 1 BGB ein **Notgeschäftsführer bestellt werden**. Eine Notgeschäftsführerbestellung ist jedoch nicht schon möglich, wenn der Geschäftsführer seine Tätigkeit lediglich treuwidrig und unzweckmäßig ausübt.[602] Auch kann ein Gesellschafter nicht gegen seinen Willen zum Notgeschäftsführer bestellt werden.[603] Für den Fall der Führungslosigkeit einer GmbH sieht der Entwurf des MoMiG darüber hinaus die Pflicht der Gesellschafter vor, bei Zahlungsunfähigkeit oder Überschuldung der GmbH einen Insolvenzantrag zu stellen; andernfalls können sie wie Geschäftsführer wegen Insolvenzverschleppung zivil- und strafrechtlich haften.[604]

---

595 A.A.: Baumbach/Hueck/Zöllner/Noack, GmbHG, § 38 Rn. 65 m.w.N., der diese Regelung bei personengesellschaftsartigen Zusammenschlüssen für nicht anwendbar hält. Lutter/Hommelhoff, in: Lutter/Hommelhoff, GmbHG, § 38 Rn. 36 wollen den Zweck des § 84 Abs. 3 Satz 4 AktG in die summarische Abwägung bei der Begründetheit des Antrags mit einstellen.
596 OLG Hamm, GmbHR 2002, 327, 328.
597 OLG Hamm, GmbHR 2002, 327, 328; Scholz/Schneider, GmbHG, § 38 Rn. 74d, e.
598 BayObLG, ZIP 2003, 2361 = GmbHR 2003, 1356 = NZG 2004, 421 für den Fall der Abberufung auf ein bestimmtes Datum.
599 H.M. OLG Frankfurt, ZIP 2006, 1769 = GmbHR 2006, 1151 = DB 2006, 2003; z.B. Scholz/Winter, GmbHG, § 78 Rn. 11 m.w.N.; großzügiger: LG Köln, WiB 1997, 1190 mit abl. Anm. Holzer.
600 Vgl. zu einem solchen Fall OLG Frankfurt, ZIP 1983, 1072 = WM 1983, 1025.
601 Bärwaldt, GmbHR 2001, 290.
602 BayOLG, GmbHR 1998, 1123 = NJW-RR 1999, 1259; BayOLG, ZIP 1997, 1785 = GmbHR 1997, 1002 = FGPrax 1997, 235.
603 KG, GmbHR 2000, 660.
604 Heckschen, NotBZ 2006, 381, 388.

Auch in der Insolvenz der GmbH bleibt der Geschäftsführer aus §§ 39, 78 GmbHG berechtigt und verpflichtet, die Abberufung und Neubestellung von Geschäftsführern zur Eintragung in das Handelsregister anzumelden.[605] Weder der Insolvenzverwalter noch der vorläufige Insolvenzverwalter sind hierzu berechtigt und verpflichtet. 203

Der Anmeldung sind die **Urkunden über die Beendigung des Vertretungsverhältnisses** (hier also die Amtsniederlegungserklärung) in Urschrift oder öffentlich beglaubigter Abschrift beizufügen (§ 39 Abs. 2 GmbHG). Eine eidesstattliche Versicherung nach § 15 Abs. 2 FGG reicht nicht aus.[606] Der Umfang der Prüfungspflicht des Registergerichtes in diesem Zusammenhang ist sehr umstritten.[607] Z.T. wird vertreten, dem Registergericht obliege ein umfassendes materielles Prüfungsrecht und eine Prüfungspflicht hinsichtlich der Ordnungsmäßigkeit der Änderung in den Personen der Geschäftsführer sowie der Beendigung der Vertretungsbefugnis.[608] Die wohl herrschende Ansicht in der Lit. und OLG-Rspr. geht jedoch davon aus, dass keine solche umfassende Prüfungspflicht des Registergerichtes und damit auch **kein solches Prüfungsrecht existiert**.[609] Das Registergericht wäre nur verpflichtet, offenkundige Mängel aufzugreifen.

b) Beendigung des Anstellungsvertrags

Die **Beendigung des Anstellungsvertrags**[610] kann durch Zeitablauf bei Abschluss eines befristeten Vertrags, durch ordentliche oder außerordentliche Kündigung oder durch den Abschluss eines Aufhebungsvertrags[611] erfolgen. 204

Die **Beendigung der Organstellung** (Abberufung) hat **nicht automatisch eine Beendigung auch des Anstellungsvertrags zur Folge**. Häufig wird jedoch der Anstellungsvertrag unter die auflösende Bedingung gestellt, dass er mit Beendigung der Organstellung endet.[612] Die Abberufung kann selbstverständlich zusammen mit der Kündigung erklärt werden und führt dann gleichzeitig zur Beendigung des Anstellungsvertrags, wenn die Kündigung fristlos möglich war. 205

Die **ordentliche Kündigung** der GmbH gegenüber dem Geschäftsführer erfolgt durch das für die Anstellung **zuständige Organ**. Die ordentliche Kündigung des Anstellungsvertrags eines wirksam abberufenen Geschäftsführers bedarf keiner Rechtfertigung; sie ist vom Geschäftsführer hinzunehmen, auch wenn sie Ziele verfolgt, die gegenüber einem normalen Arbeitnehmer von den ArbG nicht hingenommen würden.[613] 206

Die **Fristen für die ordentliche Kündigung** ergeben sich aus § 622 BGB, wenn nicht andere Kündigungsfristen vereinbart wurden. Das **Kündigungsschutzgesetz** ist nach § 14 Abs. 1 KSchG nicht anwendbar. 207

8. Fehlerhafte Organstellung/faktischer Geschäftsführer

Überwiegend wird als faktischer Geschäftsführer derjenige bezeichnet, dessen Bestellung zum Geschäftsführer **unwirksam oder nichtig** ist. Der BGH verlangt, dass der Handelnde die Geschicke der GmbH – über die interne Einwirkung auf die satzungsmäßige Geschäftsführung hinaus – durch das eigene Handeln nach außen, das die Tätigkeit des rechtlichen Geschäftsführungsorgans nachhaltig prägt, maßgeblich in die Hand genommen hat.[614] 208

---

605 OLG Köln, ZIP 2001, 1553 = NZI 2001, 470 = DB 2001, 1982.
606 OLG Frankfurt, ZIP 2006, 1769 = GmbHR 2006, 1152 = DB 2006, 2003 = RNotZ 2006, 549.
607 Vgl. dazu ausführlich Wachter, GmbHR 2001, 1129.
608 OLG Köln, GmbHR 1989, 125.
609 Ausführlich mit Nachweisen zur Rspr. Heckschen/Heidinger, Die GmbH in der Gestaltungspraxis, § 4 Rn. 43 ff.
610 Vgl. dazu Stück, GmbHR 2006, 1009, 1014 ff.
611 Zur Gestaltung von Aufhebungsverträgen mit GmbH-Geschäftsführern vgl. Lohr, ZNotP 2004, 82.
612 BGH, NZG 1999, 1215.
613 BGH, DStR 2003, 2174 mit Anm. Goette.
614 BGH, ZIP 2005, 1550; für eine weniger restriktive Handhabung Haas, NZI 2006, 494 ff.

Ein faktischer Geschäftsführer hat **nicht uneingeschränkt dieselben Rechte und Pflichten** wie ein wirksam bestellter Geschäftsführer. Überwiegend wird jeweils nach den einzelnen Pflichten und Rechten entschieden.[615] Eine Insolvenzantragspflicht des faktischen Geschäftsführers wird allgemein bejaht.[616] Der faktische Geschäftsführer haftet auch für die Nichtabführung von Lohnsteuer nach §§ 34, 69 AO.[617] Eine weitere Frage ist die, ob der GmbH das Handeln des faktischen Organs zugerechnet werden kann, z.B. nach Anscheinsgrundsätzen.[618]

II. Gesellschafter

1. Rechte und Pflichten der Gesellschafter

a) Vermögensrechte

209 Die **Vermögensrechte der GmbH-Gesellschafter** umfassen das Recht auf Teilhabe am Gewinn,[619] am Liquidationserlös und das Bezugsrecht bei Kapitalerhöhungen.[620]

b) Informationsrechte

210 § 51a GmbHG sieht ein Informationsrecht (Auskunfts- und Einsichtsrecht) des einzelnen Gesellschafters vor, das nicht beschränkbar ist.[621] Dieses Recht des Einzelnen kann durch die Satzung nur ausgeweitet, aber nicht eingeschränkt werden. Auch das Verfahren der Informationserteilung kann – außerhalb des Kernbereichs des Informationsrechts – durch die Satzung näher ausgestaltet werden.[622]

Die Ausübung des Auskunfts- und Einsichtsrechts unterliegt dem **Grundsatz der Verhältnismäßigkeit**. Der Gesellschafter muss daher das schonendste Mittel für die Erfüllung seines Informationsbedürfnisses wählen, so dass er rechtsmissbräuchlich handeln kann, wenn er Informationen verlangt, obwohl er an einer zeitnah stattfindenden Gesellschafterversammlung nicht teilgenommen hat.[623] War der eine Auskunft begehrende Gesellschafter zu der Zeit, auf die sich sein Begehren bezieht, Geschäftsführer, bedarf die Wahrnehmung des Auskunfts- und Einsichtsrechts **einer besonderen Rechtfertigung**. Eine solche hat das OLG München anerkannt, wenn der Gesellschafter aus der Gesellschaft ausscheidet und für die Berechnung seiner Abfindung Informationen über die Vermögensentwicklung der GmbH im abgelaufenen Geschäftsjahr benötigt.[624]

c) Sonderrechte

211 Den Gesellschaftern können darüber hinaus Sonderrechte eingeräumt werden. Es gibt die **sog. Vorzugsrechte**, die dem jeweiligen Inhaber des Geschäftsanteiles zustehen. Dann gibt es die Sonderrechte, die nur einem Gesellschafter persönlich gewährt werden und vom Geschäftsanteil trennbar und auch separat veräußerbar sind.

---

615 Dazu Lutter/Hommelhoff, in: Lutter/Hommelhoff, GmbHG, vor § 35 Rn. 11 f.; Scholz/Schneider, GmbHG, § 6 Rn. 47.
616 Dazu Rn. 405.
617 FG Köln, ZIP 2006, 470 = GmbHR 2006, 49; dazu Kahlert, EWiR 2006, 293.
618 Dazu Baumbach/Hueck/Zöllner/Noack, GmbHG, § 35 Rn. 8 allerdings mit anderer Begrifflichkeit.
619 Zur Gewinnverteilung siehe unter Rn. 375.
620 Dazu unten Rn 294 ff.
621 BayObLG, ZIP 1988, 1548.
622 Zur Ausgestaltung durch die Satzung vgl. Rn. 154.
623 OLG Jena, ZIP 2004, 2003 = NZG 2004, 1156 = DB 2004, 2470 mit Anm. Trölitzsch/Leinekugel, EWiR 2004, 1131.
624 OLG München, ZIP 2006, 1349 = NZG 2006, 597 = DB 2006, 328.

Beispiele:

Ansprüche auf einen höheren Gewinnanteil, Erwerbsvorrechte bei Anteilsveräußerungen, erhöhte Stimmrechte, das Recht zur Geschäftsführung, ein Weisungsrecht gegenüber der Geschäftsführung oder ein Zustimmungsrecht zu Anteilsveräußerungen

Die Sonderrechte müssen, sollen sie eine dauernde korporative Regelung sein, **in der Satzung vereinbart werden**. Sollen sie erst durch Satzungsänderung aufgenommen werden, muss die satzungsändernde Mehrheit von 3/4 dies beschließen, wobei zusätzlich diejenigen Gesellschafter zustimmen müssen, die dieses Sonderrecht nicht erhalten. Das Gleiche gilt für die Aufhebung von Sonderrechten. 212

In der **inhaltlichen Ausgestaltung** sind die Gesellschafter weitgehend frei, Grenzen werden lediglich durch zwingende Zuständigkeitsvorschriften und Rechte anderer Gesellschafter gesetzt. 213

d) Stimmrecht

Das Stimmrecht wird in den Gesellschafterversammlungen ausgeübt. **Träger des Stimmrechts** ist der jeweilige Gesellschafter, der aber eine Stimmrechtsvollmacht an einen anderen erteilen kann.[625] Das Stimmrecht endet mit der Gesellschaftereigenschaft. Die Satzung kann auch stimmrechtslose Anteile vorsehen. 214

Das Stimmrecht kann durch die Treuepflicht oder durch Stimmbindungsverträge eingeschränkt sein. In Einzelfällen bestehen **Stimmverbote**, so z.B. bei der Gefahr von Konflikten zwischen dem Eigeninteresse des Gesellschafters und dem Interesse der GmbH. 215

e) Treuepflicht

Die **Gesellschafter unterliegen einer allgemeinen Treuepflicht**, die es ihnen gebietet, sich gegenüber der Gesellschaft loyal zu verhalten, sie nicht zu schädigen und den Gesellschaftszweck zu fördern. 216

Eigennützige Rechte, z.B. die einem Gesellschafter zustehenden Informationsrechte und Sonderrechte, dürfen mit Vorrang verfolgt werden, allerdings unter Rücksichtnahme auf die Interessen der Gesellschaft und der Gesellschafter insoweit, dass sie die Rechtsausübung nicht im Übermaß belastet. 217

Bei der Ausübung des Stimmrechts muss der Gesellschafter die Treuepflicht beachten, die umso intensiver wird, je mehr der Beschluss den Gesellschaftszweck tangiert. Die Auswirkungen der Treuepflicht sind je nach Beschlussgegenstand verschieden. Die Treuepflicht kann sich auch zu einer **Pflicht zu einem bestimmten Abstimmungsverhalten** konkretisieren. Andererseits ist auch die Mehrheit der Gesellschafter bei einem Mehrheitsbeschluss zur angemessenen Berücksichtigung der Interessen von Minderheitsgesellschaftern verpflichtet, insb. wenn Mitgliedschaftsrechte der Minderheit betroffen werden oder Sondervorteile für die Gesellschaftermehrheit beschlossen werden sollen. 218

Der BGH bejaht eine auf der Treuepflicht basierende Pflicht der Gesellschafter, Maßnahmen zur Auflösung stiller Reserven einzuleiten (z.B. Teilliquidation des Geschäftsbetriebs), wenn nur so der Abfindungsanspruch eines ausscheidenden Gesellschafters ohne Verstoß gegen § 30 GmbHG erfüllt werden kann.[626] **Verstöße gegen Treuepflichtverletzungen** können je nachdem zur Anfechtbarkeit des Gesellschafterbeschlusses führen oder dazu, dass treuwidrig abgegebene Stimmen nicht mitgezählt werden. Eine Treupflichtverletzung kann auch zum Ausschluss aus der Gesellschaft führen und zu einer Pflicht, den entstandenen Schaden zu ersetzen.

f) Wettbewerbsverbot

Die Gesellschafter unterliegen nach h.M. kraft der Treupflicht, also ohne besondere vertragliche oder satzungsmäßige Vereinbarung, **grds. keinem Wettbewerbsverbot**. 219

Ein solches besteht aber ausnahmsweise dann, wenn ein Gesellschafter einen **bestimmenden Einfluss auf die Gesellschaft** ausübt oder wenigstens ausüben könnte oder/und es sich um eine personalistisch

---

[625] Dazu unten Rn. 253 ff.
[626] BGH, ZIP 2006, 703 = GmbHR 2006, 531 = DStR 2006, 860 = DB 2006, 832.

strukturierte GmbH handelt.[627] Soll ein demnach bestehendes Wettbewerbsverbot eingeschränkt oder davon befreit werden, ist die Satzung mit sog. „einfachen Öffnungsklauseln" entsprechend zu gestalten.[628]

Im Übrigen gilt für die nicht geschäftsführenden Gesellschafter ein Wettbewerbsverbot nur kraft vertraglicher Vereinbarung. Dabei sind insb. die **Grenzen des Kartellverbots nach § 1 GWB** zu beachten. Danach ist ein Wettbewerbsverbot, das die wettbewerbliche Handlungsfreiheit aktueller oder möglicher Wettbewerber beschränkt und damit die Marktverhältnisse spürbar beeinträchtigt, nur zulässig, wenn es allein dem Bestand und der Erhaltung einer im Übrigen kartellrechtsneutralen Gesellschaft dient.[629]

220 **Nachvertragliche Wettbewerbsverbote** beurteilt die Rspr. neben § 1 GWB zusätzlich nach § 138 BGB, d.h. das Verbot muss in zeitlicher, sachlicher und räumlicher Hinsicht angemessen sein.[630]

> **Hinweis:**
> Bei vertraglichen und satzungsmäßigen Wettbewerbsverboten empfiehlt es sich, den sachlichen und örtlichen Anwendungsbereich sowie etwa zu zahlende Entschädigungen so konkret wie möglich zu regeln. In Anbetracht der unterschiedlichen Rechtslage für Gesellschafter, Gesellschaftergeschäftsführer und Fremdgeschäftsführer ist es naheliegend, zwischen diesen Personengruppen zu differenzieren.[631] Häufig nehmen die Gerichte bei einer salvatorischen Klausel eine Reduktion auf das gesetzlich noch zulässige Maß an.[632]

g) Belastungen der Geschäftsanteile
aa) Verpfändung

221 Die Verpfändung eines Geschäftsanteils[633] ist ein **wichtiges Mittel zur Absicherung von Krediten**. Der Pfandnehmer erhält das Recht zur Befriedigung aus dem Geschäftsanteil, hingegen bleibt der Pfandgeber in vollem Umfang Gesellschafter bzw. Inhaber sämtlicher Mitgliedschaftsrechte. Lediglich im Innenverhältnis zum Pfandnehmer kann z.B. vereinbart werden, dass der Pfandgeber in bestimmter Weise abzustimmen hat. Hält sich der Pfandgeber nicht an diese Vereinbarung, beeinträchtigt dies die Wirksamkeit des Beschlusses nicht; der Pfandgeber ist dem Pfandnehmer ggf. lediglich zum Schadensersatz verpflichtet.[634]

222 **Gegenstand der Verpfändung** können der Geschäftsanteil mit oder ohne die Nutzungen (z.B. Gewinnansprüche) oder auch nur einzelne vermögenswerte Mitgliedschaftsrechte, wie z.B. der Anspruch auf Beteiligung am Gewinn und Liquidationserlös sein.

223 Die Verpfändung eines Geschäftsanteils ist **notariell zu beurkunden** (§ 15 Abs. 3 GmbHG). Die Urkunde muss den betroffenen Geschäftsanteil benennen, die Verpfändungserklärung enthalten sowie die durch das Pfandrecht zu sichernde Forderung bezeichnen. Die zu sichernde Forderung muss nicht exakt bezeichnet werden, sofern sie wenigstens hinreichend bestimmbar ist. Nicht erforderlich ist es, dass die Forderung in allen ihren Einzelheiten in der Urkunde angegeben ist. Vielmehr können zur Auslegung auch Umstände außerhalb der Urkunde herangezogen werden. Demgegenüber ist die obligatorische Verpflichtung zur Bestellung eines Pfandrechtes an einem Geschäftsanteil formlos möglich.[635]

---

627 Lutter/Bayer, in: Lutter/Hommelhoff, GmbHG, § 14 Rn. 24; Altmeppen, in: Roth/Altmeppen, GmbHG, § 13 Rn. 45; Schiessl, in: Münchener Handbuch des Gesellschaftsrechts, Bd. 3: GmbH, § 34 Rn. 9 ff.
628 BFH, BB 1995, 2513; vgl. auch Lavall, NJW 1997, 1742 ff.
629 BGHZ 104, 246 m.w.N.
630 Schiessl, in: Münchener Handbuch des Gesellschaftsrechts, Bd. 3, § 34 Rn. 5 f.
631 Ausführlich zu vertraglichen Wettbewerbsverboten Michalski/Michalski, GmbHG, § 13 Rn. 192 ff.
632 Michalski/Michalski, GmbHG, § 13 Rn. 227.
633 Ausführlich dazu Reymann, DNotZ 2005, 425 ff.; Bruhns, GmbHR 2006, 587.
634 Im Einzelnen dazu Scholz/Winter/Seibt, GmbHG, § 15 Rn. 178.
635 Michalski/Ebbing, GmbHG, § 15 Rn. 222; Rowedder/Schmidt-Leithoff/Rowedder/Bergmann, GmbHG, § 15 Rn. 82; a.A.: MünchKomm-BGB/Damrau, § 1274 Rn. 56.

Das Pfandrecht ist in seiner Entstehung, in seinem Fortbestand, in der Zuständigkeit und im Untergang von dem Entstehen, der Existenz und der Zuständigkeit der Forderung abhängig (§ 1204 BGB).[636] Dementsprechend muss der Inhaber des Pfandrechtes auch immer Inhaber der Forderung sein. Das Pfandrecht geht **aufgrund seiner Akzessorietät (§ 1250 BGB)** unter, wenn die gesicherte Forderung erlischt, kann aber auch (formfrei) aufgehoben werden.[637] Ein Austausch der Forderung, soll also z.B. an die Stelle einer gesicherten Darlehensforderung eine neue Darlehensforderung treten, ist nicht möglich. Die Verpfändung des Geschäftsanteils für die neue Darlehensforderung muss also erneut notariell beurkundet werden. 224

Die **Verpfändung eines Geschäftsanteils ist zulässig**, soweit die Veräußerung eines Geschäftsanteils zulässig ist (§ 1274 Abs. 1 Satz 1 BGB i.V.m. § 15 Abs. 5 GmbHG). Bereits für die Veräußerung von Geschäftsanteilen kann die Satzung Regelungen aufstellen, z.B. Zustimmungsvorbehalte und Anzeigepflichten.

Die Verpfändung kann **auch unter leichtere oder schwerere Voraussetzungen** als die Veräußerung gestellt oder generell ausgeschlossen werden.[638] Ob die Veräußerungsbeschränkungen nur für die Veräußerung oder – wie gesetzlich vorgesehen – auch für die Verpfändung gelten sollen, sollte daher in der Satzung klargestellt werden. Zulässig ist nach h.M. auch eine Teilverpfändung eines Geschäftsanteils.[639]

bb) Nießbrauch

Die Bestellung eines Nießbrauchs am Geschäftsanteil ist zulässig, soweit der Geschäftsanteil veräußert werden kann. Der Nießbrauch wird **nach den Vorschriften über die Übertragung des Geschäftsanteils** bestellt, d.h. durch eine Bestellung in notarieller Form. Bestehen weitere Voraussetzungen für die Übertragung des Geschäftsanteils (z.B. durch Vinkulierung), gelten diese auch für die Nießbrauchsbestellung. 225

Der Nießbraucher ist berechtigt, die Nutzungen des Geschäftsanteils zu ziehen, d.h. insb. die Jahresgewinne zu verlangen. Das Stimmrecht und alle anderen Verwaltungsrechte verbleiben hingegen beim Gesellschafter.

Der Nießbrauch endet mit Ablauf der Zeit, für die er eingeräumt worden ist, durch einseitige formlose Aufhebung durch den Nießbraucher oder mit dem Tod des Nießbrauchers.

2. Haftung der Gesellschafter

Für die Verbindlichkeiten einer GmbH aus Rechtsgeschäften oder aus Gesetz haftet grds. **nur das Vermögen der GmbH**, nicht die Gesellschafter persönlich. Diese Beschränkung der Haftung auf das Gesellschaftsvermögen gilt ab der Eintragung der GmbH im Handelsregister, es sei denn, es greift die Unterbilanzhaftung ein.[640] 226

a) Fallgruppen der Durchgriffshaftung

Ausnahmsweise können die Gläubiger **auf das Privatvermögen der Gesellschafter** zugreifen. Insb. **bei der Vergabe von Krediten** an die GmbH ist den Kreditinstituten i.a.R. das Gesellschaftsvermögen als Haftungsmasse zu gering für den Fall, dass der Kredit nicht zurückgezahlt werden kann. Daher verlangen 227

---

636 Vgl. Staudinger/Wiegand, BGB, § 1204 Rn. 10; Soergel/Habersack, BGB, § 1204 Rn. 15.
637 Allg. Meinung, vgl. nur Michalski/Ebbing, GmbHG, § 15 Rn. 222 m.w.N. in Fn. 726.
638 Kallmeyer, GmbH-Handbuch, Rn. I 944.
639 Baumbach/Hueck/Hueck/Fastrich, GmbHG, § 17 Rn. 6; Scholz/Winter/Seibt, GmbHG, § 17 Rn. 35; Lutter/Bayer, in: Lutter/Hommelhoff, GmbHG, § 17 Rn. 23.
640 Dazu Rn. 33 ff.

sie zusätzliche Sicherheiten, oft Bürgschaften, Garantien[641] oder Schuldbeitritte[642] der Gesellschafter, die damit den Zugriff auf ihr Privatvermögen eröffnen.

Eine weitere Fallgruppe, **die sog. Durchgriffshaftung**,[643] setzt eine Vermögens- oder Sphärenvermischung voraus. Bei der Sphärenvermischung wird die Trennung zwischen GmbH und Gesellschafter verschleiert, z.B. durch Benutzung ähnlicher Firmen, derselben Geschäftsräume, desselben Personals. **Vermögensvermischung** liegt vor, wenn Privat- und Gesellschaftsvermögen vermischt werden, d.h. die Abgrenzung beider Vermögen z.B. durch falsche oder unzureichende Buchführung verschleiert worden ist. Dann nämlich können die Kapitalerhaltungsvorschriften der §§ 30, 31 GmbHG nicht funktionieren. Die Durchgriffshaftung ist nach einem aktuellen Urteil des BGH[644] auch nicht durch die Haftung wegen existenzvernichtenden Eingriffs überholt. Die Durchgriffshaftung greife nicht schon bei Fehlen einer doppelten Buchführung, sondern erst, wenn die Zahlungsvorgänge unkontrollierbar werden mit der Folge, dass sich die Vermögensmassen von GmbH und Gesellschafter nicht mehr unterscheiden lassen. Es handelt sich nicht um eine Zustands-, sondern um eine Verhaltenshaftung, so dass nur der verantwortliche Gesellschafter haftbar ist. Mit seinem Privatvermögen haftet also nur, wer die Vermischung aufgrund des von ihm wahrgenommenen Einflusses **als Allein- oder Mehrheitsgesellschafter veranlasst hat**. Einer Gläubigerschädigung seitens des Geschäftsführers kann aber eine Haftung des Gesellschafters, der dies sehenden Auges geschehen lässt, nach § 826 BGB begründen.

228 Es gibt **auch deliktische Handlungen**, die den Zugriff auf das Vermögen des jeweiligen Gesellschafters zulassen, z.B. wenn ein Gesellschafter-Geschäftsführer zum Schaden der Gläubiger die Stellung des Insolvenzantrages verzögert (unerlaubte Handlung nach § 823 Abs. 2 BGB i.V.m. § 64 GmbHG).

229 Seit langem in der Lit. umstritten ist eine Durchgriffshaftung **wegen materieller Unterkapitalisierung**.[645] Diese soll vorliegen, wenn die GmbH völlig unzureichend mit Kapital ausgestattet wird. Die Rspr. verneint jedoch die Pflicht der Gesellschafter, die GmbH mit angemessenem Kapital auszustatten.[646]

b) Haftung wegen existenzvernichtenden Eingriffs

aa) Entwicklung der Rechtsprechung des BGH

230 Hinsichtlich der **Missbrauchshaftung** war das Konzernhaftungsrecht über Jahre hinaus ein Brennpunkt der Rechtsentwicklung des GmbH-Rechts. Sinn und Zweck der Missbrauchshaftung ist es, den Gläubigern der Gesellschaft einen Zugriff auf den Gesellschafter zu ermöglichen, der die Gesellschaft wirtschaftlich für eigene Belange ausnutzt und damit den Gesellschaftsgläubigern die Haftungsmasse entzieht.

Der BGH hatte ursprünglich in seinem „Autokran"-Urteil[647] und später in dem „Video"-Urteil[648] das konzernrechtliche Haftungssystem der §§ 300 ff. AktG für analog anwendbar erklärt. Im „Bremer Vulkan"-Urteil v. 17.9.2001[649] vollzog der BGH eine Kehrtwendung und stellte in einem obiter dictum ausdrück-

---

641 Zum Verstoß einer formularmäßigen Garantieübernahme durch die Gesellschafter neben der Haftung der GmbH gegen AGB-Vorschriften BGH, ZIP 2006, 474 = DStR 2006, 1660 mit Anm. Lindacher, EWiR 2006, 325.

642 Auf den Schuldbetritt eines geschäftsführenden Allein- oder Mehrheitsgesellschafters einer GmbH wird das VerbrKrG angewandt. Der Geschäftsführer ist nicht als Kaufmann zu behandeln; vgl. BGH, DB 2006, 99 = DStR 2006, 574. Entsprechendes dürfte für die Vorschriften gelten, die an die Stelle des VerbrKrG getreten sind.

643 Baumbach/Hueck/Hueck/Fastrich, GmbHG, § 13 Rn. 14 f.; Altmeppen, in: Roth/Altmeppen, GmbHG, § 13 Rn. 112 f.; Schiessl, in: Münchener Handbuch des Gesellschaftsrechts, Bd. 3, § 35 Rn. 17 f.

644 BGH, ZIP 2006, 467 = GmbHR 2006, 426 = DStR 2006, 808 = DB 2006, 604.

645 Dazu Baumbach/Hueck/Hueck/Fastrich, GmbHG, § 13 Rn. 16; Altmeppen, in: Roth/Altmeppen, GmbHG, § 13 Rn. 116 ff.; Schiessl, in: Münchener Handbuch des Gesellschaftsrechts, Bd. 3, § 35 Rn. 15; ausführlich auch zu den dogmatischen Ansätzen Michalski/Michalski, GmbHG, § 13 Rn. 358 ff.

646 Vgl. nur Michalski/Michalski, GmbHG, § 13 Rn. 369.

647 BGHZ 95, 330 ff. = NJW 1986, 188 ff.

648 BGHZ 115, 187 ff. = NJW 1991, 3142.

649 BGH, NJW 2001, 3622 = ZIP 2001, 1874.

lich klar, dass „der Schutz einer abhängigen GmbH gegen Eingriffe ihres Alleingesellschafters **nicht dem Haftungssystem des Konzernrechts des Aktienrechts (§§ 291 ff, 311 ff. AktG)" folgt**. Die eigenständige Haftungsordnung und Rechtsfigur des „qualifiziert faktischen Konzerns" ist damit aufgegeben worden.

Der Schutz einer GmbH beschränkt sich nun auf die **Kapitalerhaltungsregeln der §§ 30, 31 GmbHG** sowie der Gewährleistung eines Bestandsschutzes in dem Sinne, dass ihre Gesellschafter bei Eingriffen in ihr Vermögen und ihre Geschäftschancen angemessene Rücksicht auf ihre – seiner Disposition entzogenen – eigenen Belange zu nehmen haben. Die Rücksichtnahme auf die Zweckbindung des Gesellschaftsvermögens zur vorrangigen Befriedigung der Gesellschaftsgläubiger während der Lebenszeit der GmbH ist unabdingbare Voraussetzung für die Inanspruchnahme des Haftungsprivilegs des § 13 Abs. 1 GmbHG.[650]

231

An einer solchen angemessenen Rücksichtnahme auf die Eigenbelange der GmbH fehlt es, wenn diese infolge der Eingriffe ihres Alleingesellschafters oder der zusammenwirkenden Gesellschafter ihren Verbindlichkeiten nicht mehr nachkommen kann.[651] Der BGH sieht damit nur einen „**bestandsvernichtenden Eingriff**" als Auslöser einer Haftung an; eine bloße konkrete Bestandsgefährdung reicht nicht aus.[652]

Als weitere Voraussetzung für eine Haftung wegen existenzvernichtenden Eingriffs darf der der GmbH durch die Entnahmen insgesamt zugefügte Nachteil **nicht bereits nach den §§ 30, 31 GmbHG** ausgleichbar sein.[653] Unklar ist, wie die vom BGH verwendeten Formulierungen „ ... wenn nicht ... "[654] bzw. „ ... soweit nicht ... "[655] (der Nachteil durch Rückzahlung gemäß § 31 GmbHG ausgeglichen werden kann) im Hinblick auf das Verhältnis der Haftungstatbestände zueinander zu verstehen sind. Die Lit. fasst dies als Subsidiarität auf, tritt aber ihrerseits für Anspruchskonkurrenz ein,[656] um den Gläubigern die gerade eingeräumte Haftung nicht wieder zu versagen. Dabei soll das gemäß § 31 GmbHG an die Gesellschaft Gezahlte im Rahmen der Haftung wegen existenzvernichtenden Eingriffs angerechnet werden.[657]

Schuldner des Anspruchs wegen existenzvernichtenden Eingriffs ist zum einen der Alleingesellschafter einer GmbH,[658] zum anderen haften aber auch die durch ihr Einverständnis an der Existenzvernichtung der Gesellschaft mitwirkenden Gesellschafter.[659] In zwei aktuellen Entscheidungen hat der BGH[660] die Haftung auf den nur mittelbar beteiligten Gesellschafter ausgedehnt, der über eine zwischengeschaltete Holding einen beherrschenden Einfluss auf die Gesellschaft ausüben kann. Ein solcher Einfluss kann sich bspw. aus einer qualifizierten Anteilsmehrheit und der Befugnis zur alleinigen Geschäftsführung ergeben.

---

650 BGH, ZIP 2002, 1578 = NJW 2002, 3024, 3025 – KBV.
651 BGH, ZIP 2001, 1874 = NJW 2001, 3622 – Bremer Vulkan.
652 Baumbach/Hueck/Hueck/Fastrich, GmbHG, § 13 Rn. 19.
653 BGH, ZIP 2001, 1874 = NJW 2001, 3622 – Bremer Vulkan; BGH, ZIP 2002, 1578 = NJW 2002, 3024 – KBV.
654 BGH, ZIP 2001, 1874 = NJW 2001, 3622, 3623 – Bremer Vulkan.
655 BGH, ZIP 2002, 1578 = NJW 2002, 3024, 3025 – KBV.
656 Im Ergebnis ebenso: Altmeppen, ZIP 2002, 961, 964, der den Ansatzpunkt der Subsidiarität der Verhaltenshaftung wegen Existenzvernichtung als dogmatisch nicht haltbar kritisiert.
657 Vetter, ZIP 2003, 601, 605 f.
658 BGH, ZIP 2001, 1874 = NJW 2001, 3622 – Bremer Vulkan; nach dem OLG Rostock, ZIP 2004, 118 = GmbHR 2004, 360 = DStR 2004, 1266 haftet auch der mittelbar faktische Gesellschafter, vgl. dazu sogleich.
659 BGH, ZIP 2002, 848 = NJW 2002, 1803; BGH, NJW 2002, 3024, 3025 = ZIP 2002, 1578 – KBV.
660 BGH, ZIP 2005, 117 mit zust. Anm. Altmeppen = GmbHR 2005, 225 = NZG 2005, 177 = DStR 2005, 162 = ZNotP 2005, 154; dazu kritisch: Wilhelmi, EWiR 2005, 221 sowie BGH, ZIP 2005, 250 = GmbHR 2005, 299 = DB 2005, 328.

Gläubiger des Anspruchs ist außerhalb des Insolvenzverfahrens nicht die GmbH, sondern sind unmittelbar die Gläubiger, soweit sie keine Befriedigung von der Gesellschaft erlangen können.[661] Im Insolvenzverfahren macht der Insolvenzverwalter den Anspruch geltend (vgl. § 93 InsO),[662] und zwar auch in Altfällen, in denen die InsO gemäß Art. 104 EGInsO keine Anwendung findet.[663]

bb) Anwendungsfälle in der obergerichtlichen Rechtsprechung

232 Das **OLG Jena** hat in einer zwei Monate nach dem „Bremer Vulkan"-Urteil des BGH ergangenen Entscheidung[664] eine **Haftung wegen existenzvernichtenden Eingriffs bejaht**. Die Klägerin nahm die Alleingesellschafterin einer insolventen GmbH aus einem gegen die Gesellschaft erwirkten Titel in Anspruch. Die Insolvenz beruhte u.a. darauf, dass die GmbH auf Weisung der Alleingesellschafterin Handwerkerleistungen bezahlten musste, die für ein Grundstück der Alleingesellschafterin erbracht worden waren.

Das **LAG Köln** hatte sich mit einer Klage einer ehemaligen Arbeitnehmerin eines insolventen Unternehmens, die wegen ausstehender Lohnforderungen gegen ein an ihrem Arbeitgeberunternehmen mehrheitlich beteiligtes Unternehmen und gegen die Mutter dieses Unternehmens klagte, zu befassen.[665] Von dem Arbeitgeber der Klägerin waren Aufträge auf das herrschende Unternehmen verlagert worden und der Kaufpreis für einen Betriebsteil des insolventen Unternehmens an das beherrschende Unternehmen gezahlt worden. Das LAG Köln sah in der Zahlung einen existenzvernichtenden Eingriff und hielt auch § 826 BGB für einschlägig. Auch die **Übertragung eines Auftrags an ein Konzernunternehmen** komme als Eingriff in Betracht. Grds. fielen solche Maßnahmen allerdings in den Bereich unternehmerischer Freiheit und könnten nur beanstandet werden, wenn sie dazu dienten, den Gläubigerzugriff auf das Gesellschaftsvermögen zu vereiteln.

Das **OLG Rostock** wendet die Durchgriffshaftung wegen existenzvernichtenden Eingriffs auf „**mittelbar faktische Gesellschafter**" an.[666] Das OLG sah einen existenzvernichtenden Eingriff durch den Beklagten als „mittelbar faktischen Gesellschafter" erfüllt, da er „unter Umgehung des unmittelbaren Gesellschafters eigentlich dem Gesellschafter zustehende Rechte, insb. Weisungsrechte und sonstige Einflussnahmemöglichkeiten" zum Schaden der Gesellschaft ausgeübt habe. Damit folgt es einer sehr weiten Auslegung des Begriffs des existenzvernichtenden Eingriffs, der danach in jeder möglichen, die Fähigkeit der Gesellschaft zur Begleichung ihrer Verbindlichkeiten beeinträchtigenden Handlung liegen könnte.

cc) Reichweite des Anwendungsbereichs

233 Auch nach diesen Entscheidungen besteht Unsicherheit hinsichtlich der **Reichweite des Anwendungsbereichs** der Haftung wegen existenzvernichtenden Eingriffs. Unstreitig löst der Entzug von Gesellschaftsvermögen, sowohl durch den Abzug von Aktiva als auch die Erhöhung der Passiva, eine Haftung aus.[667] Entscheidend ist, dass durch den Vermögensentzug die Fähigkeit der Gesellschaft, ihre Verbindlichkeit zu erfüllen, erheblich beeinträchtigt wird. Ob darüber hinaus auch Verhaltensweisen als existenzvernichtende Eingriffe gewertet werden können, die das Vermögen der GmbH nicht direkt berühren, aber diese Auswirkungen haben (Risikogeschäfte, Entzug von Aufträgen, Personal oder Geschäftschancen), ist umstritten.[668]

---

661 BGH, ZIP 2002, 1578 = NJW 2002, 3024 – KBV; LAG Köln, ZIP 2003, 1893, 1895; a.A.: Ulmer, ZIP 2001, 2021, 2027 ff.: Anspruchsinhaber ist die GmbH; a.A.: bei der Einmann-GmbH: Hoffmann, NZG 2002, 68, 70, 74: reine Außenhaftung gegenüber Gesellschaftsgläubigern.

662 LAG Köln, ZIP 2003, 1893, 1896 f. (n. rkr., Revision zugelassen); Vetter, ZIP 2003, 601, 606; Altmeppen, ZIP 2002, 1553; Ulmer, JZ 2002, 1049, 1050; für eine Analogie zu § 93 InsO Jawansky, DB 2003, 2757.

663 BGH, ZIP 2005, 1734 = DB 2005, 2182 = DStR 2005, 1743.

664 OLG Jena, GmbHR 2002, 112.

665 LAG Köln, ZIP 2003, 1893.

666 OLG Rostock, ZIP 2004, 118 = GmbHR 2004, 360 = DStR 2004, 1266 mit Anm. Geyrhalter/Zirngibl, siehe auch Anm. Bähr/Hoos, EWiR 2004, 231 sowie kritisch: Seibt, NJW-Spezial 2004, 30.

667 Wahl, GmbHR 2004, 994, 996.

668 Vgl. Wahl, GmbHR 2004, 994, 996 m.w.N.

Der unerlaubte existenzvernichtende Eingriff ist dabei abzugrenzen von den Fällen lediglich sorgfaltswidriger, **zum Schaden der GmbH führender Geschäftsführungsmaßnahmen**.[669] Nach K. Schmidt liegt ein existenzvernichtender Eingriff insb. bei ex ante ruinös scheinenden Finanzierungen und Strategien, die die GmbH in die Insolvenz treiben, vor.[670] Als existenzvernichtende Eingriffe kommen in Betracht:[671]

- Abzug von Vermögen, das zur dauerhaften Gewinnerzielung notwendig ist, auch im Rahmen eines cash pools,
- Abschluss riskanter Verträge, die dem Gesellschafter zugute kommen,
- Spekulation auf Kosten der Gläubiger,
- Verzicht auf die Wahrnehmung von Geschäftschancen,
- Abzug von nicht bilanziertem, aber für die Gewinnerzielung notwendigem Vermögen, z.B. selbst geschaffenen immateriellen Vermögensgegenständen,
- Abzug von notwendigen „human resources".

Eine **eher extensive Anwendung der Bestandsschutzhaftung** erfolgte durch die Urteile des LAG Köln und des OLG Rostock. Diejenigen, die für eine restriktive Handhabung des Tatbestands des existenzvernichtenden Eingriffs eintreten,[672] befinden sich wohl in der Minderheit. Manche sehen in der „KBV"-Entscheidung allerdings die Basis für eine restriktive Anwendung der Existenzvernichtungshaftung, weil der BGH darin den Missbrauch der Rechtsform der GmbH als Entzug von Gesellschaftsvermögen durch die Gesellschafter beschrieben hat und auf die Funktion der Bindung des Gesellschaftsvermögens zur Gläubigerbefriedigung abstellt.[673]

Auf **einen Entzug von Vermögenswerten** stellt der BGH ausdrücklich auch in einer aktuellen Entscheidung ab: erforderlich sei der gezielte, betriebsfremden Zwecken dienende Entzug von Vermögenswerten, die die Gesellschaft zur Begleichung ihrer Verbindlichkeiten benötige. Bloße Managementfehler im Rahmen des Betriebs des Unternehmens im weitesten Sinne – im konkreten Fall faktische Forderungsstundungen gegenüber Tochterunternehmen – führen danach jedoch nicht zu einer Haftung wegen existenzvernichtenden Eingriffs.[674]

Nach Auffassung des OLG Köln fehlt es an einem gezielten Eingriff, wenn sich die als Eingriff in Betracht kommende Maßnahme überhaupt nur in Folge des Verhaltens Dritter und daran anschließend des Verhaltens Vierter zu einem unbestimmten Zeitpunkt als Liquiditätsentzug auswirken kann.[675]

In der **Lit.**[676] werden die **Haftungsvoraussetzungen** wie folgt zusammengefasst:
- Pflichtwidriger Eingriff des Alleingesellschafters oder der zusammenwirkenden Gesellschafter in das Gesellschaftsvermögen unter Außerachtlassen der gebotenen angemessenen Rücksichtnahme auf die Erhaltung der Fähigkeit der Gesellschaft zur Bedienung ihrer Verbindlichkeiten und damit die Zweckbindung des Gesellschaftsvermögens als Haftungsmasse für die Gläubiger in einem ins Gewicht fallenden Maße,

---

669 So Ulmer, ZIP 2001, 2021 ff. unter Verweis auf BGH, ZIP 2000, 493; zur strafrechtlichen Behandlung als Untreue Tsambikakis, GmbHR 2005, 331.
670 K. Schmidt, NJW 2001, 3577, 3580; allerdings sieht er die Rechtsgrundlage in der Verletzung einer Pflicht aus einem zwischen Gesellschaft und Gesellschafter bestehenden Sonderrechtsverhältnis mit der Folge einer Schadensersatzhaftung.
671 Siehe auch Baumbach/Hueck/Hueck/Fastrich, GmbHG, § 13 Rn. 20; Altmeppen, in: Roth/Altmeppen, GmbHG, § 13 Rn. 92; Roth, NZG 2003, 1081, 1082.
672 Ulmer, ZIP 2001, 2021, 2029; ders., JZ 2002, 1049, 1052; Wahl, GmbHR 2004, 994, 996.
673 BGH, NJW 2002, 3024 = ZIP 2002, 1578; Wahl, GmbHR 2004, 994, 996.
674 BGH, ZIP 2005, 250 = GmbHR 2005, 299 = DB 2005, 328; zustimmend: Wilhelmi, EWiR 2005, 221; OLG Köln, ZIP 2007, 28.
675 OLG Köln, ZIP 2007, 28.
676 Vgl. z.B. Vetter, ZIP 2003, 601, 605 f.; Baumbach/Hueck/Hueck/Fastrich, GmbHG, § 13 Rn. 19 f.; Altmeppen, in: Roth/Altmeppen, GmbHG, § 13 Rn. 92 ff.

- eine durch den Eingriff bedingte, ins Gewicht fallende Beeinträchtigung der Fähigkeit der GmbH, ihre Verbindlichkeiten ganz oder teilweise zu erfüllen; regelmäßig wird dies die Insolvenz der Gesellschaft sein,
- die Unmöglichkeit des Ausgleichs des zugefügten Nachteils nach den §§ 30, 31 GmbHG.

dd) Materielle Unterkapitalisierung als existenzvernichtender Eingriff

236 Teilweise wird vorgeschlagen, die **materielle Unterkapitalisierung als Fallgruppe des existenzvernichtenden Eingriffs** zu behandeln.[677] Schon seit längerem wird die materielle Unterkapitalisierung von Teilen der Lit. als Fallgruppe der Durchgriffshaftung anerkannt.[678] Dagegen hat sich das BAG ausgesprochen.[679] Auch der BGH hat bislang eine Gesellschafterhaftung nicht auf den Gesichtspunkt der materiellen Unterkapitalisierung gestützt.

ee) Dogmatik

237 Offen gelassen und Anlasspunkt kontroverser Diskussionen[680] ist die **dogmatische Grundlage der „Bestandsschutzhaftung"**. Dem „Bremer Vulkan"-Urteil ist lediglich das richtige Ergebnis zu entnehmen, dass Gesellschafter einer GmbH haften müssen, wenn sie das Gesellschaftsvermögen unter Verstoß gegen den „Mindeststandard ordnungsgemäßen unternehmerischen Verhaltens" zulasten unbefriedigter Gläubiger vernichtet haben.[681] Die Festsetzung klarer rechtlicher Kriterien ist gerade nicht erfolgt. Insb. das KBV-Urteil zeigt, dass der BGH die Haftung über eine Versagung des Haftungsprivilegs gemäß § 13 Abs. 2 GmbHG begründet. Die dogmatischen Grundlagen des Anspruchs wegen Existenzvernichtung sind jedoch weiterhin nicht gesichert.

Die dogmatische „Ableitung des Anspruchs aus einem existenzvernichtenden Eingriff" hat **nicht bloß akademische Bedeutung**. Wird der Haftungsanspruch gesellschaftsrechtlich begründet, so ist er auf ausländische Gesellschaften, insb. auf die englische Ltd., nach internationalem Privatrecht nicht anwendbar.[682] Für gesellschaftsrechtliche Fragen gilt jeweils das Recht des Gründungs- bzw. Sitzstaates. Wird der Anspruch aus dem Deliktsrecht abgeleitet,[683] würde er nach dem Recht am Ort des Delikts beurteilt (Art. 40 EGBGB). Tendenzen, die Haftung über § 826 BGB[684] oder aber über § 823 Abs. 2 BGB zu begründen, sind erkennbar. So hat der II. Senat des BGH auch schon unmittelbar § 826 BGB – zu Recht – herangezogen, ohne auf die Figur des existenzvernichtenden Eingriffs zurückzugreifen.[685]

ff) Umfang der Haftung

238 Fraglich ist, ob die Haftung wegen existenzvernichtender Eingriffe eine **dem Umfang nach beschränkte oder unbeschränkte Haftung ist**. Vorgeschlagen wird eine Beschränkung auf den durch den pflichtwidrigen existenzvernichtenden Eingriff verursachten Schaden für die Gesellschaft.[686] Der Eingriff des Gesellschafters sei häufig eine Reaktion auf den wirtschaftlichen Niedergang der Gesellschaft; die Kreditrisiken hätten sich größtenteils bereits realisiert. Wäre statt des Eingriffs eine Liquidation oder ein

---

677 Eingehend: Hölzle, ZIP 2004, 1729 ff.; K. Schmidt/Uhlenbruck, Die GmbH in Krise, Sanierung und Insolvenz, Rn. 1944 ff.; Eckhold, Materielle Unterkapitalisierung, S. 5; dagegen Philipp/Weber, DB 2006, 142.
678 Nachweise bei Scholz/Emmerich, GmbHG, § 13 Rn. 81 ff.
679 BAG, ZIP 1999, 878, 879.
680 Ausführlich dazu Altmeppen, in: Roth/Altmeppen, GmbHG, § 13 Rn. 74 ff.; vgl. auch Henze, NZG 2003, 649, 657; Altmeppen, ZIP 2002, 961, 965; grds. Kritik übt Rubner, DStR 2005, 1694.
681 Altmeppen, ZIP 2002, 961, 965.
682 Vgl. dazu ausführlich Heckschen/Heidinger, Die GmbH in der Gestaltungspraxis, § 12 Rn. 28 ff.
683 Dafür Haas, NZI 2004, Heft 3, S. V.
684 Ausführlich zur Bedeutung des § 826 BGB im aktuellen Gesellschaftsrecht Kiethe, NZG 2005, 333.
685 BGH, ZIP 2004, 2138 = GmbHR 2004, 1528; zustimmend: Wiesbrock, EWiR 2005, 169.
686 Vetter, ZIP 2003, 601, 603 ff.

Insolvenzverfahren eingeleitet worden, hätte der Gläubiger ebenso Verluste gehabt. Diskutiert wird auch eine Begrenzung der Erstattungspflicht auf die erlangten Vorteile.[687]

In diesem Sinne hat auch der BGH eine Beschränkung der **Haftung der Höhe nach** dann für möglich gehalten, wenn der Gesellschafter nachweist, dass der Gesellschaft im Vergleich zu der Vermögenslage bei redlichem Verhalten nur ein begrenzter, in diesem Umfang dann auch zu ersetzender Nachteil entstanden ist.[688]

gg) Beweislast

Nach den allgemeinen prozessualen Regeln trägt der **Anspruchsteller die Darlegungs- und Beweislast für sämtliche anspruchsbegründenden Tatsachen**. Hinsichtlich der Haftung im qualifiziert faktischen Konzern hatte die Rspr. Beweiserleichterungen gewährt. Unter Zugrundelegung der Grundsätze der sekundären Behauptungslast musste der Anspruchsteller nur Umstände darlegen und beweisen, die eine Beeinträchtigung der Belange der abhängigen Gesellschaft im Konzerninteresse nahe legten, die der Klagegegner sodann substanziiert zu bestreiten hatte.[689]

239

Während das LAG Köln diese Grundsätze auch uneingeschränkt auf den existenzvernichtenden Eingriff anwendet,[690] diskutiert das OLG Rostock lediglich eine **Beweislastumkehr hinsichtlich des Umfangs der Haftung**, wenn der Kläger den Nachweis der Eingriffshandlungen erbracht hat.[691] Der BGH hat sich bisher nicht zur Darlegungs- und Beweislast beim existenzvernichtenden Eingriff geäußert. Es steht jedoch zu erwarten, dass er auf die zum qualifiziert faktischen Konzern entwickelten Grundsätze zurückgreifen wird, da sich insoweit beim existenzvernichtenden Eingriff ähnliche Probleme für die Gläubiger stellen.[692]

III. Weitere Organe der GmbH

1. Fakultativer Aufsichtsrat

Grds. können die Gesellschafter einer GmbH **frei entscheiden**, ob sie einen Aufsichtsrat in ihrem Unternehmen einrichten oder nicht. Mangels gesetzlich zwingender Vorschriften kann ein Aufsichtsrat dabei verschiedenste Bedeutungen erlangen und ein Mittel zur Regelung unterschiedlicher Probleme sein:[693] Z.B. zur Überwachung und Kontrolle der Geschäftsführung, insb. durch den Seniorchef im Rahmen einer Unternehmensnachfolgeregelung oder bei Familiengesellschaften durch einzelne Gesellschafterstämme, die Einbeziehung externen Sachverstandes oder z.B. die Schaffung einer Stelle zur Streitschlichtung.

240

Bei einem fakultativen Aufsichtsrat kann die Regelung des § 52 GmbHG abbedungen werden. Die Grenzen der Gestaltungsfreiheit ergeben sich allein aus nicht dispositiven Aufgabenzuweisungen an andere Gesellschaftsorgane, so insb. die Kontrollfunktion des Aufsichtsrates.[694] Auch das Vertretungsrecht der Geschäftsführer ist nicht auf den Aufsichtsrat übertragbar, es sei denn es geht um die Vertretung der GmbH in Rechtsstreitigkeiten mit dem Geschäftsführer. **Nicht möglich ist es**, Satzungsänderungen an die Zustimmung eines Beirats oder Aufsichtsrats zu binden.[695] Den Gesellschaftern muss auch zumindest das Recht erhalten bleiben, die Regelungen zum Aufsichtsrat zu ändern und Beiratsmitglieder aus wichtigem Grunde abzuberufen. Gleiches gilt für die Abberufung des Geschäftsführers aus wichtigem Grund gemäß

---

687 Wackerbarth, ZIP 2005, 877, 884.
688 BGH, ZIP 2005, 117 mit zust. Anm. Altmeppen = GmbHR 2005, 225 = NZG 2005, 177 = DStR 2005, 162 = ZNotP 2005, 154.
689 Vgl. Wahl, GmbHR 2004, 994, 998.
690 LAG Köln, ZIP 2003, 1893, 1896.
691 OLG Rostock, ZIP 2004, 118, 121 = GmbHR 2004, 360 = DStR 2004, 1266.
692 Wahl, GmbHR 2004, 994, 999.
693 Vgl. zu den Funktionen auch Mohr, GmbH-StB 2001, 86.
694 Michalski/Heyder, GmbHG, § 52 Rn. 226.
695 Scholz/Priester, GmbHG, § 53 Rn. 63; Baumbach/Hueck/Zöllner, GmbHG, § 53 Rn. 85.

§ 46 Nr. 5 GmbHG. Auch die aus der Gesellschafterstellung erwachsenden Informationsrechte können den Gesellschaftern nicht entzogen werden.[696]

Zulässige und übliche Regelungen betreffen etwa die Übertragung der Befugnis zur Bestellung und Abberufung von Geschäftsführern auf den Aufsichtsrat (sofern diese nicht aus wichtigem Grunde erfolgt), die Vereinbarung einer Zustimmungspflicht des Aufsichtsrates zu Geschäftsführungsmaßnahmen, die Einräumung von Weisungsrechten[697] sowie die Übertragung der Zuständigkeit für Einberufung und Vorbereitung der Gesellschafterversammlung auf den Aufsichtsrat.

2. Zwingender Aufsichtsrat

241 Im Gegensatz zu den Bestimmungen über die AG ist für die GmbH die Einrichtung eines Aufsichtsrates **nur in wenigen Fällen vorgesehen**. Es handelt sich hierbei um § 1 Abs. 1 Nr. 3 DrittelbG, der bei Unternehmen mit mehr als 500 Arbeitnehmern einen Aufsichtsrat fordert. Weiterhin verlangen § 3 KAGG sowie die Vorschriften des Mitbestimmungsgesetzes und des Montanmitbestimmungsgesetzes bei Unternehmen mit mehr als 2000 bzw. 1000 Arbeitnehmern einen paritätisch aus Arbeitnehmern und Arbeitgebern besetzten Aufsichtsrat.

Die Regeln der Mitbestimmung sind allerdings **in Tendenzunternehmen und kirchlichen Betrieben nicht anwendbar**.

Bei der Berechung der Arbeitnehmerzahlen sind alle Personen maßgeblich, die in einem Arbeitsverhältnis zu der GmbH stehen. Darunter fallen **auch Teilzeitkräfte und Auszubildende**, aber nicht die Geschäftsführer. Leitende Angestellte zählen nur in Betrieben mit mehr als 2000 Arbeitnehmern mit. Entscheidend ist der regelmäßige Stand der Belegschaft. Ein kurzfristiges Über- oder Unterschreiten der Grenze ist ohne Belang.

242 **In Betrieben mit 500 – 2000 Arbeitnehmern** besteht der Aufsichtsrat nach § 77 BetrVG 1952 i.V.m. § 95 AktG aus mindestens drei Mitgliedern, wovon 1/3 Arbeitnehmervertreter sein müssen. Die Arbeitnehmervertreter werden von der Belegschaft gewählt, die übrigen Mitglieder des Aufsichtsrates werden von den Gesellschaftern bestimmt. Der Aufsichtsrat hat dieselben Befugnisse wie ein fakultativer Aufsichtsrat. Seine Befugnisse können durch die Satzung erweitert, nicht aber eingeschränkt werden.

In Betrieben mit mehr als 2000 Arbeitnehmern ergibt sich die Größe und Zusammensetzung des Aufsichtsrats aus Vertretern der Arbeitnehmer und des Unternehmens aus § 7 MitbestG. Die Befugnisse sind weitreichender als beim Aufsichtsrat nach dem BetrVG 1952. So hat der Aufsichtsrat z.B. die Geschäftsführer zu bestellen, abzuberufen sowie die Kompetenz zu Abschluss, Änderung und Beendigung des Anstellungsvertrags.

3. Beirat

243 Auch auf einen Beirat[698] können **verschiedene Kompetenzen übertragen werden**. Meist werden Beiräte für Beratungs- und Kontroll- bzw. Überwachungsaufgaben vorgesehen. Ihnen können aber auch einzelne Geschäftsführungsmaßnahmen bzw. die Ausübung von Zustimmungsvorbehalten oder schiedsrichterliche Aufgaben übertragen werden.

Der nur **unverbindlich beratende Beirat**[699] kann auf statutarischer oder auch schuldrechtlicher Basis, auch durch den Abschluss von Beratungsverträgen mit den einzelnen Mitgliedern eingesetzt werden.

---

696 Lutter/Hommelhoff, in: Lutter/Hommelhoff, GmbHG, § 52 Rn. 73.

697 Im Einzelnen sehr str. Altmeppen, in: Roth/Altmeppen, GmbHG, § 37 Rn. 28; Scholz/Schneider, GmbHG, § 37 Rn. 32; Marsch-Barner/Diekmann, in: Münchener Handbuch des Gesellschaftsrechts, Bd. 3, § 44 Rn. 68, wenn die Übertragung durch einfachen Gesellschafterbeschluss revidierbar ist. Nach Baumbach/Hueck/Zöllner/Noack, GmbHG, § 37 Rn. 22; Lutter/Hommelhoff, in: Lutter/Hommelhoff, GmbHG, § 37 Rn. 19; Michalski/Lenz, GmbHG, § 37 Rn. 17 gilt dies nicht für den obligatorischen Aufsichtsrat.

698 Ausführlich zum Beirat und Beiratsmitgliedern Huber, GmbHR 2004, 772 ff.; Spindler/Kepper, DStR 2005, 1738, 1775.

699 Ausführlich: Spindler/Kepper, DStR 2005, 1738 ff.

Beiräte mit Überwachungsfunktion[700] können zur Überwachung der Geschäftsführung, aber auch der Gesellschafter eingesetzt werden, und zwar sowohl situationsbezogen als auch zur allgemeinen Überwachung. Grenzen ergeben sich insb. aus der unabdingbaren Funktion eines eventuell bestehenden obligatorischen Aufsichtsrats und den zwingenden Rechten der Gesellschafter.

4. Abschlussprüfer

Große und mittelgroße GmbH müssen ihren Jahresabschluss und Lagebericht durch einen Abschlussprüfer prüfen lassen (§§ 316 ff. HGB). Abschlussprüfer können **Wirtschaftsprüfer und Wirtschaftsprüfungsgesellschaften**, bei mittelgroßen GmbH auch vereidigte Buchprüfer und Buchprüfungsgesellschaften sein. Die Abschlussprüfer werden von den Gesellschaftern gewählt, es sei denn, dies ist in der Satzung einem anderen Organ zugewiesen worden. Nach der Wahl des Abschlussprüfers erteilt der obligatorische Aufsichtsrat bzw. der fakultative, falls dafür zuständig, dem Abschlussprüfer den Prüfauftrag, andernfalls der Geschäftsführer. Die Geschäftsführer haben dem Abschlussprüfer den Jahresabschluss und den Lagebericht unverzüglich nach der Aufstellung zur Prüfung vorzulegen.

244

E. Gesellschafterversammlung und -beschlüsse

I. Gesellschafterversammlung

1. Einberufung

Die Einberufung der Gesellschafterversammlung ist **Aufgabe der Geschäftsführer**. Zur Einberufung einer Gesellschafterversammlung ist jeder einzelne Geschäftsführer unabhängig von der Regelung über Geschäftsführung und Vertretung befugt.[701]

245

Daneben sieht das Gesetz zwingend vor, dass **eine Gesellschafterminderheit** mit einem Mindestquorum von 10 %, das nur nach unten, nicht aber nach oben verändert werden darf, die Einberufung unter Angabe von Zweck und Gründen nach § 50 Abs. 1 GmbHG verlangen kann. Dabei muss sie den Gegenstand der Beratung und Beschlussfassung, also die Tagesordnung, angeben.[702] Bei erfolglosem Verlangen kann die Minderheit selbst einberufen.[703]

> **Hinweis:**
> Gerade bei der Einberufung durch die Minderheit bestehen erhebliche Risiken, da sie der Geschäftsführung häufig zu knapp bemessene Fristen setzt und die dann quasi in „Ersatzvornahme" vorgenommene Versammlung nicht ordnungsgemäß einberufen ist.[704]

Bei der Ladung durch einen Unbefugten sind alle in dieser Versammlung gefassten Beschlüsse grds. nichtig. Ausnahmen von der Nichtigkeitsfolge werden vor allem für die Einberufung durch faktische Geschäftsführer, für die grundlose Einberufung durch den Aufsichtsrat bzw. Beirat und für die fehlerhafte Einberufung durch die Minderheit i.S.d. § 50 GmbHG diskutiert.[705]

Einer **förmlichen Einberufung** bedarf es bei Universalversammlungen nicht. Das Problem besteht aber darin, dass ein Verzicht auf Form und Fristen der Einberufung nicht allein in der Teilnahme an einer solchen Versammlung liegt, sondern ein Einverständnis sämtlicher Gesellschafter über den Verzicht auf die vorgenannten Förmlichkeiten erforderlich ist.[706]

---

700 Dazu ausführlich Spindler/Kepper, DStR 2005, 1738, 1739 ff.
701 BayObLG, NJW-RR 2000, 181 = ZIP 1999, 1597, 1599 im Anschluss an KG, GmbHR 1968, 118.
702 OLG Köln, NJW-RR 1999, 979.
703 Zu diesem Minderheitenrecht vgl. BGH, ZIP 1998, 1269 mit Anm. Riegger, BB 1998, 1810.
704 Vgl. dazu Goette, ZNotP 1999, 50, 62.
705 Vgl. Abramenko, GmbHR 2004, 723 ff.
706 Vgl. zur Problematik BGH, ZIP 1998, 22 sowie Goette, ZNotP 1998, 42, 53.

2. Teilnahmerecht

246 **Jedem Gesellschafter**, auch demjenigen, der einem Stimmverbot unterliegt (§ 47 Abs. 4 GmbHG), ist die Anwesenheit in der Gesellschafterversammlung gestattet.[707] Als Gesellschafter gelten nur die bei der GmbH als Gesellschafter Angemeldeten (§ 16 Abs. 1 GmbHG).

247 **Dritte**, wie Treuhänder und Gläubiger, aber auch Geschäftsführer, Aufsichtsrats- oder Beiratsmitglieder, die nicht gleichzeitig Gesellschafter sind, haben grds. kein Teilnahmerecht.[708] Ist eine Erbengemeinschaft Anteilsinhaber, so haben mangels abweichender Regelung in der Satzung alle Erben ein Teilnahmerecht.

Ausnahmen von dem Grundsatz, dass Dritten die Teilnahme an der Gesellschafterversammlung verwehrt ist, sind jedoch zulässig. Denkbar sind entsprechende Satzungsregelungen bzw. Beschlüsse der Gesellschafterversammlung.[709] Soll in der Gesellschafterversammlung über schwerwiegende Fragen abgestimmt werden, zu denen den Mitgesellschaftern die erforderliche Sachkunde fehlt, darf ein GmbH-Gesellschafter einen zur Verschwiegenheit verpflichteten Berater auch ohne das Vorliegen dieser Voraussetzungen hinzuziehen.[710] Ein Mehrheitsgesellschafter darf die Zuziehung auch dann nicht verbieten, wenn er mit dem Berater zuvor erhebliche persönliche Auseinandersetzungen hatte.[711]

Die Entsendung von Vertretern ist zulässig. **Wird ein Dritter bevollmächtigt**, so steht dem Gesellschafter kein eigenes Teilnahmerecht mehr zu.

248 Wird in einer Gesellschaft mit einer satzungsmäßigen Vertretungsregelung dem legitimierten Vertreter eines Gesellschafters der Zutritt zu den Räumen, in denen die Gesellschafterversammlung stattfinden soll, **kraft Hausrechts verwehrt**, darf die Versammlung nicht stattfinden. Viemehr muss sie nach erneuter fristgerechter Einberufung in anderen Räumlichkeiten abgehalten werden. Der Gesellschafter, dessen Vertreter nicht zur Versammlung zugelassen werden soll, hat bis zur Klärung der Zulassung neben seinem Vertreter ein Zutrittsrecht.[712]

II. Gesellschafterbeschlüsse

1. Allgemeine Voraussetzungen

249 Voraussetzung für Gesellschafterbeschlüsse ist zunächst die **Beschlussfähigkeit der Versammlung** sowie – außer im Falle der Einmann-GmbH – jeweils ein Beschlussantrag, der so konkret formuliert ist, dass über ihn mit Ja oder Nein entschieden werden kann.

250 Die Beschlussfähigkeit liegt vorbehaltlich abweichender Satzungsregelungen bei ordnungsgemäßer Einberufung der Gesellschafterversammlung bereits dann vor, **wenn nur ein Gesellschafter erscheint**. Vor allem für Änderungen des Gesellschaftszwecks und den Abschluss von Unternehmensverträgen sieht das Gesetz aber eine qualifizierte Mehrheit der gesamten Geschäftsanteile vor. Dann müssen mindestens diese Geschäftsanteile auf der Versammlung vertreten sein.[713]

251 **Zur Stellung von Anträgen** ist jeder Gesellschafter befugt, auch wenn ihm generell oder im Einzelfall kein Stimmrecht zustehen sollte. Die Satzung kann weiteren Personen die Antragsberechtigung zusprechen.

---

707 Vgl. BGH, DB 1985, 1837.
708 Zur Präsenz anwaltlicher Berater vgl. Werner, GmbHR 2006, 871.
709 Vgl. dazu ausführlich: Baumbach/Hueck/Zöllner, GmbHG, § 48 Rn. 12.
710 OLG Düsseldorf, GmbHR 2002, 67; OLG Stuttgart, ZIP 1997, 1107; Baumbach/Hueck/Zöllner, GmbHG, § 48 Rn. 13.
711 OLG Düsseldorf, GmbHR 2002, 67.
712 OLG Hamm, GmbHR 2003, 1211 mit Anm. Becher, EWiR 2004, 336.
713 Michalski/Römermann, GmbHG, § 47 Rn. 13.

Aus einem Geschäftsanteil kann ein Gesellschafter nach h.M. nur einheitlich abstimmen, seine Stimme also nicht nach Kapitalbeträgen stückeln.[714] Nach dem LG München kann jedoch die Satzung die uneinheitliche Abstimmung aus einem Geschäftsanteil zulassen.[715] Besitzt der Gesellschafter mehrere Geschäftsanteile, kann er dagegen nach h.M.[716] auch ohne entsprechende Satzungsregelung für die einzelnen Anteile unterschiedlich abstimmen; z.T. wird dafür ein berechtigtes Interesse gefordert, das z.B. besteht, wenn ein Treuhänder Anteile für verschiedene Treugeber hält.[717]

Für Gesellschafterbeschlüsse gilt das **Verbot des Selbstkontrahierens nach § 181 BGB**[718] nur eingeschränkt. § 181 BGB greift nicht im Anwendungsbereich des insoweit spezielleren § 47 Abs. 4 GmbHG, d.h. soweit Abstimmungskonflikte zwischen dem Abstimmenden und der GmbH bestehen. Nicht ausgeschlossen ist § 181 BGB hingegen bei einer Kollision der Interessen des Abstimmenden mit Interessen des von ihm vertretenen Gesellschafters oder im Falle der Doppelvertretung bei Kollision der Interessen zweier vertretener Gesellschafter. § 181 BGB gilt daher **zumindest bei** Beschlüssen über Satzungsänderungen, Umwandlungen, den Abschluss und die Aufhebung von Unternehmensverträgen bei der abhängigen Gesellschaft und die Auflösung der Gesellschaft. Ebenso gilt § 181 BGB bei Geschäften, die den Vertreter unmittelbar betreffen, wie seine Bestellung zum Geschäftsführer.[719]

252

Alleingesellschafter müssen über ihre Beschlüsse gemäß § 48 Abs. 3 GmbHG eine Niederschrift aufnehmen und diese unterschreiben. Nach dem OLG Hamm ist es zumindest für den Insolvenzfall dem Alleingesellschafter verwehrt, sich zum Beweis seiner Willensbildung auf Zeugen zu berufen, da anderenfalls eine erhebliche Manipulationsgefahr (hier: Erlassvertrag hinsichtlich eines Gesellschafterdarlehens) zu Lasten Dritter bestünde.[720]

2. Stimmrechtsvollmacht

Das Stimmrecht **kann durch Bevollmächtigte ausgeübt werden**. Unwiderruflichen Stimmrechtsvollmachten steht jedoch das Verbot der Stimmrechtsabspaltung entgegen.[721]

253

Seit dem 1.9.2001 kann die Stimmrechtsvollmacht **auch in Textform erteilt werden**. Es ist umstritten, ob die Textform Wirksamkeitsvoraussetzung ist oder lediglich die Beweisführung erleichtern soll.[722] Eine Berufung auf die fehlende Form kann allerdings treuwidrig sein, wenn allen Gesellschaftern die formlos erteilte Vertretungsmacht bekannt war und kein Gesellschafter der Stimmabgabe durch den Vertreter widersprochen hat.[723] Ein Bevollmächtigter braucht weder zur Teilnahme noch zur Abstimmung **zugelassen werden**, wenn er die Vollmacht in der Gesellschafterversammlung nicht nachweist.

Eine Vollmachtserteilung ist **auch mit Wirkung über den Tod des Vollmachtgebers hinaus** möglich. Einem Widerruf einer postmortalen Vollmacht durch die Erben kann nach h.M. durch die Ausgestaltung der Vollmacht als unwiderruflich vorgebeugt werden. Allerdings bleibt auch bei einer solchen Vollmacht der **Widerruf aus wichtigem Grund möglich**. Diese Vollmacht endet mit Beendigung des ihr zugrunde liegenden Rechtsverhältnisses.[724] Zu beachten ist, dass dem Vollmachtgeber bzw. den Erben immer auch

254

---

714 Vgl. BGH, GmbHR 1965, 32; GmbHR 1988, 304; Scholz/K. Schmidt, GmbHG, § 47 Rn. 69 m.w.N.; Baumbach/Hueck/Zöllner, GmbHG, § 47 Rn. 20; Wolff, in: Münchener Handbuch des Gesellschaftsrechts, Bd. 3, § 38 Rn. 31 f.; Lutter/Hommelhoff, in: Lutter/Hommelhoff, GmbHG, § 47 Rn. 4.
715 LG München, GmbHR 2006, 431 mit zust. Anm. Schüppen/Gahn.
716 Roth, in: Roth/Altmeppen, GmbHG, § 47 Rn. 29; Scholz/K. Schmidt, GmbHG, § 47 Rn. 72; Wolff, in: Münchener Handbuch des Gesellschaftsrechts, Bd. 3, § 38 Rn. 31 f.; gegen die h.M. Goette, Die GmbH, § 7 Rn. 54.
717 Baumbach/Hueck/Zöllner, GmbHG, § 47 Rn. 20 m.w.N.
718 Dazu ausführlich: Peters, ZNotP 2006, 89.
719 Dazu auch Heckschen/Heidinger, Die GmbH in der Gestaltungspraxis, § 4 Rn. 7.
720 OLG Hamm, NZG 2006, 430.
721 BGH, DStR 1995, 1276.
722 Bärwaldt/Günzel, GmbHR 2002, 1112, 1114.
723 Bärwaldt/Günzel, GmbHR 2002, 1112, 1113.
724 Michalski/Römermann, GmbHG, § 47 Rn. 434 m.w.N.

das Recht zur persönlichen Ausübung des Stimmrechts zusteht, da eine verdrängende Vollmacht nicht zulässig ist. Die Ausübung des Stimmrechts durch die Erben selbst kann nur durch einen Stimmrechtsverzicht der Erben in den rechtlich zulässigen Grenzen verhindert werden.[725]

255 Die durch einen vollmachtlosen Vertreter erfolgte Stimmabgabe über eine Satzungsänderung kann **auch bei der Einpersonen-GmbH** durch Genehmigung rückwirkend Wirksamkeit erlangen.[726] Zwar handelt es sich bei der Stimmabgabe um ein einseitiges Geschäft i.S.d. § 180 Satz 1 BGB. Die Stimmabgabe ist jedoch i.S.v. § 180 Satz 2 BGB der GmbH gegenüber zu erklären und damit genehmigungsfähig. Hingegen ist eine Nachgenehmigung einer Einmann-Gründung ausgeschlossen.

3. Beschlussfeststellung

256 Um eine schnellstmögliche Verbindlichkeit des Beschlusses sicherzustellen, empfiehlt es sich, den Beschluss festzustellen.[727] **Ein festgestellter Beschluss** kann nur durch die fristgebundene Anfechtungsklage angegriffen werden, während gegen einen nicht festgestellten Beschluss die nicht fristgebundene Feststellungsklage möglich ist. Die Feststellung eines Beschlusses bedarf wegen ihrer erheblichen Bedeutung einer Legitimation durch Satzungsregelungen über die Ausübung der Versammlungsleitung sowie die Person des Versammlungsleiters oder durch einstimmigen Gesellschafterbeschluss oder allseitiges Einverständnis. Die Beschlussfeststellung erfolgt **durch Verkündung des Beschlussinhaltes** mit der meist regelmäßigen Behauptung, dass dieser wirksam sei, und zwar noch in der Versammlung[728] vor den anwesenden Gesellschaftern.

257 Wird das Ergebnis eines Gesellschafterbeschlusses **durch einen Notar beurkundet**, so stellt die h.M. die Beschlussniederschrift der Feststellung des Beschlusses gleich, auch wenn der Notar das Beschlussergebnis selbst nicht feststellt.[729]

III. Satzungsänderungen

258 Die Satzung[730] einer GmbH kann neben den die Verfassung der GmbH und den die Mitgliedschaftsrechte der Gesellschafter betreffenden obligatorischen und fakultativen Bestandteilen, wie z.B. den in § 3 GmbHG genannten, auch rein schuldrechtliche Regelungen, wie Stimmbindungsverträge, die Bestellung eines Geschäftsführers,[731] Regelungen über die Anteilsabtretung, enthalten.[732] Die Abgrenzung richtet sich nach dem Parteiwillen. Rein schuldrechtliche Abreden werden häufig in **sog. Gesellschaftervereinbarungen oder in Vereinbarungen mit Venture-Capital-Unternehmen** geschlossen.[733] Nach umstrittener[734] Auffassung des BGH[735] kann ein Verstoß gegen derartige schuldrechtliche Vereinbarungen die Anfechtung eines abredewidrigen Satzungsbeschlusses rechtfertigen, zumindest wenn sämtliche Gesellschafter an der Vereinbarung beteiligt sind.

---

725 DNotI-Gutachten Nr. 46652 v. 19.1.2004.
726 OLG Frankfurt, DB 2003, 654 = DNotZ 2003, 459.
727 Ausführlich zur Beschlussfeststellung Hoffmann/Köster, GmbHR 2003, 1327 ff.
728 Gegen dieses Erfordernis Abramenko, GmbHR 2003, 1471.
729 Scholz/K. Schmidt, GmbHG, § 48 Rn. 58; Roth, in: Roth/Altmeppen, GmbHG, § 48 Rn. 26; Rowedder/Schmidt-Leithoff/Koppensteiner, GmbHG, § 48 Rn. 10 nur für gesetzlich vorgeschriebene notarielle Beurkundung; gegen die h.M. Michalski/Römermann, GmbHG, § 47 Rn. 594.
730 Zum Urheberrechtsschutz von Gesellschaftsverträgen vgl. DNotI-Gutachten Nr. 55618 v. 13.1.2005.
731 Dazu DNotI-Gutachten Nr. 54860 v. 30.11.2004.
732 Dazu aktuell Wicke, DNotZ 2006, 419.
733 Dazu ausführlich: Wicke, DStR 2006, 1137.
734 A.A.: Ulmer/Hüffer, GmbHG, § 47 Rn. 84; Michalski/Römermann, GmbHG, § 47 Rn. 363.
735 *BGH, NJW 1983, 1910;* 1987, 1890; im Ergebnis zust. Baumbach/Hueck/Zöllner, GmbHG, § 47 Rn. 118; Roth, in: Roth/Altmeppen, GmbHG, § 47 Rn. 124

Eine **„echte" Satzungsänderung**[736] liegt nur dann vor, wenn die die Verfassung der GmbH betreffenden oder die mitgliedschaftsrechtlichen Regelungen geändert werden. Die schuldrechtlichen Nebenabreden hingegen können wirksam formfrei geändert werden.[737] 259

Nach der ganz h.M. liegt eine Satzungsänderung **bereits bei jeder Änderung des Textes** vor. Lediglich Ulmer verlangt Änderungen des Satzungstextes mit „materiell-rechtlichem Gehalt". Demgegenüber kann der Notar **bloße Schreibfehler**, die sich aus der ursprünglichen Urkunde ergeben, als offensichtliche Unrichtigkeiten i.S.v. § 44 Abs. 2 BeurkG in einem Nachtragsvermerk berichtigen. Es gibt bisher wenige Äußerungen zu der Frage, ob auch die bloße Umstellung des Satzungstextes auf die neue Rechtschreibung eine Satzungsänderung mit der Folge der Beurkundungsbedürftigkeit und 3/4-Beschlussmehrheit darstellt.[738] Dies erscheint jedoch als reiner Formalismus, zumal das Vorlesen der Urkunde als maßgebender Teil einer Beurkundung eine geänderte Rechtschreibung nicht erkennen lässt. 260

Eine „echte" Satzungsänderung kann **nur durch Beschluss der Gesellschafter erfolgen**, welcher einer 3/4-Mehrheit bedarf und notariell zu beurkunden ist (§ 53 GmbHG). Die Satzungsänderung ist zur Eintragung ins Handelsregister anzumelden.[739] Die Änderung der Satzung kann, soweit sie die in § 10 Abs. 1 und 2 GmbHG bezeichneten Angaben betrifft, dem Registergericht nicht durch bloße Bezugnahme auf die Urkunde mitgeteilt werden, sondern ist in der Anmeldung selbst schlagwortartig hervorzuheben.[740] Das Registergericht prüft die ordnungsgemäße Anmeldung, d.h. die Legitimation der Anmeldenden, die Form der Anmeldung und die Vollständigkeit der beigefügten Unterlagen sowie die Wirksamkeit des Änderungsbeschlusses. Nach der Rspr. beginnt die Prüfungspflicht des Registergerichts **bei Vorliegen begründeter Bedenken** gegen die Richtigkeit der mitgeteilten Tatsachen.[741] Strittig ist, ob das Registergericht z.B. bei einem Wechsel der beschlussfassenden Gesellschafter eine lückenlose Kette von Abtretungsverträgen anfordern kann. Dies ist zu verneinen, wenn sich eine Identität der Beschlussfassenden mit denjenigen ergibt, die in der Liste der Gesellschafter als solche ausgewiesen sind.[742] 261

Nicht geklärt ist die Behandlung der **Anpassung des Satzungstextes** an außerhalb der Satzung geänderte oder mittlerweile überholte Satzungsinhalte, so z.B. der noch in der Satzung enthaltene Name eines Ex-Gesellschafters, der seinen Anteil inzwischen an einen Anderen übertragen hat. Da es sich hier nicht um materielle Änderungen der Satzung, sondern um bloße Anpassungen handelt, greifen §§ 53, 54 GmbHG nach Auffassung einer Mindermeinung nicht ein.[743] Die danach mögliche formlose Änderung mit einfacher Mehrheit müsse gleichwohl in das Handelsregister angemeldet und eingetragen werden.[744] Nach der h.M. unterfallen insb. **aus Gründen der Rechtssicherheit** auch solche Anpassungen den Vorschriften über die Satzungsänderung.[745] 262

Ebenso umstritten ist die Wirksamkeit von **sog. Satzungsdurchbrechungen**, d.h. Gesellschafterbeschlüssen, die zur Satzung im Widerspruch stehen, ohne die Satzung generell für die Zukunft zu ändern. Der 263

---

736 Beispiele bei Lutter/Hommelhoff, in: Lutter/Hommelhoff, GmbHG, § 53 Rn. 2.
737 Sieger/Schulte, GmbHR 2002, 1050, 1054.
738 Dazu auch DNotI-Gutachten Nr. 60765 v. 28.7.2005.
739 Dazu Heckschen/Heidinger, Die GmbH in der Gestaltungspraxis, § 6 Rn. 30 ff.
740 OLG Frankfurt, DB 2004, 2326; BGH, NJW 1987, 3191; OLG Düsseldorf, NJW-RR 1999, 400.
741 Dazu ausführlich Baumbach/Hueck/Zöllner, GmbHG, § 54 Rn. 19 ff.
742 Hachenburg/Ulmer, GmbHG, § 54 Rn. 41.
743 So Lutter/Hommelhoff, in: Lutter/Hommelhoff, GmbHG, § 53 Rn. 29; Hachenburg/Ulmer, GmbHG, § 53 Rn. 27.
744 Lutter/Hommelhoff, in: Lutter/Hommelhoff, GmbHG, § 53 Rn. 29; a.A.: Hachenburg/Ulmer, GmbHG, § 53 Rn. 27.
745 OLG Brandenburg, NZG 2001, 129; Baumbach/Hueck/Zöllner, GmbHG, § 53 Rn. 20 f.; Rowedder/Schmidt-Leithoff/Zimmermann, GmbHG, § 53 Rn. 14 f.; Roth, in: Roth/Altmeppen, GmbHG, § 53 Rn. 5; Michalski/Hoffmann, GmbHG, § 53 Rn. 27 f.; Scholz/Priester, GmbHG, § 53 Rn. 19.

BGH[746] erachtet einen Beschluss, durch den ein satzungswidriger Zustand ohne Beachtung der notariellen Form geschaffen wird, also nicht nur punktuelle Bedeutung hat, zu Recht für unwirksam.

Die Gesellschafterversammlung kann die Kompetenz zur Satzungsänderung aus § 53 GmbHG und zur Fassung von Grundlagenbeschlüssen, z.B. Umwandlungen oder der Abschluss von Unternehmensverträgen, **nicht auf die Geschäftsführung delegieren**.[747]

IV. Ungeschriebene Mitwirkungsbefugnisse der Gesellschafter – „Holzmüller"/ „Gelatine"

1. Ungeschriebene Mitwirkungsbefugnisse im Aktienrecht

264 Die **Hauptversammlung der AG** ist nach dem Gesetz hauptsächlich in den in § 119 Abs. 1 AktG enumerativ aufgezählten Fällen zuständig. Der Vorstand leitet die AG in eigener Verantwortung (§ 76 Abs. 1 AktG). Bei besonders wichtigen Grundlagenentscheidungen (Satzungsänderungen, Kapitalerhöhung und -herabsetzung, Verträge über die Verpflichtung zur Übertragung des gesamten Gesellschaftsvermögens, Auflösung, Eingliederung in ein beherrschendes Unternehmen, Unternehmensverträge) weist das AktG der Hauptversammlung aber ausdrücklich Mitwirkungsbefugnisse zu.

a) „Holzmüller"

265 Der BGH hat in der grundlegenden „Holzmüller"-Entscheidung weitere ungeschriebene Hauptversammlungszuständigkeiten angenommen. Im Fall „Holzmüller"[748] sollte der wertvollste, etwa 80 % des Gesellschaftsvermögens ausmachende Betriebsteil einer AG auf eine 100 %ige Tochter ausgegliedert werden. Die ohne die Zustimmung der Hauptversammlung durchgeführte Umstrukturierung veranlasste den BGH zu der Feststellung, dass es in einer AG grundlegende Entscheidungen gebe, die so tief in die Mitgliedsrechte und Vermögensinteressen der Aktionäre eingriffen, dass der Vorstand **vernünftigerweise die Hauptversammlung beteiligen müsse**.[749] Ausschlaggebend für den BGH war, dass die Ausgliederung

- den „Kernbereich der Unternehmenstätigkeit" und
- den „wertvollsten Betriebsteil" betraf sowie
- die „Unternehmensstruktur von Grund auf änderte".[750]

Da die Voraussetzungen damit weitgehend im Dunkeln blieben, sorgte diese Entscheidung in der Folgezeit für eine erhebliche **Unsicherheit in der Rechtspraxis** und eine kaum überschaubare Meinungsvielfalt in der Lit.[751]

b) „Gelatine"-Entscheidungen

266 Mit den zwei „Gelatine"-Entscheidungen vom 26.4.2004[752] hat der BGH erneut grundlegend **zu ungeschriebenen Zuständigkeiten der Hauptversammlung im Aktienrecht** Stellung genommen und dabei die „Holzmüller"-Rspr. präzisiert und weiterentwickelt.

In den „Gelatine"-Fällen wollte der Vorstand einer AG eine 49 %ige Beteiligung an einer Tochter-KG in eine andere 100 %ige Tochtergesellschaft (Wert der Beteiligung je nach Bezugsgröße – Umsatz, Bi-

---

746 BGHZ 123, 15.
747 Ausführlich zur Delegierbarkeit von Kompetenzen im GmbH-Recht Heckschen/Heidinger, Die GmbH in der Gestaltungspraxis, § 5 Rn. 38 ff.
748 BGHZ 83, 122 = NJW 1982, 1703.
749 BGHZ 83, 122, 131 = NJW 1982, 1703, 1705.
750 BGHZ 83, 122, 131 f. = NJW 1982, 1703, 1705.
751 Vgl. zum Meinungsstand MünchKomm-AktG/Kubis, § 119 Rn. 31 ff.; Henze, in: FS für Ulmer, S. 211; Simon, DStR 2004, 1482; Götze, NZG 2004, 585, 586; Fleischer, NJW 2004, 2335.
752 BGH, ZIP 2004, 993 mit zust. Anm. Altmeppen = NZG 2004, 575 = Der Konzern 2004, 421, 575 – Gelatine I; BGH, ZIP 2004, 1001 = NZG 2004, 571 = DStR 2004, 922 – Gelatine II.

lanzsumme, Mitarbeiter – 30 – 50 % des Gesamtkonzerns) sowie eine schwedische Tochter-AB in eine 100%ige Tochter-GmbH (Wert der Tochter-AB je nach Bezugsgröße 8 – 22 % des Gesamtkonzerns) einbringen. Der satzungsmäßige Unternehmensgegenstand der AG enthielt eine Konzernklausel, die einen konzerndimensionalen Unternehmensaufbau erlaubte. Die Hauptversammlung stimmte für beide Maßnahmen mit einer Mehrheit von rd. 66 bzw. 70 %. Streitig war, ob jeweils nach der „Holzmüller"-Doktrin eine 3/4-Mehrheit erforderlich war.

Der BGH verneinte in beiden Entscheidungen mit fast gleichlautender Begründung die **Voraussetzungen für eine Zuständigkeit der Hauptversammlung** nach der „Holzmüller"-Doktrin. Auch eine faktische Änderung des Unternehmensgegenstands, welche einer Satzungsänderung mit einem Hauptversammlungsbeschluss mit 3/4-Mehrheit gemäß § 179 Abs. 1, Abs. 2 AktG bedurft hätte, lag wegen der Konzernklausel nicht vor.

Die **wichtigsten Aussagen** der „Gelatine"-Urteile sind:[753]

- Ungeschriebene Zuständigkeiten der Hauptversammlung im Aktienrecht müssen die **absolute Ausnahme** bleiben.[754]
- Die wirtschaftliche Bedeutung der Maßnahme muss in etwa die Ausmaße wie in der „Holzmüller"-Entscheidung (**rund 75 % des Gesamtkonzerns**) ausmachen, um eine Hauptversammlungszuständigkeit zu begründen. Die Parameter sind im Einzelfall zu bestimmen.
- Erwerb oder Veräußerung von Unternehmen oder Unternehmensteilen oder auch von für die Gesellschaft wichtigen Vermögensteilen an Dritte sind grds. nicht erfasst.
- Beschlüsse der Hauptversammlung in „Holzmüller"-Fällen bedürfen einer 3/4-Mehrheit des vertretenen Grundkapitals.

Für die Rechtspraxis von größter Bedeutung sind die Ausführungen zu den **qualitativen und quantitativen Voraussetzungen** ungeschriebener Mitwirkungsbefugnisse der Hauptversammlung:

Der BGH stellt darauf ab, dass der Eingriff in seinen Auswirkungen **an die Notwendigkeit einer Satzungsänderung heranreichen müsse**, betont aber zugleich, dass er nur Maßnahmen im Blick hat, die substanzielle Eingriffe in die Organisationsstruktur der AG zum Gegenstand haben.[755] Inhaltlich knüpft er hier an das Kriterium der „grundlegenden Änderung der Unternehmensstruktur" in „Holzmüller" an.

Daher verbleiben im Wesentlichen Sachverhalte, die entweder der Änderung des Unternehmensgegenstands (§ 179 Abs. 1, 2 AktG) oder der Veräußerung des gesamten Gesellschaftsvermögens (§ 179a AktG) nahe kommen.[756] Neben der Ausgliederung eines selbst geführten Betriebsteils („Holzmüller") fällt darunter jedenfalls auch die Umstrukturierung einer Tochter- in eine Enkelgesellschaft („Gelatine"). Zur Begründung verweist der BGH auf den Mediatisierungseffekt: durch die Verenkelung würden die Einflussnahmemöglichkeiten der Aktionäre weiter beeinträchtigt. Der BGH hat in einer sehr knapp begründeten Entscheidung v. 20.11.2006 eine Zustimmungskompetenz der Hauptversammlung bei der Veräußerung von Anteilen abgelehnt. In seiner Entscheidung führt er aus, dass ein Mediatisierungseffekt – wie bei „Holzmüller" und „Gelatine" – bei der Beteiligungsveräußerung nicht gegeben sei.[757]

Die **quantitativen Voraussetzungen einer „Quasi-Satzungsänderung"** sieht der BGH regelmäßig erst dann als erfüllt an, wenn der betroffene Bereich in seiner Bedeutung für die Gesellschaft die Ausmaße der Ausgliederung wie in „Holzmüller" erreicht. Der Wert des im „Holzmüller"-Fall ausgegliederten Unternehmensbereiches machte 80 % des Gesellschaftsvermögens aus. Die in der Lit. diskutierten Schwel-

---

753   Vgl. auch die Besprechungen von Fleischer, NJW 2004, 2335 ff.; Götze, NZG 2004, 585 ff.; Simon, DStR 2004, 1482 ff., 1528 ff.; Habersack, AG 2005, 137 ff.; Reichert, AG 2005, 150 ff.
754   BGH, NZG 2004, 571 und 575.
755   BGH, NZG 2004, 571 und 575 (Leitsatz 1).
756   Götze, NZG 2004, 585, 586.
757   BGH, ZIP 2007, 24 mit zust. Anm. Frhr. von Falkenhausen. Ausführungen zum Tatbestand finden sich im Urteil der Vorinstanz OLG Stuttgart, ZIP 2005, 1415.

lenwerte zwischen 10 und 50 % lehnt der BGH als zu niedrig ab. Mit der Aufstellung dieser hohen Hürde schafft der BGH das für die Rechtspraxis erforderliche Maß an Rechtssicherheit.

269 Die **erforderliche Mehrheit von 3/4** ist die konsequente Folge des Erfordernisses einer „Quasi-Satzungsänderung". Die „Holzmüller"-Fälle reichen in ihren Auswirkungen an die solcher Geschäftsführungsmaßnahmen heran, die nur mit qualifizierter Mehrheit beschlossen werden können,[758] z.B. §§ 179 Abs. 2 Satz 1, 179a, 293 Abs. 1 Satz 2 AktG. Bleibt es bei dem eng begrenzten Bereich ungeschriebener Mitwirkungsbefugnisse der Hauptversammlung, stellt dies auch keine zu weit gehende Beeinträchtigung der unternehmerischen Handlungsfreiheit des Vorstands dar.

2. Ungeschriebene Mitwirkungsbefugnisse im GmbH-Recht

a) Ausgangslage

270 Das GmbHG weist im Gegensatz zum AktG der Gesellschafterversammlung wesentlich mehr Befugnisse zu. Während in der AG der Vorstand gemäß § 76 Abs. 1 AktG alleinverantwortlich das Unternehmen leitet, ist die Gesellschafterversammlung der GmbH gegenüber dem Geschäftsführer **in allen Angelegenheiten der Geschäftsführung weisungsbefugt** (§§ 37 Abs. 1, 46 Nr. 5 und 6 GmbHG).[759] Eine Beschränkung der Geschäftsführung durch satzungsmäßige Vorgaben und Weisungen der Gesellschafter hat jedoch gemäß § 37 Abs. 2 GmbHG keine Außenwirkung, die Vertretungsmacht der Geschäftsführer bleibt unbeschränkt.

Der Gesellschafterversammlung einer GmbH sind ähnlich wie im Aktienrecht bestimmte Grundlagenentscheidungen vorbehalten. So ist sie gemäß § 53 GmbHG für Änderungen des Gesellschaftsvertrags zuständig (vergleichbar mit § 179 AktG). § 46 GmbHG weist – ähnlich dem § 119 Abs. 1 AktG – der Gesellschafterversammlung bestimmte Kompetenzen ausdrücklich zu. Für die Veräußerung des Unternehmens als Ganzes gilt auch für die GmbH nach ganz h.M. **§ 179a AktG analog**.[760] Ebenso wie im Aktienrecht soll auch bei Gewinnabführungs- und Beherrschungsverträgen ein Zustimmungsbeschluss der Gesellschafterversammlung der abhängigen GmbH analog §§ 53, 54 GmbHG notwendig sein.[761] In der GmbH können jedoch gemäß § 45 GmbHG – anders als nach § 23 Abs. 5 AktG – durch den Gesellschaftsvertrag weitere Kompetenzen an die Gesellschafterversammlung übertragen werden.

b) Übertragbarkeit der „Holzmüller"/„Gelatine"-Grundsätze auf das GmbH-Recht

271 Auch für die GmbH besteht keine Einigkeit, **ob und bei welchen Strukturmaßnahmen** eine Vorlagepflicht der Geschäftsführung gegenüber der Gesellschafterversammlung besteht.[762] Strittig ist insb., wie die Strukturmaßnahmen zu definieren sind und welches wirtschaftliche Gewicht sie besitzen müssen. Teilweise wurde – vor „Gelatine" – ein Gesellschafterbeschluss gefordert, wenn die Geschäftsführung eine Änderung bzw. Neuorientierung der Unternehmenspolitik beabsichtigt oder den bisherigen Rahmen des Geschäftsbetriebs überschreiten will.[763] Nach anderer Ansicht sind die Geschäftsführerbefugnisse analog § 116 Abs. 1 HGB auf gewöhnliche bzw. laufende Geschäfte beschränkt und außergewöhnliche Angelegenheiten und Grundentscheidungen der Unternehmenspolitik der Bestimmung der Gesellschafterversammlung vorbehalten.[764]

---

758 Simon, DStR 2004, 1528; vgl. auch Heckschen/Simon, Umwandlungsrecht, 4 Rn. 115 m.w.N.
759 Vgl. statt aller Altmeppen, in: Roth/Altmeppen, GmbHG, § 37 Rn. 3.
760 Baumbach/Hueck/Zöllner, GmbHG, § 53 Rn. 25 Fn. 26; Roth, in: Roth/Altmeppen, GmbHG, § 45 Rn. 8, § 53 Rn. 8.
761 BGHZ 105, 324 = NJW 1989, 295; BGH, NJW 1992, 1452; Roth, in: Roth/Altmeppen, GmbHG, § 53 Rn. 10.
762 Vgl. Baumbach/Hueck/Zöllner, GmbHG, § 46 Rn. 89 ff.; Barta, GmbHR 2004, R 289, R 290.
763 BGH, ZIP 1991, 509.
764 BGH, NJW 1984, 1461; OLG Frankfurt, AG 1988, 335; Altmeppen, in: Roth/Altmeppen, GmbHG, § 37 Rn. 19 ff.; Roth, in: Roth/Altmeppen, GmbHG, § 45 Rn. 7; Rowedder/Schmidt-Leithoff/Koppensteiner, GmbHG, § 37 Rn. 10.

Es gibt Literaturstimmen, die dafür plädieren, die vom BGH in „Gelatine" zur AG entwickelten Grundsätze auf die GmbH zu übertragen, so dass Strukturmaßnahmen mit einem Umfang von etwa 80 % des Gesellschaftsvermögens der Zustimmung der Gesellschafterversammlung mit 3/4-Mehrheit bedürften.[765] Dem ist zu widersprechen, wenn man damit zugleich auch im GmbH-Recht eine Befugnis der Gesellschafterversammlung bei Geschäftsführungsmaßnahmen unterhalb dieser Erheblichkeitsschwelle, ablehnen will. Dies würde der oben dargestellten Organisationsstruktur der GmbH nicht gerecht werden. Gerade die Kernaussage von „Gelatine", dass ungeschriebene Hauptversammlungszuständigkeiten im Aktienrecht die absolute Ausnahme bleiben sollen und die entscheidendes Motiv für die hohe Erheblichkeitsschwelle war, ist **nicht auf das GmbH-Recht übertragbar**.

Die Geschäftsführungsmaßnahmen, die einen Gesellschafterbeschluss erfordern, ergeben sich daher wie bisher in **erster Linie aus dem Gesellschaftsvertrag**. Insb. können die Gesellschafter regeln, welche (außergewöhnlichen) Geschäftsführungsmaßnahmen sie selbst treffen wollen und welche die Geschäftsführung eigenverantwortlich treffen darf.

272

Die Gesellschafter dürfen sich nicht ihrer Grundlagenzuständigkeit für Satzungsänderungen, die Veräußerung des Unternehmens im Ganzen und Strukturänderungen, die an die Qualität von Satzungsänderungen i.S.d. „Holzmüller/Gelatine"-Doktrin heranreichen, begeben. Insoweit sind die in den „Gelatine"-Entscheidungen herangezogenen Maßstäbe anwendbar. Der BGH selbst hat in einem nach „Gelatine" ergangenen Urteil auch eine Veräußerung des größten Teils des Gesellschaftsvermögens einer GmbH als eine ungewöhnliche Maßnahme beurteilt, die der Mitwirkung der Gesellschafterversammlung bedurfte, obwohl darin keine Änderung des Unternehmensgegenstandes lag.[766]

Soweit die Satzung keine Regelung enthält, ist für Maßnahmen, die in ihrem Ausmaß an den „Holzmüller"-Fall heranreichen, **ein Gesellschafterbeschluss mit einer 3/4-Mehrheit** erforderlich. Man kann überlegen, ob bei solchen Entscheidungen nicht sogar ein einstimmiger Beschluss der Gesellschafter analog § 53 Abs. 3 GmbHG gefordert werden kann.

Auch Geschäftsführungsmaßnahmen **unterhalb der Erheblichkeitsgrenzen** in „Gelatine" können einen Gesellschafterbeschluss erfordern. Im Regelfall wird bei solchen Maßnahmen ein Gesellschafterbeschluss mit einfacher Mehrheit ausreichen. Hier kann man auf die bisher schon entwickelten Fallgruppen und Maßstäbe zurückgreifen.

V. Beschlussanfechtung

Die Unwirksamkeit eines Beschlusses muss **mit einer fristgebundenen Anfechtungsklage** geltend gemacht werden und nicht lediglich mit einer Anfechtungserklärung.[767] Die Abgrenzung zwischen anfechtbaren und nichtigen Beschlüssen geschieht nach den Maßgaben der §§ 241, 243 AktG.

273

Die **Monatsfrist aus § 246 AktG** hat Leitbildfunktion und gilt i.d.R. als die einzuhaltende Frist.[768] Diese Frist kann auch geringfügig nur dann überschritten werden, wenn zwingende Umstände vorliegen, die den Kläger an einer früheren Klageerhebung gehindert haben, z.B. schwierige tatsächliche und rechtliche Fragen, die für die Erfolgsaussichten der Klage bedeutsam sind.[769]

274

Die **Anfechtungsgründe des § 243 AktG** müssen in ihrem wesentlichen Kern innerhalb der Klagefrist geltend gemacht werden.[770] Anfechtungsgründe sind im Wesentlichen ein Verstoß gegen Gesetz oder Satzung, das Erstreben von Sondervorteilen zum Schaden der GmbH oder ihrer Gesellschafter, ein Verstoß gegen den Grundsatz der Gleichbehandlung sowie ein Verstoß gegen Treupflichten. Wird Anfechtungs- (oder Nichtigkeits-)Klage erhoben, ist Streitgegenstand das mit der Klage verfolgte Ziel **der richter-**

275

---

765 Barta, GmbHR 2004, R 289, 290.
766 BGH, DStR 2005, 1066.
767 BGH, DB 1996, 82; dazu ausführlich: Hoffmann/Köster, GmbHR 2003, 1327, 1334 f.
768 BGH, NJW 1993, 129; NJW 1995, 1218; auch OLG Hamm, GmbHR 2001, 301.
769 BGH, DB 2005, 1267; OLG Hamm, ZIP 2004, 852 = NZG 2004, 377 mit Anm. Seidel, EWiR 2004, 577.
770 Baumbach/Hueck/Zöllner, GmbHG, Anh. § 47 Rn. 155; Roth, in: Roth/Altmeppen, GmbHG, § 47 Rn. 149.

lichen Klärung der Nichtigkeit eines Gesellschafterbeschlusses in Bezug auf seine fehlende Übereinstimmung mit Gesetz oder Satzung hinsichtlich Gegenstand, Inhalt sowie des zur Beschlussfassung führenden Verfahrens. Der BGH lehnt aus Gründen der Rechtssicherheit eine weitergehende Unterteilung des Streitgegenstandes nach den einzelnen, der Beschlussfassung zugrunde liegenden Elementen und den ihnen anhaftenden Fehlern ab, um eine einheitliche Überprüfung des Beschlusses unabhängig von Umfang und Einzelheiten des Klägervorbringens sicherzustellen.[771]

276 Wird eine Anfechtung **auf einen bloßen Verfahrensmangel gestützt**, muss dieser Mangel nach der Rspr. für das Beschlussergebnis kausal sein. Diese Kausalität wird jedoch vermutet und entfällt dann, „wenn klar zu Tage tritt, dass der Beschluss auch bei Ordnungsmäßigkeit der Einladung in gleicher Weise zustande gekommen wäre, bei vernünftiger Beurteilung also unter keinen Umständen in Betracht kommt, dass der von dem Mangel betroffene Gesellschafter das Ergebnis hätte beeinflussen können".[772] Die Lit. stellt überwiegend auf die Erheblichkeit bzw. Relevanz des Verfahrensfehlers ab – z.T. neben, z.T. anstelle der Kausalität –, kommt damit aber weitgehend zu gleichen Ergebnissen.[773]

Eine Anfechtungsklage gegen den in einer fehlerhaft einberufenen Gesellschafterversammlung gefassten Beschluss kann **schon aus formellen Gründen**, z.B. wegen mangelhafter Aussagen der Tagesordnung, Erfolg haben.[774] Das OLG Düsseldorf[775] erachtete einen Gesellschafterbeschluss, der am unzulässigen Versammlungsort gefasst wurde, als anfechtbar, da dieser Verfahrensverstoß bei wertender Betrachtung für das Beschlussergebnis relevant ist. Das OLG Hamm hat einer Anfechtungsklage gegen Beschlüsse der Mehrheitsgesellschafter stattgegeben, die in einer Versammlung getroffen wurden, zu der Minderheitsgesellschafter nicht zugelassen waren.[776]

Stimmt z.B. nach einer Anteilsveräußerung ein **Nichtgesellschafter statt des wahren Gesellschafters** in der Gesellschafterversammlung ab, ist die Stimmabgabe des Nichtgesellschafters unwirksam. War die Stimme für das Abstimmungsergebnis relevant, ist der Beschluss anfechtbar. Wer stimmberechtigter Gesellschafter i.S.d. § 47 GmbHG ist, richtet sich nach § 16 GmbHG.[777]

Wird ein Einberufungs- oder Ankündigungsmangel **erst nach der Abstimmung in der Vollversammlung** der Gesellschafter über einen Gesellschafterbeschluss gerügt, genügt dies nicht, um die Heilungswirkung des § 51 Abs. 3 GmbHG auszuschließen.[778]

277 Einstweiliger Rechtsschutz gegen Gesellschafterbeschlüsse wird von der obergerichtlichen Rspr. zunehmend **gegen die Stimmrechtsausübung in einem bestimmten Sinn** und gegen die Vollziehung von Gesellschafterbeschlüssen zugelassen. Die dringendsten Probleme ergeben sich aus dem Verbot der Vorwegnahme der Hauptsache und der Schwierigkeit der nachträglichen Wiedergutmachung.[779] Hingegen ist umstritten, ob einstweiliger Rechtsschutz auch im Vorfeld von Gesellschafterbeschlüsen zu gewähren ist.[780]

---

771 BGH, ZIP 2002, 1684.
772 BGH, NJW 1998, 684 = ZIP 1998, 22 für Einberufungsmängel.
773 Wolff, in: Münchener Handbuch des Gesellschaftsrechts, Bd. 3, § 40 Rn. 40 ff.; Michalski/Römermann, GmbHG, Anh. § 47 Rn. 264 f.
774 BGH, DStR 2000, 525 = ZIP 2000, 539; BGH, ZIP 2000, 1336.
775 OLG Düsseldorf, DB 2003, 2324 mit Anm. Tepfer, EWiR 2003, 929.
776 OLG Hamm, GmbHR 2003, 1211, 1212 mit Anm. Becher, EWiR 2004, 335.
777 Roth, in: Roth/Altmeppen, GmbHG, § 47 Rn. 23.
778 BGH, DNotZ 2003, 221.
779 Roth, in: Roth/Altmeppen, GmbHG, § 47 Rn. 52, 158.
780 Dazu ausführlich Nietsch, GmbHR 2006, 393.

VI. Beschlussfeststellungsklage

Oftmals wird das Beschlussergebnis nicht festgestellt, so vor allem bei nicht beurkundeten Gesellschafterbeschlüssen.[781] Ist infolgedessen das Beschlussergebnis unklar und nichts vorhanden, wogegen sich eine Anfechtungsklage richten könnte, kann Beschlussfeststellungsklage **analog § 248 AktG** erhoben werden. Die Klage ist von dem an der Feststellung interessierten Gesellschafter gegen die GmbH zu richten; klagebefugt kann auch die GmbH selbst sein, die ihre Klage dann gegen den betroffenen Gesellschafter richten muss.[782] Die Beschlussfeststellungsklage ist nicht an eine Frist gebunden (§ 246 Abs. 1 AktG gilt nicht, auch nicht analog), unterliegt jedoch der Verwirkung.

Anfechtungsklage und positive Beschlussfeststellungsklage, d.h. Klage auf Feststellung eines Beschlusses, den der Versammlungsleiter als abgelehnt festgestellt hat, **können in einer Klage** verbunden werden.[783] Allerdings ist die Beschlussfeststellungsklage unzulässig, wenn sie mit einer Anfechtungsklage gegen den Gesellschafterbeschluss verbunden ist und durch den angefochtenen Beschluss einem entsprechenden Beschlussantrag stattgegeben und das Abstimmungsergebnis vom Versammlungsleiter förmlich festgestellt worden ist.[784]

VII. Nichtige Beschlüsse

Ein an einem **besonders schwerwiegenden Mangel leidender Gesellschafterbeschluss** ist nichtig. Nach h.M.[785] gilt § 241 AktG analog für Beschlüsse einer Gesellschafterversammlung der GmbH. Allgemeine Nichtigkeitsgründe sind danach Einberufungsmängel, Nichtbeurkundung von kraft Gesetzes beurkundungsbedürftigen Beschlüssen, Beschlüsse mit wesensfremden Inhalten oder solche, die Vorschriften verletzen, die im öffentlichen oder Gläubigerinteresse stehen, und Beschlüsse mit sittenwidrigen Inhalten. Auch stimmlose Beschlüsse bzw. Scheinbeschlüsse können nichtig sein.[786] Weiterhin sind Beschlüsse nichtig, die **aufgrund einer Anfechtungsklage durch Urteil für nichtig erklärt** oder die im Handelsregister als nichtig gelöscht worden sind.

Eine **fehlerhafte Einberufung** führt dann zur Nichtigkeit, wenn sie nicht durch die dazu Befugten (Geschäftsführer, Gesellschafterminderheit nach § 50 Abs. 3 GmbHG) erfolgte, wenn nicht alle nach § 16 GmbHG bei der GmbH angemeldeten Gesellschafter eingeladen wurden, bei fehlerhafter Angabe von Ort und Zeit der Versammlung in der Einladung oder zu kurzfristiger Einladung,[787] so dass mindestens ein Gesellschafter nicht in der Lage war, an der Versammlung teilzunehmen, sowie bei Nichteinhaltung der Formvorschrift des § 51 GmbHG. Die Nichtigkeitsfolge tritt allerdings im Falle einer Universalversammlung nicht ein.

Die **Ladung eines Nichtgesellschafters** (z.B. des „Erwerbers" bei einer unwirksamen Geschäftsanteilsabtretung) beeinträchtigt nicht die Wirksamkeit des daraufhin gefassten Beschlusses. Wird aber der Nochgesellschafter, der seinen Anteil unwirksam abgetreten hat, nicht geladen, kann der Gesellschafterbeschluss schon wegen der fehlerhaften Ladung nichtig sein. Denn die Einladung muss an alle Gesellschafter i.S.d. § 16 GmbHG[788] gerichtet werden, auch an nicht stimmberechtigte. In diesen Fällen folgt jedoch häufig die Wirksamkeit des Beschlusses aus § 16 Abs. 1 GmbHG, denn der Gesellschaft gegenüber gilt derjenige als Gesellschafter, der sich aus der Anzeige gemäß § 16 Abs. 1 GmbHG als solcher ergibt.

---

781 Vgl. den Fall des OLG Zweibrücken, GmbHR 1999, 79: Bei Beschluss über Abberufung eines Geschäftsführers blieb das Abstimmungsergebnis wegen Meinungsverschiedenheiten über Stimmengültigkeit ungewiss.
782 So im Fall des OLG Zweibrücken, GmbHR 1999, 79: Seitens der GmbH bestanden Zweifel darüber, welche tatsächliche Rechtslage bezüglich ihrer Vertretung besteht.
783 Baumbach/Hueck/Zöllner, GmbHG, Anh. § 47 Rn. 186.
784 BGH, DStR 2003, 1178.
785 Vgl. Michalski/Römermann, GmbHG, Anh. § 47 Rn. 64 m.w.N.
786 Semler/Asmus, NZG 2004, 881.
787 So BGH, ZIP 2006, 707 = GmbHR 2006, 538 mit zust. Anm. Stuppi = DStR 2006, 715 zur Ladung durch E-Mail am Vorabend der Gesellschafterversammlung.
788 OLG Düsseldorf, GmbHR 1996, 443, 444 ff.

282 Besteht ein Beschluss aus verschiedenen Entscheidungsgegenständen und beschränkt sich die Fehlerhaftigkeit auf einzelne Entscheidungsgegenstände, wendet die h.M. § 139 BGB an.[789] Ein Beschluss kann also **auch nur teilweise nichtig sein**.

Die Nichtigkeit von Beschlüssen kann jederzeit auch außerhalb des Klagewegs und gegenüber Dritten geltend gemacht werden, z.B. um Ansprüche abzuwehren oder zu begründen. Gerichtlich stehen gegen nichtige Beschlüsse die Feststellungsklage i.S.d. § 256 ZPO oder Anfechtungsklage analog § 249 AktG offen.[790]

Nichtige Beschlüsse dürfen weder ausgeführt noch in das Handelsregister eingetragen werden. Nichtige Beschlüsse können aber durch Eintragung ins das Handelsregister analog § 242 AktG **nach Ablauf von drei Jahren geheilt werden**.[791] Eine Heilung kann auch eintreten, wenn der Nichtgeladene unverzüglich nach der Beschlussfassung den Beschluss analog § 242 Abs. 2 Satz 4 AktG genehmigt.[792] Beurkundungsmängel werden durch eine Eintragung des Beschlusses ins Handelsregister geheilt.

F. Kapitalerhöhung und -herabsetzung

I. Kapitalerhöhung gegen Einlagen

283 Die Kapitalerhöhung gegen Erbringung neuer Stammeinlagen ist die einzige Möglichkeit eines in der Rechtsform der GmbH betriebenen Unternehmens zur **Beschaffung neuer Eigenmittel**. Die zweite Form der Kapitalerhöhung, die Kapitalerhöhung aus Gesellschaftsmitteln, führt demgegenüber nicht zur Zuführung neuer Eigenmittel, sondern nur zur Umbuchung freier Rücklagen in gebundenes Stammkapital (sog. „nominelle Kapitalerhöhung").

284 Das Verfahren der Kapitalerhöhung gegen Stammeinlagen vollzieht sich – sieht man von weniger bedeutsamen Einzelheiten ab – in **fünf Schritten**:

- Zunächst ist ein satzungsändernder Beschluss der Gesellschafterversammlung über die Kapitalerhöhung gemäß §§ 53, 55 GmbHG erforderlich.
- Der nächste Schritt ist die Zulassung der Übernehmer zur Zeichnung des Erhöhungsbetrages, auch wenn dies in der Praxis meist zugleich mit dem Erhöhungsbeschluss geschieht.
- Danach erfolgt die tatsächliche Übernahme des Erhöhungsbetrages durch die Gesellschafter oder Dritte gemäß § 55 GmbHG.
- Im vierten Schritt müssen die Zeichner auf die übernommenen Einlagen gemäß § 57 Abs. 2 GmbHG tatsächlich leisten.
- Als Letztes muss die Erhöhung zur Eintragung im Handelsregister gemäß § 57 GmbHG angemeldet und anschließend eingetragen werden.

Dabei birgt jedes dieser Stadien des Erhöhungsverfahrens **Fehlerquellen**,[793] die es zu vermeiden gilt bzw. auf welche die Parteien vom juristischen Berater aufmerksam zu machen sind.

---

[789] Lutter/Hommelhoff, in: Lutter/Hommelhoff, GmbHG, Anh. § 47 Rn. 27; Baumbach/Hueck/Zöllner, GmbHG, Anh. § 47 Rn. 78; Rowedder/Schmidt-Leithoff/Koppensteiner, GmbHG, § 47 Rn. 110; Scholz/K. Schmidt, GmbHG, § 45 Rn. 42; vgl. auch BGH, NJW 1988, 1214 = ZIP 1988, 432; OLG München, AG 1993, 283, 284 = ZIP 1993, 676, 687 für AG.

[790] Scholz/K. Schmidt, GmbHG, § 45 Rn. 44; Baumbach/Hueck/Zöllner, GmbHG, Anh. § 47 Rn. 69 ff.

[791] Vgl. z.B. statt aller Baumbach/Hueck/Zöllner, GmbHG, Anh. § 47 Rn. 75 m.w.N.

[792] OLG Frankfurt, GmbHR 1984, 99, 100; Lutter/Hommelhoff, in: Lutter/Hommelhoff, GmbHG, Anh. § 47 Rn. 14; Baumbach/Hueck/Zöllner, GmbHG, Anh. § 47 Rn. 77.

[793] Zum Vorliegen einer verdeckten Gewinnausschüttung, wenn eine GmbH neben ihren Gesellschaftern an einer anderen Kapitalgesellschaft beteiligt ist und an einer Kapitalerhöhung bei jener Gesellschaft nicht teilnimmt, vgl. BFH, GmbHR 2005, 633.

Die **Erhöhung des Stammkapitals erfolgt durch eine Satzungsänderung**, da der Betrag des Stammkapitals nach § 3 Abs. 1 Nr. 3 GmbHG wesentlicher Bestandteil des Gesellschaftsvertrags ist. Nach § 53 GmbHG muss daher ein Gesellschafterbeschluss über die Kapitalerhöhung gefasst werden. 285

Die Änderung oder Aufhebung eines Kapitalerhöhungsbeschlusses richten sich nach den allgemeinen Vorschriften. Ein Änderungsbeschluss muss also nach § 53 Abs. 2 Satz 1 GmbHG **mit satzungsändernder Mehrheit gefasst und notariell beurkundet werden**. Ein Aufhebungsbeschluss ist bis zur Eintragung der Kapitalerhöhung nach herrschender Lehre mit einfacher Mehrheit und formlos möglich.[794] Da z.T. für die Aufhebung jedoch eine satzungsändernde Mehrheit[795] oder zusätzlich notarielle Beurkundung[796] für erforderlich gehalten werden, empfiehlt es sich, vorsorglich diese Anforderungen zu erfüllen. Nach der Eintragung der Kapitalerhöhung gelten für eine Aufhebung einhellig die Vorschriften über Satzungsänderungen gemäß §§ 53, 58 ff. GmbHG.

II. Notwendigkeit einer sachlichen Rechtfertigung der Kapitalerhöhung

Sehr kontrovers diskutiert wird, ob die Beschlüsse einer Versammlung von Anteilseignern einer Kapitalgesellschaft einer materiellen richterlichen Kontrolle unterliegen, d.h. **einer sachlichen Rechtfertigung bedürfen**. Die kapitalgesellschaftsrechtlichen Normen sehen nirgendwo eine solche materielle Inhaltskontrolle vor. 286

Eine Kapitalerhöhung führt **zur Entstehung neuer bzw. zur Erhöhung bereits bestehender GmbH-Anteile**. In der Folge vermindert sich die Beteiligungsquote der Gesellschafter, die an der Erhöhung – aus welchen Gründen auch immer – nicht teilnehmen, an der Gesamtzahl aller Geschäftsanteile, so dass deren Stimmkraft in der Gesellschafterversammlung herabgesetzt wird (sog. „Verwässerung"). Das Gleiche gilt auch für den Anteil am Gewinn bzw. am Liquidationserlös, da auch dieser sich am Grad der Beteiligung orientiert. 287

Daraus schlussfolgern Stimmen in der Lit., dass **jegliche Mehrheitsentscheidung** aus Gründen des Minderheitenschutzes einer sachlichen Rechtfertigung bedürfe.[797] Die Rspr. hat zu Recht – soweit ersichtlich – eine Notwendigkeit der sachlichen Rechtfertigung jedweder Mehrheitsentscheidung nicht bejaht, sondern verlangt einen sachlichen Grund nur in besonders gelagerten Fällen.[798] So hat der BGH in der sog. „Kali & Salz"-Entscheidung einen sachlichen Grund verlangt für einen Ausschluss des Bezugsrechtes bei einer Kapitalerhöhung einer AG,[799] eine Kapitalherabsetzung[800] und für Beschlüsse, die eine rechtliche oder faktische Abhängigkeit der Gesellschaft von Dritten zur Folge haben.[801] Für andere Fallgruppen **lehnt die Rspr. eine richterliche Inhaltskontrolle ab**, so für den Auflösungsbeschluss[802] und die vereinfachte Kapitalherabsetzung.[803] 288

Eine materielle Beschlusskontrolle bei einer Kapitalerhöhung findet also nur statt, **wenn das Bezugsrecht mit ausgeschlossen wird**. Aber auch dann erstreckt sich die Notwendigkeit einer sachlichen Rechtfertigung nicht auf die Kapitalerhöhung selbst, sondern nur auf den Bezugsrechtsausschluss. 289

---

794 DNotI-Gutachten Nr. 44644 v. 20.10.2003 = DNotI-Report 2004, 157; Wegmann, in: Münchener Handbuch des Gesellschaftsrechts, Bd. 3, § 53 Rn. 14; Baumbach/Hueck/Zöllner, GmbHG, § 53 Rn. 70 m.w.N.; Scholz/ K. Schmidt, GmbHG, § 45 Rn. 33; a. A. Michalski/Hermanns, GmbHG, § 55 Rn. 31 ff. für qualifizierte Mehrheit und notarielle Beurkundung; Scholz/Priester, GmbHG, § 53 Rn. 193 für qualifizierte Mehrheit, aber notarielle Beurkundung entbehrlich.
795 Scholz/Priester, GmbHG, § 53 Rn. 193.
796 Michalski/Hermanns, GmbHG, 2002, § 55 Rn. 33.
797 Bischoff, BB 1987, 1055, 1061; Timm, ZGR 1987, 403, 424; Wiedemann, ZGR 1980, 147, 157.
798 So auch Schiessl, in: Münchener Handbuch des Gesellschaftsrechts, Bd. 3, § 32 Rn. 24 f.; vgl. auch Scholz/Westermann, GmbHG, Einl. Rn. 77.
799 BGHZ 71, 40 ff.
800 LG Hannover, WM 1995, 2098, 2098.
801 Heckschen, in: Widmann/Mayer, Umwandlungsrecht, § 13 UmwG Rn. 212 m.w.N.
802 BGHZ 76, 352, 353.
803 BGH, ZIP 1998, 692, 693.

290 Die Ablehnung einer umfänglichen und generellen materiellen Beschlusskontrolle bedeutet aber nicht, dass die Minderheit schutzlos bleibt. Vielmehr muss sich jede Mehrheitsentscheidung **an den allgemeinen Grenzen eines zivilrechtlichen Rechtsgeschäftes** – also §§ 138, 242 BGB – sowie an den Treuepflichten der Gesellschafter untereinander messen lassen. In der Praxis werden gleichwohl keine wesentlichen Unterschiede auftreten, da die in der Lit. geforderte sachliche Rechtfertigung keine Zweckmäßigkeitskontrolle bedeutet. Vielmehr müsse nur nachgewiesen werden, dass das Vorgehen der Mehrheit im Gesellschaftsinteresse als sachlich vertretbar erscheint.[804] Was aber als sachlich nicht mehr vertretbar gilt, wird im Regelfall auch gegen § 242 BGB verstoßen.

III. Kapitalerhöhung mit Agio[805]

291 Häufig müssen die Zeichner für die Übernahme der neuen Geschäftsanteile ein Agio – **ein den Nennbetrag der neuen Anteile übersteigendes Ausgabeentgelt** – entrichten. Der Erhöhungsbeschluss muss dieses Agio angeben, allerdings nicht betragsmäßig, aber mindestens bestimmbar.[806]

Ein Agio kann **gesellschaftsrechtlicher Bestandteil des Kapitalerhöhungsbeschlusses** sein (korporatives Agio) oder nur ein schuldrechtliches, verdecktes Agio zwischen einzelnen Gesellschaftern oder einem Gesellschafter.[807] Die Entscheidung über die Höhe des korporativen Agio obliegt den Gesellschaftern, kann also nicht auf ein anderes Gremium, z.B. einen Beirat übertragen werden.[808]

292 Nach dem **Verbot der Unterpari-Emission** darf der Ausgabebetrag nicht den Nennbetrag des neuen Geschäftsanteiles unterschreiten. Es ist aber auch denkbar, dass das Agio den Nennbetrag überschreitet, aber gleichwohl nicht den wahren Wert der neuen Beteiligung widerspiegelt. Beim Ausschluss des Bezugsrechtes einzelner Gesellschafter darf aber die Ausgabe neuer Anteile nur gegen Zahlung eines wertgleichen Agio erfolgen, um zu verhindern, dass der Wert der bereits bestehenden Anteile verringert wird, ohne dass der ausgeschlossene Gesellschafter eine Abwendungsmöglichkeit besäße.[809] Dies gilt aber auch, wenn alle Altgesellschafter zu den gleichen Konditionen an der Erhöhung teilnehmen können.[810]

293 Die Ermittlung **des tatsächlichen Wertes der Anteile**, aus deren Differenz zum Nennbetrag sich das Agio errechnet, bereitet in der Praxis große Probleme, da oftmals nicht sicher ist, welche Vermögenswerte in die Bewertung einzustellen sind und nach welchen Kriterien die Bewertung vorzunehmen ist.[811] Die Bewertung der Anteile darf **nur nach anerkannten Bewertungsmaßstäben** erfolgen, die sich aus der Begründung des ermittelten Ausgabewertes ergeben müssen. Der gesellschaftsrechtlichen Treuepflicht ist damit aber auch Genüge getan; ein Mehr kann nicht verlangt und ein Verstoß gegen die Treupflicht dann nicht angenommen werden. Bewertungsfehler können den Gesellschaftern nicht angelastet werden.

> **Hinweis:**
> Die Gesellschafterversammlung kann auch ein Agio festsetzen, welches den wahren Wert der auszugebenden Anteile überschreitet. Dies ist unbedenklich, sofern die Bemessung des Agio nicht dazu führt, dass der Erwerb neuer Anteile für einzelne Gesellschafter unerschwinglich wird. In letzterem Fall sind die nachskizzierten Grundsätze zum faktischen Bezugsrechtsausschluss zu beachten.

---

804 Wiedemann, ZGR 1980, 147, 156.
805 Vgl. zu der Gesamtproblematik Heckschen, DStR 2001, 1437 ff.; siehe auch Herchen, Agio und verdecktes Agio im Recht der Kapitalgesellschaften, S. 42 ff.
806 Scholz/Priester, GmbHG, § 55 Rn. 27.
807 Zur Differenzierung zwischen satzungsmäßiger und schuldrechtlicher Grundlage Wagner, DB 2004, 193.
808 DNotI-Gutachten Nr. 59353 v. 2.6.2005.
809 Vgl. statt aller Lutter/Hommelhoff, in: Lutter/Hommelhoff, GmbHG, § 55 Rn. 20.
810 OLG Stuttgart, DB 2000, 135; Heckschen, DStR 2001, 1437, 1443; Scholz/Priester, GmbHG, § 55 Rn. 27.
811 Anschaulich wird das in der Entscheidung des OLG Stuttgart, DB 2000, 135 bei der Frage, ob das Körperschaftsteuerguthaben der Gesellschaft zu berücksichtigen ist.

IV. Zulassung zur Übernahme der neuen Geschäftsanteile

Bei einer Kapitalerhöhung werden oft nicht alle bisherigen Gesellschafter gleichmäßig mit den neuen Geschäftsanteilen bedient. Anknüpfungspunkt hierfür ist **§ 55 Abs. 2 Satz 1 GmbHG**. 294

1. Notwendigkeit eines ausdrücklichen Zulassungsbeschlusses?

Bereits die **regelungstechnische Vergabe der neuen Geschäftsanteile** ist umstritten. Ein Teil der Lit. verlangt unter Berufung auf den Wortlaut des § 55 Abs. 2 Satz 1 GmbHG einen ausdrücklichen Zulassungsbeschluss.[812] Die zutreffende Gegenauffassung hält eine ausdrückliche Zulassung der Übernehmer nur dann für notwendig, wenn einzelne Gesellschafter vom Bezug neuer Anteile ausgeschlossen bleiben sollen.[813] Es bestehe ein ungeschriebenes Bezugsrecht der Altgesellschafter, das eine ausdrückliche Zulassung unnötig macht. 295

2. Ausschluss von Gesellschaftern vom Bezug neuer Gesellschaftsanteile

Die GmbH kann nach § 55 Abs. 2 Satz 1 GmbHG **auch Dritte** zur Übernahme der neuen Gesellschaftsanteile zulassen. Dies führt zwingend zum teilweisen oder vollständigen Ausschluss des Bezugsrechtes von Altgesellschaftern. 296

a) Formelle Voraussetzungen eines Bezugsrechtsausschlusses

Über den **Ausschluss von Gesellschaftern** vom Bezug neuer Gesellschaftsanteile entscheidet die Gesellschafterversammlung. 297

Die **Lehre vom gesetzlichen Bezugsrecht** nimmt an, dass der Nichtzulassungsbeschluss analog § 186 Abs. 3 Satz 1 AktG Bestandteil des Erhöhungsbeschlusses ist und daher mit einer 3/4-Mehrheit gefasst und notariell beurkundet werden muss.[814] Die Gegner der Lehre vom gesetzlichen Bezugsrecht hingegen lassen ohne weitere formelle Voraussetzungen einen solchen Beschluss mit einfacher Stimmenmehrheit zu. 298

Das GmbHG bietet zwar unmittelbar keine Anhaltspunkte dafür, den Nichtzulassungsbeschluss einer qualifizierten Mehrheit zu unterwerfen. Die Beschlüsse, für die das GmbHG qualifizierte Mehrheiten verlangt (z.B. Satzungsänderungen, § 53 GmbHG; Liquidationsbeschluss, § 60 Abs. 1 Nr. 2 GmbHG), bewirken einen besonders tiefen Eingriff in die Gesellschafterstellung. Auch die Nichtzulassung zur Übernahme neuer Geschäftsanteile bedeutet für den betroffenen Gesellschafter einen **schwerwiegenden Eingriff** in seine mitgliedschaftliche Stellung, da sich seine Beteiligungsquote und der Umfang der damit verbundenen Mitgliedschaftsrechte vermindern. Daher sollte auch hier ein besonderer Schutz durch qualifizierte Mehrheiten gewährt werden.

Strittig ist weiterhin, ob der Bezugsrechtsausschluss bei der GmbH **einer schriftlichen Begründung** bedarf, die ebenfalls den vorgesehenen Ausgabebetrag erfassen muss. Zum Schutz der Anteilseigner und zur Rechtsklarheit muss man auch bei der GmbH eine schriftliche Begründung von Bezugsrechtsausschluss und vorgesehenem Agio fordern.[815] 299

b) Materielle Voraussetzungen eines Bezugsrechtsausschlusses

Von einem Bezugsrecht der Altgesellschafter ausgehend können hinsichtlich der Anforderungen an den Bezugsrechtsausschluss die Regelungen über den Ausschluss des gesetzlichen Bezugsrechts bei der AG[816] entsprechend herangezogen werden.[817] Danach bedarf der Bezugsrechtsausschluss eines **berechtigten** 300

---

812 Vgl. Rowedder/Schmidt-Leithoff/Zimmermann, GmbHG, § 55 Rn. 27.
813 Scholz/Priester, GmbHG, § 55 Rn. 40 m.w.N.
814 So Scholz/Priester, GmbHG, § 55 Rn. 45, 59.
815 So auch Baumbach/Hueck/Zöllner, GmbHG, § 55 Rn. 25.
816 BGHZ 71, 40 ff. – Kali & Salz.
817 So die absolut h.M., vgl. Baumbach/Hueck/Zöllner, GmbHG, § 55 Rn. 27; Lutter/Hommelhoff, in: Lutter/Hommelhoff, GmbHG, § 55 Rn. 19 f.

Gesellschaftsinteresses und muss zur Erreichung dieses Interesses erforderlich sowie verhältnismäßig sein. Ein solches berechtigtes Interesse muss objektiv bestimmt und darf nicht am Willen der Mehrheit festgemacht werden, weil es gerade um dessen Überprüfung geht.

301 **Mögliche Fallgruppen** sind:
- Bereitschaft eines Gesellschafters oder eines Dritten, für die Übernahme der neuen Anteile **finanzielle Sonderleistungen zu erbringen**, welche der Gesellschaft in einer schwierigen Finanzierungssituation helfen,
- besonderes Interesse der GmbH an Leistungen, die **nur ein bestimmter Gesellschafter** oder ein Dritter zu erbringen vermag (insb. immaterielle Wirtschaftsgüter wie Good-will oder ein bestimmtes Know-how),[818]
- Ausgleich von Spitzenbeträgen,
- angestrebte Geschäftsverbindung mit einem anderen Unternehmen, das die Zusammenarbeit **von einer Beteiligung abhängig macht**.[819]

302 Als weitere Voraussetzung muss der Bezugsrechtsausschluss **erforderlich** sein, um dem berechtigten Interesse der Gesellschaft Rechnung zu tragen. Dies kann nicht schon dann bejaht werden, wenn der Bezugsrechtsausschluss der sinnvollste oder einfachste Weg zur Erreichung des verfolgten Zweckes der Gesellschaft ist. Andererseits bedeutet Erforderlichkeit auch nicht, dass der Bezugsrechtsausschluss den einzigen Weg zur Erreichung des Gesellschaftsziels darstellt. Ausreichend muss sein, dass ein anderer Weg **der Gesellschaft erhebliche, unzumutbare Nachteile bringt**.

Schließlich muss der Bezugsrechtsausschluss **verhältnismäßig** sein. Hier muss in einer Interessenabwägung das Interesse der Gesellschaft an der Erreichung des angestrebten Zieles den durch den Bezugsrechtsausschluss beeinträchtigten Gesellschafterinteressen gegenübergestellt werden, wobei das Gesellschaftsinteresse die Gesellschafterinteressen überwiegen muss.[820] Der Gesellschafter muss zwar keinesfalls immer seine Interessen hinter das Gesellschaftsinteresse zurückstellen. Allerdings ist in die Interessenabwägung einzubeziehen, dass der Gesellschafter **aufgrund seiner Treuepflicht** gehalten ist, den mit der Gesellschaft verfolgten gemeinsamen Zweck zu fördern.

3. Faktischer Bezugsrechtsausschluss[821]

303 In der Praxis wird häufiger die Ausgabe neuer Anteile von der Erbringung einer besonderen Leistung abhängig gemacht, **die nur von bestimmten Personen** und eben nicht von jedem Gesellschafter geleistet werden können. Dadurch wird der Gesellschafter trotz formeller Wahrung seines Bezugsrechtes faktisch an dessen Ausübung gehindert. Dieser faktische Ausschluss des gesetzlichen Bezugsrecht ist nur bei Einhaltung der zuvor aufgezeigten besonderen formellen Voraussetzungen zulässig. Fehlt es daran, ist der Bezugsrechtsausschluss rechtswidrig und der Erhöhungsbeschluss anfechtbar.[822]

304 Allerdings kann nicht jedes Unvermögen eines Gesellschafters zur Erbringung der geforderten Gegenleistung einen faktischen Bezugsrechtsausschluss begründen. Es lassen sich mehrere Fallgruppen bilden, in denen sich die Frage eines **verdeckten Bezugsrechtsausschlusses** stellen kann:
- Erbringung einer bestimmten Sacheinlage für die Übernahme der Anteile (z.B. ein spezielles Unternehmen); hier liegt ein faktischer Bezugsrechtsausschluss vor, da von vornherein klar ist, dass nicht alle Gesellschafter diese Leistung werden erbringen können;

---

818 Scholz/Priester, GmbHG, § 55 Rn. 55 f.
819 BGHZ 83, 319, 323 – Philipp Holzmann.
820 Vgl. dazu i.E. Lutter, ZGR 1979, 401, 403 ff.
821 Vgl. zum faktischen Bezugsrechtsausschluss bei der AG Groß, AG 1993, 449 ff.
822 So zutreffend Scholz/Priester, GmbHG, § 55 Rn. 67.

- Forderung eines unangemessen hohen Agios für die Übernahme der neuen Anteile in bar, wenn die Gesellschafter wussten oder sich der entsprechenden Erkenntnis verschlossen haben, dass einzelne Gesellschafter ein so hohes Agio nicht werden erbringen können.

Bereits aus dem Fehlen eines Beschlusses über den Bezugsrechtsausschluss folgert man zu Recht, dass ein **faktischer Bezugsrechtsausschluss rechtswidrig** und die Kapitalerhöhung daher anfechtbar ist. Demgegenüber will die Gegenauffassung eine Anfechtbarkeit des Kapitalerhöhungsbeschlusses bei einem faktischen (verdeckten) Bezugsrechtsausschluss erst annehmen, wenn keine sachlichen Gründe für die Festsetzung der verlangten Einlageleistung ersichtlich sind.[823]

4. Folgen eines rechtswidrigen Bezugsrechtsausschlusses für die Kapitalerhöhung

Nach hier vertretener Auffassung bilden der Erhöhungsbeschluss und der Beschluss über den Bezugsrechtsausschluss eine **untrennbare Einheit**. Fehler, die im Bezugsrechtsausschluss wurzeln, haben daher zugleich immer auch Auswirkungen auf den Erhöhungsbeschluss selbst.

Werden die Ladungsformalia analog § 186 Abs. 4 AktG nicht eingehalten oder wird die Beschlussmehrheit von 3/4 des Stammkapitals nicht erreicht,[824] ist der Beschluss anfechtbar. Gleiches gilt, wenn der Bezugsrechtsausschluss die oben näher bezeichneten materiellen Anforderungen nicht erfüllt.

Nach der wohl h.M. in der Lit. wie auch der Rspr. führt die Anfechtung unter Berufung auf § 248 Abs. 1 AktG **zur rückwirkenden Vernichtung** des Beschlusses.[825] Eine neuere Auffassung in der Lit. will die Grundsätze über die fehlerhafte Gesellschaft anwenden und die Unwirksamkeit des angegriffenen Beschlusses nur ex nunc eintreten lassen.[826]

V. Erbringung der übernommenen Stammeinlagen

Werden die übernommenen Stammeinlagen **nicht zur freien Verfügung des Geschäftsführers oder vorzeitig** geleistet, hat die Einlageschuld keine Erfüllungswirkung. Der betreffende Gesellschafter muss also erneut leisten und kann von der evt. dann insolventen Gesellschaft nur die Rückzahlung des vorzeitig Geleisteten über § 812 Abs. 1 Satz 2 2. Alt. BGB verlangen.

1. Wertgleiche Deckung

Mit Beschluss v. 21.3.2001[827] wurde das **Stammkapital** einer GmbH um 300.000 € **erhöht**. Die Einlageleistung i.H.v. 300.000 € wurde bis zum 31.3.2001 auf ein debitorisches Konto der GmbH gezahlt. Von diesem Konto wurden bis zur Anmeldung der Kapitalerhöhung erhebliche Beträge u.a. zur Tilgung von Gläubigerforderungen verwendet, die infolge Überschuldung der GmbH nicht mehr werthaltig waren. Aufgrund der Kapitalerhöhung wurde der GmbH von ihrer Bank im Mai 2001 ein weiterer Investitionskredit i.H.v. 1 Mio. € gewährt. Die Kapitalerhöhung wurde am 29.3.2002 angemeldet und kurz darauf im Handelsregister eingetragen. Danach wird das Insolvenzverfahren über das Vermögen der GmbH eröffnet. Der Insolvenzverwalter verlangt von einem an der Kapitalerhöhung beteiligten Gesellschafter nochmalige Zahlung seiner Einlageleistung auf die Kapitalerhöhung.

---

823 So insb. Scholz/Priester, GmbHG, § 55 Rn. 67, der allerdings offen lässt, ob insoweit dieselben Maßstäbe wie bei einem ausdrücklichen Bezugsrechtsausschluss anzulegen sind.
824 BGH, ZIP 1988, 703.
825 Hachenburg/Ulmer, GmbHG, § 55 Rn. 32 m.w.N.
826 So vor allem Zöllner, AG 1993, 68 ff. für die Nichtigerklärung bei der AG; Kort, ZGR 1994, 291 ff. für die Anfechtung bei der AG.
827 Vereinfacht nach BGH, GmbHR 2002, 545 ff.; siehe dazu auch Heidinger, GmbHR 2002, 1045; Wegmann, MittBayNot 2003, 199.

a) Tilgung durch Zahlung auf debitorisches Konto

310 Die Zahlung der Einlage auf ein debitorisches Konto **führt zur Tilgung einer Verbindlichkeit der GmbH** gegenüber der kontoführenden Bank.[828] Die Zahlung auf ein im Debet geführtes Konto tilgt nur dann auch die Einlageschuld des Gesellschafters, wenn der GmbH Liquidität zugeführt wird, also die Geschäftsführung über einen Betrag in Höhe der Einlageleistung frei verfügen kann. Grundlage der freien Verfügbarkeit für die Geschäftsführung kann ein förmlich eingeräumter Kreditrahmen oder gar die stillschweigende Gestattung der Bank sein.[829]

Darüber hinaus genügt nach dem BGH die Gewährung eines neuen Investitionskredits aufgrund der Kapitalerhöhung für die erforderliche Zuführung von Liquidität.

b) Verzicht auf Vorbehalt der wertgleichen Deckung

311 Nach **früherer, vehement kritisierter**[830] **Rspr. des BGH** musste der Einlagebetrag im Zeitpunkt der Anmeldung durch damit angeschaffte, aktivierungsfähige Güter noch wertmäßig vorhanden sein.[831] Die Verwendung der eingezahlten Einlagen für investive Zahlungen war danach nur dann unschädlich, wenn das Surrogat noch wertgleich Bestand hatte. Wertverluste hingegen mussten ausgeglichen und der Vorgang in der Versicherung offengelegt werden.

Der BGH hat insoweit seine Rspr. geändert[832] und das Erfordernis der wertgleichen Deckung aufgegeben. Nunmehr dürfen die Geschäftsführer vom Zeitpunkt des Zuflusses der Einlagen im Rahmen ihrer unternehmerischen Entscheidungsfreiheit **im Interesse der Gesellschaft über das eingebrachte Vermögen verfügen**. Folglich scheiterte die Leistung zur freien Verfügung hier nicht daran, dass bis zum Zeitpunkt des Antrages auf Eintragung der Kapitalerhöhung in das Handelsregister die Einlagebeträge mit der Tilgung nicht mehr werthaltiger Gläubigerforderungen verwendet und sogar aufgebraucht wurden.

Infolge der geänderten Rspr. entfällt auch die Gefahr einer Haftung für die bis zur Anmeldung verbrauchten Einlagen. Weiterhin Geltung beanspruchen aber die Anforderungen an die Leistung zur freien Verfügbarkeit der Geschäftsführung, so dass z.B. ein Hin- und Herzahlen des Einlagebetrages zwischen Gesellschaft und Gesellschafter die Tilgungswirkung der Einlageleistung verhindert.[833]

2. Leistung zur freien Verfügung der Geschäftsführung (Cash-Pool, Hin- und Herzahlen bzw. Her- und Hinzahlen)

312 Nicht selten kommt es zu Fehlern bei der Erbringung der übernommenen Stammeinlagen. So wurde in der Vergangenheit der vom Gesellschafter an die GmbH nach einer Kapitalerhöhung gezahlte Einlagebetrag dazu verwendet, ihm dieses Geld kurze Zeit später als Darlehen zurückzugewähren („Hin- und Herzahlen").[834] Denkbar ist aber auch der Fall, dass die GmbH dem Gesellschafter ein Darlehen gewährt und dieser dieses Geld zur Tilgung seiner Einlageschuld aus einer später beschlossenen Kapitalerhöhung erneut der Gesellschaft überweist.[835] In dieser Variante des sog. „Her- und Hinzahlens" wird ebenso wie bei der spiegelbildlichen Variante des „Hin- und Herzahlens" der Gesellschaft letztlich kein neues Kapital zugeführt. Stattdessen stellt die Gesellschaft dem Gesellschafter vorher oder nachher die Mittel, die er

---

828 So auch Goette, Die GmbH, § 2 Rn. 17.
829 BGH, ZIP 2005, 121 = DStR 2005, 164 = DB 2005, 155 = BB 2005, 123.
830 Vgl. insb. Priester, ZIP 1994, 599; Lutter, NJW 1989, 2649, 2652 f.; K. Schmidt, AG 1986, 106, 107; Hommelhoff/Kleindiek, ZIP 1987, 477, 482 ff.
831 BGHZ 119, 177 = GmbHR 1993, 225 = MittRhNotK 1992, 322; vgl. dazu Hallweger, DStR 2002, 2131; DNotI-Report 1998, 197 ff. zur GmbH und DNotI-Report 2001, 131 ff. zur AG.
832 BGH, NZG 2002, 522 = GmbHR 2002, 545 = DStR 2002, 1538; siehe auch Heidinger, GmbHR 2002, 1045; Wegmann, MittBayNot 2003, 199; Baumbach/Hueck/Zöllner, GmbHG, § 57 Rn. 12; weitergehend: Brauer/Manger, GmbHR 2002, 548.
833 Vgl. dazu unter Rn. 68 ff.
834 Vgl. z.B. den Fall bei BGH, ZIP 2005, 2203 = GmbHR 2006, 43 mit Anm. Werner = DStR 2006, 104.
835 BGH, ZIP 2006, 1633 = NZG 2006, 716 = GmbHR 2006, 982 mit Anm. Bormann = DStR 2006, 1709.

als Einlage einbringt, zur Verfügung. Bei solchen Vorgehensweisen wird somit die Einlageschuld nicht getilgt.

Der BGH[836] hat klargestellt, dass es für Cash-Pools kein Sonderrecht gibt. Kapitalerhöhung und Gründung einer in einen Cash-Pool einbezogenen GmbH unterliegen den bekannten **Kapitalaufbringungsvorschriften des GmbHG** und den dazu entwickelten Grundsätzen der höchstrichterlichen Rspr. Wird also die auf eine Kapitalerhöhung hin geleistete Stammeinlage kurze Zeit später auf ein gesellschaftsfremdes Konto des Cash-Pools transferiert, fehlt die freie Verfügbarkeit über die Einlage. Die Zwischeneinzahlung auf ein Konto der GmbH führt dann zu keiner anderen Beurteilung, wenn von vornherein feststand, dass das Geld nach einer „Karenzzeit" unmittelbar im Anschluss an die Kapitalerhöhung letztlich in den Cash-Pool eingestellt wird.

313

Auch falls die GmbH durch Verursachung eines weiteren Debetsaldos auf dem Konto des Cash-Pools, dass durch diesen auszugleichen ist, gleichzeitig bestehende Verbindlichkeiten egalisieren kann, ist ein solches Vorgehen unzulässig, da auch hierdurch die Geschäftsführung keine uneingeschränkte, freie Verfügbarkeit erlangt. Hier liegt zudem eine verdeckte Sacheinlage vor, da die GmbH statt der Zuführung von Barmitteln lediglich die Befreiung von Verbindlichkeiten erlangt.[837] Als Konsequenz der BGH-Rspr. sieht die Lit. teilweise für Kapitalerhöhungen bei in einen Cash-Pool einbezogenen Gesellschaften nur noch die teuere und zeitaufwendige Sachkapitalerhöhung als sicheren Weg an.[838] Ausreichend dürfte freilich auch sein, den Einzahlungsvorgang auf einem gesonderten, nicht in den Cash-Pool einbezogenen Konto vorzunehmen und das Geld von dort aus für Zwecke der Gesellschaft einzusetzen, solange kein Rückfluss an die Gesellschafter erfolgt.[839]

Tilgungswirkung erkennt der BGH allerdings der späteren, irrig als „**Darlehensrückzahlung**" bezeichneten Leistung zu.[840] Die Darlehensabrede sei wegen des Verstoßes gegen die Kapitalaufbringungsvorschriften unwirksam. Die Tilgungsbestimmung sei gegenstandslos und dahingehend auszulegen, dass anstelle der vermeintlichen Darlehensschuld die Einlageschuld getilgt werden sollte. Der BGH hat der z.T. vertretenen Auffassung, dass das Stammkapital bei zwischenzeitlicher Rückzahlung an den Gesellschafter letztlich zweimal aufzubringen sei,[841] also eine klare Absage erteilt. Vielmehr wird die Stammeinlage in solchen Fällen in dem Zeitpunkt wirksam erbracht, in dem das Darlehen, durch das die Bareinlage an den Gesellschafter zurückgewährt wurde, später an die Gesellschaft zurückgezahlt wird.

314

Der BGH hatte sich auch mit einer Fallgestaltung zu beschäftigen, in der dem Inferenten die Bareinlage statt aufgrund einer Darlehensabrede **aufgrund einer Treuhandabrede** zurückgezahlt wurde.[842] Auch hier wurde mit der Bareinzahlung wegen des Hin- und Herzahlens nicht die Stammeinlageschuld getilgt. Ebenso wie bei der Darlehensgestaltung kann die Einlageschuld aber durch spätere Auskehrung des vermeintlich treuhänderisch gehaltenen Betrages getilgt werden.

315

3. Voreinzahlung auf eine Einlageschuld

Die Einlageschuld entsteht, wenn die Kapitalerhöhung beschlossen wurde und die Übernahmeerklärung der Zeichner vorliegt, die von der Gesellschaft angenommen wurde. Dies erfolgt regelmäßig, aber nicht zwingend gleichzeitig.

316

Die Mindesteinlage von 1/4 wird gemäß §§ 56a, 7 Abs. 2 Satz 1 GmbHG mit **Abschluss des Übernahmevertrags** fällig, da anderenfalls die Kapitalerhöhung nicht zum Handelsregister angemeldet werden

---

836 BGH, ZIP 2006, 665 = DStR 2006, 764 mit Anm. Goette = DB 2006, 772.
837 Vgl. dazu unter Rn. 328.
838 Bayer/Lieder, GmbHR 2006, 449, 453; Lamb/Schluck-Amend, DB 2006, 879, 880.
839 Goette, DStR 2006, 764 f.; Hentzen, DStR 2006, 948, 952; Wessels, ZIP 2006, 1701, 1702.
840 BGH, ZIP 2006, 1633 = NZG 2006, 716 = GmbHR 2006, 982 mit Anm. Bormann; BGH, ZIP 2005, 2203 = GmbHR 2006, 43 mit Anm. Werner = DStR 2006, 104.
841 OLG Schleswig, GmbHR 2000, 1045; OLG Schleswig, GmbHR 2003, 1058; vgl. dazu Rn. 97 f.
842 BGH, ZIP 2006, 331 = GmbHR 2006, 306 mit zust. Anm. Emde = DStR 2006, 382 (Aufhebung von OLG Schleswig, NZG 2005, 357); zust. Naraschewski, EWiR 2006, 307.

kann. Wird die Resteinlage von 3/4 nicht sofort im Kapitalerhöhungsbeschluss fällig gestellt, wird sie gemäß § 46 Nr. 2 GmbHG erst mit einem entsprechenden Gesellschafterbeschluss fällig. Dieser kann erst nach Eintragung der Erhöhung gefasst werden.

Die **Zahlung nach Entstehung, aber vor Fälligkeit der Einlageschuld** bewirkt ein Erlöschen der Einlagepflicht. Der Grundsatz der realen Kapitalaufbringung wird gewahrt, da die Bareinlage tatsächlich so an die Gesellschaft erbracht wurde, dass diese zur freien Verfügung der Geschäftsführer stand. Ein Vertrauen des Rechtsverkehrs auf eine Leistung erst nach Fälligkeit der Schuld wird allgemein nicht geschützt.[843]

317 Schwieriger ist die Behandlung einer Voreinzahlung **auf eine noch nicht bestehende Einlageschuld**.[844] In einigen – allerdings eher seltenen – Fällen ist zur Sanierung der betroffenen GmbH ein schneller Mittelzufluss nötig, der das Abwarten des Kapitalerhöhungsbeschlusses nicht mehr möglich erscheinen lässt. Teilweise wollen die Mandanten auch nur besonders pflichtbewusst sein und zahlen schon vor dem Notartermin ein (häufig insb. bei der Gründung, sog. technische Vorauszahlung).

Die herrschende Lehre[845] und viele OLG[846] bejahen mit Unterschieden im Detail die **befreiende Wirkung einer Voreinzahlung**, wenn

- ein enger zeitlicher Zusammenhang zwischen der Voreinzahlung und der Kapitalerhöhung gegeben ist, d.h. im Zahlungszeitpunkt bereits konkrete Vorbereitungen für die Beschlussfassung getroffen werden,
- die Zweckbestimmung der Zahlung als Vorleistung auf die künftige Einlageschuld festliegt und für Dritte nachprüfbar ist,
- die Vorausleistung als solche im Kapitalerhöhungsbeschluss und in der Versicherung der Anmelder offengelegt wird,
- die Voreinzahlung in der Krise der Gesellschaft zu Sanierungszwecken erfolgt.[847]

318 Einen **engen zeitlichen Zusammenhang** hat das OLG Oldenburg in einem Fall abgelehnt, bei dem die Kapitalerhöhung 2 1/2 Monate nach Zahlung des Betrages an die GmbH beurkundet wurde.[848]

319 Der **BGH** hatte bisher die Entscheidung über die schuldtilgende Wirkung der Voreinzahlung in Sanierungsfällen ausdrücklich offengelassen. Zuletzt hatte er klargestellt, dass eine Voreinzahlung die später entstandene Einlageverpflichtung auf jeden Fall dann tilgen kann, wenn sich der Betrag **im Zeitpunkt der Entstehung der Einlageverpflichtung** noch im Vermögen der Gesellschaft befindet.[849] In seinem Urteil zur wertgleichen Deckung führt er im Zusammenhang mit der Leistung zur freien Verfügung aus: „Eine zeitliche Grenze für diese Leistung wird lediglich durch das Erfordernis eines Kapitalerhöhungsbeschlusses gesetzt".[850] Damit gilt der Verzicht auf die wertgleiche Deckung nur bei Leistung nach dem Kapitalerhöhungsbeschluss und nach der Zulassung zur Erhöhung und Abgabe der Übernahmeerklärung,

---

843 Wegmann, DStR 1992, 1620, 1621.

844 Vgl. dazu BGH, GmbHR 1995, 115 ff.; BGHZ 145, 150 = ZIP 2000, 2021 = DNotZ 2001, 154; Wegmann, DStR 1992, 1620 ff.; Karollus, DStR 1995, 1065 ff.; Heidinger, DNotZ 2001, 341; ders., GmbHR 2002, 1045.

845 Vgl. nur Scholz/Priester, GmbHG, § 56a Rn. 19 ff.; Baumbach/Hueck/Zöllner, GmbHG, § 56a Rn. 9; Lutter/Hommelhoff, in: Lutter/Hommelhoff, GmbHG, § 56 Rn. 18 ff.; Kort, DStR 2002, 1223; Sustmann, NZG 2004, 760; eher zurückhaltend Müther, NJW 1999, 404, 405 f.

846 OLG Celle, GmbHR 2006, 433 (rkr.); OLG München, NZG 1999, 84 = GmbHR 1999, 294; OLG Köln, GmbHR 1999, 288, 291; OLG Karlsruhe, GmbHR 1999, 1298; OLG Düsseldorf, DB 2000, 612 = GmbHR 2000, 564; OLG Schleswig, NZG 2001, 137; OLG Köln, ZIP 2001, 1243.

847 Insoweit großzügiger Baumbach/Hueck/Zöllner, GmbHG, § 56 Rn. 13; Scholz/Priester, GmbHG, § 56a Rn. 23; Hachenburg/Ulmer, GmbHG, § 56a Rn. 23.

848 OLG Oldenburg, DB 2006, 777 im Rahmen eines Haftungsprozesses gegen den beurkundenden Notar.

849 BGH, ZIP 2004, 849 = NZG 2004, 515 = DNotZ 2004, 867 m. sehr krit. Anm. Kanzleiter; ebenso schon in BGHZ 145, 150 = ZIP 2000, 2021 = DNotZ 2001, 154, unter Verweis auf BGHZ 51, 157.

850 BGH, GmbHR 2002, 545, 547 r. Sp. Mitte; siehe dazu auch Heidinger, DNotZ 2001, 341; vgl. dazu auch OLG Jena, ZIP 2006, 1862 = NZG 2006, 752 = DB 2006, 2285.

nicht hingegen bei einer Voreinzahlung.[851] Nunmehr hat sich auch der BGH[852] zur Behandlung von Voreinzahlungen geäußert, die bereits vor dem Beschluss über die Kapitalerhöhung erfolgt sind. Der BGH betont zunächst, dass Voreinzahlungen grds. nur dann Tilgungswirkung haben, wenn der eingezahlte Betrag im Zeitpunkt der Beschlussfassung und der Übernahmeerklärung als solcher noch im Vermögen der GmbH zweifelsfrei vorhanden ist. Ist der Betrag bereits verbraucht, kommt der Voreinzahlung Tilgungswirkung ausnahmsweise nur dann zu, wenn die Beschlussfassung über die Kapitalerhöhung im Anschluss an die Voreinzahlung mit aller gebotener Beschleunigung nachgeholt wird, ein akuter Sanierungsfall vorliegt, andere Maßnahmen nicht in Betracht kommen und die Rettung der sanierungsbedürftigen Gesellschaft scheitern würde, falls die üblichen Kapitalaufbringungsregeln beachtet werden müssten.

Anders als für die reguläre Einzahlungsleistung lässt der BGH[853] bei der Vorleistung auch **keine Zahlung auf ein debitorisches Konto bei der Bank genügen**. Voreinzahlungen im Sanierungsfall werden diesen sehr hohen Anforderungen in der Praxis wohl kaum entsprechen und sollten daher vermieden werden.

4. Schlussfolgerungen

a) Leistung zur freien Verfügung bei regulärer Zahlung und Voreinzahlung

Für die Voreinzahlung und für die reguläre Einlageleistung ab dem Zeitpunkt der Entstehung der Einlageverpflichtung (Kapitalerhöhungsbeschluss, Zulassungsbeschluss und Übernahmevereinbarung) gelten **gleiche Anforderungen an die Leistung zur endgültigen freien Verfügung** (Schaffung neuer Liquidität durch Einlageleistung; keine Rückzahlung an den Einleger; keine Anforderung der wertgleichen Deckung bis Anmeldung). Bei der Voreinzahlung muss sich allerdings „der Betrag" zum Zeitpunkt der Entstehung der Einlageverpflichtung noch gegenständlich und nicht nur wertmäßig in Sachwerten oder endgültig getilgten Drittforderungen im Vermögen der Gesellschaft befinden.[854]

320

b) Keine Übertragbarkeit auf die Gründung

Aufgrund der bei der Gründung **nach ganz h.M.**[855] **bestehenden Unterbilanzhaftung** kommt eine Übertragung der neuen Grundsätze des BGH zur Kapitalerhöhung auf die Gründung nicht in Frage. Der Unversehrtheitsgrundsatz verlangt, dass das Stammkapital im Augenblick der Entstehung der GmbH, d.h. zum Zeitpunkt der Eintragung im Handelsregister (wertmäßig) vollständig vorhanden sein muss. Streitig ist nur, ob sich aus einem Verstoß lediglich die Haftung der Gesellschafter oder ein Eintragungshindernis ergibt.[856] Auch für die Voreinzahlung stellt sich die Sachlage bei der Gründung anders dar, da die GmbH (i.G.) als Leistungsempfänger vor der Errichtung durch Satzungsbeurkundung noch gar nicht existiert.

321

c) Differenzierung zwischen Bareinlage und Sacheinlage

Die Aufgabe des Erfordernisses der wertgleichen Deckung zum Zeitpunkt der Anmeldung der Kapitalerhöhung kann **nur für die Bareinlage greifen**, da § 56 Abs. 2 GmbHG auf § 9 GmbHG verweist. Danach muss ausdrücklich der Wert der Sacheinlage zur Zeit der Anmeldung den Betrag der dafür übernommenen Stammeinlage decken.

322

---

851   So auch Brauer/Manger, GmbHR 2002, 548, 549 a.E.
852   BGH ZIP 2006, 2214 = GmbHR 2006, 1328 = DStR 2006, 2266.
853   BGH, ZIP 2006, 2214 = GmbHR 2006, 1328 = DStR 2006, 2266; BGH, ZIP 2004, 849 = NZG 2004, 515 = DNotZ 2004, 867.
854   Klargestellt durch BGH, ZIP 2004, 849 = DStR 2004, 782; vgl. Henze, DB 2001, 1469, 1477 mit Verweis auf BGH, ZIP 1996, 1466 und BGHZ 51, 157, der von gegenständlichem Vorhandensein ausgeht; a.A.: nur scheinbar: Goette, DStR 1996, 1416: auch im dortigen Fall war das Geld beim Kapitalerhöhungsbeschluss als Überziehungskredit noch liquide vorhanden; vgl. auch Kanzleiter, DNotZ 1997, 495, 497 ff., der auf die Werthaltigkeit der mit der Voreinzahlung getilgten Forderung zum Zeitpunkt der Tilgung abstellen will.
855   Vgl. nur Lutter/Bayer, in: Lutter/Hommelhoff, GmbHG, § 11 Rn. 29 f.
856   Vgl. z.B. BayObLG, BB 1998, 2439 = GmbHR 1998, 1225; BGHZ 129, 136 = GmbHR 1995, 665; BayObLG, DB 1991, 2536 = GmbHR 1992, 109.

Auch für die **Vorleistung der Sacheinlage** gilt der Kapitalerhöhungsbeschluss – und die Übernahmeerklärung – als maßgebliche Zäsur.[857] Der BGH[858] hat entschieden, dass Gegenstände und Sachwerte, die einer GmbH bereits vor dem Kapitalerhöhungsbeschluss zum Besitz überlassen worden sind, nur dann als Sacheinlage eingebracht werden können, wenn sie **zumindest im Zeitpunkt des Kapitalerhöhungsbeschlusses** noch gegenständlich im Gesellschaftsvermögen vorhanden sind. Andernfalls kommt als Sacheinlage lediglich eine dem Gesellschafter zustehende Erstattungs- oder Ersatzforderung in Betracht.[859]

5. Ausfallhaftung der Gesellschafter für nicht erbrachte Stammeinlagen

323   Eine Kapitalerhöhung bei einer GmbH wird im Gegensatz zum Aktienrecht (§ 182 Abs. 4 AktG) **nicht von der vollständigen Erbringung des Altkapitals** abhängig gemacht.

Daher haften die Übernehmer auch für die **vollständige Aufbringung des Altkapitales** durch die Altgesellschafter nach § 24 GmbHG. Umgekehrt fragt sich aber auch, ob die Altgesellschafter auch für die vollständige Erbringung der neuen Stammeinlagen durch die Übernehmer gemäß § 24 GmbHG einstehen müssen. Dies ist besonders brisant, da auch die Gesellschafter haften würden, die gegen die Kapitalerhöhung gestimmt haben oder die an der Erhöhung wegen Ausschlusses ihres Bezugsrechtes nicht teilnehmen konnten.

Die h.M. unterwirft sowohl die Übernehmer als auch die Altgesellschafter einer Haftung nach § 24 GmbHG für die vollständige Erbringung der alten und neuen Stammeinlagen.[860] Begründet wird dies mit dem Wortlaut des § 24 GmbHG sowie dem Erfordernis einer möglichst weitreichenden Absicherung des Grundsatzes der realen Kapitalaufbringung. Allerdings gewährt die h.M. den Altgesellschaftern, welche der Kapitalerhöhung nicht zugestimmt haben und auch keine neuen Gesellschaftsanteile übernehmen, ein Sonderkündigungsrecht, wenn die mit der Kapitalerhöhung verbundenen Haftungsrisiken für sie unzumutbar werden.

VI. Anmeldung der Kapitalerhöhung zum Handelsregister

324   In der Anmeldung muss der Geschäftsführer nach § 57 Abs. 2 Satz 1 GmbHG eine **Versicherung über die Bewirkung der Einlagen** abgeben. Die h.M.[861] verlangt die genaue Bezifferung der bislang eingezahlten Beträge, wofür sich allerdings im Wortlaut der §§ 57 Abs. 2 Satz 1, 8 Abs. 2 GmbHG keine Anhaltspunkte finden lassen. Für den Zeitpunkt der Richtigkeit[862] der Versicherung gilt das zur Gründung Gesagte.[863]

Bei der Frage nach dem genauen Inhalt der Versicherung muss **zwischen Gründung und Kapitalerhöhung** unterschieden werden. Zwar sind § 8 Abs. 2 Satz 1 GmbHG und § 57 Abs. 2 Satz 1 GmbHG fast identisch formuliert. Jedoch gilt für die Kapitalerhöhung weder der Unversehrtheitsgrundsatz noch das Vorbelastungsverbot.

Die **Anforderung nach § 7 Abs. 2 Satz 2 GmbHG** (mindestens 12.500 € Bareinlagen) entfällt, da diese Mindesthöhe bei der Kapitalerhöhung nicht einzuhalten ist. Auch wenn der Kapitalerhöhungsbeschluss eine höhere als die gesetzliche Einzahlungsquote von 1/4 festgelegt hat, ändert sich der notwendige Inhalt

---

857   Vgl. BGH, ZIP 2004, 849 = NZG 2004, 505 für Bar- und BGH, ZIP 2004, 1642 für Sachleistung.
858   BGH, NJW 2001, 67; DNotI-Report 2000, 201 = DNotZ 2001, 154 = GmbHR 2000, 1198; siehe dazu auch Heidinger, DNotZ 2001, 341; für Differenzierung auch Kort, DStR 2002, 1223, 1224.
859   Im Anschluss an BGHZ 51, 157.
860   Scholz/Emmerich, GmbHG, § 24 Rn. 16 f. m.w.N.; Michalski/Ebbing, GmbHG, 2002, § 24 Rn. 51; so schon RGZ 82, 118 ff.; LG Mönchengladbach, ZIP 1986, 306, 307.
861   BayObLG, DB 1980, 438, 439; OLG Hamm, GmbHR 1983, 102, 103; Hachenburg/Ulmer, GmbHG, § 57 Rn. 8; a.A.: Rowedder/Schmidt-Leithoff/Zimmermann, GmbHG, § 57 Rn. 6.
862   Dazu ausführlich: Heidinger, Rpfleger 2003, 545 ff.
863   Vgl. Rn. 75.

der Versicherung nicht, da die Versicherung nur die gesetzlichen Mindesteinzahlungsanforderungen zum Gegenstand hat.[864]

Für den zweiten Teil der Versicherung, nämlich dass sich die Einlageleistung „endgültig in der freien Verfügung der Geschäftsführer befindet", gilt Abweichendes zur Gründung. Da der BGH für die Kapitalerhöhung in seiner jüngsten Rspr.[865] vom Erfordernis der „wertgleichen Deckung" abgerückt ist, muss nicht mehr das wertmäßige Vorhandensein der Einlageleistung zum Zeitpunkt der Anmeldung versichert werden. Der BGH hat insofern § 57 Abs. 2 Satz 1 GmbHG teleologisch reduziert. Es genügt nunmehr zu versichern, dass der Betrag **einmal zur freien Verfügung der Geschäftsführung** für Zwecke der Gesellschaft eingezahlt und in der Folge nicht an den Einleger zurückgezahlt wurde.[866] Wurde der Einzahlungsbetrag bereits z.T. für Gesellschaftszwecke verwendet, bietet sich die vom BGH vorgeschlagene Formulierung zur Klarstellung an, dass der Wertverlust nicht auf der Rückzahlung an den Inferenten beruht.[867]

Anmeldende sind **alle Geschäftsführer**. Strittig ist allerdings, ob diese die Anmeldung persönlich tätigen müssen. Eine weit verbreitete Auffassung fordert dies wegen der in der Anmeldung abzugebenden Versicherung (§ 57 Abs. 2 Satz 1 GmbHG). Deren Abgabe sei Prokuristen oder anderen Bevollmächtigten nicht möglich, da die Versicherung aufgrund ihrer zivil- und strafrechtlichen Haftungsfolgen höchstpersönlich zu erfolgen habe.[868] Nach vorzugswürdiger Auffassung können Anmeldung und Versicherung aber getrennt erfolgen,[869] so dass **nur die Versicherung seitens der Geschäftsführer höchstpersönlich** zu erfolgen hat, der Eintragungsantrag hingegen auch von bevollmächtigten Dritten gestellt werden kann.[870] Praktisch ergeben sich dadurch jedoch kaum Vorteile.

325

VII. Sachkapitalerhöhung

1. Besondere Erfordernisse

Kapitalerhöhungen können nach § 56 GmbHG **auch mittels Sacheinlagen**[871] durchgeführt werden. Hierfür stellt das Gesetz zur Absicherung einer realen Kapitalaufbringung besondere Voraussetzungen auf.

326

Nach § 56 Abs. 1 GmbHG müssen die Sacheinlagen **im Erhöhungsbeschluss festgesetzt werden**.[872] Nach §§ 56a, 7 Abs. 2 Satz 1 GmbHG darf die Sachkapitalerhöhung erst beim Handelsregister angemeldet werden, wenn die Sacheinlagen zur freien Verfügung der Geschäftsführer geleistet wurden. An die Missachtung der Sachkapitalerhöhungsvorschriften knüpft das Gesetz strikte Sanktionen, insb. die fehlende Tilgungswirkung der Einlageleistung.

Erreicht nach einer ordnungsgemäßen Festsetzung die eingebrachte Sacheinlage **nicht den im Erhöhungsbeschluss festgesetzten Wert**, haftet der Übernehmer nach § 56 Abs. 2 i.V.m. § 9 GmbHG für die Differenz. Bei der Einbringung eines Grundstücks sind diejenigen eingetragenen valutierenden Grundpfandrechte nicht vom Grundstückswert abzuziehen, die ausschließlich Verbindlichkeiten der GmbH absichern.[873]

---

864 Michalski/Hermanns, GmbHG, § 57 Rn. 14; Scholz/Priester, GmbHG, § 57 Rn. 6.
865 BGH, NJW 2002, 1716 = GmbHR 2002, 545; dazu ausführlich: Heidinger, GmbHR 2002, 1045; Henze, DB 2002, 955; Wagner, NotBZ 2002, 380.
866 BGH, GmbHR 2002, 545; Heidinger, GmbHR 2002, 1045, 1047; Keidel/Krafka/Willer, Registerrecht, Rn. 1050.
867 Keidel/Krafka/Willer, Registerrecht, Rn. 1050 a.E.
868 BayObLG, DB 1986, 1666; Lutter/Hommelhoff, in: Lutter/Hommelhoff, GmbHG, § 57 Rn. 1.
869 Baumbach/Hueck/Zöllner, GmbHG, § 57 Rn. 14.
870 So auch Scholz/Priester, GmbHG, § 57 Rn. 25.
871 Zur Sacheinlagefähigkeit wird auf Rn. 53 verwiesen, ein Muster einer Kapitalerhöhung durch Sacheinlage findet sich bei Pröpper, GmbH-StB 2006, 208.
872 Zur Ausnahme aufgrund besonderer Umstände OLG Dresden, GmbHR 2003, 41 = ZIP 2002, 2177.
873 OLG Frankfurt, ZIP 2006, 1584 = NZG 2006, 631 = GmbHR 2006, 817; LG Bonn, NZG 2006, 632 = RNotZ 2006, 130 mit zust. Anm. Lange.

327 Ebenso wie bei der Sachgründung kommt es bei der Sachkapitalerhöhung vor, dass der einbringende Gesellschafter Werte **über den Betrag der Stammeinlage hinaus leistet**. Hier können die Gesellschaft und die Gesellschafter grds. frei wählen, diese Beträge in die Rücklagen einzustellen oder aber als Darlehensforderung zu buchen. Bei dieser sog. gemischten Sacheinlage muss die Höhe des gutzuschreibenden Darlehensbetrages in der Satzung noch nicht betragsmäßig festgelegt sein.[874]

Neben der Übernahmeverpflichtung ist ein **Einbringungsvertrag abzuschließen**, der die Sacheinlageleistung vollzieht. Darüber hinaus ist bei allen Kapitalerhöhungen eine beglaubigte Übernahmeerklärung vorzulegen. Verpflichtet sich ein Beteiligter in der Übernahmevereinbarung ein Grundstück einzubringen, ist schon diese Verpflichtung nach § 311b BGB beurkundungsbedürftig.[875] Ein Sachkapitalerhöhungsbericht ist nicht erforderlich.[876]

2. Verdeckte Sachkapitalerhöhung[877]

328 Wie bei der Gründung[878] begegnet man auch bei der Kapitalerhöhung in der Praxis sog. „verdeckten Sachkapitalerhöhungen". Tatsächlich ist oft nicht beabsichtigt, **Barkapital real zu erbringen**, sondern damit vielmehr sogleich von den Gesellschaftern Waren oder Rechte/Forderungen zu kaufen bzw. mit Forderungen dieser Personen zu verrechnen (**sog. Hin- und Herzahlen**).[879] Auch wird bei einer Kapitalerhöhung Barkapital verrechnet, das zuvor den Gesellschaftern als Gewinn ausgeschüttet wurde (**Schütt-aus-hol-zurück**). Eine erst spätere Rückzahlung an den Gesellschafter ohne Verknüpfungsabrede mit der Kapitalerhöhung – also nach Abschluss des Kapitalaufbringungsvorgangs – unterliegt hingegen nur noch den Kapitalerhaltungsvorschriften (§§ 30, 31 GmbHG).

Wurden im Kapitalerhöhungsbeschluss keine Sacheinlagen festgesetzt, werden aber dennoch Sacheinlagen erbracht, gelten die **Grundsätze über die verdeckte Sacheinlage**[880] Die Kapitalerhöhung wird dann als Barkapitalerhöhung verstanden; die Übernehmer können dann ihre Einlageschuld auch nur mittels Geld oder gleichwertiger Zahlungsmittel erfüllen.

Bei der Verrechnung mit Altforderungen liegt immer schon eine verbotene Aufrechnung, bei der Verrechnung mit Neuforderungen eine verdeckte Sachkapitalerhöhung vor, es sei denn die Neuforderungen werden (ohne entsprechende Verrechnungsabrede beim Kapitalerhöhungsbeschluss) deutlich nach der Kapitalerhöhung verrechnet.[881] In der Lit. wird als kürzester Zeitraum sechs Monate für ausreichend gehalten.

329 Eine verdeckte Sacheinlage kommt **auch bei Cash-Pools** in Betracht. Wird die Einlage von der Mutter- an die Tochtergesellschaft geleistet, wird sie beim in der Praxis üblichen Zero-Balancing am Abend wieder auf das Konto der Muttergesellschaft und damit der Gesellschafterin zurücktransferiert. Hatte die Konzerngesellschaft Verbindlichkeiten gegenüber der Betreiber- bzw. Muttergesellschaft, konnte sie diese damit zwar tilgen. Aufgrund des verrechnungsähnlichen Hin- und Herzahlens hat die Konzerngesellschaft aber anstelle des auf die Bareinlage zu leistenden Barbetrags nur die Befreiung von Verbindlichkeiten und damit einen Sachwert erlangt. Die beim Cash-Pooling getroffene Vereinbarung des täglichen Liquiditätsausgleichs beinhaltet die (schädliche) Abrede zur Umgehung der Barkapitalaufbringung durch Hin- und Herzahlen zwischen Gesellschafter und GmbH. Auf einen engen zeitlichen Zusammenhang – der im

---

874 LG München, MittBayNot 2004, 291.
875 Vgl. DNotI-Gutachten Nr. 29146 für den Zeichnungsschein einer AG.
876 Ganz h.M. vgl. OLG Köln, NJW-RR 1996, 1250; Baumbach/Hueck/Zöllner, GmbHG, § 56 Rn. 17 m.w.N.; a.A.: OLG Stuttgart GmbHR 1982, 109.
877 Vgl. dazu ausführlich Schöpflin, GmbHR 2003, 57 ff.
878 Vgl. dazu schon Rn. 54.
879 Vgl. BGH, GmbHR 2002, 545, 547; vgl. auch BGHZ 113, 335 = GmbHR 1991, 255:
880 Dazu Rowedder/Schmidt-Leithoff/Zimmermann, GmbHG, § 56 Rn. 4; Baumbach/Hueck/Zöllner, GmbHG, § 56 Rn. 2a; Scholz/Priester, GmbHG, § 56 Rn. 19 ff.; Hachenburg/Ulmer, GmbHG, § 56 Rn. 9.
881 Vgl. dazu bereits für die Gründung Rn. 55 ff.; BGH ZIP 2002, 2045 geht von acht Monaten aus; siehe dazu Saenger, EWiR 2003, 63.

BGH-Fall mit einem Zeitraum von knapp einem Monat überdies sogar vorlag – zwischen dem Hin- und Herzahlen kommt es damit überhaupt nicht mehr an. Die Folge ist eine Umgehung der Vorschriften zur Barkapitalerhöhung durch Einbringung eines eigentlich einer Sachkapitalerhöhung vorbehaltenen Sachwertes.[882] Konsequent hat der BGH eine verdeckte Sacheinlage somit bei der in der dargestellten Weise erfolgten Kapitalaufbringung bei einer in einen Cash-Pool eingebundenen GmbH gesehen. Er hat klargestellt, dass es für Cash-Pools kein Sonderrecht gibt und auch dort die Kapitalaufbringungsvorschriften und die vom BGH entwickelten Grundsätze gelten.[883]

Das OLG Dresden[884] hat die Erbringung der Bareinlageleistung durch Verrechnung mit dem Kaufpreis für das kurz zuvor von einem Gesellschafter erworbene Unternehmen als schuldtilgend akzeptiert, wenn wegen besonderer Umstände die Einhaltung der Formvorschriften **nicht zwingend zum Schutz der Gläubiger** geboten ist. An sich lag ein klarer Verstoß gegen § 56 Abs. 2 i.V.m. § 19 Abs. 5 und 5 Abs. 4 GmbHG vor. Dieses Urteil bricht jedoch mit allen bisher gesicherten Erkenntnissen aus der Rspr.

Strenger war das OLG München, das die absprachegemäße Verwendung der nach einer Barkapitalerhöhung geleisteten Bareinlage zum Erwerb eines Unternehmens nicht vom Gesellschafter selbst, aber von einer Gesellschaft aus dem gemeinsamen Konzernverbund zu beurteilen hatte. Nach dem Urteil des OLG München führen auch verabredete Umgehungsgeschäfte innerhalb eines Konzernverbundes zu einer verdeckten Sacheinlage.[885]

3. Schütt-aus-hol-zurück-Verfahren

Bei dem in der Praxis früher beliebten Schütt-aus-hol-zurück-Verfahren[886] handelt es sich nach neuester Auffassung des BGH um eine besondere Konstellation, **bei der nicht alle Grundsätze der Sachkapitalerhöhung** eingehalten werden müssen.[887] Der BGH hält unter Gläubigerschutzgesichtspunkten die Regeln einer Kapitalerhöhung aus Gesellschaftsmitteln für ausreichend. Führt man dieses Verfahren allerdings als Barkapitalerhöhung durch, bleibt es beim Vorliegen einer verdeckten Sacheinlage.[888]

330

Voraussetzung für die Wirksamkeit dieses Verfahrens ist es, dass es **ausdrücklich offengelegt** wird und bei der Anmeldung zum Handelsregister entsprechend den Regeln zur Kapitalerhöhung aus Gesellschaftsmitteln eine max. acht Monate alte Bilanz vorgelegt wird (vgl. § 57e Abs. 1 Satz 1, Abs. 2 GmbHG).

Entsprechend § 57i Abs. 1 Satz 2 GmbHG müssen die Geschäftsführer erklären, **dass keine Vermögensminderungen eingetreten sind**, und entsprechend § 57 Abs. 2 GmbHG ist die freie Verfügbarkeit hinsichtlich der vorgenannten Beträge zu versichern.[889]

Soll im Rahmen dieses Verfahrens der Gesellschaft ein Darlehen auf gesellschaftsrechtlicher Grundlage gewährt werden, so ist dies in Form einer Nebenleistungs- und Nachschusspflicht in die Satzung aufzunehmen und notariell zu beurkunden.[890]

---

882 Bayer/Lieder, GmbHR 2006, 449, 449 ff.; Hentzen, DStR 2006, 950; Lamb/Schluck-Amend, DB 2006, 879; Schmelz, NZG 2006, 456, 457.
883 BGH, GmbHR 2006, 477 mit Anm. Langner = DStR 2006, 764 mit Anm. Goette = DB 2006, 772; zust. Bayer/Lieder, GmbHR 2006, 449, 449 ff.; Hentzen, DStR 2006, 950; Schmelz, NZG 2006, 456, 457.
884 ZIP 2002, 2177.
885 OLG München, ZIP 2005, 1923; dazu Kleinschmidt/Hoos, EWiR 2005, 885.
886 Formulierungsvorschläge für das Schütt-aus-hol-zurück-Verfahren bei Langenfeld, GmbH-StB 1999, 296; Reich, NotBZ 2000, 112.
887 BGH, DB 1997, 916 ff. = WM 1997, 1427 = ZIP 1997, 1337; vgl. dazu auch Schultz, EWiR 1998, 127; Sieger/Hasselbach, GmbHR 1999, 205.
888 Vgl. zur daraus resultierenden Haftung des Beraters BGH, GmbHR 2000, 131 ff.
889 Vgl. umfassend zur Kapitalerhöhung durch Schütt-aus-hol-zurück-Verfahren, zur Heilung und zum Gegenstand einer verdeckten Sacheinlage DNotI-Gutachten, DNotI-Report 1999, 76.
890 LG Berlin, GmbHR 2000, 234.

Gerade Schütt-aus-hol-zurück-Verfahren sind in der Vergangenheit häufig nicht offengelegt worden. Über eine Heilung dieser verschleierten Sachkapitalerhöhungen hat der BGH jedenfalls für den Fall, dass tatsächlich ausgeschüttet und wieder eingelegt wurde, noch nicht entschieden.[891] In der Praxis sollte daher im Rahmen der Heilung[892] der Dividendenanspruch aus dem seinerzeitigen Ausschüttungsbeschluss eingelegt werden.

VIII. Kapitalerhöhung aus Gesellschaftsmitteln[893]

331 Bei der **nominalen Kapitalerhöhung** bzw. Kapitalerhöhung aus Gesellschaftsmitteln werden anstelle neu einzubringender Vermögenswerte Rücklagen und Reserven der GmbH zur Kapitalerhöhung verwendet. **Ungebundenes und ausschüttungsfähiges Kapital** wird zu gebundenem Gesellschaftskapital umgewandelt, an dem die Gesellschafter entsprechend ihrer Beteiligung partizipieren. Geregelt ist diese Form der Kapitalerhöhung in den §§ 57c – o GmbHG.

Die Kapitalerhöhung erfolgt durch Beschluss der Gesellschafter, welcher den Anforderungen an eine Satzungsänderung genügen muss. Er hat zu beinhalten[894]:

- den genauen Erhöhungsbetrag,
- die neue Ziffer des Stammkapitals,
- die Tatsache, dass die Erhöhung aus Gesellschaftsmitteln erfolgt,
- welche Bilanz zugrunde gelegt wird,
- welche Rücklagenposition aus der Bilanz umgewandelt wird und
- ob eine Erhöhung des Nennwertes der Anteile oder die Schaffung neuer Anteile oder eine Mischung aus beidem[895] vereinbart wird.

Dem Erhöhungsbeschluss ist die **letzte geprüfte Jahres- oder eine Zwischenbilanz** zugrunde zu legen (§§ 57f Abs. 2 Satz 1, 57e Abs. 1 GmbHG). Bei der Anmeldung zum Handelsregister darf die Bilanz nicht älter als acht Monate sein; die Anmeldung kann zur Fristwahrung auch per Fax an das Handelsregister gesandt werden.[896] Die Einhaltung der Acht-Monats-Frist ist ein zwingendes Erfordernis für die Eintragung der Kapitalerhöhung, ggf. muss eine Zwischen- bzw. Sonderbilanz (sog. Erhöhungsbilanz) aufgestellt werden. Ein Fristversäumnis kann auch nicht durch Wiedereinsetzung in den vorigen Stand überwunden werden.[897]

Die anmeldenden Geschäftsführer haben dem Registergericht gegenüber zu erklären, dass nach ihrer Kenntnis seit dem Stichtag der Bilanz **keine Vermögensminderungen eingetreten sind**, welche der Kapitalerhöhung entgegenstünden. Diese Erklärung kann auch strafrechtlich relevant werden (§ 82 Abs. 1 Nr. 4 GmbHG).

332 Bei der Kapitalerhöhung können neue Anteile geschaffen oder die Nennbeträge der bereits bestehenden Anteile erhöht werden. Die neu geschaffenen Geschäftsanteile stehen den Gesellschaftern[898] im Verhältnis ihrer bisherigen Geschäftsanteile zu. Besitzt ein Gesellschafter nur einen Geschäftsanteil, kann ihm wegen des **Grundsatzes der einheitlichen Beteiligung an der GmbH** nur ein neuer Geschäftsanteil

---

891 Vgl. das DNotI-Gutachten Nr. 70414 vom 6.9.2006.
892 Vgl. Rn. 59 ff.
893 Ausführlich dazu Fett/Spiering, NZG 2002, 358 ff.
894 Lutter/Hommelhoff, in: Lutter/Hommelhoff, GmbHG, § 57c Rn. 10.
895 Die Mischung kann für die einzelnen Gesellschafter auch unterschiedlich erfolgen, vgl. Wegmann, in: Münchener Handbuch des Gesellschaftsrechts, Bd. 3, § 53 Rn. 80 m.w.N.
896 So auch OLG Jena, NZG 2003, 43. Die Bilanz muss dann in öffentlich beglaubigter Form nachgereicht werden.
897 Vgl. ausführlich DNotI-Gutachten Nr. 37262 v. November 2002.
898 Zum Problem der nominellen Kapitalerhöhung durch den Scheingesellschafter vgl. Stein, in: FS für Ulmer, S. 643 ff.

zugeteilt werden. Einem Gesellschafter mit mehreren Geschäftsanteilen werden nach h.M. entsprechend viele neue Geschäftsanteile zugeteilt.[899] Wird statt der Zuteilung neuer Anteile der Nennbetrag der bestehenden Anteile erhöht und besitzt ein Gesellschafter mehrere Geschäftsanteile, nehmen nach h.M. alle seine Geschäftsanteile proportional an der Erhöhung teil und der gesamte Erhöhungsbetrag wird nicht etwa auf einen einzigen Anteil aufgestockt.[900]

Bei der Kapitalerhöhung aus Gesellschaftsmitteln dürfen die **mit den Geschäftsanteilen verbundenen Rechte zueinander** nicht verändert werden (§ 57m Abs. 1 GmbHG). Solche Veränderungen können entstehen, wenn die Rechte sich nicht gleichzeitig mit der Kapitalziffer ändern, so z.B. bei Vorzügen für einzelne Gesellschafter, die sich an der Höhe des Nennbetrages orientieren. Ggf. müssen daher diese Rechte angepasst werden, wenn nicht die dadurch benachteiligten Gesellschafter dem zustimmen.[901] Weiterhin darf nach der h.M. die Kapitalerhöhung **nur streng verhältniswahrend** durchgeführt werden. Selbst im Dezimalbereich sollen Verschiebungen unzulässig sein.[902] Wenn alle Gesellschafter einer nicht verhältniswahrenden Kapitalerhöhung zustimmen, ist aber nicht zu erkennen, wessen Schutz dem entgegenstehen soll.[903] Vertragliche Beziehungen Dritter, die von den bisherigen Kapital- oder Gewinnverhältnissen abhängen, werden gemäß § 57m Abs. 3 GmbHG nicht berührt.

333

In § 57d GmbHG werden die **umwandlungsfähigen Rücklagen** genannt. Ausdrücklich genannt werden die Kapital- und Gewinnrücklagen. Stille Reserven sind erst nach ihrer Auflösung und Umwandlung in Rücklagen i.S.v. § 266 HGB umwandlungsfähig.[904] Ebenso können Jahresüberschuss oder Bilanzgewinn der Gewinnrücklage zugewiesen werden. Zweckgebundene Gewinnrücklagen können nur umgewandelt werden, wenn dies mit der Zweckbestimmung vereinbar ist (§ 57d Abs. 3 GmbHG).

334

Eine **Kapitalerhöhung aus Gesellschaftsmitteln ist ausgeschlossen**, wenn die Bilanz einen Verlust oder Verlustvortrag ausweist (§ 57d Abs. 2 GmbHG).

Gemäß § 57i GmbHG ist die Kapitalerhöhung zur Eintragung ins Handelsregister anzumelden.

Die Gesellschafter können **eine einmal eingetragene Barkapitalerhöhung** nicht in eine Kapitalerhöhung aus Gesellschaftsmitteln umwandeln. Zwar wäre nach heute h.M. eine Umwandlung einer Bar- in eine Sachkapitalerhöhung auch noch nach der Eintragung der Barkapitalerhöhung möglich.[905] Jedoch würde die Umwandlung in eine Kapitalerhöhung aus Gesellschaftsmitteln zu einer Gefährdung der Gläubiger führen, da die einmal entstandenen Einlageverpflichtungen der Gesellschafter nicht durch Leistung neuer finanzieller Mittel erfüllt würden, sondern entgegen § 19 Abs. 2 GmbHG erlassen würden.[906]

IX. Zeitpunkt der Kapitalerhöhung

Die §§ 55 ff. GmbHG gehen davon aus, dass die Kapitalerhöhung bei einer bereits eingetragenen GmbH durchgeführt wird. Fraglich ist, ob eine Kapitalerhöhung auch abweichend von diesem gesetzlichen Regelfall vor Gründung oder vor Eintragung der bereits gegründeten Gesellschaft und andererseits auch noch in der Liquidations- oder gar Insolvenzphase beschlossen und durchgeführt werden kann.

335

---

899 Vgl. ausführlich: Heckschen/Heidinger, Die GmbH in der Gestaltungspraxis, § 6 Rn. 227 f.
900 Roth, in: Roth/Altmeppen, GmbHG, § 57h Rn. 5; Michalski/Zimmermann, GmbHG, § 57h Rn. 4; Rowedder/Schmidt-Leithoff/Zimmermann, GmbHG, § 57h Rn. 4; a.A.: Scholz/Priester, GmbHG, § 57h Rn. 5.
901 Baumbach/Hueck/Zöllner, GmbHG, § 57m Rn. 11.
902 GK/Hirte, AktG, § 212 Rn. 15.
903 Anders z.B. aber auch das OLG Dresden, DB 2001, 584 mit Anm. Steiner.
904 Lutter/Hommelhoff, in: Lutter/Hommelhoff, GmbHG, § 57d Rn. 4; Fett/Spiering, NZG 2002, 358, 360.
905 BGH, NJW 1996, 1473; vgl. nur Michalski/Zeidler, GmbHG, § 5 Rn. 172.
906 Vgl. DNotI-Gutachten Nr. 47259 v. Februar 2004.

1. Kapitalerhöhung im Gründungsverfahren einer GmbH

a) Die Verpflichtung zur Mitwirkung an einer später beabsichtigten Kapitalerhöhung vor Gründung der GmbH oder zu einem späteren Zeitpunkt

336 Z.T. verpflichten sich die künftigen Gesellschafter **bereits vor der Gründung**, d.h. vor Beurkundung der Satzung und der Gründungsurkunde, oder vor einer Kapitalerhöhung, an einer später geplanten Kapitalerhöhung mitzuwirken und dort neue Anteile zu übernehmen. Eine solche Verpflichtung ist nach allgemeiner Auffassung grds. und formlos möglich.[907] Der Formzweck des § 53 GmbHG erstreckt sich nicht auf eine schon im Vorfeld der Satzungsänderung begründete Zustimmungs- oder Mitwirkungspflicht der Gesellschafter.[908]

Hingegen wird die **Verpflichtung zur späteren Übernahme der neuen Anteile** nach h.M. zutreffend dem Formzwang des § 55 Abs. 1 GmbHG unterworfen,[909] da sich die entsprechende Pflicht insoweit auf die Abgabe einer formgültigen Übernahmeerklärung richtet.

b) Kapitalerhöhung im Stadium der Vor-GmbH

337 **Für die Praxis wichtig** ist weiter die Frage, ob die Gesellschafter auch im Stadium der Vor-GmbH eine Kapitalerhöhung beschließen können. Denkbar ist, dass die Gesellschafter nach Abschluss des notariellen Gesellschaftsvertrags, aber noch vor Eintragung der Gesellschaft in das Handelsregister erkennen, dass das im Gesellschaftsvertrag festgesetzte Stammkapital dem Gesellschaftszweck nicht gerecht wird.

aa) Sofort wirksame Kapitalerhöhung

338 Die Gesellschafter können die Gründungssatzung ändern[910] und die Gesellschaft schon mit dem höheren Kapital zur Entstehung bringen. Die ganz h.M. sieht in einer Kapitalerhöhung im Stadium der Vor-GmbH keinen selbständigen Vorgang, sondern lediglich **eine Änderung des Stammkapitalbetrags der Gründungssatzung**.

Dabei ist nach h.M. das Einstimmigkeitserfordernis zu beachten. Die in den §§ 55, 53 GmbHG für die Kapitalerhöhung geforderte 3/4 Mehrheit reicht nicht aus.[911]

> **Hinweis:**
>
> Zu beachten sind zudem § 5 Abs. 2 bzw. § 55 Abs. 3 GmbHG, wonach jeder Gesellschafter bei der Errichtung einer GmbH und bei einer späteren Kapitalerhöhung nur eine Stammeinlage übernehmen kann.[912] Bei einer Kapitalerhöhung im Gründungsstadium erwirbt ein Gründungsgesellschafter daher nur eine einzige, erhöhte Stammeinlage.[913] Bei der Anmeldung der GmbH ist der geänderte Betrag beizufügen bzw. die Anmeldung zu berichtigen.[914]

---

907 Rowedder/Schmidt-Leithoff/Zimmermann, GmbHG, § 55 Rn. 47; Baumbach/Hueck/Zöllner, GmbHG, § 55 Rn. 39; Lutter, in: FS für Schilling, S. 207, 208.

908 Scholz/Priester, GmbHG, § 55 Rn. 113.

909 RGZ 149, 395 ff.; Baumbach/Hueck/Zöllner, GmbHG, § 55 Rn. 40; Lutter/Hommelhoff, in: Lutter/Hommelhoff, GmbHG, § 55 Rn. 9; a.A.: insoweit nur Hachenburg/Ulmer, GmbHG, § 55 Rn. 85 für den Fall der Verpflichtung von bisherigen Gesellschaftern.

910 Vgl. bereits dazu Rn. 103 f.

911 Ulmer/Ulmer, GmbHG, § 11 Rn. 47, 49; a.A.: Scholz/K. Schmidt, GmbHG, § 11 Rn. 48 sowie Priester, ZIP 1987, 280, 281.

912 Ganz h.M., vgl. Baumbach/Hueck/Hueck/Fastrich, GmbHG, § 5 Rn. 10; Roth, in: Roth/Altmeppen, GmbHG, § 5 Rn. 23; Lutter/Bayer, in: Lutter/Hommelhoff, GmbHG, § 5 Rn. 7; Scholz/Winter/Westermann, GmbHG, § 5 Rn. 25; Rowedder/Schmidt-Leithoff/Schmidt-Leithof, GmbHG, § 5 Rn. 12; a.A.: nur Scholz/Priester, GmbHG, § 55 Rn. 29.

913 Scholz/Winter/Westermann, GmbHG, § 5 Rn. 25 unter Verweis auf RG LZ 1918, 856; Rowedder/Schmidt-Leithoff/Zimmermann, GmbHG, § 55 Rn. 23; Hachenburg/Ulmer, GmbHG, § 55 Rn. 26.

914 Roth, in: Roth/Altmeppen, GmbHG, § 55 Rn. 9; Rowedder/Schmidt-Leithoff/Zimmermann, GmbHG, § 55 Rn. 23; Hachenburg/Ulmer, GmbHG, § 55 Rn. 26.

bb) Bedingte Kapitalerhöhung

Den Gesellschaftern steht es auch offen, die GmbH **zunächst bar zu gründen** und nach der Registereintragung die zu erwerbenden Wirtschaftsgüter im Wege einer Kapitalerhöhung durch Sacheinlagen auf die GmbH zu übertragen. Diese Einbringungsabrede muss dann in die Urkunde über die Bargründung aufgenommen werden.[915] Deshalb wird meist sogleich mit der Bargründung die **Kapitalerhöhung durch Sacheinlagen** beurkundet, wobei die Kapitalerhöhung ausdrücklich aufschiebend bedingt mit der Eintragung vereinbart und erst nach Vollzug der Bargründung zum Handelsregister angemeldet wird.

339

> **Hinweis:**
>
> Dieses stufenweise Vorgehen wird in der Praxis gewählt, um eine verdeckte Sacheinlage zu vermeiden, ohne die Verzögerungen einer Sachgründung hinnehmen zu müssen,[916] teilweise auch, um Notarkosten zu sparen oder um den Gesellschaftern mehr Zeit für die Kapitalaufbringung zu geben, ohne die Eintragung zu verzögern.

2. Kapitalerhöhung im Insolvenz- bzw. Liquidationsverfahren

a) Kapitalerhöhung während eines laufenden Insolvenz- oder Liquidationsverfahrens

Mitunter wollen die Gesellschafter einer GmbH auch **nach Eröffnung des Insolvenzverfahrens** eine Kapitalerhöhung durchführen. Gemäß § 35 InsO wird auch während des laufenden Insolvenzverfahrens erlangtes Vermögen des Gemeinschuldners Bestandteil der Insolvenzmasse, so dass die mit der Durchführung der Kapitalerhöhung entstehenden Einlageansprüche der Gesellschaft in die Insolvenzmasse fallen.[917] Eine Kapitalerhöhung während des Insolvenzverfahrens ist damit nicht ausgeschlossen, fördert sogar das Ziel der InsO, nämlich die bestmögliche Verwertung der Masse zu Gunsten der Insolvenzgläubiger. Zudem werden die Gesellschafter mit der Kapitalerhöhung oft den Zweck verfolgen, der notleidenden Gesellschaft **neues Kapital zuzuführen**, um das Insolvenzverfahren nach § 212 InsO zur Einstellung zu bringen.[918]

340

Auch während einer Liquidation kann gerade eine Kapitalerhöhung für die Gesellschaft notwendig sein, um sich weitere Mittel zur Befriedigung ihrer Gläubiger beschaffen zu können.[919] Daher bejaht die heute wohl h.M. die Möglichkeit einer Kapitalerhöhung sowohl im Insolvenz – als auch im Liquidationsverfahren.[920]

b) Auswirkungen eines Insolvenzantrages oder Liquidationsbeschlusses auf eine bereits beschlossene Kapitalerhöhung

Eine andere Frage ist, ob eine **vor Eröffnung des Insolvenz- bzw. Liquidationsverfahrens** beschlossene, aber noch nicht in das Handelsregister eingetragene Kapitalerhöhung weiter durchgeführt werden kann und muss.

341

Auch hier wird der Grundsatz vertreten, dass alle Maßnahmen nur dann zulässig sind, wenn und soweit **sie nicht dem Zweck des Insolvenzverfahrens widersprechen**. Da das Hauptanliegen des Insolvenzverfahrens in der Befriedigung aller Gläubiger zu sehen ist und dem Unternehmen mit der Kapitalerhöhung neues Kapital zufließt, wirkt es sich aus Sicht der Gläubiger nicht nachteilig aus. Daher stößt auch die

---

915 Spiegelberger/Walz, GmbHR 1998, 761, 773 f.
916 Spiegelberger/Walz, GmbHR 1998, 761, 774; Mayer, NJW 1990, 2593, 2599; Schmidt, BWNotZ 1995, 110, 117.
917 Reul/Heckschen/Wienberg, Insolvenzrecht in der Kautelarpraxis, N. I. 2.d.
918 Vogel, GmbHR 1958, 181, 181.
919 So für die AG BGHZ 24, 286, 288.
920 Vgl. nur statt vieler Scholz/Priester, GmbHG, § 55 Rn. 30, 31; Kuntz, DStR 2006, 519 m.w.N.

Durchführung einer bereits vor Eröffnung des Insolvenzverfahrens beschlossenen Kapitalerhöhung grds. auf keine Bedenken.[921]

Ein weiterer Zweck des Insolvenzverfahrens wird aber auch in der Vollabwicklung der Gesellschaft gesehen.[922] Die Vollabwicklung der Gesellschaft steht aber erst dann endgültig fest, wenn die Fortführung nicht mehr beschlossen werden kann. Erst dann wären die zugeführten Mittel ausschließlich wieder an die Gesellschafter auszuschütten;[923] die weitere Durchführung der Kapitalerhöhung wäre daher unzulässig.

342 Den Gesellschaftern bleibt es im Übrigen auch nach Eröffnung des Insolvenzverfahrens möglich, **die Kapitalerhöhung zu verhindern**:[924] Sie können die Geschäftsführer anweisen, die Anmeldung zurückzunehmen oder den Kapitalerhöhungsbeschluss durch einen Gegenbeschluss wieder aufheben.[925] Streitig ist, ob die Gesellschafter ein Recht zur Kündigung geschlossener Zeichnungs- bzw. Übernahmeverträge haben.[926] Versäumen sie dies und stoppen das Verfahren nicht, bleiben sie zur Einzahlung auf die Kapitalerhöhung verpflichtet und können geleistete Mittel auch nicht zurückfordern. Gleiches dürfte gelten, wenn auf den Kapitalerhöhungs- ein **Liquidationsbeschluss folgt**.[927]

X. Unwirksame Kapitalerhöhungen[928]

1. Unwirksamkeitsgründe

343 Ein Kapitalerhöhungsbeschluss kann aus den verschiedensten Gründen nichtig sein. Zunächst sind die Gründe zu beachten, die **allgemein zur Nichtigkeit von Satzungsänderungen** führen können, z.B. Ladungsfehler.[929] Es gibt weitere spezielle Nichtigkeitsgründe für Kapitalerhöhungen.

Gemäß § 57j Satz 2 GmbHG ist eine Kapitalerhöhung nichtig **bei nichtproportionaler Verteilung der neuen Geschäftsanteile** auf die Gesellschafter. Weitere Nichtigkeitstatbestände finden sich in §§ 57n Abs. 2 Satz 4, 58a Abs. 4 Satz 2, 58e Abs. 3, 58f GmbHG bei zu später Eintragung des Beschlusses über die Kapitalerhöhung bzw. -herabsetzung.

344 Auch **Verstöße bei der Bildung der Stammeinlagen** führen zur Nichtigkeit der fehlerhaften Stammeinlagenfestsetzung.[930] Gemäß § 55 Abs. 4 GmbHG müssen im Kapitalerhöhungsbeschluss die neuen Stammeinlagen den Mindestvoraussetzungen des § 5 Abs. 1 und 3 GmbHG entsprechen. Durch den Verweis in § 55 Abs. 4 GmbHG auf das Gründungsrecht sind dessen Vorschriften für Rechtsfolge unzulässiger Stammeinlagen maßgebend.[931]

Fraglich ist, ob die unzulässige Bildung einer Stammeinlage **zur vollständigen Nichtigkeit** eines Kapitalerhöhungsbeschlusses führt. Besteht ein Beschluss aus mehreren Entscheidungsgegenständen und

---

921 Hachenburg/Ulmer, GmbHG, 55 Rn. 29; Götze, ZIP 2002, 2204 f.
922 Vgl. hierzu die Begründung des RegE-InsO, abgedruckt in: Kübler/Prütting, Das neue Insolvenzrecht, S. 105.
923 Götze, ZIP 2002, 2204, 2206.
924 BGH, DB 1995, 208, 209; vgl. auch Brandes, WM 1995, 641, 657, v. Gerkan, EWiR 1995, 107, 108.
925 So auch Michalski/Hermanns, GmbHG, § 55 Rn. 63; Kuntz, DStR 2006, 519, 521; ders., DStR 2006, 1050, 1051; a.A.: Gundlach/Frenzel/Schmidt, DStR 2006, 1048, 1049 f.: Anmeldebefugnis nur des Insolvenzverwalters; vgl. zum Aufhebungsbeschluss Rn. 284.
926 Bejahend: Reul/Heckschen/Wienberg, Insolvenzrecht in der Kautelarpraxis, N. I. 2. d; Kuntz, DStR 2006, 519, 522 ff.; dagegen: Gundlach/Frenzel/Schmidt, DStR 2006, 1048, 1049 f.
927 So auch BGHZ 24, 279, 286 für die AG; zustimmend: Rowedder/Schmidt-Leithoff/Zimmermann, GmbHG, § 55 Rn. 24.
928 Vgl. dazu ausführlich Meyer-Panhuysen, RNotZ 2004, 1 ff.; zur Teilnahme eines Scheingesellschafters an einer Kapitalmaßnahme Schnorbus, ZGR 2004, 126 ff.; zu Folgen der Nichtigkeit einer Kapitalerhöhung für nachfolgende Kapitalerhöhungen Zöllner, in: FS für Hadding, S. 725 ff.; zur Heilung und Reparatur Temme/Küperkoch, GmbHR 2004, 1556.
929 Zu Fehlern allgemein bei Satzungsänderungen vgl. Rn. 273 ff.
930 Scholz/Winter/Westermann, GmbHG, § 5 Rn. 35; Baumbach/Hueck/Hueck/Fastrich, GmbHG, § 5 Rn. 12.
931 Vgl. Rowedder/Schmidt-Leithoff/Zimmermann, GmbHG, § 55 Rn. 53.

beschränkt sich die Fehlerhaftigkeit auf einzelne Entscheidungsgegenstände, wendet die h.M. § 139 BGB an.[932] Nach allgemeiner Meinung sind die Höhe der neuen Stammeinlagen und ihre Übernehmer keine Bestandteile des Kapitalerhöhungsbeschlusses, sondern vielmehr dem Zulassungsbeschluss vorbehalten.[933] Ob bei einer Kapitalerhöhung durch Bildung neuer Geschäftsanteile nach § 139 BGB nur die Nichtigkeit des Zulassungsbeschlusses angenommen wird, hängt letztlich davon ab, ob die konkrete Kapitalerhöhung selbst oder nur die Verteilung des Erhöhungsbetrages auf die einzelnen Übernehmer gegen § 5 Abs. 3 GmbHG verstößt. **Bei einer Kapitalerhöhung durch Aufstockung** vorhandener Geschäftsanteile hingegen muss bereits der Kapitalerhöhungsbeschluss alle hierzu erforderlichen Angaben enthalten.[934] Bei einer fehlerhaften Aufstockung im Rahmen der Euroumstellung ist daher zumindest wohl der gesamte Kapitalerhöhungsbeschluss nichtig.[935]

Ein Verstoß gegen § 5 Abs. 3 GmbHG stellt **zudem einen Satzungsmangel i.S.v. § 144a Abs. 4 FGG dar**.[936] Im Rahmen dieses Amtslöschungsverfahrens werden die Gesellschafter zur einer Satzungsänderung, durch die der Mangel behoben wird, und deren Anmeldung zur Eintragung ins Handelsregister aufgefordert.

Heilungsmöglichkeiten für den Fall, dass das Stammkapital durch die festgesetzten Stammeinlagen nicht vollständig gedeckt ist, sind eine **Kapitalherabsetzung nach § 58 GmbHG** oder die Schaffung neuer Stammeinlagen durch eine Satzungsänderung und deren Übernahme analog § 55 Abs. 1 GmbHG.[937]

345

2. Rückabwicklung von gescheiterten Kapitalerhöhungen

Ist die Kapitalerhöhung endgültig gescheitert, so kann der Übernehmer die bereits geleisteten Einlagen **gemäß § 812 Abs. 1 BGB** zurückfordern, da er ohne Rechtsgrund gezahlt hat. Die Gesellschaft hat das Erlangte grds. in natura herauszugeben. Soweit sie dazu nicht in der Lage ist, hat sie gemäß § 818 Abs. 2 BGB Wertersatz zu leisten. Gelangt eine fehlerhafte Kapitalerhöhung zur Eintragung und heilt diese den Mangel, ist wegen des Grundsatzes der realen Kapitalaufbringung eine bereicherungsrechtliche Rückforderung ausgeschlossen.

346

Die **Einzahlung auf eine gescheiterte Kapitalerhöhung** ist nicht als Einlagezahlung für eine nachfolgende Barkapitalerhöhung geeignet. Es kann nur die bereicherungsrechtliche Forderung, soweit sie vollwertig, fällig und liquide ist, als Sacheinlagegegenstand einer offenen Sachkapitalerhöhung verwendet werden.

XI. Kapitalherabsetzung

Die Kapitalherabsetzung führt zu einer **Reduzierung der Stammkapitalziffer** und damit zu einer Minimierung des den Gläubigern zur Verfügung stehenden Haftungsfonds bzw. einer Herabsetzung der Bindung des Gesellschaftsvermögens nach § 30 GmbHG. Unterschieden werden die ordentliche Kapitalherabsetzung nach § 58 GmbHG und die vereinfachte Kapitalherabsetzung nach §§ 58a – f GmbHG.

347

---

932 Lutter/Hommelhoff, in: Lutter/Hommelhoff, GmbHG, Anh. § 47 Rn. 27; Baumbach/Hueck/Zöllner, GmbHG, Anh. § 47 Rn. 78; Rowedder/Schmidt-Leithoff/Koppensteiner, GmbHG, § 47 Rn. 110; Scholz/K. Schmidt, GmbHG, § 45 Rn. 42; vgl. auch BGH, NJW 1988, 1214 = ZIP 1988, 432; OLG München, AG 1993, 283, 284 = ZIP 1993, 676, 687 für AG.

933 Rowedder/Schmidt-Leithoff/Zimmermann, GmbHG, § 55 Rn. 12; Hachenburg/Ulmer, GmbHG, § 55 Rn. 15; Baumbach/Hueck/Zöllner, GmbHG, § 55 Rn. 12; Lutter/Hommelhoff, in: Lutter/Hommelhoff, GmbHG, § 55 Rn. 15; Scholz/Priester, GmbHG, § 55 Rn. 28.

934 Rowedder/Schmidt-Leithoff/Zimmermann, GmbHG, § 55 Rn. 14; Scholz/Priester, GmbHG, § 55 Rn. 26.

935 Vgl. Heckschen/Heidinger, Die GmbH in der Gestaltungspraxis, § 6 Rn. 194.

936 Keidel/Kuntze/Winkler/Winkler, FGG, § 144a Rn. 7; Bumiller/Winkler, FGG, § 144a Rn. 8; Baumbach/Hueck/Hueck/Fastrich, GmbHG, § 5 Rn. 13.

937 Baumbach/Hueck/Hueck/Fastrich, GmbHG, § 5 Rn. 13 und § 2 Rn. 39; Scholz/Winter/Westermann, GmbHG, § 5 Rn. 35.

Die Kapitalherabsetzung als Satzungsänderung hat – vorbehaltlich strengerer Anforderungen nach der Satzung – den Anforderungen der §§ 53, 54 GmbHG zu entsprechen. Der Beschluss muss also mit einer **Mehrheit von 3/4 der Stimmen** gefasst werden. Soll die Kapitalherabsetzung nicht zulasten aller Gesellschafter entsprechend ihrer Geschäftsanteile gehen,[938] müssen ihr nach überwiegender Ansicht die Gesellschafter zustimmen, **deren Geschäftsanteile überproportional herabgesetzt werden**.[939] Andere verlangen die Zustimmung aller, auch der bei der Beschlussfassung ggf. abwesenden Gesellschafter.[940] Der Herabsetzungsbeschluss muss notariell beurkundet und zur Eintragung ins Handelsregister angemeldet werden.

> **Hinweis:**
>
> Die Kapitalherabsetzungen dürfen seit dem 1.1.2002 nur noch **nach einer Umstellung des Stammkapitals auf Euro**[941] und Glättung der Nennbeträge ins Handelsregister eingetragen werden (§ 86 Abs. 1 Satz 4 GmbHG).

348 Da die Kapitalherabsetzung erst mit Eintragung ins Handelsregister wirksam wird, steht es den Gesellschaftern frei, den Herabsetzungsbeschluss bis dahin, auch **noch nach Anmeldung beim Handelsregister**, aufzuheben oder zu ändern. Während die vor der Eintragung erfolgende Aufhebung des Herabsetzungsbeschlusses nach h.M. mit einfacher Mehrheit und formlos beschlossen werden kann,[942] stellt die Änderung des Beschlusses eine erneute Satzungsänderung mit dementsprechenden Mehrheits- und Formerfordernissen dar.[943]

Wurde das nach dem Beschluss freiwerdende Kapital an die Gesellschafter ausgezahlt und der Herabsetzungsbeschluss gleichwohl vor Eintragung in das Handelsregister wieder aufgehoben, steht der Gesellschaft ein **Rückzahlungsanspruch** zu.[944]

1. Ordentliche Kapitalherabsetzung

349 **Zweck einer ordentlichen Kapitalherabsetzung** kann es sein, durch Aufhebung der Vermögensbindung frei werdendes Vermögen z.B. bar an die Gesellschafter auszuschütten, zur Abfindung ausscheidender Gesellschafter zu verwenden oder den Betrag in eine Kapitalrücklage einzustellen, um z.B. Jahresfehlbeträge ausgleichen zu können. Wegen § 19 Abs. 2 bzw. § 33 Abs. 1 GmbHG ist auch **für den Erlass ausstehender Einlageverpflichtungen** oder den Erwerb eigener Geschäftsanteile durch die GmbH eine Kapitalherabsetzung erforderlich. Da sie ein Mittel zum Erlass ausstehender Einlagen ist, kann über eine Kapitalherabsetzung auch eine noch nicht geheilte, verdeckte Sacheinlage geheilt werden, und zwar auch, wenn die Gesellschafter nicht anschließend eine Kapitalerhöhung beschließen.[945]

Wegen der Reduzierung des Haftungsfonds durch die ordentliche Kapitalherabsetzung sind **besondere Gläubigerschutzbestimmungen** zu beachten. Der Herabsetzungsbeschluss muss den Betrag der Herabsetzung und, auch wenn dies aus dem Gesetz nicht hervorgeht, den **Zweck der Kapitalherabsetzung**

---

938 Vgl. dazu ausführlich DNotI-Gutachten Nr. 38282 v. Januar 2003.
939 Michalski/Waldner, GmbHG, § 58a Rn. 15; Roth, in: Roth/Altmeppen, GmbHG, § 58 Rn. 14.
940 Lutter/Hommelhoff, in: Lutter/Hommelhoff, GmbHG, § 58a Rn. 20; Wegmann, in: Münchener Handbuch des Gesellschaftsrechts, Bd. 3, § 54 Rn. 5; Scholz/Schneider, GmbHG, § 58 Rn. 41; Kallmeyer, GmbHR 1998, 963, 966; für die Euroumstellung abweichend Lutter/Bayer, in: Lutter/Hommelhoff, GmbHG, § 86 Rn. 24; Scholz/Schneider, GmbHG, § 86 Rn. 64.
941 Dazu ausführlich Heckschen/Heidinger, Die GmbH in der Gestaltungspraxis, § 7 Rn. 1 ff.
942 Lutter/Hommelhoff, in: Lutter/Hommelhoff, GmbHG, § 53 Rn. 40, a.A.: Scholz/Priester, GmbHG, § 53 Rn. 193, der eine 3/4-Mehrheit verlangt.
943 Scholz/Priester, GmbHG, § 53 Rn. 194.
944 DNotI-Gutachten Nr. 34440 v. Juli 2002.
945 DNotI-Gutachten Nr. 42376 v. Juli 2003. Voraussetzung ist die Aufhebung der Kapitalmaßnahme, aufgrund welcher die verdeckte Sacheinlage erbracht wurde (z.B. Kapitalerhöhung) und die Rücknahme des Antrags auf Heilung der verdeckten Sacheinlage.

enthalten. Der Beschluss muss die Auswirkungen auf die Nennbeträge der einzelnen Geschäftsanteile zwingend zumindest bei nichtproportionaler Herabsetzung angeben. Es darf keine Unterschreitung des Mindestkapitals eintreten, auch dann nicht, wenn gleichzeitig eine Kapitalerhöhung zur Erreichung der Mindestkapitalziffer beschlossen wird.[946]

Die Kapitalherabsetzung ist **dreimal in den Gesellschaftsblättern bekanntzumachen**. Dabei sind die Gläubiger aufzufordern, sich bei der Gesellschaft zu melden. Gläubigern, welche sich bei der Gesellschaft melden und der Herabsetzung nicht zustimmen, ist Befriedigung oder Sicherung zu gewähren.

Die **Anmeldung zum Handelsregister** darf frühestens nach Ablauf eines Jahres seit der dritten Bekanntmachung in den Gesellschaftsblättern erfolgen (Sperrfrist nach § 58 Abs. 1 Nr. 3 GmbHG) und ist durch sämtliche Geschäftsführer persönlich vorzunehmen.

Durch die Kapitalherabsetzung werden die Nennbeträge sämtlicher Geschäftsanteile, sofern nichts anderes bestimmt wird, **verhältnismäßig herabgesetzt** (§ 58 Abs. 2 GmbHG). Nach der Kapitalherabsetzung müssen die Summe der Geschäftsanteile und die Stammkapitalziffer wieder übereinstimmen.

> **Hinweis:**
>
> In der Praxis werden die Gläubigerschutzvorschriften bei der Kapitalherabsetzung als zu rigide und „hinderlich" empfunden. Die Gesellschaften versuchen, insb. die Sperrfrist von einem Jahr zu umgehen und weichen vor allem auf Umwandlungs-[947] und Darlehensmodelle aus. Bei dem sog. „Darlehensmodell" gewährt die Gesellschaft den Gesellschaftern den aus der Kapitalherabsetzung auszuschüttenden Betrag als Darlehen, das dann nach Auslaufen der Sperrfrist mit dem Anspruch gegen die Gesellschaft verrechnet wird. Diese Praxis ist insb. vor der jüngsten Rspr. des BGH zur Darlehensgewährung an Gesellschafter äußerst problematisch. Die Gewährung von Darlehen aus gebundenem Kapital der Gesellschaft hält der BGH wegen § 30 GmbHG selbst dann für unzulässig, wenn der Rückzahlungsanspruch gegen die Gesellschafter im Einzelfall vollwertig sein sollte.[948]

2. Vereinfachte Kapitalherabsetzung

Die vereinfachte Kapitalherabsetzung dient als **„nominelle" Herabsetzung der Beseitigung einer Unterbilanz**[949] und ist somit eine wichtige Sanierungsmaßnahme. Da der betreffende Teil des Vermögens bereits verloren ist und demnach den Gläubigern nicht mehr entzogen werden kann, gelten für den Gläubigerschutz hier andere Vorschriften: Sowohl Gläubigeraufruf als auch Sperrjahr entfallen und die Kapitalherabsetzung kann sofort beim Handelsregister angemeldet werden. **Im Falle einer Sanierung** wird die vereinfachte Kapitalherabsetzung oft mit einer Kapitalerhöhung verbunden, um der Gesellschaft neue Mittel zuzuführen.[950] Zulässig ist die vereinfachte Kapitalherabsetzung auch zum Ausgleich drohender Verluste, wenn diese mit solcher Wahrscheinlichkeit zu erwarten sind, dass Rückstellungen gebildet werden müssen.[951]

Voraussetzung für die Herabsetzung ist, dass sie der Verlustdeckung dient und keine Kapital- oder Gewinnrücklagen bestehen, welche zehn vH des nach der Herabsetzung verbleibenden Kapitals übersteigen. Auch darf kein Gewinnvortrag vorhanden sein (§ 58a Abs. 2 GmbHG). Regelmäßig ergeben sich die Verluste aus der letzten Jahresbilanz, bei Verlusten im laufenden Geschäftsjahr kann auch eine Zwischenbilanz aufgestellt werden.

---

946 LG Saarbrücken, GmbHR 1992, 380; Lutter/Hommelhoff, in: Lutter/Hommelhoff, GmbHG, § 58 Rn. 6; Scholz/Priester, GmbHG, § 58 Rn. 29.
947 Dazu Heckschen/Heidinger, Die GmbH in der Gestaltungspraxis, § 6 Rn. 251.
948 BGH, ZIP 2004, 263 = GmbHR 2004, 302.
949 Allg. Meinung, vgl. Scholz/Priester, GmbHG, vor § 58a Rn. 1; Michalski/Waldner, GmbHG, § 58a Rn. 7.
950 Musterformulierungen zum Kapitalschnitt bei Fröhlich, GmbH-StB 2006, 181.
951 Scholz/Priester, GmbHG, § 58a Rn. 11.

Die Kapitalherabsetzung erfolgt **durch satzungsändernden Beschluss** nach Maßgabe des § 58a GmbHG, welcher Betrag, Zweck und Art der Herabsetzung („vereinfachte Kapitalherabsetzung") sowie die künftigen Stammkapitalziffern und Nennbeträge der Geschäftsanteile festlegt.[952]

Der aus der Herabsetzung und ggf. der Auflösung von Rücklagen erzielte Buchgewinn **muss gegen die Verluste verrechnet werden.** Übrig bleibende Beträge sind in die Kapitalrücklage bis max. zehn vH des neuen Stammkapitals einzustellen und unterliegen dann einer fünfjährigen Bindung zur Verwendung für die in § 58b Abs. 3 GmbHG abschließend aufgeführten Zwecke: Ausgleich eines Jahresfehlbetrages, Ausgleichung eines Verlustvortrages oder Kapitalerhöhung aus Gesellschaftsmitteln. Ein Verstoß gegen diese Zweckbindung führt zur Nichtigkeit sowohl des Ausschüttungs- als auch des dem zugrunde liegenden Jahresabschlusses. Die Zulässigkeit von Gewinnausschüttungen beurteilt sich nach § 58d GmbHG.

G. Kapitalerhaltung und Eigenkapitalersatzrecht

I. Kapitalerhaltung

352 Wird das zur Erhaltung des Stammkapitals erforderliche Vermögen der Gesellschaft **an einen Gesellschafter zurückgezahlt** (z.B. verdeckte Gewinnausschüttung bei Unterbilanz), muss der empfangende Gesellschafter diese Zahlungen erstatten (§§ 30, 31 GmbHG).

Voraussetzungen sind ein Vermögenstransfer (Auszahlung) von der Gesellschaft an einen Gesellschafter und eine bilanzielle Unterbilanz, die durch die verbotene Rückzahlung entsteht oder vertieft werden muss.

1. Auszahlung

353 Auszahlung i.S.d. § 30 GmbHG ist nicht nur das Auskehren von Barmitteln, sondern **jede Verringerung des Gesellschaftsvermögens**.[953] Dabei kommt es nicht darauf an, ob die Auszahlung offen oder verdeckt im Rahmen eines Austauschgeschäftes als überhöhte Gegenleistung unmittelbar oder mittelbar oder als Gewinnausschüttung erfolgt.[954]

Wegen der aus Gläubigerschutzgründen gebotenen weiten Auslegung des § 30 GmbHG kommt es **nur auf die Vermögensbelastung bei der GmbH**, nicht aber auf eine konkrete Vermögensmehrung beim Gesellschafter an.[955] Unter den Begriff der Auszahlung fallen auch Beeinträchtigungen der freien Verfügbarkeit des Gesellschaftsvermögens zu Gunsten von Gesellschaftern durch Stundungen, Darlehen und auch grds. jede Besicherung zu Gunsten eines Gesellschafters,[956] insb. die Besicherung einer Forderung des Gesellschafters gegen einen Dritten.[957] Ein abgeschlossener Vergleich zwischen einer GmbH und einem Gesellschafter verstößt dann gegen § 30 GmbHG, wenn der Vergleich die zu erledigenden Ansprüche nicht angemessen bewertet hat.[958] Eine verbotene Einlagenrückgewähr liegt auch dann vor, wenn die GmbH mit Mitteln, die zur Erhaltung des Stammkapitals erforderlich sind, eine Schuld gegenüber einem Dritten begleicht, für die der Gesellschafter eine Bürgschaft übernommen hat.[959]

---

952 Lutter/Hommelhoff, in: Lutter/Hommelhoff, GmbHG, § 58a Rn. 16, 17; Scholz/Priester, GmbHG, § 58a Rn. 14 – 17.
953 Michalski/Heidinger, GmbHG, § 30 Rn. 34.
954 Siehe schon BGH, ZIP 1992, 1152 = GmbHR 1992, 605 = NJW 1992, 2894; vgl. auch OLG Hamburg, NZG 2000, 839.
955 Michalski/Heidinger, GmbHG, § 30 Rn. 35.
956 Michalski/Heidinger, GmbHG, § 30 Rn. 54 u. 67; Baumbach/Hueck/Hueck/Fastrich, GmbHG, § 30 Rn. 27; Sotiropoulos, Kredite und Kreditsicherheiten der GmbH zu Gunsten ihrer Gesellschafter und nahe stehender Dritter, S. 96 ff.; Steinbeck, WM 1999, 885, 887.
957 Michalski/Heidinger, GmbHG, § 30 Rn. 53; Mayer/Fronhöfer, in: Münchener Handbuch des Gesellschaftsrechts, Bd. 3, § 51 Rn. 12; OLG München, GmbHR 1998, 986; KG, NZG 2000, 479 mit Anm. Kleindiek.
958 OLG Dresden, GmbHR 2002, 1245.
959 BGH, GmbHR 2005, 540 = NZG 2005, 396 und BGH, DStR 2005, 664.

a) Darlehensgewährung und Cash-Pool

Die Gewährung eines Darlehens an einen Gesellschafter stellte schon nach bisher ganz h.M. jedenfalls dann eine Auszahlung i.S.d. § 30 Abs. 1 GmbHG dar, wenn der **Darlehensrückzahlungsanspruch nicht werthaltig** ist.[960] Der BGH hat jüngst eine verbotene Rückzahlung sogar bei vollwertigem Darlehensrückzahlungsanspruch gesehen, wenn nur eine Unterbilanz besteht oder durch das (nicht aktivierte) Darlehen entstehen würde.[961]

Nach diesem Urteil des BGH, das sich von der rein bilanziellen Betrachtungsweise löst, kann ein Darlehen an einen Gesellschafter nur noch **aus freien Rücklagen oder Gewinnvorträgen** ausgegeben werden. Bei bestehender Unterbilanz liegt ein Verstoß gegen § 30 GmbHG vor, auch ohne Vertiefung dieser Unterbilanz. Aber auch bei noch nicht bestehender Unterbilanz genügt es zur Annahme einer verbotenen Auszahlung, wenn und soweit bei Ausbuchen des ausgezahlten Geldes ohne Gegenbuchung der Darlehensforderung eine Unterbilanz entstehen würde.[962]

Dieses BGH-Urteil drängt die Frage auf, ob das in der Praxis **weit verbreitete Verfahren des Cash-Pools** ohne erhebliche Haftungsrisiken weiter durchgeführt werden kann. Beim Cash-Pool[963] werden durch Abführung der nicht benötigten Liquidität von Tochtergesellschaften auf das Zielkonto des herrschenden Konzernunternehmens oder eines anderen Unternehmens im Konzernverbund letztlich auch Darlehen gewährt. Wollte man bei täglichen Übertragungsvorgängen im Rahmen eines solchen Cash-Poolings sicherstellen, dass Darlehen niemals zulasten des gebundenen GmbH-Vermögens gewährt werden, würde dies einen enormen, die Vorteile des Cash-Pools egalisierenden Kontrollaufwand erfordern. Die Meinungen in der Lit. reichen von bedauerndem Bejahen der Anwendung[964] über Nichtanwendung des BGH-Urteils auf den Fall des Cash-Poolings[965] bis genereller Ablehnung des oben genannten Urteiles[966] und meist Mahnung, dass die bisherigen Systeme umgestellt werden müssen mit entsprechenden Vorschlägen.[967] Eine im Vordringen befindliche Auffassung sieht zwar keinen konzeptionellen Unterschied zwischen der kurzfristigen Darlehensgewährung im Cash-Pool und einer längerfristigen Darlehensgewährung, beschränkt die Entscheidung des BGH jedoch auf den Fall der Unterbilanz. Diese Meinung wird gestärkt durch die Anmerkung des Vorsitzenden Richters des II. Senats des BGH Goette zum Urteil vom 16.1.2006, der die Entscheidung auch nur in diesem Sinne ausgelegt wissen möchte.[968]

Ein genereller Ansatz des Anspruchs gegen den Gesellschafter ist damit weiterhin möglich. Lediglich wenn die Gesellschaft schon in einer Unterbilanz ist oder durch die Auszahlung in eine Unterbilanz gerät, seien aufsteigende Darlehen unzulässig.[969]

---

[960] LG Kassel, GmbHR 2002, 912; K. Schmidt, Gesellschaftsrecht, § 37 III 1c; Sotiropoulos, GmbHR 1996, 653, 654; zur Auszahlung trotz Werthaltigkeit siehe Michalski/Heidinger, GmbHG, § 30 Rn. 49.

[961] BGH, GmbHR 2004, 302 mit Anm. Bähr/Hoos = DStR 2004, 427; Michalski/Heidinger, GmbHG, § 30 Rn. 49; grundlegend Stimpel, in: FS 100 Jahre GmbH, S. 335, 347; siehe auch Cahn, Der Konzern 2004, 235 ff.; Heidinger, NotBZ 2004, 463 ff.; Vetter, BB 2004, 1509; Wessels, ZIP 2004, 793; Stein, DZWiR 2004, 493; Berg/Schmich, FR 2005, 190 zur Frage einer steuerlichen verdeckten Gewinnausschüttung.

[962] Vgl. ausführlich DNotI-Gutachten Nr. 49467 v. April 2004; zu den steuerlichen Auswirkungen dieser neuen BGH-Rspr. Wienands/Teufel, GmbHR 2004, 1301.

[963] Zur Erfüllung der steuerlichen Pflichten im Cash-Pool vgl. FG Bremen, ZIP 2005, 2159.

[964] Fuhrmann, NZG 2004, 552; Habersack/Schürnbrand, NZG 2004, 689; Stein, DZWiR 2004, 493; für Anwendung auch Grothaus/Halberkamp, GmbHR 2005, 1317.

[965] Schäfer, GmbHR 2005, 133.

[966] Cahn, Der Konzern 2004, 235.

[967] Vgl. z.B. Langner/Mentgen, GmbHR 2004, 1121.

[968] Goette, DStR 2006, 764, 765.

[969] Hentzen, DStR 2006, 948, 953.

356 Die im BGH-Urteil anklingende und von Goette bestätigte Einschränkung des Urteils vom 16.1.2006 auf Unterbilanzsituationen hat das OLG München in seinem Urteil vom 24.11.2005[970] außer Acht gelassen. Es hat, ohne das Vorliegen einer Unterbilanz zu prüfen, den Ansatz von der Gesellschaft zustehenden Forderungen gegen verbundene Unternehmen in der Bilanz unter Hinweis darauf abgelehnt, dass dies aus der Rspr. des BGH in seinem Urteil vom 24.11.2003 folge, wonach die Kreditvergabe aus gebundenem Vermögen an Gesellschafter einer GmbH auch bei Vollwertigkeit des Rückzahlungsanspruchs einen Verstoß gegen das Kapitalerhaltungsgebot darstelle. Darüber hinaus hat es festgestellt, dass auch im Rahmen eines Cash-Pools geleistete Zahlungen aus dem gebundenen Vermögen der GmbH an verbundene Unternehmen **verbotene Zahlungen i.S.d. § 30 GmbHG darstellen**, wenn die Erhaltung des Stammkapitals nicht hinreichend abgesichert ist. Insofern gelten auch nach dem OLG München für einen Cash-Pool keine Privilegierungen hinsichtlich der Kapitalerhaltungsvorschriften. Die vom BGH erwogene Zulassung der Zahlungsvorgänge, wenn im Einzelfall die fragliche Vorteilsgewährung im Interesse der Gesellschaft erfolgt, dem Drittvergleich standhält und die Bonität des entsprechenden Gesellschafters selbst bei Anlegung strengster Maßstäbe außerhalb jedes vernünftigen Zweifels steht oder die Vorteilsgewährung angemessen besichert ist, hat das OLG für die ihm vorliegende Konstellation geprüft, aber letztlich diese Voraussetzungen nicht als erfüllt angesehen. Die Cash-Pool-Systeme haben ihren Reiz ja auch teilweise darin, dass auf den Drittvergleich oder angemessene Sicherheiten verzichtet wird.

Allerdings ist zu beachten, dass diese Rspr. wohl **keine Auswirkung im Vertragskonzern hat**, da gemäß § 291 Abs. 3 AktG Leistungen aufgrund des Unternehmensvertrags nicht als Verstoß gegen die §§ 57, 58 und 60 AktG (Kapitalerhaltungsregeln bei der AG) gelten. Für AG war nach der strengeren Kapitalerhaltungsvorschrift des § 57 AktG nach h.M.[971] auch bisher schon eine ungesicherte Leistung an einen Aktionär (z.B. die Konzernmutter) als schädlich angesehen worden.

b) Besicherung

357 Die Besicherung einer Forderung des Gesellschafters gegen einen Dritten durch die Gesellschaft kann eine **gegen § 30 GmbHG verstoßende Auszahlung** darstellen.[972] Auch der umgekehrte Fall der Besicherung einer Verbindlichkeit des Gesellschafters gegenüber einem Dritten durch die Gesellschaft fällt grds. unter § 30 GmbHG. In der Praxis kommen diese Fälle vor allem bei der Veräußerung der Gesellschaftsanteile an Fremdgeschäftsführer (sog. Management Buy Out) vor.[973]

2. Unterbilanz

358 In der Lit. wird oft formuliert, dass die Auszahlung nach § 30 GmbHG verboten ist, wenn durch sie **eine Unterbilanz herbeigeführt** oder vertieft würde.[974] Dabei berechnet sich eine Unterbilanz grds. durch Ansatz der nach allgemeinen Bilanzierungsgrundsätzen zu ermittelnden Buchwerte zum Zeitpunkt der effektiven Auszahlung.[975] Ein selbst geschaffener Firmenwert darf hierbei nicht aktiviert werden.[976]

Insb. im Zusammenhang mit einer Besicherung aus dem Gesellschaftsvermögen ist höchst umstritten, welcher Vorgang genau eine verbotswidrige Auszahlung darstellt.[977] Die **bilanzielle Betrachtungswei-**

---

970 OLG München, ZIP 2006, 25 (durch Rücknahme der Revision rkr. geworden, vgl. ZIP 2006, 2131) mit Besprechung von Pentz, ZIP 2006, 781 ff.; Schilmar, DStR 2006, 568; krit. Hentzen, DStR 2006, 948, 952 f.
971 Vgl. nur Habersack/Schürnbrand, NZG 2004, 689 m.w.N.; Hüffer, AG 2004, 416.
972 Michalski/Heidinger, GmbHG, § 30 Rn. 53 ff.
973 Michalski/Heidinger, GmbHG, § 30 Rn. 53 m.w.N. in Fn. 133; Mayer/Fronhöfer, in: Münchener Handbuch des Gesellschaftsrechts, Bd. 3, § 51 Rn. 12 m. Verw. auf OLG Frankfurt, ZIP 1997, 1464; siehe ausführlich DNotI-Gutachten Nr. 40302 v. März 2003.
974 Vgl. nur Gaudenberger, in: Beck'sches Handbuch GmbH, § 8 Rn. 6; Lutter/Hommelhoff, in: Lutter/Hommelhoff, GmbHG, § 30 Rn. 13.
975 Michalski/Heidinger, GmbHG, § 30 Rn. 13 ff.
976 OLG Celle, GmbHR 2004, 309 = NZG 2004, 424 = BB 2004, 713.
977 Vgl. dazu Michalski/Heidinger, GmbHG, § 30 Rn. 55 m.w.N. in Fn. 137; Reemann, MittRhNotK 1996, 113 ff.

se führt im Ergebnis dazu, dass die Sicherheitsbestellung allein noch bilanzneutral ist,[978] so dass hierin noch keine verbotene Auszahlung i.S.d. § 30 GmbHG zu sehen ist. Erst bei drohender Inanspruchnahme kommt es quasi durch die Bildung der Rückstellung zu einer bilanzwirksamen „Auszahlung".[979] Von der bilanziellen Betrachtungsweise weicht der BGH indes in einem neueren Urteil noch weiter mit der Begründung ab, dass der Vermögensschutz des § 30 GmbHG sich nicht in der Erhaltung einer bilanzmäßigen Rechnungsziffer erschöpfe, sondern die Erhaltung einer die Stammkapitalziffer deckenden Haftungsmasse bezwecke.[980]

Besteht bereits eine Unterbilanz, dürfen aber – unabhängig von dem bilanziellen Ausgleich durch einen Rückgriffsanspruch – keine Sicherheiten am Gesellschaftsvermögen zu Gunsten eines Gesellschafters eingeräumt werden.[981] Denn die Gesellschaft darf sich wegen der strukturellen Ungleichheit in diesem Stadium nicht auf einen bloß schuldrechtlichen Rückgriffsanspruch gegen den Gesellschafter einlassen.

3. Gesellschafterstellung

Voraussetzung für die Anwendung des § 30 GmbHG ist, dass der Begünstigte als **Gesellschafter i.S.d. § 30 GmbHG** anzusehen ist. Maßgeblicher Zeitpunkt für die Gesellschafterstellung ist die Verpflichtung durch die Gesellschaft zur Auszahlung.[982] Unerheblich ist es, wenn die Leistung erst nach dem Ausscheiden aus der Gesellschaft erbracht wird.[983]

359

Grds. erfasst § 30 GmbHG auch Zahlungen an Dritte bzw. Nichtgesellschafter, wenn diese **wie ein Gesellschafter einzuordnen** oder einem Gesellschafter zuzurechnen sind.[984] Dies ist z.B. auch bei der alleinigen oder mehrheitlichen Beteiligung eines Gesellschafters am empfangenden Unternehmen der Fall, aber auch beim stillen Gesellschafter, der aufgrund der vertraglichen Ausgestaltung des stillen Gesellschaftsverhältnisses auf die Geschicke der GmbH vergleichbar einem GmbH-Gesellschafter Einfluss nehmen kann.[985]

4. Rechtsfolgen

Nach § 31 Abs. 1 GmbHG müssen der Gesellschaft Zahlungen, die unter Verstoß gegen § 30 GmbHG geleistet wurden, **erstattet werden**. Der BGH[986] hat den Erstattungsanspruch nach § 31 Abs. 1 GmbHG als funktional mit dem Einlageanspruch der Gesellschaft vergleichbar erklärt. Daher entfällt ein einmal wegen Verstoßes gegen § 30 Abs. 1 GmbHG entstandener Erstattungsanspruch nach § 31 Abs. 1 GmbHG nicht von Gesetzes wegen, wenn das Stammkapital zwischenzeitlich anderweitig nachhaltig wiederhergestellt ist, also die Unterbilanz beseitigt wird. Der Anspruch aus § 31 Abs. 1 GmbHG ist **auch in Bezug auf die Aufrechnungsmöglichkeit** dem Einlageanspruch der Gesellschaft gegen die Gesellschafter

360

---

978 Lutter/Hommelhoff, in: Lutter/Hommelhoff, GmbHG, § 30 Rn. 33.
979 Dazu Heckschen/Heidinger, Die GmbH in der Gestaltungspraxis, § 9 Rn. 9 ff.
980 BGH, GmbHR 2004, 302 mit Anm. Bähr/Hoos = DStR 2004, 427.
981 Michalski/Heidinger, GmbHG, § 30 Rn. 59; Lutter/Hommelhoff, in: Lutter/Hommelhoff, GmbHG, § 30 Rn. 35; Kleindiek, NZG 2000, 483, 484; Stimpel, in: FS 100 Jahre GmbHG, S. 335, 357.
982 Michalski/Heidinger, GmbHG, § 30 Rn. 69; Altmeppen, in: Roth/Altmeppen, GmbHG, § 30 Rn. 24; KG NZG 2000, 479.
983 Lutter/Hommelhoff, in: Lutter/Hommelhoff, GmbHG, § 30 Rn. 22; Goette, DStR 1997, 1495, 1498.
984 Vgl. dazu ausführlich Michalski/Heidinger, GmbHG, § 30 Rn. 71 ff. und 80 ff.; zu einem Fall sogar der nur mittelbaren Beteiligung: KG, KG-Report 2002, 153; OLG Dresden, NZG 2003, 546 für verbundenes Unternehmen.
985 BGH, ZIP 2006, 703 = GmbHR 2006, 531 = DB 2006, 832; zust. Kort, EWiR 2006, 653.
986 BGH, NZG 2000, 883; ZIP 2000, 1256 und NZG 2000, 888 = BB 2000, 1483, 1484 – Balsam/Procedo I – III unter ausdrücklicher Abkehr von seiner bisherigen Rspr. und Aufgabe von BGH ZIP 1987, 1113; siehe dazu: Servatius, GmbHR 2000, 1028; Benecke, ZIP 2000, 1969; Wagner/Sperneac-Wolfer, NZG 2001, 9; Kort, ZGR 2001, 615 ff.; Kurth/Delhaes, DB 2000, 2577; Bormann, DB 2001, 907; Willemsen/Coenen, DB 2001, 910.

gleichzusetzen.⁹⁸⁷ Analog § 19 Abs. 2 Satz 2 GmbHG ist daher eine Aufrechnung mit dem Anspruch aus § 31 GmbHG durch den Gesellschafter verboten.

Erleidet der dem Gesellschafter übertragene Vermögensgegenstand zwischenzeitlich einen Wertverlust, hat der Gesellschafter auch diesen Wertverlust bis zur Höhe der Stammkapitalziffer auszugleichen, es sei denn, der Wertverlust wäre auch dann eingetreten, wenn der Gegenstand sich weiter im Vermögen der GmbH befunden hätte.⁹⁸⁸

Die **nach § 31 Abs. 3 GmbHG gegebene Ausfallhaftung** der Mitgesellschafter, denen selbst unzulässig nichts zurückgezahlt wurde, erfasst nicht den gesamten durch Eigenkapital nicht gedeckten Fehlbetrag, sondern ist auf den Betrag der Stammeinlage beschränkt.⁹⁸⁹ Der eigene Anteil am Stammkapital ist dabei allerdings nicht abzuziehen.⁹⁹⁰ Die Ausfallhaftung greift nur ein, soweit sie zur Gläubigerbefriedigung erforderlich ist, d.h. wenn und soweit die GmbH nach Grundsätzen einer Überschuldungsbilanz (bei Ansatz von Liquidationswerten) überschuldet ist. Dabei sind auch Rückstellungen für ungewisse Verbindlichkeiten (§ 249 Abs. 1 HGB) zu berücksichtigen.⁹⁹¹

II. Kapitalersatz

361 Einen Dauerbrenner stellt das Thema „**Eigenkapitalersetzende Gesellschafterleistungen**" dar.⁹⁹² Entscheiden sich die Gesellschafter dazu, eine Gesellschaft in der Krise am Leben zu erhalten, indem sie der Gesellschaft Darlehen gewähren oder ihr in einer solchen Situation nicht die zu gesunden Zeiten bestellten Darlehen⁹⁹³ entziehen (sog. Stehenlassen), so **versagen Gesetzgeber und Rspr. den Gesellschaftern den Schutz dieser Vermögenswerte**. Grundüberlegung ist, dass bei insolvenzreifen GmbH die Eröffnung des Insolvenzverfahrens zu beantragen ist oder ihnen Eigenkapital zugeführt werden muss. Wird stattdessen nur Fremkapital zugeführt, wird dieses zu funktionalem Eigenkapital umgewandelt.⁹⁹⁴ Nicht als funktionales Eigenkapital wird ausnahmsweise ein kurzfristiger Überbrückungskredit behandelt, mit dessen fristgerechter Rückzahlung durch die Gesellschaft aufgrund ihrer wirtschaftlichen Lage objektiv gerechnet werden kann. In Anlehnung an § 64 Abs. 1 GmbHG darf die Laufzeit eines solchen kurzfristigen Überbrückungskredits die Höchstfrist von drei Wochen nicht überschreiten.⁹⁹⁵

Neben der Gewährung von Darlehen kann **auch die Gewährung von Sicherungen,**⁹⁹⁶ insb. Bürgschaften⁹⁹⁷ und Schuldbeitritten⁹⁹⁸ in der Krise eigenkapitalersetzenden Charakter haben. Auch bei einer atypischen stillen Beteiligung kommen die Eigenkapitalersatzregeln zur Anwendung, sofern dem Stillen in atypischer Weise eine Teilhabe am Gesellschaftsvermögen und die Möglichkeit der Einflussnahme auf

---

987 BGH, ZIP 2001, 157 = DNotZ 2001, 406 = DStR 2001, 408; vgl. dazu Pentz, GmbHR 2001, 655 und Paul, ZInsO 2001, 243.
988 OLG Celle, DB 2006, 2056 (n. rkr., Revision beim BGH unter Az. II ZA 9/06).
989 BGH, GmbHR 2002, 549 = DStR 2002, 1010 = NJW 2002, 1803 = ZIP 2002, 848; dazu Blöse, EWiR 2002, 679; Altmeppen, ZIP 2002, 961 ff.; Cahn, ZGR 2003, 299; Paul, ZinsO 2003, 454.
990 BGH, ZIP 2003, 2068 = NJW 2003, 3629 = GmbHR 2003, 1420.
991 BGH, ZIP 2003, 2068 = NJW 2003, 3629 = GmbHR 2003, 1420.
992 Der Referentenentwurf des BMJ zur Modernisierung des GmbH-Rechts und zur Bekämpfung von Missbräuchen (MoMiG) v. 29.5.2006 sieht eine erhebliche Vereinfachung der Regeln zum Eigenkapitalersatz vor; vgl. dazu Heckschen, NotBZ 2006, 381, 387. Überblick über die bisherige BGH-Rspr. bei Goette, ZNotP 1999, 50, 58 ff.; Hirte, ZInsO 2003, 534; Haas, NZI 2002, 457 ff.; Haack, NWB 2002, 3837 ff.; Überblick im Steuer- und Gesellschaftsrecht: Uhländer, BB 2005, 70.
993 Zur Verweigerung der Rückzahlung durch die GmbH OLG Stuttgart, GmbHR 2002, 1072 = OLG Report 2002, 429.
994 Goette, Die GmbH, § 4 Rn. 2.
995 BGH, ZIP 2006, 2130 = GmbHR 2006, 1326 = DStR 2006, 2140.
996 Zu den Grenzen der Sicherheitenbestellung bei der GmbH Fischer/Gasteyer, NZG 2003, 517.
997 Vgl. zu den Voraussetzungen OLG Zweibrücken, GmbHR 2002, 740 = NJW-RR 2002, 1037; OLG Schleswig, GmbHR 2002, 969; OLG Naumburg, OLG-Report 2002, 367 zum Verjährungsbeginn.
998 OLG München, GmbHR 2006, 814 = DB 2006, 1420 (n. rkr.).

die interne Willensbildung der Gesellschaft eingeräumt worden ist.[999] Auch **Cash-Management-Systeme** lösen eigenkapitalersatzrechtliche Probleme aus.[1000]

Eine „**Krise**" (vgl. § 32a GmbHG) liegt vor, wenn die Gesellschaft insolvenzreif oder wenn sie kreditbzw. überlassungsunwürdig ist.[1001] Diese beiden Tatbestände sind eigenständig und in ihren Anwendungsvoraussetzungen voneinander unabhängig.[1002] Gewährt ein Gesellschafter ein Darlehen (oder eine Sicherheit), ist dies eigenkapitalersetzend, wenn sich die Gesellschaft zur Zeit der Zusage des Darlehens in der Krise befindet.[1003] Belässt der Gesellschafter ein früher gewährtes Darlehen in der GmbH, steht ihm nach Kenntniserlangung von der Krise noch eine gewisse Überlegungsfrist (zwei – drei Wochen) zu. Kündigt er das Darlehen allerdings nicht unmittelbar nach Ablauf dieser Überlegungsfrist, wird er wie ein Gesellschafter behandelt, der der GmbH in der Krise ein Darlehen gewährt. Auch der Schuldbeitritt zu einem Kredit der GmbH wird „stehengelassen" und damit eigenkapitalersetzend, wenn nicht bei einer wesentlichen Verschlechterung der Vermögensverhältnisse der Gesellschaft das dem Schuldbeitritt zugrundeliegende Schuldverhältnis (z.B. Auftrag) außerordentlich gekündigt und von der Gesellschaft Freistellung verlangt wird.[1004] Die Krise der Gesellschaft und damit die Durchsetzungssperre ist beendet, wenn das Stammkapital der Gesellschaft **nachhaltig wiederhergestellt** ist, d.h. eine Rückzahlung des Darlehens aus freiem, die Stammkapitalziffer der GmbH übersteigenden Vermögen erfolgen kann.[1005]

362

Die **Eigenkapitalersatzregeln erfassen auch Dritte**, wenn sie ein Darlehen gewähren oder eine andere Rechtshandlung vornehmen, die der Darlehensgewährung wirtschaftlich entspricht (§ 32a Abs. 3 S. 1 GmbHG). Für die wirtschaftliche Entsprechung genügt ein mittelbar wirtschaftliches Eigeninteresse des Dritten, allerdings nicht allein familiäre Nähe.[1006] Die Eigenkapitalersatzregeln gelten auch für nur mittelbar beteiligte Gesellschafter[1007] und die an der KG einer GmbH & Co. KG beteiligten Gesellschafter oder solchen gleichzustellenden Personen.[1008]

363

Darlehen von ausgeschiedenen Gesellschaftern werden in Krisen, die erst nach dem Ausscheiden eintreten, nicht zu Eigenkapital umgewidmet.[1009]

Verlangt der Insolvenzverwalter oder die Gesellschaft die Rückzahlung einer Leistung nach den Grundsätzen des Eigenkapitalersatzes, trägt grds. er oder die GmbH die **Darlegungs- und Beweislast** für das Bestehen einer Krise zum Zeitpunkt der Rückzahlung.[1010]

364

Neben den §§ 32a und 32b GmbHG (sog. Novellenregelungen), die dem Insolvenzverwalter die Anfechtung entsprechender Rückzahlungen trotz Rückzahlungsverbot ermöglichen, um diese zur Masse zu ziehen, gelten die Regeln der BGH-Rspr. (**analog §§ 30, 31 GmbHG**) fort.[1011] Danach darf eine eigen-

---

999   BGHZ 106, 7; OLG Hamm, NZG 2001, 125 = RNotZ 2001, 54; Renner, ZIP 2002, 1430.
1000 Vetter/Stadler, Haftungsrisiken beim konzernweiten Cash Pooling.
1001 Zum Begriff BGH, DStR 2006, 664, 665; Michalski/Heidinger, GmbHG, §§ 32a, 32b Rn. 43 ff; vgl. dazu ausführlich: OLG Hamm, NZG 2001, 517 ff.; zur Abgrenzung der Kreditunwürdigkeit von der Überschuldung BGH, ZIP 2004, 1049 = DStR 2004, 1053.
1002 BGH, GmbHR 2006, 703 = NZG 2006, 465 = DStR 2006, 1144.
1003 BGHZ 133, 298 = ZIP 1996, 1829 = NJW 1996, 3203.
1004 OLG München, GmbHR 2006, 813 = DB 2006, 1420 (n. rkr.).
1005 BGH, NJW 2006, 225 = NZG 2005, 979 = DStR 2005, 1999.
1006 OLG Zweibrücken, NZG 2000, 49; zu Einzelproblemen Heckschen, in: K. Schmidt/Riegger, Gesellschaftsrecht, S. 129 ff. sowie Heidinger, ZNotP 1999, 42; siehe auch Riegger, in: FS für Sigle, S. 229 ff.
1007 BGH, ZIP 2006, 2130 = GmbHR 2006, 1326 = DStR 2006, 2140; OLG Hamburg, ZIP 2006, 129 = DB 2006, 495 (n. rkr.).
1008 BGH, ZIP 1995, 736 = GmbHR 1995, 442 = NJW 1995, 1960; OLG Hamm, NZG 2001, 125 = RNotZ 2001, 54.
1009 OLG Celle, NZG 2002, 528 (n.rkr.).
1010 BGH, NZG 2005, 482.
1011 Vgl. z.B. BGH, ZIP 1998, 1437 = GmbHR 1998, 935 = DStR 1998, 1225 mit Anm. Goette; zur Darlegungslast, wenn nach diesen Rechtsprechungsregelungen zu Unrecht bediente Darlehen zurückgefordert werden, vgl. BGH, DStR 1999, 553 mit Anm. Goette.

kapitalersetzende Gesellschafterhilfe nur dann zurückgezahlt werden, wenn wieder genügend freies, die Stammkapitalziffer übersteigendes Vermögen vorhanden ist.[1012]

Können die betroffenen Gesellschafter die Rückzahlungen nicht leisten, trifft die übrigen Gesellschafter eine **Ausfallhaftung gemäß § 31 Abs. 3 GmbHG**.

1. Gesetzliche Erleichterungen

365 Aufgrund dieser Rechtsentwicklungen waren einige Dritte nicht mehr bereit, sich an einem Krisenunternehmen zu beteiligen und diesem **Kapital zur Verfügung zu stellen**.[1013]

a) Kleinbeteiligungsprivileg[1014]

366 Der Gesetzgeber hat daraufhin mit dem 1998 eingefügten § 32a Abs. 3 Satz 2 GmbHG diejenigen Gesellschafter aus dem Anwendungsbereich der Kapitalersatzregelungen ausgenommen, die **keine mitunternehmerische Verantwortung** im Unternehmen tragen oder übernehmen. Dies macht der Gesetzgeber an **folgenden Tatbestandsmerkmalen** fest:

- Beteiligung von 10 % oder weniger am Stammkapital,
- keine Geschäftsführungsbefugnis.

Für das Vorliegen dieser Kriterien wird bei Altfällen, in denen der eigenkapitalersetzende Charakter des Gesellschafterdarlehens bereits vor In-Kraft-Treten der Regelung bestand, auf den **späteren Zeitpunkt der Rückzahlung des Darlehens** abzustellen sein.[1015] Kleingesellschafter, deren Ausfallhaftung nach § 31 Abs. 3 GmbHG noch vor In-Kraft-Treten des § 32a Abs. 3 Satz 2 GmbHG dem Grunde nach entstanden ist, weil bereits damals die Rückzahlung der eigenkapitalersetzenden Darlehen an die Hauptgesellschafter erfolgt war, können sich nicht auf das Kleinbeteiligungsprivileg berufen.[1016]

Offen bleibt die Frage, ob auch diejenigen geschützt sind, die zwar nur 10 % des Stammkapitals halten oder übernehmen, aber weitergehende Rechte wie z.B. erhöhte Stimmrechte besitzen.[1017]

Für die wirtschaftliche Entsprechung i.S.d. § 32a Abs. 3 Satz 2 GmbHG genügt auch ein **mittelbar wirtschaftliches Eigeninteresse** des Dritten, wobei hierfür familiäre Nähe allein nicht ausreicht.[1018]

b) Sanierungsprivileg[1019]

367 Mit dem ebenfalls 1998 neu eingefügten § 32a Abs. 3 Satz 3 GmbHG wird darüber hinaus versucht, Sanierungen und insb. den **haftungsfreien Beitritt von Kreditinstituten** zu ermöglichen.[1020] Die Regelung ist nicht beschränkt auf den Beitritt von Kreditinstituten. Vielmehr kann jeder mit seinen offenen Darlehensansprüchen vor der Umwidmung zu Eigenkapital geschützt werden, der einer in der Krise befind-

---

1012 BGH, ZIP 2005, 82 = DB 2005, 97= WM 2005, 78 auch für Zinsen und Gewinnanteile, wenn Gesellschafterhilfe in eine stille Beteiligung umgewandelt wurde.
1013 Vgl. zur Entwicklung v. Gerkan, GmbHR 1997, 677 f.
1014 Heidinger, ZNotP 1999, 423, 425.
1015 In der Lit. str., so AG München, GmbHR 2001, 294; noch großzügiger ArbG Dresden, GmbHR 2002, 1068, wenn Vorgänge nicht ihren mat. Abschluss vor 1998 gefunden haben; vgl. dazu auch Michalski/Heidinger, GmbHG, §§ 32 a, 32 b Rn. 217 ff.
1016 BGH, BB 2005, 2094.
1017 Hierzu und zu weiteren Anschlussfragen vgl. Pentz, GmbHR 1999, 437, 444; zum Bankenpool bei der Kreditvergabe Lösler, ZInsO 2003, 773; zur Problematik der atypischen Rechtsstellung des Gesellschafters Tillmann/Tillmann, GmbHR 2003, 325.
1018 OLG Zweibrücken, NZG 2000, 49; zu Einzelproblemen Heckschen, RWS-Forum 15 – Gesellschaftsrecht, S. 129 ff.; Heidinger, ZNotP 1999, 42; Riegger, in: FS für Sigle, S. 229 ff.
1019 Siehe dazu ausführlich Wittig, in: FS für Uhlenbruck, S. 685 ff.
1020 Zur Gefahr der Banken als faktischer Gesellschafter Fromm, GmbHR 2003, 1114.

lichen Gesellschaft beitritt und Darlehen gewährt oder stehen lässt.[1021] Im Rahmen des Sanierungsprivilegs gilt die 10 %-Grenze nicht.

Voraussetzung ist, dass der Anteilserwerb zum Zwecke der Überwindung der Krise erfolgen muss. Die rechtssichere Auslegung dieses Tatbestandsmerkmals ist noch immer unklar.[1022] So wird gefordert, dass die Sanierung zum Zeitpunkt des Anteilserwerbs aus der Sicht eines ordentlichen Geschäftsmannes objektiv möglich und die Sanierungskreditvergabe im Rahmen eines Gesamtkonzepts objektiv geeignet sein muss, den Sanierungszweck zu erfüllen.[1023] Z.T. wird dafür regelmäßig ein **dokumentierter Sanierungsplan** vorausgesetzt.[1024] Der Darlehensgewährung muss eine positive Fortführungsprognose zugrunde liegen.[1025] Ähnlich hat es der BGH formuliert:[1026] Zum einen muss ein Sanierungswille vorliegen, der aber i.d.R. als selbstverständlich vorliegend vermutet wird. Daneben muss nach der pflichtgemäßen Einschätzung eines objektiven Dritten die Gesellschaft objektiv sanierungsfähig sein und die für ihre Sanierung konkret in Angriff genommenen Maßnahmen müssen zusammen objektiv geeignet sein, die Gesellschaft in überschaubarer Zeit durchgreifend zu sanieren. Entscheidender Zeitpunkt dafür ist der des Anteilserwerbs. 368

Das **Sanierungsprivileg befreit** nach dem BGH sowohl von der Anwendung der Novellenregelungen als auch der Rechtsprechungsregelungen zum Eigenkapitalersatz.[1027] 369

2. Eigenkapitalersetzende Gebrauchsüberlassung

In den vergangenen Jahren traten eigenkapitalersetzende Nutzungsüberlassungen in den Vordergrund der Rspr. Durch die sog. „Lagergrundstück"-Urteile[1028] ist für die Praxis geklärt, dass auch durch **Gewähren oder Stehenlassen einer Nutzungsüberlassung** in der Krise der Gesellschaft eine eigenkapitalersetzende Gesellschafterhilfe geleistet werden kann. Dadurch wird aber nur das Nutzungsrecht als Eigenkapital verstrickt und nicht der überlassene Gegenstand selbst. Der Anspruch des Gesellschafters auf das Nutzungsentgelt entfällt, da er unter die Eigenkapitalersatzregeln fällt. Gleichzeitig muss er aber der Gesellschaft oder dem Insolvenzverwalter die Nutzung des Grundstücks weiterhin gewähren. **Eventuell von der GmbH erhaltene Mietzinszahlungen** hat ein Gesellschafter entsprechend §§ 30, 31 GmbHG auch dann zurückzugewähren, wenn die Zahlungen erst und für einen Zeitraum nach seinem Ausscheiden erfolgten.[1029] 370

Lange Zeit ungeklärt war die **Behandlung von Rechten Dritter** – insb. Grundpfandrechten – an einem eigenkapitalersetzend überlassenen Grundstück.[1030] Der BGH[1031] löst diesen Konflikt in analoger Anwendung der §§ 146 ff. ZVG, 1123, 1124 Abs. 2 BGB; d.h. das unentgeltliche Nutzungsrecht des Insolvenzverwalters endet erst mit Wirksamkeit des Beschlagnahmebeschlusses im Rahmen der Zwangsverwaltung.[1032] 371

1021 Zu weiteren Einzelfragen Pentz, GmbHR 1999, 437, 448 ff.; Heidinger, ZNotP 1999, 423, 425.
1022 Michalski/Heidinger, GmbHG, §§ 32a, 32b Rn. 223 ff.
1023 Casper/Ullrich, GmbHR 2000, 472.
1024 Lutter/Hommelhoff, in: Lutter/Hommelhoff, GmbHG, §§ 32a/b Rn. 84.
1025 Vollmer/Smerdka, DB 2000, 757.
1026 BGH, ZIP 2006, 279 = GmbHR 2006, 311; zust. Westpfahl/Janjuah, EWiR 2006, 525.
1027 BGH, ZIP 2006, 279 = GmbHR 2006, 311; zust. Westpfahl/Janjuah, EWiR 2006, 525.
1028 BGHZ 109, 55 = NJW 1990, 516 – Lagergrundstück I; DNotZ 1995, 464 = MittBayNot 1994, 552 = BGHZ 127, 1 – Lagergrundstück III; DNotZ 1995, 471 = MittBayNot 1994, 552 = BGHZ 127, 17 – Lagergrundstück IV; dazu Pohlmann, DStR 1999, 595 m.w.N. zu den späteren Lagergrundstückentscheidungen; vgl. zur Rspr. Hirte, NJW 1998, 3459, 3464 f.
1029 OLG Düsseldorf, DB 2003, 2275 = GmbHR 2003, 947.
1030 Hierzu umfassend Michalski/Barth, NZG 1999, 277 m.w.N.; Pohlmann, DStR 1999, 595 m.w.N.; Dahl, NZI 2003, 191.
1031 BGHZ 140, 147 = ZIP 1999, 65 = NJW 1999, 577.
1032 OLG Dresden, GmbHR 2003, 1487 = OLG Report 2003, 499.

Veräußert der Gesellschafter das eigenkapitalersetzend vermietete Grundstück an einen Nichtgesellschafter, tritt zwar der Erwerber nach § 566 BGB in den Mietvertrag ein, ist aber nicht verpflichtet, das Grundstück der GmbH nach den Eigenkapitalersatzregeln weiterhin unentgeltlich zur Verfügung zu stellen.[1033]

3. Finanzplankredit[1034]

372 Von dem eigenkapitalersetzenden Darlehen nach §§ 32a, b GmbHG (Novellenregelungen) oder §§ 30, 31 GmbHG analog (Rechtsprechungsregeln) muss der sog. Finanzplankredit unterschieden werden. Ein **Finanzplankredit ist ein Kredit**, den nach dem Finanzierungsplan der Gesellschaft zur Verwirklichung des Gesellschaftszwecks erforderlich ist und der von den Gesellschaftern zur Verfügung gestellt wird. Die Verpflichtung erfolgt auf satzungsrechtlicher Grundlage oder in Form einer schuldrechtlichen Nebenabrede zwischen den Gesellschaftern. Schon zu Zeiten einer gesunden GmbH wird – neben den Stammeinlagen – „societas causa" ein Darlehen (selbst für den Fall des Kriseneintritts) zugesagt.

Der Finanzplankredit stellt keine eigenständige Kategorie dar[1035] und unterliegt den **allgemeinen Regeln des Eigenkapitalersatzrechts**. Nach Eintritt der Krise hat der Gesellschafter das wie eine Einlageverpflichtung zu behandelnde Darlehensversprechen zu erfüllen, ohne sich auf eine inzwischen eingetretene Verschlechterung der Vermögensverhältnisse der Gesellschaft (vgl. §§ 610, 775 Abs. 1 Nr. 1 BGB) berufen zu können. Mit Rücksicht auf die einlageähnlich wirkende Bindung kann der Gesellschafter von der Erfüllung seines Versprechens nur außerhalb der Krise befreit werden, indem die **Satzung geändert oder die Nebenabrede einvernehmlich aufgehoben wird**. Genauso wie ein eigenkapitalersetzendes Darlehen darf ein gewährtes Finanzplandarlehen in der Krise nicht zurückgezahlt werden und ist in der Insolvenz nur nachrangig zu befriedigen (§ 39 Abs. 1 Nr. 5 InsO). Die Gewährung eines versprochenen (Finanzplan-)Darlehens kann auch noch in der Krise oder sogar erst in der Insolvenz verlangt werden.[1036]

H. Jahresabschluss, Ergebnisverwendung und Gewinnverteilung

I. Jahresabschluss

373 Jeder Kaufmann hat für den Schluss eines jeden Geschäftsjahres einen Jahresabschluss, bestehend aus **Bilanz und Gewinn- und Verlustrechnung**, aufzustellen (§ 242 HGB). Gemäß § 264 Abs. 1 Satz 1 HGB haben die gesetzlichen Vertreter einer Kapitalgesellschaft den Jahresabschluss um einen Anhang zu erweitern, der mit der Bilanz und der Gewinn- und Verlustrechnung eine Einheit bildet. Weiterhin ist ein Lagebericht aufzustellen, jedoch nicht von kleinen Kapitalgesellschaften i.S.d. § 267 Abs. 1 HGB.

Die Aufstellung des Jahresabschlusses obliegt zwingend **allen Geschäftsführern**. Sieht die Satzung die Erstellung durch Steuerberater bzw. Wirtschaftsprüfer vor, sind diese in diesem Zusammenhang lediglich Hilfspersonen des Geschäftsführers. Wenn die Geschäftsverteilung zwischen mehreren Geschäftsführern die Aufstellung einem der Geschäftsführer zuweist, bleiben die anderen Geschäftsführer zur Überwachung verpflichtet.[1037]

Kapitalgesellschaften und somit auch GmbH müssen den Jahresabschluss nach § 264 Abs. 1 Satz 2 HGB **in den ersten drei Monaten** des neuen Geschäftsjahres aufstellen. § 264 Abs. 1 Satz 3 HGB verlängert die Frist für kleine Kapitalgesellschaften auf höchstens sechs Monate ab Beginn des neuen Geschäfts-

---

1033 BGH, ZIP 2006, 578 = GmbHR 2006, 487 mit zust. Anm. Blöse = NZG 2006, 385.
1034 Vgl. ausführlich dazu K. Schmidt, ZIP 1999, 1241; Steinbeck, ZGR 2000, 503; Sieger/Aleth, GmbHR 2000, 503; Fleischer, DStR 1999, 1774; Heidinger, NZG 1999, 999; Henze, GmbHR 2000, 1069; Altmeppen, in: FS Sigle, S. 211 ff.; Bieder, WM 2000, 2533 ff.
1035 BGHZ 142, 116 = ZIP 1999, 1263 = GmbHR 1999, 911 = ZNotP 1999, 366 = NJW 1999, 2809 mit Anm. Altmeppen.
1036 Michalski/Heidinger, GmbHG, §§ 32a, 32b Rn. 388.
1037 BGH, DB 1985, 2292; Scholz/Crezelius, GmbHG, § 41 Rn. 5.

jahres, sofern dies einem ordnungsgemäßen Geschäftsgang entspricht. Die Sechs-Monatsfrist ist als äußerste Grenze und nicht als Normalfall zu verstehen.[1038]

Von der Aufstellung des Jahresabschlusses ist dessen **Feststellung zu unterscheiden**. Erst mit Letzterer wird der Jahresabschluss verbindlich. Die Feststellung unterliegt gemäß § 46 Nr. 1 GmbHG grds. der Bestimmung der Gesellschafter. Der festgestellte Jahresabschluss ist von allen Geschäftsführern unter Angabe des Datums am Ende des Anhangs zu unterzeichnen.

> **Hinweis:**
>
> Die Geschäftsführer haben den Jahresabschluss und weitere Unterlagen nach § 325 HGB seit dem 1.1.2007 unverzüglich nach der Vorlage an die Gesellschafter beim elektronischen Bundesanzeiger einzureichen und bekannt machen zu lassen. Andernfalls ist – anders als bisher – von Amts wegen ein Ordnungsgeldverfahren durchzuführen, in dem Ordnungsgelder von 2.500 bis 25.000 € ggf. wiederholt verhängt werden (§ 335 HGB n.F.).[1039]

II. Ergebnisverwendung

Die Gesellschafter können grds. mit einfacher Mehrheit und inhaltlich **frei darüber entscheiden**, ob und in welcher Höhe ausschüttungsfähiger Gewinn an die Gesellschafter ausgeschüttet oder einbehalten (thesauriert) wird (§ 29 GmbHG). Die Thesaurierung kann durch Einstellung in Rücklagen oder in einen Gewinnvortrag erfolgen. Ein Erwerber eines Geschäftsanteils kann jedoch zu einer bestimmten Stimmabgabe aufgrund einer entsprechenden Abrede im Geschäftsanteilskaufvertrag verpflichtet sein.[1040]

Eine Alternative zur ganzen oder teilweisen Thesaurierung bildet das **sog. „Schütt-aus-hol-zurück-Verfahren"**, bei dem ein möglichst hoher Teil des verwendungsfähigen Jahresüberschusses bzw. Bilanzgewinns an die Gesellschafter ausgeschüttet wird, diese aber anschließend einen Teil an die GmbH zurückwähren. Das „Schütt-aus-hol-zurück-Verfahren" wurde bis Ende 2000 vorwiegend aus steuerlichen Gründen durchgeführt, hat nun aber nach Änderung der steuerlichen Rahmenbedingungen an Bedeutung verloren.

Als Sonderform der Ergebnisverwendung können Vorzugsrechte geschaffen und als Ausgleich bei der Gewinnverteilung bevorzugt werden. Gewinn- bzw. Dividendengarantien zu Gunsten von Minderheitsgesellschaftern oder eine Mindestverzinsung des gezeichneten Kapitals sind ebenfalls zulässig. Eine weitere Möglichkeit besteht in der Vornahme von Vorabausschüttungen, d.h. Ausschüttungen vor der Feststellung des Jahresabschlusses zulasten des Ergebnisses des Geschäftsjahres, dessen Jahresabschluss noch nicht festgestellt worden ist.

Diese flexible Regelung des Gesetzes, von Jahr zu Jahr über die Ergebnisverwendung zu entscheiden, wird nicht in allen Fällen den Interessen der Beteiligten gerecht. Häufig treffen sehr gegensätzliche Interessen aufeinander: So gibt es Gesellschafter, die auf die Ausschüttung zum Lebensunterhalt angewiesen sind und andererseits Gesellschafter, die anderweitig abgesichert sind und deren Interesse die Stärkung der GmbH ist.

> **Hinweis:**
>
> Teilweise wird die Thesaurierung bewusst zum „Aushungern" des wirtschaftlich schwachen Gesellschafters eingesetzt. Daher sollten Regelungen zur Ergebnisverwendung in der Satzung einen Schwerpunkt in der Beratungspraxis einnehmen.[1041]

1038 BayObLG, WM 1987, 502.
1039 Gesetz über elektronische Handelsregister und Genossenschaftsregister sowie das Unternehmensregister (EHUG) vom 10.11.2006, BGBl. I 2006, S. 2553; dazu Seibert/Becker, DB 2006, 2446, 2450; Noack, NZG 2006, 801, 805; krit. Liebscher/Scharff, NJW 2006, 3745.
1040 BGH, NZG 2004, 912, dazu Tepfer, EWiR 2005, 705.
1041 Zu Gestaltungsmöglichkeiten und Formulierungshilfen Wälzholz, GmbH-StB 2005, 144.

III. Gewinnverteilung

375 Den nach der Ergebnisverwendung verbleibenden Gewinn kann die Gesellschafterversammlung unter den Gesellschaftern verteilen. **Die Verteilung erfolgt** in der Praxis regelmäßig nach dem Verhältnis der Geschäftsanteile, doch kann die Satzung einen anderen Verteilungsmaßstab festlegen (vgl. § 29 Abs. 3 Satz 2 GmbHG). Die Satzung kann auch zulassen, dass die Gesellschafterversammlung alljährlich über eine von der Satzungsregelung abweichende Gewinnverteilung beschließt, wobei der beeinträchtigte Gesellschafter dem zustimmen muss.[1042] Die Verteilung des Gewinns hat an alle Gesellschafter gleichzeitig zu erfolgen.[1043]

Gewährt die GmbH außerhalb der förmlichen Gewinnverteilung einzelnen oder allen Gesellschaftern Leistungen aus dem Gesellschaftsvermögen, ohne dass sie eine gleichwertige Gegenleistung erhält, stellt dies **eine verdeckte Gewinnausschüttung** dar. Diese ist grds. unter den Einschränkungen, die sich aus dem Kapitalerhaltungsgrundsatz, dem Gleichbehandlungsgrundsatz, der Treuepflicht sowie der innergesellschaftlichen Kompetenzverteilung ergeben, zulässig.[1044]

I. Änderungen im Gesellschafterbestand und Treuhandabreden

I. Ausscheiden zu Lebzeiten

1. Kündigung

376 Das GmbHG kennt **keine Rechtsgrundlage** für eine Kündigung. Anerkannt ist aber, dass gleichwohl aus wichtigem Grund gekündigt werden kann.

Durch entsprechende Bestimmungen im Gesellschaftsvertrag[1045] kann den Gesellschaftern auch darüber hinaus ein **Kündigungsrecht eingeräumt** und dieses an bestimmte Voraussetzungen geknüpft werden.

Die Wirkung der Kündigung sollte dahin modifiziert werden, dass der Kündigende aus der Gesellschaft ausscheidet und die **Gesellschaft den Anteil einzieht**, erwirbt oder den anderen Gesellschaftern den Erwerb überlässt.[1046]

Satzungsbestimmungen, nach denen ein Gesellschafter sofort mit der Kündigung – und nicht erst mit Leistung der Abfindung – aus der Gesellschaft ausscheidet, sind nach dem BGH zulässig.[1047]

> **Hinweis:**
> Der **Zeitpunkt des Ausscheidens** ist auch unbedingt klar zu regeln, um dem Streit in der Lehre[1048] über die Frage zu entgehen, ob der Gesellschafter erst mit Zahlung der Abfindung oder bereits mit Zugang der Kündigungserklärung aus der Gesellschaft ausscheidet.

2. Einziehung

377 Die **Einziehung von Geschäftsanteilen darf nur erfolgen**, soweit sie im Gesellschaftsvertrag zugelassen ist (§ 34 Abs. 1 GmbHG). Dies gilt gleichermaßen für die freiwillige, d.h. die mit Zustimmung des

---

1042 BayObLG, DB 2001, 1981.
1043 Rowedder/Schmidt-Leithoff/Pentz, GmbHG, § 29 Rn. 112.
1044 Eingehend: Baumbach/Hueck/Hueck/Fastrich, GmbHG, § 29 Rn. 71 ff.
1045 Vgl. dazu bereits Rn. 139.
1046 Vgl. Rowedder/Schmidt-Leithoff/Rasner GmbHG, § 60 Rn. 43.
1047 GmbHR 2003, 1062 = NZG 2003, 871 = DB 2003, 2058; sich anschließend: LG Köln, ZIP 2005, 439 (rechtskräftig).
1048 Die sich beim Ausschluss eines Gesellschafters ergebende Problematik stellt sich im Grundsatz auch bei der Kündigung. Ausf. zum Ausschluss Ulmer/Ulmer, GmbHG, § 34 Rn. 32 ff.; Scholz/Winter/Seibt, GmbHG, Anh. § 34 Rn. 39 ff.

betroffenen Gesellschafters erfolgende Einziehung, wie für die Zwangseinziehung. Soll die Einziehung ohne Zustimmung des Betroffenen erfolgen, muss sie für ihn absehbar sein. Dies bedeutet, dass die Voraussetzungen für die Einziehung in der Satzung geregelt sein müssen.

Zwar muss nach dem Wortlaut des § 34 Abs. 2 GmbHG die Einziehungsregelung bereits zum Zeitpunkt des Erwerbes der Geschäftsanteile bestanden haben. Allerdings ist nach ganz h.M. **auch die nachträgliche Einfügung einer Einziehungsklausel möglich** und ausreichend.[1049] Die nachträgliche Einfügung einer Zwangseinziehungsklausel erfordert nach h.M. einen einstimmigen Gesellschafterbeschluss.[1050] Streitig ist hingegen, ob der Beschluss, mit dem eine Regelung über eine freiwillige Einziehung eingefügt wird, nur einstimmig[1051] oder schon mit satzungsändernder Mehrheit gemäß § 53 Abs. 2 GmbHG ergehen kann.[1052] Angesichts der Rspr. ist zu einer einstimmigen Beschlussfassung zu raten.

Der Einziehungsbeschluss[1053] der Gesellschafterversammlung muss gegenüber dem betroffenen Gesellschafter noch **erklärt werden**. Nimmt der betroffene Gesellschafter an der Beschlussfassung teil, ist nach h.M. die Mitteilung entbehrlich.[1054]

Die mit der Einziehung verbundene Abfindungszahlung darf **nicht unter Angriff auf das Stammkapital** erfolgen. Das setzt zwingend voraus, dass die Einlagen vor der Einziehung vollständig eingezahlt sind (§ 19 Abs. 2 GmbHG). Eine Verrechnung der offenen Stammeinlageforderung der GmbH mit einem Abfindungsanspruch des betroffenen Gesellschafters ist daher ausgeschlossen.[1055] Die Abfindung darf weiterhin nicht aus dem zur Erhaltung des Stammkapitals erforderlichen Gesellschaftsvermögen geleistet werden (§ 34 Abs. 3 GmbHG i.V.m. § 30 Abs. 1 GmbHG).[1056] **Satzungsklauseln**, nach denen die Einziehung ohne oder gegen ein sehr geringes Entgelt möglich sein soll, wenn der Gesellschafter in Insolvenz oder der Geschäftsanteil unter die Einzelzwangsvollstreckung gerät, sind unzulässig, da sie die Gläubiger einseitig benachteiligen.[1057] Einziehungsklauseln, die zulasten der Gläubiger die Abfindung herabsetzen, sind nur dann wirksam, wenn die Abfindung auch in anderen Fällen (z.B. „wichtiger Grund") reduziert ist, und zwar auch dann, wenn sie z.B. bei der Einziehung im Todesfall höher ist. Da § 242 Abs. 2 AktG bei der GmbH entsprechend anzuwenden ist, kann sich ein Gläubiger auf die Nichtigkeit der Satzungsregelung **nur vor Ablauf von drei Jahren** seit der Eintragung im Handelsregister berufen.[1058]

Nicht geklärt ist, ob die Wirksamkeit der Einziehung **erst mit Zahlung des Einziehungs-/Abfindungsentgeltes eintritt**, wenn nicht die Satzung die Wirksamkeit der Einziehung schon vor Zahlung der Abfindung festlegt. Die Auffassung des BGH zur Wirksamkeit von Klauseln, welche ein sofortiges Ausscheiden im Falle der Kündigung vorsehen, dürfte insoweit ebenso für die Einziehung gelten.[1059] Nach dem KG hat aber auch bei Fehlen einer derartigen Satzungsregelung der rechtmäßig durch einen Einziehungsbe-

---

1049 Baumbach/Hueck/Hueck/Fastrich, GmbHG, § 34 Rn. 4 f., 7 f.; Lutter/Hommelhoff, in: Lutter/Hommelhoff, GmbHG, § 34 Rn. 9, 16; Scholz/Westermann, GmbHG, § 34 Rn. 21.
1050 BGH, NJW 1977, 2316; BayObLG, DB 1978, 2164; Baumbach/Hueck/Hueck/Fastrich, GmbHG, § 34 Rn. 8.
1051 BGH, WM 1976, 206; BayObLG, DB 1978, 2164; Lutter/Hommelhoff, in: Lutter/Hommelhoff, GmbHG, § 34 Rn. 9 m.w.N.
1052 Scholz/Westermann, GmbHG, § 34 Rn. 10 f.; Baumbach/Hueck/Hueck/Fastrich, GmbHG, § 34 Rn. 5 m.w.N.; siehe auch Zeilinger, GmbHR 2002, 772, 773.
1053 Zur Aufhebbarkeit eines Einziehungsbeschlusses vgl. DNotI-Gutachten Nr. 58344 v. 20.4.2005.
1054 Baumbach/Hueck/Hueck/Fastrich, GmbHG, § 34 Rn. 16; Scholz/Westermann, GmbHG, § 34 Rn. 46; a.A.: Lutter/Hommelhoff, in: Lutter/Hommelhoff, GmbHG, § 34 Rn. 13, 24.
1055 Baumbach/Hueck/Hueck/Fastrich, GmbHG, § 34 Rn. 11; Kort, in: Münchener Handbuch des Gesellschaftsrechts, Bd. 3, § 28 Rn. 3; a.A.: Scholz/Westermann, GmbHG, § 34 Rn. 52 f.
1056 Zur Pflicht, Maßnahmen zur Auflösung stiller Reserven aufzugreifen, wenn nur so der Abfindungsanspruch des ausgeschiedenen Gesellschafters ohne Verletzung des § 30 GmbHG erfüllt werden kann, vgl. BGH, ZIP 2006, 703 = GmbHR 2006, 531 = DStR 2006, 860 = DB 2006, 832
1057 Vgl. BGH, NJW 1975, 1835; BGH, DB 2000, 1702.
1058 BGH, DB 2000, 1702; DStR 2000, 1443.
1059 GmbHR 2003, 1062 = NZG 2003, 871 = DB 2003, 2058; vgl. oben Rn. 376 und Rn. 139.

schluss ausgeschiedene Gesellschafter einer GmbH keine Mitgliedschaftsrechte mehr, auch wenn er das Abfindungsguthaben noch nicht erhalten hat, jedenfalls in den Fällen, in denen die Einziehung auf einem gesellschaftsschädigenden Verhalten des Ausgeschlossenen beruht.[1060] Mit der Wirksamkeit der Einziehung wird der Geschäftsanteil vernichtet. Der betroffene Gesellschafter verliert seine Mitgliedschaft mit allen Rechten und Pflichten. Bis zum Wirksamwerden der Einziehung nach Kündigung des Gesellschafters kann dieser aber noch über seinen Geschäftsanteil verfügen. Erfolgt die Abtretung vor Fassung des Einziehungsbeschlusses, wird die Abtretung nicht unwirksam, vielmehr geht der Einziehungsbeschluss dann „ins Leere".[1061]

380 Wird die Einziehung **nicht mit einer Kapitalherabsetzung gemäß § 58 GmbHG verbunden**, ergibt sich eine Differenz zwischen dem Betrag des Stammkapitals und der Summe der Nennwerte der verbleibenden Geschäftsanteile. Diese Diskrepanz kann – muss aber nicht[1062] – durch die Anpassung der Nennwerte der Geschäftsanteile an das Stammkapital (sog. nominelle Aufstockung) ausgeglichen werden.[1063] Möglich ist auch die bloße Bildung eines neuen Geschäftsanteils anstelle des eingezogenen (sog. Revalorisierung) und Ausgabe an einen neuen Gesellschafter. Bei Fehlen einer entsprechenden Satzungsregelung ist umstritten, ob die Neubildung mit qualifizierter Mehrheit[1064] oder nur mit Zustimmung aller Gesellschafter[1065] beschlossen werden kann.

3. Ausschließung

381 Gesetzlich ist die Ausschließung nur in den §§ 21, 28 Abs. 1 GmbHG vorgesehen. Anerkannt ist die Möglichkeit einer Ausschließung darüber hinaus bei **Vorliegen eines wichtigen Grundes**. Eine Ausschließung ohne Satzungsregelung ist nur zulässig, wenn einerseits ein wichtiger Grund in der Person oder dem Verhalten des auszuschließenden Gesellschafters vorliegt, der sein Verbleiben in der Gesellschaft im Rahmen einer Gesamtwürdigung als nicht tragbar erscheinen lässt,[1066] ihm andererseits aber ein Abfindungsanspruch zusteht. Sofern die Abfindung nur unter Angriff des Stammkapitals geleistet werden könnte, ist sie unzulässig.[1067] Die Ausschließung eines Gesellschafters aus wichtigem Grund kommt dann nicht in Betracht, wenn die Satzung als vorrangige Sanktion die Zwangseinziehung oder die Verpflichtung zur Abtretung des Geschäftsanteils des betreffenden Gesellschafters vorsieht.[1068]

382 Für einen Ausschluss ohne Satzungsregelung hat die Gesellschaft nach vorherigem Gesellschafterbeschluss mit 3/4-Mehrheit **Ausschließungsklage zu erheben**.[1069] Bei einer zweigliedrigen Gesellschaft wird von diesem Mehrheitserfordernis eine Ausnahme gemacht, da die Entscheidung ohnehin vom ausschließungswilligen Gesellschafter getroffen wird; der auszuschließende Gesellschafter hat kein Stimmrecht.[1070] Bei der Berechnung des Quorums sind die Stimmen des betroffenen Gesellschafters nicht mit zu berücksichtigen.

1060 KG, ZIP 2006, 1098 = NZG 2006, 437 = DB 2006, 1782 (n. rkr., Revision beim BGH unter Az. II ZR 76/06).
1061 DNotI-Gutachten Nr. 45477 v. 13.11.2003.
1062 Keine gesetzliche Pflicht, BayObLG DB 91, 2537; Scholz/Westermann, GmbHG, § 34 Rn. 62, 67; a.A.: Aufstockung kraft Gesetzes: Lutter/Hommelhoff, in: Lutter/Hommelhoff, GmbHG, § 34 Rn. 2, 3.
1063 Dazu Baumbach/Hueck/Hueck/Fastrich, GmbHG, § 34 Rn. 20.
1064 Kort, in: Münchener Handbuch des Gesellschaftsrechts, Bd. 3, § 28 Rn. 43; Michalski/Sosnitza, GmbHG, § 34 Rn. 117.
1065 Dafür Baumbach/Hueck/Hueck/Fastrich, GmbHG, § 34 Rn. 20.
1066 OLG Jena, NZG 2006, 36.
1067 Zur Entwicklung der Rspr. vgl. Goette, Die GmbH, § 6 Rn. 8.
1068 OLG Jena, NZG 2006, 36.
1069 Nochmals festgestellt durch BGH, DStR 2003, 1178 = NZG 2003, 284, BGH, ZIP 2003, 395 mit Anm. Wilhelmi, EWiR 2003, 329.
1070 BGH, ZIP 1999, 1843; OLG Jena, NZG 2006, 36.

Darüber hinaus kann die Satzung die Gründe und das Verfahren für einen Ausschluss eines Gesellschafters **ausdrücklich festlegen**.[1071]

Wie bei der Einziehung ist es auch bei der Ausschließung bisher ungeklärt, ob die **Wirksamkeit bereits mit dem Beschluss und dessen Mitteilung** an den betroffenen Gesellschafter eintritt oder erst mit Zahlung des Abfindungsentgeltes. Der BGH[1072] hält im Einklang mit der wohl h.M.[1073] eine Satzungsklausel zumindest für eine Kündigung für wirksam, nach der ein Gesellschafter mit der Kündigung automatisch aus der Gesellschaft ausscheidet.

383

> Hinweis:
> Eine derartige Satzungsbestimmung ist insb. im Hinblick auf den Zeitpunkt der Wirksamkeit des Ausschließungsbeschlusses unbedingt zu empfehlen, um dem immer noch offenen Streit über die Frage zu entgehen, ob der betroffene Gesellschafter erst mit Zahlung des Abfindungsentgeltes wirksam aus der Gesellschaft ausgeschieden ist[1074] oder bereits mit Bekanntgabe des Ausschließungsbeschlusses.[1075]

II. Anteilsveräußerung

Die Geschäftsanteile an einer GmbH können **nach § 15 Abs. 1 GmbHG** veräußert werden. Das schuldrechtliche Verpflichtungsgeschäft ist vom dinglichen Verfügungsgeschäft zu trennen.

384

Gemäß § 15 Abs. 5 GmbHG können im Gesellschaftsvertrag **Beschränkungen der grds. freien Abtretung von Geschäftsanteilen** festgelegt werden (sog. Vinkulierungsklauseln). Damit soll Einfluss auf die Person eines Gesellschafternachfolgers genommen werden, woran insb. bei personalistisch geprägter Gesellschaftsstruktur ein erhebliches Interesse bestehen kann.[1076] Eine verschärfte Bindung der Mitgliedschaft kann darüber hinaus durch ein satzungsmäßiges Vorkaufsrecht oder durch Ankaufsrechte für die Mitgesellschafter geschaffen werden.[1077]

Wenn in der Satzung bestimmt ist, dass die Abtretung eines Geschäftsanteils der Zustimmung bedarf, ist der Abtretungsvertrag vor Erteilung bzw. Versagung der Zustimmung **schwebend unwirksam**.[1078] Die Vertragsteile sind für eine angemessene Frist an den Abtretungsvertrag gebunden.[1079] Wird die Zustimmung versagt, so ist der Vertrag endgültig unwirksam.[1080] Die Zustimmung kann allerdings nicht willkürlich verweigert werden.[1081] Abtretungsbeschränkungen haben ebenso keine Wirkung, wenn in einer Zweipersonen-GmbH der eine Gesellschafter alle seine Gesellschaftsanteile an den anderen veräußert.[1082]

1071 Dazu Rn. 145.
1072 GmbHR 2003, 1062 = NZG 2003, 871 = DB 2003, 2058, dazu Weipert, EWiR 2003, 1087.
1073 BGH, NJW 1960, 866; 1983, 2880, 2881; OLG Hamm, GmbHR 1993, 743, 747; LG Köln, GmbHR 1998, 1083, 1084; Scholz/Winter/Seibt, GmbHG, Anh. § 34 Rn. 51; Michalski/Sosnitza, GmbHG, Anh. 34 Rn. 42; Altmeppen, in: Roth/Altmeppen, GmbHG, § 34 Rn. 23; a.A.: Baumbach/Hueck/Hueck/Fastrich, GmbHG, § 34 Rn. 42.
1074 Michalski/Sosnitza, GmbHG, Anh. § 34 Rn. 42.
1075 Rowedder/Schmidt-Leithoff/Rowedder/Bergmann, GmbHG, § 34 Rn. 84; Tschernig, GmbHR 1999, 691, 696; Goette, DStR 2001, 533, 540.
1076 Michalski/Ebbing, GmbHG, § 15 Rn. 130.
1077 Vgl. dazu schon Rn. 135 f. sowie Westermann, in: FS für Wiedemann, S. 1349 ff.; Assman/Sethe, in: FS für Zöllner, S. 3 ff.; zu alternativen Regelungsmöglichkeiten auch Otto, GmbHR 1996, 16 ff.
1078 BGHZ 48, 163, 166; KG, GmbHR 1998, 641; Ulmer/Winter/Löbbe, GmbHG, § 15 Rn. 246; Michalski/Ebbing, GmbHG, § 15 Rn. 156; Lutter/Bayer, in: Lutter/Hommelhoff, GmbHG, § 15 Rn. 51.
1079 BGHZ 13, 179, 184 f.; Baumbach/Hueck/Hueck/Fastrich, GmbHG, § 15 Rn. 47.
1080 Scholz/Winter/Seibt, GmbHG, § 15 Rn. 133; Ulmer/Winter/Löbbe, GmbHG, § 15 Rn. 247; Michalski/Ebbing, GmbHG, § 15 Rn. 156; BGHZ 48, 163, 166.
1081 Vgl. dazu KG, NZG 2001, 805.
1082 OLG Hamm, NZG 1999, 600.

385 Nach § 40 Abs. 1 Satz 1 GmbHG sind die Geschäftsführer verpflichtet, nach jeder Veränderung in der Gesellschafterstruktur eine **neue Liste der Gesellschafter** beim Handelsregister einzureichen. Die Geschäftsführer sind nach § 40 Abs. 2 GmbHG schadensersatzpflichtig, wenn sie dieser Vorgabe nicht nachkommen.

Soll vor Eintragung der GmbH ein Geschäftsanteil übertragen werden, so sei an dieser Stelle nochmals darauf hingewiesen, dass hierfür die Beurkundung eines Anteilsübertragungsvertrags die falsche Form darstellt. Vielmehr ist hier die **Gründungsurkunde zu ändern**.[1083]

1. Beurkundungsbedürftigkeit

386 Nach § 15 Abs. 3 und 4 GmbHG bedarf es für die Abtretung von Geschäftsanteilen und der Verpflichtung hierzu einer **notariellen Beurkundung**.[1084] Formbedürftig sind auch alle Nebenabreden, die nach dem Willen der Parteien Bestandteil einer Vereinbarung sein sollen, die u.a. auch die Verpflichtung zur Anteilsübertragung zum Inhalt hat (sog. Vollständigkeitsgrundsatz).[1085] Es finden also in diesem Zusammenhang die Grundsätze zu § 311b BGB Anwendung.[1086] Für parallel zum Anteilsübertragungsvertrag abgeschlossene Verträge gilt die Faustregel, dass der weitere Vertrag beurkundungsbedürftig ist, wenn ohne ihn der Anteilsübertragungsvertrag nicht geschlossen worden wäre.[1087] Beurkundungsbedürftig sind hingegen bei allein umgekehrter Abhängigkeit nicht diejenigen (nicht formbedürftigen) Verträge, die nur unter der Voraussetzung abgeschlossen werden, dass auch der Anteilsübertragungsvertrag zum Abschluss kommt.[1088]

Eine Regelung in der Satzung, nach der bei der Kündigung eines Gesellschafters sein Gesellschaftsanteil den verbleibenden Gesellschaftern anwächst, führt im Falle der Kündigung **zum dinglichen Übergang seines Geschäftsanteiles** ohne Einhaltung der Form des § 15 Abs. 3 GmbHG.[1089] Die notarielle Mitwirkung erfolgte aber bereits bei der Gründung (§ 2 Abs. 1 Satz 1 GmbHG) oder bei der entsprechenden Satzungsänderung (§ 53 Abs. 2 Satz 1 GmbHG).

387 Die in § 15 Abs. 4 GmbHG eröffnete **Heilung einer formunwirksamen Anteilsübertragung** kann durch Abtretung grds. im unmittelbaren Anschluss an das Verpflichtungsgeschäft erfolgen. Gefährlich wird es aber, wenn die Abtretung nicht sofort wirksam werden soll, sondern bspw. unter der aufschiebenden Bedingung der Zahlung des Kaufpreises steht. Tritt dann im Zeitraum zwischen dem formunwirksamen Verpflichtungsgeschäft und der heilenden Abtretung Streit zwischen den Beteiligten auf, so können sie sich auf die Formunwirksamkeit des Kaufvertrags berufen. Sowohl der Bedingungseintritt als auch ein eventueller Verzicht auf die Bedingung[1090] führen nur zu einer **Heilung mit „ex-nunc-Wirkung"**. Darü-

---

1083 Siehe dazu bereits ausführlich Rn. 103 f.; vgl. auch OLG Frankfurt, GmbHR 1997, 896 = NJW-RR 1997, 1062.

1084 Hierzu Loritz, DNotZ 2000, 90; Witt, ZIP 2000, 1033; rechtspolitisch angegriffen von Heidenhain, ZIP 2001, 721; ders., schon NJW 1999, 3073; dagegen energisch: Kanzleiter, ZIP 2001, 2105; siehe auch Priester, DNotZ-Sonderheft 2001, 100 Jahre DNotZ, 52, 60; rechtspolitisch verfehlt für Differenzierung zwischen anwaltlich betreuten Mandanten und sonstigen: König, ZIP 2004, 1838.

1085 BGH, ZIP 1986, 1046 = NJW 1986, 2642; BGH, DStR 2000, 1272; BGH, ZIP 2001, 1536 = NJW 2002, 142; abl. Hadding, ZIP 2003, 2133 ff.

1086 Vgl. Palandt/Grüneberg, BGB, § 311b Rn. 32 – 34; BGH, ZIP 2000, 232 = NJW 2000, 951; ZIP 2000, 2224 = NJW 2001, 226.

1087 Siehe dazu ausführlich Seeger, MittBayNot 2003, 11; vgl. auch BGH, NJW-RR 2003, 1565 = WM 2003, 1141 = DNotZ 2003, 632 = DNotI-Report 2003, 64; Keim, RNotZ 2003, 44.

1088 Zum Formzwang bei einseitiger Abhängigkeit eines Kaufvertrags über GmbH-Geschäftsanteile von einem Grundstücksvertrag, wenn beide Verträge in getrennten notariellen Urkunden niedergelegt sind BGH, ZIP 2000, 2222 = DB 2000, 2586.

1089 BGH, GmbHR 2003, 1062 mit Anm. Blöse/Kleinert; dazu ausführlich Kleinert/Blöse/v. Xylander, GmbHR 2003, 1230 und GmbHR 2004, 630; dagegen Barth, GmbHR 2004, 383.

1090 Vgl. dazu BGHZ 138, 195 = ZIP 1998, 968 = NZG 1998, 514 = DStR 1998, 1026.

ber hinaus weist die Rspr. immer wieder darauf hin, dass es einer Vertragspartei nur in Extremfällen über § 242 BGB nicht gestattet ist, sich auf die Formunwirksamkeit zu berufen.[1091]

2. Heilung der unwirksamen Abtretung

Eine **Heilung der formunwirksamen oder mangels Bestimmtheit unwirksamen Abtretung** (etwa durch Eintragung oder Meldung an das Handelsregister nach § 40 GmbHG) ist im Gesetz **nicht vorgesehen**. § 15 Abs. 4 Satz 2 GmbHG bewirkt lediglich die Heilung einer formunwirksamen Abtretungsverpflichtung durch wirksame Beurkundung der dinglichen Abtretung. Somit bleibt letztlich nur die Neuvornahme bzw. Wiederholung der Abtretung in wirksamer Form. Diese kann aber immer nur ex nunc wirken, also keine heilende Wirkung für die Vergangenheit entfalten.

388

3. Anmeldung des Erwerbers gemäß § 16 GmbHG

Die **Anmeldung des Geschäftsanteilserwerbers bei der Gesellschaft** stellt eine rechtsgeschäftsähnliche Mitteilung dar, die der Geschäftsführung gegenüber abzugeben ist. Sie kann formlos, auch konkludent erfolgen.[1092] Erlangt die Gesellschaft mit Wissen und Wollen der Beteiligten Kenntnis von der Veräußerung, etwa wenn der Gesellschaftergeschäftsführer GmbH-Anteile veräußert oder erwirbt, ist auszulegen, ob eine Anmeldung vorliegt.[1093] Soweit der Erwerber in einer nachfolgenden Gesellschafterversammlung als Inhaber des übertragenen Geschäftsanteils auftritt, kann aus diesem Umstand der Wille der Beteiligten hergeleitet werden, dass die Anmeldung gegenüber der Gesellschaft vollzogen worden ist.[1094] Eine ordnungsgemäße Anmeldung liegt daher grds. ohne weiteres vor, wenn die Gesellschaft den Erwerber **als neuen Gesellschafter anerkennt und behandelt**.[1095]

389

Die Anmeldung hat unter **Nachweis des Übergangs** zu erfolgen. Erforderlich ist, dass die Gesellschaft vom Rechtsübergang überzeugend unterrichtet wird.[1096] Obwohl keine besondere Form vorgesehen ist, wird der Nachweis i.d.R. durch Vorlegung der formgerechten Abtretungsurkunde erbracht. Der Geschäftsführer entscheidet nach pflichtgemäßen Ermessen, welchen Nachweis er verlangt. Ein stillschweigender Nachweisverzicht kann in der Anerkennung und Behandlung als Gesellschafter gesehen werden.[1097]

Mit erfolgter Anmeldung tritt der Erwerber als Gesellschafter gegenüber der Gesellschaft an die Stelle des Veräußerers und sämtliche Mitgliedschaftsrechte und -pflichten gehen auf ihn über. § 16 GmbHG bewirkt also die Fiktion, dass im Verhältnis zur GmbH der angemeldete Erwerber Gesellschafter ist – und zwar unabhängig von der materiellen Rechtslage.[1098] Gemäß § 16 Abs. 3 GmbHG **haftet der Erwerber neben dem Veräußerer** für die zur Zeit der Anmeldung auf den Geschäftsanteil rückständigen Leistungen, und zwar auch auf eine rückständige Stammeinlage. Umstritten ist, ob für die bis zum Widerruf der Anmeldung fällig gewordenen und rückständigen Beträge auch derjenige haftet, der seinen Anteilserwerb wegen arglistiger Täuschung angefochten und seine Anmeldung widerrufen hat. Nach dem BGH kann sich der Erwerber durch eine Anfechtung des Anteilserwerbs und entsprechende Anmeldung der Haftung nach § 16 Abs. 3 GmbHG nicht rückwirkend entziehen.[1099] Dieser Rspr. des BGH setzt sich in einem Urteil das OLG Hamm entgegen. Das OLG Hamm lehnt eine Haftung des Erwerbers für die vom

---

1091 BGH, NJW 1999, 2892 = DNotZ 1999, 417; OLG Hamm, ZIP 2001, 881 = NJW-RR 2001, 1115.
1092 OLG Hamm, GmbHR 1985, 22; Rowedder/Schmidt-Leithoff/Pentz, GmbHG, § 16 Rn. 6 f.
1093 RGZ 127, 241; 131, 148; 157, 59; BGH ZIP 1991, 724 = GmbHR 1991, 311 = DB 1991, 1218; Baumbach/Hueck/Hueck/Fastrich, GmbHG, § 16 Rn. 3 a.E. m.w.N.
1094 BGH, GmbHR 1997, 165, 166; siehe auch OLG Schleswig, OLG Report 2004, 545.
1095 BGH, ZIP 1991, 724 = GmbHR 1991, 311 = WM 1991, 996, 997.
1096 BGH, GmbHR 1997, 165, 166.
1097 BGH, GmbHR 1991, 311, 312, BayObLG, GmbHR 1991, 371, 373; OLG Koblenz, GmbHR 1995, 586, 588.
1098 BGH, ZIP 1990, 371 = GmbHR 1990, 164 = BB 1990, 508, 510 = NJW 1990, 1915; BGHZ 112, 103 = ZIP 1990, 1057 = DNotZ 1991, 917 = NJW 1990, 2622; OLG Schleswig, NZG 2000, 318, 320; OLG Koblenz, GmbHR 1995, 586, 588; Lutter/Bayer, in: Lutter/Hommelhoff, GmbHG, § 16 Rn. 16; Scholz/Winter/Seibt, GmbHG, § 16 Rn. 2 m.w.N.
1099 BGHZ 84, 47 = ZIP 1982, 837 = DB 1982, 1865; zust. Pentz, DStR 2006, 855.

Veräußerer nicht (wirksam) geleistete Stammeinlage nach § 16 Abs. 3 GmbHG ab, wenn der Erwerber vom Veräußerer arglistig über die vollständige und ordnungsgemäße Erbringung der Stammeinlage durch den Veräußerer (hier keine Schuldtilgung wegen verdeckter Sacheinlage) getäuscht wurde und er daraufhin den Anteilserwerb nach § 123 Abs. 1 BGB angefochten und dies bei der GmbH angemeldet hat.[1100]

III. Tod eines Gesellschafters

390 Der Geschäftsanteil an einer GmbH fällt ohne weiteres in den Nachlass. Wer einen Gesellschaftsanteil erbt,[1101] entscheidet sich **allein nach dem Erbrecht**, also je nachdem nach gesetzlicher oder gewillkürter Erbfolge. Dies ist häufig eine unerwünschte Rechtsfolge. Anders als bei der Veräußerung von Geschäftsanteilen kann auf die Vererbung nicht durch die Satzung Einfluss genommen werden.

391 Sieht die Satzung beim Tod eines Gesellschafters eine **Einziehung des Geschäftsanteils** vor, setzt die Einziehung freilich die Volleinzahlung des Geschäftsanteils voraus und ist nur möglich, wenn die Gesellschaft die zu zahlende Abfindung ohne Inanspruchnahme ihres Stammkapitals leisten kann. Alternativ kann die Satzung eine Zwangsabtretung an Dritte vorsehen.

392 Auch die Gesellschafter selbst können den unerwünschten Folgen **durch entsprechende letztwillige Verfügungen** vorbeugen. So kann im Testament[1102] die Einsetzung eines Testamentsvollstreckers angeordnet und seine Verwaltungsbefugnis gemäß § 2208 BGB auf die Rechte und Pflichten aus dem Geschäftsanteil beschränkt werden. Sind die Kinder Erben, kann auch ein Elternteil als Testamentsvollstrecker bestellt werden.

393 Ebenfalls zu Lebzeiten kann der Gesellschafter seinen Geschäftsanteil **auf den Todesfall bedingt abtreten**. Allerdings muss erst ein Erwerber gefunden werden und dieser an der Abtretung mitwirken. Zudem können Vinkulierungsklauseln entgegenstehen.

394 **Mehrere Erben** können die Rechte am Geschäftsanteil **nur gemeinsam ausüben** (§ 18 GmbHG). Bei mehreren Erben hat die Erbauseinandersetzung hinsichtlich des Geschäftsanteils, wenn möglich, durch Teilung in Natur zu erfolgen (§ 752 BGB). Ist diese Teilung durch die Satzung ausgeschlossen worden oder wird die erforderliche Genehmigung verweigert (siehe dazu § 17 GmbHG), kann die Auseinandersetzung durch Verkauf des Geschäftsanteils bewirkt werden, sofern dies nicht von einer Vinkulierungsklausel erfasst wird und auch hier die Gesellschaft die Genehmigung verweigert. Dann bleibt nur noch die Versteigerung des Geschäftsanteils unter den Teilhabern.[1103]

IV. Abfindung

395 Jeder Gesellschafter, der aus der Gesellschaft durch Kündigung, Einziehung oder Ausschluss ausscheidet, kann grds. die **Zahlung einer Abfindung verlangen**.

396 **Ohne anderweitige Regelungen** in der Satzung hat die Abfindung **zum Verkehrswert des Geschäftsanteils** zu erfolgen[1104] und ist sofort mit dem Ausscheiden des Gesellschafters fällig.[1105] Es gelten insoweit die einschlägigen Richtlinien der Unternehmensbewertung, insb. die des Hauptfachausschusses (HFA) der Wirtschaftsprüfer.

1100 OLG Hamm, GmbHR 2006, 252 = DStR 2006, 667 = DB 2006, 549 (n. rkr.; Revision unter Az. II ZR 17/06) gegen BGHZ 84, 47; zust. Krafczyk/Gerlach, GmbHR 2006, 1038; i.E. zust. Weiler, ZIP 2006, 1754; krit. Pentz, DStR 2006, 855.
1101 Zur Legitimation der Erben bei notariellem Testament DNotI-Gutachten Nr. 63826 v. 1.12.2005.
1102 Dazu Mohr, GmbH-StB 2004, 374 und 2005, 23.
1103 Vgl. zur Erbauseinandersetzung hinsichtlich eines Geschäftsanteils DNotI-Gutachten Nr. 42719 v. 18.7.2003.
1104 Scholz/Westermann, GmbHG, § 34 Rn. 25; Rowedder/Schmidt-Leithoff/Rowedder/Bergmann, GmbHG, § 34 Rn. 105; Roth/Altmeppen, GmbHG, § 34 Rn. 44
1105 Rowedder/Schmidt-Leithoff/Rowedder/Bergmann, GmbHG, § 34 Rn. 113.

Enthält die Satzung Abfindungsregelungen,[1106] sind diese maßgeblich, sofern sie nicht bereits zum Zeitpunkt ihrer Aufnahme in den Gesellschaftsvertrag nichtig waren. Dann muss zum vollen Verkehrswert entschädigt werden. Hat sich ein grobes Missverhältnis zwischen satzungsmäßiger Abfindung und Verkehrswert des Anteils erst im Laufe der Zeit entwickelt, legen die Gerichte im Wege der ergänzende Vertragsauslegung eine angemessene Abfindung fest.

V. Treuhandvereinbarungen

1. Formfragen

Die Abtretung eines Geschäftsanteils unterliegt auch im Rahmen von Treuhandverhältnissen stets der Formvorschrift des § 15 Abs. 3 GmbHG. Die Formbedürftigkeit der schuldrechtlichen Treuhandabrede ergibt sich aus § 15 Abs. 4 GmbHG für die Übertragungstreuhand, bei der der Treuhänder den Geschäftsanteil vom bisherigen Gesellschafter erwirbt, sowie die Vereinbarungstreuhand, in der der Treuhänder zum Zeitpunkt des Abschlusses des Treuhandvertrags bereits Gesellschafter ist.[1107]

397

Nach § 15 Abs. 4 GmbHG formbedürftig sind auch Treuhandabreden, durch die sich der Treuhänder verpflichtet, den Geschäftsanteil von Dritten oder im Rahmen einer Gründung oder Kapitalerhöhung zu erwerben (Erwerbstreuhand).[1108] Dies gilt auch dann, wenn die Treuhandabrede nach Gründung, aber vor Eintragung der GmbH über den mit der Eintragung erst entstehenden Geschäftsanteil abgeschlossen wird.[1109]

2. Zustimmungsbedürftigkeit

Die Begründung einer Treuhandabrede kann von der Zustimmung der Gesellschaft abhängig sein, wenn der Gesellschaftsvertrag eine Vinkulierungsklausel enthält. Die Zustimmungsbedürftigkeit ist dann zu bejahen, wenn das Treuhandverhältnis die dingliche Übertragung des Geschäftsanteils beinhaltet, also für die Übertragungs- und Erwerbstreuhand.[1110] Die h.M. erstreckt – wenig überzeugend – Vinkulierungsklauseln auch auf die Vereinbarungstreuhand, obwohl hier der Geschäftsanteil zunächst überhaupt nicht abgetreten wird.[1111] Nach der h.M. sind Abreden zur Vereinbarungstreuhand bis zur Zustimmung schwebend unwirksam.[1112] Die Zustimmung zum Treuhandvertrag kann konkludent erteilt werden.[1113]

398

J. Beendigung, Liquidation, Insolvenz

I. Liquidation im Gründungsstadium

Auf die Vor-GmbH, also eine bereits gegründete, aber noch nicht eingetragene GmbH, wird grds. das GmbH-Recht angewandt, sofern dieses nicht die Eintragung voraussetzt.[1114] Das Recht der GmbH findet

399

1106 Dazu ausführlich Rn. 148 ff.
1107 BGH, ZIP 2006, 1295 = GmbHR 2006, 875 = DStR 2006, 1378 für die Vereinbarungstreuhand; BayObLG, GmbHR 1991, 572; Armbrüster, DNotZ 1997, 762, 781; Schulz, GmbHR 2001, 282; Scholz/Winter/Seibt, GmbHG, § 15 Rn. 230.
1108 BGH, ZIP 2006, 1295 = GmbHR 2006, 875 = DStR 2006, 1378; Ulmer/Winter/Löbbe, GmbHG, § 15 Rn. 196.
1109 BGH, NZG 1999, 656 = DNotZ 1999, 756 mit Anm. Armbrüster.
1110 Vgl. nur Scholz/Winter/Seibt, GmbHG, § 15 Rn. 235; Ulmer/Winter/Löbbe, GmbHG, § 15 Rn. 199.
1111 Ausführlich: Ulmer/Winter/Löbbe, GmbHG, § 15 Rn. 200; Scholz/Winter/Seibt, GmbHG, § 15 Rn. 235; a.A.: Tebben, GmbHR 2007, 63, 65 ff.; Werner, GmbHR 2006, 1248, 1252 f.
1112 BGH, ZIP 2006, 1343 = GmbHR 2006, 875 = DStR 2006, 350; Werner, 2006, 1248, 1253; a.A.: Tebben, GmbHR 2007, 63, 65 ff.
1113 BGH, ZIP 2006, 1343 = GmbHR 2006, 875 = DStR 2006, 350.
1114 OLG Hamm, DB 1994, 1232; Baumbach/Hueck/Hueck/Fastrich, GmbHG, § 11 Rn. 6; Roth, in: Roth/Altmeppen, GmbHG, § 11 Rn. 39; Lutter/Bayer, in: Lutter/Hommelhoff, GmbHG, § 11 Rn. 5; Rowedder/Schmidt-Leithoff/Schmidt-Leithof, GmbHG, § 11 Rn. 13; Scholz/K. Schmidt, GmbHG, § 11 Rn. 24, jeweils m.w.N.

allerdings keine Anwendung mehr, wenn die Absicht der Eintragung der GmbH im Handelsregister aufgegeben wird und trotzdem das Unternehmen der Gesellschaft fortgeführt bzw. nicht liquidiert wird. Auf eine solche Vor-GmbH findet regelmäßig das Recht der OHG bzw. GbR Anwendung.[1115]

Nach ganz h.M. können Änderungen des Gesellschaftsvertrags der Vor-GmbH nicht durch satzungsändernden Beschluss nach §§ 53 ff. GmbHG, sondern **nur durch Vereinbarung aller Gesellschafter gemäß § 2 GmbHG** erfolgen.[1116] Dies muss meines Erachtens erst recht für die Aufhebung einer GmbH-Satzung gelten. Zumindest für den Fall, dass die GmbH-Gründung endgültig zu scheitern droht oder schon als gescheitert anzusehen ist, gesteht der BGH den Gesellschaftern in analoger Anwendung der §§ 723 Abs. 1 BGB ein Recht zur Kündigung der Vorgesellschaft aus wichtigem Grund mit der Folge der Auflösung zu.[1117]

Davon zu unterscheiden ist die Frage, ob eine **Liquidation erforderlich ist**. Soweit die Vor-GmbH mangels Einbringung von Einlagen weder Vermögenswerte erworben hat noch Verbindlichkeiten eingegangen ist,[1118] erscheint eine Liquidation entbehrlich. Andernfalls sollte die erforderliche Liquidationsvereinbarung zwischen allen Gesellschaftern geschlossen werden.

400 Umstritten ist, nach welchen Vorschriften die **Abwicklung einer Vor-GmbH** stattfindet, wenn die Vor-GmbH nicht mehr im Handelsregister eingetragen werden soll und auch sonst keine Geschäfte mehr betreibt.

Nach der in der Lit. h.M. sollen auf die Abwicklung der Vor-GmbH grds. **die Vorschriften der Abwicklung einer GmbH** Anwendung finden, namentlich also die §§ 65 ff. GmbHG.[1119] Dem hat sich wohl auch der BGH[1120] im Grundsatz angeschlossen. Folgt man der Auffassung der herrschenden Lehre, müssen auch die §§ 65 Abs. 2, 73 GmbHG beachtet werden.[1121] Nur § 65 Abs. 1 GmbHG dürfte von der Eintragung im Handelsregister abhängen und insofern keine Anwendung auf die Vor-GmbH finden.

Im Ergebnis bestehen **berechtigte Gläubigerschutzinteressen** bei der Auflösung einer Vor-GmbH gleichermaßen wie bei der Liquidation einer GmbH. Es ist zumindest der gleiche Schutz wie bei einer eingetragenen GmbH zu gewähren. Insofern müssen die Gläubiger der Vor-GmbH, die im Vertrauen darauf, dass ihr Schuldner bereits ein geschütztes Haftkapital hat oder eine persönliche Verlustdeckungshaftung oder Differenzhaftung der Gesellschaft eingreift, von der Auflösung der Vor-GmbH unterrichtet werden. Zunächst müssen also die Gläubiger nach § 70 GmbHG befriedigt und das restliche Vermögen nach § 72 GmbHG verteilt werden. Unter dem gleichen Gesichtspunkt halte ich auch die Einhaltung des Sperrjahres nach § 73 GmbHG für erforderlich.[1122]

1115 Baumbach/Hueck/Hueck/Fastrich, GmbHG, § 11 Rn. 32 f.; Roth, in: Roth/Altmeppen, GmbHG, § 11 Rn. 58; Scholz/K. Schmidt, GmbHG, § 11 Rn. 143, jeweils m.w.N.; vgl. Heckschen/Heidinger, Die GmbH in der Gestaltungspraxis, § 1 Rn. 28.

1116 Baumbach/Hueck/Zöllner, GmbHG, § 53 Rn. 87; Marquardt, in: Münchener Handbuch des Gesellschaftsrechts, Bd. 3, § 22 Rn. 15; Ulmer/Ulmer, GmbHG, § 11 Rn. 47; a.A.: Scholz/K. Schmidt, GmbHG, § 11 Rn. 47 f.; siehe Heckschen/Heidinger, Die GmbH in der Gestaltungspraxis, § 1 Rn. 72 ff.

1117 BGH, ZIP 2006, 2267 = NZG 2007, 20 = DStR 2006, 2322.

1118 Die Notarkosten müssten bereits bezahlt sein.

1119 Baumbach/Hueck/Hueck/Fastrich, GmbHG, § 11 Rn. 31; Lutter/Bayer, in: Lutter/Hommelhoff, GmbHG, § 11 Rn. 17; Rowedder/Schmidt-Leithoff/Schmidt-Leithof, GmbHG, § 11 Rn. 69; Scholz/K. Schmidt, GmbHG, § 11 Rn. 56.

1120 BGH, NJW 1998, 1079, 1080.

1121 So auch Ulmer/Ulmer, GmbHG, § 11 Rn. 55 f. explizit für §§ 71, 73 GmbHG; a.A.: Rowedder/Schmidt-Leithoff/Schmidt-Leithoff, GmbHG, § 11 Rn. 69.

1122 So auch für die Einmann-GmbH: Bode, Die gescheiterte Gründung der Ein-Mann-GmbH, S. 161 sowie Kussrow, Die Ein-Mann-GmbH in Gründung, S. 200 für Mehrmanngesellschaft unter ausdrücklicher Ablehnung für Einmann-GmbH.

II. Weitere Rechtsfragen zur Liquidation

Die **Auflösungsgründe ergeben sich aus § 60 GmbHG**. Zu berücksichtigen ist, dass es sich bei der Auflösung der Gesellschaft um einen mehraktigen Vorgang handelt, soweit nicht das Gesetz Liquidation und Auflösung zusammen fallen lässt:

- Verschmelzungs-/Umwandlungsfälle,
- Löschung kraft Gesetzes (vgl. § 60 GmbHG).

Im Normalfall folgt auf den Liquidationsbeschluss der Gesellschaft die Auflösung. Mit dem Liquidationsbeschluss ändert die Gesellschaft ihren Zweck von einer werbenden hin zu einer auf Abwicklung gerichteten.

Erfolgt der Auflösungsbeschluss **innerhalb der von der Satzung vorgesehenen Fristen**, bedarf er einer 3/4-Mehrheit, aber keiner besonderen Form. Wenn die Auflösung vor einer Frist, die für die Mindestdauer der Gesellschaft gesetzt war, beschlossen wird, kommt der Auflösungsbeschluss einer Satzungsänderung gleich und ist notariell zu beurkunden. Auch hier gilt eine 3/4-Mehrheit als erforderlich. Der Gesellschaftsvertrag kann jedoch schärfere oder mildere Erfordernisse aufstellen.

Der Auflösungsbeschluss unterliegt **grds. keinem sachlichen Rechtfertigungszwang**.[1123] Grds. kann sich die Minderheit der Gesellschafter nicht darauf berufen, dass die Gesellschaft anstatt der Auflösung eine andere Form der Abwicklung, bspw. durch Umwandlung, hätte wählen sollen. Fasst der Mehrheitsgesellschafter den Auflösungsbeschluss und überführt danach im Wege der Einzelrechtsübertragung das Vermögen auf einen anderen, auch von ihm beherrschten Rechtsträger, so ist dies grds. zulässig. Etwas anderes gilt, wenn er derartige Abwicklungsmaßnahmen bereits vor der Beschlussfassung ergreift.[1124]

Die Auflösung der Gesellschaft kann auch **durch Urteil auf Auflösungsklage** eines Gesellschafters hin erfolgen. Einen weiteren Auflösungsgrund stellt die Löschung durch das Registergericht wegen Vermögenslosigkeit dar (§ 141a FGG i.V.m. § 60 Nr. 7 GmbHG). Ist eine GmbH Komplementärin einer KG, wird ihre Löschung nach § 141a FGG allerdings zu Recht abgelehnt, solange die GmbH im Rahmen der Abwicklung der GmbH & Co. KG noch Mitwirkungsrechte und -pflichten wahrzunehmen hat.[1125] In diesem Falle wird die gelöschte GmbH, falls dies nach der Löschung noch erforderlich ist, ausschließlich durch die nach § 66 Abs. 5 GmbHG vom Gericht bestellten Liquidatoren vertreten.[1126]

Die Liquidationsgesellschaft kann **als werbende Gesellschaft fortgesetzt werden**, solange mit der Verteilung des Vermögens nicht begonnen wurde, auch wenn sie im Handelsregister bereits gelöscht worden ist.[1127] Voraussetzung ist des weiteren, dass die Gesellschaft nicht überschuldet ist. Dies ergibt sich aus einem Überschuldungsstatus unter Zugrundelegung von Zerschlagungs- statt Fortführungswerten,[1128] dessen Vorlage das Registergericht allerdings nur bei entsprechenden Zweifeln verlangen kann. Die Fortsetzung einer insolventen Gesellschaft können die Gesellschafter nur unter den Voraussetzungen des § 60 Abs. 1 Nr. 4 GmbHG beschließen.

Die Liquidation **erfolgt durch die Liquidatoren**. Dies sind die Geschäftsführer, soweit die Satzung keine anderen Regelungen trifft. Bei der Anmeldung der Liquidatoren zur Eintragung ins Handelsregister ist die Vertretungsbefugnis mit anzugeben. Die in der Satzung enthaltenen Regelungen für die Geschäftsführer gelten nach überwiegender Rspr. nicht ohne weiteres auch für die Liquidatoren.[1129] Auch bei der Anmel-

---

1123 BGH, NJW 1980, 1278.
1124 BGH, NJW 1988, 1579; vgl. zur Gesamtproblematik zuletzt BayObLG, ZIP 1998, 2002.
1125 OLG Frankfurt, ZIP 2005, 2157 = GmbHR 2005, 1138 = NZG 2005, 844 = DB 2005, 2239; Heckschen/Voigt, EWiR 2005, 881.
1126 OLG München, DB 2005, 2185.
1127 DNotI-Gutachten Nr. 42579 v. 15.7.2003.
1128 BayObLG, GmbHR 2000, 540.
1129 Meyding/Schnorbus/Hennig, ZNotP 2006, 122, 133.

dung nur eines Liquidators ist nach überwiegender Meinung aus Klarstellungsgründen Einzel- oder Gesamtvertretungsmacht für den abstrakten Fall anzumelden, dass ein weiterer Vertreter hinzukommt.[1130]

Die Liquidation ist i.d.R. **nicht vor dem Ablauf des Sperrjahres** beendet. Die Gesellschaft kann daher grds. nicht vor Ablauf des Jahres aus dem Handelsregister gelöscht werden. Die Unterschriftsbeglaubigung für die Anmeldung der Löschung kann auch schon vor Ablauf des Sperrjahres erfolgen, die Anmeldung der Löschung selbst allerdings frühestens bis zu zwei Wochen vor Ablauf des Sperrjahres.[1131] Von der Einhaltung des Sperrjahres kann abgesehen werden, wenn die GmbH kein verteilungsfähiges Vermögen mehr hat.[1132]

Stellt sich nach Abschluss der Abwicklung heraus, dass weitere Abwicklungsmaßnahmen erforderlich sind, kann **eine Nachtragsliquidation** eingeleitet werden. Die Bestellung der Nachtragsliquidatoren ist nur für die AG in § 273 Abs. 4 AktG geregelt. Die h.M. erstreckt diese Regelung als allgemeinen Grundsatz analog aber auch auf die übrigen Körperschaften, wie z.B. die GmbH.

III. Insolvenz der GmbH

404 Die GmbH[1133] und auch die Vor-GmbH[1134] ist als juristische Person und Handelsgesellschaft insolvenzfähig. Dies ist sie auch dann noch, wenn die Gesellschaft schon aufgelöst, ihr Vermögen aber noch nicht verteilt ist (§ 11 Abs. 1, 3 InsO).

1. Pflicht zur Stellung des Antrags auf Insolvenzeröffnung

405 Bei Zahlungsunfähigkeit oder Überschuldung besteht die Pflicht, **ohne schuldhaftes Zögern**, spätestens aber drei Wochen nach Eintritt der Zahlungsunfähigkeit oder Überschuldung die Eröffnung des Insolvenzverfahrens zu beantragen. Diese Pflicht obliegt nach § 64 Abs. 1 GmbHG den Geschäftsführern bzw. Liquidatoren. Nach ständiger Rspr. fällt darunter auch der sogenannte „faktische Geschäftsführer".[1135]

Die Eröffnung des Insolvenzverfahrens ist **spätestens drei Wochen** nach Eintritt der Zahlungsunfähigkeit oder Überschuldung (§ 64 Abs. 1 GmbHG) zu beantragen.

> **Hinweis:**
> Es darf dabei nicht bis zum Ablauf dieser Frist zugewartet werden, um dann kurz vor Fristende den Antrag zu stellen und so noch möglichst viel Vermögen zu retten.[1136]

Nach h.M. in Rspr. und Lehre haften die Geschäftsführer nach § 64 Abs. 1 GmbHG bereits, wenn sie **wegen Fahrlässigkeit keinen Insolvenzantrag stellen**.[1137]

Soweit die Geschäftsführer **ihre Pflichten aus § 64 Abs. 1 GmbHG verletzen**, kommt aus strafrechtlicher Sicht § 84 Abs. 1 Nr. 2, Abs. 2 GmbHG in Betracht. Zivilrechtlich können die Geschäftsführer nach § 823 Abs. 2 BGB i.V.m. § 64 Abs. 1 GmbHG oder § 64 Abs. 2 GmbHG haften. Nach einhelliger Ansicht stellt § 64 Abs. 1 GmbHG ein Schutzgesetz i.S.v. § 823 Abs. 2 BGB dar, dessen Schutzwirkung mit dem Insolvenzantrag endet und vor allem die Gläubiger der GmbH erfasst.

1130 DNotI-Gutachten Nr. 46134 v. 15.12.2003.
1131 DNotI-Gutachten Nr. 61197 v. 9.8.2005.
1132 OLG Köln, ZIP 2004, 2376 = RNotZ 2005, 50.
1133 Zur Insolvenz der GmbH vgl. auch Reul/Heckschen/Wienberg, Insolvenzrecht in der Kautelarpraxis, N; zur Insolvenzanfälligkeit der GmbH Fastrich, DStR 2006, 656; Meyer, GmbHR 2004, 1417.
1134 BGH, NZG 2003, 1167.
1135 Haas, DStR 2003, 423, 423 m.w.N.; für die entsprechende strafrechtl. Vorschrift des § 84 GmbHG siehe BGHSt 3, 32, 38; 21, 101, 103; OLG Düsseldorf, NJW 1988, 3166, 3167.
1136 BGH, DStR 2001, 1537, 1538.
1137 Bayer/Schmidt, AG 2005, 644 ff.; Lutter/Kleindiek, in: Lutter/Hommelhoff, GmbHG, § 64 Rn. 44; Michalski/Nerlich, GmbHG, § 64 Rn. 48 f. m.w.N.; a.A.: OLG Koblenz DB 2004, 2521 = AG 2005, 446 und OLG Frankfurt, AG 2005, 91, 93, beide zum gleichlautenden § 92 Abs. 2 AktG.

Die Geschäftsführer sind für alle nach Eintritt der Zahlungsunfähigkeit oder Feststellung der Überschuldung geleisteten Zahlungen zum Ersatz verpflichtet (§ 64 Abs. 2 Satz 1 GmbHG), es sei denn, die Zahlungen waren auch nach diesem Zeitpunkt **mit der Sorgfalt eines ordentlichen Geschäftsmanns** vereinbar (§ 64 Abs. 2 Satz 2 GmbHG). So darf der Geschäftsführer zur Aufrechterhaltung des Geschäftsbetriebs noch Leistungen erbringen, die auch vom Insolvenzverwalter erbracht worden wären, wie z.B. die Erfüllung vorteilhafter zweiseitiger Verträge (§ 103 InsO). Von § 64 Abs. 2 Satz 2 GmbHG sind jedoch bei verspäteter Insolvenzantragstellung solche Zahlungen nicht mehr erfasst, die seitens der Gesellschaft **bei rechtzeitiger Insolvenzantragstellung nicht mehr erbracht worden wären**.[1138] Insoweit ist insb. darauf abzustellen, wann ein rechtzeitig bestellter Insolvenzverwalter bestehende Dauerschuldverhältnisse nach §§ 108 ff. InsO hätte beenden können.[1139]

Hinsichtlich der Schadensberechnung differenziert die h.M. zwischen vertraglichen Neu- und Altgläubigern. Altgläubiger bekommen nur den sogenannten Quotenschaden ersetzt, während Neugläubiger das gesamte negative Interesse ersetzt verlangen können. In letzterem Fall ist umstritten, ob der auf Ersatz des negativen Interesses gerichtete Anspruch über den Kontrahierungsschaden hinaus auch auf gesetzliche Schuldverhältnisse zu erstrecken ist. Die Rspr. hat diese Frage bislang offen gelassen.[1140] **Ob jemand Alt- oder Neugläubiger ist**, entscheidet der Vertragsschluss mit der Gesellschaft – nach Eintritt der Insolvenz spricht man von Neugläubigern, vor Eintritt der Insolvenz spricht man von Altgläubigern. Bei Dauerschuldverhältnissen wird auf den Zeitabschnitt abzustellen sein, für den die jeweilige Forderung entstanden ist.[1141] 406

Umstritten ist, **wann der Schadenersatzanspruch verjährt**. In Frage kommen die Verjährungsvorschriften des § 195 BGB (§ 852 BGB a.F.[1142]) oder § 64 Abs. 2 Satz 3 i.V.m. § 43 Abs. 4 GmbHG. Die Rspr. ist hier uneinig. Nach dem OLG Stuttgart soll § 852 BGB a.F. zur Anwendung kommen,[1143] nach dem OLG Saarbrücken § 64 Abs. 2 Satz 3 i.V.m. § 43 Abs. 4 GmbHG den § 852 BGB.[1144] Letztlich dürfte wohl die zivilrechtliche Verjährungsfrist anzuwenden sein, weil der Schadensersatzanspruch methodisch immerhin aus dem BGB folgt (§ 823 Abs. 2 BGB) und § 64 Abs. 1 GmbHG in diesem Zusammenhang nur eine Hilfsnorm darstellt. Außerdem ist der deliktische Anspruch aus § 823 Abs. 2 BGB i.V.m. § 64 Abs. 1 GmbHG wesensverschieden vom eher gesellschaftsrechtlichen Haftungsanspruch aus § 64 Abs. 2 GmbHG. 407

2. Insolvenzverfahren

Durch die Eröffnung des Insolvenzverfahrens wird die **GmbH aufgelöst** (§ 60 Abs. 1 Nr. 4 GmbHG). Dadurch wird ein spezifisches insolvenzrechtliches Abwicklungsverfahren eingeleitet. Sofern nicht Eigenverwaltung nach §§ 270 ff. InsO angeordnet wird, werden die Geschäftsführer der GmbH durch den Insolvenzverwalter aus ihrer Zuständigkeit verdrängt. Mit der Eröffnung des Insolvenzverfahrens erlöschen gemäß § 117 Abs. 1 InsO auch alle von der GmbH erteilten Prokuren. Das Erlöschen der Prokuren ist jedoch nicht in das Handelsregister einzutragen.[1145] 408

Der **Insolvenzverwalter ist berechtigt**, an der Bestellung oder Abberufung von Geschäftsführern einer GmbH mitzuwirken, wenn der Gemeinschuldner nicht alleiniger Gesellschafter der GmbH ist, da dies zur Verwaltung des Geschäftsanteils gehört, die dem Insolvenzverwalter nach § 80 Abs. 1 InsO obliegt. 409

1138 OLG Celle, ZIP 2004, 1210.
1139 OLG Celle, ZIP 2004, 1210.
1140 BGH, NZG 2003, 923 m.w.N.
1141 Haas, DStR, 2003, 423, 427 f.
1142 Geltung bis 31.12.2001.
1143 OLG Stuttgart, NZI 2000, 597.
1144 OLG Saarbrücken, NZG 2000, 597.
1145 LG Halle, ZIP 2004, 2294.

Gleiches gilt auch für Umfirmierungen, die Erbringung von Stammeinlagen, Übertragung der Geschäftsanteile und Ähnliches.[1146]

Grds. hat der Insolvenzverwalter entsprechend seiner Verpflichtung zur Verwaltung und Verwertung der Masse offene **Stammeinlageforderungen gegen die Gesellschafter geltend zu machen**.[1147] Ficht der Insolvenzverwalter die Verrechnung der Zahlung mit dem Kontokorrentsaldo des Kreditinstituts erfolgreich an, so steht die eingezahlte Einlage zur freien Verfügung der Gläubiger, weshalb der Verwalter die nochmalige Zahlung der Stammeinlage durch den Gesellschafter nicht mehr einfordern kann.[1148] Andernfalls würde der Masse mehr zustehen, als wenn der Gesellschafter erst nach Eröffnung des Insolvenzverfahrens die Einlage geleistet hätte. Damit geht die Durchführung einer möglichen Insolvenzanfechtung der Nachforderung der Stammeinlage vor, jedenfalls wenn der Anfechtungsgegner solvent ist.[1149]

410 Noch nicht endgültig geklärt ist die **Möglichkeit der Heilung verdeckter Sacheinlagen** in der Insolvenz. Unter Hinweis auf das fehlende Verwaltungs- und Verfügungsbefugnis der Gesellschafter hat das OLG Saarbrücken eine Heilung durch Nachholen der Sacheinlageerfordernisse abgelehnt.[1150]

Sofern sich bereits **vor Eröffnung des Insolvenzverfahrens die Masselosigkeit der Gesellschaft herausstellt**, hindert das die Eröffnung des Insolvenzverfahrens (§ 26 InsO) und führt zur Auflösung der Gesellschaft (§ 60 Abs. 1 Nr. 5 GmbHG), bei der die GmbH liquidiert wird, ohne – wie im Insolvenzverfahren – für die Gleichberechtigung aller Gläubiger zu sorgen. Fehlt der GmbH nicht nur das für ein Insolvenzverfahren erforderliche Vermögen (Masselosigkeit), sondern ist sie insgesamt vermögenslos, so wird sie nach § 141a FGG von Amts wegen gelöscht. Ein Liquidationsverfahren erübrigt sich hier i.d.R.

3. Alternative Handlungsmöglichkeiten in der Krise der GmbH

411 Neben der Möglichkeit, die GmbH zu sanieren, zu liquidieren oder einen Insolvenzantrag zu stellen, bieten sich auch noch alternative Möglichkeiten an, bereits im Vorfeld einer Krise der Gesellschaft tätig zu werden. Zunächst ist hier die **Selbstprüfungspflicht des Geschäftsführers** zu nennen, um über den vermögensrechtlichen Stand der Gesellschaft immer auf dem Laufenden zu sein. Des Weiteren bestehen die Möglichkeiten einer **vereinfachten Kapitalherabsetzung** (§§ 58a ff. GmbHG) oder der Übertragung der gesunden Teile der Gesellschaft auf ein neues Unternehmen, um dann lediglich die schwächeren Unternehmensteile der Altgesellschaft einer freiwilligen oder staatlichen Liquidation zuzuführen.[1151] Letzteres Vorgehen kann rechtmäßig sein, sofern es keine Gläubigerbenachteiligung darstellt und damit zur Insolvenzanfechtung bzw. § 826 BGB führt.

4. Firmenbestattung

412 In der Praxis wird zunehmend eine Form der **missbräuchlichen Verwendung der GmbH in der Krise** oder Insolvenz beobachtet, die man als (strafrechtlich relevante) „Firmenbestattung" oder „organisierte Firmenbestattung" bezeichnet.[1152]

In diesen Fällen wollen sich die Gesellschafter einer in wirtschaftlichen Schwierigkeiten steckenden **GmbH durch Veräußerung der Geschäftsanteile** an einen sog. „Firmenbestatter" der Unannehmlich-

---

1146 Zur selbständigen Verkäuflichkeit der Firma vgl. Heckschen, NotBZ 2006, 346; Reul/Heckschen/Wienberg, Insolvenzrecht in der Kautelarpraxis, N. III. sowie Heckschen/Heidinger, Die GmbH in der Gestaltungspraxis, § 11 Rn 46 ff.

1147 Zur Verjährung der Stammeinlageforderungen vgl. OLG Jena, ZIP 2006, 1862 = NZG 2006, 752 = DB 2006, 2285; OLG Düsseldorf, GmbHR 2006, 655 = NZG 2006, 432 mit krit. Anm. Undritz/Nissen, EWiR 2006, 343.

1148 OLG Hamm, ZIP 2004, 1427.

1149 OLG Hamm, ZIP 2004, 1427.

1150 OLG Saarbrücken, NotBZ 2004, 161 mit Anm. Undritz, EWiR 2004, 1031.

1151 Näheres bei Treffer, GmbHR 2003, 166 ff.; zur sanierenden Übertragung Hölzle, DStR 2004, 1433 ff.; Falk/Schäfer, ZIP 2004, 1337 ff.

1152 Ausführlich: Reul/Heckschen/Wienberg, Insolvenzrecht in der Kautelarpraxis, N. IV.; Heckschen/Heidinger, Die GmbH in der Gestaltungspraxis, § 11 Rn. 55 ff. sowie Pape, ZIP 2006, 877, 879.

keiten des Insolvenzverfahrens entziehen. Dabei werden typischerweise die bisherigen Geschäftsführer abberufen und entlastet, die Firma der Gesellschaft verändert und der Sitz verlegt, dies oft mehrmals hintereinander. Die neuen Anteilseigner stellen die Geschäftätigkeit ein und verwerten das vorhandene Vermögen. Wenn dann Insolvenzantrag gestellt wird, haben die neuen Geschäftsführer keinerlei Informationen über die Gesellschaft und die Geschäftsunterlagen sind am neuen Firmensitz unauffindbar. Damit will man die Abweisung des Antrags auf Insolvenzeröffnung mangels Masse erreichen, um eine **schnelle und lautlose Liquidation zu ermöglichen**. Das so „beerdigte" Unternehmen wird häufig nach kurzer Zeit von einer von den früheren Gesellschaftern neu gegründeten Gesellschaft fortgeführt. Hierzu erwerben die Altgesellschafter eine vom „Bestattungsunternehmer" bereitgehaltene Vorratsgesellschaft. Nach Auflösung der alten Gesellschaft an einem anderen Ort unter geänderter Firma kann die ursprüngliche oder nur leicht geänderte Firma weiterverwendet werden, so dass der „Tod" der alten Gesellschaft an ihrem früheren Sitz im Geschäftsverkehr nicht bemerkt wird.

Die Zivilrspr. hatte es bisher im Zusammenhang mit Firmenbestattungen hauptsächlich mit der Frage zu tun, ob durch die formale Sitzverlegung ein **Zuständigkeitswechsel des Insolvenzgerichts** anzuerkennen ist. Dies wurde überwiegend verneint, weil keine tatsächliche Verlegung des Verwaltungssitzes erfolgt sei.[1153] Das BayObLG hat in einem Zuständigkeitsstreit dem Gericht des neuen Firmensitzes Recht gegeben, an welches verwiesen wurde und das sich selbst unter Zurückverweisung an das Ausgangsgericht für unzuständig erklärt hatte.[1154] Offensichtlich sei eine Zuständigkeitserschleichung in einem Fall gewerbsmäßiger „Firmenbestattung" versucht worden, womit sich die Verantwortlichen „aus der Haftung stehlen" wollten. Das OLG Karlsruhe[1155] hingegen sah eine nach dem oben vorgestellten Ablauf erfolgende Verweisung an ein anderes Gericht als grds. bindend an. Da gewerbliche Firmenbestattungen nicht ausschließlich und nicht in erster Linie einer Veränderung der Zuständigkeit im Insolvenzverfahren dienten, vielmehr eine Dienstleistung für Alt-Gesellschafter und -Geschäftsführer einer GmbH seien, könne man dies nicht von vornherein als rechtswidrig qualifizieren. Nachdem das OLG Karlsruhe wegen Divergenzen zu anderen obergerichtlichen Entscheidungen diese Frage dem BGH vorgelegt hatte, hat dieser dem Verweisungsbeschluss die rechtliche Wirkung aberkannt.[1156] Der BGH verpflichtete die Gerichte, vor einer Verweisung wegen Unzuständigkeit die **eigene Unzuständigkeit zu prüfen**, ggf. den Sachverhalt weiter aufzuklären. Ohne eine solche Prüfung entbehre der Verweisungsbeschluss einer gesetzlichen Grundlage und sei daher willkürlich.

413

Wenig beleuchtet wurde bisher, ob die im Rahmen der „Bestattung" durchgeführten Anteilsveräußerungen, das Ausscheiden der bisherigen Gesellschafter und die weiteren Beschlüsse der neuen Gesellschafter zur Geschäftsführerbestellung, Firmenänderung und Sitzverlegung rechtswirksam sind.[1157] Das AG Memmingen[1158] hat **sämtliche Geschäfte und Beschlüsse als sittenwidrig und nichtig angesehen**, weil sie einzig dem Zweck gedient hätten, den Altgesellschaftern eine Trennung zu ermöglichen, ohne einen Insolvenzantrag stellen zu müssen. Zudem verstoßen die Beteiligten der Firmenbestattung in einverständlichem und planvollem Handeln gegen eine Vielzahl von Strafgesetzen. Dann kann auch gesellschaftsrechtlich eine Wirksamkeit dieser eklatant rechtswidrigen Beschlüsse wegen § 241 Nr. 3 AktG nicht anerkannt werden. Gegen die Annahme der Sittenwidrigkeit der schuldrechtlichen Geschäftsanteilsveräußerung nach § 138 BGB bestehen dagegen keine Bedenken. Auf diese Geschäfte finden die Vorschriften, welche die Nichtigkeitsgründe von Gesellschafterbeschlüssen begrenzen, keine Anwendung. Auch die dingliche Anteilsabtretung wird von der Nichtigkeit erfasst, weil gerade darin der Gesetzes- und Sittenverstoß liegt.[1159]

414

1153 BayObLG, GmbHR 2003, 1495, dazu Gundlach/Frenzel/Schmidt, DStR 2004, 1183; Frind, EWiR 2004, 663; OLG Celle, GmbHR 2003, 1495; 2004, 502; OLG Schleswig, GmbHR 2004, 503; OLG Stuttgart, GmbHR 2004, 503; vgl. Wachter, GmbHR 2004, 955, 956 m.w.N.
1154 BayObLG, GmbHR 2003, 1495.
1155 OLG Karlsruhe, ZIP 2005, 1475.
1156 BGH, ZIP 2006, 442 = NJW 2006, 848; zust. Pape, ZIP 2006, 877.
1157 Vgl. dazu DNotI-Gutachten Nr. 48101 v. 20.9.2004.
1158 AG Memmingen, GmbHR 2004, 952 ff. mit Anm. Wachter = Rpfleger 2004, 223 ff. mit Anm. Ries.
1159 Wachter, GmbHR 2004, 955, 956.

Dem BGH lag ein Fall einer Firmenbestattung vor, in dem der Insolvenzverwalter die Unterlassung der Geltendmachung von Freistellungsansprüchen der GmbH wegen vorsätzlicher Gläubigerbenachteiligung nach §§ 3 Abs. 1, 1 Abs. 2 AnfG angefochten hatte.[1160] Der BGH wertet hier die faktische Liquidation einer GmbH durch Verschwindenlassen im Ausland, ohne noch offene Forderungen zu realisieren und Gläubiger zu befriedigen, als erhebliches Beweisanzeichen für ein bewusstes Unterlassen, das letzlich die Bejahung des Vorsatzes zur Gläubigerbenachteiligung nach § 3 Abs. 1 AnfG erlaube. Das LG Berlin hat die Anfechtung von Zahlungen des Geschäftsführers der späteren Gemeinschuldnerin aus deren Vermögen an den Firmenbestatter bejaht; Anfechtungsgrund war die vorsätzliche Gläubigerschädigung nach § 133 Abs. 1 InsO.[1161] Auch mit einer Insolvenzanfechtung kann also den Firmenbestattungen begegnet werden.

Letztlich kann sich der Geschäftsführer, der bei Insolvenzreife Zahlungen an den Firmenbestatter erbringt, nach § 64 Abs. 2 GmbHG schadensersatzpflichtig machen.[1162]

1160 BGH, DStR 2006, 664 mit Anm. Goette = DNotZ 2006, 475.
1161 LG Berlin, ZIP 2006, 862.
1162 LG Berlin, ZIP 2006, 865 (rkr).

§ 2 Aktiengesellschaft

Inhaltsverzeichnis

	Rn.
A. Allgemeines	1
B. Gründung	6
I. Bargründung	6
1. Checkliste: Bargründung	6
2. Muster : Bargründung einer AG	7
3. Gründungsprotokoll	8
a) Form	8
b) Inhalt des Gründungsprotokolls	11
aa) Gründer	12
bb) Aktienart/Aktiengattung	14
cc) Einzahlungsbetrag auf das Grundkapital	15
c) Feststellung der Satzung	16
d) Mängel und Änderung der Gründungssatzung	17
e) Bestellung des ersten Aufsichtsrats	18
f) Bestellung des Abschlussprüfers	20
g) Bestellung des ersten Vorstandes	21
h) Kosten	22
4. Berichte/Prüfungen	23
a) Gründungsbericht der Gründer	23
b) Gründungsprüfung durch Vorstand und Aufsichtsrat	24
c) Externe Gründungsprüfung	25
d) Gründungsprüfung durch den Notar	28
5. Anmeldung	29
a) Zur Anmeldung Verpflichtete	29
b) Reparaturvollmacht	30
c) Voraussetzung der Anmeldung, Leistung der Einlage	31
aa) Höhe der Einlageleistung	32
bb) Zeitpunkt der Einlageleistung	34
cc) Zahlung auf ein Konto der Gesellschaft oder des Vorstandes	35
dd) Leistung zur freien Verfügung des Vorstandes	38
d) Inhalt der Handelsregisteranmeldung	40
6. Eintragung in das Handelsregister und Entstehen der AG	44
7. Mitteilung nach § 20 AktG und nach § 42 AktG	46
II. Besonderheiten bei der Sachgründung/Sachübernahme	49
1. Festsetzungen in der Satzung und Einbringung	49
a) Sacheinlagen/Sachübernahmen	49
b) Festsetzungen in der Satzung	50
c) Gegenstand der Sacheinlage bzw. Sachübernahme	54
d) Einbringungsvertrag	55
e) Leistungszeitpunkt	57
2. Bestellung des Aufsichtsrats	58
3. Berichte/Prüfungen	59
a) Gründungsbericht der Gründer	59
b) Gründungsbericht von Vorstand, Aufsichtsrat und Gründungsprüfer	60
4. Handelsregisteranmeldung	61
5. Handelsregistereintragung und Prüfung der Werthaltigkeit/Differenzhaftung	63
III. Mischformen	64
1. Mischeinlage (auch gemischte Einlage)	64
2. Gemischte Sacheinlage	65
IV. Verdeckte Sacheinlage	66
V. Vorratsgründung bzw. Mantelverwendung oder Mantelkauf	76
VI. Haftung und Vertretung im Gründungsstadium	80
1. Haftung in der Vorgründungs-AG	80
2. Haftung der Gründer in der Vor-AG	81
a) Unterbilanzhaftung	82
b) Verlustdeckungshaftung	83
c) Wirksamkeit von Rechtsgeschäften der Vor-AG	84
aa) Vertretungsmacht des Vorstandes	84
bb) Geschäfte der Vor-AG als Nachgründung oder Sachübernahme	85
d) Differenzhaftung des Sacheinlegers	86
e) Sonstige Haftungsgefahren	87
3. Handelndenhaftung	88
4. Haftung von Vorstand und Aufsichtsrat	89
5. Haftung von Gründungsprüfer und kontoführender Bank	90
C. Nachgründung	91
I. Allgemeines	91
II. Vertragspartner der AG	92
III. Vertragsgegenstand	96
IV. Vergütung	97
V. Ausnahme nach § 52 Abs. 9 AktG	98
VI. Nachgründung bei unwirksamer Sachgründung (§ 52 Abs. 10 AktG)	99
VII. Rechtsfolgen	100
VIII. Verfahren/Nachgründungsbericht/Eintragung im Handelsregister	101
IX. Heilung	106
X. Sachkapitalerhöhung als Nachgründung	110
XI. Durchführung einer Sachkapitalerhöhung als Nachgründung	112
1. Schuldrechtlicher Einbringungsvertrag	112
2. Einheitliche Beschlussfassung	113
3. Spätester Zeitpunkt für Zustimmung der Hauptversammlung	114
4. Erfordernis zweier getrennter Anmeldungen zum Handelsregister	115

D. Satzung 116	14. Haftung 203
I. Muster: Satzung einer AG 116	IX. Rechte und Pflichten der Aktionäre 205
II. Satzungsstrenge/Mindestinhalt 117	X. Hauptversammlung 210
III. Firma und Sitz............................. 118	1. Ort 210
IV. Unternehmensgegenstand 120	2. Einberufung 211
V. Bekanntmachungen 121	a) Einberufungsgründe 211
VI. Grundkapital/Aktien 123	b) Zuständigkeit........................ 216
1. Grundkapital 123	c) Art und Weise der Einberufung 217
2. Zerlegung in Stück- bzw. Nennbetragsaktien 125	d) Inhalt der Einberufung/Bekanntmachung.. 222
3. Aufgeld/Agio......................... 129	e) Einberufungsfrist..................... 226
4. Schuldrechtliches Agio, „investors agreement" 132	3. Teilnahmebedingungen 228
5. Verbriefung von Aktien 133	4. Stellvertretung 234
6. Namens- und/oder Inhaberaktien......... 134	5. Vorsitzender der Hauptversammlung...... 237
7. Übertragung von Aktien................. 137	6. Geschäftsordnung 241
8. Aktienregister......................... 139	7. Übertragung der Hauptversammlung/Videozuschaltung von Aufsichtsratsmitgliedern.. 242
a) Auskunftsrecht der Aktionäre 141	8. Beschlussfähigkeit...................... 243
b) Verwendung der Daten durch die Gesellschaft 142	9. Beschlussmehrheit 244
	XI. Jahresabschluss/Sachdividende 248
c) Online-Einsicht/Erteilung von Abschriften 143	XII. Gründungsaufwand 249
d) Pflicht zur Eintragung im Aktienregister 144	**E. Hauptversammlung**...................... 251
e) Pflicht zur Führung eines Aktienregisters.. 146	I. Allgemeines............................. 251
9. Vinkulierung 147	1. Einberufung/Zuständigkeit/Dauer 254
10. Aktiengattungen....................... 151	2. Vertagung/Absetzung/Wiedereröffnung/ Unterbrechung der Hauptversammlung.... 255
VII. Vorstand................................. 154	3. Absetzung/Wiederaufnahme von Tagesordnungspunkten............................ 256
1. Rechtsstellung des Vorstandes 154	4. Bindung der Verwaltung an Beschlussvorschläge 257
2. Geschäftsführung durch den Vorstand 156	5. Sprache 258
3. Vertretung der Gesellschaft 158	6. Teilnahmerecht......................... 259
4. Vergütung............................. 161	7. Stimmverbote.......................... 262
5. Haftung 162	8. Rederecht/Auskunftsrecht 267
6. Persönliche Voraussetzungen............ 168	9. Anträge zur Tagesordnung, Gegenanträge, Anträge zur Geschäftsordnung 279
7. Bestellung und Abberufung des Vorstandes, Amtsniederlegung 169	10. Aktionärsforum 281
8. Anmeldung zum Handelsregister......... 172	11. Aufgaben des Versammlungsleiters....... 282
9. Anstellungsvertrag 173	12. Teilnehmerverzeichnis.................. 287
10. Zahl der Vorstandsmitglieder............ 174	13. Verlesen von Anträgen und der Tagesordnung 288
11. Geschäftsordnung 175	14. Abstimmungsverfahren 289
VIII. Aufsichtsrat.............................. 176	II. Niederschrift über die Hauptversammlung 293
1. Aufgaben des Aufsichtsrats 176	1. Muster: Niederschrift über die Hauptversammlung einer AG...................... 293
2. Aufgaben im Zusammenhang mit der Hauptversammlung 177	2. Notarielle Beurkundung................. 294
3. Mittel der Überwachung 179	3. Privatschriftliche Hauptversammlungsniederschrift 295
4. Vertretung der Gesellschaft gegenüber dem Vorstand 180	4. Beschlüsse 298
5. Verträge mit Aufsichtsratsmitgliedern..... 184	5. Art, Ergebnis und Feststellung des Vorsitzenden über die Beschlussfassung........ 299
6. Zusammensetzung 186	6. Stimmabgabe durch den von der Gesellschaft benannten Stimmrechtsvertreter 302
7. Bestellung und Abberufung der Aufsichtsratsmitglieder........................... 190	7. Angaben über das Verfahren der Stimmauszählung................................. 305
8. Persönliche Voraussetzungen der Aufsichtsratsmitglieder...................... 193	8. Minderheitsverlangen 306
9. Amtszeit.............................. 194	9. Auskunftsverweigerung................. 307
10. Vorsitzender des Aufsichtsrats........... 195	10. Widerspruch 308
11. Sitzungen des Aufsichtsrats/Beschlussfassung 196	11. Zwingende zusätzliche Angaben im Protokoll.................................. 309
12. Fehlerhafte Aufsichtsratsbeschlüsse 200	
13. Vergütung des Aufsichtsrats............. 202	

	12. Anlagen 313	3. Satzungsbescheinigung des Notars 402
	13. Unterschrift des Notars, Abschluss der	4. Aufhebung/Änderung 403
	Niederschrift 315	5. Bedingungen/Befristungen/Vorratsbe-
	14. Folgen der Hauptversammlung 317	schluss 404
III.	Sonderfälle................................... 318	6. Satzungsdurchbrechung................ 407
	1. Vollversammlung..................... 318	II. Satzungsänderungen im Gründungsstadium ... 408
	2. Einmann-AG 319	III. Kapitalerhöhung 410
	3. „Squeeze-Out"...................... 320	1. Überblick............................ 410
	4. „Holzmüller-Beschlüsse"............... 321	2. Kapitalerhöhung gegen Einlagen......... 411
	5. Virtuelle Hauptversammlung 322	a) Allgemeine Voraussetzungen......... 411
IV.	Mängel der notariellen Niederschrift und	b) Kapitalerhöhungsbeschluss 413
	Fehlerfolge................................... 323	aa) Muster: Beschluss einer Kapitaler-
V.	Erstellung der Niederschrift und Fehlerkorrek-	höhung 413
	tur.. 325	bb) Inhalt....................... 414
VI.	Wahrnehmungen des Notars 326	c) Anmeldung und Eintragung des Kapital-
VII.	Prüfungspflichten des Notars 327	erhöhungsbeschlusses 421
	1. Rechtliche Grundlage der Prüfungs-	d) Zeichnung der Aktien 422
	pflichten des Notars in der Hauptversamm-	e) Zeitpunkt der Einzahlung/Voreinzahlung . 423
	lung 327	f) Durchführung der Kapitalerhöhung 426
	2. Inhalt und Umfang der Prüfungspflichten . . 328	3. Bezugsrecht.......................... 427
	3. Trennung der Prüfungsfunktion und der	a) Muster: Bezugsrecht 427
	Protokollfunktion des Notars............ 330	b) Inhalt/Ausschluss.................. 428
F.	**Rechtsschutzmöglichkeiten**................ 331	4. Sachkapitalerhöhung 433
I.	Hauptversammlungsbeschlüsse............. 331	a) Muster: Sachkapitalerhöhungsbeschluss. . 433
	1. Nichtigkeit 333	b) Inhalt 434
	2. Anfechtbarkeit, insb. wegen Verletzung von	5. Genehmigtes Kapital 438
	Informationspflichten 339	a) Übersicht 439
	3. Rechtsfolgen für Registergericht und Notar . . 342	b) Muster: Erhöhung des Grundkapitals
	4. Insb. Heilung und Bestätigung........... 347	(§ 202 Abs. 1 AktG)................ 440
	5. Anfechtungsklage 350	c) Inhalt 441
	a) Anfechtungsbefugnis............... 351	d) Genehmigtes Kapital mit Bezugsrechts-
	b) Anfechtungsfrist 355	ausschluss 448
	c) Missbrauch 356	6. Bedingte Kapitalerhöhung 452
	d) Urteilswirkung.................... 357	a) Übersicht 454
	6. Nichtigkeitsklage 358	b) Muster: Beschluss der bedingten Kapital-
	7. Feststellungsklage 359	erhöhung 455
	8. Freigabeverfahren 360	c) Inhalt 456
	9. Aufsichtsratswahlen................... 361	7. Kapitalerhöhung aus Gesellschaftsmitteln . . 461
	10. Gewinnverwendungsbeschluss 362	a) Übersicht 461
	11. Jahresabschluss 363	b) Muster: Beschluss der Kapitalerhöhung
	12. Einstweiliger Rechtsschutz 364	aus Gesellschaftsmitteln 462
II.	Spruchverfahren 365	c) Inhalt 463
	1. Anwendungsbereich 365	8. Kapitalerhöhung im „Schütt-Aus-Hol-Zu-
	2. Antragsberechtigung, Antragsgegner...... 367	rück-Verfahren" 471
	3. Antragsfrist, Antragsinhalt, Zuständigkeit. . 368	9. Greenshoe 472
	4. Gemeinsamer Vertreter 369	IV. Kapitalherabsetzung 473
	5. Entscheidung 370	1. Ordentliche Kapitalherabsetzung......... 475
III.	Auskunftserzwingungsverfahren........... 371	a) Übersicht 475
IV.	Sonderprüfung.......................... 374	b) Muster: Beschluss über die ordentliche
V.	Geltendmachung von Ersatzansprüchen 381	Kapitalherabsetzung 476
VI.	Sonstige Rechtsbehelfe 385	c) Inhalt 477
G.	**Corporate Governance** 389	2. Vereinfachte Kapitalherabsetzung 482
H.	**Erwerb eigener Aktien** 392	a) Übersicht 483
I.	**Entlastung** 397	b) Muster: Beschluss über die vereinfachte
J.	**Satzungsänderungen**...................... 398	Kapitalherabsetzung 484
I.	Allgemeines zur Satzungsänderung 398	c) Inhalt 485
	1. Zuständigkeit/Beschlussmehrheit 398	3. Kapitalherabsetzung durch Einziehung.... 489
	2. Verfahren 401	a) Übersicht 491

b) Muster: Beschluss über die Kapitalherabsetzung durch Einziehung 492
c) Inhalt 493
V. Fehlerhafte Kapitalmaßnahmen. 502
 1. Fehlerhafte Beschlüsse der Hauptversammlung 502
 2. Rückabwicklung nach Nichtigkeitsurteil. . . 504
 3. Fehlender bzw. nicht deckungsgleicher Hauptversammlungsbeschluss 505
 4. Fehlerhafter Zeichnungsvertrag........... 506
    a) Willensmängel der Zeichnung......... 507
    b) Formfehler der Zeichnung............ 508
    c) Inhaltsmängel von Zeichnungsscheinen . 509
    d) Fehler bei Ausgestaltung der Größe der ausgegebenen Aktien § 8 Abs. 2, 3 AktG 510
 5. Fehlerhafte Handelsregisteranmeldung oder Handelsregistereintragung.......... 511
 6. Heilung fehlerhafter Kapitalmaßnahmen durch Handelsregistereintragung......... 514
 7. Heilung durch Handelsregistereintragung nach erfolgreichem Freigabeverfahren 515
 8. Heilung durch Reparaturbeschluss bzw. Bestätigung 516
 9. Heilung durch neue Zeichnung 517
 10. Reparaturbeschluss und Einlageleistung bei einer fehlerhaften Kapitalerhöhung....... 518
VI. Strukturmaßnahmen 520
 1. „Holzmüller-Beschlüsse"................ 520
 2. „Delisting"........................ 526
 3. Börseneinführung 532
 4. „Squeeze-Out"..................... 533
 5. Gesamtvermögensveräußerung 538
VII. Aktienoptionen/Mitarbeiterbeteiligung....... 539
 1. Kapitalmaßnahmen für die Bedienung von Aktienoptionen 539

a) Bedingtes Kapital 539
b) Eigene Aktien 541
c) Genehmigtes Kapital................ 542
 2. „Aktienoptionspläne" 544
 3. Bedingtes Kapital nach § 192 Abs. 2 Ziff. 3 AktG 546
 4. Inhalt des Hauptversammlungsbeschlusses 547
 5. Sachliche Rechtfertigung versus Bezugsrechtsausschluss 550
 6. Kombination der Mittel zur Umsetzung von Aktienoptionsplänen 551
K. Auflösung, Liquidation 552
L. Insolvenz........................... 557
I. Insolvenz der AG...................... 557
 1. Allgemeines...................... 557
 2. Besonderheiten bei AG 559
    a) Insolvenzantragspflicht, Einberufung einer Hauptversammlung........... 559
    b) Organe der Gesellschaft, Befugnisse des Insolvenzverwalters................ 560
    c) Geltendmachung offener Einlageansprüche 564
    d) Satzungsänderungen, Kapitalmaßnahmen 565
    e) Handelsregisteranmeldung 567
    f) Fortsetzungsbeschluss 568
II. Insolvenz des Aktionärs................. 569
 1. Beteiligung als Teil der Insolvenzmasse ... 569
 2. Ausübung der Rechte als Gesellschafter ... 570
 3. Ausscheiden aus der Gesellschaft und Auflösung der Gesellschaft 571
 4. Abfindungsklauseln 573
 5. Vinkulierungsklauseln 574
 6. Gemeinschuldner als Vorstand 575
 7. Fortbestehen der Einlagepflichten........ 576

Kommentare und Gesamtdarstellungen:

Ammon/Görlitz, Die kleine Aktiengesellschaft, 1995; *Arnold*, Die GmbH & Co. KGaA, 2001; *Bartone*, Die kleine Aktiengesellschaft, 2002; *Ek*, Praxisleitfaden für die Hauptversammlung, 2005; *Emmerich/Habersack*, Aktien- und GmbH-Konzernrecht, 4. Aufl. 2005; *Fleischer*, Handbuch des Vorstandsrechts, 2006; *Gadow/Heinichen*, GroßKomm-AktG, 4. Aufl. 1992 ff.; *Geßler/Hefermehl/Eckardt/Kropff*, Aktiengesetz-Kommentar, 1974 ff.; *Heidel*, AnwaltKommentar Aktienrecht, 2003; *Henn*, Handbuch des Aktienrechts, 7. Aufl. 2001; *Henze*, Aktienrecht, Höchstrichterliche Rechtsprechung, 5. Aufl. 2002; *Hölters/Deilmann/Buchta*, Die kleine Aktiengesellschaft, 2. Aufl. 2002; *Hüffer*, AktG, 7. Aufl. 2006; *Jäger*, Aktiengesellschaft, 2004; *Keidel/Krafka/Willer*, Registerrecht, 6. Aufl. 2003; *Koch*, Die Nachgründung, 2002; *Kölner Kommentar zum Aktiengesetz*, 3. Aufl. 2004 ff.; *Marsch-Barner/Schäfer*, Handbuch börsennotierte AG, 2005; *W. Müller/Rödder*, Beck'sches Handbuch der AG, 2004; *Münchener Handbuch des Gesellschaftsrechts*, Bd. 4, 2. Aufl. 1999; *Münchener Kommentar zum Aktienrecht*, Bd. 1 (§§ 1 – 53), 2. Aufl. 2000, Bd. 4 (§§ 118 – 147), 2. Aufl. 2004; *Obermüller/Werner/Winden/Butzke*, Die Hauptversammlung der Aktiengesellschaft, 4. Aufl. 2001; *Schaaf*, Die Praxis der Hauptversammlung, 2. Aufl. 1999; *Schöner/Stöber*, Grundbuchrecht, 13. Aufl. 2004; *Seibert/Kiem*, Handbuch der kleinen AG, 4. Aufl. 2000; *Semler/Peltzer*, Arbeitshandbuch für Vorstandsmitglieder, 2005; *Semler/Volhard*, Arbeitshandbuch für die Hauptversammlung, 2. Aufl. 2003; *Wahlers*, Die Satzung der kleinen Aktiengesellschaft, 2. Aufl. 2000.

Formularbücher und Mustersammlungen:

Happ, Aktienrecht, 2. Aufl. 2004; *Heidenhain/Meister*, Münchener Vertragshandbuch, Bd. 1, Gesellschaftsrecht, 6. Aufl. 2005; *Lorz/Pfisterer/Gerber*, Beck'sches Formularbuch Aktienrecht, 2005; *Meyer-Landrut*, Satzungen und Hauptversammlungsbeschlüsse der AG, 2001; *Schüppen/Schaub*, Münchener Anwaltshandbuch Aktienrecht, 2005.

Aufsätze und Rechtsprechungsübersichten:

Bayer/Lieder, Kapitalaufbringung im Cash-Pool, GmbHR 2006, 449; *Benecke*, Gesellschaftsrechtliche Voraussetzungen des Delistings, WM 2004, 1122; *Blöse*, Risiken bei Einzahlungen im Vorgriff auf künftige Kapitalerhöhungsbeschlüsse, DB 2004, 1140; *Brauer/Dreier*, Der Fall Mannesmann in der nächsten Runde, NZG 2005, 57; *Brück*, Rechtsprobleme der Auslandsbeurkundung im Gesellschaftsrecht, DB 2004, 2409; *Busch*, Mangusta/Commerzbank – Rechtsschutz nach Ausnutzung eines genehmigten Kapitals, NZG 2006, 81; *Geyrhalter/Zirngibl*, Alles unklar beim formalen Delisting – Eine Zwischenbilanz 18 Monate nach „Macrotion", DStR 2004, 1048; *Goette*, Zur jüngeren Rechtsprechung des II. Zivilsenats zum Gesellschaftsrecht, DStR 2006, 139; *Göz/Holzborn*, Die Aktienrechtsreform durch das Gesetz für Unternehmensintegrität und Modernisierung des Asylrechts – UMAG, WM 2006, 157; *Heidinger*, Die wirtschaftliche Neugründung, ZGR 2005, 101; *Henze*, Neuere Rechtsprechung zu Rechtsstellung und Aufgaben des Aufsichtsrats, BB 2005, 165; *Kort*, Voraussetzungen der Zulässigkeit einer D & O-Versicherung von Organmitgliedern, DStR 2006, 799; *Lamb/Schluck-Amend*, Kapitalaufbringung im Rahmen des Cash Poolings, DB 2006, 879; *Langenbucher*, Vorstandshandeln und Kontrolle – Zu einigen Neuerungen durch das UMAG, DStR 2005, 2083 ff.; *Lutter*, Aktienrechtliche Aspekte der angemessenen Vorstandsvergütung, ZIP 2006, 733; *Maser/Bäumker*, Steigende Anforderungen an die Berichtspflicht des Aufsichtsrats?, AG 2005, 906; *Mimberg*, Die Frist zur Einberufung der Hauptversammlung nach dem UMAG, AG 2005, 716; *Muthers/Ulbrich*, Internet und Aktiengesellschaft, WM 2005, 215; *Repgen*, Der Sonntag und die Berechnung rückwärtslaufender Fristen im Aktienrecht, ZGR 2006, 121; *Schütz*, Haftungsfragen im Zusammenhang mit der wirtschaftlichen Neugründung, NZG 2004, 746; *Seibert*, Aktionärsforum und Aktionärsforumsverordnung nach § 127a AktG, AG 2006, 16; *Spindler*, Haftung und Aktionärsklage nach dem neuen UMAG, NZG 2005, 865; *Terbrack*, Die Anmeldung einer Aktiengesellschaft im Handelsregister, Rpfleger 2005, 237; *Tollkühn*, Die Schaffung von Mitarbeiteraktien durch kombinierte Nutzung von genehmigten Kapital und Erwerb eigener Aktien unter Einschaltung eines Kreditinstituts, NZG 2004, 594; *Vetter*, Die Berichterstattung des Aufsichtsrates an die Hauptversammlung als Bestandteil seiner Überwachungsaufgabe, ZIP 2006, 257; *Wälzholz*, Besonderheiten der Satzungsgestaltung bei der Familien-AG (Teil II), DStR 2004, 819; *ders.*, Vorbelastungshaftung und Vertrauensschutz bei gebrauchten GmbH-Mänteln oder: der Nebel lichtet sich langsam, NZG 2005, 203; *Weißhaupt*, Informationsmängel in der Hauptversammlung: die Neuregelungen durch das UMAG, ZIP 2005, 1766; *Wicke*, Risiko Mantelverwendung – Die wirtschaftliche Neugründung vor der Reform des GmbH-Rechts, NZG 2005, 409; *Wilsing*, Der Regierungsentwurf des Gesetzes zu Unternehmernehmensintegrität und Modernisierung des Anfechtungsrechts – Neuerungen für die aktienrechtliche Beratungspraxis, DB 2005, 35.

A. Allgemeines

Die Zahl der in Deutschland zugelassenen AG hat sich in den vergangenen Jahren stetig erhöht. Dies beruht namentlich darauf, dass die Rechtsform der AG im Gegensatz zur Rechtsform der GmbH häufig ein **besseres Image** genießt. Daneben spricht für die AG die erleichterte Möglichkeit der **Kapitalbeschaffung über die Börse**. Von daher ist die AG im Gegensatz zur GmbH eher für eine Fluktuation unter den Anteilseignern geeignet. Diese Fluktuation wird bei der AG durch die viel kleineren Stückelungen der Anteile, die Zulassung praktisch nennwertloser Anteile sowie das Fehlen von Formvorschriften betreffend die Übertragung von Aktien herbeigeführt. Ein weiterer **wesentlicher Unterschied** zur GmbH besteht darin, dass bei der AG eine **strikte Funktionsteilung** zwischen den Kapitalgebern und der Verwaltung der Gesellschaft vorgesehen ist. Zwingend gibt es als drittes Organ – neben dem **Vorstand** und der **Hauptversammlung** der Gesellschaft – den **Aufsichtsrat**. Die Hauptversammlung wird in operativen Angelegenheiten nur in Ausnahmefällen gemäß § 119 Abs. 2 AktG eingebunden. Im Wesentlichen hat sie nur über Strukturmaßnahmen sowie über die Gewinnverwendung zu entscheiden. Im Übrigen liegen die **laufenden Geschäfte** in der alleinigen Verantwortung des **Vorstandes**, der vom Aufsichtsrat bestellt und abberufen wird. Einfluss auf die Person des Vorstandes hat die Hauptversammlung nur mittelbar über die Wahl des Aufsichtsrats.

Eine solche AG mit offenem Gesellschafterkreis, deren **Aktien** regelmäßig zum Börsenhandel zugelassen sind, entspricht als sog. „**Publikums-AG**" am ehesten dem Leitbild des Gesetzes. Daneben gibt es die sog. „**kleine AG**". Der Unterschied zur Publikums-AG besteht im Wesentlichen darin, dass die Gesellschaft **nicht börsennotiert** ist und schon von daher eher einen mehr oder minder geschlossenen Aktionärskreis aufweist. Als kleine AG sind häufig „**Familien-AG**"[1] anzutreffen. Diese zeichnen sich dadurch

---

[1] Vgl. zur Satzungsgestaltung bei der Familien-AG: Wälzholz, DStR 2004, 779 ff. und 819 ff.; zum Poolvertrag bei einer Familien-AG: Lorz/Pfisterer/Gerber, in: Beck'sches Formularbuch Aktienrecht, C. II.; zu schuldrechtlichen Nebenabreden zum Gesellschaftsvertrag insgesamt: Wicke, DStR 2006, 1137 ff.

aus, dass Aktionäre und Organe der Gesellschaft im Wesentlichen nur aus bestimmten Familien stammen. In der Satzung und/oder in begleitenden schuldrechtlichen Pool-Verträgen zwischen den Aktionären werden Vorkehrungen getroffen, die davor schützen, dass familienfremde Dritte Einfluss auf die Gesellschaft erwerben können.

3   Entsprechend der **Funktionstrennung** zwischen den Organen der AG und der Möglichkeit einer relativ einfachen Übertragung der Aktien bestehen **strenge Vorschriften zur Kapitalaufbringung und Kapitalerhaltung**. Auch im Übrigen ist das Aktienrecht im Gegensatz zum GmbH-Recht geprägt durch den **Grundsatz der Satzungsstrenge**. Nach § 23 Abs. 5 AktG kann die Satzung der Gesellschaft nur dort von den gesetzlichen Bestimmungen abweichen, wo dies im Gesetz ausdrücklich zugelassen ist oder wo das Gesetz keine abschließende Regelung getroffen hat. Gerade dieser Grundsatz der Satzungsstrenge, aber auch die sonst relativ strengen Formvorschriften im Aktienrecht sowie insb. die Vorschriften über die Kapitalaufbringung und Kapitalerhaltung führen dazu, dass namentlich bei kleinen Gesellschaften mit einem beschränkten Kreis von Anteilseignern – jedenfalls in der Anfangsphase eines Unternehmens – die Rechtsform der AG im Gegensatz zu der der GmbH eher von Nachteil ist. Dieser Nachteil wird auch nicht ohne weiteres durch die Regelungen des Gesetzes für kleine AG und zur Deregulierung des Aktienrechts aus dem Jahr 1994 kompensiert.[2] Nur in Teilbereichen wird das starre Konzept des AktG zu Gunsten des dispositiven Rechts gelockert.

4   Als wesentliche Unterschiede zum GmbH-Recht und damit als **Nachteile** bleiben deshalb auch bei der **kleinen AG** zu nennen:[3]
- Gestaltungsfreiheit im Wege statutarischer Regelungen besteht im Hinblick auf § 23 Abs. 5 AktG nur sehr eingeschränkt bei der AG.
- Wesentlich höhere Regelungsdichte im AktG als im GmbHG.
- Eine unmittelbare Einflussnahme der Aktionäre auf den Vorstand der AG scheidet aus. Auch bei der Einmann-AG leitet der Vorstand die Gesellschaft unter eigener Verantwortung. Die Möglichkeit, im Wege einer Satzungsregelung Weisungsrechte für die Anteilseigner gegenüber dem Vorstand festzuschreiben, besteht im Gegensatz zum GmbH-Recht nicht.
- Zwingend dreigliedrige Organisationsstruktur (Vorstand, Aufsichtsrat, Hauptversammlung).

5   Als **Vorteile der AG** gegenüber der GmbH können demgegenüber genannt werden:
- der erleichterte Zugang zu den Kapitalmärkten,
- die erleichterte Übertragung von Aktien,
- Standartisierung der Gesellschaftsverträge wegen der Satzungsstrenge nach § 23 Abs. 5 AktG,
- weisungsungebundene, eigenverantwortliche Geschäftsführung,
- Möglichkeit von „Vorrats-Anteilen" durch Schaffung eines genehmigten und/oder bedingten Kapitals nach §§ 202 ff., 192 ff. AktG, was bei der GmbH nicht zulässig ist.

B. Gründung

I. Bargründung

1. Checkliste: Bargründung[4]   ☑

6   ☐ Abfassung des Gründungsprotokolls und Feststellung der Satzung (§ 23 AktG),

☐ Bestellung des ersten Aufsichtsrats und des Abschlussprüfers des Vorstandes (§§ 30, 31 AktG),

---

2   Zur Abgrenzung der kleinen AG gegenüber der GmbH bei der Rechtsformwahl: Hölters/Buchta, DStR 2003, 79.

3   Siehe dazu Schüppen, in: Münchener Anwaltshandbuch Aktienrecht, § 2.

4   Hölters/Deilmann/Buchta, Die kleine Aktiengesellschaft, S. 11; bei Hölters, in: Münchener Vertragshandbuch, Bd. 1, Muster V., vor Nr. 1; Lorz/Pfisterer/Gerber, in: Beck'sches Formularbuch Aktienrecht, B.

- ☐ Einzahlung der fälligen Einlagen (§ 36a AktG),
- ☐ Gründungsbericht der Gründer (§ 32 AktG),
- ☐ Gründungsprüfungsbericht der Mitglieder des Vorstandes und des Aufsichtsrats (§ 33 Abs. 1 AktG),
- ☐ ggf. Prüfung durch einen Gründungsprüfer oder den Notar (§ 33 Abs. 2 und 3 AktG),
- ☐ Anmeldung der Gründung zum Handelsregister (§§ 36, 37 AktG),
- ☐ Bekanntmachung der Eintragung (§§ 38 – 40 AktG).

2. Muster:[5] Bargründung einer AG

Verhandelt am ....

in ....

(Urkundseingang wie üblich)

Die Erschienenen erklärten:

1. Wir errichten eine AG unter der Firma .... AG mit dem Sitz in ....

2. Wir stellen die Satzung der Gesellschaft in der Fassung, wie sie dieser Niederschrift als Anlage beigefügt ist, fest.

3. Das Grundkapital der Gesellschaft beträgt 50.000 € und ist eingeteilt in 50.000 Stückaktien, welche auf den Namen lauten. Diese werden von den Erschienenen zu einem Ausgabebetrag von 1 € je Aktie gegen sofort in voller Höhe fällige Bareinlage wie folgt übernommen:

    - Durch den Erschienenen zu 1) .... Aktien im Ausgabebetrag von je 1 €, insgesamt also zum Ausgabebetrag von .... € gegen sofort fälliger Bareinlage i.H.v. insgesamt ....
    - Durch den Erschienenen zu 2) ....
    - Durch den Erschienenen zu 3) ....

4. Zu Mitgliedern des ersten Aufsichtsrats bestellen wir für die Zeit bis zur Beendigung der Hauptversammlung, die über die Entlastung für das am 31.12.2007 endende Rumpfgeschäftsjahr beschließen wird:

    - ....
    - ....
    - ....

5. Zum Abschlussprüfer für das am 31.12.2006 endende Rumpfgeschäftsjahr wird die .... Wirtschaftsprüfungsgesellschaft in .... bestimmt.

6. Wir bevollmächtigen hiermit .... alle notwendigen Änderungen und/oder Ergänzungen dieser Urkunde und ihrer Anlagen insb. auch der Bestimmungen der Satzung, die die Firma und den Gegenstand des Unternehmens betreffen, unter Befreiung von den Beschränkungen des § 181 BGB vorzunehmen und alle Eintragungen in das Handelsregister anzumelden.

7. Die Kosten dieser Beurkundung und die der Eintragung im Handelsregister trägt die Gesellschaft.

---

[5] Weitere Musterformulierungen bei: Happ, Aktienrecht, 2.01 ff.; bei Hölters, in: Münchener Vertragshandbuch, Bd. 1, Muster V., S. 1. ff.; Lorz/Pfisterer/Gerber, in: Beck'sches Formularbuch Aktienrecht, B. I. 2.

> Diese Niederschrift nebst ihren Anlagen wurde den Beteiligten vorgelesen, von diesen genehmigt und von ihnen und dem Notar wie folgt eigenhändig unterschrieben.
>
> ....
>
> (Unterschriften)

3. Gründungsprotokoll

a) Form

8   **Wesentlicher Kern der Gründung der AG** ist die Abfassung des **Gründungsprotokolls** und die **Feststellung der Satzung** nach § 23 AktG. Erforderlich ist nach § 23 Abs. 1 AktG die **notarielle Beurkundung**. Die Satzungsfeststellung stellt den Abschluss des Gesellschaftsvertrages dar; erforderlich ist daher eine Beurkundung in der Form der Beurkundung von Willenserklärungen nach den §§ 8 ff. BeurkG.[6] Eine Beurkundung nach § 36 BeurkG (Tatsachenbeurkundung) ist bei der Gründung nicht möglich. Die gleichzeitige Anwesenheit der Gründer ist nicht erforderlich. Ihre Beitrittserklärungen können nacheinander vor dem Notar abgegeben werden, der hierüber ein einheitliches Protokoll fertigt.[7] Mit der letzten Unterzeichnung ist die Satzung wirksam festgestellt.[8]

9   Aus den Bestimmungen des § 23 Abs. 1 und Abs. 2 AktG, wonach die dortigen Angaben „in der Urkunde" anzugeben sind, folgt, dass die **Satzung in einer „einzigen Urkunde" aufzunehmen** ist. Zulässig ist freilich die Anfertigung einer Gründungsurkunde, die die Angaben nach § 23 Abs. 2 AktG und die Erklärung über die Satzungsfeststellung enthält, während bzgl. des Inhalts der Satzung nach § 9 Abs. 1 Satz 2 BeurkG auf eine als Anlage beigefügte und mit verlesene Satzungsurkunde verwiesen wird[9] (so das vorstehende Muster Rn. 7).

10 Soll die **Satzung im Ausland festgestellt** werden, gilt das Beurkundungserfordernis jedenfalls nach deutschem Gesellschaftsrecht dann, wenn die Gesellschaft ihren Sitz im Inland haben soll. Maßgeblich ist hierfür das **sog. „Gesellschaftsstatut"**, dessen Anknüpfungspunkt der tatsächliche Sitz der Hauptverwaltung ist.[10] Ob im Hinblick auf Art. 11 EGBGB auch die Ortsform genügt, erscheint zwar denkbar, der BGH hat sich zu dieser Ansicht jedoch zurückhaltend geäußert.[11] Auch die Lit. erachtet die Ortsform nach Art. 11 EGBGB grds. nicht für ausreichend.[12]

Eine andere Frage ist, ob die **notarielle Beurkundung** durch einen **ausländischen Notar** erfolgen kann. Nach allgemeiner Meinung ist dies dann zu bejahen, wenn die Person, die die Beurkundung vornehmen soll, von ihrer Vorbildung und ihrer Stellung im Rechtsleben her eine der Tätigkeit des deutschen Notars entsprechende Funktion ausübt.[13] Dem deutschen Notar für die Beurkundung als gleichwertig angesehen

---

6   Hüffer, AktG, § 23 Rn. 9 f.
7   KölnerKomm-AktG/Kraft, § 23 Rn. 10.
8   MünchKomm-AktG/Pentz, § 23 Rn. 29; Hüffer, AktG, § 23 Rn. 9.
9   MünchKomm-AktG/Pentz, § 23 Rn. 28.
10 MünchKomm-AktG/Pentz, § 23 Rn. 30; Hüffer, AktG, § 23 Rn. 10; OLG Hamm und OLG Düsseldorf, IPRax 2001, 343 sowie MDR 2001, 1363; vgl. zur Sitztheorie im internationalen Gesellschaftsrecht Süß, NotBZ 2001, 77 f. Die Fortgeltung der Sitztheorie kann seit den Entscheidungen des EuGH „Centros", NJW 1999, 2027 = ZIP 1999, 438, „Überseering", DNotZ 2003, 139 = NJW 2002, 3614, und „Inspire Art", ZIP 2003, 1885 nun wohl endgültig nicht mehr angenommen werden. Vgl. dazu die Nachweise bei Kindler, NJW 2003, 1073; Maul/Schmidt, BB 2003, 2297; Weller, DStR 2003, 1800; Ziemons, ZIP 2003, 1913; Rehberg, IPrax 2003, 175; Leible/Hoffmann, NZG 2003, 259. Die Rspr. des BGH, ZIP 2002, 1763 = DNotI-Report 2002, 157 ist damit als überholt anzusehen.
11 BGH, NJW-RR 1989, 1259, 1261.
12 AnwK-AktienR/Braunfels, Kap. 1 § 23 AktG Rn. 4 f.; Brück, DB 2004, 2409, 2410 ff.; MünchKomm-AktG/Pentz, § 23 Rn. 30; GK/Röhricht, AktG, § 23 Rn. 48.
13 BGH, NJW 1981, 1160; BGH, NJW-RR 1989, 1259, 1260; MünchKomm-AktG/Pentz, § 23 Rn. 33; GK/Röhricht, AktG, § 23 Rn. 49; Hüffer, AktG, § 23 Rn. 11; a.A.: AnwK-AktienR/Braunfels, Kap. 1 § 23 AktG Rn. 5.

wurden bislang der österreichische, der niederländische, der englische und ganz allgemein jeder Notar im Bereich des lateinischen Notariats. Keine Gleichwertigkeit besteht beim US-amerikanischen notary public. In der Schweiz ist wegen kantonaler Unterschiede zu differenzieren. Die Gleichwertigkeit wurde bislang für Basel, Bern, Luzern, Zürich und Zug bejaht.[14]

b) Inhalt des Gründungsprotokolls

Inhaltlich umfasst das Gründungsprotokoll die Angaben nach § 23 Abs. 2 AktG sowie die Feststellung der Satzung. Diese wird in der Praxis meist als Anlage nach § 9 Abs. 1 Satz 2 BeurkG (die Anlage muss mit verlesen werden) bzw. im Rahmen einer Verweisungsurkunde nach § 13a BeurkG beigefügt.

11

aa) Gründer

Nach § 23 Abs. 2 Ziff. 1 AktG sind in der Gründungsurkunde die Gründer anzugeben. Eine **Einmann-Gründung** ist nach § 2 AktG zulässig.[15] Der oder die Gründer sind im Gründungsprotokoll namentlich aufzuführen und zwar in der Art, dass sie identifiziert werden können, d.h. sie sind mit Vor- und Nachnamen sowie mit Anschrift aufzuführen.[16] Gründer einer AG kann dabei **jede natürliche oder juristische Person**, insb. auch eine OHG oder KG sein. Bejaht wird die Gründerfähigkeit auch für eine GbR, für eine Erbengemeinschaft oder einen nicht-rechtsfähigen Verein.[17]

12

Eine Gründung kann auch durch einen **Bevollmächtigten** erfolgen. Er bedarf einer **notariell beglaubigten Vollmacht** (§ 23 Abs. 1 Satz 2 AktG). Bevollmächtigter kann dabei auch ein Mitgründer sein. Notwendig ist dann die **Befreiung von den Beschränkungen des § 181 BGB**, die regelmäßig als mit der Bevollmächtigung konkludent erteilt anzusehen ist.[18] Auch eine **vollmachtslose Vertretung** ist zulässig. Entgegen des § 182 Abs. 2 BGB muss die Genehmigungserklärung notariell beglaubigt werden.[19] Wegen § 180 BGB ausscheiden muss eine vollmachtslose Vertretung allerdings bei der Einmann-Gründung.[20]

13

Gemäß § 2 AktG haben die Gründer in der Gründungsurkunde **sämtliche Aktien zu übernehmen**. Notwendig ist eine **Einheitsgründung**. Eine **Stufengründung**, wonach die Gründer bei der Gründung einer AG nicht alle Aktien übernehmen mussten und wie dies noch bis zur Aktienrechtsreform 1965 nach § 30 AktG a.F. von 1937 möglich war, ist dagegen **unzulässig**.[21] Jeder Gründer muss dabei zumindest eine Aktie übernehmen. Gründer kann nicht sein, wer keine Einlagepflicht übernimmt.[22]

bb) Aktienart/Aktiengattung

Nach § 23 Abs. 2 Ziff. 2 AktG ist bei **Nennbetragsaktien** der Nennbetrag, der Ausgabebetrag und ggf. die Aktiengattung, die jeder einzelne Gründer übernimmt, anzugeben. Bei **Stückaktien** lässt § 23 Abs. 2 Ziff. 2 AktG die Angabe ihrer Zahl sowie ihres Ausgabebetrages und ggf. die Gattung genügen. Die Angabe der Summe des Nennbetrages bzw. die Anzahl der übernommenen Stückaktien und die Summe der Ausgabebeträge für jeden einzelnen Gründer ist ausreichend. Weitere Angaben sind erforderlich, wenn Aktien mit unterschiedlichen Nenn- und/oder Ausgabebeträgen ausgegeben werden sowie bei Zeichnung

14

---

14 Vgl. hierzu die Nachweise bei MünchKomm-AktG/Pentz, § 23 Rn. 35.
15 Siehe zur Einmann-AG: Bachmann, NZG 2001, 961.
16 Hüffer, AktG, § 23 Rn. 17; KölnerKomm-AktG/Kraft, § 23 Rn. 89; GK/Röhricht, AktG, § 23 Rn. 72; Münch-Komm-AktG/Pentz, § 23 Rn. 58.
17 AnwK-AktienR/Ammon, Kap. 1 § 2 AktG Rn. 10 f.; Hoffmann-Becking, in: Münchener Handbuch des Gesellschaftsrechts, Bd. 4, § 3 Rn. 4.
18 KölnerKomm-AktG/Kraft, § 23 Rn. 24; GK/Röhricht, AktG, § 23 Rn. 61; MünchKomm-AktG/Pentz, § 23 Rn. 14.
19 RGZ 108, 125; OLG Köln, GmbHR 1995, 725; GK/Röhricht, AktG, § 23 Rn. 59.
20 LG Berlin, GmbHR 1996, 123; OLG Frankfurt, GmbHR 2003, 415; Lutter/Hommelhoff, GmbHG, § 2 Rn. 17; Wachter, GmbHR 2003, 660; Roth/Altmeppen, GmbHG, § 2 Rn. 28; Rowedder/Schmidt-Leithoff, GmbHG, § 2 Rn. 56; Michalski, GmbHG, § 2 Rn. 34; Baumbach/Hueck/Fastrich, GmbHG, § 2 Rn. 18, jeweils zur GmbH.
21 Hüffer, AktG, § 2 Rn. 12.
22 Hüffer, AktG, § 2 Rn. 13; MünchKomm-AktG/Heider, § 2 Rn. 31.

verschiedener Aktiengattungen durch den einzelnen Gründer.[23] Der Ausgabebetrag ist stets anzugeben und zwar auch dann, wenn **kein Agio vereinbart** ist. Wird nach § 9 Abs. 2 AktG ein höherer Ausgabebetrag als der Nennbetrag festgesetzt, kann dieser für die einzelnen Gründer unterschiedlich hoch sein.[24] Von einem solchen **korporativen Aufgeld** zu unterscheiden sind **schuldrechtliche Zuzahlungspflichten bzw. Finanzierungsvereinbarungen** („investors agreement"). Bei Kapitalerhöhung sind diese allgemein anerkannt.[25] Auch bei der Gründung ist daher eine solche Finanzierungsvereinbarung unter den Gründern zulässig. Soweit schließlich Namens- als auch Inhaberaktien ausgegeben werden, muss ebenso ersichtlich sein, welche Gründer welche Anzahl von welchen Aktien übernimmt.[26] Zu beachten ist, dass nach § 10 Abs. 5 AktG das Recht auf Verbriefung der Aktien in der Satzung ausgeschlossen werden kann.[27]

cc) Einzahlungsbetrag auf das Grundkapital

15 Nach § 23 Abs. 2 Ziff. 3 AktG ist der **eingezahlte Betrag des Grundkapitals anzugeben**. Dies ist nach h.M. der auf das Grundkapital **wirklich eingezahlte Betrag** und bei Ausgabe der Aktien gegen Agio auch das **volle Aufgeld**.[28] Da zum Zeitpunkt der Gründung noch kein Betrag an die Gesellschaft geleistet werden kann, weil diese und damit auch die ihr zugeordneten Einlagesprüche erst mit der Feststellung der Satzung entstehen, ist nach a.A. die Vorschrift dahin zu verstehen, dass damit der Betrag gemeint ist, den die Gründer vor Eintragung der Gesellschaft im Handelsregister leisten sollen.[29] Dem kann wegen des klaren **Wortlauts der Vorschrift** jedoch nicht gefolgt werden.[30] Gleichwohl ist es sinnvoll, in das Gründungsprotokoll eine Bestimmung über die bis zur Eintragung einzuzahlenden Beträge aufzunehmen.[31] Anzugeben ist dabei der Gesamtbetrag der Gründer, eine Aufgliederung dieser Summe auf die von jedem einzelnen Gründer eingezahlten Beträge ist nicht erforderlich. Für die Höhe des Betrages ist der Zeitpunkt der Aktienübernahme maßgebend. Dies ist der Zeitpunkt der Beendigung der Beurkundung des Gründungsvorgangs (§ 29 AktG).

c) Feststellung der Satzung

16 Neben den vorstehenden Angaben muss das Gründungsprotokoll auch die Satzung enthalten. § 23 Abs. 3 AktG fordert dabei bestimmte **Mindestangaben**.[32] Anzugeben ist im Übrigen in der Gründungssatzung nach § 26 Abs. 1 AktG der einem Aktionär oder einem Dritten für seine Mitwirkung an der Gründung eingeräumte **Sondervorteil**. Anzugeben ist schließlich nach § 26 Abs. 2 AktG die Gesamtsumme des von der Gesellschaft zu tragenden Gründungsaufwandes, wie insb. die **Notar- und Gerichtskosten**, die **Kosten einer Gründungsprüfung** und die **Kosten der Rechtsberatung**. Soweit die Kosten noch nicht genau feststehen, ist ein **geschätzter Betrag** anzugeben.[33]

---

23 MünchKomm-AktG/Pentz, § 23 Rn. 59; Hüffer, AktG, § 23 Rn. 28; a.A.: GK/Röhricht, AktG, § 23 Rn. 73.
24 Hüffer, AktG, § 23 Rn. 18.
25 Vgl. zur Kapitalerhöhung unten Rn. 410 ff.; BayObLG, DB 2002, 940 = NotBZ 2002, 221; Hergeth/Eberl, DStR 2002, 1818; Schorling/Vogel, AG 2003, 86; vgl. dazu Hüffer, AktG, § 54 Rn. 7.
26 Zur Ausgabe von Namensaktien siehe Maul, NZG 2001, 585.
27 Vgl. Schwennicke, AG 2001, 118; Lauppe, DB 2000, 807.
28 Hüffer, AktG, § 23 Rn. 19; Hoffmann-Becking, in: Münchener Handbuch des Gesellschaftsrechts, Bd. 4, § 3 Rn. 9; MünchKomm-AktG/Pentz, § 23 Rn. 62.
29 Ihrig, Die endgültige freie Verfügung über die Einlage von Kapitalgesellschaftern, S. 33.
30 Nach MünchKomm-AktG/Pentz, § 231 Rn. 62 liegt der Vorschrift, die auf die Art. 3 lit. g der Kapitalrichtlinie zurückgeht, die Überlegung zugrunde, dass die Gründer vor der Gründung einen Betrag etwa auf einem besonderen Bankkonto oder bereits zu Händen des künftigen Vorstandes separieren können, um diesen dann nach der Gründung der Gesellschaft dann letzlich zuzuführen.
31 Hoffmann-Becking, in: Münchener Handbuch des Gesellschaftsrechts, Bd. 4, § 3 Rn. 9; MünchKomm-AktG/Pentz, § 23 Rn. 62.
32 Siehe zu den Einzelheiten Rn. 116 ff.
33 Hoffmann-Becking, in: Münchener Handbuch des Gesellschaftsrechts, Bd. 4, § 3 Rn. 5; Hüffer, AktG, § 26 Rn. 5.

> **Hinweis:**
>
> Die **Rechtsfolgen bei fehlender Satzungspublizität** sind drastisch: Es liegt ein Errichtungsmangel i.S.d. § 38 Abs. 1 AktG vor, der die Ablehnung der Eintragung rechtfertigt. Die zivilrechtlichen Folgen regelt § 26 Abs. 3 AktG.

d) Mängel und Änderung der Gründungssatzung

Soll die einmal festgestellte Satzung der Gesellschaft **nach Gründung, jedoch vor Eintragung der Gesellschaft** geändert werden, unterfällt eine derartige Satzungsänderung nicht den Bestimmungen über eine normale Satzungsänderung i.S.d. §§ 179 ff. AktG. Auch gilt das Mehrheitserfordernis des § 179 Abs. 2 AktG nicht. Vielmehr handelt es sich dabei um eine **Änderung des Gründungsstatuts** selbst. Die Gründungssatzung kann deshalb nur durch **einstimmigen Beschluss und Zustimmung aller Gründer** geändert werden.[34] Um auf etwaige Beanstandungen des Registergerichts schnell reagieren zu können, erteilen sich die Gründer regelmäßig gegenseitig Vollmacht, die Gründungssatzung zu ändern.

Eine Änderung der Gründungssatzung ist auch erforderlich, wenn vor Eintragung der Gesellschaft im Handelsregister ein **Aktionär seine „Beteiligung" an einen Dritten überträgt**, denn vor Eintragung der Gesellschaft gibt es noch keine Aktien der Gesellschaft.[35]

Soweit die ursprüngliche Satzung mit den anderen Gründungsunterlagen bereits zur Eintragung ins Handelsregister angemeldet wurde, ist eine **neuerliche Anmeldung** nicht erforderlich. Es genügt, wenn die Satzungsänderung formlos an das Gericht gegeben wird. Eine neuerliche Notarbestätigung über die vollständige Fassung der Satzung analog § 181 Abs. 1 Satz 2 AktG ist dagegen notwendig.[36]

e) Bestellung des ersten Aufsichtsrats

Nach § 3 Abs. 1 AktG haben die Gründer den **ersten Aufsichtsrat der Gesellschaft zu bestellen**. Die Bestellung bedarf der notariellen Beurkundung nach § 30 Abs. 1 Satz 2 AktG und erfolgt regelmäßig zusammen mit der Feststellung der Satzung und der Übernahme der Aktien im notariellen Gründungsprotokoll.

Auf die Zusammensetzung und die Bestellung des ersten Aufsichtsrats finden nach § 30 Abs. 2 AktG die Vorschriften über die Bestellung von Aufsichtsratsmitgliedern der Arbeitnehmer keine Anwendung. Dem ersten Aufsichtsrat gehören somit ausschließlich **Aufsichtsratsmitglieder der Anteilseigner** an, auch wenn die Gesellschaft gleich nach ihrer Errichtung Arbeitnehmer in größerer Zahl anstellt. Begrenzt wird diese Regelung durch die beschränkte Amtszeit des ersten Aufsichtsrats nach § 30 Abs. 3 Satz 1 AktG. Die **Zahl der Mitglieder des ersten Aufsichtsrats** bestimmt sich nach den unter Beachtung des § 95 AktG getroffenen Festsetzungen in der Satzung. Der Aufsichtsrat muss hiernach mindestens aus drei Mitgliedern oder einer höheren Zahl bestehen, die ebenso durch drei teilbar ist. Möglich ist es auch, für den ersten Aufsichtsrat in der Satzung **Sondervorschriften** vorzusehen, wonach der erste Aufsichtsrat aus einer geringeren Anzahl von Mitgliedern als der zweite Aufsichtsrat bestehen soll.[37]

Aufsichtsrat kann jeder sein, der die **persönlichen Voraussetzungen der §§ 100, 105 AktG** erfüllt, mithin grds. also auch ein Gründer. Dieser ist bei der Wahl des ersten Aufsichtsrats selbst stimmberechtigt.[38]

---

[34] Hüffer, AktG, § 41 Rn. 7; Geßler/Hefermehl/Eckardt, AktG, § 29 Rn. 32; MünchKomm-AktG/Pentz, § 41 Rn. 39 und § 23 Rn. 172.

[35] BGH, WM 2005, 282 = ZIP 2005, 253, zur GmbH.

[36] OLG Zweibrücken, MittBayNot 2001, 230; BayObLG, MittBayNot 1978, 22 und MittBayNot 1974, 228 jeweils zum GmbH-Recht.

[37] Hoffmann-Becking, in: Münchener Handbuch des Gesellschaftsrechts, Bd. 4, § 3 Rn. 12; KölnerKomm-AktG/Kraft, § 30 Rn. 15; GK/Röhricht, AktG, § 30 Rn. 15; Hüffer, AktG, § 30 Rn. 5.

[38] GK/Röhricht, AktG, § 30 Rn. 6; Hüffer, AktG, § 30 Rn. 2.

Die Wirksamkeit der Wahl hängt nicht davon ab, dass die zu Wählenden anwesend sind. Sie müssen die Wahl jedoch zumindest konkludent annehmen.[39]

> **Hinweis:**
> Die Amtszeit des ersten Aufsichtsrats endet nach § 30 Abs. 3 Satz 1 AktG mit der Beendigung der Hauptversammlung, die über die Entlastung für das erste Voll- oder Rumpfgeschäftsjahr beschließt. Die Gründer können jedoch im Bestellungsbeschluss eine kürzere Amtszeit festsetzen.[40] Im Hinblick auf § 120 Abs. 1 AktG endet die Amtszeit des ersten Aufsichtsrats spätestens mit Ablauf der Acht-Monats-Frist nach Ende des ersten Rumpf- oder Vollgeschäftsjahres und zwar auch dann, wenn binnen dieser Frist kein Beschluss der Hauptversammlung über die Frage der Entlastung des Aufsichtsrats herbeigeführt wird.[41] Das erste Geschäftsjahr beginnt dabei mit der Errichtung der Gesellschaft nach § 29 AktG und nicht etwa erst mit der Eintragung der Gesellschaft in das Handelsregister.[42] Die maximale Amtszeit des ersten Aufsichtsrats beträgt daher 20 Monate.[43]

f) Bestellung des Abschlussprüfers

20 Neben der Bestellung des ersten Aufsichtsrats ist nach § 30 Abs. 1 AktG die **Bestellung des Abschlussprüfers** für das erste Voll- oder Rumpfgeschäftsjahr durch die Gründer erforderlich. Die Bestellung muss **notariell beurkundet** werden und erfolgt daher i.d.R. **ebenfalls im Gründungsprotokoll**.

Die **Bestellung eines Abschlussprüfers** kann unterbleiben, wenn die Gründer mit Sicherheit davon ausgehen können, dass die Gesellschaft im ersten Voll- oder Rumpfgeschäftsjahr als kleine Kapitalgesellschaft i.S.d. § 267 HGB nicht prüfungspflichtig gemäß § 316 HGB ist. Die Bestellung des Abschlussprüfers ist **keine Eintragungsvoraussetzung** für die Gesellschaft.[44]

g) Bestellung des ersten Vorstandes

21 Der **erste Vorstand** wird nach § 30 Abs. 4 AktG **vom Aufsichtsrat bestellt**. Die Bestimmung ist zwingend. Hierbei sind die Vorschriften für die im Handelsregister bereits eingetragene AG anzuwenden. Gemäß § 84 Abs. 1 Satz 1 AktG darf die Bestellung höchstens für einen **Zeitraum von fünf Jahren** erfolgen. Die Bestellung erfolgt durch Beschluss des Aufsichtsrats, der der einfachen Mehrheit bedarf. Eine notarielle Beurkundung ist nicht erforderlich. Es gilt jedoch die **Formvorschrift des § 107 Abs. 2 AktG**. Für den Grundbuchverkehr im Gründungsstadium ist allerdings zumindest die Beglaubigungsform nach § 29 GBO notwendig.[45] Wirksam wird die Bestellung, wenn der Vorstand seine Bestellung angenommen hat.[46]

h) Kosten

22 Für die Beurkundung erhält der Notar grds. eine **doppelte Gebühr** nach § 36 Abs. 2 KostO, im Fall der Einpersonengründung nur eine einfache Gebühr (§ 36 Abs. 1 KostO). Der Geschäftswert richtet sich

---

[39] Hüffer, AktG, § 30 Rn. 2.
[40] GK/Röhricht, AktG, § 30 Rn. 13; Hoffmann-Becking, in: Münchener Handbuch des Gesellschaftsrechts, Bd. 4, § 3 Rn. 13.
[41] Macht, MittBayNot 2004, 81, 83; BGH, ZIP 2002, 1619 = NZG 2002, 916; a.A.: GK/Röhricht, AktG, § 30 Rn. 10 f.; KölnerKomm-AktG/Kraft, § 30 Rn. 23; MünchKomm-AktG/Pentz, § 30 Rn. 24.
[42] Macht, MittBayNot 2004, 81, 83 (Fn. 14).
[43] Hüffer, AktG, § 30 Rn. 7.
[44] Happ, Aktienrecht, 2.01; Hoffmann-Becking, in: Handbuch des Gesellschaftsrechts, Bd. 4, § 3 Rn. 15; Hüffer, AktG, § 30 Rn. 10; MünchKomm-AktG/Pentz, § 30 Rn. 47. Auch sonst kann die Bestellung eines Abschlussprüfers durch die Hauptversammlung nach § 119 Abs. 1 Nr. 4 AktG unterbleiben, wenn keine gesetzliche Prüfungspflicht nach § 316 HGB für die Gesellschaft besteht (vgl. dazu DNotI-Gutachten Nr. 56917 vom März 2005).
[45] Schöner/Stöber, Grundbuchrecht, Rn. 993c.
[46] MünchKomm-AktG/Pentz, § 30 Rn. 38.

nach dem Grundkapital sowie einem etwa zusätzlich vereinbarten Aufgeld (§ 20 KostO). Ist in der Gründungsurkunde die Bestellung des ersten Aufsichtsrats und die des ersten Abschlussprüfers enthalten, fällt hierfür **zusätzlich eine doppelte Gebühr** nach § 47 KostO aus dem nach § 44 Abs. 2 lit. a) KostO zusammengerechneten Geschäftswert gemäß §§ 41c Abs. 1, 41a Abs. 4 Ziff. 1 KostO an.

4. Berichte/Prüfungen

a) Gründungsbericht der Gründer

Nach § 32 Abs. 1 AktG haben die Gründer einen **schriftlichen Bericht über den Hergang der Gründung** zu erstatten. Inhaltlich wiederholt er regelmäßig die wesentlichen Feststellungen des Gründungsprotokolls. Daneben hat er anzugeben, ob Aktien für Rechnung eines Vorstandes oder Aufsichtsratmitgliedes übernommen oder ihnen Vorteile zugesagt wurden. Der Gründungsbericht kann **gleichzeitig mit der Beurkundung des Gründungsprotokolls** erstellt werden. Er muss von allen Gründern persönlich – ohne die Möglichkeit der rechtsgeschäftlichen Vertretung – unterschrieben werden.[47]

23

b) Gründungsprüfung durch Vorstand und Aufsichtsrat

Auch Vorstand und Aufsichtsrat haben nach § 34 Abs. 2 AktG einen **schriftlichen Gründungsbericht** zu erstellen (§ 34 AktG). Gegenstand des Berichts ist ebenfalls der Hergang der Gründung. Ferner ist zu prüfen, ob die Angaben der Gründer zur Aktienübernahme und Einlageleistung sowie zu den Festsetzungen nach § 26 AktG zutreffend sind. Zulässig ist es, wenn Vorstand und Aufsichtsrat einen gemeinsamen Bericht erstellen. Der Prüfungsbericht muss von sämtlichen Mitgliedern des Vorstandes und des Aufsichtsrats **persönlich unterzeichnet** werden. Eine Vertretung ist gleichfalls nicht möglich.[48]

24

c) Externe Gründungsprüfung[49]

Gehört ein Mitglied des Vorstandes oder des Aufsichtsrats zu den Gründern, oder werden bei der Gründung Aktien für Rechnung dieser Personen übernommen, ist nach § 33 Abs. 2 Ziff. 1 und Ziff. 2 AktG auch bei der Bargründung eine besondere **Gründüngsprüfung durch externe Prüfer** erforderlich. Über diese Prüfung ist ein besonderer Prüfungsbericht durch den Gründungsprüfer zu erstellen. Der Bericht des Gründungsprüfers kann nicht gemeinsam mit den Prüfungsberichten der Verwaltung erstattet werden.[50]

25

Maßgebend für die Frage, ob eine externe Gründungsprüfung notwendig ist, ist der **Zeitpunkt der Registereintragung**.[51] Veränderungen, die sich im Zeitraum zwischen Gründung der Gesellschaft und deren Eintragung im Handelsregister ergeben, können also ohne weiteres geeignet sein, eine externe Gründungsprüfung zu veranlassen. Als Beispiel kann der Fall genannt werden, dass ein Gründer vor Eintragung der Gesellschaft in das Handelsregister zum Vorstand der Gesellschaft bestellt wird. Gehört eine juristische Person zu den Gründern, ist eine besondere Gründungsprüfung nach § 33 Abs. 2 Ziff. 1 AktG erforderlich, wenn ein vertretungsberechtigtes Organmitglied des Gründungsaktionärs der Verwaltung der AG angehört.[52] Gleiches gilt bei **Beteiligung einer Gesamthandsvereinigung** an der Gründung, wenn eine vertretungsberechtigte Person der Gesamthand zugleich Mitglied der Verwaltung der AG ist.[53] § 33 Abs. 2 Ziff. 2 AktG ist demgegenüber Auffangnorm, um Umgehungen der durch Ziff. 1 erfassten Fallkonstellationen zu vermeiden. Anzuwenden ist diese Vorschrift namentlich, wenn die Aktien nicht durch

---

[47] Hoffmann-Becking, in: Münchener Handbuch des Gesellschaftsrechts, Bd. 4, § 3 Rn. 16; GK/Röhricht, AktG, § 32 Rn. 3 u. 5.
[48] Hoffmann-Becking, Münchener Handbuch des Gesellschaftsrechts, Bd. 4, § 3 Rn. 17; KölnerKomm-AktG/Kraft, § 34 Rn. 8; GK/Röhricht, AktG, § 34 Rn. 10; Hüffer, AktG, § 34 Rn. 4.
[49] Muster finden sich hierfür etwa bei Lorz/Pfisterer/Gerber, in: Beck'sches Formularbuch Aktienrecht, B. I. 7. und bei Herrmanns, ZIP 2002, 1785.
[50] Hüffer, AktG, § 24 Rn. 4; GK-Röhricht, AktG, § 34 Rn. 10; MünchKomm-AktG/Pentz, § 34 Rn. 19.
[51] MünchKomm-AktG/Pentz, § 33 Rn. 18; Hüffer, AktG, § 33 Rn. 4; Herrmanns, ZIP 2002, 1785, 1787.
[52] Hüffer, AktG, § 33 Rn. 4.
[53] GK/Röhricht, AktG, § 33 Rn. 4; MünchKomm-AktG/Pentz, § 33 Rn. 19; Hüffer, AktG, § 33 Rn. 4.

ein Mitglied der Verwaltung selbst, sondern durch einen Strohmann bzw. einen Treuhänder übernommen werden.[54]

26 **§ 34 Abs. 1 AktG** beinhaltet den **Prüfungsinhalt** und **Prüfungsmaßstab**. Danach ist die Prüfung darauf zu erstrecken, ob die Angaben der Gründer über die Übernahme der Aktien, über die Einlagen auf das Grundkapital und die Festsetzungen nach §§ 26, 27 AktG richtig und vollständig sind, sowie darauf, ob im Fall einer Sacheinlage oder Sachübernahme der Wert dem geringsten Ausgabebetrag der dafür zu gewährenden Aktien bzw. dem Wert der Gegenleistung entspricht.

27 Die nach § 34 Abs. 1 AktG zu prüfenden Angaben der Gründer über die Übernahme der Aktien ergeben sich regelmäßig aus der **notariellen Urkunde** über die Gründung, insb. aus der Satzung der Gesellschaft und aus dem nach § 32 Abs. 1 AktG zu erstattenden Gründungsbericht. Diese Unterlagen dienen gleichsam als **Vorlage für die notarielle Gründungsprüfung**. Dabei hat der Gründungsprüfer diese Angaben im Gründungsbericht mit denen in der Gründungsurkunde zu vergleichen und auf ihre Richtigkeit zu überprüfen.

Zu überprüfen sind ferner die **Angaben über die Einlagen auf das Grundkapital**, ob also das Grundkapital vollständig durch die übernommenen Einlagen gedeckt ist. Nicht erforderlich ist dabei, dass die Einlagen bereits zum Prüfungszeitpunkt erbracht sind. Soweit dies bereits erfolgt ist, und Zahlungen auf ein Konto der Gesellschaft geleistet wurden, wird sich der Gründungsprüfer das Original der Einzahlungsbestätigung des Kreditinstituts nach § 37 Abs. 1 Satz 3 AktG vorlegen lassen und dieses daraufhin überprüfen, ob es den formellen und inhaltlichen Anforderungen des Gesetzes entspricht. Dabei muss der Notar auch prüfen, ob die Bestätigung des Kreditinstituts ein etwa vereinbartes Agio umfasst.[55] Soweit die Einlagen zum Zeitpunkt der Gründungsprüfung noch nicht erbracht sind, ist dies ebenso im Prüfungsbericht zu vermerken.[56]

Gleichfalls ist in dem Gründungsbericht zu vermerken, ob und wenn ja welche bei einer Einmann-Gründung **zu erbringenden Sicherheit** bestellt wurde. Prüfungsgegenstand ist gleichfalls die Frage, ob Voreinzahlungen geleistet wurden und ob diese Beträge nach wie vor – jedenfalls wertmäßig – noch zur Verfügung stehen. Ebenso soll sich der Gründungsprüfer darüber äußern, sofern ihm Tatbestände der verdeckten Sacheinlage oder Einlagenrückgewähr bekannt sind.[57] Schließlich wird der Prüfer in seinem Bericht Feststellungen treffen über die ordnungsgemäße Bestellung der Verwaltungsmitglieder. Als Prüfungsunterlagen dienen die Dokumente über die Wahl von Vorstand und Aufsichtsrat bzw. über die Gründung der Gesellschaft. Letztlich soll sich der Gründungsprüfer auch über die **Höhe des Gründungsaufwands** äußern, sofern der von der Gesellschaft übernommene Gründungsaufwand einen Betrag erreicht, der über 5 % des Grundkapitals der Gesellschaft hinausgeht.[58]

d) Gründungsprüfung durch den Notar[59]

28 Nach § 33 Abs. 3 Satz 1 AktG in der Fassung des TransPuG[60] kann auch der **beurkundende Notar anstelle eines externen Gründungsprüfers** im Auftrag der Gründer die Gründungsprüfung vornehmen.[61] Hierbei handelt es sich um eine **notarielle Amtstätigkeit,** für die der Notar ausgehend von der Summe

---

54 Herrmanns, ZIP 2002, 1785, 1787.
55 Herrmanns, ZIP 2002, 1785, 1787.
56 KölnerKomm-AktG/Kraft, § 34 Rn. 4.
57 Grage, RNotZ 2002, 326, 221; Herrmanns, ZIP 2002, 1785, 1787.
58 Herrmanns, ZIP 2002, 1885, 1788.
59 Muster finden sich hierfür etwa bei Lorz/Pfisterer/Gerber, in: Beck'sches Formularbuch Aktienrecht, B. I. 7. und bei Herrmanns, ZIP 2002, 1785.
60 BGBl. 2002 I, 2681.
61 Siehe dazu Hermanns, ZIP 2002, 1785 (mit Muster); Heckschen, NotBZ 2002, 429; Grage, RNotZ 2002, 326; Papmehl, MittBayNot 2003, 187.

aller Einlagen eine Gebühr nach § 147 Abs. 2 KostO erhält.[62] **Zuständig für die Gründungsprüfung** i.S.d. § 33 Abs. 3 Satz 1 AktG ist allein der Notar, der die Gründung der Gesellschaft und deren Satzung beurkundet hat. Eine sonstige Tätigkeit ist nicht geeignet, dem Notar die Prüfungszuständigkeit zu verleihen. Nach § 35 AktG kann der Notar zum Zweck der Prüfung von den Gründern alle Aufklärungen und Nachweise verlangen. Werden ihm diese Auskünfte nicht oder nicht vollständig erteilt, kann er die Gründungsprüfung ablehnen. Auch sonst ist der Notar berechtigt, die Gründungsprüfung abzulehnen. Hierbei handelt es sich nicht um Urkundstätigkeit i.S.d. § 15 BNotO, sondern um eine **Tätigkeit im Bereich der sonstigen Rechtsbetreuung** auf dem Gebiet der vorsorgenden Rechtspflege nach § 24 Abs. 1 BNotO.[63]

5. Anmeldung[64]

a) Zur Anmeldung Verpflichtete

Die Gesellschaft ist bei dem für ihren Sitz zuständigen AG von allen **Gründern, allen Mitgliedern des ersten Aufsichtsrats und des Vorstandes** zur Eintragung anzumelden (§ 36 Abs. 1 AktG). Alle Unterschriften sind notariell zu beglaubigen (§ 12 Abs. 1 HGB). Eine **rechtsgeschäftliche Vertretung** ist nach h.M. im Gegensatz zu einer gesetzlichen bzw. organschaftlichen Vertretung **nicht zulässig**. Die Anmeldung erfolgt im Namen der Vor-AG, nicht der Gründer.[65]

b) Reparaturvollmacht

Da die h.M. eine rechtsgeschäftliche Vertretung bei der Anmeldung verneint, erscheint problematisch, ob eine sog. „**Reparaturvollmacht**"[66] mit in die Gründungsurkunde aufgenommen werden kann, um aufgrund etwaig vorkommender Zwischenverfügungen des Registergerichts reagieren zu können und nicht den gesamten Anmeldevorgang wiederholen zu müssen. Eine solche Reparaturvollmacht bezieht sich regelmäßig **allein auf eine Änderung der Gründungssatzung**; die eigentliche Anmeldung zum Handelsregister ist davon nicht umfasst. Da aber Änderungen der Gründungssatzung **formlos** zum Registergericht angemeldet werden können, wenn zusätzlich noch eine Notarbescheinigung über die vollständige Fassung der Satzung vorgelegt wird, sind Korrekturen aufgrund Beanstandung des Registergerichts mittels Reparaturvollmacht zulässig. Sie sind von der bereits erfolgten und weiter aufrecht erhaltenen Anmeldung gedeckt.[67]

c) Voraussetzung der Anmeldung, Leistung der Einlage

Die **Bargründung** darf erst zur Eintragung in das Handelsregister angemeldet werden, wenn der im Gründungsprotokoll oder später eingeforderte **Geldbetrag** gemäß §§ 36 Abs. 2, 36a AktG **ordnungsgemäß eingezahlt** worden ist.

aa) Höhe der Einlageleistung

Der eingeforderte Betrag muss **mindestens 25 % des geringsten Ausgabebetrages** (Nennbetrag oder anteiligen Betrag des Grundkapitals) und **100 % des Agios** umfassen (§§ 36 Abs. 2, 36a Abs. 1 AktG), und zwar auf jede Aktie. Gleiches gilt im Fall der Einpersonengründung. Auch hier muss der Gründer nur 25 % des geringsten Ausgabebetrages einzahlen. Gemäß § 36 Abs. 2 Satz 2 AktG hat er darüber hinaus jedoch für den noch fehlenden Betrag Sicherheit zu leisten.

---

62 Hermanns, ZIP 2002, 1785, 1788; Grage, RNotZ 2002, 326, 330; Lappe, NotBZ 2002, 446; a.A.: Heckschen, NotBZ 2002, 429, 531 f.
63 Grage, RNotZ 2002, 326, 331; Heckschen, NotBZ 2002, 429, 431; Herrmanns, ZIP 2002, 1785, 1788.
64 Vgl. dazu Terbrack, Rpfleger 2005, 237 ff.
65 BGHZ 117, 323, 325; Seibert/Kiem/Zimmermann, Handbuch der kleinen AG, Rn. 108; Hüffer, AktG, § 36 Rn. 4.
66 Vgl. Happ, Aktienrecht, 2.01, Muster lit. a) und lit. m).
67 OLG Zweibrücken, MittBayNot 2001, 230; BayObLG, MittBayNot 1978, 22; MittBayNot 1974, 228; Keidel/Krafka/Willer, Registerrecht, Rn. 1314 und Rn. 972.

Soll ein etwaiges **Agio nicht vollständig vor der Anmeldung geleistet** werden, kann ein korporatives Aufgeld nicht vereinbart werden. Als Alternativgestaltung möglich ist die Vereinbarung eines **sog. schuldrechtlichen Agios** i.S. eines **investors agreement**. Im Registerverfahren ist nachzuweisen, dass es sich dabei um eine schuldrechtliche Nebenabrede, nicht aber um ein gesellschaftsrechtlich begründetes Agio handelt.[68] Umstritten ist dabei, ob ein solches schuldrechtliches Agio nur durch Vereinbarung der Gründer bzw. Zeichner untereinander vereinbart werden kann oder ob auch eine unmittelbare Vereinbarung zwischen der Gesellschaft und dem Gründer bzw. Zeichner möglich ist.[69] Bei der Gründung einer AG ist diese Diskussion aber ohne Bedeutung, denn vor Eintragung der Gesellschaft im Handelsregister existiert diese als solche noch nicht. Auch als **Vor-AG** entsteht die Gesellschaft erst mit Protokollierung der Gründungssatzung. Regelmäßig dürfte es bei der Vereinbarung eines schuldrechtlichen Agios im Rahmen der Gründung der Gesellschaft aber so sein, dass eine Vereinbarung allein unter den Gründern in Betracht kommt.

33 **Schuldtilgende Wirkung** haben nicht nur diejenigen Leistungen, die die Gründer auf entsprechende Anforderung des Vorstandes bzw. aufgrund entsprechender Satzungsgrundlage auf die Einlageverbindlichkeit erbringen. Vielmehr gilt dies auch für **sog. freiwillige Mehrleistungen** über diese Beträge hinaus. Dabei kommt es darauf an, ob diese freiwilligen Mehrleistungen noch im Eintragungszeitpunkt der Gesellschaft gegenständlich oder wertmäßig im Gesellschaftsvermögen vorhanden sind oder aber – sofern die Einlage bereits verbraucht ist – die Gründer etwaige Fehlbeträge im Rahmen der Unterbilanzhaftung ausgleichen müssen.[70]

bb) Zeitpunkt der Einlageleistung

34 **Bareinlagen** haben die Gründer **vor der Anmeldung** der Gesellschaft zur Eintragung in das Handelsregister, jedoch **zeitlich nach Gründung** der Gesellschaft und Übernahme der Aktien (§ 29 AktG), zu leisten. Eine Zahlung vor diesem Zeitpunkt, etwa an die Vorgründungsgesellschaft, anstelle der Vorgesellschaft, befreit den Gründer noch nicht von seiner Einlageschuld, da er nicht an den Einlagegläubiger geleistet hat. Entsprechendes gilt für Zahlungen an einen künftigen, jedoch noch nicht bestellten Vorstand.[71] Nach einer in der Lit. vertretenen Auffassung soll es jedoch genügen, wenn die Leistungshandlung gegenüber der Vorgründungsgesellschaft oder den künftigen Vorstandsmitgliedern erfolgt, die Zahlung mit einer klaren Zweckbestimmung, in engem zeitlichen Zusammenhang mit der Gründung geleistet wurde und noch isolierbar von dem übrigen Vermögen des Leistungsempfängers alsdann in die Verfügungsgewalt der Vorgesellschaft bzw. des dort bestellten Vorstandes übergeht.[72]

cc) Zahlung auf ein Konto der Gesellschaft oder des Vorstandes

35 § 54 Abs. 3 AktG geht davon aus, dass der Einlagebetrag nur durch Kontogutschrift auf einem **Konto der Gesellschaft oder des Vorstandes** erbracht werden kann. § 54 Abs. 3 Satz 1 AktG spricht insoweit davon, dass der eingeforderte Betrag auf einem solchen Konto der Gesellschaft oder des Vorstandes „einzahlt" und dass im Fall der Einzahlung auf ein Konto des Vorstandes diese „zu seiner freien Verfügung" werden muss.

36 Umstritten ist, ob eine Einzahlung vom **Einlageschuldner** auf ein Konto der Gesellschaft oder des Vorstandes zulässig ist, wenn die **kontoführende Stelle mit dem Einlageschuldner identisch** ist. Nach einer Ansicht kann die kontoführende Stelle auch Einzahlungen auf ihre eigene Einlage dadurch leisten, dass sie dem Konto der Gesellschaft oder des Vorstandes den entsprechenden Betrag gutschreibt.[73] Demgegen-

---

68 BayObLG, MittBayNot 2002, 304 f.
69 Gerber, MittBayNot 2002, 305 ff.; Hermanns, ZIP 2003, 788 ff. sowie Schorling/Vogel, AG 2003, 86 ff.
70 MünchKomm-AktG/Pentz, § 36 Rn. 72; Hüffer, AktG, § 36a Rn. 3; GK/Röhricht, AktG, § 36 Rn. 42 unter Übernahme der Rspr. zum GmbHR.
71 OLG Düsseldorf, GmbHR 1994, 398 zur GmbH, MünchKomm-AktG/Pentz, § 36 Rn. 71; OLG Köln, ZIP 1989, 238; OLG Hamm, GmbHR 1992, 750; OLG Stuttgart, DNotZ 1994, 695, 698 f.
72 GK/Röhricht, AktG, § 36 Rn. 43; MünchKomm-AktG/Pentz, § 36 Rn. 71.
73 Hüffer, AktG, § 54 Rn. 17.

über ist es nach anderer Auffassung nicht möglich, dass sich ein Kreditinstitut von seiner eigenen Einlagepflicht durch Gutschrift auf ein bei ihm geführtes Konto befreien kann.[74] Argumentiert wird damit, dass die Erteilung einer Gutschrift rechtlich nichts anderes als ein abstraktes Schuldanerkenntnis oder Schuldversprechen darstellt. § 54 Abs. 3 Satz 1 AktG verlangt jedoch eine „Einzahlung". **Sinn und Zweck** des § 54 Abs. 3 AktG sei es, die reale Kapitalaufbringung zu sichern. Damit sei es nicht vereinbar, wenn die Möglichkeit bestünde, eine Einlageforderung bereits durch das Eingehen einer neuen Verbindlichkeit zu tilgen. Insoweit fehle es an dem für eine Einzahlung i.S.d. Vorschrift wesensbestimmenden Erfordernis der endgültigen Aussonderung des Einlagebetrages von dem eigenen Vermögen.

Diese Argumente überzeugen. Es geht um den **Grundsatz der realen Kapitalaufbringung** sowie insb. darum, dass die Einlageleistung letztlich aus dem Vermögen des zur Einlage Verpflichteten gleichsam „ausgesondert" und in die Einflusssphäre der Gesellschaft bzw. ihres Vorstandes überführt wird. Eine bloße „Umbuchung" genügt hierfür nicht.

Im Fall der **Einpersonengründung** und einer **Identität zwischen Alleingesellschafter und Vorstand** der Gesellschaft ist deshalb **ebenso keine schuldtilgende Einlageleistung** gegeben, wenn der Einlageschuldner auf ein auf seinen Namen lautendes Konto zahlt.[75] Mit dem Grundsatz der realen Kapitalaufbringung ist es nicht vereinbar, wenn man in diesem Fall eine Einzahlung des Einlageschuldners auf sein eigenes Konto mit schuldbefreiender Wirkung zulassen würde. Eine „Aussonderung" aus dem Vermögen des Einlageschuldners und eine „Überführung" der Einlageleistung in die Einflusssphäre der Gesellschaft bzw. ihres Vorstandes wäre nicht mehr feststellbar.[76] Anders ist die Rechtslage nur, wenn es sich um ein vom Vorstand für die Gesellschaft geführtes **Treuhandkonto** handelt (**uneigennützige Verwaltungstreuhand**) und gesichert ist, dass dem Vorstand im Verhältnis zum Treuhänder die freie Verfügung über das Konto zusteht.[77]

37

dd) Leistung zur freien Verfügung des Vorstandes

Erforderlich ist weiter, dass die **Leistung der Bareinlage zur freien Verfügung des Vorstandes** erfolgt (§ 36 Abs. 2 Satz 1 2. Halbs. AktG). Freie Verfügbarkeit liegt vor, wenn die Einlage aus dem Herrschaftsbereich des Einlegers ausgesondert und dem Vorstand so übergeben wurde, dass er nach eigenem Ermessen und ohne Einschränkung über die Einlage verfügen kann.[78] Dies gilt auch für **Zahlungen auf ein debitorisches Konto**, soweit die Kreditlinie noch nicht überschritten ist.[79] Anders ist es, wenn die Einzahlung zwar auf Konto der Gesellschaft erfolgt, der Einlageschuldner aber über dieses Konto jederzeit ohne Mitwirkung des Vorstandes verfügen kann.[80]

38

Fraglich ist in diesem Zusammenhang, ob **Absprachen über die Verwendung der einbezahlten Gelder** die freie Verfügung des Vorstandes i.S.d. § 36 Abs. 2 Satz 1 AktG unterwandern. Die Rechtslage ist hierzu umstritten und noch nicht endgültig geklärt. Allgemein heißt es lediglich, dass solche Absprachen nicht per se unzulässig sind, soweit jedenfalls keine Rückzahlung der Einlage an die Gründer in Frage steht, also eine **verdeckte Sacheinlage** anzunehmen ist und bei denen die Gründer auch auf die Verwendung

---

74 MünchKomm-AktG/Bungeroth, § 54 Rn. 64; KölnerKomm-AktG/Lutter, § 54 Rn. 37.
75 DNotI-Report 2006, 53, 54.
76 BGH, NJW 2001, 1647; OLG Hamburg, NZG 2002, 53 = GmbHR 2001, 972 (jeweils zur GmbH); DNotI-Report 2006, 53, 54.
77 Ulmer/Habersack, GmbHG, § 7 Rn. 37.
78 Hüffer, AktG, § 36 Rn. 7; GK/Röhricht, AktG, § 36 Rn. 56; OLG Frankfurt, AG 1991, 402, 403.
79 BGH, MittRhNotK 1996, 415 = DNotZ 1997, 495; BayObLG, NZG 1998, 680; AnwK-AktienR/Terbrack, Kap. 1 § 36 AktG Rn. 26; Hüffer, AktG, § 36 Rn. 8.
80 BGH NJW 2001, 1647 = MittBayNot 2001, 407; Heckschen/Heidinger, Die GmbH in der Gestaltungspraxis, § 2 Rn. 94.

der Einlage nicht faktisch Einfluss nehmen können.[81] Aufgrund der insoweit unklaren Rechtslage sollten derartige Verwendungsabreden aus Vorsichtsgründen vermieden werden.[82]

Wird der Einlagebetrag in ein **Cash-Pool-System** einbezogen, fehlt zum einen die freie Verfügbarkeit wegen Rückflusses an den Interessenten. Zum anderen ist darin nach der Rspr. eine verdeckte Sacheinlage zu erkennen.[83] Eine schuldtilgende Leistung liegt damit nicht vor.[84] Zulässig dürfte allein die Einzahlung auf ein **Sonderkonto** sein, das nicht in den Cash Pool einbezogen ist.[85]

39 Umstritten ist, inwieweit der **Vorstand berechtigt** ist, **vor der Eintragung** der Gesellschaft im Handelsregister **über die geleisteten Einlagen zu verfügen**. Im Grundsatz ist davon auszugehen, dass die Bareinlagen im Anmeldezeitpunkt nicht mehr gegenständlich vorhanden sein müssen.[86] Andererseits ist im Gründungsstadium aber auch eine völlig freie Verfügungsmöglichkeit ohne jedwede Einschränkungen abzulehnen.[87] Nach h.M. ist hier im Gegensatz zum Fall der Kapitalerhöhung[88] der **Grundsatz der „wertgleichen Deckung"** zu beachten.[89] Eine wertgleiche Deckung liegt dann vor, wenn an die Stelle der eingezahlten Bareinlagen wertgleiche aktivierungsfähige Vermögensgegenstände getreten sind, in dem für das ausgegebene Geld Gegenstände des Anlage- und Umlaufvermögens entsprechenden Wertes angeschafft oder hergestellt worden sind.[90] Gleiches gilt bei Verwendung der eingezahlten Bareinlagen zur Tilgung bestehender Verbindlichkeiten. Anders ist die Rechtslage dagegen, wenn damit nicht-aktivierungsfähige Ausgaben wie z.B. Mietzahlungen sowie die Zahlung von Löhnen und Gehältern bestritten werden.[91] Maßgebend für das Erfordernis der wertgleichen Deckung ist, dass die eingeforderten Einlagen zum Zeitpunkt der Anmeldung der Gründung wertmäßig noch in anderer Form vorhanden sind.[92]

d) Inhalt der Handelsregisteranmeldung

40 Der **Inhalt der Handelsregisteranmeldung** ist in § 37 AktG aufgeführt. Die Anmelder haben zu erklären, dass die eingeforderten Bareinlagen, mindestens jedoch ein Viertel des geringsten Ausgabebetrages sowie im Fall der Ausgabe der Aktien gegen Aufgeld, auch das Aufgeld in voller Höhe eingezahlt wurde. Es ist nachzuweisen, dass die eingezahlten Beträge endgültig zur freien Verfügung des Vorstandes stehen. Bei Einzahlung auf ein Bankkonto der (Vor-)Gesellschaft oder des Vorstandes ist der Nachweis nach § 37

---

81 MünchKomm-AktG/Pentz, § 36 Rn. 53; Hüffer, AktG, § 36 Rn. 9; GK/Röhricht, AktG, § 36 Rn. 81 f.; OLG Köln, NZG 2001, 615 f.

82 Hüffer, AktG, § 36 Rn. 9; Seibert/Kiem/Zimmermann, Handbuch der kleinen AG, Rn. 74; Wiesner, in: Münchener Handbuch des Gesellschaftsrechts, Bd. 4, § 16 Rn. 7.

83 BGH, ZIP 2006, 665; Altmeppen, ZIP 2006, 1025, 1029 ff.; Gehrlein, MDR 2006, 789; Vetter/Schwandtner, Der Konzern 2006, 407 ff.; Schmelz, NZG 2006, 456 ff., siehe zur verdeckten Sacheinlage unten Rn. 72.

84 BGH, ZIP 2006, 665; Altmeppen, ZIP 2006, 1025, 1029 ff.; Gehrlein, MDR 2006, 789; Vetter/Schwandtner, Der Konzern 2006, 407 ff.; Hüffer, AktG, § 36 Rn. 7 und § 188 Rn. 6a.

85 Hüffer, AktG, § 188 Rn. 6a; Hellwig, in: FS für Peltzer, S. 163 und 178; Sieger/Hosselbach, BB 1999, 645, 649; zweifelnd: Cahn, HZR 166 (2002), 278, 286 f.

86 So aber noch KölnerKomm-AktG/Kraft, § 36 Rn. 11 sowie für die GmbH früher: BayObLG, NJW 1988, 1599; OLG Köln, ZIP 1989, 240.

87 Hommelhoff/Kleindiek, ZIP 1987, 477, 485; Lutter, NJW 1989, 2649, 2652 f.

88 Hüffer, AktG, § 36 Rn. 11a. Der Grundsatz der wertgleichen Deckung gilt nach neuer Rspr. nicht mehr bei der Kapitalerhöhung; BGH, NZG 2002, 522 = 524 = RNotZ 2002, 287 und NZG 2002, 636, 638; Hallweger, DStR 2002, 2132, Kamanabrou, NZG 2002, 673 (jeweils zur GmbH).

89 Hüffer, AktG, § 36 Rn. 11; MünchKomm-AktG/Pentz, § 36 Rn. 79; Seibert/Kiem/Zimmermann, Handbuch der kleinen AG, Rn. 76; GK/Röhricht, AktG, § 36 Rn. 88; BGHZ 119, 177.

90 GK/Röhricht, AktG, § 36 Rn. 88.

91 GK/Röhricht, AktG, § 36 Rn. 89; unklar Priester, ZIP 1994, 599 f., der wohl allein darauf abstellt, dass die Gelder unbeschränkt für Zwecke der Gesellschaft ausgegeben wurden; siehe dazu auch ders., in: DAI-Skript: Aktienrecht in der notariellen Praxis, S. 107; differenzierend auch MünchKomm-AktG/Pentz, § 36 Rn. 81, für den Fall, dass im Wege der Sacheinlage ein Unternehmen eingebracht wurde.

92 MünchKomm-AktG/Pentz, § 36 Rn. 81; Hüffer, AktG, § 36 Rn. 11a; Seibert/Kiem/Zimmermann, Handbuch der kleinen AG, Rn. 76.

Abs. 1 Satz 3 AktG durch eine **schriftliche Bestätigung der Bank** zu führen (§ 37 Abs. 1 Satz 3 AktG). Soweit über die Bareinlagen bereits vor Anmeldung der Gesellschaft verfügt wurde, ist dies dem Handelsregister in der Anmeldung mitzuteilen und die wertgleiche Deckung unter Beifügung entsprechender Unterlagen nachzuweisen.[93]

Ebenso ist in der Anmeldung durch die Vorstandsmitglieder zu **versichern**, dass sie **nicht vom Vorstandsamt** nach § 76 Abs. 3 Satz 3 und 4 AktG **ausgeschlossen** sind und entsprechend belehrt wurden (§ 37 Abs. 2 AktG). Eine **Zeichnung der Unterschriften** ist nach der **Neufassung des § 37 AktG** durch das EHUG nicht mehr erforderlich. Stattdessen ist der Anmeldung gemäß § 37 Abs. 4 Nr. 3a AktG n.F. eine Liste der Mitglieder des Aufsichtsrats, aus welcher Name, Vorname, ausgeübter Beruf und Wohnort der Mitglieder ersichtlich sind, beizufügen.

41

Für die **Einpersonengründung** gilt grds. dasselbe. Soweit allerdings der volle Einlagebetrag nicht schon vor der Anmeldung geleistet wird, ist gemäß § 36 Abs. 2 Satz 2 AktG für den noch offenen Betrag der Einlage eine Sicherheit zu stellen. In der Anmeldung sind hierzu **konkrete Angaben** zu machen, aus denen sich Art, Höhe und Bestellung der Sicherung ergeben[94]:

42

> **Hinweis:**
>
> In der Handelsregisteranmeldung ist ebenso anzugeben, welche **Vertretungsbefugnis** die Vorstandsmitglieder haben. Anzumelden ist die Vertretungsbefugnis grds. in abstrakter Formulierung. Soweit die Vertretungsmacht einzelner Vorstandsmitglieder unterschiedlich ausgestaltet ist, ist eine Konkretisierung unter Namensnennung erforderlich. Besteht z.B. im Grundsatz Gesamtvertretung und ist nur ein Vorstandsmitglied berechtigt, die Gesellschaft allein zu vertreten, genügt der Hinweis auf die bestehende Gesamtvertretung unter gesonderter Benennung des zur Alleinvertretung berechtigten Mitglieds und der insoweit abweichenden Vertretungsmacht.[95]

Im Übrigen sind der Anmeldung die in § 37 Abs. 4 AktG im Einzelnen **genannten Anlagen** beizufügen:

43

- Gründungsprotokoll,
- Gründungsaufwand (Art, Höhe, Empfänger),
- Urkunden über die Bestellung von Vorstand und Aufsichtsrat,
- Gründungsbericht,
- Gründungsprüfungsbericht von Vorstand, Aufsichtsrat und ggf. des Gründungsprüfers,
- ggf. staatliche Genehmigung.[96]

6. Eintragung in das Handelsregister und Entstehen der AG

Das **Handelsregister prüft** nach § 38 Abs. 1 AktG ob die Gesellschaft **ordnungsgemäß errichtet und angemeldet** ist. Geprüft wird namentlich die Kapitalaufbringung, ob also die Bareinlage und ggf. das Agio ordnungsgemäß geleistet wurde.[97] Ist dies nicht der Fall, ist die Eintragung abzulehnen. Grds. erfolgt lediglich eine **Plausibilitätsprüfung**.

44

> **Hinweis:**
>
> Streitig ist dabei, ob im Hinblick auf die Eintragung der Gesellschaft und dort namentlich bei der Frage, ob das Grundkapital der Gesellschaft noch vorhanden ist, auf den Zeitpunkt der Anmeldung

---

93 Henze, AktR, Rn. 105; Seibert/Kiem/Zimmermann, Handbuch der kleinen AG, Rn. 76.
94 AnwK-AktienR/Terbrack, Kap. 1 § 37 Rn. 13; Hüffer, AktG, § 37 Rn. 3; MünchKomm-AktG/Pentz, § 37 Rn. 46.
95 MünchKomm-AktG/Pentz, § 37 Rn. 60; Hüffer, AktG, § 37 Rn. 8.
96 Siehe dazu die alphabetische Zusammenstellung bei Hüffer, AktG, § 37 Rn. 14 und Gottwald, MittBayNot 2001, 164 = DStR 2001, 944.
97 MünchKomm-AktG/Pentz, § 38 Rn. 35.

> oder auf den Zeitpunkt der Eintragung abzustellen ist. Die wohl überwiegende Lit. stellt auf den Zeitpunkt der Anmeldung ab. Ist im Gegensatz zu diesem Zeitpunkt das Grundkapital im Zeitpunkt der Eintragung weder gegenständlich noch wertmäßig mehr vorhanden, greift allein eine Unterbilanz- bzw. Differenzhaftung der Gründer Platz. Zu einem Eintragungshindernis führt dies jedoch nicht.[98] Die Rspr. stellt hingegen auf den Eintragungszeitpunkt ab. Ist dann die Bareinlage nicht mehr wertmäßig vorhanden, haben die Gründer den fehlenden Betrag bereits zum Zweck der Eintragung der Gesellschaft auszugleichen.[99]

45 Die Eintragung der Gesellschaft in das Handelsregister erfolgt nach Maßgabe des § 39 Abs. 1 AktG. Sie wird im **Bundesanzeiger** und ggf. in einem weiteren Blatt mit ihrem gesamten Inhalt sowie den weiteren, in § 40 AktG erwähnten Angaben bekannt gemacht (§ 10 Abs. 1 Satz 1 und § 11 HGB).

Mit **Eintragung in das Handelsregister** entsteht die AG (§ 41 Abs. 1 Satz 1 AktG). Der Zeitpunkt der Übernahme der Aktien im Rahmen der Gründung durch die Gründer nach § 29 AktG und die Feststellung der Satzung bestimmen lediglich den Zeitpunkt des Entstehens der sog. **Vor-AG**. Die Vor-AG ist notwendiges Durchgangsstadium. In Rspr. und Lit. ist anerkannt, dass die Vor-AG eine Gesamthandsgesellschaft eigener Art ist, auf die die Vorschriften der AG sinngemäß Anwendung finden, soweit diese nicht ausdrücklich eine Eintragung der Gesellschaft im Handelsregister voraussetzen.[100] Str. ist, inwieweit der Vorstand die **Vor-AG** bereits unbegrenzt vertreten darf oder ob er hierbei auf die Vornahme der Gründungsgeschäfte beschränkt ist.[101] Eine Ausnahme von diesem Grundsatz hat der BGH nunmehr für den Fall der **Kündigung** angenommen. Zwar kann eine eingetragene AG nicht durch Kündigung aufgelöst werden; zulässig ist dies aber bei einer Vor-AG analog § 723 Abs. 1 Satz 2 und Satz 3 Nr. 1 BGB.[102]

Die Vor-AG ist schließlich noch von der **Vorgründungsgesellschaft** zu unterscheiden. Diese bezeichnet das Stadium vor Beurkundung der Gründung der AG. Hier gilt nicht Aktienrecht, sondern das Recht der GbR bzw. OHG.[103]

7. Mitteilung nach § 20 AktG und nach § 42 AktG

46 **Besitzt ein Gründer 25 % der Aktien**, so ist dies der Gesellschaft nach § 20 Abs. 1 Satz 1 AktG unverzüglich schriftlich mitzuteilen. Die **Mitteilungspflicht** besteht auch im Fall der Übernahme von Aktien bei Gründung.[104] Mitteilungspflichtig sind nur „Unternehmen" i.S.d. §§ 15 ff. AktG. Private sind von der Mitteilungspflicht nicht betroffen. Unterbleibt die Mitteilung, so sind die Rechte aus den Aktien nach § 20 Abs. 7 AktG suspendiert.

47 Ein Hauptversammlungsbeschluss, der unter Mitwirkung von nach § 20 Abs. 7 AktG nicht stimmberechtigten Aktionären gefasst wurde, ist lediglich anfechtbar; dies gilt auch, wenn sämtliche Aktionäre wegen § 20 Abs. 7 AktG kein Stimmrecht haben, der Beschluss also „stimmlos" gefasst wurde.[105]

48 Soweit sich **alle Aktien in der Hand eines einzelnen Aktionärs** vereinigen, hat der Vorstand dem Handelsregister eine Mitteilung nach § 42 AktG zu machen. Diese Mitteilungspflicht gilt auch bei der Ein-

---

98 Hüffer, AktG, § 38 Rn. 10; GK/Röhricht, AktG, § 38 Rn. 13; MünchKomm-AktG/Pentz, § 38 Rn. 21.
99 BGHZ 119, 177, 187 f.; BGHZ 80, 129, 136; BayObLG, GmbHR 1998, 1225; OLG Frankfurt, NJW-RR 1992, 1253; OLG Hamm, NJW-RR 1993, 1381; OLG Düsseldorf, ZIP 1996, 1705, jeweils m.w.N.
100 BGH, ZIP 2006, 2267 = NZG 2007, 20; BGHZ 21, 242, 246; BGHZ 51, 30, 32; BGHZ 80, 212, 214; Hüffer, AktG, § 41 Rn. 4a.
101 Siehe dazu unten Rn. 84.
102 BGH, ZIP 2006, 2267 = NZG 2007, 20.
103 Siehe dazu unten Rn. 80; Hüffer, AktG § 41 Rn. 3.
104 Hüffer, AktG, § 20 Rn. 2; Hoffmann-Becking, in: Münchener Handbuch des Gesellschaftsrechts, Bd. 4, § 3 Rn. 20; Seibert/Kiem/Zimmermann, Handbuch der kleinen AG, Rn. 120; KölnerKomm-AktG/Koppensteiner, § 20 Rn. 21; GK/Windbichler, AktG, § 20 Rn. 19.
105 BGH; ZIP 2006, 1134 = WM 2006, 1151 = BB 2006, 1351 m. Anm. Theisinger.

personengründung.[106] Sanktionen im Fall eines Verstoßes gegen diese Mitteilungspflicht wie nach § 20 Abs. 7 AktG bestehen nicht.

II. Besonderheiten bei der Sachgründung/Sachübernahme

1. Festsetzungen in der Satzung und Einbringung

a) Sacheinlagen/Sachübernahmen

Aktienrechtlich ist gemäß § 27 Abs. 1 AktG zwischen Sacheinlagen und Sachübernahmen zu unterscheiden. Bei der **Sacheinlage** bringt der Gründer statt einer Bareinlage Vermögensgegenstände zu einem bestimmten Wert als Gegenleistung für die von ihm übernommenen Aktien ein. Auch bei der **Sachübernahme** werden Vermögensgegenstände für die Gesellschaft eingebracht. Der Einbringende erhält als Gegenleistung jedoch keine Beteiligung an der Gesellschaft, sondern eine andere Gegenleistung. Demgemäß muss bei der Sachübernahme der Einbringende nicht notwendigerweise zu den Gründern gehören, sondern kann vielmehr auch ein Dritter sein.[107] Geschäfte des Vorstandes der Vor-AG mit Dritten fallen nicht unter § 27 AktG.[108]

49

> **Hinweis:**
> Entscheidend ist bei der Sachübernahme, dass diese mit Blick auf die Gründung spätestens zum Zeitpunkt der Feststellung der Satzung nach § 23 AktG verabredet sein muss. Mithin kommt die Sachübernahme also nur bei Geschäften im Vorgründungsstadium, nicht aber im Stadium der Vor-Gesellschaft in Betracht.[109] Der Dritte muss sich „verbindlich" gemacht haben.[110] Fehlt es an einer solchen Verbindlichkeit, liegt eine bloße Verwendungsabrede vor, die nach § 36 Abs. 2 Satz 1 AktG grds. zulässig ist und keine Festsetzung in der Satzung erforderlich macht.[111]

b) Festsetzungen in der Satzung

Sowohl im Fall der Sachgründung durch Erbringung von Sacheinlagen als auch im Fall der Sachübernahme müssen in der Satzung nach § 27 Abs. 1 AktG über den notwendigen Inhalt des § 23 AktG hinaus **zusätzliche Festsetzungen** aufgenommen werden, nämlich

50

- der Gegenstand der Sacheinlage/Sachübernahme,
- die Person, von der die Gesellschaft den Gegenstand erwirbt,
- der Nennbetrag, bei Stückaktien die Zahl der bei der Sacheinlage zu gewährenden Aktien, und
- bei Sachübernahme die zu gewährende Vergütung.

Wo diese Festsetzungen in der Satzung **konkret zu machen sind**, ist im AktG nicht festgelegt. Da diese Festsetzungen jedoch erst 30 Jahre nach Eintragung der Gesellschaft im Handelsregister aus der Satzung entfernt werden dürfen,[112] werden sie **häufig am Satzungsende** erwähnt.[113]

---

106 Hüffer, AktG, § 42 Rn. 3; MünchKomm-AktG/Pentz, § 42 Rn. 5; Hoffmann-Becking, in: Münchener Handbuch des Gesellschaftsrechts, Bd. 4, § 3 Rn. 22; Seibert/Kiem/Zimmermann, Handbuch der kleinen AG, Rn. 122.
107 Hoffmann-Becking, in: Münchener Handbuch des Gesellschaftsrechts, Bd. 4, § 4 Rn. 1; MünchKomm-AktG/Pentz, § 27 Rn. 4.
108 Hüffer, AktG, § 327 Rn. 5a; MünchKomm-AktG/Pentz, § 327 Rn. 61; Priester, ZHR 165 (2001), 383 ff.
109 Priester, ZHR 165 (2001), 383 ff. m.w.N.
110 MünchKomm-AktG/Pentz, § 27 Rn. 61 f.; RGZ 167, 99, 108.
111 MünchKomm-AktG/Pentz, § 27 Rn. 62.
112 Vgl. §§ 27 Abs. 5, 26 Abs. 5 AktG.
113 Seibert/Kiem/Zimmermann, Handbuch der kleinen AG, Rn. 82.

> **Hinweis:**
>
> **Fehlen diese Angaben in der Satzung**, ist die Gesellschaft fehlerhaft errichtet. Fehlende Festsetzungen können vor Eintragung der Gesellschaft durch Satzungsänderung in der Form des § 23 AktG bei Zustimmung aller Gründer „geheilt" werden.[114] Nach Eintragung der Gesellschaft verbietet § 27 Abs. 4 AktG dagegen eine Heilung. Ob eine solche Heilung wegen § 27 Abs. 4 AktG nach Eintragung der Gesellschaft möglich ist, ist dagegen umstritten.[115]

51 Über die vorstehenden Angaben hinaus müssen in der Satzung keine weiteren Angaben gemacht werden. Es genügt die **Angabe des Ausgabebetrages** der zu gewährenden Aktien. Der Wert der Sacheinlage muss nicht bezeichnet werden.[116] Ausreichend und erforderlich ist, wenn die **Werthaltigkeit der Sacheinlage** bei der Anmeldung der Gründung nachgewiesen wird (§§ 36a Abs. 2 Satz 3, 37 Abs. 1 Satz 1 AktG). Dabei muss die Werthaltigkeit der Sacheinlage auch ein etwa vereinbartes Agio mitumfassen.[117] Der Verkehrswert darf den Einbringungswert des Einlagegegenstandes nicht unterschreiten (§ 30a Abs. 2 Satz 3 AktG).

Ist zu besorgen, dass der Sacheinlagegegenstand nicht an die Gesellschaft übertragen wird, kann sich empfehlen, für diesen Fall qua Satzungsregel die **Kaduzierung** entsprechend der §§ 63 ff. AktG zuzulassen. Die Vorschriften über die Kaduzierung gelten **nur bei Bareinlageverpflichtungen**, nicht aber bei Sacheinlageverpflichtungen. Anwendung finden diese Vorschriften allerdings, wenn sich die Sacheinlagepflicht in eine Bareinlagepflicht gewandelt hat, etwa weil die Sacheinlagevereinbarung unwirksam ist.[118] Ob dagegen die Möglichkeit der Ausschließung aus wichtigem Grund qua Satzungsbestimmung angeordnet werden kann, erscheint zweifelhaft.[119]

52 Von der Frage der **Festsetzung des Nennbetrages** bzw. bei **Stückaktien der Zahl der zu gewährenden Aktien** als Gegenleistung für die Sacheinlage ist zu unterscheiden, ob der Gesellschaft im Hinblick auf die Bewertung der Sacheinlage insoweit ein Wahlrecht zukommt, insofern es um die Frage einer Unterbewertung des Sacheinlagegegenstandes geht. Im Fall einer Unterbewertung erhält die Gesellschaft in Gestalt der zu niedrig bewerteten Sacheinlage mehr an Wert, als sie dafür in ihrem Grundkapital ausweist und an Aktien ausgibt. Die **Unterbewertung von Sacheinlagen** gefährdet damit grds. nicht die Aufbringung des Grundkapitals. Vielmehr führt dies im Gegenteil dazu, dass die Gesellschaft bereits im Zeitpunkt ihrer Entstehung **stille Reserven** in Höhe der Differenz zwischen dem Anrechnungsbetrag und dem überschießenden wirklichen Wert der Sacheinlage bildet. Unter diesem Aspekt wird deshalb die Unterbewertung von Sacheinlagen grds. für zulässig gehalten.[120] Da das geltende Recht die **willkürliche Bildung stiller Reserven** bei Kapitalgesellschaften jedoch nicht zulässt (§ 279 Abs. 1 Satz 1 HGB i.V.m. § 253 Abs. 4 HGB) wird gefordert, dass die bei einer Ausgabe von Aktien, die über den Nennwert hinaus erzielten Beträge nach § 272 Abs. 2 Ziff. 1 HGB in die Kapitalrücklage eingestellt werden.[121]

---

114 Hüffer, AktG, § 27 Rn. 30; MünchKomm-AktG/Pentz, § 27 Rn. 78.
115 Für eine Heilung analog § 52 AktG wohl die h.M.: MünchKomm-AktG/Pentz, § 27 Rn. 82 f.; Hüffer, AktG, § 27 Rn. 31; KölnerKomm-AktG/Kraft, § 27 Rn. 95; eingeschränkt auch GK/Röhricht, AktG, § 27 Rn. 218 f.; Henze, AktR, Rn. 217 ff.
116 MünchKomm-AktG/Pentz, § 27 Rn. 72; Hoffmann-Becking, in: Münchener Handbuch des Gesellschaftsrechts, Bd. 4, § 4 Rn. 7; Geßler/Hefermehl/Eckart, AktG, § 27 Rn. 54; GK/Röhricht, AktG, § 27 Rn. 132; KölnerKomm-AktG/Kraft, § 27 Rn. 54; Hüffer, AktG, § 27 Rn. 16.
117 AnwK-AktienR/Terbrack, Kap. 1 § 27 AktG Rn. 19; GK/Röhricht, AktG, § 27 Rn. 100.
118 Wiesner, in: Münchener Handbuch des Gesellschaftsrechts, Bd. 4, § 16 Rn. 13; MünchKomm-AktG/Bayer, § 63 Rn. 9; GK/Gehrlein, AktG, § 63 Rn. 7.
119 Dafür: Beckerm, ZGR 1986, 383; Krieger, in: Münchener Handbuch des Gesellschaftsrechts, Bd. 4, § 62 Rn. 28; dagegen: BGHZ 9, 157, 163; BGHZ 18, 350, 361; MünchKomm-AktG/Heider, § 11 Rn. 50; KölnerKomm-AktG/Kraft, § 11 Rn. 33; Geßler/Hefermehl/Eckardt, AktG, § 11 Rn. 39.
120 Hoffmann-Becking, in: Münchener Handbuch des Gesellschaftsrechts, Bd. 4, § 4 Rn. 7 m.w.N.
121 GK/Röhricht, AktG, § 27 Rn. 88; Hüffer, AktG, § 27 Rn. 27; MünchKomm-AktG/Pentz, § 27 Rn. 39; AnwK-AktienR/Terbrack, Kap. 1 § 27 AktG Rn. 19.

Anders ist die Sachlage zu beurteilen, wenn der „überschießende" Betrag infolge der Unterbewertung des Sacheinlagegegenstandes nicht der Gesellschaft als „Kapitalrücklage", sondern dem Inferenten z.B. in Form einer entsprechenden Darlehensverbindlichkeit mit Regelungen über die Rückzahlung und Verzinsung bzw. in Form eines **einfachen Auszahlungsanspruchs in Geld zustehen soll**. In diesem Fall erhält der Inferent für seinen Einlagegegenstand z.T. Aktien, z.T. ein anderes Entgelt. Der Sache nach liegt in einem derartigen Fall eine **Kombination einer Sacheinlage mit einer Sachübernahme** i.S.d. § 27 AktG vor. Man spricht insoweit von einer „**gemischten Sacheinlage**".[122]   53

c) Gegenstand der Sacheinlage bzw. Sachübernahme

Als Sacheinlagen werden in § 27 Abs. 1 Satz 1 AktG solche Einlagen bezeichnet, die nicht durch Einzahlung des Nennbetrages oder des höheren Ausgabebetrages der Aktien in Geld zu leisten sind. Umgekehrt sind als Sacheinlagen **alle Einlagen** zu werten, **die nicht durch Zahlung erbracht werden**. Als Einlagegegenstand kommen dabei alle vermögenswerten Gegenstände, die Gegenstand des Rechtsverkehrs sein können, in Betracht. Entscheidend kommt es nach § 27 Abs. 2 AktG darauf an, dass deren wirtschaftlicher Wert feststellbar ist.[123] Dienstleistungen scheiden nach § 27 Abs. 2 2. Halbs. AktG als Einlagegegenstand aus.[124]   54

d) Einbringungsvertrag

Von den Festsetzungen in der Satzung über die Sacheinlage und Sachübernahme zu unterscheiden ist der **Einbringungsvertrag**.[125] Während der Einbringungsvertrag **bei der Sachübernahme** ein **rein schuldrechtliches Rechtsgeschäft**, i.d.R. ein Kaufvertrag ist,[126] ist der Einbringungsvertrag **bei der Sacheinlage ein körperschaftsrechtliches Rechtsgeschäft eigener Art**.[127] Ob der Einbringungsvertrag materieller Bestandteil der Satzung ist, ist umstritten.[128] Zulässig ist es jedenfalls, wenn er außerhalb der Satzung vereinbart wird. Er bedarf dann nicht der Form des § 23 AktG, sondern kann grds. **formfrei** erfolgen, es sei denn, es bestehen besondere Formvorschriften.[129]   55

Im Einbringungsvertrag werden zunächst die Angaben wiederholt, die nach § 27 Abs. 1 AktG in der Satzung festgesetzt werden müssen. Im Übrigen dient der Einbringungsvertrag der **Konkretisierung** und enthält **Regelungen über die Art und Weise der Einbringung**, die **Fälligkeit** sowie i.d.R. auch die **dingliche Einigung**. Vertreten wird die Gesellschaft hierbei grds. durch ihren Vorstand.[130] Soweit der Einbringungsvertrag in der Satzung selbst mit vereinbart wird, wird die Vor-Gesellschaft durch ihre Gesellschafter, mithin also durch die Gründer vertreten.[131]   56

e) Leistungszeitpunkt

Der **Zeitpunkt der Leistung der Sacheinlage bzw. Sachübernahme** ergibt sich aus § 36a Abs. 2 AktG. Hiernach sind Sacheinlagen grds. vollständig **vor Registeranmeldung zu leisten** (§ 36a Abs. 2 Satz 1 AktG). Teilleistungen kann die Satzung jedoch innerhalb der Grenzen des § 36a Abs. 2 Satz 2 AktG vorsehen.[132] Unklar ist in diesem Zusammenhang die Bestimmung des § 36a Abs. 2 Satz 2 AktG. Besteht   57

---

122 MünchKomm-AktG/Pentz, § 27 Rn. 67 f.; GK/Röhricht, AktG, § 27 Rn. 106. Siehe dazu auch unten Rn. 65.
123 Auch obligatorische Nutzungsrechte sind einlagefähig: BGHZ 144, 290 „adidas".
124 Vgl. Just, NZG 2003, 161, zum Problem des Abschlusses von Dienstverträgen mit Gründungsaktionären als Vorstand der AG als verdeckte Sacheinlage.
125 Gutachten, DNotI-Report 2002, 89.
126 KölnerKomm-AktG/Kraft, § 27 Rn. 81; Hüffer, AktG, § 27 Rn. 6.
127 BGHZ 45, 338, 345; Hoffmann-Becking, in: Münchener Handbuch des Gesellschaftsrechts, Bd. 4, § 4 Rn. 4.
128 Siehe dazu die Nachweise bei Hoffmann-Becking, in: Münchener Handbuch des Gesellschaftsrechts, Bd. 4, § 4 Rn. 5.; MünchKomm-AktG/Pentz, § 27 Rn. 15 f.
129 Kley, RNotZ 2003, 17, 29; Mülbert, AG 2003, 281.
130 MünchKomm-AktG/Pentz, § 27 Rn. 14 und § 41 Rn. 33; KölnerKomm-AktG/Kraft, § 41 Rn. 43.
131 MünchKomm-AktG/Pentz, § 27 Rn. 17; KölnerKomm-AktG/Kraft, § 21 Rn. 44.
132 Hüffer, AktG, § 36a Rn. 5.

die Sacheinlage in der Verpflichtung, einen Vermögensgegenstand auf die Gesellschaft zu übertragen, genügt die Bewirkung der Übertragung binnen fünf Jahren nach Eintragung. Im Hinblick auf das vorgenannte **Volleinzahlungsgebot** nach § 36a Abs. 2 Satz 1 AktG erfasst § 36a Abs. 2 Satz 2 AktG nach einer Ansicht nur solche Sacheinlagen, bei denen auf die Gesellschaft als Sacheinlage ein gegen einen Dritten gerichteter Anspruch übertragen wird, der auf die Erbringung einer Leistung durch den Dritten gerichtet ist.[133] Nach anderer, wohl h.M. enthält § 36a Abs. 2 Satz 1 nur den Grundsatz, wonach Sacheinlagen vor der Anmeldung zu leisten sind. Satz 2 dieser Bestimmung enthält den **Ausnahmetatbestand**, der eine Leistung innerhalb einer Frist von fünf Jahren vorsieht, wenn die Sacheinlageverpflichtung durch dingliches Rechtsgeschäft zu bewirken ist. Praktisch enthält nach dieser Ansicht Satz 2 die Regel, während Satz 1 im Wesentlichen nur Fälle der Gebrauchs- bzw. Nutzungsüberlassung betrifft.[134]

2. Bestellung des Aufsichtsrats

58 Für die **Bestellung des ersten Aufsichtsrats** im Fall einer Sachgründung enthält § 31 AktG Sondervorschriften, soweit Gegenstand der Sacheinlage oder Sachübernahme die Einbringung oder Übernahme eines Unternehmens oder eines Teils eines Unternehmens ist. In diesem Fall haben die Gründer nur so viele Aufsichtsratsmitglieder der Anteilseignerseite zu bestellen, wie nach ihrer Ansicht künftig unter **Beachtung der Mitbestimmungsgesetze** erforderlich sein werden, mindestens aber drei Aufsichtsratsmitglieder (§ 31 Abs. 1 Satz 1 AktG). Sind die Arbeitnehmervertreter noch nicht bestellt, ist der allein aus Anteilseignern zusammengesetzte Aufsichtsrat voll funktionsfähig (§ 31 Abs. 2 AktG). Für diese gilt allerdings die **kurze Amtszeit** des § 30 Abs. 3 Satz 1 AktG.[135] Dies gilt nicht für die nach § 31 Abs. 3 AktG bestellten Aufsichtsratsmitglieder der Arbeitnehmer (§ 31 Abs. 5 AktG).

3. Berichte/Prüfungen

a) Gründungsbericht der Gründer

59 Bei einer **Sachgründung** müssen im Bericht der Gründer nach § 32 Abs. 2 AktG neben dem sonstigen Inhalt des Berichts auch die **wesentlichen Umstände** dargelegt werden, von denen die Angemessenheit der Leistung in der Gesellschaft für die Sacheinlagen oder Sachübernahmen abhängt. Die Gründer werden hierzu regelmäßig ein **Bewertungsgutachten** beifügen und die Angemessenheit der Gegenleistung und Bezugnahme auf dieses Gutachten begründen. Eine Bezugnahme auf den Bericht des Gründungsprüfers ist dagegen nicht möglich.[136]

b) Gründungsbericht von Vorstand, Aufsichtsrat und Gründungsprüfer

60 Im **Prüfungsbericht** von Vorstand und Aufsichtsrat sind nach § 34 Abs. 1 AktG **zusätzlich Angaben** darüber zu machen, ob die Festsetzung in der Satzung über die Sacheinlagen oder Sachübernahmen richtig und vollständig sind und ob der Wert der Sacheinlagen den Nennbetrag der dafür zu gewährenden Aktien erreicht, bzw. ob der Wert der Sachübernahmen der dafür zu gewährenden Verfügung entspricht. Die dabei angewandten **Bewertungsmethoden** sind anzugeben (§ 34 Abs. 2 Satz 2 AktG).

Bei der **Sachgründung** ist im Gegensatz zur Bargründung der Bericht eines externen Gründungsprüfers nach § 33 Abs. 2 Ziff. 4 AktG obligatorisch. Der Gegenstand der Prüfung der externen Gründungsprüfer stimmt mit derjenigen von Vorstand und Aufsichtsrat überein (§ 34 Abs. 1 AktG). Die Gründungsprüfer werden nach Anhörung der IHK vom Handelsgericht bestellt (§ 33 Abs. 3 AktG). Eine Gründungsprüfung durch den Notar scheidet bei der Sachgründung aus (§ 33 Abs. 3 AktG).

---

133 KölnerKomm-AktG/Kraft, § 36a Rn. 10 ff.; D. Mayer, ZHR 1994 (1990), 535, 538; KölnerKomm-AktG/Lutter, § 188 Rn. 27; Lutter, AG 1994, 429, 432; GK/Wiedemann, AktG, § 188 Rn. 55.
134 Hüffer, AktG, § 36a Rn. 4; MünchKomm-AktG/Pentz, § 36 Rn. 12; GK/Röhricht, AktG, § 36a Rn. 6 f.; AnwK-AktienR/Terbrack, Kap. 1 § 36 Rn. 7.
135 Hoffmann-Becking, in: Münchener Handbuch des Gesellschaftsrechts, Bd. 4, § 4 Rn. 14.
136 Hoffmann-Becking, in: Münchener Handbuch des Gesellschaftsrechts, Bd. 4, § 4 Rn. 20 f.

4. Handelsregisteranmeldung

Die **Handelsregisteranmeldung** entspricht weitgehend der Bargründung. Zusätzlich ist Folgendes zu beachten: 61

- In der Anmeldung muss nach § 37 Abs. 1 Satz 1 AktG erklärt werden, dass die Voraussetzungen des §§ 36 Abs. 2, 36a Abs. 2 AktG über die **Leistung der Sacheinlagen** erfüllt sind. Weiter ist zu erklären, dass der Wert der Sacheinlage dem geringsten Ausgabebetrag bzw. bei Ausgabe gegen Aufgeld auch dem höheren Wert entspricht, § 36a Abs. 2 Satz 3 AktG.[137] Im Hinblick auf § 36a Abs. 2 Satz 2 AktG ist weiter anzugeben, ob die Sacheinlage zur freien Verfügung des Vorstandes steht, soweit die Sacheinlage nach § 36a Abs. 2 Satz 1 AktG bereits vor der Anmeldung vollständig geleistet wurde.

- Ist **Einlagegegenstand** eine Gebrauchs- oder Nutzungsüberlassung, so ist weiter zu versichern, dass der betreffende Gegenstand von der Gesellschaft genutzt werden kann.[138] Soweit der Sacheinlagegegenstand noch nicht eingebracht wurde, kann eine Erklärung über die endgültige freie Verfügung des Vorstandes nicht abgegeben werden. Stattdessen genügt die Erklärung, dass sich der Gründer verpflichtet hat, die Sacheinlageverpflichtung spätestens in fünf Jahren nach Eintragung der Gesellschaft zu erfüllen. Hat sich der Gründer verpflichtet, die Sacheinlage bis zu einem bestimmten Zeitpunkt zu bewirken, so ist dies in der Erklärung anzugeben.[139]

Beizufügen sind der Anmeldung nach § 37 Abs. 4 AktG neben den ebenso wie bei der Bargründung beizufügenden Unterlagen noch folgende **zusätzliche Anlagen**: 62

- die Verträge, die den Festsetzungen der Sacheinlage zu Grunde liegen (§ 37 Abs. 4 Ziff. 2 AktG) und
- der Gründungsprüfungsbericht (§ 37 Abs. 4 Ziff. 4 AktG).

5. Handelsregistereintragung und Prüfung der Werthaltigkeit/Differenzhaftung

Das **Verfahren der Prüfung und Eintragung durch das Registergericht** entspricht im Wesentlichen dem der Bargründung. § 38 Abs. 2 Satz 2 AktG enthält allerdings eine Besonderheit: Danach kann das Gericht die Eintragung der Gesellschaft ablehnen, wenn die Gründungsprüfer erklären oder das Gericht der Auffassung ist, dass der **Wert der Sacheinlagen oder Sachübernahmen nicht unwesentlich hinter dem geringsten Ausgabebetrag zurückbleibt**. Damit weicht das Gesetz nicht vom **Grundsatz des Verbots der Unterpari-Emission** ab. Vielmehr trägt es nur dem Umstand Rechnung, dass Sacheinlagen und Sachübernahmen oftmals schwer zu bewerten sind. Ob eine nicht unwesentliche Wertdifferenz besteht, beurteilt sich danach, ob die übliche Bandbreite verschiedener Bewertungsmethoden überschritten ist. Das Gericht stellt dabei auf den Wert zum Zeitpunkt der eigenen Prüfung ab, nicht aber auf den Zeitpunkt der Anmeldung oder der entsprechenden Gründungsberichte.[140] 63

Soweit der Wert der Sacheinlageleistung den Einlagebetrag nicht erreicht, hat die AG aus der Übernahmeerklärung gegen die jeweiligen Gründer Anspruch auf Zahlung des Differenzbetrages (**Differenzhaftung**).[141] Wegen des Verbots der Unterpari-Emission gilt dies unabhängig davon, ob das Gericht die Eintragung der Gesellschaft zunächst wegen einer nicht unerheblichen Wertdifferenz nach § 38 Abs. 2 Satz 2 AktG ablehnt. Umstritten ist dabei, ob die Differenzhaftung auch ein etwa **vereinbartes Agio**

---

137 Eine Begründung hierfür ist nicht erforderlich, da sich diese aus der Gründungsprüfung ergibt. Vgl. Terbrack, Rpfleger 2005, 237, 239.
138 GK/Röhricht, AktG, § 37 Rn. 34; Hüffer, AktG, § 37 Rn. 4; MünchKomm-AktG/Pentz, § 37 Rn. 45.
139 MünchKomm-AktG/Pentz, § 37 Rn. 45; Hüffer, AktG, § 37 Rn. 4.
140 Hüffer, AktG, § 38 Rn. 9.
141 BGH, NJW 1975, 974; Hüffer, AktG, § 36a Rn. 6; MünchKomm-AktG/Pentz, § 36a Rn. 29.

mitumfasst.[142] Durch entsprechende Satzungsgestaltung kann eine solche Haftung jedenfalls auf schuldrechtlicher Grundlage geschaffen werden.[143]

III. Mischformen

1. Mischeinlage (auch gemischte Einlage)

64 Von einer **Mischeinlage** oder einer **gemischten Einlage** spricht man, wenn dem Gründer für seine Einlageleistung ausschließlich Gesellschafterrechte, also Aktien, gewährt werden. Seine Einlageleistung besteht bei der Mischeinlage jedoch nicht ausschließlich aus einer Bar- oder Sacheinlage, sondern teilweise aus einer Sacheinlage und teilweise aus einer Geldzahlung.[144] Liegt eine solche gemischte Einlage vor, ist jede Einlage gesondert nach den für sie maßgebenden rechtlichen Regeln zu behandeln.[145]

2. Gemischte Sacheinlage

65 Eine **gemischte Sacheinlage** liegt vor, wenn ein Gründer den von ihm in die Gesellschaft einzubringenden Gegenstand nur bis zu einem bestimmten Betrag als Einlage **gegen Gewähr von Anteilsrechten** leisten soll, während ihm der darüber hinaus gehende Wert des Gegenstandes in anderer Form vergütet werden soll.[146] Liegt eine derartige gemischte Sacheinlage vor, darf sich die Satzung nicht darauf beschränken, nur die Erbringung als Sacheinlage gegen Gewährung von Aktien in Höhe eines bestimmten Nennbetrages zu verlautbaren. Vielmehr muss im Rahmen der Satzung die Angabe erfolgen, dass der **Gründer zusätzlich einen Anspruch gegen die Gesellschaft auf Vergütung** eines etwa darüber hinausgehenden Wertes des von ihm einzulegenden Gegenstandes erwerben soll.[147] Zu den **notwendigen Angaben** gehört dazu die Bestimmung darüber, in welcher Form und in welchem Umfang die Gesellschaft den „überschießenden Betrag" (Mehrwert) zu vergüten hat. Die Höhe der Vergütung muss dabei nicht ausdrücklich genannt werden. Ausreichend, aber auch erforderlich ist, dass sich die Höhe der Vergütung durch Auslegung aus den zum Handelsregister eingereichten Unterlagen ergibt und einer Nachprüfung durch das Registergericht zugänglich ist.[148] Die rechtliche Behandlung der gemischten Sacheinlage ist nach den Regeln über die normale Sacheinlage zu beurteilen.[149]

Eine Aufspaltung in eine Bargründung und eine Sachübernahme ist nur zulässig, wenn die strengen Regeln über die Offenlegung nach § 27 Abs. 1 AktG eingehalten werden. Erfolgt dies nicht, gelten uneingeschränkt die Regeln des § 27 Abs. 3 AktG, insb. besteht eine Verpflichtung zur Bareinlage nach § 27 Abs. 3 Satz 3 AktG. Eine Beschränkung der Unwirksamkeit lediglich auf das Sachübernahmegeschäft ist nicht angezeigt.[150]

---

142 Bejahend: AnwK-AktienR/Elser, Kap. 1 § 183 Rn. 43; GK/Wiedemann, AktG, § 185 Rn. 70, Krieger, in: Münchener Handbuch des Gesellschaftsrechts, Bd. 4, § 56 Rn. 46; verneinend: Hüffer, AktG, § 183 Rn. 21; KölnerKomm-AktG/Lutter, AktG, § 183 Rn. 66; differenzierend: Hoffmann-Becking, in: FS für Lutter, S. 453, 466 ff.
143 Siehe dazu unten Rn. 435.
144 GK/Röhricht, AktG, § 27 Rn. 111; MünchKomm-AktG/Pentz, § 27 Rn. 67.
145 GK/Röhricht, AktG, § 36 Rn. 127; MünchKomm-AktG/Pentz, § 36 Rn. 98; Hüffer, AktG, § 36 Rn. 12; KölnerKomm-AktG/Kraft, § 36 Rn. 36.
146 GK/Röhricht, AktG, § 27 Rn. 106; Hüffer, AktG, § 27 Rn. 8; MünchKomm-AktG/Pentz, § 27 Rn. 67 f.
147 BGH, Urt. v. 20.11.2006 – II ZR 176/05, Rn. 16 ff. der Urteilsgründe; MünchKomm-AktG/Pentz, § 27 Rn. 68; GK/Röhricht, AktG, § 27 Rn. 108; OLG Stuttgart, GmbHR 1982, 110 f. mit Anm. Priester.
148 GK/Röhricht, AktG, § 27 Rn. 108; Scholz/Winter, GmbHG, § 5 Rn. 83 f.; OLG Stuttgart, GmbHR 1982, 109, 110 f. mit Anm. Priester.
149 Siehe dazu oben Rn. 49 ff.; BGH, Urt. v. 20.11.2006 – II ZR 176/05, ZIP 2006, 665 f.; MünchKomm-AktG/Pentz, § 27 Rn. 68; GK/Röhricht, AktG, § 27 Rn. 8; siehe dazu auch OLG Stuttgart, GmbHR 1982, 109, 110 f. mit Anm. Priester.
150 BGH, Urt. v. 20.11.2006 – II ZR 176/05, Rn. 19 der Urteilsgründe.

IV. Verdeckte Sacheinlage

Bei **verdeckten Sacheinlagen** handelt es sich um **Gestaltungen zur Umgehung der Sacheinlagevorschriften**, wobei der Gesellschaft nicht effektiv oder bleibend Barkapital und neue Liquidität zugeführt wird.[151] Die verdeckte Sacheinlage kann bei der Gründung ebenso wie bei einer Barkapitalerhöhung vorkommen. Anzutreffen ist sie in den ganz überwiegenden Fällen aber bei der Barkapitalerhöhung.

66

Der **Tatbestand einer verdeckten Sacheinlage** setzt sich nach heute h.M. wie folgt zusammen:

67

- Begründung einer Bareinlagepflicht durch Bargründung oder Bar-Kapitalerhöhung;
- Verkehrsgeschäft zwischen der Gesellschaft und dem Einlageschuldner oder einem Dritten; dieses zerfällt seinerseits in das schuldrechtliche Verpflichtungsgeschäft und das dingliche Vollzugsgeschäft;[152]
- Umgehungsabrede zwischen der Gesellschaft und dem Einlageschuldner bzw. zwischen diesem und den übrigen Gesellschaftern, wonach die Gesellschaft letztlich einen Sachwert erhalten soll.[153]

Für den BGH sind die verschärften Sacheinlagevorschriften Ausfluss des **Grundsatzes der realen Kapitalaufbringung**. Die Lehre von der verdeckten Sacheinlage verhindert die Umgehung dieser Vorschriften und dient dem präventiven Kapitalaufbringungsschutz. Damit reiht der BGH die verdeckte Sacheinlage in sein System von **Schutzvorschriften** für die Kapitalaufbringung und die Kapitalerhaltung ein. Aufgrund des **Präventivgedankens** hält es der BGH für gerechtfertigt, dass im Insolvenzfall die Stammeinlage letztlich zweimal (fehlgeschlagene Sacheinlage plus nachgeforderte Bareinlage) erbracht werden muss.

68

Die häufigsten Fälle sind dabei die **Verrechnung der Einlageforderung** der Gesellschaft mit einem Anspruch des Gesellschafters auf Tilgung einer Altforderung[154] oder Neuforderung[155] bzw. das bloße[156] **Hin- und Herzahlen von Geld**.[157] Bei dem Vorgang des Hin- und Herzahlens wird zwar isoliert betrachtet die Einlageforderung in bar erfüllt. Im wirtschaftlichen Ergebnis soll der Gesellschaft jedoch nur die **Befreiung von ihrer jeweiligen Verbindlichkeit** zugeführt werden, was nur im Wege der Sacheinlage zulässig wäre.[158] Gleiches gilt grds. im Fall der **Betriebsaufspaltung**, wenn eine Betriebsgesellschaft in Form einer AG in bar gegründet wird, die dann von ihrem Gründer dessen Unternehmen, Betriebsmittel, Kundenstamm etc. pachtet und die Pacht mit den Bareinlagen verrechnet/bezahlt,[159] oder wenn die Gesellschaft mit der Bareinlage vom Gründer eine Sacheinbringung (auch zum Teil) finanziert.[160] Die Reihenfolge der Zahlungen ist für die Beurteilung der Frage, ob eine verdeckte Sacheinlage vorliegt, ohne Bedeutung. Es macht keinen Unterschied, ob zunächst der Gesellschafter die Einlage erbringt und sie dann zurückerhält oder umgekehrt zuerst die Gesellschaft leistet und der Gesellschafter diese Zahlung zur Einlageleistung verwendet.[161]

69

---

151 Siehe zur Vermeidung einer verdeckten Sacheinlage Traugott/Groß, BB 2003, 481; ebenso Hüffer, AktG, § 27 Rn. 9 ff.
152 Instruktiv Custodis, in: FS für Schippel, S. 387, 397.
153 BGH, Urt. v. 20.11.2006 – II ZR 176/05, Rn. 11 ff. der Urteilsgründe; ZIP 2006, 665 f.; BGH, NJW 1996, 1286, 1288; 1473 f.
154 BGHZ 110, 47.
155 BGHZ 132, 141; BGH, GmbHR 2002, 1193, 1194.
156 Anders aber, wenn zu dem Hin- und Herzahlen später noch eine weitere (Rück-)Zahlung des Einlageschuldners an die Gesellschaft kommt: BGH, DStR 2006, 104; DStR 2006, 282 und NZG 2006, 716 = ZIP 2006, 1633. Siehe dazu im Einzelnen unten Rn. 72.
157 BGH, DStR 2006, 764, mit Anm. Goette = ZIP 2006, 665 = WM 2006, 723; BGH, ZIP 1982, 689, 692; GmbHR 2002, 1193; GmbHR 2003, 231; OLG Schleswig, GmbHR 2005, 357.
158 BGHZ 113, 335, 344 f.; KölnerKomm-AktG/Lutter, § 183 Rn. 69 f.; GK/Röhricht, AktG, § 27 Rn. 188.
159 Wird dagegen der Vorgang der Betriebsaufspaltung in der Satzung offengelegt und wird auch keine Verrechnungsabrede getroffen, sondern z.B. die Pacht aus den laufenden Gewinnen bezahlt, so liegt keine verdeckte Sacheinlage, sondern eine Sachübernahme vor. Unklar hierzu MünchKomm-AktG/Pretz, § 27 Rn. 61 und 88, der bei einer Sachübernahme mit einem Gründer möglicherweise stets von einer Sacheinlage ausgeht.
160 BGH, Urt. v. 20.11.2006 – II ZR 176/05, Rn. 12 ff. der Urteilsgründe.
161 BGHZ 113, 335, 345; 118, 83, 93 f.; GK/Röhricht, AktG, § 27 Rn. 188.

Besteht ein **enger sachlicher und zeitlicher Zusammenhang** zwischen diesen Vorgängen, ist dies ein beweiskräftiges Indiz für ein abgestimmtes Verhalten der Beteiligten, das auf die Herbeiführung des wirtschaftlichen Erfolgs des verdeckten Rechtsgeschäfts gerichtet ist.[162] Nach der Rspr. besteht der zeitliche Zusammenhang bei einem Zeitraum von acht Monaten,[163] die Lit. geht von einem Zeitraum von zwölf Monaten aus.[164] Der BGH hat sich in seiner Entscheidung v. 4.3.1996 der Auffassung angeschlossen, dass für das Eingreifen des Umgehungsverbots eine Abrede zwischen Inferent und Mitgesellschafter bzw. Geschäftsführer erforderlich ist.[165] Liegt eine solche Abrede vor, kommt es auf den zeitlichen Abstand und sonstige Indizien nicht mehr an.[166]

70 Auf der Seite des Einlageschuldners gilt nach der Rspr. des BGH, dass sich dieser die Leistung an einen Dritten **i.S.e. Rückzahlung** zurechnen lassen muss, wenn er dadurch in gleicher Weise begünstigt wird wie im Fall einer Leistung an ihn selbst.[167] Dies trifft zu, wenn die eingesetzten Barmittel zu Gunsten einer dem Einlageschuldner nahe stehenden Person verwendet werden.[168] Grds. ist deshalb die Zahlung an ein Unternehmen ausreichend, an dem der Einlageschuldner maßgeblich[169] beteiligt ist, insb. eine 100 %ige Beteiligung hält.[170]

71 Zur verdeckten Sacheinlage vertritt eine beachtliche Meinung in Abgrenzung zu normalen Umsatzgeschäften zwischen der Gesellschaft und dem Einlageschuldner, dass diejenigen Rechtsgeschäfte, die mit dem Einlageschuldner wie mit einem fremden Dritten abgeschlossen werden und sich aus Sicht der Gesellschaft als **normale Umsatzgeschäfte** darstellen, nicht unter den Begriff der verdeckten Sacheinlage fallen.[171] Der BGH steht dieser Ansicht äußerst skeptisch gegenüber und hat sie jedenfalls für den Bereich der Gründung einer AG abgelehnt.[172] Erst recht erkennt er in der Übertragung eines gesamten Warenlagers an eine sich im Grundstadium befindliche AG kein „normales Umsatzgeschäft" eines etwa bereits „laufenden Geschäftsverkehrs".[173]

72 Für das **Hin- und Herzahlen** von Geld hat der BGH nunmehr allerdings entschieden, dass eine verdeckte Sacheinlage jedenfalls dann nicht angenommen werden könne, wenn der zunächst an den Einleger als **Darlehen** oder im Wege einer **Treuhandvereinbarung** zurückgewährte Bareinlagebetrag später vom Inferenten endgültig an die Gesellschaft geleistet wird.[174] Nach Ansicht des BGH stellt das Hin- und Herzahlen unter Kapitalaufbringungsgesichtspunkten einen **einheitlichen Vorgang** dar, bei dem der Gesellschaft nichts zugeführt wird und bei dem auch der Gesellschafter nichts von der Gesellschaft zurückerhält. Bestehen bleibt eine einzige Schuld des Gesellschafters, nämlich die Einlageschuld. Diese kann dann durch eine spätere Einzahlung getilgt werden, auch wenn dies fälschlicherweise etwa als „Darlehensrückzahlung" oder „Erfüllung des Treuhandverhältnisses" bezeichnet wird.[175] Eine verdeckte Sacheinlage liegt nicht vor, denn ein Rückzahlungsanspruch gegen den Gesellschafter aus einem Darlehensvertrag

---

162 BGHZ 110, 47, 65; BGH, GmbHR 2002, 1193.
163 BGH, GmbHR 2002, 1193.
164 Lutter/Hommelhoff, GmbHG, § 5 Rn. 41.
165 BGH, NJW 1996, 1286, 1288.
166 BGH, Urt. v. 20.11.2006 – II ZR 176/05, Rn. 26 der Urteilsgründe.
167 BGHZ 96, 231, 240; 110, 66 ff.; 113, 335, 345 f.; 125, 141, 144; NJW 1996, 1287; ZIP 1992, 995, 999.
168 ZIP 1990, 156, 162 – „IBH/Lemmerz".
169 BGH, Urt. v. 20.11.2006 – II ZR 176/05, Rn. 15 der Urteilsgründe.
170 BGHZ 81, 311, 315; Müller-Eising, Die verdeckte Sacheinlage, S. 209.
171 Vgl. z.B. Knobbe-Keuk, ZIP 1986, 889; Ulmer, ZHR 1990, 142; Henze, ZHR 1990, 115; a.A.: OLG Hamburg, ZIP 1988, 372; GK/Röhricht, AktG, § 27 Rn. 204; vgl. hierzu ausführlich GK/Röhricht, AktG, § 27 Rn. 204.
172 BGH, Urt. v. 20.11.2006 – II ZR 176/05, Rn. 21 ff. der Urteilsgründe.
173 BGH, Urt. v. 20.11.2006 – II ZR 176/05, Rn. 27 ff. der Urteilsgründe.
174 BGH, DStR 2006, 104 und DStR 2006, 382, jeweils mit Anm. Goette; Emde, GmbHR 2006, 308 ff.; a.A.: OLG Schleswig, GmbHR 2005, 357.
175 BGH, DStR 2006, 104; und DStR 2006, 382, 383 = ZIP 2005, 2203; ZIP 2006, 331; ZIP 2006, 1633 = DStR 2006, 1709; Goette, DStR 2006, 139, 145.

oder einer Treuhandabrede scheidet als Sacheinlage aus, weil der unerfüllte Bareinlageanspruch nicht Gegenstand einer Sacheinlage sein kann.[176]

Anders ist es dagegen, wenn anstelle der „Darlehenskonstruktion" bereits von vornherein eine Forderung vorhanden ist, die als Sacheinlage dienen kann. Schuldtilgend kann diese Forderung nur im Wege einer Sacheinlage eingebracht werden.[177] Dies ist z.B. der Fall, wenn eine Bareinlage auf eine Kapitalerhöhung nach vorgefasstem Plan alsbald in ein **Cash-Pool-System** einbezahlt wird, um dort bestehende Darlehensverbindlichkeiten der Gesellschaft zu tilgen.[178] Ein „**Sonderrecht**" für die in ein Cash-Pool-System einbezogenen Gesellschaften besteht im Hinblick auf die Kapitalaufbringungsvorschriften bei Gründung und Kapitalerhöhung nicht.[179]

Ist bei einer AG der Tatbestand einer verdeckten Sacheinlage erfüllt, führt dies zur **Anwendung der objektiv umgangenen Norm**. Es gelten daher die § 27 Abs. 3 bzw. § 183 Abs. 2 AktG, wonach auch die Verträge über die Sacheinlage und die Rechtshandlungen zu ihrer Ausführung der Gesellschaft gegenüber unwirksam sind, soweit im Gründungsprotokoll bzw. im Beschluss über die Erhöhung des Grundkapitals nicht bestimmte Mindestangaben hinsichtlich der Sacheinlage festgesetzt werden.[180] Hat der Aktionär zwar bar geleistet, wurde jedoch zuvor oder danach von der AG oder für deren Rechnung eine bereits vor der Bargründung/Barkapitalerhöhung anderweitig bestehende Verbindlichkeit ihm gegenüber getilgt, so besteht die Bareinlageforderung der AG gegenüber dem Aktionär fort (§ 27 Abs. 3 Satz 3 AktG); eine **wirksame Tilgung ist nicht erfolgt**. Der Aktionär seinerseits hat bzgl. seiner angeblich geleisteten Bareinlage einen **insolvenzanfälligen Bereicherungsanspruch** gegen die AG. Ist dieser Anspruch vollwertig, ist nur die AG nach § 66 Abs. 1 Satz 2 AktG zur **Aufrechnung** befugt.[181]

73

Die Frage der **Heilung einer verdeckten Sacheinlage** im GmbH-Recht wurde jahrelang in der Lit. intensiv diskutiert. Durch neuere Entscheidungen des BGH[182] ist die lange umstrittene **Umwidmung einer fehlgeschlagenen Bareinlage** in eine Sacheinlage zugelassen worden. Zum „Schütt-Aus-Hol-Zurück"-Verfahren hat der BGH[183] entschieden, dass bei diesem Verfahren die Kapitalerhöhung nicht unter Beachtung der Sachgründungsvorschriften erfolgen muss, wenn gegenüber dem Registergericht offen gelegt wird, dass die Kapitalerhöhung im „Schütt-Aus-Hol-Zurück"-Verfahren erfolgt. Mit Urt. v. 16.3.1998[184] hat der BGH eine Heilung einer fehlgeschlagenen Sachkapitalerhöhung dadurch zugelassen, dass der den Gesellschaftern zustehende Bereicherungsanspruch **im Wege einer neuen Sachkapitalerhöhung** in die GmbH eingebracht wird. Zunächst war man im GmbH-Recht der Ansicht, dass bei einer verdeckten Sacheinlage lediglich das Verpflichtungsgeschäft unwirksam ist, nicht aber das dingliche Rechtsgeschäft.[185] Nunmehr hat der BGH für das GmbH-Recht entschieden, dass in entsprechender Anwendung des § 27 Abs. 3 AktG sowohl das schuldrechtliche Verpflichtungsgeschäft als auch das dingliche Verfügungsgeschäft unwirksam ist.[186] Nach dieser neuen Entscheidung des BGH ist zur Heilung der verdeckten Sach-

74

---

176 BGH, ZIP 2005, 2203; ZIP 2006, 331, 332; Bayer, GmbHR 2004, 445, 451; Emde, GmbHR 2006, 308, 310.
177 BGH, DStR 2006, 104, 105; Goette, DStR 2006, 139, 145.
178 BGH, DStR 2006, 764, 765 = ZIP 2006, 665 = WM 2006, 723.
179 BGH, DStR 2006, 764, 766, mit Anm. Goette ZIP 2006, 665 = WM 2006, 723; Altmeppen, ZIP 2006, 1025 ff.; Bayer/Lieder, GmbHR 2006, 449; Gehrlein, MDR 2006, 789; Langner, GmbHR 2006, 480 ff.; Lamb/Schluck-Amend, DB 2006, 879; Priester, ZIP 2006, 1557 ff.; Vetter/Schwandtner, Der Konzern 2006, 407 ff.; ähnlich: OLG München, GmbHR 2006, 144, 145, das ein Sonderrecht für den Bereich der Kapitalerhaltung ebenso ablehnt; siehe dazu unten Rn. 205 ff.
180 BGH, GmbHR 2003, 1894, zur analogen Anwendung des § 27 Abs. 3 AktG im GmbH-Recht.
181 KölnerKomm-AktG/Lutter, § 183 Rn. 76.
182 NJW 1996, 1473 ff.; ZIP 1997, 1337 f. = BGHZ 132, 141; BGHZ 155, 329 = DNotZ 2004, 206; vgl. zur Umwandlung einer Bareinlage in eine Sacheinlage außerhalb der Nutzung einer verdeckten Sacheinlage KG, GmbHR 2005, 95.
183 ZIP 1997, 1337 ff.
184 NZG 1998, 428.
185 Vgl. Hachenburg/Ulmer, GmbHG, § 19 Rn. 113; OLG Köln, WM 1995, 488, 489.
186 BGHZ 155, 329 = NJW 2003, 3127 = DNotZ 2004, 206.

einlage nicht der Anspruch auf Rückgewähr der verdeckten Bareinlagezahlung, sondern der – offen zu legende und auf seine Wirksamkeit zu prüfende – **Sachwert (oder ein an seine Stelle getretener Anspruch) beizubringen.**[187]

75 Der AG steht aufgrund der Vorschrift des § 183 Abs. 2 AktG bzw. des § 27 Abs. 4 AktG bei der Gründung der Weg der Heilung nur solange offen, wie die Kapitalerhöhung/Bargründung **noch nicht in das Handelsregister eingetragen** wurde. Die §§ 183 Abs. 2 Satz 4, 27 Abs. 4 AktG schließen die Heilung einer unwirksamen Sacheinlage durch Satzungsänderung nach Eintragung der Durchführung der Erhöhung des Grundkapitals bzw. der Gründung in das Handelsregister aus.[188] Der BGH[189] hat zwar die Heilung durch Satzungsänderung für Kapitalerhöhungen in der GmbH zugelassen. Umstritten ist, ob diese Lösung in das Aktienrecht übernommen werden kann.[190] Diskutiert und überwiegend bejaht wird stattdessen im Aktienrecht eine **Heilung analog den Regeln zur Nachgründung gemäß § 52 AktG**.[191] Die gegenständliche 10 %-Grenze spielt für die Heilung durch Neuvornahme keine Rolle.[192] Unklar ist allerdings, ob auch nach Ablauf der Zwei-Jahres-Frist die Kautelen des § 52 AktG zu beachten sind oder nicht.[193] Folge dieser Heilung analog § 52 AktG ist, dass der Bareinlagebetrag dann zum Erwerb des Sacheinlagegegenstandes verwendet werden darf.[194] Nach neuerer Ansicht soll eine Heilung der verdeckten Sacheinlage in Form einer „**Satzungsänderung eigener Art**" und ohne Beachtung des § 52 AktG zulässig sein.[195] § 27 Abs. 4 AktG steht dem nicht entgegen. Mit § 27 Abs. 4 AktG sollte verhindert werden, dass die Heilung durch bloße Satzungsänderung ohne eine unabhängige Prüfung des Wertes der Sacheinlage durchgeführt wird. Dieser berechtigten Forderung wird mit dem heute vom BGH im GmbH-Recht gebildeten Heilungsstandard Rechnung getragen.[196] Hält man diese beiden Möglichkeiten einer Heilung nach § 52 AktG bzw. analog der Rspr. zum GmbH-Recht nicht für möglich, so bleibt allein der klassische Weg einer Kapitalherabsetzung (§ 66 Abs. 3 AktG) mit anschließender Sachkapitalerhöhung.[197]

V. Vorratsgründung bzw. Mantelverwendung oder Mantelkauf

76 **Vorratsgesellschaften**[198] begegnen einem im Rechtsleben im Wesentlichen im GmbH-Gesellschaftsrecht. Im Aktienrecht stellt sich die Rechtslage jedoch vergleichbar dar. Insb. ist hier die erste Grundsatzentscheidung zu einer Vorrats-AG ergangen.[199] In der aktienrechtlichen Lit. wird dieses Thema nur am Rande

---

187 Leitsatz 3 der Entscheidung des BGH, BGHZ 155, 329 = NJW 2003, 3127 = DNotZ 2004, 206.
188 Hüffer, AktG, § 183 Rn. 15 und § 27 Rn. 31.
189 BGHZ 132, 141, 150 = NJW 1996, 1473.
190 Verneinend: Hüffer, AktG, § 27 Rn. 31; Ammon, FGPrax 1996, 201, 203; Krieger, ZGR 1996, 674, 691; Henze, AktR, Rn. 217; GK/Wiedemann, AktG, § 183 Rn. 115; a.A.: GK/Röhricht, AktG, § 27 Rn. 219; bejahend: GK/Priester, AktG, § 52 Rn. 108.
191 KölnerKomm-AktG/Lutter, § 183 Rn. 92; Lutter/Gehling, WM 1989, 1445, 1455; AnwK-AktienR/Polley, Kap. 1 § 27 AktG Rn. 42 ff.; Hüffer, AktG, § 27 Rn. 31; ebenso wohl auch Henze, AktR, Rn. 220; a.A.: MünchKomm-AktG/Pentz, § 27 Rn. 106 ff.; GK/Wiedemann, AktG, § 183 Rn. 115; GK/Priester, AktG, § 52 Rn. 107 ff.
192 KölnerKomm-AktG/Lutter, § 183 Rn. 92; Lutter/Gehling, WM 1989, 1454, 1455; AnwK-AktienR/Polley, Kap. 1 § 27 AktG Rn. 42 ff.; Hüffer, AktG, § 27 Rn. 31; Henze, AktR, Rn. 220; MünchKomm-AktG/Pentz, § 27 Rn. 107 sowie GK/Wiedemann, AktG, § 183 Rn. 115; siehe dazu auch Koch, Die Nachgründung, S. 38 f. (insb. Fn. 167).
193 Bejahend: GK/Röhricht, AktG, § 27 Rn. 219; ablehnend: MünchKomm-AktG/Pentz, § 27 Rn. 107 und § 52 Rn. 71.
194 Henze, AktR, Rn. 220.
195 GK/Priester, AktG, § 52 Rn. 108; GK/Röhricht, AktG, § 27 Rn. 219; K. Schmidt, GesR, § 29 II 1.c.bb.
196 GK/Priester, AktG, § 52 Rn. 108.
197 Wiesner, in: Münchener Handbuch des Gesellschaftsrechts, Bd. 4, § 16 Rn. 37; GK/Wiedemann, AktG, § 183 Rn. 115 f.
198 Zur Gründung einer Vorratsgesellschaft BGHZ 117, 323 ff. = DNotZ 1994, 107; Henze, AktR, Rn. 63 ff.
199 BGHZ 117, 323 = DNotZ 1994, 107; vgl. BGHZ 153, 158 = DNotZ 2003, 443, 444.

behandelt.[200] Unter dem Gesichtspunkt der Kapitalaufbringung genügt der Hinweis, dass nach Ansicht des BGH nunmehr die Verwendung des Mantels einer auf Vorrat gegründeten Gesellschaft, die bislang nicht unternehmerisch tätig war, also die Eintragung neu bestellter Vorstandsmitglieder und die Eintragung der Änderung des Sitzes, der Firma und des Unternehmensgegenstandes im Handelsregister, **wirtschaftlich eine Neugründung** darstellt, auf die die Gründungsvorschriften anzuwenden sind.[201]

Nach Ansicht des BGH gelten diese Grundsätze gleichermaßen bei der **Verwendung eines „alten Mantels"** einer früher aktiven, jetzt aber unternehmenslosen GmbH.[202] Eine Änderung des Unternehmensgegenstandes, eine Neufassung der Firma oder eine Sitzverlegung ist dazu nicht erforderlich; auch bedarf es hierzu nicht der Bestellung eines neuen Geschäftsführers und/oder der Veräußerung von Geschäftsanteilen.[203] Auch auf die Vermögenslosigkeit kommt es nicht an.[204] Maßgebliches Kriterium ist nach Ansicht des BGH allein, ob (noch) ein aktives Unternehmen betrieben wird.[205]

Die Verwendung des Mantels einer Vorratsgesellschaft als auch die Verwendung eines gebrauchten Gesellschaftsmantels ist **als wirtschaftliche Neugründung gegenüber dem Handelsregister ausdrücklich offen zu legen**. Der hinter dem Gedanken der wirtschaftlichen Neugründung stehende Aspekt des **Gläubigerschutzes** gebietet es, die Einhaltung der Gründungsvorschriften im Rahmen der wirtschaftlichen Neugründung durch eine formalrechtliche registergerichtliche Präventivkontrolle abzusichern.[206] Ohne eine entsprechende Offenlegung ist diese registergerichtliche Kontrolle nicht gewährleistet.

Welche **Anforderungen** nach Rspr. und Lit. an die Offenlegung der wirtschaftlichen Neugründung zu stellen sind, ist noch nicht abschließend geklärt. Nach Auffassung des BGH genügt jedenfalls die **pauschale Aussage** im Rahmen der Handelsregisteranmeldung, dass „die Wiederverwendung eines alten Gesellschaftsmantels" bzw. eine „wirtschaftliche Neugründung" vorliegt.[207] In der Lit. wird es daneben aber auch für ausreichend gehalten, wenn durch andere Angaben und Erklärungen dem Registergericht die Tatsache einer wirtschaftlichen Neugründung offenkundig gemacht wird. Dies ist etwa dann der Fall, wenn im Zusammenhang mit der Anmeldung von signifikanten Satzungsänderungen die bei der Gründung einer GmbH notwendige Versicherung der Geschäftsführer nach § 8 Abs. 2 GmbHG mitabgegeben wurde.[208]

Unterbleibt eine solche Offenlegung der wirtschaftlichen Neugründung gegenüber dem Handelsregister, **haften die Geschäftsführer** in der GmbH ggf. für falsche Erklärungen nach § 9a GmbHG analog sowie für Handlungen nach § 11 Abs. 2 GmbHG analog. Darüber hinaus haften die **Gesellschafter** den Gläubigern gegenüber nach den **Grundsätzen der für die Vor-GmbH entwickelten Unterbilanzhaftung**.[209] Die Gesellschafter haften also für die Differenz zwischen dem Wert des Gesellschaftsvermögens und dem in der Satzung festgesetzten Grundkapital zum Zeitpunkt der Offenlegung der wirtschaftlichen

---

200 Hüffer, AktG, § 23 Rn. 25; MünchKomm-AktG/Pentz, § 23 Rn. 91; GK/Röhricht, AktG, § 23 Rn. 120 ff.; Henze, AktR, Rn. 63 ff.; Gerber, Rpfleger 2004, 469; Grooterhorst, NZG 2001, 145, 146 ff.; Werner, NZG 2001, 397, 398 ff.; AnwK-AktienR/Braunfels, Kap. 1 § 23 AktG Rn. 26 ff.; Lorz/Pfisterer/Gerber, in: Beck'sches Formularbuch Aktienrecht, B. VI.; Heidinger, ZGR 2005, 101 ff.; Wicke, NZG 2005, 409 ff.

201 BGHZ 153, 158 = DNotZ 2003, 443 = NJW 2003, 892; OLG Jena, DB 2006, 2624; vgl. dazu Schaub, NJW 2003, 2125; Altmeppen, NZG 2003, 145; Heidinger, ZNotP 2003, 82; ders., ZGR 2005, 101 ff.; Auernhammer, RNotZ 2003, 195; Krafka, ZGR 2003, 577. Ausführlich zum Gründungsrecht der Vorrats-AG: Gerber, Rpfleger 2004, 469.

202 BGHZ 155, 318 = DNotZ 2003, 951 = NJW 2003, 3198; vgl. dazu Altmeppen, DB 2003, 2050; Kesseler, ZIP 2003, 1790; Herchen, DB 2003, 2211.

203 BGHZ 155, 318, 322.

204 So aber noch OLG Düsseldorf, ZIP 2003, 1501, und OLG Stuttgart, GmbHR 1999, 610.

205 BGHZ 155, 318, 324; OLG Jena, BB 2004, 2206; Ulrich, WM 2004, 915, 920.

206 BGHZ 153, 158 = DNotZ 2003, 443; Heidinger, ZGR 2005, 101, 104 f.

207 BGH, DNotZ 2003, 951, 953 f.; Heidinger, ZGR 2005, 101, 109.

208 Bärwaldt/Balda, GmbHR 2004, 350, 351; Heidinger, ZGR 2005, 101, 109; siehe dazu auch OLG Jena, BB 2004, 2206, 2207 = DB 2004, 2363.

209 BGHZ 155, 318 = DNotZ 2003, 951; OLG Jena, BB 2004, 2206, 2207; DB 2006, 2624 f.; Heidinger, ZGR 2005, 101, 111 f.; Wicke, NZG 2005, 409, 414.

Neugründung gegenüber dem Handelsregister.[210] Unerheblich ist es, dass das Grundkapital bereits zum Zeitpunkt der erstmaligen Eintragung der Gesellschaft im Handelsregister vollständig geleistet und eine entsprechende Versicherung des Geschäftsführers nach § 8 Abs. 2 GmbHG abgegeben worden ist.

78 Im GmbH-Recht hat der Geschäftsführer mit der Offenlegung gleichzeitig die **Erklärung** analog §§ 7 Abs. 3, 8 Abs. 2 GmbHG abzugeben, dass die GmbH noch über ein **Mindestvermögen in Höhe der satzungsmäßigen Stammkapitalziffer** verfügt und dass sich hiervon mindestens ein Viertel – zumindest aber 12.500 € zu ihrer freien Verfügung befindet.[211] Trifft dies nicht zu oder unterbleibt eine Offenlegung, haften die Geschäftsführer für falsche Erklärungen nach § 9a GmbHG analog sowie für Handlungen nach § 11 Abs. 2 GmbHG analog. Die Gesellschafter haften den Gläubigern nach den Grundsätzen der für die Vor-GmbH entwickelten Grundsätze der Unterbilanzhaftung.[212] Umstritten ist in diesen Fällen, ob diese strenge Rspr. des BGH auf Altfälle, also auf die Verwendung eines gebrauchten GmbH-Mantels vor Ergehen dieser Rspr., gleichermaßen Anwendung findet, oder ob aus Gründen des **Vertrauensschutzes** anderes gilt. Das OLG Jena hat hier Vertrauensschutz bejaht, wenn es sich um die Aktivierung eines gebrauchten GmbH-Mantels handelt,[213] nicht aber, wenn es um die Aktivierung einer Vorrats-GmbH geht.[214]

Maßgeblicher Stichtag für den Umfang der Vorbelastungshaftung ist nicht die Handelsregisteranmeldung der wirtschaftlichen Neugründung, sondern die Wiederbelebung des gebrauchten GmbH-Mantels, also die Wiederaufnahme einer unternehmerischen Tätigkeit.[215]

Es besteht kein Zweifel, dass diese Grundsätze **auch im Aktienrecht Anwendung** finden.[216] Es gelten sämtliche Gründungsvorschriften. Die Gründungsprüfung nach § 33 AktG wird sich dabei i.d.R. aber darauf beschränken können, ob das nach der Satzung erforderliche Kapital (noch) vorhanden ist.[217] Allein die Ausstattung mit dem gesetzlichen Mindestkapital genügt nicht.[218] Ob auf einen neuen **Gründungsbericht** gemäß § 32 AktG verzichtet werden kann,[219] ist im Hinblick auf den Erklärungsinhalt des § 32 Abs. 3 AktG zweifelhaft.[220] Gilt aber bei der Verwendung einer Vorrats-AG oder Mantelgesellschaft Gründungsrecht, wird man an einem Gründungsbericht, an einer Gründungsprüfung durch Vorstand und Aufsichtsrat sowie ggf. einer externen Gründungsprüfung einschließlich einer neuerlichen Bankbestätigung nach § 37 AktG schwerlich vorbeikommen.[221] Davon auszugehen ist weiter, dass in beiden Fällen auch **die Grundsätze der Unterbilanzhaftung** (Vorbelastungs- oder Verlustdeckungshaftung) gelten, wenn die Gesellschaft ihre operative Tätigkeit vor der Offenlegung der wirtschaftlichen Neugründung, also dem Antrag auf Eintragung der Satzungsänderung und der damit verbundenen Präventivkontrolle aufnimmt und im Zeitpunkt der Antragstellung eine Unterbilanz vorliegt.[222] Gleiches dürfte gelten, wenn die Gesellschaft ihre Tätigkeit aufnimmt, ohne die o.g. Änderungen im Handelsregister eintragen zu lassen.

---

210 Heidinger, ZGR 2005, 101, 110.
211 BGHZ 155, 318, 324; OLG Jena, BB 2004, 2206, 2207 = DB 2004, 2363; Heidinger, ZGR 2005, 101, 107; Wicke, NZG 2005, 409, 412 f.
212 BGHZ 155, 318; OLG Jena, BB 2004, 2206, 2207 = DB 2004, 2363; Heidinger, ZGR 2005, 101, 111 f.
213 OLG Jena, BB 2004, 2206 f. = DB 2004, 2363; DB 2006, 2624 f.; zustimmend: Wälzholz, NZG 2005, 203, 204.
214 OLG Jena, DB 2006, 2624, 2625 f.
215 OLG Jena, BB 2004, 2206, 2207; Lutter/Bayer, GmbHG, § 3 Rn. 13; Wilhelmi, DZWIR 2004, 177, 188; undifferenziert: Bärwaldt/Balda, GmbHR 2004, 50, 53; Heidenhein, GmbHR 2003, 1051, 1054; Schütz, NZG 2004, 746, 751.
216 Lorz/Pfisterer/Gerber, in: Beck'sches Formularbuch Aktienrecht, B. VI., mit Musterformulierungen.
217 So auch Gerber, Rpfleger 2004, 469, 470.
218 BGHZ 155, 318 = DNotZ 2003, 951 = NJW 2003, 3198 = Rpfleger 2003, 661, 663; Gerber, Rpfleger 2004, 469, 470; a.A.: Grooterhorst, NZG 2001, 145, 147.
219 GK/Röhricht, AktG, Anh. § 23 Rn. 142.
220 Siehe dazu MünchKomm-AktG/Pentz, § 23 Rn. 103; Gerber, Rpfleger 2004, 469, 470; Grooterhorst, NZG 2001, 145, 148; Werner, NZG 2001, 397, 402.
221 Lorz/Pfisterer Gerber, in: Beck'sches Formularbuch Aktienrecht, B. VI. 5.
222 Gerber, Rpfleger 2004, 469, 472; Henze, AktR, Rn. 68; GK/Henze, AktG, § 54 Rn. 36; siehe dazu unten Rn. 80 ff.

Ebenso denkbar ist eine Handelndenhaftung nach § 41 AktG.[223] Besonderheiten bestehen dagegen bei der Anwendung der **Vorschriften über die Nachgründung**.[224] Im Übrigen wird auf die Ausführungen zum GmbH-Recht verwiesen.[225]

Mit seiner neuen Rspr. zum Hin- und Herzahlen von Geld, nach der eine verdeckte Sacheinlage nicht besteht, wenn der zunächst an den Einleger als Darlehen oder im Wege einer Treuhandvereinbarung zurückgewährte Bareinlagebetrag später vom Inferenten endgültig an die Gesellschaft geleistet wird und auch sonst keine Forderung vorhanden ist, die als Sacheinlage dienen kann,[226] **erleichtert der BGH die Gründung von Vorratsgesellschaften**. Die Gründer können den von ihnen eingezahlten Betrag – dem Zweck der Vorratsgesellschaft, das eigene Vermögen zu verwalten folgend – als Darlehen, u.U. auch zur Gründung einer weiteren Vorratsgesellschaft, ausreichen, und müssen nicht mehr mit einer Verdoppelung ihrer Verpflichtungen gegenüber der Gesellschaft rechnen. Wird im Zusammenhang mit der Veräußerung der Vorratsgesellschaft an den Erwerber – regelmäßig aus dem von diesem gezahlten Kaufpreis – die offene Einlageschuld getilgt, ist der Kapitalaufbringungsvorgang ordnungsgemäß abgeschlossen. Haben die Beteiligten auch die wirtschaftliche Neugründung zum Handelsregister angemeldet, können die Erwerber sicher sein, mit der operativen Geschäftstätigkeit zu beginnen, ohne Gefahr zu laufen, wegen einer noch offenen Einlageschuld oder nach dem Grundsatz der Unterbilanzhaftung in Anspruch genommen zu werden.[227]

79

VI. Haftung und Vertretung im Gründungsstadium[228]

1. Haftung in der Vorgründungs-AG

Die sog. **Vorgründungsgesellschaft** bezeichnet das **Stadium vor der notariellen Beurkundung** der Satzung. Sie entsteht nur, wenn sich die künftigen Gründer in einem notariell beurkundeten Vorvertrag zur gemeinsamen Errichtung der AG verpflichten und die dafür wesentlichen Eckdaten festlegen.[229] Werden die Vorgründer in der Phase bis zur notariellen Gründung der AG selbst geschäftlich tätig, haften sie nach den Regeln der GbR bzw. der OHG unbeschränkt persönlich.[230] Zur Geschäftsführung und Vertretung sind mangels abweichender Regelungen sämtliche Gesellschafter gemeinschaftlich berufen (§§ 709, 714 BGB).

80

2. Haftung der Gründer in der Vor-AG

Nach **Feststellung der Satzung** und der **Übernahme aller Aktien** durch die Gründer im Gründungsprotokoll entsteht[231] die sog. Vor-Gesellschaft oder auch Gründungsgesellschaft genannt (AG i.G.). Bis zur Eintragung derselben ins Handelsregister ergeben sich **vielfältige Haftungsrisiken** für die Gründer, wenn die Vor-AG ihre Geschäftstätigkeit bereits aufgenommen hat. Zwar gehen die Rechte und Pflichten aus solchen Geschäften im Gründungsstadium – anders als von der Vorgründungsgesellschaft auf die Vor-Gesellschaft – mit Eintragung der AG ohne weiteres von der Vor-Gesellschaft auf die AG über.[232] Beim Scheitern der Eintragung als auch beim Verbrauchen des Grundkapitals bis zur Eintragung die

81

---

223 So ausdrücklich OLG Stuttgart, GmbHR 1999, 610; KG, NZG 1998, 731; Gerber, Rpfleger 2004, 469, 472; vgl. Heidinger, ZNotP 2003, 82, 84; a.A.: OLG Brandenburg, MittRhNotK 1999, 59; GK/Henze, AktG, § 54 Rn. 36; Henze, AktR, Rn. 68.
224 Siehe jedoch zur Nachgründungsproblematik unten Rn. 91 ff.
225 Zum GmbH-Recht: Bärwaldt/Balda, GmbHR 2004, 50 ff. und 350 ff.; Goette, DStR 2004, 461 ff.; Heidinger, ZGR 2005, 101 ff.; Ulrich, WM 2004, 915 ff.
226 BGH, DStR 2006, 104; DStR 2006, 382, 383; DStR 2006, 1709 = ZIP 2006, 1633; siehe dazu oben Rn. 72.
227 Goette, DStR 2006, 383.
228 Siehe dazu Heidinger, GmbHR 2003, 189.
229 Hoffmann-Becking, in: Münchener Handbuch des Gesellschaftsrechts, Bd. 4, § 3 Rn. 28.
230 Seibert/Kiem/Zimmermann, Handbuch der kleinen AG, Rn. 168; vgl. BGH, ZIP 1984, 950.
231 § 29 AktG.
232 Hüffer, AktG, § 41 Rn. 16; Hoffmann-Becking, in: Münchener Handbuch des Gesellschaftsrechts, Bd. 4, § 3 Rn. 33.

Unversehrtheit des Grundkapitals bei der Eintragung der AG gilt jedoch das vom BGH für die Vor-GmbH entwickelte **Haftungskonzept der Unterbilanz** – und Verlustdeckungshaftung – entsprechend.[233]

a) Unterbilanzhaftung

82 Kommt es zur Eintragung der AG ins Handelsregister, obgleich der Wert des Gesellschaftsvermögens abzüglich des in der Satzung festgelegten Gründungsaufwands[234] etwa wegen vorzeitiger Geschäftsaufnahme hinter dem in der Satzung festgesetzten Grundkapital zurückbleibt, haften die Gründer-Gesellschafter, die den Vorstand zur Geschäftsaufnahme ermächtigt haben, anteilig im Verhältnis ihrer Kapitalanteile gegenüber der Gesellschaft.[235] Es besteht also grds. ein **System der Innenhaftung**, so dass Gläubiger der Gesellschaft die Gründer nicht unmittelbar in Anspruch nehmen können, es sei denn, es liegt eine Einpersonengesellschaft vor oder die Gesellschaft verfügt über kein Vermögen mehr.[236] Der Umfang der so auszugleichenden Unterbilanz wird durch eine auf den Tag der Eintragung im Handelsregister festgestellten Vermögensbilanz ermittelt.[237] Hierbei ist grds. eine **Einzelbewertung der Vermögensbestandteile nach Fortführungsgrundsätzen**, nicht aber der Wert des Unternehmens als Ganzes festzustellen.[238] Eine Bewertung des Unternehmens im Ganzen ist nur dann angezeigt, wenn die Ingangsetzung der Vorgesellschaft in der Zeit zwischen Errichtung und Eintragung im Handelsregister durch Aufnahme der Geschäftstätigkeit bereits ausnahmsweise zu einer Organisationseinheit geführt hat, die als Unternehmen anzusehen ist, das – über seine einzelnen Vermögenswerte hinaus – einen eigenen Vermögenswert repräsentiert.[239] Ein solcher Sonderfall liegt bei einem sog „**start-up-Unternehmen**", das auf dem Gebiet des neuen Marktes agieren wollte, nicht vor.[240] Dieser Anspruch wegen Unterbilanzhaftung geht ebenso wie der ursprüngliche Einlageanspruch auch **nicht automatisch „durch Zweckerreichung" unter**, wenn die Gesellschaft nach dem Stichtag aus anderen Gründen über ein die Grundkapitalziffer deckendes Vermögen verfügt, etwa über nicht ausgeschüttete Gewinne oder über eine auflösungsfähige Kapitalrücklage.[241] Vielmehr unterliegt dieser Anspruch aus Unterbilanzhaftung denselben strengen Regeln über die Kapitalaufbringung wie die ursprüngliche Einlageschuld.[242]

> **Hinweis:**
> Anders als im Ergebnis bei der GmbH haften die Gründer einer AG jedoch nicht auf den gesamten Fehlbetrag, sondern nur anteilig entsprechend ihrer Beteiligung am Grundkapital.[243] Ob es im Aktienrecht eine Ausfallhaftung, wie sie § 24 GmbHG vorsieht, gibt, ist umstritten.[244]

---

233 Seibert/Kiem/Zimmermann, Handbuch der kleinen AG, Rn. 169.
234 Vgl. hierzu BGH, ZIP 1997, 2008 = WM 1997, 2218.
235 BGH, WM 2006, 719, 720.
236 BGHZ 134, 331, 341; BGH, NJW-RR 2006, 254 = DStR 2005, 2197 = DZWIR 2006, 118; Hüffer, AktG, § 41 Rn. 14 ff.
237 Hüffer, AktG, § 41 Rn. 9.
238 BGHZ 140, 35 = WM 1998, 2530.
239 BGH, WM 2006, 719, 720 f.; WM 1993, 1412 = ZIP 1993, 1160.
240 BGH, WM 2006, 719, 722.
241 BGH, WM 2006, 719, 722; Butzke, ZHR 154 (1990), 357, 363 f.; Gehrlein, BB 2006, 910 f.; Goette, DStR 2006, 714 f.; Werner, GmbHR 2006, 486 f.
242 BGH, WM 2006, 719, 722; BGHZ 124, 282, 286 = WM 1994, 335; Scholz/K. Schmidt, GmbHG, § 11 Rn. 128; Baumbach/Hueck/Fastrich, GmbHG, § 11 Rn. 62.
243 Seibert/Kiem/Zimmermann, Handbuch der kleinen AG, Rn. 173; LG Heidelberg, ZIP 1997, 2045; dazu Reiff, EWiR 1998, 51; Hüffer, AktG, § 41 Rn. 96; Wiedemann, ZIP 1997, 2920, 2033; a.A.: K. Schmidt, GesR, § 27 II 4c.
244 Verneinend: OLG Karlsruhe, ZIP 1998, 1961 = AG 1999, 131, 132, dazu Korte, EWiR 1998, 1011; LG Heidelberg, ZIP 1997, 2045; Wiedenmann, ZIP 1997, 2029; Seibert/Kiem/Zimmermann, Handbuch der kleinen AG, Rn. 173; LG Heidenberg, ZIP 1997, 2045; dazu Reiff, EWiR 1998, 51; BAG, ZIP 2000, 1546; zustimmend: Goette, EWiR 2/2000, § 11 GmbHG, 915 f.; bejahend: Hüffer, AktG, § 41 Rn. 9b; Heidinger, GmbHR 2003, 189, 195; K. Schmidt, GesR, § 27 II 4 c.; MünchKomm-AktG/Pentz, § 41 Rn. 116; siehe zum Regress der Gründer untereinander auch: LG Heidelberg, ZIP 1997, 2045.

b) Verlustdeckungshaftung

Wenn die **Eintragung der AG scheitert** und die Vor-Gesellschaft liquidiert werden muss, haften die Gründer ebenfalls für die Verluste der Vor-Gesellschaft.[245] Diese Haftung ist nicht bis zur Höhe ihrer Einlageverpflichtung begrenzt. Verschärft wird die Haftung für die Gründer bei der **sog. unechten Vor-AG**. Wird die Vor-AG insolvent oder geben die Gründer ihre Eintragungsabsicht auf, handelt die Vor-AG aber weiterhin im Rechtsverkehr, wird die **Innenhaftung zur unbeschränkten gesamtschuldnerischen Außenhaftung** vergleichbar mit der Haftung nach BGB oder OHG-Recht bei der Vorgründungsgesellschaft.[246]

83

c) Wirksamkeit von Rechtsgeschäften der Vor-AG

aa) Vertretungsmacht des Vorstandes

Die Vor-AG begründet ihre Rechte und Verbindlichkeiten durch ihre **für sie handelnden Organe**, besonders den Vorstand.[247] Nach h.M. ist die Vertretungsmacht des Vorstandes bei der Vor-AG auf den Rahmen begrenzt, der durch die von den Gründern eingebrachten Geschäfte vorgegeben wurde.[248] Der **Umfang der Geschäftsführungs- und Vertretungsbefugnis** der Vorstandsmitglieder richtet sich nach dem **Zweck der Vorgesellschaft**. Bei Bargründungen dürfen und können die Vorstandsmitglieder nur solche Geschäfte vornehmen, die zur Herbeiführung der Eintragung erforderlich sind.[249] Nur bei der Sachgründung durch Einbringung eines Unternehmens wird von einer umfassenden Vertretungsmacht des Vorstands zur Fortführung des Unternehmens ausgegangen. Im Übrigen können die Gründer die eingeschränkte Vertretungsmacht des Vorstandes in diesem Stadium einvernehmlich erweitern. Umstritten ist dabei, ob dies formlos möglich ist oder Satzungsform erforderlich ist.[250]

84

Die im Vordringen befindliche abweichende Meinung,[251] nach der der Vorstand auch im **Gründungsstadium bereits über volle Vertretungsmacht** analog § 82 Abs. 1 AktG verfügt, schafft einen Widerspruch zur Unterbilanzhaftung und Verlustdeckungspflicht der Gründungsgesellschafter. Diese unbeschränkte Haftung der Gründer[252] für Verluste aus Geschäften der Vor-AG im Gründungsstadium wird von dem Einverständnis des Gründers mit dem Geschäftsbeginn vor Eintragung abhängig gemacht. Eine umfassende Vertretungsmacht des Vorstandes bei unbeschränkter Haftung aller nicht dem Geschäftsbeginn zustimmender Gründungsgesellschafter ist daher abzulehnen.

bb) Geschäfte der Vor-AG als Nachgründung oder Sachübernahme

Nach der Änderung des § 52 AktG durch das NaStraG gelten die **Besonderheiten der Nachgründungsvorschriften** nicht mehr für Rechtsgeschäfte mit Dritten. Daher kann auch eine analoge Anwendung des § 52 AktG auf die Rechtsgeschäfte der Vor-AG mit Dritten m.E. nicht mehr erwogen werden.[253] Umstritten ist, ob auch Geschäfte des Vorstandes für die Vor-AG mit Dritten unter die Vorschrift des § 27 Abs. 1 Satz 1 AktG fallen. Nach der überwiegenden Ansicht in der Lit.[254] soll dies nicht der Fall sein, wenn

85

---

245 Hoffmann-Becking, in: Münchener Handbuch des Gesellschaftsrechts, Bd. 4, § 3 Rn. 35.
246 BGH, GmbHR 2003, 97 = DNotZ 2003, 212, zur GmbH.
247 BGHZ 80, 129, 139 zur Vor-GmbH.
248 Henn, Handbuch des Aktienrechts, § 3 Rn. 91; Hoffmann-Becking, in: Münchener Handbuch des Gesellschaftsrechts, Bd. 4, § 3 Rn. 33; Hüffer, AktG, § 41 Rn. 11 und Rn. 6; a.A.: MünchKomm-AktG/Pentz, § 41 Rn. 34 m.w.N. in Fn. 55.
249 Wiesner, in: Münchener Handbuch Aktienrecht, § 19 Rn. 25.
250 Siehe dazu Hüffer, AktG, § 41 Rn. 6 m.w.N; OLG Hamm, NZG 2002, 867.
251 MünchKomm-AktG/Pentz, § 41 Rn. 34 m.w.N. in Fn. 56; Priester, ZHR 2001, 383, 389.
252 Vgl. BGH, NJW 1981, 1373; NJW 1996, 1210, 1211 ff.; NJW 1997, 1507 alle für die GmbH.
253 Anders noch Heidinger, ZNotP 2000, 182 ff. zur alten Rechtslage.
254 So Ihrig, Die endgültige freie Verfügung über die Einlage von Kapitalgesellschaften, S. 99 (Fn. 129 m.w.N.); MünchKomm-AktG/Pentz, § 27 Rn. 61; Priester, ZHR 2001, 383, 390 ff.; Hüffer, AktG, § 27 Rn. 5a; Koch, Die Nachgründung, S. 144 ff.

nach der Feststellung der Satzung zwischen dem Vorstand und dem Veräußerer ein Vertrag geschlossen wird.[255]

d) Differenzhaftung des Sacheinlegers

86 Wenn im Fall der Sachgründung der Wert des Einlagegegenstandes hinter dem Nennwert bzw. bei Stückaktien hinter dem anteiligen Betrag des Grundkapitals der dafür gewährten Aktien zurückbleibt, hat der Gründer die **Differenz in bar nachzuzahlen**. Diese in § 9 Abs. 1 GmbHG für die GmbH ausdrücklich geregelte Differenzhaftung kommt im AktG in den §§ 9 Abs. 1, 36a Abs. 2 Satz 3 AktG zum Ausdruck.[256] Umstritten ist, ob die Differenzhaftung auch ein etwa **vereinbartes Agio mitumfasst**. Die wohl überwiegende Ansicht bejaht dies.[257] Nach a.A. gehört das Agio nicht zum Grundkapital, so dass auch eine (gesetzliche) Differenzhaftung nicht gerechtfertigt ist. Aus § 36a Abs. 2 Satz 3 AktG folge nur, dass eine Eintragung zu unterbleiben hat, wenn das Agio nicht einbezahlt wurde. Eine Differenzhaftung, die auch das Agio umfasst, könne damit nicht begründet werden.[258]

e) Sonstige Haftungsgefahren

87 Die **Gründer haften** gemäß § 46 Abs. 1, 3 AktG der AG **als Gesamtschuldner**, wenn sie einen der dort aufgeführten Tatbestände schuldhaft erfüllen. Diese betreffen insb. die Richtigkeit und Vollständigkeit ihrer Angaben im Gründungsbericht und die Gewähr für die tatsächliche Leistung der Mindesteinzahlung nach § 36a Abs. 1 AktG. Ist ihnen bekannt, dass ein Gründer leistungsunfähig ist, schulden sie der AG nach § 46 Abs. 4 AktG ebenfalls Schadensersatz als Gesamtschuldner. Wie ein Gründer haftet nach § 46 Abs. 5 AktG auch der **Strohmann**. Diese Ansprüche verjähren nach § 51 AktG in fünf Jahren.

3. Handelndenhaftung

88 Die **Mitglieder des Vorstandes** – nicht die Gründer[259] – können nach § 41 Abs. 1 Satz 2 AktG als Gesamtschuldner für das haften, wofür die Gesellschaft auch haftet. Voraussetzung ist, dass sie **vor Eintragung der AG in deren Namen gehandelt** haben. Diese **unbeschränkte Außenhaftung** tritt neben die Haftung der Gründer. Sie erlischt allerdings mit Eintragung im Handelsregister. Hat der Vorstand mit Einverständnis der Gründer gehandelt, kann er bei diesen **Regress** nehmen.[260] Allerdings trägt der Vorstand das Risiko, dass einer der Gründer ausfällt, soweit man auch hier von einer Haftung der Gründer nach dem Verhältnis ihrer durch Aktienübernahme begründeten Einlagepflichten ausgeht[261] und nicht die subsidiäre Haftung nach § 24 GmbHG befürwortet. Eine Handelndenhaftung für das Stadium der Vorgründungsgesellschaft kommt dagegen nicht in Betracht.[262]

4. Haftung von Vorstand und Aufsichtsrat

89 Die Mitglieder des Vorstands- und Aufsichtsrats unterliegen schon im Gründungsstadium den **allgemeinen Sorgfaltspflichten** aus den §§ 93, 116 AktG. Für **schuldhafte Pflichtverstöße** im Zusammenhang mit der Gründung haften sie der Gesellschaft, etwa wenn die Bareinlagen dem Vorstand nicht zur freien

---

255 A.A. nach RGZ 130, 249, 250 f., wohl auch Heidinger, ZNotP 2000, 182, 184 ff.; siehe dazu die w.N. bei Koch, Die Nachgründung, S. 146 (Fn. 13).
256 Hoffmann-Becking, in: Münchener Handbuch des Gesellschaftsrechts, Bd. 4, § 4 Rn. 30.
257 AnwK-AktienR/Elser, Kap. 1 § 183 Rn. 43; Geßler/Hefermehl/Bungeroth, AktG, § 183 Rn. 106; GK/Wiedemann, AktG, § 185 Rn. 70; Krieger, in: Münchener Handbuch des Gesellschaftsrechts, Bd. 4, § 56 Rn. 46.
258 Hoffmann-Becking, in: FS für Lutter, S. 453, 465 f.; Hüffer, AktG, § 183 Rn. 21; KölnerKomm-AktG/Lutter, § 183 Rn. 66; siehe dazu insgesamt DNotI-Gutachten Nr. 54106 vom November 2004.
259 Diese haften nur im Rahmen der Unterbilanz- oder Verlustdeckungshaftung; ihnen fehlt die Rechtsmacht im Namen der Gesellschaft gemäß § 41 Abs. 1 Satz 2 AktG zu handeln.
260 OLG Karlsruhe, ZIP 1998, 1961, 1964; LG Heidelberg, ZIP 1997, 2045, 2048.
261 BGHZ 134, 333, 339 = NJW 1997, 1507; LG Heidelberg, AG 1998, 197, 198; kritisch insoweit: Hüffer, AktG, § 41 Rn. 9b; Jäger, NZG 1999, 573, 574; a.A.: Heidinger, GmbHR 2003, 189, 195.
262 LAG Köln, AG 2006, 171.

Verfügung stehen, weil sie Verwendungsabsprachen unterliegen,[263] oder wenn sie die Gründungsprüfung nicht ordnungsgemäß durchgeführt haben.[264]

5. Haftung von Gründungsprüfer und kontoführender Bank

§ 49 AktG verweist für die Haftung des Gründungsprüfers auf die in § 322 Abs. 1 – 4 HGB normierte **Verantwortlichkeit des Abschlussprüfers**.

Gemäß § 37 Abs. 1 AktG hat der Vorstand dem Registergericht bei der Anmeldung der Bargründung u.a. die **Bestätigung eines Kreditinstituts** einzureichen, wonach der eingezahlte Betrag endgültig zu seiner freien Verfügung steht. In der Bankbestätigung muss auch zum Ausdruck kommen, wenn der Vorstand über die eingezahlten Mittel im Zeitpunkt der Abgabe der Bankbestätigung bereits verfügt hat.[265] Für die Richtigkeit der Bestätigung ist das Kreditinstitut der Gesellschaft nach § 37 Abs. 1 Satz 3 AktG verantwortlich. Diese Haftung der Bank ist verschuldensunabhängig.[266]

90

C. Nachgründung

I. Allgemeines

Nach § 52 Abs. 1 AktG werden **Verträge der Gesellschaft**, nach denen sie Vermögensgegenstände für eine den zehnten Teil des Grundkapitals übersteigende Vergütung erwerben soll und die in den ersten zwei Jahren seit der Eintragung der Gesellschaft in das Handelsregister geschlossen werden, nur mit **Zustimmung der Hauptversammlung** und **Eintragung im Handelsregister** wirksam.[267] Die Verträge bedürfen der **Schriftform**. Zweck der Vorschrift des § 52 AktG ist es zu verhindern, dass die Sicherungsbestimmungen über die Sachgründung dadurch umgangen werden, dass die Gesellschaft im Wege der Bargründung errichtet wird und dann eine von vornherein geplante Übernahme von Gegenständen erst nach der Eintragung der Gesellschaft vereinbart wird.[268]

91

II. Vertragspartner der AG

Nach § 52 Abs. 1 AktG a.F. wurden von der Nachgründung sämtliche innerhalb der Zwei-Jahres-Frist mit Aktionären oder Dritten geschlossene Verträge erfasst. Mit In-Kraft-Treten des NaStraG hat sich dies geändert. Mit rückwirkender Wirkung zum 1.1.2000[269] werden von den **Nachgründungsvorschriften** nur noch **solche Rechtsgeschäfte** erfasst, die mit den Gründern oder mit mehr als 10 % des Grundkapitals an der Gesellschaft beteiligten Aktionären abgeschlossen werden. Im Ergebnis werden damit sämtliche Geschäfte mit außenstehenden Dritten von der besonderen **Nachgründungsprüfung** ausgenommen. Ergänzt wird diese Rückwirkung durch die **Heilungsvorschrift des § 11 EGAktG**.[270]

92

Gründer i.S.d. § 52 Abs. 1 AktG sind gemäß § 28 AktG diejenigen Aktionäre, die die Satzung festgestellt haben. Dabei sind auch solche Aktionäre einzubeziehen, die zwar nicht bei Feststellung der Ursprungssatzung mitgewirkt haben, die aber der Gesellschaft vor deren Eintragung beigetreten sind.[271] Umstritten ist die Gründereigenschaft bei der **Vorrats-AG**, ob also Gründer i.S.d. § 52 Abs. 1 AktG diejenigen sind, die

93

---

263 Vgl. § 48 Satz 1 2. Halbs. AktG.
264 Vgl. § 33 Abs. 1 AktG.
265 Vgl. dazu DNotI-Gutachten Nr. 23454 vom 11.4.2001.
266 Hüffer, AktG, § 37 Rn. 3a.
267 Siehe dazu allgemein: Koch, Die Nachgründung; Schwab, Die Nachgründung im Aktienrecht.
268 Holland/Reul, DNotI-Gutachten zum Aktienrecht, 1997 ff., Nr. 6; GK/Priester, AktG, § 52 Rn. 13, Münch-Komm-AktG/Pentz, § 52 Rn. 4 f., jeweils m.w.N.
269 Siehe dazu Reul, MittBayNot 2001, 156 ff.
270 Siehe dazu unten Rn. 109.
271 Priester, DB 2001, 467; Werner, ZIP 2001, 1403.

die Vorrats-AG selbst gegründet haben[272] oder diejenigen, die die Vorrats-AG erwerben und sie dann nach entsprechender Satzungsänderung mit unternehmerischem Leben erfüllen.[273] Letzteres dürfte im Hinblick auf die neue Rspr. des BGH zur Vorratsgesellschaft[274] richtig sein.[275]

94 In den Anwendungsbereich des § 52 Abs. 1 AktG fallen weiterhin **Aktionäre, die mit mehr als 10 % am Grundkapital beteiligt** sind. Entscheidend kommt es auf diese Eigenschaft zum Zeitpunkt des Abschlusses des Nachgründungsvertrages an. Problematisch ist hierbei, ob diese 10 %-Grenze nicht durch anderweitige Gestaltungen umgangen werden kann, so dass verschiedene Beteiligungen möglicherweise zusammenzurechnen sind. In Betracht kommt hier insb. eine Zusammenrechnung aufgrund konzernrechtlicher bzw. treuhänderischer Verbindungen.[276]

95 Das Problem einer **Gesetzesumgehung** stellt sich gleichermaßen, wenn das **Erwerbsgeschäft bei einer Tochtergesellschaft der AG abgewickelt** werden soll, oder wenn Dritte anstelle der Gründer oder der an der AG maßgeblich beteiligten Aktionäre Vertragspartner der AG werden. Geschäfte in einer Tochtergesellschaft der AG unterfallen nur dann der Nachgründung, wenn die Tochter bspw. zur Durchführung des Geschäfts gegründet und von der Mutter-AG finanziert wird.[277] Drittgeschäfte sind dann nachgründungspflichtig, wenn die Vertragspartner der AG mit den Gründern oder an ihr maßgeblich beteiligten Aktionäre konzernrechtlich verbunden sind oder Treuhandverhältnisse bestehen.[278]

III. Vertragsgegenstand

96 Der gesetzliche Begriff der „**anderen Vermögensgegenstände**" wird soweit wie nur irgend möglich ausgelegt.[279] Es kommt nicht darauf an, dass diese Vermögensgegenstände Gegenstand einer Sacheinlage oder Sachübernahme i.S.d. § 27 AktG sein können.[280] Dienstleistungen fallen genauso darunter[281] wie etwa der Erwerb eigener Aktien.[282]

§ 52 AktG greift grds. auch bei der **Konzernbildung** der AG ein, soweit es um einen **Beteiligungserwerb** an einer bestehenden Gesellschaft geht. Im Fall der Gründung einer Tochtergesellschaft bzw. einer Kapitalmaßnahme bei ihr kommt es darauf an, ob eine 100 %-ige Tochter betroffen ist, oder ob an der Tochtergesellschaft Gründer der AG oder an ihr maßgeblich beteiligte Aktionäre als Mitgründer auftreten oder sich dort an der Kapitalerhöhung beteiligen. Nur im letzten Fall greift § 52 AktG, nicht aber bei einer 100 %-igen Tochter.[283] Keine Anwendung findet § 52 AktG dagegen auf den Abschluss von **Unternehmensverträgen** i.S.d. §§ 291, 292 AktG. Zum einen liegt kein schuldrechtliches Austauschgeschäft, sondern

---

272 Dormann/Fromholzer, AG 2001, 242, 243; Werner, ZIP 2001, 1403, 1404.
273 Priester, DB 2001, 467, 468; Grooterhorst, NZG 2001, 145, 148; Eisolt, DStR 2001, 748, 751; Reichert, ZGR 2001, 554, 559.
274 BGH, DNotZ 2003, 443; DNotZ 2003, 951.
275 Koch, Die Nachgründung, S. 5.
276 GK/Priester, AktG, § 52 Rn. 37 ff.; Werner, ZIP 2001, 1403, 1404 f.; Pentz, NZG 2001, 346, 351; Priester, DB 2001, 467, 468; Dormann/Fromholzer, AG 2001, 242, 244.
277 GK/Priester, AktG, § 52 Rn. 47; Schwab, Die Nachgründung im Aktienrecht, S. 179 ff.
278 Dormann/Fromholzer, AG 2001, 242, 243 ff.; GK/Priester, AktG, § 52 Rn. 40 ff.; Reichert, ZGR 2001, 554, 571; Eisolt, DStR 2001, 748, 752; ebenso Pentz, NZG 2001, 346, 351; Schwab, Die Nachgründung im Aktienrecht, S. 91 ff.; zu § 52 AktG a.F. bereits Holzapfel/Roschmann, in: FS für Bezzenberger, S. 163, 184 ff.
279 KölnerKomm-AktG/Kraft, § 52 Rn. 6; Hüffer, AktG, § 52 Rn. 2b; Geßler/Hefermehl/Eckardt, AktG, § 52 Rn. 6; Krieger, in: FS für Claussen, S. 223, 226; MünchKomm-AktG/Pentz, § 52 Rn. 16, jeweils m.w.N.
280 MünchKomm-AktG/Pentz, § 52 Rn. 16 ff.; Hüffer, AktG, § 52 Rn. 2b; KölnerKomm-AktG/Kraft, § 52 Rn. 6; Schmidt/Seipp, ZIP 2000, 2089, 2090; Krieger, in: FS für Claussen, S. 223, 226; Bröcker, ZIP 1999, 1029, 1030 (Fn. 7); Holzapfel/Roschmann, in: FS für Bezzenberger, S. 163, 166.
281 GK/Priester, AktG, § 52 Rn. 44; Hüffer, AktG, § 52 Rn. 4.
282 GK/Priester, AktG, § 52 Rn. 43; wohl auch Holzapfel/Roschmann, in: FS für Bezzenberger, S. 163, 184.
283 GK/Priester, AktG, § 52 Rn. 45 f.; Hüffer, AktG, § 52 Rn. 12; Koch, Die Nachgründung, S. 245 ff.; Schwab, Die Nachgründung im Aktienrecht, S. 173 ff.; a.A. für den Fall der Kapitalerhöhung: MünchKomm-AktG/Pentz, § 52 Rn. 18.

ein organisationsrechtlicher Vertrag vor. Zum anderen geht der konzernrechtliche Schutz der §§ 293 ff., 300 ff. 304 ff. AktG für Aktionäre und Gläubiger der Gesellschaft über den Schutz der Nachgründungsvorschriften hinaus.[284] Dagegen gelten die Nachgründungsvorschriften für **Umwandlungsvorgänge** nach § 67 UmwG in den ersten zwei Jahren nach Gründung der übernehmenden Gesellschaft bzw. ab Eintragung des Formwechsels.[285]

IV. Vergütung

Nach § 52 AktG kommt es darauf an, dass die hierfür **zu leistende Vergütung** 10 % des Grundkapitals übersteigt. Hinsichtlich der 10 %-Grenze in § 52 Abs. 1 AktG wird auf den Betrag des satzungsmäßigen und im Handelsregister eingetragenen Grundkapitals zum Zeitpunkt des Vertragsschlusses abgestellt.[286]

97

Grds. wird **jeder einzelne Erwerbsvertrag** für sich genommen und daran geprüft, ob die hierbei vereinbarte Vergütung diese 10 %-Grenze übersteigt.[287] Maßgeblich kommt es dabei darauf an, ob ein **wirtschaftlich einheitliches Erwerbsgeschäft** vorliegt oder nicht. Allein die künstliche Aufspaltung eines solchen wirtschaftlich einheitlichen Erwerbsgeschäfts in mehrere Transaktionen, die – für sich betrachtet – die 10 %-Grenze nicht erreichen, kann nicht zu einer Umgehung der Nachgründungsvorschriften führen. In einem derartigen Fall sind die einzelnen Leistungen zusammenzurechnen.[288]

Bei **befristeten Dauerschuldverhältnissen** ist die volle Höhe der geschuldeten Vergütung maßgebend, die die Gesellschaft während der gesamten Laufzeit des Vertrages – auch nach Ablauf der Zwei-Jahres-Frist – erbringen muss. Bei **unbefristeten Dauerschuldverhältnissen** kommt es darauf an, welche Vergütungen die Gesellschaft bis zur erstmöglichen ordentlichen Kündigungsmöglichkeit zu zahlen hat.[289]

> **Hinweis:**
> Umstritten ist, ob § 52 AktG auch dann gilt, wenn die **Vergütung** nicht aus dem gebundenen Vermögen, sondern nur **aus künftigen Gewinnen oder freien Rücklagen zu erbringen** ist. Nach einer Ansicht gelten hier die Nachgründungsvorschriften nicht, weil es dabei allein um die Kapitalerhaltung geht. Eine Gefährdung des Kapitals ist aber nicht zu besorgen, wenn die Gegenleistung für den Vermögenserwerb auch frei ausschüttbar wäre.[290] Nach a.A. gilt auch hier das Regime des § 52 AktG uneingeschränkt. Bei der 10 %-Grenze des § 52 AktG handelt es sich um einen starren Schwellenwert.[291]

V. Ausnahme nach § 52 Abs. 9 AktG

Nach der **Ausnahmevorschrift** des § 52 Abs. 9 AktG finden die Nachgründungsvorschriften keine Anwendung, wenn das Erwerbsgeschäft zu den „**laufenden Geschäften**" des Unternehmens gehört, in

98

---

284 MünchKomm-AktG/Pentz, § 52 Rn. 13; Schwab, Die Nachgründung im Aktienrecht, S. 115 f.
285 Semler/Volhard, Arbeitshandbuch für die Hauptversammlung, § 41 Rn. 8.
286 MünchKomm-AktG/Pentz, § 52 Rn. 23; Hüffer, AktG, § 52 Rn. 2; Geßler/Hefermehl/Eckardt, AktG, § 52 Rn. 9; Krieger, in: FS für Claussen, S. 223, 228; Holzapfel/Roschmann, in: FS für Bezzenberger, S. 163, 167; Zimmer, DB 2000, 1265.
287 GK/Priester, AktG, § 52 Rn. 53.
288 Schwab, Die Nachgründung im Aktienrecht, S. 113; GK/Priester, AktG, § 52 Rn. 53; MünchKomm-AktG/Pentz, § 52 Rn. 24; Picot/Land, DB 1999, 570, 575; KölnerKomm-AktG/Kraft, § 52 Rn. 15.
289 Schmidt/Seipp, ZIP 2000, 2089, 2092; Holzapfel/Roschmann, in: FS für Bezzenberger, S. 163, 168.
290 GK/Priester, AktG, § 52 Rn. 55; Hüffer, AktG, § 52 Rn. 5; Koch, Die Nachgründung, S. 41 ff.; Reichert, ZGR 2001, 554, 563.
291 MünchKomm-AktG/Pentz, § 52 Rn. 23; Holzapfel/Roschmann, in: FS für Bezzenberger, S. 163, 168; Kubis, AG 1993, 118, 121; Schmidt/Seipp, ZIP 2000, 2089, 2091; Wahlers, DStR 2000, 973, 979; Werner, NZG 2000, 231, 233; Hartmann/Barcaba, AG 2001, 437, 439; Schwab, Die Nachgründung im Aktienrecht, S. 111 ff.

der Zwangsvollstreckung oder an der Börse erfolgt. Dadurch soll verhindert werden, dass die (normale) Geschäftstätigkeit der Gesellschaft durch die Nachgründungsvorschriften behindert wird.[292]

Diese Gesetzesänderung folgt damit der Vorgabe durch **Art. 11 der 2. Gesellschaftsrechtlichen EG-Richtlinie** v. 13.12.1976.[293] Ob damit gleichzeitig der Anwendungsbereich der Ausnahmevorschrift im Gegensatz zur bisherigen Rechtslage, nach der von einer Nachgründungsprüfung solche Rechtsgeschäfte nicht erfasst wurden, die den Gegenstand des Unternehmens bildeten, erweitert wurde, ist unklar. M.E. erscheint eine **derartige Erweiterung des Ausnahmetatbestandes jedoch fraglich**.[294] Gemeint dürften mit dieser Novellierung vor allem sog. **"Hilfsgeschäfte"** sein, ohne die der Unternehmensgegenstand nicht sinnvoll verfolgt werden könnte. Ebenso dazu gezählt werden können wohl alle Geschäfte des Umlaufvermögens, aber z.B. auch Geschäfte mit Transportunternehmern, Mitarbeitern, dem Abschlussprüfer sowie beratenden Rechtsanwälten.[295] Diese Geschäfte waren auch bisher bereits von der Ausnahmevorschrift des § 52 Abs. 9 AktG a.F. erfasst.[296] Nicht erfasst werden dürften von der Ausnahmebestimmung dagegen solche Geschäfte sein, die erst der Verwirklichung des statutarischen Unternehmensgegenstandes dienen (Investitionsplan), wie z.B. die Anschaffung von Maschinen etc..[297] Dies folgt aus einem Vergleich zu den Vorschriften der §§ 116, 164 HGB.[298]

Ob unter die Ausnahme des § 52 Abs. 9 AktG noch Geschäfte fallen, die unmittelbar zum Unternehmensgegenstand selbst rechnen, wie dies unter Geltung des § 52 Abs. 9 AktG a.F. der Fall war, erscheint nunmehr zweifelhaft.[299]

VI. Nachgründung bei unwirksamer Sachgründung (§ 52 Abs. 10 AktG)

99 Nach § 52 Abs. 10 AktG können Sacheinlagen und Sachübernahmen, die mangels Aufnahme in der Satzung der AG gegenüber unwirksam sind, **nicht durch Satzungsänderung wirksam** werden (§ 27 Abs. 4 AktG). Zulässig ist aber eine **Neuvornahme unter Beachtung der Kautelen des § 52 AktG**. Neu vorzunehmen ist dabei nicht nur das schuldrechtliche, sondern auch das dingliche Rechtsgeschäft.[300] Erfolgt die Neuvornahme innerhalb der Zwei-Jahres-Frist des § 52 AktG, so fordert die Heilung zusätzlich die Beachtung der Nachgründungsvorschriften.[301] Diese Heilungsmöglichkeit fällt nach der Neufassung des § 52 AktG nunmehr jedenfalls bei wörtlicher Anwendung des § 52 Abs. 10 AktG für solche unwirksamen Sachübernahmevereinbarungen weg, die mit Dritten getroffen wurden. Ob hier eine analoge Anwendung des § 52 Abs. 10 AktG Platz anzunehmen ist, ist fraglich, dürfte aber zu bejahen sein.[302] Unklar ist, ob bei einer **Neuvornahme innerhalb des Zwei-Jahres-Zeitraums** die Besonderheiten des § 52 AktG zu beachten sind, wenn die sonstigen Voraussetzungen des § 52 AktG – Vergütung über 10 % des Grundkapitals

---

292 Hüffer, AktG, § 52 Rn. 14; MünchKomm-AktG/Pentz, § 52 Rn. 51 ff.
293 Reg.-Begr., ZIP 2000, 937, 939; vgl. ABl. EG Nr. L 26 v. 31.1.1977, S. 1 ff., siehe dazu auch Lutter/Ziemons, ZGR 1999, 479 ff.
294 So aber ausdrücklich LG Hagen, Rpfleger 2002, 461, 462; ähnlich Lutter/Ziemons, ZGR 1999, 479, 491 ff. im Vorgriff auf das NaStraG.
295 MünchKomm-AktG/Pentz, § 52 Rn. 56.
296 MünchKomm-AktG/Pentz, § 52 Rn. 56; Hüffer, AktG, § 52 Rn. 14; Krieger, in: FS für Claussen, S. 223, 230 ff.; Holzapfel/Roschmann, in: FS für Bezzenberger, S. 163, 171; Lutter/Ziemons, ZGR 1999, 479, 486.
297 GK/Priester, AktG, § 52 Rn. 92; Hüffer, AktG, § 52 Rn. 18; Koch, Die Nachgründung, S. 100 ff.; anders wohl Lutter/Ziemons, ZGR 1999, 479, 496 f.; Krieger, in: FS für Claussen, S. 223, 228 f.; Schwab, Die Nachgründung im Aktienrecht, S. 127 f.
298 Vgl. dazu Staub/Schilling, HGB, § 164 Rn. 3; Heymann/Emmerich, HGB, § 116 Rn. 2 ff.
299 Hüffer, AktG, § 52 Rn. 18; Koch, Die Nachgründung, S. 103; GK/Priester, AktG, § 52 Rn. 94; a.A.: Walter/Hald, DB 2001, 1183; Schwab, Die Nachgründung im Aktienrecht, S. 124.
300 GK/Priester, AktG, § 52 Rn. 105.
301 Hüffer, AktG, § 52 Rn. 16; MünchKomm-AktG/Pentz, § 52 Rn. 69; KölnerKomm-AktG/Kraft, § 52 Rn. 58.
302 Koch, Die Nachgründung, S. 39 (Fn. 167); Pentz, NZG 2001, 346, 351; zurückhaltend noch ders., NZG 2000, 225, 229; MünchKomm-AktG/Pentz, § 52 Rn. 70.

und kein laufendes Geschäft – nicht vorliegen. Priester verneint dies.[303] Die h.M. fordert nicht nur eine Neuvornahme, sondern auch die Beachtung des § 52 AktG.[304] Nach Ablauf der Zwei-Jahres-Frist dürfte dagegen eine Heilung durch bloße Neuvornahme genügen.[305]

VII. Rechtsfolgen

Vor der Eintragung des Vertrages im Handelsregister und vor der Zustimmung der Hauptversammlung ist der **Vertrag schwebend unwirksam**. Wird der Vertrag nicht schriftlich vereinbart, liegt dagegen ein zur Nichtigkeit nach § 125 BGB führender **Formmangel** vor.[306] Gleiches gilt für die dinglichen Verfügungsgeschäfte nach § 52 Abs. 1 Satz 2 AktG.[307]   100

VIII. Verfahren/Nachgründungsbericht/Eintragung im Handelsregister

Nach § 52 Abs. 1 AktG wird ein Nachgründungsvertrag nur dann wirksam, wenn die **Zustimmung der Hauptversammlung** vorliegt und der Vertrag im Handelsregister eingetragen worden ist.   101

Vor der Beschlussfassung durch die Hauptversammlung hat der **Aufsichtsrat den Vertrag zu prüfen** und einen schriftlichen Nachgründungsbericht zu erstatten (§ 52 Abs. 3 AktG).[308] Ebenso ist vor dem Hauptversammlungsbeschluss noch eine besondere Nachgründungsprüfung gemäß § 52 Abs. 4 AktG durchzuführen.   102

> **Hinweis:**
> Streitig ist, ob Gegenstand des Zustimmungsbeschlusses als auch der besonderen Nachgründungsprüfung zwingend der bereits abgeschlossene Nachgründungsvertrag sein oder ob ein **schriftlich abgefasster Entwurf des Vertrages** genügt. Entgegen der h.M.[309] ist Entwurf ausreichend.[310] Dies ergibt sich zwar nicht unmittelbar aus dem Gesetz, wohl aber aus der Formulierung „Zustimmung", die auch die vorherige Zustimmung (Einwilligung, § 183 BGB) umfasst, sowie aus einer Analogie zum Umwandlungsrecht und zu den §§ 179a, 293a AktG. Dort genügt es, wenn dem erforderlichen Zustimmungsbeschluss der Hauptversammlung ein Vertragsentwurf zu Grunde liegt.[311]

Der **Hauptversammlungsbeschluss** bedarf einer **3/4-Mehrheit** des vertretenen Grundkapitals (§ 52 Abs. 5 AktG). Im ersten Jahr nach der Gründung ist zusätzlich erforderlich, dass die zustimmende Mehrheit mindestens 25 % des Grundkapitals repräsentiert. In der Einberufung der Hauptversammlung ist der **wesentliche Inhalt des Vertrages bekannt zu machen** (§ 124 Abs. 2 Satz 2 AktG). Von der Einberufung an ist der Vertrag in den Geschäftsräumen der AG **auszulegen** und auf Verlangen jedem Aktionär zuzusenden (§ 52 Abs. 2 AktG). Die Auslage der Prüfungsberichte ist dagegen nicht vorgeschrieben, wird aber empfohlen.[312] In der Hauptversammlung selbst ist der Vertrag ebenso auszulegen und vom Vorstand zu   103

---

303 GK/Priester, AktG, § 52 Rn. 104.
304 MünchKomm-AktG/Pentz, § 52 Rn. 70; Koch, Die Nachgründung, S. 39 (Fn. 167); Hüffer, AktG, § 52 Rn. 21.
305 GK/Priester, AktG, § 52 Rn. 104; MünchKomm-AktG/Pentz, § 52 Rn. 71; KölnerKomm-AktG/Kraft, § 52 Rn. 60; Geßler/Hefermehl/Eckardt, AktG, § 52 Rn. 27. Für eine Anwendung des § 52 AktG auch in diesem Fall: Lutter/Gehling, WM 1989, 1445, 1555 f.; Godin/Wilhelmi, AktG, § 52 Anm. 13.
306 Hüffer, AktG, § 52 Rn. 5.
307 Holzapfel/Roschmann, in: FS für Bezzenberger, S. 163, 178 f.
308 Vgl. dazu Hartmann/Barcaba, AG 2001, 437, 442 ff.
309 KölnerKomm-AktG/Kraft, § 52 Rn. 30; MünchKomm-AktG/Pentz, § 52 Rn. 33; Dieckmann, ZIP 1996, 2149, 2152; Schwab, Die Nachgründung im Aktienrecht, 204, mit dem Argument, dass § 52 Abs. 2 – 4 AktG einen bereits abgeschlossenen Vertrag voraussetzen.
310 GK/Priester, AktG, § 52 Rn. 69; Hoffmann-Becking, in: Münchener Handbuch des Gesellschaftsrechts, Bd. 4, § 4 Rn. 38.
311 GK/Priester, AktG, § 52 Rn. 69; Hoffmann-Becking, in: Münchener Handbuch des Gesellschaftsrechts, Bd. 4, § 4 Rn. 38.
312 Semler/Volhard, Arbeitshandbuch für die Hauptversammlung, § 41 Rn. 13.

erläutern (§ 52 Abs. 2 Satz 4 und 5 AktG). Wegen der qualifizierten Mehrheit muss der Hauptversammlungsbeschluss stets **notariell beurkundet** werden (§ 130 Abs. 1 Satz 3 AktG). Der Hauptversammlungsniederschrift ist der Vertrag als Anlage beizufügen (§ 52 Abs. 2 Satz 6 AktG).

104 Für die **Handelsregistereintragung** selbst bestimmt § 52 Abs. 8 Satz 1 AktG, dass dabei die „**Bezugnahme auf die eingereichten Urkunden**" genügt. Es ist also nicht der Wortlaut des Vertrages, sondern allein die Tatsache, dass ein solcher Vertrag besteht, einzutragen; weiterer Angaben bedarf es nicht.[313] Ausreichend ist insoweit, wenn entsprechend dem Wortlaut des § 52 Abs. 8 Satz 1 AktG auf die nach § 52 Abs. 6 AktG eingereichten Urkunden Bezug genommen wird.

105 Von der Eintragung im Handelsregister selbst ist die **Bekanntmachung** derselben nach § 10 HGB zu unterscheiden. § 10 HGB bestimmt insoweit, dass das Gericht die Eintragung in das Handelsregister durch den Bundesanzeiger und ggf. durch ein anderes Blatt bekannt zu machen hat. Für die Bekanntmachung bestimmt § 52 Abs. 8 Satz 2 AktG als „lex specialis", dass diese ausführlicher zu erfolgen hat. Für die Wirksamkeit des Nachgründungsvertrages ist die Bekanntmachung ohne Belang. Entscheidend ist allein nach § 52 Abs. 1 die Zustimmung der Hauptversammlung sowie die Eintragung des Vertrages im Handelsregister.[314]

IX. Heilung

106 Ob eine **Heilung** eines Vertrages in Betracht kommt, bei dem die Nachgründungsvorschriften des § 52 AktG nicht beachtet wurden, ist danach zu unterscheiden, oder der Vertrag lediglich **schwebend unwirksam** oder bereits endgültig unwirksam ist.

107 Eine **endgültige Unwirksamkeit** ist gegeben, wenn die Hauptversammlung ihre Zustimmung verweigert, das Handelsregister den Vertrag nicht eingetragen, oder der Vertragspartner das Nachgründungsgeschäft gegenüber der nachgründungspflichtigen Gesellschaft nach Setzung einer angemessenen Frist analog § 178 BGB widerrufen hat. Ebenso ist der Vertrag endgültig unwirksam, wenn gegen das Schriftformgebot des § 52 Abs. 2 Satz 1 AktG verstoßen wird (§ 125 BGB).[315] In diesem Fall scheidet eine Heilung aus. Möglich ist nur eine Neuvornahme des Vertrages einschließlich der Neuvornahme der Erfüllungshandlungen wie insb. einer Auflassung.[316] Innerhalb der Zwei-Jahres-Frist sind dabei die Vorgaben des § 52 Abs. 2 Satz 1 AktG zu beachten, danach nicht mehr.[317]

108 **Schwebende Unwirksamkeit** liegt dagegen vor, wenn entweder die Hauptversammlung noch nicht über die Zustimmung zu dem Nachgründungsvertrag ertrag beschlossen hat oder der Antrag auf Eintragung des Vertrages im Handelsregister noch nicht endgültig zurückgewiesen wurde.

109 Allein der **Ablauf der Nachgründungsfrist** oder etwa eine zwischenzeitlich durchgeführte Kapitalerhöhung, so dass die Gegenleistung nicht mehr die 10 %- Grenze überschreitet, führen nicht automatisch zur Wirksamkeit des Nachgründungsvertrages.[318] Notwendig ist vielmehr eine bestätigende Vereinbarung der Gesellschaft und ihres Vertragspartners nach § 141 BGB. Die Nachgründungskauteln brauchen dabei nicht mehr beachtet zu werden.[319] Nach herrschender Ansicht kann schließlich der Vorstand der Gesell-

---

313 KölnerKomm-AktG/Kraft, § 52 Rn. 43; MünchKomm-AktG/Pentz, § 52 Rn. 41; Geßler/Hefermehl/Eckardt, AktG, § 52 Rn. 23.
314 MünchKomm-AktG/Pentz, § 52 Rn. 41.
315 Weisshaupt, ZGR 2005, 726, 728.
316 GK/Priester, AktG, § 52 Rn. 105.
317 GK/Priester, AktG, § 52 Rn. 98; MünchKomm-AktG/Pentz, § 52 Rn. 61; Schwab, Die Nachgründung im Aktienrecht, S. 231; Weisshaupt, ZGR 2005, 726, 731.
318 Schwab, Die Nachgründung im Aktienrecht, S. 231.
319 Diekmann, ZIP 1996, 2149, 2150; GK/Priester, AktG, § 52 Rn. 102; Schwab, Die Nachgründung im Aktienrecht, S. 231 f.

schaft auch durch eine einseitige Genehmigungserklärung den Vertrag analog §§ 182, 184, 108 Abs. 3 AktG genehmigen und damit zur Wirksamkeit verhelfen.[320]

> **Hinweis:**
> § 11 EGAktG enthält daneben noch eine **ausdrückliche Heilungsvorschrift** für Nachgründungsgeschäfte nach § 52 AktG aus der Zeit **vor dem 1.1.2000**. Danach kann die Unwirksamkeit eines Nachgründungsgeschäfts nach § 52 AktG a.F., das vor dem 1.1.2000 geschlossen wurde und das nach der Neufassung des § 52 AktG wirksam wäre, nur noch bis zum 1.1.2002 geltend gemacht werden.

X. Sachkapitalerhöhung als Nachgründung

Nicht selten wird eine **Sachkapitalerhöhung** binnen zwei Jahren nach Gründung der Gesellschaft beschlossen. Dies kommt namentlich dann in Betracht, wenn im Rahmen einer „**Stufengründung**"[321] zunächst eine Bargründung erfolgt, um möglichst schnell die Eintragung einer AG im Handelsregister zu erlangen und so mit der voll rechtsfähigen und handlungsfähigen AG am Markt tätig zu werden. Im Anschluss an diese Bargründung werden dann Gegenstände, insb. ein aktives Unternehmen im Wege der Sachkapitalerhöhung in die Gesellschaft eingebracht. Erfolgt diese Sachkapitalerhöhung binnen zwei Jahren nach deren Gründung beschlossen, finden die **Vorschriften über die Nachgründung** zumindest **analoge Anwendung**.[322] Dabei ist zu beachten, dass die Schwelle für das Eingreifen der Nachgründungsvorschriften, nämlich der Erwerb „für eine den 10. Teil des Grundkapitals übersteigende Vergütung" nicht nach dem ursprünglichen Grundkapital, sondern vielmehr nach dem nach Eintragung der Sachkapitalerhöhung **erhöhten Grundkapital** zu bemessen ist. Begründet wird dies mit einem Hinweis auf die §§ 67 Satz 3, 125 UmwG.[323] Bei der Sachkapitalerhöhung bemisst sich die Höhe der „Vergütung" nach § 52 Abs. 1 AktG, also die Eingriffsschwelle, nach dem Nennwert der ausgegebenen Aktien, nicht aber nach dem höheren Ausgabekurs (Agio) oder Sachwert der eingebrachten Vermögensgegenstände.[324]

110

Umstritten ist der Anwendungsbereich der Nachgründungsvorschriften, wenn die **Beteiligungsquote von 10 %** durch den Aktionär **erst nach Durchführung der in Rede stehenden Sachkapitalerhöhung erreicht** wird. Die wohl h.M. lehnt in diesen Fällen eine Nachgründungsprüfung ab.[325] Werden diese Kautelen des § 52 AktG eingehalten, so bestehen keine Bedenken, wenn aus Gründen der Praktikabilität zunächst eine AG im Wege der Bargründung errichtet wird und erst im Anschluss daran z.B. ein Unternehmen im Wege der Sachkapitalerhöhung in die AG eingebracht wird (sog. „**Vorschaltbargründung**").[326]

111

---

320 Krieger, in: FS für Claussen, S. 223, 226 f.; Bröcker, ZIP 1999, 1029, 1031; GK/Priester, AktG, § 52 Rn. 102; Weißhaupt, ZGR 2005, 725, 736 ff.; a.A.: Schwab, Die Nachgründung im Aktienrecht, S. 232 f.
321 Siehe zum Begriff der Stufengründung aber auch oben Rn. 12 f. bei der Frage der Übernahme aller Aktien durch sämtliche Gründer nach § 2 AktG.
322 OLG Oldenburg, AG 2002, 620, mit Anm. Grub/Fabian, AG 2002, 614 = EWiR § 52 AktG, 1/03, 297 mit Anm. Schwab; Hüffer, AktG, § 52 Rn. 8; Geßler/Hefermehl/Eckart, AktG, § 52 Rn. 7; KölnerKomm-AktG/Kraft, § 52 Rn. 62; KölnerKomm-AktG/Lutter, § 183 Rn. 6; Krieger, in: FS für Claussen, S. 223, 227; Diekmann, ZIP 1996, 2149, 2151; DNotI-Gutachten zum Aktienrecht, 1997 ff., Nr. 6, 26, 29; Semler/Volhard/Schröer, Arbeitshandbuch für die Hauptversammlung, § 23 Rn. 6; a.A.: Mülbert, AG 2003, 136; Borg/Stangier, AG 1984, 320, 322.
323 MünchKomm-AktG/Pentz, § 52 Rn. 75; Kubis, AG 1993, 118, 122; Krieger, in: FS für Claussen, S. 223, 228; Hoffmann-Becking, in: Münchener Handbuch des Gesellschaftsrechts, § 4 Rn. 32, 34.
324 GK/Wiedemann, AktG, § 183 Rn. 29; Kubis, AG 1993, 118, 123.
325 Werner, ZIP 2001, 1403, 1404; Dormann/Fromholzer, AG 2001, 241, 245; Hartmann/Barcaba, AG 2001, 437, 440; Koch, Die Nachgründung, S. 237 f.; für eine Anwendung der Nachgründungsvorschriften auch auf diesen Fall: GK/Priester, AktG, § 52 Rn. 36; ders., DB 2001, 469; Eisolt, DStR 2001, 748, 751 f.
326 Priester, in: DAI-Skript: Aktienrecht in der Praxis, S. 28.

XI. Durchführung einer Sachkapitalerhöhung als Nachgründung

1. Schuldrechtlicher Einbringungsvertrag

112 Soll bei einer AG im Wege der Sacheinlage eine **Kapitalerhöhung** durchgeführt werden, bedarf es hierzu eines **schuldrechtlichen Einbringungsvertrages**, mit dem der Gegenstand der Sacheinlage auf die Gesellschaft übertragen wird.[327] Die Sacheinlagevereinbarung kann dabei vor oder nach dem Kapitalerhöhungsbeschluss getroffen werden. Soweit diese Sacheinlagevereinbarung bereits abgeschlossen wird, bevor die Hauptversammlung der AG den Kapitalerhöhungsbeschluss fasst, steht die Sacheinlagevereinbarung unter der aufschiebenden Bedingung, dass die Kapitalerhöhung mittels Sacheinlage beschlossen wird.[328]

2. Einheitliche Beschlussfassung

113 Aus dem Gesetzeswortlaut des § 52 Abs. 2 – 5 AktG folgert die wohl überwiegende Meinung, dass der Beschluss der Hauptversammlung über den Nachgründungsvertrag erst getroffen werden kann, wenn der **Nachgründungsvertrag selbst bereits geschlossen** wurde.[329] Von daher bietet es sich an, die **Sacheinlagevereinbarung** nicht erst nach dem Kapitalerhöhungsbeschluss zu fassen, sondern bereits davor. Keine Bedenken bestehen dann, den Beschluss über die **Sachkapitalerhöhung** gemeinsam mit dem Beschluss über die Zustimmung der Hauptversammlung zu dem Nachgründungsvertrag in einer Hauptversammlung zu treffen. Entscheidend ist dabei, dass im Hinblick auf den Zustimmungsbeschluss nach § 52 Abs. 1, Abs. 5 AktG die Prüfungen des Nachgründungsvertrages nach § 52 Abs. 3, Abs. 4 AktG bereits durchgeführt wurden. Für die Prüfung der Sachkapitalerhöhung nach § 183 Abs. 3 AktG spielt dies keine Rolle. Dort genügt es stattdessen, dass diese Prüfung „vor der Anmeldung des Kapitalerhöhungsbeschlusses" stattgefunden hat.[330]

> **Hinweis:**
> Erforderlich sind jedoch **zwei getrennte Beschlüsse** der Hauptversammlung – wenn auch in ein und derselben Hauptversammlung.[331] Beide Beschlüsse haben ihrer Rechtsnatur nach unterschiedliche Voraussetzungen; es bestehen unterschiedliche Prüfungspflichten.

3. Spätester Zeitpunkt für Zustimmung der Hauptversammlung

114 Für die Zustimmung der Hauptversammlung nach § 52 AktG reicht es aus, wenn diese erst zum **Zeitpunkt der Anmeldung der Durchführung der Kapitalerhöhung** nach § 188 AktG vorliegt. Eine Zustimmung der Hauptversammlung bereits zum Zeitpunkt der Anmeldung des Kapitalerhöhungsbeschlusses ist nicht erforderlich.

4. Erfordernis zweier getrennter Anmeldungen zum Handelsregister

115 Der **Nachgründungsvertrag** ist nur wirksam, wenn er nach § 52 Abs. 2 AktG **schriftlich** abgefasst ist, die **Hauptversammlung zugestimmt** hat und er **im Handelsregister eingetragen** wurde. Die fehlende Schriftform führt zur Nichtigkeit des Vertrages nach § 125 BGB. Die fehlende Zustimmung der Hauptversammlung und/oder die fehlende Handelsregistereintragung hat dagegen lediglich die „schwebende

---

[327] Semler/Volhard/Schröer, Arbeitshandbuch für die Hauptversammlung, § 23 Rn. 2; Krieger, in: Münchener Handbuch des Gesellschaftsrechts, § 56 Rn. 42; Hüffer, AktG, § 183 Rn. 6; kritisch hierzu Kley, RNotZ 2003, 17, 20 ff.

[328] Hüffer, AktG, § 183 Rn. 6; Semler/Volhard/Schröer, Arbeitshandbuch für die Hauptversammlung, § 23 Rn. 2; Geßler/Hefermehl/Bungeroth, AktG, § 183 Rn. 55.

[329] KölnerKomm-AktG/Kraft, § 52 Rn. 30; Hüffer, AktG, § 52 Rn. 5 f.; Diekmann, ZIP 1996, 2149, 2152; a.A.: GK/Priester, AktG, § 52 Rn. 69; es genügt die Vorlage eines schriftlich abgefassten und geprüften Entwurfs.

[330] Geßler/Hefermehl/Bungeroth, AktG, § 183 Rn. 85; Hüffer, AktG, § 183 Rn. 17; KölnerKomm-AktG/Lutter, § 183 Rn. 52.

[331] OLG Oldenburg, AG 2002, 620; a.A.: Mülbert, AG 2003, 136 ff.

Unwirksamkeit" des Vertrages zur Folge.³³² Stellt man darauf ab, dass zum Zeitpunkt der Anmeldung der Durchführung der Kapitalerhöhung die der Anmeldung beizufügenden Einbringungsverträge über die Sacheinlagen wirksam sein müssen und dass deshalb zu diesem Zeitpunkt die Zustimmung der Hauptversammlung zu der gleichzeitig gegebenen Nachgründung vorliegen muss, so genügt diese Zustimmung allein noch nicht. Der **Einbringungsvertrag** ist als Nachgründungsvertrag mangels Eintragung im Handelsregister trotz Zustimmung der Hauptversammlung noch schwebend unwirksam. Nach der hier vertretenen Auffassung müssen die Einbringungsverträge zum Zeitpunkt der Anmeldung der Durchführung der Kapitalerhöhung wirksam sein. Erforderlich ist somit für die Anmeldung der Durchführung der Kapitalerhöhung, dass nicht nur die Zustimmung der Hauptversammlung zu dem Nachgründungsvorgang gegeben ist, sondern dass darüber hinaus der Nachgründungsvorgang auch im Handelsregister eingetragen worden ist. Daraus folgt, dass eine einzige Handelsregistereintragung nicht genügt, wenn die Sachkapitalerhöhung gleichzeitig einen Nachgründungsvorgang darstellt.³³³

D. Satzung

I. Muster: Satzung einer AG³³⁴

> **§ 1**
> **Firma, Sitz, Geschäftsjahr**
>
> (1) Die Gesellschaft führt die Firma: „........ AG"
>
> (2) Die Gesellschaft hat ihren Sitz in ....
>
> (3) Geschäftsjahr ist das Kalenderjahr.
>
> **§ 2**
> **Gegenstand des Unternehmens**
>
> (1) Gegenstand des Unternehmens ist die Herstellung und der Vertrieb von ....
>
> (2) Die Gesellschaft ist zu allen Geschäften und Maßnahmen berechtigt, die dem Gegenstand des Unternehmens dienen. Sie kann zu diesem Zweck auch andere Gesellschaften gründen, erwerben oder sich an diesen beteiligen.
>
> **§ 3**
> **Bekanntmachungen**
>
> Die Bekanntmachungen der Gesellschaft erfolgen ausschließlich im elektronischen Bundesanzeiger. Freiwillige Bekanntmachungen sind zulässig.
>
> **§ 4**
> **Höhe und Einteilung des Grundkapitals**
>
> (1) Das Grundkapital der Gesellschaft beträgt 1.000.000 € (in Worten: eine Million Euro) und ist eingeteilt in 1.000.000 Stückaktien.
>
> (2) Die Aktien lauten auf den Inhaber.

---

332 Hüffer, AktG, § 52 Rn. 7 f. m.w.N.
333 OLG Oldenburg, AG 2002, 620, a.A.: Mülbert, AG 2003, 136 ff.
334 Musterformulierungen finden sich bei: Happ, Aktienrecht, Anm. 1.01 ff.; AnwK-AktienR/Lohr/Terbrack, Muster Rn. 1; Wahlers, Die Satzung der kleinen Aktiengesellschaft; Heidenhain/Meister, in: Münchener Vertragshandbuch, Bd. 1, Muster V., S. 35 ff.; Meyer-Landrut, Satzungen und Hauptversammlungsbeschlüsse der AG, Rn. 13 ff. und Rn. 900 ff.; Hölters/Deilmann/Buchta, Die kleine Aktiengesellschaft, S. 147 ff.; zu den Besonderheiten bei der Satzungsgestaltung einer Familien-AG: Wälzholz, DStR 2004, 779 ff. und 819 ff.; zum Poolvertrag bei einer Familien-AG: Lorz/Pfisterer/Gerber, in: Beck'sches Formularbuch Aktienrecht, C. II.

(3) Der Anspruch der Aktionäre auf Verbriefung ihrer Aktien ist ausgeschlossen.

§ 5
Vorstand

(1) Der Vorstand der Gesellschaft besteht aus einer oder mehreren Personen. Die Anzahl der Mitglieder des Vorstandes bestimmt der Aufsichtsrat.

(2) Der Aufsichtsrat gibt dem Vorstand eine Geschäftsordnung. Die Geschäftsordnung hat zu bestimmen, dass bestimmte Arten von Geschäften, insb. solche, die die Vermögens-, Finanz- oder Ertragslage der Gesellschaft grundlegend verändern, ab einer in der Geschäftsordnung festzulegenden Grenze allgemein oder für den Einzelfall nur mit der Zustimmung des Aufsichtsrats vorgenommen werden dürfen.

(3) Die Gesellschaft wird durch zwei Vorstandsmitglieder oder durch ein Vorstandsmitglied in Gemeinschaft mit einem Prokuristen vertreten. Ist nur ein Vorstandsmitglied bestellt, vertritt dieses die Gesellschaft allein. Der Aufsichtsrat kann bestimmen, dass Vorstandsmitglieder einzelvertretungsbefugt sind. Ebenso kann der Aufsichtsrat einem Vorstandsmitglied Befreiung vom Verbot der Mehrfachvertretung erteilen.

§ 6
Aufsichtsrat

(1) Der Aufsichtsrat besteht aus sechs Mitgliedern.

(2) Die Mitglieder des Aufsichtsrats werden für die Zeit bis zur Beendigung der Hauptversammlung gewählt, die über ihre Entlastung für das vierte Geschäftsjahr nach dem Beginn der Amtszeit beschließt. Das Geschäftsjahr, in dem die Amtszeit beginnt, wird nicht mitgerechnet. Die Wahl eines neuen Aufsichtsratsmitglieds anstelle eines vorzeitig ausscheidenden Mitglieds erfolgt für den Rest der Amtsdauer des ausscheidenden Mitglieds.

(3) Die Hauptversammlung kann Ersatzmitglieder wählen.

§ 7
Vorsitzender und Stellvertreter

(1) Der Aufsichtsrat wählt in der ersten Sitzung nach seiner Wahl aus seiner Mitte einen Vorsitzenden und einen Stellvertreter. Die Wahl erfolgt für die Amtsdauer der Gewählten.

(2) Scheidet der Vorsitzende oder sein Stellvertreter aus, so ist eine Neuwahl für die restliche Amtszeit vorzunehmen.

§ 8
Einberufung und Beschlussfassung

(1) Der Aufsichtsrat tagt mindestens zweimal im Kalenderhalbjahr. Die Sitzungen werden durch den Vorsitzenden mit einer Frist von 14 Tagen schriftlich einberufen. Bei der Berechnung der Frist werden der Tag der Absendung der Einladung und der Tag der Sitzung nicht mitgerechnet. In dringenden Fällen kann der Vorsitzende diese Frist angemessen verkürzen und auch in anderer Art die Sitzung einberufen.

(2) Der Aufsichtsrat ist beschlussfähig, wenn an der Beschlussfassung die Hälfte, mindestens jedoch drei seiner Mitglieder teilnehmen.

(3) Die Sitzungen des Aufsichtsrats und seiner Ausschüsse finden i.d.R. als Präsenzsitzungen statt. Zulässig sind auch Sitzungen des Aufsichtsrats und seiner Ausschüsse in Form einer Videokonferenz

bzw. durch Zuschaltung einzelner Aufsichtsratsmitglieder im Wege der Videoübertragung. Außerhalb von Sitzungen kann der Aufsichtsrat durch schriftliche, fernmündliche oder andere vergleichbare Formen Beschlüsse fassen. Fernmündliche oder sonstige nicht im schriftlichen Übermittlungsverfahren gefasste Beschlüsse sind nachträglich schriftlich zu bestätigen. Über die Form der Beschlussfassung entscheidet der Vorsitzende.

(4) Die Beschlüsse des Aufsichtsrats bedürfen der Mehrheit der abgegebenen Stimmen. Bei Stimmengleichheit entscheidet der Vorsitzende.

(5) Willenserklärungen des Aufsichtsrats werden in dessen Namen von dem Vorsitzenden bzw. im Verhinderungsfall durch dessen Stellvertreter abgegeben.

§ 9
Geschäftsordnung und Änderung der Fassung der Satzung

(1) Der Aufsichtsrat gibt sich eine Geschäftsordnung.

(2) Der Aufsichtsrat kann Satzungsänderungen beschließen, die nur die Satzungsfassung betreffen.

§ 10
Vergütung des Aufsichtsrats

(1) Die Mitglieder des Aufsichtsrats erhalten außer dem Ersatz ihrer Auslagen eine feste Vergütung. Sie wird von der Hauptversammlung festgestellt.

(2) Der Vorsitzende des Aufsichtsrats erhält den doppelten, der Stellvertreter den 1 1/2fachen Betrag.

(3) Die Gesellschaft schließt zu Gunsten der Mitglieder des Aufsichtsrats eine Vermögensschadenshaftpflichtversicherung zur Absicherung gegen Haftungsrisiken aus der Tätigkeit als Aufsichtsrat ab. Die Prämien dürfen einen Betrag von .... € pro Kalenderjahr und Aufsichtsratsmitglied nicht übersteigen. Eine Selbstbeteiligung von .... € pro Schadensfall ist vorzusehen.

§ 11
Hauptversammlung

(1) Die Hauptversammlung findet am Sitz der Gesellschaft, einer Gemeinde im Umkreis von 100 km oder an einem deutschen Börsenplatz statt.

(2) Die Einberufung muss mindestens 30 Tage vor dem letzten Hinterlegungstag (*Anm.*: *Alternative bei Namensaktien „Anmeldetag"*) im Bundesanzeiger bekannt gemacht werden. Sind die Aktionäre der Gesellschaft namentlich bekannt, so kann die Einberufung auch durch Einwurfeinschreiben, durch Telefax oder E-Mail erfolgen.

§ 12
Teilnahme

(1) Zur Teilnahme an der Hauptversammlung und zur Ausübung des Stimmrechts sind diejenigen Aktionäre berechtigt, die bei der Gesellschaft oder bei einem deutschen Notar ihre Aktien während der üblichen Geschäftsstunden hinterlegt und bis zur Beendigung der Hauptversammlung dort belassen.

(2) Die Hinterlegung muss spätestens bis zum Ablauf des 7. Kalendertages vor der Versammlung erfolgen. Fällt der letzte Tag der Hinterlegungsfrist auf einen Sonntag, einen Samstag oder einen am Hinterlegungsort staatlich anerkannten allgemeinen Feiertag, so hat die Hinterlegung spätestens am darauf folgenden Werktag zu erfolgen.

(3) Im Fall der Hinterlegung bei einem Notar ist die Bescheinigung des Notars über die erfolgte Hinterlegung spätestens am ersten Werktag nach Ablauf der Hinterlegungsfrist bei der Gesellschaft einzureichen.

(4) Anstelle einer Hinterlegung genügt ein in Textform erstellter besonderer Nachweis des Anteilsbesitzes durch das depotführende Institut. Der Nachweis hat sich auf den Beginn des 21. Tages vor der Versammlung zu beziehen und muss der Gesellschaft unter der in der Einberufung hierfür mitgeteilten Adresse bis spätestens bis zum Ablauf des 7. Tages vor der Versammlung zugehen.

(5) Die Gesellschaft ist berechtigt, bei Zweifeln an der Richtigkeit oder Echtheit des Nachweises einen weiteren geeigneten Nachweis zu verlangen. Wird dieser Nachweis nicht oder nicht in gehöriger Form erbracht, kann die Gesellschaft den Aktionär zurückweisen.

(*Formulierungsalternative* bei Namensaktien [anstelle der Abs. 1 – 5]:

Zur Teilnahme an der Hauptversammlung und zur Ausübung des Stimmrechts sind diejenigen Aktionäre berechtigt, die sich spätestens bis zum Ablauf des 7. Kalendertages vor der Versammlung bei der Gesellschaft angemeldet haben und am Tag der Hauptversammlung im Aktienregister der Gesellschaft eingetragen sind. Umschreibungen im Aktienregister finden innerhalb der letzten sieben Kalendertage vor der Hauptversammlung nicht statt.)

(6) Aktionäre können sich bei der Ausübung des Stimmrechts vertreten lassen. Die Vollmacht kann nur schriftlich, per Telefax oder per E-Mail erteilt werden. Werden von der Gesellschaft benannte Stimmrechtsvertreter zur Ausübung des Stimmrechts bevollmächtigt, so muss die Vollmacht darüber hinaus eine Einzelanweisung über die Abstimmung enthalten. Die Einzelheiten für die Erteilung dieser Vollmacht werden zusammen mit der Einberufung der Hauptversammlung mitgeteilt.

§ 13
Teilnahme von Vorstand und Aufsichtsrat

Die Mitglieder des Vorstandes und des Aufsichtsrats sollen an der Hauptversammlung persönlich teilnehmen. Ist einem Aufsichtsratsmitglied die Anwesenheit am Ort der Hauptversammlung nicht möglich, weil es sich etwa aus wichtigem Grund im Ausland aufhält, kann es an der Hauptversammlung auch im Wege der Bild- und Tonübertragung teilnehmen.

§ 14
Vorsitzender der Hauptversammlung

(1) Vorsitzender der Hauptversammlung ist der Vorsitzende des Aufsichtsrats. Im Fall seiner Verhinderung führt den Vorsitz in der Hauptversammlung ein anderes von ihm benanntes Aufsichtsratsmitglied. Anderenfalls wählt die Hauptversammlung ihren Vorsitzenden.

(2) Der Vorsitzende leitet die Hauptversammlung und bestimmt die Reihenfolge der Verhandlungen über die Gegenstände der Tagesordnung. Er bestimmt über die Art der Abstimmung.

(3) Der Vorsitzende kann das Frage- und Rederecht der Aktionäre zeitlich angemessen beschränken. Er ist insb. berechtigt, zu Beginn der Versammlung oder später einen zeitlich angemessenen Rahmen für den ganzen Haptversammlungsverlauf, für einzelne Tagesordnungspunkte oder einzelne Rede- und Fragebeiträge (ggf. getrennt nach Hauptrede- und fragezeit und Nachfragezeit oder abgestuft nach dem Beteiligungsbesitz) zu setzen.

(4) Der Vorsitzende entscheidet darüber, ob die Hauptversammlung ganz oder teilweise in Ton und Bild übertragen wird.

§ 15
Beschlussfassung

(1) Jede Aktie gewährt in der Hauptversammlung eine Stimme.

(2) Die Beschlüsse der Hauptversammlung werden, soweit nicht das Gesetz zwingend etwas anderes vorschreibt, mit der einfachen Mehrheit der abgegebenen Stimmen gefasst. Soweit das Gesetz außer der Stimmenmehrheit eine Kapitalmehrheit verlangt, werden die Beschlüsse mit der einfachen Mehrheit des bei der Beschlussfassung vertretenen Grundkapitals gefasst, es sei denn, das Gesetz schreibt zwingend eine größere Kapitalmehrheit vor.

§ 16
Jahresabschluss

(1) In den ersten drei Monaten des Geschäftsjahres hat der Vorstand den Jahresabschluss und – falls gesetzlich notwendig – den Lagebericht für das vorangegangene Geschäftsjahr aufzustellen und im Fall einer Prüfungspflicht dem Abschlussprüfer vorzulegen. Nach Eingang des Prüfungsberichts sind diese Unterlagen mit einem Vorschlag über die Verwendung des Bilanzgewinns unverzüglich dem Aufsichtsrat vorzulegen.

(2) Nach Eingang des Berichts des Aufsichtsrats über das Ergebnis seiner Prüfung hat der Vorstand unverzüglich die ordentliche Hauptversammlung einzuberufen. Diese hat in den ersten acht Monaten des Geschäftsjahres stattzufinden.

(3) Die Hauptversammlung beschließt über die Entlastung des Vorstandes und des Aufsichtsrats sowie über die Verwendung des Bilanzgewinns und wählt den Abschlussprüfer. Die Hauptversammlung ist berechtigt, auch eine Sachdividende zu beschließen.

(4) Stellen Vorstand und Aufsichtsrat den Jahresabschluss fest, so können sie den Jahresüberschuss, der nach Abzug der in die gesetzliche Rücklage einzustellenden Beträge und eines Verlustvortrags verbleibt, bis zur vollen Höhe in andere Gewinnrücklagen einstellen, soweit die anderen Gewinnrücklagen die Hälfte des Grundkapitals nicht übersteigen.

§ 17
Gründungsaufwand

Die Gesellschaft trägt die Gründungskosten bis zu einer Höhe von 5.000 € zuzüglich gesetzlicher Umsatzsteuer.

II. Satzungsstrenge/Mindestinhalt

Im Gründungsprotokoll oder besser als **Anlage zum Gründungsprotokoll** ist die **Satzung der AG** festzustellen. § 23 Abs. 1 Satz 1 AktG. § 23 Abs. 3, Abs. 4 AktG enthält den Mindestinhalt einer Satzung. Von besonderer Bedeutung ist dabei § 23 Abs. 5 Satz 1 AktG. Danach kann die Satzung von den Vorschriften des Gesetzes nur abweichen, wenn dies ausdrücklich zugelassen ist. Gemäß § 23 Abs. 5 Satz 2 AktG sind **ergänzende Bestimmungen** zulässig, **soweit nicht das AktG eine abschließende Regelung** enthält.[335] Eine Abweichung von den gesetzlichen Bestimmungen i.S.d. Vorschrift liegt vor, wenn gesetzliche Regelungen durch andere ersetzt werden. Zulässig ist eine solche Abweichung nur, wenn sie sich aus dem Wortlaut des Gesetzes ggf. mittels Auslegung eindeutig ergibt.[336] Von einer Ergänzung der gesetzlichen Bestimmungen spricht man dann, wenn dem Gesetz ein entsprechender Regelungsinhalt fehlt oder die gesetzliche Regelung ihrem Gedanken nach weitergeführt wird, also im Grundsatz unberührt bleibt.[337]

117

---

335 Wiesner, in: Münchener Handbuch des Gesellschaftsrechts, Bd. 4, § 6 Rn. 9 f.; Hüffer, AktG, § 23 Rn. 34 ff.
336 MünchKomm-AktG/Pentz, § 23 Rn. 152 ff.; GK/Röhricht, AktG, § 23 Rn. 168.
337 Hüffer, AktG, § 23 Rn. 37; MünchKomm-AktG/Pentz, § 23 Rn. 157.

Neben der Beachtung dieser gesetzlichen Vorgaben ist beim Entwurf der Satzung stets auf den **konkreten Einzelfall** und die Ziele der als Gründer beteiligten Personen abzustellen. Eine **Familien-AG**[338] verlangt andere Regelungen als eine **Einmann-AG** oder eine **börsennotierte Gesellschaft**. Das vorstehende Satzungsmuster geht von einer „kleinen", nicht börsennotierten AG mit mehreren Gründern aus.[339]

III. Firma und Sitz

118 § 23 Abs. 3 Ziff. 1 AktG verlangt die **Angabe von Firma und Sitz der Gesellschaft**. Bzgl. der Angabe der Firma muss nach § 4 AktG lediglich die Rechtsformbezeichnung „AG" oder eine allgemein verständliche Abkürzung dieser Bezeichnung in der Firma enthalten sein. Im Übrigen gelten für die Firma der AG die handelsrechtlichen Vorschriften der §§ 17 ff. HGB entsprechend.[340] Die Firma der AG muss nicht mehr aus dem Gegenstand des Unternehmens entlehnt sein.[341] Die verwendete Firma darf jedoch nicht zur Irreführung geeignet sein (§ 18 Abs. 2 HGB). Angezeigt ist hier weiter die Einholung einer Stellungnahme der IHK[342] als auch im Hinblick auf das MarkenG die Durchführung einer Markenrecherche.[343]

119 Anzugeben ist in der Satzung weiterhin der **Sitz der Gesellschaft**. § 5 Abs. 2 AktG enthält hierzu eine **Einschränkung**. Als Sitz der Gesellschaft kommen nur die Orte in Betracht, wo die Gesellschaft einen Betrieb hat, wo sich die Geschäftsleitung befindet oder die Verwaltung geführt wird. I.d.R. hat die Gesellschaft nur einen Sitz. In Ausnahmefällen ist ein **Doppelsitz** möglich.[344] Hierfür gelten jedoch strenge Anforderungen. Nachzuweisen ist, dass die Interessen der Gesellschaft am Doppelsitz eine Abweichung von der im Allgemeininteresse liegenden Regel erforderlich machen. Bejaht werden kann dies bei sonst erwartbarer Beeinträchtigung wesentlicher Vermögensinteressen und der Fusionen einschließenden Betätigungsfreiheit der Gesellschaft. In Verschmelzungsfällen besteht allerdings allein wegen der Fusion noch kein berechtigtes Interesse.[345]

> **Hinweis:**
>
> Nach geltendem Gesellschaftsrecht muss der **Sitz der Gesellschaft in Deutschland** sein. Eine Sitzverlegung ins Ausland ist nach derzeitiger Rechtslage (noch) unzulässig und führt zur Auflösung der

---

338 Siehe hierzu: Wälzholz, DStR 2002, 779 ff. und 819 ff.
339 Musterformulierungen von Satzungen mit verschiedenen Konstellationen finden sich z.B. bei: Happ, Aktienrecht, Anm. 1.01 ff.; Heidenhain/Meister, Münchener Vertragshandbuch, Bd. 1, Muster III., S. 35 ff.; Lorz/Pfisterer/Gerber, in: Beck'sches Formularbuch Aktienrecht, C.; Meyer-Landrut, Satzungen und Hauptversammlungsbeschlüsse der AG, AktG, Rn. 13 ff. und Rn. 900 ff.; AnwK-AktienR/Lohr/Terbrack, Muster Rn. 1 ff.; Hölters/Deilmann/Buchta, Die kleine Aktiengesellschaft, S. 147 ff.; Wahlers, Die Satzung der kleinen Aktiengesellschaft, S. 15 ff.
340 Hüffer, AktG, § 4 Rn. 2 ff.; MünchKomm-AktG/Pentz, § 23 Rn. 65; MünchKomm-AktG/Haider, § 4 Rn. 8 ff.
341 Hölters/Deilmann/Buchta, Die kleine Aktiengesellschaft, S. 15; Hüffer, AktG, § 4 Rn. 16; MünchKomm-AktG/Haider, § 4 Rn. 27.
342 Keidel/Krafka/Willer, Registerrecht, Rn. 164.
343 Siehe allgemein zu dem vergleichbaren Fall der Belehrungspflichten bei einer GmbH-Gründung: Heidinger/Meyding, ZIP 1999, 190. Markenrecherchen können über die Online-Datenbank DPINFO des Deutschen Patent- und Markenamtes kostenlos durchgeführt werden (vgl. http://www.dpma.de).
344 Hüffer, AktG, § 5 Rn. 10; MünchKomm-AktG/Haider, § 5 Rn. 41 ff.; Pluskat, WM 2004, 601 ff. Vgl. zum GmbH-Recht: Borsch, GmbHR 2003, 258.
345 Hüffer, AktG, § 5 Rn. 10.

Gesellschaft.[346] Daran haben auch die Entscheidungen des EuGH „Centros",[347] „Überseering"[348] und „Inspire Art"[349] nichts geändert.[350]

IV. Unternehmensgegenstand

Notwendiger Satzungsbestandteil ist weiter der **Gegenstand des Unternehmens** gemäß § 23 Abs. 3 Ziff. 2 AktG. Gegenstand des Unternehmens ist die Tätigkeit, die die Gesellschaft zu betreiben beabsichtigt.[351] Diese Angabe dient zum einen als **Begrenzung der Geschäftsführungsbefugnis des Vorstandes im Innenverhältnis** gemäß § 82 Abs. 2 AktG, nicht aber zu einer Einschränkung der Vertretungsbefugnis gemäß § 82 Abs. 1 AktG. Zum anderen dient die Bestimmung dazu, außenstehende Dritte über den Tätigkeitsbereich der Gesellschaft zu informieren. Bei der Angabe des Unternehmensgegenstandes ist eine **hinreichende Individualisierung** erforderlich, so dass der Schwerpunkt der Geschäftstätigkeit für die beteiligten Verkehrskreise erkennbar wird.[352] Bei Angabe des Unternehmensgegenstandes ist weiter zu prüfen, ob eine öffentlich-rechtliche Genehmigung erforderlich ist. In diesem Fall ist die Vorlage der Genehmigung Eintragungsvoraussetzung und bei der Anmeldung der Gesellschaft zum Handelsregister nachzuweisen. In Betracht kommen dabei namentlich Genehmigungen nach der HandwO, der GewO und dem KWG.[353]

120

V. Bekanntmachungen

Nach § 25 Satz 1 AktG erfolgen die **Pflicht-Bekanntmachungen im elektronischen Bundesanzeiger**. Für freiwillige Bekanntmachungen gilt dagegen die Bestimmung, die in der Satzung getroffen worden ist (§ 23 Abs. 4 AktG). Durch das TransPuG[354] wurde in § 25 AktG der frühere Begriff „Bundesanzeiger" durch den Begriff „elektronischer Bundesanzeiger" ersetzt. Da nach Auffassung des Gesetzgebers[355] der elektronische Bundesanzeiger das alleinige „einheitliche nationale Veröffentlichungsinstitut" ist, sind Satzungsbestimmungen, die ohne eigenen Regelungswillen in bloßer Wiedergabe des Gesetzes ganz allgemein bei Bekanntmachungen von einer Veröffentlichung im Bundesanzeiger sprechen, seit dem 1.1.2003 als Veröffentlichung im „elektronischen Bundesanzeiger" zu lesen.[356]

121

Nach § 25 Satz 2 AktG können in der Satzung **weitere Blätter oder Informationsmedien** als Gesellschaftsblätter bestimmt werden. Von dieser Regelung sollte wegen der damit zusammenhängenden Folgen bei Verstößen – insb. im Hinblick auf die §§ 121 Abs. 3, 241 Ziff. 1 AktG – nicht Gebrauch gemacht

122

---

346 BayObLG, BB 2004, 570; DB 1992, 1400 = DNotZ 1992, 187; OLG Hamm, BB 2001, 744 = NJW 2001, 2183; OLG Düsseldorf, BB 2001, 901 = NJW 2001, 2184.
347 BB 1999, 809 = NJW 1999, 2027 = DNotZ 1999, 593.
348 BB 2002, 2402 = NJW 2002, 3614 = DNotZ 2003, 139.
349 BB 2003, 2195 = NJW 2003, 3331= DNotZ 2004, 55.
350 Siehe zu den vorstehenden Entscheidungen und ihren Auswirkungen auf die Niederlassungsfreiheit jüngst Bayer, AG 2004, 534. Allerdings gibt es einen Vorschlag für eine 14. EG-Richtlinie zur Sitzverlegung innerhalb der EU. Vgl. dazu K. Schmidt und Priester, ZGR 1999, 20 ff., 36 ff.
351 BayObLG, NJW 1976, 1694.
352 Wiesner, in: Münchener Handbuch des Gesellschaftsrechts, Bd. 4, § 9 Rn. 13; Hüffer, AktG, § 23 Rn. 24; MünchKomm-AktG/Pentz, § 23 Rn. 79 ff.
353 Siehe zu Genehmigungserfordernissen bei GmbH-Gründungen: Gottwald, DStR 2001, 944 = MittBayNot 2001, 164; vgl. dazu insgesamt Hüffer, AktG, § 23 Rn. 23 und § 37 Rn. 14 f.
354 TransPuG v. 19.7.2002, BGBl. I, S. 2681.
355 Vgl. dazu Seibert, Das Transparenz- und Publizitätsgesetz, S. 8.
356 DNotI-Report 2003, 89 ff.; Grage, RNotZ 2002, 326, 331; Ihrig/Wagner, BB 2002, 798, 792; AnwK-AktienR/Braunfels, Kap. 1 § 25 AktG, Rn. 2; Seibert, NZG 2002, 608, 609.

werden.[357] Unbenommen bleibt es der Gesellschaft freilich, auf freiwilliger Basis Bekanntmachungen auch in anderen Informationsmedien wie insb. der eigenen Homepage zu veröffentlichen.

VI. Grundkapital/Aktien

1. Grundkapital

123 Nach § 1 Abs. 2 AktG hat die AG ein **in Aktien zerlegtes Grundkapital**. Das Grundkapital muss auf einen Nennbetrag lauten (§ 6 AktG). Es ist nach § 23 Abs. 3 Ziff. 3 AktG in der Satzung festzusetzen. Das Grundkapital dient als „Mindestkapitalausstattung" zum Ausgleich der persönlichen Haftung der Aktionäre. Der Mindestnennbetrag beträgt gemäß § 7 AktG 50.000 €.[358]

124 Ein **höheres Mindestgrundkapital** besteht für Gesellschaften mit bestimmten Unternehmensgegenständen, wie z.B. Hypothekenbanken, Kapitalanlagegesellschaften, Versicherungen und Bausparkassen. Für Altgesellschaften, die vor dem 1.1.1999 im Handelsregister eingetragen wurden oder deren Anmeldung zur Eintragung vor diesem Termin erfolgt ist, verbleibt es bei dem Mindestgrundkapital von 100.000 DM nach § 7 AktG a.F. Eine **Pflicht zur Anpassung des Grundkapitals** besteht erst, wenn eine Kapitaländerung vorgenommen und der ändernde Beschluss nach dem 31.12.2001 in das Handelsregister eingetragen werden soll (§ 3 Abs. 5 EGAktG).[359]

> **Hinweis:**
> Vom Grundkapital zu unterscheiden ist das Gesellschaftsvermögen sowie das in der Bilanz ausgewiesene Eigenkapital. Das Gesellschaftsvermögen umfasst sämtliche Sachen, Rechte und sonstige Vermögensgegenstände, die der Gesellschaft gehören. Es unterliegt daher fortwährend Schwankungen. Das Eigenkapital schließlich ist auf der Passivseite der Bilanz auszuweisen (§ 266 Abs. 3 A HGB). Zum Eigenkapital im bilanzrechtlichen Sinn gehört das Grundkapital, die Kapitalrücklage sowie Gewinnrücklagen.[360]

2. Zerlegung in Stück- bzw. Nennbetragsaktien

125 Das Grundkapital ist gemäß § 1 Abs. 1 AktG **in „Aktien" zerlegt**. Jede Aktie verkörpert damit einen Bruchteil des Grundkapitals. Weiter verkörpert es das Beteiligungsrecht des Aktionärs als Inbegriff der mit der Beteiligung verbundenen Rechte und Pflichten.

Während bislang nur **Nennbetragsaktien** zulässig waren, bei denen die **„Beteiligungsquote"** am Grundkapital ausdrücklich durch Angabe eines Euro-Betrages auf der Aktie verlautbart wurde, ist seit In-Kraft-Treten des StückAG vom 25.3.1998[361] auch die **Stückaktie zulässig**. Bei der Stückaktie handelt es sich um eine sog. **„unechte nennwertlose Aktie"**. Die Gesellschaft verfügt nach wie vor über ein nennbetragsmäßig festgesetztes Grundkapital, das in Aktien zerlegt ist. Diese Stückaktie trägt jedoch keinen Nennwert mehr. Gleichwohl hat sie jedoch einen Nennwert, der sich aus der Division des festen Grundkapitals durch die Zahl der Aktien ergibt. Das Gesetz nennt diesen Wert den „auf die einzelne Stückaktie entfallenden anteiligen Betrag am Grundkapital".

126 Nach § 8 Abs. 1 AktG können die Aktien **entweder als Nennbetrags- oder Stückaktien** begründet werden. Die Gesellschaft muss sich entscheiden. Beide Aktienformen können nicht nebeneinander beste-

---

357 Meyer-Landrut, Satzungen und Hauptversammlungsbeschlüsse der AG, Rn. 364; Hüffer, AktG, § 25 Rn. 3; AnwK-AktienR/Braunfels, Kap. 1 § 25 AktG, Rn. 2; Noack, DB 2002, 620, 621; Claussen, AG 2001, 161, 167; Noack/Spindler/Marsch-Barner, Unternehmensrecht und Internet, S. 57, 58; Zetzsche/Bröcker/Schouler, Die virtuelle Hauptversammlung, Rn. 103 ff.
358 Vgl. zur Angemessenheit der Höhe des Grundkapitals: Eidenmüller/Engert, AG 2005, 97 ff.
359 Hüffer, AktG, § 7 Rn. 2.
360 Wiesner, in: Münchener Handbuch des Gesellschaftsrechts, Bd. 4, § 11 Rn. 6 f.
361 BGBl. I, S. 590.

hen.³⁶² Der Mindestnennbetrag von Nennbetragsaktien beträgt nach § 8 Abs. 2 AktG 1 €. Höhere Nennbeträge sind zulässig. Diese müssen auf volle Euro lauten.³⁶³

Hat die Gesellschaft **Stückaktien** ausgegeben, gilt für diese grds. dasselbe wie bei Nennbetragsaktien. Der auf sie entfallende anteilige Betrag des **Grundkapitals** darf 1 € nicht unterschreiten (§ 8 Abs. 3 Satz 2 AktG). Anders als bei Nennbetragsaktien kann die Stückaktie oberhalb dieses Mindestbetrages jeden beliebigen Betrag annehmen. Dieser Betrag muss also **nicht auf volle Euro** lauten. Damit hat die Gesellschaft namentlich bei Kapitalmaßnahmen eine weit größere Flexibilität. Ebenso erleichtert die Einführung der Stückaktie die Umstellung auf den Euro, weil sich bei der Euro-Umstellung von Nennbetragsaktien keine Glättungsprobleme ergeben.³⁶⁴

Während der rechnerische „Nennbetrag" bzw. die Beteiligungsquote bei Stückaktien für alle Stückaktien gleich ist, muss dies bei Nennbetragsaktien nicht der Fall sein. Vielmehr sind Aktien mit verschieden hohen Nennbeträgen zulässig, soweit sie nur auf volle Euro lauten.

Die **Satzung der Gesellschaft** muss nach § 23 Abs. 3 Ziff. 4 AktG die Zerlegung des Grundkapitals entweder in Nennbetrags- oder in Stückaktien angeben. Bei Nennbetragsaktien sind weiter die Nennbeträge und die Zahl der Aktien jeden Nennbetrages zu verlautbaren. Bei Stückaktien ist deren Zahl anzugeben. 127

Ein **Wechsel von einem Aktientyp auf den anderen**, insb. die Umstellung von Nennbetragsaktien auf Stückaktien, ist zulässig.³⁶⁵ Notwendig ist eine Satzungsänderung mit qualifizierter Mehrheit. Eine Mitwirkung aller von der Umstellung betroffener Aktionäre ist nicht erforderlich. Auch bedarf es keines Sonderbeschlusses nach § 179 Abs. 3 AktG. Es sind weder Sonder- noch Individualrechte betroffen. Auch sind Inhaber- und Namensaktien bzw. Nennbetrags- oder Stückaktien nicht gattungsverschieden.³⁶⁶ Die Umwandlung von Nennbetragsaktien in Stückaktien vollzieht sich dabei in **zwei Schritten**. Zunächst muss das gesamte Grundkapital in **aktiengleiche Nennbetragsaktien neu gestückelt** werden. Anschließend sind die gleichlautenden Nennbetragsaktien **in Stückaktien umzuwandeln**. Beide Maßnahmen sind von derselben Hauptversammlung zu beschließen und mit entsprechenden Satzungsänderungen verbunden. Nach Eintragung der satzungsändernden Beschlüsse im Handelsregister bestehen die Aktien alsdann in Form von Stückaktien fort. Dabei liegt es im Ermessen des Vorstandes, ob die unrichtig gewordenen Aktienurkunden umgetauscht bzw. berichtigt werden oder nicht.³⁶⁷ 128

3. Aufgeld/Agio

Nach § 9 Abs. 1 AktG dürfen Aktien nicht für einen geringeren Betrag als den Nennbetrag oder den auf die einzelne Stückaktie entfallenden anteiligen Betrag am Grundkapital ausgegeben werden (**geringster Ausgabebetrag**). Zulässig ist jedoch eine **Ausgabe zu einem höheren Betrag**, also gegen Aufgeld bzw. Agio. Von Bedeutung ist dieser höhere Ausgabebetrag im Hinblick auf die Pflicht zur Leistung der Einlage. Der Mehrbetrag muss stets voll geleistet werden (§ 36a Abs. 1 AktG). Dies wird vom Registergericht geprüft.³⁶⁸ Das Aufgeld kann verschieden hoch festgesetzt werden. Dies kommt z.B. dann in Betracht, wenn mehrere Personen als Gründer bei der Gründung einer AG mitgewirkt haben, deren Mitwirkung bei der Gründung unterschiedlich intensiv war. Sollen die Aktien gegen einen höheren Betrag ausgegeben werden, muss dieses Agio in der Satzung angegeben werden (§ 23 Abs. 2 Ziff. 2 AktG). 129

---

362 Regierungsbegründung BT-Drucks. 13/9573, S. 11; Hüffer, AktG, § 8 Rn. 4; Wiesner, in: Münchener Handbuch des Gesellschaftsrechts, Bd. 4, § 11 Rn. 8.
363 Ausnahmen bestehen im Fall der Euro-Umstellung.
364 Seibert/Kiem/Schüppen, Handbuch der kleinen AG, Rn. 680; Heider, AG 1998, 1; Kopp, BB 1998, 701 ff.; Kopp/Heidinger, Notar und Euro, jeweils m.w.N.
365 Musterformulierungen bei Lorz/Pfisterer/Gerber, in: Beck'sches Formularbuch Aktienrecht, J. III – V.
366 Heider, AG 1998, 1, 8; Huep, WM 2000, 1623, 1624; Ihring/Streit, NZG 1998, 201, 206; Noack, in: FS für Bezzenberger, S. 291, 300 ff.
367 MünchKomm-AktG/Heider, § 8 Rn. 63 und § 6 Rn. 78 ff.; DNotI, Gutachten zur Euroumstellung im Gesellschaftsrecht, 1999, 2000, 2001, 127 ff.; Schröer, ZIP 1998, 306; Kolb, DStR 1998, 855; Kopp, BB 1998, 701.
368 Lüssow, Das Agio im GmbH- und Aktienrecht, S. 209 ff.

130 Ob als Agio auch eine **Sachleistung** erbracht werden kann, ist unklar, dürfte aber zu bejahen sein. Allerdings ist dann von einer **gemischten Einlage bzw. Mischeinlage** auszugehen. Die Gründer bzw. Zeichner sollen für den Erwerb der neuen Aktien sowohl eine Bareinlage erbringen als auch bestimmte Vermögensgegenstände auf die AG übertragen. Da aber beide Leistungen der Gründer bzw. Zeichner „einheitlich" im Zusammenhang mit der Bargründung bzw. Barkapitalerhöhung zu sehen sind, liegt aus Sicht der Gesellschaft ein einheitliches Rechtsgeschäft bzw. eine einheitliche Leistungsverpflichtung der Gründer bzw. Zeichner in Form einer „Mischeinlage" bzw. „gemischten Einlage" vor. In diesem Fall ist jede Einlageleistung für sich genommen nach den für sie geltenden Regeln zu behandeln.[369] Im Ergebnis bedeutet dies, dass auch für die eigentlich als „**Sachagio**" zu erbringenden Sachleistungen die Sacheinlagevorschriften beachtet werden müssen.[370]

131 Werden Aktien gegen Aufgeld ausgegeben (§ 9 Abs. 2 AktG), werden die auf das Agio erbrachten Leistungen **in die Kapitalrücklage eingestellt**. Wird diese Kapitalrücklage dann im Rahmen des § 150 Abs. 4 Ziff. 3 AktG für eine Kapitalerhöhung aus Gesellschaftsmitteln verwendet, ist Gegenstand der Kapitalerhöhung allein die **Auflösung der Rücklage**. In die Rücklage eingestellt wurden aber keine Bareinzahlungen im Sinne eines Baragios, sondern vielmehr die Leistungen im Rahmen des Sachagios, welche dann nach bilanziellen Grundsätzen bewertet wurden. Ob aber die auf das Sachagio erbrachten Leistungen tatsächlich auch dem Wert entsprechen, mit dem sie in die Rücklage eingestellt wurden, wurde zu keinem Zeitpunkt geprüft. Eine solche Werthaltigkeitsprüfung erfolgt insb. auch dann nicht, wenn die Kapitalrücklage später im Wege einer Kapitalerhöhung aus Gesellschaftsmitteln aufgelöst wird. Auch sonst werden hierbei die übrigen für Sacheinlagen geltenden Vorschriften nicht angewendet. Damit könnten auf relativ einfache Weise die Sacheinlagevorschriften umgangen werden: Anstelle einer Sachgründung bzw. Sachkapitalerhöhung mit Baragio wird einfach eine Bargründung bzw. Barkapitalerhöhung mit Sachagio vereinbart. Dass eine solche Umgehung der Sacheinlagevorschriften unter Gläubigerschutzgesichtspunkten unzulässig sein dürfte, ist offensichtlich.

4. Schuldrechtliches Agio, „investors agreement"

132 Vom „gesellschaftsrechtlichen" Agio zu unterscheiden ist das **sog. schuldrechtliche Agio** („**Investors agreement**"). Eine derartige Leistung der Aktionäre an die Gesellschaft außerhalb der eigentlichen Kapitalaufbringungsvorschriften ist als schuldrechtliche Nebenabrede oder „investors agreement" jedenfalls bei einer Kapitalerhöhung zulässig.[371] Gleiches dürfte für den Fall der Gründung gelten. Entscheidend ist nur, deutlich zu machen, dass es sich um ein schuldrechtliches Agio, nicht aber um ein gesellschaftsrechtlich begründetes Agio handelt. Dies ist **im Registerverfahren nachzuweisen**.[372] Streitig allein ist, ob ein solches schuldrechtliches Agio nur durch Vereinbarung der Aktionäre untereinander vereinbart werden kann oder ob auch eine unmittelbare Vereinbarung zwischen der Gesellschaft einerseits und dem Gründer bzw. Zeichner andererseits möglich ist.[373]

5. Verbriefung von Aktien

133 Das AktG enthält über die Pflicht zur Herstellung und Ausgabe von Aktienurkunden **keine ausdrückliche Regelung**. Gleichwohl hat jeder Aktionär einen **mitgliedschaftlichen Anspruch auf Verbriefung**.[374] Auch § 10 Abs. 5 AktG setzt diesen Anspruch grds. voraus. Satzungsdispositiv ist lediglich das Recht auf Einzelverbriefung. Unentziehbar ist demgegenüber der Anspruch auf Ausstellung einer Globalurkunde

---

369 Reul, in: Würzburger Notarhandbuch, Teil 5 Rn. 378; MünchKomm-AktG/Pentz, § 36 Rn. 98; Hüffer, AktG, § 36 Rn. 12; GK/Röhricht, AktG, § 36 Rn. 127; KölnerKomm-AktG/Kraft, § 36 Rn. 36.
370 DNotI-Gutachten Nr. 21960 vom Januar 2001 und Nr. 65455 vom Februar 2006.
371 BayObLG, DB 2002, 940 = NotBZ 2002, 221.
372 BayObLG, DB 2002, 940 = NotBZ 2002, 221.
373 Gerber, MittBayNot 2002, 305 ff.; Hermanns, ZIP 2003, 788 ff. sowie Schorling/Vogel, AG 2003, 86 ff.; Becker, NGZ 2003, 510 ff.; Hergeth/Eberl, DStR 2002, 1818; Wagner, DB 2004, 293, 295 ff.; vgl. dazu Hüffer, AktG, § 54 Rn. 7.
374 KölnerKomm-AktG/Kraft, § 10 Rn. 8; GK/Brendel, AktG, § 10 Rn. 23; Hüffer, AktG, § 10 Rn. 3.

und auf deren Hinterlegung nach Maßgabe der §§ 2, 5, 9a DepotG.[375] Diese **Globalurkunde** kann jedoch von der Gesellschaft selbst verwahrt werden. Ein Verstoß gegen das KWG oder das DepotG ist damit nicht verbunden.[376] Unter Global- oder Sammelurkunde versteht man nach der Legaldefinition in § 9a Abs. 1 Satz 1 DepotG ein Wertpapier, das mehrere Rechte verbrieft, die jedes für sich in vertretbaren Wertpapieren ein und derselben Art verbrieft sein können. An der Globalurkunde haben, wenn die Aktienrechte verschiedenen Personen zustehen, die einzelnen Aktionäre Miteigentum zu Bruchteilen.[377]

6. Namens- und/oder Inhaberaktien

Nach § 10 Abs. 1 AktG können die Aktien auf den Inhaber oder auf den Namen lauten. Die Satzung muss hierzu gemäß § 23 Abs. 3 Ziff. 5 AktG Angaben enthalten. § 10 Abs. 1 AktG erlaubt insoweit eine **Wahlfreiheit**, jedoch können beide Formen auch nebeneinander bestehen. Namensaktien sind jedoch zwingend auszugeben, wenn der Ausgabebetrag auf die Aktien noch nicht vollständig geleistet wurde, damit die Gesellschaft ihren Schuldner problemlos feststellen kann. **Ausschließlich Namensaktien** dürfen bei Kapitalanlagegesellschaften (§ 1 Abs. 3 KAGG), den Wirtschaftsprüfungs- und Buchführungsgesellschaften (§§ 28 Abs. 5 Satz 2, 130 Abs. 2 WPO) und den Steuerberatungsgesellschaften (§ 50 Abs. 5 Satz 3 StBerG) ausgegeben werden.

134

Inhaberaktien lauten auf den Inhaber. Sie sind Inhaberpapiere, die wertpapierrechtlichen Grundsätzen analog der §§ 793 ff. BGB unterliegen.

135

Namensaktien lauten demgegenüber entsprechend ihrer Bezeichnung auf den Namen des Inhabers. Bei der Namensaktie handelt es sich um ein geborenes Orderpapier,[378] für das die entsprechenden wertpapierrechtlichen Vorschriften gelten.

136

> **Hinweis:**
>
> In der Praxis gehen heute die Gesellschaften überwiegend dazu über, Namensaktien auszugeben bzw. auf Namensaktien durch Satzungsänderung nach § 179 AktG umzustellen.[379] Dies beruht darauf, dass die Gesellschaften den **persönlichen Kontakt zum Aktionär** suchen und den „investor relations" gesteigerte Bedeutung zukommen lassen. Weiter von Bedeutung für das Vordringen der Namensaktie ist, dass an den meisten US-amerikanischen Wertpapiermärkten praktisch nur Namensaktien zugelassen sind. Aber auch für kleine Gesellschaften hat die Namensaktie im Hinblick auf die Vermutungswirkung nach § 67 Abs. 2 AktG durch Eintragung im **Aktienregister** sowie durch die Möglichkeit der **Vinkulierung** gemäß § 68 Abs. 2 AktG gewisse Vorzüge.[380]

7. Übertragung von Aktien[381]

Die **Übertragbarkeit**[382] der Aktie gehört zum Wesen der AG. Soweit die Mitgliedschaft nicht in Aktienurkunden verbrieft ist, erfolgt die Übertragung gemäß der §§ 413, 398 BGB durch **Abtretung**.[383]

137

---

375 Hüffer, AktG, § 10 Rn. 3; Wiesner, in: Münchener Handbuch des Gesellschaftsrechts, Bd. 4, § 12 Rn. 4 f.; siehe dazu auch die Begründung des Gesetzgebers, BT-Drucks. 13/10038, S. 25 = ZIP 1998, 487, 488.
376 ZIP 2000, A 55, Nr. 125.
377 Wiesner, in: Münchener Handbuch des Gesellschaftsrechts, Bd. 4, § 12 Rn. 23.
378 Hüffer, AktG, § 10 Rn. 4.
379 Zur Ausgabe von Namensaktien: Maul, NZG 2001, 585.
380 Vgl. zur Zulässigkeit schuldrechtlicher Verfügungsbeschränkungen über Aktien: Barthelmann/Braun, AG 2000, 172.
381 Musterformulierungen bei Lorz/Pfisterer/Gerber, in: Beck'sches Formularbuch Aktienrecht, E.; Happ, Aktienrecht, 5.01. ff.
382 Und damit auch die Verpfändung: Siehe dazu Stupp, DB 2006, 655, 656 ff.
383 Eder, NZG 2004, 107; Modlich, DB 2002, 671; Wiesner, in: Münchener Handbuch des Gesellschaftsrechts, Bd. 4, § 14 Rn. 1.

Formvorschriften bestehen nicht. Auch ist – anders als im GmbH-Recht[384] – keine Anmeldung gegenüber der Gesellschaft erforderlich. Bei Namensaktien gilt der Erwerber gegenüber der Gesellschaft aber erst dann als Aktionär, wenn er als solcher gemäß § 67 Abs. 2 AktG im Aktienregister eingetragen ist. Die **Eintragung im Aktienregister** ist allerdings für die Übertragung der Mitgliedschaft **nicht konstitutiv**.[385] Konstitutiv ist jedoch die Zustimmung der Gesellschaft bei **vinkulierten Namensaktien** nach § 68 Abs. 2 AktG. Nach ganz h.M. ist eine solche Zustimmung aber nicht erforderlich, wenn an der Übertragung sämtliche Aktionäre der Gesellschaft als Erwerber oder Veräußerer beteiligt sind.[386]

138 Hat die Gesellschaft **Aktienurkunden** ausgegeben, erfolgt die Übertragung grds. nach den allgemeinen Vorschriften durch Einigung und Übergabe bzw. Übergabesurrogat nach §§ 929 – 936 BGB.[387] Das Recht aus dem Papier (Mitgliedschaft) folgt dem Recht am Papier (Eigentum). Bei Namensaktien kann die Übereignung **auch durch Indossament** erfolgen (§ 68 Abs. 1 AktG).[388] Hinzukommen muss dabei aber noch die Übereignung der Aktienurkunde nach den §§ 929 ff. BGB.[389] Im Übrigen kann sowohl bei Namensaktien[390] also auch bei Inhaberaktien[391] die Mitgliedschaft ebenso im Wege der Abtretung nach den §§ 413, 398 BGB übertragen werden.[392] In diesem Fall folgt das Recht am Papier dem Recht aus dem Papier (§ 952 Abs. 2 BGB).[393] Umstritten ist im Übrigen, ob bei Namensaktien die Übertragung durch Abtretung die Übergabe der Aktienurkunde voraussetzt.[394]

> **Hinweis:**
> Diese Grundsätze gelten prinzipiell auch, wenn sich die **Aktien in Sonderverwahrung** oder **Girosammelverwahrung** befinden.[395] Besonderheiten bestehen hierbei allerdings bei den Besitzverhältnissen sowie dann, wenn an den sammelverwahrten Aktien nicht Alleineigentum, sondern Miteigentum besteht.[396]

8. Aktienregister

139 Nach § 67 Abs. 1 AktG sind Namensaktien **in das Aktienregister**, dem vormaligen Aktienbuch der Gesellschaft, **einzutragen**. Die entscheidende Bedeutung der Eintragung im Aktienregister liegt in § 67

---

384 Vgl. § 16 GmbHG.
385 Mentz/Fröhling, NZG 2002, 201, 203; Hüffer, AktG, § 67 Rn. 11.
386 OLG München, AG 2005, 756, 757 f. = ZIP 2005, 1070 = AG 2005, 584; Boesebeck, NJW 1952, 1116; MünchKomm-AktG/Bayer, § 68 Rn. 115; Wiesner, in: Münchener Handbuch des Gesellschaftsrechts, Bd. 4, § 14 Rn. 22; KölnerKomm-AktG/Lutter, § 68 Rn. 44; a.A.: nur Wilhelmi, NJW 1952, 324; Heller/Timm, AG 2006, 257.
387 Eder, NZG 2004, 107, 108.
388 Eder, NZG 2004, 107, 108.
389 Wiesner, in: Münchener Handbuch des Gesellschaftsrechts, Bd. 4, § 14 Rn. 7; Modlich, DB 2002, 671, 672; Mentz/Fröhling, NZG 2002, 201, 202; Hüffer, AktG, § 68 Rn. 4.
390 Wiesner, in: Münchener Handbuch des Gesellschaftsrechts, Bd. 4, § 14 Rn. 14; Modlich, DB 2002, 671, 672 f.; Mentz/Fröhling, NZG 2002, 201, 202 f.; Hüffer, AktG, § 68 Rn. 3.
391 Streitig; für eine Abtretbarkeit die h.M.: Wiesner, in: Münchener Handbuch des Gesellschaftsrechts, Bd. 4, § 14 Rn. 4; Modlich, DB 2002, 671, 672 f.; Mentz/Fröhling, NZG 2002, 201, 202; wohl auch Eder, NZG 2004, 107, 108; a.A.: KölnerKomm-AktG/Lutter, § 68 Rn. 15.
392 Vgl. zur Legitimationswirkung nach § 793 AktG, DNotI-Gutachten, Fax-Pool Nr. 13107 vom 5.12.2002.
393 Modlich, DB 2002, 671, 673; Mentz/Fröhling, NZG 2002, 201, 202.
394 So die Rspr.: KG, AG 2003, 568; RGZ 88, 290, 292; BGH, NJW 1958, 302, 303; a.A. die Lit.: Hüffer, AktG, § 68 Rn. 3; Modlich, DB 2002, 671, 672 f.; Wiesner, in: Münchener Handbuch des Gesellschaftsrechts, Bd. 4, § 14 Rn. 14.
395 Zur Zwangsvollstreckung in sammelverwahrte Aktien: BGH, WM 2004, 1747.
396 Siehe zu den Besonderheiten ausführlich Eder, NZG 2004, 107, 110 ff.; Mentz/Fröhling, NZG 2002, 201, 204 ff.; Mentz, in: Picot/Mentz/Seydel, Die Aktiengesellschaft bei Unternehmenskauf und Restrukturierung, S. 119, 142 ff.; Modlich, DB 2002, 671, 673 ff.

Abs. 2 AktG. Danach gilt im Verhältnis zur Gesellschaft nur als Aktionär, wer als solcher im Aktienregister eingetragen ist (**unwiderlegliche Vermutung**).[397] Der Eingetragene hat damit gegenüber der Gesellschaft sämtliche Mitgliedschaftsrechte, insb. auch den **Anspruch auf Auszahlung der Dividende**.[398] Eine Ausnahme besteht nur, wenn der Dividendenanspruch – wie regelmäßig – besonders verbrieft ist. Zu beachten ist freilich, dass die Eintragung im Aktienregister keine konstitutive Wirkung besitzt.[399]

Das Aktienregister kann **in Buchform**, aber **auch elektronisch**, geführt werden. Verantwortlich ist dafür der Vorstand der AG als Leitungsorgan; ein Tätigwerden lediglich in vertretungsberechtigter Zahl genügt nicht.[400] Die Gesellschaft kann sich dabei jedoch externer Dienstleister bedienen.[401]

Bei **Inhaberaktien** gibt es kein Aktienregister. Auch wenn intern ein Register geführt wird, hat dies **nicht die Vermutungswirkung des § 67 Abs. 2 AktG**.

140

a) Auskunftsrecht der Aktionäre[402]

Nach § 67 Abs. 6 AktG kann der Aktionär im Gegensatz zur bisherigen Rechtslage nur noch Auskunft über die **zu seiner Person in das Aktienregister eingetragenen Daten** verlangen. Nur bei nicht börsennotierten Gesellschaften kann die Satzung davon abweichen (§ 67 Abs. 6 Satz 2 AktG[403]).

141

b) Verwendung der Daten durch die Gesellschaft

Nach § 67 Abs. 6 Satz 3 AktG darf die Gesellschaft die Daten des Aktienregisters „für ihre Aufgaben im Verhältnis zu den Aktionären verwenden". **Werbemaßnahmen** dürfen dabei nur durchgeführt werden, wenn der Aktionär nicht widerspricht. Auf das **Widerrufsrecht** ist der Aktionär ausdrücklich – etwa entsprechend § 355 BGB – hinzuweisen.[404]

142

c) Online-Einsicht/Erteilung von Abschriften

Eine **Online-Einsicht via Internet** ist zulässig, wenn die Identifikation der die Einsicht Begehrenden durch Kontrollnummern, Aktionärsnummern, Codewörter, o.Ä. sichergestellt ist.[405] Wenn sich ein Aktionär über seine Internet-Abfrage einen Ausdruck erstellen kann, muss die Gesellschaft auch gegenüber sonstigen Aktionären verpflichtet sein, auf deren Kosten Abschriften zu erteilen.[406]

143

d) Pflicht zur Eintragung im Aktienregister

Geht die Namensaktie auf einen anderen über, erfolgen **Löschung und Neueintragung** im Aktienregister gemäß § 67 Abs. 3 AktG auf Mitteilung und Nachweis. Auf das Erfordernis der Vorlage der Aktien bei der Gesellschaft zum Nachweis des Übergangs, § 68 Abs. 3 Satz 2 AktG, wird verzichtet.[407] Viele Gesell-

144

---

397 Hüffer, AktG, § 67 Rn. 12 ff.; vgl. Wicke, ZIP 2005, 1397 ff., zu dem Sonderfall der Durchführung einer Hauptversammlung einer AG, bei der im Aktienregister wegen Unwirksamkeit sämtlicher Aktienübertragungen ausschließlich Nichtaktionäre eingetragen sind.
398 Ausführlich hierzu: OLG Jena, AG 2004, 268.
399 Hüffer, AktG, § 67 Rn. 7; Noack, ZIP 1999, 1993, 1995; Huep, WM 2000, 1623, 1625.
400 OLG München ZIP 2005, 1070; Kort, NZG 2005, 963; Hüffer, AktG, § 67 Rn. 5.
401 Hüffer, AktG, § 67 Rn. 4 ff.; Dieckmann, BB 1999, 1985; Huep, WM 2000, 1623; Kindler, NJW 2001, 1678.
402 Zum Auskunftsrecht der Finanzbehörden aufgrund von Erbschaftsteuerfällen: Delp, BB 2000, 1765.
403 Hüffer, AktG, § 67 Rn. 28 ff.; Kritisch zu dieser Bestimmung: Hüther, AG 2001, 68, 72 ff.; Kölling, NZG 2000, 631, 636; Huep, WM 2000, 1623, 1627.
404 Ausführlich dazu Noack, DB 2001, 27 ff.; Spindler, ZGR 2000, 420, 426 ff.
405 Reg.-Begr., ZIP 2000, 937, 941; ebenso Noack, ZIP 1999, 1993, 1998 f. sowie Spindler, ZGR 2000, 420; Zätzsch/Gröning, NZG 2000, 393, 397; Huep, WM 2000, 1623, 1626.
406 Noack, ZIP 1999, 1993, 1999.
407 Spindler, ZGR 2000, 420, 423; Reg.-Begr., ZIP 2000, 937, 940. Siehe zur Funktionsweise dieses Meldesystems im elektronischen Massenverkehr: Dieckmann, BB 1999, 1985, 1986 f.; Leuering, ZIP 1999, 1745, 1747. Die Meldung gegenüber den Gesellschaften ist teilweise Gegenstand der AGB der Banken: Huep, WM 2000, 1623, 1629; Dieckmann, BB 1999, 1985, 1987; Kümpel, WM 1983, Sonderbeilage Nr. 8, 12, 18.

schaften sind zudem dazu übergegangen, den Anspruch auf Verbriefung der Beteiligung in Aktien nach § 10 Abs. 5 AktG gänzlich auszuschließen.[408] Die im Übrigen bestehende Nachweispflicht erfolgt, wenn die Namensaktie bei der Clearstream Banking AG in Frankfurt in Girosammelverwahrung liegt, durch dortige Umbuchung und Meldung der Depotbank über die DBC an die Gesellschaft.[409]

145 Nach der bisherigen Ansicht bestand entgegen dem Wortlaut des § 68 Abs. 3 AktG a.F. („ist anzumelden") **keine Pflicht zur Eintragung im Aktienbuch**.[410] Auch nach der Neufassung des § 67 Abs. 3 AktG durch das NaStraG vom 18.1.2001 besteht eine solche Pflicht prinzipiell nicht.[411] Jedoch sind gemäß § 67 Abs. 4 AktG Kreditinstitute „verpflichtet", der Gesellschaft die für die Führung des Aktienregisters erforderlichen Angaben zu übermitteln.

e) Pflicht zur Führung eines Aktienregisters

146 § 67 Abs. 1 AktG bestimmt, dass Namensaktien in das Aktienregister einzutragen sind. Eine **ausdrückliche Vorschrift zur Führung eines Aktienregisters** fehlt. Aus § 67 Abs. 1 AktG folgt vielmehr, dass nicht nur Eintragungen in das Aktienregister selbst, sondern auch die Führung des Aktienregisters erst dann angezeigt ist, wenn die Gesellschaft Aktien bzw. Zwischenscheine tatsächlich ausgegeben hat.[412] Die Mitgliedschaftsrechte müssen in einem Wertpapier verkörpert sein.[413] Dies war nach der Auffassung zu § 67 Abs. 1 AktG a.F. einhellige Meinung.[414] Dies gilt nunmehr erst recht aufgrund der Neufassung durch das NaStraG im Jahr 2001. Auch dieses Gesetz knüpft an die Ausgabe von Aktienurkunden an, wenn es für die Eintragung im Aktienregister die Angabe von „Stückzahl oder der Aktiennummer" fordert. Gibt die Gesellschaft daher keine Aktien aus und wird die Verbriefung auch nicht von den Aktionären gefordert,[415] kann die Führung eines Aktienregisters gänzlich unterbleiben.[416] Ein gleichwohl geführtes Verzeichnis über die Aktionäre ist kein Aktienregister i.S.d. § 67 AktG.[417] Eine **Vermutungswirkung** – wie nach § 67 Abs. 2 AktG – gibt es dann nicht, so dass hier die Frage der Legitimation der Aktionäre besondere Bedeutung zukommt. Da die nicht verbriefte Mitgliedschaft in einer AG allein nach den §§ 413, 398 BGB übertragen werden kann, ist eine Legitimation dann nur anhand des Gründungsprotokolls zuzüglich etwaiger Abtretungsanzeigen (analog) §§ 409, 410 BGB möglich.[418]

9. Vinkulierung

147 Einen weiteren Vorteil bietet § 68 Abs. 2 AktG. Die Satzung kann bei Namensaktien die Übertragung an die Zustimmung der Gesellschaft binden.[419] Bei Inhaberaktien ist dies nicht möglich. Zulässig sind dort nur **schuldrechtliche Verfügungsbeschränkungen (Poolvertrag)**.[420]

---

408 Reg.-Begr., ZIP 2000, 937, 941. Wird der Anspruch auf Verbriefung nach § 10 Abs. 5 AktG ausgeschlossen, besteht immer noch das Recht und die Pflicht, sämtliche Anteile zumindest in einer Globalurkunde zu verbriefen; siehe dazu oben Rn. 133.
409 Zätzsch/Gröning, NZG 2000, 393, 398; Noack, ZIP 1999, 1993, 1996.
410 Hüffer, AktG, § 68 Rn. 17; Wiesner, in: Münchener Handbuch des Gesellschaftsrechts, Bd. 4, § 14 Rn. 41; KölnerKomm-AktG/Lutter, § 68 Rn. 55; Kölling, NZG 2000, 631, 633.
411 Hüffer, AktG, § 67 Rn. 17.
412 OLG München, ZIP 2005, 1070.
413 KölnerKomm-AktG/Lutter, § 67 Rn. 3.
414 RG, JW 1906, 177; Geßler/Hefermehl/Bungeroth, AktG, § 67 Rn. 7; KölnerKomm/Lutter, AktG, § 67 Rn. 3 und 8.
415 Auf das Recht auf Verbriefung kann auch nach § 10 Abs. 5 AktG nicht verzichtet werden.
416 Seibert/Kiem/Schüppen, Handbuch der kleinen AG, Rn. 716.
417 OLG München, ZIP 2005, 1070; MünchKomm-AktG/Bayer, § 67 Rn. 17 f.; Hüffer, AktG, § 67 Rn. 10.
418 Zusätzlich kann eine Vinkulierung vorgesehen werden. Dies ist auch bei einer nicht verbrieften Mitgliedschaft möglich, soweit dies für den Fall der Verbriefung vorgesehen ist. Erforderlich ist dann aber eine ausdrückliche Satzungsbestimmung, nach der von der Vinkulierung auch die nicht verbriefte Mitgliedschaft erfasst ist; vgl. Seibert/Kiem/Schüppen, Handbuch der kleinen AG, Rn. 716 m.w.N.
419 Auf die Verbriefung kommt es insoweit nicht an: OLG Celle, AG 2005, 438 f.
420 Barthelmann/Braun, AG 2000, 172. Musterformulierung für einen Poolvertrag bei: Lorz/Pfisterer/Gerber, in: Beck'sches Formularbuch Aktienrecht, C. II.

Über den in § 68 Abs. 2 AktG abgesteckten Rahmen hinaus kann die **Übertragbarkeit** jedoch **nicht weiter eingeschränkt** werden. Als Minus einer Vinkulierung ist es aber zulässig, in der Satzung entweder die Wirksamkeit der Übertragung von Aktien an eine bestimmte Form zu knüpfen oder nur einen förmlichen Nachweis gegenüber der Gesellschaft für die Eintragung der Rechtsänderung in das Aktienregister nach § 67 Abs. 3 AktG zu fordern.[421] Unzulässig sind dagegen Regelungen in der Satzung, durch die Vorkaufsrechte, sonstige Erwerbsrechte bzw. Andienungspflichten angeordnet werden.[422] Zulässig ist allein, für bestimmte unerwünschte Fälle des Rechtsübergangs die Möglichkeit der **Zwangseinziehung** nach § 237 AktG vorzusehen.[423] Möglich sind auch schuldrechtliche Vereinbarungen außerhalb der Satzung zwischen den Aktionären. Denkbar ist ebenso, dass sich die Inhaber dieser vinkulierten Namensaktien in einer GbR zusammenschließen und dann im Rahmen des Gesellschaftsvertrages derartige Rechte und Pflichten vereinbaren.

148

Eine **Vinkulierungsklausel** wird entweder im Rahmen der Gründungssatzung vereinbart. Im Fall ihrer nachträglichen Einführung ist für die Satzungsänderung nach § 180 Abs. 2 AktG ein **einstimmiger Beschluss** aller Aktionäre erforderlich.[424]

149

Erfasst werden von der Vinkulierung grds. nur die **rechtsgeschäftliche Übertragung** der Aktie und dort nur das Verfügungsgeschäft, nicht aber auch das Verpflichtungsgeschäft. Betroffen sind die dieser Übertragung gleichgestellten Fälle der **Verpfändung** bzw. **Bestellung eines Nießbrauchs**, nicht aber die Gesamtrechtsnachfolge. Auch die Treuhandübertragung wird erfasst. Die Pfändung vinkulierter Namensaktien in der Zwangsvollstreckung ist dagegen möglich. Erst die Verwertung nach § 821 ZPO ist zustimmungspflichtig.[425] Kein Zustimmungserfordernis besteht dagegen, wenn es um die Übertragung sämtlicher Aktien auf einen Aktionär geht. Hier wäre das Zustimmungserfordernis eine reine Formalie, da es der Alleinaktionär bzw. die einheitlich vorgehenden Aktionäre in der Hand hätten, das Zustimmungserfordernis im Rahmen einer Hauptversammlung aufzuheben.[426]

Die **Zustimmung zur Übertragung** der Aktien erteilt der Vorstand (§ 68 Abs. 2 Satz 2 AktG[427]). Die Satzung kann bestimmen, dass der Aufsichtsrat oder die Hauptversammlung über die Erteilung der Zustimmung beschließen. Ebenso kann die Satzung die Gründe nennen, nach denen die Zustimmung verweigert werden darf (§ 68 Abs. 2 Satz 3 AktG). Ein gänzlicher Ausschluss der Übertragung der Aktien kann in der Satzung nicht angeordnet werden.[428]

150

> **Hinweis:**
> Die Vinkulierung darf nicht überbewertet werden. Möglich sind Umgehungen, namentlich durch den Abschluss von Stimmbindungsverträgen, Stimmrechtsvollmachten sowie Dividendenabtretungen bzw. bei schuldrechtlichen Treuhandabsprachen.[429]

---

421 BGH, DNotI-Report 2004, 203 = AG 2004, 673 = NJW 2004, 3561 = ZIP 2004, 2093; a.A.: Stupp, NZG 2005, 205, 206 f.
422 BayObLG, ZIP 1989, 638, 641; Wiesner, in: Münchener Handbuch des Gesellschaftsrechts, Bd. 4, § 14 Rn. 18.
423 Wiesner, in: Münchener Handbuch des Gesellschaftsrechts, Bd. 4, § 14 Rn. 18; Holland/Reul, DNotI-Gutachten zum Aktienrecht, 1997/1998/1999, Nr. 3, S. 12.
424 BGH, DNotI-Report 2004, 203 = AG 2004, 673 = NJW 2004, 3561 = ZIP 2004, 2093.
425 Hüffer, AktG, § 68 Rn. 11; Wiesner, in: Münchener Handbuch des Gesellschaftsrechts, Bd. 4, § 14 Rn. 21 f.
426 OLG München, ZIP 2005, 1070; MünchKomm-AktG/Bayer, § 68 Rn. 115; Boesebeck, NJW 1952, 1116; a.A.: Wilhelmi, NJW 1952, 324.
427 Siehe zur Zuständigkeit für die Erteilung der Zustimmung: Hirte, in: FS für Kollhosser, S. 217 ff.
428 Hüffer, AktG, § 68 Rn. 14.
429 Siehe dazu: Lutter/Grunewald, AG 1989, 109 f.; Seibert/Kiem/Schüppen, Handbuch der kleinen AG, Rn. 710; Wiesner, in: Münchener Handbuch des Gesellschaftsrechts, Bd. 4, § 14 Rn. 34.

10. Aktiengattungen

151 Der **Begriff der Aktiengattung** wird in § 11 AktG definiert. Danach können durch Aktien verschiedene Rechte gewährt werden, so vor allem bei der Verteilung des Gewinns und des Gesellschaftsvermögens. § 11 Satz 2 AktG definiert deshalb, dass Aktien mit gleichen Rechten eine Gattung bilden. Soweit **mehrere Aktiengattungen** bestehen, muss die Satzung nach § 23 Abs. 3 Ziff. 4 AktG Angaben hierzu enthalten. In den Fällen der §§ 179 Abs. 3, 182 Abs. 2 und 222 Abs. 2 AktG sind bei Satzungsergänzungen und Kapitalmaßnahmen weiter Sonderbeschlüsse der Aktionäre der einzelnen Aktiengattungen vorgesehen.

> **Hinweis:**
> In der Praxis wird regelmäßig zwischen Stamm- und Vorzugsaktien unterschieden. Vorzugsaktien räumen im Verhältnis zu den Stammaktien bestimmte „Vorzüge" ein. Daneben gibt es **Vorzugsaktien „ohne Stimmrecht"**, die mit einem nachzuzahlenden Vorzug bei der Verteilung des Gewinns ausgestattet sind (§ 139 Abs. 1 AktG). Möglich sind auch sog. **Mehrstimmrechtsaktien**. Bei der Neugründung einer AG können diese jedoch wegen § 12 Abs. 2 AktG nicht mehr vereinbart werden. Für Altgesellschaften enthält § 5 EGAktG Übergangsvorschriften.[430] Zulässig ist daneben die Begrenzung des Stimmrechts durch Höchststimmrechte. Dies gilt nach § 134 Abs. 1 Satz 2 AktG allerdings nur für nicht börsennotierte Gesellschaften. Danach kann das Stimmrecht z.B. auf einen bestimmten Umfang der Beteiligung am Grundkapital beschränkt werden.[431]

152 Besonders geregelt sind in § 139 AktG die sog. **stimmrechtslosen Vorzugsaktien**. Aktien ohne Stimmrecht können danach nur im Rahmen der §§ 139, 140 AktG ausgegeben werden. Der Verzicht auf das Stimmrecht wird durch einen Vorzug bei der Gewinnverteilung kompensiert.[432] Das Stimmrecht lebt wieder auf, wenn der Vorzug in zwei aufeinander folgenden Jahren nicht oder nicht vollständig bezahlt wird und erlischt erst mit vollständiger Nachzahlung der Rückstände wieder (§ 140 Abs. 2 AktG[433]). Vorzugsaktien können nach § 139 Abs. 2 AktG nur in Höhe der Hälfte des Grundkapitals ausgegeben werden. Damit soll verhindert werden, dass eine Mehrheit von Kapitalgebern durch die Stimmrechtsmacht einer Minderheit beherrscht wird.[434] Zu beachten ist, dass die §§ 139, 140 AktG nur für stimmrechtslose Vorzugsaktien gelten. Sind die Vorzugsaktien dagegen stimmberechtigt, finden diese Vorschriften keine Anwendung. Ein Sonderbeschluss ist erforderlich im Fall der **Aufhebung oder Beschränkung der Vorzüge** (§ 141 AktG).

153 Neuerdings diskutiert wird die Zulässigkeit sog. „**Tracking Stocks**" oder „**Spartenaktien**". Dies sind Aktien, die keine Beteiligung am Ergebnis des gesamten Unternehmens gewähren, sondern lediglich den **wirtschaftlichen Erfolg einer Unternehmenssparte nachzeichnen**. Fraglich ist, ob solche Tracking Stocks, die insb. im angloamerikanischen Recht allgemein anerkannt sind, auch nach deutschem Recht entweder im Rahmen der Gründung oder später im Wege der Satzungsänderung vereinbart werden können. Namentlich bei der Gründung sind Angaben gemäß § 23 Abs. 3 Ziff. 4 AktG darüber zu machen, ob und wenn ja verschiedene Aktiengattungen bestehen.

Die h.M. geht davon aus, dass solche Aktien **auch im deutschen Recht zulässig** sind. § 11 AktG spricht davon, dass Aktien verschiedene Rechte gewähren können, insb. bei der Verteilung des Gewinns und des Gesellschaftsvermögens. Die Wahl eines geschäftsbereichsbezogenen Maßstabs für die Beteiligung am Gewinn und/oder Liquidationserlös der Gesellschaft tangiert deshalb weder den **Grundsatz der Un-**

---

430 Siehe zum Ausgleich für abgeschaffte Mehrstimmrechte BayObLG, BB 2003, 66; LG München I, AG 2002, 105 (Vorinstanz); Löwe/Thoß, ZIP 2002, 2075; Hering/Olbrich, ZIP 2003, 104; Schulz, NZG 2002, 996; Wasmann, BB 2003, 57.
431 Vgl. zur verfassungsrechtlichen Zulässigkeit: Milde-Büttcher, BB 1999, 1073; Zöllner, AG 1997, 206; Klüth, ZIP 1997, 1217.
432 KölnerKomm-AktG/Zöllner, AktG, § 12 Rn. 5.
433 Siehe zu den Sonderbeschlüssen stimmrechtsloser Vorzugsaktionäre: Krauel/Wenig, AG 2003, 561.
434 Seibert/Kiem/Schüppen, Handbuch der kleinen AG, Rn. 687.

teilbarkeit der Aktien gemäß § 8 Abs. 5 AktG, noch liegt darin ein Verstoß gegen sonstige zwingende Strukturprinzipien des Aktienrechts.[435]

VII. Vorstand[436]

1. Rechtsstellung des Vorstandes

Der Vorstand ist **notwendiges Organ der Gesellschaft**. Er leitet nach § 76 Abs. 1 AktG die Gesellschaft. Gemeint ist damit die Planung, Geschäftspolitik und Strategie des Unternehmens sowie die Organisation und Überwachung ihrer Umsetzung im Unternehmen.[437] Die Leitungsaufgabe ist dabei dem Vorstand als Kollegialorgan zugewiesen, ein Handeln in vertretungsberechtigter Zahl genügt also nicht.[438]

154

Hat die Gesellschaft **mehrere Vorstandsmitglieder**, so sind diese **gleichberechtigt**;[439] jeder Vorstand trägt demgegenüber auch Gesamtverantwortung. Dies gilt auch dann, wenn einzelnen Vorstandsmitgliedern bestimmte Geschäftsbereiche zur eigenständigen Wahrnehmung übertragen wurden.[440]

Handlungsmaxime für die Leitung der Gesellschaft ist das Interesse der Gesellschaft und der an ihr beteiligten Aktionäre, wobei dem Vorstand ein weites Ermessen eingeräumt wird.[441]

155

§ 76 Abs. 1 AktG manifestiert den **Grundsatz der eigenverantwortlichen Leitung** der AG durch den Vorstand. Der Vorstand ist damit nicht gebunden an Weisungen anderer Organe oder Aktionäre. Eine Ausnahme besteht bei Vorliegen eines Beherrschungsvertrages nach § 308 AktG gegenüber einem herrschenden Unternehmen. Eine **Weisungsgebundenheit** besteht auch nicht gegenüber der Hauptversammlung, es sei denn der Vorstand hat nach § 119 Abs. 2 AktG in Fragen der Geschäftsführung die Hauptversammlung angerufen.[442] Auch der Aufsichtsrat hat kein Weisungsrecht. Er ist auf eine Überwachungstätigkeit nach § 111 Abs. 1 AktG beschränkt. Über den Katalog der zustimmungspflichtigen Geschäfte kann er nur bestimmte Maßnahmen verhindern, nicht aber positiv auf den Weg bringen.[443]

2. Geschäftsführung durch den Vorstand

Dem Vorstand obliegt nach § 77 Abs. 1 AktG die **Geschäftsführung**. Geschäftsführung ist jede tatsächliche oder rechtliche Tätigkeit für die Gesellschaft.[444] Herausgehobener Teil dieser Geschäftsführung ist die Leitungsfunktion des Vorstandes nach § 76 AktG und meint allein dessen Führungsfunktion. Die Hauptversammlung kann dem Vorstand die Geschäftsführungsbefugnis für **einzelne Geschäftsbereiche** nicht entziehen.[445]

156

> **Hinweis:**
> Erfasst sind von der Geschäftsführung auch **sog. Grundlagengeschäfte**. Diese kann der Vorstand allerdings nicht allein vornehmen, sondern er bedarf hierzu der **Zustimmung der Hauptversamm-**

---

435 Baums, Bericht der Regierungskommission Corporate Governance, Rn. 237; Fuchs, ZGR 2003, 167 ff.; Thiel, Spartenaktien für deutsche Aktiengesellschaften; Tonner, Tracking Stocks – Zulässigkeit und Gestaltungsmöglichkeiten von Geschäftsbereichsaktien nach deutschem Aktienrecht; Sieger/Hasselbach, BB 1999, 1277 ff.
436 Siehe dazu umfassend: Fleischer, Handbuch des Vorstandsrechts, 2006; Semler/Peltzer, Arbeitshandbuch für Vorstandsmitglieder, 2005; Lücke, Beck'sches Mandats Handbuch Vorstand der AG, 2004.
437 Jäger, Aktiengesellschaft, 2004, § 21 Rn. 1; Semler/Pelzter, Arbeitshandbuch für Vorstandsmitglieder, § 1 Rn. 188 ff.
438 Hüffer, AktG, § 77 Rn. 18; Semler/Peltzer/Richter, Arbeitshandbuch für Vorstandsmitglieder, § 4 Rn. 59.
439 Semler/Peltzer/Richter, Arbeitshandbuch für Vorstandsmitglieder, § 4 Rn. 56.
440 Semler/Peltzer/Richter, Arbeitshandbuch für Vorstandsmitglieder, § 4 Rn. 58.
441 Semler/Peltzer/Richter, Arbeitshandbuch für Vorstandsmitglieder, § 4 Rn. 20 ff. und Rn. 31 ff.
442 Hüffer, AktG, § 119 Rn. 15.
443 Hüffer, AktG, § 76 Rn. 11.
444 Semler/Peltzer/Richter, Arbeitshandbuch für Vorstandsmitglieder, § 4 Rn. 59; GK/Kort, AktG, § 77 Rn. 3.
445 OLG Stuttgart, NZG 2006, 790.

> lung. Dies ist dann der Fall, wenn die in Rede stehende Maßnahme von besonderer Bedeutung für die Gesellschaft ist, so dass hierfür eine gesetzliche oder auch eine ungeschriebene Hauptversammlungszuständigkeit besteht.[446]

157 Das Gesetz geht bei einem mehrgliedrigen Vorstand in § 77 Abs. 1 Satz 1 AktG von einer **Gesamtgeschäftsführungsbefugnis** aus. Notwendig ist also die Zustimmung aller Vorstandsmitglieder, es sei denn, es liegt Gefahr im Verzug vor. Die Satzung oder die Geschäftsführung kann davon jedoch gemäß § 77 Abs. 1 Satz 2 AktG abweichen. Regelmäßig in Betracht kommt dabei die Erteilung einer Einzelgeschäftsführungsbefugnis mit oder ohne regionalen/sachbezogenen Einschränkungen.[447] Ebenso vorgesehen werden kann die Zulässigkeit von Mehrheitsentscheidungen bzw. eines Stichentscheids eines Vorstandsmitglieds (meistens des Vorstandsvorsitzenden) bei Stimmengleichheit.[448] Umstritten ist die Einräumung eines Vetorechts.[449]

3. Vertretung der Gesellschaft

158 Zu den Aufgaben des Vorstandes gehört nach § 78 Abs. 1 AktG die **organschaftliche Vertretung der Gesellschaft**. § 78 Abs. 2 AktG geht bei der Aktivvertretung vom **Prinzip der Gesamtvertretung** aus; bei der Entgegennahme von Willenserklärung gilt **Einzelvertretungsbefugnis**. Nach § 78 Abs. 3 AktG kann die Satzung oder der Aufsichtsrat qua Satzungsermächtigung bei der Aktivvertretung davon abweichen. Zulässig ist die Einzelvertretung durch einzelne Vorstandsmitglieder (zwingend bei nur einem Vorstand) oder etwa durch zwei Vorstandsmitglieder ohne Mitwirkung der anderen Vorstände (**gemeinschaftliche Vertretung**), für die es dann bei der Gesamtvertretungsbefugnis verbleibt. Gestattet ist ebenso die **unechte Gesamtvertretung**, bei der einzelne gesamtvertretungsberechtigte Vorstandsmitglieder die Gesellschaft **gemeinsam mit einem Prokuristen** vertreten. In diesem Fall richtet sich der Umfang der Vertretungsmacht des Prokuristen nach der des Vorstandes.[450] Schließlich ist auch eine **Einzelermächtigung** einzelner Gesamtvertreter (Vorstände/Prokuristen) nach § 78 Abs. 4 AktG zur alleinigen Vornahme bestimmter Rechtsgeschäft oder bestimmter Arten von Rechtsgeschäften möglich. Der zu Ermächtigende kann dabei selbst mitwirken.[451] Zum Widerruf sind alle an der Erteilung beteiligten Gesamtvertreter berechtigt.[452]

Die organschaftliche Vertretungsmacht steht dem Vorstand mit Beginn seiner Amtsstellung zu. Die Anmeldung zum Handelsregister nach § 81 AktG hat nur **deklaratorische Wirkung**.[453]

159 Ist der mehrgliedrige **Vorstand unterbesetzt**, wird davon die Handlungsfähigkeit der Gesellschaft selbst nicht tangiert, soweit ein Handeln von Vorstandsmitgliedern in vertretungsberechtigter Zahl genügt und diese Zahl vorhanden ist.[454] Umstritten ist es dagegen, soweit der Vorstand als Kollegialorgan tätig werden muss, wie insb. in den Fällen der §§ 90 – 92, 121 Abs. 2, 170 Abs. 1 und 2, 172, 245 Ziff. 4 AktG. Mit der h.M. geht der BGH hier von einem handlungsunfähigen Vorstand aus.[455]

---

446 BGHZ 83, 122 „Holzmüller"; BGHZ 153, 47 „Gelatine".
447 Semler/Peltzer/Richter, Arbeitshandbuch für Vorstandsmitglieder, § 4 Rn. 66 ff.
448 Hüffer, AktG, § 77 Rn. 10 f.
449 Semler/Peltzer/Richter, Arbeitshandbuch für Vorstandsmitglieder, § 4 Rn. 126; Hüffer, AktG, § 77 Rn. 12 f.
450 Hüffer, AktG, § 78 Rn. 16 f.; Semler/Peltzer/Richter, Arbeitshandbuch für Vorstandsmitglieder, § 4 Rn. 145.
451 BGHZ 64, 72, 75; KölnerKomm-AktG/Mertens, § 78 Rn. 53.
452 Semler/Peltzer/Richter, Arbeitshandbuch für Vorstandsmitglieder, § 4 Rn. 147.
453 Fleischer/Kort, Handbuch des Vorstandsrechts, § 2 Rn. 68; GK/Habersack, AktG, § 81 Rn. 13; Hüffer, AktG, § 81 Rn. 10.
454 LG Berlin, AG 1991, 244, 245; Hüffer, AktG, § 76 Rn. 23.
455 BGH, AG 2002, 241, 242; LG Heilbronn, AG 2000, 373, 374; LG Dresden, AG 1999, 46, 47; Wiesner, in: Münchener Handbuch des Gesellschaftsrechts, Bd. 4, § 19 Rn. 31; differenzierend: Hüffer, AktG, § 76 Rn. 23; a.A.: Priester, in: FS für Kropff, S. 591, 597.

Der Umfang der **Vertretungsmacht** des Vorstandes ist nach § 82 Abs. 1 AktG **grds. unbeschränkt**. Soweit es um die Vertretung der Gesellschaft gegenüber einem aktiven oder ausgeschiedenen Vorstand geht, vertritt die Gesellschaft allerdings zwingend der Aufsichtsrat (§ 112 AktG);[456] daneben ist in bestimmten Fällen von Gesetz wegen zusätzlich die Zustimmung der Hauptversammlung erforderlich, so etwa in §§ 50 Satz 1, 52 Abs. 1, 53 Satz 1, 93 Abs. 4 Satz 3, 179a, 293 AktG.[457] Auch besteht ein solcher allerdings nur im Innenverhältnis wirkender Zustimmungsvorbehalt für den Aufsichtsrat im Rahmen des § 111 Abs. 4 Satz 2 AktG.[458] Zu beachten ist dabei, dass zur Festsetzung solcher Zustimmungsvorbehalte nach § 111 Abs. 4 Satz 2 AktG Satzung und Aufsichtsrat unabhängig voneinander befugt sind. In der Satzung angeordnete Zustimmungsvorbehalte kann der Aufsichtsrat nicht aufheben. Umgekehrt kann die Satzung den Aufsichtsrat nicht davon abhalten, über die Satzung hinaus weitere Zustimmungsvorbehalte anzuordnen.[459] **Insichgeschäfte** können dem Vorstand im Rahmen des § 181 BGB wegen § 112 AktG nur gestattet werden, soweit es um eine **Mehrfachvertretung** geht, nicht aber im Fall des Selbstkontrahierens.[460] Nach einer Ansicht führt ein Verstoß gegen § 112 AktG zur Nichtigkeit;[461] die neuere nunmehr wohl herrschende Ansicht geht dagegen davon aus, dass das Geschäft nur schwebend unwirksam ist und genehmigt werden kann (§ 177 BGB).[462] Die **Gestattung der Mehrfachvertretung** erteilt der Aufsichtsrat,[463] keinesfalls aber die Hauptversammlung.[464] Dies gilt auch für die Genehmigung nach § 177 BGB.[465] Umstritten ist, ob der Aufsichtsrat für die Gestattung selbst wiederum analog § 78 Abs. 3 Satz 2 AktG einer Satzungsermächtigung bedarf oder nicht.[466] Zulässig ist es, den Vorstand allgemein in der Satzung vom Verbot der Mehrfachvertretung zu befreien.[467]

160

Im Rahmen seiner organschaftlichen Vertretungsmacht kann der Vorstand der AG auch **Vollmachten erteilen**. Wegen § 112 AktG ist unklar, ob der Vorstand einen Bevollmächtigten insgesamt von § 181 BGB befreien kann: Nach h.M. kann ein Hauptbevollmächtigter einem Untervertreter das Selbstkontrahieren nur gestatten, wenn er selbst von den Beschränkungen des § 181 BGB befreit ist, da er anderenfalls mehr

---

456 Hüffer, AktG, § 112 Rn. 2.
457 Siehe die Zusammenstellung bei Semler/Peltzer/Richter, Arbeitshandbuch für Vorstandsmitglieder, § 4 Rn. 139.
458 Lutter/Krieger, Rechte und Pflichten des Aufsichtsrats, § 3 Rn. 114; zu den Zustimmungsvorbehalten ausführlich: Fonk, ZGR, 2006, 841 ff.
459 Lutter/Krieger, Rechte und Pflichten des Aufsichtsrats, § 3 Rn. 105.; Hüffer, AktG, § 111 Rn. 17a.
460 Siehe dazu ausführlich unten Rn.180 ff.; KölnerKomm-AktG/Mertens, § 112 Rn. 14 und § 78 Rn. 69; Hüffer, AktG, § 78 Rn. 6 und § 112 Rn. 1 ff.; siehe zum § 181 BGB im Gesellschaftsrecht insgesamt: DNotI-Report 2006, 61; Auktor, NZG 2006, 334 ff.; Baetzgen, RNotZ 2005, 193 ff.
461 OLG Hamburg, WM 1986, 972; OLG Stuttgart, AG 1993, 85, 86; KölnerKomm-AktG/Mertens, § 112 Rn. 5; Ekkenga, AG 1985, 40, 41; Schmitz, AG 1992, 149, 155; Stein, AG 1999, 28, 39 ff.
462 OLG Celle, AG 2003, 433; OLG Karlsruhe, AG 1996, 224; Hüffer, AktG, § 112 Rn. 7; Sete, EWiR, § 112 I/96, 581; Werner, ZGR 1989, 369, 392 ff.; MünchKomm-AktG/Semler, § 112 Rn. 75; AnwK-AktienR/Breuer/Fraune, Kap. 1 § 112 Rn. 8; Lutter/Krieger, Rechte und Pflichten des Aufsichtsrats, Rn. 413; Hoffmann/Preu, Der Aufsichtsrat, Rn. 228; offen lassend: BGH, AG 1994, 35.
463 In diesem Sinne wohl auch: BGH, AG 2005, 239 = ZIP 2005, 348; Hüffer, AktG, § 78 Rn.7, MünchKomm-AktG/Hefermehl/Spindler, § 78 Rn. 109; Geßler/Hefermehl, § 78 Rn. 94; KölnerKomm-AktG/Mertens, § 78 Rn. 69; Pluskat/Baßler, Der Konzern 2006, 403, 405; Nägele/Bohm, BB 2005, 2197, 2199.
464 Hüffer, AktG, § 78 Rn. 7, MünchKomm-AktG/Hefermehl/Spindler, § 78 Rn. 109; GK/Habersack, AktG, § 78 Rn. 17; a.A.: Geßler/Hefermehl, § 78 Rn. 94; Ekkenga, AG 1985, 40, 42.
465 BGH, AG 2005, 239 = ZIP 2005, 348.
466 Für eine Satzungsermächtigung: Fleischer/Kort, Handbuch des Vorstandsrechts, § 2 Rn. 41; Hüffer, AktG, § 78 Rn. 7; MünchKomm-AktG/Hefermehl/Spindler, § 78 Rn. 109; Wiesner, in: Münchener Handbuch des Gesellschaftsrechts, Bd. 4, § 23 Rn. 19; dagegen: Geßler/Hefermehl, § 78 Rn. 91; Ekkenga, AG 1985, 40, 42; GK/Habersack, AktG, § 78 Rn. 17.
467 Fleischer/Kort, Handbuch des Vorstandsrechts, § 2 Rn. 41; Hüffer, AktG, § 78 Rn. 7; GK/Habersack, § 78 Rn. 17.

Rechtsmacht weitergeben könnte, als er selbst hat.[468] Nach Auffassung des LG München I[469] gilt dieser Grundsatz indes nicht für die organschaftliche Vertretungsmacht.

Soweit die Lit. dieses Problem überhaupt aufgreift, folgt sie dieser Ansicht.[470] Diese Differenzierung ist indes dogmatisch nicht überzeugend, da der Untervertreter Vertretungsmacht für den Geschäftsherrn kraft der im Namen des Geschäftsherrn von dem Hauptvertreter erteilten Vollmacht hat. Hieraus folgt, dass die Untervollmacht als abgeleitete Vertretungsmacht m.E. keinen größeren Umfang haben kann als die Vertretungsmacht des Hauptbevollmächtigten.

4. Vergütung

161 Nach § 87 AktG müssen die **Vorstandsbezüge in einem angemessenen Verhältnis** zu den Aufgaben des Vorstandes und zur Lage der Gesellschaft stehen. Wann von einer Angemessenheit der Vorstandsvergütung ausgegangen werden kann, ist nicht zuletzt vor dem Hintergrund der **Mannesmann-Entscheidung**[471] im Einzelfall umstritten; insoweit fehlen schon feststehende Parameter. In der Praxis wohl wichtigste Kriterien sind die Üblichkeit der Vergütung entsprechend der Größe und der Branche des Unternehmens[472] sowie der Marktwert des einzelnen Vorstandsmitglieds,[473] vor allem aber die Leistungen des Vorstandes.[474] Auch **freiwillige Sonderleistungen** können noch angemessen sein, wenn sich daraus Anreize für Dritte ergeben können.[475] Ist die Vergütung unangemessen hoch, führt dies nicht zur Nichtigkeit des Anstellungsvertrages; es können sich daraus jedoch **Schadensersatzansprüche** gegen den Aufsichtsrat nach §§ 116, 93 AktG herleiten.[476] Zuviel gezahlte Beträge hat der Aufsichtsrat nach § 812 BGB zurückzufordern.[477] Nach der Mannesmann-Entscheidung kann in Extremfällen auch eine Strafbarkeit nach § 266 StGB wegen Untreue drohen, wenngleich der BGH in dieser Entscheidung ausdrücklich betont hat, dass es sich bei der Festsetzung der Vorstandsbezüge um eine unternehmerische Entscheidung handelt, bei der die Frage einer Pflichtverletzung an den Maßstäben der Business Judgement Rule des § 93 Abs. 1 Satz 2 AktG zu messen ist.[478] Wegen der strafrechtlichen Beurteilung von Vorstandsvergütungen unterscheidet der BGH zwischen im Dienstvertrag anfänglich vereinbarten, variablen Vergütungsbestandteilen und nachträglichen Vergütungen. Die erste Fallgruppe wird dabei nur an § 87 AktG gemessen, während bei der zweiten Fallgruppe zwischen straffreien und strafbaren Fällen unterschieden wird. Ob mittels entsprechender „Vorrats-Klauseln" („Mannesmann-Klauseln") in den Vorstandsverträgen bei evtl. künftigen, nachträglichen Zuwendungen von der strafrechtlich relevanten zweiten in die straffreie erste Fallgruppe gewechselt werden kann, erscheint zweifelhaft.[479]

---

468 Baetzgen, RNotZ 2005, 193, 200 m.w.N.
469 NJW-RR 1989, 997.
470 Wiesner, in: Münchener Handbuch des Gesellschaftsrechts, Bd. 4, § 23 Rn. 22; Fleischer/Kort, Handbuch des Vorstandsrechts, § 2 Rn. 42; ebenso der BGH zum Vereinsrecht: WM 1984, 998.
471 LG Düsseldorf, ZIP 2004, 2044; BGH, AG 2006, 110= NZG 2006, 141: Das LG und der BGH haben sich nicht dazu geäußert, ob die Zahlungen an die Vorstandsmitglieder angemessen nach § 87 Abs. 1 AktG waren, sondern gingen davon aus, dass die Zahlungen schon dem Grunde nach pflichtwidrig gewesen sind. Siehe dazu: Bauer/Arnold, DB 2006, 546; Fleischer, DB 2006, 542; Kort, NZG 2006, 131; Lutter, ZIP 2006, 733; Hoffmann-Becking, NZG 2006, 127; Sächer/Stenzel, JZ 2006, 1151 ff.
472 Lutter, ZIP 2006, 733, 735.
473 Fleischer/Thüsing, Handbuch des Vorstandsrechts, § 6 Rn. 5 ff.
474 Ziff. 4.2.2 des Deutschen Corporate Governance Codex; Hoffmann-Becking, NZG 2006, 127, 128.
475 BGH, AG 2006, 110 ff.
476 Kort, NZG 2006, 131, 133; Fleischer/Thüsing, Handbuch des Vorstandsrechts, § 6 Rn. 26; Brauer/Dreier, NZG 2005, 57.
477 Sächer/Stenzel, JZ 2006, 1151, 1155 f.
478 BGH, AG 2006, 110= NZG 2006, 141; Hoffmann-Becking, ZHR 169 (2005), 155, 157; ders., NZG 2006, 127, 128; siehe zur Business Judgement Rule auch: BGHZ 135, 244, 253 f. = NJW 1997, 1926 (ARAG/Garmenbeck).
479 Vgl. dazu insgesamt: J. H. Bauer, DB 2006, 546 ff.; Mutter/Frick, AG-Report 2006, R 224; Peltzer, ZIP 2006, 205 ff.

5. Haftung

Nach § 93 Abs. 1 Satz 1 AktG haben Vorstandsmitglieder bei ihrer Geschäftsführung die **Sorgfalt eines ordentlichen und gewissenhaften Geschäftsleiters** anzuwenden. § 93 Abs. 1 Satz 2 AktG bestimmt hierzu ergänzend, dass eine Pflichtverletzung dann nicht vorliegt, wenn das Vorstandsmitglied bei einer unternehmerischen Entscheidung vernünftigerweise annehmen durfte, auf der Grundlage angemessener Information zum Wohle der Gesellschaft zu handeln. Der Gesetzgeber hat damit die aus dem angelsächsischen Rechtskreis stammende **Business Judgement Rule**, wie sie auch bereits vom BGH in der ARAG/Garmenbeck-Entscheidung[480] dargestellt wurde, übernommen. Die Vorschrift soll den Bereich fehlgeschlagener unternehmerischer Entscheidungen abgrenzen von einer Sorgfaltspflichtverletzung i.S.d. § 93 Abs. 1 Satz 1 AktG. Nach Ansicht des Gesetzgebers müssen für § 93 Abs. 1 Satz 2 AktG **folgende Merkmale** gegeben sein:

162

- Unternehmerische Entscheidung,
- Gutgläubigkeit,
- Handeln ohne Sonderinteressen und sachfremde Einflüsse sowie
- Handeln zum Wohle der Gesellschaft auf der Grundlage angemessener Informationen.[481]

Verstoßen Vorstände schuldhaft gegen diese Sorgfaltspflicht, haften sie der Gesellschaft gegenüber als Gesamtschuldner nach § 93 Abs. 2 AktG.[482] Gleiches gilt bei einem Verstoß gegen die Verschwiegenheitspflicht nach § 93 Abs. 1 Satz 3 AktG und erst recht in den in § 93 Abs. 3 AktG genannten Fällen. Nach § 93 Abs. 2 Satz 2 AktG besteht eine **Beweislastumkehr** zulasten des Vorstandes. Die Haftung knüpft an die Organstellung an. Sie beginnt, sobald das betreffende Vorstandsmitglied seine Tätigkeit mit Billigung des Aufsichtsrats aufnimmt und endet mit Beendigung des Amtes. Auf einen wirksamen Anstellungsvertrag kommt es ebenso wenig an wie auf eine Handelsregistereintragung. Die Haftung trifft gleichfalls fehlerhaft bestellte Vorstandsmitglieder und nach h.M. auch bloß faktische Vorstandsmitglieder, bei denen ein Bestellungsakt überhaupt fehlt, diese aber tatsächlich Vorstandsaufgaben wahrnehmen.[483]

163

Jedes Vorstandsmitglied ist zunächst für **sein Ressort** verantwortlich. Nicht zuständige Vorstandsmitglieder haben insoweit eine allgemeine Aufsichtspflicht wahrzunehmen. Die **haftungsrechtliche Gesamtverantwortung** wird also durch eine Geschäftsverteilung nicht aufgehoben.[484] Grds. haftet danach das einem rechtswidrigen Beschluss zustimmende Vorstandsmitglied. Eine Pflicht, die Beschlussunfähigkeit des Vorstandes herbeizuführen, besteht nicht. Das überstimmte oder sich enthaltende Vorstandsmitglied muss aber das ihm Mögliche und Zumutbare unternehmen, die Ausführung eines rechtswidrigen Vorstandsbeschlusses zu verhindern.[485] In Betracht kommen hierfür Gegenvorstellungen bei den Vorstandskollegen oder die Information des Aufsichtsrats, nicht aber etwa eine Amtsniederlegung.[486] Zurückhaltung besteht wegen der Verschwiegenheitspflicht nach § 93 Abs. 1 Satz 3 AktG bei einer etwaigen Information der Öffentlichkeit.[487]

Nach § 93 Abs. 4 Satz 1 AktG ist die Schadensersatzpflicht ausgeschlossen, wenn die **Handlung des Vorstandes auf einem Hauptversammlungsbeschluss beruht**. Ein Beschluss des Aufsichtsrats genügt nicht

164

---

480 BGHZ 135, 244 = NJW 1997, 1926.
481 BT-Drucks. 15/5092. 11; vgl. dazu Fleischer, Handbuch des Vorstandsrechts, § 7 Rn. 45 ff.; Langenbucher, DStR 2005, 2083 ff.; Göz/Holzborn, WM 2006, 157 ff.; Spindler, NZG 2005, 865 ff.
482 Fleischer, Handbuch des Vorstandsrechts, § 11.
483 MünchKokmm-AktG/Hefermehl/Spindler, § 93 Rn. 12 ff.; Fleischer, Handbuch des Vorstandsrechts, § 11 Rn. 13 ff.; a.A.: für faktische Vorstandsmitglieder dagegen: Hüffer, AktG, § 93 Rn. 12.
484 MünchKomm-AktG/Hefermehl/Spindler, § 93 Rn. 71; Fleischer, Handbuch des Vorstandsrechts, § 11 Rn. 38 ff.; Hüffer, AktG, § 93 Rn. 13b.
485 Wiesner, in: Münchener Handbuch des Gesellschaftsrechts, Bd. 4, § 22 Rn. 8; Fleischer, NZG 2003, 449, 457; MünchKomm-AktG/Hefermehl/Spindler, § 93 Rn. 77.
486 Fleischer, Handbuch des Vorstandsrechts, § 11 Rn. 45 ff.
487 Fleischer, Handbuch des Vorstandsrechts, § 11 Rn. 48 ff.

(§ 93 Abs. 4 Satz 2 AktG); desgleichen hilft ein nachträglicher Beschluss der Hauptversammlung nicht.[488] Der Vorstand kann über § 119 Abs. 2 AktG einen derartigen Beschluss der Hauptversammlung herbeiführen. Der Beschluss der Hauptversammlung muss **rechtmäßig** sein. Nichtige Beschlüsse sowie pflichtwidrig herbeigeführte Beschlüsse genügen nicht. Umstritten ist der Haftungsausschluss bei nichtigen, jedoch nach § 242 AktG geheilten Beschlüssen, bzw. bei anfechtbaren Hauptversammlungsbeschlüssen nach Ablauf der Anfechtungsfrist. Die h.M bejaht in beiden Fällen Haftungsausschluss.[489] Davon unberührt bleibt allerdings eine Ersatzpflicht, wenn der Vorstand pflichtwidrig nicht gegen den mangelhaften Beschluss vorgegangen ist und es hierdurch zu einer Schädigung der Gesellschaft kommt.[490]

165 Ein **nachträglicher Verzicht auf Schadensersatzansprüche** ist gemäß § 93 Abs. 4 Satz 3 AktG grds. erst drei Jahre nach Entstehung des Anspruchs möglich. Es genügt ein einfacher Hauptversammlungsbeschluss. Dieser Beschluss ist allerdings wirkungslos, wenn eine Minderheit Widerspruch zur Niederschrift erhebt, deren Anteile zusammen 10 % des Grundkapitals erreichen (§ 93 Abs. 4 Satz 3 AktG).

166 **Zuständig für die Geltendmachung des Anspruchs** aus § 93 Abs. 2 AktG ist seitens der Gesellschaft primär der Aufsichtsrat im Rahmen seiner Überwachungsaufgaben.[491] Eine Verpflichtung hierzu besteht im Fall des § 147 Abs. 1 AktG, wenn es die Hauptversammlung mit einfacher Mehrheit beschließt. Einzelne Aktionäre können den Anspruch grds. nicht geltend machen. Nach § 148 Abs. 1 AktG können aber Aktionäre, deren Anteile zusammen den einhundertsten Teil des Grundkapitals oder einen anteiligen Betrag von 100.000 € erreichen, die Zulassung durch Gericht beantragen, im eigenen Namen Ansprüche der Gesellschaft gegen die Organmitglieder geltend zu machen.[492] Gesellschaftsgläubiger können Ansprüche gegen den Vorstand schließlich unter den besonderen Voraussetzungen des § 93 Abs. 5 AktG geltend machen.

167 Außerhalb dieses Haftungssystems des § 93 AktG kommt eine **unmittelbare Außenhaftung** des Vorstandes nach allgemeinen Grundsätzen in Betracht. Von Bedeutung ist diese Haftung namentlich bei börsennotierten Gesellschaften in Form der **sog. kapitalmarktrechtlichen Informationshaftung** auf der Grundlage des § 826 BGB wegen unterlassener oder fehlerhafter Ad-hoc-Mitteilungen. Als Grundlagenentscheidungen sind hier die Fälle „**Infomatec**"[493] und „**EM-TV**"[494] zu nennen.

> **Hinweis:**
> Regelmäßig versichern sich Vorstandsmitglieder gegen dieses Haftungsrisiko durch eine sog. **D & O Versicherung**.[495] Versicherungsnehmer und Prämienschuldner ist die Gesellschaft; die versicherten Organmitglieder erhalten aus dem Versicherungsvertrag eigene Rechte. Umstritten ist, ob für den **Abschluss der Versicherung der Aufsichtsrat** nach § 112 AktG zuständig ist, weil es sich bei der Versicherung um einen Teil der Vergütung handelt, oder der Vorstand selbst nach § 78 Abs. 1 AktG. Die wohl h.M. bejaht hier einen Fall des § 78 Abs. 1 AktG; die Begünstigung der Vorstandsmitglieder sei lediglich ein Reflex der mit dem Abschluss dieser Versicherung verbundenen gesellschaftlichen Eigeninteressen an der Gewinnung geeigneter Führungskräfte unternehmerischer Handlungsfrei-

---

488 Hüffer, AktG, § 93 Rn. 25.
489 GK/Hopt, AktG, § 93 Rn. 318; Fleischer, Handbuch des Vorstandsrechts, § 11 Rn. 89; Hüffer, AktG, § 93 Rn. 25; Wiesner, in: Münchener Handbuch des Gesellschaftsrechts, Bd. 4, § 26 Rn. 13; a.A.: MünchKomm-AktG/Hefermehl/Spindler, § 93 Rn. 113; KölnerKomm-AktG/Mertens, AktG, § 93 Rn. 117.
490 MünchKomm-AktG/Hefermehl/Spindler, § 93 Rn. 112 f.; Fleischer, Handbuch des Vorstandsrechts, § 11 Rn. 83 ff.; Hüffer, AktG, § 93 Rn. 25.
491 BGHZ 135, 244 = NJW 1997, 1926.
492 Paschos/Neumann, DB 2005, 1779; Schütz, NZG 2005, 5, 6 f.; K. Schmidt, NZG 2005, 796; Spindler NZG 2005, 865 ff.
493 BGHZ 160, 149 = ZIP 2004, 1599; BGHZ 160, 134 = ZIP 2004, 1599; BGH, WM 2004, 1726.
494 BGH. ZIP 2005, 1270 =AG 2005, 609; Goette, DStR 2005, 1330, Schäfer, NZG 2005, 985.
495 MünchKomm-AktG/Hefermehl/Spindler, § 93 Rn. 91 ff.; Fleischer, Handbuch des Vorstandsrechts, § 12.

heit. Dies gilt erst recht, wenn bei der D & O Versicherung ein angemessener Selbstbehalt vereinbart wird.[496] Auch liegt kein Vertrag zwischen der Gesellschaft und dem Vorstandsmitglied vor.[497]

6. Persönliche Voraussetzungen

Die **Eignungsvoraussetzungen für den Vorstand** sind in den §§ 76 Abs. 3 und 105 AktG enthalten. Vorstand kann nur eine natürliche, unbeschränkt geschäftsfähige Person sein. Es darf keine Betreuung angeordnet und kein Berufsverbot, das mit dem Unternehmensgegenstand der Gesellschaft ganz oder teilweise übereinstimmt, ausgesprochen worden sein; ebenso darf sich die Person nicht strafbar nach den §§ 283 ff. StGB gemacht haben. § 105 Abs. 1 AktG verbietet es, zugleich Vorstand und Aufsichtsrat zu sein; einzelne Aufsichtsratsmitglieder können nach § 105 Abs. 2 AktG jedoch zu **stellvertretenden Vorstandsmitgliedern** bestellt werden.

Ausländer können grds. ebenso zum Vorstand bestellt werden wie Inländer.[498] Sollen Nicht-EU-Bürger zum Vorstand bestellt werden, ist umstritten, ob sie hierfür eine **dauernde Aufenthaltsgenehmigung** und **Arbeits- oder Gewerbeerlaubnis** besitzen müssen, um so die gesetzlichen Mindestpflichten zu erfüllen, oder ob eine lediglich **beschränkte Einreisemöglichkeit per Visum** genügt.[499]

7. Bestellung und Abberufung des Vorstandes, Amtsniederlegung

Der Vorstand wird durch den **Aufsichtsrat** bestellt (§ 84 Abs. 1 AktG). In dringenden Fällen kann das Gericht ein fehlendes Vorstandsmitglied bestellen, dessen Amt nach § 85 Abs. 2 AktG allerdings nur besteht, bis der Aufsichtsrat das fehlende Vorstandsmitglied bestellt und dieser das Amt angenommen hat. Die Bestellung erfordert einen **Beschluss des Aufsichtsrats** nach § 108 AktG. Eine Delegation auf einen Ausschuss ist unzulässig (§ 107 Abs. 3 Satz 2 AktG). Die Bestellung erfolgt auf höchstens **fünf Jahre** (§ 84 Abs. 1 Satz 1 AktG); eine **wiederholte Bestellung** wiederum auf max. fünf Jahre ist zulässig, frühestens jedoch ein Jahr vor Ablauf der bisherigen Amtszeit (§ 84 Abs. 1 Satz 2 AktG). Unzulässig ist dagegen eine **automatisch wirkende Verlängerung**, etwa wenn keine Abberufung erfolgt ist.[500]

Der Aufsichtsrat kann die Bestellung zum Vorstandsmitglied und die Ernennung zum Vorsitzenden des Vorstandes nach § 84 Abs. 3 AktG **widerrufen**. Erforderlich ist dafür aber das Vorliegen eines **wichtigen Grundes**. Dieser wichtige Grund kann dabei unter besonderen Umständen auch dann gegeben sein, wenn ein außenstehender Dritter, etwa die kreditgebende Bank, die Abberufung des Vorstandes verlangt und zur Voraussetzung für die Prolongierung existenznotwendiger Kredite macht.[501] Eine Zuständigkeit der Hauptversammlung für die Abberufung besteht insoweit nicht. Allerdings kann diese nach § 84 Abs. 3 Satz 2 AktG dem Vorstand das Vertrauen entziehen. Soweit dieser **Vertrauensentzug** nicht unsachlich ist, liegt darin zugleich ein wichtiger Grund für den Widerruf der Vorstandsbestellung durch den Aufsichtsrat.

---

496 Kort, DStR 2006, 799 ff.
497 Fleischer, Handbuch des Vorstandsrechts, § 11 Rn. 10 ff.; Vetter, AG 2000, 453, 457; Lange, ZIP 2001, 1524, 1526 ff.; Schüppen/Sanna, ZIP 2002, 550, 552 f.; Dreher, ZHR 165 (2001), 293, 302 ff.; a.A.: Hüffer, AktG, § 84 Rn. 16.
498 Bohlscheid, RNotZ 2005, 505 ff.; Erdmann, NZG 2002, 503 f.; Fleischer/Thüsing, Handbuch des Vorstandsrechts, § 4 Rn. 11.
499 Eine beschränkte Einreisemöglichkeit lassen genügen: OLG Dresden, GmbHR 2003, 537, 538; LG Rostock, RNotZ 2004, 413; OLG Düsseldorf, GmbHR 1978, 110 f.; verneinend dagegen: OLG Köln, NZG 1999, 269; OLG Zweibrücken, NZG 2001, 857; OLG Hamm, DNotZ 2000, 235, 237; siehe dazu insgesamt Bohlscheid, RNotZ 2005, 505, 522 ff., m.w.N.
500 BGHZ 10, 187, 194 f. = NJW 1953, 1465; Fleischer/Thüsing, Handbuch des Vorstandsrechts, § 4 Rn. 42; Hüffer, AktG, § 84 Rn. 6.
501 OLG München, AG 2006, 337, 339 f. (n. rkr.).

Allein die bloße Verweigerung der Entlastung nach § 120 AktG ist mit diesem Vertrauensentzug aber nicht gleichzusetzen.[502]

171 Zulässig ist auch eine **Amtsniederlegung** durch den Vorstand selbst. Diese ist gegenüber der Gesellschaft, vertreten durch den Aufsichtsrat (§ 112 AktG) zu erklären.[503] Nach h.M. führt diese analog § 84 Abs. 3 Satz 4 AktG zur **sofortigen Beendigung des Vorstandsamtes**.[504] Eine gleichzeitige Kündigung des Anstellungsvertrages ist dabei nicht erforderlich.[505] Streitig ist, ob für die Amtsniederlegung ein wichtiger Grund vorliegen muss. Für das GmbH-Recht verneint der BGH dieses Erfordernis.[506] Gleiches wird daher auch für die AG gelten müssen.[507] Eine **rechtsmissbräuchliche Amtsniederlegung** ist unwirksam. Dies ist etwa der Fall, wenn die Gesellschaft handlungsunfähig würde, weil sie auch keinen handlungsfähigen Aufsichtsrat hat.[508]

8. Anmeldung zum Handelsregister

172 Jede **Änderung des Vorstandes oder der Vertretungsbefugnis** eines Vorstandsmitglieds ist nach § 81 AktG zur Eintragung in das **Handelsregister anzumelden**. Die Anmeldung hat nur deklaratorische Wirkung.[509] Zuständig für die Anmeldung ist der Vorstand in vertretungsberechtigter Zahl. Stellvertretung ist zulässig. Eine Anmeldung künftiger Tatsachen ist grds. nicht möglich. Der Anmeldung eines neuen Vorstandes muss also dessen Bestellung vorausgehen (§ 81 Abs. 3 AktG).[510] Ein ausgeschiedenes Vorstandsmitglied kann aber sein eigenes Ausscheiden nicht mehr anmelden. Zulässig ist indessen wie im GmbH-Recht, das Wirksamwerden des Ausscheidens vom Eingang der (eigenen) Anmeldung beim Registergericht oder von der Registereintragung selbst abhängig zu machen.[511] Überholte Anmeldungen sind nicht anmeldepflichtig, aber anmeldefähig.[512]

9. Anstellungsvertrag

173 Von dieser organschaftlichen Bestellung des Vorstandes zu unterscheiden ist der **Anstellungsvertrag** mit dem Vorstand im Sinne eines Dienstvertrages. Zuständig ist für den Abschluss ebenso der Aufsichtsrat als Vertreter der AG nach § 112 AktG. Inhaltlich enthält der Anstellungsvertrag die **üblichen Regelungen** wie insb. die Höhe der Vergütung und Versorgung, die Gewährung von Tantiemen und Nebenleistungen, Urlaub, nachvertragliches Wettbewerbsverbot, D & O Versicherung etc.[513]

---

502 BGH, WM 1962, 811; Fleischer/Thüsing, Handbuch des Vorstandsrechts, § 5 Rn. 27; Hüffer, AktG, § 84 Rn. 30; Semler/Volhard, Arbeitshandbuch für die Hauptversammlung, § 1 Rn. 162; Semler/Peltzer, Arbeitshandbuch für Vorstandsmitglieder, § 2 Rn. 107; a.A.: KölnerKomm-Akt/Mertens, § 84 Rn. 105; Wiesner, Münchener Handbuch des Gesellschaftsrechts, Bd. 4, § 20 Rn. 49.
503 Fleischer/Thüsing, Handbuch des Vorstandsrechts, § 5 Rn. 35; Hüffer, AktG, § 84 Rn. 36
504 BGH, NJW 1993, 1198; WM 1984, 532, 533; Lücke, in: Beck'sches Mandatshandbuch Vorstand der AG, 2004, § 2 Rn. 60.
505 KölnerKomm-AktG/Mertens, § 84 Rn. 162; Hüffer, AktG, § 84 Rn. 36; Wiesner, in: Münchener Handbuch des Gesellschaftsrechts, Bd. 4, § 20 Rn. 55.
506 BGHZ 121, 257, 260 = NJW 1993, 1198; BGH, NJW 1995, 2850.
507 Hüffer, AktG, § 84 Rn. 36; a.A.: AnwK-AktienR/Oltmanns/Unger, Kap. 1, § 84 Rn. 30; Fleischer/Thüsing, Handbuch des Vorstandsrechts, § 5 Rn. 36.
508 BayObLG, ZIP 1999, 1599; OLG Düsseldorf, ZIP 2001, 25 = GmbHR 2001, 144 (jeweils zur GmbH); Hüffer, AktG, § 84 Rn. 36; AnwK-AktienR/Oltmanns/Unger, Kap. 1, § 84 Rn. 30; Fleischer/Thüsing, Handbuch des Vorstandsrechts, § 5 Rn. 37; siehe dazu auch: DNotZ-Gutachten Nr. 72971 vom Dezember 2006.
509 Fleischer/Kort, Handbuch des Vorstandsrechts, 2006, § 2 Rn. 68; GK/Habersack, AktG, § 81 Rn. 13; Hüffer, AktG, § 81 Rn. 10.
510 OLG Düsseldor, GmbHR 2000, 232
511 LG Frankenthal, AG 2003, 460; Hüffer, AktG, § 81 Rn. 5; MünchKomm-AktG/Hefermehl/Spindler, § 81 Rn. 10.
512 AnwK-AktienR/Oltmanns/Unger, Kap. 1 § 81 Rn. 2; MünchKomm-AktG/Hefermehl/Spindler, § 81 Rn. 8.
513 Fleischer/Thüsing, Handbuch des Vorstandsrechts, § 4 Rn. 53 ff.; Hüffer, AktG, § 84 Rn. 16.

10. Zahl der Vorstandsmitglieder

Nach § 23 Abs. 2 Ziff. 6 AktG muss die Satzung auch die **Zahl der Mitglieder des Vorstandes** oder die Regeln, nach denen diese Zahl festgelegt wird, angeben. Der Vorstand kann dabei nach § 76 Abs. 2 AktG aus einer oder mehreren Personen bestehen. Bei Gesellschaften mit einem Grundkapital von mehr als 3 Mio. € muss der Vorstand mindestens aus zwei Personen bestehen, wenn die Satzung nichts anderes bestimmt (§ 76 Abs. 2 Satz 2 AktG). Sinnvoll ist es, die Anzahl der Vorstände in der Satzung nicht konkret zu bestimmen, da sonst eine häufige Satzungsänderung erforderlich sein könnte. I.d.R. wird dem Aufsichtsrat, oder aber auch der Hauptversammlung, die genaue Festlegung der Anzahl der Vorstandsmitglieder überlassen.[514]

174

11. Geschäftsordnung

Gemäß § 77 Abs. 2 AktG kann sich der Vorstand eine **Geschäftsordnung** geben.[515] Der Vorstand muss nach § 77 Abs. 2 Satz 3 AktG dazu einen **einstimmigen Beschluss** fassen. Hierbei handelt es sich jedoch nur um eine subsidiäre Zuständigkeit. Der Vorstand kann nicht tätig werden, wenn die Satzung die Kompetenz hierfür dem Aufsichtsrat zuweist sowie dann nicht, wenn die Satzung dazu schweigt, aber der Aufsichtsrat von sich aus eine Geschäftsordnung erlassen hat.[516] Inhaltlich enthält die Geschäftsordnung regelmäßig Bestimmungen über die Geschäftsverteilung, Gesamtverantwortung, Beschlussfassung und den Vorsitz in Vorstandssitzungen, sowie über die Zusammenarbeit mit dem Aufsichtsrat.[517] Nach § 111 Abs. 4 Satz 2 AktG muss die Satzung oder der Aufsichtsrat bestimmen, dass bestimmte Geschäfte nur mit seiner Zustimmung vorgenommen werden dürfen.[518] Sinnvoll erscheint es, diese Bestimmung der zustimmungspflichtigen Geschäfte in der vom Aufsichtsrat für den Vorstand erlassenen Geschäftsordnung zu regeln.[519] Dadurch wird vermieden, dass bei einer Änderung des Katalogs zustimmungspflichtiger Geschäfte stets eine Satzungsänderung erforderlich ist.

175

VIII. Aufsichtsrat

1. Aufgaben des Aufsichtsrats

Hauptaufgabe des Aufsichtsrats ist es, die Tätigkeit des Vorstandes gemäß § 111 AktG zu kontrollieren und zu überwachen.[520] Inhalt dieser **Überwachungspflicht** ist zum einen eine ex post Kontrolle der Vorstandstätigkeit. Dazu gehört auch, etwaige Schadensersatzansprüche gegen den Vorstand zu prüfen und zu verfolgen.[521] Erfasst ist davon aber auch die regelmäßige Beratung mit dem Vorstand über die künftige Geschäftspolitik. In Zeiten wirtschaftlicher Schwierigkeiten intensiviert sich die Prüfungs- und Überwachungspflicht des Aufsichtsrats.[522]

176

Eine weitere wesentliche Aufgabe des Aufsichtsrats besteht darin, den **Vorstand zu bestellen und abzuberufen** (§ 84 AktG), dem **Abschlussprüfer den Prüfungsauftrag zu erteilen** (§ 111 Abs. 2 Satz 3 AktG) und über den **Jahresabschluss** nach §§ 170 ff. AktG mit zu entscheiden.

---

514 GK/Röhricht, AktG, § 23 Rn. 160; Hüffer, AktG, § 23 Rn. 31; MünchKomm-AktG/Pentz, § 23 Rn. 135 ff.; LG Köln, AG 1999, 137.
515 Siehe wegen Musterformulierungen: Meyer-Landrut, Satzungen und Hauptverhandlungsbeschlüsse der AG, Rn. 162 ff.; AnwK-AktienR/Lohr/Terbrack, Muster Rn. 10.
516 Hüffer, AktG, § 77 Rn. 19; Wiesner, in: Münchener Handbuch des Gesellschaftsrechts, Bd. 4, § 22 Rn. 18.
517 Vgl. zur Leitungsfunktion des Vorstandes: Fleischer, ZIP 2003, 1 ff.
518 Siehe zur Fassung des Katalogs zustimmungspflichtiger Geschäfte: Lange, DStR 2003, 376.
519 Vgl. dazu Grage, RNotZ 2002, 326, 327 f.; Kniegge, WM 2002, 1729, 1733; Götz, NZG 2002, 599, 602.
520 Vgl. dazu: Henze, BB 2005, 165 ff.
521 BGHZ 135, 244 = NJW 1997, 1926; Henze, NJW 1998, 3309 ff.; Hoffmann/Preu, Der Aufsichtsrat, Rn. 102.9.
522 OLG Stuttgart, AG-Report 7/2006, R 135.

2. Aufgaben im Zusammenhang mit der Hauptversammlung

177 Der Aufsichtsrat ist daneben berechtigt und verpflichtet, die Hauptversammlung gemäß § 111 Abs. 3 AktG **einzuberufen**, wenn es das Wohl der Gesellschaft verlangt. In Betracht kommt hier der Fall, dass der Vorstand die nach Ansicht des Aufsichtsrats gebotene Einberufung nicht vornimmt, etwa wenn ein Vertrauensentzug gegenüber dem Vorstand im Raum steht (§ 84 Abs. 3 Satz 2 AktG) oder wenn Beschluss über die Geltendmachung von Schadensersatzansprüchen nach §§ 93 Abs. 2, 147 AktG gefasst werden soll. In den Fällen des § 245 Ziff. 5 AktG ist jedes einzelne Mitglied des Aufsichtsrats zur Anfechtung von Hauptversammlungsbeschlüssen berechtigt.

178 Weitere Aufgaben in Bezug auf die Hauptversammlung bestehen vornehmlich in der **Teilnahmepflicht** nach § 118 AktG und in der **Berichtspflicht** nach §§ 171 Abs. 2, 314 AktG. Für die Berichtspflicht besteht eine Frist von einem Monat (§ 171 Abs. 3 AktG). Die Frist beginnt mit der Vorlage des Prüfungsberichts des Abschlussprüfers.[523] Die bloße formelhafte Versicherung, der Aufsichtsrat habe die Geschäftsführung aufgrund der Vorstandsberichte und gemeinsamer Sitzungen mit dem Vorstand etc. laufend überwacht, genügt der Berichtspflicht nur dann, sofern es dem Unternehmen gut geht.[524] Nach der neueren Rspr. ist dieser Bericht keineswegs reine Formsache.[525] Vielmehr muss der Aufsichtsrat über die einzelnen von ihm vorgenommenen Prüfungsmaßnahmen berichten, insb. über die Zahl der Sitzungen des Aufsichtsrats, über den Gegenstand der einzelnen Prüfungen sowie über die angewendete Prüfungsmethodik.[526] Die mit der Prüfungspflicht korrespondierende **Berichtspflicht intensiviert sich bei wirtschaftlichen Schwierigkeiten**.[527]

Gegenstand der Berichterstattung müssen dann insb. **außergewöhnliche Prüfungsmaßnahmen** sein.

Beispiele:

Anforderungsberichte nach § 90 Abs. 3 AktG, Einsicht in die Bücher der Gesellschaft nach § 111 Abs. 2 Satz 2 AktG, die Beauftragung besonderer Sachverständiger (§ 111 Abs. 2 Satz 2 AktG) sowie Zustimmungsvorbehalte nach § 111 Abs. 4 AktG bis hin zur Bestellung oder Abberufung der Mitglieder des Vorstandes oder aber eine Darlegung der Gründe für die bewusste Nichtausübung solcher gesetzlicher Befugnisse des Aufsichtsrats.

Dem Bericht müssen die Schwerpunkte und zentralen Fragestellungen der Überwachungs- und Beratungstätigkeit des Aufsichtsrats entnommen werden können. Durch den **schriftlichen Bericht des Aufsichtsrats** muss die Hauptversammlung eine konkrete, am tatsächlichen Überwachungsaufwand gemessene Vorstellung von der Überwachungstätigkeit erlangen, um auf dieser Grundlage über die Entlastung des Vorstandes und des Aufsichtsrats entscheiden zu können.[528] Ungenügend ist daher die verbreitete Formulierung, der Aufsichtsrat habe das Prüfungsergebnis des Abschlussprüfers zustimmend zur Kenntnis genommen, den Jahresabschluss usw. geprüft und erhebe keine Einwendungen dagegen oder man habe sich regelmäßig anhand schriftlicher und mündlicher Berichte des Vorstandes eingehend über die Lage des Unternehmens unterrichtet.[529] Nach Ansicht des LG Berlin ergebe sich daraus weder eine eigene Prüfung noch ein Ergebnis der Prüfung des Aufsichtsrats.[530]

---

523 Strieder, AG 2006, 363, 366.
524 So noch OLG Hamburg, AG 2001, 359; ebenso: Maser/Bäumker, AG 2005, 906, 908 f.; a.A.: LG München, AG 2005, 408.
525 OLG Stuttgart, AG-Report 7/2006, R 135; LG München, AG 2005, 408; LG Berlin, DB 2005, 1320; siehe dazu umfassend: Kiethe, NZG 2006, 888 ff.; Vetter, ZIP 2006, 258 ff.
526 LG München, AG 2005, 408 = ZIP 2005, 1031.
527 OLG Stuttgart, AG-Report 7/2006, R 135; Kiethe, NZG 2006, 888 ff.; Uhlendorf, BB 2006, 1024.
528 OLG Stuttgart, AG-Report 7/2006, R 135; LG München I, AG 2006, 762, 763 f. (n. rkr.); Uhlendorf, BB 2006, 1024.
529 OLG Stuttgart, AG-Report 7/2006, R 135; Uhlendorf, BB 2006, 1024.
530 LG Berlin, DB 2005, 1320.

Weitere Aufgabe des Aufsichtsrats ist es, **Vorschläge zur Beschlussfassung** in der Hauptversammlung nach § 124 Abs. 3 AktG zu unterbreiten. Kompetenzen bestehen schließlich im Zusammenhang mit Satzungsänderungen.

Beispiele:
Bei der Fassungsänderung nach § 179 Abs. 1 Satz 2 AktG,[531] beim genehmigten Kapital nach §§ 202 Abs. 3 Satz 2, 204 Abs. 1 AktG, sowie bei der Anmeldung von Kapitalmaßnahmen zur Eintragung im Handelsregister (§§ 184, 188, 195, 207 Abs. 2, 223), dort allerdings nur für den Aufsichtsratsvorsitzenden.

3. Mittel der Überwachung

Dem Aufsichtsrat stehen **grds. nur Informationsrechte** zu, wie insb. in den §§ 111 Abs. 2 und 125 Abs. 2 und 3 AktG. Daneben besteht ihm gegenüber eine **Berichtspflicht des Vorstandes** nach § 90 AktG. Auch die **Prüfung des Jahresabschlusses** nach §§ 170 ff. AktG ist letztlich ein Mittel der Überwachung.[532]

Präventiv kann der Aufsichtsrat daneben auch tätig werden, indem er für den Vorstand eine **Geschäftsordnung** erlässt (§ 77 Abs. 2 AktG) und – unabhängig von einer etwaigen Satzungsregelung – (weitere) bestimmte Arten von Geschäften festlegt, die von der **Zustimmung des Aufsichtsrats** abhängig sind (§ 111 Abs. 4 Satz 2 AktG).[533]

4. Vertretung der Gesellschaft gegenüber dem Vorstand

Nach § 112 AktG wird die Gesellschaft Vorstandsmitgliedern gegenüber **zwingend**[534] **durch den Aufsichtsrat vertreten**. Betroffen sind davon alle Rechtsgeschäfte mit Vorstandsmitgliedern, insb. auch solche im Vorfeld der Bestellung zum Vorstand sowie nach Ausscheiden des Betroffenen aus dem Vorstandsamt.[535] Der Abschluss einer D & O Versicherung fällt dagegen nicht darunter, auch wenn der Vorstand Begünstigter ist.[536]

§ 112 AktG ist dagegen nicht anwendbar, wenn es um einen Vertrag der AG mit einer anderen Gesellschaft geht, an der ein Vorstandsmitglied (maßgeblich) beteiligt ist, es sei denn, es liegt ein Fall **wirtschaftlicher Identität** (z.B. Einmann-Gesellschaft) vor.[537] Problematisch ist die Rechtslage, wenn einzelne Vorstandsmitglieder der AG zu Geschäftsführern oder Vorständen in Tochtergesellschaften bestellt werden sollen.[538] Nach einer Ansicht ist § 112 AktG unanwendbar, wenn es im **Konzernverhältnis** lediglich um Rechtsgeschäfte geht, die ausschließlich die abhängige Gesellschaft berühren.[539] Nach a.A. gilt § 112 AktG dagegen auch hier.[540] Daneben wird auch zwischen dem organschaftlichen Bestellungsakt und dem Anstellungsvertrag unterschieden.[541] Ist eine AG und eines ihrer Vorstandsmitglieder an einer GmbH beteiligt und ist dort eine Satzungsänderung oder eine Strukturmaßnahme zu beschließen, ist gleichfalls

---

531   Eine generelle Ermächtigung zur Fassungsänderung in der Satzung ist zulässig. Vgl. Semler, in: Münchener Handbuch des Gesellschaftsrechts, Bd. 4, § 39 Rn. 56; GK/Wiedemann, AktG, § 179 Rn. 107; KölnerKomm-AktG/Zöllner, § 179 Rn. 174; Hüffer, AktG, § 179 Rn. 11.
532   Hoffmann-Becking, in: Münchener Handbuch des Gesellschaftsrechts, § 29 Rn. 28.
533   D. Mayer, MittBayNot 2003, 96, 100; siehe dazu: Dietrich, DStR 2003, 1577; siehe zum Zustimmungsvorbehalt oben Rn. 158 ff.; sowie Fonk, ZGR 2006, 841 ff.
534   Zu den Rechtsfolgen eines Verstoßes gegen § 112 AktG siehe oben Rn. 158 ff.
535   BGH, AG 1991, 269; NJW 1995, 2559; NJW 1997, 2324; MünchKomm-AktG/Semler, § 112 Rn. 17 ff.; Hüffer, AktG, § 112 Rn. 2.
536   MünchKomm-AktG/Semler, § 112 Rn. 10; siehe dazu bereits oben Rn. 162 ff.
537   DNotI-Report 2004, 75 ff.; OLG Saarbrücken, AG 2001, 483; Fischer, ZNotP 2002, 297 ff.; Hüffer, AktG, § 112 Rn 2; KölnerKomm-AktG/Mertens, § 112 Rn. 14.
538   Siehe dazu Pluskat/Baßler, Der Konzern 2006, 403 ff.
539   LG Nürnberg-Fürth, AG 2001, 152; GK/Hopt/Roth-AktG, § 112 Rn. 67; MünchKomm-AktG/Semler, § 112 Rn. 16; KölnerKomm-AktG/Mertens, § 112 Rn. 2; Bormann, OLGR 12/2003, K 21, K 24.
540   Baetzgen, RNotZ 2005, 193, 223; Götze, GmbHR 2001, 217, 220.
541   Pluskat/Baßler, Der Konzern 2006, 403 ff.: Für die Bestellung gilt § 112 AktG nicht, wohl aber für den Anstellungsvertrag.

ein **Insichgeschäft i.S.d. § 112 AktG, § 181 BGB** anzunehmen.[542] Anders ist es nur bei „einfachen" Gesellschafterbeschlüssen. Dann gilt § 112 AktG nicht.[543]

Die gleiche Frage stellt sich schließlich, ob in einer Tochtergesellschaft deren Vorstand/Geschäftsführer – soweit gesetzlich zulässig – von den **Beschränkungen des § 181 BGB befreit** werden kann, wenn der die AG als Gesellschafterin vertretende Vorstand selbst nicht von § 181 BGB befreit ist. Ohne weiteres zulässig ist eine solche Befreiung von § 181 BGB jedenfalls dann, wenn die Vertretungsorgane in der Tochtergesellschaft personenverschieden sind zum Vorstand der AG. Im Fall der Personenidentität gelten die vorstehenden Überlegungen zu § 112 AktG entsprechend.[544]

182 Zuständig zur Vertretung ist grds. der **gesamte Aufsichtsrat**. Im Einzelnen wird dabei zwischen der Willensbildung und der Vertretung im engeren Sinn unterschieden. Die Willensbildung setzt einen Beschluss des Aufsichtsrats nach § 108 Abs. 1 AktG voraus, der nach § 107 Abs. 3 AktG auch einem Ausschuss, nicht aber einem einzelnen Mitglied oder etwa dem Aufsichtsratsvorsitzenden, übertragen werden kann.[545] Inwieweit dieser **Grundsatz der Gesamtvertretung** dann auch im Außenverhältnis gilt ist umstritten. Nach einer Ansicht gilt dieses Prinzip uneingeschränkt für die Aktiv- und Passivvertretung.[546] Nach a.A. ist bei der Passivvertretung die Erklärung gegenüber einem einzelnen Aufsichtsratsmitglied ausreichend.[547] Eine Erklärung gegenüber dem Aufsichtsratsvorsitzenden genügt aber immer.[548] Stets zulässig ist es auch, wenn sämtliche Aufsichtsratsmitglieder als Vertreter tätig werden.[549] Namentlich für die Aktivvertretung ist weiter umstritten, ob bei Bevollmächtigung einzelner Aufsichtsratsmitglieder nur eine **Erklärungsvertretung** zulässig ist, bei der der vorangehende Aufsichtsratsbeschluss bereits alle Einzelheiten enthält,[550] oder ob und wenn ja, in welchem Umfang, dem Bevollmächtigten ein **eigener Handlungsspielraum** eingeräumt werden kann. Nach übereinstimmender Ansicht muss der wesentliche Vertragsinhalt bereits von der Willensbildung des Aufsichtsrats getragen und der Gestaltungsspielraum daher entsprechend eingegrenzt sein.[551]

183 Eines besonderen Nachweises wird es bei der Vertretung durch den Gesamtaufsichtsrat im Allgemeinen nicht bedürfen; im Übrigen genügen hierfür die Geschäftsordnung oder das Protokoll über die Aufsichtsratssitzung bzw. eine besondere Ermächtigungsurkunde.[552] Für das Grundbuchverfahren muss wegen § 29 GBO zumindest die Unterschrift des Aufsichtsratsvorsitzenden öffentlich beglaubigt werden.[553]

5. Verträge mit Aufsichtsratsmitgliedern

184 Für Verträge mit Aufsichtsratsmitgliedern besteht in § 114 AktG eine **Sondervorschrift**. Die Gesellschaft wird zwar – wie üblich – durch ihren Vorstand Aufsichtsratsmitgliedern gegenüber vertreten. Geht es

---

542 BayObLG, NZG 2001, 128; LG Berlin, GmbHR 1997, 750; DNotI-Report 2006, 61 f.; Baumbach/Hueck/Zöllner, GmbHG, § 47 Rn. 60.
543 BGHZ 52, 316 = NJW 1970, 33; BayObLGZ 1988, 400; Scholz/K. Schmidt, GmbHG, § 47 Rn. 178; DNotI-Report 2006, 61 f.
544 So wohl auch BayObLGZ 2000, 325 ff. = ZIP 2001, 70; LG Berlin, GmbHR 1997, 750 f.; DNotI-Report 2006, 61.
545 MünchKomm-AktG/Semler, § 112 Rn. 45 ff.; Hüffer, AktG, § 112 Rn. 4 f.
546 MünchKomm-AktG/Semler, § 112 Rn. 50 ff. und 59 ff.; KölnerKomm-AktG/Mertens, § 112 Rn. 23; Wiesner, in: Münchener Handbuch des Gesellschaftsrechts, Bd. 4, § 23 Rn. 7; Hoffmann-Becking, in: Münchener Handbuch des Gesellschaftsrechts, Bd. 4, § 31 Rn. 88.
547 Hüffer, AktG, § 112 Rn. 4.
548 KölnerKomm-AktG/Mertens, § 112 Rn. 23; MünchKomm-AktG/Semler, § 112 Rn. 60.
549 Hüffer, AktG, § 112 Rn. 4.
550 So wohl Hüffer, AktG, § 112 Rn. 5.
551 Hüffer, AktG, § 112 Rn. 5; KölnerKomm-AktG/Mertens, § 112 Rn. 28; MünchKomm-AktG/Semler, § 112 Rn. 57.
552 Hüffer, AktG, § 112 Rn. 6; GK/Hopt/Roth, AktG § 112 Rn. 100 f.
553 GK/Hopt/Roth, AktG § 112 Rn. 101 ff.; S. Schmidt, BWNotZ 1985, 52 ff.; Steiner, BB 1998, 1910, 1911 f.; Hüffer, AktG, § 112 Rn. 6.

jedoch um einen **Dienstvertrag oder Werkvertrag höherer Art** i.S.d. § 114 AktG, ist zusätzlich der Zustimmung des Aufsichtsrats als Organ erforderlich.[554]

Beispiel:

Typischerweise erfasst sind davon Beraterverträge, u.U. auch mit Sozien des Aufsichtsratsmitglieds oder mit im Umfeld des Aufsichtratsmitglieds stehenden Gesellschaften.[555]

Für das betroffene Aufsichtsratsmitglied besteht ein **Stimmrechtsausschluss**.[556] Seinem Anwendungsbereich nach erfasst § 114 AktG solche Verträge unabhängig davon, ob sie bereits vor oder erst nach Amtsbeginn des Aufsichtsrats vereinbart wurden.[557] Verträge, die gegen § 114 AktG verstoßen, führen zu einem **Rückgewähranspruch** nach § 114 Abs. 2 AktG.[558] Die Wirksamkeit einer etwa gleichzeitig erteilten **Prozessvollmacht** bleibt von dem Verstoß gegen § 114 Abs. 1 AktG allerdings unberührt.[559]

§ 114 AktG gilt dabei nicht nur, wenn die AG einen **Vertrag** mit einem ihrer Aufsichtsratsmitglieder **selbst abschließt**, sondern auch dann, wenn Vertragspartner der AG eine Gesellschaft ist, an der ein Aufsichtsratsmitglied – nicht notwendig beherrschend – beteiligt ist und wenn dem Aufsichtsratsmitglied auf diesem Wege mittelbar Leistungen der AG zufließen, die geeignet sind, in Widerspruch zu den mit den §§ 113, 114 AktG verfolgten Zielen die **unabhängige Wahrnehmung der organschaftlichen Überwachungstätigkeit** eines Aufsichtsratsmitglieds zu gefährden.[560] Eine solche Gefahr kann allenfalls dann verneint werden, wenn es sich bei denn mittelbaren Leistungen um – abstrakt betrachtet – ganz geringfügige Leistungen handelt oder wenn sie im Vergleich zu der von der Hauptversammlung durch Satzungsbestimmung festgesetzten Aufsichtsratsvergütung einen vernachlässigenswerten Umfang haben.[561]

185

6. Zusammensetzung

Gemäß § 95 Abs. 1 Satz 1 AktG besteht der Aufsichtsrat aus **drei Mitgliedern**. Die Satzung kann eine **höhere Zahl festsetzen**, sofern sie **durch drei teilbar** ist. Im oben verwendeten Satzungsmuster (Rn. 116) wird von einem sechsköpfigen Aufsichtsrat ausgegangen, um sicherzustellen, dass für die Beschlussfähigkeit mindestens drei Mitglieder an der Beschlussfassung nach § 108 Abs. 2 Satz 3 AktG teilnehmen. Besonderheiten bestehen im Fall der Arbeitnehmermitbestimmung.[562]

186

---

554 Werner, DB 2006, 935 ff.
555 OLG Frankfurt, DB 2006, 942, 943; OLG München, Der Konzern 2006, 212, 214; MünchKomm-AktG/Semler, § 114 Rn. 44.; Werner, DB 2006, 935, 936.
556 OLG Frankfurt, DB 2006, 942, 944; BayObLG, NZG 2003, 691 = ZIP 2003, 1194; Werner, DB 2006, 935, 937; Hüffer, AktG, § 108 Rn. 9.
557 BGHZ 114, 127, 133 = NJW 1991, 1830; Hüffer, AktG, § 114 Rn. 2.
558 Werner, DB 2006, 935, 937.
559 OLG München, Der Konzern 2006, 212.
560 BGH, Urt. v. 20.11.2006 – II ZR 279/05 im Anschluss an BGH, ZIP 2006, 1529.
561 BGH, ZIP 2007, 22; Vetter, AG 2006, 173, 176 f.; Werner, DB 2006, 935, 936; Lutter/Krieger, Rechte und Pflichten des Aufsichtsrats, Rn. 749; Müller, NZG 2002, 797, 798.
562 Siehe hierzu das Drittelbeteiligungsgesetz, das mit Wirkung zum 1.7.2004 die §§ 76 ff. BetrVG 1952 abgelöst hat (BGBl. 2004 I, S. 974). Mit dem sog. DrittelbG hat der Gesetzgeber die einzigen, nach wie vor geltenden Vorschriften der §§ 76 – 87a BetrVG 1952 abgelöst. Darin ist die Drittelbeteiligung der Arbeitnehmer im Aufsichtsrat geregelt. Die übrigen Vorschriften des BetrVG 1952 wurden bereits durch die Neuregelung der Betriebsverfassung im Jahr 1972 aufgehoben. Nach Auffassung des Gesetzgebers waren der damit verbliebene „Regelungsrest" zur Unternehmensmitbestimmung und die darauf aufbauende Wahlordnung für die Arbeitnehmervertreter im Aufsichtsrat aus dem Jahr 1953 insb. infolge weiterer zwischenzeitlicher Gesetzesänderungen für die Praxis nur noch schwer handhabbar gewesen. Der Gesetzgeber entschloss sich deshalb, mit dem DrittelbG die Arbeitnehmermitbestimmung neu zu regeln. Mit der Neuregelung sollen dem Anwender systematisch gegliederte und zeitgemäße Vorschriften an die Hand gegeben werden. Nach Auffassung des maßgeblichen Bundesratsausschusses werden damit die gesetzlichen Regelungen zur Drittelbeteiligung der Arbeitnehmer im Aufsichtsrat anwenderfreundlich gestaltet, „ohne den bisherigen Geltungsbereich und den Inhalt des Gesetzes zu verändern." Siehe dazu BT-Drucks. 15/2739, S. 1; zur Gesetzesbegründung auch BR-Drucks. 10/04; vgl. i.Ü. Kleinsorge, NWB Fach 26, S. 4267; Melot de Beauregard, DB 2004, 1430.

187 Die Änderung der Anzahl der Aufsichtsratsmitglieder erfolgt im Wege einer **Satzungsänderung**. Diese wird wirksam mit Eintragung im Handelsregister (§ 181 Abs. 3 AktG). Im Fall einer Vergrößerung des Aufsichtsrats sind die fehlenden Aufsichtsratsmitglieder durch die Hauptversammlung nachzuwählen. Dies kann gleichzeitig mit dem Beschluss über die Satzungsänderung erfolgen.[563] Im Fall der Verkleinerung des Aufsichtsrats ist nach der mittlerweile herrschenden Ansicht davon auszugehen, dass diese Satzungsänderung trotz ihres Wirksamwerdens mit Eintragung im Handelsregister nicht dazu führen kann, dass das Amt der Aufsichtsratsmitglieder während ihrer noch laufenden Amtsperiode endet. Dies gilt namentlich für Arbeitnehmervertreter im Aufsichtsrat. Anderenfalls wären **Manipulationsmöglichkeiten** eröffnet, sodass etwa durch eine Verkleinerung der Aufsichtsratsgröße missliebige Arbeitnehmervertreter aus dem Aufsichtsrat herausgedrängt werden könnten. Die Möglichkeit einer solchen Einflussnahme der Anteilseigner auf die rechtliche Stellung der Arbeitnehmervertreter im Aufsichtsrat wäre mit dem System des Mitbestimmungsrechts nicht zu vereinbaren.[564] Die bestehenden Aufsichtsratsmandate enden damit gemäß den allgemeinen Vorschriften.

Gleiches gilt grds. für die Anteilseignervertreter im Aufsichtsrat, da eine unterschiedliche Behandlung der Arbeitnehmer- und der Anteilseignervertreter im Aufsichtsrat nicht geboten ist.[565] Allerdings gelten für die Anteilseignervertreter im Aufsichtsrat nicht die mitbestimmungsrechtlichen Vorschriften.

> **Hinweis:**
> In mitbestimmungsfreien Gesellschaften ist es deshalb nicht geboten, im Hinblick auf den Vertrauensschutz die Anteilseignervertreter zwingend im Amt zu belassen, bis ihre normale Amtsperiode endet. Vielmehr ist es dort gerechtfertigt, die „überzähligen" Anteilvertreter nach § 103 AktG auch ohne Vorliegen eines wichtigen Grundes abzuberufen.[566]

188 Soweit der Vorstand der Ansicht ist, dass der Aufsichtsrat unter mitbestimmungsrechtlichen Gesichtspunkten nicht ordnungsgemäß zusammengesetzt ist, ist nach §§ 97 ff. AktG ein **sog. Statusverfahren** durchzuführen. Die Vorschriften stellen dabei darauf ab, ob sich die Zusammensetzung des Aufsichtsrats nach einem anderen Modell i.S.d. § 96 Abs. 1 AktG als bisher bestimmt.[567] Nach herrschender, wenngleich umstrittener Ansicht kommt es hierbei nur auf die gesetzlichen Vorschriften über die Zusammensetzung des Aufsichtsrats an. Ein Statusverfahren ist deshalb nach h.M. nicht erforderlich bei (freiwilligen) Satzungsänderungen.[568] Hauptfall der Anwendung der Vorschriften über das Statusverfahren ist die Änderung des mitbestimmungsrechtlichen Status der Gesellschaft und ein dadurch bedingter Wechsel des Aufsichtsratssystems. Ferner gehören hierher Veränderungen relevanter Schwellenzahlen innerhalb desselben Aufsichtsratssystems.[569]

189 Das Verfahren nach §§ 97 ff. AktG erfolgt in **zwei Stufen**: Zunächst erfolgt die für alle Beteiligten verbindliche Festlegung der für die Bildung des Aufsichtsrats maßgeblichen gesetzlichen Vorschriften, was entweder durch – innerhalb eines Monats unangefochtene – **Bekanntmachung des Vorstandes** nach § 97 Abs. 2 Satz 1 AktG oder durch **gerichtliche Entscheidung** nach § 98 Abs. 4 Satz 1 AktG erfolgt. Sodann wird die Überleitung vollzogen, indem nach § 97 Abs. 2 AktG die entgegenstehenden Satzungsbestimmungen geändert werden oder kraft Gesetzes außer Kraft treten, alle bisherigen Aufsichtsratsmandate

---

563 Hüffer, AktG, § 95 Rn. 5.
564 OLG Hamburg, WM 1988, 1487, 1490; OLG Dresden, ZIP 1997, 589, 591; GK/Hopt/Roth, AktG, § 95 Rn. 96; Hüffer, AktG, § 95 Rn. 5; MünchKomm-AktG/Semler, § 95 Rn. 43.
565 MünchKomm-AktG/Semler, § 95 Rn. 44; GK/Hopt/Roth, AktG, § 95 Rn. 96.
566 KölnerKomm-AktG/Mertens, § 95 Rn. 27; GK/Hopt/Roth, AktG, § 95 Rn. 96; MünchKomm-AktG/Semler, § 95 Rn. 38.
567 OLG Hamburg, WM 1988, 1487, 1488.
568 OLG Hamburg, WM 1988, 1487, 1488 = AG 1989, 64, 65; KölnerKomm-AktG/Mertens, § 97 Rn. 40; MünchKomm-AktG/Semler, § 97 Rn. 32; Hüffer, AktG, § 97 Rn. 3; a.A.: Oettker, ZHR 149 (1985), 575, 582 ff.; in diesem Sinne wohl auch BAG DB 1990, 1142.
569 Hüffer, AktG, § 97 Rn. 3; MünchKomm-AktG/Semler, § 97 Rn. 7 ff.

erlöschen und eine vollständige Neubesetzung des Aufsichtsrats stattfindet. Bis zum Vollzug der Überleitung nach § 97 Abs. 2 AktG bleibt der Aufsichtsrat nach den alten Satzungsbestimmungen rechtmäßig zusammengesetzt und uneingeschränkt handlungsfähig, auch wenn die tatbestandlichen Voraussetzungen für die bisher angewandten Vorschriften unstreitig entfallen sind (sog. **Status quo-Prinzip** des § 96 Abs. 2 AktG).[570]

7. Bestellung und Abberufung der Aufsichtsratsmitglieder

Die Bestellung und Abberufung des Aufsichtsrats erfolgt grds.[571] **durch die Hauptversammlung** (§ 101 AktG); nach § 103 Abs. 3 AktG kann der Aufsichtsrat selbst auch Antrag stellen auf gerichtliche Abberufung eines seiner Mitglieder.[572] Die Satzung kann auch das Recht einräumen, Mitglieder in den Aufsichtsrat zu entsenden (§ 101 Abs. 2 AktG). **Wahlvorschläge** für die Hauptversammlung kann hierzu der Aufsichtsrat selbst nach § 124 Abs. 3 Satz 1 AktG oder jeder Aktionär machen (§ 127 AktG), nicht aber der Vorstand machen (§ 124 Abs. 3 Satz 1 AktG). Unter den Voraussetzungen des § 137 AktG ist über den Wahlvorschlag eines Aktionärs vor dem Vorschlag des Aufsichtsrats abzustimmen. Die Wahl der Aufsichtsräte erfolgt in Form einer **Einzelwahl**; auch eine **Simultanwahl** ist zulässig.[573] Statthaft ist nach h.M. ebenso eine **Block- oder Listenwahl**, bei der mehrere Aufsichtsratsmitglieder zu wählen sind und bei der die Liste nur insgesamt angenommen oder abgelehnt werden kann.[574] Voraussetzung für die Zulässigkeit einer Blockwahl ist zunächst ein **Hinweis des Versammlungsleiters vor der Abstimmung**, dass Aktionäre, die bei der Listenwahl auch nur gegen einen der Vorgeschlagenen stimmen wollen, insgesamt gegen die Liste bzw. den Vorschlag stimmen müssen. Wird dann die Liste insgesamt abgelehnt, findet eine **Einzelwahl** statt.[575] Streitig ist, ob schon der Widerspruch eines einzelnen Aktionärs gegen die Blockwahl dazu führt, dass zwingend eine Einzelwahl durchzuführen ist,[576] oder ob in diesem Fall erst über einen entsprechenden Verfahrensantrag bzw. Geschäftsordnungsantrag „Blockabstimmung oder Einzelabstimmung" und erst danach über den eigentlichen Sachantrag in der entsprechenden Art und Weise abgestimmt werden muss.[577]

Für den Fall des **Ausscheidens eines Aufsichtsratsmitglieds während der laufenden Amtsperiode** kann die Wahl von Ersatzaufsichtsratsmitgliedern vorgesehen werden (§§ 101 Abs. 3 Satz 2 f., 102 Abs. 2 AktG). Ersatzmitglieder können nur gleichzeitig mit dem eigentlichen Aufsichtsratsmitglied gewählt werden (§ 101 Abs. 3 Satz 3 AktG). Ihre Amtszeit endet nach § 102 Abs. 2 AktG mit Ablauf der Amtszeit des weggefallenen Aufsichtsratsmitglieds.

In **Ausnahmefällen** kommt auch eine **gerichtliche Bestellung von Aufsichtsratsmitgliedern** in Betracht, wenn nämlich der Aufsichtsrat weniger Mitglieder hat, als für die Beschlussfähigkeit notwendig ist (§ 104

---

[570] Vgl. nur Hoffmann-Becking, in: Münchener Handbuch des Gesellschaftsrechts, Bd. 4, § 28 Rn. 50; Hüffer, AktG, § 96 Rn. 13; KölnerKomm-AktG/Mertens, § 96 Rn. 22; Geßler/Hefermehl, AktG, § 96 Rn. 51.
[571] Besonderheiten bestehen für die Wahl der Arbeitnehmervertreter im mitbestimmten Aufsichtsrat nach dem DrittelBG bzw. den anderen Mitbestimmungsgesetzen.
[572] Siehe zu dem Sonderfall der Abberufung eines Aufsichtsratsmitglieds bei einem dreigliedrigen Aufsichtsrat durch entsrechenden Beschluss des Aufsichtsratsgremiums: BayObLG, AG 2003, 427 = BB 2003, 2140; Henze, BB 2005, 165, 173.
[573] Siehe dazu unten Rn. 289 ff.
[574] Hüffer, AktG, § 101 Rn. 6; MünchKomm-AktG/Semler, § 101 Rn. 39.
[575] Semler/Volhard/Fischer, Arbeitshandbuch für die Hauptversammlung, § 11 Rn. 201 f.; Hüffer, AktG, § 101 Rn. 6; Hoffmann-Becking, in: Münchener Handbuch des Gesellschaftsrechts, Bd. 4, § 30 Rn. 16; MünchKomm-AktG/Semler, § 101 Rn. 39; KölnerKomm-AktG/Mertens, § 101 Rn. 16; Semler/Volhard, Arbeitshandbuch für die Hauptversammlung, § 19 Rn. 20; a.A.: Geßler/Hefermehl, AktG, § 101 Rn. 31.
[576] So aber Henze, BB 2005, 165, 171; in diese Richtung wohl auch LG München I, AG 2004, 330 = BB 2004, 958, 959.
[577] So ausdrücklich jetzt Fuhrmann, ZIP 2004, 2081, 2084 f.; i.E. ebenso Dietz, BB 2004, 452; Gerber/Wernicke, DStR 2004, 1138, 1139 f.; siehe dazu unten Rn. 289 ff.

AktG).[578] Notwendig ist hierfür ein Antrag des Vorstandes, eines Aufsichtsratsmitglieds oder eines Aktionärs. Im Übrigen unterscheiden § 104 Abs. 1 Satz 3 und Abs. 2 AktG dabei zwischen mitbestimmten und mitbestimmungsfreien Gesellschaften Die Amtszeit der gerichtlich bestellten Aufsichtsratsmitglieder endet gemäß § 104 Abs. 5 AktG automatisch, sobald der Mangel behoben ist.

Der Vorstand hat bei jeder Änderung in den Personen der Aufsichtsratsmitglieder gem. § 106 AktG unverzüglich eine Liste der Mitglieder des Aufsichtsrats, aus welcher Name, Vorname, ausgeübter Beruf und Wohnort der Mitglieder ersichtlich ist, zum Handelsregister einzureichen. Das Handelsregister hat auf die Einreichung der (neuen) Liste durch Bekanntmachung gem. § 10 HGB hinzuweisen.

8. Persönliche Voraussetzungen der Aufsichtsratsmitglieder

193 Die zu wählenden Aufsichtsratsmitglieder müssen bestimmte, i.E. in den §§ 100, 105 AktG genannte **Voraussetzungen** erfüllen. Aufsichtsrat kann also z.B. nicht sein, wer Mitglied des Vorstandes oder Prokurist der Gesellschaft bzw. gesetzlicher Vertreter eines von der AG abhängigen Unternehmens ist (§§ 105, 100 Abs. 2 Nr. 2 AktG). Der Wechsel vom Vorstand in den Aufsichtsrat ist dagegen zulässig; unschädlich ist auch die bloße Mitgliedschaft im Aufsichtsrat eines abhängigen Unternehmens.[579] Auch scheidet als Aufsichtsratsmitglied nicht schon aus, wer Vorstand eines konkurrierenden Unternehmens ist, es sei denn die Konkurrenzsituation betrifft dauerhaft die gesamte Tätigkeit und den **wesentlichen Kernbereich der Gesellschaft**.[580] Zu beachten ist, dass diese Inkompatibilitätsvorschriften nur für den tatsächlich im Amt befindlichen Aufsichtsrat gelten. Für Ersatzmitglieder des Aufsichtsrats gelten diese Bestimmungen nicht schon bei ihrer Wahl zu Ersatzmitgliedern, sondern erst, wenn das Ersatzmitglied in den Aufsichtsrat nachrückt.[581] Im Übrigen gilt hier der sog. **Prioritätsgrundsatz**, d.h. das zunächst bestehende Rechtsverhältnis schließt die Eingehung des späteren Rechtsverhältnisses aus. Das zuerst eingegangene Rechtsverhältnis ist und bleibt wirksam. Soll demgegenüber das zweite Rechtsverhältnis wirksam werden, muss das erste Rechtsverhältnis aufgegeben werden.[582] Ein Vorrang des Aufsichtsratsmandats im Verhältnis zu den anderen Rechtsstellungen besteht nicht.

9. Amtszeit

194 Die **Amtszeit der Aufsichtsratsmitglieder** ist in § 102 AktG geregelt. Sie ist begrenzt auf vier Geschäftsjahre. Der Rest des Geschäftsjahres, in dem die Bestellung erfolgt, zählt dabei nicht mit (§ 102 Abs. 1 Satz 2 AktG). Hinzu kommt dann noch der Zeitraum bis zur Beendigung der Hauptversammlung, die über die Entlastung über das vierte Geschäftsjahr beschließt.[583] Kürzere oder unterschiedlich lange Amtszeiten[584] können durch die Satzung bestimmt werden. Ebenso kann die Amtszeit durch Satzungsänderung verkürzt werden. Die kürzere Amtszeit gilt dann auch für die derzeitigen Aufsichtsräte.[585]

10. Vorsitzender des Aufsichtsrats

195 § 107 Abs. 1 AktG geht von einem **Vorsitzenden** und einem **Stellvertreter** aus. Das Satzungsmuster enthält gemäß § 107 Abs. 1 AktG Regelungen für die Wahl des Vorsitzenden und der Stellvertreter.

---

578 Aktuell hierzu LG München I, AG 2006, 762, 765 (n. rkr.).
579 LG München I, AG 2006, 762, 765 (n. rkr.).
580 OLG Schleswig, ZIP 2004, 1143.
581 Lutter/Krieger, Rechte und Pflichten des Aufsichtsrats, § 12 Rn. 882; teilweise a.A.: Hüffer, AktG, § 101 Rn. 13: Annahme der Wahl des Ersatzmitglieds nur unter Vorbehalt, dass später die Voraussetzungen der §§ 100, 101 AktG erfüllt werden.
582 MünchKomm-AktG/Semler, § 105 Rn. 50; KölnerKomm-AktG/Mertens, § 105 Rn. 5; Brox, NJW 1967 801, 802.
583 MünchKomm-AktG/Semler, § 102 Rn. 8.
584 Unterschiedlich lange Amtszeiten für gewählte und entsandte Aufsichtsratsmitglieder sind zulässig, nicht aber für Anteilseignervertreter und Arbeitnehmervertreter im Aufsichtsrat; MünchKomm-AktG/Semler, § 102 Rn. 15 f.
585 MünchKomm-AktG/Semler, § 102 Rn. 18:

11. Sitzungen des Aufsichtsrats/Beschlussfassung

§ 110 Abs. 3 AktG schreibt in der Fassung des TransPuG ein zweimaliges Zusammentreffen des Aufsichtsrats im Kalenderhalbjahr vor. Nur bei **nicht börsennotierten Gesellschaften** kann der Aufsichtsrat einen geringeren Sitzungsturnus beschließen (§ 110 Abs. 3 Satz 2 AktG). Gesetzliche Bestimmungen über die Modalitäten der Einberufung bestehen nicht. Entsprechende Satzungsregelungen über die **Form der Einberufung** und die **Einberufungsfrist** sind daher empfehlenswert.[586] Das Satzungsmuster (Rn. 116) macht dabei von der Möglichkeit des § 108 Abs. 4 AktG Gebrauch und lässt eine schriftliche, fernmündliche oder andere vergleichbare Form der Beschlussfassung wie insb. eine Videokonferenz von vornherein zu.[587]

Nach § 108 Abs. 1 AktG entscheidet der Aufsichtsrat **durch Beschluss**. Zulässig ist eine schriftliche Stimmabgabe nach § 108 Abs. 3 AktG durch ein einzelnes Aufsichtsratsmitglied sowie überhaupt eine schriftliche, fernmündliche oder vergleichbare Art der Beschlussfassung, sofern nicht ein Mitglied widerspricht (§ 108 Abs. 4 AktG). Die Satzung oder die Geschäftsordnung können aber davon Abweichendes vorsehen.[588]

Soweit die Satzung nichts anderes bestimmt, muss bei der Beschlussfassung **mindestens die Hälfte der Mitglieder** teilnehmen. In jedem Fall müssen **mindestens drei** Mitglieder teilnehmen (§ 108 Abs. 2 AktG). Auch Stimmenthaltung ist **Teilnahme i.S.d. Beschlussfähigkeit**.[589] Keine Teilnahme ist es dagegen, wenn für ein (anwesendes) Aufsichtsratsmitglied ein Stimmverbot besteht.[590] Für die Beschlussfassung genügt die einfache Stimmenmehrheit;[591] Stimmenthaltungen werden hier nicht mitgerechnet; bei Stimmengleichheit gilt der Antrag als abgelehnt. Die Satzung, nicht aber die Geschäftsordnung kann in diesem Fall dem Aufsichtsratsvorsitzenden einen Stichentscheid einräumen. Ein Vetorecht ist dagegen unzulässig.[592]

Jedes Aufsichtsratsmitglied hat das gleiche Stimmrecht. Ein **Stimmrechtsausschluss** richtet sich mangels einschlägiger aktienrechtlicher Vorschriften nach **§ 34 BGB analog**.[593] Danach besteht ein **Stimmverbot**, wenn über ein Rechtsgeschäft abgestimmt wird, an dem ein Aufsichtsratsmitglied beteiligt ist bzw. wenn über die Einleitung oder Erledigung eines Rechtsstreits zwischen der AG und einem Aufsichtsratsmitglied beschlossen werden soll. Gleiches gilt, wenn ein Beschluss über einen Antrag auf gerichtliche Abberufung eines Aufsichtsratsmitglieds nach § 103 Abs. 3 Satz 1 AktG gefasst werden soll.[594] Str. ist, ob das Aufsichtsratsmitglied bei seiner eigenen Wahl in den Vorstand mit abstimmen darf. Die h.M. verneint dies.[595] **Kein Stimmverbot** besteht dagegen, wenn es um die Wahl des Aufsichtsratsvorsitzenden oder um sonstige Funktionen innerhalb des Aufsichtsrats geht.[596]

---

[586] Hüffer, AktG, § 110 Rn. 3.
[587] Wagner, NZG 2002, 57.
[588] MünchKomm-AktG/Semler, § 108 Rn. 189; Hüffer, AktG, § 108 Rn. 16.
[589] MünchKomm-AktG/Semler, § 108 Rn. 34; Hüffer, AktG, § 108 Rn. 6 und 10.
[590] OLG Frankfurt, DB 2006, 942, 944 f.; BayObLG, NZG 2003, 691, 693 = ZIP 2003, 1194.
[591] Die Satzung kann eine qualifizierte Mehrheit grds. nicht anordnen; vgl. dazu MünchKomm-AktG/Semler, § 108 Rn. 131 f.; Hüffer, AktG, § 108 Rn. 8.
[592] MünchKomm-AktG/Semler, § 108 Rn. 136 f.; Hüffer, AktG, § 108 Rn. 8.
[593] BayObLGZ 2003, 89, 92 = NZG 2003, 691, 693; Hüffer, AktG, § 108 Rn. 9; MünchKomm-AktG/Semler, § 108 Rn. 150.
[594] BayObLG, NZG 2003, 691.
[595] MünchKomm-AktG/Semler, § 108 Rn. 153; Hoffmann-Becking, in: Münchener Handbuch des Gesellschaftsrechts, Bd. 4, § 31 Rn. 59; Lutter/Krieger, Rechte und Pflichten des Aufsichtsrats, § 9 Rn. 606; a.A.: Hüffer, AktG, § 108 Rn. 9.
[596] Hüffer, AktG, § 108 Rn. 9.

Setzt sich ein Aufsichtsrat aus drei Mitgliedern zusammen und besteht für einen von ihnen ein Stimmverbot, so ist der Aufsichtsrat nach § 108 Abs. 2 AktG in jedem Fall beschlussunfähig. Erforderlich ist eine gerichtliche Ergänzung des Aufsichtsrats nach § 104 AktG.[597]

12. Fehlerhafte Aufsichtsratsbeschlüsse

200 Das Gesetz enthält **keinerlei Regelungen** über die Voraussetzungen und die Rechtsfolgen fehlerhafter Aufsichtsratsbeschlüsse. Es besteht weitgehend Einigkeit darüber, dass eine Differenzierung nach der **Schwere des Fehlers** nötig ist. Teilweise unterscheidet die Lit. – der zunächst auch die Rspr. gefolgt ist – zwischen der Nichtigkeit und der bloßen Anfechtbarkeit solcher fehlerhafter Beschlüsse, wobei z.T. die Regeln über die Anfechtbarkeit und Nichtigkeit von Hauptversammlungsbeschlüssen nach §§ 241 ff. AktG analog angewendet wurden.[598] Der BGH hat sich jedoch ausdrücklich gegen die Anwendung der §§ 241 ff. AktG auf fehlerhafte Aufsichtsratsbeschlüsse gewandt.[599] Gleichwohl hält der BGH daran fest, dass Aufsichtsratsbeschlüsse, die in verfahrensmäßiger oder inhaltlicher Beziehung gegen zwingendes Gesetzes- und Satzungsrecht verstoßen, **im Grundsatz nichtig** und nicht lediglich anfechtbar sind.[600] Er erkennt aber an, dass die Nichtigkeitsfolge im Interesse der Rechtssicherheit zurückgedrängt werden müsse. Als geeignetes Mittel sieht er dabei das **Rechtsinstitut der Verwirkung** an. Bei minderschweren Mängeln ist eine Einwendung gegen den Beschluss verwirkt, wenn sie nicht mit aller zumutbaren Beschleunigung geltend gemacht worden ist.[601]

201 Aufsichtsratsbeschlüsse, deren Inhalt gegen zwingende Vorschriften des Gesetzes oder der Satzung verstoßen (**sog. Inhaltsmängel**), sind daher **grds. uneingeschränkt nichtig.** Dies gilt jedenfalls dann, wenn es sich um Verstöße gegen im öffentlichen Interesse gegebene Vorschriften handelt.[602] Beschlüsse, die nicht nach ihrem Inhalt, sondern in der Form des Zustandekommens gegen Gesetz oder Satzung verstoßen (**sog. Verfahrensmängel**) sind dann uneingeschränkt nichtig, wenn gegen Vorschriften verstoßen wurde, auf deren Einhaltung die Aufsichtsratsmitglieder nicht verzichten können. Dazu zählt nach wohl überwiegender Ansicht z.B. der Fall der fehlenden Beschlussfähigkeit,[603] der Nichtladung oder der unzulässige Ausschluss einzelner Aufsichtsratsmitglieder.[604] Anderenfalls besteht nur eine **eingeschränkte Nichtigkeit.** Auf die uneingeschränkte Nichtigkeit kann sich grds. jedes Mitglied des Aufsichtsrats und des Vorstandes (Aktionäre wohl nur bei Vorliegen eines besonderen Feststellungsinteresses) berufen.[605] Im Fall der eingeschränkten Nichtigkeit ist dagegen erforderlich, innerhalb einer **Rügefrist** von einem Monat analog § 246 AktG die Nichtigkeit geltend zu machen. Ausreichend ist dafür zunächst eine Erklärung

---

597 BayObLG, NZG 2003, 691.
598 OLG Hamburg DB 1992, 747; Baums, ZGR 1983, 300, 308.
599 BGHZ 83, 144, 146; BGHZ 85, 293, 295; BGHZ 122, 342; BGHZ 124, 111, 115; ebenso Hofmann/Preu, Der Aufsichtsrat, Rn. 600 f.; Lutter/Krieger, Rechte und Pflichten des Aufsichtsrats, § 9 Rn. 611; ähnlich auch Hüffer, AktG, § 108 Rn. 18.
600 BGHZ 122, 342, 351.
601 BGHZ 122, 342, 346 ff.; Lutter/Krieger, Rechte und Pflichten des Aufsichtsrats, § 9 Rn. 611 ff.; Hofmann/Preu, Rn. 600; Hofmann-Becking, in: Münchener Handbuch des Gesellschaftsrechts, Bd. 4, § 31 Rn. 97 ff.
602 Lutter/Krieger, Rechte und Pflichten des Aufsichtsrats, § 9 Rn. 612; Hofmann-Becking, in: Münchener Handbuch des Gesellschaftsrechts, Bd. 4, § 31 Rn. 98; Hofmann/Preu, Der Aufsichtsrat, Rn. 601.
603 BayObLG, NZG 2003, 691, 693 f. = ZIP 2003, 1194; OLG Frankfurt, DB 2006, 942, 944 f.
604 KölnerKomm-AktG/Mertens, § 108 Rn. 83; Baums, ZGR 1983, 300, 309; Hofmann-Becking, in: Münchener Handbuch des Gesellschaftsrechts, Bd. 4, § 31 Rn. 99; wohl auch Hofmann/Preu, Der Aufsichtsrat, Rn. 602 für den Fall der nichtordnungsgemäßen Einberufung des Aufsichtsrats; a.A.: dagegen Lutter/Krieger, Rechte und Pflichten des Aufsichtsrats, Rn. 613, für den hier nur eine eingeschränkte Nichtigkeit annehmen will, bei der also das Rechtsinstitut der Verwirkung Platz greifen kann.
605 Lutter/Krieger, Rechte und Pflichten des Aufsichtsrats, § 9 Rn. 615.

gegenüber dem Aufsichtsratsvorsitzenden; die Erhebung einer Klage ist nicht unbedingt erforderlich.[606] Geltendmachen können den Mangel in diesem Fall nur die Aufsichtsratsmitglieder.[607]

13. Vergütung des Aufsichtsrats

§ 113 Abs. 1 Satz 1 AktG bestimmt, dass den Aufsichtsratsmitgliedern für ihre Tätigkeit eine **Vergütung qua Satzung** oder **durch Hauptversammlungsbeschluss** gewährt werden kann. Hier regelt der Satzungsentwurf, dass die Vergütung durch den Beschluss der Hauptversammlung festgestellt wird. Vorteil dieser Regelung ist es, die Vergütung möglichst flexibel zu gestalten. Weiter sieht der Entwurf vor, dass die Gesellschaft zu Gunsten der Mitglieder des Aufsichtsrats eine **Vermögensschadenshaftpflichtversicherung** („D & O Versicherung") abschließt.[608] Keinesfalls mehr zulässig dürfte es seit der Mobilcom-Entscheidung des BGH[609] sein, dem Aufsichtsrat **Aktienoptionen als variablen Vergütungsbestandteil** i.S.d. § 113 Abs. 3 AktG zu gewähren, wenn diese Optionen aus eigenen Aktien oder aus einem bedingten Kapital bedient werden sollen.[610] Dies gilt auch vor dem Hintergrund des Corporate Governance Kodex, der in Ziff. 5.4.5. empfiehlt, die Aufsichtsrats-Vergütung in ein festes und in ein erfolgsorientiertes Honorar aufzuteilen.[611]

202

14. Haftung

Der Aufsichtsrat hat gemäß § 116 AktG ebenso wie ein Vorstandsmitglied bei seiner Tätigkeit die **Sorgfalt eines ordentlichen und gewissenhaften Geschäftsleiters** anzuwenden. § 93 AktG gilt sinngemäß (§ 116 Satz 1 AktG). Im Hinblick auf den Sorgfaltsmaßstab ist dabei auf den eines **ordentlichen und gewissenhaften Aufsichtsratsmitglieds** abzustellen. Dieser objektivierte Verschuldensmaßstab ist grds. für alle Aufsichtsratsmitglieder gleich, insb. gilt er also auch für die Arbeitnehmervertreter im mitbestimmten Aufsichtsrat.[612] Jedes Aufsichtsratsmitglied muss die Mindestkenntnisse oder Mindestfähigkeiten besitzen oder sich aneignen, die zum Verständnis oder zur Beurteilung aller normalen Geschäftsvorgänge erforderlich sind.[613] Aufsichtsratsmitglieder, die innerhalb des Gremiums besondere Funktionen wahrnehmen wie insb. der Aufsichtsratsvorsitzende und die Mitglieder von Ausschüssen, unterliegen allerdings einem **strengeren Maßstab**.[614] Pflichtverletzungen innerhalb eines Ausschusses betreffen daher in erster Linie die Mitglieder dieses Ausschusses. Die übrigen Aufsichtsratsmitglieder haften grds. nicht, es sei denn, sie haben auf die vorbereitende Tätigkeit des Ausschusses blind vertraut, ohne diese sorgfältig auf ihre Plau-

203

---

606 BGHZ 122, 342, 352; Lutter/Krieger, Rechte und Pflichten des Aufsichtsrats, Rn. 615; unklar Hüffer, AktG, § 108 Rn. 20.
607 Lutter/Krieger, Rechte und Pflichten des Aufsichtsrats, § 9 Rn. 615.
608 Umstritten ist, ob der Abschluss einer D & O Versicherung Bestandteil der Aufsichtsratsvergütung ist oder nicht. Hier wird von der strengeren Ansicht ausgegangen, die im Abschluss einer solchen Versicherung eine zusätzliche Vergütung an den Aufsichtsrat erkennt. Vgl. dazu Lange, ZIP 2001, 1524; Schüppen/Sanna, ZIP 2002, 550; Dreher, ZHR 165 (2001), 293 ff.; Hüffer, AktG, § 113 Rn. 2 und § 87 Rn. 16; Henssler, RWS-Forum Gesellschaftsrecht 2001, S. 131; Kästner, DStR 2001, 195; ders., AG 2000, 113; Mertens, AG 2000, 447; Feddersen, AG 2000, 385.
609 BGH, NJW 2004, 1109; siehe dazu Noack, LMK 2004, 111; Richter, BB 2004, 949; Vetter, AG 2004, 234.
610 Habersack, ZGR 2004, 721, 734; Meyer/Ludwig, ZIP 2004, 940; Noack, LMK 2004, 111; Peltzer, NZG 2004, 509; Prasse, MDR 2004, 792, 793; Vetter, AG 2004, 234; noch a.A.: OLG Schleswig, AG 2003, 102 = NZG 2003, 176; Fischer, ZIP 2003, 282 f.; Richter, BB 2004, 949 ff.
611 Dazu Noack, LMK 2004, 111 f.; auch Vetter, AG 2004, 234 ff., hält es für geboten, weiterhin an einer erfolgsorientierten Vergütung des Aufsichtsrats festzuhalten.
612 BGHZ 85, 293, 295 f. = NJW 1983, 991; Hüffer, AktG, § 116 Rn. 2; Hoffmann-Becking, in: Münchener Handbuch des Gesellschaftsrechts, Bd. 4, § 33 Rn. 46; Lutter/Krieger, Rechte und Pflichten des Aufsichtsrats, § 11 Rn. 846.
613 Hüffer, AktG, § 116 Rn. 2.
614 Hüffer, AktG, § 116 Rn. 3; Hoffmann-Becking, in: Münchener Handbuch des Gesellschaftsrechts, Bd. 4, § 33 Rn. 46; Lutter/Krieger, Rechte und Pflichten des Aufsichtsrats, § 11 Rn. 849.

sibilität zu überprüfen, oder sie sind im Rahmen des Gesamtorgans Aufsichtsrat ihrer Überwachungs- und Kontrollfunktion gegenüber der Tätigkeit der Ausschüsse nicht genügend nachgekommen.[615]

204 Auch die Haftung der Aufsichtsratsmitglieder kann durch eine **D & O Versicherung** abgesichert werden. Auf die obigen Ausführungen zur D & O Versicherung bei Vorstandsmitgliedern kann grds. verwiesen werden.[616] Für den Abschluss der Versicherung seitens der Gesellschaft ist nach § 78 AktG immer der Vorstand zuständig. Geht man davon aus, dass der Abschluss einer derartigen Versicherung Teil der Aufsichtsratsvergütung ist, was namentlich dann der Fall ist, wenn kein angemessener Selbstbehalt vereinbart wird – ist nach § 113 AktG zusätzlich die Zustimmung der Hauptversammlung erforderlich.[617]

IX. Rechte und Pflichten der Aktionäre

205 Die Hauptverpflichtung der Aktionäre beruht in der Leistung ihrer **Einlage** (nebst Agio) nach § 54 AktG. **Nebenleistungspflichten** können auf gesellschaftsrechtlicher Ebene nur über § 55 AktG bei vinkulierten Namensakten, ansonsten nur auf schuldrechtlicher Basis begründet werden. Daneben bestehen vielfältige **Treuepflichten**.[618] Vornehmlich geht es dabei um einen Schutz der Mitgliedschaft des einzelnen Aktionärs vor „ausufernden" Mehrheitsentscheidungen und die hieraus resultierende materielle Beschlusskontrolle.[619] In **vermögensrechtlicher Sicht** haben die Aktionäre grds. nur Anspruch auf den **Bilanzgewinn** (§ 58 Abs. 4 AktG).[620] Eine Vergütung für statutarische Nebenleistungen ist darüber hinaus nach § 61 AktG zulässig. Im Übrigen ist nach dem **Kapitalerhaltungsgrundsatz** eine **Einlagenrückgewähr** unzulässig (§ 57 AktG). Dazu zählen z.B. auch Leistungen der AG gegenüber ihren Aktionären aus einem Vertragsverhältnis, wenn ein objektives Missverhältnis zwischen Leistung und Gegenleistung besteht.[621] Problematisch sind in diesem Zusammenhang Zahlungen in ein **Cash-Pool-System** oder **Cash-Management-System**.[622] Nach einer ersten obergerichtlichen Entscheidung verstößt ein Finanzierungs- und Liquiditätsausgleich unter Einbeziehung gebundenen Vermögens gegen den Grundsatz der Kapitalerhaltung (§ 30 GmbHG, § 57 AktG), wenn die Erhaltung des Stamm- bzw. Grundkapitals nicht ausreichend gesichert ist.[623] Ein Sonderrecht für die Kapitalerhaltung in einem Cash-Pool-System besteht nicht.[624] Umgekehrt kann allein aus der berühmten „November-Entscheidung" des BGH,[625] wonach es (nur) bei Bestehen einer Unterbilanz unzulässig ist, den werthaltigen Anspruch auf Rückgewähr eines ausgereichten Darlehens gegen den Gesellschafter zum Ausgleich des in der Kasse fehlenden Betrages zu aktivieren, eine Unzulässigkeit eines Cash-Management-Pools allerdings nicht hergeleitet werden.[626]

Andererseits haben Einlageleistungen im Rahmen einer Gründung oder Kapitalerhöhung grds. keine schuldtilgende Wirkung, wenn das Einlagenkonto in ein **Cash-Pool-System** einbezogen ist. Nach Ansicht

---

615 Lutter/Krieger, Rechte und Pflichten des Aufsichtsrats, § 11 Rn. 839 ff. und 848 f.
616 Siehe oben Rn. 162 ff.
617 Lutter/Krieger, Rechte und Pflichten des Aufsichtsrats, § 11 Rn. 866, 868 ff.
618 Hüffer, AktG, § 53a Rn. 13 ff.; vgl. zur satzungsmäßigen Einführung von Treuepflichten: Waclawik, DB 2005, 1151 ff.
619 Hüffer, AktG, § 53a Rn. 17; siehe dazu unten Rn. 339.
620 Unzulässig ist daher wohl ein Präsenzbonus für die Teilnahme an der Hauptversammlung: Klühs, ZIP 2006, 107 ff.
621 Siehe dazu Hüffer, AktG, § 57 Rn. 8 ff. mit weiteren Beispielen.
622 Siehe zu dem Sonderfall, dass dabei gleichzeitig eine verdeckte Sacheinlage erfüllt wurde; BGH, ZIP 2006, 665 = WM 2006, 723 = DStR 2006, 764, mit Anm. Goette; siehe dazu auch oben Rn. 66 ff.
623 OLG München, GmbHR 2006, 144. mit Anm. Blöse; Pentz, ZIP 2006, 781, 782 ff.; Schilmar, DStR 2006, 568; Goette, DStR 2006, 767, 768, unter Hinweis auf BGHZ 157, 72 = GmbHR 2004, 302, mit Anm. Böhr/Hoos = DStR 2004, 427; ders., ZIP 2005, 1481, 1483 ff.
624 Langner, GmbHR 2006, 480, 481.
625 BGHZ 157, 72.
626 BGHZ 157, 72; Goette, DStR 2006, 767, 768.

des BGH ist darin eine verdeckte Sacheinlage zu erkennen.[627] Zulässig dürfte allein die Einzahlung auf ein **Sonderkonto** sein, das gerade nicht in den Cash-Pool einbezogen ist.[628]

Über dieses Verbot der Einlagenrückgewähr nach § 57 AktG finden im Aktienrecht auch die aus dem GmbH-Recht bekannten **Grundsätze zum Eigenkapitalersatzrecht**[629] sowie insb. zu den **eigenkapitalersetzenden Darlehen** Anwendung.[630] Im Unterschied zum GmbH-Recht genügt aber nicht schon jedwedes Darlehen eines Aktionärs, der nur mit mehr als 10 % an der Gesellschaft beteiligt ist (§ 32a Abs. 3 Satz 2 GmbHG), das dieser gegenüber der Gesellschaft in der Krise gewährt. Erforderlich ist vielmehr, dass der Aktionär gleichsam bestimmenden Einfluss in der AG haben muss. Insb. der BGH hat den Eigenkapitalersatzcharakter eines Darlehens im Aktienrecht davon abhängig gemacht, dass der darlehensgewährende Aktionär für die seriöse Finanzierung der AG mitverantwortlich sein müsste. Erforderlich, aber auch ausreichend ist es, dass der Aktionär zumindest über eine Sperrminorität, mithin über mehr als 25 % am Grundkapital verfügen muss.[631] **Allein die Stellung** als Vorstand oder Aufsichtsrat **genügt nicht**.[632] In der Darlehensgewährung müsse die unternehmerische Entscheidung zum Ausdruck kommen, den Fortbestand der AG zu sichern, ohne ihr das erforderliche Eigenkapital zur Verfügung zu stellen.[633] Hat ein Darlehen Eigenkapitalersatzcharakter, so gilt hierfür das Rückzahlungsverbot des § 57 AktG analog. Das kapitalersetzende Darlehen darf an den Aktionär nicht zurückgewährt werden, solange die Krise besteht. Wird das Darlehen verbotswidrig dennoch zurückgewährt, entsteht für die AG ein **Rückgewähranspruch analog § 62 AktG**.[634] Ohne Bedeutung ist, dass der Aktionär, der die gegen § 57 AktG verstoßenden Leistungen erhalten hat, später aus der AG ausgeschieden ist. Entscheidend für den Rückforderungsanspruch nach § 62 AktG ist zunächst allein die Aktionärseigenschaft im Zeitpunkt der Empfangnahme der verbotswidrigen Leistung. Sein nachmaliges Ausscheiden aus der Gesellschaft ist unerheblich, auch wenn erst zu diesem Zeitpunkt die Gesellschaft den Rückgewähranspruch geltend macht.[635] Nach ganz h.M. fällt aber auch eine Leistung an einen ehemaligen Aktionär unter § 62 AktG.[636]

Eine **persönliche Haftung der Aktionäre** für die Verbindlichkeiten der AG scheidet nach § 1 Abs. 1 Satz 2 AktG im Grunde aus. Ebenso wie im GmbH-Recht gibt es in Ausnahmefällen aber auch im Aktienrecht eine **Durchgriffshaftung**.[637] Dies ist der Fall bei einer **Unterkapitalisierung** (eigenkapitalerset-

---

627 BGH, ZIP 2006, 665; Altmeppen, ZIP 2006, 1025, 1029 ff.; Gehrlein, MDR 2006, 789; Vetter/Schwandtner, Der Konzern 2006, 407 ff.; Schmelz, NZG 2006, 456, 457 f.; siehe zur verdeckten Sacheinlage oben Rn. 66 ff.
628 Hüffer, AktG, § 188 Rn 6a; Hellwig, in: FS für Peltzer, S. 163, 178; Sieger/Hasselbach, BB 1999, 645, 649; zweifelnd: Cahn, HZR 166 (2002), 278, 286 f.
629 Tillmann, DStR 2005, 2128 ff.
630 BGH, DStR 2005, 1416 = ZIP 2005, 1316; BGHZ 90, 381; OLG Düsseldorf, AG 1987, 181; KölnerKomm/Lutter, AktG, § 57 Rn. 87; Henze, AktR, Rn. 276 ff.; GK/Henze, AktG, § 57 Rn. 106 ff.; MünchKomm-AktG/Bayer, § 57 Rn. 157 ff.; Hüffer, AktG, § 57 Rn. 16 ff.
631 BGH, DStR 2005, 1416 = ZIP 2005, 1316; BGHZ 90, 381, 390 f.; GK-AktG/Hense, § 57 Rn. 120; Hüffer, AktG, § 57 Rn. 18; MünchKomm-AktG/Bayer, § 57 Rn. 164 ff. Im GmbH-Recht wird bei der Frage des Vorliegens des sog. Kleinbetragsprivilegs nach § 32a Abs. 3 Satz 2 GmbHG zur Vermeidung von Umgehungsfällen die Beteiligungsquote mehrerer Gesellschafter, die die 10 %-Grenze nicht überschreiten, zusammengerechnet, wenn ihre Darlehenshingabe ein gemeinsames Handeln im Sinne eines Konsortiums bzw. Konsortialkredits zugrunde liegt; vgl. Michalski/Heidinger, GmbHG 2003, § 32a Rn. 127 f. und 214. Naheliegend erscheint es, auch im Aktienrecht eine derartige Zusammenrechnung vorzunehmen. Vgl. dazu BGH; DStR 2005, 1416 = ZIP 2005, 1316; Tillmann, DStR 2005, 2128.
632 BGH, DStR 2005, 1416 = ZIP 2005, 1316; teilweise a.A.: Tillmann, DStR 2005, 2128, 2130 f.
633 BGHZ 90, 381, 387 ff.; MünchKomm-AktG/Bayer, § 57 Rn. 164 f.
634 MünchKomm-AktG/Bayer, § 57 Rn. 198.
635 MünchKomm-AkG/Bayer, § 62 Rn. 12; KölnerKomm-AktG/Lutter, § 62 Rn. 8; GK/Hense, AktG, § 62 Rn. 21.
636 Vgl. nur Hüffer, AktG, § 62 Rn. 5 m.w.N.
637 Siehe dazu insgesamt Hüffer, AktG, § 1 Rn. 15 ff., m.w.N.; Gehrlein, BB 2006, 613; Philipp/Weber, DB 2006, 142.

zendes Darlehen),[638] bei einer **Vermögensvermischung**,[639] und bei einem **existenzvernichtenden Eingriff**.[640]

208 Ihre Rechte üben die Aktionäre nach § 118 Abs. 1 AktG grds. in der **Hauptversammlung** aus. Hierzu dient auch das **neu geschaffene Aktionärsforum** nach § 127a AktG. Nur im Rahmen der Hauptversammlung haben die Aktionäre **Anspruch auf Gewinnausschüttung** (§§ 57 ff., 174 AktG) bzw. **auf Auskunftserteilung** (§ 131 Abs. 1 und 4 AktG). Aus dem Zusammenhang mit der Hauptversammlung ergeben sich ebenso ihre **weiteren Rechte** wie insb. das Teilnahmerecht (vgl. § 123 AktG), das Rede- und Stimmrecht (§ 134 AktG), das Recht zur Antragstellung (§ 126 AktG), sowie die Möglichkeit, die Rechtmäßigkeit von Hauptversammlungsbeschlüssen gerichtlich überprüfen zu lassen, überhaupt eine Hauptversammlung einzuberufen bzw. bestimmte Gegenstände zur Beschlussfassung in der Hauptversammlung bekannt zu machen (§ 122 AktG) oder etwa eine Sonderprüfung über die Gründung oder über einzelne Geschäftsvorgänge durchzuführen (§ 142 AktG).

209 In der **aktuellen Diskussion** ist derzeit der Entwurf einer europäischen Richtlinie über die Rechte von Aktionären börsennotierter Gesellschaften.[641] Dieser zielt im Wesentlichen darauf ab, die Ausübung der Aktionärsrechte zu sichern, insb. ein Fragerecht außerhalb der Hauptversammlung sowie eine Abstimmung auch auf elektronischem Wege zuzulassen.

X. Hauptversammlung

1. Ort

210 Nach § 121 Abs. 5 AktG kann die Satzung den **Ort der Hauptversammlung** bestimmen.[642] Unzulässig ist allerdings eine Bestimmung in der Satzung, die dem Einberufenden **die freie Wahl des Versammlungsortes** überlässt oder die die Hauptversammlung ermächtigt, den Ort der nächsten Hauptversammlung zu bestimmen.[643] An einem Ort, der weder durch die Satzung der Gesellschaft noch durch § 121 Abs. 5 AktG für die Hauptversammlung vorgesehen ist, darf die Hauptversammlung nur ausnahmsweise stattfinden, wenn ihre Durchführung an einem an sich dafür bestimmten Ort nicht möglich ist, etwa weil kein geeigneter Versammlungsraum zur Verfügung steht.[644] I.d.R. sind in der Satzung mehrere Orte genannt, unter denen der Einberufende auswählen darf. Zulässig ist es auch, den Ort der Hauptversammlung durch geografische oder sonstige Vorgaben allgemein zu definieren.[645]

Ob der Ort der Hauptversammlung stets im **Inland** belegen sein muss, ist umstritten. Die neuere Ansicht in der Lit. bejaht eine Durchführung auch im Ausland.[646] Voraussetzung soll allerdings sein, dass die Satzung einen ausländischen Versammlungsort bestimmt oder es sich um eine Vollversammlung handelt.[647] Probleme treten dann aber auf, wenn es um die **Beurkundung der Hauptversammlung im Ausland**

---

638 BGHZ 90, 381 ff.
639 BGH, DB 2006, 604.
640 BGHZ 149, 10 ff.
641 Vgl. dazu Grundmann/Winkler, ZIP 2006, 1421 ff.; Mutter, AG-Report 2006, R549 f.; Noack, NZG 2006, 321 ff.; J. Schmidt, BB 2006, 1641 ff.; Becker, GmbHR 2006, R69; Wand/Tilmann, AG 2006, 443; Röh, BKR 2006, 78.
642 Linnerz, NZG 2006, 208 f.
643 Hüffer, AktG, § 121 Rn. 13; Semler/Volhard, Arbeitshandbuch für die Hauptversammlung, § 4 Rn. 106 ff.; BGH, NJW 1994, 320, 321 f. = DNotZ 1994, 615.
644 Obermüller/Werner/Winden/Butzke, Die Hauptversammlung der Aktiengesellschaft, B Rn. 12.
645 Obermüller/Werner/Winden/Butzke, Die Hauptversammlung der Aktiengesellschaft, B Rn. 10; Semler/Volhard, Arbeitshandbuch für die Hauptversammlung, § 4 Rn. 106 f.
646 Hüffer, AktG, § 121 Rn. 14; Semler/Volhard, Arbeitshandbuch für die Hauptversammlung, § 4 Rn. 108; MünchKomm-AktG/Kubis, § 121 Rn. 55, 60; Semler, in: Münchener Handbuch des Gesellschaftsrechts, Bd. 4, § 35 Rn. 32 ff.; AnwK-AktienR/Pluta, Kap. 1 § 121 Rn. 31; a.A.: OLG Hamburg, OLGZ 1994, 42, 43; Kölner-Komm-AktG/Zöller, § 121 Rn. 34; GK/Werner, AktG, § 121 Rn. 48 f.
647 Hüffer, AktG, § 121 Rn. 14; AnwK-AktienR/Pluta, Kap. 1 § 121 Rn. 31.

geht. Fraglich kann allein sein, ob die Beurkundung durch einen ausländischen Notar gleichwertig ist.[648] Unzulässig ist es jedenfalls, auf die ausländische Ortsform abzustellen oder gar – wie Reichert[649] meint –, dass ein deutscher Notar der Hauptversammlung im Ausland beiwohnt, einen Entwurf der Niederschrift fertigt und die eigentliche Niederschrift dann in seinem Amtsbezirk vornimmt. Im letztgenannten Fall wäre die Beurkundung unwirksam; der Notar würde eine Falschbeurkundung im Amt begehen.[650]

2. Einberufung

a) Einberufungsgründe

Die Hauptversammlung ist nach § 121 Abs. 1 AktG in den durch Gesetz und Satzung bestimmten Fällen sowie dann einzuberufen, wenn es das **Wohl der Gesellschaft erfordert**. 211

Einzuberufen ist die Hauptversammlung primär, wenn eine **sachliche Entscheidungsbefugnis** der Hauptversammlung besteht. Dies ist zum einen in den in § 119 Abs. 1 AktG genannten Fällen zu bejahen. Eine Zuständigkeit der Hauptversammlung besteht aber auch und vor allem, wenn es um **Strukturentscheidungen** geht und das Gesetz eine Zuständigkeit der Hauptversammlung annimmt, so etwa bei Satzungsänderungen ((§ 179 AktG), Kapitalmaßnahmen (§§ 182 ff. und 222 ff AktG), Gesamtvermögensgeschäften (§ 179a AktG), Abschluss und Änderung von Unternehmensverträgen (§§ 291 ff. AktG), Eingliederungen (§§ 319 ff. AktG), Squeeze-Out (§ 327a AktG), Umwandlungsvorgängen nach dem UmwG, Übernahmeangeboten nach dem WpÜG, oder der Liquidation der Gesellschaft (§§ 262 ff. AktG).

In Geschäftsführungsmaßnahmen besteht grds. keine Zuständigkeit,[651] es sei denn der Vorstand legt die Frage der Hauptversammlung gemäß § 119 Abs. 2 AktG zur Entscheidung vor. Anders ist es wiederum bei solchen Geschäftsführungsmaßnahmen, die wegen ihrer besonderen Bedeutung für die Gesellschaft den gesetzlich geregelten Strukturmaßnahmen nahe kommen und daher ebenfalls „in offener Rechtsfortbildung" eine originäre Zuständigkeit der Hauptversammlung begründen.[652] In Betracht kommen hier die sog. **„Holzmüller-Fälle"**, das **Delisting** und die **Börseneinführung**.[653]

Einzuberufen ist die Hauptversammlung aber auch, wenn es um eine **Verlustanzeige** nach § 92 Abs. 1 AktG geht oder ein **Minderheitsverlangen** nach § 122 AktG erfolgreich gestellt wurde. 212

Die Hauptversammlung muss weiter einberufen werden, wenn ein **durch die Satzung bestimmter Einberufungsgrund** vorliegt. Wegen § 23 Abs. 5 AktG hat dies allerdings nur eine geringe praktische Bedeutung. Als statutarischer Einberufungsgrund kommt etwa die Zustimmung der Hauptversammlung bei der Übertragung vinkulierter Namensaktien nach § 68 Abs. 2 Satz 3 AktG in Betracht. 213

Letztlich ohne große Bedeutung in der Praxis ist auch die Einberufung der Hauptversammlung zum **Wohle der Gesellschaft** (§ 121 Abs. 1 AktG). Jedenfalls im Rahmen der Beschlusskompetenz der Hauptversammlung liegt in dieser Bestimmung ähnlich wie in § 111 Abs. 3 AktG keine selbständiger Einberufungsgrund; im Übrigen entscheidet der Vorstand nach pflichtgemäßen Ermessen.[654] 214

> **Hinweis:**
>
> Wird die Hauptversammlung **nicht einberufen, obwohl ein Einberufungsgrund vorliegt**, verstößt der Vorstand gegen seine Pflichten nach § 93 AktG. Weitere Rechtsfolgen hat dies jedoch nicht. Wird umgekehrt die Hauptversammlung ohne Grund einberufen, entstehen zwar Kosten und Mü-

---

648 Siehe dazu Hüffer, AktG, § 121 Rn. 16; AnwK-AktienR/Pluta, Kap. 1 § 121 Rn. 31 und § 130 Rn. 12.
649 Semler/Volhard, Arbeitshandbuch für die Hauptversammlung, § 4 Rn. 109.
650 BGH, NJW 1998, 2830 = DNotZ 1999, 346, für eine Unterschriftsbeglaubigung; Winkler, BeurkG, Einl. Rn. 46.
651 OLG Stuttgart, AG 2006, 727: Unzulässigkeit einer Satzungsänderung, mit der im Ergebnis in die selbstständige Geschäftsführungsbefugnis des Vorstandes eingegriffen wird.
652 BGH, NJW 2004, 1860 = AG 2004, 384 „Gelatine".
653 Siehe dazu eingehend unten Rn. 520 ff.
654 MünchKomm-AktG/Kubis, § 121 Rn. 7.

hen. Etwa in einer solchen Hauptversammlung gefasste Beschlüsse sind dagegen weder nichtig noch anfechtbar.[655]

215 Ohne Bedeutung ist es schließlich, ob in der einberufenen Hauptversammlung Beschlüsse gefasst werden sollen bzw. gefasst wurden oder nicht. Zulässig ist auch eine **sog. beschlusslose Hauptversammlung**, etwa wenn es darum geht, im Rahmen einer vorweg einberufenen Hauptversammlung die Aktionäre zu unterrichten oder Aktionärsmeinungen einzuholen, um Beschlüsse einer künftigen Hauptversammlung vorzubereiten.[656]

b) Zuständigkeit

216 Zuständig für die Einberufung ist nach § 121 Abs. 2 AktG grds. der **ordnungsgemäß besetzte Vorstand**.[657] Dieser entscheidet durch **einfachen Mehrheitsbeschluss**. Die Durchführung eines solchermaßen gefassten Vorstandsbeschlusses kann dann einem einzelnen Vorstandsmitglied übertragen werden.[658] Die Einberufung durch einen unterbesetzten Vorstand ist unzulässig und kann auch nicht durch eine Zustimmung des Aufsichtsrats geheilt werden.[659] Erforderlich ist hier die gerichtliche Bestellung weiterer Vorstandsmitglieder nach § 85 AktG, die dann den Einberufungsbeschluss erneut fassen müssen.[660] Auch der Liquidator kann die Hauptversammlung einberufen (§ 268 Abs. 2 Satz 1 AktG). Nach § 122 AktG ist eine Einberufung ebenso durch eine **Aktionärsminderheit** möglich.[661] Deren Einberufungsverlangen ist allerdings rechtsmissbräuchlich, wenn ihnen ein Zuwarten bis zur nächsten Hauptversammlung zugemutet werden kann.[662] Der Aufsichtsrat kann die Hauptversammlung einberufen, wenn es das Wohl der Gesellschaft erfordert (§ 111 Abs. 3 AktG). Schließlich kann die Hauptversammlung selbst mit Mehrheitsbeschluss eine neue Hauptversammlung einberufen (§ 124 Abs. 4 Satz 2 AktG), oder auch nur die Fortsetzung der Hauptversammlung mit der bereits bekannt gemachten Tagesordnung beschließen (Vertagung).[663] Die Satzung kann weitere Einberufungszuständigkeiten begründen.

c) Art und Weise der Einberufung

217 Die Einberufung erfolgt mittels **Bekanntmachung im elektronischen Bundesanzeiger** (§§ 121 Abs. 3, 25 AktG). Eine Bekanntmachung in der Printversion des Bundesanzeigers ist nicht (mehr) erforderlich.[664] Soweit die Aktionäre namentlich bekannt sind, kann die Satzung auch eine andere Art der Einberufung

---

655 MünchKomm-AktG/Kubis, § 121 Rn. 11 f.; GK/Werner, AktG, § 121 Rn. 73.
656 Semler/Volhard, Arbeitshandbuch für die Hauptversammlung, § 4 Rn. 16 f.; GK/Werner, AktG, § 121 Rn. 13 und 23; MünchKomm-AktG/Kubis, § 121 Rn. 8.
657 BGHZ 149, 158 = AG 2002, 241; Henze, BB 2002, 847; AnwK-AktienR/Pluta, Kap. 1 § 121 AktG Rn. 12; a.A.: Hüffer, AktG, § 76 Rn. 23 m.w.N.
658 GK/Werner, AktG, § 121 Rn. 25; MünchKomm-AktG/Kubis, § 121 Rn. 14; Rottnauer, NZG 2000, 414, 415.
659 BGHZ 149, 158 = AG 2002, 241; OLG Dresden AG 2000, 43, 44; LG Münster, NZG 1998, 352; LG Heilbronn NZG 2000, 373, 374; MünchKomm-AktG/Kubis, § 121 Rn. 14
660 MünchKomm-AktG/Kubis, § 121 Rn. 14; a.A.: GK/Werner, AktG, § 121 Rn. 27.
661 Streitig ist, auf welchen Zeitpunkt für das Vorliegen des erforderlichen Quorums abzustellen ist; nach wohl h.M. ist maßgeblicher Zeitpunkt allein der der Antragstellung: Semler/Volhard, Arbeitshandbuch für die Hauptversammlung, § 4 Rn. 35; KölnerKomm-AktG/Zöllner, § 122 Rn. 16; Obermüller/Werner/Winden/Butzke, Die Hauptversammlung der Aktiengesellschaft, B Rn. 105. Kommt der Vorstand dem Einberufungsverlangen nicht nach, muss das Quorum im gerichtlichen Verfahren aber auch noch bis zum Zeitpunkt der letzten Tatsacheninstanz gegeben sein: OLG Düsseldorf, DStR 2004, 2022.
662 OLG Frankfurt, NZG 2005, 558; Jäger, NZG 2006, 166, 169.
663 Ek, Praxisleitfaden für die Hauptversammlung, § 5 Rn. 172 f.; MünchKomm-AktG/Kubis, § 124 Rn. 70; GK/Werner, AktG, § 124 Rn. 62 f.
664 DNotI-Report 2003, 89 ff.

als durch eingeschriebenen Brief bestimmen (§ 121 Abs. 4 AktG).[665] Das Satzungsmuster (Rn. 116) sieht eine entsprechende Regelung vor.

Abgestellt wird bei der Regelung des § 121 Abs. 4 AktG vornehmlich auf Gesellschaften, bei denen nur Namensaktien ausgegeben sind. Dort kennt die AG ihre Aktionäre aufgrund der Vermutungswirkung des § 67 Abs. 2 AktG durch Eintragung im Aktienregister. Möglich ist freilich die **Einberufung mittels eingeschriebenem Brief** auch bei Inhaberaktien. Dann kommt es letztlich auf die Personenkenntnis der Gesellschaft an. Für die Frage, ob die Aktionäre der Gesellschaft namentlich bekannt sind, kommt es nicht nur auf die Kenntnis der Person des Aktionärs, sondern auch auf die Kenntnis seiner Anschrift an.[666]

> **Hinweis:**
> Problematisch ist diese Einberufung mittels eingeschriebenen Briefs, wenn Aktionäre zwischenzeitlich ihre Inhaberaktien veräußert haben, ohne dass die Gesellschaft davon Kenntnis erlangt hat. Problematisch ist die Rechtslage aber auch ohne Veräußerung dann, wenn sich die Anschriften der namentlich bekannten Aktionäre verändert haben.

Unklar ist bei dieser Art der Einberufung noch, ob ein **Einwurf-Einschreiben** genügt oder ob stets ein **Übergabe-Einschreiben** erforderlich ist. Da auch ein Einwurf-Einschreiben letztlich ein Einschreiben i.S.d. Zustellvorschriften der Post darstellt, erscheint dies im Rahmen des § 121 Abs. 4 AktG für ausreichend.[667]

Berücksichtigt man die drohende Nichtigkeit der Hauptversammlungsbeschlüsse bei Einberufungsmängeln gemäß § 241 Ziff. 1 AktG, erscheint es ratsam, die Hauptversammlung nicht durch eingeschriebenen Brief, sondern stets **über den Bundesanzeiger** gemäß § 121 Abs. 3 AktG **einzuberufen**.[668]

Neben der Bekanntmachung in den Gesellschaftsblättern ist die **Einberufung der Hauptversammlung** nebst Tagesordnung auch Kreditinstituten und Aktionärsvereinigungen, die in der letzten Hauptversammlung Stimmrechte für Aktionäre ausgeübt haben, sowie auf Verlangen den Aktionären und Aufsichtsratsmitgliedern nach § 125 AktG **mitzuteilen**. Auf die Möglichkeit der Stellvertretung bei der Stimmrechtsausübung ist dabei nach § 125 Abs. 1 Satz 2 AktG hinzuweisen. Eine besondere Form ist für diese Mitteilungspflicht nicht (mehr) einzuhalten, elektronische Form genügt also. Es genügt, wenn die Aktionäre das Verlangen auf Mitteilung einmal „pro futuro" erklären. Für den Nachweis des Anteilsbesitzes kann die Gesellschaft dieselben Anforderungen stellen wie in § 123 AktG.[669]

d) Inhalt der Einberufung/Bekanntmachung

Gemäß § 121 Abs. 3 Satz 2 AktG muss die Einberufung die Firma, den Sitz der Gesellschaft, Zeit und Ort der Hauptversammlung sowie die Bedingungen angeben, von denen die Teilnahme an der Hauptversammlung und die Ausübung des Stimmrechts abhängig ist.

Die Angabe der **Firma** und des **Sitzes** dienen dazu, die Gesellschaft zu identifizieren. Kleinere Ungenauigkeiten führen nicht ohne weiteres zur Nichtigkeit der in der Versammlung getroffenen Beschlüsse nach § 241 Ziff. 1 AktG, wenn keine Zweifel darüber aufkommen, um welche Gesellschaft es sich handelt.[670]

---

665 Siehe zur Einberufung mittels eingeschriebenem Brief: DNotI-Report 2003, 130 ff.; Hüffer, AktG, § 121 Rn. 11e; AnwK-AktienR/Pluta, Kap. 1 § 121 AktG, Rn. 24.
666 Hölters/Deilmann/Buchta, Die kleine Aktiengesellschaft, S. 96.
667 MünchKomm-AktG/Hüffer, § 124 Rn. 31; a.A. allerdings Baumbach/Hueck/Zöllner, GmbHG, § 51 Rn. 12; Hölters/Deilmann/Buchta, Die kleine Aktiengesellschaft, S. 99 f.
668 So auch Hoffmann-Becking, ZIP 1995, 1, 6; Hölters/Deilmann/Buchta, Die kleine Aktiengesellschaft, S. 98.
669 Gesetzesbegründung, BT-Drucks. 15/5092, S. 15.
670 OLG München, AG 2000, 134, 135; OLG Düsseldorf, ZIP 1997, 1153, 1159 f.; GK/K. Schmidt, AktG, § 241 Rn. 46; MünchKomm-AktG/Hüffer, § 241 Rn. 33; Hüffer, AktG, § 241 Rn. 11.

In der Einberufung ist auch der **Ort der Hauptversammlung** anzugeben. Gemeint ist damit i.d.R. die genaue postalische Anschrift des Versammlungslokals.[671] Ist eine **Verlegung des Versammlungsortes** erforderlich, etwa wegen technischer Störungen, Bombendrohungen etc., muss das Einberufungsverfahren nicht erneut beachtet werden, wenn die Aktionäre den neuen Versammlungsraum in angemessener Zeit erreichen können. Die Gesellschaft muss hierzu geeignete Transportmittel zur Verfügung stellen und soweit als möglich durch Hinweise in den Gesellschaftsblättern und am angekündigten Versammlungsraum sicherstellen, dass die Aktionäre den anderen Versammlungsraum erreichen können. Auch sollte daher erst später mit der Hauptversammlung begonnen werden.[672]

Anzugeben ist in der Einberufung auch die **Zeit**, also Datum und Uhrzeit des Beginns der Hauptversammlung.[673] Gesetzliche Vorgaben bestehen hierfür nicht, doch dürften Sonn- und Feiertage, nicht aber auch Samstage[674] wegen **Unzumutbarkeit für die Aktionäre** grds. ausscheiden.[675] Die voraussichtliche **Dauer der Hauptversammlung** ist grds. nicht anzugeben.[676] Streitig ist jedoch, ob eine Hauptversammlung, die nur für einen Tag einberufen wurde, zwingend um 24.00 Uhr dieses Tages beendet sein muss, so dass **nach Mitternacht gefasste Beschlüsse** nach § 241 Ziff. 1 AktG nichtig sind. Entgegen der h.M.[677] ist mangels gesetzlicher Vorgaben eine solche starre Zeitbegrenzung jedoch nicht geboten.[678] Die Praxis hat sich gleichwohl an dieser h.M. zu orientieren. Bei umstrittenen oder komplexen Tagesordnungspunkten wird daher zu prüfen sein, ob die Hauptversammlung nicht ausnahmsweise (sicherheitshalber) für zwei Tage anberaumt werden soll. Das LG Mainz bejaht eine solche Verpflichtung für den Vorstand und nimmt daher Nichtigkeit der in einer Hauptversammlung gefassten Beschlüsse an, wenn die voraussichtliche Dauer der Hauptversammlung über einen Tag hinaus voraussehbar ist, der Vorstand die voraussichtliche Dauer in der Einberufung aber nicht mitteilt.[679] In diesen Fällen lediglich eine Dauer von zehn – zwölf Stunden in Anlehnung an die Gesetzesbegründung des UMAG anzusetzen, erscheint daher problematisch.[680]

Anzugeben sind in der Einberufung auch die **Teilnahmebedingungen**, also die Voraussetzungen, von denen die Teilnahme und/oder die Ausübung des Stimmrechts abhängig ist. Gemeint sind damit die **statutarischen Teilnahmeerfordernisse** der Anmeldung bzw. des **Legitimationsnachweises** gemäß § 123 Abs. 2 und 3 AktG. Hierzu gehört bei Namensaktien auch der Hinweis auf einen etwaigen Umschreibestopp bei Eintragungen im Aktienregister.[681] Bei börsennotierten Aktiengesellschaften ist davon schließlich immer auch der Hinweis auf den Institutsnachweis nach § 123 Abs. 3 Satz 2 AktG erfasst. Fehlen solche statutarischen Vorgaben, so ist einzige Voraussetzung für die Teilnahme die **Aktionär-**

---

671 Ek, Praxisleitfaden für die Hauptversammlung, § 5 Rn. 181 f.
672 Semler/Volhard, Arbeitshandbuch für die Hauptversammlung, § 7 Rn. 11 ff.; Ek, Praxisleitfaden für die Hauptversammlung, § 5 Rn. 186 f.
673 Vgl. dazu Linnerz, NZG 2006, 208, 209 f.
674 OLG Koblenz, ZIP 2001, 1095, 1096; Ek, Praxisleitfaden für die Hauptversammlung, § 5 Rn. 192.
675 Hüffer, AktG, § 121 Rn. 17; MünchKomm-AktG/Kubis, § 121 Rn. 35; Ek, Praxisleitfaden für die Hauptversammlung, § 5 Rn. 191; a.A. dagegen und ausdrücklich für die Zulässigkeit einer Hauptversammlung am Sonntag: Mutter, AG-Report 2006, R 226 ff.
676 OLG Koblenz, ZIP 2001, 1093; LG Mainz, NZG 2005, 819.
677 Hüffer, AktG, § 121 Rn. 17; Semler, in: Münchener Handbuch des Gesellschaftsrechts, Bd. 4, § 36 Rn. 47; MünchKomm-AktG/Kubis, § 121 Rn. 34; GK/Mülbert, AktG, vor §§ 118 Rn. 131; Max, AG 1991, 77, 90; ähnlich auch BVerfG, AG 2000, 74, 75; Linnerz, NZG 2006, 208, 210.
678 Ek, Praxisleitfaden für die Hauptversammlung, § 5 Rn. 200 ff.; Semler/Volhard, Arbeitshandbuch für die Hauptversammlung, § 4 Rn. 102; Happ/Freitag, AG 1998, 493.; Obermüller/Werner/Winden/Butzke, Die Hauptversammlung der Aktiengesellschaft, D Rn. 57;
679 LG Mainz, NZG 2005, 819; a.A.: Linnerz, NZG 2006, 208, 210 f.
680 So aber Weißhaupt, ZIP 2005, 1766, 1768, mit Hinweis auf die Begründung zum UMAG, BT-Drucks. 15/5092, S. 17. Dort wird allerdings nur ein Zeitrahmen für normale Hauptversammlungen von vier bis sechs Stunden genannt.
681 Vgl. dazu Reg.-Begr. zum NaStraG, ZIP 2000, 937, 940, und zum UMAG; BT-Drucks. 15/5092, S. 14.

seigenschaft. Diese ist dann gegenüber der Gesellschaft nachzuweisen. Hinweise darüber, wie dieser Nachweis gegenüber der Gesellschaft zu erbringen ist, also etwa durch Eintragung im Aktienregister bei Namensaktien (§ 67 Abs. 2 AktG) oder bei Inhaberaktien durch Vorlage der Aktienurkunden, eines Institutsnachweises (nur bei börsennotierten Gesellschaften nach § 123 Abs. 3 Satz 2 AktG) oder etwa einer Hinterlegungsbescheinigung einer Wertpapiersammelbank oder eines Notars,[682] erscheinen ratsam, zwingend geboten dürften sie aber nicht sein.

Weiter ist bei der Einberufung der Hauptversammlung darauf zu achten, gleichzeitig mit dieser auch die **Tagesordnung** gemäß § 124 Abs. 1 Satz 1 AktG **bekannt zu machen** sowie im Fall der Wahl von Aufsichtsratsmitgliedern die besonderen Angaben nach § 124 Abs. 2 Satz 1 und Abs. 3 Satz 3 AktG. Bekannt zu machen sind dabei gemäß § 124 Abs. 3 AktG auch die zu jedem Gegenstand der Tagesordnung von Vorstand und/oder[683] Aufsichtsrat zu machenden **Beschlussvorschläge**. Eine Bindung an diese Beschlussvorschläge ist damit für die Verwaltung der AG aber noch nicht eingetreten.[684] Dies gilt insb. für **beabsichtigte Satzungsänderungen** sowie für den beabsichtigten **Abschluss von Unternehmensverträgen**, die der Zustimmung der Hauptversammlung bedürfen. Bei der Einberufung ist sowohl der Wortlaut der vorgeschlagenen Satzungsänderung als auch der **wesentliche Inhalt des Vertrages** bekannt zu machen (§ 124 Abs. 2 Satz 2 AktG), insb. die Notwendigkeit einer Zustimmung der Hauptversammlung, so dass die Aktionäre diejenigen Informationen erhalten, die für eine angemessene Beurteilung notwendig sind.[685] In diesen Fällen sind dann ab dem Zeitpunkt der Einberufung auch bestimmte Unterlagen in den Geschäftsräumen **auszulegen**, so z.B. Unternehmens- und Verschmelzungsverträge (§§ 293 f. AktG, § 63 UmwG), oder ein Nachgründungsvertrag (§ 52 Abs. 2 Satz 2 AktG). Grds. bestehen diese Bekanntmachungspflichten auch, wenn die Zustimmung der Hauptversammlung zu einem „**Holzmüller-Fall**" erforderlich ist.[686]

223

Unklar ist, ob der Vorstand neben der Bekanntmachungspflicht nach § 124 Abs. 2 Satz 2 AktG im Rahmen der Einberufung der Hauptversammlung analog § 186 Abs. 4 Satz 1 AktG einen **schriftlichen Bericht** über die in Aussicht genommene Maßnahme abgeben muss und ob schließlich etwaige Verträge (vollständig) ausgelegt werden müssen, sofern die Hauptversammlung nicht nur zu einem Konzept ihre Zustimmung erteilen soll.[687] Während die Notwendigkeit eines „Holzmüller-Berichts" weitgehend angenommen wird,[688] hat der BGH die Auslegung von Verträgen in der „Altana/Milupa-Entscheidung" grds. abgelehnt.[689] Nach Auffassung des BGH ist eine **Auslegung der Verträge nur im Einzelfall** gerechtfertigt, soweit eine Analogie zu solchen Verträgen besteht, für die das Gesetz eine Auslegung vorschreibt oder wenn diese Verträge aufgrund eines bloß vereinbarten Zustimmungsvorbehalts der Zustimmung der Hauptversammlung bedürfen.[690]

---

682 MünchKomm-AktG/Kubis, § 123 Rn. 12; Hüffer, AktG, § 123 Rn. 5; GK/Werner, AktG, § 123 Rn. 26.
683 Vgl. BGHZ 153, 32 = DNotZ 2003, 358, wenn der Vorschlag zur Wahl eines Abschlussprüfers entgegen § 124 Abs. 3 AktG sowohl vom Aufsichtsrat als auch vom Vorstand ausgeht.
684 DNotI-Report 2001, 12.
685 OLG Schleswig, NZG 2006, 951 = AG 2006, 120.
686 BGH, DNotI-Report 2001, 66 = NJW 2001, 1277 „Altana/Milupa"; OLG Schleswig, AG 2006, 120; Kort, AG 2006, 272, 273 f.; Hüffer, AktG, § 124 Rn. 11; Weishaupt, NZG 1999, 807 ff.; Tröger, ZIP 2001, 2029 ff.
687 Vgl. zu den Bekanntmachungspflichten in Holzmüller-Fällen: Kort, AG 2006, 272 ff.
688 OLG Frankfurt, AG 1999, 378, 379; LG Frankfurt, NZG 1998, 113, 115; LG Karlsruhe, NZG 1998, 393, 395; Krieger, in: Münchener Handbuch des Gesellschaftsrechts, Bd. 4, § 69 Rn. 11; Weishaupt, NZG 1999, 804, 808 f.; a.A.: LG Hamburg, AG 1997, 238; Priester, ZHR 163 (1999), 187, 201; Hüffer, AktG, § 119 Rn. 19.
689 BGHZ 146, 288, 295 f. = NJW 2001, 1277 = DNotI-Report 2001, 66; ähnlich OLG München, AG 1995, 232 f.
690 BGHZ 146, 288, 295 f.; so jetzt auch OLG Schleswig, AG 2006, 120; ähnlich OLG München, WM 1996, 1462; Hüffer, AktG, § 119 Rn. 19; MünchKomm-AktG/Kubis, § 124 Rn. 34; GK/Werner, AktG, § 124 Rn. 49; Kort, AG 2006, 272, 273; siehe dazu auch unten Rn. 520 ff.

Die **Angabe der Tagesordnung** ist besonders wichtig, da wegen § 124 Abs. 4 AktG über nicht ordnungsgemäß bekannt gemachte Tagesordnungspunkte grds. nicht abgestimmt werden darf.[691] Ein gleichwohl gefasster Beschluss kann angefochten werden, und zwar auch dann, wenn alle erschienenen/vertretenen Aktionäre damit einverstanden sind, es sei denn, es handelt sich um eine Vollversammlung nach § 121 Abs. 6 AktG.[692] So ist bspw. bei einer geplanten Kapitalerhöhung stets der Höchstbetrag anzugeben. Nach Ansicht des OLG Frankfurt kommt es dabei auf den Grundkapitalbetrag nach Durchführung der Kapitalerhöhung an, nicht aber lediglich auf den Kapitalerhöhungsbetrag als solchem.[693] Richtigerweise ist zwingend nur der (maximale) Kapitalerhöhungsbetrag als solcher anzugeben.[694]

224 Erfolgt die Einberufung aufgrund gerichtlicher **Ermächtigung nach einem Minderheitsverlangen**, so muss darauf in der Einberufung nach § 122 Abs. 3 Satz 3 AktG hingewiesen werden.[695] **Minderheitsverlangen** sind nach § 122 Abs. 2 AktG ebenso in der Einberufung bekannt zu machen. **Bekanntmachungsfrei** sind dagegen Anträge zu den Gegenständen der Tagesordnung, also Gegenanträge, ergänzende Anträge, aber auch Geschäftordnungsanträge.[696] Keine ergänzenden Anträge bzw. Gegenanträge i.S.d. § 124 Abs. 4 Satz 2 2. Alt. AktG liegen dagegen bei inhaltlich abweichenden Sachanträgen vor. Die Grenze zwischen bekanntmachungsfreien Ergänzungen und bekanntmachungsbedürftigen Inhaltsänderungen ist schwierig. Im Grundsatz ist darauf abzustellen, ob ein materiell von der Bekanntmachung abweichender Antrag wirtschaftlich auf etwas anderes hinausläuft als das Angekündigte.[697]

225 Davon zu unterscheiden ist die Frage der **Zugänglichmachung von Gegenanträgen** und Wahlvorschlägen der Aktionäre nach §§ 126, 127 AktG, sofern diese form- und fristgerecht bei der Gesellschaft eingehen.

e) Einberufungsfrist

226 Die **Frist zur Einberufung der ordentlichen Hauptversammlung** ist in § 175 Abs. 1 AktG enthalten. Die eigentliche **Einberufungsfrist** richtet sich nach § 123 Abs. 1 AktG. Das hier verwandte Satzungsmuster (Rn. 116) geht von der neuen Mindestfrist von 30 Tagen aus.[698] Zu beachten ist, dass sich die Einberufungsfrist um maximal sieben Tage verlängert, wenn die Satzung als Teilnahmevoraussetzung für die Hauptversammlung gemäß § 123 Abs. 2 AktG die Anmeldung oder einen besonderen Nachweis verlangt.[699]

227 Die **Fristberechnung** erfolgt gemäß § 123 Abs. 4 AktG **durch Rückrechnung**; der Versammlungstag zählt nicht mit: Streitig ist, ob der Einberufungstag mitzählt. Geht man davon aus, dass die Einberufungsfrist voll zwischen dem Einberufungstag und dem maßgeblichen Tag der Hauptversammlung liegen muss, sprechen gute Gründe dafür, entgegen der h.M.,[700] den Einberufungstag ebenso wie den Versammlungstag

---

691 LG München, AG 2005, 701: Wenn als Gegenstand der Tagesordnung nur die Entlastung bekannt gemacht wird, kann nicht über einen Entzug des Vertrauens abgestimmt werden.
692 Hüffer, AktG, § 124 Rn. 18.
693 OLG Frankfurt, AG 2005, 167, 168; in diese Richtung auch Trendelenburg, NZG 2003, 860 ff.
694 DNotI-Report 2005, 29, 31; Semler/Volhard, Arbeitshandbuch für die Hauptversammlung, § 4 Rn. 163; Obermüller/Werner/Winden/Butzke, Die Hauptversammlung der Aktiengesellschaft, B Rn. 80; MünchKomm-AktG/Kubis, § 124 Rn. 12 („Umfang der Kapitalveränderung"). Siehe dazu auch unten Rn. 413 ff.
695 Detaillierte Hinweise sind nicht erforderlich: RGZ 170, 83, 95; Semler/Volhard, Arbeitshandbuch für die Hauptversammlung, § 4 Rn. 56.
696 Semler/Volhard, Arbeitshandbuch für die Hauptversammlung, § 4 Rn. 147 ff.
697 RGZ 87, 155; GK/Werner, AktG, § 124 Rn. 93; MünchKomm-AktG/Kubis, § 124 Rn. 74.
698 Siehe zur Rechtslage, wenn noch die Monatsfrist des § 123 Abs. 1 AktG a.F. in der Satzung genannt ist: DNotI-Report 2006, 29 ff.; Mimberg, AG 2005, 716 ff.
699 Siehe zur Berechnung der Einberufungsfrist DNotI-Report 2003, 61 ff.
700 GK/Werner, AktG, § 123 Rn. 4; Hüffer, AktG, § 123 Rn. 14; MünchKomm-AktG/Kubis, § 123 Rn. 7; Semler, in: Münchener Handbuch des Gesellschaftsrechts, Bd. 4, § 35 Rn. 27; KölnerKomm-AktG/Zöllner, § 123 Rn. 5.

nicht mitzuzählen.⁷⁰¹ Fällt das Fristende auf einen Sonntag, Feiertag oder Sonnabend, so tritt an die Stelle dieses Tages der vorhergehende Werktag (§ 123 Abs. 4 2. Halbs. AktG).⁷⁰²

> **Hinweis:**
> Besonderheiten bestehen bei der Einberufung der Hauptversammlung, wenn die Hauptversammlung im Zusammenhang mit einem **Übernahmeangebot** einberufen wird. Hier gilt gemäß § 16 Abs. 4 Satz 1 WpÜG nicht die Ein-Monats-Frist des § 123 Abs. 1 AktG, sondern lediglich eine Zwei-Wochen-Frist. Etwaige Anmelde- und Hinterlegungsfristen werden auf max. vier Tage verkürzt (§ 16 Abs. 4 Satz 3 WpÜG). Die Vorschriften des § 121 Abs. 5 AktG und etwaige Bestimmungen in der Satzung über den Ort der Hauptversammlung gelten nicht (§ 16 Abs. 4 Satz 2 WpÜG⁷⁰³).

3. Teilnahmebedingungen

Im Satzungsmuster (Rn. 116) wird von der Möglichkeit des § 123 Abs. 3 AktG Gebrauch gemacht, die Teilnahme an der Hauptversammlung von einem **besonderen Nachweis abhängig** zu machen. Dieser Nachweis dient zum einen der **Legitimation der Aktionäre** bei der Ausgabe von Inhaberaktien, zum anderen aber auch dazu, die Hauptversammlung im Hinblick auf die zu erwartenden Teilnehmer ordnungsgemäß vorzubereiten. Die Satzung ist grds. darin frei, welchen Nachweis es fordert. Von daher kann wie schon nach § 123 Abs. 3 AktG a.F. auch die **Hinterlegung**⁷⁰⁴ der Aktien vorgeschrieben werden.⁷⁰⁵ Sinnvoll ist in diesem Zusammenhang, **weitere Einzelheiten über den zu erbringenden Nachweis bzw. das Anmeldeerfordernis** in der Satzung zu regeln. In Betracht kommen **Regelungen über die Fristberechnung:** 228

- Nachweis- oder Anmeldefrist nach Werktagen;
- Samstag als Werktag;
- bei Nachweis durch Hinterlegung: Angabe von Hinterlegungsstellen, wobei eine Hinterlegung bei einem Notar, bei einer Wertpapiersammelbank oder bei der Gesellschaft selbst stets zulässig ist;⁷⁰⁶
- Inhalt einer etwaigen Hinterlegungsbescheinigung und Nachweis der Hinterlegungsbescheinigung vor Durchführung der Hauptversammlung.⁷⁰⁷

Wegen des Wortlauts des § 123 Abs. 3 AktG kann **nur bei Inhaberaktien**, nicht aber bei Namensaktien ein solcher **besonderer Nachweis** gefordert werden.⁷⁰⁸ Etwaige Hinterlegungserfordernisse für Namensaktien entsprechend § 123 AktG a.F. sind deshalb unzulässig.⁷⁰⁹ 229

Stets zulässig als Nachweis gilt bei **börsennotierten Gesellschaften** ein sog. **Institutsnachweis** gemäß § 123 Abs. 3 Satz 2 und 3 AktG. Darin bescheinigt das depotführende Institut⁷¹⁰ den Nachweis des Anteilsbesitzes, bezogen auf den Beginn des 21. Tages vor der Hauptversammlung (faktisch ist der Nachweis also auf den 22. Tag vor der Versammlung zu beziehen); dieser in Textform erstellte Nachweis muss bei der Gesellschaft spätestens am siebten Tag vor der Hauptversammlung eingehen (**sog. record date**). Das 230

---

701 Mimberg, AG 2005, 716, 718; Hüffer, AktG, § 123 Rn. 14;
702 Vgl. dazu Repgen, ZGR 2006, 121 ff.; zur alten Rechtslage noch LG München I, AG 2006, 762, 764 (n. rkr.).
703 Vgl. dazu Hüffer, AktG, § 121 Rn. 16a und § 123 Rn. 9a.
704 Siehe zur Hinterlegung bei stückelosen Aktien: BayObLG, AG 2005, 244.
705 Gesetzesbegründung zur Neufassung des § 123 AktG: BT-Drucks. 15/5092, S. 13.
706 Hüffer, AktG, § 123 Rn. 11.
707 Semler, in: Münchener Handbuch des Gesellschaftsrechts, Bd. 4, § 36 Rn. 9; KölnerKomm-AktG/Zöllner, § 123 Rn. 28; Hüffer, AktG, § 123 Rn. 12.
708 Gätsch/Mimberg, AG 2006, 746, 747.
709 Butzke, WM 2005, 1981, 1982; Hüffer, AktG, § 67 Rn. 14.
710 Der Institutsnachweis kann auch von einem ausländischen Kreditinstitut stammen. Vgl. Gesetzesbegründung BT-Drucks. 15/5092, S. 13.

bedeutet, dass Aktionäre, die Aktien nach Ausstellung des Nachweises erwerben, nicht zur Hauptversammlung und zur Ausübung des Stimmrechts berechtigt sind.[711]

231 Ein solcher Institutsnachweis kann qua Satzung auch bei **nicht börsennotierten Gesellschaften** mit Inhaberaktien vorgeschrieben werden. Sinnvoll erscheint es jedoch sowohl bei börsennotierten als auch bei nicht börsennotierten Gesellschaften, dass – wie im Satzungsmuster (Rn. 116) vorgesehen – neben dem Institutsnachweis noch ein anderer Nachweis gestattet wird. Damit wird der mögliche Vorwurf entkräftet, diese Regelung zwinge die Aktionäre (unzulässigerweise) zu einer Depotverwahrung ihrer Aktien und würde eine „private" Verwahrung nicht mehr zulassen. Es versteht sich von selbst, dass nur der **materiell richtige Institutsnachweis** eine ausreichende Legitimation für den betreffenden Aktionär begründen kann. Bei zweifelhaften Nachweisen kann die Gesellschaft zusätzliche Belege anfordern oder etwa bei der entsprechenden Bank nachfragen. Werden diese Zweifel nicht ausgeräumt, ist die Gesellschaft berechtigt, den Aktionär zurückzuweisen.[712] Das vorliegende Satzungsmuster (Rn. 116) greift diese Überlegungen des Gesetzgebers auf.[713] Wegen der damit einhergehenden Gefahr, dass sich der Ausschluss von der Teilnahme an der Hauptversammlung im Nachhinein als unzulässig herausstellt und die in dieser Versammlung getroffenen Beschlüsse daher anfechtbar sind, wird man eine solche **Nachprüfung** nur dann in Erwägung ziehen, wenn der behauptete Stimmanteil so groß ist, dass er Einfluss auf das Abstimmungsergebnis hat.[714]

232 Hat die Gesellschaft demgegenüber Namensaktien ausgegeben, ist das Erfordernis eines solchen Nachweises wegen des Wortlauts des § 123 Abs. 3 AktG n.F. nicht nur unzulässig, sondern macht auch keinen Sinn. Die Legitimation der Teilnehmer erfolgt über die **Eintragung im Aktienregister** gemäß § 67 Abs. 2 AktG.[715] Anders ist dies wiederum bei Namensaktien mit **Blankoindossament**.[716] Das alternativ dargestellte Satzungsmuster (Rn. 116) geht deshalb von einer (weiterhin zulässigen) Anmeldung als Teilnahmevoraussetzung gemäß § 123 Abs. 2 AktG aus.[717] Vorgesehen ist in dieser alternativen Satzungsklausel bei Namensaktien ein **Umschreibestopp** im Aktienregister. Ein solcher Umschreibestopp ist sinnvoll, um technische Schwierigkeiten unmittelbar vor der Hauptversammlung zu vermeiden. Die Gesetzesbegründung zum NaStraG geht von einer Frist von max. sieben Tagen aus.[718]

233 Im Hinblick auf diese Neufassung des § 123 AktG durch das **UMAG** enthält § 16 EGAktG **besondere Übergangsvorschriften**. Soweit bei einer Gesellschaft mit Inhaberaktien die Satzung noch nicht an die neue Rechtslage angepasst ist und entsprechend § 123 Abs. 3 AktG a.F. noch eine Hinterlegung der Aktien als Voraussetzung für die Teilnahme und/oder Stimmrechtsausübung vorgesehen ist, gilt die bisherige Satzungsbestimmung mit der Maßgabe fort, dass für den Zeitpunkt der Hinterlegung oder der Ausstellung eines sonstigen Legitimationsnachweises auf den Beginn des 21. Tages vor der Versammlung abzustellen ist (faktisch ist die Hinterlegung spätestens am 22. Tag vor der Versammlung zu bewirken).[719] Da auf den Beginn des 21. Tages abgestellt wird, dürfte aufgrund der Übergangsvorschrift von einer Hinterlegungs-

---

711 Kritisch hierzu: Gätsch/Mimberg, AG 2006, 746, 749 f.
712 Gesetzesbegründung zur Neufassung des § 123 AktG: BT-Drucks. 15/5092, S. 13.
713 Simon/Zetzsche, NZG 2005, 369, 373. Da ein Institutsnachweis auch durch ausländische Kreditinstitute zulässig ist, ist im Hinblick auf die Vermeidung von Zweifelsfällen eine Satzungsregelung zulässig, mit der die Länder für einen Insitutsnachweis eingegrenzt werden. Vgl. Wilsing, DB 2005, 35, 39; Bungert, in: Gesellschaftsrechtliche Vereinigung, Gesellschaftsrecht in der Diskussion 2004, 59, 65 f.
714 Gesetzesbegründung zur Neufassung des § 123 AktG: BT-Drucks. 15/5092, S. 13; siehe hierzu Gätsch/Mimberg, AG 2006, 746, 749 f.
715 Gätsch/Mimberg, AG 2006, 746 f.
716 Hüffer, AktG, § 123 Rn. 7.
717 Hüffer, AktG, § 123 Rn. 6.
718 Reg.-Begr., ZIP 2000, 937, 940; bestätigt durch die Gesetzesbegründung zum UMAG: BT-Drucks. 15/5092, S. 14; Reul, MittBayNot 2001, 156, 160; kritisch zu einem Umschreibestop: Hüther, MMR 2000, 521, 523; Huep, WM 2000, 1623, 1630.
719 Arnold, AG-Report 2005, R 527, R 528.

frist von 52 Tagen auszugehen sein (30 Tage Einberufungsfrist zuzüglich 21 Tag Hinterlegungsfrist).[720] Schon von daher ist eine Anpassung der Satzung an die neue Rechtslage dringend geboten.

4. Stellvertretung

Nach § 134 Abs. 3 AktG kann das Stimmrecht auch **durch einen Bevollmächtigten ausgeübt** werden. Der Satzungsentwurf macht von der Möglichkeit des § 134 Abs. 3 Satz 2 AktG Gebrauch und lässt gegenüber der Schriftform Erleichterungen durch Fax, E-Mail oder ähnliche Medien zu. Der Satzungsentwurf lässt eine **mündliche Vollmacht** im Interesse der Rechtssicherheit nicht genügen, sondern stellt im Ergebnis auf eine dokumentierte Vollmachtserteilung ab.[721] Unklar ist, ob eine **vollmachtslose Vertretung** zulässig ist. Aufgrund des Wortlauts des § 134 Abs. 1 Satz 1 AktG, der von einem „Bevollmächtigten" spricht, dürfte dies jedoch zu verneinen sein.[722] Von der Form der Bevollmächtigung ist der Nachweis in der Hauptversammlung zu unterscheiden. Die Gesellschaft kann von daher den nicht ordnungsgemäß legitimierten Vertreter in der Hauptversammlung zulassen und sich mit einem nachträglichen Nachweis der ordnungsgemäßen Bevollmächtigung zufrieden geben.[723] Bevollmächtigter kann grds. jeder sein. Die Satzung kann nach h.M. den Kreis der Bevollmächtigten nicht auf **Aktionäre** beschränken.[724] Bei der Bevollmächtigung eines anderen Aktionärs ist prinzipiell **keine Befreiung von den Beschränkungen des § 181 BGB** erforderlich; dies gilt insb. auch, wenn über eine Satzungsänderung abgestimmt werden soll.[725] Insoweit unterscheidet sich die Rechtslage zum GmbH-Recht.[726] Anders als dort gibt es mit § 135 AktG eine ausdrückliche Regelung über die Ausübung des Stimmrechts in der Hauptversammlung durch Kreditinstitute. In dieser Vorschrift geht das Gesetz wie von selbst davon aus, dass ein Kreditinstitut grds. berechtigt ist, für verschiedene Aktionäre deren Stimmrecht nebeneinander in der Hauptversammlung auszuüben. Wenn aber das Gesetz in § 135 AktG die Zulässigkeit von Stimmrechtsvollmachten an Banken grds. für zulässig erachtet, ist damit im Ergebnis § 181 BGB ausgeschlossen.

234

Besonderheiten bestehen bei dem **von der Gesellschaft benannten Stimmrechtsvertreter** nach § 134 Abs. 3 Satz 3 AktG. Um die Gefahr einer **Interessenkollision** zu vermeiden, enthält hier das Satzungsmuster (Rn. 116) den Vorbehalt ausdrücklicher Weisungen an den Stimmrechtsvertreter. Fehlt eine derartige Weisung, so darf der Stimmrechtsvertreter nach h.M. von der Vollmacht analog § 135 Abs. 1 Satz 2 AktG keinen Gebrauch machen, sondern muss sich enthalten, anderenfalls ist seine Stimmabgabe wohl unzuläs-

235

---

720 Streitig, siehe dazu DNotI-Report 2005, 185 ff.; Mimberg, AG 2005, 716; Butzke, WM 2005, 1981; Kiefner/Zetzsche, ZIP 2006, 551.
721 Hüffer, AktG, § 134 Rn. 22a.
722 MünchKomm-AktG/Volhard, § 134 Rn. 53; Bunke, AG 2002, 57, 65; OLG Koblenz, OLGZ 1989, 223, 226; ähnlich wohl: Hüffer, AktG, § 134 Rn. 24; a.A.: Hartmann, DNotZ 2002, 253; vgl. dazu DNotI-Gutachten Nr. 57626 vom März 2005.
723 Hüffer, AktG, § 134 Rn. 24.
724 OLG Stuttgart, AG 1991, 69 f.; MünchKomm-AktG/Volhard, § 134 Rn. 42; ähnlich KölnerKomm-AktG/Zöllner, § 134 Rn. 76; a.A.: Hüffer, AktG, § 134 Rn. 25.
725 MünchKomm-AktG/Volhard, § 134 Rn. 36; Staudinger/Schilken, BGB, § 181 Rn. 25; MünchKomm-BGB/Schramm, § 181 Rn. 19; Bamberger/Roth/Habermeier, BGB, § 181 Rn. 13; Erman/Palm, BGB, § 181 Rn. 12; a.A.: Soergel/Leptien, BGB, § 181 Rn. 21.
726 Nach BGH, DNotZ 1989, 26 f., gilt bei der Beschlussfassung über eine Satzungsänderung § 181 BGB auch bei der Bevollmächtigung in der Gesellschafterversammlung einer GmbH; ebenso Baumbach/Hueck/Zöllner, GmbHG, § 47 Rn. 60; Hachenburg/Hüffer, GmbHG, § 47 Rn. 112 ff.; Rowedder/Koppensteiner/Schmidt-Leithoff, GmbHG, § 47 Rn. 80; Scholz/K. Schmidt, GmbHG, § 47 Rn. 177 ff.; Michalski/Römermann, GmbHG 2003, § 47 Rn. 110 ff.; a.A. die ältere Rspr.: BGHZ 52, 316, 318; BGHZ 65, 93, 97 ff.; BGH, BB 1969, 1327; BayObLG, GmbHR 1989, 252, 253, sowie Lutter/Hommelhoff, GmbHG, § 47 Rn. 8; Roth/Altmeppen, GmbHG, § 47 Rn. 36.

sig.[727] Ergänzend ist in dem vorstehenden Satzungsmuster (Rn. 116) eine Regelung enthalten, wonach die Einzelheiten (z.B. Form und Frist für den Zugang der Weisungen bei der Gesellschaft) für die Erteilung einer Vollmacht an den von der Gesellschaft benannten Stimmrechtsvertreter mit der Einberufung der Hauptversammlung mitgeteilt werden.[728]

236 Fraglich ist dabei, wie das Stimmrecht von dem von der Gesellschaft benannten Stimmrechtsvertreter auszuüben ist, wenn von der in der bekannt gemachten Tagesordnung enthaltenen Anträgen **abweichende Anträge in der Hauptversammlung** selbst gestellt werden oder sich **kurzfristig die Tagesordnung ändert** und **hierzu keine Weisungen** gegeben sind.[729] Verlangt man mit der h.M. entsprechende Weisungen des Vollmachtgebers an den Stimmrechtsvertreter, so haben kurzfristige Änderungen der Tagesordnung regelmäßig zur Folge, dass die Stimmrechte der über die Stimmrechtsvertreter der Gesellschaft vertretenen Aktionäre mangels entsprechender Weisung nicht berücksichtigt werden können. **Zwei Lösungswege** werden hierzu vorgeschlagen: Zum einen denkbar ist die Einführung von weisungslosen Dauervollmachten an unabhängige Stimmrechtsvertreter, die die Gesellschaft benennt. Zum anderen könnten den Stimmrechtsvertretern der Gesellschaft in engen Grenzen eine „abweichende" Abstimmung in Anlehnung an die Regelung des § 135 Abs. 5 AktG erlaubt werden.[730]

5. Vorsitzender der Hauptversammlung

237 Das AktG geht von einem Vorsitzenden in der Hauptversammlung aus. Bestimmungen darüber, wer Vorsitzender ist, fehlen jedoch. Das Satzungsmuster (Rn. 116) greift die allgemein übliche Klausel auf, dass der **Vorsitzende des Aufsichtrats Versammlungsleiter** ist. Zwingend ist diese Regelung jedoch nicht. Vielmehr ist die Gesellschaft in der Bestimmung ihres Versammlungsleiters grds. frei. Deutsche Sprachkenntnisse sind nicht erforderlich; Kommunikation durch einen Simultandolmetscher genügt.[731],[732] Weiter regelt die Klausel den Fall seiner Stellvertretung. Zu den Aufgaben des Versammlungsvorsitzenden bestimmt das Satzungsmuster (Rn. 116) deklaratorisch, dass der Vorsitzende die Versammlung leitet.

238 Fehlt in der Satzung eine entsprechende Regelung über die Person des Versammlungsleiters, so muss dieser **durch die Hauptversammlung gewählt** werden.[733] Ausnahmsweise kommt auch die Bestellung eines Versammlungsleiters durch das Gericht in Betracht, wenn der Vorstand einem Minderheitsverlangen nach § 122 AktG nicht nachkommt. In diesem Fall kann das Gericht zugleich mit der Ermächtigung zur Einberufung der Hauptversammlung bzw. Ergänzung der Tagesordnung nach § 122 Abs. 3 Satz 2 AktG (von Amts wegen oder auf Antrag, der als Anregung aufzufassen ist) einen Versammlungsleiter bestimmen.[734]

---

727 Hüffer, AktG, § 134 Rn. 26b; Bunke, AG 2002, 57, 58 f.; Noack, ZIP 2001, 57, 61 ff.; Obermüller/Werner/Winden/Butzke, Die Hauptversammlung der Aktiengesellschaft, E Rn. 67; Reul, in: Würzburger Notarhandbuch, Teil 5 Rn. 420 § 12 Ziff. 4 des Satzungsmusters; Lorz/Pfisterer/Gerber, in: Beck'sches Formularbuch Aktienrecht, C I 3. Anm. 38; D. Mayer, MittBayNot 2003, 96, 103; Zetzsche, ZIP 2001, 682, 684; a.A.: MünchKomm-AktG/Volhard, § 134 Rn. 39; Marsch-Barner, in: FS für Peltzer, S. 261, 271 Fn. 41; Riegger, ZHR 165 (2001), 204, 214 f.; Bachmann, AG 2001, 635, 638 f.; siehe dazu insgesamt DNotI-Gutachten Nr. 66595 vom März 2006.

728 Reul, in: Würzburger Notarhandbuch, Teil 5 Rn. 420 § 12 Ziff. 4 der vorgeschlagenen Satzung; D. Mayer, MittBayNot 2003, 96, 103; Lorz/Pfisterer/Gerber, in: Beck'sches Formularbuch Aktienrecht, C I 3. § 15 Abs. 3 des Satzungsmusters.

729 Siehe dazu das BMJ: Bericht über die Entwicklung der Stimmrechtsausübung in börsennotierten Aktiengesellschaften in Deutschland seit Inkrafttreten des NaStraG am 25.1.2001, NZG 2004, 948, 953.

730 Siehe dazu das BMJ, NZG 2004, 948, 953.

731 OLG Hamburg, AG 2001, 359, 363; Hüffer, AktG, § 129 Rn. 18.

732 MünchKomm-AktG/Kubis, § 119 Rn. 101; KölnerKomm-AktG/Zöllner, § 119 Rn. 47; Hüffer, AktG, § 129 Rn. 18.

733 Obermüller/Werner/Winden/Butzke, Die Hauptversammlung der Aktiengesellschaft, D Rn. 10.

734 Semler/Volhard/Fischer, Arbeitshandbuch für die Hauptversammlung, § 11 Rn. 9 f.; Obermüller/Werner/Winden/Butzke, Die Hauptversammlung der Aktiengesellschaft, D Rn. 11; Hüffer, AktG, § 122 Rn. 11.

Die Hauptversammlung kann den Versammlungsleiter grds. wieder **abberufen**. Eine Abberufung des gerichtlich bestellten Versammlungsleiters ist dagegen unzulässig.[735] Zu unterscheiden ist im Übrigen danach, wie der Versammlungsleiter sein Amt übernommen hat. Wurde er durch die Hauptversammlung gewählt, so kann diese ihn jederzeit wieder abberufen. Ein wichtiger Grund muss dafür nicht vorliegen.[736] Ist der Versammlungsleiter **qua Satzung berufen**, ist nach einer Ansicht eine Abberufung überhaupt nicht zulässig.[737] Nach a.A. ist eine Abberufung zulässig wenn alle (anwesenden) Aktionäre dies einstimmig beschließen.[738] Nach h.M. ist eine Abberufung auch in diesem Fall zulässig; allerdings muss dafür ein wichtiger Grund vorliegen,[739] der in substanziierter Weise vorgetragen werden muss. Allgemeine Vorwürfe „ins Blaue" oder bloße Verdächtigungen genügen nicht. Erforderlich ist eine hinreichende Tatsachengrundlage.[740] Für den Beschluss genügt nach h.M. die **einfache Mehrheit**.[741] Bei diesem Antrag auf Abberufung des Versammlungsleiters handelt es sich um einen **Antrag zur Geschäftsordnung**.[742] Da der Antrag die Verhandlungsleitung vom Zeitpunkt seines Erfolgs an verändern würde, ist er unverzüglich nach Antragstellung zur Abstimmung zu stellen.[743] Kommt der Versammlungsleiter einem solchen zulässigerweise gestellten Antrag zu Unrecht nicht nach, sind die danach von der Hauptversammlung gefassten Beschlüsse nach Ansicht der Rspr. nichtig, weil nicht feststeht, ob der ordnungsmäßige Versammlungsleiter auch die Beschlüsse nach § 130 Abs. 2 AktG festgestellt hat.[744] Die Lit. nimmt in diesem Fall lediglich Anfechtbarkeit an.[745]

239

Eine **Amtsniederlegung** ist durch den Versammlungsleiter jederzeit durch Erklärung gegenüber der Hauptversammlung möglich. Eine Begründung hierfür bedarf es nicht. Bei Vorliegen einer Satzungsbestimmung ist dann automatisch die **nächst berufene Person Versammlungsleiter**; anderenfalls muss die Hauptversammlung einen neuen Versammlungsleiter wählen.[746]

240

> **Hinweis:**
> Wird eine Hauptversammlung **ohne bzw. durch den falschen Versammlungsleiter** durchgeführt, sind die darin gefassten Beschlüsse nach § 241 Ziff. 1 AktG nichtig, weil die Beschlussfassung nicht nach § 130 Abs. 2 AktG durch „den Vorsitzenden" festgestellt ist und damit auch nicht ordnungs-

---

735 GK/Mülbert, AktG, vor §§ 118 Rn. 82; Semler/Volhard, Arbeitshandbuch für die Hauptversammlung, § 11 Rn. 27; Obermüller/Werner/Winden/Butzke, Die Hauptversammlung der Aktiengesellschaft, D Rn. 13.
736 Semler/Volhard, Arbeitshandbuch für die Hauptversammlung, § 11 Rn. 16 ff.; Obermüller/Werner/Winden/Butzke, Die Hauptversammlung der Aktiengesellschaft, D Rn. 13 ff.
737 Krieger, AG 2006 355 ff.; GK /Barz, AktG, § 119 Rn. 18; Obermüller/Werner/Winden/Butzke, Die Hauptversammlung der Aktiengesellschaft, D Rn. 14.
738 KölnerKomm-AktG/Zöllner, § 119 Rn. 48; Max, AG 1991, 77, 86.
739 Semler/Volhard/ Fischer, Arbeitshandbuch für die Hauptversammlung, § 11 Rn. 22; Semler, in: Münchener Handbuch des Gesellschaftsrechts, Bd. 4, § 36 Rn. 38; GK/Mülbert, AktG, vor §§ 118 Rn. 83; MünchKomm-AktG/Kubis, § 119 Rn. 108.
740 OLG Hamburg, AG 2001, 359, 363; LG Köln, AG 2005, 696, 701; Arnold/Wohlgemuth, AG-Report 2006, R 166.
741 Semler/Volhard, Arbeitshandbuch für die Hauptversammlung, § 11 Rn. 22; GK/Mülbert, AktG, vor §§ 118 Rn. 83; Semler, in: Münchener Handbuch des Gesellschaftsrechts, Bd. 4, § 36 Rn. 38; a.A.: KölnerKomm-AktG/Zöllner, § 119 Rn. 48; Max, AG 1991, 77, 86 (einstimmiger Beschluss erforderlich); Ek, Praxisleitfaden für die Hauptversammlung, § 11 Rn. 376 (Dreiviertelmehrheit); Obermüller/Werner/Winden/Butzke, Die Hauptversammlung der Aktiengesellschaft, D Rn. 14 (gänzlich unzulässig).
742 Semler/Volhard, Arbeitshandbuch für die Hauptversammlung, § 11 Rn. 103.
743 LG Köln, AG 2005, 696, 701; LG Frankfurt, AG 2005, 892, 893; Max, AG 1991, 77, 86; Arnold/Wohlgemuth, AG-Report 2006, R 166; Obermüller/Werner/Winden/Butzke, Die Hauptversammlung der Aktiengesellschaft, D Rn. 86 f.
744 LG Frankfurt, AG 2005, 892 f.; LG Köln, AG 2005, 696, 701.
745 Arnold/Wohlgemuth, AG-Report 2006, R 166; v. Falkenhausen/Kocher, BB 2005, 1068, 1069 f.
746 Ek, Praxisleitfaden für die Hauptversammlung, § 11 Rn. 381; MünchKomm-AktG/Kubis, § 119 Rn. 111; GK/Mülbert, AktG, vor §§ 118 Rn. 84.

gemäß protokolliert werden kann.⁷⁴⁷ Ausgenommen hiervon ist nur **sog. Einmann-AG**, bei der kein Versammlungsleiter nötig ist.⁷⁴⁸

6. Geschäftsordnung

241 Nach § 129 Abs. 1 Satz 1 AktG kann sich die Hauptversammlung eine **Geschäftsordnung** mit den Regeln für die Vorbereitung und Durchführung der Hauptversammlung geben. Das Satzungsmuster (Rn. 116) wiederholt insoweit lediglich den Gesetzeswortlaut. An dieser Stelle genügt deshalb der Hinweis, dass die Geschäftsordnung selbst keinen Satzungscharakter hat und deshalb gegenüber den Regelungen der Satzung nachrangig ist. Von daher zielt die Geschäftsordnung auf eine **Ergänzung der Satzung**.⁷⁴⁹

7. Übertragung der Hauptversammlung/Videozuschaltung von Aufsichtsratsmitgliedern

242 Nach bisheriger Rechtslage konnten lediglich die **Redebeiträge von Vorstand und Aufsichtsrat** aus der Hauptversammlung heraus **im Rundfunk und Fernsehen übertragen** werden. Eine Übertragung auch der Wortbeiträge der Aktionäre war im Hinblick auf deren Persönlichkeitsrecht von ihrer Zustimmung abhängig. Der BGH hat hierzu die Auffassung vertreten, dass Video- und Tonbandaufnahmen von der Hauptversammlung nur zulässig sind, wenn diese Aufnahmen vorher angekündigt wurden und der einzelne Aktionär zum Schutz seines allgemeinen Persönlichkeitsrechts verlangen kann, dass sein Redebeitrag nicht aufgenommen wird.⁷⁵⁰ Diese Problematik hat der Gesetzgeber durch § 118 Abs. 3 AktG entschärft.⁷⁵¹ Nach § 118 Abs. 3 AktG kann die Satzung oder die Geschäftsordnung bestimmen, dass die Hauptversammlung in Ton und Bild übertragen werden darf. Das AktG überlässt es mit dieser Regelung im Ergebnis der Gesellschaft, welche Form und welchen Grad der Öffentlichkeit sie anstrebt. Der Gesellschaft obliegt es deshalb, ein Weniger gegenüber der vollständigen Übertragung in allen Varianten zu regeln. Ebenso kann es auch der Verwaltung überlassen werden, von Fall zu Fall zu entscheiden, wie weitgehend die Versammlung übertragen wird.⁷⁵² Liegt eine solche Satzungsbestimmung vor, kann der einzelne Aktionär der Übertragung seines Redebeitrages nicht widersprechen.⁷⁵³

Eingang in den Satzungsentwurf hat ebenfalls die durch das TransPuG neu in das AktG aufgenommene Bestimmung des § 118 Abs. 2 Satz 2 AktG. Danach kann die Satzung bestimmte Fälle vorsehen, in denen die **Teilnahme von Mitgliedern des Aufsichtsrats im Wege der Bild- und Tonübertragung** erfolgen darf. Das Satzungsmuster greift das Beispiel der Gesetzesbegründung auf, wonach für den Fall, dass ein Aufsichtsratmitglied seinen Wohnsitz weit entfernt vom Ort der Hauptversammlung, insb. im Ausland hat, eine generelle Ausnahme von der persönlichen Teilnahme an der Hauptversammlung vorgesehen werden kann.⁷⁵⁴

8. Beschlussfähigkeit

243 Das Aktienrecht enthält mit Ausnahme bei der Nachgründung im ersten Jahr nach der Eintragung der Gesellschaft gemäß § 52 Abs. 5 Satz 2 AktG **keine Bestimmungen über die Beschlussfähigkeit** der

---

747 Semler/Volhard, Arbeitshandbuch für die Hauptversammlung, § 11 Rn. 28.
748 Siehe dazu unten Rn. 319.
749 Hüffer, AktG, § 129 Rn. 1b; Bezzenberger, ZGR 1998, 352; Schaaf, Die Praxis der Hauptversammlung, ZIP 1999, 1339; Hennerkes/Kögel, DB 1999, 81; Bachmann, AG 1999, 210; Muster einer Geschäftsordnung finden sich z.B. bei Mayer-Landrut, Rn. 270 ff.; Happ, Aktienrecht, 10.16; Lorz/Pfisterer/Gerber, in: Beck'sches Formularbuch Aktienrecht, I. I.
750 BGH, NJW 1994, 3094 = DNotZ 1995, 551; GK/Werner, AktG, § 130 Rn. 124; Semler, in: Münchener Handbuch des Gesellschaftsrechts, Bd. 4, § 36 Rn. 50; Macks, AG 1991, 77, 81.
751 BGBl. 2002 I, S. 2681.
752 LG Frankfurt, EWiR 2005, 97; Gesetzesbegründung, BT-Drucks. 14/8769, S. 19.
753 LG Frankfurt, EWiR 2005, 97.
754 Gesetzesbegründung, BT-Drucks. 14/8769, S. 19.

Hauptversammlung. Die Hauptversammlung ist daher immer beschlussfähig, soweit nur ein Aktionär anwesend/vertreten ist. Die Satzung kann jedoch als „weiteres Erfordernis" nach § 133 Abs. 1 AktG u.a. auch die Beschlussfähigkeit regeln, insb. für bestimmte Beschlüsse ein nach **Kapitalbeträgen bemessenes Quorum** oder die **Anwesenheit einer bestimmten Mindestzahl** von Aktionären in der Hauptversammlung verlangen.[755] Das ist gefährlich, wenn die Satzung keine Regelung enthält, wie bei Beschlussunfähigkeit eine beschlussfähige Hauptversammlung erreicht werden kann.[756] Stellt die Satzung ein bestimmtes Kapitalquorum auf, zählen bei der Feststellung der Beschlussfähigkeit anders als bei der Feststellung der Beschlussmehrheit stimmberechtigte Aktien auch dann mit, wenn sich ihre Inhaber der Stimme enthalten.[757]

9. Beschlussmehrheit

Hat die Gesellschaft Stückaktien ausgegeben, gewährt zwingend **jede Aktie eine Stimme**. Bei Nennbetragsaktien richtet sich das Stimmrecht nach den Nennbeträgen. Von der Möglichkeit, **Höchststimmrechte** einzuführen (§ 134 Abs. 1 Satz 2 AktG) macht das Satzungsmuster (Rn. 116) keinen Gebrauch. Desgleichen verbleibt es bei der Regelung des § 134 Abs. 2 Satz 1 AktG. Das Stimmrecht beginnt erst mit der vollständigen Leistung der Einlage. Im Übrigen knüpft der Entwurf an § 133 AktG an. Danach genügt für Beschlüsse der Hauptversammlung grds. die **einfache Stimmenmehrheit**. Bei Stimmengleichheit ist ein Beschluss nicht gefasst bzw. abgelehnt.[758] Dies gilt auch, wenn der Beschlussantrag nicht in positiver, sondern in negativer Fassung gestellt wird.[759] Zu beachten ist aber, dass bei einem negativen Beschlussantrag (z.B. Antrag auf Verweigerung der Entlastung) der daraufhin ergangene Beschluss eine andere Reichweite als die Verneinung des entgegengesetzten Antrags haben kann. Da es hier letztlich immer um den materiellen Beschlussinhalt geht und zwar unabhängig davon, ob der Antrag positiv oder negativ gestellt ist, ist davon auszugehen, dass allein auf den materiellen Beschlussinhalt abzustellen ist. Ein materieller Beschluss kommt also nur zustande, wenn eine ausreichende Mehrheit für den Antrag stimmt.[760]

244

Da es nur auf die abgegebenen Stimmen ankommt, sind Stimmenthaltungen ohne Bedeutung.[761] Zu erfassen sind diese aber gleichwohl zur Feststellung der Referenzstimmen, wenn die Abstimmung im sog. **Subtraktionsverfahren** durchgeführt wird.[762] Nicht mitgezählt werden ungültige oder nichtige Stimmen. **Ungültig** ist eine Stimme, die nicht in der festgelegten Abstimmungsform (Handaufheben, Stimmkarte, etc.) abgegeben wurde oder deren Erklärungsinhalt nicht eindeutig feststellbar ist.[763] **Nichtig** ist die Stimmabgabe, wenn z.B. Stimmverbote bestehen (§ 136 AktG), das Stimmrecht aus eigenen Aktien ausgeübt wird (§ 71b AktG) oder Aktionäre mit stimmrechtslosen Vorzugsaktien abstimmen (§ 140 Abs. 1 AktG).

Sofern das Gesetz außer Stimmenmehrheit eine **Mehrheit des vertretenen Kapitals** vorschreibt, genügt nach dem Satzungsentwurf die **einfache Mehrheit** des bei der Beschlussfassung vertretenen Kapitals. Damit wird z.B. von dem satzungsdispositiven Erfordernis der qualifizierten Kapitalmehrheit nach § 179 Abs. 2 AktG abgewichen. Die Kapitalmehrheit muss in diesem Fall stets zur Stimmenmehrheit hinzu-

245

---

755 KölnerKomm-AktG/Zöllner, § 133 Rn. 31; MünchKomm-AktG/Volhard, § 133 Rn. 55; Semler/Volhard, Arbeitshandbuch für die Hauptversammlung, § 14 Rn. 1.
756 Semler, in: Münchener Handbuch des Gesellschaftsrechts, Bd. 4, § 39 Rn. 33.
757 KölnerKomm-AktG/Zöllner, § 133 Rn. 31.
758 MünchKomm-AktG/Volhard, § 133 Rn. 5; Hüffer, AktG, § 133 Rn. 12.
759 MünchKomm-AktG/Volhard, § 133 Rn. 5 ff.; Hüffer, AktG, § 133 Rn. 5.
760 Ausdrücklich in diesem Sinne: Baumbach/Hueck/Zöllner, GmbHG, § 47 Rn. 14; die Verneinung der Entlassungsverweigerung bedeutet nicht die Entlastung; Verneinung der beantragten Ablehnung einer Satzungsänderung ist kein Satzungsänderungsbeschluss. Ebenso MünchKomm-AktG/Volhard, § 133 Rn. 7; unklar dagegen Hüffer, AktG, § 133 Rn. 5; KölnerKomm-AktG/Zöllner, § 133 Rn. 6.
761 MünchKomm-AktG/Kubis, § 133 Rn. 27.
762 Hüffer, AktG, § 130 Rn. 19; GK/Werner, AktG, § 130 Rn. 22; MünchKomm-AktG/Kubis, § 130 Rn. 54.
763 MünchKomm-AktG/Kubis, § 133 Rn. 27; Semler, in: Münchener Handbuch des Gesellschaftsrechts, Bd. 4, § 39 Rn. 20.

kommen.[764] Allgemein ist darauf zu achten, dass Mehrheitsregeln der Satzungsbestimmungen hinreichend deutlich zum Ausdruck bringen, ob von ihr auch Satzungsänderungen erfasst werden sollen, da es anderenfalls bei der gesetzlichen Regelung verbleibt.[765] Die entsprechende Klausel des Satzungsmusters (Rn. 116) genügt diesen Anforderungen.[766] Unzureichend ist demgegenüber die Klausel, dass „Beschlüsse der Hauptversammlung mit einfacher Mehrheit der abgegebenen Stimmen gefasst werden können, soweit nicht zwingende gesetzliche Vorschriften etwas anderes bestimmen".[767]

> **Hinweis:**
> Bei der Feststellung, ob das maßgebliche Quorum des **vertretenen Kapitals** erreicht worden ist wie insb. in § 179 Abs. 2 AktG, zählt nur das bei der konkreten Beschlussfassung mit „ja" oder mit „nein" abstimmende Kapital. Stimmenthaltungen zählen nicht mit.[768]

246 Sind mehrere Aktiengattungen vorhanden, ist neben einem Hauptversammlungsbeschluss häufig noch ein **Sonderbeschluss erforderlich**, mit dem die jeweiligen Gattungen gesondert entscheiden. Für diesen Sonderbeschluss gelten teilweise Sonderregeln wie im Fall des § 141 AktG, ansonsten finden die für Hauptversammlungsbeschlüsse geltenden Vorschriften nach § 138 Satz 2 AktG Anwendung. Erforderlich ist grds. die **einfache Stimmenmehrheit** sowie ggf. die **qualifizierte Kapitalmehrheit**. Notwendig ist ein Sonderbeschluss bspw. bei der Aufhebung oder Beschränkung der Rechte von Vorzugsaktionären nach § 141 AktG, im Fall der Benachteiligung einzelner Aktiengattungen durch Satzungsänderung gemäß § 179 Abs. 3 AktG, bei Kapitalmaßnahmen gemäß § 182 Abs. 2 AktG, worauf in den §§ 193 Abs. 1 Satz 3, 202 Abs. 2 Satz 4, 221 Abs. 1 Satz 4, 222 Abs. 2, 229 Abs. 3, 237 Abs. 2 AktG verwiesen wird, bei Unternehmensverträgen nach §§ 295 Abs. 2, 296, 297 Abs. 2, 302 Abs. 3, 309 Abs. 3, 317, 318 AktG oder bei Umwandlungsvorgängen nach § 65 Abs. 2 UmwG.

247 Eine **Zustimmung aller Aktionäre** bzw. aller betroffenen Aktionäre ist zusätzlich erforderlich, wenn gemäß § 180 Abs. 2 AktG **nachträglich Vinkulierungsklauseln** in die Satzung aufgenommen werden oder wenn es um die nachträgliche **Begründung von Sonderrechten** für einzelne Aktionäre bzw. Nebenpflichten für Aktionäre geht (§ 180 Abs. 1 AktG). Eine solche Zustimmung aller Aktionäre ist auch erforderlich, wenn es um den Verzicht auf etwaige Berichtspflichten bei Unternehmensverträgen nach § 293a Abs. 3 AktG oder Umwandlungsvorgängen nach § 8 Abs. 3 AktG geht.[769]

XI. Jahresabschluss/Sachdividende

248 Die **Bestimmungen über den Jahresabschluss** entsprechen den gesetzlichen Regelungen der §§ 264, 267 HGB, §§ 170 ff. AktG. Die Feststellung des Jahresabschlusses obliegt grds. dem Aufsichtsrat (§ 172 AktG), es sei denn, Vorstand und Aufsichtsrat beschließen, dies der Hauptversammlung zu übertragen. Regelungsbedarf in der Satzung besteht bei der Frage, inwieweit Beträge aus dem Jahresüberschuss in andere Gewinnrücklagen einzustellen sind oder nicht. Das Gesetz differenziert hierbei in § 58 AktG danach, ob die Hauptversammlung oder Vorstand und Aufsichtsrat den Jahresabschluss feststellen. Ebenso kommt es nach § 58 Abs. 2 Satz 2 AktG darauf an, ob es sich um eine börsennotierte Gesellschaft handelt oder nicht. Entscheidend für die Frage, ob man von diesen Möglichkeiten Gebrauch macht, ist letztlich, ob man die **Stellung der Verwaltung** gegenüber dem Ausschüttungsinteresse der Aktionäre in der Hauptversammlung stärken will oder nicht. Ist dies gewollt, sollte von der Ermächtigung des § 58 Abs. 2 Satz 2 AktG Gebrauch gemacht werden. Schließlich macht der hier verwandte Satzungsentwurf von der Mög-

---

764 RGZ 125, 356, 359; BGH, NJW 1975, 212; MünchKomm-AktG/Kubis, § 133 Rn. 39.
765 BGH, NJW 1975, 212; NJW 1988, 260, 261.
766 BGH, NJW 1980, 1465; Hüffer, AktG, § 179 Rn. 18; Semler, in: Münchener Handbuch des Gesellschaftsrechts, § 39 Rn. 32.
767 BGH, NJW 1975, 212.
768 Hüffer, AktG, § 179 Rn. 14; MünchKomm-AktG/Kubis, § 133 Rn. 37; KölnerKomm-AktG/Zöllner, § 133 Rn. 72; Semler/Volhard, Arbeitshandbuch für die Hauptversammlung, § 14 Rn. 8.
769 Obermüller/Werner/Winden/Butzke, Die Hauptversammlung der Aktiengesellschaft, F Rn. 51.

lichkeit des § 58 Abs. 5 AktG in der Fassung des TransPuG Gebrauch. Aufgrund dieser Satzungsregelung ist es möglich, dass die Hauptversammlung eine **Sachdividende** beschließt.[770]

XII. Gründungsaufwand

§ 26 Abs. 2 AktG verlangt die **Angabe des Gründungsaufwands in der Satzung**. Erfasst werden von dieser Bestimmung 249

- Steuern,
- Notar- und Gerichtsgebühren,
- Honorare der Gründungsprüfer,
- Kosten der Bekanntmachung im Bundesanzeiger sowie ggf.
- Druckkosten für die Aktienurkunden.

Nicht erfasst werden demgegenüber die **Kosten der Ingangsetzung der unternehmerischen Tätigkeit**.[771] Es genügt, wenn die Belastungen der Gesellschaft in einer Endsumme angegeben werden. Einzelbeträge müssen nicht mitgeteilt werden. Stehen die Beträge noch nicht fest, sind sie zu schätzen. Da die Satzungsbestimmungen über den Gründungsaufwand gemäß § 26 Abs. 5 AktG frühestens nach 30 Jahren durch Satzungsänderung beseitigt werden können, empfiehlt sich, diese Regelungen am Ende der Satzung zu platzieren. 250

> **Hinweis:**
> Gleichwohl ist die **Wichtigkeit dieser Bestimmung** nicht zu unterschätzen. Fehlende oder unrichtige Festsetzungen bzgl. des Gründungsaufwandes stellen einen Errichtungsmangel dar und rechtfertigen gemäß § 38 Abs. 1 die Ablehnung der Eintragung der Gründung.

E. Hauptversammlung

I. Allgemeines

Nach der Konzeption der AG ist die **Hauptversammlung das oberste Organ der Gesellschaft**. Sie ist die **Versammlung aller Aktionäre**. Sie bestimmt über die Bestellung und Abberufung der Aufsichtsratsmitglieder (§§ 101, 103 AktG) und damit mittelbar auch über die Bestellung des Vorstandes durch den Aufsichtsrat. Ebenso ist die Hauptversammlung maßgebliches Organ für die Beschlussfassung über Satzungsänderungen gemäß der §§ 179 ff. AktG. 251

In der Praxis wird zwischen der **ordentlichen** und der **außerordentlichen Hauptversammlung** unterschieden. Rechtlich gibt es zwischen beiden Arten kein Unterschied. In der ordentlichen Hauptversammlung, die nach § 175 Abs. 1 Satz 2 AktG regelmäßig in den **ersten acht Monaten eines Geschäftsjahres** stattfindet, werden die jährlich wiederkehrenden Beschlüsse gefasst, nämlich: 252

- Vorlage des Jahresabschlusses,
- Verwendung des Bilanzgewinns,
- Entlastung von Vorstand und Aufsichtsrat,
- Bestellung des Abschlussprüfers.

Um eine **außerordentliche Hauptversammlung** handelt es sich dagegen, wenn zusätzlich zu der ordentlichen Hauptversammlung eine weitere Hauptversammlung einberufen wird, um Tagesordnungspunkte 253

---

770 Heine/Lechner, AG 2005, 269 ff.
771 Hüffer, AktG, § 26 Rn. 5.

zu behandeln, die nicht zu den o.g. Gegenständen gehören und die aufgrund ihrer Aktualität auch nicht im Rahmen der ordentlichen Hauptversammlung mit abgearbeitet werden können.[772]

1. Einberufung/Zuständigkeit/Dauer

254 Wegen der Zuständigkeit der Hauptversammlung, der Art und Weise der Einberufung, der Dauer wie auch der Teilnahmevoraussetzungen wird auf die Ausführungen zur Satzung der AG Rn. 116 ff. verwiesen.

2. Vertagung/Absetzung/Wiedereröffnung/Unterbrechung der Hauptversammlung

255 Die Zuständigkeit des Vorstandes für die Einberufung der Hauptversammlung nach § 121 Abs. 2 Satz 1 AktG beinhaltet grds. auch die **Zuständigkeit**, die **Hauptversammlung zu vertagen, zu verschieben bzw. abzusetzen**. Nach überwiegender, wenngleich umstrittener Ansicht sind bei einer Vertagung, Absetzung **dieselben Förmlichkeiten wie bei der Einberufung** der Hauptversammlung zu beachten.[773] Hat die Hauptversammlung dagegen bereits begonnen, ist für eine Vertagung allein die Hauptversammlung selbst zuständig.[774] Wurde die Hauptversammlung vom Versammlungsleiter bereits geschlossen, kann die Hauptversammlung die Fortsetzung mit einfacher Mehrheit beschließen und zwar unabhängig davon, ob die vorzeitige Schließung der Hauptversammlung willkürlich war oder nicht. Erforderlich ist nur, dass der Fortsetzungsbeschluss im unmittelbaren Anschluss an die Schließung erfolgt und noch kein Aktionär die Hauptversammlung verlassen hat.[775] Geht es dagegen um eine Unterbrechung der Hauptversammlung, so ist hierfür allein der **Versammlungsleiter**, nicht aber die Hauptversammlung zuständig.[776]

3. Absetzung/Wiederaufnahme von Tagesordnungspunkten

256 Eine Absetzung oder Vertagung von einmal bekannt gemachten Tagesordnungspunkten kann allein von der Hauptversammlung mit **einfacher Stimmenmehrheit** selbst beschlossen werden.[777] Zum Teil wird hierfür noch das **Vorliegen eines wichtigen Grundes** verlangt.[778] Die Wiederaufnahme bereits abgeschlossener Tagesordnungspunkte in derselben Hauptversammlung obliegt demgegenüber dem Versammlungsleiter. Dies ist allerdings nur zulässig, wenn neue entscheidungserhebliche Tatsachen vorgetragen werden.[779] Die Entscheidung des Vorsitzenden kann dabei von der Hauptversammlung mit einfacher Mehrheit korrigiert werden.[780]

---

772 Semler/Volhard, Arbeitshandbuch für die Hauptversammlung, § 1 Rn. 2 ff.
773 Semler/Volhard, Arbeitshandbuch für die Hauptversammlung, § 4 Rn. 127 ff.; Obermüller/Werner/Winden/Butzke, Die Hauptversammlung der Aktiengesellschaft, B Rn. 98 ff.
774 Semler/Volhard, Arbeitshandbuch für die Hauptversammlung, § 1 Rn. 212.
775 GK/Mülbert, AktG, vor §§ 118 Rn. 134.; KölnerKomm-AktG/Zöllner, § 119 Rn. 69; Semler/Volhard, Arbeitshandbuch für die Hauptversammlung, § 1 Rn. 229.
776 GK/Mülbert, AktG, vor §§ 118 Rn. 129; MünchKomm-AktG/Kubis, § 119 Rn. 131; a.A.: KölnerKomm-AktG/Zöllner, § 119 Rn. 68; Steiner, Die Hauptversammlung in der Aktiengesellschaft, § 7 Rn. 6.
777 Semler/Volhard, Arbeitshandbuch für die Hauptversammlung, § 1 Rn. 210; Semler/Volhard, Arbeitshandbuch für die Hauptversammlung, § 11 Rn. 81 ff.; Obermüller/Werner/Winden/Butzke, Die Hauptversammlung der Aktiengesellschaft, D Rn. 82 ff.
778 So GK/Mülbert, AktG, vor §§ 118 Rn. 130.
779 KölnerKomm-AktG/Zöllner, § 119 Rn. 55; Stützle/Walgenbach, ZHR 155 (1991), 516, 537; Semler/Volhard, Arbeitshandbuch für die Hauptversammlung, § 1 Rn. 228; Semler/Volhard, Arbeitshandbuch für die Hauptversammlung, § 11 Rn. 77 ff. (der allerdings nur eine erneute Verhandlung, nicht aber eine erneute Beschlussfassung zulassen will); Obermüller/Werner/Winden/Butzke, Die Hauptversammlung der Aktiengesellschaft, C Rn. 53 ff.
780 Semler/Volhard/Fischer, Arbeitshandbuch für die Hauptversammlung, § 11 Rn. 78 ff.; Semler/Volhard, Arbeitshandbuch für die Hauptversammlung, § 1 Rn. 228.

4. Bindung der Verwaltung an Beschlussvorschläge

Unbenommen ist es Vorstand und/oder Aufsichtsrat dagegen, zu einem Tagesordnungspunkt die angekündigten Beschlussvorschläge nicht zur Abstimmung zu stellen.[781] Im Übrigen sind Aufsichtsrat und Vorstand nach einer Ansicht jedoch **an diese Vorschläge gebunden**.[782] Nach einer vermittelnden Ansicht fällt eine derartige Bindung jedenfalls dann weg, wenn seit der Bekanntmachung der Vorschläge neue Tatsachen entstanden oder bekannt geworden sind oder eine neue Beurteilung aus anderen Gründen erforderlich geworden ist.[783] Die weitestgehende Ansicht nimmt an, dass im Grundsatz **überhaupt keine Bindungswirkung** besteht. Vielmehr kann die Verwaltung ohne Vorliegen neuer Tatsachen auch dann, wenn sie bspw. zu der Einsicht gelangt ist, dass ein abweichender Vorschlag dem Gesellschaftsinteresse besser Rechnung trägt, von ihrem ursprünglichen Vorschlag abweichen.[784] Um hier allfällige Anfechtungsklagen von vornherein zu vermeiden, hilft sich die Praxis damit, dass die geänderten Beschlussvorschläge nicht von der Verwaltung selbst, sondern von einem „befreundeten" Aktionär zur Abstimmung in der Hauptversammlung gestellt werden und die Verwaltung auf die Abstimmung zu ihrem ursprünglichen Beschlussvorschlag verzichtet.

257

5. Sprache

Die Hauptversammlung selbst ist **grds. in deutscher Sprache** durchzuführen. Zulässig ist es jedoch auch, in der Hauptversammlung einer deutschen AG ganz oder teilweise eine **andere Verhandlungssprache** zu verwenden.[785] Notwendig ist hierfür allerdings das **Einverständnis aller anwesenden teilnahmeberechtigten Personen**, u.a. auch des Notars. Widerspricht einer der Anwesenden, bleibt als Alternative zur deutschen Verhandlungssprache die Möglichkeit, die Hauptversammlung durch (vereidigte) Dolmetscher in die deutsche oder eine andere vom Widersprechenden gewünschte Sprache zu übersetzen.[786]

258

Von der Verhandlungssprache in der Hauptversammlung zu unterscheiden ist die weitere Frage, in welcher **Sprache das (notarielle) Protokoll** über die Hauptversammlung errichtet wird.[787] Die **Sprache der Urkunde** muss nicht mit der Verhandlungssprache übereinstimmen.[788] Analog § 5 Abs. 2 BeurkG kann der Notar das notarielle Protokoll in diesen Fällen auch in einer fremden Sprache errichten, wenn es alle Beteiligten (also zumindest die in der Hauptversammlung anwesenden Organmitglieder, Aktionäre und Aktionärsvertreter) verlangen.[789] Erforderlich ist dann allerdings, dass der zum Handelsregister einzurei-

---

781 DNotI-Report 2001, 12, 14; Semler/Volhard, Arbeitshandbuch für die Hauptversammlung, § 11 Rn. 84; Obermüller/Werner/Winden/Butzke, Die Hauptversammlung der Aktiengesellschaft, B Rn. 87.
782 Schaaf, Die Praxis der Hauptversammlung, Rn. 121.
783 MünchKomm-AktG/Kubis, § 124 Rn. 59; Hüffer, AktG, § 124 Rn. 12; Geßler/Hefermehl/Eckardt, AktG, § 124 Rn. 32; zurückhaltend: Semler/Volhard, Arbeitshandbuch für die Hauptversammlung, § 11 Rn. 86 ff.
784 KölnerKomm-AktG/Zöllner, § 124 Rn. 26; GK/Werner, AktG, § 124 Rn. 80; Semler, in: Münchener Handbuch des Gesellschaftsrechts, Bd. 4, § 35 Rn. 53; Semler/Volhard, Arbeitshandbuch für die Hauptversammlung, § 4 Rn. 189.
785 DNotI-Report 2003, 81 ff.; Martens, Leitfaden für die Leitung der Hauptversammlung einer AG, S. 72 f.; Henn, Handbuch des Aktienrechts, Rn. 799; Obermüller/Werner/Winden/Butzke, Die Hauptversammlung der Aktiengesellschaft, D Rn. 27; GK/Mülbert, AktG, vor § 118 Rn. 178.
786 OLG Hamburg, NZG 2001, 513, 516; Semler, in: Münchener Handbuch des Gesellschaftsrechts, Bd. 4, § 36 Rn. 50.
787 DNotI-Report 2003, 81, 82; Winkler, BeurkG, § 5 Rn. 9.
788 DNotI-Report 2003, 81, 82; Obermüller/Werner/Winden/Butzke, Die Hauptversammlung der Aktiengesellschaft, N Rn. 21.
789 DNotI-Report 2003, 81, 82; Obermüller/Werner/Winden/Butzke, Die Hauptversammlung der Aktiengesellschaft, N Rn. 21; Semler, in: Münchener Handbuch des Gesellschaftsrechts, Bd. 4, § 40 Rn. 27; Semler/Volhard, Arbeitshandbuch für die Hauptversammlung, § 15 Rn. 7; GK/Werner, AktG, § 130 Rn. 47.

6. Teilnahmerecht

259 **Berechtigt**, an der Hauptversammlung teilzunehmen, sind zunächst **alle Aktionäre**, insb. also auch Aktionäre mit stimmrechtslosen Vorzugsaktien (§ 118 Abs. 1 AktG).[791] Auch kommt es für das Teilnahmerecht nicht darauf an, ob die Aktien bereits voll einbezahlt sind oder der Aktionär von einem Stimmverbot nach § 136 AktG betroffen ist. Lediglich dann, wenn Rechte aus Aktien überhaupt nicht bestehen, wie etwa in den Fällen der §§ 20 Abs. 7, 71b oder 328 Abs. 1 Satz 1 AktG, besteht auch kein Teilnahmerecht.[792] Teilnahmeberechtigt ist der Aktionär grds. auch, wenn seine Aktien mit Rechten Dritter belastet sind.[793] Nach § 123 Abs. 2 und Abs. 3 AktG kann die Satzung das Teilnahmerecht der Aktionäre an eine vorherige **Anmeldung** bzw. an einen besonderen **Nachweis** der Aktionärseigenschaft knüpfen.[794] Auf den Zeitpunkt des Aktienerwerbs kommt es nicht an, es sei denn, die Gesellschaft, soweit die Fristen des § 123 AktG gewahrt werden. Bei Namensaktien ist ggf. ein von der Gesellschaft vorgesehener Umschreibestopp im Aktienregister im Vorfeld der Hauptversammlung zu beachten.[795] **Stellvertretung** ist nach § 134 Abs. 3 AktG zulässig.[796] Kein Teilnahmerecht besteht demgegenüber für Inhaber eines ADR (American Depositars Receipt[797]) bzw. für die Inhaber von Schuldverschreibungen (Gewinnschuldverschreibungen, Wandelschuldverschreibungen) oder Genussrechten.[798]

260 Teilnahmeberechtigt und verpflichtet sind nach § 118 Abs. 2 Satz 1 AktG auch die **Mitglieder des Vorstandes und des Aufsichtsrats**. Die Satzung kann anstelle der Teilnahme der Aufsichtsratsmitglieder in bestimmten Fällen eine **Bild- und Tonübertragung** zulassen (§ 118 Abs. 2 Satz 2 AktG). Im Rahmen des § 176 Abs. 2 AktG besteht ein Teilnahmerecht auch für den **Abschlussprüfer** (nur für den Tagesordnungspunkt: „Feststellung des Jahresabschlusses") sowie im Fall der notariellen Beurkundung der Hauptversammlung nach § 130 Abs. 1 AktG für den **Notar**.[799]

Andere Personen, insb. auch **Medienvertreter**, haben **kein originäres Teilnahmerecht**, da jedwede Hauptversammlung keine öffentliche Veranstaltung darstellt.[800] Über die Teilnahme von Medienvertretern bzw. sonstigen Gästen in der Hauptversammlung entscheidet grds. der **Versammlungsleite**r.[801] Die

---

[790] Semler, in: Münchener Handbuch des Gesellschaftsrechts, Bd. 4, § 40 Rn. 27; Semler/Volhard, Arbeitshandbuch für die Hauptversammlung, § 15 Rn. 7; GK/Werner, AktG, § 130 Rn. 47; Obermüller/Werner/Winden/Butzke, Die Hauptversammlung der Aktiengesellschaft, N Rn. 21; LG Düsseldorf, GmbHR 1999, 609 für die Vorlage einer deutschen Übersetzung des in fremder Sprache abgefassten Gesellschaftsvertrages einer GmbH.

[791] Streitig ist, ob die Ausübung des Teilnahmerechts mit einem statutarischen Präsenzbonus gefördert werden kann: vgl. dazu Klühs, ZIP 2006, 107 ff.

[792] Hüffer, AktG, § 118 Rn. 12; Semler/Volhard, Arbeitshandbuch für die Hauptversammlung, § 10; MünchKomm-AktG/Kubis, § 118 Rn. 58 ff.

[793] MünchKomm-AktG/Kubis, § 118 Rn. 61; Hüffer, AktG, § 118 Rn. 15; Semler/Volhard, Arbeitshandbuch für die Hauptversammlung, § 10 Rn. 14 ff.; streitig ist die Rechtslage beim mitgliedschaftsspaltenden Nießbrauch, wenn die Beteiligten diese Frage nicht bei der Nießbrauchsbestellung geregelt haben.

[794] Siehe dazu oben Rn. 228 ff.

[795] MünchKomm-AktG/Kubis, § 118 Rn. 61; Semler/Volhard, Arbeitshandbuch für die Hauptversammlung, § 10 Rn. 41.

[796] Siehe dazu oben Rn. 234 ff.

[797] Semler/Volhard, Arbeitshandbuch für die Hauptversammlung, § 10 Rn. 13; MünchKomm-AktG/Kubis, § 118 Rn. 58. Bei dem ADR handelt es sich um umlauffähige Berechtigungsscheine, die US-amerikanische Anleger erhalten, die in deutschen Unternehmen investieren. Aktionär ist in diesem Fall aber immer die Depositary Bank.

[798] Semler/Volhard, Arbeitshandbuch für die Hauptversammlung, § 10 Rn. 18 f.

[799] Semler/Volhard, Arbeitshandbuch für die Hauptversammlung, § 10 Rn. 65.

[800] GK/Mülbert, AktG, vor §§ 118 Rn. 63; KölnerKomm-AktG/Zöllner, § 119 Rn. 75.

[801] MünchKomm-AktG/Kubis, § 138 Rn. 90; KölnerKomm-AktG/Zöllner, § 119 Rn. 76 f.; GK/Mülbert, AktG, § 118 Rn. 75.

Hauptversammlung kann die Entscheidung des Versammlungsleiters für bzw. gegen die Zulassung eines Gastes auf Antrag eines Aktionärs durch Mehrheitsbeschluss an sich ziehen.[802]

Sind Sonderbeschlüsse zu fassen und deshalb eine **gesonderte Versammlung** dieser Aktionäre nach § 138 AktG durchzuführen, gelten die für die „normale" Hauptversammlung anwendbaren Vorschriften nach § 138 Satz 2 AktG entsprechend. Teilnahmeberechtigt sind hier neben den Verwaltungsmitgliedern nach § 118 Abs. 2 AktG aber nur die in dieser gesonderten Versammlung stimmberechtigten Aktionäre, nicht auch die anderen.[803]

7. Stimmverbote

Stimmverbote sind zunächst in § 136 AktG enthalten. Ausgeschlossen ist danach das Stimmrecht des Aktionärs oder seines Vertreters, wenn es um die eigene **Entlastung**, um die **Befreiung von einer Verbindlichkeit** oder um die **Geltendmachung eines Anspruchs** der Gesellschaft gegen ihn geht. Insoweit handelt es sich um eine abschließende Regelung. Die Satzung kann die Stimmverbote des § 136 AktG weder erweitern noch einschränken; insb. genügt ein bloßer Interessenkonflikt noch nicht für ein Stimmverbot.[804] Im Fall der **Gesamtentlastung aller Mitglieder des Vorstandes** oder des Aufsichtsrats sind alle Organmitglieder, um deren Entlastung es geht, von der Abstimmung ausgeschlossen.[805] Bei der Einzelentlastung dürfen aber die Aktionäre, um deren Entlastung es als Organmitglied gerade nicht geht, mit abstimmen.[806] Ein Stimmverbot besteht jedoch auch hier, wenn der Aktionär an einem Vorgang mitgewirkt hat, der dem zu entlastenden Organmitglied als Pflichtverletzung vorgeworfen wird.[807] Keine Bedeutung haben Stimmverbote prinzipiell in der **Einmann-AG** bei der Entlastung des Alleinaktionärs als Organmitglied.[808] Weitere Stimmverbote bestehen im Rahmen des § 142 Abs. 1 Satz 2 AktG, wenn es um die Beschlussfassung zur Durchführung einer **Sonderprüfung** steht und diese im Zusammenhang mit der Entlastung eines Mitglieds des Vorstandes oder des Aufsichtrats steht.

Problematisch ist die Rechtslage, wenn **Aktien einer Drittgesellschaft** oder einer Personenmehrheit gehören und sich das Stimmverbot gegen einzelne Mitglieder dieser Drittgesellschaft oder Personenmehrheit bzw. ihrer Organe richtet. Soll z.B. das Vorstandsmitglied einer AG entlastet werden und ist dieses Vorstandsmitglied zugleich Organmitglied oder Gesellschafter einer an der AG beteiligten juristischen Person, dann erstreckt sich das an sich nur für den zu entlastenden Vorstand bzw. das zu entlastende Aufsichtsratsmitglied bestehende Stimmverbot auf die an der AG beteiligte juristische Person, wenn das zu entlastende Vorstands- oder Aufsichtsratsmitglied in dieser Drittgesellschaft entweder aufgrund seiner Beteiligung als Gesellschafter bzw. aufgrund der Eigenschaft als Organ in dieser Gesellschaft **maßgeblichen Einfluss** auf die Geschicke dieser Gesellschaft nehmen kann.[809] Das zu entlastende Organmitglied hat in der Drittgesellschaft jedoch dann keinen maßgeblichen Einfluss, wenn es sich dabei lediglich um ein Mitglied eines mehrköpfigen Verwaltungsorgans in dieser Drittgesellschaft handelt.[810] Hinzu kommen muss in diesem Fall, dass das befangene Organmitglied im Verwaltungsorgan der Drittgesellschaft die Stimmenmehrheit hat bzw. sonst deren Entscheidungen beeinflusst. Ebenso greift das Stimmverbot, wenn sämtliche Gesellschafter der Drittgesellschaft persönlich vom Stimmverbot getroffen sind.[811] Letzt-

---

802 MünchKomm-AktG/Kubis, § 138 Rn. 90; KölnerKomm-AktG/Zöllner, § 119 Rn. 76 f.; Semler, in: Münchener Handbuch des Gesellschaftsrechts, Bd. 4, § 36 Rn. 24; a.A.: GK/Mülbert, AktG, § 118 Rn. 76.
803 MünchKomm-AktG/Kubis, § 138 Rn. 25; Hüffer, AktG, § 138 Rn. 4.
804 BGHZ 97, 28, 33 = NJW 1986, 2051; Hüffer, AktG, § 136 Rn. 3 und 18; MünchKomm-AktG/Schröer, § 136 Rn. 17 ff.
805 BGHZ 108, 21. 25 f. = NJW 1989, 2694; Hüffer, AktG, § 136 Rn. 20.
806 Hüffer, AktG, § 120 Rn. 7.
807 Hüffer, AktG, § 120 Rn 10 und § 136 Rn. 20; MünchKomm-AktG/Kubis, § 120 Rn. 13.
808 BGHZ 105, 324, 333 = NJW 1989, 295; Hüffer, AktG, § 136 Rn. 5.
809 OLG Karlsruhe, AG 2001, 93, 94; OLG Hamburg, DB 1980, 80; MünchKomm-AktG/Schröer, § 136 Rn. 42; Hüffer, AktG, § 136 Rn. 14; LG Köln, NZG 1998, 193 ff.
810 BGHZ 36, 296, 302.
811 BGHZ 68, 107, 110; Hüffer, AktG, § 136 Rn. 11.

lich genügt es aber auch, wenn der Einfluss desjenigen, in dessen Person die Voraussetzungen für ein Stimmverbot nach § 136 Abs. 1 AktG gegeben sind, in der Drittgesellschaft derart groß ist, dass er diese Drittgesellschaft i.S.d. § 17 AktG beherrscht.[812]

264 Ähnlich zu beurteilen ist der Fall, wenn sich das **Stimmverbot an sich gegen die Drittgesellschaft** richtet, Aktionär aber nicht die Drittgesellschaft selbst ist, sondern deren Gesellschafter. Hier ist darauf abzustellen, inwieweit der Aktionär den Interessen der Drittgesellschaft näher steht als denen der AG. Bejaht wird dies bei persönlich haftenden Gesellschaftern der Drittgesellschaft, bei ihren Alleingesellschaftern oder bei diese Drittgesellschaft beherrschenden Gesellschaftern.[813]

265 Allein die **persönliche Verbundenheit** etwa zwischen nahen Angehörigen genügt dagegen nicht, ein Stimmverbot zu bejahen.[814] Im Fall der **gemeinschaftlichen Berechtigung** (Erbengemeinschaft/Bruchteilsgemeinschaft) ist wiederum entscheidend, ob der betroffene Teilhaber die Stimmrechtsausübung in der Gemeinschaft maßgeblich beeinflussen kann.[815]

266 Wird **trotz Stimmverbot an der Abstimmung teilgenommen**, dürfen diese bei der Ermittlung des Stimmergebnisses nicht mitgezählt werden. Die Stimmen sind nichtig. Werden sie gleichwohl berücksichtigt, liegt ein **Anfechtungsgrund** vor, soweit die Nichtbeachtung des Stimmverbots relevant für das Beschlussergebnis war.[816]

8. Rederecht/Auskunftsrecht

267 Das **Rederecht** der Aktionäre in der Hauptversammlung ist **Ausfluss des Teilnahmerechts**. Das Rederecht ist nicht abhängig vom Umfang des Aktienbesitzes; auch auf das Stimmrecht kommt es nicht an.[817] Die Redebeiträge müssen sich auf Angelegenheiten der Gesellschaft und nach überwiegender Ansicht analog § 131 AktG auch auf Gegenstände der Tagesordnung beziehen.[818] Für das Rederecht ist die **Hauptversammlungssprache** zu beachten. Bei Wortbeiträgen in ausländischer Sprache ist also (durch den Aktionär) für eine ausreichende Übersetzung zu sorgen.[819]

268 Nach § 131 AktG hat jeder einzelne Aktionär[820] das Recht, in der Hauptversammlung **Auskunft über Angelegenheiten der Gesellschaft** zu verlangen, soweit dies zur sachgemäßen Beurteilung der Gegenstände der Tagesordnung erforderlich ist. Wie sich aus § 131 Abs. 4 AktG ergibt, besteht dieses Auskunftsrecht grds. „nur" in der Hauptversammlung. Außerhalb der Versammlung von der Gesellschaft erteilte Informationen sind auf Verlangen (erneut) in der Hauptversammlung zu geben (§ 131 Abs. 4 AktG).

269 Zu den **auskunftspflichtigen Angelegenheiten der Gesellschaft** gehören zunächst alle Fakten, die die Vermögens-, Finanz- und Ertragslage der Gesellschaft betreffen, die rechtlichen und tatsächlichen Verhältnisse innerhalb der Gesellschaftsorgane sowie alle Tatsachen zur Geschäftspolitik, zur Darstellung des

---

812 Fischer, NZG 1999, 192; Hüffer, AktG, § 136 Rn. 11; KölnerKomm-AktG/Zöllner, 1973, § 136 Rn. 41; MünchKomm-AktG/Schröer, § 136 Rn. 40; LG Köln, NZG 1998, 193; OLG Karlsruhe, AG 2001, 93, 94.
813 Hüffer, AktG, § 136 Rn. 12 f.; OLG Hamburg, AG 2001, 91, 92.
814 Hüffer, AktG, § 136 Rn. 16.
815 Hüffer, AktG, § 136 Rn. 15.
816 BGH, DStR 2006, 526, 527 f.; MünchKomm-AktG/Schöer, § 136 Rn. 53.
817 MünchKomm-AktG/Kubis, § 118 Rn. 38; KölnerKomm-AktG/Zöllner, § 118 Rn. 18.
818 MünchKomm-AktG/Kubis, § 118 Rn. 38; KölnerKomm-AktG/Zöllner, § 118 Rn. 18; GK/Mülbert, AktG, § 118 Rn. 144 ff.; Obermüller/Werner/Winden/Butzke, Die Hauptversammlung der Aktiengesellschaft, G Rn. 13; a.A.: Semler/Volhard, Arbeitshandbuch für die Hauptversammlung, § 13 Rn. 1.
819 Semler/Volhard, Arbeitshandbuch für die Hauptversammlung, § 13 Rn. 13; MünchKomm-AktG/Kubis, § 118 Rn. 38.
820 Beschlüsse der Hauptversammlung haben in diesem Bereich mangels Zuständigkeit keinerlei Rechtswirkung. Vgl. MünchKomm-AktG/Kubis, § 131 Rn. 15.

Unternehmens in der Öffentlichkeit. Erfasst werden ebenso Personalangelegenheiten,[821] Beziehungen zu Kunden und Lieferanten und zu verbundenen Unternehmen (§ 131 Abs. 1 Satz 2 AktG).[822] Die begehrte Auskunft muss weiter einen **Bezug zur Tagesordnung** haben. Im Hinblick auf den Tagesordnungspunkt „**Entlastung des Vorstandes und des Aufsichtsrats**" beschränkt sich das Auskunftsrecht regelmäßig auf das abgelaufene sowie auf das laufende Geschäftsjahr (wegen des Lageberichts nach § 289 HGB). Weitere zurückliegende Vorgänge werden erfasst, soweit sie Auswirkungen auf das abgelaufene Geschäftsjahr haben oder sonst wie im Zusammenhang mit der Tagesordnung stehen.[823] Durch die gesetzliche Vorgabe des § 120 Abs. 3 AktG, wonach die Verhandlung über die Entlastung mit der Verhandlung über den Bilanzgewinn etc. verbunden werden soll, wird zugleich der Rahmen aufgezeigt, in dem die Aktionäre mit der Entscheidung über die Entlastung eine Gesamtwürdigung vornehmen sollen.[824] Welche Auskünfte dabei zur **sachgemäßen Beurteilung** der Gegenstände der Tagesordnung erforderlich sind, beurteilt sich nach objektiven Maßstäben. Abgestellt wird dabei auf den „**objektiv denkenden Durchschnittsaktionär**", der die Gesellschaftsinternas nur aufgrund allgemein bekannter Tatsachen kennt und deshalb die Auskunft zur Beurteilung der Tagesordnung benötigt.[825]

Der **Auskunftsanspruch** des § 131 AktG besteht nur „**auf Verlangen**". Von sich aus ist also der Vorstand nicht verpflichtet, die Aktionäre über Umstände zu informieren, von denen er annehmen darf, dass sie auf die Stimmrechtsausübung durch die Aktionäre von Bedeutung sind.[826] Das Auskunftsverlangen ist „**in der Hauptversammlung**" zu stellen und an den Vorstand bzw. Versammlungsleiter zu richten; schriftlich gestellte Fragen sind (für die anderen Versammlungsteilnehmer) mündlich zu wiederholen.[827] Das Auskunftsverlangen braucht **nicht begründet** zu werden. Auch eine Ankündigung im Vorfeld ist nicht erforderlich, es sei denn, die begehrten Auskünfte sind derart detailliert, dass eine Beantwortung in der Hauptversammlung durch einen ordentlich präparierten Vorstand nicht erwartet werden kann. Hier ist es empfehlenswert bzw. sogar rechtlich geboten, die beabsichtigten Fragen vor der Hauptversammlung anzukündigen; anderenfalls wird der Vorstand von seiner Auskunftspflicht frei.[828]

270

Schuldner des Auskunftsanspruchs ist stets der **Vorstand**, nicht aber etwa der Aufsichtsratsvorsitzende oder der Abschlussprüfer, wenn es um Fragen in deren Zuständigkeitsbereich geht. Hier muss der Vorstand ggf. nachfragen.[829] Die Auskunftserteilung ist eine **Maßnahme der Geschäftsführung**; erforderlich ist daher ein einstimmiger Beschluss des Vorstandes nach § 77 AktG, soweit die Satzung oder

271

---

821 So z.B. OLG Frankfurt, ZIP 2006, 610 (n. rkr.) und AG 2006, 460 zum Auskunftsanspruch über die Gesamtvergütung der Mitglieder eines organexternen Leitungsgremiums in exponierter Stellung, nicht aber bzgl. der Höhe der Vergütung einzelner Mitglieder dieses Gremiums.
822 Ek, Praxisleitfaden für die Hauptversammlung, § 15 Rn. 475; MünchKomm-AktG/Kubis, § 131 Rn. 33 ff.; Obermüller/Werner/Winden/Butzke, Die Hauptversammlung der Aktiengesellschaft, G Rn. 40 f.; Semler/Volhard, Arbeitshandbuch für die Hauptversammlung, § 13 Rn. 22 ff.; Mutter, Auskunftsansprüche des Aktionärs in der HV, 1 ff.
823 OLG Düsseldorf, AG 1968, 19, 21; OLG Zweibrücken, ZIP 1990, 453, 454 f.; Obermüller/Werner/Winden/Butzke, Die Hauptversammlung der Aktiengesellschaft, G Rn. 43; Semler/Volhard, Arbeitshandbuch für die Hauptversammlung, § 13 Rn. 23; Mutter, Auskunftsansprüche des Aktionärs in der HV, 2.
824 OLG Frankfurt, AG 2006, 336 = ZIP 2006, 610; OLG Frankfurt, AG 1994, 39.
825 OLG Frankfurt, AG 2006, 336; BayObLG, AG 1996, 563; KG, ZIP 1995, 1585; OLG Düsseldorf, AG 1987, 21; Ek, Praxisleitfaden für die Hauptversammlung, § 15 Rn. 476; MünchKomm-AktG/Kubis, § 131 Rn. 39; Obermüller/Werner/Winden/Butzke, Die Hauptversammlung der Aktiengesellschaft, G Rn. 44.
826 Mutter, Auskunftsansprüche des Aktionärs in der HV, 2; Semler/Volhard, Arbeitshandbuch für die Hauptversammlung, § 13 Rn. 36; wohl auch OLG Celle, AG 1984, 266, 272; a.A.: LG Berlin, AG 1997, 183, 185.
827 Hüffer, AktG, § 131 Rn. 8; MünchKomm-AktG/Kubis, § 131 Rn. 27.
828 BayObLG, AG 1996, 180, 183; OLG Frankfurt, AG 1999, 231, 232; LG Essen, AG 1999, 329, 332; Hüffer, AktG, § 131 Rn. 10; Ek, Praxisleitfaden für die Hauptversammlung, § 15 Rn. 484; MünchKomm-AktG/Kubis, § 131 Rn. 29; Semler/Volhard, Arbeitshandbuch für die Hauptversammlung, § 13 Rn. 33.
829 OLG Stuttgart, WM 1995, 617, 620; Ek, Praxisleitfaden für die Hauptversammlung, § 15 Rn. 480; MünchKomm-AktG/Kubis, § 131 Rn. 20; Mutter, Auskunftsansprüche des Aktionärs in der HV, 3.

die Geschäftsordnung keine andere Regelung trifft.[830] Erteilt wird die Auskunft mündlich in der Hauptversammlung. Der Aktionär hat weder einen Anspruch auf Einsicht in Unterlagen der Gesellschaft noch besteht ein Recht auf Verlesung bzw. schriftliche Beantwortung.[831] Die Beteiligten können allerdings eine schriftliche Beantwortung außerhalb der Hauptversammlung vereinbaren, soweit kein Aktionär widerspricht.[832] Soweit Auskunft zu geben ist, muss diese **vollständig und zutreffend** sein. Will der Vorstand sie nicht geben, muss er die Auskunft verweigern. Wie eingehend die Beantwortung zu erfolgen hat, hängt allerdings entscheidend von der Fragestellung ab.[833] Der Aktionär ist dabei nicht verpflichtet, auf eine nicht vollständige Beantwortung seiner Fragen hinzuweisen; andererseits kann er aber ein Auskunftsverlangen nicht gerichtlich geltend machen, wenn er auf die ausdrückliche Frage des Versammlungsleiters oder des Vorstandes, ob die Fragen vollständig beantwortet wurden, schweigt.[834] Eine derartige Nachfrage ist daher dringend zu empfehlen.

272 **Besondere Auskunftsrechte** bestehen schließlich im Zusammenhang mit der Auslegung bestimmter Unterlagen in der Hauptversammlung selbst bzw. ab dem Zeitpunkt der Einberufung in den Geschäftsräumen der Gesellschaft.

> *Beispiele:*
>
> *Jahresabschluss nebst Anhang, §§ 120 Abs. 3 Satz 2, 175 Abs. 2 AktG; Unternehmensverträge, §§ 293f, 293g Abs. 1 und Abs. 3, 295 Abs. 1 Satz 2 AktG; Eingliederung, §§ 319 Abs. 3, 320 Abs. 1 Satz 3 und Abs. 4 Satz 3, 326 AktG, Squeeze-Out, §§ 327c Abs. 3, 327d AktG; Verschmelzung/Spaltung, §§ 63 Abs. 1, 64 Abs. 1 Satz 1 und Abs. 2, 125 UmwG.*

273 Unter den in § 131 Abs. 3 AktG abschließend genannten Gründen ist der Vorstand berechtigt, trotz Vorliegen der Voraussetzungen des § 131 Abs. 1 AktG die **Auskunft zu verweigern**. Auch hierbei handelt es sich um eine **Geschäftsführungsmaßnahme** nach § 77 AktG. Ob die Auskunftsverweigerung **begründet** werden muss, ist umstritten. In der Praxis ist diese Frage jedoch ohne Bedeutung, da ganz überwiegend allein darauf abgestellt wird, ob ein Grund zur Auskunftsverweigerung objektiv besteht oder nicht.[835] Im Vordergrund steht dabei eine Auskunftsverweigerung wegen eines **drohenden Nachteils** für die Gesellschaft, etwa wegen einer Geheimhaltungsvereinbarung (§ 131 Abs. 3 Satz 1 Ziff. 1 AktG) bzw. wegen Rechtsmissbrauchs (§ 242 BGB). Es genügt „Plausibilität" des drohenden Nachteils.[836] Ob der Gesellschaft im Fall der Auskunftserteilung ein Nachteil droht, ist – abgestellt auf den Zeitpunkt der Hauptversammlung – nach vernünftiger kaufmännischer Beurteilung zu prüfen. Ein Schaden muss nicht unmittelbar drohen; es genügt grds. jede Beeinträchtigung von einigermaßen gewichtigen Gesellschaftsinteressen.[837] Nicht genügend ist dagegen die Berufung auf eine vereinbarte **Vertraulichkeitsabrede**, soweit nicht der Vorstand auch ohne diese Abrede nach § 131 Abs. 3 Satz 1 Ziff. 1 AktG zur Verschwiegenheit berechtigt wäre.[838]

274 Neu eingeführt wurde in § 131 Abs. 3 Satz 1 Ziff. 7 AktG ein **weiteres Auskunftsverweigerungsrecht für vorab auf der Internetseite der Gesellschaft veröffentlichte Informationen**. Dadurch soll die Hauptversammlung von der Beantwortung typischer Standardfragen sowie vom Vortrag von Statistiken, Listen, Regularien, Aufstellungen entlastet werden, indem diese bereits vorab veröffentlicht werden. Gleichermaßen kann der Vorstand auf diesem Wege bereits vor der Hauptversammlung schriftlich per Brief

---

830 Hüffer, AktG, § 131 Rn. 7.
831 MünchKomm-AktG/Kubis, § 131 Rn. 77 f.
832 Semler/Volhard, Arbeitshandbuch für die Hauptversammlung, § 13 Rn. 26; MünchKomm-AktG/Kubis, § 131 Rn. 81.
833 Semler/Volhard, Arbeitshandbuch für die Hauptversammlung, § 13 Rn. 32.
834 MünchKomm-AktG/Kubis, § 131 Rn. 71.
835 BGHZ 36, 121, 132; BGH, NJW 1987, 344, 345; Semler/Volhard, Arbeitshandbuch für die Hauptversammlung, § 13 Rn. 41; MünchKomm-AktG/Kubis, § 131 Rn. 97; a.A.: Hüffer, AktG, § 131 Rn. 26.
836 OLG Düsseldorf, WM 1991, 2148, 2152; Hüffer, AktG, § 131 Rn. 25.
837 Hüffer, AktG, § 131 Rn. 24; MünchKomm-AktG/Kubis, § 131 Rn. 99; Ek, Praxisleitfaden für die Hauptversammlung, § 15 Rn. 496.
838 BayObLG, AG 2000, 131, 132; ZIP 1996, 1251, 123 f.; MünchKomm-AktG/Kubis, § 131 Rn. 101.

oder per E-Mail eingereichte Fragen beantworten, so dass nur noch Zusatzfragen in der Hauptversammlung gestellt und beantwortet werden müssen.[839] Der interessierte Aktionär muss dabei die Informationen entweder direkt auf der Internetseite der Gesellschaft oder durch eindeutige Links finden können. Die Informationen müssen dabei mindestens sieben Tage unmittelbar vor der Hauptversammlung zugänglich gemacht sein und während der Hauptversammlung auch „durchgängig" zugänglich bleiben. Ein Hinweis auf die Internetseite der Gesellschaft in der Einberufung der Hauptversammlung ist dabei hilfreich, gesetzlich aber nicht vorgesehen.[840]

Ein **ungeschriebener Auskunftsverweigerungsgrund** besteht schließlich für den Fall, dass das **Auskunftsrecht missbräuchlich ausgeübt** wird. Dies ist namentlich dann der Fall, wenn übermäßige Fragenkataloge von mehreren DIN A 4-Seiten vorgelegt werden. Abgestellt wird dabei wiederum darauf, ob der vernünftige Durchschnittsaktionär eine Beantwortung aller Fragen zur eigenen Urteilsfindung benötigt oder ob er mit weniger Informationen auskommt.[841]   275

Beispiele:

100 oder mehr Fragen dürften danach stets unzulässig sein;[842] 50 Fragen sind nur dann zu beantworten, wenn dafür ein berechtigtes Interesse dargelegt wird;[843] teilweise wird die Grenze schon bei 20 Fragen gesehen.[844]

Höchstrichterliche Rspr. liegt hierzu noch nicht vor. Im Zweifel sollte daher zur Vermeidung etwaiger Auskunfts- und/oder Anfechtungsklagen mit dem Problem eher großzügiger verfahren werden.

Nach § 131 Abs. 2 Satz 2 AktG kann die Satzung oder die Geschäftsordnung den Versammlungsleiter ermächtigen, das **Frage- und Rederecht der Aktionäre zeitlich angemessen zu beschränken** und Näheres dazu bestimmen.[845] Diese neue Bestimmung knüpft an die Rspr. des BVerfG an, wonach der Versammlungsleiter schon bisher die Redezeit angemessen beschränken darf.[846] Diese Befugnis bleibt auch ohne Satzungsbestimmung weiterhin erhalten.[847] Die neue Ermächtigungsgrundlage erweitert indessen die Befugnisse des Versammlungsleiters. Ohne diese kann das Fragerecht nicht mit dem Rederecht gleichgesetzt werden;[848] Einschränkungen des Fragerechts müssten dann strengeren Standards genügen.[849] Neben dieser Gleichsetzung bietet die neue Ermächtigungsgrundlage die Möglichkeit, eine einheitliche Beschränkung des Rede- und Fragerechts für die gesamte Hauptversammlung, für die einzelnen Tagesordnungspunkt und für den einzelnen Redner anzuordnen.[850] Dies kann generell zu Beginn,[851] aber auch erst sukzessive während der laufenden Hauptversammlung geschehen.[852] Sinnvoll erscheint es, in der Ermächtigungsgrundlage vorzusehen, dass diese Beschränkungen auch während eines Wortbeitrages eines Aktionärs zulässig sind, sowie bei der Beschreibung der zur Verfügung stehenden Zeit zwischen **Haupt- und Nach-**   276

---

839   Gesetzesbegründung UMAG, BT-Drucks. 15/5092, S. 17 f.; Weißhaupt, ZIP 2005, 1766, 1770 f.
840   Gesetzesbegründung UMAG, BT-Drucks. 15/5092, S. 17 f.
841   MünchKomm-AktG/Kubis, § 118 Rn. 59.
842   MünchKomm-AktG/Kubis, § 131 Rn. 59; Ek, Praxisleitfaden für die Hauptversammlung, § 15 Rn. 487; Martens, Leitfaden für die Leitung der Hauptversammlung einer AG, S. 65 f.; Joussen, AG 2000, 241, 253.
843   Ek, Praxisleitfaden für die Hauptversammlung, § 15 Rn. 496.
844   MünchKomm-AktG/Kubis, § 131 Rn. 59.
845   Musterformulierung z.B. bei Weißhaupt, ZIP 2005, 1766, 1769.
846   BVerfG, NJW 2000, 349, 351.
847   Fleischer, NJW 2005, 3525 = ZIP 1999, 1798; Schütz, NZG 2005, 5, 11; Weißhaupt, ZIP 2005, 1766, 1767; siehe zur Beschränkung des Rederechts nach bisheriger Rechtslage LG Köln, AG 2005, 696.
848   Arnold/Born, AG-Report 2006, R 352, R 354; zweifelnd an der Gleichsetzung des Fragerechts mit dem Rederecht aber: Mutter, AktG, § 131 Rn. 22a.
849   BVerfG, ZIP 1999, 1798, 1799; Mutter, Auskunftsansprüche des Aktionärs in der HV, 62 f. Weißhaupt, ZIP 2005, 1766, f.
850   Gesetzesbegründung UMAG; BT-Drucks. 15/5092, S. 17; Weißhaupt, ZIP 2005, 1766, 1768.
851   Siehe dazu LG Köln, AG 2005, 696, 698 f.
852   Seibert, WM 2005, 157, 160.

fragezeit zu unterscheiden.[853] Denkbar ist ebenso, bei der Zuteilung von Zeitkontingenten für Reden und Fragen nach der Beteiligung am Grundkapital zu differenzieren, um so sachlich interessierte Aktionäre mit Stimmgewicht für die Teilnahme an der Hauptversammlung zu gewinnen und damit die Diskussionskultur und Effizienz der Hauptversammlung zu verbessern.[854] Jedwede Beschränkung steht unter dem **Vorbehalt der Angemessenheit**. Der Gesetzgeber geht davon aus, dass eine „normale" Hauptversammlung in vier bis sechs Stunden abgehandelt ist, soweit keine tief greifenden unternehmensstrukturellen Maßnahmen zu erörtern sind.[855] Für solche Versammlungen soll nach einer Ansicht in der Lit. eine Dauer von zehn bis zwölf Stunden angesetzt werden, keinesfalls aber mehrere Tage (str.).[856]

277 **Verweigert** der Vorstand die Auskunft auf eine Frage, kann der Aktionär nach § 131 Abs. 5 AktG verlangen, dass seine Frage und der Grund, weshalb die Auskunft verweigert worden ist, in die Hauptversammlungsniederschrift aufgenommen wird. Im Hinblick auf spätere gerichtliche Auseinandersetzungen ist darauf zu achten, dass nur tatsächlich bereits gestellte Fragen protokolliert werden und dass weder der Aktionär noch der Notar die Fragen des Aktionärs umformuliert, sondern dass die **Fragen wortwörtlich in das Protokoll aufgenommen** werden.[857] Zu **Beweiszwecken** ist es hilfreich, wenn über diese zwingenden Angaben hinaus auch die Antworten der Gesellschaft protokolliert werden.[858]

> **Hinweis:**
> Soweit der Aktionär die Aufnahme eines ganzen Katalogs angeblich nicht beantworteter Fragen in das Protokoll begehrt, kann der Notar nach h.M. verlangen, dass ihm diese Fragen schriftlich überreicht werden, wobei dem Aktionär dann ggf. eine Schreibhilfe seitens der Gesellschaft zur Verfügung zu stellen ist. Der Notar muss nicht selbst den gesamten Fragenkatalog in das Protokoll aufnehmen.[859]

278 Hält der Aktionär die Auskunftsverweigerung für unberechtigt, kann er nach § 132 AktG ein **Auskunftserzwingungsverfahren** einleiten und/oder **Anfechtungsklage** gemäß § 243 Abs. 4 AktG gegen den gefassten Hauptversammlungsbeschluss erheben.[860]

9. Anträge zur Tagesordnung, Gegenanträge, Anträge zur Geschäftsordnung

279 Zum Rederecht der Aktionäre gehört grds. auch das **Recht, Anträge zu stellen**.[861] Die Beschlussfassung über einen eigenen Tagesordnungspunkt und die entsprechende Bekanntmachung in der Einberufung (§ 124 Abs. 4 AktG) kann der einzelne Aktionär aber nur verlangen, wenn er mit mindestens 5 % oder einem anteiligen Betrag von 500.000 € an der Gesellschaft beteiligt ist. Die Stellung von Gegenanträgen oder sachlich ergänzenden Anträgen zu der bereits bekannt gemachten Tagesordnung ist unabhängig von einem Quorum zulässig; § 124 Abs. 4 AktG steht nicht entgegen, da diese Anträge keiner Bekanntgabe bedürfen.[862] Gleiches gilt für die Stellung sog. Geschäftsordnungsanträge, die das Verfahren der Durchführung der Hauptversammlung selbst betreffen.[863]

---

853 Weißhaupt, ZIP 2005, 1766, 1768; Seibert, WM 2005, 157, 161.
854 Gesetzesbegründung UMAG; BT-Drucks. 15/5092, S. 17; Weißhaupt, ZIP 2005, 1766, 1768 f.; Seibert, WM 2005, 157, 161; Holzborn/Bunnemann, BKR 2005, 51, 54.
855 Gesetzesbegründung UMAG; BT-Drucks. 15/5092, S. 17; Seibert, WM 2005, 157, 160 f.
856 Weißhaupt, ZIP 2005, 1766, 1768; siehe dazu aber oben Rn. 222.
857 GK/Decher, AktG, § 131 Rn. 372.
858 Semler, in: Münchener Handbuch des Gesellschaftsrechts, Bd. 4, § 40 Rn. 21.
859 Priester, DNotZ 2001, 661, 666; ähnlich: GK/Decher, AktG, § 131 Rn. 372; a.A.: MünchKomm-AktG/Kubis, § 131 Rn. 148.
860 Siehe dazu unten Rn. 339 ff.; Noack/Zetzsche, ZMR 170 (2006), 218 ff.
861 MünchKomm-AktG/Kubis, § 118 Rn. 40; KölnerKomm-AktG/Zöllner, § 118 Rn. 18.
862 MünchKomm-AktG/Kubis, § 124 Rn. 70 ff.; Hüffer, AktG, § 124 Rn. 19.
863 MünchKomm-AktG/Kubis, § 124 Rn. 76; Hüffer, AktG, § 124 Rn. 19.

Unter den Voraussetzungen der §§ 126, 127 AktG sind **Gegenanträge und Wahlvorschläge der Aktionäre** und ihre Begründung durch die Gesellschaft zugänglich zu machen. Es genügt, wenn die Gegenanträge auf der Internetseite der Gesellschaft veröffentlicht werden.[864]

Anträge in der Hauptversammlung können **auch durch den Vorstand oder den Aufsichtsrat** gestellt werden. Nach § 124 Abs. 3 AktG sind sie sogar verpflichtet, zu jedem Gegenstand der Tagesordnung Vorschläge zur Beschlussfassung zu machen; im Fall der Wahl von Aufsichtsratsmitgliedern oder des Abschlussprüfers steht dieses Recht nur dem Aufsichtsrat zu. Ein gleichwohl vom Vorstand gemachter Vorschlag führt zur Anfechtbarkeit des Beschlusses und zwar auch dann, wenn dieser Vorschlag gar nicht zur Beschlussfassung gestellt wurde.[865] Für den Vorstand handelt es sich dabei um eine **Geschäftsführungsmaßnahme** nach § 77 AktG; der Aufsichtsrat entscheidet hierüber durch Beschluss nach § 108 AktG.[866] Das einzelne Organmitglied ist also nicht antragsberechtigt, soweit es nicht zugleich Aktionär ist. 280

10. Aktionärsforum

Zur **Verbesserung der Kommunikation unter den Aktionären** wurde durch das UMAG[867] in § 127a AktG ein **Aktionärsforum** als Teil des elektronischen Bundesanzeigers eingerichtet.[868] Darin können Aktionäre oder Aktionärsvereinigungen andere Aktionäre auffordern, einen Antrag oder ein Verlangen nach dem AktG zu stellen oder das Stimmrecht in der Hauptversammlung auf bestimmte Weise auszuüben.[869] Der Inhalt der Aufforderung ist in § 127a Abs. 2 AktG genannt. Der Aufruf darf nur in neutraler Form erfolgen.[870] Zur Begründung der Aufforderung kann auf eine Internetseite des Auffordernden verwiesen werden (§ 127a Abs. 3 AktG). Die Gesellschaft kann ihrerseits auf eine entsprechende Stellungnahme zu dieser Aufforderung hinweisen (§ 127a Abs. 4 AktG).[871] 281

11. Aufgaben des Versammlungsleiters

Aufgabe des Versammlungsleiters ist es, für die ordnungsgemäße Durchführung (**Ordnung**) und sachgemäße Erledigung der Geschäfte der Hauptversammlung (**Leitung**) zu sorgen.[872] Der Versammlungsleiter hat deshalb aus eigenem Recht alle Leitungs- und Ordnungsbefugnisse, die er für seine Aufgabenerfüllung benötigt. Die Ausübung seiner Befugnisse steht im **pflichtgemäßen Ermessen**; dabei muss er sich neutral verhalten und die Grundsätze der Verhältnismäßigkeit und der Gleichbehandlung beachten.[873] Die Praxis bedient sich in diesem Zusammenhang regelmäßig eines sog. **Leitfadens**.[874] Darin ist der genaue Ablauf der Hauptversammlung (mit den jeweils erforderlichen Wortbeiträgen des Versammlungsleiters) sowie etwaige besondere Situationen vorgezeichnet. Desgleichen enthält der Leitfaden genaue (Regie-)Anweisungen für den Versammlungsleiter, wie er im Einzelfall zu reagieren hat (i.d.R. im Wortlaut). 282

---

864 Hüffer, AktG, § 126 Rn. 6.
865 BGH, NJW 2003, 970, 971; Hüffer, AktG, § 124 Rn. 13.
866 MünchKomm-AktG/Kubis, § 124 Rn. 47 ff.
867 BGBl. 2005, I S. 2802.
868 http://www.ebundesanzeiger.de; http://www.aktionärsforum.de; http://www.unternehmensregister.de; Seibert, AG 2006, 16 ff.
869 Siehe zu den Einzelheiten sowie insb. zur Aktionärsforumsverordnung: Seibert, AG 2006, 16 ff.
870 Gesetzesbegründung zum UMAG, BT-Drucks. 15/5092, S. 15.
871 Siehe dazu die Gesetzesbegründung zum UMAG, BT-Drucks. 15/5092, S. 15 ff. sowie die hierzu erlassene Aktionärsforumsverordnung (AktFoV) vom 22.11.2005, BGBl. I, S. 3193
872 BGHZ 44, 245; Hüffer, AktG, § 129 Rn. 19; GK/Mülbert, AktG, vor §§ 118 Rn. 87.
873 Ek, Praxisleitfaden für die Hauptversammlung, § 11 Rn. 382; Semler/Volhard, Arbeitshandbuch für die Hauptversammlung, § 11 Rn. 71; GK/Mülbert, AktG, vor §§ 118 Rn. 95.
874 Musterformulierungen: Ek, Praxisleitfaden für die Hauptversammlung, Rn. 784; Semler/Volhard, Arbeitshandbuch für die Hauptversammlung, § 50; Lorz/Pfisterer/Gerber, in: Beck'sches Formularbuch Aktienrecht, I. VIII. 2; Martens, Leitfaden für die Hauptversammlung einer Aktiengesellschaft.

283 Der Versammlungsleiter ist zunächst zuständig für die **Eröffnung der Hauptversammlung** sowie für die **Prüfung und Entscheidung über die Teilnahmeberechtigung**.[875] Wird einem Aktionär sein Teilnahmerecht zu Unrecht vorenthalten, so kann dieser im Grunde gegen sämtliche Hauptversammlungsbeschlüsse erfolgreich Anfechtungsklage erheben. Im Zweifel sollte ein Aktionär daher zur Teilnahme zugelassen werden. Zwar besteht ein Anfechtungsrecht auch bei unberechtigt zur Hauptversammlung zugelassenen Personen. Regelmäßig kann die Relevanz dieses Rechtsverstoßes für das Abstimmungsergebnis aber nicht nachgewiesen werden.[876] Bei der Eröffnung der Hauptversammlung stellt der Versammlungsleiter i.d.R. fest, dass die **gesetzlichen Einberufungsvorschriften** beachtet wurden und welche Mitglieder des Vorstandes und des Aufsichtsrats anwesend sind.[877]

284 Sodann ist es Aufgabe des Versammlungsleiters, für die **ordnungsgemäße Erledigung der Tagesordnung** zu sorgen. Er hat darauf hinzuwirken, dass die Tagesordnungspunkte in einem geordneten und zügigen Verfahren sachlich erörtert, die relevanten Fragen ausreichend beantwortet und rechtmäßige Beschlüsse gefasst werden.[878] Insb. eröffnet und schließt der Versammlungsleiter die Aussprache, fordert zur Stimmabgabe auf und stellt das Abstimmungsergebnis fest (§ 130 Abs. 2 AktG);[879] ihm obliegt die Unterbrechung[880] der Hauptversammlung und ihre Schließung.[881] Ebenso entscheidet der Versammlungsleiter, ob über die einzelnen Tagesordnungspunkte nacheinander verhandelt und abgestimmt wird oder ob – wie regelmäßig – über mehrere oder alle Tagesordnungspunkte eine Generaldebatte geführt und anschließend über sämtliche Tagesordnungspunkte abgestimmt wird.[882] An die **Reihenfolge der bekannt gemachten Tagesordnung** ist der Versammlungsleiter grds. nicht gebunden, doch sollte er davon nur bei Vorliegen eines sachlichen Grundes abweichen,[883] grds. entscheidet der Versammlungsleiter auch über die Reihenfolge der Abstimmung und nach § 134 Abs. 4 AktG über das Abstimmungsverfahren, soweit die Satzung nichts anderes bestimmt (Blockabstimmung, Additionsverfahren, Subtraktionsverfahren).[884] Eine Ausnahme besteht unter den Voraussetzungen des § 137 AktG bei der **Wahl von Aufsichtsratsmitgliedern**, wenn hierzu Vorschläge von Aktionären vorliegen bzw. wenn verlangt wird, nach § 120 Abs. 1 Satz 2 AktG, über die Entlastung der Mitglieder des Vorstands und des Aufsichtsrats einzeln abzustimmen. Wird ein Antrag zur Geschäftsordnung gestellt, ist dieser regelmäßig vorab zur Abstimmung zu stellen, da ein solcher Antrag zum Verfahren in der Hauptversammlung obsolet wäre, wenn vorher schon über die Sache entschieden würde. Dies gilt vor allem für den Antrag auf Abwahl des Versammlungsleiters[885] sowie für den Antrag auf Vertagung bzw. Absetzung eines Tagesordnungspunktes.[886] Im Übrigen wird der Versammlungsleiter diejenigen Sachanträge zuerst zur Abstimmung stellen, für die er eine Mehrheit erwartet. Ergeht ein solcher Beschluss, erübrigen sich die zu diesem Punkt weiter gestellten

---

875 GK/Mülbert, AktG, vor §§ 118 Rn. 100; KölnerKomm-AktG/Zöllner, § 118 Rn. 30; Stützle/Walgenbach, ZHR 155 (1991), 516, 525; siehe dazu auch oben Rn. 259 ff.
876 Ek, Praxisleitfaden für die Hauptversammlung, § 11 Rn. 383 und 386.
877 Semler/Volhard, Arbeitshandbuch für die Hauptversammlung, § 11 Rn. 35 f.; GK/Mülbert, AktG, vor §§ 118 Rn. 99.
878 Semler/Volhard, Arbeitshandbuch für die Hauptversammlung, § 11 Rn. 65.
879 Zum Beschlussfeststellungsrecht des Versammlungsleiters in der GmbH siehe: Werner, GmbHR 2006, 127 ff.
880 MünchKomm-AktG/Kubis, § 119 Rn. 131; GK/Mülbert, AktG, vor §§ 118 Rn. 129.
881 Semler/Volhard, Arbeitshandbuch für die Hauptversammlung, § 11 Rn. 67; Ek, Praxisleitfaden für die Hauptversammlung, § 11 Rn. 412.
882 Ek, Praxisleitfaden für die Hauptversammlung, § 11 Rn. 395; GK/Mülbert, AktG, vor §§ 118 Rn. 109.
883 MünchKomm-AktG/Kubis, § 119 Rn. 128; Ek, Praxisleitfaden für die Hauptversammlung, § 11 Rn. 395; Obermüller/Werner/Winden/Butzke, Die Hauptversammlung der Aktiengesellschaft, D Rn. 29.
884 Siehe zum Abstimmungsverfahren aber unten Rn. 289.
885 Siehe dazu oben Rn. 237.
886 GK/Mülbert, AktG, vor §§ 118 Rn. 115 ff.; Ek, Praxisleitfaden für die Hauptversammlung, § 11 Rn. 397; Semler/Volhard, Arbeitshandbuch für die Hauptversammlung, § 11 Rn. 90.

Anträge.[887] Gleichermaßen ist der Versammlungsleiter berechtigt, offenkundig unzulässige Beschlussanträge nicht zur Abstimmung zu stellen.[888] Der Versammlungsleiter entscheidet weiter über das Rederecht der Aktionäre und über die Reihenfolge der Wortmeldungen.[889] Zulässig ist es insb., solche **Wortbeiträge vorzuziehen**, von denen zu erwarten ist, dass sie von der Mehrheit der Aktionäre als besonders informativ und sachdienlich beurteilt werden, um damit möglicherweise andere Wortmeldungen überflüssig zu machen.[890] Schließlich ist der Versammlungsleiter befugt, das **Rede- und Fragerecht der Aktionäre einzuschränken**, z.B. in Form einer zeitlichen Beschränkung oder durch Schließung der Rednerliste, Nichtzulassung weiterer Fragen oder – als ultima ratio – durch Schluss der Debatte.[891] Weitergehende Möglichkeiten bestehen dann, wenn er hierzu nach § 131 Abs. 2 Satz 2 AktG durch die Satzung oder die Geschäftsordnung ermächtigt wurde.[892]

Neben dieser Leitungsfunktion ist der Versammlungsleiter berechtigt, **Ordnungsmaßnahmen** zu treffen, um den **geordneten Ablauf der Hauptversammlung** zu gewährleisten. Hierzu kann er vor allem einem **Redner das Wort entziehen**, wenn dieser etwa die festgesetzte Redezeit überschreitet oder unsachliche Ausführungen macht, die mit der Tagesordnung nicht in Zusammenhang stehen. Es gilt der **Verhältnismäßigkeitsgrundsatz**.[893] Regelmäßig setzen Ordnungsmaßnahmen eine einmalige vorherige Abmahnung voraus. Einer **Abmahnung** beim Wortentzug ist jedoch entbehrlich bei beleidigenden Äußerungen.[894] Befolgt der Redner diesen Wortentzug nicht und kann die Störung nicht auf andere Weise beseitigt werden, kann er ihn äußersten Falls **des Saales verweisen** und ihn notfalls zwangsweise entfernen lassen.[895]

285

Streitig ist das **Verhältnis zwischen Hauptversammlung und Versammlungsleiter**, ob also bestimmte Maßnahmen des Versammlungsleiters durch Beschlussfassung der Hauptversammlung verändert werden können. Einigkeit besteht zunächst darin, dass für Ordnungsmaßnahmen ausschließlich der Versammlungsleiter zuständig ist. Der Versammlungsleiter kann die Entscheidung hierüber weder an die Hauptversammlung delegieren, noch ist diese berechtigt, in diesem Bereich Beschlüsse zu fassen.[896] Gleiches gilt, wenn es um reine Rechtsfragen geht, ob bspw. ein Stimmverbot einschlägig ist.[897] Die Entscheidung, in welcher Reihenfolge die einzelnen Tagesordnungspunkte erledigt werden und in welcher Reihenfolge die Abstimmung geschieht, ist nach h.M. Teil der originären Kompetenz des Versammlungsleiters, die von der Hauptversammlung nicht revidiert werden kann.[898] Der Vorstand kann die Entscheidung jedoch auf die Hauptversammlung delegieren.

286

---

887 GK/Mülbert, AktG, vor §§ 118 Rn. 119; Semler/Volhard, Arbeitshandbuch für die Hauptversammlung, § 11 Rn. 92.
888 GK/Mülbert, AktG, vor §§ 118 Rn. 114.
889 Semler/Volhard, Arbeitshandbuch für die Hauptversammlung, § 11 Rn. 94.
890 Semler/Volhard, Arbeitshandbuch für die Hauptversammlung, § 11 Rn. 94; Ek, Praxisleitfaden für die Hauptversammlung, § 11 Rn. 400.
891 Semler/Volhard, Arbeitshandbuch für die Hauptversammlung, § 11 Rn. 15 ff.
892 Siehe dazu oben Rn. 262.
893 Semler/Volhard, Arbeitshandbuch für die Hauptversammlung, § 11 Rn. 181.
894 Semler/Volhard, Arbeitshandbuch für die Hauptversammlung, § 11 Rn. 132 f.; GK/Mülbert, AktG, vor §§ 118 Rn. 119.
895 BGHZ 44, 245; LG Köln, AG 2005, 696, 699 f.; Semler/Volhard, Arbeitshandbuch für die Hauptversammlung, § 11 Rn. 182.
896 GK/Mülbert, AktG, vor §§ 118 Rn. 138.
897 MünchKomm-AktG/Kubis, § 119 Rn. 115 Fn. 391.
898 MünchKkomm-AktG/Kubis, § 119 Rn. 128 und 144; GK/Mülbert, AktG, vor §§ 118 Rn. 108 und 119; Stützle/Walgenbach, ZHR 155 (1991), 516, 528, 533; a.A.: Semler, in: Münchener Handbuch des Gesellschaftsrechts, Bd. 4, § 36 Rn. 43; Martens, Leitfaden für die Leitung der Hauptversammlung einer Aktiengesellschaft, 75; Semler/Volhard, Arbeitshandbuch für die Hauptversammlung, § 11 Rn. 103.

12. Teilnehmerverzeichnis

287 Nach § 129 Abs. 1 Satz 2 AktG ist in der Hauptversammlung ein **Teilnehmerverzeichnis** zu erstellen. Streitig ist, wer dieses Verzeichnis zu erstellen hat. Nach einer Ansicht ist hierfür der Versammlungsleiter verantwortlich, da er letztlich auch über das Teilnahmerecht entscheidet.[899] Nach a.A. ist dagegen allein die Gesellschaft zur Aufstellung des Teilnehmerverzeichnisses verpflichtet; der Versammlungsleiter hat lediglich dafür Sorge zu tragen, dass das Verzeichnis ordnungsgemäß geführt wird.[900] Der Urkundsnotar ist nicht dafür zuständig.

Das Teilnehmerverzeichnis muss nach § 129 Abs. 4 Satz 1 AktG **vor der ersten Abstimmung allen Teilnehmern zugänglich** gemacht werden. Gemeint sind damit die originär zur Teilnahme an der Hauptversammlung berechtigten Personen. Dies sind neben den Aktionären oder Aktionärsvertretern die Mitglieder von Vorstand und Aufsichtsrat, der Abschlussprüfer, Versammlungsleiter und der Notar, nicht aber etwa Gäste oder Pressevertreter.[901] Verstöße gegen diese Pflicht stellen einen **Anfechtungsgrund** dar.[902]

Schließlich ist jedem Aktionär nach § 129 Abs. 4 Satz 2 AktG bis zu zwei Jahren nach der Hauptversammlung eine **Einsichtnahme in das Teilnehmerverzeichnis** am Sitz der Gesellschaft zu gewähren. Gegen Kostenübernahme hat der Aktionär aber auch Anspruch auf Übersendung einer Abschrift.[903] Ein **Verzicht** auf die Aufstellung eines Teilnehmerverzeichnisses ist nicht möglich;[904] entbehrlich ist es in der **Einmann-Gesellschaft**.[905]

13. Verlesen von Anträgen und der Tagesordnung

288 **Anträge zur Beschlussfassung** müssen in der Hauptversammlung nicht im vollen Wortlaut verlesen werden. Ein Recht auf **Verlesung der Anträge** besteht nicht, da den Aktionären der Wortlaut der Beschlussanträge bereits bekannt ist, weil diese im Einzelnen mit der Tagesordnung bei der Einberufung der Hauptversammlung nach § 124 Abs. 3 AktG bekannt gemacht werden.[906] Auch die Tagesordnung muss von daher nicht verlesen werden.[907] Gleichwohl wird in der Lit. empfohlen, dass sich der Versammlungsleiter vor der Behandlung eines jeden Antrags vergewissert, ob alle Aktionäre den Gegenstand der Verhandlung verstanden haben und über alle Einzelheiten unterrichtet sind.[908] Den Aktionären sollte dabei vor der Abstimmung mit einem entsprechenden Hinweis Gelegenheit gegeben werden, etwaige **Unklarheiten in Bezug auf den Beschlussantrag** zu klären. Dabei dürfte sich regelmäßig empfehlen klarzustellen, dass Beschlussgegenstand der von der Verwaltung gestellte Antrag mit dem Inhalt ist, wie er in der Tagesordnung bei der Einberufung der Hauptversammlung bekannt gemacht worden ist. Beantragt ein Aktionär trotzdem die Verlesung der Beschlussanträge, sollte eine Verlesung durchgeführt werden, um ein Anfechtungsrisiko gänzlich auszuschließen. Etwas anderes gilt nur, wenn es sich offenkundig um ein schikanöses Verhalten handelt. Andererseits wird man auf eine Verlesung jedenfalls dann nicht verzichten können, wenn etwa infolge einer Änderung des Beschlussantrags oder bei einer Antragstellung nach § 124 Abs. 4 Satz 2 AktG der Antrag den Aktionären nicht im Wortlaut vorliegt.[909]

---

899 MünchKomm-AktG/Kubis, § 119 Rn. 16;
900 Semler/Volhard, Arbeitshandbuch für die Hauptversammlung, § 11 Rn. 42 f.; Hüffer, AktG, § 129 Rn. 6 f.; wohl auch Ek, Praxisleitfaden für die Hauptversammlung, § 11 Rn. 389.
901 Hüffer, AktG, § 129 Rn. 13; MünchKomm-AktG/Kubis, § 129 Rn. 35.
902 MünchKomm-AktG/Kubis, § 129 Rn. 43.
903 Hüffer, AktG, § 129 Rn. 14; MünchKomm-AktG/Kubis, § 129 Rn. 40.
904 DNotI-Gutachten Nr. 66858 vom März 2006.
905 Siehe dazu unten Rn. 319.
906 LG Darmstadt, AG 2006, 127, 129; LG Hamburg, AG 1996, 233; Semler, in: Münchener Handbuch des Gesellschaftsrechts, Bd. 4, § 39 Rn. 7; Martens, Leitfaden für die Leitung der Hauptversammlung einer AG, S. 85 f.; Obermüller/Werner/Winden/Butzke, Die Hauptversammlung der Aktiengesellschaft, D Rn. 46.
907 LG Darmstadt, AG 2006, 127, 129.
908 Martens, Leitfaden für die Leitung der Hauptversammlung einer AG, S. 86.
909 Martens, Leitfaden für die Leitung der Hauptversammlung einer AG, S. 86.

14. Abstimmungsverfahren

Abgestimmt wird grds. über jeden Beschlussantrag einzeln. Umstritten ist die Zulässigkeit von **Blockabstimmungen** bzw. einer **sog. Listenwahl**. Eine Blockabstimmung liegt vor, wenn über mehrere Beschlusspunkte einheitlich abgestimmt wird.[910] Im AktG ist dies ausdrücklich nur für die Entlastung von Vorstand und Aufsichtsrat nach § 120 Abs. 1 Satz 1 AktG vorgesehen, soweit nicht nach § 120 Abs. 1 Satz 2 AktG Einzelentlastung beantragt wird. Von Listenwahl spricht man, wenn – wie bei der Aufsichtsratswahl nach § 101 AktG – mehrere Aufsichtsratsmitglieder zu wählen sind, hierbei aber nicht eine Einzelwahl stattfindet, sondern eine sog. Listenwahl oder Globalwahl, bei der die Liste nur insgesamt angenommen oder abgelehnt werden kann.[911] Erst wenn die Liste insgesamt abgelehnt wird, findet eine Einzelwahl statt. Statthaft ist bei der Aufsichtsratswahl schließlich noch die **sog. „Simultanwahl"**. Darunter versteht man die Möglichkeit, auf einem „Wahlzettel" durch Ankreuzen von Namen (oder Ja- bzw. Nein-Kästchen) zwischen den verschiedenen Kandidaten zu differenzieren.[912]

289

Über die **Art der Abstimmung** entscheidet grds. der Versammlungsleiter im Rahmen seines **Organisationsermessens**. Gemäß § 134 Abs. 4 AktG kann die Satzung hierzu Vorgaben machen.[913] Enthält die Satzung keine Regelung, kann die Hauptversammlung qua Geschäftsordnungsantrag das vom Versammlungsleiter vorgesehene Abstimmungsverfahren ändern.[914] Die h.M. hält eine **Listenwahl bzw. Blockabstimmung** für zulässig. Der Versammlungsleiter muss allerdings vor der Abstimmung darauf hinweisen, dass Aktionäre, die bei der Listenwahl auch nur gegen einen der Vorgeschlagenen stimmen wollen, bzw. die bei der Blockabstimmung auch nur gegen einen Vorschlag sind, insgesamt gegen die Liste bzw. den Vorschlag stimmen müssen. Außerdem ist Voraussetzung einer solchen Blockabstimmung, dass zwischen den in einem Beschlussvorgang zusammengefassten Vorschlägen ein enger sachlicher Zusammenhang besteht.[915] Wird dann die Liste insgesamt abgelehnt, findet eine Einzelabstimmung statt.[916]
In einer neuen Entscheidung hat sich der BGH ausdrücklich dieser h.M. angeschlossen. Gegen eine „Blockabstimmung" in der Hauptversammlung einer AG über mehrere zusammenhängende Sachfragen bestehen keine Bedenken, wenn der Versammlungsleiter zuvor darauf hinweist, dass durch **mehrheitliche Ablehnung der Beschlussvorlage eine Einzelabstimmung herbeigeführt** werden kann und kein anwesender Aktionär Einwände gegen diese Verfahrensweise erhebt.[917] Auch das LG München folgt in einer viel beachteten Entscheidung zur Frage der Zulässigkeit der Listenwahl des Aufsichtsrats dieser Ansicht.[918] Nach der Konzeption des Aktienrechts ist die Einzelabstimmung die Regel, so dass jedenfalls bei Widerspruch eines einzelnen Aktionärs zunächst eine Entscheidung der Hauptversammlung über den Antrag auf Einzelabstimmung herbeigeführt werden muss.

290

> **Hinweis:**
> Für die Praxis ist daraus zu folgern, dass der Versammlungsleiter bei einem **etwaigen Widerspruch** gegen die Blockabstimmung bzw. Listenwahl zunächst über einen **entsprechenden Verfahrensantrag bzw. Geschäftsordnungsantrag „Blockabstimmung oder Einzelabstimmung"**

---

910 Dietz, BB 2004, 452; Max, AG 1991, 77, 88.
911 Hüffer, AktG, § 101 Rn. 6; MünchKomm-AktG/Semler, § 101 Rn. 39.
912 Semler/Volhard, Arbeitshandbuch für die Hauptversammlung, § 19 Rn. 20.
913 Semler/Volhard, Arbeitshandbuch für die Hauptversammlung, § 11 Rn. 192 ff.
914 MünchKomm-AktG/Kubis, § 134 Rn. 81; Hüffer, AktG, § 134 Rn. 34.
915 Dietz, BB 2004, 452, 455 f.
916 Semler/Volhard, Arbeitshandbuch für die Hauptversammlung, § 11 Rn. 201 f.; Hüffer, AktG, § 101 Rn. 6; Hoffmann-Becking, in: Münchener Handbuch des Gesellschaftsrechts, Bd. 4, § 30 Rn. 16; MünchKomm-AktG/Semler, § 101 Rn. 39; KölnerKomm-AktG/Mertens, § 101 Rn. 16; Semler/Volhard, Arbeitshandbuch für die Hauptversammlung, § 19 Rn. 20; a.A.: Geßler/Hefermehl, AktG, § 101 Rn. 31.
917 BGH, AG 2003, 625 = RNotZ 2003, 621 = NJW 2003, 3412. S. dazu Dietz, BB 2004, 452; Heidenhain, LMK 2004, 89; Mutter, AG 2004, 305; Weyer, JR 2004, 239.
918 LG München I, AG 2004, 330 = BB 2004, 958, 959.

> die Hauptversammlung abstimmen lassen muss.[919] Erst danach darf der eigentliche Sachantrag zur Abstimmung gestellt werden, entweder im Rahmen der Blockabstimmung oder im Wege der Einzelabstimmung. Nicht sachgerecht ist es dagegen, nur auf den Antrag eines einzelnen Aktionärs sofort eine Einzelabstimmung durchzuführen.[920]

291 Die Abstimmung selbst erfolgt entweder nach dem Additionsverfahren oder nach dem Subtraktionsverfahren. Beim **Additionsverfahren** werden die Ja-Stimmen und die Nein-Stimmen getrennt gezählt und die Zahl der abgegebenen Stimmen durch Addition ermittelt. **Stimmenthaltungen werden nicht erfasst**, weil es auf sie für die Feststellung der Mehrheit nicht ankommt.[921] Beim **Subtraktionsverfahren** werden im Regelfall nur die Nein-Stimmen und die Stimmenthaltungen gezählt. Ausgangsgröße ist im Übrigen die Gesamtzahl der an der Abstimmung teilnehmenden Aktionäre. Von ihr werden alsdann zunächst die Stimmenthaltungen abgezogen, woraus sich die Zahl der abgegebenen Stimmen errechnet. Davon ist sodann die Zahl der Nein-Stimmen zu subtrahieren. Die Differenz entspricht der Zahl der Ja-Stimmen.[922]

292 **Wichtigste Voraussetzung ist beim Subtraktionsverfahren** die jederzeit aktuelle Erfassung der jeweils insgesamt in der Hauptversammlung bei jedem einzelnen Abstimmungsgang anwesenden bzw. vertretenen Aktionäre (sog. Präsenz).[923] Es muss dabei vor Beginn der Abstimmung deutlich darauf hingewiesen werden, dass alle Aktionäre, die nicht mit „Ja" stimmen wollen, ausdrücklich Ihre Nein-Stimmen bzw. Stimmenthaltungen abgeben müssen. Bleiben die Aktionäre indessen innerhalb des Präsenzbereichs während der Dauer der Hauptversammlung anwesend, werden ihre Stimmen auch ohne ausdrückliche Stimmabgabe als Ja-Stimmen gewertet.[924] Gleiches gilt, wenn sich die Aktionäre beim Verlassen des Präsenzbereichs nicht ordnungsgemäß abmelden. Auch wenn das Subtraktionsverfahren nicht generell für unzulässig gehalten werden kann,[925] ist jedoch die Empfehlung auszusprechen, soweit als möglich nach dem Additionsverfahren abzustimmen. Nur so lassen sich die mit der exakten Präsenzerfassung praktisch immer einhergehenden Probleme[926] und damit eine Anfechtbarkeit sicher vermeiden.[927]

---

919 So ausdrücklich jetzt Fuhrmann, ZIP 2004, 2081, 2084 f. Im Ergebnis ebenso Dietz, BB 2004, 452; Gerber/Wernicke, DStR 2004, 1138, 1139 f.; a.A.: Mutter, AG 2004, 305 f.; Weyer, JR 2004, 239, mit dem Argument, die Globalwahl des Aufsichtsrats könne nicht mit einer Blockabstimmung über sachlich zusammenhängende Tagesordnungspunkte gleichgestellt werden.
920 So aber Linnerz, BB 2004, 963, 964; Segna, DB 2004, 1135, 1136; unklar: Gerber/Wernicke, DStR 2004, 1138, 1139 f.
921 Hüffer, AktG, § 133 Rn. 23; Obermüller/Werner/Winden/Butzke, Die Hauptversammlung der Aktiengesellschaft, E Rn. 107 f.; Semler/Volhard, Arbeitshandbuch für die Hauptversammlung, § 11 Rn. 221.
922 OLG Hamm, NZG 2003, 924 f.; OLG Frankfurt, AG 1999, 231, 232; DNotI-Report 2002, 169, 170; Hüffer, AktG, § 133 Rn. 24; Obermüller/Werner/Winden/Butzke, Die Hauptversammlung der Aktiengesellschaft, E Rn. 109; Semler/Volhard, Arbeitshandbuch für die Hauptversammlung, § 11 Rn. 223 ff., Semler, in: Münchener Handbuch des Gesellschaftsrechts, Bd. 4, § 39 Rn. 35.
923 BGH, NJW 2002, 3629; OLG Hamm, NZG 2003, 924 f.; Semler/Volhard/Fischer, Arbeitshandbuch für die Hauptversammlung, § 11 Rn. 229; siehe dazu auch: DNotI-Report 2002, 169, 170 ff. mit weiteren Hinweisen zur Präsenzerfassung.
924 Obermüller/Werner/Winden/Butzke, Die Hauptversammlung der Aktiengesellschaft, E Rn. 110; Semler/Volhard, Arbeitshandbuch für die Hauptversammlung, § 11 Rn. 229.
925 BGH, NJW 2002, 3629; OLG Hamm, NZG 2003, 924 f.; DNotI-Report 2002, 169, 170.
926 Siehe dazu den instruktiven Beispielsfall des OLG Hamm, NZG 2003, 924 f.
927 So auch Semler/Volhard, Arbeitshandbuch für die Hauptversammlung, § 11 Rn. 233.

II. Niederschrift über die Hauptversammlung

1. Muster: Niederschrift über die Hauptversammlung einer AG[928]

UR Nr. ..../2007

Niederschrift über die Hauptversammlung der .... -AG

vom .... in ....

Auf Ersuchen der Verwaltung der Gesellschaft begab ich,

......,

Notar mit dem Amtssitz in ....

mich am .... in den ....

um die dorthin einberufene ordentliche Hauptversammlung der Firma

.... AG

mit dem Sitz in ....

– HRB .... –

.... (*Anschrift*),

zu beurkunden.

Über die Verhandlungen und Beschlüsse der Hauptversammlung errichte ich diese **Niederschrift:**

I. Teilnehmer

Anwesend waren:

1. vom **Aufsichtsrat** die Herren:

- .... als Vorsitzender des Aufsichtsrats,
- .... als stellvertretender Vorsitzender,
- ....

2. vom **Vorstand** die Herren:

- ....
- ....

3. die **Aktionäre und Aktionärsvertreter**,

die in dem von der Gesellschaft aufgestellten und verwahrten Teilnehmerverzeichnis (= Präsenzliste) samt Nachträgen aufgeführt sind.

II. Einberufung, Abstimmungsformalien

Der Vorsitzende des Aufsichtsrats, ..., eröffnete die Hauptversammlung um .... Uhr und übernahm gemäß der Satzung die Sitzung und die Leitung der Hauptversammlung.

---

[928] Musterformulierungen sind veröffentlicht bei: Obermüller/Werner/Winden/Butzke, Die Hauptversammlung der Aktiengesellschaft, Anhang 8; Semler/Volhard, Arbeitshandbuch für die Hauptversammlung, § 51; Happ, Aktienrecht, 10.17 ff; Hölters/Deilmann/Buchta, Die kleine Aktiengesellschaft, S. 197 ff.; Hölters, in: Münchener Vertragshandbuch, Bd. 1, Muster V. Rn. 86; AnwK-AktienR/Lohr/Terbrack, Muster Rn. 18; Lorz/Pfisterer/Gerber, in: Beck'sches Formularbuch Aktienrecht, I. VII.; Ek, Praxisleitfaden für die Hauptversammlung, Rn. 786.

Der Vorsitzende stellte sodann fest:

Die Einladung zur heutigen ordentlichen Hauptversammlung ist im elektronischen Bundesanzeiger vom ...... form- und fristgerecht erfolgt.

Ein Ausdruck der entsprechenden Internetseite des elektronischen Bundesanzeigers liegt am Unterlagentisch zur Einsicht aus. Ebenso wurde eine Abschrift dieser Internetseite des elektronischen Bundesanzeigers diesem Protokoll als Anlage beigefügt.

Ab Einberufung der Hauptversammlung haben in den Geschäftsräumen der Gesellschaft zur Einsichtnahme ausgelegt:

....

Diese Unterlagen liegen auch in dieser Hauptversammlung am Unterlagentisch zur Einsicht aus.

Der Vorsitzende erläuterte die **Formalien** zur Präsenz, zu den Abstimmungen und zu den Wortmeldungen und verwies ergänzend auf das den Teilnehmern zusammen mit der Stimmkarte überreichte Merkblatt „Allgemeine Hinweise für unsere Aktionäre", in dem die wichtigsten Formalien erklärt sind. Er wies darauf hin, dass die ausliegenden Unterlagen sowie die gestellten Anträge, wie sie in der Tagesordnung bekannt gemacht wurden, in der Hauptversammlung nicht verlesen werden.

Der Vorsitzende gab bekannt:

Die **Präsenzzone** erstreckt sich über den gesamten Festsaal, die Nebenräume (insb. Toiletten) sowie auf das Foyer. Der Ablauf der Hauptversammlung wird über Lautsprecher in alle Räume der Präsenzzone übertragen. Aktionäre, die sich dort aufhalten, nehmen an der Hauptversammlung teil.

Die Abgabe von Nein-Stimmen bzw. Stimmenthaltungen sowie ggf. auch Ja-Stimmen während des Abstimmvorgangs zu den einzelnen Tagesordnungspunkten ist aus organisatorischen Gründen ausschließlich in dem Festsaal möglich. Der Beginn des Abstimmungsverfahrens wird so rechtzeitig angekündigt, dass jedem Aktionär oder Aktionärsvertreter, der an der Abstimmung teilnehmen will, ausreichend Zeit verbleibt, in diesen Saal zu kommen. Der Beginn des Abstimmungsvorgangs wird zusätzlich durch ein akustisches Signal angekündigt.

Die Teilnehmerliste ist noch nicht ganz fertig gestellt.

Die Präsenz wird vor der ersten Abstimmung bekannt gegeben. Sie liegt dann am Wortmeldetisch zur Einsicht aus.

Besonders wies der Vorsitzende auf folgende formale Notwendigkeiten hin, die zur Feststellung der Präsenz bei den Abstimmungen zu beachten sind:

Da die Präsenzliste bis zum Abstimmungsblock auf dem Laufenden gehalten wird, werden die Teilnehmer gebeten, im Fall eines vorzeitigen Verlassens der Hauptversammlung ihre Stimmkarte bei der Präsenzkontrolle abzugeben. Die Präsenzkontrolle befindet sich im Foyer bei der Anmeldung. Wer vor Beginn des Abstimmungsvorgangs die Hauptversammlung verlassen und dennoch vom Stimmrecht Gebrauch machen will, kann eine Vollmacht zur Stimmabgabe entweder einem anderen Teilnehmer an der Hauptversammlung oder einem Mitarbeiter der Gesellschaft erteilen. Weiter weist der Vorsitzende der Hauptversammlung besonders darauf hin, dass derjenige, der sich im Fall eines vorzeitigen Verlassens der Hauptversammlung nicht ordnungsgemäß bei der Präsenzkontrolle abmeldet, bei der Abstimmung so gewertet wird, wie wenn er an der Abstimmung teilnimmt bzw. vertreten wird. Die Gesellschaft hat die Herren A und B, die ihren Sitzplatz während der Hauptversammlung am Unterlagentisch haben, beauftragt, als Stimmrechtsvertreter für Aktionäre zur Verfügung zu stehen und für diese bei entsprechender Bevollmächtigung das Stimmrecht auszuüben. Werden diese

Mitarbeiter bevollmächtigt, so ist anzugeben, ob das Stimmrecht i.S.d. Verwaltungsvorschläge oder gegen diese oder durch Stimmenthaltung ausgeübt werden soll. Der Vollmachtsvordruck, der bereits auf den Stimmabschnittsbögen enthalten ist, ist so gestaltet, dass jede Art von Weisung für das Abstimmungsverhalten des Bevollmächtigten gegeben werden kann. Der Stimmabschnittsbogen mit der Vollmacht kann am Schalter der Ausgangskontrolle einem Mitarbeiter der Gesellschaft übergeben werden. Werden keine Weisungen erteilt, werden sich die bevollmächtigten Stimmrechtsvertreter der Stimme enthalten.

Wird ein anderer Teilnehmer der Hauptversammlung bevollmächtigt, kann die Vollmachtserklärung vom Stimmabschnittsbogen getrennt abgegeben werden; sie ist lediglich um den Namen des Bevollmächtigten zu ergänzen und bei der Präsenzkontrolle im Foyer einem Mitarbeiter der Gesellschaft zu übergeben.

Falls der Teilnehmer beim Verlassen der Präsenzzone keine Vollmacht erteilen will, ist der Stimmabschnittsbogen bei der Präsenzkontrolle/Abmeldung im Foyer abzugeben, damit der Teilnehmer aus der Präsenzliste gestrichen werden kann.

Wer die Hauptversammlung nur vorübergehend verlässt, wird gebeten, den Stimmabschnittsbogen bei der Präsenzkontrolle/Abmeldung gegen Aushändigung des Abschnitts „Präsenzkontrollkarte" abzugeben. Die erneute Anmeldung ist an der gleichen Stelle möglich. Mit diesem Verfahren wird eine fortlaufende Erfassung der aktuellen Präsenz sichergestellt.

Der Vorsitzende bat die Damen und Herren, die sich an der Aussprache zu einzelnen Punkten der Tagesordnung beteiligen möchten, die ausliegenden Wortmeldeformulare mit ihrem Namen, der Nummer auf ihrem Stimmabschnittsbogen und dem Tagesordnungspunkt, zu dem sie sprechen wollen, auszufüllen.

Sie werden dann bei der Diskussion über den Tagesordnungspunkt, zu dem sie sich zu Wort gemeldet haben, aufgerufen und Gelegenheit haben, vom Mikrofon aus zu sprechen.

Der Vorsitzende bat alle Aktionäre und Aktionärsvertreter, die das Wort ergreifen, sich gezielt nur zum Gegenstand dieser Tagesordnung zu äußern. Der Vorstand wird zu allen Fragen, die von den Teilnehmern gestellt werden, nach Zweckmäßigkeit geschlossen oder zwischendurch in Teilabschnitten Stellung nehmen.

Der Vorsitzende bat um Beachtung, dass Anträge nur hier in der Hauptversammlung wirksam gestellt werden können. Dies gilt auch für schriftlich bereits angekündigte Anträge.

Der Vorsitzende wies darauf hin, dass die Hauptversammlung durch einen Stenografen aufgezeichnet wird. Eine Übertragung bzw. Aufzeichnung der Hauptversammlung in Ton und Bild findet nicht statt.

Private Tonband- oder Videoaufnahmen dieser Hauptversammlung sind nicht gestattet. Der Vorsitzende bat, etwa mitgebrachte Mobiltelefone auszuschalten.

III. Erledigung der Tagesordnung

Der Vorsitzende gab als Überblick über den Ablauf der Versammlung bekannt:

1. Bei Tagesordnungspunkt 1 erfolgt im Anschluss an die Berichte des Vorstandes eine Generalaussprache zu den Tagesordnungspunkten 1 – ....

2. Im Anschluss daran wird in einem Abstimmungsblock zu allen Beschlussvorschlägen abgestimmt werden.

Der Vorsitzende rief auf:

Zu Tagesordnungspunkt 1: Vorlage des festgestellten Jahresabschlusses und des Lageberichts sowie des Berichtes des Aufsichtsrats für das Geschäftsjahr ....

Der Vorsitzende stellte hierzu fest:

Der der Hauptversammlung vorliegende Geschäftsbericht enthält neben den Berichten von Vorstand und Aufsichtsrat den durch den Vorstand aufgestellten und vom Aufsichtsrat festgestellten Abschluss der ....-AG für das Geschäftsjahr .... Der Abschluss und der Lagebericht wurden von der ....-AG, Wirtschaftsprüfungsgesellschaft, mit dem uneingeschränkten Bestätigungsvermerk versehen.

Der Aufsichtsrat hat den Abschluss des Geschäftsjahres und den Lagebericht geprüft und in seiner Sitzung vom .... gebilligt. Mit Billigung durch den Aufsichtsrat ist der Abschluss des Geschäftsjahres gemäß § 172 AktG festgestellt. Vom Bericht des Abschlussprüfers hat der Aufsichtsrat zustimmend Kenntnis genommen. Hierüber hat der Aufsichtsrat der Hauptversammlung Bericht erstattet.

Dieser Bericht ist im Geschäftsbericht der Gesellschaft veröffentlicht.

Der Vorstand erläuterte die Vorlagen des Geschäftsberichts, insb. den Jahresabschluss, den Lagebericht für das Geschäftsjahr .... und den Gewinnverwendungsvorschlag des Vorstandes und des Aufsichtsrats und berichteten über den bisherigen Verlauf des Geschäftsjahres .... mit einem Ausblick.

Der Vorsitzende dankte dem Vorstand für seine Ausführungen.

Der Vorsitzende erläuterte die Beschlussvorschläge zu den Tagesordnungspunkten ....

Der Vorsitzende gab die zwischenzeitlich ermittelte

Präsenz der Hauptversammlung

wie folgt bekannt:

Vom Grundkapital der Gesellschaft i.H.v.

$$1.000.000 €$$

eingeteilt in 1.000.000 auf den Inhaber lautende Stückaktien sind vertreten:

.... Stücke mit ebenso vielen Stimmen (= .... % vom Grundkapital).

Er informierte:

Ein Ausdruck des Teilnehmerverzeichnisses liegt ab sofort für die Dauer der Versammlung zur Einsichtnahme für alle Teilnehmer am Wortmeldetisch aus. Etwaige Änderungen der Stimmenzahl durch späteres Erscheinen von Aktionären oder Aktionärsvertretern oder durch ein vorübergehendes oder endgültiges Verlassen der Hauptversammlung vor der Abstimmung werde ich, soweit erforderlich, durch einen Nachtrag zum Teilnehmerverzeichnis feststellen. Am Wortmeldetisch wird dann ebenfalls ein Duplikat des Nachtragsverzeichnisses zur Einsichtnahme ausliegen.

Sodann wurde in die

Aussprache

zu allen Tagesordnungspunkten eingetreten.

Der Vorsitzende und der Vorstand beantworteten die von den Aktionären gestellten Fragen und gaben die gewünschten Auskünfte.

Abschließend stellte der Vorsitzende der Versammlung die Frage, ob im Rahmen der Generalaussprache alle von den Aktionären gewünschten Auskünfte erteilt seien oder ob noch weitere Antworten für erforderlich gehalten werden.

Weitere Wünsche dieser Art wurden nicht geäußert. Nach nochmaliger Nachfrage beendete der Vorsitzende die Aussprache zu den Tagesordnungspunkten 1 – 8.

Beschlussfassung

Abstimmungsverfahren

Der Vorsitzende gab das Verfahren der Abstimmung wie folgt bekannt: Gemäß § 15 Ziff. 2 Satz 2 der Satzung bestimmt der Vorsitzende die

Art und Weise der Abstimmung

Die Abstimmungen erfolgen nach dem Subtraktionsverfahren. Es werden nur die Nein-Stimmen und Enthaltungen gezählt und von der Gesamtzahl der anwesenden/vertretenen Stimmen abgezogen. Dies ergibt die Ja-Stimmen.

Der Vorsitzende behielt sich vor, soweit erforderlich oder sachdienlich, in anderer Weise abstimmen zu lassen.

Die Stimmabgabe kann aus Gründen der Organisation und der Kontrolle nur in diesem Festsaal erfolgen. Dies ist aus organisatorischen Gründen notwendig, insb. zur Erleichterung der Stimmabgabenkontrolle durch den Notar und zur schnelleren Abwicklung. Allen Aktionären, die sich außerhalb des Abstimmungssaales in der Präsenzzone aufhalten, wird ausreichend Zeit eingeräumt, damit sie sich nach entsprechender Aufforderung und einem akustischen Signalton zur Stimmabgabe in den Saal begeben können.

Die Abstimmung erfolgt schriftlich durch Einsammeln und Auszählen der Stimmabschnitte. Eingesammelt werden bei der festgelegten Subtraktionsmethode im Rahmen dieser Abstimmung nur die Nein- Stimmen und die Enthaltungen. Wer mit „Ja" stimmen möchte, braucht keine Stimmkarte abzugeben. Es genügt die bloße Anwesenheit innerhalb des Präsenzbereiches.

Wer zu einem der Tagesordnungspunkte 2 – .... mit „Nein" stimmen will, löst von seinem Stimmabschnittsbogen die Stimmkarte mit der Nummer des Tagesordnungspunktes, zu dem er mit „Nein" stimmen möchte, und wirft die Stimmkarte/n beim Sammelgang in einen der Stimmkästen, die mit der roten Beschriftung „Nein" gekennzeichnet sind.

Die Nummern der Stimmkarten sind jeweils dem Abstimmungsvorgang zu dem dieser Nummer entsprechenden Tagesordnungspunkt zugeordnet. Die Stimmkarte 2 gilt also für die Abstimmung zu Tagesordnungspunkt 2. Über den aufgedruckten Barcode werden Stimmen in die EDV eingelesen, die anhand dieses Barcodes erkennt, zu welchem Beschlussvorschlag jeweils eine Enthaltung oder Nein-Stimme abgegeben worden ist.

Wer sich der Stimme enthalten will, löst von seinem Stimmabschnittsbogen die Stimmkarte/n mit der Nummer des Tagesordnungspunktes, zu dem er sich der Stimme enthalten will und wirft ihn in den Sammelkasten mit der grünen Beschriftung „Enthaltung".

Jeder Stimmeneinsammler wird je einen Sammelkasten für Nein-Stimmen und für Enthaltungen tragen und zu den Aktionären kommen, die ihre Stimme abgeben möchten und sich durch Handzeichen bemerkbar machen.

Die Abstimmungen zu den einzelnen Tagesordnungspunkten 2 – 12 werden in einem Sammelgang durchgeführt. Die Ergebnisse der Abstimmung werden nach der Auszählung zusammengefasst bekannt gegeben.

Der Vorsitzende gab die **aktuelle Präsenz** (Nachtrag 1) wie folgt bekannt:

Derzeit sind vertreten:

.... Stücke mit ebenso vielen Stimmen (= .... vom Grundkapital)

Der Nachtrag wurde ausgelegt.

Abstimmungsanträge, Beschlussvorschläge

Der Vorsitzende stellte die Beschlussvorschläge zu den einzelnen Tagesordnungspunkten 2 – 12 zur Abstimmung und stellte dazu vorab fest:

Soweit er sich auf veröffentlichte Beschlussvorschläge bezieht, sind die im elektronischen Bundesanzeiger vom .... veröffentlichten Beschlussvorschläge gemeint, deren Text vorliegt.

Zu den Punkten 2, 3 und 4 der Tagesordnung:

Stimmverbote

Der Vorsitzende verwies in diesem Zusammenhang zunächst auf das Stimmverbot des § 136 AktG:

Die Mitglieder des Vorstandes und des Aufsichtsrats können jeweils bei den sie betreffenden und mitbetreffenden Entlastungsbeschlüssen das Stimmrecht als Aktionäre, Legitimationsaktionäre oder Bevollmächtigte von Aktionären nicht ausüben. Gleiches gilt für das Stimmrecht aus Aktien, die den zu entlastenden Mitgliedern des Vorstandes bzw. des Aufsichtsrats gehören, falls Dritte das Stimmrecht aus diesen Aktien ausüben.

Die hiervon betroffenen Stimmen sind dem Notar gemeldet und werden bei der stimmberechtigten Präsenz abgezogen.

Hierzu stelle ich, Notar, fest, dass nach den Feststellungen der Gesellschaft zu Tagesordnungspunkt 2, Tagesordnungspunkt 3 und Tagesordnungspunkt 4 keine Stimmen vom Stimmverbot betroffen sind.

Zu Tagesordnungspunkt 2: Beschlussfassung über die Entlastung des Vorstandes für das Geschäftsjahr 2006

Der Vorsitzende stellte den zu diesem Tagesordnungspunkt bekannt gegebenen Beschlussvorschlag unter Verwendung des Stimmabschnitts 2 unverändert zur Abstimmung.

Zu Tagesordnungspunkt 3: Beschlussfassung über die Entlastung des Aufsichtsrats für das Geschäftsjahr 2006

Der Vorsitzende stellte den zu diesem Tagesordnungspunkt bekannt gegebenen Beschlussvorschlag unter Verwendung des Stimmabschnitts 3 unverändert zur Abstimmung.

Zu Tagesordnungspunkt 4: Nachwahl von Aufsichtsratsmitgliedern

Der Vorsitzende stellte den zu diesem Tagesordnungspunkt bekannt gegebenen Beschlussvorschlag unter Verwendung des Stimmabschnitts 4 unverändert zur Abstimmung.

Zu Tagesordnungspunkt 5: Wahl des Abschlussprüfers für das Geschäftsjahr 2007

Der Vorsitzende stellte den zu diesem Tagesordnungspunkt bekannt gegebenen Beschlussvorschlag unter Verwendung des Stimmabschnitts 5 unverändert zur Abstimmung.

Der Vorsitzende rief zur Abstimmung über diese Beschlussvorschläge zu den Tagesordnungspunkten 2 – 12 auf.

Das vom Vorsitzenden erbetene erste akustische Signal ertönte.

Der Vorsitzende rief alle Aktionäre auf, die zu einzelnen Tagesordnungspunkten mit „Nein" stimmen bzw. sich der Stimme enthalten wollen und die sich nicht in diesem Saal aufhalten, in den Abstimmungsraum zu kommen.

Der Vorsitzende gab bekannt:

Die Präsenz ist derzeit unverändert.

Der Vorsitzende gab die **aktuelle Präsenz (Nachtrag 2)** wie folgt bekannt:

Derzeit sind vertreten:

.... Stücke mit ebenso vielen Stimmen (= .... % vom Grundkapital)

Der Nachtrag wurde ausgelegt.

Der Vorsitzende bat um Abgabe und Einsammeln der Nein-Stimmen und Enthaltungen zu den Tagesordnungspunkten 2 – .... und wiederholte:

Die Nein-Stimmen und Enthaltungen zu den Tagesordnungspunkten 2 – .... werden in der beschriebenen Weise eingesammelt. Wer mit „Ja" stimmen will, braucht nichts zu tun.

Die zur Aufnahme der Gegenstimmen und Stimmenthaltungen bereitgehaltenen Boxen gelten für die Abstimmungen zu allen Tagesordnungspunkten. Die Abstimmung wurde in der angeordneten Art und Weise durchgeführt.

Auf entsprechende Frage stellte der Vorsitzende fest, dass jeder Aktionär oder Aktionärsvertreter Gelegenheit hatte abzustimmen.

Der Vorsitzende beendete den Abstimmungsvorgang zu den Punkten 2 – .... der Tagesordnung.

Sodann wurde die Hauptversammlung zum Zweck der

Stimmauszählung

unterbrochen.

Die abgegebenen schriftlichen Nein-Stimmen und Enthaltungen wurden in einem Nebenraum mittels des aufgedruckten Barcodes in die EDV-Anlage in Anwesenheit des Notars eingelesen und von dem installierten Programm ausgewertet. Unregelmäßigkeiten sind mir, Notar ...., nicht aufgefallen.

Nach Beendigung der Stimmauszählung eröffnete der Vorsitzende erneut die Hauptversammlung.

Der Vorsitzende gab bekannt:

Zu Beginn der Sammelabstimmung hat die Präsenz **(Nachtrag)** betragen: Derzeit sind vertreten:

.... Stücke mit ebenso vielen Stimmen (= .... % vom Grundkapital)

Der Nachtrag wurde ausgelegt.

Der Nachtrag .... zum Teilnehmerverzeichnis liegt aus.

> Der Vorsitzende gab sodann die
>
> Abstimmungsergebnisse zu den Punkten .... – .... der Tagesordnung bekannt.
>
> **Zu Tagesordnungspunkt 2:**
>
> Die Hauptversammlung beschloss die von der Verwaltung beantragte Gewinnverwendung mit ... Ja-Stimmen = ... % der Stimmen gegen ... Nein-Stimmen = ... % der Stimmen bei ... Enthaltungen = ... der Stimmen (ungültig ... Stimmen).
>
> Der Vorsitzende stellte dieses Ergebnis der Beschlussfassung fest und verkündete diese Feststellung.
>
> **Zu Tagesordnungspunkt 3:**
>
> ...
>
> **Zu Tagesordnungspunkt 4:**
>
> ...
>
> Da weitere Wortmeldungen nicht mehr vorlagen, erklärte der Vorsitzende die Tagesordnung der ordentlichen Hauptversammlung für erledigt und schloss mit dem Dank an den Vorstand und an alle Mitarbeiter der Gesellschaft sowie an alle anwesenden bzw. vertretenen Aktionäre die Hauptversammlung um ... Uhr.
>
> **IV. Feststellungen**
>
> Über den Verlauf der Versammlung wird von mir, Notar ...., ausdrücklich festgestellt:
>
> Hierüber wurde diese Niederschrift mit den Anlagen
>
> – elektronischer Bundesanzeiger vom ... –
>
> ...
>
> aufgenommen und von mir, dem Notar ...., eigenhändig unterschrieben.
>
> ...., den ....
>
> ....
>
> (Notar)

2. Notarielle Beurkundung

294 Nach § 130 Abs. 1 AktG ist jeder Beschluss der Hauptversammlung einer AG durch eine über die Verhandlung notariell aufgenommene Niederschrift zu beurkunden. Beschluss ist dabei jede Äußerung des durch Abstimmung ermittelten Willens der Hauptversammlung. Auch Wahlen sind danach Beschlüsse. Zuständig ist dafür jeder **deutsche Notar** innerhalb seines Amtsbezirks (§ 11 Abs. 2 BNotO). Ein Verstoß hiergegen berührt die Wirksamkeit der Beurkundung allerdings nicht (§ 11 Abs. 3 BNotO). Ob die Beurkundung im **Ausland** durch einen dortigen Notar genügt, ist streitig. Es gilt dasselbe wie bei der Abfassung des Gründungsprotokolls.[929] Ein **Mitwirkungsverbot** besteht für den deutschen Notar, wenn er mit mehr als 5 % der Stimmrechte oder mehr als 2.500 € am Grundkapital beteiligt ist (§ 3 Abs. 1 Ziff. 9 BeurkG). Ein Mitwirkungsverbot besteht, wenn der Notar Mitglied des Vorstandes ist (§ 3 Abs. 1

---

[929] Siehe dazu oben Rn. 8 ff.; Semler/Volhard, Arbeitshandbuch für die Hauptversammlung, § 15 Rn. 20; MünchKomm-AktG/Kubis, § 130 Rn. 9 und § 121 Rn. 60.

Ziff. 6 BeurkG). Die Mitgliedschaft im Aufsichtsrat schadet entgegen der h.M. im Aktienrecht[930] nicht, denn die Beurkundung der Hauptversammlung ist eine Angelegenheit der Gesellschaft selbst, nicht aber des Aufsichtsrats; auch geht es bei der Beurkundung der Hauptversammlung offensichtlich nicht um eine Vertretung der Gesellschaft durch den Aufsichtsrat (§ 112 AktG, § 3 Abs. 1 Ziff. 6 BeurkG).[931] Es besteht lediglich eine **Hinweispflicht** nach § 3 Abs. 3 Ziff. 1 BeurkG. Ein Verstoß gegen die Mitwirkungsverbote hat keinen Einfluss auf die Wirksamkeit der notariellen Beurkundung.

Für die **Beurkundung der Hauptversammlung** gilt nach § 59 BeurkG primär das AktG und nur subsidiär das BeurkG. Regelmäßig erfolgt die Beurkundung in der Form einer **Tatsachenbeurkundung** nach § 36 BeurkG und zwar in deutscher Sprache.[932] Die §§ 6 – 35 BeurkG finden grds. keine Anwendung.[933] Die Niederschrift wird also den Beteiligten nicht vorgelesen und von diesen auch nicht genehmigt oder unterschrieben. Zulässig ist aber eine solche Art der Beurkundung auch im Rahmen des § 130 Abs. 1 AktG, da diese Form der Beurkundung mehr Garantien für die Beteiligten bringt, als es in den § 37 f. BeurkG und § 130 AktG vorgesehen ist.[934] Entscheidend ist dabei nur, dass (zusätzlich) die Vorschriften des § 130 AktG beachtet werden. Werden in der Hauptversammlung allerdings auch **Willenserklärungen** abgegeben und sollen bzw. müssen diese ebenfalls beurkundet werden,[935] ist zwingend die Form der Beurkundung von Willenserklärungen nach §§ 6 ff. BeurkG zu wählen.[936] Insb. muss dann die gesamte Niederschrift vorgelesen, genehmigt und unterschrieben werden (§ 13 BeurkG). Soll dies vermieden werden, sind zwei notarielle Niederschriften zu errichten, eine über die Beurkundung der Hauptversammlung nach § 36 BeurkG und eine in der Form der Beurkundung von Willenserklärungen nach §§ 6 ff. BeurkG.

3. Privatschriftliche Hauptversammlungsniederschrift

Eine **Ausnahme von dieser notariellen Beurkundungspflicht** besteht nach dem Gesetz für kleine AG's und zur Deregulierung des Aktienrechts vom 2.8.1994 lediglich bei nicht börsennotierten Gesellschaften, soweit keine Beschlüsse gefasst werden, für die das Gesetz eine 3/4- oder größere Mehrheit bestimmt.[937] In diesem Fall ist gleichwohl eine **privatschriftliche Hauptversammlungsniederschrift** zu fertigen. Zuständig ist dafür aber der Versammlungsleiter; zu unterzeichnen ist das Protokoll vom Vorsitzenden des Aufsichtsrats (§ 130 Abs. 1 Satz 3 AktG), der regelmäßig mit dem Versammlungsleiter identisch ist. Soweit ein Dritter Versammlungsleiter ist, muss auch dieser unterschreiben.[938] Für die Erstellung des privatschriftlichen Protokolls bestehen im Vergleich zum notariellen Protokoll keine Besonderheiten.[939]

Unklar ist, ob es bei einer Hauptversammlung, in der normale Beschlüsse, die mit einfacher Mehrheit getroffen werden und Grundlagenbeschlüsse i.S.d. § 130 Abs. 1 Satz 3 AktG, für die eine 3/4- oder größere

---

930 MünchKomm-AktG/Kubis, § 130 Rn. 11; Semler, in: Münchener Handbuch des Gesellschaftsrechts, Bd. 4, § 40 Rn. 7; Hüffer, AktG, § 130 Rn. 9; GK/Werner, AktG, § 130 Rn. 81.
931 Winkler, BeurkG, § 3 Rn. 92; Eylmann/Vaasen, BNotO/BeurkG, § 3 BeurkG Rn. 39.
932 Die Urkundssprache ist von der Sprache der Hauptversammlung zu unterscheiden.
933 Semler, in: Münchener Handbuch des Gesellschaftsrechts, Bd. 4, § 40 Rn. 3; Seibert/Kiem/Zimmermann, Handbuch der kleinen AG, Rn. 621; GK/Werner, AktG, § 130 Rn. 46; KölnerKomm-AktG/Zöllner, § 130 Rn. 76.
934 Winkler, BeurkG, § 37 Rn. 25; Röll, DNotZ 1979, 644, 650; Seibert/Kiem/Zimmermann, Handbuch der kleinen AG, Rn. 623.
935 Keine Beurkundung ist z.B. erforderlich, wenn die Aktionäre im Rahmen einer Vollversammlung auf die Einhaltung von Formen und Fristen der Einberufung verzichten; beurkundungsbedürftig sind dagegen die Verzichterklärungen der Aktionäre nach §§ 8 Abs. 1, 9 Abs. 3, 16 Abs. 2 Satz 2 UmwG oder die Zustimmung des persönlich haftenden Gesellschafters bei der KGaA nach § 285 Abs. 2 AktG.
936 Semler/Volhard, Arbeitshandbuch für die Hauptversammlung, § 15 Rn. 14; Winkler, BeurkG, vor § 36 Rn. 16.
937 Siehe dazu BGBl. 1994 I, S. 1961; Hüffer, AktG, § 130 Rn. 1; Semler/Volhard, Arbeitshandbuch für die Hauptversammlung, § 15 Rn. 1 ff.; Bezzenberger, in: FS für Schippel, S. 361 ff.; Obermüller/Werner/Winden/Butzke, Die Hauptversammlung der Aktiengesellschaft, N Rn. 1 ff.; Priester, DNotZ 2001, 661 f. Erfasst sind damit auch Grundlagenbeschlüsse i.S.d. Holzmüller-Entscheidung. Siehe dazu unten Rn. 520 ff.
938 MünchKomm-AktG/Kubis, § 130 Rn. 30; Hüffer, AktG, § 130 Rn. 14e.
939 Siehe dazu unten Rn. 325 ff.

Mehrheit erforderlich ist, zusammentreffen, genügt, wenn **nur die Grundlagenbeschlüsse beurkundet** werden und im Übrigen ein privatschriftliches Protokoll gefertigt wird, oder ob in derartigen Fällen die Hauptversammlung insgesamt beurkundet werden muss (**gemischte Hauptversammlung**). Während nach einer Ansicht in der Lit. eine gemischte Niederschrift, die teilweise vom Notar und teilweise vom Aufsichtsrat gefertigt wird,[940] genügt, muss nach herrschender Ansicht in solchen Fällen stets die gesamte Hauptversammlung beurkundet werden.[941]

297 Dieser Ansicht ist zu folgen.[942] Neben den **Gründen der Rechtssicherheit**, zu denen der Notar im Hinblick auf den „sichersten Weg" stets verpflichtet ist, spricht für diese Auffassung auch die Verantwortung des Notars für den **ordnungsgemäßen Ablauf einer Hauptversammlung**.[943] Von Bedeutung ist dabei aber auch die Bestimmung des § 130 Abs. 5 AktG. Diese geht davon aus, dass nur im Fall des § 130 Abs. 1 Satz 3 AktG eine vom Vorsitzenden des Aufsichtsrats unterzeichnete Niederschrift des Hauptversammlungsprotokolls ausreicht. Eine Regelung, dass ein solches Protokoll z.B. sowohl vom Notar als auch vom Aufsichtsratsvorsitzenden unterzeichnet wird, wenn sowohl einfache als auch Grundlagenbeschlüsse getroffen werden, sieht diese Bestimmung nicht vor. Schließlich wird angesichts der Höchstgebühr von 5.000 € nach § 47 Satz 2 KostO auch im Fall einer differenzierten Protokollierung häufig keinen Kostenvorteil mit sich bringen.

4. Beschlüsse

298 Da nach § 130 Abs. 1 AktG jeder Beschluss der Hauptversammlung zu protokollieren ist, gilt dies sowohl für den Beschluss, durch den ein Antrag angenommen (**positiver Beschluss**), als auch für den Beschluss, durch den ein Antrag abgelehnt worden ist (**negativer Beschluss**).[944] Gleiches gilt für die **Beurkundung von Sonderbeschlüssen** gemäß § 138 Satz 2 AktG. Zu beurkunden sind dabei unterschiedslos **Sachbeschlüsse** sowie nach überwiegender Meinung auch **Verfahrensbeschlüsse** oder sog. Geschäftsordnungsbeschlüsse.[945]

Nicht beurkundungspflichtig sind dagegen lediglich informelle Befragungen der Hauptversammlung durch den Versammlungsleiter.[946] Wird in der Hauptversammlung kein Beschluss gefasst, so ist eine notarielle Beurkundung insgesamt nicht erforderlich.[947] Ohne Bedeutung ist schließlich für die Frage der Beurkundung von Hauptversammlungsbeschlüssen, ob diese Beschlüsse nach Auffassung des Notars **anfechtbar** sind, wenn ihre Aufnahme trotz der vom Notar geäußerten Bedenken verlangt wird. Der Notar soll die **Beurkundung** aber **ablehnen**, wenn **Beschlüsse mit strafbarem Inhalt** gefasst werden oder wenn sie zwar nicht ihrem Zweck nach zu beanstanden sind, aber aus anderen Gründen evident und nach

---

940 Seibert/Köster/Kiem, Die kleine AG, § 130 Rn. 165; Blanke, BB 1995, 681, 682; Happ, Aktienrecht, 10.09 Rn. 1; Schaaf, Die Praxis der Hauptversammlung, Rn. 812 f.; Lutter, AG 1994, 429, 440.

941 Hoffmann-Becking, ZIP 1995, 1, 7; Hüffer, AktG, § 130 Rn. 14b; Obermüller/Werner/Winden/Butzke, Die Hauptversammlung der Aktiengesellschaft, N Rn. 20; Semler/Volhard, Arbeitshandbuch für die Hauptversammlung, § 15 Rn. 5; Hölters/Deilmann/Buchta, Die kleine Aktiengesellschaft, S. 106 f.; Heckschen, DNotZ 1995, 275, 283 f.; Ammon/Görlitz, Die kleine AG, 67; Steiner, Die Hauptversammlung der AG, S. 167; Priester, DNotZ 2001, 661, 664.

942 Ebenso Ek, Praxisleitfaden für die Hauptversammlung, § 17 Rn. 581; MünchKomm-AktG/Kubis, § 130 Rn. 27.

943 Semler/Volhard, Arbeitshandbuch für die Hauptversammlung, § 15 Rn. 5.

944 GK/Werner, AktG, § 130 Rn. 7; Geßler/Hefermehl/Eckardt, AktG, § 130 Rn. 16; KölnerKomm-AktG/Zöllner, § 130 Rn. 10; Semler, in: Münchener Handbuch des Gesellschaftsrechts, Bd. 4, § 40 Rn. 13.

945 Semler, in: Münchener Handbuch des Gesellschaftsrechts, Bd. 4, § 40 Rn. 13; GK/Werner, AktG, § 130 Rn. 7; KölnerKomm-AktG/Zöllner, § 130 Rn. 7; Hüffer, AktG, § 130 Rn. 2; Lamers, DNotZ 1962, 287, 300.

946 Hüffer, AktG, § 130 Rn. 2; GK/Werner, AktG, § 130 Rn. 7.

947 KölnerKomm-AktG/Zöllner, § 130 Rn. 17; GK/Werner, AktG, § 130 Rn. 14; Semler, in: Münchener Handbuch des Gesellschaftsrechts, Bd. 4, § 40 Rn. 11.

allgemeiner Auffassung **nichtig** sind.[948] Bloße Zweifel an der Rechtmäßigkeit genügen dagegen nicht.[949] Regelmäßig wird es aber so sein, dass der Notar die Frage der Nichtigkeit nicht zweifelsfrei feststellen kann. In diesem Fall ist der Notar gehalten, die Beurkundung der Beschlüsse vorzunehmen und seine Bedenken in der Urkunde zu vermerken.[950] Auf diesem Wege vermeidet der Notar zum einen die Nichtigkeit der Beschlüsse wegen fehlender Beurkundung (§ 241 Ziff. 2 AktG). Weiter lässt er damit die Chance einer Heilung nach § 242 AktG offen. Schließlich vermeidet er durch den (zusätzlichen) Vermerk in der Urkunde über seine Bedenken an der Wirksamkeit des Beschlusses den falschen Anschein der Gültigkeit.[951]

5. Art, Ergebnis und Feststellung des Vorsitzenden über die Beschlussfassung

Wie die Beschlüsse der Hauptversammlung zu beurkunden sind, ist im Einzelnen in § 130 Abs. 2 AktG geregelt. Anzugeben sind danach **Ort** und **Tag** der Verhandlung, der **Name des Notars** sowie **Art und Ergebnis der Beschlussfassung** und die **Feststellung des Vorsitzenden** über die Beschlussfassung.[952]

299

Allgemein wird unter der „**Art**" der Abstimmung zunächst eine Beschreibung des Vorgangs verstanden, auf welche Weise die Aktionäre ihre Stimmen abgeben, also z.B. durch Handheben, Aufstehen von den Plätzen, Stimmkarten bzw. per Funk oder Knopfdruck. Ebenso werden dazu gerechnet Angaben über die Fragen, „**welche**" **Stimmen** abgegeben werden (Ja-/Nein-Stimmen, Stimmenthaltungen) und „wo" dies erfolgt.[953] Auch eine sog. „**Blockabstimmung**", bei der über mehrere zusammenhängende Sachfragen beschlossen wird,[954] ist hierbei ebenso anzugeben wie das Abstimmungsverfahren, regelmäßig also das **Additionsverfahren** oder **Subtraktionsverfahren** selbst. Zu den Angaben über das „Ergebnis" der Abstimmung gehört dagegen die ziffernmäßige Erfassung der Ja- und Nein-Stimmen sowie ggf. der Stimmenthaltungen (beim Subtraktionsverfahren).[955] Es ist dabei die jeweilige Stimmenanzahl als solche anzugeben. Allein die Angabe der Kapitalbeträge genügt nicht.[956]

300

Von der Angabe über das Stimmergebnis zu unterscheiden sind die Angaben im notariellen Protokoll über die „**Feststellung des Vorsitzenden über die Beschlussfassung**". Dabei handelt es sich nicht um eine tatsächliche, sondern vielmehr um eine rechtliche, konstitutive Erklärung des Vorsitzenden, die das von ihm festgestellte Beschlussergebnis jedenfalls vorläufig als Beschluss in Kraft setzt.[957] Der Notar muss die Feststellung des Vorsitzenden auch dann in die Niederschrift aufnehmen, wenn sie seiner Meinung nach unrichtig ist und sich mit den von ihm nach eigener Rechtsauffassung festgestellten Tatsachen oder rechtlichen Ergebnissen der Abstimmung nicht deckt. Ebenfalls muss er in diesem Fall allerdings auch das nach seiner Rechtsauffassung richtige Ergebnis beurkunden.[958] Mit der Beurkundung dieser Feststellung des Vorsitzenden hat es gleichzeitig sein Bewenden. Der Notar muss also nicht auch die **Stimmabgabe**

301

---

[948] Hüffer, AktG, § 130 Rn. 13; KölnerKomm-AktG/Zöllner, § 130 Rn. 14; Wilhelmi, BB 1987, 1331, 1333; GK/Werner, AktG, § 130 Rn. 92 f.; Semler/Volhard, Arbeitshandbuch für die Hauptversammlung, § 15 Rn. 29 f.
[949] Winkler, BeurkG, § 4 Rn. 29; Eylmann/Vaasen/Frenz, BNotO/BeurkG, § 14 BNotO Rn. 28.
[950] MünchKomm-AktG/Hüffer, § 241 Rn. 96.
[951] MünchKomm-AktG/Hüffer, § 243 Rn. 128.
[952] Staub, § 259 Anm. 1; Schlegelberger/Quassowski/Herbig/Geßler/Hefermehl, AktG, § 111 Rn. 1; Schulte, AG 1985, 33.
[953] Geßler/Hefermehl/Eckhardt, AktG, § 130 Rn. 21; Obermüller/Werner/Winden/Butzke, Die Hauptversammlung der Aktiengesellschaft, N Rn. 24; Semler/Volhard, Arbeitshandbuch für die Hauptversammlung, § 15 Rn. 40 ff.; Hüffer, AktG, § 130 Rn. 17; GK/Werner, AktG, § 130 Rn. 18 f.
[954] Siehe zur Zulässigkeit der Blockabstimmung oben Rn. 289 ff.
[955] Hüffer, AktG, § 130 Rn. 19; GK/Werner, AktG, § 130 Rn. 22; Geßler/Hefermehl/Eckhardt, AktG, § 130 Rn. 24.
[956] BGH, ZIP 1994, 1171, 1172 = DNotZ 1995, 549; LG Essen, AG 1995, 191, 192; Hüffer, AktG, § 130 Rn. 19.
[957] Krieger, ZIP 2002, 1597, 1599; RGZ 75, 239, 242; RGZ 122, 102, 107; BGHZ 14, 25, 35; BGHZ 104, 66, 69; Hüffer, AktG, § 130 Rn. 22; GK/Werner, AktG, § 130 Rn. 27.
[958] GK/Werner, AktG, § 130 Rn. 27; Hüffer, AktG, § 130 Rn. 21; Schulte, AG 1985, 33, 38; Wilhelmi, BB 1987, 1331, 1334.

oder deren **Auszählung** bezeugen,[959] sondern ist prinzipiell auf die sich aus § 130 Abs. 2 AktG ergebenden Verpflichtungen zur Protokollierung beschränkt.[960]

6. Stimmabgabe durch den von der Gesellschaft benannten Stimmrechtsvertreter

302 Keine Besonderheiten bestehen bei den Angaben über die „**Art**" **der Abstimmung**, wenn von der Gesellschaft benannte Stimmrechtsvertreter gemäß § 134 Abs. 3 Satz 3 AktG bevollmächtigt werden und diese wie die sonst anwesenden oder anderweitig vertretenen Aktionäre ihr Stimmrecht ausüben, also etwa durch die Abgabe von Stimmkarten, etc. Anders ist die Rechtslage dagegen zu beurteilen, wenn die Gesellschaft die Stimmen des von ihr benannten Stimmrechtsvertreters, die diesem im Rahmen der einzelnen Vollmachten übertragen wurden, z.B. bereits vorab in das für die Stimmenerfassung verwendete Computersystem eingegeben hat, so dass der Stimmrechtsvertreter an der Abstimmung im eigentlichen Sinn gar nicht mehr teilnimmt und seine Teilnahme nach § 118 Abs. 1 AktG darin besteht, dass er diese Stimmen für die Abstimmung dann bei der eigentlichen Abstimmung durch eine entsprechende Eingabe in den Computer der Gesellschaft freigibt.[961] Da in diesem Fall die Stimmabgabe der Aktionäre **nicht einheitlich nach derselben „Art"** erfolgt, ist erforderlich, dass das notarielle Protokoll neben der Schilderung des eigentlichen Verfahrens für die Stimmabgabe durch die anwesenden bzw. anderweitig vertretenen Aktionäre auch Angaben darüber enthält, wie die Stimmen des von der Gesellschaft benannten Stimmrechtsvertreters abgegeben werden. Fehlen derartige Angaben, so könnte möglicherweise ein zur Nichtigkeit nach § 241 Ziff. 2 AktG führender Protokollmangel die Folge sein.[962]

303 Allerdings gilt hier anzumerken, dass der Notar nur das protokollieren kann, was er **wahrnimmt und wahrnehmen kann**. Weiß der Notar nicht, dass von der Gesellschaft benannte Stimmrechtsvertreter anders als die „übrigen" Aktionäre abstimmen, weil etwa der Versammlungsleiter hierzu keine Angaben macht, und berücksichtigt er dies deshalb auch nicht im Protokoll, so liegt m.E. ein Protokollfehler zwar objektiv (weil inhaltlich falsch), nicht aber subjektiv (weil der Notar nichts anderes wahrgenommen hat und auch nicht wahrnehmen konnte) vor. Vergleichbar ist der Fall mit dem, bei dem das **Abstimmungsergebnis falsch ermittelt** wird und der Notar das vom Versammlungsleiter festgestellte falsche Ergebnis protokolliert. Der Fehler führt lediglich zur Anfechtbarkeit, nicht aber zur Nichtigkeit, da der Notar ja das, was er wahrgenommen hat, so auch protokolliert hat.[963]

304 Unabhängig von der Frage der Protokollierung muss m.E. der Hauptversammlungsleiter bei der Darstellung des Abstimmungsverfahrens darauf **hinweisen**, wie der von der Gesellschaft benannte Stimmrechtsvertreter die ihm übertragenen Stimmrechte ausüben wird, er also an der Abstimmung wie die übrigen anwesenden oder vertretenen Aktionäre im eigentlichen Sinn nicht teilnimmt.

7. Angaben über das Verfahren der Stimmauszählung

305 Begrifflich verlangt § 130 Abs. 2 AktG Angaben über das „Wie" der Stimmabgabe und über die ziffernmäßige Erfassung der abgegebenen Ja- und Nein-Stimmen. Umstritten ist, ob **Angaben über den „Zwischenschritt"** zwischen Stimmabgabe und Abstimmungsergebnis, nämlich über die Art der Stimmauszählung,

---

[959] LG Frankfurt, NotBZ 2006, 63, 65 = ZIP 2006, 335.

[960] OLG Düsseldorf, ZIP 2003, 1147; OLG Hamburg, NZG 2003, 978; LG Frankfurt, NotBZ 2006, 63, 65 = ZIP 2006, 335.

[961] Auf eine Teilnahme an der Abstimmung „in der Hauptversammlung" kann wegen des Grundsatzes der Präsenzversammlung nach § 118 Abs. 1 AktG auch bei dem von der Gesellschaft benannten Stimmrechtsvertreter nicht verzichtet werden.

[962] DNotI-Report 2004, 135 ff.

[963] RGZ 122, 102; RGZ 142, 123; KölnerKomm-AktG/Zöllner, § 130 Rn. 39; MünchKomm-AktG/Kubis, § 130 Rn. 73; GK/Werner, AktG, § 130 Rn. 115.

erforderlich sind. Entgegen der wohl h.M.[964] ist hier mit dem OLG Düsseldorf davon auszugehen, dass die **aktienrechtlichen Protokollierungspflichten** in § 130 AktG abschließend geregelt sind. Angaben über die Art der Stimmauszählung gehören nicht dazu. Ausreichend ist diesbezüglich, wenn der Notar das vom Versammlungsleiter festgestellte Abstimmungsergebnis protokolliert.[965] Die Auszählung der Stimmen ist Aufgabe des Versammlungsleiters. Er trägt die Verantwortung für die korrekte Stimmerfassung.[966]

Zweck der notariellen Beurkundung der Hauptversammlung ist, eine mit **Beweiskraft einer öffentlichen Urkunde** ausgestattete Unterlage zu schaffen, um Zweifel und Streitigkeiten über das Zustandekommen der in der Versammlung gefassten Beschlüsse zu vermeiden.[967] Wie sich aus dem Wortlaut des § 130 Abs. 2 AktG aber weiter ergibt, soll das notarielle Protokoll nicht sämtliche Zweifel und Streitigkeiten über die Art und Weise der Durchführung der Hauptversammlung vermeiden. Das notarielle Protokoll ist kein Wortlaut- oder Verlaufsprotokoll im Sinne eines stenographischen Berichts.[968] Als öffentliche Urkunde bewirkt das notarielle Hauptversammlungsprotokoll vollen Beweis für die Abgabe der beurkundeten Erklärungen, nicht aber für deren inhaltliche Richtigkeit.[969]

8. Minderheitsverlangen

Beurkundungsbedürftig sind nach der **enumerativen Aufzählung in § 130 Abs. 1 Satz 2 AktG** schließlich die Minderheitsverlangen nach den §§ 120 Abs. 1 Satz 2, 137 und 147 Abs. 1 AktG. Wird ein solches Minderheitsverlangen nicht oder nicht vollständig protokolliert, bleibt es dennoch gültig. Die Nichtigkeitsfolge des § 241 Ziff. 2 AktG erfasst ausschließliche Beschlüsse.[970]

306

9. Auskunftsverweigerung

Ist einem Aktionär seine in der Hauptversammlung gestellte **Frage nicht oder nicht ausreichend beantwortet** worden, kann er nach § 131 Abs. 5 AktG verlangen, dass die Frage und der Grund, aus dem die Auskunft verweigert worden ist, **in die Niederschrift aufgenommen** werden.[971]

307

---

964 OLG Stuttgart, NZG 2004, 822 = AG 2004, 457; Obermüller/Werner/Winden/Butzke, Die Hauptversammlung der Aktiengesellschaft, N Rn. 242; Semler/Volhard, Arbeitshandbuch für die Hauptversammlung, § 15 Rn. 43; Schaaf, Die Praxis der Hauptversammlung, Rn. 840; Hüffer, AktG, § 130 Rn. 17; Seibert/Kiem/Zimmermann, Handbuch der kleinen AG, Rn. 646; GK/Werner, AktG, § 130 Rn. 18 f.; Meyer-Landrut, Satzungen und Hauptversammlungsbeschlüsse der AG, Rn. 638; Wilhelmi, BB 1987, 1331, 1333; undifferenziert dagegen: KölnerKomm-AktG/Zöllner, § 130 Rn. 31 ff., 35; Lamers, DNotZ 1962, 287, 298 f.; Knur, DNotZ 1938, 700, 707 f.; WuR 1930, Anlage S. 94, zitiert nach Knurr, DNotZ 1938, 700, 707; KG, DNotZ 1933, 728, 729 = JW 1933, 2495; LG Wuppertal, MittBayNot 2002, 202 = ZIP 2002, 1618 = AG 2002, 567, aufgehoben durch OLG Düsseldorf, ZIP 2003, 1147 = MittBayNot 2003, 399. siehe zum Urteil des LG Wuppertal auch die Besprechungen von Reul, AG 2002, 543; Priester, EWiR 2002, 645, § 130 AktG und Krieger, ZIP 2002, 1597.
965 OLG Düsseldorf, ZIP 2003, 1147 = MittBayNot 2003, 399; OLG Hamburg, NZG 2003, 978; LG Frankfurt, ZIP 2006, 335; Schulte, AG 1985, 33, insb. 38, sowie Reul, AG 2002, 543, 546 f.; Priester, EWiR 2002, 645, 646, § 130 AktG, 1/02; Krieger, ZIP 2002, 1597 ff.
966 Semler/Volhard, Arbeitshandbuch für die Hauptversammlung, § 11 Rn. 217; Geßler/Hefermehl/Eckardt, AktG, § 133 Rn. 13, KölnerKomm-AktG/Zöllner, § 133 Rn. 53; Hüffer, AktG, § 133 Rn. 22; Stützle/Walgenbach, ZHR 155 (1991), 516, 535.
967 KG, DNotZ 1933, 727, 728; KGJ 32, A 148, A 152; BGH, AG 1994, 466, 467.
968 Zetzsche/Fleischhauer, Die virtuelle Hauptversammlung, Rn. 228; Lamers, DNotZ 1962, 287, 295.
969 BGH, NJW 1980, 1000; Zöllner/Geiner, ZPO, § 415 Rn. 5.
970 Priester, DNotZ 2001, 661, 665; Bezzenberger, in: FS Schippel, S. 361, 373 f. m.w.N.
971 Siehe dazu oben Rn. 267 ff.

10. Widerspruch

308 Nach § 245 Ziff. 1 AktG ist weiter jeder von einem Aktionär **zu Protokoll erklärte Widerspruch** zu beurkunden. Als Widerspruch ist dabei jede Erklärung aufzufassen, aus der hervorgeht, dass der Aktionär mit dem Beschluss nicht einverstanden ist und sich „damit nicht abfinden will".[972]

11. Zwingende zusätzliche Angaben im Protokoll

309 Über diesen vorstehend beschriebenen gesetzlichen Mindestinhalt der notariellen Niederschrift hinaus ist anerkannt, dass der Notar nach eigenem Ermessen noch weitere Angaben in sein Protokoll aufnehmen darf.

Beispiele:

Beginn und Ende der Hauptversammlung, die Person des Versammlungsleiters und die anwesenden Mitglieder des Vorstandes und des Aufsichtsrats.[973]

310 **Ungeklärt** ist, ob es darüber hinaus Umstände gibt, die **„zwingend" zum Inhalt des notariellen Protokolls** zu machen sind. Ausgangspunkt der Überlegungen ist dabei die Formulierung in § 130 Abs. 1 AktG, wonach jeder Beschluss der Hauptversammlung durch eine „über die Verhandlung" aufgenommene Niederschrift zu beurkunden ist.[974] Nach einer Ansicht sind über die gesetzlich einzeln aufgeführten Vorgänge hinaus alle Umstände in die Niederschrift aufzunehmen, die für die Beurteilung der Ordnungsmäßigkeit und Wirksamkeit der Beschlüsse erheblich sein könnten.[975] Nach a.A. ist demgegenüber nur das zu beurkunden, was im Gesetz der Beurkundungspflicht unterworfen wird.[976] Im Vordringen ist jedoch eine vermittelnde Ansicht. Danach ist die Frage des **ungeschriebenen obligatorischen Protokollinhalts** nicht anhand des Aktienrechts, sondern nach der Reichweite der Amtspflichten des Notars anlässlich der Beurkundung einer Hauptversammlung zu beurteilen. **Beurkundungspflichtig** sind hiernach all diejenigen Vorgänge, die nach Auffassung des Notars „**unmittelbar beschlussrelevant**" sind.[977] Von besonderer Bedeutung ist dabei allerdings, dass die aktienrechtlichen Protokollierungspflichten durch diese Protokollierungspflichten, die den Notar mit Blick auf seine Amtsstellung bei der „Begleitung" der Hauptversammlung obliegen, nicht mit der Folge erweitert werden können, dass deren Verletzung zur Nichtigkeit der in der Versammlung gefassten Beschlüsse führt.[978]

311 Weitgehende Einigkeit besteht, dass zu diesem ungeschriebenen Pflichtinhalt der notariellen Hauptversammlungsniederschrift Angaben über **Geschäftsordnungsmaßnahmen des Versammlungsleiters**, die die Rechte der Aktionäre beschränken, wie insb. generelle und individuelle Redezeitbeschränkungen, der Wortentzug, die Entfernung aus dem Saal sowie die Nichtgewährung des Teilnahmerechts gehören.[979]

---

972 Semler, in: Münchener Handbuch des Gesellschaftsrechts, Bd. 4, § 41 Rn. 54; Semler/Volhard, Arbeitshandbuch für die Hauptversammlung, § 15 Rn. 5; BGH, WM 1993, 2245, 2246.

973 Priester, DNotZ 2001, 661, 667 f.; Semler/Volhard, Arbeitshandbuch für die Hauptversammlung, § 15 Rn. 62 ff.; Obermüller/Werner/Winden/Butzke, Die Hauptversammlung der Aktiengesellschaft, N Rn. 32 ff.

974 Priester, DNotZ 2001, 661, 667.

975 Wilhelmi, BB 1987, 1331, 1334 f.; GK/Werner, AktG, § 130 Rn. 40 f.; Knurr, DNotZ 1938, 700, 701; Lamers, DNotZ 1962, 287, 293.

976 KölnerKomm-AktG/Zöllner, § 130 Rn. 45 ff.; Semler/Volhard, Arbeitshandbuch für die Hauptversammlung, § 15 Rn. 56; Geßler/Hefermehl/Eckhardt, AktG, § 130 Rn. 38; ähnlich, aber differenzierend: Hüffer, AktG, § 130 Rn. 5.

977 Priester, DNotZ 2001, 661, 667; Hüffer, AktG, § 130 Rn. 5; Obermüller/Werner/Winden/Butzke, Die Hauptversammlung der Aktiengesellschaft, N Rn. 32; Schulte, AG 1985, 33, 39; GK/Werner, AktG, § 130 Rn. 40.

978 OLG Düsseldorf, MittBayNot 2003, 399 unter Aufhebung des Urt. des LG Wuppertal, MittBayNot 2002, 202; ebenso Reul, AG 2002, 543; Priester, EWiR 2002, 645, § 130 AktG; Krieger, ZIP 2002, 1597.

979 Obermüller/Werner/Winden/Butzke, Die Hauptversammlung der Aktiengesellschaft, N Rn. 33; Semler/Volhard, Arbeitshandbuch für die Hauptversammlung, § 15 Rn. 56.

Ebenso gehören dazu Angaben darüber, dass die von Gesetz wegen **in der Hauptversammlung auszulegenden Unterlagen**[980] wie z.B.

- Nachgründungsverträge (§ 52 Abs. 2 Satz 4 AktG),
- der Jahresabschluss (§ 176 Abs. 1 Satz 1 AktG),
- Verträge nach § 179a Abs. 2 Satz 3 AktG,
- Eingliederungsbeschlüsse (§ 319 Abs. 3 Satz 3 AktG),
- Unternehmensverträge (§ 293g Abs. 1 AktG),
- Umwandlungsverträge (§ 64 Abs. 1 Satz 1 UmwG), die hierzu ggf. von der Verwaltung der Gesellschaft abzugebenden Berichte nach §§ 319 Abs. 3 Ziff. 3, 293f Abs. 1 Ziff. 3 AktG, § 63 Abs. 1 Ziff. 4 UmwG oder
- der Bericht über den Bezugsrechtsausschluss nach § 186 Abs. 4 Satz 2 AktG, tatsächlich auch ausgelegen haben sowie insb.
- das Teilnehmerverzeichnis vor der ersten Abstimmung nach § 129 Abs. 4 AktG[981]

zugänglich waren.

Ganz allgemein ist hierbei in erster Linie darauf abzustellen, ob der ggf. in das Protokoll aufzunehmende **Vorgang für eine Anfechtung relevant** ist, zumal die Protokollierungspflicht nach der Intention des Gesetzgebers von 1884 im Zusammenhang mit dem Anfechtungsrecht der Aktionäre steht.[982] Andererseits besteht eine solche Protokollierungspflicht im Hinblick auf eine potenzielle Anfechtungsklage nicht schon dann, wenn Aktionäre während der Hauptversammlung ausdrücklich die **Protokollierung bestimmter Äußerungen verlangen**, sei es eigener, sei es solcher der Verwaltung. Das Hauptversammlungsprotokoll ist kein Wortlautprotokoll, sondern ein Beschlussprotokoll[983] und damit auch kein Beweissicherungsinstrument für jedwede Rechtswahrung.[984] Vielmehr hat der Notar in dem so gezogenen Rahmen nach eigenem Ermessen darüber zu entscheiden, was er in das Protokoll aufnimmt und was nicht.[985]

312

12. Anlagen

Nach § 130 Abs. 3 AktG sind der Niederschrift die **Belege über die Einberufung** als Anlagen beizufügen. Möglich ist stattdessen auch deren Aufnahme in die Niederschrift, wobei die Ordnungsmäßigkeit der Einberufung dann allein aus der Niederschrift prüfbar sein muss.[986] Die Beifügung der Einberufungsbelege erfolgt durch dauerhafte Verbindung mit Schnur und Siegel mit der Niederschrift entsprechend den beurkundungsrechtlichen Vorschriften.[987] Soweit die Einberufung im elektronischen Bundesanzeiger erfolgt, genügt die Befügung eines Ausdrucks der entsprechenden Seite des Internets, aus der sich der Inhalt der Einberufung und das Datum der Veröffentlichung im elektronischen Bundesanzeiger ergibt. Wird die Hauptversammlung mittels **eingeschriebenen Brief** einberufen (§ 121 Abs. 4 AktG), dürfte es ausreichen, aber auch erforderlich sein, als Anlage zur Niederschrift gemäß § 130 Abs. 3 AktG ein einziges Einberufungsschreiben sowie die Nachweise über die Aufgabe der eingeschriebenen Briefe an die jeweiligen Adressaten zur Post zu nehmen.[988] Die Beifügung einer Abschrift jedes einzelnen eingeschriebenen

313

---

980 Vgl. dazu Delmann/Messerschmidt, NZG 2004, 977.
981 Dies gilt ebenso für die gesetzlich nicht vorgesehenen Berichtspflichten. Vgl. dazu Semler/Volhard/Reichert/Schlitt, Arbeitshandbuch für die Hauptversammlung, I B Rn. 546 und 524 ff.
982 Priester, DNotZ 2001, 661, 667.
983 Zetzsche/Fleischhauer, Die virtuelle Hauptversammlung, Rn. 228; Lamers, DNotZ 1962, 287, 295.
984 Lamers, DNotZ 1962, 287.
985 Priester, DNotZ 2001, 661, 668; Hüffer, AktG, § 130 Rn. 4.
986 KölnerKomm-AktG/Zöllner, § 130 Rn. 83; Hüffer, AktG, § 130 Rn. 24.
987 Hüffer, AktG, § 130 Rn. 24; GK/Werner, AktG, § 130 Rn. 49 ff.
988 DNotI-Report 2003, 130 ff.

Briefes an den jeweiligen namentlich bekannten Aktionär ist nicht notwendig.[989] Anders ist es dagegen zu beurteilen, wenn bei entsprechender Satzungsregel nach § 121 Abs. 4 AktG die Hauptversammlung etwa durch E-Mail, Telefax etc. einberufen. Hier wird man wohl sämtliche E-Mails etc. mit Sendebericht als Anlage zur Hauptversammlungsniederschrift nehmen müssen, wenn sie nicht unter Angabe ihres Inhalts in der Niederschrift selbst gemäß § 130 Abs. 3 2. Alt. AktG aufgeführt sind. Nur dann kann anhand der Protokollanlagen festgestellt werden, ob die Einberufung der Hauptversammlung ordnungsgemäß erfolgt ist.[990]

314 Das **Teilnehmerverzeichnis** muss demgegenüber seit der Neufassung des § 130 Abs. 3 AktG durch das NaStraG nicht mehr dem Protokoll beigefügt werden.[991] Beizufügen sind dagegen aufgrund besonderer Vorschriften ggf. noch **weitere Dokumente und Verträge** wie insb.

- Nachgründungsverträge (§ 52 Abs. 2 Satz 6 AktG),
- Unternehmensverträge (§ 293g Abs. 2 Satz 2 AktG) sowie
- Umwandlungsverträge (§ 13 Abs. 3 Satz 2 UmwG).

13. Unterschrift des Notars, Abschluss der Niederschrift

315 Nach § 130 Abs. 4 Satz 1 AktG ist die Hauptversammlungsniederschrift **vom Notar zu unterzeichnen**. **Streitig** ist in jüngster Zeit, ob mit dieser Unterschrift die **notarielle Hauptversammlungsniederschrift bereits abgeschlossen** ist, oder ob dies erst dann der Fall ist, wenn die Urkunde mit dem Willen des Notars, insb. also durch Erteilung von Ausfertigungen und Abschriften **in den Rechtsverkehr gelangt** ist. Häufig unterzeichnet der Notar – einer Empfehlung der Lit.[992] folgend – unmittelbar nach Beendigung der Hauptversammlung das von ihm zunächst vorformulierte und sodann während der Hauptversammlung teilweise handschriftlich ergänzte/geänderte Protokoll, um so zu vermeiden, dass eine **erneute Hauptversammlung erforderlich** wird, wenn er wegen Krankheit, Unfall oder Tod (auf Dauer) verhindert ist, die Urkunde zu unterschreiben und damit die Beschlüsse der zunächst durchgeführten Hauptversammlung wegen §§ 130 Abs. 4, 241 Ziff. 2 AktG nichtig sind. Tritt dieser Unglücksfall nicht ein, fertigt der Notar regelmäßig später aus diesem unterzeichneten Protokoll eine Reinschrift, in die er sämtliche handschriftlichen Änderungen und Ergänzungen etc. einfügt. Diese **Reinschrift** wird von ihm dann erneut unterzeichnet, mit einer Urkundennummer versehen, in die Urkundenrolle eingetragen, zur Urkundensammlung genommen. Nur von der Reinschrift werden Ausfertigungen/Abschriften erstellt.

316 Nach einer Ansicht ist die Hauptversammlungsniederschrift unmittelbar mit Leistung der Unterschrift des Notars abgeschlossen,[993] so dass **nachträgliche Korrekturen** nur noch im Wege der Berichtigung der Urkunde nach § 44a BeurkG zulässig sind.[994] Die Fertigung einer nachträglichen Reinschrift ist danach also unzulässig. Nach a.A. ist die Hauptversammlungsniederschrift erst dann abgeschlossen, wenn das vom Notar unterschriebene Protokoll durch Herausgabe von **Ausfertigungen/Abschriften in den Rechtsverkehr gelangt**, so dass gegen die beschriebene Vorgehensweise keine Einwände bestehen.[995] Dieser Ansicht ist jedenfalls im Ergebnis zu folgen: Bei der Hauptversammlungsniederschrift handelt es sich um ein **Tatsachenprotokoll**. Eine Tatsache, die Gegenstand der notariellen Beurkundung ist, verändert sich aber nicht dadurch, dass der Notar über diese von ihm wahrgenommenen Tatsachen mehrere

---

989 Seibert/Kiem/Zimmermann, Handbuch der kleinen AG, Rn. 660.
990 KölnerKomm-AktG/Zöllner, § 130 Rn. 80; GK/Werner, AktG, § 130 Rn. 50; KG, KGJ 32 A 148, 153; KGJ 34 A 142, 143.
991 Obermüller/Werner/Winden/Butzke, Die Hauptversammlung der Aktiengesellschaft, N Rn. 35.
992 Wilhelmi BB 1987, 1331, 1334 f.; Hüffer, AktG, § 130 Rn. 26; Semler/Volhard, Arbeitshandbuch für die Hauptversammlung, § 15 Rn. 61 f. insb. Rn. 79.
993 Eylmann, ZNotP 2005, 300 ff. und 458 ff.; MünchKomm-AktG/Kubis, § 130 Rn. 19; Obermüller/Werner/Winden/Butzke, Die Hauptversammlung der Aktiengesellschaft, N Rn. 23.
994 Eylmann, ZNotP 2005, 300 ff. und 458 ff.
995 Maaß, ZNotP 2005 50 ff. und 377; ähnlich Wolfsteiner, ZNotP 2005, 376; so auch LG Frankfurt, ZIP 2006, 335 (n. rkr.).

Niederschriften erstellt.[996] Zur Fertigung einer Reinschrift ist daher nicht auf die Berichtigungsvorschrift des § 44a BeurkG zurückzugreifen. Soll allerdings das zunächst vom Notar unterzeichnete Protokoll Urkundsqualität haben und nicht lediglich einen Entwurf darstellen, so bestehen dann zwei notarielle Hauptversammlungsniederschriften.

14. Folgen der Hauptversammlung

Nach Beendigung der Hauptversammlung ist der Vorstand grds. verpflichtet, die in der Hauptversammlung getroffenen Beschlüsse **unverzüglich nach § 83 Abs. 2 AktG umzusetzen**. Die Hauptversammlungsniederschrift ist gemäß § 130 Abs. 5 AktG nebst Anlagen in der entsprechenden Form zum Handelsregister einzureichen.[997]

317

III. Sonderfälle

1. Vollversammlung

Eine Hauptversammlung kann im Aktienrecht **ohne Einhaltung von Form- und Fristvorschriften** einberufen werden, wenn bei dieser Hauptversammlung alle Aktionäre erschienen oder vertreten sind und kein Aktionär der Beschlussfassung widerspricht.[998] § 121 Abs. 6 AktG regelt insoweit die **Vollversammlung** und befreit nach seinem Wortlaut von der Einhaltung sämtlicher Vorschriften der §§ 121 – 128 AktG. Das Vollversammlungsprivileg des § 121 Abs. 6 AktG kann von den Aktionären durch Ihren Widerspruch auch nur punktuell in Anspruch genommen werden, also lediglich für einzelne Beschlüsse.[999]

318

2. Einmann-AG

Über den Wortlaut des § 121 Abs. 6 AktG hinaus, der nur von den Einberufungsformalitäten der §§ 121 – 128 AktG befreit, geht die überwiegende Ansicht in der Lit. bei der **Einmann-AG** weiter davon aus, dass ein **Teilnehmerverzeichnis** nach § 129 Abs. 1 AktG wie auch die **Feststellung über die Art und das Ergebnis der Abstimmung** nach § 130 Abs. 2 AktG in der Hauptversammlungsniederschrift **entbehrlich** ist.[1000] Die Stimmverbote des § 136 AktG gelten in der Einmann-AG nicht.[1001] Auch ist dort keine Entlastung erforderlich, soweit der alleinige Aktionär über seine Entlastung als Vorstand oder Aufsichtsratsmitglied befindet. Die Entlastung der übrigen Vorstands- und Aufsichtsratsmitglieder erfolgt im normalen Verfahren wegen § 136 Abs. 1 AktG allerdings als Einzelentlastung.[1002] Auf die Erstellung einer Niederschrift selbst kann dagegen nach § 130 Abs. 1 AktG nicht verzichtet werden.[1003] Anerkannt ist schließlich bei einer Einmann-AG, dass es dort grds. keines Versammlungsleiters bedarf, weil dort keine Abstimmungen erfolgen, deren Ergebnis festzustellen wäre. Vielmehr kommt es bei der Einmann-AG lediglich zu einer **Willensäußerung des alleinigen Aktionärs** oder seines Vertreters, die den Beschluss

319

---

996 Wolfsteiner, ZNotP 2005, 376; DNotI-Gutachten Nr. 65994 vom März 2006.
997 Zur Frage, ob zwei Niederschriften einzureichen sind, wenn noch eine „Reinschrift" des Hauptversammlungsprotokolls erstellt wird: DNotI-Gutachten Nr. 65994 vom März 2006.
998 Der Widerspruch muss bis spätestens zum Zeitpunkt der Feststellung des Beschlussergebnisses durch den Versammlungsleiter erfolgen: MünchKomm-AktG/Kubis, § 121 Rn. 65; a.A.: BGH (zum GmbH-Recht), DNotZ 2003, 221: Der Widerspruch muss vor der Abstimmung erfolgt sein.
999 MünchKomm-AktG/Kubis, § 121 Rn. 64.
1000 DNotI-Report 2003, 27; GK/Mülbert, AktG, vor § 118 Rn. 73 (kritisch allerdings dort unter Rn. 86); Bachmann, NZG 2001, 961, 967; GK/Werner, AktG, § 129 Rn. 4 und § 130 Rn. 28; Schulte, AG 1985, 33, 38; Wilhelmi, BB 1987, 1331, 1334; KölnerKomm-AktG/Zöllner, § 133 Rn. 97; Geßler/Hefermehl/Eckardt, AktG, § 129 Rn. 8; Obermüller/Werner/Winden/Butzke, Die Hauptversammlung der Aktiengesellschaft, N Rn. 31; LG Düsseldorf, ZIP 1995, 1985, 1989; LG Berlin, JW 1938, 1035, 1036.
1001 BGHZ 105, 324, 333 = NJW 1989, 295; Hüffer, AktG, § 136 Rn. 5.
1002 MünchKomm-AktG/Kubis, § 120 Rn. 3; Hüffer, AktG, § 120 Rn. 5; GK/Mülbert, AktG, § 120 Rn. 114.
1003 DNotI-Report 2003, 27; Hüffer, AktG, § 42 Rn. 2.

zustande bringt.[1004] Auch wenn hiernach bei einer Einpersonen-AG auf einen Versammlungsleiter in der Hauptversammlung verzichtet werden kann, ist zu empfehlen, einen Vorsitzenden der Hauptversammlung einzusetzen, damit dieser die notwendigen Feststellungen über die alleinige Inhaberschaft des alleinigen Aktionärs treffen kann. Anderenfalls müsste diese Feststellungen der Urkundsnotar vornehmen.[1005]

3. „Squeeze-Out"

320 Eine besondere **Hauptversammlungszuständigkeit** besteht nach §§ 327a ff. AktG, wenn es darum geht, **Minderheitsaktionäre gegen Barabfindung** aus der Gesellschaft auszuschließen, wenn dem Hauptaktionär mehr als 95 % der Aktien[1006] gehören, sog. **„Squeeze-out".**[1007] Das AktG lässt dabei offen, mit welcher Mehrheit dieser Beschluss der Hauptversammlung zu fassen ist. Nach einer Ansicht in der Lit. genüge analog zu § 319 Abs. 1 Satz 2 AktG eine einfache Stimmenmehrheit; die Kapitalmehrheit von 95 % beziehe sich demgegenüber nur auf die Antragsberechtigung des Hauptaktionärs.[1008] Diese Auffassung ist abzulehnen.[1009] Ist materielle Beschlussvoraussetzung, dass ein Aktionär Eigentümer einer qualifizierten Anzahl von Aktien ist, dann ist eine Festlegung korrespondierender formeller Beschlussmehrheiten entbehrlich, weil dem Erfordernis nach einer qualifizierten Mehrheit bereits auf materieller Ebene genüge getan ist. Ein Beschluss, der materiell an die Inhaberschaft von 95 % der Aktien anknüpft, ist von seinen Voraussetzungen und seiner Bedeutung einem Beschluss vergleichbar, der an eine Kapitalmehrheit von 95 % anknüpft. Solche Beschlüsse sind von dem Erfordernis **notarieller Beurkundung** nicht auszunehmen. Auch sie knüpfen an eine **qualifizierte Mehrheit** an und sind daher **Grundlagenbeschlüsse** i.S.v. § 130 Abs. 1 Satz 2 AktG. Hinzukommt, dass es sich bei diesem Beschluss um einen grundlegenden Eingriff in die Rechte des Aktionärs handelt, er verliert nämlich vollständig seine Mitgliedschaft. Weiter zeigt § 327d Satz 2 AktG, dass die Hauptversammlung über den „Squeeze-Out"-Beschluss wesentlich vom Hauptaktionär bestimmt werden kann. Auch von daher gebietet es der Schutz der Minderheitsaktionäre, nicht auf die notarielle Beurkundung zu verzichten.[1010]

4. „Holzmüller-Beschlüsse"

321 Problematisch ist in diesem Zusammenhang schließlich noch die **Beurkundungsbedürftigkeit der Hauptversammlung einer kleinen AG**, soweit es sich bei den zu treffenden Beschlüssen um Grundlagenbeschlüsse i.S.d. „Holzmüller-Entscheidung" des BGH[1011] handelt.

Da der BGH in der **„Holzmüller-Entscheidung"** eine Zuständigkeit der Hauptversammlung zur Beschlussfassung über Strukturmaßnahmen aus § 119 Abs. 2 AktG herleitet, diese Vorschrift aber lediglich einen Hauptversammlungsbeschluss mit einfacher Mehrheit erforderlich macht, aber auch ausreichen lässt, konnte nach einer Ansicht in der Lit. wegen § 130 Abs. 1 Satz 3 AktG auf eine notarielle Beurkundung verzichtet werden.[1012] Nach h.M. galt das Beurkundungserfordernis in analoger Anwendung der

---

1004 Obermüller/Werner/Winden/Butzke, Die Hauptversammlung der Aktiengesellschaft, D Rn. 12; Semler, in: Münchener Handbuch des Gesellschaftsrechts, Bd. 4, § 36 Rn. 37; GK/Mülbert, AktG, § 118 Rn. 73; Kölner-Komm-AktG/Zöllner, § 119 Rn. 49; Stützle/Walgenbach, ZHR 155 (1991), 516, 519.
1005 Obermüller/Werner/Winden/Butzke, Die Hauptversammlung der Aktiengesellschaft, D Rn. 12.
1006 Zur Berechnung der 95 %-Mehrheit: Fleischer, ZGR 2002, 757, 774 ff.
1007 Siehe zu weiteren Einzelheiten unten Rn. 533 ff.
1008 Hüffer, AktG, § 327a Rn. 11; AnwK-AktienR/Heidel/Lochner, Kap. 1 § 327a AktG Rn. 18; Furhmann/Simon, WM 2002, 1211; Sieger/Hasselbach, ZGR 2002, 120, 142.
1009 In diesem Sinne wohl Grunewald, ZIP 2002, 18, 19; Vetter, AG 2002 176, 186.
1010 Vgl. zu den beim „Squeeze Out" auszulegenden Unterlagen LG Hamburg, AG 2003, 109; Arnold, AG Report 2003, R 84.
1011 BGHZ 83, 122; siehe dazu unten Rn. 520 ff.
1012 OLG Karlsruhe, DB 2002, 1094, mit zust. Anm. Wasmann, DB 2002, 1096; Hölters/Deilmann/Buchta, Die kleine Aktiengesellschaft, S. 106 f.; Ammon/Görlitz, Die kleine AG, S. 65 f.; Kindler, NJW 1994, 3041, 3045; Hüffer, AktG, § 130 Rn. 14c; AnwK-AktienR/Pluta, Kap. 1 § 119 AktG Rn. 29; Semler, Münchener Handbuch Aktienrecht, § 34 Rn. 42.

§§ 179, 179a AktG auch für „Grundlagenbeschlüsse" i.S.d. „Holzmüller-Entscheidung" des BGH.[1013] Jedenfalls für das „**Delisting**"[1014] hat der BGH nunmehr die Ansicht vertreten, dass ein Beschluss der Hauptversammlung mit einfacher Mehrheit genügt,[1015] so dass erst recht unklar war, ob auch für einen Holzmüller-Fall nicht auch eine einfache Mehrheit genügt.[1016] In dem „**Gelatine-Urteil**" vom 26.4.2004 hat der BGH diese Rechtsfrage nunmehr entschieden.[1017] Der BGH folgt der h.M. und verlangt eine 3/4-Kapitalmehrheit. „Holzmüller-Beschlüsse" sind daher zwingend zu beurkunden.

5. Virtuelle Hauptversammlung

Nach § 118 AktG üben die Aktionäre ihre Rechte „in der Hauptversammlung" aus, soweit das Gesetz nichts anderes bestimmt. Nach einhelliger Ansicht in der Lit. ist die Hauptversammlung damit eine **Präsenzversammlung zu einem bestimmten Zeitpunkt an einem bestimmten Ort**. Daher ist die vollständige Durchführung der Hauptversammlung im Internet – jedenfalls nach geltendem Recht – unzulässig.[1018] Ein entsprechender Vorschlag zur Gesetzesänderung liegt jedoch bereits von der Bundesnotarkammer vor.[1019] Dieser Vorschlag hat auch Eingang gefunden in den Bericht der Regierungskommission „Corporate Governance".[1020] In dieselbe Richtung geht auch ein Vorschlag über eine Europäische Richtlinie über Aktionärsrechte in börsennotierten Gesellschaften vom 5.1.2006.[1021] Dieser zielt im Wesentlichen darauf ab, die Ausübung der Aktionärsrechte zu sichern, insb. ein Fragerecht außerhalb der Hauptversammlung sowie eine Abstimmung auch auf elektronischem Wege zuzulassen. Mit einer Umsetzung dieser Vorschläge im Rahmen eines der nächsten Gesetzgebungsvorhaben dürfte daher zu rechnen sein.[1022]

322

Vorsichtige Schritte in Richtung **virtuelle Hauptversammlung** ist der Gesetzgeber bereits gegangen. Aufgrund der Änderung des § 134 Abs. 3 Satz 3 AktG durch das NaStraG vom 18.1.2001[1023] kann nun-

---

1013 LG Karlsruhe, ZIP 1998, 385; Semler/Volhard, Arbeitshandbuch für die Hauptversammlung, § 41 Rn. 39; Lutter, in: FS für Fleck, S. 169, 181; Lutter/Leinekugel, ZIP 1998, 225 und 805; Zimmermann/Pentz, in: FS für W. Müller, S. 151, 170; Priester, ZHR 163 (1999), 187, 199 ff.; Heckschen, DNotZ 1995, 275, 284; Krieger, in: Münchener Handbuch des Gesellschaftsrechts, Bd. 4, § 69 Rn. 11; Emmerich/Habersack, Aktien- und GmbH-Konzernrecht, § 311 Rn. 24; Blank, BB 1994, 1505, 1509 f.; ähnlich: Weißhaupt, NZG 1999, 805, 810 f.; Altmeppen, DB 1998, 49, 50.
1014 Siehe dazu unten Rn. 526 ff.; DNotI-Report 2002, 25; Streit, ZIP 2002, 1279 ff.
1015 BGH, DNotZ 2003, 364 = NJW 2003, 1032.
1016 Diese Ansicht war schon bisher abzulehnen. Beim „Delisting" besteht von vornherein ein Schutz der Minderheitsaktionäre, denn es handelt sich dabei um eine börsennotierte Gesellschaft, bei der von Gesetz wegen schon sämtliche Beschlüsse der Hauptversammlung notariell beurkundet werden müssen, § 130 Abs. 1 Satz 3 AktG. Weiter besteht beim „Delisting" ein zusätzlicher Schutz für die Minderheitsaktionäre, da ihnen der Wert ihrer Aktien im Rahmen eines Pflichtangebots der Gesellschaft oder des Großaktionärs zu ersetzen ist und die Minderheitsaktionäre die Möglichkeit haben, die Richtigkeit der Wertbemessung in einem gerichtlichen Spruchverfahren analog der §§ 304 Abs. 3 Satz 2, 305 Abs. 5 Satz 2 AktG, 15, 34, 196, 212 UmwG überprüfen zu lassen (BGHZ 153, 47 = DNotZ 2003, 364; BVerfGE 100, 289, 303; BVerfG, ZIP 2000, 1670, 1672 f.). Dieser zusätzliche Schutz fehlt jedoch bei anderen Strukturmaßnahmen i.S.d. „Holzmüller-Entscheidung".
1017 BGHZ 153, 47 = DNotZ 2003, 364 = NJW 2003, 1032.
1018 Muthers/Ulbrich, WM 2005, 215; weiterführende Lit. zur virtuellen Hauptversammlung: Zetzsche, Die virtuelle Hauptversammlung, 2002; ders., BKR 2003, 736; Mimberg, ZGR 2003, 21 ff.; Hasslebach/Schumacher, ZGR 2000, 260 ff.; Riegger/Mutter, ZIP 1998, 637 ff.; Zätzsch/Gröning, NZG 2000, 393; Noack, NZG 2003, 241; Claussen, AG 2001, 161; Kronberg/Preissler, AG 2002, 223; Spindler, ZGR 2000, 420; Semler/Volhard/Pickert/Rappers, Arbeitshandbuch für die Hauptversammlung, § 8; siehe zur Rechtslage in Österreich: Mazelle, NZ 2005, 83 ff.
1019 ZNotP 2001, 269 ff.; siehe dazu: Hartmann, ZNotP 2001, 250; Fleischhauer, ZIP 2001, 1133.
1020 Baums, Bericht der Regierungskommission Corporate Governance, Rn. 111 und 115.
1021 Siehe dazu Grundmann/Winkler, ZIP 2006, 1421; Noack, NZG 2006, 321 ff.; J. Schmidt, BB 2006, 1641 ff.; Mutter, AG-Report 2006, R549 ff.; Becker, GmbHR 2006, R69; Wand/Tilmann, AG 2006, 443; Röh, BKR 2006, 78.
1022 So bereits Seibert, BB 2003, 693.
1023 BGBl. 2001 I, S. 123; siehe dazu: Reul, MittBayNot 2001, 156.

mehr auch ein von der Gesellschaft benannter Stimmrechtsvertreter zur Ausübung der Aktionärsrechte in der Hauptverhandlung bevollmächtigt werden. Mit der Neufassung des § 118 Abs. 3 AktG durch das TransPuG wurde die Möglichkeit geschaffen, die **Hauptversammlung in Ton und Bild zu übertragen**.[1024] Schließlich können aufgrund der Neufassung des § 131 Abs. 3 Ziff. 7 AktG durch das UMAG vom 22.9.2005[1025] Fragen der Aktionäre auch außerhalb der Hauptverhandlung beantwortet werden.[1026]

IV. Mängel der notariellen Niederschrift und Fehlerfolge

323 Enthält das notarielle Protokoll über eine Hauptversammlung **nicht sämtliche Angaben**, wie sie vorstehend beschrieben wurden, führt der Protokollmangel nicht stets zur Nichtigkeit der in der Hauptversammlung getroffenen Beschlüsse. **Nichtig** sind die **Beschlüsse der Hauptversammlung** nach § 241 Ziff. 2 AktG nur, wenn die Hauptversammlung nicht gemäß § 130 Abs. 1, 2 und 4 AktG beurkundet worden ist.

> **Hinweis:**
> Essentialia des Protokolls sind also, dass darin sämtliche in der Hauptversammlung getroffenen Beschlüsse enthalten sind, dass Ort, Tag, der Name des Notars sowie Art und Ergebnis der Abstimmung und die Feststellung des Vorsitzenden über die Beschlussfassung angegeben werden und dass schließlich das Protokoll vom Notar unterschrieben wird.

324 Entscheidend bei den Protokollangaben über die Art und Ergebnis der Abstimmung und die Feststellung des Vorsitzenden über die Beschlussfassung sind die Ausführungen, die der Versammlungsleiter hierzu macht. Stellt deshalb z.B. der Versammlungsleiter ein **falsches Abstimmungsergebnis** fest und protokolliert der Notar dieses falsche Abstimmungsergebnis, so führt dieser Fehler nach allgemeiner Meinung **nicht zur Nichtigkeit** wegen fehlerhafter Protokollierung. Wegen der materiellen Fehlerhaftigkeit des Beschlusses bleibt es lediglich bei der **Anfechtbarkeit**.[1027]

Enthält das notarielle Protokoll all diese Angaben nach § 130 Abs. 1, 2 und 4 AktG, fehlen dagegen andere, wegen der notariellen Amtspflichten zwingend in das Protokoll aufzunehmende Vorgänge, scheidet eine Nichtigkeit wegen fehlerhafter Protokollierung aus.[1028] Auch eine **Anfechtbarkeit der Beschlüsse** kommt nicht in Betracht, weil ein Beschluss nicht auf einem nachfolgenden Gesetzesverstoß bestehen kann.[1029] Dies gilt auch, wenn zwingende Anlagen nicht mit zum Protokoll genommen werden.[1030] Es bleiben lediglich **Beweisprobleme** für das Stellen eines Minderheitsverlangens bzw. für die Erklärung eines Widerspruchs zu Protokoll etc. Hier kann sich der Notar ggf. nach § 19 BNotO schadensersatzpflichtig machen.[1031]

V. Erstellung der Niederschrift und Fehlerkorrektur

325 Im AktG wird davon ausgegangen, dass die **Niederschrift in der Hauptversammlung aufgestellt**, wenn auch nicht notwendig fertig gestellt wird. Praktisch wird das Protokoll jedoch schon weitgehend **vor der Hauptversammlung vorbereitet**, so dass nur noch ungeplante protokollierungspflichtige Vorgänge und Abstimmungsergebnisse sowie die Feststellungen des Versammlungsleiters in der Hauptversammlung ergänzt werden.[1032] Das Protokoll muss dabei nicht zwingend vom Notar bzw. vom Aufsichtsratsvorsit-

---

1024 Siehe dazu oben Rn. 242.
1025 BGBl. 2005 I, S. 2802.
1026 Siehe dazu oben Rn. 274.
1027 RGZ 122, 102; RGZ 142, 123; GK/Werner, AktG, § 130 Rn. 115; KölnerKomm-AktG/Zöllner, § 130 Rn. 39 und 94; siehe dazu auch: Reul, AG 2002, 543, 550 Fn. 81.
1028 OLG Düsseldorf, MittBayNot 2003, 399; Priester, DNotZ 2001, 661, 665; Reul, AG 2002, 543, 549 f.
1029 Hüffer, AktG, § 241 Rn. 13.
1030 Obermüller/Werner/Winden/Butzke, Die Hauptversammlung der Aktiengesellschaft, N Rn. 37.
1031 Hüffer, AktG, § 130 Rn. 31; GK/Decher, AktG, § 131 Rn. 376.
1032 Obermüller/Werner/Winden/Butzke, Die Hauptversammlung der Aktiengesellschaft, 222, N Rn. 22.

zenden selbst aufgenommen werden. Vielmehr können sie sich bei der Abfassung des Protokolls einer **Hilfsperson** bedienen.[1033] Wird die Niederschrift erst am Ende der Hauptversammlung fertig gestellt,[1034] so sollte dies unverzüglich geschehen, damit eine **Abschrift der Niederschrift** nach § 130 Abs. 5 AktG **zum Handelsregister** eingereicht werden kann. Streitig ist, ob die Niederschrift bereits mit der Unterschrift des Notars als abgeschlossen gilt oder erst, wenn diese mit seinem Willen in den Rechtsverkehr gelangt ist.[1035]

Sollen nach der Unterschrift des Notars gemäß § 130 Abs. 4 AktG an der abgeschlossenen Hauptversammlungsniederschrift noch **Korrekturen** vorgenommen werden, so sind solche grds. zulässig, allerdings nur, soweit diese auf Wahrnehmungen des Notars in der Hauptversammlung selbst beruhen, bzw. wenn es sich um **offensichtliche Unrichtigkeiten i.S.d. § 44a BeurkG** handelt.[1036] Ob eine zeitliche Beschränkung für derartige Korrekturen besteht, ist umstritten. Dies ist mit der h.M. zu verneinen, so dass eine Fehlerberichtigung auch noch nach Erteilung von Ausfertigungen und beglaubigten Abschriften möglich ist.[1037] Soweit keine offenbare Unrichtigkeit i.S.d. § 44a BeurkG berichtigt wird, ist eine **ergänzende Niederschrift** zu erstellen (§ 44a Abs. 2 Satz 3 BeurkG[1038]).

VI. Wahrnehmungen des Notars

Das AktG enthält weder in § 130 AktG noch an anderer Stelle Angaben darüber, auf welchen Feststellungen die in das notarielle Protokoll aufzunehmenden Angaben beruhen müssen. Rspr. und Lit. gehen davon aus, dass der Inhalt des notariellen Protokolls stets auf den **eigenen Wahrnehmungen des Urkundsnotars** beruhen muss. Der Notar hat zu protokollieren, „was er tatsächlich als Geschehen wahrnimmt".[1039] Ganz überwiegend wird deshalb auch vertreten, dass es sich bei der Beurkundung der Beschlüsse einer Hauptversammlung um die Beurkundung tatsächlicher Vorgänge handelt.[1040] Entscheidend ist dabei, dass sich der Notar am selben Ort aufhält wie der Versammlungsleiter. Dann kann er die Wahrnehmungen des Versammlungsleiters selbst teilen und zusätzlich dessen Handlungen wahrnehmen.[1041] Diese Wahr-

326

1033 MünchKomm-AktG/Kubis, § 130 Rn. 17; KölnerKomm-AktG/Zöllner, § 130 Rn. 75; Lutter, AG 1994, 429, 439; Wilhelmi, BB 1987, 1331, 1336.
1034 Siehe oben Rn. 315 f., zur Frage, ob das Protokoll schon mit Unterschriftsleistung des Notars oder erst mit der Herausgabe von Ausfertigungen etc. fertiggestellt ist.
1035 Siehe oben Rn. 315 f.
1036 Krieger, NZG 2003, 366 ff.; Obermüller/Werner/Winden/Butzke, Die Hauptversammlung der Aktiengesellschaft, N Rn. 23; siehe zur nachträglichen Änderung eines privatschriftlichen Hauptversammlungsprotokolls: Schrick, AG 2001, 645.
1037 Krieger, NZG 2003, 366 ff.; Maaß, DNotI 2005, 50, 55; Schrick, AG 2001, 645, 646; Winkler, BeurkG, § 44a Rn. 30, 37; Semler/Volhard, Arbeitshandbuch für die Hauptversammlung, § 15 Rn. 86 f.; GK/Werner, AktG, § 130 Rn. 56; KölnerKomm-AktG/Zöllner, § 130 Rn. 78; DNotI-Report 1999, 117, 118.
1038 Krieger, NZG 2003, 366 ff.; Kanzleiter, DNotZ 1990, 478, 485; Wenkler, § 44a BeurkG Rn. 30; Maaß, ZNotP 2005, 50, 56 f.; Eylmann/Vaasen, BNotO/BeurkG, § 44a BeurkG Rn. 17; Semler/Volhard, Arbeitshandbuch für die Hauptversammlung, § 15 Rn. 87; Godin/Wilhelmi, AktG, § 130 Anm. 12; a.A.: BayObLG, JW 1927, 1704; Geßler/Hefermehl/Eckart, AktG, § 130 Rn. 64; Dietrich, JW 1937, 979; Knurr, DNotZ 1938, 713; KölnerKomm-AktG/Zöllner, § 130 Rn. 78; offenlassend AnwK-AktienR/Kleiser, Kap. 1 § 130 AktG Rn. 17.
1039 OLG Oldenburg, AG 2002, 682; LG Wuppertal, ZIP 2002, 1618 = MittBayNot 2002, 202; GK/Werner, AktG, § 130 Rn. 19 und Rn. 57 Fn. 88; ebenso Zetzsche/Fleischhauer, Die virtuelle Hauptversammlung, Rn. 227, sowie Obermüller/Werner/Winden/Butzke, Die Hauptversammlung der Aktiengesellschaft, N Rn. 23; Geßler/Hefermehl/Eckart, AktG, § 130 Rn. 26; Schulte, AG 1985, 33, 38; Schlegelberger/Quassowski/Herbig/Geßler/Hefermehl, AktG, § 111 Anm. 4; Reul, AG 2002, 543, 547 f.; Krieger, ZIP 2002, 1597, 1599.
1040 BayObLG, BayObLGZ 3, 891, 896; Goldschmidt, Die Aktiengesellschaft, § 259a HBG Anm. 2; Byk, DNotZ 1932, 684, 685; Berenbrok, DNotZ 1933, 13; Zetzsche/Fleischhauer, Die virtuelle Hauptversammlung, Rn. 227.
1041 So auch Baums, Bericht der Regierungskommission Corporate Governance, 2001, Rn. 111 und 115, sowie Zetzsche/Fleischhauer, Die virtuelle Hauptversammlung, Rn. 229, jeweils für die virtuelle Hauptversammlung.

nehmungen sind dann den Angaben in der notariellen Hauptversammlungsniederschrift zu Grunde zu legen.[1042]

VII. Prüfungspflichten des Notars

1. Rechtliche Grundlage der Prüfungspflichten des Notars in der Hauptversammlung

327 Die Aufgabe des Notars in der Hauptversammlung wurde lange Zeit nur in der **passiven Tätigkeit der Protokollierung von Beschlüssen** gesehen. Zu einer Beratung war er nicht verpflichtet.[1043] Bald jedoch fand die Ansicht Zustimmung, dass der Notar darüber hinaus verpflichtet sei, auch über die recht engen Grenzen der aktienrechtlichen Vorschriften hinaus Vorgänge zu beurkunden, die für das Zustandekommen eines Beschlusses, rechtserheblich sind. Als „Rechtswahrer auf dem Gebiet vorsorgender Rechtspflege", wurde argumentiert, „obliege dem Notar eine **Amtspflicht**, bei der Beurkundung die Rechtssicherheit zu fördern und auf die Vermeidung von Rechtsstreitigkeiten hinzuwirken[1044] ". Diese Auffassung wird auch heute noch ganz überwiegend vertreten.[1045] Ihre Grundlage hat diese Prüfungspflicht aber nicht im Aktienrecht, sondern im **notariellen Berufsrecht**.

2. Inhalt und Umfang der Prüfungspflichten

328 Protokolliert ein Notar in einer beurkundungspflichtigen Hauptversammlung die vom Gesetz bestimmten Vorgänge, hat er deshalb darauf hinzuwirken, dass die Versammlung **ordnungsgemäß durchgeführt** und über die mit der Tagesordnung angekündigten Anträge **rechtswirksame Beschlüsse gefasst** werden, seien sie zustimmend oder ablehnend. Nur in diesem Umfang darf der Notar Einfluss auf den Verlauf der Hauptversammlung nehmen. Im Übrigen hat er keine allgemeine Beraterfunktion, weder gegenüber der Gesellschaft noch gegenüber den Aktionären. Nur bei **drohenden Rechtsverstößen** oder zur Abwendung offensichtlich mangelhafter Beschlüsse ist der Notar zu Hinweisen verpflichtet.[1046] Eine stringente Prüfungspflicht auch für den **Inhalt der Hauptversammlungsbeschlüsse** ist damit nicht verbunden; andererseits kann sich der Notar aufgrund seiner Stellung als Organ der Rechtspflege nicht völlig aus einer solchen Prüfung heraushalten.[1047] Wenn auch das Erfordernis einer aktiven Einwirkung zu weit gehen dürfte, können die Anforderungen an die Prüfungspflichten in diesem Bereich nicht hinter den Standards zurückbleiben, wie sie bei einer bloßen Unterschriftsbeglaubigung gelten. Dort hat der Notar den Inhalt des Textes, unter dem er die Unterschrift beglaubigt, einer **Evidenzkontrolle** zu unterziehen.[1048] Ähnlich wird der Notar auch hier den Inhalt der zu beurkundenden Hauptversammlungsbeschlüsse einer **kursorischen Prüfung auf offensichtliche Mängel** unterziehen müssen. Freilich wird man dies nur bei „üblichen" Hauptversammlungsbeschlüssen annehmen können. Eine derartige Prüfung auch bei komplexen Beschlussgegenständen wie bspw. bei Aktienoptionsplänen anzunehmen, geht zu weit.

1042 OLG Düsseldorf, MittBayNot 2003, 399, 401 f.; Reul, AG 2002, 543, 548; im Ergebnis ebenso Krieger, ZIP 2002, 1597, 1599; a.A.: OLG Oldenburg, AG 2002, 682; LG Wuppertal, ZIP 2002, 1618 = MittBayNot 2002, 202.

1043 Vgl. umfassend Priester, DNotZ 2001, 661 ff.; Reul, AG 2002, 543, 548; Bezzenberger, in: FS für Schippel, S. 361 ff.; KG, OLGE 44, 206, 207; DNotZ 1936, 309, 310.

1044 Byk, DNotZ 1932, 685 ff.; Berenbrok, DNotZ 1933, 13 ff.; Seybold, DNotZ 1933, 27 ff.; Knur, DNotZ 1938, 700; Bezzenberger, in: FS für Schippel, S. 361, 376 f.

1045 Sigel/Schäfer, BB 2005, 2137 ff.; Hüffer, AktG, § 130 Rn. 11 ff.; Henn, Handbuch des Aktienrechts, Rn. 862; Lamers, DNotZ 1962, 293; Schulte, AG 1985, 33, 39; GK/Werner, AktG, § 130 Rn. 40 f.; KölnerKomm-AktG/Zöllner, § 130 Rn. 45 ff.; Semler, in: Münchener Handbuch des Gesellschaftsrechts, Bd. 4, § 40 Rn. 16; Semler/Volhard, Arbeitshandbuch für die Hauptversammlung, § 15 Rn. 26.

1046 So bereits: Byk, DNotZ 1932, 685, 689.

1047 Ähnlich KölnerKomm-AktG/Zöllner, § 130 Rn. 70.; Bezzenberger, in: FS für Schippel, S. 361, 380.

1048 Eylmann/Vaasen, BNotO/BeurkG, § 40 BeurkG Rn. 20; Winkler, BeurkG, § 40 Rn. 42.

Soweit eine Hinweispflicht besteht, ist diese zunächst gegenüber dem Versammlungsleiter und, wenn dieser untätig bleibt, auch gegenüber der Versammlung selbst wahrzunehmen.[1049] Dies schließt nicht aus, dass der Notar den Versammlungsleiter mit Ratschlägen unterstützt und dass er der Versammlung gegenüber Rechtsauskünfte erteilt, soweit er hierzu durch den Vorsitzenden aufgefordert wird. Eine derartige Hinweispflicht[1050] besteht z.B. bei der **Prüfung der Einberufungsunterlagen**, weil ein Verstoß gegen § 121 Abs. 2, 3 oder 4 AktG zur Nichtigkeit der gleichwohl gefassten Beschlüsse nach § 241 Ziff. 1 AktG führt. Zu prüfen hat der Notar schließlich weiter die **Zugangskontrolle** und die **Präsenzerfassung** im Hinblick auf die Richtigkeit des von der Gesellschaft aufzustellenden Teilnehmerverzeichnisses[1051] sowie den Gang der Verhandlung in der Hauptversammlung selbst. Erfasst wird auch die Stimmabgabe, die Stimmauszählung und die Beachtung von Stimmverboten.[1052] Zu kontrollieren ist, ob die Aktionäre in dem von der Gesellschaft definierten Versammlungsraum (sog. „Präsenzbereich"), der sich möglicherweise über mehrere Räume im eigentlichen Sinn erstreckt, den Verlauf der Hauptversammlung zumindest akustisch auch dann verfolgen können, wenn sie sich nicht im selben Raum wie der Leiter der Hauptversammlung befinden.[1053] Bemerkt der Notar Mängel, hat er darauf hinzuwirken, dass sie abgestellt werden. Diese Hinweispflicht besteht aber nicht nur bei drohender Nichtigkeit eines angekündigten Beschlusses, sondern auch, wenn dessen Beständigkeit, also seine Anfechtungsfestigkeit durch Ereignisse in der Hauptversammlung in Frage gestellt wird.[1054] Die bloße Anfechtbarkeit eines Beschlusses genügt allerdings nicht, dass der Notar den Beschluss nicht protokollieren darf/muss.[1055]

Anerkannt ist hinsichtlich der Prüfungspflichten, dass die **Anforderungen an den Notar** nicht überspannt werden dürfen.[1056] Der Notar ist nicht verpflichtet, nach „Mängeln" der Hauptversammlung zu forschen.[1057] Ebenso muss der Notar diese Prüfungspflichten nicht persönlich übernehmen. Vielmehr darf er sich dabei **Hilfskräften** bedienen.[1058] Die Prüfung kann dabei insb. bereits im Vorfeld der eigentlichen Hauptversammlung erfolgen. Dies gilt vor allem für die technik-dominierte Präsenzerfassung.[1059] Erfolgt die **Stimmauszählung mittels EDV**, wird man dem Notar nicht mehr abverlangen können als eine Plausibilitätskontrolle.[1060] Es genügt, wenn sich der Notar vor der Hauptversammlung in einem Probelauf von der entsprechenden Funktionsfähigkeit der EDV-Anlage überzeugt. Nur bei Bestehen erheblicher Zweifel muss er prüfend tätig werden.[1061] Im Übrigen ist dem Notar zum Zweck der **Vorbereitung** dringend zu empfehlen, sich rechtzeitig vor der Hauptversammlung die Einberufungsunterlagen, die Satzung, einen aktuellen Handelsregisterauszug sowie die letzten Hauptversammlungsprotokolle und die letzten Jahresabschlüsse der Gesellschaft zu besorgen. Ebenso sollte ihm vorab der Leitfaden des Versammlungsleiters zur Verfügung gestellt werden. Aus diesen Unterlagen ergeben sich vielfältige Hinweise für den Ablauf der bevorstehenden Hauptversammlung.[1062]

1049 GK/Werner, AktG, § 130 Rn. 100; KölnerKomm-AktG/Zöllner, § 130 Rn. 71; Semler/Volhard, Arbeitshandbuch für die Hauptversammlung, § 15 Rn. 26.
1050 Vgl. dazu insgesamt: Sigel/Schäfer, BB 2005, 2137, 2138 ff.
1051 KölnerKomm-AktG/Zöllner, § 129 Rn. 31 f.; Lamers, DNotZ 1962, 287, 297; in diesem Sinne wohl auch: GK/Werner, AktG, § 129 Rn. 10 und Geßler/Hefermehl/Eckardt, AktG, § 129 Rn. 11.
1052 OLG Stuttgart, AG 2005, 125, 130 = NZG 2005, 432.
1053 Priester, in: DAI-Skript: Aktienrecht in der notariellen Praxis, S. 64.
1054 Bezzenberger, in: FS für Schippel, S. 361, 381; GK/Werner, AktG, § 130 Rn. 99.
1055 Hüffer, AktG, § 130 Rn. 13; Semler, in: Münchener Handbuch des Gesellschaftsrechts, Bd. 4, § 40 Rn. 17.
1056 So ausdrücklich: Reul, AG 2002, 543, 548 f.; MünchKomm-AktG/Kubis, § 130 Rn. 33 ff.; Geßler/Hefermehl/Eckardt, AktG, § 129 Rn. 11. Unklar dagegen: GK/Werner, AktG, § 129 Rn. 10; a.A.: Knur, DNotZ 1938, 700, 710, der von Notar die Prüfung der Richtigkeit des Teilnehmerverzeichnisses verlangt.
1057 Berenbrok, DNotZ 1933, 13, 17; Wilhelmi, BB 1987, 1331, 1335.
1058 Reul, AG 2002, 543, 549; Wilhelmi, BB 1987, 1331, 1336; KölnerKomm-AktG/Zöllner, § 130 Rn. 35.
1059 Priester, DNotZ 2001, 661, 669; Zimmermann, in: DAI-Skript, Praxis der Hauptversammlung, S. 156.
1060 Zimmermann, in: DAI-Skript, Praxis der Hauptversammlung, S. 156.
1061 Wilhelmi, BB 1987, 1331, 1336.
1062 Sigel/Schäfer, BB 2005, 2137.

> **Hinweis:**
>
> Der Notar ist weder Versammlungsleiter[1063] noch „Neben- oder Mitversammlungsleiter". Er hat sich bei der Beurkundung der Hauptversammlung als Organ der Rechtspflege allerdings „ein Bild von der Ordnungsmäßigkeit des Versammlungsablaufs" zu machen.[1064] Wenn er dabei Mängel entdeckt, hat er darauf hinzuweisen und diese möglichst abzustellen. Bei „äußerlich Unverdächtigem" muss der Notar nicht nach Mängeln forschen.[1065]

3. Trennung der Prüfungsfunktion und der Protokollfunktion des Notars

330 Deutlich zu trennen von dieser Prüfungs- und Belehrungsfunktion des Notars in der Hauptversammlung ist seine **Protokollfunktion nach § 130 AktG**. Während die Protokollfunktion im Wesentlichen Beweiszwecken dient und die Prüfungs- und Belehrungsfunktion des Notars erst auslöst, dient Letztere dazu, die **Durchführung einer „rechtssicheren Hauptversammlung"** zu gewährleisten, ohne diese zu garantieren. Allein die Tatsache, dass der Notar möglicherweise seinen aus § 1 BNotO resultierenden Prüfungs- und Belehrungspflichten nicht ausreichend nachgekommen ist, rechtfertigt keinesfalls einen grds. zur Nichtigkeit führenden Protokollmangel nach §§ 130 Abs. 2, 241 Ziff. 2 AktG. Beide Funktionsbereiche sind vielmehr strikt voneinander zu unterscheiden.[1066] Die Überwachung der Stimmauszählung gehört ebenso wenig wie die Überprüfung der Stimmberechtigung zu den Beurkundungsaufgaben des Notars in der Hauptversammlung.[1067] Ein Protokollmangel liegt vielmehr nur dann vor, wenn ein zwingend in der Hauptversammlungsniederschrift aufzunehmender Vorgang unzutreffend und der wirkliche Vorgang überhaupt nicht protokolliert ist.[1068]

F. Rechtsschutzmöglichkeiten

I. Hauptversammlungsbeschlüsse

331 Hauptversammlungsbeschlüsse können bei Verstoß gegen Gesetz oder Satzung wegen **inhaltlicher Mängel** oder wegen **Verfahrensmängeln** fehlerhaft sein. Hinsichtlich der **Rechtsfolgen** wird dabei zwischen lediglich **anfechtbaren und nichtigen Beschlüssen** unterschieden. Während ein nichtiger Beschluss von Anfang an keine Rechtswirkung zeitigt und nur nach Maßgabe des § 242 AktG **geheilt** werden kann, ist ein anfechtbarer Beschluss zunächst voll wirksam. Er kann jedoch nachträglich durch Erhebung der Anfechtungsklage vernichtet werden (§ 248 Abs. 1 AktG). Bei mangelhaften Hauptversammlungsbeschlüssen gilt § 139 BGB, d.h. die Mangelhaftigkeit eines Teils eines Beschlusses erstreckt sich im Zweifel auf den Beschluss im Ganzen.[1069]

332 Auf die **Nichtigkeit** eines Hauptversammlungsbeschlusses kann sich AktG **jedermann berufen**.[1070] Aktionäre, der Vorstand und einzelne Mitglieder des Vorstandes oder des Aufsichtsrats können die Nichtigkeit nur mit der Nichtigkeitsklage nach § 249 AktG geltend machen. Bei **Anfechtbarkeit** können sie nach Maßgabe der §§ 243 ff. AktG Anfechtungsklage erheben. Dritten stehen diese Klagebefugnisse nicht zu. Im Fall der Nichtigkeit können sie aber bei Vorliegen eines Rechtsschutzbedürfnisses nach § 256

1063 Priester, DNotZ 2001, 661, 669.
1064 Priester, DNotZ 2001, 661, 669.
1065 Berenbrok, DNotZ 1933, 13, 17; ähnlich: Wilhelmi, BB 1987, 1331, 1335.
1066 OLG Stuttgart, NZG 2004, 822 = ZIP 2004, 2232; OLG Düsseldorf, MittBayNot 2003, 399; Reul, AG 2002, 543; Krieger, ZIP 2002, 1597; a.A.: LG Wuppertal ZIP 2002, 1618 = AG 2002, 567.
1067 OLG Düsseldorf, NZG 2003, 816 = MittBayNot 2003, 399; OLG Stuttgart, NZG 2004, 822 = ZIP 2004, 2232; OLG Stuttgart, AG 2005, 125, 130 = NZG 2005, 432; LG Frankfurt, ZIP 2006, 331.
1068 BayObLG, JW 1927, 1704.
1069 Semler, in: Münchener Handbuch des Gesellschaftsrechts, Bd. 4, § 40 Rn. 5; Hüffer, AktG, § 241 Rn. 36; MünchKomm-AktG/Hüffer, § 241 Rn. 90 f.
1070 Semler, in: Münchener Handbuch des Gesellschaftsrechts, Bd. 4, § 40 Rn. 6; Hüffer, AktG, § 241 Rn. 35.

ZPO eine allgemeine Feststellungsklage erheben.[1071] Schließlich gibt es noch die **Unwirksamkeit** von Hauptversammlungsbeschlüssen. Hier liegt kein Verstoß gegen Gesetz oder Satzung vor; es fehlen für die Wirksamkeit des Beschlusses jedoch noch weitere Erfordernisse wie z.B. Sonderbeschlüsse beteiligter Aktiengattungen (§§ 179 Abs. 3, 182 Abs. 2, 222 Abs. 2 AktG) oder etwa die Eintragung im Handelsregister (§ 181 Abs. 3 AktG).[1072]

> **Hinweis:**
> Eine **Schiedsvereinbarung**, durch die die Entscheidung über Anfechtungs- oder Nichtigkeitsklagen einem privaten Schiedsgericht zugewiesen werden, ist wegen § 23 Abs. 5 AktG **unzulässig**, da im Gesetz ausdrückliche Klagen vor den staatlichen Gerichten zugelassen sind.[1073]

1. Nichtigkeit

Die **Gründe für die Nichtigkeit** eines Hauptversammlungsbeschlusses sind in den § 241 AktG **enumerativ aufgezählt**. Besondere Nichtigkeitsgründe sind in § 250 AktG für die Wahl von Aufsichtsratsmitgliedern, in §§ 253, 173 Abs. 3 AktG für Gewinnverwendungsbeschlüsse und in §§ 256, 173 Abs. 3 AktG für festgestellte Jahresabschlüsse genannt. 333

Zunächst sind in **§ 241 1. Halbs. AktG** die bereits in anderen Vorschriften enthaltenen Nichtigkeitsgründe im Zusammenhang mit Kapitalmaßnahmen genannt.[1074] Nichtig sind sodann Beschlüsse, die in einer **nicht ordnungsgemäß einberufenen Hauptversammlung** getroffen wurden (§ 241 Ziff. 1 AktG).[1075] Dies ist der Fall, wenn es insgesamt an einer Einberufung fehlt, wenn die Einberufung durch unbefugte Personen erfolgt ist, wenn die Einberufung nicht ordnungsgemäß bekannt gemacht oder wenn die Einberufung nicht den vorgeschriebenen Mindestinhalt hat (Bagatellverstöße führen hier jedoch nicht ohne weiteres zur Nichtigkeit).[1076] Bei einer **Vollversammlung** führen die Einberufungsmängel ausnahmsweise jedoch nicht zu einer Nichtigkeit, wenn alle Aktionäre anwesend/vertreten sind und keiner der Beschlussfassung widerspricht (§ 121 Abs. 6 AktG). 334

Verstöße bei der Beurkundung gegen § 130 Abs. 1, 2 und 4 AktG führen nach **§ 241 Ziff. 2 AktG** grds. zur Nichtigkeit.[1077] Anders ist es in dem Sonderfall, wenn der Versammlungsleiter etwa wegen eines Zählfehlers das Abstimmungsergebnis falsch festgestellt hat und dies auch so protokolliert wurde. In diesem Fall wurde zwar das richtige Abstimmungsergebnis vom Versammlungsleiter nicht festgestellt und demgemäß auch nicht protokolliert. Gleichwohl führt dieser Fehler lediglich zur Anfechtbarkeit, nicht aber zur Nichtigkeit nach §§ 241 Ziff. 2, 130 Abs. 2 AktG, denn protokolliert wurde das Ergebnis der Beschlussfassung so, wie es der Versammlungsleiter festgestellt hat.[1078] 335

Nichtig sind nach **§ 241 Ziff. 3 AktG** ebenso Beschlüsse, die mit dem **Wesen der AG** nicht vereinbar sind oder gläubigerschützende bzw. im öffentlichen Interesse stehende Vorschriften verletzen. Zum Teil bejaht 336

1071 Semler, in: Münchener Handbuch des Gesellschaftsrechts, Bd. 4, § 40 Rn. 6; Hüffer, AktG, § 249 Rn. 12.
1072 Hüffer, AktG, § 241 Rn. 6.
1073 BGHZ 132, 278, 289; MünchKomm-AktG/Hüffer, § 246 Rn. 31; Vetter, DB 2000, 705 f.; Zöllner, AG 2000, 145, 150; Semler, in: Münchener Handbuch des Gesellschaftsrechts, Bd. 4, § 40 Rn. 6.
1074 Siehe dazu im Einzelnen unten Rn. 410 ff.
1075 Siehe dazu oben Rn. 211 ff.
1076 OLG München, AG 2000, 134, 135; OLG Düsseldorf, ZIP 1997, 1153, 1159 f.; GK/K. Schmidt, AktG, § 241 Rn. 46; MünchKomm-AktG/Hüffer, § 241 Rn. 33; Hüffer, AktG, § 241 Rn. 11.
1077 Siehe dazu oben Rn. 299 ff. und Rn. 325.
1078 BGH, DStR 2006, 526, 527; NJW 1980, 1465; BGHZ 97, 28, 30; BGHZ 104, 66, 69; RGZ 122, 102; RGZ 142, 123; KölnerKomm-AktG/Zöllner, § 130 Rn. 39; MünchKomm-AktG/Kubis, § 130 Abs. 73 und 59; GK/Werner, AktG, § 130 Rn. 115. Hier ist neben einer Anfechtungsklage eine positive Beschlussfeststellungsklage zu erheben. Siehe dazu unten Rn. 359.

wird dies bei satzungsändernden Beschlüssen unter Überschreitung der Grenze des § 23 Abs. 5 AktG.[1079] Weiter in Betracht kommen dabei kompentenzüberschreitende Hauptversammlungsbeschlüsse, die in die Geschäftsführungszuständigkeit des Vorstandes eingreifen,[1080] oder die gegen die §§ 25 ff. MitbestG verstoßen.[1081] Nichtig sind hiernach auch solche Beschlüsse, die z.B. gegen die **Kapitalerhaltungsvorschriften** verstoßen (§§ 57, 71, 303 AktG).[1082]

337 Nach **§ 241 Ziff. 4 AktG** nichtig sind ferner Hauptversammlungsbeschlüsse, die ihrem Inhalt nach gegen die **guten Sitten** verstoßen. Es kommt danach auf den Beschlussinhalt an; das Zustandekommen oder die Beweggründe begründen lediglich die Anfechtbarkeit. Bedeutung hat diese Vorschrift vor allem, wenn durch einen Hauptversammlungsbeschluss außenstehende Dritte (Gläubiger) geschädigt werden.[1083]

338 Schließlich ist ein Beschluss der Hauptversammlung nichtig nach erfolgreicher Anfechtungsklage (**§ 241 Ziff. 5 AktG**) oder wenn er aufgrund rechtskräftiger Entscheidung des Registergerichts nach § 144 Abs. 2 FGG gelöscht wurde (**§ 241 Ziff. 6 AktG**).

2. Anfechtbarkeit, insb. wegen Verletzung von Informationspflichten

339 Verstößt ein Hauptversammlungsbeschluss gegen Gesetz oder Satzung, führt dieser Verstoß aber nicht zur Nichtigkeit, so ist im Grunde seine Anfechtbarkeit nach § 243 Abs. 1 AktG gegeben.[1084] Zu denken ist hier vornehmlich an **Verfahrensfehler bei der Einberufung** (z.B. Fehler bei der Einberufungsfrist, Fehler bei der Bekanntmachung der Tagesordnung) oder bei der Durchführung der Hauptversammlung (z.B. Nichtzulassung von Aktionären, Missachtung von Stimmverboten, Fehler bei der Feststellung des Abstimmungsergebnisses; Beeinträchtigung des Rede- und/oder Fragerechts der Aktionäre). Auch **inhaltliche Fehler** führen zur Anfechtbarkeit. Dies ist einmal nach § 245 Abs. 2 AktG der Fall, wenn **Sondervorteile** verfolgt werden. Als weitere Fallgruppe zu nennen ist hier ein Verstoß gegen die gesellschaftsrechtliche Treuepflicht bzw. das Gleichbehandlungsgebot im Sinne einer **materiellen Beschlusskontrolle** (sachliche Rechtfertigung; Missbrauch der Mehrheitsmacht gegenüber Interessen der Minderheit), wie insb. bei der Zulässigkeit des Bezugsrechtsausschlusses bei Kapitalerhöhungen.[1085] Streitig ist die materielle Beschlusskontrolle für Grundlagenbeschlüsse.[1086]

Ergänzend besteht eine Anfechtbarkeit bei **Kapitalerhöhungsbeschlüssen mit Bezugsrechtsausschluss** nach § 255 Abs. 2 AktG, wenn der Ausgabebetrag oder der Mindestausgabebetrag für die neuen Aktien unangemessen niedrig ist. Im Kern geht es in dieser Vorschrift also um einen Verwässerungsschutz zu Gunsten der Altaktionäre.[1087] Von daher greift die Bestimmung auch bei einer Überbewertung von Sacheinlagen, insb. bei einer gemischten Bar- und Sachkapitalerhöhung.[1088] Bei der Frage de Angemessenheit des Ausgabebetrages kommt es auf den wahren Unternehmenswert an, **stille Reserven** sind also zu berücksichtigen.[1089]

340 Nicht jeder Verfahrensverstoß genügt aber. Entscheidend war zunächst, ob dieser Verfahrensverstoß möglicherweise **kausal für das Beschlussergebnis** gewesen ist, wenn z.B. ein objektiv urteilender Aktionär ohne die Verletzung seines Teilnahmerechts gegen die Mehrheit gestimmt hätte und durch die Verletzung

---

1079 GK/K. Schmidt, AktG, § 241 Rn. 56; a.A.: Semler, in: Münchener Handbuch des Gesellschaftsrechts, Bd. 4, § 41 Rn. 15.
1080 MünchKomm-AktG/Hüffer, § 241 Rn. 62; KölnerKomm-AktG/Zöllner, § 241 Rn. 26 und 117.
1081 BGHZ 83, 106, 109 ff.; BGHZ 153, 151; BGHZ 89, 48; Hüffer, AktG, § 241 Rn. 22.
1082 Semler, in: Münchener Handbuch des Gesellschaftsrechts, Bd. 4, § 41 Rn. 17.
1083 Hüffer, AktG, § 241 Rn. 24; Semler, in: Münchener Handbuch des Gesellschaftsrechts, Bd. 4, § 41 Rn. 19 f.
1084 Siehe zu den Standardrügen von Anfechtungsklagen beim Squeeze-out: Bungert, BB 2006, 2761.
1085 Hüffer, AktG, § 243 Rn. 21 ff.; MünchKomm-AktG/Hüffer, § 243 Rn. 52.
1086 MünchKomm-AktG/Hüffer, § 243 Rn. 63 ff.
1087 Hüffer, AktG, § 255 Rn. 2.
1088 OLG Jena, DB 2006, 2335, 2337 ff.
1089 OLG Frankfurt, AG 1999, 231, 232; Hüffer, AktG, § 255 Rn. 5; siehe zur Bestimmung des Ausgabebetrages auch unten Rn. 414 ff.

seines Teilhaberechts hieran gehindert wurde.[1090] Auf die Mehrheitsverhältnisse kommt es insoweit nicht an.[1091] Nach jetzt h.M. genügt schon die bloße **Relevanz des Verfahrensfehlers**.[1092] Es ist also darauf abzustellen, ob es bei wertender Betrachtungsweise möglich oder ausgeschlossen ist, dass sich der Verfahrensfehler auf das Beschlussergebnis ausgewirkt hat. Nach Ansicht der Rspr.[1093] ist der Blickwinkel bei der Beurteilung weg vom Abstimmungsverhalten hin zur Urteilsbildung eines objektiv urteilenden Aktionärs zu wenden.[1094] Relevanz im Hinblick auf einen Squeeze-out[1095] hat der BGH bspw. verneint, wenn der Versammlungsleiter einen Antrag auf Sonderprüfung nicht zur Abstimmung gestellt hat.[1096] Bei einem Verstoß gegen das Teilnahmerecht kommt es jetzt nur noch darauf an, ob dies für die Urteilsbildung von Relevanz gewesen wäre.[1097]

Eine Anfechtungsklage kommt schließlich nach § 243 Abs. 4 AktG in Betracht bei der **Verletzung von Informationspflichten**.[1098] Die neue Bestimmung knüpft an die Rspr. des BGH in der „**Thyssen-Krupp-Entscheidung**" an, wonach ein relevanter und damit anfechtbarer Verstoß gegen das Teilnahmerecht des Aktionärs vorliegt, wenn ihm in der Hauptversammlung Auskünfte vorenthalten werden, die aus Sicht eines objektiv urteilenden Aktionärs in der Fragesituation zur sachgerechten Beurteilung i.S.d. § 131 Abs. 1 Satz 1 AktG des Beschlussgegenstandes erforderlich sind.[1099] Allerdings nimmt der Gesetzgeber entgegen dieser Rspr. in § 243 Abs. 3 AktG eine **Gleichsetzung von Auskunftsmangel und Anfechtbarkeit nicht vor**, denn die Vorschrift setzt für die Anfechtbarkeit weiter voraus, dass die mangelhaft erteilte Information „wesentliche" Bedeutung für die Beurteilungsgrundlage haben muss. Maßgeblich kommt es somit auf eine **Gesamtbetrachtung** aller „erforderlichen" Informationen i.S.d. § 131 Abs. 1 Satz 1 AktG an.[1100] Unbeachtlich sind andererseits Aussagen der Hauptversammlung oder anderer Aktionäre, wonach die Verweigerung der Auskunft ihre Beschlussfassung nicht beeinträchtigt habe.[1101] Ausgeschlossen ist dagegen die Anfechtungsklage wegen Verletzung von Informationspflichten bzgl. der Ermittlung bzw. der Höhe oder Angemessenheit von Ausgleich, Abfindung, Zuzahlung oder sonstiger Kompensation, wenn das Gesetz für Bewertungsrügen ein **Spruchverfahren** vorsieht (§ 243 Abs. 4 Satz 2 AktG).[1102]

341

3. Rechtsfolgen für Registergericht und Notar

Ein nichtiger Beschluss der Hauptversammlung zeitigt **keinerlei Rechtsfolgen**. Das **Registergericht** darf ihn daher **nicht im Handelsregister eintragen**. § 38 Abs. 3 AktG gilt für Hauptversammlungsbeschlüsse nicht.[1103] Ob ein Nichtigkeitsgrund vorliegt, hat das Gericht von Amts wegen zu prüfen. Zu Ermittlungen wird das Gericht jedoch nur bei Vorliegen entsprechender Anhaltspunkte veranlasst sein.[1104] Wird

342

1090 GK/K. Schmidt, AktG, § 243 Rn. 37.
1091 Hüffer, AktG, § 243 Rn. 16; KölnerKomm-AktG/Zöllner, § 243 Rn. 118.
1092 BGH ZIP 2004, 2428, 2430; BGH, NJW 2002, 1128; LG Nürnberg-Fürth, AG 2005, 262, 263; Hüffer, AktG, § 243 Rn. 13; GK/K. Schmidt, AktG, § 243 Rn. 21 ff.; MünchKomm-AktG/Hüffer, § 243 Rn. 30; KölnerKomm-AktG/Zöllner, § 243 Rn. 81 ff.; Zöllner, AG 2000, 145, 148.
1093 BGH, ZIP 2004, 2428, 2430; BGH, NJW 2002, 1128; LG Nürnberg-Fürth, AG 2005, 262, 263.
1094 Weißhaupt, ZIP 2005, 1767, 1771.
1095 Siehe zu Standardrügen von Anfechtungsklagen beim Squeeze-out: Bungert, BB 2006, 2761.
1096 BGH, ZIP 2006, 2080 = NZG 2006, 905 = BB 2006, 2543; Bungert, BB 2006, 2761, 2763.
1097 Weißhaupt, ZIP 2005, 1767, 1771; Pentz, BB 2005, 1397, 1404; Weitemeyer, NZG 2005, 341, 343.
1098 Vgl. dazu Heinrich/Theusinger, BB 2006, 449; Noack/Zeltzsche, ZMR 170 (2006), 218 ff.
1099 Fleischer, NJW 2005, 3525, 3528 f.; Weißhaupt, ZIP 2005, 1767, 1771; BGHZ 149, 158, 164 = NJW 2002, 1128; BGHZ 160, 385 = NZG 2005, 77 = ZIP 2004, 2428, 2430.
1100 Weißhaupt, ZIP 2005, 1767, 1771.
1101 Veil, AG 2005, 567, 569; Fleischer, NJW 2005, 3525, 3529.
1102 Fleischer, NJW 2005, 3525, 3529; Weißhaupt, ZIP 2005, 1767, 1771 f.; Noack/Zeltzsche, ZMR 170 (2006), 218, 231 ff.
1103 MünchKomm-AktG/Hüffer, § 241 Rn. 95.
1104 MünchKomm-AktG/Hüffer, § 241 Rn. 95.

er gleichwohl eingetragen, kann das Registergericht den Beschluss unter den weiteren Voraussetzungen des § 144 Abs. 2 FGG **von Amts wegen löschen**.

343 Auch die bloße Anfechtbarkeit eines Beschlusses ist im Registerverfahren zu prüfen.[1105] Die Anfechtbarkeit begründet jedoch **kein Eintragungshindernis**. Es besteht lediglich die Möglichkeit, den **Registervollzug** nach § 127 FGG bis zur Entscheidung über die Anfechtungsklage **auszusetzen**. Im Übrigen ist zu unterscheiden: Soweit die **Anfechtungsfrist** noch nicht abgelaufen und noch keine Klage erhoben ist, wird das Gericht regelmäßig den Vollzug aussetzen. Wurde Anfechtungsklage erhoben, liegt aber noch kein rechtskräftiges Urteil vor, liegt es im pflichtgemäßen Ermessen des Gerichts, ob es den Registervollzug bis zur Entscheidung des Rechtsstreits aussetzt. Dabei sind die Erfolgsaussichten der Klage und das Interesse der Gesellschaft an der alsbaldigen Eintragung abzuwägen.[1106] Ergeht hier allerdings eine positive Entscheidung des Prozessgerichts im **Freigabeverfahren** nach § 246a Abs. 1 AktG, ist das **Registergericht daran gebunden** (§ 246a Abs. 3 Satz 4 AktG) und kann die Eintragung jedenfalls aus den im Freigabeverfahren genannten Gründen nicht verweigern oder weiter aussetzen.[1107] Ergeht ein rechtskräftiges Anfechtungsurteil, das der Klage statt gibt, so ist das Registergericht aufgrund der Gestaltungswirkung des Urteils (§ 248 AktG) an die Entscheidung des Prozessgerichts gebunden.[1108] Es muss die Registereintragung verweigern bzw. bei einem bereits erfolgten Registervollzug das Urteil nach § 248 Abs. 1 Satz 3 AktG eintragen. Dies gilt wiederum gemäß §§ 246a Abs. 4 Satz 2, 242 Abs. 2 Satz 5 AktG nicht nach einer positiven Entscheidung im Freigabeverfahren. **Keine Bindungswirkung** besteht dagegen bei einem klageabweisenden Anfechtungsurteil, so dass es also weiterhin die Eintragung verweigern darf, wenn es den Hauptversammlungsbeschluss für rechtswidrig hält.[1109]

Ist schließlich die **Anfechtungsfrist ohne Klageerhebung abgelaufen**, ist streitig, ob das Gericht den Beschluss weiterhin wegen der von ihm festgestellten Rechtswidrigkeit die Eintragung verweigern darf. Zum Teil wird die Ansicht vertreten, hier bestehe eine Eintragungspflicht, weil die Rechtswidrigkeit des Beschlusses von niemandem mehr gerichtlich geltend gemacht werden kann.[1110] Nach a.A. besteht eine Eintragungspflicht nur, soweit der Rechtsverstoß nicht solche Vorschriften betrifft, die Interessen der Gläubiger, der künftigen Aktionäre oder der Öffentlichkeit tangieren (z.B. §§ 182 Abs. 1 Satz 4 und Abs. 4, 192 Abs. 2, 208 Abs. 2 Satz 3, 222 Abs. 3, 229 Abs. 2, 237 Abs. 1 Satz 2 AktG).[1111]

344 Im Übrigen besteht weder bei erhobener Anfechtungsklage noch bei erhobener Nichtigkeitsklage eine **Registersperre** für die Eintragung im Handelsregister. Das Registergericht ist erst recht nicht berechtigt, anlässlich der Eintragung einer für sich gesehenen rechtmäßigen Satzungsänderung andere Satzungsbestimmungen zu beanstanden und die Eintragung der rechtmäßigen Satzungsänderung von der Behebung der anderweitigen Satzungsmängel abhängig zu machen.[1112] In diesem Fall ist das Verfahren auf Feststellung eines Satzungsmangels durchzuführen. Anders ist es, wenn mit der angemeldeten Satzungsänderung die Satzung insgesamt neu gefasst wurde,[1113] Prüfungsgegenstand des Registergerichts ist dann die gesamte Satzung.

345 „**Erkennbar**" nichtige Hauptversammlungsbeschlüsse soll auch der **Notar nicht beurkunden**. Dies gilt erst recht, wenn sie einen **strafbaren Inhalt** haben (§ 4 BeurkG, § 14 Abs. 2 BNotO). **Bloße Zweifel**

1105 BGHZ 84, 285, 287 = NJW 1983, 222; BayObLG, Rpfleger 2002, 366; MünchKomm-AktG/Hüffer, § 243 Rn. 124.
1106 GK/K. Schmidt, AktG, § 243 Rn. 72.; MünchKomm-AktG/Hüffer, § 243 Rn. 126.
1107 Siehe dazu unten Rn. 360 ff.
1108 MünchKomm-AktG/Hüffer, § 243 Rn. 127.
1109 MünchKomm-AktG/Hüffer, § 243 Rn. 128.
1110 KG, OLGR 34, 348; OLG Köln, WM 1981, 1263, 1264; OLG Köln, BB 1982, 579; Keidel/Kuntze/Winkler, FGG, § 127 Rn. 13.
1111 KölnerKomm-AktG/Zöllner, § 243 Rn. 38; MünchKomm-AktG/Hüffer, § 243 Rn. 129 f.
1112 BayObLG, Rpfleger 1997, 167 = GmbHR 1997, 73 = DNotZ 1997, 506; Keidel/Kuntze/Winkler, FGG, § 127 Rn. 13.
1113 KG, FGPrax 2006, 29, 30.

an der Rechtmäßigkeit genügen dagegen nicht.[1114] Regelmäßig wird es aber so sein, dass der Notar die Frage der Nichtigkeit nicht zweifelsfrei feststellen kann. In diesem Fall ist der Notar gehalten, die Beurkundung der Beschlüsse vorzunehmen und seine **Bedenken in der Urkunde zu vermerken**.[1115] Auf diesem Wege vermeidet der Notar zum einen die Nichtigkeit der Beschlüsse wegen fehlender Beurkundung (§ 241 Ziff. 2 AktG). Zum anderen lässt er damit die Chance einer Heilung nach § 242 AktG offen und schließlich vermeidet er durch den (zusätzlichen) Vermerk in der Urkunde über seine Bedenken an der Wirksamkeit des Beschlusses den falschen Anschein der Gültigkeit.[1116]

Lediglich anfechtbare Beschlüsse muss der Notar beurkunden, da diese Beschlüsse **zunächst wirksam** sind, solange ihre Nichtigkeit nicht durch rechtskräftiges Anfechtungsurteil festgestellt wurde. Anders ist es wiederum, wenn mit diesen Beschlüssen **unerlaubte oder unredliche Zwecke** gemäß § 4 BeurkG, § 14 Abs. 2 BNotO verfolgt werden.[1117] Davon zu unterscheiden ist die Frage, ob der Notar anlässlich der Beurkundung einer Hauptversammlung verpflichtet ist, die Beschlüsse auf ihre inhaltliche Rechtmäßigkeit zu prüfen. Ohne gesonderten Prüfungsauftrag wird man eine Prüfungspflicht des Notars nur im Sinne einer Evidenzkontrolle bei Hauptversammlungsbeschlüssen mit „üblichem Inhalt" annehmen können.[1118]

346

4. Insb. Heilung und Bestätigung

In bestimmten Fällen werden nichtige Hauptversammlungsbeschlüsse unter den besonderen Voraussetzungen des § 242 AktG **geheilt**. Heilung bedeutet **materiell-rechtliche Wirksamkeit mit rückwirkender Wirkung**.[1119] Beruht die Nichtigkeit auf einem Beurkundungsfehler, wird die Nichtigkeit sofort mit **Eintragung** des Beschlusses im **Handelsregister** geheilt (§ 242 Abs. 1 AktG). Aufgrund von Einberufungsmängeln oder Inhaltsmängeln nach § 241 Ziff. 1 und Ziff. 3 oder Ziff. 4 AktG nichtige Beschlüsse werden geheilt, wenn diese in das Handelsregister eingetragen worden und seitdem **drei Jahre verstrichen** sind. Möglich bleibt auch in diesem Fall allerdings eine Amtslöschung nach § 144 Abs. 2 FGG, wenn weiterhin ein öffentliches Interesse daran besteht. Eine besondere Heilung ist in § 242 Abs. 2 Satz 4 AktG vorgesehen, wenn einzelne Aktionäre bei der Einberufung nach § 121 Abs. 4 AktG übergangen worden sind. Hier kann der **nicht geladene Aktionär** die Heilung durch **Genehmigung** bewirken. Da sich die Norm an der Rechtslage im GmbH-Recht orientiert, kommt anstelle einer Genehmigung ebenso wie im GmbH-Recht[1120] auch ein vorheriger **Rügeverzicht** durch den nicht geladenen Aktionär in Betracht.[1121] Schließlich ist eine Heilung gemäß § 242 Abs. 3 AktG bei **nicht fristgemäß eingetragenen Kapitalveränderungen** möglich. Hieraus folgt, dass auch sonst unwirksame Hauptversammlungsbeschlüsse analog § 242 Abs. 2 AktG durch Handelsregistereintragung und Ablauf einer Drei-Jahresfrist geheilt werden.[1122] Für nicht in § 242 AktG genannte Fälle scheidet demgegenüber eine Heilung aus. Dies gilt namentlich für solche Hauptversammlungsbeschlüsse, die von vornherein nicht ins Handelsregister einzutragen sind wie Gewinnverwendungsbeschlüsse.[1123]

347

§ 244 AktG gibt die Möglichkeit, einen (möglicherweise) anfechtbaren Hauptversammlungsbeschluss zu bestätigen. Mit der **Bestätigung** wird nicht nur die Anfechtbarkeit beseitigt, sondern auch einer etwa mit

348

1114 Winkler, BeurkG, § 4 Rn. 29; Eylmann/Vaasen, BNotO/BeurkG, § 14 BNotO Rn. 28.
1115 MünchKomm-AktG/Hüffer, § 241 Rn. 96.
1116 MünchKomm-AktG/Hüffer, § 243 Rn. 128.
1117 MünchKomm-AktG/Hüffer, § 243 Rn. 121.
1118 Siehe dazu oben Rn. 328.
1119 Hüffer, AktG, § 242 Rn. 7.
1120 Baumbach/Hueck/Zöllner, GmbHG, § 51 Rn. 30; Scholz/K. Schmidt, GmbHG, § 51 Rn. 38; Lutter/Hommelhoff, GmbHG, § 51 Rn. 19; Roth/Altmeppen, GmbHG, § 51 Rn. 18; Michalski/Römermann, GmbHG, § 51 Rn. 104; Hachenburg/Hüffer, GmbHG, § 51 Rn. 32, jeweils m.w.N.; a.A.: MünchKomm-AktG/Hüffer, § 242 Rn 13; ders., AktG, § 242 Rn. 5a.
1121 DNotI-Gutachten Nr. 49668 vom Mai 2005; a.A.: allerdings MünchKomm-AktG/Hüffer, § 242 Rn. 13; ders., AktG, § 242 Rn. 5a.
1122 OLG Schleswig, NZG 2000, 895, 896; Hüffer, AktG, § 242 Rn. 10; GK/K. Schmidt, AktG, § 242 Rn. 16.
1123 Hüffer, AktG, § 242 Rn. 6.

der Anfechtungsklage erhobenen positiven Beschlussfeststellungsklage der Boden entzogen.[1124] Die Vorschrift dient der Rechtssicherheit, wenn die Gültigkeit eines Hauptversammlungsbeschlusses zweifelhaft ist. Der Bestätigungsbeschluss ist der Rechtsakt, mit dem die Hauptversammlung ihren ersten Beschluss trotz möglicher Mängel als für die Zukunft rechtsbeständige Regelung anerkennt.

Das Gegenstück ist die **Wiederholung oder Neuvornahme**.[1125] Auch darf der Bestätigungsbeschluss vom Erstbeschluss nicht inhaltlich abweichen. Eine Bestätigung ist nur bei **anfechtbaren Beschlüssen** und auch dort nur bei Verfahrens-, nicht aber bei Inhaltsmängeln möglich.[1126] Bei nichtigen Beschlüssen kommt grds. nur eine **Neuvornahme** in Betracht.[1127] Um den Anfechtungsausschluss für den Erstbeschluss zu bewirken, muss der Bestätigungsbeschluss **voll wirksam und rechtsbeständig**, also unanfechtbar sein. Dies ist der Fall, wenn die Anfechtungsfrist abgelaufen ist oder eine Anfechtungsklage rechtskräftig abgewiesen wurde.[1128] Soweit für den zu bestätigenden Beschluss etwaige Berichtspflichten zu beachten waren, müssen mangelhafte oder fehlerhafte Berichte nachgebessert oder nachgeholt werden. Bereits von vornherein ordnungsgemäße **Berichte** müssen aber nicht aktualisiert werden.[1129] Soll die Bestätigungswirkung verhindert werden, muss also der Aktionär sowohl gegen den Erstbeschluss als auch gegen den Bestätigungsbeschluss Anfechtungsklage erheben. Dies gilt auch dann, wenn etwa der Bestätigungsbeschluss denselben Mangel wie der Erstbeschluss aufweist.[1130] Streitig ist, auf welchen **Zeitpunkt** die Bestätigung wirkt. Die h.M. geht von einer **ex nunc-Wirkung** aus, weil nur Erst- und Bestätigungsbeschluss zusammen eine rechtsbeständige Regelung darstellen.[1131] Bei besonderem Interesse kann nach § 244 Satz 2 AktG der Kläger seinen Anfechtungsantrag gegen den Erstbeschluss aufrechterhalten (zulässige Klageänderung[1132]) mit dem Ziel, ihn bis zum Zeitpunkt des Bestätigungsbeschlusses für nichtig zu erklären.

349 Ob anstelle einer Neuvornahme ein solcher Bestätigungsbeschluss auch bei einer **Nichtigkeit der Kapitalmaßnahme** in Betracht kommt, ist dagegen unklar.[1133] Im Ergebnis dürfte es sich dabei jedoch lediglich um einen dogmatischen Streit handeln. Die Wirkungen einer Neuvornahme können denen eines Bestätigungsbeschlusses ganz oder weitgehend entsprechen. Ein einziger Unterschied besteht darin, wenn man dem Bestätigungsbeschluss nach § 244 AktG rückwirkende Wirkung, nicht aber lediglich eine ex nunc-Wirkung beimisst. Die h.M. geht jedoch von einer ex nunc-Wirkung des Bestätigungsbeschlusses aus.[1134]

1124 BGH, DStR 2006, 526 = ZIP 2006, 227 = AG 2006, 158.
1125 MünchKomm-AktG/Hüffer, § 244 Rn. 4.
1126 BGH, DStR 2006, 526, 527 = ZIP 2006, 227; a.A.: Kocher, NZG 2006, 1, 2.
1127 Im Ergebnis dürfte es sich dabei jedoch lediglich um einen dogmatischen Streit handeln. Die Wirkungen einer Neuvornahme können denen eines Bestätigungsbeschlusses ganz oder weitgehend entsprechen. Ein einziger Unterschied besteht darin, wenn man dem Bestätigungsbeschluss nach § 244 AktG rückwirkende Wirkung, nicht aber lediglich eine Wirkung ex nunc beimisst. Die h.M. geht von einer ex nunc-Wirkung des Bestätigungsbeschlusses aus. Vgl. GK/Wiedemann, AktG, § 189 Rn. 46; KölnerKomm-AktG/Zöllner, § 244 Rn. 10; Temme, RNotZ 2004, 1, 16.
1128 MünchKomm-AktG/Hüffer, § 244 Rn. 7.
1129 OLG München, ZIP 1997, 1743, 1746 f.; OLG Karlsruhe, AG 1999, 470; Kocher, NZG 2006, 1, 3 f.
1130 KölnerKomm-AktG/Zöllner, § 244 Rn. 14 f.; Semler, in: Münchener Handbuch des Gesellschaftsrechts, Bd. 4, § 41 Rn. 47; MünchKomm-AktG/Hüffer, § 244 Rn. 10.
1131 BGH, NJW 1972, 1320; OLG Düsseldorf, NZG 2003, 975, 978; KölnerKomm-AktG/Zöllner, § 244 Rn. 8; GK/K. Schmidt, AktG, § 244 Rn. 12 ff.; MünchKomm-AktG/Hüffer, § 244 Rn. 12; a.A.: BayObLG, NJW 1978, 1387.
1132 MünchKomm-AktG/Hüffer, § 244 Rn. 16.
1133 GK/Wiedemann, AktG, § 189 Rn. 46; KölnerKomm-AktG/Zöllner, § 244 Rn. 10; Temme, RNotZ 2004, 1, 16; siehe dazu oben Rn. 348.
1134 BGH, NJW 1972, 1320; OLG Düsseldorf, NZG 2003, 975, 978; MünchKomm-AktG/Hüffer, § 244 Rn. 12; GK/K. Schmidt, AktG, § 244 Rn. 16; a.A.: BayObLG, NJW 1978, 1387.

5. Anfechtungsklage

Die Anfechtung von Hauptversammlungsbeschlüssen kann gemäß § 243 Abs. 1 AktG **nur durch Anfechtungsklage** geltend gemacht werden. Zuständig hierfür ist an sich das LG am Sitz der Gesellschaft, soweit nicht eine **landesrechtliche Zuständigkeitskonzentration** erfolgt ist (§ 246 Abs. 3 AktG). Beklagter ist die Gesellschaft, die grds. durch Vorstand und Aufsichtsrat gemeinsam vertreten wird (§ 246 Abs. 2 AktG).

350

a) Anfechtungsbefugnis

Die **Anfechtungsbefugnis** ist in § 245 AktG geregelt. Fehlt sie, ist die Klage **unbegründet**, nicht unzulässig.[1135] Ein Anfechtungsrecht besteht zunächst für die Aktionäre nach § 245 Ziff. 1 – 3 AktG. Alle Aktionäre sind anfechtungsbefugt, soweit es um einen Beschluss wegen Strebens nach Sondervorteilen geht (§§ 245 Ziff. 3, 243 Abs. 2 AktG).

351

Anfechtungsbefugt sind weiter die in der Hauptversammlung erschienen/vertretenen Aktionäre, wenn sie gegen den Beschluss **Widerspruch zu Protokoll erklärt** haben (§ 245 Ziff. 1 AktG). Zusätzliche Voraussetzung ist nach der Neufassung des § 245 Nr. 1 AktG, dass der Aktionär seine Aktien vor Bekanntmachung der Tegesordnung erworben haben muss.[1136] Widerspruch ist die Erklärung, mit einem Hauptversammlungsbeschluss nicht einverstanden zu sein und deshalb eine gerichtliche Überprüfung zu erwägen. Allein die Stimmabgabe gegen den Beschluss genügt dafür noch nicht. Ein bestimmter Wortlaut ist aber nicht erforderlich.[1137] Nicht ausreichend ist es dagegen, wenn Widerspruch eingelegt wird nur gegen einzelne Verfahrensmaßnahmen wie bspw. gegen einen Stimmrechtsentzug, wenn nicht der Protest auch gegen das Ergebnis der Beschlussfassung unmissverständlich hervortritt.[1138] Eine Begründung ist für den Widerspruch aber nicht erforderlich.[1139] Der Widerspruch ist „**zur Niederschrift**" zu erklären. Es muss also für den Notar oder den Protokollführer erkennbar sein, dass Widerspruch eingelegt werden soll. Im Zweifel muss nachgefragt werden. Adressat des Widerspruchs ist gleichwohl die Gesellschaft.[1140] Die Aufnahme des Widerspruchs in der Niederschrift ist aber nicht Voraussetzung; der Kläger kann die Erklärung des Widerspruchs auch in anderer Form beweisen.[1141]

352

In **zeitlicher Hinsicht** kann Widerspruch erklärt werden während der gesamten Dauer der Hauptversammlung, insb. also auch, wenn der betreffende Tagesordnungspunkt bereits abgeschlossen ist,[1142] nicht aber nach Schließung der Versammlung.[1143] In **sachlicher Hinsicht** muss der Widerspruch erkennen lassen, gegen welchen Beschluss der Hauptversammlung er sich richtet. Zulässig ist freilich auch, gegen sämtliche Beschlüsse der Hauptversammlung Widerspruch einzulegen.[1144] Nach bislang ganz h.M. konnte Widerspruch nicht nur für bereits gefasste, sondern auch schon für erst noch **bevorstehende Beschlüsse**

1135 OLG Karlsruhe, WM 1987, 533, 536; BAG, AG 1992, 448; Hüffer, AktG, § 245 Rn. 2; KölnerKomm-AktG/Zöllner, § 245 Rn. 2.
1136 Geändert durch das UMAG vom 22.9.2005, BGBl. I, S. 2802 mit Wirkung zum 1.11.2005. Str. ist, ob die Neuregelung auch für laufende Anfechtungsklagen gilt; bejahend: OLG Frankfurt, NJW 2006, 1008 = AG 2006, 249 = ZIP 2006, 370; OLG Hamm, ZIP 2006, 133; LG Braunschweig, Der Konzern 2006, 386; Simon/ Leuering, NJW-Spezial 2005, 315; Leuering, NZG 2005, 999; verneinend: OLG München, ZIP 2006, 2370, 2371; Lochner, ZIP 2006, 135; Neumann/Siebmann, DB 2006, 435.
1137 RGZ 53, 291, 293; OLG Hamburg, AG 1960, 333, 334.
1138 OLG Oldenburg, NJW 1975, 1790; LG Ellwangen, AG 1976, 276 f.; GK/K. Schmidt, AktG, § 245 Rn. 20; MünchKomm-AktG/Hüffer, § 245 Rn. 34.
1139 Noack, AG 1989, 78, 80; GK/K. Schmidt, AktG, § 245 Rn. 20; Hüffer, AktG, § 245 Rn. 14.
1140 GK/K. Schmidt, AktG, § 245 Rn. 21; Noack, AG 1989, 78, 81.
1141 RGZ 53, 291, 293; OLG Hamburg, AG 1960 333, 334; GK/K. Schmidt, AktG, § 245 Rn. 21; Hüffer, AktG, § 245 Rn. 15.
1142 GK/K. Schmidt, AktG, § 245 Rn. 22; Hüffer, AktG, § 245 Rn. 14.
1143 LG Köln, AG 1996, 37.
1144 RGZ 30, 50, 52; RGZ 36, 24, 26; GK/K. Schmidt, AktG, § 245 Rn. 20; Hüffer, AktG, § 245 Rn. 14.

erklärt werden; es musste also nicht erst die Beschlussfassung abgewartet werden.[1145] Zulässig war insb. ein **genereller Widerspruch** gegen alle Beschlüsse wegen eines Verfahrensmangels, der sich auf alle Beschlüsse erstrecken kann.[1146]

In zwei neueren Entscheidungen hat das LG Frankfurt[1147] mit dieser Ansicht gebrochen.[1148] Das LG Frankfurt vergleicht den Widerspruch im Rahmen einer aktienrechtlichen Anfechtungsklage mit Rechtsmitteln gegen eine gerichtliche Entscheidung. Im gerichtlichen Verfahren ist eine Rechtsmitteleinlegung nur statthaft, wenn überhaupt eine anfechtbare Entscheidung zum Zeitpunkt der Rechtsmitteleinlegung schon vorliegt. Gleiches müsse auch bei der Einlegung eines Widerspruchs gegen einen Beschluss der Hauptversammlung im Aktienrecht gelten. Die Protokollierung eines solchen Widerspruches gegen eine Beschlussfassung der Hauptversammlung ist Voraussetzung für die Anfechtungsbefugnis nach § 245 Ziff. 1 AktG. Zur Klärung der prozessrechtlichen Zulässigkeitsvoraussetzungen müsse daher feststehen, dass der Aktionär gegenüber einer konkreten Beschlussfassung der Hauptversammlung Widerspruch einlegen will. Dieser Ansicht ist das OLG Jena mit überzeugender Begründung entgegengetreten.[1149] Das Erfordernis eines Widerspruchs als Voraussetzung einer Anfechtungsklage beruht nach der Gesetzesbegründung auf dem Verbot des **venire contra factum proprium**. Von daher dient der Widerspruch nur der Wahrung der Anfechtungsmöglichkeit, ohne eine Anfechtungsklage selbst schon herbeizuführen. Deshalb muss zum Zeitpunkt der Einlegung des Widerspruchs ein Beschluss noch gar nicht gefasst sein. Die vom LG Frankfurt vorgenommene Gleichsetzung des Widerspruchs mit einem Rechtsmittel gegenüber gerichtlichen Entscheidungen geht daher fehl. Der eigentliche Angriff gegen den Beschluss liegt erst in der Einreichung der Anfechtungsklage, nicht aber schon in der Erklärung eines Widerspruchs zu Protokoll.[1150] Ausnahmsweise kann auf die **Erklärung des Widerspruchs verzichtet** werden, nämlich bei der Anfechtung wegen unerkennbarer Beschlussmängel.

Beispiel:
Bei Willensmängeln im Zusammenhang mit der Stimmabgabe.[1151]

353 Wird bei einer laufenden Anfechtungsklage ein **Squeeze-out-Beschluss**[1152] im Handelsregister eingetragen, wird nach einer Ansicht die Klage nachträglich unbegründet.[1153] Mangels wirtschaftlichen Interesses fehle dem Kläger die **Klagebefugnis**. Für den Sonderfall, dass sich die Anfechtungsklage auf einen Sachverhalt bezieht, der nicht vor dem Squeeze-out-Beschluss liegt, sondern einen Zeitraum zwischen diesem Beschluss und seiner Eintragung im Handelsregister betrifft, hat das OLG Stuttgart jedoch entschieden, dass ein **rechtliches Interesse des Klägers** an der Anfechtungsklage trotz Wirksamwerdens des Squeezeout nicht abgesprochen werden könne.[1154] Dieser Ansicht folgt im Wesentlichen auch der BGH. Mit Urt. v. 9.10.2006 hat er ausgeführt, dass der Aktionär auch nach einem Squeeze-out zur Fortführung seiner Anfechtungsklage berechtigt ist, soweit er ein rechtliches Interesse an einer solchen Verfahrensfortset-

---

1145 KölnerKomm-AktG/Zöllner, § 245 Rn. 36; GK/K. Schmidt, AktG, § 245 Rn. 20; MünchKomm-AktG/Hüffer, § 245 Rn. 36.
1146 LG Frankfurt, AG 2005, 51.
1147 LG Frankfurt, DB 2005, 603 = ZIP 2005, 991 = RNotZ 2005, 370 = NZG 2005, 721; ZIP 2006, 335 = NotBZ 2006, 63, 65; in diese Richtung auch schon LG Frankfurt, AG 2005, 51, soweit die Anfechtung nur mit Verfahrensfehlern gerügt wird, die sich auf alle Beschlüsse auswirken.
1148 Ebenso bereits MünchKomm-AktG/Kubis, § 130 Rn. 7; Arnold, AG-Report 7/2005 R 138; ders., AG-Report 2006, R 403 f.
1149 OLG Jena, AG 2006, 417 = ZIP 2006, 729 = NZG 2006, 467; a.A. allerdings: Arnold, AG-Report 2006, R 403 f.
1150 Priester, EWiR 2005, 329. Siehe dazu auch DNotI-Gutachten Nr. 65408 vom Februar 2006.
1151 KölnerKomm-AktG/Zöllner, § 245 Rn. 42; GK/K. Schmidt, AktG, § 245 Rn. 19; Hüffer, AktG, § 245 Rn. 16.
1152 Siehe dazu unten Rn. 533 ff.
1153 OLG Koblenz, AG 2005, 365; LG Mainz, BB 2004, 1132; Bungert, BB 2005, 1345 ff.
1154 OLG Stuttgart, AG 2006, 340 ff.; so bereits Dreier, DB 2004, 808; Heise/Dreier, BB 2004, 1126 ff.; Arnold, AG-Report 2005, R 510 f.; 2006, R 192 f.

zung habe.[1155] Dies ist dann der Fall, wenn der Ausgang des Anfechtungsverfahrens rechtlich erhebliche Auswirkungen auf die als Vermögensausgleich für den Verlust der Mitgliedsrechte zu gewährende angemessene Barabfindung nach §§ 327a ff. AktG haben kann.

Aktionäre, die nicht in der Hauptversammlung erschienen sind, haben schließlich ein **Anfechtungsrecht bei Einberufungsmängeln** (§ 245 Ziff. 2 AktG). Dazu zählt auch der Fall der unberechtigten Nichtzulassung zur Hauptversammlung oder die unberechtigte Verweisung aus dem Saal.[1156] Wer (auch nur teilweise) in der Hauptversammlung anwesend/vertreten ist, muss auch in den Fällen des § 245 Ziff. 2 AktG Widerspruch erheben.[1157]

354

Wird die Anfechtungsklage auf eine **Verletzung der Auskunftsrechte** nach § 243 Abs. 2 AktG gestützt, ist nach § 245 Ziff. 3 AktG eine Anfechtungsbefugnis für Aktionäre nur gegeben, wenn sie ihre Aktien schon vor Bekanntmachung der Tagesordnung erworben haben. Verhindert werden sollen mit dieser Regelung „räuberische" Anfechtungsklagen, denn wer Aktien nach Bekanntmachung der Tagesordnung erwirbt, ist nach Ansicht des Gesetzgebers weniger schutzbedürftig.[1158]

Anfechtungsbefugt ist auch der **Vorstand als Gesamtorgan**, ohne dass es hierzu weiterer Voraussetzungen bedarf (§ 245 Ziff. 4 AktG). Einzelne Mitglieder des Vorstandes oder des Aufsichtsrats sind dann anfechtungsberechtigt, wenn die Ausführung des Beschlusses eine strafbare Handlung oder eine Ordnungswidrigkeit darstellen oder eine Schadensersatzpflicht begründen würde (§ 245 Ziff. 5 AktG). Maßgeblich für die **Organmitgliedschaft** ist der Zeitpunkt der Klageerhebung; ein danach erfolgter Amtsverlust ist unerheblich.[1159]

b) Anfechtungsfrist

Die Anfechtungsklage ist **fristgebunden** und muss innerhalb **eines Monats** nach der Beschlussfassung eingelegt werden (§ 246 Abs. 1 AktG). Es handelt sich dabei um eine **materiell-rechtliche Ausschlussfrist**. Weder die Satzung noch die Beteiligten können diese Frist verändern.[1160] Unzulässig ist deshalb auch das Nachschieben von Anfechtungsgründen außerhalb der Anfechtungsfrist.[1161]

355

c) Missbrauch

Wie jede andere Rechtsausübung steht auch das Anfechtungsrecht unter dem **Missbrauchsvorbehalt**. Rechtsmissbrauch ist anzunehmen, wenn ein Aktionär sein Anfechtungsrecht in grob eigensüchtiger[1162] und die Gesellschaft schädigender Weise ausübt, etwa zu dem Zweck, die Gesellschaft unter seinen Einfluss zu bringen und zu vernichten[1163] oder um ihr selbstsüchtig seinen Willen erpresserisch aufzuzwingen.[1164] In neuerer Zeit häufen sich die Fälle, in den Anfechtungsklagen erhoben werden allein zu dem Zweck, sich die **Rücknahme der Klage abkaufen zu lassen**.[1165] Dies gilt auch dann, wenn sich der Kläger erst nach Klageerhebung dazu entschließt, eine solche ihm nicht gebührende Sonderleistung (etwa als Rechtsanwaltshonorar/Aufwandsentschädigung) zu fordern.[1166] Soweit die Gesellschaft den Missbrauchs-

356

1155 BGH, ZIP 2006, 2167 = NZG 2007, 26 = BB 2006, 2601; siehe dazu Waclawik, ZIP 2007, 1 ff.
1156 Hüffer, AktG, § 245 Rn. 18.
1157 GK/K. Schmidt, AktG, § 245 Rn. 24.
1158 Gesetzesbegründung UMAG, BT-Drucks. 15/5092, S. 26 f.
1159 KölnerKomm-AktG/Zöllner, § 245 Rn. 74; GK/K. Schmidt, AktG, § 245 Rn. 40; Hüffer, AktG, § 245 Rn. 31.
1160 Hüffer, AktG, § 246 Rn. 20 f.
1161 BGH, DStR 2006, 526, 528; BGHZ 120, 141, 156; 134, 364, 366; 137, 378, 386; KG, AG 2006, 200.
1162 LG Nürnberg-Fürth, AG 2005, 262, 263.
1163 BGHZ 33, 175, 186 = NJW 1961, 26.
1164 RGZ 146, 385, 395.
1165 Semler, in: Münchener Handbuch des Gesellschaftsrechts, Bd. 4, § 41 Rn. 66 f.; Hüffer, AktG, § 245 Rn. 24; Diekgräf, WM 1991, 613 ff.; MünchKomm-AktG/Hüffer, § 245 Rn. 54 ff.
1166 BGH, NJW 1992, 569.

einwand erhebt, ist sie **darlegungs- und beweispflichtig**.[1167] Indizwirkung hat dabei z.B. die Tatsache, dass schon in anderen Verfahren unzulässige Sonderleistungen gefordert wurden[1168] oder dass eine ungewöhnlich hohe Forderung geltend gemacht wird.[1169] Liegt Rechtsmissbrauch vor, ist die **Anfechtungsbefugnis verwirkt** und die Klage damit unbegründet.[1170] Bereits geleistete Zahlungen kann die Gesellschaft bereicherungsrechtlich sowie nach §§ 57, 62 AktG zurückfordern; auch stehen der Gesellschaft Schadensersatzansprüche nach §§ 823, 826 BGB zu.[1171] **Rechtsmissbräuchlich** ist es dagegen **nicht**, wenn die Klage allein dazu dient, einen rechtswidrigen Beschluss der Hauptversammlung zu beseitigen, auch wenn damit für den klagenden Aktionär kein weiterer Nutzen verbunden ist.[1172] Anders wiederum ist es, wenn er trotz Widerspruchs vor der Beschlussfassung dem Beschluss zustimmt und nicht nachträglich erneut Widerspruch zu Protokoll erklärt.[1173]

d) Urteilswirkung

357 Das Anfechtungsurteil hat **Gestaltungswirkung**, weil der Kläger eine Änderung der materiellen Rechtslage begehrt.[1174] Die Gestaltungswirkung tritt gegenüber jedermann ein (§ 241 Ziff. 5 AktG), also entgegen dem Wortlaut des § 248 Abs. 1 Satz 1 AktG nicht nur gegenüber allen Aktionären und den Mitgliedern von Vorstand und Aufsichtsrat.[1175] Das Urteil ist **im Handelsregister einzutragen** und bekannt zu machen (§ 248 Abs. 1 Satz 2 – 4 AktG). Ist Gegenstand des obsiegenden Anfechtungsurteils eine Satzungsänderung, bedarf es einer **neuen Satzungsbescheinigung** des Notars (§ 248 Abs. 2 AktG). Für börsennotierte Gesellschaften besteht eine **besondere Bekanntmachungspflicht** nach § 248a AktG.[1176]

6. Nichtigkeitsklage

358 Aktionäre, der Vorstand als Gesamtorgan sowie einzelne Mitglieder des Vorstandes und des Aufsichtsrats sind berechtigt, nach § 249 AktG **Nichtigkeitsklage** zu erheben. Es handelt sich dabei um eine Feststellungsklage.[1177] Von der allgemeinen Feststellungsklage unterscheidet sie sich dadurch, dass der Kläger **kein besonderes Feststellungsinteresse** nachweisen muss; ein Rechtsschutzbedürfnis muss er jedoch trotzdem nachweisen.[1178] Die **Unwirksamkeit** von Hauptversammlungsbeschlüssen kann mit der Nichtigkeitsklage nur in den im Eingangssatz des § 241 AktG genannten Fällen erhoben werden. Sonst kommt nur die allgemeine Feststellungsklage in Betracht.[1179] Ohne Klageerhebung kann die Nichtigkeit nach § 249 Abs. 1 Satz 2 AktG etwa durch **Erhebung einer Einrede** geltend gemacht werden.

Nichtigkeitsklage und Anfechtungsklage zielen gleichermaßen darauf ab, die Rechtsbeständigkeit eines Hauptversammlungsbeschlusses mit Wirkung für und gegen jedermann zu klären. Von daher enthält jeder

---

1167 OLG Karlsruhe, AG 1992, 273; LG Nürnberg-Fürth, AG 2005, 262, 263; GK/K. Schmidt, AktG, § 245 Rn. 69 f.; Semler, in: Münchener Handbuch des Gesellschaftsrechts, Bd. 4, § 41 Rn. 67; Hüffer, AktG, § 245 Rn. 25; vgl. zu den Anforderungen hierzu: OLG Karlsruhe, ZIP 1992, 401.

1168 BGH, NJW 1989, 2689; OLG Stuttgart, AG 2003, 165, 166; Semler, in: Münchener Handbuch des Gesellschaftsrechts, Bd. 4, § 41 Rn. 67; Hüffer, AktG, § 245 Rn. 25.

1169 BGH, NJW 1992, 569; Semler, in: Münchener Handbuch des Gesellschaftsrechts, Bd. 4, § 41 Rn. 67; Hüffer, AktG, § 245 Rn. 24; a.A.: LG Hof, WM 1002, 2057, 2062; OLG Stuttgart, AG 2003, 456, 457.

1170 BAG, AG 1992, 448; OLG Stuttgart, AG 2003, 456; KölnerKomm-AktG/Zöllner, § 245 Rn. 89; Hüffer, AktG, § 245 Rn. 26; a.A.: GK/K. Schmidt, AktG, § 245 Rn. 75 f.: die Klage ist wegen fehlenden Rechtsschutzbedürfnisses unzulässig.

1171 GK/K. Schmidt, AktG, § 245 Rn. 81 ff.; Semler, in: Münchener Handbuch des Gesellschaftsrechts, Bd. 4, § 41 Rn. 67; Hüffer, AktG, § 245 Rn. 26.

1172 OLG Jena, ZIP 2006, 729.

1173 LG Braunschweig, Der Konzern 2006, 386, 388; MünchKomm-AktG/Hüffer, § 245 Rn. 55.

1174 MünchKomm-AktG/Hüffer, § 246 Rn. 13; Hüffer, § 246 Rn. 8; GK/K. Schmidt, AktG, § 246 Rn. 69.

1175 Semler, in: Münchener Handbuch des Gesellschaftsrechts, Bd. 4, § 41 Rn. 82.

1176 Götz/Holzborn, WM 2006, 157, 162.

1177 KölnerKomm-AktG/Zöllner, § 249 Rn. 25; MünchKomm-AktG/Hüffer, § 249 Rn. 4.

1178 Semler, in: Münchener Handbuch des Gesellschaftsrechts, Bd. 4, § 41 Rn. 94.

1179 OLG Hamburg, NJW 1990, 521.

Antrag auf Feststellung der Nichtigkeit auch die Erhebung der Anfechtungsklage und umgekehrt.[1180] Eine Verbindung von **Haupt- und Hilfsantrag** ist im Prozess daher nicht zwingend erforderlich.[1181] Anfechtungsgründe kann das Gericht allerdings nur berücksichtigen, wenn sie wenigstens im Kern während der **Anfechtungsfrist** in den Prozess eingeführt wurden.[1182] Im Übrigen ist das Verfahren der Nichtigkeitsklage aufgrund der Verweisung in § 249 AktG weitgehend dem der Anfechtungsklage angenähert. Die Nichtigkeitsklage ist **nicht fristgebunden**, ausgenommen jedoch bei Nichtigkeitsklagen gegen Verschmelzungsvorgänge (§ 14 UmwG); auch müssen die Voraussetzungen des § 245 AktG nicht beachtet werden. Ebenso wie bei einer Anfechtungsklage wird auch eine Nichtigkeitsklage nachträglich unbegründet, wenn nach Klageerhebung ein **Squeeze-out-Beschluss** im Handelsregister eingetragen wird und sich der mit der Klage angegriffene Hauptversammlungsbeschluss vor dem Squeeze-out-Beschluss gefasst wurde.[1183]

7. Feststellungsklage

Die **allgemeine Feststellungsklage** kommt nur in Betracht, wenn nicht vorrangig Anfechtungs- und Nichtigkeitsklage erhoben werden kann. Denkbar ist dies zum einen, wenn es um die Unwirksamkeit eines Hauptversammlungsbeschlusses geht oder wenn ein außenstehender Dritter Klage auf Nichtigkeitsfeststellung erheben will. Vorraussetzung ist in allen Fällen der Nachweis ein besonderes Feststellungsinteresses.[1184]

Daneben anerkannt ist die sog. **positive Beschlussfeststellungsklage** als Gegenstück zur Anfechtungsklage. Die Anfechtungsklage hat nur **kassatorische Wirkung**. Dies ist unbefriedigend, wenn z.B. ein Hauptversammlungsbeschluss anfechtbar ist, weil der Versammlungsleiter etwa wegen eines Zählfehlers das Abstimmungsergebnis falsch festgestellt hat und dies auch so protokolliert wurde. In diesem Fall wurde zwar das richtige Abstimmungsergebnis vom Versammlungsleiter nicht festgestellt und demgemäß auch nicht protokolliert. Dieser Fehler führt aber lediglich zur Anfechtbarkeit, nicht jedoch zur Nichtigkeit nach §§ 241 Ziff. 2, 130 Abs. 2 AktG, denn protokolliert wurde ja das Ergebnis der Beschlussfassung so, wie es der Versammlungsleiter festgestellt hat.[1185] Die erfolgreiche Anfechtungsklage beseitigt hier nur den falsch festgestellten Beschluss, führt aber noch nicht dazu, dass das „richtige" Abstimmungsergebnis gilt. Hier kann daher die Anfechtungsklage mit der Klage auf Feststellung verbunden werden, dass der Beschluss, dessen Zustandekommen richtigerweise hätte festgestellt werden müssen, gefasst worden ist.[1186] Für die positive Beschlussfeststellungsklage gelten die Vorschriften über die Anfechtungsklage entsprechend.[1187]

8. Freigabeverfahren

Neu eingeführt wurde die Möglichkeit, durch die Gesellschaft für bestimmte im Handelsregister einzutragende Kapitalmaßnahmen oder Unternehmensverträge ein **Freigabeverfahren** einzuleiten (§ 246a AktG).[1188] Ausgangspunkt für das Freigabeverfahren ist die **Erhebung einer Klage** (Anfechtungs-/Nichtigkeits-/Feststellungsklage), nicht aber erst eine etwaige Registersperre nach § 127 FGG. Die Gesell-

---

1180 Henze, AktR, Rn. 1157 ff.
1181 BGHZ 116, 359, 372; Hüffer, AktG, § 246 Rn. 13; KölnerKomm-AktG/Zöllner, § 246 Rn. 47; GK/K. Schmidt, AktG, § 249 Rn. 21; Semler, in: Münchener Handbuch des Gesellschaftsrechts, Bd. 4, § 41 Rn. 101.
1182 Semler, in: Münchener Handbuch des Gesellschaftsrechts, Bd. 4, § 41 Rn. 103.
1183 OLG Stuttgart, AG 2006, 340 ff.; Arnold, AG-Report 2006, R 192 f.
1184 Hüffer, AktG, § 246 Rn. 41.
1185 RGZ 122, 102; RGZ 142, 123; KölnerKomm-AktG/Zöllner, § 130 Rn. 39; MünchKomm-AktG/Kubis, § 130 Abs. 73 und 59; GK/Werner, AktG, § 130 Rn. 115.
1186 BGHZ 76, 191, 197 = NJW 1980, 1465; BGHZ 88, 329 f. = NJW 1984, 489; BGH, NJW 1997, 318; OLG Brandenburg, AG 2003, 328, 329; GK/Werner, AktG, § 130 Rn. 115.; Semler, in: Münchener Handbuch des Gesellschaftsrechts, Bd. 4, § 41 Rn. 91 ff.; Hüffer, AktG, § 246 Rn. 42.
1187 Semler, in: Münchener Handbuch des Gesellschaftsrechts, Bd. 4, § 41 Rn. 93; Hüffer, AktG, § 246 Rn. 43.
1188 Eingeführt wurde § 246a AktG durch das UMAG mit Wirkung zum 1.11.2005, BGBl. I, S. 2802; vgl. Paschos/Johannsen-Roth, NZG 2006, 327 ff.; umfassend dazu: Fassbender, AG 2006, 872 ff.

schaft kann hierzu bei dem **Prozessgericht** einen Antrag einreichen, wonach die erhobene Klage der Eintragung des Hauptversammlungsbeschlusses nicht entgegensteht und die Mängel des Hauptversammlungsbeschlusses die Wirkung der Eintragung unberührt lassen.[1189] Es handelt sich dabei um ein Eilverfahren (§ 246a Abs. 3 Satz 5 AktG), für das die ZPO und nicht das FGG gilt.[1190] Das Freigabeverfahren unterscheidet sich von den Freigabeverfahren der § 319 AktG, § 16 Abs. 3 UmwG, dadurch, dass hier anders als dort für die im Handelsregister einzutragenden und mit der Klage angegriffenen Hauptversammlungsbeschlüsse keine Registersperre besteht. Das Registergericht ist also frei, trotz anhängiger Klage die Beschlüsse einzutragen oder ihre Eintragung nach § 127 FGG auszusetzen. § 246a Abs. 3 Satz 3 1. Halbs. AktG ordnet daher die **Bindungswirkung** der rechtskräftigen Freigabeentscheidung des Prozessgerichts gegenüber dem Registergericht an. Auch wirkt diese Freigabeentscheidung nach § 246a Abs. 3 Satz 3 2. Halbs. AktG gegenüber jedermann. Auch eine **Amtslöschung** nach § 144 Abs. 2 FGG darf nicht mehr erfolgen.[1191] Diese Bindungswirkung des Registergerichts ist jedoch auf den Prüfungsumfang des Prozessgerichts beschränkt. Aus anderen Gründen kann das Registergericht daher die Eintragung ablehnen.[1192] Ergänzt wird diese Wirkung durch §§ 242 Abs. 5 Satz 2 und 246a Abs. 4 AktG. Im Fall einer erfolgreichen Klage kann nur noch **Schadensersatz** verlangt werden, nicht aber Beseitigung der Wirkung der Eintragung.

Gemäß § 246a Abs. 2 AktG darf die Freigabeentscheidung nur ergehen, wenn die **Klage unzulässig** oder **offensichtlich unbegründet** ist oder wenn das **Vollzugsinteresse der Gesellschaft** auch unter Berücksichtigung der Schwere der mit der Klage geltend gemachten Rechtsverletzungen **überwiegt**.[1193] Ob die Klage offensichtlich unbegründet ist, richtet sich nicht nach dem hiermit für das Gericht verbundenen Prüfungsaufwand, sondern nach dem Maß an Sicherheit, mit der sich die Unbegründetheit der Klage prognostizieren lässt.[1194] Dies ist z. B. dann der Fall, wenn die streitigen Rechtsfragen aus der Sicht des Gerichts eindeutig im Sinne einer Unbegründetheit der Anfechtungsklage zu beantworten sind, ohne dass es darauf ankommt, ob auch andere Standpunkte dazu vertreten werden.[1195]

Von wesentlicher Bedeutung ist die Interessenabwägungsklausel (§ 246a Abs. 2 3. Alt. AktG). In die Abwägung sind alle durch die Klage tangierten rechtlichen und wirtschaftlichen Interessen bei angenommenem Erfolg der Anfechtungsklage einzustellen. Zu prüfen sind aber auch hier die Erfolgsaussichten bei der Anfechtungsklage.[1196] Dabei sind sowohl die Nachteile der Gesellschaft durch die Verzögerung der Eintragung infolge des Prozesses als auch die Nachteile der Gesellschaft bei einem Erfolg der Klage zu berücksichtigen. All diese Nachteile und Schäden der Gesellschaft sind dann gegen die Schwere der vom Kläger behaupteten Rechtsverletzungen und gegen die denkbaren Schäden auf seiner Seite abzuwägen. Dem **Freigabeantrag** ist stattzugeben, wenn die der Gesellschaft durch eine Versagung der Eintragung drohenden Nachteile den Schaden überwiegen, der dem Kläger durch Eintragung und Durchführung des rechtswidrigen Hauptversammlungsbeschlusses entsteht.[1197] Dies ist etwa der Fall bei nur minderschweren Rechtsverletzungen.[1198] Die vorgebrachten Tatsachen sind **glaubhaft zu mach**en (§ 246a Abs. 3 Satz 2

1189 Ein Rechtsschutzbedürfnis für einen Freigabeantrag besteht auch dann, wenn der Antrag z.B. einen Kapitalerhöhungsbeschluss betrifft und der Antrag erst nach Eintragung des Kapitalerhöhungsbeschlusses, aber vor Durchführung der Kapitalerhöhung gestellt wird. LG München, DB 2006, 459.
1190 Gesetzesbegründung, BT-Drucks. 15/5092, S. 28.
1191 Gesetzesbegründung, BT-Drucks. 15/5092, S. 28; Götz/Holzborn, WM 2006, 157, 162.
1192 Gesetzesbegründung, BT-Drucks. 15/5092, S. 27; Götz/Holzborn, WM 2006, 157, 162.
1193 OLG Jena, DB 2006, 2335, 2336 ff.; OLG Karlsruhe, Beschl. v. 7.12.2006 – 7 W 78/06, n.v.; vgl. zum Verhältnis des Freigabeverfahrens zur Anfechtungsklage wegen Informationsmängeln: Heinrich/Theusinger, BB 2006, 449, 453.
1194 Gesetzesbegründung, BT-Drucks. 15/5092, S. 29; Götz/Holzborn, WM 2006, 157, 161.
1195 OLG Karlsruhe, Beschl. v. 7.12.2006 – 7 W 78/06, n.v.
1196 OLG Karlsruhe, Beschl. v. 7.12.2006 – 7 W 78/06, n.v.
1197 Gesetzesbegründung, BT-Drucks. 15/5092, S. 29.
1198 OLG Jena, DB 2006, 2335, 2336.

AktG). Gegen den Beschluss findet die **sofortige Beschwerde** statt (§ 246a Abs. 3 Satz 3 AktG).[1199] Streitig ist, ob dagegen eine Rechtsbeschwerde nach § 574 Abs. 1 Ziff. 2 ZPO zugelassen werden kann.[1200]

9. Aufsichtsratswahlen

Für Wahlen zum Aufsichtsrat bestehen **Sondervorschriften** über die Nichtigkeit (§ 250 AktG) und Anfechtbarkeit (§ 251 AktG). Namentlich die allgemeinen Nichtigkeitsvorschriften des § 241 AktG werden zum Teil eingeschränkt (es gelten nur die Nichtigkeitsgründe des § 241 Ziff. 1, 2 und 5 AktG), zum Teil aber auch durch weitere Nichtigkeitsgründe ergänzt (§ 250 Abs. 1 Ziff. 1 – 4 AktG).[1201]

361

10. Gewinnverwendungsbeschluss

Für Gewinnverwendungsbeschlüsse gelten die **allgemeinen Nichtigkeitsgründe** des § 241 AktG uneingeschränkt.[1202] Eine Nichtigkeit kommt darüber hinaus nach §§ 173 Abs. 3, 217 Abs. 2 AktG sowie nach 253 AktG in Betracht, wenn die Feststellung des Jahresabschlusses, auf dem er beruht, nichtig ist. Für die Anfechtung gelten neben den allgemeinen Vorschriften des § 243 AktG die Regelungen des § 255 AktG.

362

11. Jahresabschluss

Sondervorschriften für die Nichtigkeit und Anfechtbarkeit des festgestellten Jahresabschlusses enthalten die §§ 256, 257 AktG.

363

12. Einstweiliger Rechtsschutz

Einstweiliger Rechtsschutz gegen Hauptversammlungsbeschlüsse mit dem Ziel ihrer Nichtigerklärung ist wegen des Verbots der Vorwegnahme der Hauptsache grds. ausgeschlossen.[1203] Zulässig ist dagegen der Erlass einer **einstweiligen Verfügung** gegen die Ausführung eines Hauptversammlungsbeschlusses, insb. die Untersagung der Anmeldung zur Eintragung im Handelsregister oder die Untersagung des Vollzugs eines Beschlusses nach § 83 Abs. 2 AktG.[1204] Als eine Art einstweiligen Rechtsschutz kann man daneben auch das **Freigabeverfahren** nach § 246a AktG nennen. Dies gilt allerdings nur zu Gunsten der Gesellschaft, nicht aber zu Gunsten der Aktionäre.[1205]

364

II. Spruchverfahren

1. Anwendungsbereich

Das Spruchverfahren ist eine Folge des im Gesetz an verschiedenen Stellen ausgeprägten **Grundsatz des "Dulde und liquidiere"** und gibt hierfür das notwendige Verfahren. Die Verfahrensordnung selbst ist im SpruchG[1206] enthalten. Subsidiär gilt das FGG.[1207]

365

Die **wichtigsten Anwendungsfälle des Spruchverfahrens** sind in § 1 SpruchG aufgezählt. In Betracht kommt es bei

366

1199 Gesetzesbegründung, BT-Drucks. 15/5092, S. 29.
1200 Bejahend: OLG Frankfurt, ZIP 2006, 370 = AG 2006, 249; a.A.: OLG München, AG 2004, 455; Decher, ZIP 2006, 746; Volhard, NZG 2006, 297. Anders dagegen im Freigabeverfahren nach § 16 Abs. 3 UMWG. Dort ist eine Rechtsbeschwerde von Gesetz wegen ausgeschlossen: BGH, BB 2006, 1584.
1201 Vgl. dazu: LG München I, AG 2006, 762 (n. rkr.).
1202 Semler, in: Münchener Handbuch des Gesellschaftsrechts, Bd. 4, § 41 Rn. 123 ff.
1203 OLG Frankfurt, BB 1982, 274; OLG Celle, GmbHR 1981, 264, 266; Meller, Münchener Anwaltshandbuch Aktienrecht, § 38 Rn. 164.
1204 Nietsch, GmbHR 2006, 393 ff.; Meller, in: Münchener Anwaltshandbuch Aktienrecht, § 38 Rn. 164.
1205 Siehe oben Rn. 360.
1206 Siehe dazu z. B. die Kommentierungen im MünchKomm-AktG/Volhard; KölnerKomm/SpruchG; Klöcker/Frowein, SpruchG; Fritzsche/Dreier/Verfürth, SpruchG.
1207 Schüppen, in: Münchener Anwaltshandbuch Aktienrecht, § 40 Rn. 1 ff.

- §§ 304, 305 AktG (Ausgleich und Abfindung aussenstehender Aktionäre bei Beherrschungs- und Gewinnabführungsverträgen),
- § 320b AktG (Abfindung ausgeschiedener Aktionäre bei Eingliederung),
- §§ 327 ff. AktG (Abfindung der Minderheitsaktionäre bei Squeeze-Out),
- §§ 15, 29, 30, 176 ff., 184, 186, 212 UmwG (Zuzahlung oder Abfindung bei Umwandlungsvorgängen).

Diese **Aufzählung ist nicht abschließend**.[1208] Anwendung findet das Verfahren auch bei der Entschädigung für die Abschaffung von Mehrstimmrechten nach § 5 Abs. 5 EGAktG. Auch im Fall des Delisting gilt nach Ansicht des BGH das SpruchG.[1209] Eine weitere Zunahme von Spruchverfahren wird zu erwarten sein aufgrund der in § 243 Abs. 4 Satz 2 AktG eingeschränkten Möglichkeit der Erhebung einer Anfechtungsklage wegen Verletzung der Informationsrechte im Zusammenhang mit der Ermittlung der Höhe von Abfindungen etc.

2. Antragsberechtigung, Antragsgegner

367 Die **Antragsberechtigung** ist in § 3 SpruchG geregelt und differenziert danach, aufgrund welcher Grundlage das Spruchverfahren durchgeführt wird. Gleiches gilt im Hinblick auf die Bestimmung des **Antragsgegners** nach § 5 SpruchG. Die Antragsberechtigung ist grds. durch Urkunden nachzuweisen (§ 3 Satz 2 SpruchG). Sind die Anteile nicht verbrieft und besteht auch nicht die Möglichkeit des Nachweises mittels Depotauszug wie z.B. bei nicht börsennotierten Aktien ohne Ausgabe von Aktienurkunden, ist auch ein anderer Nachweis möglich.[1210] Abgestellt wird hierbei auf den Zeitpunkt der Antragstellung.

3. Antragsfrist, Antragsinhalt, Zuständigkeit

368 Die **Antragsfrist** beträgt einheitlich **drei Monate** (§ 4 SpruchG). Der Antrag ist innerhalb dieser Frist zu begründen (§ 4 Abs. 2 Satz 1 SpruchG). In § 4 Abs. 2 Satz 2 und Satz 3 SpruchG ist gleichzeitig der notwendige Inhalt des Antrags genannt. Nicht erforderlich ist es, die für angemessen gehaltene Kompensation schon im Antrag zu beziffern.[1211] **Zuständiges Gericht** ist das LG, in dessen Bezirk der Rechtsträger, dessen Anteilsinhaber antragsberechtigt sind, seinen Sitz hat (§ 2 Abs. 1 SpruchG).

4. Gemeinsamer Vertreter

369 Nach § 6 SpruchG wird den Antragsberechtigten, die nicht selbst einen Antrag gestellt haben, vom Gericht ein **gemeinsamer Vertreter** bestellt, wenn nicht auf andere Weise die Wahrung ihrer Rechte gewährleistet ist (§ 3 Abs. 1 Satz 3 SpruchG). Der gemeinsame Vertreter hat die Stellung eines gesetzlichen Vertreters (§ 3 Abs. 1 Satz 1 2. Halbs. SpruchG).

5. Entscheidung

370 Die Entscheidung ergeht grds. aufgrund **mündlicher Verhandlung** (§ 8 SpruchG). Zur Vorbereitung der mündlichen Verhandlung werden in aller Regel **Gutachten zur Unternehmensbewertung** in Auftrag gegeben. Die daraufhin ergehende Entscheidung, die nach § 11 Abs. 2 SpruchG auch in Form eines gerichtlichen Vergleichs ergehen kann, ist den Beteiligten zuzustellen (§ 11 Abs. 3 SpruchG). Dagegen können die Beteiligten **sofortige Beschwerde** zum OLG einreichen (§ 12 SpruchG). Eine **weitere Beschwerde** ist ausgeschlossen (§ 12 Abs. 2 Satz 3 SpruchG).

Zulässig ist aber eine **Divergenzvorlage** nach § 12 Abs. 2 Satz 1 SpruchG i.V.m. § 28 Abs. 2 und 3 FGG, wenn eine OLG von der früheren Entscheidung eines anderen OLG abweichen will. Ist die Entscheidung rechtskräftig, wirkt sie nach § 13 Satz 2 SpruchG für und gegen alle Anteilsinhaber, insb. also auch gegenüber denjenigen, die die ursprünglich angebotene Abfindung akzeptiert haben und bereits aus der Ge-

---

1208 Gesetzesbegründung, BT-Drucks. 15/371, S. 12.
1209 BGH, NZG 2003, 280, 281 = ZIP 2003, 387; BayObLG, AG 2005, 288.
1210 Schüppen, in: Münchener Anwaltshandbuch Aktienrecht, § 40 Rn. 23.
1211 Schüppen, in: Münchener Anwaltshandbuch Aktienrecht, § 40 Rn. 25.

sellschaft ausgeschieden sind. Sie erhalten also ggf. eine Nachzahlung. Nach h.M. sind sie dagegen nicht zu einer Rückzahlung verpflichtet, wenn das Gericht eine im Gegensatz zu der von ihnen angenommenen Abfindung niedrigere Kompensation festsetzt.[1212]

III. Auskunftserzwingungsverfahren

Nach § 131 AktG haben die Aktionäre bestimmte **Auskunftsansprüche** in der Hauptversammlung.[1213] Wurde ihr Informationsrecht verletzt, können sie deswegen entweder nach § 243 Abs. 4 AktG Anfechtungsklage erheben. Daneben oder alternativ können sie auch gemäß § 132 AktG ein gerichtliches **Auskunftserzwingungsverfahren** anstrengen. Nach § 132 Abs. 3 Satz 1 i.V.m. § 99 Abs. 1 AktG handelt es sich dabei um ein **FGG-Verfahren**; es gilt der Amtsermittlungsgrundsatz nach § 12 FGG, so dass das Gericht selbst die maßgeblichen Tatsachen festzustellen hat; die Beteiligten haben lediglich eine Pflicht zur Verfahrensförderung.

Zuständig ist das LG am Sitz der Gesellschaft, soweit nicht aufgrund landesrechtlicher Vorschriften ein besonderes LG örtlich zuständig ist. Für das Verfahren gilt eine **Antragsfrist von zwei Wochen**. Dabei handelt es sich um eine materiell-rechtliche Ausschlussfrist. Wird dem Antrag stattgegeben, ist die Auskunft nach § 132 Abs. 4 Satz 1 AktG auch außerhalb der Hauptversammlung zu geben. Die Entscheidung wird mit Rechtskraft wirksam. Sie ist nach § 132 Abs. 3 Satz 1 i.V.m. § 99 Abs. 5 Satz 3 HGB **zum Handelsregister einzureichen** und kann dort von jedermann nach § 9 HGB eingesehen werden. Damit soll den nicht beteiligten Aktionären für die nächste Hauptversammlung die Möglichkeit des § 131 Abs. 4 Satz 1 AktG gewährt werden. Als **Rechtsmittel** gegen den Beschluss ist die sofortige Beschwerde nur dann statthaft, wenn sie ausdrücklich zugelassen wurde. Eine Nichtzulassungsbeschwerde gibt es nicht.[1214]

Das **Auskunftserzwingungsverfahren** ist unabhängig von einer etwaigen Anfechtungsklage; auch bindet die Entscheidung nach § 132 AktG nicht im Anfechtungsprozess (str.).[1215] **Antragsberechtigt** ist nach § 132 Abs. 2 AktG zunächst jeder Aktionär, dem die **verlangte Auskunft** nicht gewährt worden ist. Ob er verlangt hat, dass die Auskunftsverweigerung nach § 131 Abs. 5 AktG protokolliert wird, ist unerheblich. Auch muss er selbst nicht Widerspruch eingelegt haben. Allerdings genügt die pauschale Bezugnahme auf Fragen anderer Aktionäre nicht, deren Fragen als solche i.S.d. § 132 Abs. 2 Satz 1 1. Alt. AktG anzusehen.[1216] Ob tatsächlich in der Hauptversammlung die Auskunft verlangt wurde, ist Tatfrage. Regelmäßig ergibt sich dies schon aus dem notariellen Protokoll und dem Hinweis auf Auskunftsverweigerung nach § 131 Abs. 5 AktG. Dies gilt insb. auch dann, wenn der Notar eine Liste von Fragen des Aktionärs als Anlage zu Protokoll nimmt und dort vermerkt, dass die Fragen als nicht beantwortet erklärt werden, die Gesellschaft aber behauptet, die Fragen seien nicht gestellt worden. Enthält das Protokoll keinen Hinweis darauf, dass es für den Notar nicht überprüfbar sei, ob die Fragen tatsächlich gestellt wurden, bleibt es bei der Beweiskraft des notariellen Protokolls.[1217] In der Praxis wird dies häufig so sein; möglicherweise sollte daher ein **entsprechender Hinweis in das Protokoll** aufgenommen werden.

Neben dem fragenden Aktionär ist auch jeder andere in der Hauptversammlung **anwesende Aktionär** antragsberechtigt, wenn über den Gegenstand der Tagesordnung, auf den sich die Auskunft bezog, ein Beschluss gefasst worden ist, und er **Widerspruch zur Niederschrift** erklärt hat. Wer nichts gefragt und auch keinen Widerspruch eingelegt hat, ist nicht antragsbefugt.[1218] Verliert der Antragsteller seine Eigenschaft als Aktionär vor der gerichtlichen Entscheidung durch Übertragung seiner Aktien, erlischt damit

---

1212 MünchKomm-AktG/Volhard, § 13 SpruchG Rn. 6; Klöcker/Frowein, SpruchG, § 13 Rn. 5; a.A.: KölnerKomm-AktG/Wilske, § 13 SpruchG Rn. 16.
1213 Siehe oben Rn. 267.
1214 MünchKomm-AktG/Kubis, § 132 Rn. 38.
1215 So Hüffer, AktG, § 132 Rn. 2; a.A.: OLG Stuttgart, AG 1992, 459.
1216 LG Frankfurt, NZG 2005, 937, 938.
1217 LG Frankfurt, NZG 2005, 937, 938.
1218 Hüffer, AktG, § 132 Rn. 4a.

sein Recht auf Auskunftserteilung.[1219] **Streitig** ist, ob in diesem Verfahren die notwendige Auskunftsverweigerung mit dem Fall gleichzusetzen ist, in welchem zwar eine Auskunft erteilt wurde, diese aber falsch war. Nach einer Ansicht kann hier nur **Anfechtungsklage** erhoben werden.[1220] Nach wohl h.M. ist auch hier das Verfahren nach § 132 AktG möglich.[1221]

IV. Sonderprüfung

374 Nach §§ 142 ff. AktG kann die Hauptversammlung mit **einfacher Mehrheit** eine **Sonderprüfung** von Vorgängen bei der Gründung oder der Geschäftsführung, insb. auch bei der Durchführung von Kapitalmaßnahmen beschließen. Daneben besteht die Möglichkeit einer Sonderprüfung bestimmter Posten des Jahresabschlusses wegen unzulässiger Unterbewertung (§ 258 Abs. 1 Ziff. 1 AktG) und des Anhangs zum Jahresabschluss auf Vollständigkeit (§ 258 Abs. 1 Ziff. 2 AktG) sowie einer Sonderprüfung in Konzernverhältnissen nach § 315 AktG. Steht die Sonderprüfung im Zusammenhang mit der Entlastung eines Mitgliedes des Vorstandes oder des Aufsichtsrats, besteht für sie ein Stimmverbot nach § 142 Abs. 1 Satz 2 AktG.

375 **Gegenstand der Sonderprüfung** können nur **einzelne konkret zu bezeichnende Vorgänge** bei der Gründung oder bei der Geschäftsführung, nicht aber ein etwa bestimmte Zeiträume sein. Hierzu kann die Hauptversammlung zwar ebenso eine Prüfung beschließen. Dabei handelt es sich dann aber nicht um eine Sonderprüfung nach § 142 AktG.[1222] Eine **zeitliche Begrenzung** für Vorgänge gibt es im Rahmen der Sonderprüfung nach § 142 Abs. 1 AktG im Übrigen nicht.[1223] Der Hauptversammlungsbeschluss muss den Sonderprüfer **namentlich bezeichnen**; § 143 AktG enthält hierzu bestimmte positive und negative Merkmale. Keinesfalls kann die Auswahl des Sonderprüfers dagegen dem Vorstand oder anderen überlassen werden.[1224]

376 **Unzulässig** ist eine Sonderprüfung im Zusammenhang mit einem Squeeze-out. Ein entsprechender Antrag muss nicht zur Abstimmung gestellt werden.[1225] Mangels Relevanz ist der Übertragungsbeschluss nicht anfechtbar. Nach Ansicht des BGH sei durch die §§ 327a ff. AktG bereits sichergestellt, dass die vom Hauptaktionär festgelegte Barabfindung durch einen unabhängigen gerichtlich bestellten Prüfer überprüft wird. Erst recht gilt dies im Hinblick auf die Möglichkeit der Einleitung eines gerichtlichen Spruchverfahrens nach § 2 Nr. 5 SpruchG.[1226]

377 Eine Sonderprüfung kann auch **von einer Minderheit erzwungen** werden, wenn die Hauptversammlung eine Sonderprüfung zunächst abgelehnt hat. Eine solche von der Minderheit erzwungene Sonderprüfung kann grds. den gleichen Gegenstand haben wie eine Sonderprüfung, die von der Hauptversammlung beschlossen wurde. Anders als dort besteht hier allerdings eine zeitliche Begrenzung für die Überprüfung von Geschäftsführungsvorgängen. Diese dürfen nach § 142 Abs. 2 Satz 1 AktG nicht länger als fünf Jahre, gerechnet ab dem Zeitpunkt des ablehnenden Hauptversammlungsbeschlusses zurückliegen.[1227] Ausreichend ist nach der Neufassung des § 142 Abs. 2 AktG durch das UMAG ein Antrag bei Gericht von Aktionären, die zusammen mit mindestens 1 % des Grundkapitals oder den anteiligen Betrag von 100.000 € an der Gesellschaft beteiligt sind. Dabei müssen die Antragsteller nachweisen, dass sie seit mindestens drei Monaten vor der Hauptversammlung Inhaber der Aktien sind und dass sie die Aktien bis zur Entscheidung

---

1219 Semler, in: Münchener Handbuch des Gesellschaftsrechts, Bd. 4, § 37 Rn. 50; MünchKomm-AktG/Kubis, § 132 Rn. 9.
1220 LG Dortmund, AG 1999, 133; LG Köln, AG 1991, 38; KölnerKomm-AktG/Zöllner, § 132 Rn. 5.
1221 Hüffer, AktG, § 132 Rn. 4a; MünchKomm-AktG/Kubis, § 132 Rn. 15; Semler, in: Münchener Handbuch des Gesellschaftsrechts, Bd. 4, § 37 Rn. 53.
1222 Semler, in: Münchener Handbuch des Gesellschaftsrechts, Bd. 4, § 42 Rn. 3; Hüffer, AktG, § 132 Rn. 2.
1223 Hüffer, AktG, § 142 Rn. 8.
1224 MünchKomm-AktG/Schröer, § 142 Rn. 34; KölnerKomm-AktG/Kronstein/Zöllner, § 142 Rn. 19.
1225 BGH, ZIP 2006, 2080 = NZG 2006, 905 = BB 2006, 2543; Bungert, BB 2006, 2761, 2763.
1226 BGH, ZIP 2006, 2080 = NZG 2006, 905 = BB 2006, 2543; Bungert, BB 2006, 2761, 2762.
1227 Hüffer, AktG, § 142 Rn. 19.

über den Antrag halten (§ 142 Abs. 2 Satz 3 AktG).[1228] Dieser **Nachweis** kann durch Hinterlegungsbescheinigung geführt werden.[1229] Zulässig ist eine Hinterlegung bei Gericht, bei der Gesellschaft selbst oder bei einem Notar. Praktisch bedeutsamer ist die Bestätigung des depotführenden Instituts auf den Tag des Antrags und eine weitere zum Ende des Verfahrens, die sich auf den zurückliegenden Zeitraum bezieht, oder eine Depotbestätigung mit Sperrvermerk.[1230]

Weitere (materielle) Voraussetzung ist – wie bisher – dass Tatsachen vorliegen, die den Verdacht rechtfertigen, dass bei dem Vorgang **Unredlichkeiten** oder **grobe Verletzungen** von Gesetz oder Satzung vorgekommen sind. Bloße Verdächtigungen oder unsubstanziierte Behauptungen genügen nicht; es müssen hierzu konkrete Tatsachen behauptet werden, so dass sich für das Gericht ein **hinreichender Tatverdacht** für eine Unredlichkeit oder Pflichtverletzung ergeben muss. Dringender Tatverdacht ist nicht erforderlich; es genügt, wenn die Unredlichkeit oder Pflichtverletzung wahrscheinlich und nicht nur möglich ist.[1231] Unredlichkeit ist zu bejahen bei einem sittlich anstößigen Verhalten, insb. also bei Treuepflichtverletzungen.[1232] Nicht sittlich anstößige Pflichtverletzungen sind nur dann ausreichend, wenn sie „grob" sind. Notwendig ist hierfür zum einen schuldhaftes Handeln sowie zum andern eine erhebliche und nicht nur unbedeutende Regelwidrigkeit. Dafür kann auch eine Rolle spielen die Höhe des dadurch verursachten Schadens oder überhaupt die Tatsache, dass ein Schadensersatzanspruch gegen den Handelnden wahrscheinlich ist.[1233]

378

Hat die Hauptversammlung einen **Sonderprüfer** bestellt, kann dieser von der Minderheit **durch Antrag bei Gericht ausgewechselt werden**, insb., wenn er nicht die für den Gegenstand der Sonderprüfung erforderlichen Kenntnisse hat oder Besorgnis zur Befangenheit gibt. Hierfür gilt eine **Antragsfrist** von zwei Wochen (§ 142 Abs. 4 AktG).

Zuständig für diese Anträge der Minderheit ist nach § 142 Abs. 5 Satz 2 AktG nunmehr das **LG**, in dessen Bezirk die Gesellschaft ihren Sitz hat. Das Gericht ist auch für die **Abberufung** des von ihm bestellten Sonderprüfers zuständig, nicht aber die Minderheit. Der von der Hauptversammlung berufene Sonderprüfer kann von dieser abberufen werden.[1234]

In § 145 AktG ist die **Durchführung der Sonderprüfung** geregelt. Danach können die Sonderprüfer insb. von den Mitgliedern des Vorstandes und des Aufsichtsrats alle Aufklärungen und Nachweise verlangen, welche die sorgfältige Prüfung notwendig macht. Gegen Mitglieder des Vorstandes, nicht aber des Aufsichtsrats kann die Erfüllung der Auskunftspflicht mit Zwangsgeldern durchgesetzt werden (§ 407 AktG). Die Erteilung unrichtiger Auskünfte ist strafbewährt (§ 400 Abs. 1 Ziff. 2 AktG). Die **Kosten** der Sonderprüfung trägt nach § 146 AktG grds. die Gesellschaft.

379

Die Sonderprüfung endet mit einem entsprechenden **Bericht** gemäß § 145 Abs. 6 AktG gegenüber dem Vorstand. Der Bericht ist dem **Handelsregister** einzureichen und dort nach § 9 HGB jedermann zugänglich. Weiter hat der Vorstand den Bericht jedem Aktionär auf Verlangen auszuhändigen. Der Bericht ist ebenso dem Aufsichtsrat vorzulegen sowie bei der **nächsten Hauptversammlung** zum Gegenstand der Tagesordnung zu machen. Grds. sind in den Bericht nach § 145 Abs. 6 Satz 2 AktG auch Tatsachen aufzunehmen, die der Gesellschaft oder einem verbundenen Unternehmen einen erheblichen Schaden zufügen können, soweit ihre Kenntnis zur Beurteilung des zu prüfenden Vorgangs durch die Hauptversammlung erforderlich ist.

380

Soweit die Sonderprüfung aufgrund **Minderheitsverlangens** nach § 142 Abs. 2 AktG durchgeführt wird, ermöglicht § 145 Abs. 4 AktG nunmehr, dass bestimmte Tatsachen nicht in den Bericht aufgenommen

---

1228 Vgl. zur fehlenden Antragsbefugnis bei Veräußerung der Aktien: OLG München, AG 2006, 167.
1229 Siehe zur Hinterlegung bei stückelosen Aktien: BayObLG, AG 2005, 244.
1230 Gesetzesbegründung UMAG, BT-Drucks. 15/5092, S. 18 f.
1231 MünchKomm-AktG/Schröer, § 142 Rn. 69; GK/Bezzenberger, AktG, § 142 Rn. 61.
1232 MünchKomm-AktG/Schröer, § 142 Rn. 67.
1233 MünchKomm-AktG/Schröer, § 142 Rn. 68.
1234 Hüffer, AktG, § 142 Rn. 32.

werden, wenn überwiegende Gründe der Gesellschaft dies gebieten und sie zur Darlegung der Unredlichkeit oder der groben Pflichtverletzung nicht unerlässlich sind. Notwendig ist hierfür eine auf Antrag des Vorstandes ergehende Ermächtigung des Gerichts. Hintergrund dieser Regelung ist es, über das Instrument der Sonderprüfung dem Minderheitsaktionär nicht die Möglichkeit zu geben, **Geschäftsgeheimnisse auszuforschen** und das Unternehmen zu schädigen.[1235]

V. Geltendmachung von Ersatzansprüchen

381 In den §§ 147, 148 AktG ist die **Geltendmachung bestimmter Schadensersatzansprüche** der Gesellschaft gegen die Gründer, besonders aber gegen die Mitglieder des Vorstandes oder des Aufsichtsrats geregelt. Da die Vertretung der Gesellschaft in den Händen des Vorstandes (§ 78 AktG) oder des Aufsichtsrats (§ 112 AktG) liegt und die Verwaltungsorgane in der Gefahr stehen, das Gesellschaftsinteresse hinter das eigene Interesse zurücktreten zu lassen, soll die Regelung der § 147, 148 AktG die Durchsetzung entsprechender Ersatzansprüche erleichtern. Die Gesellschaft ist verpflichtet, diese Ersatzansprüche **binnen sechs Monaten** geltend zu machen, wenn die Hauptversammlung dies mit einfacher Mehrheit beschließt. Die Geltendmachung selbst soll dann durch das an sich zuständige Gesellschaftsorgan erfolgen. Die Hauptversammlung kann aber nach § 147 Abs. 2 Satz 1 AktG zur Geltendmachung dieser Ansprüche mit einfachem Mehrheitsbeschluss **besondere Vertreter** bestellen. Schließlich kann auch eine **Aktionärsminderheit** die Bestellung besonderer Vertreter oder anderer besonderer Vertreter durch das Gericht veranlassen. Erforderlich ist hierfür nach § 147 Abs. 2 Satz 2 AktG, dass die Minderheitsaktionäre zusammen mit mindestens 10 % am Grundkapital oder den anteiligen Betrag von 1.000.000 € an der Gesellschaft beteiligt sind und dass das Gericht die Bestellung anderer Vertreter für eine gehörige Geltendmachung der Ersatzansprüche für zweckmäßig hält. Die Beteiligten können hierzu Vorschläge machen; gebunden ist das Gericht daran nicht.[1236] Die **Kosten** einer solchen Klage sind von der Gesellschaft zu tragen (§ 147 Abs. 2 Satz 3 AktG).

382 **Neu geregelt** durch das UMAG ist die Möglichkeit, dass eine **Aktionärsminderheit** selbst die in § 147 Abs. 1 AktG genannten Ersatzansprüche der Gesellschaft im eigenen Namen geltend machen kann. Es liegt ein Fall **gesetzlicher Prozessstandschaft** vor. § 148 AktG sieht hierfür ein **sog. Klagezulassungsverfahren** vor, das dem eigentlichen Klageverfahren vorgeschaltet ist. Das Klagezulassungsverfahren ist so lange statthaft, bis der geltend gemachte Anspruch der Gesellschaft verjährt ist. Die Antragstellung hemmt bis zur rechtskräftigen Antragsabweisung oder bis zum Ablauf der Frist für die Klageerhebung die **Verjährung** des Anspruchs (§ 148 Abs. 2 Satz 3 AktG). Über die Zulassung entscheidet das Prozessgericht durch Beschluss.

Das Klagezulassungsverfahren soll der Minderheit die Möglichkeit geben, einen ex ante **aussichtsreichen Prozess** in die Wege zu leiten, ohne das Risiko tragen zu müssen, im (späteren) Rechtsstreit mit dessen Kosten belastet zu werden. Gleichzeitig sollen **aussichtslose oder zu missbräuchlichen Zwecken betriebene Klagen von vornherein ausgeschaltet** werden.[1237] Die Antragstellung der Minderheitsaktionäre schließt eine Klage der beizuladenden Gesellschaft, die ihren Anspruch jederzeit geltend machen kann, nicht aus. Erhebt die Gesellschaft selbst Klage, werden anhängige Zulassungsverfahren oder Klagen der Aktionäre unzulässig (§ 148 Abs. 3 Satz 1 AktG). Ebenso kann die Gesellschaft auch das von der Minderheit angestrengte Verfahren in dem Stadium übernehmen, in dem es sich zur Zeit der Übernahme befindet (§ 148 Abs. 3 Satz 2 AktG). Die Gesellschaft hat in diesem Fall die Kosten der Minderheitsaktionäre zu tragen (§ 148 Abs. 6 Satz 4 AktG).

383 Das **Quorum für das Minderheitsverlangen** beträgt eine Mindestbeteiligung i.H.v. 1 % am Grundkapital oder einen anteiligen Betrag von 100.000 € (§ 148 Abs. 1 AktG). Damit werden die Schwellenwerte im Vergleich zur früheren Rechtslage erheblich herabgesetzt. Kompensiert wird dies und die damit einhergehende Missbrauchsgefahr zunächst durch eine entsprechende Kostenregelung (§ 148 Abs. 6 Satz 1 und

---

1235 Gesetzesbegründung UMAG, BT-Drucks. 15/5092, S. 19.
1236 Hüffer, AktG, § 147 Rn. 8.
1237 Gesetzesbegründung UMAG, BT-Drucks. 15/5092, S. 20.

Satz 5 und Satz 6 AktG) sowie durch die besonderen Voraussetzungen des Klagezulassungsverfahrens. Danach lässt das Gericht die Klage nur unter den **weiteren Voraussetzungen** des § 148 Abs. 1 Satz 2 Ziff. 1 – Ziff. 4 AktG zu. Diese müssen kumulativ vorliegen. Im Einzelnen handelt es sich dabei um:

- das Erfordernis des Erwerbs der Aktien vor Kenntniserlangung der Pflichtverletzung etwa durch Veröffentlichungen;
- die erfolglose Aufforderung der Gesellschaft zu einer eigenen Klage;
- das Vorliegen von Tatsachen, die den Verdacht rechtfertigen, dass der Gesellschaft durch Unredlichkeit oder grobe Pflichtverletzung ein Schaden entstanden ist **und**
- das Erfordernis, dass überwiegende Gründe des Gesellschaftswohls der Geltendmachung der Ersatzansprüche nicht entgegenstehen.[1238]

Gibt das Gericht dem Antrag statt, ist die **Klageerhebung innerhalb von drei Monaten** nach Eintritt der Rechtskraft dieser Entscheidung und nach nochmaliger vergeblicher Setzung einer angemessenen Frist zur Aufforderung einer eigenen Klageerhebung durch die Gesellschaft möglich (§ 148 Abs. 4 AktG). Sie ist gegen die in § 147 Abs. 1 AktG genannten Personen und auf Leistung an die Gesellschaft zu richten. Das Urteil entfaltet nach § 148 Abs. 5 AktG **Bindungswirkung** auch für die übrigen Aktionäre und für die Gesellschaft. Gleiches gilt für einen Vergleich.

384

VI. Sonstige Rechtsbehelfe

Neben den vorgenannten **Rechtsschutzmöglichkeiten** im Zusammenhang mit der Hauptversammlung hat der einzelne Aktionär unabhängig von der Höhe seiner Beteiligung weitere explizit **im AktG genannte Klagemöglichkeiten**. Zu denken ist hier zum einen an die Klagerechte auf Einleitung einer gerichtlichen Entscheidung über die Zusammensetzung des Aufsichtsrats nach §§ 98 ff. AktG oder auf gerichtliche Bestellung eines Aufsichtsratsmitglieds nach § 104 AktG. Daneben bestehen diverse Rechte, die – abhängig von der Erfüllung bestimmter Quoren – vielfältige Minderheitenrechte gewähren.[1239]

385

Von Bedeutung sind schließlich noch die **sog. actio pro socio** und die **Mitgliedschaftsklage**. Bei der actio pro socio macht der einzelne Gesellschafter einen Anspruch der Gesellschaft gegen andere Gesellschafter im Wege der **gesetzlichen Prozessstandschaft** geltend. Bei der Mitgliedschaftsklage geht es dagegen um die Geltendmachung eines eigenen Anspruchs des Gesellschafters gegen die Gesellschaft. Im Aktienrecht ist die actio pro socio grds. unzulässig. Die Verfolgung mitgliedschaftlicher Ansprüche gegen einzelne Aktionäre obliegt dem Vorstand als zuständigem Organ.[1240] Auch Klagen gegen einzelne Organmitglieder scheiden wegen der vorrangigen Regelungen der §§ 147, 148 AktG aus. Ausnahmsweise zulässig ist dagegen die Mitgliedschaftsklage, wenn bei **besonderen Strukturmaßnahmen** die Hauptversammlungszuständigkeit und damit die Mitwirkungsbefugnisse des einzelnen Aktionärs missachtet werden.[1241] Leading case ist hier wiederum die „**Holzmüller-Entscheidung**".[1242]

386

[1238] Vgl. dazu insgesamt Gesetzesbegründung UMAG, BT-Drucks. 15/5092, S. 21 f.; Göz/Holzborn, WM 2006, 157, 159.

[1239] Siehe dazu die tabellarische Übersicht bei Semler, in: Münchener Handbuch des Gesellschaftsrechts, Bd. 4, Anhang zu § 42; Lehmann, AG 1983, 113, 117 ff.

[1240] Eine Ausnahme wird angenommen, wenn die Entscheidung des Vorstandes über die Nichtgeltendmachung von Ansprüchen gegen die Treuepflicht oder den Gleichbehandlungsgrundsatz verstößt oder wenn es um die Geltendmachung von Schadensersatzansprüchen analog § 309 Abs. 4, 317 Abs. 4 AktG wegen schädigender Einflussnahme des herrschenden Unternehmens geht. Vgl. dazu Wiesner, in: Münchener Handbuch des Gesellschaftsrechts, Bd. 4, § 18 Rn. 5; Lennerz, in: Münchener Anwaltshandbuch Aktienrecht, § 41 Rn. 10; LG Hamburg, WM 1997, 497, 501.

[1241] Wiesner, in: Münchener Handbuch des Gesellschaftsrechts, Bd. 4, § 18 Rn. 9 ff.; siehe dazu auch unten Rn. 520 ff.

[1242] BGHZ 83, 122 = NJW 1982, 1703.

Beispiele:

Die Ausgliederung oder Veräußerung wesentlicher Vermögensteile,[1243] die Umstrukturierung einer Tochter- in eine Enkelgesellschaft,[1244] die Entscheidung über das Delisting,[1245] besondere Strukturmaßnahmen bei einer Tochtergesellschaft wie ein bevorstehender Börsengang,[1246] der Erwerb von Vermögensgegenständen, insb. Unternehmensbeteiligungen,[1247] oder etwa sonstige Fälle einer „faktischen Satzungsänderung", in denen der Vorstand dauerhaft den satzungsmäßigen Unternehmensgegenstand über- oder unterschreitet.[1248]

387 Weitere Anwendungsfälle sind **Pflichtwidrigkeiten der Verwaltung** bei der Ausnutzung eines genehmigten Kapitals.

Beispiele:

Bei einem Bezugsrechtsausschluss,[1249] Verstößen gegen den Gleichbehandlungsgrundsatz des § 53a AktG[1250] oder Maßnahmen im Zusammenhang mit einer feindlichen Übernahme.[1251]

388 Als **Klageart** kommt dabei eine normale Feststellungsklage in Betracht; auch eine Beseitigungs- (Leistungs-) oder Unterlassungsklage ist zulässig, um rechtswidrige Eingriffe der Verwaltung in die Rechte der Aktionäre ungeschehen zu machen.[1252]

G. Corporate Governance

389 Corporate Governance beinhaltet die **Lehre von der korrekten Leitung und Überwachung von Unternehmen**. Ihren Niederschlag haben die Regeln zum Corporate Governance in dem im elektronischen Bundesanzeiger veröffentlichten Deutschen Corporate Governance Kodex[1253] gefunden. Ergänzt werden diese Bestimmungen durch § 161 AktG. Danach sind börsennotierte AG`s verpflichtet, jährlich zu erklären, ob den Empfehlungen des Deutschen Corporate Governance Kodex entsprochen wurde und wird oder welche Empfehlungen nicht angewendet wurden oder werden („comply or explain").[1254] Für **nicht**

1243 BGHZ 83, 122 = NJW 1982, 1703; siehe zur Veräußerung aber: BGM, ZIP 2007, 24 mit Anm. von Falkenhausen.
1244 BGHZ 159, 30 = NJW 2004, 1860 „Gelatine".
1245 BGHZ 153, 47 = NJW 2003, 1032 „Macrotron".
1246 Hüffer, AktG, § 119 Rn. 18; Wackerbarth, AG 2002, 14; Becker/Fett, WM 2001, 549; Trapp/Schick, AG 2001, 381; Habersack, WM 2001, 545; Sieger/Hasselbach, AG 1999, 241.
1247 Bejahend obiter dicta: LG Stuttgart, AG 1992, 236, 237; LG Duisburg, AG 2003, 390; Emmerich/Habersack, Aktien- und GmbH-Konzernrecht, vor § 311 Rn. 38; Henze, in: FS für Ulmer, S. 211, 227; verneinend: Joost, ZHR 163 (1999), 164, 183; KölnerKomm-AktG/Mertens, § 76 Rn. 51; Krieger, in: Münchener Handbuch des Gesellschaftsrechts, Bd. 4, § 69 Rn. 7; Renner, NZG 2002, 1091; Wagner, DStR 2004, 141.
1248 OLG Stuttgart, ZIP 2005, 1415 = AG 2005, 693.
1249 Habersack, DStR 1998, 533, 537; Lennerz, in: Münchener Anwaltshandbuch Aktienrecht, § 41 Rn. 19.
1250 Lennerz, in: Münchener Anwaltshandbuch Aktienrecht, § 41 Rn. 20.
1251 Vgl. dazu § 33 WpÜG; Lennerz, in: Münchener Anwaltshandbuch Aktienrecht, § 41 Rn. 22.
1252 BGHZ 83, 122, 135 = NJW 1982, 870; Wiesner, in: Münchener Handbuch des Gesellschaftsrechts, Bd. 4, § 18 Rn. 11; Lennerz, in: Münchener Anwaltshandbuch Aktienrecht, § 41 Rn. 24 ff.; siehe dazu auch unten Rn. 520 ff.
1253 www.ebundesanzeiger.de. bzw. corporate-governance-code.de. Die aktuelle Fassung des Corporate Governance Code datiert vom 2.6.2005; siehe dazu MünchKomm-AktG/Semler, § 161 Rn. 1 ff.; Hommelhoff/Hopt/v. Werder, Handbuch Corporate Governance; Hucke/Ammann, Der Deutsche Corporate Governance Kodex; Hüffer, AktG, Rn. 1 ff.; Peltzer, Deutsche Corporate Governance; Ringleb/Kremer/Lutter/v. Werder, Deutscher Corporate Governance Kodex; Bender/Vater, DStR 2003, 1807; Lutter, ZIP 2003, 977; ders., ZHR 166 (2002), 523; Seibt, AG 2003, 465; Seidel, ZIP 2004, 285; Semler/Wagner, NZG 2003, 553; Thiede, NZG 2003, 559; Vetter, DNotZ 2003, 748; zur Neufassung vgl. Vetter, BB 2005, 1689.
1254 Siehe zu den ersten Ergebnissen einer empirischen Untersuchung der Entsprechungserklärung: Oser/Orth/Wader, BB 2004, 1121.

börsennotierte Gesellschaften gilt der Corporate Governance Kodex nicht. Auch genügt allein die bloße Notierung im Freiverkehr nicht.[1255]

Durch den Kodex soll den Teilnehmern am Kapitalmarkt ein Überblick über die in Deutschland geltende **Unternehmensverfassung** gegeben werden; ebenso sollen sie in Erfahrung bringen können, ob sich ein Unternehmen an den Verhaltenskodex hält. Für die Unternehmen selbst hat der Kodex weder unmittelbare noch mittelbare Gesetzeskraft. Auch die Entsprechenserklärung nach § 161 AktG führt nicht zu einer Bindungswirkung.[1256]

390

Der Kodex enthält einmal die **Wiedergabe zwingenden Gesetzesrechts**, daneben aber auch **bloße Empfehlungen und Anregungen** für das Verhalten von Vorstand und Aufsichtsrat („soll", „kann"). Nur **Abweichungen von den Empfehlungen** sind nach § 161 AktG offenlegungspflichtig, **Abweichungen von den Anregungen** dagegen nicht.[1257] Die nicht angewendeten Empfehlungen sind dabei konkret zu bezeichnen; eine Begründung für die Abweichung ist dagegen nicht erforderlich.[1258]

Verfasst und fortgeführt[1259] wird der Kodex von einer aus Experten bestehenden Kodexkommission bzw. von der nach ihrem Vorsitzenden benannten „**Cromme-Kommission Corporate Governance**". Die Erklärung erfolgt einmal jährlich, zweckmäßigerweise im zeitlichen Zusammenhang mit der Veröffentlichung des Jahresabschlusses. Umstritten ist, ob hier auf das Kalenderjahr[1260] oder das Geschäftsjahr[1261] abzustellen ist. Weicht die Gesellschaft **unterjährig** von ihrer bereits abgegebenen Erklärung ab, so ist diese zu berichtigen.[1262] Wird der Kodex unterjährig geändert, so wird dadurch keine erneute Erklärungspflicht ausgelöst, auch wenn den Änderungen des Kodex nicht gefolgt wird. Die **Erklärungspflicht nach § 161 AktG** bezieht sich jeweils auf den zum Zeitpunkt der Erklärung gültigen Kodex.[1263] Ausnahmsweise kann es aber zu einer **deliktischen Haftung** des Vorstandes gegenüber Dritten kommen.[1264]

Verpflichtet zur Abgabe der Erklärung sind Vorstand und Aufsichtsrat. Es handelt sich also nicht um eine gemeinsame Erklärung für die Gesellschaft; vielmehr handeln beide Organe selbständig aus eigenem Recht.[1265] **Adressat der Erklärung** ist der Kapitalmarkt sowie insb. die Aktionäre. Die Erklärung ist mit dem Jahresabschluss beim Handelsregister einzureichen (§ 325 Abs. 1 Satz 1 HGB). Weiter ist die **Tatsache der Erklärungsabgabe** und das **dauerhafte Zugänglichmachen** für die Aktionäre im Anhang des Jahresabschlusses und im Konzernanhang zu publizieren (§§ 285 Ziff. 16, 314 Abs. 1 Ziff. 8 HGB).[1266] Zugänglichmachen i.S.d. § 161 Abs. 1 AktG bedeutet, dass die Aktionäre zur Erklärung Zugang haben müssen; ein Mitteilungserfordernis durch die Gesellschaft besteht nicht. Es genügt, wenn die Erklärung

391

[1255] Peltzer, Deutscher Corporate Governance Kodex, Rn. 25.
[1256] MünchKomm-AktG/Semler, § 161 Rn. 28 ff.; Ulmer, ZHR 166 (2002), 150, 159; Seibt, AG 2002, 249, 250.
[1257] Peltzer, Deutscher Corporate Governance Kodex, Rn. 27.
[1258] Hüffer, AktG, § 161 Rn. 14 und 17; Ringleb/Kremer/Lutter/v. Werder, Deutscher Corporate Governance Kodex, Anh. 1 Rn. 1012.
[1259] Ringleb/Kremer/Lutter/v. Werder, Deutscher Corporate Governance Kodex, Vorb. Rn. 33.
[1260] Kiethe, NZG 2003, 559, 560; Peltzer, Deutscher Corporate Governance Kodex, Rn. 29; Schüppen, ZIP 2002, 1269, 1272; Seibert, BB 2002, 581, 584.
[1261] Hüffer, AktG, § 161 Rn. 15; Ringleb/Kremer/Lutter/v. Werder, Deutscher Corporate Governance Kodex, Anh. 1 Rn. 1026.
[1262] Peltzer, Deutscher Corporate Governance Kodex, Rn. 31; Ringleb/Kremer/Lutter/v. Werder, Deutscher Corporate Governance Kodex, Anh. 1 Rn. 1025.
[1263] Vgl. dazu Pressemitteilung des Bundesministeriums der Justiz vom 10.6.2003, Nr. 49/03; Hüffer, AktG, § 161 Rn. 15; differenzierend: Peltzer, Deutscher Corporate Governance Kodex, Rn. 32.
[1264] Kort, in: FS für Raiser, S. 202 ff; Körner, NZG 2004, 1148.
[1265] Vetter, DNotZ 2003, 748, 755.
[1266] Peltzer, Deutscher Corporate Governance Kodex, Rn. 27.

auf der Homepage der Gesellschaft veröffentlicht wird oder wenn die Erklärung in den Gesellschaftsblättern veröffentlicht wird und die Erklärung darüber hinaus am Sitz der Gesellschaft einsehbar ist.[1267]

H. Erwerb eigener Aktien

392 Der **Erwerb eigener Aktien** ist in den §§ 56, 71 ff. AktG geregelt. Das Gesetz unterscheidet zwischen dem **originären Erwerb** eigener Aktien im Rahmen der Gründung bzw. Kapitalerhöhung und dem **derivativen Erwerb** eigener Aktien durch Erwerbsgeschäft mit Dritten.

Nach § 56 Abs. 1 AktG darf die **Gesellschaft keine eigenen Aktien zeichnen**. Eine solche Zeichnung ist nichtig. Nach § 56 Abs. 2 AktG gilt diese **Verbotsnorm** auch für abhängige bzw. im Mehrheitsbesitz stehende Unternehmen. Schließlich verbietet § 56 Abs. 3 AktG, als Gründer oder Zeichner Aktien für Rechnung der Gesellschaft oder eines abhängigen oder in Mehrheitsbesitz stehenden Unternehmens zu übernehmen.

Auch der **derivative Erwerb eigener Aktien** ist gemäß § 71 Abs. 1 AktG **grds. verboten**. Anders als im Rahmen des § 56 AktG beim originären Erwerb bestehen von diesem Verbot jedoch vielfältige **Ausnahmen**. Diese sind in § 71 Abs. 1 Ziff. 1 – 8 AktG enumerativ aufgezählt.

393 Von Bedeutung ist **§ 71 Abs. 1 Ziff. 8 AktG**.[1268] Danach kann die Hauptversammlung den Vorstand für längstens 18 Monate ermächtigen, eigene Aktien bis höchstens 10 % des Grundkapitals zu erwerben. Die Besonderheit dieser Ausnahmevorschrift besteht darin, dass der **Zweck dieses Erwerbs** vom Gesetz nicht vorgegeben ist. Gleichwohl muss dieser Zweck grds. von der Hauptversammlung mitbeschlossen werden.[1269] Die Hauptversammlung kann im Rahmen der Ermächtigung mehrere Erwerbszwecke vorgeben. Tut sie dies nicht, so ist die Zweckbestimmung Aufgabe der Geschäftsführung und erfolgt durch Vorstandsbeschluss.[1270] Auch eine Ermächtigung zur Einziehung ist möglich. Im Unterschied zum zulässigen Erwerb eigener Aktien nach § 71 Abs. 1 Ziff. 6 AktG, der ebenfalls eine Erwerb zum Zwecke der Einziehung ermöglicht, ist bei § 71 Abs. 1 Ziff. 8 AktG **kein vorheriger Beschluss der Hauptversammlung** zur Einziehung nach den Vorschriften über die Herabsetzung des Grundkapitals erforderlich. Anders als dort darf also der Vorstand im Rahmen des § 71 Abs. 1 Ziff. 8 AktG auch im Hinblick auf einen erst künftigen Herabsetzungsbeschluss tätig werden.[1271] Die **Ermächtigung zum Erwerb** eigener Aktien bedarf nach § 71 Abs. 1 Ziff. 8 AktG lediglich eines Beschlusses der Hauptversammlung. Es genügt dabei einfache Stimmenmehrheit (§ 133 Abs. 1 AktG). Eine Eintragung im Handelsregister ist nicht erforderlich.[1272]

394 Der **Gesamtnennbetrag** der zu den Zwecken des § 71 Abs. 1 Ziff. 1 – 3, Ziff. 7 und Ziff. 8 AktG erworbenen Aktien darf zusammen mit dem Betrag anderer Aktien der Gesellschaft, die die Gesellschaft bereits erworben hat und noch besitzt, 10 % des Grundkapitals nicht übersteigen (§ 71 Abs. 2 Satz 1 AktG). Zulässig ist dieser Erwerb im Übrigen nur, wenn die Gesellschaft die nach § 272 Abs. 4 HGB vorgeschriebene **Rücklage für eigene Aktien** bilden kann. Soweit die Gesellschaft hiernach Aktien in zulässiger Weise erwerben darf, darf sie diese Aktien nach § 71c Abs. 2 AktG nur behalten, soweit diese nicht 10 % des Grundkapitals übersteigen.

395 Wird gegen § 71 AktG verstoßen, ist das **schuldrechtliche Rechtsgeschäft** nach § 71 Abs. 4 AktG **nichtig**. Von der Nichtigkeit nicht betroffen ist das **dingliche Rechtsgeschäft**. Diese Aktien sind nach § 71c Abs. 1 AktG innerhalb eines Jahres nach ihrem Erwerb wieder zu veräußern. Soweit die Gesellschaft eine

---

1267 Hüffer, AktG, § 161 Rn. 23; Ringleb/Kremer/Lutter/v. Werder, Deutscher Corporate Governance Kodex, Anh. 1 Rn. 1022 ff.
1268 Zu den Grenzen des § 71 Nr. 8 AktG: Grobecker/Michel, DStR 2001, 1757; Saria, NZG 2000, 458.
1269 Seibert, WM 1997, 1, 9; Wiesner, in: Münchener Handbuch des Gesellschaftsrechts, Bd. 4, § 15 Rn. 16.
1270 Hüffer, AktG, § 71 Rn. 19f.
1271 Regierungsbegründung, BT-Drucks. 13/9712, S. 13; KölnerKomm-AktG/Lutter, § 71 Rn. 66; Krieger, in: Münchener Handbuch des Gesellschaftsrechts, Bd. 4, § 62 Rn. 13; MünchKomm-AktG/Oechsler, § 71 Rn. 158.
1272 Hüffer, AktG, § 71 Rn. 19d; Kiem, ZIP 2000, 206, 210; Kindl, DStR 1999, 1276, 1278.

nach § 71 Abs. 4 Satz 2 AktG nichtigen Kaufvertrag erfüllt, liegt in der Zahlung des Kaufpreises eine **verbotene Einlagerückgewähr**. Diese ist nach § 62 AktG auszugleichen.[1273]

> **Hinweis:**
>
> Hat die Gesellschaft eigene Aktien erworben, kann sie nach § 71b AktG aus diesen Aktien selbst keine Rechte herleiten. Dabei kommt es nicht darauf an, ob diese eigenen Aktien in zulässiger oder verbotswidriger, aber gleichwohl wirksamer Art und Weise erworben hat. Der Gesellschaft stehen also keine Verwaltungsrechte, Stimmrechte, Anfechtungsrechte etc., aber auch keine Vermögensrechte zu. Lediglich bei einer Kapitalerhöhung aus Gesellschaftsmitteln nehmen die eigenen Aktien teil.[1274]

Nach § 71d AktG gilt das Verbot des Erwerbs eigener Aktien und die diesbezüglich bestehenden Ausnahmen des § 71 Abs. 1 AktG auch dann, wenn die Aktien **durch einen Dritten auf Rechnung der Gesellschaft erworben** werden bzw. wenn der Erwerb durch ein abhängiges oder in Mehrheitsbesitz der Gesellschaft stehendes Unternehmen stattfinden soll. Dem Umgehungsschutz dient außerdem § 71a AktG.[1275]   396

I. Entlastung

Nach § 120 Abs. 1 AktG ist in den ersten acht Monaten eines Geschäftsjahres über die **Entlastung der Mitglieder des Vorstandes und des Aufsichtsrats** zu beschließen.[1276] Durch die Entlastung **billigt** die Hauptversammlung **die Tätigkeit** des Vorstandes und des Aufsichtsrats für das **vorangegangene Geschäftsjahr**[1277] (§ 120 Abs. 2 Satz 1 AktG). Die sachliche Reichweite der Entlastung erstreckt sich allerdings nur auf die der Hauptversammlung bekannt gewordenen Umstände.[1278] Ein Verzicht auf etwaige Schadensersatzansprüche geht mit der Entlastung jedoch nicht einher (§ 120 Abs. 2 Satz 2 AktG). Auch sonst sind mit der Entlastung oder Entlastungsverweigerung **keinerlei statusrechtlichen Folgen** verbunden.[1279] Gleichwohl hat die Entlastung erhebliche Bedeutung in der Rechtspraxis, bietet sich doch die Möglichkeit, bei diesem Tagesordnungspunkt **vielfältige Unmutsbekundungen** gegen die Verwaltung vorzutragen. Der Entlastungsbeschluss kann wie sonstige Beschlüsse auch gerichtlich angegriffen werden. Eine Anfechtungsklage kann dabei auch darauf gestützt werden, dass Gegenstand der Entlastung ein Verhalten ist, das eindeutig einen schwerwiegenden Gesetzes- oder Satzungsverstoß darstellt.[1280] Auch kann die Anfechtung etwa auf eine mangelhafte Berichterstattung durch den Aufsichtsrat nach § 171 Abs. AktG gestützt werden.[1281]   397

Regelmäßig erfolgt eine **Gesamtentlastung** von Vorstand und Aufsichtsrat; eine gemeinsame Entlastung beider Organe in einem Beschluss ist unzulässig.[1282] Möglich ist eine **Einzelentlastung** der jeweiligen Organmitglieder. Erforderlich ist dafür ein Beschluss der Hauptversammlung oder ein Minderheitsverlangen nach § 120 Abs. 1 Satz 2 AktG. Erreicht zwar der Hauptversammlungsbeschluss keine Mehrheit, aber der Antrag das für ein Minderheitsverlangen erforderliche Quorum, kann das ablehnende Abstimmungs-

---

1273 Wiesner, in: Münchener Handbuch des Gesellschaftsrechts, Bd. 4, § 15 Rn. 19; Hüffer, AktG, § 71 Rn. 24.
1274 Wiesner, in: Münchener Handbuch des Gesellschaftsrechts, Bd. 4, § 15 Rn. 21.
1275 Siehe dazu: Oechsler, ZIP 2006, 1661 ff.; LG Düsseldorf, ZIP 2006, 516 (n. rkr.) mit Anm. Kerber; OLG Frankfurt, NZG 2004, 419; LG Mainz 2005, 325.
1276 Vgl. dazu Weiemeyer, ZGR 2005, 280 ff.
1277 Die Entlastung kann daher grundsätzlich nicht angefochten werden wegen Handlungen, die schon vor dem abgelaufenen Geschäftsjahr erfolgt sind: LG Frankfurt, AG 2005, 51.
1278 OLG Frankfurt, ZIP 2007, 26 (n. rkr.).
1279 MünchKomm-AktG/Kubis, § 120 Rn. 28 ff.
1280 BGH, AG 2003, 273 = NJW 2003, 1032; BGH, AG 2005, 87 = NZG 2005, 77; LG München, AG 2006, 170; Hüffer, AktG, § 120 Rn. 12; a.A.: Kubis, NZG 2005, 791 ff.
1281 LG München I, AG 2006, 762, 763 f. (n. rkr.); Kiethe, NZG 2006, 888 ff.
1282 MünchKomm-AktG/Kubis, § 120 Rn. 7; Ek, Praxisleitfaden für die Hauptversammlung, § 23 Rn. 697.

ergebnis gleichwohl als erfolgreiches Minderheitsverlangen zu einer Einzelentlastung führen (str.).[1283] Daneben ist aber auch der Versammlungsleiter berechtigt, von sich aus aufgrund seiner Leitungsbefugnis eine Einzelentlastung anzuordnen.[1284] Soweit die Organmitglieder selbst Aktionäre sind, gilt bei der Gesamtentlastung das **Stimmverbot des § 136 Abs. 1 AktG**, nicht aber im Falle der Einzelentlastung eines Organmitglieds für die übrigen Organmitglieder.[1285] Streitig ist, ob die Einzelentlastung wegen einer möglichen Umgehung von Stimmverboten **rechtsmissbräuchlich** ist.[1286] Die h.M. lehnt dies ab, da eine Einzelabstimmung bei gleichgelagerten Sachverhalten ein Stimmverbot nicht zu umgehen vermag.[1287]

J. Satzungsänderungen

I. Allgemeines zur Satzungsänderung[1288]

1. Zuständigkeit/Beschlussmehrheit

398 Das Gesetz enthält in den §§ 179 ff. AktG verschiedene Vorschriften, die bei allen Satzungsänderungen zu beachten sind. **Besondere Vorschriften** bestehen darüber hinaus **für Maßnahmen der Kapitalbeschaffung und der Kapitalherabsetzung**. Unter §§ 179 – 181 AktG fällt jede Änderung der Satzung i.S.d. § 23 AktG, mithin also grds. auch bloße Änderungen des Wortlauts der Satzung. **Nicht erfasst** werden lediglich **sog. unechte Satzungsbestandteile**, also individualrechtliche, nicht korporative Bestandteile wie z.B. Vereinbarungen mit Verwaltungsmitgliedern über Bezüge und Gewinnbeteiligungen oder Vereinbarungen über die Besetzung des Aufsichtsrats. Die Änderung dieser unechten Satzungsbestimmungen richtet sich nach den für die darin geregelten Rechtsverhältnisse geltenden Vorschriften. Die §§ 179 ff. AktG gelten nicht.[1289] Da die Abgrenzung zwischen **echten und unechten Satzungsbestandteilen** im Einzelfall unklar und problematisch sein kann, empfiehlt sich im Zweifelsfall, stets die Regelungen über Satzungsänderungen nach den §§ 179 ff. AktG einzuhalten. Nach § 179 Abs. 1 AktG bedarf jede Satzungsänderung grds. eines **Beschlusses der Hauptversammlung**. Geht es nur um eine Änderung der Fassung, so kann die Hauptversammlung diese Befugnis dem Aufsichtsrat übertragen.[1290] Dabei ist streitig, ob eine solche Übertragung an den Aufsichtsrat nur im Einzelfall möglich ist oder auch qua Regelung in der (Gründungs-)Satzung.[1291] Bei solchen Satzungsänderungen nach § 179 Abs. 1 Satz 2 AktG ist jedoch Vorsicht geboten, weil sich nach allgemeinen Auslegungsregeln der **Sinn und Inhalt einer Satzung**

1283 So MünchKomm-AktG/Kubis, § 120 Rn. 9; GK/Mülbert, AktG, § 120 Rn. 105; Max, AG 1991, 77, 86; Ek, Praxisleitfaden für die Hauptversammlung, § 23 Rn. 701; a.A.: Hüffer, AktG, § 120 Rn. 9; KölnerKomm-AktG/Zöllner, § 120 Rn. 14.
1284 Hüffer, AktG, § 120 Rn. 10; KölnerKomm-AktG/Zöllner, § 120 Rn. 18; MünchKomm-AktG/Kubis, § 120 Rn. 12; a.A.: Semler, in: Münchener Handbuch des Gesellschaftsrechts, Bd. 4, § 35 Rn. 34.
1285 Hüffer, AktG, § 120 Rn. 10; MünchKomm-AktG/Kubis, § 120 Rn. 13.
1286 So OLG München, AG 1995, 381, 382.
1287 Hüffer, AktG, § 120 Rn. 10; MünchKomm-AktG/Kubis, § 120 Rn. 13.
1288 Musterformulierungen finden sich z.B. bei Hölters, in: Münchener Vertragshandbuch, Bd. 1, Muster V. Rn. 39 ff.; bei Meyer-Landrut, Satzungen und Hauptversammlungsbeschlüsse der AG, Rn. 644; Happ, Aktienrecht, 11.01 ff.; Lorz/Pfisterer/Gerber, in: Beck'sches Formularbuch Aktienrecht, J. ff., und Semler/Volhard, Arbeitshandbuch für die Hauptversammlung §§ 21 ff.; (ungeprüfte) Formulierungshilfen finden sich auch in den im elektronischen Bundesanzeiger veröffentlichten Tagesordnungen bei der Einberufung von Hauptversammlungen.
1289 Semler, in: Münchener Handbuch des Gesellschaftsrechts, Bd. 4, § 39 Rn. 55; Priester, DB 1979, 684; Meyer-Landrut, Satzungen und Hauptversammlungsbeschlüsse der AG, Rn. 650 f.; GK/Wiedemann, AktG, § 179 Rn. 36 ff.
1290 Siehe zur Euro-Umstellung aber § 4 Abs. 1 Satz 2 EGAktG.
1291 Für eine generelle Übertragung an den Aufsichtsrat sprechen sich aus: Geßler/Hefermehl/Eckardt, AktG, § 23 Rn. 119; Semler, in: Münchener Handbuch des Gesellschaftsrechts, Bd. 4, § 39 Rn. 56; GK/Wiedemann, AktG, § 179 Rn. 107; a.A.: demgegenüber KölnerKomm-AktG/Zöllner, § 179 Rn. 148.

schon durch eine Umstellung von Worten oder durch eine Neuinterpunktion ändern kann. Inhaltliche Veränderungen der Satzung sind von § 179 Abs. 1 Satz 2 AktG nicht gedeckt.[1292]

Soweit **keine Zuständigkeit des Aufsichtsrats** nach § 179 Abs. 1 Satz 2 AktG besteht, bedarf der Beschluss der Hauptversammlung über die Satzungsänderung einer **3/4-Mehrheit** des bei der Beschlussfassung vertretenen Grundkapitals. Daneben ist die **einfache Mehrheit** der abgegebenen Stimmen nach § 133 Abs. 1 erforderlich. Nach § 179 Abs. 2 AktG kann die Satzung auch eine „andere", also auch eine geringere Kapitalmehrheit festlegen. Bei einer Änderung des Unternehmensgegenstands ist jedoch nur die Bestimmung einer größeren Kapitalmehrheit möglich, § 179 Abs. 2 Satz 2 AktG. Bestehen Aktien verschiedener Gattungen und soll deren Verhältnis untereinander geändert werden, so ist ein **Sonderbeschluss** der benachteiligten Aktionäre nach § 179 Abs. 3 AktG notwendig.

399

Grds. setzt sich der **Hauptversammlungsbeschluss** über die Satzungsänderung aus **zwei Teilen** zusammen, nämlich dem **Satzungsänderungsbeschluss** als solchen, der für sich gesehen die materielle Satzungsänderung enthält und der **Anpassung des Satzungstextes** selbst.[1293] Beschränkt sich daher der Hauptversammlungsbeschluss auf die bloße Satzungsänderung als solche, ist darauf zu achten, dass die Hauptversammlung den Aufsichtsrat zur Fassungsänderung nach § 179 Abs. 1 Satz 2 AktG ermächtigt hat.

400

2. Verfahren

§ 181 Abs. 1 AktG sieht weiter vor, dass die Satzungsänderung vom Vorstand in vertretungsberechtigter Zahl (bei unechter Gesamtvertretung kann auch ein Prokurist mitwirken) zur **Eintragung in das Handelsregister** anzumelden ist. Die Anmeldung kann auch durch einen Bevollmächtigten erfolgen, soweit keine persönlichen Erklärungen und Versicherungen abzugeben sind.[1294] Anders als bei Kapitalmaßnahmen ist eine Mitwirkung des Aufsichtsratsvorsitzenden bei normalen Satzungsänderungen nicht erforderlich. **Inhalt** der Anmeldung ist die Änderung der Satzung. **Einzelangaben** sind erforderlich, soweit die Satzungsänderung nach § 39 AktG eintragungspflichtige Gegenstände zum Inhalt hat. Als Anlagen sind der Anmeldung die notarielle Niederschrift über den Hauptversammlungsbeschluss und der vollständige Wortlaut der (geänderten) Satzung mit einer entsprechenden Notarbescheinigung beizufügen (§ 181 Abs. 1 Satz 2 AktG). Soweit lediglich eine Fassungsänderung nach § 179 Abs. 1 Satz 2 AktG im Raum steht, genügt die **Anfertigung einer Niederschrift**, die der Vorsitzende des Aufsichtsrats oder sein Stellvertreter zu unterzeichnen haben. Der Beschluss der Fassungsänderung ist dann entsprechend § 181 AktG vom Vorstand zur Anmeldung zum Handelsregister einzureichen.[1295] Die Satzungsänderung wird erst **wirksam**, wenn sie im Handelsregister eingetragen worden ist (§ 181 Abs. 3 AktG).

401

3. Satzungsbescheinigung des Notars

§ 181 Abs. 1 Satz 2 AktG bestimmt, dass der Anmeldung der Satzungsänderung zur Eintragung in das Handelsregister der **vollständige Wortlaut der Satzung beizufügen** ist. Gemeint ist damit der Wortlaut der Satzung, wie er sich künftig nach Eintragung der Satzungsänderung ergibt. Weiter muss der neue Satzungswortlaut mit der Bescheinigung eines Notars versehen sein, dass die geänderten Bestimmungen der Satzung mit dem Beschluss über die Satzungsänderung und die unveränderten Bestimmungen mit dem zuletzt zum Handelsregister eingereichten vollständigen Wortlaut der Satzung übereinstimmen (§ 181 Abs. 1 Satz 2 AktG). Wurden in der Hauptversammlung **mehrere Satzungsänderungen** beschlossen, sollen aber nur einige davon zur Eintragung in das Handelsregister angemeldet werden oder nimmt etwa das Registergericht für einige dieser Satzungsänderungen ein Eintragungshindernis an, kann es die Eintragung verweigern, bis der Vorstand einen **notariell bescheinigten Satzungswortlaut** einreicht, der

402

[1292] GK/Wiedemann, AktG, § 179 Rn. 106; Hüffer, AktG, § 179 Rn. 11.
[1293] Semler/Volhard, Arbeitshandbuch für die Hauptversammlung, § 22 Rn. 16.
[1294] §§ 184, 188 AktG. Bei Kapitalmaßnahmen scheidet daher eine Bevollmächtigung aus. Krieger, in: Münchener Handbuch des Gesellschaftsrechts, Bd. 4, § 56 Rn. 53; Hüffer, AktG, § 181 Rn. 4.
[1295] GK/Wiedemann, AktG, § 179 Rn. 10.

sich auf diejenigen Änderungen beschränkt, die das Register einzutragen bereit ist.[1296] Soweit das Registergericht sofort den eintragungsfähigen Teil der Satzungsänderungen einträgt, was zulässig ist, ist die Gesellschaft analog § 248 Abs. 2 AktG zur Nachreichung eines notariell bescheinigten und berichtigten Satzungswortlauts verpflichtet.[1297]

Nicht geregelt ist der Fall, ob eine solche separate Einreichung des Satzungswortlauts und eine notarielle Satzungsbescheinigung auch dann erforderlich sind, wenn im Rahmen einer Satzungsänderung die **Satzung vollständig neu gefasst** wird. Die **Lit. zum Aktienrecht**[1298] vertritt ganz überwiegend die Ansicht, dass auch in diesem Fall eine **Satzungsbescheinigung des Notars erforderlich** ist. Dem **Normzweck der Publizitätsverbesserung** würde es widersprechen, denjenigen, der raschen Zugriff auf die Satzungsurkunde der Gesellschaft nehmen will, in diesem speziellen Fall doch wieder auf die Einsichtnahme in das gesamten Hauptversammlungsprotokoll zu verweisen.[1299] Zu der vergleichbaren Vorschrift des § 54 Abs. 1 Satz 2 GmbHG vertritt dagegen die Rspr. die Meinung, dass eine solche notarielle Satzungsbescheinigung **dann nicht erforderlich** ist, wenn sich aus dem zum Handelsregister eingereichten neuen Satzungstext und der Verlautbarung des Handelsregisters **unmittelbar und ohne weiteres erkennbar** ergibt, dass der jetzt maßgebliche Gesellschaftsvertrag im vollen Umfang neu beschlossen wurde.[1300]

Diese Ansicht ist abzulehnen. Auch bei einer vollständigen Neufassung der Satzung ist eine Satzungsbescheinigung des Notars gemäß § 54 Abs. 1 Satz 2 GmbHG bzw. gemäß § 181 Abs. 1 Satz 2 AktG zu fordern. Sinn und Zweck dieser Regelung ist es, dem Rechtsverkehr die Möglichkeit zu geben, den jeweils geltenden Satzungstext aus einem einzigen, notariell bescheinigten Schriftstück zu ersehen. Dieser Zweck würde vereitelt, wenn man zur Feststellung der Satzung das jeweilige notarielle Protokoll der Gesellschafterversammlung bzw. Hauptversammlung der Gesellschaft einsehen müsste.[1301]

4. Aufhebung/Änderung

403 Soll der satzungsändernde Beschluss geändert oder aufgehoben werden, kommt es darauf an, ob dieser Beschluss **bereits im Handelsregister eingetragen** und damit wirksam geworden ist oder nicht. Soweit die Satzungsänderung bereits wirksam geworden ist, sind für den ändernden Beschluss dieselben Wirksamkeitsvoraussetzungen wie für eine Satzungsänderung zu beachten. Erforderlich ist also ein Beschluss der Hauptversammlung mit der Mehrheit des § 179 Abs. 2 AktG sowie eine Eintragung im Handelsregister (§ 181 Abs. 3 AktG). Ist demgegenüber der Beschluss noch nicht im Handelsregister eingetragen, kann die Hauptversammlung ihn mit einfacher Mehrheit nach § 133 Abs. 1 AktG aufheben.[1302] Für die Änderung eines Satzungsänderungsbeschlusses gelten dagegen auch schon vor Eintragung im Handelsre-

---

1296 MünchKomm-AktG/Stein, § 181 Rn. 29; GK/Wiedemann, AktG, § 181 Rn. 17; Hüffer, AktG, § 181 Rn. 9.
1297 MünchKomm-AktG/Stein, § 181 Rn. 29; GK/Wiedemann, AktG, § 181 Rn. 17; Hüffer, AktG, § 181 Rn. 9.
1298 Soweit ersichtlich, liegt für das Aktienrecht noch keinerlei Rspr. zu dieser Frage vor.
1299 MünchKomm-AktG/Stein, § 181 Rn. 24; KölnerKomm-AktG/Zöllner, § 181 Rn. 15, 17; GK/Wiedemann, AktG, § 181 Rn. 16; Hüffer, AktG, § 181 Rn. 9; offen lassend: AnwK-Aktienrecht/Wagner, Kap. 1, § 181 Rn. 5; ebenso Lorz/Pfisterer/Gerber, in: Beck'Formularbuch Aktienrecht, J VII 4. Anm. 2; a.A. dagegen: Henn, Handbuch des Aktienrechts, Rn. 478.
1300 LG Magdeburg, NotBZ 2004, 445; OLG Zweibrücken, GmbHR 2001, 1117; Rpfleger 1984, 104; OLG Celle, OLGZ 1982, 317, 318; BayObLG, Rpfleger 1978, 143; LG Bonn, GmbHR 1994, 558; a.A. lediglich: OLG Schleswig, DNotZ 1973, 482. In der Lit. zum GmbH-Recht gehen die Ansichten jedoch auseinander, ohne dass sich hier eine herrschende Ansicht feststellen lässt. Z.T. wir auch die Ansicht vertreten, im Fall der vollständigen Neufassung der Satzung stelle die Satzungsbescheinigung nach § 54 Abs. 1 Satz 2 AktG eine bedeutungslose Formalie dar (Gustavus, DNotZ 1971, 229, 230; Groß, Rpfleger 1972, 241, 243; Röll, DNotZ 1973, 483, 485; Winkler, DNotZ 1980, 578, 594; Heckschen/Heidinger, Die GmbH in der Gestaltungspraxis 2005, 2. Teil Rn. 31). Nach a.A. ist demgegenüber auch bei der vollständigen Neufassung der Satzung immer auch eine Satzungsbescheinigung gemäß § 54 Abs. 1 Satz 2 GmbHG erforderlich (Scholz/Priester, GmbHG, § 54 Rn. 16; Hachenburg/Ulmer, GmbHG, § 54 Rn. 16; Rowedder/Zimmermann, GmbHG, § 54 Rn. 11; Baumbach/Hueck/Zöllner, GmbHG, § 54 Rn. 11).
1301 Siehe dazu DNotI-Gutachten Nr. 65404 vom Februar 2006.
1302 GK/Wiedemann, AktG, § 179 Rn. 183; KölnerKomm-AktG/Zöllner, § 179 Rn. 162.

gister die **Bestimmungen der §§ 179 ff. AktG**. Es ist deshalb ein Beschluss mit der Mehrheit des § 179 Abs. 2 AktG erforderlich.[1303]

5. Bedingungen/Befristungen/Vorratsbeschluss

Eine **Satzungsänderung** unter einer **auflösenden bzw. aufschiebenden Bedingung** in der Art, dass einzelne Regelungen nur gelten oder nicht gelten sollen, wenn ungewisse Ereignisse eintreten, ist **grds. unwirksam**.[1304] Davon zu unterscheiden ist die Vereinbarung sog. „**unechter Bedingungen oder Befristungen**" sowie zum anderen die Fassung eines sog. „**bedingten Hauptversammlungsbeschlusses**".

404

Bei einer **sog. unechten Bedingung** wird der Satzungsänderungsbeschluss unbedingt gefasst. Im Rahmen der beschlossenen Satzungsänderung weist allerdings die Hauptversammlung den Vorstand an, die Anmeldung dieser beschlossenen Satzungsänderung zur Eintragung ins Handelsregister nicht vor Eintritt eines bestimmten Ereignisses vorzunehmen. Eine derartige Vereinbarung einer unechten Bedingung ist ohne weiteres zulässig.[1305]

Zulässig ist es daneben aber auch, wenn der Satzungsänderungsbeschluss selbst bedingt gefasst wird oder – mit anderen Worten – wenn die **Wirksamkeit des Satzungsänderungsbeschlusses unter eine Bedingung gestellt** wird. Bis zum Eintritt der Bedingung ist der Satzungsänderungsbeschluss alsdann schwebend unwirksam. In diesem Zustand kann er auch nicht zur Eintragung in das Handelsregister angemeldet werden.[1306] Nach h.M. kann dieser bedingte Satzungsänderungsbeschluss aber nach Eintritt der Bedingung zur Eintragung in das Handelsregister angemeldet werden.[1307]

In beiden Fällen der zulässigen Bedingung ist freilich darauf zu achten, dass die entsprechende Anmeldung der Satzungsänderung zum Handelsregister **bis zur nächsten Hauptversammlung** erfolgt ist. Ist dies nicht geschehen, ist ein **neuerlicher Hauptversammlungsbeschluss** erforderlich. Der bereits gefasste Beschluss hat sich **aufgrund Zeitablaufs erledigt**.[1308]

405

Ebenso zulässig ist es, eine Satzungsänderung mit einer „**Rechtsbedingung**" zu versehen. Dies ist dann der Fall, wenn die Satzungsänderung z.B. von einer staatlichen Genehmigung oder einer anderweitigen Registereintragung abhängig ist.[1309] Zulässig ist es daneben auch, eine Satzungsänderung in der Art zu beschließen, dass sie nur bis zu einem bestimmten Zeitpunkt oder erst ab einem bestimmten Zeitpunkt gelten soll. Entscheidend ist nur, dass die Frist für einen Dritten feststellbar ist.[1310]

406

[1303] KölnerKomm-AktG/Zöllner, § 179 Rn. 162; Hüffer, AktG, § 179 Rn. 40; Geßler/Hefermehl/Bungeroth, AktG, § 179 Rn. 143.

[1304] GK/Wiedemann, AktG, § 179 Rn. 161; Geßler/Hefermehl/Bungeroth, AktG, § 179 Rn. 67; KölnerKomm/Zöllner, § 179 Rn. 199; Hüffer, AktG, § 179 Rn. 26.

[1305] Hüffer, AktG, § 179 Rn. 26; KölnerKomm-AktG/Zöllner, § 179 Rn. 195; Geßler/Hefermehl/Bungeroth, § 179 Rn. 63; Semler, in: Münchener Handbuch des Gesellschaftsrechts, Bd. 4, § 39 Rn. 73; Lutter, in: FS für Quack, S. 301, 316; GK/Wiedemann, AktG, § 179 Rn. 162; MünchKomm-AktG/Stein, § 179 Rn. 49; Lutter/Leinekugel, ZIP 1998, 805, 810; Grunewald, AG 1990, 133, 138.

[1306] LG Duisburg, DB 1989, 257; Hüffer, AktG, § 179 Rn. 26.

[1307] Hüffer, AktG, § 179 Rn. 26; Priester, ZIP 1987, 280, 285; Lutter, in: FS für Quack, S. 301, 310; Wirth/Arnold, ZGR 2002, 859, 888; MünchKomm-AktG/Stein, § 179 Rn. 50; wohl auch KölnerKomm-AktG/Zöllner, § 179 Rn. 199; a.A. dagegen: GK/Wiedemann, AktG, § 179 Rn. 161.

[1308] Semler, in: Münchener Handbuch des Gesellschaftsrechts, Bd. 4, § 39 Rn. 73; Lutter, in: FS für Quack, S. 301, 316; Hüffer, AktG, § 179 Rn. 26.

[1309] Scholz/Priester, GmbHG, § 53 Rn. 188; Hachenburg/Ulmer, GmbHG, § 53 Rn. 24; siehe dazu auch: Hüffer, AktG, § 179 Rn. 26.

[1310] Hüffer, AktG, § 179 Rn. 26; KölnerKomm-AktG/Zöllner, § 179 Rn. 197; Geßler/Hefermehl/Bungeroth, AktG, § 179 Rn. 64; Lutter, in: FS für Quack, S. 301, 311; GK/Wiedemann, AktG, § 179 Rn. 159.

> **Hinweis:**
>
> Der Begriff des „**Vorratsbeschlusses**" ist gesetzlich nicht definiert. Der Gesetzgeber[1311] und die Lit.[1312] gehen jedoch – wie selbstverständlich – von der Zulässigkeit eines solchen Beschlusses aus. Verstanden wird darunter ein Beschluss zur Änderung der Satzung im Hinblick auf eine bevorstehende Gesetzesänderung. Die „Technik" eines Vorratsbeschlusses besteht darin, entweder einen bedingten Satzungsänderungsbeschluss zu fassen, der dann erst nach Eintritt der Bedingung angemeldet werden kann oder – so die h.M. in der Gestaltungspraxis – **einen unbedingten Satzungsänderungsbeschluss** zu fassen **mit der Anweisung an den Vorstand**, die Eintragung im Handelsregister erst bei Eintritt der Bedingung zu beantragen.[1313]

6. Satzungsdurchbrechung

407 Unter „**Satzungsdurchbrechung**" versteht man den Fall, dass die Hauptversammlung einer AG für eine konkrete Einzelsituation durch Beschluss bewusst von einer Bestimmung ihrer Satzung abweicht, diese selbst aber unverändert lässt.[1314] **Nichtig** sind derartige Beschlüsse jedenfalls dann, wenn sie zustandsbegründend wirken sollen und die Formalien einer regulären Satzungsänderung nicht beachten.[1315] Aber auch dann, wenn sich der Beschluss auf eine „punktuelle" Regelung beschränkt, bei der sich die Wirkung des Beschlusses in der betreffenden Maßnahme erschöpft, ist seine rechtliche Zulässigkeit zweifelhaft. Erforderlich wird in jedem Fall sein, dass der Beschluss mit **satzungsändernder Mehrheit gefasst und notariell beurkundet** wird; notwendig ist ebenso seine **ordnungsgemäße Ankündigung** bei der Einberufung der Hauptversammlung.[1316] Ob der Beschluss im Handelsregister eingetragen werden muss, ist unklar.[1317] Die h.M. hält diese jedoch ebenso für erforderlich.[1318] Unterbleibt die Eintragung, ist der Beschluss anfechtbar,[1319] nach a.A. ist der Beschluss wegen § 181 Abs. 3 AktG nicht wirksam.[1320]

II. Satzungsänderungen im Gründungsstadium

408 Eine Satzungsänderung kann **auch schon im Gründungsstadium** der AG, also vor Eintragung der Gesellschaft im Handelsregister, jedoch nach Feststellung der Gründungssatzung erfolgen. Notwendig ist hierfür eine **Mitwirkung sämtlicher Gründer der Gesellschaft**. Die §§ 179 ff. AktG gelten nicht.[1321] Ob diese geänderte Gründungssatzung dann erneut von sämtlichen Gründern, Mitgliedern des Vorstandes und des Aufsichtsrats zur Eintragung in das Handelsregister angemeldet werden muss, erscheint unklar.[1322] M.E. ist diese Frage zu verneinen. **Änderungen der Gründungssatzung** können jedenfalls dann form-

---

1311 BT-Drucks. 15/5092, S. 31.

1312 Bungert, Die UMAG-Hauptversammlung aus Sicht des Praktikers, in: Gesellschaftsrechtliche Vereinigung, Gesellschaftsrecht in der Diskussion, 2004, 59, 67 ff.; Leuering/Simon, Aktueller Satzungsänderungsbedarf aufgrund des UMAG, NJW-Spezial 2005, 123 f.; Simon/Zetzsche, NZG 2005, 369, 375; Gerber, MittBayNot 2005, 203, 206 f.; ebenso zur Einführung des elektronischen Bundesanzeigers durch das TransPuG: Bungert, NZG 1998, 172, 173; Heider, AG 1998, 1, 6.

1313 Gerber, MittBayNot 2005, 203, 206; Bungert, in: Gesellschaftsrechtliche Vereinigung, Gesellschaftsrecht in der Diskussion, 2004, 59, 69; Leuering/Simon, NJW-Spezial, 2005, 123, 124; Simon/Zetzsche, NZG 2005, 369, 375.

1314 Priester, ZHR 151 (1987), 40; Hüffer, AktG, § 179 Rn. 7; KölnerKomm-AktG/Zöllner, § 179 Rn. 91.

1315 BGHZ 123, 15, 19 = DNotZ 1994, 313; OLG Köln, AG 2001, 426; Hüffer, AktG, § 179 Rn. 8.

1316 KölnerKomm-AktG/Zöllner, § 179 Rn. 96 f.; Hüffer, AktG, § 179 Rn. 8.

1317 Priester, ZHR 151 (1987), 40, 53.

1318 KölnerKomm-AktG/Zöllner, § 179 Rn. 96 f.; Hüffer, AktG, § 179 Rn. 8; Habersack, ZGR 1994, 354, 367.

1319 KölnerKomm-AktG/Zöllner, § 179 Rn. 99.

1320 Hüffer, AktG, § 179 Rn. 8; Habersack, ZGR 1994, 354, 369.

1321 Siehe zur Umwandlung einer Bareinlage in eine Sacheinlage bei der Gründung einer GmbH: KG, GmbHR 2005, 95; siehe zum Gesellschafterwechsel in der Vor-GmbH: BGH, BB 2005, 400.

1322 So aber GK/Wiedemann, AktG, § 179 Rn. 166.

los zum Registergericht angemeldet werden, wenn die Korrekturen aufgrund Beanstandung des Registergerichts mittels Reparaturvollmacht erfolgen und zusätzlich noch eine Notarbescheinigung über die vollständige Fassung der Satzung vorgelegt wird. Sie ist von der bereits erfolgten und weiter aufrecht erhaltenen Anmeldung gedeckt.[1323] Von daher kann auch im Aktienrecht in die Gründungsurkunde eine sog. **„Reparaturvollmacht"**[1324] mit aufgenommen werden, um aufgrund allfälliger Zwischenverfügungen des Registergerichts reagieren zu können und nicht den gesamten Anmeldevorgang wiederholen zu müssen.

Unverzichtbar ist in jedem Fall eine **notarielle Niederschrift nach § 130 AktG**.[1325] Ob eine neuerliche Gründungsprüfung erforderlich ist, wird – soweit ersichtlich – nicht erörtert. Richtigerweise dürfte dies danach zu beurteilen sein, ob von der Satzungsänderung im Gründungsstadium solche Dinge erfasst werden, die auch Gegenstand der Gründungsprüfung nach § 33 Abs. 2 AktG sind.

Nach Auffassung von K. Schmidt[1326] besteht darüber hinaus die Möglichkeit, dass die Gründer bereits einen **„antizipierten Mehrheitsbeschluss"** nach § 179 AktG fassen. Dieser kann noch während des Eintragungsverfahrens seinerseits zur Eintragung angemeldet und mit seiner Eintragung wirksam werden. Dokumentiert wird der Vorgang, indem uno actu die AG mit ihrer ursprünglichen Satzung und die Satzungsänderung eingetragen wird.[1327] Ob dieser Weg tatsächlich gangbar ist, erscheint fraglich. M.E. negiert ein solcher Mehrheitsbeschluss die Verantwortlichkeit aller Gründer und ist deshalb eher unzulässig.

III. Kapitalerhöhung

1. Überblick

Im Wege der **Kapitalerhöhung** kann sich die AG neues Eigenkapital verschaffen. Das Gesetz sieht hierzu **verschiedene Möglichkeiten** vor:

- die Kapitalerhöhung gegen Bar- und/oder Sacheinlage nach den §§ 182 ff. AktG,
- die bedingte Kapitalerhöhung nach den §§ 192 ff. AktG sowie
- das genehmigte Kapital nach den §§ 202 ff. AktG,
- die Kapitalerhöhung aus Gesellschaftsmitteln nach den §§ 207 ff. AktG. Hierbei werden der Gesellschaft jedoch keine neuen Mittel zugeführt, sondern es wird lediglich bisher schon vorhandenes Vermögen der Gesellschaft in Grundkapital umgewandelt.

2. Kapitalerhöhung gegen Einlagen

a) Allgemeine Voraussetzungen

Bei der Kapitalerhöhung gegen Einlagen wird das **Grundkapital** zwingend durch Ausgabe neuer Aktien **gegen Bar- oder Sacheinlagen erhöht**.

Eine bloße **Aufstockung der Nennbeträge** der bereits ausgegebenen Aktien ist wegen § 182 Abs. 1 Satz 4 AktG nicht möglich.[1328] Bei Gesellschaften mit Stückaktien muss sich die Zahl der aufgegebenen Aktien in demselben Verhältnis wie das Grundkapital erhöhen (§ 182 Abs. 1 Satz 5 AktG). Eine Erhöhung des Kapitals soll nach § 182 Abs. 4 AktG nicht erfolgen, solange noch Einlagen auf das bisherige Kapital ausstehen. Eine **Ausnahme** besteht bei Umwandlungsvorgängen nach § 69 Abs. 1 Satz 1 UmwG sowie dann, wenn nur noch Einlagen in verhältnismäßig geringem Umfang ausstehen. Streitig ist, ob

---

1323 OLG Zweibrücken, MittBayNot 2001, 230; BayObLG, MittBayNot 1978, 22; MittBayNot 1974, 228; Keidel/Krafka/Willer, Registerrecht, Rn. 1314 und 972.
1324 Vgl. Happ, Aktienrecht, 2.01, Muster lit. a und m.
1325 A.A.: Hüffer, AktG, § 41 Rn. 7; unklar: MünchKomm-AktG/Pentz, § 41 Rn. 39.
1326 GK/K. Schmidt, AktG, § 41 Rn. 126 f.
1327 GK/K. Schmidt, AktG, § 41 Rn. 127.
1328 Anders ist dies aber bei einer AG mit Stückaktien bei einer Kapitalerhöhung aus Gesellschaftsmitteln (§ 207 Abs. 2 Satz 2 AktG).

hierbei die Summe der ausstehenden Einlagen zum satzungsmäßigen Grundkapital oder zur Summe der bisher auf das Grundkapital geleisteten Einlagen ins Verhältnis zu setzen ist.[1329] Die Grenze der verhältnismäßig unerheblichen Einlagerückstände liegt bei Gesellschaften mit einem Grundkapital bis 250.000 € bei ca. 5 % und bei Gesellschaften mit höherem Grundkapital bei ca. 1 %.[1330] Umstritten ist, ob § 182 Abs. 4 AktG auch gilt, wenn die AG eigene Aktien wirksam erworben hat.[1331] Wird **gegen § 182 Abs. 4 AktG verstoßen**, ist der Kapitalerhöhungsbeschluss **nicht nichtig**. Nach h.M. ist auch eine **Anfechtung ausgeschlossen**. Das Registergericht hat jedoch eine **Eintragung des Erhöhungsbeschlusses** bei einem Verstoß gegen § 182 Abs. 4 AktG **abzulehnen**.[1332]

412 Der Ablauf einer Kapitalerhöhung gegen Einlagen kann anhand einer **Übersicht** wie folgt dargestellt werden:

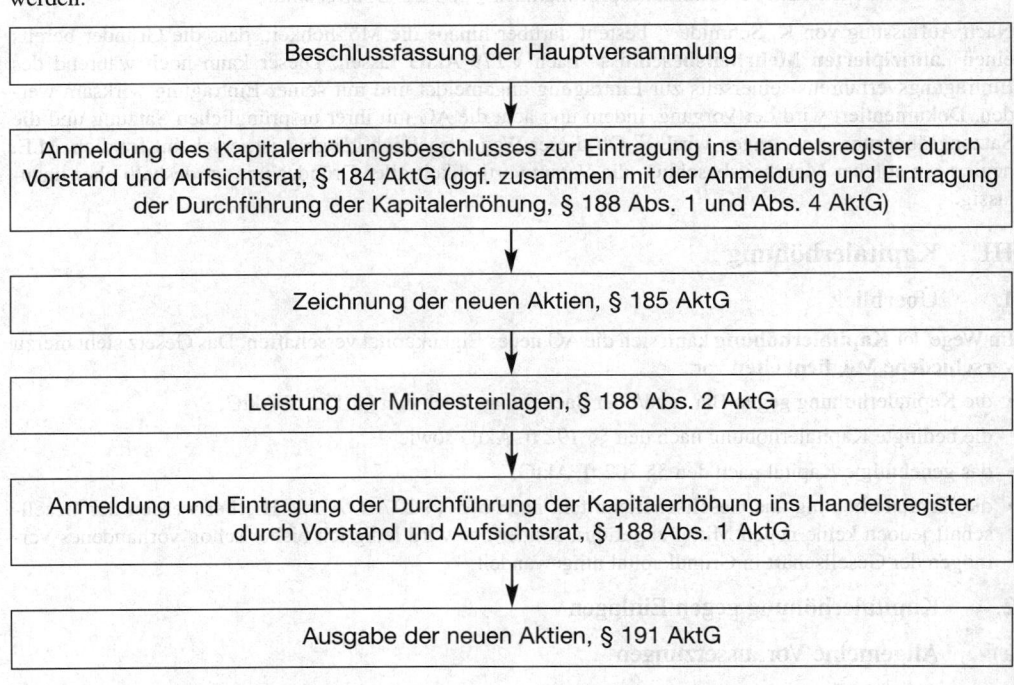

1329 Für das Erste: Krieger, in: Münchener Handbuch des Gesellschaftsrechts, Bd. 4, § 56 Rn. 5; Geßler/Hefermehl/Bungeroth, AktG, § 182 Rn. 89; für das Zweite: Hüffer, AktG, § 182 Rn. 26; KölnerKomm-AktG/Lutter, § 182 Rn. 38.

1330 Hüffer, AktG, § 182 Rn. 28; Krieger, in: Münchener Handbuch des Gesellschaftsrechts, Bd. 4, § 56 Rn. 5.

1331 Für eine Anwendung: Hüffer, AktG, § 182 Rn. 27; Geßler/Hefermehl/Bungeroth, AktG, § 182 Rn. 87; KölnerKomm-AktG/Lutter, § 35; a.A.: GK/Wiedemann, AktG, § 182 Rn. 85 ff.; Krieger, in: Münchener Handbuch des Gesellschaftsrechts, Bd. 4, § 56 Rn. 3; AnwK-AktienR/Elser, Kap. 1 § 182 Rn. 56.

1332 Hüffer, AktG, § 182 Rn. 30.

b) Kapitalerhöhungsbeschluss
aa) Muster: Beschluss einer Kapitalerhöhung[1333]

Beschluss

1. Das Grundkapital der Gesellschaft wird im Wege der Barkapitalerhöhung von 50.000 € um bis zu 50.000 € auf bis zu 100.000 € durch Ausgabe von bis zu 50.000 auf den Inhaber lautende Stückaktien erhöht.

2. Der Vorstand wird ermächtigt, mit Zustimmung des Aufsichtsrats weitere Einzelheiten der Kapitalerhöhung und ihrer Durchführung festzulegen. Er ist insb. ermächtigt, die Bedingungen festzulegen, zu denen nach Ablauf der für alle Aktionäre geltenden Bezugsfrist Aktionäre über ihr Bezugsrecht hinaus sowie Dritte die nicht gezeichneten Aktien zum Ausgabebetrag zeichnen können. Der Vorstand ist berechtigt, den Ausgabebetrag der neuen Aktien bestmöglich, nicht jedoch unter 5 € je neuer Aktie festzusetzen.

3. Die neuen Aktien sind ab 1.1.2007 gewinnberechtigt.

4. Der Beschluss über die Erhöhung des Grundkapitals wird ungültig, wenn nicht bis zum Ablauf des 30.6.2007 neue Aktien mit einem anteiligen Grundkapital von mindestens 10.000 € gezeichnet sind.

5. Der Aufsichtsrat wird ermächtigt, die Fassung der Satzung entsprechend der Durchführung der Kapitalerhöhung anzupassen.

bb) Inhalt

Kapitalerhöhungen sind **Satzungsänderungen** und bedürfen deshalb eines entsprechenden Beschlusses der Hauptversammlung. Eine **Übertragung der Entscheidungszuständigkeit** ist mit Ausnahme des genehmigten Kapitals nicht möglich. Der Beschluss der Hauptversammlung bedarf nach § 182 Abs. 1 Satz 1 AktG grds. einer 3/4-Mehrheit des bei der Beschlussfassung vertretenen Grundkapitals. Die Satzung kann eine andere Kapitalmehrheit bestimmen, bei der Ausgabe stimmrechtsloser Vorzugsaktien kann die Mehrheit nur herauf- jedoch nicht herabgesetzt werden (§ 182 Abs. 1 Satz 2 AktG). Sonderbeschlüsse sind erforderlich, soweit mehrere Gattungen stimmberechtigter Aktien vorhanden sind (§ 182 Abs. 2 AktG). Für **stimmrechtslose Vorzugsaktien** entfällt demgemäß ein solcher Sonderbeschluss.[1334]

Seinem **Inhalt** nach muss der Kapitalerhöhungsbeschluss selbst die **wesentlichen Festsetzungen** enthalten. Dies gilt insb. für den **Erhöhungsbetrag**. Bei Stückaktien ist zu beachten, dass sich wegen § 182 Abs. 1 Satz 5 AktG das Grundkapital nur entsprechend der kapitalbezogenen Beteiligungsquote der alten Stückaktien erhöhen kann.[1335] Der Erhöhungsbetrag ist entweder von der Hauptversammlung ziffernmäßig genau zu bestimmen. Zulässig ist es daneben aber auch, lediglich eine Mindest- und Höchstgrenze oder auch nur eine Höchstgrenze festzulegen,[1336] und den endgültigen Erhöhungsbetrag davon abhängig zu machen, wie viele neue Aktien innerhalb einer bestimmten Zeichnungsfrist gezeichnet werden. Die **Frist** muss dabei grds. von der Hauptversammlung im Erhöhungsbeschluss selbst bestimmt werden. Die

---

[1333] Siehe zu weiteren Musterformulierungen auch Lorz/Pfisterer/Gerber, in: Beck'sches Formularbuch Aktienrecht, K, L, M, N, O; Hölters, in: Münchener Vertragshandbuch, Bd. 1, Muster V. S. 113 ff.; Meyer-Landrut, Satzungen und Hauptversammlungsbeschlüsse der AG, Rn. 657 ff.; Semler/Volhard/Schröer, Arbeitshandbuch für die Hauptversammlung, § 22 Rn. 16; Happ, Aktienrecht, 12.01 ff.; AnwK-AktienR/Lohr/Terbrack, Muster Rn. 19 ff.

[1334] Krieger, in: Münchener Handbuch des Gesellschaftsrechts, Bd. 4, § 56 Rn. 16; Krauel/Wenig, AG 2003, 561, 562.

[1335] Hüffer, AktG, § 182 Rn. 13a.

[1336] Semler/Volhard, Arbeitshandbuch für die Hauptversammlung, § 4 Rn. 163; MünchKomm-AktG/Kubis, § 124 Rn. 12.

Höchstdauer dieser Frist darf sechs Monate nicht überschreiten.[1337] Wird im Kapitalerhöhungsbeschluss keine solche Frist bestimmt, ist der Beschluss anfechtbar.[1338] **Fehlen Angaben** im Hauptversammlungsbeschluss, so hat die Verwaltung die ordentliche Kapitalerhöhung **unverzüglich** in Angriff zu nehmen und binnen angemessener Frist durchzuführen.[1339] Ein Ermessensspielraum steht der Verwaltung nicht zu. Für die Praxis werden **Verfallfristen von zwei bis vier Monaten** genannt.[1340]

Die Angabe eines Mindest- und eines Höchstbetrages ist bei der Kapitalerhöhung zweckmäßig, da die Durchführung der Kapitalerhöhung nur eingetragen wird, wenn sich das **Zeichnungsergebnis mit dem im Beschluss angegebenen Betrag deckt** bzw. in dessen Bandbreite fällt.[1341] Nicht möglich ist es, hier bei Angabe eines Mindest- und Höchstbetrages die Kapitalerhöhung sukzessive bzw. in Tranchen durchzuführen.[1342] Mit Eintragung der Durchführung der „ersten Tranche" hat sich der Kapitalerhöhungsbeschluss „verbraucht". Zulässig ist in diesem Fall allein die Kapitalerhöhung im Wege des genehmigten Kapitals.[1343]

Unklar ist, ob über die Angabe des bloßen Erhöhungsbetrages hinaus stets auch der **Ausgangsbetrag**, von dem aus das Grundkapital erhöht wird, und der **Endbetrag**, bis zu dem maximal das Grundkapital erhöht wird, anzugeben ist.[1344] Auch wenn sich in der Praxis eine derartige Formulierung eingebürgert hat, besteht eine rechtliche Notwendigkeit hierfür nicht.[1345]

416 Im Kapitalerhöhungsbeschluss weiter anzugeben ist die **Zahl der neu auszugebenden Aktien**, bei Gesellschaften mit Nennbetragsaktien auch deren Nennbeträge, sowie die **Art der neuen Aktien** (Inhaber- oder Namensaktien). Ggf. ist dabei gleichzeitig eine Satzungsbestimmung zu ändern, wenn diese nur die Ausgabe von Inhaber- oder Namensaktien vorsieht und im Rahmen der Kapitalerhöhung Aktien der jeweils anderen Gattung ausgegeben werden sollen. Sind verschiedene Gattungen von Aktien vorhanden oder sollen sie neu geschaffen werden, sind auch hierzu Angaben zu machen. Anzugeben ist ebenso der Betrag, zu welchem die jungen Aktien an die Aktionäre ausgegeben werden sollen, soweit eine Ausgabe über dem geringsten Ausgabebetrag nach § 9 Abs. 1 AktG erfolgen soll (§ 182 Abs. 3 AktG). Es kann dabei ein **fixer Ausgabebetrag** bestimmt werden. Zulässig ist aber auch die Angabe eines Mindest- oder Höchstbetrages und die Bestimmung der genauen Höhe dem Vorstand ggf. unter Vorgabe eines bestimmten Berechnungsverfahrens zu überlassen.[1346]

417 **Besonderheiten für die Höhe des Ausgabebetrages** bestehen nach §§ 255 Abs. 2, 186 Abs. 3 und 4 AktG, wenn das Bezugsrecht der Aktionäre ganz oder teilweise ausgeschlossen wird. Schweigt die Hauptversammlung im Kapitalerhöhungsbeschluss zur **Höhe des Ausgabekurses**, ist die Rechtslage **umstritten**. Entgegen der älteren Lit. dürfte hier eine Ausgabe der Aktien zum geringsten Ausgabebetrag grds. nicht möglich sein. Im Übrigen wird danach differenziert, ob den Aktionären ein **unmittelbares oder**

1337 Dies gilt vor allem, wenn der Kapitalerhöhungsbeschluss nur einen Mindest- und Höchstbetrag für die Kapitalerhöhung angibt: LG Hamburg, AG 1995, 92, 93; KölnerKomm-AktG/Lutter, § 182 Rn. 17; Krieger, in: Münchener Handbuch des Gesellschaftsrechts, Bd. 4, § 56 Rn. 23; AnwK-AktienR/Elser, Kap. 1 § 182 Rn. 25.
1338 LG Hamburg, AG 1995, 92, 93; KölnerKomm-AktG/Lutter, § 182 Rn. 17; Krieger, in: Münchener Handbuch des Gesellschaftsrechts, Bd. 4, § 56 Rn. 23; AnwK-AktienR/Elser, Kap. 1 § 182 Rn. 25.
1339 MünchKomm-AktG/Pfeifer, § 182 Rn. 37; KölnerKomm-AktG/Lutter, § 182 Rn. 17.
1340 GK/Wiedemann, AktG, § 182 Rn. 57; OLG Hamburg, AG 2000, 326 = MittRhNotK 2000, 295.
1341 RGZ 55, 65, 67; Geßler/Hefermehl/Bungeroth, AktG, § 182 Rn. 12; Hüffer, AktG, § 182 Rn. 12; Krieger, in: Münchener Anwaltshandbuch Aktienrecht, § 56 Rn. 111; a.A.: Schüppen, AG 2001, 125.
1342 A.A.: Schüppen, AG 2001, 125.
1343 DNotI-Gutachten Nr. 26446 vom August 2001, Nr. 15781 vom April 2000 und Nr. 14419 vom Februar 2000.
1344 Z.B. „Das Grundkapital wird von ...€ um ...€ auf ...€ erhöht.".
1345 DNotI-Report 2005, 29, 31; a.A.: Trendelenburg, NZG 2003, 860 ff.; ähnlich auch OLG Frankfurt, AG 2005, 167, 168, das die Angabe des Höchstbetrages der geplanten Kapitalerhöhung verlangt und dabei sowohl auf den „Endbetrag" des Grundkapitals nach Durchführung der Kapitalerhöhung als auch auf den Ausgangsbetrag abzielt.
1346 Meyer-Landrut, Satzungen und Hauptversammlungsbeschlüsse der AG, Rn. 666.

mittelbares Bezugsrecht zusteht. Haben die Aktionäre ein Bezugsrecht, ist zu pari auszugeben. Ist das Bezugsrecht ausgeschlossen, ist ein höherer Ausgabebetrag zu bestimmen.[1347] Ein solcher höherer Ausgabepreis rechtfertige sich schon daraus, dass die Verwaltung ihr **Ermessen** bei Festlegung des Ausgabebetrages junger Aktien dem Grunde nach **dahingehend auszuüben** habe, den Ausgabebetrag derart festzusetzen, dass er den Wertanteil der Altaktionäre am Gesellschaftsvermögen proportional aufrecht erhält,[1348] also den inneren Wert der Beteiligung angemessen widerspiegelt.

Nach a.A. soll die Hauptversammlung und Verwaltung bei der Festsetzung des Ausgabebetrages dagegen „**weitgehend frei**" sein, wenn den Aktionären ein unmittelbares oder mittelbares Bezugsrecht gewährt wird.[1349] Ein etwa unter dem anteiligen Unternehmenswert liegender Ausgabebetrag verstoße nicht gegen das Interesse der bisherigen Aktionäre, weil sie durch Ausübung ihrer Bezugsrechte eine Verwässerung ihres Anteilsbesitzes vermeiden oder sich durch Veräußerung der Bezugsrechte ein marktgerechtes Entgelt für die Verwässerung verschaffen können. Im umgekehrten Fall, wenn also ein unangemessen hoher, den wirklichen Wert der neuen Aktien erheblich übersteigender Ausgabebetrag festgesetzt wird, könne dagegen ggf. ein **faktischer Bezugsrechsausschluss** vorliegen, der nur unter den Voraussetzungen des § 186 Abs. 3 und Abs. 4 AktG zulässig ist.[1350]

418

M.E. muss der Ausgabekurs für neue Anteile bei einer Kapitalerhöhung in der AG auch bei bestehendem Bezugsrecht der Aktionäre stets den **inneren Wert der Anteile angemessen widerspiegeln**, darf also nicht zu niedrig sein. Anderenfalls wird ein faktischer Zwang zur Teilnahme an der Kapitalerhöhung bewirkt. Dies ist nicht zulässig und führt ggf. zur Anfechtbarkeit.[1351] Gleiches gilt, wenn das Bezugsrecht keinen selbständigen Vermögenswert beinhaltet, wie bei geschlossenen Gesellschaften, für die es keinen Markt gibt, auf dem das Bezugsrecht gehandelt bzw. veräußert werden kann. Auch hier kann m.E. die Hauptversammlungsmehrheit **nicht den Ausgabekurs frei bestimmen**, sondern muss eine **angemessene Vergütung** für die neuen Aktien beschließen. Ein größerer Spielraum besteht nur bei der Hauptversammlung einer **Publikumsgesellschaft** mit börsennotierten Aktien, wo es einen Markt für das Bezugsrecht gibt.[1352]

Soll im Rahmen der Kapitalerhöhung anstelle eines Agios eine **bloße schuldrechtliche Zuzahlungspflicht bzw. Finanzierungsvereinbarung** („**Investors agreement**") vereinbart werden, geschieht dies außerhalb des eigentlichen Kapitalerhöhungsbeschlusses entweder durch Vertrag zwischen der AG und dem (zukünftigen) Aktionär oder durch Vertrag nur zwischen den Aktionären.[1353] Soweit durch Vertrag mit der Gesellschaft für diese ein eigenes Forderungsrecht begründet wird, ist bei der Anmeldung der Kapitalerhöhung darzulegen, dass es sich dabei nicht um ein korporatives Aufgeld handelt.[1354] Um Beanstandungen beim Registergericht zu vermeiden, ist darauf zu achten, schuldrechtliche Zuzahlungspflichten bei einer Kapitalerhöhung nur unter den Aktionären ohne Begründung eines eigenen Forderungsrechts der Gesellschaft zu vereinbaren.[1355]

419

1347 Hüffer, AktG, § 182 Rn. 25; KölnerKomm-AktG/Lutter, § 182 Rn. 26; Meyer-Landrut, Satzungen und Hauptversammlungsbeschlüsse der AG, Rn. 665.
1348 AnwK-AktienR/Elser, Kap. 1 § 182 Rn. 53; GK/Wiedemann, AktG, § 182 Rn. 44.
1349 Geßler/Hefermehl/Bungeroth, AktG, § 182 Rn. 69; KölnerKomm-AktG/Lutter, § 182 Rn. 23.
1350 Geßler/Hefermehl/Bungeroth, AktG, § 182 Rn. 69.
1351 OLG Stuttgart, BB 2000, 1155 = DB 2000, 135 = NZG 2000, 156 = GmbH-Recht 2000, 333 (zum GmbH-Recht).
1352 GK/Wiedemann, AktG, § 182 Rn. 46.
1353 BayObLG, DB 2002, 940 = NotBZ 2002, 221; Becker, NGZ 2003, 510 ff.; Wagner, DB 2004, 293 ff.; Hergeth/Eberl, DStR 2002, 1818; Schorling/Vogel, AG 2003, 86; vgl. dazu Hüffer, AktG, § 54 Rn. 7.
1354 BayObLG, DB 2002, 940 = NotBZ 2002, 221.
1355 Schorling/Vogel, AG 2003, 86, 91; Herrmanns, ZIP 2003, 788 f.

420 Angaben enthält der Kapitalerhöhungsbeschluss auf freiwilliger Basis schließlich im Regelfall über den **Beginn der Gewinnberechtigung** der neuen Aktien,[1356] über eine **Frist zur Durchführung der Kapitalerhöhung** für den Vorstand sowie über eine **Verfallfrist**, nach deren Ablauf die Zeichnungen unverbindlich werden, wenn bis dahin die Durchführung der Erhöhung des Grundkapitals nicht im Handelsregister eingetragen worden ist (§ 185 Abs. 1 Satz 3 Ziff. 4 AktG). Ebenso kann die **Fälligkeit der Einlagen** geregelt werden, soweit diese nicht schon vor Eintragung der Durchführung der Kapitalerhöhung eingezahlt sein müssen (§ 188 Abs. 2 Satz 1 AktG). Schließlich wird im Allgemeinen noch eine **Ermächtigung** aufgenommen, dass weitere Einzelheiten der Kapitalerhöhung und ihrer Durchführung durch den Vorstand festgesetzt werden.[1357]

c) Anmeldung und Eintragung des Kapitalerhöhungsbeschlusses

421 Nach § 184 AktG ist der **Kapitalerhöhungsbeschluss zur Eintragung in das Handelsregister** anzumelden.[1358] Von dieser Anmeldung zu unterscheiden ist die **spätere Anmeldung der Durchführung der Kapitalerhöhung** nach § 188 AktG. Beide Anmeldungen können miteinander verbunden werden (§ 188 Abs. 5 Akt).[1359] Zuständig für die Anmeldung ist der Vorstand (in vertretungsberechtigter Zahl)[1360] und der Aufsichtsratsvorsitzende (§ 184 Abs. 1 Satz 1 AktG). Eine Anmeldung durch Bevollmächtigte scheidet aus.[1361] Der Anmeldung sind die Niederschrift über die Hauptversammlung mit dem Kapitalerhöhungsbeschluss, die Niederschrift über etwa erforderliche Sonderbeschlüsse sowie ggf. der Bericht über die Prüfung von Sacheinlagen nach § 184 Abs. 1 Satz 2 AktG beizufügen. Anzugeben ist in der Anmeldung, ob und ggf. welche Einlagen auf das bisherige Grundkapital noch nicht geleistet wurden und weshalb dies noch nicht geschehen ist (§ 184 Abs. 2 AktG).

d) Zeichnung der Aktien

422 Der Erwerb der neuen Aktien aus der Kapitalerhöhung erfolgt durch **Zeichnung i.S.d. § 185 AktG**. Der dafür erforderliche **Zeichnungsschein**[1362] enthält die Erklärung, Aktien aus der Kapitalerhöhung erwerben zu wollen. Er bedarf der **Schriftform** (§ 185 Abs. 1 Satz 1 AktG). Im Zeichnungsschein müssen die zu erwerbenden Aktien entsprechend § 185 Abs. 1 Satz 1 AktG konkret bezeichnet werden. Im Übrigen muss der Zeichnungsschein nach § 185 Abs. 1 Satz 3 AktG einen **besonderen Inhalt** haben. Üblicherweise erfolgt die Zeichnung auf einem von der Gesellschaft entworfenen und zur Verfügung gestellten Formular. Mit der Annahme der Zeichnungserklärung durch die Gesellschaft kommt der (formlose) Zeichnungsvertrag zustande. Darin verpflichtet sich der Zeichner, die von ihm gezeichneten Aktien zu übernehmen und die Einlageleistung zu erbringen. Umstritten ist, ob bei einer **Einmann-AG** der Aktionär wie ein Alleingründer nach § 36 Abs. 2 Satz 2 AktG i.V.m. § 188 Abs. 2 Satz 1 AktG eine Sicherung für noch offene Resteinlagen leisten muss.[1363] Die Pflicht der Gesellschaft besteht darin, dem Zeichner im festgelegten Umfang neue Aktien aus der Kapitalerhöhung zu gewähren. Diese Pflicht der AG steht jedoch unter dem Vorbehalt, dass die Kapitalerhöhung durchgeführt wird. Verpflichtet ist die Gesellschaft aus dem Zeichnungsvertrag, die Kapitalerhöhung durchzuführen, dagegen nicht.[1364]

1356 Siehe zur Vereinbarung über die Verteilung der Gewinnberechtigung bei der Anteilsveränderung im GmbH-Recht, BGH, DNotI-Report 2004, 170.

1357 Krieger, in: Münchener Handbuch des Gesellschaftsrechts, Bd. 4, § 56 Rn. 34.

1358 Musterformulierungen bei AnwK-AktienR/Lohr/Terbrack, Muster Rn. 20; Happ, Aktienrecht, 11.01. c).

1359 Muster bei Hölters, in: Münchener Vertragshandbuch, Bd. 1, Muster V. S. 121.

1360 Ebenso ist unechte Gesamtvertretung zulässig: Hüffer, AktG, § 184 Rn. 3.

1361 Siehe dazu Reul, in: Würzburger Notarhandbuch, Teil 5 Rn. 537.

1362 Muster bei: AnwK-AktienR/Lohr/Terbrack, Muster Rn. 22; Happ, Aktienrecht, 12.01. f); Hölters, in: Münchener Vertragshandbuch, Bd. 1, Muster V S. 119 und 126.

1363 Dafür: Hüffer, AktG, § 188 Rn. 5; KölnerKomm-AktG/Lutter, Nachtrag Rn. 42 ff.; AnwK-AktienR/Elser, Kap. 1 § 188 Rn. 11; Hölters/Daimann/Buchta, Die kleine Aktiengesellschaft, 113; Hoffmann-Becking, ZIP 1995, 1, 2; a.A.: Priester, BB 1996, 333, 334; Heckschen, DNotZ 1995, 275, 277.

1364 Hüffer, AktG, § 185 Rn. 4; KölnerKomm-AktG/Lutter, § 185 Rn. 19; Krieger, in: Münchener Handbuch des Gesellschaftsrechts, Bd. 4, § 56 Rn. 100 m.w. Einzelheiten zur Zeichnung.

e) Zeitpunkt der Einzahlung/Voreinzahlung

Mit **Zustandekommen des Zeichnungsvertrages** durch Annahme der Zeichnungserklärung der Gesellschaft wird auch die Einlageverpflichtung des Zeichners begründet.[1365] Als Mindesteinlage sind bei Bareinlagen 25 % des geringsten Ausgabebetrages sowie das gesamte Aufgeld zu entrichten (§§ 188 Abs. 2, 36a Abs. 1 AktG). Der eingezahlte Betrag muss dabei endgültig zur freien Verfügung des Vorstandes stehen. Nicht erforderlich ist, dass die Einlagen im Anmeldezeitpunkt noch unverändert und unverbraucht sind. Ob – wie bisher – an ihre Stelle eine **wertgleiche Deckung** getreten sein muss, ist nunmehr jedoch fraglich. Der BGH hat mittlerweile den **Grundsatz der wertgleichen Deckung für das GmbH-Recht aufgegeben**. Es genügt, wenn der **Einlagebetrag** nach dem Kapitalerhöhungsbeschluss **in den uneingeschränkten Verfügungsbereich** der Geschäftsführung gelangt ist und nicht an den Einleger zurückfließt.[1366] Ausgenommen sind lediglich die Fälle der **verdeckten Sacheinlage**[1367] sowie die Fälle der **unmittelbaren Zahlung** an einen Gesellschaftsgläubiger.[1368] Diese Rspr. kann ohne weiteres auf das Aktienrecht übertragen werden.[1369]

423

Problematisch ist auch hier, wenn der Einlagebetrag in ein **Cash-Pool-System** einbezogen wird. Es fehlt zum einen die freie Verfügbarkeit wegen Rückflusses an den Inferenten. Zum anderen ist darin nach der Rspr. eine verdeckte Sacheinlage zu erkennen.[1370] Zulässig dürfte allein die Einzahlung auf ein **Kapitalerhöhungssonderkonto** sein, das nicht in den Cash-Pool einbezogen ist.[1371]

Umstritten ist, ob **Einzahlungen auch schon vor Beschlussfassung** über die Kapitalerhöhung mit **schuldbefreiender Wirkung** auf die Einlageverpflichtung erbracht werden können.[1372] Nach einer Meinung ist eine Voreinzahlung **nur in dringenden Sanierungsfällen** möglich.[1373] Nach a.A. hat die Voreinzahlung **Tilgungswirkung**, wenn der Vorstand über diese Mittel vorbehaltlos und endgültig verfügen kann und die Einlage im Zeitpunkt der Anmeldung der Durchführung der Kapitalerhöhung tatsächlich noch unverbraucht auf einem Konto der Gesellschaft vorhanden ist.[1374]

424

Mit Urt. v. 13.4.1992[1375] hat der BGH entschieden, dass die Vorfinanzierung einer künftigen Bareinlage aus einer in Aussicht genommenen Kapitalerhöhung **keine Einzahlung i.S.d. § 235 Abs. 1 Satz 2 AktG** ist. 1994 hat der BGH[1376] diese Rspr. **bestätigt**, jedoch die Frage, ob und unter welchen Bedingungen in Sanierungsfällen Ausnahmen von diesem Grundsatz zulässig sein können, offen gelassen.[1377] Im Jahre 1996 entschied der BGH[1378] schließlich, dass die Voreinzahlung auf eine künftige Einlagepflicht bei ei-

---

1365 OLG Frankfurt, AG 1991, 404; KölnerKomm-AktG/Lutter, § 54 Rn. 4.
1366 NJW 2002, 1716 = RNotZ 2002, 287; Hallweger, DStR 2002, 2131, siehe zur alten Rechtslage noch Hüffer, AktG, § 188 Rn. 6 und Krieger, in: Münchener Handbuch des Gesellschaftsrechts, Bd. 4, § 56 Rn. 108; dagegen: Priester, ZIP 1994, 599, 602; AnwK-AktienR/Elser, Kap. 1 § 188 Rn. 6.
1367 BGHZ 113, 335; BGH, GmbHR 2003, 231, 232.
1368 BGHZ 119, 177, 188 f.
1369 So im Ergebnis, aber kritisch auch: Hüffer, AktG, § 188 Rn. 6.
1370 BGH, ZIP 2006, 665; Altmeppen, ZIP 2006, 1025, 1029 ff.; Gehrlein, MDR 2006, 789; Vetter/Schwandtner, Der Konzern 2006, 407 ff.; Schmelz, NZG 2006, 456, 457 f.
1371 Hüffer, AktG, § 188 Rn 6a; Hellwig, in: FS für Peltzer, S. 163, 178; Sieger/Hasselbach, BB 1999, 645, 649; zweifelnd: Cahn, HZR 166 (2002), 278, 286 f.
1372 Kort, DStR 2002, 1223 ff.
1373 Hüffer, AktG, § 188 Rn. 7 f.; AnwK-AktienR/Elser, Kap. 1 § 188 Rn. 15; Krieger, in: Münchener Handbuch des Gesellschaftsrechts, Bd. 4, § 56 Rn. 109.
1374 GK/Wiedemann, AktG, § 188 Rn. 37; ebenso Kort, DStR 2002, 1223 ff.
1375 DB 1992, 1621 f. = MittRhNotK 1992, 316.
1376 BB 1995, 115 ff. = DNotZ 1995, 478.
1377 Der BGH stellte auf einen engen zeitlichen Zusammenhang zwischen der Einlageleistung und der nachfolgenden Kapitalerhöhung ab, verneinte diesen aber bei einem Zeitraum von mehr als drei Monaten zwischen Voreinzahlung und Einberufung der Hauptversammlung.
1378 DNotZ 1997, 495 ff. = DStR 1996, 1416 f.

ner GmbH im Fall der Sanierung **schuldtilgend** sei, wenn sie eindeutig auf eine kurze Zeit (acht Tage) danach beschlossene Kapitalerhöhung geleistet werde und wenn der Einlagebetrag zwischen dem Antrag auf Eintragung der Kapitalerhöhung in das Handelsregister und ihrer Durchführung noch wertmäßig zur freien Verfügung der Geschäftsführung gestanden habe.[1379] Im Jahr 2000 hat der BGH diese Rspr. **fortgeführt** und zum Ausdruck gebracht, dass ein **Sanierungsfall nicht notwendige Voraussetzung der Tilgungswirkung** einer Voreinzahlung ist.[1380] Im Unterschied zur früheren Rspr. stellt der BGH jetzt aber **nicht mehr auf den Zeitpunkt der Eintragung** der Kapitalerhöhung, sondern auf den **Zeitpunkt des Entstehens der Einlageverpflichtung** ab. Damit ist die Problematik der Voreinzahlung in den Fällen entschärft worden, in denen das voreingezahlte Geld bzw. der Sacheinlagegegenstand[1381] zum Zeitpunkt des Kapitalerhöhungsbeschlusses noch gegenständlich vorhanden ist.[1382]

In seiner **Entscheidung v. 15.3.2004**[1383] führte der BGH sodann aus, dass Voreinzahlungen auf die künftige Kapitalerhöhung **nur dann schuldtilgende Wirkung** haben, wenn der eingezahlte Betrag im Zeitpunkt der Fassung des Kapitalerhöhungsbeschlusses noch als solcher im Vermögen der Gesellschaft vorhanden ist. Dem steht es nicht gleich, dass auf ein debitorisches Konto der Gesellschaft eingezahlt wird und die Bank nach Verrechnung der Gutschrift eine Verfügung über den Einlagebetrag zulässt.[1384] **Wertgleiche Deckung genügt also nicht.**[1385] Stattdessen könnte ein „**Zwei-Konten-Modell**" überlegt werden, d.h. der Kapitalerhöhungsbetrag wird auf ein eigens hierfür – am besten bei einem anderen Kreditinstitut – errichtetes Bankkonto der Gesellschaft einbezahlt. Dieses Konto wird nur im Haben geführt; Verfügungen hierüber erfolgen erst nach Fassung des Kapitalerhöhungsbeschlusses.[1386] Auch bei diesem Modell bleiben aber Zweifel bestehen, denn regelmäßig ist diese Einzahlung bei wirtschaftlicher Betrachtung schon einer Verwendung zugeführt, so dass eine **freie Verfügung des Vorstandes** über den Einzahlungsbetrag **zweifelhaft** erscheint.[1387] Bestätigt hat der BGH diese Sichtweise für eine Sachkapitalerhöhung in seiner Entscheidung v. 14.6.2004.[1388]

In seiner neuesten Entscheidung bestätigte der BGH diese Rspr.[1389] Voreinzahlungen auf eine künftige Kapitalerhöhung haben nur dann schuldtilgende Wirkung, wenn der eingezahlte Betrag im Zeitpunkt der Beschlussfassung als solcher noch im Gesellschaftsvermögen zweifelsfrei vorhanden ist. Weiter führte der BGH aus, dass im Zeitpunkt des Kapitalerhöhungsbeschlusses tatsächlich nicht mehr vorhandene Bareinlagen ganz ausnahmsweise dann schuldtilgende Wirkung haben, wenn anderenfalls die Rettung der sanierungsbedürftigen und sanierungsfähigen Gesellschaft scheitern würde. Erforderlich ist hierzu, dass ein **akuter Sanierungsfall** vorliegt, andere Maßnahmen nicht in Betracht kommen, dass die Voreinzahlung auf die Kapitalerhöhung bei der Einzahlung, im Kapitalerhöhungsbeschluss als auch bei der Handelsregisteranmeldung ausdrücklich offengelegt und dabei auch der genaue Zahlungszeitpunkt angegeben wird und dass die Beschlussfassung über die Kapitalerhöhung mit aller Beschleunigung in einem engen zeitlichen Zusammenhang nachgeholt wird. Für das Vorliegen dieser Voraussetzungen trägt der Gesellschafter die **Darlegungs- und Beweislast**.[1390]

1379 Siehe dazu die Anm. von Goette, DStR 1996, 1417, 1418, und Kanzleiter, DNotZ 1997, 497 f.
1380 BGH, NJW 2001, 67, 69 = DNotZ 2001, 154.
1381 Die Entscheidung BGH, NJW 2001, 67, 69 = DNotZ 2001, 154, betraf eine Sacheinlage, bei der der Besitz der Gesellschaft bereits vor dem Kapitalerhöhungsbeschluss übertragen worden ist. Der BGH hat diese Auffassung mit Urt. v. 14.6.2004, DStR 2004, 1662 = NJW-RR 2004, 1341 = ZIP 2004, 1642, bestätigt.
1382 Bestätigt durch BGH, DNotZ 2005, 62 = DStR 2004, 1662 = NJW-RR 2004, 1341 = ZIP 2004, 1642. Vgl. auch Heidinger, DNotZ 2001, 341, 344.
1383 BGH, DNotZ 2004, 867 = ZIP 2004, 849 = DStR 2004, 782.
1384 Siehe dazu die Anm. v. Blöse, DB 2004, 1140; Heidinger, GmbHR 2004, 738; Ulmer, JZ 2004, 685.
1385 Blöse, DB 2004, 1140.
1386 Blöse, DB 2004, 1140 f.; Goette, DStR 1996, 1417, 1418.
1387 Blöse, DB 2004, 1140, 1141.
1388 DNotZ 2005, 62 = DStR 2004, 1662 = NJW-RR 2004, 1341 = ZIP 2004, 1642.
1389 BGH, GmbHR 2006, 1328 = ZIP 2006, 2214 = NZG 2007, 23.
1390 BGH, GmbHR 2006, 1328, 1329 ff. = ZIP 2006, 2214 = NZG 2007, 23.

Letztlich umstritten ist, ob bei einer **Einmann-AG** der Aktionär wie ein Alleingründer nach § 36 Abs. 2 Satz 2 i.V.m. § 188 Abs. 2 Satz 1 AktG eine **Sicherung für noch offene Resteinlagen** leisten muss.[1391]

f) Durchführung der Kapitalerhöhung

Die Durchführung der Kapitalerhöhung ist vom Vorstand und dem Vorsitzenden des Aufsichtsrats zur **Eintragung in das Handelsregister** anzumelden (§ 188 Abs. 1 AktG). Die Anmeldung setzt voraus, dass der Erhöhungsbetrag in vollem Umfang wirksam gezeichnet ist, die Zeichnungen nicht durch Fristablauf unverbindlich geworden und die Mindesteinlagen geleistet sind. Dies folgt i.d.R. durch eine **Bankbestätigung** gemäß der §§ 188 Abs. 2, 37 Abs. 1 AktG. Insoweit gilt Gründungsrecht (§ 188 Abs. 2 AktG).

Weiter ist bei der Anmeldung nach § 188 Abs. 2 AktG zu **erklären**, dass der Einlagebetrag für die Zwecke der Gesellschaft zur (endgültig) freien Verfügung des Vorstandes steht und auch in der Folge nicht an den Einleger zurückgezahlt worden ist.[1392] Hat der Vorstand zum Zeitpunkt der Anmeldung bereits über die gezahlten Einlagen verfügt, hat er sich darüber in der Anmeldung zu erklären.[1393] Verwendungsbindungen sind insoweit unschädlich, soweit freilich keine Rückzahlung an den Einleger verabredet ist.

Schließlich müssen der Anmeldung die in § 188 Abs. 3 AktG genannten **Anlagen** beigefügt werden. Beizufügen ist ebenfalls der vollständige Wortlaut der neuen Satzung mit einer Notarbescheinigung gemäß § 181 Abs. 1 Satz 2 AktG. Mit der Eintragung der Durchführung der Erhöhung des Grundkapitals im Handelsregister ist die Kapitalerhöhung wirksam. Von diesem Zeitpunkt an ist das Grundkapital erhöht. Die neuen Mitgliedschaftsrechte sind zu diesem Zeitpunkt entstanden.

3. Bezugsrecht

a) Muster: Bezugsrecht[1394]

> Die neuen Aktien werden den Aktionären im Verhältnis 2:1 zum Bezug angeboten. Die Frist für die Annahme des Bezugsangebots endet vier Wochen nach der Bekanntmachung des Bezugsangebots.
>
> *(Alt.: Spitzenbeträge sind vom Bezugsrecht der Aktionäre ausgeschlossen.)*

b) Inhalt/Ausschluss

Den Aktionären steht gemäß § 186 Abs. 1 AktG ein Bezugsrecht bei Kapitalerhöhungen auf eine ihrer bisherigen **Beteiligung entsprechenden Anzahl neuer Aktien** zu.[1395] § 186 Abs. 2 AktG bestimmt, dass der Vorstand den Ausgabebetrag oder die Grundlagen für seine Festlegung und zugleich die Frist für die Ausübung des Bezugsrechts bekannt zu machen hat.[1396] Das Bezugsrecht in § 186 AktG ist **zwingend** und **entsteht mit dem Kapitalerhöhungsbeschluss**. Von diesem Zeitpunkt an ist das Bezugsrecht auch veräußerlich und übertragbar.

[1391] Dafür: Hüffer, AktG, § 188 Rn. 5; KölnerKomm-AktG/Lutter, Nachtrag Rn. 42 ff.; AnwK-AktienR/Elser, Kap. 1 § 188 Rn. 11; Hölters/Deilmann/Buchta, Die kleine Aktiengesellschaft, S. 113; Hoffmann-Becking, ZIP 1995, 1, 2; a.A.: Priester, BB 1996, 333, 334; Heckschen, DNotZ 1995, 275, 277.

[1392] BGHZ 150, 197, 201 = NJW 2002, 1716; Hüffer, AktG, § 188 Rn. 6; AnwK-AktienR/Elser, Kap. 1 § 188 Rn. 6.

[1393] BGHZ 119, 177, 188; Krieger, in: Münchener Handbuch des Gesellschaftsrechts, Bd. 4, § 56 Rn. 111. Verwendungsbindungen sind insoweit unschädlich, BGH, ZIP 1990, 1400, 1401 = DNotZ 1991, 824, soweit freilich keine Rückzahlung an den Einleger verabredet ist.

[1394] Musterformulierungen bei Happ, Aktienrecht, 12.01; Semler/Volhard, Arbeitshandbuch für die Hauptversammlung, § 22 Rn. 16; Meyer-Landrut, Satzungen und Hauptversammlungsbeschlüsse der AG, Rn. 659; Hölters, in: Münchener Vertragshandbuch, Bd. 1, Muster V. S. 124.

[1395] Bezzenberger, ZIP 2002, 1917 ff.

[1396] Musterformulierungen bei Hölters, in: Münchener Vertragshandbuch, Bd. 1, Muster V. S. 125; Happ, Aktienrecht, 11.01 d).

Möglich ist allerdings ein **mittelbares Bezugsrecht** nach § 186 Abs. 5 AktG durch Zwischenschaltung einer oder mehrerer Banken, die dann die Aktien den Aktionären zum Bezug anbieten.[1397] Bedeutung hat dieses mittelbare Bezugsrecht namentlich bei **börsennotierten Gesellschaften**. Dort wird häufig auch ein sog. „**Greenshoe**" vereinbart.[1398] Es handelt sich dabei um eine Mehrzuteilungsoption der Banken, die die Aktien unmittelbar von der Gesellschaft übernehmen. Für den Fall, dass die Kapitalerhöhung überzeichnet ist, wird den Banken im Übernahmevertrag das Recht eingeräumt, zusätzliche Aktien in einem bestimmten Umfang (i.d.R. 15 % des Emissionsvolumens) zu erhalten.[1399] Da auch mit dem „Greenshoe" ein Bezugsrechtsausschluss einhergeht, ist umstritten, ob das Institut des „Greenshoe" mit § 255 Abs. 2 AktG vereinbar ist.[1400]

429 Änderungen des Bezugsrechts durch die Satzung sind unzulässig. Statthaft ist stattdessen ein **Ausschluss des Bezugsrechts** im Einzelfall gemäß § 186 Abs. 3 und Abs. 4 AktG. Dafür sind bestimmte **förmliche Voraussetzungen** zu beachten: Das Bezugsrecht kann **nur im Beschluss über die Kapitalerhöhung** selbst ausgeschlossen werden (§ 186 Abs. 3 Satz 1 AktG). Der beabsichtigte **Bezugsrechtsausschluss** muss gemäß § 186 Abs. 4 Satz 1 AktG mit der Einberufung der Hauptversammlung bekannt gemacht werden. Notwendig ist außerdem ein **schriftlicher Bericht** des Vorstandes über den Grund des Bezugsrechtsausschlusses.[1401] Auch dieser Bericht ist zumindest seinem wesentlichen Inhalt nach analog § 124 Abs. 2 Satz 2 AktG mit der Einberufung der Hauptversammlung **bekannt zu machen**.[1402] Daneben ist der Bericht entsprechend § 175 Abs. 2 AktG von der Einberufung der Hauptversammlung an in den Geschäftsräumen der AG auszulegen und jedem Aktionär auf Verlangen eine Abschrift zu erteilen.[1403] Ein **Verzicht** auf diesen Bericht zulässig; notwendig ist hierfür aber die Zustimmung aller Aktionäre.[1404]

430 **Materielle Voraussetzungen** sind nach dem Gesetz für einen Bezugsrechtsausschluss nicht erforderlich. Wegen der Schwere des Eingriffs in die Mitgliedschaft bedarf der Bezugsrechtsausschluss jedoch einer **sachlichen Rechtfertigung**, es sei denn, alle betroffenen Aktionäre stimmen dem Bezugsrechtsausschluss zu.[1405] Sachlich gerechtfertigt ist der Bezugsrechtsausschluss im Übrigen, wenn er im Interesse der Gesellschaft liegt, zur Erreichung des beabsichtigten Zwecks geeignet und erforderlich sowie verhältnismäßig ist.[1406] Als Gesellschaftsinteresse, dem die Kapitalerhöhung mit Bezugsrechtsausschluss dient, kommt grds. **jedes im Rahmen des Unternehmensgegenstandes liegende Interesse** in Betracht, nicht aber ein Konzerninteresse oder die Interessen bestimmter Aktionäre oder Organmitglieder. Letztlich handelt es sich hierbei um eine **unternehmerische Entscheidung**, bei der ein weiter Ermessensspielraum besteht.[1407] **Geeignet und erforderlich** ist der Bezugsrechtsausschluss, wenn der angestrebte Zweck mit ihm erreicht werden kann und wenn eine Entscheidungsalternative nicht besteht oder der Bezugsrechtsausschluss unter mehreren Möglichkeiten den Zweck am besten zu fördern vermag. Zu prüfen ist dabei

---

1397 Hüffer, AktG, § 186 Rn. 44; KölnerKomm-AktG/Lutter, § 186 Rn. 102 ff.; Musterformulierungen bei Meyer-Landrut, Satzungen und Hauptversammlungsbeschlüsse der AG, Rn. 674; Hölters, in: Münchener Vertragshandbuch, Bd. 1, Muster V. S. 118; Semler/Volhard, Arbeitshandbuch für die Hauptversammlung, § 22 Rn. 37.

1398 Siehe dazu unten Rn. 472.

1399 AnwK-AktienR/Willamowski, Kap. 17 § Rn. 62.

1400 KG, ZIP 2001, 2178 = AG 2002, 243; vgl. dazu Groß, ZIP 2002, 160; Ekkenga, WM 2002, 317; A. Meyer, WM 2002, 1106; Busch, AG 2002, 230.

1401 Zum Inhalt des Vorstandsberichts: OLG Schleswig, NZG 2004, 281, 284 f. = AG 2004, 155.

1402 BGHZ 120, 141, 155 f.; KölnerKomm-AktG/Lutter, § 186 Rn. 57; Hüffer, AktG, § 186 Rn. 23.

1403 GK/Wiedemann, AktG, § 186 Rn. 120; Hüffer, AktG, § 186 Rn. 32.

1404 So wohl OLG München, AG 1991, 210, 211; DNotI-Gutachten Nr. 10042 vom Juli 1999; MünchKomm-AktG/Hüffer, § 243 Rn. 117.

1405 Kritisch zum Erfordernis der sachlichen Rechtfertigung nunmehr Bezzenberger, ZIP 2002, 1917 ff.

1406 BGHZ 71, 40, 46 = NJW 1978, 1316; BGHZ 83, 319, 321 = NJW 1982, 2444; BGHZ 120, 141, 145 = NJW 1993, 400; BGHZ 125, 239, 241; KölnerKomm-AktG/Lutter, § 186 Rn. 61; Hüffer, AktG, § 186 Rn. 25; Goette, DStR 2006, 139, 141 ff.

1407 AnwK-AktienR/Rebmann, Kap. 1 § 186 Rn. 42; Krieger, in: Münchener Handbuch des Gesellschaftsrechts, Bd. 4, § 56 Rn. 70; Hüffer, AktG, § 186 Rn. 26.

insb., ob dieser Zweck nicht auch **durch eine Kapitalerhöhung** ohne Bezugsrechtsausschluss verfolgt werden kann.[1408] **Verhältnismäßig** ist der Bezugsrechtsausschluss schließlich, wenn das Gesellschaftsinteresse höher zu bewerten ist als das Interesse der Aktionäre am Erhalt ihrer Rechtsposition.[1409] Dabei gilt der **Grundsatz**: Je schwerer der Eingriff in die Rechte der Aktionäre wiegt, desto gewichtiger muss das Interesse der Gesellschaft am Ausschluss des Bezugsrechts sein.[1410]

Ob diese Voraussetzungen gegeben sind, ist eine **Frage des Einzelfalls**. Anerkannt wurde der Bezugsrechtsausschluss in der Vergangenheit z.B. zum Ausgleich von **Spitzenbeträgen**,[1411] zur Bedienung von Wandel- und Optionsanleihen,[1412] zur Ausgabe von Belegschaftsaktien,[1413] zur Erleichterung einer Kooperation mit einem anderen Unternehmen[1414] oder etwa zur Börseneinführung.[1415] Auch bei einer Sachkapitalerhöhung ist ein Bezugsrechtsausschluss regelmäßig zulässig.[1416] Die bloße Tatsache der Sachkapitalerhöhung genügt aber noch nicht. Vielmehr muss die Gesellschaft ein hinreichendes Interesse am Erwerb des Einlagegegenstandes haben. Außerdem muss feststehen, dass die Gesellschaft den Gegenstand der Sacheinlage nicht unter Einsatz von Barmitteln durch einfachen Kaufvertrag zu vergleichbaren Konditionen erwerben kann.[1417] Wird parallel zur Sachkapitalerhöhung mit Bezugsrechtsausschluss eine **Barkapitalerhöhung (gemischte Bar-/Sachkapitalerhöhung)** beschlossen, die allein den bei der Sachkapitalerhöhung ausgeschlossenen Aktionären unter gleichzeitigem Ausschluss des Bezugsrechts des Sacheinlegers zur Wahrung ihrer Beteiligungsquote angeboten wird, ist dieser wechselseitige Bezugsrechtsausschluss regelmäßig sachlich gerechtfertigt.[1418] Zulässig ist daneben auch ein sog. **„gekreuzter Bezugsrechtsausschluss"**. Dieser kommt in Betracht, wenn mehrere Aktiengattungen bestehen und die Kapitalerhöhung ebenfalls die Ausgabe von Aktien dieser verschiedenen Gattungen vorsieht. In diesem Fall hat jeder Aktionär grds. Anspruch auf Aktien einer jeden Gattung entsprechend seiner Beteiligung. Sollen die Verhältnisse der Aktiengattungen zueinander gewahrt bleiben, darf für die einzelnen Aktionäre nur ein Bezugsrecht für die eigene Aktiengattung bestehen; im Übrigen muss es ausgeschlossen werden.[1419]

Eine „strategische Neuausrichtung" soll nach Auffassung des OLG München als sachliche Rechtfertigung für einen Bezugsrechtsausschluss jedoch nicht genügen.[1420] Anders liegt es nach Ansicht des OLG Schleswig jedoch dann, wenn angesichts der auch für die Aktionäre erkennbaren wirtschaftlichen Situ-

---

1408 Hüffer, AktG, § 186 Rn. 27; KölnerKomm-AktG/Lutter, § 186 Rn. 63; Geßler/Hefermehl/Bungeroth, AktG, § 186 Rn. 27.
1409 BGHZ 71, 40, 76; 83, 319, 321.
1410 Hüffer, AktG, § 186 Rn. 28.
1411 BGHZ 83, 319, 323.
1412 BGHZ 83, 319, 323.
1413 BGHZ 83, 319, 323; 144, 290, 292 = NJW 2000, 2356.
1414 BGHZ 83, 319, 323; siehe dazu insgesamt die Beispielskataloge bei Hüffer, AktG, § 186 Rn. 29 ff.; Krieger, in: Münchener Handbuch des Gesellschaftsrechts, Bd. 4, § 56 Rn. 72 f.; AnwK-AktienR/Rebmann, Kap. 1 § 186 Rn. 46 ff.; KölnerKomm-AktG/Lutter, § 186 Rn. 66 ff.; GK-Wiedemann, AktG, § 186 Rn. 154 ff.
1415 BGHZ 125, 239, 242 = NJW 1994, 1410; Semler/Volhard, Arbeitshandbuch für die Hauptversammlung, § 22 Rn. 56; Hüffer, AktG, § 186 Rn. 31.
1416 Meyer-Landrut, Satzungen und Hauptversammlungsbeschlüsse der AG, Rn. 704; Hüffer, AktG, § 186 Rn. 34 f.; Krieger, in: Münchener Handbuch des Gesellschaftsrechts, Bd. 4, § 56 Rn. 74.
1417 BGHZ 71, 40, 46 (Kali & Salz) = NJW 1978, 1316; AnwK-AktienR/Rebmann, Kap. 1 § 186 Rn. 53; Geßler/Hefermehl/Bungeroth, AktG, § 183 Rn. 37; Hüffer, AktG, § 186 Rn. 34; KölnerKomm-AktG/Lutter, § 186 Rn. 79.
1418 Geßler/Hefermehl/Bungeroth, AktG, § 183 Rn. 35; Hüffer, AktG, § 186 Rn. 34; KölnerKomm-AktG/Lutter, § 186 Rn. 64; Meyer-Landrut, Satzungen und Hauptversammlungsbeschlüsse der AG, Rn. 706 (mit Muster); Krieger, in: Münchener Handbuch des Gesellschaftsrechts, Bd. 4, § 56 Rn. 74.
1419 Hüffer, AktG, § 186 Rn. 30; Münch, DB 1993, 769; Scheifele, BB 1990, 497 ff.; GK/Wiedemann, AktG, § 186 Rn. 69; Semler/Volhard, Arbeitshandbuch für die Hauptversammlung, § 22 Rn. 55 mit Musterformulierung.
1420 OLG München, ZIP 2002, 1580; Krieger, in: Münchener Handbuch des Gesellschaftsrechts, Bd. 4, § 58 Rn. 18.

ation das Bedürfnis nach geschäftlicher Neuorientierung und der Möglichkeit raschen Handelns evident ist.[1421]

431 Eine **Erleichterung des Bezugsrechtsausschlusses** brachte 1994 die Einfügung des § 186 Abs. 3 Satz 4 AktG, wonach ein Bezugsrechtsausschluss zulässig ist, soweit die Kapitalerhöhung gegen Bareinlage 10 % des Grundkapitals nicht übersteigt und der Ausgabebetrag nicht wesentlich niedriger als der Börsenwert ist.[1422] Die Regelung betrifft ihrem Wortlaut nach nur **Bareinlagen bei börsennotierten Gesellschaften**. Eine analoge Anwendung auf nicht börsennotierte Gesellschaften scheidet aus.

432 Nicht geregelt ist demgegenüber eine **mehrfache Ausnutzung** dieses erleichterten Bezugsrechtsausschlusses. Die Lit. geht davon aus, dass eine **jährliche Ausnutzung unbedenklich** ist.[1423] Bzgl. des Börsenhandels ist eine Zulassung zum amtlichen Handel, zum geregelten Markt oder zum Freiverkehr notwendig. Ob eine Notierung an einer ausländischen Börse genügt, ist streitig.[1424]

Umstritten ist ebenso, was es bedeutet, dass der **Börsenpreis nicht wesentlich unterschritten** wird. Die Lit. nennt dabei Grenzen von 3 – 5 %,[1425] während andere die Angabe von starren Grenzen ablehnen.[1426] Der Börsenpreis ist i.d.R. der Durchschnittspreis der letzten fünf Börsentage vor der Ausgabe.[1427] Bei der 10 %-Grenze ist letztlich darauf zu achten, dass diese Bezug nimmt auf das zum Zeitpunkt des Kapitalerhöhungsbeschlusses vorhandene Grundkapital.[1428]

4. Sachkapitalerhöhung

a) Muster: Sachkapitalerhöhungsbeschluss[1429]

433
1. Das Grundkapital der Gesellschaft wird gegen Sacheinlagen von 50.000 € um 20.000 € auf 70.000 € durch Ausgabe von 20.000 auf den Inhaber lautende Stückaktien erhöht. Der Ausgabebetrag beträgt 20 € je Aktie.

2. Das gesetzliche Bezugsrecht wird ausgeschlossen. Die neuen Aktien sind ab dem 1.1.2006 gewinnberechtigt.

3. Die neuen Aktien werden von der A-GmbH mit dem Sitz in ... gezeichnet und übernommen.

4. Die Sacheinlage der A-GmbH erfolgt durch Übertragung ihres Geschäftsanteils an der C-GmbH mit Sitz in ... im Nennbetrag von 30.000 € zu einem Einbringungswert von 400.000 €.

(**Anm.**: Siehe im Übrigen zur Gewinnbezugsberechtigung etc. das Muster zur Barkapitalerhöhung, Rn. 413)

1421 OLG Schleswig, NZG 2004, 281, 283 = AG 2004, 155.
1422 Siehe dazu Schlitt/Schäfer, AG 2005, 67 ff.
1423 KölnerKomm-AktG/Lutter, Nachtrag Rn. 9; AnwK-AktienR/Rebmann, Kap. 1 § 186 Rn. 61; Krieger, Münchener Handbuch des Gesellschaftsrechts, Bd. 4, § 56 Rn. 76; offener demgegenüber Hölters/Daimann/Buchta, Die kleine Aktiengesellschaft, S. 131.
1424 Hüffer, AktG, § 186 Rn. 39c; Hölters/Daimann/Buchta, Die kleine Aktiengesellschaft, S. 117; Marsch-Barner, AG 1994, 532, 533.
1425 KölnerKomm-AktG/Lutter, Nachtrag Rn. 15; Marsch-Barner, AG 1994, 532, 537.
1426 Hölters/Daimann/Buchta, Die kleine Aktiengesellschaft, S. 122 f.; Hüffer, AktG, § 39c.
1427 Lutter, AG 1994, 429, 442; Hüffer, AktG, § 186 Rn. 39d.
1428 Hölters/Daimann/Buchta, Die kleine Aktiengesellschaft, S. 127; GK/Wiedemann, AktG, § 186 Rn. 151; Hüffer, AktG, § 186 Rn. 39c.
1429 Musterformulierungen bei Hölters, in: Münchener Vertragshandbuch, Bd. 1, Muster V. S. 128; Meyer-Landrut, Satzungen und Hauptversammlungsbeschlüsse der AG, Rn. 694; Lorz/Pfisterer/Gerber, in: Beck'sches Formularbuch Aktienrecht, L; Happ, Aktienrecht, 12.02; Semler/Volhard, Arbeitshandbuch für die Hauptversammlung, § 23 Rn. 4.

b) Inhalt

Eine Kapitalerhöhung kann auch **mittels Sacheinlagen** durchgeführt werden. § 183 AktG stellt hierfür **besondere Anforderungen** auf, wobei zusätzlich zu den Vorschriften über die Barkapitalerhöhung im Wesentlichen dieselben Regeln wie bei der Gründung gelten.[1430] Die beabsichtigte Kapitalerhöhung mittels Sacheinlagen ist bei der Einberufung der Hauptversammlung nach § 124 Abs. 1 AktG **ausdrücklich bekannt zu machen**. Dabei sind der Gegenstand der Sacheinlage, die Person, die die Einlage erbringen soll, sowie der Nennbetrag, bei Stückaktien die Zahl der zu gewährenden Aktien mitzuteilen (§ 183 Abs. 1 Satz 2 AktG). Im Kapitalerhöhungsbeschluss müssen diese Angaben ebenso gemacht werden (§ 183 Abs. 1 Satz 1 AktG). **Fehlen diese Festsetzungen oder sind diese unrichtig**, so sind die Kapitalerhöhung und die Verträge über die Sacheinlage unwirksam. Wird die Kapitalerhöhung gleichwohl im Handelsregister eingetragen, ist die Kapitalerhöhung wirksam, allerdings nicht als Sachkapitalerhöhung, sondern als Barkapitalerhöhung (§ 183 Abs. 2 Satz 2 und Satz 3 AktG[1431]).

434

Auch eine **„um bis zu..."-Kapitalerhöhung**, also ohne exakte Angabe des Kapitalerhöhungsbetrages ist bei der Sachkapitalerhöhung zulässig.[1432] Dies gilt jedenfalls dann, wenn klargestellt wird, dass der eigentliche Kapitalerhöhungsbetrag allein von dem noch durch einen Sachverständigen festzustellenden objektiven Wert des Sacheinlagegegenstandes abhängig ist. Umstritten ist, ob über § 183 Abs. 1 Satz 1 AktG hinaus auch der **Ausgabebetrag zwingend festzusetzen** ist. Die h.M. hält dies nicht für erforderlich.[1433] Zulässig ist es, in dem Beschluss die Festsetzung des Ausgabebetrags der Verwaltung zu übertragen.[1434]

Erfolgt die Sachkapitalerhöhung binnen zwei Jahren nach Gründung der Gesellschaft und übersteigt der Kapitalerhöhungsbetrag 10 % des Grundkapitals, sind unter den weiteren Voraussetzungen des § 52 AktG auch die **Nachgründungsvorschriften** zu beachten.[1435]

Ebenso wie bei der Gründung ist auch bei der Kapitalerhöhung mit Sacheinlagen eine **externe Prüfung** nach § 183 Abs. 3 AktG durchzuführen. **Gegenstand der Prüfung** ist, ob der Wert der Sacheinlagen den geringsten Ausgabebetrag, d.h. den Nennbetrag oder den anteiligen Betrag des Grundkapitals nach § 9 Abs. 1 AktG der zu gewährenden Aktien erreicht. Unberücksichtigt bleibt bei der Prüfung, ob der Wert der Sacheinlage auch einen etwa festgesetzten höheren Ausgabebetrag deckt.[1436]

435

> **Hinweis:**
>
> Erreicht der Wert der eingebrachten Sacheinlage nicht den geringsten Ausgabebetrag der dafür ausgegebenen Aktien, kann nach § 183 Abs. 3 Satz 3 AktG die Eintragung der Kapitalerhöhung im Handelsregister unterbleiben. Wird die Kapitalerhöhung gleichwohl eingetragen, ist sie wirksam. Dies führt jedoch dazu, dass der Einleger verschuldensunabhängig auf Wertdifferenz in Geld haftet, **sog. Differenzhaftung**.[1437] Unklar ist, ob diese Differenzhaftung auf den geringsten Ausgabebetrag

---

[1430] Siehe oben Rn. 49 ff.
[1431] Hüffer, AktG, § 183 Rn. 9; Geßler/Hefermehl/Bungeroth, AktG, § 183 Rn. 45; Krieger, in: Münchener Handbuch des Gesellschaftsrechts, Bd. 4, § 56 Rn. 40.
[1432] Siehe dazu DNotI-Gutachten Nr. 66925 vom April 2006.
[1433] BGHZ 71, 40, 50 f.; Geßler/Hefermehl/Bungeroth, AktG, § 183 Rn. 46; Hüffer, AktG, § 183 Rn. 9; Krieger, in: Münchener Handbuch des Gesellschaftsrechts, Bd. 4, § 56 Rn. 79; siehe dazu allgemein Götze, AG 2002, 76 ff.
[1434] Hüffer, AktG, § 183 Rn. 11; Krieger, in: Münchener Handbuch des Gesellschaftsrechts, Bd. 4, § 56 Rn. 45.
[1435] Siehe dazu auch oben Rn. 110 f. und Rn. 112 ff.
[1436] Geßler/Hefermehl/Bungeroth, AktG, § 183 Rn. 92; KölnerKomm-AktG/Lutter, § 183 Rn. 52; Krieger, in: Münchener Handbuch des Gesellschaftsrechts, Bd. 4, § 56 Rn. 41; Hüffer, AktG, § 183 Rn. 16; a.A.: GK/Wiedemann, AktG, § 183 Rn. 82 sowie Priester, in: FS für Lutter, S. 617, 623.
[1437] Hüffer, AktG, § 183 Rn. 21; Geßler/Hefermehl/Bungeroth, AktG, § 183 Rn. 105; KölnerKomm-AktG/Lutter, § 183 Rn. 66; MünchKomm-AktG/Pfeifer, § 183 Rn. 72; siehe dazu insgesamt oben Rn. 63 und Rn. 86.

> beschränkt ist oder auch ein etwa vereinbartes Aufgeld umfasst.[1438] Durch die Nennung eines bestimmten Einbringungswerts wird eine solche Differenzhaftung bzw. Wertdeckungszusage durch das vorgeschlagene Satzungsmuster jedenfalls auf schuldrechtlicher Basis festgesetzt.[1439]

436 Mit der Sachkapitalerhöhung einher geht regelmäßig ein **Bezugsrechtsausschluss**. Dieser Bezugsrechtsausschluss muss im Kapitalerhöhungsbeschluss – wie sonst auch – ausdrücklich festgesetzt werden (§ 186 Abs. 4 Satz 1 AktG). Ebenso bedarf er einer **sachlichen Rechtfertigung**, die Gegenstand des Vorstandsberichts nach § 186 Abs. 4 Satz 2 AktG sein muss. Ein Bezugsrechtsausschluss bei einer Sacheinlage ist nur gerechtfertigt, wenn es andere Möglichkeiten zum Erwerb des Sacheinlagegegenstandes nicht gibt (ggf. durch einfachen Kaufvertrag unter Einsatz von zuvor im Wege einer Barkapitalerhöhung generierter Barmittel[1440]) und andere Möglichkeiten zur Aufrechterhaltung der Beteiligungsquote der Nichtsacheinlager (etwa durch eine gleichzeitige Barkapitalerhöhung) nicht gegeben sind.[1441]

437 Eine **Besonderheit** besteht schließlich im Hinblick auf die **Form des Zeichnungsvertrages** bzgl. der neuen, infolge der Sachkapitalerhöhung ausgegebenen Aktien. Zwar gilt für die bloße Zeichnung auch hier das Schriftformerfordernis des § 185 Abs. 1 Satz 1 AktG. Wie dargestellt[1442] verpflichtet sich der Zeichner mit Wirksamwerden des Zeichnungsvertrages nicht nur zur Übernahme der neuen Aktien, sondern auch zur Leistung der Einlage, hier also der festgesetzten Sacheinlage. Die notarielle Beurkundung des Zeichnungsvertrages ist daher z.B. nach § 15 GmbHG, § 311b Abs. 1 BGB erforderlich, wenn Sacheinlagegegenstand ein GmbH-Geschäftsanteil oder ein Grundstück ist.[1443]

5. Genehmigtes Kapital

438 Nach § 202 Abs. 1 AktG kann der Vorstand durch Satzungsbestimmung für die Dauer von höchstens fünf Jahren ermächtigt werden, das **Grundkapital** bis höchstens zur Hälfte des zum Zeitpunkt der Ermächtigung vorhandenen Grundkapitals **zu erhöhen** (genehmigtes Kapital). Dabei handelt es sich im Ergebnis um einen Vorratsbeschluss auf Kapitalerhöhungen, der dem Vorstand die Möglichkeit an die Hand gibt, im eigenen Ermessen und ohne die langwierige Einberufung und Durchführung einer Hauptversammlung Kapitalerhöhungen zu beschließen und durchzuführen. Im Wesentlichen entspricht dabei eine Kapitalerhöhung aufgrund eines genehmigten Kapitals in ihren Abwicklungsstadien denen einer regulären Kapitalerhöhung.

1438 Für eine solche erweiterte Haftung: Geßler/Hefermehl/Bungeroth, AktG, § 183 Rn. 106 f.; Krieger, in: Münchener Handbuch des Gesellschaftsrechts, Bd. 4, § 56 Rn. 46; a.A.: Hüffer, AktG, § 183 Rn. 21 sowie KölnerKomm-AktG/Lutter, § 183 Rn. 66; MünchKomm-AktG/Pfeifer, § 183 Rn. 72; die hier allerdings eine schuldrechtliche Haftung annehmen.
1439 Hölters, in: Münchener Vertragshandbuch, Bd. 1, Muster V. S. 128, Anm. 8; Hüffer, AktG, § 183 Rn. 21.
1440 BGHZ 71, 40, 46 („Kali & Salz") = NJW 1978, 1316; AnwaltsK-AktienR/Rebmann, Kap. 1 § 186 Rn. 53; Geßler/Hefermehl/Bungeroth, AktG, § 183 Rn. 37; Hüffer, AktG, § 186 Rn. 34; KölnerKomm-AktG/Lutter, § 186 Rn. 79.
1441 Meyer-Landrut, Satzungen und Hauptversammlungsbeschlüsse der AG, Rn. 704; Hüffer, AktG, § 186 Rn. 34 f.; Krieger, in: Münchener Handbuch des Gesellschaftsrechts, Bd. 4, § 56 Rn. 74.
1442 Siehe oben Rn. 423.
1443 Kley, RNotZ 2003, 17, 29; Mülbert, AG 2003, 281.

a) Übersicht

439

Ermächtigung des Vorstands durch die Hauptversammlung, § 202 AktG

↓

Anmeldung und Eintragung der Ermächtigung ins Handelsregister durch den Vorstand, § 181 Abs. 3 AktG

↓

Beschluss des Vorstands über die Ausgabe neuer Aktien, §§ 203, 204 AktG

↓

Zustimmung des Aufsichtsrats, § 204 Abs. 1 Satz 2 AktG

↓

Zeichnung der neuen Aktien, §§ 203 Abs. 1 Satz 1, 185 ff. AktG

↓

Leistung der Mindesteinlagen, §§ 203 Abs. 1 Satz 1, 188 Abs. 2 AktG

↓

Schaffung weiterer Eintragungsvoraussetzungen

↓

Anmeldung und Eintragung der Durchführung der Kapitalerhöhung ins Handelsregister, durch den Vorstand und Aufsichtsrat, §§ 203 Abs. 1 Satz 1, 188 AktG

↓

Ausgabe der neuen Aktien, §§ 203 Abs. 1 Satz 1, 191 AktG

b) Muster: Erhöhung des Grundkapitals (§ 202 Abs. 1 AktG)[1444]

1. Der Vorstand wird ermächtigt, das Grundkapital der Gesellschaft von 50.000 € um bis zu 25.000 € in der Zeit bis zum 30.3.2012 mit Zustimmung des Aufsichtsrats durch ein- oder mehrmalige Ausgabe neuer, auf den Inhaber lautende Stückaktien gegen Bar- oder Sacheinlage zu erhöhen (genehmigtes Kapital).

2. Der Vorstand ist ermächtigt, mit Zustimmung des Aufsichtsrats über einen Ausschluss des Bezugsrechts zu entscheiden.

3. Der Vorstand ist ermächtigt, mit Zustimmung des Aufsichtsrats die weiteren Einzelheiten der Kapitalerhöhung, den Ausgabebetrag sowie die weiteren Bedingungen der Aktienausgabe festzulegen.

440

[1444] Weitere Musterformulierungen bei Hölters, in: Münchener Vertragshandbuch, Bd. 1, Muster V. S. 135; Semler/Volhard, Arbeitshandbuch für die Hauptversammlung, § 24 Rn. 16; Lorz/Pfisterer/Gerber, in: Beck'sches Formularbuch Aktienrecht, O; Meyer-Landrut, Satzungen und Hauptversammlungsbeschlüsse der AG, Rn. 709 ff.; AnwK-AktienR/Lohr/Terbrack, Muster Rn. 25 f.; Happ, Aktienrecht, 12.05; Hölters/Deilmann/Buchta, Die kleine Aktiengesellschaft, S. 206.

> 4. Nach § 3 der Satzung wird folgender neuer § 3a eingefügt:
>
> „Der Vorstand ist ermächtigt, das Grundkapital der Gesellschaft von 50.000 € um bis zu 25.000 € in der Zeit bis zum 30.3.2011 mit Zustimmung des Aufsichtsrats durch ein- oder mehrmalige Ausgabe neuer, auf den Inhaber lautende Stückaktien gegen Bar- oder Sacheinlage zu erhöhen (genehmigtes Kapital)."
>
> 5. Der Aufsichtsrat wird ermächtigt, die Fassung der Satzung entsprechend der Ausnutzung des genehmigten Kapitals anzupassen.

c) Inhalt

441 **Grundlage der Ermächtigung** an den Vorstand zur Kapitalerhöhung ist die **Satzung**. Ein genehmigtes Kapital kann bereits in der Gründungssatzung geschaffen werden (§ 202 Abs. 2 Satz 1 AktG).

442 **Voraussetzung** für die Ermächtigung durch Satzungsänderung ist ein **Beschluss der Hauptversammlung** mit einer Mehrheit von mindestens 3/4 des vertretenen Grundkapitals (§ 202 Abs. 2 Satz 2 AktG). **Inhaltlich** muss der Hauptversammlungsbeschluss die Dauer der Ermächtigung des Vorstandes konkret angeben. Die bloße Verweisung auf § 202 AktG genügt nicht.[1445]

443 Weiter muss der Ermächtigungsbeschluss den **Nennbetrag** des genehmigten Kapitals **konkret beziffern**. Maßgeblich ist der Zeitpunkt der Eintragung der Ermächtigung zur Schaffung genehmigten Kapitals, nicht aber schon der Zeitpunkt des Ermächtigungsbeschlusses. Eine **bloße Prozentangabe** – etwa i.H.v. 50 % des zum Zeitpunkt des Wirksamwerdens der Ermächtigung zur Schaffung genehmigten Kapitals – genügt grds. nicht.[1446] **Maximal** darf das genehmigte Kapital die **Hälfte des Grundkapitals**, das zur Zeit der Ermächtigung vorhanden ist, betragen (§ 202 Abs. 3 Satz 1 AktG). Eine zeitgleich mit der Ermächtigung des genehmigten Kapitals eingetragene Durchführung einer regulären Kapitalerhöhung ist dabei zu berücksichtigen.[1447] Ein etwa **bereits bestehendes genehmigtes Kapital** ist mitzurechnen, soweit dieses noch nicht ausgenutzt ist. Ein ggf. weiter bestehendes bedingtes Kapital zählt dagegen nicht dazu.[1448] Soll der Vorstand ermächtigt werden, eine Kapitalerhöhung gegen Sacheinlagen durchzuführen, ist dies nach § 205 Abs. 1 AktG besonders festzusetzen.

Gleiches gilt, wenn der Vorstand ermächtigt werden soll, das gesetzliche Bezugsrecht der Aktionäre auszuschließen (§ 203 Abs. 2 AktG). Der **Ermächtigungsbeschluss** kann auch eine Zweckbestimmung für das genehmigte Kapital und weitere Festsetzungen über den Inhalt der Aktienrechte und die Bedingungen der Aktienausgabe enthalten, er muss es jedoch nicht (§ 204 Abs. 1 Satz 1 AktG). Letztlich ist auch hier zu empfehlen, den Aufsichtsrat dazu zu ermächtigen, die Fassung der Satzung nach Durchführung der Kapitalerhöhung durch den Vorstand den **neuen Kapitalverhältnissen entsprechend anzupassen** (§ 179 Abs. 1 Satz 2 AktG).

444 Soweit der Vorstand über den **Inhalt der Aktienrechte** und die **Bedingungen der Aktienausgabe** beim genehmigten Kapital entscheidet, bedarf er hierzu der **Zustimmung des Aufsichtsrats**. Gleiches gilt für

---

1445 OLG Celle, BB 1962, 975; Hüffer, AktG, § 202 Rn. 11; AnwK-AktienR/Groß, Kap. 1 § 202 Rn. 40 ff.

1446 Busch, in: Marsch-Barner/Schäfer, Handbuch börsennotierte AG, 2005, § 40 Rn. 8; Happ, Aktienrecht, 12.05; Semler/Volhard, Arbeitshandbuch für die Hauptversammlung, § 24 Rn. 6; wohl auch KölnerKomm-AktG/Lutter, § 202 Rn. 11. Ist wegen zwischenzeitlich noch durchzuführender Kapitalerhöhungen unklar, wie hoch tatsächlich das Grundkapital zum Zeitpunkt der Eintragung der Ermächtigung im Handelsregister ist, will man aber gleichwohl die Höchstgrenze des genehmigten Kapitals auszunützen, bleibt als Alternative, dass mehrere Ermächtigungsbeschlüsse für ein genehmigtes Kapital geschaffen werden, die dann ggf. nacheinander zur Eintragung in das Handelsregister angemeldet werden, je nachdem, wie hoch zu diesem Zeitpunkt dann das Grundkapital tatsächlich ist.

1447 Hüffer, AktG, § 202 Rn. 14.

1448 Krieger, in: Münchener Handbuch des Gesellschaftsrechts, Bd. 4, § 58 Rn. 7; Semler/Volhard, Arbeitshandbuch für die Hauptversammlung, § 24 Rn. 15; Obermüller/Werner/Winden/Butzke, Die Hauptversammlung der Aktiengesellschaft, L Rn. 11 f.

die Entscheidung über den Bezugsrechtsausschluss nach § 203 Abs. 2 AktG, § 204 Abs. 1 AktG. **Auch ohne besondere Ermächtigung** ist danach der Vorstand grds. zur Ausgabe stimmrechtsloser Vorzugsaktien in den Grenzen des § 139 Abs. 2 AktG berechtigt. Anders ist dies nur, wenn bereits Vorzugsaktien ohne Stimmrecht vorhanden sind (§ 204 Abs. 2 AktG).

Wird das genehmigte Kapital **im Rahmen einer Satzungsänderung** beschlossen, ist der Beschluss nach § 181 Abs. 1 Satz 1 AktG allein durch den Vorstand zum **Handelsregister** anzumelden. Eine **Mitwirkung des Aufsichtsratsvorsitzenden** ist dabei anders als im Rahmen der regulären Kapitalerhöhung nach § 184 AktG nicht erforderlich. Lediglich die Anmeldung der Durchführung der Kapitalerhöhung bedarf gemäß §§ 203 Abs. 1 Satz 1, 188 Abs. 1 AktG der Mitwirkung des Aufsichtsratsvorsitzenden. Nach § 202 Abs. 3 Satz 2 AktG sollen die neuen Aktien nur mit Zustimmung des Aufsichtsrats ausgegeben werden. Die **fehlende Zustimmung** des Aufsichtsrats berührt jedoch nicht die Wirksamkeit der Kapitalerhöhung.[1449] Eine Ausnutzung des genehmigten Kapitals in einer oder mehreren Tranchen bis zur Erreichung des jeweiligen Höchstbetrages ist zulässig, es sei denn, durch den Ermächtigungsbeschluss ist die mehrfache Ausnutzung des genehmigten Kapitals ausdrücklich ausgeschlossen.[1450]

445

Davon zu unterscheiden ist die Variante, dass die Satzung **mehrere genehmigte Kapitalia** mit unterschiedlichen Ausgestaltungsformen nebeneinander vorsieht. Dies ist zulässig, soweit die **Höchstgrenzen des § 202 Abs. 3 AktG** insgesamt nicht überschritten werden. Häufig wird dabei zwischen einem sog. **„genehmigten Kapital I"**, das zu einer Barkapitalerhöhung unter Einräumung eines Bezugsrechts ermächtigt, und einem „genehmigten Kapital II" unterschieden, welches die Ermächtigung zu einer Sachkapitalerhöhung mit Bezugsrechtsausschluss gestattet.[1451]

446

Streitig ist, ob bei der Anmeldung der Durchführung der Kapitalerhöhung aus genehmigtem Kapital eine **Satzungsbescheinigung des Notars** mit der berichtigten Kapitalziffer mit eingereicht werden muss. Auch wenn in § 203 Abs. 1 AktG nicht auf § 181 Abs. 1 Satz 2 AktG verwiesen wird, ist eine solche Beifügung zu bejahen, denn mit Eintragung der Durchführung der Kapitalerhöhung wird das Grundkapital erhöht.[1452] Es ist daher bereits bei Schaffung des genehmigten Kapitals darauf zu achten, den Aufsichtsrat ausdrücklich zu einer Fassungsänderung der Satzung nach § 179 Abs. 1 Satz 2 AktG zu ermächtigen.[1453]

447

d) Genehmigtes Kapital mit Bezugsrechtsausschluss

Nach § 203 Abs. 1 und Abs. 2 AktG kann auch beim genehmigten Kapital das Bezugsrecht der Aktionäre ganz oder teilweise ausgeschlossen werden.[1454] Für den **Bezugsrechtsausschluss** sieht das Gesetz **zwei Möglichkeiten** vor:

448

- Zum einen kann die **Hauptversammlung selbst** in dem Beschluss über die Schaffung des genehmigten Kapitals das Bezugsrecht ausschließen (§§ 203 Abs. 1, 186 AktG).
- Zum anderen kann die Hauptversammlung auch den **Vorstand ermächtigen**, bei Ausnutzung des genehmigten Kapitals über den Bezugsrechtsausschluss zu entscheiden (§ 203 Abs. 2 Satz 1 AktG).

Für den Bezugsrechtsausschluss gelten zunächst die **allgemeinen Voraussetzungen**. Der Bezugsrechtsausschluss durch die Hauptversammlung selbst als auch die Ermächtigung des Vorstandes zum Ausschluss des Bezugsrechts bedürfen einer **sachlichen Rechtfertigung** im Interesse der Gesellschaft unter Einschluss der Verhältnismäßigkeit von Mittel und Zweck. Nur wenn der Bezugsrechtsausschluss beim

449

1449 KölnerKomm-AktG/Lutter, § 202 Rn. 24; Hüffer, AktG, § 202 Rn. 22.
1450 KölnerKomm-AktG/Lutter, § 203 Rn. 5; Hüffer, AktG, § 202 Rn. 20.
1451 Semler/Volhard/Schröer, Arbeitshandbuch für die Hauptversammlung, § 24 Rn. 19; Hüffer, AktG, § 202 Rn. 5.
1452 MünchKomm-AktG/Bayer, § 203 Rn. 28; Hüffer, AktG, § 203 Rn. 15; Krieger, in: Münchener Handbuch des Gesellschaftsrechts, Bd. 4, § 58 Rn. 51; a.A.: KölnerKomm-AktG/Lutter, § 203 Rn. 51; GK/Hirte, AktG, § 203 Rn. 38, mit dem Argument, die Ausnutzung des genehmigten Kapitals sei keine Satzungsänderung, sondern bewirke nur eine solche. Danach ist erst nach Eintragung der Durchführung die Veränderung der Kapitalziffer textlich zu berücksichtigen und zur Handelsregistereintragung anzumelden.
1453 MünchKomm-AktG/Bayer, § 203 Rn. 28.
1454 Natterer, ZIP 2002, 1672 ff.; Bayer, ZHR 168 (2004), 132 ff.

genehmigten Kapital bereits in der Gründungssatzung vereinbart wird, finden die Vorschriften über den Bezugsrechtsausschluss keine Anwendung.[1455]

450 Zunächst ging die Rspr. davon aus, dass **nicht erst der spätere (tatsächliche) Bezugsrechtsausschluss** sachlich gerechtfertigt sein musste. Vielmehr musste die Gesellschaft **schon vor dem Ermächtigungsbeschluss** nach § 203 Abs. 2 AktG der Hauptversammlung gemäß § 186 Abs. 4 Satz 2 AktG gegenüber **darlegen**, warum nach der gegenwärtigen Lage der Gesellschaft und dem Stand der Pläne für die Zukunft konkrete Anhaltspunkte dafür gegeben sind, dass sich ein Bezugsrechtsausschluss innerhalb der dem Vorstand eingeräumten Frist als notwendig und auch im Hinblick auf die Interessen der Aktionäre als vertretbar erweisen kann.[1456] Dem Bezugsrechtsausschluss beim genehmigten Kapital wurde damit die **notwendige Flexibilität genommen**; er lief damit praktisch leer.

Um dem entgegenzuwirken, hat der BGH 1997 in der „**Siemens/Nold-Entscheidung**"[1457] diese strenge Forderung aufgegeben, wonach schon bei Fassung des Ermächtigungsbeschlusses bzw. bei Beschlussfassung über den direkten Bezugsrechtsausschluss durch die Hauptversammlung die sachliche Rechtfertigung für den Bezugsrechtsausschluss nachgewiesen werden musste.[1458] **Ausreichend war nunmehr**, dass die Maßnahme, zu deren Durchführung der Vorstand ermächtigt werden soll, im wohlverstandenen Interesse der Gesellschaft liegt und der Hauptversammlung allgemein und in abstrakter Form bekannt gegeben wird. Konkrete Anhaltspunkte für eine Notwendigkeit des Bezugsrechtsausschlusses brauchen im Gegensatz zur früheren Rspr. also nicht mehr vorzuliegen.[1459] Gemäß §§ 203 Abs. 1 Satz 1, 186 Abs. 4 Satz 2 AktG hat der Vorstand einen **schriftlichen Bericht über den Bezugsrechtsausschluss** vorzulegen. Dieser kann sich aber auf allgemein gehaltene Angaben beschränken.[1460] Die Hauptversammlung muss in die Lage versetzt werden, allgemein die Interessen der Gesellschaft an einer Kapitalerhöhung mit Bezugsrechtsausschluss gegenüber anderen Alternativen zu bewerten, die Nachteile für die ausgeschlossenen Aktionäre zu erkennen und beide gegeneinander abzuwägen.[1461] Anzugeben ist in dem Bericht jedenfalls, warum ggf. der Bezugsrechtsausschluss auf den Vorstand selbst delegiert werden soll.[1462] Sowohl beim direkten Bezugsrechtsausschluss als auch bei der Ermächtigung zum Bezugsrechtsausschluss hat dann der Vorstand in eigener Verantwortung zu prüfen, ob aus unternehmerischer Sicht der Ausschluss des Bezugsrechts der Aktionäre im Interesse der Gesellschaft liegt, sachlich gerechtfertigt ist und die zu Grunde liegenden konkreten Tatsachen der abstrakten Umschreibung des Vorhabens entsprechen. Nur wenn dies der Fall ist, darf der Vorstand das Vorhaben durchführen bzw. von der Ermächtigung zum Bezugsrechtsausschluss Gebrauch machen; andernfalls muss er das geplante Vorhaben insgesamt unterlassen bzw. das genehmigte Kapital nur unter Wahrung des Bezugsrechts ausüben.[1463] Der Vorstand darf sich allerdings auf eine solche abstrakt-generelle Beschreibung möglicher Bezugsrechtsausschlussgründe nicht beschränken, wenn er bereits im Zeitpunkt der Hauptversammlungsentscheidung bzw. -ermächtigung über einen Bezugsrechtsausschluss konkrete Pläne über die Ausnutzung des genehmigten Kapitals hat.[1464]

1455 Geßler/Hefermehl/Bungeroth, AktG, § 203 Rn. 19; Hüffer, AktG, § 203 Rn. 9; AnwK-AktienR/Groß, Kap. 1 § 203 Rn. 15.
1456 BGHZ 83, 319.
1457 BGHZ 133, 136 = DNotZ 1998, 958.
1458 BGHZ 136, 133, 136 ff.
1459 Meyer-Landrut, Satzungen und Hauptversammlungsbeschlüsse der AG, Rn. 723; Krieger, in: Münchener Handbuch des Gesellschaftsrechts, Bd. 4, § 58 Rn. 17 ff.; AnwK-AktienR/Groß, Kap. 1 § 203 Rn. 21 ff.; Hüffer, AktG, § 203 Rn. 11 f.; Meilicke/Heidel, DB 2000, 2358 ff.
1460 Kubis, DStR 2006, 188, 189 f.
1461 LG Kempten, AG 2006, 168.
1462 Natterer, ZIP 2002, 1672, 1677.
1463 BGHZ 136, 133, 139.
1464 Kubis, DStR 2006, 188, 189 f.; MünchKomm-AktG/Bayer, § 203 Rn. 151; GK/Hirte, AktG, § 203 Rn. 109; Cahn, ZHR 163 (1999) 554, 559 ff.

Einschränkungen sind hier nur noch im Diskretionsinteresse der Gesellschaft zulässig. Darauf muss der Vorstand dann in seinem Bericht hinweisen.[1465]

In der „Siemens/Nold-Entscheidung" hat der BGH weiter ausgeführt, dass die Einhaltung dieser Bindungen nach § 204 AktG der **Kontrolle des Aufsichtsrats** unterliegt und dass der Vorstand der Hauptversammlung **im Nachhinein Bericht erstatten muss** über die Einzelheiten seines Vorgehens bei der Ausübung der Ermächtigung zum Bezugsrechtsausschluss.[1466] Dabei muss er gegenwärtigen, dass ihm bei Verletzung seiner Pflichten die Entlastung verweigert wird, er sich schadensersatzpflichtig macht und dass die Pflichtwidrigkeit seines Verhaltens Gegenstand einer **Feststellungsklage** oder – soweit noch möglich – einer **Unterlassungsklage**, beide gegen die Gesellschaft zu richten, sein können.[1467]

Die **nachträgliche Aktionärsinformation** erfolgt zum einen bei der jährlichen Rechnungslegung.[1468] Nach § 160 Abs. 1 Nr. 3 und Nr. 4 AktG ist im Anhang zum Jahresabschluss u.a. auch zum genehmigten Kapital zu berichten. Zum anderen gehört diese Information zum Tagesordnungspunkt „Entlastung von Vorstand und Aufsichtsrat".[1469] Inhaltlich richtet sich die nachträgliche Informationspflicht an § 186 Abs. 4 Satz 2 AktG. Der Vorstand muss daher erläutern, wo genau das Gesellschaftsinteresse für Art, Umfang und Zeitpunkt der Ausnutzung des genehmigten Kapitals lag und welche Gründe den festgesetzten Ausgabebetrag trugen. Beschränkt wird die nachträgliche Aktionärsinformation wiederum durch das Diskretionsinteresse der Gesellschaft.[1470] Die Person des Zeichners gehört nicht dazu.[1471]

451

In den Entscheidungen „**Mangusta/Commerzbank I und II**" vom Oktober 2005 hat der BGH diese Rspr. fortgeführt.[1472] Im ersten Verfahren ist der BGH der Ansicht entgegengetreten, den Vorstand qua Leistungsklage im Verfahren des einstweiligen Rechtsschutzes zu verpflichten, die Aktionäre im Rahmen einer Vorabberichterstattungspflicht über die beabsichtigte Ausnutzung des genehmigten Kapitals zu informieren.[1473] Der BGH **verneint eine solche Vorabinformationspflicht**, weil anderenfalls die durch Siemens/Nold wiedergewonnene Flexibilität des genehmigten Kapitals konterkariert werden würde und lässt es bei der nachträglichen Berichtspflicht bewenden.[1474] Das BVerfG hat diese Entscheidung bestätigt.[1475] Im zweiten Verfahren des BGH ging es um die Möglichkeit einer **nachträglichen gerichtlichen Überprüfung des Vorgehens von Vorstand und Aufsichtsrat**. Der BGH schloss eine Nichtigkeitsklage analog § 241 AktG bzw. § 249 AktG gegen Geschäftsführungsmaßnahmen aus. Zulässig ist allein eine allgemeine Leistungsklage in Gestalt einer **vorbeugenden Unterlassungsklage** und nach Eintragung des genehmigten Kapitals im Handelsregister in Form einer **Feststellungsklage**.[1476] Das Feststellungsinteres-

---

1465 Kubis, DStR 2006, 188, 189 f.
1466 BGHZ 136, 133, 140 f.
1467 BGHZ 136, 133, 140 f.
1468 Kubis, DStR 2006, 188, 191 f.
1469 MünchKomm-AktG/Bayer, § 203 Rn. 153.
1470 Kubis, DStR 2006, 188, 192.
1471 Kubis, DStR 2006, 188, 192.
1472 BGHZ 164, 241 = ZIP 2005, 2205 = NZG 2006, 18 = DStR 2005, 2090 und BGH, ZIP 2005, 2207 = NZG 2006, 20 = DStR 2005, 2092. Siehe zu diesen Entscheidungen: Bungert, BB 2005, 2757 ff.; Busch, NZG 2006, 81 ff.; Goette, DStR 2006, 139, 142; Kubis, DStR 2006, 188, 189 ff.; Reichert/Senger, Der Konzern, 2006, 338 ff.; Waclawik, ZIP 2006, 397 ff.; Wilsing, ZGR 2006, 722 ff.
1473 Für eine solche Vorabinformationspflicht aber z.B. KölnerKomm-AktG/Lutter, § 203 Rn. 31; ders., BB 1981, 861, 863; ders., JZ 1998, 50, 52; Timm, DB 1982, 211, 215; MünchKomm-AktG/Bayer, § 204 Rn. 161; GK/Hirte, AktG, § 203 Rn. 86; AnwK-AktienR/Groß, Kap. 1 § 203, Rn. 97; Meilicke/Heidl, DB 2000, 2358 ff.; Happ, Aktienrecht, 11.09.
1474 Ähnlich bereits OLG Frankfurt, NZG 2003, 584 ff. = DB 2003, 2003; LG Frankfurt, AG 2001, 430 f. = ZIP 2001, 117, 118; Krieger, in: Münchener Handbuch des Gesellschaftsrechts, Bd. 4, § 58 Rn. 44; Henze, AktR, Rn. 1010 f.; Rottnauer, BB 2003, 1973 ff.; Natterer, ZIP 2002, 1672, 1676 ff.; Hüffer, AktG, § 203 Rn. 37; Volhard, AG 1998, 397, 402.
1475 Mangusta/Commerzbank III, BVerfG, AG 2006, 628.
1476 Busch, NZG 2006, 81, 85 f.

se erkennt der BGH in dem mit einem Bezugsrechtsausschluss verbundenen Eingriff in die Rechtstellung des einzelnen Aktionärs in seinem Verhältnis zur Gesellschaft.[1477] Der Aktionär darf erwarten, dass aufgrund der (möglichen) Feststellung der Nichtigkeit die Gesellschaft inhaltsgleiche Kapitalmaßnahmen unterlässt; auch hat ein solches Feststellungsurteil Auswirkungen auf sekundäre Rechte, wie die Entlastung von Vorstand und Aufsichtsrat oder die Geltendmachung von Ersatzansprüchen nach § 147 AktG.[1478] Ein Rückgängigmachen der Kapitalerhöhung nach Eintragung kommt dagegen nicht in Betracht. Die im Handelsregister eingetragene Kapitalerhöhung ist bestandskräftig.[1479]

6. Bedingte Kapitalerhöhung

452 Die **bedingte Kapitalerhöhung** ist in den §§ 192 ff. AktG geregelt. Sie bietet der Gesellschaft die Möglichkeit, Dritten **Umtausch- und Bezugsrechte** einzuräumen, wobei das Ob und Wann der Ausübung dieser Rechte unbestimmt bleibt. Entgegen dem Wortlaut des § 192 Abs. 2 AktG („Soll-Vorschrift") ist die bedingte Kapitalerhöhung nur zu den dort genannten **Zwecken** zulässig, nämlich zur Gewährung von Umtausch- oder Bezugsrechten an die Gläubiger von Wandelschuldverschreibungen i.S.d. § 221 AktG, zur Vorbereitung von Unternehmenszusammenschlüssen sowie zur Gewährung von Bezugsrechten an Arbeitnehmer und Mitglieder der Geschäftsführung. Lediglich bei solchen Gestaltungen, die einem der im Gesetz genannten Fälle „hinreichend ähnlich" ist, ist eine Analogie anerkannt.

Beispiele:

Zur Bedienung von Optionsanleihen (ausländischer) Tochtergesellschaften, zur Bedienung von Optionsrechten im Zusammenhang mit Aktienemissionen (Huckepack-Emission) oder zur Bedienung reiner Optionsrechte, die ohne jede Anleihe oder Aktie ausgegeben werden, sog. „naked warrants" (str.).[1480]

453 Nach Auffassung das OLG Stuttgart ist die Bedienung von „**naked warrants**" mit einem bedingten Kapital außerhalb des persönlichen Anwendungsbereichs des § 192 Abs. 2 Ziff. 3 AktG unzulässig. Auch § 192 Abs. 2 Ziff. 1 AktG scheidet aus.[1481] Zulässig ist hier deshalb allein ein **genehmigtes Kapital**. Unzulässig ist die bedingte Kapitalerhöhung bspw. zur Ausgabe von Optionen an Aufsichtsratsmitglieder.[1482]

Im Übrigen folgt aus § 192 AktG, dass ein gesetzliches Bezugsrecht der Aktionäre auf Aktien aus einer bedingten Kapitalerhöhung nicht besteht.[1483] Stattdessen besteht nach § 221 Abs. 4 AktG grds. ein Bezugsrecht auf die **Ausgabe von Wandelschuldverschreibungen, Gewinnschuldverschreibungen und Genussrechten**. Auch hier kann allerdings das Bezugsrecht nach den allgemeinen Vorschriften ausgeschlossen werden (§ 221 Abs. 4 Satz 2 AktG). Streitig ist allerdings die Zulässigkeit des vereinfachten Bezugsrechtsausschlusses nach § 186 Abs. 3 Satz 4 AktG.[1484] Auch kann der Vorstand analog § 203 Abs. 2 AktG zum **Ausschluss des Bezugsrechts** nach § 221 Abs. 4 AktG ermächtigt werden.[1485] Für die mate-

---

1477 Goette, DStR 2006, 139, 143.
1478 Goette, DStR 2006, 139, 143; Bungert, BB 2005, 2757 ff.; Busch, NZG 2006, 81, 87 f.
1479 Busch, NZG 2006, 81, 86 f.
1480 Krieger, in: Münchener Handbuch des Gesellschaftsrechts, Bd. 4, § 57 Rn. 4; Hüffer, AktG, § 221 Rn. 75 f.; Semler/Volhard, Arbeitshandbuch für die Hauptversammlung, § 25 Rn. 52 ff.; GK/Frey, AktG, § 192 Rn. 63 ff.; Kuntz, AG 2004, 480 ff.; Roth/Schoneweg, WM 2002, 677; AnwK-AktienR/Wagner, Kap. 1 § 192, Rn. 10 f.
1481 ZIP 2002, 1807 = DB 2002, 2638; Sinewe, DB 2002, 2640.
1482 Mobilcom-Entscheidung, BGH, NJW 2004, 1109 = DNotZ 2004, 862; siehe dazu Noack, LMK 2004, 111; Habersack, ZGR 2004, 721, 734; a.A. noch OLG Schleswig, AG 2003, 102 = NZG 2003, 176; Fischer, ZIP 2003, 282 f.
1483 Hüffer, AktG, § 192 Rn. 2 und 8; Krieger, in: Münchener Handbuch des Gesellschaftsrechts, Bd. 4, § 57 Rn. 1; Semler/Volhard, Arbeitshandbuch für die Hauptversammlung, § 25 Rn. 2.
1484 Bejahend: LG München I, AG 2006, 169 und OLG München, ZIP 2006, 1440 (n. rkr.; Revision anhängig beim BGH unter II ZR 152/06); Kniehase, AG 2006, 180 ff.; verneinend: Klawitter, AG 2005, 792 ff., jeweils m.w.N.
1485 BGH, AG 2006, 246, 247; Hüffer, AktG, § 221 Rn. 39.

rielle Rechtfertigung gelten die Ausführungen zum Bezugsrechtsausschluss beim genehmigten Kapital entsprechend.[1486]

> **Hinweis:**
>
> In der Praxis kommt die **bedingte Kapitalerhöhung** regelmäßig im Zusammenhang mit der Ausgabe von **Wandel- und Optionsanleihen** sowie bei der Ausgabe von Aktien im Rahmen von Aktienoptionen bzw. Mitarbeiterbeteiligungsprogrammen in Betracht.[1487] Im Übrigen lassen sich die anderen zulässigen Zwecke einer bedingten Kapitalerhöhung oftmals ebenso mit einem genehmigten Kapital erreichen. Dies ist regelmäßig flexibler einzusetzen als das bedingte Kapital, so dass im Einzelfall vor einer bedingten Kapitalerhöhung stets die Schaffung eines genehmigten Kapitals zu erwägen ist.[1488]

a) Übersicht

454

```
┌─────────────────────────────────────────────────────────────────────────┐
│        Kapitalerhöhungsbeschluss der Hauptversammlung, § 192 AktG       │
└─────────────────────────────────────────────────────────────────────────┘
                                     ▼
┌─────────────────────────────────────────────────────────────────────────┐
│  Anmeldung und Eintragung des Erhöhungsbeschlusses im Handelsregister   │
│        durch Vorstand und Aufsichtsratsvorsitzenden, § 195 AktG         │
└─────────────────────────────────────────────────────────────────────────┘
                                     ▼
┌─────────────────────────────────────────────────────────────────────────┐
│  Einräumung der Bezugs- und Umtauschrechte durch die Verwaltung, ggf.   │
│         mit Zustimmung der Hauptversammlung, § 221 AktG                 │
└─────────────────────────────────────────────────────────────────────────┘
                                     ▼
┌─────────────────────────────────────────────────────────────────────────┐
│        Abgabe einer Bezugserklärung durch die Berechtigten, § 198 AktG  │
└─────────────────────────────────────────────────────────────────────────┘
                                     ▼
┌─────────────────────────────────────────────────────────────────────────┐
│        volle Leistung des Gegenwerts für die Bezugsaktien, § 199 AktG   │
└─────────────────────────────────────────────────────────────────────────┘
                                     ▼
┌─────────────────────────────────────────────────────────────────────────┐
│              Ausgabe von Bezugsaktien, §§ 199, 200 AktG                 │
└─────────────────────────────────────────────────────────────────────────┘
                                     ▼
┌─────────────────────────────────────────────────────────────────────────┐
│   Anmeldung und Eintragung der Aktienausgabe durch den Vorstand, § 201 AktG │
└─────────────────────────────────────────────────────────────────────────┘
```

1486 BGH, AG 2006, 246, 247; MünchKomm-AktG/Habersack, § 221 Rn. 180.
1487 Vgl. zu den Aktienoptionsprogrammen: Ettinger, Stock-Options; Feddersen/Pohl, AG, 26; Harrer, Mitarbeiterbeteiligungen und Stock-Option-Pläne; Kessler/Sauter, Handbuch Stock Options; Klahold, Aktienoptionen als Vergütungselement; Rombach, MittRhNotK 2000, 313; Weiß, WM 1999, 353; ders., Aktienoptionspläne für Führungskräfte; Zitzewitz, Stock Options.
1488 Siehe zur Bedienung von Wandelanleihen aus genehmigtem Kapital: Holland/Goslar, NZG 2006, 892 ff.

b) Muster: Beschluss der bedingten Kapitalerhöhung[1489]

455

1. Der Vorstand wird ermächtigt, bis zum 30.3.2012 ein oder mehrmals Wandel- und/oder Optionsschuldverschreibungen mit einer Laufzeit von längstens drei Jahren auszugeben.

2. Der Gesamtnennbetrag der auszugebenden Options- bzw. Wandelschuldverschreibungen darf insgesamt 100.000 € nicht übersteigen. Die Options- bzw. Wandelungsrechte dürfen sich auf Aktien der Gesellschaft im Gesamtnennbetrag von bis zu 25.000 € beziehen.

3. Der Vorstand wird ermächtigt, mit Zustimmung des Aufsichtsrats die Bedingungen für die Ausgabe der Options- und Wandelschuldverschreibungen festzulegen.

4. Das Grundkapital der Gesellschaft wird um bis zu 25.000 € bedingt erhöht durch die Ausgabe von bis zu 25.000 auf den Inhaber lautende Stückaktien. Die bedingte Kapitalerhöhung dient der Gewährung von Aktien an die Inhaber von Options-/ Wandelschuldverschreibungen, deren Ausgabe gemäß vorstehender Ermächtigung beschlossen wurde. Die Ausgabe der neuen Aktien erfolgt zu dem in den Bedingungen der Wandel- und/oder Optionsschuldverschreibungen genannten Ausgabebetrag. Die bedingte Kapitalerhöhung erfolgt in dem Umfang, wie von dem Umtauschrecht Gebrauch gemacht wird. Die neuen Aktien nehmen von Beginn des Geschäftsjahres an, in dem die neuen Aktien ausgegeben werden, am Gewinn teil. Der Vorstand wird ermächtigt, mit Zustimmung des Aufsichtsrats die weiteren Einzelheiten der Durchführung der bedingten Kapitalerhöhung festzusetzen.

5. Nach § 4 der Satzung wird folgender neuer § 4a eingefügt:

„Das Grundkapital ist bis zu 25.000 € durch Ausgabe von bis zu 25.000 neuen auf den Inhaber lautende Stückaktien bedingt erhöht. Die bedingte Kapitalerhöhung dient der Gewährung von Umtauschrechten der Inhaber von Wandel- und/oder Optionsschuldverschreibungen. Sie ist nur insoweit durchgeführt, als von diesem Umtauschrecht Gebrauch gemacht wird. Die neuen Aktien nehmen von Beginn des Geschäftsjahres, in dem sie durch Ausübung von Wandelungsrechten entstehen, am Gewinn teil. Der Aufsichtsrat wird ermächtigt, die Fassung der Satzung entsprechend dem Umfang der Ausgabe der neuen Aktien zu ändern."

c) Inhalt

456

Für die bedingte Kapitalerhöhung gilt ähnlich wie im Fall des genehmigten Kapitals, dass das bedingte Kapital **höchstens 50 % des Grundkapitals** betragen darf. Im Fall des § 192 Abs. 2 Ziff. 3 AktG beträgt die Höchstgrenze 10 %, § 192 Abs. 3 Satz 1 AktG. Maßgeblich ist das im **Zeitpunkt der Beschlussfassung** über die Kapitalerhöhung bestehende und im Handelsregister eingetragene Grundkapital.[1490] Hier besteht ein Unterschied zum genehmigten Kapital. Dort wird maßgeblich auf den Zeitpunkt der Eintragung des genehmigten Kapitals im Handelsregister abgestellt.[1491]

Bei der bedingten Kapitalerhöhung handelt es sich um eine **Satzungsänderung**. Notwendig ist ein Beschluss der Hauptversammlung mit einer **Mehrheit von 3/4** des bei der Beschlussfassung vertretenen Grundkapitals (§ 193 Abs. 1 Satz 1 AktG). Die Satzung kann eine größere Kapitalmehrheit und weitere Erfordernisse bestimmen (§ 193 Abs. 1 Satz 2 AktG). Umstritten ist, ob ein bedingtes Kapital bereits in der Gründungssatzung vereinbart werden kann. Die h.M. verneint dies.[1492]

1489 Weitere Musterformulierungen bei Meyer-Landrut, Satzungen und Hauptversammlungsbeschlüsse der AG, Rn. 732; AnwK-AktienR/Lohr/Terbrack, Muster Rn. 27 f.; Happ, Aktienrecht, 12.08; Lorz/Pfisterer/Gerber, in: Beck'sches Formularbuch Aktienrecht, N; Hölters, in: Münchener Vertragshandbuch, Bd. 1, Muster V. S. 131 ff.; Semler/Volhard, Arbeitshandbuch für die Hauptversammlung, § 25 Rn. 35 f.

1490 Hüffer, AktG, § 192 Rn. 23.

1491 Hüffer, AktG, § 202 Rn. 14.

1492 Geßler/Hefermehl/Bungeroth, AktG, § 192 Rn. 8; KölnerKomm-AktG/Lutter, § 192 Rn. 2; a.A.: Krieger, in: Münchener Handbuch des Gesellschaftsrechts, Bd. 4, § 57 Rn. 11; Hüffer, AktG, § 192 Rn. 7 für den Fall des § 192 Abs. 2 Nr. 3 AktG.

Inhaltlich muss der Kapitalerhöhungsbeschluss neben den allgemeinen Vorgaben wie insb. die Angaben des Nennbetrages des bedingten Kapitals sowie die Zahl und Art der neuen Aktien auch **Angaben über den Zweck** der bedingten Kapitalerhöhung, den **Kreis der Bezugsberechtigten**, den **Ausgabebetrag**[1493] der neuen Aktien oder **Grundlagen seiner Berechnung** sowie im Fall des § 192 Abs. 2 Ziff. 3 AktG auch Angaben über die Aufteilung der Bezugsrechte auf Mitglieder der Geschäftsführung und Arbeitnehmer, Erfolgsziele, Erwerbs- und Ausübungszeiträume und Wartezeiten für die erstmalige Ausübung enthalten (§ 193 Abs. 2 AktG[1494]).

457

Da sich das Grundkapital mit Ausgabe der Bezugsaktien nach § 200 AktG erhöht, führt die Ausgabe der Bezugsaktien **unmittelbar zu einer Satzungsänderung außerhalb der Urkunde**. Der Satzungswortlaut wird damit unrichtig. Zulässig und empfehlenswert ist deshalb, im Rahmen des Beschlusses über die bedingte Kapitalerhöhung zugleich den Aufsichtsrat zu einer Fassungsänderung der Satzung nach § 179 Abs. 1 Satz 2 AktG zu ermächtigen.[1495]

Schließlich kann eine bedingte Kapitalerhöhung nach § 194 AktG auch **mittels Sacheinlagen** erfolgen. Von Bedeutung ist dies namentlich, wenn die bedingte Kapitalerhöhung zur Vorbereitung von Unternehmenszusammenschlüssen dient.

Der **Beschluss** über die bedingte Kapitalerhöhung ist gemäß § 195 AktG vom Vorstand und Aufsichtsratsvorsitzenden zur Eintragung in das **Handelsregister anzumelden**. Der Anmeldung sind die Niederschrift über die Hauptversammlung als auch die in § 195 Abs. 2 AktG genannten Unterlagen beizufügen.

458

Bis zur **Eintragung des Kapitalerhöhungsbeschlusses** in das Handelsregister kann dieser wie ein normaler Kapitalerhöhungsbeschluss auch mit einfacher Mehrheit der abgegebenen Stimmen wieder aufgehoben werden. Dies ist jedoch nach § 192 Abs. 4 AktG nicht möglich, wenn der Beschluss über die bedingte Kapitalerhöhung nach § 195 AktG im Handelsregister eingetragen ist. Mit Wirksamwerden des bedingten Kapitals durch Eintragung im Handelsregister haben die Berechtigten ein **Recht zum Bezug oder Umtausch von Aktien**. Diesen Anspruch auf Aktienausgabe soll die Hauptversammlung nicht entwerten können. Umgekehrt ist deshalb eine Aufhebung oder Änderung des bedingten Kapitals möglich, wenn alle Berechtigten auf ihre Rechte verzichten oder dem Beschluss zugestimmt haben. Gleiches gilt, wenn zum Zeitpunkt der Änderung bzw. Aufhebung keinerlei Berechtigte vorhanden sind.[1496]

459

Das **Bezugsrecht** auf die neuen Aktien aus einer bedingten Kapitalerhöhung wird **durch die Erklärung der Berechtigten ausgeübt**, neue Aktien erwerben zu wollen (§ 198 Abs. 1 Satz 1 AktG). Es gilt das Schriftformerfordernis des § 126 BGB. Werden daraufhin die **neuen Aktien ausgegeben**, wird damit die Kapitalerhöhung gemäß § 200 AktG **wirksam**. Der Vorstand hat innerhalb eines Monats nach Ablauf des Geschäftsjahres zur Eintragung in das Handelsregister anzumelden, in welchem Umfang im abgelaufenen Geschäftsjahr Bezugsaktien ausgegeben worden sind (§ 201 Abs. 1 AktG). Die Zweitschriften der Bezugserklärungen (§ 198 Abs. 1 Satz 2 AktG), sowie ein Verzeichnis derjenigen, die das Bezugsrecht ausgeübt haben, ist beizufügen (§ 201 Abs. 2 AktG). Sinnvoll ist es dabei letztlich, die Anpassung des Satzungswortlauts und die Beifügung einer entsprechenden Neufassung der Satzung infolge der Ausgabe von Bezugsaktien nach § 181 Abs. 1 Satz 2 AktG bis zum endgültigen Ablauf der Bezugsfrist zurückzustellen und erst danach – ggf. mittels Fassungsänderung durch den Aufsichtsrat nach § 179 Abs. 1 Satz 2 AktG – vorzunehmen.[1497]

460

1493 Zur Bestimmung des Ausgabebetrages siehe Sperling/Grabbe, AG 2004, 91.
1494 Siehe dazu insgesamt Semler/Volhard, Arbeitshandbuch für die Hauptversammlung, § 25 Rn. 3 ff.
1495 Hüffer, AktG, § 192 Rn. 5.
1496 Hüffer, AktG, § 192 Rn. 26; AnwK-AktienR/Wagner, Kap. 1, § 192, Rn. 26 f.; dort auch zum Verhältnis des § 192 Abs. 4 AktG zum „Squeeze Out" nach §§ 327a ff.
1497 Krieger, in: Münchener Handbuch des Gesellschaftsrechts, Bd. 4, § 57 Rn. 49; KölnerKomm-AktG/Lutter, § 201 Rn. 3; Hüffer, AktG, § 201 Rn. 5.

7. Kapitalerhöhung aus Gesellschaftsmitteln

a) Übersicht

461

Ausweis umwandelbarer Kapitalrücklagen bzw. Gewinnrücklagen in einer Bilanz, §§ 207 Abs. 1 und 3, 208 AktG

↓

Feststellung und Prüfung des Jahresabschlusses für das letzte vor der Beschlussfassung abgelaufene Geschäftsjahr, wenn die letzte Jahresbilanz zugrunde gelegt wird; Beachtung der Acht-Monats-Frist, § 209 Abs. 1 AktG

↓

Alternativ Aufstellung und Prüfung einer Zwischenbilanz, § 209 Abs. 2 und 3 AktG; Beachtung der Acht-Monats-Frist, § 209 Abs. 2 Satz 2 AktG

↓

Beschluss der Hauptversammlung und Ausübung des Wahlrechts über die Art der Erhöhung, § 207 Abs. 2 Satz 2 AktG

↓

Anmeldung und Eintragung der Kapitalerhöhung ins Handelsregister durch Vorstand und Aufsichtsrat, §§ 207 Abs. 2 Satz 1, 182 Abs. 1, 184 Abs. 1 AktG

↓

Eintragung der Kapitalerhöhung, § 211 AktG, Ausgabe der neuen Aktien und Aufforderung an die Aktionäre, § 214 AktG

b) Muster: Beschluss der Kapitalerhöhung aus Gesellschaftsmitteln[1498]

462

1. Das Grundkapital der Gesellschaft wird im Wege der Kapitalerhöhung aus Gesellschaftsmitteln um 50.000 € auf 100.000 € erhöht durch Umwandlung eines Teilbetrages von 50.000 € der in der Bilanz zum 31.12.2006 unter Gewinnrücklagen ausgewiesenen gesetzlichen Rücklage in Grundkapital. Die Kapitalerhöhung erfolgt durch Ausgabe von 50.000 auf den Inhaber lautende Stückaktien an die Aktionäre der Gesellschaft. Die neuen Aktien nehmen am Gewinn der Gesellschaft beginnend ab dem 1.1.2007 teil.

2. Dem Beschluss wird die von Vorstand und Aufsichtsrat festgestellte Jahresbilanz zum 31.12.2006 zu Grunde gelegt. Diese Bilanz wurde durch den Abschlussprüfer .... geprüft und mit seinem uneingeschränkten Bestätigungsvermerk versehen.

3. Der Vorstand wird ermächtigt, mit Zustimmung des Aufsichtsrats die näheren Einzelheiten der Kapitalerhöhung festzulegen.

4. Der Aufsichtsrat wird ermächtigt, entsprechend dieser Kapitalerhöhung die Fassung der Satzung zu ändern.

[1498] Weitere Musterformulierungen bei: Semler/Volhard, Arbeitshandbuch für die Hauptversammlung, § 28 Rn. 10; Happ, Aktienrecht, 12.07; Lorz/Pfisterer/Gerber, in: Beck'sches Formularbuch Aktienrecht, M; Hölters, in: Münchener Vertragshandbuch, Bd. 1, Muster V. S. 140.

c) Inhalt

Bei der Kapitalerhöhung aus Gesellschaftsmitteln nach den §§ 207 ff. AktG wird das Grundkapital der Gesellschaft dadurch erhöht, dass **Beträge aus den Kapital- und Gewinnrücklagen in das Grundkapital eingestellt werden**. Neues Kapital wird also der Gesellschaft nicht zugeführt. Die Kapitalerhöhung aus Gesellschaftsmitteln ist, wie sonst auch, eine **Satzungsänderung**. Notwendig ist ein entsprechender Beschluss der Hauptversammlung. Hierfür gelten grds. die Vorschriften über eine reguläre Kapitalerhöhung (§§ 207 Abs. 2 Satz 1, 182 Abs). 1 AktG. Sonderbeschlüsse der Aktionäre verschiedener Aktiengattungen sind nicht erforderlich, da nach § 216 AktG die Anzahl der Aktien proportional erhöht wird und jeder Aktionär Aktien nur derjenigen Gattung erhält, die er vorher schon besaß.[1499]

463

Durchgeführt wird die Kapitalerhöhung aus Gesellschaftsmitteln nach § 207 Abs. 2 AktG grds. durch die **Ausgabe neuer Aktien**. Gesellschaften mit **Stückaktien** können das Grundkapital auch ohne Ausgabe neuer Aktien erhöhen, § 207 Abs. 2 Satz 2 AktG. Für Nennbetragsaktien besteht eine Ausnahme bei der Euro-Umstellung (§ 4 Abs. 2 und Abs. 3 EGAktG)[1500]

464

Besonderheiten bestehen nach § 215 Abs. 2 AktG für **teileingezahlte Aktien**. Diese nehmen zunächst im vollen Umfang an der Kapitalerhöhung teil (§ 215 Abs. 2 Satz 1 AktG). Wenn nur teileingezahlte Aktien vorhanden sind, ist die Ausgabe neuer Aktien abweichend von § 207 Abs. 2 Satz 1 i.V.m. § 182 Abs. 1 Satz 4 AktG nach § 215 Abs. 2 Satz 2 1. Halbs. AktG verboten. Bei Stückaktien bleibt die Beteiligungsquote unverändert, weil sich der anteilige Betrag des Grundkapitals automatisch erhöht. Bei teileingezahlten Nennbetragsaktien darf dagegen **nur eine Nennbetragserhöhung**, jedoch keine Ausgabe neuer Aktien stattfinden, weil den Aktionären anderenfalls bei Ausgabe zusätzlicher voll eingezahlter Aktien zu viel gewährt würde und die Ausgabe zusätzlicher teileingezahlter Aktien darüber hinaus schon daran scheitert, dass bei der Kapitalerhöhung aus Gesellschaftsmitteln kein Kapital aufgebracht werden soll und demgemäß auch kein Nachzahlungsanspruch entsteht.[1501]

465

Soweit die umgewandelten Rücklagen den Nennbetragsaktien zugewiesen wurden, **gilt der erhöhte Nennbetrag als eingezahlt**. Die Pflicht zur Zahlung der **Resteinlage** ist damit **betragsmäßig mit der Verbindlichkeit vor Kapitalerhöhung identisch** und bleibt bestehen.[1502] Sind neben den teileingezahlten Aktien auch voll eingezahlte Aktien vorhanden und handelt es sich dabei um Nennbetragsaktien, enthält § 215 Abs. 2 Satz 3 AktG eine **Sonderregelung**. Bei den voll eingezahlten Nennbetragsaktien kann die Gesellschaft eine Erhöhung des Nennbetrages durchführen, aber diesbezüglich auch neue Aktien ausgeben. Bzgl. der teileingezahlten Nennbetragsaktien kann demgegenüber nur eine Erhöhung der Nennbeträge erfolgen. Hat die Gesellschaft Stückaktien ausgegeben und sind neben teileingezahlten auch voll eingezahlte Stückaktien vorhanden, kann die Kapitalerhöhung wegen § 8 Abs. 3 Satz 2 AktG nicht durch Ausgabe neuer Aktien ausgeführt werden.[1503] Soweit die Kapitalerhöhung durch Erhöhung des Nennbetrages der Aktien ausgeführt wird, ist sie nach § 215 Abs. 2 Satz 4 AktG so zu bemessen, dass durch sie **keine freien Spitzenbeträge** entstehen. Der erhöhte Nennbetrag der Aktien muss also auf volle Euro lauten. Reicht der Erhöhungsbetrag dazu nicht aus, bleibt nur die Umstellung auf Stückaktien.[1504]

1499 Semler/Volhard, Arbeitshandbuch für die Hauptversammlung, § 28 Rn. 11; Krieger, in: Münchener Handbuch des Gesellschaftsrechts, Bd. 4, § 59 Rn. 8.

1500 Siehe dazu Kopp/Heidinger, Notar und Euro, S. 34 ff. und S. 100 ff.; Heidinger, DNotI-Gutachten zur Euroumstellung im Gesellschaftsrecht, 1999 ff., S. 158 ff.; DNotI-Gutachten Nr. 36232 vom September 2002; Nr. 7767 vom März 1999 und Nr. 68739 vom Juli 2006.

1501 Semler/Volhard, Arbeitshandbuch für die Hauptversammlung, § 28 Rn. 20; Hüffer, AktG, § 215 Rn. 4.

1502 AnwK-AktienR/Wagner, Kap. 1 § 215, Rn. 6 f.; Krieger, in: Münchener Handbuch des Gesellschaftsrechts, Bd. 4, § 59 Rn. 45 f.; GK/Hirte, AktG, § 215 Rn. 14 f.

1503 GK/Hirte, AktG, § 215 Rn. 22; a.A.: Krieger, in: Münchener Handbuch des Gesellschaftsrechts, Bd. 4, § 59 Rn. 2.

1504 Hüffer, AktG, § 215 Rn. 6; GK/Hirte, AktG, § 215 Rn. 23 f.; Krieger, in: Münchener Handbuch des Gesellschaftsrechts, Bd. 4, § 59 Rn. 47.

466 Der **Beschluss** über die Kapitalerhöhung aus Gesellschaftsmitteln muss den **Betrag**, um den das Grundkapital erhöht werden soll, **genau festlegen**.[1505] Eine ziffernmäßige Angabe ist nicht zwingend erforderlich, wenn der Kapitalerhöhungsbetrag anderweitig – etwa durch Angabe einer Rechenoperation – genau beschrieben wird.[1506] Zur Vermeidung von Teilrechten sollte ein möglichst **glattes Kapitalverhältnis** gewählt werden, so dass sich ggf. eine vorherige Kapitalherabsetzung oder reguläre Kapitalerhöhung empfiehlt.[1507]

Weiter muss der Beschluss angeben, dass die Kapitalerhöhung **durch Umwandlung von Rücklagen erfolgen** soll und um welche Rücklagen es sich im konkreten Fall handelt. Notwendig ist schließlich die **Angabe der Bilanz**, welche dem Erhöhungsbeschluss zu Grunde liegt. Dies kann die letzte Jahresbilanz sein, soweit diese festgestellt und nicht älter als acht Monate ist (§ 209 Abs. 1 AktG). Anderenfalls muss eine **Zwischenbilanz** aufgestellt werden (§ 209 Abs. 2 – 6 AktG). Die umzuwandelnden Rücklagen müssen dann in beiden Bilanzen, also in der letzten Jahresbilanz als auch in der Zwischenbilanz ausgewiesen werden. Statthaft ist aber auch, dass die umzuwandelnden Rücklagen in der Zwischenbilanz als Rücklagen und im letzten Ergebnisverwendungsbeschluss als Zuführung zu den Rücklagen ausgewiesen sind.[1508] Bei unterschiedlich hohen Rücklagen kann nur der geringere Betrag umgewandelt werden; eine **Feststellung der Zwischenbilanz** ist dagegen nicht erforderlich.[1509] Letztlich muss der Kapitalerhöhungsbeschluss auch die Art der Kapitalerhöhung angeben, ob also die Kapitalerhöhung durch Ausgabe neuer Aktien bzw. Erhöhung des Nennbetrages oder bei Stückaktien etwa durch bloße Erhöhung des Grundkapitals erfolgt.

467 **Weitere Voraussetzung** für die Kapitalerhöhung aus Gesellschaftsmitteln ist, dass eine **ausreichende Kapitalrücklage oder Gewinnrücklage** vorhanden ist, die gemäß der §§ 208 f. AktG in einer Bilanz enthalten sind. Wie sich aus § 208 Abs. 1 AktG ergibt, kann jedoch auch der **Jahresüberschuss** und der **Bilanzgewinn** des letzten Geschäftsjahres für die Kapitalerhöhung aus Gesellschaftsmitteln verwandt werden, soweit diese in dem letzten Beschluss über die Verwendung des Jahresüberschusses oder des Bilanzgewinns als Zuführung zu den entsprechenden Rücklagen ausgewiesen wurden. Sind umwandlungsfähige Rücklagen bzw. ein entsprechender Jahresüberschuss oder ein Bilanzgewinn nicht vorhanden, können freiwillige Zuzahlungen der Aktionäre an die Gesellschaft für eine solche Kapitalerhöhung aus Gesellschaftsmitteln verwendet werden.[1510]

Zu beachten ist, dass die der Kapitalerhöhung **zu Grunde zu legende Bilanz nicht älter als acht Monate** sein darf. Außerdem muss der Jahresabschluss geprüft sein. Für kleine AG`s i.S.d. § 267 HGB, deren Jahresabschluss nach § 316 HGB grds. nicht geprüft werden muss, bedeutet dies, dass diese ihren Jahresabschluss der Kapitalerhöhung aus Gesellschaftsmitteln nur zu Grunde legen können, wenn sie eine Prüfung der Bilanz nach Maßgabe der §§ 316 ff. HGB durchführen lassen.[1511] Zu beachten ist schließlich, dass eine Umwandlung von Rücklagen in Grundkapital nach § 208 Abs. 1 Satz 2 AktG nicht möglich ist, soweit in der zu Grunde gelegten Bilanz ein Verlust ausgewiesen ist oder die Kapitalrücklage, die gesetzliche Rücklage und deren Zuführungen im Gewinnverwendungsbeschluss zusammen nicht den Betrag von 10 % des Grundkapitals oder einen etwa in der Satzung höheren Betrag überschreiten, § 208 Abs. 1 Satz 2 AktG. Für andere Gewinnrücklagen gilt diese Beschränkung nicht, soweit nicht einer der Ausschlusstatbestände

---

1505 Siehe zu einem Sonderfall LG Heidelberg vom 12.10.2006 – 11 O 60/06 KfH, n.v. und OLG Karlsruhe, Beschl. v. 7.12.2006 – 7 W 78/06, n.v. (Freigabeentscheidung nach § 246a AktG).
1506 OLG Karlsruhe, Beschl. v. 7.12.2006 – 7 W 78/06, n.v. (Freigabeentscheidung nach § 246a AktG), Ziff. III. 4. der Entscheidungsgründe.
1507 Semler/Volhard, Arbeitshandbuch für die Hauptversammlung, § 28 Rn. 4; Krieger, in: Münchener Handbuch des Gesellschaftsrechts, Bd. 4, § 59 Rn. 9.
1508 MünchKomm-AktG/Volhard, § 208 Rn. 5; Krieger, in: Münchener Handbuch des Gesellschaftsrechts, Bd. 4, § 59 Rn. 25.
1509 GK/Hirte, AktG, § 209 Rn. 37; Krieger, in: Münchener Handbuch des Gesellschaftsrechts, Bd. 4, § 59 Rn. 23.
1510 Sinnvoll ist dies etwa bei einer Euro-Umstellung und Glättung von Nennbetragsaktien gem. § 4 Abs. 2 und Abs. 3 EGAktG; siehe dazu DNotI-Gutachten Nr. 70778 vom September 2006.
1511 Hüffer, AktG, § 209 Rn. 3; GK/Hirte, AktG, § 209 Rn. 18; Krieger, in: Münchener Handbuch des Gesellschaftsrechts, Bd. 4, § 59 Rn. 15.

des § 208 Abs. 2 AktG eingreift. Diese 10 %-Grenze gilt nach § 4 Abs. 5 EGAktG nicht bei einer **Kapitalerhöhung aus Gesellschaftsmitteln zum Zweck der Euro-Umstellung**. Eine Beschlussfassung über die Gewinnverwendung muss dem Kapitalerhöhungsbeschluss nicht vorausgehen, soweit die neuen Aktien bereits am Gewinn des letzten Geschäftsjahres teilnehmen sollen (§ 217 Abs. 2 Satz 2 AktG). Anders ist dies nach § 208 Abs. 1 AktG, wenn der Bilanzgewinn in Eigenkapital umgewandelt werden soll.[1512]

Die Kapitalerhöhung aus Gesellschaftsmitteln ist nach § 210 Abs. 1 AktG zur **Eintragung in das Handelsregister** anzumelden. Anmeldepflichtig ist nach § 207 Abs. 2 Satz 1 AktG der Vorstand zusammen mit dem Aufsichtsratsvorsitzenden, § 184 Abs. 1 Satz 1 AktG. Nach § 210 Abs. 1 AktG ist der Anmeldung die zu Grunde gelegte **Bilanz mit Bestätigungsvermerk** sowie ggf. **die letzte Jahresbilanz vorzulegen**, daneben auch das notarielle Beschlussprotokoll und die Neufassung der Satzung mit der Notarbestätigung gemäß § 181 Abs. 1 Satz 2 AktG. Erforderlich ist weiter eine entsprechende **Erklärung nach § 210 Abs. 1 Satz 2 AktG**.

468

Wird die Kapitalerhöhung im Handelsregister eingetragen, ist nach § 211 AktG das Grundkapital erhöht. Die Aktionäre sind alsdann nach § 214 AktG aufzufordern, die neuen Aktien abzuholen. Nicht abgeholte Aktien können von der Gesellschaft nach Ablauf eines Jahres seit der Bekanntmachung der Aufforderung und dreimaliger Androhung verkauft werden (§ 214 Abs. 1 Satz 4, Abs. 2 und 3 AktG). Soweit **bedingtes Kapital** vorhanden ist, erhöht sich dieses automatisch im gleichen Verhältnis (§ 218 AktG). Das Handelsregister ist lediglich durch den Vorstand zu berichtigen.[1513] Auswirkungen auf ein etwa genehmigtes Kapital hat die Kapitalerhöhung aus Gesellschaftsmitteln dagegen nicht.

Stellt sich nach Eintragung im Handelsregister heraus, dass in der der Kapitalerhöhung zu Grunde gelegten Bilanz die **Kapital- und Gewinnrücklagen zu hoch ausgewiesen** sind, bleibt es bei der Wirksamkeit der Kapitalerhöhung. Die Gesellschaft ist jedoch verpflichtet, ihr Grundkapital im Wege einer **(vereinfachten) Kapitalherabsetzung** an den tatsächlichen Umfang des Gesellschaftsvermögens anzupassen. Die Verwaltung hat dafür Sorge zu tragen, dass in der nächsten Hauptversammlung entsprechende Beschlüsse gefasst werden.[1514] Nach a.A. besteht eine solche Pflicht nicht. Es genügt, wenn die Unterbilanz anderweitig ausgeglichen wird, entweder durch die Geltendmachung von Schadensersatzansprüchen gegen den Abschlussprüfer oder Stehen lassen künftiger Jahresüberschüsse.[1515] **Ansprüche wegen einer Unterbilanzhaftung** bestehen jedoch in keinem Fall, da es bei der Kapitalerhöhung aus Gesellschaftsmitteln auch keine Einlagepflicht gibt.[1516]

469

Die Kapitalerhöhung aus Gesellschaftsmitteln kann **mit anderen Kapitalmaßnahmen verbunden** werden. Insb. auch mit einer **nachfolgenden Kapitalherabsetzung**.[1517] Soweit damit erreicht werden soll, Rücklagen aufzulösen und sie anschließend an die Aktionäre zu verteilen, muss dieses Verfahren jedoch nicht stets durchgeführt werden. Möglich ist stattdessen die Auflösung der Rücklagen und deren anschließende Verteilung im Rahmen der Gewinnausschüttung.[1518] Anders ist die Rechtslage dagegen, wenn es um die Auflösung und Ausschüttung einer Kapitalrücklage geht. § 150 Abs. 4 AktG gestattet eine Auflösung der Kapitalrücklage nur zu bestimmten Zwecken, nicht aber zu einer Gewinnausschüttung.[1519]

470

1512 Krieger, in: Münchener Handbuch des Gesellschaftsrechts, Bd. 4, § 59 Rn. 12, 26, 51.
1513 Krieger, in: Münchener Handbuch des Gesellschaftsrechts, Bd. 4, § 59 Rn. 67.
1514 Korsten, AG 2006, 321, 322 ff.; MünchKomm-AktG/Volhard, § 211 Rn. 10; GK/Hirte, AktG, § 211 Rn. 14; KölnerKomm-AktG/Lutter, § 211 Rn. 68.
1515 Krieger, in: Münchener Handbuch des Gesellschaftsrechts, Bd. 4, § 59 Rn. 36; Hüffer, AktG, § 211 Rn. 5.
1516 Hüffer, AktG, § 211 Rn. 5; GK/Hirte, AktG, § 211 Rn. 12; Krieger, in: Münchener Handbuch des Gesellschaftsrechts, Bd. 4, § 59 Rn. 36; MünchKomm-AktG/Volhard, § 211 Rn. 10; Korsten, AG 2006, 321, 327 f.
1517 KölnerKomm-AktG/Lutter, vor § 207 Rn. 18; Hüffer, AktG, § 207 Rn. 7 a.E.; Krieger, in: Münchener Handbuch des Gesellschaftsrechts, Bd. 4, § 59 Rn. 3; GK/Hirte, AktG, § 207 Rn. 153; zweifelnd allein: Geßler, DNotZ 1960, 619, 629 f.
1518 KölnerKomm-AktG/Lutter, vor § 207 Rn. 18; GK/Hirte, AktG, § 207 Rn. 153; Krieger, in: Münchener Handbuch des Gesellschaftsrechts, Bd. 4, § 59 Rn. 3; zweifelnd: Geßler, DNotZ 1960, 619, 629 f.
1519 Vgl. dazu DNotI-Gutachten Nr. 42434 vom Juni 2003.

8. Kapitalerhöhung im „Schütt-Aus-Hol-Zurück-Verfahren"

471 Auch im Aktienrecht besteht die aus dem GmbH-Recht bekannte Möglichkeit, das Kapital im Weg des „Schütt-Aus-Hol-Zurück-Verfahren" zu erhöhen.[1520] **Dividendenansprüche werden stehen gelassen** oder wieder eingezahlt. Während früher eine solche Art der Kapitalerhöhung nur im Wege der Sachkapitalerhöhung zulässig war, kann diese nunmehr auch **im Wege einer Barkapitalerhöhung in Anlehnung an die Regeln über die Kapitalerhöhung** aus Gesellschaftsmitteln durchgeführt werden.[1521] Steuerrechtlich gesehen ist diese Art der Kapitalerhöhung nunmehr aber wegen der ausschüttungsbedingten Steuerbelastung der Aktionäre beim Halbeinkünfteverfahren uninteressant.[1522]

9. Greenshoe

472 Im Rahmen einer Kapitalerhöhung wird häufig auch von der Vereinbarung eines sog. „**Greenshoe**" gesprochen. Darunter versteht man eine „**Mehrzuteilungsoption**" bzw. „**Platzierungsreserve**" bei einer Aktienemission zu Gunsten der Emissionsbanken.[1523] Bezweckt ist damit eine Stabilisierung des Aktienkurses im Zeitraum der Aktienemission. Die Banken erhalten dabei innerhalb einer üblicherweise 30-tägigen **Stabilisierungsphase** nach der Platzierung weitere Aktien der Emittentin im marktüblichen Umfang von bis zu 15 % des Basisemissionsvolumens zum vereinbarten Emissionspreis von einem oder mehreren Altaktionären im Wege eines Aktiendarlehens. Diese Aktien werden dann zusätzlich an Investoren zugeteilt, um einen Nachfrageüberhang zu befriedigen. Sollte nach Durchführung der Emission der Kurs fallen, kann die Emissionsbank den Kurs durch Rückkauf von Aktien stabilisieren. Mit den zurückgekauften Aktien kann die Emissionsbank die Aktiendarlehen an die Altaktionäre zurückführen. Ist demgegenüber der Aktienkurs gestiegen, kommt es nicht zu diesen **Stabilisierungskäufen**. Um am Ende des Stabilisierungszeitraums die Aktiendarlehen zurückzuführen, müssten Aktien auf dem Markt beschafft werden, was nicht nur zu einer weiteren Kurssteigerung führt, sondern vor allem für die Emissionsbank mit einem **erheblichen finanziellen Risiko** verbunden ist, weil sie die Differenz zwischen Emissionspreis und Rückerwerbspreis tragen müsste. Hier hilft nun die der Emissionsbank eingeräumte Greenshoe-Option, Aktien bis zum Umfang des vorher erhaltenen Aktiendarlehens zu erhalten.[1524] Häufig wird diese Greenshoe-Option von der Gesellschaft selbst **aus einem genehmigten Kapital bedient**.[1525] Ebenso kann diese aber auch durch Altaktionäre eingeräumt werden, in dem diese auf ihre Bezugsrechte verzichten oder diese an die Bank verkaufen.[1526]

> **Hinweis:**
> Probleme bestehen beim Greenshoe, wenn die Option der Emissionsbank aus einem genehmigten Kapital bedient werden soll, weil dabei zu Gunsten der Emissionsbank ein (erleichterter) Bezugsrechtsausschluss vereinbart werden muss. In der soweit ersichtlich ersten obergerichtlichen Entscheidung erkannte das KG hier einen Verstoß gegen § 255 Abs. 2 AktG.[1527] Die Lit. lehnt diese Auffassung einhellig ab.[1528]

1520 AnwK-AktienR/Wagner, Kap. 1 § 207 Rn. 3 ff.; Semler/Volhard, Arbeitshandbuch für die Hauptversammlung, § 28 Rn. 3; Krieger, in: Münchener Handbuch des Gesellschaftsrechts, Bd. 4, § 60 Rn. 14 und § 56 Rn. 51.

1521 BGH, DNotZ 1998, 149 = MittBayNot 1997, 303 (zur GmbH); Krieger, in: Münchener Handbuch des Gesellschaftsrechts, Bd. 4, § 60 Rn. 14 und § 56 Rn. 51; siehe dazu auch Steiner, BWNotZ 1998, 49.

1522 AnwK-AktienR/Wagner, Kap. 1 § 207 Rn. 5; Semler/Volhard, Arbeitshandbuch für die Hauptversammlung, § 28 Rn. 3.

1523 Ekkenga, WM 2002, 317 ff.; Groß, ZIP 2002, 160 ff.; Semler/Volhard, Arbeitshandbuch für die Hauptversammlung, § 24 Rn. 36 ff.; AnwK-AktienR/Willamowski, Kap. 17 Rn. 62, 72; Busch, AG 2002, 230 ff.; Meyer, WM 2002, 1106 ff.

1524 Meyer, WM 2002, 1106, 1107 f.; Busch, AG 2002, 230, 231 f.

1525 Semler/Volhard, Arbeitshandbuch für die Hauptversammlung, § 24 Rn. 37 f.

1526 Semler/Volhard, Arbeitshandbuch für die Hauptversammlung, § 24 Rn. 37; Busch, AG 2002, 230, 231 f.

1527 KG, AG 2002, 243 = ZIP 2001, 2178.

1528 Groß, ZIP 2002, 160; Meyer, WM 2002, 1106; Sinewe, DB 2002, 314, 315; Schanz, BKR 2002, 439, 444; Semler/Volhard, Arbeitshandbuch für die Hauptversammlung, § 24 Rn. 38 Fn. 60.

IV. Kapitalherabsetzung

Das AktG kennt **drei Formen der Kapitalherabsetzung**:
- die ordentliche Kapitalherabsetzung nach §§ 222 – 228 AktG,
- die vereinfachte Kapitalherabsetzung nach §§ 229 – 236 AktG und
- die in den §§ 237 – 239 AktG genannte Kapitalherabsetzung durch Einziehung von Aktien.

Ziel aller Formen der Kapitalherabsetzung ist die **Herabsetzung der Grundkapitalziffer** nach den §§ 6 f. AktG, also das Volumen des gebundenen Vermögens zu verringern. Mit der Herabsetzung der Grundkapitalziffer kann dann ein eingetretener Jahresfehlbetrag gesenkt, die Entstehung von ausschüttungsfähigen Gewinnen erleichtert bzw. die Liquidation eines Teils des zuvor gebundenen Vermögens ermöglicht werden.[1529] Dafür sieht das AktG grds. **vier Durchführungswege** vor:

- bei Nennbetragsaktien durch **Herabsetzung des Nennbetrages** der Aktien nach § 222 Abs. 4 Satz 1 AktG,
- durch **Zusammenlegung von Aktien** nach § 222 Abs. 4 Satz 2 AktG,
- durch die **Einziehung von Aktien** nach § 237 AktG und schließlich
- bei Stückaktien die bloße **Herabsetzung der Grundkapitalziffer**.

1. Ordentliche Kapitalherabsetzung

a) Übersicht

```
┌─────────────────────────────────────────────────────────────────────────┐
│         Beschlussfassung der Hauptversammlung, § 222 Abs. 1 AktG        │
└─────────────────────────────────────────────────────────────────────────┘
                                     ↓
┌─────────────────────────────────────────────────────────────────────────┐
│ Anmeldung des Hauptversammlungsbeschlusses zum Handelsregister durch    │
│              Vorstand und Aufsichtsrat, § 223 AktG                      │
└─────────────────────────────────────────────────────────────────────────┘
                                     ↓
┌─────────────────────────────────────────────────────────────────────────┐
│        Eintragung der Kapitalherabsetzung im Handelsregister, § 224 AktG│
└─────────────────────────────────────────────────────────────────────────┘
                                     ↓
┌─────────────────────────────────────────────────────────────────────────┐
│              Durchführung der Kapitalherabsetzung, § 226 AktG           │
└─────────────────────────────────────────────────────────────────────────┘
                                     ↓
┌─────────────────────────────────────────────────────────────────────────┐
│ Anmeldung und Eintragung der Durchführung der Kapitalherabsetzung im    │
│           Handelsregister durch den Vorstand, § 227 AktG                │
└─────────────────────────────────────────────────────────────────────────┘
```

b) Muster: Beschluss über die ordentliche Kapitalherabsetzung[1530]

> 1. Das Grundkapital der Gesellschaft von 100.000 €, eingeteilt in 100.000 auf den Inhaber lautende Stückaktien wird um 50.000 € auf 50.000 € herabgesetzt. Die Herabsetzung erfolgt nach den Vorschriften über die ordentliche Kapitalherabsetzung und dient dem Ausgleich von Verlusten.

[1529] MünchKomm-AktG/Oechsler, vor § 222 Rn. 2; Krieger, in: Münchener Handbuch des Gesellschaftsrechts, Bd. 4, § 60 Rn. 1.

[1530] Musterformulierungen bei Hölters, in: Münchener Vertragshandbuch, Bd. 1, Muster V. S. 144; Happ, Aktienrecht, 14.01; Lorz/Pfisterer/Gerber, in: Beck'sches Formularbuch Aktienrecht, P; AnwK-AktienR/Lohr/Terbrack, Muster Rn. 29 f.

> 2. Die Kapitalherabsetzung erfolgt durch Zusammenlegung von Aktien im Verhältnis 2: 1.
>
> 3. Der Vorstand wird ermächtigt, mit Zustimmung des Aufsichtsrats die Einzelheiten der Durchführung der Kapitalherabsetzung zu bestimmen.
>
> 4. § .... der Satzung wird wie folgt neu gefasst:
>
> „Das Grundkapital der Gesellschaft beträgt 50.000 € und ist eingeteilt in 50.000 auf den Inhaber lautende Stückaktien."

c) Inhalt

477 Bei der Kapitalherabsetzung handelt es sich ebenso wie bei der Kapitalerhöhung um eine **Satzungsänderung**. Notwendig ist ein **Beschluss der Hauptversammlung** mit einer Mehrheit von mindestens 3/4 des bei der Beschlussfassung vertretenen Grundkapitals. Die Satzung kann eine größere Kapitalmehrheit und weitere Erfordernisse bestimmen (§ 222 Abs. 1 AktG). Soweit **verschiedene Aktiengattungen** vorhanden sind, sind gemäß § 222 Abs. 2 AktG Sonderbeschlüsse nötig, nicht aber bei stimmrechtslosen Aktien. **Inhaltlich** muss der Kapitalherabsetzungsbeschluss zwingend die Höhe des Herabsetzungsbetrages, den Zweck der Kapitalherabsetzung und die Art der Durchführung angeben (§ 222 Abs. 3 und Abs. 4 AktG). Zulässig ist es dabei, anstelle einer konkreten Angabe des Herabsetzungsbetrages lediglich einen **Höchstbetrag anzugeben** sowie konkrete Vorgaben zu machen, wie der Kapitalherabsetzungsbetrag zu bestimmen ist. Der Verwaltung darf dabei jedoch **kein eigenes Ermessen** eingeräumt werden.

Ebenso muss ein solcher Beschluss ein **zeitliches Limit** haben.[1531] Unter den Voraussetzungen des § 228 Abs. 1 AktG darf der Kapitalherabsetzungsbeschluss auch das Mindestnennkapital des § 7 AktG unterschreiten, soweit gleichzeitig (in derselben Hauptversammlung) dieser Mindestnennbetrag durch eine Barkapitalerhöhung wieder erreicht wird. Auch der **Zweck der Kapitalherabsetzung** ist in dem Beschluss grds. konkret anzugeben, § 222 Abs. 3 AktG. Allgemeine Umschreibungen genügen dafür nicht.[1532]

478 Bei der **Art der Kapitalherabsetzung** nach § 222 Abs. 4 Satz 3 AktG ist anzugeben, ob das Grundkapital durch Herabsetzung von Nennbeträgen oder (subsidiär) durch Zusammenlegung von Aktien[1533] etc. herabgesetzt wird. Fakultativ kann schließlich der Hauptversammlungsbeschluss **Einzelheiten über die Durchführung der Kapitalherabsetzung** bestimmen.

Beispiele:

Regelungen über Umtausch oder Berichtigung der Aktienurkunden etc..[1534]

Enthält der Beschluss hierzu keine Angaben, so obliegen die Einzelheiten der Durchführung der Verwaltung.

1531 Hüffer, AktG, § 222 Rn. 12; MünchKomm-AktG/Oechsler, § 222 Rn. 20; Krieger, in: Münchener Handbuch des Gesellschaftsrechts, Bd. 4, § 60 Rn. 20.

1532 MünchKomm-AktG/Oechsler, § 222 Rn. 39; KölnerKomm-AktG/Lutter, § 222 Rn. 16; in: Krieger, in: Münchener Handbuch des Gesellschaftsrechts, Bd. 4, § 60 Rn. 21; Hüffer, AktG, § 222 Rn. 13.

1533 Für die Zusammenlegung ist der Vorstand zuständig. Die Zusammenlegung ist unproblematisch, soweit Aktionäre die für eine Zusammenlegung erforderliche Zahl an Aktien oder ein Vielfaches davon besitzen. Die alten Aktien werden vereinigt und gegen neue Urkunden umgetauscht oder abgestempelt. Besitzen Aktionäre nicht die für die Zusammenlegung erforderliche Zahl, hat der Vorstand die Bruchteilsrechte zusammenzulegen und sie für Rechnung der Beteiligten zu verwerten. Werden die alten Aktien der Gesellschaft nicht zur Verwertung überlassen, sind die Aktien für kraftlos zu erklären (§ 226 Abs. 1 Satz 2 AktG) und die an stelle der kraftlos erklärten neuen Aktien nach § 226 Abs. 3 AktG zu verwerten. Stellen die Aktionäre ihre alten Aktien dagegen dem Vorstand zur Verwertung zur Verfügung, darf der Vorstand diese zusammenlegen und bestmöglich auf deren Rechnung verwerten. § 226 Abs. 3 AktG gilt dann nicht. Vgl. dazu Hüffer, AktG, § 226 Rn. 5 und 8; Krieger, in: Münchener Handbuch des Gesellschaftsrechts, Bd. 4, § 60 Rn. 49.

1534 Hüffer, AktG, § 222 Rn. 13.

Da die Kapitalherabsetzung zugleich wegen § 23 Abs. 3 Ziff. 3 und Ziff. 4 AktG immer auch eine Satzungsänderung ist, wird mit der wirksam gewordenen Kapitalherabsetzung der Satzungstext unrichtig. Erforderlich ist deshalb, dass neben dem Kapitalherabsetzungsbeschluss auch der **Satzungswortlaut** entsprechend **angepasst** wird. Zweckmäßig ist dabei, den Aufsichtsrat nach § 179 Abs. 1 Satz 2 AktG zu ermächtigen.[1535]

Entgegen der Rspr. zum Bezugsrechtsausschluss bedarf der Kapitalherabsetzungsbeschluss nach nunmehr h.M. **keinerlei sachlicher Rechtfertigung** mehr. Auch ein Vorstandsbericht analog § 186 Abs. 4 AktG ist nicht erforderlich.[1536] Nach Ansicht des OLG Schleswig genügt es z.B., dass ausgleichungsbedürftige finanzielle Verluste tatsächlich bestehen oder zumindest tatsächlich drohen.[1537] Natürlich darf die Kapitalherabsetzung nicht dazu missbraucht werden, Kleinaktionäre aus der Gesellschaft zu drängen.[1538] 479

Der Kapitalherabsetzungsbeschluss ist nach § 223 AktG durch den Vorstand und den Aufsichtsratsvorsitzenden zur **Eintragung in das Handelsregister** anzumelden. Beizufügen sind die üblichen Unterlagen, also die notarielle Hauptversammlungsniederschrift über den Kapitalherabsetzungsbeschluss sowie ggf. die Niederschrift über Sonderbeschlüsse. Mit der **Eintragung des Kapitalherabsetzungsbeschlusses im Handelsregister** ist das Grundkapital nach § 224 AktG herabgesetzt. Eine Rückwirkung ist nicht möglich.[1539] Die spätere Anmeldung und Eintragung der Durchführung der Kapitalherabsetzung gemäß § 226 AktG, die allein vom Vorstand vorgenommen werden kann, hat demgegenüber nur deklaratorische Wirkung.[1540] Die **Anmeldung der Durchführung** kann mit der Anmeldung des Kapitalherabsetzungsbeschlusses nach § 227 Abs. 2 AktG verbunden werden. Keine Auswirkungen hat die Kapitalherabsetzung auf ein bereits geschaffenes **bedingtes** oder **genehmigtes Kapital**.[1541] 480

Von **besonderer Bedeutung** ist bei der regulären Kapitalherabsetzung der **Gläubigerschutz** nach § 225 AktG. Die Gläubiger haben unter den dortigen Voraussetzungen Anspruch auf Sicherheitsleistung, und zwar grds. ohne Rücksicht darauf, ob ein konkretes Sicherungsbedürfnis besteht oder nicht.[1542] Der Anspruch auf Sicherheitsleistung kann klageweise durchgesetzt werden. Erfüllt wird der Anspruch durch Sicherheitsleistung nach §§ 232 ff. BGB.[1543] 481

2. Vereinfachte Kapitalherabsetzung

In der Praxis am häufigsten anzutreffen ist die **vereinfachte Kapitalherabsetzung** gemäß §§ 229 ff. AktG. Der wesentliche Unterschied zur ordentlichen Kapitalherabsetzung besteht einmal darin, dass keine Verpflichtung zur Sicherheitsleistung nach § 225 AktG besteht (§ 229 Abs. 3 AktG). Zulässig ist ebenfalls, der vereinfachten Kapitalherabsetzung **rückwirkende Wirkung** nach § 234 AktG beizumessen. 482

1535 Hüffer, AktG, § 222 Rn. 6; MünchKomm-AktG/Oechsler, § 222 Rn. 10; KölnerKomm-AktG/Lutter, § 222 Rn. 3; a.A.: Krieger, in: Münchener Handbuch des Gesellschaftsrechts, Bd. 4, § 60 Rn. 24, der für die Anpassung des Satzungswortlauts analog zur Rechtslage im GmbH-Recht keine besondere Beschlussfassung für erforderlich hält.

1536 BGH, NJW 1998, 2054; OLG Schleswig, NZG 2004, 281, 282 = AG 2004, 155; OLG Dresden, AG 2001, 489; MünchKomm-AktG/Oechsler, § 222 Rn. 25; Krieger, in: Münchener Handbuch des Gesellschaftsrechts, Bd. 4, § 60 Rn. 11; Hüffer, AktG, § 222 Rn. 14; Semler/Volhard, Arbeitshandbuch für die Hauptversammlung, § 29 Rn. 6; a.A.: KölnerKomm-AktG/Lutter, § 222 Rn. 44 ff.; OLG Schleswig, NZG 2004, 281, 283 = AG 2004, 155; OLG Dresden, ZIP 1996, 1780, 1782 f.; Natterer, AG 2001, 629 ff.

1537 OLG Schleswig, NZG 2004, 281, 283 = AG 2004, 155.

1538 Semler/Volhard, Arbeitshandbuch für die Hauptversammlung, § 29 Rn. 6 Fn. 19; Obermüller/Werner/Winden/Butzke, Die Hauptversammlung der Aktiengesellschaft, L Rn. 37.

1539 Hüffer, AktG, § 224 Rn. 8; KölnerKomm-AktG/Lutter, § 224 Rn. 3; MünchKomm-AktG/Oechsler, § 224 Rn. 3.

1540 MünchKomm-AktG/Oechsler, § 227 Rn. 1.

1541 Krieger, in: Münchener Handbuch des Gesellschaftsrechts, Bd. 4, § 60 Rn. 28; KölnerKomm-AktG/Lutter, § 224 Rn. 18; siehe zur Auswirkung einer Kapitalherabsetzung auf Genussrechte: BGH, AG 2006, 937.

1542 Hüffer, AktG, § 225 Rn. 8; KölnerKomm-AktG/Lutter, § 225 Rn. 20.

1543 Hüffer, AktG, § 225 Rn. 12 f.

Eine Rückwirkung kann auch für eine gleichzeitig mit der Kapitalherabsetzung beschlossene Kapitalerhöhung vereinbart werden (§ 235 AktG).

a) Übersicht

483

```
┌─────────────────────────────────────────────────────────────────────────┐
│ Auflösung der gesetzlichen Rücklagen, Kapitalrücklagen, Gewinnrücklagen │
│                  und Gewinnvorträge, § 229 Abs. 2 AktG                   │
└─────────────────────────────────────────────────────────────────────────┘
                                    ▼
┌─────────────────────────────────────────────────────────────────────────┐
│   Beschlussfassung der Hauptversammlung, §§ 229 Abs. 1 und 3 AktG sowie  │
│    ggf. notwendige Sonderbeschlüsse, §§ 229 Abs. 3, 222 Abs. 2 AktG      │
└─────────────────────────────────────────────────────────────────────────┘
                                    ▼
┌─────────────────────────────────────────────────────────────────────────┐
│    Anmeldung des Beschlusses zum Handelsregister durch Vorstand und      │
│              Aufsichtsrat, §§ 229 Abs. 3, 223 AktG                       │
└─────────────────────────────────────────────────────────────────────────┘
                                    ▼
┌─────────────────────────────────────────────────────────────────────────┐
│    Eintragung der vereinfachten Kapitalherabsetzung im Handelsregister,  │
│                      §§ 229 Abs. 3, 224 AktG                             │
└─────────────────────────────────────────────────────────────────────────┘
```

b) Muster: Beschluss über die vereinfachte Kapitalherabsetzung[1544]

484

1. Das Grundkapital der Gesellschaft von 100.000 €, eingeteilt in 100.000 auf den Inhaber lautende Stückaktien, wird um 50.000 € auf 50.000 € herabgesetzt. Die Herabsetzung erfolgt nach den Vorschriften über die vereinfachte Kapitalherabsetzung zum Zweck des Verlustausgleichs.

2. Die Kapitalherabsetzung erfolgt durch Zusammenlegung der Aktien im Verhältnis 2:1.

3. Der Vorstand wird ermächtigt, mit Zustimmung des Aufsichtsrats die Einzelheiten der Durchführung der Kapitalherabsetzung zu bestimmen.

4. § .... der Satzung wird wie folgt geändert:

   „Das Grundkapital beträgt 50.000 €."

c) Inhalt

485 Die vereinfachte Kapitalherabsetzung ist nur zu den **in § 229 Abs. 1 AktG genannten Zwecken statthaft**, nämlich zum Ausgleich von Wertminderungen und zur Deckung sonstiger Verluste sowie zur Einstellung von Beträgen in die Kapitalrücklage. Im Beschluss ist festzusetzen, dass die Herabsetzung zu diesen Zwecken stattfindet, § 229 Abs. 1 Satz 2 AktG. Ebenso ist im Beschluss ausdrücklich anzugeben, dass eine „vereinfachte Kapitalherabsetzung" angestrebt wird.[1545]

486 **Voraussetzung** für die Zulässigkeit der vereinfachten Kapitalherabsetzung ist nach § 229 Abs. 2 AktG, dass zunächst **vorhandene Rücklagen aufgelöst** werden. Gewinnrücklagen sind dabei vollständig aufzulösen (§ 229 Abs. 2 Satz 1 AktG). Die gesetzliche Rücklage sowie die Kapitalrücklage ist nur insoweit aufzulösen, als diese zusammen 10 % des nach der Herabsetzung verbleibenden Grundkapitals über-

---

[1544] Formulierungsbeispiele bei Meyer-Landrut, Satzungen und Hauptversammlungsbeschlüsse der AG, Rn. 754; Hölters, in: Münchener Vertragshandbuch, Bd. 1, Muster V. S. 149; Happ, Aktienrecht, 14.02; Semler/Volhard, Arbeitshandbuch für die Hauptversammlung, § 29 Rn. 17.
[1545] MünchKomm-AktG/Oechsler, § 229 Rn. 17; KölnerKomm-AktG/Lutter, § 229 Rn. 22.

steigen. Schließlich darf auch kein Gewinnvortrag mehr vorhanden sein (§ 229 Abs. 2 Satz 2 AktG[1546]). Die Auflösung der Rücklagen erfolgt grds. durch entsprechende **Umbuchungen**. § 150 Abs. 4 AktG gilt insoweit nicht.[1547] Ein Hauptversammlungsbeschluss ist nur erforderlich, soweit die Auflösung der Rücklagen der Hauptversammlung vorbehalten ist. Die durch Rücklagenauflösung gewonnenen Beträge dürfen dann nach den §§ 230, 231 AktG **nur zweckgerichtet verwendet** werden.[1548] Zu beachten ist, dass die Kapitalherabsetzung zur Einstellung von Beträgen in die Kapitalrücklage nach § 231 AktG nur in eingeschränktem Umfang zulässig ist. Im Ergebnis darf die Kapitalrücklage und die gesetzliche Rücklage zusammen 10 % des herabgesetzten Grundkapitals nicht übersteigen.[1549]

Für den Hauptversammlungsbeschluss über die vereinfachte Kapitalherabsetzung gelten die **Vorschriften über die ordentliche Kapitalherabsetzung** entsprechend (§ 229 Abs. 3 AktG). Ggf. sind **Sonderbeschlüsse** erforderlich. Auch die weitere Abwicklung der vereinfachten Kapitalherabsetzung geschieht nach denselben Regeln wie die ordentliche Kapitalherabsetzung. Auf die obigen Ausführungen kann verwiesen werden (s. Rn. 473 ff.). 487

> **Hinweis:**
> Für die Praxis von Bedeutung ist die Frage der **Rückbeziehung der Kapitalerhöhung** sowie ggf. einer gleichzeitig beschlossenen Kapitalerhöhung (§§ 234, 235 AktG). Eine solche rückwirkende Kapitalherabsetzung mit gleichzeitiger Erhöhung des Grundkapitals erfolgt i.d.R. zum Zweck der Sanierung von Gesellschaften. Man spricht insoweit von einem „**Kapitalschnitt**".[1550] Entscheidend ist hier, dass
>
> - beide Beschlüsse in einer Frist von drei Monaten in das Handelsregister eingetragen werden müssen (§§ 234 Abs. 3 Satz 1 und 235 Abs. 2 Satz 1 AktG),
> - bei der gleichzeitig beschlossenen Kapitalerhöhung nach § 235 Abs. 1 Satz 2 und 3 AktG nur Bareinlagen zulässig sind,
> - die neuen Aktien gezeichnet und
> - die Mindesteinlagen bereits eingezahlt sein müssen.
>
> Dies ist dem Urkundsnotar nachzuweisen (§ 235 Abs. 1 Satz 3 AktG).

Letztlich darf im Fall der Rückbeziehung auch der **Jahresabschluss erst bekannt gemacht** werden, wenn die Eintragung der Kapitalherabsetzung und ggf. der gleichzeitigen Kapitalerhöhung im Handelsregister erfolgt ist (§ 236 AktG). 488

3. Kapitalherabsetzung durch Einziehung

Von der **ordentlichen bzw. vereinfachten Kapitalherabsetzung** durch Herabsetzung der Aktiennennbeträge bzw. durch Zusammenlegung von Aktien oder durch die bloße Herabsetzung des Grundkapitals bei Stückaktien werden alle Aktionäre gleichmäßig betroffen. Anders ist es im Fall der **Einziehung von Aktien nach den §§ 237 ff. AktG**. Die Einziehung führt dazu, dass einzelne Aktien untergehen und das Grundkapital sich um den Anteil der eingezogenen Aktien vermindert. Von dem Ausschluss eines säumigen Aktionärs nach § 64 Abs. 3 AktG, der Kaduzierung, unterscheidet sich die Einziehung dadurch, dass bei der Kaduzierung der betreffende Aktionär zwar sein Mitgliedschaftsrecht verliert, diese Mitgliedschaft aber im Gegensatz zur Einziehung in ihrem rechtlichen Bestand fortbesteht und nach den Regeln 489

1546 Zu den auflösenden Gewinnrücklagen siehe Krieger, in: Münchener Handbuch des Gesellschaftsrechts, Bd. 4, § 61 Rn. 10; Hüffer, AktG, § 229 Rn. 14; MünchKomm-AktG/Oechsler, § 229 Rn. 37 ff.
1547 MünchKomm-AktG/Oechsler, § 229 Rn. 44; Hüffer, AktG, § 229 Rn. 13.
1548 Hüffer, AktG, § 229 Rn. 12; MünchKomm-AktG/Oechsler, § 229 Rn. 43 ff.
1549 Hüffer, AktG, § 231 Rn. 5; Krieger, in: Münchener Handbuch des Gesellschaftsrechts, Bd. 4, § 61 Rn. 15.
1550 Semler/Volhard, Arbeitshandbuch für die Hauptversammlung, § 29 Rn. 39 ff. S. zu Musterformulierungen auch: Hölters, in: Münchener Vertragshandbuch, Bd. 1, Muster V. S. 149; Happ, Aktienrecht, 14.03.

des § 65 AktG zu verwerten ist.[1551] Bei der Kraftloserklärung von Aktienurkunden nach den §§ 72, 73, 226 AktG kommt es demgegenüber nur zur Wirkungslosigkeit der betreffenden Aktienurkunden. Das Mitgliedschaftsrecht selbst bleibt davon unberührt. Der betroffene Aktionär bleibt weiterhin Gesellschafter.[1552]

Abzugrenzen ist die Einziehung schließlich von der aus dem GmbH-Recht bekannten Möglichkeit, anstelle der Einziehung den **Betroffenen zu verpflichten, die Aktien auf einen Dritten zu übertragen**. Im Aktienrecht ist die Zulässigkeit einer derartigen Satzungsregelung umstritten. Unter Bezugnahme auf eine Entscheidung des RG soll dies unter Beachtung der Voraussetzungen des § 237 AktG zulässig sein.[1553] Nach a.A. verstößt eine solche Bestimmung jedoch gegen § 23 Abs. 5 AktG, weil die Einziehung nach § 237 AktG – vorbehaltlich des Sonderfalls des § 237 Abs. 3 Ziff. 3 AktG – zwingend zum Untergang der Mitgliedschaftsrechte führen muss, nicht aber zu ihrer Übertragung und damit zu ihrem Fortbestand.[1554] Auch würde damit eine gegen § 54 AktG verstoßende zusätzliche Verpflichtung des Aktionärs begründet.

490 Bei der Einziehung unterscheidet das Gesetz **zwei verschiedene Arten**, nämlich die **Zwangseinziehung** und die **Einziehung eigener Aktien**. Für beide Arten bestehen zwei Verfahren, nämlich die ordentliche Einziehung sowie die vereinfachte Einziehung. Der Unterschied zwischen beiden Verfahren besteht darin, dass beim vereinfachten Verfahren anders als bei der ordentlichen Einziehung die Vorschriften über die ordentliche Kapitalherabsetzung nicht beachtet werden müssen (§ 237 Abs. 3 AktG). Im Übrigen unterscheiden sich die beiden Verfahren nicht.

a) Übersicht

491

Einziehungsbeschluss der Hauptversammlung oder Vorstandsentscheidung gemäß § 71 Abs. 1 Nr. 8 Satz 6 AktG bzw. im Falle einer Zwangseinziehung

↓

Anmeldung und Eintragung des Einziehungsbeschlusses im Handelsregister durch Vorstand und Aufsichtsratsvorsitzenden, §§ 237 Abs. 2, 223 AktG

↓

Einziehungshandlung, § 238 Satz 3 AktG

↓

Anmeldung und Eintragung der Durchführung der Kapitalherabsetzung im Handelsregister durch den Vorstand, § 239 AktG

↓

Zahlung eines Einziehungsentgelts, § 237 Abs. 2 Satz 3 AktG

[1551] KölnerKomm-AktG/Lutter, § 237 Rn. 6; Hüffer, AktG, § 237 Rn. 2.
[1552] KölnerKomm-AktG/Lutter, § 237 Rn. 8; Hüffer, AktG, § 237 Rn. 2.
[1553] RGZ 120, 177, 180; Hüffer, AktG, § 237 Rn. 2.
[1554] AnwK-AktienR/Terbrack, Kap. 1 § 237 Rn. 6; Geßler/Hefermehl, AktG, § 237 Rn. 5; Krieger, in: Münchener Handbuch des Gesellschaftsrechts, Bd. 4, § 62 Rn. 1; MünchKomm-AktG/Oechsler, § 237 Rn. 122.

b) Muster: Beschluss über die Kapitalherabsetzung durch Einziehung[1555]

1. Das Grundkapital der Gesellschaft wird von 100.000 € um 5.000 € auf 95.000 € herabgesetzt. Die Herabsetzung erfolgt nach den Vorschriften über die ordentliche Kapitalherabsetzung zum Zweck der Umwandlung von Grundkapital in andere Gewinnrücklagen.

2. Die Kapitalherabsetzung erfolgt durch Einziehung von 5.000 eigenen Inhaberaktien.

3. Der Vorstand wird ermächtigt, mit Zustimmung des Aufsichtsrats die Einzelheiten der Durchführung zu bestimmen.

4. § .... der Satzung wird wie folgt geändert:

    „Das Grundkapital beträgt 95.000 €."

c) Inhalt

Die Zwangseinziehung muss **in der Satzung zugelassen** sein, bevor die betreffenden Aktien erworben wurden (§ 237 Abs. 1 Satz 2 AktG). Möglich ist aber auch, die Zwangseinziehung erst später durch entsprechende Satzungsänderung mit Zustimmung sämtlicher betroffener Aktionäre zuzulassen.[1556] Im Einzelnen handelt es sich bei der Zwangseinziehung um die Anordnung in der Satzung, dass unter **bestimmten Voraussetzungen Aktien eingezogen werden** müssen (angeordnete Zwangseinziehung). Ebenso kann aber die Satzung auch anordnen, dass eine Zwangseinziehung lediglich gestattet ist, ohne im Einzelnen das Verfahren anzuordnen.[1557]

> **Hinweis:**
> Unter welchen Voraussetzungen die Satzung die Zwangseinziehung anordnet, ist gesetzlich nicht bestimmt. Die Satzung ist daher frei.[1558] Es gilt jedoch das Gleichbehandlungsgebot des § 53a AktG.

Regelmäßig findet sich in Satzungen eine **angeordnete Zwangseinziehung**, z.B. bei vinkulierten Namensaktien, wenn die notwendige Zustimmung zur Übertragung verweigert wird, oder wenn Zwangsvollstreckungsmaßnahmen gegen einzelne Aktionäre durchgeführt werden.[1559] Ebenso zulässig ist die Anordnung der Einziehung für den Fall, dass Aktionäre eine nach § 55 AktG zulässigerweise **vereinbarte Nebenverpflichtung nicht erfüllen**.[1560]

Liegen die Voraussetzungen einer angeordneten Zwangseinziehung vor, bedarf es eines **Beschlusses der Hauptversammlung nicht** (§ 237 Abs. 6 Satz 1 AktG). Es entscheidet der Vorstand (§ 237 Abs. 6 Satz 2 AktG). Soweit demgegenüber die Satzung die Zwangseinziehung lediglich gestattet, trifft die Entscheidung die Hauptversammlung. Dabei darf die Hauptversammlung jedoch nicht nach Belieben entscheiden. Vielmehr muss die Zwangseinziehung im Interesse der Gesellschaft **sachlich gerechtfertigt** sein, weil mit der Einziehung letztlich das Mitgliedschaftsrecht des betroffenen Aktionärs vernichtet wird.[1561]

Im AktG nicht geregelt ist die Frage, ob und in welcher Höhe die AG dem betroffenen Aktionär ein **Einziehungsentgelt** schuldet. Bei **angeordneter Zwangseinziehung** sind Fragen des Einziehungsentgelts

---

1555 Formulierungsbeispiel bei Happ, Aktienrecht, 14.04; Hölters, in: Münchener Vertragshandbuch, Bd. 1, Muster V, S. 151.
1556 Hüffer, AktG, § 237 Rn. 8; KölnerKomm-AktG/Lutter, § 237 Rn. 30; Krieger, in: Münchener Handbuch des Gesellschaftsrechts, Bd. 4, § 62 Rn. 6.
1557 Hüffer, AktG, § 237 Rn. 15; KölnerKomm-AktG/Lutter, § 237 Rn. 34 ff.; MünchKomm-AktG/Oechsler, § 237 Rn. 28 ff. und 42 ff.
1558 Krieger, in: Münchener Handbuch des Gesellschaftsrechts, Bd. 4, § 62 Rn. 8; Hüffer, AktG, § 237 Rn. 11.
1559 Hüffer, AktG, § 237 Rn. 12.
1560 MünchKomm-AktG/Oechsler, § 237 Rn. 37; Hüffer, AktG, § 237 Rn. 13.
1561 Hüffer, AktG, § 237 Rn. 16; Krieger, in: Münchener Handbuch des Gesellschaftsrechts, Bd. 4, § 62 Rn. 11.

zwingend in der Satzung zu regeln; eine Delegation auf die Verwaltung ist unzulässig.[1562] Bei **gestatteter Zwangseinziehung** ist eine Satzungsregelung möglich. Dabei genügt es, wenn die Satzung die Hauptversammlung anweist, ein angemessenes Entgelt zu zahlen.[1563] Fehlt eine solche Regelung über das Einziehungsentgelt in der Satzung, so bleibt die Gesellschaft gleichwohl zur **Zahlung eines angemessenen Entgelts** verpflichtet.[1564] Unzulässig ist demgegenüber, die Höhe des Einziehungsentgelts in das freie Ermessen der Hauptversammlung zu stellen.[1565] Umstritten ist, ob der gänzliche Ausschluss eines Entgelts für die Einziehung möglich ist.[1566]

497 Ohne Einschränkung zulässig ist die **Einziehung eigener Aktien** (§ 237 Abs. 1 Satz 1 AktG). Eine Ermächtigung in der Satzung ist nicht erforderlich, jedoch kann die Satzung die Einziehung eigener Aktien beschränken (§§ 237 Abs. 2 Satz 1, 222 Abs. 1 Satz 2 AktG), nicht aber ausschließen.[1567] In den Fällen des § 71c Abs. 3 AktG besteht eine Pflicht zur Einziehung eigener Aktien. Notwendig ist stets ein Beschluss der Hauptversammlung. Ein selbständiges Handeln der Verwaltung wie in § 237 Abs. 6 AktG bei der angeordneten Zwangseinziehung ist nicht möglich.

498 Im Hinblick auf das Einziehungsverfahren kann weitestgehend auf die Vorschriften über die ordentliche bzw. vereinfachte Kapitalherabsetzung verwiesen werden. Das **ordentliche Einziehungsverfahren** bestimmt sich nach § 237 Abs. 2 Satz 1 AktG im Wesentlichen nach den Vorschriften der ordentlichen Kapitalherabsetzung. Notwendig ist grds. ein Beschluss der Hauptversammlung, soweit es nicht um eine angeordnete Zwangseinziehung geht (§ 237 Abs. 6 Satz 1 AktG). **Inhaltlich** muss der Beschluss angeben, dass eine Kapitalherabsetzung durch Einziehung von Aktien erfolgt. Weiter ist anzugeben, welche Aktien eingezogen werden sollen, ob und welches Einziehungsentgelt gezahlt wird und welchem Zweck die Kapitalherabsetzung durch Einziehung dient.[1568] Schließlich muss der **Hauptversammlungsbeschluss** auch die **weiteren Voraussetzungen** der Zwangseinziehung und die Einzelheiten ihrer Durchführung festsetzen, sofern dies nicht bereits in der Satzung geschehen ist, § 237 Abs. 2 Satz 2 AktG. Gibt die Satzung nichts vor, muss der Hauptversammlungsbeschluss ergänzend alles regeln, was bei einer angeordneten Zwangseinziehung bereits in der Satzungsbestimmung enthalten sein muss.[1569] Die Anmeldung der Kapitalherabsetzung durch **Einziehung zum Handelsregister** erfolgt gemäß §§ 237 Abs. 2 Satz 1, 223 AktG durch Vorstand und Aufsichtsratsvorsitzenden. Im Übrigen gelten auch hier die Gläubigerschutzvorschriften des § 225 AktG (§ 237 Abs. 2 Satz 1 AktG).

499 § 237 Abs. 3 AktG gestattet auch ein sog. **vereinfachtes Einziehungsverfahren**. Voraussetzung hierfür ist, dass die Aktien, die eingezogen werden sollen, voll eingezahlt sind. Alternativ muss hinzukommen, dass diese Aktien der Gesellschaft unentgeltlich zur Verfügung gestellt sind, zulasten des Bilanzgewinns oder einer anderen Gewinnrücklage einzogen werden können oder es sich um Stückaktien handelt und der Beschluss der Hauptversammlung bestimmt, dass sich durch die Einziehung der Anteil der übrigen Aktien am Grundkapital nach § 8 Abs. 3 AktG erhöht.

Im letztgenannten Fall handelt es sich eigentlich nicht um eine Kapitalherabsetzung, weil eine Verringerung des Grundkapitals nicht zwingend mit einhergehen muss.[1570] Möglich ist jedoch eine **Verringerung des Grundkapitals**, so dass der Hauptversammlungsbeschluss ausdrücklich angeben muss, ob bei Einziehung von Stückaktien eine Kapitalherabsetzung erfolgt oder ob lediglich der anteilige Betrag am

---

1562 Hüffer, AktG, § 237 Rn. 17.
1563 Hüffer, AktG, § 237 Rn. 18; KölnerKomm-AktG/Lutter, § 237 Rn. 71.
1564 Hüffer, AktG, § 237 Rn. 18.
1565 Hüffer, AktG, § 237 Rn. 18; Krieger, in: Münchener Handbuch des Gesellschaftsrechts, Bd. 4, § 62 Rn. 12; MünchKomm-AktG/Oechsler, § 237 Rn. 62 ff.
1566 Hüffer, AktG, § 237 Rn. 17; MünchKomm-AktG/Oechsler, § 237 Rn. 65; KölnerKomm-AktG/Lutter, § 237 Rn. 65 f.
1567 KölnerKomm-AktG/Lutter, § 237 Rn. 75; Hüffer, AktG, § 237 Rn. 19.
1568 Krieger, in: Münchener Handbuch des Gesellschaftsrechts, Bd. 4, § 62 Rn. 15; Hüffer, AktG, § 237 Rn. 24.
1569 Hüffer, AktG, § 237 Rn. 25.
1570 Siehe zur Kapitalherabsetzung ohne Herabsetzung des Grundkapitals: Terbrack, DNotZ 2003, 734 ff.

Grundkapital angepasst werden soll. Möglich ist in diesem Fall in Anlehnung an § 71 Abs. 1 Ziff. 8 Satz 6 AktG, dass die Hauptversammlung den Vorstand ermächtigt, die Aktien einzuziehen. In diesem Fall kann der Vorstand zusätzlich ermächtigt werden, die Satzung bzgl. der veränderten Anzahl der Stückaktien anzupassen (§ 237 Abs. 3 Ziff. 3 2. Halbs. AktG[1571]). Fehlt diese zusätzliche Ermächtigung, führt die Einziehung durch den Vorstand nach § 71 Abs. 1 Ziff. 8 Satz 6 AktG zur Kapitalherabsetzung.

Auch im **vereinfachten Einziehungsverfahren** muss die Kapitalherabsetzung grds. von der Hauptversammlung beschlossen werden (§ 237 Abs. 4 Satz 1 AktG). Allerdings genügt für diesen Beschluss die einfache Stimmenmehrheit (§ 237 Abs. 4 Satz 2 AktG), soweit nicht die Satzung eine größere Mehrheit und weitere Erfordernisse bestimmt (§ 237 Abs. 4 Satz 3 AktG). Nach § 237 Abs. 6 AktG entscheidet bei einer angeordneten Zwangseinziehung anstelle der Hauptversammlung der **Vorstand**. Gleiches gilt für die Einziehung eigener Aktien, die gemäß § 71 Abs. 1 Ziff. 8 Satz 6 AktG erworben wurden, soweit der Vorstand entsprechend ermächtigt wurde. **Sonderbeschlüsse** entsprechend § 222 Abs. 2 AktG sind nicht erforderlich, weil § 237 Abs. 4 AktG eine abschließende Regelung enthält. Dagegen verbleibt es beim Zustimmungserfordernis nach § 141 Abs. 1 AktG für den Fall der Einziehung von Vorzugsaktien. Notwendig sein kann ein Sonderbeschluss ebenso im Anwendungsbereich des § 179 Abs. 3 AktG.[1572] Im Übrigen muss der Hauptversammlungsbeschluss auch beim vereinfachten Einziehungsverfahren den **Zweck der Kapitalherabsetzung** benennen (§ 237 Abs. 4 Satz 4 AktG). Ebenso muss der Beschluss erkennen lassen, dass die Kapitalherabsetzung durch Einziehung von Aktien in vereinfachter Form erfolgt.[1573]

> **Hinweis:**
>
> Auch bei der vereinfachten Einziehung muss der Beschluss vom Vorstand und vom Aufsichtsratsvorsitzenden zur Eintragung in das Handelsregister angemeldet werden. Eine Anmeldung und Eintragung im Handelsregister ist dagegen bei der angeordneten Zwangseinziehung, über die der Vorstand nach § 237 Abs. 6 AktG entscheidet, im Hinblick auf § 238 Satz 2 AktG nicht erforderlich. In diesem Fall beginnt die Sperrfrist des § 225 Abs. 2 AktG erst mit der Bekanntmachung der Durchführung der Kapitalherabsetzung.[1574] Gleiches gilt im Fall des § 71 Abs. 1 Ziff. 8 Satz 6 AktG.

Nach § 238 Satz 3 AktG bedarf die Kapitalherabsetzung durch Einziehung schließlich einer Einziehungshandlung durch die Gesellschaft, die auf Vernichtung der Rechte aus den einzuziehenden Aktien gerichtet ist. Erst mit **Eintragung des Einziehungsbeschlusses** und **Vornahme der Einziehungshandlung** wird die Kapitalherabsetzung nach § 238 Satz 1 AktG **wirksam**. Soweit der Vorstand über die Einziehung nach § 237 Abs. 6 AktG bzw. nach § 71 Abs. 1 Ziff. 8 Satz 6 AktG über die Einziehung entscheidet, kommt es für die Wirksamkeit der Kapitalherabsetzung auf die Einziehungshandlung an (§ 238 Satz 2 AktG). Schließlich ist die Durchführung der Herabsetzung des Grundkapitals durch Einziehung zur Eintragung in das Handelsregister anzumelden (§ 239 Abs. 1 AktG). **Durchgeführt ist die Kapitalherabsetzung**, wenn sie wirksam geworden ist, also im **Handelsregister eintragen** und die **Einziehungshandlung vorgenommen** ist. Zu beachten ist, dass die Anmeldung der Durchführung allein vom Vorstand der Gesellschaft, also ohne Mitwirkung des Aufsichtsratsvorsitzenden zu bewirken ist. Wird die Anmeldung des Kapitalherabsetzungsbeschlusses mit der Anmeldung der Durchführung verbunden, bleibt es jedoch dabei, dass hier der Vorstand an die Mitwirkung des Aufsichtsratsvorsitzenden gebunden ist.[1575]

1571 AnwK-AktienR/Terbrack, Kap. 1 § 237, Rn. 72c; Terbrack, DNotZ 2003, 734 ff.; Hüffer, AktG, § 237 Rn. 34a; Grage, RNotZ 2002, 326, 330; Seibert, NZG 2002, 608, 612.
1572 Hüffer, AktG, § 237 Rn. 35; MünchKomm-AktG/Oechsler, § 237 Rn. 103 f.; Krieger, in: Münchener Handbuch des Gesellschaftsrechts, Bd. 4, § 62 Rn. 22.
1573 Hüffer, AktG, § 237 Rn. 36; Krieger, in: Münchener Handbuch des Gesellschaftsrechts, Bd. 4, § 62 Rn. 22.
1574 Krieger, in: Münchener Handbuch des Gesellschaftsrechts, Bd. 4, § 62 Rn. 24; Hüffer, AktG, § 237 Rn. 41; KölnerKomm-AktG/Lutter, § 237 Rn. 116; MünchKomm-AktG/Oechsler, § 237 Rn. 115.
1575 Krieger, in: Münchener Handbuch des Gesellschaftsrechts, Bd. 4, § 62 Rn. 27.

V. Fehlerhafte Kapitalmaßnahmen
1. Fehlerhafte Beschlüsse der Hauptversammlung

502 **Fehlerhafte Hauptversammlungsbeschlüsse** führen entweder zur **Anfechtbarkeit** der Beschlüsse oder zur **Nichtigkeit**. Keine Probleme bestehen, wenn die Fehlerhaftigkeit der Beschlüsse bereits im Eintragungsverfahren festgestellt wird und von daher die Eintragung im Handelsregister unterbleibt. Mangels Eintragung im Handelsregister entfalten die fehlerhaften Kapitalmaßnahmen keine Rechtswirkung. Die fehlerhaften Beschlüsse für die Kapitalmaßnahmen sind daher ggf. unter Vermeidung der Fehlerhaftigkeit zu wiederholen bzw. entsprechend zu ergänzen. Anders ist die Rechtslage dagegen, wenn die **fehlerhaften Beschlüsse im Handelsregister eingetragen** wurden und sich erst im Nachhinein die Fehlerhaftigkeit herausstellt:

- Liegt lediglich ein zur Anfechtung berechtigender Rechtsfehler vor und wird keine Anfechtungsklage erhoben, bleibt es bei der Wirksamkeit des an sich fehlerhaften Beschlusses. Besonderheiten bestehen nicht.
- Wird demgegenüber die Anfechtungsklage erfolgreich erhoben, wird gemäß § 248 AktG der angefochtene Beschluss für nichtig erklärt und zeitigt deshalb ebenfalls keine Rechtsfolgen mehr. Das Anfechtungsurteil ist ebenso wie der angefochtene Hauptversammlungsbeschluss in das Handelsregister einzutragen und bekannt zu machen (§ 248 Abs. 1 Satz 3 und Satz 4 AktG).
- Gleiches gilt grds. bei einem nichtigen Hauptversammlungsbeschluss und zwar unabhängig davon, ob Nichtigkeitsklage erhoben wurde oder nicht.

503 Während die frühere Ansicht davon ausging, dass die **Gestaltungswirkung von Anfechtungs- oder Nichtigkeitsurteilen** „ex tunc" eintrete, die Kapitalmaßnahme also von Anfang an als unwirksam zu behandeln ist, geht die nunmehr ganz herrschende Ansicht auch bei fehlerhaften Kapitalmaßnahmen von einer Anwendung der **Lehre von der fehlerhaften Gesellschaft** aus.[1576] Dies gilt auch, wenn die Durchführung der Kapitalerhöhung zunächst im Handelsregister eingetragen worden ist.[1577]

Wesentliche Rechtsfolge der Anwendung der Lehre von der fehlerhaften Gesellschaft ist es, dass von einem Bestandsschutz der fehlerhaften Kapitalmaßnahme bis zur Rechtskraft des Beschlussmängelurteils auszugehen ist. Die Kapitalmaßnahme ist also bis zu diesem Zeitpunkt im Innen- und Außenverhältnis als wirksam zu behandeln.[1578] Das Anfechtungs- oder Nichtigkeitsurteil wirkt nur „ex nunc." Für die betroffenen Gesellschafter bedeutet dies, dass diese bis zu diesem Zeitpunkt ihr Stimmrecht entsprechend der für wirksam erachteten Kapitalmaßnahme ausüben können. **Alle Gestaltungsakte**, an denen sie teilgenommen haben, wie insb. Satzungsänderungen, **sind und bleiben wirksam**. So ist bspw. auch eine weitere Kapitalerhöhung wirksam, die auf einer fehlerhaften Kapitalerhöhung aufbaut.[1579] Gleiches gilt auch für ausgeschüttete Gewinne, die nicht mehr zurückgefordert werden können sowie für bereits entstandene Gewinnansprüche, die nicht erlöschen. Ebenso zulässig ist die Übertragung von Geschäftsanteilen bzw. Aktien.[1580]

Besondere Rechtsfolgen für Gläubiger in der Gesellschaft ergeben sich hierbei nicht. Auch für sie gilt, dass die Kapitalmaßnahme als wirksam anzuerkennen ist. Bei einer unwirksamen, gleichwohl im Handelsregister eingetragenen Kapitalerhöhung haftet ihnen also gegenüber das erhöhte Grundkapital. Flankiert wird der **Gläubigerschutz** letztlich dadurch, dass trotz der festgestellten Nichtigkeit der Kapitalmaßnahme die Gesellschafter ihre Einlagen zu leisten haben, soweit es zur Erfüllung der eingegangenen

---

1576 Grundlegend: Zöllner, AG 1993, 68, 77; ders., in: FS für Hadding, S. 725 ff.; Hommelhoff, ZHR 1994, 11, 15 ff.; Scholz/Priester, GmbHG, § 57 Rn. 47; MünchKomm-AktG/Hüffer, § 248 Rn. 20 ff., jeweils m.w.N.
1577 Hüffer, AktG, § 248 Rn. 7a.
1578 Zöllner, AG 1993, 68, 72; Michalski/Hermanns, GmbHG, § 57 Rn. 57; Scholz/Priester, § 57 Rn. 47; MünchKomm-AktG/Hüffer, § 248 Rn. 21; GK/K. Schmidt, AktG, § 248 Rn. 7.
1579 Siehe dazu DNotI-Gutachten, DNotI-Report 4/2005, 29 ff.
1580 Temme, RNotZ 2004, 1, 5.

Verbindlichkeiten erforderlich ist (§ 277 Abs. 3 AktG[1581]). Die Regeln der fehlerhaften Gesellschaft setzen voraus, dass die Beteiligten auf den Abschluss eines Gesellschaftsvertrages gerichtete Willenserklärungen abgegeben haben, die Gesellschaft in Vollzug gesetzt worden ist und keine gewichtigen Interessen der Allgemeinheit oder Einzelner der Anwendung der Regeln über die fehlerhafte Gesellschaft entgegenstehen.[1582]

2. Rückabwicklung nach Nichtigkeitsurteil

Wird im Wege einer Anfechtungsklage bzw. einer Nichtigkeitsklage die Nichtigkeit des Beschlusses über die Kapitalmaßnahme rechtskräftig festgestellt, treten die **Rechtsfolgen der Nichtigkeitserklärung** mit **ex-nunc-Wirkung** ipso jure ein.[1583] Weitere Rechtsakte sind nicht erforderlich. Soweit die Kapitalmaßnahme bereits im Handelsregister eingetragen worden war, ist auch das Nichtigkeitsurteil gemäß § 248 Abs. 1, Satz 2 und 3 AktG **im Handelsregister einzutragen** und bekannt zu machen. Die Eintragung im Handelsregister hat nur **deklaratorische Wirkung**.

504

Haben die Aktionäre auf die später für nichtig erklärte Kapitalmaßname **bereits Einlagen geleistet**, ist im Grunde anerkannt, dass die davon betroffenen Aktionäre einen **Abfindungsanspruch** gegenüber der Gesellschaft haben. Dabei sind auch die Interessen der Gläubiger der Gesellschaft zu berücksichtigen. Dies geschieht regelmäßig durch eine analoge Anwendung der **Regeln über die ordentliche Kapitalherabsetzung** nach § 225 AktG bzw. durch Einziehung der Aktien gemäß § 237 AktG.[1584] Von daher gilt insb. die Sperrfrist des § 225 Abs. 2 AktG. Daneben greifen die Gläubigerschutzvorschriften des § 277 Abs. 3 AktG. Die Aktionäre haben danach trotz der festgestellten Nichtigkeit der Kapitalmaßnahme weiterhin ihre Einlagen zu leisten, soweit es zur Erfüllung der eingegangenen Verbindlichkeiten erforderlich ist.[1585]

3. Fehlender bzw. nicht deckungsgleicher Hauptversammlungsbeschluss

Unwirksam ist die im Handelsregister eingetragene Durchführung der Kapitalmaßnahme, wenn ein **Kapitalerhöhungsbeschluss insgesamt fehlt** oder wenn die als durchgeführt eingetragene Kapitalerhöhung nicht mit dem in der Hauptversammlung getroffenen Kapitalerhöhungsbeschluss deckungsgleich ist.[1586] Dies ist etwa der Fall, wenn ein fester Kapitalerhöhungsbetrag nicht erreicht wurde.[1587] Ebenso ist es, wenn ein **notwendiger Sonderbeschluss fehlt** oder selbst nichtig ist.[1588] Hier fehlt der privatautonome Akt der Gesellschaft.

505

4. Fehlerhafter Zeichnungsvertrag

Für eine ordnungsgemäße Kapitalerhöhung ist nach § 185 AktG die **Zeichnung der neuen Aktien erforderlich**. Die Zeichnung ist dabei kein einseitiger Akt, sondern ein Vertrag zwischen Gesellschaft und Zeichner.[1589]

506

1581 Lutter/Hommelhoff, GmbHG, § 57 Rn. 18; MünchKomm-AktG/Pfeiffer, § 189 Rn. 22; Hüffer, AktG, § 189 Rn. 6.
1582 Temme, RNotZ 2004, 1, 3 f.
1583 Zöllner, AG 1993, 68, 77; Kort, ZGR 1994, 291, 312 ff.; Temme, RNotZ 2004, 1, 5; Lutter, in: FS für Röhricht, S. 369, 370.
1584 Zöllner/Winter, ZHR 1994, 59, 64; Zöllner, AG 1993, 68, 76; Kort, ZGR 1994, 291, 316; GK/Wiedemann, AktG, § 189 Rn. 41 ff.; Hüffer, AktG, § 248 Rn. 7a.
1585 Lutter/Hommelhoff, GmbHG, § 57 Rn. 18; MünchKomm-AktG/Pfeiffer, § 189 Rn. 22; Hüffer, AktG, § 189 Rn. 6.
1586 MünchKomm-AktG/Pfeiffer, § 189 Rn. 15; Hüffer, AktG, § 189 Rn. 4.
1587 Hüffer, AktG, § 189 Rn. 4; MünchKomm-AktG/Pfeiffer, § 189 Rn. 15.
1588 MünchKomm-AktG/Pfeiffer, § 189 Rn. 16; Hüffer, AktG, § 189 Rn. 4.
1589 Hüffer, AktG, § 185 Rn. 4.

a) Willensmängel der Zeichnung

507 Die Zeichnungserklärung kann wegen **fehlender Geschäftsfähigkeit** unwirksam (§§ 104 ff. BGB), wegen **Willensmängeln anfechtbar** (§§ 116 ff. BGB) sein sowie **Inhaltsmängel** (§§ 134, 138 BGB) oder **Vertretungsmängel aufweisen**.[1590] Liegen derartige Mängel vor, muss das Registergericht die Eintragung der Durchführung der Kapitalerhöhung ablehnen.[1591]

Nach Eintragung können die Parteien gemäß § 185 Abs. 3 AktG grds. aus der Fehlerhaftigkeit **keine Rechte herleiten**, da hier das Vertrauen des Geschäftsverkehrs auf ungeschmälerte Erhaltung der publizierten Kapitalgrundlage vorrangig zu schützen ist. Der Zeichner wird mit Eintragung der Durchführung der Kapitalerhöhung Aktionär mit allen Rechten und Pflichten. **Willensmängel** können nicht mehr geltend gemacht werden.[1592] Dies gilt insb. für die Anfechtbarkeit, die Sittenwidrigkeit oder für einen Verstoß gegen § 181 BGB.[1593] Entsprechende Überlegungen gelten für Mängel der Übernahmeerklärung im Gründungsstadium.[1594] Etwas anderes gilt jedoch, wenn die Übernahme oder **Zeichnung nicht zurechenbar veranlasst** wurde.

> *Beispiele:*
> *Bei mangelnder Geschäftsfähigkeit und auch bei fehlender Willenserklärung oder vollmachtloser Vertretung.*[1595]

In diesem Fall stehen die betreffenden Mitgliedschaftsrechte der AG zu, die sie umgehend zu verwerten oder – sofern dies nicht gelingt – im Rahmen einer Kapitalherabsetzung durch Einziehung zu vernichten hat.[1596]

b) Formfehler der Zeichnung

508 Die Zeichnung der neuen Aktien aus einer Kapitalerhöhung muss nach § 185 Abs. 1 Satz 1 AktG **schriftlich** erfolgen. Verstöße gegen die Schriftform führen zur **Nichtigkeit** (§ 125 AktG).[1597] Wurde die Durchführung der Kapitalerhöhung gleichwohl im Handelsregister eingetragen und hat der betroffene Aktionär als solcher Rechte ausgeübt oder Pflichten erfüllt, kann sich der Zeichner entweder nach dem **Grundsatz des venire contra factum proprium**[1598] oder **analog § 185 Abs. 3 AktG** nicht mehr auf den Mangel der Form berufen.[1599]

c) Inhaltsmängel von Zeichnungsscheinen

509 § 185 Abs. 1 Satz 3 AktG enthält detaillierte Vorschriften für den **Inhalt der Zeichnungserklärung**. Die starke Formalisierung des Zeichnungsgeschäfts soll dabei für Rechtssicherheit sorgen und den Akt des Aktienersterwerbs transparent und nachvollziehbar nach außen dokumentieren.[1600] Sind die Angaben in dem Zeichnungsschein **nicht vollständig**, bestimmt § 185 Abs. 2 AktG **als Rechtsfolge** die **Nichtigkeit**. Allerdings kann sich der Zeichner auf die Nichtigkeit oder Unverbindlichkeit des Zeichnungsscheins nach § 185 Abs. 3 AktG nicht berufen, wenn die Durchführung der Erhöhung des Grundkapitals im Han-

---

1590 Hüffer, AktG, § 185 Rn. 28.
1591 Hüffer, AktG, § 185 Rn. 28; Baumbach/Hueck/Zöllner, GmbHG, § 57a Rn. 2.
1592 Hüffer, AktG, § 185 Rn. 28; Scholz/Priester, GmbHG, § 57 Rn. 50.
1593 Vgl. Scholz/Priester, GmbHG, § 57 Rn. 50; MünchKomm-AktG/Pfeiffer, § 185 Rn. 60.
1594 Michalski, GmbHG, § 2 Rn. 63 ff.; MünchKomm-AktG/Pentz, § 23 Rn. 174 ff.
1595 KölnerKomm-AktG/Lutter, § 185 Rn. 14; Hüffer, AktG, § 185 Rn. 28; Scholz/Priester, GmbHG, § 57 Rn. 50; Kort, Bestandsschutz fehlerhafter Strukturänderungen, 1998, S. 197; Vogelmann, Die Rechtsfolgen fehlerhafter Strukturänderungen im Aktienrecht, 2005, S. 251; Temme, RNotZ 2004, 13.
1596 KölnerKomm-AktG/Lutter, § 185 Rn. 17; Hüffer, AktG, § 185 Rn. 28 f.
1597 KölnerKomm-AktG/Lutter, § 185 Rn. 44; MünchKomm-AktG/Pfeiffer, § 185 Rn. 54.
1598 Die Heilungsvorschrift des § 185 Abs. 3 AktG bezieht sich nur auf Mängel i.S.d. § 185 Abs. 1 Satz 3 und Abs. 2; KölnerKomm-AktG/Lutter, § 185 Rn. 60.
1599 GK/Wiedemann, AktG, § 185 Rn. 58; MünchKomm-AktG/Pfeiffer, § 185 Rn. 54.
1600 MünchKomm-AktG/Pfeiffer, § 185 Rn. 1.

delsregister eingetragen ist und wenn er aufgrund des Zeichnungsscheins als Aktionär Rechte ausgeübt oder Verpflichtungen erfüllt hat. Es ist anerkannt, dass sich die **Heilung** nicht nur zulasten des Zeichners, sondern allseitig auswirkt.[1601] Nichtigkeit oder Unverbindlichkeit des Zeichnungsscheins werden daher umfassend und rückwirkend geheilt, sowohl die AG als auch der Zeichner können sich hierauf berufen.

d) Fehler bei Ausgestaltung der Größe der ausgegebenen Aktien § 8 Abs. 2, 3 AktG

Nach § 8 Abs. 2 AktG müssen Nennbetragsaktien auf **mindestens 1 € lauten**. Aktien über einen geringeren Nennbetrag sind nichtig. Höhere Aktiennennbeträge müssen auf volle Euro lauten. Bei Stückaktien darf der auf die einzelne Aktie entfallende anteilige Betrag des Grundkapitals gemäß § 8 Abs. 3 AktG einen Euro nicht unterschreiten. Trägt das Registergericht den gegen § 8 Abs. 2 Satz 1 AktG verstoßenden Kapitalerhöhungsbeschluss und die Durchführung der Erhöhung des Grundkapitals **in das Handelsregister ein**, sind die Kapitalerhöhung und auch die in ihrem Rahmen übernommenen neuen Mitgliedschaften **wirksam entstanden**, allerdings ist die wertpapiermäßige Verbriefung dieser Anteilsrechte gemäß § 8 Abs. 2 Satz 2 AktG nichtig.[1602] Entsprechendes gilt bei einem Verstoß gegen § 8 Abs. 3 Satz 3 AktG.[1603] Wird ein gegen § 8 Abs. 2 Satz 4 verstoßender satzungsändernder Beschluss trotz Anfechtbarkeit eingetragen, wird die Wirksamkeit neu ausgegebener Aktienurkunden oder der in ihnen verbrieften Mitgliedschaftsrechte nicht berührt.[1604] Die genannten Fehler werden allerdings regelmäßig den Beschluss zur Satzungsänderung als solchen betreffen.

510

5. Fehlerhafte Handelsregisteranmeldung oder Handelsregistereintragung

Gemäß § 188 AktG ist die Durchführung der Kapitalerhöhung zur **Eintragung in das Handelsregister** anzumelden, nachdem das erhöhte Kapital durch Zeichnung der neuen Aktien gedeckt ist. **Fehlt** eine solche **Anmeldung** ganz, wurde die Anmeldung zurückgenommen oder von dazu nicht befugten Personen unterzeichnet, ist die Durchführung der Kapitalerhöhung trotz Eintragung im Handelsregister **unwirksam**.[1605] Insoweit fehlt der privatautonome Akt der Gesellschaft.

511

Anders ist es dagegen, wenn eine Anmeldung der dazu berufenen Personen vorliegt, die **Anmeldung selbst aber fehlerhaft** ist, weil etwa die nach § 188 AktG notwendigen Unterlagen fehlen oder mangelhaft sind oder weil die Anmeldung an inhaltlichen oder formalen Mängeln leidet. Hier ist die im Handelsregister eingetragene Durchführung der Kapitalerhöhung wirksam.[1606]

512

Mängel der Handelsregistereintragung etwa wegen eines Schreibfehlers selbst schaden der Kapitalerhöhung nicht. Als **offensichtliche Unrichtigkeit** sind sie gemäß § 17 HRV durch den Registerrichter zu berichtigen. Ist eine andere Kapitalerhöhung eingetragen worden, als angemeldet, so ist die Eintragung – nur – insoweit wirksam, als sich die eingetragene und die beschlossene Summe decken.[1607]

513

6. Heilung fehlerhafter Kapitalmaßnahmen durch Handelsregistereintragung

Eine **Heilung der fehlerhaften Kapitalmaßnahme** kommt zunächst dann in Betracht, wenn die Fehlerhaftigkeit auf einer Nichtbeurkundung des entsprechenden Beschlusses der Gesellschafter- bzw. Hauptversammlung beruht. In diesem Fall führt allein die Eintragung des Hauptversammlungsbeschlusses im Handelsregister **sofort** zur Heilung des Formverstoßes nach § 242 Abs. 1 AktG.

514

Im Übrigen kommt eine **Heilung durch Eintragung im Handelsregister** nach § 242 Abs. 2 AktG nur in Betracht, sofern die **Handelregistereintragung bereits seit drei Jahren** besteht und eine Nichtigkeit auf

---

1601 MünchKomm-AktG/Pfeiffer, § 185 Rn. 52; GK/Wiedemann, AktG, § 185 Rn. 57.
1602 MünchKomm-AktG/Heider, § 8 Rn. 90.
1603 MünchKomm-AktG/Heider, § 8 Rn. 105.
1604 MünchKomm-AktG/Heider, § 8 Rn. 98.
1605 MünchKomm-AktG/Pfeiffer, § 189 Rn. 14; Hüffer, AktG, § 189 Rn. 4.
1606 MünchKomm-AktG/Pfeiffer, § 189 Rn. 14.
1607 MünchKomm-AktG/Pfeiffer, § 189 Rn. 15; Temme, RNotZ 2004, 1, 15; Scholz/Priester, GmbHG, § 57 Rn. 56; Michalski/Hermanns, GmbHG, § 57 Rn. 67.

§ 241 Ziff. 1, Ziff. 3 und Ziff. 4 AktG basiert. Die Heilung hat **rückwirkende Wirkung**.[1608] Trotz dieser Heilung infolge Zeitablaufs wird gemäß § 242 Abs. 2 Satz 1 AktG die **Löschung von Amts wegen** nach § 144 Abs. 2 FGG nicht ausgeschlossen. Nach § 144 Abs. 2 FGG ist eine Löschung von Amts wegen möglich, wenn die Kapitalmaßnahme durch ihren Inhalt **zwingende Vorschriften des Gesetzes verletzt** und eine Beseitigung im öffentlichen Interesse erforderlich erscheint. Beruht die Fehlerhaftigkeit der Kapitalmaßnahme auf einen Einberufungsmangel, kann die Nichtigkeit nach § 242 Abs. 2 Satz 4 AktG nicht mehr geltend gemacht werden, wenn der nichtgeladene Gesellschafter den Beschluss genehmigt.

7. Heilung durch Handelsregistereintragung nach erfolgreichem Freigabeverfahren

515 Eine **neue „Heilungsmöglichkeit"** besteht in der durch das UMAG geschaffenen Regelung des § 246 AktG und dem dort enthaltenen **Freigabeverfahren**. Ergeht hier ein Beschluss, wonach die Erhebung der Klage der Eintragung im Handelsregister nicht entgegensteht und Mängel des Hauptversammlungsbeschlusses die Wirkung der Eintragung unberührt lassen, ist das Registergericht an diese Feststellung des Prozessgerichts gebunden (§ 246a Satz 3 AktG).[1609]

8. Heilung durch Reparaturbeschluss bzw. Bestätigung

516 Schließlich oder vor allem kommt eine Heilung aber auch durch Vornahme eines neuerlichen Beschlusses über die Kapitalmaßnahme i.S.e. **„Reparaturbeschlusses"** in Betracht. Dabei handelt es sich i.d.R. um eine **Neuvornahme der Kapitalmaßnahme**.[1610] Im Fall der bloßen Anfechtbarkeit ist daneben ein **Bestätigungsbeschluss** i.S.d. § 244 AktG zulässig.[1611] Da jede Kapitalmaßnahme Satzungsänderung ist und diese erst wirksam wird mit Eintragung im Handelsregister, ist der Reparaturbeschluss ebenso **im Handelsregister einzutragen**.[1612]

9. Heilung durch neue Zeichnung

517 Bei einer fehlerhaften Zeichnung kommt zunächst eine **Heilung nach § 185 Abs. 3 AktG** in Betracht. Notwendig hierfür ist aber die **Eintragung der Durchführung der Kapitalerhöhung im Handelsregister**. Kommt es indessen nicht zu einer solchen Eintragung, weil etwa das Registergericht die Anmeldung der Eintragung wegen der fehlerhaften Zeichnung zurückweist, ist eine **„Heilung durch Neuvornahme"** der Zeichnung sowie insb. durch Ausstellung neuer Zeichnungsscheine möglich. Um eine „Heilung" im eigentlichen Sinn handelt es sich dabei jedoch nicht. Vielmehr wird die fehlerhafte Zeichnung durch eine unabhängig von der alten Zeichnung zu prüfende neue Zeichnung ersetzt.[1613] In Betracht kommt diese Neuvornahme der Zeichnung, wenn etwa der Zeichnungsschein inhaltliche Mängel aufweist oder wenn die Zeichnung wegen Fristablaufs unverbindlich geworden ist (§ 195 Abs. 1 Satz 3 Ziff. 4 AktG).

10. Reparaturbeschluss und Einlageleistung bei einer fehlerhaften Kapitalerhöhung

518 Handelt es sich bei der **fehlerhaften Kapitalmaßnahme um eine Kapitalerhöhung** und steht deren „Reparatur" im Raum, stellt sich die Frage, inwieweit die bereits auf die fehlerhafte Kapitalerhöhung geleistete Einlage auch bei dem Reparaturbeschluss weiter verwendet werden kann.

519 Sofern der Reparaturbeschluss erst **nach Rechtskraft eines Anfechtungs- bzw. Nichtigkeitsurteils** ergeht, liegt **keine wirksame Einlageleistung** auf den alsdann nichtigen Kapitalerhöhungsbeschluss vor. Vielmehr wandelt sich die Einlageleistung in einen Abfindungsanspruch des Gesellschafters. **Gegenstand** des Reparaturbeschlusses ist dann nicht mehr die ursprüngliche Bareinlage, sondern der Abfindungsanspruch. Als Einlage kann dieser Abfindungsanspruch dann nur noch unter Beachtung der Vorschriften

---

1608 MünchKomm-AktG/Hüffer, § 242 Rn. 3.
1609 Siehe dazu oben Rn. 360 ff.
1610 MünchKomm-AktG/Pfeiffer, § 189 Rn. 23; GK/Wiedemann, AktG, § 189 Rn. 46 f.
1611 Siehe dazu oben Rn. 347 ff.
1612 A.A. jedoch Temme, RNotZ 2004, 1, 20.
1613 Klevemann, AG 1993, 273, 274 ff.

über die **Sacheinlage** in die Gesellschaft eingebracht werden.[1614] Nach a.A. sei die ursprünglich eingezahlte Bareinlage, die auf den ersten fehlerhaften Kapitalerhöhungsbeschluss gezahlt wurde, als **Voreinzahlung auf die zu reparierende Kapitalerhöhung** anzusehen.[1615] Gegen diese Auffassung spricht jedoch, dass eine wirksame Einlageleistung jedenfalls dann, wenn ein rechtskräftiges Urteil über die Nichtigkeit des Kapitalerhöhungsbeschlusses vorliegt, nicht mehr gegeben ist, sondern umgekehrt nur noch ein Abfindungsanspruch des Gesellschafters. Nur dieser kann alsdann Gegenstand einer neuerlichen Kapitalmaßnahme sein.

Anders soll die Rechtslage dagegen sein, wenn der Reparaturbeschluss noch **vor Ergehen eines Anfechtungs- bzw. Nichtigkeitsurteils** erfolgt.[1616] Hier könne von einer Voreinzahlung auf die künftige **Kapitalerhöhung** (Reparaturbeschluss) ausgegangen werden.[1617] M.E. ist diese zeitliche Differenzierung nicht sachgerecht. Nach der Rspr. des BGH kann eine Voreinzahlung auch dann Tilgungswirkung haben, wenn überhaupt noch kein Kapitalerhöhungsbeschluss vorliegt. Erst Recht muss dies aber gelten, wenn der Einlageleistung ein Kapitalerhöhungsbeschluss vorausgegangen ist, der sich später als anfechtbar bzw. nichtig erweist und mit einem Reparaturbeschluss „geheilt wird". Entscheidend kommt es nur darauf an, dass der eingezahlte Betrag im Zeitpunkt der Fassung des Reparaturbeschlusses noch als solcher im Vermögen der Gesellschaft vorhanden ist.[1618] Ist der Voreinzahlungsbetrag nicht mehr – auch nicht mehr wertmäßig – im Vermögen der Gesellschaft vorhanden, kommt es nach der neuen Rspr. des BGH[1619] auf das Vorliegen der strengen Voraussetzungen eines Sanierungsfalls an.[1620]

VI. Strukturmaßnahmen

1. „Holzmüller-Beschlüsse"

Seit der Holzmüller-Entscheidung des BGH[1621] ist anerkannt, dass außerhalb des § 119 Abs. 1 und Abs. 2 AktG bestimmte Maßnahmen der Geschäftsführung der **gesonderten Zustimmung der Hauptversammlung bedürfen**, wenn diese mit einem **wesentlichen Eingriff** in die Mitgliedsrechte und in die Vermögensinteressen der Aktionäre verbunden sind.[1622] Entsprechend der Holzmüller-Entscheidung gilt dieses Zustimmungserfordernis regelmäßig bei der Ausgliederung wesentlicher Unternehmensbereiche.[1623]

520

Im Holzmüller-Fall ging es um die **Ausgliederung von etwa 80 % des Gesellschaftsvermögens auf ein Tochterunternehmen**. Die Lit. ging von einem Zustimmungserfordernis der Hauptversammlung aus, wenn die in Rede stehende Geschäftsmaßnahme mindestens 10 – 25 % des Aktivvermögens der Gesellschaft ausmachen. Teilweise wurde dabei aber auch als Bezugsgröße auf das Grundkapital bzw. auf den Umsatz der Gesellschaft abgestellt.[1624]

1614 Temme, RNotZ 2004, 1, 18.
1615 Kort, ZGR 1994, 291, 321.
1616 Temme, RNotZ 2004, 1, 18.
1617 Siehe dazu oben Rn. 423 ff.
1618 BGH, GmbHR 2006, 1328 = ZIP 2006, 2214 = NZG 2007, 23; DNotZ 2004, 867 = ZIP 2004, 894.
1619 BGH, GmbHR 2006, 1328 = ZIP 2006, 2214 = NZG 2007, 23.
1620 A.A. noch: Temme, RNotZ 2004, 2, 19.
1621 BGHZ 83, 122, 131 f. = NJW 1982, 1703 = MittBayNot 1982, 83. Vor der BGH-Entscheidung bereits Lutter, DB 1973, Beil. 21, 1; siehe zur Entwicklung GK/Mülbert, AktG, § 119 Rn. 17 ff.
1622 Hüffer, AktG, § 119 Rn. 17; Emmerich/Habersack, Aktien- und GmbH-Konzernrecht, vor § 311 Rn. 13 ff.; Krieger, in: Münchener Handbuch des Gesellschaftsrechts, Bd. 4, § 69 Rn. 6; Weishaupt, NZG 1999, 804; AnwK-AktienR/Pluta, Kap. 1 § 119, Rn. 18; siehe zur Rspr. OLG München, AG 1996, 327; OLG Köln, AG 1993, 86; OLG Celle, NZG 2001, 409; LG Frankfurt, AG 2001, 431.
1623 Vgl. dazu insgesamt: Henze, in: FS für Ulmer, S. 211; Hüffer, in: FS Ulmer, S. 279; Seiler/Singhof, Der Konzern 2003, 313; Renner, NZG 2002, 1091; Noack, ZIP 2002, 1873; Sieger/Hasselbach, AG 1999, 241; H. P. Westermann, in: FS für Koppensteiner, S. 259.
1624 Wegen weiterer Einzelheiten siehe hierzu Weishaupt, NZG 1999, 804, 805 Rn. 12; Lutter, in: FS für Fleck, S. 169 ff.; Krieger, in: Münchener Handbuch des Gesellschaftsrechts, Bd. 4, § 69 Rn. 8 Fn. 28 ff.

Als weitere Fälle einer außerordentlichen Zustimmung der Hauptversammlung kommen das sog. „Delisting", also der ganz oder teilweise Rückzug einer AG von der Börse, in Betracht[1625] oder etwa sonstige Fälle einer „faktischen Satzungsänderung", in denen der Vorstand dauerhaft den satzungsmäßigen Unternehmensgegenstand über- oder unterschreitet.[1626] Zweifelhaft ist die Anwendung der Holzmüller-Doktrin dagegen, wenn es um den **Erwerb von Vermögensgegenständen**, insb. Unternehmensbeteiligungen geht,[1627] oder wenn bedeutende Geschäftsführungsmaßnahmen bei einer Tochtergesellschaft im Raum stehen, insb. ein bevorstehender Börsengang.[1628] Nach Ansicht des OLG Stuttgart fällt auch die **Veräußerung** von Vermögensgegenständen und Beteiligungen in den Anwendungsbereich der Holzmüller-Doktrin.[1629] Der BGH stellt in seiner Entscheidung über die Nichtzulassung der Revision gegen diese Entscheidung darauf ab, dass mit einer solchen Veräußerung kein Mediatisierungseffekt i.S.d Holzmüller-Rspr. verbunden sei. Die AG kann über den Veräußerungserlös verfügen.[1630] Außerhalb des Anwendungsbereichs des § 179a AktG besteht daher eine ungeschriebene Hauptversammlungszuständigkeit in bloßen Veräußerungsfällen nicht.[1631]

Umstritten war bislang auch, ob für eine Zustimmung der Hauptversammlung nach der Holzmüller-Doktrin nach § 119 Abs. 2 AktG die **einfache Stimmenmehrheit** genügt (§ 133 Abs. 1 AktG) oder ob eine **satzungsändernde Mehrheit** in analoger Anwendung der §§ 179, 179a AktG erforderlich ist.[1632]

521   In einer neuen Entscheidung vom 26.4.2004 in Sachen „**Gelatine**" hat der BGH zu einem Teil dieser Zweifelsfragen der Holzmüller-Doktrin Stellung genommen.[1633] Der BGH bestätigt zunächst seine Rspr. und bekräftigt, dass es **ungeschriebene Hauptversammlungszuständigkeiten** gebe, wenn Geschäftsführungsmaßnahmen an die Kernkompetenz der Hauptversammlung, über die Verfassung der Gesellschaft zu entscheiden, rühren und in ihren Auswirkungen einem Zustand nahekommen, der allein durch eine Satzungsänderung herbeigeführt werden kann. Dogmatisch stützt er diese Erkenntnis aber nicht mehr allein auf § 119 Abs. 2 AktG, sondern wertet dies als „**offene Rechtsfortbildung**".[1634] Gemeint ist damit wohl eine Gesamtanalogie sowohl zu den aktien- und umwandlungsrechtlichen Strukturmaßnahmen als auch zu § 119 Abs. 2 AktG. Wesentlich ist sodann die Feststellung des BGH, dass solche ungeschriebenen Mitwirkungsbefugnisse der Hauptversammlung bei Maßnahmen, die das Gesetz dem Vorstand als Leitungsaufgabe zuweist, nur ausnahmsweise und in engen Grenzen anzuerkennen sind. Dies ist nach Ansicht des BGH dann der Fall, wenn die wirtschaftliche Bedeutung der Maßnahme in etwa die Ausmaße wie im Holzmüller-Fall erreicht. Der BGH wendet sich damit ausdrücklich gegen die ausufernden Ansichten im Schrifttum, die ein Eingreifen der Holzmüller-Doktrin bereits bei niedrigeren Schwellenwerten annah-

---

1625 BGH, ZIP 2003, 387 mit Anm. Streit, sowie vorgehend LG München, ZIP 1999, 2017 und OLG München, ZIP 2001, 700; Streit, ZIP 2002, 1279 ff.; Mülbert, ZHR 165 (2001), 104, 129 ff.; Gross, ZHR 165 (2001), 141, 161 ff.; Hüffer, AktG, § 119 Rn. 21 ff.; Kleindiek, in: FS für Bezzenberger, S. 653 ff.; Bungert, BB 2000, 53 ff.; Pluskat, WM 2002, 833, 834; siehe dazu umfassend: DNotI-Report 2002, 24 ff.

1626 OLG Stuttgart, ZIP 2005, 1415 = AG 2005, 693.

1627 Bejahend obiter dicta: LG Stuttgart, AG 1992, 236, 237; LG Duisburg, AG 2003, 390; Emmerich/Habersack, Aktien- und GmbH-Konzernrecht, vor § 311 Rn. 38; Henze, in: FS für Ulmer, S. 211, 227; verneinend: Joost, ZHR 163 (1999), 164, 183; KölnerKomm-AktG/Mertens, § 76 Rn. 51; Krieger, in: Münchener Handbuch des Gesellschaftsrechts, Bd. 4, § 69 Rn. 7; Renner, NZG 2002, 1091; Wagner, DStR 2004, 141.

1628 Hüffer, AktG, § 119 Rn. 18; Wackerbarth, AG 2002, 14; Becker/Fett, WM 2001, 549; Trapp/Schick, AG 2001, 381; Habersack, WM 2001, 545; Sieger/Hasselbach, AG 1999, 241.

1629 Vgl. dazu OLG Stuttgart, ZIP 2005, 1415 = AG 2005, 693.

1630 Ebenso Liebscher, ZGR 2005, 1, 4; Habersack, AG 2005, 137, 145; von Falkenhausen, ZIP 2007, 24, 25.

1631 BGH, ZIP 2007, 24, m. Anm. von Falkenhausen.

1632 Siehe dazu bereits oben Rn. 321 ff.

1633 BGHZ 159, 30 = NJW 2004, 1860 = DStR 2004, 922 = AG 2004, 384. S. dazu Altmeppen, ZIP 2004, 999; Arnold, ZIP 2005, 1573; Becker/Horn, NWB 2005, 2493; Bungert, BB 2004, 1345; Fleischer, NJW 2004, 2335; Fuhrmann, AG 2004, 399; Goette, DStR 2004, 927; Götze, NZG 2004, 585; Habersack, AG 2005, 137; Just, EWiR 2004, 573; Koppensteiner, Der Konzern 2004, 381; Leibscher, ZGR 2005, 1; Reichert, AG 2005, 150; Simon, DStR 2004, 1482 und 1528.

1634 BGH, NJW 2004, 1860, 1863; siehe dazu Fleischer, NJW 204, 2335, 2337.

men. Eine eindeutige Stellungnahme zu den maßgeblichen Vergleichsgrößen wie insb. „Bilanzsumme, Eigenkapital, Umsatz und Ergebnis vor Steuern" hat der BGH allerdings unterlassen.[1635]

Das OLG Schleswig nahm daraufhin einen „Holzmüller-Fall" allein aufgrund der **wirtschaftlichen (quantitativen) Bedeutung einer anstehenden Maßnahme** für die Gesellschaft an, weil das wirtschaftliche Volumen des Vertrages die Bilanzsumme der Gesellschaft deutlich überstieg. Ferner erkannte das OLG Schleswig als **Indiz** für das Vorliegen eines Holzmüller-Falls, dass der Vorstand von sich aus die Zustimmung der Hauptversammlung einholte.[1636] Das OLG Stuttgart betont demgegenüber, ein Abstellen allein auf quantitative Kriterien sei nicht angezeigt. Entscheidend seien **qualitative, die Mitgliedschaft betreffende** Umstände.[1637]

> **Hinweis:**
>
> Für die Praxis bedeutet dies, dass unter Einbeziehung eines „Sicherheitsabstandes"[1638] von einem Holzmüller-Fall wohl dann auszugehen ist, wenn die in Rede stehende Maßnahme die sonst in der Lit. vorgeschlagene Kompromisslinie von 50 % deutlich übersteigt. Offen bleibt dagegen, welcher Parameter maßgeblich ist. Zweifelhaft erscheint es daher, allein auf eine Ertragswertbetrachtung des betroffenen Geschäftsbereichs im Verhältnis zum Ertragswert des Gesamtunternehmens abzustellen.[1639]

Schließlich klärte der BGH auch die Frage, ob „Holzmüller-Beschlüsse" einer **einfachen oder qualifizierten Mehrheit** bedürfen. Der BGH schloss sich der h.M.[1640] an und verlangt eine **3/4-Kapitalmehrheit**.[1641] Für den Fall des „Delisting" hat der BGH noch den gegenteiligen Standpunkt vertreten und in einem obiter dictum einen mit einfacher Mehrheit gefassten Beschluss der Hauptversammlung ausreichen lassen.[1642] Mit dem Gelatine-Urteil dürfte feststehen, dass diese Entscheidung zum „Delisting" nicht auf andere Beschlüsse über Strukturmaßnahmen übertragen werden kann.

522

Ist danach ein „Holzmüller-Fall" zu bejahen, so muss Gegenstand des Zustimmungsbeschlusses dabei nicht zwingend die konkrete Geschäftsführungsmaßnahme in allen Einzelheiten sein. Vielmehr genügt in Anlehnung an die „Siemens-Nold-Entscheidung" des BGH[1643] ein **abstrakter Zustimmungsbeschluss** der Hauptversammlung, der die beabsichtige Maßnahme in groben Umrissen konkretisiert.[1644]

523

Liegt ein „Holzmüller-Fall" vor, ist bei der **Einberufung der Hauptversammlung** analog § 124 Abs. 2 Satz 2 AktG der **wesentliche Inhalt der zustimmungspflichtigen Maßnahme** bekannt zu machen.[1645] Noch nicht ganz geklärt ist schließlich die weitere Frage, ob der Vorstand neben der Bekanntmachungspflicht nach § 124 Abs. 2 Satz 2 AktG im Rahmen der Einberufung der Hauptversammlung analog § 186

524

1635 Siehe dazu Bungert, BB 2004, 1345, 1347; Fleischer, NJW 2004, 2335, 2339; Simon, DStR 2004, 1482, 1484 ff.
1636 OLG Schleswig, AG 2006, 120; ablehnend hierzu insgesamt Kort, AG 2006, 272 ff.
1637 OLG Stuttgart, AG 2005, 693, 695.
1638 Fleischer, NJW 2004, 2335, 2339.
1639 Simon, DStR 2004, 1482, 1485.
1640 Priester, DNotZ 2001, 661, 664; ders., ZHR 163 (1999), 187, 199 ff.; Krieger, in: Münchener Handbuch des Gesellschaftsrechts, Bd. 4, § 69 Rn. 11; Emmerich/Habersack, Aktien- und GmbH-Konzernrecht, vor § 311 Rn. 24; Lutter/Leinekugel, ZIP 1998, 225, 230; a.A.: Hüffer, AktG, § 119 Rn. 20; Semler, in: Münchener Handbuch des Gesellschaftsrechts, Bd. 4, § 34 Rn. 42; Obermüller/Werner/Winden/Butzke, Die Hauptversammlung der Aktiengesellschaft, L Rn. 83.
1641 Fleischer, NJW 2004, 2335, 2339; Simon, DStR 2004, 1528.
1642 BGHZ 153, 47 = DNotZ 2003, 364 = NJW 2003, 1032.
1643 DNotZ 1998, 958.
1644 Krieger, in: Münchener Handbuch des Gesellschaftsrechts, Bd. 4, § 69 Rn. 9; Bungert, NZG 1998, 367, 370; Lutter/Leinekugel, ZIP 1998, 805 ff.; a.A.: LG Stuttgart, AG 1992, 236, 237.
1645 BGH, DNotI-Report 2001, 66 = NJW 2001, 1277 „Altana/Milupa"; OLG Schleswig, AG 2006, 120; Kort, AG 2006, 272, 273 f.; Hüffer, AktG, § 124 Rn. 11; Weishaupt, NZG 1999, 807 ff.; Tröger, ZIP 2001, 2029 ff.

Abs. 4 Satz 1 AktG einen schriftlichen Bericht über die in Aussicht genommene Maßnahme abgeben muss und ob schließlich etwaige Verträge (vollständig) ausgelegt werden müssen, sofern die Hauptversammlung nicht nur zu einem Konzept ihre Zustimmung erteilen soll.[1646] Während die Notwendigkeit eines Holzmüller-Berichts weitgehend angenommen wird,[1647] hat der BGH dies im Fall des „Delisting" in der „Macrotron-Entscheidung" verneint.[1648] Ebenso hat der BGH in der „Altana/Milupa-Entscheidung" die **Auslegung von Verträgen grds. abgelehnt**.[1649] Nach Auffassung des BGH ist eine Auslegung der Verträge **nur im Einzelfall** gerechtfertigt, soweit eine Analogie zu solchen Verträgen besteht, für die das Gesetz eine Auslegung vorschreibt oder wenn diese Verträge aufgrund eines bloß vereinbarten Zustimmungsvorbehalts der Zustimmung der Hauptversammlung bedürfen.[1650]

525 Wird zu einer Geschäftsführungsmaßnahme die hiernach erforderliche Zustimmung der Hauptversammlung nicht eingeholt, beeinträchtigt nach Ansicht von Rspr.[1651] und Lit.[1652] die **Verletzung dieser internen Vorlagepflicht** jedoch nach außen hin nicht die Wirksamkeit der Maßnahme. Vielmehr bleibt es dabei, dass nach § 82 Abs. 1 AktG die Vertretungsmacht des Vorstandes **nur durch das Gesetz beschränkbar** ist. Denkbar ist allenfalls eine Unwirksamkeit des Rechtsgeschäfts im Außenverhältnis nach den **Grundsätzen des Missbrauchs der Vertretungsmacht**, soweit dies für den Vertragsgegner erkennbar ist oder das Rechtsgeschäft mit einer 100 %igen Tochtergesellschaft abgeschlossen wurde.

Gleichzeitig hat der BGH in der Holzmüller-Entscheidung jedem Aktionär einen eigenen **Abwehr- und Beseitigungsanspruch** zugebilligt, wenn der Vorstand die Zuständigkeit der Hauptversammlung missachtet.[1653] Diese Ansprüche können aber nur in den durch die gesellschaftsrechtliche Treuepflicht und das Rücksichtnahmegebot gesetzten Grenzen ausgeübt werden.[1654] Nach Ansicht des BGH darf die Zeit bis zur Erhebung der Klage zur Monatsfrist des § 246 Abs. 1 AktG „nicht außer Verhältnis" stehen.[1655] Maßgebend kommt es hierbei darauf an, zu welchem Zeitpunkt die Aktionäre von der unautorisiert vorgenommenen Maßnahme des Vorstandes **Kenntnis** erhalten haben.[1656] Eine **Rückabwicklung der Maßnahmen** wird sich häufig jedoch insb. wegen der Einbeziehung schutzwürdiger Interessen Dritter als undurchführbar erweisen. Umgekehrt ist eine Rückabwicklung aber dann denkbar, wenn die Maßnahme zwischen verschiedenen Gesellschaften ein und desselben Unternehmensverbundes (Konzern, Mutter-, Tochtergesellschaften) erfolgt ist. Gleichwohl ist auch hier davon auszugehen, dass die Regelung des § 82 Abs. 1 AktG und die **Grundsätze des rechtsgeschäftlichen Vertrauensschutzes** einer Rückübertragung

---

1646 Vgl. zu den Bekanntmachungspflichten in Holzmüller-Fällen: Kort, AG 2006, 272 ff.
1647 OLG Frankfurt, AG 1999, 378, 379; LG Frankfurt, NZG 1998, 113, 115; LG Karlsruhe, NZG 1998, 393, 395; Krieger, in: Münchener Handbuch des Gesellschaftsrechts, Bd. 4, § 69 Rn. 11; Weishaupt, NZG 1999, 804, 808 f.; a.A.: LG Hamburg, AG 1997, 238; Priester, ZHR 163 (1999), 187, 201; Hüffer, AktG, § 119 Rn. 19.
1648 BGH, ZIP 2003, 387, 391 = BGHZ 153, 47 = DNotZ 2003, 364 = NJW 2003, 1032.
1649 BGHZ 146, 288, 295 f. = NJW 2001, 1277 = DNotI-Report 2001, 66; ähnlich OLG München, AG 1995, 232 f.
1650 BGHZ 146, 288, 295 f.; so jetzt auch OLG Schleswig, AG 2006, 120; ähnlich: OLG München, WM 1996, 1462; Hüffer, AktG, § 119 Rn. 19; MünchKokmm-AktG/Kubis, § 124 Rn. 34; GK/Werner, AktG, § 124 Rn. 49; Kort, AG 2006, 272, 273.
1651 BGHZ 83, 122, 132.
1652 MünchKomm-AktG/Kubis, § 119 Rn. 40, 97; Raiser, Recht der Kapitalgesellschaften, § 16 Rn. 19; Joost, ZHR 1963, 1999, 164, 184; Priester, ZHR 163 (1999), 187, 202; Groß, AG 1994, 266, 267; Sünner, AG 1983, 169, 170; Henze, in: FS für Ulmer, S. 211, 221; im Ergebnis auch Emmerich/Habersack, Aktien- und GmbH-Konzernrecht, vor § 311 Rn. 49; kritisch, aber im Ergebnis zustimmend ebenso: Zimmermann/Pentz, in: FS für W. Müller, S. 151, 164 f.
1653 BGHZ 83, 122, 133 ff.; ebenso: BGHZ 136, 133, 141 = NJW 1997, 2815 „Siemens-Nold"; ebenso: OLG Köln, ZIP 1993, 110, 113; Bayer, NJW 2000, 2609, 2610 f.; 2614; GK/Mülbert, AktG, vor § 118 Rn. 212 ff.; MünchKomm-AktG/Kubis, § 119 Rn. 98; Krieger, in: Münchener Handbuch des Geellschaftsrechts, Bd. 4, § 69 Rn. 12; Henze, in: FS für Ulmer, S. 211, 221; Semler/Stengel/Schlitt, UmwG, Anh. § 173 Rn. 88 ff.
1654 BGHZ 83, 122, 135; vgl. auch LG Koblenz, DB 2001, 1660 ff.
1655 BGHZ 83, 122, 136.
1656 Altmeppen, DB 1998, 49, 51 ff.; MünchKomm-AktG/Kubis, § 119 Rn. 98; Semler/Stengel/Schlitt, UmwG, Anh. § 173 Rn. 88; Sieger/Hasselbach, AG 1999, 241, 248.

entgegenstehen können.[1657] Daneben können die Aktionäre der Gesellschaft auch Schadensersatzansprüche gegen Vorstand und Aufsichtsrat geltend machen.[1658]

2. „Delisting"[1659]

Zieht sich eine AG ganz oder teilweise von der Börse zurück, wird dieser Vorgang allgemein mit dem Begriff **„Delisting"** bzw. **„Going Private"** umschrieben. 526

Zur Durchführung des „Going Private" bestehen **verschiedene Möglichkeiten**,[1660] das sog. **„reguläre Delisting"**, nämlich den Widerruf der Börsenzulassung nach dem BörsenG, und das sog. **„kalte Delisting"**,[1661] also 527

- Verschmelzung der börsennotierten AG auf eine nicht börsennotierte Erwerbergesellschaft,
- Umwandlung der börsennotierten AG in eine Gesellschaft nicht börsenfähiger Rechtsform,[1662]
- Eingliederung in eine andere Gesellschaft und
- Verkauf sämtlicher Einzelwirtschaftsgüter und Auflösung der AG.

Beim regulären „Delisting" geht es **gesellschaftsrechtlich** um die Frage, wer für das „Delisting" innerhalb der Gesellschaft zuständig ist und ob hier insb. ein Zustimmungserfordernis der Hauptversammlung und wenn ja, mit welcher Mehrheit gegeben ist. Weiter geht es dabei um die Frage, ob flankierende Schutzmaßnahmen für die Minderheitsaktionäre in Form eines Barabfindungsgebots geboten sind. 528

Auf **kapitalmarktrechtlicher Ebene** wird lediglich ein Antrag auf Widerruf der Börsenzulassung vorausgesetzt. Daraufhin wird ein verwaltungsrechtliches Widerrufsverfahren bei der jeweils zuständigen Börsenzulassungsstelle eingeleitet. Grundlage der Widerrufsentscheidung ist § 38 Abs. 4 Satz 1 BörsenG, ergänzt durch die jeweilige Bestimmung in der anwendbaren Börsenordnung.[1663] Die Börsen treffen hierbei eine freie Ermessensentscheidung. Eine Koppelung der börsenrechtlichen Voraussetzungen des „Delisting" mit den gesellschaftsrechtlichen Voraussetzungen findet nicht statt.[1664] 529

Nach der **„Macrotron-Entscheidung"** des BGH[1665] sowie den Vorinstanzen,[1666] aber auch der überwiegenden Lit.[1667] ist ein **Beschluss der Hauptversammlung notwendig**.[1668] Für den Beschluss genügt allerdings die einfache Mehrheit nach § 133 AktG; eine qualifizierte Kapitalmehrheit ist nicht erforder- 530

1657 Sieger/Hasselbach, AG 1999, 241, 248.
1658 Altmeppen, DB 1998, 49, 52; MünchKomm-AktG/Kubis, § 119 Rn. 97; Semler/Stengel/Schlitt, UmwG, Anh. § 173 Rn. 88; Henze, in: FS für Ulmer, S. 211, 221.
1659 Eckhold, in: Marsch-Barner/Schäfer, Handbuch börsennotierte AG, §§ 61 ff.
1660 D. Mayer, Handbuch des Gesellschafts- und Wirtschaftsrechts, Kap. D. Aktienrecht, Rn. 707; Land/Hasselbach, DB 2000, 557; Even/Vera, DStR 2002, 1315; Pfüller/Anders, NZG 2003, 459, 462; Mülbert, ZHR 165 (2001), 104; Groß, ZHR 165 (2001), 141.
1661 Zum kalten „Delisting": Grunewald, ZIP 2004, 542 ff.; vgl. zum Spruchverfahren beim kalten Delisting: OLG Düsseldorf, AG 2005, 252.
1662 Vgl. dazu BGH, ZIP 2005, 1318 = AG 2005, 613; Decher, Der Konzern 2005, 621.
1663 Geyrhalter/Zirngibl, DStR 2004, 1048.
1664 Kritisch hierzu Geyrhalter/Zirngibl, DStR 2004, 1048 f.
1665 BGHZ 153, 47 = DNotZ 2003, 364 = NJW 2003, 1032 = DNotI-Report 7/2003, 56 = ZIP 2003, 387 mit Anm. Streit.
1666 LG München, ZIP 1999, 2017 und OLG München, ZIP 2001, 700 „Macrotron"; Streit, ZIP 2002, 1279; Mülbert, ZHR 165 (2001), 104, 129 ff.; Gross, ZHR 165 (2001), 141, 161 ff.; Hüffer, AktG, § 119 Rn. 21 ff.; Kleindiek, in: FS für Bezzenberger, S. 653 ff.; Bungert, BB 2000, 53 ff.; Pluskat, WM 2002, 833, 834; siehe dazu umfassend: DNotI-Report 2002, 24 ff.
1667 Benecke, WM 2004, 1122; Geyrhalter/Zirngibl, DStR 2004, 1048; Land/Behnke, DB 2003, 2531; Pluskat, WM 2002, 833, 834; K. Schmidt, NZG 2003, 601; Wilsing/Kruse, WM 2003, 1110, 1111; a.A.: Groß, ZHR 165 (2001), 141, 161 f.
1668 Zu den Auswirkungen der Macrotron-Entscheidung auf das kalte „Delisting": Grunewald, ZIP 2004, 542.

lich.[1669] Daneben bedarf es eines **Pflichtangebots**[1670] der AG oder des Großaktionärs über den Kauf der Aktien der Minderheitsaktionäre.[1671] Der Schutz der Minderheit ist dabei nur dann gewährleistet, wenn das Pflichtangebot die Erstattung des vollen Werts des Aktieneigentums gewährleistet – also sich nicht am Börsendurchschnittskurs orientiert – und die Minderheitsaktionäre die Möglichkeit haben, die Höhe dieser Abfindung in einem **gerichtlichen Spruchverfahren** überprüfen zu lassen.[1672] Ein Vorstandsbericht über die Gründe des „Delisting" analog § 186 Abs. 3 AktG ist nach Ansicht des BGH dagegen nicht erforderlich.[1673] Desgleichen verneint der BGH das Erfordernis einer gerichtlichen Inhaltskontrolle des Zustimmungsbeschlusses der Hauptversammlung im Hinblick auf seine **sachliche Rechtfertigung**.[1674] Der BGH knüpft in der „Macrotron-Entscheidung" die Zuständigkeit der Hauptversammlung beim regulären „Delisting" weniger an das Vorliegen einer Strukturentscheidung i.S.d. Holzmüller-Doktrin an, als vielmehr an den Eigentumsschutz der Aktionäre nach Art. 14 GG.[1675]

531 Unklar ist, ob diese Grundsätze auch dann gelten, wenn nicht insgesamt der Rückzug von der Börse in Frage steht, sondern lediglich ein **partieller Rückzug von einzelnen Börsenplätzen** oder der **Wechsel von einem Börsensegment in ein anderes**.[1676] Hier wird es zum einen darauf ankommen, ob aus Sicht der Aktionäre auch nach der Maßnahme die Aktien noch gleichermaßen handelbar sind oder nicht.[1677] **Schutzwürdige Interessen** der Anleger sind durch ein solches partielles „Delisting" nicht beeinträchtigt, wenn jedenfalls die Aktien der Gesellschaft noch an einem Börsenplatz bzw. in einem Börsensegment gehandelt werden.[1678]

Ebenso kommt es aber auch darauf an, ob damit gleichzeitig weitere **Publizitäts- und Verhaltenspflichten** nach Börsen- und Wertpapierhandelsgesetz, so insb. die kapitalmarktrechtlichen Informationspflichten und die ad hoc-Publizität wegfallen, oder ob diese Schutzvorschriften auch noch nach dem teilweisen „Delisting" für den Handel an dem jeweiligen Börsenplatz bzw. dem jeweiligen Börsensegment weitergelten.

3. Börseneinführung[1679]

532 Bedarf sonach das „Delisting" einer **Zustimmung der Hauptversammlung**, stellt sich die Frage, ob der Börsengang als „**actus contrarius**" ebenfalls einer solchen Zustimmung bedarf. Dies wird von der überwiegenden Ansicht in der Lit. vor allem bei der Börseneinführung von Tochterunternehmen, dem sog. „IPO", überwiegend verneint,[1680] es sei denn, es geht um die Aufgabe der 100 %igen Beteiligungsquote an

---

1669 Siehe dazu K. Schmidt, NZG 2003, 601.
1670 Zum Pflichtangebot: Land/Behnke, DB 2003, 2531.
1671 Klöhn, ZBB 2003, 208.
1672 BGHZ 153, 47 = ZIP 2003, 387; BayObLG, AG 2005, 288; Schiffer/Götz, BB 2005, 453; Krämer/Theiß, AG 2003, 225; Heidel, DB 2003, 548; Pluskat, WM 2002, 833; DNotI-Report 2002, 25 f.; vgl. zum Spruchverfahren beim kalten Delisting: OLG Düsseldorf, AG 2005, 252.
1673 BGH, ZIP 2003, 387, 391 = BGHZ 153, 47 = DNotZ 2003, 364 = NJW 2003, 1032.
1674 BGH, ZIP 2003, 387, 391 = BGHZ 153, 47 = DNotZ 2003, 364 = NJW 2003, 1032.
1675 K. Schmidt, NZG 2003, 601, 606. Zur Begründung dieser Rspr. eingehend: Benecke, WM 2004, 1122.
1676 Vgl. dazu Schwichtenberg, AG 2005, 911.
1677 Bungert, BB 2000, 53, 55 f.; Groß, ZHR 165, 141, 161 (Fn. 104), 163 ff.; Schlitt, ZIP 2004, 533, 543 f.; Schwark/Geiser, ZHR 161, 739, 762.
1678 Ek, Praxisleitfaden für die Hauptversammlung, § 4 Rn. 144.
1679 Siehe allgemein zur Börseneinführung: Schanz, Börseneinführung; Seppelfricke/Seppelfricke, BB 2002, 365; Fleischer, ZHR 165 (2001), 513; Kiwitz/Melzer, DStR 2001, 42; Schlitt/Beck, NZG 2001, 688; Volk, NWB Fach 18, 3731; Picot/Lang, DB 1999, 570; A. Meyer, in: Marsch-Barner/Schäfer, Handbuch börsennotierte AG, 2005, §§ 6 ff.
1680 Henze, in: FS für Ulmer, S. 211, 236; Hüffer, AktG, § 119 Rn. 18c; Ek, Praxisleitfaden für die Hauptversammlung, § 4 Rn. 137; Trapp/Schick, AG 2001, 381, 385; a.A.: AnwK-AktienR/Pluta, Kap. 1, § 119 Rn. 37.

einer bedeutenden Tochtergesellschaft i.S.d. Holzmüller-Doktrin.[1681] Gleiches gilt für den Börsengang der Gesellschaft selbst. Für die Zustimmung spricht, dass der Börsengang durch Öffnung und Vergrößerung des Aktionärskreises das Organisationsgefüge der Gesellschaft verändert, in die Mitgliedschaftsrechte und Vermögensinteressen der Aktionäre eingreift und damit insgesamt „**strukturverändernden Charakter**" hat.[1682] Weiter streiten hierfür die mit der Börsenzulassung für die Gesellschaft verbundenen Folgepflichten.[1683] Anders als beim „Delisting" wird man hier einen Hauptversammlungsbeschluss mit satzungsändernder Mehrheit fordern müssen.[1684]

4. „Squeeze-Out"[1685]

Nach den §§ 327a ff. AktG können **Minderheitsaktionäre** gegen **Barabfindung** aus der Gesellschaft[1686] ausgeschlossen werden, wenn dem Hauptaktionär mehr als 95 % der Aktien[1687] gehören, sog. „Squeeze-out".[1688] Dies ist auch noch im Liquidationsstadium zulässig.[1689] Notwendig ist dafür ein **Beschluss der Hauptversammlung**.[1690] Zu beachten ist, dass die in § 327c Abs. 3 AktG genannten **Unterlagen**, also der Entwurf des Übertragungsbeschlusses, die Jahresabschlüsse und Lageberichte der letzten drei Jahre,[1691] der Bericht des Hauptaktionärs und der Prüfungsbericht des Abfindungsprüfers von der Einberufung der Hauptversammlung an und auch in der Hauptversammlung selbst ausliegen müssen. Das **Verfahren** des „Squeeze-Out" ist der Eingliederung nachempfunden und gilt für alle, also nicht nur für börsennotierte Gesellschaften.[1692] Die Auswahl des Abfindungsprüfers nach § 327c Abs. 2 Satz 3 AktG ist dabei nicht allein deshalb fehlerhaft und der Squeeze-out damit anfechtbar, weil sie auf Vorschlag des Hauptaktionärs ergangen ist, es sei denn, das Gericht glaubt, an einen solchen Vorschlag gebunden zu sein.[1693] Der Squeeze-out Bericht an die Hauptversammlung nach § 327c Abs. 2 Satz 1 AktG braucht kein aus-

533

1681 Fleischer, ZHR 165 (2001), 513, 522 ff.; Ek, Praxisleitfaden für die Hauptversammlung, § 4 Rn. 137; Hüffer, AktG, § 119 Rn. 18c; MünchKomm-AktG/Kubis, § 119 Rn. 81; Henze, in: FS für Ulmer, S. 211, 235 ff.
1682 Becker/Fett, WM 2001, 549, 550; Lutter/Drygala, in: FS für Raisch, S. 239, 241; Groß, ZHR 165 (2001), 141, 161 f.; Schanz, Börseneinführung, § 6 Rn. 48; a.A.: Halasz/Kloster, ZBB 2001, 474; MünchKomm-AktG/Kubis, § 119 Rn. 80; Ek, Praxisleitfaden für die Hauptversammlung, § 4 Rn. 136.
1683 Siehe dazu Zietsch/Holzborn, WM 2002, 2356 ff. und 2393 ff.; vgl. auch die „going-Public-Grundsätze" der Deutschen Börse AG, AG 2002, 507; Schlitt/Smith/Werlen, AG 2002, 478; A. Meyer, WM 2002, 1864; siehe zum Prime und General Standard der Frankfurter Wertpapierbörse, Gebhardt, WM 2003, Sonderbeilage Nr. 2.
1684 In diesem Sinne wohl auch: Picot/Lang, DB 1999, 570, 571; a.A.: Schanz, Börseneinführung, § 6 Rn. 51.
1685 Musterformulierung z.B. bei Lorz/Pfisterer/Gerber, in: Beck'sches Formularbuch Aktienrecht, U.
1686 Es besteht kein Anlass, den „Squeeze Out" nur auf börsennotierte Gesellschaften zu beschränken: LG Osnabrück, EWiR § 327a AktG 1/02, 981 (nicht rechtskräftig); Vetter, AG 2002, 176, 184; a.A.: Habersack, ZIP 2001, 1230, 1234.
1687 Zur Berechnung der 95 % Mehrheit: OLG München, DB 2004, 1356; Fleischer, ZGR 2002, 757, 774 ff.; Maslo, NZG 2004, 163.
1688 Eine Checkliste zur Vorbereitung eines „Squeeze Out" gibt Vossius, ZIP 2002, 511 ff. Vgl. zum „Squeeze Out" insgesamt: Krieger, BB 2002, 53; Semler/Volhard, Arbeitshandbuch für die Hauptversammlung, § 38; Sieger/Hasselbach, ZGR 2002 121; Fuhrmann/Simon, WM 2002, 1211; Gesmann-Nuissl, WM 2002, 1205; Vetter, AG 2002, 176; Fleischer, ZGR 2002, 757; Grunewald, ZIP 2002, 18; Halasz/Kloster, DB 2002, 1253; Bolte, DB 2001, 2587; Baums, WM 2001, 1843. Vgl. zu den auszulegenden Unterlagen: LG Hamburg, AG 2003, 109, mit Anm. Arnold, AG-Report 2003, R 84; OLG Hamburg, EWiR § 327a AktG 4/03, 739 = ZIP 2003, 1344.
1689 BGH, ZIP 2006, 2080 = NZG 2006, 905 = BB 2006, 2543; Bungert, BB 2006, 2761.
1690 Vetter, DB 2001, 743.
1691 Nach dem OLG Hamburg, EWiR 2003, 739 = ZIP 2003, 1344, genügt es, wenn die Jahresabschlüsse der letzten drei Geschäftsjahre, für die bereits ein festgestellter Jahresabschluss vorliegt oder nach den bilanzrechtlichen Vorschriften hätte vorliegen müssen, mit ausgelegt wird. Die Regelung des § 327c Abs. 3 Nr. 2 AktG bezieht sich also nicht auf die letzten drei Geschäftsjahre vor der Hauptversammlung. Ebenso Wendt, DB 2003, 191; a.A.: LG Hamburg, ZIP 2003, 168.
1692 LG Osnabrück, EWiR § 327a AktG 1/02, 981, n.rkr.; Vetter, AG 2002, 176, 184; a.A.: Habersack, ZIP 2001, 1230, 1234.
1693 BGH, ZIP 2006, 2080 = NZG 2006, 905 = BB 2006, 2543; Bungert, BB 2006, 2761, 2762.

führlicher Bericht zu sein. Es genügt, wenn die Voraussetzungen für die Übertragung und die Angemessenheit der Barabfindung schlüssig dargelegt wird.[1694] Auch bedarf der Squeeze-out keiner sachlichen Rechtfertigung, da der Gesetzgeber mit der Einführung des Squeeze-out sich bewusst dafür entschieden hat, dass die mitgliedschaftlichen Interessen der Minderheit dem Leitungsinteresse des Hauptaktionärs unterzuordnen sind und dabei die widerstreitenden Interessen abgewogen hat.[1695]

Die ausgeschlossenen Aktionäre haben Anspruch auf eine angemessene Abfindung (§§ 327a, 327b AktG[1696]). Die **Höhe der Abfindung** kann im Rahmen eines Spruchverfahrens gerichtlich überprüft werden (§ 327f AktG). Für das Spruchverfahren gilt das neue SpruchG.[1697] Den „Squeeze-Out"-Beschluss können die Minderheitsaktionäre danach nicht mit einer Rüge der Höhe der Barabfindung angreifen. **Verfassungsrechtliche Bedenken** gegen die Zulässigkeit des „Squeeze-Out" wegen Art. 14 GG sind unbegründet.[1698]

534 Wollen die Minderheitsaktionäre gegen den „Squeeze-Out"-Beschluss selbst vorgehen, müssen sie ihre **Anfechtungsklage** auf andere Argumente stützen. Dann aber hat eine Anfechtungsklage grds. **aufschiebende Wirkung** (§§ 327e, 319 Abs. 5 AktG). Das Gesetz sieht allerdings in den §§ 327e Abs. 2, 319 Abs. 5 und Abs. 6 AktG die Möglichkeit vor, die Registerblockade durch ein **Freigabeverfahren** aufzuheben.[1699] Die Durchführung einer Sonderprüfung anlässlich eines Squeeze-out ist unzulässig. Ein entsprechender Antrag braucht nicht zur Abstimmung gestellt zu werden.[1700]

535 Häufig steht ein „Squeeze-Out" im Zusammenhang mit der **Abgabe eines Übernahmeangebots** gemäß §§ 35 Abs. 2, 39, 29 Abs. 2 WpÜG. Zur Abgabe eines solchen Angebots ist der Bieter im Rahmen des WpÜG grds. verpflichtet, wenn er einen Stimmrechtsanteil von 30 % erreicht hat. Eine **Befreiung von dieser Verpflichtung** zur Abgabe eines Übernahmeangebotes ist nach § 37 WpÜG möglich. In Betracht kommt eine solche, wenn der Bieter mit dem Kontrollerwerb etwa zusagt, im Anschluss daran ein „Squeeze-Out"-Verfahren zu betreiben.[1701]

536 Vergleichbar mit dem „Squeeze-Out" ist die „**übertragende Auflösung**". Davon spricht man, wenn eine AG bei gleichzeitiger Veräußerung aller Vermögensgegenstände an einen einzigen Erwerber aufgelöst wird.[1702] Umstritten ist dabei vor allem, ob dafür ein Beschluss der Hauptversammlung mit 3/4-Mehrheit genügt oder die 95 %-Grenze wie beim „Squeeze-Out" zu beachten ist und ob zum **Schutz der Minderheitsaktionäre** die Anfechtungsklage Platz greift oder ein Spruchverfahren zulässig ist.[1703]

1694 BGH, ZIP 2006, 2080 = NZG 2006, 905 = BB 2006, 2543; OLG Düsseldorf, NZG 2004, 429, 430; Bungert, BB 2006, 2761, 2762.
1695 BGH, ZIP 2006, 2080 = NZG 2006, 905 = BB 2006, 2543; OLG Köln, BB 2003, 2307, 2309; OLG Düsseldorf, WM 2004, 728, 730; LG Stuttgart, DB 2005, 327, 328; Hüffer, AktG, § 327a Rn. 11; Bungert, BB 2006, 2761.
1696 Kiesewetter, ZIP 2003, 1638; Ott, DB 2003, 1615; Bredow/Liebscher, DB 2003, 1368.
1697 BGBl. 2003 I, S. 838; siehe zum SpruchG: Bungert/Mennicke, BB 2003, 2021; Tomson/Hammerschmitt, NJW 2003, 2572; Büchel, MZG 2003, 793; Puszkajler, ZIP 2003, 518; Waaßmann, DB 2003, 1559; Lamm/Schluck-Amend, DB 2003, 1259; Neye, ZIP 2002, 2097; DStR 2002, 178.
1698 BGH, ZIP 2006, 2080 = NZG 2006, 905 = BB 2006, 2543; OLG Hamburg, ZIP 2003, 2076; KG, DB 2005, 41; LG Hamburg, DB 2002, 2478; LG Osnabrück, EWiR § 327a AktG 1/02, 981; OLG Oldenburg, AG 2002, 682; LG Berlin, DB 2003, 707; Bungert; BB 2006, 2761; siehe dazu auch Fleischer/Schoppe, Der Konzern 2006, 329 ff. zur Vereinbarkeit des Squeeze-out mit der Europäischen Menschenrechtskonvention.
1699 Siehe zum Freigabeverfahren: OLG Hamburg, Der Konzern 2003, 615; OLG Köln, BB 2003, 2307 = AG 2004, 39; OLG München, DB 2004, 1356 und DB 2004, 972; LG Düsseldorf, ZIP 2004, 1755; Fuhrmann, Der Konzern 2004, 1.
1700 BGH, ZIP 2006, 2080 = NZG 2006, 905 = BB 2006, 2543; Bungert, BB 2006, 2761, 2763.
1701 KölnerKomm-AktG/Versteegen, § 37 WpÜG Rn. 36; Kiesewetter, ZIP 2003, 1638; Bredow/Liebscher, DB 2003, 1368.
1702 Roth, NZG 2003, 998; Henze, in: FS für Peltzer, S. 181 ff.; Kallmeyer, in: FS für Lutter, S. 1245 ff.; Wolf, ZIP 2002, 153; Rühland, WM 2002, 1957 ff.
1703 Roth, NZG 2003, 998, 999 ff. m.w.N.

Wird ein **Squeeze-out-Beschluss** im Handelsregister eingetragen, wird nach einer Ansicht eine laufende Anfechtungs- oder Nichtigkeitsklage nachträglich unbegründet.[1704] Mangels **wirtschaftlichen Interesses** fehlt dem Kläger grds. die Klagebefugnis.[1705] Nach Ansicht des OLG Stuttgart[1706] und des BGH[1707] ist der Kläger jedoch zur Fortführung seiner Anfechtungsklage berechtigt, soweit er ein rechtliches Interesse an einer solchen Verfahrensfortsetzung hat.[1708]

537

5. Gesamtvermögensveräußerung

Als weitere Strukturmaßnahme kann schließlich noch die **Gesamtvermögensveräußerung nach § 179a AktG** genannt werden. Danach ist eine Zustimmung der Hauptversammlung mit satzungsändernder Mehrheit erforderlich, wenn sich die AG zur Übertragung ihres gesamten Vermögens verpflichtet. Die Vorschrift greift auch dann ein, wenn zwar nicht das gesamte Gesellschaftsvermögen veräußert wird, die verbleibenden Vermögensgegenstände aber nicht mehr ausreichen, um den in der Satzung festgesetzten Unternehmensgegenstand weiter zu verwirklichen. Ob es sich bei dem zurückbehaltenen Vermögen um wesentliches oder unwesentliches Vermögen handelt, ist unerheblich.[1709] Kann infolge der Übertragung nur ein Teil des bisherigen Unternehmensgegenstandes nicht mehr weiterbetrieben werden, scheidet § 179a AktG aus.[1710] In Betracht kommt hier aber die Notwendigkeit einer Satzungsänderung, wenn der Vorstand den Unternehmensgegenstand unterschreitet, weil er bislang von der Gesellschaft ausgeübte Aktivitäten wegen dieser Teilübertragung nicht mehr fortsetzen kann.[1711] Vermögensübertragungen nach dem UmwG fallen nach dem Wortlaut des § 179a AktG nicht in den Anwendungsbereich dieser Vorschrift.[1712]

538

Liegt ein solches Gesamtvermögensgeschäft vor, muss die **Hauptversammlung** mit satzungsändernder Mehrheit **zustimmen**. Statthaft ist eine vorherige Einwilligung wie auch die nachträgliche Genehmigung.[1713] Keine Zustimmung ist erforderlich, wenn ein Beschluss über den satzungsmäßigen Unternehmensgegenstand den Übertragungsvertrag oder seinen Entwurf in sich aufnimmt.[1714] In jedem Fall ist der Vertrag gemäß § 179a Abs. 2 AktG von der Einberufung der Hauptversammlung an auszulegen. Der Vorstand hat den Vertrag in der Hauptversammlung zu erläutern; der Niederschrift ist er als Anlage beizufügen. Den Vertrag selbst schließt der Vorstand der AG. Wegen § 311b Abs. 3 BGB ist notarielle Beurkundung erforderlich.[1715]

Wie sich aus § 179a Abs. 3 AktG ergibt, führt die Vermögensübertragung nicht unmittelbar zur Auflösung der Gesellschaft. Die Übertragung kann aber mit der Auflösung verbunden werden.

1704 OLG Koblenz, AG 2005, 365; LG Mainz, BB 2004, 1132; Bungert, BB 2005, 1345 ff.; a.A.: Dreier, DB 2004, 808; Heise/Dreier, BB 2004, 1126 ff.; insgesamt dazu Arnold, AG-Report 2005, R 510 f.
1705 Anders aber in dem Sonderfall, dass sich die Anfechtungsklage auf einen Sachverhalt bezieht, der nicht vor dem Squeeze-out-Beschluss liegt, sondern einen Zeitraum zwischen diesem Beschluss und seiner Eintragung im Handelsregister betrifft. OLG Stuttgart, AG 2006, 340 ff.; Arnold, AG-Report 2006, R 192 f.
1706 OLG Stuttgart, AG 2006, 340 ff.; so bereits Dreier, DB 2004, 808; Heise/Dreier, BB 2004, 1126 ff.; Aruda, AG-Report 2005, R 510 f.; 2006, R 192 f.
1707 BGH, ZIP 2006, 2167 = NZG 2007, 26 = BB 2006, 2601; siehe dazu Waclawik, ZIP 2007, 1ff.
1708 Siehe dazu im Einzelnen oben Rn. 353.
1709 BGHZ 83, 122, 128 = NJW 1982, 1703; OLG München, AG 1995, 232; Hüffer, AktG, § 179a Rn. 5.
1710 BGHZ 83, 122, 128 = NJW 1982, 1703.
1711 Reichert, AG 2005, 150, 156; von Falkenhausen, ZIP 2007, 25, 27.
1712 Hüffer, AktG, § 179a Rn. 6.
1713 Hüffer, AktG, § 179a Rn. 7.
1714 Hüffer, AktG, § 179a Rn. 9.
1715 Hüffer, AktG, § 179a Rn. 15 f.

VII. Aktienoptionen/Mitarbeiterbeteiligung[1716]

1. Kapitalmaßnahmen für die Bedienung von Aktienoptionen

a) Bedingtes Kapital

539 Sollen **Mitarbeiter und/oder Mitglieder der Organe** einer AG an dieser beteiligt werden, bestehen dafür **verschiedene Möglichkeiten**. Das dazu notwendige Kapital wird dabei ganz überwiegend mittels einer „bedingten Kapitalerhöhung" i.S.d. §§ 192 ff. AktG beschafft. § 192 Abs. 2 Ziff. 3 AktG gestattet ausdrücklich eine bedingte Kapitalerhöhung zur Gewährung von Bezugsrechten an Arbeitnehmer und Mitglieder der Geschäftsführung der Gesellschaft.[1717] **Bezugsrechte für Aufsichtsratsmitglieder** können dagegen nicht nach § 192 Abs. 2 Ziff. 3 AktG begründet werden.[1718] Umstritten ist, ob die zum Zweck der Bedienung eines **Aktienoptionsplans** beschlossene bedingte Kapitalerhöhung einer materiellen Beschlusskontrolle analog des Rechtsgedankens aus § 186 Abs. 4 AktG bedarf. Nach Ansicht des LG und des OLG Stuttgart ist dies nicht ohne weiteres der Fall.[1719] Einen kritischen Standpunkt vertritt hierzu demgegenüber das OLG Schleswig.[1720]

540 Neben dieser Art der Mitarbeiterbeteiligung im Rahmen einer bedingten Kapitalerhöhung besteht weiterhin die alternative Gestaltungsmöglichkeit, von den Begünstigten zu zeichnende **Wandel- oder Optionsanleihen auszugeben**. Der Vorteil im Gegensatz zu bloßen Optionsrechten besteht hier darin, dass Begünstigte hier auch Aufsichtsratsmitglieder oder externe Berater sein können.[1721] Für die Bezugsrechte auf die neuen Aktien dient auch hier dann ein bedingtes Kapital nach § 192 Abs. 2 Ziff. 1 AktG.

b) Eigene Aktien

541 Zulässig ist ebenfalls, dass die Aktien für die Mitarbeiterbeteiligung im Wege des **Erwerbs eigener Aktien** gemäß § 71 Abs. 1 Ziff. 2, Ziff. 8 AktG beschafft werden.[1722] Aufsichtsratsmitglieder können auch hierbei nicht Begünstigte eines gemäß § 71 Abs. 1 Ziff. 8 AktG über den Rückkauf eigener Aktien zu bedienenden Aktienoptionsprogramms sein.[1723]

Da das AktG insoweit keinerlei Bestimmungen über die **Bedingungen** enthält, zu denen Aktien an Mitarbeiter ausgegeben werden können, entspricht es ganz h.M., dass das Angebot zum Erwerb von Aktien auch unentgeltlich erfolgen kann.[1724] Die Tatsache, dass die im Eigentum der Gesellschaft befindlichen „eigenen Aktien" nicht zum Zweck der Mitarbeiterbeteiligung nach § 71 Abs. 1 Ziff. 2 bzw. Ziff. 8 AktG, sondern vielmehr im Rahmen des § 71 Abs. 1 Ziff. 1 AktG in sonst zulässiger Weise erworben wurden, hindert nicht daran, die **Aktien** dann an Mitarbeiter **unentgeltlich zu übertragen**.

1716 Vgl. zu den damit zusammenhängenden arbeitsrechtlichen Problemen: Schnifker/Grau, BB 2002, 2497; Nehls/Sudmeyer, ZIP 2002, 201; Röder/Göpfert, BB 2001, 2002; Buhr/Radtke, DB 2001, 1882; Lembke, BB 2001, 1469; Legerlotz/Laber, DStR 1999, 1658; Busch, BB 2000, 1294, sowie zu den steuerrechtlichen Problemen: Hagen, FR 2001, 726; Portner, DStR 2001, 1331; Simons/Knoll/Portner, DB 2002, 2070; BMF-Schreiben v. 2.3.2001, DStZ 2001, 653; Rohler, NWB Fach 6, S. 4235; Hartmann, FR 2000, 1014; Eberhartinger/Engelsing, Wpg 2001, 99; Dautel, BB 2000, 1757; Haas/Pötschan, DStR 2000, 2018; Kropp, DStR 2002, 1919; Simons/Knoll, DB 2002, 2070.

1717 Hüffer, AktG, § 192 Rn. 15 ff.

1718 BGH, NJW 2004, 1109 = AG 2004, 265 „Mobilcom"; OLG München, DB 2002, 2152, 2153; Hüffer, AktG, § 192 Rn. 21.

1719 LG Stuttgart, AG 2001, 152, mit Anm. Luttermann, EWiR 2000, 1087; OLG Stuttgart, NZG 2001, 1089 = DB 2001, 1604. Der BGH hat die Revision nicht angenommen, ZIP 2002, A 33 Nr. 100; Roth/Schoneweg, WM 2002, 677.

1720 OLG Schleswig, NZG 2003, 176, 181 = AG 2003, 102, 105 (n. rkr.)

1721 Semler/Volhard, Arbeitshandbuch für die Hauptversammlung, § 26 Rn. 8.

1722 Bosse, NZG 2001, 594; Umnuß/Ehle, BB 2002, 1042.

1723 BGH, NJW 2004, 1109 = AG 2004, 265 „Mobilcom"; A.A. noch in OLG Schleswig, OLG-Report 2003, 16 = AG 2003, 102 = NZG 2003, 176; ebenso: Fischer, ZIP 2003, 282 f.

1724 KölnerKomm-AktG/Lutter, § 71 Rn. 44; Geßler/Hefermehl/Bungeroth, AktG, § 71 Rn. 70, jeweils m.w.N.

c) Genehmigtes Kapital

Sollen die Aktien an die Mitarbeiter unentgeltlich ausgegeben werden, kann ebenso ein **„genehmigtes Kapital"** geschaffen werden (§ 202 Abs. 4 AktG[1725]). § 204 Abs. 3 Satz 1 AktG verlangt hierzu, dass der Jahresabschluss, der mit einem unbeschränkten Bestätigungsvermerk versehen ist, einen entsprechenden Jahresüberschuss ausweist, aus dem dann das genehmigte Kapital bedient wird. „Wirtschaftlich" betrachtet, entspricht diese Art der unentgeltlichen Mitarbeiterbeteiligung einer **Kapitalerhöhung aus Gesellschaftsmitteln**.

542

Häufig werden Aktienoptionsprogramme auch dergestalt durchgeführt, dass eine **Bank neue Aktien** aus einem genehmigten Kapital **zum aktuellen Börsenwert übernimmt** und die neuen Aktien dann anschließend zum selben Betrag an die Gesellschaft veräußert. Die Gesellschaft gibt die Aktien dann zu einem vergünstigten Preis an die Mitarbeiter weiter. Die Differenz zwischen Börsenwert und dem von den Mitarbeitern zu zahlenden Erwerbspreis kann die Gesellschaft dann als Aufwand steuerlich geltend machen. Ob dieses Verfahren wirklich bedenkenfrei ist, wie von der h.M. vorgetragen wird,[1726] oder doch ein Verstoß gegen § 56 Abs. 1 AktG zu besorgen ist, ist noch nicht abschließend geklärt.[1727]

543

> **Hinweis:**
> Als nachteilig wird hierbei allerdings gesehen, dass das genehmigte Kapital nur maximal innerhalb eines Fünf-Jahres-Zeitraums ausgeübt werden kann, § 202 Abs. 1 AktG, und dass die Mitgliedschaftsrechte erst durch Eintragung der Durchführung der Kapitalerhöhung ins Handelsregister, nicht aber wie bei einer bedingten Kapitalerhöhung bereits mit Bezug durch die Begünstigten entstehen (§ 200 AktG[1728]).

2. „Aktienoptionspläne"[1729]

Der Begriff des **Aktienoptionsplans bzw. der Aktienoption** ist gesetzlich nicht definiert. Gesetzlich sind diese mit der Neufassung des § 192 Abs. 2 Ziff. 3 AktG unter Einfügung der §§ 71 Abs. 1 Ziff. 8, 193 Abs. 2 Ziff. 4 AktG durch das KonTraG jedoch anerkannt. Unter einem Aktienoptionsplan versteht man üblicherweise einerseits ein **Gesamtkonzept zur Ausgabe von Aktienbezugsrechten** i.d.R. an Führungskräfte, die Bereitstellung des für die Bedienung dieser Bezugsrechte erforderlichen Kapitals sowie andererseits das zur Umsetzung eines solchen Konzept erforderliche Paket an Beschlüssen und Maßnahmen.[1730] **Umstritten** ist dabei, inwieweit die Beteiligung an der Gesellschaft bzw. ein darauf gerichtetes Bezugsrecht **an den Fortbestand des jeweiligen Arbeits- bzw. Dienstvertrages gekoppelt** werden kann und in welcher **Höhe eine Abfindung** zu leisten ist, wenn mit Beendigung des Beschäftigungsverhältnisses auch die Beteiligung an der Gesellschaft endet.[1731]

544

Die **Zulässigkeit** derartiger Regelungen ist mit einer **gesellschaftsvertraglichen Hinauskündigungsklausel** vergleichbar und deshalb an den hierfür geltenden Maßstäben zu messen.[1732] Nach Ansicht des OLG Frankfurt ist eine solche Gestaltung wegen des jederzeitigen Hinauskündigungsrechts seitens der

---

1725 Vgl. dazu Semler/Volhard, Arbeitshandbuch für die Hauptversammlung, § 26 Rn. 9; Holland/Reul, DNotI-Gutachtenband zum Aktienrecht, 1997 ff., Nr. 13.
1726 Hüffer, AktG, § 202 Rn. 29; Krieger, in: Münchener Handbuch des Gesellschaftsrechts, Bd. 4, § 58 Rn. 65; Richter/Gittermann, AG 2004, 277; Semler/Volhard, Arbeitshandbuch für die Hauptversammlung, § 27 Rn. 3.
1727 Zweifelnd: Tollkühn, NZG 2004, 594.
1728 Semler/Volhard, Arbeitshandbuch für die Hauptversammlung, § 26 Rn. 9.
1729 Musterformulierungen bei Harrer/Janssen, in: Harrer: Mitarbeiterbeteiligungen und Stock-Option-Pläne, S. 195 ff., und bei AnwK-AktienR/Lohr/Terbrack, Muster Rn. 37.
1730 Rombach, MittRhNotK 2000, 313, 325; Semler/Volhard, Arbeitshandbuch für die Hauptversammlung, § 26, jeweils m.w.N.
1731 Vgl. dazu Habersack/Verse, ZGR 2005, 451 ff.
1732 OLG Düsseldorf, ZIP 2004, 1804; OLG Frankfurt, ZIP 2004, 1801.

Gesellschaft sittenwidrig.[1733] Das OLG Düsseldorf hält diese Vertragsgestaltung jedoch für angemessen.[1734] Auch die überwiegende Lit. folgt dieser Ansicht.[1735] Ebenso ist hiernach eine **Beschränkung der Abfindung** unterhalb des Verkehrswertes aufgrund der besonderen Situation bei einem Mitarbeiterbeteiligungsmodell, das auch noch für künftige Mitarbeitergenerationen zur Verfügung stehen soll und bei dem den Mitarbeitern lediglich eine „treuhandähnliche Stellung" zugewendet werden soll, gerechtfertigt.[1736]

545 Bis zum In-Kraft-Treten des KonTraG[1737] am 1.5.1998 wurden Aktienoptionsprogramme üblicherweise durch **Ausgabe von Wandel- oder Optionsanleihen** nach § 221 AktG, verbunden mit einer bedingten Kapitalerhöhung nach § 192 Abs. 2 Ziff. 1 AktG umgesetzt[1738] Der Begünstigte des Aktienoptionsplanes räumt nach diesem Modell der AG ein verzinsliches Darlehen ein und erhält ein Umtauschrecht (bei sog. Wandelanleihen bzw. Wandelschuldverschreibungen, § 221 Abs. 1 Satz 1. Alt. AktG) oder ein zusätzlich zum Rückzahlungsanspruch bestehendes Aktienbezugsrecht (Optionsanleihe, § 221 Abs. 1 Satz 1 2. Alt. AktG). Bedient werden die Umtausch- bzw. Bezugsrechte bei ihrer Ausübung aus einem nach § 192 Abs. 2 Ziff. 1 AktG geschaffenen bedingten Kapital. **Vorteil** dieses bedingten Kapitals ist, dass den Altaktionären dabei **kein gesetzliches Bezugsrecht** zusteht, ein Bezugsrechtsausschluss also nicht erforderlich ist.[1739] Dieser Vorteil wird jedoch durch § 221 Abs. 4 AktG kompensiert. Danach besteht ein gesetzliches Bezugsrecht der Altaktionäre auf die Ausgabe der Wandel- oder Optionsanleihe. Auch für diesen Bezugsrechtsausschluss gelten die allgemeinen Grundsätze des § 186 AktG. Der Ausschluss des Bezugsrechts bedarf daher ebenso einer **sachlichen Rechtfertigung**.[1740]

3. Bedingtes Kapital nach § 192 Abs. 2 Ziff. 3 AktG

546 Mit Neufassung des § 192 Abs. 2 Ziff. 3 AktG hat der Gesetzgeber die Möglichkeit einer bedingten Kapitalerhöhung zur Gewährung von **sog. isolierten Bezugsrechten** an Arbeitnehmer und Führungskräfte eröffnet. Ein Bezugsrecht der Aktionäre ist dabei nicht vorgesehen. Auch ein **Bezugsrechtsausschluss** ist damit nicht erforderlich.[1741] Allerdings beträgt das Volumen eines solchermaßen geschaffenen bedingten Kapitals nur 10 % und nicht wie sonst 50 % des Grundkapitals (§ 193 Abs. 3 AktG).

4. Inhalt des Hauptversammlungsbeschlusses

547 Der Hauptversammlungsbeschluss muss nach § 193 Abs. 2 AktG den **Zweck der bedingten Kapitalerhöhung** sowie den **Kreis der Bezugsberechtigten** festlegen. Weiter anzugeben ist der Ausgabebetrag, also der **Preis**, zu dem ein Optionsberechtigter bei Ausübung der Option eine Aktie erwerben kann bzw. die Grundlange zur Berechnung des Ausgabebetrages sowie zumindest die in § 193 Abs. 2 Ziff. 4 AktG genannten **wesentlichen Grundzüge eines Aktienoptionsplanes**: Nämlich die **gruppenmäßige Aufteilung der Bezugsrechte** auf Vorstandsmitglieder, Mitglieder der Geschäftsführungen von verbundenen

---

1733 OLG Frankfurt, ZIP 2004, 1801.
1734 OLG Düsseldorf, ZIP 2004, 1804.
1735 Habersack/Verse, ZGR 2005, 451 ff.; Kowalski/Bormann, GmbHR 2004, 1438; Sosnitza, DStR 2004, 72; Kästle/Heuterkes, NZG 2005, 289, 291 f.
1736 OLG Düsseldorf, ZIP 2004, 1804, 1808; OLG Celle, GmbHR 2003, 1428, 1429; Habersack/Verse, ZGR 2005, 451, 475 ff.
1737 Zur Praxis der Mitarbeiterbeteiligung nach dem KonTraG: Feddersen/Pohl, AG 2001, 26; Weiß, WM 1999, 353.
1738 Zeidler, NZG 1998, 789, 790; Martens, AG 1997, 83, 87; Schneider, ZIP 1996, 1769, 1773.
1739 Die §§ 192 ff. AktG verweisen nicht auf § 186 AktG.
1740 OLG Stuttgart, WM 1998, 1936; OLG Braunschweig, WM 1998, 1931; Hüffer, AktG, § 221 Rn. 42; Rombach, MittRhNotK 2000, 313, 325.
1741 Vgl. Begründung des RegE zum KonTraG, ZIP 1997, 2059, 2067; Rombach, MittRhNotK 2000, 313, 326; Semler/Volhard, Arbeitshandbuch für die Hauptversammlung, § 26 Rn. 6; Krieger, Münchener Handbuch des Gesellschaftsrechts, Bd. 4, § 63 Rn. 26.

Unternehmen sowie auf Arbeitnehmer, **Erfolgsziele, Erwerbs- und Ausübungszeiträume** sowie die mind. zwei Jahre betragende **Wartezeit** für die erstmalige Ausübung der Aktienoptionen.[1742]

> **Hinweis:**
>
> Der Hauptversammlungsbeschluss muss dabei nicht bis ins letzte Detail ausformuliert sein. Es genügt, wenn in dem Beschluss die wesentlichen Grundzüge festgelegt werden, verbunden mit Ermächtigung an den Vorstand bzw. – soweit dieser zum Kreis der Bezugsberechtigten gehören soll – an den Aufsichtsrat zur weiteren Ausgestaltung der Optionsbedingungen und des Ausgabeverfahrens. Der Vorstand handelt dabei nach seinem pflichtgemäßen Ermessen.[1743]

Soweit im Rahmen des Beschlusses über die bedingte Kapitalerhöhung **zum Zweck der Mitarbeiterbeteiligung** der **Kreis der Bezugsberechtigten** anzugeben ist (§ 193 Abs. 2 Ziff. 2 AktG), ist die Wertung des § 192 Abs. 2 Ziff. 3 AktG zu beachten. **Mitglieder des Aufsichtsrats** der Gesellschaft oder von verbundenen Unternehmen sind dort nicht vorgesehen.[1744] In der „Mobilcom-Entscheidung" hat der BGH ausdrücklich bestätigt, dass Aufsichtsratsmitglieder nicht Begünstigte eines Aktienoptionsprogramms sein können.[1745] Zweifelhaft ist nach dieser Entscheidung, ob Aufsichtsratsmitglieder an Optionsprogrammen über Wandel- und Optionsanleihen teilnehmen können.[1746] 548

Neben diesem **zwingenden Beschlussinhalt** kann der Hauptversammlungsbeschluss **fakultativ weitere Bedingungen** enthalten. Vereinbart werden regelmäßig Klauseln, die die rechtsgeschäftliche Übertragbarkeit der Optionsrechte ausschließen sowie das Bestehen eines ungekündigten Anstellungsverhältnisses zur Voraussetzung für die Ausübung der Optionen machen. Üblich ist ebenso, Erfolgsziele bzw. Ausübungshürden in den Optionsbedingungen festzuschreiben. Regelmäßig wird auch eine **Warte-** bzw. **Sperrfrist** vereinbart, um die Optionen ausüben zu können.[1747] 549

5. Sachliche Rechtfertigung versus Bezugsrechtsausschluss

Da bei einer bedingten Kapitalerhöhung zur Bedienung von Aktienoptionsplänen nach § 192 Abs. 2 Ziff. 3 AktG kein Bezugsrecht der Altaktionäre besteht und die **Schaffung des bedingten Kapitals** demgemäß zu einer Verwässerung des Stimmanteils der Altaktionäre führen kann, wird teilweise vertreten, die Schaffung eines bedingten Kapitals nach § 192 Abs. 2 Ziff. 3 AktG bedürfe einer sachlichen Rechtfertigung.[1748] Die herrschende Lehre hält jedoch eine derartige **sachliche Rechtfertigung** nicht für erforderlich.[1749] Dem hat sich die Rspr. angeschlossen.[1750] 550

6. Kombination der Mittel zur Umsetzung von Aktienoptionsplänen

Die eben skizzierten Möglichkeiten zur rechtlichen Umsetzung von Aktienoptionsplänen durch Ausgabe von Wandel- oder Optionsanleihen bzw. isolierter Optionen verbunden mit der Schaffung eines bedingten Kapitals nach § 192 Abs. 2 Ziff. 1 und Ziff. 3 AktG bzw. der Rückerwerb eigener Aktien **schließen sich** 551

1742 Rombach, MittRhNotK 2000, 313, 325; Semler/Volhard, Arbeitshandbuch für die Hauptversammlung, § 26 Rn. 13 ff.
1743 Hüffer, AktG, § 192 Rn. 22.
1744 Vgl. dazu Semler/Volhard, Arbeitshandbuch für die Hauptversammlung, § 26 Rn. 16; a.A. bzgl. Aktienoptionsprogramme für Aufsichtsratsmitglieder: OLG Schleswig, OLG-Report 2003, 16.
1745 BGH, NJW 2004, 1109 = AG 2004, 265.
1746 Dagegen wiederum Fuchs, WM 2004, 2233.
1747 Vgl. dazu umfassend: Rombach, MittRhNotK 2000, 313, 328; wegen Mustervereinbarungen zu Aktienoptionsplänen siehe Bredow, DStR 1998, 380; Aha, BB 1997, 2225 ff.; Jäger, Aktienoptionspläne in Recht und Praxis, 1999, 28 ff.; Kohler, ZHR 1997, 246; von Einem/Götze, AG 2002, 72.
1748 Zeidler, NZG 1998, 789, 794.
1749 Hüffer, AktG, § 1092 Rn. 16; Rombach, MittRhNotK 2000, 313, 326; Weis, WM 1999, 353, 359; Hoffmann-Becking, NZG 1999, 797, 802.
1750 OLG Stuttgart, NZG 2001, 1089 = WM 2002, 1060. Der BGH hat die Revision nicht angenommen, ZIP 2002, A 33 Nr. 100.

nicht gegenseitig aus. Vielmehr ist auch eine **Kombination** untereinander möglich.[1751] Die Ausgabe isolierter Optionen schont die Liquidität des Unternehmens, führt aber bei Ausübung der Optionsrechte zu Verwässerung der Mitgliedschaftsrechte der Aktionäre. Dies gilt auch, wenn ein genehmigtes Kapital nach § 204 Abs. 3 AktG geschaffen wird. Demgegenüber führt die Ausgabe isolierter Optionen, verbunden mit der Ermächtigung des Vorstandes zum Rückerwerb eigener Aktien zwar zu einer Belastung der Liquidität des Unternehmens, zieht jedoch keine Verwässerung der Aktionärsrechte nach sich. Schließlich kann nur im Wege der Ausgabe von Wandel- oder Optionsanleihen auch der Aufsichtsrat an einem Aktienoptionsplan teilhaben.[1752]

Sollen Vorstand bzw. Aufsichtsrat die Wahl haben, je nach Liquidität bzw. Aktienkurs ausgeübte Optionen entweder durch die Ausgabe neuer Aktien aufgrund eines bedingten Kapitals bzw. durch Übertragung eigener Aktien, die die Gesellschaft zunächst zurückerworben hat, zu bedienen, muss der **Hauptversammlungsbeschluss** neben einer bedingten Kapitalerhöhung nach § 192 Abs. 2 Ziff. 3 AktG auch die **Ermächtigung zum Rückerwerb eigener Aktien** nach § 73 Abs. 1 Ziff. 8 AktG enthalten. Nach der h.M. führt die in § 71 Abs. 1 Ziff. 8 AktG und § 192 Abs. 3 AktG jeweils enthaltene 10 %-Grenze dazu, dass das Volumen des zur Bedienung von Aktienoptionen bereitgestellten Kapitals insgesamt diese 10 %-Grenze nicht übersteigen darf.[1753]

K. Auflösung, Liquidation

552 Die **Auflösung und Liquidation der AG** ist in den §§ 262 ff. AktG geregelt. **Aktienrechtliche Besonderheiten** bestehen nicht. Mit der **Auflösung** verändert die Gesellschaft ihren Zweck, der nunmehr darauf gerichtet ist, das Gesellschaftsvermögen zu veräußern, alle Verbindlichkeiten zu tilgen und den Überschuss an die Aktionäre auszuschütten.

553 Die **Auflösungsgründe** sind in § 262 AktG genannt. Die Auflösung ist zur **Eintragung in das Handelsregister** anzumelden (§ 263 AktG). Zuständig ist dafür grds. der Vorstand. Im Fall der Insolvenz, der Ablehnung der Eröffnung des Insolvenzverfahrens oder der gerichtlichen Feststellung eines Satzungsmangels erfolgt die Eintragung von Amts wegen (§ 263 AktG). Nicht eingetragen wird die Auflösung schließlich bei Auflösung der Gesellschaft wegen Vermögenslosigkeit nach § 262 Abs. 1 Ziff. 6 AktG, § 141a FGG (§ 263 Satz 4 AktG).

554 Von der Auflösung der Gesellschaft ist ihre **Beendigung** zu unterscheiden (**Vollbeendigung**). Gemeint ist damit die „rechtliche" Beendigung i.S.d. Untergangs der juristischen Person. Diese tritt erst dann ein, wenn die Gesellschaft **kein Vermögen** mehr hat, also nach Beendigung der Abwicklung (Liquidation). Die **Handelsregistereintragung** über die Beendigung der Liquidation nach § 273 AktG und damit die Löschung der Gesellschaft im Handelsregister hat **nur deklaratorische Wirkung**. Eine solche Abwicklung ist nicht erforderlich, wenn die Gesellschaft wegen Vermögenslosigkeit nach § 262 Abs. 1 Ziff. 6 AktG aufgelöst wird. Hier ist eine Abwicklung ausnahmsweise dann angezeigt, wenn sich nachträglich verteilungsfähiges Vermögen herausstellt (§ 264 Abs. 2 AktG).

Stellt sich nach Löschung der Gesellschaft im Handelsregister heraus, dass noch **verteilungsfähiges Vermögen** vorhanden ist, ist grds. eine **Nachtragsliquidation** durchzuführen (§ 273 Abs. 4 AktG). Diese orientiert sich ebenfalls an § 264 Abs. 2 AktG.[1754] Streitig ist, ob eine Nachtragsliquidation auch dann noch durchzuführen ist, wenn zwar kein Gesellschaftsvermögen mehr vorhanden ist, jedoch noch weitere Abwicklungsmaßnahmen, wie insb. die Abgabe von Löschungsbewilligungen für nicht mehr valutierende Rechte im Grundbuch, erforderlich sind. Nach h.M. ist auch hier eine Nachtragsliquidation erforderlich. Dabei ist allerdings der Aufgabenkreis des Nachtragsliquidators auf die konkrete Abwicklungsmaß-

---

1751 Vgl. dazu: Knoll, ZIP 2002, 1382; Mutter, ZIP 2002, 295.
1752 Rombach, MittRhNotK 2000, 313, 327; Fuchs, WM 2004, 2233 ff.; zweifelnd aber: BGH, NGZ 2004, 1109.
1753 So Hoffmann-Becking, NZG 1999, 797, 804; Rombach, MittRhNotK 2000, 313, 327; Keul/Semmer, DB 2002, 2255; *Knoll*, ZIP 2002, 1382; a.A.: Mutter, ZIP 2002, 295.
1754 Hüffer, AktG, § 264 Rn. 13.

nahme beschränkt. Eine **Eintragung im Handelsregister ist nicht erforderlich**; als Nachweis für die Eigenschaft als Nachtragsliquidator genügt die Bestellungsurkunde.[1755] Nach a.A. kommt stattdessen die Bestellung eines **Pflegers** nach § 1913 in Betracht.[1756] Im Ergebnis unterscheiden sich diese beiden Ansichten also nur dogmatisch.[1757]

Die Gesellschaft bleibt nach ihrer Auflösung **rechts- und parteifähig**. An die Stelle des Vorstandes treten die Abwickler. Die Vorstände sind dabei nach § 265 Abs. 1 AktG „**geborene**" **Abwickler.** Die Satzung oder ein Beschluss der Hauptversammlung (nicht der Aufsichtsrat) kann andere Abwickler bestellen („**gekorene**" **Abwickler**). Das Recht zur Bestellung des Abwicklers durch die Hauptversammlung kann dagegen durch die Satzung nicht ausgeschlossen werden. Auf Antrag des Aufsichtsrats oder einer Aktionärsminderheit nach § 265 Abs. 3 AktG und bei Vorliegen eines wichtigen Grundes erfolgt die Bestellung und Abberufung der Abwickler durch das Gericht. 555

Keine Bedeutung hat die Auflösung der Gesellschaft dagegen **für den Aufsichtsrat**. Dieser bleibt im Amt und behält seine Befugnisse. Gleiches gilt für die **Kompetenzen der Hauptversammlung**. Insoweit gelten grds. die allgemeinen Vorschriften für die Liquidationsgesellschaft gleichermaßen wie für die werbende Gesellschaft, soweit sich nicht aus den §§ 265 ff. AktG oder dem Abwicklungszweck ein anderes ergibt. Die Pflicht zur Leistung noch ausstehender Einlagen besteht nur gemäß §§ 268 Abs. 1 Satz 1, 271 Abs. 3 AktG, wenn also die Einlagen zur Befriedigung der Gläubiger oder zum Ausgleich zwischen den Aktionären benötigt werden.[1758] Zulässig sind in der Liquidationsphase Satzungsänderungen, insb. auch Kapitalerhöhungen[1759] und wohl auch Kapitalherabsetzungen.[1760]

Nach § 268 AktG haben die **Abwickler** die laufenden Geschäfte zu beenden, die Forderungen einzuziehen, das Gesellschaftsvermögen zu liquidieren und die Gläubiger zu befriedigen. Hierzu haben sie die Gläubiger der Gesellschaft dreimal in den Gesellschaftsblättern aufzufordern, ihre Ansprüche gegen die Gesellschaft anzumelden. Der **Gläubigeraufruf** hat unverzüglich nach Auflösung der Gesellschaft zu erfolgen und muss an drei verschiedenen Terminen erfolgen. Neue Geschäfte dürfen sie nur eingehen, soweit es die Abwicklung erfordert (§ 268 Abs. 1 Satz 2 AktG). Die Abwickler leiten die Gesellschaft ebenso wie der Vorstand **unter eigener Verantwortung** (§ 268 Abs. 2 AktG); auch vertreten sie die Gesellschaft gerichtlich und außergerichtlich (§ 269 AktG). 556

Zu Beginn der Abwicklung ist eine **Eröffnungsbilanz** aufzustellen (§ 270 AktG). Gleichermaßen ist ein **Jahresabschluss** und ein **Lagebericht** für den Schluss eines jeden Geschäftsjahres während der Liquidation aufzustellen (§ 270 Abs. 1 AktG). Nach Beendigung der Liquidation ist eine **Schlussrechnung** aufzustellen (§ 273 Abs. 1 AktG).

Sind alle Verbindlichkeiten erfüllt, ist ein etwaiger **Liquidationsüberschuss** unter den Aktionären **zu verteilen** (§ 271 AktG). Diese Verteilung darf erst nach einem **Sperrjahr**, gerechnet ab dem Zeitpunkt des dritten Gläubigeraufrufs, nach § 272 Abs. 1 AktG erfolgen. Verteilungsmaßstab ist grds. das Verhältnis der Beteiligung am Grundkapital (§ 271 Abs. 2 AktG), soweit in der Satzung nicht Liquidationsvorzugsrechte für bestimmte Aktien begründet wurden.[1761]

Nach § 274 Abs. 1 AktG kann die Hauptversammlung die **Fortsetzung der Gesellschaft** beschließen, soweit noch nicht mit der Verteilung des Vermögens unter den Aktionären begonnen wurde. Erforderlich ist eine 3/4-Kapitalmehrheit. Der Fortsetzungsbeschluss ist zur Eintragung in das Handelsregister anzumelden; die Eintragung ist konstitutiv (§ 274 Abs. 4 AktG).

1755 MünchKomm-AktG/Hüffer, AktG, § 273 Rn. 35.
1756 Hachenburg/Ulmer, GmbHG, Anhang § 60 Rn. 40.
1757 MünchKomm-AktG/Hüffer, § 273 Rn. 35.
1758 Hoffmann-Becking, in: Münchener Handbuch des Gesellschaftsrechts, Bd. 4, § 66 Rn. 2.
1759 BGHZ 24, 279, 288; Hoffmann-Becking, in: Münchener Handbuch des Gesellschaftsrechts, Bd. 4, § 66 Rn. 2; Hüffer, AktG, § 264 Rn. 16.
1760 BGHZ 138, 71, 78 ff.; Hüffer, AktG, § 264 Rn. 16.
1761 Hoffmann-Becking, in: Münchener Handbuch des Gesellschaftsrechts, Bd. 4, § 66 Rn. 16.

L. Insolvenz

I. Insolvenz der AG

1. Allgemeines

557 Die AG ist als juristische Personen des Privatrechts nach § 11 Abs. 1 Satz 1 InsO **insolvenzfähig**. Die Eröffnung des Insolvenzverfahrens über das Vermögen der AG führt zur **Auflösung der Gesellschaft** (§ 262 Abs. 1 Ziff. 3 AktG). Gleiches gilt, wenn die Eröffnung eines Insolvenzverfahrens **mangels Masse** abgelehnt wird (§ 262 Abs. 1 Ziff. 4 AktG).

558 Das Insolvenzgericht hat die Eröffnung wie auch die Ablehnung des Insolvenzverfahrens mangels Masse dem Handelsregistergericht mitzuteilen und die entsprechenden Unterlagen zu übermitteln (§ 31 InsO). **Im Handelsregister** sind deshalb nach §§ 6, 32 Abs. 1 HGB **folgende Ereignisse** des Insolvenzverfahrens **einzutragen**[1762]:

- Bestellung eines vorläufigen Insolvenzverwalters, wenn ein allgemeines Verfügungsverbot oder ein Zustimmungsvorbehalt angeordnet wurde (§ 21 Abs. 2 Ziff. 2 InsO),
- Aufhebung einer derartigen Sicherungsmaßnahme,
- Eröffnung, Aufhebung und Einstellung des Insolvenzverfahrens,
- Anordnung und Aufhebung der Eigenverwaltung,
- Anordnung eines Zustimmungsvorbehalts für bestimmte Rechtsgeschäfte (§ 277 InsO),
- Überwachung der Erfüllung eines Insolvenzplans und die Aufhebung der Überwachung.

2. Besonderheiten bei AG

a) Insolvenzantragspflicht, Einberufung einer Hauptversammlung

559 Für den Vorstand besteht eine **Insolvenzantragspflicht** (§ 92 Abs. 2 AktG). Der Vorstand darf darüber hinaus nach Eintritt der Zahlungsunfähigkeit oder Überschuldung gemäß § 93 Abs. 1 AktG **keine Zahlungen** mehr leisten, soweit dies nicht mit der Sorgfalt eines ordentlichen und gewissenhaften Geschäftsleiters vereinbar sind.[1763] Auch muss nach § 92 Abs. 1 AktG unverzüglich eine Hauptversammlung einberufen werden, wenn sich bei Aufstellung einer Bilanz ergibt oder bei pflichtgemäßem Ermessen anzunehmen ist, dass ein **Verlust in Höhe des halben Grundkapitals** besteht. Wird gegen diese Pflichten verstoßen, macht sich der Vorstand schadensersatzpflichtig.[1764] Daneben drohen strafrechtliche Sanktionen wegen **Insolvenzverschleppung** (§ 401 Abs. 1 Ziff. 2 AktG[1765]).

b) Organe der Gesellschaft, Befugnisse des Insolvenzverwalters

560 Die **Organe der insolventen Gesellschaft** bestehen grds. fort. Von daher kann die Amtsniederlegung durch den Vorstand ggf. rechtsmissbräuchlich sein, wenn die Gesellschaft sonst handlungsunfähig werden würde.[1766] Der Vorstand wird in seiner Zuständigkeit zur Geschäftsführung und Vertretung der Gesellschaft jedoch durch den **Insolvenzverwalter** verdrängt. Die Befugnisse des Vorstandes beschränken sich auf das nicht von der Insolvenz betroffene Innenverhältnis der Gesellschaft sowie auf nicht in die Insolvenzmasse fallendes und/oder vom Insolvenzverwalter freigegebenes Gesellschaftsvermögen.[1767]

1762 MünchKomm-InsO/Schmahl, 2001, § 31 Rn. 9.
1763 K. Schmidt, ZHR 168 (2004), 637 ff.
1764 Vgl. zum Ersatz des Vertrauensschadens wegen Insolvenzverschleppung Bayer/Lieder, WM 2006, 1 ff.
1765 Vgl. dazu Pelz, Strafrecht in Krise und Insolvenz, Rn. 165 ff.
1766 Siehe dazu DNotJ-Gutachten Nr. 72971 vom Dezember 2006 und oben Rn. 169.
1767 So BVerwG, ZIP 2006, 530, für das Fortbestehen der Vertretungsbefugnis des GmbH-Geschäftsführers in einem Verwaltungsgerichtsverfahren. Vgl. auch Kübler/Prütting/Noack, InsO, Gesellschaftsrecht, Rn. 356 ff.; Lutter/Hommelhoff/Kleindiek, GmbHG, § 64 Rn. 34; Uhlenbruck/Hirte, InsO, § 11 Rn. 118 ff. und 185 ff.

Der Insolvenzverwalter ist aber berechtigt, die **Anstellungsverträge** nach Maßgabe des § 113 InsO ohne Rücksicht auf eine vereinbarte Dauer zu kündigen.[1768]

Die **Mitglieder des Aufsichtsrats** behalten ihr Amt auch während des Insolvenzverfahrens. Der Insolvenzverwalter kann den Aufsichtsrat nicht abberufen.[1769] Der Aufsichtsrat hat aber gegenüber dem Insolvenzverwalter **keine Kontrollbefugnisse**.[1770] Im Übrigen kann der Aufsichtsrat bisherige **Vorstände abberufen und auch neue bestellen**. Mangels Liquidation der Gesellschaft besteht eine Zuständigkeit der Hauptversammlung nach § 265 Abs. 2 AktG für die Bestellung von Liquidatoren nicht. Der Aufsichtsrat ist weiter berechtigt, nach § 111 Abs. 3 AktG eine Hauptversammlung einzuberufen.

561

In der Insolvenz der Gesellschaft kann ebenso eine **Hauptversammlung oder Gesellschafterversammlung** durchgeführt werden. Darin können neue Aufsichtsratsmitglieder gewählt (§ 101 AktG), oder abberufen werden (§ 103 AktG). Ebenso kann Beschluss über die Entlastung von Vorstand und Aufsichtsrat getroffen werden.[1771]

Schließlich bleibt auch die **Zuständigkeit der Hauptversammlung oder des Vorstandes** erhalten, die Zustimmung zur Übertragung vinkulierter Aktien zu erteilen.[1772] Vor dem Hintergrund der Holzmüller-Entscheidung[1773] des BGH und der Folgerspr. „Gelatine"[1774] dürfte auch eine Zuständigkeit der Hauptversammlung bejaht werden können zur Vorlage eines Insolvenzplans bzw. zur Stellung eines Antrags auf Einstellung des Verfahrens.[1775]

562

Zuständig für die **Einberufung der Hauptversammlung** ist und bleibt allein das nach Gesetz oder Satzung hierfür zuständige Organ der Gesellschaft, regelmäßig also der Vorstand, nicht aber der Insolvenzverwalter.[1776] Die InsO hat dem **Insolvenzverwalter keine Kompetenzen im innerverbandlichen Bereich** zugewiesen; etwa in einer vom Insolvenzverwalter einberufenen Hauptversammlung gefassten Beschlüsse sind daher nach §§ 241 Ziff. 1, 121 Abs. 2 AktG nichtig, soweit nicht die Voraussetzungen einer Vollversammlung vorliegen. Der Insolvenzverwalter ist lediglich berechtigt, die Einberufung einer Hauptversammlung anzuregen.

563

c) Geltendmachung offener Einlageansprüche

Bestehen noch **offene Einlageansprüche**, sind diese vom Insolvenzverwalter geltend zu machen. Wird eine als Bareinlagepflicht geschuldete Zahlung nur zur Schuldentilgung verwendet und damit nicht zur freien Verfügbarkeit schuldtilgend geleistet, geht nach Ansicht des OLG Hamm die Anfechtung wegen gläubigerbenachteiligender Verwendung der Einlage im Einzelfall der erneuten Geltendmachung der Einlageforderung vor.[1777]

564

d) Satzungsänderungen, Kapitalmaßnahmen

Die **Hauptversammlung** bleibt weiterhin zuständig, über **Satzungsänderungen und Kapitalmaßnahmen** zu befinden. Eine **Ausnahme** besteht nur, soweit von der Satzungsänderung die Insolvenzmasse betroffen ist, wie dies bspw. bei der Firma der Fall ist.[1778]

565

1768 Uhlenbruck/Hirte, InsO, § 11 Rn. 125.
1769 Kübler/Prütting/Noack, InsO, Rn. 376.
1770 Uhlenbruck/Hirte, InsO, § 11 Rn. 186; Kübler/Prütting/Noack, InsO, Rn. 376.
1771 Uhlenbruck/Hirte, InsO, § 11 Rn. 189; Kübler/Prütting/Noack, InsO, Rn. 338; a.A.: KG, GmbHR 1959, 257.
1772 Uhlenbruck/Hirte, InsO, § 11 Rn. 191.
1773 BGHZ 83, 122.
1774 BGHZ 153, 47 = DNotZ 2003, 364 = NJW 2003, 1032.
1775 Uhlenbruck/Hirte, InsO, § 11 Rn. 191; Kübler/Prütting/Noack, InsO, Rn. 384.
1776 MünchKomm-AktG/Hüffer, § 264 Rn. 70.
1777 OLG Hamm, ZIP 2004, 1427.
1778 Uhlenbruck/Hirte, InsO, § 11 Rn. 192 ff.; Kübler/Prütting/Noack, InsO, Rn. 378 ff. und 337.

566 In der Insolvenz können grds. auch **sämtliche Kapitalerhöhungen beschlossen und durchgeführt** werden.[1779] Auch die Schaffung eines genehmigten Kapitals ist zulässig.[1780] Die Ausnutzung eines vor Eröffnung des Insolvenzverfahrens beschlossenen genehmigten Kapitals soll aber mit der Eröffnung des Insolvenzverfahrens erlöschen.[1781] Eine **„normale" Kapitalerhöhung**, die vor Insolvenzeröffnung beschlossen wurde, wird aber mit Eintragung der Durchführung wirksam, auch wenn die Eintragung erst nach Insolvenzeröffnung erfolgt.[1782] Zuzubilligen ist in diesem Fall aber den Zeichnern der neuen Aktien das Recht, den Zeichnungsvertrag **aus wichtigem Grund zu kündigen**, sofern freilich die Kapitalerhöhung noch nicht zur Eintragung in das Handelsregister angemeldet wurde.[1783] Die im Rahmen der Kapitalerhöhung der Gesellschaft zugeführten Mittel fallen als Neuerwerb in die Insolvenzmasse (§ 35 InsO).

Letztlich ist in der Insolvenz auch eine **vereinfachte Kapitalherabsetzung**[1784] sowie ein **Kapitalschnitt**, also die vereinfachte Kapitalherabsetzung mit gleichzeitiger Kapitalerhöhung **zulässig**. Unzulässig soll nach einer Ansicht dagegen eine normale Kapitalherabsetzung sein.[1785] Einschränkungen sind nicht geboten, da die Interessen der Gläubiger nicht durch die Kapitalherabsetzung, sondern durch die bereits eingetretenen Verluste gefährdet werden.[1786]

e) Handelsregisteranmeldung

567 Trotz dieses in die Insolvenzmasse fallenden Neuerwerbs ist für die **Anmeldung der Kapitalerhöhung** zum Handelsregister nach Insolvenzeröffnung nach zutreffender Ansicht des BayObLG nicht der Insolvenzverwalter,[1787] sondern der **bisherige Vorstand zuständig**.[1788] Das Gericht argumentiert, dass vom Insolvenzverwalter nur diejenigen Registeranmeldungen zu bewirken sind, die sich auf die Insolvenzmasse beziehen. Umgekehrt bleibt es bei der Zuständigkeit von Vorstand für solche Anmeldungen von Rechtsänderungen, die die Insolvenzmasse nicht betreffen,[1789] da es trotz Eröffnung des Insolvenzverfahrens einen gesellschaftsrechtlichen Bereich außerhalb der Insolvenzmasse gibt. Sonach ist der Insolvenzverwalter zur Anmeldung einer beschlossenen Kapitalerhöhung nicht berufen, denn bis zur Erlangung ihrer Rechtswirksamkeit durch Registereintragung nach § 189 AktG, unterliegt die Kapitalerhöhung der Dispositionsbefugnis der Gesellschafter.[1790]

f) Fortsetzungsbeschluss

568 Nach Einstellung des Insolvenzverfahrens auf Antrag des Schuldners oder im Zusammenhang mit einem Insolvenzplan kann die Hauptversammlung einen **Fortsetzungsbeschluss** fassen (§ 274 Abs. 2 Ziff. 1 AktG).[1791]

1779 Kuntz, DStR 2006, 519 ff.
1780 Uhlenbruck/Hirte, InsO, § 11 Rn. 193.
1781 GK/Hirte, AktG, § 202 Rn. 205; KölnerKomm-AktG/Lutter, § 202 Rn. 17.
1782 BGH, ZIP 1995, 28, 29; Kübler/Prütting/Noack, InsO, Rn. 379.
1783 BGH, DNotZ 1995, 478 = NJW 1985, 460; KG, NZG 2000, 103, 104; Gottwald/Haas, Insolvenzrechtshandbuch, § 92 Rn. 169; Scholz/Priester, GmbHG, § 55 Rn. 88; Uhlenbruck/Hirte, InsO, § 11 Rn. 194.
1784 BGH, NJW 1998, 2054, 2056; Hüffer, AktG, § 222 Rn. 24; MünchKomm-AktG/Oechsler, § 229 Rn. 31; Krieger, in: Münchener Handbuch des Gesellschaftsrechts, Bd. 4, § 60 Rn. 13; Terbrack, RNotZ 2003, 89, 91; a.A.: KölnerKomm-AktG/Lutter, § 222 Rn. 53, der eine Kapitalherabsetzung nur für zulässig hält, wenn gleichzeitig eine Kapitalerhöhung beschlossen wird.
1785 Kübler/Prütting/Noack, InsO, Rn. 382; Uhlenbruck/Hirte, InsO, § 11 Rn. 195.
1786 BGH NJW 1998, 2054, 2056; Terbrack, RNotZ 2003, 89, 91.
1787 So aber Uhlenbruck/Hirte, InsO, § 11 Rn. 193.
1788 BayObLG, ZIP 2004, 1426.
1789 OLG Köln, ZInsO 2001, 717 = ZIP 2001, 1553; Keidel/Krafka/Willer, Registerrecht, Rn. 1143.
1790 Vgl. BGH, ZIP 1995, 28 = NJW 1995, 460.
1791 Gottwald/Haas, Insolvenzrechtshandbuch, § 92 Rn.299; Uhlenbruck/Hirte, InsO, § 11 Rn. 196.

II. Insolvenz des Aktionärs

1. Beteiligung als Teil der Insolvenzmasse

Nach § 35 InsO umfasst das Insolvenzverfahren das **gesamte, einer Zwangsvollstreckung unterliegende Vermögen des Gemeinschuldners**, welches ihm zur Zeit der Eröffnung des Verfahrens gehört. Beteiligungen an Gesellschaften stellen grds. pfändbares Vermögen dar und fallen daher in die **Insolvenzmasse**. In die Insolvenzmasse fällt daher die Beteiligung an einer AG. Ohne Bedeutung ist es dabei, ob es sich hierbei um vinkulierte Aktien handelt.[1792]

569

2. Ausübung der Rechte als Gesellschafter[1793]

Fällt sonach eine **Beteiligung des Gemeinschuldners** an einer Gesellschaft in die Insolvenzmasse, wird die Beteiligung als solche auch von der Verwaltungs- und Verfügungsbefugnis des Insolvenzverwalters erfasst. Der Insolvenzverwalter nimmt daher sämtliche Rechte des Gemeinschuldners in der Gesellschaft wahr[1794] und nicht nur solche, die sich auf die vermögensrechtliche Ebene der Beteiligung beziehen, so dass z.B. für die Ausübung höchstpersönlicher Rechte wie des Informations-, Kontroll- oder Stimmrechts weiterhin der Gemeinschuldner zuständig bliebe.[1795]

570

3. Ausscheiden aus der Gesellschaft und Auflösung der Gesellschaft

Die **Insolvenz eines Aktionärs** löst die Gesellschaft nicht auf. Umstritten ist wegen § 23 Abs. 5 AktG und der möglicherweise abschließenden Aufzählung der Auflösungsgründe in § 262 AktG, ob eine derartige **Bestimmung in der Satzung** der AG zulässig ist.[1796]

571

Zulässig ist es dagegen, in der Satzung im Fall der Insolvenz oder etwa schon bei Stellung des Antrags auf Eröffnung des Insolvenzverfahrens[1797] die **Einziehung der Aktien** vorzusehen.[1798] Zweifelhaft ist es allerdings, ob stattdessen in der Satzung auch vorgesehen werden kann, dass in diesem Fall die Aktien auf einen Dritten zu übertragen sind, sog. **„Auslosung"**. Unter Bezugnahme auf eine Entscheidung des RG soll dies unter Beachtung der Voraussetzungen des § 237 AktG zulässig sein.[1799] Nach a.A. verstößt eine solche Bestimmung jedoch gegen § 23 Abs. 5 AktG, weil die Einziehung nach § 237 AktG – vorbehaltlich des Sonderfalls des § 237 Abs. 3 Ziff. 3 AktG – zwingend zum Untergang der Mitgliedschaftsrechte führen muss, nicht aber zu ihrer Übertragung und damit zu ihrem Fortbestand.[1800] Auch würde damit eine gegen § 54 AktG verstoßende zusätzliche Verpflichtung des Aktionärs begründet.

572

> **Hinweis:**
> Umstritten ist im Fall der Einziehung, ob diese **sofort** mit Ergehen des Einziehungsbeschlusses **wirksam** ist oder erst **mit Zahlung der Abfindung wirksam wird**. Nach einer neuen Entscheidung

---

[1792] Bergmann, ZInsO 2004, 225 f.; HK-InsO/Eickmann, § 35 Rn. 22 f; MünchKomm-InsO/Lwowski, § 35 Rn. 240 ff., 260 ff.; Nerlich/Römermann/Andres, InsO, § 35 Rn. 53; Stöber, Forderungspfändung, Rn. 1605; Uhlenbruck, InsO, § 35 Rn. 105 ff.

[1793] Siehe dazu Bergmann, ZInsO 2004, 225, 227 ff.

[1794] Nerlich/Römermann/Andres, InsO, § 35 Rn. 53; K. Schmidt/W. Schulz, ZIP 1982, 1015, 1020; Uhlenbruck, InsO, § 35 Rn. 104; Scholz/Winter, GmbHG, § 15 Rn. 209; Scholz/K. Schmidt, GmbHG, § 47 Rn. 16; Rowedder/Schmidt-Leithoff/Bergmann, GmbHG, § 15 Rn. 150; Baumbach/Hueck/Fastrich, GmbHG, § 15 Rn. 63.

[1795] So aber bei der Beteiligung des Gemeinschuldners an einer Personengesellschaft oder GbR: MünchKomm-InsO/Lwowski, § 35 Rn. 183, 193.

[1796] Hüffer, AktG § 262 Rn. 7.

[1797] Wichtig ist dann eine Satzungsbestimmung, die die Gesellschafter zur entsprechenden Mitteilung an die Gesellschaft verpflichtet.

[1798] MünchKomm-InsO/Lwowski, § 35 Rn. 243 für die GmbH; Hüffer, AktG, § 237 Rn. 12.

[1799] RGZ 120, 177, 180; Hüffer, AktG, § 237 Rn. 2.

[1800] AnwK-AktienR/Terbrack, Kap. 1 § 237 Rn. 6; Geßler/Hefermehl, AktG, § 237 Rn. 5; Krieger, in: Münchener Handbuch des Gesellschaftsrechts, Bd. 4, § 62 Rn. 1; MünchKomm-AktG/Oechsler, § 237 Rn. 122.

> des BGH im GmbH-Recht[1801] zu einer Kündigungsklausel in der Satzung dürfte es jedoch zulässig sein, wenn die Satzung bestimmt, dass der betroffene Gesellschafter sofort mit Ergehen des Einziehungsbeschlusses aus der Gesellschaft ausscheidet und nicht erst nach Leistung der Abfindung.

4. Abfindungsklauseln

573 Scheidet sonach ein Aktionär aufgrund Eröffnung des Insolvenzverfahrens über sein Vermögen aus der Gesellschaft aus, ist ihm hierfür grds. eine Abfindung zu gewähren. Im Grundsatz ist als **Abfindung** der volle Wert der Beteiligung zu gewähren, also der **Verkehrswert**. Ob eine Abfindung unter diesem Wert (z.B. „Buchwertklausel") erfolgen oder sogar insgesamt unterbleiben kann, ist im Einzelnen umstritten. Soweit eine solche Vereinbarung gegenüber dem Gesellschafter wirksam ist, wirkt sie auch gegenüber deren Gläubigern bzw. dem Insolvenzverwalter. Zulasten der Gesellschafter unwirksame Klauseln müssen auch die Gläubiger nicht hinnehmen.[1802] Ergibt sich ein **grobes Missverhältnis** zwischen satzungsmäßigem Abfindungswert und tatsächlichem Verkehrswert, führt dies nicht zur Unwirksamkeit, sondern nur zur **Anpassung der Satzungsbestimmung**.[1803] Nach wohl herrschender Ansicht ist eine **Beschränkung** der Abfindung oder der **Ausschluss** einer Abfindung im Fall der Insolvenz wegen **Gläubigerbenachteiligung** jedenfalls dann unzulässig, wenn die Satzung dies auf diese Fälle beschränkt und bei anderen in der Person des Gesellschafters liegenden Einziehungs- oder Ausschlussgründen ein (höheres) Entgelt festsetzt.[1804] Daneben besteht die Möglichkeit der Insolvenzanfechtung wegen Gläubigerbenachteiligung oder Unentgeltlichkeit.[1805]

5. Vinkulierungsklauseln

574 Umstritten ist, ob **Vinkulierungsklauseln**, die die Übertragbarkeit von Aktien an die Zustimmung Dritter knüpfen (§ 68 Abs. 2 AktG), auch **vom Insolvenzverwalter zu beachten sind**. Die eine Ansicht geht davon aus, dass auch der Insolvenzverwalter an eine Vinkulierungsklausel gebunden ist, denn der Insolvenzverwalter kann grds. nicht mehr Rechte geltend machen als der Gemeinschuldner.[1806] Im Rahmen der zu treffenden Zustimmungsentscheidung kommt aber den Interessen des (insolventen) Gesellschafters und der hinter ihm stehenden Gläubiger besondere Bedeutung zu. Nach a.A. hat dagegen eine Vinkulierungsklausel in der Insolvenz keine Bedeutung.[1807]

6. Gemeinschuldner als Vorstand

575 Die Eröffnung des Insolvenzverfahrens führt nicht automatisch dazu, dass der insolvente Gesellschafter seine etwaige Stellung als **Vorstand** verliert. Lediglich die strafrechtliche Verurteilung wegen eines Insolvenzdelikts führt zur Unvereinbarkeit mit dem Vorstandsamt (§ 76 Abs. 3 AktG) und zum Verlust der Stellung als Vorstand.[1808] Der **Verlust des Amtes** tritt ipso jure ein, ohne dass eine Abberufung erforderlich ist.[1809]

1801 BGH, GmbHR 2003, 1062 = DNotZ 2004, 62.
1802 Uhlenbruck/Hirte, InsO, § 11 Rn. 54.
1803 BGHZ 123, 281 = NJW 1993, 3193; Uhlenbruck/Hirte, InsO, § 11 Rn. 54.
1804 BGHZ 65, 22, 28 = NJW 1975, 1835, 1837; Michalski/Sosnitza, GmbHG, § 34 Rn. 52 ff.; Hüffer, AktG, § 237 Rn. 17.
1805 Uhlenbruck/Hirte, InsO, § 11 Rn. 54.
1806 MünchKomm-AktG/Bayer, § 68 Rn. 114; Lutter/Hommelhoff, GmbHG, § 15 Rn. 57; Uhlenbruck/Hirte, InsO, § 11 Rn. 55.
1807 Baumbach/Hueck/Fastrich, GmbHG, § 15 Rn. 63; Michalski/Ebbing, GmbHG, § 15 Rn. 251; MünchKomm-InsO/Lwowski, § 35 Rn. 243 und 262; Scholz/Winter, GmbHG, § 15 Rn. 209b.
1808 Michalski/Heyder, GmbHG, § 6 Rn. 86.
1809 Michalski/Heyder, GmbHG, § 6 Rn. 86.

7. Fortbestehen der Einlagepflichten

Etwa **noch ausstehende Einlagepflichten** werden durch die Insolvenz des Aktionärs nicht tangiert. Mangels gegenseitigen Vertrages besteht auch kein Insolvenzverwalterwahlrecht nach § 103 InsO. Die Gesellschaft kann wählen, ob sie die Einlageforderung als Insolvenzforderung geltend macht oder den Anteil kaduziert und nur den Ausfall zur Tabelle anmeldet (§ 64 Abs. 4 Satz 2 AktG).[1810] Führt die Insolvenz zum **Ausscheiden des Gesellschafters**, ist eine Aufrechnung der noch ausstehenden Einlagepflicht mit dem Abfindungsanspruch möglich. § 66 Abs. 1 AktG steht dem nicht entgegen.[1811]

576

[1810] Uhlenbruck/Hirte, InsO, § 11 Rn. 57.
[1811] Uhlenbruck/Hirte, InsO, § 11 Rn. 57.

§ 3 Europäische Gesellschaft (SE)

Inhaltsverzeichnis

	Rn.
A. Einführung	1
I. Einsatzmöglichkeiten der Europäischen Gesellschaft (SE)	4
II. Andere internationale Umstrukturierungsmöglichkeiten	5
1. Richtlinie zur grenzüberschreitenden Verschmelzung	5
2. Nach der SEVIC-Entscheidung	6
3. Europäische Genossenschaft	8
III. Erste Praxiserfahrungen mit der Europäischen Gesellschaft (SE)	9
IV. Beratungshinweise	10
B. Anwendbares Recht	11
I. Systematik der SE-VO	11
II. Normenhierarchie des Art. 9 SE-VO	13
C. Überblick über die Gründung einer Europäischen Gesellschaft (SE)	15
I. Primäre Gründungsvarianten	15
II. Sekundäre Gründungsvarianten	16
III. Gründungsvoraussetzungen	17
1. Gründereigenschaft	17
2. Mehrstaatlicher Bezug	18
3. Zwei-Jahres-Frist	19
D. Gründung einer Europäischen Gesellschaft (SE) im Einzelnen	21
I. Gründung durch Verschmelzung	21
1. Möglichkeiten der Gründung durch Verschmelzung	22
a) Verschmelzung zur Aufnahme	23
b) Verschmelzung durch Neugründung	24
2. Ablauf der Gründung durch Verschmelzung	25
3. Vorbereitungsphase	26
a) Aufstellung des Verschmelzungsplans	26
b) Inhalt des Verschmelzungsplans	27
aa) Firma und Sitz	27
bb) Umtauschverhältnis	30
cc) Übertragung der Aktien	31
dd) Beginn der Gewinnberechtigung	32
ee) Verschmelzungsstichtag	33
ff) Sonderrechte	34
gg) Vorteile für sonstige Beteiligte	35
hh) Satzung	36
ii) Angaben zum Verfahren über die Vereinbarung zur Arbeitnehmerbeteiligung	37
jj) Abfindungsangebot	38
kk) Weitere Angaben	39
c) Form des Verschmelzungsplans	40
d) Zulässigkeit einer Auslandbeurkundung	41
e) Verschmelzungsbericht	42
f) Bekanntmachung	45
g) Verschmelzungsprüfung	46
h) Einberufung zur Hauptversammlung	47
4. Beschlussphase	48
a) Zustimmungsbeschluss	48
aa) Mehrheitserfordernis	49
bb) Formerfordernis	50
cc) Genehmigungsvorbehalt	52
b) Kapitalerhöhung	52
c) Anerkennung des Spruchverfahrens	53
d) Zustimmung zur Satzung	54
5. Vollzugsphase	55
a) Rechtmäßigkeitsbescheinigung	56
b) Eintragung der Europäischen Gesellschaft (SE)	57
6. Ablauf in der Übersicht	58
II. Gründung einer Holding-SE	59
1. Ablauf der Holding- Gründung	62
2. Vorbereitungsphase	63
a) Aufstellung des Gründungsplans	63
b) Inhalt des Gründungsplans	64
c) Einbringungsquote	65
d) Gründungsbericht	67
e) Abfindungsangebot	71
f) Form des Gründungsplans	72
g) Prüfung	74
h) Offenlegung	79
i) Einberufung zur Hauptversammlung	80
3. Beschlussphase	81
a) Zustimmungsbeschluss	81
aa) Mehrheitserfordernis	82
bb) Formerfordernis	83
b) Genehmigungsvorbehalt	84
c) Anerkennung des Spruchverfahrens	85
4. Vollzugsphase	86
a) Einbringung der Anteile I/Frist	86
b) Offenlegung der Gründung	89
c) Einbringung der Anteile II/Nachfrist	90
d) Eintragungsverfahren	91
e) Möglichkeit eines squeeze-out-Verfahrens	94
5. Ablauf in der Übersicht	95
III. Gründung einer Tochter-SE	96
IV. Gründung einer SE durch Umwandlung	99
1. Ablauf der Gründung durch Umwandlung	101
2. Vorbereitungsphase	103
a) Aufstellung des Umwandlungsplans	103
b) Inhalt des Umwandlungsplans	104
aa) Form	106

3. Umwandlungsbericht 108
4. Offenlegung 109
5. Prüfung 110
6. Einberufung der Hauptversammlung 112
V. Beschlussphase 113
 1. Zustimmungsbeschluss 114
  a) Mehrheitserfordernis 114
  b) Form 115
 2. Organe der Gesellschaft 116
VI. Vollzugsphase 117
 1. Ablauf in der Übersicht 120
VII. Eigengründung 121
E. **Sitzverlegung** 123
I. Begriff Sitz und Hauptverwaltung 123
II. Ablauf der Sitzverlegung 125
III. Vorbereitungsphase 126
 1. Aufstellung des Verlegungsplans 126
  a) Mindestinhalt des Verlegungsplans 127
  b) Abfindungsangebot 128
 2. Form des Verlegungsplans 131
 3. Verlegungsbericht 132
 4. Prüfung 133
 5. Einberufung der Hauptversammlung 134
IV. Beschlussphase 135
 1. Zustimmungsbeschluss der Hauptversammlung 135
 2. Mehrheitserfordernis 136
 3. Formerfordernis 137
V. Vollzugsphase 138

1. Rechtmäßigkeitsbescheinigung 139
2. Eintragung im Wegzugstaat 140
3. Eintragung im Zuzugstaat 141
VI. Ablauf in der Übersicht 142
F. **Rückumwandlung~Teilnahme an Umwandlungen nach dem UmwG** 143
I. Rückumwandlung (Art. 66 SE-VO) 143
II. Teilnahme an Umwandlungen nach dem UmwG 145
G. **Arbeitnehmerbeteiligung in der Europäischen Gesellschaft (SE)** 146
I. Einführung 146
II. Ablauf 147
 1. Aufforderung zur Bildung des bVg 147
 2. Bildung des bVg 148
 3. Beginn der Verhandlungen 149
 4. Vereinbarung 151
 5. Auffanglösung 152
 6. Dauer der Verhandlungen 154
 7. Neuaufnahme der Verhandlungen 155
 8. Praxiserfahrungen 156
III. SE als Vehikel aus der Mitbestimmung ... 157
 1. Verschmelzung mit einer plc 158
 2. Verschmelzung zu einer mitbestimmungsfreien SE in Deutschland 160
 3. Sitzverlegung einer mitbestimmungsfreien SE nach Deutschland 161
IV. Arbeitnehmerlose (Vorrats-) SE 162

Kommentare und Gesamtdarstellungen:

Baumbach/Hopt, Kommentar zum Handelsgesetzbuch, 32. Aufl. 2006; *Beck'sches Notarhandbuch*, 4. Aufl. 2006; *Eidenmüller*, Ausländische Kapitalgesellschaften im deutschen Recht, 2004; *Fleischhauer/Preuß*, Handelsregisterrecht, 2006; *Grabitz/Hilf*, EGV Kommentar, Loseblatt, Stand: Oktober 2006; *Habersack*, Europäisches Gesellschaftsrecht, 2. Aufl. 2003; *Heckschen/Heidinger* Die GmbH in der Gestaltungspraxis, 2005; *Hüffer*, AktG, 7. Aufl. 2006; *Jannott/Frodermann*, Handbuch der Europäischen Aktiengesellschaft – Societas Europaea, 2005; *Kalss/Hügel*, Europäische Aktiengesellschaft SE-Kommentar, 2004; *Lutter*, Umwandlungsgesetz, 3. Aufl. 2004; *Lutter/Hommelhoff*, Die Europäische Gesellschaft, 2005; *Mahi*, Die Europäische Aktiengesellschaft Societas Europaea – SE –, 2004; *Manz/Mayer/Schröder*, SE-VO-Kommentar, 2005; *Münchener Kommentar zum Aktienrecht*, 2. Aufl. 2000 – 2006; *Nagel/Freis/Kleinsorge*, Die Beteiligung der Arbeitnehmer in der Europäischen Gesellschaft, 2005; *Oplustil/Teichmann*, (Hrsg.), The European Company – all over Europe – A state-by-state account of the introduction of the European Company –, 2004; *Scheifele*, Die Gründung der Europäischen Aktiengesellschaft (SE), 2004; *Schmitt/Hörtnagl/Stratz*, Umwandlungsgesetz, Umwandlungssteuergesetz: UmwG, UmwStG, 4. Aufl. 2006; *Schwarz*, SE-VO Kommentar, 2006; *Schwarz*, Europäisches Gesellschaftsrecht, 2000; *Semler/Stengel*, UmwG, 2003; *Straube/Aichner*, Handbuch zur Europäischen Aktiengesellschaft, 2006; *Streinz*, EUG/EGV, 2003; *Theisen/Wenz*, Die Europäische Aktiengesellschaft, 2. Aufl. 2005.

Formularbücher und Mustersammlungen:

Fleischhauer/Preuß, Handelsregisterrecht, 2006; *Widmann/Mayer*, Umwandlungsrecht, Loseblatt Stand: 2007.

Aufsätze und Rechtsprechungsübersichten:

Adams, Das Ende der Mitbestimmung, ZIP 2006, 1561; *Blanke*, Europäische Aktiengesellschaft ohne Arbeitnehmerbeteiligung?, ZIP 2006, 789; *ders*., Dynamik und Konturen des europäischen Sozialmodells: Warum der Zug nach Europa nicht zu stoppen ist, NZA 2006, 1304; *Blanquet*, Das Statut der Europäischen Aktiengesellschaft (Societas Europaea „SE"), ZGR 31 (2002), 20; *Brandes*, Cross Border Merger mittels SE, AG 2005, 177; *Brandt*, Überlegungen zu einem SE-Ausführungsgesetz, NZG 2002, 992; *Brandt/Scheifele*, Die Europäische Aktiengesellschaft und das anwendbare Recht, DStR 2002, 547; *Bungert*, Grenzüberschreitende Verschmelzungsmorbidität – Anmerkung zur Sevic-Entscheidung des EuGH, BB 2006, 53; *Bungert/Beier*, Die Europäische Aktiengesellschaft, EWS 2002, 1; *Casper*, Der Lückenschluss im Statut der Europäischen Aktiengesellschaft, in: FS für Ulmer, 2003, S. 51; *Cordewener*, Deutsche Unternehmensbesteuerung und europäische Grundfreiheiten – Grundzüge des materiellen und formellen Rechtsschutzsystems der EG, DStR 2004, 6; *Dorr/Stukenborg*, „Going to the Chapel": Grenzüberschreitende Ehen im Gesellschaftsrecht – Die ersten transnationalen Verschmelzungen nach „Inspire Art", DB 2003, 647; *Drygala*, Die Mauer bröckelt – Bemerkungen zur Bewegungsfreiheit deutscher Unternehmen in Europa, ZIP 2005, 1995; *Eidenmüller*, Wettbewerb der Gesellschaftsrechte in Europa, ZIP 2002, 2233; *Enriques*, Schweigen ist Gold: Die Europäische Aktiengesellschaft als Katalysator für regulative Arbitage im Gesellschaftsrecht, ZGR 2004, 735; *Fleischer*, Ungeschriebene Hauptversammlungszuständigkeiten im Aktienrecht: Von „Holzmüller" zu „Gelatine", NJW 2004, 2335; *Freudenberg*, Arbeitnehmerbeteiligung ohne Arbeitnehmer?, GmbHR 2006, R125; *Frodermann/Jannott*, Zur Amtszeit des Verwaltungs- bzw. Aufsichtsrates der SE, ZIP 2005, 2251; *Geyerhalter/Weber*, Die Schlussanträge des Generalanwalts in Sachen SEVIC Systems Aktiengesellschaft – Niederlassungsfreiheit über Alles, NZG 2005, 837; *Goette*, Auslandsbeurkundung im Kapitalgesellschaftsrecht, DStR 1996, 709; *ders.*, Auslandsbeurkundung im Kapitalgesellschaftsrecht, in: FS für Boujong, 1996, S. 131; *Hahn*; Der Entwurf des SEStG: Geplante Änderungen bei grenzüberschreitenden Fusionen, GmbHR 2006, 617; *Heckschen*, Ist das deutsche Umwandlungsrecht gemeinschaftsrechtswidrig?, NotBZ 2005, 315; *ders.*, Die Europäische Aktiengesellschaft aus notarieller Sicht, DNotZ 2003, 251; *Heuschmid/Schmidt*, Die europäische Aktiengesellschaft – auf dem Weg in die Karibik?, NZG 2007, 54; *Hirte*, Die Europäische Aktiengesellschaft, NZG 2002, 1; *ders.*, Die Europäische Aktiengesellschaft – ein Überblick nach In-Kraft-Treten der deutschen Ausführungsgesetzgebung, (Teil I), DStR 2005, 653; *Hoffmann*, Die Bildung der Aventis S. A. – ein Lehrstück des europäischen Gesellschaftsrechts, NZG 1999, 1077; *Hohenlohe/Rautenstrauch/Adrian*, Der Entwurf des SEStEG: Geplante Änderungen bei inländischen Verschmelzungen, GmbHR 2006, 623; *Hommelhoff*, Einige Bemerkungen zur Organisationsverfassung der Europäischen Aktiengesellschaft, AG 2001, 279; *ders.*, Satzungsstrenge und Gestaltungsfreiheit in der Europäischen Aktiengesellschaft, in: FS für Peter Ulmer, 2003, 267; *Hopt*, Europäische Aktiengesellschaft – per aspera ad astra?, EuZW 2002, 1; *Horn*, Die Europa-AG im Kontext des deutschen und europäischen Gesellschaftsrechts, DB 2005, 147; *Ihrig/Wagner*, Das Gesetz zur Einführung der Europäischen Gesellschaft (SEEG) auf der Zielgeraden, BB 2004, 1749; *Jahn/Herfs-Röttgen*, Die Europäische Aktiengesellschaft – Societas Europaea, DB 2001, 631; *Kallmeyer*, Die Europäische Aktiengesellschaft – Praktischer Nutzen und Mängel des Statuts, AG 2003, 197; *Kalss*, Der Minderheitenschutz bei der Gründung einer SE nach dem Diskussionsentwurf, ZGR 2003, 593; *Kalss/Greda*, Die Europäische Gesellschaft (SE) österreichischer Prägung nach dem Ministerialentwurf, GesRZ 2004, 91; *Kleinsorge*, Europäische Gesellschaft und Beteiligungsrechte der Arbeitnehmer, RdA 2002, 343; *Koppensteiner*, Zur grenzüberschreitenden Verschmelzung, Der Konzern, 2006, 40; *Kocher*, Die Europäische Gesellschaft (SE) in Finnland, RIW 2006, 168; *Kossmann/Heinrich*, Möglichkeiten der Umwandlung einer bestehenenden SE, ZIP 2006, 164; *Kraft/Bron*, Grundfreiheiten und grenzüberschreitende Verschmelzung im Lichte aktueller EuGH-Rechtsprechung (Sevic), IStR 2006, 26; *Kübler*, Mitbestimmungsfeindlicher Mißbrauch der Societas Europaea?, in: FS für Raiser, 2005, 247; *Lange*, Überlegungen zur Umwandlung einer deutschen in eine Europäische Aktiengesellschaft, EuZW 2003, 301; *Lutter*, Europäische Aktiengesellschaft – Rechtsfigur mit Zukunft?, BB 2002, 1; *ders.*, Genügen die vorgeschlagenen Regelungen für eine „Europäische Aktiengesellschaft"?, AG 1990, 413; *Merkt*, Die monistische Unternehmensverfassung für die Europäische Aktiengesellschaft aus deutscher Sicht, ZGR 2003, 650; *Müller-Bonanni/de Beauregard*, Die Mitbestimmung in der Societas Europaea, GmbHR 2005, 195; *Menjucq*, Das „monistische" System der Unternehmensleitung in der SE, ZGR 2003, 679; *Neye/Teichmann*, Der Entwurf für das Ausführungsgesetz zu Europäischen Aktiengesellschaft, AG 2003, 169; *Nießen*, Die internationale Zuständigkeit im Spruchverfahren, NZG 2006, 441; *Noack*, Pflichtbekanntmachungen bei der GmbH: Neue Regeln durch das Justizkommunikationsgesetz, DB 2005, 599; *Oechsler*, Die Sitzverlegung der Europäischen Aktiengesellschaft nach Art. 8 SE-VO, AG 2005, 373; *Oetker*, Die Beteiligung der Arbeitnehmer in der Europäischen Aktiengesellschaft, (SE) unter besonderer Berücksichtigung der leitenden Angestellten, BB-Special 2005, 2; *ders.*, Unternehmensmitbestimmung in der SE kraft Vereinbarung, ZIP 2006, 1113; *Pluskat*, Die Arbeitnehmerbeteiligung in der geplanten Europäischen Aktiengesellschaft, DStR 2001, 1483; *ders.*, Die neuen Vorschläge für die Europäische Aktiengesellschaft, EuZW 2001, 524; *Priester*, EU-Sitzverlegung – Verfahrensablauf, ZGR 1999, 36; *van Randenborgh/Kallmeyer*, Pro und Contra: Beurkundung gesellschaftsrechtlicher Rechtsgeschäfte durch ausländische Notare, GmbHR 1996, 908; *Redeker*, Se und ihr Erfolg in der Praxis – eine Zwischenbilanz, AG 2006, R343; *Rehberg*, Die missbräuchliche Verkürzung der unternehmerischen Mitbestimmung durch die Societas Europaea, ZGR, 2005, 859; *Rieble*, Unternehmensmitbestimmung vor dem Hintergrund europarechtlicher Entwicklungen, NJW 2006, 2214; *Ringe*, Mitbestimmungrechtliche Folgen einer SE-Sitzverlegung, NZG 2006, 931; *Rixen/Böttcher*, Erfahrungsbericht über eine transnationale Verschmelzung, GmbHR 1993, 572; *Sagasser/Swienty*, Die Gründung einer Europäischen Aktiengesellschaft im Wege der Verschmelzung – Zur Praktikabilität des SE-Statuts in der Entwurfsfassung vom 6./16.5.1991, DStR 1991, 1188; Erfahrungsbericht über eine transnationale Verschmelzung, GmbHR 1993, 572; *Schmidt*, „Offshore in drei Zügen" – Die Europäische Aktiengesellschaft (SE) als „Fähre" auf die Cayman Islands, DB 2006, 2221; *Schulz /Geismar*, Die Europäische Aktiengesellschaft – Eine kritische Bestandsaufnahme, DStR 2001, 1078; *Schwarz*, Zum Statut der Europäischen Aktiengesellschaft, ZIP 2001, 1847; *Schwarz/Lösler*, Das Recht der europäischen Aktiengesellschaft, NotBZ 2001, 117, NotBZ 2001, 117; *Seibt*, Arbeitnehmerlose Societas Europaea, ZIP 2003, 2248; *Siems*, Der letzte Mosaikstein im Internationalen Gesellschaftsrecht der EU?, EuZW 2006, 135; *Sonnenberger/Bauer*, Vorschlag des Deutschen Rates für Internationales Privatrecht für eine Regelung des Internationalen Gesellschaftsrechts auf europäischer/ nationaler Ebene, RIW Beilage zu Heft 4, 1; *Teichmann*, Die Einführung der Europäischen Aktiengesellschaft, ZGR 2002, 383; *ders.*, Austrittsrecht und Pflichtangebot bei Gründung einer Europäischen Aktiengesellschaft, AG 2004, 67; *ders.*, Minderheitenschutz bei der Gründung und Sitzverlegung der SE, ZGR 2003, 367; *Thoma/Leuering*, NJW 2002, 1449; *van Hulle*, Aktuelle Entwicklungen im europäischen Gesellschaftsrecht, EWS 2000, 521; *van Randenborgh/ Kallmeyer*, Pro und Contra: Beurkundung gesellschaftsrechtlicher Rechtsgeschäfte durch ausländische Notare?, GmbHR 1996, 908; *Waclawik*, Die Europäische Aktiengesellschaft (SE) als Konzerntochter- und Joint Venture-Gesellschaft, DB 2006, 1827; *Wollburg/Banerjea*, Die Reichweite der Mitbestimmung in der Europäischen Gesellschaft, ZIP 2005, 277; *Wicke*, Die Europäische Aktiengesellschaft, MittBayNot 2006, 196.

A. Einführung

Neben den klassischen Kapitalgesellschaftsformen GmbH, AG und der Sonderform der KGaA kann seit dem 8.10.2004 auch die **Europäische (Aktien-)Gesellschaft** (Societas Europaea; kurz SE) als Rechtsform für eine Unternehmung gewählt werden.[1] Die Regelungen über die Europäische Gesellschaft (SE) finden sich in der **Verordnung (EG) Nr. 2157/2001** des Rates vom 8.10.2001 über das Statut der Europäischen Gesellschaft[2] (SE-VO).[3] Natürlichen Personen steht die Europäische Gesellschaft (SE) allerdings nicht als Rechtsform für die Gründung einer Gesellschaft offen. Die natürliche Person muss sich daher noch des „Umwegs" über die Kapitalgesellschaft bedienen. Eine logische Sekunde nach der Eintragung der SE können alle Aktien auf eine natürliche Person übergehen.

Gleichzeitig mit der Verordnung ist die **Richtlinie 2001/86/EG** vom 8.10.2001 zur Ergänzung des Statuts der Europäischen Gesellschaft hinsichtlich der Beteiligung der Arbeitnehmer,[4] (SE-RL) verabschiedet worden.[5]

Verordnungen der EU bedürfen – im Gegensatz zu europäischen Richtlinien – keiner Umsetzung in nationales Recht. Verordnungen entfalten mit In-Kraft-Treten unmittelbar Wirkung in den Mitgliedstaaten.[6] Die SE-VO ist aber eine sog. **„unvollständige" oder „hinkende" Verordnung**.[7] Teilweise ordnet die SE-

---

1 Zur Terminologie „Europäische Gesellschaft" oder „Europäische Aktiengesellschaft": Hirte, DStR 2005, 653.
2 VO 2157/2001/EG v. 8.10.2001, ABl. EG Nr. L 294, 1, zur Entwicklung vgl. auch: Blanquet, ZGR 2002, 20 ff.; Hirte, NZG 2002, 1; Jahn/Herfs-Röttgen, DB 2001, 631; Schwarz, ZIP 2001, 1847; Schwarz/Lösler, NotBZ 2001, 117; Schulz/Geismar, DStR 2001, 1078; Teichmann, ZGR 2002, 383; Wenz, in: Theisen/Wenz, Die Europäische Aktiengesellschaft, A. III., S. 27 ff.
3 Gemäß des Beschlusses Nr. 93/2002 des gemeinsamen EWR Ausschusses v. 25.6.2002 über die Erweiterung des Anhangs XXII um die Verordnung (EG) Nr. 2157/2001 des Rates v. 8.10.2001, ABl. L 266/69 v. 3.10.2002.
4 RL 2001/86/EG v. 8.10.2001, ABl. EG Nr. L 294, 22; zu den Texten der Verordnung, Richtlinie und des Ausführungs- und Beteiligungsgesetzes auch Neye, 2005, 1 ff.
5 Zur geschichtlichen Entwicklung vgl. Schwarz, SE-VO, Einl. Rn. 2; Theisen/Wenz, in: Theisen/Wenz, Die Europäische Aktiengesellschaft, B. II. S. 27 ff.; Jannott/Frodermann, Handbuch der Europäischen Aktiengesellschaft, Kap. 1 Rn. 1 ff.
6 Vgl. zur Regelungstechnik auf europäischer Ebene: Nettesheim, in: Grabitz/Hilf, EGV, Art. 249 Rn. 104 ff.; zur Verordnung Rn. 110 (August 2002).
7 Vgl. Kalss/Greda, in: Kalss/Hügel, Europäische Aktiengesellschaft, Allgemeiner Teil Rn. 10 m.w.N. zu dieser Regelungstechnik.

VO an, dass der nationale Gesetzgeber Regelungen zu treffen hat (so in Art. 64 Abs. 1 SE-VO), teilweise ist der nationale Gesetzgeber zu einer Regelung ermächtigt (so z.B. Art. 19 SE-VO). Die Regelungsaufträge hat der Gesetzgeber in dem Gesetz zur Einführung der Europäischen Gesellschaft (SEEG)[8] wahrgenommen.[9] Die Arbeitnehmerbeteiligungsrichtlinie ist in dem Gesetz über die Beteiligung der Arbeitnehmer in einer Europäischen Gesellschaft (SEBG)[10] umgesetzt.

3 Europäische Gesellschaften (SE) werden zwar in allen Mitgliedsstaaten der EU dasselbe Grundgerüst haben, aber auch immer in erheblichem Umfang **nationale Eigenarten** besitzen.[11] Daher wird es **keine einheitliche „europäische" Europäische Gesellschaft** geben, sondern z.B. deutsche oder französische Europäische Gesellschaften (SE). Die Europäische Gesellschaft (SE) kann in allen Mitgliedsstaaten der EU, sowie in den Unterzeichnerstaaten des Abkommens über den **Europäischen Wirtschaftsraum (EWR)** gegründet werden.[12]

I. Einsatzmöglichkeiten der Europäischen Gesellschaft (SE)

4 Die Gründung einer Europäischen Gesellschaft (SE) kommt **für europaweit agierende Konzerne**, die derzeit gesellschaftsrechtlich noch nicht integriert sind, in Betracht. Für solche Konzerne besteht die Möglichkeit, ihre Tochtergesellschaften europaweit einheitlich zu strukturieren (vgl. Rn. 9 ff.). Hierbei sind allerdings auch die **nationalen Regelungen** für bestehende AG zu beachten. Für AG aus den neuen Mitgliedstaaten der EU könnte die Rechtsform der Europäischen Gesellschaft (SE) wegen ihres Seriositätsvorsprungs vor den nationalen Rechtsformen eine Option darstellen.[13] Die Europäische Gesellschaft (SE) eignet sich aber auch als Rechtsform für Gesellschaften, die auf nationale Interessen Rücksicht nehmen müssen. Durch die Wahl der europäischen Rechtsform können **staatliche Empfindlichkeiten umgangen werden**. Für **kleine und mittlere Unternehmen** bietet die Europäische Gesellschaft (SE) Einsparmöglichkeiten, weil an der Spitze einer Europäischen Gesellschaft (SE) mit einem monistischen Leitungssystem nur zwei Personen stehen müssen und nicht vier wie beim dualistischen System.[14]

II. Andere internationale Umstrukturierungsmöglichkeiten

1. Richtlinie zur grenzüberschreitenden Verschmelzung

5 Neben der Möglichkeit, eine Europäische Gesellschaft (SE) zu gründen, bestehen noch weitere Möglichkeiten für Unternehmen, auf internationaler Ebene umzustrukturieren.[15]

Spätestens ab Dezember 2007 wird es auch auf ausdrücklicher gesetzlicher Grundlage möglich sein, nationale Kapitalgesellschaften (rechtssicher) grenzüberschreitend zu verschmelzen. Der Europäische Rat und das Europäische Parlament haben am 26.10.2005 die **Verschmelzungsrichtlinie**[16] verabschiedet. Diese Richtlinie muss bis Ende Dezember 2007 von den Mitgliedstaaten in nationales Recht umgesetzt sein.

---

8 BGBl. 2004 I, S. 3675.
9 Der Stand der Umsetzung in den einzelnen Mitgliedstaaten kann unter folgender Internetadresse abgerufen werden: www.seeurope-network.org/homepages/seeurope/countries/cross-borderaspects/transposition.html.
10 BGBl. 2004 I, S. 3686.
11 Hommelhoff, AG 2001, 279, 285; Lutter, BB 2002, 1, 2; Thoma/Leuering, NJW 2002, 1449, 1450; Hopt, EuZW 2002, 1; Ulmer spricht von der nationalen AG im Europäischen Gewand: FAZ v. 21.3.2001, S. 30; ähnlich: Lutter, AG 1990, 413, 414.
12 Vgl. hierzu etwa Cordewener, DStR 2004, 6; Rehm, in: Eidenmüller, Ausländische Kapitalgesellschaften im deutschen Recht, § 2 Rn. 47; soweit im Text von Mitgliedstaaten gesprochen wird, sind auch immer die Staaten des EWR gemeint und nicht nur die Mitgliedstaaten der EU.
13 Horn, DB 2005, 147, 153.
14 Heckschen, in: Widmann/Mayer, Umwandlungsrecht, Anhang 14 Rn. 24.
15 Zu den klassischen Möglichkeiten grenzüberschreitender Umstrukturierungen vgl. Hoffmann, NZG 1999, 1077; Rixen/Böttcher, GmbHR 1993, 572.
16 RL 2005/56/EG/EU v. 26.10.2005, ABl. Nr. L 310, 1 [Richtlinie für die Verschmelzung von Kapitalgesellschaften aus verschiedenen Mitgliedstaaten].

Danach wird es zumindest Kapitalgesellschaften möglich sein, sich grenzüberschreitend zu verschmelzen (vgl. Art. 2 der Richtlinie). Durch die Verschmelzung entsteht aber **nur eine Gesellschaft nationalen Rechts** und keine europaweit anzutreffende Rechtsform. Die in §§ 122a ff. UmwG vorgesehene nationale Umsetzung erfasst jedoch ausschließlich Kapitalgesellschaften und nur Verschmelzungen und z.B. keine Spaltungen.

2. Nach der SEVIC-Entscheidung

Der EuGH hat diese gesetzgeberische Entwicklung durch seine Entscheidung in Sachen „**SEVIC-Systems**"[17] bereits vorweggenommen. In dieser Entscheidung hat der EuGH die Beschränkung der Anwendung des deutschen UmwG auf „Rechtsträger mit Sitz im Inland" als **Verstoß gegen die Niederlassungsfreiheit** aus Art. 43, 48 EGV gewertet.

6

In dem entschiedenen Fall sollte die Security Vision mit Satzungssitz in einem Mitgliedstaat der EU (Luxemburg) auf die SEVIC Systems AG mit Sitz in Deutschland verschmolzen werden. Aus deutscher Sicht handelte es sich mithin um einen **Fall der Hereinverschmelzung**. Das zuständige Registergericht lehnte den Antrag auf Eintragung in das Handelsregister unter Hinweis auf § 1 Abs. 1 Satz 1 UmwG ab. Dieser sieht vor, dass nur Rechtsträger mit Sitz im Inland an Umwandlungen teilnehmen können. Der EuGH hat in seiner Entscheidung festgestellt, dass die Hineinverschmelzung der Niederlassungsfreiheit i.S.v. Art. 43, 48 EGV unterfällt und § 1 Abs. 1 Satz 1 UmwG zumindest in dieser Fallkonstellation gegen Europarecht verstoße. Eine Beschränkung dieser Grundfreiheit aus den europäischen Verträgen sei zwar grds. durch **zwingende Gründe des Allgemeinwohls** möglich, der generelle Ausschluss von Rechtsträgern mit einem Satzungssitz in einem anderen Mitgliedstaat von Teilnahmen an Umwandlungen gehe aber über das hinaus, was hierzu erforderlich sei.[18]

Der EuGH versteht die Niederlassungsfreiheit **äußerst weit**. Der Verschmelzungsvorgang auf Seiten der übertragenden Gesellschaft ist mit einer „Bewegung" verbunden und zieht zwangsläufig den Verlust der Rechtspersönlichkeit nach sich.[19] Rechtspolitisch ist der **Zeitpunkt der Entscheidung unglücklich**, da der Gerichtshof damit der Umsetzung der Richtlinie 2005/56/EG des Europäischen Parlaments und des Rates v. 26.10.2005 über die Verschmelzung von Kapitalgesellschaften aus verschiedenen Mitgliedstaaten[20] vorgreift. Nach der EuGH-Entscheidung ist es **bereits jetzt möglich**, grenzüberschreitende Verschmelzungen vorzunehmen. Zwar ist im konkreten Fall nur über eine Hereinverschmelzung nach Deutschland entschieden worden, bei dem sehr weiten Verständnis des EuGH von der Niederlassungsfreiheit ist jedoch davon auszugehen, dass auch Herausverschmelzungen und ggf. sogar Sitzverlegungen nach dem Verständnis des EuGH unter die Niederlassungsfreiheit fallen.[21]

Der nationale Gesetzgeber hat bereits auf diese Entwicklungen reagiert und am 11.8.2006 einen **Regierungsentwurf zur Änderung des UmwG** vorgelegt.[22] In einem zehnten Abschnitt sollen in den §§ 122a – 122l UmwG grenzüberschreitende Verschmelzungen zugelassen werden. Der Entwurf beschränkt sich auf die Umsetzung der Richtlinie, eine generelle Zulassung von grenzüberschreitenden Umwandlungen durch Streichung der Formulierung „Rechtsträger mit Sitz im Inland" ist nicht vorgesehen. Grenzüber-

7

---

17 EuGH, DB 2005, 2804 = ZIP 2005, 2311 = DStR 2006, 49 = IStR 2006, 32, Anm. von Bungert, BB 2006, 53; Kraft/Bron, IStR 2006, 26; Drygala, Anm. zum EuGH, Urt. i.S. „SEVIC" EWiR 2006, 25 zum Schlussantrag des Generalanwalts: Drygala, ZIP 2005, 1995.
18 EuGH, DB 2005, 2804 = ZIP 2005, 2311 = DStR 2006, 49 = IStR 2006, 32.
19 Heckschen, NotBZ 2005, 315, 319 m.w.N. in Fn. 38.
20 RL 2005/56/EG/EU v. 26.10.2005, ABl. Nr. L 310, 1 [Richtlinie für die Verschmelzung von Kapitalgesellschaften aus verschiedenen Mitgliedstaaten].
21 EuGH, DB 2005, 2804 = ZIP 2005, 2311 = DStR 2006, 49 = IStR 2006, 32, Heckschen, NotBZ 2005, 315, 319; Geyerhalter/Weber, NZG 2005, 837 (jeweils zu den Schlussanträgen), dagegen Siems, EuZW 2006, 135, 139; kritisch: Heckschen, in: Widmann/Mayer, Umwandlungsgesetz, § 1 UmwG Rn. 238 ff.
22 Regierungsentwurf v. 11.8.2006, BR-Drucks. 548/06.

schreitende Umwandlungen will der nationale Gesetzgeber im übrigen außerhalb des UmwG durch eine Neuregelung im EGBGB regeln.[23]

3. Europäische Genossenschaft

8   Seit dem 18.8.2006 kann in den Mitgliedstaaten auch eine Europäische Genossenschaft nach den Vorschriften der Verordnung über das **Statut der Europäischen Genossenschaft (SCE-VO**[24]**)** gegründet werden. In Art. 80 Abs. 2 SCE-VO ist dieses Datum vorgesehen. Die SCE-VO lässt die Gründung einer Europäischen Genossenschaft **durch Gesellschaften i.S.d. Art. 48 Abs. 2 EGV** zu (vgl. Art. 2 Abs. 1 SCE-VO). Eine Europäische Genossenschaft kann wie die Europäische Gesellschaft (als Tochter) gegründet werden (Art. 2 Abs. 1 Satz 3 SCE-VO), durch Verschmelzung von nationalen Genossenschaften (Art. 2 Abs. 1 Satz 4 SCE-VO) sowie durch Umwandlung einer nationalen Genossenschaft in eine Europäische Genossenschaft (Art. 2 Abs. 1 Satz 5 SCE-VO).

III. Erste Praxiserfahrungen mit der Europäischen Gesellschaft (SE)

9   Die **erste Europäische Gesellschaft (SE)** wurde am 12.10.2004 in Österreich in das Firmenbuch (österreichisches Pendant zum deutschen Handelsregister) eingetragen. Dabei handelt es sich um die BAU-HOLDING STRABAG SE.[25]

In Deutschland haben sich mittlerweile die beiden Großkonzerne Allianz[26] und MAN Diesel[27] für die Rechtsform der Europäischen Gesellschaft (SE) entschieden. Für die Gesellschaften war **die internationale Ausrichtung** der Europäischen Gesellschaft (SE) ein entscheidender Aspekt für die Wahl der Rechtsform.[28] Zu der Verschmelzung der Allianz zu einer SE hat der Chefsyndikus der Allianz SE allerdings kritisch angemerkt, dass gerade die Vereinbarung über Beteiligung der Arbeitnehmer einen hohen Aufwand bei dem Rechtformwechsel in die SE darstelle.[29] Auch die Fresenius AG plant die Umwandlung in eine SE. Die Hauptversammlung hat gemäß Art. 37 Abs. 7 SE-VO dem Umwandlungsplan bereits zugestimmt.[30]

Auch einige kleine und mittlere Unternehmen haben bereits **Europäische Gesellschaften (SE)** in Deutschland gegründet. So die „Go East Invest" SE (Berlin), die „Atrium Erste Europäische VV" SE (Düsseldorf) oder die „Zoll Pool Hafen Hamburg" SE.[31] Im Fall der „Zoll Pool Hafen Hamburg" SE hatten 16 beteiligte Unternehmen aus Deutschland und Italien allerdings die relativ einfache Variante der Tochter-SE Gründung gemäß Art. 2 Abs. 3 SE-VO gewählt. Allerdings **lehnte das Registergericht** in Hamburg die Eintragung mangels einer Vereinbarung über die Beteiligung der Arbeitnehmer ab.[32]

---

23   Vgl. Sonnenberger/Bauer, RIW Beilage I zu Heft 4, S. 1 ff.
24   VO 1435/2003/EG v. 22.7.2003, ABl. EG Nr. L 207, 1.
25   Vgl. die Mitteilung des österreichischen Bundeskanzleramtes v. 25.10.2004, die unter folgender Internetadresse abgerufen werden kann: www.austria.gv.at/DesktopDefault.aspx?TabID=3397&Alias;=BKA&infodate;=25.10. 2004.
26   Vgl. auch www.allianz.com/de/allianz_gruppe/presse/news/finanznews/allianz_aktie_und_anleihen/news1.html und siehe auch FAZ v. 13.9.2005, S. 21 und Handelsblatt v. 13.9.2005, S. 1; AG München – Registergericht – HRB 164232.
27   Siehe dazu: www.man.de/fileadmin/Downloads/Presse_de/2006/060830_PR_SE_dt.pdf.
28   Vgl. für die Allianz SE: FAZ v. 5.4.2006, S. 27, für die STRABAG SE, Mitteilung des österreichischen Bundeskanzleramtes v. 25.10.2004, die unter folgender Internetadresse abgerufen werden kann: http://www.austria.gv.at/DesktopDefault.aspx?TabID=3397&Alias;=BKA&infodate;=25.10.2004; MAN Diesel SE: www.man.de/fileadmin/Downloads/Presse_de/2006/060830_PR_SE_dt.pdf
29   Vgl. FAZ v. 5.4.2006, S. 27
30   www.fresenius.de/internet/fag/de/faginpub.nsf/Content/P-Info+2006+12+04.
31   Die „Zoll Poll Hafen Hamburg SE" wurde nicht eingetragen, vgl. dazu die Entscheidungen: AG Hamburg, ZIP 2005, 2017, 2018; LG Hamburg, ZIP 2005, 2018, 2019.
32   Im folgenden Rechtsstreit bestätigten sowohl das AG wie auch das LG Hamburg diese Entscheidung, vgl. AG Hamburg, ZIP 2005, 2017, 2018; LG Hamburg, ZIP 2005, 2018, 2019.

Für die Zukunft steht allerdings in Frage, inwieweit die Europäische Gesellschaft (SE) ihre Attraktivität beibehält, da Unternehmen künftig auch der Weg einer Umstrukturierung über die Verschmelzungsrichtlinie[33] bzw. über §§ 122a ff. UmwG offen steht. Insb. wenn die Sitzverlegungsrichtlinie[34] beschlossen werden sollte und der Gesetzgeber auch im deutschen Aktienrecht ein monitsischen Leitungssystem einführen würde, würden gewichtige Vorteile der SE schwinden.

IV. Beratungshinweise

Bei der Beratung zur Europäischen Gesellschaft sollte auf folgende Vor- und Nachteile hingewiesen werden:

10

Vorteile	Nachteile
Europäische Rechtsform	I.d.R. hohe Beratungsintensität
Möglichkeit grenzüberschreitender Umstrukturierungen durch Verschmelzung, Holding-Bildung oder Joint-Venture-Unternehmen (Tochter-SE)	Bei Gesellschaften mit vielen Arbeitnehmern besteht die Gefahr, dass es sehr lange dauert, bis eine Vereinbarung über die Beteiligung der Arbeitnehmer erzielt wird
Die Rechtsform der Europäischen Gesellschaft (SE) ermöglicht eine Sitzverlegung auf sicherer Rechtsgrundlage über die Grenzen hinweg	Bei der Gründung sind i.d.R. mehrere Rechtsordnungen zu berücksichtigen
Vermeidung alternativer und kostenintensiverer Zusammenschlusskonstruktionen über die Grenzen innerhalb der EU/des EWR hinweg	Lückenhaftigkeit der Regelungen bei der Gründung einer Holding-SE
Möglichkeit eines monistischen Leitungssystems nach anglo- amerikanischem Vorbild	Rechtsunsicherheit insb. noch bei der Frage der Arbeitnehmerbeteiligung
Möglichkeit den deutschen Regelungen über die Mitbestimmung zu entgehen	Noch sehr unbekannte Rechtsform
Marketinggewinn durch die Rechtsform der Europäischen Gesellschaft (SE)	
Seriositätsvorsprung durch die Rechtsform und durch das Grundkapital von 120.000 €	
Mittel für einen Zusammenschluss unter „Gleichen", um auch nationalen Animositäten zu entgehen	
Vermeidung alternativer und kostenintensiverer Zusammenschluss-konstruktionen über die Grenzen hinweg	

> **Hinweis:**
>
> Anzumerken ist, dass ab Dezember 2007 eine grenzüberschreitende Umstrukturierung auch nach den nationalen Vorschriften möglich sein wird, die aufgrund der Richtlinie über die Verschmelzung von Kapitalgesellschaften aus verschiedenen Mitgliedstaaten erlassen werden. Am Ende eines solchen Umstrukturierungsvorgangs steht aber immer „nur" eine nationale Gesellschaftsform. Die Regelungen werden sich in den §§ 122a ff. UmwG finden.

---

33 RL 2005/56/EG/EU v. 26.10.2005, ABl. Nr. L 310, 1 (Richtlinie für die Verschmelzung von Kapitalgesellschaften aus verschiedenen Mitgliedstaaten).
34 Vgl. den Abdruck der 14. Richtlinie in ZIP 1997, 1721.

B. Anwendbares Recht

I. Systematik der SE-VO

11 Die SE-Verordnung gilt **unmittelbar in jedem Mitgliedstaat der EU (Art. 249 Satz 1 EGV)**. Die SE-Richtlinie ist dagegen nur hinsichtlich des zu erreichenden Ziels verbindlich. Richtlinien entfalten **keine unmittelbare Wirkung** in den Mitgliedstaaten. Gemäß Art. 249 Satz 2 EGV wird den zuständigen Behörden die Wahl und die Form der Mittel überlassen, um diese Ziele zu erreichen. Die Vorschrift ist Ausdruck des Subsidiaritätsprinzips. Sowohl die Richtlinie wie auch die Verordnung stellen europäisches Sekundärrecht dar.[35]

12 In vielen Vorschriften verweist die Verordnung auf nationale Regelungen. In anderen Fällen enthält die SE-VO Weisungen an die nationalen Gesetzgeber, spezielle Regelungen zur Europäischen Gesellschaft zu erlassen. Dies macht die SE-Verordnung zu einer **„hinkenden" oder „unvollständigen"**[36] **Verordnung**. Der nationale Gesetzgeber ist den Regelungsaufträgen der Verordnung nachgekommen und hat am 22.12.2004 das Gesetz zur Einführung der Europäischen Gesellschaft (SEEG) beschlossen. Das Artikelgesetz besteht aus dem Gesetz zur Ausführung der Verordnung (EG) Nr. 2157/2001 des Rates vom 8.10.2001 über das Statut der Europäischen Gesellschaft (SE) **(SE-Ausführungsgesetz – SEAG)**[37] sowie aus dem Gesetz über die Beteiligung der Arbeitnehmer in einer Europäischen Gesellschaft **(SE-Beteiligungsgesetz – SEBG)**.[38]

Die SE-VO enthält **insgesamt 84 Verweisungen** auf das nationale Recht.[39] Der deutsche Gesetzgeber hat z.B. von der Ermächtigung in Art. 40 Abs. 3 Satz 2 SE-VO Gebrauch gemacht und in § 17 Abs. 1 SEAG eine Mindest- und eine Höchstzahl von Aufsichtsratsmitgliedern festgelegt.

Übersicht über das anwendbare Recht bei der Gründung einer Europäischen Gesellschaft (SE) durch Verschmelzung:

Vorbereitungsphase bei der nationalen Aktiengesellschaft	Gründungsphase der Europäischen Gesellschaft	Bestehende SE
Art. 18 SE-VO – ansonsten keine speziellen Verweisungsnormen in der SE-VO	Art. 15 Abs. 1 SE-VO	Art. 9 SE-VO
Zustimmungsbeschluss der HV	Eintragung in das HdR	

II. Normenhierarchie des Art. 9 SE-VO

13 **Art. 9 SE-VO ist die zentrale Verweisungsnorm** der Verordnung.[40] Bei der Verweisung handelt es sich um eine so genannte dynamische Verweisung. Die Norm verweist **auf das jeweils geltende nationale Recht**. Die Verweisung erfolgt nur auf das jeweilige Sachrecht. Die SE-VO legt selbst fest, welche mit-

---

35 Vgl. dazu Schroeder, in: Streinz, EUV/EGV, Art. 249 EGV Rn. 13 ff.
36 Kalss/Greda, in: Kalss/Hügel, Europäische Aktiengesellschaft, Allgemeiner Teil Rn. 10.
37 SEAG v. 22.12.2004, BGBl. 2004 I, S. 3675.
38 SEBG v. 22.12.2004, BGBl. 2004 I, S. 3686.
39 So gezählt von Brandt/Scheifele, DStR 2002, 547 ff.; nach Kalss/Greda, GesRZ 2004, 91, 92 sind es dagegen nur 51 Ermächtigungen und Regelungsaufträge.
40 Zur Bestimmung des anwendbaren Rechts ausführlich Schwarz, SE-VO, Art. 9 Rn. 11 ff.; Heckschen, in: Widmann/Mayer, Umwandlungsrecht, Anhang 14, Rn. 38 ff.

gliedstaatlichen Regelungen im Rahmen der Gründung einer Europäischen Gesellschaft (SE) Anwendung finden. Kollisionsrechtliche Vorschriften der Mitgliedstaaten werden von der Verweisung nicht erfasst.[41]

Nach Art. 9 SE-VO gelangen danach die maßgeblichen Regelungen in folgender Rangfolge zur Anwendung:

- Regelungen der SE-Verordnung,
- Satzungsregelungen der Europäischen Gesellschaft (SE), zu deren Erlass sich in der Verordnung eine Ermächtigung findet,
- Vorschriften der nationalen SE-Ausführungsgesetze,
- allgemeine Vorschriften des Aktienrechts in dem Sitzstaat der Europäischen Gesellschaft (SE),
- Satzungsbestimmungen der Europäischen Gesellschaft (SE), die aufgrund des nationalen Aktienrechts erlassen worden sind.

Die Verweise auf die nationalen Rechtsordnungen sind mit Art. 9 SE-VO allerdings **nicht abschließend**.[42] In den Art. 15 und Art. 18 SE-VO finden sich spezielle Rechtsanwendungsbefehle für das Verfahren der Gründung durch Verschmelzung.

Die Vereinbarung über die **Beteiligung der Arbeitnehmer** ist als Teil der Regelungen der SE-VO/SE-RL in die Hierarchie einzuordnen. Art. 12 Abs. 4 SE-VO legt fest, dass die Regelungen der Vereinbarung über die Beteiligung der Arbeitnehmer gegenüber den Satzungsbestimmungen **vorrangig** sind. Die Vereinbarung über die Beteiligung der Arbeitnehmer und die Regelungen der Satzung dürfen sich nicht widersprechen. Falls dies doch der Fall sein sollte, ist die Satzung zu ändern – nicht die Vereinbarung. Der **Vorrang der Vereinbarung** ergibt sich auch aus Art. 12 Abs. 4 Unterabs. 2 SE-VO, der eine Ermächtigung an die Mitgliedstaaten enthält, Regelungen vorzusehen, wonach das Leitungs- oder Verwaltungsorgan die Satzungsänderung ohne einen Beschluss der Hauptversammlung vornehmen kann.[43]

14

C. Überblick über die Gründung einer Europäischen Gesellschaft (SE)

I. Primäre Gründungsvarianten

Die Verordnung über das Statut der Europäischen Gesellschaft (SE) stellt **verschiedene Möglichkeiten zur Gründung einer Europäischen Gesellschaft (SE)** zur Verfügung. Art. 2 SE-VO enthält die primären Gründungsvarianten. Die Aufzählung in Art. 2 SE-VO ist abschließend. Andere Möglichkeiten zur Gründung einer Europäischen Gesellschaft (SE) bspw. nach den Regelungen des nationalen Umwandlungsrechts bestehen nicht. Im Übrigen kann eine Europäische Gesellschaft (SE) aber wie nationale AG's an Umwandlungsvorgängen teilnehmen.[44] Eine Europäische Gesellschaft (SE) kann gegründet werden:

15

- durch Verschmelzung (Art. 2 Abs. 1 SE-VO),
- durch Gründung einer Holding-SE (Art. 2 Abs. 2 SE-VO),
- durch Gründung einer Tochter-SE (Art. 2 Abs. 3 SE-VO; Joint-Venture Gründung),
- durch Umwandlung (Art. 2 Abs. 4 SE-VO).

---

41 Schwarz, SE-VO, Einl. Rn. 127 ff.; auch Kalss/Greda, in: Kalss/Hügel, Europäische Aktiengesellschaft, Allgemeiner Teil, Rn. 2; Hügel, in: Kalss/Hügel, Europäische Aktiengesellschaft, Vor § 17 SEG Art. 15 Rn. 25; Brandt/Scheifele, DStR 2002, 547, 549.
42 MünchKomm-AktG/Kübler, Einl. SE-VO Rn. 20.
43 Dazu Hommelhoff, in: Lutter/Hommelhoff, Die Europäische Gesellschaft, S. 16; Schwarz, SE-VO, Art. 12 Rn. 36.
44 Vgl. ausführlich Heckschen, in: Widmann/Mayer, Umwandlungsrecht, Anhang 14, Rn. 522 ff.

II. Sekundäre Gründungsvarianten

16 Neben den originären Gründungsmöglichkeiten besteht die Möglichkeit, dass die **Europäische Gesellschaft (SE) gemäß Art. 3 Abs. 2 SE-VO selbst** eine oder mehrere Tochtergesellschaften gründet, die ebenfalls die Rechtsform der Europäischen Gesellschaft (SE) haben. Diese Gründungsform wird allgemein als **abgeleitete**,[45] **derivative**[46] oder auch als **sekundäre**[47] **Gründungsvariante** bezeichnet.

III. Gründungsvoraussetzungen

1. Gründereigenschaft

17 Auch im Hinblick auf die Gründer ist der **Zugang zur Europäischen Gesellschaft (SE) begrenzt**. Natürliche Personen sind gänzlich von der Beteiligung an der Gründung einer Europäischen Gesellschaft (SE) ausgeschlossen.[48] Nach der Gründung der Europäischen Gesellschaft (SE) können sie sich allerdings an dieser beteiligen.[49] Der **Ausschluss natürlicher Personen** an der Teilnahme der Gründung einer Europäischen Gesellschaft (SE) ist damit begründet worden, dass die Europäische Gesellschaft (SE) ein Vehikel zur Integration für bestehende, insb. europaweit tätige Gesellschaften sein sollte.[50] Lediglich daraus resultiere das vorrangige wirtschaftliche Bedürfnis für die einheitliche Rechtsform innerhalb der Europäischen Union.[51]

Den Kreis der an der Gründung einer Europäischen Gesellschaft (SE) beteiligungsfähigen Gründer legt die SE-VO **abschließend** fest. So können sich an der Gründung einer Europäischen Gesellschaft (SE) durch Verschmelzung **lediglich AG** beteiligen, während sich bspw. an der Gründung einer Holding-SE auch GmbH beteiligen können.

> **Hinweis:**
> Eine Europäische Gesellschaft (SE) ist gemäß Art. 10 SE-VO wie eine AG, die nach nationalem Recht gegründet worden ist, zu behandeln. Daher kann auch eine Europäische Gesellschaft (SE) an der Gründung einer SE wie eine nationale AG teilnehmen.

2. Mehrstaatlicher Bezug

18 Als Voraussetzung für die Gründung einer Europäischen Gesellschaft (SE) verlangt die Verordnung bei allen Gründungsvarianten einen **mehrstaatlichen Bezug der Gründungsgesellschaften**. So müssen bei der Gründung einer Europäischen Gesellschaft (SE) durch Verschmelzung **mindestens zwei** der an der Gründung beteiligten AG dem Recht verschiedener Mitgliedstaaten unterliegen. Bei der Gründung einer Tochter-SE ist es dagegen ausreichend, wenn mindestens zwei der an der Gründung beteiligten Gesellschaften entweder eine Zweigniederlassung in einem anderen Mitgliedstaat[52] oder eine Tochtergesellschaft,[53] die dem Recht eines anderen Mitgliedstaates unterliegt, haben. Die SE-VO macht keine weiteren Angaben zur Tochtergesellschaft. Für die Ermittlung der zulässigen Rechtsformen ist auf Art. 48 EGV zurückzugreifen.[54]

---

45 Hommelhoff, AG 2001, 279, 281.
46 Pluskat, EuZW 2001, 524, 527.
47 Lutter, BB 2002, 1, 4.
48 Schwarz, SE-VO, Art. 2 Rn. 28; Lange, EuZW 2003, 301; Hommelhoff, AG 2001, 279, 280; Hörtnagl, in: Schmitt/Hörtnagl/Stratz, UmwG/UwStG, Art. 2 SE-VO Rn. 1.
49 Heckschen, in: Widmann/Mayer, Umwandlungsrecht, Anhang 14, Rn. 65; Schwarz, SE-VO Art. 2 Rn. 30.
50 Vgl. Erwägungsgrund 1 zur SE-VO.
51 BT-Drucks. 7/3713, S. 193.
52 Heckschen, in: Widmann/Mayer, Umwandlungsrecht, Anhang 14, Rn. 89 ff.
53 Dazu ausführlich: Heckschen, in: Widmann/Mayer, Umwandlungsrecht, Anhang 14, Rn. 80 ff.
54 Vgl. dazu Randelzhofer/Forsthoff, in: Grabitz/Hilf, Europäische Union, Art. 48 EGV Rn. 7; sowie Kalss, in: Kalss/Hügel, Europäische Aktiengesellschaft, Vor § 17 SEG Rn. 7.

Für die **Anerkennung des Merkmals Zweigniederlassung** ist allerdings das Bestehen einer Hauptniederlassung notwenig. Dies ist jedoch im rein formalen Sinne zu verstehen. Als Hauptniederlassung ist daher ein **„Briefkasten"** ausreichend.

3. Zwei-Jahres-Frist

Die SE-VO sieht vor, dass Tochtergesellschaften oder Zweigniederlassungen **mindestens seit zwei Jahren** bestehen müssen. Diese Voraussetzung soll Umgehungen der Gründungsanforderungen verhindern.[55] Es stellt sich also die Frage wann die Zwei-Jahres-Frist zu laufen beginnt. Nach deutschem Recht muss eine Zweigniederlassung in das Handelsregister eingetragen werden. Die Eintragung wirkt allerdings nicht konstitutiv. Auch stellt die SE-VO nicht auf den Eintragungszeitpunkt ab.[56] Es kommt daher auf den **Errichtungszeitpunkt der Zweigniederlassung** an. Dafür ist lediglich notwendig, dass ein neuer Geschäftsbetrieb eingerichtet oder ein solcher erworben wird.

19

> **Hinweis:**
> Der Zukauf eines bereits seit zwei Jahren bestehenden Betriebes ist nicht ausreichend. Im Einzelfall kann es schwierig sein, das zweijährige Bestehen einer Zweigniederlassung nachzuweisen. Den geeigneten Nachweis zu erbringen, obliegt den anmeldenden Personen.

Bei der Bestimmung der Zwei-Jahres-Frist für das **„Haben" einer Tochtergesellschaft** ist zu unterscheiden, ob die Gesellschaft selber gegründet worden oder zugekauft worden ist. Soweit die Tochtergesellschaft von der Obergesellschaft selbst gegründet worden ist, kommt es auf den **Entstehungszeitpunkt der Gesellschaft** an. Dabei ist zu beachten, dass bei manchen Gesellschaftsformen die Eintragung konstitutiv wirkt und bei anderen nicht.[57]

20

Soweit die Tochtergesellschaft erworben worden ist, ist die **Eigentümerstellung maßgeblich**. Die Frist beginnt mit der dinglichen Anteilsinhaberschaft zu laufen.

> **Hinweis:**
> Gerade die Voraussetzung des zweijährigen Bestehens einer Tochter-SE für die Gründungsvarianten Art. 2 Abs. 2 – 4 SE-VO kann umgangen werden. Bei dem Erwerb einer AG als Tochtergesellschaft kann die Tochter-AG auf die Mutter-AG grenzüberschreitend verschmolzen werden ohne die Zwei-Jahres-Frist einhalten zu müssen. Die Gründungvariante der Verschmelzung zur Europäischen Gesellschaft (SE) sieht eine solche Wartezeit nicht vor.

D. Gründung einer Europäischen Gesellschaft (SE) im Einzelnen

I. Gründung durch Verschmelzung

Gemäß Art. 2 Abs. 1 SE-VO kann eine Europäische Gesellschaft (SE) durch Verschmelzung von zwei oder mehreren AG entstehen. Als Gründungsgesellschaften sind nur AG i.S.d. Anhanges I zur SE-VO, die nach dem Recht eines Mitgliedstaats gegründet worden sind und ihren Sitz sowie ihre Hauptverwaltung in der Gemeinschaft haben, zugelassen. Der internationale Bezug kann nur dadurch hergestellt werden, dass mindestens zwei der an der Verschmelzung beteiligten AG dem Recht verschiedener Mitgliedstaaten unterliegen.

21

---

[55] Hommelhoff, AG 2001, 279, 281.
[56] Baumbach/Hopt, HGB, § 13 Rn. 3.
[57] Vgl. dazu ausführlich: Heckschen, in: Widmann/Mayer, Umwandlungsrecht, Anhang 14, Rn. 89 ff.

> **Hinweis:**
>
> Soweit eine AG ohne einen Partner in die Rechtsform der Europäischen Gesellschaft (SE) wechseln möchte, könnte sie die Gründungsvariante der Umwandlung in eine Europäischen Gesellschaft (SE) wählen, Art. 2 Abs. 4 SE-VO. Als Voraussetzung müsste sie eine seit zwei Jahren bestehende Tochtergesellschaft haben. Soweit die Tochtergesellschaft eine AG ist, muss diese aber nicht bereits seit zwei Jahren bestehen, wenn die Gründungsvariante der Verschmelzung genutzt wird. Sie könnte zum Zwecke der Gründung durch Verschmelzung auch erst zugekauft werden und so die Gründungsvoraussetzungen für die Gründung einer Europäischen Gesellschaft (SE) durch Umwandlung „umgangen" werden.[58]

1. Möglichkeiten der Gründung durch Verschmelzung

22 Die Gründung durch Verschmelzung kann **nach Art. 17 Abs. 2 SE-VO** entweder

- nach dem Verfahren der Verschmelzung durch Aufnahme gemäß Art. 3 Abs. 1 der Verschmelzungsrichtlinie (Dritte Richtlinie)[59] oder
- nach dem Verfahren der Verschmelzung durch Gründung einer neuen Gesellschaft gemäß Art. 4 Abs. 1 der Verschmelzungsrichtlinie (Dritten Richtlinie)[60]

erfolgen.

Diese beiden Möglichkeiten der Gründung durch Verschmelzung sind aus dem **nationalen Umwandlungsrecht (§ 2 UmwG)** bekannt, da die Regelungen zur Verschmelzung auf der Dritten Richtlinie[61] beruhen.

a) Verschmelzung zur Aufnahme

23 Die Verschmelzung zur Aufnahme ist dadurch gekennzeichnet, dass eine AG ihr **gesamtes Aktiv- und Passivvermögen** auf eine andere nationale AG als aufnehmende Gesellschaft gegen Gewährung von Aktien der übernehmenden Gesellschaft überträgt. Die aufnehmende Gesellschaft schafft die zu gewährenden Aktien i.d.R. **durch Kapitalerhöhung**. Soweit mit den Aktien kein genauer Wert zur Gegenleistung erreicht wird, kann bzw. muss eine bare Zuzahlung erfolgen. Mit Wirksamwerden der Verschmelzung nimmt die aufnehmende Gesellschaft die Rechtsform der Europäischen Gesellschaft (SE) an (Art. 29 Abs. 1 lit. d), Art. 16 Abs. 1 SE-VO).

b) Verschmelzung durch Neugründung

24 Die Gründung der Europäischen Gesellschaft (SE) kann auch durch Verschmelzung durch Neugründung erfolgen. **Merkmal ist, dass mehrere AG** ihr gesamtes Aktiv- und Passivvermögen übertragen und dadurch den neuen Rechtsträger gründen. Im Gegensatz zur Verschmelzung zur Aufnahme müssen bei der Verschmelzung durch Neugründung immer **mindestens zwei Gesellschaften** ihr Aktiv- und Passivvermögen übertragen. Im Gegenzug werden Aktien der neuen Europäischen Gesellschaft (SE) gewährt. Wie auch bei der Verschmelzung zur Aufnahme muss ggf. eine bare Zuzahlung gewährt werden. Die neue Gesellschaft entsteht in der Rechtsform der Europäischen Gesellschaft (SE).

---

58 Schwarz, SE-VO, Art. 2 Rn. 105.
59 Dritte gesellschaftliche Richtlinie des Rates betreffend die Verschmelzung von Aktiengesellschaften: RL 78/855 v. 9.10.1978, ABl. L 295/36 abgedruckt, in: Bd. I des Kommentars von Widmann/Mayer, Umwandlungsrecht, Fach „EG-Verordnungen" → VerschmRL.
60 RL 78/855 v. 9.10.1978, ABl. L 295/36 abgedruckt in Bd. I des Kommentars von Widmann/Mayer, Umwandlungsrecht, Fach „EG-Verordnungen" → VerschmRL.
61 RL 78/855 v. 9.10.1978, ABl. L 295/36 abgedruckt in Bd. I des Kommentars von Widmann/Mayer, Umwandlungsrecht, Fach „EG-Verordnungen" → VerschmRL.

2. Ablauf der Gründung durch Verschmelzung

Wie bei Umstrukturierungsmaßnahmen nach dem nationalen Umwandlungsrecht lässt sich der **Ablauf der Gründung einer Verschmelzung** in drei Phasen einteilen:

- Vorbereitungsphase,
- Beschlussphase und
- Vollzugsphase.

3. Vorbereitungsphase

a) Aufstellung des Verschmelzungsplans

Nach der internen Entscheidung zur Gründung einer Europäischen Gesellschaft müssen die Leitungs- bzw. Verwaltungsorgane der Gründungsgesellschaften zunächst einen **Verschmelzungsplan**[62] gemäß **Art. 20 SE-VO** aufstellen.[63]

Es fällt auf, dass Art. 20 SE-VO **nicht davon spricht**, dass die Verschmelzungspläne den gleichen Wortlaut haben müssen. Es ist jedoch offensichtlich, dass nicht jede Gründungsgesellschaft einen anderen Verschmelzungsplan aufstellen und diese unterschiedlichen Verschmelzungspläne dann jeweils zur Abstimmung der Hauptversammlungen stellen kann. Auf dieser Basis kann die Verschmelzung nicht stattfinden. Vielmehr handelt es sich dabei um ein **redaktionelles Versehen**. Art. 26 Abs. 3 SE-VO spricht davon, dass die zuständige Stelle bei der Eintragung der Europäischen Gesellschaft (SE) kontrolliert, ob die Hauptversammlungen der sich verschmelzenden Gesellschaften einem **gleich lautenden Verschmelzungsplan** zugestimmt haben. Einen gleichen Wortlaut werden die Verschmelzungspläne i.d.R. nicht haben können, da sie in **verschiedenen Sprachen** abgefasst werden. Schließlich müssen sie in den Hauptversammlungen in den Sprachen der jeweiligen Mitgliedstaaten zur Abstimmung gestellt werden.[64] Eine **inhaltliche Übereinstimmung der Pläne ist daher ausreichend**.[65]

> **Hinweis:**
> Die Praxis wird zeigen, dass ein Verschmelzungsplan in einer Sprache entwickelt wird und dann die jeweiligen (beglaubigten) Übersetzungen zur Abstimmung der Hauptversammlung gestellt werden. Die Pläne unabhängig voneinander zu erstellen, ist zudem völlig unpraktikabel, weil sich auf diese Weise keine inhaltliche Übereinstimmung erzielen lässt.[66]

b) Inhalt des Verschmelzungsplans

aa) Firma und Sitz

Der Verschmelzungsplan muss die Firma und den Sitz der an der Gründung beteiligten Ausgangsgesellschaften angeben sowie die für die Europäische Gesellschaft (SE) vorgesehene Firma und ihren geplanten Sitz. Gemeint ist damit der **Satzungssitz der Europäischen Gesellschaft (SE)** (vgl. Rn. 123 ff.). Zu beachten ist dabei, dass der deutsche Gesetzgeber in § 2 SEAG vorgeschrieben hat, dass die Satzung der

---

[62] Zur begrifflichen Unterscheidung zwischen Verschmelzungsvertrag und Verschmelzungsplan vgl. Heckschen, in: Widmann/Mayer, Umwandlungsrecht, Anhang 14, Rn. 146; Heckschen, DNotZ 2003, 251, 256 ff.; Teichmann, ZGR 2002, 383, 417 ff.; zur begrifflichen Unterscheidung auch Schwarz, SE-VO, Art. 20 Rn. 54.

[63] Muster bei Heckschen, in: Fleischhauer/Preuß, Handelsregisterrecht, M. Rn. 56; Heckschen, in: Widmann/Mayer, Umwandlungsrecht, Anhang 4, Mustersatz 41 M 238.

[64] Schwarz, SE-VO, Art. 20 Rn. 54; Schröder, in: Manz/Mayer/Schröder, SE-VO, Art. 20 Rn. 8.

[65] Hörtnagl, in: Schmitt/Hörtnagl/Stratz, UmwG/UwStG, Art. 20 SE-VO Rn. 3.

[66] Hörtnagl, in: Schmitt/Hörtnagl/Stratz, UmwG/UwStG, Art. 20 SE-VO Rn. 3; Neun, in: Theisen/Wenz, Die Europäische Aktiengesellschaft, B.II., S. 84; Schwarz geht davon aus, dass es nur einen Verschmelzungsplan geben muss. Das ergebe die grammatikalische Auslegung, denn die SE-VO spreche immer nur von „Verschmelzungsplan", vgl. Schwarz, SE-VO, Art. 20 Rn. 10.

Europäischen Gesellschaft (SE) den Ort als Sitz zu bestimmen hat, an dem die Hauptverwaltung geführt wird.

28 Die Europäische Gesellschaft (SE) kann ihren Sitz in den Mitgliedstaaten der EU **grds. frei wählen**.[67] Ein Bezug zu den Sitzstaaten der Ausgangsgesellschaft muss nicht bestehen.[68] **Eine Ausnahme** gilt bei der Gründung einer Europäischen Gesellschaft (SE) durch Umwandlung, bei der nach Art. 37 Abs. 3 SE-VO der Sitz der Gesellschaft anlässlich der Umwandlung nicht verlegt werden darf.

> **Hinweis:**
> Fraglich ist, ob die freie Sitzwahl auch für den Fall der Verschmelzung zur Aufnahme gilt. Dabei ist zu berücksichtigen, dass die aufnehmende Gesellschaft ihren Satzungssitz bereits in einem Mitgliedstaat der EU hat. Das wird i.d.R. auch der Sitz der entstehenden Europäischen Gesellschaft (SE) sein. Nach Entstehung der Europäischen Gesellschaft (SE) kann der Sitz aber nach den Vorschriften des Art. 8 SE-VO verlegt werden.[69]

Durch den Verweis in Art. 9 Art. 1 lit. c) SE-VO findet nach der Gründung der Europäischen Gesellschaft (SE) das nationale Recht ihres Sitzstaates neben den Regelungen der SE-VO Anwendung. Ein maßgebliches Entscheidungskriterium für die Wahl des Sitzes der Europäischen Gesellschaft (SE) wird daher die Rechtsordnung sein, der die Europäische Gesellschaft (SE) nach ihrer Gründung unterliegt.

29 Die Europäische Gesellschaft (SE) muss die Abkürzung SE gemäß Art. 11 Abs. 1 SE-VO ihrer Firma voran- oder nachstellen. Zu beachten ist daneben immer das nationale Firmenrecht.

bb) Umtauschverhältnis

30 Der Verschmelzungsplan muss das **Umtauschverhältnis der Aktien** und eine ggf. zu gewährende **Ausgleichsleistung** sowie deren Höhe angegeben.

Das Umtauschverhältnis gibt an, wie viele Aktien der Europäischen Gesellschaft (SE) die Anteilseigner der Gründungsgesellschaften für einen Anteilschein an der Gründungsgesellschaft erhalten. Das Umtauschverhältnis stellt i.d.R. einen **entscheidenden Grund** für die Zustimmung oder die Ablehnung der Verschmelzung dar. Es gilt der Grundsatz, dass es im Zuge der Verschmelzung zu **keinem Wertverlust** kommen darf. Die neuen Aktien müssen also den Wert der untergehenden Anteile widerspiegeln.

Voraussetzung für die Berechnung des Umtauschverhältnisses ist daher eine Unternehmensbewertung. Die Bewertung ist bei allen teilnehmenden Gesellschaften **nach denselben Maßstäben** durchzuführen.[70]

Für Beträge, die nicht durch neue Aktien gedeckt werden, können **Ausgleichsleistungen** erbracht werden. Der Formulierung „Ausgleichsleistung" in Art. 20 Abs. 1 lit. b) SE-VO könnte entnommen werden, dass auch andere als bare Zuzahlungen als Ausgleichsleistungen gewährt werden könnten. Art. 17 Abs. 2 Unterabs. 1 lit. a) SE-VO verweist jedoch auf die Dritte Richtlinie.[71] Art. 3 Abs. 1 der Richtlinie lässt einen Ausgleich nur durch bare Zuzahlung zu. Diese darf 10 % des Nennbetrags oder – soweit ein solcher nicht vorhanden ist – 10 % des rechnerischen Werts der gewährten Aktien nicht übersteigen. Durch die Verweisung in Art. 18 SE-VO gilt dies daher auch für die Europäische Gesellschaft (SE).[72]

---

[67] Kallmeyer, AG 2003, 197, 198.
[68] Heckschen, in: Widmann/Mayer, Umwandlungsrecht, Anhang 14, Rn. 127.
[69] Schröder, in: Manz/Mayer/Schröder, SE-VO, Art. 8 Rn. 15; dagegen hält Schwarz die freie Sitzwahl auch bei der Verschmelzung durch Aufnahme für zulässig, da die Verschmelzungsvorschriften eine gleichzeitige Sitzverlegung im Gegensatz zu Art. 8 SE-VO nicht ausdrücklich untersagen, Schwarz, SE-VO, Art. 20 Rn. 21.
[70] Bayer, in: Lutter/Hommelhoff, Die Europäische Gesellschaft, S. 25, 36; Neun, in: Theisen/Wenz, B.II., S. 81.
[71] RL 78/855, v. 9.10.1978, ABl. L 295/36 abgedruckt in Bd. I des Kommentars von Widmann/Mayer, Umwandlungsrecht, Fach „EG-Verordnungen" → VerschmRL.
[72] Schwarz, SE-VO, Art. 20 Rn. 30.

cc) Übertragung der Aktien

Gemäß Art. 20 Abs. 1 lit. c) SE-VO muss der Verschmelzungsplan Einzelheiten **hinsichtlich der Übertragung der Aktien** der Europäischen Gesellschaft (SE) enthalten. Insb. stellt sich die Frage, inwieweit die deutschen **Regelungen der §§ 71 ff.** UmwG zur Bestellung eines Treuhänders Anwendung finden. Da die neuen Anteile erst nach der Eintragung der Europäischen Gesellschaft (SE) entstehen und somit von dieser gewährt werden, könnte das nach Art. 9 Abs. 1 lit. c) SE-VO maßgebliche **nationale Recht des Sitzstaates** der Europäischen Gesellschaft (SE) Anwendung finden.[73] Ausgangspunkt für die Bestimmung des maßgeblichen Rechts muss jedoch sein, dass die Regelung dem **Schutz der Anteilseigner** der übertragenden Gesellschaft dient. Maßgeblicher Verweis ist daher Art. 18 SE-VO, der ausschließlich auf das nationale Recht, dem die Gründungsgesellschaft unterliegt, verweist. Insoweit finden die §§ 71 ff. UmwG zur Bestellung des Treuhänders Anwendung.[74] Die Benennung eines Treuhänders ist im Verschmelzungsplan dann zumindest für eine deutsche Gründungsgesellschaft notwendig.

31

dd) Beginn der Gewinnberechtigung

Nach **Art. 20 Abs. 1 lit. d) SE-VO** muss der Verschmelzungsplan den Zeitpunkt angeben, von dem an die **Aktien zur Teilnahme am Gewinn berechtigen**. Es steht den Gründungsgesellschaften frei diesen Termin festzulegen. So kann bspw. eine spätere Gewinnberechtigung durch ein für die Aktionäre besseres Umtauschverhältnis kompensiert werden.

32

ee) Verschmelzungsstichtag

Gemäß **Art. 20 Abs. 1 Satz 2 lit. e) SE-VO** muss der Verschmelzungsplan den Zeitpunkt enthalten, von dem an die Handlungen der sich verschmelzenden Gesellschaften unter dem Gesichtspunkt der Rechnungslegung als **für Rechnung der Europäischen Gesellschaft (SE) vorgenommen** gelten. I.d.R. wird dieser Zeitpunkt als „Verschmelzungsstichtag" bezeichnet.[75] Der Zeitpunkt des Übergangs der Rechnungslegung betrifft das Innenverhältnis der beteiligten Rechtsträger zueinander. Der Verschmelzungsstichtag kann frei bestimmt werden. I.d.R. fällt er mit dem Tag zusammen, an dem die Gewinnberechtigung der Aktionäre des übernehmenden Rechtsträgers beginnt. Nach deutschem Recht besteht die Möglichkeit, die Verschmelzungsstichtage bei Beteiligung mehrerer übertragender Rechtsträger **unterschiedlich festzulegen**.[76] Es ist nicht ersichtlich, warum eine unterschiedliche Festlegung von Verschmelzungsstichtagen nicht auch bei der Verschmelzung zu einer Europäischen Gesellschaft (SE) zulässig sein sollte.[77]

33

> **Hinweis:**
> Sowohl für den Beginn der Gewinnberechtigung wie auch für den Verschmelzungsstichtag empfiehlt sich die Festlegung eines variablen Stichtages. Gerade bei der Gründung einer Europäischen Gesellschaft (SE) kann es zu Verzögerungen bei der Eintragung kommen. Zum einen ist die Europäische Gesellschaft (SE) eine noch sehr unbekannte Rechtsform und zum anderen können gerade die Verhandlungen über die Beteiligung der Arbeitnehmer zu Verzögerungen bei der Eintragung führen.[78] Die zeitliche Abwicklung kann in den verschiedenen Mitgliedstaaten stark differieren.

---

73 Sagasser/Swienty, DStR 1991, 1188, 1193.
74 Mahi, Die Europäische Aktiengesellschaft Societas Europaea – SE –, S. 40; Bayer, in: Lutter/Hommelhoff, Die Europäische Gesellschaft, S. 25, 38; Neun, in: Theisen/Wenz, Die Europäische Aktiengesellschaft, B.II., S. 88.
75 Hörtnagl, in: Schmitt/Hörtnagl/Stratz, UmwG/UwStG, Art. 20 SE-VO Rn. 12; Neun, in: Theisen/Wenz, Die Europäische Aktiengesellschaft, B.II., S. 90.
76 Vgl. Stratz, in: Schmitt/Hörtnagl/Stratz, UmwG/UwStG, § 5 UmwG Rn. 70; Widmann/Mayer, Umwandlungsrecht, § 5 UmwG Rn. 166; Simon, in: Semler/Stengel, UmwG, § 5 Rn. 43.
77 Schwarz, SE-VO, Art. 20 Rn. 33; Hörtnagl, in: Schmitt/Hörtnagl/Stratz, UmwG/UwStG, Art. 20 Rn. 12.
78 Neun, in: Theisen/Wenz, Die Europäische Aktiengesellschaft, B.II., S. 91.

ff) Sonderrechte

34 Im Verschmelzungsplan müssen **gemäß Art. 20 Art. 1 lit. f) SE-VO** die Rechte angegeben werden, welche die Europäische Gesellschaft (SE) den mit Sonderrechten ausgestatteten Aktionären der Gründungsgesellschaften und den Inhabern anderer Wertpapiere als Aktien gewährt oder die für diese Personen vorgeschlagenen Maßnahmen. Der Verordnungsgeber hat sich hier an der Vorschrift des Art. 5 Abs. 1 lit. f) der Dritten Richtlinie[79] angelehnt. Mit Sonderrechten sind insb. **Besonderheiten bei der Stimmrechtsausübung** und bei der **Gewinnverwendung** gemeint.

gg) Vorteile für sonstige Beteiligte

35 Der Verschmelzungsplan muss ferner **alle besonderen Vorteile** aufführen, die Sachverständigen, die den Verschmelzungsplan prüfen, oder den Mitgliedern der Verwaltung-, Leitungs-, Aufsichts- oder Kontrollorgane der sich verschmelzenden Gesellschaften gewährt werden. **Hintergrund dieser Regelung** ist, dass sich die Aktionäre ein Bild davon machen können sollen, ob die Objektivität der sachverständigen Prüfer möglicherweise durch besondere Vorteile beeinträchtigt sein könnte und demzufolge Zweifel an der „Richtigkeit" des Umtauschverhältnisses bestehen könnten.[80]

hh) Satzung

36 Gemäß Art. 20 Abs. 1 lit. h) SE-VO muss der Verschmelzungsplan die Satzung **der Europäischen Gesellschaft (SE)** enthalten. Das Verfahren zur Feststellung der Satzung richtet sich über den Verweis in Art. 15 SE-VO nach dem Recht des künftigen Sitzstaates der Europäischen Gesellschaft (SE). Gemäß § 23 Abs. 1 AktG ist die Satzung, sofern die Europäische Gesellschaft (SE) ihren Sitz in Deutschland haben soll, durch **notarielle Beurkundung** festzustellen. Die Feststellung der Satzung an sich erfolgt durch die Zustimmungsbeschlüsse der Hauptversammlungen der Gründungsgesellschaften. Allein aus der Tatsache, dass die Europäische Gesellschaft (SE) einen neuen Firmenzusatz erhält, ist die Satzung **auch bei einer Verschmelzung zur Aufnahme** festzustellen. Außerdem unterscheidet Art. 20 SE-VO nicht zwischen den verschiedenen Verschmelzungsarten.[81]

ii) Angaben zum Verfahren über die Vereinbarung zur Arbeitnehmerbeteiligung

37 Art. 20 Abs. 1 lit. i) SE-VO sieht vor, dass der Verschmelzungsplan Angaben zum Verfahren über die **Vereinbarung der Arbeitnehmerbeteiligung** enthalten muss. Der **Wortlaut der Vorschrift** deutet darauf hin, dass Angaben dazu gemacht werden müssen, wie eine Vereinbarung zur Beteiligung der Arbeitnehmer in der Europäischen Gesellschaft (SE) erreicht werden kann. Es liegt in der Natur der Sache, dass keine detaillierten Angaben über die Beteiligung der Arbeitnehmer gemacht werden können, da die Modalitäten über deren Beteiligung **erst in den Verhandlungen** festgelegt werden. Im Übrigen sollten die Ausführungen eher ausführlich ausfallen. Insb. ist auf den **Grundsatz der Verhandlungslösung** hinzuweisen und darauf, dass alternativ eine Auffanglösung zum Tragen kommt. Im Hinblick auf das Informationsbedürfnis der Arbeitnehmer muss über Art. 18 SE-VO auch § 5 Abs. 3 UmwG beachtet werden.[82]

jj) Abfindungsangebot

38 **Weitere zwingende Vorgaben** enthält die SE-VO nicht. Allerdings hat der nationale Gesetzgeber von der Ermächtigung in Art. 24 Abs. 2 SE-VO Gebrauch gemacht und in § 7 SEAG eine **Vorschrift zum Schutz von Minderheitsaktionären** einer deutschen übertragenden Gründungsgesellschaft für den Fall vorgesehen, dass die Europäische Gesellschaft (SE) ihren Sitz im Ausland haben soll. Danach muss den Aktionären einer deutschen Gründungsgesellschaft, die gegen den Verschmelzungsbeschluss der Gesellschaft

---

[79] RL 78/855, v. 9.10.1978, ABl. L 295/36 abgedruckt in Bd. I des Kommentars von Widmann/Mayer, Umwandlungsrecht, Fach „EG-Verordnungen" → VerschmRL.
[80] Mayer, in: Widmann/Mayer, Umwandlungsrecht, § 5 UmwG Rn. 171.
[81] Neun, in: Theisen/Wenz, Die Europäische Aktiengesellschaft, B.II., S. 93.
[82] Heckschen, in: Widmann/Mayer, Umwandlungsrecht, Anhang 14, Rn. 226; Teichmann, ZGR 2002, 383, 421; a.A.: Hörtnagl, in: Schmitt/Hörtnagl/Stratz, UmwG/UwStG, Art. 20 Rn. 17.

Widerspruch zur Niederschrift erklären, der Erwerb ihrer Aktien **gegen eine angemessene Barabfindung** angeboten werden.[83] Der Verschmelzungsplan muss das Abfindungsangebot gemäß § 7 Abs. 1 SEAG im Wortlaut enthalten.

kk) Weitere Angaben

Daneben lässt es **Art. 20 Art. 2 SE-VO** ausdrücklich zu, dass der Verschmelzungsplan neben den Pflichtangaben aus dem Katalog des Art. 20 Abs. 1 lit. a) – i) SE-VO auch noch weitere Angaben enthält. 39

c) Form des Verschmelzungsplans

Die SE-VO enthält keine besonderen Vorschriften zur Formbedürftigkeit des Verschmelzungsplans. Die **Schriftform ist jedoch zwingend**. Das ergibt sich zum einen daraus, dass der Inhalt des Verschmelzungsplans anders kaum fixiert werden kann. Zum anderen spricht Art. 26 Abs. 2 SE-VO davon, dass eine Ausfertigung des Verschmelzungsplan bei der Anmeldung vorgelegt werden müsse. 40

In der Lit. ist die Ansicht geäußert worden, die SE-VO sei an dieser Stelle abschließend und kein darüber hinausgehendes Formerfordernis, namentlich das der notariellen Beurkundung, zu beachten.[84] Diese Ansicht wird jedoch **von der ganz h.M.** nicht geteilt. Vielmehr wird fast einhellig davon ausgegangen, dass der Verschmelzungsplan bei einer deutsche Gründungsgesellschaft **notariell beurkundet** werden muss.[85] Die SE-VO zeigt an dieser Stelle einmal mehr ihre bewusste Lückenhaftigkeit. Die Form des Verschmelzungsplans ist daher nach nationalem Recht zu ermitteln. Die Frage nach der Form des Verschmelzungsplans fällt in die Vorbereitungsphase bei den Gründungsgesellschaften vor dem Zustimmungsbeschluss der Hauptversammlungen. Über Art. 18 SE-VO kommen daher die nationalen Regelungen, die aufgrund der Dritten Verschmelzungsrichtlinie[86] erlassen worden sind, zur Anwendung. Die **Beurkundungspflicht** folgt daher aus Art. 18 SE-VO i.V.m. § 6 UmwG.[87]

d) Zulässigkeit einer Auslandbeurkundung

Teilweise wird angenommen, dass wegen der Supranationalität der Europäischen Gesellschaft eine **Beurkundung des Verschmelzungsplans im Ausland**, zumindest in den Mitgliedstaaten der EU/ERW, zulässig sei.[88] Grds. wird die Frage der Form von gesellschaftsrechtlichen Verträgen nach dem Geschäftsstatut beurteilt. Mithin ist das Recht am **Sitz der Gesellschaft maßgeblich**.[89] Der deutsche Gesetzgeber hat sich für die Form der notariellen Beurkundung entschieden, um die materielle Richtigkeit des Gründungsverfahrens zu gewährleisten. 41

Eine wohl überwiegende Meinung geht für das deutsche Recht daher davon aus, dass eine **Beurkundung im Ausland unzulässig** ist, da sie der Beurkundung durch einen deutschen Notar nicht gleichwertig sein kann. Ein ausländischer Notar wird i.d.R. mit dem anzuwendenden (deutschen) Recht **nicht in derselben**

---

83 Hörtnagl, in: Schmitt/Hörtnagl/Stratz, UmwG/UwStG, Art. 20 SE-VO Rn. 18; Schwarz, SE-VO, Art. 20 Rn. 47.
84 Schulz/Geismar, DStR 2001, 1078, 1080.
85 Heckschen, in: Widmann/Mayer, Umwandlungsrecht, Anhang 14, Rn. 198 ff.; Bayer, in: Lutter/Hommelhoff, Die Europäische Gesellschaft, S. 25, 34; Teichmann, ZGR 2002, 383, 420; Mahi, Die Europäische Aktiengesellschaft Sozietas Europaea – SE –, S. 38; Schwarz Art. 20 SE-VO, Rn. 51; Neun, in: Theisen/Wenz, Die Europäische Aktiengesellschaft, B.II. S. 96; Schröder, in: Manz/Mayer/Schröder, SE-VO, Art. 20 Rn. 43.
86 RL 78/855, v. 9.10.1978, ABl. L 295/36 abgedruckt in Bd. I des Kommentars von Widmann/Mayer, Umwandlungsrecht, Fach „EG-Verordnungen" → VerschmRL.
87 Schwarz, SE-VO, Art. 20 Rn. 50.
88 Vgl. Bayer, in: Lutter/Hommelhoff, Die Europäische Gesellschaft, S. 34 auch Schröder, in: Manz/Mayer/Schröder, SE-VO, Art. 20 Rn. 43; Neun, in: Theisen/Wenz, Die Europäische Aktiengesellschaft, B.II., S. 96; Janott, in: Jannott/Frodermann, Handbuch der Europäischen Aktiengesellschaft, Kap. 3, Rn. 38.
89 Goette, DStR 1996, 709, 710; Goette, in: FS für Boujong, S. 131 ff.; van Randenborgh/Kallmeyer, GmbHR 1996, 908, 909.

Weise vertraut sein, wie der deutsche Notar. Das ist insofern zwangsläufig, da ein ausländischer Notar i.d.R. weder das deutsche Recht studiert haben noch es täglich anwenden wird.

Zu beachten ist auch, dass Art. 18 SE-VO für die (Vorbereitungs-)Phase, in denen die Gründungsgesellschaften ohne die Mitwirkung der anderen Gründungsgesellschaften handeln, auf das nationale Recht verweist. Dies ist eine der Verweisungen, die der **bewussten Lückenhaftigkeit der SE-VO** insofern Rechnung trägt, als dass sie das anzuwendende Recht beruft. Ebenso wie bei einer bestehenden Europäischen Gesellschaft (SE) sind bei der Gründung einer Europäischen Gesellschaft (SE) in ganz erheblichem Maße nationale Regelungen zu beachten. **Nicht tragfähig** ist daher die Argumentation, dass ein ausländischer Notar die rechtlichen Fragestellungen in der gleichen Qualität wie ein deutscher Notar zu behandeln wüsste.[90]

Da auf die Europäische Gesellschaft (SE) zum großen Teil auch nationale Regelungen Anwendung finden, insb. auch in der Gründungsphase, stellt die Supranationalität **keine Rechtfertigung** für die Zulässigkeit einer Auslandsbeurkundung dar.[91]

e) Verschmelzungsbericht

42 Auch bei der Gründung einer Europäischen Gesellschaft (SE) durch Verschmelzung besteht – entsprechend § 8 UmwG – die **Pflicht zur Erstellung eines Verschmelzungsberichts**.[92] Dies ergibt sich aus der Verweisung des Art. 18 SE-VO in das nationale Recht. Der Verschmelzungsbericht dient dem **Schutz der Anteilseigner** durch Vorabinformation. Es bedurfte keiner besonderen Vorschriften in der SE-VO, um die Pflicht zur Erstellung eines Verschmelzungsberichts zu statuieren, weil die Verschmelzungsrichtlinie (Dritte Richtlinie)[93] in Art. 9 bereits eine **Berichtspflicht**, enthält.

Gemäß Art. 18 SE-VO i.V.m. § 8 UmwG muss der Vorstand der an der Gründung der Europäischen Gesellschaft (SE) teilnehmenden AG **einen schriftlichen Bericht über die Verschmelzung** erstatten. Darin muss der Verschmelzungsplan oder sein Entwurf im Einzelnen und insb. das Umtauschverhältnis der Anteile sowie die Höhe der Barabfindung rechtlich und wirtschaftlich **erläutert und begründet** werden.[94] Was unter ausführlichen Angaben zu den wirtschaftlichen und rechtlichen Aspekten zu verstehen ist, erläutert das Gesetz in § 8 UmwG nicht. Der Umfang des Berichts wird das **Ergebnis einer Abwägung** zwischen dem Informationsinteresse der Aktionäre und dem Gesellschaftsinteresse sein. Gerade das Umtauschverhältnis sollte aber sehr ausführlich erläutert werden, da es von besonderer Bedeutung für die Aktionäre ist und damit entscheidenden Einfluss auf Ihr Abstimmungsverhalten in der Hauptversammlung hat.

43 **Unklar ist**, ob auch eine **gemeinsame Berichterstattung** zulässig ist. Die Dritte Richtlinie[95] enthält keine Bestimmungen über eine gemeinsame Berichterstattung. Der deutsche Gesetzgeber ist in diesem Punkt über die Mindestanforderungen der Richtlinie hinausgegangen. In den anderen Mitgliedstaaten ist eine gemeinsame Berichterstattung also **nicht zwangsläufig zulässig**. Da die SE-VO in diesem Punkt nicht die nationalen Regelungen verdrängt, ist ein gemeinsamer Verschmelzungsbericht also nur zulässig, wenn in

---

90 Vgl. die Stellungnahme des LG Augsburg zu einer Auslandsbeurkundung des Verschmelzungsplans, LG Augsburg, NJW-RR 1997, 420.
91 Ausführlich dazu Heckschen, in: Widmann/Mayer, Umwandlungsrecht, Anhang 14, Rn. 209.
92 Kalss, ZGR 2003, 593, 618; Teichmann, ZGR 2002, 383, 423; Bayer, in: Lutter/Hommelhoff, Die Europäische Gesellschaft, S. 39.
93 RL 78/855/EWG v. 9.10.1978, ABl. Nr. L 295, 36 [Verschmelzungsrichtlinie] abgedruckt in Bd. I des Kommentars von Widmann/Mayer, Umwandlungsrecht, Fach „EG-Verordnungen" → VerschmRL.
94 Zum Inhalt des Berichts Neun, in: Theisen/Wenz, Die Europäische Aktiengesellschaft, B.II., S. 101 ff.; Schwarz, SE-VO, Art. 20 Rn. 63; Stratz, in: Schmitt/Hörtnagl/Stratz, UmwG/UwStG, § 8 UmwG Rn. 10 ff.
95 RL 78/855/EWG v. 9.10.1978, ABl. Nr. L 295, 36 abgedruckt in Bd. I des Kommentars von Widmann/Mayer, Umwandlungsrecht, Fach „EG-Verordnungen" → VerschmRL.

den Mitgliedstaaten, deren Recht die Gründungsgesellschaften unterliegen, eine gemeinsame Berichterstattung möglich ist.[96]

Die Anteilseigner können auf den Bericht durch notariell beurkundete Erklärung verzichten.[97]

44

f) Bekanntmachung

Art. 21 SE-VO schreibt vor, dass das Verschmelzungsvorhaben bekannt zu machen ist. Dem Registergericht sind die in Art. 21 SE-VO genannten Angaben zu übermitteln. Der Verschmelzungsplan muss ebenfalls zum Handelsregister eingereicht werden.[98] Die Verpflichtung ergibt sich aus **Art. 18 SE-VO i.V.m. § 61 Abs. 1 UmwG**. Dem Registergericht obliegt die Bekanntmachung nach § 61 S. 2 UmwG i.V.m. 10 HGB. Danach hat das Gericht einen Hinweis auf die Einreichung des Verschmelzungsplans in dem von der Landesjustizverwaltung bestimmten elektronischen Informations- und Kommunikationssystem bekannt zu machen.

45

g) Verschmelzungsprüfung

Art. 22 SE-VO macht detaillierte Angaben zur **Bestellung von Sachverständigen**, die den Verschmelzungsplan prüfen sollen. Er setzt daher die Pflicht zur Prüfung des Verschmelzungsplans bereits voraus. In **Art. 22 Satz 1 SE-VO a.E.** heißt es allerdings „dazu bestellt wurden, um den Verschmelzungsplan zu prüfen." Art. 22 SE-VO ordnet daher die Prüfung auch an,[99] so dass nicht auf den Verweis in Art. 18 SE-VO zurückgegriffen werden muss. Die Verschmelzungsprüfung bildet einen weiteren Baustein **zum Schutz der Aktionäre** durch Vorabinformationen.[100] Die Aktionäre können durch notariell beurkundete Verzichtserklärung **auf die Verschmelzungsprüfung verzichten**.[101]

46

h) Einberufung zur Hauptversammlung

Maßgeblich für die Einberufung zur Hauptversammlung ist Art. 18 SE-VO i.V.m. §§ 121 ff. AktG. Die Einberufung muss nach § 123 Abs. 1 AktG n.F.[102] **30 Tage** vor der Hauptversammlung, die über die Zustimmung zum Verschmelzungsplan beschließen soll, erfolgen. Als Medium für die Einberufung bestimmt § 25 Satz 1 AktG den **elektronischen Bundesanzeiger**[103] als Pflichtgesellschaftsblatt. Zusammen mit der Einberufung zur Hauptversammlung muss die Tagesordnung bekannt gemacht werden (vgl. dazu § 124 Abs. 2 AktG[104]). Übertragen auf die Gründung einer Europäischen Gesellschaft (SE) bedeutet dies die Bekanntmachung **des wesentlichen Teils** des Verschmelzungsplans.[105] Das Abfindungsangebot ist gemäß § 7 Abs. 2 Satz 3 SEAG im Wortlaut bekannt zu machen.

47

Von der Einberufung der Hauptversammlung an und während Hauptversammlung sind nach **Art. 18 SE-VO i.V.m. § 63 UmwG**:

- der Verschmelzungsplan,
- die Jahresabschlüsse und Lageberichte der an der Verschmelzung beteiligten Gründungsgesellschaften der letzten drei Geschäftsjahre über die abgestimmt werden soll,

---

96 Vgl. Bayer, in: Lutter/Hommelhoff, Die Europäische Gesellschaft, S. 40; Schwarz, SE-VO, Art. 20 Rn. 59.
97 Bayer, in: Lutter/Hommelhoff, Die Europäische Gesellschaft, S. 40; Heckschen, in: Widmann/Mayer, Umwandlungsrecht, Anhang 14, Rn. 212.
98 Vgl. Neye/Teichmann, AG 2003, 169, 173.
99 So Schwarz, SE-VO, Art. 22 Rn. 7, mit fundierter Begründung; Scheifele, Die Gründung der Europäischen Aktiengesellschaft (SE), S. 192.
100 Hügel, in: Kalss/Hügel, Europäische Aktiengesellschaft, § 18 SEG Rn. 1; Neun, in: Theisen/Wenz, Die Europäische Aktiengesellschaft, B.II., S. 108.
101 Schwarz, SE-VO, Art. 22 Rn. 30; Scheifele, Die Gründung der Europäischen Aktiengesellschaft (SE), S. 202.
102 In der Fassung des Gesetzes zur Unternehmensintegrität und Modernisierung des Anfechtungsrechts (UMAG) BGBl. 2005 I, S. 2802. Das Gesetz ist am 1.11.2005 in Kraft getreten, vgl. Art. 3.
103 Die Internetadresse lautet: www.ebundesanzeiger.de.
104 Hüffer, AktG, § 124 Rn. 2.
105 Hüffer, AktG, § 124 Rn. 10.

- die Verschmelzungsberichte und
- die Prüfungsberichte

in den Geschäftsräumen der Gründungsgesellschaft zur Einsicht der Aktionäre auszulegen. Jedem Aktionär ist auf Wunsch eine kostenlose Abschrift der Unterlagen zu überlassen. Der deutsche **Corporate Governance Kodex**[106] empfiehlt die Veröffentlichung der Unterlagen auch auf der Homepage der Gesellschaft.

4. Beschlussphase

a) Zustimmungsbeschluss

48 Art. 23 Abs. 1 SE-VO sieht vor, dass die **Aktionäre der Gründungsgesellschaften** dem Verschmelzungsplan in einer Hauptversammlung **zustimmen müssen**. Detaillierte Angaben macht die Verordnung nicht.

aa) Mehrheitserfordernis

49 Nach Art. 18 SE-VO i.V.m. § 65 Abs. 1 UmwG ist für den Zustimmungsbeschluss eine Mehrheit von 3/4 des bei der Beschlussfassung vertretenen Grundkapitals notwendig.

bb) Formerfordernis

50 Gemäß Art. 18 i.V.m. § 13 Abs. 3 UmwG muss der Zustimmungsbeschluss notariell beurkundet werden.[107]

cc) Genehmigungsvorbehalt

51 Die Hauptversammlungen jeder der die Gründung der Europäischen Gesellschaft (SE) anstrebenden AG können sich gem. Art. 23 Abs. 2 Satz 2 SE-VO die Genehmigung der Vereinbarung über die Beteiligung der Arbeitnehmer in der Europäischen Gesellschaft (SE) vorbehalten. Die Kompetenz zur Erteilung der Genehmigung liegt wiederum bei der Hauptversammlung.[108] Das **Mehrheits- und das Formerfordernis** entspricht dem des Zustimmungsbeschlusses.[109]

b) Kapitalerhöhung

52 Wie auch bei einer rein nationalen Verschmelzung werden die von einer aufnehmenden Gesellschaft **zu gewährenden Anteile durch Kapitalerhöhung** geschaffen.[110] Die Erhöhung richtet sich über den Verweis in Art. 18 SE-VO nach §§ 66 ff. UmwG und §§ 182 ff. AktG. Der Beschluss zur Kapitalerhöhung wird i.d.R. zusammen mit dem Zustimmungsbeschluss zum Verschmelzungsplan gefasst.

c) Anerkennung des Spruchverfahrens

53 Die SE-VO erkennt das Instrument des **Spruchverfahrens zur Korrektur** eines zu niedrig bemessenen Umtauschverhältnisses oder zu niedrigen oder nicht ordnungsgemäß angebotenen Abfindungsangebotes grds. an. Allerdings kennen nur die **Rechtsordnungen Deutschlands und Österreichs** diese prozessuale Möglichkeit.[111] Soweit das Spruchverfahren bei Streitigkeiten über die Höhe des Umtauschverhältnisses oder des Abfindungsangebotes zur Anwendung gelangen soll, müssen die Aktionäre der Gründungsgesellschaften aus Mitgliedstaaten, deren Rechtsordnung ein Spruchverfahren nicht kennt, der (möglichen) Anwendung gemäß Art. 25 Abs. 3 SE-VO **ausdrücklich zustimmen**.

---

106 Abzurufen unter: www.corporate-governance-code.de.
107 Heckschen, DNotZ 2003, 251, 259; Hörtnagl, in: Schmitt/Hörtnagl/Stratz, UmwG/UwStG, Art. 23 Rn. 7.
108 Heckschen, in: Widmann/Mayer, Umwandlungsrecht, Anhang 14, Rn. 241 ff. und Rn. 314.
109 Heckschen, in: Widmann/Mayer, Umwandlungsrecht, Anhang 14, Rn. 242; Hörtnagl, in: Schmitt/Hörtnagl/Stratz, UmwG/UwStG, Art. 23 Rn. 13; a.A.: Schwarz, SE-VO, Art. 23 Rn. 32; MünchKomm-AktG/Schäfer, Art. 23 SE-VO Rn. 12.
110 Bayer, in: Lutter/Hommelhoff, Die Europäische Gesellschaft, S. 25, 42.
111 Dazu Kalss/Greda, GesRZ 2004, 91, 98; Teichmann, ZGR 2003, 367, 379.

> **Hinweis:**
>
> Das Spruchverfahren steht nur den Aktionären einer deutschen übertragenden Gesellschaft offen – sofern diese bei einer ausländischen Gesellschaft der Anwendung des Spruchverfahrens zugestimmt haben. Soweit sich Anteilseigner des übernehmenden Rechtsträgers durch das Umtauschverhältnis benachteiligt fühlen, bleibt ihnen nur die Beschlussanfechtung, wodurch die Eintragung verzögert werden kann. Die Praxis behilft sich häufig mit einer Verschmelzung zur Neugründung, da bei dieser Variante alle Aktionäre zu einer übertragenden Gesellschaft gehören und ihnen somit das Spruchverfahren offen steht.

d) Zustimmung zur Satzung

Der Verschmelzungsplan muss auch die **Satzung der Europäischen Gesellschaft (SE)** enthalten (Art. 20 Abs. 1 lit. h) SE-VO). Von der Zustimmung der Hauptversammlung zum Verschmelzungsplan wird auch die Satzung der Europäischen Gesellschaft (SE) erfasst. Die Satzung legt fest, welches **Leitungssystem** die Europäische Gesellschaft (SE) haben soll. In der Satzung können gemäß Art. 40 Abs. 2 Satz 2 SE-VO auch die ersten Mitglieder des Aufsichtsorgans oder gemäß Art. 43 Abs. 3 Satz 2 SE-VO die ersten Mitglieder des Verwaltungsorgans bestimmt werden.

5. Vollzugsphase

Das Eintragungsverfahren der Europäischen Gesellschaft (SE) erfolgt bei der Gründung durch Verschmelzung **in zwei Stufen**.[112] In einem ersten Schritt stellt eine zuständige Stelle (Gericht, Notar oder eine andere zuständige Behörde, Art. 25 Abs. 2 SE-VO) im Sitzstaat der Gründungsgesellschaften eine sog. **Rechtmäßigkeitsbescheinigung** aus. Im zweiten Schritt wird die Europäische Gesellschaft (SE) nach Vorlage auch der Rechtmäßigkeitsbescheinigung gemäß den nationalen Vorschriften, die aufgrund Art. 3 der Ersten Richtlinie[113] ergangen sind, **eingetragen**.

a) Rechtmäßigkeitsbescheinigung

Nach Art. 25 SE-VO müssen zunächst die einzelnen Verfahrensschritte bei den sich verschmelzenden Gesellschaften **nach den für diese geltenden Rechtsvorschriften** des Mitgliedstaats überprüft werden. Der nationale Gesetzgeber hat in den §§ 3 und 4 SEAG dem Handelsregister die Prüfungskompetenz nach Art. 25 SE-VO zugewiesen. **Das Registergericht prüft**, ob alle notwendigen der Verschmelzung vorangehenden Rechtshandlungen und Formalitäten ordnungsgemäß durchgeführt wurden. Soweit dies der Fall ist, stellt es die **(Rechtmäßigkeits-)Bescheinigung** i.S.v. Art. 25 Abs. 2 SE-VO aus.

b) Eintragung der Europäischen Gesellschaft (SE)

Auf der zweiten Stufe kontrolliert das **Handelsregister des Sitzstaates** der Europäischen Gesellschaft (SE) die Rechtmäßigkeit der Verschmelzung im Hinblick auf die Verfahrenschritte der Durchführung der Verschmelzung und der Gründung der Europäischen Gesellschaft (SE).

Gemäß **Art. 26 Abs. 2 SE-VO** legen die sich verschmelzenden Gesellschaften dem Handelsregister bei der Anmeldung die in Art. 25 Abs. 2 SE-VO genannten Bescheinigungen sowie den Verschmelzungsplan in Ausfertigung vor. Das gilt auch für eine aufnehmende Gründungsgesellschaft, bei der sich die Zuständigkeit des Handelsregisters nicht ändert.

Die Bescheinigungen dürfen im Zeitpunkt der Anmeldung **nicht älter als sechs Monate** sein. Die Behörde kontrolliert insb., ob die Hauptversammlungen der sich verschmelzenden Gesellschaften einem gleich lautenden Verschmelzungsplan zugestimmt haben und ob eine Vereinbarung über die Beteiligung der Arbeitnehmer in der Europäischen Gesellschaft (SE) gemäß der SE-RL geschlossen worden ist. Ohne dass eine solche Vereinbarung geschlossen worden ist oder die Auffangregelung eingreift, kann die Ge-

---

112 Kleindiek, in: Lutter/Hommelhoff, Die Europäische Gesellschaft, S. 107.
113 Erste gesellschaftliche Richtlinie: RL 69/151/EWG/EG v. 9.3.1968, ABl. Nr. L 65, 8 [Publizitätsrichtlinie].

sellschaft nach Art. 12 SE-VO **nicht eingetragen** werden (siehe dazu auch Rn. 162).[114] Eine weiter reichende Prüfungskompetenz, insb. eine, die sich auch auf das Verfahren bei den Gründungsgesellschaften erstreckt, kann der Behörde nicht zugebilligt werden. Durch die Bescheinigung nach Art. 25 Abs. 2 SE-VO belegt die Gesellschaft, dass die Verfahrensvorschriften im Mitgliedstaat, in dem die betreffende Gründungsgesellschaft ihren Sitz hat, eingehalten wurden. Aus der SE-VO lässt sich nicht entnehmen, dass eine doppelte Prüfung des Gründungsverfahrens gewollt war.[115]

Die Europäische Gesellschaft (SE) erwirbt gem. Art. 16 SE-VO mit ihrer Eintragung in das nach § 3 SEAG zuständige Handelsregister **Rechtspersönlichkeit**. Die Rechtsfolgen der Verschmelzung richten sich nach Art. 29 SE-VO. Bei der Gründung einer Europäischen Gesellschaft (SE) **durch Verschmelzung zur Aufnahme** nimmt die aufnehmende Gesellschaft mit der Eintragung in das Handelsregister gemäß Art. 29 Abs. 1 lit. d) SE-VO die Rechtsform der Europäischen Gesellschaft (SE) an. Bei der **Verschmelzung zur Neugründung** entsteht die neue Gesellschaft als Europäische Gesellschaft (SE).[116]

Nach der Eintragung der Europäischen Gesellschaft (SE) kann eine Verschmelzung nach Art. 30 SE-VO nicht mehr für nichtig erklärt werden. Allerdings kann das völlige Fehlen einer Rechtmäßigkeitsprüfung einen Grund für die Auflösung einer Europäischen Gesellschaft (SE) darstellen.[117]

Art. 14 SE-VO sieht vor, dass die Eintragung der Europäischen Gesellschaft (SE) zu Informationszwecken im **Amtsblatt der EU** veröffentlicht werden muss.

---

114 Vgl. die Begründungen zu den Entscheidungen: AG Hamburg, ZIP 2005, 2017, 2018; LG Hamburg, ZIP 2005, 2018, 2019 und die Anmerkungen von Seibt, ZIP 2005, 2248; Frodermann/Jannott, ZIP 2005, 2251.
115 Schwarz SE-VO Art. 26 Rn. 16 f.; Heckschen, in: Widmann/Mayer, Umwandlungsrecht, Anhang 14, Rn. 262.
116 Vgl. Bayer, in: Lutter/Hommelhoff, Die Europäische Gesellschaft, S. 44.
117 Bayer, in: Lutter/Hommelhoff, Die Europäische Gesellschaft, S. 44.

6. Ablauf in der Übersicht

1. Stufe: Vorbereitungsphase

- Unternehmensbewertung der beteiligten AG
- Abwägung aller Vor- und Nachteile der in Betracht kommenden Umstrukturierungswege
- Auswahl der Zielgesellschaftsform (Europäische Gesellschaft (SE))
- Wahl des Weges in die Europäische Gesellschaft (SE) (hier: durch Verschmelzung zur Aufnahme/durch Neugründung)
- Aufstellung gleich lautender Verschmelzungspläne
- Erstellung des Verschmelzungsberichts
- Vornahme der Verschmelzungsprüfung
- Bestellung der (Verschmelzungs-)prüfer
- Anfertigung des Prüfungsberichts
- Unter Umständen Nachgründungsprüfung § 67 UmwG
- Aufstellung einer Zwischenbilanz nach Maßgabe Art. 18 SE-VO i.V.m. § 63 Abs. 1 Nr. 3 UmwG
- Soweit vorhanden Zuleitung des Verschmelzungsplans an die zuständigen Betriebsräte
- Offenlegung des Verschmelzungsplans
- Ggf. Sicherheitsleistung
- Einsetzung des besonderen Verhandlungsgremiums als Vertretung der Arbeitnehmer
- Aufnahme der Verhandlungen über die Beteiligung der Arbeitnehmer in der Europäischen Gesellschaft (SE)
- Vorbereitung der Kapitalerhöhung beim aufnehmenden Rechtsträger
- Einberufung der Hauptversammlung

58

2. Stufe: Beschlussphase

- Durchführung der Hauptversammlung
- Beschluss über die Kapitalerhöhung (soweit notwendig)
- Zustimmungsbeschluss zum Verschmelzungsplan
- Ggf. Entscheidungsvorbehalt über die Vereinbarung zur Beteiligung der Arbeitnehmer
- Anerkennung des Instituts des Spruchstellerverfahrens durch die ausländische Gesellschaft bzw. deren Anteilseigner
- Bestellung der Mitglieder des Aufsichts- oder Verwaltungsrates, soweit nicht in der Satzung bestellt
- Bestellung des Abschlussprüfers
- Ggf. Aufnahme von Verzichtserklärungen (Abfindungsangebot; Prüfung)
- Ggf. Aufnahme von Klageverzichtserklärungen
- Abschluss der Vereinbarung über die Beteiligung der Arbeitnehmer (oder Auffangregelung)
- Überprüfung der Vereinbarkeit der Satzung mit der Vereinbarung über die Beteiligung der Arbeitnehmer
- Ggf. Anpassung der Satzung
- Ggf. Zustimmung der Hauptversammlung zur Vereinbarung über die Beteiligung der Arbeitnehmer

3. Stufe: Vollzugsphase

- Anmeldung zur Eintragung in das Register des übertragenden Rechtsträgers
- Gewährung von Sicherheiten
- Abgabe der Versicherung, dass allen Gläubigern Sicherheit geleistet wurde
- Ausstellung der Rechtmäßigkeitsbescheinigung
- Anmeldung zur Eintragung in das Register des übernehmenden bzw. neu gegründeten Rechtsträgers
- Eintragung der Europäischen Gesellschaft (SE)
- Bekanntmachung der Eintragung gemäß Art. 14 Abs. 1, Art. 28 SE-VO und § 10 HGB

II. Gründung einer Holding-SE

59 Als zweite originäre Gründungsvariante sieht die SE-VO in Art. 2 Abs. 2 die **Gründung einer Holding-SE** vor. An der Gründung einer Holding-SE können sowohl AG wie auch GmbH i.S.v. Anhang II zur SE-VO teilnehmen. Der internationale Bezug kann dadurch hergestellt werden, dass **mindestens zwei** der an der Gründung beteiligten Gesellschaften dem Recht verschiedener Mitgliedstaaten unterliegen (Art. 2 Abs. 2 lit. a) SE-VO) oder mindestens zwei der Gründungsgesellschaften **seit mindestens zwei Jahren** eine dem Recht eines anderen Mitgliedstaates unterliegende Tochtergesellschaft oder eine Zweigniederlassung in einem anderen Mitgliedstaat haben (Art. 2 Abs. 2 lit. b) SE-VO).

Die Gründungsvariante der Gründung einer Holding-SE ist den Rechtsordnungen der Mitgliedstaaten der EU bis auf der Rechtsordnung Luxemburgs unbekannt.[118]

60 In Deutschland wäre die Gründung einer Holding-SE am ehesten mit einer **verschmelzender Ausgliederung** zu vergleichen, die in Deutschland nicht zulässig ist.[119] Der europäische Verordnungsgeber hat die Gründung einer Holding-SE aber als eine Strukturmaßnahme eingeordnet. Dadurch ist für die Gründung einer Holding-SE ein **entsprechendes Verfahren einzuhalten**. Es überrascht daher, dass die SE-VO Regelungen zur Holding-SE nur in den Art. 32 – 34 enthält. **Ein Verweis auf nationale Rechtsordnungen** entsprechend Art. 18 SE-VO bei der Verschmelzung war- mangels nationalstaatlichen Regelungen (Ausnahme: Luxemburg) – nicht möglich.

61 **Im Ergebnis** stellt sich Rechtsanwendung bei der Gründung einer Holding-SE sehr kompliziert dar.[120] Wegen der eindeutigen systematischen Stellung und des Wortlauts des Art. 9 SE-VO verbietet es sich, auf die allgemeine Verweisung des Art. 9 Abs. 1 lit. c) ii) SE-VO zurückzugreifen. Art. 9 SE-VO bezieht sich eindeutig **nur auf die bestehende Europäische Gesellschaft (SE)** und nicht auf die Gründungsgesellschaften. Es wird vorgeschlagen, die Verweisungsnorm des Art. 18 SE-VO für die Gründungsgesellschaften **doppelt analog** heranzuziehen, um auf diese Weise in das nationale Umwandlungsrecht zu gelangen.[121] Die doppelte Analogie liegt **darin begründet,** dass die nationalen Rechtordnungen – bis auf die Luxemburgs – kein entsprechendes Verfahren vorsehen. Zunächst wird durch die analoge Anwendung des Art. 18 SE-VO erreicht, dass eine Verweisung in das nationale Recht besteht. Da die nationalen Rechtordnungen nur Regelungen zu Verschmelzungen enthalten, müssen diese ebenfalls analog auf eine Holding-Gründung angewandt werden. Daher ist eine doppelte Analogie notwendig. Alternativ ist vorgeschlagen worden, auf **allgemeine Grundsätze des europäischen Gesellschaftsrechts** zurückzugreifen.[122]

Letztendlich kommen beide Ansichten zu denselben Ergebnissen. Es ist nicht zu übersehen, dass der Verordnungsgeber die Gründung einer Holding-SE als **Parallele zur Gründung einer Verschmelzung** ausgestaltet hat. Deshalb muss sich der Ablauf der Gründung einer Holding-SE dort, wo die SE-VO keine spezielleren Regelungen enthält, an den Ablauf der Gründung einer Europäischen Gesellschaft (SE) durch Verschmelzung anlehnen.

Das komplizierte Regelungsgefüge bei der Gründung einer Holding-SE lässt diese Gründungsvariante als sehr **unattraktiv** erscheinen. Bisher sind nur sehr wenige SE-Gründungen bekannt geworden, bei der die Gründungsvariante der Holding- Bildung gewählt worden ist.[123]

---

118 Schwarz, SE-VO, Vorb. Art. 32 – 34 Rn. 1.
119 Vgl. Heckschen, DNotZ 2003, 251, 260.
120 Der Bereich der Gründung einer Europäischen Gesellschaft (SE) durch Holding-Bildung wird als derjenige diskutiert, wo über Analogien am ehesten Lücken geschlossen werden, vgl. Casper, in: FS für Ulmer, S. 51, 60 f.
121 Schwarz, SE-VO, Vorb. Art. 32 – 34 Rn. 11.
122 Teichmann, ZGR 2003, 367, 434; in diese Richtung auch: Theisen/Wenz, in: Theisen/Wenz, Die Europäische Aktiengesellschaft, A.V. S. 51 f.
123 www.seeurope-network.org/homepages/seeurope/secompanies.html.

1. Ablauf der Holding-Gründung

Auch die Gründung einer Holding-SE ist in die **drei üblichen Phasen** einteilen:

- Vorbereitungsphase,
- Beschlussphase und
- Vollzugsphase

2. Vorbereitungsphase

a) Aufstellung des Gründungsplans

Die **Leitungs- bzw. Verwaltungsorgane** der an der Gründung der Holding-SE beteiligten Gründungsgesellschaften müssen gemäß Art. 32 Abs. 2 SE-VO einen gleich lautenden Gründungsplan für die Europäische Gesellschaft (SE) aufstellen. Art. 32 SE-VO setzt den Gleichlaut der **Gründungspläne explizit voraus**, während die Parallelvorschrift des Art. 20 SE-VO diesen Aspekt nicht erwähnt.

b) Inhalt des Gründungsplans

Art. 32 Abs. 2 Satz 3 SE-VO verweist für die **Mindestangaben des Gründungsplans** auf Art. 20 Abs. 1 SE-VO, die lit. d) und e) ausgenommen. Der Gründungsplan muss **nicht den Zeitpunkt** des Beginns der Gewinnberichtigung und den Zeitpunkt des Übergangs der Rechnungslegung vom übertragenden zum aufnehmenden Rechtsträger angeben. Dies ist insoweit folgerichtig, als dass es bei der Gründung der Holding-SE **nicht zu einer Vermögensübertragung** der Gründungsgesellschaften und zu deren Auflösung kommt.

Der **Gründungsplan zur Gründung einer Holding-SE** muss folgende Mindestangaben enthalten:

- Firma und Sitz der Gründungsgesellschaften und der Europäischen Gesellschaft (SE),
- das Umtauschverhältnis der Aktien und die Höhe der ggf. zu gewährenden Ausgleichsleistung,
- die Einzelheiten zur Übertragung der Aktien der Europäischen Gesellschaft (SE),
- die gewährten Sonderrechte,
- die Vorteile für sonstige Beteiligte,
- die Satzung der Europäischen Gesellschaft (SE),
- Gründungsbericht,
- das Verfahren zur Bestimmung des Mitbestimmungsmodells.

c) Einbringungsquote

Der Gründungsplan muss gemäß Art. 32 Abs. 2 Satz 4 SE-VO den **Prozentsatz** angeben (Einbringungsquote), den die Anteilseigner der Gründungsgesellschaften in die Holding-SE einbringen müssen, damit die Europäische Gesellschaft (SE) gegründet ist. Die Quote muss **mindestens 50 %** betragen (Mindesteinbringungsquote). Die Einbringungsquote kann für jede der teilnehmenden Gründungsgesellschaften **unterschiedlich hoch liegen**.[124] Damit die Holding-SE gegründet wird, muss die Quote bei jeder der Gesellschaften erreicht werden. Die Angabe einer Höchstgrenze für die Einbringungsquote ist **unzulässig**. Andernfalls hätten die Anteilseigner nicht mehr die Möglichkeit ihre Anteile einzubringen, nachdem die festgesetzte Einbringungsquote erreicht worden ist. Das würde gegen den Wortlaut des Art. 33 Abs. 1 Satz 1 SE-VO verstoßen, wonach die Anteilseigner der Gründungsgesellschaften das Wahlrecht haben, **ob sie ihre Anteile einbringen oder nicht**. Dieses Wahlrecht stünde ihnen im Falle der Festlegung einer Höchsteinbringungsquote nicht zu.

---

[124] Schwarz, SE-VO, Art. 32 Rn. 24.

> **Hinweis:**
>
> Bei der Festlegung einer Einbringungsquote von 95 % könnte die Holding-SE nach erfolgreicher Gründung, ein squeeze-out Verfahren nach §§ 327a ff. AktG bei ihren Tochtergesellschaften mit Sitz in Deutschland durchführen.

66 Problematisch ist, dass der Gründungsplan gemäß Art. 32 Abs. 2 Satz 3 i.V.m. Art. 20 Abs. 1 lit. h) SE-VO die **Satzung der Holding-SE** enthalten muss. Nach § 23 Abs. 3 Nr. 3 AktG muss die Satzung das Grundkapital der Gesellschaft enthalten. Die Höhe des Grundkapitals steht aber zum Zeitpunkt der Beschlussfassung über den Gründungsplan, der die Satzung enthält, noch gar nicht fest. **Im Ergebnis** würde dies zu einer in Deutschland grds. **unzulässigen Stufengründung**[125] führen.

In der Lit. ist als Lösungsvorschlag die Aufnahme von **bedingtem Kapital** bereits in die Gründungssatzung angeregt worden. Das dringende Bedürfnis eines Lösungsweges für diese Problematik spreche für die Zulässigkeit einer solchen Möglichkeit.[126] Allerdings muss beachtet werden, dass der **deutsche Gesetzgeber** im Rahmen des Gesetzgebungsverfahrens zum SEAG weder diese Lösung noch die Stufengründung nach österreichischem Vorbild aufgegriffen hat.

In der Praxis **muss** jedoch zum Zeitpunkt des Zustimmungsbeschlusses die **Angabe einer Mindestkapitalsumme** ausreichen. Nach Verstreichen der Frist und der Nachfrist muss die Satzung durch notarielle Beurkundung mit dem dann feststehenden Grundkapital festgestellt werden.[127]

d) Gründungsbericht

67 Bei den Regelungen zum Gründungsplan überrascht,[128] dass der Gründungsplan gemäß Art. 32 Abs. 2 Satz 2 SE-VO einen Bericht (**Holding-Bericht**[129] **oder Gründungsbericht**[130]) enthalten muss, der die Gründung der Holding-SE aus rechtlicher und wirtschaftlicher Sicht erläutert. Es muss dargelegt werden, welche **Auswirkungen** der Übergang zur Rechtsform der Europäischen Gesellschaft (SE) auf die Anteilseigner und die Arbeitnehmer hat. I.d.R. erfolgt ein Bericht der Aufstellung des Plans – oder im nationalen Recht dem Abschluss eines Vertrages – nach. Schließlich soll der Bericht **Aussagen über den Inhalt des Plans** treffen. Um die Erstellung des Plans im zeitlichen Gleichlauf mit der Berichterstattung zu realisieren, wird es zu einer gemeinsamen Aufstellung von Plan und Bericht[131] durch die Leitungs- bzw. Verwaltungsorgane der beteiligten Gesellschaften kommen.[132]

68 **Inhaltlich** wird der Gründungsbericht dem Verschmelzungsplan in etwa entsprechen.[133] Insb. sind **Ausführungen zur Zweckmäßigkeit** der Gründung der Holding-SE zu machen. Besonders detailliert sollten die Erläuterungen zur Ermittlung des Umtauschverhältnisses sein. Das **Umtauschverhältnis** stellt einen maßgeblichen Grund für die Entscheidung der Anteilseigner dar, ob sie ihre Anteile gegen neue Aktien der Holding-SE tauschen oder nicht (vgl. auch zum Verschmelzungsbericht Rn. 42 f.).[134]

69 Der Gründungsbericht muss ebenfalls Erläuterungen zu den **Auswirkungen auf die Arbeitnehmer** enthalten. Diese Anforderung unterscheidet sich von den Angaben, die nach Art. 32 Abs. 2 i.V.m. Art. 20

---

125 Hüffer, AktG § 23 Rn. 16.
126 Brandes, AG 2005, 177, 182.
127 Heckschen, in: Widmann/Mayer, Umwandlungsrecht, Anhang 14, Rn. 288.
128 Schröder, in: Manz/Mayer/Schröder, SE-VO, Art. 32 Rn. 21.
129 Neun, in: Theisen/Wenz, Die Europäische Aktiengesellschaft, B.III., S. 145; Janott, in: Jannott/Frodermann, Handbuch der Europäischen Aktiengesellschaft, Kap. 3 Rn. 133.
130 So Bayer, in: Lutter/Hommelhoff, Die Europäische Gesellschaft, S. 47; Hörtnagl, in: Schmitt/Hörtnagl/Stratz, UmwG/UwStG, Art. 32 Rn. 4; Schwarz, SE-VO, Art. 32 Rn. 26.
131 Neun, in: Theisen/Wenz, Die Europäische Aktiengesellschaft, B.III., S. 146.
132 Schwarz, SE-VO, Art. 32 Rn. 27.
133 Zum Inhalt Neun, in: Theisen/Wenz, Die Europäische Aktiengesellschaft, B.III., S. 147 ff.
134 Schwarz, SE-VO, Art. 32 Rn. 30.

Abs. 1 Satz 2 lit. i) SE-VO zu machen sind. Die Angaben nach Art. 20 SE-VO beziehen sich auf das Verfahren über die **Beteiligung der Arbeitnehmer in der Europäischen Gesellschaft (SE)** gemäß der SE-RL. Der Gründungsbericht hingegen soll die **Auswirkungen der Holding-Gründung auf die Arbeitnehmer darstellen**. Über das Verfahren zur Beteiligung der Arbeitnehmer muss der Gründungsplan zusätzlich noch Informationen enthalten. Die Regelung ist vergleichbar mit § 5 Abs. 1 Satz 9 UmwG, der vorsieht, dass die Folgen einer Verschmelzung für die Arbeitnehmer sowie die insofern vorgesehenen Maßnahmen in den Verschmelzungsvertrag aufzunehmen sind.[135] Im nationalen Recht dienen diese Informationen dem Schutz der Arbeitnehmer.[136]

Eine Verzichtsmöglichkeit auf die Erstellung des Gründungsberichts ist **gesetzlich nicht vorgesehen**. Ausgehend vom Sinn und Zweck der Berichtspflicht, die die Vorabinformationen der Anteilseigner sicherstellen soll, müsste ein **Verzicht auf die Berichterstattung möglich** sein.[137] Zweifelhaft könnte dies allerdings sein, da auch die Auswirkungen der Holding-Gründung auf die Arbeitnehmer dargestellt werden sollen.

70

e) Abfindungsangebot

Der deutsche Gesetzgeber hat von der **Ermächtigung in Art. 34 SE-VO** Gebrauch gemacht und Regelungen zum Schutz der die Gründung der Europäischen Gesellschaft (SE) ablehnenden Minderheitsgesellschafter erlassen. § 9 Abs. 1 SEAG statuiert die Verpflichtung zum **Erwerb der Aktien gegen eine angemessene Barabfindung** für Aktionäre, die gegen den Zustimmungsbeschluss dieser Gesellschaft zum Gründungsplan Widerspruch zur Niederschrift erklären. Diese **Verpflichtung besteht nur**, soweit die Gesellschaft ihren Sitz im Ausland haben soll oder selbst eine abhängige Gesellschaft i.S.v. § 17 AktG ist. Von diesem Minderheitenschutz werden GmbH-Gesellschafter nicht erfasst, da der Gesellschaftsvertrag einer GmbH entsprechende Schutzvorschriften enthalten kann.[138]

71

Der Gesetzgeber begründet die Verpflichtung zur Barabfindung damit, dass kein **Aktionär gezwungen werden soll**, auch Anteilseigner einer Gesellschaft zu werden, die dem Recht eines anderen Mitgliedstaates unterliegt.[139] Die Begründung ist in gewisser Weise **unschlüssig**. Bei der Gründung der Holding-SE wird kein Anteilseigner gezwungen, seine Anteile an der Gründungsgesellschaft gegen Anteile an der Europäischen Gesellschaft (SE) zu tauschen.

> **Hinweis:**
>
> Die Pflicht zur Barabfindung sowie weitere nicht geklärte Rechtsfragen im Rahmen der Gründung der Holding-SE lassen diese Gründungsvariante als besonders unattraktiv erscheinen.[140]

f) Form des Gründungsplans

Die SE-VO macht ebenso wie beim Verschmelzungsplan **keine Vorschriften zur Form** des Gründungsplans. Allgemeine Überlegungen sprechen jedoch für die **Beurkundungsbedürftigkeit des Gründungsplans**. Materielle Richtigkeitsgewähr, Beweissicherung sowie der Schutz der Anteilseigner werden durch die Beurkundung erreicht. Da die Holding-Gründung als Gegenstück zur Verschmelzung angesehen wird, ist es auch aus diesem Grund richtig, einen Gleichlauf der Anforderungen an die Form der verschiedenen

72

---

135 Zum Inhalt Schröder, in: Manz/Mayer/Schröder, SE-VO, Art. 32 Rn. 29.
136 Simon, in: Semler/Stengel, UmwG, § 5 Rn. 58; Lutter/Drygala, in: Lutter, UmwG, § 5 Rn. 50.
137 Hügel hält eine Verzichtsmöglichkeit zumindest nach österreichischem Recht für gegeben, Hügel, in: Kalss/Hügel, Europäische Aktiengesellschaft, §§ 25, 26 SEG Rn. 23.
138 Ihrig/Wagner, BB 2004, 1749, 1752; Heckschen/Heidinger, Die GmbH in der Gestaltungspraxis, § 3 Rn. 129 ff.
139 Vgl. Begründung zu § 9 RegE des SEAG v. 26.5.2004, S. 84.
140 Dazu Vetter, in: Lutter/Hommelhoff, Die Europäische Gesellschaft, S. 158 ff. und 167.

Pläne herzustellen.[141] Auch durch die **doppelt analoge Anwendung des Art. 18 SE-VO** gelangt man zur **notariellen Beurkundungspflicht**.[142]

73　Ein **weiterer Ausgangspunkt** für die Pflicht zur notariellen Beurkundung, jedenfalls bei einer Holding-SE, die ihren Sitz in Deutschland nimmt, ist die Satzung, die der Gründungsplan gemäß Art. 32 Abs. 2 i.V.m. Art. 20 Abs. 1 lit. h) SE-VO enthalten muss. Das **Beurkundungserfordernis ergibt sich aus § 23 AktG**, der die Beurkundungsbedürftigkeit der Satzung enthält.

g)　Prüfung

74　**Unabhängige Sachverständige** müssen gemäß Art. 32 Abs. 4 SE-VO den Gründungsplan prüfen. Die Prüfer haben über die Ergebnisse ihrer Untersuchung einen **schriftlichen Bericht** vorzulegen. Die SE-VO stellt dabei zur Wahl, ob eine gemeinsame (Art. 32 Abs. 4 Satz 2 SE-VO) oder eine getrennte (Art. 32 Abs. 4 Satz 1 SE-VO) Prüfung vorgenommen werden soll.

75　**Eine getrennte Prüfung** wird in der Praxis der Regelfall sein. Die Bestellung der Prüfer ist in Art. 32 Abs. 4 SE-VO geregelt. Satz 1 gilt für die Bestellung der Prüfer für eine getrennte Prüfung, Satz 2 für die Bestellung der Prüfer einer gemeinsamen Prüfung.

76　Für die Bestellung eines **gemeinsamen Prüfers** ist Einvernehmen zwischen den beteiligten Gesellschaften notwendig. Eine dem Art. 22 SE-VO entsprechende Vorschrift fehlt in den Vorschriften zur Gründung einer Holding-SE. Danach wäre die Bestellung eines Prüfers nur durch die Leitungs- bzw. Verwaltungsorgane auch dann zulässig, wenn eine gemeinsame Prüfung erfolgen soll.[143]

77　**Alle Bestandteile des Gründungsplans**, die die SE-VO zwingend vorsieht, sind Gegenstand der Prüfung. Das ergibt sich eindeutig aus dem Wortlaut des Art. 32 Abs. 4 Satz 1 SE-VO, der von dem „gemäß Abs. 2 erstellten Gründungsplan" spricht. Besonderes Augenmerk muss dabei auf das **Umtauschverhältnis** gelegt werden, wie es aus Art. 32 Abs. 5 SE-VO hervorgeht. Als Bestandteil des Gründungsplans muss der Bericht ebenfalls geprüft werden.

78　Gemäß § 9 Abs. 2 SEAG i.V.m. § 7 Abs. 3 SEAG ist das **Barabfindungsangebot** ebenfalls durch einen Gründungsprüfer (Verschmelzungsprüfer) zu prüfen. Über das Ergebnis hat der Prüfer einen schriftlichen Bericht zu erstatten. Nach § 9 Abs. 2 SEAG i.V.m. § 7 Abs. 3 SEAG können die Anteilseigner auf die Prüfung oder den Prüfungsbericht verzichten. **Die Verzichtserklärungen** sind notariell zu beurkunden.

Gesetzlich ist eine Verzichtsmöglichkeit auf das Abfindungsangebot nicht vorgesehen. Systematische Überlegungen führen jedoch zu dem Ergebnis, dass eine Möglichkeit zum Verzicht gegeben sein muss. Es wäre **unnötiger Aufwand** ein Abfindungsangebot zu erstellen, wenn von vornherein Klarheit darüber bestünde, dass alle Anteilseigner auch Anteilseigner der Holding-SE werden wollen.[144]

h)　Offenlegung

79　Art. 32 Abs. 3 SE-VO statuiert die **Offenlegungspflichten** für den Gründungsplan. Dieser ist einen Monat vor der Hauptversammlung, die über die Gründung der Holding-SE zu beschließen hat, gemäß dem in den nationalen Durchführungsbestimmungen zu Art. 3 der Ersten Richtlinie[145] vorgesehenen Verfahren, offen zu legen.

141　Vgl. dazu Teichmann, ZGR 2002, 383, 433, für Österreich Hügel, in: Kalss/Hügel, Europäische Aktiengesellschaft, §§ 25, 26 SEG Rn. 9.
142　Schwarz, SE-VO, Art. 32 Rn. 37.
143　Schröder, in: Manz/Mayer/Schröder, SE-VO, Art. 32 Rn. 66 ff.; a.A.: Schwarz, SE-VO, Art. 32 Rn. 47 mit ausführlicher Begründung.
144　Heckschen, in: Widmann/Mayer, Umwandlungsrecht, Anhang 14, Rn. 293.
145　RL 69/151/EWG/EG v. 9.3.1968, ABl. Nr. L 65, 8 (Publizitätsrichtlinie).

i) Einberufung zur Hauptversammlung

Wie bei der Verschmelzung enthält die SE-Verordnung **keine Angaben zur Vorbereitung der Hauptversammlung**. Die Regelungslücke[146] bedingt den Rückgriff auf die nationalen Vorschriften. Der Analogieschluss könnte auf **europäischer Ebene**[147] oder durch eine **doppelt analoge Anwendung des Art. 18 SE-VO**[148] erfolgen. Mit beiden Möglichkeiten gelangt man zum selben Ergebnis. Für eine an der Gründung einer Holding-SE beteiligte deutsche AG richtet sich die Einberufung zur Hauptversammlung nach den §§ 121 ff. AktG.[149] Die Einberufung zur Hauptversammlung muss nach § 123 Abs. 1 AktG n.F.[150] **30 Tage** vor dem Tag der Hauptversammlung erfolgen. Für die Einberufung der Gesellschafterversammlung einer GmbH sind die §§ 47 ff. GmbHG maßgeblich.

80

Zur Vorabinformation sind für die Anteilseigner der Gründungsplan einschließlich der schriftlichen Berichterstattung der Leitungsorgane (vgl. Art. 32 Abs. 2 SE-VO) sowie der Sachverständigenbericht einen Monat vor dem Tag der Hauptversammlung in den Gesellschaftsräumen auszulegen. Den Aktionären ist auf Wunsch eine kostenlose Abschrift zu erteilen.

3. Beschlussphase

a) Zustimmungsbeschluss

Gemäß Art. 32 Abs. 6 SE-VO stimmt die Hauptversammlung **jeder der an der Gründung beteiligten Gesellschaften** dem Gründungsplan zu. Detailliertere Angaben macht die SE-Verordnung nicht.

81

aa) Mehrheitserfordernis

Die SE-VO macht **keine Vorgaben** im Hinblick auf das notwendige Mehrheitserfordernis für die Zustimmungsbeschlüsse. Die Überlegungen, welches Mehrheitserfordernis an einen Zustimmungsbeschluss zu stellen ist, hat der deutsche Gesetzgeber beendet und in § 10 Abs. 1 SEAG für AG eine **Mehrheit von 3/4** des bei der Beschlussfassung vertretenen Grundkapitals vorgesehen. Bei einer GmbH liegt das Mehrheitserfordernis bei 3/4 der abgegebenen Stimmen.

82

Stimmen in der Lit.[151] äußern **Zweifel an der Kompetenz des deutschen Gesetzgebers**, das Mehrheitserfordernis festlegen zu können. Unberechtigt erscheinen diese Einwände nicht, schließlich findet sich in der SE-VO keine Ermächtigung an die nationalen Gesetzgeber, ein Mehrheitserfordernis zu statuieren. Allerdings gelangt man **zu demselben Mehrheitserfordernis** durch die Überlegung, dass der Verordnungsgeber die Gründung einer Holding-SE ebenso als Strukturmaßnahme ausgestaltet hat, wie die Gründung einer Europäischen Gesellschaft (SE) durch Verschmelzung.[152]

bb) Formerfordernis

Aus denselben Überlegungen – aus der Parallelität der Regelungen zur Verschmelzung und den Regelungen zur Holding-Gründung – ist der Zustimmungsbeschluss gemäß § 13 Abs. 3 UmwG **notariell zu beurkunden**.[153]

83

---

146 So auch Casper, in: FS für Ulmer, S. 51, 61 f.
147 Casper, in: FS für Ulmer, S. 51, 62; Teichmann, ZGR 2002, 383, 434.
148 Schwarz, SE-VO, Vorb. Art. 32 – 34 Rn. 11.
149 Allgemein dazu Heckschen, in: Beck'sches Notarhandbuch, D. III., Rn. 51 ff.d.
150 In der Fassung des Gesetzes zur Unternehmensintegrität und Modernisierung des Anfechtungsrechts (UMAG) BGBl. 2005 I, S. 2802. Das Gesetz ist am 1.11.2005 in Kraft getreten, vgl. Art. 3.
151 Schwarz, SE-VO, Art. 32 Rn. 65.
152 Schwarz, SE-VO, Art. 32 Rn. 65; a.A.: Schröder, in: Manz/Mayer/Schröder, SE-VO, Art. 32 Rn. 110, der davon ausgeht, dass wegen des Fehlens eines Mehrheitserfordernisses eine einfache Mehrheit ausreichend sei.
153 Schwarz, SE-VO, Art. 32 Rn. 67 der die Beurkundung durch den Verweis in Art. 18 SE-VO doppelt analog herleitet; Heckschen, DNotZ 2003, 251, 262.

b) Genehmigungsvorbehalt

84 Die Hauptversammlungen jeder der die Gründung der Europäischen Gesellschaft (SE) anstrebenden Gesellschaften kann sich die **Genehmigung der Vereinbarung über die Beteiligung der Arbeitnehmer** in der Europäischen Gesellschaft (SE) vorbehalten (Art. 32 Abs. 6 Unterabs. 2 Satz 2 SE-VO). Die Regelung entspricht dem Genehmigungsvorbehalt bei der Gründung einer Europäischen Gesellschaft (SE) durch Verschmelzung. Die Kompetenz zur Erteilung der Genehmigung liegt wiederum bei der Hauptversammlung bzw. bei der Gesellschafterversammlung.[154] Das **Mehrheits- und das Formerfordernis** entspricht dem des Zustimmungsbeschlusses.

c) Anerkennung des Spruchverfahrens

85 **Klagen gegen die Wirksamkeit eines Zustimmungsbeschlusses** mit Verweis auf eine zu niedrige Bemessung des Abfindungsangebotes sind **nach § 9 Abs. 1 i.V.m. § 7 Abs. 7 SEAG** ausgeschlossen. § 11 Abs. 2 SEAG schließt Klagen gegen den Beschluss mit der Begründung, dass das Umtauschverhältnis der Aktien unangemessen sei, ebenfalls aus. Als Korrektiv für den Ausschluss des Anfechtungsklagerechts verweist das SEAG jeweils **auf das Spruchverfahren** (dazu Rn. 53).[155]

4. Vollzugsphase

a) Einbringung der Anteile I/Frist

86 Gemäß Art. 33 Abs. 1 SE-VO haben die Gesellschafter (Anteilseigner) der an der Gründung beteiligten Gesellschaften **drei Monate** Zeit, um zu erklären, ob sie ihre Anteile in die Holding-SE einbringen. Das **Wahlrecht steht sämtlichen Anteilseignern zu**. Es müssen weder die Anteilsinhaber, die dem Gründungsplan zugestimmt haben, ihre Anteile einbringen noch ist den Anteilseignern, die gegen den Gründungsplan gestimmt haben, die Einbringung ihrer Anteile in die Holding verwehrt.[156]

Die SE-VO sieht vor, dass die Frist mit dem **Zeitpunkt** beginnt, zu dem der **Gründungsplan endgültig festgelegt** worden ist. Aus dieser Formulierung folgt, dass der Lauf der Frist entweder im Zeitpunkt der vorbehaltlosen Zustimmung zum Gründungsplan oder aber nach der Genehmigung der Vereinbarung über die Beteiligung der Arbeitnehmer in der Europäischen Gesellschaft (SE) durch die Hauptversammlungen beginnt.[157]

87 Die **Frist** für die Erklärung beträgt drei Monate.

88 Die Formulierung der SE-VO ist unklar und könnte darauf hindeuten, dass die Erklärung **nur unverbindlichen Charakter** hat. Allerdings kann nur eine rechtsverbindliche Erklärung gemeint sein, denn nur eine solche kann die Rechtsfolge des Art. 33 Abs. 2 SE-VO herbeiführen.[158]

b) Offenlegung der Gründung

89 Wenn **alle Bedingungen für die Gründung der Europäischen Gesellschaft (SE) erfüllt sind**, muss jede der die Gründung der Europäischen Gesellschaft (SE) anstrebenden Gesellschaften diese Tatsache gemäß den aufgrund von Art. 3 der Ersten RL[159] erlassenen Vorschriften offenlegen.

Durch die Offenlegung werden die Aktionäre der Gründungsgesellschaften darüber in Kenntnis gesetzt, dass die Bedingungen für die Gründung der Europäischen Gesellschaft (SE) erfüllt sind.

---

154 Heckschen, in: Widmann/Mayer, Umwandlungsrecht, Anhang 14, Rn. 314 und Rn. 241 ff.
155 Heckschen, in: Widmann/Mayer, Umwandlungsrecht, Anhang 14, Rn. 314. Zu den Rechtsordnungen, denen ein Spruchverfahren bekannt ist: Kalss/Greda, GesRZ 2004, 91, 98; Teichmann, ZGR 2003, 367, 379.
156 Schwarz, SE-VO, Art. 33 Rn. 7; Scheifele, Die Gründung der Europäischen Aktiengesellschaft (SE), S. 358.
157 Schwarz, SE-VO, Art. 33 Rn. 20; Teichmann, ZGR 2002, 383, 436; Neun, in: Theisen/Wenz, Die Europäische Aktiengesellschaft, B.III., S. 162.
158 Heckschen, DNotZ 2003, 251, 262; Teichmann, ZGR 2002, 383, 383.
159 RL 69/151/EWG v. 9.3.1968, ABl. L 65/8.

Den Anteilseignern, die sich bis zu diesem Zeitpunkt nicht für die Einbringung ihrer Anteile entschieden haben, wird dadurch Gelegenheit gegeben, sich ihre Entscheidung erneut zu überlegen. Die Offenlegung setzt eine **einmonatige Nachfrist** in Gang.[160] Die Pflicht zur Offenlegung besteht bei allen Gründungsgesellschaften. Die Frist beginnt erst zu laufen, wenn auch die letzte der Gründungsgesellschaften ihrer **Offenlegungspflicht nachgekommen ist**.

c) Einbringung der Anteile II/Nachfrist

Soweit die Bedingungen erfüllt sind, haben die Anteilseigner der für die Gründung anstrebenden Gesellschaften, die nicht innerhalb der Dreimonatsfrist mitgeteilt haben, dass sie ihre Anteile einbringen, einen weiteren Monat Zeit, um die Einbringung zu erklären (**sog. Zaunkönigsregelung**).[161]

90

d) Eintragungsverfahren

§ 3 SEAG weist die Kompetenz für die Eintragung der Holding-SE dem **Handelsregister** zu. Soweit die Europäische Gesellschaft (SE) ein monistisches Leitungssystem hat, muss sie gemäß § 21 Abs. 1 SEAG von allen Gründern, Mitgliedern des Verwaltungsrates und geschäftsführenden Direktoren zur Eintragung angemeldet werden. Die Vorschrift entspricht insoweit dem § 36 Abs. 1 AktG. Unter Gründern der Gesellschaft sind die **Gründungsgesellschaften** zu verstehen, da an der Gründung der Europäischen Gesellschaft (SE) keine natürlichen Personen beteiligt sein können. Die Anmeldung erfolgt also durch die gesetzlichen Vertreter der Gründungsgesellschaften.[162] Der **Inhalt der Anmeldung** bemisst sich nach § 37 AktG und bei einer Europäischen Gesellschaft (SE) mit monistischem System zusätzlich nach § 21 SEAG.

91

§ 10 Abs. 2 SEAG sieht die **Abgabe einer Negativerklärung** vor. Die Vertretungsorgane der Holding-SE müssen bei der Anmeldung erklären, „dass eine Klage gegen die Wirksamkeit der Zustimmungsbeschlüsse gemäß Art. 32 Abs. 6 SE-VO **nicht oder nicht fristgemäß erhoben** oder eine solche Klage rechtskräftig abgewiesen oder zurückgenommen worden ist." Diese Anforderung ist der Negativerklärung aus § 16 Abs. 2 UmwG nachgebildet.

92

Problematisch bei der Vorschrift ist, dass der Gesetzgeber kein Freigabeverfahren zur Überwindung der Registersperre, wie in § 16 Abs. 3 UmwG, eingeführt hat.[163]

Die Vorschrift verhindert, dass eine Holding-SE in das Handelsregister eingetragen werden kann, obwohl bei einer der beteiligten Gründungsgesellschaften der Zustimmungsbeschluss nach Art. 32 Abs. 6 SE-VO angefochten worden ist.[164] Leider ist durch das Fehlen eines Freigabeverfahrens ein **erhebliches Erpressungspotenzial** für Minderheitsgesellschafter entstanden.

> Hinweis:
> Auch diese unglückliche Reglung zur Negativerklärung ohne die Möglichkeit eines Freigabeverfahrens stellt einen weiteren Grund dar, warum die Gründung einer Holding-SE nicht zu empfehlen ist.[165]

Im Gegensatz zur Verschmelzung ist das **Eintragungsverfahren einstufig ausgestaltet**. Dem Registergericht obliegt die Prüfung[166] aller in Art. 32 und Art. 33 Abs. 2 SE-VO vorgesehenen **Schritte und Formalitäten** bei sämtlichen Gründungsgesellschaften.

93

---

160 Schwarz, SE-VO, Art. 33 Rn. 23; Schröder, in: Manz/Mayer/Schröder, SE-VO, Art. 33 Rn. 17.
161 Bayer, in: Lutter/Hommelhoff, Die Europäische Gesellschaft, S. 25, 54; Schwarz, ZIP 2001, 1847, 24.
162 Kleindiek, in: Lutter/Hommelhoff, Die Europäische Gesellschaft, S. 98.
163 Kritisch dazu bereits Ihrig/Wagner, BB 2004, 1749, 1753; Heckschen, in: Widmann/Mayer, Umwandlungsrecht, Anhang 14, Rn. 330.
164 Vgl. Begründung zu § 10 RegE des SEAG v. 26.5.2004, S. 34.
165 Vetter, in: Lutter/Hommelhoff, Die Europäische Gesellschaft, S. 166
166 Kleindiek, in: Lutter/Hommelhoff, Die Europäische Gesellschaft, S. 102.

Im Einzelnen muss das Registergericht **prüfen**:
- den Gründungsplan samt Gründungsbericht (Art. 32 Abs. 2 SE-VO),
- die Offenlegung (Art. 32 Abs. 3 SE-VO),
- die Prüfung durch Sachverständige (Art. 32 Abs. 4 SE-VO),
- die Beschlussfassung der Gesellschafter (Art. 32 Abs. 6 SE-VO),
- den Aktientausch in Höhe der Mindestquote gemäß Gründungsplan,
- die Bekanntmachung der Erfüllung der Gründungsbedingungen (Art. 33 Abs. 3 Unterabs. 1 SE-VO) sowie,
- die Vereinbarung über die Beteiligung der Arbeitnehmer.

Die Europäische Gesellschaft wird nach positiver Prüfung des Eintragungsantrages nach den **nationalen Vorschriften** eingetragen. Die Eintragung wird nach § 10 HGB[167] bekannt gemacht. Zusätzlich ist die Eintragung der Europäischen Gesellschaft (SE) gemäß Art. 14 Abs. 1 SE-VO mittels einer Bekanntmachung zu Informationszwecken im **Amtsblatt der EU** zu veröffentlichen, nachdem die Offenlegung nach den nationalen Vorschriften erfolgt ist.[168]

e) Möglichkeit eines squeeze-out-Verfahrens

94 Nach der Gründung der Europäischen Gesellschaft (SE) ist es nach den allgemeinen Regelungen des deutschen Aktienrechts möglich, Minderheitsaktionäre durch ein **squeeze-out** Verfahren nach §§ 327a ff. AktG aus der bzw. den Tochtergesellschaften auszuschließen. Diese Überlegungen sollten bereits beim Entwurf des Gründungsplans eine Rolle spielen.

> **Hinweis:**
> Um die Möglichkeit eines squeeze-outs zu erhalten, müsste die Mindesteinbringungsquote auf 95 % (vgl. zum Schwellenwert § 327a AktG) festgesetzt werden.

---

167 In der Fassung des Gesetzes über elektronische Handelsregister und Genossenschaftsregister sowie das Unternehmensregister *(EHUG)* v. 10.11.2006, BGBl. 2006 I, S. 2553.

168 Kleindiek, in: Lutter/Hommelhoff, Die Europäische Gesellschaft, S. 109.

5. Ablauf in der Übersicht

1. Stufe: Vorbereitungsphase
• Auswahl der Gründungsvariante zur Gründung einer SE; in diesem Fall Gründung einer Holding-SE • Aufstellung eines Gründungsplans • Gründungsbericht ist enthalten • Vornahme der Holdingprüfung • Offenlegung des Gründungsplans und sonstiger Dokumente • Information der Arbeitnehmer(-vertreter) über die bevorstehende Gründung einer Holding-SE • Einsetzung des besonderen Verhandlungsgremiums als Vertretung der Arbeitnehmer • Aufnahme der Verhandlungen über die Beteiligung der Arbeitnehmer in der SE • Einberufung der Versammlung der Anteilseigner • Auslegung der Unterlagen

95

2. Stufe: Beschlussphase
• Durchführung Haupt- oder Gesellschafterversammlung • Zustimmung zum Gründungsplan • Möglicherweise Entscheidungsvorbehalt über die Vereinbarung zur Beteiligung der Arbeitnehmer • Anerkennung des Spruchverfahrens durch die ausländische Gesellschaft bzw. deren Anteilseigner • Bestellung der Aufsichts- oder Verwaltungsorgane, soweit nicht in der Satzung bestellt • Abschluss der Vereinbarung über die Beteiligung der Arbeitnehmer • Ggf. Anpassung der Satzung an die getroffene Vereinbarung über die Beteiligung der Arbeitnehmer • Ggf. Genehmigung der Vereinbarung über die Beteiligung der Arbeitnehmer durch die Hauptversammlung • Anteilseinbringung innerhalb der Drei-Monats-Frist • Offenlegung der Tatsache, dass alle Voraussetzungen erfüllt sind • Anteilseinbringung innerhalb der Nachfrist • Satzungsfeststellung mit der feststehenden Höhe des Grundkapitals • Gründungsbericht • Vornahme der Gründungsprüfung

3. Stufe: Vollzugsphase
• Anmeldung zur Eintragung im Zielstaat in Verbindung mit Abgabe der Negativerklärung – Prüfung durch das Registergericht • Eintragung der SE

III. Gründung einer Tochter-SE

Die Gründung einer Tochter-SE (Art. 2 Abs. 3 SE-VO) ist die dritte von der SE-VO vorgesehene originäre Gründungsvariante. Sie stellt das **Pendant zur Holding-Gründung** dar.

96

An der Gründung einer Tochter-SE können sich gemäß Art. 2 Abs. 3 SE-VO AG, GmbH sowie sonstige **juristische Personen des öffentlichen oder privaten Rechts**, die nach dem Recht eines Mitgliedstaats gegründet worden sind und ihren Sitz sowie ihre Hauptverwaltung in der Gemeinschaft haben, beteiligen. Diese Gründungsvariante eröffnet den **weitesten Kreis** von möglichen Gründungsgesellschaften. Neben AG und GmbH sind auch juristische Personen des öffentlichen oder privaten Rechts zur Gründung einer Tochter-SE zugelassen.

> **Hinweis:**
> Bei der Gründung einer Tochter-SE handelt es sich um die einfachste Gründungsvariante. Für die Gründung einer Tochter-SE verweist die SE-VO einfach auf das nationale Recht, so dass eine Tochter-SE weitestgehend wie eine nationale AG gegründet wird.

97 Die an der Gründung einer Tochter-SE beteiligten Gründungsgesellschaften können den mehrstaatlichen Bezug dadurch herstellen, dass **mindestens zwei** von ihnen dem Recht verschiedener Mitgliedstaaten unterliegen. Möglich ist auch, dass mindestens zwei der Gründungsgesellschaften **seit mindestens zwei Jahren** eine dem Recht eines anderen Mitgliedstaats unterliegende **Tochtergesellschaft** oder eine **Zweigniederlassung** in einem anderen Mitgliedstaat haben.

Der Begriff Tochtergesellschaft ist **weit zu verstehen** und entspricht Art. 48 Abs. 2 EGV.[169] Ebenso muss der Begriff Zweigniederlassung weit verstanden werden. Es muss zwar eine Hauptniederlassung bestehen, nach den Entscheidungen des EuGH[170] ist diese aber **lediglich eine formale Voraussetzung**. Am Ort der Hauptniederlassung müssen nicht auch die hauptsächlichen geschäftlichen Aktivitäten konzentriert sein. Vielmehr reicht ein „**Briefkasten**" als Hauptniederlassung aus.[171]

Im Gegensatz zu den anderen Gründungsvarianten und zur Sitzverlegung ist die Gründung einer Tochter-SE **nicht als Strukturmaßnahme ausgestaltet**. Damit reduziert sich der mit den anderen Gründungsvarianten einhergehende hohe Zeit- und Kostenaufwand. Außerdem gibt es keine Minderheitsgesellschafter, die gegen die Gründung Einwände erheben könnten.[172] Eine Einteilung in Vorbereitungsphase, Beschlussphase und Vollzugsphase lässt sich nicht vornehmen.

Die Regelungen zur Gründung einer Tochter-SE sind **knapp gehalten**. Art. 36 SE-VO enthält lediglich einen Verweis auf das nationale Recht, das bei Gründung einer AG Anwendung findet. Eine Tochter-SE ist nach denselben Vorschriften wie eine nationale AG zu gründen. Da die Gründungsprozedur vertraut ist, ist die Gründung einer Tochter-SE ein **relativ rechtssicherer Weg** in die Europäische Gesellschaft (SE).[173]

98 Ein **Beschluss der Hauptversammlung** ist weder nach den Vorschriften der SE-VO noch nach den nationalen Regelungen zum Aktienrecht für die Gründung einer Tochter-SE notwendig. § 119 Abs. 1 AktG legt die Zuständigkeiten der Hauptversammlung der AG fest. In Fragen der Geschäftsleitung hat die **Hauptversammlung grds. keine Kompetenz**. Die Leitung der Gesellschaft obliegt dem Vorstand in eigener Verantwortung (§ 76 Abs. 1 AktG). Mithin liegt die Verantwortung für die Gründung einer Tochter-SE bei den Leitungs- bzw. Verwaltungsorganen der Gesellschaft.

IV. Gründung einer SE durch Umwandlung

99 Gemäß Art. 2 Abs. 4 SE-VO kann eine **AG, die nach dem Recht eines Mitgliedstaates gegründet worden ist** und ihren Sitz sowie ihre Verwaltung in der Gemeinschaft hat, in eine Europäische Gesellschaft (SE) umgewandelt werden. Den **internationalen Bezug** muss die nationale AG durch eine Tochtergesellschaft, die seit mindestens zwei Jahren dem Recht eines anderen Mitgliedstaates unterliegt, herstellen. Eine Zweigniederlassung reicht zur Herstellung des mehrstaatlichen Bezuges nicht aus.

100 **Anderen Gesellschaftsformen** außer nationalen AG steht die Gründung einer Europäischen Gesellschaft (SE) durch Umwandlung nicht offen. Eine GmbH könnte allerdings in eine Europäische Gesellschaft (SE) umgewandelt werden, soweit sie vorher nach den nationalen Regelungen zum **Formwechsel gemäß**

---

169 Zum Begriff der „Gesellschaft" i.S.d. Art. 48 EGV vgl. Müller-Graf, in: Streinz, EUV/EGV, Art. 48 EGV Rn. 2; Heckschen, in: Widmann/Mayer, Umwandlungsrecht, Anhang 14, Rn. 89 ff.
170 EuGH, NJW 1999, 2027; NZG 2002, 1164; ZIP 2003, 1885.
171 Ausführlich dazu: Heckschen, in: Widmann/Mayer, Umwandlungsrecht, Anhang 14, Rn. 80.
172 Bayer, in: Lutter/Hommelhoff, Die Europäische Gesellschaft, S. 58.
173 Vgl. dazu die Übersicht: www.seeurope-network.org/homepages/seeurope/file_uploads/sefactsheets012007b.pdf.

§ 190 UmwG in eine AG umgewandelt wird.[174] Besonderes Merkmal der Gründung einer Europäischen Gesellschaft (SE) durch Umwandlung ist, dass es die einzige Gründungsform ist, an der nur ein **nationaler Ausgangsrechtsträger** beteiligt ist. Gemäß Art. 37 Abs. 2 SE-VO wird die AG durch die Umwandlung weder aufgelöst noch entsteht eine neue juristische Person. Vor und nach der Umwandlung besteht für den Rechtsträger eine rechtliche und wirtschaftliche Kontinuität. Die umzuwandelnde Gesellschaft erhält lediglich ein **neues „Rechtskleid"**.[175] Diese Merkmale entsprechen dem Formwechsel gemäß § 190 UmwG.[176] Die Regelung zur Umwandlung einer bestehenden nationalen AG in eine SE finden sich im fünften Abschnitt der SE-VO.

> **Hinweis:**
> Art. 37 Abs. 3 SE-VO stellt ausdrücklich klar, dass die Gesellschaft im Zuge der Umwandlung ihren (Satzungs-)Sitz nicht in einen anderen Mitgliedstaat verlegen darf. Bei allen anderen Gründungsvarianten steht es den Ausgangsgesellschaften offen den Mitgliedstaat zu wählen, in dem die Europäische Gesellschaft (SE) ihren Sitz haben soll (ausgenommen bei der Gründung durch Verschmelzung zur Aufnahme). Dabei kann auch ein Mitgliedstaat als Sitz der Gesellschaft gewählt werden, in dem keine der beteiligten Ausgangsgesellschaften ihren Sitz hat. Durch das Verbot der Sitzverlegung im Zuge einer Umwandlung soll eine Flucht aus dem Arbeits- und Steuerrecht des Sitzstaates der Ausgangsgesellschaft verhindert werden.[177] Die Sitzverlegung behält Art. 37 Abs. 3 SE-VO den speziellen Regelungen in Art. 8 SE-VO vor.

1. Ablauf der Gründung durch Umwandlung

Die Umwandlung einer bestehenden nationalen AG in eine Europäische Gesellschaft (SE) ist **nur in Art. 37 SE-VO geregelt**. Dieser enthält allerdings neun Absätze. Eine spezielle Verweisungsnorm, die für die Gründungsphase der (noch rein) nationalen Gesellschaft ergänzend in das nationale Recht entsprechend dem Art. 18 SE-VO für die Verschmelzung verweist, enthält die SE-VO nicht. Für die in der Entstehung befindliche Europäische Gesellschaft (SE) gilt die **Verweisungsnorm des Art. 15 Abs. 1 SE-VO**, welche auf das für AG geltende Recht des künftigen Sitzstaates verweist.

Die Umwandlung in eine Europäische Gesellschaft (SE) kann als Strukturmaßnahme **in drei Phasen** eingeteilt werden:

- Vorbereitungsphase,
- Beschlussphase und
- Vollzugsphase

2. Vorbereitungsphase

a) Aufstellung des Umwandlungsplans

Gemäß Art. 37 Abs. 4 SE-VO hat das **Leitungs- bzw. Verwaltungsorgan** der Ausgangsgesellschaft einen Umwandlungsplan zu erstellen.

b) Inhalt des Umwandlungsplans

Die Vorschrift enthält **keine Angaben zum Inhalt des Umwandlungsplans** wie etwa Art. 20 SE-VO für den Verschmelzungsplan. Wegen der fehlenden Verweisungsnorm in das nationale Recht kann auch nicht ohne weiteres auf die Regelungen der §§ 190 f. UmwG zurückgegriffen werden. Sinn und Zweck

---

[174] Heckschen, in: Widmann/Mayer, Umwandlungsrecht, Anhang 14, Rn. 371.
[175] Neun, in: Theisen/Wenz, B.IV., S. 172; Schröder, in: Manz/Mayer/Schröder, SE-VO-Kommentar, Vor Art. 37 Rn. 2.
[176] Hörtnagl, in: Schmitt/Hörtnagl/Stratz, UmwG/UwStG, Art. 37 Rn. 2; Stratz, in: Schmitt/Hörtnagl/Stratz, UmwG/UwStG, § 190 Rn. 5.
[177] Blanquet, ZGR 2002, 20, 46.

des Umwandlungsplans ist eine **Informationsfunktion zugunsten der (Minderheits-)Aktionäre** der Ausgangsgesellschaft. Ausgehend von diesen Überlegungen ergibt sich bereits ein **Mindestinhalt für den Umwandlungsplan**. Als Anhaltspunkt kann daher § 194 Abs. 1 UmwG herangezogen werden. Zwar kennt das deutsche Recht keinen Umwandlungsplan, § 194 Abs. 1 UmwG sieht aber Mindestangaben für den Umwandlungsbeschluss vor. Der Entwurf des Umwandlungsbeschlusses (§ 192 Abs. 1 Satz 3 UmwG) dient in der Hauptversammlung ebenso als **Beschlussgrundlage** wie der Umwandlungsplan bei der Gründung einer Europäischen Gesellschaft (SE).

105   Danach muss der Umwandlungsplan **folgende Angaben** enthalten:
- die Firma der Europäischen Gesellschaft (SE),
- den Sitz der Europäischen Gesellschaft (SE),
- die Beteiligung an der Europäischen Gesellschaft (SE) nach Zahl Art und Umfang der Anteile,
- die Satzung der Europäischen Gesellschaft (SE).

Die Angaben dienen dem **Informationsinteresse der Aktionäre**. Da durch weitere Angaben dieses Ziel nicht gefährdet wird, ist es unproblematisch, dem Umwandlungsplan weitere Angaben hinzuzufügen.[178]

aa) Form

106   Art. 37 SE-VO enthält im Hinblick auf den Umwandlungsplan **keine Formvorschriften**. Auch allgemeine Formvorschriften für die Pläne, die im Vorfeld der Umstrukturierungsmaßnahmen aufgestellt werden müssen, enthält die SE-VO nicht. Die Verweisungsnormen, in denen die SE-VO ergänzend auf das nationale Recht verweist, **sind nicht einschlägig**, weil die Frage nach der Form des Umwandlungsplans in die Vorbereitungsphase der nationalen Ausgangsgesellschaft fällt. Gerade für diesen Zeitraum enthält die SE-VO keine Verweisung.

107   Bei einem **Vergleich mit den Regelungen des nationalen Rechts** fällt auf, dass der Umwandlungsbericht gemäß § 192 Abs. 1 Satz 3 UmwG zwar einen Beschlussentwurf enthalten, dieser aber nicht notariell beurkundet werden muss. Weiterhin ist zu berücksichtigen, dass es sich bei der Gründung einer Europäischen Gesellschaft (SE) durch Umwandlung um eine **vergleichsweise einfache Gründungsvariante** handelt. Im Gegensatz zu allen anderen Gründungsvarianten ist nur ein Ausgangsrechtsträger beteiligt. Das hat zur Folge, dass nur die Regelungen **einer nationalen Rechtsordnung** zu berücksichtigen sind. Daneben müssen allerdings immer noch die Regelungen der SE-VO beachtet werden. Dennoch ist die Komplexität der Rechtsanwendung bei der Gründung einer Europäischen Gesellschaft (SE) durch Umwandlung im Gegensatz zu den anderen Gründungsvarianten deutlich herabgesetzt. Das gilt insb. im Vergleich zu der Gründung einer Europäischen Gesellschaft (SE) durch Verschmelzung oder der Gründung einer Holding-SE.

Auf der anderen Seite ist die Gründung einer Europäischen Gesellschaft (SE) durch Umwandlung **wesentlich komplizierter** als die Umwandlung (i.S.v. Formwechsel) nach nationalem Recht. Vor diesem Hintergrund spricht vor allem der **Aspekt der materiellen Richtigkeitsgewähr** für eine notarielle Beurkundungspflicht. Überwiegend wird in der Lit. daher die Ansicht vertreten, dass der Umwandlungsplan zu beurkunden ist.[179]

3. Umwandlungsbericht

108   Nach Art. 37 Abs. 4 SE-VO muss das **Leitungs- oder das Verwaltungsorgan** der Gesellschaft einen Umwandlungsbericht erstellen. In dem Bericht müssen die **rechtlichen und wirtschaftlichen Aspekte** der Umwandlung erläutert und begründet werden. Daneben müssen die **Auswirkungen des Rechtsformwechsels** auf die Aktionäre und die Arbeitnehmer dargestellt werden. Der Umwandlungsbericht stellt ein

---

178   Schwarz, SE-VO, Art. 37 Rn. 28.
179   Bayer, in: Lutter/Hommelhoff, Die Europäische Gesellschaft, S. 25, 64; Scheifele, Die Gründung der Europäischen Aktiengesellschaft (SE), S. 408; Schwarz, SE-VO, Art. 32 Rn. 29; Heckschen, DNotZ 2003, 251, 264.

eigenes Dokument neben dem Umwandlungsplan dar.[180] Dem Inhalt nach ähnelt er dem Gründungsbericht bei der Gründung einer Holding-SE.

Ausgehend von dem **Zweck der Regelung** müssen die Anteilseigner auf den Umwandlungsbericht verzichten können.[181]

4. Offenlegung

Der Umwandlungsplan ist gemäß Art. 35 Abs. 5 SE-VO **einen Monat vor der Hauptversammlung**, die über die Umwandlung beschließen soll, auszulegen. Das Offenlegungsverfahren richtet sich nach den **nationalen Regelungen**, die zur Umsetzung des Art. 3 der Ersten Richtlinie[182] erlassen worden sind. Die nationale Ausgangsgesellschaft muss daher, um dem Offenlegungserfordernis gerecht zu werden, die Eintragung des Umwandlungsplans **beim zuständigen Handelsregister anmelden** und den Umwandlungsplan in notariell beglaubigter Form der Anmeldung beifügen.

109

5. Prüfung

Art. 37 Abs. 6 SE-VO schreibt vor, dass vor der Hauptversammlung, die über die Umwandlung der Ausgangsgesellschaft in eine Europäische Gesellschaft (SE) beschließen soll, geprüft wird, ob die Gesellschaft über **Nettovermögenswerte mindestens in Höhe ihres Kapitals** zzgl. der kraft Gesetzes oder Statuts nicht ausschüttungsfähigen Rücklagen verfügt. Dies ist von einem oder mehreren **unabhängigen Sachverständigen** zu bescheinigen. Obwohl die Gesellschaft rechtlich und wirtschaftlich ihre Identität behält und durch die Umwandlung das Grundkapital nicht neu geschaffen wird, muss sichergestellt werden, dass das nationale Gesellschaftsvermögen der Ausgangs-AG zur Deckung des Grundkapitals ausreicht. Insb. die Kapitalausstattung der Gesellschaft neuer Rechtsform muss gesichert sein.

110

Die Bescheinigung über das Vorhandensein von ausreichend hohem Grundkapital muss von einem oder mehreren unabhängigen Sachverständigen ausgestellt werden. Art. 37 Abs. 6 SE-VO verweist im Hinblick auf die Bestellung der Sachverständigen auf die **Durchführungsbestimmungen, die zu Art. 10 der Dritten Richtlinie**[183] ergangen sind. Da lediglich eine Gesellschaft an dem Umwandlungsvorgang beteiligt ist, ist der Prüfer gemäß § 10 Abs. 1 Satz 1 UmwG auf Antrag des Vertretungsorgans gerichtlich zu bestellen.

111

6. Einberufung der Hauptversammlung

Die **Einberufung der Hauptversammlung** muss gemäß § 123 Abs. 1 AktG 30 Tage vor der Hauptversammlung erfolgen. Zur Vorabinformation der Aktionäre enthält die SE-Verordnung keine Regelungen. Um dem Informationsbedürfnis der Aktionäre gerecht zu werden, müssen aber sowohl der Umwandlungsplan sowie der Umwandlungsbericht ebenfalls einen Monat vor der Hauptversammlung in den Geschäftsräumen der Gesellschaft **zur Einsicht ausgelegt** werden. Auf Verlangen ist jedem Aktionär kostenlos eine **Abschrift zu erteilen**. Diese Anforderungen entsprechen denjenigen aus § 230 UmwG. Da diese Informationspflichten zugunsten der Aktionäre als ein Instrument des Minderheitenschutzes bestehen, können die Aktionäre auch auf ihre Schutzrechte verzichten.

112

V. Beschlussphase

Art. 37 Abs. 7 SE-VO fordert einen **Zustimmungsbeschluss der Hauptversammlung**, zum Umwandlungsplan und die Genehmigung der Satzung der Europäischen Gesellschaft (SE). Für den Ablauf der

113

---

180 Schwarz, SE-VO, Art. 37 Rn. 31.
181 Heckschen, in: Widmann/Mayer, Umwandlungsrecht, Anhang 14, Rn. 382; Bayer, in: Lutter/Hommelhoff, Die Europäische Gesellschaft, S. 25, 61; Neun, in: Theisen/Wenz, Die Europäische Aktiengesellschaft, B.IV., S. 176; Schwarz, SE-VO, Art. 37 Rn. 35.
182 RL 69/151/EWG v. 9.3.1968, ABl. L 65/8.
183 RL 78/855 v. 9.10.1978, ABl. L 295/36 abgedruckt in Bd. I des Kommentars von Widmann/Mayer, Umwandlungsrecht, Fach „EG-Verordnungen" → VerschmRL.

Hauptversammlung enthält die SE-Verordnung keine Regelungen. Die Verordnung zeigt an dieser Stelle wiederum ihre bewusste Lückenhaftigkeit. Die Lücken sind **durch nationale Regelungen zu schließen**.[184]

1. Zustimmungsbeschluss

a) Mehrheitserfordernis

114 Art. 37 Abs. 7 Satz 2 SE-VO verweist im Hinblick auf die Beschlussfassung auf die **Durchführungsbestimmungen**, die die Mitgliedstaaten zur Umsetzung des Art. 7 der Verschmelzungsrichtlinie erlassen haben. Im Hinblick auf das Mehrheitserfordernis bei einer deutschen AG ist daher auf § 65 Abs. 1 Satz 1 UmwG abzustellen. Die Herleitung aus § 193 UmwG wäre verfehlt, da die Verschmelzungsrichtlinie gerade keine Vorgaben für einen Formwechsel enthält.[185] Danach muss der Zustimmungsbeschluss gemäß § 65 Abs. 1 Satz 1 UmwG mit einer **Mehrheit von mindestens 3/4** des bei der Beschlussfassung vertretenen Grundkapitals gefasst werden.

b) Form

115 Da die SE-Verordnung für die Beschlussfassung auf das nationale Recht verweist, findet insofern auch § 13 Abs. 3 UmwG Anwendung. Daher muss der Zustimmungsbeschluss der Hauptversammlung bei deutschen AG **notariell beurkundet** werden.[186]

2. Organe der Gesellschaft

116 Da die Gesellschaft ihre rechtliche und wirtschaftliche Identität bei der Umwandlung behält, ist auch die Kontinuität der Gesellschaftsorgane grds. gegeben. Lediglich wenn die Gesellschaft im Rahmen der Umwandlung auch ihr Leitungssystem ändert, müssen die Organe neu bestellt werden, da in diesem Falle die Organkontinuität gerade nicht gegeben ist.[187]

VI. Vollzugsphase

117 Die SE-VO enthält in Bezug auf die Gründung der Europäischen Gesellschaft (SE) durch Umwandlung **keine Vorschriften** im Hinblick auf die Eintragung der Gesellschaft in das Handelsregister oder die Rechtmäßigkeitsprüfung. Wie bei allen Gründungsformen gilt, dass die Europäische Gesellschaft (SE) ihre Rechtsfähigkeit gemäß Art. 16 Abs. 1 SE-VO am Tag der Eintragung in das Register erlangt.

118 **Nach dem Zustimmungsbeschluss** der Hauptversammlung zum Umwandlungsplan befindet sich die Europäische Gesellschaft (SE) in ihrer Gründungsphase. Für diesen Zeitraum gilt der **Verweis des Art. 15 SE-VO** in das nationale Recht. Gemäß Art. 15 Abs. 1 SE-VO i.V.m. § 198 Abs. 1 UmwG ist die Europäische Gesellschaft (SE) zur Eintragung in das zuständige Register anzumelden. In Deutschland ist gemäß Art. 12 Abs. 1 SE-VO i.V.m. § 3 SEAG das Handelsregister zuständig.[188] Die Anmeldung muss durch den Vorstand in vertretungsberechtigter Anzahl erfolgen. Als **Anlage** sind der Anmeldung **beizufügen**:

- der Umwandlungsplan,
- der Umwandlungsbericht,
- der Umwandlungsbeschluss in notarieller Form,
- der Bericht über die Umwandlungsprüfung.

---

184 Sowohl Bayer wie auch Schwarz gelangen über die analoge Anwendung von Art. 18 in das nationale Recht: Bayer, in: Lutter/Hommelhoff, Die Europäische Gesellschaft, S. 25, 63; Schwarz, SE-VO, Art. 37 Rn. 50.
185 Bayer, in: Lutter/Hommelhoff, Die Europäische Gesellschaft, S. 25, 63; Heckschen, DNotZ 2003, 251, 264.
186 Bayer, in: Lutter/Hommelhoff, Die Europäische Gesellschaft, S. 25, 63; Schwarz, SE-VO, Art. 37 Rn. 56; Mahi, Die Europäische Aktiengesellschaft Societas Europaea – SE –, S. 77; Heckschen, DNotZ 2003, 251, 264.
187 Für Österreich: Zollner, in: Kalss/Hügel, Europäische Aktiengesellschaft, § 31 SEG Rn. 19.
188 Neun, in: Theisen/Wenz, Die Europäische Aktiengesellschaft, B.III., S. 167.

Das Handelsregister prüft, ob alle **materiellen und formellen Voraussetzungen** für die Eintragung der Umwandlung eingehalten wurden. Die Eintragung in das Handelsregister wirkt konstitutiv.

Die Bekanntmachung der Eintragung erfolgt nach § 10 HGB[189] (vgl. Rn. 45). Daneben muss die Eintragung in das Handelsregister gemäß Art. 14 Abs. 1 SE-VO zu Informationszwecken im **Amtsblatt der EU** veröffentlicht werden.

1. Ablauf in der Übersicht

1. Stufe: Vorbereitungsphase
- Auswahl der Gründungsvariante zur Gründung einer Europäischen Gesellschaft (SE); hier Umwandlung
- Aufstellung des Umwandlungsplans
- Anfertigung des Umwandlungsberichts
- Vornahme einer Werthaltigkeitsprüfung
- Offenlegung des Umwandlungsplans
- Einsetzung des besonderen Verhandlungsgremiums als Vertretung der Arbeitnehmer
- Aufnahme der Verhandlungen über die Beteiligung der Arbeitnehmer in der Europäische Gesellschaft (SE)
- Einberufung der Hauptversammlung

2. Stufe: Beschlussphase
- Hauptversammlung der Aktionäre
- Zustimmungsbeschluss der Hauptversammlung
- Bestellung der Aufsichts- oder Leitungsorgane (ggf. aber Kontinuität)
- Bestellung des Abschlussprüfers
- Anfertigung des Gründungsberichts

3. Stufe: Vollzugsphase
- Anmeldung zur Eintragung
- Eintragung

VII. Eigengründung

Art. 3 Abs. 2 SE-VO eröffnet als sog. **„abgeleitete"**,[190] **„sekundäre"**[191] **oder „derivative"**[192] **Gründungsvariante** die Möglichkeit zur Gründung einer Tochter-SE durch eine bestehende Europäische Gesellschaft (SE). Diese Gründungsvariante wird auch als Eigengründung bezeichnet. Einen internationalen Bezug über eine Tochtergesellschaft oder über eine Zweigniederlassung muss die Europäische Gesellschaft (SE) nicht herstellen. Die Europäische Gesellschaft (SE) stellt den internationalen Bezug durch ihre Eigenschaft als **supranationale Rechtsform** vielmehr selbst her.[193]

---

189 In der Fassung des Gesetzes über elektronische Handelsregister und Genossenschaftsregister sowie das Unternehmensregister (EHUG) v. 10.11.2006, BGBl. 2006 I, S. 2553.
190 Hommelhoff, AG 2001, 279, 281.
191 Lutter, BB 2002, 1, 4.
192 Pluskat, EuZW 2001, 524, 527.
193 Schwarz, SE-VO, Art. 3 Rn. 10; Scheifele, Die Gründung der Europäischen Aktiengesellschaft (SE), S. 435 ff.

E. Sitzverlegung

122 Eine Europäische Gesellschaft (SE) kann ihren Sitz **innerhalb der Mitgliedstaaten der EU** gemäß Art. 8 SE-VO (rechtssicher) verlegen. Gemäß Art. 8 Abs. 2 SE-VO führt die Sitzverlegung weder zur Auflösung der Europäischen Gesellschaft (SE) noch zur Gründung einer neuen juristischen Person. Mit der Einführung der Möglichkeit zur Sitzverlegung ist der europäische Verordnungsgeber **Forderungen aus Wirtschaftskreisen** nachgekommen. Ohne mehr Mobilität für Unternehmen in der EU fehlte ein wichtiges Merkmal des Binnenmarktes. Den Binnenmarkt weiterzuentwickeln war aber ein besonderes Anliegen bei der Schaffung der Regelungen zur Europäischen Gesellschaft (SE). Art. 8 SE-VO enthält in den Abs. 2 – 14 Regelungen **zum Ablauf bzw. zum Verfahren der Sitzverlegung**. Der Sitz einer Europäischen Gesellschaft (SE) kann ausschließlich nach den Vorschriften des Art. 8 SE-VO verlegt werden.

> **Hinweis:**
>
> Die Europäische Gesellschaft (SE) kann ihren Sitz innerhalb der EU/des EWR auf rechtssicherer Grundlage verlegen. Dies könnte eine Möglichkeit darstellen, der Mitbestimmung nach deutschem Recht zu entfliehen. Eine Europäische Gesellschaft (SE) könnte ihren Sitz nach England verlegen und sich dort in eine Gesellschaft englischen Rechts umwandeln. Diese würde sodann nur noch der „Mitbestimmung" nach englischem Recht unterliegen. In der Lit. wird darauf hingewiesen, dass über Luxemburg sogar die Möglichkeit besteht unter Wahrung der Rechtsidentität den Sitz in sog. „Steueroasen" zu verlegen.[194]

I. Begriff Sitz und Hauptverwaltung

123 Mit Sitz i.S.d. Art. 8 SE-VO ist der **Satzungssitz** der Gesellschaft gemeint.[195] Daraus folgt, dass die Regelungen über das Verfahren der Sitzverlegung nur für die Verlegung des Satzungssitzes der Europäischen Gesellschaft (SE) gelten.[196]

Generell versteht die SE-VO den Begriff **„Sitz" i.S.v. Satzungssitz**.[197] Dagegen kann „Sitz" nach deutschem Rechtsverständnis sowohl Satzungssitz wie auch tatsächlicher Sitz oder Verwaltungssitz bedeuten.[198] Der Satzungssitz einer Gesellschaft ist der Ort, der in der Satzung als Sitz der Gesellschaft bezeichnet wird (notwendiges Erfordernis in der Satzung gem. § 23 Abs. 3 AktG).

Der Sitz der Europäischen Gesellschaft (SE) muss nach Art. 7 SE-VO **in einem Mitgliedstaat der Gemeinschaft** liegen. Darüber hinaus gibt die Vorschrift vor, dass der Sitz in demselben Mitgliedstaat belegen sein muss, in dem sich die **Hauptverwaltung der Europäischen Gesellschaft (SE)** befindet. Unter Hauptverwaltung der SE ist der Ort zu verstehen, an dem die grundlegenden Entscheidungen über die Leitung des Unternehmens getroffen werden. Diese Interpretation stimmt mit dem Verständnis i.S.d. Art. 48 Art. 1 EGV überein. Nach deutschem Verständnis entspricht diese Definition dem **effektiven Verwaltungssitz einer Gesellschaft**.[199]

124 Daneben enthält Art. 7 Abs. 2 SE-VO eine **Ermächtigung an die nationalen Gesetzgeber** vorzuschreiben, dass die Europäische Gesellschaft (SE) ihren Sitz und ihre Hauptverwaltung am selben Ort haben muss. Der deutsche Gesetzgeber hat von dieser Ermächtigung in § 2 SEAG Gebrauch gemacht und vorgesehen, dass die Satzung der Europäischen Gesellschaft (SE) als Sitz den Ort zu bestimmen hat, an dem die Hauptverwaltung geführt wird.

---

194 Schmidt, DB 2006, 2221; kritisch dazu auch Heuschmid/Schmidt, NZG 2007, 54 ff.
195 Teichmann, ZGR 2002, 383, 456; Schwarz, ZIP 2001, 1847, 1849.
196 Teichmann, ZGR 2002, 383, 457.
197 Bungert/Beier, EWS 2002, 1, 3 Brandt, NZG 2002, 991, 994.
198 Teichmann, ZGR 2002, 383, 455.
199 Schwarz, SE-VO, Art. 7 Rn. 9.

II. Ablauf der Sitzverlegung

Der Verordnungsgeber hat die Sitzverlegung als eine **Strukturmaßnahme** ausgestaltet, die eingeteilt werden kann in eine

- Vorbereitungsphase,
- Beschlussphase und
- Vollzugsphase.

125

III. Vorbereitungsphase

1. Aufstellung des Verlegungsplans

Das **Leitungs- bzw. das Verwaltungsorgan** der Europäischen Gesellschaft (SE) muss vor der Sitzverlegung einen Verlegungsplan aufstellen. Art. 8 Abs. 2 SE-VO macht zum Inhalt Mindestvorgaben.

126

a) Mindestinhalt des Verlegungsplans

Es müssen die **Firma der Europäischen Gesellschaft (SE) sowie der bisherige und der neue Sitz** der Europäischen Gesellschaft (SE) angegeben werden. Da die Gesellschaft nach der Sitzverlegung der Rechtsordnung eines anderen Mitgliedstaates der EU unterliegt, findet auf sie auch ein anderes Firmenrecht Anwendung. Daher kann es unter Umständen notwendig sein, im Zuge der Sitzverlegung auch die Firma der Europäischen Gesellschaft (SE) anzupassen.

127

Weiterhin muss der Verlegungsplan die bisherige **Registernummer der Europäischen Gesellschaft (SE)** enthalten.

Der Verlegungsplan muss zudem die für die Europäischen Gesellschaft (SE) **vorgesehene Satzung** enthalten. In der neuen Satzung ist die ggf. geänderte Firma zu nennen.

Gemäß Art. 8 Abs. 2 c) SE-VO muss der Verlegungsplan die **etwaigen Folgen der Sitzverlegung** für die Beteiligung der Arbeitnehmer darlegen. Zu den Angaben, die in dieser Hinsicht gemacht werden müssen, gehören Fragen zur **Unterrichtung und zur Mitbestimmung der Arbeitnehmer**.

Der Verlegungsplan muss einen **Zeitplan für die Sitzverlegung** enthalten.

Art. 8 Abs. 2 lit. e) SE-VO schreibt vor, dass der Verlegungsplan **etwaige vorgesehene Rechte zugunsten der Aktionäre und/oder Gläubiger** enthalten muss. Mit dieser Vorschrift sind die mitgliedstaatlichen Vorschriften zum Schutz von Gläubigern und Aktionären gemeint. Deutschland hat bspw. zum Schutz der Minderheitsaktionäre in § 12 SEAG die Pflicht für ein Abfindungsangebot statuiert.

b) Abfindungsangebot

Der nationale Gesetzgeber hat in § 12 SEAG von der Ermächtigung Gebrauch gemacht, Vorschriften zum Schutz von Minderheitsaktionären zu erlassen. § 12 SEAG sieht vor, dass der Verlegungsplan ein **Abfindungsangebot für Aktionäre** enthalten muss, die Widerspruch gegen den Verlegungsbeschluss zur Niederschrift erklären. Die **Bekanntmachung des Verlegungsplans** muss das Abfindungsangebot im Wortlaut enthalten. § 12 Abs. 2 SEAG verweist auf die Regelungen zum Abfindungsangebot in einem Verschmelzungsplan. Durch den Verweis auf § 7 Abs. 5 SEAG kann eine Klage gegen die Wirksamkeit des Verlegungsbeschlusses nicht darauf gestützt werden, dass das Abfindungsangebot nach § 12 Abs. 1 SEAG zu niedrig bemessen bzw. die Barabfindung nicht ordnungsgemäß angeboten worden wäre. Aktionäre werden in diesem Fall auf das **Spruchverfahren** verwiesen.

128

Um die prozessuale Durchsetzbarkeit der Forderung zu erleichtern, **fingiert Art. 8 Abs. 16 SE-VO einen Satzungssitz** im Wegzugstaat für Forderungen, die vor der Eintragung der Europäischen Gesellschaft (SE) in ihrem neuen Sitzstaat entstanden sind. Dieser fingierte Satzungssitz kommt auch den Minderheitsaktionären zugute, die Forderungen gegen die Europäische Gesellschaft (SE) geltend machen wollen.[200]

129

---

200   Oechsler, AG 2005, 373, 376.

130 **Weder die SE-Verordnung noch das SE-Ausführungsgesetz** sehen die Möglichkeit eines einvernehmlichen Verzichts auf die Erstellung eines Abfindungsangebot vor. Allerdings muss auch hier bedacht werden, dass das Abfindungsangebot dem Schutz der Anteilseigner dient. Es muss daher auch im Ermessen der Anteilseigner stehen, auf das Abfindungsangebot zu verzichten.

Bei Betrachtung des Schutzzwecks des Abfindungsangebotes wäre es allerdings unnötiger Aufwand würde ein Abfindungsangebot im Verlegungsplan auch für den Fall verlangt werden, wenn von vornherein feststeht, dass sich keine Anteilseigner gegen den Verlegungsbeschluss wenden werden.

2. Form des Verlegungsplans

131 Eine Formvorschrift für den Verlegungsplan enthält die SE-VO nicht. Ohne Zweifel ist der Plan zumindest **schriftlich abzufassen**.[201]

Ebenso wie bei den anderen in der SE-VO genannten Plänen lässt sich ein **notarielles Beurkundungsbedürfnis** für den Verlegungsplan begründen. Auch bei dem Verlegungsplan streitet das Argument der materiellen Richtigkeitsgewähr für eine Beurkundungspflicht. Entscheidend ist auch, dass der Verlegungsplan die Satzung der Europäischen Gesellschaft (SE) enthalten muss. Gemäß **§ 23 Abs. 1 AktG** ist diese durch notarielle Beurkundung festzustellen. Im Ergebnis ist der Verlegungsplan sowohl bei Wegzug aus wie auch beim Zuzug nach Deutschland notariell zu beurkunden.[202]

3. Verlegungsbericht

132 Nach Art. 8 Abs. 3 SE-VO muss das **Leitungs- oder das Verwaltungsorgan** der Europäischen Gesellschaft (SE) einen Bericht erstellen, indem es die **rechtlichen und wirtschaftlichen Aspekte der Sitzverlegung** erläutert und begründet. Darüber hinaus müssen die **Auswirkungen der Verlegung** für die Aktionäre, die Gläubiger sowie für die Arbeitnehmer im Einzelnen dargelegt werden. Ausgehend vom Sinn und Zweck des Berichts müssen die Informationen dargestellt werden, die notwendig sind, damit die Aktionäre eine fundierte Bewertung der bevorstehenden Sitzverlegung vornehmen können. Insb. zählt dazu die Darlegung der Zweckmäßigkeit der Sitzverlegung.

Die SE-VO enthält **keine Aussage** dazu, ob die Aktionäre einvernehmlich auf die Erstattung des Berichts verzichten können. Zu bedenken ist jedoch, dass die Informationen im Verlegungsplan auch den Gläubigern dienen sollen.[203] Diese Überlegungen anstellend, hat der österreichische Gesetzgeber die Berichterstattung in § 6 ÖSEG ausnahmslos vorgesehen.[204]

Den Aktionären und den Gläubigern steht gem. Art. 8 Abs. 4 SE-VO das Recht zu, den Verlegungsplan und den Bericht **mindestens einen Monat vor der Hauptversammlung**, die über die Verlegung befinden soll, einzusehen und **kostenlose Abschriften der Unterlagen** zu erhalten. Die Einsicht in die Unterlagen kann grds. in den Geschäftsräumen der Gesellschaft erfolgen. Es kann auch die **Übersendung von Abschriften** verlangt werden.[205]

4. Prüfung

133 Durch den Verweis in § 12 Abs. 2 SEAG auf § 7 Abs. 2 – 7 SEAG ist die Höhe der angebotenen Barabfindung von einem **Sachverständigen** zu überprüfen. Die sachverständigen Prüfer haben einen schriftlichen Prüfungsbericht zu erstellen. Im Hinblick auf den Prüfungsbericht sieht § 7 Abs. 3 Satz 3 SEAG vor, dass die Berechtigten **auf die Berichterstattung verzichten können**. Ebenso wie im nationalen Umwandlungsrecht müssen die Verzichtserklärungen gemäß § 7 Abs. 3 Satz 3 Halbs. 2 SEAG notariell beurkundet werden.

---

201 Schröder, in: Manz/Mayer/Schröder, SE-VO, Art. 8 Rn. 36.
202 Heckschen, DNotZ 2003, 251, 251; Schwarz, SE-VO, Art. 8 Rn. 16; für Österreich: Kalss, in: Kalss/Hügel, Europäische Aktiengesellschaft, § 6 SEG Rn. 7.
203 Priester, ZGR 1999, 36, 41; Schwarz, SE-VO, Art. 8 Rn. 25.
204 Kalss, in: Kalss/Hügel, Europäische Aktiengesellschaft, § 6 SEG Rn. 21.
205 Schwarz, SE-VO, Art. 8 Rn. 28.

5. Einberufung der Hauptversammlung

Für die **Vorbereitung der Hauptversammlung** sind zunächst die Regelungen der SE-VO und hier insb. die Art. 52 – 60 SE-VO maßgeblich, da es sich um eine bereits bestehende Europäische Gesellschaft (SE) handelt. Art. 54 Abs. 2 SE-VO verweist im Hinblick auf die Einberufung zur Hauptversammlung auf die Regelung der §§ 121 ff. AktG. Nach Art. 54 Abs. 2 SE-VO kann die Hauptversammlung vom Aufsichts- oder Verwaltungsorgan oder von jedem anderen Organ oder jeder zuständigen Behörde nach den für AG im Sitzstaat der Europäischen Gesellschaft (SE) **maßgeblichen einzelstaatlichen Rechtsvorschriften** einberufen werden. Übertragen auf eine Europäische Gesellschaft (SE) mit Sitz in Deutschland bedeutet dies, dass die Einberufungskompetenz dem **Vorstand** zufällt, der darüber mit einfacher Mehrheit beschließt.[206] Darüber hinaus setzt die Vorschrift des § 121 Abs. 2 Satz 3 AktG andere einberufungsberechtigte Personen voraus. So ist **auch der Aufsichtsrat** zur Einberufung befugt, soweit es das Wohl der Gesellschaft erfordert. Für den Fall, dass die Gesellschaft ein **monistisches Leitungssystem** hat, ist der Verwaltungsrat für die Einberufung der Hauptversammlung zuständig.

134

IV. Beschlussphase

1. Zustimmungsbeschluss der Hauptversammlung

Art. 8 Abs. 4 SE-VO setzt einen **Verlegungsbeschluss der Hauptversammlung** voraus. Für den Ablauf der Hauptversammlung sind die Regelungen der SE-VO und hier insb. die Art. 52 – 60 SE-VO maßgeblich. Art. 8 Abs. 6 SE-VO verweist auf Art. 59 SE-VO, der der Hauptversammlung die Kompetenz für satzungsändernde Beschlüsse zuweist.

135

Mit dem Verlegungsbeschluss wird **unmittelbar die Satzung geändert**. Im Hinblick auf die Frage der Zuständigkeit für den Verlegungsbeschluss hat Art. 59 SE-VO allerdings nur **deklaratorische Wirkung**.

2. Mehrheitserfordernis

Art. 59 Abs. 1 SE-VO statuiert für einen satzungsändernden Hauptversammlungsbeschluss eine **Mehrheit von mindestens 2/3** der abgegebenen Stimmen. Die SE-VO billigt aber auch nationale Regelungen, die eine größere Mehrheit vorsehen oder zulassen. Mithin ist nach § 23 Abs. 3 Satz 1 i.V.m. § 179 Abs. 2 AktG eine Mehrheit **von mindestens 3/4** des bei der Beschlussfassung vertretenen Grundkapitals vor. Gemäß § 179 Abs. 2 Satz 2 AktG kann die Satzung der AG eine noch größere Kapitalmehrheit vorsehen.[207] Gemäß § 179 Abs. 2 S. 3 AktG könnte die Satzung weitere Erfordernisse aufstellen. Dem steht allerdings Art. 59 Abs. 1 SE-VO entgegen.[208]

136

3. Formerfordernis

Gemäß Art. 9 Abs. 1 c) SE-VO § 130 Art. 1 AktG müssen **satzungsändernde Beschlüsse notariell beurkundet** werden.[209] Da die SE-VO keine Regelungen zur Form des Verlegungsbeschlusses enthält, ist dieser grds. notariell zu beurkunden. Durch die Beurkundungspflicht wird die materielle Richtigkeit des Ablaufs der Hauptversammlung durch die Anwesenheit eines Notars gewährleistet.

137

V. Vollzugsphase

Die Eintragung der Europäischen Gesellschaft (SE), die ihren Sitz verlegt, erfolgt **in zwei Stufen**. Zunächst erfolgt eine Prüfung durch eine zuständige Stelle im Wegzugstaat, sodann erfolgt die Eintragung im Zuzugstaat.

138

---

206 Hüffer, AktG, § 121 Rn. 6.
207 Hüffer, AktG, § 179 Rn. 17
208 Schwarz, SE-VO, Art. 8 Rn. 32; Art. 59 Rn. 14.
209 Schwarz, SE-VO, Art. 8 Rn. 32.

1. Rechtmäßigkeitsbescheinigung

139 Die Sitzverlegung wird zunächst **zur zuständigen Stelle** (Gericht, Notar oder eine andere zuständige Behörde) im Sitzstaat der Europäischen Gesellschaft (SE) angemeldet. Gemäß § 4 SEAG ist in Deutschland dafür das **Handelsregister zuständig**.[210] Das Registergericht prüft, ob alle notwendigen Rechtshandlungen und Formalitäten, die im Vorfeld der Sitzverlegung notwendig sind, durchgeführt bzw. eingehalten wurden. Außerdem muss die Europäische Gesellschaft (SE) gegenüber der Behörde den **Nachweis erbringen**, dass die Interessen ihrer Gläubiger und sonstigen Forderungsberechtigten (einschließlich der öffentlich-rechtlichen Körperschaften) in Bezug auf alle vor der Offenlegung des Verlegungsplans entstandenen Verbindlichkeiten im Einklang mit den Anforderungen des Mitgliedstaates, in dem die Europäische Gesellschaft (SE) vor der Verlegung ihren Sitz hat, angemessen geschützt sind.

Soweit die Prüfung positiv ausfällt, stellt die zuständige Stelle eine Rechtmäßigkeitsbescheinigung aus. Wie bei der Verschmelzung wird durch die Rechtmäßigkeitsprüfung und Ausstellung der (Rechtmäßigkeit-)Bescheinigung durch die zuständige Behörde im Wegzugstaat die zuständige Behörde im Zuzugstaat entlastet. Diese braucht **keine Prüfung mehr** vorzunehmen, ob alle notwendigen Handlungen und Formalitäten im Wegzugstaat vorgenommen bzw. eingehalten wurden.[211]

2. Eintragung im Wegzugstaat

140 Im Wegzugstaat wird das Verfahren dadurch **beendet**, dass die Eintragung der Europäischen Gesellschaft (SE) im zuständigen Register gemäß Art. 8 Abs. 11 Satz 2 SE-VO **gelöscht wird**.

3. Eintragung im Zuzugstaat

141 Die Europäische Gesellschaft (SE) wird im Zuzugstaat zur **Eintragung in das zuständige Register** angemeldet.[212] Zusätzlich zu den im neuen Sitzstaat erforderlichen Formalitäten muss die Rechtmäßigkeitsbescheinigung nach Art. 8 Abs. 8 SE-VO vorgelegt werden.[213] Die Eintragung der Europäischen Gesellschaft (SE) erfolgt in das zuständige Register nach den geltenden Vorschriften des neuen Sitzstaates. Gemäß § 3 SEAG ist in Deutschland das **Handelsregister zuständig**. Die Eintragung wird gemäß § 10 HGB[214] (vgl. Rn. 45) bekannt gemacht.

Art. 14 SE-VO sieht vor, dass die Eintragung und die Löschung der Europäischen Gesellschaft (SE) zu Informationszwecken im **Amtsblatt der EU** veröffentlicht werden muss.

---

210 Oechsler, AG 2005, 373, 379.
211 Schwarz, SE-VO, Art. 8 Rn. 44.
212 Ausführlich Heckschen, in: Widmann/Mayer, Umwandlungsrecht, Anhang 14, Rn. 442.
213 Wenz, in: Theisen/Wenz, Die Europäische Aktiengesellschaft, C.IV., S. 257.
214 In der Fassung des Gesetzes über elektronische Handelsregister und Genossenschaftsregister sowie das Unternehmensregister (EHUG) v. 10.11.2006, BGBl. 2006 I, S. 2553.

VI. Ablauf in der Übersicht

1. Stufe: Vorbereitungsphase
- Erstellung des Verlegungsplans
- Anfertigung des Verlegungsberichts
- Offenlegung des Verlegungsplans
- ggf. Sicherheitsleistung
- Auslage der Dokumente
- Schutzmaßnahmen für Minderheitsaktionäre oder Altgläubiger
- Einberufung der Hauptversammlung

2. Stufe: Beschlussphase
- Durchführung der Hauptversammlung
- Verlegungsbeschluss

3. Stufe: Vollzugsphase
- Anmeldung zur Eintragung im Ausgangsstaat
- Versicherung, dass Sicherheit geleistet wurde
- Ausstellung der Rechtmäßigkeitsbescheinigung
- Anmeldung zur Eintragung im Zielstaat
- Rechtmäßigkeitsprüfung
- Eintragung
- Löschung der Eintragung im Ausgangsstaat
- Offenlegung der Eintragung und der Löschung

F. Rückumwandlung/Teilnahme an Umwandlungen nach dem UmwG

I. Rückumwandlung (Art. 66 SE-VO)

Eine Europäische Gesellschaft (SE) kann auch in eine **AG nationaler Rechtsform** zurück umgewandelt werden. Das Verfahren zur Rückumwandlung ist in Art. 66 SE-VO geregelt.

Die Rückumwandlung steht denknotwendig nur **Europäischen Gesellschaften (SE)** offen. Einen mehrstaatlichen Bezug, durch eine Tochtergesellschaft oder eine Zweigniederlassung vermittelt, muss die Gesellschaft nicht haben. Der Rückumwandlungsbeschluss kann gemäß Art. 66 Abs. 1 SE-VO **erst zwei Jahre** nach der Eintragung in das zuständige Register gefasst werden. Alternativ kann der Beschluss gefasst werden, nachdem die Genehmigung der ersten beiden Jahresabschlüsse erfolgt ist.

Der Ablauf der Rückumwandlung entspricht **weitestgehend dem der Umwandlung** einer nationalen AG in eine Europäische Gesellschaft (SE).

Die Praxis könnte diesen Weg nutzen, um den **Regelungen zur Mitbestimmung in Deutschland** zu entgehen.

Beispiel:

Ein Unternehmen könnte über den Umweg der Gründung einer Europäischen Gesellschaft (SE) in die Rechtform einer britischen public limited company wechseln. Im Hinblick auf die Regelungen über die Mitbestimmung wäre dann nur noch britisches Recht maßgeblich.[215]

Hinweis:
Die Rückumwandlung ist aber nicht die einzige Umstrukturierungsmöglichkeit, die der Europäischen Gesellschaft (SE) offen steht. Die Europäische Gesellschaft (SE) wird gemäß Art. 10 SE-VO wie eine nationale AG behandelt. Sie kann daher an Gründungen einer Europäischen Gesellschaft (SE) nach Art. 2 SE-VO ebenso teilnehmen wie an Umstrukturierungsmaßnahmen nach dem deutschen UmwG. Zu beachten ist jedoch, dass die Entstehung einer Europäischen Gesellschaft (SE) nur nach den Regelungen der SE-VO erfolgen kann. So ist bspw. eine Verschmelzung zur Neugründung einer Europäischen Gesellschaft (SE) nach deutschem Umwandlungsrecht unzulässig. Eine Verschmelzung zur Aufnahme mit der Europäischen Gesellschaft (SE) als aufnehmender Gesellschaft ist dagegen möglich.[216]

II. Teilnahme an Umwandlungen nach dem UmwG

145 Art. 66 SE-VO regelt die Umwandlungsmöglichkeiten einer SE nicht abschließend. Ausweislich Art. 10 SE-VO darf die SE weder schlechter (**Diskrminierungsverbot**) noch besser (**Privilegierungsverbot**) gestellt werden als nationale AG.[217] Der Gleichstellungsgrundsatz findet seine Grenze in spezielleren Regelungen der SE-VO, denn die SE wird nur „vorbehaltlich" der Regelungen der Verordnung wie eine nationale AG behandelt. Daraus folgt, dass **sich die SE an Umwandlungsmaßnahmen nach nationalem Recht beteiligen kann**, soweit eine AG an den jeweiligen Umwandlungsmaßnahmen teilnehmen könnte (vgl. §§ 3 Abs. 1 Nr. 2, 124, 191 Abs. 1 Nr. 2 UmwG). Ausgeschlossen sind **Umwandlungsmaßnahmen zur Neugründung, bei denen die Zielrechtsform eine SE sein soll.**[218] Eine Umwandlung an deren Ende eine neue „SE" stehen soll, ist ausschließlich nach den Regelungen SE-VO zulässig. Eine SE kann aber wie eine nationale AG **an der Gründung weiterer SE** nach den **Regelungen der SE-VO teilnehmen.**[219]

Fraglich ist, ob die SE auch direkt in eine andere nationale Rechtsform als die AG wechseln kann. Die ist zu bejahen. Die **Regelung der Rückumwandlung in Art. 66 SE-VO war notwendig**, weil das nationale Umwandlungsrecht einen **Formwechsel einer SE** (dem Gleichbehandlungsgrundsatz folgend wäre die SE wie eine AG zu behandeln) in eine nationale AG nicht kennt. Ohne diese Regelung wäre der SE der **direkte Weg in eine nationale AG versperrt** gewesen. Sie hätte den Umweg über eine GmbH oder eine andere Rechtsform gehen müssen. Daher ist die direkte Umwandlung in eine andere Rechtsform als in die AG nach dem nationalen Umwandlungsrecht als zulässig anzusehen.[220] Zum Teil wird in der Lit. allerdings die analoge Anwendung der **Sperrfrist von zwei Jahren** gefordert.[221]

---

215 Vgl. MünchKomm-AktG/Kübler, Einl. SE-VO Rn. 34.
216 Heckschen, in: Widmann/Mayer, Umwandlungsrecht, Anhang 14, Rn. 520 ff.
217 Hommelhoff, in: FS für Ulmer, S. 267, 277; Fuchs, in: Manz/Mayer/Schröder, Art. 10 SE-VO Rn. 1;
218 Veil, in: Jannott/Frodermann, Handbuch der Europäischen Aktiengesellschaft, Kap. 10 Rn. 210; Kossmann/Heinrich, ZIP 2006, 168.
219 Für die Verschmelzung, Veil, in: Jannott/Frodermann, Handbuch der Europäischen Aktiengesellschaft, Kap. 10 Rn. 18; Hirte NZG 2002, 1, 10.
220 Schwarz, SE-VO Art. 66 Rn. 29; Heckschen, in: Widmann/Mayer, Umwandlungsrecht, Anhang 14, Rn. 520.
221 So Schwarz, SE-VO Art. 66 Rn. 31; Oplustil/Schneider, NZG 2003, 13, 16; vgl aber auch Heckschen, in: Widmann/Mayer, Umwandlungsrecht, Anhang 14, Rn. 524 ff.

G. Arbeitnehmerbeteiligung in der Europäischen Gesellschaft (SE)

I. Einführung

Gleichzeitig mit der Verordnung über das Statut der Europäischen Gesellschaft (SE) ist die Richtlinie zur Ergänzung des Statuts der Europäischen Gesellschaft (SE) hinsichtlich der **Beteiligung der Arbeitnehmer**[222] in Kraft getreten. Die Richtlinie ist in dem Gesetz über die Beteiligung der Arbeitnehmer in einer Europäischen Gesellschaft (**SE-Beteiligungsgesetz – SEBG**) BGBl. v. 28.12.2004 I, S. 3686 umgesetzt.

146

Nach den Vorschriften soll die Beteiligung der Arbeitnehmer in der Europäischen Gesellschaft (SE) grds. zwischen den Arbeitnehmern (vertreten durch das **besondere Verhandlungsgremium der Arbeitnehmer** (bVg) und den Leitungsorganen der Gründungsgesellschaften verhandelt werden. Soweit es nicht zu einer Einigung kommt, greift nach fruchtlosem Ablauf der Verhandlungen eine **Auffanglösung**. Das Eingreifen der Auffanglösung kann auch durch das bVg beschlossen werden.

II. Ablauf

1. Aufforderung zur Bildung des bVg

Die Leitungen der beteiligten Gesellschaften müssen gemäß § 4 Abs. 1 SEBG **schriftlich** zur Bildung des bVg auffordern.

147

Empfänger der Information sind nach § 4 Abs. 2 SEBG die **Arbeitnehmervertretungen und Sprecherausschüsse** in den betroffenen Gesellschaften (dazu zählen auch Tochtergesellschaften und Betriebe).

Soweit in den betroffenen Gesellschaften **keine Arbeitnehmervertretungen** vorhanden sind, entbindet dies die Leitungen der Gesellschaften nicht von der Pflicht zur Unterrichtung der betroffenen Arbeitnehmer. Die Informationen der Leitungen hat in dem Fall gegenüber sämtlichen Arbeitnehmern, also auch gegenüber den leitenden Angestellten zu erfolgen.[223] Als Ort für die Information aller Arbeitnehmer kommt das **Schwarze Brett** in den einzelnen Betrieben in Betracht.

2. Bildung des bVg

Das bVg wird **nach den Vorschriften der §§ 5 – 7 SEBG** gebildet. Die zentrale Bestimmung zur Ermittlung der Größe des bVg ist § 5 SEBG.

148

Ausgangsüberlegung dieser Bestimmung ist das Grundprinzip, dass jedes Land, in dem die beteiligten Gründungsgesellschaften ihren Sitz haben, durch mindestens einen Vertreter repräsentiert wird (vgl. § 5 Abs. 1 SEBG).

Danach muss zunächst die **Gesamtzahl** der von der Gründung der Europäische Gesellschaft (SE) betroffenen Arbeitnehmer festgestellt werden. Jeweils 10 % von der Gesamtanzahl, der in einem Mitgliedsstaat beschäftigten Arbeitnehmer, oder ein Bruchteil davon **ergibt einen Sitz im bVg**. Bei der Gründung einer Europäische Gesellschaft (SE) durch Verschmelzung sind i.d.R. zusätzliche Plätze in dem bVg vorgesehen.

Bei einer idealen Verteilung der Arbeitnehmer errechnet sich eine Mindestgröße von zehn Mitgliedern für das bVg. Soweit Gesellschaften aus verschiedenen Mitgliedstaaten beteiligt sind, die jeweils auch Arbeitnehmer beschäftigen, dürfte das bVg i.d.R. aber aus **mindestens elf Mitgliedern** bestehen.[224]

---

[222] Richtlinie 2001/86/EG des Rates v. 8.10.2001 zur Ergänzung des Statuts der Europäischen Gesellschaft hinsichtlich der Beteiligung der Arbeitnehmer, ABl. EG L 294/22 v. 10.11.2001.
[223] Oetker, in: Lutter/Hommelhoff, Die Europäische Gesellschaft, S. 277, 291, Kleinsorge, in: Nagel/Freis/Kleinsorge, Die Beteiligung der Arbeitnehmer in der Europäischen Gesellschaft, Kap. 3, Rn. 11.
[224] Oetker, BB-Special 2005, 2, 7.

Beispiel – Grundfall mit zehn Vertretern:

Zwei AG wollen zu einer SE verschmelzen. Gesellschaft A mit Sitz in Österreich beschäftigt 110 Arbeitnehmer. Gesellschaft Z mit Sitz in Deutschland beschäftigt 990 Arbeitnehmer. Daraus ergibt sich eine Gesamtanzahl von 1100 Arbeitnehmern. Bei der österreichischen Gesellschaft mit 110 Arbeitnehmern ergibt sich eine Quote von 10 %, d.h. diese Gesellschaft würde durch einen Vertreter in dem bVg repräsentiert werden.

Bei der deutschen Gesellschaft mit 990 Arbeitnehmern ergibt sich eine Quote von 90 %. Die Vertreter dieser Gesellschaft würden neun Sitze erhalten.

Insgesamt würde das bVg in diesem Fall aus zehn Mitgliedern bestehen.

Beispiel – Elf Vertreter im bVg:

Soweit die Gesellschaft A aber 111 **Arbeitnehmer beschäftigt** und die Gesellschaft Z nur 989 wird das bVg aus elf Mitgliedern bestehen. Aus 111 Arbeitnehmern im Verhältnis zur Gesamtanzahl von 1.100 errechnet sich eine Quote von 10,09 %. Für die vollen 10 % wird ein Vertreter in das bVg entsandt, für den Bruchteil von 0,09 % ein weiterer. Mithin wird die Gesellschaft A von zwei Mitgliedern im bVg repräsentiert. Für die Gesellschaft Z ergibt sich eine Quote von 89,9 %. Für die ersten 80 % errechnen sich acht Vertreter sowie für die 9,9 % als ein Bruchteil ein weiterer Vertreter. Die Gesellschaft Z wird also durch neun Vertreter im bVg repräsentiert. Daraus ergibt sich die Gesamtzahl von elf Mitgliedern für das bVg.

Beispiel – Geringe Anzahl von Arbeitnehmern:

Unverhältnismäßig hoch erscheint die Anzahl der Mitglieder des besonderen Verhandlungsgremiums, soweit in den beteiligten Gesellschaften nur wenige Arbeitnehmer beschäftigt sind.

> **Hinweis:**
>
> Nehmen an der Gründung einer Europäischen Gesellschaft (SE) Gesellschaften **aus zwei Staaten** mit zwei (Gesellschaft A) und neun Beschäftigten (Gesellschaft B) teil, so ergibt sich nach der Berechnungsformel eine Gesamtarbeitnehmerzahl von elf. Daraus folgen neun Mitglieder für das bVg aus Gesellschaft B (die prozentuale Quote beträgt 82 %) und zwei Mitglieder für das bVg aus Gesellschaft A. Im Ergebnis **werden sämtliche Arbeitnehmer auch Mitglieder des bVg**. Zu demselben Ergebnis gelangt man, bei einer Basis von zehn Arbeitnehmern. Die im Vergleich zur Gesamtarbeitnehmeranzahl hohe Zahl der Mitglieder des bVg erscheint unverhältnismäßig.[225] Werden Verhandlungen über eine Vereinbarung über die Beteiligung der Arbeitnehmer in der Europäischen Gesellschaft (SE) – wohlmöglich über sechs Monate – geführt, wird eine große Anzahl der Arbeitskräfte **für eine Verwaltungstätigkeit gebunden**.

§ 6 SEBG enthält Vorschriften über die **persönlichen Voraussetzungen** der Mitglieder des besonderen Verhandlungsgremiums der Arbeitnehmer. Zu beachten sind hier insb. die Abs. 3 und 4 des § 6 SEBG. Die Absätze schreiben vor, dass eine **Mindestanzahl von Gewerkschaftsvertretern** bzw. leitenden Angestellten in dem bVg vertreten sein muss, sofern die Gesamtmitgliederzahl eine bestimmte Mindestanzahl überschreitet.

3. Beginn der Verhandlungen

149 Die Verhandlungen beginnen grds. nach der **Einsetzung des bVg**. Da die SE-RL von dem Grundsatz der Verhandlungsfreiheit geprägt ist, kann das bVg auch auf die Aufnahme der Verhandlungen gem. § 16 SEBG verzichten. Auch kann es jederzeit beschließen, die Verhandlungen abzubrechen. Für diese Beschlussfassung stellt § 16 Abs. 1 SEBG ein besonderes Mehrheitserfordernis auf. Für den Beschluss sieht das Gesetz eine **doppelte 2/3 Mehrheit** vor. 2/3 der Mitglieder des besonderen Verhandlungsgremiums müssen dem Beschluss zustimmen und dabei mindestens 2/3 der Arbeitnehmer in mindestens zwei Mitgliedstaaten repräsentieren. Eine Vereinbarung nach § 21 SEBG kann dann nicht erzielt werde.

---

225 Weitere Beispiele bei: Kleinsorge, in: Nagel/Freis/Kleinsorge, Die Beteiligung der Arbeitnehmer in der Europäischen Gesellschaft, Kap. 5 Rn. 3 ff.

Als Folge eines solchen Beschlusses finden gemäß § 16 Abs. 2 SEBG die Regelungen über den SE-Betriebsrat kraft Gesetzes und die Regelungen der Mitbestimmung kraft Gesetzes **keine Anwendung**. Konsequenz aus dieser gesetzlichen Anordnung ist, dass die Europäische Gesellschaft (SE) auch ohne eine Vereinbarung über die Beteiligung der Arbeitnehmer in der Europäischen Gesellschaft (SE) eingetragen werden kann und muss.[226] Es greifen lediglich die Regelungen ein, die im Hinblick auf die **Unterrichtung und Anhörung der Arbeitnehmer** in den Mitgliedstaaten der Europäischen Gesellschaft (SE) gelten.

4. Vereinbarung

Am Ende des Verhandlungszeitraums soll die **Vereinbarung über die Beteiligung der Arbeitnehmer** stehen. § 21 SEBG enthält Vorgaben im Hinblick auf den Inhalt der Vereinbarung.

Soweit eine Einigung zwischen den Verhandlungspartnern gefunden worden ist, müssen die Mitglieder des bVg der Vereinbarung (intern) zustimmen. Grds. ist für die Annahme der Vereinbarung die **Mehrheit der Mitglieder des bVg** erforderlich. Abweichendes gilt entsprechend § 15 Abs. 3 SEBG, wenn das Ergebnis der Verhandlung eine **Minderung der Mitbestimmungsrechte** vorsieht.

Unterliegen bei Gründung einer Europäischen Gesellschaft (SE) durch Verschmelzung 25 % der Arbeitnehmer der Mitbestimmung, so muss im bVg eine 2/3-Mehrheit der Stimmen zustande kommen. Diese Mehrheit muss wiederum 2/3 der beschäftigten Arbeitnehmer in **mindestens zwei Mitgliedstaaten** repräsentieren (vgl. § 15 Abs. 3 Satz 1 SEBG).

Die gleichen Mehrheitserfordernisse bestehen bei Gründung einer Holding-SE, jedoch müssen in den Gründungsgesellschaften 50 % der Arbeitnehmer von der Mitbestimmung betroffen sein.

Soweit keine Verhandlungslösung gefunden wird, greift die **Auffangregelung der §§ 22 – 38 SEBG**, die die Mitbestimmung der Arbeitnehmer auf dem vorherigen Niveau erhalten soll (Vorher-Nachher-Prinzip).

5. Auffanglösung

Die Auffanglösung findet in **zwei Fällen** Anwendung:

- wenn es zwischen den Parteien so vereinbart wird oder
- wenn bis zum Ende des Verhandlungszeitraums keine Einigung erzielt wurde und das besondere Verhandlungsgremium keinen Beschluss nach § 16 SEBG gefasst hat.

Die gesetzliche Auffangregelung sichert die **Unterrichtungs- und Anhörungsrechte** des Vertretungsorgans für grenzüberschreitende Sachverhalte und den **Bestandsschutz für die bisherigen Mitbestimmungsstandards**. Es ist vorgesehen, dass das weitestgehende nationale Mitbestimmungsmodell der Gründungsgesellschaften automatisch zur Anwendung kommt, wenn der Mindestprozentsatz erreicht wird.

Bei einer **Unterschreitung der Schwellenwerte** kann das Verhandlungsgremium mit einem entsprechenden Mehrheitsbeschluss die Anwendung der Auffangregelung beschließen. Durch die Auffangregelung wird der **höchste Mitbestimmungsstandard** einer beteiligten nationalen Gesellschaft auf die gesamte Europäische Gesellschaft (SE), ungeachtet ihres Sitzes, übertragen.

6. Dauer der Verhandlungen

Die Verhandlungen sollen i.d.R. **sechs Monate** dauern. Der Zeitraum kann einvernehmlich auf zwölf Monate verlängert werden (vgl. § 20 SEBG).

7. Neuaufnahme der Verhandlungen

Wenn vom bVg **mit qualifizierter Mehrheit** beschlossen wurde, dass keine Verhandlungen aufgenommen werden sollen oder die Verhandlungen abzubrechen sind, kann es gemäß § 18 Abs. 1 SEBG erst

---

226 Oetker, BB-Special 2005, 2, 10.

wieder **nach zwei Jahren** auf schriftlichen Antrag von mindestens 10 % der Arbeitnehmer hin eingesetzt werden. Durch die Parteien kann eine **frühere Wiederaufnahme** vereinbart werden. Wird die Wiederaufnahme beschlossen, aber keine Einigung erzielt, finden die §§ 22 – 33 SEBG und die §§ 34 – 38 SEBG keine Anwendung.

8. Praxiserfahrungen

156 Die Praxis zeigt, dass entgegen ursprünglichen Annahmen **viele kleine und mittlere Unternehmen** den Weg in die Europäische Gesellschaft (SE) beschreiten. Grund dafür ist, dass dort relativ wenige Arbeitnehmer beschäftigt sind, zu denen meist ein kurzer Draht besteht und mit denen schnell eine Verhandlungslösung erzielt oder die Nichtaufnahme der Verhandlungen erreicht werden kann.

III. SE als Vehikel aus der Mitbestimmung

157 Der **hohe Mitbestimmungsstandard** in Deutschland wird von vielen Unternehmen als **hinderlich für die unternehmerische Entwicklung** empfunden. Es ist anzuerkennen, dass die unternehmerische Mitbestimmung der Arbeitnehmer in Deutschland einen guten Teil dazu beigetragen hat, dass sich die Wirtschaft in der Bundesrepublik nach dem Zweiten Weltkrieg so exzellent entwickelt hat. Ob die derzeitigen Mitbestimmungsregelungen unter den Bedingungen globalisierter Märkte noch zeitgemäß sind, muss allerdings stark bezweifelt werden.[227] So suchen Unternehmen mit Sitz in Deutschland immer öfter nach einer Möglichkeit, den rigiden deutschen Mitbestimmungsregelungen zu entrinnen.[228]

1. Verschmelzung mit einer plc

158 Eine Möglichkeit für deutsche Unternehmen der **Mitbestimmung zu entgehen**, ist die **Verschmelzung** nach Art. 2 Abs. 1 SE-VO einer AG mit Sitz in Deutschland auf eine AG, die britischem Recht unterliegt. Das **britische Recht kennt keine Mitbestimmung** wie sie in Deutschland üblich ist. Bei der Verschmelzung zu einer SE ist das allerdings zunächst unerheblich, da in der entstandenen SE die ausgehandelte Vereinbarung über die Beteiligung der Arbeitnehmer gilt. Die Vereinbarung wird kaum eine Absenkung des Mitbestimmungsniveaus gegenüber dem deutschen Standard enthalten. Warum sollte die Arbeitnehmerseite einer Absenkung zustimmen, wenn doch anderenfalls die Auffanglösung nach Art. 7 SE-RL greift, die mit dem Vorher-Nachher-Prinzip[229] den Standard der Mitbestimmung sichern will?

Art. 66 SE-VO lässt allerdings zwei Jahre nach der Eintragung in das Register des Sitzstaates **die Rückumwandlung** in eine **AG nationalen Rechts zu (Renationalisierung)**.[230] Nach der Rückumwandlung der SE in eine britische plc würde diese nur den britischen Mitbestimmungsregeln unterliegen. Auf diese Weise würde die dann britischem Recht unterliegende Gesellschaft mitbestimmungsfrei werden,[231] denn eine plc unterliegt keinesfalls den deutschen Mitbestimmungsregelungen.[232]

159 Ein **Nachverhandlungsanspruch** könnte dadurch entstehen, dass man in der Konstellation einen **Missbrauchsfall i.S.d. Art. 11 SE-RL sieht**. Allerdings wird sich ein Missbrauchsfall nur schwer annehmen lassen. Gerade konzerninterne Verschmelzungen sind als Mittel der Strukturanpassung an der Tagesordnung. Einen Missbrauch könnte in der sofortigen Verlegung des Verwaltungssitzes nach Deutschland gesehen werden. Diese Gestaltungsvariante könnte als Umgehung der noch nicht beschlossenen Sitzverlegungsrichtlinie[233] angesehen werden. Allerdings muss eindringlich davor gewarnt werden, die

---

227 Lutter bezeichnet die Regelungen als Unglück und großen Nachteil für Deutschland: Lutter, BB 2002, 1, 5; Rieble, NJW 2006, 2214 ff.
228 Zu Vermeidungsstrategien vgl.: Handelsblatt v. 9.11.2005, S. 37.
229 Dazu Kleinsorge, in: Nagel/Freis/Kleinsorge, Kap. 1 Rn. 23; Schwarz, Einleitung SE-VO Rn. 234; Rehberg, ZGR 2005, 859, 860.
230 Schwarz, ZIP 2001, 1847, 1858.
231 Kübler, in: FS für Raiser, S. 247, 251; MünchKomm-AktG/Kübler, Einf Europ Gesellschaft Rn. 44.
232 Henssler, in: FS für Ulmer, S. 193, 199.
233 Der Vorentwurf der 14. Richtlinie v. 22.4.1997 ist abgedruckt in ZIP 1997, 1721 ff.

Missbrauchsvorschrift des Art. 11 SE-RL als Vorwand für die Einschränkung der europäischen Grundfreiheiten anzuführen. Der Wettbewerb zwischen den Rechtsordnungen der Mitgliedstaaten ist ausdrücklich gewollt. Ausweislich des Erwägungsgrundes 1 der SE-VO sollen die in der Gemeinschaft tätigen Unternehmen ihre Tätigkeiten nach rein wirtschaftlichen Aspekten auf der Gemeinschaftsebene planen und betreiben können. Diese Wahlfreiheit ist nichts anderes als die Nutzung der Grundfreiheiten.[234] Das ist auch in verschiedenen Entscheidungen des EuGH zum Ausdruck gekommen.[235] Für die Anwendung der Missbrauchsvorschrift des Art. 11 SE-RL bleibt daher nur ein sehr begrenzter Anwendungsspielraum.[236]

2. Verschmelzung zu einer mitbestimmungsfreien SE in Deutschland

Bei der **Verschmelzung** zweier Aktiengesellschaften zur Neugründung **kann die neu gegründete SE ihren Sitz** innerhalb der EU/ des EWR **frei wählen**.[237] Es können also zwei Aktiengesellschaften, die mitgliedstaatlichem Recht unterliegen, das keine Mitbestimmungsregeln wie in Deutschland kennt, zu einer SE mit Sitz in Deutschland verschmolzen werden. Es ist nicht davon auszugehen, dass die Vereinbarung über die Beteiligung der Arbeitnehmer eine unternehmerische Mitbestimmung vorsieht. Ein solches Ergebnis entspricht dem Vorher-Nachher-Prinzip. Die SE mit Sitz in Deutschland wäre dann nicht mitbestimmt. Die nationalen Regelungen über die Mitbestimmung in den Organen der Gesellschaft finden gemäß § 47 Abs. 1 Nr. 1 SEAG keine Anwendung.

160

3. Sitzverlegung einer mitbestimmungsfreien SE nach Deutschland

Unter Zuhilfenahme einer SE besteht unter Umständen eine weitere Möglichkeit, **ein mitbestimmungsfreies Unternehmen** in Deutschland zu schaffen. Zunächst könnte eine Europäische Gesellschaft in Großbritannien gegründet werden. Das britische Recht kennt keine Mitbestimmung wie in Deutschland.[238] Es muss zwar bei einer SE, die britischem Recht unterliegt, eine Vereinbarung über die Beteiligung der Arbeitnehmer geschlossen werden. Wenn aber alle beteiligten Gründungsgesellschaften dem Recht von Mitgliedstaaten unterlagen, die keine (strengen) Regelungen zur Mitbestimmung kennen, wird auch die **Vereinbarung über die Beteiligung der Arbeitnehmer keine (strengen) Mitbestimmungsregelungen** enthalten. In einem weiteren Schritt kann die SE ihren **Sitz** nach Deutschland **verlegen**. Die SE-VO sowie die Arbeitnehmerbeteiligungsrichtlinie regeln in erster Linie die Arbeitnehmerbeteiligung bei der Gründung einer Europäischen Gesellschaft. Die Sitzverlegung einer SE ist zwar in Art. 8 SE-VO detailliert geregelt. Nicht explizit angesprochen ist allerdings die Frage, welche Auswirkungen eine Sitzverlegung auf die Arbeitnehmerbeteiligung der SE hat.[239] Hervorgehoben wird in Art. 8 Abs. 1 SE-VO besonders die **Identitätswahrung** der Gesellschaft. Das bedeutet, dass die Struktur der Gesellschaft erhalten bleibt. Daraus folgt aber auch, dass sich mit der Verlegung des Sitzes über die Grenze hinweg die Rechte der Arbeitnehmer nicht ändern.[240] Die wohl h.M. in der Lit.[241] folgert daraus, dass auch im Hinblick auf die Arbeitnehmerbeteiligung Kontinuität und kein Neuverhandlungsanspruch besteht. Im Ergebnis folgt daraus, dass auch auf diesem Wege mitbestimmungsfreie SEs in Deutschland ihren Sitz haben bzw. nehmen

161

---

234 Grundsätzlich: MünchKomm-AktG/Ochsler Art. 8 SE-VO Rn. 5.
235 EuGH ZIP 2003, 1885 = GmbHR 2003, 1260 = NZG 2003, 1064C-167/01 (Inspire Art), Tz.138; EuGH ZIP 1999, 438C-212/97 (Centros), Tz.27.
236 Vgl. ausführlich die Diskussion von Rehberg, ZGR 2005, 859, 860.
237 MünchKomm-AktG/Schäfer Art. 20 SE-VO Rn. 5, Jannott, in: Jannott/Frodermann, Handbuch der Europäischen Aktiengesellschaft, Kap. 3 Rn. 38; Schröder, in: Manz/Mayer/Schröder, SE-VO, Art. 20 Rn. 15.; Schwarz ist der Meinung, dass dies auch bei der Verschmelzung zur Aufnahme möglich ist: Schwarz, Art. 20 SE-VO Rn. 21.
238 Henssler, in: FS für Ulmer, S. 193, 199.
239 Wenz, in: Theisen/Wenz, C.III. S. 189, 234; Kleinsorge, RdA 2002, 343, 351.
240 Ringe, NZG 2006, 931, 932.
241 Kleinsorge, RdA 2002, 343, 351; Hunger, in: Jannott/Frodermann, Handbuch der Europäischen Aktiengesellschaft, Kap. 9 Rn. 39 f.; Wenz, in: Theisen/Wenz, C.III. S. 189, 234.

können.[242] Die deutschen Mitbestimmungsregelungen finden gemäß § 47 Abs. 1 Nr. 1 SEAG auf die SE keine Anwendung.

Beispiel:

Es ist ein Fall bekannt geworden, in dem eine SE ihren (Satzungs-) Sitz unter Wahrung Ihrer Identität auf die Cayman Islands verlegt hat. Eine in den Niederlanden gegründete SE hatte zunächst ihren Sitz nach Luxemburg verlegt. Es verwundert zunächst, dass ein „Wegzug" einer SE aus dem Gebiet der EU/des EWR zulässig sein soll. Indes entfalten die Art. 7 und 8 SE-VO keine Sperrwirkung gegen eine Sitzverlegung aus dem EU/EWR-Raum hinaus. Die Möglichkeit der Sitzverlegung dient der Umsetzung der europarechtlichen Grundfreiheiten, namentlich Art. 43 und 48 EGV.[243] Einzig Sitz und Hauptverwaltung einer SE müssen gemäß Art. 7 S. 1 SE-VO in der Gemeinschaft liegen. Für den Fall bedeutete dies, dass die Gesellschaft ihr Rechtskleid der SE nicht beibehalten durfte: Europäische Gesellschaften gibt es eben nur in der EU/im EWR. Da die SE-VO demnach keine ausdrückliche Regelung enthält, sind die nationalen Rechtsvorschriften anzuwenden. Das luxemburgische Recht lässt einen identitätswahrenden Wegzug von Gesellschaften zu und als passendes Gegenüber lässt das Recht der Cayman Islands den identitätswahrenden Zuzug zu. So konnte die SE mit ihrem Ausgangspunkt in den Niederlanden identitätswahrend auf die Caymann Islands „umziehen". Dass die Gesellschaft dort nicht mehr den nationalen Mitbestimmungsregelungen unterliegt, versteht sich von selbst.[244]

IV. Arbeitnehmerlose (Vorrats-)SE

162 Gemäß Art. 12 SE-VO kann eine Europäische Gesellschaft (SE) erst eingetragen werden, wenn eine Vereinbarung über die Beteiligung der Arbeitnehmer geschlossen worden ist. Dazu haben das AG[245] und das LG[246] Hamburg einen ersten Fall entschieden. Im konkreten Fall waren **bei den Gründungsgesellschaften Arbeitnehmer beschäftigt**. Die Europäische Gesellschaft (SE) dagegen sollte keine Arbeitnehmer beschäftigen. Das Gericht verweigerte die Eintragung mit der Begründung, dass gemäß Art. 12 SE-VO eine SE erst eingetragen werden dürfe, soweit eine Vereinbarung über die Beteiligung der Arbeitnehmer in der Europäischen Gesellschaft (SE) geschlossen sei, **unabhängig davon**, ob in der Europäische Gesellschaft (SE) Arbeitnehmer beschäftigt werden sollen oder nicht. In diesem Fall hätte ein zumindest besonderes Verhandlungsgremium gebildet werden müssen, da bei den Gründungsgesellschaften Arbeitnehmer beschäftigt waren. Stellungnahmen in der Lit. haben den Entscheidungen zugestimmt.[247] Insb. wird angemerkt, dass die Entscheidungen im Einklang mit dem eindeutigen Wortlaut des Art. 12 Abs. 2 SE-VO stehen.[248]

Die Urteile werden auch derart interpretiert, als dass die Gerichte eine **arbeitnehmerlose Europäische Gesellschaft (SE) als zulässig** ansehen.[249] Es sind auch bereits die ersten Eintragungen arbeitnehmerloser Vorrats-SE, bei denen auch die Gründungsgesellschaften keine Arbeitnehmer beschäftigen, bekannt geworden.[250] Das AG Düsseldorf[251] hat eine Europäische Gesellschaft (SE) eingetragen, obwohl **keine Vereinbarung über die Beteiligung der Arbeitnehmer** geschlossen worden war. Nach der Begründung der Entscheidung war eine Vereinbarung über die Beteiligung der Arbeitnehmer nicht notwendig und auch nicht möglich, da **weder bei den Gründungsgesellschaften noch bei der zu gründenden Europäischen**

---

242 Ringe, NZG 2006, 931, 933 stellt dar, unter welchen Umständen eine Neuverhandlung unter Umständen geboten sein könnte.
243 MünchKomm-AktG/Ochsler Art. 8 SE-VO Rn. 5.
244 Darstellung des Sachverhalts von: Schmidt, DB 2006, 2221 f. und kritische Würdigung des Sachverhalts von Heuschmid/Schmidt, NZG 2007, 54 ff.
245 AG Hamburg, ZIP 2005, 2017, 2018.
246 LG Hamburg, ZIP 2005, 2018, 2019.
247 Seibt, ZIP 2005, 2248; Frodermann/Jannott, ZIP 2005, 2251.
248 Noack, EWiR 2005, 905, 906.
249 Seibt, ZIP 2005, 2248, 2249.
250 Verfügung des AG Düsseldorf, ZIP 2006, 287.
251 Verfügung des AG Düsseldorf, ZIP 2006, 287.

Gesellschaft (SE) Arbeitnehmer beschäftigt waren bzw. werden sollten. Das Gericht hat eine Negativerklärung zur Arbeitnehmerlosigkeit der beiden Gründungsgesellschaften als ausreichend angesehen.

Die gewerkschaftsnahe **Hans-Böckler-Stiftung** hat dem AG gegenüber die Amtslöschung der Gesellschaft angeregt und auch in der Lit. wird angeführt, dass eine Europäische Gesellschaft (SE) nur eingetragen werden könne, wenn die Pflicht zur Beteiligung der Arbeitnehmer i.S.d. Art. 12 Abs. 2 SE-VO erfüllt sei. Ist dies nicht der Fall, könne die Europäische Gesellschaft (SE) nicht eingetragen werden, die Umstände spielten dabei keine Rolle. Das gelte auch für den Fall, dass der Gesetzesbefehl sachlogisch[252] unerfüllbar ist.[253]

163

Die Vertreter dieser Ansicht sehen die Arbeitnehmerbeteiligung als **konstitutiven Bestandteil der Unternehmensverfassung** einer Europäischen Gesellschaft (SE). Daraus folge, dass ausnahmslos zwingend eine Regelung über die Beteiligung der Arbeitnehmer bestehen müsse, damit die Europäische Gesellschaft (SE) eingetragen werden könne. Soweit bei den beteiligten Gesellschaften keine Arbeitnehmer[254] beschäftigt seien, könne die Europäische Gesellschaft (SE) somit nicht eingetragen werden.[255]

Dieser Ansicht ist entschieden entgegen zu treten. Zum einen geht die SE-RL in Teil 3 der Auffangregelung selbst davon aus, dass eine Europäische Gesellschaft (SE) **nicht ausnahmslos** eine Vereinbarung über die Beteiligung der Arbeitnehmer haben muss (wenn Mitgliedstaaten von dem sog. **Opting-Out** Gebrauch gemacht haben). In den Erwägungsgründen (Grund 18) macht der Verordnungsgeber zwar deutlich, dass die erworbenen Rechte der Arbeitnehmer über ihre Beteiligung an Unternehmensentscheidungen ein **fundamentaler Grundsatz** und ein erklärtes Ziel der Richtlinie ist. Arbeitnehmerrechte können aber denknotwendig nicht gesichert werden, soweit bei den Gründungsgesellschaften **keine Arbeitnehmer beschäftigt sind**. Wenn in diesem Fall auch in der gegründeten Europäischen Gesellschaft (SE) keine Beteiligung der Arbeitnehmer vereinbart wird (bzw. werden kann), ist dies nichts weiter als ein konsequenter Ausdruck des Vorher-Nachher-Prinzips (vgl. Erwägungsgrund 18).[256] Diese Linie weiter verfolgend, ist auch davon auszugehen, dass es keine Strukturänderung und keinen Neuverhandlungsanspruch auslöst, wenn die SE in der Folge Arbeitnehmer beschäftigt.

> **Hinweis:**
>
> Die Beteiligung der Arbeitnehmer war und ist ein großer Streitpunkt bei der Europäischen Gesellschaft (SE). Es ist zu erwarten, dass sich die Gerichte noch einige Male mit diesem Thema befassen müssen. Der Ansatz, die Mitbestimmungsregelungen in einer Verhandlung zu erzielen ist jedoch grds. positiv zu bewerten. Es steht zu hoffen, dass die Verhandlungspartner unter dem Druck einer Einigung bessere und fortschrittlichere Lösungen finden, als sie der Gesetzgeber hätte vorgeben können.

---

252 Dies wäre nach Noack – der die These allerdings nicht teilt – der Fall, wenn bei den Gründungsgesellschaften keine Arbeitnehmer beschäftigt sind, EWiR 2005, 905, 906.
253 Blanke, ZIP 2006, 789, 791.
254 Nach Köstler gehen die SE-VO und die SE-RL davon aus, dass die Gründungsgesellschaften Arbeitnehmer beschäftigen. Wenn nicht könne zwar eine Vorrats-SE entstehen, bei der Aufnahme einer unternehmerischen Tätigkeit entstehe aber eine Verhandlungsanspruch zugunsten der Arbeitnehmer, Köstler, in: Theisen/Wenz, Die Europäische Aktiengesellschaft, E. III., S. 374, so auch Reinhard, RIW 2006, 68.
255 Vgl. Blanke, ZIP 2006, 789, 791, 792; a.A.: Seibt, ZIP 2005, 2248, 2250.
256 Jannott/Frodermann, Handbuch der Europäischen Aktiengesellschaft, Kap. 13 Rn. 210.

§ 4 Kommanditgesellschaft auf Aktien (KGaA)

Inhaltsverzeichnis

		Rn.			Rn.
A.	Rechtsnatur	1	E.	Hauptversammlung	21
B.	Erscheinungsformen	4	I.	Anwendung der aktienrechtlichen Vorschriften	21
C.	Gründung/Kapital/Einlagen	6	II.	Zustimmung der persönlich haftenden Gesellschafter	22
I.	Gründung	6			
II.	Aktien und Einlagen	11	III.	Form der Zustimmungserklärung	23
D.	Rechtsverhältnisse der Komplementäre und Kommanditaktionäre	13	IV.	Beurkundung der Zustimmungserklärung	24
I.	Komplementäre	13	F.	Aufsichtsrat	36
II.	Kommanditaktionäre	15	G.	Satzungsänderung	39

Kommentare und Gesamtdarstellungen:

Arnold, Die GmbH & Co. KGaA, 2001; *Eylmann/Vaasen*, BNotO und BeurkG, 2. Aufl. 2004; *Gadow/Heinichen*, GroßKomm-AktG, 4. Aufl. 1992 ff.; *Geßler*, Aktiengesetz, 52. EL, Stand: November 2006; *Graf*, Die Kapitalgesellschaft & Co. KG auf Aktien, 1993; *Haegele*, Beurkundungsgesetz, 1969; *Heidel*, AnwaltKommentar Aktienrecht, 2003; *Hüffer*, AktG, 6. Aufl. 2004; *Huhn/v. Schuckmann/Preuß*, Beurkundungsgesetz und Dienstordnung für Notare, 4. Aufl. 2003; *Jansen*, Beurkundungsgesetz, 1971; *Kölner Kommentar zum Aktiengesetz*, 3. Aufl. 2004 ff.; *Münchener Handbuch des Gesellschaftsrechts*, Bd. 4, 2. Aufl. 1999; *Münchener Kommentar zum Aktiengesetz*, Bd. 1 (§§ 1 – 53), 2. Aufl. 2000, Bd. 4 (§§ 118 – 147), 2. Aufl. 2004; *Obermüller/Werner/Winden/Butzke*, Die Hauptversammlung der Aktiengesellschaft, 4. Aufl. 2001; *Schaumburg/Schulte*, Die KGaA, 2000; *Schlitt*, Die Satzung der Kommanditgesellschaft auf Aktien, 1999; *Schütz/Bürger/Riotte*, Die KG auf Aktien, 2004; *Semler/Volhard*, Arbeitshandbuch für die Hauptversammlung, 2. Aufl. 2003; *Winkler*, Beurkundungsgesetz, 15. Aufl. 2003.

Formularbücher und Mustersammlungen:

Münchener Vertragshandbuch, Bd. 1, 6. Aufl. 2005; *Lorz/Pfisterer/Gerber*, Beck'sches Formularbuch Aktienrecht, 2005

Aufsätze und Rechtsprechungsübersichten:

Eylmann, Fragwürdige Praxis bei der Abfassung von Hauptversammlungsprotokollen, ZNotP 2005, 300 ff.; *ders.*, Erneut: Hauptversammlungsprotokolle, ZNotP 2005, 458 ff.; *Goette*, Zur Zulässigkeit der GmbH & Co KGaA, DStR 1997, 1014; *Haase*, Die Vorteile der GmbH oder der GmbH & Co KGaA in gesellschaftsrechtlicher Sicht, GmbHR 1997, 917; *Hennerkes/Lorz*, Roma locuta causa finita – Die GmbH & Co KGaA ist zulässig, DB 1997, 1388; *Kessler*, Die Entwicklung des Binnenrechts der KGaA seit BGHZ 134, 392 = NJW 1997, 1923, NZG 2005, 145; *Maaß*, Zur Beurteilung formaler „Mängel" von Hauptversammlungsprotokollen, ZNotP 2005, 50; *Mayer*, Der Komplementär in der GmbH & Co KGaA, MittBayNot 1997, 329; *Priester*, Die Kommanditgesellschaft auf Aktien ohne natürlichen Komplementär, ZHR 160 (1996), 251; *Schaumburg*, Die KGaA als Rechtsform für den Mittelstand?, DStZ 1998, 525; *Wichert*, Satzungsänderungen in der Kommanditgesellschaft auf Aktien, AG 1999, 362; *Wolfsteiner*, Nochmals: Hauptversammlungsprotokolle, ZNotP 2005, 376.

A. Rechtsnatur

1 Die **KGaA** ist in den **§§ 278 ff. AktG** geregelt. Sie ist wie die AG eine **juristische Person**. Das Gesetz enthält für sie nur wenige Sondervorschriften. Im Übrigen gelten nach § 278 Abs. 2 und Abs. 3 AktG sowohl die Vorschriften des HGB über die KG als auch die Vorschriften des AktG über die AG. Insofern ist die KGaA eine **Mischform aus KG und AG**. Mit der AG hat die KGaA die Zerlegung eines Teils des Kapitals in Aktien und die Börsenfähigkeit gemeinsam. Eine Parallele zur KG besteht bei der KGaA dadurch, dass **mindestens ein persönlich haftender Gesellschafter** vorhanden sein muss. Wie bei der KG gibt es zwei Gesellschaftergruppen: **die persönlich haftenden Gesellschafter** und die **Kommanditaktionäre**.

Dies führt zu insgesamt fünf verschiedenen Rechtsbeziehungen, für die entweder die Vorschriften des HGB über die KG oder des AktG für die AG gelten:

- für das **Verhältnis der Komplementäre** untereinander gelten die **Vorschriften über die KG** (§ 278 Abs. 2 AktG),
- für das **Verhältnis der Kommanditaktionäre untereinander** gilt **Aktienrecht** (§ 278 Abs. 3 AktG),
- für das **Verhältnis** zwischen den **persönlich haftenden Gesellschaftern** und der **Gesamtheit der Kommanditaktionäre** gelten die **Vorschriften über die KG** (§ 278 Abs. 2 AktG),
- für das **Verhältnis** zwischen den **persönlich haftenden Gesellschaftern und Dritten** gelten die **Vorschriften über die KG** (§ 278 Abs. 2 AktG),
- für das Verhältnis der **KGaA als solcher zu Dritten** gelten aufgrund ihrer Eigenschaft als juristische Person die Vorschriften des **Aktienrechts**.

Hierbei besteht eine gewisse **Normenhierarchie**. Soweit nicht durch ausdrückliche Verweisung die Vorschriften des HGB Anwendung finden, gelten die Vorschriften des AktG. Innerhalb des AktG gilt wiederum das Spezialitätsprinzip, d.h. die Sonderbestimmungen über die KGaA gehen den allgemeinen aktienrechtlichen Bestimmungen vor (§ 278 Abs. 3 AktG).[1]

> **Hinweis:**
> Soweit die Vorschriften des HGB über die KG Anwendung finden, gilt nicht der **Grundsatz der Satzungsstrenge** des AktG nach § 23 Abs. 5 AktG. Im Gegensatz zur AG besteht damit eine **wesentlich größere Gestaltungsfreiheit** für die Rechtsbeziehungen der Komplementäre zu den Kommanditaktionären und der Komplementäre untereinander, so namentlich für die **Ausgestaltung der Geschäftsführung** und für die **Mitwirkungsrechte** der Kommanditaktionäre bei Geschäftsführungsmaßnahmen.

B. Erscheinungsformen

Die KGaA ist nach dem gesetzlichen Leitbild gekennzeichnet durch das Vorhandensein einer natürlichen Person als Komplementär, die den Gläubigern der Gesellschaft gegenüber unbeschränkt haftet. Daneben gibt es die am Grundkapital der Gesellschaft beteiligten Kommanditaktionäre. In der Praxis haben sich von diesem gesetzlichen Leitbild ausgehend zwei Varianten durchgesetzt, nämlich die sog. „**personalistische Gesellschaft**" bzw. die „**Unternehmer-Komplementär-KGaA**".

Hierbei liegt der Schwerpunkt der Geschäftsführungsbefugnisse bei den Komplementären. Die Komplementärbeteiligung wird als **echte unternehmerische Beteiligung** gehalten. Der persönlich haftende Gesellschafter fungiert als Unternehmer, bringt sein Vermögen als **Komplementäreinlage** ein und übernimmt die persönliche Haftung. Möglich ist in dieser Variante aber auch, dass die Stellung des persönlich haftenden Gesellschafters ähnlich der eines Vorstandsmitglieds einer AG ausgestaltet ist. Die regelmäßig nur auf eine bestimmte Zeit berufenen persönlich haftenden Gesellschafter sind am Kapital der Gesellschaft nicht beteiligt und nehmen mit Ausnahme der **tantiemenabhängigen Vergütung** nicht am Gewinn der Gesellschaft teil. Ihre Stellung als Gesellschaft wird im Übrigen kündbar ausgestaltet, sie erhalten eine **gewinnunabhängige Tätigkeitsvergütung** sowie eine **Altersversorgung**, so dass im Ergebnis ihre Stellung der eines Vorstands einer AG weitgehend angenähert ist.

Daneben gibt es bei der KGaA die Variante der „**hauptversammlungsorientierten**" bzw. der **kapitalistischen KGaA**. Dies ist dadurch gekennzeichnet, dass die Kommanditaktionäre entscheidende Mitspracherechte bei der Geschäftsführung haben.

---

1 Herfs, in: Münchener Handbuch des Gesellschaftsrechts, Bd. 4, § 74 Rn. 9; Geßler/Hefermehl/Semler, AktG, Vor § 278 Rn. 278.

C. Gründung/Kapital/Einlagen[2]

I. Gründung

6 § 280 Abs. 1 AktG enthält in der Fassung des UMAG[3] für die Gründung der KGaA im Gegensatz zur Gründung einer AG keine Sonderregelungen mehr. Im Gegensatz zur früheren Rechtslage ist daher auch bei der KGaA eine **Ein-Mann-Gründung** wie bei der AG nach § 2 AktG möglich.[4] Bisher war anerkannt, dass eine KGaA später als **Ein-Mann-Gesellschaft** fortbestehen konnte[5] bzw. im Rahmen eines Umwandlungsvorgangs nach § 197 Abs. 2 UmwG von einer Person gegründet werden kann.

7 Zulässig ist insb., dass die persönlich haftenden Gesellschafter im Rahmen der Gründung zugleich Aktien übernehmen, also auch Kommanditaktionäre sein können. **Personenverschiedenheit** ist **nicht erforderlich**. Die Gründung der KGaA kann als **Bar- oder Sachgründung** erfolgen. Die an der Gründung beteiligten Personen müssen sämtliche Aktien übernehmen (§ 280 Abs. 2 Satz 2 AktG). Im Übrigen gelten für die Gründung der KGaA die allgemeinen Vorschriften der §§ 23 – 53 AktG.

8 Sämtliche Gründer – einschließlich der persönlich haftenden Gesellschafter – haben einen **Gründungsbericht** nach § 32 AktG abzugeben. Nach § 33 Abs. 1 AktG ist eine **Gründungsprüfung** vorzunehmen. Beteiligt an der Gründungsprüfung sind nicht nur die Mitglieder des Aufsichtsrats, sondern gemäß § 283 Nr. 3 AktG auch die persönlich haftenden Gesellschafter. Da die persönlich haftenden Gesellschafter zwingend auch Mitgründer sind, hat stets eine Gründungsprüfung durch unabhängige Prüfer nach § 33 Abs. 2 AktG stattzufinden. Eine Gründungsprüfung ist in den Fällen des § 33 Abs. 2 Nr. 1 und Nr. 2 AktG auch durch den Notar möglich (§ 33 Abs. 3 AktG).

9 Die Satzung muss durch **notarielle Beurkundung** festgestellt werden (§ 280 Abs. 1 AktG). Die Satzung hat die Angabe nach § 23 Abs. 2 und Abs. 3 AktG zu enthalten. Weiter müssen nach § 281 Abs. 1 AktG Namen, Vornamen und Wohnort jedes persönlich haftenden Gesellschafters aufgeführt sowie nach § 281 Abs. 2 AktG die Einlagen der persönlich haftenden Gesellschafter, sofern sie solche erbringen, nach Art und Höhe in der Satzung festgesetzt werden. Dies gilt jedoch nicht für die Einlagen auf das Grundkapital gegen Übernahme von Aktien durch einen persönlich haftenden Gesellschafter.

10 Die **Firma** der KGaA muss gemäß § 279 Abs. 1 AktG die Bezeichnung „KG auf Aktien" oder „KGaA" enthalten. Soweit eine **juristische Person als persönlich haftende Gesellschafterin** auftritt, was zulässig ist,[6] muss die Firma nach § 279 Abs. 2 AktG eine Bezeichnung enthalten, die die beschränkte Haftung des persönlich haftenden Gesellschafter kennzeichnet, wie etwa „Firma GmbH & Co. KGaA".[7]

II. Aktien und Einlagen

11 Für das in Aktien zerlegte **Grundkapital** gelten die §§ 6 ff. AktG. Es können alle Arten von Aktien ausgegeben werden. Insb. können die Aktien auch von den persönlich haftenden Gesellschaftern übernommen werden. Zur **Vermeidung von Interessenkollisionen** ist allerdings ihr Stimmrecht in den von § 285 Abs. 1 Satz 2 AktG aufgeführten Fällen ausgeschlossen.

---

2 Ein vollständiges Satzungsmuster findet sich z.B. bei Schlitt, Die Satzung der KGaA; Münchener Vertragshandbuch, Bd. 1 V. 148; Schütz/Bürgers/Riotte, Die KGaA, § 13; Lorz/Pfisterer/Gerber, Beck'sches Formularbuch Aktienrecht, W. II. und W. VII.

3 BGBl. I, S. 2802.

4 Gesetzesbegründung zum UMAG, BT-Drucks. 15/5092, S. 31.

5 Hüffer, AktG, § 278 Rn. 5 und § 280 Rn. 2; Herfs, in: Münchener Handbuch des Gesellschaftsrechts, Bd. 4, § 75 Rn. 1 f.; Schaumburg, DStZ 1998, 525, 539; Geßler/Hefermehl/Semler, AktG, § 280 Rn. 22.

6 BGHZ 134, 392 = NJW 1997, 1923 = DNotZ 1997, 979.

7 BGH, ZIP 1997, 1027, 1030; Priester, ZHR 160 (1996), 251, 259; KölnerKomm-AktG/Mertens/Cahn, § 279 Rn. 6 ff.; Herfs, in: Münchener Handbuch des Gesellschaftsrechts, Bd. 4, § 75 Rn. 9; Hüffer, AktG, § 279 Rn. 2 f.; siehe dazu auch Arnold, Die GmbH & Co. KGaA und Graf, Die Kapitalgesellschaft & Co. KG auf Aktien.

Neben einer Beteiligung durch die Übernahme von Aktien können sich die **persönlich haftenden Gesellschafter** auch mittels **Vermögenseinlagen** am Kapital der Gesellschaft beteiligen. Diese Vermögenseinlagen werden nicht auf das Grundkapital geleistet (§ 281 Abs. 2 AktG). Die Leistung der Vermögenseinlage ist dabei Teil des Rechtsverhältnisses der persönlich haftenden Gesellschafter untereinander sowie ihres Verhältnisses gegenüber der Gesamtheit der Kommanditaktionäre. Die Leistung der Vermögenseinlage bestimmt sich deshalb nach dem **Recht der KG**. Es gelten die §§ 161 Abs. 2, 105 Abs. 2 HGB i.V.m. §§ 705 f. BGB. Die Verpflichtung zur Leistung wird durch die Satzung begründet. Die Satzung muss gemäß § 281 Abs. 2 AktG festsetzen, welche persönlich haftenden Gesellschafter eine Vermögenseinlage zu erbringen haben, woraus diese besteht und wie hoch sie sein soll. Ohne satzungsmäßige Festsetzung ist eine Vermögenseinlage unzulässig und ohne Rechtsgrund geleistet. Kein persönlich haftender Gesellschafter ist daher berechtigt, durch einseitige Erhöhung seiner Einlage eine Stärkung seiner Rechte in der Gesellschaft herbeizuführen.[8]

12

Die **Fälligkeit der Vermögenseinlage** richtet sich nach den **Festsetzungen in der Satzung**. § 36 Abs. 2 AktG findet keine Anwendung. Auch sonst gelten für diese Vermögenseinlagen nicht die Grundsätze der Kapitalaufbringung und Kapitalerhaltung. Es erfolgt keine Einlagenprüfung.[9] Eine **Erhöhung der Einlagen** kann nur **im Wege der Satzungsänderung** vereinbart werden. Auch die Rückgewähr einer Vermögenseinlage richtet sich nach den Festsetzungen der Satzung. Sieht die Satzung keine Rückzahlung oder Rückübertragung vor, ist der Komplementär nicht zu einer entsprechenden Entnahme während der Dauer seines Gesellschaftsverhältnisses berechtigt. Die Entnahme ist im Übrigen nur zulässig, wenn sie zwischen ihm und den übrigen Gesellschaftern durch Satzungsänderung vereinbart wird. Zu beachten ist schließlich, dass die Vermögenseinlagen der persönlich haftenden Gesellschafter nicht im Handelsregister eingetragen werden.[10]

> **Hinweis:**
> Von praktischer Bedeutung ist die Möglichkeit der **Umwandlung der Vermögenseinlagen** der Komplementäre **in Aktien**. Dies stellt eine **Herabsetzung oder Auflösung des Kapitalanteils** dar. Gleichzeitig wird damit das Grundkapital gegen Sacheinlage unter Ausschluss des Bezugsrechts der übrigen Kommanditaktionäre erhöht. Die Satzung kann ein solches **Umtauschrecht für die Komplementäre** vorsehen. Dann können die Komplementäre von den Kommanditaktionären verlangen, dass sie eine entsprechende **Sachkapitalerhöhung** beschließen. Um die Durchsetzbarkeit dieser Verpflichtung sicherzustellen, kann die Satzung weitere Sanktionen vorsehen, etwa ein **Kündigungsrecht mit Barabfindung** für den Fall, dass die Kommanditaktionäre dem Verlangen nicht nachkommen.[11]

D. Rechtsverhältnisse der Komplementäre und Kommanditaktionäre

I. Komplementäre

Die Komplementärstellung wird entweder im Stadium der Gründung oder später im Wege einer Satzungsänderung übernommen. Nach § 281 Abs. 1 AktG sind die Angaben über die Identität der persönlich haftenden Gesellschafter **zwingender Satzungsbestandteil**. Sämtliche Komplementäre, auch die nicht vertretungsberechtigten und nicht geschäftsführungsbefugten Komplementäre, müssen dieser Satzungsänderung zustimmen.[12] Die **Aufnahme neuer Komplementäre** kann in der Satzung abweichend geregelt

13

---

8 KölnerKomm-AktG/Mertens/Cahn, § 281 Rn. 12; Geßler/Hefermehl/Semler, AktG, § 281 Rn. 8.
9 Herfs, in: Münchener Handbuch des Gesellschaftsrechts, Bd. 4, § 75 Rn. 25.
10 KölnerKomm-AktG/Mertens/Cahn, § 281 Rn. 17; Geßler/Hefermehl/Semler, AktG, § 281 Rn. 7.
11 Herfs, in: Münchener Handbuch des Gesellschaftsrechts, Bd. 4, § 78 Rn. 12.
12 KölnerKomm-AktG/Mertens/Cahn, § 278 Rn. 20; Geßler/Hefermehl/Semler, AktG, § 278 Rn. 59.

werden. Insb. kann die Aufnahme erschwert oder erleichtert werden. Möglich ist es auch, die Entscheidung über die Aufnahme neuer persönlich haftender Gesellschafter anderen Organen zu übertragen.[13]

Komplementär einer KGaA kann sowohl jede natürliche Person als auch eine Personengesellschaft sein. Seit einer hierzu ergangenen Grundsatzentscheidung des BGH[14] kann auch eine juristische Person Komplementär sein.[15]

14 Die persönlich haftenden Gesellschafter sind aufgrund ihrer Gesellschafterstellung „**geborene Leitungsorgane**". Nach § 278 Abs. 2 AktG i.V.m. §§ 161 Abs. 2, 114 HGB besteht jedoch die Möglichkeit, sie von der Geschäftsführung insgesamt auszuschließen (§ 109 HGB). Ein von der **Geschäftsführung ausgeschlossener Komplementär** hat dann die Kontrollrechte des § 118 HGB. Ein Ausschluss aller persönlich haftender Gesellschafter ist indessen unzulässig und verstößt gegen den **Grundsatz der Selbstorganschaft**. Nach § 278 Abs. 2 AktG i.V.m. §§ 161 Abs. 2, 125 Abs. 1 HGB ist jeder persönlich haftende Gesellschafter berechtigt, die Gesellschaft allein zu vertreten. Auch die Vertretungsberechtigung kann durch Satzung ausgeschlossen werden. Die **Geschäftsführungsbefugnis** als auch die **Vertretungsbefugnis** steht dabei **grds. jedem Komplementär allein** zu. Dies gilt auch, wenn die Gesellschaft mehrere Komplementäre hat. Es gilt also anders als im Aktienrecht nicht der Grundsatz der Gesamtgeschäftsführungs- bzw. Gesamtvertretungsbefugnis. Im Hinblick auf die Haftung der Komplementäre gelten die §§ 161 Abs. 2, 125 ff. HGB.

II. Kommanditaktionäre

15 Die Stellung als **Kommanditaktionär** wird entweder bei der Gründung durch Übernahme von Aktien bzw. durch Übertragung von Aktien von einem anderen oder durch die Übernahme von Aktien bei einer Kapitalerhöhung begründet. Auch die persönlich haftenden Gesellschafter können Aktionäre der KGaA sein. Die Rechtsstellung der Kommanditaktionäre bestimmt sich gemäß § 278 Abs. 3 AktG nach den Vorschriften des AktG. Die **Kommanditaktionäre haften nicht** für die Verbindlichkeiten der Gesellschaft.

16 Die **Rechtsstellung der Kommanditaktionäre** bemisst sich nach den Vorschriften des AktG, soweit sich nicht aus den Sondervorschriften über die KGaA etwas anderes ergibt.[16] Anders als bei der AG beschließen demnach z.B. die Kommanditaktionäre in der Hauptversammlung über den Jahresabschluss (§ 286 Abs. 1 Satz 1 AktG). Im Übrigen gilt für die Rechte der Kommanditaktionäre das Recht der KG nur im Rahmen des § 278 Abs. 2 AktG, nämlich im Verhältnis zwischen den persönlich haftenden Gesellschaftern und der Gesamtheit der Kommanditaktionäre. Zu beachten ist allerdings, dass es sich bei der „**Gesamtheit der Kommanditaktionäre**" i.S.d. § 278 Abs. 2 AktG nicht um ein besonderes Verbandsverhältnis handelt, so dass die Gesamtheit der Kommanditaktionäre auch **keinen aktiv und passiv parteifähigen Verband** darstellt.[17] Vielmehr werden die Rechte der Gesamtheit der Kommanditaktionäre durch die „**Hauptversammlung**" wahrgenommen. Dies sind sowohl die ihr durch das Aktienrecht zugewiesenen Rechte als auch die den Kommanditisten der KG zustehenden Rechte.[18]

17 Der **Umfang der Rechte der Kommanditaktionäre** richtet sich danach, inwieweit die Gesellschaft von der **Gestaltungsfreiheit nach § 278 Abs. 2 AktG** Gebrauch macht. Von entscheidender Bedeutung ist hierbei die Bestimmung des **§ 164 HGB**. Danach können die von der Geschäftsführung grds. ausgeschlossenen Kommanditisten einer Handlung der persönlich haftenden Gesellschafter widersprechen, soweit diese über den gewöhnlichen Betrieb des Handelsgewerbes der Gesellschaft hinausgeht. § 164 HGB ist wegen § 163 HGB jedoch dispositiv. Dieses **Widerspruchsrecht der Kommanditisten** kann

---

13 KölnerKomm-AktG/Mertens/Cahn, § 278 Rn. 22 ff.
14 BGHZ 134, 392 = DNotZ 1997, 979; siehe dazu Hennerkes/Lorz, DB 1997, 1388 f.; Habel, BB 1997, 1375 f.; Haase, GmbHR 1997, 917; Mayer, MittBayNot 1997, 329; Goette, DStR 1997, 1014.
15 Hüffer, AktG, § 278 Rn. 8 ff.; AnwK-AktienR/Wichert, § 278 Rn. 9 ff.
16 MünchKomm-AktG/Semler/Perlitt, § 278 Rn. 95.
17 GK/Assmann/Sethe, AktG, § 278 Rn. 93; Kessler, NZG 2005, 145.
18 GK/Assmann/Sethe, AktG, § 278 Rn. 93; MünchKomm-AktG/Semler/Perlitt, § 278 Rn. 83 ff.; KölnerKomm-AktG/Mertens/Cahn, § 278 Rn. 41 ff.

von daher im Gesellschaftsvertrag weiter eingeschränkt bzw. ganz ausgeschlossen werden.[19] Gleiches gilt deshalb auch in der KGaA, denn § 164 HGB betrifft letztlich das Verhältnis zwischen den geschäftsführenden Komplementären und der Gesamtheit der Kommanditisten (§ 278 Abs. 2 AktG).[20]

Schließt die Satzung der KGaA dieses Recht des § 164 HGB nicht aus, haben die Kommanditaktionäre ein Mitwirkungsrecht auch bei Geschäftsführungsmaßnahmen. Dieses Widerspruchsrecht steht aber nicht dem einzelnen Kommanditaktionär zu. Vielmehr wir dieses Recht durch die Gesamtheit der Kommanditaktionäre in der Hauptversammlung ausgeübt.[21] **Außergewöhnliche Geschäfte** können hiernach nur dann vorgenommen werden, wenn die Hauptversammlung nicht widerspricht bzw. eine **Zustimmung der Hauptversammlung** vorliegt.[22] Zu diesen **außergewöhnlichen Geschäften** zählen solche, die nach Inhalt und Umfang über den **Rahmen des laufenden Geschäftsbetriebes** hinausgehen oder durch ihre Bedeutung und die mit ihr verbundenen Risiken **Ausnahmecharakter** haben. Dazu zählen vor allem **Grundlagengeschäfte** bzw. **strukturändernde Maßnahmen** (ähnlich den Grundsätzen der „**Holzmüller-Entscheidung**" und der „**Gelatine-Entscheidung**").[23]

> **Hinweis:**
> Nach Ansicht des OLG München soll auch die Bestellung und Abberufung des Geschäftsführers der Komplementär-GmbH auf der Ebene der KGaA ein außergewöhnliches Geschäft darstellen, so dass ein Zustimmungsvorbehalt nach § 164 Abs. 1, 2. Halbs. HGB besteht.[24] Diese Auffassung ist jedoch abzulehnen, verkennt sie doch, dass es sich dabei ausschließlich um eine innergesellschaftliche Maßnahme in der Komplementärgesellschaft handelt, auf die die KGaA als außenstehende Dritte schon nach allgemeinen gesellschaftsrechtlichen Gründen keinen Einfluss nehmen kann.[25]

Soweit eine Kapitalgesellschaft oder eine GmbH & Co. KG persönlich haftender Gesellschafter bei einer KGaA ist, ist **umstritten**, ob dieses aus § 164 HGB resultierende Recht auf Zustimmung der Hauptversammlung zu außergewöhnlichen Maßnahmen im Rahmen der nach § 278 Abs. 2 AktG bestehenden **Gestaltungsfreiheit** ebenso wie bei der gesetzestypischen KGaA abbedungen werden kann oder ob insoweit Satzungsgestaltungen nur in engeren Grenzen zulässig sind. Der gänzliche Ausschluss des Widerspruchsrechts nach § 164 HGB bei einer KGaA, bei der der persönlich haftende Gesellschafter wiederum eine Kapitalgesellschaft ist, ist bedenklich. Über die starke Stellung des Komplementärs und die nach dem AktG in der KGaA gegenüber der AG eingeschränkten Befugnisse des Aufsichtsrats besteht die Gefahr einer rechtlich **unzulässigen Minderheitenherrschaft**. Der BGH hat dies in seiner Entscheidung vom 24.2.1997 erwogen, ohne diese Frage aber zu entscheiden.[26]

18

Nach Ansicht des OLG Stuttgart ist der Ausschluss des Widerspruchsrechts der Kommanditisten bei einer Publikums-KGaA jedenfalls dann wirksam möglich, wenn dieses Recht auf den Aufsichtsrat übertragen ist.[27] Damit werden die vom BGH erhobenen Bedenken gegen eine unzulässige Minderheitenherr-

19

---

19 BGHZ 20, 368; BGHZ 119, 357; Baumbach/Hopt, HGB, § 164 Rn. 6; MünchKomm-HGB/Grunewald, § 164 Rn. 21 ff., insb. Rn. 27, m.w.N.
20 Ähnlich GK/Assmann/Sethe, AktG, § 278 Rn. 6; MünchKomm-AktG/Semler/Perlitt, § 278 Rn. 167.
21 OLG Stuttgart, NZG 2003, 778, 782; Kessler, NZG 2005, 145, 147 f.
22 Geßler/Hefermehl/Semler, AktG, § 278 Rn. 108; Hüffer, AktG, § 278 Rn. 13; Herfs, in: Münchener Handbuch des Gesellschaftsrechts, Bd. 4, § 77 Rn. 13; Kessler, NZG 2005, 145, 147 f.
23 Herfs, in: Münchener Handbuch des Gesellschaftsrechts, Bd. 4, § 77 Rn. 14 ff.
24 OLG München, NZG 2004, 374, 375.
25 So auch Kessler, NZG 2005, 145, 147.
26 BGHZ 134, 393, 399 f.; BGHZ 153, 47 = DNotZ 2003, 364; Herfs, in: Münchener Handbuch des Gesellschaftsrechts, Bd. 4, § 77 Rn. 17 m.w.N.
27 GK/Assmann/Sethe, AktG, § 285 Rn. 78 und § 278 Rn. 115; MünchKomm-AktG/Semler/Perlitt, § 278 Rn. 368.

schaft ausgeräumt. Auch bei der KG kann das Widerspruchsrecht nach § 164 HGB für außergewöhnliche Geschäfte ganz ausgeschlossen oder auf ein anderes Gremium übertragen werden.[28]

20 Geht es dagegen um **Grundlagenbeschlüsse**, ist nach Auffassung des OLG Stuttgart die Zustimmung der Hauptversammlung auch dann erforderlich, wenn das bloße Zustimmungsrecht des § 164 HGB qua Satzung auf den Aufsichtsrat übertragen ist. Dies gilt nicht für das Zustimmungsrecht zu Grundlagenbeschlüssen, das von der **Satzungsautonomie** des § 278 Abs.2 AktG ebenso erfasst ist.[29]

> **Hinweis:**
> Der **Kernbereich der Mitgliedschaft** ist auch bei der KGaA unantastbar und unverzichtbar. Wie bei der KG ist zwischen **außergewöhnlichen Geschäften** und **Grundlagengeschäften**, die den Kernbereich der Mitgliedschaft und damit wesentliche gesellschaftsvertragliche Rechte berühren, zu unterscheiden.[30] Zu den Grundlagengeschäften zählen strukturändernde Maßnahmen, die eine Änderung des Gesellschaftsvertrags erfordern oder aber, ohne die Notwendigkeit einer formellen Änderung, wesentliche gesellschaftsvertragliche Rechte berühren, also strukturverändernde Maßnahmen, wie sie der Holzmüller-Entscheidung des BGH[31] zu Grunde lagen.[32]

E. Hauptversammlung

I. Anwendung der aktienrechtlichen Vorschriften

21 Die Hauptversammlung der KG ist nicht eine Versammlung aller Gesellschafter, sondern eine **Versammlung der Kommanditaktionäre**. Es gelten die Vorschriften über die Hauptversammlung der AG grds. entsprechend. **Teilnahmeberechtigt** sind neben den **Kommanditaktionären** auch die **Komplementäre**, weil die Hauptversammlung nicht nur über Angelegenheiten der Kommanditaktionäre, sondern i.d.R. auch über Angelegenheiten der Gesellschaft beschließt, die der Zustimmung der Komplementäre unterliegen. Für die Ausübung des Stimmrechts durch die Kommanditaktionäre greifen die §§ 134 ff. AktG. **Stimmrechtsbeschränkungen** greifen für diejenigen Kommanditaktionäre, die gleichzeitig persönlich haftende Gesellschafter sind (§ 285 Abs. 1 AktG). Für die **Form** der Beschlussfassung und die **Mehrheitserfordernisse** gelten grds. die allgemeinen aktienrechtlichen Bestimmungen.

II. Zustimmung der persönlich haftenden Gesellschafter

22 Nach § 285 Abs. 2 Satz 1 AktG bedürfen Beschlüsse der Hauptversammlung der Zustimmung der persönlich haftenden Gesellschafter, soweit diese Angelegenheiten betreffen, für die bei der KG das Einverständnis des persönlich haftenden Gesellschafters und der Kommanditisten erforderlich ist. Zustimmungsbedürftig sind danach Beschlüsse über **Satzungsänderungen** sowie **sonstige Grundlagenbeschlüsse** wie z.B. die Zustimmung zu Unternehmensverträgen oder zu Umwandlungsvorgängen. Auch der **Wechsel des Komplementärs**, den die Hauptversammlung im Wege der Satzungsänderung beschlossen hat, ist zustimmungspflichtig.[33]

Bedarf der Beschluss der Hauptversammlung einer KGaA der Zustimmung des persönlich haftenden Gesellschafters nach § 285 Abs. 2 AktG, handelt es sich bei dieser Zustimmungserklärung nach allgemeiner

---

[28] BGHZ 132, 263 = NJW 1996, 1678.
[29] OLG Stuttgart, NZG 2003, 778, 783; vgl. zur Satzungsautonomie bei Grundlagenbeschlüssen auch GK/Assmann/Sethe, AktG, § 285 Rn. 79, Vor § 278 Rn. 102; § 278 Rn. 124; MünchKomm-AktG/Semler/Perlitt, Vor § 278 Rn. 34; Kessler, NZG 2005, 145, 147 f.
[30] GK/Assmann/Sethe, AktG, § 285 Rn. 54 und 78; MünchKomm-AktG/Semler/Perlitt, § 285 Rn. 43.
[31] BGHZ 83, 122.
[32] GK/Assmann/Sethe, AktG, § 285 Rn. 17, Vor § 278 Rn. 102; § 278 Rn. 123; vgl. auch, in: MünchKomm-AktG/ Semler/Perlitt, § 278 Rn. 180.
[33] OLG Stuttgart, DB 2003, 1106.

Ansicht um eine **empfangsbedürftige Willenserklärung** i.S.d. § 130 BGB.[34] Die Zustimmungserklärung ist dabei grds. **gegenüber der Hauptversammlung** oder gegenüber dem **Aufsichtsrat** abzugeben. Die Satzung kann darüber hinaus einen anderen Erklärungsempfänger vorsehen, insb. ein **besonderes Vertretungsorgan der Kommanditaktionäre**.[35] Für die Zustimmungserklärung selbst gelten die Vorschriften der §§ 182 ff. BGB. Mithin kann die Zustimmung also bereits vor der Beschlussfassung der Hauptversammlung (**Einwilligung**) oder nachträglich (**Genehmigung**) erteilt werden. Bis zur Entscheidung der persönlich haftenden Gesellschafter ist ein zustimmungsbedürftiger Beschluss der Hauptversammlung schwebend unwirksam, nicht aber nichtig.[36]

III. Form der Zustimmungserklärung

Die Zustimmungserklärung des persönlich haftenden Gesellschafters in der KGaA ist gemäß § 285 Abs. 3 AktG **grds. formfrei**. Lediglich bei Beschlüssen, die in das Handelsregister einzutragen sind, ist die Zustimmung zu **beurkunden**.[37] Die Beurkundung kann in der Niederschrift über die Hauptversammlung selbst, aber auch in einer besonderen, der Niederschrift als Anlage beizufügenden Urkunde erfolgen (§ 285 Abs. 3 Satz 2 AktG). Es genügt nicht, dass die Zustimmung in einer besonderen notariellen Urkunde enthalten ist. Diese andere notarielle Urkunde muss als Anlage zur Verhandlungsniederschrift genommen werden.[38]

23

Streitig ist, ob **konkludentes Handeln** genügt. Stimmen z.B. Komplementäre, die gleichzeitig Kommanditaktionäre sind, in der Hauptversammlung für einen bestimmten Beschluss, ist **nach h.M.** in ihrer Stimmabgabe gleichzeitig auch die Zustimmung in ihrer Eigenschaft als Komplementäre zu sehen.[39] Dies gilt jedenfalls dann, wenn das Protokoll der Hauptversammlung ordnungsgemäß geführt wurde, es alle Komplementäre als erschienen aufführt und feststellt, dass der Beschluss einstimmig erfolgt ist.[40] **A.A. ist jedoch Hüffer**.[41] Soweit das Beurkundungserfordernis reicht, scheidet seiner Ansicht nach eine konkludente Zustimmung aus. Nicht ausreichend ist stets die Mitwirkung bei der Anmeldung eines Beschlusses zum Handelsregister, weil die Form nach § 285 Abs. 3 Satz 2 AktG nicht eingehalten ist und der Zugang fehlt.[42]

IV. Beurkundung der Zustimmungserklärung

In der Rspr. wird – soweit ersichtlich – nirgends die Frage erörtert, welche **Anforderungen an die Niederschrift einer Hauptversammlung** zu stellen sind, wenn der persönlich haftende Gesellschafter seine (ausdrückliche oder konkludente) **Zustimmungserklärung unmittelbar in der Hauptversammlung** selbst abgeben will und dies gemäß § 285 Abs. 3 AktG in der Niederschrift vermerkt werden soll.

24

---

34 Hüffer, AktG, § 285 Rn. 3; Herfs, in: Münchener Handbuch des Gesellschaftsrechts, Bd. 4, § 77 Rn. 35; MünchKomm-AktG/Semler/Perlitt, § 285 Rn. 51.
35 MünchKomm-AktG/Semler/Perlitt, § 285 Rn. 51.
36 MünchKomm-AktG/Semler/Perlitt, § 285 Rn. 52; KölnerKomm-AktG/Mertens/Cahn, § 285 Rn. 48; Herfs, in: Münchener Handbuch des Gesellschaftsrechts, Bd. 4, § 77 Rn. 35; Geßler/Hefermehl/Semler, AktG, § 285 Rn. 35.
37 MünchKomm-AktG/Semler/Perlitt, § 285 Rn. 53.
38 KG, JW 1927, 720; KölnerKomm-AktG/Mertens/Cahn, § 285 Rn. 47; GK/Assmann/Sethe, AktG, § 285 Rn. 94; MünchKomm-AktG/Semler/Perlitt, § 285 Rn. 53.
39 Herfs, in: Münchener Handbuch des Gesellschaftsrechts, Bd. 4, § 77 Rn. 37; MünchKomm-AktG/Semler/Perlitt, § 285 Rn. 53; KölnerKomm-AktG/Mertens/Cahn, § 285 Rn. 47; GK/Assmann/Sethe, AktG, § 285 Rn. 96.
40 OLG Stuttgart, NZG 2003, 293 f.; KG, Recht 1926, Nr. 1374; MünchKomm-AktG/Semler/Perlitt, § 285 Rn. 54; KölnerKomm-AktG/Mertens/Cahn, § 285 Rn. 47; GK/Assmann/Sethe, AktG, § 285 Rn. 96.
41 Hüffer, AktG, § 285 Rn 4.
42 OLG Stuttgart, NZG 2003, 293; MünchKomm-AktG/Semler/Perlitt, § 285 Rn. 56; Hüffer, AktG, § 285 Rn. 4.

25 In der Lit. hat sich lediglich Volhard[43] dazu geäußert und ausgeführt, dass eine Beurkundung insgesamt nach den Vorschriften über die **Beurkundung von Willenserklärungen** §§ 8 ff. BeurkG durchzuführen ist, wenn in der Hauptversammlung einer KGaA der persönlich haftende Gesellschafter sein Zustimmungserklärung nach § 285 Abs. 2 AktG abgibt.

Dieser Ansicht ist zuzustimmen.[44] Bei der Zustimmungserklärung handelt es sich um eine **Willenserklärung**. Für die Beurkundung von Willenserklärungen gelten jedoch allein die Vorschriften der **§§ 8 ff. BeurkG**. Die Verweisung des § 278 Abs. 3 AktG gilt zwar auch für die aktienrechtliche Beurkundungsvorschrift des § 130 AktG, die nach § 59 BeurkG als speziellere Norm den §§ 36 ff. BeurkG vorgeht.[45] Jedoch schließt § 59 BeurkG seinem Wortlaut nach die **Anwendbarkeit des BeurkG** nicht vollständig aus. Nach Wortlaut und Gesetzesbegründung zu § 59 BeurkG[46] bestimmt dieser lediglich die subsidiäre Geltung des BeurkG gegenüber sonstigem Bundesrecht. Demnach geht § 130 AktG als speziellere Norm den §§ 36 ff. BeurkG nur insoweit vor, als dort Vorschriften zum Verfahren der Erstellung von Niederschriften normiert sind; im Übrigen gilt subsidiär das BeurkG.[47] Aufgrund dieser **subsidiären Geltung** ist anerkannt, dass die Vorschriften des zweiten Abschnittes des BeurkG über die Beurkundung von Willenserklärungen anzuwenden sind, soweit in der Versammlung auch formbedürftige Erklärungen abgegeben werden. Nicht umfasst sind daher Widersprüche nach § 245 Nr. 1 AktG oder die Erklärung aller Aktionäre bei einer Vollversammlung, auf die Einhaltung von Formen und Fristen bei der Hauptversammlung zu verzichten (§ 121 Abs. 6 AktG) oder der Verzicht auf das Bezugsrecht. Hierfür sieht das Gesetz keinerlei Form vor.[48]

> **Hinweis:**
> Will man deshalb nicht die ganze Hauptversammlung in der Form der §§ 8 ff. BeurkG beurkunden, empfiehlt es sich, den Zustimmungsbeschluss gemäß § 285 Abs. 3 Satz 2 2. Alt. AktG in einer **gesonderten notariellen Niederschrift** zu beurkunden. Nur diese Niederschrift ist dann nach den Vorschriften der §§ 8 ff. BeurkG zu beurkunden, während die Hauptversammlungsniederschrift in einem gesonderten Verfahren nach § 36 BeurkG, § 130 AktG beurkundet wird.[49]
>
> **Entscheidend** ist nach § 285 Abs. 3 Satz 2 AktG dabei nur, dass diese **gesonderte Niederschrift** über den Zustimmungsbeschluss des persönlich haftenden Gesellschafters **der Hauptversammlungsniederschrift als Anlage beigefügt wird**.[50] Es genügt nicht, dass die Zustimmung in einer besonderen notariellen Urkunde enthalten ist, sofern es sich dabei nicht um einen Anhang zur Verhandlungsniederschrift handelt.[51] Soweit die Zustimmung des persönlich haftenden Gesellschafters bereits vor dem Beschluss der Hauptversammlung erklärt wurde, genügt deshalb die Feststellung der erteilten Zustimmung im Hauptversammlungsprotokoll allein nicht. Entscheidend ist vielmehr, dass nach § 285 Abs. 3 Satz 2 AktG die beurkundete Zustimmungserklärung als Anlage beigefügt wird.

---

43 Semler/Volhard, Arbeitshandbuch für die Hauptversammlung, § 15 Rn. 14, Fn. 45.
44 So ausdrücklich Jansen, BeurkG, § 37 Rn. 10; ähnlich Winkler, BeurkG, vor § 36 Rn. 16 ff.
45 Hüffer, AktG, § 130 Rn. 11; Winkler, BeurkG, § 37 Rn. 18; Huhn/v. Schuckmann/Preuß, BeurkG, § 36 Rn. 7; Eylmann/Vaasen/Limmer, BNotO/BeurkG, § 37 BeurkG Rn. 14 f.
46 Abgedruckt bei Haegele, BeurkG, S. 171.
47 Jansen, BeurkG, § 37 Rn. 9; Eylmann/Vaasen/Limmer, BNotO/BeurkG, § 37 BeurkG Rn. 14–17; ebenso wohl Winkler, BeurkG, § 37 Rn. 18.
48 Winkler, BeurkG, § 37 Rn. 18; Jansen, BeurkG, § 37 Rn. 10.
49 So wohl auch i.E. Semler/Volhard, Arbeitshandbuch für die Hauptversammlung, § 15 Rn. 14, Fn. 45.
50 Herfs, in: Münchener Handbuch des Gesellschaftsrechts, Bd. 4, § 77 Rn. 37; Hüffer, AktG, § 285 Rn. 4.
51 KG, JW 1927, 720; KölnerKomm-AktG/Mertens/Cahn, § 285 Rn. 47; GK/Assmann/Sethe, AktG, § 285 Rn. 94; MünchKomm-AktG/Semler/Perlitt, § 285 Rn. 53.

Urkundstechnisch ist die Beifügung der Zustimmungserklärung als Anlage zur Hauptversammlungsniederschrift unproblematisch, wenn die **Zustimmung** schon **vor oder während der Hauptversammlung** in einer gesonderten notariellen Urkunde erklärt wurde. Hier kann die Hauptversammlungsniederschrift im normalen Verfahren erstellt und ihr die bereits vorhandene andere notarielle Niederschrift mit der Zustimmungserklärung des Komplementärs als Anlage nach § 37 Abs. 1 Satz 2 BeurkG beigefügt werden. Der Notar kann diese Urkunde über die Hauptversammlungsniederschrift gemäß §§ 278 Abs. 3, 130 Abs. 4 Satz 1 AktG, §§ 37 Abs. 3, 13 Abs. 3 BeurkG mit seiner Unterschrift abschließen. Unterschiede zum normalen Beurkundungsverfahren bestehen nicht.

26

Soll die **Zustimmung** dagegen erst **nach Durchführung der Hauptversammlung** erteilt werden, kann eine solche Beifügung zur notariell beurkundeten Hauptversammlungsniederschrift grds. nur erfolgen, solange die Niederschrift selbst noch nicht abgeschlossen ist.[52]

27

Nach einer Ansicht ist die Hauptversammlungsniederschrift **unmittelbar mit Leistung der Unterschrift des Notars** abgeschlossen.[53] Danach kann der Notar die Hauptversammlungsniederschrift noch nicht endgültig fertigstellen, solange die Zustimmungserklärung des Komplementärs noch nicht vorliegt. Dies birgt die Gefahr, dass der Notar wegen Krankheit, Unfall oder Tod (auf Dauer) verhindert ist, die Urkunde später zu unterschreiben und damit die Beschlüsse der Hauptversammlung wegen §§ 130 Abs. 4, 241 Nr. 2 AktG nichtig sind.

28

Der **Notar ist jedoch nicht gehindert**, die Hauptversammlungsniederschrift zu unterschreiben und damit abzuschließen, **ohne** dass zu diesem Zeitpunkt die **Zustimmungserklärung** vorliegt. Jedenfalls vor dem Hintergrund der §§ 130 Abs. 4, 241 Nr. 2 AktG sind damit die in der Hauptversammlung getroffenen Beschlüsse nicht wegen fehlender notarieller Beurkundung formnichtig. Es bleibt lediglich dabei, dass die zustimmungsbedürftigen Beschlüsse wegen der noch ausstehenden Zustimmungserklärung des Komplementärs nach § 285 Abs. 2 AktG weiterhin **schwebend unwirksam** sind.

29

Wird diese Zustimmungserklärung dann **nachträglich** in einer besonderen notariellen Niederschrift abgegeben, kann der Notar die ursprüngliche Hauptversammlungsniederschrift um diese Anlage ergänzen. Insoweit handelt es sich nach dieser Ansicht um eine **Berichtigung der ursprünglichen Niederschrift**, für die die Regelungen des § 44a BeurkG gelten. Erforderlich ist hiernach eine Nachtragsniederschrift (§ 44a Abs. 2 Satz 3 BeurkG).[54] Unzulässig wäre es nach dieser Meinung, dem bereits unterschriebenen Hauptversammlungsprotokoll einfach die Zustimmungserklärung als Anlage beizufügen. Damit würde letztlich der Inhalt der notariellen Urkunde verändert. Außerhalb des Verfahrens des § 44a BeurkG ist dies unzulässig.

30

Nach a.A. ist die Hauptversammlungsniederschrift als Tatsachenprotokoll erst dann abgeschlossen, wenn das vom Notar unterschriebene Protokoll **durch Herausgabe von Ausfertigungen/Abschriften** in den Rechtsverkehr gelangt.[55] Solange der Notar also noch keine Ausfertigungen/Abschriften seiner Niederschrift herausgegeben hat, handelt es sich hiernach noch nicht um eine Urkunde im Rechtssinne. Seine Unterschrift unter dem Tatsachenprotokoll ist zweitrangig. **Folgt man dieser Auffassung**, kann die Hauptversammlungsniederschrift mit der Zustimmungserklärung des Komplementärs als Anlage versehen und (erneut) vom Notar unterschrieben werden. Erst dieses mit der Anlage versehene und vom Notar unterschriebene Hauptversammlungsprotokoll, von dem auch Ausfertigungen und Abschriften erteilt werden, ist dann die eigentliche notarielle Niederschrift i.S.d. § 130 AktG.

31

---

52 Siehe zur Unterschrift unter dem notariellen Hauptversammlungsprotokoll Teil 2: Gesellschaftsrecht, 2. Kapitel, § 2 Rn. 315 f.
53 Eylmann, ZNotP 2005, 300 ff. und 458 ff.; MünchKomm-AktG/Kubis, § 130 Rn. 19; Obermüller/Werner/Winden/Butzke, Die Hauptversammlung der Aktiengesellschaft, N Rn. 23.
54 Eylmann, ZNotP 2005, 300 ff. und 458 ff.
55 Maaß, ZNotP 2005, 50 ff. und 377; ähnlich Wolfsteiner, ZNotP 2005, 376; so auch LG Frankfurt, ZIP 2006, 335, n. rkr.

32 Freigestellt ist es letztlich dem Notar aber auch, **eine neue (weitere) Niederschrift** über ein und dieselbe Tatsache, nämlich die Hauptversammlung der KGaA, zu errichten, die dann auch die **Feststellung des Notars** über das Vorliegen der Zustimmungserklärung des Komplementärs enthält und der diese **Zustimmungserklärung in notarieller Form** als Anlage beigefügt ist. Da es sich bei der Beurkundung der Hauptversammlung grds. um die Beurkung von Tatsachen handelt, ist der Notar **nicht gehindert**, über die von ihm wahrgenommenen Tatsachen eine weitere Niederschrift zu erstellen.[56]

33 Wird die Zustimmungserklärung des persönlich haftenden Gesellschafters in einer besonderen Niederschrift beurkundet, stellt sich die weitere Frage, ob der **Wortlaut der geänderten Satzungsbestimmung** zusammen mit der Zustimmungserklärung nach § 9 Abs. 1 Satz 2 BeurkG mitbeurkundet, insb. mitverlesen werden muss oder ob eine „erläuternde Bezugnahme" ausreicht. **Rspr. oder Lit.** liegt zu dieser Frage nicht vor. Hier dürfte jedoch eine „**erläuternde Bezugnahme**" auf das nach § 130 AktG, § 36 BeurkG beurkundete Protokoll der Hauptversammlung genügen.

34 Die Rechtslage ist vergleichbar mit dem **Fall einer „Schuldübernahme"** in einem Grundstückskaufvertrag. Entscheidend ist bei der „Schuldübernahme", dass die Übernahme als solche zum Inhalt des Rechtsgeschäfts gehört und deshalb mitbeurkundet werden muss. Die übernommene Schuld und deren einzelne Bedingungen sind demgegenüber nur die Grundlage der Übernahme. Bzgl. dieses feststehenden Rechtsverhältnisses wird bis auf die Schuldübernahme nichts verändert. Als solche ist die übernommene Schuld daher selbst nicht beurkundungsbedürftig. Eine erläuternde Verweisung genügt.[57]

35 Anders ist dagegen die Rechtslage, wenn die **Zustimmungserklärung** des persönlich haftenden Gesellschafters nicht nach dem in Rede stehenden Hauptversammlungsbeschluss, sondern **vorher in Form einer Einwilligung** nach § 183 BGB erklärt wird. Eine solche Einwilligung ist grds. zulässig.[58] Da es im Falle einer solchen vorherigen Zustimmung aber an einem feststehenden Rechtsverhältnis fehlt – der zustimmungsbedürftige Hauptversammlungsbeschluss ist noch nicht gefasst –, ist der in Aussicht gestellte Hauptversammlungsbeschluss mit zu beurkunden und insb. mit zu verlesen. Eine bloße erläuternde oder unechte Verweisung genügt nicht.

F. Aufsichtsrat

36 Die KGaA hat wie die AG auch einen **Aufsichtrat**. Es gelten grds. die Vorschriften des Aktienrechts; zulässig ist insb. auch, Kommanditaktionären nach §§ 278 Abs. 3, 101 Abs. 2 AktG das Recht auf **Entsendung von Aufsichtsratsmitgliedern** einzuräumen.[59] Der Aufsichtsrat ist ein **Organ der Gesellschaft**, nicht allein der Kommanditaktionäre. Von seinen Aufgaben her hat er wie in der AG die Geschäftsführung zu **überwachen**. Darüber hinaus hat er nach § 287 Abs. 1 AktG die **Beschlüsse der Kommanditaktionäre auszuführen** und diese in einem Rechtsstreit gegenüber den Komplementären zu **vertreten**. Anders als bei der AG hat aber der Aufsichtsrat **keine Personalkompetenz** (§ 84 AktG), er kann keinen Zustimmungsvorbehalt anordnen (§ 111 AktG) und er wirkt auch nicht an der Feststellung des Jahresabschlusses mit.[60] § 287 Abs. 1 AktG ist jedoch dispositiv, so dass die Satzung andere Regelungen vorsehen kann.

---

56 Maaß, ZNotP 2005, 50 ff. und 377; ähnlich Wolfsteiner, ZNotP 2005, 376; so auch LG Frankfurt, ZIP 2006, 335, n. rkr.; siehe dazu die Ausführungen Teil 2: Gesellschaftsrecht, 2. Kapitel, § 2 Rn. 315 f. und DNotI-Gutachten Nr. 65994 vom März 2006.

57 Eylmann/Vaasen/Limmer, BNotO/BeurkG, § 9 BeurkG Rn. 13, m.w.N. Eine Parallele besteht auch zur Beurkundung mit einem vollmachtlosen Vertreter, dessen Erklärungen nachträglich durch den Vertretenen genehmigt werden. Hier ist anerkannt, dass es unabhängig von der Formfreiheit der Zustimmungserklärung nach § 182 Abs. 2 BGB allein auf die Abgabe der Genehmigungserklärung selbst ankommt. Es genügt, wenn klargestellt wird, auf welches Rechtsgeschäft sich die Genehmigungserklärung bezieht. Weiteres ist nicht erforderlich.

58 MünchKomm-AktG/Semler/Perlitt, § 285 Rn. 52; KölnerKomm-AktG/Mertens/Cahn, § 285 Rn. 24; Herfs, in: Münchener Handbuch des Gesellschaftsrechts, Bd. 4, § 77 Rn. 35; Geßler/Hefermehl/Semler, AktG, § 285 Rn. 35.

59 BGH, ZIP 2006, 177 = DStR 2006, 241, 243.

60 MünchKomm-AktG/Semler/Perlitt, § 287 Rn. 43.

Was die **Ausführungskompetenz des Aufsichtsrats** anlangt, sind damit Beschlüsse der Hauptversammlung gemeint, mit denen von der Gesamtheit der Kommanditaktionäre Rechte geltend gemacht werden, die nach Personengesellschaftsrecht den Kommanditisten im Verhältnis zu den Komplementären zustehen. Nicht erfasst davon sind dagegen solche Beschlüsse, die von der Hauptversammlung **aufgrund ihrer aktienrechtlichen Kompetenz** gefasst werden (z.B. der Vollzug satzungsändernder Beschlüsse). Dies ist Teil der Geschäftsführung und obliegt den Komplementären.[61]

37

Die **Zusammensetzung und die Wahl des Aufsichtrats** richtet sich ebenfalls nach dem AktG. Nach § 287 Abs. 3 AktG können persönlich haftende Gesellschafter nicht Aufsichtsratsmitglieder sein. Ist eine juristische Person Komplementärin in der KGaA, gilt die **Inhabilitätvorschrift** grds. auch für die Funktionsträger der Komplementärin. Ihre Gesellschafter sind davon jedoch prinzipiell nicht erfasst.[62] Etwas anderes gilt allenfalls für solche Gesellschafter, die „**mehr als nur unmaßgeblich**" an der Komplementärgesellschaft beteiligt sind, die dort eine organähnliche Leitungsfunktion tatsächlich ausüben oder aufgrund ihrer maßgeblichen Beteiligung bestimmenden Einfluss auf die Komplementärgesellschaft ausüben können.

38

G. Satzungsänderung

Ausdrückliche Vorschriften über die Satzungsänderung in der KGaA fehlen. Entsprechend der o.g. **Normenhierarchie des § 278 Abs. 2 und Abs. 3 AktG** findet deshalb teilweise Kommanditgesellschaftsrecht, teilweise aber auch Aktienrecht Anwendung.

39

Allgemein ist davon auszugehen, dass nach dem gesetzlichen Grundmodell im Recht der KG eine Änderung des Gesellschaftsvertrags **nur einstimmig**, also unter Mitwirkung aller Gesellschafter, der Komplementäre wie der Kommanditisten, erfolgen kann (§§ 161, 119 HGB). § 285 Abs. 2 Satz 1 AktG bestimmt für die KGaA, dass eine **Zustimmung des Komplementärs zu Beschlüssen** der Hauptversammlung **erforderlich ist**, für die es bei der KG des Einverständnisses des persönlich haftenden Gesellschafters bedarf. Von daher folgt für eine Satzungsänderung in der KGaA, dass hierzu zwingend die **Zustimmung des persönlich haftenden Gesellschafters** erforderlich ist.[63]

Aktienrechtlich ist für eine Satzungsänderung ein Hauptversammlungsbeschluss nach § 179 AktG mit 3/4-Kapitalmehrheit sowie mit einfacher Stimmenmehrheit (§ 133 AktG) erforderlich. Da in der KGaA nach § 278 Abs. 3 AktG für das Verhältnis der Kommanditaktionäre Aktienrecht gilt, ist auch für die Satzungsänderung in der KGaA ein derartiger **Beschluss der Hauptversammlung mit qualifizierter Kapitalmehrheit und einfacher Stimmenmehrheit** erforderlich.[64]

40

Diese Grundsätze gelten prinzipiell auch für **Beschlüsse über Kapitalmaßnahmen**, für **Grundlagenbeschlüsse** sowie für den Fall, dass **neue Komplementäre in die Gesellschaft** eintreten oder etwa die Vermögenseinlage der Komplementäre verändert werden soll.[65]

41

Für die **Anmeldung und Eintragung der Satzungsänderung** gelten allein die aktienrechtlichen Vorschriften; das Kommanditgesellschaftsrecht enthält hierzu keine Vorgaben. **Zuständig** für die Anmeldung sind nach § 283 Nr. 1 AktG die persönlich haftenden Gesellschafter.[66]

42

---

61 MünchKomm-AktG/Semler/Perlitt, § 287 Rn. 58 f.
62 BGH, ZIP 2006, 177 = DStR 2006, 241,243; KölnerKomm-AktG/Mertens/Cahn, § 287 Rn. 8; GK/Assmann/Sethe, AktG, § 287 Rn. 10.
63 MünchKomm-AktG/Semler/Perlitt, § 281 Rn. 61; Wichert, AG 1999, 362, 364 f.; Hüffer, AktG, § 285 Rn. 2.
64 MünchKomm-AktG/Semler/Perlitt, § 281 Rn. 61; Wichert, AG 1999, 362, 365; Herfs, in: Münchener Handbuch des Gesellschaftsrechts, Bd. 4, § 78 Rn. 3.
65 Vgl. insgesamt dazu Wichert, AG 1999, 362, 365 ff.
66 MünchKomm-AktG/Semler/Perlitt, § 285 Rn. 63.

§ 5 Stimmrechtsbindung und Poolverträge im Familienverbund

Inhaltsverzeichnis

	Rn.
A. Einleitung	1
B. Pool ohne Gesamthandsvermögen	5
I. Dauer der Gesellschaft	13
II. Verfügungen über den Anteil an der Hauptgesellschaft	18
III. Keine Einlage	21
IV. Leitung durch den bzw. die Vorsitzenden	22
V. Poolversammlung und Beschlüsse	23
VI. Willensbildung in der Versammlung der Hauptgesellschaft	24
VII. Fortsetzung des Pools als Ausdruck der Einflusssicherung	25
VIII. Wirksamkeit bei Kapitalgesellschaften	29
1. Stimmbindungsabrede bei der GmbH	30
a) Grenzen	32
b) Verstoß gegen Stimmverbot	34
2. Grenzen aus dem Aktienrecht	37
C. „Poolvehikel"	39
I. Rechtsformen	40
II. Gründung (Kosten, Publizität)	49
III. Laufende Geschäftstätigkeit	52
1. Personengesellschaftsrecht	53
2. Kapitalgesellschaftsrecht	56
IV. Mitgliedschaft	65
1. Ausscheiden eines Poolmitglieds	66

	Rn.
a) Ausscheiden qua Kündigung und Austritt aus dem Pool	67
b) Ausschluss aus wichtigem Grund	76
c) Einziehung	78
aa) Einziehung im Recht der Pool-GmbH	79
bb) Einziehung im Recht der Pool-AG	86
2. Übertragung des Poolanteils	91
3. Belastung des Poolanteils	101
a) Nießbrauch	101
b) Verpfändung	106
4. Ausscheiden des Poolmitglieds durch Todesfall	107
5. Ausscheiden des Poolmitglieds aufgrund Insolvenz	116
6. Aufnahme	118
V. Dauer/Beendigung	120
VI. Sonstiges	121
1. Entsendung in den Aufsichtsrat	122
2. Mehrheitserfordernisse	123
3. Konfliktlösung innerhalb der Familiengesellschaft	124
VII. Haftung	126
VIII. Steuerrecht	127
IX. Publizität des Jahresabschlusses	133
D. Fazit	137

Kommentare und Gesamtdarstellungen:

Bamberger/Roth, Kommentar zum Bürgerlichen Gesetzbuch, 2003; *Baumbach/Hueck*, Kommentar zum GmbH-Gesetz, 18. Aufl. 2006; *Baumbach/Hopt*, Kommentar zum Handelsgesetzbuch, 32. Aufl. 2006; *Binz/Sorg*, Die GmbH & Co. KG im Gesellschafts- und Steuerrecht – Handbuch für Familienunternehmen, 10. Aufl. 2005; *Breidenbach*, Mediation – Struktur, Chancen und Risiken von Vermittlung im Konflikt, 1998; *Ebenroth/Boujong/Joost*, Kommentar zum Handelsgesetzbuch, 2001; *Hüffer*, Kommentar zum Aktiengesetz, 6. Aufl. 2004; *Kölner Kommentar zum AktG*, 3. Aufl. 2004; *Langenfeld*, GmbH-Vertragspraxis, Gestaltung – Beratung – Muster zur GmbH und GmbH & Co. KG, 4. Aufl. 2003; *Littmann/Bitz/Pust*, Das Einkommensteuerrecht – Kommentar zum EStG; *Martinek*, Moderne Vertragstypen, Bd. III, 1993; *May*, Die Sicherung des Familieneinflusses auf die Führung der börsengehandelten Aktiengesellschaft – zugleich ein Beitrag zur Gestaltungsfreiheit im Gesellschaftsrecht, 1992; *Memento Rechtshandbuch*, Gesellschaftsrecht für die Praxis, 3. Aufl. 2001; *Münchener Handbuch des Gesellschaftsrechts*, Bd. 4, AktG, 2. Aufl. 1999; *Mutter*, Vermögensmanagement für Familienunternehmer – Rechtsgestaltung, Steueroptimierung, Vermögensverwaltung, 2005; *Noack*, Gesellschaftervereinbarungen bei Kapitalgesellschaften, 1994; *Raiser/Veil*, Recht der Kapitalgesellschaften – Ein Handbuch für Praxis und Wissenschaft, 4. Auflage 2006; *Risse*, Wirtschaftsmediation, 2003; *Scherer/Blanc/Kormann*, Familienunternehmen – Erfolgsstrategie zur Unternehmenssicherung, 2005; *Schmidt*, Gesellschaftsrecht, 4. Aufl. 2002; *Scholz*, Kommentar zum GmbH-Gesetz, 9. Aufl. 2002; *Siebert/Kiem*, Handbuch der kleinen AG, 4. Aufl. 2000; *Tipke/Lang*, Steuerrecht, 18. Aufl. 2005.

Aufsätze und Rechtsprechungsübersichten:

Brösztl, Familienunternehmen – Quelle wirtschaftlichen Wachstums, in: FS für Walter Sigle, 2000, S. 3; *Eschenlohr*, Beschränkungen der Austritts- und Kündigungsmöglichkeiten des Gesellschafters einer Familien-GmbH, in: FS für

Walter Sigle, 2000, S. 131; *Hopt*, Familien- und Aktienpools unter dem Wertpapierhandelsgesetz, ZGR 1997, 1; *Kretschmer*, Nichtanwaltliche Mediation und Rechtsberatungsgesetz, NJW 2003, 1500; *Piehler*, Die Stimmbindungsabrede bei der GmbH, DStR 1992, 1654; *Rittershaus*, Der enthauptete Stamm, in: FS für Walter Sigle, Köln 2000, S. 375; *Schulze-Osterloh*, Die Qualifikation der Einkünfte einer vermögensverwaltenden Personengesellschaft – Zum Beschluss des GrS des BFH vom 25. Juni 1984, DStZ 1998, 315; *Stadie*, Kann § 15 Abs. 3 Nr. 2 EStG durch Übertragung von Geschäftsführungsbefugnissen auf einen Kommanditisten umgangen werden?, in: FR 1987, 485; *Sigle*, Familienstämme im Gesellschaftsrecht, in: FS für Wilhelm Happ, 2006, S. 295; *Simon/Rubner*, Stimmrechtspools, NJW-Spezial 2005, Heft 1, S. 27.

A. Einleitung

Vielfach sehen sich Unternehmer mit der Frage konfrontiert, wie man den **Einfluss der Familie** bzw. der Familienmitglieder in einem (Familien-)Unternehmen gewährleisten und wie man ein **geschlossenes Abstimmungsverhalten** sicherstellen kann. Verschiedene Sichtweisen der einzelnen Familienmitglieder (oftmals im Hinblick auf die Unternehmensführung) prägen den Familienverbund nachhaltig (negativ) oder bringen ihn gar zum **endgültigen Auseinanderfallen**. Dabei behält die gängige Meinung, welche besagt, dass die erste Generation das Unternehmen aufbaut, die zweite es erhält und die dritte es zerstört zwar nicht unbedingt Recht.[1]

1

Doch Familienunternehmen kämpfen mit den dieser Unternehmensform **eigenen Problemen**.[2] Problematisch ist dabei insb., wenn Anteile gleichmäßig an alle Nachkommen vererbt werden und die Zahl, wie auch die Vielfalt der Interessen steigt, der familiäre Zusammenhalt hingegen mit jeder Vererbung schwindet. Je zahlreicher die Familienmitglieder, die ihren Einfluss gesichert wissen möchten, desto vielfältiger sind auch die Interessen und Vorstellungen.[3] Dies gilt vor allem, wenn Konflikte in und zwischen den Generationen auftreten.[4] Daher sollten im Voraus klare und verständliche Regelungen getroffen werden.

2

Das Gesellschaftsrecht bietet zahlreiche Möglichkeiten, den Interessen- und Zweckverband der Familie zu fördern und Vermögen zu schützen. Um der Familienbindung Nachhaltigkeit zu verleihen, sind **konkrete Vereinbarungen** notwendig, die im Sinne einer Family Governance das Verhältnis aller Beteiligten bereits im Vorfeld regeln und den Weg zu einer (möglichen) Gerichtsbarkeit von vornherein einengen. Im Grundsatz bestehen **zweierlei Gestaltungsmöglichkeiten**:

- Zum einen können bereits im **Statut** der Gesellschaft entsprechende Bestimmungen aufgenommen werden und

- zum anderen können **individualvertragliche Vereinbarungen** (sog. **Stimmrechts-/Poolvereinbarungen**) unter den Mitgliedern der Gesellschaft getroffen werden. Für derartige Konstruktionen gibt es viele Beispiele aus der Praxis.[5]

Unter **Stimmbindungs- oder auch Poolverträgen**[6] werden Verträge verstanden, in denen sich Vertragspartner verpflichten, ihr Stimmrecht auf eine ganz bestimmte Art und Weise bei Beschlüssen der Gesellschaft auszuüben bzw. von einer derartigen Ausübung Abstand zu nehmen.[7] Die Einflusssicherung in Gesellschaften gehört ebenso wie die Einflussnahme auf die Ausübung des Stimmrechts zu ihren wesentlichen Zwecken.[8] Einer möglichen Zersplitterung durch Erbfolge kann auf diese Weise begegnet werden,

3

---

1 So auch: Brösztl, in: FS für Sigle, S. 3, 8.
2 Probleme aufgelistet bei Brösztl, in: FS für Sigle, S. 3, 12.
3 So auch: Simon/Rubner, NJW-Spezial 2005, Heft 1, S. 27.
4 Brösztl, in: FS für Sigle, S. 3, 7.
5 Ein Beispiel bildet der Stimmrechtspool Madeleine Schickedanz, Martin Dedi, Leo Herl und Grisfonta AG, der 63 % an der KarstadtQuelle AG hält.
6 Bei mehr als zwei Personen Pool- oder Konsortialvertrag genannt.
7 Semler, in: Münchener Handbuch des Gesellschaftsrechts, Bd. 4, § 38 Rn. 41; Memento, Gesellschaftsrecht für die Praxis, Rn. 2819.
8 Hüffer, AktG, § 133 Rn. 25.

um so bspw. „die Macht eines Familienstammes zu bündeln",[9] auch wenn von dritter Seite eine erhebliche Kapitalzufuhr erfolgt.[10] Neben den besagten Zwecken kann die Intention der Familienmitglieder in den Vordergrund treten, den Familienkreis **Dritten schwer zugänglich** zu machen bzw. (insb. bei der Aufnahme eines Financiers) nachhaltig prägenden Einfluss auf die Gesellschaft vonseiten Dritter zu verhindern. Derartige (Stimmbindungs-)Abreden werden nach herrschender Ansicht und Rspr. als zulässig erachtet.[11] Bei solchen Vereinbarungen handelt es sich um **schuldrechtliche Abreden**, die zwischen den Vertragsparteien (inter partes) Wirkung erzeugen. Dementsprechend ist die aufgrund unzulässiger Stimmrechtsvereinbarung abgegebene Stimme gültig.[12]

> **Hinweis:**
>
> Trotzdem kann eine Aufnahme von Stimmbindungsverträgen in der Satzung erfolgen, was jedoch angesichts der registerrechtlichen Publizität bei Kapitalgesellschaften nicht immer im Interesse der Beteiligten liegen muss. Auch ist eine Durchsetzung der vertraglichen Vereinbarung auf dem Gerichtswege durch den BGH anerkannt worden.[13]

4   Es gibt **verschiedene Möglichkeiten**, den Einfluss auf das Wachstum von Unternehmen und der an ihnen Beteiligten sicherzustellen.

- So wurde eingangs bereits die Möglichkeit der gesellschaftsvertraglichen Regelungen erwähnt.
- Darüber hinaus besteht die Möglichkeit, einen separaten Poolvertrag unter den Gesellschaftern abzuschließen. Dafür wird zumeist eine Personengesellschaft gegründet, in die die Geschäftsanteile an dem jeweiligen Unternehmen eingebracht werden (sog. Pool mit Gesamthandsvermögen).
- Schließlich kommt die Errichtung einer Kapitalgesellschaft in Betracht. Durch derartige Anteilsbündelung kann insb. der Einfluss auf und der Fortbestand von Familiengesellschaften gesichert werden.

> **Hinweis:**
>
> Poolungen an Personengesellschaften (i.S.d. Personengesellschafts-Pools an einer Personengesellschaft) sind denkbar, aber praktisch weniger relevant als an Kapitalgesellschaften (AG/GmbH). Im Folgenden soll nicht das Zielunternehmen, sondern vielmehr der eigentliche Pool im Vordergrund stehen.

B. Pool ohne Gesamthandsvermögen

5   Es besteht die Möglichkeit, die Anteile an einer Gesellschaft **nicht zu übertragen** und somit **selbst verfügungsberechtigt zu bleiben**. Die Mitglieder dieses Pools schließen sich zu einer Innengesellschaft bürgerlichen Rechts zusammen, die weit weniger Bindungswirkung erzeugt als der Pool mit Gesamthandsvermögen.[14] Zweck ist auch hier die Einflusssicherung und Stimmrechtsbündelung.

6   Ausgangspunkt muss eine **eindeutige Bezeichnung der Geschäftsanteile** der einzelnen Gesellschafter im Gesellschaftsvertrag sein (ggf. als Präambel zum Gesellschaftsvertrag).

---

9   Memento, Gesellschaftsrecht für die Praxis, Rn. 2820; Rittershaus, in: FS für Sigle, S. 375, 392.
10 Semler, in: Münchener Handbuch des Gesellschaftsrechts, Bd. 4, § 38 Rn. 41.
11 BGHZ 48, 163, 166 = BGH, NJW 1967, 1963; Raiser/Veil, Recht der Kapitalgesellschaften, § 16 Rn. 91; Semler, in: Münchener Handbuch des Gesellschaftsrechts, Bd. 4, m.w.N.; a.A.: Hüffer, AktG, § 133 Rn. 25.
12 RGZ 119, 386, 388.
13 BGHZ 48, 163, 169.
14 Blaum, in: Siebert/Kiem, Handbuch der kleinen AG, Rn. 762.

Formulierungsbeispiel: Eindeutige Bezeichnung der Geschäftsanteile

> Die Poolmitglieder: 1.) ..., 2.) ..., 3.) ... sind Gesellschafter der (Haupt-)Gesellschaft: ... und halten folgenden Geschäftsanteile:
> - Person zu 1.) ...,
> - Person zu 2.) ...
> - ....

Künftig erworbene Anteile können in einer Anlage zum Vertrag gesondert erfasst werden. Auch sollte ausdrücklich die Begründung von Bruchteils- und Gesamthandseigentum durch diesen Gesellschaftsvertrag ausgeschlossen werden:

Formulierungsbeispiel: Bruchteilseigentum

> Eigentum zur gesamten Hand oder Miteigentum wird durch diesen Vertrag **nicht** begründet.

Formulierungsbeispiel: Gesamthandseigentum

> Die Beteiligten schließen sich zu einer GbR ohne Gesamthandsvermögen zusammen.

Der Pool verwaltet weder Mitgliedschaftsrechte noch eigenes Vermögen. Die Bindung der Mitglieder des Pools an diese Innen-GbR hängt von der **jeweiligen Vereinbarung** ab. So können verpflichtende Regelungen zur Ausübung ihrer Rechte – bspw. an und aus den Aktien –, insb. Stimm- und verfügungsbeschränkende Regelungen vereinbart sein.[15] Auch kann es durchaus sein, dass die Mitglieder verpflichtet sind, ihre Aktien in ein **gemeinsames Depot** einzuliefern. Deren Verfügbarkeit setzt dann die Mitwirkung aller Einliefernden voraus, so dass eine Verfügungssperre errichtet wird.[16]

Formulierungsbeispiel:[17] **Hinterlegung von Aktien und anderen Wertpapieren**

> (1) Jedes Poolmitglied hat seine vertragsgebundenen Aktien sowie die auf seinen Namen lautenden Zwischenscheine und Wertpapiere, die ein unbedingtes oder bedingtes Recht auf den Bezug von neuen Aktien zum Inhalt haben, in ein vom Vorsitzenden bezeichnetes Sperrkonto bei einem in der BRD zugelassenen Kreditinstitut zu hinterlegen.
>
> (2) Bei der Hinterlegung muss mit dem Kreditinstitut vereinbart werden, dass die Herausgabe der Aktien oder Wertpapiere oder die Abtretung des Herausgabeanspruchs nur mit Zustimmung des Vorsitzenden bzw. dessen Stellvertreter erfolgen können. Diese Vereinbarung ist so zu treffen, dass sie ohne Zustimmung des Vorsitzenden oder des Stellvertreters nicht aufgehoben oder geändert werden kann.

I. Dauer der Gesellschaft

Die **Dauer der Gesellschaft** kann begrenzt und unbegrenzt vereinbart werden. Mit Erreichung des Zwecks der Gesellschaft endet diese (§ 726 BGB). Die ursprünglichen Poolmitglieder können fortan über ihre Anteile an der Hauptgesellschaft frei disponieren, ohne Vertragsstrafen o.Ä. ausgesetzt zu sein.

Eine auf **bestimmte Zeit angelegte Gesellschaft** ist aber weniger für eine Einflusssicherung von Familien durch Stimmrechtsbündelung geeignet. Denn auch in Familienunternehmen wird man den Fortbestand auf Jahre gesichert wissen wollen.

---

15 Blaum, in: Siebert/Kiem, Handbuch der kleinen AG, Rn. 763.
16 Blaum, in: Siebert/Kiem, Handbuch der kleinen AG, Rn. 763.
17 Blaum, in: Siebert/Kiem, Handbuch der kleinen AG, S. 426.

15 Aber auch bei einer Gesellschaft, die für **unbestimmte Zeit** eingegangen ist, muss der Extremfall im Vorfeld bedacht werden. Denn für unbestimmte Zeit bedeutet nicht, dass „Ewigkeit" garantiert ist. Im Personengesellschaftsrecht besteht gerade nicht, wie im Recht der Kapitalgesellschaften, die Möglichkeit, eine **ordentliche Kündigung** auszuschließen. Vielmehr hat jedes Poolmitglied grds. das Recht **jederzeit zu kündigen** (§ 723 Abs. 1 Satz 1 BGB). Es kann jedoch eine Zeitdauer für die ordentliche Kündigung vereinbart werden. Unabhängig davon ist die Kündigung aus wichtigem Grund immer möglich. Hier bedarf es ebenfalls der bereits oben erwähnten Fortsetzungsklausel im Interesse der Gesellschaft:

16 Formulierungsbeispiel: Kündigung mit Fortsetzungsklausel

> (1) Der Poolvertrag kann frühestens zum 31.12.2020 und danach nur auf das Ende eines jeden 2. Kalenderjahres ordentlich gekündigt werden. Das Recht zur außerordentlichen Kündigung (Kündigung aus wichtigem Grund) bleibt gewahrt.
>
> (2) Die Kündigung hat mittels eingeschriebenen Briefs an den oder die Vorsitzenden des Pools zu erfolgen.
>
> (3) Der Pool wird durch die Kündigung nicht aufgelöst, sondern unter den übrigen Poolmitgliedern fortgesetzt.

17 Weiterhin kann ein Poolmitglied aus den **folgenden Gründen** aus dem Pool ausscheiden:
- sofern es keinen Anteil an der Hauptgesellschaft mehr besitzt,
- es gegen Vertragspflichten verstößt,
- es in die Insolvenz gerät.

> **Hinweis:**
> Im Unterschied zum Pool mit Gesamthandsvermögen fällt keine **Abfindung** an, da kein Gesellschaftsvermögen gebildet worden ist.

II. Verfügungen über den Anteil an der Hauptgesellschaft

18 Verfügungen über den Anteil an der Hauptgesellschaft können durchaus problematisch sein und den Familien(pool-)frieden nachhaltig stören. So sollte bedacht werden, dass es vereinzelt Poolmitglieder geben wird, die ihre Anteile veräußern wollen. Es muss daher zwingend – verfolgt man den Zusammenhalt des Anteilsbesitzes sowie die Einflusssicherung – ein sog. **Vorkaufsrecht** für die verbleibenden Poolmitglieder vereinbart werden, um poolexternen Personen zuvorzukommen.

19 Wird dieses Recht nicht wahrgenommen, könnte die **Einflusssicherung** dadurch **gewährleistet** werden, dass der Verkauf des Anteils an der Hauptgesellschaft nur unter der Voraussetzung möglich ist, dass der neue Erwerber dem Pool beitritt. Der Poolvertrag kann hierfür die Bedingungen festlegen.[18]

20 Formulierungsbeispiel: Verkauf eines Anteils und Beitritt des Erwerbers

> (1) Einer Zustimmung der Poolmitglieder bedarf es nicht, wenn der vertragsgebundene Anteil auf ein anderes Poolmitglied oder Personen, die mit den Poolmitgliedern in gerader Linie verwandt sind, übertragen wird.
>
> (2) Beabsichtigt ein Poolmitglied den Verkauf eines durch den Pool gebundenen Anteils, so hat es diesen Anteil den übrigen Poolmitgliedern zunächst zum Kauf anzubieten.
>
> (3) Das Angebot hat schriftlich mittels eingeschriebenen Briefs an den Vorsitzenden (bei kleineren Pools an alle Poolmitglieder) zu erfolgen. Die Annahmefrist für das Angebot beginnt mit Zugang des eingeschriebenen Briefes und beträgt einen Monat. Erklären sich mehrere Pool-mitglieder zum Kauf, so entscheidet das Los des Vorsitzenden in einer gesonderten Poolversammlung.

---

18 BGHZ 126, 226.

III. Keine Einlage

Verwaltungsrechte und Ähnliche bestimmen sich grds. nach der Höhe der Einlage. Bei der Innen-GbR muss man mangels Gesamthandsvermögens auf die Höhe des durch den Poolvertrag gebundenen Anteilsbesitzes jedes Poolmitglieds abstellen, um den Anteil an den Verwaltungsrechten und Ähnlichen bestimmen zu können. Dies kann bei der Willensbildung durch die Poolversammlung relevant sein.

IV. Leitung durch den bzw. die Vorsitzenden

Um die Interessen des Pools wahrzunehmen, bedarf es einer Leitung, die, abhängig von der Größe des Pools, als **Einzelführung** oder als **Gremienführung** (ggf. in Form eines Beirates) vereinbart werden kann. Die Aufnahme einer **Klausel** in den Gesellschaftsvertrag für die Stellung eines Vorsitzenden sollte dabei nach allgemeinen Grundsätzen (Mehrheitsverhältnisse, Anzahl der Vorsitzenden und Stellvertreter, Bindung des Vorsitzenden an Beschlüsse, Dauer, Abwahl etc.) und unter Beachtung möglicher Störungen (keine Mehrheit für einen Kandidaten sodann ggf. ein 2. Wahlgang etc.) erfolgen. Der Vorsitzende leitet die Organisation und die Beschlussfassung der Poolversammlung und kann ferner bevollmächtigt werden, das auf der Poolversammlung verbindlich erzielte Abstimmungsergebnis in der Versammlung der Hauptgesellschaft auszuüben. Ein Beirat, der eigene Kompetenzen verliehen bekommen kann, empfiehlt sich, wenn die Poolung einen größeren Mitgliederkreis bindet. Er kann als Hilfs- aber auch als Leitungsorgan installiert werden.

> **Hinweis:**
> Beachtet werden sollte ferner, dass es zu Stimmrechtsverboten kommen kann, wenn die Zielgesellschaft in der Rechtsform der AG/GmbH besteht und die Poolleitung zugleich deren Geschäftsleitung übernimmt (§ 136 Abs. 1 AktG, § 47 Abs. 4 GmbHG).

V. Poolversammlung und Beschlüsse

Vor einer Stimmrechtsausübung der Hauptgesellschaft sollten sich die Poolmitglieder in einer Versammlung über ihr dortiges **Abstimmungsverhalten** absprechen. Der Poolvertrag muss ferner die **Umstände und Erfordernisse** regeln, unter denen eine solche Versammlung einberufen und unter denen abgestimmt werden kann. Er sollte Beschlussgegenstand, Beschlussfähigkeit und Mehrheitserfordernisse[19] je nach den individuellen Bestimmungen der Parteien enthalten. Dabei sind insb. folgende Regelungen zu beachten:

- die Poolversammlung besteht aus den Poolmitgliedern,
- Frist und Form der Einberufung und Abhaltung der Versammlung (vor der Versammlung der Hauptgesellschaft mit einer Frist von zwei bis drei Wochen, was angesichts der dreißigtägigen Frist des § 123 Abs. 1 AktG möglich erscheint),
- das Stimmrecht des Poolmitglieds entspricht seinem Stimmrecht in der Hauptgesellschaft,
- Beschlussfähigkeit mit 2/3-Mehrheit der anwesenden/vertretenen Poolmitglieder etc.

Ferner muss über die **übrigen Belange** der Poolgesellschaft in der Versammlung abgestimmt werden.

VI. Willensbildung in der Versammlung der Hauptgesellschaft

Die Willensbildung in der Hauptgesellschaft erfolgt durch die **jeweiligen Poolmitglieder**, da der Kern eines derartigen Pools darin besteht, dass gerade kein Gesamthandsvermögen gebildet wird und somit das Stimmrecht grds. bei den Poolmitgliedern verbleibt. Es müssen daher Vorkehrungen getroffen werden, die das beschlossene Abstimmungsverhalten („Ja"/"Nein") auch bei Fehlen eines Poolmitglieds auf der Versammlung der Hauptgesellschaft sicherstellen.

---

[19] Sigle, in: FS für Happ, S. 295, 306.

Beispiel:

So kann zunächst eine **Verpflichtung** *in den Vertrag aufgenommen werden, die* **Geschäftsanteile** *selbst oder durch einen Dritten* **vertreten zu lassen** *und anderenfalls den oder die Vorsitzenden des Pools als ermächtigt anzusehen, das Stimmrecht des fehlenden Mitglieds auszuüben.*

Hierfür sollte eine entsprechende **Blankovollmacht** für den Vorsitzenden des Pools ausgestellt werden. Anderenfalls kann bereits vereinbart werden, dass der amtierende Vorsitzende eine Vollmacht für die Ausübung des Stimmrechts und der Vertretung erhält, was unter Umständen Kosten und Zeit für die anderen Mitglieder einsparen kann.

VII. Fortsetzung des Pools als Ausdruck der Einflusssicherung

25 Probleme könnten sich hingegen bei einer derartigen Poolkonstellation ergeben, wenn es um die **Fortsetzung der Innen-GbR** im Fall des **Todes** eines Mitglieds und dem damit verbundenen Erbfall geht. So kann es zur Bildung einer Rechtsgemeinschaft an einer Aktie kommen, die einen gemeinschaftlichen Vertreter zur Ausübung der Mitgliedsrechte voraussetzt (§ 69 Abs. 1 AktG).[20] Die Bestellung des gemeinschaftlichen Vertreters erfolgt durch die an der Aktie Berechtigten[21] mittels Bevollmächtigung (§ 167 Abs. 2 BGB). Folge dessen ist **Konsenszwang** unter den Erben, will man die Mitgliedsrechte (Verwaltungs- und Vermögensrechte) gewahrt wissen. Doch bevor es zu einem derartigen Problem überhaupt kommt, bedarf es im Hinblick auf § 727 Abs. 1 BGB einer **Nachfolgeklausel**. Die einfache Nachfolgeklausel bewirkt zum einen, dass der Gesellschaftsanteil vererbt werden kann und zum anderen, dass die Gesellschaft nicht aufgelöst wird.

26 **Formulierungsbeispiel: Eingabe Nachfolgeklausel**

> Wer erbt, tritt unmittelbar an die Stelle und in die Rechte und Pflichten des Verstorbenen (§ 1922 BGB).

27 Sie ist der **qualifizierten Nachfolgeklausel** vorzuziehen, bei der das Problem bestünde, dass es zu einem unerwünschten Auseinanderfallen von Mitgliedschaft und Inhaberschaft kommt, wenn der im Poolvertrag bestimmte Nachfolger Poolmitglied wird, die Anteile an der Hauptgesellschaft aber der Erbengemeinschaft zustehen.[22]

28 Ferner muss bedacht werden, dass der Poolvertrag eine **Vereinbarung zur Kündigung** enthält. Daher sollte eine Frist für die ordentliche Kündigung von mindestens sechs Monaten vereinbart werden, so dass die Familienmitglieder den Anteil selbst erwerben und ggf. Rückfinanzierungen vornehmen oder ein neues Poolmitglied in die Innen-GbR aufgenommen wird. Da es kein gesamthänderisches Vermögen gibt, muss keine Abfindung gezahlt werden. Es ist i.d.R. für die Innen-GbR von größerem Nachteil, das Mitglied zu verlieren, als für das Mitglied, seine Poolbindung zu beenden.

VIII. Wirksamkeit bei Kapitalgesellschaften

29 Poolvereinbarungen findet man auch in Bezug auf Kapitalgesellschaften wieder (vgl. bereits oben Rn. 1). Hier müssen einige Besonderheiten hinsichtlich der Wirksamkeit beachtet werden.

1. Stimmbindungsabrede bei der GmbH

30 Der Kern der Mitgliedschaft des Gesellschafters besteht darin, **Einfluss auf die Gesellschaft** nehmen zu können (Grundsatz der Selbstbestimmung der Gesellschafter). Dies wird u.a. mit dem Stimmrecht realisiert. Der Gesellschafter kann daher sein Stimmrecht nicht gesondert übertragen oder abspalten (sog.

---

20 Hüffer, *AktG*, § 69 Rn. 3.
21 Hüffer, *AktG*, § 69 Rn. 4.
22 Noack, Gesellschaftervereinbarungen, S. 185.

Abspaltungsverbot).[23] Er hat andererseits die Möglichkeit, eine in Textform gefasste (widerrufliche!) Vollmacht zu erteilen (§ 47 Abs. 3 GmbHG). Auch sind bei der GmbH Stimmrechtsbindungsverträge grds. zulässig[24] und formfrei möglich.[25] Das Problem, inwiefern eine Durchbrechung des Grundsatzes der Selbstbestimmung der Gesellschafter vorgenommen werden muss (bspw. bei Nießbrauch oder Treuhandverträgen), ist nicht Gegenstand dieser Untersuchung.[26]

Dabei müssen die **Grenzen derartiger Stimmrechtsbindungsvereinbarungen** beachtet werden. Es kommen neben allgemeinen (§§ 134, 138 BGB) auch spezifische Grenzen aus dem Recht der GmbH in Betracht. Die Freiheit des Gesellschafters wird von derartigen Abreden nicht berührt, da gerade die Möglichkeit für ihn besteht, selbst zu entscheiden, welchen Einflüssen er bei der Entscheidung nachgibt.[27]

a) Grenzen

Allgemeine Grenzen können sich aus dem BGB ergeben. Dabei muss geprüft werden, ob eine Stimmrechtsbindungsabrede gegen ein gesetzliches Verbot (§ 134 BGB) oder die guten Sitten (§ 138 BGB) verstößt. Dem Schrifttum zufolge sei ein Verstoß gegen die guten Sitten insb. bei Knebelung der Gesellschaft oder der Poolmitglieder anzunehmen.[28] Die Rspr. setzt indes hohe Maßstäbe für die Annahme einer Knebelung an.

> *Beispiel:*
>
> *So soll keine Sittenwidrigkeit vorliegen, wenn eine auf zehn Jahre angelegte Stimmrechtsbindung (mit Hinterlegung der Aktien bei einem Treuhänder) vereinbart worden ist.*[29]

Auch **entgeltliche Stimmrechtsbindungen** können gegen § 138 BGB verstoßen.[30] Im Gegensatz zum Recht der GmbH enthält das AktG in § 405 Abs. 3 Nr. 6 AktG eine Bestimmung, nach der der sog. Stimmenkauf ordnungswidrig und mithin nach § 134 BGB verboten ist.

b) Verstoß gegen Stimmverbot

Vielfach wird ein Gesellschafter, mit dessen Person bestimmte Sachverhalte verknüpft sind, von der Ausübung seines Stimmrechts im Gesellschaftsinteresse ausgeschlossen sein. Sofern sich der Gesellschafter verpflichtet nach Weisungen anderer – jedoch von der Abstimmung **aufgrund Stimmverbots ausgeschlossener** – **Gesellschafter** zu stimmen, ist diese Vereinbarung unwirksam.[31] Dies gilt vor allem bei der **Beschlussfassung zur Entlastung** der Geschäftsführung.

> **Hinweis:**
>
> Wichtig für die Geschäftsführung ist hierbei, dass aufgrund der Präklusionswirkung – und anders als im Aktienrecht (vgl. § 120 Abs. 2 AktG) – in der Entlastung zugleich ein **Verzicht auf Schadensersatzansprüche** enthalten ist.[32] Es ist daher im Interesse des Gläubigerschutzes folgerichtig, diejenigen Personen nicht mit abstimmen zu lassen, denen die Geschäftsführung oblag (§ 47 Abs. 4 Satz 1 GmbHG). Anderes gilt bei der **Einpersonen-GmbH**. Hier kann sich der Einmann-Gesellschafter selbst entlasten.[33]

---

23   BGHZ 43, 261, 267.
24   Ganz h.M. mit BGHZ 48, 163.
25   OLG Köln, GmbHR 2003, 416.
26   Raiser/Veith, Recht der Kapitalgesellschaften, § 33 Rn. 50.
27   Piehler, DStR 1992, 1654.
28   Baumbach/Hueck/Zöllner, GmbHG, § 47 Rn. 113.
29   RGZ 107, 67, 71; RGZ 111, 405, 407.
30   Scholz/K. Scholz, GmbHG, § 47 Rn. 45.
31   BGHZ 48, 163.
32   BGHZ 94, 324, 327.
33   BGHZ, 105, 324, 333.

35 Auch bei einer Vereinbarung, die den betreffenden Gesellschafter **von einer Verbindlichkeit befreien** soll, gilt ein Stimmrechtsverbot. Weiterhin bestehen Stimmrechtsverbote, die zur Unwirksamkeit des Stimmrechtsbindungsvertrags führen, bei der **Einleitung bzw. Erledigung von Rechtsstreitigkeiten**, in die der betreffende Gesellschafter allein oder mit jemand anderem zusammen[34] involviert ist sowie bei Beschlüssen, die Rechtsgeschäfte zwischen der Gesellschaft und dem Gesellschafter betreffen. Auch **mittelbar** (über den Stimmbindungsvertragspartner) darf dieser Gesellschafter **keinen Einfluss nehmen** können, denn der Zweck dieser Vorschrift ist es, zu verhindern, dass die Unternehmensleitung auf die Willensbildung Einfluss nimmt.[35] Im Laufe der Zeit wurden die Stimmrechtsverbote des § 47 Abs. 4 GmbHG erweitert. Unwirksam sind daher auch solche Vereinbarungen, die eine Ausübung des Stimmrechts im Interesse des ausgeschlossenen Gesellschafters begründen.

Beispiele:

- *die zwangsweise Einziehung des Geschäftsanteils,[36]*
- *die Abberufung des Geschäftsführers aus wichtigem Grund[37] sowie*
- *die Überwachungen der Geschäftsführung (§ 46 Nr. 6 GmbHG).[38]*

36 Nichtig sind ebenfalls Vereinbarungen, die zu einem nichtigen oder anfechtbaren Beschluss führen würden.[39] Gleiches gilt, wenn der Gesellschafter aufgrund seiner **Treuepflicht** zu einem anderen Abstimmungsverhalten verpflichtet ist oder wenn die Stimmrechtsbindung zur Schädigung der GmbH führen würde.[40]

Nicht endgültig geklärt ist die Frage, ob die Stimmrechtsbindungen unzulässig und unwirksam sind, die eine Abstimmung nach **Weisung von Gesellschaftsorganen** beinhalten (analog § 136 Abs. 2 AktG).

Ferner kommt auch die Ungültigkeit der Stimmrechtsbindung gemäß **§ 1 GWB** aus wettbewerbsrechtlichen Gründen in Betracht.

2. Grenzen aus dem Aktienrecht

37 Im Gegensatz zum Recht der GmbH enthält das AktG in § 405 Abs. 3 Nr. 6 AktG eine Bestimmung, nach der der sog. **Stimmenkauf** ordnungswidrig und mithin i.S.v. § 134 BGB verboten ist. Kein Stimmrecht besteht bspw. dort, wo ein **Interessenwiderstreit** besteht (vgl. § 136 AktG).[41]

38 Es stellt sich jedoch ein **praktisches Problem** bei einem Verstoß gegen einen Stimmrechtsbindungsvertrag. Denn es wird zumeist nicht gelingen, gegen ein bestimmtes Abstimmungsverhalten (vorsorglich) zu klagen. Grund hierfür ist die relativ kurze Zeit bis zur infrage stehenden Beschlussfassung (vgl. auch § 51 Abs. 1 Satz 2 GmbHG; § 123 Abs. 1 AktG). **Schadensersatz** und eine **Vertragsstrafe** sind die einzigen Mittel, den „Gehorsam" (vor Abstimmung mit Präventivcharakter) der Abstimmenden herbeizuführen bzw. einen Verstoß zu sanktionieren. Die Wirksamkeit des Gesellschaftsbeschlusses wird hierdurch aber nicht berührt.

---

34 BGHZ 97, 28.
35 Raiser/Veil, Recht der Kapitalgesellschaften, § 16 Rn. 94.
36 OLG Thüringen, GmbHR 2002, 115, 116; OLG Celle, GmbHR 1998, 140, 141.
37 BGHZ 86, 177 und 182.
38 RGZ 146, 385, 388.
39 Piehler, DStR 1992, 1654, 1657 m.w.N.
40 RGZ 131, 181.
41 Insb. zu § 136 Abs. 2 AktG das Urteil: OLG Oldenburg, Urt. v. 16.3.2006 – 1 U 12/05, n.v., bei dem der Vater als Aktionär und (zunächst) einziger Vorstand einen Stimmbindungsvertrag mit den übrigen Familiengesellschaftern geschlossen hat.

C. „Poolvehikel"

Neben der soeben dargestellten Möglichkeit, die Anteile an der Zielgesellschaft unter den Anteilseignern zu bündeln und somit eine gemeinschaftliche Ausübung der Stimmrechte zu gewährleisten, besteht die Möglichkeit, vor die eigentliche Zielgesellschaft eine **weitere Gesellschaft** zu schalten. So kann ebenfalls eine Stimmrechtsbindung durch Stimmrechtsbündelung und eine nachhaltige Einflusssicherung der Familie auf die Zielgesellschaft gewährleistet werden.

I. Rechtsformen

Als Rechtsform kommt insb. die Grundform der **Personengesellschaft**, die **Gesellschaft bürgerlichen Rechts (GbR)**, in Betracht. Sie wird vielfach als die intensivste Form eines Pools verstanden.[42] Der Zweck einer solchen Gesellschaft wird zumeist in der Verwaltung bzw. Zusammenfassung der Anteile und Sicherung des Einflusses durch entsprechende Ausübung der mit den Anteilen einhergehenden Gesellschafterrechte bestehen.

Als **weitere Personengesellschaften** stehen die OHG (§ 105 Abs. 2 Satz 1 HGB) sowie die KG für einen Familienpool zur Verfügung: Die OHG spiegelt das Bild einer Arbeits- und Haftungsgemeinschaft wieder.[43] Die Entstehung einer OHG kann zum einen von vornherein darauf angelegt sein, eine Handelsgesellschaft zu errichten. Sie kann aber andererseits kraft Gesetzes entstehen, auch wenn zunächst ein Familienpool in Form einer GbR errichtet worden ist. Letzteres kann insb. bei aktivem Handel mit den Anteilen geschehen, was jedoch angesichts des eigentlichen Zwecks des Pools (Stimmrechtsbündelung, Sicherung des Einflusses und Fortbestands der Familie) praktisch von geringerer Bedeutung ist. Die Rechtsform der OHG ist jedoch nicht zuletzt angesichts der Publizitätspflicht, einer möglichen zwangsweisen Durchsetzung (§§ 106 Abs. 2 Nr. 1, 107, 14 HGB) sowie der persönlichen Haftung der Gesellschafter (§ 128 HGB) nur **eingeschränkt geeignet**.

Ferner kommt ein Pool in der Rechtsform der **KG** in Betracht. Voraussetzung ist hierbei ebenfalls der Betrieb eines Handelsgewerbes (§ 105 Abs. 2 HGB) unter gemeinschaftlicher Firma. In der KG stehen sich Arbeitskraft und Haftung der einen Gesellschaftergruppe (Komplementäre) dem (begrenzt) bereitgestellten Kapital der anderen Gruppe (Kommanditisten) gegenüber.

Es wird bereits von Gesetzes wegen zwischen beschränkt (**Kommanditisten**) und unbeschränkt (**Komplementäre**) haftenden Gesellschaftern unterschieden (§ 161 Abs. 1 HGB). Diese Rechtsform kann mit einer GmbH verbunden werden (GmbH & Co. KG), um die Haftung auf das Gesellschaftsvermögen der GmbH zu begrenzen.

> **Hinweis:**
> Findet sich in der Poolkonstellation in Form der KG ausschließlich eine natürliche Person als Komplementär, kommt diese Rechtsform ebenfalls als Vehikel in Betracht.

Darüber hinaus gibt es noch weitere Rechtsformen, die für Familien und deren Mitglieder im konkreten Einzelfall interessant sein können. **Kapitalgesellschaften** können ebenfalls an den Interessen der jeweiligen Familiengesellschafter ausgerichtet werden und somit zahlreiche Vorteile bieten.

Der **Verein** als Grundform der Körperschaften ist trotz geringer praktischer Eignung in einigen Gestaltungen bekannt geworden.[44] So gibt es bspw. Anleger- bzw. Holdingvereine sowie Konsortialvereine. I.d.R. wird jedoch vielfach die Geschlossenheit des Anlegerkreises im Vordergrund stehen. Fraglich und problematisch kann das Kriterium der **Wirtschaftlichkeit** eines Vereins sein. Der Idealverein (nicht wirtschaftlicher Verein) erlangt Rechtsfähigkeit durch Eintragung ins Vereinsregister (§§ 21, 55 BGB),

---

42 Blaum, in: Siebert/Kiem, Handbuch der kleinen AG, Rn. 756.
43 Mutter, Vermögensmanagement für Familienunternehmen, S. 252.
44 Vgl. dazu Noack, Gesellschaftervereinbarungen, S. 56, 57.

während der auf eine wirtschaftliche Tätigkeit gerichtete Verein seine Rechtsfähigkeit durch staatliche Verleihung erhält (§ 22 BGB).

> **Hinweis:**
> Zu beachten ist jedoch, dass vorrangig die weiteren Rechtsformen des Gesellschaftsrechts Bedeutung erlangen können.[45] Betreibt ein **wirtschaftlicher Verein** bspw. ein Handelsgewerbe, ohne die Rechtsfähigkeit erlangt zu haben, so finden die Vorschriften des OHG-Rechts Anwendung.[46] Ist dies nicht der Fall, so können die Regeln über die GbR zur Anwendung kommen. Hierbei ist insb. auf die akzessorische Haftung der Gesellschafter für Verbindlichkeiten der Gesellschaft hinzuweisen (§ 128 HGB analog). Somit haftet auch das Privatvermögen aller Mitglieder eines nichtrechtsfähigen wirtschaftlichen Vereins für die Verbindlichkeiten des Vereins.[47] Bei der Eintragung kann es zu Problemen kommen, den Registerrichter von dem in der Satzung niedergelegten ideellen Vereinszweck „zu überzeugen". Angesichts der problematischen Anerkennung der Haftungsbeschränkung ist von einer derartigen Gesellschaftsform Abstand zu nehmen.

45 Die **GmbH** kann eine geeignete Rechtsform für Konsortialzwecke darstellen. Denkbar ist die Übertragung der Anteile an der Hauptgesellschaft auf die sog. Holding-GmbH. Die Anteilseigner sind infolgedessen nur noch mittelbar über die Holding-GmbH an der Hauptgesellschaft beteiligt. Neben der Verpflichtung zur Zahlung der Stammeinlage (§ 19 Abs. 2 GmbHG) können unter den Voraussetzungen des § 3 Abs. 2 GmbHG unbegrenzt weitere Verpflichtungen übernommen werden. Voraussetzung ist allerdings die Verankerung derartiger Nebenpflichten in der Satzung.[48] Dies stellt einen wesentlichen Unterschied zur AG dar, bei der solche Nebenleistungspflichten nicht möglich sind (§ 55 AktG). Eine Anerkennung soll nach Stimmen im Schrifttum davon abhängen, ob die Nebenleistungspflicht dem Unternehmensgegenstand zu dienen geeignet ist.[49]

46 Die **AG** wird vielfach als anonyme Publikumsgesellschaft verstanden. Sie ist im Gegensatz zur GmbH zumeist kapitalistisch strukturiert. In der AG sind Kapital und Management strikt getrennt. Die Geschäftsführung/Vertretung erfolgt durch den Vorstand (§ 76 AktG), der seinerseits vom Aufsichtsrat (§§ 95 ff. AktG) kontrolliert wird. Die Aktionäre üben ihre Rechte in der Hauptversammlung aus (§ 118 Abs. 1 AktG). Die Form der AG kommt für einen Pool in Gestalt einer Holding in Betracht.[50] Auch hier werden die Anteile an der Zielgesellschaft in die Holding-AG eingebracht. Auf den ersten Blick scheint die AG mit einem Interessen- und Zweckverband, wie dem des Familienunternehmens, inkompatibel.

> **Hinweis:**
> Zu beachten ist bei der Rechtsform der AG weiter, dass der **Grundsatz der Satzungsstrenge** strikt eingehalten werden muss und folglich weniger Gestaltungsmöglichkeiten als bspw. im Recht der GmbH bestehen (vgl. dazu unten Rn. 56 sowie § 23 Abs. 5 AktG). Die Einflusssicherung kann durch Festlegung in der Satzung bzw. einer Individualvereinbarung erfolgen. Satzungsvereinbarungen haben den Vorteil, dass sie einen allumfassenden Schutz bieten und für unbestimmte Zeit gelten. Eine Änderung der Satzung ist möglich, aber an verschiedene Voraussetzungen geknüpft.

47 Versucht man, die **Vorteile** der eben benannten Personengesellschaften mit denen der Kapitalgesellschaften **zu verknüpfen**, so kann eine derartige Konstruktion ebenfalls interessante Möglichkeiten bieten. Interessant wird dies, wenn die Vorteile der KG und der GmbH miteinander verknüpft werden. Bei

---

45 Bamberger/Roth/Schwarz, BGB, § 21 Rn. 3.
46 BGHZ 22, 240.
47 Bamberger/Roth/Schwarz, BGB, § 21 Rn 3.
48 OLG Frankfurt, GmbHR 1992, 665.
49 Noack, Gesellschaftervereinbarungen, S. 53.
50 Noack, Gesellschaftervereinbarungen, S. 57.

der Rechtsform einer **GmbH & Co. KG** spricht man von einer sog. **„Grundtypenvermischung"**, da zwei unterschiedliche Gesellschaftsformen (KG als Personen- und GmbH als Kapitalgesellschaft) miteinander verbunden sind. Die GmbH & Co. KG ist als KG eine Personengesellschaft. Sofern die GmbH lediglich die Stellung des Komplementärs ausfüllt, spricht man von einer **echten GmbH & Co. KG**; im Fall des Hinzutretens einer natürlichen Person, von einer **unechten GmbH & Co. KG**. Vielfach spielen Geschäftsführung/Vertretung, Mitbestimmung und steuerliche Aspekte bei der Wahl einer derartigen Rechtsform eine Rolle.

Weitaus geringere Bedeutung kommt der **KGaA** zu. Sie wird daher nicht zum Gegenstand der vorliegenden Untersuchung gemacht.

II. Gründung (Kosten, Publizität)

Die **erste Stufe** einer jeden Gesellschaft ist die Gründung. Kosten und Publizität können den Weg für die Familienmitglieder zu einer Rechtsform bereits im Vorfeld festlegen.

Die **Gründung** einer GbR ist kostenneutral. Formerfordernisse, die es zu beachten gilt, gibt es grds. nicht.[51] Auch die Gründung einer **KG** ist grds. formfrei möglich, allerdings sollte gerade im Hinblick auf steuerliche Anerkennung seitens des **Finanzamts** die oftmals geforderte Schriftform beachtet werden. So kann es häufig zum Problem werden (sofern bereits weitere Gesellschaften bestehen), wenn das Finanzamt eine steuerlich günstige, gesellschaftsrechtliche Konstruktion mangels entsprechenden schriftlichen Nachweises nicht anerkennt (Stichwort u.a.: Betriebsaufspaltung). Für die registerrechtliche Eintragung fallen bei der KG geringe Kosten an. Bei **GmbH und AG** sind Kosten für Satzungsbeurkundung durch den Notar sowie für das Handelsregisterverfahren einzuplanen. Ausgangspunkt bildet dafür der **Geschäftswert** (§ 18 KostO). Dieser errechnet sich aus den zusammengesetzten Einlagen aller Gesellschafter und ist bei der Beurkundung von Gesellschaftsverträgen durch einen Maximalbetrag begrenzt (§ 39 Abs. 4 KostO).

Die KG wird, wie auch die GmbH bzw. AG, beim **zuständigen Registergericht** geführt (§ 161 Abs. 2 HGB i.V.m. § 106 Abs. 1 HGB, § 7 Abs. 1 GmbHG, § 36 AktG). Die Eintragung hat die Bekanntmachung im Bundesanzeiger und einem weiteren Blatt (§ 10 HGB) sowie der **Möglichkeit der Einsichtnahme zu Informationszwecken für jedermann** zur Folge (§ 9 Abs. 1 HGB). Im Unterschied zur Einsicht im Grundbuchamt (vgl. § 12 Abs. 1 GBO), bedarf die Einsicht im Handelsregister keines berechtigten Interesses. Dieses Kriterium kann vielfach die Wahl einer Rechtsform ohne Registerzwang begründen. Dennoch sollte beachtet werden, dass es zu einer kapitalmarktrechtlichen Publizität kommen kann (vgl. §§ 21 ff. WpHG).

Zur Gründung der Holding-Gesellschaft werden die Anteile der Gesellschafter an der (Haupt-) Gesellschaft auf die jeweilige Rechtsform übertragen. Bei den Personengesellschaften entsteht ein **Gesamthandsvermögen**, welches sich aus den einzelnen Beiträgen der Gesellschafter zusammensetzt. Die Übertragung der Anteile an der Hauptgesellschaft kann grds. formfrei erfolgen. Eine zu beachtende Ausnahme ist die Übertragung von GmbH-Anteilen durch **Abtretung auf den Pool**, da hier ein in notarieller Form geschlossener Vertrag notwendig ist (§ 15 Abs. 3, Abs. 4 GmbHG). Durch dieses Formerfordernis wird die Übertragung von GmbH-Anteilen „zu einem aufwendigen, individuellen Akt",[52] der den Handel mit den Anteilen erschweren soll. Durch die Übertragung (Einlage) verlieren die einzelnen Poolmitglieder die **Verfügungsbefugnis** über ihren (ursprünglichen) Anteil an der Hauptgesellschaft und erhalten im Austausch Anteile an der Holding-Gesellschaft. Nunmehr ist der Pool in Form der Holding selbst an der (Haupt-)Gesellschaft beteiligt und kann so Verwaltungs- und Vermögensrechte wahrnehmen. Sofern die Anteile an der Hauptgesellschaft in die Holding-Kapitalgesellschaft eingebracht worden sind, werden die ursprünglichen Gesellschafter mittelbar durch die Holding-Gesellschaft „beteiligt", sofern man hier über-

---

51 Vgl. dazu OLG Köln, GmbHR 2003, 416.
52 So Raiser/Veil, Recht der Kapitalgesellschaften, § 30 Rn. 1.

haupt von einer Beteiligung sprechen darf, da bspw. im Recht der GmbH im Grunde genommen lediglich ein **Gewinnanspruch der Gesellschafter** besteht (§ 29 Abs. 1 Satz 1 GmbHG).

Die **strengen Einlagevorschriften** (für Sacheinlagen) des GmbHG und AktG sind zu beachten. Auch sollte bereits der Termin zur Leistung der Einlage in der Satzung fest verankert werden. Sonst würden die Einlagen erst nach Beschluss der Gesellschafterversammlung in voller Höhe fällig (vgl. z.B. § 46 Nr. 2 GmbHG). So kann bereits bei Errichtung erstes Konfliktpotenzial unter den Familiengesellschaftern ausgeschlossen werden.

> **Hinweis:**
> Bei der GmbH & Co. KG sollte erst **nach Eintragung der Komplementär-GmbH die KG zum Handelsregister angemeldet** werden, um einer möglichen Differenzhaftung wirksam zu begegnen.

III. Laufende Geschäftstätigkeit

52 Um die **Verwaltungs- und Vermögensrechte** an der Zielgesellschaft wahrzunehmen und zu gewährleisten, müssen ebenfalls die entsprechenden Gremien vorhanden sein – allen voran ein Leitungsorgan.

1. Personengesellschaftsrecht

53 Zu beachten ist im Personengesellschaftsrecht der **Grundsatz der Selbstorganschaft**. So obliegt die Leitung der Geschäfte in einem Familienpool grds. ausschließlich einem Familienmitglied, das zugleich Gesellschafter ist und somit auch bei Abstimmungsverhalten in der Zielgesellschaft immer auch eigene Interessen verfolgt wissen möchte. Gleichwohl ist das **Missbrauchspotenzial** weitaus geringer als im Recht der GmbH oder AG. Denn in der Personengesellschaft besteht von vornherein ein gewisser Schutz vor familienexternem Einfluss. Wird von den gesetzlichen Regelungen nicht im **Gesellschaftsvertrag** abgewichen, gilt bei der GbR gemeinschaftliche Geschäftsführungsbefugnis (vgl. § 709 BGB). Da in der GbR die Geschäftsführungsbefugnis und Vertretung miteinander verknüpft sind, gilt im Zweifel neben der Geschäftsführungsbefugnis auch die Vertretungsbefugnis (§ 714 BGB). Bei der KG sind Kommanditisten grds. von der Geschäftsführung ausgeschlossen (§ 164 Satz 1 1. Halbs. HGB). Im Unterschied zur Geschäftsführung hat jeder Komplementär Vertretungsmacht, die Gesellschaft allein Dritten gegenüber im Namen und auf Rechnung der KG zu vertreten (§§ 161 Abs. 1, Abs. 2 HGB i.V.m. 125 Abs. 1 HGB). Lediglich bei einem **Missbrauch** ist die Vertretungsmacht unwirksam.

54 Die Gesamtgeschäftsführung sowie das Einstimmigkeitserfordernis sind zum einen vorteilhaft und wenig anfällig, zum anderen kann aber die Effektivität der Gesellschaft durch die hierdurch erzeugte Schwerfälligkeit gefährdet sein. Eine **abweichende Regelung** ist angesichts wirtschaftlich volatiler Märkte angemessen. Das Gesetz erlaubt diesbezüglich dispositive Regelungen zu treffen (vgl. bspw. §§ 709 Abs. 2, 710, 711 BGB). Das **Kontrollrecht** des nicht geschäftsführungsbefugten Gesellschafters (§ 716 BGB für die GbR, § 166 HGB für die KG) kann zum Schutz der Gesellschaft eingesetzt werden. Ferner muss das Widerspruchsrecht der anderen geschäftsführungsbefugten Gesellschafter (§ 711 BGB) beachtet werden, sofern kein (an sich zulässiger) Ausschluss im Gesellschaftsvertrag erfolgt ist. Zumeist wird jedoch eine Vereinbarung derart getroffen werden, dass Geschäftsführung und Vertretung zusammen erteilt bzw. später entzogen werden (§§ 712 Abs. 1, 715 BGB).

55 Bei der **GmbH & Co. KG** führt die GmbH die Geschäfte (vertreten durch ihren Geschäftsführer). Aber auch die Kommanditisten können die Geschäftsführung übernehmen. Von der Vertretung kann die GmbH nicht ausgeschlossen werden (Prinzip der Selbstorganschaft der KG). Dem **GmbH-Geschäftsführer** gegenüber ist nur die Gesellschafterversammlung weisungsbefugt.[53] Das ist allerdings unproblematisch, wenn Personenidentität zwischen GmbH-Gesellschaftern und Kommanditisten besteht. Zwar bezieht sich § 43 Abs. 2 GmbHG nur auf das Rechtsverhältnis zwischen GmbH und Geschäftsführer, jedoch ist die

---

53 Baumbach/Hopt/Hopt, HGB, Anh. zu § 177a Rn. 27.

KG dadurch geschützt, dass im Falle der GmbH & Co. KG **Schutzwirkungen zu Gunsten der KG** eintreten.[54]

2. Kapitalgesellschaftsrecht

Die Familien-Holding in Form der Kapitalgesellschaft ist selbst **nicht handlungsfähig**. Ein prägender Unterschied vom Kapital- zum Personengesellschaftsrecht findet sich in der **laufenden Geschäftsführung**. Es gilt anders als im Recht der Personengesellschaft der Grundsatz der Fremdorganschaft, die allerdings die Selbstorganschaft nicht ausschließt. Die Leitung der Geschäfte wird in der GmbH durch den Geschäftsführer wahrgenommen, in der AG durch den Vorstand (§ 35 Abs. 1 GmbHG, § 76 Abs. 1 AktG). Dies kann für Familiengesellschafter von Vorteil sein, auch wenn die Vertretungsmacht Dritten gegenüber nicht beschränkt werden kann (vgl. § 37 Abs. 2 GmbHG, § 82 Abs. 1 AktG). Denn das Leitungsorgan wird nicht entgegen der Interessen der Anteilseigner handeln, da anderenfalls **Schadensersatzansprüche** drohen könnten, denen sich niemand ausgesetzt sehen will.

Bereits auf dieser Stufe kann sich die Frage der Standhaftigkeit und Nachhaltigkeit der Familienpool Gesellschaft stellen. Dabei kommt es auf die **Qualität** der Holding-Kapitalgesellschaft und ihrer Organe an. Befugnisse, Kontrollrechte, Auswahl sowie die Durchführungsbevollmächtigung von Maßnahmen bei mehreren Geschäftsführern ebenso wie fakultative Beiräte sind möglich und können wichtige Funktionen in dem Familienverbund einnehmen. Ob sich dies zur **Wahrung der Sicherung des Einflusses** für die Familie als vorteilhaft erweist, muss im Einzelfall geprüft werden.

So kann es durchaus sein, dass die **eigenen Kinder nicht geeignet** sind, die Interessen der Familiengesellschaft angemessen durch eine eigene Geschäftsführungspolitik sicherzustellen. Vielfach liegen Probleme auch auf **psychologischer Ebene**. Denn wenn die Entscheidung gegen die eigenen Abkömmlinge fällt, so wird darin vielfach auch die Selbsterkenntnis liegen, in der Erziehung die unternehmerischen Fähigkeiten vernachlässigt bzw. gar nicht vermittelt zu haben.[55] Bei der Wahl der Mitglieder der Geschäftsführung kann auf die Beratung von dritter Seite zurückgegriffen werden.[56]

> **Hinweis:**
>
> Es können positive (Mindest-)Qualifikationskriterien (Alter, bestimmte Abschlüsse, Berufserfahrung etc.) sowie negative (Mindest-)Qualifikationskriterien (Ausscheiden aus der Funktion mit einem Höchstalter o.Ä.) in das Gesellschaftsstatut aufgenommen werden.

Sofern keine anderweitige Regelung getroffen wurde, gilt eine **Gesamtleitungsbefugnis** (§ 78 Abs. 2 Satz 1 AktG, § 35 Abs. 2 GmbHG). Eine solche sollte angesichts schwerfälliger Abstimmungsprozesse jedoch **abweichend geregelt werden**. Als abweichende Regelung kommen eine Einzelleitung, unechte Gesamtvertretung sowie die Ernennung eines Vorsitzenden in Betracht.

Zu beachten ist ebenfalls, dass die **Beendigung der Tätigkeit des Leitungsorgans** eine Beendigung der **Organ**stellung auf der einen Seite (bspw. durch Widerruf, Amtsniederlegung, Zeitablauf, Tod, Geschäftsunfähigkeit) und des **Anstellung**svertrages (durch ordentliche/außerordentliche Kündigung) auf der anderen Seite bedeutet. Organstellung und Anstellungsvertrag sind hierbei zwar unabhängig voneinander, sie sollten aber im Anstellungsvertrag gekoppelt werden. Vereinfacht kann man also feststellen, dass „das Ende des Anstellungsverhältnisses an das Ende der Organstellung gekoppelt wird."

Ferner kann man ein **fakultatives Organ** (Beirat oder Ähnliche) in einer GmbH bzw. AG einrichten, dem jedoch bei Poolvehikeln nur eine geringe Bedeutung zu kommt, da i.d.R. die Gesellschafterversammlung der GmbH stark genug ausgeprägt sein wird, einen entsprechenden Willen bilden zu können. **Ziel eines derartigen Gremiums** kann es sein, in regelmäßigen Abständen mit der Geschäftsleitung Informations- und Beratungsgespräche zu führen, umso der Meinungsbildung der Familienanteilseigner Ausdruck zu

---

54 Vgl. umfangreiche Rspr.-Nachweise bei Baumbach/Hopt/Hopt, HGB, Anh. zu § 177a Rn. 28.
55 Auf dieses Problem weist Scherer, in: Scherer/Blanc/Kormann, Familienunternehmen, Kap. 4 Rn. 73 hin.
56 Scherer, in: Scherer/Blanc/Kormann, Familienunternehmen, Kap. 4 Rn. 73.

verleihen. Die Kompetenzen eines solchen Organs wären in der AG eher gering ausgestattet. Zum einen, weil dem Gremium keine Aufgaben zulasten der anderen drei Organe (Vorstand, Aufsichtsrat, Hauptversammlung) eingeräumt werden darf[57] und zum anderen, weil der Vorstand über Betriebs- und Gesellschaftsgeheimnisse sowie über vertrauliche Angaben (§ 93 Abs. 1 Satz 3 AktG) keine Angaben machen und keine Auskunft und Rechenschaft ablegen muss. Die Schwelle als **einfaches Beratungsorgan** kann somit nicht überwunden werden. Der Beirat stellt für Familienmitglieder daher ein weniger geeignetes Instrument zur Sicherung der Einflussnahme dar. Vielmehr ist zu empfehlen, dass sich die (Familien-) Vorstandsmitglieder der Beratung eines solchen Organs (möglicherweise auch mit familienfremden Gremienmitgliedern) bedienen.

> **Hinweis:**
> Zu beachten ist immer, dass die effektive Handlungsfähigkeit für die Familiengesellschafter gegeben sein muss, um ggf. auch kurzfristig Entscheidungen herbeiführen zu können (Stichworte: Geschäftsführungs- und Vertretungsbefugnis).

60 Eine **exakte Ausgestaltung von Verträgen** sollte gerade auch bezüglich der Vergütungsabrede bzw. Aufwandsentschädigung erfolgen. Die Familienmitglieder haben bei Beauftragung einer familienexternen Person die Sicherheit, den Pflichten eines Leitungsorgans (Buchführung, Versammlungseinberufung etc.) nicht ausgesetzt zu sein und eine damit verbundene **mögliche Haftung zu vermeiden**. Mitverwaltungspflichten der Familienmitglieder werden vielfach mit den Vermögensrechten korrespondieren und dementsprechend ausgeprägt sein, da Sicherung und Ausbau des Familienvermögens die primären Zwecke des Pools sind.

Die **Willensbildung** erfolgt in der Gesellschaft durch das **Stimmrecht**. Den Familienaktionären steht bei der Holding-AG grds. ein Stimmrecht zu, um so unmittelbaren Einfluss auf das Handeln der Gesellschaft ausüben zu können. Stimmrechtsbeschränkungen verfolgen das Ziel, den Einfluss von Aktionären/Aktionärsgruppen bzw. familienexterne Aktionären zu begrenzen.[58] Gerade bei Familiengesellschaften kann dieser Regelung enorme Bedeutung zukommen. Die Einflussnahme auf die Gesellschaft erfolgt beim Zustandekommen von Beschlüssen der Hauptversammlung und stellt ein Mitgliedschaftsrecht dar.[59] Die Regelung zur **Einflussnahme durch Stimmrecht(e)** findet sich in **§ 134 AktG** niedergelegt.

61 Es kommen **zwei Ausnahmen** in Betracht, die der Einflusssicherung dienen können:

- Zum einen ist die Möglichkeit in der nicht börsennotierten AG das **Stimmrecht** durch Festsetzung eines Höchstbetrags zu **beschränken** (§ 134 Abs. 1 Satz 2 AktG) und

- zum anderen **stimmrechtslose Vorzugsaktien** auszugeben (§ 139 Abs. 1 AktG i.V.m. § 12 AktG).

62 Ersteres kann gemäß § 134 Abs. 1 Satz 5 AktG nur einheitlich für alle Aktionäre angeordnet werden. **Standardtypische Vereinbarungen** für den Höchstbetrag sind 3 %, 5 % bzw. 10 % des Grundkapitals.[60] Es handelt sich um eine – an den Aktienbesitz des Aktionärs anknüpfende – Beschränkung der Stimmrechtsausübung,[61] die jedoch bei Übertragung dem jeweiligen Erwerber das volle Stimmrecht vermittelt, sofern bei ihm durch die Übertragung nicht die gleiche Beschränkung entsteht.

63 **Umstritten** ist die Frage, ob Höchststimmrechte nachträglich durch Mehrheitsbeschluss ohne Zustimmung des Betroffenen eingeführt werden können.[62] **Regelungen zu Höchststimmrechten** sind jedoch gerade bei der Berechnung einer nach Gesetz bzw. Satzung erforderlichen Kapitalmehrheit unbeachtlich (§ 134 Abs. 1 Satz 6 AktG). Folglich wird auch durch die **Festsetzung von Höchststimmrechten** der

---

57 Hoffmann-Becking, in: Münchener Handbuch des Gesellschaftsrechts, Bd. 4 § 29 Rn. 19.
58 So im Ergebnis auch Blaum, in: Seibert/Kiem, Handbuch der kleinen AG, Rn. 728
59 Semler, in: Münchener Handbuch des Gesellschaftsrechts, Bd. 4, § 38 Rn. 41.
60 Hüffer, AktG, § 134 Rn. 6.
61 Blaum, in: Seibert/Kiem, Handbuch der kleinen AG, Rn. 730.
62 Dazu BGHZ 70, 117, 121 f.; Noack, Gesellschaftervereinbarungen, S. 134 f.

Einfluss von „Nicht-Familienmitgliedern" bei den „überragend wichtigen" Entscheidungen der Gesellschaft nicht gehemmt bzw. nicht ausgeschlossen.

Entscheidungen dieser Art sind bspw. die Satzungsänderung (§ 179 Abs. 2 AktG), eine Kapitalerhöhung bzw. Herabsetzung (§§ 182 Abs. 1, 229 Abs. 3 AktG i.V.m. §§ 222 Abs. 1, 237 Abs. 2, Abs. 3 AktG) sowie eine Auflösung der Gesellschaft (§ 262 Abs. 1 Nr. 2 AktG) und eine mögliche Fortsetzung einer aufgelösten Gesellschaft (§ 274 Abs. 1 AktG)

Die zweite Variante durch Stimmrechtsbegrenzung den Einfluss zu sichern, bieten die sog. **Vorzugsaktien ohne Stimmrecht**. Sie gewähren den Inhabern eine Bevorzugung bei der Verteilung des Bilanzgewinns (§ 139 Abs. 1 AktG), die sich jedoch nur rentiert, wenn der Gewinn nicht ausreicht, alle Aktionäre in gleicher Höhe am Gewinn zu beteiligen. Ein Ausschluss des Stimmrechts kann nur vollständig erfolgen.[63]

64

Da jedoch die sog. stimmrechtslosen Vorzugsaktien nur bis zur Hälfte des Grundkapitals ausgegeben werden dürfen (§ 139 Abs. 2 AktG), besteht für Familiengesellschaften, ein weiteres Bedürfnis, die **Einflussnahme zu sichern**. Denn eine Sicherung der Einflussnahme und Machtbündelung kann bei Ausgabe von stimmrechtslosen Vorzugsaktien nur in Höhe der Hälfte des dem Grundkapitals entsprechenden Betrags gesichert werden. Beachtet werden sollte ferner, dass die Ausgabe derartiger Aktien zu einer eigenen Aktiengattung führt (§§ 11, 12 AktG), die die Notwendigkeit von Sonderbeschlüssen (§§ 141 Abs. 1, Abs. 2, 179 Abs. 3 AktG) der Vorzugsaktionäre zur Folge haben kann, die jedoch bei Kapitalherabsetzung bzw. -erhöhung sowie der Verschmelzung keine Bedeutung haben (§§ 182 Abs. 2, 222 Abs. 2 AktG, § 65 Abs. 2 Satz 1 UmwG).

> **Hinweis:**
>
> Das Ziel muss klar definiert sein: Sicherung des Familieneinflusses, angemessene Repräsentation und sichere Unternehmensleitung durch funktionsfähige Geschäftsführung.

IV. Mitgliedschaft

Um den Pool vor familienexternem Einfluss zu schützen und vor Auflösung zu bewahren, müssen vorab Regelungen getroffen werden, um der **Veränderung im Gesellschafterbestand** nicht schutzlos ausgeliefert zu sein. Es droht der Gesellschaft andernfalls – wegen möglicher unterschiedlicher Interessenrichtung der Neu- und Altgesellschafter – die Handlungsunfähigkeit oder gar eine Zerschlagung (die als steuerrechtliche Folge, eine Gewinnrealisierung der stillen Reserven haben kann). Die Aufnahme neuer Gesellschafter kann teilweise im Zusammenhang mit dem Ausscheiden anderer stehen (z.B. Erbschaft, Veräußerung). Die Fortsetzung der Gesellschaft kann so aus mehreren Gründen behindert werden:

65

- **Gesellschafterwechsel durch Erbfall**,
- **Ausscheiden (freiwillig/unfreiwillig)** eines Gesellschafters i.V.m. einem auszuzahlenden Abfindungsanspruch nach Kündigung,
- **Anteilsübertragung auf einen** (womöglich familienexternen) **Dritten** und
- durch Eröffnung des **Insolvenzverfahrens** über das Vermögen eines Gesellschafters.

> **Hinweis:**
>
> Ob die **Aufnahme neuer Mitglieder** im Interesse der Familiengesellschafter ist, muss herausgearbeitet und ermittelt werden. Vielfach wird die Angst vor zu großer Einflussnahme familienexterner Personen vorherrschen. Die Aufnahme kann auf verschiedene Art und Weise erfolgen. So kann ein Familiengesellschafter seinen Anteil an einen Dritten (zumeist familienexternen) veräußern, dieser tritt in die Gesellschaft ein und versucht, durch sein Stimmrecht Einfluss zu nehmen. Ferner kann sich die Familien-Holding mit einem neuen Gesellschafter konfrontiert sehen, der kraft Gesamtrechtsnachfolge bzw. Vermächtnis in die Gesellschaft eintritt.

---

63 KölnerKomm-AktG/Zöllner, § 139 Rn. 5.

1. Ausscheiden eines Poolmitglieds

66 Ein **Gesellschafterwechsel zu Lebzeiten** kann auf mehrere Ursachen zurückzuführen sein. Bei Ausscheiden eines Familiengesellschafters muss man zunächst danach unterscheiden, ob dies auf seinem eigenen freien Willensentschluss beruht oder gegen seinen Willen geschieht.

a) Ausscheiden qua Kündigung und Austritt aus dem Pool

67 Zunächst kommt das Ausscheiden eines Poolmitglieds durch Kündigung in Betracht. Ein gesetzliches Kündigungsrecht gibt es nur bei einer auf unbestimmte Zeit geschlossenen Personengesellschaft (§ 723 Abs. 1 BGB). Hier kann der Gesellschafter unter Beachtung von Form und Frist die Gesellschaft kündigen. Das **ordentliche Kündigungsrecht** sollte hierbei entweder erleichtert werden, da man den „Querulanten" schnellstmöglich aus den eigenen Reihen haben möchte und so die Effektivität des Pools sichert oder unter strengere Voraussetzungen gestellt werden, um möglichen Belastungen (Abfindung o.Ä.) zunächst zu entgehen. Das RG erkannte einen Ausschluss des ordentlichen Kündigungsrechts für 15 Jahre an,[64] der BGH sogar für 30 Jahre.[65] Für die h.M. in der Lit. stellt die Frist von 30 Jahre dabei jedoch die Höchstgrenze dar.[66] Demgegenüber besteht die Möglichkeit einer **(außerordentlichen) Kündigung aus wichtigem Grund**, die eine Einhaltung der Kündigungsfrist nicht gebietet.[67] Folge der Kündigung ist die Anwachsung der Anteile auf die verbliebenen Familiengesellschafter (§ 738 Abs. 1 BGB), wobei das Verhältnis untereinander nicht verändert wird.

68 Sofern der Familiengesellschafter den Pool verlässt, müssen im Vorfeld **klare Regelungen** getroffen worden sein, die vor einer überhöhten und zumeist der Höhe nach ungewissen Belastung schützen.[68] Der Gesellschaftsvertrag sollte daher evtl. bestehende Risiken, wie u.a. die Berechnung des Werts des Geschäftsanteils des ausscheidenden Gesellschafters, regeln. So werden Buchwertklauseln nur dann als zulässig erachtet, wenn kein großes Missverhältnis zwischen Buch- und Verkehrswert besteht. Neben der Buchwertklausel kommen auch andere Berechnungsmethoden in Betracht. So bspw. eine Abfindung nach Quote vom Verkehrswert (1/2 bzw. 2/3).

> **Hinweis:**
> Um Überraschungen für die Gesellschaft zuvor zu kommen, sollte im Vorfeld eine **Ratenzahlung** vereinbart werden. Um Liquiditätsschwierigkeiten zu vermeiden bzw. eine Rückfinanzierung bei Dritten vornehmen zu können, sollte das Datum der ersten Ratenzahlung vier bis sechs Monate nach der Kündigung liegen.

69 Eine gütliche Einigung über die Abfindung kann angesichts des großen Konfliktpotenzials innerhalb eines Familienpools schwierig sein. Problematisch ist, dass der Pool in Form der Personengesellschaft nicht immer verpflichtet ist, Bilanzen aufzustellen. Eine Schätzung kann erfolgen (vgl. § 738 Abs. 2 BGB), jedoch wird regelmäßig ein **Sachverständigengutachten** erforderlich sein.[69] Hierbei kann ein durch die Industrie- und Handelskammer bestimmter Sachverständiger den Beteiligungswert verbindlich (nach dem sog. Ertragswertverfahren) aufstellen, wenn es zu keiner Einigung kommt. Die Buchwert- bzw. Quotenmethode wird allerdings bei der KG bzw. OHG interessant (vgl. unten Rn. 85).

70 Bei **Kündigung** des Pools durch einen **Gesellschafter** kommt ein Vorkaufsrecht des Gesellschaftsanteils (mit entsprechender Annahmefrist) für die verbliebenen Gesellschafter in Betracht. Die Fortsetzung der Pool-GbR muss angeordnet sein. Es empfiehlt sich ebenfalls eine Kündigungsfrist zu vereinbaren.

---

64 RGZ 156, 129, 134 f.
65 BGH, Urt. v. 19.1.1967 – II ZR 27/65, n.v.
66 Sigle, in: FS für Happ, S. 295, 306 f.; Ebenroth/Boujong/Joost/Lorz, HGB, § 132 Rn. 25 m.w.N.
67 Sigle, in: FS für Happ, S. 295, 307.
68 Eschenlohr, in: FS für Sigle, S. 131, 143.
69 BGH, NJW 1985, 192.

Formulierungsbeispiel: Vereinbarung einer Kündigungsfrist

> Beabsichtigt ein Gesellschafter den Verkauf seines Geschäftsanteils, so hat er ihn zunächst den übrigen Gesellschaftern zum Kauf anzubieten. Das Angebot bedarf der Schriftform und hat mittels eingeschriebenen Briefes an jeden weiteren Gesellschafter zu erfolgen. Die Annahme muss innerhalb einer Frist von einem Monat seit Zustellung erklärt werden.
>
> (...).

In der **GmbH** sollte ebenfalls eine Einigung zwischen den Familienmitgliedern stattfinden, inwiefern die Satzung den Austritt erleichtern oder erschweren sollte.[70] Das **GmbH-Gesetz sieht eine Kündigung der Mitgliedschaft nicht vor**. Allenfalls kommt eine Veräußerlichkeit des Anteils an die Familiengesellschafter oder an Dritte in Betracht. Dies kann jedoch gerade dort problematisch werden, wo der Geschäftsanteil der Familienmitglieder mit Nebenleistungspflichten belastet ist, die den Erwerb unattraktiv erscheinen lassen.

Man könnte den Umkehrschluss ziehen, dies fördere den **Konsenszwang unter den Familienmitgliedern**. Im Hinblick auf das veräußerungswillige Familienmitglied wird es jedoch in der Praxis häufig nicht gelingen, eine Einigung zu finden, so dass bei derartigen Fällen regelmäßig das Vorliegen eines wichtigen Grundes zu fordern sein wird.

So kann das veräußerungswillige Familienmitglied aus dem Pool austreten, wenn der Verbleib in der Gesellschaft für das Familienmitglied schlechterdings unzumutbar geworden ist.

Hierbei sollten

- die Rechtsfolge der Kündigung und
- die Fristen zur (Raten-)Zahlung und Art des Abfindungsanspruchs

klar definiert werden.

Formulierungsbeispiel: Rechtsfolge Kündigung

> Der Gesellschafter scheidet bereits vor Auszahlung des Abfindungsanspruchs aus der Gesellschaft aus. Der Austritt vollzieht sich durch Einziehung oder Übernahme des Geschäftsanteils durch Familiengesellschafter.

Ein Ausscheiden des Gesellschafters **vor Auszahlung des Abfindungsanspruchs** wird anerkannt.[71] So ist zum einen den Interessen des Gesellschafters Genüge getan, aus dem Familienbund „herauszukommen" und zum anderen wird die Einflusssicherung des Familienunternehmens gewahrt. Beachtet werden sollte ferner, dass auch hier eine finanzielle Belastung mit dem Abfindungsanspruch des veräußerungswilligen Familienmitglieds zu erwarten ist.

b)   Ausschluss aus wichtigem Grund

Der Familiengesellschafter kann aus dem Familienverbund **ausgeschlossen** werden, wenn:

- Ein wichtiger Grund in der Person des auszuschließenden Gesellschafters begründet ist (d.h. dass der Verbleib für die übrigen Gesellschafter nicht mehr tragbar ist),
- keine milderen Mittel zur Beseitigung eines Missstandes in Betracht kommen (Entziehung der Geschäftsführungsbefugnis etc.),
- ein Gesellschafterbeschluss mit 3/4 Mehrheit der übrigen Gesellschafter gefasst wurde (Bei 1/2 Mehrheit kommt eine Klage gegen den Gesellschafter nach § 61 GmbHG analog in Betracht),
- dies als Ultima Ratio infrage kommt (ggf. durch Zwangseinziehung (§ 34 Abs. 1, Abs. 2 GmbHG).

---

70   OLG Köln, GmbHR 1996, 609.
71   BGH, BB 1983, 1628.

> **Hinweis:**
> Ein Ausschluss aus wichtigem Grund sollte keinen Machtkampf zwischen den Familiengesellschaftern provozieren. Die Hürde hierfür ist sehr hoch aufzustellen:
>
> - Das Recht zur **Kündigung** muss ausdrücklich in der Satzung vereinbart sein.
> - Der **Austritt aus wichtigem Grund** (auch ohne besondere Satzungsbestimmungen) ist möglich, wenn die Voraussetzung der „Unzumutbarkeit" für den Verbleib in der Gesellschaft erfüllt ist.

77 **Unliebsame und unkooperative Familiengesellschafter** aus der Gesellschaft ausscheiden zu lassen, kann jedoch auch durch **Kaduzierung** (als Sonderfall des Ausschlusses) erfolgen (§ 21 GmbHG).

Bereits bei Errichtung der Satzung sollten die Termine zur Leistung der Einlage vereinbart werden. So kann es (zunächst) nicht zur Säumigkeit, mit der Folge eines Kaduzierungsverfahrens eines Gesellschafters, kommen. Eine Kaduzierung kann sich allerdings ergeben, wenn die Familienmitglieder eine Erhöhung des Stammkapitals beschließen und abermals Säumnis eintritt.

c) Einziehung

78 Auch die **Einziehung des Geschäftsanteils** kommt in Betracht. Die Möglichkeit der Einziehung wird im Folgenden bei der GmbH und der AG untersucht.

aa) Einziehung im Recht der Pool-GmbH

79 Das **GmbH-Gesetz** sieht die Einziehung in § 34 Abs. 1 GmbHG vor; eine Ausgestaltung hat es indes nicht vorgenommen. Es kann dahingehend unterschieden werden, ob eine Einziehung **mit oder ohne den Willen des Betroffenen** erfolgt. Da die Einziehung zur Beendigung der Mitgliedschaft führt, wird sie vielfach als eines der wichtigsten Mittel verstanden, um sich von missliebigen Gesellschaftern zu trennen oder den Eintritt fremder Personen in die Gesellschaft zu verhindern.[72] Für die **Einziehung mit Zustimmung des Gesellschafters** (sog. Zustimmungseinziehung) genügt eine allgemeine Bestimmung.[73]

80 **Formulierungsbeispiel: Einziehung mit Zustimmung des Gesellschafters**

> Die Einziehung ist zulässig.

81 Dagegen bedarf es bei einer **Einziehung ohne Zustimmung (Zwangseinziehung)** einer expliziten Ausgestaltung des „sachlichen Grunds" im Gesellschaftsvertrag. Zweck einer derartigen Regelung ist es, die Willkür anderer Gesellschafter zu unterbinden. Die h.M. kommt daher zu dem Ergebnis, dass bei **nachträglicher Einführung** einer derartigen Klausel die Notwendigkeit der Einwilligung aller Gesellschafter besteht.[74] Es sollten Einziehungsgründe in der Satzung festgelegt werden:

82 **Formulierungsbeispiel: Einziehungsgründe**

> (1) Die Zwangseinziehung ist insb. bei Vorliegen folgender Gründe zulässig:
>
> Nr. 1   Vererbung des Geschäftsanteils an Nicht-Familienangehörige,
>
> Nr. 2   Pfändung des Geschäftsanteils,
>
> Nr. 3   Veräußerung des Geschäftsanteils an eine familienfremde Person,
>
> Nr. 4   Insolvenz des Gesellschafters,

---

72 Vgl. Raiser/Veil, Recht der Kapitalgesellschaften, § 30 Rn. 46.
73 Baumbach/Hueck/Hueck/Fastrich, GmbHG, § 34 Rn. 4.
74 BGHZ 9, 157; BGHZ 116, 359.

Nr. 5 Scheidung von Familiengesellschaftern,

Nr. 6 Veräußerung/Vererbung an Familienfremde.

(2) Die Zwangseinziehung ist ferner zulässig, wenn in der Person des Gesellschafters ein wichtiger Grund liegt (Verstöße gegen gesellschaftsvertragliche Pflichten oder Ähnliches).

(3) Das Entgelt / die Zahlungsweise bemisst sich nach (*Anm.: vgl. unten Rn. 85*).

(*Anm.: ggf. differenzierende Zahlungsbestimmungen für verschiedene Arten der Einziehung*).

Für die Rspr. liegt ein **„wichtiger Grund"** vor, wenn der Gesellschafter „nachhaltige grobe Pflichtverletzungen begangen hat, die so schwer wiegen, dass nach umfassender Interessenabwägung unter Berücksichtigung aller Umstände des Einzelfalls den übrigen Gesellschaftern eine andere Lösung nicht zuzumuten ist.[75] 83

Eine **Konkretisierung** kann im Gesellschaftsvertrag vorgenommen werden. So kann bspw. der Verstoß gegen ein Wettbewerbsverbot[76] ebenso wie die Beendigung der Mitarbeit in der Gesellschaft (ggf. in der Funktion des Geschäftsführers)[77] aufgelistet werden. Gesellschafter denen ebenfalls „nachhaltige grobe Pflichtverletzungen" vorzuwerfen sind, können den Anteil eines Gesellschafters, in dessen Person ein wichtiger Grund vorliegt, nicht einziehen.[78] 84

Ferner sollten **Abfindungsmodalitäten sowie die Zahlungsweise** im Gesellschaftsvertrag festgelegt sein. Bei Familiengesellschaften wäre im Hinblick auf die bereits dargestellten erheblichen finanziellen Belastungen durch die Abfindungszahlung an eine Ratenzahlung auf die folgenden vier bis sechs Quartale zu denken. So wird die Belastung verteilt und es bleibt genügend Spielraum, um ggf. Rückfinanzierungen bei Banken vorzunehmen.

Zudem sollte der Gesellschaftsvertrag bestimmen, dass der Gesellschafter **bereits vor der Zahlung der Abfindung** der Gesellschafter ausscheidet. Auch sollte beachtet werden, dass der Ausscheidende einen Anspruch in Höhe des vollen Wertes des Geschäftsanteils hat.[79] Im Gesellschaftsvertrag sollte klargestellt werden, ob eine Berechnung nach der Buchwertmethode, der Nennwertmethode oder dem Vermögensteuerwert (Stuttgarter Verfahren)[80] erfolgt. Die Gesellschafter müssen einen Einziehungsbeschluss nach § 46 Nr. 4 GmbHG fassen, da es keine automatische Einziehung durch Satzung gibt. Das betroffene Mitglied sollte angehört werden,[81] hat aber gemäß § 47 Abs. 4 GmbHG kein Stimmrecht. **Folge der Einziehung** ist die Beendigung der Mitgliedschaft und die Anwachsung des Anteils an die übrigen Familiengesellschafter pro rata. 85

bb) Einziehung im Recht der Pool-AG

Die **Zwangseinziehung von Aktien** führt notwendigerweise zu einer Kapitalherabsetzung. Sie stellt zugleich einen Sonderfall der Kapitalherabsetzung dar. Man unterscheidet insoweit zwischen der **Zwangseinziehung** und der **Einziehung nach Erwerb der Aktien durch die Gesellschaft**. Zwangseinziehung liegt vor, wenn sie Mitgliedsrechte betrifft, **die nicht der AG selbst gehören**, wobei unerheblich ist, ob sie mit Willen des betroffenen Aktionärs erfolgt.[82] Bei der Einziehung nach Erwerb der Aktien durch die Gesellschaft muss die **AG selbst Inhaberin des einzuziehenden Mitgliedsrechts** sein. 86

---

75 OLG München, DB 1994, 320.
76 OLG Nürnberg, GmbHR 1994, 252.
77 BGH, BB 1983, 1628.
78 BGH, BB 1990, 1578.
79 BGHZ 116, 359.
80 BGHZ 116, 359.
81 OLG München, GmbHR 1998, 332.
82 Hüffer, AktG, § 237 Rn. 5.

87 Die Zwangseinziehung lässt sich weiterhin in die **sog. angeordnete und die gestattete Einziehung** unterscheiden. Bei der angeordneten Zwangseinziehung müssen die tatbestandlichen Voraussetzungen explizit im Statut der Gesellschaft verankert sein. Der Vorstand ist für die Einziehung zuständig (§ 237 Abs. 6 AktG) und ist bei Vorliegen der Voraussetzungen verpflichtet diese vorzunehmen.[83]

Bei der **angeordneten** Zwangseinziehung handelt es sich demgegenüber hinsichtlich des Erfordernisses präziser Satzungsregelungen um eine modifizierte Form der **gestatteten** Zwangseinziehung.

88 Als Verfahren zur Einziehung kommen **zwei Modelle** in Betracht:

- **das ordentliche Einziehungsverfahren** (§ 237 Abs. 2 AktG) sowie
- **das vereinfachte Einziehungsverfahren** (§ 237 Abs. 3, Abs. 4, Abs. 5 AktG).

Für letzteres Verfahren genügt die einfache Stimmmehrheit (§ 237 Abs. 4 AktG). Für eine Familiengesellschaft kann bereits das Mehrheitserfordernis problematisch werden (vgl. § 237 Abs. 2 Satz 1 AktG i.V.m. § 222 Abs. 1 AktG; 3/4 Mehrheit).

89 Auch die (**zwingende**) **Kapitalherabsetzung** darf nicht außer Acht gelassen werden, die sich als Folge aus einer Zwangseinziehung ergibt. Hier stellt sich das bereits beschriebene Problem des Einigungszwangs (Mehrheitserfordernisse) abermals.

90 Ferner kann das Einziehungsentgelt, welches an den betroffenen Aktionär (als Abfindung) zu zahlen ist, nicht im Interesse der Familienmitglieder sein. Dies ermittelt sich, sofern keine Regelung vorhanden ist, an den Maßstäben der §§ 305 ff. AktG.[84] Der Aktionär hat demnach einen Anspruch auf angemessenes Entgelt, das durch Beschluss der Hauptversammlung festgesetzt wird (**sog. Einziehungsentgelt**). Ein möglicher Streit über die Höhe müsste im Rahmen einer Anfechtungsklage ausgetragen werden, die jedoch nicht im Interesse des Familienunternehmens ist. Es sollte daher angesichts der hohen Hürde auf eine Kombination zwischen Festlegung in Satzung und Aktionärsvereinbarungen zurückgegriffen werden.

> **Hinweis:**
> Da i.d.R. davon ausgegangen werden kann, dass die Anteile der Familien-AG an der Zielgesellschaft nicht annähernd 95 % betragen, wird auf das sog. „Squeeze out-Verfahren" (§ 327a AktG) nicht weiter eingegangen.

2. Übertragung des Poolanteils

91 Vielfach ist bei den Familienmitgliedern die Übertragung von Anteilen an „ihrem" Pool nicht erwünscht, vor allem, wenn es sich um familienexterne Personen handelt, die die Leitungsbefugnisse zu beeinflussen beabsichtigen. Es kommen **Verfügungsbeschränkungen sowie Vorkaufsrechte** der verbleibenden Poolgesellschafter in Betracht.

92 Auch sollte immer beachtet werden, dass das veräußerungswillige Poolmitglied **persönliche aber auch wirtschaftliche Motive** verfolgt. Es wurde bereits auf die Möglichkeit hingewiesen, den Handel mit GmbH-Anteilen zu erschweren. Die Übertragung von Gesellschaftsanteilen am Pool stellt im Gegensatz zu den Fortsetzungshindernissen bei der **GbR** keine Hürde dar. Diese ist bereits von Gesetzes wegen vinkuliert (vgl. §§ 717, 719 BGB). Es bedarf somit der Zustimmung der Gesellschafter im jeweiligen Einzelfall. Ob dies angesichts der Abhängigkeit von der Zustimmung der Mitgesellschafter vorteilhaft ist, muss bei der Satzungsgestaltung entschieden werden. Das gesetzliche Leitbild sollte nicht ganz verworfen, aber etwas aufgelockert werden.

---

[83] Krieger, in: Münchener Handbuch des Gesellschaftsrecht, Bd. 4, § 62 Rn. 7 („keinerlei Ermessensspielraum").
[84] Krieger, in: Münchener Handbuch des Gesellschaftsrechts, Bd. 4, § 62 Rn. 12.

Formulierungsbeispiel: Klausel zu rechtsgeschäftlichen Verfügungen

> Rechtsgeschäftliche Verfügungen eines Gesellschafters über seinen Gesellschaftsanteil in Teilen oder im Ganzen bedürfen der Zustimmung aller Gesellschafter. **Ausgenommen davon sind**: Verfügungen zu Gunsten anderer Familiengesellschafter oder Abkömmlinge von: .... (*Anm.: Namen*).

Im Gegensatz zur kapitalistisch strukturierten AG besteht in der **GmbH** eine gewisse Nähebeziehung zwischen den (Familien-)Gesellschaftern. Daher empfiehlt es sich Regelungen zu treffen, die den Fortbestand der vorgeschalteten Holding-Gesellschaft trotz Ausscheiden einiger Familienmitglieder sichern und somit den Familieneinfluss stärken. Es können Störungen auftreten, die ein optimales Wirtschaften behindern und daher berücksichtigt werden müssen, allen voran, wenn die Holding-GmbH für ein bestimmtes Beschlussverhalten bei der Hauptgesellschaft durch die entsprechenden Organe flexibel reagieren muss und gewisse Mehrheitserfordernisse für deren Beschlussfassung bestehen.

Aus § 15 GmbHG ergibt sich bereits **die freie Veräußerbarkeit sowie Vererblichkeit der Geschäftsanteile**. Die Veräußerung wird jedoch „zu einem aufwendigen, individuellen Akt",[85] da das Gesetz durch notarielle Form (vgl. § 15 Abs. 3 GmbHG), den Handel mit Anteilen bewusst erschweren will. Es handelt sich somit um eine Kapitalanlage, deren Verfügbarkeit beschränkt ist. Im **Recht der GmbH** bieten sich einige Gestaltungsmöglichkeiten an. Zur Sicherung des Einflusses der Familie besteht die Möglichkeit, die **Geschäftsanteile zu vinkulieren** (§ 15 Abs. 5 GmbHG) und so einen Schutz vor zu großem Einfluss familienexterner Personen zu erhalten. Die Vinkulierung kann bei rechtstechnisch exakter Ausgestaltung den Bestand der Gesellschaft und somit der Einflusssicherung der Familie auf die Hauptgesellschaft gewährleisten. Darüber hinaus kann sogar die gesamte Veräußerlichkeit durch die Satzung ausgeschlossen werden (§ 15 Abs. 5 GmbHG), wobei beachtet werden muss, dass dem betreffenden Gesellschafter ein Recht zum Austritt zusteht.

Formulierungsbeispiel: Vinkulierungsklausel

> Die Abtretung eines Gesellschaftsanteils oder eines Teils eines Gesellschaftsanteils bedarf zu ihrer Wirksamkeit der schriftlichen Zustimmung aller übrigen Gesellschafter. Dies gilt auch dann, wenn die Gesellschaft zur Abtretung eines Teils gemäß § 17 GmbHG ihre Zustimmung erteilt hat.

Das Mehrheitserfordernis sollte bereits im Vorfeld deutlich und unmissverständlich festgelegt sein, da andernfalls durch Auslegung ein vom ursprünglichen Willen abweichendes Ergebnis entstehen könnte.

> **Hinweis:**
> Es empfiehlt sich daher eine klare Regelung zu treffen, ob eine Mehrheit der Stimmen gemeint ist oder alle (übrigen) Gesellschafter ihre Zustimmung erteilen müssen.

Der in der Satzung vorgesehene **Zustimmungsvorbehalt** kann **unter Umständen problematisch** sein. So kann der Betroffene gegen die Versagung der Zustimmung mittels Klage (auf Zustimmung aus Treuepflicht) vorgehen. Denn es verstößt gegen die Treuepflicht gegenüber einem Gesellschafter, die Zustimmung zu verweigern, wenn keine sachlichen Gründe vorliegen.

Es kann indes nicht das Ziel sein, austrittswillige Gesellschafter zum Halten der Gesellschaftsanteile zu animieren. Diese Bedenken können durch **Vorkaufs-/Ankaufsrechte** ausgeräumt werden. Das Vorkaufsrecht ist gesetzlich normiert (§§ 463 ff. BGB), kann jedoch ebenso dispositiv ausgestaltet werden. Bei dem **Vorkaufsrecht** handelt es sich ebenfalls um eine Vinkulierung. Ein Nachteil liegt im zu zahlenden Kaufpreis für den Geschäftsanteil.

---

85 So Raiser/Veil, Recht der Kapitalgesellschaften, § 30 Rn. 1.

98 **Formulierungsbeispiel: Klausel zum beabsichtigen Verkauf des Geschäftsanteils**

(1) Beabsichtigt ein Familiengesellschafter den Verkauf seines Geschäftsanteils an einen familienexternen Gesellschafter, so hat er ihn zunächst den übrigen Gesellschaftern zum Kauf anzubieten. Das Angebot bedarf der Schriftform und hat mittels eingeschriebenen Brief an jeden weiteren Gesellschafter zu erfolgen. Die Annahme muss innerhalb einer Frist von einem Monat seit Zustellung erklärt werden. (...)

bzw.

(2) Beabsichtigt ein Familiengesellschafter den Verkauf seines Geschäftsanteils, so kann dies ausschließlich an Mitglieder der Familie ... / an Familiengesellschafter erfolgen. Sie steht unter dem Zustimmungsvorbehalt der übrigen Gesellschafter.

(3) Wird das Vorkaufsrecht nicht/nicht fristgerecht ausgeübt, so sind die Gesellschafter verpflichtet der Veräußerung zuzustimmen (...).

99 Der **Kauf eines weiteren Geschäftsanteils** hat grds. für den erwerbenden Gesellschafter den Vorteil, fortan über zwei Geschäftsanteile zu verfügen, die unter dem Vorbehalt der Zustimmung veräußerlich sind und einer Teilungsgenehmigung (§ 17 GmbHG) nicht bedürfen. Dieses Privileg ist aber in der Holding-GmbH gerade nicht ohne weiteres gegeben, da es darum geht, das Eindringen Familienexterner zu verhindern. Dergestalt ließe sich eine Übertragung innerhalb des Familienpools bzw. sogar innerhalb der Familie ohne Probleme realisieren. Gegen das Eindringen von Gläubigern hilft zumeist nur die Einziehung[86] (vgl. dazu unten Rn. 112).

100 Um die Einflussnahme in der **AG** zu sichern, besteht die Möglichkeit, die gesetzliche Regelung, nach der Inhaber- und Namensaktien (§ 10 Abs. 1 AktG) frei veräußerbar und vererblich sind, an die Zustimmung der Gesellschaft zu binden (sog. Vinkulierung § 68 Abs. 2 Satz 1 AktG). **(Vinkulierte) Namensaktien** (Hauptzweck ist immer der Schutz vor dem Einfluss familienexterner Personen) können durch Indossament (§ 68 Abs. 1 Satz 1 AktG) und Abtretung (§§ 398, 413 BGB) übertragen werden, wobei die **Zustimmung der Gesellschaft** eine weitere essenzielle Voraussetzung bildet.

Die Zustimmung erfolgt **grds. durch den Vorstand**, wobei die Satzung Regelungen enthalten kann, wonach die Hauptversammlung oder der Aufsichtsrat über die Erteilung beschließen können (§ 68 Abs. 2 Satz 3 AktG). Diese Regelung ist jedoch bereits im Gesetz kodifiziert, so dass es einer expliziten Bestimmung in der Satzung nicht bedarf. Anders verhält es sich bei den **Inhaberaktien**, deren Übertragung i.S.d. §§ 929 ff. BGB erfolgen kann oder sich nach dem DepotG richtet (§§ 18 Abs. 3, 24 Abs. 2 DepotG).

Erteilt im ersten Fall der **Vorstand die Zustimmung nicht**, ist das Geschäft schwebend, bei Versagung endgültig unwirksam. Die Übertragungssperre ist allerdings auf rechtsgeschäftliche Übertragungen unter Lebenden beschränkt, so dass eine Vinkulierung der Aktien für die Übertragung im Wege der Rechtsnachfolge von Todes wegen (sowie in Fällen der gesetzlichen Gesamtrechtsnachfolge) keine Auswirkungen hat und es somit einer Zustimmung der Gesellschaft zum rechtswirksamen Übergang nicht bedarf (vgl. Rn. 107).[87]

3. Belastung des Poolanteils

a) Nießbrauch

101 Auch die Belastungen am Poolanteil betreffen die Mitgliedschaft. Es kommen insb. die **Bestellung eines Nießbrauchs** und die **Verpfändung** des Poolanteils in Betracht. Eine **Sicherungsabtretung** wird i.d.R. an der fehlenden Zustimmung der Gesellschafter scheitern. Die zuerst benannten Konstruktionen sind entweder durch Satzungsregelung oder Gesellschafterbeschluss möglich. Was im jeweiligen Interesse der

---

[86] Langenfeld, *GmbH-Vertragspraxis*, § 16 Rn. 118.
[87] Blaum, in: Seibert/Kiem, Handbuch der kleinen AG, Rn. 734.

Familienpool Mitglieder liegt, muss im Einzelfall entschieden werden. So kann das finanzielle Bedürfnis eines Poolmitglieds vorübergehender Natur sein und eine Zustimmung der übrigen Gesellschafter somit rechtfertigen.

Das **Nießbrauchsrecht** ist ein höchstpersönliches (Nutzungs-)Recht. Es kann allerdings auch Dritten zur Nutzung überlassen werden (§§ 1059, 1061 BGB). Am Pool in Form der Personengesellschaft kann das Nießbrauchsrecht am Gewinnanspruch sowie dem Anspruch auf Auseinandersetzung bestellt werden; bei den Kapitalgesellschaften am Gesellschaftsanteil bzw. an den oder der Aktie. Die Gründe für die Bestellung können vielfältig sein:[88]

102

- Kreditsicherheit,
- Versorgung bei Tod eines Gesellschafters,
- Einflusssicherung eines ehemaligen Gesellschafters (bei Übertragung des Poolanteils im Wege der vorweggenommenen Erbfolge).

> **Hinweis:**
> Der Vorteil des Nießbrauchsrechts besteht darin, dass eine **Eintragung im Handelsregister nicht erfolgt**.[89] So kann ein Scheintatbestand erzeugt werden, der der tatsächlichen Lage nicht entspricht, aber durchaus gewollt ist.

Ein Ausschluss der **Bestellung eines Nießbrauchsrechts in der GmbH**-Satzung ist zulässig. Ebenso ist die Bestellung des Nießbrauchs am Geschäftsanteil der Familien-GmbH zulässig, sie bedarf der notariellen Form (§ 15 Abs. 3 GmbHG). Es gewährt dem Nießbraucher einen Gewinnanspruch (§ 29 GmbHG, § 1030 BGB i.V.m. § 100 BGB). Das Stimmrecht bzw. die mitgliedschaftlichen Verwaltungsrechte stehen dem Nießbrauchsberechtigten demgegenüber nicht zu.[90]

103

Das **Recht**, an dem der Nießbrauch bestellt wird, **muss übertragbar sein** (§ 1069 Abs. 1, Abs. 2 BGB i.V.m. § 15 GmbHG). So kann man dem Interesse der Familiengesellschafter gerecht werden, keinen „unbekannten Dritten" zuzulassen, auch wenn dieser letztlich die Nutzungen aus dem Recht ziehen wird. Zudem kann so bereits zu Lebzeiten eine Übertragung auf einen Familiennachfahren erfolgen.[91] Der ursprüngliche Gesellschafter kann durch Bestellung eines Nießbrauchsrechts (an seinem Geschäftsanteil) seine eigene wirtschaftliche Versorgung durch den Gewinnanspruch sicherstellen. Die (schenkungs-)steuerliche Seite muss hierbei jedoch genau im Einzelfall beachtet werden.[92] Ob letztlich der Nießbrauch am Geschäftsanteil gewollt ist, müssen die Familiengesellschafter im Einzelfall bestimmen.

104

Bei der **AG** bilden die vinkulierten Namensaktien die Ausnahme und die Bestellung bedarf der Zustimmung der Gesellschaft. Die Bestellung des Nießbrauchs richtet sich nach der für die Übertragung von Aktien geltenden Vorschriften.

105

b) Verpfändung

Zur Sicherung einer Forderung gegenüber einem Poolmitglied, kann dieses ebenfalls seinen Geschäftsanteil **verpfänden**. Gesellschafterrechte verbleiben bei dem verpfändenden Gesellschafter.

106

Der Pfandgläubiger ist somit berechtigt, sich **aus dem Geschäftsanteil Befriedigung zu verschaffen** (§§ 1273 Abs. 2, 1204 BGB). Sofern ein Gewinnbezug gewollt ist, sollte das Pfandrecht als Nutzungspfandrecht ausgestaltet werden (§§ 1273 Abs. 2, 1213 BGB). Aber auch hier kann die Satzung die Verpfändung gänzlich ausschließen.

---

88 Klose, DStR 1999, 807.
89 Baumbach/Hopt/Hopt, HGB, § 105 Rn. 44 m.w.N. zur h.M.
90 BGH, ZIP 1999, 68.
91 Ggf. als Schenkung unter Nießbrauchsvorbehalt (Steuerlich: Schenkung unter Nutzungs-/Duldungsauflage).
92 Eine pauschale Lösung des Problems ist aufgrund der verschiedenen Ausgestaltungen nicht möglich und anhand der konkreten Umstände des Einzelfalls zu ermitteln.

4. Ausscheiden des Poolmitglieds durch Todesfall

107 Schließlich kann die Mitgliedschaft in dem Pool durch **Ableben eines Poolgesellschafters** beendet werden. Hierdurch kann sich der Pool neuen, nicht notwendig familieninternen, Mitgliedern gegenüber sehen. Vielfach regelt der Erblasser keine moderate Nachfolge, die den Fortbestand des Pools sichert. Daher empfiehlt es sich derartige Regelungen im Voraus zu treffen.

> **Hinweis:**
>
> Die Nachfolge frühzeitig ordnen. Steuerliche Vorteile können als Nebenfolge einer Ausgestaltung mitgenommen werden (Stichwort: Freibeträge).

108 Der **(Pool-)GbR-Gesellschaftsvertrag** sollte eine **Fortsetzungsklausel** (auch: einfache Nachfolgeklausel) enthalten (arg. § 727 Abs. 1 2. Halbs. BGB), um den Fortbestand des Pools sicherzustellen.

Es kann eine **qualifizierte Nachfolgeklausel** im Gesellschaftsvertrag niedergelegt werden, wenn bestimmte Erben durch Gesamtrechtsnachfolge in die Poolmitgliedschaft „einrücken" sollen. Hierbei entstehen Ausgleichsansprüche der anderen Erben.[93] Im Erbfall werden nunmehr nicht die ursprünglich vom Erblasser gehaltenen und später auf den Pool übertragenen Anteile an der (Haupt-)Gesellschaft (Aktien bzw. Geschäftsanteile) übertragen, sondern vielmehr die Anteile an der Pool-GbR.

109 **Formulierungsbeispiel: Fortsetzungsklausel**

> (1) Bei Ausscheiden eines Gesellschafters wird die Gesellschaft unter den verbliebenen Gesellschaftern **fortgesetzt**.
>
> (2) Der Anteil des Verstorbenen Gesellschafters wächst den verbleibenden Gesellschaftern in Höhe ihrer Beteiligung zu. Verbleibt lediglich ein Gesellschafter, wächst ihm das gesamte Gesellschaftsvermögen zu.

110 **Formulierungsbeispiel: Klausel zum Erbfall I**

> (1) Der Erbe ist (spätestens einen Monats nach Erbfall) verpflichtet den Geschäftsanteil auf den Gesellschafter X gegen den Wert der Beteiligung zu übertragen. Der Wert der Beteiligung bemisst sich nach (3).
>
> (2) Den verbleibenden Gesellschaftern wird gestattet, den vererbten Geschäftsanteil
>
> einzuziehen. Das Einziehungsentgelt bemisst sich dabei
>
> a) nach dem Buchwert (wobei kein allzu großes Missverhältnis auftreten darf) oder
>
> b) nach dem Verkehrswert bzw.
>
> c) nach dem Stuttgarter Verfahren (Substanz- und Ertragswert) zum Zeitpunkt des Erbfalls oder
>
> d) der Abfindungsanspruch eine bestimmte Quote (1/3) des Verkehrswertes
>
> (*Formulierungsalternative*:
>
> *Den verbleibenden Gesellschaftern wird gestattet, den vererbten Geschäftsanteil entschädigungslos einzuziehen, sofern nicht ein Abkömmling oder Ehegatte eines Gründungsgesellschafters diesen erwirbt.*)
>
> (3) Die Abfindung ist in vier gleichen Jahresraten zu zahlen, beginnend sechs Monate ab dem Tag des Ausscheidens. Sie ist mit 1,5 % über den Basiszinssatz zu verzinsen und mit den aufgelaufenen Zinsen zu bezahlen.[3] Sicherheitsleistung kann nicht verlangt werden.

---

93 BGHZ 22, 186, 191; 68, 225, 231.

Anders als bei der GbR bedarf es bei der KG keiner Fortsetzungsklausel, da die Gesellschaft (ohne weiteres) mit den Erben fortgeführt wird (§ 177 HGB). Hier empfiehlt es sich jedoch Regelungen im Gesellschaftsvertrag bzgl. des Anteils des Erblassers aufzunehmen, um einer möglichen Aufnahme familienexterner Personen in den Pool entgegenzuwirken (vgl. Rn. 112). Auch sollte man in der Strukturierung überlegen, ob eine sog. **Vertreterklausel** in den Vertrag aufgenommen werden sollte. Hierbei wird ein gemeinschaftlicher Vertreter durch die Erben bestimmt. Ziel einer solchen Regelung ist es, dass Stimmrecht geschlossen auszuüben, was angesichts einer möglichen Zersplitterung des Anteilsbesitzes durchaus problematisch sein kann. Bei der AG wäre eine derartige Regelung unzulässig (§ 23 Abs. 5 AktG), bei der OHG aufgrund der Haftung problematisch.[94] Schwierigkeiten kann allerdings die einheitliche Bestellung eines solchen Vertreters bringen. Können sich die Erben nicht auf einen einheitlichen Vertreter einigen, ist die Mitverwaltung an der Gesellschaft durch Teilnahme- und Stimmrecht blockiert.

111

Die Geschäftsanteile an einer **Pool-GmbH** sind ebenfalls vererblich (§ 15 Abs. 1 GmbH). Die Vererbung kann nicht an bestimmte Voraussetzungen geknüpft werden. Es besteht jedoch die Möglichkeit, in den Gesellschaftsvertrag Regelungen aufzunehmen.

112

> **Hinweis:**
> Zu empfehlen ist (wenn die Zahlung eines Einziehungsentgeltes gewollt wird) die Bewertung nach dem Buchwert i.V.m. mit einem Zusatz, der ein grobes Missverhältnis zwischen Verkehrswert des Geschäftsanteils und seinem Buchwert nicht entstehen lässt. So hat man eine feste (Rechen-)Größe und kann mögliche Risiken im Vorfeld besser abschätzen. Ferner ist eine **Einziehung ohne Entschädigung** möglich.[95] Die Erhaltung der Gesellschaft als Familienunternehmen darf nicht an erheblichen Belastungen (Abfindungsverpflichtung für den ausscheidenden Anteilsinhaber) scheitern, so dass eine entschädigungslose Einziehung erfolgen kann, wenn weder der Ehegatte noch ein Abkömmling Anteile des Gründungsgesellschafters erwerben.[96]

Ein **Problem** kann allerdings die **Anerkennung einer solchen Klausel** durch den späteren (familienfremden) Erben sein, ein Umstand, der eine langwierige Prozesslawine auslösen könnte. Ggf. kann vereinbart werden, dass eine Einziehungs- bzw. Abtretungsverpflichtung nur eintritt, wenn eine Erbauseinandersetzung nicht innerhalb angemessener Frist zustande kommt. Ferner kann der Geschäftsanteil durch Vermächtnis zu Gunsten eines (möglicherweise des ältesten) Gesellschafters zugewendet werden. Der Gesellschafter, der mit dem Todesfall Vermächtnisnehmer wird, hat gegen die Erben einen Anspruch auf Übertragung des Geschäftsanteils (§ 2174 BGB) und wird nicht selbst Erbe bzw. Mitglied der Erbengemeinschaft.

113

> **Hinweis:**
> Hierbei sollte allerdings beachtet werden, dass diese Konstruktion aufseiten des Gesellschafters/Vermächtnisnehmer erbschaftsteuerliche Konsequenzen haben kann.

Formulierungsbeispiel: Klausel zum Erbfall II

114

> (1) Den verbleibenden Gesellschaftern wird gestattet, den vererbten Geschäftsanteil einzuziehen. Das Einziehungsentgelt bemisst sich a) nach dem Buchwert oder b) nach dem Verkehrswert oder c) nach dem Stuttgarter Verfahren (Substanz- und Ertragswert) zum Zeitpunkt des Erbfalls.
>
> • (*Formulierungsvariante*:
>
> *Den verbleibenden Gesellschaftern wird gestattet, den vererbten Geschäftsanteil entschädigungslos einzuziehen, sofern nicht ein Abkömmling oder Ehegatte eines Gründungsgesellschafters diesen erwirbt.*

---

94 Siehe dazu im Einzelnen: K. Schmidt, Gesellschaftsrecht, § 21 Abs. 2 Satz 5; ders., ZHR 146 (1982), 529.
95 BGH, BB 1977, 563, 564.
96 BGH, BB 1977, 563, 564.

> • *Formulierungsvariante*:
>
> *(2) Der Erbe ist [innerhalb eines Monats nach Erbfall] verpflichtet den Geschäftsanteil auf den Gesellschafter X gegen den Wert der Beteiligung zu übertragen. Der Wert der Beteiligung bemisst sich nach (1) Satz 2.)*

115 In der **AG** gehen die Aktien kraft Gesetzes (§§ 1922, 1967 BGB) auf die Erben über, die in die Rechtsstellung des Erblassers eintreten, die Satzung kann auch hier keine Vererbbarkeit ausschließen, allerdings die Einziehung (§ 237 AktG) anordnen.

5. Ausscheiden des Poolmitglieds aufgrund Insolvenz

116 Sofern das **Insolvenzverfahren** über das Vermögen eines Gesellschafters eröffnet wird, sollten ebenfalls Regelungen getroffen werden, um den Fortbestand der Gesellschaft sicherzustellen. Beachtet werden muss hierbei, dass der Abfindungsanspruch (nicht der Gesellschaftsanteil) des Gesellschafters in die Insolvenzmasse fällt.[97]

117 **Formulierungsbeispiel: Klausel für den Insolvenzfall**

> Im Falle der Insolvenz (Kündigung oder Ausschließung eines Gesellschafters) scheidet dieser aus der Gesellschaft aus. Die Gesellschaft wird unter den verbleibenden Gesellschaftern **fortgesetzt**.

6. Aufnahme

118 Bei der **GbR und KG** ist grds. ein **Aufnahmevertrag** zwischen bisherigen und dem neuen Gesellschafter erforderlich. Der Gesellschaftsvertrag kann allerdings andere Reglungen treffen und insb. Kommanditisten im Vorfeld zulassen. Auch bei Erfüllung bestimmter Kriterien (bspw. Alter, Kapital oder Verwandtschaft) ist dies zulässig.

> **Hinweis:**
>
> Um einer unbeschränkten Haftung für die Zeit zwischen Eintritt und Eintragung des Kommanditisten ins Handelsregister (§ 176 Abs. 2 HGB) zu vermeiden, sollte der Eintritt unter der aufschiebenden Bedingung der Eintragung ins Handelsregister vereinbart werden. Ferner sollte eine eindeutige Klärung erfolgen, ob den GbR-Gesellschafter eine Haftung für vor seinem Eintritt begründete Verbindlichkeiten bevorstehen (ggf. Freistellung vereinbaren) und ob die Kommanditeinlage im Vorfeld durch den ausgeschiedenen Kommanditisten voll erbracht wurde.

119 Für den **ausscheidenden Gesellschafter** ist letztlich (im Einzelfall) wichtig, dass er von Verbindlichkeiten freigestellt wird. Es empfiehlt sich, separat einen Vertrag über das Ausscheiden in entsprechender Situation zu vereinbaren.

V. Dauer/Beendigung

120 Die **Dauer der Pool-GbR** (vielfach wohl: „zeitlich unbegrenzt") muss ebenfalls explizit im Gesellschaftsvertrag festgelegt sein (arg. § 727 Abs. 1 BGB). Eine ungewollte Auflösung des Pools, deren Folge auch die Realisierung stiller Reserven sein kann, wäre sicher fatal. Auch die Einmann-Pool-Kapitalgesellschaft ist diesbezüglich unstreitig zulässig.

VI. Sonstiges

121 Es kommen weitere Kriterien in Betracht, die **Stimmen zu bündeln** und somit ein geschlossenes Abstimmungsverhalten bei der Zielgesellschaft herbeizuführen.

---

97 BGHZ 65, 22.

1. Entsendung in den Aufsichtsrat

Die Satzung kann eine Regelung enthalten, wonach Aktionäre **Mitglieder in den Aufsichtsrat entsenden können** (§ 101 Abs. 2 Satz 1 AktG). Die Begründung erfolgt entweder für namentlich bestimmte Aktionäre oder durch nähere Bestimmung der Aktien (§ 101 Abs. 2 Satz 1 AktG). Hierbei ist zu beachten, dass die Entsendungsrechte insgesamt höchstens für ein Drittel der sich aus dem Gesetz oder der Satzung ergebenden Zahl der Aufsichtsratsmitglieder der Aktionäre zulässig ist (vgl. § 101 Abs. 2 Satz 4 AktG). Die Wirkung einer solchen Entsendung lässt sich im Interesse der Familienmitglieder lediglich als reiner Minderheitenschutz begründen, da bei Mehrheitsanteilen der Einfluss verloren ginge.

122

> **Hinweis:**
> Die AG ist jedoch nur sehr bedingt als Gesellschaftspool in Bezug auf die Hauptgesellschaft geeignet. Denn die Satzung kann von Vorschriften nur abweichen, wenn es das Gesetz ausdrücklich zulässt (§ 23 Abs. 5 AktG). Daher kann auf wirtschaftliche Gegebenheiten und volatile Märkte häufig nicht flexibel genug reagiert werden. Auch die formfreie Übertragbarkeit der Aktien läuft dem Grundgedanken des Schutzes vor familienexternen Einfluss zuwider. Zur Einflusssicherung an der Hauptgesellschaft eignet sie sich daher nicht.

2. Mehrheitserfordernisse

Als weiteres Instrument zur Machtbündelung und Familiensicherung kann man daran denken, die entsprechenden **Mehrheitserfordernisse** in der Satzung entsprechend dem Willen der Beteiligten auszugestalten. Beschlüsse der Hauptversammlung bedürfen grds. der einfachen Stimmmehrheit, sofern nicht Gesetz bzw. Satzung eine größere Mehrheit bestimmt (vgl. § 133 Abs. 1 AktG). Eine Verschärfung ist möglich, da die gesetzlich benannte Mehrheit als Untergrenze verstanden werden muss.[98] Geht man davon aus, dass das Aktienpaket in der Hand eines Familienstamms liegt, lässt sich auf diese Weise der Einfluss verstärken. Aber auch eine Abschwächung des Einflusses kommt bei familienexternen Aktionsgruppen so in Betracht.[99]

123

Von dem **Prinzip der einfachen Stimmmehrheit** kann bei Wahlen – allen voran bei Aufsichtsratswahlen – über die eben dargestellte Möglichkeit der Verschärfung der Mehrheitserfordernisse hinaus weiter abgewichen werden (§ 133 Abs. 2 AktG). So insb. durch **Zulassung einer relativen Mehrheit** und eines möglichen Losentscheids bei Stimmgleichheit.[100] Für das Familienunternehmen muss man sodann bedenken, dass gerade bei Erhöhung der Mehrheitserfordernisse die innere Geschlossenheit des Familienstammes vorhanden sein muss, um den Zweckverbund Gesellschaft zu fördern. Teilweise wird auch mit Blick auf die erhöhten Mehrheitserfordernisse von einem „Einigungszwang" unter den Familienmitgliedern gesprochen, der die Förderung aber auch Lähmung der Einigungsbereitschaft zur Folge haben kann.[101]

3. Konfliktlösung innerhalb der Familiengesellschaft

Ferner muss bedacht werden, dass den Familiengesellschaftern, die sich anfangs ziel- und erfolgsorientiert[102] zu einer Zweckgemeinschaft zusammengeschlossen haben, auch wirtschaftlich schwierige Zeiten bevorstehen können, in denen der ursprüngliche Zusammenhalt fehlen kann. Es empfiehlt sich bei Konflikten zunächst (intern) auf Ebene der Gesellschaft selbst Klärung zu suchen. Hierfür bietet sich das **Mediationsverfahren an**, das sich immer häufiger in der Praxis wieder finden lässt.[103] Dabei bildet die

124

---

98 Hüffer, AktG, § 133 Rn. 1.
99 Blaum, in: Siebert/Kiem, Handbuch der kleinen AG, Rn. 731.
100 Hüffer, AktG, § 133 Rn. 32.
101 Blaum, in: Siebert/Kiem, Handbuch der kleinen AG, Rn. 733.
102 Gleiches gilt aber auch für einen hinzutretenden Gesellschafter, der diesen Zweckverband zu teilen vermag.
103 Vgl. dazu Tagesspiegel vom 23.1.2006 (www.tagesspiegel.de), „Schlichten statt richten – Justiz will Prozesse vermeiden"; Financial Times Deutschland vom 27.7.2004 (www.ftd.de – Recht & Steuern) „Wo ein Schlichter, da kein Richter".

Mediation, als ausgereifte Frucht eines langwierigen Prozesses in Wissenschaft, Forschung und Praxis, die Alternative schlechthin zum gerichtlichen Prozessverfahren und kommt auf vielen Gebieten, wie z.B. im Familienrecht, dem Mietrecht, Arbeitsrecht, Wirtschaftsrecht sowie teilweise im öffentlichen Sektor, zur Anwendung.

Man versteht unter der **Mediation** ein außergerichtlich strukturiertes Verfahren, in dem ein geschulter Dritter (Mediator) mit den Konfliktparteien eine Einigung erarbeitet, die auf eine sog. **win-win-Lösung** abzielt.[104] Ursprünglich entwickelte man sie in den sechziger Jahren in den USA als Pendant zu den US-amerikanischen Gerichtsprozessen.[105] Durch **Aufnahme einer Mediationsklausel** in den Gesellschaftsvertrag versuchen die betreffenden Parteien, eine Einigung zu erzielen. Der Mediator (eine im Vorfeld bestimmte und staatlich anerkannte Person) versucht lediglich eine Hilfestellung für die Betroffenen zu gegeben, wobei er die Parteien durch ein gezieltes Verfahrensmuster führt, selbst aber keine Lösungsvorschläge unterbreitet.

Zusätzlich kann dem Mediationsverfahren eine sog. **Eskalationsklausel** vorgeschaltet werden. Auch wenn die **Mediation keine Garantie** zur Konfliktbewältigung darstellt,[106] kann sie ein sinnvoller Schritt vor der Gerichtsbarkeit sein.

125 **Formulierungsbeispiel: Mediationsklausel**

> (1) Zur Beilegung aller Streitigkeiten aus oder in Zusammenhang mit diesem Vertrag werden die Familienmitglieder ein Mediationsverfahren durchführen. Es beginnt mit Zugang des Mediationsantrags der zugleich einen Vorschlag für einen staatlich zugelassenen Mediator enthält. Jeder Familiengesellschafter hat das Recht einen derartigen Antrag schriftlich mit einer Frist von zwei Wochen an alle anderen Gesellschafter zu stellen.
>
> (2) Kommt eine Einigung über den Mediator der Familiengesellschafter nicht zustande, bestimmt die Industrie- und Handelskammer am Sitz der Gesellschaft.
>
> (3) Der Rechtsweg kann erst beschritten werden, nachdem das Mediationsverfahren erfolglos durchgeführt worden ist. Die Feststellung der Erfolglosigkeit der Mediation trifft der Mediator oder unter bestimmten Umständen auch der Familiengesellschafter. Eine erfolglose Durchführung kann insb. erst nach Beschreitung einer ersten gemeinsamen Sitzung durch einen Familiengesellschafter festgestellt werden.
>
> (4) Die Durchführung bestimmt sich nach der aktuellen Verfahrensordnung der „Gesellschaft für Wirtschaftsmediation und Konfliktmanagement e.V." (gwmk).

VII. Haftung

126 Bei der Schaffung einer Poolgesellschaft bildet sich ein Zweckverband, dessen Ziel die Einflusssicherung durch Stimmbündelung ist. Damit verbunden können haftungsrechtliche Fragen sein, die es für einen Familiengesellschafter einer solchen Poolgesellschaft unbedingt zu klären gilt. **Nachteilig** kann sich unter Umständen die akzessorische **Haftung der Gesellschafter** (bei einem Personengesellschafts-Pool) auswirken. Diese kann sich insb. dann ergeben, wenn der Pool Verluste erwirtschaftet oder Drittmittel zur Finanzierung weiterer Anteile aufgenommen worden sind und die Gesellschaft zur Rückzahlung außer Stande ist. Es handelt sich um eine gesamtschuldnerische Haftung der Gesellschafter (bei der KG: § 161

---

[104] Breidenbach, Mediation, S. 4 und 72; Risse, Wirtschaftsmediation, § 1 Rn. 9; strikte Betonung („!"), dass der Mediator gerade keine Ratschläge gibt bei Kretschmer, NJW 2003, 1500, 1502.

[105] Risse, Wirtschaftsmediation, § 1 Rn. 44.

[106] Dennoch verweist Risse, Wirtschaftsmediation, § 1 Rn. 1 auf eine Studie der Mediationsvereinigung CEDR, dass 82 % aller in einem Meditationsverfahren endenden Wirtschaftskonflikte dort gütlich beigelegt werden können (für einen Bruchteil des Kosten- und Zeitaufwandes, vgl. Legal Week vom 7.12.2000, S. 26).

Abs. 2 HGB i.V.m. § 128 HGB, bei GbR: § 128 HGB analog[107]). Die Haftung des Kommanditisten ist auf die Einlage beschränkt (§ 171 Abs. 1 HGB). Eine persönliche Haftung kann jedoch aus individualvertraglicher Vereinbarung mit dem jeweiligen Vertragspartner folgen. Für die Frage der Haftung bietet sich die **GmbH & Co. KG** an. Hier ist die GmbH Komplementär, haftet allerdings nur mit ihrem Gesellschaftsvermögen (§ 13 Abs. 2 GmbHG). Wie bereits beschrieben, kann einer Publizität durch Aufnahme einer natürlichen Person als Komplementär ausgeschlossen sein, was jedoch bei der Frage der Haftung problematisch werden könnte und dringend bei der Strukturierung einer derartigen Rechtsform mitbeachtet werden muss.

> **Hinweis:**
> Nicht nur bei der GmbH & Co. KG, sondern bei Kapitalgesellschaften generell bietet sich die beschränkte Haftung auf das Gesellschaftsvermögen an.

VIII. Steuerrecht

Auch aus **steuerrechtlicher Sicht** ist die Wahl der Rechtsform zu beachten: weder die GbR noch andere Personengesellschaften sind Subjekt von Körperschaft- oder Einkommensteuer. Nach dem Transparenzprinzip werden die Gewinne unmittelbar der natürlichen Person als Einkommensteuersubjekt (vgl. § 1 EStG) zugerechnet. Bei Gewinnen von Kapitalgesellschaften erfolgt gemäß dem Trennungsprinzip zunächst eine Steuererhebung auf Ebene der Gesellschaft (Körperschaftsteuer) und anschließend bei Gewinnausschüttung auf Ebene der Gesellschafter (vgl. § 20 Abs. 1 Nr. 1 EStG). Die GbR wird jedoch als partiell steuerrechtsfähig bezeichnet. Sie ist Steuerrechtssubjekt bei der „Feststellung der Einkunftsart und der Einkünfteermittlung".[108] Die **Gewinnermittlung** erfolgt daher zweistufig. Auf der ersten Stufe werden die Einkünfte auf Ebene der Gesellschaft qualifiziert und anschließend ermittelt. Die zweite Stufe erfasst den außerhalb der Gesamthand erwirtschafteten Anteil des einzelnen Gesellschafters.[109] Welche Art von Einkünften bei den Gesellschaftern vorliegt, bestimmt sich danach, ob die Voraussetzungen einer „Mitunternehmerschaft" (§ 15 Abs. 1 Satz 1 Nr. 2 EStG) vorliegen. Nach Auffassung des BFH ist Mitunternehmer (i.S.v. § 15 Abs. 1 Satz 1 Nr. 2 EStG), wer als Gesellschafter einer Personengesellschaft Mitunternehmerinitiative (d.h. die Teilhabe an oder Einfluss auf Entscheidungen des Unternehmens) entfalten kann und wer Mitunternehmerrisiko[110] trägt, also insb. an Gewinn/Verlust (einschließlich Haftung) und den stillen Reserven beteiligt ist. Beide Merkmale müssen kumulativ vorliegen – eine geringere Intensität beim einen Merkmal kann jedoch durch eine größere Intensität beim anderen ausgeglichen werden.

127

Der **Pool in Form einer Personengesellschaft** erzielt grds. **Einkünfte aus Kapitalvermögen** (Dividende i.S.d. § 20 Abs. 1 Nr. 1 EStG) und gibt diese entweder im gesetzlichen (§ 721 BGB) oder gesellschaftsvertraglich geregelten Verhältnis an die Poolmitglieder weiter. Eine Besteuerung erfolgt nach den eben benannten Grundsätzen. Übt der Pool auch eine gewerbliche Tätigkeit in gesamthänderischer Verbundenheit (i.S.v. § 15 Abs. 1 EStG) aus, so sind gemäß dem Grundsatz der gewerblichen Infektion sämtliche Einkünfte gewerblicher Natur (vgl. § 15 Abs. 3 Nr. 1 EStG). Es erfolgt eine einheitliche und gesonderte Feststellung durch das zuständige Betriebsfinanzamt (§ 180 AO). Wichtig und nicht zu unterschätzen ist die an den Dividenden anknüpfende mögliche Gewerbesteuerpflicht (§ 15 EStG i.V.m. § 2 Abs. 1 Satz 1 EStG i.V.m. § 5 Abs. 1 Satz 3 GewStG). Hierbei ist der Pool selbst Steuersubjekt.[111]

128

Gleiches gilt für die USt (§ 13a Abs. 1 UStG), wenn der **Pool umsatzsteuerpflichtige Lieferungen** und **sonstige Leistungen** erbringt, und für die Grunderwerbsteuer. Dies kann unter Umständen einen effektiven Aus- und Aufbau gerade bei Familienvermögen verhindern. So sollte daher auch der steuerlichen Gestaltung Aufmerksamkeit geschenkt werden.

---

107 Vgl. dazu Grundsatzurteil des BGH: BGHZ 146, 341.
108 BFH, BStBl. 1995 II, S. 617, 621.
109 Hey, in: Tipke/Lang, Steuerrecht, § 18 Rn. 13.
110 Vgl. dazu ausführlich: Hey, in: Tipke/Lang, Steuerrecht, § 18 Rn. 19 – 22.
111 Wobei eine Anrechnung auf die Einkommensteuer der Gesellschafter erfolgen kann; vgl. § 35 EStG.

129 Bei den **Kapitalgesellschafts-Pools** erzielt zunächst die Familien-(Holding)-GmbH/-AG Einkünfte. Sie resultieren aus möglichen Gewinnausschüttungen/Dividenden der Hauptgesellschaft. Es ist also primär das Vermögen der juristischen Person betroffen. Die Familien-GmbH/AG ist selbst Subjekt der Körperschaftsteuer (KSt) (zzgl. Solidaritätszuschlag). Bei ihr sind alle Einkünfte solche aus Gewerbebetrieb (vgl. § 8 Abs. 2 KStG i.V.m. §§ 4 Abs. 1, 5 EStG).

130 Ferner kommt eine **Gewerbesteuerpflicht** (GewSt) in Betracht. Freibeträge bestehen bei der GmbH nicht (arg. e contrario § 11 Abs. 1 Satz 3 GewStG). Die Familiengesellschafter erzielen grds. Einkünfte aus Kapitalvermögen (§ 20 Abs. 1 Nr. 1 EStG), doch nur soweit die Pool-GmbH selbst Gewinne (Jahresüberschuss gemäß § 29 Abs. 1 GmbHG, jedoch nicht das zur Erhaltung des Stammkapitals erforderliche Vermögen, § 30 GmbHG) ausschüttet. Hierbei ist der Steuerabzug für Kapitalerträge durch den Schuldner zu beachten (§§ 43 Abs. 1 Nr. 1, 44 EStG), um einer möglichen Haftung des Geschäftsführers der Pool-GmbH (§§ 69, 191, 219 AO) zu begegnen. Bei Thesaurierung der Gewinne der GmbH sind die Familiengesellschafter selbst nicht steuerpflichtig, da insoweit keine Einkünfte erzielt werden und mithin kein Zufluss[112] an steuerbaren Vermögenswerten erfolgt. Zu beachten sind ferner die steuerlichen Folgen aufseiten des Geschäftsführers (Gehälter/Tantiemen/Pensionsrückstellungen u.a.) sowie die steuerlicher Anerkennung (Stichwort: verdeckte Gewinnausschüttung) der Vereinbarung. Dies sollte im Einzelfall je nach Umfang der Familien-GmbH ausgearbeitet werden.

131 **Steuerlich** müssen allerdings bei dem als **GmbH & Co. KG** strukturierten Pool einige Besonderheiten beachtet werden. Nachdem der BFH seine Geprägerechtsprechung im Jahre 1984 im Zuge der Abkehr von der Bilanzbündeltheorie aufgegeben hatte,[113] schaffte der Gesetzgeber[114] § 15 Abs. 3 EStG. Demnach erzielt nunmehr auch die GmbH & Co. KG gewerbliche Einkünfte (§ 15 Abs. 3 Nr. 2 EStG), sofern die Voraussetzungen des § 15 Abs. 3 Nr. 2 Satz 1 EStG sind:

Nach § 15 Abs. 3 Nr. 2 Satz 1 EStG müssen **folgende Voraussetzungen** gegeben sein:

1. Nicht schon bereits gewerblich nach § 15 Abs. 2 EStG,
2. Personengesellschaft (GmbH & Co. KG),
3. ausschließlich GmbH (oder weitere Kapitalgesellschaften) = Komplementär-GmbH,
4. Geschäftsführung durch Nicht-Gesellschafter bzw. Komplementär,
5. Einkünfteerzielungsabsicht.

132 Die oben genannte Voraussetzung 3. kann Anknüpfungspunkt für diejenigen sein, welche die Rechtsform einer GmbH & Co. KG bevorzugen und einen **Kommanditisten** neben oder anstelle der Komplementär-GmbH **zur Geschäftsführung** der GmbH & Co. KG **bestellen**. So kann der Tatbestand des § 15 Abs. 3 Nr. 2 Satz 1 EStG vermieden werden. Zu beachten gilt aber auch hier, dass allein die Geschäftsführung der GmbH durch einen Kommanditisten nicht genügt. Vielmehr bleibt auch in einem solchen Falle ausschließlich die GmbH geschäftsführungsbefugt. Es kommt auf die gesellschaftsrechtliche Geschäftsführung bei der Personengesellschaft an. Der Kommanditist muss daher **neben der GmbH geschäftsführungsbefugt** sein. Gegen diese h.M.[115] werden in der Lit. teilweise verfassungsrechtliche sowie systematische Argumente vorgebracht,[116] die jedoch nicht Gegenstand weiterer Untersuchungen sind.

IX. Publizität des Jahresabschlusses

133 Zu beachten ist ferner die **Pflicht zur Aufstellung** (§§ 238 Abs. 1 Satz 1, 242 Abs. 1, 6 Abs. 1 HGB i.V.m. § 3 Abs. 1 AktG bzw. § 13 Abs. 3 GmbHG) und Offenlegung des Jahresabschlusses (aus HGB

---

112 Vergleich zum Zeitpunkt des Zuflusses: § 44 Abs. 2 Satz 1 EStG.
113 BFH, BStBl. 1984 II, S. 751, 761.
114 BT-Drucks. v. 10.12.1985, 10/4513, S. 9.
115 Bitz, in: Littmann/Bitz/Hellwig, Das Einkommensteuerrecht, § 15 Rn. 176 m.w.N., wobei sich die h.M. auf den Wortlaut des § 15 Abs. 3 Nr. 2 Satz 1 EStG berufen kann.
116 So u.a. Schulze-Osterloh, DStZ 1985, 315, 319; Stadie, FR 1987, 485 ff.

bzw. § 9 PublG i.V.m. § 325 HGB bzw. Gesellschaftsstatut), die neben weiteren Kosten einen ausschlaggebenden Punkt für die Rechtsformwahl der Familienmitglieder bilden kann.

Die **GmbH & Co. KG** bietet eine gute Möglichkeit, die Offenlegung des Jahresabschlusses zu modifizieren. Bei der GmbH & Co. KG obliegt die Führung der Bücher dem Geschäftsführer der GmbH. Dieser sieht sich daher einer zweifachen Buchführung ausgesetzt (KG und GmbH). Zur Sicherung des Einflusses kann allerdings angedacht werden, den Einblick in das Unternehmen zu erschweren bzw. unmöglich zu machen und somit die **handelsrechtliche Offenlegungspflicht** des Jahresabschlusses durch gezielte Wahl und Ausgestaltung der Rechtsform des Unternehmens zu vermeiden. Durch das sog. „Kapitalgesellschaften- und Co.-Richtlinie- Gesetz"[117] aus dem Jahr 2000 fallen auch die OHG und die KG unter die handelsrechtliche Offenlegungspflicht (§ 264a HGB i.V.m. § 325 HGB).

134

Der **EuGH** stellte bereits im Weg des Vorabentscheidungsverfahrens (Art. 234 EGV) fest, dass die deutschen Offenlegungspflichten **EU-konform** sind.[118] Die Art der Bekanntmachung unterscheidet sich nach Unternehmensgröße. Angesichts vermögensverwaltender Holding-Tätigkeit dürften jedoch nur die Anforderungen für kleine Kapitalgesellschaften nach § 267 Abs. 1 HGB gelten. Da häufig jedoch eine registerrechtliche Publizität nicht gewollt ist, die jedermann Einsicht in das Handelsregister gestattet (vgl. § 9 Abs. 1 HGB), wird zunehmend versucht, Maßnahmen zu finden, die der Vermeidung einer Publizität dienen bzw. diese teilweise modifizieren.

135

Es kommen **verschiedene Modelle** in Betracht:

136

- Sofern eine Offenlegungspflicht besteht, kann der volle gesetzliche (Publizitäts-) Zeitrahmen von zwölf Monaten (vgl. § 325 Abs. 1 Satz 1 HGB) ausgeschöpft werden, umso ein nicht der aktuellen Vermögens-, Finanz- und Ertragslage entsprechendes Bild des Unternehmens zu erstellen (sog. Verzögerungsmodell).
- Weiterhin können bilanzpolitische Motive die maßgeblichen Größenmerkmale (§ 267 HGB) beeinflussen, so dass eine Herabstufung des Unternehmens, verbunden mit einer vereinfachten Publizität (§§ 326, 327 HGB) und einem geringeren Umfang (vgl. § 266 Abs. 1 Satz 3 HGB), in Betracht kommt (sog. Begrenzungsmodell).
- Zudem kann eine Offenlegungspflicht des Jahresabschlusses dann nicht bestehen, wenn dieser in einen Konzernabschluss eingegliedert wird (sog. Konzernmodell). Zu denken ist auch an die Ausgliederung bestimmter operativer Geschäfte auf ein weiteres Unternehmen, so dass die wirtschaftlichen Verhältnisse schwer nachvollziehbar sind (sog. Verschleierungsmodell). Ferner besteht eine Offenlegungspflicht des Jahresabschlusses nicht, wenn
- eine natürliche Person oder
- eine OHG, KG oder andere Personengesellschaft mit einer natürlichen Person als persönlich haftender Gesellschafter oder
- eine sog. mehrstöckige Personengesellschaft vorliegt (sog. Vermeidungsmodell). Letzteres wird wohl unter Familienmitgliedern am ehesten in Betracht kommen.

D. Fazit

Familienmitglieder sollten sich, um ihren Einfluss auf die (Haupt-)Gesellschaft zu erhalten, über die Strukturierung ihrer Anteile sorgsam beraten (lassen).

137

> **Hinweis:**
>
> Davon ausdrücklich zu unterscheiden ist die Frage, ob die dargestellten Gesellschafsformen an sich eine geeignete Grundstruktur für Familienunternehmen sind. Vorliegend ging es ausschließlich um

---

117 Gesetz zur Umsetzung der Kapitalgesellschaften & Co.-Richtlinie (KapCoRiLiG) vom 24.2.2000, BGBl. 2000 I, S. 154.
118 EuGH, DStRE 2004, 1257.

die Frage der Eignung der Rechtsformen als Pool-/Holding-/Konsortialgesellschaften (mithin um Stimmbindung. Diese Gesellschaften halten ihrerseits wiederum Anteile an der Hauptgesellschaft, die ihrerseits familiäre Strukturen aufweisen kann aber keineswegs muss.

138 Personengesellschaften bzw. die GmbH als personalistisch strukturierte Kapitalgesellschaft können bereits ausreichend **flexibel** gestaltet werden, um die Sicherung des Familieneinflusses in der Hauptgesellschaft sowie eine Stimmbündelung zu gewährleisten.[119] Ist dies nicht gewollt, kann eine **Innengesellschaft errichtet werden**, deren Struktur ebenfalls sorgsam durchdacht sein muss. Die einzelnen Familienmitglieder entscheiden darüber, ob sie der Geschäftsleitung ein fakultatives Organ (bspw. Beirat) als Beratungsgremium zur Verfügung stellen. Die einzelnen Rechtsformen bieten in verschiedenen Punkten Vor- und Nachteile, die es zu kombinieren gilt (bspw. als GmbH & Co. KG).

139 Wichtig ist, dass die **Bedürfnisse der Familiengesellschafter** im Einzelfall exakt herausgearbeitet werden müssen und rechtstechnisch durch geschickte Vereinbarungen ihren Ausfluss in einem Gesellschaftsstatut erhalten. Dadurch sichert man Familie und Familiengesellschaft. Nicht weniger Beachtung schenken sollte man den **steuerlichen Konsequenzen**, die aus den Entscheidungen der Familienmitglieder resultieren. Es gilt auch, die permanenten Änderungen der Gesetzeslage zu beachten. Insb. steuerliche Vorschriften sowie die Rspr. des EuGH beeinflussen das nationale Recht. Eine Aktualitätsprüfung im Abstand von zwei Jahren ist daher anzuraten.

---

119 So im Ergebnis auch May, Sicherung des Familieneinflusses, § 1.

§ 6 Stiftungen und Unternehmen

Inhaltsverzeichnis

		Rn.			Rn.
A.	**Einleitung**............................	1	II.	Abspaltungsverbot................	46
I.	Stiftungen im unternehmerischen Bereich....	1	III.	Familienstiftung und Familie des Stifters.....	47
II.	Gestaltungsmodelle und Gestaltungsoptionen .	5	**D.**	**Stiftung & Co. KG**.................	52
B.	**Satzungsgestaltung unter Berücksichtigung der Stiftungscharakteristika**.............	8	**E.**	**Gemeinnützige Unternehmensstiftung**.....	55
I.	Stiftungszweck........................	9	I.	Überblick........................	55
II.	Stiftungsvermögen.....................	19	II.	Beteiligung gemeinnütziger Stiftungen an Kapitalgesellschaften................	59
III.	Stiftungsorganisation...................	26			
C.	**Doppelstiftung**.......................	43	III.	Beteiligung gemeinnütziger Stiftungen an Personengesellschaften................	65
I.	Struktur............................	44			

Kommentare und Gesamtdarstellungen:

Bamberger/Roth, Kommentar zum Bürgerlichen Gesetzbuch, 2003; *Hof/Hortmenn/Richter*, Beck-Rechtsberater Stiftungen, 2003; *Lutter/Hommelhoff*, Kommentar zum GmbH-Gesetz, 16. Aufl. 2004; *Meyn/Richter*, Die Stiftung, 2004; *Münchener Kommentar zum Bürgerlichen Gesetzbuch*, Bd. 1, Allgemeiner Teil, 5. Aufl. 2006; *K. Schmidt*, Gesellschaftsrecht, 4. Aufl. 2002; *Seifart/v. Campenhausen*, Handbuch des Stiftungsrechts, 2. Aufl. 1999; *Staudinger*, Kommentar zum Bürgerlichen Gesetzbuch, 13. Aufl. 1993 ff.; *Wachter*, Stiftungen. Zivil- und Steuerrecht in der Praxis, 2001.

Aufsätze und Rechtsprechungsübersichten:

Arnold, Gemeinnützigkeit von Vereinen und Beteiligung an Gesellschaften, DStR 2005, 581; *Binz/Sorg*, Die Doppelstiftung im Steuerrecht, ZEV 2005, 520; *Burgard*, Das neue Stiftungsprivatrecht, NZG 2002, 697; *Hüttemann*, Das Gesetz zur Modernisierung des Stiftungsrechts, ZHR 167 (2003), 35; *ders.*, Der neue Anwendungserlass zur Abgabenordnung, FR 2002, 1337; *Lex*, Die Mehrheitsbeteiligung einer steuerbegünstigten Körperschaft an einer Kapitalgesellschaft: Vermögensverwaltung oder wirtschaftlicher Geschäftsbetrieb?, DB 1997, 349; *Nietzer/Stadie*, Die Familienstiftung & Co. KG – eine Alternative für die Nachfolgeregelung bei Familienunternehmen, NJW 2000, 3457; *Richter*, Die Unternehmensstiftung – ein Instrument der Unternehmensnachfolge?, Berater-Brief Vermögen Heft 1/2004, 17; *ders.*, Die Vermögensanlage von rechtsfähigen Stiftungen, Berater-Brief Vermögen Heft 9/2004, 11; *Schwarz*, Zur Neuregelung des Stiftungsprivatrechts, DStR 2002, 1718 und 1767; *Wachter*, Steuerfallen für Steuerbegünstigte, NZG 2003, 107; *Wernicke*, Vorstandskontrolle in der Stiftung, ZEV 2003, 301.

A. Einleitung

I. Stiftungen im unternehmerischen Bereich

Die **Rechtsform der Stiftung**[1] gibt dem Unternehmer die Möglichkeit, jedenfalls seinen Namen und seinen Willen zu verewigen. Dieser oft zitierte Satz, angewandt auf die Unternehmensstiftung, beleuchtet das Grundproblem der **Institutionalisierung eines Unternehmens** durch eine **Stiftungslösung**. Es besteht ein **Spannungsverhältnis** zwischen der auf „Ewigkeit" gerichteten, von Anteilseignern (nicht aber von lebenden Personen) abgelösten Stiftung und der dauernden Veränderung des Unternehmens. Fraglich ist, unter welchen Rahmenbedingungen und mit welchen Vorkehrungen diese einzige „ewige" und „eigentümerlose" Rechtsform, zweckmäßig für ein Unternehmen ist.

1

---

[1] Ausführlich zum Stiftungsrecht siehe bspw. Hof/Hartmann/Richter, Stiftungen; Meyn/Richter, Die Stiftung.

2 Bevor der Unternehmer und sein Berater der rechtlichen und steuerlichen Optimierung nachgehen, ist **zweierlei** zu klären:[2]

- Zum einen stellt sich die Frage, ob das konkrete Unternehmen (unabhängig von einer Stiftung) institutionalisierbar, d.h. strukturell von der Person seines jetzigen Unternehmers ablösbar ist.

Dazu folgende These: Gelingt die Institutionalisierung des Unternehmens nicht ohne Stiftung, so wird sie auch nicht mit ihr gelingen. Allein die Wahl einer bestimmten Rechtsform überlistet nicht das inhaltlich unternehmerische Problem.

- Zum anderen ist fraglich, warum gerade die Rechtsform der Stiftung Hilfsmittel zur Institutionalisierung des Unternehmens sein soll.

Auch dazu eine These: Die Stiftung als juristische Person stellt beim Tod des Unternehmens nur einen **Rechtsträger als leere Hülse** zur Verfügung. Zweifelsohne ist sie ein besonders gut auf Dauer angelegter Rechtsträger. Er ist aber weder für Unternehmen üblich, noch auf sie besonders zugeschnitten, noch für sie besonders gut durchgeregelt, alles im Gegensatz zu den Personenhandels- und Kapitalgesellschaften.

3 Gerade deshalb sollte die Kombination von Stiftung und Gesellschaft stets erwogen werden (**sog. Beteiligungsträgerstiftung**). Die Errichtung einer Stiftung als Rechtsakt löst das Nachfolgerproblem nicht. Dies gilt nicht nur für die Stiftung, denn auch die Vererbung an den Nachfolger in der Familie oder überhaupt die Gründung einer Familiengesellschaft sorgt nicht schon an sich für die Unternehmensnachfolge.

Ob die Stiftung aber ein guter Eigentümer des Unternehmens sein wird, hängt zunächst von der im Vorhinein schwer zu beeinflussenden und vorherzusehenden Qualifikation der Handelnden ab. Wichtig ist dabei, dass die **Stiftung als Eigentümerin des Unternehmens** ihre Eigentümerrechte auch wirklich ausüben kann. **Zur Ausübung der Eigentümerrechte** gehört nicht das Hineinregieren in das Unternehmen, aber die distanzierte Kontrolle und als ultima ratio die Möglichkeit, sich ganz oder teilweise von dem Unternehmen zu trennen. Der Unternehmerstifter, der Unternehmen und Stiftungen **unlösbar voneinander abhängig** macht, tut damit voraussichtlich weder dem Unternehmen noch der Stiftung Gutes. Zahlreiche Stiftungen haben sich im Laufe der Jahre und Jahrzehnte von ihren Unternehmensbeteiligungen getrennt. Genannt sei die Hertie-Stiftung, die Beteiligungen an Hertie und später an Karstadt hielt, sowie die Zeit-Stiftung Ebelin und Gerd Bucerius, die ihre Beteiligung an der Bertelsmann AG wenige Jahre nach dem Tod von Gerd Bucerius veräußerte.

4 In einem Punkt kann die Absicht zur Errichtung einer Unternehmensstiftung die Risiken der Unternehmensnachfolge sogar erhöhen, wenn nämlich die **Errichtung der Stiftung auf den Todeszeitpunkt** oder kurz zuvor geplant ist. Denn die Institutionalisierung des Unternehmens wie die Einübung der Unternehmer- oder Eigentümerfunktionen der Stiftung bedürfen Zeit. Der Übergang vom Unternehmer auf die Stiftung soll kein Bruch sein, noch dazu verstärkt durch den natürlichen Bruch beim Tod des Unternehmers, sondern ein Prozess, bei dem die unvermeidlichen Fehler gemacht und berichtigt werden können. Dabei sollte sogar die Möglichkeit des Abbruchs des Versuchs der Errichtung der Unternehmensstiftung nicht ausgeschlossen sein. Auch auf dem Weg der Unternehmensstiftung braucht die Unternehmensnachfolge Zeit. Der Unternehmer sollte **bereits zu Lebzeiten** seine Nachfolge regeln, um im Einzelfall Korrekturen vornehmen zu können.

II. Gestaltungsmodelle und Gestaltungsoptionen

5 Grds. werden **zwei Arten von Unternehmensstiftungen** unterschieden:

- die Unternehmensträgerstiftung und
- die Beteiligungsträgerstiftung.

6 Die Unternehmensträgerstiftung betreibt selbst ein Unternehmen, die Beteiligungsträgerstiftung hält dagegen Beteiligungen an Gesellschaften. Eine Stiftung kann sich an einer Kapitalgesellschaft oder an einer Personengesellschaft beteiligen. Beteiligt sich eine Stiftung an einer KG, so kann die Stiftung entweder

---

2 Grundlegend Seifart/v. Campenhausen/Pöllath, Handbuch Stiftungsrechts, § 13 Rn. 5 ff.

als Kommanditistin in Erscheinung treten oder es kann die Errichtung einer Stiftung & Co. KG erwogen werden.[3]

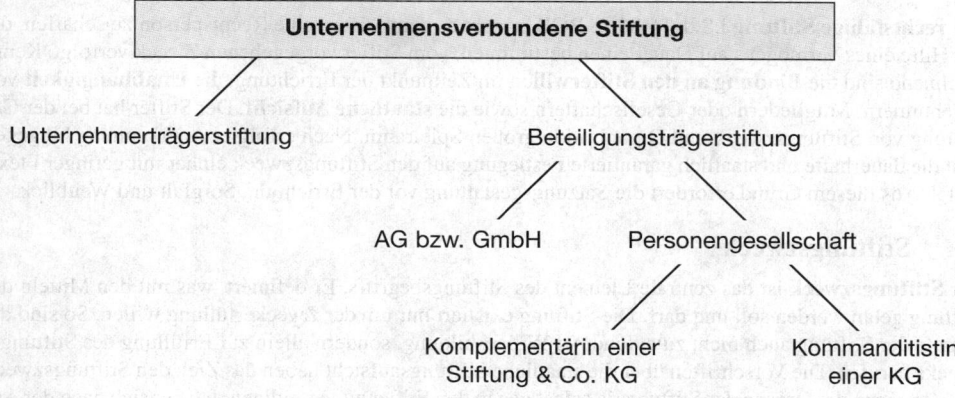

> **Hinweis:**
>
> Zu empfehlen ist die Variante der **Beteiligungsträgerstiftung**. Die großen Unternehmensstiftungen wie z.B. Bertelsmann folgen diesem Modell. Dass sich die Stiftung als unmittelbarer Unternehmensträger schwer tut, zeigt die jüngst vollzogene Umwandlung der Carl Zeiss Stiftung von einer Unternehmensträgerstiftung in eine Stiftung, welche die Unternehmen Zeiss und Schott Glas nicht mehr selbst führt, sondern nur noch Beteiligungen an Kapitalgesellschaften verwaltet. Im Ergebnis ist die Verbindung von Stiftung und Kapitalgesellschaft oft die bessere Lösung.

Die **Unternehmensstiftung** ist zwar eine Option für jeden Unternehmer und jedes Unternehmen. Aber weder ist die Institutionalisierung des Unternehmens die einzige Option, noch ist die Stiftung die einzige Option als Mittel der Institutionalisierung. Der an der Unternehmensstiftung Interessierte hat vielmehr im Einzelfall konkret auch alle anderen Optionen zu erwägen, und für jede von ihnen gibt es erfolgreiche Beispiele: wirtschaftliche Optionen wie Familiengesellschaft, Publikumsgesellschaft, Verkauf (mit Übertragung des Erlöses oder Vermögens auf eine Stiftung), Beteiligungsmodell mit Investoren, Industriepartnern, Mitarbeitern usw.; rechtliche Optionen wie die verschiedenen Gesellschaftsformen, Stiftung, Trust, alle jeweils allein oder in Kombination mit anderen.

Die **Kombinationsmöglichkeiten** sind nahezu unendlich.

7

Beispiele:

Die Familiengesellschaft als Stiftung & Co. KG oder die *Publikumsgesellschaft mit Aktien in einer Familienstiftung*, der *Teilverkauf durch Beteiligung* eines Industriepartners mit Übertragung des aus der Veräußerung entstandenen Vermögens auf eine Stiftung, die in verschiedener Mischung familiäre und gemeinnützige Zwecke verbinden kann (z.B. gemeinnützige Stiftung mit bis zu einem Drittel Familienbegünstigung[4]) usw.

Die Vielfalt der Möglichkeiten sollte durchaus zu **individuellen Lösungen** anreizen. Sie warnt aber zugleich vor der Fehlerträchtigkeit, die mit jeder Abweichung vom Erprobten steigt. Fehler sind wahrscheinlich, gerade bei einer auf Dauer angelegten Struktur wie der Stiftung, die nach Wegfall des Stifters praktisch schwer auf veränderte Umstände oder Erkenntnisse durch Strukturveränderung reagieren kann.

---

3   Zur Stiftung & Co. KG siehe Rn. 52 f.
4   Siehe dazu Rn. 56.

B. Satzungsgestaltung unter Berücksichtigung der Stiftungscharakteristika

8   Die **rechtsfähige Stiftung** i.S.d. §§ 80 ff. BGB erlaubt es dem Stifter, eine Rechtsperson zu schaffen, die mit Hilfe eines Vermögens auf Dauer einen bestimmten, vom Stifter vorgegebenen Zweck verfolgt. Kennzeichnend sind die **Bindung an den Stifterwillen** im Zeitpunkt der Errichtung, die **Unabhängigkeit** von Eigentümern, Mitgliedern oder Gesellschaftern sowie die **staatliche Aufsicht**. Der Stifter hat bei der Gestaltung von Stiftungszweck und Organisation großen Spielraum. Nach erfolgter Anerkennung hingegen geht die dauerhafte und staatlich garantierte Festlegung auf den Stiftungszweck einher mit geringer Flexibilität. Aus diesem Grund erfordert die Satzungsgestaltung vor der Errichtung Sorgfalt und Weitblick.

I. Stiftungszweck

9   Der **Stiftungszweck** ist das zentrale Element des Stiftungsbegriffs. Er definiert, was mit den Mitteln der Stiftung getan werden soll und darf. Die Stiftung existiert nur um der Zweckerfüllung willen. So sind die Organe der Stiftung auch nicht zu autonomer Willensbildung, sondern allein zur Erfüllung des Stiftungszwecks berufen. Die Vorschriften über die staatliche Stiftungsaufsicht haben das Ziel, den Stiftungszweck notfalls gegen die Organe der Stiftung, ja selbst gegen den Stifter zu verteidigen, falls er sich nach der Anerkennung der Stiftung anders entscheiden und in diesem Sinne Einfluss auf die Stiftung nehmen sollte. Deshalb sollte der Stiftungszweck so eindeutig wie möglich formuliert werden.[5]

10 Eine Stiftung kann zu jedem Zweck errichtet werden, der „das Gemeinwohl nicht gefährdet" (vgl. § 80 Abs. 2 BGB). Der Gesetzgeber bekennt sich mit dieser Formulierung zu dem in Rspr. und Schrifttum entwickelten Leitbild der **gemeinwohlkonformen Allzweckstiftung**. Sämtliche Stiftungstypen sind von Gesetzes wegen erlaubt, solange sie im Einklang mit dem Gemeinwohl stehen.[6]

> **Hinweis:**
> Wenngleich Unternehmensstiftungen eine wichtige Anwendungsform der Stiftung sind, weist der Begriff „Unternehmensstiftung" lediglich auf die Anlage von Vermögen der Stiftung in einem Unternehmen und die Herkunft von Mitteln aus einem Unternehmen hin. Von ihrer Zweckbestimmung her kann die Unternehmensstiftung Familienstiftung[7] oder gemeinnützige Stiftung[8] oder eine Kombination aus beiden (sog. Doppelstiftung[9]) sein.

11 Der Stiftungszweck muss **auf (gewisse) Dauer angelegt** sein.[10] Dauerhaftigkeit bedeutet jedoch nicht Ewigkeit. Auch die **Stiftung „auf Zeit"** oder die **Verbrauchsstiftung** sind zivilrechtlich zulässig. Der Zweck der Stiftung darf sich nur nicht in der einmaligen Verwendung von Vermögen erschöpfen.[11]

12 Die Stiftung kann **mehrere Zwecke** haben, die auch nicht in einem inhaltlichen Zusammenhang stehen müssen. Der Stifter kann außerdem vorsehen, unter welchen Voraussetzungen und/oder in welcher Reihenfolge die Stiftungszwecke verwirklicht werden sollen, etwa nach Maßgabe der zur Verfügung stehenden Mittel.[12]

13 Verschiedene Zwecke sind insb. für die **Familienstiftung** denkbar. Bspw. kann die Familienstiftung auf eine Förderung und Unterstützung von Familienangehörigen oder auf die Fortführung eines Unterneh-

---

5   Vgl. Meyn/Richter, Die Stiftung, Rn. 119.
6   Vgl. Bamberger/Roth/Schwarz, BGB, Vor § 80 Rn. 11 ff.
7   Siehe dazu Rn. 47 ff.
8   Siehe dazu Rn. 55 ff.
9   Siehe dazu Rn. 43 ff.
10 Vgl. Wachter, Stiftungen, Teil B Rn. 51.
11 Vgl. Staudinger/Rawert, BGB, Vor §§ 80 ff. Rn. 8.
12 Vgl. Meyn/Richter, Die Stiftung, Rn. 122.

mens als Familienunternehmen ausgerichtet sein.[13] Dem Stifter steht es frei, den Begriff „Familienangehöriger" in seinem vollen Umfang oder unter Einschränkungen zu verwenden.[14]

> **Hinweis:**
>
> Für den Fall, dass die Stiftungserträge den Bedarf zur Erfüllung der familienbezogenen Zwecke überschreiten oder eine spätere Umwidmung in eine steuerbefreite Stiftung beabsichtigt wird, empfiehlt es sich, weitere Zwecke (bspw. gemeinnützige) zumindest subsidiär in die Satzung aufzunehmen.[15]

Muster: Satzung einer Familienstiftung

**§ ...
Stiftungszweck**

(1) Zweck der Stiftung ist

a) die Förderung der Aus- und Weiterbildung der Familie des Stifters,

b) die angemessene Unterstützung der Familienangehörigen in Fällen wirtschaftlicher Not und sonstiger Bedürftigkeit,

c) die angemessene Unterhaltung und Pflege der Familiengrabstätten,

d) ....

(2) Soweit die Erträge aus dem Stiftungsvermögen den Bedarf zur Erfüllung der familienbezogenen Zwecke überschreiten, sind die überschüssigen Mittel zur Förderung der künstlerischen und kulturellen Aktivitäten in der Heimatstadt des Stifters (.....) zu verwenden.

> **Hinweis:**
>
> Zu beachten ist, dass bei gemeinnützigen Stiftungen das Steuerrecht **weiter gehende Anforderungen an den Stiftungszweck** stellt. Es muss sich aus der Stiftungssatzung ergeben, dass die Stiftung alle Voraussetzungen der Gemeinnützigkeit erfüllt (sog. **formelle Satzungsmäßigkeit**). Daher ist es zweckmäßig, Formulierungen zu wählen, die eine Zuordnung zu den entsprechenden steuerrechtlichen Tatbeständen zweifelsfrei erlauben. Verfolgt die Stiftung mehrere Zwecke, so ist zu beachten, dass das Gemeinnützigkeitsrecht an die unterschiedlichen Zwecke zum Teil unterschiedliche Rechtsfolgen (insb. im Hinblick auf den Sonderausgabenabzug[16]) knüpft. Hier müssen dann später auch die Aktivitäten der Stiftung eindeutig zuzuordnen sein.[17]

Neben der allgemeinen Angabe des Stiftungszwecks ist es gemeinnützigkeitsrechtlich erforderlich, die Art der Zweckverwirklichung in räumlicher, sachlicher und persönlicher Hinsicht zu konkretisieren und dabei auch festzulegen, ob die Stiftung die Zwecke vor allem durch eigene Aktivitäten und/oder durch Förderung Dritter verwirklichen soll.[18]

---

13 Vgl. Nietzer/Stadie, NJW 2000, 3458; Richter, Berater-Brief Vermögen Heft 1/2004, 17 ff.
14 Vgl. Hof/Hartmann/Richter, Stiftungen, S. 197.
15 Vgl. Hof/Hartmann/Richter, Stiftungen, S. 198.
16 Zum Sonderausgabenabzug vgl. Meyn/Richter, Die Stiftung, Rn. 490 ff.
17 Vgl. Meyn/Richter, Die Stiftung, Rn. 123.
18 Vgl. Meyn/Richter, Die Stiftung, Rn. 124.

16 **Muster: Satzung einer gemeinnützigen Stiftung**[19]

§ ...
Stiftungszweck

(1) Zweck der Stiftung ist die Förderung von Kunst und Kultur, Wissenschaft und Forschung etc. auf dem Gebiet ....

(2) Der Stiftungszweck wird insbesondere verwirklicht durch ....

(*Formulierungsalternative*: *Konkretisierung des Zwecks*

- *Trägerschaft der .... (Einrichtung) in .... ,*
- *Zuwendungen an die .... (Einrichtung) in .... ,*
- *Förderung von Vorhaben, die geeignet sind .... ,*
- *Förderung von Maßnahmen, die .... zum Ziel haben,*
- *Durchführung von wissenschaftlichen Veranstaltungen und Forschungsvorhaben,*
- *Vergabe von Forschungsaufträgen,*
- *Gewährung von Stipendien etc.)*

§ ...
Gemeinnützigkeit

(1) Die Stiftung verfolgt ausschließlich und unmittelbar gemeinnützige/mildtätige/kirchliche Zwecke i.S.d. Abschnitts „Steuerbegünstigte Zwecke" der Abgabenordnung.

(2) Die Stiftung ist selbstlos tätig. Sie verfolgt nicht in erster Linie eigenwirtschaftliche Zwecke. Die Mittel der Stiftung dürfen nur für die satzungsmäßigen Zwecke verwendet werden.

(3) Keine Person darf durch Ausgaben, die dem Zweck der Stiftung fremd sind, oder durch unverhältnismäßig hohe Vergütungen begünstigt werden.

(4) Die Stiftung erfüllt ihre Aufgaben selbst oder durch eine Hilfsperson i.S.d. § 57 Abs. 1 Satz 2 AO, sofern sie nicht im Wege der Mittelbeschaffung gemäß § 58 Nr. 1 AO tätig wird. Die Stiftung kann zur Verwirklichung des Stiftungszwecks Zweckbetriebe unterhalten.

17 Die Satzung kann ein Verfahren zur Satzungsänderung auf Beschluss der Stiftungsorgane vorsehen. Dabei ist zwischen der Änderung des Stiftungszwecks und der Änderung übriger Satzungsbestimmungen zu unterscheiden. Änderungen des Stiftungszwecks sind nach h.M. auch bei entsprechender Ermächtigung in der Satzung nur zulässig, wenn eine wesentliche Veränderung der Verhältnisse sie rechtfertigen bzw. wenn konkrete Bedingungen für die Änderung schon vom Stifter explizit festgelegt wurden. Demgegenüber sind Änderungen der übrigen Satzungsbestimmungen schon unterhalb dieser Schwelle zulässig. Alle Änderungen der Satzung müssen mit dem ursprünglichen Stifterwillen vereinbar sein und bedürfen der Genehmigung durch die Stiftungsbehörde.[20]

---

19 Quelle: Bundesverband Deutscher Stiftungen; siehe www.stiftungen.org/stiftungswesen/index.html mit weiteren Mustern und Informationen zum Stiftungswesen.
20 Zum Ganzen Hof/Hartmann/Richter, Stiftungen, S. 51 ff.; siehe auch das Beispiel zur Satzungsgestaltung bei Meyn/Richter, Die Stiftung, Rn. 158.

Muster: Satzung einer gemeinnützigen Stiftung[21]

§ ...
Satzungsänderung

(1) Die Organe der Stiftung können Änderungen der Satzung beschließen, wenn sie den Stiftungszweck nicht berühren und die ursprüngliche Gestaltung der Stiftung nicht wesentlich verändern oder die Erfüllung des Stiftungszwecks erleichtern.

(2) Beschlüsse über Änderungen der Satzung können nur auf gemeinsamen Sitzungen von Vorstand und Kuratorium gefasst werden. Der Änderungsbeschluss bedarf einer Mehrheit von zwei Dritteln der Mitglieder des Vorstandes und des Kuratoriums.

(3) Beschlüsse über Änderungen der Satzung bedürfen der Genehmigung der Stiftungsaufsichtsbehörde. Sie sind mit einer Stellungnahme der zuständigen Finanzbehörde anzuzeigen.

§ ...
Zweckerweiterung und Zweckänderung

(1) Die Organe der Stiftung können der Stiftung einen weiteren Zweck geben, der dem ursprünglichen Zweck verwandt ist und dessen dauernde und nachhaltige Verwirklichung ohne Gefährdung des ursprünglichen Zwecks gewährleistet erscheint, wenn das Vermögen oder der Ertrag der Stiftung nur teilweise für die Verwirklichung des Stiftungszwecks benötigt wird.

(2) Die Organe der Stiftung können die Änderung des Stiftungszwecks beschließen, wenn der Stiftungszweck unmöglich wird oder sich die Verhältnisse derart ändern, dass die dauernde und nachhaltige Erfüllung des Stiftungszwecks nicht mehr sinnvoll erscheint (möglich ist).

(3) Beschlüsse über Zweckerweiterung und Zweckänderung können nur auf gemeinsamen Sitzungen von Vorstand und Kuratorium gefasst werden. Der Änderungsbeschluss bedarf einer Mehrheit von drei Vierteln (der Einstimmigkeit) der Mitglieder des Vorstandes und des Kuratoriums.

(4) Beschlüsse über Zweckerweiterung und Zweckänderung werden erst nach Genehmigung der Stiftungsaufsichtsbehörde wirksam. Sie sind mit einer Stellungnahme der zuständigen Finanzbehörde anzuzeigen.

II. Stiftungsvermögen

Die Stiftung muss bereits bei der Errichtung derart mit Vermögenswerten ausgestattet sein, dass „die **dauernde und nachhaltige Erfüllung des Stiftungszweckes** gesichert erscheint" (§ 80 Abs. 2 BGB). Die **Stiftungsaufsicht** wird einer Stiftung regelmäßig bereits die Anerkennung versagen, wenn das vom Stifter bereit- oder in Aussicht gestellte Vermögen nicht ausreicht, um aus dessen Erträgen diese Zielvorgabe zu erreichen.[22] Zwar kann die Stiftung Vermögensgegenstände aller Art haben. Die Stiftung braucht aber in jedem Fall auch ein **rentierliches Vermögen**, das etwa aus Wertpapieren, Unternehmensbeteiligungen oder vermietbaren Immobilien bestehen kann.[23]

Hinweis:

Das Gesetz schreibt – anders als bei Kapitalgesellschaften – kein Mindestvermögen vor. In der Praxis fordern die Stiftungsbehörden eine Mindestausstattung zwischen 25.000 € und 50.000 €, teilwei-

---

21 Quelle: Bundesverband Deutscher Stiftungen; siehe www.stiftungen.org/stiftungswesen/index.html mit weiteren Mustern und Informationen zum Stiftungswesen.
22 Vgl. Burgard, NZG 2002, 697, 699; Richter, Berater-Brief Vermögen Heft 9/2004, 11.
23 Vgl. das Beispiel zur Satzungsgestaltung bei Meyn/Richter, Die Stiftung, Rn. 139.

se – je nach Stiftungszweck – auch mehr. Eine Ausstattung mit einem geringeren Stiftungsvermögen als 500.000 € erscheint insb. bei Familienstiftungen wenig sinnvoll.

20 Die Anforderung an die **Vermögensausstattung** soll zum Schutz des Rechtsverkehrs die dauerhafte Existenz der mitgliederlosen juristischen Person „Stiftung" gewährleisten. Darüber hinaus trägt sie dem Umstand Rechnung, dass Stiftungen grds. auf unbegrenzte Dauer angelegt sind. Die Anerkennungsbehörde hat eine Prognoseentscheidung zu treffen.[24] Sie darf aber keine Zweckmäßigkeitserwägungen anstellen, ob der Stiftungszweck nachhaltig i.S.v. „besonders intensiv" oder „wirkungsvoll" erfüllt werden kann.[25]

> **Hinweis:**
> Der Wortlaut des Gesetzes nimmt nicht dazu Stellung, wer für die Aufbringung des Stiftungsvermögens verantwortlich sein soll. Die Anerkennungsbehörde wird aber regelmäßig ein Anfangsvermögen verlangen, das vom Stifter aufzubringen ist. Eine Mindestkapitalausstattung ist jedoch gerade nicht gesetzlich vorgeschrieben. Daher sollte eine Unterkapitalisierung der Stiftung dann kein Anerkennungshindernis sein, wenn mit Zuwendungen von dritter Seite zu rechnen ist.[26]

21 **Muster: Satzung einer Familienstiftung**

§ ...
Stiftungsvermögen

(1) Das Stiftungsvermögen im Zeitpunkt der Errichtung der Stiftung ergibt sich aus dem Stiftungsgeschäft. Das Stiftungsvermögen ist in seinem Bestand dauernd und ungeschmälert zu erhalten; Vermögensumschichtungen sind zulässig.

(2) Zustiftungen zum Stiftungsvermögen sind zulässig. Der Stiftungsvorstand ist berechtigt, aber nicht verpflichtet, Zuwendungen Dritter zur Stärkung des Stiftungsvermögens anzunehmen und kann demgemäß auch generelle Einschränkungen für die Annahme vorsehen.

§ ...
Verwendung der Erträge aus dem Stiftungsvermögen

(1) Die Stiftung erfüllt ihre Aufgaben aus den Erträgen des Stiftungsvermögens.

(2) Die Stiftung darf Erträge i.H.d. allgemeinen Inflationsrate des Vorjahres in eine Rücklage einstellen oder dem Vermögen zuführen, soweit dies erforderlich ist, um den satzungsmäßigen Zweck nachhaltig erfüllen zu können.

§ ...
Begünstigte der Stiftung

(1) Begünstigte der Stiftung sind die ehelichen Kinder des Stifters; an deren Stelle treten nach deren Ableben jeweils deren Abkömmlinge usw.

(2) Nichteheliche und adoptierte Abkömmlinge gelten als ehelich, wenn dies der Stifter, oder nach dessen Ableben der Familienrat, bestimmt.

(3) Ansprüche auf Stiftungsleistungen bestehen nicht und werden auch durch die wiederholte Gewährung von Leistungen nicht begründet.

---

24 Vgl. Bamberger/Roth/Schwarz, BGB, § 80 Rn. 11.
25 Vgl. Schwarz, DStR 2002, 1718, 1725.
26 Vgl. Hüttemann, ZHR 167 (2003), 35, 49; differenzierend MünchKomm-BGB/Reuter, §§ 80, 81 Rn. 15.

Der Stifter, der sich noch nicht völlig der Verfügungsgewalt seines Vermögens begeben will, kann durch ein Stiftungsgeschäft unter Lebenden zunächst die Stiftung mit einem geringeren Vermögen als sog. „**Vorratsstiftung**" entstehen lassen und ihr sodann durch Rechtsgeschäft von Todes wegen weitere Mittel zuwenden.[27] Die **gemeinnützige „Vorratsstiftung"** muss aber laufend gemeinnützige Zwecke verwirklichen. Sie kann nicht zunächst inaktiv sein. Dies lässt das Gemeinnützigkeitsrecht nicht zu.

Muster: Satzung einer gemeinnützigen Stiftung[28]

§ ...
Stiftungsvermögen

(1) Das Stiftungsvermögen ergibt sich aus dem Stiftungsgeschäft.

(Formulierungsalternative:

Die Stiftung ist ferner Testamentserbe.)

(2) Das Stiftungsvermögen ist nach Abzug von Vermächtnissen und Erfüllung von Auflagen in seinem Bestand dauernd und ungeschmälert zu erhalten und möglichst ertragreich anzulegen. Es kann zur Werterhaltung bzw. zur Stärkung seiner Ertragskraft umgeschichtet werden.

(3) Dem Stiftungsvermögen wachsen alle Zuwendungen zu, die dazu bestimmt sind (Zustiftungen).

§ ...
Verwendung der Vermögenserträge und Zuwendungen

(1) Die Stiftung erfüllt ihre Aufgaben aus den Erträgen des Stiftungsvermögens und aus Zuwendungen, soweit diese nicht ausdrücklich zur Stärkung des Stiftungsvermögens bestimmt sind.

(2) Die Stiftung kann ihre Mittel ganz oder teilweise einer Rücklage zuführen, soweit dies erforderlich ist, um ihre steuerbegünstigten Zwecke nachhaltig erfüllen zu können und soweit für die Verwendung der Rücklage konkrete Ziel- und Zeitvorstellungen bestehen.

(3) Im Rahmen des steuerrechtlich Zulässigen können zur Werterhaltung Teile der jährlichen Erträge einer freien Rücklage oder dem Stiftungsvermögen zugeführt werden.

(4) Ein Rechtsanspruch Dritter auf Gewährung der jederzeit widerruflichen Förderleistungen aus der Stiftung besteht aufgrund dieser Satzung nicht.

Der Stifter kann in der Satzung festlegen, in welchem Verfahren und unter welchen besonderen Bedingungen die Stiftungsorgane die Aufhebung der Stiftung beschließen können. Soll das Vermögen der Stiftung nach der Aufhebung nicht an den Fiskus fallen (vgl. § 88 BGB), muss die Satzung den Anfallsberechtigten bezeichnen oder den Stiftungsorganen ermöglichen, vor oder bei der Aufhebung der Stiftung einen Anfallsberechtigten zu bestimmen. Bei gemeinnützigen Stiftungen erfordert das Gebot der Vermögensbindung für gemeinnützige Zwecke, dass das Stiftungsvermögen einem ebenfalls steuerbegünstigten Anfallsberechtigten zufällt.[29]

---

27 Vgl. Hof/Hartmann/Richter, Stiftungen, S. 198.

28 Quelle: Bundesverband Deutscher Stiftungen; siehe www.stiftungen.org/stiftungswesen/index.html mit weiteren Mustern und Informationen zum Stiftungswesen.

29 Zum Grundsatz der Vermögensbindung im Gemeinnützigkeitsrecht und den Anforderungen an die sog. Anfallklausel vgl. Meyn/Richter, Die Stiftung, Rn. 363 ff.

23 **Muster: Satzung einer gemeinnützigen Stiftung**[30]

> **§ ...**
> **Aufhebung und Vermögensanfall**
>
> (1) Die Organe der Stiftung können die Aufhebung der Stiftung beschließen, wenn der Stiftungszweck unmöglich wird oder sich die Verhältnisse derart ändern, dass die dauernde und nachhaltige Erfüllung des Stiftungszwecks nicht mehr sinnvoll erscheint (möglich ist).
>
> (2) Der Beschluss über die Aufhebung kann nur auf gemeinsamen Sitzungen von Vorstand und Kuratorium gefasst werden. Der Aufhebungsbeschluss bedarf einer Mehrheit von drei Vierteln (der Einstimmigkeit) der Mitglieder des Vorstandes und des Kuratoriums.
>
> (3) Der Beschluss über die Aufhebung wird erst nach Genehmigung der Stiftungsaufsichtsbehörde wirksam. Sie sind mit einer Stellungnahme der zuständigen Finanzbehörde anzuzeigen.
>
> (4) Im Fall der Aufhebung der Stiftung oder beim Wegfall der steuerbegünstigten Zwecke fällt das Vermögen an (steuerbegünstigte Körperschaft oder Körperschaft des öffentlichen Rechts) mit der Auflage, es unmittelbar und ausschließlich für selbstlos gemeinnützige und/oder mildtätige/kirchliche Zwecke zu verwenden, die dem Stiftungszweck möglichst nahekommen.

24 Bei privatnützigen Stiftungen kann die Satzung den Rückfall des eingebrachten Vermögens an den Stifter oder seine Erben vorsehen.[31]

25 **Muster: Satzung einer Familienstiftung**

> **§ ...**
> **Aufhebung der Stiftung und Vermögensanfall**
>
> (1) Wird die Erfüllung des Stiftungszwecks unmöglich oder ändern sich die Verhältnisse derart, dass die Erfüllung des Stiftungszwecks nicht mehr sinnvoll erscheint, können Vorstand und Familienrat gemeinsam die Aufhebung der Stiftung beschließen.
>
> (2) Der Beschluss über die Aufhebung der Stiftung bedarf einer 2/3-Mehrheit der Mitglieder des Stiftungsvorstandes und des Familienrats. Zu Lebzeiten des Stifters bedarf er ferner dessen Zustimmung.
>
> (3) Bei Aufhebung der Stiftung fällt das Stiftungsvermögen zu einem Drittel an die Heimatstadt des Stifters mit der Auflage, es ausschließlich und unmittelbar für steuerbegünstigte Zwecke zu verwenden und im Übrigen an die nach der Satzung zu diesem Zeitpunkt begünstigten Abkömmlinge des Stifters zu gleichen Teilen.

III. Stiftungsorganisation

26 Die Stiftung muss zur Sicherstellung ihrer Handlungsfähigkeit einen Vorstand haben, vgl. § 86 Satz 1 BGB i.V.m. § 26 Abs. 1 Satz 1 BGB. Der **Stiftungsvorstand** ist als **Leistungsorgan** nach der gesetzlichen Konzeption zugleich zur **Geschäftsführung** und zur **Vertretung** berufen.[32] Er beschließt somit über die Verwendung der Stiftungsmittel und vertritt die Stiftung im Rechtsverkehr. Der Umfang der Vertretungsmacht ist grds. unbeschränkt, kann aber durch die Satzung mit Wirkung gegen Dritte beschränkt werden (vgl. § 86 Satz 1 BGB i.V.m. § 26 Abs. 2 Satz 2 BGB).

---

30 Quelle: Bundesverband Deutscher Stiftungen; siehe www.stiftungen.org/stiftungswesen/index.html mit weiteren Mustern und Informationen zum Stiftungswesen.
31 Vgl. Hof/Hartmann/Richter, Stiftungen, S. 203.
32 Vgl. Seifart/v. Campenhausen/Hof, Handbuch Stiftungsrecht, § 9 Rn. 26 ff.

Der Stifter ist frei, weitere Organe oder Gremien vorzusehen. Entscheidungs-, Beratungs- und Kontrollfunktionen können nahezu beliebig ausgestaltet werden.[33]

> **Hinweis:**
> Zahl und Größe der Stiftungsorgane sollten der Stiftungsgröße und der Komplexität der Aufgaben angemessen sein. Eine kleine Förderstiftung rechtfertigt kaum den Aufwand einer umfangreichen Gremienstruktur, während dies bei einer großen Stiftung mit weitreichender operativer Arbeit kaum zu umgehen sein dürfte.

Muster: Satzung einer gemeinnützigen Stiftung (Auszug/Organe)[34]

> **§ ...**
> **Organe der Stiftung**
> Organe der Stiftung sind der Vorstand und das Kuratorium.

Soweit die Satzung weitere Organe vorsieht, ist zu beachten, dass **keine korporativen Elemente** eingeführt werden können. Diese sind dem Stiftungsrecht aufgrund des **Primats des Stifterwillens** fremd.[35] Sieht die Satzung fakultative Stiftungsorgane vor, müssen die sie betreffenden Satzungsbestimmungen in sich und insb. in Beziehung zu den Regelungen über den Vorstand widerspruchsfrei und vollziehbar sein.

Die Aufgaben, Rechte und Pflichten der Organe sind genau zu beschreiben und gegeneinander abzugrenzen. I.d.R. dürfte es sich anbieten, dem **Vorstand** alle **Exekutivfunktionen** zu übertragen, während das **Kuratorium** (bzw. der Beirat) **Beratungs- und Kontrollfunktionen** übernimmt. Damit das Kuratorium diese Funktion in angemessener Weise erfüllen kann, müssen **Berichtspflichten des Vorstandes** bzw. **Informationsrechte des Kuratoriums** in die Satzung aufgenommen werden. Dem Kuratorium können darüber hinaus Mitwirkungsrechte bei strategisch wichtigen Entscheidungen oder Entscheidungen von grundsätzlicher Bedeutung übertragen werden.[36]

Werden dem Kuratorium **umfangreiche Mitwirkungsrechte** eingeräumt, so muss einerseits darauf geachtet werden, dass die Handlungsspielräume des Vorstandes nicht über Gebühr eingeschränkt werden. Andererseits müssen die Kuratoren in die Lage versetzt werden, ihre Entscheidung auf einer angemessenen Informationsgrundlage zu treffen. Dazu ist neben dem entsprechenden zeitlichen und inhaltlichen Engagement der Kuratoren auch eine angemessene Vorbereitung der Entscheidungen durch Vorlagen, Informationsmaterial usw. erforderlich.

> **Hinweis:**
> Ist dieser Aufwand nicht beabsichtigt oder ein entsprechendes Engagement der Kuratoren nicht realistisch zu erwarten, gerät die Mitwirkung zur bloßen Förmlichkeit, auf die besser verzichtet werden sollte.

Nicht alle Organmitglieder müssen gleiche Rechte und Pflichten haben. So kann der Stifter sich und/oder seiner Familie besondere Rechte in der Satzung vorbehalten, etwa ein **Vetorecht**, ein **stärker gewichtetes Stimmrecht**, die **ausschlaggebende Stimme** in Pattsituationen oder das Recht, bestimmte Beschlüsse ohne Mitwirkung der anderen Organmitglieder zu fällen. Hier ist jedoch Vorsicht angebracht: Auch der Stifter handelt nur als Mitglied eines Organs der Stiftung. Sein Ermessen ist durch den Stiftungszweck

---

33 Vgl. Wachter, Stiftungen, Teil B Rn. 75.
34 Quelle: Bundesverband Deutscher Stiftungen; siehe www.stiftungen.org/stiftungswesen/index.html mit weiteren Mustern und Informationen zum Stiftungswesen.
35 Vgl. Hof/Hartmann/Richter, Stiftungen, S. 194; Staudinger/Rawert, BGB, Vor §§ 80 ff. Rn. 26.
36 Vgl. Meyn/Richter, Die Stiftung, Rn. 145.

begrenzt.[37] Im Streitfall verteidigt die Stiftungsaufsicht den ursprünglichen Stifterwillen auch gegen abweichende spätere Entscheidungen des Stifters als Stiftungsorgan und kann sie beanstanden oder aufheben.[38]

33 **Muster: Satzung einer gemeinnützigen Stiftung**[39]

§ ...
Aufgaben des Vorstandes

(1) Der Vorstand entscheidet in allen grundsätzlichen Angelegenheiten nach Maßgabe der Satzung in eigener Verantwortung und führt die laufenden Geschäfte der Stiftung. Er hat die Stellung eines gesetzlichen Vertreters und vertritt die Stiftung gerichtlich und außergerichtlich. Die Mitglieder des Stiftungsvorstandes sind einzelvertretungsberechtigt. Im Innenverhältnis vertritt der Vorsitzende des Stiftungsvorstandes die Stiftung allein, für den Fall der Verhinderung der stellvertretende Vorsitzende.

(2) Der Vorstand hat im Rahmen des Stiftungsgesetzes und dieser Stiftungssatzung den Willen des Stifters so wirksam wie möglich zu erfüllen. Seine Aufgaben sind insbesondere:

- die Verwaltung des Stiftungsvermögens,
- die Verwendung der Stiftungsmittel,
- die Aufstellung eines Haushaltsplanes, der Jahresrechnung und des Tätigkeitsberichtes.

(3) Zur Vorbereitung seiner Beschlüsse, der Erledigung seiner Aufgaben und insbesondere der Wahrnehmung der laufenden Geschäfte kann der Vorstand einen Geschäftsführer bestellen und Sachverständige hinzuziehen.

§ ...
Aufgaben des Kuratoriums

(1) Das Kuratorium berät, unterstützt und überwacht den Vorstand im Rahmen des Stiftungsgesetzes und dieser Stiftungssatzung, um den Willen des Stifters so wirksam wie möglich zu erfüllen. Seine Aufgaben sind insbesondere:

- Empfehlungen für die Verwaltung des Stiftungsvermögens,
- Empfehlungen für die Verwendung der Stiftungsmittel,
- Genehmigung des Haushaltsplanes, der Jahresrechnung und des Tätigkeitsberichtes
- Entlastung des Vorstandes,
- Bestellung von Mitgliedern des Vorstandes.

(2) Zur Vorbereitung seiner Beschlüsse kann das Kuratorium Sachverständige hinzuziehen.

34 Anders als bei Kapitalgesellschaften können bei Stiftungen neben natürlichen Personen auch juristische Personen als Organmitglieder berufen oder in der Satzung bestimmt werden.[40] Dabei ist deutlich zu unterscheiden, ob ein bestimmter Vertreter ad personam berufen werden soll oder ob es darum geht, dass die juristische Person repräsentiert werden soll. Im letzteren Fall müsste bestimmt werden, dass der jeweilige Inhaber eines bestimmten Amtes berufen ist oder dass die entsendende Organisation im Fall des Ausscheidens ihres Vertreters einen Nachfolger benennt.

---

37 Vgl. Staudinger/Rawert, BGB, § 86 Rn. 5.
38 Vgl. Meyn/Richter, Die Stiftung, Rn. 144.
39 Quelle: Bundesverband Deutscher Stiftungen; siehe www.stiftungen.org/stiftungswesen/index.html mit weiteren Mustern und Informationen zum Stiftungswesen.
40 Vgl. Seifart/v. Campenhausen/Hof, Handbuch Stiftungsrecht, § 9 Rn. 74 ff.

> **Hinweis:**
>
> Soweit andere Personen als der Stifter als Organmitglieder berufen werden sollen, ist deren Bereitschaft zur Mitwirkung zu klären, bevor der Antrag auf Anerkennung gestellt wird. Regelmäßig sind mit dem Antrag auch Annahmeerklärungen der Berufenen bei der Anerkennungsbehörde vorzulegen.

Für alle Organe muss die Satzung festlegen, wie die Mitglieder berufen werden und was nach ihrem Ausscheiden geschieht. Die Satzung muss sicherstellen, dass die Organe zu allen Zeiten ordnungsgemäß besetzt sind oder werden können. Andernfalls wird dies durch das AG (**Notbestellung gemäß § 86 Satz 1 BGB i.V.m. § 29 BGB**) bzw. die Stiftungsbehörde (**nach dem jeweiligen Landesstiftungsrecht**) erfolgen müssen. Regelmäßig legen die Stiftungsbehörden daher im Anerkennungsverfahren großen Wert darauf, dass die Stiftungssatzung Regelungen für alle Eventualitäten enthält. Die Schwierigkeit besteht hier darin, dass es in Ermangelung von Mitgliedern oder Gesellschaftern von Gesetzes wegen kein Organ gibt, das diese Entscheidung treffen könnte (wie etwa bei Körperschaften die Mitglieder- oder Gesellschafterversammlung).[41] 35

Die ersten Mitglieder der Organe werden regelmäßig vom Stifter im **Stiftungsgeschäft** berufen. Die Bestellung nachfolgender Organmitglieder kann dann durch **Kooptation**, andere Organe oder Dritte erfolgen.[42] Diese Verfahren können nahezu beliebig kombiniert werden. Es ist auch möglich, dass der Stifter sich bzw. benannten Angehörigen seiner Familie die Auswahl von Organmitgliedern zu Lebzeiten vorbehält. 36

Die **Amtsdauer** von Organmitgliedern kann **zeitlich begrenzt** werden, etwa auf drei oder fünf Jahre. Dabei kann **entweder** die Amtszeit für das jeweilige Organ insgesamt festgelegt werden; die Amtszeit von später berufenen Mitgliedern ist dann entsprechend kürzer. **Oder** die Amtszeit beginnt jeweils mit dem Eintritt in das Organ zu laufen mit der Folge, dass im Extremfall die Amtszeit von jedem Organmitglied zu einem anderen Zeitpunkt endet. Die erste Lösung hat den Vorteil der Übersichtlichkeit. Ein großer Teil des Schriftverkehrs zwischen Stiftungsbehörden und Stiftungen besteht aus der Erinnerung an abgelaufene Amtszeiten von Vorstandsmitgliedern, denn die jeweiligen neuen Berufungen müssen der Behörde mitgeteilt werden. 37

> **Hinweis:**
>
> Die Satzung sollte vorsehen, dass Mitglieder nach Ablauf der Amtszeit bis zur Entscheidung über die Neuberufung oder Nicht-Wiederbesetzung im Amt bleiben. Wiederum sind Sonderregelungen für einzelne Mitglieder, namentlich den Stifter, zulässig.

Andere Gründe für das Ende der Mitgliedschaft sind Tod oder Rücktritt. Auch ein Ausschluss kann erforderlich sein, wenn ein Organmitglied seine Pflichten nachhaltig verletzt (auch z.B. durch dauernde Inaktivität oder Nichtteilnahme an Sitzungen und Entscheidungsprozessen). Die Satzung sollte entsprechende Regelungen vorhalten. Soweit die Satzung keine abweichenden Regelungen enthält, können Organmitglieder aus wichtigem Grund von demjenigen abberufen werden, der sie auch berufen hat. 38

---

41 Vgl. das Beispiel zur Satzungsgestaltung bei Meyn/Richter, Die Stiftung, Rn. 148, 150 f.
42 Zu den Bestellungsverfahren vgl. Meyn/Richter, Die Stiftung, Rn. 148.

39 Muster: Satzung einer gemeinnützigen Stiftung[43]

> **§ ...**
> **Besetzung des Vorstandes**
>
> (1) Der Vorstand besteht aus .... Mitgliedern.
>
> *(Anm.: Hier kann auch eine Minimal- und Maximalanforderung formuliert werden.)*
>
> (2) Der Stifter gehört dem Vorstand auf Lebenszeit an. Zu seinen Lebzeiten ist der Stifter Vorsitzender des Vorstandes und bestellt auch den stellvertretenden Vorsitzenden und die anderen Vorstandsmitglieder. Der Stifter ist berechtigt, das Amt jederzeit niederzulegen.
>
> (3) Scheidet der Stifter oder ein anderes Vorstandsmitglied aus dem Vorstand aus, so bestellt das Kuratorium auf Vorschlag der verbleibenden Vorstandsmitglieder ein neues Vorstandsmitglied. Eine Wiederbestellung ist zulässig. Die Amtszeit der Vorstandsmitglieder beträgt vier Jahre. Der Vorstand wählt nach Ausscheiden des Stifters und der Ergänzung des Vorstandes aus seiner Mitte einen Vorsitzenden und einen stellvertretenden Vorsitzenden.
>
> (4) Dem Vorstand sollen Personen angehören, die besondere Fachkompetenz und Erfahrung in Hinblick auf die Aufgabenerfüllung der Stiftung aufweisen. Ein Mitglied soll in Finanz- und Wirtschaftsfragen sachverständig sein. Mitglieder des Kuratoriums dürfen nicht zugleich dem Vorstand angehören.
>
> (5) Das Amt eines Vorstandsmitgliedes endet nach Ablauf der Amtszeit oder bei Vollendung des .... Lebensjahres. Das Vorstandsmitglied bleibt in diesen Fällen solange im Amt, bis ein Nachfolger bestellt ist. Das Amt endet weiter durch Tod und durch Niederlegung, die jederzeit zulässig ist. Vom Stifter bestellte Vorstandsmitglieder können von diesem, andere Vorstandsmitglieder können vom Kuratorium jederzeit aus wichtigem Grunde abberufen werden. Ihnen ist zuvor Gelegenheit zur Stellungnahme zu geben.
>
> **§ ...**
> **Besetzung des Kuratoriums**
>
> (1) Das Kuratorium besteht aus .... Mitgliedern. Die Mitglieder des ersten Kuratoriums werden vom Stifter berufen.
>
> *(Anm.: Auch hier ist eine Minimal- und Maximalanforderung denkbar.)*
>
> (2) Scheidet ein Kuratoriumsmitglied aus, so wählt das Kuratorium auf Vorschlag des Vorstandes einen Nachfolger. Eine Wiederwahl ist zulässig. Die Amtszeit der Kuratoriumsmitglieder beträgt vier Jahre. Das Kuratorium wählt aus seiner Mitte einen Vorsitzenden und einen stellvertretenden Vorsitzenden.
>
> (3) Dem Kuratorium sollen Personen angehören, die besondere Fachkompetenz und Erfahrung in Hinblick auf die Aufgabenerfüllung der Stiftung aufweisen. Ein Mitglied soll in Finanz- und Wirtschaftsfragen sachverständig sein.
>
> (4) Das Amt eines Kuratoriumsmitgliedes endet nach Ablauf der Amtszeit oder bei Vollendung des .... Lebensjahres. Das Kuratoriumsmitglied bleibt in diesen Fällen solange im Amt, bis ein Nachfolger bestellt ist. Das Amt endet weiter durch Tod und durch Niederlegung, die jederzeit zulässig ist. Ein Kuratoriumsmitglied kann vom Kuratorium in einer gemeinsamen Sitzung mit dem Vorstand jederzeit aus wichtigem Grunde abberufen werden. Der Beschluss bedarf der Mehrheit der Mitglieder

---

43 Quelle: Bundesverband Deutscher Stiftungen; siehe www.stiftungen.org/stiftungswesen/index.html mit weiteren Mustern und Informationen zum Stiftungswesen.

von Vorstand und Kuratorium. Das betroffene Mitglied ist bei dieser Abstimmung von der Stimmabgabe ausgeschlossen. Ihm ist zuvor Gelegenheit zur Stellungnahme zu geben.

Bestehen die Organe **aus mehreren Personen** und sieht die Satzung nichts anderes vor, gilt für die Beschlussfassung § 86 Satz 1 BGB i.V.m. §§ 28 Abs. 1, 32, 34 BGB. Demnach werden Beschlüsse mit der **Mehrheit der erschienenen Organmitglieder** gefasst (§ 32 Abs. 1 BGB). Beschlüsse können **einstimmig** auch schriftlich gefasst werden (§ 32 Abs. 2 BGB). Ein Organmitglied ist nicht stimmberechtigt, wenn die Beschlussfassung die Vornahme eines Rechtsgeschäfts mit ihm oder die Einleitung oder Erledigung eines Rechtsstreits zwischen ihm und der Stiftung betrifft, vgl. § 34 BGB. Die Regelungen des § 32 BGB können durch die Satzung geändert werden, die Vorschrift des § 34 BGB ist hingegen zwingend (§ 40 BGB[44]).

Zur **Vermeidung von Interessenkollisionen** regelt § 86 Abs. 1 BGB i.V.m. §§ 28 Abs. 1, 34 BGB, dass ein Organmitglied nur nicht stimmberechtigt ist, wenn es um ein Rechtsgeschäft oder einen Rechtsstreit mit ihm und der Stiftung geht. Hier ist eine **weiter gehende Regelung in der Satzung** empfehlenswert, um Organmitglieder vor der Versuchung zu bewahren, Entscheidungen der Stiftung zu ihrem eigenen Vorteil oder zum Vorteil anderer Organisationen zu beeinflussen, bei denen sie selbst einen verantwortlichen Posten bekleiden.[45]

Muster: Satzung einer gemeinnützigen Stiftung[46]

§ ...
Beschlussfassung des Vorstandes

(1) Beschlüsse des Vorstandes werden i.d.R. auf Sitzungen gefasst. Der Vorstand wird vom Vorsitzenden oder seinem Stellvertreter nach Bedarf, mindestens aber einmal jährlich unter Angabe der Tagesordnung und Einhaltung einer Frist von zwei Wochen zu einer Sitzung einberufen. Sitzungen sind ferner einzuberufen, wenn .... Mitglieder des Vorstandes dies verlangen.

(2) Ein Vorstandsmitglied kann sich in der Sitzung durch ein anderes Vorstandsmitglied vertreten lassen. Kein Vorstandsmitglied kann mehr als ein anderes Vorstandsmitglied vertreten.

(3) Der Vorstand ist beschlussfähig, wenn nach ordnungsgemäßer Ladung mindestens .... Mitglieder, unter ihnen der Vorsitzende oder sein Stellvertreter, anwesend oder vertreten sind. Ladungsfehler gelten als geheilt, wenn alle Mitglieder anwesend sind und niemand widerspricht.

(4) Der Vorstand trifft seine Entscheidungen mit einfacher Mehrheit der abgegebenen Stimmen, sofern die Satzung nichts Abweichendes bestimmt. Bei Stimmengleichheit gibt die Stimme des Vorsitzenden, ersatzweise seines Stellvertreters den Ausschlag.

(5) Wenn kein Mitglied des Vorstandes widerspricht, können Beschlüsse im schriftlichen oder fernmündlichen Umlaufverfahren gefasst werden.

(6) Über die Sitzungen sind Niederschriften zu fertigen und vom Sitzungsleiter und dem Protokollanten zu unterzeichnen. Sie sind allen Mitgliedern des Vorstandes und dem Vorsitzenden des Kuratoriums zur Kenntnis zu bringen.

(7) Weitere Regelungen über den Geschäftsgang des Vorstandes und diejenigen Rechtsgeschäfte, zu deren Durchführung der Vorstand der Zustimmung des Kuratoriums bedarf, kann eine vom Kuratorium zu erlassende Geschäftsordnung enthalten.

---

44 Vgl. das Beispiel zur Satzungsgestaltung bei Meyn/Richter, Die Stiftung, Rn. 153.
45 Vgl. das Beispiel zur Satzungsgestaltung bei Meyn/Richter, Die Stiftung, Rn. 154.
46 Quelle: Bundesverband Deutscher Stiftungen; siehe www.stiftungen.org/stiftungswesen/index.html mit weiteren Mustern und Informationen zum Stiftungswesen.

> **§ ...**
> **Beschlussfassung des Kuratoriums**
>
> (1) Das Kuratorium soll mindestens einmal im Jahr zu einer ordentlichen Sitzung zusammenkommen. Eine außerordentliche Sitzung ist einzuberufen, wenn mindestens .... Mitglieder oder der Vorstand dies verlangen. Die Mitglieder des Vorstandes, der Geschäftsführer und Sachverständige können an den Sitzungen des Kuratoriums beratend teilnehmen.
>
> (2) Für die Beschlussfassung des Kuratoriums bzw. von Vorstand und Kuratorium gemeinsam gilt § .... entsprechend. Das Kuratorium kann sich eine Geschäftsordnung geben.

C. Doppelstiftung

43 Die Errichtung einer **Doppelstiftung** ermöglicht, die gemeinnützigkeitsbezogenen Steuervorteile zu nutzen, die Erbschaft- und Schenkungsteuerlast bei Stiftungserrichtung zu minimieren, die Erbersatzsteuer auf die notwendigen Vermögensteile zu beschränken und die unternehmerische Verantwortung bei der Familie zu bündeln.

I. Struktur

44 Bei einer Doppelstiftung sind zwei Stiftungen, **eine gemeinnützige Stiftung** und **eine Familienstiftung**, zu errichten. Auf die Familienstiftung werden sodann so viele Anteile eines Unternehmens übertragen, wie für die in der Satzung vorgesehene Unterstützung von Familienmitgliedern und der nachfolgenden Generationen erforderlich erscheint. Die restlichen Anteile erhält die gemeinnützige Stiftung. Für sie werden jedoch Stimmrechte ausgeschlossen oder zu Gunsten der Familienstiftung beschränkt.[47]

> **Hinweis:**
>
> Die Errichtung einer Doppelstiftung eignet sich insb., wenn das Unternehmen in der Rechtsform der GmbH besteht. Bei dieser bestehen gegen eine disquotale Gewinnverteilung aufgrund des § 29 Abs. 3 Satz 2 GmbHG grds. keine Bedenken. Dagegen ist bei der AG die Ausgestaltung wegen der in § 23 Abs. 5 AktG normierten Satzungsstrenge schwieriger.

Grundmodell der Doppelstiftung

- Destinatäre ← Zuwendungen ← Familienstiftung
- Gemeinnütziger Zweck ← Zuwendungen ← Gemeinnützige Stiftung
- 1/3 Regelung (?)

Familienstiftung:
- alle Stimmrechte
- geringer Kapitalanteil

Gemeinnützige Stiftung:
- keine Stimmrechte
- hoher Kapitalanteil

Ausschüttungen / Kapitalerhöhungen / Rücklagen

Kapitalgesellschaft
Holding oder operativ tätige Gesellschaft

---

47 Vgl. Hof/Hartmann/Richter, Stiftungen, S. 201.

Die Familienstiftung hält somit **stimmberechtigte Stammaktien** oder **Stammgeschäftsanteile**, die gemeinnützige Stiftung **Vorzugsaktien** oder **Vorzugsgeschäftsanteile**. Gegenüber dem Unternehmen decken sich die Interessen beider Stiftungen jedenfalls bzgl. des Hauptinteresses, nachhaltige Erträge aus dem Unternehmen zu erlangen. Durch ein geringeres Volumen der Familienstiftung lassen sich **Steuernachteile verringern**. Die Steuerfreiheit der gemeinnützigen Stiftung stärkt die Eigenkapitalbasis des Unternehmens, soweit die Stiftung ihre freien Rücklagen im Unternehmen investieren kann (stille Beteiligung, Genussrechte etc.).[48]

45

II. Abspaltungsverbot

Aus gesellschaftsrechtlicher Sicht stellt sich bei der GmbH die Frage, ob eine solche Kombination von Mehrstimmrechten und stimmrechtslosen Anteilen im Fall einer kapitalmäßig nur symbolischen Beteiligung des Mehrstimmberechtigten eine **Umgehung des Abspaltungsverbotes** darstellt. Inhalt des von der h.M. als allgemeiner Grundsatz des Gesellschaftsrechts anerkannten Abspaltungsverbotes ist das Verbot, einzelne Mitgliedschaftsrechte von der Mitgliedschaft als solcher getrennt zu übertragen. Es ist unzulässig durch Gesellschaftsvertrag anteilslose Stimmrechte zu schaffen.[49] Umgekehrt ist jedoch anerkannt, dass es den Gesellschaftern im Innenverhältnis frei steht, sowohl stimmrechtslose Anteile zu schaffen, als auch einzelnen Gesellschaftern Mehrstimmrechte einzuräumen. § 47 GmbHG ist insofern dispositiv.[50] Eine gemeinnützige Stiftung kann demnach Mehrheitsgesellschafterin einer GmbH sein und gleichzeitig stimmrechtslos gestellt werden. Im Umkehrschluss kann ein Mehrstimmrecht auch zu Gunsten eines symbolisch beteiligten Gesellschafters geschaffen werden.

46

Vereinzelt wird die Meinung vertreten, dass die **Grenze zur Vertragsfreiheit überschritten** sei, wenn nur eine symbolische Beteiligung des Mehrheitsberechtigten vorläge, so z.B., wenn die Mehrheit der Stimmen auf einen mit nur 0,05 % am Stammkapital beteiligten Gesellschafter fällt.[51] Diese Grenzziehung erscheint jedoch willkürlich. Auch im Fall einer geringfügigen Beteiligung fehlt es an der vollständigen Trennung von Herrschaftsgewalt und Mitgliedschaft, die das Abspaltungsverbot verhindern soll. Im Ergebnis ist eine **derartige Stimmverteilung** bei der Errichtung einer Doppelstiftung demnach **nicht unzulässig**.

III. Familienstiftung und Familie des Stifters

Die **Familienstiftung** ist der Prototyp der privatnützigen Stiftung.[52] Dabei ist allerdings weder die privatnützige Stiftung im Allgemeinen noch die Familienstiftung im Speziellen eine besondere Rechtsform der Stiftung, sondern eine Anwendungsform.[53] Das Charakteristikum der Familienstiftung, das sie von anderen Stiftungen unterscheidet, liegt in ihrem **familiären Bezug**.[54]

47

Die Familienstiftung kann in einzelnen Konstellationen ein interessantes **Instrument der Unternehmensnachfolge** sein. So können die Familienmitglieder die Stiftung anders als z.B. bei der Familiengesellschaft nicht kündigen, keine Anteile auf Dritte übertragen und keine Stimm-, Kontroll- oder auch nur Informationsrechte nach Gesellschaftsrecht ausüben. Darüber hinaus bewirkt die Stiftung einen **absoluten Schutz gegen das Auseinanderfallen des Unternehmens**, u.a. im Erbwege. Da es beim Generationengang der Begünstigten keinen Erbfall für das Stiftungsvermögen gibt, gehen auch erbrechtliche Ansprüche ins Leere. Insb. gibt es keine Ansprüche, die zur Liquidation und Zersplitterung von Vermögen

48

---

48   Zu den steuerlichen Aspekten vgl. Binz/Sorg, ZEV 2005, 520 ff.
49   Vgl. K. Schmidt, Gesellschaftsrecht, § 19 III Nr. 4.
50   OLG Frankfurt, GmbHR 1990, 79, 82.
51   Vgl. Lutter/Hommelhoff, GmbHG, § 47 Rn. 2.
52   Vgl. Seifart/v. Campenhausen/v. Campenhausen, Handbuch Stiftungsrecht, § 2 Rn. 12; Hof/Hartmann/Richter, Stiftungen, S. 193; Staudinger/Rawert, BGB, vor §§ 80 ff. Rn. 122.
53   Vgl. Meyn/Richter, Die Stiftung, Rn. 36; Seifart/v. Campenhausen/Pöllath, Handbuch Stiftungsrecht, § 14 Rn. 1, 5.
54   Vgl. Seifart/v. Campenhausen/Pöllath, Handbuch Stiftungsrecht, § 14 Rn. 9.

führen können. **Eventuelle Pflichtteilsansprüche** bemessen sich nicht nach dem Vermögen der Familienstiftung, sondern lediglich nach dem Nachlass eines Erblassers außerhalb der Stiftung, ggf. aber unter der Zurechnung von Werten, die in den letzten zehn Jahren vor dem Tod auf Stiftungen übertragen wurden.[55]

> **Hinweis:**
> Bei der Familienstiftung erfolgt wegen des Familienbezuges ein „Durchgriff" durch die ansonsten steuerlich verselbständigte Stiftung auf die begünstigten Familienmitglieder. Bei Errichtung und Aufhebung der Stiftung führt dies zu einer Steuererleichterung, da sich die anzuwendende Steuerklasse bei der Erbschaft- und Schenkungsteuer nach dem Verwandtschaftsverhältnis der beteiligten Familienmitglieder richtet. Nach Errichtung der Stiftung wirkt sich dieser Durchgriff auf die Familie hingegen nachteilig aus, da bei inländischen Familienstiftungen eine Erbersatzsteuer erhoben wird, die generell alle 30 Jahre einen „Erbgang" zum Zwecke der Erbschaftsbesteuerung fingiert. In ihrer laufenden Besteuerung unterliegen die Familienstiftungen dem vollen Körperschaftsteuersatz. Auf die Einkünfte der Destinatäre findet das Halbeinkünfteverfahren Anwendung.

49 Der Stifter einer Familienstiftung sollte die **Rechtsstellung der begünstigten Familienmitglieder** bedenken. Zwar ist das Vorhandensein bestimmter Destinatäre kein notwendiges Element der Stiftung. Der Stifter kann sich daher bei der Satzungsgestaltung auch darauf beschränken, die Stiftung auf die Verfolgung von Zwecken auszurichten, die nur mittelbar einem bestimmten oder unbestimmten Personenkreis dienen.[56] Ohne besondere Regelungen ist jedenfalls davon auszugehen, dass die Stifterfamilie der Stiftung als Dritte gegenübersteht, die **keinerlei Einflussmöglichkeiten auf die Stiftung** und **keine rechtlichen Ansprüche** gegen sie hat. **Regelmäßig** bringt der Stifter dies durch eine ausdrückliche Satzungsformulierung zum Ausdruck.[57]

50 Der Stifter kann aber auch der Familie **Leistungsansprüche gegen die Stiftung** in der Satzung einräumen. Voraussetzung ist, dass der Kreis der Berechtigten genau bestimmt oder jedenfalls eindeutig bestimmbar ist. Ebenso müssen der Umfang des Anspruchs und die Fälligkeit so **genau bestimmt** sein, dass dem Vorstand kein Ermessensspielraum mehr verbleibt. Die Destinatäre haben dann einen **eigenen klagbaren Anspruch gegen die Stiftung**, wenn und sobald die satzungsmäßigen Voraussetzungen vorliegen.[58]

> **Hinweis:**
> Der Stifter hat zu bedenken, dass sich die Familie und damit der Kreis potenzieller Destinatäre im Laufe der Zeit und in der Generationenfolge mehr und mehr verzweigt. Eine weite Bestimmung des Begünstigtenkreises kann daher zu einer Zersplitterung der Stiftungsaktivitäten führen. Andererseits leiden viele Familienstiftungen aber auch darunter, dass die Familie ausstirbt und sich damit auch die Zahl der Destinatäre verringert. Da sie ihre Erträge nicht unbeschränkt thesaurieren darf (Gebot der Ertragsverwendung[59]), empfiehlt es sich, für solche Entwicklungen dadurch Vorsorge zu treffen, dass die Satzung neben den familienbezogenen zumindest hilfsweise auch der Allgemeinheit dienende Zwecke ausweist, denen überschüssige Erträge zugeführt werden können.[60]

51 Die **Kontrolle des Vorstandes** einer Familienstiftung **durch die Destinatäre** erscheint besonders wirkungsvoll, da diese wesentlich von ihrem Eigeninteresse geleitet werden. Darin liegt jedoch zugleich ein **erhebliches Konfliktpotenzial**. Die Begünstigten könnten versuchen, lediglich ihre Interessen durch-

---

55 Vgl. Richter, Berater-Brief Vermögen Heft 1/2004, 17, 19.
56 Vgl. Hof/Hartmann/Richter, Stiftungen, S. 50.
57 Vgl. Wachter, Stiftungen, Teil B Rn. 81; siehe auch das Beispiel zur Satzungsgestaltung bei Meyn/Richter, Die Stiftung, Rn. 558.
58 Vgl. Meyn/Richter, Die Stiftung, Rn. 559.
59 Vgl. Richter, Berater-Brief Vermögen Heft 9/2004, 11.
60 Vgl. Hof/Hartmann/Richter, Stiftungen, S. 195.

zusetzen, ohne den Fortbestand der Stiftung zu wahren.[61] Der Stifter ist jedenfalls in der Ausgestaltung von Kontroll- und Informationsrechten zu Gunsten der Destinatäre frei. Fehlen allerdings derartige Regelungen in der Satzung, ist davon auszugehen, dass er ihnen keine weitergehenden Befugnisse einräumen wollte.[62]

> **Hinweis:**
> Für die Satzungsgestaltung bedeutsam ist, dass in einigen Bundesländern bei Familienstiftungen die Stiftungsaufsicht eingeschränkt oder ganz zurückgenommen wird. Der Stifter sollte sich daher bei der Gestaltung einer Familienstiftung selbst um einen effektiven Überwachungsmechanismus kümmern, um Missbräuche durch die Stiftungsorgane zu verhindern.

D. Stiftung & Co. KG

Zur Sicherung eines Unternehmens kann auch die Errichtung einer **Stiftung & Co. KG** erwogen werden. Die Stiftung & Co. KG ist die Verbindung einer Stiftung als Komplementärin mit einer KG, deren Kommanditisten Familienmitglieder oder andere Personen sind.[63] Dabei kann die Stiftung als Komplementärin entweder der Vermittlung der Kontrolle der Kommanditisten über das Unternehmen dienen oder gerade umgekehrt der „**Entmachtung**" der übrigen Gesellschafter, weil sie eine Stiftung wesensmäßig eben nicht kontrollieren können, anders als eine GmbH. In Anlehnung an die GmbH & Co. KG hat die Stiftung oft einen Komplementäranteil an der KG von 0 – 1 %.

52

Grundmodell der Stiftung & Co. KG

```
------------------------- Stiftung & Co. KG -------------------------

   Komplementär                        Kommanditisten

  [Familienstiftung]          Destinatäre            Ggf. andere
         |                     O     O                O     O
         |
       0 %                     |     |                |     |
         |                     |     |                |     |
  [===================== Kapital der Stiftung & Co. KG =====================]
```

> **Hinweis:**
> Da die Existenz einer Vor-Stiftung nicht anerkannt wird, kann die Stiftung & Co. KG – anders als die GmbH & Co. KG – erst nach Entstehen der Stiftung mit deren staatlicher Anerkennung errichtet werden. Die anerkannte Stiftung schließt als persönlich haftende Gesellschafterin (Komplementärin) mit einer oder mehreren Personen (Kommanditisten) einen Vertrag über die Gründung einer

---

61 Vgl. Hof/Hartmann/Richter, Stiftungen, S. 206.
62 Vgl. Wernicke, ZEV 2003, 304 f.
63 Hof/Hartmann/Richter, Stiftungen, S. 239 ff.

> KG. Die Stiftung wird beim Abschluss des Gesellschaftsvertrages durch den Stiftungsvorstand vertreten.[64]

53 Der **Stiftung & Co. KG** stehen in der Diskussion Bedenken gegenüber. So wird u.a. angemerkt, dass die Stiftung unter Umständen nur als bloßes Hilfsmittel eingesetzt wird, um dem Unternehmen in der Rechtsform der KG einen **Komplementär mit „Sondervorzügen"** zu verschaffen. Ferner wird die mit der Komplementärstellung verbundene **Risikoübernahme** als Einwand genannt. Beide Einwände schlagen nicht durch. Ersterer relativiert sich schon angesichts der zahlenmäßig sehr geringen, wenn auch mitunter prominenten, Anwendungsfälle. Letzterem kann entgegengehalten werden, dass man nur schwerlich ein allgemeingültig vorgeschriebenes Risikoprofil für eine Stiftung definieren kann.[65]

54 **Muster: Satzung einer unternehmensverbundenen Familienstiftung**[66]

> § ...
> **Stiftungszweck**
>
> (1) Zweck der Stiftung ist
>
> a) die Förderung und Unterstützung der Familie des Stifters und seiner Abkömmlinge,
>
> b) die Förderung von Forschungs- und Entwicklungsprojekten auf Gebieten, in denen sich die (........)-Unternehmensgruppe betätigt, und
>
> c) (........).
>
> (2) Die Stiftung verfolgt den Zweck insbesondere durch
>
> a) Zuwendungen an die Familie des Stifters und seine Abkömmlinge, und
>
> b) die Übernahme der Stellung eines persönlich haftenden Gesellschafters bei der (........)-KG mit dem Sitz in (........).
>
> (3) Zur Erfüllung des Stiftungszwecks kann die Stiftung sich an Unternehmen im In- und Ausland beteiligen.
>
> *(Anm.: Eine Verwaltungsstiftung, deren einziger Zweck die Übernahme der Rolle als Komplementärin im Interesse der Haftungsbeschränkung der übrigen Gesellschafter ist, soll nach verbreiteter Auffassung unzulässig sein.[67])*

E. Gemeinnützige Unternehmensstiftung

I. Überblick

55 Stiftungen haben den Ruf, sich vorwiegend dazu zu eignen, **große Vermögen** zu privaten Zwecken auf Dauer gegen die Zufälligkeiten der Erbfolge und vor allem **gegen Zugriffe des Fiskus zu isolieren**. Die Wirklichkeit sieht anders aus: Geschätzte 95 % aller neu gegründeten wie existierenden Stiftungen dienen gemeinnützigen Zwecken.[68]

56 Stiftungen sind sowohl in historischer Perspektive wie auch heute vor allem **Instrumente des nachhaltigen Engagements für das Gemeinwohl**. Die Errichtung einer Stiftung ist zum einen Ausdruck der vielfältigen Vorstellungen und Wünsche des Stifters, wie er sein Vermögen oder Teile seines Vermögens

---

64 Weitere Gestaltungshinweise finden sich bei Wachter, Stiftungen, Teil C Rn. 15.
65 Ausführlich dazu Seifart/v. Campenhausen/Pöllath, Handbuch Stiftungsrechts, § 13 Rn. 85 ff.
66 Formulierungsvorschlag nach Wachter, Stiftungen, Teil C Rn. 24.
67 Vgl. Wachter, Stiftungen, Teil C Rn. 15.
68 Vgl. Wachter, NZG 2003, 107.

"auf ewig", insb. über seinen Tod hinaus, verwenden und welche Bestimmungen er dafür dauerhaft treffen möchte. Zum anderen dient eine **gemeinnützige Stiftung** der Förderung des Gemeinwohls. Dies schließt nicht aus, dass mit ihnen zugleich private Zwecke verfolgt werden. Ein Unternehmer, der große Teile seines Unternehmens auf eine gemeinnützige Stiftung überträgt, mag damit primär das Ziel verfolgen, dem Unternehmen im Nachfolgefall einen Erbstreit und den Nachkommen die Erbschaftsteuer zu ersparen, damit sein Lebenswerk nicht zerstört wird. Mit der Entscheidung für die gemeinnützige Stiftung hat er gleichwohl die Verfügungsgewalt über substanzielle Vermögenswerte aufgegeben. Vermögen und Erträge stehen fortan nicht mehr für die private Nutzung zur Verfügung.

> **Hinweis:**
>
> Eine gemeinnützige Stiftung darf bis zu einem Drittel ihres Einkommens dazu verwenden, um in angemessener Weise den Stifter und seine nächsten Angehörigen zu unterhalten, deren Gräber zu pflegen und deren Andenken zu ehren, ohne dadurch ihre Steuerbegünstigung zu gefährden (§ 58 Nr. 5 AO). Diese Regelung durchbricht den Grundsatz, dass gemeinnützige Stiftungen ihre Erträge ausschließlich für ihre satzungsmäßigen Zwecke verwenden dürfen. In der Praxis ist die tatsächliche Reichweite der Zuwendungsmöglichkeiten oft fraglich. Denn selbst wenn zwischen der Stifterfamilie und der Finanzverwaltung Einigkeit über die Angemessenheit des Lebensunterhalts erzielt wird, ist weiterhin zu klären, ob dieser Lebensunterhalt nicht bereits aus den sonstigen Mitteln der Begünstigten bestritten werden kann.[69]

Vor diesem Hintergrund stellen sich Stiftungen vor allem als **rechtliche Gestaltungen für eine bestimmte Form altruistischen Handelns** dar: die langfristige Widmung eines Vermögens für gemeinnützige Zwecke. Die Errichtung einer Stiftung kann eine elegante, nachhaltige und zutiefst befriedigende Investition in das Gemeinwohl darstellen. Gleichwohl ist die Stiftung nicht in jedem Fall die richtige Form für diese Investition. Vor Errichtung einer Stiftung sollte der Stifter sorgfältig Optionen und Alternativen prüfen, um die ihm zur Verfügung stehenden Mittel optimal zur Förderung seines Anliegens einzusetzen.[70]

57

> **Hinweis:**
>
> Der Stifter hat durch die Anordnung eines Nießbrauchsvermächtnisses an dem zum Nachlass gehörenden Unternehmen oder Geschäftsanteil die Möglichkeit, seine Angehörigen nach dem Erbfall finanziell zu versorgen. Allerdings wendet die Finanzverwaltung – entgegen der Ansicht des BFH und des Schrifttums – die Ein-Drittel-Regelung des § 58 Nr. 5 AO auch auf Fälle an, in welchen die Stiftung Verbindlichkeiten zu erfüllen hat, die durch die Übertragung von belasteten Vermögenswerten auf die Stiftung begründet wurden. Angesichts dieser unsicheren Rechtslage empfiehlt es sich, die Anordnung eines Nießbrauchsvermächtnisses im Vorfeld im Wege der verbindlichen Auskunft mit dem zuständigen Finanzamt abzuklären. Alternativ empfiehlt es sich, in der letztwilligen Verfügung eine Öffnungsklausel dahingehend vorzusehen, dass der Nießbrauch nur zu dem Prozentsatz eingeräumt werden soll, wie er von der Finanzverwaltung anerkannt wird.[71]

Ist die Errichtung einer gemeinnützigen Stiftung (auch im Rahmen einer Doppelstiftung) mit **Beteiligungen an Personen- oder Kapitalgesellschaften** beabsichtigt, sollten Stifter und dessen Berater folgende gemeinnützigkeitsrechtlichen Aspekte berücksichtigen.

58

> **Hinweis:**
>
> Das Gemeinnützigkeitsrecht ist in den §§ 51 – 68 AO geregelt. Die Antwort auf zahlreiche Detailfragen findet sich im Anwendungserlass zur Abgabenordnung (AEAO). Der AEAO gibt teilweise den Standpunkt der Finanzverwaltung wieder, teilweise fasst er aber auch die Rspr. des BFH zusam-

---

69 Vgl. Meyn/Richter, Die Stiftung, Rn. 390 ff.
70 Zu den Alternativen zur Errichtung einer Stiftung siehe Meyn/Richter, Die Stiftung, Rn. 19 ff.
71 Vgl. Meyn/Richter, Die Stiftung, Rn. 357 ff.

men.[72] Die Steuervergünstigungen selbst sind hingegen in den jeweiligen Einzelsteuergesetzen geregelt (z.B. § 5 Abs. 1 Nr. 9 KStG; § 3 Nr. 6 GewStG; § 13 Abs. 1 Nr. 16, Nr. 17 ErbStG).

II. Beteiligung gemeinnütziger Stiftungen an Kapitalgesellschaften

59 Für die **Besteuerung der laufenden Geschäftstätigkeit** einer gemeinnützigen Stiftung kommt es auf die Abgrenzung **Vermögensverwaltung – wirtschaftlicher Geschäftsbetrieb – Zweckbetrieb** an. Die Vermögensverwaltung ist als Kernbereich der Einkommenserzielung einer steuerbegünstigten Stiftung anzusehen. Darunter fällt insb. die Anlage des Stiftungsvermögens. Als Mindestinhalt der Steuerbegünstigung soll die Stiftung im Rahmen der Steuerfreiheit jedenfalls ihre Mittel anlegen können. Auch Beteiligungen an Kapitalgesellschaften zählen im Regelfall zur steuerfreien Vermögensverwaltung. Nicht nur Dividenden, sondern auch die Veräußerungsgewinne bleiben grds. steuerfrei. Steuerpflichtig sind jedoch die Gewinne aus einem wirtschaftlichen Geschäftsbetrieb (vgl. § 5 Nr. 9 KStG).[73]

> **Hinweis:**
> Zu beachten ist, dass eine gemeinnützige Stiftung die Steuerbefreiung insgesamt verliert, wenn ihr eine wirtschaftliche Tätigkeit bei einer Gesamtbetrachtung das Gepräge gibt.

60 Die **Grenze zum steuerpflichtigen wirtschaftlichen Geschäftsbetrieb** überschreitet eine gemeinnützige Stiftung als Inhaberin einer Beteiligung an einer Kapitalgesellschaft dann, wenn mit der Beteiligung tatsächlich ein **entscheidender Einfluss** auf die laufende Geschäftsführung der Kapitalgesellschaft ausgeübt wird, vgl. AEAO Nr. 3 zu § 64 Abs. 1 AO. In diesen Fällen nimmt die steuerbegünstigte Stiftung nämlich über die Kapitalgesellschaft selbst am allgemeinen wirtschaftlichen Geschäftsverkehr teil.

61 Eine **wesentliche Einflussnahme** auf die Geschäftsführung ist gegeben, wenn die gemeinnützige Stiftung über ihre Organe aktiv in die Geschäftsführung der Beteiligungsgesellschaft eingreift. Allerdings ist bspw. bei einer GmbH-Beteiligung die Wahrnehmung der Zuständigkeiten eines Gesellschafters steuerunschädlich, solange sie dem gesetzlichen Leitbild entspricht, wie es in § 46 GmbHG niedergelegt ist.[74] Die dort der Gesellschafterversammlung zugewiesenen Maßnahmen gehören nicht zur laufenden Geschäftsführung:

- die Feststellung des Jahresabschlusses,
- die Einforderung von Einzahlungen auf Stammeinlagen,
- die Rückzahlung von Nachschüssen,
- die Teilung sowie die Einziehung von Geschäftsanteilen,
- die Bestellung und die Abberufung von Geschäftsführern sowie die Entlastung derselben,
- die Maßregeln zur Prüfung und Überwachung der Geschäftsführung und des Rechnungswesens,
- die Bestellung von Prokuristen und Handlungsbevollmächtigten zum gesamten Geschäftsbetrieb sowie,
- die Geltendmachung von Ersatzansprüchen, welche der Gesellschaft aus der Gründung oder Geschäftsführung gegen Geschäftsführer oder Gesellschafter zustehen und die Vertretung der Gesellschaft in Prozessen, welche sie gegen die Geschäftsführer zu führen hat.

62 Vielmehr müssen die Gesellschafter Kompetenzen an sich ziehen, die ursprünglich dem Geschäftsführer der Beteiligungsgesellschaft zustehen. Sind die Geschäftsführerorgane der gemeinnützigen Körperschaft und der Beteiligungsgesellschaft identisch, so besteht eine **Vermutung für das Vorliegen der tatsächlichen entscheidenden Einflussnahme**. Diese Vermutung kann kaum widerlegt werden, da das Organ-

---

72 Einen detaillierten Überblick und eine kritische Würdigung gibt Hüttemann, FR 2002, 1337 ff.
73 Vgl. Meyn/Richter, Die Stiftung, Rn. 702 ff.
74 Vgl. die Regelung bei Private Equity Fonds im BMF-Schreiben v. 16.12.2003, BStBl. 2004 I, S. 40.

mitglied als Geschäftsführer oder Vorstand der Beteiligungsgesellschaft verpflichtet ist, das gewerbliche Interesse der Gesellschaft wahrzunehmen und die laufende Geschäftsführung selbst – also mehr als nur den Einfluss darauf – auszuüben.[75]

Besteht **keine Personalunion der Organe** der gemeinnützigen Trägerschaft und der steuerpflichtigen Tochtergesellschaft, so liegt eine maßgebliche Einflussnahme auf die Geschäftsführung dann vor, wenn die gemeinnützige Körperschaft in Ausübung ihres Weisungsrechts in ursprüngliche Geschäftsführerrechte eingreift und nicht nur ursprüngliche Gesellschafterrechte ausübt. In diesem Sinne gelten folgende Grundsätze:[76]

- Die Einflussnahme auf die laufende Geschäftsführung muss tatsächlich ausgeübt worden sein, allein die satzungsmäßige Möglichkeit einer solchen Einflussnahme ist nicht maßgeblich.
- Nicht jeder Einfluss auf die laufende Geschäftsführung begründet einen wirtschaftlichen Geschäftsbetrieb. Ein maßgebliches Einwirken setzt vielmehr voraus, dass sich der Gesellschafter mit direkten Weisungen über die gesetzlich vorgesehene Kompetenz der Geschäftsführung hinweg geschäftsführend betätigt und die eigene Entscheidung an die Stelle der Entscheidung des Geschäftsführers setzt.
- Nur die Einflussnahme auf die laufende Geschäftsführung, also auf die Tagesgeschäfte, führt zur Teilnahme am wirtschaftlichen Geschäftsbetrieb. Dagegen ist die Einflussnahme auf grundsätzliche Strukturen der Geschäftsführung steuerunschädlich möglich.

Eine **Einflussnahme auf die laufende Geschäftsführung** soll angesichts des damit verbundenen subtilen Drucks zudem bereits dann vorliegen, wenn der Geschäftsführer der Kapitalgesellschaft nicht langfristig bestellt ist. Ein Zustimmungsvorbehalt zu Gunsten der Gesellschafter für die Durchführung außerordentlicher Maßnahmen in der beherrschten Gesellschaft dürfte hingegen unschädlich sein.[77]

> **Hinweis:**
> Bei einer Beteiligung einer gemeinnützigen Stiftung an einer Kapitalgesellschaft ist darauf zu achten, dass der Vorstand der Stiftung nicht zugleich Geschäftsführer (bzw. Vorstand) der GmbH (bzw. AG) ist. Eine derartige Personalunion qualifiziert die Beteiligung regelmäßig zum steuerpflichtigen wirtschaftlichen Geschäftsbetrieb.

III. Beteiligung gemeinnütziger Stiftungen an Personengesellschaften

Ob eine an einer Personengesellschaft beteiligte steuerbegünstigte Körperschaft gewerbliche Einkünfte (z.B. aus einer Maschinenfabrik, einer Druckerei oder einem Sägewerk) bezieht und damit einen wirtschaftlichen Geschäftsbetrieb (§ 14 Satz 1 und Satz 2 AO) unterhält, wird im einheitlichen und gesonderten **Gewinnfeststellungsbescheid** der Personengesellschaft bindend festgestellt (vgl. AEAO Nr. 3 zu § 64 Abs. 1 AO). Handelt es sich bei der Personengesellschaft um eine vermögensverwaltende Gesellschaft, stellen die Gewinnanteile Einkünfte aus Kapitalvermögen, Vermietung und Verpachtung etc. dar. Ist die **Personengesellschaft** dagegen **gewerblich tätig** oder liegt eine gewerblich geprägte Personengesellschaft vor, so sind die daraus bezogenen Gewinnanteile Einkünfte des Gesellschafters aus Gewerbebetrieb, womit stets ein wirtschaftlicher Geschäftsbetrieb gegeben ist. Dies gilt selbst dann, wenn die Beteiligung keinen Einfluss auf die Geschäftsführung ermöglicht. Die Unterschiede, die insofern zum Halten von Beteiligungen an einer Kapitalgesellschaft bestehen, liegen in der **steuerlichen Abschottung juristischer Personen** begründet.[78]

---

75 Vgl. Binz/Sorg, ZEV 2005, 520, 521 m.w.N.
76 Siehe auch Meyn/Richter, Die Stiftung, Rn. 731.
77 Vgl. Lex, DB 1997, 349.
78 Zum Ganzen zuletzt Arnold, DStR 2005, 581, 583 f.

3. Kapitel: Mittelbare Gesellschaftsbeteiligungen
§ 1 Stille Gesellschaft

Inhaltsverzeichnis

	Rn.
A. Allgemeines	1
B. Überlegungen zur Rechtsformwahl	2
I. Zivilrechtliche Überlegungen	3
II. Steuerrechtliche Überlegungen	10
C. Wesen und Erscheinungsformen	15
I. Definition der stillen Gesellschaft	15
II. Wesen der stillen Gesellschaft	22
III. Erscheinungsformen	25
1. Typische stille Gesellschaft	28
2. Atypische stille Gesellschaft	30
a) Stille Gesellschaft mit Vermögensbeteiligung des stillen Gesellschafters	31
b) Stille Gesellschaft mit Geschäftsführungsbeteiligung des stillen Gesellschafters	33
IV. Abgrenzung zu anderen Rechtsverhältnissen	34
1. Personen- und Personenhandelsgesellschaften	35
a) Personengesellschaften als Außengesellschaften	35
b) Personengesellschaften als Innengesellschaften	36
c) Personenhandelsgesellschaften	38
2. Partiarische Rechtsverhältnisse	40
a) Darlehensvertrag	42
b) Dienstvertrag	43
c) Miet- und Pachtvertrag	44
3. Kommissionsgeschäft	45
4. Treuhand	46
D. Gründung der stillen Gesellschaft	47
I. Errichtung	47
1. Errichtung durch Gesellschaftsvertrag	47
2. Form	56
3. Vertretung	61
II. Vertragspartner	64
1. Geschäftsinhaber	65
a) Natürliche Personen	68
b) Personenhandelsgesellschaften	71
c) Kapitalgesellschaften	73
2. Stiller Gesellschafter	75
3. Minderjährige, Geschäftsunfähige	79
III. Fehlerhafte Gesellschaft	82
E. Rechte und Pflichten der Gesellschafter	87
I. Geschäftsführung und Vertretung	88
1. Geschäftsführung	88
a) Grundsatz	88
b) Abweichende Regelungen	94
c) Entziehung der Geschäftsführung	102
2. Vertretung	104
II. Einlagen und Beiträge	107
1. Geschäftsinhaber	108
2. Stiller Gesellschafter	109
a) Gegenstand der Beitragsleistung	110
b) Einlagegutschrift	118
III. Ergebnisbeteiligung und Entnahmen	119
1. Anteil des stillen Gesellschafters am Ergebnis	119
a) Gesetzliche Regelung	119
b) Gesellschaftsvertrag	122
2. Ergebnisermittlung	126
a) Grundlage: Interne Rechnungslegung und Bilanz des Handelsgeschäfts	126
b) Berechnungsgrundlage: Handels- oder Steuerbilanz	127
c) Durchführung der Berechnung	131
3. Auszahlung	134
a) Kein Entnahmerecht	134
b) Auszahlungsanspruch	136
IV. Informations- und Kontrollrechte	140
1. Persönlicher Umfang	141
2. Schuldner der Informationsansprüche	143
3. Sachlicher Umfang	144
4. Zeitlicher Umfang	148
V. Verfügungen über Gesellschafterrechte	149
VI. Treuepflicht	153
VII. Wettbewerbsverbot	157
1. Wettbewerb zur Hauptgesellschaft	158
2. Wettbewerb zur stillen Gesellschaft	160
F. Haftung	163
I. Haftung der Einlage	163
II. Haftung des stillen Gesellschafters gegenüber Gesellschaftsgläubigern	165
G. Auflösung der stillen Gesellschaft	167
I. Allgemeines	167
II. Auflösungsgründe	171
1. Kündigung	171
a) Ordentliche Kündigung	171
b) Außerordentliche Kündigung	176
c) Kündigung durch Gesellschaftsgläubiger	181
2. Weitere Auflösungsgründe	183
3. Keine Auflösungsgründe	185
III. Auseinandersetzung	186
1. Allgemeines	186

2. Ermittlung der Auseinandersetzungsforderung 188	4. Erfüllung der Auseinandersetzungsforderung 199
3. Höhe des Auseinandersetzungsguthabens .. 191	5. Schwebende Geschäfte 202
a) Grundsatz 191	H. Muster 205
b) Passives Einlagekonto 198	

Kommentare und Gesamtdarstellungen:

Baumbach/Hopt, Handelsgesetzbuch, 32. Aufl. 2006; *Blaurock*, Handbuch der stillen Gesellschaft, 6. Aufl. 2003; *Heymann*, Handelsgesetzbuch, 2. Aufl. 1996; *Hüttemann*, Leistungsstörungen bei Personengesellschaften, 1998; *Münchener Handbuch des Gesellschaftsrechts*, Bd. 2, 2. Aufl. 2004; *Münchener Kommentar zum Bürgerlichen Gesetzbuch*, 4. Aufl. 2003; *Münchener Kommentar zum Handelsgesetzbuch*, 1. Aufl. 2002; *Palandt*, Bürgerliches Gesetzbuch, 65. Aufl. 2006; *Röhricht/Graf v. Westphalen*, HGB, 2. Aufl. 2001; *Schlegelberger*, HGB, Kommentar, 5. Aufl. 1986; *Scholz*, Kommentar zum GmbHG, 9. Aufl. 2000.

Aufsätze und Rechtsprechungsübersichten

Armbrüster/Joos, Zur Abwicklung fehlerhafter stiller Beteiligungen, ZIP 2004, 189; *Bayer/Riedel*, Kapitalbeteiligungen an Personengesellschaften und Anlegerschutz, NJW 2003, 2567; *Berninger*, Errichtung einer stillen Gesellschaft an einer Tochter-AG bei bestehendem Beherrschungs- und Gewinnabführungsvertrag zwischen Mutter- und Tochter-AG, DB 2004, 297; *Blaurock*, Zur stillen Beteiligung mehrerer Personen an einer Apotheke, NJW 1972, 1119; *Fischer*, Fragen aus dem Recht der stillen Gesellschaft, JR 1962, 201; *Geck*, Die Auflösung der stillen Gesellschaft unter besonderer Berücksichtigung der Auseinandersetzung, DStR 1994, 657; *Horn*, Unternehmensbeteiligungen der Arbeitnehmer und Gesellschaftsrecht, ZGR 1974, 133; *Kollhosser*, Kredite als Eigenkapitalersatz bei stillen Kapitalbeteiligungen? WM 1985, 929; *Löffler*, Zur Reichweite des gesetzlichen Wettbewerbsverbots in der Kommanditgesellschaft, NJW 1986, 223; *Loritz*, Ein neuer Sonderweg bei Rückabwicklung stiller Gesellschaften, DB 2004, 2459; *Pyszka*, Atypisch stille Beteiligungen an einzelnen Unternehmenssegmenten, DStR 2003, 857; *Reusch*, Eigenkapital und Eigenkapitalersatz in der stillen Gesellschaft, BB 1989, 2358; *Rust*, Die Beteiligung von Minderjährigen im Gesellschaftsrecht, DStR 2005, 1942; *Schmidt*, Die Vertragsparteien bei der stillen Gesellschaft, DB 1976, 1705; *Schmidt*, Die Kreditfunktion der stillen Einlage, ZHR 140 (1976), 475; *Schmidt*, Stille Gesellschaft und AGB-Gesetz, ZHR 159 (1995), 734; *Schön*, Gibt es partiarische Darlehen?, ZGR 1993, 210; *Schön*, Ein Allgemeiner Teil des Genußrechte, JZ 1993, 925; *Stürner*, Der lediglich rechtliche Vorteil, AcP 173 (1973), 402; *Sudhoff/Sudhoff*, Die stille Beteiligung bei Umwandlung des „Hauptunternehmens" in eine GmbH oder GmbH & Co., GmbHR 1981, 235; *Tiedtke*, Unentgeltliche Beteiligung eines Kindes als stiller Gesellschafter, DB 1977, 1065; *Wertenbruch*, Rückabwicklung einer Kapitalanlage in Form einer stillen Gesellschaft – Urteilskomplex „Göttinger Gruppe", NJW 2005, 2823.

A. Allgemeines

1 Obwohl die Geschichte der stillen Gesellschaft bis ins Mittelalter zurückreicht,[1] ist die stille Gesellschaft kein Relikt aus vergangenen Tagen, sondern hat gerade in den letzten Jahren im Hinblick auf die Fortentwicklung der Unternehmensfinanzierung und Unternehmensbeteiligungen einen neuen **Boom** erlebt. Die weitgehende Freiheit bei ihrer Gestaltung macht die stille Gesellschaft sowohl aus zivilrechtlicher wie aus steuerrechtlicher Sicht zu einem interessanten und vielseitigen Gestaltungsinstrument.

B. Überlegungen zur Rechtsformwahl

2 Der Gesetzgeber hat dem Wirtschaftsleben eine **Vielzahl von Gesellschaftstypen und rechtlichen Handlungsmöglichkeiten** zur Verfügung gestellt, aus denen im Einzelfall nach handels- und zivilrechtlichen, betriebswirtschaftlichen und steuerlichen Gesichtspunkten der passende Typus ausgewählt werden kann. Welche Gesichtspunkte **ausschlaggebend** sind, muss für jeden Einzelfall gesondert entschieden werden. Mag in einem Fall die Frage der Haftung oder der Kapitalaufbringung ausschlaggebend sein, können ein anderes Mal Kontroll- und Informationsrechte des Gesellschafters oder die steuerliche Ausgestaltung der

---

1 Zur Geschichte der stillen Gesellschaft vgl. Blaurock, Handbuch der stillen Gesellschaft, Rn. 3.1 f.; Bezzenberger/Keul, in: Münchener Handbuch des Gesellschaftsrechts, Bd. 2, § 72 Rn. 1 f.

Unternehmensnachfolge im Vordergrund stehen. **In der Beratungspraxis** sind deshalb der gesamte Sachverhalt ebenso wie mögliche Gestaltungsfolgen im Einzelfall zu betrachten, um die jeweils vorteilhafteste rechtliche Handlungsform auszuwählen.

I. Zivilrechtliche Überlegungen

Zivilrechtlich gibt es **zahlreiche Gestaltungsüberlegungen**, die einen Anwendungsbereich für die stille Gesellschaft eröffnen.

Ausgangspunkt ist zunächst der Begriff „stille Gesellschaft", der auf das wesentliche Motiv der **Geheimhaltung** hindeutet. Sowohl auf Seiten des **stillen Gesellschafters** als auch auf Seiten des Geschäftsinhabers kann ein Interesse daran bestehen, dass die Beteiligung des stillen Gesellschafters am Handelsgeschäft nicht nach außen bekannt wird, bspw. um externen Finanzbedarf des Geschäftsinhabers zu verbergen. Bestimmten Personen kann auch wegen ihres Berufes oder ihrer gesellschaftlichen Stellung das Betreiben eines Handelsgewerbes verboten sein; eine atypische stille Gesellschaft bietet dann die Möglichkeit, den Geschäftsinhaber nur als Strohmann einzusetzen und sich weitgehende Leitungsbefugnisse und die wirtschaftliche Inhaberschaft vorzubehalten. In anderen Fällen, bspw. bei Apotheken, ist eine Beteiligung von Mitgesellschaftern im Wege einer Außengesellschaft auch gesetzlich unzulässig.

Die stille Gesellschaft bietet weiter den Vorteil, dass einerseits der **stille Gesellschafter tatsächlich Gesellschafter** und nicht bloß Gläubiger ist, andererseits aber die Gesellschafterstellung sowie alle daran anknüpfenden **Rechte und Pflichten weitgehend frei ausgestaltet** werden können. Dies ist gerade bei Unternehmensbeteiligungen ein wichtiges Kriterium. Je nach Interessenschwerpunkt lassen sich durch die stille Gesellschaft Kapitalbeteiligungen mit mehr oder weniger starken Mitwirkungs- und Kontrollrechten für die Investoren konstruieren. Die Investoren erhalten dabei regelmäßig eine höhere Verzinsung ihres Kapitals als bei vielen klassischen Anlagetypen, gleichzeitig kann eine stille Beteiligung mit angemessenen Kontroll-, Mitwirkungs- und Auflösungsrechten aber eine verhältnismäßig gute Absicherung bieten.

Da sich das Verlustrisiko auf das eingesetzte Kapital beschränken lässt, ist die stille Gesellschaft für den Gesellschafter auch eine Möglichkeit, sich **aus der aktiven Geschäftstätigkeit zurückzuziehen**, das Kapital bei angemessener Gewinnbeteiligung aber noch bei der Gesellschaft zu belassen. Anders als bei einer KG kann die stille Einlage auch leichter aus dem Handelsgeschäft wieder abgezogen werden (wegen Einlagenrückgewähr ohne Haftungsrisiko).

Schließlich eröffnet eine Behandlung des durch die stille Beteiligung zugeführten Kapitals als Eigenkapital zusätzliche **Finanzierungsspielräume**. Staatliche Fördergelder werden deshalb häufig als stille Beteiligungen gewährt. Bei Kreditinstituten führt die Ausweitung der Eigenkapitalquote auch zu einer Ausweitung der Kreditvergabemöglichkeiten.[2]

Die stille Gesellschaft ist darüber hinaus vergleichsweise **einfach zu handhaben**, sie kann meist formlos begründet und übertragen werden, Beurkundungs- oder Anmeldungspflichten bestehen nur in Ausnahmefällen. Überhaupt enthält das Gesetz nur wenige zwingende Verfahrensvorschriften und eröffnet damit zahlreiche individuelle Gestaltungsmöglichkeiten.

Beliebt ist die stille Beteiligung auch als **Familiengesellschaft** und **im Rahmen der Unternehmensnachfolge** bzw. vorweggenommenen Erbfolge,[3] insb. aufgrund der Trennung zwischen vermögensmäßiger Beteiligung und Geschäftsführung. Der Geschäftsinhaber kann seine Kinder oder Familienmitglieder bereits wirtschaftlich am Vermögen seines Geschäfts beteiligen, ohne die Leitung aufgeben oder übertragen zu müssen. Sollen nach dem Tod des Geschäftsinhabers nur bestimmte Nachkommen die Geschäftsführung des vererbten Unternehmens übernehmen, die übrigen Erben aber vermögensmäßig nicht benachteiligt werden, bietet sich auch hier die Einräumung stiller Beteiligungen an, die dann getrennt vom Unterneh-

---

2 § 10 Abs. 4 KWG.
3 Hierzu insb. Blaurock, Handbuch der stillen Gesellschaft, Rn. 2.15 f.

men vererblich sind. Dem Einsatz der stillen Gesellschaft sind damit nur durch die Fantasie der Beteiligten und Berater Grenzen gesetzt.

II. Steuerrechtliche Überlegungen

10 Steuerrechtlich ist die stille Gesellschaft vor allem in vier Bereichen interessant:

11 Die Ausgestaltung als typische oder atypische Gesellschaft ermöglicht zunächst eine **Einflussnahme auf die Art der Einkünftequalifizierung**. Während die am Leitbild der §§ 230 ff. HGB orientierte typische stille Gesellschaft zu Einkünften aus Kapitalvermögen i.S.v. § 2 Abs. 1 Nr. 5, § 20 Abs. 1 Nr. 4 EStG führt, lassen sich die Einkünfte bei atypischer Ausgestaltung, die dem stillen Gesellschafter eine Mitunternehmerstellung einräumt, zu gewerblichen Einkünften umqualifizieren. Zwar hat die Bedeutung einer Umqualifizierung insb. im Hinblick auf die Erweiterung der **Verlustverrechnungsmöglichkeiten** durch Änderung des § 2 Abs. 3 EStG abgenommen, doch gibt es nach wie vor Konstellationen, bei denen die Umqualifizierung von Bedeutung sein kann.[4]

12 **Weiter** bietet eine stille Gesellschaft die Möglichkeit, dem stillen Gesellschafter nicht nur Gewinne, sondern auch Verluste zuzuweisen.[5] **Steuerlich von Vorteil** ist eine solche **Verlustzuweisung** bspw. bei Gründung einer Kapitalgesellschaft, deren (ggf. erhebliche) Anlaufverluste den Gesellschaftern nicht unmittelbar steuermindernd zugewiesen werden können, sondern sich nur mit zukünftigen Gewinnen der Körperschaft verrechnen lassen. Dieser **Finanzierungsnachteil wird vermieden**, wenn Anlaufverluste durch Zuweisung an einen stillen Gesellschafter von der Ebene der Körperschaft auf die Gesellschafterebene transferiert werden und so von einem stillen Gesellschafter, der gleichzeitig auch Gesellschafter der Körperschaft sein darf, sofort **einkommensmindernd** genutzt werden können.

13 Beliebt ist die stille Gesellschaft auch zur **Verlagerung von Einkünften** des Geschäftsinhabers auf andere Personen. Durch mehrfache **Nutzung von Freibeträgen** und **Progressionsvorbehalten** lässt sich damit die Gesamtsteuerbelastung einer Gruppe (z.B. Familie) verringern.

14 Steuerlich interessant kann die stille Gesellschaft schließlich bei **vorweggenommener Erbfolge** und **Unternehmensnachfolge** sein. Bspw. ist die Schenkung einer als Mitunternehmerschaft ausgestalteten atypischen stillen Beteiligung erbschaft- und schenkungsteuerlich durch **Freibetrag und Bewertungsabschlag** des § 13a ErbStG sowie durch die **allgemeinen Bewertungsvorteile** nach dem BewG in erheblichem Maße begünstigt. Gleichzeitig muss der Geschäftsinhaber bei Schenkung einer stillen Beteiligung aber nicht die Leitung seines Unternehmens aus der Hand geben. Auch hier kann die stille Gesellschaft Vorteile beider Welten vereinen.

C. Wesen und Erscheinungsformen

I. Definition der stillen Gesellschaft

15 Das HGB enthält keine Definition der stillen Gesellschaft, beschreibt sie aber in **§ 230 HGB** wie folgt:

„Wer sich als stiller Gesellschafter an dem Handelsgewerbe, das ein anderer betreibt, mit einer Vermögenseinlage beteiligt, hat die Einlage so zu leisten, dass sie in das Vermögen des Inhabers des Handelsgeschäfts übergeht."

§ 231 Abs. 2 HGB erweitert dies um das Erfordernis einer Gewinnbeteiligung des stillen Gesellschafters. Eine stille Gesellschaft hat somit folgende Wesensmerkmale:

- Das Vorhandensein eines **Geschäftsinhabers** und eines **stillen Gesellschafters**,
- die Beteiligung mit einer in das Vermögen des Geschäftsinhabers zu leistenden **Einlage**,

---

[4] Bspw. bei Auslandsverlusten i.S.v. § 2a EStG.
[5] Allerdings in den Grenzen der §§ 2b, 10d, 15a EStG; einer steuerlichen Verlustzuweisung steht i.d.R. auch ein entsprechendes wirtschaftliches Risiko gegenüber.

- die **Förderung eines gemeinsamen Zwecks** und
- die **Gewinnbeteiligung** des stillen Gesellschafters.

Geschäftsinhaber kann jede **natürliche oder juristische Person** sein, die ein Handelsgewerbe betreibt, also **Kaufmann i.S.d. § 1 – 6 HGB** ist,[6] bspw. ein Einzelkaufmann, auch als Minderkaufmann oder Scheinkaufmann, eine Personengesellschaft oder eine Kapitalgesellschaft. 16

Stiller Gesellschafter kann auch **jede natürliche oder juristische Person** und **jede (teil-)rechtsfähige Personengesellschaft** (einschließlich der GbR) sein.[7] Kaufmannseigenschaft ist nicht Voraussetzung und wird auch durch die stille Gesellschaft nicht erlangt.[8] 17

Der stille Gesellschafter muss sich zur **Leistung einer Vermögenseinlage** verpflichten.[9] **Vermögenseinlage** kann jede vermögenswerte Leistung sein, die in Geld bewertbar und übertragbar ist. 18

Beispiele:

Zahlung von Geld, Abtretung einer Darlehensforderung, Einräumung eines Kredits zu günstigen Bedingungen, Übertragung von beweglichen oder unbeweglichen, materiellen oder immateriellen verkehrsfähigen Gegenständen oder eine vermögenswerte Verpflichtung zur Unterlassung bestimmter Handlungen oder Erbringung von Dienstleistungen.[10]

Voraussetzung ist dabei stets, dass die Vermögenseinlage **in das Vermögen des Geschäftsinhabers**, d.h. in das Handelsgeschäft geleistet wird; Leistung in ein Gesellschaftsvermögen der stillen Gesellschaft ist definitionsgemäß nicht möglich. 19

Geschäftsinhaber und stiller Gesellschafter müssen sich zur **Förderung eines gemeinsamen Zwecks** verpflichten. Seitens des stillen Gesellschafters wird dies grds. durch Leistung der Vermögenseinlage erfüllt, seitens des Geschäftsinhabers durch Förderung seines Handelsgeschäfts (nun allerdings nicht nur im eigenen Interesse, sondern auch im Interesse des stillen Gesellschafters). 20

Letztes Wesensmerkmal ist schließlich die **Beteiligung des stillen Gesellschafters am Gewinn** (und ggf. auch Verlust) des Handelsgeschäfts. Während nach § 231 Abs. 2 HGB eine Verlustbeteiligung, bspw. durch Garantie eines Mindestgewinns, ausgeschlossen werden kann, ist der vollständige Ausschluss einer Gewinnbeteiligung stets unzulässig. Am Vermögen des Handelsgeschäfts ist der stille Gesellschafter dagegen typischerweise nicht beteiligt.[11] 21

II. Wesen der stillen Gesellschaft

Die stille Gesellschaft ist eine **echte GbR i.S.v. § 705 BGB**.[12] Anders als eine typische GbR ist sie jedoch eine **reine Innengesellschaft**. Sie tritt nicht nach außen hin auf und wird daher nicht **direkt durch die** 22

---

6 Vgl. unten Rn. 65 f.
7 Vgl. unten Rn. 75 ff.
8 Heymann/Horn, HGB, § 230 Rn. 7.
9 Zur Unterscheidung zwischen Beitragspflicht und Einlage vgl. Bezzenberger/Keul, in: Münchener Handbuch des Gesellschaftsrechts, Bd. 2, § 72 Rn. 12 f.; MünchKomm-HGB/Schmidt, § 230 Rn. 143 ff. m.w.N.
10 Heymann/Horn, HGB, § 230 Rn. 9; Baumbach/Hopt/Hopt, HGB, § 230 Rn. 20; RGZ 142, 13, 21; BGH, BB 1966, 53; BGHZ 7, 174, 181.
11 Eine solche Beteiligung am Vermögen des Handelsgeschäfts kann aber – rein schuldrechtlich und ohne dingliche Wirkung – als sog. atypische stille Gesellschaft ohne weiteres vereinbart werden; vgl. ausführlich: Baumbach/Hopt/Hopt, HGB, § 230 Rn. 3.
12 Dies ist heute unumstritten, vgl. BFH, DB 2001, 2072; Bezzenberger/Keul, in: Münchener Handbuch des Gesellschaftsrechts, Bd. 2, § 72 Rn. 17; Schön, ZGR 1993, 210, 211; Heymann/Horn, HGB, § 230 Rn. 3, Röhricht/v. Westphalen/v. Gerkan, in: HGB, § 230 Rn. 5.

Gesellschafter vertreten.[13] Zudem besitzt sie **kein eigenes Gesellschaftsvermögen**.[14] Die stille Gesellschaft erschöpft sich vielmehr in einer **rein schuldrechtlichen Beziehung** zwischen dem Geschäftsinhaber und dem stillen Gesellschafter. Dementsprechend ist auch § 718 BGB, nach dem die Beiträge der Gesellschafter und die für die Gesellschaft erworbenen Gegenstände gemeinschaftliches Vermögen der Gesellschafter werden, nicht anwendbar.[15] Die stille Gesellschaft als solche kann deshalb auch kein Unternehmensträger und folglich auch keine Handelsgesellschaft mit eigener Firma sein.[16]

23 Die stille Gesellschaft ist **nicht rechtsfähig**, sie kann nicht Trägerin von Rechten und Pflichten sein[17] und insb. auch keine dinglichen Rechte an Grundstücken erwerben. Sie ist auch **nicht aktiv oder passiv parteifähig** i.S.v. § 50 ZPO und weder insolvenz- noch deliktsfähig.[18] Da die stille Gesellschaft keine Handelsgesellschaft ist und mangels Gesellschaftsvermögen auch nicht Inhaber eines Handelsgeschäfts sein kann, kommt ihr als solche keine Kaufmannseigenschaft zu.[19] Sie besitzt folglich auch **keine Registerpublizität**, weder die stille Gesellschaft als solche noch der stille Gesellschafter werden im Handelsregister eingetragen.[20]

24 Die stille Beteiligung an einer nicht kaufmännischen unternehmerischen Tätigkeit wird zwar vom Wortlaut des §§ 230 ff. HGB nicht erfasst, nach h.M. sind auf stille Beteiligungen außerhalb eines Handelsgeschäfts aber die **§§ 230 ff. HGB jedenfalls analog anwendbar**.[21]

III. Erscheinungsformen

25 Der Gesetzgeber hat sich bei der Regelung der stillen Gesellschaft zurückgehalten und nur ein Grundgerüst geschaffen, das **umfangreiche Gestaltungsmöglichkeiten** eröffnet. Da die stille Gesellschaft als reine Innengesellschaft nicht am Rechtsverkehr teilnimmt und in ihrer Grundform auch über keine besondere Organisation verfügt, wird die Gestaltungsfreiheit weder durch Vorschriften zum Gläubigerschutz noch durch Organisationsnormen beschränkt. Dementsprechend sind die **Vorschriften der §§ 230 ff. HGB größtenteils dispositiv**.

26 Diese Besonderheit ist maßgeblich für die Unterscheidung **zweier Grundtypen** der stillen Gesellschaft: die „typische" und die „atypische" stille Gesellschaft. Als **typische stille Gesellschaft** bezeichnet man solche Gesellschaften, die dem gesetzlichen Leitbild in den §§ 230 ff. HGB entsprechen. Ist von einer **atypischen stillen Gesellschaft** die Rede, ist eine Gesellschaft gemeint, die nicht nur unwesentlich von diesem gesetzlichen Leitbild abweicht.

27 Auch **steuerrechtlich** wird die Unterscheidung zwischen **typischer** und **atypischer stiller Gesellschaft** fortgeführt. Die **Abgrenzung** erfolgt allerdings nicht nach den §§ 230 ff. HGB, sondern nach der **Mitunternehmerstellung** des stillen Gesellschafters. Hat dieser keine Mitunternehmerinitiative und trägt auch kein Mitunternehmerrisiko, ist er nicht als steuerlicher Mitunternehmer zu qualifizieren. Es liegt dann steuerrechtlich eine typische stille Gesellschaft vor, bei der Einkünfte aus Kapitalvermögen (§ 20 Abs. 1 Nr. 4 EStG) erzielt werden. Ist der stille Gesellschafter **hingegen** Mitunternehmer, liegt steuerlich eine atypische stille Gesellschaft vor, bei der er gewerbliche Einkünfte nach § 15 Abs. 1 Nr. 2 EStG erzielt.

---

13 Baumbach/Hopt/Hopt, HGB, § 230 Rn. 2; Heymann/Horn, HGB, § 230 Rn. 3; Bezzenberger/Keul, in: Münchener Handbuch des Gesellschaftsrechts, Bd. 2, § 72 Rn. 18; vgl. auch BGH, NJW 1995, 1353, 1355.
14 Röhricht/v. Westphalen/v. Gerkan, HGB, § 230 Rn. 5.
15 Blaurock, Handbuch der stillen Gesellschaft, Rn. 4.8.
16 Baumbach/Hopt/Hopt, HGB, § 230 Rn. 2; Röhricht/v. Westphalen/v. Gerkan, HGB, § 230 Rn. 5.
17 MünchKomm-HGB/Schmidt, § 230 Rn. 8 m.w.N.
18 Blaurock, Handbuch der stillen Gesellschaft, Rn. 4.12; MünchKomm-HGB/Schmidt, § 230 Rn. 8.
19 Heymann/Horn, HGB, § 230 Rn. 3; Röhricht/v. Westphalen/v. Gerkan, HGB, § 230 Rn. 6.
20 MünchKomm-HGB/Schmidt, § 230 Rn. 11.
21 Heymann/Horn, HGB, § 230 Rn. 14 m.w.N.; BFH, DB 2001, 2072 m.w.N.; Bezzenberger/Keul, in: Münchener Handbuch des Gesellschaftsrechts, Bd. 2, § 73 Rn. 5 f.; Blaurock, Handbuch der stillen Gesellschaft, Rn. 8.7; MünchKomm-HGB/Schmidt, § 230 Rn. 24 f., 52.

1. Typische stille Gesellschaft

Handelsrechtlich wird eine Gesellschaft als **typische stille Gesellschaft** qualifiziert, wenn sie in ihrer wesentlichen Ausgestaltung dem **gesetzlichen Leitbild der §§ 230 ff. HGB** entspricht. Der stille Gesellschafter leistet eine Vermögenseinlage in das Unternehmen des Geschäftsinhabers, wird aber aus den im Unternehmen geschlossenen Geschäften nicht unmittelbar mitberechtigt und -verpflichtet. Durch seine Einlage ist er auch nicht am Vermögen des Handelsgeschäfts beteiligt, sondern allein am erwirtschafteten Gewinn und – **je nach vertraglicher Ausgestaltung** – auch Verlust. Der Inhaber des Handelsgeschäfts verpflichtet sich dafür, das Handelsgeschäft unter alleiniger Verantwortung für gemeinschaftliche Rechnung zu führen. Die typische stille Gesellschaft zeichnet sich somit vor allem durch eine **fehlende Beteiligung des stillen Gesellschafters am Vermögen** des Handelsgeschäfts und an der Geschäftsführung aus. Dafür stehen dem stillen Gesellschafter umfassende **Informations- und Kontrollrechte** zu.

28

In der Praxis spielen typische stille Gesellschaften eine vergleichsweise untergeordnete Rolle. Dies liegt aber weniger an Mängeln der gesetzlichen Regelung als vielmehr an den zahlreichen Gestaltungsmöglichkeiten, die eine Anpassung an die jeweiligen Bedürfnisse der Parteien im Einzelfall zulassen.

29

2. Atypische stille Gesellschaft

Eine **atypische stille Gesellschaft** liegt stets dann vor, wenn die **im Einzelfall vereinbarten Regelungen** wesentlich von dem im HGB niedergelegten **gesetzlichen Leitbild abweichen**. Dementsprechend kann handelsrechtlich nicht von „der" atypischen stillen Gesellschaft gesprochen werden, vielmehr ist die Anzahl der Abwandlungen atypischer Formen praktisch unbegrenzt. Gleichwohl hat sich in der Rechtswissenschaft eine gewisse Typisierung durchgesetzt.[22]

30

a) Stille Gesellschaft mit Vermögensbeteiligung des stillen Gesellschafters

Verbreitet ist bspw. eine **Vermögensbeteiligung des stillen Gesellschafters**. Da dieser seine Einlage nach §§ 230 Abs. 1 HGB in das Vermögen des Geschäftsinhabers zu leisten hat, ist eine dingliche Beteiligung des stillen Gesellschafters am Handelsgeschäft des Inhabers ausgeschlossen. Zulässig ist aber eine **schuldrechtliche Vereinbarung** zwischen den Parteien, die den stillen Gesellschafter so stellt, als ob er tatsächlich dinglich am Vermögen des Handelsgeschäfts beteiligt wäre.[23] Dem stillen Gesellschafter steht in diesem Fall nicht nur eine **Beteiligung am Gewinn** zu, sondern auch eine **Beteiligung am Auseinandersetzungsguthaben** bzw. Liquidationserlös des Handelsgeschäfts. Mit der Ausweitung der Vermögensrechte des stillen Gesellschafters geht regelmäßig eine **Erweiterung seiner Kontrollrechte** und eine **Verschärfung der Treuepflicht** des Geschäftsinhabers[24] einher.

31

Den Gläubigern des Geschäftsinhabers gegenüber kann sich der stille Gesellschafter allerdings nicht auf seine (schuldrechtliche) Beteiligung am Handelsgeschäft berufen, da er **keinen Anspruch auf Herausgabe des Geschäftsvermögens** hat, sondern lediglich einen Zahlungsanspruch, dessen Höhe anhand einer **Liquidationsbilanz** ermittelt wird.[25] Anders als bei der typischen stillen Gesellschaft ist dieser Anspruch aber nicht auf Rückzahlung der (ggf. durch Verluste geminderten) Vermögenseinlage beschränkt.

32

b) Stille Gesellschaft mit Geschäftsführungsbeteiligung des stillen Gesellschafters

Wie bereits der Name „stille Gesellschaft" andeutet, tritt die stille Gesellschaft **gegenüber Dritten selbst nicht in Erscheinung**. Allein der Geschäftsinhaber tritt nach außen auf, allerdings nicht als Vertreter der

33

---

22 Vgl. auch Blaurock, Handbuch der stillen Gesellschaft, Rn. 4.27; Bezzenberger/Keul, in: Münchener Handbuch des Gesellschaftsrechts, Bd. 2, § 73 Rn. 30 f.; Röhricht/v. Westphalen/v. Gerkan, HGB, § 230 Rn. 66 f.

23 BGHZ 8, 157, 160; BGHZ 7, 174, 178; Bezzenberger/Keul, in: Münchener Handbuch des Gesellschaftsrechts, Bd. 2, § 73 Rn. 32 f.; Baumbach/Hopt/Hopt, HGB, § 230 Rn. 3; Röhricht/v. Westphalen/v. Gerkan, HGB, § 230 Rn. 67.

24 Bezzenberger/Keul, in: Münchener Handbuch des Gesellschaftsrechts, Bd. 2, § 73 Rn. 34 f.; Röhricht/v. Westphalen/v. Gerkan, HGB, § 230 Rn. 67; Schön, ZGR 1990, 220, 221; Heymann/Horn, HGB, § 230 Rn. 54.

25 Blaurock, Handbuch der stillen Gesellschaft, Rn. 4.29.

stillen Gesellschaft oder des stillen Gesellschafters, sondern in eigenem Namen als Inhaber des Handelsgeschäfts. Dies gilt auch für die stille Gesellschaft mit Geschäftsführungsbeteiligung. Zur Vertretung nach außen ist auch dort nur der Geschäftsinhaber berechtigt. Im Innenverhältnis, d.h. in der Innengesellschaft, kann der stille Gesellschafter aber an der Geschäftsführung beteiligt werden.

Beispiele:
Beteiligung durch **Zustimmungs- oder Widerspruchsrechte** *oder sogar durch* **unmittelbare Entscheidungs- oder Geschäftsführungsbefugnis.**

Solche Geschäftsführungsrechte sind allerdings im Ergebnis **nur schuldrechtliche Ansprüche**, die keine Mitgliedschaftsrechte im Handelsgeschäft des Geschäftsinhabers vermitteln.[26] **Im Übrigen** kann der stille Gesellschafter – soweit nach den allgemeinen Vorschriften zulässig – auch an der Geschäftsführung und Vertretung des Handelsgeschäfts beteiligt werden, bspw. als Prokurist oder Geschäftsführer. Von seiner Stellung als stiller Gesellschafter ist eine solche Beteiligung aber völlig unabhängig.

IV. Abgrenzung zu anderen Rechtsverhältnissen

34 Die **Abgrenzung** der stillen Gesellschaft **von ähnlichen Rechtsverhältnissen** bereitet **in der Theorie** keine großen Probleme, **in der Praxis** ist sie allerdings oft deutlich schwieriger, da die von den Parteien gewählte Bezeichnung häufig nicht mit dem eigentlich Gewollten übereinstimmt und auch das eigentlich Gewollte nicht immer ganz leicht zu bestimmen ist.

1. Personen- und Personenhandelsgesellschaften

a) Personengesellschaften als Außengesellschaften

35 Die stille Gesellschaft ist eine **reine Innengesellschaft**, bei der weder die Gesellschaft noch der stille Gesellschafter nach außen am Rechtsverkehr teilnehmen. Auch ein **gesamthänderisch gebundenes Gesellschaftsvermögen besteht nicht**. Dagegen nehmen bei einer **GbR in Form einer Außengesellschaft** die einzelnen Gesellschafter unmittelbar am Rechtsverkehr teil, indem sie nicht nur grds. zu Geschäftsführung und Vertretung berechtigt sind, sondern den Gesellschaftsgläubigern gegenüber auch unmittelbar haften.[27] Treten Gesellschafter einer Gesellschaft in dieser Eigenschaft unternehmerisch nach außen auf oder gehen die Parteien von einem echten gesamthänderisch gebundenen Gesellschaftsvermögen aus, kann die Gesellschaft deshalb nicht als stille Gesellschaft qualifiziert werden.[28]

b) Personengesellschaften als Innengesellschaften

36 Bei **Personengesellschaften in Form einer Innengesellschaft** fehlt es wie bei der stillen Gesellschaft an einem Auftreten nach außen. Die **Abgrenzung** kann deshalb nur anhand der einzelnen **Tatbestandsmerkmale der §§ 230 ff. HGB** erfolgen.[29] Von besonderer Bedeutung ist hier insb., dass die stille Gesellschaft nur an einem Handelsgeschäft begründet werden kann. Ist das Unternehmen des Geschäftsinhabers kein Handelsgeschäft, liegt eine stille BGB-Gesellschaft vor (auf die die §§ 230 ff. HGB allerdings **analog** angewendet werden).[30]

37 Eine **besondere Form** der Innengesellschaft ist die **Unterbeteiligung**.[31] Während die stille Gesellschaft eine Beteiligung an einem Handelsgeschäft bzw. Unternehmen ist, besteht eine Unterbeteiligung stets an

---

26   BGH, WM 1964, 296; BGH, NJW 1992, 2696; Baumbach/Hopt/Hopt, HGB, § 230 Rn. 3; Röhricht/v. Westphalen/v. Gerkan, HGB, § 230 Rn. 68 f.
27   Vgl. OLG Hamm, NJW-RR 1994, 1382, 1383.
28   MünchKomm-HGB/Schmidt, § 230 Rn. 50.
29   Röhricht/v. Westphalen/v. Gerkan, HGB, § 230 Rn. 50 ff.; MünchKomm-HGB/Schmidt, § 230 Rn. 52.
30   BFH, DB 2001, 2072 m.w.N.; Bezzenberger/Keul, in: Münchener Handbuch des Gesellschaftsrechts, Bd. 2, § 73 Rn. 5 f.; Blaurock, Handbuch der stillen Gesellschaft, Rn. 8.7; MünchKomm-HGB/Schmidt, § 230 Rn. 24 f., 52; Heymann/Horn, HGB, § 230 Rn. 14 m.w.N.
31   BGH, WM 1965, 458, 459; BGHZ 50, 316, 320 f.

einem Gesellschaftsanteil. Vertragspartner bei der stillen Gesellschaft ist deshalb der Geschäftsinhaber, d.h. der Träger des Unternehmens. Bei der Unterbeteiligung ist dies dagegen der einzelne Gesellschafter.[32] Eine **besondere Situation** kann sich allerdings dann ergeben, wenn der Gegenstand des Handelsgeschäfts (oder eines abgrenzbaren Teils davon)[33] das Halten von Gesellschaftsbeteiligungen ist, da die stille Gesellschaft in diesem Fall faktisch einer Unterbeteiligung gleicht. Für die Abgrenzung kommt es dann entscheidend auf den jeweiligen Parteiwillen an.[34]

c) Personenhandelsgesellschaften

Personenhandelsgesellschaften (OHG, KG) und stille Gesellschaft unterscheiden sich durch eine Vielzahl **objektiver Kriterien**, die eine klare Abgrenzung ermöglichen. **Hauptmerkmale** sind auch hier wieder auf Seiten der stillen Gesellschaft das Fehlen von Gesellschaftsvermögen, die Nichtteilnahme am Rechtsverkehr, das Betreiben der Geschäfte im eigenen Namen des Geschäftsinhabers und die fehlende Außenhaftung des stillen Gesellschafters, auf Seiten der Personenhandelsgesellschaft der Betrieb eines Handelsgewerbes unter gemeinsamer Firma und die Teilnahme der Gesellschafter und der Gesellschaft am Rechtsverkehr. Als Außengesellschaft verfügt eine Personenhandelsgesellschaft auch über ein **eigenes Gesellschaftsvermögen**.[35] Anders als bei den Personenhandelsgesellschaften kann bei der stillen Gesellschaft die **Verlustbeteiligung des stillen Gesellschafters ausgeschlossen** werden, so dass seine Einlage nicht am laufenden Verlust, sondern nur am Liquidationsverlust teilnimmt. Diese Unterschiede schlagen auf das Innenverhältnis der Gesellschaften durch. Die höhere Verantwortung der Gesellschafter einer Personenhandelsgesellschaft erfordert deshalb auch weitergehende Verwaltungs- und Mitwirkungsrechte als sie einem stillen Gesellschafter zustehen.[36]

38

Wirtschaftlich sind sich **Kommanditist und stiller Gesellschafter** allerdings sehr ähnlich. Diese Ähnlichkeit ist bei atypischen Ausgestaltungen der stillen Gesellschaft besonders ausgeprägt, bei denen der stille Gesellschafter dem Kommanditisten im Hinblick auf Verwaltungsrechte und Vermögensbeteiligung weitgehend angenähert ist. **Entscheidender Unterschied** ist in diesen Fällen stets, dass die Rechte des stillen Gesellschafters rein schuldrechtlicher Natur sind, während die Berechtigung des Kommanditisten nach §§ 161 ff. HGB auch eine dingliche ist.[37]

39

2. Partiarische Rechtsverhältnisse

Schwieriger ist die Abgrenzung zu den sog. **partiarischen Rechtsverhältnissen**. Partiarische Rechtsverhältnisse sind eine **besondere Gruppe von Austauschverträgen**, bei denen – ohne dass ein Gesellschaftsrechtsverhältnis gewollt ist – Gegenleistung für die erbrachte Leistung nicht ein festes Entgelt, sondern eine Beteiligung am Gewinn des Leistungsempfängers ist.

40

In der Theorie lassen sich stille Gesellschaft und partiarisches Rechtsverhältnis danach voneinander abgrenzen, ob sich die Parteien durch den **Vertrag zur Erreichung eines gemeinsamen Zwecks** verbunden haben (dann stille Gesellschaft) oder ob ein solcher Zweck fehlt und jede Partei ausschließlich ihre eigenen (meist aber wirtschaftlich gleichgerichteten) Interessen verfolgt (dann partiarisches Rechtsverhältnis).[38] Bei einer stillen Gesellschaft werden die Gesellschafter deshalb typischerweise auf **gemeinsame Verantwortung** und **gemeinsame Rechnung** tätig, wohingegen bei einem partiarischen Rechtsverhältnis der **Geschäftsinhaber** die **alleinige Verantwortung für das Geschäft** trägt. Die stille Gesellschaft ist demgemäß eine echte Gesellschaft (**wirtschaftliche Risikogemeinschaft**), ein partiarisches Rechts-

41

---

32 MünchKomm-HGB/Schmidt, § 230 Rn. 51; Röhricht/v. Westphalen/v. Gerkan, HGB, § 230 Rn. 52.
33 Vgl. auch Pyszka, DStR 2003, 857 ff.
34 Bezzenberger/Keul, in: Münchener Handbuch des Gesellschaftsrechts, Bd. 2, § 73 Rn. 8.
35 Bezzenberger/Keul, in: Münchener Handbuch des Gesellschaftsrechts, Bd. 2, § 73 Rn. 2; Heymann/Horn, HGB, § 230 Rn. 15.
36 Heymann/Horn, HGB, § 230 Rn. 15; Blaurock, Handbuch der stillen Gesellschaft, Rn. 8.12.
37 Vgl. BGHZ 7, 175, 177.
38 BGHZ 127, 176; Heymann/Horn, HGB, § 230 Rn. 16.

verhältnis ein bloßer **schuldrechtlicher Austauschvertrag** (z.B. Darlehensvertrag, Dienstvertrag oder Pachtvertrag).[39]

> **Hinweis:**
>
> **In der Praxis** ist die Abgrenzung meist schwieriger. Da maßgeblich für die Einordnung nicht die von den Parteien gewählte rechtliche Bezeichnung, sondern das **tatsächlich Gewollte** ist,[40] müssen für die Abgrenzung der Vertragsinhalt und die wirtschaftlichen Ziele der Beteiligten umfassend gewürdigt werden.[41]

a) Darlehensvertrag

42　Beim **partiarischen Darlehensvertrag** wird als Gegenleistung für ein Darlehen ein Entgelt proportional zum Gewinn des Unternehmens versprochen. Während ein partiarischer Darlehensvertrag ein **Austauschverhältnis** ist (Kreditgewährung gegen Gewinnbeteiligung), ist eine stille Gesellschaft ein **echtes Gesellschaftsverhältnis**, bei dem die Förderung eines gemeinsamen Zwecks im Vordergrund steht.[42] Aus dem jeweiligen Wesen der beiden Rechtsformen ergeben sich dementsprechend verschiedene Abgrenzungskriterien, die eine **Unterscheidung nach objektiven Merkmalen möglich** machen. Eine **Verlustbeteiligung** des stillen Gesellschafters schließt bspw. die Annahme eines partiarischen Darlehens aus, da ein Darlehen begrifflich die Verpflichtung zur Rückzahlung eines festen Kapitalbetrags voraussetzt.[43] Gleiches gilt für eine **schuldrechtliche Beteiligung** am Unternehmensvermögen. Schließlich spricht auch die **Einräumung von mitgliedschaftlichen Verwaltungsrechten** grds. für eine stille Gesellschaft.[44] Allerdings ist zu beachten, dass mittlerweile weitgehende Kontroll- und Widerspruchsrechte auch bei Darlehensverträgen verbreitet sind. Die Möglichkeit unmittelbarer Einflussnahme auf die Geschäftsführung spricht für eine stille Gesellschaft.[45]

b) Dienstvertrag

43　Weitgehend **unproblematisch** ist die Unterscheidung **zwischen stiller Gesellschaft und partiarischem Dienstvertrag**. Letzterer ist gegeben, wenn zwischen den Parteien ein **Unterordnungsverhältnis** (Weisungsbefugnis des Geschäftsinhabers) besteht und dem Gewinnberechtigten **keine besonderen Kontroll- und Mitspracherechte eingeräumt** sind. Für ein Dienstverhältnis spricht darüber hinaus die **Vereinbarung eines Fixgehalts** mit lediglich zusätzlichen Gewinnbeteiligungselementen. Eine stille Gesellschaft ist dagegen anzunehmen, wenn von einer **Gleichordnung der Parteien** auszugehen ist.[46]

c) Miet- und Pachtvertrag

44　Für die Abgrenzung **der stillen Gesellschaft zu partiarischen Miet- und Pachtverhältnissen** ist wiederum entscheidend, ob ein **gemeinsamer Zweck** verfolgt wird (dann stille Gesellschaft). Indizien dafür

---

39　Blaurock, Handbuch der stillen Gesellschaft, Rn. 8.17 f.
40　Palandt/Sprau, BGB, § 705 Rn. 9; Baumbach/Hopt/Hopt, HGB, § 230 Rn. 4; Heymann/Horn, HGB, § 230 Rn. 16 m.w.N.; Röhricht/v. Westphalen/v. Gerkan, HGB, § 230 Rn. 56 f.
41　Baumbach/Hopt/Hopt, HGB, § 230 Rn. 4.; zur Abgrenzung der stillen Gesellschaft von Genussrechten vgl. FG Köln, EFG 1998, 1214; MünchKomm-HGB/Schmidt, § 230 Rn. 53; Schön, JZ 1993, 925/929 f.
42　Heymann/Horn, HGB, § 230 Rn. 16; MünchKomm-HGB/Schmidt, § 230 Rn. 57 ff.; Blaurock, Handbuch der stillen Gesellschaft, Rn. 8.21 f.; Baumbach/Hopt/Hopt, HGB, § 230 Rn. 4.
43　MünchKomm-HGB/Schmidt, § 230 Rn. 60.
44　BGH, WM 1992, 1576; Röhricht/v. Westphalen/v. Gerkan, HGB, § 230 Rn. 58 ff.; Heymann/Horn, HGB, § 230 Rn. 16.
45　Bezzenberger/Keul, in: Münchener Handbuch des Gesellschaftsrechts, Bd. 2, § 73 Rn. 12; Heymann/Horn, HGB, § 230 Rn. 16.
46　BGH, NJW 1992, 2696; Heymann/Horn, HGB, § 230 Rn. 17; Horn, ZGR 1974, 133/143 f.; Baumbach/Hopt, HGB, § 230 Rn. 4; ausführlich: Blaurock, Handbuch der stillen Gesellschaft, Rn. 8.37 f.

sind eine erhebliche Gewinnbeteiligung, ein Vertragsabschluß für längere Zeit,[47] die Übernahme des Geschäftsrisikos durch den Vermieter und die Vereinbarung erheblicher Kontroll- und Mitwirkungsrechte.[48]

3. Kommissionsgeschäft

Auch vom **Kommissionsgeschäft** i.S.d. § 383 Abs. 1 HGB[49] ist die stille Gesellschaft **durch eine Bestimmung der Interessenlage abzugrenzen**. Zwar handelt der Kommissionär – wie der Geschäftsinhaber bei der stillen Gesellschaft – **in eigenem Namen**, doch wird er stets für **fremde Rechnung** des Kommittenten, d.h. in fremdem Interesse tätig. Das eigene Interesse des Kommissionärs beschränkt sich regelmäßig auf seinen **Provisionsanspruch**. **Dagegen** handelt der Geschäftsinhaber bei der stillen Gesellschaft nicht nur im Interesse seines stillen Mitgesellschafters oder im eigenen Interesse als Geschäftsinhaber, sondern im beiderseitigen Interesse zur Erreichung des gemeinsamen Zwecks der stillen Gesellschaft.[50]

45

> **Hinweis:**
>
> In der Praxis stellt sich die Abgrenzungsproblematik zwischen stiller Gesellschaft und Kommissionsgeschäft nur bei Handlungen des Geschäftsinhabers, da der stille Gesellschafter typischerweise nicht nach außen für die Gesellschaft werbend tätig wird.

4. Treuhand

Die **unterschiedliche Interessenlage** ist schließlich auch bei der **Abgrenzung zur Treuhand** von Bedeutung. Während der Treuhänder ausschließlich im Interesse und für Rechnung des Treugebers handelt, wird der Geschäftsinhaber der stillen Gesellschaft im **gemeinsamen Interesse** und für **gemeinschaftliche Rechnung** tätig.[51] **Die Rspr.** geht daher davon aus, dass sich stille Gesellschaft und Treuhand gegenseitig ausschließen.[52] Weiteres Abgrenzungskriterium ist die **Dispositionsbefugnis**. Bei der stillen Gesellschaft verbleibt die Verfügungsbefugnis im Hinblick auf das Handelsgeschäft beim Geschäftsinhaber; dem stillen Gesellschafter stehen nur Informations-, Kontroll- und Mitwirkungsrechte zu. Der Treuhänder dagegen ist **an die konkreten Weisungen des Treugebers gebunden** und übt zwar formal die rechtliche Sachherrschaft aus, die tatsächliche Sachherrschaft liegt aber beim Treugeber.

46

Schließlich trägt bei einer Treuhand der Treugeber das **Gewinn- und Verlustrisiko** grds. allein. Bei der stillen Gesellschaft sind sowohl der Geschäftsinhaber als auch der stille Gesellschafter an den Gewinnen und ggf. auch Verlusten beteiligt.[53]

D. Gründung der stillen Gesellschaft

I. Errichtung

1. Errichtung durch Gesellschaftsvertrag

Die stille Gesellschaft wird durch **Abschluss eines Gesellschaftsvertrags i.S.v. § 705 BGB** begründet und entsteht – je nach Vereinbarung – **mit Abschluss dieses Vertrags** oder **zu einem späteren Zeit-**

47

---

47 Blaurock, Handbuch der stillen Gesellschaft, Rn. 8.48; Bezzenberger/Keul, in: Münchener Handbuch des Gesellschaftsrechts, Bd. 2, § 73 Rn. 16 f.
48 Blaurock, Handbuch der stillen Gesellschaft, Rn. 8.48; Bezzenberger/Keul, in: Münchener Handbuch des Gesellschaftsrechts, Bd. 2, § 73 Rn. 16 f.
49 Nach § 383 Abs. 1 HGB ist Kommissionär, wer es erwerbsmäßig übernimmt, Waren oder Wertpapiere für Rechnung eines anderen (des Kommittenten) in eigenem Namen zu kaufen oder zu verkaufen.
50 Blaurock, Handbuch der stillen Gesellschaft, Rn. 8.51.
51 Röhricht/v. Westphalen/v. Gerkan, HGB, § 230 Rn. 53 f.
52 BFH, BStBl. 2001 II, S. 646.
53 BFH, BStBl. 1997 II, S. 755.

punkt (aufschiebende Bedingung).⁵⁴ Das bloße Hinausschieben der Pflicht des stillen Gesellschafters zur Einlageleistung führt aber im Zweifel nicht zu einem Hinausschieben des Beginns der Gesellschaft. Schuldrechtlich und handelsrechtlich zulässig ist auch die **rückwirkende Begründung einer stillen Gesellschaft**, d.h. die Rückbeziehung des Beginns auf einen in der Vergangenheit liegenden Zeitpunkt.⁵⁵ Steuerlich wird eine solche Rückwirkung jedoch nach allgemeinen Grundsätzen nicht anerkannt.⁵⁶

48 **Enthält der Gesellschaftsvertrag eine Bedingung**, ist auf deren Reichweite zu achten, d.h. die Frage, ob das Bestehen der stillen Gesellschaft selbst **von der Bedingung abhängig** ist oder ob die Bedingung lediglich **einzelne Leistungspflichten betrifft**.

49 Als Innengesellschaft ist die stille Gesellschaft **nicht ins Handelsregister einzutragen**, § 123 HGB greift nicht.⁵⁷

50 Der Gesellschaftsvertrag einer stillen Gesellschaft ist ein **schuldrechtlicher Vertrag**, in dem sich die Gesellschafter gegenseitig verpflichten, die **Erreichung** eines **gemeinsamen Zwecks zu fördern**. Diese gegenseitige Verpflichtung begründet jedoch kein Austauschverhältnis i.S.d. § 320 ff. BGB, da die Gesellschafter ihre Leistungspflichten nicht übernehmen, um dafür eine Gegenleistung zu erhalten, sondern um den gemeinsamen Zweck zu fördern.⁵⁸ Gleichwohl sind nach **herrschender Ansicht** bei einer zweigliedrigen stillen Gesellschaft die **Vorschriften über Leistungsstörungen (§§ 320 – 322 BGB)** mit zu berücksichtigen.⁵⁹ Darüber hinaus gilt § 315 BGB, so dass die Festlegung einzelner Vertragspflichten deshalb auch einem der Gesellschafter überlassen werden kann.⁶⁰

51 Für das **Rechtsverhältnis der Gesellschafter untereinander** gelten vorrangig die §§ 230 – 236 HGB. Ergänzend sind die Vorschriften über die GbR (§§ 705 ff. BGB) anzuwenden, soweit nicht das Wesen der stillen Gesellschaft entgegensteht.

52 Das in den §§ 305 ff. BGB geregelte **Recht der allgemeinen Geschäftsbedingungen** findet nach **§ 310 Abs. 4 BGB keine Anwendung** auf Gesellschaftsverträge. Dies gilt nach der **Rspr. des BGH** auch für die stille Gesellschaft.⁶¹ Der Gesellschaftsvertrag einer stillen Gesellschaft unterliegt deshalb nicht der Inhaltskontrolle der §§ 305 ff. BGB, auch wenn er Bestimmungen enthält, die als allgemeine Geschäftsbedingungen zu qualifizieren wären. **In der Lit.** ist dies allerdings nach wie vor umstritten. Die wohl **herrschende Ansicht folgt dem BGH** jedenfalls in Bezug auf die atypische stille Gesellschaft, die den übrigen Personengesellschaften gleicht.

53 **Umstritten** ist die **Auffassung des BGH** jedoch insb. für die typische stille Gesellschaft, die eher den partiarischen Rechtsverhältnissen ähnlich ist. Grund hierfür ist der schuldrechtliche Charakter der typischen stillen Gesellschaft, die sich primär durch den Willen der Parteien zu einer gemeinsamen Zweckverfolgung von einem bloßen Austauschvertrag unterscheidet.⁶² Bei Publikumsgesellschaften findet daneben

---

54 Baumbach/Hopt/Hopt, HGB, § 230 Rn. 9 f.; Heymann/Horn, HGB, § 230 Rn. 20; zulässig ist auch die Errichtung einer stillen Gesellschaft unter einer auflösenden Bedingung, vgl. unten Rn. 183.
55 Blaurock, Handbuch der stillen Gesellschaft, Rn. 9.20.
56 Vgl. FG Schleswig-Holstein, EFG 1954, 151 Nr. 173.
57 Ausnahme: Die stille Beteiligung an einer Aktiengesellschaft ist grds. als Teilgewinnabführungsvertrag i.S.v. § 292 Abs. 1 Nr. 2 AktG wegen § 294 AktG ins Handelsregister einzutragen, BGH, AG 2003, 625, 627; Hüffer, AktG, § 292 Rn. 15.
58 MünchKomm-BGB/Ulmer, § 705 Rn. 157.
59 Bezzenberger/Keul, in: Münchener Handbuch des Gesellschaftsrechts, Bd. 2, § 76 Rn. 9; MünchKomm-HGB/Schmidt, § 230 Rn. 157, ausführlich: Hüttemann, Leistungsstörungen bei Personengesellschaften, S. 65 f.; Heymann/Horn, HGB § 230 Rn. 30.
60 MünchKomm-HGB/Schmidt, § 230 Rn. 93.
61 BGHZ 127, 176, 184 ff.; OLG Köln, DB 1983, 804, 805; OLG Hamburg, WM 1994, 499.
62 Vgl. Baumbach/Hopt/Hopt, HGB, § 230 Rn. 9; MünchKomm-BGB/Basedow, § 310 Rn. 80; Palandt/Grüneberg, BGB, § 310 Rn. 50; BGH, ZIP 1992, 326 f.; Schmidt, ZHR 159 (1995), 734/736 f.

eine Inhaltskontrolle des Gesellschaftsvertrags unabhängig von den §§ 305 ff. BGB statt, deren Umfang aber weitgehend demjenigen des AGB-Rechts entspricht..[63]

Allgemein anerkannt ist, dass der stille Gesellschafter seinen Gesellschaftsbeitritt nach den §§ 312, 355 BGB widerrufen kann.[64] 54

Schranken für die Errichtung der stillen Gesellschaft können sich insb. aus dem Kartellrecht, gewerberechtlichen und berufständischen Vorschriften sowie aus dem Kapitalmarktrecht ergeben.[65] 55

2. Form

Der **Gesellschaftsvertrag** der stillen Gesellschaft **bedarf grds. keiner Form**.[66] **Etwas anderes gilt** allerdings dann, wenn die Art der Vermögenseinlage eine **besondere (meist notarielle) Form der Einlageverpflichtung erfordert**.[67] Soll der stille Gesellschafter bspw. ein Grundstück oder einen GmbH-Anteil als Einlage erbringen, ist nach § 311b Abs. 1 BGB bzw. § 15 Abs. 4 GmbHG notarielle Beurkundung erforderlich. Ein Formverstoß kann ggf. nach den allgemeinen Vorschriften durch Vollzug geheilt werden.[68] 56

Unbeachtlich für die Formpflicht ist die Art des Vermögens des Handelsgeschäfts, da der stille Gesellschafter an diesem Vermögen nicht beteiligt wird und keine Übertragung erfolgt. 57

Ein **eventueller Formverstoß** erfasst im Hinblick auf § 139 BGB **nicht zwingend** die gesamte stille Gesellschaft, sondern **unter Umständen nur** die Einlage des stillen Gesellschafters.[69] Allerdings wird aufgrund der Bedeutung der Einlageleistung **regelmäßig** davon auszugehen sein, dass der Gesellschaftsvertrag ohne den nichtigen Teil nicht abgeschlossen worden wäre. 58

> **Hinweis:**
> Entspricht dies nicht dem Parteiwillen, empfiehlt sich die Aufnahme einer salvatorischen Klausel in den Gesellschaftsvertrag, nach der die Nichtigkeit einzelner Bestimmungen die Wirksamkeit des Vertrags im Übrigen unberührt lässt.

Die **Aufnahme eines stillen Gesellschafters in eine GmbH oder AG** bedarf nicht der Form der §§ 53 Abs. 2 GmbHG, 179 Abs. 1, 181 AktG. Für die stille Beteiligung an einer **AG oder KGaA** ist allerdings **Schriftform erforderlich**.[70] Gleiches gilt für eine stille Gesellschaft in Form einer **Publikumsgesellschaft**, bei der die für eine Inhaltskontrolle des Gesellschaftsvertrags erforderliche Erkennbarkeit und Eindeutigkeit die Schriftform gebietet.[71] 59

Die **Schenkung einer stillen Beteiligung** bedarf nach § 518 Abs. 1 BGB der **notariellen Beurkundung**.[72] Gegenstand einer Schenkung kann die Übertragung einer bereits bestehenden oder die Begründung einer neuen stillen Beteiligung durch Einbuchung zu Gunsten des neuen Gesellschafters sein. In letzterem Fall 60

---

63 BGH, DStR 2001, 266.
64 Zur alten Rechtslage vgl. BGH, ZIP 1995, 1996 ff.; BGHZ 148, 201, 202 f.
65 Ausführlich: Blaurock, Handbuch der stillen Gesellschaft, Rn. 9.67 ff. m.w.N.
66 MünchKomm-HGB/Schmidt, § 230 Rn. 95; Baumbach/Hopt/Hopt, HGB, § 230 Rn. 10; Heymann/Horn, HGB, § 230 Rn. 20; Bezzenberger/Keul, in: Münchener Handbuch des Gesellschaftsrechts, Bd. 2, § 76 Rn. 19; BayObLG, NJW 1951, 237, 238.
67 Baumbach/Hopt/Hopt, HGB, § 230 Rn. 10; Heymann/Horn, HGB, § 230 Rn. 20; Blaurock, Handbuch der stillen Gesellschaft, Rn. 9.22 f.
68 Z.B. § 311b Abs. 1 Satz 2 BGB, § 15 Abs. 4 Satz 2 GmbHG.
69 BGH, NJW 1992, 2696; DB 1976, 2107; Baumbach/Hopt/Hopt, HGB, § 230 Rn. 10.
70 §§ 292, Abs. 1 Nr. 2, 293 Abs. 3, 278 Abs. 3 AktG; MünchKomm-HGB/Schmidt, § 230 Rn. 97; Bezzenberger/Keul, in: Münchener Handbuch des Gesellschaftsrechts, Bd. 2, § 76 Rn. 20, 65; zur AG & stillen Gesellschaft vgl. auch Berninger, DB 2004, 297 ff.
71 Schlegelberger/Martens, HGB, § 161 Rn. 137; MünchKomm-HGB/Schmidt, § 230 Rn. 97.
72 BGHZ 7, 328, 380.

ist **umstritten**, ob ein Formmangel durch Bewirkung der versprochenen Leistung geheilt werden kann, da die Neubegründung einer stillen Beteiligung ein reines Verpflichtungsgeschäft ist.[73]

3. Vertretung

61 Sowohl der **Geschäftsinhaber** als auch der **stille Gesellschafter** können sich **nach allgemeinen Grundsätzen** bei Abschluss des Gesellschaftsvertrags vertreten lassen. Im Rahmen seiner Vertretungsmacht kann **auch ein Prokurist** einen stillen Gesellschafter aufnehmen oder eine stille Beteiligung eingehen, **nicht aber ein Handlungsbevollmächtigter**.[74] Für die Aufnahme eines atypischen stillen Gesellschafters reicht die Vertretungsmacht des Prokuristen **allerdings** dann nicht aus, wenn es sich um einen über den gewöhnlichen Betrieb des Handelsgeschäfts hinausgehenden Vorgang handelt.[75]

62 Der Abschluss eines stillen Gesellschaftsvertrags erfolgt **bei einer Personenhandelsgesellschaft durch die geschäftsführenden Gesellschafter**. Als außergewöhnliches Geschäft i.S.v. § 116 Abs. 2 HGB ist der Abschluss eines stillen Gesellschaftsvertrags im Innenverhältnis regelmäßig **zustimmungsbedürftig**. Die Aufnahme eines atypischen stillen Gesellschafters bedarf als Grundlagengeschäft auch zur Wirksamkeit nach außen der Zustimmung aller Gesellschafter.[76]

63 Bei der **GmbH** und der **AG** wird eine stille Gesellschaft **durch die Geschäftsführer bzw. den Vorstand** abgeschlossen. Anders als bei der GmbH bedarf die Einräumung einer stillen Beteiligung an einer AG als Teilgewinnabführungsvertrag i.S.v. § 192 Abs. 1 Nr. 2 AktG der **Zustimmung der Hauptversammlung nach § 293 AktG**. Handelt es sich um eine atypische stille Beteiligung, ist auch bei der GmbH die Zustimmung der Gesellschafter erforderlich.[77]

II. Vertragspartner

64 **Vertragspartner** einer stillen Gesellschaft sind der **Geschäftsinhaber** und ein oder ggf. auch mehrere **stille Gesellschafter**. Wer Geschäftsinhaber und stiller Gesellschafter sein kann und welche Voraussetzungen erfüllt werden müssen, ist in **Lit. und Rspr.** weitgehend geklärt und soll nachfolgend überblicksweise dargestellt werden. **Besonderheiten** ergeben sich vor allem bei der **Beteiligung Minderjähriger oder Geschäftsunfähiger**.

1. Geschäftsinhaber

65 Nach § 230 HGB beteiligt sich der stille Gesellschafter am Handelsgewerbe des Geschäftsinhabers. **Geschäftsinhaber** kann **jede natürliche oder juristische Person** sein, **die ein Handelsgewerbe i.S.v. § 1 Abs. 2 HGB betreibt**,[78] d.h. jeder Kaufmann i.S.v. § 1 Abs. 1, §§ 2 – 6 HGB. Voraussetzung ist aber, dass der Geschäftsinhaber tatsächlich mit **Gewinnerzielungsabsicht** tätig wird, da es andernfalls an einem Handelsgewerbe fehlt (selbst wenn der Geschäftsinhaber im Handelsregister eingetragen ist).[79]

---

73 Ablehnend insofern die h.M., vgl. BGHZ 7, 174, 179; BGH, WM 1967, 685 (zur Unterbeteiligung); Heymann/Horn, HGB, § 230 Rn. 21 f.; Palandt/Weidenkaff, BGB, § 518 Rn. 17; Schmidt, ZHR 140 (1976), 475, 486 f.
74 Schlegelberger/Schmidt, HGB, § 230 Rn. 95; Heymann/Horn, HGB, § 230 Rn. 24.
75 Blaurock, Handbuch der stillen Gesellschaft, Rn. 9.14; MünchKomm-HGB/Schmidt, § 230 Rn. 118; Röhricht/v. Westphalen/Wagner, HGB, § 49 Rn. 6; Schlegelberger/Schmidt, HGB, § 230 Rn. 95.
76 Heymann/Horn, HGB, § 230 Rn. 24; Schlegelberger/Schmidt, HGB, § 230 Rn. 99 f.
77 Ausführlich zu Vertretungsproblemen MünchKomm-HGB/Schmidt, § 230 Rn. 104 ff.; Heymann/Horn, HGB, § 230 Rn. 25 f.
78 Heymann/Horn, HGB, § 230 Rn. 4; MünchKomm-HGB/Schmidt, § 230 Rn 19 f.; Baumbach/Hopt/Hopt, HGB, § 230 Rn. 5; zulässig ist darüber hinaus die stille Beteiligung an einem selbständig abgrenzbaren Teil des Handelsgeschäfts, vgl. BFH, BStBl. 1975 II, S. 611, 613; Baumbach/Hopt/Hopt, HGB, § 230 Rn. 1.
79 BFH, DB 1983, 1743, 1744; Röhricht/v. Westphalen/v. Gerkan, HGB, § 230 Rn. 22; einschränkend: Heymann/Horn, HGB, § 230 Rn. 4.

Da § 230 Abs. 1 HGB von einer Vermögenseinlage am Handelsgewerbe **eines anderen** spricht, können Geschäftsinhaber und stiller Gesellschafter nicht ein und dieselbe Person sein. Fallen beide bspw. aufgrund Erbschaft zusammen, **erlischt** die stille Gesellschaft zwangsläufig.[80] 66

Zulässig ist die stille Beteiligung eines Gesellschafters an seiner eigenen (auch Einmann-)Gesellschaft, da Personenhandelsgesellschaften und Kapitalgesellschaften eine vom Gesellschafter unabhängige **eigene Rechtspersönlichkeit** besitzen. Umgekehrt kann sich deshalb auch die einem Einzelkaufmann gehörende Gesellschaft am Handelsgeschäft des Einzelkaufmanns still beteiligen. Auch **wechselseitige stille Beteiligungen** zweier Kaufleute jeweils am Unternehmen des anderen sind **zulässig**.[81] 67

a) Natürliche Personen

Geschäftsinhaber können natürliche Personen sein, die **Ist-Kaufleute** i.S.v. § 1 HGB oder Kann-Kaufleute i.S.v. §§ 2, 3 HGB sind. Dabei ist zu beachten, dass die **Handelsregistereintragung** bei Ist-Kaufleuten nur **deklaratorisch** ist, eine stille Beteiligung also schon mit Vertragsabschluß wirksam wird. Dagegen wird die Kaufmannseigenschaft bei **Kann-Kaufleuten** erst **durch die Eintragung ins Handelsregister** begründet, so dass zwar ein auf Errichtung einer stillen Gesellschaft gerichteter Vertrag schon vor Eintragung rechtswirksam abgeschlossen werden kann, die stille Gesellschaft als solche aber erst mit Handelsregistereintragung wirksam entsteht.[82] **Entfällt die Kaufmannseigenschaft**, wird die stille Gesellschaft – abhängig vom Parteiwillen – aufgelöst oder als stille GbR unter entsprechender Anwendung der §§ 230 ff. HGB fortgeführt.[83] 68

Auch mit einem **Schein-Kaufmann** i.S.v. § 5 HGB kann eine stille Gesellschaft vereinbart werden, da bei Eintragung im Handelsregister sowohl zwischen den Gesellschaftern als auch gegenüber Dritten eine Behandlung erfolgt, als würde ein Handelsgewerbe betrieben werden.[84] 69

Eine **Erbengemeinschaft**, die das Handelsgewerbe eines verstorbenen Kaufmanns fortführt, kann in ihrer gesamthänderischen Verbundenheit als Inhaber des Handelsgeschäfts **im Handelsregister eingetragen** werden und deshalb ebenfalls Geschäftsinhaber einer stillen Gesellschaft sein.[85] 70

b) Personenhandelsgesellschaften

Als **Formkaufmann** i.S.v. § 6 HGB kann jede Personenhandelsgesellschaft Geschäftsinhaber einer stillen Gesellschaft sein. Die **Einfügung von § 5 Abs. 2 HGB** im Jahre 1998 hat nicht nur **Kleingewerbetreibenden**, sondern vor allem auch **vermögensverwaltenden Gesellschaften** die Aufnahme stiller Gesellschafter ermöglicht. **Unzulässig** ist eine stille Gesellschaft aber an einer anderen stillen Gesellschaft (da diese als Innengesellschaft kein Handelsgeschäft betreiben kann) oder an einem Gesellschaftsanteil (dann meist Unterbeteiligung).[86] 71

Befindet sich eine Personenhandelsgesellschaft in **Liquidation**, besteht eine stille **Beteiligung** an dieser Gesellschaft **bis zur Vollbeendigung** fort. Allerdings ist die Aufnahme eines neuen stillen Gesellschafters in dieser Phase regelmäßig **unzulässig**, da die Gesellschaft tatsächlich nur noch auf Abwicklung des 72

---

80 Blaurock, Handbuch der stillen Gesellschaft, Rn. 5.30.
81 Schlegelberger/Schmidt, HGB, § 230 Rn. 31.
82 Blaurock, Handbuch der stillen Gesellschaft, Rn. 5.13, 5.15; MünchKomm-HGB/Schmidt, § 230 Rn. 19.
83 Bezzenberger/Keul, in: Münchener Handbuch des Gesellschaftsrechts, Bd. 2, § 75 Rn. 4.
84 Vgl. Blaurock, Handbuch der stillen Gesellschaft, Rn. 5.17.
85 Heymann/Horn, HGB, § 230 Rn. 4; Schmidt, DB 1976, 1705, 1706; vgl. auch BGHZ 92, 259, 260; Baumbach/Hopt/Hopt, HGB, § 1 Rn. 37; Röhricht/v. Westphalen/v. Gerkan, HGB, § 230 Rn. 24; zum Teil ist allerdings umstritten, ob es sich tatsächlich um ein einheitliches stilles Beteiligungsverhältnis handelt oder um mehrere stille Gesellschaften mit den einzelnen Erben; Bezzenberger/Keul, in: Münchener Handbuch des Gesellschaftsrechts, Bd. 2, § 75 Rn. 8; MünchKomm-HGB/Piehler/Schulte, § 75 Rn. 30.
86 Baumbach/Hopt/Hopt, HGB, § 230 Rn. 5; ausführlich zu Personengesellschaften als Geschäftsinhaber: Bezzenberger/Keul, in: Münchener Handbuch des Gesellschaftsrechts, Bd. 2, § 76 Rn. 56 f.

Handelsgeschäfts gerichtet ist.[87] **Etwas anderes gilt** wohl dann, wenn die Aufnahme eines stillen Gesellschafters zur Sanierung und Fortführung der Gesellschaft erfolgt.[88]

c) Kapitalgesellschaften

73 **Als Formkaufleute** i.S.v. § 6 HGB können Kapitalgesellschaften generell Geschäftsinhaber einer stillen Gesellschaft sein. **Ausgenommen** hiervon sind nur solche Kapitalgesellschaften, die nicht auf **planmäßige Gewinnerzielung gerichtet** sind, bspw. gemeinnützige Unternehmen.[89]

74 Auch **im Stadium zwischen Errichtung und Rechtsfähigkeit**, d.h. als **Vorgesellschaft**, können Kapitalgesellschaften Geschäftsinhaber sein, soweit bereits Gewinnerzielungsabsicht besteht.[90]

2. Stiller Gesellschafter

75 Der stille Gesellschafter muss **keine besonderen persönlichen Voraussetzungen** erfüllen. **Stiller Gesellschafter** kann deshalb jeder sein, der **nach geltendem Recht Träger von Rechten und Pflichten** sein kann, d.h. jede natürliche oder juristische Person, Handelsgesellschaft, Partnerschaftsgesellschaft, ebenso wie eine GbR, Erbengemeinschaft oder ein nicht rechtsfähiger Verein.[91] Der stille Gesellschafter muss nicht selbst die Kaufmannseigenschaft besitzen und erwirbt diese Eigenschaft auch durch seine stille Beteiligung nicht, da das Handelsgewerbe nach außen hin nur durch den Geschäftsinhaber betrieben wird.[92] Auch ein **Geschäftsunfähiger** oder **beschränkt Geschäftsfähiger** kann stiller Gesellschafter sein, **Besonderheiten gelten** aber bei den Erfordernissen für einen wirksamen Abschluss des Gesellschaftsvertrags.[93]

76 Ist eine Handelsgesellschaft oder sonstige rechtsfähige Personenvereinigung stiller Gesellschafter, sind **nicht zugleich** auch deren einzelne Gesellschafter stille Beteiligte. Ein Gesellschafterwechsel auf der Ebene der Handelsgesellschaft wirkt sich auf die stille Gesellschaft regelmäßig nicht aus. **In der Praxis** ist deshalb darauf zu achten, **wer im Einzelfall stiller Gesellschafter ist** oder werden soll.[94] **§ 230 HGB** geht seinem Wortlaut nach lediglich von einer aus zwei Mitgliedern bestehenden stillen Gesellschaft aus, dem Geschäftsinhaber und dem stillen Gesellschafter. Beteiligen sich mehrere stille Gesellschafter an einem Handelsgeschäft, liegen daher grds. auch mehrere eigenständige stille Gesellschaften vor.[95]

77 Nach mittlerweile wohl **herrschender Auffassung** ist dies jedoch nicht zwingend. Gemäß dem **Grundsatz der Vertragsfreiheit** können auch zwei oder mehr stille Gesellschafter hinsichtlich eines Handelsgeschäfts untereinander und zusammen mit dem Geschäftsinhaber ein einheitliches Rechtsverhältnis bilden (**mehrgliedrige stille Gesellschaft**).[96] Entscheidend für die Abgrenzung ist der durch Vertragsauslegung zu ermittelnde **Parteiwille**. Mit der Anerkennung der mehrgliedrigen stillen Gesellschaft war auch der stillen Gesellschaft in Form einer Publikumsgesellschaft der Weg geebnet, die für eine Vielzahl oder sogar unbegrenzte Zahl von stillen Gesellschaftern konstruiert ist.

---

[87] Vgl. Röhricht/v. Westphalen/v. Gerkan, HGB, § 230 Rn. 26.

[88] Blaurock, Handbuch der stillen Gesellschaft, Rn. 5.27 f.; MünchKomm-HGB/Schmidt, § 230 Rn. 29.

[89] Heymann/Horn, HGB, § 230 Rn. 4; Bezzenberger/Keul, in: Münchener Handbuch des Gesellschaftsrechts, Bd. 2, § 75 Rn. 10.

[90] BGHZ 49, 258, 260; MünchKomm-HGB/Schmidt, § 230 Rn. 27; Röhricht/v. Westphalen/v. Gerkan, HGB, § 230 Rn. 23; Scholz/Schmidt, GmbHG, § 11 Rn. 29.

[91] Schlegelberger/Schmidt, HGB, § 230 Rn. 30; Heymann/Horn, HGB, § 230 Rn. 7; Baumbach/Hopt/Hopt, HGB § 230 Rn. 6; MünchKomm-HGB/Schmidt, § 230 Rn. 34; Röhricht/v. Westphalen/Schmidt, HGB, § 230 Rn. 28; RGZ 126, 390.

[92] Heymann/Horn, HGB, § 230 Rn. 7.

[93] Ausführlich dazu unten Rn. 79 ff.

[94] Ausführlich Blaurock, Handbuch der stillen Gesellschaft, Rn. 5.37 f.

[95] Vgl. RGZ 25, 41/45; Schmidt, DB 1976, 1705.

[96] BGH, NJW 1972, 338; BGH, WM 1987, 1193; OLG Düsseldorf, WM 1985, 872; Baumbach/Hopt/Hopt, HGB, § 230 Rn. 7; Heymann/Horn, HGB, § 230 Rn. 8, 60 ff.; Blaurock, NJW 1972, 1119 f.

> **Hinweis:**
>
> In einer mehrgliedrigen stillen Gesellschaft kann grds. jeder stille Gesellschafter seine gesetzlichen und vertraglichen Rechte für sich allein ausüben. Um unzumutbare Belastungen für den Geschäftsinhaber zu vermeiden, werden in der Praxis häufig Regelungen in den Gesellschaftsvertrag aufgenommen, nach denen mehrere stille Gesellschafter (bestimmte) Rechte nur gemeinsam aufgrund gemeinschaftlicher Beschlussfassung ausüben können.

Abzugrenzen von der **mehrgliedrigen stillen Gesellschaft** ist der Fall, dass sich mehrere Personen in einer GbR zusammenschließen, die dann anstelle ihrer einzelnen Gesellschafter ihrerseits stille Gesellschafterin wird.[97] **In diesem Fall** liegt nur eine **zweigliedrige stille Gesellschaft** zwischen dem Geschäftsinhaber und der GbR als stille Gesellschafterin vor. Scheidet in diesem Fall ein Gesellschafter aus der GbR aus, berührt das den Bestand der stillen Gesellschaft nicht.[98]   78

3. Minderjährige, Geschäftsunfähige

Geschäftsunfähige bzw. **beschränkt Geschäftsfähige** bedürfen beim Abschluss eines stillen Gesellschaftsvertrags der **Mitwirkung ihres gesetzlichen Vertreters**.[99] Ist der gesetzliche Vertreter gleichzeitig auch auf der anderen Seite als Vertragspartner oder dessen Vertreter beteiligt, ist nach §§ 181, 1629 Abs. 2, 1795 BGB dann zusätzlich die Bestellung eines **Ergänzungspflegers** nach § 1909 BGB erforderlich.[100]   79

> **Hinweis:**
>
> Bei mehreren verwandten Minderjährigen, die eine stille Beteiligung eingehen wollen (z.B. Geschwistern), muss für jeden einzelnen Minderjährigen ein eigener Ergänzungspfleger bestellt werden.

Umstritten ist die Frage, ob der gesetzliche Vertreter beim Abschluss eines stillen Gesellschaftsvertrags der **Genehmigung des Vormundschaftsgerichts** bedarf. Bei Vertretung des Geschäftsinhabers wird dies **regelmäßig verneint**. §§ 1643 Abs. 1, 1822 Nr. 3 BGB **greifen in diesem Fall meist nicht**, da die stille Gesellschaft nicht auf Betrieb eines Erwerbsgeschäfts gerichtet ist.[101] **Etwas anderes** kann aber bei atypischer Ausgestaltung der stillen Gesellschaft gelten.   80

Bei Vertretung des stillen Gesellschafters wird eine **vormundschaftsgerichtliche Genehmigung** dagegen als erforderlich angesehen, **es sei denn**, es handelt sich um eine typische stille Gesellschaft als einmalige Kapitalanlage unter Ausschluss jeglicher Verlustbeteiligung und Mitspracherechte des stillen Gesellschafters.[102] **Darüber hinaus** kann eine vormundschaftsgerichtliche Genehmigung bei der Errichtung der stillen Gesellschaft **aus anderen Gründen** erforderlich sein, bspw. bei Einbringung eines Grundstücks.   81

---

97 BGHZ 125, 77; BGHZ 127, 179; Baumbach/Hopt/Hopt, HGB, § 230 Rn. 7.
98 Vgl. Schmidt, DB 1976, 1705 f.; Blaurock, NJW 1972, 1119.
99 Umstritten ist, ob dies auch gilt, wenn schenkweise eine stille Beteiligung (ohne Verlustbeteiligung) eingeräumt wird und deshalb lediglich ein rechtlicher Vorteil vorliegt, vgl. BFH, BStBl. 1974 II, S. 289, 290; OLG Hamm, OLGZ 1974, 158, 162; Tiedtke, DB 1977, 1065; Stürner, AcP 173 (1973), 402, 436; allgemein vgl. auch Rust, DStR 2005, 1942 ff.
100 Nicht erforderlich ist die Einschaltung eines Ergänzungspflegers bei schenkweiser Begründung einer stillen Beteiligung durch Einbuchung, soweit der Minderjährige nicht am Verlust beteiligt ist, da dem Minderjährigen hier kein rechtlicher Nachteil entsteht, vgl. BFH, BStBl. 1988 II, S. 247.
101 Blaurock, Handbuch der stillen Gesellschaft, Rn 9.41 f.
102 BGH, JZ 1957, 382; Heymann/Horn, HGB, § 230 Rn. 23; Baumbach/Hopt/Hopt, HGB, § 230 Rn. 8; Blaurock, Handbuch der stillen Gesellschaft, Rn. 9.46; MünchKomm-HGB/Schmidt, § 230 Rn. 106; Bezzenberger/Keul, in: Münchener Handbuch des Gesellschaftsrechts, Bd. 2, § 76 Rn. 55.

III. Fehlerhafte Gesellschaft

82 Ist der **Gesellschaftsvertrag nichtig oder unwirksam**,[103] finden nach **höchstrichterlicher Rspr.** und **herrschender Literaturmeinung** die **Grundsätze der fehlerhaften Gesellschaft** Anwendung. Dies gilt nicht, soweit lediglich einzelne Vertragsbestandteile unwirksam sind und die Wirksamkeit der übrigen Bestimmungen aufgrund einer **salvatorischen Klausel** im Gesellschaftsvertrag davon nicht berührt werden soll.[104]

83 Ob die **Anwendung dieser Grundsätze** auf eine stille Gesellschaft allerdings interessengerecht ist, ist **in der Lit. umstritten**, da mangels Auftretens nach außen der **Gesichtspunkt des Verkehrsschutzes** jedenfalls keine Rolle spielt. **Teilweise** wird insofern auch zwischen typischer und atypischer stiller Gesellschaft differenziert. Dieser Streit ist aufgrund der klaren Haltung der **höchstrichterlichen Rspr.**, die eine Anwendung der Grundsätze bejaht, allerdings eher akademischer Natur.[105]

84 **Nach den Grundsätzen der fehlerhaften Gesellschaft** kann eine einmal in Gang gesetzte Gesellschaft bei Vorliegen von Nichtigkeitsgründen nicht mehr für die Vergangenheit mit Wirkung **ex tunc** beseitigt, sondern nur **ex nunc** durch **Kündigung aus wichtigem Grund** beendet werden. Grundlage hierfür sind die **Bedürfnisse des Verkehrsschutzes** und des **Bestandsschutzes**. Sowohl gegenüber den Gesellschaftsgläubigern als auch im Verhältnis der Gesellschafter untereinander wäre es **unbillig**, sich auf das Nichtbestehen der Gesellschaft wegen Nichtigkeit oder Unwirksamkeit zu berufen und die gesamte Gesellschaft rückabzuwickeln. Letzteres würde ohnehin meist auf kaum überwindbare praktische Schwierigkeiten stoßen. Bis zur Wirksamkeit der Kündigung richten sich die Rechtsbeziehungen der Gesellschafter untereinander nach dem unwirksamen Vertrag; an die Stelle der Regelung, die Ursache für die Vertragsnichtigkeit war, tritt eine angemessene Regelung.[106]

85 Die **Grundsätze der fehlerhaften Gesellschaft** finden nach der Rspr. dort ihre Grenzen, wo **gewichtige Interessen der Allgemeinheit** oder **besonders schutzwürdiger Personen** entgegenstehen. Dies ist vor allem bei **Gesetzeswidrigkeit oder grober Sittenwidrigkeit** der Fall, kann aber auch in bestimmten Fällen von **Täuschung**, **Drohung** oder aufgrund des **Minderjährigenschutzes** gelten.[107]

86 Liegen die Voraussetzungen für eine fehlerhafte Gesellschaft vor, bedarf es zur sofortigen Beendigung der Gesellschaft lediglich der **formlosen Kündigung**, nicht aber einer **Auflösungsklage**.[108] Die Beendigung der stillen Gesellschaft führt dann zur **Auseinandersetzung nach den allgemeinen Grundsätzen**.[109]

E. Rechte und Pflichten der Gesellschafter

87 Die stille Gesellschaft ist maßgeblich in den **§§ 230 ff. HGB** und subsidiär in den **§§ 705 ff. BGB** geregelt.[110] Das Gesetz enthält dabei zahlreiche **dispositive Vorschriften**, von denen die Gesellschafter im Gesellschaftsvertrag weitgehend frei abweichen können. Die **Rechte und Pflichten der Gesellschafter** ergeben sich deshalb zunächst aus den zwingenden Bestimmungen der §§ 230 – 236 HGB, dann aus dem Gesellschaftsvertrag und schließlich ergänzend aus den dispositiven Bestimmungen der §§ 230 ff. HGB und den §§ 705 ff. BGB.

---

103 Bspw. nach §§ 134, 138, 142 Abs. 1 BGB oder bei Verstoß gegen berufsrechtliche Regelungen.
104 BGHZ 8, 157; 55, 5; BGH, NJW 1992, 2696; WM 1973, 901; Baumbach/Hopt/Hopt, HGB, § 230 Rn. 11.
105 Ausführlich: Armbrüster/Joos, ZIP 2004, 189 ff.; Blaurock, Handbuch der stillen Gesellschaft, Rn. 11.5 ff. m.w.N.; MünchKomm-HGB/Schmidt, § 230 Rn. 126 m.w.N.; Bayer/Riedel, NJW 2003, 2567 ff.; Loritz, DB 2004, 2459 ff.; Wertenbruch, NJW 2005, 2823 ff.
106 BGH, WM 1976, 1027; Heymann/Horn, HGB, § 230 Rn. 28 m.w.N.
107 Ausführlich zu den Grenzen Palandt/Sprau, BGB, § 705 Rn. 17 ff.; vgl. insb. BGHZ 3, 285, 288; 55, 5, 9 f.; 62, 234, 241; 75, 214; 13, 320, 323; 17, 160, 167; 38, 26, 29; BGH, NJW 1983, 748.
108 Palandt/Sprau, BGB, § 705 Rn. 18; Blaurock, Handbuch der stillen Gesellschaft, Rn. 11.30.
109 Dazu unten Rn. 186 ff.
110 Einen Überblick, welche der Vorschriften der §§ 705 ff. BGB auf die stille Gesellschaft anwendbar oder nicht anwendbar sind gibt Bezzenberger/Keul, in: Münchener Handbuch des Gesellschaftsrechts, Bd. 2, § 76 Rn. 13.

I. Geschäftsführung und Vertretung

1. Geschäftsführung

a) Grundsatz

Die **Geschäftsführung** in der stillen Gesellschaft obliegt, anders als bei der GbR, nicht den Gesellschaftern gemeinschaftlich, sondern **allein dem Geschäftsinhaber**. Dies lässt sich damit erklären, dass der stille Gesellschafter nicht am Handelsgeschäft des Geschäftsinhabers beteiligt ist und die Führung des Handelsgeschäfts deshalb eigene Sache des Geschäftsinhabers ist. Die Geschäftsführung muss **im Interesse der stillen Gesellschaft** ausgeübt werden, die Verfolgung abweichender eigener Interessen ist dem Geschäftsinhaber untersagt. Sie umfasst einerseits die gesamte **Tätigkeit zur Förderung des Gesellschaftszwecks**, andererseits die das **Innenverhältnis zwischen Geschäftsinhaber und stillem Gesellschafter betreffenden Aufgaben**, insb. die Rechnungslegung gegenüber dem stillen Gesellschafter. Der **Umfang der Geschäftsführungsbefugnis** kann mit schuldrechtlicher Wirkung zwischen den Parteien der stillen Gesellschaft beschränkt werden.[111] Ohne besondere vertragliche Regelung bedarf der Geschäftsinhaber aber auch für außergewöhnliche Geschäfte grds. nicht der Zustimmung des stillen Gesellschafters.[112]

88

> **Hinweis:**
> In der Praxis empfiehlt sich stets eine klare Regelung, für welche Maßnahmen der Geschäftsinhaber der Zustimmung des stillen Gesellschafters bedarf. Hierfür bietet sich ein „Katalog" zustimmungspflichtiger Maßnahmen an.

Der stille Gesellschafter ist grds. nicht zur Geschäftsführung berechtigt, bei einem Verstoß haftet er unter Umständen aus **Geschäftsführung ohne Auftrag**.[113] Darüber hinaus steht dem stillen Gesellschafter mangels abweichender vertraglicher Regelungen auch **kein Widerspruchsrecht** gegen Geschäftsführungsmaßnahmen des Geschäftsinhabers zu.[114]

Der Geschäftsinhaber ist jedoch **nicht nur zur Geschäftsführung in der stillen Gesellschaft berechtigt**, sondern dazu auch **verpflichtet**. Dies folgt ebenfalls aus dem **Wesen der stillen Gesellschaft**, das in der Verfolgung eines gemeinsamen Zwecks liegt und den Geschäftsinhaber deshalb auch an die Interessen des stillen Gesellschafters bindet. Dies bedeutet insb., dass der Geschäftsinhaber im Rahmen seiner Geschäftsführung **zur Erhaltung der Grundlagen des Handelsgeschäfts verpflichtet** ist und den Geschäftsbetrieb nicht ohne Zustimmung des stillen Gesellschafters in erheblichem Maße umgestalten, erweitern oder einschränken darf.[115]

89

Gleiches gilt für die **vollständige oder teilweise Veräußerung des Geschäftsbetriebs** oder dessen **Einstellung**, da in diesen Fällen die Erreichung des Gesellschaftszwecks **regelmäßig** unmöglich wird.[116]

---

[111] Vgl. unten Rn. 95.
[112] Schlegelberger/Schmidt, HGB, § 230 Rn. 132; Heymann/Horn, HGB, § 230 Rn. 34; MünchKomm-HGB/Schmidt, § 230 Rn. 178.
[113] Blaurock, Handbuch der stillen Gesellschaft, Rn. 12.97.
[114] MünchKomm-HGB/Schmidt, § 230 Rn. 178; Blaurock, Handbuch der stillen Gesellschaft, Rn. 12.6; Heymann/Horn, HGB, § 230 Rn. 34; Röhricht/v. Westphalen/v. Gerkan, HGB, § 230 Rn. 78.
[115] Röhricht/v. Westphalen/v. Gerkan, HGB, § 230 Rn. 78; Heymann/Horn, HGB, § 230 Rn. 35; Baumbach/Hopt, HGB, § 230 Rn. 15.
[116] Vgl. etwa RGZ 92, 292, 294; BGH, WM 1963, 1209, 1210; Röhricht/v. Westphalen/v. Gerkan, HGB, § 230 Rn. 78; Baumbach/Hopt/Hopt, HGB, § 230 Rn. 15; zum Gesellschafterwechsel beim Geschäftsinhaber vgl. Blaurock, Handbuch der stillen Gesellschaft, Rn. 12.21 ff.

Der Geschäftsinhaber ist schließlich verpflichtet, die Beiträge des stillen Gesellschafters nur zu dem im Gesellschaftsvertrag vorgesehenen Zweck zu verwenden und nicht für andere Zwecke zu missbrauchen.[117]

> **Hinweis:**
> Von besonderer praktischer Bedeutung ist die Frage, ob der Geschäftsinhaber berechtigt ist, ohne Zustimmung des stillen Gesellschafters weitere Dritte am Gewinn des Handelsgeschäfts zu beteiligen, sei es durch weitere stille Beteiligungen oder durch partiarische Rechtsverhältnisse. Da dies für den stillen Gesellschafter erhebliche Auswirkungen haben kann, indem jede zusätzliche Gewinnbeteiligung eines Dritten seine eigene Gewinnbeteiligung vermindert, ist nach überwiegender Auffassung eine Zustimmung des stillen Gesellschafters erforderlich, soweit nicht ausdrücklich etwas anderes vereinbart ist.[118] In der Praxis sollte bei Beratung des Geschäftsinhabers stets auf dieses Problem hingewiesen werden.

90 **Verletzt der Geschäftsinhaber seine Geschäftsführungspflichten** oder nimmt er unzulässige Geschäfte vor, gilt Folgendes: **Pflichtwidrige Geschäfte** bedürfen der **Zustimmung des stillen Gesellschafters**, wenn sie für oder gegen diesen wirken und der stille Gesellschafter an einem daraus entstehenden Gewinn- oder Verlust beteiligt sein soll.[119] Die Genehmigung ist **unverzüglich nach Kenntniserlangung** zu erklären (auch durch schlüssiges Verhalten) und löst die anteilige Gewinnbeteiligung des stillen Gesellschafters aus.[120] Die **nachträgliche Genehmigung** eines einmal abgelehnten Geschäfts ist **nicht möglich**.[121]

91 Weiter kann der stille Gesellschafter **Leistungsklage** auf Erfüllung der gesellschaftsvertraglichen Pflichten des Geschäftsinhabers und insb. auf Fortführung des Geschäftsbetriebs oder Unterlassung strukturändernder Maßnahmen erheben. Ein gegen den Geschäftsinhaber ergangenes Urteil, das diesen zu einem bestimmten Handeln verpflichtet, ist allerdings nicht vollstreckbar.[122]

92 Überschreitet der Geschäftsinhaber seine Geschäftsführungsbefugnis, steht dem stillen Gesellschafter außerdem **nach § 723 BGB ein außerordentliches Kündigungsrecht zu**, das zur Auflösung der stillen Gesellschaft führt. Voraussetzung ist dabei, dass dem stillen Gesellschafter bei Abwägung der beiderseitigen Interessen eine Fortsetzung der Gesellschaft **unzumutbar** ist.

93 **Darüber hinaus** stehen dem stillen Gesellschafter bei Pflichtverletzung des Geschäftsinhabers neben seinem außerordentlichen Kündigungsrecht ggf. auch **Schadensersatzansprüche** zu.[123]

b) Abweichende Regelungen

94 Abweichend von der grds. Verteilung können dem stillen Gesellschafter über seine bloßen Informationsrechte hinaus – **auf rein schuldrechtlicher Basis** – weitere **Einflussmöglichkeiten** auf die Geschäftsführung der stillen Gesellschaft eingeräumt werden. Sind diese nicht ganz unbedeutend, spricht man von einer **atypischen stillen Gesellschaft mit Geschäftsführungsbeteiligung**.

---

117 BGH, WM 1987, 1193, 1194; ZIP 1995, 738, 741 ff.; RGZ 126, 391; Heymann/Horn, § 230 Rn. 26.
118 Heymann/Horn, HGB, § 230 Rn. 35; Baumbach/Hopt/Hopt, HGB, § 230 Rn. 15; Sudhoff/Sudhoff, GmbHR 1981, 235.
119 RGZ 92, 292, 293; BGH, WM 1987, 1193, 1194; BGHZ 83, 341, 344; MünchKomm-HGB/Schmidt, § 230 Rn. 178; Röhricht/v. Westphalen/v. Gerkan, HGB, § 230 Rn. 78.
120 Kühn, in: Münchener Handbuch des Gesellschaftsrechts, Bd. 2, § 80 Rn. 21; Röhricht/v. Westphalen/v. Gerkan, HGB, § 230 Rn. 78.
121 RGZ 92, 292, 293.
122 BGHZ 78, 82, 86 (zur KG).
123 Kühn, in: Münchener Handbuch des Gesellschaftsrechts, Bd. 2, § 80 Rn. 27 ff; vgl. BGHZ 11, 80/84; RGZ 89, 398, 400.

Einfachste Form der Mitwirkung sind **Zustimmungs- oder Widerspruchsrechte** des stillen Gesellschafters, die sich entweder auf ungewöhnliche Geschäftsführungsmaßnahmen beschränken oder generell eingreifen.[124] **In der Praxis** hat sich hierfür ein **Katalog zustimmungsbedürftiger bzw. widerspruchsfähiger Maßnahmen** im Gesellschaftsvertrag bewährt.[125] Derartige Mitwirkungsrechte wirken allerdings nur schuldrechtlich und können die Verfügungsmacht des Geschäftsinhabers nicht einschränken.[126]

95

Dem stillen Gesellschafter kann ferner auch zusammen mit dem Geschäftsinhaber oder sogar **alleinige Geschäftsführungsbefugnis** eingeräumt werden.[127] Da die stille Gesellschaft eine reine Innengesellschaft ist, muss genau unterschieden werden, ob sich die Geschäftsführungsbefugnis des stillen Gesellschafters **lediglich auf die stille Gesellschaft** selbst, oder **auf das Handelsgeschäft des Geschäftsinhabers** beziehen soll. Der individuellen Ausgestaltung werden hier nur Grenzen durch den **sog. Grundsatz der Selbstorganschaft bei Personengesellschaften** gezogen, der es verbietet, einem Nichtgesellschafter die Geschäftsführungs- und Vertretungsbefugnisse eines oder aller Gesellschafter zu übertragen.

96

Bei einer Beteiligung an der Geschäftsführung unterliegt der stille Gesellschafter allerdings auch **besonderen Treuepflichten**, da er nicht mehr nur **eigennützig** seine Kontrollrechte wahrnehmen kann, sondern seine Geschäftsführung **im Interesse der Gesellschaft** ausüben muss. Art und Umfang der Treuepflichten hängen von der Ausgestaltung der Geschäftsführungsbeteiligung im Einzelfall ab. Je weiter die Einflussnahmemöglichkeiten des stillen Gesellschafters reichen, desto weiter reicht auch seine Treuepflicht und desto stärker ist er zur Förderung des gemeinsamen Zwecks und zur Berücksichtigung der Belange der Gesellschaft verpflichtet.[128]

97

Zudem muss sich der zur Geschäftsführung berechtigte stille Gesellschafter auch **gegenüber dem Geschäftsinhaber wie ein Geschäftsführer behandeln lassen** und **haftet** deshalb nach den allgemeinen Vorschriften **für jedes Verschulden**.

98

Dagegen führt die gesellschaftsvertraglich vereinbarte Geschäftsführungsbefugnis **nicht zu einer persönlichen Haftung des stillen Gesellschafters gegenüber den Gläubigern** des Handelsgeschäfts, da nach § 230 Abs. 2 HGB ja allein der Geschäftsinhaber aus den Geschäften berechtigt und verpflichtet wird.[129] **Etwas anderes gilt**, soweit der stille Gesellschafter **besondere Verpflichtungen** übernimmt.

99

Beispiele:

Verpflichtungen aus Bürgschaft oder Garantieerklärung.

Unberührt bleibt daneben die Haftung des stillen Gesellschafters **nach den allgemeinen Vorschriften**.

100

Beispiel:

Haftung aufgrund unerlaubter Handlung.

Mangels abweichender vertraglicher Regelungen kann dem stillen Gesellschafter die Geschäftsführungsbefugnis entsprechend § 712 BGB **bei Vorliegen eines wichtigen Grundes** aber auch **entzogen** werden.[130] In diesem Fall übernimmt der Geschäftsinhaber die Führung des Handelsgeschäfts wieder selbst.

101

---

124 BGHZ 8, 157, 160; BGH, BB 1961, 583; DB 1964, 476; Kühn, in: Münchener Handbuch des Gesellschaftsrechts, Bd. 2, § 81 Rn. 17; Heymann/Horn, HGB, § 230 Rn. 51; Blaurock, Handbuch der stillen Gesellschaft, Rn. 12.37.
125 Vgl. LG Bremen, NZG 1999, 1155.
126 § 137 BGB, § 126 Abs. 2 HGB, § 37 Abs. 1 GmbHG, § 82 Abs. 2 AktG; KG, NZG 2002, 818, 820.
127 BGHZ 8, 157, 160; 55, 5, 7; MünchKomm-HGB/Schmidt, § 230 Rn. 77.
128 Kühn, in: Münchener Handbuch des Gesellschaftsrechts, Bd. 2, § 81 Rn. 27.
129 BGH, NJW 1966, 1309; WM 1961, 574, 575; BFH, WM 1969, 1306, 1307; BB 1986, 586/581; BB 1989, 1186.
130 MünchKomm-HGB/Schmidt, § 230 Rn. 77; Blaurock, Handbuch der stillen Gesellschaft, Rn. 12.91.

c) Entziehung der Geschäftsführung

102 Weder **entsprechend § 712 BGB** noch **entsprechend § 117 HGB** kann der stille Gesellschafter dem Geschäftsinhaber die Geschäftsführungsbefugnis entziehen.[131]

> **Hinweis:**
> Liegt ein Grund zur Entziehung vor, verbleibt dem stillen Gesellschafter nur die fristlose Kündigung, die zur Auflösung der stillen Gesellschaft führt.

103 Im Gesellschaftsvertrag der stillen Gesellschaft **kann vereinbart werden**, dass dem Inhaber die **Geschäftsführungsbefugnis** durch den stillen Gesellschafter **entzogen** werden kann.[132] Ein **Entzug der Vertretungsbefugnis** des Geschäftsinhabers ist allerdings stets **ausgeschlossen**.[133] Dies kann im Ergebnis dazu führen, dass stille Gesellschaft und Handelsgeschäft rechtlich blockiert sind, da der Geschäftsinhaber zwar **nach außen hin zur Vertretung fähig**, im Innenverhältnis mangels Geschäftsführungsbefugnis **aber nicht berechtigt** ist.

> **Hinweis:**
> Wird dem stillen Gesellschafter gesellschaftsvertraglich das Recht eingeräumt, dem Geschäftsinhaber die Geschäftsführungsbefugnis zu entziehen, sollte in jedem Fall auch eine Regelung in den Gesellschaftsvertrag aufgenommen werden, durch die eine ansonsten drohende rechtliche Blockade der Gesellschaft verhindert wird. Dies kann bspw. durch Bevollmächtigung und Einräumung von Geschäftsführungsbefugnis zu Gunsten des stillen Gesellschafters für derartige Fälle oder Verpflichtung des Geschäftsinhabers zur Erteilung von Prokura an einen neuen Geschäftsführer erfolgen.

2. Vertretung

104 Da die stille Gesellschaft als Innengesellschaft kein Handelsgewerbe betreibt, gibt es bei ihr auch keine Vertretung im rechtstechnischen Sinne. **Nach außen** hin tritt allein der Geschäftsinhaber auf (und zwar für sein Handelsgeschäft), dessen Stellung im Außenverhältnis durch das Vorhandensein oder Nichtvorhandensein einer stillen Gesellschaft nicht verändert wird.

105 **Nach allgemeinen Grundsätzen** sind Willenserklärungen **gegenüber dem Vertreter des Handelsgeschäfts** abzugeben. Auf ihn ist auch abzustellen, wenn es auf Kenntnis, Bösgläubigkeit, Arglist, oder sein Wissen ankommt.[134]

106 Gleichwohl kann auch dem stillen Gesellschafter Vertretungsbefugnis verliehen werden. Dies erfolgt **regelmäßig durch Vollmacht** (z.B. Prokura, Handlungsvollmacht), kann dort, wo der Grundsatz der Selbstorganschaft nicht entgegensteht, aber auch **organschaftlich durch Einräumung der Geschäftsführerstellung** (bei der GmbH) oder der **Vorstandsstellung** (bei der AG) geschehen.[135] Die Übertragung von Vertretungsmacht auf den stillen Gesellschafter kann die Vertretungsmacht des Geschäftsinhabers aber nach außen nicht beschränken. Der Geschäftsinhaber ist stets berechtigt, in eigenem Namen zu handeln.

> **Hinweis:**
> Auch bei Übertragung der Vertretungsbefugnis auf den stillen Gesellschafter liegt keine Vertretung der stillen Gesellschaft vor, da diese als reine Innengesellschaft nicht am Rechtsverkehr teilnimmt. Ein vertretungsbefugter stiller Gesellschafter handelt stets im Namen des Geschäftsinhabers und

---

131 Heymann/Horn, HGB, § 230 Rn. 34; MünchKomm-HGB/Schmidt, § 230 Rn. 178 ff.; Baumbach/Hopt/Hopt, HGB, § 230 Rn. 14.
132 MünchKomm-HGB/Schmidt, § 230 Rn. 179; Kühn, in: Münchener Handbuch des Gesellschaftsrechts, Bd. 2, § 80 Rn. 23; Blaurock, Handbuch der stillen Gesellschaft, Rn. 12.38.
133 Vgl. unten Rn. 106.
134 Blaurock, Handbuch der stillen Gesellschaft, Rn. 12.45.
135 MünchKomm-HGB/Schmidt, § 230 Rn. 78 m.w.N.; Schlegelberger/Schmidt, HGB, § 335 Rn. 71, 132.

nicht im Namen der stillen Gesellschaft.[136] Stellt sich die Vertretung des stillen Gesellschafters doch als solche der stillen Gesellschaft dar, wird unter Umständen der Rechtsschein einer Außengesellschaft erweckt.[137]

II. Einlagen und Beiträge

Zur **Förderung des gemeinsamen Zwecks** der stillen Gesellschaft sind Geschäftsinhaber und stiller Gesellschafter zur Leistung bestimmter **Beiträge und Einlagen** verpflichtet. 107

1. Geschäftsinhaber

Die **Beitragsleistung des Geschäftsinhabers** besteht darin, dass er sein Handelsgeschäft fortan nicht mehr nur für eigene, sondern für **gemeinsame Rechnung** führt.[138] Darüber hinaus kann sich der Geschäftsinhaber im Gesellschaftsvertrag der stillen Gesellschaft selbstverständlich auch zu weiteren Beitragsleistungen, bspw. zusätzlichen Geld- oder Sacheinlagen verpflichten. 108

2. Stiller Gesellschafter

Nach § 230 HGB hat sich der stille Gesellschafter mit einer **Vermögenseinlage am Handelsgeschäft** des Geschäftsinhabers zu beteiligen. In der Lit. wird zum Teil zwischen Beitrag und Einlage des stillen Gesellschafters unterschieden.[139] **Beitrag** wird dabei **als Beitragspflicht** verstanden, deren Eingehung für eine stille Gesellschaft notwendig aber auch hinreichend ist. Die Beitragsleistung kann dann in Form einer (bilanzierungsfähigen) Einlage oder in Form von (nicht bilanzierungsfähigem) Beitrag im engeren Sinne erfolgen.[140] Nach wohl noch h.M. ist der Begriff der Einlage dagegen **weit auszulegen** und kann in der **Hingabe irgendeines in Geld bewertbaren Vermögensvorteils** gesehen werden.[141] Im praktischen Ergebnis unterscheiden sich beide Ansichten nicht wesentlich, so dass Vereinbarung und (ggf. auch spätere) Erbringung eines vermögenswerten Beitrags ausreichen. 109

a) Gegenstand der Beitragsleistung

Gegenstand und Form der Beitragsleistung ergeben sich aus dem Gesellschaftsvertrag der stillen Gesellschaft. Die Beitragsleistung kann grds. in jeder vermögenswerten Förderung des gemeinsamen Gesellschaftszwecks bestehen.[142] Dabei wird zwischen **bilanzierungsfähigen und nichtbilanzierungsfähigen Beitragsleistungen** unterschieden. 110

Eine bilanzierungsfähige Beitragsleistung muss nach § 230 Abs. 1 HGB in das Vermögen des Geschäftsinhabers übergehen, was durch den Bilanzansatz manifestiert wird. Dies bedeutet aber nicht, dass der Beitragsgegenstand tatsächlich ins Eigentum des Geschäftsinhabers übergehen muss, vielmehr genügt die rechtliche Verfügungsmöglichkeit des Geschäftsinhabers.[143] 111

Häufigste Form der bilanzierungsfähigen Beitragsleistung ist die Geldeinlage durch Barzahlung, bargeldlose Zahlung oder Einbringung von Forderungen gegen den Geschäftsinhaber. Sacheinlagen oder nicht bilanzierungsfähige Beiträge (z.B. Dienstleistungen) lassen sich in eine Geldeinlage umwandeln, indem der stille Gesellschafter seine Leistung gegen Entgelt an den Geschäftsinhaber erbringt, also z.B. 112

---

136 BGH, BB 1961, 583; MünchKomm-HGB/Schmidt, § 230 Rn. 78.
137 Vgl. BGH, BB 1961, 583.
138 Baumbach/Hopt/Hopt, HGB, § 230 Rn. 13; Blaurock, Handbuch der stillen Gesellschaft, Rn. 12.3.
139 MünchKomm-HGB/Schmidt, § 230 Rn. 37, 143 m.w.N.
140 Ausführlich: Blaurock, Handbuch der stillen Gesellschaft, Rn. 6.11 f.
141 BGHZ 7, 174/177; Baumbach/Hopt/Hopt, HGB, § 230 Rn. 20.
142 Heymann/Horn, HGB, § 230 Rn. 44 ff.; MünchKomm-HGB/Schmidt, § 233 Rn. 37; Baumbach/Hopt/Hopt, HGB, § 230 Rn. 20; Kühn, in: Münchener Handbuch des Gesellschaftsrechts, Bd. 2, § 83 Rn. 6 ff.; vgl. z.B. BGHZ 7, 177; BFH, GmbHR 75, 187; Fischer, JR 1962, 202 f.
143 Blaurock, Handbuch der stillen Gesellschaft, Rn. 6.7.

einen Kauf- oder Dienstvertrag abschließt und dann seinen Entgeltanspruch als Geldeinlage in die Gesellschaft einbringt.[144]

113 Daneben kommt eine **Beitragsleistung in Form einer Sacheinlage** in Betracht, bspw. durch Einbringung von beweglichen Gegenständen, Grundstücken, Unternehmensbeteiligungen, Forderungen gegen Dritte, Nießbrauchsrechten oder immateriellen Vermögensgegenständen. Die Sacheinlage ist durch Übertragung des entsprechenden Gegenstands **nach den allgemeinen zivilrechtlichen Vorschriften** zu leisten.

114 Zudem kann der Beitrag auch durch die **Leistung nicht bilanzierungsfähiger aber vermögenswerter Beiträge** erfolgen.[145] In Betracht kommen hier die Gebrauchsüberlassung (**Einbringung quoad usum**) und die Einlage eines Vermögensgegenstandes dem Werte nach (**Einbringung quoad sortem**). Bei der Einbringung quoad usum wird dem Geschäftsinhaber nicht das Eigentum an einem Gegenstand übertragen, sondern eine **vermögenswerte Nutzungsmöglichkeit** eingeräumt und damit der wirtschaftliche Wert des Gegenstandes zur Verfügung gestellt. Dabei wird schuldrechtlich im Innenverhältnis vereinbart, dass der Geschäftsinhaber gegenüber dem stillen Gesellschafter (hinsichtlich dieser Sache) wie ein Eigentümer zu behandeln ist.

115 Darüber hinaus kann der stille Gesellschafter vermögenswerte Dienste oder sonstige vermögenswerte immaterielle Beiträge leisten, z.B. ein Unterlassen oder die Nutzungsüberlassung von Kundenkontakten. **Nicht als Beitrag eignen sich** in der Vergangenheit geleistete Dienste, da ihr Vermögenswert der stillen Gesellschaft bereits zugeflossen ist.[146]

> **Hinweis:**
> Dieses Problem lässt sich aber grds. durch nachträgliche Vereinbarung eines Entgelts und Einbringung des Entgeltanspruchs beheben.[147]

116 Die **Vermögenseinlage ist grds. sofort zu leisten (§ 271 BGB)**, soweit nicht im Gesellschaftsvertrag etwas anderes vereinbart ist. **Verschlechtern** sich die Vermögensverhältnisse des Geschäftsinhabers vor Leistung der Einlage des stillen Gesellschafters, steht dem stillen Gesellschafter ein **Leistungsverweigerungsrecht** oder ein **Zurückbehaltungsrecht nach § 273 BGB** zu.[148] Hinsichtlich Verzug, Unmöglichkeit, sonstigen Schadensersatzpflichten und Gewährleistung im Zusammenhang mit der Einlage gelten die allgemeinen Vorschriften.

117 Ein **Sonderfall der Beitragsleistung** ist die **Vermögenseinlage durch Schenkung** seitens des Geschäftsinhabers. In diesem Fall wird die Einlage dadurch geleistet, dass der Geschäftsinhaber dem stillen Gesellschafter einen bestimmten Betrag unentgeltlich auf dessen Einlagenkonto gutschreibt. Dabei ist zu beachten, dass nach **höchstrichterlicher Rspr.** die schenkweise **Einbuchung nach § 518 BGB beurkundungspflichtig** ist, da in der bloßen Einbuchung des Anteils **keine heilende Bewirkung** der versprochenen Leistung zu sehen ist.[149] In der **Lit.** ist dies allerdings **umstritten** und nur für die typische stille Gesellschaft anerkannt.[150]

---

144 Kühn, in: Münchener Handbuch des Gesellschaftsrechts, Bd. 2, § 83 Rn. 6 ff.; Blaurock, Handbuch der stillen Gesellschaft, Rn. 6.10 f.
145 An dieser Stelle wirkt sich der in der Eingangsbemerkung angesprochene Streit über die Differenzierung zwischen Beitrag und Einlage aus, da nach der wohl h.M. nicht bilanzierungsfähige Vermögensgegenstände durch Festsetzung eines (fiktiven) Entgelts bilanzierungsfähig gemacht werden müssen.
146 BGHZ 7, 174, 181; Baumbach/Hopt/Hopt, HGB, § 230 Rn. 20; MünchKomm-HGB/Schmidt, § 230 Rn. 151; Röhricht/v. Westphalen/v. Gerkan, HGB, § 230 Rn. 31.
147 BGHZ 7, 174, 181; Baumbach/Hopt/Hopt, HGB, § 230 Rn. 20; MünchKomm-HGB/Schmidt, § 230 Rn. 151; Röhricht/v. Westphalen/v. Gerkan, HGB, § 230 Rn. 31.
148 Blaurock, Handbuch der stillen Gesellschaft, Rn. 6.47.
149 BGHZ 7, 378, 380; BFHE 113, 558, 563.
150 Blaurock, Handbuch der stillen Gesellschaft, Rn. 6.18 f.; Kühn, in: Münchener Handbuch des Gesellschaftsrechts, Bd. 2, § 83 Rn. 14 f.

b) Einlagegutschrift

Die **Höhe der Gutschrift** des Einlagewertes ist **regelmäßige Grundlage für die Gewinnverteilung** zwischen Geschäftsinhaber und stillem Gesellschafter. Sie ist **unabhängig vom tatsächlichen Wert** der Einlage und kann zwischen Geschäftsinhaber und stillem Gesellschafter grds. **frei vereinbart** werden. Dies gilt sowohl für bilanzierungsfähige als auch für nicht bilanzierungsfähige Beiträge.[151] Die **freie Bewertbarkeit der Einlage** beruht auf der besonderen Natur der stillen Gesellschaft als Innengesellschaft, bei der die Einlage keine für die Gläubiger der Gesellschaft maßgebliche Haftsumme ist.

118

> **Hinweis:**
>
> In der Praxis ist bei Unter- bzw. Überbewertung aber auf eine mögliche Schenkung zu achten, die einerseits dem Formzwang des § 518 BGB unterliegt, andererseits ggf. Schenkungsteuer auslösen kann.[152] Bei Unterbewertung der Einlage des stillen Gesellschafters kann eine Schenkung aber dadurch ausgeschlossen werden, dass der Unterschiedsbetrag als Darlehen des stillen Gesellschafters vereinbart wird.[153]

III. Ergebnisbeteiligung und Entnahmen

1. Anteil des stillen Gesellschafters am Ergebnis

a) Gesetzliche Regelung

Ist im Gesellschaftsvertrag der Anteil des stillen Gesellschafters am Gewinn oder Verlust **nicht geregelt**, gilt **nach § 231 Abs. 1 HGB ein den Umständen nach angemessener Anteil** als ausbedungen. **§ 722 Abs. 1 BGB** bestimmt mangels vertraglicher Regelung eine **Verteilung des Ergebnisses nach Köpfen**. Diese Norm ist auf die stille Gesellschaft **nicht entsprechend anwendbar**, da diese Regelung von gleichrangigen Gesellschaftern ausgeht, während bei der typischen stillen Gesellschaft eine Gleichrangigkeit wegen des Handelns des Geschäftsinhabers für eigene Rechnung fehlt.[154]

119

Was ein **angemessener Anteil** ist, bestimmt sich grds. nach dem Verhältnis der Beiträge des Geschäftsinhabers zu denen des stillen Gesellschafters. Für die Bewertung sind dabei **alle maßgeblichen Umstände** zu berücksichtigen, einschließlich des Wertes des Unternehmens des Geschäftsinhabers, der Art und des Umfangs der Einlage des stillen Gesellschafters, des Risikos der Gesellschafter, der Geschäftsführervergütung des Geschäftsinhabers und der Haftungsverhältnisse. Ein danach gefundener **Gewinnverteilungsmaßstab** ist nicht jedes Jahr neu festzusetzen, sondern **allenfalls** bei einer Änderung der Gesamtumstände.[155]

120

Ist weder **ein Verlustausschluss** noch **eine beschränkte Verlustbeteiligung** des stillen Gesellschafters vereinbart, sind dem stillen Gesellschafter auch die auf ihn entfallenden **Verlustanteile voll zuzurechnen**. Diese mindern zunächst seine Einlage und lassen ggf. auch ein **negatives Einlagekonto** entstehen, das mit künftigen Gewinnanteilen wieder auszugleichen ist. Der stille Gesellschafter ist aber mangels anderweitiger Vereinbarung nicht verpflichtet, ein negatives Einlagekonto durch zusätzliche Beiträge auszugleichen (§ 232 Abs. 2 HGB).[156]

121

---

151 Heymann/Horn, HGB, § 230 Rn. 45.
152 Vgl. BGHZ 7, 174, 179.
153 Blaurock, Handbuch der stillen Gesellschaft, Rn. 6.65; Kühn, in: Münchener Handbuch des Gesellschaftsrechts, Bd. 2, § 83 Rn. 20.
154 MünchKomm-HGB/Schmidt, § 231 Rn. 7; MünchKomm-BGB/Ulmer, § 722 Rn. 4; Röhricht/v. Westphalen/v. Gerkan, HGB, § 231 Rn. 5; a.A.: Baumbach/Hopt/Hopt, HGB, § 231 Rn. 1.
155 MünchKomm-HGB/Schmidt, § 231 Rn. 7.
156 OLG Karlsruhe, ZIP 1986, 916, 917; Baumbach/Hopt/Hopt, HGB, § 232 Rn. 6.

b) Gesellschaftsvertrag

122 **In der Praxis** wird die Höhe der Ergebnisbeteiligung des stillen Gesellschafters regelmäßig zwischen Geschäftsinhaber und stillem Gesellschafter vertraglich vereinbart. Die Vereinbarung kann **stillschweigend**[157] oder **im Gesellschaftsvertrag** erfolgen.

> **Hinweis:**
> Eine gesellschaftsvertragliche Regelung des Beteiligungsmaßstabs sollte nicht nur den Verteilungsschlüssel festlegen, sondern auch den zu verteilenden Gewinn und Verlust definieren.

123 Die Gesellschafter haben **bei der Festlegung des Verteilungsschlüssels zivilrechtlich freie Hand**. Zu beachten ist, dass nach **§ 231 Abs. 2 HGB** eine Gewinnbeteiligung des stillen Gesellschafters nicht ausgeschlossen werden kann. Ein solcher Ausschluss liegt **nicht nur dann** vor, wenn dem stillen Gesellschafter **überhaupt kein Gewinnanteil** zugewiesen wird, sondern auch **bei Vereinbarung einer fixen Vergütung**. Derartige Vereinbarungen sind nicht unwirksam, sondern verhindern nur eine Qualifizierung als stille Gesellschaft.[158] **Dagegen** kann eine Ergebnisbeteiligung des Geschäftsinhabers bei einer stillen Gesellschaft ohne weiteres ausgeschlossen werden. Dies kommt **vor allem** bei Treuhandcharakter der stillen Gesellschaft in Betracht.

124 Zulässig ist eine Beteiligung des stillen Gesellschafters an Gewinn und Verlust in jeweils unterschiedlicher Höhe oder sogar ein **vollständiger Ausschluss seiner Verlustbeteiligung (§ 231 Abs. 2 HGB)**. Letzteres muss **klar vom Parteiwillen umfasst sein**. Die bloße Tatsache, dass der Gesellschaftsvertrag eine Beteiligung des stillen Gesellschafters am Verlust nicht erwähnt, reicht dafür gerade nicht aus.[159] Ist nur ein Anteil am Gewinn (oder Verlust) bestimmt, gilt nämlich **§ 722 Abs. 2 BGB**, wonach die Vereinbarung im Zweifel für Gewinn **und** Verlust gilt.[160]

125 **Zivilrechtlich** sind auch **unangemessene Gewinnverteilungsabreden** grds. **wirksam**. Liegt allerdings eine Schenkung vor, ist die **Formvorschrift des § 518 Abs. 1 BGB** zu beachten. Grenzen ergeben sich im Übrigen bspw. aus **§ 138 BGB**.[161] Dagegen verweigern die Finanzbehörden unangemessenen Gewinnverteilungsabreden häufig die Anerkennung. Hierbei spielen weitere Faktoren eine Rolle, z.B. ob eine stille Beteiligung **entgeltlich** oder **unentgeltlich** erworben wurde, ob eine Familiengesellschaft vorliegt oder ob es sich um eine stille Beteiligung von Gesellschaftern an ihrer eigenen Gesellschaft handelt.[162] Wird die Gewinnverteilung **steuerlich als unangemessen** qualifiziert, wird sie vom Finanzamt (für die Steuer) geändert.

> **Hinweis:**
> Steuerlich unangemessene Gewinnverteilungen können dazu führen, dass ein Gesellschafter Gewinne zu versteuern hat, die ihm zivilrechtlich nicht zugeflossen sind. Dies ist bei der Vertragsgestaltung zu berücksichtigen.

---

157 MünchKomm-HGB/Schmidt, § 231 Rn. 10, Schlegelberger/Schmidt, HGB, §§ 231 Rn. 10; Röhricht/v. Westphalen/v. Gerkan, HGB, § 231 Rn. 8.
158 Heymann/Horn, HGB, § 231 Rn 4; Bezzenberger/Keul, in: Münchener Handbuch des Gesellschaftsrechts, Bd. 2, § 86 Rn. 40; zu den einzelnen Anwendungsfällen ausführlich: MünchKomm-HGB/Schmidt, § 231 Rn. 24.
159 BGH, WM 1960, 13; Heymann/Horn, HGB, § 231 Rn. 4; Röhricht/v. Westphalen/v. Gerkan, HGB, § 231 Rn. 5.
160 MünchKomm-HGB/Schmidt, § 231 Rn. 8; Heymann/Horn, HGB, § 231 Rn. 1; Röhricht/v. Westphalen/v. Gerkan, HGB, § 231 Rn. 5; Baumbach/Hopt/Hopt, HGB, § 231 Rn. 1; OLG Brandenburg, NJW-RR 1996, 156, 157.
161 MünchKomm-HGB/Schmidt, § 232 Rn. 25; § 230 Rn. 40, 47, 82.
162 Ausführlich MünchKomm-HGB/Schmidt, § 231 Rn. 12 f.

2. Ergebnisermittlung

a) Grundlage: Interne Rechnungslegung und Bilanz des Handelsgeschäfts

Grundlage für die Ergebnisermittlung ist die **ordnungsgemäße Rechnungslegung** des Geschäftsinhabers. Da § 232 Abs. 1 HGB nicht auf eine Bilanz Bezug nimmt und die stille Gesellschaft als Innengesellschaft selbst keine Bilanz i.S.v. § 242 Abs. 1 HGB aufstellt, erfolgt die Gewinnermittlung grds. **nach Maßgabe einer internen Rechnungslegung des Geschäftsinhabers**. Da der Geschäftsinhaber hinsichtlich des Handelsgeschäfts regelmäßig nach den allgemeinen Vorschriften zur Erstellung einer Bilanz verpflichtet ist, verursacht eine zusätzliche interne Rechnungslegung zur Abrechnung der stillen Beteiligung erheblichen Zusatzaufwand. **In der Praxis** wird deshalb für die Ergebnisermittlung meist auf den **handels- oder steuerrechtlichen Jahresabschluss** des Geschäftsinhabers abgestellt, wobei gewisse Korrekturen erforderlich sind.

126

> **Hinweis:**
> In jedem Fall ist zwischen der externen und der internen Rechnungslegungspflicht des Geschäftsinhabers zu unterscheiden, da hinsichtlich der externen Rechnungslegungspflicht die Vorschriften des HGB gelten, während die interne Rechnungslegungspflicht vollständig der Disposition der Parteien unterliegt.[163]

b) Berechnungsgrundlage: Handels- oder Steuerbilanz

In der Praxis werden als Berechnungsgrundlage meist der **Handelsbilanzgewinn** oder der **Steuerbilanzgewinn** des Geschäftsinhabers herangezogen.

127

Beim **Handelsbilanzgewinn** ist zu beachten, dass **Zweck der Handelsbilanz** nicht unbedingt eine realistische Darstellung des Unternehmenswertes ist, sondern nach heutigem HGB die **Darstellung von dessen wirtschaftlicher Untergrenze**. In diese Richtung wirken bspw. der **Grundsatz der vorsichtigen Bewertung**, der **Imparitätsgrundsatz** oder das strenge **Niederstwertprinzip**. Für den stillen Gesellschafter kann[164] ein Abstellen auf die Handelsbilanz deshalb nachteilig sein. Dies lässt sich nur durch **Vereinbarung detaillierter interner Bewertungsrichtlinien und Korrekturvorschriften** lösen.[165]

128

Häufig wird deshalb auch auf den **Steuerbilanzgewinn**[166] abgestellt. Dieser basiert zwar ebenfalls auf dem **Handelsbilanzgewinn**, die **Steuerbilanz** soll aber durch die **in §§ 4 ff. EStG geregelten Korrekturen** ein möglichst getreues Bild der tatsächlichen wirtschaftlichen Verhältnisse des Unternehmens zeichnen und dem tatsächlichen wirtschaftlichen Wert damit besser entsprechen, indem bspw. die **Bildung stiller Reserven** nur in begrenztem Umfang zugelassen wird.

129

Auch bei **Zugrundelegung der Steuerbilanz** kann sich ein **Korrekturbedarf** ergeben, bspw. bei der Frage, ob bei einer stillen Beteiligung an einer Kapitalgesellschaft die Körperschaftsteuer Gewinn mindernd zu berücksichtigen ist oder in Bezug auf Gewerbesteuerpflichten in einer Personengesellschaft, die auf Vorgängen in Sonderbilanzen, Ergänzungsbilanzen oder auf Veräußerungsvorgängen beruhen.

130

c) Durchführung der Berechnung

Erfolgt die Ergebnisermittlung unter **Zugrundelegung der Handels- oder Steuerbilanz**, stellt sich die Frage, wie die Gewinnbeteiligung des stillen Gesellschafters konkret **zu berechnen** ist.

131

---

163 Blaurock, Handbuch der stillen Gesellschaft, Rn. 14.11; vgl. Röhricht/v. Westphalen/v. Gerkan, HGB, § 232 Rn. 8 f.
164 Nicht: „muss", da handelsbilanziell meist umgekehrt ein höherer Gewinn ausgewiesen wird als in der Steuerbilanz.
165 Blaurock, Handbuch der stillen Gesellschaft, Rn. 14.19 f.
166 Steuerbilanzgewinn ist nach § 4 Abs. 1 EStG der Unterschiedsbetrag zwischen dem Betriebsvermögen am Schluss des Wirtschaftsjahres und dem Betriebsvermögen am Schluss des vorangegangenen Wirtschaftsjahres, vermehrt um den Wert der Entnahmen und vermindert um den Wert der Einlagen.

132 Neben den **generell zur Bereinigung der Handels- und Steuerbilanz erforderlichen Korrekturen** muss das Jahresergebnis des Geschäftsinhabers um solche Erträge und Aufwendungen bereinigt werden, **an denen der stille Gesellschafter nicht teilnimmt.**

> *Beispiele:*
> *Gewinn oder Verlust aus vertragswidrigen Geschäften des Geschäftsinhabers, denen der Stille nicht zugestimmt hat.*[167]

Zudem ist eine **Korrektur nach der zeitlichen Entstehung** vorzunehmen, da der stille Gesellschafter nicht an Gewinnen partizipiert, die vor Einräumung seiner Beteiligung entstanden sind.

133 **Darüber hinaus** stellt sich die Frage, ob der stille Gesellschafter **auch dem Gegenstande nach** an allen Geschäftsvorfällen teilnehmen soll. Während der stille Gesellschafter bei der atypischen stillen Gesellschaft mit Vermögensbeteiligung regelmäßig schuldrechtlich nicht nur am Bilanzgewinn, sondern auch an den stillen Reserven beteiligt ist, nimmt ein typischer stiller Gesellschafter **regelmäßig nur am Gewinn des Handelsgeschäfts** teil, insb. an den **Wertveränderungen des Umlaufvermögens** und **betriebsbedingten Änderungen des Anlagevermögens**, nicht aber an den stillen Reserven, einem Firmenwert oder einem Veräußerungsgewinn aus Teilen oder dem ganzen Unternehmen.[168]

> **Hinweis:**
> Um Streitigkeiten zu vermeiden, sollte in der Praxis eine möglichst genaue Vereinbarung über die Ergebnisermittlung und insb. die Teilnahme an stillen Reserven und gewöhnlichen und außergewöhnlichen Geschäften getroffen werden.

3. Auszahlung

a) Kein Entnahmerecht

134 Ähnlich einem Kommanditisten ist der stille Gesellschafter **nicht berechtigt**, den ihm zustehenden Gewinnanteil **ohne Zustimmung des Geschäftsinhabers** zu entnehmen.[169] **Ein § 122 HGB entsprechendes Entnahmerecht** kann allerdings gesellschaftsvertraglich vereinbart werden.[170]

135 Dagegen darf der Geschäftsinhaber **grds. uneingeschränkt Entnahmen tätigen**, da er alleine Inhaber des Handelsgeschäfts ist. Schuldrechtlich findet sein Entnahmerecht aber **eine Grenze** in seiner Pflicht, das Handelsgeschäft ordnungsgemäß und zu gemeinsamem Nutzen zu führen.[171]

b) Auszahlungsanspruch

136 Mangels Entnahmerecht hat der stille Gesellschafter gegen den Geschäftsinhaber einen **Anspruch auf Auszahlung seines ordnungsgemäß berechneten Gewinnanteils**. Ein derartiger Auszahlungsanspruch besteht nicht, soweit der stille Gesellschafter aufgrund vorausgegangener Verluste ein **negatives** Einlagekonto hat oder das Einlagekonto unter der **vertragsmäßig** vereinbarten Höhe liegt,[172] da die Gewinne zunächst zur Auffüllung des Einlagekontos verwendet werden müssen.[173]

---

167 RGZ 92, 292; Heymann/Horn, HGB, § 232 Rn. 3; a.A.: MünchKomm-HGB/Schmidt, § 232 Rn. 10.
168 MünchKomm-HGB/Schmidt, § 232 Rn. 5 f.; Heymann/Horn, HGB, § 232 Rn. 2 f.; Röhricht/v. Westphalen/v. Gerkan, HGB, § 232 Rn. 2 ff.; Blaurock, Handbuch der stillen Gesellschaft, Rn. 14.42, 14.44; Bezzenberger/Keul, in: Münchener Handbuch des Gesellschaftsrechts, Bd. 2, § 86 Rn. 25 f.
169 Heymann/Horn, HGB, § 232 Rn. 6; Baumbach/Hopt/Hopt, HGB, § 233 Rn. 4; MünchKomm-HGB/Schmidt, § 232 Rn. 30, Röhricht/v. Westphalen/v. Gerkan, HGB, § 232 Rn. 14; Schlegelberger/Schmidt, HGB, § 232 Rn. 31.
170 MünchKomm-HGB/Schmidt, § 232 Rn. 30.
171 Baumbach/Hopt/Hopt, HGB, § 232 Rn. 5.
172 Blaurock, Handbuch der stillen Gesellschaft, Rn. 14.62.
173 MünchKomm-HGB/Schmidt, § 232 Rn. 23; Blaurock, Handbuch der stillen Gesellschaft, Rn. 14.62.

Der stille Gesellschafter **kann** die Auszahlung seines Gewinnanteils grds. auch dann fordern, **wenn er seine Einlage noch nicht bewirkt hat**. Dem Geschäftsinhaber steht dann ggf. ein **Zurückbehaltungsrecht nach § 273 BGB** oder ein Recht zur **Aufrechnung nach § 387 BGB** zu.[174] 137

Der **Auszahlungsanspruch richtet sich gegen den Geschäftsinhaber**. Soweit dieser eine OHG ist, haften nach § 128 HGB auch die einzelnen Gesellschafter. Er ist **spätestens** mit Berechnung des Gewinns des Handelsgeschäfts fällig, ggf. auch schon vorher, sobald die Berechnung nach ordentlichem Geschäftsgang hätte erstellt werden können[175] und wird im Verzug nach den allgemeinen Vorschriften verzinst.[176] Der **Auszahlungsanspruch ist abtretbar** (§ 717 BGB), pfändbar und verpfändbar.[177] Der Anspruch verjährt nach § 195 BGB in drei Jahren. 138

Der Auszahlungsanspruch erlischt nicht mit Feststellung der nächsten Jahresbilanz.[178] Wird der dem stillen Gesellschafter zustehende Gewinnanteil nicht ausgezahlt, erhöht sich dadurch mangels anderweitiger gesellschaftsvertraglicher Vereinbarung die Höhe seiner Einlage nicht. Die Forderung ist vielmehr auf einem Privatkonto zu buchen und steht der Forderung eines Dritten gleich.[179] 139

IV. Informations- und Kontrollrechte

Von besonderer Bedeutung sind die **in § 233 HGB geregelten Informations- und Kontrollrechte**. Der stille Gesellschafter ist danach berechtigt, die abschriftliche Mitteilung des Jahresabschlusses zu verlangen und dessen Richtigkeit unter Einsicht in die Bücher und Papiere zu prüfen (**§ 233 Abs. 1 HGB**). Darüber hinaus können bei Vorliegen wichtiger Gründe auf Antrag des stillen Gesellschafters die Mitteilung einer Bilanz und eines Jahresabschlusses oder sonstige Aufklärungen sowie die Vorlegung der Bücher und Papiere gerichtlich angeordnet werden (**§ 233 Abs. 3 HGB**). 140

1. Persönlicher Umfang

Die in § 233 HGB geregelten **Informationsrechte** stehen dem stillen Gesellschafter grds. **nur persönlich** zu. Rechtsgrundlage hierfür ist **§ 717 Satz 1 BGB**, der die Nichtübertragbarkeit der einzelnen Gesellschafterrechte normiert.[180] **Ausnahmsweise** kann der stille Gesellschafter bei Vorliegen besonderer Gründe, z.B. längerer Erkrankung oder Abwesenheit, seine Kontrollrechte aber durch einen **Bevollmächtigten** wahrnehmen lassen, soweit nicht **berechtigte Interessen des Geschäftsinhabers** entgegenstehen. Darüber hinaus ist der stille Gesellschafter berechtigt, auf eigene Kosten einen **Sachverständigen** zur Einsicht in die Bücher und Papiere des Handelsgeschäfts hinzuzuziehen.[181] Letzteres darf der Geschäftsinhaber allerdings ablehnen, wenn **kein sachlicher Grund für die Hinzuziehung** besteht oder überwiegende Interessen des Unternehmens entgegenstehen.[182] 141

---

174 Heymann/Horn, HGB, § 232 Rn. 7; Schlegelberger/Schmidt, HGB, § 232 Rn. 22; MünchKomm-HGB/Schmidt, § 232 Rn. 23.
175 Baumbach/Hopt/Hopt, HGB, § 232 Rn. 4; Heymann/Horn, HGB, § 232 Rn. 7; MünchKomm-HGB/Schmidt, § 232 Rn. 24; Röhricht/v. Westphalen/v. Gerkan, HGB, § 232 Rn. 12.
176 Baumbach/Hopt/Hopt, HGB, § 232 Rn. 4.
177 Röhricht/v. Westphalen/v. Gerkan, § 232 Rn. 13; MünchKomm-HGB/Schmidt, § 232 Rn. 25.
178 Blaurock, Handbuch der stillen Gesellschaft, Rn. 14.56.
179 Heymann/Horn, HGB, § 232 Rn. 8; MünchKomm-HGB/Schmidt, § 232 Rn. 27f.; Baumbach/Hopt/Hopt, HGB, § 232 Rn. 8.
180 Kühn, in: Münchener Handbuch des Gesellschaftsrechts, Bd. 2, § 81 Rn. 8; Heymann/Horn, HGB, § 233 Rn. 2; MünchKomm-HGB/Schmidt, § 233 Rn. 7; Ausnahmen gelten allerdings bei der stillen Gesellschaft als Publikumsgesellschaft, vgl. Blaurock, Handbuch der stillen Gesellschaft, Rn. 12.66; Heymann/Horn, HGB, § 233 Rn. 2.
181 Baumbach/Hopt/Hopt, HGB, § 233 Rn. 5; Röhricht/v. Westphalen/v. Gerkan, HGB, § 233 Rn. 5; bei unordentlicher oder unredlicher Buchführung kann ggf. allerdings Kostenerstattung gefordert werden, OLG München, BB 1954, 669.
182 Heymann/Horn, HGB, § 233 Rn. 2.

142 Hat der stille Gesellschafter seinen Gewinnanspruch zulässigerweise nach § 717 Satz 2 BGB an einen Dritten **abgetreten**, stehen diesem Dritten keine Informations- und Kontrollrechte gegenüber dem Geschäftsinhaber zu. Der Abtretungsempfänger ist **lediglich nach § 242 BGB berechtigt**, vom stillen Gesellschafter Mitteilung der Höhe des Gewinnanteils zu verlangen; ein Einsichtsrecht in den Jahresabschluss hat er nicht.[183]

2. Schuldner der Informationsansprüche

143 Schuldner der Informationsansprüche des stillen Gesellschafters ist der Geschäftsinhaber, nicht die stille Gesellschaft.[184]

> **Hinweis:**
>
> Ist der stille Gesellschafter mit Erfüllung seiner Einlagepflicht in Rückstand, kann ihm der Geschäftsinhaber die Ausübung der Informations- und Kontrollrechte dennoch nicht versagen, da diese Rechte nicht schuldrechtlicher, sondern mitgliedschaftlicher Natur sind.[185]

3. Sachlicher Umfang

144 Nach § 233 Abs. 1 HGB kann der stille Gesellschafter die **abschriftliche Mitteilung (d.h. Kopie) des Jahresabschlusses**, also der Bilanz und der **Gewinn- und Verlustrechnung (§ 242 Abs. 3 HGB)**, verlangen und deren Richtigkeit unter Einsicht der Bücher und Papiere prüfen. Die Bilanz umfasst dabei die Handels- und die Steuerbilanz der Gesellschaft.[186] Zwischenabschlüsse und Prüfungsberichte können zusammen mit den sonstigen Büchern und Papieren des Geschäftsinhabers eingesehen werden.[187]

Beispiele:

Korrespondenz und elektronische Daten.

145 Das **Einsichtsrecht des stillen Gesellschafters** ist aber, anders als bei § 118 HGB, auf das für die Kontrolle des Rechnungsabschlusses erforderliche Maß **beschränkt**. Zeit, Ort und Art und Weise der Einsicht werden durch die **Treuepflicht** bestimmt. Einen Anspruch auf Mitnahme oder Versendung der Bücher und Papiere hat der stille Gesellschafter nicht.[188]

146 Das **Kontrollrecht erstreckt sich grds. auch** auf alle Unterlagen, die Unternehmen betreffen, an denen der Geschäftsinhaber beteiligt ist. Der Umfang dieses Informationsrechts ist aber **umstritten**.[189]

147 Nach § 233 Abs. 3 HGB kann **das Gericht** jederzeit bei Vorliegen wichtiger Gründe auf Antrag des stillen Gesellschafters die Mitteilung des Jahresabschlusses oder sonstige Aufklärungen sowie die Vorlage der Bücher und Papiere **anordnen**. Dieses **außerordentliche Informationsrecht** ist **zwingend** und nicht abdingbar.[190] Anders als das Informationsrecht nach § 233 Abs. 1 HGB ist das außerordentliche Infor-

---

183 BGH, DB 1976, 40/41; WM 1975, 1299; Heymann/Horn, HGB, § 233 Rn. 5; Baumbach/Hopt/Hopt, HGB, § 233 Rn. 5; Röhricht/v. Westphalen/v. Gerkan, HGB, § 233 Rn. 2.

184 Röhricht/v. Westphalen/v. Gerkan, HGB, § 233 Rn. 7.

185 Kühn, in: Münchener Handbuch des Gesellschaftsrechts, Bd. 2, § 81 Rn. 11.

186 Baumbach/Hopt/Hopt, HGB, § 233 Rn. 3; str., nach Gegenansicht besteht Anspruch auf Vorlage der Steuerbilanz nur insoweit, als diese für die Berechnung des Gewinn- und Verlustanteils des stillen Gesellschafters nach dem Gesellschaftsvertrag maßgeblich ist, vgl. Blaurock, Handbuch der stillen Gesellschaft, Rn. 12.69.

187 Baumbach/Hopt/Hopt, HGB, § 233 Rn. 4; MünchKomm-HGB/Schmidt, § 233 Rn. 11; Heymann/Horn, HGB, § 233 Rn. 7.

188 BGH, BB 1984, 1273.

189 Ausführlich: Blaurock, Handbuch der stillen Gesellschaft, Rn. 12.77 ff.; Kühn, in: Münchener Handbuch des Gesellschaftsrechts, Bd. 2, § 81 Rn. 4; Heymann/Horn, HGB, § 233 Rn. 7; Baumbach/Hopt/Hopt, HGB, § 233 Rn. 10.

190 Vgl. BGH, NJW 1984, 2470, 2472; Baumbach/Hopt/Hopt, HGB, § 233 Rn. 11; MünchKomm-HGB/Schmidt, § 233 Rn. 25 ff.; Heymann/Horn, HGB, § 233 Rn. 14; Röhricht/v. Westphalen/v. Gerkan, HGB, § 233 Rn. 8.

mationsrecht nicht auf bestimmte Unterlagen und Papiere beschränkt. Das Gericht kann die umfassende Einsichtnahme gestatten.[191] **Voraussetzung** ist das **Vorliegen eines wichtigen Grundes**, der insb. dann gegeben ist, wenn das Informationsrecht nach § 233 Abs. 1 HGB nicht ausreicht, um die Interessen des stillen Gesellschafters zu wahren und die Gefahr einer Schädigung zu verhindern.[192] Ob ein wichtiger Grund vorliegt, ist **nicht Ermessensfrage**, sondern **unbestimmter Rechtsbegriff**.[193] Der Antrag ist im Verfahren der freiwilligen Gerichtsbarkeit zu stellen, bei entsprechender Vereinbarung auch vor einem Schiedsgericht.

4. Zeitlicher Umfang

Als unmittelbarer Ausfluss der Gesellschafterstellung steht dem stillen Gesellschafter das Informationsrecht **nach Auflösung der stillen Gesellschaft** auch bis zum Abschluss der Auseinandersetzung nicht mehr zu.[194] Nach **§ 235 Abs. 3 HGB** kann der stille Gesellschafter am Schluss jedes Geschäftsjahres Rechenschaft über die nach Auflösung beendeten Geschäfte, Auszahlung des ihm daraus zustehenden Anteils und Auskunft über den Stand der noch schwebenden Geschäfte verlangen.

148

V. Verfügungen über Gesellschafterrechte

Die stille Beteiligung ist als Gesellschaftsrechtsverhältnis zwar **übertragbar**, allerdings nur **mit Zustimmung der Mitgesellschafter** in der stillen Gesellschaft. Diese Zustimmung kann vorab im Gesellschaftsvertrag oder im jeweiligen Einzelfall erteilt werden.[195] Der Geschäftsinhaber ist grds. auch nicht berechtigt, den Geschäftsbetrieb ohne Zustimmung des stillen Gesellschafters auf einen Dritten zu übertragen.[196] Ein **Verstoß begründet ggf. Schadensersatzansprüche** des stillen Gesellschafters. Die stille Gesellschaft geht in diesem Fall aber nicht automatisch auf den Erwerber des Handelsgeschäfts über, dieser muss vielmehr durch einen neuen Gesellschaftsvertrag oder eine Änderung des ursprünglichen Vertrags neu einbezogen werden.[197] Fehlt es an einer solchen Vereinbarung, wird die stille Gesellschaft mit dem bisherigen Geschäftsinhaber wegen **Zweckvereitelung entsprechend § 726 BGB** aufgelöst.[198]

149

Ob die **Übertragung der stillen Beteiligung** durch Abtretung oder Vertragsübernahme erfolgt, ist im Einzelnen umstritten. Die **h.M.** lässt eine **Abtretung** ausreichen.[199]

150

Aufgrund der **Übertragbarkeit der stillen Beteiligung** werden die **Bestellung eines Nießbrauchs** und die **Verpfändung der stillen Beteiligung** – jeweils mit ausdrücklicher Zustimmung des anderen Vertragsteils – überwiegend als **zulässig** anerkannt.[200]

151

Nach dem **allgemeinen Abspaltungsverbot** sind einzelne Gesellschafterrechte auch bei der stillen Gesellschaft grds. **nicht übertragbar**. Dies gilt insb. für die allgemeinen Verwaltungsrechte, bspw. Geschäftsführung und Rechnungslegung, sowie die Kontroll- und Informationsrechte der Gesellschafter.[201]

152

---

191 MünchKomm-HGB/Schmidt, § 233 Rn. 13 ff.; Schlegelberger/Schmidt, HGB, § 233 Rn. 9.
192 BGH, NJW 1984, 2470; MünchKomm-HGB/Schmidt, § 233 Rn. 13; Kühn, in: Münchener Handbuch des Gesellschaftsrechts, Bd. 2, § 81 Rn. 5; Blaurock, Handbuch der stillen Gesellschaft, Rn. 12.74.
193 Blaurock, Handbuch der stillen Gesellschaft, Rn. 12.74, 12.76.
194 BGHZ 50, 316, 324; BGH, DB 1976, 40, 41.
195 BGH, WM 1998, 555, 557; Heymann/Horn, HGB, § 230 Rn. 49; MünchKomm-HGB/Schmidt, § 230 Rn. 175.
196 Blaurock, Handbuch der stillen Gesellschaft, Rn. 12.15 f.
197 Blaurock, Handbuch der stillen Gesellschaft, Rn. 12.18 f.
198 A.A.: Blaurock, Handbuch der stillen Gesellschaft, Rn. 12.19.
199 BGH, NJW 1997, 3370, 3371; Bezzenberger/Keul, Münchener Handbuch des Gesellschaftsrechts, Bd. 2, § 88 Rn. 3 ff.; a.A.: MünchKomm-HGB/Schmidt, § 230 Rn. 175.
200 Von der höchstrichterlichen Rspr. bzgl. Nießbrauch bislang offen gelassen, vgl. BGHZ 58, 316, 318; zur Verpfändung vgl. Baumbach/Hopt/Hopt, HGB, § 124 Rn. 20; MünchKomm-BGB/Ulmer, § 719 Rn. 50 ff.
201 BGH, BB 1976, 11; MünchKomm-HGB/Schmidt, § 230 Rn. 174; MünchKomm-BGB/Ulmer, § 717 Rn. 7; Heymann/Horn, HGB, § 230 Rn. 49.

Abtretbar sind lediglich die in § 717 Satz 2 BGB genannten Ansprüche.[202] Gleiches soll für Ansprüche des Geschäftsinhabers gegen den stillen Gesellschafter auf Leistung der Einlage gelten, soweit es sich um eine Geld- oder Sacheinlage handelt.[203] **Mit Zustimmung des jeweils anderen Gesellschafters** dürfte daneben die Ausübung der Gesellschafterrechte durch einen Dritten (z.B. Rechtsanwalt) zulässig sein, ebenso wie die Testamentsvollstreckung über eine stille Beteiligung.[204]

VI. Treuepflicht

153 Durch die stille Gesellschaft haben sich die Vertragspartner zu einem Rechtverhältnis zusammengeschlossen, in dem sowohl der Geschäftsinhaber als auch der stille Gesellschafter einer **besonderen Treuepflicht** unterliegen. Diese folgt aus dem Gesellschaftsverhältnis und ist durch die Verpflichtung gekennzeichnet, das Erreichen eines gemeinsamen Zwecks nach besten Kräften zu fördern.[205] Ob ein bestimmtes Verhalten mit der Treuepflicht des jeweiligen Gesellschafters vereinbar ist, lässt sich nur im Einzelfall entscheiden.

154 Generell ist auch der stille Gesellschafter **verpflichtet**, nicht zum Nachteil der Gesellschaft zu handeln und die gemeinschaftlichen Interessen zu beachten. Da es sich bei der stillen Gesellschaft aber um eine bloße Innengesellschaft ohne eigene Tätigkeit des stillen Gesellschafters handelt, sind die Treubindungen **weniger ausgeprägt** als bei den Personenhandelsgesellschaften.

155 Darüber hinaus können sich insb. **bei atypischen stillen Gesellschaften weitergehende Treuepflichten** ergeben. Den stillen Gesellschafter trifft bspw. bei der Ausübung vertraglich eingeräumter Zustimmungs- und Widerspruchsrechte hinsichtlich der Geschäftsführung eine besondere Treuepflicht, nach der er sich insofern von sachgerechten Erwägungen leiten lassen muss, die der Förderung des gemeinsamen Zwecks dienen.[206] Ist eine atypisch stille Gesellschaft mit Vermögensbeteiligung des stillen Gesellschafters vereinbart, trifft den Geschäftsinhaber eine gesteigerte Treuepflicht, die sich nicht nur auf die Gewinnerzielung, sondern auch generell auf die Erhaltung des Betriebsvermögens (unabhängig von einer Auswirkung auf das Geschäftsergebnis) erstreckt.[207]

156 **Grenze der Treuepflicht** ist die Wahrnehmung überwiegender eigener Interessen der Gesellschafter.[208]

> **Hinweis:**
> Ausdruck der Treuepflicht der Gesellschafter kann bspw. die Geheimhaltung der stillen Gesellschaft gegenüber Dritten sein.

VII. Wettbewerbsverbot

157 Beim **Wettbewerbsverbot** der Gesellschafter einer stillen Gesellschaft ist zwischen dem **Wettbewerb des stillen Gesellschafters zur Hauptgesellschaft** und dem **Wettbewerb der Gesellschafter zur stillen Gesellschaft** zu unterscheiden.

1. Wettbewerb zur Hauptgesellschaft

158 Den stillen Gesellschafter trifft mangels gesetzlicher Regelung gegenüber der Hauptgesellschaft **kein Wettbewerbsverbot**. Dies gilt jedenfalls für den typischen stillen Gesellschafter, da es bei Beachtung der beiderseitigen Interessen sachlich nicht gerechtfertigt sein kann, den stillen Gesellschafter bloß aufgrund

---

[202] BGH, WM 1998, 555, 556; Baumbach/Hopt/Hopt, HGB, § 230 Rn. 28; Heymann/Horn, HGB, § 230 Rn. 49; Röhricht/v. Westphalen/v. Gerkan, HGB, § 230 Rn. 47.
[203] BGH, NJW 1982, 99; BGHZ 63; 338, 339 ff. (zur Kommanditeinlage).
[204] Bezzenberger/Keul, in: Münchener Handbuch des Gesellschaftsrechts, Bd. 2, § 89 Rn. 3 f.
[205] BGHZ 3, 75, 81; BGH, WM 1963, 1209, 1210; ZIP 1987, 1316, 1318; Heymann/Horn, HGB, § 230 Rn. 30; Schlegelberger/Schmidt, HGB, § 230 Rn. 127.
[206] Blaurock, Handbuch der stillen Gesellschaft, Rn. 12.60.
[207] Vgl. Röhricht/v. Westphalen/v. Gerkan, HGB, § 230 Rn. 67.
[208] Blaurock, Handbuch der stillen Gesellschaft, Rn. 12.49.

seiner Vermögenseinlage trotz fehlender Beteiligung an der Geschäftsführung einem Wettbewerbsverbot zu unterwerfen.[209] **Etwas anderes** kann aber bei einem atypischen stillen Gesellschafter mit Geschäftsführungsbeteiligung gelten. Aus dem **Grundsatz von Treu und Glauben** sowie aufgrund einer **entsprechenden Anwendung von § 112 HGB** kann eine Verpflichtung des stillen Gesellschafters bestehen, sich eines den Gesellschaftszweck beeinträchtigenden Wettbewerbs zu enthalten.[210] Für den stillen Gesellschafter gelten in diesem Fall vergleichbare Grundsätze wie für den Geschäftsinhaber.

Darüber hinaus kann sich unter besonderen Umständen **aus der gesellschaftsrechtlichen Treuepflicht** ein Wettbewerbsverbot ergeben, bspw. wenn der stille Gesellschafter über besondere Informationen über das Handelsgeschäft verfügt.[211]

2. Wettbewerb zur stillen Gesellschaft

Geschäftsinhaber und stiller Gesellschafter unterliegen auch gegenüber der stillen Gesellschaft grds. **keinem gesetzlichen Wettbewerbsverbot**. Die **§§ 112 f. HGB finden grds. keine Anwendung**, da die stille Gesellschaft keinen nach außen gerichteten Geschäftszweck hat, der vor Wettbewerb durch die Gesellschafter geschützt werden müsste.[212] **Ausnahmsweise** kann aber eine entsprechende Anwendung der §§ 112 f. HGB in Betracht kommen, wenn die stille Gesellschaft dergestalt atypisch ausgestaltet ist, dass sie im Innenverhältnis einer Personenhandelsgesellschaft ähnelt.[213]

Zudem kann sich auch gegenüber der stillen Gesellschaft ein Wettbewerbsverbot **aus der jeweigen Treuepflicht der Gesellschafter** ergeben. Bspw. darf der Geschäftsinhaber aufgrund seiner Pflicht, das Handelsgeschäft für gemeinsame Rechnung zu führen und den gemeinsamen Zweck zu fördern, die stille Gesellschaft nicht dadurch schädigen, dass er Geschäftschancen, die nach dem Gesellschaftszweck im Handelsgeschäft zur realisieren wären, an sich zieht und auf eigene Rechnung abschließt.[214]

Auch für einen stillen Gesellschafter, **dessen Beteiligung über eine bloße Vermögensbeteiligung hinausgeht**, kann sich ein Wettbewerbsverbot ergeben. Insofern gelten die Ausführungen zum Wettbewerb zur Hauptgesellschaft entsprechend.[215]

> **Hinweis:**
>
> Soll für den stillen Gesellschafter oder Geschäftsinhaber ein Wettbewerbsverbot gelten, empfiehlt sich eine genaue Festlegung im Gesellschaftsvertrag.

F. Haftung

I. Haftung der Einlage

Der stille Gesellschafter hat seine Vermögenseinlage in das Vermögen des Geschäftsinhabers zu leisten. Sie unterliegt daher voll dem **Zugriff der Gläubiger des Geschäftsinhabers**.[216] Gleichwohl stellt die

---

209 MünchKomm-HGB/Schmidt, § 230 Rn. 155; Heymann/Horn, HGB, § 230 Rn. 48; Röhricht/v. Westphalen/v. Gerkan, HGB, § 230 Rn. 85.
210 BGH, DB 1984, 495, 496; Schlegelberger/Schmidt, HGB § 230 Rn. 130; MünchKomm-HGB/Schmidt, § 230 Rn. 155; Löffler, NJW, 1986, 223, 227.
211 Heymann/Emmerich, HGB, § 32 Rn. 48; Schlegelberger/Schmidt, HGB, § 230 Rn. 130, 229; Doehner/Hoffmann, in: Münchener Handbuch des Gesellschaftsrechts, Bd. 2, § 82 Rn. 2.
212 Doehner/Hoffmann, in: Münchener Handbuch des Gesellschaftsrechts, Bd. 2, § 82 Rn. 1.
213 Vgl. BGH, DB 1984, 495, 496; MünchKomm-HGB/Schmidt, § 230 Rn. 155.
214 Baumbach/Hopt/Hopt, HGB, § 230 Rn. 16; Röhricht/v. Westphalen/v. Gerkan, HGB, § 230 Rn. 80; MünchKomm-HGB/Schmidt, § 230 Rn. 141.
215 Vgl. oben Rn. 158.
216 Blaurock, Handbuch der stillen Gesellschaft, Rn. 6.80.

Einlage **kein Haftkapital im Sinne einer Hafteinlage** dar. Die Einlage besitzt lediglich den Charakter eines **internen Gesellschaftsbeitrags**, nicht aber einer Haftsumme im Außenverhältnis.[217] Dies wird schon dadurch deutlich, dass der stille Gesellschafter nach § 236 Abs. 1 HGB seine Einlage auch in der **Insolvenz** zurückfordern kann, soweit sie nicht durch Verluste aufgebraucht ist. Er steht (insofern) einem normalen (Nachrang-) Gläubiger der Gesellschaft gleich.[218] Die Gläubiger können sich in der Insolvenz auch nicht an den stillen Gesellschafter halten. Ihnen steht **allenfalls** die Möglichkeit offen, den Anspruch des Geschäftsinhabers auf die rückständige Einlage **zu pfänden** und sich **zur Einziehung überweisen zu lassen**. Nach § 236 Abs. 2 HGB muss der stille Gesellschafter in der Insolvenz der Gesellschaft seine rückständige Einlage bis zur Höhe des auf ihn entfallenden Verlustanteils in die Insolvenzmasse einzahlen. Die Haftung ist nach oben durch die vertraglich vereinbarte Höhe seiner Einlage begrenzt.

164 **Ausnahmsweise** kann die Einlage des stillen Gesellschafters **echtes Haftkapital** darstellen, wenn sie als **eigenkapitalersetzend** zu qualifizieren ist, wenn der stille Gesellschafter einen **Rangrücktritt** erklärt hat oder bei **besonderen gesellschaftsvertraglichen Regelungen**.[219]

II. Haftung des stillen Gesellschafters gegenüber Gesellschaftsgläubigern

165 Der stille Gesellschafter wird durch die vom Geschäftsinhaber abgeschlossenen Handelsgeschäfte nach § 230 Abs. 2 HGB **weder berechtigt noch verpflichtet** und haftet den Gläubigern der Gesellschaft deshalb nicht. Da die stille Gesellschaft eine bloße Innengesellschaft ist, sind die §§ 709 ff. BGB nicht anwendbar.[220] Der stille Gesellschafter haftet den Gesellschaftsgläubigern **auch dann nicht unmittelbar**, wenn er zur Geschäftsführung und Vertretung berechtigt ist. Selbst wenn er das Handelsgeschäft intern beherrscht und der Geschäftsinhaber lediglich vorgeschobener Strohmann ist, begründet dies keine Haftung gegenüber den Gläubigern des Handelsgeschäfts.[221] **Ausnahmsweise** wird wohl etwas anderes gelten müssen, wenn sich der stille Gesellschafter bewusst hinter dem Gesellschaftsverhältnis versteckt, um sich in sittenwidriger Weise auf Kosten Dritter Vorteile zu verschaffen.[222]

166 Eine Haftung des stillen Gesellschafters gegenüber Gläubigern des Handelsgeschäfts **ist möglich**, wenn sie auf anderen Verpflichtungsgründen beruht, bspw. Bürgschaft oder Garantieversprechen.[223]

G. Auflösung der stillen Gesellschaft

I. Allgemeines

167 Kommt es zur **Auflösung der stillen Gesellschaft**, ist **strittig**, ob damit zugleich auch die **Vollbeendigung der Gesellschaft** eintritt oder ob **die Gesellschaft als Abwicklungsgesellschaft** weiter besteht. Nach wohl h.M. ist von einer sofortigen Vollbeendigung auszugehen, da bei einer bloßen Innengesellschaft mangels eines zu liquidierenden Gesellschaftsvermögens für eine Abwicklungsgesellschaft kein Raum ist.[224] Der Anspruch des stillen Gesellschafters auf das Auseinandersetzungsguthaben stellt danach

---

217 BGHZ 7, 174, 178; Heymann/Horn, HGB, § 230 Rn. 10.
218 BGHZ 83, 341, 344; Heymann/Horn, HGB, § 230 Rn. 10, § 236 Rn. 1; MünchKomm-HGB/Schmidt, § 236 Rn. 14.
219 BGH, NJW 1989, 982; WM 1989, 14, 15; OLG Hamm, WM 1997, 2323, 2325; OLG Hamm, NJW-RR 2001, 247; OLG Hamburg, WM 1990, 1292, 1294 f.; Reusch, BB 1989, 2358; Kollhosser, WM 1985, 929 f.; MünchKomm-HGB/Schmidt, § 230 Rn. 173; Blaurock, Handbuch der stillen Gesellschaft, Rn. 6.81; Kühn, in: Münchener Handbuch des Gesellschaftsrechts, Bd. 2, § 83 Rn. 29 ff., 37 f.;
220 Blaurock, Handbuch der stillen Gesellschaft, Rn. 12.98.
221 BGHZ 45, 204, 208; BGH, BB 1964, 327; Heymann/Emmerich, HGB, § 32 Rn. 42; Röhricht/v. Westphalen/v. Gerkan, HGB, § 230 Rn. 89.
222 BGHZ 45, 204, 206; Röhricht/v. Westphalen/v. Gerkan, HGB, § 230 Rn. 90.
223 Röhricht/v. Westphalen/v. Gerkan, HGB, § 230 Rn. 90.
224 *BGH*, DStR 1991, 622 f.; NJW 1982, 99, 100; WM 1989, 1850, 1851; Röhricht/v. Westphalen/v. Gerkan, HGB, § 234 Rn. 1; Polzer, in: Münchener Handbuch des Gesellschaftsrechts, Bd. 2, § 91 Rn. 1.

einen rein schuldrechtlichen Anspruch dar.[225] **Nach a.A.** endet die stille Gesellschaft nicht im Zeitpunkt der Auflösung, sondern besteht als Abwicklungsgesellschaft fort. Die Rechte und Pflichte der Beteiligten passen sich dann dem veränderten Zweck an, der nicht mehr auf Förderung des Handelsgeschäfts gerichtet ist, sondern auf Abwicklung der schwebenden Geschäfte und Ermittlung und Auszahlung des Auseinandersetzungsguthabens.[226] **Unstrittig** ist, dass mangels Gesellschaftsvermögen keine Liquidation im rechtstechnischen Sinne stattfinden kann.[227]

Das Handelsgeschäft des Geschäftsinhabers wird – ebenso wie andere parallele stille Gesellschaften – in seinem Fortbestehen durch die Auflösung der stillen Gesellschaft nicht beeinträchtigt. Der stille Gesellschafter nimmt mangels anderweitiger Vereinbarung noch an den schwebenden Geschäften teil, die in die Ermittlung seines Auseinandersetzungsguthabens einfließen.[228]

168

Auch **bei Vorliegen eines Auflösungsgrundes** kann eine stille Gesellschaft zwischen den Parteien **grds. fortgesetzt werden**. Bei einer **zweigliedrigen stillen Gesellschaft** gilt dies allerdings nur, soweit Auflösungsgrund nicht der Wegfall eines Gesellschafters ist, da die stille Gesellschaft stets mindestens zwei Gesellschafter erfordert. Dagegen kann eine **mehrgliedrige stille Gesellschaft** auch bei Wegfall eines stillen Gesellschafters von den übrigen stillen Gesellschaftern mit dem Geschäftsinhaber fortgesetzt werden.

169

Technisch erfolgt die Fortsetzung durch eine **Fortsetzungsklausel** im Gesellschaftsvertrag **oder durch eine nachträgliche Fortsetzungsvereinbarung** zwischen den Gesellschaftern.[229] Im letzteren Fall wird rechtstechnisch eine neue stille Gesellschaft gegründet, bei der sich die Gesellschafter schuldrechtlich so zu stellen haben, als ob die Gesellschaft ohne Unterbrechung als werbende Gesellschaft fortbestanden hätte.[230]

170

II. Auflösungsgründe

1. Kündigung

a) Ordentliche Kündigung

Nach § 234 Abs. 1 HGB i.V.m. §§ 132, 134 HGB ist eine auf **unbestimmte Zeit** oder auf **Lebenszeit** eines Gesellschafters eingegangene stille Gesellschaft **ordentlich kündbar**. Die Kündigungsfrist beträgt sechs Monate zum Ende eines Geschäftsjahres. Eine stille Gesellschaft ist allerdings nicht schon immer dann auf unbestimmte Dauer eingegangen, wenn im Gesellschaftsvertrag kein Endzeitpunkt festgelegt ist, da sich eine zeitliche Begrenzung bspw. auch aus dem Gesellschaftszweck der Gesellschaft ergeben kann.[231] Wird eine auf bestimmte Zeit abgeschlossene stille Gesellschaft nach Ablauf dieser Zeit mangels Kündigung fortgesetzt, fehlt es zukünftig an einer unbestimmten Dauer, wenn die Fortsetzung jeweils nur für einen festgesetzten Zeitraum erfolgt.

171

Das ordentliche Kündigungsrecht ist wegen § 234 HGB dann ausgeschlossen, wenn die Gesellschaft **auf bestimmte Zeit eingegangen** ist.

172

---

225 Röhricht/v. Westphalen/v. Gerkan, HGB, § 234 Rn. 1, § 235 Rn. 1 f.
226 Bisher wohl noch Mindermeinung: Baumbach/Hopt/Hopt, HGB, § 234 Rn. 1; Heymann/Horn, HGB, § 234 Rn. 2,13; differenzierend: MünchKomm-HGB/Schmidt, § 234 Rn. 1.
227 Blaurock, Handbuch der stillen Gesellschaft, Rn. 15.2.
228 Röhricht/v. Westphalen/v. Gerkan, HGB, § 234 Rn. 1; Heymann/Horn, HGB, § 234 Rn. 2 f.; Baumbach/Hopt/Hopt, HGB, § 234 Rn. 1.
229 MünchKomm-HGB/Schmidt, § 234 Rn. 3 f.; Heymann/Horn, HGB, § 234 Rn. 4; bei einer stillen Publikumsgesellschaft ist regelmäßig von der stillschweigenden Vereinbarung einer Fortsetzungsklausel auszugehen, vgl. BGHZ 63, 338, 345; BGH, WM, 1976, 447.
230 Blaurock, Handbuch der stillen Gesellschaft, Rn. 15.7; Heymann/Emmerich, HGB, § 34 Rn. 4; Polzer, Münchener Handbuch des Gesellschaftsrechts, Bd. 2, § 91 Rn. 1; Röhricht/v. Westphalen/Ammon, HGB, § 34 Rn. 2; MünchKomm-HGB/Schmidt, § 234 Rn. 3.
231 Vgl. BGHZ 50, 316, 321; BGH, NJW 1992, 2696, 2698; NJW 1994, 2886, 2888.

> **Hinweis:**
> Das Kündigungsrecht darf aber nicht faktisch auf unbegrenzte Zeit ausgeschlossen werden, indem die stille Gesellschaft bspw. auf 300 Jahre abgeschlossen wird (auch wenn sie formal in diesem Fall nicht auf unbestimmte Zeit eingegangen wäre). In der Rspr. wurden bisher Vertragsbindungen von 30 Jahren anerkannt, soweit nicht weitere vertragliche Klauseln (z.B. Ausschluss der Auszahlung des Gewinnanteils) oder sonstige Umstände auch diese 30 Jahre unzumutbar machen oder die Laufzeit der Gesellschaft der Lebenserwartung des stillen Gesellschafters nahe kommt oder diese sogar übersteigt.[232]

173 Das ordentliche Kündigungsrecht kann – ebenso wie die Kündigungsfristen[233] – durch den Gesellschaftsvertrag **modifiziert** werden, ein vollständiger Ausschluss ist jedoch **unzulässig**. Auch hier haben sich die Gerichte nicht auf eine formale Betrachtungsweise beschränkt, sondern Umgehungsversuche durch eine wirtschaftliche Betrachtung zu verhindern versucht.[234]

174 Die Kündigung ist eine einseitige empfangsbedürftige und formlose Willenserklärung und **kann deshalb nicht einseitig zurückgenommen werden**. Schuldrechtlich können sich die Parteien aber so stellen, als ob eine Kündigung nicht stattgefunden hat.[235]

175 Das **Kündigungsrecht** unterliegt den allgemeinen gesellschaftsrechtlichen Treuepflichten. Die Kündigung ist daher insb. nach § 723 Abs. 2 BGB unzulässig, wenn sie **zur Unzeit ausgesprochen wird**. Etwas anderes kann bei Vorliegen eines wichtigen Grundes gelten.[236] **Besonderheiten** gelten bei der Kündigung in einer Publikumsgesellschaft.[237]

b) Außerordentliche Kündigung

176 Nach § 234 Abs. 1 HGB i.V.m. § 723 Abs. 1 Satz 2 BGB kann eine stille Gesellschaft, unabhängig davon, ob sie auf unbestimmte oder bestimmte Zeit eingegangen ist, bei Vorliegen eines wichtigen Grundes ohne Einhaltung einer Frist **außerordentlich** gekündigt werden. Dies gilt bereits **vor Invollzugsetzung der Gesellschaft**.[238] Das Recht zur außerordentlichen Kündigung kann im Gesellschaftsvertrag wegen § 723 Abs. 3 BGB **nicht ausgeschlossen** werden, ebenso ist eine **unangemessene Erschwerung** dieses Rechts[239] unzulässig.

177 **Ein wichtiger Grund** ist dann gegeben, wenn die Fortsetzung der stillen Gesellschaft dem kündigenden Gesellschafter unter Berücksichtigung der Interessen der Mitgesellschafter **unzumutbar** geworden ist. Dies ist in einer **Interessenabwägung** unter Würdigung aller **Umstände des Einzelfalls** zu prüfen.[240] In jedem Fall ist die fristlose Kündigung aber stets ultima ratio, die durch ein milderes, aber gleich wirksames Mittel verdrängt wird.

---

232 Polzer, in: Münchener Handbuch des Gesellschaftsrechts, Bd. 2, § 91 Rn. 6; BGH, WM 1967, 315, 316; vgl. auch MünchKomm-HGB/Schmidt, § 234 Rn. 47; Heymann/Horn, HGB, § 234 Rn. 6.
233 Für Geschäftsinhaber und stillen Gesellschafter dürfen auch unterschiedlich lange Fristen vereinbart werden, vgl. Blaurock, Handbuch der stillen Gesellschaft, Rn. 15.28.
234 BGHZ 23, 10; BGH, BB 1967, 309; MünchKomm-HGB/Schmidt, § 234 Rn. 47; Baumbach/Hopt/Hopt, HGB, § 234 Rn. 8; Heymann/Horn, HGB, § 234 Rn. 5.
235 Palandt/Grüneberg, Vor § 346 Rn. 12.
236 MünchKomm-BGB/Grüneberg, § 723 Rn. 53 ff. m.w.N.
237 Ausführlich: Blaurock, Handbuch der stillen Gesellschaft, Rn. 15.27; Polzer, Münchener Handbuch des Gesellschaftsrechts, Bd. 2, § 91 Rn. 5, jeweils m.w.N.
238 BGH, WM 1995, 1277.
239 Vgl. LG Chemnitz, NZG 1999, 1220, 1221; Baumbach/Hopt/Hopt, HGB, § 234 Rn. 9; Röhricht/v. Westphalen/v. Gerkan, HGB, § 234 Rn. 6; MünchKomm-HGB/Schmidt, § 234 Rn. 50; Heymann/Horn, HGB, § 234 Rn. 8.
240 BGHZ 84, 379, 383; BB 1977, 87, 88.

Das Vorliegen eines wichtigen Grundes **hat der Kündigende zu beweisen**. Was ein wichtiger Grund ist, kann bspw. im Gesellschaftsvertrag geregelt werden. In **Lit. und Rspr.** werden darüber hinaus eine Vielzahl weiterer Einzelfälle angeführt.[241] 178

Beispiele:

- *Störung des Vertrauensverhältnisses,*
- *Verletzung oder Unmöglichkeit einer Beitragspflicht,*
- *Verletzung von wesentlichen Geschäftsführungspflichten,*
- *wesentlicher Änderung der Grundlagen oder der Rechtsform des Unternehmens,*
- *missbräuchlicher oder zweckfremder Verwendung der Vermögenseinlage,*
- *dauernder Unrentabilität oder Einstellung des Geschäftsbetriebs.*

Ist ein wichtiger Grund nicht gegeben, kann eine unwirksame außerordentliche Kündigung regelmäßig nach § 140 BGB **in eine ordentliche Kündigung umgedeutet werden**, wenn der Wille des Kündigenden dies zulässt.[242] 179

Wie eine ordentliche Kündigung kann **auch eine außerordentliche Kündigung zur Unzeit** erfolgen. Auch hier ist die Kündigung nicht unwirksam, sondern führt ggf. zu Schadensersatzansprüchen des anderen Gesellschafters (§ 723 Abs. 2 BGB).[243] 180

c) Kündigung durch Gesellschaftsgläubiger

Nach **§ 234 Abs. 1 i.V.m. § 135 HGB** kann auch der **Privatgläubiger eines Gesellschafters** die Gesellschaft mit einer Frist von sechs Monaten zum Ende eines Geschäftsjahres kündigen. Voraussetzung ist, dass er innerhalb der letzten sechs Monate erfolglos eine Zwangsvollstreckung in das bewegliche Vermögen des Gesellschafters versucht und einen nicht bloß vorläufig vollstreckbaren Schuldtitel auf Pfändung und Überweisung des Auseinandersetzungsanspruchs des Gesellschafters erwirkt hat. Die Kündigung ist **stets möglich**, unabhängig davon, ob die Gesellschaft auf bestimmte oder unbestimmte Zeit eingegangen wurde (§ 135 HGB). Nach dem klaren Wortlaut von § 234 Abs. 1 HGB gilt dieses Kündigungsrecht aber **nur für die Gläubiger des stillen Gesellschafters**, nicht für die Gläubiger des Geschäftsinhabers. Letztere haben ohnehin Zugriff auf das gesamte Geschäftsvermögen einschließlich der Vermögenseinlage des stillen Gesellschafters und können ggf. den Anspruch des Geschäftsinhabers auf Erbringung der Einlage pfänden. 181

Bei Kündigung durch einen Privatgläubiger des stillen Gesellschafters wird die Gesellschaft zum Ende des Geschäftsjahres aufgelöst. Der Privatgläubiger erhält durch Pfändung und Überweisung lediglich einen **Anspruch auf Auszahlung des Auseinandersetzungsguthabens**, ist aber nicht berechtigt, mitgliedschaftliche Rechte (auch nicht bei der Ermittlung des Auseinandersetzungsguthabens) wahrzunehmen.[244] 182

2. Weitere Auflösungsgründe

Eine **Auflösung der stillen Gesellschaft** erfolgt zudem nach Ablauf der Zeit, für die sie eingegangen ist, bei Eintritt einer auflösenden Bedingung (soweit nicht vor Zeitablauf oder Bedingungseintritt eine Fortsetzung vereinbart wurde)[245] oder durch Aufhebungsvereinbarung der Gesellschafter. **Darüber hinaus** endet die stille Gesellschaft bei Erreichung oder vollständigem und endgültigem Unmöglichwerden des Gesellschaftszwecks (§ 726 BGB).[246] Dies ist bspw. dann der Fall, wenn die erforderliche Genehmigung für das Handelsgeschäft nicht erteilt wird oder der Geschäftsinhaber sein Handelsgeschäft vollständig 183

---

241 Ausführlich: Blaurock, Handbuch der stillen Gesellschaft, Rn. 15.32; Polzer, in: Münchener Handbuch des Gesellschaftsrechts, Bd. 2, § 91 Rn. 11; MünchKomm-HGB/Schmidt, § 234 Rn. 49.
242 BGH, ZIP 1998, 509; Baumbach/Hopt/Hopt, HGB, § 234 Rn. 9.
243 Vgl. Heymann/Horn, HGB, § 234 Rn. 8 m.w.N.
244 Geck, DStR 1994, 659.
245 Vgl. Röhricht/v. Westphalen/v. Gerkan, HGB, § 234 Rn. 2; MünchKomm-HGB/Schmidt, § 234 Rn. 3 ff.
246 BGHZ 24, 279, 293; 84, 379, 381; Baumbach/Hopt/Hopt, HGB, § 234 Rn. 3.

einstellt. Bloße Unrentabilität des Unternehmens führt aber i.d.R. nicht zur Unmöglichkeit, selbst wenn sie nachhaltig ist.[247]

184 **Der Tod des Geschäftsinhabers**[248] löst die stille Gesellschaft nach § 727 BGB auf.[249] Der Gesellschaftsvertrag kann aber eine **Fortsetzung der stillen Gesellschaft mit den Erben** des Geschäftsinhabers vorsehen.[250]

Ferner wird nach § 728 Abs. 1 BGB die Gesellschaft bei Eröffnung des Insolvenzverfahrens über das Vermögen eines Gesellschafters aufgelöst. Im Fall einer mehrgliedrigen stillen Gesellschaft ist aber eine Fortsetzungsregelung für den Fall der Insolvenz eines stillen Gesellschafters möglich.[251]

> **Hinweis:**
> Der Gesellschaftsvertrag kann weitere Auflösungsgründe enthalten.[252]

3. Keine Auflösungsgründe

185 Vorbehaltlich anderweitiger gesellschaftsvertraglicher Vereinbarungen wird die stille Gesellschaft **nicht durch den Tod des stillen Gesellschafters aufgelöst** (§ 234 Abs. 2 HGB).[253] **Etwas anderes** kann aber bei einer atypischen stillen Gesellschaft mit Geschäftsführungsbefugnis des stillen Gesellschafters gelten. Hier wird zum Teil ein **stillschweigender Ausschluss von § 234 Abs. 2 HGB** angenommen.[254] Wird die stille Beteiligung nicht durch den Tod des stillen Gesellschafters aufgelöst, fällt sie in den Nachlass und geht auf den oder die Erben über (ggf. in Erbengemeinschaft). Eine Sondererbfolge in die stille Beteiligung ist bei der stillen Gesellschaft nicht möglich.[255] Mit bloßer schuldrechtlicher Wirkung kann aber sowohl **testamentarisch** (z.B. durch Vorausvermächtnis oder Teilungsanordnung) als **auch im Gesellschaftsvertrag** ein einzelner Erbe bestimmt werden, der Rechtsnachfolger sein soll.[256] Zudem führt die Auflösung einer Handelsgesellschaft als Geschäftsinhaberin nicht auch zur Auflösung der stillen Gesellschaft, soweit nicht ausnahmsweise ein **Fall von Unmöglichkeit der Zweckerreichung** vorliegt.[257] Eine Auflösung der stillen Gesellschaft ist wohl dann anzunehmen, wenn die Handelsgesellschaft zur Fortsetzung des Geschäftsbetriebs endgültig nicht mehr in der Lage ist.[258]

---

247 Röhricht/v. Westphalen/v. Gerkan, HGB, § 234 Rn. 11; MünchKomm-HGB/Schmidt, § 234 Rn. 16; MünchKomm-BGB/Ulmer, § 726 Rn. 5.
248 Zum Tod des stillen Gesellschafters vgl. unten Rn. 185.
249 Ausführlich: MünchKomm-HGB/Schmidt, § 234 Rn. 7 f.
250 Röhricht/v. Westphalen/v. Gerkan, HGB, § 234 Rn. 14; Blaurock, Handbuch der stillen Gesellschaft, Rn. 15.42; Polzer, in: Münchener Handbuch des Gesellschaftsrechts, Bd. 2, § 91 Rn. 21; Heymann/Horn, HGB, § 234 Rn. 20.
251 Röhricht/v. Westphalen/v. Gerkan, HGB, § 234 Rn. 15; Heymann/Horn, HGB, § 234 Rn. 21; Baumbach/Hopt/Hopt, HGB, § 234 Rn. 3.
252 Blaurock, Handbuch der stillen Gesellschaft, Rn. 14.66; zu sonstigen Auflösungsgründen vgl. auch Heymann/Horn, HGB, § 234 Rn. 22 ff.; Blaurock, Handbuch der stillen Gesellschaft, Rn. 15.67 ff.; Polzer, in: Münchener Handbuch des Gesellschaftsrechts, Bd. 2, § 91 Rn. 20 f.
253 Röhricht/v. Westphalen/v. Gerkan, HGB, § 234 Rn. 17; Heymann/Horn, HGB, § 234 Rn. 14; Baumbach/Hopt/Hopt, HGB, § 234 Rn. 4; MünchKomm-HGB/Schmidt, § 234 Rn. 7.
254 Blaurock, Handbuch der stillen Gesellschaft, Rn. 15.50.
255 Polzer, in: Münchener Handbuch des Gesellschaftsrechts, Bd. 2, § 91 Rn. 26; Blaurock, Handbuch der stillen Gesellschaft, Rn. 15.53.
256 Vgl. BGH, WM 1962, 1084.
257 Röhricht/v. Westphalen/v. Gerkan, HGB, § 234 Rn. 20.
258 BGHZ 84, 379, 380; MünchKomm-HGB/Schmidt, § 234 Rn. 28; Blaurock, Handbuch der stillen Gesellschaft, Rn. 15.58.

III. Auseinandersetzung

1. Allgemeines

Nach Auflösung der Gesellschaft hat sich der Inhaber des Handelsgeschäfts mit dem stillen Gesellschafter auseinanderzusetzen und dessen Guthaben auszuzahlen (**§ 235 Abs. 1 HGB**). Die Auseinandersetzung dient dabei der **Ermittlung**, ob und ggf. in welcher Höhe dem stillen Gesellschafter (unter Berücksichtigung seiner Einlage und des laufenden Gewinns oder Verlusts) ein **Zahlungsanspruch gegen den Geschäftsinhaber** zusteht. Die Auseinandersetzung soll dabei unterschiedliche wechselseitige Ansprüche zusammenfassen und zu bloßen Rechnungsposten im Rahmen eines einheitlichen Auseinandersetzungsanspruchs machen.[259] Da die stille Gesellschaft eine bloße Innengesellschaft ist und mangels gesamthänderisch gebundenem Gesellschaftsvermögen **keine echte Vermögensauseinandersetzung** stattfindet, sind die §§ 738, 739 BGB auf die typische stille Gesellschaft nicht anwendbar. Ihre **Auflösung und Auseinandersetzung** ist deshalb **keine echte Liquidation**, sondern ähnelt eher dem Ausscheiden eines Gesellschafters aus einer unter den übrigen Gesellschaftern fortbestehenden Gesamthandsgesellschaft (wobei hier das Handelsgeschäft fortbesteht).

186

Die Abwicklung der schuldrechtlichen Beziehungen zwischen Geschäftsinhaber und stillem Gesellschafter erfolgt nach einer **auf den Auflösungsstichtag aufzustellenden Bilanz**. Bei der typischen stillen Gesellschaft ist dies eine **reine Erfolgsbilanz**, bei der atypischen stillen Gesellschaft mit Vermögensbeteiligung des stillen Gesellschafters regelmäßig eine Vermögensbilanz.[260]

187

2. Ermittlung der Auseinandersetzungsforderung

Die **Ermittlung der Auseinandersetzungsforderung** ist ebenso wie die laufende Rechnungslegung eine **Geschäftsführungsmaßnahme**, die mangels anderweitiger Vereinbarung in den Pflichtenbereich des Geschäftsinhabers fällt.[261] Der stille Gesellschafter hat grds. **keinen Anspruch auf Mitwirkung** bei der Berechnung seines Auseinandersetzungsguthabens. Ihm stehen allerdings die allgemeinen Informations- und Kontrollrechte zu.

188

Da **§ 235 HGB allgemein als dispositiv angesehen** wird, besteht für die Gesellschafter der stillen Gesellschaft ein **erheblicher Spielraum für vertragliche Vereinbarungen zur Auseinandersetzung** und insb. zur Berechnung der Auseinandersetzungsforderung.[262] **Grenze für vertragliche Modifikationen** sind einerseits § 138 BGB, andererseits das Verbot unzulässiger Beschränkung des Kündigungsrechts (indem die Kündigung durch Herabsetzung des Auseinandersetzungsguthabens unattraktiv gemacht wird).

189

Das Auseinandersetzungsguthaben ist **unverzüglich nach Auflösung der Gesellschaft** auf den Auflösungsstichtag zu berechnen.[263] Die **genaue Fristlänge** ist ungeklärt. **Vertretbar ist** wohl, auf die Fristen zur Aufstellung des Jahresabschlusses des Geschäftsinhabers abzustellen. Die Abwicklung noch schwebender Geschäfte berechtigt den Geschäftsinhaber jedoch nicht, die Berechnung der Auseinandersetzungsforderung hinauszuzögern. Wird das Auseinandersetzungsguthaben **nicht fristgemäß berechnet**, kann der stille Gesellschafter auf Feststellung seines Auseinandersetzungsguthabens klagen.

190

---

259 Vgl. BGHZ 37, 299, 305; BGH, DB 1977, 2040; Heymann/Horn, HGB, § 235 Rn. 9; a.A.: Baumbach/Hopt/Hopt, HGB, § 235 Rn. 1.

260 BGH, NJW-RR 1994, 1185, 1186; WM 1995, 1277; Heymann/Horn, HGB, § 235 Rn. 7; Blaurock, Handbuch der stillen Gesellschaft, Rn. 16.4.

261 MünchKomm-HGB/Schmidt, § 235 Rn. 19; Röhricht/v. Westphalen/v. Gerkan, HGB, § 235 Rn. 5; Bezzenberger/Keul, in: Münchener Handbuch des Gesellschaftsrechts, Bd. 2, § 92 Rn. 36; Blaurock, Handbuch der stillen Gesellschaft, Rn. 16.9.

262 BGH, BB 1994, 2439; Heymann/Horn, HGB, § 235 Rn. 6; Röhricht/v. Westphalen/v. Gerkan, HGB, § 235 Rn. 3; MünchKomm-HGB/Schmidt, § 235 Rn. 10; Schlegelberger/Schmidt, HGB § 235 Rn. 10.

263 MünchKomm-HGB/Schmidt, § 235 Rn. 19; Baumbach/Hopt/Hopt, HGB, § 235 Rn. 1; Röhricht/v. Westphalen/v. Gerkan, HGB, § 235 Rn. 5.

3. Höhe des Auseinandersetzungsguthabens

a) Grundsatz

191 Die **Höhe des Auseinandersetzungsguthabens** hängt von der Höhe der Beteiligung des stillen Gesellschafters und der Höhe des Geschäftserfolgs ab.

192 Die **Höhe der Beteiligung** bestimmt, wie hoch sein Anteil an den zu verteilenden Gewinnen und ggf. auch am Geschäftsvermögen der stillen Gesellschaft ist. Sie richtet sich regelmäßig **entweder nach festen Beteiligungskonten oder nach variablen**, die sich durch stehengelassene Gewinne oder Verluste im Verhältnis zur ursprünglichen Einlage verändern können.[264] Maßgeblich hierfür ist der Gesellschaftsvertrag.

193 Bei der Ermittlung der **Höhe des Geschäftserfolgs** ist zwischen typischer und atypischer stiller Gesellschaft zu unterscheiden.

194 **Bei der typischen stillen** Gesellschaft wird das Auseinandersetzungsguthaben nach wohl h.M. durch eine Erfolgsbilanz auf den Tag der Auflösung der Gesellschaft ermittelt.[265] **Ausgangspunkt ist zunächst der Buchwert des Einlagekontos** des stillen Gesellschafters in der Bilanz des Geschäftsinhabers. Werden für ihn mehrere Einlagekonten geführt (z.B. ein festes, auf dem die vertraglich vereinbarte Einlage gutgeschrieben wird und ein variables, auf dem die laufenden Gewinn- und Verlustanteile verbucht werden), ist ein **Gesamtsaldo** zu errechnen. Zu diesem Wert werden die noch nicht zu Gunsten des stillen Gesellschafters berücksichtigten **Gewinn- oder (bei Verlustbeteiligung) Verlustanteile** des letzten Geschäftsjahres bis zur Auflösung hinzugerechnet bzw. abgezogen.

195 Wie bereits dargelegt, ist der stille Gesellschafter grds. nicht an solchen Gewinnen und Verlusten beteiligt, die auf pflichtwidrigen Geschäften des Inhabers beruhen.[266] Darüber hinaus sind der Buchwert des (variablen) Einlagekontos und die Bilanz des Geschäftsinhabers dahingehend zu korrigieren, dass wirtschaftliche Gewinne oder Verluste, die in den Buchwerten keine Berücksichtigung gefunden haben, das (variable) Einlagekonto zusätzlich erhöhen oder vermindern, um eine Beteiligung des stillen Gesellschafters am „echten" Gewinn sicherzustellen und bspw. zu verhindern, dass der Geschäftsinhaber Gewinne vor dem stillen Gesellschafter in den Rücklagen versteckt.

196 Dies bedeutet bspw., dass für die **Auseinandersetzungsbilanz** während der Dauer der stillen Gesellschaft gebildete **offene Rücklagen** und aus Betriebsgewinnen herrührende **stille Reserven** zu Gunsten des stillen Gesellschafters aufzulösen sind. Ebenso sind **überhöhte Abschreibungen** oder **vom Inhaber reinvestierte Gewinne** zu berücksichtigen. Zulässigkeit und Umfang dieser Korrekturen sind aber **im Einzelnen umstritten**.[267] Wertveränderungen des Anlagevermögens bleiben in jedem Fall unberücksichtigt, da der stille Gesellschafter daran nicht beteiligt ist.[268] Auch ein während der Dauer der Gesellschaft entstandener oder gewachsener Geschäftswert fließt nicht zu Gunsten des stillen Gesellschafters in die Auseinandersetzungsbilanz ein, da der stille Gesellschafter auch nicht am Handelsgeschäft und dessen Wertsteigerungen beteiligt ist.[269]

197 Bei einer **atypischen stillen Gesellschaft** mit (schuldrechtlicher) Vermögensbeteiligung ist hingegen eine **Auseinandersetzungsbilanz in Form einer Vermögensbilanz** zu erstellen. In diese Vermögensbilanz sind nicht die Buchwerte, sondern die wirklichen Werte aller zum Betriebsvermögen gehörenden Vermö-

---

264 Blaurock, Handbuch der stillen Gesellschaft, Rn. 16.11.
265 MünchKomm-HGB/Schmidt, § 235 Rn. 16; dies ist allerdings umstritten; ausführlich zum Meinungstand: Bezzenberger/Keul, in: Münchener Handbuch des Gesellschaftsrechts, Bd. 2, § 92 Rn. 4 ff. m.w.N.
266 Oben Rn. 90.
267 Blaurock, Handbuch der stillen Gesellschaft, Rn. 16.14 f.; Bezzenberger/Keul, in: Münchener Handbuch des Gesellschaftsrechts, Bd. 2, § 92 Rn. 11 ff.; Heymann/Horn, HGB, § 235 Rn. 11 ff.
268 RGZ 120, 410 f.; Heymann/Horn, HGB, § 235 Rn. 12; Schlegelberger/Schmidt, HGB, § 235 Rn. 25.
269 Heymann/Horn, HGB, § 235 Rn. 12; MünchKomm-HGB/Schmidt, § 235 Rn. 26; Baumbach/Hopt/Hopt, HGB, § 235 Rn. 1; a.A.: Bezzenberger/Keul, in: Münchener Handbuch des Gesellschaftsrechts, Bd. 2, § 92 Rn. 12 f.

gensgegenstände einzustellen.²⁷⁰ Dabei wird der Fortführungswert des Handelsgeschäfts maßgeblich sein, sofern dieses nicht ebenfalls aufgelöst wird.²⁷¹ Auch hier können durch Gesellschaftsvertrag beliebige Berechnungsmodi vereinbart werden, allerdings wieder in den Grenzen von § 138 BGB und unzulässiger Beschränkung der Kündigung.

> **Hinweis:**
> Aufgrund zahlreicher ungeklärter Rechtsfragen im Hinblick auf die bei Berechung des Auseinandersetzungsguthabens zu berücksichtigenden Gewinn- und Vermögensposten sollte der Gesellschaftsvertrag einer (typischen oder atypischen) stillen Gesellschaft stets klare Regelungen zur Berechnung des Auseinandersetzungsguthabens enthalten.

b) Passives Einlagekonto

Ist das Einlagekonto des stillen Gesellschafters nach Berücksichtigung aller eventuell vorzunehmenden Korrekturen bei Auflösung der stillen Gesellschaft **negativ**, so muss ein stiller Gesellschafter, der seine Einlage voll erbracht hat, den **Fehlbetrag nicht ausgleichen**. Hat er seine Einlage allerdings trotz Fälligkeit nicht vollständig einbezahlt, muss er den fehlenden Betrag bis zur **Höhe des Passivsaldos** bei Auflösung der Gesellschaft noch einbezahlen.²⁷² Rechtsgrundlage hierfür ist **§ 232 Abs. 2 Satz 1 HGB**, nach dem der stille Gesellschafter nur bis zur Höhe seiner eingezahlten oder rückständigen Einlage am Verlust teilnimmt.²⁷³ Die Parteien können aber grds. eine Nachschusspflicht für den stillen Gesellschafter vereinbaren.

198

4. Erfüllung der Auseinandersetzungsforderung

Soweit die Gesellschafter nichts anderes vereinbart haben, wird der Anspruch des stillen Gesellschafters auf Auszahlung seines Auseinandersetzungsguthabens nach Auflösung der Gesellschaft fällig, **sobald dessen Höhe festgestellt ist** oder (z.B. mangels Verlustbeteiligung von vornherein) feststeht.²⁷⁴ Verzögert der Geschäftsinhaber die Berechnung schuldhaft, tritt Fälligkeit ein, sobald der Inhaber **nach Treu und Glauben** das Guthaben hätte errechnen können.²⁷⁵ War die Eingehung der stillen Beteiligung **für beide Seiten ein Handelsgeschäft**, ist das Auseinandersetzungsguthaben nach §§ 352, 353 HGB vom Tage der Fälligkeit an mit **5 % p.a.** zu verzinsen. Ist der Geschäftsinhaber mit der Auszahlung des Auseinandersetzungsguthabens in Verzug, sind **nach § 288 BGB Verzugszinsen** i.H.v. fünf (ist kein Verbraucher beteiligt: acht) Prozentpunkten über dem Basiszinssatz fällig.

199

> **Hinweis:**
> Mangels abweichender Vereinbarungen ist das Auseinandersetzungsguthaben auf einmal in voller Höhe zu leisten. Für das Handelsgeschäft kann dies unter Umständen eine erhebliche Beeinträchtigung und Gefährdung des Geschäftsbetriebs bedeuten. Es empfiehlt sich deshalb die Aufnahme einer Regelung zur Ratenzahlung (ggf. mit Absicherung in den Gesellschaftsvertrag).

---

270 BGH, NJW-RR 1994, 1185, 1186; WM 1995, 1277.
271 Blaurock, Handbuch der stillen Gesellschaft, Rn. 16.20.
272 OLG Karlsruhe, ZIP 1986, 916, 917; Heymann/Horn, HGB, § 235 Rn. 3; Baumbach/Hopt/Hopt, HGB, § 235 Rn. 2, § 233 Rn. 6 f.; Röhricht/v. Westphalen/v. Gerkan, HGB, § 235 Rn. 17.
273 Besonderheiten gelten bei einer Sacheinlage, insb. bei Dienstleistungen oder Gebrauchsüberlassungen; ausführlich: Blaurock, Handbuch der stillen Gesellschaft, Rn. 16.42 f.; Bezzenberger/Keul, in: Münchener Handbuch des Gesellschaftsrechts, Bd. 2, § 92 Rn. 23 f.
274 Baumbach/Hopt/Hopt, HGB, § 235 Rn. 1.
275 Heymann/Horn, HGB, § 235 Rn. 2; Baumbach/Hopt/Hopt, HGB, § 235 Rn. 1 f.; MünchKomm-HGB/Schmidt, § 235 Rn. 29; Röhricht/v. Westphalen/v. Gerkan, HGB, § 235 Rn. 15.

200 Der Auszahlungsanspruch des stillen Gesellschafters ist **abtretbar**, und zwar auch schon **vor Auflösung der Gesellschaft**. Der Auseinandersetzungsanspruch entsteht nämlich bereits bei Eingehung der stillen Gesellschaft als künftiger (nicht bedingter) Anspruch.[276]

201 Der Auszahlungsanspruch kann im Wege der **Leistungsklage** gerichtlich geltend gemacht werden. Ist der Geschäftsinhaber auch seiner Rechnungslegungspflicht nicht nachgekommen, bietet sich eine **Stufenklage** nach § 254 ZPO an, die **zunächst auf Rechnungslegung** und weiter auf Zahlung des **sich daraus ergebenden Auseinandersetzungsguthabens** gerichtet ist.[277] Zur Sicherung seiner Ansprüche kann der stille Gesellschafter **einstweilige Verfügung oder Arrest** beantragen.

5. Schwebende Geschäfte

202 Soweit im Gesellschaftsvertrag nichts anderes vereinbart ist, nimmt der stille Gesellschafter nach § 235 Abs. 2 Satz 2 HGB am Gewinn und Verlust aus den zur Zeit der Auflösung der stillen Gesellschaft **schwebenden Geschäften** teil.[278]

203 **Schwebende Geschäfte i.S.d. § 235 Abs. 2 HGB** sind solche, an die sich der Geschäftsinhaber im Zeitpunkt der Auflösung der Gesellschaft schon gebunden hatte, die aber noch nicht vollständig erfüllt sind.[279] Keine schwebenden Geschäfte sind laufende Dauerschuldverhältnisse, es sei denn, es sind bereits verbindliche aber noch nicht ausgeführte Einzelgeschäfte daraus entstanden.[280] Geschäfte, die lediglich geplant sind oder in Aussicht stehen, haben sich noch nicht so konkretisiert, dass sie als schwebende Geschäfte i.S.d. § 235 Abs. 2 HGB gelten können.[281]

204 Der Geschäftsinhaber hat die bei Auflösung der stillen Gesellschaft schwebenden Geschäfte **nach § 235 HGB ordnungsgemäß zu beenden**. Er muss dem stillen Gesellschafter insofern am Schluss jedes Geschäftsjahres Rechenschaft über die inzwischen beendeten Geschäfte ablegen. Der stille Gesellschafter kann dann Auszahlung des ihm daraus zustehenden Auseinandersetzungsguthabens und Auskunft über den Stand der noch schwebenden Geschäfte verlangen. Ob dem stillen Gesellschafter zur Nachprüfung der Abrechnung noch die Rechte aus § 233 HGB zustehen, ist umstritten. Die wohl **h.M.** lehnt dies ab und gewährt lediglich das Recht, die Vorlage der Bücher und Papiere nach Maßgabe von § 810 BGB zu verlangen.[282]

---

[276] Röhricht/v. Westphalen/v. Gerkan, HGB, § 235 Rn. 15; ähnlich: MünchKomm-HGB/Schmidt, § 235 Rn. 29.
[277] MünchKomm-HGB/Schmidt, § 235 Rn. 52 ff.; Röhricht/v. Westphalen/v. Gerkan, HGB, § 235 Rn. 26; Heymann/Horn, HGB, § 235 Rn. 14; Baumbach/Hopt/Hopt, HGB, § 235 Rn. 3.
[278] Hinsichtlich der zum Zeitpunkt der Errichtung der stillen Gesellschaft schwebenden Geschäfte ist im HGB keine Regelung getroffen. Da das Ergebnis aus solchen Geschäften aber in das Geschäftsergebnis zur Zeit der stillen Beteiligung einfließt, wird eine Beteiligung des stillen Gesellschafters regelmäßig zu bejahen sein, vgl. Blaurock, Handbuch der stillen Gesellschaft, Rn. 16.48.
[279] BGH, WM 1985, 1166; WM 1986, 709, 710; MünchKomm-HGB/Schmidt, § 235 Rn. 38 ff.; Heymann/Horn, HGB, § 235 Rn. 16.
[280] Bezzenberger/Keul, in: Münchener Handbuch des Gesellschaftsrechts, Bd. 2, § 92 Rn. 50.
[281] Blaurock, Handbuch der stillen Gesellschaft, Rn. 16.49.
[282] BGHZ 15, 324; BGH, DB 1976, 2106, 2107; ähnlich MünchKomm-HGB/Schmidt, § 235 Rn. 49; a.A.: Blaurock, Handbuch der stillen Gesellschaft, Rn. 16.56.

H. Muster

Muster: Gesellschaftsvertrag einer typischen stillen Gesellschaft[283]

Gesellschaftsvertrag

einer

typischen stillen Gesellschaft

zwischen

…………………..

– nachfolgend der „**Inhaber**" –

und

………………….,

– nachfolgend der „**stille Gesellschafter**" –

§ 1
Gegenstand

(1) Gegenstand des Unternehmens des Inhabers ist ….

(2) An diesem Handelsgeschäft des Inhabers beteiligt sich der stille Gesellschafter als typisch stiller Gesellschafter, gemäß den nachfolgenden Bestimmungen.

(3) Der stille Gesellschafter ist am Vermögen und insb. den offenen und stillen Reserven und einem Geschäftswert des Inhabers nicht beteiligt.

§ 2
Einlage

(1) Der stille Gesellschafter leistet eine Einlage an den Inhaber in Geld in Höhe von …… € zur ausschließlichen Verwendung im Rahmen des Handelsgeschäfts des Inhabers.

(2) Die Einlage ist wie folgt zur Zahlung fällig:

- …… € bis spätestens ……,
- …… € bis spätestens …….

§ 3
Konten des stillen Gesellschafters

(1) Die Einlage des stillen Gesellschafters wird auf einem Einlagekonto gebucht. Dieses Konto ist fest und unverzinslich.

(2) Auf dem Verrechnungskonto des stillen Gesellschafters werden seine Gewinne sowie Entnahmen und der sonstige Zahlungsverkehr zwischen dem Inhaber und dem stillen Gesellschafter gebucht. Das Konto ist unverzinslich.

---

[283] Hier ist ggf. eine notarielle Beurkundung des Gesellschaftsvertrags notwendig.

§ 4
Geschäftsführung

(1) Die Geschäftsführung steht allein dem Inhaber zu, der die Geschäftsführung unentgeltlich und mit der Sorgfalt eines ordentlichen Kaufmanns unter Beachtung von Gesetz, Gesellschaftsvertrag des Inhabers und den Bestimmungen dieses Vertrags ausübt.

(2) Die folgenden Geschäftsführungsmaßnahmen bedürfen allerdings der Zustimmung des stillen Gesellschafters nach Maßgabe von Abs. 4:

1. eine wesentliche Änderung des Gegenstandes des Unternehmens oder der Rechtsform des Inhabers;
2. die vollständige oder wesentliche Einstellung des Geschäftsbetriebs oder
3. die vollständige oder wesentliche Veräußerung oder Verpachtung des Unternehmens.

(3) Die Aufnahme weiterer – auch typischer oder atypischer stiller – Gesellschafter bedarf nicht der Zustimmung des stillen Gesellschafters.

(4) Beabsichtigt der Inhaber die Vornahme einer der in § 4 Abs. 2 genannten zustimmungspflichtigen Maßnahmen, so hat er dies dem stillen Gesellschafter schriftlich mitzuteilen und ihn zur Erteilung der Zustimmung aufzufordern. Erklärt der stille Gesellschafter nicht innerhalb von zwei Wochen nach Erhalt der Aufforderung gegenüber dem Inhaber seine Ablehnung, so gilt die Zustimmung als erteilt.

§ 5
Geschäftsjahr, Jahresabschluss

(1) Das Geschäftsjahr der stillen Gesellschaft entspricht dem des Inhabers.

(2) Der Inhaber hat innerhalb von sechs Monaten nach Ablauf eines jeden Geschäftsjahres seinen Jahresabschluss zu erstellen und dem stillen Gesellschafter in Kopie zu übermitteln. Einwände gegen den Jahresabschluss kann der stille Gesellschafter innerhalb von einem Monat nach Erhalt des Jahresabschlusses geltend machen. Nach Ablauf dieser Frist gilt der Jahresabschluss als genehmigt.

(3) Der Jahresabschluss des Inhabers ist nach den handelsrechtlichen Vorschriften, insb. den Grundsätzen ordnungsgemäßer Buchführung (§ 243 Abs. 1 HGB) aufzustellen.

(4) Werden Jahresabschlüsse des Inhabers, z.B. aufgrund steuerlicher Außenprüfung, bestandskräftig geändert, so sind die Auswirkungen der geänderten Ansätze auf die Ergebnisbeteiligung des stillen Gesellschafters, ggf. über die betroffenen Geschäftsjahre, zu saldieren. Soweit sich hierbei per Saldo eine Ergebnisauswirkung zu Gunsten oder zulasten des stillen Gesellschafters ergibt, ist diese entsprechend bei der Ergebnisbeteiligung des stillen Gesellschafters zu berücksichtigen. Änderungen von Jahresabschlüssen für Geschäftsjahre, in denen der stille Gesellschafter nicht, auch nicht zeitweise beteiligt war, sind für die Ergebnisbeteiligung des stillen Gesellschafters nicht zu berücksichtigen; im Falle der zeitweisen Beteiligung des stillen Gesellschafters während eines Geschäftsjahres erfolgt eine zeitanteilige Berücksichtigung.

§ 6
Gewinn- und Verlustbeteiligung

(1) Für die Gewinnbeteiligung des stillen Gesellschafters ist von dem nach § 5 Abs. 3 erstellten handelsrechtlichen Jahresabschluss und dem darin ausgewiesenen Jahresüberschuss oder Jahresfehlbetrag des Inhabers auszugehen und zwar vor Berücksichtigung des auf den stillen Gesellschafter – und ggf. auf weitere typische oder atypische stille Gesellschafter – entfallenden Gewinnanteils und vor Berücksichtigung der Ertragsteuern. Außerordentliche Erträge und Aufwendungen, erhöhte

Absetzungen und Sonderabschreibungen sowie Erträge oder Verluste aus der Veräußerung von Anlagevermögen, das vor Beginn dieser stillen Gesellschaft nach § 11 Abs. 1 angeschafft wurde, werden bei der Berechnung des Jahresüberschusses oder Jahresfehlbetrags nicht berücksichtigt; der handelsrechtliche Jahresüberschuss oder Jahresfehlbetrag ist insofern für die Berechnung der Gewinnbeteiligung zu korrigieren.

(2) An einem gemäß § 6 Abs. 1 ermittelten Jahresüberschuss nimmt der stille Gesellschafter je volle ..... € seiner gemäß § 2 Abs. 2 bereits geleisteten Einlage mit ..... % teil.

Sofern gemäß § 6 Abs. 1 ein Jahresüberschuss ermittelt wird, aber sich hieraus ein Gewinnanteil des stillen Gesellschafters ergibt, der geringer ist als eine Verzinsung der vom stillen Gesellschafter geleisteten Einlage in Höhe von ..... % p.a., so wird der Jahresüberschuss, erforderlichenfalls insgesamt, vorrangig dem stillen Gesellschafter – und ggf. entsprechend weiteren stillen Gesellschaftern – zugewiesen, höchstens aber bis zu einem Betrag, der einer Verzinsung in Höhe von 4 % p.a. der geleisteten Einlage des stillen Gesellschafters entspricht („Möglicher Vorabgewinn").

(3) An etwaigen Jahresfehlbeträgen nimmt der stille Gesellschafter nicht teil.

(4) Sofern Einlagen des stillen Gesellschafters erst im Laufe eines Geschäftsjahres geleistet werden, nimmt der stille Gesellschafter hinsichtlich dieser Einlagen zeitanteilig gemäß vorstehender Regelungen am Ergebnis des Inhabers teil.

(5) Bei Aufnahme weiterer stiller Gesellschafter wird die Gewinn- und Verlustbeteiligung jedes stillen Gesellschafters neu festgesetzt. Derzeit beruht sie auf der Annahme, dass der Inhaber ein Kapital von ......€ hat, jeder stille Gesellschafter also eine Einlage von ...... % dieses Kapitals leistet.

Ändert sich das Kapital des Inhabers, ist jeder stille Gesellschafter berechtigt, seine Einlage verhältnismäßig anzupassen; andernfalls ist sein Gewinnanteil verhältnismäßig anzupassen.

§ 7
Entnahmen

Der stille Gesellschafter darf von seinem Verrechnungskonto jederzeit Beträge entnehmen, soweit das Verrechnungskonto einen positiven Saldo aufweist.

§ 8
Informations- und Kontrollrechte, Stillschweigen

(1) Dem stillen Gesellschafter stehen die Informations- und Kontrollrechte gemäß § 233 HGB zu. Dies gilt auch nach Beendigung der stillen Gesellschaft in dem zur Überprüfung des Abfindungsguthabens erforderlichen Umfang. Der stille Gesellschafter kann diese Rechte durch einen Rechtsanwalt, Steuerberater oder Wirtschaftsprüfer wahrnehmen zu lassen.

(2) Der Inhaber wird den stillen Gesellschafter regelmäßig über die Geschäftsentwicklung seines Handelsgeschäfts informieren.

(3) Der stille Gesellschafter hat, auch nach Beendigung der stillen Gesellschaft, über das Bestehen sowie über alle ihm bekannt gewordenen Angelegenheiten der stillen Gesellschaft und des Inhabers Stillschweigen zu bewahren.

§ 9
Verfügungen

Jede Übertragung, Belastung und sonstige Verfügung (insb. Nießbrauchsbestellung, Verpfändung oder Unterbeteiligung) des stillen Gesellschafters über seinen Gesellschaftsanteil bedarf zu ihrer Wirksamkeit der vorherigen schriftlichen Zustimmung des Inhabers. Entsprechendes gilt für die

Übertragung und Belastung von Ansprüchen des stillen Gesellschafters aus und im Zusammenhang mit der stillen Gesellschaft, insb. von Gewinnansprüchen und Ansprüchen auf Abfindungsguthaben.

§ 10
Tod eines Gesellschafters

(1) Beim Tod des stillen Gesellschafters treten seine Erben und Vermächtnisnehmer hinsichtlich der stillen Beteiligung in seine Rechtsstellung ein; § 9 bleibt unberührt. Mehrere Erben und Vermächtnisnehmer haben sich gegenüber dem Inhaber durch einen von ihnen als gemeinsamen Bevollmächtigten vertreten zu lassen. Auf Verlangen des Inhabers hat der Bevollmächtigte seine Vertretungsbefugnis durch notariell beglaubigte Vollmacht nachzuweisen. Mit Ausnahme der Beteiligung am Ergebnis des Inhabers ruhen die Rechte der Erben und Vermächtnisnehmer aus diesem Vertrag bis zur Benennung des Bevollmächtigten und ggf. bis zum Nachweis der Bevollmächtigung.

(2) Im Falle des Todes des stillen Gesellschafters sind einerseits dessen Erben und Vermächtnisnehmer, ggf. vertreten gemäß § 10 Abs. 1, und andererseits der Inhaber jeweils berechtigt, die stille Gesellschaft mit einer Frist von sechs Monaten zum Ende des nächsten Geschäftsjahrs zu kündigen.

(3) Beim Tod des Inhabers wird die stille Gesellschaft mit seinen Nachfolgern in das Handelsgeschäft festgesetzt. Abs. 2 gilt entsprechend.

(*Formulierungsalternative:*

(3) Die stille Gesellschaft endet nicht durch Umwandlung des Inhabers. In diesem Fall werden die Parteien alles unternehmen, um den stillen Gesellschaftern in dem übernehmenden bzw. neuen Rechtsträger vergleichbare Rechte wie vor der Umwandlung einzuräumen.)

§ 11
Dauer und Kündigung

(1) Die stille Gesellschaft beginnt mit Unterzeichnung dieses Vertrags und ist auf unbestimmte Zeit abgeschlossen.

(2) Die stille Gesellschaft kann mit einer Frist von sechs Monaten jeweils zum Ende eines Geschäftsjahres ordentlich gekündigt werden, erstmals jedoch zum .... § 10 Abs. 2 bleibt unberührt. Die Kündigung bedarf der Schriftform.

(3) Die stille Gesellschaft kann jederzeit ohne Einhaltung einer Frist aus wichtigem Grund gekündigt werden und zwar wenn und solange ein wichtiger Grund vorliegt. Als wichtiger Grund gilt insb. (Für die Partei, die den Grund nicht zu vertreten hat):

1. die Liquidation des Inhabers;
2. die Eröffnung des Insolvenzverfahrens oder Ablehnung der Eröffnung des Insolvenzverfahrens mangels Masse über das Vermögen des Inhabers oder des stillen Gesellschafters;
3. Zwangsvollstreckungsmaßnahmen in Gesellschafterrechte des stillen Gesellschafters, wenn diese Maßnahmen nicht innerhalb von zwei Monaten wieder aufgehoben werden;
4. der Verstoß des stillen Gesellschafters gegen § 9;
5. die Nichterbringung der Einlage seitens des stillen Gesellschafters bei Fälligkeit trotz schriftlicher Aufforderung und Fristsetzung seitens des Inhabers;
6. die Nichtzahlung des entnahmefähigen Gewinns, insb. des Vorabgewinns durch den Inhaber trotz schriftlicher Aufforderung und Fristsetzung seitens des stillen Gesellschafters oder
7. die Ertraglosigkeit des Handelsgeschäfts während einer Dauer von drei Geschäftsjahren in Folge.

§ 12
Abfindung

(1) Bei Beendigung der stillen Gesellschaft steht dem stillen Gesellschafter eine Abfindung zu. Die Abfindung errechnet sich aus dem Saldo des Einlage- und Verrechnungskontos des stillen Gesellschafters. Stille Reserven sind nicht aufzulösen; ein Geschäftswert wird nicht berücksichtigt. Am Ergebnis schwebender Geschäfte, die nicht bilanzierungspflichtig sind, nimmt der stille Gesellschafter nicht teil.

(2) Scheidet der stille Gesellschafter während des Geschäftsjahres aus, so sind die zum letzten Bilanzstichtag vor seinem Ausscheiden ermittelten Kontenstände, bereinigt um zwischenzeitliche Entnahmen und Einlagen, maßgeblich. Am Geschäftsergebnis des laufenden Geschäftsjahres ist der stille Gesellschafter zeitanteilig beteiligt. Der anteilige Gewinn wird in sein Abfindungsguthaben einbezogen.

Ergibt sich ein negativer Saldo, so ist dieser von dem stillen Gesellschafter nur insoweit auszugleichen, als die Ursache hierfür ein negatives Verrechnungskonto ist.

§ 5 Abs. 4 gilt entsprechend.

(3) Ein Abfindungsguthaben ist dem stillen Gesellschafter längstens in drei gleichen Jahresraten auszuzahlen, beginnend drei Monate nach Ermittlung des Abfindungsguthabens. Ausstehende Beträge sind ab dem Zeitpunkt des Ausscheidens mit zwei Prozentpunkten über dem jeweiligen Basiszinssatz p.a. zu verzinsen. Die Zinsen sind mit den jeweiligen Raten fällig. Der Inhaber ist berechtigt, das Abfindungsguthaben jederzeit ganz oder teilweise vor Fälligkeit auszuzahlen.

(4) Ein negatives Verrechnungskonto ist durch den stillen Gesellschafter sofort auszugleichen.

§ 13
Schlussbestimmungen

(1) Änderungen und Ergänzungen dieses Vertrags bedürfen der Schriftform, soweit nicht eine andere Form zwingend vorgeschrieben ist. Dies gilt auch für eine Änderung oder Aufhebung dieser Schriftformklausel.

(2) (Rechtswahl, Gerichtstand)

(3) Sollte eine Bestimmung dieses Vertrags ganz oder teilweise unwirksam oder undurchführbar sein oder werden, so wird hierdurch die Wirksamkeit der übrigen Bestimmungen nicht berührt. Die Parteien verpflichten sich, die unwirksame oder undurchführbare Bestimmung durch eine wirksame Bestimmung zu ersetzen, die dem wirtschaftlich Gewollten am nächsten kommt. Gleiches gilt im Falle einer ungewollten regelungsbedürftigen Lücke.

.... , den ....

....

(Inhaber)   (Stiller Gesellschafter)

Muster: Gesellschaftsvertrag einer atypischen stillen Gesellschaft[284]

Gesellschaftsvertrag

einer

atypischen stillen Gesellschaft

zwischen

....

– nachfolgend der „**Inhaber**" –

und

....

– nachfolgend der „**stille Gesellschafter**" –

§ 1
Gegenstand

(1) Gegenstand des Unternehmens des Inhabers ist ......

(2) An diesem Handelsgeschäft des Inhabers beteiligt sich der stille Gesellschafter als atypisch stiller Gesellschafter gemäß den Bestimmungen dieses Vertrags.

(3) Der stille Gesellschafter ist am Ergebnis und Vermögen des Inhabers beteiligt. Das Vermögen des Inhabers wird im Innenverhältnis wie gemeinschaftliches Vermögen behandelt. Die Beteiligung des stillen Gesellschafters erstreckt sich insb. auch auf die offenen und stillen Reserven und den Geschäftswert des Inhabers.

§ 2
Einlage

(1) Der stille Gesellschafter leistet eine Einlage an den Inhaber in Geld in Höhe von € .... zur ausschließlichen Verwendung im Rahmen des Handelsgeschäfts des Inhabers.

(2) Die Einlage ist wie folgt zur Zahlung fällig:

- .... € bis spätestens ....,
- .... € bis spätestens .....

§ 3
Konten des stillen Gesellschafters

(1) Die Einlage des stillen Gesellschafters wird auf einem Einlagekonto gebucht. Dieses Konto ist fest und unverzinslich.

(2) Auf dem Verrechnungskonto des stillen Gesellschafters werden seine Gewinne (vorbehaltlich § 3 Abs. 3) sowie Entnahmen und der sonstige Zahlungsverkehr zwischen dem Inhaber und dem stillen Gesellschafter gebucht. Das Konto ist unverzinslich.

---

[284] Ggf. ist eine notarielle Beurkundung des Gesellschaftsvertrags notwendig.

(3) Verlustanteile des stillen Gesellschafters werden auf einem unverzinslichen Verlustkonto gebucht. Gewinne des stillen Gesellschafters sind stets zuerst auf diesem Konto zu verbuchen, soweit es zu dessen Ausgleich erforderlich ist.

§ 4
Geschäftsführung

(1) Die Geschäftsführung steht allein dem Inhaber zu, der die Geschäftsführung unentgeltlich und mit der Sorgfalt eines ordentlichen Kaufmanns unter Beachtung von Gesetz, Gesellschaftsvertrag des Inhabers und den Bestimmungen dieses Vertrags ausübt.

(2) Die folgenden Geschäftsführungsmaßnahmen bedürfen allerdings der Zustimmung des stillen Gesellschafters nach Maßgabe von Abs. 3:

1. eine Änderung des Gegenstandes des Unternehmens oder der Rechtsform des Inhabers;
2. die vollständige oder teilweise Einstellung des Geschäftsbetriebs;
3. die Veräußerung oder Verpachtung des Unternehmens oder eines Teils davon;
4. der Erwerb von oder die Beteiligung an anderen Unternehmen sowie deren Veräußerung;
5. die Aufnahme neuer Gesellschafter einschließlich der Beteiligung weiterer stiller Gesellschafter;
6. die Errichtung von Zweigniederlassungen;
7. der Abschluss von Rechtsgeschäften, durch die die Gesellschaft im Einzelfall oder jährlich mit mehr als .... € belastet wird;
8. Investitionen über einen Betrag von mehr als .... € im Einzelfall oder mehr als .... € jährlich insgesamt;
9. Erwerb, Veräußerung und Belastung von Grundstücken und grundstücksgleichen Rechten;
10. Rechtsgeschäfte zwischen der Inhaberin und Gesellschaftern der Inhaberin sowie deren Angehörigen.

(3) Beabsichtigt der Inhaber die Vornahme einer der in § 4 Abs. 2 genannten zustimmungspflichtigen Maßnahmen, so hat er dies dem stillen Gesellschafter schriftlich mitzuteilen und ihn zur Erteilung der Zustimmung aufzufordern. Erklärt der stille Gesellschafter nicht innerhalb von zwei Wochen nach Erhalt der Aufforderung gegenüber dem Inhaber seine Ablehnung, so gilt die Zustimmung als erteilt.

§ 5
Geschäftsjahr, Jahresabschluss

(1) Das Geschäftsjahr der stillen Gesellschaft entspricht dem des Inhabers.

(2) Der Inhaber hat innerhalb von sechs Monaten nach Ablauf eines jeden Geschäftsjahres seinen Jahresabschluss zu erstellen und dem stillen Gesellschafter in Kopie zu übermitteln. Einwände gegen den Jahresabschluss kann der stille Gesellschafter innerhalb von einem Monat nach Erhalt des Jahresabschlusses geltend machen. Nach Ablauf dieser Frist gilt der Jahresabschluss als genehmigt.

(3) Der Jahresabschluss des Inhabers ist nach den handelsrechtlichen Vorschriften, insb. den Grundsätzen ordnungsgemäßer Buchführung (§ 243 Abs. 1 HGB) aufzustellen.

(4) Werden Jahresabschlüsse des Inhabers, z.B. aufgrund steuerlicher Außenprüfung, bestandskräftig geändert, so sind die Auswirkungen der geänderten Ansätze auf die Ergebnisbeteiligung des stillen Gesellschafters, gegebenenfalls über die betroffenen Geschäftsjahre, zu saldieren. Soweit sich hierbei per Saldo eine Ergebnisauswirkung zu Gunsten oder zulasten des stillen Gesellschafters ergibt,

ist diese entsprechend bei der Ergebnisbeteiligung des stillen Gesellschafters zu berücksichtigen. Änderungen von Jahresabschlüssen für Geschäftsjahre, in denen der stille Gesellschafter nicht, auch nicht zeitweise beteiligt war, sind für die Ergebnisbeteiligung des stillen Gesellschafters nicht zu berücksichtigen; im Falle der zeitweisen Beteiligung des stillen Gesellschafters während eines Geschäftsjahres erfolgt eine zeitanteilige Berücksichtigung.

§ 6
Gewinn- und Verlustbeteiligung

(1) Für die Gewinn- und Verlustbeteiligung des stillen Gesellschafters ist von dem nach § 5 Abs. 3 erstellten handelsrechtlichen Jahresabschluss und dem darin ausgewiesenen Jahresüberschuss oder Jahresfehlbetrag des Inhabers auszugehen und zwar vor Berücksichtigung des auf den stillen Gesellschafter – und ggf. auf weitere typische oder atypische stille Gesellschafter – entfallenden Gewinn- und Verlustanteils und vor Berücksichtigung der Ertragsteuern.

(2) An einem gemäß § 6 Abs. 1 ermittelten Jahresüberschuss oder Jahresfehlbetrag nimmt der stille Gesellschafter je volle .... € seiner gemäß § 2 Abs. 2 bereits geleisteten Einlage mit .... % teil.

Sofern gemäß § 6 Abs. 1 ein Jahresüberschuss ermittelt wird, aber sich hieraus ein Gewinnanteil des stillen Gesellschafters ergibt, der geringer ist als eine Verzinsung der vom stillen Gesellschafter geleisteten Einlage in Höhe von .... % p.a., so wird der Jahresüberschuss, erforderlichenfalls insgesamt, vorrangig dem stillen Gesellschafter – und ggf. entsprechend weiteren stillen Gesellschaftern – zugewiesen, höchstens aber bis zu einem Betrag, der einer Verzinsung in Höhe von 4 % p.a. der geleisteten Einlage des stillen Gesellschafters entspricht („Möglicher Vorabgewinn").

(3) Sofern Einlagen des stillen Gesellschafters erst im Laufe eines Geschäftsjahres geleistet werden, nimmt der stille Gesellschafter hinsichtlich dieser Einlagen zeitanteilig gemäß vorstehender Regelungen am Ergebnis des Inhabers teil.

(4) Bei Aufnahme weiterer stiller Gesellschafter wird die Gewinn- und Verlustbeteiligung jedes stillen Gesellschafters neu festgesetzt. Derzeit beruht sie auf der Annahme, dass der Inhaber ein Kapital von ... hat, jeder stille Gesellschafter also eine Einlage von .... % dieses Kapitals leistet.

Ändert sich das Kapital des Inhabers, ist jeder stille Gesellschafter berechtigt, seine Einlage verhältnismäßig anzupassen; andernfalls ist sein Gewinn- und Verlustanteil verhältnismäßig anzupassen.

§ 7
Entnahmen

Der stille Gesellschafter darf von seinem Verrechnungskonto jederzeit Beträge entnehmen, soweit das Verrechnungskonto einen positiven Saldo aufweist.

§ 8
Informations- und Kontrollrechte, Stillschweigen

(1) Dem stillen Gesellschafter stehen die Informations- und Kontrollrechte gemäß §§ 233, 118 HGB und § 716 BGB zu. Dies gilt auch nach Beendigung der stillen Gesellschaft in dem zur Überprüfung des Abfindungsguthabens erforderlichen Umfang. Der stille Gesellschafter kann diese Rechte durch einen Rechtsanwalt, Steuerberater oder Wirtschaftsprüfer wahrnehmen lassen.

(2) Der Inhaber wird den stillen Gesellschafter regelmäßig über die Geschäftsentwicklung seines Handelsgeschäfts informieren.

(3) Der stille Gesellschafter hat, auch nach Beendigung der stillen Gesellschaft, über das Bestehen sowie über alle ihm bekannt gewordenen Angelegenheiten der stillen Gesellschaft und des Inhabers Stillschweigen zu bewahren.

§ 9
Verfügungen

Jede Übertragung, Belastung und sonstige Verfügung (insb. Nießbrauchsbestellung, Verpfändung oder Unterbeteiligung) des stillen Gesellschafters über seinen Gesellschaftsanteil bedarf zu ihrer Wirksamkeit der vorherigen schriftlichen Zustimmung des Inhabers. Entsprechendes gilt für die Übertragung und Belastung von Ansprüchen des stillen Gesellschafters aus und im Zusammenhang mit der stillen Gesellschaft, insb. von Gewinnansprüchen und Ansprüchen auf Abfindungsguthaben.

§ 10
Tod eines Gesellschafters

(1) Beim Tod des stillen Gesellschafters treten seine Erben und Vermächtnisnehmer hinsichtlich der stillen Beteiligung in seine Rechtsstellung ein; § 9 bleibt unberührt. Mehrere Erben und Vermächtnisnehmer haben sich gegenüber dem Inhaber durch einen von ihnen als gemeinsamen Bevollmächtigten vertreten zu lassen. Auf Verlangen des Inhabers hat der Bevollmächtigte seine Vertretungsbefugnis durch notariell beglaubigte Vollmacht nachzuweisen. Mit Ausnahme der Beteiligung am Ergebnis des Inhabers ruhen die Rechte der Erben und Vermächtnisnehmer aus diesem Vertrag bis zur Benennung des Bevollmächtigten und gegebenenfalls bis zum Nachweis der Bevollmächtigung.

(2) Im Falle des Todes des stillen Gesellschafters sind einerseits dessen Erben und Vermächtnisnehmer, gegebenenfalls vertreten gemäß § 10 Abs. 1, und andererseits der Inhaber jeweils berechtigt, die stille Gesellschaft mit einer Frist von sechs Monaten zum Ende des nächsten Geschäftsjahrs zu kündigen.

(3) Beim Tod des Inhabers wird die stille Gesellschaft mit seinen Nachfolgern in das Handelsgeschäft festgesetzt. Abs. 2 gilt entsprechend.

(Formulierungsalternative:

(3) Die stille Gesellschaft endet nicht durch Umwandlung des Inhabers. In diesem Fall werden die Parteien alles unternehmen, um dem stillen Gesellschafter in dem übernehmenden bzw. neuen Rechtsträger vergleichbare Rechte wie vor der Umwandlung einzuräumen.)

§ 11
Dauer und Kündigung

(1) Die stille Gesellschaft beginnt mit Unterzeichnung dieses Vertrags und ist auf unbestimmte Zeit abgeschlossen.

(2) Die stille Gesellschaft kann mit einer Frist von sechs Monaten jeweils zum Ende eines Geschäftsjahres ordentlich gekündigt werden, erstmals jedoch zum .... § 10 Abs. 2 bleibt unberührt. Die Kündigung bedarf der Schriftform.

(3) Die stille Gesellschaft kann jederzeit ohne Einhaltung einer Frist aus wichtigem Grund gekündigt werden und zwar wenn und solange ein wichtiger Grund vorliegt. Als wichtiger Grund gilt insb. (für die Partei, die den Grund nicht zu vertreten hat):

1. die Liquidation des Inhabers;
2. die Eröffnung des Insolvenzverfahrens oder Ablehnung der Eröffnung des Insolvenzverfahrens mangels Masse über das Vermögen des Inhabers oder des stillen Gesellschafters;

3. Zwangsvollstreckungsmaßnahmen in Gesellschafterrechte des stillen Gesellschafters, wenn diese Maßnahmen nicht innerhalb von zwei Monaten wieder aufgehoben werden;
4. der Verstoß des stillen Gesellschafters gegen § 9;
5. die Nichterbringung der Einlage seitens des stillen Gesellschafters bei Fälligkeit trotz schriftlicher Aufforderung und Fristsetzung seitens des Inhabers;
6. die Nichtzahlung des entnahmefähigen Gewinns, insb. des Vorabgewinns durch den Inhaber trotz schriftlicher Aufforderung und Fristsetzung seitens des stillen Gesellschafters oder
7. die Ertraglosigkeit des Handelsgeschäfts während einer Dauer von drei Geschäftsjahren in Folge.

§ 12
Abfindung

(1) Bei Beendigung der stillen Gesellschaft steht dem stillen Gesellschafter eine Abfindung zu. Die Abfindung errechnet sich aus dem Saldo des Einlage- und Verrechnungskontos des stillen Gesellschafters sowie dem seinem Gewinn- und Verlustanteil entsprechenden Anteil am Vermögen und insb. den stillen Reserven und dem Geschäftswert.

(2) Scheidet der stille Gesellschafter während des Geschäftsjahres aus, so sind die zum letzten Bilanzstichtag vor seinem Ausscheiden ermittelten Kontenstände, bereinigt um zwischenzeitliche Entnahmen und Einlagen, maßgeblich. Am Geschäftsergebnis des laufenden Geschäftsjahres ist der stille Gesellschafter zeitanteilig beteiligt. Der anteilige Gewinn oder Verlust wird in sein Abfindungsguthaben einbezogen.

(3) Zur Ermittlung des Anteils des stillen Gesellschafters an den stillen Reserven ist auf den Tag der Beendigung der stillen Gesellschaft eine Auseinandersetzungsbilanz aufzustellen. Zur Ermittlung der stillen Reserven sind Grundstücke, Gebäude und Beteiligungen durch einen von beiden Parteien zu benennenden Sachverständigen bewerten zu lassen, sonstige Wirtschaftsgüter (mit Ausnahme von Beteiligungsrechten) nach den steuerlichen Bewertungsvorschriften anzusetzen und steuerfreie Rücklagen, die während der Dauer der stillen Gesellschaft gebildet wurden, aufzulösen.

Der Geschäftswert ist durch einen von beiden Vertragsparteien zu benennenden Wirtschaftsprüfer zu ermitteln.

Können sich die Parteien nicht auf einen Sachverständigen oder Wirtschaftsprüfer einigen, wird dieser vom Präsidenten der für den Sitz des Inhabers zuständigen Industrie- und Handelskammer bestimmt.

Endet die stille Gesellschaft mit der Liquidation des Inhabers, so ist für die Ermittlung der stillen Reserven und des Geschäftswerts der Liquidationserlös maßgebend.

§ 5 Abs. 4 gilt entsprechend.

(4) Ein Abfindungsguthaben ist dem stillen Gesellschafter längstens in drei gleichen Jahresraten auszuzahlen, beginnend drei Monate nach Ermittlung des Abfindungsguthabens. Ausstehende Beträge sind ab dem Zeitpunkt des Ausscheidens mit zwei Prozentpunkten über dem jeweiligen Basiszinssatz p.a. zu verzinsen. Die Zinsen sind mit den jeweiligen Raten fällig. Der Inhaber ist berechtigt, das Abfindungsguthaben jederzeit ganz oder teilweise vor Fälligkeit auszuzahlen.

(5) Ein negatives Verrechnungskonto ist durch den stillen Gesellschafter sofort auszugleichen.

§ 13
Schlussbestimmungen

(1) Änderungen und Ergänzungen dieses Vertrags bedürfen der Schriftform, soweit nicht eine andere Form zwingend vorgeschrieben ist. Dies gilt auch für eine Änderung oder Aufhebung dieser Schriftformklausel.

(2) (Rechtswahl, Gerichtstand)

(3) Sollte eine Bestimmung dieses Vertrags ganz oder teilweise unwirksam oder undurchführbar sein oder werden, so wird hierdurch die Wirksamkeit der übrigen Bestimmungen nicht berührt. Die Parteien verpflichten sich, die unwirksame oder undurchführbare Bestimmung durch eine wirksame Bestimmung zu ersetzen, die dem wirtschaftlich Gewollten am nächsten kommt. Gleiches gilt im Falle einer ungewollten regelungsbedürftigen Lücke.

.... , den ...

....
(Inhaber)   (Stiller Gesellschafter)

§ 2 Unterbeteiligung

Inhaltsverzeichnis

	Rn.
A. Allgemeines	1
B. Überlegungen zur Rechtsformwahl	2
I. Zivilrechtliche Überlegungen	2
II. Steuerrechtliche Überlegungen	6
C. Wesen und Erscheinungsformen	9
I. Definition und Wesen der Unterbeteiligung	9
II. Rechtsgrundlagen der Unterbeteiligung	13
III. Erscheinungsformen	14
1. Typische und atypische Unterbeteiligung	15
2. Verdeckte und offene Unterbeteiligung	17
IV. Abgrenzung zu anderen Rechtsverhältnissen	18
1. Stille Gesellschaft	18
2. Partiarische Rechtsverhältnisse	19
3. Verwaltungstreuhand	21
V. Rechtsstellung in der Hauptgesellschaft	24
1. Allgemeines	24
2. Kapitalveränderungen in der Hauptgesellschaft	26
D. Gründung der Unterbeteiligungsgesellschaft	27
I. Errichtung	27
1. Errichtung durch Gesellschaftsvertrag	27
2. Form	31
II. Vertragspartner	34
1. Hauptbeteiligter	34
2. Unterbeteiligter	35
3. Minderjährige, Geschäftsunfähige	38
III. Fehlerhafte Gesellschaft	40
E. Rechte und Pflichten der Gesellschafter	45
I. Geschäftsführung und Vertretung	47
1. Geschäftsführung	47
a) Grundsatz	47
b) Abweichende Regelungen	54
c) Entziehung der Geschäftsführung	61
2. Vertretung	64
II. Einlagen und Beiträge	65
III. Ergebnisbeteiligung und Entnahmen	68
1. Ergebnisbeteiligung	68
2. Ergebnisermittlung	79
a) Berechnungsgrundlage: Handels- oder Steuerbilanz	79

	Rn.
b) Durchführung der Berechnung	83
3. Auszahlung	84
a) Kein Entnahmerecht	85
b) Auszahlungsanspruch	86
IV. Kontroll- und Informationsrechte	90
1. Persönlicher Umfang	91
2. Schuldner der Informationsansprüche	94
3. Sachlicher Umfang	95
4. Zeitlicher Umfang	101
V. Verfügungen über Gesellschafterrechte	102
VI. Treuepflicht	108
VII. Wettbewerbsverbot	110
1. Wettbewerb zur Hauptgesellschaft	111
2. Wettbewerb zur Unterbeteiligungsgesellschaft	113
F. Haftung	117
I. Haftung in der Hauptgesellschaft	117
II. Haftung in der Unterbeteiligungsgesellschaft	120
G. Auflösung der Unterbeteiligung	122
I. Allgemeines	122
II. Auflösungsgründe	125
1. Tod eines Gesellschafters	125
2. Kündigung	128
a) Ordentliche Kündigung	128
b) Außerordentliche Kündigung	133
c) Kündigung durch Gesellschaftsgläubiger	138
3. Weitere Auflösungsgründe	141
4. Keine Auflösungsgründe	146
III. Auseinandersetzung	147
1. Allgemeines	147
2. Ermittlung der Auseinandersetzungsforderung	150
3. Höhe des Auseinandersetzungsguthabens	153
a) Grundsatz	153
b) Passives Einlagekonto	157
4. Erfüllung der Auseinandersetzungsforderung	158
5. Schwebende Geschäfte	163
H. Muster	164

Kommentare und Gesamtdarstellungen:

Baumbach/Hopt, Kommentar zum Handelsgesetzbuch, 32. Aufl. 2006; *Blaurock*, Handbuch der stillen Gesellschaft, 6. Aufl. 2003; *Heymann*, HGB, 2. Aufl. 1996; *Münchener Handbuch des Gesellschaftsrechts*, Bd. 1, 2. Aufl. 2004; *Münchener Kommentar zum Bürgerlichen Gesetzbuch*, 4. Aufl. 2003; *Münchener Kommentar zum Handelsgesetzbuch*, 2002; *Röhricht/Graf v. Westphalen*, HGB, 2. Aufl. 2001; *Schlegelberger*, HGB-Kommentar, 5. Aufl. 1986.

Aufsätze und Rechtsprechungsübersichten:

Bilsdorfer, Gesellschaftsrechtliche und steuerrechtliche Probleme bei Unterbeteiligung von Familienangehörigen, NJW 1980, 2789; *Blaurock/Berninger*, Unterbeteiligung an einem GmbH-Anteil in zivilrechtlicher und steuerrechtlicher Sicht, GmbHR 1990, 11; *Durchlaub*, Überlegungen zur Unterbeteiligung an Unternehmen, DB 1978, 875; *Esch*, Die Unterbeteiligung an Handelsgesellschaftsanteilen, NJW 1964, 902; *Flore*, Die Unterbeteiligung an einem GmbH-Anteil, BB 1994, 1191; *Gehrlein*, Der Konsortialkredit als Modell einer Innengesellschaft, DStR 1994, 1314; *Hesselmann*, Die Unterbeteiligung an GmbH-Anteilen, GmbHR, 1964, 26; *Hilling/Pickhardt-Poremba/Schindhelm*, Das zivil- und steuerrechtliche Schicksal der Unterbeteiligung bei „Umwandlung" der Hauptgesellschaft, DStR 2003, 1444, 1469; *Hohaus*, Die atypische Unterbeteiligung an einer GmbH – wirtschaftliches Eigentum nach § 39 Abs. 2 AO?, GmbHR 2002, 883; *Janberg*, Die Unterbeteiligung im Gesellschaftsrecht, DB 1953, 77; *Kiethe*, Gesellschaftsrechtliche Einflußnahme und Initiatorenstellung – Aspekte der Haftung Dritter aus Prospekt bei Kapitalanlagegesellschaften, NZG 1999, 858; *Martens*, Die steuerliche Einordnung der atypischen Unterbeteiligung an Anteilen an einer Kapitalgesellschaft, BB 2005, 1660; *Otto*, Moderne Erscheinungsformen der stillen Beteiligung, BB 1948, 210; *Paulick*, Die Unterbeteiligung in gesellschaftsrechtlicher und steuerrechtlicher Sicht, ZGR 1974, 253; *Rust*, Die Beteiligung von Minderjährigen im Gesellschaftsrecht, DStR 2005, 1942; *Schindhelm/Stein*, Unterbeteiligung als Instrument der vorweggenommenen Erbfolge, ErbStB 2003, 32; *Schmidt-Diemitz*, Probleme der Unterbeteiligung an einem Personengesellschaftsanteil bei Umwandlung der Personengesellschaft in eine Kapitalgesellschaft, DB 1978, 2397; *Schneider*, Unterbeteiligung im Gesellschaftsrecht, DB 1954, 739; *Schulze zur Wiesche*, Unterbeteiligung an einem GmbH-Anteil, GmbHR 1986, 236; *Wacker*, Zu den Merkmalen des wirtschaftlichen Eigentums bei der Unterbeteiligung an GmbH-Anteilen, HFR 2006, 42.

A. Allgemeines

Obwohl die **Unterbeteiligung in der Praxis weniger gebräuchlich** ist als die stille Gesellschaft, sollte sie im gängigen Repertoire eines auf Gesellschaftsrecht spezialisierten Rechtsanwalts nicht fehlen. Als vergleichsweise **spezielle Konstruktion** ist ihr Anwendungsbereich zwar beschränkt, ihr geschickter Einsatz kann aber sowohl wirtschaftlich als auch rechtlich **schwierige Gestaltungsprobleme** lösen. 1

B. Überlegungen zur Rechtsformwahl

I. Zivilrechtliche Überlegungen

Aus **zivilrechtlicher Sicht** ist die Unterbeteiligung vor allem dann interessant, wenn jemand **ohne direkte Beteiligung** wirtschaftlich am Ergebnis der Hauptgesellschaft beteiligt werden soll. Die Unterbeteiligung bietet eine Form **mittelbarer Unternehmensteilhabe**, die immer dann bedeutsam wird, wenn eine unmittelbare Gesellschaftsbeteiligung nicht möglich oder nicht gewollt ist. Damit wird eine **Vielzahl von Anwendungsmöglichkeiten** eröffnet. 2

Die Unterbeteiligung bietet sich bspw. zur Geheimhaltung einer Beteiligung an, ebenso wie zur Finanzierung der Einlage des Hauptgesellschafters oder zur Kreditsicherung. Interessant ist die Unterbeteiligung aber auch dann, wenn Vinkulierungsklauseln, Veräußerungshindernisse oder Vorkaufsrechte die rechtliche und wirtschaftliche Verfügungsbefugnis über einen Gesellschaftsanteil beschränken, da die Einräumung einer Unterbeteiligung von den standardmäßig verwendeten gesellschaftsvertraglichen Vinkulierungs-Klauseln häufig nicht erfasst wird. Die Unterbeteiligung bietet dem Erwerber allerdings keine dingliche Sicherheit.

Auch bei **Familiengesellschaften** und **im Rahmen der vorweggenommenen Erbfolge** erfreut sich die Unterbeteiligung durchaus hoher Beliebtheit. Ebenso wie bei der stillen Gesellschaft spielt auch hier die **Trennung zwischen vermögensmäßiger Beteiligung** und **Geschäftsführung** eine wichtige Rolle. Zukünftige Erben können dadurch bereits **mittelbar** an einer Gesellschaft beteiligt werden ohne dass der Erblasser eine Verminderung seines Einflusses auf die Gesellschaft befürchten muss. Umgekehrt kann die Übertragung eines Gesellschaftsanteils unter Vorbehalt einer Unterbeteiligung die Übertragung der Unternehmensleitung ermöglichen, dem vormaligen Gesellschafter aber **eine angemessene wirtschaftliche Absicherung** erhalten. 3

4 Bei **Familiengesellschaften** ist die Unterbeteiligung häufig ab der zweiten oder dritten Generation anzutreffen. Sie dient hier dazu, eine Zersplitterung auf zu viele Gesellschafter und damit praktische Schwierigkeiten zu verhindern, indem die Anteile jeweils Gesellschafterstämmen zugewiesen werden. Innerhalb eines Stammes ist dann regelmäßig **nur eine bestimmte Person unmittelbarer Gesellschafter**, die übrigen Familienmitglieder werden an dem Gesellschaftsanteil nur **mittelbar** durch eine Unterbeteiligung beteiligt. Damit lässt sich bspw. sicherstellen, dass nur solche Personen unmittelbar an der Leitung des Unternehmens mitwirken, die der Erblasser oder die Miterben für besonders geeignet halten, während die übrigen Erben wirtschaftlich durch die Unterbeteiligung am Ergebnis des jeweiligen Gesellschaftsanteils abgesichert sind.

5 > **Hinweis:**
> Wie die stille Gesellschaft ist die Unterbeteiligung darüber hinaus praktisch **einfach zu handhaben**. Nur **in Ausnahmefällen** gelten Beurkundungs- oder Anmeldepflichten. Durch die geringe Zahl von zwingenden gesetzlichen Regelungen bestehen **weite Gestaltungsspielräume**.

II. Steuerrechtliche Überlegungen

6 Auch **steuerrechtlich** eröffnet die Unterbeteiligung interessante Gestaltungsmöglichkeiten. Durch die Ausgestaltung als **typische oder atypische Unterbeteiligung** lässt sich z.B. die Art der Einkünftequalifizierung beeinflussen.[1] Wie bei der typischen stillen Gesellschaft führt eine Unterbeteiligung grds. zu **Einkünften aus Kapitalvermögen i.S.v. §§ 2 Abs. 1 Nr. 5, 20 Abs. 1 Nr. 4 EStG**. Dadurch können z.B. gewerbliche Einkünfte einer Hauptbeteiligung in Einkünfte aus Kapitalvermögen umqualifiziert werden.[2] Ist die Unterbeteiligung **Teil eines Gewerbebetriebs** des Unterbeteiligten, tritt die Qualifizierung als Einkünfte aus Kapitalvermögen wegen § 20 Abs. 3 EStG allerdings zurück. **Bei atypischer Ausgestaltung** der Unterbeteiligung läuft die Qualifizierung der Einkünfte des Unterbeteiligten regelmäßig parallel zur Qualifizierung der Einkünfte des Hauptbeteiligten.

7 Ebenso wie die stille Gesellschaft ermöglicht die Unterbeteiligung auch die **Verlagerung von Einkünften** vom Hauptgesellschafter auf den Unterbeteiligten. Im Hinblick auf **Freibeträge und Provisionsvorbehalte** kann eine Unterbeteiligung daher die **Gesamtsteuerbelastung verringern**.[3]

8 Schließlich ist die Unterbeteiligung steuerlich auch bei der **vorweggenommenen Erbfolge**[4] interessant. Bei **entsprechender atypischer Ausgestaltung** als Mitunternehmerschaft wird die Einräumung oder Übertragung einer Unterbeteiligung ggf. durch § 13a ErbStG begünstigt. Darüber hinaus ist die Unterbeteiligung eine **vergleichsweise einfache Möglichkeit**, die vorweggenommene Erbfolge **zeitlich zu staffeln** und damit Freibeträge bei Erbschaft- und Schenkungsteuer nach Ablauf der Zehn-Jahresfrist **mehrfach auszunutzen**.

C. Wesen und Erscheinungsformen

I. Definition und Wesen der Unterbeteiligung

9 Eine Unterbeteiligung ist eine **Beteiligung an einem Gesellschaftsanteil**. Mit der Unterbeteiligung räumt ein Hauptbeteiligter als direkt an einer Kapital- oder Personengesellschaft beteiligter Gesellschafter einem Unterbeteiligten durch Gesellschaftsvertrag eine **obligatorische Mitberechtigung** an seinem Gesellschaftsanteil ein. Der Unterbeteiligte partizipiert zumindest am Gewinn des Gesellschaftsanteils

---

1 Dies ist bspw. bei Auslandsverlusten wegen § 2a EStG interessant.
2 Grenzen bestehen hier allerdings z.B. dann, wenn die Unterbeteiligung Sonderbetriebsvermögen des Unterbeteiligten bei einer Personenhandelsgesellschaft ist.
3 Zur Frage des *wirtschaftlichen Eigentums* vgl. Hohaus, GmbHR 2002, 883 ff.; Wacker, HFR 2006, 42.
4 Vgl. z.B. Schindhelm/Stein, ErbStB 2003, 32.

des Hauptbeteiligten.[5] **Voraussetzungen** sind also das **Vorliegen einer Hauptbeteiligung**, ein **Gesellschaftsvertrag** zwischen dem Hauptbeteiligten und dem Unterbeteiligten, der auf eine **schuldrechtliche Mitberechtigung an der Hauptbeteiligung** abzielt, eine **Einlage des Unterbeteiligten** sowie dessen Gewinnbeteiligung.

Hauptbeteiligung kann jede Art von Gesellschaftsanteil sein, eine Aktie, ein GmbH-Geschäftsanteil oder ein Anteil an einer Personen(handels)gesellschaft, ebenso eine stille Beteiligung oder eine Unterbeteiligung selbst (**dann Unter-Unterbeteiligung**).[6] 10

Die Unterbeteiligung ist zivilrechtlich eine Gesellschaft bürgerlichen Rechts mit dem gemeinsamen Zweck des **Haltens und der Nutzung der Hauptbeteiligung**. Ebenso wie die stille Gesellschaft ist sie eine **reine Innengesellschaft**. Sie besitzt weder eigenes Gesellschaftsvermögen noch eigene Rechtsfähigkeit.[7] Der Unterbeteiligte ist an der Hauptbeteiligung **nur schuldrechtlich mitberechtigt**, Inhaber der Hauptbeteiligung ist allein der Hauptbeteiligte. Die Beteiligung des Unterbeteiligten am Gewinn der Hauptbeteiligung ist **konstitutive Voraussetzung** für ein Unterbeteiligungsverhältnis. Eine Beteiligung am Verlust ist zwar praktisch häufig, aber **nicht zwingend erforderlich**.[8] Die bloße Verpflichtung eines Gesellschafters, einen anderen am Gewinn des von ihm gehaltenen Gesellschaftsanteils zu beteiligen, begründet noch keine Unterbeteiligung. **Weitere Voraussetzung** ist stets, dass der Unterbeteiligte mit einer „**bilanzmäßig darstellbaren Einlage**" an der Hauptbeteiligung beteiligt wird.[9] 11

Die Unterbeteiligung besteht **allein im Verhältnis** zwischen dem Hauptbeteiligten und dem Unterbeteiligten, nicht aber gegenüber der Hauptgesellschaft. An dieser ist der Unterbeteiligte nicht beteiligt; ihr gegenüber kann er grds. **keine Rechte geltend machen**, unterliegt aber auch keinen Pflichten. Die Hauptgesellschaft wirkt insofern in das Unterbeteiligungsverhältnis hinein, als sie den **Gegenstand und den Umfang** der Unterbeteiligung bestimmt. Die Unterbeteiligung ist damit der stillen Gesellschaft ähnlich, unterscheidet sich der Sache nach aber dadurch, dass die **Beteiligung nur an einem Gesellschaftsanteil und nicht an einem Handelsgeschäft als solchem besteht**.[10] 12

II. Rechtsgrundlagen der Unterbeteiligung

Die Unterbeteiligung ist **nicht ausdrücklich gesetzlich geregelt**. Nach **allgemeiner Auffassung** finden allerdings die §§ 705 ff. BGB unmittelbar Anwendung, soweit sie nicht auf das Vorhandensein von Gesamthandsvermögen zugeschnitten sind,[11] da die Unterbeteiligung eine BGB-Gesellschaft in Form einer Innengesellschaft ist. Umstritten ist in der Lit., ob daneben die **§§ 230 ff. HGB analog** anzuwenden sind. 13

---

5 BGHZ 50, 320; MünchKomm-HGB/Schmidt, § 230 Rn. 192; Blaurock, Handbuch der stillen Gesellschaft, Rn. 30.1; Heymann/Horn, HGB, § 230 Rn. 65; Röhricht/v. Westphalen/v. Gerkan, HGB, § 230 Rn. 92.
6 Vgl. BFH, BStBl. 1997 II, S. 724; BGHZ 50, 316; BGH, DB 1967, 1258; MünchKomm-HGB/Schmidt, § 230 Rn. 195; Röhricht/v. Westphalen/v. Gerkan, HGB, § 230 Rn. 95; Heymann/Horn, HGB, § 230 Rn. 65; Esch, NJW 1964, 904; Blaurock/Berninger, GmbHR 1990, 12 ff.; Flore, BB 1994, 1191.
7 Palandt/Sprau, BGB, § 705 Rn. 51.
8 MünchKomm-HGB/Schmidt, § 230 Rn. 198; Riegger, in: Münchener Handbuch des Gesellschaftsrechts, Bd. 1, § 30 Rn. 3; Paulick, ZGR, 1974, 266.
9 MünchKomm-HGB/Schmidt, § 230 Rn. 197.
10 Röhricht/v. Westphalen/v. Gerkan, HGB, § 230 Rn. 92; MünchKomm-HGB/Schmidt, § 230 Rn. 197; Heymann/Horn, HGB, § 230 Rn. 66.
11 Vgl. BGHZ 50, 316, 320; BGH, WM 1994, 1477; Baumbach/Hopt/Hopt, HGB, § 105 Rn. 38; MünchKomm-BGB/Ulmer, Vor § 705 Rn. 92; MünchKomm-HGB/Schmidt, § 230 Rn. 204.

Dies wird für die dispositiven Regelungen der §§ 230 ff. HGB **weitgehend bejaht**,[12] für die zwingenden Vorschriften aber dagegen unterschiedlich beantwortet.[13]

III. Erscheinungsformen

14 Ebenso wie bei der stillen Gesellschaft unterscheidet man auch bei der Unterbeteiligung **verschiedene Typen**, die die **unterschiedlichen Zwecke** einer Unterbeteiligung widerspiegeln.

1. Typische und atypische Unterbeteiligung

15 In Anlehnung an die stille Gesellschaft wird auch bei der Unterbeteiligung zwischen **typischer und atypischer Unterbeteiligung** unterschieden. Da es jedoch kein gesetzliches Leitbild einer Unterbeteiligung gibt, ist diese Unterscheidung leicht irreführend. In der Lit. wird unter einer **typischen Unterbeteiligung** der Fall verstanden, dass der Unterbeteiligte **lediglich einen bestimmten Anteil** an dem auf die Hauptbeteiligung entfallenden Gewinn erhält, an der Verwaltung der Hauptbeteiligung und deren Substanz aber nicht teilnimmt.[14] Nimmt der Unterbeteiligte hingegen auch **an den Wertveränderungen des Anteils** teil oder besitzt er Geschäftsführungsbefugnisse, mit denen er **Einfluss auf die Hauptbeteiligung** ausüben kann, wird die Unterbeteiligung als **atypische** bezeichnet.[15]

16 Von Bedeutung ist die **Differenzierung zwischen typischer und atypischer Unterbeteiligung** vor allem **in steuerrechtlicher Hinsicht**.[16] Eine **typische** Unterbeteiligung wird im Steuerrecht als **bloße Kapitalbeteiligung mit Einkünften aus Kapitalvermögen** behandelt, dagegen vermittelt eine **atypische** Unterbeteiligung mit Substanz- und Geschäftsführungsbeteiligung aufgrund von Mitunternehmerrisiko und Mitunternehmerinitiative eine **echte Mitunternehmerstellung**.

2. Verdeckte und offene Unterbeteiligung

17 Zum Teil wird darüber hinaus zwischen **verdeckter und offener Unterbeteiligung** unterschieden. Bei einer **verdeckten Unterbeteiligung** bestehen **keine Rechtsbeziehungen** zwischen dem Unterbeteiligten einerseits und der Hauptgesellschaft oder den Mitgesellschaftern andererseits. Beim **Sonderfall der offenen**, d.h. vom Hauptbeteiligten den Mitgesellschaftern oder der Gesellschaft offen gelegten Unterbeteiligung werden dem Unterbeteiligten dagegen **unmittelbare Mitverwaltungsrechte** in der Hauptgesellschaft eingeräumt, bspw. Auskunfts- und Kontrollrechte, aber auch Stimmrechte.[17] **In der Praxis** ist dies eher selten.

---

12 Riegger, in: Münchener Handbuch des Gesellschaftsrechts, Bd. 1, § 30 Rn. 5; MünchKomm-HGB/Schmidt, § 230 Rn. 204; Blaurock, Handbuch der stillen Gesellschaft, Rn. 30.23 ff.

13 Für eine analoge Anwendung z.B. MünchKomm-HGB/Schmidt, § 230 Rn. 204; Röhricht/v. Westphalen/v. Gerkan, HGB, § 230 Rn. 94; dagegen: MünchKomm-BGB/Ulmer, Vor § 705 Rn. 62; Riegger, in: Münchener Handbuch des Gesellschaftsrechts, Bd. 1, § 30 Rn. 5; Esch, NJW 1964, 603 ff.; differenzierend: Blaurock, Handbuch der stillen Gesellschaft, Rn. 30.24 f.; in welchem Umfang eine Anwendung der zwingenden Normen der §§ 230 ff. HGB auf die Unterbeteiligung sinnvoll oder geboten ist, soll genauer bei den einzelnen Problemkreisen behandelt werden.

14 Blaurock, Handbuch der stillen Gesellschaft, Rn. 30.16; Riegger, in: Münchener Handbuch des Gesellschaftsrechts, Bd. 1, § 30 Rn. 8.

15 Blaurock/Berninger, GmbHR 1990, 11, 12; Paulick, ZGR 1974, 253, 258; MünchKomm-HGB/Schmidt, § 230 Rn. 105; Schulze zur Wiesche, GmbHR 1986, 236, 237.

16 Zur steuerlichen Einordnung der atypischen Unterbeteiligung an Anteilen einer Kapitalgesellschaft vgl. Martens, BB 2005, 1660 ff.

17 Riegger, in: Münchener Handbuch des Gesellschaftsrechts, Bd. 1, § 30 Rn. 9 m.w.N.; Kiethe, NZG 1999, 858, 865.

IV. Abgrenzung zu anderen Rechtsverhältnissen

1. Stille Gesellschaft

Die **Abgrenzung** der Unterbeteiligung von der stillen Gesellschaft erfolgt nach den bereits oben[18] dargelegten Kriterien.

18

2. Partiarische Rechtsverhältnisse

Die Unterbeteiligung **unterscheidet sich** von den **partiarischen Rechtsverhältnissen** einerseits durch **die Verfolgung eines gemeinsamen Zwecks**, andererseits durch die **Beteiligung mit einer bilanzmäßig darstellbaren Einlage**. Während bei einem partiarischen Rechtsverhältnis jeder Beteiligte ausschließlich in eigenem Interesse handelt, ist die Unterbeteiligung eine **echte Gesellschaft**, bei der sich die Gesellschafter zur Verfolgung eines gemeinsamen Zwecks zusammengeschlossen haben. Maßgeblich ist hier die **Auslegung des Vertrags**.

19

Da es bei partiarischen Pacht- und Dienstverhältnissen regelmäßig an einer bilanzmäßig darstellbaren Einlage fehlt, ist die Abgrenzung vor allem **beim partiarischen Darlehen problematisch**.[19] Dies kann aber regelmäßig nicht angenommen werden, wenn eine Beteiligung am Verlust oder eine Beteiligung am Wert der Hauptbeteiligung vereinbart ist. **Im Übrigen** erfolgt die Abgrenzung sinngemäß entsprechend den bereits oben zur stillen Gesellschaft dargelegten Kriterien.[20]

20

3. Verwaltungstreuhand

Treuhand und Unterbeteiligung lassen sich zunächst dadurch unterscheiden, dass bei der **Treuhand** der Hauptgesellschafter die Beteiligung ausschließlich für **fremde Rechnung (des Treugebers)** hält, während er bei der Unterbeteiligung den Anteil sowohl **für seine eigene als auch für fremde Rechnung** (des Unterbeteiligten) hält.[21] Als Folge ist bei der Unterbeteiligung im Innenverhältnis **Gesellschaftsrecht** anzuwenden, während bei der Treuhand im Innenverhältnis **Auftrags- und Dienstvertragsrecht** maßgebend sind.

21

Nach der **Rspr. des BGH**[22] schließen sich Treuhand und Unterbeteiligung allerdings nicht zwingend gegenseitig aus. Ein Unterbeteiligungsverhältnis enthält vielmehr auch **Treuhandmomente**, nämlich soweit der Hauptbeteiligte den Geschäftsanteil **zugleich im Interesse des Unterbeteiligten** hält und deshalb bei seinem Handeln in der Hauptgesellschaft auch den mit dem Unterbeteiligten getroffenen schuldrechtlichen Vereinbarungen unterliegt.[23] Eine Unterbeteiligung enthält danach auch Treuhandelemente, wohingegen eine Treuhand **nicht gleichzeitig auch Unterbeteiligung** sein kann.[24]

22

Entscheidend für die Einordnung ist die **inhaltliche Ausgestaltung des Vertragsverhältnisses**. Hält der Hauptbeteiligte seinen Gesellschaftsanteil im Innenverhältnis **in vollem Umfang für einen Dritten** (d.h. hinsichtlich aller Rechte und Pflichten und nicht nur hinsichtlich des Gewinns), handelt es sich um eine **Treuhand**, da es an der für ein Gesellschaftsverhältnis erforderlichen Verfolgung eines gemeinsamen Zwecks fehlt. Ist der Dritte intern hingegen nur **eingeschränkt mit einem Gewinnanteil am Hauptanteil**

23

---

18 Vgl., Teil 2: Gesellschaftsrecht, 3. Kapitel, § 1 Rn. 36.
19 MünchKomm-HGB/Schmidt, § 230 Rn. 201; Röhricht/v. Westphalen/v. Gerkan, HGB, § 230 Rn. 99; Paulick, ZGR 1974, 257.
20 Blaurock, Handbuch der stillen Gesellschaft, Rn. 30.14; MünchKomm-HGB/Schmidt, § 230 Rn. 201; Röhricht/v. Westphalen/v. Gerkan, HGB, § 230 Rn. 99; Paulick, ZGR 1974, 257.
21 BGH, WM 1994, 1477; LG Aschaffenburg, NZG 2001, 509, 510; MünchKomm-HGB/Schmidt, § 230 Rn. 202; Röhricht/v. Westphalen/v. Gerkan, HGB, § 230 Rn. 101.
22 BGH, NJW 1994, 2886; NJW-RR 1995, 165; vgl. auch Röhricht/v. Westphalen/v. Gerkan, HGB, § 230 Rn. 103; MünchKomm-HGB/Schmidt, § 230 Rn. 202.
23 BGH, WM 1994, 1477.
24 MünchKomm-HGB/Schmidt, § 230 Rn. 202; vgl. auch BGH, NJW 1994, 2886; NJW-RR 1995, 165; vgl. auch Heymann/Horn, HGB, § 230 Rn. 75.

beteiligt, liegt ein Unterbeteiligungsverhältnis vor, da der Hauptbeteiligte nicht nur die Interessen des Unterbeteiligten zu vertreten hat, sondern auch seine eigenen. Letzteres ist auch dann gegeben, wenn dem Unterbeteiligten der gesamte Gewinn und Verlust aus der Hauptbeteiligung zusteht (und dem Hauptbeteiligten nur eine Festvergütung), solange er hinsichtlich der übrigen Rechte und Pflichten nur begrenzt beteiligt ist. Der Hauptbeteiligte handelt in diesem Fall zwar für fremde Rechnung, stets aber (auch) in eigenem Interesse hinsichtlich der übrigen Rechte und Pflichten.

Problematisch ist die **Abgrenzung in der Praxis** nach wie vor bei sog. **Publikums-Treuhandgesellschaften**, bei denen ein Hauptbeteiligter seinen Anteil auf eine Vielzahl von Unterbeteiligungen aufgeteilt hat und diese ausschließlich für Rechnung der Unterbeteiligten verwaltet.[25]

V. Rechtsstellung in der Hauptgesellschaft

1. Allgemeines

24 Die mitgliedschaftlichen Verwaltungsrechte in der Hauptgesellschaft (z.B. Stimmrecht, Geschäftsführung und Vertretung, Informationsrechte) stehen allein dem Hauptbeteiligten zu.[26] Nach h.M. ist insb. das **Stimmrecht des Hauptbeteiligten für jeden Gesellschaftsanteil ungeteilt** und kann nicht gespalten ausgeübt werden.[27] Im Innenverhältnis kann sich der Hauptbeteiligte allerdings vertraglich gegenüber dem Unterbeteiligten in der Ausübung des Stimmrechts binden. Eine solche **Stimmbindung ist im Allgemeinen zulässig**[28] und wird auch bei der Unterbeteiligung als unbedenklich angesehen.[29]

25 Zwischen dem Unterbeteiligten und den Gesellschaftern der Hauptgesellschaft bestehen **regelmäßig keine Rechtsbeziehungen**. Die Rechtsverhältnisse in der Hauptgesellschaft sind allerdings Grundlage für die daran anknüpfende Unterbeteiligung.[30]

2. Kapitalveränderungen in der Hauptgesellschaft

26 Ob sich Veränderungen des Kapitals der Hauptbeteiligung auch auf das Unterbeteiligungsverhältnis auswirken, hängt im Einzelfall vom **Parteiwillen** ab. Grds. ist nicht von einer Auswirkung auszugehen, bei einer **Kapitalerhöhung** kann allerdings ein Bezugsrecht des Unterbeteiligten auf Erweiterung seiner Unterbeteiligung bestehen. Wird das Kapital der Hauptgesellschaft **aus Gesellschaftsmitteln erhöht**, kann sich die Unterbeteiligung auch auf diesen erhöhten Anteil beziehen.[31] Zur Vermeidung von Unklarheiten sollte der Gesellschaftsvertrag auf jeden Fall regeln, wie sich Kapitalveränderungen in der Hauptgesellschaft auf die Unterbeteiligung auswirken.

---

25 Ausführlicher: MünchKomm-HGB/Schmidt, § 230 Rn. 202; Blaurock, Handbuch der stillen Gesellschaft, Rn. 30.12.; Riegger, in: Münchener Handbuch des Gesellschaftsrechts, Bd. 1, § 30 Rn. 11; Röhricht/v. Westphalen/v. Gerkan, HGB, § 230 Rn. 103.

26 Heymann/Horn, HGB, § 230 Rn. 70; MünchKomm-HGB/Schmidt, § 230 Rn. 232; Röhricht/v. Westphalen/v. Gerkan, HGB, § 230 Rn. 112.

27 BGHZ 24, 106, 115; BGH, BB 1964, 1272; Röhricht/v. Westphalen/v. Gerkan, HGB, § 230 Rn. 113; MünchKomm-HGB/Schmidt, § 230 Rn. 232; Ausnahmen werden allenfalls bei offen gelegten Treuhandverhältnissen diskutiert, vgl. MünchKomm-HGB/Schmidt, § 230 Rn. 232; Röhricht/v. Westphalen/v. Gerkan, HGB, § 230 Rn. 113.

28 BGHZ 48, 163, 166 ff.

29 Baumbach/Hopt/Hopt, HGB, § 105 Rn. 40, 33; MünchKomm-HGB/Schmidt, § 230 Rn. 232; Röhricht/v. Westphalen/v. Gerkan, HGB, § 230 Rn. 113.

30 BGH, WM 1959, 595, 596; Röhricht/v. Westphalen/v. Gerkan, HGB, § 230 Rn. 112, 114; MünchKomm-HGB/Schmidt, § 230 Rn. 232.

31 MünchKomm-HGB/Schmidt, § 230 Rn. 235; Röhricht/v. Westphalen/v. Gerkan, HGB, § 230 Rn. 115.

D. Gründung der Unterbeteiligungsgesellschaft

I. Errichtung

1. Errichtung durch Gesellschaftsvertrag

Voraussetzung für die Entstehung einer Unterbeteiligung ist ein zwischen dem Hauptbeteiligten und dem Unterbeteiligten zu errichtender Gesellschaftsvertrag.[32] Dieser Unterbeteiligungsvertrag ist **regelmäßig zweiseitig**; wie bei der stillen Gesellschaft ist jedoch **auch eine mehrgliedrige Unterbeteiligung möglich**.[33] In diesem Fall ist der Gesellschaftsvertrag ein **mehrseitiges Organisationsverhältnis**. 27

Mangels anderweitiger Vereinbarung tritt der Unterbeteiligungsvertrag mit seinem Abschluss in Kraft. **Schuldrechtlich** können die Vertragspartner seine Wirksamkeit jederzeit auch für einen früheren oder späteren Zeitpunkt vereinbaren, **steuerlich** wird eine Rückbeziehung aber regelmäßig nicht anerkannt werden. **Im Übrigen** gelten die allgemeinen Vorschriften zum Abschluss von Gesellschaftsverträgen. 28

Die **Genehmigung der Hauptgesellschaft** oder ihrer Gesellschafter ist für die Wirksamkeit des Unterbeteiligungsvertrags nicht erforderlich. Dies gilt **auch dann**, wenn die Übertragung der Hauptbeteiligung nach dem Gesellschaftsvertrag der Hauptgesellschaft zustimmungsbedürftig ist.[34] **Verbietet der Gesellschaftsvertrag** der Hauptbeteiligung die Einräumung einer Unterbeteiligung, hat dies auf die Wirksamkeit eines dennoch abgeschlossenen Unterbeteiligungsvertrags keinen Einfluss. **In einem solchen Fall** verstößt der Hauptbeteiligte aber gegen seine Pflichten aus dem Gesellschaftsvertrag der Hauptgesellschaft. Dies kann ggf. zu seinem Ausschluss aus der Hauptgesellschaft führen, mit dem dann auch die Unterbeteiligung wegen Unmöglichkeit der Zweckerreichung endet.[35] 29

Der Hauptgesellschafter benötigt nicht der Zustimmung des Unterbeteiligten, wenn er an der Hauptbeteiligung **weitere Unterbeteiligungen** einräumen möchte.[36] Hat sich der Hauptbeteiligte dem ersten Unterbeteiligten gegenüber verpflichtet, keine weiteren Unterbeteiligten hinsichtlich des entsprechenden Gesellschaftsanteils aufzunehmen, macht er sich **bei Verstoß schadensersatzpflichtig**. Daneben besteht regelmäßig ein **außerordentliches Kündigungsrecht** der Unterbeteiligten.[37] 30

2. Form

Der Unterbeteiligungsvertrag bedarf **grds. keiner Form**, er kann deshalb theoretisch sogar **stillschweigend abgeschlossen werden**. Um Nachweisschwierigkeiten zu vermeiden empfiehlt sich aber schon unter steuerrechtlichen Gesichtspunkten Schriftform. **Nach einhelliger Meinung** in der Lit. bedarf der Unterbeteiligungsvertrag auch dann keiner besonderen Form, wenn es sich um **eine Unterbeteiligung an einer GmbH** handelt oder wenn sich im Gesellschaftsvermögen der Hauptgesellschaft **Grundstücke** befinden.[38] Dies leuchtet ein, da dem Unterbeteiligten keine unmittelbare Rechtsstellung in der Hauptge- 31

---

32 Auch bei einer testamentarisch angeordneten Unterbeteiligung ist der Abschluss eines Gesellschaftsvertrags durch den testamentarisch Begünstigten erforderlich, vgl. BGHZ 50, 319, 320; MünchKomm-BGB/Ulmer, Vor § 705 Rn. 96.
33 Z.B. bei Publikumsgesellschaften oder Familiengesellschaften.
34 Riegger, in: Münchener Handbuch des Gesellschaftsrechts, Bd. 1, § 30 Rn. 14; MünchKomm-HGB/Schmidt, § 230 Rn. 221; Blaurock, Handbuch der stillen Gesellschaft, Rn. 30.27; einschränkend: MünchKomm-HGB/Schmidt, § 230 Rn. 221.
35 Vgl. LG Bremen, NJW-RR 1992, 98; Heymann/Horn, HGB, § 230 Rn. 68; Baumbach/Hopt/Hopt, HGB, § 105 Rn. 38 ff.; MünchKomm-HGB/Schmidt, § 230 Rn. 221; Blaurock, Handbuch der stillen Gesellschaft, Rn. 30.27; Riegger, in: Münchener Handbuch des Gesellschaftsrechts, Bd. 1, § 30 Rn. 14.
36 MünchKomm-HGB/Schmidt, § 230 Rn. 221; zur Frage, ob dann eine oder mehrere Unterbeteiligungen vorliegen vgl. unten Rn. 37.
37 Riegger, in: Münchener Handbuch des Gesellschaftsrechts, Bd. 1, § 30 Rn. 15.
38 OLG Frankfurt, GmbHR 1987, 57; MünchKomm-HGB/Schmidt, § 230 Rn. 223; Riegger, in: Münchener Handbuch des Gesellschaftsrechts, Bd. 1, § 30 Rn. 18; Blaurock, Handbuch der stillen Gesellschaft, Rn. 30.29; Bilsdorfer, NJW 1980, 2789; Blaurock/Berninger, GmbHR 1990, 11, 13 ff.

sellschaft eingeräumt wird. Etwas anderes gilt nur dann, wenn einer der Vertragspartner im Unterbeteiligungsvertrag eine Verpflichtung übernimmt, für die **gesetzlich eine besondere Form vorgeschrieben** ist. Dies ist bspw. der Fall, wenn sich der Hauptgesellschafter verpflichtet, dem Unterbeteiligten bei Beendigung der Unterbeteiligungsgesellschaft einen Teil seines Geschäftsanteils abzutreten.[39]

32 Die Schenkung einer Unterbeteiligung bedarf der Form des § 518 Abs. 1 BGB. **Nach h.M. in Rspr. und Lit.** kann die bloße schenkweise Einbuchung einer Unterbeteiligung den Formmangel nicht nach § 518 Abs. 2 BGB heilen.[40] Anders als bei der stillen Gesellschaft ist dies bei der Unterbeteiligung **weitgehend unstritig**, da der Beschenkte durch die Einbuchung keine direkte Beteiligung an einem Unternehmen erhält, sondern lediglich schuldrechtliche Ansprüche.

33 Der **Verstoß gegen ein gesetzliches Formerfordernis** führt grds. zur **Gesamtnichtigkeit des Unterbeteiligungsvertrags**, es sei denn, es ergibt sich aus dem Parteiwillen, dass eine Teilnichtigkeit die Wirksamkeit im Übrigen nicht berühren soll (z.B. durch eine salvatorische Klausel im Gesellschaftsvertrag, vgl. § 139 BGB).[41] Bei einem Unterbeteiligungsvertrag zwischen nahe stehenden Personen führt ein Formverstoß steuerlich stets zur Gesamtnichtigkeit.

II. Vertragspartner

1. Hauptbeteiligter

34 **Hauptbeteiligter** kann jeder sein, der auch Gesellschafter in der Hauptgesellschaft ist oder sein kann, d.h. grds. **jede natürliche oder juristische Person** sowie **jede Personengesellschaft**, die selbst eine Hauptbeteiligung halten kann.[42]

2. Unterbeteiligter

35 **Unterbeteiligter** kann ebenfalls **jede natürliche oder juristische Person** sowie **jede Personenvereinigung** sein, die als solche Träger von Rechten und Pflichten sein kann, also z.B. nicht eine bloße Innengesellschaft.[43] Der Unterbeteiligte darf daneben mit einem eigenen Gesellschaftsanteil oder als stiller Gesellschafter an der Hauptgesellschaft beteiligt sein.[44]

> **Hinweis:**
> Eine Person kann also bei derselben Gesellschaft gleichzeitig Gesellschafter, stiller Gesellschafter und Unterbeteiligter am Anteil eines Mitgesellschafters sein.

36 Dagegen ist es nach **h.M.** nicht möglich, eine Unterbeteiligung an der eigenen Hauptbeteiligung zu halten, da der Gesellschafter hier einen **Vertrag mit sich selbst** abschließen würde. **Eine Ausnahme** muss aber dann gelten, wenn die Hauptbeteiligung nicht der eigenen Verwaltung unterliegt (z.B. bei Testamentsvollstreckung).[45]

---

39 BGHZ 75, 352; MünchKomm-BGB/Ulmer, Vor § 705 Rn. 96.
40 BGH, DB 1967, 1258; Blaurock, Handbuch der stillen Gesellschaft, Rn. 30.30; Heymann/Horn, HGB, § 230 Rn. 69; Schneider, DB 1954, 739; Bilsdorfer, NJW 1980, 2786 f.; a.A.: MünchKomm-HGB/Schmidt, § 230 Rn. 224; etwas anderes gilt allerdings bei einer Ausstattung i.S.v. § 1624 Abs. 1 BGB, da diese keine Schenkung ist und deshalb vom Formerfordernis des § 518 Abs. 1 BGB nicht erfasst wird, vgl. BGH, WM 1967, 685.
41 Riegger, in: Münchener Handbuch des Gesellschaftsrechts, Bd. 1, § 30 Rn. 18.
42 MünchKomm-HGB/Schmidt, § 230 Rn. 220; Röhricht/v. Westphalen/v. Gerkan, HGB, § 230 Rn. 108; Blaurock, Handbuch der stillen Gesellschaft, Rn. 30.26; Riegger, in: Münchener Handbuch des Gesellschaftsrechts, Bd. 1, § 30 Rn. 19.; Paulick, ZGR 1974, 253, 261; dies gilt insb. auch für eine BGB-Gesellschaft, die nicht bloß Innengesellschaft ist, vgl. BGHZ 146, 341, 342.
43 Vgl. BGHZ 146, 341, 342, Röhricht/v. Westphalen/v. Gerkan, HGB, § 230 Rn. 108; Paulick, ZGR 1974, 261 ff.
44 MünchKomm-HGB/Schmidt, § 230 Rn. 220; Bilsdorfer, NJW 1980, 2785.
45 Riegger, in: Münchener Handbuch des Gesellschaftsrechts, Bd. 1, § 30 Rn. 20.

Nach wohl h.M. können darüber hinaus an einer einzigen Hauptbeteiligung **nicht zwei selbständige Unterbeteiligungen bestehen**.[46] Wird ein weiterer Unterbeteiligter aufgenommen, liegt danach **ein mehrgliedriges Unterbeteiligungsverhältnis** vor, nicht mehrere getrennte. Auch hier sprechen jedoch gewichtige Gründe dafür, **Ausnahmen zuzulassen**. Sind bspw. zwei Gesellschafter einer Personengesellschaft mit unterschiedlichen Dritten unterschiedlich ausgestaltete Unterbeteiligungen hinsichtlich ihres Gesellschaftsanteils eingegangen und beerbt nun ein Gesellschafter den anderen, vereinigen sich die beiden Anteile an der Hauptgesellschaft zu einem einzigen Anteil.[47] **Dies kann aber nicht dazu führen**, dass aus zwei völlig unterschiedlich gestalteten Unterbeteiligungsverhältnissen nun auf einmal ein einziges mehrgliedriges Unterbeteiligungsverhältnis wird. Gleiches gilt, wenn ein Unterbeteiligter einen anderen an demselben Gesellschaftsanteil beteiligten Unterbeteiligten beerbt. Auch in diesem Fall bestehen die beiden Unterbeteiligungen mit ggf. unterschiedlicher Ausgestaltung getrennt fort.

3. Minderjährige, Geschäftsunfähige

Geschäftsunfähige bzw. beschränkt Geschäftsfähige bedürfen beim Abschluss eines Unterbeteiligungsvertrags der Mitwirkung ihres **gesetzlichen Vertreters**.[48] Ist der gesetzliche Vertreter gleichzeitig auch auf der anderen Seite des Unterbeteiligungsvertrags als Vertragspartner oder dessen Vertreter beteiligt, ist nach **§§ 181, 1629 Abs. 2, 1795 BGB** dann zusätzlich die Bestellung eines **Ergänzungspflegers nach § 1909 BGB** erforderlich.[49]

> **Hinweis:**
> Bei mehreren Minderjährigen, die Unterbeteiligungen an einer Hauptbeteiligung erwerben wollen, muss für jeden einzelnen Minderjährigen ein eigener Ergänzungspfleger bestellt werden.

Ebenso wie bei der stillen Gesellschaft ist auch bei der Unterbeteiligung **umstritten**, ob der gesetzliche Vertreter beim Abschluss eines Unterbeteiligungsvertrags der **Genehmigung des Vormundschaftsgerichts** bedarf. Da der Unterbeteiligungsvertrag selbst kein Vertrag ist, der zum Betrieb eines Erwerbsgeschäfts eingegangen wird, unterscheidet die Literatur wie folgt: Betreibt die Hauptgesellschaft **kein eigenes Erwerbsgeschäft**, ist eine vormundschaftsgerichtliche Genehmigung nicht erforderlich. Betreibt die Hauptgesellschaft ein Erwerbgeschäft, ist eine vormundschaftsgerichtliche Genehmigung **nur dann nicht erforderlich**, wenn der Unterbeteiligte nach dem Unterbeteiligungsvertrag am wirtschaftlichen Risiko nicht teilnimmt, weil ihn **keinerlei Leistungs- oder Verlusttragungspflichten** treffen.[50]

Darüber hinaus kann eine vormundschaftsgerichtliche Genehmigung bei der Errichtung der Unterbeteiligungsgesellschaft aus anderen Gründen erforderlich sein, bspw. bei Einbringung eines Grundstücks.

III. Fehlerhafte Gesellschaft

Ist der Gesellschaftsvertrag der Unterbeteiligung **nichtig oder unwirksam**[51] finden nach **höchstrichterlicher Rspr. und herrschender Literaturmeinung** die **Grundsätze der fehlerhaften Gesellschaft** Anwendung. Dies gilt nicht, wenn bloß einzelne Vertragsbestandteile teilunwirksam sind und die Wirksamkeit der übrigen Bestimmungen aufgrund einer salvatorischen Klausel im Gesellschaftsvertrag davon nicht berührt wird.[52]

---

46 Blaurock, Handbuch der stillen Gesellschaft, Rn. 30.26; MünchKomm-HGB/Schmidt, § 230 Rn. 220.
47 Riegger, in: Münchener Handbuch des Gesellschaftsrechts, Bd. 1, § 30 Rn. 20.
48 Vgl. Röhricht/v. Westphalen/v. Gerkan, HGB, § 230 Rn. 109, 19 ff.; nach wohl h.M. gilt dies auch bei schenkweise Einräumung einer Unterbeteiligung, vgl. BFH, BStBl. 1974 II, S. 289; Blaurock, Handbuch der stillen Gesellschaft, Rn. 30.31; a.A.: MünchKomm-HGB (Schmidt, § 230 Rn. 225, 105; allgemein vgl. Rust, DStR 2005, 1942 ff.
49 Vgl. BFH, BStBl. 1994 II, S. 365; BB 1980, 762.
50 BFH, BStBl. 1994 II, S. 365; OLG Hamm, BB 1974, 294; Baumbach/Hopt/Hopt, HGB, § 105 Rn. 39.
51 Bspw. nach §§ 134, 138, 142 Abs. 1 BGB oder bei Verstoß gegen berufsrechtliche Regelungen.
52 BGH, WM 1973, 901.

41 Nach den **Grundsätzen der fehlerhaften Gesellschaft** kann eine einmal in Gang gesetzte Gesellschaft bei Vorliegen von Nichtigkeitsgründen nicht mehr für die Vergangenheit mit Wirkung **ex tunc** beseitigt, sondern **ex nunc** durch Kündigung aus wichtigem Grund beendet werden. Dies ergibt sich aus den Bedürfnissen des **Verkehrsschutzes** und des **Bestandschutzes**, ebenso wie aus der praktischen Schwierigkeit, eine unter Umständen seit Jahren operierende Gesellschaft rückabzuwickeln.

42 Ebenso wie bei der stillen Gesellschaft ist auch bei der Unterbeteiligung **umstritten**, ob die Anwendung der Grundsätze der fehlerhaften Gesellschaft hier **interessengerecht** ist, da die Unterbeteiligung eine bloße Innengesellschaft ist und mangels Auftretens nach außen der Gesichtspunkt des Verkehrsschutzes keine Rolle spielen kann. Dennoch gelten **nach ständiger Rspr. des BGH** die Grundsätze der fehlerhaften Gesellschaft auch bei der Unterbeteiligung.[53] **Hierfür** spricht insb., dass sich auch bei der Unterbeteiligung die Gesellschafter zu einer **Risikogemeinschaft** zusammengeschlossen haben, deren Ausgleich allein nach Bereicherungsregeln unbillig wäre. Ist darüber hinaus der Unterbeteiligte **auch an der Substanz beteiligt**, kann eine Auseinandersetzung sinnvollerweise nur nach den gesellschaftsrechtlichen Regelungen erfolgen.[54]

43 Die **Grundsätze der fehlerhaften Gesellschaft** finden allerdings dort ihre Grenzen, wo **gewichtige Interessen der Allgemeinheit** oder **besonders schutzwürdiger Personen** entgegenstehen. Dies ist vor allem bei Gesetzeswidrigkeit oder grober Sittenwidrigkeit der Fall, kann aber auch in bestimmten Fällen von **Täuschung, Drohung** oder aufgrund des **Minderjährigenschutzes** gelten.[55]

44 Liegen die **Voraussetzungen** für eine fehlerhafte Gesellschaft vor, bedarf es zur sofortigen Beendigung der Unterbeteiligung lediglich der **formlosen Kündigung**, nicht einer Auflösungsklage.[56] Die Beendigung führt dann zur Auseinandersetzung nach den allgemeinen Grundsätzen.[57]

E. Rechte und Pflichten der Gesellschafter

45 Da die Unterbeteiligung als solche **nicht im Gesetz geregelt** ist,[58] ergeben sich die Rechte der Gesellschafter einer Unterbeteiligung **primär aus dem Gesellschaftsvertrag**. Einer völlig freien Ausgestaltung der Rechte und Pflichten sind durch das Wesen und die grundlegende Struktur der Unterbeteiligung **Grenzen** gesetzt. Auf den Streit, ob die zwingenden Regelungen aus den §§ 230 ff. HGB auch für die Untergesellschaft gelten, **kommt es nicht an**, da jedenfalls die dahinter stehenden Prinzipen grds. auch das Wesen der Untergesellschaft bestimmen.

46 Soweit der Gesellschaftsvertrag **keine abschließenden Regelungen** enthält, ist auf die **§§ 705 ff. BGB und die §§ 230 ff. HGB** zurückzugreifen.[59]

---

53 BGHZ 8, 157, 168 f.; 55, 5, 8 f.; 62, 234, 237; 75, 214, 217 f.; 148, 201, 207 ff.
54 Blaurock, Handbuch der stillen Gesellschaft, Rn. 30.35; ausführlich zum Meinungsstreit: Riegger, in: Münchener Handbuch des Gesellschaftsrechts, Bd. 1, § 100 Rn. 377 ff.
55 Ausführlich zu den Grenzen: Palandt/Sprau, BGB, § 705 Rn. 17 ff.; vgl. insb. BGHZ 3, 285, 288; 55, 5, 9; 62, 234, 241; 75, 214; LM Nr. 18 zu § 138 (Cd) BGB; BGHZ 13, 320, 323; 55, 5, 10; 17, 160, 167; 38, 26, 29; NJW 1983, 748.
56 Palandt/Sprau, BGB, § 705 Rn. 18.
57 Vgl. unten Rn. 147 ff.
58 Vgl. oben Rn. 13.
59 Im Einzelfall bestehen aber erhebliche Meinungsunterschiede, welche Regelungen der §§ 705 ff. BGB oder §§ 230 ff. HGB Vorrang haben.

I. Geschäftsführung und Vertretung

1. Geschäftsführung

a) Grundsatz

Hinsichtlich der Geschäftsführung ist bei der Unterbeteiligung zwischen der **Wahrnehmung der Rechte und Pflichten aus der Hauptbeteiligung** einerseits und den Angelegenheiten, die sich **aus dem Unterbeteiligungsverhältnis als solchem** ergeben (z.B. Rechnungslegung, Gewinnverteilung) andererseits zu unterscheiden.[60] Die Geschäftsführung umfasst jeweils die **gesamte Tätigkeit zur Förderung des Gesellschaftszwecks**, d.h. sowohl die Wahrnehmung der Rechte in der Hauptgesellschaft, als auch die das Innenverhältnis zwischen Hauptbeteiligten und Unterbeteiligten betreffenden Aufgaben, insb. Rechnungslegung und Information. 47

Die **Geschäftsführung innerhalb der Untergesellschaft** steht nach **h.M.** grds. dem Hauptbeteiligten zu.[61] Etwas anderes kann allerdings ohne weiteres im Unterbeteiligungsvertrag geregelt werden. 48

Es ist zu beachten, dass der Hauptbeteiligte in einem **doppelten Gesellschaftsverhältnis** steht, und zwar zur Hauptgesellschaft und zur Unterbeteiligungsgesellschaft. Er hat deshalb bei der Wahrnehmung der Rechte in der Hauptgesellschaft nicht nur den Gesellschaftsvertrag der Hauptgesellschaft und seine Treuepflichten gegenüber den Mitgesellschaftern zu beachten, sondern auch auf seine Vereinbarungen mit dem Unterbeteiligten und dessen schutzwürdiger Interessen Rücksicht zu nehmen.[62] Der Hauptgesellschafter muss dementsprechend bei Ausübung uneigennütziger Rechte in der Hauptgesellschaft die **Interessen der Hauptgesellschaft** verfolgen, während er bei der Ausübung eigennütziger Rechte vorrangig die **Interessen der Unterbeteiligungsgesellschaft** zu wahren hat. 49

Fraglich ist, inwieweit der Hauptbeteiligte bei Geschäftsführungsmaßnahmen, die die Grundlagen der Unterbeteiligung betreffen, die **vorherige Zustimmung des Unterbeteiligten** einzuholen hat. Dies ist im Einzelnen **umstritten**, aber wohl **zu bejahen**, soweit dadurch unmittelbar die im Unterbeteiligungsvertrag getroffenen Vereinbarungen berührt werden, bspw. durch eine Veränderung der Gewinnverteilung.[63] Dagegen kann eine generelle Verpflichtung des Hauptbeteiligten, vor der Vornahme von Grundlagengeschäften die Zustimmung des Unterbeteiligten einzuholen, **nicht anerkannt werden**. Für **Grundlagengeschäfte**, die sich nur mittelbar auf die Unterbeteiligungsgesellschaft auswirken, bspw. Kündigung oder wesentliche Umgestaltung in der Hauptgesellschaft, besteht deshalb **keine allgemeine Zustimmungspflicht**.[64] In jedem Fall unterliegt der Hauptbeteiligte aber bei allen Geschäftsführungsmaßnahmen, die sich als Grundlagengeschäfte auf das Unterbeteiligungsverhältnis auswirken, gegenüber dem Unterbeteiligten **internen Bindungen aus seiner Treuepflicht**.[65] 50

Dem **Recht zur Geschäftsführung** steht eine **entsprechende Pflicht** gegenüber. Diese folgt ebenfalls aus dem Wesen der Unterbeteiligungsgesellschaft, das in der Verfolgung eines gemeinsamen Zwecks liegt und den Hauptbeteiligten deshalb auch an die Interessen des Unterbeteiligten bindet. 51

---

[60] MünchKomm-HGB/Schmidt, § 230 Rn. 237; Röhricht/v. Westphalen/v. Gerkan, HGB, § 230 Rn. 117; Heymann/Horn, HGB, § 230 Rn. 70.

[61] Blaurock, Handbuch der stillen Gesellschaft, Rn. 30.40; MünchKomm-HGB/Schmidt, § 230 Rn. 237; Riegger, in: Münchener Handbuch des Gesellschaftsrechts, Bd. 1, § 30 Rn. 29 f.; wie auch bei der stillen Gesellschaft passen die §§ 709 ff. BGB bei der Unterbeteiligung nur bedingt, da sie davon ausgehen, dass jeder Gesellschafter auch Geschäftsführer und Vertreter der Gesellschaft ist, vgl. MünchKomm-HGB/Schmidt, § 230 Rn. 237.

[62] Paulick, ZGR 1974, 274; Gehrlein, DStR 1994, 1314, 1315.

[63] Vgl. BGH, WM 1966, 188, 191; Riegger, in: Münchener Handbuch des Gesellschaftsrechts, Bd. 1, § 30 Rn. 30; MünchKomm-HGB/Schmidt, § 230 Rn. 237; einschränkend: Blaurock, Handbuch der stillen Gesellschaft, Rn. 30.43.

[64] Blaurock, Handbuch der stillen Gesellschaft, Rn. 30.43; Riegger, in: Münchener Handbuch des Gesellschaftsrechts, Bd. 1 § 30 Rn. 30.

[65] Röhricht/v. Westphalen/v. Gerkan, HGB, § 230 Rn. 117.

52 **Verstößt** der Hauptbeteiligte bei der Geschäftsführung **gegen seine Pflichten gegenüber dem Unterbeteiligten**, stehen diesem zum einen **Schadensersatzansprüche** gegen den Hauptbeteiligten zu, zum anderen ein **außerordentliches Kündigungsrecht** nach § 723 BGB, soweit ihm bei Abwägung der beiderseitigen Interessen eine Fortsetzung der Gesellschaft unzumutbar ist. Nach allgemeinen Grundsätzen schließen sich beide Rechte **nicht gegenseitig aus**. Der Pflichtverstoß des Hauptbeteiligten lässt die Wirksamkeit seiner Handlungen in der Hauptgesellschaft, insb. die Stimmabgabe aber unberührt.[66]

53 Wurde dem Unterbeteiligten ein **Widerspruchs- oder Weisungsrecht** bezüglich der Geschäftsführungsmaßnahmen des Hauptbeteiligten eingeräumt, ist der Hauptbeteiligte bei Abstimmungen in der Hauptgesellschaft zu einem bestimmten Abstimmungsverhalten oder jedenfalls zur Stimmenthaltung **verpflichtet**. Bei Verstoß hiergegen macht er sich schadensersatzpflichtig.

b) Abweichende Regelungen

54 Der **Unterbeteiligungsvertrag** kann die Geschäftsführung aber auch **abweichend von den vorstehend geschilderten Grundsätzen** regeln. Dem Unterbeteiligten darf dabei grds. **Geschäftsführungsbefugnis in jeder Abstufung** eingeräumt werden, sogar alleinige Geschäftsführungsbefugnis.[67] Sind seine Einflussnahmemöglichkeiten auf die Geschäftsführung nicht ganz unbedeutend, spricht man von einer **atypischen Unterbeteiligung mit Geschäftsführungsbeteiligung**. Auch hier ist zwischen der **Wahrnehmung der Rechte in der Hauptgesellschaft** und der **Ausübung der eigenen Angelegenheiten** der Unterbeteiligung zu unterscheiden.

55 Im Hinblick auf die Ausübung der eigenen Angelegenheiten kann dem Unterbeteiligten die Geschäftsführung frei, d.h. auch vollständig übertragen werden.

56 Die **Ausübung der Rechte in der Hauptgesellschaft** erfolgt dagegen stets durch den Hauptbeteiligten. Dem Unterbeteiligten können jedoch **Zustimmungsvorbehalte oder Weisungsrechte** eingeräumt werden, die faktisch zu einer Steuerung der Geschäftsführung durch den Unterbeteiligten führen.[68] Da die Einräumung von Geschäftsführungsbefugnis allerdings **nur schuldrechtlich wirkt** und in der Hauptgesellschaft allein der Hauptgesellschafter **zur Vertretung nach außen** berechtigt ist, führt die Einräumung von Geschäftsführungsbefugnissen zu Gunsten des Unterbeteiligten zu einem – **unschädlichen** – Auseinanderfallen von Geschäftsführung und Vertretung.

> **Hinweis:**
> Zur Durchsetzung von Weisungsrechten oder Zustimmungsvorbehalten des Unterbeteiligten im Hinblick auf die Ausübung der Rechte in der Hauptgesellschaft ist ein Stimmbindungsvertrag erforderlich, der dazu dient, den Hauptgesellschafter bei Stimmabgabe in der Hauptgesellschaft zur Einhaltung der Weisungen zu verpflichten. Stimmbindungsverträge werden allgemein[69] und insb. auch bei der Unterbeteiligung als zulässig angesehen.[70] Auch hier gelten die Grenzen der §§ 138, 242 BGB sowie die allgemeinen Regelungen für Stimmbindungsverträge mit Nichtgesellschaftern.

57 **Ausnahmsweise** sind bei der offenen Unterbeteiligung auch **weitergehende Mitwirkungsrechte** des Unterbeteiligten unmittelbar in der Hauptgesellschaft möglich,[71] bspw. in Form von Zustimmungs- oder

---

66 BGH, WM 1977, 525, 528.
67 Blaurock, Handbuch der stillen Gesellschaft, Rn. 30.40; Riegger, in: Münchener Handbuch des Gesellschaftsrechts, Bd. 1, § 30 Rn. 29, 31; MünchKomm-HGB/Schmidt, § 230 Rn. 237.
68 MünchKomm-HGB/Schmidt, § 230 Rn. 237; Heymann/Horn, HGB, § 230 Rn. 70; Röhricht/v. Westphalen/v. Gerkan, HGB, § 230 Rn. 117.
69 BGHZ 48, 166.
70 Blaurock, Handbuch der stillen Gesellschaft, Rn 30.42; MünchKomm-HGB/Schmidt, § 230 Rn. 232; Kiethe, NZG 1999, 858, 866.
71 *In diesem Fall* treffen den Unterbeteiligten auch Treuepflichten gegenüber der Hauptgesellschaft und ihren Gesellschaftern, vgl., Riegger, in: Münchener Handbuch des Gesellschaftsrechts, Bd. 1, § 30 Rn. 9, 31.

Widerspruchsrechten, die sich entweder auf ungewöhnliche Geschäftsführungsmaßnahmen beschränken oder generell eingreifen. Zulässigkeit und Umfang sind **im Einzelnen ungeklärt**.

Ist der Unterbeteiligte **an der Geschäftsführung beteiligt**, unterliegt er entsprechend **gesteigerten Treuepflichten**, da er nicht nur eigennützig seine Kontrollrechte wahrnehmen kann, sondern im Interesse der Gesellschaft handeln muss. Art und Umfang der Treuepflichten hängen dabei im Einzelfall von der **Reichweite der Geschäftsführungsbefugnis** ab. 58

Der zur Geschäftsführung berechtigte Unterbeteiligte hat sich gegenüber dem Hauptbeteiligten **wie ein Geschäftsführer** behandeln zu lassen und haftet deshalb nach allgemeinen Vorschriften **für jedes Verschulden**. Dies führt allerdings **nicht zu einer persönlichen Haftung** gegenüber den Gläubigern der Hauptgesellschaft, solange der Unterbeteiligte nicht besondere Verpflichtungen übernommen hat. 59

> *Beispiele:*
>
> *Bürgschaft oder Garantieerklärung.*

Unberührt bleibt selbstverständlich auch die **Haftung aufgrund unerlaubter Handlung**.

Entsprechend § 712 BGB kann dem Unterbeteiligten mangels abweichender vertraglicher Regelungen die Geschäftsführungsbefugnis **bei Vorliegen eines wichtigen Grundes** durch den Hauptbeteiligten auch wieder **entzogen werden**, da die Übertragung rein schuldrechtlicher Natur ist. Der Hauptbeteiligte übernimmt die Geschäftsführung dann wieder selbst. 60

c) Entziehung der Geschäftsführung

Nach § 712 Abs. 1 BGB kann einem Gesellschafter **durch Beschluss der Gesellschafterversammlung** die Geschäftsführungsbefugnis entzogen werden. § 712 Abs. 1 BGB geht allerdings von Gesellschaften aus, bei denen jeder Gesellschafter zur Geschäftsführung und Vertretung berechtigt ist und passt damit nicht zur Unterbeteiligungsgesellschaft. **Die h.M.** geht deshalb davon aus, dass dem Hauptbeteiligten die Geschäftsführungsbefugnis grds. **nicht entsprechend § 712 BGB** entzogen werden kann.[72] 61

Im Übrigen ist zu beachten, dass der Unterbeteiligte **ohne gesonderte Vereinbarung** nicht in der Lage ist, die Unterbeteiligungsgesellschaft in der Hauptgesellschaft zu vertreten und von dort auch keine Informationen erhält. Die Befugnis des Hauptbeteiligten, seine Rechte an der Hauptgesellschaft selbst auszuüben ist insofern **nicht entziehbar**.[73] 62

Soweit eine **Entziehung der Geschäftsführung nicht möglich** ist, bleibt dem Untergesellschafter **nur die fristlose Kündigung**, die zur Auflösung der Unterbeteiligungsgesellschaft führt. 63

2. Vertretung

Wie bei der stillen Gesellschaft gibt es auch **bei der Unterbeteiligungsgesellschaft** als echte Innengesellschaft **keine Vertretung**.[74] Nach außen tritt **alleine der Hauptbeteiligte** auf, dessen Stellung durch die Unterbeteiligung nicht verändert wird; § 230 Abs. 2 HGB gilt entsprechend.[75] Dem Unterbeteiligten kann allerdings nach allgemeinen Grundsätzen **Vertretungsbefugnis in der Hauptgesellschaft** eingeräumt werden, regelmäßig durch Vollmacht. Die Vertretungsmacht des Hauptbeteiligten wird dadurch aber nicht beschränkt oder beeinträchtigt. 64

> **Hinweis:**
>
> Wird dem Unterbeteiligten Vertretungsbefugnis für die Hauptbeteiligung verliehen, führt dies nie zu einer Vertretung der Unterbeteiligungsgesellschaft, die als reine Innengesellschaft nicht im Rechts-

---

72 Heymann/Horn, HGB, § 230 Rn. 70; MünchKomm-HGB/Schmidt, § 230 Rn. 237; Paulick, ZGR 1974; Esch, NJW 1964, 903.
73 Blaurock, Handbuch der stillen Gesellschaft, Rn. 30.41.
74 RGZ 166, 160, 163; BGHZ 12, 308, 314; OLG Frankfurt, BB 1969, 1411; Paulick, ZGR 1974, 276.
75 MünchKomm-HGB/Schmidt, § 230 Rn. 238.

> verkehr tätig sein kann, sondern stets zu einer Vertretung für den Hauptgesellschafter in der Hauptgesellschaft. Tritt der Unterbeteiligte nach außen dennoch als Vertreter der Unterbeteiligungsgesellschaft auf, wird unter Umständen der Rechtsschein einer Außengesellschaft erweckt.

II. Einlagen und Beiträge

65 Die Einlage des Unterbeteiligten ist Voraussetzung für das Vorliegen einer Unterbeteiligungsgesellschaft. Nach wohl **h.M. in der Lit.** ist es aber nicht erforderlich, dass der Unterbeteiligte tatsächlich eine Einlage leistet.[76] **Voraussetzung ist** danach lediglich die Begründung eines schuldrechtlichen bilanzfähigen Einlageverhältnisses zwischen dem Unterbeteiligten und dem Hauptbeteiligten (z.B. einer neu begründeten Forderung der Hauptbeteiligung gegen den Unterbeteiligten).[77] Was das bedeutet, zeigt sich bspw. bei der **Schenkung einer Unterbeteiligung durch Einbuchung**. Durch die Umbuchung wird zwischen dem Hauptbeteiligten und dem Unterbeteiligten ein bilanzfähiges Einlageverhältnis begründet, obwohl der Unterbeteiligte tatsächlich selbst keine Einlage leistet.[78]

66 Wird eine **Einlage** geleistet, ist diese **analog § 230 Abs. 1 HGB** in das Vermögen des Hauptbeteiligten zu leisten. Dient die Einlageleistung der **Finanzierung der Hauptbeteiligung**, kann sie **zur Vereinfachung der Zahlungswege** auch direkt vom Unterbeteiligten in die Hauptgesellschaft erbracht werden, der Unterbeteiligte leistet hier gegenüber der Hauptgesellschaft für Rechnung des Hauptbeteiligten und gegenüber dem Hauptbeteiligten auf eigene Rechnung.[79]

67 Da die Untergesellschaft als reine Innengesellschaft eine **Unterform der BGB-Gesellschaft** ist, sind die Gesellschafter nach § 706 BGB zur Leistung eines Beitrags verpflichtet. Die **Beitragsleistung des Hauptbeteiligten** besteht regelmäßig schon darin, dass er die Hauptbeteiligung nicht nur im eigenen Interesse, sondern auch im Interesse des Unterbeteiligten hält und die daraus folgenden Rechte entsprechend ausübt. Der **Beitrag des Unterbeteiligten** besteht jedenfalls im Halten der Unterbeteiligung.[80] Darüber hinaus können die Parteien nach § 706 BGB praktisch **beliebige weitere Beiträge** vereinbaren, die in jeder Art von Leistung bestehen können, die Gegenstand eines Schuldverhältnisses sein kann.[81]

III. Ergebnisbeteiligung und Entnahmen

1. Ergebnisbeteiligung

68 Die **Beteiligung des Unterbeteiligten** am Ergebnis der Hauptbeteiligung richtet sich nach dem **Unterbeteiligungsvertrag**. Ist dort keine Regelung getroffen, gilt **entsprechend § 231 Abs. 1 HGB** ein den Umständen nach angemessener Anteil als vereinbart.

69 § 722 Abs. 1 BGB, der **mangels vertraglicher Bestimmung** eine Verteilung des Ergebnisses nach Köpfen vornimmt, ist dabei auf die Unterbeteiligungsgesellschaft ebenso wenig anwendbar, wie auf die stille Gesellschaft, da diese Regelung von gleichrangigen Gesellschaftern ausgeht, wohingegen bei der Unterbeteiligungsgesellschaft der Geschäftsinhaber **auf eigene Rechnung** handelt.[82]

---

76 Blaurock, Handbuch der stillen Gesellschaft, Rn. 30.37; MünchKomm-HGB/Schmidt, § 230 Rn. 231; a.A.: Röhricht/v. Westphalen/v. Gerkan, HGB, § 230 Rn. 97.
77 MünchKomm-HGB/Schmidt, § 230 Rn. 231; Schlegelberger/Schmidt, HGB, § 230 Rn. 186; vgl. auch Paulick, ZGR 1974, 263; a.A.: Heymann/Horn, HGB, § 230 Rn. 72.
78 Röhricht/v. Westphalen/v. Gerkan, HGB, § 230 Rn. 97.
79 MünchKomm-HGB/Schmidt, § 230 Rn. 231; Blaurock, Handbuch der stillen Gesellschaft, Rn. 30.37.
80 Paulick, ZGR 1974, 259; Schlegelberger/Schmidt, HGB, § 230 Rn. 216; MünchKomm-HGB/Schmidt, § 230 Rn. 230.
81 Röhricht/v. Westphalen/v. Gerkan, HGB, § 230 Rn. 97; MünchKomm-HGB/Schmidt, § 230 Rn. 230; Riegger, in: Münchener Handbuch des Gesellschaftsrechts, Bd. 1, § 30 Rn. 41.
82 Riegger, in: Münchener Handbuch des Gesellschaftsrechts, Bd. 1, § 30 Rn. 48; MünchKomm-BGB/Ulmer, Vor § 705 Rn. 98; MünchKomm-HGB/Schmidt, § 231 Rn. 26; Paulick, ZGR 1974, 266.

Was ein **angemessener Anteil** ist, bestimmt sich grds. nach dem Verhältnis der Beiträge des Hauptgesellschafters zu denen des Unterbeteiligten. Für die Bewertung sind dabei **alle maßgeblichen Umstände** zu berücksichtigen, einschließlich Wert der Hauptbeteiligung, Art und Umfang der Einlage des Unterbeteiligten, Risiko der Gesellschafter, Haftungsverhältnisse und Geschäftsführervergütung des Hauptbeteiligten. Ein danach gefundener Gewinnverteilungsmaßstab ist **nicht jedes Jahr neu festzusetzen**, sondern allenfalls bei einer Änderung der Gesamtumstände. 70

Ist die Beteiligung des Unterbeteiligten am Verlust nicht **vollständig oder teilweise ausgeschlossen**, sind dem Unterbeteiligten auch die auf ihn entfallenen **Verlustanteile voll zuzurechnen**. Diese mindern zunächst seine Einlage und lassen ggf. auch ein negatives Einlagekonto entstehen, das aus künftigen Gewinnanteilen wieder auszugleichen ist. Der Unterbeteiligte ist aber mangels anderweitiger Vereinbarung nicht verpflichtet, ein negatives Einlagekonto durch zusätzliche Beiträge auszugleichen (§ 232 Abs. 2 HGB). 71

> **Hinweis:**
> Eine gesellschaftsvertragliche Regelung des Beteiligungsmaßstabs sollte nicht nur den Verteilungsschlüssel festlegen, sondern auch den zu verteilenden Gewinn und Verlust definieren.

Haben die Parteien **nur die Höhe des Gewinn- oder Verlustanteils** des Unterbeteiligten festgelegt, soll dieser aber sowohl am Gewinn als auch an Verlust beteiligt sein, gilt nach § 722 Abs. 2 BGB im Zweifel die festgesetzte Höhe für Gewinn- und Verlustanteil als vereinbart.[83] 72

Für den **Hauptbeteiligten** kann in der Unterbeteiligungsgesellschaft sowohl dessen **Beteiligung am Verlust** als auch dessen **Beteiligung am Gewinn** vertraglich ausgeschlossen werden – ohne dass die Unterbeteiligung deshalb in ein anderes Rechtsverhältnis umqualifiziert werden müsste. In diesen Fällen erhält der Hauptbeteiligte regelmäßig eine feste Vergütung.[84] 73

Dagegen kann eine **Gewinnbeteiligung des Unterbeteiligten** entsprechend § 231 Abs. 2 HGB **nicht ausgeschlossen werden**.[85] Ein solcher Ausschluss liegt nicht nur dann vor, wenn dem stillen Gesellschafter kein Gewinnanteil zugewiesen wird, sondern darüber hinaus auch bei Vereinbarung einer festen Vergütung. 74

Regelmäßig wird eine Gewinnbeteiligung des Unterbeteiligten aber auch dann noch gegeben sein, wenn sein **Gewinnanteil der Höhe nach begrenzt** ist oder **dem Hauptbeteiligten ein Vorzugsgewinnanteil eingeräumt wird**. Etwas anderes gilt allerdings, wenn der Anteil nicht am Gewinn der Hauptbeteiligung orientiert ist, sondern an anderen Faktoren, bspw. dem Umsatz.[86] 75

Zulässig ist es auch, den Unterbeteiligten **in jeweils unterschiedlicher Höhe** an Gewinn und Verlust zu beteiligen oder seine **Verlustbeteiligung vollständig auszuschließen** (§ 231 Abs. 2 HGB analog). Regelt der Unterbeteiligungsvertrag nur die Gewinnbeteiligung, kann wegen § 722 Abs. 2 BGB – anders als bei einem Mindestgewinnanteil – allerdings nicht notwendig von einem Ausschluss der Verlustbeteiligung ausgegangen werden. 76

Ein **Ausschluss der Gewinnbeteiligung** des Unterbeteiligten ist ebenso wie bei der stillen Gesellschaft nicht unwirksam, sondern führt nur dazu, dass das Rechtsverhältnis nicht als Unterbeteiligungsgesellschaft qualifiziert werden kann. 77

---

83 MünchKomm-HGB/Schmidt, § 231 Rn. 26; Schlegelberger/Schmidt, HGB, § 231 Rn. 25; Paulick, ZGR 1974, 267.
84 Riegger, in: Münchener Handbuch des Gesellschaftsrechts, Bd. 1, § 30 Rn. 49.
85 MünchKomm-HGB/Schmidt, § 230 Rn. 198.
86 Paulick, ZGR 1974, 2246, 2248; eine solche Vereinbarung ist aber nicht unzulässig, sondern führt nur zum Vorliegen eines anderen Rechtsverhältnisses als einer Unterbeteiligung, vgl. Riegger, in: Münchener Handbuch des Gesellschaftsrechts, Bd. 1, § 30 Rn. 50.

78 Gesellschaftsvertragliche Regelungen zur Gewinnverteilung können allerdings **im Hinblick auf die steuerliche Anerkennung problematisch** sein. Die Finanzbehörden erkennen eine Gewinnbeteiligung des Unterbeteiligten regelmäßig **nur in angemessener Höhe** an, wobei auch berücksichtigt wird, ob die Unterbeteiligung entgeltlich oder unentgeltlich erworben wurde oder ob eine Familiengesellschaft vorliegt. Wird die Gewinnverteilung **steuerlich als unangemessen** qualifiziert, wird sie **vom Finanzamt geändert**.

> **Hinweis:**
> Steuerlich unangemessene Gewinnverteilungen können dazu führen, dass ein Gesellschafter Gewinne zu versteuern hat, die ihm zivilrechtlich gar nicht zugeflossen sind. Ist dies nicht gewollt, sollten Vertragsgestaltungen getroffen werden, die derartige Folgen verhindern oder ausgleichen.[87]

2. Ergebnisermittlung

a) Berechnungsgrundlage: Handels- oder Steuerbilanz

79 **Grundlage für die Ergebnisbeteiligung** des Unterbeteiligten ist das Ergebnis der Hauptbeteiligung, d.h. der dem Hauptgesellschafter ausgeschüttete bzw. gutgeschriebene Anteil am Bilanzgewinn oder Verlust der Hauptgesellschaft.[88]

80 Ist vertraglich nichts vereinbart, wird als **Berechnungsgrundlage** der **Handelsbilanzgewinn der Hauptgesellschaft** herangezogen.[89] Dabei ist allerdings **zu beachten**, dass Zweck der Handelsbilanz nicht unbedingt eine realistische Darstellung des Unternehmenswertes ist, sondern nach heutigem HGB die Darstellung von dessen **wirtschaftlicher Untergrenze**.[90] Für den Unterbeteiligten kann ein Abstellen auf die Handelsbilanz deshalb wirtschaftlich nachteilig sein. Dies lässt sich nur durch Vereinbarung detaillierter interner Bewertungsrichtlinien und von Korrekturvorschriften lösen.

81 Häufiger wird deshalb der **Steuerbilanzgewinn**[91] als **Berechnungsgrundlage** herangezogen. Dieser basiert zwar ebenfalls auf dem Handelsbilanzgewinn, die Steuerbilanz soll aber durch die in §§ 4 ff. EStG geregelten Korrekturen ein möglichst getreues Bild der tatsächlichen wirtschaftlichen Verhältnisse des Unternehmens zeichnen und dem tatsächlichen wirtschaftlichen Gewinn damit näher kommen. **Stille Reserven** werden deshalb nur in begrenztem Umfang zugelassen. Für den Unterbeteiligten ist die Ermittlung des Ergebnisses nach der Steuerbilanz aus diesem Grund meist vorteilhafter.

82 Auch bei **Zugrundelegung der Steuerbilanz** ergibt sich allerdings ein gewisser **Korrekturbedarf**, bspw. bei der Frage, ob bei der Unterbeteiligung an einem Kapitalgesellschaftsanteil die Körperschaftsteuer gewinnmindernd zu berücksichtigen ist oder in Bezug auf **Gewerbesteuereffekte in einer Personengesellschaft**, die auf Vorgängen in Sonderbilanzen, Ergänzungsbilanzen oder auf Veräußerungen, insb. von dritten Hauptgesellschaftern beruhen.

b) Durchführung der Berechnung

83 Ebenso wie bei der stillen Gesellschaft ist auch bei der Unterbeteiligungsgesellschaft bislang **nicht vollständig geklärt**, wie sich die Ergebnisbeteiligung des Unterbeteiligten im Einzelnen errechnet. Im **Ergebnis herrscht Uneinigkeit**, ob und ggf. welche Korrekturen im Hinblick auf die Handels- bzw.

---

[87] MünchKomm-HGB/Schmidt, § 231 Rn. 19 (zur stillen Gesellschaft).
[88] MünchKomm-HGB/Schmidt, § 232 Rn. 46; Schlegelberger/Schmidt, HGB, § 232 Rn. 43; Paulick, ZGR 1974, 264.
[89] Blaurock, Handbuch der stillen Gesellschaft, Rn. 30.53; Riegger, in: Münchener Handbuch des Gesellschaftsrechts, Bd. 1, § 30 Rn. 45.
[90] Vgl. Grundsatz der vorsichtigen Bewertung, Imparitätsgrundsatz und strenges Niederstwertprinzip.
[91] Steuerbilanzgewinn ist nach § 4 Abs. 1 EStG der Unterschiedsbetrag zwischen dem Betriebsvermögen am Schluss des Wirtschaftsjahres und dem Betriebsvermögen am Schluss des vorangegangenen Wirtschaftsjahres, vermehrt um den Wert der Entnahmen und vermindert um den Wert der Einlagen.

Steuerbilanz vorzunehmen sind. In Betracht kommt eine Korrektur **nach der zeitlichen Entstehung der Gewinne**, da der Unterbeteiligte grds. nicht an Gewinnen partizipiert, die vor Einräumung seiner Beteiligung entstanden sind. Zum Teil wird vertreten, dass der Unterbeteiligte jedenfalls an der Auflösung solcher stiller Reserven zu beteiligen ist, die **vor Beginn seiner Unterbeteiligung entstanden** sind, da dies regelmäßig bei Bemessung der Höhe seiner Einlage oder seines Gewinnanteils berücksichtigt wird.[92] **Umstritten** ist auch die Beteiligung des Unterbeteiligten an stillen Reserven, die während der Zeit seiner Unterbeteiligung entstanden sind.

> **Hinweis:**
> Um Streitigkeiten zu vermeiden, sollte in der Praxis eine möglichst genaue Vereinbarung hinsichtlich der Ergebnisermittlung und insb. der Teilnahme an stillen Reserven und gewöhnlichen oder außergewöhnlichen Geschäften getroffen werden.

3. Auszahlung

Das Recht des Unterbeteiligten auf **Auszahlung seines Gewinnanteils** richtet sich ebenso wie bei der stillen Gesellschaft nach § 232 Abs. 1 HGB analog, soweit sich nicht aus dem Unterbeteiligungsvertrag etwas anderes ergibt. 84

a) Kein Entnahmerecht

Ähnlich einem Kommanditisten kann der Unterbeteiligte den ihm zustehenden Gewinnanteil allerdings **nicht einfach entnehmen**, es sei denn ein solches **Entnahmerecht ist entsprechend § 122 HGB** vereinbart. 85

b) Auszahlungsanspruch

Im Regelfall steht dem Unterbeteiligten vielmehr **analog § 232 Abs. 1 HGB** zum Schluss eines jeden Geschäftsjahres ein Anspruch auf Auszahlung seines ordnungsgemäß berechneten Gewinnanteils gegen den Hauptbeteiligten zu, soweit nicht sein Einlagekonto durch Verluste unter die vertragsmäßige Höhe gesunken ist. 86

Besonderheiten ergeben sich dann, wenn der auf die Hauptbeteiligung entfallende (und für das Unterbeteiligungsverhältnis maßgebliche) Gewinn nicht an den Hauptbeteiligten ausbezahlt, sondern den freien Rücklagen zugeführt oder einem Privat- oder Darlehenskonto des Hauptgesellschafters gutgeschrieben wird, von dem Entnahmen nicht oder nur eingeschränkt zulässig sind. **In diesem Fall** wird sich der Auszahlungsanspruch des Unterbeteiligten regelmäßig **nach den Entnahmemöglichkeiten des Hauptbeteiligten** richten, der Unterbeteiligte hat insofern Entnahmebeschränkungen aus dem Gesellschaftsvertrag der Hauptgesellschaft gegen sich gelten zu lassen.[93] Gleichzeitig ist aber der Hauptbeteiligte verpflichtet, sein Entnahmerecht im Interesse des Unterbeteiligten so auszuüben, dass dessen Ansprüche weitest möglich erfüllt werden können. 87

> **Hinweis:**
> In der Praxis sollte der Auszahlungsanspruch des Unterbeteiligten deshalb insb. auch unter Berücksichtigung des Entnahmerechts des Hauptbeteiligten in der Hauptgesellschaft geregelt werden.

Der Unterbeteiligte kann die **Auszahlung seines Gewinnanteils** grds. auch dann fordern, wenn er seine Einlage noch nicht bewirkt hat. Dem Hauptbeteiligten steht dann ggf. ein **Zurückbehaltungsrecht nach § 273 BGB** oder das **Recht zur Aufrechnung nach § 387 BGB** zu. 88

Der **Auszahlungsanspruch** richtet sich **gegen den Hauptbeteiligten**. Er ist spätestens mit Berechnung des Gewinns der Hauptgesellschaft fällig, und im Verzug **nach den allgemeinen Vorschriften verzins-** 89

---

92 Riegger, in: Münchener Handbuch des Gesellschaftsrechts, Bd. 1, § 30 Rn. 45; a.A.: Paulick, ZGR 1974, 265.
93 Riegger, in: Münchener Handbuch des Gesellschaftsrechts, Bd. 1, § 30 Rn. 54.

lich. Darüber hinaus ist der Gewinnauszahlungsanspruch abtretbar (§ 717 BGB), pfändbar und verpfändbar. Er verjährt nach § 195 BGB in drei Jahren.

IV. Kontroll- und Informationsrechte

90 Besonders wichtig für den Unterbeteiligten sind die **Informations- und Kontrollrechte**. Anders als bei der stillen Gesellschaft ist bei der Unterbeteiligungsgesellschaft allerdings deren Rechtsgrundlage und folglich auch deren **genauer Umfang umstritten**. Während eine **Mindermeinung** umfassende Informations- und Kontrollrechte für den Unterbeteiligten aus § 716 BGB herleitet,[94] gewähren **Rspr. und h.M. der Lit.** lediglich die beschränkten Rechte des (entsprechend anwendbaren) § 233 HGB.[95] Der Unterbeteiligte kann danach nur die **abschriftliche Mitteilung des Jahresabschlusses** verlangen und dessen Richtigkeit unter Einsicht in die Bücher und Papiere prüfen (§ 233 Abs. 1 HGB).

1. Persönlicher Umfang

91 Die in § 233 HGB geregelten Informationsrechte stehen dem Unterbeteiligten grds. **nur persönlich** zu. Dies ergibt sich aus § 717 Satz 1 BGB, der eine **Unübertragbarkeit der Rechte aus dem Gesellschaftsverhältnis** normiert. Wie bei der stillen Gesellschaft kann der Unterbeteiligte seine Kontrollrechte aber **ausnahmsweise** bei Vorliegen besonderer Gründe (z.B. längerer Erkrankung oder Abwesenheit) durch einen Bevollmächtigten wahrnehmen lassen, soweit nicht berechtigte Interessen des Hauptbeteiligten entgegenstehen.

92 Darüber hinaus ist der stille Gesellschafter berechtigt, auf eigene Kosten einen **Sachverständigen zur Einsicht in die Bücher und Papiere** der Unterbeteiligungsgesellschaft hinzuzuziehen.[96] Der Hauptbeteiligte kann die Einsichtnahme durch den Sachverständigen nur dann ablehnen, wenn kein sachlicher Grund für die Hinzuziehung besteht oder überwiegende Interessen des Unternehmens entgegenstehen.[97]

93 Hat der Unterbeteiligte seinen Gewinnanspruch zulässigerweise nach § 717 Satz 2 BGB **an einen Dritten abgetreten**, stehen diesem Informations- und Kontrollrechte gegenüber dem Hauptbeteiligten nicht zu. Der Abtretungsempfänger ist lediglich nach § 242 BGB berechtigt, vom Unterbeteiligten Mitteilung der Höhe des Gewinnanteils zu verlangen. Ein Einsichtsrecht in den Jahresabschluss steht ihm nicht zu.[98]

2. Schuldner der Informationsansprüche

94 **Schuldner der Informationsansprüche** des Unterbeteiligten ist der Hauptbeteiligte, nicht die Unterbeteiligungsgesellschaft. Auch soweit sich die Informationsansprüche des Unterbeteiligten **ausnahmsweise** auf die Unterlagen der Hauptgesellschaft erstrecken, ist Anspruchsgegner **nicht die Hauptgesellschaft**, da der Unterbeteiligte zu ihr in keinem Rechtsverhältnis steht.[99]

3. Sachlicher Umfang

95 Das **Informationsrecht des Unterbeteiligten analog § 233 HGB** bezieht sich **nach einhelliger Meinung** nicht auf die Hauptgesellschaft, sondern auf die Unterbeteiligungsgesellschaft, d.h. auf Vorlage

---

94 Blaurock, Handbuch der stillen Gesellschaft, Rn. 30.45.
95 BGHZ 50, 316, 323; BGH, NJW-RR 1995, 165; MünchKomm-HGB/Schmidt, § 233 Rn. 33; Baumbach/Hopt/Hopt, HGB, § 233 Rn. 13; Röhricht/v. Westphalen/v. Gerkan, HGB, § 233 Rn. 11.
96 Bei unordentlicher oder unredlicher Buchführung kann ggf. Kostenerstattung gefordert werden, vgl. OLG München, BB 1954, 669 (zur stillen Gesellschaft).
97 Heymann/Horn, HGB, § 233 Rn. 2 (zur stillen Gesellschaft).
98 Kühn, in: Münchener Handbuch des Gesellschaftsrechts, Bd. 2, § 81 Rn. 9; Heymann/Horn, HGB, § 233 Rn. 5 (jeweils zur stillen Gesellschaft).
99 MünchKomm-HGB/Schmidt, § 233 Rn. 34; Riegger, in: Münchener Handbuch des Gesellschaftsrechts, Bd. 1, § 30 Rn. 34; etwas anderes kann allerdings bei der offenen Unterbeteiligung gelten, vgl. MünchKomm-HGB/Schmidt, § 233 Rn. 34, § 230 Rn. 9; Baumbach/Hopt/Hopt, HGB, § 233 Rn. 13; Heymann/Horn, HGB, § 233 Rn. 13; Schlegelberger/Schmidt, HGB, § 233 Rn. 21.

einer Bilanz betreffend die Hauptbeteiligung (also den Gesellschaftsanteil) nicht die Hauptgesellschaft.[100] Entsprechend § 233 Abs. 1 HGB kann der Unterbeteiligte insofern einen **Jahresabschluss** verlangen und dessen Richtigkeit und Einsicht in die Bücher und Papiere prüfen. Dies gilt sowohl für den **handelsrechtlichen** als auch für den **steuerrechtlichen Abschluss**. Anders als bei § 118 HGB ist das Einsichtsrecht aber auf das für die Kontrolle des Rechnungsabschlusses und die Berechnung des Gewinnanteils erforderliche Maß **beschränkt**. Zeit, Ort und Art und Weise der Einsicht werden durch die Treuepflicht bestimmt, eine Mitnahme oder Versendung der Bücher und Papiere kann er nicht verlangen.

Nach herrschender Ansicht steht dem Unterbeteiligten daneben das **außerordentliche, gerichtlich durchsetzbare Informationsrecht** entsprechend § 233 Abs. 3 HGB zu, im Rahmen dessen das Gericht jederzeit auf Antrag des Unterbeteiligten bei Vorliegen eines wichtigen Grundes auch die Mitteilung einer Bilanz und eines Jahresabschlusses sowie die Verlegung der Bücher und Papiere anordnen kann.[101]

96

Rechnungslegungsanspruch und **Recht des Unterbeteiligten zur Einsichtnahme** in die Steuer- und Handelsbilanzen und die Gewinn- und Verlustrechnung erstrecken sich nicht auf die Hauptgesellschaft. Der Unterbeteiligte ist insofern **mangels eigenen Rechtsverhältnisses** zur Hauptgesellschaft wie ein fremder Dritter zu behandeln, gegenüber dem ein **berechtigtes Interesse auf Geheimhaltung** der inneren Angelegenheiten besteht. Er schuldet der Hauptgesellschaft grds. keine Verschwiegenheit und unterliegt ihr gegenüber auch keinem Wettbewerbsverbot.

97

Auch aus der Tatsache, dass gerade die **wirtschaftliche Lage der Hauptgesellschaft** für den Unterbeteiligten von zentraler Bedeutung ist, lässt sich **kein berechtigtes Interesse** herleiten, das gegenüber einem Geheimhaltungsinteresse der Hauptgesellschaft überwiegen würde.[102] Dementsprechend ist auch der Hauptbeteiligte nicht berechtigt, die Interna der Hauptgesellschaft gegenüber dem Unterbeteiligten offen zu legen. Zwar befindet er sich ebenfalls in einem **Widerstreit** zwischen seiner Treuepflicht in der Hauptgesellschaft und seiner Treuepflicht in der Unterbeteiligungsgesellschaft, doch überwiegt hier Erstere, da der Unterbeteiligte nicht in einem unmittelbaren Rechtsverhältnis zur Hauptgesellschaft steht.

98

Ausnahmsweise steht dem Unterbeteiligten ein Anspruch auf Einsichtnahme in die Unterlagen der Hauptgesellschaft zu, wenn die Hauptgesellschaft der Unterbeteiligungsgesellschaft **zugestimmt hat** und der **Unterbeteiligungsvertrag ein entsprechendes Informationsrecht einräumt**.[103]

99

Zudem wird ein Informationsrecht auch im Hinblick auf die Hauptgesellschaft dann anzunehmen sein, wenn die Hauptgesellschaft eine **Weitergabe der Informationen zulässt**. Der Hauptbeteiligte ist in diesem Fall verpflichtet, in der Hauptgesellschaft auf die Freigabe der Information hinzuwirken und darf deren Weitergabe an den Unterbeteiligten aufgrund seiner Treuepflicht nicht grundlos verweigern.[104] Umfang und Ausgestaltung dieses Informationsrechts sind im Einzelnen allerdings nach wie vor nicht vollständig geklärt.

100

4. Zeitlicher Umfang

Nach der **Rspr.** stehen dem Unterbeteiligten die **Informationsrechte des § 233 HGB**, anders als einem stillen Gesellschafter, auch noch **nach Auflösung der Unterbeteiligungsgesellschaft** zu.[105] Die Begrenzung des Informationsrechts auf die Dauer der Gesellschaft sei nur auf die stille Gesellschaft anwendbar, da einem ausgeschiedenen Gesellschafter als Dritten kein Anspruch auf die Mitteilung von Geschäftsunterlagen eines Handelsgeschäfts zugestanden werden könne. Diese Differenzierung wird in

101

---

100 Vgl. BGHZ 50, 316, 323; MünchKomm-HGB/Schmidt, § 233 Rn. 34; Heymann/Horn, HGB, § 233 Rn. 13; Röhricht/v. Westphalen/v. Gerkan, HGB, § 233 Rn. 13; Paulick, ZGR 1974, 271.
101 MünchKomm-HGB/Schmidt, § 233 Rn. 36.
102 Blaurock, Handbuch der stillen Gesellschaft, Rn. 30.45; Riegger, in: Münchener Handbuch des Gesellschaftsrechts, Bd. 1, § 30 Rn. 35; MünchKomm-HGB/Schmidt, § 233 Rn. 34.
103 BGHZ 50, 316, 325; weitergehend: MünchKomm-HGB/Schmidt, § 233 Rn. 34.
104 MünchKomm-HGB/Schmidt, § 233 Rn. 34; Riegger, in: Münchener Handbuch des Gesellschaftsrechts, Bd. 1, § 30 Rn. 36.
105 BGHZ 50, 316, 324.

der Lit. überwiegend abgelehnt.[106] Der stille Gesellschafter, der sich an einem Handelsgeschäft beteiligt, ist **ebenso wenig** wie der Unterbeteiligte ein Mitglied der Hauptgesellschaft bzw. des Handelsgeschäfts. Eine Differenzierung des einheitlich auf § 233 HGB gegründeten Informationsrechts ist deshalb nicht gerechtfertigt.[107]

V. Verfügungen über Gesellschafterrechte

102 Die Unterbeteiligung ist grds. **nicht frei übertragbar**. Sowohl der Hauptbeteiligte als auch der Unterbeteiligte bedürfen für die Übertragung ihres Gesellschaftsanteils auf einen Dritten der **Zustimmung des jeweils anderen**, sei es durch Vereinbarung im Gesellschaftsvertrag oder durch konkrete Zustimmung im Einzelfall.[108]

103 Der Hauptbeteiligte ist mangels anderweitiger Vereinbarung **nicht berechtigt**, seine Hauptbeteiligung auf einen Dritten zu übertragen. Ein **Verstoß hiergegen** begründet ggf. **Schadensersatzansprüche des Unterbeteiligten**. Die Unterbeteiligung geht in diesem Fall **nicht automatisch** auf den Erwerber über, dieser muss vielmehr durch **einen neuen Unterbeteiligungsvertrag** oder eine **Änderung des ursprünglichen Unterbeteiligungsvertrags** neu einbezogen werden. **Fehlt** es an einer solchen Vereinbarung, wird die Unterbeteiligung mit dem bisherigen Hauptgesellschafter bei Veräußerung des Gesellschafteranteils **wegen Zweckvereitelung nach § 726 BGB aufgelöst**.[109]

104 Eine **Zustimmung der Hauptgesellschaft** oder deren weiterer Gesellschafter **zur Übertragung der Unterbeteiligung** ist hingegen auch dann nicht erforderlich, wenn die Übertragung der Hauptbeteiligung von der Zustimmung der Gesellschaft oder ihrer Gesellschafter abhängig ist.[110]

105 Ob die Übertragung der Unterbeteiligung **durch Abtretung oder Vertragsübernahme** erfolgt, ist im Einzelnen noch ungeklärt. Wie bei der stillen Gesellschaft dürfte aber eine Abtretung ausreichen.[111]

106 Aufgrund der **grundsätzlichen Übertragbarkeit der Unterbeteiligung** wird auch die **Bestellung eines Nießbrauch** und die **Verpfändung** – jeweils mit ausdrücklicher Zustimmung des anderen Vertragsteils – allgemein **als zulässig anerkannt**.[112]

107 Nach dem **allgemeinen Abspaltungsverbot** sind einzelne Gesellschafterrechte auch bei der Unterbeteiligung grds. **nicht übertragbar**. Dies gilt insb. für die allgemeinen Verwaltungsrechte, bspw. Geschäftsführung und Rechnungslegung, sowie die Kontroll- und Informationsrechte der Gesellschafter. Abtretbar sind **lediglich** die in § 717 Satz 2 BGB genannten Ansprüche.[113] Gleiches gilt wohl für die Ansprüche des Hauptbeteiligten gegen den Unterbeteiligten **auf Leistung einer Einlage**, soweit es sich dabei um eine Geld- oder Sacheinlageleistung handelt.[114] Der Unterbeteiligte kann diese Rechte aber mit Zustimmung

---

106 MünchKomm-HGB/Schmidt, § 233 Rn. 37; Röhricht/v. Westphalen/v. Gerkan, HGB, § 233 Rn. 14; Schlegelberger/Schmidt, HGB, § 233 Rn. 24.

107 MünchKomm-HGB/Schmidt, § 233 Rn. 37.

108 MünchKomm-HGB/Schmidt, § 230 Rn. 247; Heymann/Horn, HGB, § 230 Rn. 73; Blaurock, Handbuch der stillen Gesellschaft, Rn. 30.48; Riegger, in: Münchener Handbuch des Gesellschaftsrechts, Bd. 1, § 30 Rn. 58.

109 OLG Hamm, NJW-RR 1994, 999.

110 MünchKomm-HGB/Schmidt, § 230 Rn. 247; Riegger, in: Münchener Handbuch des Gesellschaftsrechts, Bd. 1, § 30 Rn. 58.

111 Vgl., Teil 2: Gesellschaftsrecht, 3. Kapitel, § 1 Rn. 149.

112 Vgl. Bezzenberger/Keul, in: Münchener Handbuch des Gesellschaftsrechts, Bd. 2, § 88 Rn. 16 ff., 21 ff. (zur stillen Gesellschaft).

113 MünchKomm-HGB/Schmidt, § 230 Rn. 247; Blaurock, Handbuch der stillen Gesellschaft, Rn. 30.48; Paulick, ZGR 1974, 273.

114 § 717 Satz 1 BGB steht hier nicht entgegen, vgl. MünchKomm-BGB/Ulmer, § 717 Rn. 6; a.A.: Paulick, ZGR 1974, 273.

des Hauptbeteiligten **durch einen Dritten** (z.B. Rechtsanwalt) ausüben lassen. Ebenso dürfte grds. die Testamentsvollstreckung über eine Unterbeteiligung zulässig sein.[115]

VI. Treuepflicht

Ebenso wie bei der stillen Gesellschaft unterliegen sowohl der Hauptbeteiligte als auch der Unterbeteiligte einer **besonderen Treuepflicht**.[116] Diese folgt aus dem Gesellschaftsverhältnis und ist durch die Verpflichtung gekennzeichnet, die Erreichung eines gemeinsamen Zwecks nach besten Kräften zu fördern. Ihr Umfang ist **im Einzelfall** zu bestimmen. **Grenze der Treuepflicht** ist regelmäßig die **Wahrnehmung überwiegender eigener Interessen** der Gesellschafter. 108

Besonderheit bei der Untergesellschaft ist die doppelte Treuepflicht des Hauptgesellschafters, einerseits hinsichtlich seiner Gesellschafterstellung in der Hauptgesellschaft, andererseits im Hinblick auf seine Gesellschafterstellung in der Unterbeteiligungsgesellschaft.[117] Zweck der Unterbeteiligungsgesellschaft ist die **gemeinsame Nutzung eines Anteils an einer anderen Gesellschaft**, für die ihrerseits eine Treuepflicht gilt. Dies kann im Einzelfall zu einem **Konflikt für den Hauptgesellschafter** führen, der sich – in der Theorie – wie folgt lösen lässt: Der Unterbeteiligte kann vom Hauptbeteiligten keine Verletzung der Treupflichten in der Hauptgesellschaft verlangen, der Hauptbeteiligte ist dafür verpflichtet, bei Ausübung seiner Rechte in der Hauptgesellschaft auf die schutzwürdigen Interessen des Unterbeteiligten Rücksicht zu nehmen. Zudem treffen den Unterbeteiligten auch **sog. drittschützende Treuepflichten**, die ihn zur Rücksichtnahme auf die Belange der Hauptgesellschaft verpflichten.[118] 109

> **Hinweis:**
> Um zu verhindern, dass die unterschiedlichen Treuepflichten in Widerspruch zueinander geraten, sollten die Pflichten aus der Hauptgesellschaft auch im Unterbeteiligungsvertrag hinreichend berücksichtigt werden.

VII. Wettbewerbsverbot

Zur Frage eines **Wettbewerbsverbots** – hier strahlen ebenfalls die Treuepflichten aus – ist einerseits zwischen dem Wettbewerb zur Hauptgesellschaft und andererseits dem Wettbewerb zur Untergesellschaft zu unterscheiden. 110

1. Wettbewerb zur Hauptgesellschaft

Ob und inwieweit ein Gesellschafter **in Wettbewerb zur Hauptgesellschaft** treten darf, richtet sich für den Hauptbeteiligten nach dem Recht der Hauptgesellschaft, für den Unterbeteiligten nach dem Unterbeteiligungsvertrag. Ein in der Hauptgesellschaft bestehendes Wettbewerbsverbot trifft den Hauptbeteiligten also **auch dann**, wenn in der Unterbeteiligungsgesellschaft **kein Wettbewerbsverbot** vereinbart ist. Da der Unterbeteiligte hingegen zur Hauptgesellschaft in keiner eigenen Rechtsbeziehung steht, darf er zu ihr auch uneingeschränkt in Wettbewerb treten, soweit dies **nicht ausdrücklich im Unterbeteiligungsvertrag untersagt** wurde. 111

Ausnahmsweise kann sich ein Wettbewerbsverbot aus der Hauptgesellschaft **auch ohne besondere Vereinbarung** auf den Unterbeteiligten erstrecken, wenn dieser mittelbare oder unmittelbare Kontroll- und Informationsrechte oder besondere Einflussnahmemöglichkeiten in Bezug auf die Hauptgesellschaft hat, 112

---

[115] Riegger, in: Münchener Handbuch des Gesellschaftsrechts, Bd. 1, § 30 Rn. 59 und Bezzenberger/Keul, in: Münchener Handbuch des Gesellschaftsrechts, Bd. 2, § 89 Rn. 3 f. (zur stillen Gesellschaft); dies ist allerdings problematisch, soweit der Testamentsvollstrecker auch die Hauptbeteiligung hält und insoweit Nachschusspflichten hervorrufen kann.
[116] BGH, WM 1977, 525, 527.
[117] BGH, WM 1977, 525, 527; Röhricht/v. Westphalen/v. Gerkan, HGB, § 230 Rn. 119; MünchKomm-HGB/Schmidt, § 230 Rn. 241, 233.
[118] MünchKomm-HGB/Schmidt, § 230 Rn. 233.

bspw. bei einer atypischen Unterbeteiligung mit Geschäftsführungsbeteiligung. Dies ist im Einzelfall zu beurteilen. **Eine bloße kapitalmäßige Beteiligung** kann hingegen keine Ausdehnung des Wettbewerbsverbots auf den Unterbeteiligten zur Folge haben.[119]

2. Wettbewerb zur Unterbeteiligungsgesellschaft

113 Ein Verbot in **Wettbewerb zur Unterbeteiligungsgesellschaft** zu treten, ist dem Gesetz nicht zu entnehmen. Soweit der Unterbeteiligungsvertrag nicht entgegensteht sind daher sowohl der Hauptbeteiligte als auch der Unterbeteiligte in ihrem Wettbewerb **zur Unterbeteiligungsgesellschaft frei**. Dies bedeutet bspw. auch, dass der Hauptbeteiligte an seiner Hauptbeteiligung **weitere Unterbeteiligungsverhältnisse** begründen darf, ebenso wie der Unterbeteiligte berechtigt ist, sich an anderen Anteilen derselben Hauptgesellschaft unterzubeteiligen.[120]

114 Ein **Wettbewerbsverbot im Rahmen der Untergesellschaft** kann sich **ausnahmsweise** im Einzelfall aus der zwischen den Gesellschaftern bestehenden Treuepflicht ergeben.[121] Im Hinblick auf den Unterbeteiligten dürfte grds. zwischen **typischer und atypischer Unterbeteiligung** zu unterscheiden sein.

Bei einer typischen Unterbeteiligung ohne Geschäftsführungsbeteiligung ist es sachlich nicht gerechtfertigt, den Untergesellschafter bloß aufgrund seiner Vermögenseinlage einem Wettbewerbsverbot zu unterwerfen. Ist der Unterbeteiligte hingegen **an der Geschäftsführung beteiligt** oder hat er einen besonderen **Einblick in die Geschäftsgeheimnisse** der Hauptgesellschaft, kann sich aus dem Grundsatz von Treu und Glauben sowie einer entsprechenden Anwendung von § 112 HGB eine Verpflichtung ergeben, sich eines den Gesellschaftszweck beeinträchtigenden Wettbewerbs zu enthalten.

115 **Auch für den Hauptbeteiligten** kann sich aus der Treuepflicht ein **Wettbewerbsverbot** ergeben. Hier greift bspw. das allgemeine Verbot, Geschäfte, die nach dem Zweck der Unterbeteiligung unter gemeinsamer Rechnung zu machen sind, unter Verstoß gegen den Gesellschaftszweck an sich zu ziehen und auf eigene Rechnung zu realisieren.

116 Ist eine **atypische Unterbeteiligung** so ausgestaltet, dass sie dem Innenverhältnis einen Personenhandelsgesellschaft ähnlich ist, können darüber hinaus die §§ 112 f. HGB entsprechende Anwendung finden.

F. Haftung

I. Haftung in der Hauptgesellschaft

117 **Im Verhältnis zur Hauptgesellschaft**, ihren Gläubigern und ihren Gesellschaftern gegenüber **haftet lediglich der Hauptbeteiligte**; die Haftung des Unterbeteiligten ist mangels eigener Rechtsbeziehungen zu den gesamten Personen grds. ausgeschlossen.

118 Der **Unterbeteiligte haftet auch nicht für Vertragsverletzungen** des Hauptbeteiligten, nicht einmal wenn dieser **tatsächliche oder vermeintliche Verpflichtungen** gegenüber dem Unterbeteiligten wahrnimmt.[122] Etwas anderes gilt nur für die **unmittelbare Delikts- oder Rechtsscheinhaftung** sowie in den Fällen, in denen die Unterbeteiligung lediglich **Treuhandcharakter** hat.[123]

---

119 MünchKomm-HGB/Schmidt, § 230 Rn. 243 f.; Röhricht/v. Westphalen/v. Gerkan, HGB, § 230 Rn. 118; Schlegelberger/Schmidt, HGB, § 230 Rn. 230.
120 Riegger, in: Münchener Handbuch des Gesellschaftsrechts, Bd. 1, § 30 Rn. 40.
121 MünchKomm-HGB/Schmidt, § 230 Rn. 243; Riegger, in: Münchener Handbuch des Gesellschaftsrechts, Bd. 1, § 30 Rn. 40.
122 MünchKomm-HGB/Schmidt, § 230 Rn. 234, 245; Riegger, in: Münchener Handbuch des Gesellschaftsrechts, Bd. 1, § 30 Rn. 63.
123 MünchKomm-HGB/Schmidt, § 230 Rn. 202, 210, 234, 245.

Durch **Vereinbarungen im Gesellschaftsvertrag** kann der Hauptgesellschafter sein **Haftungsrisiko im** **119** **Innenverhältnis** allerdings ganz oder teilweise auf den Unterbeteiligten **abwälzen**.[124]

Ist bspw. vereinbart, dass der Unterbeteiligte lediglich an dem auf den Hauptbeteiligten entfallenden Gewinn teilnimmt, trifft ihn zwar weder eine **Haftung für einen eventuell anfallenden Verlustanteil** noch eine **daraus resultierende Nachschusspflicht**, doch ist er zur **Rückerstattung vermeintlicher Gewinnanteile** verpflichtet, die der Hauptbeteiligte der Hauptgesellschaft zurückerstatten muss.[125]

Soll der Unterbeteiligte nach dem Willen der Parteien auch an dem auf den Hauptbeteiligten entfallenden Verlustanteil teilnehmen, führt dies **bei entsprechender vertraglicher Regelung** zu einer Nachschusspflicht des Unterbeteiligten. Zulässig ist es auch, das allgemeine Haftungsrisiko des Hauptbeteiligten im Innenverhältnis auf den Unterbeteiligten (mit) abzuwälzen.[126]

II. Haftung in der Unterbeteiligungsgesellschaft

Für die **Haftung im Rahmen der Unterbeteiligungsgesellschaft** gelten die allgemeinen Grundsätze.[127] **120** Verletzt einer der Gesellschafter eine Pflicht aus dem Unterbeteiligungsvertrag, ist er dem anderen Gesellschafter zum Ersatz eines dadurch entstehenden Schadens verpflichtet. Der Haftungsmaßstab richtet sich grds. nach § 708 BGB, **etwas anderes gilt** nur bei **Publikumsgesellschaften** und bei der **Unterbeteiligung mit Treuhandcharakter**.[128]

Der Hauptbeteiligte haftet dem Unterbeteiligten auch für solche Schäden, die dadurch entstehen, dass **121** er seiner **Pflicht zur sorgfältigen Verwaltung** der Hauptbeteiligung verletzt, indem er bspw. Pflichtverletzungen in der Hauptgesellschaft begeht. Für seine Mitgesellschafter hat der Hauptbeteiligte dagegen **regelmäßig nicht einzustehen**. Wird die Hauptgesellschaft durch Mitgesellschafter oder Dritte geschädigt, ist er allerdings verpflichtet, soweit rechtlich möglich **Schadensersatzansprüche geltend zu machen**.[129] Tritt ein Schaden unmittelbar beim Unterbeteiligten statt beim Hauptgesellschafter ein, kann dieser vom Hauptbeteiligten im Wege der **Drittschadensliquidation** geltend gemacht werden.[130]

G. Auflösung der Unterbeteiligung

I. Allgemeines

Ebenso wie bei der stillen Gesellschaft führt die Auflösung der Unterbeteiligungsgesellschaft **nach h.M.** **122** zur **sofortigen Vollbeendigung des Gesellschaftsverhältnisses**, da bei einer bloßen Innengesellschaft mangels eines zu liquidierenden Gesellschaftsvermögens für eine Abwicklungsgesellschaft kein Raum

---

124 Röhricht/v. Westphalen/v. Gerkan, HGB, § 230 Rn. 122; Riegger, in: Münchener Handbuch des Gesellschaftsrechts, Bd. 1, § 30 Rn. 64 ff.; differenzierend: MünchKomm-HGB/Schmidt, § 230 Rn. 245.
125 Riegger, in: Münchener Handbuch des Gesellschaftsrechts, Bd. 1, § 30 Rn. 64.
126 Riegger, in: Münchener Handbuch des Gesellschaftsrechts, Bd. 1, § 30 Rn. 65.
127 MünchKomm-HGB/Schmidt, § 230 Rn. 246; Röhricht/v. Westphalen/v. Gerkan, HGB, § 230 Rn. 121; Heymann/Horn, HGB, § 230 Rn. 73; Blaurock, Handbuch der stillen Gesellschaft, Rn. 30.47.
128 Heymann/Horn, HGB, § 230 Rn. 73; Röhricht/v. Westphalen/v. Gerkan, HGB, § 230 Rn. 121; Janberg, DB 1953, 77, 79; Hesselmann, GmbHR, 1964, 28; Paulick, ZGR 1974, 277.
129 Riegger, in: Münchener Handbuch des Gesellschaftsrechts, Bd. 1, § 30 Rn. 62.
130 Röhricht/v. Westphalen/v. Gerkan, HGB, § 230 Rn. 121; Blaurock, Handbuch der stillen Gesellschaft, Rn. 30.47; Riegger, in: Münchener Handbuch des Gesellschaftsrechts, Bd. 1, § 30 Rn. 62; Schlegelberger/Schmidt, HGB, § 230 Rn. 232. Bei offener Unterbeteiligung steht dem Unterbeteiligten wohl ein direkter Anspruch aus Vertrag mit Schutzwirkung zu Gunsten Dritter zu, vgl. MünchKomm-HGB/Schmidt, § 230 Rn. 237; Blaurock, Handbuch der stillen Gesellschaft, Rn. 30.47; a.A.: wohl Riegger, in: Münchener Handbuch des Gesellschaftsrechts, Bd. 1, § 30 Rn. 62.

ist.[131] **Nach der Gegenansicht** besteht die Innengesellschaft hingegen noch bis zur vollständigen Abwicklung als sog. **Abwicklungsgesellschaft** fort.[132]

Dieser Meinungsstreit hat große praktische Bedeutung. Während nach der ersten Ansicht der Anspruch des Unterbeteiligten auf seinen Anteil am Auseinandersetzungsguthaben **rein schuldrechtlichen Charakter** hat, stehen die Beteiligten nach der Gegenansicht bis zur endgültigen Abwicklung aller Rechtsbeziehungen in einem **echten Gesellschaftsverhältnis**. Die Rechte und Pflichten der Beteiligten passen sich dem veränderten Zweck an, der nicht mehr auf Förderung und Verwaltung der Hauptbeteiligung gerichtet ist, sondern auf Ermittlung und Auszahlung des **Auseinandersetzungsguthabens**.[133] Unbestritten ist, dass mangels Gesellschaftsvermögen keine Liquidation im rechtstechnischen Sinne stattfinden kann.[134]

123 Die Hauptgesellschaft wird – ebenso wie andere parallele Unterbeteiligungsgesellschaften – in ihrem Fortbestehen von der Auflösung der Unterbeteiligungsgesellschaft **nicht beeinträchtigt**.

124 Auch **bei Vorliegen eines Auflösungsgrundes** kann eine Unterbeteiligungsgesellschaft zwischen den Parteien grds. fortgesetzt werden. **Bei einer zweigliedrigen Gesellschaft** gilt dies allerdings nur, soweit Auflösungsgrund **nicht der Wegfall eines Gesellschafters** ist, da die Unterbeteiligung stets mindestens zwei Gesellschafter erfordert. Dagegen kann eine **mehrgliedrige Unterbeteiligungsgesellschaft** auch bei Wegfall eines Unterbeteiligten von den übrigen Unterbeteiligten mit dem Hauptgesellschafter[135] durch eine Fortsetzungsklausel im Gesellschaftsvertrag oder durch eine nachträgliche Fortsetzungsvereinbarung zwischen den Gesellschaftern fortgesetzt werden.[136] Im letzteren Fall wird rechtstechnisch eine **neue Unterbeteiligungsgesellschaft gegründet**, bei der sich die Gesellschafter schuldrechtlich so zu stellen haben, als ob die Gesellschafter ohne Unterbrechung als werdende Gesellschaft fortbestanden hat.[137]

II. Auflösungsgründe

1. Tod eines Gesellschafters

125 Nach h.M. führt der **Tod des Hauptbeteiligten** nach § 727 BGB zur Auflösung der Unterbeteiligungsgesellschaft, sofern der Gesellschaftsvertrag nicht eine Fortsetzungsklausel enthält.[138] Dies wird im Hinblick auf die Unterbeteiligung **z.T. als unbillig angesehen**, da sich die Unterbeteiligung regelmäßig ohne weiteres mit dem Erben fortführen lässt, soweit nicht der Unterbeteiligungsvertrag speziell auf einen bestimmten Hauptgesellschafter zugeschnitten ist oder der Tod des Hauptbeteiligten auch zur Auflösung der Hauptgesellschaft führt.[139] Dem ist im Ergebnis zuzustimmen. **Vieles spricht jedoch dafür**, die Anwendung des § 727 BGB nicht vollständig abzulehnen, sondern in Einklang mit § 727 BGB eine Auflösung der Unterbeteiligungsgesellschaft durch großzügige Annahme stillschweigend vereinbarer Fortsetzungsvereinbarungen auszuschließen.[140]

---

131 MünchKomm-HGB/Schmidt, § 234 Rn. 63; Röhricht/v. Westphalen/v. Gerkan, HGB, § 234 Rn. 37; Riegger, in: Münchener Handbuch des Gesellschaftsrechts, Bd. 1, § 30 Rn. 68.

132 MünchKomm-HGB/Schmidt, § 235 Rn. 68 ff.; Blaurock, Handbuch der stillen Gesellschaft, Rn. 30.60.

133 Blaurock, Handbuch der stillen Gesellschaft, Rn. 15.3 (zur stillen Gesellschaft).

134 Blaurock, Handbuch der stillen Gesellschaft, Rn. 15.2 (zur stillen Gesellschaft).

135 Riegger, in: Münchener Handbuch des Gesellschaftsrechts, Bd. 1, § 30 Rn. 68.

136 Riegger, in: Münchener Handbuch des Gesellschaftsrechts, Bd. 1, § 30 Rn. 68; MünchKomm-HGB/Schmidt, § 234 Rn. 63. Bei einer Publikumsgesellschaft ist regelmäßig von der stillschweigenden Vereinbarung einer Fortsetzungsklausel auszugehen, vgl. BGHZ 63, 338, 345; BGH, WM, 1976, 447 (zur stillen Gesellschaft).

137 Heymann/Emmerich, HGB, § 34 Rn. 4; Polzer, in: Münchener Handbuch des Gesellschaftsrechts, Bd. 2, § 91 Rn. 1; Röhricht/v. Westphalen/Ammon, HGB, § 34 Rn. 2 (jeweils zur stillen Gesellschaft).

138 Esch, NJW 1964, 902, 906; Paulick, ZGR 1974, 253, 273; Schlegelberger/Schmidt, HGB, § 234 Rn. 62; MünchKomm-HGB/Schmidt, § 234 Rn. 65; Röhricht/v. Westphalen/v. Gerkan, HGB, § 234 Rn. 41; Heymann/Horn, HGB, § 234 Rn. 31; a.A.: Blaurock, Handbuch der stillen Gesellschaft, Rn. 30.57.

139 Blaurock, Handbuch der stillen Gesellschaft, Rn. 30.57; Riegger, in: Münchener Handbuch des Gesellschaftsrechts, Bd. 1, § 30 Rn. 66.

140 MünchKomm-HGB/Schmidt, § 234 Rn. 65.

> **Hinweis:**
> In der Praxis sollte stets darauf geachtet werden, das Thema Fortsetzung der Unterbeteiligungsgesellschaft bei Tod eines Gesellschafters ausdrücklich im Gesellschaftsvertrag zu regeln, um Unsicherheiten nicht nur im Hinblick auf den Meinungsstreit zur Anwendung von § 727 BGB, sondern auch im Hinblick auf die Auslegung des Unterbeteiligungsvertrags zu vermeiden.

Kein Auflösungsgrund ist dagegen entsprechend § 234 Abs. 2 HGB **der Tod des Unterbeteiligten**, so dass die Unterbeteiligung mangels anderweitiger Vereinbarung in diesem Fall mit den Erben fortgesetzt wird.[141] **Etwas anderes** könnte allenfalls bei einer **atypischen Unterbeteiligung** mit Geschäftsführungsbefugnis des Unterbeteiligten gelten.[142]

Wie bei der stillen Gesellschaft ist auch bei der Unterbeteiligung wegen ihres Charakters als nicht rechtsfähige Innengesellschaft **keine dingliche Sondererbfolge** möglich; bei mehreren Erben kommt es deshalb zu einer **Gesamtrechtsnachfolge der Erbengemeinschaft**. Mit bloßer schuldrechtlicher Wirkung kann aber sowohl testamentarisch als auch im Gesellschaftsvertrag ein einzelner Erbe als Rechtsnachfolger bestimmt werden.

2. Kündigung

a) Ordentliche Kündigung

Nach überwiegender Ansicht ist die Unterbeteiligungsgesellschaft nach § 234 Abs. 1 HGB i.V.m. §§ 132, 134 HGB durch die Gesellschafter **ordentlich kündbar**, wenn sie **auf unbestimmte Zeit oder auf Lebenszeit** eines Gesellschafters eingegangen ist.[143] Die Kündigungsfrist beträgt **sechs Monate zum Ende eines Geschäftsjahres**. Eine Unterbeteiligungsgesellschaft ist nicht schon dann auf **unbestimmte Dauer** eingegangen, wenn im Gesellschaftsvertrag ein Endzeitpunkt nicht ausdrücklich festgelegt ist, da sich eine zeitliche Begrenzung bspw. auch aus dem Gesellschaftszweck der Gesellschaft ergeben kann.[144] Wird eine **auf bestimmte Zeit** abgeschlossene Unterbeteiligungsgesellschaft nach Ablauf dieser Zeit mangels Kündigung fortgesetzt, fehlt es zukünftig an einer unbestimmten Dauer, wenn die Fortsetzung jeweils nur für einen festgesetzten Zeitraum erfolgt.

Das **ordentliche Kündigungsrecht** ist im Umkehrschluss wegen § 234 HGB dann ausgeschlossen, wenn die Gesellschaft **für eine bestimmte Zeit** eingegangen ist.

Das **ordentliche Kündigungsrecht** kann durch den Gesellschaftsvertrag **modifiziert** werden, ein vollständiger Ausschluss ist jedoch unzulässig. Grds. zulässig ist deshalb die freie Vereinbarung von Kündigungsfristen. Dies gilt auch, wenn sie für Hauptbeteiligten und Unterbeteiligten unterschiedlich lang ausfallen.[145]

> **Hinweis:**
> Das Kündigungsrecht darf aber nicht faktisch auf unbegrenzte Zeit ausgeschlossen werden. In der Rspr. wurden bisher Vertragsbindungen von 30 Jahren anerkannt, soweit nicht weitere vertragliche Klauseln (z.B. Ausschluss der Auszahlung des Gewinnanteils) oder sonstige Umstände auch diese 30 Jahre unzumutbar machen.[146]

---

141 Heymann/Horn, § 234 Rn. 31; Schlegelberger/Schmidt, HGB, § 235 Rn. 62 ff.; Riegger, in: Münchener Handbuch des Gesellschaftsrechts, Bd. 1 § 30 Rn. 66.
142 Blaurock, Handbuch der stillen Gesellschaft, Rn. 15.50 (zur stillen Gesellschaft).
143 MünchKomm-HGB/Schmidt, § 234 Rn. 70; Röhricht/v. Westphalen/v. Gerkan, HGB, § 234 Rn. 38; Heymann/Horn, HGB, § 234 Rn. 30; differenzierend: Riegger, in: Münchener Handbuch des Gesellschaftsrechts, Bd. 1, § 30 Rn. 70; für eine Anwendbarkeit von § 723 BGB: Blaurock, Handbuch der stillen Gesellschaft, Rn. 30.54.
144 BGHZ 50, 316; BGH, NJW 1994, 2886.
145 Blaurock, Handbuch der stillen Gesellschaft, Rn. 15.28 (zur stillen Gesellschaft).
146 BGH, WM 1967, 315, 316 (zur stillen Gesellschaft).

131 Als **einseitige empfangsbedürftige Willenserklärung** kann die Kündigung nicht einseitig zurückgenommen werden, die Parteien können sich aber schuldrechtlich so stellen, als ob eine Kündigung nicht stattgefunden hat.[147]

132 Die **ordentliche Kündigung** unterliegt den allgemeinen gesellschaftsrechtlichen Treuepflichten, sie ist deshalb insb. unzulässig, wenn sie **ohne wichtigen Grund zur Unzeit** ausgesprochen wird. Die Unzulässigkeit führt nicht zur Unwirksamkeit, sondern lediglich zu Schadensersatzansprüchen der Mitgesellschafter.

b) Außerordentliche Kündigung

133 Nach § 723 Abs. 1 Satz 2 BGB kann eine Unterbeteiligungsgesellschaft bei Vorliegen eines wichtigen Grundes **ohne Einhaltung einer Kündigungsfrist** außerordentlich gekündigt werden. Dies gilt unabhängig davon, ob sie auf unbestimmte oder bestimmte Zeit eingegangen ist.[148] **Ein wichtiger Grund** liegt vor, wenn die Fortsetzung der Unterbeteiligungsgesellschaft dem kündigenden Gesellschafter **unzumutbar** geworden ist. Dies ist durch eine **Interessenabwägung** unter Würdigung aller Umstände des Einzelfalls zu prüfen. In jedem Fall ist die fristlose Kündigung aber stets **ultima ratio**, die durch ein milderes, aber gleich wirksames Mittel verdrängt wird.

134 Das **Recht zur außerordentlichen Kündigung** kann im Gesellschaftsvertrag **nicht ausgeschlossen** werden, ebenso unzulässig ist eine **unangemessene Erschwerung** dieses Rechts.

135 **Beweispflichtig** für das Vorliegen eines wichtigen Grundes ist **stets der Kündigende**. Was ein wichtiger Grund ist, kann bspw. im Gesellschaftsvertrag geregelt werden. Im Übrigen ist eine erschöpfende Kasuistik auch hier nicht möglich.

> *Beispiele:*
> *Grundsätzliche Störung des Vertrauensverhältnisses, Verletzung oder Unmöglichkeit einer Beitragspflicht, Verletzung von wesentlichen Geschäftsführungspflichten, wesentlicher Änderung oder Grundlagen oder Rechtsform des Unternehmens, dauernder Unrentabilität, Einstellung des Geschäftsbetriebs oder Unterstellung der Hauptgesellschaft unter fremde Konzernleitungsmacht.*[149]

136 Ist ein wichtiger Grund nicht gegeben, kann eine unwirksame außerordentliche Kündigung regelmäßig nach § 140 BGB **in eine ordentliche Kündigung umgedeutet** werden, wenn der Wille des Kündigenden dies zulässt.[150]

137 Wie bei einer **ordentlichen Kündigung** kann auch eine außerordentliche Kündigung **zur Unzeit** erfolgen. Auch hier ist eine solche Kündigung jedoch nicht unwirksam, sondern führt **lediglich zu Schadensersatzansprüchen** des anderen Gesellschafters (§ 723 Abs. 2 BGB).

c) Kündigung durch Gesellschaftsgläubiger

138 Nach h.M. kann **analog § 234 Abs. 1 HGB i.V.m. § 135 HGB auch der Privatgläubiger eines Gesellschafters** die Gesellschaft mit einer Frist von **sechs Monaten zum Ende eines Geschäftsjahres** kündigen, wenn er innerhalb der letzten sechs Monate erfolglos eine Zwangsvollstreckung in das bewegliche Vermögen des Gesellschafters versucht und einen nicht bloß vorläufig vollstreckbaren **Schuldtitel auf Pfändung und Überweisung des Auseinandersetzungsanspruchs** des Gesellschafters erwirkt hat.[151]

---

147 Vgl. Palandt/Grüneberg, BGB, Vor § 346 Rn. 12.
148 Röhricht/v. Westphalen/v. Gerkan, HGB, § 234 Rn. 38; Heymann/Horn, HGB, § 234 Rn. 30; BGHZ 50, 316, 321.
149 Vgl. MünchKomm-HGB/Schmidt, § 234 Rn. 66 ff.
150 Polzer, in: Münchener Handbuch des Gesellschaftsrechts, Bd. 2, § 91 Rn. 13 (zur stillen Gesellschaft).
151 MünchKomm-HGB/Schmidt, § 234 Rn. 72; Heymann/Horn, HGB, § 234 Rn. 30; Riegger, in: Münchener Handbuch des Gesellschaftsrechts, Bd. 1, § 30 Rn. 73; nach der Gegenansicht ergibt sich das Kündigungsrecht der Gläubiger aus § 725 BGB, Blaurock, Handbuch der stillen Gesellschaft, Rn. 30.56; vgl. auch MünchKomm-HGB/Schmidt, § 234 Rn. 72; Riegger, in: Münchener Handbuch des Gesellschaftsrechts, Bd. 1, § 30 Rn. 73.

Eine solche Kündigung ist stets möglich, unabhängig davon, ob die Gesellschaft auf bestimmte oder unbestimmte Zeit eingegangen ist (§ 135 HGB).

Entsprechend § 234 Abs. 1 HGB gilt dieses Kündigungsrecht aber **nur für die Gläubiger des Unterbeteiligten**, nicht für die Gläubiger des Hauptbeteiligten. Letztere haben ohnehin Zugriff auf die gesamte Hauptbeteiligung sowie den vom Unterbeteiligten geleisteten Beitrag und können ggf. den Anspruch des Hauptbeteiligten auf Erbringung der Einlage pfänden.[152] 139

Bei **Kündigung durch einen Privatgläubiger** des Unterbeteiligten wird die Gesellschaft zum Ende des Geschäftsjahres aufgelöst. Der Privatgläubiger erhält durch Pfändung- und Überweisung jedoch lediglich einen **Anspruch auf Auszahlung des Auseinandersetzungsguthabens**, ist aber nicht berechtigt, mitgliedschaftliche Rechte (auch nicht bei Ermittlung des Auseinandersetzungsguthabens) wahrzunehmen.[153] 140

3. Weitere Auflösungsgründe

Weitere **Gründe für die Auflösung einer Unterbeteiligungsgesellschaft** sind bspw. Zeitablauf, Eintritt einer auflösenden Bedingung oder Aufhebungsvertrag der Gesellschafter.[154] Wird vor **Ablauf der ursprünglich vereinbarten Zeit** oder Eintritt der auflösenden Bedingung die Fortsetzung der Gesellschaft vereinbart, kommt es regelmäßig **nicht zu einer Auflösung**. 141

Die Unterbeteiligungsgesellschaft endet zudem bei Erreichen oder vollständigem und endgültigem Unmöglichwerden des Gesellschaftszwecks (Zweckerreichung oder Zweckvereitelung, § 726 BGB). Auflösung oder Eröffnung des **Insolvenzverfahrens** hinsichtlich der Hauptgesellschaft führen dagegen noch nicht zu einer Auflösung der Unterbeteiligung, da **erst mit tatsächlicher Vollbeendigung** der Hauptgesellschaft Zweckvereitelung bei der Untergesellschaft gegeben ist.[155] 142

Die **bloße Unrentabilität** der Hauptbeteiligung bedingt grds. keine Unmöglichkeit, selbst wenn sie nachhaltig ist.[156] Dagegen führt der ersatzlose Untergang der Hauptbeteiligung, bspw. bei Ausschluss des Hauptbeteiligten aus der Hauptgesellschaft, zu einer Zweckvereitelung. Auch Insolvenz des Hauptbeteiligten oder des Unterbeteiligten löst die Unterbeteiligungsgesellschaft nach § 728 BGB auf.[157] 143

Ausnahmsweise führt bei einer mehrgliedrigen Unterbeteiligungsgesellschaft die **Insolvenz eines Unterbeteiligten** bei entsprechender Vereinbarung im Gesellschaftsvertrag **nur zu dessen Ausscheiden nach § 736 BGB**, bei Fortsetzung der Unterbeteiligung zwischen den übrigen Gesellschaftern.[158] 144

Schließlich erlischt das Unterbeteiligungsverhältnis **automatisch im Falle der Konfusion**, ohne dass es einer weiteren Auseinandersetzung bedürfe.[159] Eine **Konfusion** liegt vor, wenn die Rechtsstellung des Hauptbeteiligten mit der des Unterbeteiligten **zusammenfällt**, bspw. durch Erbfall, und sich die in der Person des verbleibenden Gesellschafters vereinigenden **Rechtspositionen wechselseitig entsprechen**. 145

---

152   Polzer, in: Münchener Handbuch des Gesellschaftsrechts, Bd. 2, § 91 Rn. 17 (zur stillen Gesellschaft).
153   MünchKomm-HGB/Schmidt, § 234 Rn. 72.
154   Riegger, in: Münchener Handbuch des Gesellschaftsrechts, Bd. 1, § 30 Rn. 69; Heymann/Horn, HGB, § 234 Rn. 31.
155   MünchKomm-HGB/Horn, § 234 Rn. 67; Heymann/Horn, HGB, § 234 Rn. 32; Blaurock, Handbuch der stillen Gesellschaft, Rn. 30.58; Riegger, in: Münchener Handbuch des Gesellschaftsrechts, Bd. 1, § 30 Rn. 75; Röhricht/v. Westphalen/v. Gerkan, HGB, § 234 Rn. 40.
156   Ggf. besteht aber ein außerordentliches Kündigungsrecht, vgl. oben Rn. 133.
157   Blaurock, Handbuch der stillen Gesellschaft, Rn. 30.58, 30.62; Röhricht/v. Westphalen/v. Gerkan, HGB, § 234 Rn. 42; MünchKomm-HGB/Schmidt, § 234 Rn. 68; Heymann/Horn, HGB, § 234 Rn. 32; Riegger, in: Münchener Handbuch des Gesellschaftsrechts, Bd. 1, § 30 Rn. 75.
158   Riegger, in: Münchener Handbuch des Gesellschaftsrechts, Bd. 1, § 30 Rn. 75; vgl. auch MünchKomm-HGB/Schmidt, § 234 Rn. 68.
159   Heymann/Horn, HGB, § 234 Rn. 32; Schlegelberger/Schmidt, HGB, § 234 Rn. 66; MünchKomm-HGB/Schmidt, § 234 Rn. 69

Daran fehlt es, wenn entweder nur die Hauptbeteiligung oder nur die Unterbeteiligung der Testamentsvollstreckung unterliegen.[160]

4. Keine Auflösungsgründe

146 Eine **bloße formwechselnde Umwandlung der Hauptgesellschaft** ist regelmäßig kein Auflösungsgrund.[161] Die Unterbeteiligung besteht in diesem Fall an dem formgeänderten Anteil fort. Dem Unterbeteiligten steht allerdings ein **außerordentliches Kündigungsrecht** zu, wenn seine Interessen durch die Umwandlung so erheblich berührt werden, dass ihm die Fortsetzung der Unterbeteiligung nicht zumutbar ist.[162] Auch der **Tod des Unterbeteiligten** führt im Zweifel nicht zu einer Auflösung der Unterbeteiligungsgesellschaft.[163]

III. Auseinandersetzung

1. Allgemeines

147 **Nach der Auflösung** der Unterbeteiligungsgesellschaft haben sich Hauptbeteiligter und Unterbeteiligter auseinander zu setzen und eventuelle **Guthaben auszugleichen**. Da die Unterbeteiligungsgesellschaft eine bloße Innengesellschaft ohne gesamthänderisch gebundenes Gesellschaftsvermögen ist, findet **keine Liquidation nach §§ 730 ff. BGB** statt, die Auseinandersetzung richtet sich vielmehr nach **§ 235 HGB analog**.[164]

148 Der Hauptbeteiligte hat den Unterbeteiligten mangels anderweitiger Vereinbarung **auszuzahlen**, eine sog. Versilberung der Hauptbeteiligung nach § 733 Abs. 3 BGB kommt grds. nicht in Betracht. Der Unterbeteiligte kann deshalb auch nicht verlangen, dass ihm der Hauptbeteiligte einen der Unterbeteiligung entsprechenden Teil der Hauptbeteiligung abtritt. Im Einklang mit dem Gesellschaftsvertrag der Hauptgesellschaft sind in der Unterbeteiligungsgesellschaft aber **abweichende Regelungen** zulässig.[165]

149 Bei der Auseinandersetzung wird ermittelt, **ob und ggf. in welcher Höhe** dem Unterbeteiligten (unter Berücksichtigung seiner Einlage und des laufenden Gewinns oder Verlusts) ein Zahlungsanspruch gegen den Hauptgesellschafter zusteht. Die Auseinandersetzung soll dabei unterschiedliche wechselseitige Ansprüche zusammenfassen und **zu bloßen Rechnungsposten** im Rahmen eines einheitlichen Auseinandersetzungsanspruchs des Unterbeteiligten machen.

2. Ermittlung der Auseinandersetzungsforderung

150 Ebenso wie bei der stillen Gesellschaft ist die **Ermittlung der Auseinandersetzungsforderung** bei der Unterbeteiligungsgesellschaft eine **Geschäftsführungsmaßnahme**, die mangels anderweitiger Vereinbarungen in den Pflichtenbereich des Hauptgesellschafters fällt. Der Unterbeteiligte hat grds. **keinen Anspruch auf Mitwirkung** bei der Berechnung, ihm stehen insoweit allerdings die allgemeinen Informations- und Kontrollrechte zu.

151 Auch bei der Unterbeteiligungsgesellschaft können die Gesellschafter die Auseinandersetzung **vertraglich weitgehend frei regeln**, Grenzen sind lediglich § 138 BGB und das Verbot unzulässiger Beschränkung des Kündigungsrechts durch unbillige Herabsetzung des Auseinandersetzungsguthabens.

---

160 Riegger, in: Münchener Handbuch des Gesellschaftsrechts, Bd. 1, § 30 Rn. 76.
161 Zu Umwandlungen allgemein vgl. Hilling/Pickhardt-Poremba/Schindhelm, DStR 2003, 1444 ff., 1469 ff.
162 Schmidt-Diemitz, DB 1978, 2397 ff.; Blaurock, Handbuch der stillen Gesellschaft, Rn. 30.59; ausführlich zu Umwandlungen MünchKomm-HGB/Schmidt, § 234 Rn. 73. ff.; Riegger, in: Münchener Handbuch des Gesellschaftsrechts, Bd. 1, § 30 Rn. 77 ff.
163 Vgl. oben Rn. 126.
164 OLG Hamm, NJW-RR 1994, 999; Röhricht/v. Westphalen/v. Gerkan, HGB, § 235 Rn. 37; Heymann/Horn, § 235 Rn. 25; MünchKomm-HGB/Schmidt, § 235 Rn. 69; Schlegelberger/Schmidt, HGB, § 235 Rn. 65; Esch, NJW 1964, 906; Durchlaub, DB 1978, 875.
165 Riegger, in: Münchener Handbuch des Gesellschaftsrechts, Bd. 1, § 30 Rn. 79.

Das **Auseinandersetzungsguthaben** ist unverzüglich nach Auflösung der Gesellschaft auf den Auflösungsstichtag zu berechnen. Die **Fristen hierfür sind im Einzelnen ungeklärt**, wie bei der stillen Gesellschaft kann aber wohl auf die Aufstellung des Jahresabschlusses der Hauptgesellschaft abgestellt werden. Wird das Auseinandersetzungsguthaben nicht fristgemäß berechnet, kann der Unterbeteiligte **auf Feststellung klagen**.

3. Höhe des Auseinandersetzungsguthabens

a) Grundsatz

Die **Berechnung der Höhe des Auseinandersetzungsguthabens** ist bei der Unterbeteiligungsgesellschaft noch weniger geklärt als bei der stillen Gesellschaft. **Primär** richtet sich die Bemessung der Auseinandersetzungsforderung **nach dem Gesellschaftsvertrag** der Unterbeteiligung, der entsprechend klare Regelungen enthalten sollte.[166]

Enthält der Gesellschaftsvertrag keine eindeutigen Vorschriften, erhält der typische Unterbeteiligte **nach wohl h.M.** den Buchwert seiner Einlage zuzüglich eines noch nicht ausgezahlten Gewinnanteils oder abzüglich noch nicht verrechneter Verluste.[167] Bei einer typischen Unterbeteiligung ist der Unterbeteiligte also **nicht an den stillen Reserven beteiligt**, auch soweit sie während der Dauer der Unterbeteiligung in der Hauptgesellschaft entstanden sind. **Ungeklärt ist**, inwieweit offene Rücklagen der Hauptgesellschaft zu berücksichtigen sind. Hier kann wohl darauf abgestellt werden, inwieweit diese Rücklagen dem Hauptbeteiligten zugänglich sind.[168]

Etwas anderes gilt bei einer **atypischen Unterbeteiligungsgesellschaft mit (schuldrechtlicher) Vermögensbeteiligung** des Unterbeteiligten. Mangels anderweitiger Regelungen im Gesellschaftsvertrag ist eine **Auseinandersetzungsbilanz in der Form einer Vermögensbilanz** zu erstellen, in die nicht die Buchwerte, sondern die wirklichen Werte aller zum Betriebsvermögen der Hauptgesellschaft gehörenden Vermögensgegenstände einzustellen sind.[169] Wird die Hauptgesellschaft nicht ebenfalls aufgelöst, ist auf den **Fortführungswert** abzustellen. Durch Gesellschaftsvertrag können auch hier praktisch **beliebige Berechnungsmodi** vereinbart werden. Zu beachten sind die Grenzen von § 138 BGB und einer unzulässigen Beschränkung der Kündigung.

Bei **Manipulationen des Hauptgesellschafters** stehen dem Unterbeteiligten Schadensersatzansprüche zu.

b) Passives Einlagekonto

Den Unterbeteiligten trifft mangels anderweitiger Regelung im Gesellschaftsvertrag **keine Nachschusspflicht**. Er ist lediglich verpflichtet, seine Einlage voll einzubezahlen, darüber hinausgehende Verluste hat er nicht auszugleichen.[170]

4. Erfüllung der Auseinandersetzungsforderung

Soweit die Gesellschafter nichts anderes vereinbart haben, wird der Anspruch des Unterbeteiligten auf Auszahlung seines Auseinandersetzungsguthabens **nach Auflösung der Gesellschaft fällig**, sobald die Höhe des Anspruchs festgestellt ist oder (z.B. mangels Verlustbeteiligung) von vornherein feststeht. Verzögert der Hauptbeteiligte die Berechnung des Auseinandersetzungsguthabens schuldhaft, tritt wie bei der

---

166 MünchKomm-HGB/Schmidt, § 235 Rn. 70; Riegger, in: Münchener Handbuch des Gesellschaftsrechts, Bd. 1, § 30 Rn. 80.
167 Heymann/Horn, HGB, § 235 Rn. 25; Schlegelberger/Schmidt, HGB, § 235 Rn. 66; MünchKomm-HGB/Schmidt, § 235 Rn. 70.
168 Riegger, in: Münchener Handbuch des Gesellschaftsrechts, Bd. 1, § 30 Rn. 80
169 Heymann/Horn, HGB, § 235 Rn. 25; MünchKomm-HGB/Schmidt, § 235 Rn. 71.
170 MünchKomm-HGB/Schmidt, § 235 Rn. 72; Otto, BB 1948, 213.

stillen Gesellschaft Fälligkeit ein, sobald der Hauptbeteiligte nach Treu und Glauben das Guthaben hätte errechnen können.[171]

159 Soweit der Unterbeteiligte auch an **offenen Rücklagen oder stillen Reserven** partizipiert, kann er Auszahlung seines Anteils nur im Rahmen des für die Gesellschaft Zumutbaren verlangen.[172]

160 War die Eingehung der Untergesellschaft **für beide Seiten ein Handelsgeschäft**, ist das Auseinandersetzungsguthaben nach §§ 352, 353 HGB vom Tage der Fälligkeit an mit 5 % p.a. zu verzinsen. Gerät der Hauptbeteiligte mit der Auszahlung in Verzug, sind **nach § 288 BGB Verzugszinsen** i.H.v. fünf Prozentpunkten (ist kein Verbraucher beteiligt: acht Prozentpunkte) über dem Basiszinssatz fällig.

> **Hinweis:**
> Mangels abweichender Vereinbarungen ist das Auseinandersetzungsguthaben auf einmal in voller Höhe zu leisten. Für den Hauptbeteiligten kann dies unter Umständen eine erhebliche Beeinträchtigung und Gefährdung des Geschäftsbetriebs bedeuten. Es empfiehlt sich deshalb die Aufnahme einer Regelung zur Ratenzahlung in den Gesellschaftsvertrag.

161 Der **Auszahlungsanspruch des Unterbeteiligten ist abtretbar** und zwar auch schon **vor Auflösung der Gesellschaft**, da der Auseinandersetzungsanspruch bereits bei Eingehung der Unterbeteiligungsgesellschaft als künftiger (nicht bedingter) Anspruch entsteht.[173]

162 Der Unterbeteiligte kann seinen Auszahlungsanspruch im Wege der **Leistungsklage** gerichtlich geltend machen. Ist der Hauptbeteiligte auch seiner Rechnungslegungspflicht nicht nachgekommen, bietet sich eine Stufenklage an, die zunächst auf Rechnungslegung und weiter auf Zahlung des sich daraus ergebenden Auseinandersetzungsguthabens gerichtet ist. Zur Durchsetzung und Sicherung seiner Ansprüche kann der Unterbeteiligte wie bei der stillen Gesellschaft einstweilige Verfügung oder Arrest beantragen.[174]

5. Schwebende Geschäfte

163 **Nach überwiegender Ansicht** nimmt der Unterbeteiligte entsprechend § 235 Abs. 2 Satz 2 HGB mangels anderweitiger Vereinbarung im Gesellschaftsvertrag auch **am Gewinn und Verlust** aus den zurzeit der Auflösung der Unterbeteiligungsgesellschaft schwebenden Geschäften teil.[175] Nach a.A. ist dies nicht der Fall, da solche Geschäfte in der Hauptgesellschaft weder Geschäfte der Unterbeteiligungsgesellschaft noch des Hauptbeteiligten sind und der Unterbeteiligte formal nicht am Ergebnis der Hauptgesellschaft teilnimmt, sondern am Gewinn oder Verlust der Hauptbeteiligung.[176] **Gegen letztere Ansicht** spricht jedoch die **Systematik des Gesetzes**, das einen ausscheidenden Gesellschafter nach § 740 BGB und § 235 Abs. 2 HGB grds. an den bei Auflösung schwebenden gemeinschaftlichen Geschäften teilnehmen lässt.

> **Hinweis:**
> Da der Hauptbeteiligte selbst nicht unmittelbar an den schwebenden Geschäften beteiligt ist und ohne Hilfe der Hauptgesellschaft diese auch nicht abrechnen kann, wird in der Praxis die Teilnahme des Unterbeteiligten an den schwebenden Geschäften häufig ausgeschlossen.[177]

---

171 Vgl., Teil 2: Gesellschaftsrecht, 3. Kapitel, § 1 Rn. 199.
172 Riegger, in: Münchener Handbuch des Gesellschaftsrechts, Bd. 1, § 30 Rn. 83 m.w.N.
173 Blaurock, Handbuch der stillen Gesellschaft, Rn. 16.29; Bezzenberger/Keul, in: Münchener Handbuch des Gesellschaftsrechts, Bd. 2, § 92 Rn. 40 (jeweils zur stillen Gesellschaft).
174 Vgl. Teil 2: Gesellschaftsrecht, 3. Kapitel, § 1 Rn. 199.
175 MünchKomm-HGB/Schmidt, § 235 Rn. 73; Heymann/Horn, HGB, § 235 Rn. 25; Schlegelberger/Schmidt, HGB, § 235 Rn. 69; Röhricht/v. Westphalen/v. Gerkan, HGB, § 235 Rn. 39.
176 Riegger, in: Münchener Handbuch des Gesellschaftsrechts, Bd. 1, § 30 Rn. 84.
177 Röhricht/v. Westphalen/v. Gerkan, HGB, § 235 Rn. 39.

H. Muster

Muster: Gesellschaftsvertrag einer typischen Unterbeteiligung[178]

Gesellschaftsvertrag

einer

typischen Unterbeteiligung

zwischen

....

– nachfolgend der „**Hauptbeteiligte**" –

und

....

– nachfolgend der „**Unterbeteiligte**" –

§ 1
Unterbeteiligung

(1) Der Hauptbeteiligte ist Gesellschafter der ..... GmbH mit dem Sitz in ....., eingetragen im Handelsregister des Amtsgerichts ..... unter HRB ..... (nachfolgend die „**Gesellschaft**"). Am Stammkapital der Gesellschaft i.H.v. ... € ist der Hauptbeteiligte mit einem Geschäftsanteil i.H.v. nominal ..... € (dieser Geschäftsanteil nachfolgend die „**Hauptbeteiligung**") beteiligt.

(2) Der Hauptbeteiligte räumt hiermit dem Unterbeteiligten an seinem Geschäftsanteil i.H.v. nominal ..... € eine Unterbeteiligung von ..... % ein und zwar mit Wirkung auf den Zeitpunkt der vollständigen Zahlung der Gegenleistung gemäß § 2 Abs. 1.

(3) Durch diesen Vertrag erwirbt der Unterbeteiligte keine irgend gearteten Vermögens- oder Mitgliedschaftsrechte an der Hauptbeteiligung bzw. an der Gesellschaft, sondern lediglich schuldrechtliche Ansprüche gegenüber dem Hauptbeteiligten gemäß den nachfolgenden Bestimmungen. Insb. bedarf die Übertragung der Hauptbeteiligung keiner vorherigen Zustimmung des Unterbeteiligten.

(4) Der Unterbeteiligte nimmt an etwaigen Ausschüttungen auf die Hauptbeteiligung gemäß seiner in § 1 Abs. 2 genannten Beteiligungsquote teil („**Gewinnanteil**"). Seine Ansprüche bei der Beendigung der Unterbeteiligung richten sich ausschließlich nach § 11.

(5) Der Hauptbeteiligte verpflichtet sich, in der Gesellschaft stets auf Ausschüttung von mindestens 80 % des Jahresüberschusses aus dem handelsrechtlichen Jahresabschluss vor Berücksichtigung der Ertragsteuern („**ausschüttungsfähiger Jahresüberschuss**") der Gesellschaft hinzuwirken, soweit nicht ausnahmsweise besondere überwiegende Interessen der Gesellschaft eine geringere Ausschüttung erforderlich machen. Werden weniger als insgesamt 80 % an die Gesellschafter ausgeschüttet, erhöht sich die Gewinnbeteiligung des Unterbeteiligten gemäß § 1 Abs. 2 und Abs. 4 verhältnismäßig, so dass der Unterbeteiligte einen Gewinnanteil i.H.v. ..... % des ausschüttungsfähigen Jahresüberschusses der Gesellschaft erhält (höchstens aber den tatsächlich an den Hauptbeteiligten ausgeschütteten Betrag).

---

[178] Ggf. ist eine notarielle Beurkundung des Gesellschaftsvertrags notwendig.

§ 2
Gegenleistung

(1) Der Unterbeteiligte erbringt an den Hauptbeteiligten als Gegenleistung für die Einräumung der Unterbeteiligung eine Einlage von ..... €. Die Einlage ist am ..... zur Zahlung auf das Konto des Hauptbeteiligten bei ..... fällig.

(2) Eine Nachschusspflicht des Unterbeteiligten besteht nicht.

§ 3
Konten, Entnahmerechte

(1) Die Einlage des Unterbeteiligten wird auf einem Einlagekonto gebucht. Dieses Konto ist fest und unverzinslich.

(2) Auf dem Verrechnungskonto des Unterbeteiligten werden sein Gewinnanteil sowie Entnahmen und der sonstige Zahlungsverkehr zwischen dem Hauptbeteiligten und dem Unterbeteiligten gebucht. Das Konto ist unverzinslich.

(3) Der Unterbeteiligte darf von seinem Verrechnungskonto jederzeit Beiträge entnehmen, soweit das Verrechnungskonto einen positiven Saldo aufweist. Bei Beendigung der Unterbeteiligung beschränkt sich das Entnahmerecht auf den Abfindungsanspruch gemäß § 11.

§ 4
Geschäftsjahr

Das Geschäftsjahr der Unterbeteiligung entspricht dem Geschäftsjahr der Gesellschaft. Derzeit ist dies das Kalenderjahr.

§ 5
Geschäftsführung

(1) Die Geschäftsführung steht allein dem Hauptbeteiligten zu, der die Geschäftsführung unentgeltlich und mit der Sorgfalt eines ordentlichen Kaufmanns unter Beachtung von Gesetz, Gesellschaftsvertrag der Gesellschaft und den Bestimmungen dieses Vertrags ausübt.

(2) Die Wahrnehmung der Rechte aus der Hauptbeteiligung gegenüber der Gesellschaft obliegt ausschließlich dem Hauptbeteiligten. Der Hauptbeteiligte unterliegt keinem Zustimmungsvorbehalt des Unterbeteiligten und er ist insb. in der Ausübung seines Stimmrechts bei Beschlussfassung in der Gesellschafterversammlung der Gesellschaft frei. Er hat dabei jedoch die schutzwürdigen Interessen des Unterbeteiligten zu berücksichtigen.

§ 6
Informationsrecht des Unterbeteiligten

(1) Der Unterbeteiligte erhält vom Hauptbeteiligten eine Kopie des Jahresabschlusses der Gesellschaft sobald dieser durch die Gesellschafter festgestellt ist. Nach Beendigung der Unterbeteiligung hat der Unterbeteiligte das Recht auf Einsicht in den Jahresabschluss der Gesellschaft, soweit dies für die Berechnung seines Abfindungsanspruches gemäß § 11 erforderlich ist. Darüber hinausgehende Informations- oder Kontrollrechte des Unterbeteiligten bestehen nicht.

(2) Weitere Informationen über den Geschäftsverlauf der Gesellschaft erhält der Unterbeteiligte nach freier Entscheidung des Hauptbeteiligten.

§ 7
Übertragung der Rechte aus der Unterbeteiligung

(1) Sowohl der Hauptbeteiligte als auch der Unterbeteiligte bedürfen für sämtliche Verfügungen (auch sicherungsweise) über diese Unterbeteiligung oder die Rechte daraus der Zustimmung des jeweils anderen Gesellschafters sowie der Gesellschaft.

(2) Entsprechendes gilt für die Belastung der Ansprüche aus dieser Unterbeteiligung, z.B. durch Verpfändung, Nießbrauch oder Unter-Unterbeteiligung.

§ 8
Vertraulichkeit

Der Unterbeteiligte hat über die Angelegenheiten der Unterbeteiligung, der Gesellschaft und ihrer Tochtergesellschaften, auch gegenüber anderen Unterbeteiligten des Hauptbeteiligten Stillschweigen zu bewahren; dies gilt auch nach Beendigung der Unterbeteiligung. Der Unterbeteiligte hat ferner dafür zu sorgen, dass die ihm zugänglichen Unterlagen der Gesellschaft und ihrer Tochtergesellschaften nicht in die Hände Unbefugter gelangen und er hat diese nach Beendigung der Unterbeteiligung unverzüglich an den Hauptbeteiligten zurückzugeben.

§ 9
Tod eines Gesellschafters, Beendigung der Gesellschaft

(1) Bei Ableben des Unterbeteiligten endet diese Unterbeteiligung, ohne dass es einer Kündigung bedarf. Der Abfindungsanspruch der Erben bzw. des Vermächtnisnehmers richtet sich nach § 11.

(2) Bei Ableben des Hauptbeteiligten wird diese Unterbeteiligung mit demjenigen fortgesetzt, der die Hauptbeteiligung als Erbe oder Vermächtnisnehmer erwirbt. Im Falle einer Mehrheit von Rechtsnachfolgern der Hauptbeteiligten übernehmen diese die Unterbeteiligung anteilig und führen jeweils die auf sie entfallende Teilunterbeteiligung als eigenständige Unterbeteiligung entsprechend den Regelungen dieses Vertrags fort.

(3) Wird die Gesellschaft aufgelöst oder sonst beendet, endet auch die Unterbeteiligung. In diesem Fall erhält der Unterbeteiligte eine Abfindung nach § 11.

§ 10
Dauer der Unterbeteiligung, Kündigung

(1) Die Unterbeteiligung ist auf unbestimmte Zeit fest abgeschlossen. Sie kann jedoch unter Einhaltung einer Kündigungsfrist von zwölf Monaten erstmals zum ... und danach jeweils zum Geschäftsjahresende gekündigt werden.

(2) Das Recht zur Kündigung aus wichtigem Grund bleibt für beide Vertragsparteien unberührt.

(3) Die Kündigung bedarf stets der Schriftform.

§ 11
Abfindung

(1) Bei Beendigung der Unterbeteiligung steht dem Unterbeteiligten eine Abfindung zu. Die Abfindung errechnet sich aus dem Saldo des Einlage- und Verrechnungskontos des Unterbeteiligten. Am Vermögen der Gesellschaft insb. den offenen und stillen Reserven und dem Geschäftswert ist der Unterbeteiligte nicht beteiligt.

Scheidet der Unterbeteiligte während des Geschäftsjahres aus, so sind die zum letzten Bilanzstichtag vor seinem Ausscheiden ermittelten Kontenstände, bereinigt um zwischenzeitliche Entnahmen und

Einlagen, maßgeblich. An den Ausschüttungen auf die Hauptbeteiligung des laufenden Geschäftsjahres ist der Unterbeteiligte zeitanteilig beteiligt. Der anteilige Gewinn wird in seine Abfindungsguthaben einbezogen.

Ergibt sich ein negativer Saldo, so ist dieser vom Unterbeteiligten nur insoweit auszugleichen, als die Ursache hierfür ein negatives Verrechnungskonto ist.

(2) Ein Abfindungsguthaben ist dem Unterbeteiligten längstens in drei gleichen Jahresraten auszuzahlen, beginnend drei Monate nach Ermittlung des Abfindungsguthabens. Ausstehende Beträge sind ab dem Zeitpunkt des Ausscheidens mit zwei Prozentpunkten über dem jeweiligen Basiszinssatz p.a. zu verzinsen. Die Zinsen sind mit den jeweiligen Raten fällig. Der Hauptbeteiligte ist berechtigt, das Abfindungsguthaben jederzeit ganz oder teilweise vor Fälligkeit auszuzahlen.

(3) Ein negatives Verrechnungskonto ist durch den Unterbeteiligten sofort auszugleichen.

§ 12
Änderung der Hauptbeteiligung, Änderungen der Unterbeteiligung, Aufnahme weiterer Unterbeteiligter

(1) Bei einem Rechtsformwechsel der Gesellschaft sowie bei einer sonstigen Änderung der Hauptbeteiligung setzt sich die Unterbeteiligung an der Hauptbeteiligung fort, so wie sie nach der Änderung besteht. Die Gesellschafter verpflichten sich in diesem Fall zu einer ggf. erforderlichen Anpassung dieses Vertrags, um zwischen dem Unterbeteiligten und dem Hauptbeteiligten bei wirtschaftlicher und rechtlicher Betrachtungsweise eine möglichst unveränderte Fortführung der Unterbeteiligung zu gewährleisten.

(2) Die Begründung, Änderung oder einvernehmliche Beendigung dieser Unterbeteiligung bedarf stets der Zustimmung der Gesellschaft.

(3) Die Aufnahme weiterer Unterbeteiligter hinsichtlich der Hauptbeteiligung bedarf der Zustimmung des Unterbeteiligten.

§ 13
Schlussbestimmungen

(1) Änderungen und Ergänzungen dieses Vertrags bedürfen der Schriftform, soweit nicht eine andere Form zwingend vorgeschrieben ist. Dies gilt auch für eine Änderung oder Aufhebung dieser Schriftformklausel.

(2) (Rechtswahl, Gerichtstand)

(3) Sollte eine Bestimmung dieses Vertrags ganz oder teilweise unwirksam oder undurchführbar sein oder werden, so wird hierdurch die Wirksamkeit der übrigen Bestimmungen nicht berührt. Die Parteien verpflichten sich, die unwirksame oder undurchführbare Bestimmung durch eine wirksame Bestimmung zu ersetzen, die dem wirtschaftlich Gewollten am nächsten kommt. Gleiches gilt im Falle einer ungewollten regelungsbedürftigen Lücke.

........................, den ....

....

(Hauptbeteiligter)   (Unterbeteiligter)

§ 3 Treuhandverhältnisse

Inhaltsverzeichnis

		Rn.
A.	Allgemeines	1
B.	Überlegungen zur Rechtsformwahl	2
C.	Wesen und Erscheinungsformen	6
I.	Definition und Wesen der Treuhand	6
II.	Erscheinungsformen	14
	1. Fremdnützige Treuhand	14
	2. Eigennützige Treuhand	15
	3. Doppeltreuhand	17
III.	Abgrenzung zu anderen Rechtsverhältnissen	19
	1. Stille Gesellschaft und Unterbeteiligung	19
	2. Mittelbare Stellvertretung	20
	3. Anteilsverpfändung	21
D.	Begründung des Treuhandverhältnisses	23
I.	Innenverhältnis: Treuhandvertrag	24
	1. Begründung durch Treuhandvertrag	25
	2. Form	27
	3. Minderjährige, Geschäftsunfähige	31
	4. Verhältnis Treuhandvertrag – Gesellschaftsvertrag	34
II.	Muster: Treuhandvertrag	35
III.	Außenverhältnis: Erwerb der Gesellschafterstellung	36
	1. Übertragungstreuhand	37
	2. Vereinbarungstreuhand	38
	3. Erwerbstreuhand	42
E.	Außenverhältnis: Treuhänder als Gesellschafter	44
I.	Inhaber der Mitgliedschaftsrechte	44
	1. Stimmrecht	46
	a) Gespaltene Stimmabgabe	48
	b) Zusatzstimmrecht	49
	c) Stimmbindungsvereinbarungen	50
	d) Stimmrechtsvollmacht	51
	e) Stimmverbot	53
	2. Mitgliedschaftliche Gestaltungsrechte	54
	3. Informations- und Kontrollrechte	55
II.	Haftung	57

		Rn.
	1. Haftung des Treuhänders als Gesellschafter	57
	2. Mittelbare Haftung des Treugebers	58
	3. Durchgriffshaftung des Treugebers	60
III.	Organbefugnisse	63
IV.	Verfügungen über den Anteil	65
	1. Verfügungsbefugnis des Treuhänders	65
	2. Schutz des Treugebers vor missbräuchlichen Verfügungen des Treuhänders	66
V.	Erstreckung gesellschaftsrechtlicher Rechte und Pflichten auf den Treugeber	69
F.	Innenverhältnis: Rechte und Pflichten von Treugeber und Treuhänder	71
I.	Weisungsrechte des Treugebers	72
II.	Herausgabeansprüche des Treugebers	76
III.	Aufwendungsersatz-, Freistellungs- und Vergütungsansprüche des Treuhänders	78
IV.	Informations- und Kontrollrechte des Treugebers	81
V.	Wechsel der Treuhandbeteiligten	83
	1. Treuhänder	83
	2. Treugeber	87
VI.	Innenhaftung	92
G.	Auflösung des Treuhandverhältnisses	94
I.	Allgemeines	94
II.	Beendigungsgründe	96
	1. Kündigung und Widerruf	96
	2. Weitere Beendigungsgründe	98
III.	Rückabwicklung des Treuhandverhältnisses	102
	1. Abwicklungsschuldverhältnis	102
	2. Rückübertragung des Gesellschaftsanteils	103
	3. Nachwirkende Haftungsrisiken	108
H.	Treuhand in Insolvenz und Zwangsvollstreckung	109
I.	Beim Treuhänder	110
II.	Beim Treugeber	114
III.	Bei der Gesellschaft	118

Kommentare und Gesamtdarstellungen:

Baumbach/Hopt, Kommentar zum Handelsgesetzbuch, 32. Aufl. 2006; *Baumbach/Hueck*, Kommentar zum GmbH-Gesetz, 18. Aufl. 2006; *Baumbach/Lauterbach/Albers/Hartmann*, Kommentar zur ZPO, 64. Aufl. 2006; *Hachenburg*, GmbHG, 8. Aufl. 1992; *Heymann*, Handelsgesetzbuch, 2. Aufl. 1996; *Hüffer*, AktG, 7. Aufl. 2004; *Klein*, Der Treuhandvertrag, 2006; *Lutter*, UmwG, 3. Aufl. 2004; *Lutter/Hommelhoff*, GmbH-Gesetz, 16. Aufl. 2004; *Michalski*, Kommentar zum GmbH-Gesetz, 2002; *Münchener Kommentar zum Bürgerlichen Gesetzbuch*, 4. Aufl. 2003; *Münchener Kommentar zum Handelsgesetzbuch*, 2002; *Schlegelberger*, HGB-Kommentar, 5. Aufl. 1973 ff.; *Schmidt*, Gesellschaftsrecht, 4. Aufl. 2002; *Scholz*, Kommentar zum GmbHG, Bd. I, 10. Aufl. 2006; *ders.*, GmbHG, Bd. II,

9. Aufl. 2002; *Singhof/Seiler/Schlitt*, Mittelbare Gesellschaftsbeteiligungen, 2004; *Uhlenbruck*, Insolvenzordnung, Kommentar, 12. Aufl. 2003; *Widmann/Mayer*, Umwandlungsrecht, Stand: August 2006; *Zöller*, ZPO, 25. Aufl. 2005.

Aufsätze und Rechtsprechungsübersichten:

Armbrüster, Die treuhänderische Beteiligung an Gesellschaften, 2001; *ders.*, Treuhänderische GmbH-Beteiligungen (II) – Rechte und Pflichten von Treuhänder und Treugeber in der Gesellschaft, GmbHR 2001, 1021; *Beuthien*, Treuhand an Gesellschaftsanteilen, ZGR 1974, 26; *Crezelius*, Scheingeschäfte und Strohmanngeschäfte insb. im Steuerrecht, in: FS für Gerhard Otte, 2005, S. 39; *Däubler*, Die treuhänderische Abtretung des GmbH-Geschäftsanteils, GmbHR 1966, 243; *Ehlke*, Zur Behandlung von Treugeber und Treuhänder an einem GmbH-Anteil, DB 1985, 795; *Fohler/Greitemann*, Die verdeckte Treuhand an GmbH-Anteilen, DB 2005, 2488; *Gernhuber*, Die fiduziarische Treuhand, JuS 1988, 355; *Henssler*, Treuhandgeschäft – Dogmatik und Wirklichkeit, ACP 196 (1996), 37; *Heidner*, Die rechtsgeschäftliche Treuhand im Zivil- und Insolvenzrecht, DStR 1989, 276; *Hohaus*, Die steuerliche Anerkennung von Treuhandsvertragsklauseln im Rahmen von Mitarbeiterdirektbeteiligungen, DStR 2002, 789; *Kallmeyer*, Abtretungsverpflichtung aus formloser Erwerbstreuhand?, GmbHR 2006, 66; *Oertzen*, Zur erbschaftsteuerlichen Behandlung treuhänderisch gehaltener Vermögensgegenstände, ZEV 2005, 341; *Pohlmann*, Verzicht auf die aufschiebende Bedingung einer GmbH-Anteilsübertragung, NJW 1999, 190; *Schaub*, Treuhand an GmbH-Anteilen, DStR 1995, 1634; *Seidl*, Die Haftung des fremdnützigen Treuhänders als Gründungsgesellschafter einer GmbH und Möglichkeiten der Risikobegrenzung, DStR 1998, 1220; *Tebben*, Die qualifizierte Treuhand im Personengesellschaftsrecht, ZGR 2001, 586; *Teichmann*, Der Nießbrauch an Gesellschaftsanteilen, ZGR 1972, 1; *Ulmer*, Zur Treuhand an GmbH-Anteilen, in: FS für Odersky, 1996, S. 873; *Vossius*, Sicherungsgeschäfte bei Übertragung von Gesellschaftsanteilen, BB 1988, Beilage 5; *Wachter*, Erbschaft- und Schenkungsteuer bei der Übertragung treuhänderisch gehaltener Vermögensgegenstände, DStR 2005, 1844; *Wild/Reinfeld*, Das Treuhandmodell – Ein Modell ohne Zukunft?, DB 2005, 69.

A. Allgemeines

1 **Die Treuhand** genießt sowohl im Rahmen der allgemeinen gesellschaftsrechtlichen Gestaltungspraxis als auch insb. bei der Nachfolgeplanung und bei Familiengesellschaften eine **stete Beliebtheit**, da sie ebenso wie die stille Gesellschaft und die Unterbeteiligung **interessante Gestaltungsmöglichkeiten** jenseits der klassischen Gesellschaftsformen eröffnet.

B. Überlegungen zur Rechtsformwahl

2 Der **zivilrechtliche Anwendungsbereich** der Treuhand an Gesellschaftsanteilen ist weit gefächert. **In der Praxis** haben sich **verschiedene Kategorisierungen** der Treuhand mit jeweils unterschiedlichen Anwendungsbereichen herausgebildet.[1]

3 Bei der **Verwaltungstreuhand**[2] übt der Treuhänder die Rechte aus dem Gesellschaftsanteil **im Interesse des Treugebers** aus. Interessant ist dies bspw., wenn der Treugeber dadurch Verbote, vertragliche Bindungen oder eine Zustimmungsverweigerung der Mitgesellschafter zur Anteilsübertragung umgehen kann. Häufig soll durch die Einschaltung eines Treuhänders die Gesellschafterstellung des Treugebers gegenüber Gläubigern oder Wettbewerbern **verborgen** werden, da nur der Treuhänder nach außen und insb. im Handelsregister in Erscheinung tritt. Von Bedeutung ist die Verwaltungstreuhand zudem **im Zusammenhang mit Publikumsgesellschaften**,[3] bei denen anstelle vieler einzelner Gesellschafter ein einzelner Treuhandgesellschafter beteiligt wird, um den **Verwaltungsaufwand zu vereinfachen** und die **Handlungsfähigkeit** der Gesellschaft zu erhalten.

---

1 Zu steuerrechtlichen Gestaltungen im Rahmen der Nachfolgeplanung, vgl. Wachter, DStR 2005, 1844 ff.; Oertzen, ZEV 2005, 341; im Rahmen mittelständischer Unternehmensstrukturen vgl. Wild/Reinfeld, DB 2005, 69; allgemein Crezelius, in: FS für Otte, S. 39 ff.

2 Ausführlicher unten Rn. 14.

3 Ausführlich zur Publikumstreuhand MünchKomm-HGB/K. Schmidt, Vor § 230 Rn. 79; Singhof/Seiler/Schlitt, Mittelbare Gesellschaftsbeteiligungen, Rn. 587 ff.

Die **Sicherungstreuhand**[4] stellt ein klassisches Mittel der Kreditsicherung dar, sei es bei Finanzierung einer erworbenen Gesellschaft, sei es bei Finanzierung anderer Objekte. 4

Die **Nutzungstreuhand**[5] steht dem Nießbrauch sehr nahe und findet deshalb bspw. im Rahmen der vorweggenommenen Erbfolge und der Unternehmensnachfolge Verwendung.

Geht es um die **Abwicklung von Unternehmenskaufverträgen** oder die **Sanierung von Gesellschaften**, wird häufig ein sog. **Escrow Agent** eingesetzt, der **im Rahmen einer Doppeltreuhand**[6] den Gesellschaftsanteil bis zur vollständigen Erfüllung aller weiteren wechselseitigen Verpflichtungen verwaltet und anschließend an den Berechtigten überträgt. 5

C. Wesen und Erscheinungsformen

I. Definition und Wesen der Treuhand

Die **Treuhand an Gesellschaftsanteilen** ist eine **besondere Form der mittelbaren Unternehmensbeteiligung**, die ihre Grundlage im allgemeinen Recht der Treuhand hat. Aufgrund der über das allgemeine Treuhandrecht hinausgehenden spezifischen (gesellschaftsrechtlichen) Besonderheiten sowie der zahlreichen Varianten der Treuhand ist eine **allgemeine Definition nicht möglich**.[7] Übereinstimmendes **Merkmal aller Treuhanddefinitionen** ist jedoch, dass einem „Treuhänder" von einem „Treugeber" die Rechtsmacht eingeräumt wird, über eine vermögenswerte Position, das „Treugut", im Außenverhältnis zu verfügen, wobei diese Verfügungsmacht des Treuhänders im Innenverhältnis gegenüber dem Treugeber durch den Treuhandvertrag begrenzt ist.[8] 6

Abhängig von der rechtlichen Ausgestaltung kann zwischen der **fiduziarischen Vollrechtstreuhand**, der **Ermächtigungstreuhand** und der **Vollmachtstreuhand** unterschieden werden. Bei den beiden letzten Varianten erwirbt der Treuhänder **keine Vollrechtsstellung** (d.h. er wird nicht Gesellschafter). Der Treuhänder wird vom Treugeber nur mit treuhänderischer Verfügungsbefugnis in Bezug auf das Treugut ausgestattet, die bei der Ermächtigungstreuhand im eigenen Namen, bei der Vollmachtstreuhand (unechte Treuhand) im fremden Namen ausgeübt wird. Bei der fiduziarischen Treuhand (echte Treuhand) erlangt der Treuhänder dagegen eine echte Gesellschafterstellung.[9] 7

Diese **echte Treuhand** an Gesellschaftsanteilen wird **folgendermaßen definiert**: Eine fiduziarische Vollrechtstreuhand an einer Beteiligung liegt vor, wenn ein Gesellschafter (Treuhänder) Inhaber der Beteiligung für Rechnung eines anderen (Treugeber) ist, so dass er die Rechte aus der Beteiligung nur nach Maßgabe eines mit dem Treugeber geschlossenen Treuhandvertrages ausüben darf.[10] 8

Bei der **fiduziarischen Vollrechtstreuhand** besteht ein **Spannungsverhältnis** zwischen der **umfassenden Verfügungsmacht** des Treuhänders im Außenverhältnis und den **schuldrechtlichen Beschränkungen** dieser Verfügungsmacht im Innenverhältnis. Das Treugut wird zwar dinglich dem Treuhänder zugeordnet, wirtschaftlich aber dem Treugeber, der dadurch mittelbar an der Gesellschaft teilhat.[11] 9

---

4   Ausführlich unten Rn. 15 f.
5   Ausführlich unten Rn. 15 f.
6   Ausführlich unten Rn. 17 f.
7   MünchKomm-HGB/K. Schmidt, Vor § 230 Rn. 35; Beuthien, ZGR 1974, 26, 29; Henssler, ACP 196 (1996), 37, 41 ff.
8   MünchKomm-HGB/K. Schmidt, Vor § 230 Rn. 35; Armbrüster, Die treuhänderische Beteiligung an Gesellschaften, S. 12 ff.
9   BGHZ 19, 69, 71; BGH, ZIP 1999, 59, 60; Gernhuber, JuS 1988, 355 ff.; Heidner, DStR 1989, 276, 277; Schaub, DStR 1995, 1634.
10 MünchKomm-HGB/K. Schmidt, Vor § 230 Rn. 36.
11 BGHZ 19, 69, 71; BGH, ZIP 1999, 59, 60; Schaub, DStR 1995, 1634.

10 **Rechtstechnisch** ist zwischen der **Treuhand an einer Beteiligung**, der **Treuhand am Unternehmen** und der **Treuhand am Gesellschaftsvermögen** zu unterscheiden.[12]

11 Gegenstand der Treuhand an einer Gesellschaftsbeteiligung können grds. alle Gesellschaftsanteile, einschließlich solcher an einer Außen- oder Innen-BGB-Gesellschaft sein. **Voraussetzung bei Letzterer** ist, dass die Mitgliedschaft in der Innengesellschaft übertragbar ausgestaltet ist. Ebenso ist die Treuhand an einer atypischen stillen Gesellschaft oder einer atypischen Unterbeteiligung zulässig.[13]

12 Die Treuhand an Gesellschaftsanteilen kann als **offene oder verdeckte Treuhand** ausgestaltet sein. Bei **der offenen Treuhand** wird das Treuhandverhältnis gegenüber den Mitgesellschaftern **offengelegt** und regelmäßig auch von diesen gebilligt. Dagegen wird das Treuhandverhältnis gegenüber den Mitgesellschaftern bei **der verdeckten Treuhand geheim gehalten**. Dabei ist zu beachten, dass die verdeckte Treuhand gegenüber den Mitgesellschaftern unter Umständen eine **Pflichtverletzung** darstellt und der Treuhänder zur Auskunft über die Person des Treugebers verpflichtet sein kann.[14]

13 **Wesensmerkmal des Treuhandverhältnisses** ist stets das **Auseinanderfallen zwischen äußerer und innerer Rechtszuständigkeit**. Dementsprechend hat auch die Begründung des Treuhandverhältnisses zwei Seiten, nämlich einerseits den Erwerb der Gesellschafterstellung mit vollumfänglicher Verfügungsbefugnis nach außen und andererseits den Treuhandvertrag zur Regelung des Innenverhältnisses zwischen Treuhänder und Treugeber.

II. Erscheinungsformen

1. Fremdnützige Treuhand

14 Bei der **fremdnützigen (uneigennützigen) Treuhand** handelt der Treugeber zwar in eigenem Namen, wirtschaftlich aber im Interesse des Treugebers. Häufigste Form der der fremdnützigen Treuhand ist die **sog. Verwaltungstreuhand**, bei der ein Treuhänder nach dem Treuhandvertrag die Rechte aus dem Gesellschaftsanteil im Interesse des Treugebers ausüben soll.[15] Auf der Grundlage eines **Auftrags** oder eines **Geschäftsbesorgungsvertrages** vermittelt der (**weisungsabhängige**) Treuhänder dem Treugeber eine wirtschaftliche Beteiligung an der Gesellschaft.[16]

> **Hinweis:**
> In der Praxis findet sich die Verwaltungstreuhand häufig bei Publikumstreuhandgesellschaften, bei denen zahlreiche Kapitalanleger anstelle von Kommanditanteilen Treuhandanteile zeichnen, sowie bei der sog. Strohmann-Gründung.

2. Eigennützige Treuhand

15 Bei der **eigennützigen Treuhand** steht nicht das Interesse des Treugebers, sondern das **Interesse des Treuhänders im Vordergrund**. Die häufigste Form der eigennützigen Treuhand ist die sog. **Sicherungstreuhand**,[17] bei der ein Gesellschaftsanteil zur Sicherung einer Forderung treuhänderisch an einen Gläubiger als Treuhänder abgetreten wird. Der Treuhänder verfolgt hier primär keine gemeinsamen mitunternehmerischen Interessen, vielmehr geht es ihm um die **Verwendung der Beteiligung im eigenen**

---

12 Zur Treuhand am Unternehmen und Treuhand am Gesellschaftsvermögen vgl. MünchKomm-HGB/K. Schmidt, Vor § 230 Rn. 34.
13 MünchKomm-HGB/K. Schmidt, Vor § 230 Rn. 37; Schlegelberger/K. Schmidt, HGB, Vor § 230 Rn. 31.
14 OLG Hamburg, BB 1993, 1030.
15 BGH, WM 1969, 935.
16 K. Schmidt, Gesellschaftsrecht, S. 1827, § 61 III.1.c; Singhof/Seiler/Schlitt, Mittelbare Gesellschaftsbeteiligungen, Rn. 497.
17 Ausführlich zur Sicherungstreuhand, die in diesem Kapitel jeweils nur kurz mit typischen Besonderheiten angesprochen werden soll Singhof/Seiler/Schlitt, Mittelbare Gesellschaftsbeteiligungen, Rn. 631 ff.; Armbrüster, Die treuhänderische Beteiligung an Gesellschaften, S. 42 ff., jeweils m.w.N.

Interesse als Kreditsicherungsmittel.[18] Eine Sicherungstreuhand kann dabei nicht nur durch Übertragung des Treuguts vom Treuhänder auf den Treugeber entstehen, sondern auch dann, wenn die Gesellschafterstellung unmittelbar in der Person des Treuhänders begründet wird. **Praktische Beispiele** für die Sicherungstreuhand sind die Beteiligungsfinanzierung durch Dritte, denen der Gesellschaftsanteil zur Sicherheit übertragen wird, oder die lediglich treuhänderische Beteiligung eines Erwerbers bis zur vollständigen Kaufpreiszahlung.[19]

Eine **weitere Variante** der eigennützigen Treuhand ist die **Nutzungstreuhand**, durch die dem Treuhänder, ähnlich einem Nießbraucher, ein Nutzungsrecht an dem Gesellschaftsanteil eingeräumt wird. Anders als beim Nießbrauch ist der Treuhänder jedoch nicht auf ein bloßes dinglich gesichertes Gewinnbeteiligungsrecht beschränkt, sondern aufgrund der Vollrechtsübertragung selbst **Gesellschafter mit allen Rechten und Pflichten**. Im Innenverhältnis gegenüber dem Treugeber ist seine Stellung dann allerdings schuldrechtlich auf das vereinbarte Nutzungsrecht beschränkt.[20]

3. Doppeltreuhand

Eine sog. **Doppeltreuhand** liegt vor, wenn der Treuhänder den Gesellschaftsanteil entweder **sowohl in eigenem als auch in fremdem Interesse** oder im Interesse mehrerer Personen hält.[21] Zum Schutze des Treugebers muss sich in diesem Fall allerdings aus der Treuhandvereinbarung klar ergeben, dass der Treuhänder nicht nur die Interessen dieses Treugebers, sondern auch eigene Interessen oder die Interessen Dritter wahrnimmt.

Praktische Anwendungsfälle für die Doppeltreuhand finden sich bei der **Veräußerung von Geschäftsanteilen** unter Einschaltung eines sog. **Escrow Agent**. Hier wird ein Gesellschaftsanteil vom Veräußerer zunächst auf einen Treuhänder übertragen, der den Anteil erst bei vollständiger Kaufpreiszahlung an den Erwerber überträgt, den hinterlegten Kaufpreis erst bei Übertragung des Gesellschaftsanteils an den Veräußerer ausschüttet oder als Sicherheit für Mängelansprüche hinterlegte Kaufpreisteile verwaltet.[22]

III. Abgrenzung zu anderen Rechtsverhältnissen

1. Stille Gesellschaft und Unterbeteiligung

Die Abgrenzung der Treuhand von der stillen Gesellschaft und der Unterbeteiligungsgesellschaft wurde bereits oben genauer erläutert.[23]

2. Mittelbare Stellvertretung

Unproblematisch ist die **Abgrenzung** der Treuhand **zur mittelbaren Stellvertretung**, da beide Rechtsinstitute unterschiedliche Funktionen erfüllen, die praktisch nicht zu abgrenzungsrelevanten Überschneidungen führen können. Die mittelbare Stellvertretung (Handeln eines Stellvertreters in eigenem Namen für fremde Rechnung) bezieht sich auf den Abschluss eines **bestimmten Rechtsgeschäfts**, wohingegen die Treuhand im Innenverhältnis auf die Zuordnung des Treuguts und die das **Treugut betreffenden Rechte und Pflichten** gerichtet ist.[24] **Mittelbare Stellvertretung** kann dabei durchaus ergänzend zur Treuhand eingreifen.

---

18 MünchKomm-HGB/K. Schmidt, Vor § 230 Rn. 39; Klein, Der Treuhandvertrag, S. 9; Armbrüster, Die treuhänderische Beteiligung an Gesellschaften, S. 42 ff.; Vossius, BB 1988, Beilage 5; statt einem fremdnützigen Geschäftsbesorgungsvertrag liegt einer Sicherungstreuhand regelmäßig eine schuldrechtliche Sicherungsabrede zugrunde, die regelt, unter welchen Voraussetzungen der Treuhänder das Treugut verwerten darf.
19 Vossius, BB 1988, Beilage 5, S. 12 ff.; Pohlmann, NJW 1999, 190, 192.
20 Vgl. BGH, BB 1975, 295; Teichmann, ZGR, 1972, 1, 6; K. Schmidt, Gesellschaftsrecht, S. 1821, § 61 II.1.b.
21 Klein, Der Treuhandvertrag, S. 9; Armbrüster, Die treuhänderische Beteiligung an Gesellschaften, S. 47 ff.; Vossius, BB 1988, Beilage 5, S. 1.
22 Singhof/Seiler/Schlitt, Mittelbare Gesellschaftsbeteiligungen, Rn. 504.
23 Siehe oben Teil 2: Gesellschaftsrecht, 3. Kap., § 1 Rn. 25 ff.; Teil 2: Gesellschaftsrecht, 3. Kap., § 2 Rn. 18 ff.
24 MünchKomm-HGB/K. Schmidt, Vor § 230 Rn. 48.

Beispiel:

Der Treuhänder erwirbt das Treugut bei der Ermächtigungstreuhand von einem Dritten im Wege der mittelbaren Stellvertretung (also im eigenen Namen aber für Rechnung des Treugebers).

3. Anteilsverpfändung

21 **Grundlegende Unterschiede** bestehen auch zwischen der **Anteilsverpfändung** und der **Sicherungstreuhand**. Anders als der Treuhänder wird der **Pfandgläubiger selbst nicht Gesellschafter** und damit auch nicht Inhaber der Informations-, Kontroll- und Verwaltungsrechte. Auch die Verpfändung des Gesellschaftsanteils wird deshalb nach außen oftmals gar nicht bekannt. Wie die Sicherungstreuhand ist die Verpfändung aber nur insoweit möglich als dies im Gesellschaftsvertrag vorgesehen ist oder die anderen Gesellschafter zustimmen.

22 Den aufgrund seiner Gesellschafterstellung **erhöhten Risiken** des Treuhänders bei der Sicherungstreuhand stehen auf der anderen Seite ein erhöhter **Schutz vor Beeinträchtigung** des Treuguts und eine **leichtere Verwertungsmöglichkeit** gegenüber. Für den Treugeber ist die Sicherungstreuhand allerdings ein stärkerer Eingriff, da die gesamte Gesellschafterstellung auf den Treuhänder übergeht und nur vergleichsweise unsichere schuldrechtliche Sicherungsabreden und Treuepflichten zu seiner Absicherung bestehen.[25]

D. Begründung des Treuhandverhältnisses

23 Bei der **Begründung des Treuhandverhältnisses** ist einerseits zwischen dem durch den schuldrechtlichen Treuhandvertrag geregelten **Innenverhältnis zwischen Treuhänder und Treugeber** und andererseits dem **Außenverhältnis** zu unterscheiden, das den Erwerb und die Innehabung der Gesellschafterstellung durch den Treugeber betrifft.

I. Innenverhältnis: Treuhandvertrag

24 **Voraussetzung für die Entstehung** eines Treuhandverhältnisses ist zunächst der schuldrechtliche Treuhandvertrag („**pactum fiduciae**") zwischen dem Treuhänder und dem Treugeber.

1. Begründung durch Treuhandvertrag

25 Der schuldrechtliche Treuhandvertrag ist ein **entgeltliches oder unentgeltliches Auftragsverhältnis**, auf das die §§ 662 ff. BGB unmittelbar (bei Unentgeltlichkeit) oder über § 675 BGB (bei Entgeltlichkeit) anwendbar sind.[26] **Gegenstand** des Auftragsverhältnisses bzw. Geschäftsbesorgungsvertrages ist grds. **die Erbringung von Diensten i.S.v. § 611 BGB**. Anders als ein Auftrag oder Geschäftsbesorgungsvertrag beschränkt sich der Treuhandvertrag allerdings **nicht auf eine bloße schuldrechtliche Regelung**, sondern weist bei der Treuhand an Gesellschaftsanteilen auch sog. **Organisationselemente** auf, die dem Treuhandvertrag selbst z.T. einen gesellschaftsrechtlichen Charakter geben.[27] Bei der Sicherungstreuhand ist der Treuhandvertrag darüber hinaus Bestandteil der Sicherungsabrede.[28]

26 **Grenzen der rechtlichen Zulässigkeit** eines Treuhandvertrages können sich im Einzelfall ergeben, wenn die Vereinbarung eines Treuhandverhältnisses der Umgehung gesellschaftsrechtlicher Verbote dient. Auch hier wird in den meisten Fällen jedoch keine Unwirksamkeit des Treuhandvertrages nach §§ 134, 138 BGB anzunehmen sein, sondern meist ein Recht der Mitgesellschafter, den Treuhandgesellschafter aus der Gesellschaft auszuschließen.[29]

---

25 Ausführlich zur Abgrenzung: Singhof/Seiler/Schlitt, Mittelbare Gesellschaftsbeteiligungen, Rn. 634 ff.
26 RGZ 153, 367, 369; BGH, BB 1969, 1154.
27 Vgl. Ulmer, in: FS für Odersky, S. 873 ff.
28 MünchKomm-HGB/K. Schmidt, Vor § 230 Rn. 51.
29 Baumbach/Hopt/Hopt, HGB, § 105 Rn. 33; MünchKomm-HGB/K. Schmidt, Vor § 230 Rn. 56; Singhof/Seiler/Schlitt, Mittelbare Gesellschaftsbeteiligungen, Rn. 520.

2. Form

Der schuldrechtliche Treuhandvertrag ist **grds. formfrei möglich**, auch wenn er sich auf Anteile an Personengesellschaften bezieht. In der Praxis empfiehlt sich aus Nachweisgründen regelmäßig die Schriftform.[30]

Notarielle Form kann bei einem Treuhandvertrag über GmbH-Geschäftsanteile erforderlich sein. Enthält der **Treuhandvertrag** bspw. neben der **schuldrechtlichen Treuhandabrede** auch eine Abtretung des Geschäftsanteils an den Treuhänder oder eine (aufschiebend bedingte) Rückabtretung des Geschäftsanteils, ist der Treuhandvertrag insgesamt nach § 15 Abs. 3 GmbH beurkundungspflichtig.[31]

Auch wenn der Treuhandvertrag **keine Abtretung** enthält, kann er **dennoch nach § 15 Abs. 4 GmbHG** beurkundungspflichtig sein. Dies ist bspw. der Fall, wenn sich der Treugeber bei der Übertragungstreuhand[32] zur Abtretung des Geschäftsanteils an den Treuhänder verpflichtet.[33] Die Beurkundungspflicht galt **nach bisher h.M.** allerdings nicht für die ausdrückliche oder stillschweigende Verpflichtung, den Geschäftsanteil bei Beendigung und Rückabwicklung des Treuhandverhältnisses an den Treugeber zurückzuübertragen, da sich die Rückübertragungspflicht des Treuhänders aus dem Gesetz ergibt.[34] **Nach neuerer Rspr. des BGH** ist jedoch wohl auch insofern von einer Beurkundungspflicht auszugehen.[35] Abzulehnen ist die **Ansicht des FG Köln**, ein Treuhandverhältnis an GmbH-Anteilen sei generell beurkundungspflichtig und bedürfe für seine steuerliche Wirksamkeit stets der Mitteilung an die Finanzbehörden.[36]

Bei der **Erwerbstreuhand** und der **Vereinbarungstreuhand**[37] sind Erwerbsverpflichtung und Verpflichtung, den Anteil künftig für den Treugeber zu halten, nach allgemeiner Ansicht für sich genommen **nicht formbedürftig**.[38] Problematisch ist in diesen Fällen nur die **Pflicht zur Rückübertragung. Nach h.M.** ergibt sich diese bei der Erwerbstreuhand bereits aus dem Gesetz, so dass keine formbedürftige schuldrechtliche Verpflichtung i.S.v. § 15 Abs. 4 GmbHG vorliegt.[39] Bei der Vereinbarungstreuhand muss sich der Treuhänder schuldrechtlich zur Herausgabe des Geschäftsanteils bei Beendigung des Treuhandverhältnisses verpflichten. Diese Verpflichtung ist nach der **Rspr. des BGH** beurkundungspflichtig.[40]

3. Minderjährige, Geschäftsunfähige

Geschäftsunfähige bzw. beschränkt Geschäftsfähige bedürfen beim Abschluss eines Treuhandvertrages der **Mitwirkung ihres gesetzlichen Vertreters (§§ 105 ff. BGB)**. Ist der gesetzliche Vertreter gleichzeitig auf der anderen Seite des Treuhandvertrages als Vertragspartner oder dessen Vertreter be-

---

30 Vgl. Klein, Der Treuhandvertrag, S. 21.
31 Hachenburg/Zütt, GmbHG, Anh. § 15 Rn. 53; Schaub, DStR 1995, 1634, 1636; vgl. auch Fohler/Greitemann, DB 2005, 2488 ff.
32 Siehe unten Rn. 37.
33 Baumbach/Hueck/Hueck/Faustrich, GmbHG, § 15 Rn. 55; Michalski, GmbHG, § 15 Rn. 209; Scholz/H. Winter/Seibt, GmbHG, § 15 Rn. 15; Lutter/Hommelhoff, GmbHG, § 15 Rn. 28; a.A.: Armbrüster, Die treuhänderische Beteiligung an Gesellschaften, S. 104.
34 § 667 BGB; Armbrüster, Die treuhänderische Beteiligung an Gesellschaften, S. 105 ff.; Scholz/H. Winter/Seibt, GmbHG, § 15 Rn. 57, 66; Baumbach/Hueck/Hueck/Fastrich, GmbHG, § 15 Rn. 55; Lutter/Hommelhoff, GmbHG, § 15 Rn. 32; RGZ 50, 42, 45; MünchKomm-HGB/K. Schmidt, Vor § 230 Rn. 51; BGH, NJW 1997, 2946, 2947.
35 BGH, NJW 1999, 2594 ff.
36 FG Köln, DB 2005, 2496; dagegen Fohler/Greitemann, DB 2005, 2488.
37 Vgl. unten Rn. 38 ff., 42 ff.
38 MünchKomm-HGB/K. Schmidt, Vor § 230 Rn. 51; Armbrüster, Die treuhänderische Beteiligung an Gesellschaften, S. 105.
39 BGHZ 19, 69/70 f.; BGH, NJW 1997, 2946, 2947; Baumbach/Hueck/Hueck/Fastrich, GmbHG, § 15 Rn. 55; Michalski, GmbHG, § 15 Rn. 208; Beuthien, ZGR 1974, 26, 78; Armbrüster, GmbHR 2001, 941, 945.
40 BGH, NJW 1999, 2594 ff.

teiligt, greift § 181 BGB. **Wegen §§ 1629 Abs. 2, 1795 BGB** ist dann zusätzlich die Bestellung eines **Ergänzungspflegers nach § 1909 BGB** erforderlich.

> **Hinweis:**
>
> Bei mehreren Minderjährigen muss für jeden einzelnen Minderjährigen ein eigener Ergänzungspfleger bestellt werden.

32 Da den Treugeber im Innenverhältnis **sämtliche Lasten und Risiken** der Beteiligung treffen, ist für die wirksame Begründung eines Treuhandverhältnisses mit einem minderjährigen Treugeber stets eine **vormundschaftliche Genehmigung** nach §§ 1643, Abs. 1, 1822 Nr. 3 BGB erforderlich.[41]

33 Soll ein **Minderjähriger Treuhänder** werden, ist aufgrund der damit verbundenen Haftungsfolgen grds. ebenfalls eine **Genehmigung des Vormundschaftsgerichts** erforderlich. Bei Mitwirkung eines minderjährigen Treuhänders an der Gründung einer Gesellschaft, greift § 1822 Nr. 3 BGB. **Auch der treuhänderische Erwerb einer Beteiligung** an einer Personenhandelsgesellschaft unterliegt nach dieser Vorschrift der Genehmigungspflicht.[42] Beim Erwerb einer Kapitalgesellschaftsbeteiligung ist hingegen nur bei besonderen Haftungsrisiken z.B. nach §§ 16 Abs. 3, 24, 31 Abs. 1 GmbHG die Genehmigung durch das Vormundschaftsgericht erforderlich.[43]

4. Verhältnis Treuhandvertrag – Gesellschaftsvertrag

34 Der Treuhänder unterliegt einerseits aufgrund des **Treuhandvertrages** besonderen Pflichten **gegenüber dem Treugeber**, andererseits aufgrund seiner **Gesellschafterstellung** auch besonderen **Treuepflichten gegenüber den Mitgesellschaftern** und der Gesellschaft. In der Praxis kann insofern ein starkes Spannungsverhältnis bestehen, das den Treuhänder bei Befolgung der Interessen einer Seite in Konflikt mit den Interessen der anderen Seite bringen kann.

> **Hinweis:**
>
> Zum Schutz des Treuhänders sollte der Treuhandvertrag deshalb stets genau mit dem Gesellschaftsvertrag abgestimmt werden.

Die **zwingenden gesellschaftsrechtlichen Regelungen** bilden im Übrigen **auch für den Treugeber** eine Grenze, die er bei Einflussnahme auf den Treuhänder hinsichtlich der Ausübung der Gesellschafterrechte einzuhalten hat.[44]

II. Muster: Treuhandvertrag[45]

35

Treuhandvertrag

zwischen

………………..

– nachfolgend der „**Treugeber**" –

und

………………..

– nachfolgend der „**Treuhänder**" –

---

41 MünchKomm-HGB/K. Schmidt, Vor § 230 Rn. 54; Armbrüster, Die treuhänderische Beteiligung an Gesellschaften, S. 124; Singhof/Seiler/Schlitt, Mittelbare Gesellschaftsbeteiligungen, Rn. 532.
42 BGHZ 17, 160, 163 ff.
43 Vgl. Lutter/Hommelhoff, GmbHG, § 15 Rn. 4; MünchKomm-BGB/Wagenitz, § 1822 Rn. 17.
44 Singhof/Seiler/Schlitt, Mittelbare Gesellschaftsbeteiligungen, Rn. 536.
45 Ggf. ist eine notarielle Beurkundung des Gesellschaftsvertrages notwendig.

§ 1
Treuhandverhältnis

(1) Der Treuhänder wird im Zuge der Gründung der ... GmbH mit dem Sitz in ... (nachfolgend die „**GmbH**") eine Stammeinlage im Nennbetrag von ... € ... unter Einzahlung des Nominalbetrags zuzüglich eines Aufgelds von ... € ... im eigenen Namen, aber für Rechnung des Treugebers übernehmen. Er wird den Geschäftsanteil treuhänderisch für den Treugeber halten und verwalten. Die Parteien sind sich einig, dass der Geschäftsanteil einschließlich aller Nutzungen im Innenverhältnis allein dem Treugeber zusteht und diesem als wirtschaftlichem Inhaber auch steuerlich allein zuzurechnen ist.

(2) Der Treugeber beauftragt den Treuhänder, den als **Anlage** beigefügten Gesellschaftsvertrag abzuschließen.

(3) Der Treugeber wird den in Abs. 1 genannten Gesamtbetrag von ... € ... innerhalb von ... Tagen nach Abschluss dieses Treuhandvertrages spesenfrei auf das Konto des Treuhänders bei der ...-Bank einzahlen.

(4) Der Treuhänder erhält für die Treuhandschaft ein Entgelt von jährlich ... € zuzüglich etwaiger gesetzlicher Mehrwertsteuer, zu entrichten in zwölf gleichen Teilbeträgen jeweils zu Beginn eines jeden Kalendermonats, erstmals zum ....

§ 2
Kapitalveränderungen und Änderungen der Rechtsform

(1) Im Fall der Erhöhung oder Herabsetzung des treuhänderisch gehaltenen Geschäftsanteils gilt das Treuhandverhältnis auch hinsichtlich des veränderten Geschäftsanteils.

(2) Wird die GmbH durch eine Umwandlung im Sinne von § 1 UmwG rechtlich umgeformt, vereinbaren die Parteien bereits jetzt, dass dieses Treuhandverhältnis auch hinsichtlich der geänderten bzw. neuen Gesellschaft gelten soll. Die Parteien verpflichten sich, alle dazu erforderlichen oder zweckdienlichen Handlungen vorzunehmen oder Erklärungen abzugeben.

§ 3
Pflichten des Treuhänders

(1) Der Treuhänder wird seine Gesellschafterrechte aus dem treuhänderisch gehaltenen Geschäftsanteil im Rahmen der ihm in der GmbH obliegenden Rechte und Pflichten ausschließlich im Interesse des Treugebers ausüben. Er wird dabei den Weisungen des Treugebers, insbesondere auch hinsichtlich der Ausübung des Stimmrechts, Folge leisten. Er hat eine solche Weisung soweit möglich vor Ausübung des Stimmrechts einzuholen.

(2) Der Treuhänder wird den Treugeber über alle Angelegenheiten der GmbH und des treuhänderisch gehaltenen Geschäftsanteils sowie über alle ihm zur Kenntnis gelangten Ereignisse unterrichten, die geeignet sind, die Interessen des Treugebers zu beeinflussen. Er wird dem Treugeber weiter auf Anforderung alle Auskünfte über die GmbH erteilen, sowie alle die GmbH betreffenden Unterlagen, insbesondere Einladungen zu Gesellschafterversammlungen nebst Tagesordnung, unverzüglich weiterleiten, soweit dies nicht einer ihm gesellschaftsrechtlich obliegenden Geheimhaltungspflicht widerspricht.

(3) Der Treuhänder wird außergewöhnliche Aufwendungen im Zusammenhang mit dem Treuhandverhältnis nur machen oder Verpflichtungen dazu nur eingehen, wenn der Treugeber seine vorherige Zustimmung erteilt hat.

(4) Der Treuhänder wird über den Geschäftsanteil nur nach vorheriger Zustimmung oder nach Weisung des Treugebers verfügen. Er ist insbesondere verpflichtet, den Geschäftsanteil auf Verlangen des Treugebers ganz oder teilweise auf einen oder mehrere von diesem benannte Dritte zu übertragen, wozu der Treugeber dem Treuhänder hiermit unter Befreiung von den Beschränkungen des § 181 BGB und mit dem Recht zur Erteilung von Untervollmacht bevollmächtigt.

(5) Der Treuhänder wird alles, was er aufgrund des Geschäftsanteils erhält (z.B. Gewinn, Liquidations- oder Veräußerungserlös), unverzüglich an den Treugeber auszahlen, herausgeben oder nach dessen Weisungen verwenden.

(6) Der Treuhänder haftet bei Ausübung der Pflichten aus diesem Vertrag nur für diejenige Sorgfalt, die er in eigenen Angelegenheiten anzuwenden pflegt.

§ 4
Pflichten des Treugebers

(1) Der Treugeber wird dem Treuhänder keine Weisungen erteilen, durch deren Befolgung der Treuhänder gegen gesellschaftsrechtliche oder vertragliche Verpflichtungen oder zwingendes Recht verstoßen würde.

(2) Der Treugeber erstattet dem Treuhänder die Aufwendungen zuzüglich etwaiger gesetzlicher Mehrwertsteuer, die dieser zur ordnungsgemäßen Erfüllung der ihm nach diesem Vertrag obliegenden Aufgaben macht, außergewöhnliche Aufwendungen jedoch nur, wenn sie mit seiner Zustimmung erfolgen. Der Treuhänder kann für die Aufwendungen einen angemessenen Vorschuss verlangen. Darüber hinaus ist der Treugeber verpflichtet, den Treuhänder von allen Verpflichtungen freizustellen, die für den Treuhänder im Rahmen der ordnungsgemäßen Erfüllung dieses Vertrages entstehen.

§ 5
Sicherung des Treugebers

(1) Der Treuhänder tritt hiermit mit sofortiger Wirkung seine Ansprüche gegen die GmbH auf Gewinn, Auseinandersetzungsguthaben, Liquidationserlös, Abfindung, Rückzahlung von Stammeinlagen, Einziehungsentgelt sowie auf dasjenige, was ihm im Falle der Veräußerung des Geschäftsanteils zusteht, im Wege einer stillen Vorausabtretung an den Treugeber ab, soweit diese Ansprüche auf den treuhänderisch gehaltenen Geschäftsanteil entfallen. Der Treugeber nimmt diese Abtretung hiermit an und ermächtigt den Treuhänder, die abgetretenen Ansprüche im eigenen Namen und für Rechnung des Treugebers geltend zu machen.

(2) Der Treuhänder bevollmächtigt hiermit den Treugeber unwiderruflich, das Stimmrecht aus dem Geschäftsanteil auszuüben. Der Treugeber ist von den Beschränkungen des § 181 BGB befreit und berechtigt, Untervollmacht zu erteilen. Die Parteien werden hinsichtlich dieser Vollmacht auf Verlangen des Treugebers eine gesonderte Urkunde ausstellen.

(3) Der Treuhänder tritt den Geschäftsanteil hiermit an den Treugeber ab und zwar mit Wirkung auf den Zeitpunkt, zu dem dieser Treuhandvertrag endet. Der Treugeber nimmt diese aufschiebend bedingte Abtretung hiermit an.

(**Anm.**: *Bei Aufnahme dieser Klausel ist zwingend die notarielle Beurkundung erforderlich.*)

§ 6
Geheimhaltung

(1) Die Parteien verpflichten sich, über diesen Vertrag und alle damit zusammenhängenden Angelegenheiten Dritten gegenüber Stillschweigen zu bewahren, soweit nicht eine Offenlegung gesetzlich zwingend erforderlich ist. § 5 bleibt unberührt.

§ 7
Beendigung des Treuhandverhältnisses

(1) Dieser Treuhandvertrag wird auf unbestimmte Zeit geschlossen und ist vom Treugeber jederzeit, vom Treuhänder nur mit einer Frist von einem Monat zum Quartalsende durch schriftliche Erklärung kündbar.

(2) Der Treuhandvertrag endet ferner, wenn

1. die Gründung der in § 1 Abs. 1 genannten GmbH nicht bis spätestens zum ... notariell beurkundet ist. Endet der Treuhandvertrag aus diesem Grunde, hat der Treuhänder die vom Treugeber empfangenen Beträge (abzüglich seiner nachgewiesenen Auslagen) ohne Zinsen unverzüglich zurückzuzahlen; oder

2. das Insolvenzverfahren über das Vermögen des Treuhänders eröffnet oder die Eröffnung mangels Masse abgelehnt wird oder die Einzelzwangsvollstreckung durch Gläubiger des Treuhänders in den Geschäftsanteil betrieben wird; oder

3. der Treuhänder ohne Zustimmung des Treugebers über den Geschäftsanteil verfügt; oder

4. der Treuhänder verstirbt.

(3) Das Recht zur fristlosen Kündigung dieses Vertrages aus wichtigem Grund bleibt für beide Vertragsparteien unberührt. Ein wichtiger Grund für den Treuhänder liegt insbesondere vor, wenn

1. der Betrag gemäß § 1 Abs. 3 nicht fristgerecht an den Treuhänder gezahlt wird; oder

2. der Treugeber mit Zahlung des Entgelts gemäß § 1 Abs. 4 oder dem Aufwendungsersatz gemäß § 4 Abs. 2 in Verzug gerät.

(4) Der Treuhänder wird den treuhänderisch gehaltenen Geschäftsanteil nach Beendigung des Treuhandvertrages unverzüglich und formgerecht auf den Treugeber übertragen, der zur Übernahme des Geschäftsanteils verpflichtet ist.

§ 8
Schlussbestimmungen

(1) Änderungen und Ergänzungen dieses Vertrages bedürfen der Schriftform, soweit nicht eine andere Form zwingend vorgeschrieben ist. Dies gilt auch für eine Änderung oder Aufhebung dieser Schriftformklausel.

(2) (Rechtswahl, Gerichtstand)

(3) Sollte eine Bestimmung dieses Vertrages ganz oder teilweise unwirksam oder undurchführbar sein oder werden, so wird hierdurch die Wirksamkeit der übrigen Bestimmungen nicht berührt. Die Parteien verpflichten sich, die unwirksame oder undurchführbare Bestimmung durch eine wirksame Bestimmung ersetzen, die dem wirtschaftlich Gewollten am nächsten kommt. Gleiches gilt im Falle einer ungewollten regelungsbedürftigen Lücke.

......................., den ....

....

(Treugeber)   (Treuhänder)

Anlage

III. Außenverhältnis: Erwerb der Gesellschafterstellung

36 **„Dingliche" Voraussetzung** des Treuhandverhältnisses ist die Gesellschafterstellung des Treuhänders.[46] Diese Rechtsstellung kann grds. auf die drei nachfolgend dargestellten Arten begründet werden, deren Unterscheidung primär für die unterschiedlich ausgestalteten Form- und Zustimmungserfordernisse von Bedeutung ist.

1. Übertragungstreuhand

37 Die klassische Form für die Begründung der Gesellschafterstellung des Treuhänders ist die **sog. Übertragungstreuhand**, bei der ein Treugeber dem Treuhänder seinen Gesellschaftsanteil treuhänderisch überträgt. Hierzu sind die allgemein **für Verfügungen über Gesellschafterrechte geltenden Voraussetzungen** zu beachten, bspw. bei Übertragung von GmbH-Geschäftsanteilen das Beurkundungserfordernis nach § 15 Abs. 3 GmbHG oder die Übertragungsbeschränkungen nach § 15 Abs. 5 GmbHG.[47] Bei Übertragung von Personengesellschaftsanteilen auf einen Treuhänder bedarf es grds. ebenfalls der Zustimmung der Mitgesellschafter oder der Gesellschaft, soweit dies nicht im Gesellschaftsvertrag abbedungen ist. Der bloße Treuhandcharakter der Übertragung macht die Zustimmung **nach einhelliger Ansicht** nicht entbehrlich, kann jedoch im Einzelfall einen Anspruch des Treugebers auf Zustimmung begründen.[48]

2. Vereinbarungstreuhand

38 Anders als bei der Übertragungstreuhand überträgt der Treugeber bei der **Vereinbarungstreuhand** seinen Gesellschaftsanteil nicht auf den Treuhänder, vielmehr wird der bisherige Gesellschafter ohne jede Anteilsübertragung **durch fiduziarische Abrede zum bloßen Treuhänder**.[49] Seine Beteiligung wird durch den Treuhandvertrag mit dem neuen „Treugeber" von einer uneingeschränkten in eine treuhänderische Beteiligung umgewandelt. Wirtschaftlicher Eigentümer ist dann nicht mehr der bisherige Gesellschafter (jetzt Treuhänder), sondern der neue Treugeber.

39 **Umstritten ist**, ob die Vereinbarungstreuhand **hinsichtlich eines GmbH-Anteils** der notariellen Form nach § 15 Abs. 3 oder Abs. 4 GmbHG bedarf. Zwar liegt mit der bloßen Vereinbarung einer Treuhand noch keine Verfügung über Mitgliedschaftsrechte i.S.v. § 15 Abs. 3 GmbHG vor, doch greift nach der **Rspr. des BGH** § 15 Abs. 4 GmbHG. Auch die Verpflichtung eines Gesellschafters, seinen Geschäftsanteil künftig für einen Treugeber zu halten, bedarf daher der notariellen Beurkundung.[50] Nach der Rspr. ist bei der Vereinbarungstreuhand schließlich auch die Pflicht beurkundungspflichtig, den Gesellschaftsanteil bei Beendigung der Treuhand an den Treugeber herauszugeben.[51]

40 Zudem ist strittig, ob die Vereinbarungstreuhand unter denselben Voraussetzungen wie die Übertragungstreuhand der **Zustimmung der Mitgesellschafter bedarf**, bspw. bei einer Vinkulierung nach § 15 Abs. 5 GmbHG.[52] Dabei geht es im Ergebnis um die Frage, ob die Übertragung des wirtschaftlichen Eigentums an einem Gesellschaftsanteil **ohne formale Übertragung** des Anteils einer genehmigungsbedürftigen Anteilsübertragung gleichsteht. Dies wird von der **herrschenden Ansicht** sowohl für vinkulierte GmbH-Anteile als auch für Personengesellschaften bejaht,[53] da dem Schutz der Mitgesellschafter vor der unge-

---

46 MünchKomm-HGB/K. Schmidt, Vor § 230 Rn. 52; Beuthien, ZGR 1974, 38 ff., 76 ff.
47 BayObLG, GmbHR 1991, 572, 574; Scholz/H. Winter/Seibt, GmbHG, § 15 Rn. 15; Hachenburg/Zutt, GmbHG, Anh § 15 Rn. 53; Armbrüster, Die treuhänderische Beteiligung an Gesellschaften, S. 96.
48 MünchKomm-HGB/K. Schmidt, Vor § 230 Rn. 53 m.w.N.; Singhof/Seiler/Schlitt, Mittelbare Gesellschaftsbeteiligungen, Rn. 514 m.w.N.
49 BGHZ 141, 207; BFH, DStRE 1997, 959.
50 BGH, NJW 1999, 2594 ff.; ebenso MünchKomm-HGB/K. Schmidt, Vor § 230 Rn. 51, 54.
51 BGH, NJW 1999, 2594 ff.
52 OLG Hamm, GmbHR 1993, 656, 658; Scholz/H. Winter/Seibt, GmbHG, § 15 Rn. 83a; Hachenburg/Zutt, GmbHG, Anh § 15 Rn. 53.
53 MünchKomm-HGB/K. Schmidt, Vor § 230 Rn. 54; a.A.: Singhof/Seiler/Schlitt, Mittelbare Gesellschaftsbeteiligungen, Rn. 516, jeweils m.w.N.

wollten Einflussnahme Dritter auf die Gesellschaft auch durch die gesellschaftsrechtlichen Treuepflichten des Treuhänders nicht hinreichend Rechnung getragen werden kann.[54]

Wird dem Treugeber die Treugeberstellung bei der Vereinbarungstreuhand **schenkweise** eingeräumt, so bedarf die Vereinbarungstreuhand der **Form des § 518 Abs. 1 BGB**. Dabei tritt durch die Einräumung der Treugeberstellung auch keine Heilung i.S.v. § 518 Abs. 2 BGB ein, weil, ebenso wie bei der stillen Gesellschaft, die bloße Vereinbarungstreuhand keinen Schenkungsvollzug darstellt.[55]

41

3. Erwerbstreuhand

Die Erwerbstreuhand findet vor allem bei der **Strohmann-Gründung** bzw. dem **Strohmann-Erwerb von Gesellschaftsanteilen** Anwendung. Der Treuhänder erwirbt hier den Gesellschaftsanteil zwar in eigenem Namen, wirtschaftlich aber **für Rechnung des Treugebers**. Dieser Rechtserwerb bedarf der allgemein für Verfügungen über den jeweiligen Gesellschaftsanteil bzw. Begründung der Gesellschafterstellung geltenden Form.[56] Dagegen ist der zwischen Treuhänder und Treugeber bestehende Treuhandvertrag auch im Falle einer Erwerbstreuhand bei GmbH-Anteilen **nicht schon deshalb beurkundungsbedürftig**, weil der Treuhänder bei Beendigung des Treuhandverhältnisses zur Übertragung des GmbH-Anteils an den Treugeber verpflichtet ist.[57] Diese Verpflichtung ergibt sich nämlich bereits aus § 667 BGB, entsprechende Regelungen im Treuhandvertrag sind **nicht konstitutiv**. Verpflichtet sich der Treuhänder allerdings, einen GmbH-Anteil von einem Dritten zu erwerben, unterliegt diese Verpflichtung dem Formzwang des § 15 Abs. 4 GmbHG.[58]

42

Regelmäßig wird sich bei einer **Erwerbstreuhand** in Form einer Strohmann-Gründung die Frage der Zustimmung der Mitgesellschafter nicht stellen. Die Mitgesellschafter sind grds. auch nicht zur Anfechtung des Gesellschaftsvertrages **wegen arglistiger Täuschung nach § 123 Abs. 1 BGB berechtigt**, wenn ihnen das Treuhandverhältnis verschwiegen wurde, da sich aus dem Treuhandverhältnis noch **keine konkrete Gefährdung** der Gesellschafterinteressen ergibt.[59]

43

E. Außenverhältnis: Treuhänder als Gesellschafter

I. Inhaber der Mitgliedschaftsrechte

Bei der Treuhand an Gesellschaftsanteilen ist Gesellschafter und deshalb Träger aller Mitgliedschaftsrechte **ausschließlich der Treuhänder**. Bei einer GmbH gehört er deshalb in die **Liste der Gesellschafter nach § 40 GmbHG**, bei einer Personengesellschaft ist er ins **Handelsregister** einzutragen. Ein Treuhandvermerk im Handelsregister bzw. in der Gesellschafterliste ist **weder erforderlich noch zulässig**.[60]

44

Der **Treuhänder** ist sowohl im Verhältnis zu seinen Mitgesellschaftern als auch gegenüber Dritten **alleiniger Träger der mitgliedschaftlichen Rechte und Pflichten**, insb. der Vermögens- und Mitverwaltungsrechte. Ihm stehen deshalb die **Ansprüche auf Gewinn und Abfindung** zu, er ist stimmberechtigt, kann Informationen verlangen, Gesellschafterbeschlüsse anfechten und sonstige Gestaltungs- und

45

---

54 A.A.: Singhof/Seiler/Schlitt, Mittelbare Gesellschaftsbeteiligungen, Rn. 516; Beuthien, ZGR 1974, 26, 77 ff.
55 MünchKomm-HGB/K. Schmidt, Vor § 230 Rn. 54.
56 Armbrüster, Die treuhänderische Beteiligung an Gesellschaften, S. 112; Singhof/Seiler/Schlitt, Mittelbare Gesellschaftsbeteiligungen, Rn. 517.
57 MünchKomm-HGB/K. Schmidt, Vor § 230 Rn. 51, 55; BGHZ 19, 69, 70 ff.; BGH, NJW 1997, 2946, 2947; Baumbach/Hueck/Hueck/Fastrich, GmbHG, § 15 Rn. 55; Michalski, GmbHG, § 15 Rn. 208; Beuthien, ZGR 1974, 26, 78; Armbrüster, GmbHR 2001, 941, 945.
58 MünchKomm-HGB/K. Schmidt, Vor § 230 Rn. 55; a.A.: Armbrüster, Die treuhänderische Beteiligung an Gesellschaften, S. 105; vgl. auch Kallmeyer, GmbHR 2006, 66.
59 Eingehend: Armbrüster, Die treuhänderische Beteiligung an Gesellschaften, S. 131 ff.
60 Vgl. OLG Hamm, NJW 1963, 1554, 1555; MünchKomm-HGB/K. Schmidt, § 230 Rn. 57; Singhof/Seiler/Schlitt, Mittelbare Gesellschaftsbeteiligungen, Rn. 537.

Gesellschafterrechte wahrnehmen.[61] Die Ausübung dieser Rechte erfolgt jeweils im eigenen Namen des Treuhänders.[62] Auf der anderen Seite treffen den Treuhänder aber auch sämtliche Pflichten aus dem Gesellschaftsverhältnis, insb. die **Treuepflicht** und eventuelle Wettbewerbsverbote.[63] Im Hinblick auf **Inhalt und Umfang** der Treuepflichten hat auch die Person des Treugebers **Ausstrahlungswirkung**. Bspw. ist der Treuhänder zur Offenlegung der Treuhand und Bekanntgabe der Person des Treuhänders verpflichtet, wenn hierdurch Interessen der Gesellschaft berührt werden.[64]

Die Rechtsausübung des Treuhänders ist darüber hinaus nicht nur gegenüber der Gesellschaft, sondern auch gegenüber dem Treugeber pflichtgebunden, insb. bei der fremdnützigen Treuhand.[65]

1. Stimmrecht

46 Als Gesellschafter ist der **Treuhänder Inhaber des Stimmrechts**[66] und dementsprechend zur Abstimmung in Gesellschafterversammlungen berechtigt. Dabei ist selbst im Kernbereich der Mitgliedschaft eine Mitwirkung des Treugebers regelmäßig nicht erforderlich.[67]

47 Nach dem **Verbot der Stimmrechtsabspaltung** kann das Stimmrecht des Treuhänders nur zusammen mit dem Gesellschaftsanteil übertragen werden, so dass eine bloße Stimmrechtsübertragung auf den Treugeber unwirksam ist.[68] In der **Lit.** wird eine verdrängende Stimmrechtsübertragung auf den Treugeber jedenfalls in der offenen Treuhand z.T. als zulässig angesehen.[69]

a) Gespaltene Stimmabgabe

48 **Umstritten ist**, ob bei einer **mehrgliedrigen Treuhand** eine gespaltene **Stimmabgabe des Treuhänders für unterschiedliche Treugeber** zulässig ist. Dies ist für Kapitalgesellschaften abzulehnen, da dort für jede Aktie bzw. für jeden Geschäftsanteil nur eine einheitliche Stimmabgabe möglich ist.[70] Zulässig ist eine „gespaltene" Stimmabgabe aber natürlich insoweit, als der Treuhänder für jede gehaltene Aktie bzw. jeden Geschäftsanteil unterschiedlich abstimmen darf.[71] **Auch bei Personengesellschaften** ist eine gespaltene Stimmabgabe ausgeschlossen, soweit nicht der Gesellschaftsvertrag eine Aufspaltung zulässt.[72] Die **bloße Offenlegung** der Treuhand ändert hieran nichts. **Ausnahmsweise** kann bei Publikumstreuhandgesellschaften oder sonstigen ihrem Wesen nach auf die Entstehung mehrgliedriger Treuhandverhältnisse angelegten Gesellschaften eine Aufspaltung des Stimmrechts zulässig sein.[73]

b) Zusatzstimmrecht

49 Teilweise wird in der **Lit.** auch diskutiert, ob dem Treugeber **durch Einräumung eines Zusatzstimmrechts** die Mitwirkung an bestimmten Entscheidungen innerhalb der Gesellschaft gestattet werden kann.

---

61 Vgl. z.B. BGHZ 24, 119, 124; 3, 354, 360; Scholz/H. Winter/Seibt, GmbHG, § 45 Rn. 128, § 47 Rn. 18; Beuthien, ZGR 1974, 26, 52 ff.
62 K. Schmidt, Gesellschaftsrecht, S. 1832, § 61 III 3 c).
63 MünchKomm-HGB/K. Schmidt, Vor § 230 Rn. 57.
64 MünchKomm-HGB/K. Schmidt, Vor § 230 Rn. 57; ausführlich Armbrüster, Die treuhänderische Beteiligung an Gesellschaften, S. 371 ff.
65 Vgl. unten Rn. 71.
66 BGHZ 3, 354, 360; OLG Köln, DB 1996, 2123; Scholz/K. Schmidt, GmbHG, § 47 Rn. 17; Beuthien, ZGR 1974, 52 ff.; 82; Armbrüster, GmbHR 2001, 1022.
67 Grds. aber zulässig, vgl. MünchKomm-HGB/K. Schmidt, Vor § 230 Rn. 61 m.w.N.
68 BGHZ 3, 354, 357.
69 Armbrüster, Die treuhänderische Beteiligung an Gesellschaften, S. 288 ff., 292; Lutter/Hommelhof, GmbHG, § 47 Rn. 2; vgl. aber unten Rn. 51 f.
70 BGH, BB 1964, 1272; Hüffer, AktG, § 133 Rn. 21; Scholz/K. Schmidt, GmbHG, § 47 Rn. 69.
71 BGH, BB 1964, 1272; Scholz/K. Schmidt, GmbHG, § 47 Rn. 69 ff. m.w.N.; Hüffer, AktG, § 133 Rn. 21 m.w.N.; K. Schmidt, Gesellschaftsrecht, S. 1832, § 61 III 3.c.
72 K. Schmidt, Gesellschaftsrecht, S. 1832, § 61 III 3.c; MünchKomm-HGB/K. Schmidt, Vor § 230 Rn. 62.
73 MünchKomm-HGB/K. Schmidt, Vor § 230 Rn. 62 m.w.N.

Eine **vordringende Literaturmeinung** bejaht dies für die Personengesellschaft und die GmbH, da anders als bei der isolierten Stimmrechtsübertragung die Einheit von Mitgliedschaft und Stimmrecht hierdurch nicht beeinträchtigt wird.[74] Bei AG spricht hiergegen aber wohl der Grundsatz der Satzungsstrenge.[75]

c) Stimmbindungsvereinbarungen

Stimmbindungsvereinbarungen sind bei Treuhandverhältnissen **praktisch unentbehrlich** und werden deshalb allgemein als zulässig anerkannt.[76] Etwas anderes gilt **nur für uneingeschränkte Stimmbindungen**, die bei Anteilen an Personengesellschaften oder vinkulierten Geschäftsanteilen rechtswidrig und unwirksam sind, soweit nicht die Gesellschafter zugestimmt haben. **Stimmbindungsvereinbarungen** wirken grds. nur im Innenverhältnis, nicht gegenüber der Gesellschaft. Bei einer offenen Treuhand kann eine den Treugeber offensichtlich schädigende Stimmrechtsausübung nach den Grundsätzen des Treuhandmissbrauchs **unwirksam** sein.[77]

50

d) Stimmrechtsvollmacht

Bei Kapitalgesellschaften ist eine Stimmrechtsvollmacht **des Treuhänders an den Treugeber**, soweit diese widerruflich ist, **allgemein zulässig** (vgl. § 134 Abs. 3 AktG, § 47 Abs. 3 GmbHG). **Unzulässig** ist nur eine **unwiderrufliche und verdrängende Stimmrechtsvollmacht**, bei der der Treuhänder im Ergebnis auf sein Stimmrecht verzichtet.[78] Daneben kann die Vertretung bei der Stimmabgabe durch die Satzung **beschränkt** und bspw. von der Zustimmung der Mitgesellschafter **abhängig gemacht werden**.[79]

51

Dagegen ist die Stimmrechtsvollmacht **zu Gunsten des Treugebers bei Personengesellschaften** ohne Zustimmung der Mitgesellschafter grds. unwirksam.[80] **Ausnahmsweise** kann von einer konkludenten Zustimmungserteilung ausgegangen werden, wenn eine offengelegte Treuhand von den Mitgesellschaftern genehmigt wird.[81]

52

e) Stimmverbot

Soweit der Treuhänder die **tatbestandlichen Voraussetzungen eines Stimmverbots** erfüllt (z.B. § 136 AktG, § 47 Abs. 4 GmbHG), ist er von einer Ausübung des Stimmrechts ausgeschlossen. **Ausnahmsweise** kann ein Stimmverbot für den Treuhänder auch dann eingreifen, wenn bei einer fremdnützigen Treuhand die für das Stimmverbot ausschlaggebenden Tatbestandsmerkmale **in der Person des Treugebers** vorliegen. Die in der Person des Treugebers vorliegenden Tatbestandsmerkmale sind dann dem weisungsgebundenen Treuhänder „zuzurechnen".[82]

53

---

74 Vgl. BGH, NJW 1960, 963, 964; Armbrüster, Die treuhänderische Beteiligung an Gesellschaften, S. 285 ff., 292 ff.; Armbrüster, GmbHR 2001, 1021, 1025; Tebben, ZGR 2001, 586, 613; Schaub, DStR 1995, 1634, 1638, a.A.: Beuthien, ZGR 1974, 26, 55 ff.
75 Vgl. BGHZ 119, 305, 316; a.A.: Armbrüster, Die treuhänderische Beteiligung an Gesellschaften, S. 292.
76 RGZ 111, 403, 408; Scholz/K. Schmidt, GmbHG, § 47 Rn. 36 ff.; Heymann/Emmerich, HGB, § 105 Rn. 53; MünchKomm-HGB/K. Schmidt, Vor § 230 Rn. 63; zur generellen Zulässigkeit: BGHZ 48, 166; Scholz/K. Schmidt, GmbHG, § 47 Rn. 35 ff.
77 MünchKomm-HGB/K. Schmidt, Vor § 230 Rn. 63.
78 BGHZ 3, 354, 358; BGH, BB 1977, 10, 12; Hohaus, DStR 2002, 789, 793 ff., a.A.: Armbrüster, GmbHR 2001, 1021, 1024.
79 Scholz/K. Schmidt, GmbHG, § 47 Rn. 96 ff.
80 BGHZ 65, 93, 99; MünchKomm-HGB/K. Schmidt, Vor § 230 Rn. 64; Heymann/Emmerich, HGB, § 119 Rn. 14.
81 MünchKomm-HGB/K. Schmidt, Vor § 230 Rn. 64; Singhof/Seiler/Schlitt, Mittelbare Gesellschaftsbeteiligungen, Rn. 560.
82 Scholz/K. Schmidt, GmbHG, § 47 Rn. 157 ff.; Hachenburg/Hüffer, GmbHG, § 47 Rn. 127.

2. Mitgliedschaftliche Gestaltungsrechte

54 Als Gesellschafter ist der Treuhänder auch **Träger und Adressat der mitgliedschaftlichen Gestaltungsrechte** in der Gesellschaft.[83] In dieser Position ist er zur Anfechtung von Gesellschafterbeschlüssen befugt, umgekehrt aber auch passivlegitimiert für sämtliche Klagen, die sich gegen den Gesellschafter richten.[84] Das organschaftliche Geschäftsführungsrecht bei Personengesellschaften steht ebenfalls dem Treuhänder zu.[85]

3. Informations- und Kontrollrechte

55 Der Treuhänder ist schließlich auch Träger der mitgliedschaftlichen Informationsrechte, z.B. nach §§ 118, 166 HGB, § 51a GmbHG, § 131 AktG. Sind den Gesellschaftern durch Gesellschaftsvertrag weitere mitgliedschaftliche Kontrollrechte eingeräumt, werden auch diese vom Treuhänder wahrgenommen. Eine Übertragung der Rechte auf den Treugeber ist mit dem gesellschaftsrechtlichen Abspaltungsverbot nicht vereinbar,[86] ebenso wenig darf dem Treugeber die Ausübung der gesellschaftsrechtlichen Informationsrechte überlassen werden.[87]

> **Hinweis:**
> Zulässig ist es aber, dem Treugeber im Gesellschaftsvertrag oder durch Vereinbarung mit den Gesellschaftern einen unmittelbar gegenüber der Gesellschaft durchsetzbaren Informationsanspruch als eigenes schuldrechtliches Informationsrecht einzuräumen.[88] Wegen § 23 Abs. 5 AktG gilt das allerdings nicht bei Aktiengesellschaften.[89]

56 Ausnahmsweise steht einem Treugeber dann ein eigenes Informationsrecht gegenüber der Hauptgesellschaft zu, wenn er Treugeber einer Publikumstreuhandgesellschaft ist.[90]

II. Haftung

1. Haftung des Treuhänders als Gesellschafter

57 Als Gesellschafter haftet der Treuhänder sowohl **im Verhältnis zu den Gläubigern** (z.B. nach §§ 128 ff., 172 ff. HGB) als auch **im Verhältnis zur Gesellschaft** (z.B. nach § 62 AktG, § 31 GmbHG)[91] und den Mitgesellschaftern. Ihn treffen dementsprechend sämtliche diesbezüglichen Gesellschafterpflichten, z.B. auf Erbringung der Einlage, Kapitalaufbringung oder Kapitalerhaltung. Auf seine bloße Treuhänderstellung kann sich der Treuhänder zu seiner Entlastung im Außenverhältnis regelmäßig nicht berufen.[92]

---

83 MünchKomm-HGB/K. Schmidt, Vor § 230 Rn. 66.
84 BGH, NJW 1957, 951; BB 1962, 385; NJW 1966, 1458, 1459; Scholz/K. Schmidt, GmbHG, § 45 Rn. 128; MünchKomm-HGB/K. Schmidt, Vor § 230 Rn. 66; nach Rspr. des OLG Köln ist aber eine gesellschaftsvertragliche Regelung, wonach statt dem Gesellschaftertreuhänders einer GbR auch die Treugeber zur Anfechtung von Gesellschafterbeschlüssen befugt sind, grds. zulässig, vgl. OLG Köln, BB 1996, 2058, 2059.
85 Vgl. unten Rn. 63 f.
86 BGHZ 25, 115, 122; BGH, WM 1975, 1299; BayObLG, DB 1991, 1270, 1271; Schaub, DStR 1995, 1634, 1638; Beuthien, ZGR 1974, 26, 81; a.A.: Armbrüster, Die treuhänderische Beteiligung an Gesellschaften, S. 301.
87 BGHZ 25, 115, 122 ff.
88 BGHZ 10, 44, 49 f.; BGH, WM 1987, 811; OLG Frankfurt, DB 1977, 86, 87; Armbrüster, Die treuhänderische Beteiligung an Gesellschaften, S. 301; Schaub, DStR 1995, 1634, 1638; Beuthien, ZGR 1974, 26, 52; Henssler, AcP 196 (1996), 37, 81; Armbrüster, GmbHR 2001, 1021, 1026.
89 MünchKomm-HGB/K. Schmidt, Vor § 230 Rn. 67; Singhof/Seiler/Schlitt, Mittelbare Gesellschaftsbeteiligungen, Rn. 563.
90 BGH, NJW-RR 1995, 165; K. Schmidt, Gesellschaftsrecht, S. 1832, § 61 III 3. c; Schlegelberger/K. Schmidt, HGB, Vor § 230 Rn. 60.
91 BGHZ 10, 44, 49 ff.; 93, 246, 247 ff.; BGH, NJW 1968, 1471; WM 1971, 306 ff.; OLG Frankfurt, BB 1976, 1626; Heymann, Emmerich, HGB, § 105 Rn. 52; Baumbach/Hueck/Hueck/Fastrich, GmbHG, § 1 Rn. 43.
92 BGHZ 105, 168, 174 f. (zu §§ 31, 32a GmbHG).

2. Mittelbare Haftung des Treugebers

Eine **Außenhaftung des Treugebers**, sei es aufgrund ihm unmittelbar von der Gesellschaft eingeräumter Rechte, sei es aufgrund seiner Einwirkungsmöglichkeiten durch das Treuhandverhältnis, ist hingegen **ausgeschlossen**.[93]

> **Hinweis:**
> Eine solche Außenhaftung kann sich allerdings aus allgemeinen zivilrechtlichen Grundsätzen (z.B. Vertrauenshaftung bei Auftreten als Gesellschafter oder aus deliktischer Haftung) oder besonderen Verpflichtungsgründen (z.B. Bürgschaft, Schuldmitübernahme) ergeben.

Die Haftung des Treuhänders erstreckt sich **mittelbar auf den Treugeber**, da der Treuhänder, soweit ihm nicht Regressansprüche gegen die Gesellschaft nach § 110 HGB oder seine Mitgesellschafter nach § 426 BGB zustehen, vom Treugeber **Aufwendungsersatz und Freistellung** verlangen kann.[94]

> **Hinweis:**
> Dieser Schuldbefreiungsanspruch des Treuhänders kann von dessen Gläubigern gepfändet werden, da nach allgemeinen Grundsätzen der Anspruch auf Befreiung von einer Schuld ausnahmsweise pfändbar ist, soweit diese Pfändung für den Gläubiger erfolgt, dessen Forderung durch die gepfändete Leistung getilgt werden soll.[95] Mit Pfändung und Überweisung verwandelt sich der Befreiungsanspruch dann in einen Zahlungsanspruch.[96] Auf diese Weise haftet der Treugeber dann doch unmittelbar im Außenverhältnis.

3. Durchgriffshaftung des Treugebers

Eine **Durchgriffshaftung des Treugebers** kommt einerseits als **Außenhaftung gegenüber den Gläubigern** der Gesellschaft und andererseits als **Innenhaftung gegenüber der Gesellschaft** in Betracht.

Nach a.A. ist eine **Außenhaftung** (z.B. nach §§ 128 ff., 171 ff. HGB bei der Verwaltungstreuhand an einem Personengesellschaftsanteil) **regelmäßig abzulehnen**.[97]

Im Verhältnis zur Gesellschaft ist eine **Durchgriffshaftung des Treugebers** durchaus möglich. Bspw. bezieht das Gesetz selbst dritte Personen in die Gründerhaftung mit ein, für deren Rechnung Aktien oder Geschäftsanteile übernommen worden sind (§ 46 Abs. 5 AktG, § 9a Abs. 4 GmbHG). Dies betrifft insb. Gesellschaftsgründungen unter Beteiligung eines Treuhänders.[98] **Der BGH hat die Durchgriffshaftung des Treuhänders darüber hinaus im Falle einer Strohmann-Gesellschaft** auch auf die Grundsätze der Kapitalaufbringung und Kapitalerhaltung ausgedehnt.[99] In der Lit. ist diese Ausdehnung **umstritten**.[100]

---

[93] Vgl. aber unten Rn. 60 ff.
[94] Ausführlich dazu unten Rn. 78 ff.
[95] Zöller/Stöber, ZPO, § 829 Rn. 33; MünchKomm-HGB/K. Schmidt, Vor § 230 Rn. 59; Singhof/Seiler/Schlitt, Mittelbare Gesellschaftsbeteiligungen, Rn. 545; Schaub, DStR 1996, 65, 67.
[96] MünchKomm-HGB/K. Schmidt, Vor § 230 Rn. 59; Singhof/Seiler/Schlitt, Mittelbare Gesellschaftsbeteiligungen, Rn. 545.
[97] OLG Düsseldorf, DB 1991, 1274; Armbrüster, Die treuhänderische Beteiligung an Gesellschaften, S. 420 f.; MünchKomm-HGB/K. Schmidt, Vor § 230 Rn. 60; vgl. auch oben Rn. 57.
[98] Lutter/Hommelhof, GmbHG, § 9a Rn. 13; Baumbach/Hueck/Hueck/Fastrich, GmbHG, § 9a Rn. 3; Singhof/Seiler/Schlitt, Mittelbare Gesellschaftsbeteiligungen, Rn. 547; MünchKomm-HGB/K. Schmidt, Vor § 230 Rn. 60.
[99] BGHZ 31, 258, 263 ff.; 75, 334, 353 ff.; 81, 311, 315 f.; 95, 188, 193.
[100] MünchKomm-HGB/K. Schmidt, Vor § 230 Rn. 60 m.w.N.; ausführlich: Singhof/Seiler/Schlitt, Mittelbare Gesellschaftsbeteiligungen, Rn. 549 ff.; K. Schmidt, Gesellschaftsrecht, S. 1831, § 61 III. 3. b.

III. Organbefugnisse

63 Als Gesellschafter kann der Treuhänder auch **Organbefugnisse** in der Hauptgesellschaft wahrnehmen, z.B. als Geschäftsführer oder Vorstandsmitglied. Seine **Doppelrolle** begründet eine besondere Pflichtenlage gegenüber der Gesellschaft (als Gesellschafter und als Vorstand/Geschäftsführer) auf der einen und gegenüber dem Treugeber auf der anderen Seite. Den Pflichten gegenüber der Gesellschaft fällt dabei besonderes Gewicht zu. Ein Treuhänder-Geschäftsführer kann sein Geschäftsführeramt deshalb bspw. nicht allein unter Berufung auf seine lediglich treuhänderische Gesellschafterstellung niederlegen.[101]

64 Während der Treugeber **ohne weiteres in einer Kapitalgesellschaft** zum Vertretungsorgan berufen werden kann, ist dies bei der **Personengesellschaft meist unzulässig**, da dort nach dem **Grundsatz der Selbstorganschaft**[102] nur Gesellschafter organschaftlich zur Vertretung berechtigt sein können.[103] Dies macht auch Regelungen im Treuhandvertrag **unwirksam**, die den Treuhänder als Geschäftsführer einer Personengesellschaft den Weisungen des Treugebers unterwerfen.[104] **Zulässig** ist es, dem Treugeber (bei entsprechender Zulassung im Gesellschaftsvertrag oder mit Zustimmung der Mitgesellschaft) abgeleitete Befugnisse zu übertragen.

IV. Verfügungen über den Anteil

1. Verfügungsbefugnis des Treuhänders

65 Dem Treuhänder steht als Gesellschafter das Recht zu, im eigenen Namen **über den Gesellschaftsanteil zu verfügen** und diesen insb. zu übertragen, zu belasten oder durch Ausscheiden aus der Gesellschaft aufzugeben.[105] Diese **Verfügungsbefugnis** wird durch den Treuhandvertrag **lediglich schuldrechtlich beschränkt**, so dass von einer **überschießenden Rechtsmacht** des Treuhänders im Außenverhältnis gesprochen werden kann.

> **Hinweis:**
> Für den Treugeber stellt diese überschießende Rechtsmacht des Treuhänders ein Risiko dar, das bei Auswahl des Treuhänders und Ausgestaltung des Treuhandverhältnisses stets zu berücksichtigen ist.

2. Schutz des Treugebers vor missbräuchlichen Verfügungen des Treuhänders

66 Die **unbeschränkte Verfügungsmacht des Treuhänders** schließt einen umfassenden Schutz des Treugebers vor missbräuchlichen Verfügungen des Treuhänders weitgehend aus. Zwar können dem Treuhänder Verfügungen über den Gesellschaftsanteil **vertraglich verboten werden**, derartige Vereinbarungen wirken aber nach § 137 BGB **nur schuldrechtlich**, d.h. **im Innenverhältnis**, und führen bei Verstoß nicht zu Unwirksamkeit der Verfügung, sondern **lediglich zu Schadensersatzansprüchen** des Treugebers.[106] **Im Außenverhältnis** ist der Treugeber gegen bewusst treuwidrige Verfügungen des Treuhänders nur nach Maßgabe der §§ 134, 138, 826, 823 Abs. 2 BGB i.V.m. § 266 StGB geschützt.[107]

67 **Umstritten** ist die entsprechende Anwendung der **Grundsätze über den Missbrauch der Vertretungsmacht** auf treuwidrige Verfügungen eines Treuhänders. Der Treugeber könnte dann einem dritten Erwer-

---

101 BayObLG, BB 1992, 1741.
102 Zur Selbstorganschaft vgl. MünchKomm-HGB/Grünewald, § 170 Rn. 3 m.w.N.
103 MünchKomm-HGB/K. Schmidt, Vor § 230 Rn. 68.
104 Armbrüster, Die treuhänderische Beteiligung an Gesellschaften, S. 297 ff.
105 RGZ 159, 272, 281; K. Schmidt, Gesellschaftsrecht, S. 1829, § 61 III. 3. a; Armbrüster, Die treuhänderische Beteiligung an Gesellschaften, S. 162; Baumbach/Hopt/Hopt, HGB, § 105 Rn. 33.
106 BGH, NJW 1968, 1471; WM 1977, 525; MünchKomm-HGB/K. Schmidt, Vor § 230 Rn. 69; Singhof/Seiler/Schlitt, Mittelbare Gesellschaftsbeteiligungen, Rn. 582.
107 Baumbach/Hopt/Hopt, HGB, § 105 Rn. 33; Heymann/Emmerich, HGB, § 105 Rn. 54; vgl. auch Beuthien, ZGR 1974, 59 ff.

ber gegenüber die Unwirksamkeit einer Verfügung entgegenhalten, wenn der Missbrauch der Treuhänderstellung evident ist. Dies lehnt der **BGH** jedoch mit der Begründung ab, der Treuhänder handle im eigenen Namen, während bei der offenen Stellvertretung stets eine Verfügung im fremden Namen vorliege.[108]

Missbräuchliche Verfügungen des Treuhänders über den Gesellschaftsanteil lassen die Wirksamkeit des Treuhandvertrages grds. unberührt. Mit der missbräuchlichen Verfügung erlöschen aber alle Treugeberrechte am Gesellschaftsanteil. Die Verfügung kann auch nicht als bloße Übertragung der Treuhandstellung ausgelegt werden, da für den Übergang der Treuhänderpflichten eine entsprechende Übernahme durch den Erwerber erforderlich ist.[109]

68

> **Hinweis:**
> In der Vertragsgestaltungspraxis finden sich verschiedene Gestaltungen, die den Schutz des Treugebers vor missbräuchlichen Verfügungen verbessern sollen. Bspw. wird dem Treugeber eine Erwerbsvollmacht erteilt oder ein unwiderrufliches Angebot zum Abschluss eines Rückübertragungsvertrages gemacht. Der Treugeber kann der Veräußerung des Gesellschaftsanteils dann durch rechtzeitige Rückübertragung zuvorkommen.[110] Bei offengelegter Treuhand kann die Veräußerung des Gesellschaftsanteils auch an die Zustimmung des Treugebers gebunden werden (Sperrstimmrecht des Treugebers).[111] Den weitestgehenden Schutz vor treuwidrigen Verfügungen bietet eine Rückfallklausel, wonach der Anteil bei treuwidrigen Verfügungen an den Treugeber zurückfällt.[112] Dabei tritt der Treuhänder dem Treugeber bereits mit Abschluss des Treuhandvertrages den Gesellschaftsanteil aufschiebend bedingt ab.

V. Erstreckung gesellschaftsrechtlicher Rechte und Pflichten auf den Treugeber

Nach dem Trennungsprinzip ist bei der Treuhand klar zwischen dem **Treuhandvertrag (Innenverhältnis)** und dem **Gesellschaftsverhältnis des Treuhänders** mit der Gesellschaft und den Mitgesellschaftern (**Außenverhältnis**) zu unterscheiden. Ein Rechtsverhältnis zwischen dem Treugeber, der Gesellschaft und den Mitgesellschaftern des Treuhänders besteht dagegen grds. nicht mehr. Dem Treugeber stehen deshalb **keine unmittelbaren Rechte gegenüber der Gesellschaft** zu, er unterliegt aber auch keinen gesellschaftsrechtlichen Pflichten.[113]

69

Bei **offengelegten**, d.h. der Gesellschaft bzw. den Mitgesellschaftern mitgeteilten **Treuhandverhältnissen** können sich die Rechte und Pflichten aus der Hauptgesellschaft **auch (mit) auf den Treugeber erstrecken**, indem bspw. die Treuepflicht des Treugebers auf die Mitgesellschafter ausgedehnt wird oder die der Mitgesellschafter auf den Treugeber.[114] Der genaue **Umfang der Ausstrahlungswirkung** des Ge-

70

---

108 BGH, NJW 1968, 1471; ebenso Armbrüster, Die treuhänderische Beteiligung an Gesellschaften, S. 163; Palandt/Heinrichs, BGB, § 164 Rn. 14a; MünchKomm-BGB/Armbrüster, § 137 Rn. 18; Beuthien, ZGR, 1974, 60 f.; ablehnend MünchKomm-HGB/K. Schmidt, Vor § 230 Rn. 69; Schlegelberger/K. Schmidt, HGB, Vor § 230 Rn. 62.
109 MünchKomm-HGB/K. Schmidt, Vor § 230 Rn. 70.
110 Schaub, DStR 1996, 65, 66; Armbrüster, Die treuhänderische Beteiligung an Gesellschaften, S. 158.
111 Schaub, DStR 1996, 65, 66.
112 Armbrüster, Die treuhänderische Beteiligung an Gesellschaften, S. 159 ff.; Schaub, DStR 1996, 65, 66; Beuthien, ZGR 1974, 26, 62; vgl. auch BayObLG, DB 1991, 1270; OLG Hamm, NZG 1998, 109; MünchKomm-HGB/K. Schmidt, Vor § 230 Rn. 71.
113 MünchKomm-HGB/K. Schmidt, Vor § 230 Rn. 78; ausführlich: Singhof/Seiler/Schlitt, Mittelbare Gesellschaftsbeteiligungen, Rn. 540 ff.
114 Armbrüster, Die treuhänderische Beteiligung an Gesellschaften, S. 338 ff.

sellschaftsverhältnisses auf den Treugeber ist allerdings **umstritten**. Dies gilt erst recht für den Fall der verdeckten Treuhand.[115]

F. Innenverhältnis: Rechte und Pflichten von Treugeber und Treuhänder

71 Das **Innenverhältnis zwischen Treuhänder und Treugeber** wird durch den **Treuhandvertrag** geregelt, der nicht nur die schuldrechtlichen Elemente von Auftrag und Geschäftsbesorgungsvertrag (§§ 662, 675 BGB) enthält, sondern darüber hinaus auch gewisse organisatorische gesellschaftsähnliche Elemente. Da das Gesetz keine treuhandspezifischen Regelungen enthält, sollte der Treuhandvertrag **in jedem** Fall Fragen der Organisation, des Gewinnbezugsrechts, des Verlustrisikos und der Vergütung des Treuhänders regeln.

I. Weisungsrechte des Treugebers

72 Obwohl der Treuhänder im Außenverhältnis praktisch uneingeschränkt über das Treugut verfügen kann, ist er **im Innenverhältnis** aufgrund des Treuhandvertrages verpflichtet, in Bezug auf das Treugut **nur entsprechend den Weisungen des Treugebers** (§ 665 BGB) und ansonsten **in dessen Interesse** zu handeln.[116] Das Weisungsrecht des Treugebers findet jedoch **in der Gesellschafterstellung des Treuhänders** seine Grenzen. Da diesen als Gesellschafter gegenüber seinen Mitgesellschaftern und der Gesellschaft eine Treuepflicht trifft, darf der Treuhänder keine Weisungen befolgen, die diesen gegenüber treuwidrig sind.[117]

> **Hinweis:**
> Der Treuhänder darf keine Handlungen vornehmen, die der Treugeber als Gesellschafter auch nicht vornehmen dürfte.

73 Auch hier zeigt sich wieder die **charakteristische Doppelrolle des Treuhänders**, bei der die Bindung als Gesellschafter stärker wiegt, als die schuldrechtliche Treuhandvereinbarung.[118]

74 Handelt der Treuhänder **weisungswidrig**, ohne dazu durch eine gesellschaftsrechtliche Treuepflicht gezwungen zu sein, sind seine Handlungen dennoch **im Außenverhältnis wirksam**.[119]

75 Der Treugeber kann die Ausübung der Gesellschafterrechte durch den Treuhänder weiter durch Stimmbindungsvereinbarung oder Stimmrechtsvollmacht beeinflussen.[120]

II. Herausgabeansprüche des Treugebers

76 **Mangels abweichender Vereinbarung** im Treuhandvertrag ist der Treuhänder **nach § 667 BGB** verpflichtet, dem Treugeber **alles herauszugeben**, was er im Zusammenhang mit der Treuhand erlangt. Dies sind **primär** die von der Gesellschaft ausgeschütteten oder während der Dauer der Treuhand **auf den**

---

115 Ausführlich zur Erstreckung von gesellschaftsrechtlichen Rechten und Pflichten auf den Treugeber Singhof/Seiler/Schlitt, Mittelbare Gesellschaftsbeteiligungen, Rn. 540 ff., 543 ff. m.w.N.; K. Schmidt, Gesellschaftsrecht, S. 1831 ff., § 61 II. 3. b ff.

116 Heymann/Emmerich, HGB, § 105 Rn. 53; Baumbach/Hopt/Hopt, HGB, § 105 Rn. 35; K. Schmidt, Gesellschaftsrecht, S. 1832, § 61 III. 3. c.

117 BGHZ 3, 354, 360; Armbrüster, Die treuhänderische Beteiligung an Gesellschaften, S. 241 ff.; Singhof/Seiler/Schlitt, Mittelbare Gesellschaftsbeteiligungen, Rn. 570.

118 BGHZ 3, 354, 360; Armbrüster, Die treuhänderische Beteiligung an Gesellschaften, S. 242 ff.

119 Vgl. BGH, NJW 1968, 1471; MünchKomm-HGB/K. Schmidt, Vor § 230 Rn. 63, 69, 73; Schlegelberger/K. Schmidt, HGB, Vor § 230 Rn. 56; zu missbräuchlichen Verfügungen vgl. auch unten Rn. 80 ff.

120 Ausführlich oben Rn. 50 f.

Gesellschaftsanteil entfallenden Gewinne, die Verpflichtung umfasst aber auch für alle sonstigen von der Gesellschaft gewährten Vorteile.

> **Hinweis:**
> Um den Treugeber gegen treuwidrige Verfügungen des Treuhänders über den Gewinnanspruch abzusichern, wird im Treuhandvertrag häufig eine Vorausabtretung aller vermögensrechtlichen Ansprüche des Treuhänders gegen die Gesellschaft vereinbart.

Eine solche Vorausabtretung führt allerdings nicht zu einer Mitwirkungsbefugnis des Treugebers bei Feststellung des Gewinns oder Aufstellung des Jahresabschlusses.[121] 77

III. Aufwendungsersatz-, Freistellungs- und Vergütungsansprüche des Treuhänders

Bei der **Verwaltungstreuhand** steht dem Treuhänder mangels abweichender Vereinbarung gegen den Treugeber ein **Anspruch auf Vorschuss** und auf **Ersatz aller Aufwendungen nach §§ 669, 670 BGB** zu, die ihm im Rahmen der Verwaltung des Gesellschaftsanteils entstehen. Dies bedeutet insb., dass der Treuhänder **nach §§ 675, 670 BGB** vom Treugeber **Befreiung von sämtlichen Verbindlichkeiten** verlangen kann, die er als Gesellschafter im Rahmen des Treuhandverhältnisses eingegangen ist. **Umfasst ist darüber hinaus** auch die Befreiung des Treuhänders **von Haftungsrisiken** durch Freistellung seitens des Treugebers.[122] Als Gesellschafter ist der Treuhänder allerdings verpflichtet, soweit möglich, **vorrangig die Gesellschaft** (z.B. nach § 110 HGB) oder seine Mitgesellschafter (z.B. nach § 426 BGB) in Regress zu nehmen.[123] 78

> **Hinweis:**
> Zwischen den Parteien kann auch vereinbart werden, dass der Treugeber den Treuhänder durch Stellung von Sicherheiten, bspw. Bürgschaft, gegen eventuelle Haftungsrisiken absichert.

Selbstverständlich ist es auch zulässig, **Aufwendungsersatz- und Freistellungsansprüche** des Treuhänders vertraglich auszuschließen. Die Grenze hierfür ist § 138 BGB. In der **Lit.** wird deshalb angenommen, dass ein vollständiger Ausschluss der Aufwendungsersatz- und Freistellungsansprüche des Treuhänders außer bei der eigennützigen Treuhand **nur dann zulässig** ist, wenn dieser **mit einer dem Risiko angemessenen Treuhandvergütung**, auch z.B. durch angemessene Gewinnbeteiligung, einhergeht.[124] 79

Bei der Verwaltungstreuhand wird darüber hinaus regelmäßig eine Vergütung des Treuhänders für seine Treuhandtätigkeit vereinbart. Zwingend ist dies allerdings nicht. Die Art der Vergütung des Treuhänders kann zwischen den Parteien frei vereinbart werden, zulässig ist insb. auch eine Gewinnbeteiligung des Treuhänders.[125] 80

> **Hinweis:**
> Da der Vergütungsanspruch des Treuhänders im Gesetz nicht ausdrücklich geregelt ist, muss bei entgeltlicher Verwaltungstreuhand stets eine entsprechende vertragliche Regelung getroffen werden.

---

121 Schaub, DStR 1995, 1634, 1637.
122 MünchKomm-HGB/K. Schmidt, Vor § 230 Rn. 75 m.w.N.
123 Singhof/Seiler/Schlitt, Mittelbare Gesellschaftsbeteiligungen, Rn. 576; Beuthien, ZGR 1974, 24, 48.
124 Schaub, DStR 1996, 65, 67; Beuthien, ZGR 1974, 26, 49.
125 Singhof/Seiler/Schlitt, Mittelbare Gesellschaftsbeteiligungen, Rn. 578.

IV. Informations- und Kontrollrechte des Treugebers

81 Nach §§ 666, 259, 260 BGB ist der Treuhänder dem Treugeber zu **umfassender Auskunft und Rechenschaft** hinsichtlich des treuhänderisch verwalteten Gesellschaftsanteils verpflichtet.[126] **Grenzen** der Informationspflicht ergeben sich aus der Doppelrolle des Treuhänders in der Gesellschaft und gegenüber dem Treugeber. Als Gesellschafter hat der Treuhänder nämlich primär das **Geheimhaltungsinteresse** der Gesellschaft und seiner Mitgesellschafter zu beachten. Er ist nicht befugt, Informationen an gesellschaftsfremde Dritte weiterzugeben, wenn die Weitergabe geeignet ist, die Interessen der Gesellschaft zu verletzen.[127]

82 Etwas anderes kann **ausnahmsweise** bei der offenen, den Mitgesellschaftern bekannt gegeben Treuhand gelten. **Nach wohl h.M.** kann jedoch auch aus der Zustimmung der Mitgesellschafter zur Begründung des Treuhandverhältnisses nicht ohne weiteres auf deren Einverständnis mit der uneingeschränkten Weitergabe von vertraulichen Informationen geschlossen werden.[128]

> **Hinweis:**
> Nimmt der Treugeber selbst unmittelbar Gesellschafterrechte wahr, bspw. durch eine ihm eingeräumte Stimmrechtsvollmacht, kann ihn umgekehrt auch gegenüber dem Treuhänder eine Informationspflicht treffen.[129]

V. Wechsel der Treuhandbeteiligten

1. Treuhänder

83 Da der Treuhänder eine **besondere persönliche Vertrauensstellung** genießt, muss ihn der Treugeber **jederzeit auswechseln können**. Ebenso wie die Begründung des Treuhandverhältnisses setzt der Austausch des vorhandenen Treuhänders sowohl eine **Übertragung des Gesellschaftsanteils** als auch eine **schuldrechtliche Übernahme oder einen Neuabschluss des Treuhandvertrages** voraus. Es müssen folglich sowohl die dingliche als auch die schuldrechtliche Voraussetzung der Treuhand erfüllt bleiben.[130]

84 Die **Übertragung des Gesellschaftsanteils** auf den neuen Treuhänder erfolgt **nach den allgemeinen Regeln**, nach denen auch geregelt ist, ob eine Zustimmung der Gesellschaft oder Mitgesellschafter erforderlich ist.[131] Statt den Gesellschaftsanteil zu übertragen, kann der Treugeber auch seinen **Rückübertragungsanspruch** gegenüber dem bisherigen Treuhänder an den neuen Treuhänder abtreten und gleichzeitig mit diesem einen neuen Treuhandvertrag abschließen.[132] Die **Abtretung des Rückübertragungsanspruchs** bedarf dabei außer bei der Vereinbarungstreuhand nicht der Form des § 15 Abs. 3 GmbHG.[133]

---

126 MünchKomm-HGB/K. Schmidt, Vor § 230 Rn. 74; Baumbach/Hopt/Hopt, HGB, § 105 Rn. 35; Armbrüster, Die treuhänderische Beteiligung an Gesellschaften, S. 304 ff.

127 MünchKomm-HGB/K. Schmidt, Vor § 230 Rn. 4; Schaub, DStR 1995, 1634, 1637 f.; Ehlke, DB 1985, 795, 801.

128 Singhof/Seiler/Schlitt, Mittelbare Gesellschaftsbeteiligungen, Rn. 573; MünchKomm-HGB/K. Schmidt, Vor § 230 Rn. 74; weiter gehend: Armbrüster, Die treuhänderische Beteiligung an Gesellschaften, S. 306.

129 OLG Köln, NZG 2002, 870, 871, für den Fall, dass der Treuhänder als Gesellschafter in Anspruch genommen wird und im Prozess auf nur dem Treugeber bekannte Informationen angewiesen ist.

130 MünchKomm-HGB/K. Schmidt, Vor § 230 Rn. 84; Schlegelberger/K. Schmidt, HGB, Vor § 230 Rn. 75; Armbrüster, Die treuhänderische Beteiligung an Gesellschaften, S. 135; Armbrüster, GmbHR 2001, 941/948.

131 Vgl. oben Rn. 36 ff.

132 Singhof/Seiler/Schlitt, Mittelbare Gesellschaftsbeteiligungen, Rn. 613.

133 BGHZ 19, 69, 71 f.; MünchKomm-HGB/K. Schmidt, Vor § 230 Rn. 86.

Übernimmt der neue Treuhänder den Treuhandvertrag im Wege einer **Vertragsübernahme (§§ 414, 415 BGB)**, ist die Zustimmung des alten Treuhänders erforderlich. **Verweigert der Treuhänder die Zustimmung**, bleibt dem Treugeber nur die Kündigung des Treuhandvertrages.[134]   85

Anders als bei der Verwaltungstreuhand sind bei der Sicherungstreuhand **primär die Eigeninteressen des Treuhänders** ausschlaggebend. Ein Treuhänderwechsel ist hier ohne dessen Zustimmung aufgrund der Sicherungsvereinbarung nicht möglich.   86

2. Treugeber

Zulässig ist auch die Auswechslung des Treugebers durch **Übertragung der Treugeberrechte**. Dies entspricht insb. dem Interesse des Treugebers, der damit trotz seiner bloß mittelbaren Gesellschafterstellung wirtschaftlich in der Verfügung über den Gesellschaftsanteil nicht beschränkt wird.   87

Die **Auswechslung des Treugebers** erfolgt durch Vertragsübernahme nach §§ 414, 415 BGB zwischen dem Alttreugeber, dem Neutreugeber und dem Treuhänder.[135]   88

> **Hinweis:**
> Eine Auswechslung des Treugebers unter Fortsetzung des Treuhandverhältnisses ist ohne Zustimmung des Treuhänders nicht möglich. Der Treuhänder ist nicht verpflichtet, für einen ihm nicht genehmen Treugeber als Treuhänder zu fungieren.

Dagegen sind der **Anspruch auf Rückübertragung des Gesellschaftsanteils** ebenso wie das Anwartschaftsrecht bei einer bereits bei Vertragsschluss vereinbarten aufschiebend bedingten Rückübertragung frei abtretbar.[136]   89

Ob die Übertragung der Treugeberstellung der für **die Anteilsübertragung geltenden Form** bedarf, ist umstritten. Bei Übertragung der Treugeberstellung an einem GmbH-Geschäftsanteil wird **nach überwiegender Meinung in Rspr. und Lit.** eine **notarielle Beurkundung gemäß § 15 Abs. 3 GmbHG** gefordert. Grund hierfür ist die wirtschaftliche Zurechnung des Gesellschaftsanteils an den Treugeber, aufgrund derer der Normzweck des § 15 GmbHG umgangen werden könnte, wäre die Übertragung der Treugeberrechte formfrei möglich.[137]   90

Nach h.M. gilt ein **Zustimmungserfordernis** der Gesellschaft oder der Mitgesellschafter **im Hinblick auf die Übertragung der Gesellschaftsanteile** (bei Personengesellschaftsanteil, vinkulierter Namensaktie oder vinkuliertem Geschäftsanteil) gleichermaßen bei Übertragung der Treugeberrechte.[138] Die Zustimmung der Gesellschafter zur Begründung des Treuhandverhältnisses enthält regelmäßig keine Billigung der Weiterübertragung der Treugeberrechte.[139]   91

---

134 Vgl. unten Rn. 96.
135 Schlegelberger/K. Schmidt, HGB, Vor § 230 Rn. 76; MünchKomm-HGB/K. Schmidt, Vor § 230 Rn. 85 m.w.N.
136 Armbrüster, Die treuhänderische Beteiligung an Gesellschaften, S. 140; Däubler, GmbHR 1966, 243, 246; obwohl lediglich ein Anspruch abgetreten wird, bedarf diese Abtretung nach § 15 Abs. 3 GmbHG der notariellen Form, vgl. MünchKomm-HGB/K. Schmidt, Vor § 230 Rn. 86; BGHZ 75, 352; Baumbach/Hueck/Hueck/Fastrich, GmbHG, § 15 Rn. 56; Scholz/Winter/Seibt, GmbHG, § 15 Rn. 45.
137 MünchKomm-HGB/K. Schmidt, Vor § 230 Rn. 85; Singhof/Seiler/Schlitt, Mittelbare Gesellschaftsbeteiligungen, Rn. 616; BGH, NJW 1965, 1376, 1377; Armbrüster, Die treuhänderische Beteiligung an Gesellschaften, S. 143 f.; Baumbach/Hueck/Hueck/Fastrich, GmbHG, § 15 Rn. 56; Scholz/Winter/Seibt, GmbHG, § 15 Rn. 16.
138 BGH, NJW 1965, 1376, 1377; OLG Frankfurt, GmbHR, 1992, 668; Scholz/Winter/Seibt, GmbHG, § 15 Rn. 16; Hüffer, AktG, § 68 Rn. 11; MünchKomm-HGB/K. Schmidt, Vor § 230 Rn. 85; a.A.: Armbrüster, Die treuhänderische Beteiligung an Gesellschaften, S. 140 ff.
139 Singhof/Seiler/Schlitt, Mittelbare Gesellschaftsbeteiligungen, Rn. 616; etwas anderes kann allenfalls bei Publikumstreuhandgesellschaften gelten, vgl. MünchKomm-HGB/K. Schmidt, Vor § 230 Rn. 85.

VI. Innenhaftung

92 Die **Innenhaftung** der Treuhandbeteiligten folgt **allgemeinen schuldrechtlichen Regelungen**. Als Beauftragter haftet der Treuhänder grds. für **jedes Verschulden**, mangels Vorliegens einer echten Gesellschaft ist **§ 708 BGB nicht anwendbar**.[140] Grundlage für die Haftung ist der **Geschäftsbesorgungscharakter des Innenverhältnisses**. Der Treuhänder haftet insb. bei schuldhaft schlechter Verwaltung des Anteils nach § 280 BGB.[141] Der Treugeber kann dabei Schadensersatz vom Treuhänder auch dann verlangen, wenn der Schaden im Gesellschaftsvermögen entstanden ist und deswegen formal dem Treuhändervermögen zugerechnet werden müsste.[142]

93 Im Hinblick auf die **Haftung des Treuhänders** ist wiederum dessen Doppelstellung in der Gesellschaft und im Treuhandverhältnis zu beachten. Für die Frage, ob der Treuhänder **schuldhaft vertragswidrig** handelt und deshalb schadensersatzpflichtig ist, sind seine **gesellschaftsrechtlichen Treuepflichten** zu berücksichtigen. Weist der Treugeber den Treuhänder danach zu einem Handeln an, das als Verstoß gegen die gesellschaftsrechtliche Treuepflicht des Treuhänders zu qualifizieren wäre, macht sich dieser bei Verweigerung nicht gegenüber dem Treugeber schadensersatzpflichtig. Es ist hier davon auszugehen, dass die gesellschaftsrechtliche Bindung des Treuhänders Vorrang vor seiner schuldrechtlichen Bindung aus dem Treuhandvertrag hat.

G. Auflösung des Treuhandverhältnisses

I. Allgemeines

94 Da die Treuhand kein Gesellschaftsrechtsverhältnis, sondern ein schuldrechtlicher Vertrag ist, richtet sich ihre **Beendigung nach den Regelungen im Treuhandvertrag** sowie **ergänzend nach den gesetzlichen Bestimmungen** über die Beendigung von Auftrag oder Geschäftsbesorgungsvertrag (§§ 672 ff., 675 BGB). **Dabei ist zu beachten**, dass mit Beendigung des Treuhandverhältnisses der treuhänderisch gehaltene Gesellschaftsanteil nicht automatisch an den Treugeber zurückfällt, sondern diesem nur ein schuldrechtlicher Rückübertragungsanspruch zusteht.[143]

Die **Realisierung dieses Übertragungsanspruchs** kann Schwierigkeiten bereiten, wenn die Anteilsübertragung nur mit Zustimmung der Gesellschaft oder der Gesellschafter zulässig ist, und eine solche Zustimmung nicht schon vorab bei Begründung des Treuhandverhältnisses erteilt wurde.[144]

> **Hinweis:**
> Ausnahmsweise fällt der Gesellschaftsanteil bei Beendigung des Treuhandverhältnisses unmittelbar an den Treugeber zurück, wenn sich die Parteien bereits mit Abschluss des Treuhandvertrages auf eine aufschiebend bedingte Rückabtretung des Gesellschaftsanteils an den Treugeber geeinigt haben.

95 **Besonderheiten gelten bei der mehrgliedrigen Treuhand**, insb. bei der Publikumstreuhandgesellschaft. Hier muss unterschieden werden zwischen der **Beendigung des Treuhandverhältnisses insgesamt** und dem **Ausscheiden eines einzelnen Treugebers** aus dem mehrgliedrigen Treuhandverband. Erstere erfolgt regelmäßig durch Abberufung des Treuhänders, die meist von einer qualifizierten Mehrheitsentscheidung

---

140 BGHZ 69, 207, 209 f.; BGH, WM 1980, 30, 31; MünchKomm-HGB/K. Schmidt, Vor § 230 Rn. 76; im Treuhandvertrag steht es den Parteien allerdings offen, einen anderen Haftungsmaßstab, z.B. Sorgfalt in eigenen Angelegenheiten (§ 708 BGB) oder grobe Fahrlässigkeit, zu vereinbaren, vgl. Singhof/Seiler/Schlitt, Mittelbare Gesellschaftsbeteiligungen, Rn. 580.
141 OLG München, ZIP 2003, 2158; Heymann/Emmerich, HGB, § 105 Rn. 53.
142 MünchKomm-HGB/K. Schmidt, Vor § 230 Rn. 76.
143 K. Schmidt, Gesellschaftsrecht, S. 1833, § 61 III. 4. a.
144 K. Schmidt, Gesellschaftsrecht, S. 1833, § 61 III. 4. a.

der Treugeber abhängig ist und sich auf das Fortbestehen der Hauptgesellschaft nicht auswirkt. Davon zu unterscheiden ist das außerordentliche Ausscheiden eines einzelnen Treugebers, das **unabhängig** von der Beendigung des Treuhandverhältnisses durch Mehrheitsentscheidung möglich ist.[145]

II. Beendigungsgründe

1. Kündigung und Widerruf

Kündigung und Widerruf des Treuhandverhältnisses richten sich nach den §§ 671, 675 BGB. **Eine unentgeltliche Verwaltungstreuhand** kann danach wegen § 671 Abs. 1 BGB vom Treugeber jederzeit widerrufen und vom Treuhänder jederzeit gekündigt werden. Eine entgeltliches Treuhandverhältnis unterliegt mangels anderweitiger Vereinbarung der Parteien der Kündigung nach §§ 621 ff. BGB.[146] 96

Etwas anderes gilt nur bei der **Sicherungstreuhand**, bei der das Treugut dem Sicherungsinteresse des Treuhänders dient und diesem nicht einfach durch Kündigung seitens des Treugebers entzogen werden kann. In den Treuhandvertrag sind deshalb Bestimmungen über die Freigabe des Treuguts bzw. die Rückgewähr des Gesellschaftsanteils aufzunehmen. 97

2. Weitere Beendigungsgründe

Weitere Gründe für die Beendigung des Treuhandverhältnisses sind bspw. Zeitablauf, Eintritt einer auflösenden Bedingung, Unmöglichkeit der Treuhandtätigkeit wegen Ausschlusses des Treuhänders aus der Gesellschaft oder Tod des Treuhänders (§§ 673, 675 BGB). Letzteres gilt allerdings **nicht bei der Sicherungstreuhand**, die sich im Zweifel mit den Erben fortsetzt.[147] Durch den Tod des Treugebers wird das Treuhandverhältnis im Zweifel nicht beendet (§§ 672 Satz 1, 675 BGB). Die Treuhand setzt sich in diesem Fall mit den Erben fort. 98

Die **Auflösung der Hauptgesellschaft** führt hingegen zunächst nicht zur Beendigung des Treuhandverhältnisses. Dieses bleibt vielmehr **bis zur Vollbeendigung der Gesellschaft** und Auszahlung eines **etwaigen Liquidationserlöses** bestehen, soweit nicht ein sonstiger Beendigungsgrund eintritt.[148] Ein etwaiger Liquidationserlös ist nach § 667 BGB an den Treugeber auszuzahlen. Soweit der Treuhänder zu Nachschüssen verpflichtet ist (z.B. nach § 735 BGB), kann er **wegen § 670 BGB** vom Treugeber **Aufwendungsersatz** verlangen. 99

Bei **Umwandlungsvorgängen** ist zu unterscheiden: Ist die Hauptgesellschaft **aufnehmender Rechtsträger einer Verschmelzung**, werden ihre Gesellschaftsanteile von der Umwandlung **nicht unmittelbar berührt**, so dass sich die Treuhand unverändert fortsetzt.[149] **Anders ist dies** bei allen übrigen Umwandlungsvorgängen, bei denen die Hauptgesellschaft in ihrem Bestand verändert wird oder sogar erlischt. Da §§ 131 Abs. 1, 20 Abs. 1 und 202 Abs. 1 UmwG nur den Fortbestand von dinglichen Rechten an Gesellschaftsanteilen (z.B. Pfandrecht, Nießbrauch, Anwartschaft) anordnen, setzt sich die Treuhand als rein schuldrechtliches Rechtsverhältnis nicht kraft Gesetzes an den veränderten Gesellschaftsanteilen fort.[150] 100

---

145 MünchKomm-HGB/K. Schmidt, Vor § 230 Rn. 89; § 161 Rn. 131; Singhof/Seiler/Schlitt, Mittelbare Gesellschaftsbeteiligungen, Rn. 627 ff.; vgl. auch BGHZ 69, 160, 165 f.; 71, 53, 60 f.; 73, 294, 299; OLG Köln, NZG 2003, 28, 29.
146 Vgl. OLG Köln, ZIP 1987, 1120; BGHZ 73, 294, 299; BGH, BB 1972, 813; NJW 1990, 2755; MünchKomm-HGB/K. Schmidt, Vor § 230 Rn. 87.
147 MünchKomm-HGB/K. Schmidt, Vor § 230 Rn. 87 m.w.N.
148 MünchKomm-HGB/K. Schmidt, Vor § 230 Rn. 88 m.w.N.
149 Singhof/Seiler/Schlitt, Mittelbare Gesellschaftsbeteiligungen, Rn. 620
150 Lutter, UmwG, § 202 Rn. 26; Armbrüster, Die treuhänderische Beteiligung an Gesellschaften, S. 147 ff.; etwas anderes kann allerdings gelten, wenn dem Treugeber ein Anwartschaftsrecht an dem Gesellschaftsanteil zusteht, Widmann/Mayer, UmwG, § 202 Rn. 171.

> **Hinweis:**
> Soll das Treuhandverhältnis nicht aufgrund eines Umwandlungsvorgangs enden, ist eine Fortsetzungsvereinbarung zwischen Treuhänder und Treugeber erforderlich.[151]

101 **Bei der Sicherungstreuhand** sind daneben auch der **Wegfall des Sicherungszwecks** und die **Verwertung des Sicherungsguts** ein Beendigungsgrund.[152] Ist der Sicherungszweck entfallen, endet die Sicherungstreuhand nicht sofort, sondern wandelt sich bis zur Erfüllung des Rückgewähranspruchs in eine fremdnützige Verwaltungstreuhand um.[153]

III. Rückabwicklung des Treuhandverhältnisses

1. Abwicklungsschuldverhältnis

102 Mit dem **Eintreten eines Beendigungsgrundes** wandelt sich das Treuhandverhältnis in ein **Abwicklungsschuldverhältnis** um.[154] Dabei bleibt der Treuhänder noch bis **zur endgültigen Rückübertragung** des Gesellschaftsanteils Gesellschafter, da der Gesellschaftsanteil **nicht automatisch** an den Treugeber zurückfällt.[155] Wird das Treuhandverhältnis durch den **Tod des Treuhänders** beendet, fällt der Gesellschaftsanteil zunächst in den Nachlass. Der Rückübertragungsanspruch des Treugebers wird dann als Nachlassverbindlichkeit fällig.[156]

2. Rückübertragung des Gesellschaftsanteils

103 Mit Beendigung des Treuhandverhältnisses ist der Treuhänder nach §§ 667, 675 BGB zur **Rückübertragung des treuhänderisch gehaltenen Gesellschaftsanteils** an den Treugeber verpflichtet.[157] Anstelle der Rückübertragung an ihn selbst kann der Treugeber den Treuhänder selbstverständlich auch anweisen, den Anteil an einen Dritten, z.B. einen anderen Treuhänder, zu übertragen.[158]

> **Hinweis:**
> Ausnahmsweise fällt der Gesellschaftsanteil automatisch an den Treugeber zurück, wenn bereits bei Abschluss des Treuhandvertrages eine bedingte Rückübertragung oder bei der Übertragungstreuhand eine auflösende Bedingung vereinbart wurde.

104 Die **Rückübertragung des Gesellschaftsanteils** an den Treugeber unterliegt **den allgemeinen** für eine Anteilsübertragung geltenden **Form- und Zustimmungserfordernissen**.[159] Bei Personengesellschaftsanteilen oder vinkulierten GmbH-Geschäftsanteilen bedarf die Rückübertragung des Gesellschaftsanteils demgemäß der Zustimmung der Gesellschafter.

105 Wurde die Treuhand der Gesellschaft bzw. den Gesellschaftern bekannt gegeben, ist diese **Zustimmung** regelmäßig bereits in der ursprünglichen **Zustimmung zur Abtretung des Gesellschaftsanteils** an den Treuhänder bei Begründung des Treuhandverhältnisses zu sehen. Ein endgültiger Rechtsübergang auf den Treuhänder ist gerade nicht gewollt. Die im Voraus erteilte Zustimmung ist grds. unwiderruflich.[160] **Aus-**

---

151 Ausführlich: Singhof/Seiler/Schlitt, Mittelbare Gesellschaftsbeteiligungen, Rn. 621.
152 Schlegelberger/K. Schmidt, HGB, Vor § 230 Rn. 81; MünchKomm-HGB/K. Schmidt, Vor § 230 Rn. 90.
153 Gernhuber, Jus 1988, 355, 356.
154 BGH, DStR 1991, 192.
155 BGH, WM 1971, 306, 307; Armbrüster, Die treuhänderische Beteiligung an Gesellschaften, S. 153.
156 MünchKomm-HGB/K. Schmidt, Vor § 230 Rn. 87; Armbrüster, Die treuhänderische Beteiligung an Gesellschaften, S. 139.
157 Heymann, Emmerich, HGB, § 105 Rn. 56; vgl. auch Armbrüster, GmbHR 2001, 941, 950.
158 MünchKomm-HGB/K. Schmidt, Vor § 230 Rn. 91.
159 *BGHZ* 24, 106, 114; vgl. auch oben Rn. 83 ff.
160 BGH, NJW 1980, 2708.

nahmsweise kann die Bindung an eine erteilte Zustimmung jedoch entfallen oder aus wichtigem Grund widerrufen werden, wenn sich die Interessenlage **wesentlich zum Nachteil** der Gesellschafter verändert hat, bspw. weil der Treugeber in erheblichen Wettbewerb zur Gesellschaft getreten ist.[161]

Problematischer ist das Zustimmungserfordernis **bei der verdeckten Treuhand**. Nach **h.M.** besteht hier kein Anspruch des Treugebers gegen die Mitgesellschafter auf Zustimmung zur Rückübertragung des Gesellschaftsanteils.[162] Die Mitgesellschafter dürfen ihre Zustimmung allerdings nicht rechtsmissbräuchlich verweigern.

106

Wird eine Vinkulierungsklausel **erst nach Begründung des Treuhandverhältnisses** durch Änderung der Satzung eingeführt, sind die Gesellschafter **aufgrund ihrer Treuepflicht regelmäßig verpflichtet**, die Rückübertragung des Anteils an den Treugeber **zu genehmigen**.[163]

107

3. Nachwirkende Haftungsrisiken

Der Treuhänder unterliegt **ausnahmsweise** auch **nach Beendigung des Treuhandverhältnisses** noch nachwirkenden Haftungsrisiken, bspw. (wie häufig bei der Vereinbarungstreuhand) als Gründungsgesellschafter einer Kapitalgesellschaft, wo er bis zur Anmeldung der Rückübertragung gemäß § 16 Abs. 1 GmbH noch von einer Ausfallhaftung nach §§ 24, 31 Abs. 3 GmbH betroffen ist.[164] Als ehemaliger Gesellschafter haftet er darüber hinaus **bei verschleierter Sachgründung oder fehlerhafter Sachkapitalerhöhung** auch nach seinem Ausscheiden noch auf Erbringung der Einlage.[165] Obwohl der Treuhänder in diesen Fällen im Innenverhältnis vom Treugeber Befreiung von seiner Haftung nach §§ 675, 670 BGB verlangen kann, verbleibt ein gewisses wirtschaftliches Risiko, das der Treuhänder bei vorheriger Erkennbarkeit durch Sicherheiten des Treugebers minimieren kann.

108

H. Treuhand in Insolvenz und Zwangsvollstreckung

Die **Verlagerung der Rechtsinhaberschaft** vom Treugeber auf den Treuhänder bedingt insb. bei Insolvenz und Zwangsvollstreckung einige **Besonderheiten**, anhand derer sich die **Doppelrolle des Treuhänders** als Gesellschafter und Treuhänder deutlich zeigt.[166]

109

I. Beim Treuhänder

Da der **Treuhänder unmittelbarer Gesellschafter** ist, fällt der von ihm verwaltete Gesellschaftsanteil bei Insolvenz des Treuhänders zunächst **in die Insolvenzmasse**. Entsprechendes gilt, wenn Gläubiger des Treuhänders gegen diesen vollstrecken, da dann im Wege der Einzelvollstreckung **unmittelbar** auf das Treugut Zugriff genommen werden kann. Da der Treuhänder aber wirtschaftlich fremdes Vermögen verwaltet, stehen dem Treugeber als Schutzrechte bei Insolvenz und Zwangsvollstreckung die **Aussonderung nach § 47 InsO** und die **Drittwiderspruchsklage nach § 771 ZPO** zu.[167]

110

Die Rechte des Treugebers werden durch das sog. **Unmittelbarkeitsprinzip** eingeschränkt, nachdem der Treugeber zur Aussonderung des Treuguts oder Erhebung der Drittwiderspruchsklage nur berechtigt

111

---

161 BGH, WM 1985, 1143, 1144; NJW 1965, 1376, 1377; BGHZ 77, 392, 395; Scholz/H. Winter/Seibt, GmbHG, § 15 Rn. 17; Armbrüster, Die treuhänderische Beteiligung an Gesellschaften, S. 155; MünchKomm-HGB/K. Schmidt, Bearbeiter, Vor § 230 Rn. 93.

162 BGHZ 24, 106, 114.

163 Armbrüster, Die treuhänderische Beteiligung an Gesellschaften, S. 155 ff.; Singhof/Seiler/Schlitt, Mittelbare Gesellschaftsbeteiligungen, Rn. 625.

164 Seidl, DStR 1998, 1220, 1224.

165 BGH, NJW 1996, 2306.

166 Zur Sicherungstreuhand vgl. Singhof/Seiler/Schlitt, Mittelbare Gesellschaftsbeteiligungen, Rn. 647 ff.

167 BGHZ 11, 37, 41; 72, 141, 143 f.; BGH, NJW 1971, 559, 560; Beuthien, ZGR 1974, 26, 66; MünchKomm-HGB/K. Schmidt, Vor § 230 Rn. 80 ff.; Hartmann, in: Baumbach/Lauterbach/Albers/Hartmann, ZPO, § 771 Rn. 22.

ist, wenn das Treugut unmittelbar aus seinem Vermögen auf den Treugeber übertragen wurde.[168] In der **Lit.** wird das Festhalten am Unmittelbarkeitsprinzip weitgehend abgelehnt, die wohl **h.M.** gewährt dem Treugeber die Schutzrechte **bereits dann**, wenn der Bestimmtheitsgrundsatz hinsichtlich des Treuguts beachtet wurde und die Treuhand nachweisbar und wirksam ist.[169]

> **Hinweis:**
> Unsicherheiten für den Treugeber aufgrund des Unmittelbarkeitsprinzips können durch sachgerechte Gestaltung des Treuhandvertrages vermieden werden. Erfolg versprechend ist hier bspw. die auflösend oder aufschiebend bedingte Rückabtretung des Gesellschaftsanteils an den Treugeber für den Fall der Insolvenz des Treuhänders oder bei Vollstreckungsmaßnahmen in das Treugut.[170]

112 Seit der **Änderung des HGB** im Jahr 1998 führen **Insolvenz** eines Gesellschafters oder **Kündigung** der Gesellschaft durch dessen Privatgläubiger bei Personenhandelsgesellschaften mangels anderweitiger Vereinbarungen **nicht mehr zur Auflösung der Gesellschaft**, sondern nur noch zum Ausscheiden des Gesellschafters. Aussonderungsgegenstand bzw. Gegenstand der Drittwiderspruchsklage ist daher nicht der Gesellschaftsanteil, sondern das **Abfindungsguthaben** des ausgeschiedenen Gesellschafters.[171] Ob das **Ausscheiden** bei Insolvenz oder Vollstreckungsmaßnahmen gegen den Treuhänder auch durch eine Auswechselung des Treuhänders abgewendet werden kann, hängt im Einzelfall von der **Ausgestaltung des Gesellschaftsvertrages** und den **wechselseitigen Treuepflichten** ab.[172]

113 **Bei der Kapitalgesellschaft** führen Insolvenz und Zwangsvollstreckung gegen einen Gesellschafter **nicht ohne weiteres zu dessen Ausscheiden**, so dass sich Aussonderungs- und Drittwiderspruchsrechte auf den Gesellschaftsanteil beziehen.[173]

II. Beim Treugeber

114 Im Falle der **Zwangsvollstreckung gegen den Treugeber** haben die Gläubiger keinen unmittelbaren Zugriff auf das Treugut;[174] sie können aber die Ansprüche des Treugebers aus dem Treuhandvertrag (z.B. Anspruch auf Rückübertragung des Gesellschaftsanteils) pfänden und sich nach §§ 828 ff. ZPO zur Einziehung überweisen lassen. Die Gläubiger sind in diesem Fall auch berechtigt, den Treuhandvertrag zu kündigen.[175]

115 Der **Übergang des Gesellschaftsanteils auf die Gläubiger** bedarf allerdings der **Zustimmung der Mitgesellschafter**. Fehlt diese, bleiben nur die allgemeinen Verwertungsmöglichkeiten, bspw. bei Personengesellschaften Pfändung und Ausscheiden gegen Abfindungsguthaben oder bei Kapitalgesellschaften die Versteigerung des Geschäftsanteils.

---

168 BGH, NJW 1959, 1223, 1224; NJW 1971, 559, 560; BGHZ 11, 37, 41; Hartmann, in: Baumbach/Lauterbach/Albers/Hartmann, ZPO, § 771 Rn. 22.
169 Ausführlich: MünchKomm-HGB/K. Schmidt, Vor § 230 Rn. 80; Singhof/Seiler/Schlitt, Mittelbare Gesellschaftsbeteiligungen, Rn. 602 ff.; Beuthien, ZGR 1974, 26, 67 ff.; Schaub, DStR 1996, 65, 68; Armbrüster, Die treuhänderische Beteiligung an Gesellschaften, S. 170; Uhlenbruck, InsO, § 47 Rn. 35.
170 Solche Vertragsgestaltungen sind nicht nach §§ 134, 138 BGB unwirksam oder nach § 9 AnfG anfechtbar, vgl. OLG Hamm, NZG 1998, 109, 110 f. Da allerdings bei Kapitalgesellschaften die satzungsmäßige Einziehung des Gesellschaftsanteils im Falle der Gesellschafterinsolvenz Vorrang hat, sollte sicherheitshalber auch die aufschiebend bedingte Abtretung eines möglichen Abfindungsanspruchs in den Vertrag aufgenommen werden, vgl. Schaub, DStR 1996, 65, 69; Singhof/Seiler/Schlitt, Mittelbare Gesellschaftsbeteiligungen, Rn. 607.
171 MünchKomm-HGB/K. Schmidt, Vor § 230 Rn. 81; Beuthien, ZGR, 1974, 67; Schlegelberger, K. Schmidt, HGB, Vor § 230 Rn. 72.
172 MünchKomm-HGB/K. Schmidt, Vor § 230 Rn. 81.
173 Etwas anderes kann bei Vinkulierung der Geschäftsanteile oder Einziehungsregelung bei Insolvenz gelten, vgl. Singhof/Seiler/Schlitt, Mittelbare Gesellschaftsbeteiligungen, Rn. 605.
174 Vgl. BGHZ 11, 37, 42.
175 Singhof/Seiler/Schlitt, Mittelbare Gesellschaftsbeteiligungen, Rn. 609.

Im Fall der Insolvenz des Treugebers endet das Treuhandverhältnis mit Verfahrenseröffnung (§§ 115, 166 InsO); der Rückübertragungsanspruch des Treugebers fällt in die Insolvenzmasse. Dem Insolvenzverwalter steht dann ein **Rückübertragungsanspruch gegen den Treuhänder** zu, zu dessen Erfüllung die **Zustimmung der Mitgesellschafter** erforderlich sein kann. Wird die Zustimmung verweigert, besteht für den Insolvenzverwalter grds. die Möglichkeit, den Treuhänder zur Kündigung der Gesellschaft bzw. zum Austritt aus dieser anzuweisen. Ob die Insolvenz des Treugebers ein zur außerordentlichen Kündigung der Gesellschaft berechtigender wichtiger Grund ist, kann nur im Einzelfall entschieden werden.[176]   116

Bei der **Sicherungstreuhand** steht dem eigennützigen Treuhänder ein Recht auf abgesonderte Befriedigung nach § 49 InsO zu.[177]   117

III. Bei der Gesellschaft

Wird über das Vermögen der Gesellschaft das Insolvenzverfahren eröffnet, wird der **Treugeber nicht Insolvenzgläubiger**. Ihm stehen auch keine Aussonderungsrechte zu, sondern **lediglich vertragliche Ansprüche gegen den Treuhänder**, der wiederum die Gesellschafterrechte in der aufgelösten Gesellschaft wahrzunehmen hat. **Etwas anderes** gilt nur, soweit das Treuhandverhältnis mit der Insolvenzeröffnung endet und der Treugeber den Gesellschaftsanteil zurück erhält.[178]   118

---

[176] MünchKomm-HGB/K. Schmidt, Vor § 230 Rn. 82; Armbrüster, Die treuhänderische Beteiligung an Gesellschaften, S. 135.
[177] MünchKomm-HGB/K. Schmidt, Vor § 230 Rn. 82.
[178] MünchKomm-HGB/K. Schmidt, Vor § 230 Rn. 83; Singhof/Seiler/Schlitt, Mittelbare Gesellschaftsbeteiligungen, Rn. 611; Beuthien, ZGR 1974, 26, 75.

4. Kapitel: Unternehmenskauf

Inhaltsverzeichnis

	Rn.
A. Grundzüge des Unternehmenskaufs	1
I. Allgemeines	1
1. Einleitung	1
2. Rolle des Rechtsanwalts und das Mandat beim Unternehmenskauf	3
a) Rechtsanwalt als führender Berater	3
b) Mandatsvereinbarung	6
3. Beteiligte beim Unternehmenskauf	8
a) Parteien	8
aa) Erwerber	8
bb) Verkäufer	9
b) Berater	10
aa) Investmentbanken, M&A Berater	11
bb) Andere Berater	14
4. Unternehmensbewertung	15
5. Typen und Ablauf eines Unternehmenskaufs	18
a) Typen	18
aa) Erwerbsformen: Share Deal versus Asset Deal	18
bb) MBO, LBO	24
b) Ablauf	25
aa) Herkömmliches Verfahren	26
(1) Planungsphase	26
(2) Kontaktaufnahme zwischen den Parteien und Vorverhandlungen	27
(3) Due Diligence und Hauptverhandlungen	28
(4) Signing und Closing	29
(5) Postakquisitorische Maßnahmen	31
bb) Auktionsverfahren	32
II. Vorfeldvereinbarungen	34
1. Vertraulichkeits- und Geheimhaltungsvereinbarungen	34
2. Verhandlungsprotokolle	38
3. Letter of Intent	39
4. Andere Vorfeldvereinbarungen	44
III. Due Diligence	45
1. Einleitung	45
2. Arten	46
a) Käufer- und Verkäufer-	46
b) Prüfungsgegenstand	48
3. Typischer Ablauf	49
a) Vorbereitungsphase	49
b) Prüfungsphase	53
c) Erstellung eines Due Diligence Reports	55
4. Bedeutung	58
5. Grenzen der Auskunftserteilung	63
6. Checkliste: Rechtliche Due Diligence	67

	Rn.
IV. Vertragsgestaltung	68
1. Einleitung	68
2. Vorfragen	69
a) Anwendbares Recht	69
b) Formerfordernisse	70
aa) Asset Deal	70
bb) Share Deal	71
c) Wirksamkeits- und Zustimmungserfordernisse	73
aa) Gesellschaftsrechtliche Beschränkungen	75
bb) Öffentlich-rechtliche Beschränkungen	77
cc) Zivilrecht	78
3. Präambel	79
4. Vertragsparteien	80
5. Kaufgegenstand	82
a) Asset Deal	82
b) Share Deal	83
6. Stichtag	84
7. Kaufpreis	85
a) Allgemeines	85
b) Festkaufpreis – Kaufpreisbemessung	87
c) Fälligkeit, Zahlungsmodalitäten	97
d) Sicherungsmechanismen	99
aa) Sicherung der Kaufpreiszahlung	100
bb) Kaufpreis als Sicherungsmittel	102
8. Vollzug (Closing)	103
9. Gewährleistungen und Garantien	106
a) Gesetzliche Gewährleistungsansprüche	107
aa) Asset Deal	107
bb) Share Deal	109
b) Gesetzliche Haftungstatbestände	110
aa) Asset Deal	110
bb) Share Deal	113
c) Vertragliche Gestaltung von Garantien	114
aa) Allgemeiner Teil	116
(1) Selbständige Garantien	117
(2) Zeitpunkt	118
(3) Subjektive Garantien	119
(4) Offenlegungen	121
(5) Rechtsfolgen von Garantieverletzungen	123
(a) Nachbesserung, Minderung, Schadensersatz	124
(b) Rücktritt	127
(6) Freistellungen	130
(7) Haftungsbegrenzungen und Schadensminderungen	131

(8) Ausschluss der gesetzlichen Gewährleistungen und weiter gehender Ansprüche......... 134
(9) Verjährung 136
(10) Verhaltenspflichten des Verkäufers 137
bb) Besondere Garantietatbestände 139
10. Mitwirkungs- und Kooperationspflichten .. 140
11. Rechtsstreitigkeiten und behördliche Verfahren, Ansprüche Dritter 143
12. Wettbewerbsverbote. 145
13. Sonstige Bestimmungen 150
a) Abtretungsverbote................. 150
b) Vertraulichkeitsregelung 151
c) Gemeinsame Erklärung............. 152
d) Kostenregelung 153
e) Schiedsklausel 154

B. Steuerrechtliche Aspekte beim Unternehmenskauf 156
I. Vorbemerkung, Interessenlagen 156
II. Grundzüge der Besteuerung von Veräußerungsgewinnen nach dem Halbeinkünfteverfahren.. 159
III. Überblick über die Besteuerung Asset Deal versus Share Deal 164
1. Steuerliche Behandlung des Asset Deals... 165
a) Aus Sicht des Veräußerers............ 167
aa) Kapitalgesellschaft 167
bb) Natürliche Personen 168
b) Aus Sicht des Erwerbers............. 171
2. Steuerliche Behandlung des Share Deal ... 173
a) Aus Sicht des Veräußerers............ 174
aa) Natürliche Personen 174
(1) Relevante Beteiligung 176
(2) Spekulationsgeschäft......... 179
(3) Einbringungsgeborene Anteile . 182
(4) Im Betriebsvermögen gehaltene Anteile 185
(5) Gewerbesteuer............... 186
bb) Kapitalgesellschaften 187
b) Aus Sicht des Erwerbers 192
3. Sonderthemen 193
a) Nutzung von Verlustvorträgen durch den Erwerber 193
aa) Asset Deal.................... 193
bb) Share Deal 197
b) Abzug/Nutzung von Finanzierungskosten des Erwerbers 200
aa) Asset Deal................... 201
bb) Share Deal 206
cc) Einschränkung durch die Regelungen der Gesellschafterfremdfinanzierung 210
c) Verkehrsteuern.................... 213
aa) Grunderwerbsteuer............... 214
bb) Umsatzsteuer 216
4. Allokation von steuerlichen Risiken/Haftung in der Vertragsgestaltung 218

a) Asset Deal 218
b) Share Deal 219

C. Insolvenzrechtliche Bezüge beim Unternehmenskauf 220
I. Allgemeines zum Erwerb in Krise und Insolvenz 220
II. Erwerb im Insolvenzeröffnungsverfahren..... 222
1. Zulässigkeit 223
2. Risiken............................. 228
a) Volles Haftungsregime 228
b) Anfechtung gemäß §§ 129 ff. InsO..... 229
aa) Zulässigkeit 230
bb) Relevante Anfechtungstatbestände.. 232
c) Erstattungsansprüche............... 235
d) Erfüllungswahlrecht des Insolvenzverwalters nach § 103 InsO 237
3. Maßnahmen seitens des Erwerbers 238
III. Erwerb im eröffneten Insolvenzverfahren..... 239
1. Zulässigkeit 240
2. Zustimmungserfordernisse 242
3. Haftungsbeschränkungen............... 243
a) Keine Anwendung von § 25 HGB, § 75 AO 243
b) Eingeschränkte Anwendung von § 613a BGB.............................. 244
4. Haftung für staatliche Beihilfen........... 246
5. Arbeitsrechtliche Erleichterungen 248
IV. Besonderheiten bei der Vertragsgestaltung 251
1. Verkäufer 252
2. Verwertungsbefugnis und Besonderheiten bezüglich des Kaufgegenstands.......... 253
a) Bestimmbarkeit des Kaufgegenstandes.. 254
b) Verwertungsrechte bezüglich Gegenständen, an denen Absonderungsrechte bestehen........................... 255
c) Firma 259
3. Kaufpreis und Garantien 260
a) Besonderheiten bei der Kaufpreisbestimmung 260
b) Besonderheiten bei Garantien 261

D. Arbeitsrechtliche Bezüge beim Unternehmenskauf 262
I. Einleitung 262
II. Asset Deal oder Share Deal?................ 263
III. Betriebsübergang nach § 613a BGB 265
1. Betrieb – Betriebsteil.................. 265
2. Betriebsübergang..................... 267
3. Betriebsinhaberwechsel................. 269
4. Rechtsgeschäftlicher Übergang 271
5. Rechtsfolge: Übergang der Arbeitsverhältnisse 272
a) Eintritt in Rechte und Pflichten aus dem Arbeitsverhältnis 272
aa) Vom Betriebsübergang erfasste Arbeitsverhältnisse 273
bb) Praktische Fragen bei der Fortsetzung bestimmter Arbeitsbedingungen 275

b) Auswirkungen des Betriebsübergangs in kollektivrechtlicher Hinsicht 276
c) Unterrichtungspflicht des Arbeitgebers und Widerspruchsrecht des Arbeitnehmers 278
d) Gesamtschuldnerische Haftung 284
e) Vertragliche Vereinbarungen beim Betriebsübergang 285
IV. Sonderregeln beim Betriebserwerb in der Krise 286
V. Kündigung auf Erwerberkonzept 287
VI. Auswirkungen einer Transaktion auf die arbeitsrechtliche Situation des Erwerbers 288
E. **Fusionskontrollrechtliche Bezüge beim Unternehmenskauf** 289
I. Kartellrecht in der Planungsphase des Unternehmenskaufs 289
   1. Prüfungsumfang 290
   2. Anwendbarkeitsprüfung 291
      a) Grundsätzliche Eingreifkriterien 292
      b) Zusammenschluss 293
      c) Käuferseite 294
      d) Buy-and-Build-Strategien 295
      e) Wichtige Informationen 296
      f) Aufgriffsschwellen 297
   3. Summarische Prüfung/Vorprüfung 299
      a) Nationale oder EG-Fusionskontrolle? ... 300
         aa) Grenzüberschreitende Auswirkungen 301
         bb) Aufgriffsschwellen 302
      b) Wichtige Informationen 304
      c) Materielle Untersagungskriterien im Überblick 306

aa) EG-Recht 307
   (1) Marktanteil 308
   (2) Sonstige Kriterien 310
   (3) Ausnahmen 311
bb) Deutsches Kartellrecht 314
   (1) Marktbeherrschung 315
   (2) Unterschiede zum EG-Recht... 316
   (3) Ausnahmetatbestände 317
4. Handlungsempfehlungen in der Planungsphase 320
5. Nicht-fusionskontrollrechtliche Kartellrechtsüberlegungen in der Planungsphase .. 322
II. Kartellrecht im Letter of Intent 323
III. Kartellrecht vor dem Signing 324
   1. Wichtige Informationen 325
   2. Materielle Prüfung und Handlungsempfehlungen 328
   3. Umsetzung im Unternehmenskaufvertrag .. 330
IV. Kartellrecht nach dem Signing 333
   1. EG-Fusionskontrolle 334
      a) Allgemeine Verfahrensgrundsätze 335
      b) Formvorschriften 336
      c) Erste Phase: Vorverfahren bzw. Ermittlungsverfahren 337
      d) Zweite Phase: Hauptverfahren 338
      e) Entscheidungen der Kommission 340
      f) Weiteres Verfahren 341
   2. Deutsche Fusionskontrolle 342
      a) Allgemeine Verfahrensgrundsätze 343
      b) Formvorschriften 344
      c) Fristen und Entscheidungen 345
      d) Weiteres Verfahren 346

Kommentare und Gesamtdarstellungen:

Baumbach/Hopt, Kommentar zum Handelsgesetzbuch, 32. Aufl. 2006; *Beck'sches Mandatshandbuch Unternehmenskauf*, 2004; *Behrens/Brauner/Strauch*, Due Diligence bei Unternehmensaquisitionen, 3. Aufl. 2002; *Beisel/Klumpp*, Der Unternehmenskauf: Gesamtdarstellung der zivil- und steuerrechtlichen Vorgänge einschließlich gesellschafts-, arbeits- und kartellrechtlicher Fragen bei der Übertragung eines Unternehmens, 5. Aufl. 2006; *Bernsau/Höpfner/Rieger/Wahl*, Handbuch der übertragenden Sanierung, 2002; *Birk/Pöllath/Saenger(Hrsg.)*, Forum Unternehmenskauf, 2005; *Blümich*, EStG, 2006; *Bunte/Langen*, Kommentar zum deutschen und europäischen Kartellrecht, 9. Aufl. 2006; *Dötsch/Jost/Pung/Witt*, Die Körperschaftssteuer, Kommentar zum Körperschaftssteuergesetz, Umwandlungssteuergesetz und zu den einkommensteuerrechtlichen Vorschriften Anteilseigenbesteuerung, 56. Ergänzungslieferung 2006; *Erfurter Kommentar zum Arbeitsrecht*, 6. Aufl. 2006; *Groß*, Sanierung durch Fortführungsgesellschaften, 2. Aufl. 1988; *Häcker*, Abgesonderte Befriedigung aus Rechten, 2001; *Heidelberger Kommentar zur Insolvenzordnung*, 4. Aufl. 2005; *Hölters*, Handbuch des Unternehmens- und Beteiligungskaufes, 6. Aufl. 2005; *Holzapfel/Pöllath*, Unternehmenskauf in Recht und Praxis: rechtliche und steuerliche Aspekte, 12. Aufl. 2005; *Immenga/Mestmäcker*, Gesetz gegen Wettbewerbsbeschränkungen, Kommentar, 3. Aufl. 2001; *Jahn*, Der Letter of Intent, 2000; *Knott/Mielke/Scheffler*, Unternehmenskauf, 2. Aufl. 2006; *Kübler/Prütting*, Insolvenzordnung. Textsammlung zum Insolvenzrecht, 2. Aufl. 2005; *Kurz*, Vertraulichkeitsvereinbarungen, 2004; *Langen/Bunte*, Kommentar zum deutschen und europäischen Kartellrecht, 2. Aufl. 2006; *Lowenheim/Meessen/Riesenkampff*, Kartellrecht, Bd. 1: Europäisches Recht, 2005; *Lutter*, Der Letter of Intent, 3. Aufl. 1998; *Lutter/Hommelhoff*, Kommentar zum GmbH-Gesetz, 16. Aufl. 2004; *Mestmäcker*, Europäisches Wettbewerbsrecht, 2. Aufl. 2004; *Münchener Anwaltshandbuch Arbeitsrecht*, 2004; *Münchener Handbuch zum Arbeitsrecht*, 2. Aufl. 2000; *Nerlich/Römermann*, Insolvenzordnung, 8. EL 2005; *Peemöller*, Praxishandbuch der Unternehmensbewertung, 2. Aufl. 2004; *Rödder/Hötzel/Müller-Thuns*, Unternehmenskauf, Unternehmensverkauf: zivil- und steuerrechtliche Gestaltungspraxis, 2. Aufl. 2003; *Rozijn*, Der Unternehmensmaklervertrag, 2001; *Schmidt*, EStG, 25. Aufl. 2006; *Semler/Vollhard*, Arbeitshandbuch für Unternehmensübernahmen, 2001; *Uhlenbruck*, Insolvenzordnung, Kommentar, 12. Aufl. 2002; *Widmann/Füger/Rieger*, Gesellschafter-Fremdfinanzierung, 2004; *Wiedemann*, Handbuch des Kartellrechts, 2. Aufl. 2006; *Willemsen/Hohenstatt/Schweibert/Seibt*, Umstrukturierung und Übertragung von Unternehmen. Ein arbeitsrechtliches Handbuch, 2. Aufl. 2003.

Aufsätze und Rechtsprechungsübersichten:

Baums, Ergebnisabhängige Preisvereinbarungen bei Unternehmenskaufverträgen („earn outs"), DB 1993, 1273; *Bergjan*, Die Haftung aus culpa in contrahendo beim Letter of Intent nach neuem Schuldrecht, ZIP 2004, 395; *ders.*, Haftung des Unternehmensverkäufers/-käufers beim Letter of Intent, in: Birk/Pöllath/Saenger, Forum Unternehmenskauf, S. 69; *Blaurock*, Der Letter of Intent, ZHR 1983, 334; *Blumers/Görg/Tiede*, Gesellschafter-Fremdfinanzierung bei Unternehmensakquisitionen, BB 2004, 631; *Bock*, Der GmbHR-Kommentar zu BFH, Urt. v. 26.5.2004 – I R 112/03, GmbHR 2004, 1474; *Cranshaw*, Die Rückforderung der staatlichen Beihilfe als Schnittstelle zwischen Insolvenz und Gemeinschaftsrecht, DZWir 2006, 185; *Döll/Schreiber*, Ein Standardschema für die Einnahmeüberschussrechnung, DStR 2005, 1021; *Frey/Weißgerber*, Die neue Gegenständlichkeit als BFH bei der Verlustnutzung, GmbHR 2002, 135; *Frotscher*, Zur Zuführung neuen Betriebsvermögens nach § 8 Abs. 4 KStG, DStR 2002, 10; *Füger/Rieger*, Anwendung des § 8 Abs. 4 Satz 2 Nr. 2 KStG und des § 3 Nr. 40 Satz 4 Buchst. B 1. HS. EStG auf Beteiligungen in einem eingebrachten Betriebsvermögen, BB 2005, 517; *Gätsch/Schulte*, Notarielle Beurkundung bei der Veräußerung von ausländischen Gesellschaften mbH in Deutschland, ZIP 1999, 1909; *Gravenbrucher Kreis*, Stellungnahme des Gravenbrucher Kreises zum Diskussionsentwurf eines Gesetzes zur Änderung der InsO, des BGB und anderer Gesetze, ZIP 2003, 1220; *Grimm/Böker*, Die arbeits- und sozialrechtliche Due Dilligence, NZA 2002, 193; *Haun/Winkler*, Klarstellungen und Unklarheiten bei der Besteuerung von Beteiligungserträgen nach der Neufassung des § 8b KStG, GmbHR 2002, 192; *Heckelmann*, Anmerkung zu BAG 21.1.1999 – 8 AZR 218/98, EWir 1999, 1173; *Herchen*, Sonderkündigungsrechte auf den Insolvenzfall in der Warenkreditsicherung, ZInsO 2004, 1112; *Herzig*, Steuerorientierte Grundmodelle des Unternehmenskaufes, DB 1990, 133; *Herzig/Förster*, Steuerentlastungsgesetz 1999/2000/2002: Die Änderung von § 17 und § 34 EStG mit ihren Folgen, DB 1999, 711; *Herzig/Bohn*, Modifizierte Zinsschranke und Unternehmensfinanzierung, DB 2007, 1; *Hoenig/Meyer-Loewy*, Unternehmenskauf von „starken" vorläufigen Insolvenzverwalter, ZIP 2002, 2162; *Joost*, Anmerkung zu BAG 31.7.2002 – 10 AZR 513/01, EWir 1999, 247; *Kammel*, Ausgewählte Probleme des Unternehmenskaufs aus der Insolvenz, NZI 2000, 102; *Kirchhof*, Anfechtbarkeit von Rechtshandlungen vorläufiger Insolvenzverwalter, ZInsO 2000, 297; *Klein*, EU-Beihilferecht und deutsches Insolvenzverfahren, DZWIR 2003, 89; *Kösters*, Letter of Intent – Erscheinungsformen und Gestaltungshinweise, NZG 1999, 623; *Lemaitre/Schnittker/Siegel*, Die steuerliche Einordnung der US- amerikanischen Limited Liability Company (LLC) auf der Grundlage des BMF-Schreibens v. 19.3.2004, GmbHR 2004, 618; *Menke*, Zum Betriebsübergang im Insolvenzeröffnungsverfahren und zum Verwertungsrecht des vorläufigen Insolvenzverwalters, NZI 2003, 525; *ders.*, Der Erwerb eines Unternehmens aus der Insolvenz – das Beispiel der übertragenden Sanierung, BB 2003, 1133; *Neu/Watermeyer*, Steuerlicher Handlungsbedarf zum Jahreswechsel 2004/2005 (Teil II), DStR 2004, 2128; *Pape*, Entwurf eines Gesetzes zur Änderung der Insolvenzordnung, ZInsO 2003, 389; *ders.*, Die Entwicklung des Regelinsolvenzverfahrens im Jahre 2002, NJW 2003, 2502; *Rödder*, Vermögensübergang von Kapitalgesellschaften auf Personengesellschaften und natürliche Personen im Referentenentwurf des neuen UmwStG, DStR 1993, 1349; *Rödder/Schuhmacher*, Unternehmenssteuerreform 2001: Wesentliche Änderungen des Steuersenkungsgesetzes gegenüber dem Regierungsentwurf und Regeln zu seiner erstmaligen Anwendung, DStR 2000, 1453; *Rödder/Wochinger*, Veräußerungen von Kapitalgesellschaftsabteilen durch Kapitalgesellschaften, Gestaltungsüberblick im Hinblick auf § 8 b Abs. 2 KStG, FR 2001, 1253; *Rohardt*, Die europäische Fusionskontrolle beginnt Gestalt anzunehmen, WuW 1991, 365; *Salzmann/Lohse*, Grunderwerbsteuerneutrale Umstrukturierung im Konzern, DStR 2004, 1941; *Schmidt, K.*, Beiladung und Gerichtsschutz Dritter im Verfahren der Zusammenschlusskontrolle nach GWB – Stand der Rechtsfortbildung nach dem Beschluss des BGH v. 24.6.2003 – KVR 14/01 („Habet/Lekkerland"), DB 2004, 540; *Schnittker/Lemaitre*, Steuersubjektqualifikation ausländischer Personen- und Kapitalgesellschaften anhand des Rechtstypenvergleichs: Welche Vergleichskriterien sind heranzuziehen?, GmbHR 2003, 1314; *Seibt*, Unternehmenskauf und -verkauf nach dem Steuersenkungsgesetz, DStR 2000, 2061; *Steuber*, Interessenkollision – eine globale Herausforderung für Rechtsanwälte, RIW 2002, 590; *Strahl*, Die Bedeutung der Gesamtplanrechtsprechung bei der Umstrukturierung von Personengesellschaften unter steuerneutraler Ausgliederung einzelner Wirtschaftsgüter, FR 2004, 929; *ders.*, Einbringungsgeborene Anteile: Probleme und Gestaltungsmöglichkeiten, KöSDl 2001, 12728; *Ulmer*, Die Kompetenz zur Bildung einer Ersatzfirma bei Firmenveräußerung im Konkurs der GmbH- und Konkursrecht, NJW 1983, 1679; *Vallender*, Unternehmenskauf in der Insolvenz I, GmbHR 2004, 543; *ders.*, Unternehmenskauf in der Insolvenz II, GmbHR 2004, 642; *ders.*, Par conditio creditorum ade?, NZI 2005, 599; *Vallender/Fuchs*, Ein großer Wurf? – Anmerkungen zum Diskussionsentwurf des BMJ, NZI 2003, 282; *Wacker*, Vermögensverwaltende Gesamthand und Bruchteilsbetrachtung – eine Zwischenbilanz, DStR 2005, 2014; *Wagner*, Informationspflichten des Verkäufers bei M&A Transaktionen nach neuerer BGH-Rechtsprechung unter Berücksichtigung von altem und neuem Schuldrecht, DStR 2002, S 958; *Wellensiek*, Probleme bei der

Betriebsveräußerung aus der Insolvenz, NZI 2005, 603; *ders*., Sanieren oder Liquidieren? Unternehmensfortführung- und Sanierung im Rahmen der neuen Insolvenzordnung, WM 1999, 405; *Wessels*, Unternehmenskauf im Vorfeld der Verkäuferinsolvenz, ZIP 2004, 1237; *Wiesbrock/Wübbelsmann*, Wettbewerbsverbote in Unternehmenskaufverträgen. Überlegungen zur rechtlichen und steuerlichen Behandlung, GmbHR 2005, 519.

A. Grundzüge des Unternehmenskaufs*

I. Allgemeines

1. Einleitung

Unternehmenskäufe (engl. Mergers & Acquisitions, kurz M&A) haben in den letzten Jahren beständig an **wirtschaftlicher Bedeutung** gewonnen. So investierten Beteiligungsunternehmen allein in der BRD im Jahr 2005 nach Angaben des Bundesverbands Deutscher Kapitalbeteiligungsgesellschaften (BVK) gut 1,7 Mrd. €, im Jahr 2004 gar 2,6 Mrd.[1] Im ersten Halbjahr 2006 stieg das Volumen der weltweiten Zusammenschlüsse auf 1,73 Billionen Dollar.[2]

1

Aber auch abseits von Mega-Mergers und großvolumigen Leveraged-Buy-Outs durch Finanzinvestoren **wächst die Zahl der Unternehmensverkäufe** stetig. Die Gründe hierfür sind vielfältig, angefangen bei dem im Mittelstand häufigen Problem, dass sich in der Familie kein geeigneter Nachfolger für das Familienunternehmen findet bis zu Schwierigkeiten bei der Aufbringung von Finanzmitteln für eine den Anforderungen sich stetig wandelnder Marktbedingungen entsprechende Fortführung oder Expansion des Unternehmens.

Für den Rechtsanwalt stellt die rechtliche Betreuung eines Unternehmenskaufs eine **große Herausforderung** dar. Es gilt, sich in eine Vielzahl von juristischen Fragestellungen einzuarbeiten, Fallstricke – im Steuerrecht, Gesellschaftsrecht, Arbeitsrecht und anderen Gebieten – zu erkennen und das Erkannte in der Vertragsgestaltung umzusetzen. Auch Verhandlungsstärke und eine schnelle Auffassungsgabe sind beim Unternehmenskauf gefragt. Schließlich sollte allem voran ein Verständnis für ökonomische Zusammenhänge und die wirtschaftlichen Interessen des Mandanten vorhanden sein.

2

Auf der anderen Seite können M&A Mandate sehr einträglich sein. Die meist recht **langwierigen Vertrags- und Verkaufverhandlungen** und die Tatsache, dass solche Mandate i.d.R. auf Stundenbasis abgerechnet werden, führen dazu, dass das Honorarvolumen erfahrungsgemäß relativ hoch ist. Das hat dazu geführt, dass sich der Wettbewerb um solche Mandate zunehmend verschärft hat. Immer öfter laden Unternehmen vor einer Mandatserteilung mehrere Kanzleien zu einem „Beauty Contest", bei dem die Bewerber ihre Teams vorstellen und zeigen, über welche Transaktionserfahrung sie verfügen.

2. Rolle des Rechtsanwalts und das Mandat beim Unternehmenskauf

a) Rechtsanwalt als führender Berater

Unter den zahlreichen Beratern, die vor allem an größeren M&A Transaktionen mitwirken, kommt dem Rechtsanwalt eine **zentrale Rolle** zu. Das hängt damit zusammen, dass bestimmte Beratungsleistungen aufgrund des Rechtsberatungsgesetzes ausschließlich durch Rechtsanwälte erbracht werden dürfen. So ist der Rechtsanwalt für die gesellschafts- und zivilrechtliche Gestaltung und Durchführung der Transaktion maßgeblich verantwortlich.

3

Darüber hinaus ist der Rechtsanwalt als **maßgeblicher Vertragsgestalter** auch Schnitt- und Sammelstelle für wesentliche Informationen, wie z.B. die Ergebnisse der Due Diligence und hat daher meist einen guten

---

* Wir danken Herrn stud. iur. Sebastian Hockel für seine engagierte und kompetente Unterstützung insbesondere bei der Endredaktion dieses Beitrages.
1 BVK Statistik, Teilstatistik Buy-Outs 2005: http://www.bvk-ev.de/pdf/145.pdf.
2 FAZ vom 28.6.2006, S. 32.

Überblick über den Stand der Transaktion, was ihn häufig zum **wichtigsten Ansprechpartner** für den Mandanten macht.

4   Je nachdem, ob der Rechtsanwalt auf Käufer- oder Verkäuferseite tätig ist, unterscheidet sich das **Anforderungs- und Aufgabenprofil** zum Teil erheblich.[3] So ist z.B. der **Verkäuferanwalt** i.d.R. für die Erstellung des ersten Kaufvertragsentwurfs und den Aufbau des Datenraums verantwortlich, während der **Käuferberater** sich in erster Linie mit der Durchführung der Unternehmensprüfung befassen muss. Darüber hinaus hat der Käuferanwalt (bzw. ihm beigeordnete, spezialisierte Kollegen) auch die Aufgabe, die Finanzierungsverträge zu prüfen und zu verhandeln, sofern der Erwerb ganz oder teilweise fremdfinanziert wird.

5   Aufgrund der Vielzahl der zu erledigenden Aufgaben werden bei großen Transaktionen (innerhalb der Sozietät oder auch sozietätsübergreifend) anwaltliche **Projektteams** gebildet. Ihnen gehören neben auf Transaktionen spezialisierten Anwälten i.d.R. auch Gesellschafts-, Arbeits- und Steuerrechtler sowie Spezialisten unterschiedlicher Bereiche (IP/IT, Umweltrecht u.Ä.) an.

b) Mandatsvereinbarung

6   Vor Annahme des Mandats wird, insb. bei überregional bzw. international tätigen Sozietäten, routinemäßig überprüft, ob die Sozietät wegen eines Interessenkonfliktes daran gehindert ist, das Mandat zu übernehmen (**Conflict Check**).[4] Interessenkonflikte können sich insb. dadurch ergeben, dass die Kanzlei bereits einen an der Transaktion Beteiligten (z.B. einen Mitbieter im Auktionsverfahren, aber auch den Verkäufer bei einem Käufermandat) vertritt bzw. vertreten hat.

7   Besondere Sorgfalt ist sodann auf die **Gestaltung der Mandatsvereinbarung** zu verwenden:

- Hier stellt sich zunächst die Frage, wer überhaupt **Auftraggeber** und damit **Partei der Mandatsvereinbarung** ist bzw. werden soll. So gibt es Konstellationen, in denen sowohl die Gesellschaft als auch deren Gesellschafter (potenziell) als Mandanten in Betracht kommen. Steuer- und bilanzrechtliche Erwägungen können dann den Ausschlag geben.

- Auch der **Gegenstand der Beratung** sollte hinreichend klar umrissen werden, nicht zuletzt, um den eigenen Tätigkeitsbereich von dem anderer Berater klar abzugrenzen und um das eigene Haftungsrisiko zu verringern. Hierzu gehört z.B. die Frage, ob neben der gesellschafts- und zivilrechtlichen Beratung auch steuerrechtliche Fragestellungen durch den Rechtsanwalt geprüft werden sollen.

- Die **Höhe des Honorars** ist eine weitere Frage, die die Mandatsvereinbarung regelt. In der Praxis des Transaktionsgeschäfts weichen die Parteien meist von der gesetzlichen Vergütung nach dem RVG ab und vereinbaren ein individuelles Honorarmodell. Verbreitet sind dabei **reine Stundensatzvereinbarungen** mit Sätzen zwischen 200 € und etwa 600 €. In der Praxis immer häufiger anzutreffen sind **Pauschalvereinbarungen**, bei denen der Mandant unabhängig vom tatsächlichen Arbeitsaufwand einen fixen Betrag schuldet.

  Anders als im angloamerikanischen Raum sind in der BRD reine **Erfolgshonorare** (noch) unzulässig (vgl. § 49b Abs. 2 BRAO). Gegen nachträgliche Aufschläge auf das Honorar, die der zufriedene Mandant bei einem erfolgreichen Abschluss leistet (sog. **Premium**), ist aus berufsrechtlicher Sicht hingegen nichts einzuwenden.

- Schließlich sollte jede Mandatsvereinbarung im M&A Bereich auch eine **Haftungsvereinbarung** enthalten. Diese sollte in einem angemessenen Verhältnis zum Wert der geplanten Transaktion stehen.[5]

---

3   Dazu ausführlich Böx, in: Beck'sches Mandatshandbuch Unternehmenskauf, § 1 Rn. 96 ff.
4   Vgl. § 43a Abs. 4 BRAO.
5   Dazu ausführlich Böx, in: Beck'sches Mandatshandbuch Unternehmenskauf, § 1 Rn. 88 ff.

3. Beteiligte beim Unternehmenskauf

a) Parteien

aa) Erwerber

Strategische Käufer erwerben Unternehmen, um ihre Produktionsbasis zu vergrößern, neue Märkte zu erschließen oder einfach nur, um einen Wettbewerber aus dem Markt zu nehmen. Sie sind überwiegend jedoch an der **Weiterführung bzw. Integration** des Zielunternehmens interessiert. Darauf ist auch bei der Vertragsgestaltung zu achten.

Finanzinvestoren wie z.B. Private Equity Fonds betrachten das Zielunternehmen indes primär als **Finanzanlage** und gehen schon beim Kauf von einer Gewinn bringenden Weiterveräußerung oder einem Börsengang des Zielunternehmens aus. Auch dies muss in die Vertragsdokumentation Eingang finden.

bb) Verkäufer

Betrachtet man den Gesamtmarkt für Unternehmenstransaktionen, so machen **Familiengesellschaften** weiterhin einen großen Teil der „Zielgesellschaften" aus. Dementsprechend sind auch die Verkäufer häufig Privatpersonen, die mangels Nachfolger im Familienkreis oder aus anderen Gründen ihre Beteiligungen veräußern wollen.

Daneben treten auch auf Verkäuferseite strategische Investoren auf, die bestimmte Beteiligungen abstoßen wollen, weil diese defizitär sind oder nicht ins Kerngeschäft passen. Schließlich sind auch Finanzinvestoren aufgrund ihrer Anlagestrategie als Verkäufer auf dem Markt tätig.[6]

b) Berater

Neben dem Verkäufer und dem potenziellen Erwerber sowie deren Führungskräften, Repräsentanten und Mitarbeitern sind bei Unternehmenskäufen regelmäßig eine Reihe von Beratern tätig:

aa) Investmentbanken, M&A Berater

Vor allem auf Seite des Verkäufers ist es heute üblich, bei größeren Transaktionen **Investmentbanken** als Berater einzuschalten. Deren wesentliche Aufgabe ist die **Auswahl und Ansprache möglicher Interessenten** sowie die **Koordination des Verkaufsprozesses**. Daneben obliegen ihnen die Erstellung eines Informationsmemorandums, die Organisation der Due Diligence und die Begleitung der Verhandlungen. Ähnliche Funktionen wie die Investmentbanken nehmen, vor allem bei kleineren Transaktionen, sog. **M&A Berater** wahr. Hierzu zählen neben sog. Corporate Finance Beratern auch reine Unternehmensmakler.

Investmentbanken und M&A Berater werden i.d.R. auf der Grundlage eines sog. **„Engagement Letter"** tätig. Dabei handelt es sich um einen gemischt-typischen Vertrag mit dienst- und maklervertraglichen Elementen. Er wird daher auch als **Unternehmensmaklervertrag**[7] bezeichnet. Die Honorierung ist üblicherweise **erfolgsabhängig** (Success Fee) und bewegt sich zwischen 0,5 % und 5 % des Transaktionswerts. Dazu kommt häufig eine, meist zeitlich befristete, monatliche **Fixvergütung** (Retainer), die unabhängig vom erfolgreichen Abschluss der Transaktion geschuldet ist und die laufende Tätigkeit der Berater (Erstellung von Unterlagen etc.) abgelten soll. Der Retainer wird häufig auf ein späteres Erfolgshonorar ganz oder teilweise angerechnet.

Die **wirtschaftliche Bedeutung** von Engagement Letters ist **nicht zu unterschätzen**. Bei großvolumigen Transaktionen kann sich das Erfolgshonorar schnell im Millionenbereich bewegen. Auch bei kleineren Transaktionswerten sind fünf- bis sechsstellige Provisionen keine Seltenheit. Umso unverständlicher er-

---

[6] Beim Kauf eines Finanzinvestors von einem anderen spricht man von sog. „Secondaries"; bei einer Verknappung interessanter Zielunternehmen wie potenzieller Käufer sind inzwischen auch vermehrt Drittverkäufe unter Finanzinvestoren an der Tagesordnung, sog. „Tertiaries".

[7] Vgl. umfassend zu diesem Thema die Dissertation von Rozijn, Der Unternehmensmaklervertrag.

scheint es da, dass viele Parteien Engagement Letters verhandeln und abschließen, ohne zuvor qualifizierten anwaltlichen Rat eingeholt zu haben.

13 Zentraler Punkt bei der Gestaltung eines Engagement Letters ist die **Fälligkeit und Berechnung des Erfolgshonorars**. Fällig wird die Vergütung i.d.R. mit dem Abschluss der Transaktion (Signing), in seltenen Fällen erst mit der tatsächlichen Durchführung bzw. dem dinglichen Übergang (Closing). Der Unternehmensmakler wird ein Interesse daran haben, den Begriff der Transaktion möglichst breit zu fassen, um möglichst viele Sachverhalte zur Begründung der Provisionspflicht zu erfassen.[8] **Berechnungsgrundlage** für die Vergütung ist regelmäßig der **Kaufpreis**, wobei die Frage, ob die Übernahme von Verbindlichkeiten Bestandteil des Kaupreises ist, eine ausdrückliche Regelung erfahren sollte.[9] Für die **Höhe der Vergütung** gibt es zwei Gestaltungsvarianten: Das reine **Festhonorar** und die (degressive oder progressive) **prozentuale Staffelung**. Welche Variante gewählt wird, hängt vom erwarteten Kaufpreis und der Art des Mandats (Käufer- bzw. Verkäufermandat) ab. Schließlich sollte auch die **Laufzeit** des Vertrages eine klare Begrenzung erfahren.[10]

bb) Andere Berater

14 An größeren Transaktionen (insb. im Rahmen der Due Diligence, aber auch bei den Vertragsverhandlungen) wirken regelmäßig nicht nur Wirtschaftsrechtsanwälte, sondern auch **Wirtschaftsprüfer** und **Steuerberater** mit. Die großen Wirtschaftsprüfungsgesellschaften haben eigene Abteilungen eingerichtet, die ausschließlich mit der Begleitung von Unternehmensverkäufen befasst sind (Transaction Services) und neben der Unternehmensbewertung und der Evaluation möglicher steuerlicher Risiken häufig auch die **Integration** des Zielunternehmens in die Unternehmensstruktur des Erwerbers durchführen. Der die Transaktion begleitende Rechtsanwalt ist gut beraten, sich mit den beteiligten Wirtschaftsprüfern und Steuerberatern **stetig auszutauschen**, da diese häufig über Informationen verfügen, die auch für die Vertragsgestaltung von Bedeutung sein können. Schließlich sind – wenn auch meist nur im Vorfeld im Rahmen einer Market oder Commercial Due Diligence – auch **Unternehmensberater** an Transaktionen beteiligt.

4. Unternehmensbewertung

15 Die Unternehmensbewertung nach betriebswirtschaftlich gesicherten Methoden erleichtert den Parteien die Kaufpreisfindung.[11] Sie hilft den Verhandlungspartnern dabei, ihre oft stark subjektiv geprägten Vorstellungen an einem objektiven Maßstab zu messen und hat damit **Beratungs- aber auch Argumentationsfunktion**. Daneben kann die Unternehmensbewertung aber auch von rechtlicher Relevanz sein, so z.B. bei der **Sachkapitalerhöhung** durch Einbringung eines Unternehmens in eine Kapitalgesellschaft, wie sie häufig beim sog. Share-by-Share-Deal erfolgt, bei dem der Kaufpreis in Form von Anteilen gezahlt wird. Denn hierfür ist häufig die Vorlage eines Wertgutachtens über das eingebrachte Unternehmen beim Registergericht erforderlich.

16 In der Praxis sind folgende Verfahren der Unternehmensbewertung am häufigsten anzutreffen:

- **Ertragswertverfahren:**

    Das Ertragswertverfahren basiert auf der Annahme, dass der Wert eines Unternehmens hauptsächlich in den zu erwartenden Ertragsüberschüssen, also durch sein Potenzial, in Zukunft Gewinne zu erzeugen,

---

8 Erfasst werden neben dem klassischen Unternehmenskauf (Share- und Asset Deal) regelmäßig auch die Einräumung von Optionsrechten sowie lose, nicht gesellschaftsrechtliche Kooperationen in Form von Gemeinschaftsunternehmen, Joint Ventures, Pacht-, Mietverträgen sowie dauerhaften Geschäftsbeziehungen und post-akquisitorische Kapitalmaßnahmen.
9 Vgl. zu dieser Frage auch BGH, NJW 1995, 1738 f.
10 In der Praxis finden sich regelmäßig Nachwirkungsfristen für den Fall des Erfolgseintritts nach Beendigung des Mandats (zwischen drei Monaten bis zwei Jahren).
11 Ausführlich zur Unternehmensbewertung: Beisel/Klumpp, Unternehmenskauf, Kap. 3, S. 49 ff.; Hesse/Stratz, in: Beck'sches Mandatshandbuch Unternehmenskauf, § 3; Peemöller, Praxishandbuch der Unternehmensbewertung, S. 1 ff.

besteht. Das Verfahren berücksichtigt die Anlagealternativen des Kaufinteressenten, der mit seinem Kapital entweder das Unternehmen erwerben kann oder sein Geld am Kapitalmarkt anlegt.

- **Discounted Cashflow-Verfahren:**

Das Discounted Cashflow-Verfahren weist Ähnlichkeiten mit dem Ertragswertverfahren auf, da bei beiden stichtagsbezogene Barwerte zukünftiger finanzieller Überschüsse ermittelt werden, bezieht jedoch stärker die künftige Finanzstruktur des Unternehmens in die Berechnung mit ein.[12]

- **Vergleichsverfahren:**

Beim Vergleichsverfahren wird unter Rückgriff auf Marktwerte (d.h. Marktpreise, die bei vergleichbaren Transaktionen erzielt wurden) mittels Multiplikation eines Faktors („Multiple") mit einer Bezugsgröße wie dem EBITDA, dem EBIT oder einer anderen Größe eine Preisprognose für das zu bewertende Unternehmen erstellt.[13]

- **Substanzwertverfahren.**

Die Substanzwertmethode, der heutzutage keine allzu große Bedeutung mehr zukommt, ermittelt schließlich, wie viel Kapital für den Aufbau einer vergleichbaren Unternehmenssubstanz erforderlich wäre.

Der **Preis**, der für ein Unternehmen letztlich gezahlt wird, kann natürlich von dem Ergebnis der Unternehmensbewertung abweichen. In der Praxis ist dies sogar der Regelfall. Denn die Preisfindung ist ein **Gegenstand** der unternehmerischen Entscheidung sowie entsprechender Verhandlungen, bei der auch andere Faktoren mit hineinspielen. So mag bspw. der Käufer bereit sein, einen i.S.d. Unternehmensbewertung „objektiv" überhöhten Kaufpreis zu zahlen, weil ihm der Kauf einen strategischen Vorteil bietet oder aber langfristige Synergieeffekte zeitigt.

5. Typen und Ablauf eines Unternehmenskaufs

a) Typen

aa) Erwerbsformen: Share Deal versus Asset Deal

Ein Unternehmenskauf kann aus zivilrechtlicher Perspektive grds. entweder durch Kauf aller oder einiger **Anteile** an der Zielgesellschaft, die eine Kapitalgesellschaft (AG,[14] GmbH, KGaA) oder eine Personengesellschaft (GbR, KG, GmbH & Co. KG und OHG) sein kann, den sog. **Share Deal**, oder durch Erwerb einzelner oder sämtlicher **Wirtschaftsgüter** (z.B. Sachen, Rechte, Arbeits- oder Vertragsverhältnisse) des Zielunternehmens vonstatten gehen, sog. **Asset Deal**.[15]

---

12 Dieses Verfahren spielt vor allem bei jungen Wachstumsunternehmen (Venture Capital) eine Rolle, in die Risikokapital investiert wird.

13 Dieses Verfahren spielt bei Transaktionen, an denen Finanzinvestoren beteiligt sind, eine entscheidende Rolle.

14 Neben dem Kauf eines Unternehmens durch Abschluss eines Unternehmenskaufvertrages mit einer begrenzten Anzahl von Gesellschaftern gewinnt der Kauf börsennotierter (Aktien-)Gesellschaften, insb. im Wege eines öffentlichen Angebots, zunehmend an Bedeutung. Zu den hierbei zu beachtenden börsen- und kapitalmarktrechtlichen Vorschriften, die nicht Gegenstand des vorliegenden Beitrages sind vgl. Boucho/Müller-Michaelis, in: Hölters, Handbuch des Unternehmens- und Beteiligungskaufes, S. 970 ff.; Holzapfel/Pöllath, Unternehmenskauf, Rn. 250 ff.

15 Nach der gefestigten Rspr. des BGH ist ein Unternehmenskauf beim Asset Deal anzunehmen, wenn nicht nur einzelne Wirtschaftsgüter, sondern ein Inbegriff von Sachen, Rechten und sonstigen Vermögenswerten übertragen werden soll und der Erwerber dadurch in die Lage versetzt wird, das Unternehmen als solches weiterzuführen. Dass in dem Vertrag die verschiedenen Gegenstände namentlich aufgeführt werden, ist ebenso unschädlich wie der Umstand, dass einzelne Güter von der Übertragung ausgeschlossen sein sollen. Ob nach diesen Kriterien ein Unternehmenskauf vorliegt oder nicht, lässt sich nicht abstrakt-formelhaft, sondern nur aufgrund einer wirtschaftlichen Gesamtbetrachtung beurteilen (BGH, NJW 2002, 1042 m.w.N.).

19 Für welche der beiden Erwerbsformen man sich letztlich entscheidet, hängt von einer Reihe von Faktoren ab: Steuer-[16] und arbeitsrechtliche[17] Erwägungen spielen – neben haftungsrechtlichen Erwägungen – dabei häufig eine besondere Rolle. Es gibt jedoch auch Fälle, in denen die Parteien aufgrund **bestimmter Rahmenbedingungen** auf eine der Erwerbsformen festgelegt sind. Dies ist bspw. der Fall, wenn für den Betrieb des Unternehmens eine spezifische öffentlich-rechtliche Genehmigung erforderlich ist, die mit dem Rechtsträger verbunden und nicht frei übertragbar ist. In diesem Fall scheidet die Durchführung eines Asset Deals regelmäßig aus.

20 Für den **Share Deal** spricht i.d.R. die **einfachere Handhabung**. Kaufgegenstand sind nur die Anteile an der Zielgesellschaft; die der Zielgesellschaft gehörenden Vermögensgegenstände und ggf. Verbindlichkeiten gehen automatisch mit über und müssen daher nicht einzeln bzw. separat übertragen werden.

21 Beim **Asset Deal** hingegen müssen die Wirtschaftsgüter jeweils einzeln übertragen werden, wobei die für die einzelnen Vermögensgegenstände geltenden Vorschriften (z.B. Formvorschriften beim Grundstückskauf) zu beachten sind. Insb. die Übertragung von Vertragsverhältnissen, die regelmäßig der Zustimmung des Vertragspartners bedarf, kann dabei problematisch sein.

Für den Asset Deal können hingegen die i.d.R. geringeren **Haftungsrisiken** sprechen. Während nämlich beim Share Deal grds. alle bei der Zielgesellschaft bestehenden Haftungsrisiken wirtschaftlich vom Verkäufer mit übernommen werden, können die Parteien beim Asset Deal frei bestimmen,[18] welche Verbindlichkeiten vom Käufer übernommen werden.

22 Häufig finden sich in der Praxis auch **Mischformen** zwischen Share Deal und Asset Deal, wenn z.B. ein Konzern einen Geschäftsbereich veräußert, der aus Geschäftsanteilen an bestimmten Tochtergesellschaften sowie einzelnen Wirtschaftsgütern besteht.

23 Schließlich besteht noch die Möglichkeit, ein Unternehmen im Rahmen von Kapitalmaßnahmen (insb. Kapitalerhöhung) sowie durch Maßnahmen nach den Vorschriften des **Umwandlungsgesetzes** (UmwG) zu übernehmen, namentlich durch **Verschmelzung**. Im Fall einer Verschmelzung geht das Betriebsvermögen des zu übernehmenden Rechtsträgers auf den erwerbenden Rechtsträger über, ohne dass es einer rechtsgeschäftlichen Einzelübertragung einzelner Vermögensgegenstände bedarf. Für diese Erwerbsformen gilt jedoch, mit mehr oder weniger großen Abweichungen, das zum Share Deal Ausgeführte.

bb) MBO, LBO

24 Wenn Manager (ganz oder teilweise) ein Unternehmen erwerben, das sie schon vor der Transaktion selbst geleitet haben, so spricht man von einem **Management Buy Out** (MBO).[19] Die meisten MBOs erfolgen nur zu einem geringen Teil mit Eigenkapital und werden zum Großteil durch Fremdkapital finanziert. Solche Finanzierungen, bei denen die Kredite aus dem Cashflow der Zielgesellschaft getilgt und durch die Vermögenswerte der Gesellschaft besichert werden, werden generell als **Leveraged Buy Outs** bezeichnet.[20] Sie sind auch ein beliebtes Finanzierungsmodell von **Private Equity Fonds**, die häufig an MBOs neben dem Management mit beteiligt sind. Private Equity bedeutet privates (d.h. außer-börsliches) Eigenkapital und bezeichnet die Investition in das Eigenkapital eines Unternehmens, meist mit dem Ziel, dieses nach einer bestimmten Haltefrist mit Gewinn weiterzuveräußern.

b) Ablauf

25 Auch wenn es den idealtypischen Unternehmenskauf nicht gibt, hat sich unter dem Einfluss angloamerikanischer Gepflogenheiten ein **Ablaufmuster** herausgebildet, nach dem üblicherweise Unternehmens-

---

16 Vgl. Rn. 156 ff.
17 Vgl. Rn. 262 ff.
18 Mit Ausnahme von haftungsrechtlichen Sondertatbeständen, die nicht abdingbar sind wie § 25 HGB oder § 75 AO.
19 Wird das Unternehmen durch „fremde" Manager erworben, spricht man von einem Management Buy In.
20 Vgl. Holzapfel/Pöllath, Unternehmenskauf, Rn. 328c ff.

verkäufe vollzogen werden. Zu differenzieren ist dabei zwischen dem **„herkömmlichen" Verfahren**, bei dem sich nur ein Verkäufer und ein potenzieller Erwerber gegenüberstehen und dem **Auktionsverfahren**, bei dem **mehrere Interessenten** ihre Gebote für das Zielunternehmen abgeben.

aa) Herkömmliches Verfahren

(1) Planungsphase

Der Entschluss zum Verkauf eines Unternehmens ist regelmäßig Ergebnis einer ganzen Reihe von Erwägungen: **Persönliche** Gründe wie Alter, mangelndes Interesse an der Weiterführung des Unternehmen innerhalb der Familie können dabei ebenso eine Rolle spielen wie **wirtschaftliche** Motive (z.B. Nutzung noch bestehender steuerlicher Vorteile, aktuell hohe Unternehmensbewertung) und **strategische** Beweggründe (z.B. Konzentration auf das Kerngeschäft). Hat der Verkäufer diese grds. Entscheidung getroffen, so wird er sich – i.d.R. mit seinen Beratern – Gedanken über den Ablauf und die wesentlichen Punkte des Verkaufsprozesses machen, wobei die Höhe des Kaufpreises, den der Verkäufer zu erzielen beabsichtigt, hier eine besondere Rolle spielt.

26

(2) Kontaktaufnahme zwischen den Parteien und Vorverhandlungen

Die Kontaktaufnahme zwischen den potenziellen Vertragsparteien kann entweder direkt, i.d.R. durch Kontaktaufnahme des Verkäufers mit der Führungsebene des Interessenten, oder durch die Vermittlung von M&A Beratern oder Investmentbanken erfolgen. Zeigt der Angesprochene grds. Interesse an der Transaktion, wird eine **Vertraulichkeitsvereinbarung** abgeschlossen. In den sich anschließenden Vorverhandlungen werden die Parteien versuchen, sich auf die Eckpunkte der Transaktion zu einigen und diese durch eine Absichtserklärung (Letter of Intent) oder in anderer Form schriftlich zu fixieren.

27

(3) Due Diligence und Hauptverhandlungen

Im Anschluss führt der Kaufinteressent durch seine Berater und Mitarbeiter eine Unternehmensprüfung (Due Diligence) durch. Parallel zur oder im Anschluss an die Due Diligence beginnen die Parteien mit den eigentlichen Vertragsverhandlungen. In diese fließen die Erkenntnisse der Due Diligence ein. Hauptpunkte sind hierbei neben der Einigung auf den Kaufpreis i.d.R. die vom Verkäufer zu gewährenden Garantien und Freistellungen.

28

(4) Signing und Closing

Hat man in allen wesentlichen Punkten Einigung erzielt, so wird der Unternehmenskaufvertrag in der erforderlichen Form von den Parteien unterzeichnet (**Signing**). Üblicherweise fallen Signing und dinglicher Vollzug (**Closing**) der Unternehmensübernahme zeitlich auseinander, denn i.d.R. liegen die Voraussetzungen für den Vollzug (z.B. kartellrechtliche Freigabe der Transaktion, Finanzierung der Transaktion) zum Zeitpunkt des Vertragsschlusses noch nicht vor.

29

In der Vertragsgestaltung gibt es diesbezüglich zwei Gestaltungsvarianten:

30

- Die Parteien vereinbaren bestimmte **Vollzugsbedingungen** (Closing Bedingungen), bei deren Vorliegen sie zur Vornahme des Vollzugs (insb. zur dinglichen Übertragung des Kaufgegenstandes) verpflichtet sind oder
- der Vollzug, d.h. die Eigentumsübertragung (an den Anteilen oder Wirtschaftsgütern) erfolgt unter bestimmten **aufschiebenden Bedingungen** (z.B. Kaufpreiszahlung).

Hinweis:

Die zweite Variante ist unkomplizierter, da das Eigentum mit Bedingungseintritt „automatisch" übergeht. Allerdings ist sie nur bei überschaubaren Transaktionen praktikabel, bei denen mit Ausnahme der Kaufpreiszahlung für den Vollzug des Vertrages keine weiteren Voraussetzungen erfüllt sein müssen (insb. keine Kartellfreigabe).

(5) Postakquisitorische Maßnahmen

31 Für den die Transaktion begleitenden Rechtsanwalt beginnt nach dem Vollzug häufig erst die eigentliche Arbeit. Die Integration des Zielunternehmens in die Firmenstruktur des Erwerbers erfordert häufig umfangreiche gesellschaftsrechtliche Maßnahmen wie Verschmelzungen oder andere Vorgänge nach dem UmwG. Auch die Beseitigung von „Mängeln" des Unternehmens, die häufig bereits in der Due Diligence erkannt und nicht mehr vom Verkäufer geheilt werden konnten, ist meist langwierig und kann sich über Jahre hinziehen.

bb) Auktionsverfahren

32 Aufgrund der **Konkurrenzsituation**, die zwischen den verschiedenen Bietern zwangsläufig entsteht, hat der Verkäufer beim Auktionsverfahren einen weitaus **größeren Einfluss** auf dessen Verlauf als beim herkömmlichen Verfahren.

33 In seinem **Ablauf** ähnelt das Auktionsverfahren in weiten Teilen dem oben beschriebenen Schema, wobei jedoch insb. die nachfolgend beschriebenen Besonderheiten bestehen.[21]

In der **Planungsphase** erstellt der Verkäufer i.d.R. mit seinen Beratern ein **Informationsmemorandum**, das eine Beschreibung des Zielunternehmens enthält und zuvor einem mehr oder weniger großen Kreis potenzieller Erwerbsinteressenten zugeleitet wird (long list). Im Anschluss geben diejenigen Bieter, die ein Interesse am Erwerb haben, ein **erstes Angebot** mit einer ersten Kaufpreisindikation ab, das i.d.R. aber nicht bindend ist (Preliminary oder Indicative Offer). Nach einer Vorauswahl durch den Verkäufer (short list) führen die noch übrig gebliebenen Bieter eine **Due Diligence** durch und geben ein **weiteres Angebot** ab (Binding Offer, Binding Bid). Dieses spezifiziert den Kaufpreis genauer bzw. die Parameter zu dessen Bestimmung und enthält die Zusammenfassung der wichtigsten vom Käufer gewünschten vertraglichen Regelungen. Es folgen die **Vertragsverhandlungen** mit dem/den noch verbleibendem/n Bieter(n), an deren Ende ein Bieter den Zuschlag erhält. **Signing** und **Closing** unterscheiden sich dann nicht mehr von dem Verfahren mit nur einem Bieter.

II. Vorfeldvereinbarungen

1. Vertraulichkeits- und Geheimhaltungsvereinbarungen

34 Auf die Kontaktaufnahme zwischen dem Verkäufer und dem potenziellen Erwerber, die regelmäßig durch die vom Verkäufer beauftragten Berater vermittelt wird, folgt meist die Unterzeichnung einer **Vertraulichkeitsvereinbarung**.[22]

> **Hinweis:**
> Solche Vereinbarungen regeln, ob und unter welchen Voraussetzungen und an wen die bei den Verhandlungen (und ggf. einer Unternehmensprüfung) durch den Interessenten (und seine Berater) erlangten Informationen weitergegeben werden dürfen und wie diese Informationen genutzt werden dürfen. Darüber hinaus enthalten sie in der Praxis oft weitere Regelungen wie Abwerbe- und Wettbewerbsverbote. Weiterhin sollte durch geeignete vertragliche Regelungen sichergestellt werden, dass sämtliche, in die Sphäre des Kaufinteressenten gelangten bzw. sich dort befindlichen Informationen (vornehmlich Dokumente) entweder vernichtet oder, soweit möglich, zurückgegeben werden, sofern der Erwerbsprozess nicht erfolgreich zu Ende geführt wird. Für Beteiligte, die gesetzlichen Archivierungs- und Aufbewahrungsverpflichtungen unterliegen (z.B. Rechtsanwälte und Steuerberater), sollten Ausnahmeregelungen getroffen werden.

---

21 In der Praxis wird von dem nachfolgend dargestellten Idealfall in vielfältiger Weise abgewichen. Hier sind alle Konstellationen denkbar: mehrere Angebotsrunden, Aussetzen des Prozesses, Aufnahme weiterer Bieter nach Ablauf von Exklusivitätsfristen etc.

22 Vgl. hierzu umfassend Kurz, Vertraulichkeitsvereinbarungen, 2004, S. 1 ff.

Parteien der Vertraulichkeitsvereinbarung sind regelmäßig der Käufer und der Verkäufer sowie häufig auch das Zielunternehmen (insb. bei Asset Deals). Sofern das Zielunternehmen nicht Partei ist, kann es im Wege des echten Vertrages zu Gunsten Dritter (§ 328 BGB) als Begünstigter der Vertraulichkeitsverpflichtungen mit einbezogen werden. Das ist auch sachgerecht, da dem Zielunternehmen durch Weitergabe vertraulicher Informationen regelmäßig ein ebenso großer Schaden entstehen kann wie dem Verkäufer.

In der Praxis gewähren Vertraulichkeitsvereinbarungen jedoch eher **geringen Schutz**. Das hängt vor allem mit der Schwierigkeit des **Verletzungsnachweises** zusammen. Bei Auktionsverfahren, bei denen eine Vielzahl von Bietern Zugang zu den vertraulichen Informationen erhält, kann dieser Nachweis annähernd unmöglich sein.[23] Ebenso schwer fällt i.d.R. der **Schadensnachweis**, weshalb (in eher seltenen Fällen) auch ein **pauschalierter Schadensersatz** in Form einer Vertragsstrafe vereinbart wird.

Checkliste: Typische Regelungsinhalte einer Vertraulichkeits- und Geheimhaltungsvereinbarung ☑

- ☐ Parteien:
  - Verkäufer und/oder Zielunternehmen
  - Potenzieller Erwerber
- ☐ Beschreibung der Transaktion
- ☐ Definition der vertraulichen Information
- ☐ Geltungsbereich: Organe, Mitarbeiter und Berater des Interessenten, ggf. auch verbundene Unternehmen
- ☐ Begünstigte der Vertraulichkeitsverpflichtungen (ggf. auch Einbeziehung des Zielunternehmens im Wege des echten Vertrages zu Gunsten Dritter, § 328 BGB)
- ☐ Verpflichtung zur Verschwiegenheit und Verbot der Weitergabe an Dritte
- ☐ Nutzungszweck: Evaluation der Transaktion
- ☐ Verpflichtung zur Rückgabe und/oder Vernichtung von überlassenen Unterlagen
- ☐ Geltungsdauer (ggf. Nachwirkung)
- ☐ Ggf. Verbot der Abwerbung von Mitarbeitern des Zielunternehmens
- ☐ Ggf. Vertragsstrafe
- ☐ Ggf. Beweislastumkehr

2. Verhandlungsprotokolle

Um das gemeinsame Verständnis hinsichtlich der bisher erzielten, wichtigsten Verhandlungsergebnisse zu fixieren, kann sich die Erstellung eines **Verhandlungsprotokolls**[24] (häufig auch als Memorandum of Understanding oder Heads of Agreement bezeichnet) anbieten, das ggf. von den Parteien gegengezeichnet wird. Solchen Protokollen mangelt es jedoch im Zweifel an einer rechtlichen Bindungswirkung (§ 154 Abs. 1 Satz 2 BGB).

3. Letter of Intent[25]

Ein Letter of Intent ist eine schriftliche **Absichtserklärung** des potenziellen Erwerbers an den Verkäufer, in dem dieser seine grds. und ernsthafte Absicht zum Abschluss einer Unternehmenstransaktion zum Ausdruck bringt.[26] Je nachdem, ob die Erklärungen von nur einer Partei oder von Kaufinteressenten

---

23 Abhilfe kann hier eine Beweislastumkehr zulasten des Informationsempfängers bieten.
24 Vgl. die Nachweise bei Holzapfel/Pöllath, Unternehmenskauf, Rn. 6.
25 Ausführlich zum Letter of Intent: Kösters, NZG 1999, 623 ff., Blaurock, ZHR 1983, 334 ff., Bergjan, ZIP 2004, 395 ff. sowie die Monografien von Lutter, Der Letter of Intent und Jahn, Der Letter of Intent.
26 Näheres bei Holzapfel/Pöllath, Unternehmenskauf, Rn. 7 ff.

und Unternehmensverkäufer gemeinsam abgegeben werden, wird zwischen dem „einseitigen" und dem „zweiseitigen" Letter of Intent unterschieden. In der Praxis ist der „zweiseitige" Letter of Intent, der durch Gegenzeichnung der Absichtserklärung des Interessenten durch den Verkäufer zu Stande kommt, die weitaus üblichere Variante.

40 Der Letter of Intent wird üblicherweise unter dem **Vorbehalt bestimmter Bedingungen** abgegeben (Durchführung einer zufriedenstellenden Due Diligence, Zustimmung bestimmter Gremien etc.). Da er regelmäßig nicht in der **Form** des beabsichtigten Hauptgeschäfts gehalten ist (z.B. notarielle Beurkundung bei Veräußerung von GmbH-Geschäftsanteilen) und überdies ein Rechtsbindungswillen der Parteien (ausdrücklich oder aufgrund der konkreten Ausgestaltung) ausgeschlossen ist, entfaltet er, mit Ausnahme einiger weniger Klauseln (siehe Rn. 41), **keine rechtliche Bindungswirkung**, insb. keine Verpflichtung zum Abschluss eines Unternehmenskaufvertrages.[27] In diesem Punkt unterscheidet sich der Letter of Intent vor allem vom **Vorvertrag**, der die Parteien regelmäßig zum Abschluss eines Hauptvertrages verpflichtet (siehe Rn. 44).

> **Hinweis:**
>
> Mag der Letter of Intent in den meisten Fällen keine rechtliche Bindungswirkung entfalten, so ist seine **faktische und psychologische Bindungswirkung** doch nicht zu unterschätzen.[28] Von den in einem Letter of Intent fixierten Punkten kann eine Partei erfahrungsgemäß später nur schwer und mit großem Argumentationsaufwand „herunterkommen". Das betrifft insb. den Kaufpreis und die seiner Ermittlung zugrunde liegenden Bewertungsgrundlagen (soweit nach außen offen gelegt).

41 Darüber hinaus enthalten Letters of Intent häufig auch Elemente einer **Vertraulichkeitsvereinbarung** (z.B. Abwerbeverbote, Geheimhaltungspflichten etc.) sowie **Exklusivitätsklauseln**, wonach sich der Verkäufer verbindlich verpflichtet, für einen bestimmten Zeitraum keine Verkaufsverhandlungen mit anderen Interessenten aufzunehmen (bzw. fortzusetzen, sog. Verhandlungsexklusivität) und/oder zumindest keinen verbindlichen Vertrag über die Veräußerung des Zielunternehmens mit Dritten abzuschließen (sog. Abschlussexklusivität). Nach dem Willen der Parteien sollen diese Klauseln – im Gegensatz zum restlichen Inhalt des Letter of Intent – i.d.R. jedoch rechtliche **Bindungswirkung** entfalten.

> **Hinweis:**
>
> Zur Vermeidung von Rechtsunsicherheiten kann es sich empfehlen, dass die Parteien in den Letter of Intent eine zusätzliche Bestimmung darüber aufnehmen, welche Klauseln (ausnahmsweise) verbindlich sein und welche eine bloße unverbindliche Erklärung einer Absicht darstellen sollen (sog. non-binding-clauses).
>
> Wegen der oft erheblichen Unkosten im Vorfeld eine Transaktion (insb. für Honorare der die Due Diligence durchführenden Berater) kann es sich auch empfehlen, (ebenfalls rechtsverbindliche) **Regelungen über die Kostentragung** aufzunehmen, für den Fall dass der Hauptvertrag nicht zu Stande kommt. Einen ähnlichen Zweck verfolgen Vereinbarungen über eine sog. pauschale „**Break-Up-Fee**", die im Fall eines Scheiterns der Transaktion oder der Aufnahme von Vertragsgesprächen mit Dritten unter Verstoß gegen vertragliche Abreden fällig wird.

42 Häufig liegen beim Abschluss eines Letter of Intent bereits die Voraussetzungen eines vorvertraglichen **Vertrauensverhältnisses** vor (§ 311 Abs. 2 BGB),[29] das beiden Parteien wechselseitig bestimmte Verpflichtungen (z.B. Vertraulichkeit, Aufklärungspflichten etc.) auferlegt. Deren Verletzung verpflichtet

---

27 Zum Letter of Intent vgl. Bergjan, in: Birk/Pöllath/Saenger, Forum Unternehmenskauf, S. 69 ff.
28 Vgl. Holzapfel/Pöllath, Unternehmenskauf, Rn. 7a.
29 Dieses gesetzliche Schuldverhältnis kann entstehen durch die Aufnahme von Vertragsverhandlungen (§ 311 Abs. 2 Nr. 1 BGB), die Anbahnung eines Vertrages (§ 311 Abs. 2 Nr. 2 BGB) oder durch ähnliche geschäftliche Kontakte (§ 311 Abs. 2 Nr. 3 BGB).

i.d.R. zum Ersatz des entstanden Vertrauensschadens (negatives Interesse).[30] Der Letter of Intent bietet den Parteien jedoch die Möglichkeit, das **gesetzliche Haftungssystem**, insb. im Hinblick auf derartige Ansprüche **individualvertraglich zu modifizieren**.[31]

Checkliste: Typische Punkte eines Letter of Intent ☑ 43

- ☐ Durchführung und Umfang der Due Diligence
- ☐ Bestimmung des Kaufgegenstandes und Umschreibung der geplanten Transaktion
- ☐ Kaufpreis und/oder dessen Berechnungsgrundlagen
- ☐ Zeitplan für das weitere Vorgehen
- ☐ Kostentragungsregelung / „Break-Up-Fee"
- ☐ Haftungsausschluss
- ☐ Ggf. Exklusivitätsbindung
- ☐ Ggf. Vertraulichkeitsvereinbarung
- ☐ Ggf. Wettbewerbs-/Abwerbeverbote
- ☐ Weitere Transaktionsbedingungen

4. Andere Vorfeldvereinbarungen

Im Gegensatz zum Letter of Intent haben der **Vorvertrag, die Option und das Vorkaufsrecht** die Gemeinsamkeit einer **rechtlichen Bindung**. Daher ist bei diesen Vereinbarungen auch die Einhaltung der **Form** des Hauptvertrages zwingend erforderlich.[32] 44

III. Due Diligence[33]

1. Einleitung

Die Due Diligence[34] ist **die** zentrale Informationsquelle beim Unternehmenskauf. Durch sie gewinnt der Erwerber einen (mehr oder weniger) tiefen Einblick in das Zielunternehmen. Neben der Einsicht in (meist vertrauliche) Unterlagen des Unternehmens erhält der Käufer bei einer Due Diligence auch Informationen in Form von Managementpräsentationen, Gesprächen mit den Führungskräften der Zielgesellschaft und Werksbesichtigungen. 45

2. Arten

a) Käufer- und Verkäufer

Eine Due Diligence wird i.d.R. durch den potenziellen Erwerber initiiert und durchgeführt (**Käufer-Due Diligence**). Der Käufer bedient sich dabei in erster Linie seiner Berater (Rechtsanwälte, Wirtschaftsprüfer, Steuerberater, Unternehmensberater, technische Fachleute). Daneben ist, vor allem bei strategischen Erwerbern, häufig auch qualifiziertes technisches und kaufmännisches Personal des Erwerbers an der Unternehmensprüfung beteiligt. 46

Zur Vorbereitung und Optimierung der Verkaufsverhandlungen kann es sinnvoll sein, dass der Verkäufer schon vor Einleitung des Verkaufsprozesses durch von ihm beauftragte Berater eine interne Prüfung des 47

---

30 Bergjan, in: Birk/Pöllath/Saenger, Forum Unternehmenskauf, S. 87 m.w.N.
31 Zur Haftung im Vorfeld eines Unternehmenskaufs vgl. Beisel/Klumpp/Beisel, Unternehmenskauf, Kap. 1 Rn. 48 ff.
32 Einzelheiten zu Option und Vorvertrag bei Holzapfel/Pöllath, Unternehmenskauf, Rn. 9 ff.
33 Vgl. hierzu ausführlich Behrens/Brauner/Strauch, Due Diligence, S. 3 ff.
34 Der Begriff Due Diligence stammt aus dem angloamerikanischen Wirtschaftsraum und bedeutet sinngemäß „gehörige Sorgfalt" oder „Sorgfaltspflicht".

Zielunternehmens durchführen lässt (**Verkäufer- oder Vendor's Due Diligence**). Diese kann Schwachstellen im Unternehmen aufdecken. Soweit diese „reparabel" sind, können sie noch vor Einleitung des eigentlichen Verkaufsprozesses behoben werden. Mängel des Unternehmens, die nicht behebbar sind, können, soweit strategisch sinnvoll, dem potenziellen Käufer frühzeitig kommuniziert werden. Dies schafft ein Klima der Offenheit und des Vertrauens und nimmt dem Käufer die Möglichkeit, in einem späteren Stadium bei den Kaufpreisverhandlungen „nachzukarten". Darüber hinaus ist ein gut strukturierter Vendor's Due Diligence Bericht eine wertvolle Orientierungshilfe für den Käufer und seine Berater, kann aber nie eine sorgfältige eigene Prüfung ersetzen.[35]

b) Prüfungsgegenstand

48 Je nach Schwerpunkt der Prüfung können nachfolgende Arten der Due Diligence unterschieden werden:
- **Legal Due Diligence:** Bei der rechtlichen oder Legal Due Diligence wird das Zielunternehmen auf offene und versteckte Haftungs- und anderen rechtliche Risiken überprüft. Neben den für das Unternehmen wesentlichen gesellschaftsrechtlichen Verhältnissen und vertraglichen Beziehungen (insb. Kunden- und Lieferantenverträge, Dauerschuldverhältnisse) werden auch die (öffentlich-) rechtlichen Rahmenbedingungen betrachtet. Darüber erfolgt auch eine Evaluation der rechtlichen Folgen der geplanten Transaktion bzw. des Inhaberwechsels selbst (insb. Sonderkündigungsrechte bei Wechsel des Gesellschafters, sog. change-of-control) und einer Beteiligung für das erwerbende Unternehmen (insb. auf arbeitsrechtlicher Ebene).
- **Tax Due Diligence:** Die steuerrechtliche oder Tax Due Diligence prüft und bewertet die vergangenen, gegenwärtigen und künftigen steuerlichen Verhältnisse der Zielgesellschaft und die möglichen steuerrechtlichen Auswirkungen der geplanten Transaktion.
- **Financial Due Diligence:** Eine Financial Due Diligence analysiert die wirtschaftlichen und finanziellen Grundlagen des Kaufgegenstandes anhand der zur Verfügung gestellten Kennzahlen (z.B. Jahres- und Zwischenabschlüsse, Reportings, monatliche oder quartalsweise Soll/Ist-Umsatz- und Ergebnisplanungen). Als Teil der Financial Due Diligence (z.T. auch als eigenständige Due Diligence) untersucht die **Commercial Due Diligence** das Marktumfeld und die Wettbewerbssituation des Zielunternehmens.
- **Environmental Due Diligence:** Insb. im produzierenden Gewerbe kann eine Prüfung des Zielunternehmens auf Umweltrisiken (z.B. Kontaminationen) angezeigt sein. Dabei wird vor allem ermittelt, ob aktuelle gesetzliche Grenzwerte eingehalten werden.
- **Technical Due Diligence:** Auch diese Prüfung ist nicht in allen Branchen üblich und erforderlich. Untersucht wird der technische Stand der Fertigung und der Endprodukte, Möglichkeiten und Notwendigkeiten der technischen Weiterentwicklung.

3. Typischer Ablauf

a) Vorbereitungsphase

49 Der den potenziellen Erwerber beratende Rechtsanwalt sollte sich einen umfassenden Überblick über die rechtlichen Verhältnisse der Zielgesellschaft verschaffen. Dementsprechend sollten beim Verkäufer (auch im Interesse der eigenen Haftung) umfassend Informationen abgefragt werden. Dies geschieht durch **Anforderungslisten** (Due Diligence Checklists), die der Interessent dem Veräußerer im Vorfeld zukommen lässt und aus denen hervorgeht, zu welchen Themenbereichen der Interessent Informationen bzw. Dokumentation erwartet.

---

35 Vgl. aber *Holzapfel/Pöllath*, Unternehmenskauf, Rn. 12, wonach sich der Käufer bei einer Vendor's Due Diligence auf eine sog. „Confirmatory Due Diligence" beschränken kann.

> **Hinweis:**
>
> Die umfassende Abfrage von Informationen beim Verkäufer bzw. beim Zielunternehmen dient nicht nur der Informationsgewinnung, sondern ist auch von haftungsrechtlicher Relevanz. Stellt sich nämlich später heraus, dass der Verkäufer bestimmte Umstände trotz (nachweislicher) Nachfrage seitens des Käufers nicht offen gelegt hat, kann darin eine arglistige Täuschung des Käufers durch den Verkäufer begründet sein, die den Käufer zur Anfechtung des Kaufvertrages auch nach Gefahrübergang berechtigt (§ 123 BGB).

Darüber hinaus ist bei der Anforderung von Informationen besonders auf die Art der geplanten Transaktion, die Eigenheiten des jeweiligen Zielunternehmens und der jeweiligen Branche zu achten.

So ist beim **Share-Deal** besonderes Augenmerk auf die gesellschaftsrechtlichen Verhältnisse des Zielunternehmens zu richten (Historie der Gesellschaftsanteile, Gesellschafterbeschlüsse, Kapitalmaßnahmen etc.). Beim **Asset Deal** hingegen stehen die rechtliche Überprüfung der zu übernehmenden Wirtschaftsgüter (Rechtsinhaberschaft, Übertragbarkeit etc.) aber auch die arbeitsrechtlichen Folgen der geplanten Transaktion (Betriebsübergang gemäß § 613a BGB) im Vordergrund.

> **Hinweis:**
>
> Neben den vom Verkäufer bzw. der Zielgesellschaft bereitgestellten Informationen sollten für die Unternehmensprüfung alle sonstigen verfügbaren Quellen für Informationen über das Zielunternehmen in Anspruch genommen werden. Hierzu zählen neben öffentlichen Registern (z.B. Handelsregister, ggf. Grundbuch) auch Informationen aus öffentlich zugänglichen Quellen wie dem Internet oder Printmedien.

Da eine Due Diligence typischerweise **erst nach Abschluss einer Vertraulichkeitsvereinbarung** zwischen den Parteien stattfindet, sollten sich die Parteien frühzeitig über Form und Inhalt einer solchen Vereinbarung verständigen.

Bei einem Auktionsverfahren wird der Interessent (i.d.R. nach Abschluss einer Vertraulichkeitsvereinbarung) auch ein von den M&A Beratern des Verkäufers erstelltes **Informationsmemorandum** mit Kennzahlen des Unternehmens und anderen für die Kaufentscheidung erheblichen Informationen erhalten.

b) Prüfungsphase

I.d.R. stellt der Verkäufer die Unterlagen zum Zielunternehmen in einem besonderen (ggf. ausgelagerten), meist durch qualifizierte Berater bzw. Mitarbeiter des Zielunternehmens beaufsichtigten, Daten-Raum (Data Room) zur Verfügung.[36] Die Aufbereitung der eingestellten Unterlagen sollte nicht nur im Interesse der potenziellen Erwerber nach **systematischen Gesichtspunkten** erfolgen und durch juristisches Fachpersonal begleitet werden. Zu diesem Zweck empfiehlt sich die Erstellung eines **Daten-Raum-Indexes**, der die Inhalte der einzelnen Ordner aufschlüsselt. Dieser kann sich am Aufbau der Anforderungsliste des potenziellen Käufers orientieren und sollte den Beratern des Interessenten schon frühzeitig zugeleitet werden, damit diese sich einen Überblick über den zu erwartenden Prüfungsaufwand machen können.

> **Hinweis:**
>
> Der Verkäufer sollte genaue Regeln zur Nutzung des Datenraums festlegen, die vom Interessenten bzw. dessen Beratern vor Betreten des Raumes gegenzuzeichnen sind (sog. **Data Room Rules**). Diese sollten neben den Zugangsmodalitäten (Öffnungszeiten des Datenraums, maximale Anzahl der zugelassenen Personen etc.) auch die Benutzung bestimmter technischer Geräte (Scanner, Foto-

---

[36] In den letzten Jahren haben sich zunehmend auch sog. „Virtuelle Datenräume" eingebürgert. Hier werden dem Interessenten und dessen Beratern die Unterlagen durch ein entsprechendes zugangsgesichertes Online-Portal in digitaler Form zur Verfügung gestellt. Die von den Einrichtern solcher Virtual Data Rooms behaupteten Kostensparungseffekte und Effektivitätsgewinne für die Parteien können die Verfasser nicht bestätigen.

> handys) sowie den Umgang mit den eingestellten Unterlagen (insb. Kopierverbot) regeln und eine eigene Vertraulichkeitsregelung enthalten. Auch das Prozedere bei Anfragen nach zusätzlichen Informationen oder Dokumenten sollte hier festgelegt werden (maximale Anzahl an Anfragen pro Tag, tägliche „Deadline" für die Abgabe der Anfragen etc.).

54 Zusätzliche Informationen für den Interessenten bieten Gespräche mit dem Verkäufer, dessen Beratern und dem Management des Zielunternehmens, sog. Management Präsentationen und Vor-Ort-Besichtigungen.

c) Erstellung eines Due Diligence Reports

55 Nach Abschluss der Due Diligence fassen die Berater des Interessenten ihre Prüfungsergebnisse regelmäßig in schriftlicher Form in einem Due Diligence Report zusammen. In der Praxis variieren Stil, Umfang und Aufbau dieser Berichte stark.

> **Hinweis:**
> Der Berater sollte sich immer vor Augen halten, dass der Bericht kein Selbstzweck ist, sondern in erster Linie eine **Entscheidungshilfe** für den Mandanten darstellt, der ein Gefühl für die rechtlichen und wirtschaftlichen Risiken der Transaktion und des Zielunternehmens gewinnen möchte. Übersichtlichkeit, sprachliche Prägnanz und eine knappe und zielorientierte Darstellungsweise sind daher unabdingbar, weitschweifige juristische Erörterungen zu vermeiden.

56 Der Bericht sollte i.d.R. zu zumindest einigen der nachfolgenden Punkte Aussagen treffen:
- **gesellschaftsrechtliche Verhältnisse:** Gründung der Gesellschaft, Kapitalmaßnahmen, Abtretung von Geschäftsanteilen,
- **wesentliche Verträge:** z.B. Lieferanten- und Kundenverträge, deren Laufzeiten und Kündigungsmöglichkeiten (insb. sog. Change-of-Control-Klauseln, die einem Vertragsteil die Kündigung des Vertrages bei einer Veränderung der Beteiligungsverhältnisse beim Vertragspartner erlauben), Vertragsstrafen sowie Haftungs- und Gewährleistungsregelungen,
- **Verfügungsbeschränkungen des Verkäufers** hinsichtlich des Kaufgegenstandes, insb. Rechte Dritter,
- **arbeitsrechtliche Verhältnisse** und **Risiken beim Zielunternehmen**,
- **wesentliche Rechtsstreitigkeiten und Prozesse**,
- **wesentliche öffentlich-rechtliche Verhältnisse**.

Die genannten Punkte sind nur beispielhaft und variieren je nach Transaktionsstruktur (Share-Deal oder Asset Deal), Branche des Zielunternehmens und Umfang der vom Verkäufer bereitgestellten Dokumentation.

57 Häufig möchte der Mandant, der den Due Diligence Report in Auftrag gegeben hat, den Bericht oder Teile davon an die die Transaktion finanzierenden Banken oder andere Dritte weiterleiten. Da der Due Diligence Report aber i.d.R. ausschließlich an den Mandanten adressiert und eine Weitergabe an Dritte üblicherweise ausgeschlossen ist, hat sich in der Praxis die Abgabe von sog. **Reliance**[37] **Letters** durch die jeweiligen Berater gegenüber den die Transaktion finanzierenden Banken eingebürgert.[38] Deren Zweck ist neben der Autorisierung der Weitergabe des Berichts in erster Linie die Schaffung einer eigenen Haftungsgrundlage gegenüber den vom Erwerber eingeschalteten Beratern. Sollten also bestimmte Umstände, die im Due Diligence Report beschrieben sind, falsch oder unvollständig sein, kann die Bank den Berater aus eigenem Recht in Anspruch nehmen.

---

37 Etwa zu übersetzen mit „Sich-Verlassen-Dürfen".
38 Vgl. Holzapfel/Pöllath, Unternehmenskauf, Rn. 12.

> **Hinweis:**
>
> Bei der Abfassung des Reliance Letters kommt es maßgeblich darauf an, wie Inhalt und Umfang dieser Haftung ausgestaltet sind. In keinem Fall sollte der Berater dabei über das hinausgehen, was er bereits mit seinem Mandanten in der Mandatsvereinbarung festgelegt hat; auf diese Bestimmungen sollte im Reliance Letter verwiesen werden. Weitere Punkte, die aus Sicht des Beraters bedacht werden sollten sind neben der Frage der Gesamtgläubigerschaft der beteiligten Banken (§ 428 BGB) vor allem Haftungsbeschränkungen (hinsichtlich des Verschuldensmaßstabs der Berater sowie in Bezug auf quantitative Beschränkungen).

4. Bedeutung

Entgegen einer (auch unter Praktikern) weit verbreiteten Auffassung ist die Durchführung einer Due Diligence durchaus von **beträchtlicher rechtlicher Relevanz**.

Die Due Diligence ist zum einen eine Möglichkeit für den Verkäufer, den ihm obliegenden **Aufklärungspflichten** gegenüber dem Käufer Genüge zu tun.[39] Denn der Verkäufer hat nach der Rspr. den Interessenten ungefragt über solche Umstände aufzuklären, die den Vertragszweck vereiteln und daher für den Vertragsschluss von wesentlicher Bedeutung sein können. Diese vorvertraglichen Aufklärungspflichten wurden beim Unternehmenskauf vom BGH zunehmend ausgeweitet.[40] Kommt der Verkäufer diesen Pflichten nicht nach, so kann der Käufer nach den allgemeinen Vorschriften Schadensersatz verlangen (§§ 280 ff., 241 Abs. 2, 311 Abs. 2 BGB); ggf. kann auch der Tatbestand einer zur Anfechtung berechtigenden arglistigen Täuschung (§ 123 BGB) vorliegen.

Relevant ist die Due Diligence aber auch für die **Kenntnis des Käufers von Mängeln des Zielunternehmens**. Denn Umstände, die dem Käufer zum Zeitpunkt des Vertragsschlusses aufgrund der vorangegangenen Unternehmensprüfung ganz oder teilweise bekannt sind, können – vorbehaltlich einer abweichenden Parteivereinbarung – Gewährleistungsansprüche ganz oder teilweise ausschließen (§ 442 Abs. 1 BGB).

> **Hinweis:**
>
> Gelingt es dem Käufer nicht, bei den Vertragsverhandlungen den für ihn ungünstigen § 442 Abs. 1 BGB abzubedingen, ist weiter zu bedenken, welche Personen neben den Organen der Gesellschaft, deren Wissen von Gesetzes wegen zugerechnet wird, jeweils als Wissensträger zu qualifizieren sind, mit der Folge, dass das von Ihnen im Rahmen der Prüfung erlangte Wissen dem Käufer zuzurechnen ist.

In diesem Zusammenhang wird diskutiert, ob die Durchführung einer Due Diligence des zu erwerbenden Unternehmens (mittlerweile) der **Verkehrssitte** entspricht mit der Folge, dass eine unterlassene Prüfung als grobe Fahrlässigkeit einzustufen wäre, was einen Ausschluss der Verkäuferhaftung nach § 442 Abs. 1 Satz 2 BGB zur Folge hätte. Die überwiegende Ansicht in der Literatur verneint jedoch das Bestehen einer solchen Verkehrssitte.[41] Dem wird man schon deshalb beipflichten müssen, weil die Befürworter einer solchen Verkehrssitte vor dem Problem stehen, auch den verkehrsüblichen Umfang und die Tiefe einer solchen Prüfung bestimmen zu müssen, was praktisch unmöglich sein dürfte.

Im Ergebnis dürfte die Diskussion ohnehin eher theoretischer Natur sein, da es – Verkehrssitte hin oder her – so gut wie keinen Unternehmenskauf gibt, bei dem der Käufer nicht zumindest die wirtschaftlichen Kerndaten abfragt, die er zur Ermittlung des Kaufpreises (Financial Due Diligence) benötigt.

---

39 Zur Frage, ob durch die Durchführung einer Due Diligence die Aufklärungspflicht des Verkäufers vermindert wird vgl. Beisel/Klumpp, Unternehmenskauf, Kap. 2 Rn. 18.
40 Vgl. BGH, NJW 2001, 2163, 2164; NZG 2002, 299; ausführlich dazu Wagner, DStR 2002, 958 ff.
41 Vgl. die Nachweise bei Beisel/Klumpp, Unternehmenskauf, Kap. 2 Rn. 9 ff.

Schließlich können die Organe des erwerbenden Unternehmens durch eine sorgfältig durchgeführte Unternehmensprüfung ihren gesetzlichen **Sorgfaltspflichten** nachkommen. Denn aus § 93 Abs. 1 AktG folgt u.a., dass jede Vorstandsentscheidung einer angemessenen Informationsgrundlage bedarf, die eine entsprechende Informationsbeschaffung z.B. im Rahmen einer Due Diligence, voraussetzt.[42] Allerdings lässt sich daraus wohl keine absolute Verpflichtung zur Durchführung einer Due Diligence ableiten. Für den Geschäftsführer einer GmbH ergibt sich eine entsprechende Prüfungsverpflichtung aus § 43 Abs. 1 GmbHG.

61   Die größte und eigentliche Bedeutung der Due Diligence dürfte jedoch im Bereich der **Vertragsgestaltung** liegen. Der Käufer kann den von ihm bereits erkannten oder auch nur vermuteten Risiken durch eine entsprechende Gestaltung einzelner Klauseln, insb. der **Gewährleistungsregelungen**, begegnen. Denn die kaufrechtlichen Gewährleistungsansprüche des BGB sind für den Unternehmenskauf i.d.R. ungenügend.[43]

62   Schließlich kann die Due Diligence auch Material für die **Unternehmensbewertung** und Argumente bei den Kaufpreisverhandlungen bieten. Nicht selten führt eine Due Diligence aber auch dazu, dass der Interessent von weiteren Verhandlungen **Abstand nimmt**, weil ihm die Transaktion wegen der aufgedeckten Risiken wirtschaftlich nicht mehr sinnvoll erscheint.

5. Grenzen der Auskunftserteilung

63   Im Rahmen der Due Diligence überlässt der Verkäufer bzw. das Zielunternehmen dem Kaufinteressenten regelmäßig nicht öffentlich zugängliche, zum Teil vertrauliche Informationen und Dokumente. Konflikte können sich dabei zwischen dem **Informationsinteresse** des potenziellen Erwerbers und dem **Geheimhaltungsinteresse** der Zielgesellschaft ergeben. In welchem Umfang die geschäftsführenden Organe potenziellen Erwerbern solche Informationen zukommen lassen dürfen und müssen, hängt nicht zuletzt von der **Rechtsform** des Zielunternehmens ab.

64   So darf und muss der Geschäftsführer einer **GmbH** auf Anweisung des Alleingesellschafters bzw. aller Gesellschafter einem Kaufinteressenten **umfänglich Auskunft** erteilen, da die Interessen der Gesellschaft und aller Gesellschafter identisch sind. Auch einem entsprechenden Gesellschafterbeschluss der Mehrheit der Gesellschafter hat die Geschäftsführung Folge zu leisten.[44] Darüber hinaus hat jeder Gesellschafter – aber keine außenstehenden Dritten wie z.B. Kaufinteressenten – das allgemeine **Auskunftsrecht** gemäß § 51a Abs. 1 GmbHG, unterliegt jedoch bei der Verwertung und insb. Weitergabe der erlangten Informationen und Unterlagen einer Treuepflicht.[45]

65   Handelt es sich bei der Zielgesellschaft hingegen um eine **AG**, so wird der Vorstand im Hinblick auf die ihm obliegende, strafbewehrte **Geheimhaltungsverpflichtung** (§§ 93 Abs. 1, 404 AktG) in Zweifelsfällen einen entsprechenden Hauptversammlungsbeschluss einholen, bevor er im Rahmen einer Due Diligence vertrauliche Unterlagen einem potenziellen Erwerber zur Verfügung stellt.

> **Hinweis:**
>
> Mag das Geheimhaltungsinteresse der AG auch ein wichtiger Gesichtspunkt bei der Abwägung sein, so ist es doch keine absolute Entscheidungsschranke: Bei Anwendung der einschlägigen Rspr. des BGH[46] können Vorstände der Zielgesellschaft durchaus berechtigt sein, im Rahmen einer Due Di-

---

42   Vgl. dazu die Nachweise bei Stratz/Klug, in: Beck'sches Mandatshandbuch Unternehmenskauf, § 2 Rn. 21.
43   Holzapfel/Pöllath, Unternehmenskauf, Rn. 490.
44   Die Mehrheitsgesellschafter dürfen jedoch bei der Beschlussfassung nach den Grundsätzen der gesellschaftsrechtlichen Treuepflicht keine Beschlüsse fassen, die zu unangemessenen Nachteilen für die Mitgesellschafter führen.
45   In der Lit. wird eine Weitergabe an den Kaufinteressenten z.T. gänzlich ausgeschlossen, vgl. Lutter/Hommelhoff, GmbHG, § 51a Rn. 24.
46   BGH, ZIP 1997, 883.

ligence-Prüfung in Abwägung von Geheimhaltungsinteresse und Vorteilen aus dem Transaktionsgeschäft Informationen an den Erwerbsinteressenten herauszugeben. Die in jedem Fall notwendige Interessenabwägung kann aber auch zu dem Ergebnis kommen, bestimmte Daten im Rahmen einer Due Diligence gar nicht oder nur – nach Abschluss einer Geheimhaltungsvereinbarung – an neutrale Dritte weiterzugeben. Ausschlaggebend ist in jedem Fall das objektive Gesellschaftsinteresse.

Sind Aktien einer **börsennotierten AG** Verkaufsgegenstand, so sind bei der Offenlegung von Informationen bei der Durchführung einer Due Diligence die für **Insider** geltenden Bestimmungen der §§ 12 ff. WpHG, insb. des § 14 Abs. 1 Nr. 2 WpHG (Verbot der unbefugten Weitergabe von Insiderinformationen) zu beachten.[47]

6. Checkliste: Rechtliche Due Diligence

I. Gesellschaftsrechtliche Angelegenheiten

1. Allgemeines

☐ Unterlagen zur Unternehmensgeschichte

☐ Beglaubigter aktueller, vollständiger Handelsregisterauszug der Gesellschaft unter Beifügung noch nicht eingetragener Anmeldungen zum Handelsregister

☐ Liste aller Betriebsstätten der Gesellschaft/Zweigniederlassungen mit genauer Anschrift

☐ Gesellschaftsvertrag der zuletzt zum Handelsregister eingereichten Fassung bzw. der aktuellen Fassung des Gesellschaftsvertrages, sofern diese von der zum Handelsregister eingereichten Fassung abweicht

☐ Hauptversammlungs-/Gesellschafterbeschlüsse seit Gründung

☐ Gesellschaftervereinbarungen, Pool-Vereinbarung sowie sonstige Stimmbindungsvereinbarungen zwischen den Gesellschaftern

2. Gründungsvorgänge der Gesellschaft

☐ Notarielle Gründungsurkunde (Gründungsbeschluss der Gesellschafter) und Urkunden über seit Gesellschaftsgründung gefasste satzungsändernde Gesellschafterbeschlüsse, einschließlich derer, die noch nicht zum Handelsregister eingereicht wurden

Im Fall einer etwaigen Sachgründung:

☐ Einbringungsvertrag

☐ Zeichnungsschein/Übernahmeerklärung des/der Gesellschafter(s)

☐ Werthaltigkeitsbescheinigung

3. Kapitalveränderungen seit Gründung der Gesellschaft

Bei Kapitalerhöhungen durch Bareinlage:

☐ Kapitalerhöhungsbeschluss

☐ Zeichnungsschein/Übernahmeerklärung des/der (neuen bzw. alten) Gesellschafter(s)

☐ Nachweise über den Betrag, die Form und den Zeitpunkt der Einlageleistung

Bei Kapitalerhöhung durch Sacheinlage:

☐ Kapitalerhöhungsbeschluss

☐ Zeichnungsschein/Übernahmeerklärung des/der (neuen bzw. alten) Gesellschafter(s)

☐ Einbringungsverträge

---

[47] Zur Frage der Anwendbarkeit des § 14 WpHG im Rahmen des Pakethandels vgl. Beisel/Klumpp, Unternehmenskauf, Kap. 2 Rn. 17.

- ☐ Sachgründungsbericht
- ☐ Werthaltigkeitsbescheinigung

4. Gremien (Aufsichtsrat, Fachausschüsse, (Fach-)Beirat)
- ☐ Mitgliederliste
- ☐ Sitzungs- und Beschlussprotokolle seit Gründung
- ☐ Nachweis bzw. Unterlagen über die Einrichtung einschließlich der Anzeigen gegenüber dem Handelsregister
- ☐ Geschäftsordnung der Gremien
- ☐ Darstellung der gewährten Vergütungen mit Beifügung von getroffenen Vereinbarungen

5. Umstrukturierungen seit Gründung der Gesellschaft
- ☐ Unterlagen zu Verschmelzungen von Unternehmen auf die Gesellschaft
- ☐ Unterlagen zu Abspaltungen eines Unternehmensteils der Gesellschaft
- ☐ Unterlagen zu Ausgliederungen eines Unternehmensteils der Gesellschaft
- ☐ Unterlagen zu einem Rechtsformwechsel

6. Beteiligungsstrukturen an der Gesellschaft
- ☐ Liste der derzeitigen Gesellschafter/Aktionäre
- ☐ Geschlossene Kette der Anteilsübertragungen vom Zeitpunkt der Gesellschaftsgründung bis zum Zeitpunkt des Erwerbs durch die jetzigen Gesellschafter
- ☐ Kauf- und Abtretungsverträge über Aktien/Geschäftsanteile
- ☐ Zustimmungserklärungen der Gesellschaft bzw. der zuständigen Organe
- ☐ Erklärung über Fälle, in denen die Aktien/Geschäftsanteile treuhänderisch für einen Dritten gehalten werden und Angabe, für wen sie gehalten werden
- ☐ Hinweise auf Unterbeteiligungen und Anteilscheine über Geschäftsanteile/Aktien, jeweils unter Angabe, in wessen Besitz sie sich befinden
- ☐ Vereinbarungen über die Begründung stiller Gesellschaften sowie die Gewährung von Genuss- und Nießbrauchrechten oder sonstiger Belastungen
- ☐ Vereinbarungen über Vorkaufsrechte und/oder Andienungsrechte an Aktien/Geschäftsanteilen
- ☐ Gesellschafter-/Konsortialvereinbarungen
- ☐ Sonstige Vereinbarungen, z.B.
  - Stimmbindungsvereinbarung
  - Unterlagen über den Rückkauf und die Einziehung von Aktien/Geschäftsanteilen
  - Veräußerungsverbote, Verfügungsbeschränkungen

7. Verträge zwischen Gesellschaft, Gesellschaftern und verbundenen Unternehmen
- ☐ Vereinbarungen über die Gewährung von Gesellschafterdarlehen bzw. Darlehen von verbundenen Unternehmen der Gesellschafter, unter Angabe des Zinssatzes, des Ursprungs- und Stichtagsbetrages, der Rückzahlung sowie der Sicherheiten
- ☐ Vereinbarungen über die Bestellung von Sicherheiten durch Gesellschafter bzw. deren verbundenen Unternehmen für Verbindlichkeiten der Gesellschaft gegenüber Dritten (z.B. Patronatserklärungen, Bürgschaften, Rangrücktrittserklärungen)
- ☐ Vereinbarung über die Gewährung von Darlehen durch die Gesellschaft an Gesellschafter bzw. deren verbundene Unternehmen unter Angabe des Zinssatzes, des Ursprungs- und Stichtagsbetrages, der Rückzahlung sowie der Sicherheiten

- ☐ Vereinbarungen über die Bestellung von Sicherheiten durch die Gesellschaft für Verbindlichkeiten der Gesellschafter bzw. deren verbundenen Unternehmen gegenüber Dritten
- ☐ Unternehmensverträge, insb. Ergebnisabführungs-, Beherrschungs- und Organschaftsverträge
- ☐ Sonstige Vereinbarungen, z.B.
  - Befreiung von Gesellschaftern, die einem gesetzlichen Wettbewerbsverbot unterliegen (z.B. beherrschenden oder geschäftsführenden Gesellschaftern), von diesem Verbot
  - Vereinbarungen der Gesellschaft mit Gesellschaftern oder verbundenen Unternehmen (z.B. Konzernumlagen, Geschäftsführungsverträge)
  - Verträge mit nahe stehenden Personen der Anteilseigner oder mit Gesellschaften, an denen nahestehende Personen direkt oder indirekt erheblich beteiligt sind

II. Finanzen

1. Darlehensverträge
- ☐ Verträge mit Banken
- ☐ Verträge mit sonstigen Dritten

2. Sicherungsverträge
- ☐ Sicherungsübereignung
- ☐ Sicherungsabtretung
- ☐ Bürgschaften
- ☐ Garantie- und Stundungsvereinbarungen
- ☐ Pfändungen und Verpfändungen
- ☐ Sonstige Sicherungsrechte gegenüber Dritten, mit Ausnahme von handelsüblichen Eigentumsvorbehalten von Lieferanten und gesetzlichen Pfandrechten

3. Factoring-Verträge
- ☐ Echte Factoring-Verträge
- ☐ Unechte Factoring-Verträge

4. Finanzierungsleasingverträge

5. Bankverbindungen
- ☐ Liste aller Bankkonten
- ☐ Angaben zur Zeichnungsberechtigung

6. Angaben über beantragte Insolvenzverfahren, auch soweit der Antrag wieder zurückgenommen wurde
- ☐ Vollständige Dokumentation zum Ablauf des jeweiligen Insolvenzverfahrens (Beschlüsse, Verträge etc.)

III. Vertragsbeziehungen mit Dritten

1. Gewerbliche Schutzrechte
- ☐ Aufstellung der Gesellschaft oder, soweit von der Gesellschaft genutzt, den Gesellschaftern erteilte Patente
- ☐ Zusammenstellung der für die Gesellschaft eingetragenen bzw. von ihr angemeldeten Marken
- ☐ Zusammenstellung der für die Gesellschaft eingetragenen bzw. von ihr angemeldeten Gebrauchsmuster
- ☐ Lizenzverträge über an Dritte gewährte Lizenzen oder sonstige Nutzungsrechte an Patenten, Marken oder sonstigen Rechten

- ☐ Lizenzverträge über genutzte Patente, Marken oder sonstige Rechte
- ☐ Know-how-Vereinbarungen (mit Dritten)
- ☐ Sonstige immaterielle Rechte (z.B. Software-Nutzungsverträge für Internetauftritt)
- ☐ Angaben über weitere Rechte (Topografien, Urheberrechte, Internet Domains u.a.)
- ☐ Beschreibung der Handhabung der Patent- und Markenpflege/Gebrauchsmuster)
- ☐ Liste aller Arbeitnehmererfindungen einschließlich Angaben über die Vergütung

2. **Operatives Geschäft**
- ☐ Kundenverträge
  - Aufstellung aller Kundenaufträge
  - Garantievereinbarungen
- ☐ Verträge mit Lieferanten
  - Aufstellung aller Lieferanten
  - Verträge mit wesentlichen Lieferanten
- ☐ Ein- und Verkaufsbedingungen
- ☐ Dienstleistungs- oder ähnliche Verträge
- ☐ Miet- oder Leasingverträge über Sachmittel

3. **Weitere bedeutsame vertragliche Verbindungen**
- ☐ Organisationsverträge
- ☐ Werbeverträge
- ☐ Joint Ventures/Kooperationsverträge
- ☐ Arbeitsgemeinschaften
- ☐ Gebietsschutzabkommen
- ☐ Produkt-Entwicklungsverträge
- ☐ Verträge mit anderen Händlern und ähnlichen Vertriebspartnern
- ☐ Geheimhaltungsvereinbarungen

4. **Versicherungen**
- ☐ Aufstellung aller abgeschlossenen Versicherungen
- ☐ Aufstellung geltend gemachter Versicherungsansprüche der letzten fünf Jahre
- ☐ Liste ungedeckter Risiken oder Zurückweisung von Versicherungsanträgen
- ☐ Berichte von Versicherungen über Schadensverläufe seit Vertragsbeginn

5. **Wettbewerbsverbote**
- ☐ Konkurrenzverbote sowie andere wettbewerbsrechtliche Vereinbarungen, einschließlich solcher mit Gründern und/oder Organen der Gesellschaft
- ☐ Auflagen, Benachrichtigungen, Anfragen oder Entscheidungen von Kartellbehörden

6. **Sonstige Verträge**
- ☐ Verträge, die außerhalb des gewöhnlichen Geschäftsverkehrs der Gesellschaft liegen, sofern nicht in den vorgenannten Angaben bereits enthalten
- ☐ Verträge, die an den Erwerb der Gesellschaft durch einen neuen Gesellschafter bzw. den Erwerb einer Beteiligung an der Gesellschaft eine Rechtsfolge knüpfen (sog. Change-of-Control-Klauseln)

IV. Grundvermögen
1. Grundstücke/Gebäude
☐ Übersicht über vorhandene Grundstücke/Gebäude

☐ Beglaubigte und aktuelle (nicht älter als einen Monat) Grundbuchauszüge für die Grundbuch-Abteilungen I – III) sowie sämtliche im Grundbuch noch nicht vollzogene Verträge über Grundstücke, Katasterauszüge

☐ Bestehende Hypotheken, Grundschulden oder sonstige Belastungen an Grundstücken/Gebäuden

2. Miet- und Pachtverträge über Grundstücke
☐ Zusammenfassende Übersicht unter Angabe von Lage, Nutzung, Laufzeit und jährlichem Netto-Mietzins

☐ (Unter-)Miet- und Pachtverträge über von der Gesellschaft genutzte Geschäftsräume und Grundstücke

☐ Untermietverträge zur Nutzungsüberlassung an Dritte

V. Arbeitsrechtliche Verhältnisse
1. Arbeitnehmerschaft
☐ Liste der Prokuristen, General- und Handlungsbevollmächtigten sowie Spezialbevollmächtigten und Kopien der Vollmachten

☐ Liste aller Arbeitnehmer (einschließlich leitender Angestellter und Geschäftsführer/Vorstände) unter Angabe des Namens, des Alters, des Eintrittsjahres, der Funktion und des Bruttogehaltes im letzten Kalenderjahr

☐ Durchschnittlicher Krankenstand, Unfallhäufigkeit, sonstige Fehlzeiten in den vergangenen zwei Jahren

☐ Liste der Gewerkschaftsmitglieder

☐ Liste der Betriebsratsmitglieder

2. Kollektives Arbeitsrecht
☐ Angabe des Arbeitgeberverbandes, dem die Gesellschaft angehört

☐ Vorlage sämtlicher anwendbarer Tarifverträge

☐ Vorlage sämtlicher derzeit geltender Betriebsvereinbarungen und betriebsinternen Regelungen (Betriebsordnungen und betriebliche Übungen)

3. Entgeltsystem
☐ Aufstellung der gegenwärtigen Lohnsummen nach Arbeitnehmergruppen mit Angabe des regelmäßigen Lohnerhöhungszeitpunktes

☐ Interne Gehaltserhöhungsrichtlinien

☐ Mitarbeiterbeteiligungsprogramm

4. Arbeitsverträge
☐ Mustervertrag für die verschiedenen Arbeitnehmergruppen

☐ Anstellungsverträge aller Vorstände sowie der Arbeitnehmer, deren jährliche Vergütung mehr als 30.000 € oder deren Kündigungsfrist mehr als sechs Monate beträgt

☐ Vereinbarungen mit Arbeitnehmern über weitergehende Sozialleistungen (z.B. Kranken-, Unfall- und Lebensversicherungen) oder Nebenabreden (z.B. Geschäftswagen, gewinn- oder umsatzabhängige Tantieme)

☐ Vereinbarungen mit Arbeitnehmern, die Rechtsfolgen an die Übernahme der Gesellschaft durch einen neuen Gesellschafter knüpfen

5. Betriebliche Altersversorgung

☐ Muster der gegenüber bereits ausgeschiedenen und gegenüber den derzeit beschäftigten Arbeitnehmern gegebenen Versorgungszusagen bzw. die für diese geltenden betrieblichen Versorgungsordnungen (Kollektiv- und Individualzusagen)

☐ Liste der bereits ausgeschiedenen Arbeitnehmer, die Ansprüche oder Anwartschaften aus einer Versorgungszusage haben, mit Alter und Betriebszugehörigkeitsdauer

☐ Liste der derzeit beschäftigten Arbeitnehmer, für die eine Versorgungszusage gegeben wurde bzw. für die eine betriebliche Versorgungsordnung gilt, unter Angabe bereits entstandener Anwartschaften

☐ Vorlage der vorhandenen versicherungsmathematischen Gutachten

☐ Angaben über die Sicherung der Pensionszusagen (Direktversicherungen, Rückstellungen etc.)

☐ Vereinbarungen über Vorruhestand, Altersteilzeit, Zeitkonten etc.

6. Sonstiges

☐ Liste bereits ausgeschiedener oder in naher Zukunft ausscheidender Arbeitnehmer (einschließlich Alter und Dauer der Betriebszugehörigkeit), die noch Ansprüche gegen die Gesellschaft haben (neben Versorgungsansprüchen), insb. aufgrund von Abfindungsvereinbarung oder Sozialplan

☐ Liste von (Schein-)Subunternehmern und Teilzeitkräften

☐ Sozialpläne der letzten fünf Jahre sowie Informationen über geplante Maßnahmen

☐ Übersicht über Arbeitskämpfe

☐ Darstellung von Verstößen gegen arbeitsrechtliche Bestimmungen

VI. Öffentlich-rechtliche Beziehungen

1. Zahlungsbeziehungen der öffentlichen Hand

☐ Zahlungsverpflichtungen der öffentlichen Hand

☐ Zahlungsverpflichtungen gegenüber der öffentlichen Hand

2. Öffentlich-rechtliche Prüfung

☐ Prüfungen durch Sozialversicherungsträger (Deutsche Rentenversicherung Bund, Krankenkasse etc.) und anderer Institutionen (z.B. Berufsgenossenschaften)

☐ Öffentlich-rechtliche Rahmenbedingungen (z.B. Emissionsvorschriften, Brandschutz, Arbeitsplatzsicherheit)

3. Öffentlich-rechtliche Genehmigungen

☐ Gewerbeanmeldung und Gewerbeerlaubnis

☐ Besondere behördliche Genehmigungen und/oder Auflagen für die Ausübung des Gewerbebetriebs, insb. im Zusammenhang mit Arbeitnehmerüberlassung

VII. Umweltangelegenheiten

☐ Genehmigungspflichtige Betriebsanlagen

☐ Zusammenstellung von Verfügungen

☐ Umweltaufstellungen

☐ Belastungen der Umwelt (Luft, Wasser, Boden, Lärm u.Ä.)

VIII. Streitige Verfahren

1. Rechtsstreitigkeiten

☐ Allgemeine Gerichtsverfahren

☐ Verfahren wegen Verletzung fremder Patente, Marken etc.

> 2. **Andere Verfahren**
> ☐ Verfahren mit Behörden
> ☐ Schiedsverfahren
> 3. **Potenzielle Risiken**
> ☐ Drohende Verfahren aufgrund bekannter Umstände
> ☐ Abgeschlossene Verfahren mit zukünftigen Verpflichtungen
> IX. **Jahresabschlüsse**
> ☐ Bilanz sowie Gewinn- und Verlustrechnung der vergangenen drei Geschäftsjahre

IV. Vertragsgestaltung

1. Einleitung

Die kunstgerechte Abfassung (bzw. Anpassung) des Unternehmenskaufvertrages ist die **zentrale Aufgabe** des Wirtschaftsanwaltes bei einer Unternehmenstransaktion. Da insb. das gesetzliche Gewährleistungs- bzw. Haftungsregime i.d.R. keinen adäquaten Interessensausgleich bietet, ist eine **umfangreiche individualvertragliche Regelung der Gewährleistungen** (und anderer wesentlicher Punkte) unabdingbar. 68

Im Folgenden werden die **typischen Vorüberlegungen, Regelungsinhalte und -punkte eines Unternehmenskaufvertrages** aufgezeigt, wobei sich die Darstellung an dem typischen Gedankengang und dem charakteristischen Aufbau eines solchen Vertrages orientiert. Wo erforderlich, erfolgt die Darstellung differenziert nach Asset Deal und Share Deal.

2. Vorfragen

a) Anwendbares Recht

Bei Unternehmenskaufverträgen, bei denen die Beteiligten ihren Wohn- oder Geschäftssitz in unterschiedlichen Ländern mit jeweils **anderen Rechtsordnungen** haben, sollten die Parteien schon im Vertragswerk in jedem Fall abschließend regeln, welche Rechtsordnung Anwendung finden soll. Sind deutsche bzw. in der BRD ansässige Gesellschaften am Vertrag beteiligt, ist eine Vereinbarung deutschen Rechts ohne weiteres möglich.[48] Haben die Parteien hingegen keine explizite Rechtswahl vorgenommen, muss das anwendbare Recht im Streitfall nach den Regeln des Internationalen Privatrechts (IPR) bestimmt werden, in der BRD nach dem EGBGB (Art. 29 ff.). 69

> **Hinweis:**
> Zu beachten ist jedoch, dass eine Rechtswahl nur bezüglich des sog. **Schuldstatuts** in Frage kommt, nicht jedoch für **Verfügungsgeschäfte**. Das Verfügungsgeschäft muss grds. die Formerfordernisse des Rechts erfüllen, das auf das seinen Gegenstand bildende Rechtsverhältnis anzuwenden ist (Art. 11 Abs. 5 EGBGB). So muss beim **Asset Deal** die Übertragung des Eigentums an Mobilien und Immobilien nach dem nationalen Recht des Landes, in dem der Gegenstand belegen ist, erfolgen (lex rei sitae; Art. 43 EGBGB).

b) Formerfordernisse

aa) Asset Deal

Ein Asset Deal bedarf grds. keiner besonderen Form, insb. nicht der notariellen Beurkundung, d.h. ein **privatschriftlicher Vertrag** ist ausreichend. In Einzelfällen kann sich allerdings die Notwendigkeit einer notariellen Beurkundung daraus ergeben, dass im Rahmen des Kaufvertrages auch ein **Grundstück** ver- 70

---

48 BGH, NJW 1969, 772 ff.

kauft und übertragen werden soll (vgl. § 311b BGB). Von dem Beurkundungszwang wird dann i.d.R. der gesamte Unternehmenskaufvertrag erfasst (§ 139 BGB).[49]

bb) Share Deal

71 Ist Gegenstand des Vertrages der Verkauf und die Abtretung von Geschäftsanteilen an einer **GmbH**, so bedarf der Vertrag gemäß § 15 Abs. 3 und Abs. 4 GmbHG der **notariellen Beurkundung**. Die Formbedürftigkeit erstreckt sich auf alle Abreden, die mit der Abtretungsverpflichtung eine wirtschaftliche Einheit bilden, ggf. auch Nebenabreden (z.B. sog. Side Letter). Die Beurkundung des Vertrages im **Ausland** ist nur dann zulässig und wirksam, wenn die ausländische Ortsform der inländischen notariellen Beurkundung in etwa gleichwertig ist.[50] Eine Nichteinhaltung der Form führt zur Nichtigkeit des gesamten Vertrages, die jedoch durch formgerechten Vollzug des Erfüllungsgeschäfts (d.h. die Abtretung der Geschäftsanteile) geheilt werden kann.

72 **Formfrei** möglich ist hingegen der Verkauf und die Übertragung von **Aktien**. Auch bei **Personengesellschaften** besteht grds. kein Formzwang, insb. keine Beurkundungspflicht. Allerdings kann sich beim Verkauf einer GmbH & Co. KG, bei dem die Anteile an der Komplementär-GmbH einheitlich mit den Kommanditanteilen übertragen werden, die Beurkundungspflicht auch auf die Kommanditanteile erstrecken.[51]

c) Wirksamkeits- und Zustimmungserfordernisse[52]

73 Vor Unterzeichnung eines Unternehmenskaufvertrags sollte von den rechtlichen Beratern der Parteien sorgfältig und umfänglich geprüft werden, welche formalen Beschränkungen (speziell Zustimmungserfordernisse) bestehen, die die Wirksamkeit des Vertragsschlusses und die Vertragsdurchführung beeinträchtigen könnten. **In Betracht kommen** insb.

- gesellschaftsrechtliche Beschränkungen,
- zivilrechtliche Beschränkungen,
- öffentlich-rechtliche Beschränkungen.

74 Die Parteien sollten **vertraglich feststellen**,

- welche Wirksamkeitserfordernisse bzw. Beschränkungen bestehen und
- welche Partei für deren Erfüllung zu sorgen hat.

aa) Gesellschaftsrechtliche Beschränkungen

75 Beim **Asset Deal** ist darauf zu achten, dass ein Vertrag, der den Verkauf des gesamten von einer Gesellschaft betriebenen Unternehmens zum Gegenstand hat, zu seiner Wirksamkeit grds. der Zustimmung der Gesellschafterversammlung (GmbH) bzw. der Hauptversammlung (AG) bedarf.[53] Auch bei **Personengesellschaften** kann das gesamte Gesellschaftsvermögen grds. nicht durch einen geschäftsführenden Gesellschafter allein wirksam übertragen werden, da sich seine Vertretungsmacht nur auf sog. Verkehrsgeschäfte

---

49 BGH, WM 1979, 458; gleiches gilt, wenn GmbH-Geschäftsanteile (mit-)verkauft und übertragen werden.
50 Gleichwertig kann bspw. die Beurkundung bei einem Notar in Zürich (BGH, GmbHR 1989, 25) bzw. Basel (OLG München, GmbHR 1998, 46) sein. Ausführlich zur Notarisierung im Ausland Gätsch/Schulte, ZIP 1999, 1909 ff., 1954 ff.
51 Vgl. dazu Holzapfel/Pöllath, Unternehmenskauf, Rn. 909 ff.
52 Vgl. dazu ausführlich Lips/Stratz/Rudo, in: Beck'sches Mandatshandbuch Unternehmenskauf, § 4 Rn. 345 ff.
53 Für die AG ergibt sich infolge der Holzmüller-Rspr. des BGH (ZIP 1982, 568), die u.a. durch die Gelatine Entscheidung (BGH, ZIP 2004, 993) eine erhebliche Konkretisierung erfahren hat, eine Verpflichtung des Vorstandes zur Herbeiführung eines entsprechenden Hauptversammlungsbeschlusses, wenn der Asset Deal in den Kernbereich der Unternehmenstätigkeit eingreift. Dieser Rechtsgedanke gilt nach der Rspr. des BGH auch für die GmbH (DB 1995, 621, 622). Der Verkauf des gesamten Gesellschaftsvermögens ist darüber hinaus häufig auch ein außergewöhnliches Geschäft i.S.d. § 49 Abs. 2 GmbHG bzw. § 119 Abs. 2 AktG und bedarf auch insofern der Zustimmung der Gesellschafterversammlung.

erstreckt.[54] **Grundlagengeschäfte**, die das Organisationsverhältnis der Gesellschaft betreffen, sind grds. nicht gedeckt. Ist im Gesellschaftsvertrag nichts anderes bestimmt, bedürfen derartige Geschäfte grds. eines einstimmigen Gesellschafterbeschlusses (vgl. § 119 Abs. 2 HGB).

Beim **Share Deal** sind in erster Linie **gesellschafsvertragliche Beschränkungen** der Abtretung von Anteilen (in erster Linie Zustimmungserfordernisse der Mitgesellschafter) sowie etwaige Vorkaufs- und Vorerwerbsrechte zu beachten. Hier kann der Gesellschaftsvertrag der GmbH die Genehmigung entweder durch die Gesellschafterversammlung oder durch die Gesellschaft selbst, die dann durch ihren Geschäftsführer vertreten wird, fordern. Auch in **Gesellschaftervereinbarungen** finden sich häufig Abtretungsbeschränkungen und/oder Andienungspflichten. Diese haben aber anders als statutorische Beschränkungen, deren Nichtbeachtung grds. zur schwebenden Unwirksamkeit der Abtretung führt,[55] grds. keine dingliche, sondern nur schuldrechtliche Wirkung inter partes.

Schließlich ist zu beachten, dass nach § 17 Abs. 1 GmbHG die Veräußerung von Teilen von Geschäftsanteilen der Zustimmung der Genehmigung der Gesellschaft bedarf. Die **Zustimmung der Gesellschaft** selbst ist schließlich auch bei der Übertragung vinkulierter Namensaktien bei der AG erforderlich (§ 68 Abs. 1 Satz 2 AktG).

bb) Öffentlich-rechtliche Beschränkungen

Schon früh sollte geprüft werden, ob für den Betrieb des verkauften Unternehmens eine **personenbezogene Konzession** erforderlich ist, da diese – anders als betriebsbezogene Konzessionen – nicht „automatisch" mit dem Betrieb übergeht, sondern vom Erwerber eigens beantragt werden muss. Idealerweise hat der Erwerber schon vor Vertragsunterzeichnung mit den zuständigen Behörden geklärt, ob der Erteilung einer solchen Genehmigung etwas entgegensteht. Auch kann es u.U. entscheidend darauf ankommen, ob die Transaktion in Form eines Share- oder eines Asset Deals geplant ist. Ist die Genehmigung bspw. mit dem Rechtsträger verbunden, kann ein Asset Deal möglicherweise ausscheiden.

cc) Zivilrecht

Beschränkungen können sich insb. aus dem **Familienrecht** ergeben. Die praktisch bedeutsamste Vorschrift ist hier § 1365 BGB, der die Zustimmung des Ehegatten zur Verfügung über die Veräußerung des Vermögens im Ganzen fordert, wenn der gesetzliche Güterstand der Zugewinngemeinschaft besteht.[56] In bestimmten Fällen, insb. wenn Minderjährige beteiligt sind (etwa beim Verkauf von Anteilen an Familiengesellschaften), kann auch eine Zustimmung des **Vormundschaftsgerichts** erforderlich sein.

3. Präambel

In Streitfällen kann die Präambel wichtige Anhaltspunkte für die **Auslegung** des Vertrages bieten. In ihr werden üblicherweise der Vertragszweck, der Ablauf der Transaktion, die Beteiligungsverhältnisse und die Tätigkeit der Zielgesellschaft und die Beteiligten kurz dargestellt. Eine gedrängte Zusammenfassung des wirtschaftlichen Hintergrunds der Transaktion in der Präambel vermittelt dem Leser die wirtschaftlichen Absichten der Parteien und hilft ihm, den eigentlichen Vertragstext besser zu verstehen.

4. Vertragsparteien

Die **genaue Bezeichnung der Vertragsparteien** und -beteiligten steht am Eingang jedes Unternehmenskaufvertrages.

Neben dem bzw. den Käufer(n) und dem bzw. den Verkäufer(n) kommen als weitere Parteien in der Praxis häufig **Garantiegeber** für eine der Parteien hinzu, vor allem wenn es sich bei Käufer oder Verkäufer nicht

---

54 BGH, NJW 1995, 596.
55 Vgl. BGHZ 13, 179.
56 Das Zustimmungsbedürfnis erstreckt sich dabei nach der Rspr. auch auf Verträge über die Veräußerung einzelner Vermögensgegenstände, sofern diese im Wesentlichen das ganze Vermögen des Veräußerers darstellen, vgl. BGH, DStR 1996, 1903.

um die eigentlich wirtschaftlich Betroffenen, sondern um Zwischengesellschaften, insb. reine Akquisitionsvehikel, handelt.

81 Da es sich bei den Parteien meist nicht um natürliche Personen, sondern um Kapital- oder Personengesellschaften handelt, sind die (gesetzlichen) **Vertretungsverhältnisse** zu überprüfen und ggf. auch in den Vertrag mit aufzunehmen.[57] Das gilt auch und insb. für **rechtsgeschäftliche Vollmachten**, die bei notariellen Beurkundungen i.d.R. der Urkunde in beglaubigter Form beigefügt werden. In jedem Fall sollte der beratende Rechtsanwalt rechtzeitig die Vertretungsverhältnisse aller Beteiligten sorgfältig prüfen.[58]

5. Kaufgegenstand

a) Asset Deal

82 Da beim Asset Deal nicht der Unternehmensträger selbst, sondern alle oder einzelne Wirtschaftsgüter im Wege der Singularsukzession übertragen werden, kommt der vertraglichen Bestimmung der zu **übertragenden Güter** besondere Bedeutung zu:

- Bei Kaufverträgen über bebaute oder unbebaute **Grundstücke** wird der Kaufgegenstand ohne weiteres nach seiner Bezeichnung im Grundbuch (nach Grundbuchamt, Gemarkung, Grundbuch-Nr. und Flurstück-Nr.) bestimmt.[59]
- Bei der Übertragung von beweglichen **Sachen** (§ 90 BGB) müssen diese aufgrund des sachenrechtlichen Bestimmtheitsgrundsatzes **gegenständlich hinreichend bestimmt** sein. Bloße **Bestimmbarkeit** genügt dabei nach herrschender Rechtsauffassung nicht.[60]
- Bei der Übertragung von Forderungen genügt, anders als bei der Übereignung von Sachen, deren **Bestimmbarkeit**.[61] Die bloße Angabe des Gesamtbestandes der abgetretenen Forderungen mit einem Mindest- oder Höchstbetrag ist hierfür nicht ausreichend, wenn nicht gleichzeitig eine genaue Bezeichnung der abgetretenen Forderungen selbst erfolgt.
- Für die Übertragung von **Dauerschuldverhältnissen** und anderen Verträgen, wie z.B. Verträgen mit Lieferanten oder Energieversorgungsunternehmen, Miet-, Pacht-, und Leasingverträgen, ist die Zustimmung der jeweiligen Vertragspartei erforderlich.[62] Diese wird regelmäßig im Rahmen einer dreiseitigen schuldrechtlichen Vereinbarung (**Vertragsübernahme**) zwischen Käufer, Verkäufer und der jeweiligen Vertragspartei erteilt. Die Parteien sollten auch den Fall berücksichtigen, dass die Zustimmung seitens des Vertragspartners entweder nicht erteilt wird oder ihre Einholung untunlich erscheint. Hier kann zwischen den Parteien bspw. vereinbart werden, dass der Verkäufer weiter im Außenverhältnis die Stellung als Vertragspartei beibehält, im Innenverhältnis der Vertrag jedoch wirtschaftlich auf den Käufer „übertragen" wird.

> **Hinweis:**
>
> Beim Asset Deal sind die wirtschaftlich wichtigen Punkte i.d.R. in den Anlagen zum Kaufvertrag enthalten, auf deren sorgfältige Aufbereitung daher besonderes Augenmerk zu richten ist.
>
> Es empfiehlt sich dabei, eine gesonderte Aufstellung der zu übertragenden Wirtschaftsgüter in einer Anlage zum Vertrag zu nehmen. Darin sollte das gesamte bilanzierte und nicht bilanzierte Anlage-

---

57 Insb. die Befreiung der handelnden Personen vom Verbot des § 181 BGB (ggf. durch Einsichtnahme ins Handelsregister) ist bei Fällen der Mehrfachvertretung stets zu überprüfen.
58 So ist z.B. bei Vollmachten von im Ausland ansässigen Gesellschaften grds. eine notarielle Feststellung der Vertretungsmacht der für den Vollmachtgeber handelnden Person zu fordern.
59 Gebäude gehen als wesentliche Bestandteile des Grundstücks mit über (§ 94 BGB).
60 BGH, NJW 1995, 2348, 2350.
61 BGH, NJW 2000, 276, 277.
62 Vgl. aber die Sondervorschriften für Mietverträge (§§ 563 ff. BGB) und Arbeitsverhältnisse (§ 613a BGB).

und Umlaufvermögen enthalten sein. Ergänzend und hilfsweise kann auch mit sog. All-Formeln gearbeitet werden.

Hier bieten sich vor allem Formulierungen an wie z.B. „alle im Unternehmen des Verkäufers hergestellten und am Übergangsstichtag in der Lagerhalle befindlichen Maschinen." Bloß summen- oder wertmäßige Beschreibungen wie „30 % der Lagerbestände" oder „Maschinen bis zu einem Wert von 100.000 €" sind nicht bestimmt genug und führen zur Unwirksamkeit des Verfügungsgeschäfts.

In der Praxis erfolgt die Eigentumsübertragung der betreffenden Assets i.d.R. nicht mit sofortiger Wirkung, sondern zu einem bestimmten **Stichtag**. Der Monatsletzte bzw. Monatserste ist dabei erfahrungsgemäß ein guter Termin, da sich die erforderlichen Vermögensauflistungen aus dem Berichtswesen des Verkäufers am leichtesten aufstellen lassen.

b) Share Deal

Da beim Share Deal nicht die einzelnen Aktiva und Passiva des Unternehmens übertragen werden, sondern die Beteiligung des Verkäufers am Rechtsträger selbst, kann der Kaufgegenstand wesentlich kürzer gefasst werden als beim Asset Deal. Der Verkauf von Gesellschaftsanteilen oder Mitgliedschaftsrechten ist im Übrigen ein Rechtskauf i.S.v. § 453 BGB.

83

- Beim Verkauf von **GmbH-Geschäftsanteilen** sind diese im Vertrag genau zu bezeichnen und einzeln mit dem Nennbetrag aufzuführen. Hält ein Gesellschafter mehrere Anteile im selben Nennbetrag, so ist im Vertrag aufzunehmen, auf welchem Wege dieser erworben bzw. übernommen wurde, da sich aus der Abtretungserklärung eindeutig ergeben muss, welcher Anteil Gegenstand der Abtretung sein soll.[63] Eine „Zusammenfassung" von Geschäftsanteilen ist im Hinblick auf deren rechtliche Selbständigkeit (§ 15 Abs. 2 GmbHG) nicht zulässig.
- Beim **Aktienkauf** ist zu unterscheiden:
  - Sind die Mitgliedschaftsrechte nicht in einer Aktienurkunde verbrieft, so erfolgt die die Übertragung einfach durch Abtretung (§ 413 BGB i.V.m. § 398 BGB).
  - **Inhaberaktien** werden regelmäßig durch Einigung und Übergabe der Aktienurkunde (oder eines Übergabesurrogats) übertragen.
  - **Namensaktien** werden im Regelfall durch Einigung und Übergabe der indossierten Aktie übertragen. Die Eintragung im Aktienbuch (bzw. neu: Aktienregister) ist hingegen nicht Voraussetzung einer wirksamen Übertragung einer Namensaktie. Die Eintragung führt nur dazu, dass der neue Aktionär auch von der Gesellschaft als Aktionär zu behandeln ist, § 67 Abs. 2 AktG.
  - **Blankoindossierte Namensaktien** können wie Inhaberaktien auch durch Übergabesurrogat gemäß §§ 929 Satz 2, 930, 931 BGB. übertragen werden.
- Der Erwerb von Beteiligungen an **Personengesellschaften** erfolgt durch Abtretung. Im Vertrag ist klarzustellen, ob neben dem Kapitalanteil auch noch weitere, mit dem Mitgliedschaftsrecht verbundene Rechte und Pflichten übertragen werden sollen.[64] Zu regeln ist insb., ob über den Gesellschaftsanteil hinaus auch Ansprüche des Gesellschafters gegen die Personengesellschaft und Verbindlichkeiten ihr gegenüber Vertragsgegenstand sein sollen. Derartige Ansprüche und Verbindlichkeiten ergeben sich aus den Gesellschafter-Verrechnungskonten, die auch als variables Kapitalkonto (abhängig vom Kapitalkontenmodell der Gesellschaft, Kapitalkonto II oder III) bezeichnet werden und regelmäßig die Entnahmen und Einlagen des Gesellschafters sowie die Gutschrift des anteiligen Gewinns erfassen.[65]

---

[63] Vgl. Lips/Stratz/Rudo, in: Beck'sches Mandatshandbuch Unternehmenskauf, § 4 Rn. 21.

[64] Ist im Vertrag nichts geregelt, gehen sämtliche mit dem Gesellschaftsverhältnis verbundenen Rechte und Pflichten auf den Erwerber über, wenn diese zum Zeitpunkt des Vertragsschlusses im Rechenwerk der Personengesellschaft abgebildet sind, vgl. BGH, NJW 1996, 1307 ff.

[65] Rödder/Hötzel/Mueller-Thuns, Unternehmenskauf, Unternehmensverkauf, § 4 Rn. 46 ff.

> **Hinweis:**
> Aus Käufersicht ist aus haftungsrechtlichen Gesichtspunkten beim Kauf und Übertragung eines **KG-Anteils** darauf zu achten, dass die Übertragung des Anteils aufschiebend bedingt durch die Eintragung des Käufers im Handelsregister als Kommanditist im Wege der Sonderrechtsnachfolge erfolgt.

6. Stichtag

84 Ist bei Unternehmenskaufverträgen vom „Stichtag" die Rede, so ist zu **differenzieren**:

- Der Stichtag kann zum einen den Zeitpunkt bezeichnen, in dem die dinglichen Wirkungen der Transaktion eintreten (Übergang des Eigentums an den Anteilen bzw. Wirtschaftsgütern auf den Käufer); er ist dann gleichbedeutend mit dem Vollzug.
- Zum anderen kann mit Stichtag der Zeitpunkt gemeint sein, ab dem der wirtschaftliche Erfolg des Unternehmens dem Erwerber zusteht; in dieser Bedeutung hat der Stichtag die Funktion eines wirtschaftlichen **Abgrenzungszeitpunkts**. Stichtag und Vollzugstag müssen nicht identisch sein und sind es – vor allem bei größeren Transaktionen – häufig nicht. Insb. kann der Stichtag im Gegensatz zum dinglichen Übergang, auch in der Vergangenheit liegen, mit dem Effekt, dass ab dem Stichtag das Unternehmen als für Rechnung des Käufers geführt gelten soll. Als Abgrenzungszeitpunkt ist der Stichtag häufig auch das maßgebliche Datum für die Erstellung einer Stichtags- oder Abgrenzungsbilanz.

7. Kaufpreis

a) Allgemeines

85 Der Kaufpreis beim Unternehmenskauf und dessen konkrete Bestimmung ist die **Summe verschiedener Faktoren**. Ebenso wie die von den Parteien vereinbarten Garantien, Freistellungen und Verhaltenspflichten ist er **Ausdruck der Risikoverteilung** zwischen Käufer und Verkäufer und steht zu diesen in unmittelbarer Korrelation.

So kann bspw. ein völliger **Ausschluss von Gewährleistungsansprüchen** des Käufers zu einem niedrigeren Kaufpreis führen, wohingegen ein umfangreicher Garantiekatalog den Kaufpreis nicht zwangsläufig erhöht.

86 In der Praxis wird zwischen **festen und variablen Bestandteilen des Kaufpreises** unterschieden:

- Der **feste Kaufpreisbestandteil** ist entweder von Anfang an zahlenmäßig fest bestimmt oder wird erst durch die Durchführung eines im Vertrag festgelegten Bewertungsverfahrens endgültig bestimmt. Letzteres gewährleistet, dass Veränderungen zwischen der letzten, vor Vertragsschluss vorliegenden Bilanz und dem Stichtag der Übernahme berücksichtigt werden können. Allerdings sollten die Bewertungskriterien klar festgelegt werden, um später Streit zu vermeiden.
- Der **variable Kaufpreisbestandteil** („Earn Out") kann als Zusatzvergütung für den Verkäufer ausgestaltet sein, der so an der künftigen wirtschaftlichen Entwicklung des Unternehmens partizipiert.[66]

b) Festkaufpreis – Kaufpreisbemessung

87 Im Rahmen des festen Kaufpreisbestandteils können die Parteien zum einen einen **Festkaufpreis** vereinbaren. Hier wird i.d.R. ein historischer Stichtag gewählt, zu dem alle für die Bestimmung des Werts des Unternehmens wesentlichen wirtschaftlichen Kennzahlen bei Vertragsabschluss vorliegen. Das Unternehmen wird dann ab dem Stichtag auf Rechnung des Käufers geführt, eine Kaufpreisbemessung oder -anpassung auf einen Zeitpunkt nach Vertragsunterzeichnung ist nicht erforderlich. Dies ermöglicht eine schnelle Abwicklung der Transaktion. Voraussetzung hierfür ist, dass den Parteien eine solide, zeitnahe[67] Basis für die Berechnung der kaufpreisrelevanten Stichtagszahlen vorliegt (i.d.R. eine Bilanz).

---

66 Vgl. dazu Baums, DB 1993, 1273 ff.
67 Hier sollten Zeiträume von sechs Monaten nicht überschritten werden, in keinem Fall sollte ein weiterer Bilanzstichtag dazwischen liegen.

> **Hinweis:**
>
> Der Verkäufer wird sich die Führung des Unternehmens für den Verkäufer ab dem Stichtag i.d.R. vergüten lassen wollen. Dies geschieht meist durch eine angemessene Verzinsung des (Fest-)Kaufpreises für den Zeitraum ab dem historischen Stichtag bis Vertragsunterzeichnung bzw. Vollzug.

Liegen die bewertungs- und kaufpreisrelevanten Informationen zum gewählten Stichtag bei Vertragsabschluss hingegen noch nicht vor, z.B. weil der Stichtag nach der Vertragsunterzeichnung liegt, können die Parteien zum anderen die Anwendbarkeit einer **Kaufpreisbemessungsklausel** vereinbaren, anhand derer dann die konkrete Kaufpreisbestimmung und -anpassung erfolgt. Da die Kaufpreisbemessung i.d.R. (vor allem wegen der Prüfungskosten) zeit- und kostenintensiv ist, „lohnt" sich ein Kaufpreisbemessungsmechanismus i.d.R. nur bei komplexeren und großvolumigen Transaktionen.

> **Hinweis:**
>
> Der Interessenlage des Käufers entspricht i.d.R. die Vereinbarung einer Kaufpreisbemessungsklausel auf den Zeitpunkt der tatsächlichen Übernahme des erworbenen Unternehmens. Das Risiko einer im Kaufpreis nicht reflektierten allgemeinen Verschlechterung der wirtschaftlichen Verhältnisse des erworbenen Unternehmens (bzw. von Maßnahmen des Verkäufers, die für das Unternehmen nachteilig sind) im Zeitraum zwischen einem historischen Stichtag bzw. Vertragsunterzeichnung und Vollzug kann so weitgehend abgefedert werden. Der Verkäufer hingegen wird u.a. wegen der höheren Transaktionssicherheit und des Ausschlusses des Risikos einer Kaufpreisreduktion eher an der Vereinbarung eines Festkaufpreises interessiert sein.

Klassischerweise im Mittelpunkt von Kaufpreisbemessungen steht die Ermittlung des Eigenkapitalwerts des Unternehmens (**Equity Value**), die wiederum durch Feststellung der liquiden Mittel des Unternehmens (cash) auf der einen und der Verbindlichkeiten (debt) auf der anderen Seite zum Stichtag erfolgt. Der Kaufpreis ermittelt sich dabei aus dem Unternehmenswert (Enterprise Value) auf einer „cash-debt-free basis". Sollten weniger als 100 % der Anteile an der Zielgesellschaft erworben werden, sind die liquiden Mittel und die Verbindlichkeiten ebenfalls nur anteilig, d.h. in Höhe der erworbenen Beteiligungsquote zu berücksichtigen.

Formulierungsbeispiel: Kaufpreisbemessung

> Der Basiskaufpreis für 100 % der Anteile beträgt ... € (Unternehmenswert) zzgl. des Betrages der auf Basis der Stichtagsbilanz zum Stichtag festgestellten liquiden Mittel und abzüglich des Betrages der auf Basis der Stichtagsbilanz zum Stichtag festgestellten Finanzverbindlichkeiten der Gesellschaft.

Zu den **liquiden Mitteln** (cash) gehören neben dem Kassenbestand und den Kontoguthaben des Unternehmens auch Vermögensgegenstände, die sich unmittelbar in liquide Mittel wandeln lassen (z.B. liquide Wertpapiere).

> **Hinweis:**
>
> Bei folgenden Posten kann es erfahrungsgemäß zu Abgrenzungsschwierigkeiten kommen, weshalb eine ausdrückliche vertragliche Regelung empfehlenswert ist:
>
> - liquide Mittel, auf die nicht unmittelbar zugegriffen werden kann („Trapped Cash"), z.B. aufgrund von Eigenkapitalbeschränkungen, Verfügungssperren,
> - liquide Mittel in Tochtergesellschaften, an denen eine Minderheitenbeteiligung besteht.

Zu den **Verbindlichkeiten** (debt) zählen grds. alle (zinstragenden) Finanz- und ähnliche Verbindlichkeiten, die nach dem Stichtag zu einem Liquiditätsabfluss bei der Zielgesellschaft führen können. Dazu gehören zunächst alle Verbindlichkeiten gegenüber Kreditinstituten, Schuldverschreibungen und ähnliche Instrumente sowie Wechselverbindlichkeiten.

Problemfelder können sich bspw. bei folgenden Posten ergeben:

- Vorfälligkeitsentschädigungen (aufgrund der Rückführung der bestehenden Finanzierung),
- nicht vollständig gedeckte (asset backed) Pensionsverbindlichkeiten,
- Verbindlichkeiten aus Finanzierungsleasing, Sale and Lease Back.

> **Hinweis:**
> In jedem Fall sollten sich die Parteien bewusst machen, dass der bloße Verweis auf die Bestimmungen des HGB (Gliederungsposten der Bilanz gemäß § 266 HGB) sowie die Grundsätze der ordnungsgemäßen Buchführung und Bilanzierung zwar hilfreich, für sich allein genommen aber häufig nicht interessengerecht und eine differenzierte vertragliche Lösung (fast) immer empfehlenswert ist. Welche Definitionen für liquide Mittel und Verbindlichkeiten dann Eingang in den Vertrag finden, ist letztlich auch eine Frage der Verhandlungsposition bzw. -macht und des jeweils gewählten Bewertungsmodells.

93 I.d.R. beschränkt sich die Kaufpreisbemessung und -anpassung aber nicht auf die dargestellte Ermittlung von liquiden Mitteln und Verbindlichkeiten. Vielmehr erfolgen in einem weiteren Schritt, quasi als „Feinjustierung", Anpassungen auf Grundlage von weiteren Kennzahlen wie dem **Nettoumlaufvermögen** (Working-Capital-Anpassung) und dem bilanziellen **Eigenkapital** (Net-Equity-Anpassung).

> **Hinweis:**
> Die weiteren Anpassungen dienen dazu, Manipulationen oder Unschärfen, die z.B. aufgrund der verzögerten Bezahlung von Rechnungen entstehen können (bspw. künstliche Erhöhung der Barmittel) oder aus einem fluktuativen Geschäftsverlauf resultieren, zu vermeiden bzw. auszugleichen.

94 Neben den genannten üblichen Anpassungsfaktoren kann die Kaufpreisermittlung und -anpassung aber auch auf der Grundlage von beliebigen anderen, vertraglich definierten Anpassungsfaktoren erfolgen, die insb. branchenspezifischer Natur sein können. So ist bspw. beim Verkauf von Breitbandkabelnetzen die tatsächliche Zahl der angeschlossenen Wohneinheiten („Subscriber") zum Stichtag eine wesentliche Kennzahl für die Höhe des Kaufpreises, auch wenn diese ggf. keine bilanziellen Auswirkungen hat. Ähnliches gilt für die Zahl der Abonnenten beim Verkauf von Verlagen oder bei Transaktionen im Health-Care-Bereich die Bettenauslastung (heute überwiegend Fallpauschalen).

95 Die Ermittlung bzw. Überprüfung der für die Durchführung der Anpassung des Kaufpreises erforderlichen Kennzahlen kann entweder vom Käufer oder vom Verkäufer allein bzw. von deren Beratern (insb. Wirtschaftsprüfer), von der Zielgesellschaft oder von den Parteien bzw. deren Beratern gemeinsam erfolgen. Sie erfolgt regelmäßig durch Erstellung einer Stichtags- oder Abrechnungsbilanz.

96 Die Partei, die keinen Einfluss auf deren Erstellung hat, sollte sich zumindest vertraglich gewisse **Kontroll- oder Prüfungsrechte** einräumen lassen.[68] Üblicherweise wird die Bewertung durch einen **neutralen Dritten**, vorzugsweise einen Wirtschaftsprüfer, vorgenommen, insb. für den Fall, dass sich die Parteien nicht innerhalb eines bestimmten Zeitraums nach dem Vollzug bzw. nach Erstellung der Abrechnungsbilanz einigen können. Dieser wird dann als Schiedsgutachter i.S.d. §§ 317 ff. BGB analog tätig.

c) Fälligkeit, Zahlungsmodalitäten

97 Nach den gesetzlichen Bestimmungen wird der Kaufpreis bei Abschluss des Vertrages grds. sofort und in voller Höhe fällig (§ 271 BGB). Von diesem Grundsatz wird bei Unternehmenskaufverträgen (fast) immer) zu Gunsten einer detaillierten Fälligkeitsregelung abgewichen. So wird der Kaufpreis i.d.R. erst

---

68 Vgl. Lips/Stratz/Rudo, in: Beck'sches Mandatshandbuch Unternehmenskauf, § 4 Rn. 590.

beim Vollzug (Closing) zur Zahlung fällig. Mitunter stundet auch der Verkäufer dem Käufer einen Teil des Kaufpreises (sog. Vendor's oder Seller's Note).[69]

Der Kaufpreisanspruch unterliegt der **Regelverjährung**, verjährt also innerhalb von drei Jahren, beginnend mit dem Schluss des Jahres, in dem der Kaufpreis fällig geworden ist (§§ 195, 199 BGB). 98

> **Hinweis:**
> Sind mehrere Personen auf Verkäufer- und/oder Käuferseite am Vertrag beteiligt, so sind Regelungen über die Verteilung des Kaufpreises aufzunehmen. In diesen Fäll empfiehlt es sich auch, sämtliche für die Überweisung des Kaufpreises erforderlichen Informationen (Kaufpreisanteil, genaue Bankverbindung ggf. mit IBAN und Swift) bereits in den Vertragstext einzuarbeiten.

d) Sicherungsmechanismen

Käufer und Verkäufer haben gleichermaßen ein Sicherungsinteresse in Bezug auf den Kaufpreis. Dabei geht es zum einen um die **Sicherung der Kaufpreiszahlung** und zum anderen um die Verwendung des Kaufpreises (bzw. eines Teils davon) als **Sicherungsmittel** für andere Ansprüche. 99

aa) Sicherung der Kaufpreiszahlung

Der Verkäufer wird kaum das Eigentum an Geschäftsanteilen oder Wirtschaftsgütern an den Käufer übertragen wollen, ohne Gewissheit davon zu haben, dass ihm der Kaufpreis tatsächlich in der vereinbarten Höhe zufließt.[70] Umgekehrt hat auch der Käufer ein legitimes Interesse daran, den Kaufpreis nicht „umsonst", d.h. ohne Erhalt der Gegenleistung, zu zahlen. 100

Vertragstechnisch gibt es hierfür eine **Reihe von Lösungsmöglichkeiten**: 101

- Zunächst kann sich der Verkäufer durch eine **Bürgschaft** (insb. eine Bank- oder Konzernbürgschaft) gegen mangelnde Zahlungsfähigkeit des Käufers absichern.[71] Für den Verkäufer i.d.R. weniger günstig sind sog. **Patronatserklärungen** („comfort letters"), bei denen ein mit dem Käufer verbundenes Unternehmen (i.d.R. die Mutter) erklärt, den Käufer mit den für die Finanzierung des Kaufpreises erforderlichen Mitteln auszustatten. Je nach Formulierung können diese rechtlich unverbindlicher Natur sein („weiche Patronatserklärung") oder garantieähnliche Wirkung haben („harte Patronatserklärung"). Die vorgenannten Sicherungsmittel finden vor allem dann Anwendung, wenn es sich bei dem Käufer um **strategische Investoren** handelt.

- Handelt es sich bei dem **Käufer** hingegen um einen **Finanzinvestor**, so kommen neben (in der Praxis eher seltenen, weil für Fonds nicht darstellbaren) Bankgarantien in erster Linie Sicherungsmittel wie Fondsgarantien, Finanzierungszusagen oder sog. Equity Commitment Letters[72] in Betracht. Allgemein ist jedoch festzustellen, dass eine Sicherungsstellung durch Finanzinvestoren (insb. Private Equity Fonds) nur in sehr beschränkten Ausnahmefällen möglich ist.

bb) Kaufpreis als Sicherungsmittel

Was die Verwendung des Kaufpreises als **Sicherungsmittel** betrifft, so vereinbaren die Parteien häufig, dass ein Teil des Kaufpreises zur Sicherung der Ansprüche aus Garantien („Gewährleistungseinbehalt"[73]) und sonstigen Ansprüchen, insb. Freistellungsansprüchen aus dem Unternehmenskaufvertrag, einbehalten wird. 102

---

69 Vendor's Notes sind i.d.R. verzinslich und wirken dann wie ein Verkäuferdarlehen.
70 In gewissen Fällen wird sich der Verkäufer schon vor Abschluss des Kaufvertrages durch Vorlage einer Finanzierungszusage der den Käufer finanzierenden Bank von dessen Zahlungsfähigkeit überzeugen wollen.
71 Diese sollte selbstschuldnerisch, d.h. unter Verzicht auf die Einrede der Anfechtbarkeit und der Vorausklage (§§ 770, 771 BGB), und auf erstes Anfordern ausgestellt sein.
72 Der Equity Commitment Letter regelt in erster Linie die Verpflichtung des Finanzinvestors, Eigenkapital in das Akquisitionsvehikel einzuzahlen.
73 Vgl. Holzapfel/Pöllath, Unternehmenskauf, Rn. 527, 787.

Die entsprechende Summe wird dazu auf einem **Treuhandkonto** („Escrow Account") hinterlegt, das ein Notarkonto sein kann oder ein Gemeinschaftskonto bei einer Bank, über das Verkäufer und Käufer (bzw. deren Vertreter) nur gemeinsam verfügen können („Und-Konto"). In jedem Fall sollte ausdrücklich geregelt werden, wem die Zinsen aus diesen Beträgen zustehen, wie abgerechnet werden soll und insb. wann eine Freigabe der Beträge zu erfolgen hat. Die Höhe des Einbehalts richtet sich nach den zu erwartenden Risiken ab, wobei Beträge in Höhe von 5 % – 15 % des Kaufpreises durchaus üblich sind.

> **Hinweis:**
> Der Verkäufer wird sich oft das Recht ausbedingen, den auf das Treuhandkonto einzubezahlenden Betrag durch Stellung einer Bankgarantie in entsprechender Höhe ablösen zu können.

8. Vollzug (Closing)

103 Wie bereits ausgeführt, fallen beim Unternehmenskauf der Vertragsabschluss (Signing) und der dingliche Vollzug (Closing) i.d.R. zeitlich auseinander (siehe Rn. 29). Dies liegt daran, dass die Voraussetzungen für den Vollzug (z.B. kartellrechtliche Freigabe der Transaktion, Finanzierung der Transaktion, Vorliegen bestimmter Genehmigungen, insb. Gremienzustimmungen) zum Zeitpunkt des Vertragsschlusses i.d.R. noch nicht vorliegen.

104 Bei **kleinen und „überschaubaren" Transaktionen**, insb. solchen ohne kartellrechtliche Implikationen, stellen die Parteien die Eigentumsübertragung (an den Anteilen oder Wirtschaftsgütern) unter bestimmte aufschiebende Bedingungen (meist nur die Kaufpreiszahlung), so dass der Vollzug bei Bedingungseintritt quasi „automatisch" und ohne weiteres Zutun der Parteien erfolgt.

105 Bei größeren Transaktionen oder Transaktionen, bei denen für den Vollzug besondere Handlungen oder der Eintritt bestimmter Bedingungen erforderlich sind, vereinbaren die Parteien hingegen einen **Vollzugsmechanismus**. Dabei definieren die Parteien die Voraussetzungen, unter denen sie zur Durchführung des Closings verpflichtet sind (Closing-Bedingungen).[74] Die **Closing-Bedingungen** sollten für die jeweils begünstigte Partei als verzichtbar ausgestaltet sein. Beim Closing werden dann in der Praxis eine Reihe von Handlungen vorgenommen. Hierzu zählt neben der Vorlage bestimmter Dokumente, die den Eintritt der Closing-Bedingungen belegen, die Kaufpreiszahlung sowie die dinglichen Übertragungen.

> **Hinweis:**
> Das Closing sollte i.S.d. Rechtssicherheit in einem von den Parteien unterzeichneten Protokoll (Closing Minutes oder Closing Memorandum) festgehalten werden. Diesem Protokoll sollten Kopien aller für das Closing relevanten Dokumente in Anlage beigefügt werden.

9. Gewährleistungen und Garantien

106 In der Praxis des Unternehmenskaufs ist es mittlerweile absoluter Standard, dass die Parteien im Unternehmenskaufvertrag ein differenziertes System von Garantien mit zugehörigen Rechtsfolgen vereinbaren. Das hängt in erster Linie mit den Unzulänglichkeiten des gesetzlichen Gewährleistungssystems zusammen, das im Folgenden kurz dargestellt wird. Die Schaffung eines autonomen, von den gesetzlichen Regelungen weitgehend unabhängigen Haftungsregimes ist daher unabdingbar. In der Praxis erfolgt dies durch die Vereinbarung von sog. **selbständigen Garantieversprechen mit Rechtsfolgenvereinbarung**.

Die Parteien sind weitgehend frei darin zu bestimmen, welche Umstände sie zum Gegenstand einer vertraglichen Garantie machen, welche Gegenstand einer Freistellung sind und welche wiederum im Rahmen einer Kaufpreisanpassung zu berücksichtigen sind. Die Entscheidung ist eine Frage der **Risikoallokation** zwischen Käufer und Verkäufer: Während z.B. Ansprüche aus Garantien i.d.R. summenmäßig begrenzt sind, ist dies bei Freistellungen und (nachträglichen) Kaufpreisanpassungen grds. nicht der Fall. Auch

---

[74] Vgl. Holzapfel/Pöllath, Unternehmenskauf, Rn. 18b.

ist die Feststellung und Durchsetzung von Ansprüchen aus Kaufpreisanpassungen häufig einfacher und schneller durchführbar als die Geltendmachung von Garantieansprüchen.

a) Gesetzliche Gewährleistungsansprüche

aa) Asset Deal

Ansprüche des Käufers eines Unternehmens[75] als Kaufgegenstand[76] können sich ergeben, wenn dieses nicht **sachmängelfrei** ist, also bei Gefahrübergang nicht die vereinbarte **Beschaffenheit** hat (§ 434 Abs. 1 Satz 1 BGB). Soweit keine Beschaffenheit vereinbart wurde, ist das Unternehmen frei von Sachmängeln, wenn es sich für die nach dem Vertrag vorausgesetzte Verwendung eignet (§ 434 Abs. 1 Satz 2 BGB). Kann nicht ermittelt werden, welche Verwendung des Unternehmens der Vertrag voraussetzt, so muss sich die Sache zum gewöhnlichen Gebrauch eignen, also eine Beschaffenheit aufweisen, die bei Sachen der gleichen Art üblich ist und die Käufer nach der Art der Sache erwarten kann (§ 434 Abs. 1 Satz 2 BGB). 107

Zur Beschaffenheit des Unternehmens gehören die **physischen Umstände, die diesem für eine gewisse Dauer anhaften**.[77] Dazu gehören z.B. dessen Ertragsfähigkeit sowie Defizite im Substrat des Unternehmens wie Verseuchungen des Fabrikgrundstücks, die Unbrauchbarkeit und Nichtverwertbarkeit der vom Unternehmen entwickelten Produkte und anderes mehr.[78]

Auch **Rechtsmängel** i.S.d. § 435 Abs. 1 BGB können beim Unternehmenskauf vorkommen in Form von Rechtsmängeln an einzelnen Gegenständen (vor allem mangelndes Eigentum) oder von Rechtsmängel des Unternehmens insgesamt (wie z.B. Fehlen von öffentlich-rechtlichen Genehmigungen). 108

Liegt ein Mangel vor, so hat der Käufer zunächst einen Anspruch auf **Nacherfüllung**, kann also nach seiner Wahl Mangelbeseitigung oder Lieferung einer mangelfreien Sache verlangen, wobei der Verkäufer die erforderlichen Aufwendungen zu tragen hat (§§ 437, 439 Abs. 1, Abs. 2 BGB). Ist die Nacherfüllung gescheitert, unmöglich, unzumutbar, unverhältnismäßig oder wird sie vom Verkäufer verweigert, kann der Käufer unter bestimmten Voraussetzungen **zurücktreten** (§§ 437 Nr. 2, 440, 323 Abs. 1 BGB). Wahlweise steht ihm das Recht zu, den Kaufpreis zu **mindern** (§§ 437 Nr. 2, 441 BGB). Weiterhin können dem Käufer noch Ansprüche aus **Schadensersatz statt der Leistung** zustehen (§§ 437 Nr. 3, 440, 281 BGB), wenn der Sach- oder Rechtsmangel vom Verkäufer zu vertreten ist. Schließlich können sich Ansprüche auf **Aufwendungsersatz** (§§ 437 Nr. 2, 284 BGB) ergeben.

bb) Share Deal

Beim Share Deal erwirbt der Käufer unmittelbar lediglich Beteiligungsrechte und nicht das Unternehmen selbst oder die zugehörigen Wirtschaftsgüter. **Gewährleistungsansprüche** können sich hier zunächst aufgrund von Mängeln am Anteil selbst ergeben, z.B. weil dieser nicht im Eigentum des Verkäufer steht oder mit Rechten Dritter belastet ist. Nach der (allerdings noch zum alten Schuldrecht ergangenen) Rspr. können aber u.U. auch Mängel am „dahinter stehenden" Unternehmen zur Anwendung der kaufrechtlichen Gewährleistung beim Share-Deal führen, wenn der Rechtskauf der Anteile wirtschaftlich dem Kauf des Unternehmens gleichkommt, d.h. alle (bzw. ein wesentlicher Anteil der) Anteile verkauft werden.[79] Daran soll sich nach der überwiegenden Ansicht in der Lit. auch nach der Schuldrechtsreform nichts geändert haben.[80] 109

---

75 Verstanden als Gesamtheit von Sachen, Rechten und sonstigen Vermögenswerten, vgl. BGH, NJW 2002, 1042.
76 Unternehmen sind „sonstige Gegenstände" i.S.v. § 453 Abs. 1 BGB, so dass die allgemeinen Vorschriften über Mängel des Kaufgegenstandes Anwendung finden.
77 Vgl. BGH, NJW 1970, 653.
78 Vgl. dazu Holzapfel/Pöllath, Unternehmenskauf, Rn. 411 mit weiteren Beispielen und Nachweisen zur Rspr.
79 Vgl. BGH, NJW 1980, 2408.
80 So lt. Beisel/Klumpp, Unternehmenskauf, Kap. 16 Rn. 17 die überwiegend in der Lit. vertretene Ansicht.

b) Gesetzliche Haftungstatbestände

aa) Asset Deal

110 Nach § 25 Abs. 1 HGB haftet der Erwerber eines unter Lebenden erworbenen Handelsgeschäftes **für alle im Betrieb des Geschäftes begründeten Verbindlichkeiten** des früheren Inhabers, wenn er die bisherige Firma mit oder ohne Beifügung eines das Nachfolgeverhältnis andeutenden Zusatzes fortführt. Diese Vorschrift ist beim Asset Deal von Bedeutung, wenn der **Kern des bisherigen Unternehmens**, d.h. die wesentlichen Vermögensgegenstände, verkauft wird **und zumindest der prägende Teil einer Firma** übernommen wird.[81]

111 Die Haftung des Erwerbers gegenüber Dritten kann gemäß § 25 Abs. 2 HGB durch Vereinbarung mit dem Veräußerer, Eintragung in das Handelsregister und anschließende Bekanntmachung ausgeschlossen werden. Der **Haftungsausschluss** muss zu seiner Wirksamkeit allerdings unmittelbar nach dem Übergang angemeldet und alsbald eingetragen werden.[82] Alternativ zur Eintragung in das Handelsregister kann der Haftungsausschluss den Gläubigern auch einzeln von einer der Parteien mitgeteilt werden, entfaltet aber dann nur gegenüber denjenigen Gläubigern Wirkung, denen die Mitteilung zugegangen ist. Verzichten die Parteien auf ein Vorgehen nach § 25 Abs. 2 HGB, sollte aus Käufersicht eine umfangreiche **Freistellungsverpflichtung** für das sich aus § 25 HGB ergebende Haftungsrisiko vertraglich vereinbart werden.[83]

112 Zu berücksichtigen ist schließlich auch die **Haftung für betriebliche Steuern** gemäß **§ 75 AO**. Der Käufer haftet danach für die seit Beginn des letzten Kalenderjahres vor der Übernahme entstandenen Betriebsteuern und Steuerabzugsbeträge des Unternehmens. Ähnlich wie bei der Haftung nach § 25 Abs. 1 HGB ist auch hier Voraussetzung, dass der Käufer alle Vermögensgegenstände erwirbt, die die wesentlichen Grundlagen des Unternehmens oder Teilbetrieb sind.[84] Auch im Hinblick auf die Haftung nach § 75 AO empfiehlt sich aus Käufersicht die Aufnahme einer umfangreichen **Freistellungsverpflichtung** des Verkäufers in den Unternehmenskaufvertrag.[85]

bb) Share Deal

113 Mit dem Erwerb des Rechtsträgers beim Share Deal gehen dessen Verbindlichkeiten und Haftungen auf den Erwerber über. Darüber hinaus gibt es jedoch auch **gesellschaftsrechtliche Haftungstatbestände**, für die der Erwerber **selbst** einzustehen hat.[86] Hierzu gehören bei der GmbH bspw. die Haftung für etwa noch ausstehende Stammeinlagen (§ 16 Abs. 3 GmbHG). Weitere Haftungstatbestände können sich beim Eintritt (bzw. Austritt) als persönlicher Gesellschafter in eine Personengesellschaft (GbR, KG) ergeben.[87]

c) Vertragliche Gestaltung von Garantien

114 Die Regelungen zur Gewährleistung des Verkäufers (und des Käufers)[88] sind neben den Bestimmungen zum Kaufpreis das „Herz" jedes Unternehmenskaufvertrages und nehmen auch häufig quantitativ am meisten Platz im Vertragswerk ein. Wie schon eingangs dargestellt, hat das mitunter ausufernde Haftungsregelwerk in vielen Verträgen seinen Grund darin, dass das gesetzliche Gewährleistungs- bzw. Haftungsregime sowohl in seinen Voraussetzungen als auch Rechtsfolgen den Interessen der Parteien nur selten Rechnung trägt. So ist bspw. der Rücktritt beim Unternehmenskauf ein eher ungeeigneter Rechtsbehelf für den Käufer, da er meist nicht in der Lage sein dürfte, das Unternehmen als Kaufgegenstand in seiner

---

81 BGH, NJW 1982, 1647, 1648.
82 BGH, ZIP 1992, 763.
83 Vgl. dazu die Musterklausel bei Knott/Mielke/Weidlich, Unternehmenskauf, Rn. 1012.
84 BFH, BB 2003, 345.
85 Vgl. dazu die Musterklausel bei Knott/Mielke/Weidlich, Unternehmenskauf, Rn. 1011 ff.
86 Vgl. Holzapfel/Pöllath, Unternehmenskauf, Rn. 635 ff.
87 Vgl. dazu ausführlich Lips/Stratz/Rudo, in: Beck'sches Mandatshandbuch Unternehmenskauf, § 4 Rn. 478 ff.
88 In umfangreichen Unternehmenskaufverträgen finden sich häufig auch Garantien des Käufers. Diese beziehen sich allerdings meist nur auf die (gesellschaftsrechtliche) Existenz sowie die Liquidität des Käufers.

ursprünglichen Form zurückzugeben, da dieses in der Zwischenzeit meist rechtlichen und wirtschaftlichen Veränderungen unterworfen war. Ähnliches gilt für die Minderung, da es angesichts der ohnehin schon schwierigen Unternehmensbewertung in der Praxis kaum möglich sein dürfte, den Minderungsbetrag für den konkreten Mangel konkret zu beziffern.

Aus diesen Gründen ist es in der Praxis des Unternehmenskaufs mittlerweile absoluter Standard, dass der Verkäufer bestimmte, das Unternehmen betreffende Umstände gegenüber dem Käufer in Form von **selbständigen Garantieversprechen mit Rechtsfolgenvereinbarung** zusichert. Die Garantien bei Share Deal und Asset Deal sind dabei wegen der unterschiedlichen Haftungsrisiken schwerpunktmäßig oft unterschiedlich ausgestaltet.

Zu unterscheiden ist bei der Ausgestaltung der Garantien zwischen **objektiven**, d.h. kenntnisunabhängigen und **subjektiven**, d.h. kenntnisabhängigen Garantien auf der einen sowie **positiven** und **negativen** Garantien auf der anderen Seite. Bei Letzteren steht der Verkäufer dafür ein, dass bestimmte Ereignisse bzw. Zustände bestehen bzw. nicht bestehen. Eine negative Garantie ist bspw. gegeben, wenn der Verkäufer versichert, dass gegen die Gesellschaft keine öffentlich-rechtlichen Verfahren anhängig oder angedroht sind. Sind dem Verkäufer jedoch bereits beim Vertragsabschluss Umstände bekannt, die eine Garantieverletzung begründen (könnten), so sollte er auf der Aufnahme eines entsprechenden Zusatzes in den Vertragstext bestehen, der die Offenlegung dieses Umstandes ermöglicht. Ein Verschulden im technischen Sinne ist jedoch zur Verwirklichung eines Garantietatbestandes nicht erforderlich, diese werden gerade verschuldensunabhängig gegeben.

aa) Allgemeiner Teil

Der Garantien- bzw. Gewährleistungsteil eines Unternehmenskaufvertrages ist üblicherweise **zweigeteilt**. Der erste „allgemeine" Teil trifft Regelungen, die für alle Garantien gelten, die quasi „vor die Klammer" gezogen sind und enthält typischerweise die nachfolgenden Regelungspunkte.

(1) Selbständige Garantien

In Unternehmenskaufverträgen werden regelmäßig **selbständige Garantien** vereinbart. Diese treten, je nach vertraglicher Vereinbarung, **neben** die gesetzlich geregelten Beschaffenheitsgarantien nach §§ 443, 444 BGB bzw. Beschaffenheitsvereinbarungen nach § 434 Abs. 1 BGB oder **an deren Stelle**.[89] Der Verkäufer haftet dann unbedingt und ohne Rücksicht auf ein Verschulden (§ 276 Abs. 1 BGB). Selbständige Garantieversprechen, insb. deren Rechtsfolgen sind gesetzlich nicht geregelt, sie sind dogmatisch unter § 311 Abs. 1 BGB anzusiedeln. Die Parteien können daher sowohl ihre Voraussetzungen als auch Rechtsfolgen frei ausgestalten.

Nach der **Schuldrechtsreform** bestand einige Zeit Rechtsunsicherheit darüber, ob § 444 BGB, der Haftungsbeschränkungen bei gleichzeitiger Vereinbarung von Garantien verbietet, auch für selbständige Garantien gilt.[90] Diese Unsicherheit wurde mittlerweile durch die Neufassung der Vorschrift beseitigt.[91]

(2) Zeitpunkt

Zu bedenken und im Vertrag ausdrücklich zu regeln ist auch die Frage, auf welchen Zeitpunkt die Garantien jeweils abgegeben werden. Zunächst wird das immer der Zeitpunkt der **Unterzeichnung des Vertrages** sein. Da zwischen dem Abschluss des Unternehmenskaufvertrages und dessen Vollzug (Closing) aber ein längerer Zeitraum liegen kann, sollten aus Sicht des Käufers (einzelne oder sämtliche) Garantien indes auch auf den **Zeitpunkt des Vollzugs** abgegeben werden. Wird dies vereinbart, sollte sich der Verkäufer in jedem Fall vertraglich die Möglichkeit einräumen lassen, vor oder bei Vollzug gegenüber

---

[89] Letzteres dürfte vor allem im Interesse eines klaren Rechtsfolgensystems zu empfehlen sein.
[90] Für die Praxis ist die Frage von erheblicher Bedeutung, da die Haftung des Verkäufers i.d.R. quantitativen Beschränkungen (sog. cap- oder basket-Klauseln) unterliegt. Vgl. dazu auch Lips/Stratz/Rudo, in: Beck'sches Mandatshandbuch Unternehmenskauf, § 4 Rn. 100 ff.
[91] Dazu kritisch Holzapfel/Pöllath, Unternehmenskauf, Rn. 491.

dem Käufer Umstände offen zu legen, die sich in dem Zeitraum zwischen Unterzeichnung und Vollzug ereignet haben und möglicherweise Garantieansprüche des Käufers begründen. Im Hinblick auf die so offen gelegten Umstände kann der Käufer dann keine Ansprüche wegen Garantieverletzungen geltend machen. Eine solche Offenlegung erfolgt regelmäßig in einem auf das Datum des Vollzugs aktualisierten sog. Disclosure Letter. Umgekehrt ist der Käufer durch eine dadurch bewirkte Aushöhlung der Garantien nach Vertragsunterzeichnung zu schützen. Dies kann zum einen dadurch bewerkstelligt werden, dass Art und Umfang der nachträglichen Offenlegungen des Verkäufers eingeschränkt werden; zum anderen wird sich der Käufer für den Fall wesentlicher Offenlegungen, die (eigentlich) Garantieverletzungen darstellen würden bzw. auf den Wert des Unternehmens Einfluss haben, das Recht auf Rücktritt vom Vertrag bzw. Anpassung des Kaufpreises einräumen lassen.

(3) Subjektive Garantien

119 In der Praxis werden Garantietatbestände häufig vom (besten) Wissen (best knowledge) des Verkäufers abhängig gemacht. Derartige **subjektive Garantien** sind selbstverständlich für den Käufer ungünstiger als objektive, da er im Zweifel die **Beweislast** dafür trägt, dass dem Verkäufer bestimmte Umstände bekannt waren.

> **Hinweis:**
>
> In diesem Zusammenhang ist es wichtig, vertraglich festzulegen, was als Kenntnis des Verkäufers zu qualifizieren ist. Hierzu zählt natürlich die tatsächliche, positive Kenntnis des Verkäufers („actual knowledge"); aber ggf. auch Umstände, die der Verkäufer hätte kennen müssen, können Anknüpfungspunkt sein („constructive knowledge"). Hierbei ist zum einen der Sorgfältigkeitsmaßstab (z.B. § 93 Abs. 1 AktG, § 43 Abs. 1 GmbHG), zum anderen auch der Grad der Fahrlässigkeit, für die der Verkäufer einzustehen hat, vertraglich festzulegen.

120 Da es sich bei dem Verkäufer i.d.R. um eine Gesellschaft handelt, ist weiterhin vertraglich festzulegen, wessen Kenntnis dem Verkäufer **zuzurechnen** ist. Neben den Organen der Gesellschaft, deren Wissen gesetzlich zugerechnet wird (z.B. nach § 35 GmbHG), kann der Kreis auch noch um andere Wissensträger erweitert werden. In der Praxis wird dem Vertrag eine **Anlage** mit den Namen der Personen beigefügt, deren Wissen dem Verkäufer als eigenes zugerechnet wird.

(4) Offenlegungen

121 Der Käufer, der bei der Due Diligence anhand der vom Verkäufer bereitgestellten Dokumente oder Informationen bestimmte Risiken beim Zielunternehmen identifiziert hat, wird bestrebt sein, soweit sie nicht bereits vor Unterzeichnung in einer Anpassung des ursprünglich angebotenen Kaufpreises nach unten Niederschlag gefunden haben, diese durch **entsprechende Garantien oder Freistellungen** im Unternehmenskaufvertrag reflektiert zu sehen. Demgegenüber wird der Verkäufer darauf bestehen, für dem Käufer offen gelegte Umstände und Risiken nicht haften zu müssen.

122 Vor diesem Spannungsfeld ist das Thema der **Offenlegung** angesiedelt:

Üblicherweise erfolgt im Unternehmenskaufvertrag eine **Offenlegung in Anlagen** zu den jeweiligen Garantien und konkretisiert diese entweder oder schränkt sie im Umfang der offen gelegten Umstände ein. Der **Verkäufer** wird oft darauf bestehen, die gesamten, d.h. nicht nur im Vertrag, sondern auch aus der Due Diligence und ggf. weiteren mündlichen Informationen offen gelegten Umstände gegen die Garantien „laufen zu lassen", d.h. diese Umstände können schon nicht mehr den Tatbestand einer Garantie erfüllen. Dies geschieht durch Bezugnahme auf den Datenraum bzw. diesbezügliche Datenraumlisten; im Extremfall wird hier der gesamte Datenraum für die Laufzeit potenzieller Ansprüche versiegelt bei dem beurkundenden Notar hinterlegt.

Der **Käufer** wird hingegen sich schon allein wegen der meist unübersichtlichen Datenmenge nicht auf eine Offenlegung über den Vertrag (bzw. dessen Anlagen) hinaus einlassen wollen. Vielmehr wird er auch bei einer vertraglichen Offenlegung immer darauf bedacht sein, offen gelegte Tatsachen in ihrer Wirkung nur gegen einzelne Garantietatbestände wirken zu lassen (sog. spezifische Offenlegung). Eine generelle Bezugnahme offengelegter Tatsachen auf alle Garantien ist aus Sicht des Käufers hingegen auszuschließen.

> **Hinweis:**
>
> In der Praxis unterschätzen die Parteien regelmäßig den Aufwand, der mit der Erstellung der Anlagen zum Unternehmenskaufvertrag verbunden ist. Wegen der nicht unerheblichen Folgen einer Offenlegung erfordert dies nämlich beträchtlichen Abstimmungsbedarf. Nicht selten tauchen dabei in buchstäblich letzter Minute für den Käufer bis dato unbekannte Dokumente oder Informationen auf, die der Verkäufer im Vertrag offenlegen will, deren Auswirkungen aber für den Käufer zu diesem Zeitpunkt nicht abzuschätzen sind.

(5) Rechtsfolgen von Garantieverletzungen

Da die Parteien im Fall der Vereinbarung selbständiger Garantien regelmäßig das gesetzliche Gewährleistungsrecht ausschließen, müssen auch die **Rechtsfolgen** einer Garantieverletzung von den Parteien im Unternehmenskaufvertrag **genau geregelt** werden. 123

(a) Nachbesserung, Minderung, Schadensersatz

Viele Unternehmenskaufverträge gestatten dem Verkäufer die Naturalrestitution, vergleichbar der Nacherfüllung im Rahmen der gesetzlichen Gewährleistung. Aus Käufersicht sollte ein solches **Nachbesserungsrecht** allenfalls innerhalb kurzer Frist gestattet und auf solche Garantien beschränkt sein, bei deren Verletzung eine Nachbesserung überhaupt möglich ist. 124

Ist die Nachbesserung nicht erfolgreich, zumutbar oder gar unmöglich, greifen weitere **nachrangige Rechtsfolgen** ein.

Zunächst erscheint hier die **Minderung** die sachgerechte Rechtsfolge, weil sie den wirtschaftlichen Minderwert, den der Käufer erleidet, kompensiert. In der Praxis stellt sich allerdings das Problem, dass hierfür der Minderwert des Unternehmens zu ermitteln wäre, wofür eine umfassende Unternehmensbewertung erforderlich wäre. Aus diesem Grund wird eine Minderung regelmäßig nicht im Bereich der Garantien, sondern im **Rahmen der Ermittlung bzw. Anpassung des endgültigen Kaufpreises** vereinbart, da hier eine Kalkulation anhand der einzelnen Posten vergleichsweise einfach durchzuführen ist. 125

Als primäre Rechtsfolge von Garantieverletzungen wird daher regelmäßig **Schadensersatz** vereinbart. Schadensersatzansprüche sind in erster Linie auf Geldzahlung gerichtet, bisweilen wird auch Naturalrestitution zugelassen. Der Käufer ist so zu stellen, wie er stehen würde, wenn die betreffende Garantie zutreffend wäre. Aus Verkäufersicht ist dabei regelmäßig darauf zu achten, den zu ersetzenden Schaden zu begrenzen; insb. sollte eine Haftung für entgangenen Gewinn bzw. sog. – unmittelbare oder mittelbare – (Mangel-)Folgeschäden ausgeschlossen werden. 126

> **Hinweis:**
>
> Zahlungen an den Käufer aus Garantieverletzungen stellen bei diesem eine Kaufpreisminderung dar und mindern (beim Share Deal) die nicht abschreibungsfähigen Anschaffungskosten und beim Asset Deal das Abschreibungspotenzial; beim Verkäufer wird der Veräußerungsgewinn vermindert. Der Unternehmenskaufvertrag sollte eine klarstellende Klausel enthalten.

(b) Rücktritt

Die Vereinbarung eines **Rückabwicklungs- bzw. Rücktrittsrechts** des Käufers vom Unternehmenskaufvertrag nach dessen dinglichem Vollzug dürfte i.d.R. keine geeignete Rechtsfolge für Garantieverletzungen sein, da eine Rückgabe des verkauften Unternehmens im „Originalzustand" wegen der stetigen Veränderungen ausscheidet. 127

128 Sinnvoll hingegen kann die Vereinbarung von Rücktrittsrechten **zwischen Vertragsabschluss und dinglichem Übergang** sein, für den Fall, dass bestimmte Umstände eintreten bzw. nicht eintreten, die gleichsam die „Geschäftsgrundlage" des Unternehmenskaufs bilden. Hierzu zählt neben der kartellrechtlichen Freigabe der Transaktion innerhalb eines bestimmten Zeitraums bspw. auch die Erteilung einer verbindlichen Zusage der Finanzierung durch die beteiligten Banken.

129 Auch die sog. **Material-Adverse-Change**[92] (MAC)-Klauseln sind hierzu zu zählen.[93] Mit diesen kann sich der Käufer gegen das Risiko einer wesentlich nachteiligen Veränderung der wesentlichen wirtschaftlichen Parameter, die Grundlage einer Transaktion sind, absichern.

> **Hinweis:**
>
> Der Tatbestand des MAC sollte dabei
>
> - den Eintritt einer wesentlichen nachteiligen Veränderung der wirtschaftlichen Lage der Zielgesellschaft von einer Reihe von **objektiv nachprüfbaren, möglichst detailliert beschriebenen (ggf. quantifizierten) und abschließenden Kriterien** abhängig machen, die vom Einfluss des Käufers unabhängig sind und
> - sich auf gravierende, einer Veränderung der Geschäftsgrundlage nahekommende Fälle beschränken.

Neben **externen Faktoren** wie höherer Gewalt, Naturkatastrophen, einem Zusammenbrechen der relevanten Märkte o.Ä. können auch interne Umstände der Zielgesellschaft wie Betriebsunterbrechungen, die Verwicklung in Passivprozesse, deren Streitwert einen bestimmten Betrag übersteigt etc. als MAC definiert werden.

Die in der Praxis am häufigsten vereinbarte **Rechtsfolge eines MAC** ist ein (optionales) Rücktrittsrecht des Käufers vom Vertrag, das von bestimmten Voraussetzungen abhängig gemacht werden kann (z.B. Recht des Verkäufers, den MAC bzw. dessen Auswirkungen innerhalb einer bestimmten Frist zu beseitigen).

(6) Freistellungen

130 Neben der Garantie wird häufig vereinbart, dass der Verkäufer den Käufer von bestimmten Risiken freistellt. Inhaltlich bedeutet das, dass der Verkäufer die mit diesen Risiken verbundenen finanziellen Lasten vollständig zu tragen hat. Die besondere Bedeutung der Freistellung liegt darin, dass sie i.d.R. nicht den für die Garantien vereinbarten **Beschränkungen** (z.B. Haftungshöchstbetrag) unterliegt und meist auch eine eigene Verjährungsfrist hat. Typische Felder für Freistellungen sind Steuerlasten sowie Umweltrisiken (insb. Altlasten) und andere materielle Sachverhalte, die mit besonders hohen, nicht von vornherein absehbaren wirtschaftlichen Risiken verbunden sind.

(7) Haftungsbegrenzungen und Schadensminderungen

131 In der Praxis haben sich Haftungsbegrenzungen in Form von de-minimis-Grenzen als sinnvoll erwiesen, bei deren Überschreitung erst ein ausgleichspflichtiger Schaden vorliegt. Ist eine solche Mindestsumme vereinbart, sollte klargestellt werden, ob der Verkäufer bei deren Erreichen nur die den Mindestbetrag überschreitende Summe (**Freibetrag, Selbstbehalt, Sockelbetrag**) oder den gesamten Betrag geltend machen kann (**Freigrenze**).

Des Weiteren wird regelmäßig ein **Haftungshöchstbetrag** („cap") vereinbart, der sich prozentual am Kaufpreis orientiert.

132 Bestimmte wesentliche Garantien (z.B. Rechtsinhaberschaft an den veräußerten Anteilen) sollten aber **aus Käufersicht** von jeglichen Haftungsbegrenzungen (einschließlich cap) ausgenommen werden. Wei-

---

92 Auf Deutsch etwa „wesentliche nachteilige Veränderung".
93 Vgl. die Musterklausel bei Knott/Mielke/Weidlich, Unternehmenskauf, Rn. 645 ff.

ter sollten die Haftungsbegrenzungen nicht bei Vorsatz (§§ 276 Abs. 3, 444 Alt. 1 BGB) und ggf. grober Fahrlässigkeit Anwendung finden.

Schließlich sollten **aus Verkäufersicht** ausdrücklich auch die Verpflichtung des Käufers zu **schadensminderndem Verhalten** und ggf. zur **Vorteilsanrechnung** aufgenommen werden.

Soweit auf einen handelsrechtlichen Abschluss im Rahmen der Garantien Bezug genommen wird, sollte der Verkäufer darauf achten, dass in dem betreffenden Abschluss gebuchte Rückstellungen (Steuern, Gewährleistungen etc.) und Wertberichtigungen schadensmindernd- bzw. ausschließend berücksichtigt werden.

(8) Ausschluss der gesetzlichen Gewährleistungen und weiter gehender Ansprüche

Damit die vertraglichen Garantien tatsächlich, wie von den Parteien beabsichtigt, ein vom gesetzlichen Gewährleistungsrecht unabhängiges Gewährleistungssystem bilden, sollte das **gesetzliche Gewährleistungssystem abbedungen** werden, soweit dem zwingende gesetzliche Vorschriften (§§ 276, 444 BGB) nicht entgegenstehen. Dies ist regelmäßig der Fall, wenn ein Mangel arglistig verschwiegen wurde oder der Verkäufer vorsätzlich gehandelt hat.

Ebenfalls ausgeschlossen werden sollte aus Käufersicht aus Gründen der Klarstellung die Anwendung des **§ 442 BGB**, auch wenn dogmatisch gesehen die Vorschrift keine Anwendung auf selbständige Garantieverträge findet, wie sie bei Unternehmenskaufverträgen regelmäßig abgeschlossen werden.[94] Aus dem gleichen Grund sollte festgehalten werden, dass die Garantieerklärungen durch Erkenntnisse des Käufers aus der Due Diligence nicht beeinträchtigt werden. Dadurch kann der Käufer im Fall einer Garantieverletzung dem Einwand des Verkäufers begegnen, er, d.h. der Käufer, habe die Umstände, die der Garantieverletzung zugrunde liegen, bereits gekannt (bzw. aufgrund grober Fahrlässigkeit nicht gekannt), weil ihm diese offen gelegt wurden. Nicht ausgeschlossen werden muss **§ 377 HGB**, da der Unternehmenskauf nach allgemeiner Ansicht nicht als Handelskauf i.S.d. §§ 373 ff. HGB zu qualifizieren ist.[95]

(9) Verjährung

Da die Parteien i.d.R. die Vorschriften zur gesetzlichen Gewährleistung einschließlich der (kurzen) kaufrechtlichen Verjährungsfrist von zwei Jahren (§ 438 Abs. 1 Nr. 3 BGB) abbedingen, gilt für die Garantien beim Unternehmenskaufvertrag grds. die regelmäßige Verjährungsfrist von drei Jahren (§ 195 BGB). Aber auch diese entspricht häufig nicht den Interessen der Parteien, da es sich um eine relative Frist handelt, deren Ablauf von der Kenntnis (bzw. fahrlässigen Unkenntnis) der anspruchsbegründenden Umstände abhängt.[96] Daher **vereinbaren** die Parteien i.d.R. differenzierte, d.h. auf die einzelnen Garantien zugeschnittene, absolute (d.h. kenntnisunabhängige) Verjährungsfristen zwischen zwei und zehn Jahren.[97] Auch die Hemmungstatbestände der §§ 203 ff. BGB werden dabei ganz oder teilweise modifiziert oder abbedungen.

(10) Verhaltenspflichten des Verkäufers

Da der Käufer i.d.R. ein erhebliches Interesse daran hat, dass das Zielunternehmen in dem Zeitraum zwischen Signing und Closing unverändert, d.h. im Rahmen der bisherigen Geschäftspraxis weitergeführt wird, sollten aus Käufersicht dem Verkäufer entsprechende (negative und positive) **Verhaltenspflichten (Covenants)** auferlegt werden, deren Verletzung ggf. die gleichen Rechtsfolgen wie eine Garantieverletzung nach sich ziehen kann. Hierzu gehören insb. die Vornahme oder das Unterlassen von bestimmten Maßnahmen und Geschäften ohne Zustimmung des Käufers.

---

94 Vgl. Knott/Mielke/Weidlich, Unternehmenskauf, Rn. 619, 621.
95 Vgl. Behrens/Brauner/Strauch, Due Diligence, S. 112.
96 Vgl. Knott/Mielke/Weidlich, Unternehmenskauf, Rn. 642.
97 Bezüglich der Verjährung für die Verletzung von Steuergarantien vgl. Rn. 218 ff.

Die Liste der „außerordentlichen", ggf. nur mit Zustimmung des Käufers zulässigen, Geschäfte, sollte aus Käufersicht zwar möglichst umfassend sein und die Umstände des jeweiligen Unternehmens berücksichtigen.

Der verbleibende Handlungsspielraum des Verkäufers sollte jedoch noch so weit sein, dass aus kartellrechtlicher Sicht **noch kein Kontrollerwerb** i.S.d. § 37 Abs. 1 Nr. 2 GWB und damit ein Zusammenschluss vor dem eigentlichen dinglichen Vollzug (und insb. vor einer ggf. erforderlichen Freigabe durch die zuständigen Kartellbehörden) vorliegt. Ansonsten besteht die Gefahr der Auferlegung empfindlicher Bußgelder durch die zuständige Kartellbehörde.

138 **Formulierungsbeispiel (kurz): Verhaltenspflichten des Verkäufers**

> Der Verkäufer verpflichtet sich, für den Zeitraum zwischen Abschluss dieses Vertrages und dem Zeitpunkt des dinglichen Übergangs der verkauften Geschäftsanteile dafür Sorge zu tragen, dass der Geschäftsbetrieb der Gesellschaft mit der Sorgfalt eines ordentlichen Kaufmanns und ausschließlich im gewöhnlichen Geschäftsgang in Übereinstimmung mit bisheriger Praxis geführt wird. Außergewöhnliche Geschäfte (einschließlich jegliche Maßnahmen gesellschaftsrechtlicher Natur) bedürfen der Zustimmung des Käufers. Insb. werden keine Ausschüttungen, weder offen noch verdeckt, mehr vorgenommen.

bb) Besondere Garantietatbestände

139 Welche Garantien und Gewährleistungen letztlich in einen Unternehmenskaufvertrag Eingang finden, hängt von den Ergebnissen der Due Diligence des Käufers, der jeweiligen Branche des Zielunternehmens sowie nicht zuletzt dem Ausgang der Verhandlungen ab. Der Käufer ist naturgemäß an einem möglichst umfassenden Garantiekatalog interessiert, während der Verkäufer versuchen wird, den Umfang der Garantien möglichst gering zu halten bzw. nur solche Garantien abzugeben, von deren Richtigkeit er sich zuvor definitiv überzeugen konnte.

> **Hinweis:**
>
> Als anwaltlicher Berater des Käufers ist darauf achten, dass zumindest die bereits erkannten potenziellen Risiken beim Zielunternehmen abgedeckt sind. Darüber hinaus sollte zumindest ein **Minimalkatalog** an Garantien vereinbart werden. Dazu gehören beim **Share Deal** bspw. die grundlegenden gesellschaftsrechtlichen Verhältnisse (z.B. Bestand der Gesellschaft, Bestand der vertragsgegenständlichen Anteile, Verfügungsberechtigung des Verkäufers), bestimmte finanzielle Verhältnisse (kein Insolvenzgrund, keine Überschuldung bzw. drohende Zahlungsunfähigkeit der Gesellschaft) und andere für den Geschäftsbetrieb der Zielgesellschaft unerlässlichen Umstände.[98]
> Bei einem **Asset Deal** bilden hingegen die zu übertragenden Vermögensgegenstände sowie Verträge und Arbeitsverhältnisse den Schwerpunkt der Garantien. Dazu kommen Aspekte der gesetzlichen Haftung (insb. die Haftung aus § 75 AO und § 25 Abs. 1 HGB).

10. Mitwirkungs- und Kooperationspflichten

140 Der Käufer sollte vor Vertragsabschluss genau überlegen, welche Rechte (Namensrechte, Firma etc.) und Mitwirkungshandlungen des Verkäufers erforderlich sind, damit der Übergang des Unternehmens möglichst reibungslos vonstatten geht.

Während beim **Share Deal** die mit der Zielgesellschaft bestehenden Vertragsverhältnisse „automatisch" mit übergehen, bedarf es beim **Asset Deal** grds. der Übertragung auf den Käufer, die i.d.R. im Rahmen einer **Vertragsübernahme** erfolgt, d.h. durch Abschluss einer dreiseitigen Vereinbarung zwischen Käufer, Verkäufer und dem jeweiligen Vertragspartner. Die zu übernehmenden Verträge müssen im Vertrag genau bezeichnet werden.

---

[98] Vgl. auch die Checkliste bei Holzapfel/Pöllath, Unternehmenskauf, Rn. 503 ff.

Häufig ist das für den Geschäftsbetrieb des Unternehmens erforderliche **technische Wissen** (Know-how) nicht in Form von gewerblichen Schutzrechten (insb. Patenten, Gebrauchsmuster) geschützt, die auf den Käufer übertragen werden können (beim Asset Deal) bzw. der Gesellschaft gehören (Share Deal), sondern liegt bei einzelnen Mitarbeitern oder Gesellschaftern der Gesellschaft. In diesen Fällen ist es aus Käufersicht erforderlich, mittels geeigneter vertraglicher Regelungen sicherzustellen, dass die Know-how-Träger auch in Zukunft ihr Wissen zur Verfügung stellen bzw. entsprechende Lizenzverträge mit der Gesellschaft oder dem Käufer abschließen und dass Know-how ggf. in körperlicher Form vorliegt (z.B. in Konstruktionszeichnungen und Handbüchern).[99] Die Mitwirkung des Verkäufers ist hier als Know-How-Träger entweder in eigener Person oder insofern erforderlich, als er auf die entsprechenden Personen einwirken muss, damit diese ihr Know-how tatsächlich übertragen, wozu er aus Käufersicht auch vertraglich verpflichtet werden sollte.

141

Die Nutzung von Know-how und anderem Spezialwissen des Verkäufers kann aber auch durch Abschluss eines **Berater- bzw. Anstellungsvertrages** mit diesem sichergestellt werden, der üblicherweise in die Anlage zum Unternehmenskaufvertrag genommen wird.

Auch was die Fortführung der **Firma** des Unternehmens oder die Nutzung von anderen Namensrechten durch den Käufer angeht, sollten die Parteien genaue Regelungen treffen. So kann es z.B. im Interesse des Käufers sein, die alte Firma noch für einen Übergangszeitraum nutzen zu dürfen, um in der Zwischenzeit die Überleitung auf die eigene Firma bzw. Marke vorbereiten zu können.[100] Grds. kann die Firma nur zusammen mit dem Handelsgeschäft, für welches sie geführt wird bzw. wurde, veräußert und mit übertragen werden (§ 23 HGB).[101] Die Übertragung einiger Wirtschaftsgüter reicht dafür nicht aus, vielmehr muss der Übergang des Unternehmens im Großen und Ganzen, d.h. der betriebswesentlichen Teile, erfolgen.[102]

142

11. Rechtsstreitigkeiten und behördliche Verfahren, Ansprüche Dritter

Die Parteien sollten Regelungen dafür treffen, wie mit rechtshängigen, anhängigen oder angedrohten Verwaltungsverfahren oder Prozessen zu verfahren ist. Dies empfiehlt sich zunächst beim **Asset Deal** wegen der speziellen zivilprozessualen Vorschriften für den Verkauf von streitbefangenen Gegenständen, da hier der Verkäufer auch nach Vollzug des Kaufvertrags weiterhin Partei bleibt (§§ 265, 325 ZPO). Aber auch beim **Share Deal** empfiehlt sich die Einbeziehung des Verkäufers in Form von Mitwirkungsrechten bzw. -pflichten, sofern es sich um Sachverhalte handelt, die in der Vergangenheit, d.h. vor dem Übergangsstichtag liegen und ggf. Garantieansprüche des Käufers begründen könnten. Aus Verkäufersicht sollte der Käufer hier bspw. im Innenverhältnis verpflichtet sein, für prozessgestaltende Handlungen (z.B. Anerkenntnis, Verzicht) sowie Rechtsmittel die Zustimmung des Verkäufers einzuholen.[103]

143

Auch für den Fall, dass von **Dritten** Ansprüche gegen den Käufer bzw. die Zielgesellschaft geltend gemacht werden, die Sachverhalte vor dem Übergangsstichtag betreffen und die Haftung des Verkäufers (insb. aus Garantien) begründen können, sollten aus Verkäufersicht vertraglich Vorkehrungen getroffen werden.

144

> **Hinweis:**
> Der Käufer hat häufig kein Interesse daran, solche Ansprüche effektiv abzuwehren, weil er darauf vertrauen darf, vom Verkäufer dafür Schadensersatz im Rahmen der vertraglichen Garantien zu erhalten. Dementsprechend besteht das Risiko einer mangelhaften Prozessführung und Abwehr von Drittansprüchen durch den Käufer, der jedoch durch die Vereinbarung bestimmter Kooperations-

---

99 Vgl. die entsprechende Formulierung bei Lips/Stratz/Rudo, in: Beck'sches Mandatshandbuch Unternehmenskauf, § 4 Rn. 452.
100 Ein Beispiel wäre die Weiterführung der Firma „Siemens" durch den Handyhersteller „BenQ-Siemens".
101 Ausführlich zur Firmenfortführung Beisel/Klumpp, Unternehmenskauf, Kap. 9 Rn. 8 ff.
102 Vgl. Beisel/Klumpp, Unternehmenskauf, Kap. 9 Rn. 8.
103 Für Einzelheiten und Formulierungsvorschläge vgl. Lips/Stratz/Rudo, in: Beck'sches Mandatshandbuch Unternehmenskauf, § 4 Rn. 455 ff.

> rechte und -pflichten begegnet werden kann. Trotz einer den Käufer ggf. obliegenden allgemeinen Schadensminderungspflicht, sollte der Verkäufer auf einer expliziten vertraglichen Regelung bestehen, wonach bei Verletzung dieser Pflichten Ansprüche des Käufers ausgeschlossen sind.

12. Wettbewerbsverbote[104]

145 Mit dem Kaufpreis bezahlt der Käufer regelmäßig die Möglichkeit, mit dem Zielunternehmen **künftig Erträge zu erwirtschaften**. Wäre es dem Verkäufer, der i.d.R. die Kunden- und sonstige Geschäftsbeziehungen (mit) aufgebaut hat, erlaubt, dem verkauften Unternehmen Konkurrenz zu machen, wäre die Ertragskraft des Unternehmens wesentlich beeinträchtigt. Aus diesem Grund enthalten die meisten Unternehmenskäufe (sowohl beim Asset Deal als auch beim Share-Deal) mehr oder weniger umfangreiche Verpflichtungen des Verkäufers, sich innerhalb eines bestimmten Zeitraums in der Branche des Zielunternehmens (und ggf. angrenzenden Branchen) des Wettbewerbs zu enthalten.[105]

146 Allerdings unterliegen die Parteien bei der Vereinbarung eines Wettbewerbsverbots einer Reihe von **Einschränkungen**:

- In **kartellrechtlicher Hinsicht** kann sich ein vertragliches Wettbewerbsverbot als Wettbewerbsbeschränkung i.S.d. § 1 GWB[106] darstellen oder dem Kartellverbot des Art. 81 EGV unterliegen.[107]
- Aus **zivilrechtlicher Sicht** kann die Vereinbarung eines Wettbewerbsverbots wegen Sittenwidrigkeit **unwirksam** sein, wenn es den Verkäufer in sachlich nicht gerechtfertigter Weise und damit übermäßig beschränkt (§ 138 Abs. 1 BGB). Dies ist dann der Fall, wenn das Verbot in **zeitlicher, räumlicher oder sachlicher** Hinsicht das erforderliche Maß überschreitet.
- In **zeitlicher** Hinsicht ist, in Abhängigkeit vom Einzelfall, eine Befristung zwischen **zwei bis fünf Jahren** als zulässig erachtet worden.[108] Zu beachten ist, dass ein Wettbewerbsverbot, dass zwar in sachlicher und räumlicher Hinsicht angemessen beschränkt ist, aber eine unzulässig lange Dauer hat, auf einen zulässigen Zeitraum **geltungserhaltend reduziert** werden kann.[109]
- In **räumlicher** Hinsicht ist ein Wettbewerbsverbot zulässig, wenn es sich auf das Gebiet bezieht, in dem der Verkäufer bzw. dessen Unternehmen vor dem Vertragsschluss seine Erzeugnisse abgesetzt oder seine Dienstleistungen angeboten hat.[110] Da eine geltungserhaltende Reduktion hier nicht in Betracht kommt, sollte sich der **räumliche** Geltungsbereich auf den tatsächlichen, aktuellen Tätigkeitsbereich des Unternehmens bzw. des Verkäufers bei Vertragsunterzeichnung bzw. Vollzug beschränken. Das gilt im Übrigen auch für den **sachlichen** Geltungsbereich, der sich ebenfalls auf den bisherigen unternehmerischen Tätigkeitsbereich beschränken sollte.

147 Bei der **vertraglichen Ausgestaltung** von Wettbewerbsverboten ist zu regeln, wer Anspruchsinhaber und wer Adressat des Wettbewerbsverbots sein soll. So sollten aus Käufersicht auch mit dem Verkäufer verbundene Unternehmen i.S.v. § 15 AktG bzw., falls es sich um eine natürliche Person handelt, auch nahe Angehörige (z.B. unter Bezugnahme auf § 15 AO) verpflichtet sein. Eine wirksame Verpflichtung dieser Dritten kann nur dadurch erreicht werden, dass diese dem Wettbewerbsverbot als Partei beitreten. Alternativ kann sich der Verkäufer aber auch dazu verpflichten, dafür einzustehen, dass die Dritten sich entsprechend dem Wettbewerbsverbot verhalten. Diese Gestaltung ist freilich für den Käufer weniger

---

104 Vgl. hierzu insb. steuerlich instruktiv Wiesbrock/Wübbelsmann, GmbHR 2005, 519 ff.
105 Daneben wird auch ohne vertragliche Vereinbarung ein Wettbewerbsverbot als ungeschriebene Nebenpflicht angenommen, vgl. Holzapfel/Pöllath, Unternehmenskauf, Rn. 834.
106 § 1 GWB ist nicht berührt, wenn für die Wettbewerbsbeschränkung in Form des Wettbewerbsverbots ein anerkennenswertes Interesse besteht, vgl. Immenga/Mestmäcker/Zimmer, GWB, § 1 Rn. 291.
107 Vgl. die Beispiele bei Holzapfel/Pöllath, Unternehmenskauf, Rn. 837 ff.
108 Vgl. Holzapfel/Pöllath, Unternehmenskauf, Rn. 840 ff. für Einzelheiten zum deutschen und europäischen Kartellrecht.
109 BGH, NJW 2000, 2584 f.; NJW-RR 1996, 741 f.
110 Vgl. Rödder/Hötzel/Mueller-Thuns, Unternehmenskauf, Unternehmensverkauf, § 21 Rn. 11.

günstig, da er keinen direkten Unterlassungsanspruch gegen den Dritten erwirbt. Im Zusammenhang mit der Regelung eines Wettbewerbsverbots ist aus Käufersicht auch an die Aufnahme eines **Abwerbeverbots** des Verkäufers für Mitarbeiter des Zielunternehmens in den Vertrag zu denken.

Auch die **Rechtsfolgen** einer Verletzung des Wettbewerbsverbots sollten eine genaue Regelung erfahren. I.d.R. vereinbaren die Parteien eine Vertragsstrafe in bestimmter Höhe, die im Fall eines dauerhaften Verstoßes erneut anfällt (z.B. alle zwei Wochen), wobei üblicherweise auf die Einrede des Fortsetzungszusammenhangs verzichtet wird.[111]   148

Unter bilanziellen und steuerlichen Gesichtspunkten ist unter Umständen zu erwägen, einen Teil des Kaufpreises auf das Wettbewerbsverbot zu allokieren und selbständig als eigenständiges Wirtschaftsgut **abzuschreiben**. Dazu muss das Wettbewerbsverbot jedoch explizit als Hauptleistung des Unternehmenskaufs vereinbart werden, ihm muss eine eigene herausgehobene wirtschaftliche Bedeutung zukommen;[112] im Zweifel liegt nur eine Nebenleistung vor.[113]   149

> **Hinweis:**
>
> Dies bietet sich insb. für den Käufer im Rahmen eines Share Deals an, da er ansonsten nur wenig Möglichkeiten zur Erzeugung von Abschreibungsvolumen hat.

13. Sonstige Bestimmungen

a) Abtretungsverbote

Die Parteien sollten weiterhin regeln, ob und unter welchen Voraussetzungen sie berechtigt sind, einzelne Ansprüche an Dritte abzutreten. Üblicherweise wird die Abtretung von Ansprüchen unter den **Vorbehalt der Zustimmung** der anderen Partei gestellt. Soweit allerdings der Käufer den Kaufpreis (zum Teil) fremdfinanziert, ist darauf zu achten, dass eine Abtretung von Ansprüchen an die finanzierenden Banken zulässig ist.   150

b) Vertraulichkeitsregelung

Üblicherweise verpflichten sich die Parteien des Unternehmenskaufvertrages, den Vertragsinhalt vertraulich zu behandeln und diesen Dritten nur unter besonderen Umständen zu offenbaren. Solche besonderen Umstände können zum einen gesetzliche Offenlegungspflichten (z.B. gegenüber Finanzbehörden) zum anderen die Finanzierung der Transaktion durch Dritte sein. Darüber hinaus sollte die Weitergabe an Dritte an die **schriftliche Zustimmung** der anderen Partei geknüpft sein. Ausnahmen von diesem Weitergabeverbot können z.B. für den Fall einer Due Diligence im Rahmen eines Weiterverkaufs durch einen Dritten vereinbart werden.   151

c) Gemeinsame Erklärung

Vor allem bei **großvolumigen Unternehmenskäufen** sollten die Parteien Regelungen darüber treffen, wann und in welcher Weise die Öffentlichkeit über den Vertragsabschluss und ggf. den Inhalt des Unternehmenskaufvertrages zu informieren ist. Das gilt insb., wenn es sich bei einem der Beteiligten oder dem Zielunternehmen um ein börsennotiertes Unternehmen handelt, denn hier kann der Vertragsabschluss gemäß § 15 WpHG veröffentlichungspflichtig sein.   152

d) Kostenregelung

Üblicherweise wird vereinbart, dass jede Partei die sich aus der Transaktion ergebenden Kosten (insb. für Berater) selbst zu tragen hat. Die Kosten für die Erlangung der kartellrechtlichen Freigabe werden in den meisten Fällen vom Käufer getragen. Sofern jedoch schon bei Abschluss des Vertrages Umstände aus   153

---

111 Zum Wirksamkeit eines solchen Verzichts vgl. BGH, NJW 1993, 721 ff.
112 BFH, BStBl. 1998 II, S. 775 m.w.N.; BStBl. 1999 II, S. 590.
113 BFH, GmbHR 2003, 963 m.w.N.

der Sphäre einer Partei bekannt sind, die bei ihrem Eintritt den Vollzug der Transaktion vereiteln könnten (z.B. kartellrechtliche Untersagung aufgrund der Marktstellung des Käufers), wird häufig vereinbart, dass diese Partei dann der anderen Partei sämtliche Kosten ersetzen muss.

e) Schiedsklausel

154 Die Vereinbarung einer sog. Schiedsklausel im Unternehmenskaufvertrag hat sich aufgrund der zahlreichen Vorteile der Schiedsgerichtsbarkeit (insb. Verfahren unter Ausschluss der Öffentlichkeit, meist kürzere Verfahrensdauer) gegenüber der ordentlichen Gerichtsbarkeit in der Praxis weitgehend durchgesetzt.

155 Üblicherweise wird in Unternehmenskaufverträgen der Einfachheit halber auf die **Schiedsverfahrensordnungen** bestimmter Institutionen wie der Deutschen Institution für Schiedsgerichtsbarkeit e.V. (DIS) oder der International Chamber of Commerce (ICC) verwiesen. Darüber hinaus sollten die Parteien im Vertrag den Ort des Schiedsgerichts, die maßgebende Sprache und, soweit gewünscht, weitere Einzelheiten wie die Zahl der Schiedsrichter regeln.

B. Steuerrechtliche Aspekte beim Unternehmenskauf

I. Vorbemerkung, Interessenlagen

156 Unternehmenskauftransaktionen sind in der Praxis maßgeblich durch steuerliche Erwägungen geprägt. Die je nach Dealstruktur auftretenden Auswirkungen in der steuerlichen Sphäre von Veräußerer und Erwerber wirken sich unter Umständen wesentlich auf die Gestaltung aus und bestimmen sehr häufig die rechtliche Struktur der Transaktion. Dabei ist die Unterscheidung zwischen Asset Deal und Share Deal auch hier grundlegend.

157 Das **vorrangige Interesse des Unternehmensveräußerers** ist i.d.R. darauf gerichtet, durch die Veräußerung heute einen möglichst hohen Gewinn nach Steuern zu erzielen bzw. eine Gewinnrealisierung durch Buchwertfortführung zu vermeiden (etwa durch Einbringung bei Joint-Ventures oder Rücklagenbildung bei Re-Investition). Im Fall eines Veräußerungsgewinns ist aus Veräußerersicht auf eine möglichst geringe Belastung des Gewinns mit Ertragsteuern zu achten; im Fall eines Veräußerungsverlusts wird der Veräußerer eine Verrechnung mit anderen steuerpflichtigen Einkünften erreichen wollen.

Die steuerlichen Interessen des Erwerbers beziehen sich dagegen vor allem auf die **steueroptimierte Behandlung** der im Zusammenhang mit der Transaktion anfallenden Kosten in der Zukunft (Kaufpreis, Finanzierungskosten, Kosten, post-akquisitorischer Maßnahmen). Der Erwerber will demnach insb. die gezahlten Anschaffungskosten in (steuermindernder) Abschreibungspotenzial transformieren (Buchwertaufstockung, sog. step-up) sowie die Kosten der Finanzierung steuermindernd geltend machen. Des Weiteren will der Erwerber die bei der Zielgesellschaft ggf. bestehenden Verlustvorträge nutzen. Ein weiterer Aspekt ist die Vermeidung von Grunderwerbsteuer, die nach dem Kaufvertrag i.d.R. der Erwerber tragen wird, unabhängig davon, wer grunderwerbsteuerlich Steuerschuldner ist.

158 Obgleich die Zielsetzungen und Interessen von Veräußerer und Erwerber demnach durchaus verschieden und widerstreitend sind, hat in der Praxis der Erwerber die steuerlichen Auswirkungen auf Seiten des Veräußerers ebenso einzuschätzen und in seine Steuerstruktur mit einzubeziehen wie der Veräußerer die eines potenziellen Erwerbers. Die **Steuerplanung eines Unternehmenskaufs** stellt sich demnach richtigerweise als gemeinsame Aufgabe von Veräußerer und Erwerber dar. Gerade angesichts der Wettbewerbsbedingungen, welche heute für Unternehmenskäufe gelten, will auch der Veräußerer dem Erwerber eine möglichst günstige Steuerposition mitverkaufen, der Erwerber demgegenüber dem Veräußerer kaufpreiserhöhende Steuervorteile verschaffen. Auch in den Vertrags- und Kaufpreisverhandlungen spielen Steuerlasten und -vorteile regelmäßig eine große Rolle. Entscheidend ist somit eine die Steuerbelastungen

saldierende Betrachtung.[114] Nur so kann eine steuerlich sinnvolle, für beide Seiten befriedigende Transaktion gestaltet werden.[115]

> **Hinweis:**
> Berater des Erwerbers sollten sich möglichst frühzeitig ein Bild über die steuerliche Ausgangslage beim Veräußerer verschaffen und mit den steuerlichen Beratern des Veräußerers Kontakt aufnehmen. Nur so können Fehler in der Strukturierung vermieden und ggf. rechtzeitig der Prozess in eine andere Richtung gelenkt werden. Berater des Veräußerers sollten so früh wie möglich im Vorfeld einer geplanten Unternehmenstransaktion die steuerlichen Verhältnisse des Veräußerers planen und ggf. umstrukturieren, um dadurch größtmögliche Flexibilität herbeizuführen.[116]

II. Grundzüge der Besteuerung von Veräußerungsgewinnen nach dem Halbeinkünfteverfahren

Eine zentrale Bedeutung für die Besteuerungssystematik von Kapitalgesellschaften und ihrer Gesellschafter hat das sog. Halbeinkünfteverfahren, das durch das Steuersenkungsgesetz eingeführt wurde und das zuvor geltende Anrechnungsverfahren ersetzte.[117] Danach unterliegen Gewinne auf Ebene der Körperschaft einem einheitlichen Körperschaftsteuersatz von 25 % (zzgl. 5,5 % Solidaritätszuschlag i.H.v. 5,5 % der Körperschaftsteuer), der von späteren Ausschüttungen unberührt bleibt.[118] Die durch die Besteuerung der Gewinnausschüttung auf Ebene des Gesellschafters insoweit erfolgende Doppelbelastung wird dadurch ausgeglichen, dass bei **natürlichen Personen** als Gesellschaftern nur die Hälfte der ausgeschütteten Gewinne steuerpflichtig sind (Halbeinkünfteverfahren gemäß § 3 Nr. 40 EStG).

159

Danach sind Gewinne aus der Veräußerung von Anteilen an Kapitalgesellschaften bei **Kapitalgesellschaften**, unabhängig davon, ob es sich bei den Anteilen um in- oder ausländische handelt, grds. im Ergebnis zu 95 % steuerbefreit;[119] lediglich 5 % der Erträge unterliegen als fiktive, pauschale, nicht abzugsfähige Betriebsausgaben der Besteuerung (vgl. § 8b Abs. 3 KStG). Gleiches gilt im Übrigen für Beteiligungserträge, die eine Körperschaft als Anteilseigner von einer anderen Körperschaft erhält (vgl. § 8b Abs. 5 KStG). Die im Zusammenhang mit der Beteiligung tatsächlich angefallenen Betriebsausgaben sind vorbehaltlich sonstiger Einschränkungen abzugsfähig, d.h. insoweit findet das Abzugsverbot des § 3c Abs. 1 EStG keine Anwendung.

160

Gewinne aus der Veräußerung von Anteilen an Kapitalgesellschaften, die von **Privatpersonen** als Anteilseigner erzielt werden, unterliegen im Wesentlichen nur unter den Voraussetzungen des § 17 EStG und § 23 EStG einer Besteuerung. Soweit dies der Fall ist, werden die Gewinne aber nach dem Halbeinkünfteverfahren nur zur Hälfte in die Bemessungsgrundlage einbezogen. Demgemäß ist allerdings auch nur

161

---

114 Vgl. hierzu den zeitlichen Überblick bei Holzapfel/Pöllath, Unternehmenskauf, Rn. 140.
115 Die folgenden Ausführungen konzentrieren sich auf die grundlegende Darstellung typischer steuerliche Konstellationen für Unternehmensveräußerer und -erwerber und die hierbei relevanten grundlegenden ertragsteuerlichen Gesichtspunkte (Gewerbe-, Einkommen- und Körperschaftsteuer), können jedoch aufgrund der Komplexität der im Einzelfall zu beachtenden steuerlichen Implikationen keinen detaillierten Leitfaden zur steuerlich optimierten Strukturierung darstellen.
116 Zu denken ist hier an eine Absenkung der Beteiligung des Veräußerers unter die Relevanzgrenze nach § 17 EStG (aber fünf Jahre Wartefrist); Vornahme von strukturellen Maßnahmen bezüglich des Veräußerungsobjekts, die bei späterer Vornahme im Zusammenhang mit der Veräußerung dem Vorwurf missbräuchlicher Gestaltung ausgesetzt sein können.
117 Steuersenkungsgesetz v. 23.10.2000, BGBl. I, S. 1433; modifiziert und fortentwickelt u.a. durch das Gesetz zur Fortentwicklung des Unternehmenssteuerrechts vom 20.12.2001, BGBl. I, S. 3858 und das sog. Steuervergünstigungsabbaugesetz Korb I, Gesetz v. 22.12.2003, BGBl. I, S. 2840.
118 Bezieht man die Gewerbesteuerbelastung noch mit ein, ergibt sich eine durchschnittliche Steuerbelastung der Körperschaften i.H.v. ca. 39 % (je nach Gewerbesteuerhebesatz).
119 Ausnahmen von der Steuerbefreiung gelten für Versicherungsunternehmen und Finanzunternehmen unter bestimmten Voraussetzungen, vgl. § 8b Abs. 7, Abs. 8 KStG.

die Hälfte der im Zusammenhang mit Veräußerungsgewinnen stehenden Ausgaben steuerlich abzugsfähig (vgl. § 3c Abs. 2 EStG). Gleiches gilt wiederum für Beteiligungserträge, die eine natürliche Person aus Anteilen an Kapitalgesellschaften erzielt.

162 Weitere Ausnahmen von der (teilweisen) Steuerbefreiung greifen – gleichermaßen für Privatpersonen wie Kapitalgesellschaften – insb. bei Vorliegen sog. **einbringungsgeborener oder spaltungsgeborener Anteile**.[120] Diese können, sollte die 95 %ige bzw. hälftige Steuerbefreiung greifen, nach bisheriger Rechtslage erst nach Ablauf einer Haltefrist von sieben Jahren veräußert werden. Dieses Konzept ist nach dem SEStEG[121] grundlegend geändert worden. Nach neuer Rechtslage werden die stillen Reserven im Einbringungszeitpunkt festgestellt und bei Veräußerung innerhalb einer 7-Jahres-Frist als Veräußerungsgewinn voll besteuert. Der Veräußerungsgewinn vermindert sich während der Haltefrist jährlich um ein Siebtel.

163 Für die Veräußerung von einzelnen Vermögensgegenständen, Teilbetrieben oder Betrieben im Wege eines Asset Deals bzw. der Veräußerung von Anteilen an Personengesellschaften, der steuerlich weitgehend wie ein Asset Deal behandelt wird, hat der Systemwechsel zum Halbeinkünfteverfahren dagegen – abgesehen von dem einheitlichen Körperschaftsteuersatz – keine grundlegenden Auswirkungen nach sich gezogen. Der hierbei erzielte Veräußerungsgewinn unterliegt grds. in vollem Umfang der Besteuerung, sowohl bei der veräußernden Körperschaft wie bei der Privatperson, es sei denn, er entfällt auf Anteile an Kapitalgesellschaften, die eine veräußerte Personengesellschaft hält.

III. Überblick über die Besteuerung Asset Deal versus Share Deal

164 Welche steuerlichen Folgen durch einen Unternehmenskauf ausgelöst werden, hängt derzeit im Wesentlichen davon ab, ob ein (steuerlicher) Share Deal oder ein Asset Deal durchgeführt wird.

Hinsichtlich der Steuerbelastung des Veräußerers ist des Weiteren danach zu differenzieren, ob natürliche Personen oder Kapitalgesellschaften als Veräußerer beteiligt sind und – bei natürlichen Personen im Fall eines Share Deals – ob die verkauften Anteile im Privat- oder Betriebsvermögen gehalten werden.

> **Hinweis:**
> Oft stellt sich aus außerhalb der steuerlichen Sphäre liegenden Gründen die Frage nach der Wahl zwischen der Strukturierung der Transaktion als Asset Deal oder Share Deal nicht. Dies ist insb. dann der Fall, wenn bestimmte, an die Gesellschaft gebundene und für den Geschäftsbetrieb essenziell erforderliche Genehmigungen, Konzessionen, Erlaubnisse etc. nur durch den Erwerb der Anteile mit übertragen werden können oder der in dem Rechtsträger gebundene Firmenwert von überragender Bedeutung ist.

1. Steuerliche Behandlung des Asset Deals

165 Von einem Asset Deal im steuerlichen Sinne spricht man zunächst bei der Veräußerung von gesamten Unternehmen, also Betrieben (insb. Einzelunternehmen) und Teilbetrieben. Eine **Veräußerung des gesamten Unternehmens** ist dann gegeben, wenn alle wesentlichen Betriebsgrundlagen[122] auf den Erwerber übertragen werden, so dass das Unternehmen als lebender Organismus fortgeführt werden kann.

> **Hinweis:**
> Für die Einheitlichkeit der Veräußerung genügt es, wenn verschiedene Übertragungsvorgänge bzw. Einzelverträge auf einem Grundgeschäft bzw. einem einheitlichen Entschluss beruhen und diese

---

120 Das sind Anteile, die nach den maßgeblichen Vorschriften des Umwandlungsteuerrechts gegen Sacheinlage zu einem Wert unter dem Teilwert erworben wurden, vgl. auch ausführlicher unten Rn. 182.
121 Gesetz über steuerliche Begleitmaßnahmen zur Einführung der Europäischen Gesellschaft und Änderung weiterer steuerlicher Vorschriften, BGBl. 2006 I, S. 2782 ff.
122 Die Wesentlichkeit bestimmt sich dabei nach einer funktional-quantitativen Betrachtungsweise, vgl. BFH, BStBl. 1998 II, S. 104; Schmidt/Wacker, EStG, § 16 Rn. 101 ff.

Vorgänge in einem engen zeitlichen und sachlichen Zusammenhang stehen.[123] Dies ist bei einem gestreckten Veräußerungsvorgang zu beachten und ggf. entsprechend zu dokumentieren.

Abweichend von der zivilrechtlichen Behandlung wird die **Veräußerung von Anteilen an Personengesellschaften** (Mitunternehmerschaften) steuerlich zumindest aus Sicht des Erwerbers wie eine Veräußerung eines Betriebs behandelt, aus Sicht des Veräußerers dagegen teilweise wie ein Verkauf von Anteilen;[124] die Personengesellschaft ist demnach für einkommens- und körperschaftsteuerliche Zwecke transparent.

a) Aus Sicht des Veräußerers

aa) Kapitalgesellschaft

Ist der **Veräußerer eine Kapitalgesellschaft**, gehört der Veräußerungsgewinn zu den laufenden Einkünften aus Gewerbebetrieb (§ 8 Abs. 2 KStG, § 15 Abs. 1 Nr. 1 EStG i.V.m. § 2 Abs. 2 GewStG) und unterliegt ohne die Möglichkeit einer Begünstigung[125] der vollen Körperschaftsteuer- und Gewerbesteuerpflicht.[126] Zuzüglich des Solidaritätszuschlags ergibt sich eine kombinierte Ertragsteuerlast in Höhe von ca. 39 % (je nach Gewerbesteuerhebesatz).

bb) Natürliche Personen

Bei **natürlichen Personen** (Einzelunternehmen) **als Veräußerer** stellen die Gewinne aus der Veräußerung (oder Aufgabe) von Betrieben und Teilbetrieben laufende Einkünfte aus Gewerbebetrieb dar (vgl. § 16 Abs. 1 Nr. 1 EStG), die grds. dem vollen Einkommensteuersatz unterliegen (ab 2005: 42 % zzgl. 5,5 % Solidaritätszuschlag, ab 1.1.2007 bei einem zu versteuernden Einkommen von 250.000 € bei allein Veranlagten 45% zzgl. 5,5% Solidaritätszuschlag). Bei der Veräußerung eines Mitunternehmeranteils (Anteil an einer Personengesellschaft) anfallende Gewinne werden dabei gemäß § 16 Abs. 1 Nr. 2 EStG wie die Veräußerung eines Betriebs[127] behandelt.[128]

Im Gegensatz zu dem bei der Veräußerung einzelner Wirtschaftsgüter des gewerblichen Einzelunternehmens anfallenden Gewinn, der grds. zu den laufenden Einkünften aus Gewerbebetrieb gehört und damit der Gewerbesteuer unterliegt, ist der erzielte Veräußerungsgewinn, soweit er durch eine natürliche Person direkt erzielt wird, **grds. gewerbesteuerfrei**.[129] Wird nur ein Teil eines Mitunternehmeranteils veräußert, so ist der Gewinn gewerbesteuerpflichtig (§ 16 Abs. 1 Satz 2 EStG).

Daneben bestehen für natürliche Personen die folgenden **ertragsteuerlichen Vergünstigungen**: Hat der Veräußerer das 55. Lebensjahr vollendet oder ist er im sozialversicherungsrechtlichen Sinne dauernd berufsunfähig, sind auf Antrag Gewinne bis zu einem Freibetrag von 45.000 € steuerfrei (vgl. § 16 Abs. 4

---

123 BFH, BStBl. 1994 II, S. 15; BStBl. 2001 II, S. 282 (Zeitraum von zwei Jahren schädlich); Schmidt/Wacker, EStG, § 16 Rn. 121 m.w.N.
124 Vgl. hierzu Holzapfel/Pöllath, Unternehmenskauf, Rn. 146.
125 Insb. ist die Inanspruchnahme der Tarifermäßigung nach § 34 EStG ausgeschlossen, vgl. BFH, BStBl. 1991 II, S. 455 (§ 34 EStG setzt Einkommensteuerpflicht voraus).
126 Siehe Abschnitt 40 Abs. 2 Satz 1 GewStR; vgl. § 7 Abs. 2 GewStG n.F., wonach Gewinne aus der Veräußerung von Personengesellschaftsanteilen nur insoweit nicht der Gewerbesteuer unterliegen, als sie auf eine natürliche Person als unmittelbar beteiligtem Mitunternehmer entfallen; zur grds. Gewerbesteuerpflichtigkeit von Gewinnen im Rahmen eines Asset Deal bei Kapitalgesellschaften vgl. BFH, BStBl. 2002 II, S. 55.
127 Gegenstand der Veräußerung ist steuerlich der ideelle Anteil des Mitunternehmers an den einzelnen zum Gesamthandsvermögen gehörenden Wirtschaftsgütern, nicht der Mitunternehmeranteil selbst.
128 Eine wichtige Ausnahme besteht dann, wenn auf Seiten des Veräußerers und Erwerbers dieselben Personen Unternehmer/Mitunternehmer sind, vgl. § 16 Abs. 2 Satz 3 EStG (sowie § 24 UmwStG für Einbringungsfälle).
129 Wichtige Ausnahmen bestehen insb. in vorangegangenen Umwandlungsfällen (vgl. § 18 Abs. 4 UmwStG) und bei veräußernden Personengesellschaften (vgl. § 7 Satz 2 GewStG).

EStG.[130] Daneben wird dem Veräußerer bei Erfüllung der vorbenannten Voraussetzungen ein ermäßigter Steuersatz von 56 % des durchschnittlichen Steuersatzes gewährt, mindestens jedoch 15 %; die Steuermäßigung kann nur einmal im Leben bis zu insgesamt 5 Mio. € in Anspruch genommen werden (vgl. § 34 Abs. 3 EStG). Alternativ kann der Progressionsvorteil (sog. Fünftelregelung) nach § 34 Abs. 1 EStG in Anspruch genommen werden[131] : Der auf den Veräußerungsgewinn anzuwendende Steuersatz wird dabei unter Berücksichtigung eines Fünftels hiervon ermittelt. Die beiden vorbenannten Steuerermäßigungen werden bei der Veräußerung nur eines Teils eines Mitunternehmeranteils nicht gewährt (vgl. § 16 Abs. 1 Satz 2 EStG).

170 Soweit sich in dem veräußerten Betriebsvermögen (Betrieb oder Teilbetrieb) **Anteile an Kapitalgesellschaften** befinden bzw. im Betriebsvermögen gehaltene Anteile an Kapitalgesellschaften isoliert veräußert werden, gilt Folgendes: Soweit keine 100 %ige Beteiligung veräußert wird, kommt das Halbeinkünfteverfahren zur Anwendung (vgl. § 3 Nr. 40 lit. a bzw. lit. b EStG).[132] Soweit für den Veräußerungsgewinn das Halbeinkünfteverfahren zur Anwendung kommt, ist die Steuerermäßigung des ermäßigten Steuersatzes sowie die Fünftelregelung ausgeschlossen. Ist die Veräußerung gewerbesteuerpflichtig, so kann bei natürlichen Personen als steuerpflichtigen Veräußerern die Gewerbesteuer grds. pauschaliert nach § 35 EStG angerechnet werden. Dies gilt jedoch nicht für Fälle des § 18 Abs. 4 UmwStG.

b) Aus Sicht des Erwerbers

171 **Hinweis:**

Der Kaufvertrag sollte eine Aufteilung des Kaufpreises auf die erworbenen Wirtschaftsgüter enthalten, da dieser als erster Indikation grds. zu folgen ist.[133] So hat es insb. der Erwerber in der Hand, eine von ihm präferierte Abschreibung umzusetzen.[134] Vor allem bei hinreichenden Erträgen kann ein Interesse des Erwerbers an einer möglichst hohen und schnellen Abschreibung eines möglichst großen Teils des über die Buchwerte des Veräußerers hinausgehenden Kaufpreises bestehen. Andererseits kann ein Asset Deal aber deswegen auch steuerlich für den Erwerber weniger interessant sein, wenn es zur Aufdeckung nicht oder nur lang abschreibbarer stiller Reserven in Immobilien, Konzessionen oder dem Geschäftswert kommt. In jedem Fall sollte die Bewertung der einzelnen Wirtschaftsgüter sorgfältig dokumentiert werden (etwa durch Einholung von Sachverständigengutachten oder Drittangeboten), da die vorgenommene Allokation stiller Reserven in vielen Fällen einer dem Erwerb folgenden Betriebsprüfung zum Gegenstand gemacht wird.

Gehören zu dem veräußerten Betrieb **Anteile an Kapitalgesellschaften**, besteht nach neuem Recht ein wirtschaftlich gravierender Interessenkonflikt zwischen Veräußerer und Erwerber[135] bezüglich der Allokation des Kaufpreises auf die Anteile und die übrigen veräußerten Assets: Der Veräußerer will, sei es um als natürliche Person weitestgehend den Veräußerungsgewinn nach dem Halbeinkünfteverfahren hälftig steuerfrei zu vereinnahmen, sei es um als Kapitalgesellschaft den Veräußerungsgewinn zu 95 % steuerfrei zu vereinnahmen, einen möglichst großen Teil des Veräußerungspreises

---

130 Der Freibetrag ermäßigt sich um den Betrag, um den der Veräußerungsgewinn 136.000 € übersteigt, d.h. ab einem Veräußerungsgewinn von 181.000 € wird kein Freibetrag mehr gewährt.

131 Vgl. Herzig/Förster, DB 1999, 711 ff.; zum Verhältnis der Fünftelregelung zum ermäßigtem Steuersatz vgl. BMF-Schreiben v. 20.1.2001, DStR 2001, 396 ff.

132 Bezüglich der anderen Hälfte ist an die Bildung einer den Veräußerungsgewinn mindernden Rücklage nach § 6b EStG zu denken; dies ist bis zu einem Betrag von 500.000 € möglich, § 6 Abs. 10 EStG.

133 BFH, BStBl. 1973 I, S. 391; entspricht die Aufteilung dagegen nicht einem objektiven Maßstab, gilt bei der Verteilung des Step-up die (modifizierte) Zwei-Stufen-Theorie des BFH, BStBl. 1994 II, S. 224; Schmidt/Wacker, EStG, § 16 Rn. 487 ff.

134 Hierzu und zu weiteren mit der Abschreibung verbundenen Fragestellungen instruktiv Holzapfel/Pöllath, Unternehmenskauf, Rn. 145b ff., S. 156.

135 Interessenkollisionen ergeben sich bspw. auch bei der Veräußerung von Privat- und Betriebsvermögen in einem einheitlichen Vorgang oder beim Übertrag von stillen Reserven nach § 6b EStG durch den Veräußerer.

auf die Anteile allokieren; der Erwerber hingegen wird, da er die erworbenen Anteile grds. nicht abschreiben kann, einen möglichst geringen Teil des gezahlten Kaufpreises auf die erworbenen Anteile und einen möglichst großen Teil auf die übrigen, insb. schnell abschreibbaren Wirtschaftsgüter allokieren wollen. Den Parteien ist hier dringend zu raten, ihre Vorstellungen zu koordinieren, da seitens der Finanzverwaltung keine unterschiedlichen Kaufpreisallokationen akzeptiert werden[136] und die steuerliche Veranlagung des Veräußerers grds. Bindungswirkung für die des Erwerbers entfaltet.

Die Buchwertaufstockung gilt gleichermaßen beim **Erwerb von Mitunternehmeranteilen**. Technisch ist dort i.d.R. in Höhe des Unterschiedsbetrages zwischen ggf. anteiligem Kapitalkonto und dem Kaufpreis eine (positive) steuerliche Ergänzungsbilanz (außerhalb der handelsrechtlichen Bilanz der Gesellschaft) zu bilden, in der im Ergebnis die stillen Reserven aufgestockt werden, um später steuermindernd abgeschrieben zu werden. Soweit ein negatives Kapitalkonto übernommen wird, führt dies grds. zu steuerlichen Anschaffungskosten.[137] 172

2. Steuerliche Behandlung des Share Deal

Von einem Share Deal im steuerlichen Sinne spricht man bei der **Veräußerung von Anteilen an** (in- und ausländischen) **Kapitalgesellschaften**. Ob eine ausländische Gesellschaft aus deutscher Sicht eine Kapitalgesellschaft ist, richtet sich nach der ständigen Rspr. nach dem sog. Typenvergleich.[138] 173

a) Aus Sicht des Veräußerers

aa) Natürliche Personen

Ist der Veräußerer eine natürliche Person und werden die Anteile (Ausnahme Rn. 185) im Privatvermögen gehalten, ist die Veräußerung im Grundsatz steuerfrei, soweit nicht einer der folgenden Tatbestände erfüllt ist.[139] 174

Checkliste: ☑ 175

Anteilsveräußerungen natürlicher Personen sind nur steuerbar, wenn
• einbringungsgeborene Anteile i.S.v. § 21 UmwStG veräußert werden,
• Anschaffung und Veräußerung der betreffenden Anteile innerhalb von 12 Monaten stattfinden (§ 23 EStG),
• der Veräußerer an der Gesellschaft relevant, d.h. zu mindestens 1 % beteiligt ist (§ 17 EStG),
• die Anteile aus dem steuerlichen Betriebsvermögen veräußert werden.

---

136 Vgl. Semler/Vollhard/Schimmelschmidt, Arbeitshandbuch für Unternehmensübernahmen, § 26 Rn. 92.
137 Denkbar sind weitere bilanztechnische Verfahren zur Abbildung des Step-up, insb. beim Verkauf der Anteile eines Mitunternehmers.
138 Vgl. dazu ausführlich Schnittker/Lemaitre, GmbHR 2003, 1314 ff.; Lemaitre/Schnittker/Siegel, GmbHR 2004, 618, 621.
139 Die folgenden Ausführungen gelten einkommensteuerlich auch dann, wenn die Anteile an der Kapitalgesellschaft von einer natürlichen Person mittelbar über eine Personengesellschaft gehalten werden, vgl. Rödder/Schuhmacher, DStR 2000, 1453; Dötsch/Pung, in: Dötsch/Eversberg/Pung/Witt, Die Körperschaftssteuer, KStG, § 3 Nr. 40 EStG Rn. 9.

(1) Relevante[140] Beteiligung

176 Soweit der Veräußerer innerhalb der letzten fünf Jahre vor der Veräußerung mit **mindestens 1 %** und damit relevant am Kapital[141] der Gesellschaft beteiligt war,[142] entsteht in Höhe der Differenz zwischen dem Veräußerungserlös und den Anschaffungskosten ein nach § 17 Abs. 1 Satz 1 EStG steuerpflichtiger Gewinn, der nach dem Halbeinkünfteverfahren zu besteuern ist. Gemäß § 3 Nr. 40 Satz 1 lit. c EStG ist die Hälfte des Veräußerungsgewinns steuerfrei;[143] korrespondierend werden Anschaffungs- und Veräußerungskosten auch nur zur Hälfte berücksichtigt (§ 3c Abs. 2 EStG). Sollte ein Veräußerungsverlust entstehen (Anschaffungskosten übersteigen den Veräußerungserlös) ist auch dieser allerdings nur noch zur Hälfte steuermindernd zu berücksichtigen. Zusätzlich muss die Beteiligung durch den Veräußerer oder dessen Rechtsvorgänger mindestens fünf Jahre gehalten worden sein.

> **Hinweis:**
>
> Im Rahmen des § 17 EStG gilt grds. das Realisationsprinzip und nicht, wie im Anwendungsbereich des § 23 EStG, das Zu- und Abflussprinzip. Der Veräußerungsgewinn ist ereignisbezogen zu ermitteln; es ist für Zeitpunkt der Besteuerung und die Höhe des Gewinns nicht auf den Zufluss des Entgelts abzustellen.[144] Dies ist insb. im Rahmen der Kaufpreiszahlung in Bezug auf die für die potenzielle Steuerzahlungen erforderliche Liquidität zu beachten: Stundet der Verkäufer den Kaufpreis oder finanziert er ihn in anderer Weise (etwa durch ein Verkäuferdarlehen), muss er versteuern, bevor er den betreffenden Teil des Kaufpreises erhält.

177 Für den Tatbestand des § 17 EStG relevante Anteile sind neben GmbH-Anteilen und Aktien auch (je nach Ausgestaltung) Genussrechte und entsprechende Anwartschaften und ähnliche Beteiligungen[145] sowie ggf. auch Bezugs- und Optionsrechte. Insb. fällt auch die Veräußerung von Anteilen an einer vermögensverwaltenden Personengesellschaft, die relevante Anteile an einer Kapitalgesellschaft hält, in den Anwendungsbereich von § 17 EStG,[146] wobei die Kapitalbeteiligungen an der Personengesellschaft für Zweck des § 17 EStG den Gesellschaftern nach der sog. Bruchteilsbetrachtung anteilig zuzurechnen sind.[147]

178 Hinzuweisen ist noch auf den gemäß § 17 Abs. 3 Satz 1 EStG (vernachlässigbaren) **Freibetrag von maximal 9.060 €.**

(2) Spekulationsgeschäft

179 Werden Anteile an einer Kapitalgesellschaft **innerhalb der Jahresfrist** (zwischen An- und Verkauf nicht mehr als ein Jahr) des § 23 Abs. 1 Nr. 2 EStG veräußert (Veräußerung innerhalb der Spekulationsfrist), entsteht in Höhe der Differenz zwischen Veräußerungspreis und Anschaffungskosten ein steuerpflichtiger Gewinn, der wiederum der Besteuerung nach dem Halbeinkünfteverfahren unterliegt (§ 3 Nr. 40 lit. j EStG). Im Verhältnis zu § 17 EStG genießt § 23 EStG dabei Vorrang.

180 Für Spekulationsverluste ist auf die **beschränkte Verlustverrechnungsmöglichkeit** nach § 23 EStG hinzuweisen.[148]

---

140 Der Begriff „wesentliche" Beteiligung ist (nach Absinken auf die 1 % Grenze) nicht mehr gebräuchlich, vgl. Schmidt/Weber-Grellet, EStG, § 17 Rn. 36.
141 Maßgeblich ist der nominale Anteil am Stamm-/Grundkapital, vgl. BFH, BStBl 1998 II, S. 257.
142 Zu den Fallgruppen der relevanten Beteiligung instruktiv Holzapfel/Pöllath, Unternehmenskauf, Rn. 142a.
143 Entsprechendes gilt in den Fällen des § 17 Abs. 4 EStG.
144 Schmidt/Weber-Grellet, EStG, § 17 Rn. 131; § 23 Rn. 92.
145 Vgl. Schmidt/Weber-Grellet, EStG, § 17 Rn. 22 ff.
146 BFH, BStBl. 1999 II, S. 820; vgl. zur hier geltenden Bruchteilsbetrachtung Wacker, DStR 2005, S. 2014.
147 BFH, BStBl. 2000 II, S. 686.
148 Vgl. Schmidt/Weber-Grellet, EStG, § 23 Rn. 97.

Mit Wirkung ab dem Veranlagungszeitraum 2009 soll die bisherige Spekulationsfrist sowie die Beteiligungsschwelle des § 17 EStG entfallen und sämtliche Wertsteigerungen von Kapitalgesellschaftsanteilen im Privatvermögen einer Abgeltungssteuer von 25 % – 30 % unterliegen.

(3) Einbringungsgeborene Anteile

Wird ein Betrieb, Teilbetrieb bzw. ein Mitunternehmeranteil (§ 20 Abs. 1 Satz 1 UmwStG) oder eine bei der aufnehmenden Gesellschaft mehrheitsvermittelnde Beteiligung an einer Kapitalgesellschaft (§ 20 Abs. 1 Satz 2 UmwStG) zu einem Wert **unter dem Teilwert** im Wege der Sacheinlage gegen Gewährung neuer Anteile in eine Kapitalgesellschaft eingebracht, handelt es sich bei den neuen Anteilen, die der Einbringende erhält, um sog. (originär) einbringungsgeborene Anteile i.S.d. § 21 UmwStG.[149] Obgleich nicht in § 3 Nr. 40 EStG erwähnt, werden einbringungsgeborene Anteile nach herrschender Ansicht von § 3 Nr. 40 lit. b EStG erfasst.[150] Allerdings sind sie nach § 3 Nr. 40 Satz 3 EStG von der Geltung des Halbeinkünfteverfahrens ausgenommen, es sei denn, es greift eine der in § 3 Nr. 40 Satz 4 lit. a und lit. b EStG geregelten Ausnahmen.[151]

Werden nach § 20 Abs. 1 Satz 1 UmwStG durch Einbringung bspw. eines Betriebs entstandene einbringungsgeborene Anteile veräußert und befand sich in dem eingebrachten Betrieb wiederum eine Beteiligung an einer Kapitalgesellschaft, findet dem Wortlaut des § 3 Nr. 40 Satz 4 lit. a EStG zufolge bei Verkauf innerhalb der siebenjährigen Sperrfrist das Halbeinkünfteverfahren auf den gesamten Gewinn (also auch auf den Anteil, der auf die mitveräußerte Beteiligung entfällt) keine Anwendung. Die Rückausnahme in § 3 Nr. 40 Satz 4 lit. b EStG greift nicht, da grds. keine Einbringung nach § 20 Abs. 1 Satz 2 UmwStG vorliegt.[152]

Nach der **Auffassung der Finanzverwaltung**[153] findet die Rückausnahmevorschrift des § 8b Abs. 4 Satz 2 Nr. 2 KStG über ihren Wortlaut hinaus jedoch dann auf Beteiligungen, die als Bestandteil des eingebrachten Betriebsvermögens übergehen, Anwendung, wenn folgende Voraussetzungen erfüllt sind:

- Es muss eine mehrheitsvermittelnde Beteiligung übertragen worden sein,
- diese darf nicht wesentliche Betriebsgrundlage des übertragenden Betriebs sein,
- die für die übertragenden Anteile gewährten Anteile müssen genau identifizierbar sein und
- das Verhältnis des Nennwerts dieser Anteile zum Nennwert der insgesamt gewährten Anteile muss dem Verhältnis des Verkehrswertes der übertragenen Beteiligung zum Verkehrswert des insgesamt übertragenen Betriebsvermögens entsprechen.

Ist eine Voraussetzung nicht erfüllt, stellen auch die Anteile, die für die übertragenen Anteile gewährt werden, einbringungsgeborene Anteile nach § 20 Abs. 1 Satz 1 UmwStG dar. Was für § 8b Abs. 4 Satz 2 Nr. 2 KStG gilt, muss dabei auch für § 3 Nr. 40 Satz 4 EStG gelten.

---

149 Weitere Fälle von einbringungsgeborenen Anteilen sind der Formwechsel einer Personengesellschaft in eine Kapitalgesellschaft (§ 25 UmwStG), sofern dieser steuerlich unter dem Teilwert erfolgt, sowie nach der Wertabspaltungsrechtsprechung des BFH die Fälle der sog. derivativen einbringungsgeborenen Anteile, vgl. BFH, BStBl. 1992 II, S. 761.
150 Vgl. Dötsch/Pung, in: Dötsch/Eversberg/Pung/Witt, KStG, § 3 Nr. 40 EStG Rn. 5; Strahl, KöSDI 2001, 12728, 12735; Seibt, DStR 2000, 2061, 2063.
151 Durch die grds. Ausklammerung einbringungsgeborener Anteile aus dem Halbeinkünfteverfahren soll verhindert werden, dass neben Anteilen an Kapitalgesellschaften auch Betriebe, Teilbetriebe und Mitunternehmeranteile zumindest teilweise steuerfrei veräußert werden können, indem sie zunächst steuerneutral in eine Kapitalgesellschaft eingebracht und anschließend die Anteile an dieser Gesellschaft steuerbegünstigt veräußert werden.
152 § 20 Abs. 1 Satz 2 UmwStG greift seinem Wortlaut nach nur bei isolierten Einbringungen.
153 OFD Berlin v. 21.4.2004, DB 2004, 1291; BMF v. 5.1.2004, BStBl. 2004 I, S. 44; kritisch hierzu Füger/Rieger, BB 2005, 517, 519.

> **Hinweis:**
> Soweit die Anteile eine wesentliche Betriebsgrundlage darstellen, wäre eine Aufspaltung der Einbringung in zwei getrennte Vorgänge denkbar.[154] In jedem Fall sollten die jeweils gewährten Anteile möglichst genau identifiziert werden, etwa im Einbringungsvertrag.

184 Die Vorschrift des § 21 EStG hat gegenüber dem ggf. gleichzeitig erfüllten Tatbestand des § 17 EStG bzw. § 23 EStG Vorrang.[155]

(4) Im Betriebsvermögen gehaltene Anteile

185 Das Halbeinkünfteverfahren findet auch Anwendung, soweit **Anteile im steuerlichen Betriebsvermögen** gehalten werden (§ 3 Nr. 40 lit. a EStG).[156] Soweit es sich bei den Anteilen um einbringungsgeborene Anteile handelt, sind die entsprechenden Beschränkungen auch für im Betriebsvermögen gehaltene Anteile zu beachten.

(5) Gewerbesteuer

186 Das Halbeinkünfteverfahren findet dabei grds. auch für die Gewerbesteuer Anwendung. Dies gilt nach dem neu eingefügten[157] Satz 4 des § 7 GewStG auch für die Ermittlung des Gewerbeertrages einer **Mitunternehmerschaft**. Dadurch wird für die Ermittlung des Gewerbeertrages aus der Beteiligung einer Personengesellschaft an einer Kapitalgesellschaft die Personengesellschaft auch gewerbesteuerlich in gewisser Weise wieder transparent.[158]

bb) Kapitalgesellschaften

187 Veräußert eine Kapitalgesellschaft Anteile an einer anderen Kapitalgesellschaft, ist der erzielte Veräußerungsgewinn grds. gemäß § 8b Abs. 2 KStG **steuerfrei**; nach § 8b Abs. 3 Satz 1 KStG n.F. gelten jedoch 5 % des Veräußerungsgewinns pauschal als nicht abzugsfähige Betriebsausgaben (fiktiver Betriebsausgabenabzug, unabhängig von den tatsächlichen Kosten), so dass im Ergebnis nur 95 % des Gewinns steuerfrei gestellt ist.[159]

188 Über § 8b Abs. 6 KStG gilt die **Steuerbefreiung** auch für die Veräußerung von Anteilen an Kapitalgesellschaften, die über eine zwischengeschaltete Mitunternehmerschaft gehalten werden, sowie für den Teil des Veräußerungsgewinns, der im Fall der **Veräußerung des Mitunternehmeranteils** auf die von der Mitunternehmerschaft gehaltene Beteiligung entfällt.[160]

189 Korrespondierend zu der Steuerfreiheit von Veräußerungsgewinnen ist nach § 8b Abs. 3 Satz 3 KStG die steuerliche Geltendmachung von **Gewinnminderungen** im Zusammenhang mit einer Wertminderung des in § 8b Abs. 2 KStG bezeichneten Anteils,[161] insb. von Veräußerungsverlusten und Teilwertabschreibungen ausgeschlossen. Wertaufholungen unterliegen jedoch der 5 %igen Besteuerung nach § 8b Abs. 3 KStG.

---

154 Widmann/Füger/Rieger, Gesellschafter-Fremdfinanzierung, S. 517, 521; allerdings besteht die Gefahr der Anwendung der Gesamtplanrechtsprechung, vgl. Strahl, FR 2004, 929.
155 Schmidt/Weber-Grellet, EStG, § 17 Rn. 13 m.w.N.
156 Siehe auch oben Rn. 159.
157 Eingefügt durch EU-Richtlinien-Umsetzungsgesetz v. 9.12.2004, BGBl. I, S. 3310.
158 Die bisherige Auffassung der Finanzverwaltung (BMF-Schreiben zu § 8b KStG v. 28.4.2003, BStBl. 2003 I, S. 292, Tz. 57) für § 3 Nr. 40 EStG wurde somit wieder aufgegeben, Finanzministerium Rheinland-Pfalz, Erlass v. 11.9.2003, DStR 2003, 1835.
159 Zu den weiteren von der Steuerfreiheit erfassten Fällen vgl. Wortlaut § 8b Abs. 2 KStG sowie BMF-Schreiben zu § 8b KStG v. 28.4.2003, BStBl. 2003 I, S. 292.
160 Vgl. hierzu Haun/Winkler, GmbHR 2002, 192; Rödder/Wochinger, FR 2001, 1254.
161 Dötsch/Pung, in: Dötsch/Eversberg/Pung/Witt, KStG, § 8b Rn. 46 f.

Ausnahmen von der Steuerfreiheit gelten zum einen, wenn der Anteil in früheren Jahren steuerwirksam abgeschrieben und die Gewinnminderung nicht durch den Ansatz eines höheren Wertes ausgeglichen wurde (siehe § 8b Abs. 2 Satz 2 KStG). Neben den in § 8b Abs. 7 KStG geregelten Fällen sind weitere und in der Praxis häufig relevante Fälle in § 8b Abs. 4 KStG geregelt. Schädliche, d.h. die Steuerfreiheit ausschließende Anteile sind dabei zusammenfassend einerseits (unmittelbar oder mittelbar) einbringungsgeborene Anteile aus der Einbringung von Betrieben, Teilbetrieben oder Mitunternehmerschaften sowie durch einen nicht nach § 8b Abs. 2 KStG begünstigten Steuerpflichtigen (d.h. Nicht-Körperschaften) zu einem Wert unter dem Teilwert eingebrachte Anteile, soweit die Veräußerung nicht außerhalb eines Sieben-Jahres-Zeitraums nach dem Erwerb erfolgt.

190

Über § 7 GewStG findet die Steuerbefreiung des § 8b Abs. 2 KStG auch für **gewerbesteuerliche Zwecke** Anwendung. Nach Neufassung des § 7 Satz 4 GewStG gilt dies auch bei der Ermittlung des Gewerbeertrags einer Mitunternehmerschaft. Demgemäß ist der Veräußerungsgewinn nach § 8b Abs. 2 KStG von der Gewerbsteuer befreit.

191

b) Aus Sicht des Erwerbers

Nach gegenwärtiger Rechtslage ist davon auszugehen, dass im Gegensatz zum Asset Deal ein sog. Step-up, d.h. die **Aufstockung der Wirtschaftsgüter der Kapitalgesellschaft mit künftiger steuerwirksamer Abschreibung der stillen Reserven**, nicht mehr rechtssicher erreicht werden kann.[162] Künftige Wertminderungen der erworbenen Anteile können entweder nicht (Kapitalgesellschaft) oder nur zur Hälfte durch eine aufwandswirksame Teilwertabschreibung steuerlich berücksichtigt werden.

192

> **Hinweis:**
>
> Insb. in Fällen einer potenziellen Veräußerung von einbringungsgeborenen Anteilen, die etwa aus der Umwandlung von Personengesellschaften oder Einzelunternehmen entstanden sind bzw. auf eine Einbringung eines Betriebs oder Teilbetriebs i.S.v. § 20 Abs. 1 Satz 1 UmwStG zurückgehen, innerhalb der Sieben-Jahres-Frist ist in Anbetracht der vollen Steuerpflicht des Veräußerungsgewinns die Möglichkeit eines Asset Deal mit Step-up für den Erwerber zu erwägen. Dabei ist aus Veräußerersicht zu beachten, dass der Gewinn aus der Veräußerung der Assets durch die Kapitalgesellschaft von dieser ausgeschüttet werden muss, damit der Anteilseigner Liquidität erhält. Die Ausschüttung ist im Ergebnis zu 5 % (Kapitalgesellschaften) bzw. 50 % (natürliche Personen) steuerpflichtig.

3. Sonderthemen

a) Nutzung von Verlustvorträgen durch den Erwerber

aa) Asset Deal

Beim Asset Deal, insb. auch beim Kauf von Personengesellschaftsanteilen, gehen ggf. **bestehende Verlustvorträge** nicht mit auf den Erwerber über. Der Grund hierfür liegt darin, dass einkommensteuerlich die Verlustvorträge entweder direkt auf Ebene des Inhabers des Einzelunternehmens bestehen oder wegen der einkommensteuerlichen Transparenz der Personengesellschaft unmittelbar den Gesellschaftern zugerechnet werden.[163]

193

Die **Nutzung von gewerbesteuerlichen Verlusten** setzt nach § 10a GewStG das Vorliegen der Voraussetzungen der Unternehmensidentität sowie der Unternehmeridentität voraus. Da bei einer Veräußerung

194

---

[162] Die vor Einführung des Halbeinkünfteverfahrens gängigen Modelle, insb. das Umwandlungsmodell (vgl. Rödder, DStR 1993, 1349, 1350 f.) und das Kombinationsmodell (vgl. Herzig, DB 1990, 133, 134) sind nicht mehr nutzbar; alternativ diskutierte Modelle wie das KGaG Modell oder das Organschaftsmodell sind entweder nicht praktikabel oder rechtlich zu risikobehaftet, vgl. hierzu die Übersicht bei Beisel/Klumpp, Unternehmenskauf, Kap. 15 Rn. 133 ff.

[163] Gleiches gilt bezüglich körperschaftsteuerlichen Verlustvorträgen bei der Veräußerung von Assets durch die Kapitalgesellschaft.

insoweit die Voraussetzung der Unternehmeridentität nicht mehr gegeben ist, gehen gewerbesteuerliche Verlustvorträge im Rahmen der Veräußerung von Einzelunternehmen im Wege des Asset Deal grds. ebenfalls in vollem Umfang, bei der Veräußerung von Anteilen an Personengesellschaften nach Maßgabe des Gesellschafterwechsels quotal, verloren.[164]

195 Vorbehaltlich der Einschränkungen durch die sog. Mindestbesteuerung (§ 10d EStG) kann der Veräußerer (gleichermaßen natürliche Person wie Kapitalgesellschaft, § 8 KStG) die im Rahmen eines Asset Deal erzielten Veräußerungsgewinne weiter mit auf seiner Ebene **bestehenden Verlustvorträgen verrechnen**. Zu beachten sind ggf. nachlaufende Missbrauchsfristen nach § 8 Abs. 4 KStG, § 12 Abs. 3 UmwStG.

196 Aus der im Rahmen der Buchwertaufstockung folgende Hochschreibung der Steuerbilanzwerte und ihrer künftigen Mehrabschreibung resultiert jedoch eine **mittelbare Verlustnutzungsmöglichkeit**. Führen vorhandene Verlustvorträge auf Ebene des Veräußerers zu einer (zumindest teilweisen) Steuerfreistellung des Veräußerungsgewinns, kann der Erwerber seine Anschaffungskosten im Rahmen eines Asset Deal in steuerliches Abschreibungsvolumen für ertragsteuerliche Zwecke transformieren.

bb) Share Deal

197 Beim Share Deal werden die körperschaftsteuerlichen Verlustvorträge zwar grds. mit den Anteilen übertragen, jedoch kann ihre **spätere Nutzung durch den Erwerber** infolge der Vorschrift des § 8 Abs. 4 KStG **stark eingeschränkt** sein.[165] Die Regelung soll die Nutzung von Verlustvorträgen in den Fällen des Erwerbs eines sog. Verlustmantels einschränken (Missbrauchsgedanken), geht aber weit über den intendierten Anwendungsbereich hinaus.[166] Nach Auffassung der Finanzverwaltung[167] entfällt die zur Aufrechterhaltung des Verlustvortrages erforderliche wirtschaftliche Identität, wenn trotz Fortführung des bisherigen Geschäfts mehr als die Hälfte der Anteile an der Verlustgesellschaft unmittelbar[168] übertragen werden und innerhalb eines Zeitraums von fünf[169] Jahren überwiegend neues Betriebsvermögen zugeführt wird. Ausnahmen gelten für den Fall, dass die Zuführung allein der Sanierung des Geschäftsbetriebs dient und das bisherige Geschäft „wie bisher" fünf Jahre lang fortgeführt wird. Zusätzlich muss Sanierungsbedürftigkeit gegeben sein, und das zugeführte Betriebsvermögen darf den für das Fortbestehen des Betriebs notwendigen Umfang nicht wesentlich überschreiten.[170]

198 Von einer **Zuführung überwiegend neuen Betriebsvermögens** ist dabei auszugehen, wenn der Gesellschaft durch den neuen Anteilseigner Aktivvermögen zugeführt wird, welches die Höhe des im Zeitpunkt des schädlichen Anteilseignerwechsels vorhandenen Aktivvermögens übersteigt. Dabei ist es ohne Bedeutung, ob die Zuführung durch Eigen- oder Fremdkapital finanziert wurde. Gesellschafterbürgschaften und Sicherheiten für Bankkredite durch Gesellschafter können dabei einer Zuführung gleichstehen.[171]

> **Hinweis:**
> Insb. das Kriterium der Zuführung überwiegend neuen Betriebsvermögens und die Art des zugeführten Vermögens ist höchst umstritten und wirft im Einzelnen äußerst schwierige Abgrenzungs-

---

164 BFH, BB 1990, 981; GewStR 1998, Abschnitt 68 Abs. 3 Nr. 1 bis 3; BB 1990, 981.
165 Entsprechende Anwendung der Regelung für gewerbesteuerliche Verlustvorträge, vgl. § 10a Satz 4 GewStG.
166 Vgl. allgemein Rödder/Hötzel/Müller-Thuns, Unternehmenskauf, Unternehmensverkauf, § 28 Rn. 65 ff.
167 BMF-Schreiben v. 16.4.1999, BStBl. 1999 I, S. 455 (Anwendungsschreiben zu § 8 Abs. Satz 4 KStG).
168 Bloß mittelbare Mehrheitswechsel sind unschädlich, vgl. BFH, BStBl. 2004 II, S. 616.
169 Finanzverwaltung: drei Jahre, BFH, DStR 2004, 1866.
170 Vgl. OFD Frankfurt v. 3.7.2000, FR 2000, 890.
171 BFH, BB 2002, 765; vgl. hierzu aber BMF, DStR 2002, 1048.

fragen auf.¹⁷² Wurden früher Preise von rund 15 % – 20 % des Verlustvortrages gezahlt, dürfte ein Kaufpreiszuschlag aufgrund vorhandener Verlustvorträge heute, auch in Anbetracht der Mindestbesteuerung nach § 10d EStG bei vielen Transaktionen nicht mehr gerechtfertigt sein. Für den Fall, dass der späteren Nutzung erworbener Verlustvorträge eine wichtige Rolle zukommt bzw. hierfür ein Kaufpreis gezahlt wird, ist zu erwägen, eine verbindliche Auskunft des Finanzamts einzuholen.¹⁷³ Ggf. sind an Stelle einer Veräußerung alternative Gestaltungsmodelle zu erwägen.¹⁷⁴

Hinzuweisen ist in diesem Zusammenhang noch auf die **Regelung des § 12 Abs. 3 Satz 2 UmwStG**. Danach ist der Übergang der von der verlustvortragenden Kapitalgesellschaft nicht verbrauchten körperschaftsteuerlichen Verlustvorträge auf die übernehmende Kapitalgesellschaft im Rahmen einer **Verschmelzung** unter gewissen Voraussetzungen ausgeschlossen.¹⁷⁵ Derartige Konstellationen spielen im Rahmen von post-akquisitorischen Umstrukturierungen eine Rolle, wenn die erworbene verlustvortragende Kapitalgesellschaft auf das Akquisitionsvehikel verschmolzen werden soll.¹⁷⁶ Durch das SEStEG soll mit Wirkung ab 1.1.2007 der Übergang des Verlustvortrages bei der Verschmelzung von Kapitalgesellschaften generell abgeschafft werden.

199

b) Abzug/Nutzung von Finanzierungskosten des Erwerbers

Regelmäßig ist der **Erwerb eines Zielunternehmens** zu einem größeren oder kleineren Teil **fremdfinanziert**, insb. durch die Inanspruchnahme von durch Fremdkapitalgeber (insb. Banken) ausgereichten Akquisitionskrediten. Die damit verbundenen Aufwendungen, insb. Finanzierungszinsen möchte der Erwerber zusammen mit sonstigen Transaktionskosten steuerlich geltend machen können.

200

Hinweis:

Die steuerliche Strukturierung muss daher so gestaltet sein, dass die Finanzierungskosten mit dem operativen Ergebnis der zu erwerbenden Gesellschaft in einer Steuerbasis verrechnet werden können.¹⁷⁷ Des Weiteren ist aus Sicht der finanzierenden Banken sicherzustellen, dass eine (möglichst steuerunschädliche) Besicherung der gewährten Fremdkredite durch die Vermögensgegenstände des erworbenen Unternehmens möglich ist.

aa) Asset Deal

Aufwendungen im Zusammenhang mit dem Erwerb eines Unternehmens im Rahmen eines Asset Deal sind grds. bei der Einkommen- bzw. Körperschaftsteuer **voll abzugsfähig**.¹⁷⁸ Insb. ist das hälftige Anzugsverbot des § 3c Abs. 2 EStG nicht anwendbar.¹⁷⁹

201

---

172 Bilanzielle versus gegenständliche Betrachtungsweise; Begriff des Aktivvermögens und Einbezug rein innenfinanzierter Vermögenszuführungen, vgl. insb. BFH, BStBl. 2002 II, S. 392 mit Nichtanwendungserlass der Finanzverwaltung, BMF v. 17.6.2002, BStBl. 2002 I, S. 629; BFH, BStBl. 2002 II, S. 395; BStBl. 2004 II, S. 1085; Frey/Weißgerber, GmbHR 2002, 135; Frotscher, DStR 2002, 10; Bock, GmbHR 2004, 1474; Neu/Watermeyer, DStR 2004, 2128; Herzig, MSIStR 24(2004), 37, 46 f.
173 Diese wird i.d.R. auch erteilt, vgl. Holzapfel/Pöllath, Unternehmenskauf, Rn. 155.
174 Siehe hierzu Holzapfel/Pöllath, Unternehmenskauf, Rn. 155; Beisel/Klumpp, Unternehmenskauf, Kap. 15 Rn. 169 m.w.N.
175 Entsprechende Anwendung für gewerbesteuerliche Verlustvorträge, vgl. § 19 Abs. 2 UmwStG.
176 Insb. bei durch Banken finanzierten Akquisitionen ist eine Verschmelzung zur Besicherung der Akquisitionsdarlehen durch direkten Zugriff auf die mittelbar erworbenen Vermögensgegenstände bzw. zur Zusammenführung und Verrechnung von Cashflow und Finanzierungsaufwendungen oft gewünscht.
177 Sog. Internalisierung von Finanzierungskosten.
178 Zu den Einschränkungen aus § 8a KStG vgl. unten Rn. 210.
179 Anders, d.h. Geltung von § 3c Abs. 2 EStG, soweit Kapitalgesellschaftsanteile im Betriebsvermögen (nur bei natürlichen Personen als Erwerber).

202 Die zur Finanzierung des Erwerbs des Betriebs einer **Einzelfirma** aufgenommenen Schulden werden durch die Passivierung als Verbindlichkeit auf Ebene der erwerbenden Gesellschaft mit den erworbenen Vermögensgegenständen und sonstigen Schulden konsolidiert. Da der erworbene Betrieb damit in einer rechtlichen Einheit/Steuerbasis mit der Finanzierung zusammenfällt, ist eine Verrechnung der Finanzierungskosten mit den operativen Gewinnen gewährleistet.

203 Die zur Finanzierung des Erwerbs einer **Personengesellschaft** aufgenommenen Schulden stellen passives Sonderbetriebsvermögen der erwerbenden Gesellschaft dar; sie werden in einer Sonderbilanz des erwerbenden Gesellschafters bei der erworbenen Personengesellschaft erfasst.[180] Der dem Erwerber zuzurechnende Gewinn aus der Mitunternehmerschaft wird hierbei durch die Finanzierungskosten gemindert.

204 Für **Zwecke der Gewerbesteuer** ist darauf hinzuweisen, dass es sich bei den Finanzierungszinsen regelmäßig um Dauerschuldzinsen handelt, mit der Folge der hälftigen Hinzurechnung der Zinsen für Gewerbesteuerzwecke (§ 8 Nr. 1 GewStG).

205 Eine **Sicherung der gewährten Fremdkredite** durch die erworbenen Vermögensgegenstände ist beim Erwerb von Einzelunternehmen und Anteilen an Personengesellschaften ohne weiteres möglich.

bb) Share Deal

206 Entgegen der vorteilhaften Situation beim Asset Deal, unterliegt beim Share Deal der steuerliche Abzug von Finanzierungskosten im Zusammenhang mit dem Erwerb der Anteile der zu erwerbenden Kapitalgesellschaft **Restriktionen** bzw. ist eine **Verrechnung mit den operativen Ergebnissen nicht ohne weitere Maßnahmen möglich**.

207 Beim **Erwerb durch natürliche Personen** (unmittelbar oder mittelbar über Personengesellschaften) unterliegen die Beteiligungserträge aus der erworbenen Kapitalgesellschaft dem Halbeinkünfteverfahren (§ 3 Nr. 40 lit. d – lit. h EStG). Korrespondierend können Finanzierungskosten daher bei der Ermittlung der Einkünfte nur zur Hälfte als Betriebsausgaben (Anteile im Betriebsvermögen) bzw. Werbungskosten (Anteile im Privatvermögen) abgezogen werden (§ 3c Abs. 2 EStG).[181]

208 Vorbehaltlich von Beschränkungen durch die Regelungen zur Gesellschafterfremdfinanzierung, können **Kapitalgesellschaften** als Erwerber demgegenüber die tatsächlich angefallenen Aufwendungen im Zusammenhang mit der Finanzierung des Erwerbs von Anteilen zu 100 % als Betriebsausgaben geltend machen, die erhaltenen Beteiligungserträge sind zu 95 % steuerbefreit. § 3c Abs. 1 EStG findet insoweit keine Anwendung (vgl. § 8b Abs. 5 EStG).

Soweit auf Ebene der erwerbenden Kapitalgesellschaft jedoch keine steuerpflichtigen Erträge entstehen (was aufgrund steuerbefreiter Beteiligungserträge der Fall ist), gehen die Zinsaufwendungen ins Leere, da sie mit keinen operativen, steuerpflichtigen Ergebnissen verrechenbar sind (es werden nur Verlustvorträge aufgebaut). Durch geeignete Maßnahmen sind daher die operativen Ergebnisse der erworbenen Kapitalgesellschaft mit dem Aufwand aus der Akquisitionsfinanzierung in einer Steuerbasis zum Zwecke der Herstellung der steuerlichen Verrechenbarkeit zusammenzuführen. Hierzu bietet sich vorrangig die **Herstellung einer** (körperschaft- und gewerbe-) **steuerlichen Organschaft** zwischen Erwerberkapitalgesellschaft als Organträger und Zielkapitalgesellschaft als Organgesellschaft an (§§ 14 ff. KStG). In diesem Fall werden die Einkünfte der Organgesellschaft auf deren Ebene festgestellt und für ertragsteuerliche Zwecke der Organträgerin zugerechnet. Die Besteuerung erfolgt demnach auf Ebene der Organträgerin auf konsolidierter Basis.

Als weitere Möglichkeiten zur Herstellung der steuerlichen Verrechenbarkeit bieten sich der **Formwechsel** der erworbenen Kapitalgesellschaft in eine Personengesellschaft oder die **Verschmelzung** der Zielgesellschaft auf die fremdfinanzierte Erwerberkapitalgesellschaft (sog. up stream merger, oder umgekehrt,

---

180 Zur Gewinnermittlung vgl. Schmidt/Wacker, EStG, § 15 Rn. 401 m.w.N.
181 Das hälftige Abzugsverbot besteht unabhängig davon, in welchem Veranlagungszeitraum die Einnahmen entstehen. Damit soll das sog. ballooning verhindert werden, also die Verlagerung von Ausgaben in Jahre ohne Dividendenausschüttungen.

sog. down stream merger) an. Welcher Weg gewählt wird, hängt im Wesentlichen von der steuerlichen und/oder handelsbilanziellen Konstellation im Einzelfall ab.

Beim **Erwerb von Personengesellschaftsanteilen** ergeben sich keine Besonderheiten, die Finanzierungskosten stellen hier ohne weiteres voll abziehbare Betriebsausgaben dar.[182]

209

cc) Einschränkung durch die Regelungen der Gesellschafterfremdfinanzierung

Für den Fall, dass es sich bei dem Erwerber um eine Kapitalgesellschaft handelt, kann die (steuerliche) Abzugsfähigkeit von Finanzierungskosten weiter erheblich durch die steuerlichen Regelungen zur **Gesellschafterfremdfinanzierung gemäß § 8a KStG eingeschränkt** sein (sog. thin cap rules). Dies betrifft vorrangig den Fall, dass das zur Finanzierung des Erwerbs benötigte Kapital durch den Gesellschafter neben Eigenkapitaldotierungen auch mittels Gesellschafterdarlehen zur Verfügung gestellt wird. In bestimmten Konstellationen können aber auch Bankfinanzierungen betroffen sein.

210

Dem Grundsatz nach werden durch § 8a KStG Vergütungen für nicht nur kurzfristig überlassenes Fremdkapital von steuerlich abzugsfähigen Betriebsausgaben **in steuerlich nicht abzugsfähige verdeckte Gewinnausschüttungen umqualifiziert**: Für die leistende Kapitalgesellschaft ist der Zinsaufwand nicht mehr abzugsfähig, während der Anteilseigner aus deutscher Steuersicht keine Zinseinnahmen, sondern Dividenden vereinnahmt, die der Kapitalertragsteuer unterliegen (20 % bzw. 25 %) und nach dem Halbeinkünfteverfahren besteuert werden.

Der **Tatbestand des § 8a KStG** ist grds. erfüllt, wenn

211

- der Darlehensnehmer eine (in- oder ausländische) Kapitalgesellschaft oder eine einer Kapitalgesellschaft nachgeschaltete Personengesellschaft (an der eine Kapitalgesellschaft allein oder zusammen mit ihr nahestehenden Personen unmittelbar oder mittelbar zu mehr als einem Viertel beteiligt ist) ist und
- der Darlehensgeber ein wesentlich (d.h. unmittelbar oder mittelbar zu mehr als 25 %) beteiligter Anteilseigner, eine diesem nahestehende Person i.S.d. § 1 Abs. 2 AStG oder ein Dritter (insb. Banken) ist, der auf einen wesentlich beteiligten Anteilseigner oder eine diesem nahestehende Person zurückgreifen kann und
- die Vergütung entweder
  - in einem Bruchteil des Kapitals bemessen (also festverzinslich) ist und der sog. safe haven (steuerlich zulässiges Verhältnis von anteiligem Eigen-[183] zu Fremdkapital) von 1: 1,5 überschritten wird, es sei denn, es gelingt der Nachweis, dass das Darlehen unter sonst gleichen Umständen von einem Dritten gewährt worden wäre (Entlastungsbeweis durch Drittvergleich[184]) oder
  - nicht in einem Bruchteil des Kapitals bemessen ist (also variabel verzinslich); ein safe haven oder Drittvergleich ist in letzterem Fall ausgeschlossen.

Dabei findet § 8a KStG keine Anwendung, wenn der Gesamtbetrag der Darlehensvergütungen 250.000 € p.a. nicht übersteigt (echte Freigrenze). Ferner gelten bei sog. Holdinggesellschaften Sonderregelungen.

> **Hinweis:**
> Soweit das zugrunde liegende Darlehen das 1,5-fache des anteiligen Eigenkapitals des Gesellschafters zum letzten Bilanzstichtag der erwerbenden Kapitalgesellschaft übersteigt, sind die darauf gezahlten **Zinsen** nicht abzugsfähig. Bei der Strukturierung der Transaktion ist daher darauf zu achten, dass das Wirtschaftsjahr der Erwerbsgesellschaft kurz nach Ausstattung mit Gesellschaftsmitteln en-

---

182 Abzugsbeschränkungen können sich jedoch u.U. bei Vorliegen von Überentnahmen nach § 4 Abs. 4a EStG ergeben.
183 Das anteilige Eigenkapital ergibt sich aus der Handelsbilanz zum Schluss des dem Jahr der Zinsaufwendungen vorangegangenen Wirtschaftsjahres gewichtet mit dem prozentualen Anteil des betroffenen Anteilseigners am Nominalkapital.
184 Maßgeblicher Zeitpunkt zur Führung des Beweises für die Fremdüblichkeit ist der Zeitpunkt der Darlehensgewährung, vgl. BFH, DStR 2005, 693.

> det. Des Weiteren ist zu bedenken, dass das bilanzielle Eigenkapital außer bei Holdinggesellschaften um den Buchwert von Beteiligungen an Kapitalgesellschaften zu kürzen ist. Da zum Erwerb oft reine Akquisitionsvehikel eingesetzt werden, verfügen diese nur dann über einen safe haven, wenn sie über einen Holdingstatus i.S.d. § 8a KStG verfügen.[185]

212 Es ist darauf hinzuweisen, dass verschiedene Einzelfragen und Rechtsfolgen des § 8a KStG bisher nicht abschließend geklärt und höchst umstritten[186] sind. Vor allem zu Fragen der **Darlehensgewährung durch Dritte** hat die Finanzverwaltung durch einige BMF-Schreiben Stellung genommen.[187] Eine relevante Rückgriffsmöglichkeit soll bei Darlehensgewährung durch Dritte, also insb. Banken nur dann bestehen, wenn der Dritte einen rechtlichen Anspruch (insb. aufgrund Bürgschaft bzw. Garantieerklärung) gegen den Anteilseigner hat; zudem wird die Möglichkeit eines Gegenbeweises eingeräumt.[188]

Die Problematik des § 8a KStG wird in Zukunft ggf. durch Einführung einer allgemeinen Zinsschranke abgelöst werden, die im Zuge der Unternehmenssteuerreform ab 2008 eingeführt werden soll.[189]

c) Verkehrsteuern

213 Neben der ertragsteuerlichen Belastung kann ein Erwerbsvorgang auch noch zu **Verkehrsteuern** führen. Deren Steuerfolgen sprechen i.d.R. für einen Share Deal.[190]

aa) Grunderwerbsteuer

214 Gehören zu dem im Rahmen eines Asset Deal erworbenen Betrieb oder Teilbetrieb Grundstücke, löst der **Direkterwerb** grds. Grunderwerbsteuer in Höhe von 3,5 % des (anteiligen) Kaufpreises aus (§§ 1, 11 Abs. 1 GrEStG). In der Praxis wird regelmäßig vereinbart, dass die Grunderwerbsteuer von dem Erwerber getragen wird.

215 Beim Erwerb von Anteilen an grundstückhaltenden Personengesellschaften kann eine Grunderwerbsteuerpflicht gegeben sein, wenn durch die Transaktion innerhalb von fünf Jahren unmittelbar oder mittelbar mindestens 95 % der Anteile am Gesellschaftsvermögen der Personengesellschaft auf neue Gesellschafter übergehen (§ 1 Abs. 2a GrEStG). Zudem führt der Erwerb oder die Vereinigung von mindestens 95 % der Anteile an einer Personen- wie Kapitalgesellschaft (unmittelbar oder mittelbar) in der Hand des Erwerbers (der schon zuvor Gesellschafter gewesen sein kann) zu einem steuerpflichtigen Erwerb (§ 1 Abs. 3 GrEStG). Der Steuersatz beträgt wie beim Direkterwerb ebenfalls 3,5 %, jedoch bezogen auf den (auch heute noch oft günstigeren) steuerlichen Bedarfswert (§ 138 Abs. 2, Abs. 3 BewG).

> **Hinweis:**
> Da auf Seiten der Finanzverwaltung mittelbar gehaltene Beteiligungen unter Umständen nur bei Beherrschung auf die 95 %- Grenze zum Ansatz gebracht werden, sind auch Erwerbe von deutlich mehr als 95 % ohne Auslösen von Grunderwerbsteuer möglich. Zumindest im Rahmen post-akquisitorischer Umstrukturierungen sollte eine weitere Grunderwerbsteuerbelastung vermieden werden.

---

185 Zu Umgehungsgestaltungen vgl. Salzmann/Lohse, DStR 2004, 1941 ff.
186 Vgl. zum Ganzen auch die ausführliche und instruktive Kommentierung zu § 8a KStG n.F. von Dötsch/Pung, in: Dötsch/Eversberg/Pung/Witt, KStG, § 8a n. F. Rn. 124 ff.; Blümlich/Menck, EStG/KStG, § 8a KStG Rn. 9 ff., 41 ff., 171 ff.; vgl. auch Widmann/Füger/Rieger, Gesellschafter-Fremdfinanzierung, S. 669 Rn. 16; Blumers/Görg/Tiede, BB 2004, S. 631 ff.
187 BMF-Schreiben v. 15.7.2004, BStBl. I, S. 593; v. 22.7.2005, BStBl. I, S. 829; v. 20.10.2005, DB 2005, 2494; bis zum Erlass eines neuen umfassenden Schreibens zu § 8a KStG gilt im Übrigen das BMF-Schreiben v. 15.12.1994, BStBl. I, S. 25 ff.
188 BMF-Schreiben v. 15.7.2004, BStBl. I, S. 593, Rn. 19 ff.; vgl. zu Fragen der vom Gesellschafter besicherten Dritt-Finanzierung im Übrigen Dörr/Schreiber, DStR 2005, 1025, 1206 ff.
189 Vgl. hierzu jüngst Herzig, DB 2007, 1 ff.
190 Holzapfel/Pöllath, Unternehmenskauf, Rn. 174.

bb) Umsatzsteuer

Umsatzsteuerlich stellt der Verkauf eines Unternehmens im Ganzen bzw. eines gesondert geführten Betriebs (Teilbetriebs) eine **nicht steuerbare Geschäftsveräußerung** i.S.v. § 1 Abs. 1a UStG dar;[191] dabei gilt ein sehr weiter umsatzsteuerlicher Unternehmensbegriff. Vorausgesetzt ist die Übertragung der wesentlichen Betriebsgrundlagen.[192] Des Weiteren muss der Erwerber Unternehmer i.S.d. Umsatzsteuerrechts sein und das Unternehmen für den Betrieb seines Unternehmens erworben haben; wobei es ausreicht, dass der mit dem Erwerb erst die unternehmerische Tätigkeit des Erwerbers beginnt.[193] Anderenfalls stellt die Veräußerung einer umsatzsteuerbare Leistung auf Seiten des Veräußerers dar.

Dabei ist jedoch zu beachten, dass dies nur gilt, wenn ein **Erwerbsvehikel** eingesetzt wird. Bei mehreren Erwerbsvehikeln kann § 1 Abs. 1a UStG unter Umständen nicht mehr einschlägig sein.

Der Verkauf von Gesellschaftsrechten ist (obgleich steuerbar) stets umsatzsteuerfrei (§ 4 Nr. 8 lit e, lit f UStG); dies gilt grds. auch für den Verkauf aller Anteile an einer Personengesellschaft.[194]

> **Hinweis:**
> Aufgrund des hohen Risikos einer Fehlbeurteilung (19 % des Kaufpreises als echte verlorene Mehrkosten) sollten die Parteien im Rahmen eines Asset Deal durch geeignete vertragliche Regelungen von vornherein sicherstellen, was im Fall einer Fehlbeurteilung der umsatzsteuerlichen Situation gilt. Selbst für den Fall einer gegenteiligen irrigen Annahme der Parteien gilt regelmäßig der im Vertrag ausgewiesene Kaufpreis als Bruttopreis;[195] der Veräußerer kann allenfalls versuchen, sich durch Berufung auf den Wegfall der Geschäftsgrundlage schadlos zu halten. Ganz allgemein ist demnach die Aufnahme einer Klausel zu empfehlen, wonach alle vergütungsrelevanten Beträge sich als Nettobeträge verstehen und sich bei einer etwaigen Umsatzsteuerpflicht um eine ggf. anfallende Mehrwertsteuer erhöhen.[196]

4. Allokation von steuerlichen Risiken/Haftung in der Vertragsgestaltung

a) Asset Deal

Wie bereits ausführlich dargestellt, haftet der Erwerber im Rahmen eines Asset Deal gemäß § 75 AO für **bestimmte Betriebssteuern und Steuerabzugsbeträge** (siehe Rn. 110 ff.).

Der Erwerber wird i.d.R. eine derartige Haftung durch **geeignete Maßnahmen vermeiden** wollen. Ein vertraglicher Haftungsausschluss kommt dabei, jedenfalls mit Wirkung gegenüber dem Finanzamt, nicht in Betracht, da es sich bei § 75 AO um eine zwingende Haftungsnorm handelt. Daher wird sich der Erwerber i.d.R. auf erstes Anfordern von dem Veräußerer für den Fall einer Inanspruchnahme unter der Norm freistellen lassen.

b) Share Deal

Bei einem Share Deal finden sich in Rahmen der Vertragsgestaltung i.d.R. an zwei Stellen Regelungen zur **Allokation/Behandlung von steuerlichen Risiken**.

---

191 Stattdessen rückt der Erwerber in die umsatzsteuerliche Position des Veräußerers ein, vgl. §§ 1 Abs. 1a Satz 3, 15a Abs. 1 UStG.

192 U.U. auch im Fall der bloßen langfristigen Verpachtung oder Vermietung einzelner wesentlicher Betriebsgrundlagen, vgl. BFH, BStBl. 2004 II, S. 662; BStBl. 1999 II, S. 41, 43; UStR 2005, Abschnitt 5 Abs. 1 Satz 7 und Satz 8.

193 UStR 2005, Abschnitt 5 Abs. 1 Satz 3.

194 BFH, BStBl. I, 1988 S. 92; zu weiteren umsatzsteuerlichen Fragestellungen im Zusammenhang mit Unternehmenskäufen vgl. Holzapfel/Pöllath, Unternehmenskauf, Rn. 790 ff.

195 BGH, DB 1982, 1003.

196 Vgl. auch zum Ganzen Holzapfel/Pöllath, Unternehmenskauf, Rn. 790, 794.

- Zum einen wird der Veräußerer dem Erwerber regelmäßig in Form einer Garantie die ordnungsgemäße Erfüllung der formellen Steuerpflichten (Melde-, Mitteilungs- und Zahlungspflichten aus dem Steuer- und Abgabeverhältnis der Gesellschaft) bis zum relevanten Stichtag garantieren müssen.

  Diese Garantie unterfällt mit Ausnahme der Verjährung regelmäßig dem allgemein zwischen Veräußerer und Erwerber vereinbarten vertraglichen Haftungsregime für Garantien. Abweichend davon knüpft die Verjährungsregelung den Beginn der Verjährung in aller Regel an das Vorliegen der materiell und formell bestandskräftigen Bescheide für die betreffenden von der Garantie erfassten Veranlagungszeiträume. Die Verjährungsfrist sollte demnach erst mit Zugang des aufgrund angeschlossener Betriebsprüfung ergehenden, nicht mehr unter dem Vorbehalt der Nachprüfung stehenden endgültigen Steuerbescheides beginnen. Sie beträgt i.d.R. zwischen drei und sechs Monaten.

- Zum anderen wird sich der Erwerber darüber hinaus von dem Veräußerer eine **Freistellung** einräumen lassen für materielle Mehrsteuern für alle abgelaufenen Zeiträume (einschließlich des laufenden Jahres) bis zum relevanten Stichtag. Der Grund hierfür liegt darin, dass Steuerbescheide i.d.R. unter dem Vorbehalt der Nachprüfung ergehen und für die vor dem relevanten Stichtag abgelaufenen Veranlagungszeiträume nicht durch eine Betriebsprüfung bestätigt worden sind. Diese Freistellung unterliegt i.d.R. nicht den für die vertraglichen Garantien eingeräumten Beschränkungen, d.h. es gelten weder Freibetrag/Freigrenze noch eine Haftungsbeschränkung der Höhe nach. Zur Verjährung gilt das zu der Steuergarantie ausgeführte. Der Veräußerer wird dagegen regelmäßig die durch die Mehrsteuern in Perioden vor dem Stichtag ggf. ausgelösten Mindersteuern für Perioden nach dem Stichtag schadensmindernd in Anschlag bringen wollen (und sonstige aus der Periodenverschiebung resultierende Effekte) sowie keine Haftung akzeptieren, soweit in einem relevanten (Stichtags-) Abschluss entsprechende Rückstellungen vorgesehen sind.

C. Insolvenzrechtliche Bezüge beim Unternehmenskauf

I. Allgemeines zum Erwerb in Krise und Insolvenz

220 Die Gründe dafür, dass ein Unternehmen in die Krise gerät, die in vielen Fällen in der Insolvenz endet, sind vielfältig und von vornherein in ihren Auswirkungen häufig nicht abschätzbar.[197] Aus Sicht des Unternehmers bieten sich zur Bewältigung der Unternehmenskrise **unterschiedliche Instrumentarien** an. Neben der oft sehr kostspieligen Schließung des Unternehmens im Verbund mit einer stillen Liquidation oder der außergerichtlichen Sanierung steht insb. der Verkauf des Unternehmens oder von Teilen des Unternehmens im Fokus der Überlegungen. Demgegenüber bietet die Krisensituation und aus dieser heraus ggf. das Insolvenzverfahren einem Erwerber häufig die Möglichkeit, ein Unternehmen zu einem Bruchteil des eigentlichen Marktpreises zu erwerben.

221 Auch im Insolvenzverfahren kommt der Verkauf bzw. der Erwerb eines Unternehmens dabei grds. in der Form eines Share Deals oder eines Asset Deals in Betracht.

- Bei einem **Share Deal** werden die Anteile des insolventen bzw. kurz vor der Insolvenz stehenden Rechtsträgers erworben, einschließlich der Verbindlichkeiten. Durch den Erwerb wird die Unternehmenskrise nicht behoben bzw. der Insolvenzgrund nicht beseitigt; vielmehr müssen entweder die Gläubiger auf ihre Forderungen ganz oder teilweise (ggf. gegen Besserungsschein) verzichten[198] bzw. diese langfristig stunden oder der Erwerber muss eigene Mittel zur Beseitigung des Insolvenzgrundes bzw. zur Aufhebung der Krise aufwenden.

- Da der Erwerber jedoch in der Regel nur die Wirtschaftsgüter des Unternehmens, nicht jedoch die Verbindlichkeiten übernehmen will, stellt der **Asset Deal** die gängige Form der Übertragung des Un-

---

[197] Neben endogenen Faktoren wie fehlerhafte Unternehmensplanung oder Auseinandersetzungen im Gesellschafterkreis kommen auch exogene Faktoren wie Kriege und Naturkatastrophen in Betracht.

[198] In Betracht kommt auch die Umwandlung von Forderungen in Eigenkapital im Wege eines sog. Debt Equity Swaps.

ternehmens im Umfeld der Insolvenz dar.[199] In diesem Fall spricht man von einer sog. „übertragenden Sanierung" (da im Unterschied zum Unternehmenskauf außerhalb von Krise und Insolvenz nur die Aktivgüter, getrennt von den Verbindlichkeiten, die beim Schuldner verbleiben, erworben werden). Diese ist den folgenden Ausführungen als Annahme zugrunde gelegt.

Das gleiche Ziel (Erwerb der Wirtschaftsgüter, aber nicht der Verbindlichkeiten) wird im Übrigen auch in der folgenden alternativen Konstruktion[200] erreicht: Der Insolvenzverwalter errichtet eine zur Masse gehörende sog. **Betriebsübernahmegesellschaft** und überträgt dieser die Wirtschaftsgüter des Unternehmens (typischerweise ohne Verbindlichkeiten). Anschließend verkauft er die Beteiligung im Wege eines Share Deal an einen Erwerber. Der Vorteil liegt hierbei darin, dass zum einen das Unternehmen bzw. zumindest ein wesentlicher Teil davon erhalten bleibt, zum anderen, dass auf diese Weise ein höherer Kaufpreis erzielt werden kann als bei einer Einzelveräußerung der zum Unternehmen gehörenden Wirtschaftsgüter.

II. Erwerb im Insolvenzeröffnungsverfahren

Ist ein **Antrag auf Eröffnung des Insolvenzverfahrens** gestellt worden, prüft das Insolvenzgericht im Rahmen des sog. Eröffnungsverfahrens, ob die Voraussetzungen für die Eröffnung des Verfahrens vorliegen, insb., ob ausreichend freie Masse zur Deckung der Kosten eines Insolvenzverfahrens vorhanden, der Antrag begründet und ein Insolvenzgrund gegeben ist. Zur Sicherung des Unternehmensvermögens kann das Insolvenzgericht die in § 21 InsO angeführten Sicherungsmaßnahmen anordnen; insb. wird im Rahmen von Unternehmensinsolvenzen häufig ein vorläufiger Insolvenzverwalter bestellt (vgl. §§ 21 Abs. 2 Nr. 1, 22 InsO).[201] Dadurch soll das Unternehmen in seiner Gesamtheit erhalten und eine potenzielle Sanierung nicht durch eine frühzeitige Zerschlagung des Unternehmens verhindert werden.

222

1. Zulässigkeit

Die Zulässigkeit und das ggf. **einzuhaltende Verfahren bei Erwerb eines Unternehmens im Rahmen des Insolvenzeröffnungsverfahrens** sind stark umstritten.

223

De lege lata ist gemäß § 159 InsO eine Verwertung der Insolvenzmasse und damit auch eine übertragende Sanierung erst nach dem sog. Berichtstermin und damit in jedem Fall erst nach Eröffnung des Insolvenzverfahrens zulässig.

Demgemäß wird von einer starken Meinung in der Lit. teilweise ein Unternehmenserwerb im Insolvenzeröffnungsverfahren grds. für unzulässig gehalten.[202] Der BGH hat sich noch unter Geltung der Konkursordnung für die grds. Unzulässigkeit der Veräußerung im Eröffnungsverfahren ausgesprochen, gleichzeitig aber offen gelassen, ob eine Ausnahme zu rechtfertigen sein kann, wenn die Sicherung des Schuldnervermögens im Hinblick auf die als gewiss vorauszusehende Eröffnung des Konkursverfahrens dies zwingend gebietet, wozu allerdings nicht ausreichen kann, dass das Unternehmen verlustbringend ist.[203]

Dem haben sich **einzelne Instanzgerichte** (allerdings sämtlich noch zur Konkursordnung) angeschlossen, wenn die Veräußerung eine wirtschaftlich vernünftige, im Interesse der Konkursgläubiger geradezu zwingend gebotene Maßnahme zur Sicherung des Schuldnervermögens darstellt.[204]

224

---

199 Wellensiek, WM 1999, 408.
200 Rödder/Hötzel/Müller-Thuns, Unternehmenskauf, Unternehmensverkauf, § 17 Rn. 43 ff.; hierzu grundlegend: Groß, Sanierung durch Fortführungsgesellschaften, Kap. X Rn. 1 ff.
201 Wird dem Schuldner ein allgemeines Verfügungsgebot nach § 21 Abs. 2 Nr. 2, 1. Alt. InsO auferlegt und geht damit die Verwaltungs- und Verfügungsbefugnis über das Vermögen des Schuldners vollständig auf den vorläufigen Insolvenzverwalter über, spricht man von einem sog. starken vorläufigen Insolvenzverwalter; ist dies nicht der Fall, handelt es sich um einen sog. schwachen vorläufigen Insolvenzverwalter.
202 Abschlussbericht der Bund-Länder-Arbeitsgruppe „Insolvenzrecht" v. 12.6.2002, S. 74; Kübler/Prütting/Pape, InsO, § 22 Rn. 19; Gravenbrucher Kreis, ZIP 2003, 1220; Vallender, GmbHR 2004, 543, 545.
203 BGH, ZIP 1988, 727.
204 OLG Düsseldorf, ZIP 1992, 344, 346; OLG Köln, ZIP 1992, 563; OLG Hamm, WM 1995, 129.

225 Teilweise wird die **Zulässigkeit nach der Stellung des vorläufigen Insolvenzverwalters** unterschiedlich beurteilt:
- Mit Verweis auf § 22 Abs. 1 Satz 2 Nr. 2 InsO,[205] wonach das Unternehmen des Schuldners bis zur Entscheidung über die Eröffnung des Insolvenzverfahrens fortzuführen ist, ist nach herrschender Ansicht der sog. **starke vorläufige Insolvenzverwalter** zu Verwertungsmaßnahmen nach derzeit geltender Rechtslage nicht befugt.[206]

226 Nach dem Ende April 2003 vorgelegten **Entwurf eines Gesetzes zur Änderung der Insolvenzordnung** sollte § 22 Abs. 1 Nr. 2 InsO dahingehend erweitert werden, dass, ebenso wie die Stilllegung, die Veräußerung eines Unternehmens mit Zustimmung des Insolvenzgerichts möglich ist, um eine erhebliche Verminderung des Vermögens zu vermeiden.[207] Nach erheblicher Kritik[208] an diesem Vorhaben hat der zwischenzeitlich vorgelegte Referentenentwurf[209] die Möglichkeit der Unternehmensveräußerung durch den starken vorläufigen Verwalter wieder fallen gelassen.[210]

- Ist ein sog. schwacher vorläufiger Verwalter bestellt, bleibt der Schuldner weiter verfügungsbefugt, der Verwalter hat hier grds. keine Rechtsmacht zum Vertragsschluss. Allerdings bedarf die Übertragung der einzelnen Wirtschaftsgüter im Fall einer Veräußerung der Zustimmung des Insolvenzverwalters (vgl. §§ 21 Abs. 2 Nr. 2, 2. Alt., 24, 81 InsO).

227 Hinzuweisen ist in diesem Zusammenhang allerdings noch auf **zwei Entscheidungen**: Mit Urt. v. 18.7.2002[211] hat der BGH entschieden, dass der vorläufige Insolvenzverwalter (auch ohne allgemeines Verfügungsverbot, aber in Verbindung mit dem Erlass eines besonderen Verfügungsverbots) ermächtigt werden kann, einzelne, im Vorhinein spezifizierte Verpflichtungen zulasten der späteren Masse einzugehen. Dieser Richtung folgend hat das AG Duisburg in seinem Beschl. v. 28.7.2002[212] im Wege eines besonderen Verfügungsverbots dem vorläufigen (schwachen) Insolvenzverwalter die alleinige rechtliche Verfügungsbefugnis über Teilbereiche des Schuldnervermögens übertragen, insb. die Veräußerung eines Konzerngeschäftsbereichs einschließlich Abschluss der entsprechenden Verträge.

> **Hinweis:**
> In Anbetracht der bestehenden Unsicherheiten wird in der Praxis in diesen Fällen weiter mit Hilfslösungen operiert werden müssen.[213] Sollen Unternehmenskaufverträge bereits im Eröffnungsverfahren abgeschlossen werden, können diese unter die aufschiebende Bedingung der Verfahrenseröffnung und der Bestellung des vorläufigen Verwalters zum Insolvenzverwalter gestellt werden.

---

205 § 22 Abs. 1 InsO findet nur auf den sog. starken vorläufigen Insolvenzverwalter Anwendung.
206 BGH, ZIP 2003, 632, 634 f.; NJW 2001, 1496, 1497; Kübler/Prütting/Onusseit, InsO, § 159 Rn. 5; Vallender, GmbHR 2004, 543, 544 m.w.N.; a.A. unter Verweis auf das Interesse der Gläubiger an einer optimalen Befriedigung Kammel, NZI 2000, 102, 103; Menke, NZI 2003, 525; ders., BB 2003, 1133.
207 Vgl. hierzu auch Vallender/Fuchs, NZI 2003, 292.
208 Pape, ZInsO 2003, 389, 391; Kübler/Prütting/Pape, InsO, § 21 Rn. 9 ff.
209 Referentenentwurf des BMJ: Entwurf eines Gesetzes zur Änderung der InsO, des BGB und anderen Gesetzen v. 16.9.2004.
210 Siehe aber auch zur Gleichstellung des starken und schwachen vorläufigen Verwalters nach dem Entwurf der Bundesregierung eines Gesetzes zum Pfändungsschutz der Altersvorsorge und zur Anpassung des Rechts der Insolvenzanfechtung, BR-Drucks. 618/05; krit.: Vallender, NZI 2005, 599 m.w.N.
211 BGH, ZIP 2002, 1625, 1629.
212 *AG Duisburg*, NZI 2002, 614 (Verfahren Babcock-Borsig).
213 Vgl. Holzapfel/Pöllath, Unternehmenskauf, Rn. 128a.

2. Risiken

a) Volles Haftungsregime

Bei einem Erwerb des Unternehmens vor Eröffnung der Insolvenz greift das allgemeine im Rahmen eines Asset Deal anzuwendende **zivilrechtliche Haftungsregime** ohne irgendwelche Einschränkungen. Damit haftet der Erwerber bei Firmenfortführung für die betrieblichen Schulden nach § 25 HGB,[214] die Arbeitsverhältnisse gehen nach § 613a BGB ohne Haftungsbeschränkung über.[215] Lediglich die Haftung für Steuerschulden des Schuldners nach § 75 AO ist aufgrund der von der Rspr. vorgenommenen entsprechenden Anwendung der Haftungsfreistellung des § 75 Abs. 2 AO auf den Zeitraum des Insolvenzeröffnungsverfahrens ausgeschlossen.[216]

228

b) Anfechtung gemäß §§ 129 ff. InsO

Weiter besteht die Gefahr der Anfechtung des vor Eröffnung des Insolvenzverfahrens abgeschlossenen (und vollständig erfüllten) Unternehmenskaufvertrages durch den (endgültigen) Insolvenzverwalter[217] gemäß §§ 129 ff. InsO.[218]

229

aa) Zulässigkeit

Eine **Anfechtung von Rechtshandlungen des vorläufigen schwachen Insolvenzverwalters** durch den Insolvenzverwalter (selbst im Fall von Personenidentität)[219] ist, soweit sie dem Schuldner zurechenbar sind, grds. zulässig.[220] Damit sind Veräußerungen, denen ein solcher Verwalter zugestimmt hat, anfechtbar.

230

Eine **Anfechtung scheidet jedoch aus**, wenn mit der anzufechtenden Rechtshandlung eine Masseverbindlichkeit nach § 55 Abs. 2 InsO begründet worden ist.[221] **Nicht anfechtbar** sind demnach nach der überwiegenden Ansicht in der Lit.[222] grds. Rechtshandlungen eines sog. starken vorläufigen Verwalters,[223] ausnahmsweise jedoch auch Rechtshandlungen eines sog. schwachen Verwalters, soweit er diesbezüglich zur Begründung einer Masseverbindlichkeit vom Insolvenzgericht ermächtigt wurde.[224]

231

> **Hinweis:**
> Soweit ein Erwerb vom vorläufigen Insolvenzverwalter erfolgt, ist darauf zu achten, dass es sich (ungeachtet der Frage der grds. Zulässigkeit) entweder um einen sog. starken vorläufigen Verwalter handelt oder der vorläufige schwache Verwalter hinsichtlich der Veräußerung vom Insolvenzgericht

---

214 Vgl. BGH, ZIP 1992, 338 für den Fall der Unternehmensveräußerung im Insolvenzverfahren, wenn der Veräußerung keine Insolvenzeröffnung folgt.
215 Insb. ist die Rspr. des BAG zur teleologischen Reduktion des § 613a BGB (BAG, NZI 2003, 222, 225) im Insolvenzverfahren nicht auf eine Veräußerung des Unternehmens vor Insolvenzeröffnung anzuwenden. Dies kann z.B. zu Ansprüchen der Bundesagentur für Arbeit auf Erstattung von Insolvenzausfallgeld führen!
216 BFH, BStBl. II, S. 765.
217 Bzw. durch Gläubiger des Schuldners nach den Vorschriften des Anfechtungsgesetzes, sollte das Verfahren nicht eröffnet werden.
218 Die Ausführungen über die §§ 129 ff. InsO gelten insb. auch für Fälle des Unternehmenskaufs während der Krise für die Zeit vor Stellung eines Insolvenzantrages.
219 BGH, ZIP 2003, 420; Pape, NJW 2003, 2502, 2506.
220 BGH, NZI 2005, 218, 219; OLG Stuttgart, ZIP 2002, 1900, 1901; Uhlenbruck/Hirte, InsO, § 129 Rn. 17.
221 Der Grund hierfür liegt darin, dass das Vertrauen in die Handlungen eines mit einer allgemeinen bzw. speziellen Verfügungsbefugnis ausgestatteten Verwalters gestärkt werden soll; könnten die Masseverbindlichkeiten nach Insolvenzeröffnung wieder durch Anfechtung beseitigt werden, wäre die Regelung sinnlos.
222 Kirchhof, ZInsO 2000, 297; HK-InsO/Eickmann, § 129 Rn. 31.
223 Höchstrichterlich ist diese Frage noch nicht entschieden.
224 BGH, NZI 2002, 543.

> zur Begründung einer Masseverbindlichkeit ermächtigt wurde. In diesen Fällen ist das Risiko einer Anfechtbarkeit nach §§ 129 ff. InsO ausgeschlossen.

bb) Relevante Anfechtungstatbestände

232 In der Praxis sind im Zusammenhang mit einem Asset Deal insb. die **Anfechtungstatbestände der §§ 132 Abs. 1 Nr. 1 und 133 InsO** zu beachten.[225]

233 Gemäß § 132 Abs. 1 Nr. 1 InsO kann der Unternehmenskaufvertrag angefochten werden, wenn hierdurch die Gläubiger unmittelbar benachteiligt werden, der betreffende Vertrag drei Monate vor dem Antrag auf Eröffnung des Insolvenzverfahrens abgeschlossen wurde, zur Zeit des Kaufvertragsschlusses der spätere Gemeinschuldner zahlungsunfähig war und der Erwerber zu dieser Zeit die Zahlungsunfähigkeit kannte. Eine **unmittelbare Gläubigerbenachteiligung** im Sinne dieser Vorschrift liegt vor, wenn sich auf Grundlage einer wirtschaftlichen ex-post Betrachtung die Befriedigungsmöglichkeit der Insolvenzgläubiger aus der Insolvenzmasse ohne das anfechtbare Rechtsgeschäft günstiger gestaltet hätte. Die Bedeutung der Anfechtung nach § 132 InsO liegt vor allem darin, dass im Fall der erfolgreichen Anfechtung die vertragliche Grundlage für die zur Erfüllung des Vertrages vorgenommenen Verfügungen beseitigt wird; dies begründet die **Inkongruenz** dieser Leistungen und damit die erleichterte Anfechtbarkeit (vgl. § 131 Abs. 1 Nr. 1 InsO).

Nur für den Fall des sog. **Bargeschäftes** kann allgemein eine Anfechtbarkeit ausgeschlossen werden (§ 142 InsO). Ein solches liegt nur dann vor, wenn der Schuldner für die Veräußerung des Unternehmens in unmittelbar zeitlichem Zusammenhang eine angemessene, gleichwertige Gegenleistung (Marktwert) erhalten hat.[226]

> **Hinweis:**
> Die in Unternehmenskauftransaktionen häufig vereinbarten Kaufpreiseinbehalte bzw. gestreckten Zahlungsvorgänge sind in Hinblick auf das Kriterium der Unmittelbarkeit als problematisch anzusehen. Weiter fehlt es im Fall einer teilweisen Übernahme von Verbindlichkeiten durch den Erwerber unter Anrechnung auf den Kaufpreis grds. an dem Kriterium der Gleichwertigkeit;[227] zudem kann dadurch der Grundsatz der Gleichbehandlung der Insolvenzgläubiger verletzt sein.[228] Es ist daher in solchen Fällen zu empfehlen, einen sofort fälligen Barkaufpreis in voller Höhe zu vereinbaren[229] und keine Verbindlichkeiten des Unternehmens/Schuldners zu übernehmen.

234 Als weiterer relevanter Anfechtungstatbestand ist noch § 133 InsO zu erwähnen, wonach ausnahmsweise sogar ein Bargeschäft i.S.d. § 142 InsO anfechtbar sein kann. Diese Regelung betrifft den Fall der **vorsätzlichen Gläubigerbenachteiligung**. Ein solcher Vorwurf steht insb. dann im Raum, wenn sich zu einem späteren Zeitpunkt herausstellt, dass andere Interessenten im Laufe des Insolvenzverfahrens einen höheren Preis für das Unternehmen zu zahlen bereit gewesen wären.

> **Hinweis:**
> Um das Risiko einer Anfechtung hier weitestgehend auszuschließen, sollte der vertraglich vereinbarte Kaufpreis auf Grundlage gutachterlich ermittelter Werte, vorzugsweise mittels Durchführung eines Bieterverfahrens bestimmt werden.

---

225 Rödder/Hötzel/Müller-Thuns, Unternehmenskauf, Unternehmensverkauf, § 17 Rn. 9 f.
226 Die Beweislast für die fehlende Gleichwertigkeit von Leistung und Gegenleistung liegt beim Insolvenzverwalter.
227 Vgl. Wessels, ZIP 2004, 1245.
228 Rödder/Hötzel/Müller-Thuns, Unternehmenskauf, Unternehmensverkauf; § 17 Rn. 11 f.
229 Holzapfel/Pöllath, Unternehmenskauf, Rn. 129h.

c) Erstattungsansprüche

Im Fall einer wirksamen Anfechtung ist gemäß § 143 Abs. 1 InsO das **Unternehmen** als solches vom Erwerber **zurückzugewähren**.[230] Der Umfang des Anspruchs entspricht dabei dem Verlust, den die Insolvenzmasse durch die angefochtene Rechtshandlung erlitten hat, nicht aber der Bereicherung beim Anfechtungsgegner.

235

Hatte der Erwerber im Rahmen einer nach § 132 InsO erfolgreichen Anfechtung[231] den **Kaufpreis** bereits geleistet, ist zu unterscheiden:

236

Soweit dieser in der Insolvenzmasse **noch unterscheidbar vorhanden** ist oder soweit die Masse wertmäßig um diesen Wert bereichert ist, hat der Erwerber einen Anspruch auf Rückerstattung gemäß § 144 Abs. 2 Satz 1 InsO. Der entsprechende Anspruch stellt eine Masseforderung i.S.d. § 55 Abs. 1 Nr. 3 InsO dar.

Soweit eine **Unterscheidbarkeit** oder (auch anteilige) Bereicherung **nicht gegeben** ist, ist in Höhe der noch vorhandenen Bereicherung Wertersatz zu leisten; die entsprechende Forderung kann der Erwerber jedoch nur als Insolvenzgläubiger i.S.d. § 38 InsO (mit dem Verweis auf die Quote!) geltend machen (vgl. § 144 Abs. 2 Satz 2 InsO).

> **Hinweis:**
>
> In Hinblick auf das Ausfallrisiko sollte im Fall des Abschlusses einer anfechtungsgefährdeten Transaktion vor Insolvenzeröffnung der Kaufpreis zur Absicherung des Rückgewähranspruches aus § 144 InsO für einen Zeitraum von drei Monaten und einem Tag (Anfechtungszeitraum § 132 InsO) bzw. bis zur Genehmigung durch die entsprechenden Gläubigergremien im Insolvenzverfahren von dem sonstigen Vermögen des Gemeinschuldners unterscheidbar (etwa auf einem Treuhandkonto) verwahrt werden.

d) Erfüllungswahlrecht des Insolvenzverwalters nach § 103 InsO

Ist bei der Eröffnung des Insolvenzverfahrens der Unternehmenskaufvertrag nicht oder (in der Praxis aufgrund Nichteintritt diverser Closing-Bedingungen) noch nicht vollständig durchgeführt, so steht dem Insolvenzverwalter das **Wahlrecht nach § 103 InsO** zu; danach kann er zwischen Erfüllung des Vertrages oder Ablehnung der Erfüllung wählen. Lehnt der Verwalter die Erfüllung ab,[232] kann der Käufer seine Ansprüche wegen Nichterfüllung (Ansprüche auf Rückforderung geleisteter Anzahlungen bzw. Schadensersatzansprüche) nur noch als Insolvenzforderung geltend machen (vgl. § 103 Abs. 2 Satz 1 InsO).

237

Dies gilt jedenfalls dann, wenn der Unternehmenskaufvertrag vom vorläufigen schwachen Verwalter (ohne besonderes Verfügungsverbot, sonst Behandlung wie starker vorläufiger Verwalter!) abgeschlossen wurde. Auf vom **starken vorläufigen Verwalter** geschlossene Verträge, die Masseverbindlichkeiten nach § 55 Abs. 2 InsO begründen, findet das Wahlrecht nach § 103 InsO nach überwiegender Ansicht keine Anwendung.[233]

---

[230] Kübler/Prütting/Paulus, InsO, § 144 Rn. 6.

[231] Bei einer isolierten Anfechtung von Erfüllungshandlungen nach §§ 130, 131 InsO stellt der Anspruch des Erwerbers auf erneute Übertragung des Vermögensgegenstandes nur eine einfache, in Geld umzurechnende Insolvenzforderung nach §§ 38, 45 Satz 1 InsO dar. Gelingt daher dem Verwalter nach Eröffnung des Verfahrens die isolierte Anfechtung der zur Erfüllung des Erwerbsvertrages vorgenommenen Verfügungen über die veräußerten Assets, muss der Erwerber sämtliche Assets an den Verwalter erstatten, wohingegen ein bereits gezahlter Kaufpreis der Masse vollständig erhalten bleibt.

[232] Werden vom Erwerber auch Verbindlichkeiten (außer von ab- und aussonderungsberechtigten Gläubigern) des Schuldners übernommen, verletzt die Übernahme der Verbindlichkeiten durch den Erwerber den Grundsatz der Gleichbehandlung der Insolvenzgläubiger; der Insolvenzverwalter ist daher zur Ablehnung verpflichtet, vgl. ausführlich hierzu Rödder/Hötzel/Müller-Thuns, Unternehmenskauf, Unternehmensverkauf, § 17 Rn. 5, 6.

[233] Hoenig/Meyer-Loewy, ZIP 2002, 2162, 2163.

> **Hinweis:**
>
> Aus den vorbenannten rechtlichen Erwägungen heraus empfiehlt es sich, den Unternehmenskaufvertrag erst im eröffneten Verfahren abzuschließen. Ausnahmsweise kann der Erwerb im Eröffnungsverfahren betriebswirtschaftlich sinnvoll sein, wenn das Insolvenzverfahren erst zu einem späten Zeitpunkt eröffnet werden kann. Dann sollte der Vertrag so ausgestaltet sein, dass dem Wahlrecht des Insolvenzverwalters entweder keine Bedeutung mehr zukommt oder der Rückgewähranspruch des Erwerbers gesichert ist.
>
> Gleichwohl wird in der Praxis bereits im Insolvenzeröffnungsverfahren die übertragende Sanierung so weit vorbereitet und verhandelt, dass eine kurzfristige Übertragung des Unternehmens möglichst unmittelbar (d.h. innerhalb einer juristischen Sekunde) nach Insolvenzeröffnung durchgeführt werden kann. Der vorläufige Insolvenzverwalter wird mit dem potenziellen Erwerber in diesem Fall die vorbereitenden Maßnahmen abstimmen (etwa Kündigung von Arbeitnehmern, Überleitung von Vertragsverhältnissen etc.). Die kurzfristige Veräußerung entspricht auch dem Interesse des Insolvenzverwalters, da zum einen aufgrund der anhaltenden Verlustsituation das insolvente Unternehmen nicht bei Vollkosten[234] nach Eröffnung des Verfahrens über einen längeren Zeitraum fortgeführt werden kann, zum anderen jegliche weitere Verzögerung die Gefahr eines erheblichen Vermögensverzehrs birgt.

3. Maßnahmen seitens des Erwerbers

238 Ein potenzieller Erwerbsinteressent kann bereits im Insolvenzeröffnungsverfahren Maßnahmen ergreifen, die seine **Position als Bieter** gegenüber anderen Interessenten entscheidend **verbessern** können bzw. die reibungslose Fortführung des Geschäftsbetriebs unterstützen können und damit den Wert des zu erwerbenden Unternehmens sichern.

> **Hinweis:**
>
> Sollte der Erwerbsinteressent im Rahmen seiner Due Diligence feststellen, dass bereits im Rahmen des Insolvenzeröffnungsverfahrens Liquiditätsprobleme auftreten können oder wendet sich der Insolvenzverwalter direkt an den Interessenten mit der Bitte um Gewährung von finanzieller Unterstützung, kann der Erwerbsinteressent ein sog. **Massedarlehen** gewähren. Die Forderungen aus einem solchen Massedarlehen werden bevorzugt berücksichtigt. Als weitere Absicherung sollte der vorläufige Insolvenzverwalter für die Rückzahlung des Massedarlehens persönlich haften. Die Gewährung von Darlehen durch den Erwerbsinteressenten stellen auch im Laufe des weiteren Verfahrens ein probates Mittel dar, um auf den Prozess i.S.d. Erwerbers gestaltend Einfluss zu nehmen.

III. Erwerb im eröffneten Insolvenzverfahren[235]

239 Gemäß § 80 Abs. 1 InsO geht mit Eröffnung des Insolvenzverfahrens die **Verwaltungs- und Verfügungsbefugnis** über das Vermögen des Gemeinschuldners vollumfänglich **auf den Insolvenzverwalter über**.[236] Ab diesem Zeitpunkt verliert der Schuldner bzw. die Geschäftsführung seine bzw. ihre Entscheidungsbefugnis, sämtliche unternehmerischen Entscheidungen werden, vorbehaltlich der vorgesehenen Mitwirkungsrechte der Gläubiger, grds. vom Insolvenzverwalter getroffen.[237] Dieser fungiert damit als alleiniger Verkäufer des Schuldnerunternehmens.

---

[234] Im Insolvenzantragsverfahren mögliche positive Liquiditätseffekte (etwa aus der Nutzung von Insolvenzgeld) entfallen im eröffneten Verfahren.

[235] Die nachfolgenden Ausführungen legen den Normalfall des Regelinsolvenzverfahrens zu Grunde. Demgegenüber bestehen bei Durchführung eines Insolvenzplanverfahrens nach §§ 217 ff. InsO Besonderheiten, die nicht Gegenstand dieser Zusammenfassung sind.

[236] Dieser ist regelmäßig personenidentisch mit dem vorläufigen Verwalter.

[237] Anders ausnahmsweise im Fall der Eigenverwaltung (vgl. §§ 270 ff. InsO), hier veräußert der Schuldner selbst.

1. Zulässigkeit

Entscheidende Schnittstelle des weiteren Verfahrens nach Insolvenzeröffnung ist die erste Gläubigerversammlung, der sog. **Berichtstermin** (§ 156 InsO). Dieser ist im Eröffnungsbeschluss vom Insolvenzgericht festzusetzen (vgl. § 29 Abs. 1 Nr. 1 InsO) und findet, falls möglich, sechs Wochen, spätestens jedoch drei Monate nach Eröffnung statt. Hier berichtet der Insolvenzverwalter über die wirtschaftliche Lage des Unternehmens, insb. über die Möglichkeiten, das Unternehmen ganz oder in Teilen zu erhalten. Weiter beschließt die Gläubigerversammlung darüber, ob das Unternehmen vorläufig weitergeführt, stillgelegt oder das Vermögen verwertet werden soll, wozu vorrangig eine Veräußerung zählt.

240

Nach dem Berichtstermin hat der Insolvenzverwalter nach der ausdrücklichen Regelung des § 159 InsO **unverzüglich das zur Insolvenzmasse gehörige Vermögen zu verwerten**. Ob eine Veräußerung auch in dem Zeitraum zwischen Verfahrenseröffnung und vor dem Berichtstermin zulässig ist, wird überwiegend bezweifelt.[238] Eine Verwertung der Masse ist jedenfalls de lege lata ausdrücklich nicht vorgesehen. Nach einer Meinung soll eine solche Veräußerung jedoch dann zulässig sein, wenn der Schuldner gemäß § 161 InsO zuvor unterrichtet wurde und der Gläubigerausschuss bzw. die Gläubigerversammlung zugestimmt hat.[239] Geplant ist hier nach dem Referentenentwurf eine Änderung des § 158 Abs. 1 InsO dergestalt, dass auch eine Veräußerung vor Berichtstermin mit Zustimmung des Gläubigerausschusses möglich sein soll.[240]

241

> **Hinweis:**
>
> In der Zeit zwischen Verfahrenseröffnung und Insolvenzeröffnung werden in der Praxis ungeachtet der geäußerten Zweifel an der Zulässigkeit die meisten übertragenden Sanierungen durchgeführt, i.d.R. direkt nach Eröffnung des Verfahrens. Der Grund hierfür liegt zum einen darin, dass durch eine frühzeitige Veräußerung Masseverbindlichkeiten erspart bleiben und damit die Befriedigungsquoten der Gläubiger verbessert werden, zum anderen ist es im Interesse des Erwerbers, die negativen Folgen der Insolvenz zeitlich so weit als möglich einzudämmen. Ein Verstoß gegen ggf. anzunehmende Mitwirkungsgebote hat im Übrigen keine Auswirkungen auf die Wirksamkeit der vorgenommenen Unternehmensveräußerung (vgl. §§ 80, 164 InsO).[241]

2. Zustimmungserfordernisse[242]

Nach § 160 Abs. 2 Nr. 1 InsO bedarf die Veräußerung des Unternehmens oder Betriebs der Zustimmung des Gläubigerausschusses bzw. der Gläubigerversammlung, wenn ein solcher nicht bestellt ist (§ 160 Abs. 1 Satz 2 InsO). Regelmäßig ist die Zustimmung dabei **vor Veräußerung** einzuholen (vgl. § 161 InsO). Liegt diese nicht vor, besteht die Gefahr der Untersagung durch das Insolvenzgericht.

242

Bei **Veräußerungen an besonders Interessierte** (§ 162 InsO) und Veräußerungen **unter Wert** (§ 163 InsO) gelten besondere Vorschriften, die zwingend eine Zustimmung der Gläubigerversammlung verlangen.

Neben der Zustimmung durch die Gläubiger bedarf es keiner weiteren Zustimmung, insb. durch die Gesellschafter oder Aktionäre des Gemeinschuldners.[243]

---

[238] HK-InsO/Flessner, § 158 Rn. 2; Menke, BB 2003, 1133, 1138; Uhlenbruck/Uhlenbruck, InsO, § 159 Rn. 26.
[239] Vallender, GmbHR 2004, 643 ff.; Kübler/Prütting/Onusseit, InsO, § 158 Rn. 18.
[240] Wäre damit weiterhin der vorläufige Gläubigerausschuss gemäß § 67 InsO zuständig, ein solcher aber nicht bestellt, könnte der Insolvenzverwalter nach eigenem Ermessen handeln.
[241] Vgl. unten Rn. 256.
[242] Die §§ 160 ff. InsO sind entsprechend vor Berichtstermin anzuwenden.
[243] Von den wenigen bei den Organen der Gemeinschuldnerin verbleibenden Rechten/Pflichten ist insb. auf die wertpapierhandelsrechtlichen Veröffentlichungspflichten hinzuweisen, die trotz Eröffnung des Insolvenzverfahrens beim im Amt bleibenden Vorstand verbleiben, vgl. BVerwG, ZIP 2005, 1145 ff.

> **Hinweis:**
>
> Selbst wenn die Veräußerung ohne die erforderliche Zustimmung der Gläubiger und Beachtung des entsprechenden Verfahrens erfolgt, hat dies auf die Wirksamkeit der Veräußerung im Außenverhältnis keinerlei Einfluss (vgl. § 164 InsO).[244] Es kommt in diesem Fall lediglich eine persönliche Haftung des Insolvenzverwalters nach § 60 InsO in Betracht.[245] Aus diesem Grund wird der Insolvenzverwalter den Veräußerungsvertrag regelmäßig unter der aufschiebenden Bedingung der Erteilung der erforderlichen Zustimmung bzw. der auflösenden Bedingung der Nichterteilung abschließen bzw. sich durch ein Rücktrittsrecht absichern.

3. Haftungsbeschränkungen

a) Keine Anwendung von § 25 HGB, § 75 AO

243 Bei einem Erwerb aus der eröffneten Insolvenz finden die Vorschriften über die **Haftung wegen Firmenfortführung**[246] (§ 25 HGB), sowie über die Haftung für rückständige Steuerschulden des erworbenen Unternehmens (§ 75 Abs. 1, Abs. 2 AO) keine Anwendung. Auch eine Anfechtung des Veräußerungsvertrages bzw. der vorgenommenen Verfügungen nach §§ 128 ff. InsO ist nicht zu befürchten.

b) Eingeschränkte Anwendung von § 613a BGB

244 § 613a BGB ist **grds. anwendbar**, d.h. insb. gehen die mit dem übernommenen Betrieb bestehenden Arbeitsverhältnisse auf den Erwerber über (Bestandschutzfunktion).

Allerdings haftet der Erwerber grds. nicht für die bereits bei Eröffnung des Insolvenzverfahrens entstandenen Ansprüche[247] der Arbeitnehmer.[248] Weiter haftet der Erwerber nur für die nach Insolvenzeröffnung entstandenen **Betriebsrentenansprüche**, und zwar unabhängig davon, ob die Versorgungsanwartschaft bei Insolvenzeröffnung bereits unverfallbar oder verfallbar war.[249] Für **Altersteilzeit-Entgelte** haften Erwerber nur, wenn es sich hierbei um Masseforderungen handelt.[250]

245 Die bei Insolvenzeröffnung bestehenden Ansprüche nehmen als **einfache Insolvenzforderungen** am insolvenzrechtlichen Verteilungsverfahren teil.

> **Hinweis:**
>
> Trotz des zwingenden Charakters des § 613a BGB sind nach der Rspr. des BAG in engen Grenzen Gestaltungen zulässig, wodurch die Rechtsfolgen des § 613a BGB gemindert werden können. Hier kommt in der Praxis insb. das Instrument einer sog. **Transfergesellschaft** (früher: Beschäftigungs- und Qualifikationsgesellschaft – BQG) in Betracht,[251] um die Risiken des § 613a BGB zu minimie-

---

244 Dies gilt selbst dann, wenn ein Erwerber vor Abschluss des Kaufvertrages das Fehlen einer erforderlichen Zustimmung bemerkt hat; auch die Grundsätze über den Missbrauch der Vertretungsmacht finden allein auf Grundlage der fehlenden Zustimmung keine Anwendung, vgl. Kübler/Prütting/Onusseit, InsO, § 164 Rn. 3.
245 Vgl. Kübler/Prütting/Onusseit, InsO, § 160 Rn. 4.
246 BGHZ 194, 151, 153; Baumbach/Hopt/Hopt, HGB, § 25 Rn. 4.
247 Dies gilt nicht für Urlaubsansprüche des bei Insolvenzeröffnung laufenden Jahres, da diese nicht einem bestimmten Zeitraum zuzuordnen sind, vgl. BAG, ZIP 2004, 1011.
248 BAG, ZIP 2003, 222; ZIP 2004, 1011; ansonsten könnten Gläubiger, die zugleich Arbeitnehmer sind, volle Befriedigung durch den Erwerber verlangen und wären dadurch besser gestellt als die übrigen Gläubiger, die nur quotal befriedigt werden (Grundsatz der Gläubigergleichbehandlung).
249 BAG, NJW 1980, 1124, 1125 f.; ZIP 1986, 1001.
250 Das setzt voraus, dass das Insolvenzverfahren während der Arbeitsphase der Altersteilzeit eröffnet wird. Wird es dagegen während der Freistellungsphase eröffnet, liegen lediglich Insolvenzforderungen vor, für die der Betriebserwerber nicht haftet (BAG, NZA 2005, 527; NZA 2005, 1016; NZA 2005, 408; BB 2005, 1393).
251 BAG, ZIP 1999, 329 m. Anm. Joost, EWiR 1999, 247; BAG, ZIP 1999, 572 m. Anm. Heckelmann, EWiR 1999, 1163; siehe zum Ganzen auch Wellensiek, NZI 2005, 603, 604 f.

ren. Ziel der Transfergesellschaft ist es, die Arbeitnehmer beruflich weiterzubilden und auf dem Arbeitsmarkt zu vermitteln.

Die Arbeitnehmer schließen mit dem Insolvenzverwalter noch vor dem Betriebsübergang einen Aufhebungsvertrag und zeitgleich einen befristeten Arbeitsvertrag mit der Transfergesellschaft (dreiseitiger Vertrag); der Inhalt der Altverträge ist nicht maßgeblich. Ein Teil der Arbeitnehmer wird dann (regelmäßig zu schlechteren vertraglichen Bedingungen) von dem Erwerber neu eingestellt. Das BAG hat hierin selbst bei sehr kurzer Verweildauer in der Transfergesellschaft keine unzulässige Umgehung des § 613a BGB gesehen.[252] Ein Aufhebungsvertrag sei nur dann wegen gesetzwidriger Umgehung der Rechtsfolgen des § 613a BGB unwirksam, wenn zugleich ein neues Arbeitsverhältnis zum Betriebsübernehmer vereinbart oder zumindest verbindlich in Aussicht gestellt wird, denn dann trage der Arbeitnehmer kein Risiko. Wirksam sei dagegen ein Aufhebungsvertrag, wenn die mit einer solchen Vertragsgestaltung verbundenen Verschlechterungen der Arbeitsbedingungen sachlich berechtigt sind. Das könne bei Abschluss eines dreiseitigen Vertrages unter Einschaltung einer Transfergesellschaft zur Vermeidung einer Insolvenz der Fall sein.

4. Haftung für staatliche Beihilfen

Sofern ein Unternehmen vor Eröffnung des Insolvenzverfahrens **rechtswidrig staatliche Beihilfen erlangt** hat, sind diese auf Anforderung der EU-Kommission von dem betreffenden Mitgliedstaat in der Insolvenz des Beihilfeempfängers als einfache Insolvenzforderung zurückzufordern. Im Fall einer Veräußerung von wesentlichen Vermögensgegenständen bzw. des betroffenen Unternehmens an einen Dritten, sollen die Fördermittel bei dem Dritterwerber eingefordert werden. Dies dient grds. zur Beseitigung der Wettbewerbsverzerrung, die durch den mit der rechtswidrigen Beihilfe verbundenen Wettbewerbsvorteil verursacht wurde.[253]

246

Sofern aber die Weiterveräußerung des Unternehmens in einem freien und bedingungsfreien Verfahren zu einem marktgerechten Preis erfolgt, muss die **Inanspruchnahme eines Dritten für die Beihilferückführung ausgeschlossen** sein.[254] Schon nach den Grundsätzen des Gemeinschaftsrechts ist eine Inanspruchnahme bei einem marktgerechten Preis nicht erforderlich. Dem Veräußerer fließt ein realer Wert zu, aus dem die Beihilferückforderung bedient werden kann und somit also ein weitgehend kompensatorischer Effekt erzielt wird. Die wettbewerbsverzerrende Wirkung wird damit und auch im Hinblick auf das weiter am Markt tätige Unternehmen im ökonomisch-funktionalen Sinne neutralisiert.[255]

Um einen **marktgerechten Preis** zu erzielen, hat der Insolvenzverwalter bei seinen Veräußerungsbemühungen nach dem Grundsatz der möglichst weitgehenden Gläubigerbefriedigung einen möglichst hohen Preis zu erzielen und darf sich nicht von politischen oder sonst insolvenzfremden Forderungen leiten lassen.[256] Der EuGH sieht ein Unternehmen als zum Marktpreis erworben an, wenn es „zum höchsten Preis, den ein privater Investor unter normalen Wettbewerbsbedingungen für diese Gesellschaft in der Situation, in der sie sich – insb. nach dem Erhalt staatlicher Beihilfen – befand, zu zahlen bereit war" veräußert wird. Die Veräußerung muss in einem transparenten und offenen Bieterverfahren zu marktüblichen Konditionen erfolgen.[257] Die EU-Kommission fordert weiter, dass der Verwalter das Unternehmen über geeignete Medien europaweit öffentlich zum Kauf ausschreiben muss. Nur in einem solchen Fall ist der Erwerber nicht zur Rückerstattung verpflichtet.[258]

247

---

252 BAG, NZA 2006, 145; BB 2006, 665.
253 EuGH, NZI 2004, 392 = ZIP 2004, 1013.
254 Siehe Fn. 248; Cranshaw, DZWIR 2006, 185 ff.
255 Klein, DZWIR 2003, 89 ff.; ders., LSK 1995, 420.
256 Klein, DZWIR 2003, 89 ff.
257 EuGH, NZI 2004, 392.
258 Entscheidung 2000/567/EG der Kommission v. 11.4.2000, ABl. L. 238, S. 50.

5. Arbeitsrechtliche Erleichterungen[259]

248 Die **Vorschriften des BetrVG** über den Interessensausgleich, Sozialplan und Nachteilsausgleich bei Betriebsänderungen gelten grds. auch in der Insolvenz. Insolvenzverwalter müssen daher vor einer Betriebsänderung den Betriebsrat informieren und mit diesem über einen Interessenausgleich verhandeln. Die §§ 120 ff. InsO erleichtern aber dem Insolvenzverwalter, einen ggf. erforderlichen Personalabbau umzusetzen und somit insb. auch das Unternehmen für einen potenziellen Erwerber attraktiv zu machen.[260]

Hinzuweisen ist hier zum einen auf § 113 InsO, der für die Kündigung von Arbeitsverhältnissen generell eine maximale **Kündigungsfrist von drei Monaten** vorsieht. Weiter enthalten im Fall einer geplanten Betriebsänderung i.S.v. § 111 BetrVG die §§ 125 – 127 InsO Regelungen zur beschleunigten Durchführung eines Interessausgleichs und zur Deckelung des Sozialplanvolumens.

249 Für einen Unternehmenserwerb in dieser Phase von großer Bedeutung ist die Regelung des § 128 InsO: Danach sind die **Kündigungen erleichternden Vorschriften** auch dann anwendbar, wenn die Betriebsänderung erst nach einer Betriebsveräußerung durch den Erwerber durchgeführt werden soll. § 128 Abs. 2 InsO erstreckt die Vermutungswirkung bzw. gerichtliche Feststellung auch darauf, dass die Kündigung der Arbeitsverhältnisse nicht aufgrund des Betriebsübergangs erfolgt.

250 Zusammenfassend ist festzustellen, dass es einem gekündigten Arbeitnehmer für den Fall des Bestehens eines schlüssigen Sanierungskonzepts im Interessenausgleich sehr schwer fallen dürfte, **nachzuweisen**, dass die **Kündigung einen Verstoß gegen § 613a Abs. 4 Satz 1 BGB darstellt**.[261]

> **Hinweis:**
> In Absprache mit dem Erwerber kann der Insolvenzverwalter demnach das Unternehmen personalseitig verkaufsfähig machen. Die Tatsache, dass das Unternehmen weitgehend den Erfordernissen des Erwerbers entsprechend in Übereinstimmung mit den Vorschriften der InsO angepasst werden kann, stellt daher einen großen Vorteil des Erwerbs eines Unternehmens aus der Insolvenz dar.

IV. Besonderheiten bei der Vertragsgestaltung

251 Grds. entspricht der Unternehmenskaufvertrag im Rahmen eines Insolvenzverfahrens den üblichen Gepflogenheiten. Er ist jedoch in einigen Punkten an die **insolvenzrechtlichen Besonderheiten** anzupassen.

> **Hinweis:**
> Regelmäßig werden bei Vertragsverhandlungen mit Verwaltern nur die wesentlichen Eckpunkte eines Vertrages diskutiert (Kaufpreis, Kaufgegenstand, übernommener Auftragsbestand, arbeitsrechtliche Gestaltungsfragen). Daraufhin wird von Seiten des Verwalters – jedenfalls bei Asset Deals im (auch großen) mittelständischen Bereich – ein im Wesentlichen nicht mehr verhandelbarer Entwurf vorgelegt.

1. Verkäufer

252 Abhängig vom Stadium des Verfahrens und den Entscheidungen des Insolvenzgerichts kommen als Vertragspartei **auf Seiten des Verkäufers**

- vorbehaltlich der Zustimmung des schwachen vorläufigen Verwalters, der Schuldner,
- vorbehaltlich der besonderen gerichtlichen Einzelverfügungsbefugnis, der schwache vorläufige Verwalter,

---

259 Vgl. hierzu auch Wellensiek, NZI 2005, 603, 604 ff.
260 Vgl. Striewe, in: Beck'sches Mandatshandbuch Unternehmenskauf, § 9 Rn. 61 ff.
261 Bergscheid, WiPra 1996, 370.

- soweit für zulässig erachtet, der starke vorläufige Verwalter,
- der Insolvenzverwalter und
- soweit Eigenverwaltung angeordnet wurde, der Schuldner mit Zustimmung des Sachwalters

in Betracht.

> **Hinweis:**
>
> Der Insolvenzverwalter ist dabei im eigenen Namen Vertragspartei des Unternehmenskaufvertrages; weder tritt er als Vertreter noch als Organ des Schuldnerunternehmens bzw. der Insolvenzmasse auf. Er ist für vertragliche und nachvertragliche Pflichten der Parteien materiell berechtigt und verpflichtet; für den Fall, dass sich Rechtsstreitigkeiten aus dem Vertrag ergeben, ist er als Partei kraft Amtes aktiv- und passivlegitimiert.

2. Verwertungsbefugnis und Besonderheiten bezüglich des Kaufgegenstands

Das **Verwertungsmonopol hinsichtlich der zur Insolvenzmasse** gehörigen Vermögensgegenstände liegt grds. allein beim Insolvenzverwalter. 253

a) Bestimmbarkeit des Kaufgegenstandes

Entgegen der Situation eines Asset Deals außerhalb der Insolvenz genügt zur Bestimmung des Kaufgegenstandes eine **Bezugnahme auf die Handelsbilanz nebst Inventarverzeichnis** grds. nicht. Gleichwohl ist die genaue Bestimmung des Kaufgegenstandes auch im Rahmen eines Asset Deals aus der Insolvenz von entscheidender Bedeutung.[262] 254

Angesichts der Tatsache, dass sich die Verwertungsbefugnis des Insolvenzverwalters ausschließlich auf das zur Insolvenzmasse gehörende Vermögen bezieht, sind daher zunächst die zur Masse gehörenden Gegenstände von den nicht zur Masse gehörenden Gegenständen **rechtlich abzugrenzen**; insb. gehören zu den letztgenannten Vermögensgegenstände, an denen Aussonderungsrechte gemäß § 47 InsO bestehen.

Weiter hat der Verwalter dann (im Wege der Inventur) ein Verzeichnis der einzelnen Gegenstände der Insolvenzmasse aufzustellen.

> **Hinweis:**
>
> Das Verzeichnis der Massegegenstände ist gemäß § 154 InsO spätestens eine Woche vor dem Berichtstermin zur Einsicht in der Geschäftsstelle des Insolvenzgerichts niederzulegen. Im Fall einer Veräußerung (regelmäßig!) vor Berichtstermin muss die Aufstellung des Masseverzeichnisses demnach ebenfalls vorher erfolgen.

b) Verwertungsrechte bezüglich Gegenständen, an denen Absonderungsrechte bestehen

Besonderheiten ergeben sich aus der Tatsache, dass an zum Unternehmen gehörenden bzw. für die Fortführung des Unternehmens notwendigen Vermögensgegenständen üblicherweise in weitem Ausmaß **Absonderungsrechte Dritter** bestehen (vgl. §§ 49, 50 InsO). Um eine funktions- und lebensfähige Einheit zu erhalten, ist der Erwerber daran interessiert, auch diese Wirtschaftsgüter vom Insolvenzverwalter erwerben zu können. 255

Unbewegliche Gegenstände, also insb. Grundstücke, kann der Insolvenzverwalter gemäß § 165 InsO trotz Bestehens eines Absonderungsrechts im Wege der Zwangsversteigerung/Zwangsverwaltung, aber grds. auch im Wege der freihändigen Verwertung (also im Rahmen einer Unternehmensveräußerung) verwerten.[263] I.d.R. einigen sich der Insolvenzverwalter und die Grundpfandrechtsgläubiger zur Vermeidung 256

---

[262] Vallender, GmbHR 2004, 642, 647.
[263] Uhlenbruck/Uhlenbruck, InsO, § 165 Rn. 4.

von Mehrkosten über eine freihändige Verwertung; denn zur lastenfreien Übertragung des Grundstücks ist von diesen die Löschungsbewilligung für die eingetragenen Rechte zu erteilen.

Zu beachten ist zudem das **Zustimmungserfordernis** nach §§ 160 Abs. 1, 160 Abs. 2 Nr. InsO (aber § 164 InsO).

257 **Bewegliche Gegenstände**, an denen ein Absonderungsrecht besteht, können vom Verwalter gemäß § 166 Abs. 1 InsO freihändig verwertet werden, soweit sie sich in seinem Besitz befinden. Zur Sicherheit abgetretene Forderungen dürfen ebenfalls von Insolvenzverwalter verwertet werden (vgl. § 166 Abs. 2 InsO).[264]

258 Äußerst **umstritten**[265] und in der Rspr. noch nicht geklärt ist die Situation bezüglich der Verwertungsbefugnis von nicht von der Regelung des § 166 InsO umfassten beweglichen Gegenständen und Rechten; dabei steht weniger das Recht zur Verwertung als solches, sondern die wirtschaftliche Folge der §§ 170, 171 InsO im Kern der Auseinandersetzung. In der Praxis handelt es sich vorrangig um folgende Fallgruppen:

- verpfändete Geschäftsanteile an GmbHs oder Aktien,
- zur Sicherheit abgetretene/verpfändete Marken, Patente, Lizenzen,
- sicherungsübereignete bzw. verpfändete Miteigentumsanteile/ Anwartschaften,
- bewegliche Gegenstände, die der Verwalter nicht in Besitz hat.

> **Hinweis:**
> Allein schon aufgrund der bestehenden erheblichen Rechtsunsicherheit empfiehlt es sich für den Erwerber, falls ein für den Erwerber dringend erforderliches Wirtschaftsgut unter die benannten Zweifelsfälle fällt (insb. Marken oder Beteiligungen an Tochterunternehmen), den betreffenden Sicherungsgläubiger an den Verhandlungen des Unternehmenskaufvertrages zu beteiligen. Der Insolvenzverwalter muss dann für einen internen Ausgleich mit dem betreffenden Absonderungsberechtigten Sorge tragen.

c) Firma

259 Die Firma des Handelsgeschäfts ist **Bestandteil der Insolvenzmasse**[266] und unterliegt damit der Verwertungsbefugnis des Insolvenzverwalters; dies gilt nach herrschender Ansicht auch für die den Namen des Geschäftsinhabers enthaltende Firma.[267] Aus dem Verwertungsrecht des Insolvenzverwalters erwächst auch die Berechtigung des Verwalters zur Um- bzw. Ersatzfirmierung;[268] eine sonst erforderliche Mitwirkung der Gesellschafter des Schuldnerunternehmens entfällt.

3. Kaufpreis und Garantien

a) Besonderheiten bei der Kaufpreisbestimmung

260 Entgegen der üblichen Kaufpreisfindung bei Unternehmenskäufen ergeben sich im Rahmen der Insolvenz **erhebliche Unterschiede**.[269] Zum einen greifen die üblichen, an vergangene bzw. erwartete Gewinne

---

264 Zu beachten ist jedoch das Abstimmungsverfahren nach § 168 InsO.
265 Für eine Analogie zu § 166 Abs. 2 InsO für sicherungsübertragene Rechte etwa Becker, in: Nerlich/Römermann, InsO § 166 Rn. 32, 33; ablehnend HK-InsO/Landferman, § 166 Rn. 19; für eine Analogie zu § 166 Abs. 1 InsO mit Hinweis auf den Zweck der Vorschrift Häcker, Abgesonderte Befriedigung aus Rechten, Rn. 1055; zweifelnd Uhlenbruck/Uhlenbruck, InsO, § 166 Rn. 14.
266 BGHZ 85, 221; 109, 364.
267 Uhlenbruck/Uhlenbruck, InsO, § 35 Rn. 100 f.
268 Ulmer, NJW 1983, 1697, 1702; anders für die Personalfirma des Einzelkaufmanns, vgl. Herchen, ZInsO 2004, 1112, 1116.
269 Vgl. zum Folgenden insb. Bernsau/Höpfner/Rieger/Wahl, Handbuch der übertragenden Sanierung, S. 50 ff.

oder den Substanzwert anknüpfende Bewertungsmethoden wegen des Zusammenbruchs des Unternehmens nicht, zum anderen ist die Bestimmung eines Gesamtkaufpreises für das insolvente Unternehmen schon deshalb irreführend, da der Insolvenzverwalter u.a. wegen Kostenbeiträgen der Absonderungsberechtigten sowie ggf. bestehender Verwertungsabreden eine Aufteilung des Gesamtkaufpreises auf die einzelnen veräußerten Gegenstände vorzunehmen hat.

> **Hinweis:**
>
> Ein Erwerber sollte sich klar machen, dass der Verwalter ein potenzielles Kaufangebot vorrangig unter zwei Gesichtspunkten bewerten wird: Als Bewertungsuntergrenze hat er die Liquidationswerte der einzelnen Wirtschaftsgüter anzusetzen; andererseits wird er auch einstellen, welche Masseverbindlichkeiten bei einer Liquidation bzw. weiterer Betriebsfortführung entstehen, denn auch diese beeinträchtigen die den Gläubigern zukommende Quote.
>
> Kaufpreiserhöhend wirken sich aus Sicht des Verwalters dabei die Durchführung arbeitsrechtlicher Maßnahmen im Zuge der Unternehmensveräußerung aus. Der Verwalter hat weiter insb. ein Interesse daran, den Kaufpreis auf nicht mit Rechten Dritter belasteter Gegenstände zu allokieren (also insb. nicht bilanziell erfasste Vermögensgegenstände wie Know-how oder Kundenstamm und Firma), so dass der entsprechende Kaufpreisanteil vollständig als freie Masse zur Verfügung steht.

b) Besonderheiten bei Garantien

Im Gegensatz zu der **herausragenden Bedeutung von Garantieklauseln** in Transaktionen außerhalb der Insolvenz, ist der Insolvenzverwalter regelmäßig nicht bereit, Garantien bezüglich des veräußerten Unternehmens abzugeben oder eine Gewährleistung zu übernehmen.[270] Der Insolvenzverwalter kennt das Unternehmen und damit den potenziellen Kaufgegenstand i.d.R. erst wenige Wochen und nur sehr bruchstückhaft; zudem ist er in der überwiegenden Zahl der Fälle kein Kenner der Branche des Schuldnerunternehmens.

Daher wird der Verwalter das Haftungspotenzial im Unternehmen nicht adäquat einschätzen können und auf einen **vollständigen Ausschluss der Gewährleistung für Sach- und Rechtsmängel** bestehen.

Auf der anderen Seite stellen Gewährleistungsansprüche (vorab zu befriedigende) **Masseverbindlichkeiten gemäß § 55 Abs. 1 Nr. 1 InsO** dar, die die Insolvenzmasse belasten und für die der Insolvenzverwalter ggf. persönlich haftet (vgl. § 61 InsO). Allerdings wird häufig auch die persönliche Haftung des Insolvenzverwalters vertraglich ausgeschlossen sein.

> **Hinweis:**
>
> Ein potenzieller Erwerber sollte sich der Ausgangslage des Verwalters bewusst sein und nicht zu viel Zeit mit der Verhandlung von Gewährleistungsfragen verschwenden. Umso wichtiger ist in solchen Fällen fehlender vertraglicher Absicherung eine umfassende Risikoanalyse des Unternehmens im Rahmen einer gründlichen Due Diligence; Kernbereiche sind im Rahmen einer übertragenden Sanierung dabei arbeitsrechtliche und ggf. umweltrechtliche Themenkomplexe: Eine solche Unternehmensprüfung ist aufgrund der besonderen Umstände der Insolvenz und des engen Zeitrahmens jedoch oft nur sehr eingeschränkt möglich. Dieses Dilemmas muss sich der Erwerber bewusst sein. Auch der regelmäßige Abschlag beim Kaufpreis[271] vermag dies in Extremfällen nicht auszugleichen.

---

270 Striewe, in: Beck'sches Mandatshandbuch Unternehmenskauf, § 9 Rn. 94 f.; Holzapfel/Pöllath, Unternehmenskauf, Rn. 129d.
271 Vgl. Kammel, NZI 2000, 102 ff.

D. Arbeitsrechtliche Bezüge beim Unternehmenskauf

I. Einleitung

262 Das **Arbeitsrecht** führt bei Vertragsverhandlungen häufig ein Schattendasein, dominieren hier meist doch gesellschafts- und steuerrechtliche Themen. Dabei ist die wirtschaftliche Bedeutung von arbeitsrechtlichen Fragestellungen kaum zu überschätzen. Wenn nicht gar „kriegsentscheidend", sind sie doch häufig ein wichtiger Faktor bei der Kaufpreisfindung.

Neben der – nicht nur Transaktionspraktikern bekannten und mit Sicherheit auch wichtigsten – Vorschrift des § 613a BGB (Betriebsübergang) gilt es bei jedem Unternehmenskauf eine Reihe von **arbeitsrechtlichen Aspekten** (zumindest gedanklich) zu **prüfen**. Ist der mit dem Unternehmenskauf mandatierte Berater auf diesem Gebiet nicht besonders fachlich qualifiziert, wird er sich schon aus Haftungsgründen der Unterstützung eines im Arbeitsrecht erfahrenen Kollegen versichern wollen, der über die umfangreiche Materie, die vor allem von einer ausufernden Rspr. geprägt ist, den Überblick behält.

Der potenzielle Erwerber sollte sich im Rahmen einer umfangreichen **Due Diligence** im Vorfeld der Transaktion einen Überblick über die arbeitsrechtliche Situation des Zielunternehmens, die Auswirkungen der geplanten Transaktion auf das Zielunternehmen (oder im Fall des Asset-Deals auf das übernehmende Unternehmen) verschaffen.[272] Neben der Frage des Betriebsübergangs stehen hier bspw. Themen des Kollektivarbeitsrechts und der betrieblichen Altersversorgung auf der Agenda. Die Ergebnisse dieser Prüfung sollten dann möglichst vertraglich umgesetzt werden.

II. Asset Deal oder Share Deal?

263 Der Erwerb eines Unternehmens im Wege des Kaufs/Verkaufs von Gesellschaftsanteilen ist aus der Perspektive des Arbeitsrechts grds. (eher) **unproblematisch**. Sämtliche Arbeitsverhältnisse und ggf. auch kollektivrechtliche Vereinbarungen, die mit dem jeweiligen Rechtsträger geschlossen wurden, bleiben bestehen. Veränderungen gibt es nur auf der Ebene der Gesellschafter. Auf den **Share Deal** findet § 613a BGB daher keine, auch keine analoge Anwendung.[273] Da sich die arbeitsrechtliche Situation im Zielunternehmen beim Share Deal aber grds. nicht ändert, ist für den Erwerber eine sorgfältige Analyse derselben im Rahmen einer Due Diligence unerlässlich.

264 Anderes gilt hingegen beim **Asset Deal**. Insofern es hier zum Übergang von Betrieben oder Betriebsteilen kommt, **tritt der Erwerber nach § 613a BGB in die Rechte und Pflichten aus den zum Zeitpunkt des rechtsgeschäftlichen (Teil-)Betriebsüberganges bestehenden Arbeitsverhältnissen ein**. Die Vorschrift bezweckt den Schutz der Arbeitnehmer und dient dem Schutz von Arbeitsplätzen. Sie hat daher zwingenden Charakter und kann durch eine abweichende Vereinbarung zwischen Veräußerer und Erwerber nicht abbedungen werden.[274] Trotzdem verbleiben dem anwaltlichen Berater Gestaltungsmöglichkeiten, die es auszuschöpfen gilt.

III. Betriebsübergang nach § 613a BGB

1. Betrieb – Betriebsteil

265 Bei der Auslegung und Anwendung des § 613a BGB ist der europarechtliche Bezug der Vorschrift von großer Bedeutung. Im Anschluss an die EuGH-Entscheidung in der Sache Ayse Süzen[275] hat das BAG seine Rspr. zum **Betriebsbegriff** geändert und fasst seither unter den Begriff des Betriebs i.S.d. § 613a BGB **eine organisierte Gesamtheit von Personen und Sachen zur Ausübung einer wirtschaftlichen**

---

272 Zur arbeitsrechtlichen Due Diligence beim Unternehmenskauf vgl. Grimm, NZA 2002, 193 ff.
273 BAG, NJW 1991, 247.
274 Vgl. BAG, DB 1982, 1067 f.
275 EuGH, NZA 1997, 433 f.

Tätigkeit mit eigener Zielsetzung.[276] Dies entspricht weitgehend der Definition in Art. 1 Abs. 1 lit. b der EG Betriebsübergang-Richtlinie (2001/23/EG), wonach als Betriebsübergang der Übergang einer ihre Identität bewahrenden wirtschaftlichen Einheit i.S.e. organisierten Zusammenfassung von Ressourcen zur Verfolgung einer wirtschaftlichen Haupt- oder Nebentätigkeit mit eigener Zielsetzung zu verstehen ist. Dieses neue Verständnis bedeutet auch, dass in **betriebsmittelarmen Wirtschaftszweigen** bereits die organisatorische Zusammenfassung mehrerer Arbeitnehmer als Betrieb zu qualifizieren sein kann. So kann nach Ansicht des BAG u.U. bereits die organisierte Zusammenfassung von 70 Arbeitnehmern zur Erfüllung von Reinigungsaufträgen als Betrieb einzustufen sein.[277]

Im Übrigen hat das Merkmal des **Teilbetriebs**, obwohl in § 613a BGB eigens aufgeführt, keine eigenständige Bedeutung (mehr), kann aber als Hilfsmittel zur Ermittlung der kleinsten wirtschaftlichen (übergangsfähigen) Einheit verwendet werden.[278] Ein Teilbetrieb liegt vor, wenn von einer organisierten, selbständigen Teileinheit im Rahmen des Gesamtzwecks des Betriebs ein Teilzweck erfüllt wird,[279] wie z.B. bei einem organisatorisch verselbständigten Forschungslabor innerhalb eines Pharmakonzerns. Geht nicht ein ganzer Betrieb, sondern nur ein Betriebsteil über, so gehen dann auch nur diejenigen Arbeitsverhältnisse über, die dem Betriebsteil zuzuordnen sind.

266

2. Betriebsübergang

Nach der vom BAG übernommenen Rspr. des EuGH[280] sind bei der Prüfung, ob ein Betriebsübergang vorliegt, im Rahmen einer **Gesamtbewertung** sämtliche Umstände des Einzelfalles zu prüfen. Wesentliche Kriterien für die Beurteilung der Frage, ob eine **wirtschaftliche Einheit** vorliegt bzw. übergeht, sind demnach:

267

Checkliste: Betriebsübergang ☑

- ☐ Art des betreffenden Unternehmens oder Betriebs (Produktion, Dienstleistungen etc.)
- ☐ Etwaiger Übergang der materiellen Betriebsmittel wie Gebäude und bewegliche Güter
- ☐ Wert der immateriellen Aktiva im Zeitpunkt des Überganges
- ☐ Etwaige Übernahme der Hauptbelegschaft durch den Erwerber (insb. Know-how-Träger?)
- ☐ Etwaiger Übergang der Kundschaft
- ☐ Grad der Ähnlichkeit zwischen den vor und nach dem Übergang verrichteten Tätigkeiten
- ☐ Dauer einer eventuellen Unterbrechung dieser Tätigkeiten

Aus den oben genannten Kriterien lassen sich vereinfachend **nachfolgende Prüfungsschritte**[281] ableiten:

268

- In einem **ersten Schritt** ist die Tätigkeit des betreffenden Unternehmens zu ermitteln, das entweder im Bereich der Produktion, der Dienstleistung oder des Handels tätig sein wird.

- In einem **zweiten Schritt** ist danach zu fragen, ob und in welchem Umfang Betriebsmittel (materieller und/oder immaterieller Natur) auf den Erwerber übertragen werden sollen. Die Klärung dieser Frage ist eng mit dem ersten Schritt verbunden, denn je nach Tätigkeit des Unternehmens nehmen die Betriebsmittel einen unterschiedlich hohen Stellenwert ein. Generell ist im **Dienstleistungssektor** und im **Handel** der Stellenwert von materiellen Betriebsmitteln eher niedrig, während Faktoren wie Know-how, Kundenbeziehungen (insb. Übertragung des Kundenstammes), das Bestehen von langfri-

---

276 Vgl. BAG, NZA 1997, 1050 ff.; NZA 1997, 1228 ff.
277 BAG, NZA 1998, 34 ff.
278 Lücke, in: Beck'sches Mandatshandbuch Unternehmenskauf, § 6 Rn. 32.
279 BAG, ZIP 2000, 200.
280 Vgl. EuGH, NZA 1997, 433 f. „Ayse Süzen".
281 Lücke, in: Beck'sches Mandatshandbuch Unternehmenskauf, § 6 Rn. 39.

stigen Rahmenverträgen etc. eine große Bedeutung zukommt. Bei Unternehmen, die besonders betriebsmittelarm, dafür aber besonders **arbeitskraftintensiv** sind, wie die schon eingangs erwähnten Reinigungsunternehmen oder auch Zeitarbeitsfirmen, kann die Übernahme von wesentlichen Teilen der Belegschaft ebenfalls als Übergang einer wirtschaftlichen Einheit zu qualifizieren sein. Dabei kann auch die Übernahme weniger Mitarbeiter ausreichen, wenn diese über besondere Fachkunde verfügen. In Einzelfällen kann (nur) die Übernahme einer Hand voll sog. Key People, die über besonderes, für das Unternehmen bedeutendes Fachwissen verfügen, ausreichen. Dies gilt unabhängig davon, ob es sich um einen Produktions- oder Dienstleistungssektor handelt, solange es sich bei den betreffenden Personen um wesentliche Know-how-Träger handelt.

> **Hinweis:**
> Zu beachten ist, dass hier die **Übernahme** von Arbeitnehmern durch den Erwerber auf der Tatbestandsseite des § 613a BGB geprüft wird und nicht mit dem **Übergang** qua lege, der auf der Rechtsfolgenseite der Norm steht, verwechselt werden darf.

Auch in **Produktionsbetrieben** gewinnen immaterielle Betriebsmittel wie z.B. gewerbliche Schutzrechte (Marken, Urheberrechte, Patentrechte etc.) oder Softwarelizenzen zunehmend an Bedeutung, der Schwerpunkt dürfte aber (noch) auf **materiellen Betriebsmitteln** wie Maschinen, Rohstoffen, Vorräten etc. liegen.

Abzugrenzen vom Betriebsübergang ist im Übrigen die bloße **Funktionsnachfolge**.[282] Hier wird nur eine bloße Tätigkeit ohne sonstige Betriebsmittel oder Belegschaft übernommen. Dies ist insb. beim sog. „Outsourcing", der Vergabe bisher betriebsintern durchgeführter Aufgaben an eine betriebsfremde Drittfirma, der Fall.[283]

- In einem **dritten Schritt** ist schließlich zu prüfen, ob nach Übertragung der Betriebsmittel auf den Erwerber die ursprüngliche wirtschaftliche Einheit noch erhalten bleibt.

Checkliste: Übertragung wirtschaftliche Einheit ☑

> ☐ Art der Tätigkeit (Produktion, Dienstleistung, Handel)?
> ☐ Übertragung von Betriebsmitteln auf den Erwerber?
>   - Produktion: Maschinen, Anlagen, andere materielle Betriebsmittel
>   - Dienstleistung/Handel: immaterielle, „personelle" Betriebsmittel
>   - Übergang von „Key People"
>   - Ggf. Abgrenzung zur bloßen Funktionsnachfolge
> ☐ Gesamtwürdigung: Wahrung der wirtschaftlichen Einheit

3. Betriebsinhaberwechsel

269 Eine weitere Voraussetzung auf der Tatbestandsseite des § 613a BGB ist der Wechsel des Betriebsinhabers, wobei als Inhaber sowohl natürliche Personen, Personengesellschaften oder juristische Personen des privaten oder öffentlichen Rechts in Betracht kommen. Da ein **Gesellschafterwechsel** die Identität der Gesellschaft als Rechtsträger nicht berührt, liegt in diesen Fällen kein Inhaberwechsel vor.

Ein Wechsel des Betriebsinhabers ist vielmehr gegeben, wenn an die Stelle des bisherigen ein anderer Inhaber tritt, der den Betrieb im eigenen Namen und auf eigene Rechnung tatsächlich fortführt. Auf einen

---

282 BAG, NZA 1998, 251 ff.
283 Beachte jedoch die jüngste EuGH-Entscheidung, BB 2006, 272, der sich das BAG in seiner Entscheidung v. 13.6.2006 – 8 AZR 271/05, veröffentlicht in NZA 2006, 1101 angeschlossen hat.

Eigentumsübergang kommt es dabei nicht an. Nach der jüngsten Rspr. des BAG ist nicht einmal eine eigenwirtschaftliche Nutzungsberechtigung an den betrieblichen Wirtschaftsgütern mehr erforderlich.[284]

Wird ein Betrieb oder Betriebsteil vor dem Erwerb **stillgelegt**, scheidet ein Betriebsübergang aus. Allerdings spricht nach der Rspr. des BAG bei einer nur **kurzzeitigen Unterbrechung** eine tatsächliche Vermutung gegen eine ernsthafte und endgültige Stilllegungsabsicht.[285] Allgemein wird wegen der nahe liegenden Umgehung des § 613a BGB durch Betriebsstilllegung von der Rspr. ein vergleichsweise strenger Maßstab angelegt.[286]

270

Im Übrigen kann, auch wenn ein Betrieb örtlich nicht unerheblich **verlegt** wird, unter bestimmten Voraussetzungen eine Stilllegung anzunehmen sein, mit der Folge, dass ein Betriebsübergang ausscheidet.[287] Dies betrifft vor allem auch die Verlagerung in das Ausland.

4. Rechtsgeschäftlicher Übergang

§ 613a BGB fordert nach seinem Wortlaut eine **rechtsgeschäftliche** Übertragung des Betriebs auf den neuen Inhaber. Der Begriff des Rechtsgeschäfts ist dabei untechnisch zu verstehen und bezeichnet eine **einverständliche Übertragung der Leitungsmacht**.[288] Dabei sind die unterschiedlichsten Arten von Rechtsgeschäften denkbar. Neben dem Normalfall der kaufvertraglichen Übertragung der materiellen und immateriellen Wirtschaftsgüter des Veräußerers kommen auch die **Verpachtung** und die **Einräumung eines Nießbrauchsrechts** in Betracht. Denn für die Anwendbarkeit des § 613a BGB ist es nicht erforderlich, dass der Erwerber Eigentum an den einzelnen Betriebsmitteln erwirbt. Es genügt, dass ihm einvernehmlich die **tatsächliche Organisationsgewalt** über den Betrieb übertragen wird. Das zugrunde liegende Kausalgeschäft kann dabei vor dem Betriebsübergang liegen oder kann diesem auch erst nachfolgen. Auch müssen die dem Betriebsübergang zugrunde liegenden vertraglichen Beziehungen nicht direkt zwischen dem früheren und dem neuen Betriebsinhaber bestehen, wie im Fall der Zweitverpachtung.[289]

271

5. Rechtsfolge: Übergang der Arbeitsverhältnisse

a) Eintritt in Rechte und Pflichten aus dem Arbeitsverhältnis

Ist ein Betrieb oder Betriebsteil durch Rechtsgeschäft übergegangen, so tritt der neue Inhaber in die Rechte und Pflichten aus dem im Zeitpunkt des Übergangs bestehenden Arbeitsverhältnis ein. Erfasst sind nicht nur die im Arbeitsvertrag selbst geregelten Rechte und Pflichten, sondern auch solche aus ergänzenden Vereinbarungen, Gesamtzusagen und betrieblicher Übung.

272

Kurz gesagt handelt es sich um einen **Arbeitgeberwechsel kraft Gesetzes**, der keiner Zustimmung des betroffenen Arbeitnehmers bedarf.

aa) Vom Betriebsübergang erfasste Arbeitsverhältnisse

Neben „normalen", unbefristeten Vollzeitbeschäftigungsverhältnissen gehen auch Teilzeitverhältnisse, befristete Arbeitsverhältnisse und solche mit Praktikanten und Auszubildenden über. Vom Übergang ausgeschlossen sind hingegen selbständige Dienstverhältnisse, Verträge mit freien Mitarbeitern und Handelsvertreterverträge.[290] Da nur **aktive Arbeitsverhältnisse** erfasst sind, werden Rentner und Pensionäre sowie deren Versorgungsansprüche[291] vom Betriebsübergang nicht erfasst.

273

---

284 BAG, NZA 2006, 1104.
285 BAG, NZA 1995, 1155 ff.
286 Lücke, in: Beck'sches Mandatshandbuch Unternehmenskauf, Rn. 54.
287 Cohnen/Tepass, in: Münchener Anwaltshandbuch Arbeitsrecht, § 50 Rn. 49.
288 ErfK/Preis, § 613a BGB Rn. 58.
289 Vgl. Cohnen/Tepass, in: Münchener Anwaltshandbuch Arbeitsrecht, § 50 Rn. 64.
290 Für weitere Fallgruppen vgl. Lücke, in: Beck'sches Mandatshandbuch Unternehmenskauf, Rn. 74.
291 BAG, DB 1977, 1466 ff.; DB 1979, 1462 ff.

Nicht erfasst von der Regelung des § 613a BGB sind nach h.M. auch die **Organvertreter** juristischer Personen wie GmbH-Geschäftsführer oder Vorstände von eingetragenen Vereinen und AG, weil es sich bei diesen nicht um Arbeitnehmer handelt.[292] Da diese Dienstverhältnisse bei dem veräußernden Rechtsträger verbleiben und daher auch von Seiten des Arbeitgebers grds. weiter voll zu erfüllen sind, ist eine **frühzeitige Klärung der Situation mit dem betroffenen Organvertreter** (z.B. durch Angebot eines entsprechenden Aufhebungsvertrages) dringend anzuraten.

274 Bei der **Veräußerung von Betriebsteilen** oder aber bei Arbeitnehmern, die **betriebsübergreifend** eingesetzt werden, können sich im Einzelfall Schwierigkeiten bei der **Zuordnung** von Arbeitnehmern ergeben. Zweifel ergeben sich in der Praxis regelmäßig bei

- Arbeitnehmern, die in sog. Stabs- oder Querschnittsbereichen eingesetzt sind,
- Arbeitnehmern, die wechselnd in verschiedenen Abteilungen oder gar Betrieben des Veräußerers eingesetzt werden (sog. „Springer").

Ist der Übergang bzw. die Zuordnung zu einem Betriebsteil unter den Beteiligten streitig, bedarf es einer objektiven Zuordnung bzw. Anknüpfung an einem Betriebsteil. Der Arbeitsplatz des Arbeitnehmers muss also in die **Struktur des jeweiligen Betriebsteils eingebunden** sein. Anderenfalls verbleibt er bei dem veräußernden Unternehmen. Bei Arbeitnehmern, die sowohl in dem zu veräußernden als auch in den beim Veräußerer verbleibenden Betriebsteilen eingesetzt waren, wie die schon genannten Springer, kommt es auf den **Schwerpunkt ihrer Tätigkeit** an, also darauf, wo sie zu mehr als 50 % beschäftigt sind bzw. waren.

> **Hinweis:**
> Wird nur ein Betriebsteil veräußert, sollten sich Veräußerer und Erwerber schon frühzeitig über klare vertragliche Regelungen hinsichtlich der Zuordnung der übergehenden Belegschaftsangehörigen verständigen. So können die Parteien die Arbeitsverhältnisse, die nach ihrer gemeinsamen Auffassung dem zu veräußernden Betriebsteil zugehören, in einer Anlage zum Unternehmenskaufvertrag aufführen. Der Erwerber sollte sich für den Fall, dass auch Arbeitnehmer, die nicht in der Anlage aufgeführt sind, ihre Weiterbeschäftigung von dem Erwerber verlangen, vom Veräußerer vertraglich eine Freistellungsverpflichtung für die Kosten der Beschäftigung und ggf. der Beendigung der „überzähligen" Arbeitsverhältnisse einräumen lassen.
>
> Alternativ kann natürlich auch im Wege einer **dreiseitigen Vereinbarung** zwischen dem alten Arbeitgeber, dem Erwerber des Betriebsteils und dem Arbeitnehmer jederzeit eine anderweitige Zuordnung des Arbeitsverhältnisses erfolgen.

bb) Praktische Fragen bei der Fortsetzung bestimmter Arbeitsbedingungen

275 Die Überleitung von individualrechtlich begründeten Rechten und Pflichten kann Schwierigkeiten bereiten, wenn deren Fortsetzung angesichts der **geänderten tatsächlichen Verhältnisse** beim Erwerber gar nicht oder nur unter erschwerten Bedingungen möglich ist.[293] Hierzu zählen bspw. neben Werkswohnungen unter anderem auch **Arbeitgeberdarlehen**. Letztere gehen auf den Erwerber über, wenn sie als **Bestandteil des Arbeitsverhältnisses** anzusehen sind. Gleiches gilt für Ansprüche aus **Arbeitnehmererfindungen**.[294] Probleme kann die Behandlung von **unternehmensspezifischen Vergütungsregelungen** wie Aktienoptionen,[295] Werksrabatten und Tantiemen aufwerfen. Diese sind im Fall eines Betriebsübergangs nach den Grundsätzen des Wegfalls bzw. der Änderung der Geschäftsgrundlage **anzupassen**.[296]

---

292 Vgl. Wank, in: Münchener Handbuch zum Arbeitsrecht, § 124 Rn. 28 m.w.N.
293 Vgl. die Fallgruppen bei Willmsen, in: Willemsen/Hohenstatt/Schweibert/Seibt, Umstrukturierung, G Rn. 191 ff.
294 Vgl. Cohnen/Tepass, in: Münchener Anwaltshandbuch Arbeitsrecht, § 51 Rn. 2 ff.
295 BAG, ZIP 2003, 682.
296 Willmsen, in: Willemsen/Hohenstatt/Schweibert/Seibt, Umstrukturierung, G Rn. 195 f.

b) Auswirkungen des Betriebsübergangs in kollektivrechtlicher Hinsicht

Betriebsvereinbarungen gelten grds. unmittelbar und daher unabhängig vom Willen der Vertragsparteien (§ 77 Abs. 4 BetrVG). Sie entfalten gesetzesgleich Wirkung auf den Inhalt des Arbeitsverhältnisses, ohne jedoch Bestandteil des Arbeitsverhältnisses zu sein. Ein Betriebsübergang lässt diese unmittelbare Geltung unberührt, sofern die **Identität des Betriebs erhalten bleibt**. Dann gelten Betriebsvereinbarungen kollektivrechtlich fort.[297]

Anderenfalls, d.h. im Fall des **Verlusts der betrieblichen Identität**, wie bei der **Eingliederung** eines Betriebs oder Betriebsteils in einen bestehenden Betrieb oder Konzern, werden die in den Betriebsvereinbarungen geregelten Rechte und Pflichten (einschließlich Gesamt- und Konzernvereinbarungen) gemäß § 613a Abs. 1 Satz 2 BGB Inhalt des Arbeitsverhältnisses zwischen dem neuen Inhaber und dem Arbeitnehmer. Sie werden ins Individualarbeitsrecht transformiert, und können erst nach Ablauf einer Frist von einem Jahr nach dem Betriebsübergang erstmals zum Nachteil des Arbeitnehmers geändert werden (§ 613a Abs. 1 Satz 2 BGB).

Auch **Tarifverträge** gelten kollektivrechtlich beim Erwerber weiter und werden folglich nicht transformiert, wenn der Betriebsteil auch nach Betriebsübergang in deren Anwendungsbereich fällt und beiderseitige Tarifgebundenheit von Arbeitnehmern und Arbeitgebern besteht.

c) Unterrichtungspflicht des Arbeitgebers und Widerspruchsrecht des Arbeitnehmers

Mit Einführung der § 613a Abs. 5 und Abs. 6 BGB hat der Gesetzgeber das von der Rspr.[298] schon lange anerkannte Widerspruchsrecht des vom Betriebsübergang betroffenen Arbeitnehmers sowie eine Pflicht der Arbeitgeber zur Unterrichtung der betroffenen Arbeitnehmer über Zeitpunkt, Grund und Folgen eines Betriebsübergangs normiert. Nach dem Wortlaut der Vorschrift trifft die Unterrichtungspflicht den **bisherigen oder den neuen Betriebsinhaber**, die insofern **gesamtschuldnerisch** haften.[299]

> **Hinweis:**
> Veräußerer und Erwerber sollten sich frühzeitig darüber verständigen, wer die Arbeitnehmer zu welchem Zeitpunkt und in welcher Weise unterrichtet und dies auch vertraglich festlegen. Zu regeln ist dabei auch das Verhalten bzw. die Kostentragung bei Widersprüchen durch Arbeitnehmer sowie die Haftung für falsche oder unvollständige Unterrichtung. Hat der Erwerber ein besonderes Interesse daran, dass eine Mindestanzahl von Mitarbeitern übergeht (z.B. weil er sie zur Aufrechterhaltung eines Produktionsbetriebs benötigt), ist an die Aufnahme eines Rücktrittsrechts des Erwerbers zu denken, für den Fall, dass mehr als eine bestimmte Anzahl von Mitarbeitern dem Übergang widerspricht.

Adressaten der Unterrichtung sind alle vom Betriebsübergang betroffenen Arbeitnehmer, d.h. alle Arbeitnehmer, die im übergehenden Betrieb oder Betriebsteil tätig sind.

Die Unterrichtung hat in **Textform**, d.h. in einer lesbaren, aber unterschriftslosen Erklärung zu erfolgen (§ 126b BGB).

Nach dem Gesetz ist zu **informieren über**

- den Zeitpunkt oder den geplanten Zeitpunkt des Übergangs,
- den Grund für den Übergang,
- die rechtlichen, wirtschaftlichen und sozialen Folgen des Übergangs für die Arbeitnehmer und
- die hinsichtlich der Arbeitnehmer in Aussicht genommenen Maßnahmen.

---

297 BAG, ZIP 1995, 235.
298 Vgl. BAG, ZIP 1994, 391.
299 Vgl. Cohnen/Tepass, in: Münchener Anwaltshandbuch Arbeitsrecht, § 52 Rn. 6.

> **Hinweis:**
> Wie die oben genannten Punkte letztlich in der Unterrichtung zu konkretisieren sind, vor allem welcher Detaillierungsgrad erforderlich ist, ist noch unklar, insb. weil hierzu noch kaum höchstrichterliche Entscheidungen der Arbeitsgerichtsbarkeit ergangen sind.[300] Fest steht, dass eine bloße Wiederholung des Gesetzes nicht genügt. Die Unterrichtung sollte in jedem Fall nicht zu generell sein und in erster Linie die unmittelbaren Folgen und konkret zu erwartenden Auswirkungen des Betriebsübergangs für die Arbeitnehmer darstellen. In Zweifelsfällen sollte man sich für eine etwas ausführlichere Darstellung entscheiden.
>
> Zu den einzelnen Punkten:
> - Zeitpunkt: Hier empfiehlt sich die Angabe eines „geplanten" Zeitpunkts, der allerdings datumsmäßig bestimmt sein sollte. Weicht der tatsächliche Zeitpunkt des Betriebsübergangs ab, empfiehlt sich eine Wiederholung der Unterrichtung.
> - Grund: Hier ist nur der unmittelbare Grund des Übergangs (i.d.R. ein Kaufvertrag über Assets) anzugeben.
> - rechtliche, wirtschaftliche und soziale Folgen: Hierzu gehören neben näheren Angaben zum Erwerber auch die Auswirkungen des Betriebsübergangs in individual- und kollektivrechtlicher Hinsicht.

> **Hinweis:**
> Da die Unterrichtung erst mit ihrem Zugang beim Arbeitnehmer erfolgt und der Arbeitgeber insofern das Zugangsrisiko trägt, sollte sich der Arbeitgeber von jedem einzelnen Arbeitnehmer den Empfang schriftlich (z.B. durch ein unterzeichnetes Doppels der Unterrichtung) bestätigen lassen.

281 Die Unterrichtung hat nach dem Gesetzeswortlaut **vor** dem Übergang zu erfolgen; die Widerspruchsfrist beginnt allerdings auch dann, wenn die Unterrichtung **erst nach dem** Übergang erfolgt.[301]

> **Hinweis:**
> Da die einmonatige Widerspruchsfrist nur zu laufen beginnt, wenn der **Inhalt** der Unterrichtung richtig und vollständig ist und den Anforderungen des § 613a Abs. 5 BGB entspricht,[302] ist auf dessen Formulierung besondere Sorgfalt zu verwenden.

282 Macht der Arbeitnehmer von seinem **Widerspruchsrecht** Gebrauch, so geht sein Arbeitsverhältnis **nicht auf den Erwerber über, sondern bleibt beim Veräußerer**.[303] Adressaten des Widerspruchs, der ebenfalls in Schriftform zu erfolgen hat (§ 613a Abs. 6 Satz 1 BGB), sind sowohl der bisherige als auch der neue Betriebsinhaber. Die Erklärung ist innerhalb von einer Frist von einem Monat ab Zugang einer ordnungsgemäßen Erklärung abzugeben. Die Frist kann einvernehmlich verlängert werden; ein Verzicht vor Fristablauf auf das Widerspruchsrecht ist wohl zumindest in Ansehung eines konkreten Betriebsübergangs möglich, setzt allerdings eine vollständige Unterrichtung voraus.[304]

---

300 Vgl. die jüngsten Urteile des BAG v. 13.7.2006; NZA 2006, 1273 ff., 1268 ff., wonach der Betriebserwerber identifizierbar zu benennen und der Gegenstand des Betriebsübergangs anzugeben ist; vgl. sonst auch LAG München, Urt. v. 30.8.2005 – 8 Sa 523/05, n.v; LAG Düsseldorf, DB 2005, 174 = ZIP 2005, 1752; LAG Düsseldorf, Urt. v. 6.10.2005 – 15 Sa 355/05, n.v.
301 Cohnen/Tepass, in: Münchener Anwaltshandbuch Arbeitsrecht, § 52 Rn. 6.
302 Lücke, in: Beck'sches Mandatshandbuch Unternehmenskauf, § 6 Rn. 148 m.w.N.
303 Er hat dann allerdings das Risiko zu tragen, dass ihm sein Arbeitgeber wegen Wegfalls seines Arbeitsplatzes betriebsbedingt kündigt.
304 Vgl. hierzu im Einzelnen Cohnen/Tepass, in: Münchener Anwaltshandbuch Arbeitsrecht, § 52 Rn. 69 ff.

Je nachdem, zu welchem **Zeitpunkt** die Widerspruchserklärung einem der beteiligten Arbeitgeber zugeht, ergeben sich **unterschiedliche Rechtsfolgen**: Bei Zugang **vor** dem Betriebsübergang bleibt das Arbeitsverhältnis mit dem veräußernden Betriebsinhaber unverändert bestehen, während bei einem Widerspruch **nach** Betriebsübergang das übergegangene Arbeitsverhältnis nach der Rspr. mit ex-tunc-Wirkung beendet wird und das Arbeitsverhältnis mit dem bisherigen Arbeitgeber wieder hergestellt wird.[305] Aus Planungsgründen kann eine rechtzeitige Unterrichtung daher durchaus sinnvoll sein.

283

d) Gesamtschuldnerische Haftung

Der bisherige Arbeitgeber haftet gemäß § 613a Abs. 2 Satz 1 BGB **als Gesamtschuldner neben dem neuen Inhaber** für Verbindlichkeiten aus den übergegangenen Arbeitsverhältnissen, soweit die Verpflichtungen vor dem Zeitpunkt des Übergangs entstanden sind und vor Ablauf eines Jahres nach diesem Zeitpunkt fällig werden. Für Verpflichtungen, die erst nach Betriebsübergang fällig werden, wie Einmalzahlungen, Urlaubsgeld und 13. Monatsgehalt, haftet der Verkäufer nur für den Teil des Jahres, in dem er Betriebsinhaber war.[306]

284

> **Hinweis:**
> Der Kaufvertrag sollte Regelungen für den internen Ausgleich zwischen den Parteien enthalten. So sollte der Käufer Ausgleich für bzw. Freistellung von allen Verbindlichkeiten verlangen, die den Zeitraum vor Betriebsübergang betreffen (z.B. Pensionsverbindlichkeiten).

e) Vertragliche Vereinbarungen beim Betriebsübergang

Wegen des **zwingenden Charakters des § 613a BGB** sind entgegenstehende vertragliche Vereinbarungen zwischen Verkäufer und Erwerber grds. unwirksam. Zulässig und empfehlenswert sind jedoch Vereinbarungen über die Folgen des Betriebsübergangs, wie die interne Aufteilung der entstehenden Kosten (insb. für weiterlaufende Arbeitsverhältnisse).

285

> **Hinweis:**
>
> Nachfolgende Punkte[307] können ggf. berücksichtigt werden:
> - Unterrichtung der Arbeitnehmer (siehe Rn. 278),
> - Zuordnung bestimmter Arbeitnehmer zu bestimmten Betriebsteilen, ggf. mit Zustimmung der Beteiligten,
> - Risiko- und Kostenausgleich im Hinblick auf Belastungen,
> - Kaufpreisanpassungen im Hinblick auf die zu passivierenden Verpflichtungen aus übernommenen Versorgungszusagen,
> - Garantien bzgl. der monatlichen Höchstgehaltssumme für übernommene Arbeitnehmer, Vollständigkeit und Richtigkeit der Angaben zu den beschäftigten Arbeitnehmern,
> - Rücktrittsrecht, wenn nicht alle bzw. mindestens X % der Arbeitnehmer übergehen.

IV. Sonderregeln beim Betriebserwerb in der Krise[308]

Die Anwendbarkeit des § 613a BGB ist durch die Eröffnung des Insolvenzverfahrens grds. nicht eingeschränkt, es erfolgt jedoch eine teleologische Reduktion der Vorschrift.

286

---

305 BAG, ZIP 1994, 389.
306 Vgl. Cohnen/Tepass, in: Münchener Anwaltshandbuch Arbeitsrecht, § 51 Rn. 121.
307 Holzapfel/Pöllath, Unternehmenskauf, Rn. 706.
308 Vgl. hierzu auch die Ausführungen unter Rn. 220 ff.

Es **entfällt** die von § 613a BGB vorgesehene **Haftung des Erwerbers für Ansprüche, die bei der Insolvenzeröffnung bereits entstanden waren**.[309] Dies beruht auf der Überlegung, dass der insolvenzrechtliche Grundsatz der gleichen Gläubigerbefriedigung anderenfalls durchbrochen würde. Insb. für den Bereich der **betrieblichen Altersversorgung** ist dies von Bedeutung, denn es hat zur Folge, dass der Erwerber bei Eintritt des Versorgungsfalls nur die während seiner Betriebsinhaberschaft erdienten Versorgungsleistungen schuldet. War die übernommene Versorgungsanwartschaft schon bei Eröffnung des Verfahrens **unverfallbar**, so haftet der Pensions-Sicherungs-Verein zeitanteilig (vgl. § 7 Abs. 2 BetrAVG), anderenfalls müssen die Arbeitnehmer ihre bis zum Betriebsübergang erdienten (verfallbaren) Ansprüche als **Insolvenzforderung** geltend machen. Wird das Verfahren hingegen erst nach Betriebsübergang eröffnet, so haftet der Erwerber für sämtliche bis zu diesem Zeitpunkt entstandene Ansprüche ohne Einschränkungen.[310]

> **Hinweis:**
> Um das Haftungsprivileg des Erwerbs nach Insolvenzeröffnung für sich nutzbar machen zu können, sollte beim Kauf in der Krise aus Käufersicht der Kaufvertrag aufschiebend bedingt durch Eröffnung des Insolvenzverfahrens abgeschlossen werden.

V. Kündigung auf Erwerberkonzept

287 Nicht selten erfolgen im Vorfeld eines Betriebsübergangs durch den Veräußerer Kündigungsmaßnahmen, die bereits auf einem Rationalisierungskonzept des Erwerbers beruhen (sog. **Kündigung auf Erwerberkonzept**).[311] Das Kündigungsverbot des § 613a Abs. 4 BGB steht solchen Kündigungen generell nicht im Wege, denn die Vorschrift verbietet nur Kündigungen **wegen** des Betriebsübergangs (subjektive Betrachtung), nicht jedoch solche, die aus anderen anerkannten Gründen erfolgen. Eine Kündigung erfolgt wegen des Betriebsübergangs, wenn dieser der tragende Grund, nicht nur der äußere Anlass für die Kündigung ist. Das Kündigungsverbot des § 613a Abs. 4 BGB ist jedoch dann nicht einschlägig, wenn es neben dem Betriebsübergang einen sachlichen Grund gibt, der „aus sich heraus" die Kündigung zu rechtfertigen vermag.[312]

VI. Auswirkungen einer Transaktion auf die arbeitsrechtliche Situation des Erwerbers

288 Schließlich kann sich auch die **arbeitsrechtliche Situation des erwerbenden Unternehmens** durch einen Unternehmenskauf verändern. Dieser Aspekt wird gerne übersehen, sollte aber schon im Vorfeld einer Transaktion genau bedacht werden.

So können Zukäufe den **Mitbestimmungsstatus** des Unternehmens beeinflussen. Ändert sich die Gesamtzahl der inländischen Mitarbeiter des Erwerbers unmittelbar oder durch Zurechnung im Konzern, können Schwellenwerte für die (zwingende) **Einrichtung eines mitbestimmten Aufsichtsrats** überschritten werden. Bei Unternehmen in der Rechtsform einer AG, KGaA, GmbH, e.G. oder VVaG mit mehr als 500 und i.d.R. nicht mehr als 2000 Arbeitnehmern muss der Aufsichtsrat zu einem Drittel aus Vertretern der Arbeitnehmer bestehen.[313] Bei i.d.R. mehr als 2000 Arbeitnehmern muss sich der Aufsichtsrat paritätisch aus Mitgliedern der Anteilseigner und der Arbeitnehmer zusammensetzen (§§ 1 Abs. 1, Abs. 6, Abs. 7 MitbestG).

---

309 BAG, NZA 1997, 94, 96.
310 BAG, NZA 2003, 318, 323.
311 Zur Kündigung des Betriebsveräußerers nach einem Erwerberkonzept vgl. auch BAG, NZA 2003, 1027.
312 BAG, NZA 2003, 1027.
313 § 129 Abs. 1 Satz 1 BetrVG 1972 i.V.m. §§ 76 – 77a, 81, 85, 87 BetrVG 1952.

Spiegelbildlich kann sich auch die mitbestimmungsrechtliche Situation des veräußernden Unternehmens verändern, wenn durch den Abgang bzw. Übergang von Arbeitnehmern die oben genannten Schwellenwerte unterschritten werden.

E. Fusionskontrollrechtliche Bezüge beim Unternehmenskauf

I. Kartellrecht in der Planungsphase des Unternehmenskaufs

Üblicherweise beginnen **kartellrechtliche Überlegungen** im Zusammenhang mit Unternehmenstransaktionen erst, wenn die Kaufüberlegungen derart weit fortgeschritten sind, dass die Parteien von einer überwiegenden Wahrscheinlichkeit des Zustandekommens der Transaktion ausgehen. Dieser Zeitpunkt ist allerdings oft zu spät.   289

Die beste rechtliche, wirtschaftliche und steuerliche Konstruktion eines Unternehmenskaufs ist lediglich eine sinnlose Verursachung von Opportunitätskosten, wenn die Transaktion von den **Kartellbehörden** rechtmäßig untersagt wird. Ebenso kann die Erfüllung kartellrechtlicher Auflagen die Wirtschaftlichkeit einer Transaktion in einem Ausmaß beeinträchtigen, welches die Durchführung unrentabel oder gar zur massiven finanziellen Belastung macht. Auch wenn man sich zumindest vor Letzterem durch entsprechende Vertragsgestaltung absichern kann, müssen die angefallenen Kosten der Transaktion von zumindest einer Seite getragen werden. Aus diesem Grund ist es unerlässlich, bereits in der Planungsphase einer Transaktion kartellrechtliche Überlegungen mit einfließen zu lassen.

1. Prüfungsumfang

Kartellrecht beim Unternehmenskauf ist **Fusionskontrolle**. Auf europäischer Ebene umfasst der Anwendungsbereich der Fusionskontrollverordnung (FKVO)[314] ausdrücklich auch **Nebenabreden** (Art. 6 Abs. 1 lit. b Satz 2 sowie Art. 8 Abs. 2 UA 3 FKVO);[315] in der BRD sind solche Nebenabreden über die Immanenztheorie vom Anwendungsbereich des Kartellverbots ausgenommen und werden ebenfalls im Rahmen der Fusionskontrolle geprüft.[316]   290

Im Verhältnis zu den Art. 81, 82 EGV ist die FKVO lex specialis und schließt deren Anwendbarkeit aus (siehe Art. 22 FKVO). Zwar ist die dogmatische Begründung dieses Vorrangs nicht unumstritten und bedient sich einer Hilfskonstruktion, im Ergebnis ist die Nichtanwendung von Art. 81, 82 EGV aber allgemein anerkannt.[317]

> **Hinweis:**
>
> In praktischer Hinsicht empfiehlt sich ein der Transaktion angepasster, abgestufter Prüfungsumfang.

2. Anwendbarkeitsprüfung

Als erstes sollte jedenfalls überschlägig festgestellt werden, ob das Vorhaben eine **fusionskontrollrechtliche Relevanz** hat. Hierbei ist auch zu beachten, dass grds. in jeder berührten Rechtsordnung, also in jedem Land, in dem eines der betroffenen Unternehmen geschäftlich tätig ist, eine kartellrechtliche Problematik in Frage kommt. Der vorliegende Beitrag beschränkt sich darauf, die in der BRD gültige Rechtsordnung darzustellen.   291

---

314   VO des Rates über die Kontrolle von Unternehmenszusammenschlüssen, 139/2004/EG.
315   Zu den Details Emberger, in: Loeweneheim/Meessen/Riesenkampff, Kartellrecht, Art. 6 Rn. 50 ff.; allgemein Wiedemann/Wagemann, Handbuch Kartellrecht, § 16 Rn. 123 ff.
316   Etwa BGH, WuW/E 1898, 1899 „Holzpanele" sowie BGH, DB 1994, 34 „Ausscheidender Gesellschafter". Zur Übersicht mit weiteren Fundstellen z.B. Wiedemann/Stockmann, Handbuch Kartellrecht, § 7 Rn. 81 ff.
317   Löffler, in: Langen/Bunte, Handbuch Kartellrecht, Vor Art. 1 Rn. 8, Art. 22 Rn. 2.

a) Grundsätzliche Eingreifkriterien

292 Die **deutsche und die EG-Fusionskontrolle** finden dann statt, wenn der Zusammenschluss Auswirkungen auf das Bundesgebiet bzw. auf das Gemeinschaftsgebiet haben kann (Auswirkungsprinzip). In der BRD ist das gesetzlich in § 130 Abs. 2 GWB geregelt,[318] im EG-Recht fehlt zwar eine solche ausdrückliche Regelung, es entspricht jedoch der h.M..[319] Wegen dieser extrem weiten Fassung bestehen in der Praxis selten grds. Bedenken gegen die Anwendbarkeit der Fusionskontrolle.

b) Zusammenschluss

293 Grundvoraussetzung einer fusionskontrollrechtlichen Prüfung ist das **Vorliegen eines Zusammenschlusses**. Zu beachten ist, dass ein Zusammenschluss neben dem Fall der Verschmelzung im Rechtssinne auch in einer Reihe weiterer Fälle vorliegt.[320] Nach den insoweit seit der 7. GWB-Novelle vom 1.7.2005 gleich lautenden Kriterien der deutschen (§ 37 GWB) und der europäischen Fusionskontrolle (Art. 3 FKVO) liegt auch dann ein Zusammenschluss vor, wenn

- durch Anteilserwerb die Mehrheit der Stimmrechte erworben wird (Share Deal),[321]
- ein Vermögenserwerb oder ein Erwerb des wirtschaftlichen Nutzungsrechts stattfindet (Asset Deal),[322]
- auf sonstige Weise die Kontrolle erworben wird[323] oder
- eine sonstige Verbindung begründet wird.[324]

Ein **Kontrollerwerb** liegt etwa vor, wenn zwei oder mehr Anteilseigner in der Lage sind Maßnahmen, durch die das strategische Wirtschaftsverhalten bestimmt wird, zu blockieren.[325]

c) Käuferseite

294 Wegen des Zusammenschlussbegriffs ist zunächst die **Käuferseite** zu betrachten, da es für diese ggf. leichter ist, eine Berührung fusionskontrollrechtlicher Fragestellungen auszuschließen.

---

318 Jungbluth, in: Langen/Bunte, Kartellrecht, § 130 GWB Rn. 93 ff.; Wiedemann/Richter, Handbuch Kartellrecht, Kap. 1 § 5 Rn. 23.

319 Entscheidung der Kommission v. 2.10.1991 Aerospatiale-Alenia/de Havilland, ABl. 1991 L 334/42; Entscheidung der Kommission v. 24.4.1996 Gencor/Lonrho, ABl. 1997 L 11/30; Wiedemann/Wiedemann, Handbuch Kartellrecht, § 15 Rn. 17 ff. m.w.N.

320 Grundlegend dazu die Bekanntmachung der Kommission zum Zusammenschlussbegriff, ABl. EG 1998 Nr. C 66, weiterführend Wiedemann/Wiedemann, Handbuch Kartellrecht, § 15 Rn. 29 ff., § 19 Rn. 65 ff.; Riesenkampff/Lehr, in: Loewenheim/Meessen/Riesenkampff, Kartellrecht, Bd.1 Art. 3 FKVO Rn. 6 ff.

321 Bekanntmachung der Kommission zum Zusammenschlussbegriff, ABl. EG 1998 Nr. C 66 Rn. 14; im Detail dazu Riesenkampff/Lehr, in: Loewenheim/Meessen/Riesenkampff, Kartellrecht, Bd. 1, Art. 3 Rn. 14 ff.; Wiedemann/Richter, Handbuch Kartellrecht, § 19 Rn. 81 f. und Rn. 94 f. für die deutsche Regelung.

322 Bekanntmachung der Kommission zum Zusammenschlussbegriff, ABl. EG 1998 Nr. C 66 Rn. 11; Kommissionsentscheidung Delta Air Lines/Pan Anm v. 13.9.1991 Az. IV/M.130; Riesenkampff/Lehr, in: Loewenheim/Meessen/Riesenkampff, Kartellrecht, Bd.1, Art. 3 Rn. 30; Wiedemann/Richter, Handbuch Kartellrecht, § 19 Rn. 83 für die deutsche Regelung.

323 Bekanntmachung der Kommission zum Zusammenschlussbegriff, ABl. EG 1998 Nr. C 66 Rn. 2; Riesenkampff/Lehr, in: Loewenheim/Meessen/Riesenkampff, Kartellrecht, Bd. 1, Art. 3 Rn. 31 f.; Wiedemann/Richter, Handbuch Kartellrecht, § 19 Rn. 84 ff. für die deutsche Regelung.

324 Z.B. der Hauptfall des Gemeinschaftsunternehmens/Joint Ventures. Ausführlich dazu sowie zu den Abgrenzungsproblemen Mestmäcker/Schweitzer, Europäisches Kartellrecht, § 24 Rn. 48 ff.; Überblick auch bei Lindemann, in: Loewenheim/Meessen/Riesenkampff, Kartellrecht, Bd. 1, Art. 3 Rn. 33 ff., Wiedemann/Richter, Kartellrecht, § 19 Rn. 93 für die deutsche Regelung.

325 Bekanntmachung zum Zusammenschlussbegriff, ABl. EG 1998 Nr. C 66 Rn. 18 f.; Riesenkampff/Lehr, in: Loewenheim/Meessen/Riesenkampff, Kartellrecht, Bd. 1, Art. 3 FKVO Rn. 15.

d) Buy-and-Build-Strategien

Besonders relevant sind **kartellrechtliche Überlegungen in der Planungsphase**, wenn der Investor eine Buy-and-Build-Strategie verfolgt. Schließlich könnte die gesamte Strategie daran scheitern, dass der Zukauf weiterer Unternehmen ab einem gewissen Punkt nicht mehr möglich wäre. Auch könnte der Investor dann im schlimmsten Fall Eigentümer einer Reihe von für ihn nicht mehr interessanten und potenziell zu teuer gekauften Unternehmen sein, deren Anschaffungskosten mehr oder weniger abzuschreiben wären. Deshalb empfiehlt es sich bereits bei der grundlegenden Festlegung der Strategie kartellrechtliche Überlegungen darüber anzustellen, ob das geplante „End-Produkt" einer solchen Strategie kartellrechtlich zulässig ist.

295

e) Wichtige Informationen

In dieser Phase ist es wichtig, **folgende Informationen** über die beteiligten Unternehmen zu beschaffen:

296

- Länder, in denen Geschäftstätigkeit stattfindet,
- Umsätze in den jeweiligen Ländern,
- weltweite Umsätze.

Da das Zielunternehmen üblicherweise das kleinere Unternehmen sein wird und aufgrund dessen eine Nichtanwendbarkeit der Fusionskontrolle eher denkbar ist, sind vor allem Daten dieses Unternehmens wichtig. Hier reicht zumeist bereits eine **qualifizierte Schätzung**. Die Qualität des Datenmaterials ist i.d.R. nicht entscheidend, weil bei nur geringfügiger Überschreitung der Aufgriffsschwellen i.d.R. die materiellen Untersagungskriterien ohnehin nicht vorliegen werden. Besondere Sensibilität haben diese Informationen nur für den Fall, dass eine Untersagung bei Überschreiten der Umsatzschwellen aus materiellen Gründen zu erwarten ist, bspw. bei der beabsichtigten Akquisition von Mitbewerbern durch ein marktbeherrschendes Unternehmen.

f) Aufgriffsschwellen

Anhand der oben genannten Informationen ist dann zu ermitteln, ob die **jeweiligen Aufgriffsschwellen der berührten Rechtsordnungen** überschritten werden.

297

Dabei ist zunächst auf die **niedrigere Aufgriffsschwelle des GWB** abzustellen, da eine Berührung der FKVO bei Unterschreitung dieser Schwellenwerte zumindest für einen deutschen Sachverhalt nicht denkbar ist. Diese Aufgriffsschwelle ist zweistufig aufgebaut (siehe § 35 GWB):

- Auf der **ersten Stufe** wird von beiden an der Transaktion beteiligten Unternehmen ein Mindestumsatz von jeweils 10 Mio. € weltweit verlangt. Bleibt eines der Unternehmen unter der Mindestgröße, ist damit die Prüfung beendet.
- Auf der **zweiten Stufe** müssen die beteiligten Unternehmen weitaus höhere Umsatzschwellen überschreiten. Eine Fusionskontrolle findet nur dann in der BRD statt, wenn zumindest ein beteiligtes Unternehmen einen Umsatz von über 25 Mio. € in der BRD erzielt und wenn alle beteiligten Unternehmen weltweit mindestens Umsätze von 500 Mio. € erzielen. Gerade wenn die beteiligten Unternehmen von relativ ähnlicher Größe sind, wird oft zwar die erste, nicht aber die zweite Stufe erreicht werden.[326]

Weiter ist zu beachten, dass bereits bei den Aufgriffsschwellen **Bereichsausnahmen** bestehen, weshalb ggf. trotz grds. Überschreiten der Aufgriffsschwellen bereits an dieser Stelle eine weitere Prüfung entbehrlich wird.[327]

298

---

[326] Beispiel: Fusion von Mittelständlern mit jeweils weniger als 25 Mio. € Umsatz in Deutschland.
[327] Siehe etwa die Ausnahme für de minimis Märkte in Deutschland, § 35 Abs. 2 Nr. 2 GWB.

3. Summarische Prüfung/Vorprüfung

299 Sind die **Aufgriffsschwellen überschritten** und somit eine kartellrechtliche Relevanz des Sachverhalts gegeben, empfiehlt sich eine weiter gehende Vorprüfung. Hauptziel sollte dabei ebenfalls zunächst eine Risikoeinschätzung sein.

a) Nationale oder EG-Fusionskontrolle?

300 Zunächst ist festzustellen, welche Fusionskontrollregelungen einschlägig sind. Hat der Zusammenschluss **gemeinschaftsweite Bedeutung** i.S.d. Art. 1 FKVO und greift keine Ausnahmeregel ein, so **geht die EG-Fusionskontrolle den jeweiligen nationalen Fusionskontrollverfahren vor** und schließt diese aus. Gemeinschaftsweite Bedeutung ist gegeben, wenn ein Zusammenschluss erhebliche grenzüberschreitende Auswirkungen hat, indem er sich auf Wettbewerbsverhältnisse eines Gebiets auswirkt, das über die Grenzen eines einzelnen Mitgliedstaates hinausgeht, bestimmte Aufgriffsschwellen überschreitet und keine Ausnahmeregelung eingreift.

aa) Grenzüberschreitende Auswirkungen

301 Lediglich rein inländische Transaktionen sollen von der Gemeinschaftszuständigkeit ausgeschlossen sein.[328] Aufgrund der hohen Aufgriffsschwellen ist davon auszugehen, dass im Regelfall **nicht ausschließlich ein nationaler Markt** berührt sein wird.

bb) Aufgriffsschwellen

302 Ein Zusammenschluss hat **gemeinschaftsweite Bedeutung**, wenn die Umsätze der beteiligten Unternehmen folgende Schwellenwerte erreichen bzw. Kriterien erfüllen:

- alle beteiligten Unternehmen haben einen weltweiten Gesamtumsatz von mehr als 5 Mrd. € und
- mindestens zwei der beteiligten Unternehmen erzielen einen gemeinschaftsweiten Gesamtumsatz von jeweils mehr als 250 Mio. € (Art. 1 Abs. 2 FKVO),
- keines der beteiligten Unternehmen erzielt mehr als zwei Drittel seiner Umsätze in ein und demselben Mitgliedstaat.

303 Ein Zusammenschluss, der diese Kriterien nicht erfüllt, hat dennoch gemeinschaftsweite Bedeutung, wenn **folgende Kriterien kumulativ erfüllt** sind[329]:

- der weltweite Gesamtumsatz aller beteiligten Unternehmen beträgt zusammen mehr als 2,5 Mrd. €,
- der Gesamtumsatz aller beteiligten Unternehmen übersteigt in mindestens drei Mitgliedstaaten jeweils 100 Mio. €,
- in jedem dieser Mitgliedstaaten beträgt der Gesamtumsatz von mindestens zwei beteiligten Unternehmen jeweils mehr als 25 Mio. €,
- der gemeinschaftsweite Gesamtumsatz von mindestens zwei beteiligten Unternehmen übersteigt jeweils 100 Mio. €.

b) Wichtige Informationen

304 Wenn geklärt ist, welche Fusionskontrollvorschriften maßgeblich sind, ist eine **summarische Prüfung der materiellen Untersagungskriterien** zu empfehlen. Diese setzt wiederum mindestens folgende Informationen voraus:

- berührte Märkte,
- Marktanteile der beteiligten Unternehmen (einschließlich Tochtergesellschaften und verbundene Unternehmen) auf diesen Märkten.

---

[328] Bekanntmachung der Kommission über die Berechnung des Umsatzes, ABl. 1998 C 66/25 3; Wiedemann/Wagemann, Handbuch Kartellrecht, § 15 Rn. 7.

[329] Siehe Art. 1 Abs. 3 FKVO, zu den Details Simon, in: Loewenheim/Meessen/Riesenkampff, Kartellrecht, Bd. 1, Art. 1 Rn. 19 ff.

Da diese Daten oft nur schwer zu ermitteln sind und eine detaillierte Prüfung in der Planungsphase oft noch nicht sinnvoll scheinen wird, sind **hilfsweise jedenfalls folgende Daten zu ermitteln**, aus denen die oben genannten Informationen zumindest näherungsweise abgeleitet werden können:

- berührte Branchen,
- Geschäftsfelder der beteiligten Unternehmen,
- Tätigkeitsschwerpunkte der beteiligten Unternehmen.

Anhand dieser Kriterien ist dann festzustellen, **wie wahrscheinlich die Untersagung** eines Zusammenschlusses ist.

c) Materielle Untersagungskriterien im Überblick

Ein **Zusammenschluss** ist dann **zu untersagen**, wenn dadurch eine erhebliche Wettbewerbsbeeinträchtigung zu erwarten ist (EG-Recht) oder eine marktbeherrschende Stellung entsteht (BRD).

aa) EG-Recht

Seit Mitte 2004 gibt es in der europäischen Fusionskontrolle **ein neues Untersagungskriterium**, die „erhebliche Behinderung effektiven Wettbewerbs", allgemein als SIEC-Test[330] bezeichnet. Inhaltlich bedeutet dieses Kriterium jedoch keine wesentliche Änderung im Vergleich zur alten Rechtslage, die auf die Begründung einer marktbeherrschenden Stellung abstellte.[331] Das bestätigt auch die EU-Kommission in ihren Stellungnahmen.[332] Vielmehr sollte diese Änderung vor allem die (umstrittene) Rechtsansicht der Kommission in Oligopolfällen stützen sowie generell eine flexiblere Handhabung der FKVO in der Zukunft ermöglichen.[333] Sinn und Zweck ist es nach wie vor, „ein System zu errichten, das den Wettbewerb innerhalb des gemeinsamen Marktes vor Verfälschungen schützt".[334] Zudem sollen auch über den Beherrschungstatbestand hinaus alle wettbewerbsschädigenden Auswirkungen eines Zusammenschlusses verhindert werden, die sich nicht aus koordiniertem Verhalten der Unternehmen ergeben.[335] Dennoch ist das Vorliegen einer marktbeherrschenden Stellung nach wie vor das Hauptkriterium für die Beurteilung von Zusammenschlüssen.[336]

(1) Marktanteil

Hauptkriterium zur Bestimmung einer etwaigen Marktbeherrschung bzw. Wettbewerbsbeeinträchtigung ist der **Marktanteil**.[337] Die EU-Kommission geht frühestens bei Marktanteilen von 15 % von einer Marktbeherrschung aus,[338] in der Praxis hat sie jedoch Marktanteile von weniger als 45 % ohne Oligopoltatbestand noch nicht für bedenklich gehalten. In der Entscheidung Mannesmann/Hoesch v. 12.11.1992,[339] hat die Kommission einen Marktanteil von 45 % für „bedenklich" erklärt, in ihren Leitlinien zur Bewertung horizontaler Zusammenschlüsse v. 28.1.2004[340] geht sie davon aus, dass ein Marktanteil von mehr als 50 %

---

330 Substantial Impediment on Effective Competition.
331 Zur alten Rechtslage ausführlich etwa Löffler, in: Langen/Bunte, Kartellrecht, Art. 2 FKVO Rn. 149 ff.; Wiedemann/Wagemann, Handbuch Kartellrecht, § 16 Rn. 46 ff.
332 Stellungnahme der EU Kommission im „Überblick der EU Kommission zur Neufassung der FKVO", siehe http://europa.eu.int/comm/competition/publications/special/3_merger.pdf.
333 Riesenkampff/Lehr, in: Loewenheim/Meessen/Riesenkampff, Kartellrecht, Bd. 1, Art. 2 FKVO Rn. 3.
334 Erwägungsgrund Nr. 2 der FKVO.
335 Erwägungsgrund Nr. 25 der FKVO.
336 Erwägungsgrund Nr. 26 der FKVO; siehe auch die Übersichten von Simon, in: Loewenheim/Meessen/Riesenkampff, Kartellrecht, Bd.1, Art. 2, Rn. 43 ff.
337 Allgemeine Meinung, etwa Löffler, in: Langen/Bunte, Kartellrecht, Art. 2 FKVO Rn. 116.
338 Siehe Formblatt CO, 6. Abschnitt Ziffer III, Anhang zur VO Nr. 802/2004 ABl. EG 2004 Nr. L 133/9.
339 WuW 1993, 35.
340 ABl. 2004 Nr. C 31/5, Tz. 17.

für den Nachweis einer marktbeherrschenden Stellung ausreichen kann.[341] Teilweise hat sie aber auch Marktanteile von über 80 % für unbedenklich gehalten.[342] Da die Kommission die berührten Märkte jedoch sachlich sehr eng abgrenzt, sind oft sehr schnell sehr hohe Marktanteile erreicht.[343]

> **Hinweis:**
> Eine generelle Festlegung auf kritische Schwellenwerte ist aufgrund der sehr fallbezogenen Entscheidungspraxis der Kommission[344] nicht möglich. Grds. wird man jedoch bei einem Marktanteil von über 70 % von einer Marktbeherrschung ausgehen müssen,[345] sowie bei einem Anteil von 50 % – 70 % von einer überwiegenden Wahrscheinlichkeit. Unter 50 % sollte man anhand der bisherigen Entscheidungspraxis ohne Oligopoltatbestand relativ sicher davon ausgehen können, dass die Kommission keine Marktbeherrschung annimmt.[346]

309 Anders ist dies bei **Oligopolmärkten** zu beurteilen, da die Kommission dort auch Marktanteile von Konkurrenzunternehmen berücksichtigt und somit von einer „kollektiven Marktbeherrschung" ausgeht.[347] In solchen Fällen können Marktanteile von über 25 % unter Umständen durchaus zur Begründung einer marktbeherrschenden Stellung ausreichen,[348] wobei vermutlich auch hier ein Anteil von über 30 % erforderlich sein wird.[349] Marktanteile von über 50 % werden bei Oligopolmärkten kaum genehmigungsfähig sein.

(2) Sonstige Kriterien

310 Neben dem Marktanteil sind noch **eine Reihe anderer Faktoren** für die Beurteilung der Wettbewerbsbeeinträchtigung von Bedeutung (Art. 2 Abs. 1 FKVO).[350] Dies sind vor allem
- wirtschaftliche Macht und Finanzkraft der beteiligten Unternehmen,[351]
- Wahlmöglichkeiten für Lieferanten und Abnehmer,[352]
- Zugang zu Beschaffungs- und Absatzmärkten,[353]
- Marktzutrittsschranken[354] sowie
- Interessen der Zwischen- und Endverbraucher.[355]

---

341 So auch Riesenkampff/Lehr, in: Loewenheim/Meessen/Riesenkampff, Kartellrecht, Bd. 1, Art. 2 Rn. 74.
342 Siehe Alcatel/Teletra v. 12.4.1991, WuW/E EV 1616.
343 Siehe zur Marktabgrenzung etwa Formblatt CO Abschnitt 6 Anhang zur VO Nr. 802/2004 ABl. EG 2004 Nr. L 133/9; grundlegend auch Aerospatiale Alenia/de Havilland v. 2.10.1990 = WuW/E EV 1644.
344 Übersicht mit Beispielen bei Löffler, in: Langen/Bunte, Kartellrecht, Art. 2 FKVO Rn. 40 ff.
345 So auch Riesenkampff/Lehr, in: Loewenheim/Meessen/Riesenkampff, Kartellrecht, Bd. 1, Art. 2 FKVO Rn. 74.
346 Zu den Details siehe Löffler, in: Langen/Bunte, Kartellrecht, Art. 2 FKVO Rn. 116 ff.
347 Siehe etwa Kali+Salz/MdK/Treuhand, abgeschlossen durch Urt. d. EuGH v. 31.3.1998, Slg. 1998 I 1375 f.
348 Riesenkampff/Lehr, in: Loewenheim/Meessen/Riesenkampff, Kartellrecht, Bd. 1, Art. 2 FKVO Rn. 74.
349 Siehe Nestle/Perrier v. 22.7.1992, WuW/E EV 1903.
350 Übersichten bei Riesenkampff/Lehr, in: Loewenheim/Meessen/Riesenkampff, Kartellrecht, Bd. 1, Art. 2 FKVO Rn. 83 ff; Löffler, in: Langen/Bunte, KartR, Art. 2 FKVO Rn. 149 ff.
351 Siehe vor allem Boeing/McDonnell Douglas v. 30.7.1997, WuW/E EU-V 7; Löffler, in: Langen/Bunte, Kartellrecht, Art. 2 FKVO Rn. 151 ff.
352 Siehe Marconi/Finmeccanica v. 5.9.1994, WuW 1995, 119; Kodak/Imation v. 23.10.1998, WuW 1999, 36; Riesenkampff/Lehr, in: Loewenheim/Meessen/Riesenkampff, Kartellrecht, Bd. 1, Art. 2 FKVO Rn. 86.
353 Aerospatiale Alenia/de Havilland v. 2.10.1990 = WuW/E EV 1644; Varta/Bosch v. 31.7.1991, ABl. 1991 L 320/26; Löffler, in: Langen/Bunte, Kartellrecht, Art. 2 FKVO Rn. 154 ff.
354 Mannesmann/Hoesch v. 12.11.1992, WuW 1993, 35; Nestle/Perrier v. 22.7.1992, WuW/E EV 1903; Aerospatiale Alenia/de Havilland v. 2.10.1990 = WuW/E EV 1644; Löffler, in: Langen/Bunte, Kartellrecht, Art. 2 FKVO Rn. 156 ff.; Riesenkampff/Lehr, in: Loewenheim/Meessen/Riesenkampff, Kartellrecht, Bd. 1, Art. 2 FKVO Rn. 91 ff.
355 Löffler, in: Langen/Bunte, Kartellrecht, Art. 2 FKVO Rn. 165.

(3) Ausnahmen[356]

Daneben besteht eine Reihe von Kriterien, die trotz Wettbewerbsbeeinträchtigung eine Genehmigung des Zusammenschlusses ermöglichen können. Dies ist vor allem eine **Fusion zu Sanierungszwecken** (failing firm defence).[357] Effizienzsteigerungen (efficiency defence),[358] positive Nebenwirkungen der Fusion[359] sowie die internationale Wettbewerbsfähigkeit[360] wurden zwar in der Lit. oft als Ausnahmetatbestände diskutiert oder auch von der Kommission bzw. dem EuGH als grds. Rechtfertigungs- bzw. Abwägungsgründe genannt, waren aber in der Praxis nie erfolgreich.[361]

Zudem sind **Kreditinstitute**, **Finanzinstitute** und **Versicherungsunternehmen**, sofern sie in dieser Eigenschaft tätig werden, von der Fusionskontrolle weitgehend ausgenommen[362] (Art. 3 Abs. 5 FKVO).

Da es sich bei diesen Tatbeständen um Ausnahmen handelt, liegt die **Beweislast** für ihr Vorliegen bei den Unternehmen.[363]

bb) Deutsches Kartellrecht

In der BRD ist (auch nach der 7. GWB-Novelle vom 1.7.2005) eine **Fusion dann zu untersagen**, wenn durch sie eine marktbeherrschende Stellung entsteht (§ 36 Abs. 1 GWB).

(1) Marktbeherrschung

Wann eine Marktbeherrschung vorliegt, ist in der BRD durch die gesetzlichen Vermutungsregelungen des § 19 Abs. 3 GWB weitgehend legaldefiniert. Daneben hat das Bundeskartellamt ein detailliertes Merkblatt mit genauen Kriterien veröffentlicht.[364]

Gemäß § 19 Abs. 3 GWB besteht eine (widerlegliche) Vermutung der Marktbeherrschung, wenn ein Unternehmen einen Marktanteil von mehr als einem Drittel auf einem bestimmten Markt hat, oder wenn drei oder weniger Unternehmen zusammen einen Marktanteil von 50 % überschreiten, sowie wenn fünf oder weniger Unternehmen zusammen einen Marktanteil von zwei Dritteln überschreiten. Die Grundsätze für die Berechnung der Marktanteile sind vom Bundeskartellamt exakt festgelegt.[365] Zudem nennt das Bundeskartellamt als weitere Beurteilungskriterien für das Vorliegen einer marktbeherrschenden Stellung

---

356 Die Kommission spricht in diesem Zusammenhang von nur „vorübergehender Marktbeherrschung" oder von eine Marktbeherrschung ausschließenden „Gegeneffekten", dies stellte jedoch nur eine andere Formulierung dar und ist im Ergebnis ohne weitere Relevanz; Riesenkampff/Lehr, in: Loewenheim/Meessen/Riesenkampff, Kartellrecht, Bd. 1, Art. 2 FKVO Rn. 148.
357 Siehe die Leitentscheidung Kali + Salz, EuGH v. 31.3.1998 – Rs. C-68/94, EuZW 1998, 299 = AG 1998, 474; Riesenkampff/Lehr, in: Loewenheim/Meessen/Riesenkampff, Kartellrecht, Bd. 1, Art. 2 FKVO Rn. 149 ff. m.w.N. auch Mestmäcker/Schweitzer, Europäisches Wettbewerbsrecht, § 25, VI Rn. 150.
358 Siehe Erwägungsgrund 29 der FKVO sowie die Leitlinien der Kommission zur Bewertung horizontaler Zusammenschlüsse vom 28.1.2004 ABl. 2004 Nr. C 31/5, Tz. 76 ff.
359 Leitlinien der Kommission zur Bewertung horizontaler Zusammenschlüsse vom 28.1.2004, ABl. 2004 Nr. C 31/5, Tz. 79; Riesenkampff/Lehr, in: Loewenheim/Meessen/Riesenkampff, Kartellrecht, Bd. 1, Art. 2 FKVO Rn. 172 f.
360 Riesenkampff/Lehr, in: Loewenheim/Meessen/Riesenkampff, Kartellrecht, Bd. 1, Art. 2 FKVO Rn. 171.
361 Siehe die in den vorangehenden Fußnoten genannten Entscheidungen sowie insb. Riesenkampff/Lehr, in: Loewenheim/Meessen/Riesenkampff, Kartellrecht, Bd. 1, Art. 2 FKVO Rn. 170, 171, 173 m.w.N.
362 Zu den genauen Voraussetzungen siehe Bekanntmachung der Kommission zum Zusammenschlussbegriff, ABl. EG Nr. C 66 vom 2.3.1998, Rn. 42 sowie Riesenkampff/Lehr, in: Loewenheim/Meessen/Riesenkampff, Kartellrecht, Bd. 1, Art. 3 Rn. 70 ff. und die Entscheidung der Kommission Deutsche Bank/Commerzbank/J.M. Voith, WuW 1997, 595.
363 So auch Riesenkampff/Lehr, in: Loewenheim/Meessen/Riesenkampff, Kartellrecht. Bd. 1, Art. 2 FKVO Rn. 148.
364 Im Internet unter: www.bundeskartellamt.de/wDeutsch/download/pdf/Merkblaetter/Merkblaetter_de, nachfolgend „Merkblatt".
365 S. 10 ff. des Merkblattes.

Ressourcen, insb. Finanzkraft,[366] Zugang zu den Beschaffungs- und Absatzmärkten,[367] Verflechtungen[368] und Marktzutrittsschranken.[369]

(2) Unterschiede zum EG-Recht

316 Die Kriterien „Marktbeherrschung" und „Wettbewerbsbeeinträchtigung" sind inhaltlich weitgehend synonym zu verstehen. Wo der Begriff der Marktbeherrschung enger zu sein scheint, hilft der weite Marktbeherrschungsbegriff des § 19 GWB, wo der Begriff der Wettbewerbsbeeinträchtigung zu weit sein könnte, hilft die restriktive Interpretation der EG-Kommission.[370] Nicht umsonst ließ die Kommission in ihrer grds. Stellungnahme verlauten, dass durch die Änderung des Wortlautes der FKVO, der früher ebenfalls auf eine marktbeherrschende Stellung abstellte, sich nichts an der inhaltlichen Herangehensweise der Kommission verändert habe. Vielmehr hat diese Änderung hauptsächlich dazu gedient, die umstrittene Rechtsansicht der Kommission in Oligopolfällen zu stützen, sowie generell eine flexiblere Handhabung der FKVO in der Zukunft zu ermöglichen.

Abweichungen kommen vor allem dann vor, wenn keines der beteiligten Unternehmen in einem abgrenzbaren Teilmarkt eine besonders überragende Stellung einnimmt oder wenn umgekehrt ein Unternehmen hoch spezialisiert ist.

(3) Ausnahmetatbestände

317 Kommt es durch eine Fusion zu einer **Verbesserung der Wettbewerbsbedingungen**, ist diese trotz Entstehens oder Verfestigung einer marktbeherrschenden Stellung zulässig (§ 36 Abs. 1 GWB). Diese auch als „Abwägungsklausel" bezeichnete Bestimmung ist einerseits Ausfluss des Verhältnismäßigkeitsgebots, andererseits sollen dadurch Vorteile für den Wettbewerb insgesamt ermöglicht werden, auch wenn diese mit gewissen Nachteilen wie eben einer marktbeherrschenden Stellung einhergehen.[371] In der Praxis sind bereits zahlreiche Nichtuntersagungen durch diesen Ausnahmetatbestand gerechtfertigt worden.

318 Wie bei der EG-Fusionskontrolle sind auch der in BRD **Kreditinstitute**, **Finanzinstitute** oder **Versicherungen**, die in dieser Eigenschaft Anteile zu Zwecken der Weiterveräußerung erwerben, von der Fusionskontrolle ausgenommen[372] (§ 37 Abs. 3 GWB).

319 Im Gegensatz zur EG-Fusionskontrolle trägt in der BRD im Übrigen nicht das Unternehmen die **Beweislast** für Ausnahmeregelungen, vielmehr sind diese im Rahmen der Amtsermittlung vom Bundeskartellamt festzustellen.[373]

4. Handlungsempfehlungen in der Planungsphase

320 Ergibt die summarische Prüfung die **überwiegende Wahrscheinlichkeit einer kartellrechtlichen Untersagung**, sollte der Mandant bereits zu diesem Zeitpunkt darauf hingewiesen werden, dass eine Akquisition dieses Unternehmens eventuell nicht durchführbar sein wird. Wünscht der Mandant dennoch die Fortsetzung des Akquisitionsprozesses, ist bereits in der Planungsphase eine Detailprüfung der Zulässig-

---

366 Merkblatt, S. 14 ff.; siehe auch BGH v. 24.6.1980, Mannesmann/Brueninghaus, WuW/E BGH, 1717; BKartA v. 24.1.1995 Hochtief/Philipp Holzmann, WuW/E BGH; weiterführend Ruppelt, in: Langen/Bunte, Kartellrecht, § 19 GWB Rn. 51 m.w.N.
367 Merkblatt, S. 18 ff.; BGH, v. 12.12.1978 „Erdgas Schwaben" WuW/E BGH, 1533.
368 Merkblatt, S. 22; KG v. 26.1.1977 „Kombinationstarif" WuW/E OLG 1769; BGH, 19.12.1995 „Raiffeisen" WuW/E BGH, 3037.
369 Merkblatt, S. 23 ff.; Wiedemann/Richter, Handbuch Kartellrecht, § 20 Rn. 63; Ruppelt, in: Langen/Bunte, Kartellrecht, § 19 GWB Rn. 54 ff. m.w.N.
370 Bsp. bei Riesenkampff/Lehr, in: Loewenheim/Meessen/Riesenkampff, Kartellrecht, Bd. 1, Art. 2 FKVO Rn. 53 ff.
371 Siehe Wiedemann/Richter, Handbuch Kartellrecht, § 20 Rn. 151 f.
372 Wiedemann/Richter, Handbuch Kartellrecht, § 19 Rn. 123 ff.
373 Wiedemann/Richter, Handbuch Kartellrecht, § 20 Rn. 153.

keit der Fusion nach den oben angeführten Kriterien durchzuführen. Problematisch ist dabei aber, dass zu diesem Zeitpunkt oft noch gar nicht sämtliche relevanten Informationen über das Target vorliegen.

Ergibt die Vorprüfung jedoch, dass die **Transaktion** (voraussichtlich) **kartellrechtlich nicht zu beanstanden** ist, ist eine Detailprüfung zeitlich (wenn überhaupt) erst dann anzuraten, wenn bereits tatsächlich eine hinreichende Wahrscheinlichkeit für das Zustandekommen einer Transaktion besteht, also zeitnah vor Vertragsunterzeichnung.

5. Nicht-fusionskontrollrechtliche Kartellrechtsüberlegungen in der Planungsphase

Neben der Fusionskontrolle können in der Planungsphase einer Unternehmenstransaktion auch noch **andere kartellrechtliche Überlegungen** einer Rolle spielen. Bspw. kann es sein, dass die beteiligten Unternehmen als Alternative zu einer kapitalmäßigen Verflechtung eine lediglich schuldrechtliche bzw. sogar rechtlich nicht bindende Koordination erwägen oder die Zusammenarbeit auf einzelne Geschäftsbereiche beschränken (Joint Ventures etc.) wollen. Hierbei werden dann die i.d.R. weitaus engeren Beschränkungen der **Kartellverbote** relevant, da dann die oben erwähnte Immanenztheorie bzw. die Bereichsausnahme der FKVO nicht mehr gelten (siehe Rn. 290). Sofern die überlegte Kooperation der Unternehmen jedoch kartellrechtlich nicht zu beanstanden ist, mag sie durchaus eine sinnvolle wirtschaftliche Alternative zu einer Fusion darstellen und sollte deshalb in die Überlegungen einbezogen werden.

II. Kartellrecht im Letter of Intent

Im Letter of Intent spielen kartellrechtliche Überlegungen i.d.R. keine Rolle. Im **Zeitpunkt des Abschlusses des Letter of Intent** sollten sich die Parteien, insb. der Käufer, jedoch erste Gedanken über die kartellrechtlichen Folgen gemacht haben; für eine weitergehende Detailprüfung besteht dann im Regelfall noch kein Bedürfnis.

Regelungsbedarf ergibt sich nur für den Fall, dass die **kartellrechtliche Vorprüfung mögliche Schwierigkeiten** ergeben hat und somit eine vertiefte kartellrechtliche Prüfung erforderlich ist bzw. eine Untersagung wahrscheinlich scheint. In diesen Fällen ist eine Regelung über die Kostenverteilung der detaillierten Kartellrechtsprüfung bzw. der Kosten im Fall eines Verhandlungsabbruchs aufgrund eines negativen Ergebnisses einer solchen Prüfung bereits im Letter of Intent sinnvoll.

III. Kartellrecht vor dem Signing

Sind die Kaufverhandlungen soweit gediehen, dass mit der **Durchführung der Transaktion** gerechnet werden kann, empfiehlt es sich, in eine detaillierte Kartellrechtsprüfung einzusteigen, sofern nicht bereits die Vorprüfung die Unbedenklichkeit ergeben hat.

Durch die Vorprüfung sollte bereits feststehen, dass ein **kartellrechtlich relevanter Zusammenschluss** vorliegt und welche Fusionskontrollvorschriften berührt sind. Somit sind die materiellen Untersagungsvoraussetzungen im Detail zu prüfen.

1. Wichtige Informationen

Für die Prüfung der materiellen Untersagungsvoraussetzungen sind zumindest folgende Informationen **im Detail** notwendig:
- berührte Märkte,
- Marktanteile,
- Wettbewerbssituation/Marktstrukturen, insb. Wahlmöglichkeit für Lieferanten und Abnehmer und der Zugang zu Beschaffungs- und Absatzmärkten sowie Marktzutrittsschranken.

Daneben sind gerade in **Zweifelsfällen** ebenfalls erforderlich (und allgemein zumindest wünschenswert):
- oben genannte Daten der Wettbewerber (so detailliert wie möglich),
- Finanzkraft der Marktteilnehmer,
- besondere Interessenslage der Zwischen- und Endverbraucher.

327 Zu den vielfältigen rechtlichen Problemen bei der Prüfung der Genehmigungsfähigkeit eines Zusammenschlusses kommt regelmäßig auch eine **Reihe von tatsächlichen Hindernissen**. Zum einen ist es oft umständlich und nicht immer innerhalb der vorgesehenen Verhandlungszeiträume möglich, die für die materiellen Untersagungsvoraussetzungen relevanten Daten zu ermitteln. Andererseits ist es gerade bei strategischen Interessenten oft nicht im Interesse der Parteien, diese Daten bereits vor dem Closing dem Vertragspartner zur Verfügung zu stellen, da die jeweiligen Marktanteile und darüber hinausgehende Faktoren wie Finanzkraft etc. durchaus Geschäftsgeheimnisse sein können.

> **Hinweis:**
> Zumindest auf die potenziellen Gefahren der Datenweitergabe sollten die Rechtsberater hinweisen. Ggf. ist an eine Datenweitergabe nur an die Rechtsberater zum Zweck der kartellrechtlichen Detailprüfung zu denken. Diese müssen indes auch potenzielle Interessenskonflikte beachten, Stichwort „Chinese Walls".[374]

2. Materielle Prüfung und Handlungsempfehlungen

328 Die **materielle Prüfung** erfolgt wie oben dargestellt (siehe Rn 340), Unterschiede ergeben sich nur aufgrund des umfangreicheren Datenmaterials.

329 Ergibt die Prüfung eine überwiegende Wahrscheinlichkeit einer kartellrechtlichen Untersagung, sollte entweder vom Deal Abstand genommen werden oder aber zumindest eine **Kostentragungsregelung** sowie Regelungen für sonstige mögliche Konsequenzen getroffen werden. Insb. der **Umgang mit vertraulichen Informationen**, die aufgrund des erwarteten oder erfolgten Signing ausgetauscht werden, bzw. besser bis zur Kartellrechtsfreigabe zurückgehalten werden sollten, ist zu regeln. Ebenso sind die Auswirkungen auf **Kunden- und Lieferantenbeziehungen** zu berücksichtigen und ggf. entsprechende Schutzmaßnahmen zu empfehlen.

> **Hinweis:**
> In jedem Fall ist eine Regelung für den Fall der Untersagung des Zusammenschlusses sowie den Fall der Erteilung von Auflagen durch die Kartellbehörden zu treffen. Auflagen können einen Zusammenschluss unrentabel machen, führen aber nicht automatisch zur Unwirksamkeit der Vereinbarung.

3. Umsetzung im Unternehmenskaufvertrag

330 Im Hinblick auf eine mögliche bedingte schwebende Unwirksamkeit des Rechtsgeschäfts aufgrund eines Vollzugsverbots sollte in einem Unternehmenskaufvertrag, der (möglicherweise) der kartellrechtlichen Genehmigungspflicht unterliegt, der dingliche Vollzug in jedem Fall ausdrücklich unter dem **Vorbehalt der Zustimmung der zuständigen Kartellbehörden** erfolgen. Vertragstechnisch kann dies entweder dadurch erreicht werden, dass die Abtretung der Geschäftsanteile unter der aufschiebenden Bedingung der Freigabe erfolgt oder indem die Parteien sich verpflichten, vor oder am Closing unter Vorlage entsprechender Dokumente die Freigabe formal festzustellen.

Dabei ist zu berücksichtigen, dass eine Freigabe des Zusammenschlusses durch das Bundeskartellamt nicht nur durch ausdrückliche Verfügung, sondern auch durch Fristablauf erfolgen kann (vgl. § 40 Abs. 1 GWB). Weiterhin sollten im Hinblick auf die für eine Anmeldung beizubringenden Informationen und Dokumente bestimmte **Mitwirkungs- und Kooperationspflichten** der Parteien vereinbart werden.

---

[374] Siehe dazu etwa Steuber, RIW 2002, 590, 594.

E. Fusionskontrollrechtliche Bezüge beim Unternehmenskauf

Formulierungsbeispiel: Vorbehalt der Zustimmung der zuständigen Kartellbehörde 331

> Der Erwerb der Geschäftsanteile ist als Zusammenschlussvorhaben beim Bundeskartellamt anzumelden. Die Abtretung der Geschäftsanteile steht daher unter der aufschiebenden Bedingung, dass das Bundeskartellamt
>
> - das Vorhaben ohne Auflagen und sonstige Bedingungen freigegeben oder für nicht kontrollpflichtig erklärt hat oder
> - dem Erwerber und/oder dem Verkäufer schriftlich mitgeteilt hat, dass die Untersagungsvoraussetzungen des § 36 Abs. 1 GWB nicht vorliegen oder
> - die Frist von einem Monat gemäß § 40 Abs. 1 GWB verstrichen ist, ohne dass das Bundeskartellamt einer der Parteien dieser Rahmenvereinbarung den Eintritt in die Prüfung des Zusammenschlusses (Hauptprüfverfahren) mitgeteilt hat oder
> - die Untersagungsfrist des § 40 Abs. 2 Satz 2 und Satz 3 GWB verstrichen ist, ohne dass das Bundeskartellamt einer der Parteien dieser Rahmenvereinbarung eine Verfügung über die Untersagung des Zusammenschlussvorhabens zugestellt hat.

Für den Fall, dass der Zusammenschluss auch **Wirkungen im Ausland** hat, sollten die Parteien auch 332
hierfür vertragliche Vorkehrungen treffen. Insb. ist zu berücksichtigen, was passieren soll, wenn in einem
Land der Zusammenschluss durch die örtlichen Kartellbehörden untersagt wird.

IV. Kartellrecht nach dem Signing

Kartellrecht nach dem Signing sollte im Regelfall nur noch das **Anmeldeverfahren** beinhalten. In Grenz- 333
fällen sowie bei abweichenden Rechtsansichten der Behörden bzw. Fehlentscheidungen kann auch ein
weiteres Verfahren in Gestalt gerichtlicher Rechtsbehelfe erforderlich werden. Welches Verfahren einschlägig ist, hängt davon ab, ob materiell europäisches oder deutsches Fusionskontrollrecht zur Anwendung kommt.

1. EG-Fusionskontrolle

Sofern die EG-Fusionskontrolle anwendbar ist, ist die EG-Kommission ausschließlich zuständig (Art. 21 334
Abs. 3 FKVO).

Übersicht: Verfahren vor der Kommission

Informelle Verhandlungen und Vorgespräche mit der Kommission	
Phase I:	Prüfung, ob ernsthafte Bedenken gegen Zusammenschluss vorliegen (25 Arbeitstage), wenn nein: Freigabe, wenn ja: Phase II
Phase II:	Prüfung des Zusammenschlusses (90 Arbeitstage); Ergebnis: Freigabe oder Untersagung
Rechtsmittel gegen die Untersagungsentscheidung: Klage vor dem EuG bzw. dem EuGH	

a) Allgemeine Verfahrensgrundsätze

Vor dem Closing ist der Zusammenschluss bei der EG-Kommission anzumelden (Art. 4 Abs. 1 FKVO). 335
Bei öffentlichen Übernahmeangeboten besteht bereits nach deren Abgabe und somit vor der eigentlichen
Übernahme eine **Anmeldepflicht**. Zuständig ist die Generaldirektion IV (Wettbewerb) der Kommission, bei der eine eigene „Merger Task Force" zur Bearbeitung der Fusionskontrollanträge eingerichtet
ist. Die Anmeldepflicht trifft die beteiligten Unternehmen gemeinsam bzw. den Erwerber (Art. 4 Abs. 2
FKVO). Die früher oft problematische Eine-Wochen-Frist für die Anmeldung ist durch die Neufassung
vom 1.5.2004 weggefallen, ebenso besteht seither die Möglichkeit, die oft sehr engen Fristen zu verlän-

gern (Art. 4 Abs. 1, 10 FKVO). Durch diese Fristerleichterung hat auch die Möglichkeit eines informellen Vorverfahrens („Prenotification") gemäß Erwägungsgrund 11 der neuen Durchführungsverordnung zur FKVO (DVO)[375] etwas an Bedeutung gegenüber früher verloren. Dennoch stellt es nach wie vor ein wichtiges Instrument für die Beteiligten dar, das genutzt werden sollte.[376] Bei verspäteter oder unterlassener Anmeldung drohen den Anmeldepflichtigen empfindliche Geldbußen (Art. 14 FKVO). Bis zur Entscheidung der Kommission besteht ein Vollzugsverbot (Art. 7 Abs. 1 FKVO).

b) Formvorschriften

336 Das Anmeldeverfahren ist **stark formalisiert**. Die Anmeldung muss auf dem **Formblatt CO** der Kommission erfolgen, darüber regelt die DVO den Verfahrensablauf im Detail. Durch das Formblatt CO ist zwar eindeutig geklärt, welche Angaben zu machen sind, andererseits sind die Anforderungen im Vergleich zum deutschen Recht deutlich erhöht.[377] Inhaltlich sind vor allem Angaben zu den Anmeldern und dem Zusammenschlussvorhaben (Abschnitte 1 und 2), den Eigentums- und Kontrollverhältnissen (Abschnitte 3 und 4), den betroffenen Märkten (Abschnitte 6 – 8) sowie den Marktdaten zu machen (Abschnitt 9).[378] Die Kommission kann die Anmelder von einzelnen Angaben befreien.[379]

c) Erste Phase: Vorverfahren bzw. Ermittlungsverfahren

337 Nach **Eingang der Anmeldung** beginnt die Kommission unmittelbar mit der Prüfung (Art. 6 Abs. 1 FKVO). Diese Verfahrensstufe wird auch als Ermittlungsverfahren oder Vorprüfungsverfahren bezeichnet.[380] Dazu kann sie gemäß Art. 11 FKVO von Unternehmen, Unternehmensvereinigungen, Regierungen und Wettbewerbsbehörden der Mitgliedstaaten sowie natürlichen Personen „alle erforderlichen Auskünfte" einholen.[381] Eine Auskunftsverweigerung kann die Kommission mit empfindlichen Geldbußen ahnden (Art. 14 Abs. 1 lit. c FKVO) bzw. durch Zwangsgeld durchsetzen (Art. 15 Abs. 1 lit. a FKVO). Im Rahmen des Verfahrens hat die Kommission gemäß Art. 17 DVO die Geschäftsgeheimnisse der beteiligten Unternehmen zu wahren. Die Kommission hat gemäß Art. 10 Abs. 1 FKVO im Regelfall binnen 25 Tagen[382] die Entscheidung zu treffen, ob sie den Zusammenschluss freigibt,[383] das Verfahren gemäß Art. 9 FKVO an einen Mitgliedstaat verweist oder ob sie das Hauptverfahren einleitet.

d) Zweite Phase: Hauptverfahren

338 Wenn die Kommission innerhalb der **Frist des Art. 10 Abs. 1 FKVO** nicht alle Bedenken gegen eine Zulässigkeit des Zusammenschlusses ausräumen kann, leitet sie gemäß Art. 6 Abs. 1 lit. c FKVO das Hauptprüfungsverfahren ein. Diese Entscheidung ist den betroffenen Unternehmen mitzuteilen (Art. 6 Abs. 5 FKVO). Eine Veröffentlichungspflicht besteht nicht, allerdings erfolgen i.d.R. eine kurze Mitteilung im Amtsblatt sowie eine Presseerklärung.[384]

339 Das **Hauptverfahren läuft** i.d.R. **folgendermaßen ab**:

Zunächst ermittelt die Merger Task Force alle ihr relevant erscheinenden Sachverhalte (Art. 8 Abs. 3 FKVO). Dies geschieht einerseits durch die Einholung von Auskünften nach den Regeln des Art. 11

---

375 VO 802/2004 EG, ABl. EG 2004 Nr. L 133/9.
376 Zur alten Regelung bezüglich des Vorverfahrens, dass inhaltlich jedoch unverändert geblieben ist, siehe etwa Wiedemann/Wagemann, Handbuch Kartellrecht, § 17 Rn. 11.
377 Siehe auch Wiedemann/Wagemann, Handbuch Kartellrecht, § 17 Rn. 17 ff.
378 Im Detail zum Formblatt CO etwa Rohardt, WuW 1991, 376 ff.
379 Sog. „waiver policy", siehe dazu etwa Wiedemann/Wagemann, Handbuch Kartellrecht, § 17 Rn. 19 (Fn. 34) und Rn. 25 m.w.N.
380 Siehe dazu auch Wiedemann/Wagemann, Handbuch Kartellrecht, § 17 Rn. 52, 65 ff.
381 Weiterführend Wiedemann/Wagemann, Handbuch Kartellrecht, § 17 Rn. 69 ff.
382 Fristverlängerung auf 35 Tage u.U. möglich, Art. 10 Abs. 1 FKVO.
383 Ggf. auch gegen Auflagen.
384 Siehe etwa Löffler, in: Langen/Bunte, Kartellrecht, Art. 6 FKVO Rn. 18.

FKVO, andererseits sind Dritte zu (freiwilligen) Stellungnahmen eingeladen.[385] Wenn nach diesen Ermittlungen immer noch Bedenken bestehen (was der Regelfall sein wird), fasst die Kommission ihre Beschwerdepunkte zusammen[386] und gibt den Beteiligten Gelegenheit sich dazu zu äußern (Art. 18 Abs. 1 FKVO). Zudem erhalten die unmittelbar betroffenen Unternehmen zu diesem Zeitpunkt Einsicht in die Akten (Art. 18 Abs. 3 Satz 2 FKVO). Danach haben die Beteiligten, denen die Stellungnahme übermittelt wurde, die Möglichkeit sich dazu schriftlich zu äußern (Art. 13 Abs. 4 DVO); auf Antrag findet auch eine mündliche Anhörung statt (Art. 18 Abs. 1 FKVO, Art. 14 DVO). Das Hauptverfahren ist binnen 90 Tagen (Art. 10 Abs. 2 FKVO)[387] durch Entscheidung abzuschließen (Art. 8 Abs. 1 FKVO).[388]

e) Entscheidungen der Kommission

Die Kommission kann die Fusion entweder freigeben (Art. 8 Abs. 2 FKVO), untersagen (Art. 8 Abs. 3 FKVO) oder unter Auflagen und Bedingungen freigeben (Art. 8 Abs. 2 UA 2 FKVO). Als **Bedingungen** hat die Kommission bisher vor allem die Veräußerung einzelner Geschäftsbetriebe verlangt, wobei diese Veräußerungspflicht durch weitere Maßnahmen wie bspw. die Ernennung von Treuhändern abgesichert wurde.[389] **Freigabeentscheidungen** erstrecken sich auch auf wettbewerbsbeeinträchtigende Nebenabreden wie bspw. Wettbewerbsverbote (Art. 8 Abs. 2 UA 2 Satz 2 FKVO). Die Entscheidungen der Kommission werden gemäß Art. 20 FKVO **im Amtsblatt** der Europäischen Gemeinschaften (Ausgabe L) **veröffentlicht**.

340

f) Weiteres Verfahren

Auch wenn die FKVO keinen unmittelbaren Rechtsschutz gegen die Entscheidungen der Kommission vorsieht, ist nach den allgemeinen Bestimmungen der Art. 220 ff. EGV der Rechtsweg zum EuGH bzw. EuG eröffnet.[390]

341

2. Deutsche Fusionskontrolle

Sofern die Aufgriffsschwellen der deutschen, nicht aber die der europäischen Fusionskontrolle überschritten sind, findet die Fusionskontrolle in der BRD statt.

342

Übersicht: Verfahren vor dem Bundeskartellamt

Informelle Verhandlungen und Vorgespräche	
Phase I:	Prüfung, ob ernsthafte Bedenken gegen Zusammenschluss vorliegen (ein Monat), wenn nein: Freigabe, wenn ja: Phase II
Phase II:	Prüfung des Zusammenschlusses (drei Monate); Ergebnis: Freigabe oder Untersagung
Rechtsmittel gegen die Untersagungsentscheidung: Berufung beim OLG Düsseldorf, Revision beim BGH	

a) Allgemeine Verfahrensgrundsätze

Das deutsche Fusionskontrollverfahren ist dem europäischen sehr ähnlich. Auch hier ist ein geplanter Zusammenschluss von den beteiligten Unternehmen vor Vollzug beim Bundeskartellamt **anzumelden** (§ 39 GWB). Eine Anmeldefrist besteht nicht. Ebenso wie bei der EG Fusionskontrolle besteht die oft

343

---

[385] Wiedemann/Wagemann, Handbuch Kartellrecht, § 17 Rn. 93.
[386] Auch als „Beschwerdepunkte" bzw. „Statement of Objection" bezeichnet.
[387] Auch hier ist ggf. eine Verlängerung auf bis zu 105 Tage möglich, Art. 10 Abs. 2 FKVO.
[388] Als Ausnahme davon ist eine Verweisung nach Art. 9 FKVO auch während des Hauptverfahrens möglich, die ebenfalls zur Beendigung des Verfahrens der Kommission führt.
[389] Siehe etwa die Entscheidungen: Procter & Gamble/VP Schickedanz (II) v. 21.6.1994, ABl. 1994 L 354/32; Kimberley-Clark/Scott Paper v. 16.1.1996, ABl. 1996, L 183/1; Anglo-American/Lonrho v. 23.4.1997, ABl 1998 L 149/21; mit weiteren Bsp. Wiedemann/Wagemann, Handbuch Kartellrecht, § 17 Rn. 122 ff.
[390] Wiedemann/Wagemann, Handbuch Kartellrecht, § 17 Rn. 189 ff. bzw. § 49 Rn. 1 ff.

genutzte Möglichkeit informeller Vorgespräche, deren Zweck einerseits darin liegt, eine informelle Abschätzung der Situation zu ermöglichen, sowie andererseits die auch in der BRD engen Fristen des formellen Verfahrens nicht in Gang zu setzen.[391] Ansonsten gelten die im deutschen Verwaltungsrecht üblichen Grundsätze, insb. der **Amtsermittlungsgrundsatz** und die Pflicht zur **Anhörung der Parteien**.[392] Das Bundeskartellamt kann von den Beteiligten (§ 39 Abs. 5 GWB) und Dritten (§ 59 GWB) Auskünfte verlangen. Die Verweigerung einer **Auskunft** stellt wie eine unterlassene, unvollständige oder verspätete Anmeldung eine Ordnungswidrigkeit dar und kann mit empfindlichen Bußgeldern geahndet werden (§ 81 GWB).

b) Formvorschriften

344 Das **deutsche Fusionskontrollverfahren** ist weitaus weniger formalisiert als das europäische. Zwar wird das Verfahren i.d.R. durch eine Anmeldung eingeleitet, das Bundeskartellamt kann aber auch von sich aus tätig werden.[393] Die Anmeldung bedarf keiner bestimmten Form, sie muss lediglich die von § 39 GWB geforderten Angaben enthalten,[394] also insb. die Bezeichnung, die Art des Geschäftsbetriebs, die Umsatzerlöse (BRD, EU und weltweit) sowie die Marktanteile einschließlich der Grundlagen für ihre Berechnung oder Schätzung und ggf. eine zustellungsbevollmächtigte Person.

c) Fristen und Entscheidungen

345 Das weitere Verfahren läuft wie bei der EG-Fusionskontrolle **zweistufig** ab:

Binnen eines Monats muss das Bundeskartellamt entscheiden, ob es in die Hauptprüfung eintritt oder ob es den Zusammenschluss freigibt (§ 40 Abs. 1 GWB, sog. „Monatsbrief"). Entscheidet das Bundeskartellamt sich dafür das Hauptverfahren zu eröffnen, hat es weitere vier Monate Zeit um die Zulässigkeit des Zusammenschlusses zu prüfen (§ 40 Abs. 2 GWB). Danach gilt der Zusammenschluss als freigegeben, wenn das Bundeskartellamt ihn nicht ausdrücklich untersagt. Ebenso kann das Bundeskartellamt den Zusammenschluss ausdrücklich freigeben oder die Freigabeentscheidung mit Bedingungen und Auflagen verbinden (§ 40 Abs. 3 GWB), insb. der Verpflichtung zur Veräußerung von Unternehmensteilen.[395]

d) Weiteres Verfahren

346 Gegen eine Untersagungsverfügung oder Auflagen können die beteiligten Unternehmen **auf zwei Arten** vorgehen:

Einerseits sieht § 42 GWB die Möglichkeit der **Ministererlaubnis** vor, wodurch das Bundeswirtschaftsministerium vom Bundeskartellamt untersagte Zusammenschlüsse freigeben kann, wenn dieser im Einzelfall gesamtwirtschaftliche Vorteile bewirkt, die die Wettbewerbsbeschränkungen aufwiegen oder wenn die Zusammenschlüsse durch ein überragendes Interesse der Allgemeinheit gerechtfertigt sind.[396]

Andererseits steht den beteiligten Unternehmen die **Beschwerde** zu (§ 63 GWB). Beteiligte Dritte i.S.d. § 54 GWB können gegen Freigabeentscheidungen des Bundeskartellamt Beschwerde einlegen, wenn sie in eigenen Rechten betroffen sind.[397]

---

391 Zu den informellen Vorgesprächen auch Rudo, in: Beck'sches Mandatshandbuch Unternehmenskauf § 7 Rn. 59.

392 Siehe etwa Wiedemann/Richter, Handbuch Kartellrecht, § 21 Rn. 63; Raupelt, in: Langen/Bunte, Kartellrecht, § 40 GWB Rn. 2 ff.

393 Siehe dazu etwa Wiedemann/Richter, Handbuch Kartellrecht, § 21 Rn. 21.

394 BGH, WuW/E1763 ff. „Bituminöses Mischgut". Ein gutes Muster für eine Anmeldung ist etwa bei Rudo, in: Beck'sches Mandatshandbuch Unternehmenskauf, § 7 Rn. 62 ff. zu finden.

395 Auch insofern wurde die Deutsche Rechtslage dem EG-Recht weitgehend angeglichen. Zur früheren Problematik der Zusagen zur Abwendung einer Untersagungsentscheidung siehe etwa den Überblick von Wiedemann/Richter, Handbuch Kartellrecht, § 21 Rn. 46 ff. m.w.N.

396 Die letzte Aufsehen erregende Freigabeentscheidung des BMWi war der Fall EON/Ruhrgas. Dieser Fall zeigt, dass die Freigabeentscheidung oft auch von politischen Motiven beeinflusst ist. Zu den Details des Erlaubnisverfahrens siehe etwa Wiedemann/Richter, Handbuch Kartellrecht, § 21 Rn. 116 ff.

397 Siehe dazu im Detail K.Schmidt, DB 2004, 527 ff.; Wiedemann/Richter, Handbuch Kartellrecht, § 21 Rn. 106 f.

5. Kapitel: Konzernrecht

§ 1 Unternehmensverträge und andere konzernrechtliche Verträge

Inhaltsverzeichnis

	Rn.
A. Begriff	1
B. Anwendungsbereich	3
I. AG	3
II. Andere Gesellschaftsformen	4
C. Arten von Unternehmensverbindungen	5
I. Mehrheitsbeteiligung	6
II. Abhängigkeit	8
III. Konzernierung	9
1. Unterordnungskonzern	10
2. Gleichordnungskonzern	12
IV. Wechselseitige Beteiligungen	13
V. Unternehmensverträge	14
1. Beherrschungsvertrag	17
a) Merkmale des Beherrschungsvertrags	18
b) Inhalt	19
2. Gewinnabführungsvertrag	24
a) Merkmale des Gewinnabführungsvertrags	25
b) Teilgewinnabführungsvertrag	26
c) Inhalt	27
VI. Unternehmensverträge i.S.d. § 292 AktG	29
D. Abschluss von Unternehmensverträgen	30
I. Vertragsabschluss	30
II. Bericht	31
III. Prüfung	34
IV. Prüfungsbericht	36
V. Einberufung zur Hauptversammlung	38
VI. Informationspflichten	39
VII. Beschlüsse der Hauptversammlungen	40
1. Zustimmung bei der abhängigen Gesellschaft	40

	Rn.
a) Mehrheitserfordernis	40
b) Formerfordernis	41
2. Zustimmung bei der herrschenden Gesellschaft	42
a) Mehrheitserfordernis	43
b) Formerfordernis	44
VIII. Anmeldung und Eintragung	45
1. Anmeldung zum Handelsregister	46
2. Eintragung in das Handelsregister	47
IX. Ablauf in der Übersicht	48
E. Änderung von Unternehmensverträgen	49
F. Beendigung von Unternehmensverträgen	50
I. Aufhebung	51
II. Kündigung	52
1. Kündigung aus wichtigem Grund	53
2. Ordentliche Kündigung	56
G. GmbH im Konzern	57
I. Anwendbarkeit der Regelungen des Aktienrechts	57
II. Zustandekommen eines Unternehmensvertrages	58
1. Zustimmung bei der abhängigen GmbH	59
2. Zustimmung bei der herrschenden GmbH	61
3. Eintragung des Unternehmensvertrages ins Handelsregister	62
III. Teilgewinnabführungsvertrag bei einer GmbH/stille Beteiligung	63
IV. Änderung und Beendigung von Unternehmensverträgen	64
V. Haftung der Gesellschafter	67

Kommentare und Gesamtdarstellungen:

Baumbach/Hueck, Kommentar zum GmbHG, 18. Aufl. 2006; *Beck'sches Notar-Handbuch*, 4. Aufl. 2005; *Emmerich/Habersack*, Konzernrecht, 8. Aufl. 2005; *Geßler/Hefermehl/Eckardt/Kropff*, AktG, 1969 – 1975; *Heckschen/Heidinger*, Die GmbH in der Gestaltungspraxis, 2005; *Goette*, Die GmbH, 2. Aufl. 2002; *Happ*, Aktienrecht, 2. Aufl. 2004; *Heckschen/Simon*, Umwandlungsrecht, 2003; *Hommelhoff*, Die Konzernleitungspflicht, 1982; *Hüffer*, Kommentar zum Aktiengesetz, 7. Aufl. 2006; *Jäger*, Aktiengesellschaft, 2004; *Kölner Kommentar zum AktG*, Bd. 6, 3. Aufl. 2004; *Lutter/Hommelhoff*, Kommentar zum GmbHG, 16. Aufl. 2004; *Münchener Handbuch Gesellschaftsrecht*, Bd. 4, 2. Aufl. 2000; *Münchener Kommentar Aktiengesetz*, Bd. 8, 2. Aufl. 2000; *Münchener Kommentar Handelsgesetzbuch*, 2. Aufl. 2000; *Roth/Altmeppen*, GmbHG, 5. Aufl. 2005; *Scholz*, GmbHG, 9. Aufl. 2000/2002; *Widmann/Mayer*, Umwandlungsrecht, Stand: Januar 2007.

Aufsätze und Rechtsprechungsübersichten:

Altmeppen, Zum richtigen Verständnis der neuen §§ 293a – 293g AktG zu Bericht und Prüfung beim Unternehmensvertrag, ZIP 1998, 1853; *Bayer*, Herrschaftsveränderungen im Vertragskonzern, ZGR 1993, 599; *Bungert*, Unternehmensvertragsbericht und Unternehmensvertragsprüfung gemäß §§ 293a ff. AktG, DB 1995, 1384; *Bungert*, Grenzüberschreitende Verschmelzungsmorbidität – Anmerkung zur Sevic-Entscheidung des EuGH, BB 2006, 53; *Bungert*, Unternehmensvertragsbericht und Unternehmensvertragsprüfung gemäß §§ 293a ff. AktG, DB 1995, 1384; *Drygala*, Die Mauer bröckelt – Bemerkungen zur Bewegungsfreiheit deutscher Unternehmen in Europa, ZIP 2005, 1995; *Heckschen*, Ist das deutsche Umwandlungsrecht gemeinschaftsrechtswidrig?, NotBZ 2005, 315; *Heckschen*, Aktuelle Probleme von Gewinnabführungs- und Beherrschungsverträgen in der notariellen Praxis, MittRhNotK 1990, 269; *Halm*, Aktuelle Zweifelsfragen bei der Begründung und Beendigung von Unternehmensverträgen mit der GmbH als Untergesellschaft, NZG 2001, 728; *Hirte*, Grenzen der Vertragsfreiheit bei aktienrechtlichen Unternehmensverträgen, ZGR 1994, 644; *Jäger*, Der Entherrschungsvertrag, DStR 1995, 1113; *Joussen*, Die Kündigung von Beherrschungsverträgen bei Anteilsveräußerung, GmbHR 2000, 221; *Kerkhoff*, Abschluß und Beendigung von GmbH-Beherrschungs- und Gewinnabführungsverträgen, GmbHR 1999, 226; *Kleinert/Lahl*, Sind Zustimmungsbeschlüsse zu Unternehmensverträgen zwingend zu beurkunden?, GmbHR 2003, 698; *Knott/Rodewald*, Beendigung der handels- und steuerrechtlichen Organschaft bei unterjähriger Anteilsveräußerung, BB 1996, 472; *Kraft/Bron*, Grundfreiheiten und grenzüberschreitende Verschmelzung im Lichte aktueller EuGH-Rechtsprechung (Sevic), IStR 2006, 26; *Krieger*, Unternehmensvertrag und Insolvenz, in: FS für Metzler, 2003, S. 139; *Krieger/Jannott*, Änderung und Beendigung von Beherrschungs- und Gewinnabführungsverträgen, DStR 1995, 1473; *Laule*, Die Beendigung eines Beherrschungsvertrags aus wichtigem Grund (§ 297 Abs. 1 AktG) und korrespondierende Handlungspflichten der Verwaltung einer beherrschten Aktiengesellschaft, AG 1990, 145; *Liebscher*, Die Erfüllung des Verlustausgleichsanspruchs nach § 302 AktG, ZIP 2006, 1221; *Mertens*, Die stille Beteiligung an der GmbH und ihre Überleitung bei Umwandlungen in die AG, AG 2000, 32; *Müller*, Auswirkungen von Umstrukturierungen nach dem Umwandlungsgesetz auf Beherrschungs- und Gewinnabführungsverträge, BB 2002, 157; *Mues*, Gewinnabführungs- und Beherrschungsverträge mit einer hauptverpflichteten GmbH aus handels- und steuerrechtlicher Sicht, RNotZ 2005, 1; *Pentz*, Zustimmungserfordernisse beim Stufen übergreifenden Unternehmensvertrag in Mehrstufigkeitsverhältnissen, DB 2004, 1543; *Philippi/Neveling*, Unterjährige Beendigung von Gewinnabführungsverträgen im GmbH-Konzern – Beendigungsgründen und Rechtsfolgen, BB 2003, 1685; *Schilmar*, Verlustausgleich im GmbH-Vertragskonzern, ZIP 2006, 2346; *Schwarz*, Auswirkungen des Formwechsels einer beherrschten Kapitalgesellschaft in eine Personengesellschaft auf Organverträge, ZNotP 2002, 106; *ders*, Änderung und Beendigung von Unternehmensverträgen – insbesondere in handelsregisterlicher Sicht, MittRhNotK 1994, 49; *Timm*, Unternehmensverträge im GmbH-Recht – Eine Bestandsaufnahme im Anschluß an die „Supermarkt"-Entscheidung des BGH vom 24.10.1988, GmbHR 1989, 11; *Ulrich*, Gewinnabführungsverträge im GmbH-Konzern – Ausschluss und Beendigung, insbesondere im Veräußerungsfall, GmbHR 2004, 1000; *Rix*, Gesellschaftsrechtliche Probleme von Gewinnabführungsverträgen bei der GmbH, MittRhNotK 1986, 29; *Simon/Leuering*, Beherrschungs- und Gewinnabführungsverträge im GmbH-Recht, NJW-Spezial, 2006, 363; *Thos*, Verzinsung des Verlustausgleichs- und Gewinnabführungsanspruch im Vertragskonzern?, DB 2007, 206; *Weigl*, Die Eintragung einer GmbH und Still im Handelsregister, GmbHR 2002, 778; *Witt*, Aufrechnung gegen den Verlustausgleichsanspruch im GmbH-Vertragskonzern, NZG 2006, 735; *Zeidler*, Ausgewählte Probleme des GmbH-Vertragskonzernrechts, NZG 1999, 692; *Zilles*, Handelsregisteranmeldungen von Unternehmensverträgen bei Verschmelzung der herrschenden Gesellschaft, GmbHR 2001, 21.

A. Begriff

1 § 15 AktG führt für Unternehmensverbindungen den Oberbegriff „**verbundene Unternehmen**" ein. In 15 AktG sind **fünf Arten von Unternehmensverbindungen** genannt, die sich in den §§ 15 – 22 AktG und §§ 291 – 338 AktG finden. Für diese Regelungen hat sich der Begriff **Konzernrecht**[1] durchgesetzt.

2 Als verbundene Unternehmen werden bezeichnet:

- Mehrheitsbeteiligungen (§ 16 AktG),
- Beherrschung (§ 17 AktG),
- Konzernierung (§ 18 AktG),
- wechselseitige Beteiligung (§ 19 AktG),
- Verbindung durch Unternehmensvertrag (§§ 291, 292 AktG).

Diese Bezeichnungen finden sich in den weiteren **Vorschriften des Aktienrechts** wieder.

---

1 Hüffer, AktG, § 15 Rn. 2; MünchKomm-AktG/Bayer, § 15 Rn. 6.

B. Anwendungsbereich

I. AG

Das Konzernrecht ist im AktG geregelt. Die Regelungen sind also auf AG und KGaA anwendbar. **Ungeregelt ist** jedoch, ob sich die Vorschriften auf diese beiden Gesellschaftsformen beschränken oder auch andere Gesellschaftsformen erfasst werden.

II. Andere Gesellschaftsformen

In den Vorschriften des AktG zum Konzernrecht spricht der Gesetzgeber nicht durchweg von AG oder KGaA, sondern verwendet mehrheitlich den Begriff „Unternehmen" (vgl. § 291 AktG),[2] bedient sich also **eines rechtsformneutralen Begriffs**. Daraus leitet die h.M. ab, dass die Regelungen auch außerhalb des Aktienkonzernrechts Anwendung finden können,[3] namentlich auch auf die GmbH.[4]

C. Arten von Unternehmensverbindungen

§ 15 AktG bestimmt den Begriff der **verbundenen Unternehmen**. Danach sind alle Unternehmen, zwischen denen eine Mehrheitsbeteiligung (§ 16 AktG), ein Abhängigkeitsverhältnis (§ 17 AktG), ein Konzernverhältnis (§ 18 AktG), eine wechselseitige Beteiligung (§ 19 AktG) oder ein Unternehmensvertrag i.S.d. §§ 291 ff. AktG besteht, verbundene Unternehmen.

I. Mehrheitsbeteiligung

Gemäß § 16 Abs. 1 AktG liegt eine Mehrheitsbeteiligung dann vor, wenn einem Unternehmen die **Mehrheit der Anteile** eines rechtlich selbständigen anderen Unternehmens gehört oder wenn ihm die **Mehrheit der Stimmrechte** zusteht. Die Einzelheiten der Berechnung richten sich nach § 16 Abs. 2 und 3 AktG. Umgehungen verhindert das Gesetz durch die Zurechnungsvorschrift des § 16 Abs. 4 AktG.[5]

§§ 17 Abs. 2, 56 Abs. 2 AktG enthalten die **Rechtsfolgen**, die sich aus einer Mehrheitsbeteiligung ergeben. Aus dem Vorliegen einer Mehrheitsbeteiligung nach § 16 Abs. 1 AktG folgt gemäß § 17 Abs. 2 AktG eine Abhängigkeitsvermutung.[6] § 56 Abs. 2 AktG statuiert, dass eine im Mehrheitsbesitz einer AG stehende Gesellschaft **keine Aktien** der AG als Gründer oder Zeichner **übernehmen darf**.

II. Abhängigkeit

§ 17 Abs. 1 AktG definiert abhängige Unternehmen als rechtlich selbständige Unternehmen, auf die ein anderes Unternehmen (herrschendes Unternehmen) **unmittelbar oder mittelbar** einen **herrschenden Einfluss ausüben kann**.

Wann auf ein abhängiges Unternehmen durch ein herrschendes Unternehmen ein „beherrschender Einfluss" ausgeübt werden kann, sagt das Gesetz allerdings nicht. Soweit eine Mehrheitsbeteiligung an einem Unternehmen vorliegt, greift allerdings die **Vermutungswirkung des § 17 Abs. 2 AktG**. Durch den Nachweis, dass keine Abhängigkeit besteht, kann die Vermutungswirkung dem gemäß auch widerlegt werden. Zu beachten ist dabei, dass die Ausübung des herrschenden Einflusses aus rechtlichen Gründen unmöglich sein muss. Eine **rein tatsächliche Unmöglichkeit ist nicht** ausreichend.[7] Möglich ist dies bspw., wenn die Kapitalmehrheit keine Stimmenmehrheit in der Hauptversammlung vermittelt oder

---

2 Zum Unternehmensbegriff ausführlich K. Schmidt, Gesellschaftsrecht, § 31 II 1, S. 935 ff.
3 Krieger, in: Münchener Handbuch des Gesellschaftsrechts, Bd. 4, § 68 Rn. 2 ff.; Hüffer, AktG, § 15 Rn. 1 ff. und Rn. 6 ff.
4 Zur GmbH vgl. Rn. 57.
5 Hüffer, AktG, § 16 Rn. 12 und Rn. 13.
6 MünchKomm-AktG/Bayer, § 16 Rn. 3; Jäger, Aktiengesellschaft, § 38 Rn. 22.
7 BayObLG, DB 1998, 973, 974.

bei Satzungsregelungen auf Grund derer die Kapitalmehrheit nicht die erforderliche Mehrheit für die Wahl von Aufsichtsratsmitgliedern gewährleistet. **Zur Widerlegung der Abhängigkeitsvermutung** sind ebenfalls Stimmbindungsverträge, die die Ausübung der Stimmenmehrheit untersagen, geeignet.[8] Zudem eignet sich zur Widerlegung der Abhängigkeitsvermutung als Pendant zum Beherrschungsvertrag auch ein Entherrschungsvertrag zwischen den beteiligten Unternehmen. Der Entherrschungsvertrag bedarf der Schriftform.

> **Hinweis:**
>
> Durch die Laufzeit des Entherrschungsvertrags darf die Wahl des nächsten Aufsichtsrates **nicht dominiert werden**. Eine vorzeitige Kündigungsmöglichkeit muss ausgeschlossen sein. Da die Amtszeit des Aufsichtsrates gemäß § 102 AktG nicht mehr als fünf Jahre betragen darf, muss der Entherrschungsvertrag eine Laufzeit von mindestens fünf Jahren haben.[9]

III. Konzernierung

9 Ein oder mehrere Unternehmen, die **unter einer einheitlichen Leitung** eines herrschenden Unternehmens zusammengefasst werden, bilden einen Konzern i.S.d. § 18 Abs. 1 AktG. Die einzelnen Unternehmen sind Konzernunternehmen.

Das Gesetz unterscheidet zwischen dem

- **Unterordnungskonzern** (§ 18 Abs. 1 AktG) und dem
- **Gleichordnungskonzern** (§ 18 Abs. 2 AktG).

Erscheinungsformen des Unterordnungskonzerns sind der Vertragskonzern, Eingliederungskonzerne und der faktische Konzern.[10]

1. Unterordnungskonzern

10 § 18 Abs. 1 AktG beschreibt die **Voraussetzungen des Unterordnungskonzerns**. Danach liegt ein Unterordnungskonzern vor, wenn ein oder mehrere abhängige Unternehmen unter einheitlicher Leitung eines herrschenden Unternehmens stehen. Die **einheitliche Leitung** ist das besondere **Merkmal des Konzerns**. Das Gesetz enthält keine weiteren Ausführungen zu der Frage, was unter einer einheitlichen Leitung zu verstehen ist.

11 Sowohl die Lit.[11] wie auch die Rspr.[12] unterscheiden zwischen dem **engen und dem weiten Konzernbegriff**.[13] Unter dem engeren Konzernbegriff wird dabei die Verantwortlichkeit der Konzernspitze für zentrale unternehmerische Bereiche verstanden, die eine einheitliche Planung aufstellt und gegenüber den Konzernunternehmen durchsetzt. Dagegen wird unter dem weiten Konzernbegriff nicht nur die zentrale unternehmerische Leitung des Konzerns verstanden. Darüber hinaus müssen **zentrale unternehmerische Bereiche** bei der herrschenden Gesellschaft angesiedelt sein. Zu nennen sind hier insb. das Finanzmanagement, Einkauf, Organisation, Personalwesen oder Verkauf, die durch die herrschende Gesellschaft koordiniert werden. Während die Rspr.[14] zum weiten Konzernbegriff neigt, tendiert die Lit.[15] zum engen Konzernbegriff.

---

8 Vgl. dazu Hüffer, AktG, § 17 Rn. 22.
9 Vgl. wiederum Hüffer, AktG, § 17 Rn. 22; MünchKomm-AktG/Bayer, § 17 Rn. 102; Jäger, Aktiengesellschaft, § 38 Rn. 25; ausführlich Jäger, DStR 1995, 1113, 1115 f.
10 Hüffer, AktG, § 18 Rn. 3.
11 Vgl. im Überblick, Hüffer, AktG, § 18 Rn. 8 ff.; MünchKomm-AktG/Bayer, § 18 Rn. 28 ff.
12 BayObLG, AG 1998, 523, 524; LG Stuttgart, AG 1989, 447.
13 Allg. zum Konzernbegriff: MünchKomm-AktG/Bayer, § 18 Rn. 1 ff.
14 BayObLG, AG 1998, 523, 524; LG Stuttgart, AG 1989, 447.
15 KölnerKomm-AktG/Koppensteiner, § 18 Rn. 15, Hüffer, AktG, § 18 Rn. 10 m.w.N., a.A. aber: MünchKomm-AktG/Bayer, § 18 Rn. 33 ff.

2. Gleichordnungskonzern

Im Gegensatz zum Unterordnungskonzern stehen in einem Gleichordnungskonzern **mehrere rechtlich selbständige Unternehmen** unter einer einheitlichen Leitung, ohne dass ein Unternehmen von dem anderen abhängig ist (§ 18 Abs. 2 AktG). Dem Gleichordnungskonzern liegt i.d.R. ein Gleichordnungsvertrag zugrunde, der die **einheitliche Leitung des Konzerns** inhaltlich regelt. Der Gleichordnungskonzern entspricht in seiner Rechtsnatur einer GbR.[16] Daraus folgt, dass die §§ 293 ff. AktG grds. keine Anwendung finden.[17]

IV. Wechselseitige Beteiligungen

Nach § 19 Abs. 1 AktG ist eine Verbindung durch wechselseitige Beteiligung dann gegeben, wenn Kapitalgesellschaften mit **jeweils mehr als 25 %** wechselseitig aneinander beteiligt sind. In § 19 Abs. 2 und Abs. 3 AktG ist eine qualifiziert wechselseitige Beteiligung definiert. Diese liegt dann vor, wenn wenigstens ein Unternehmen an einem anderen mehrheitlich i.S.d. § 16 AktG beteiligt ist.

V. Unternehmensverträge[18]

Unternehmensverträge nach §§ 291 ff. AktG stellen eine weitere Möglichkeit dar, Unternehmensverbindungen zu schaffen. Sie werden häufig **ausschließlich aus steuerrechtlichen Erwägungen** abgeschlossen. Mit der Verpflichtung sämtliche Gewinne abzuführen, geht die Verpflichtung des herrschenden Unternehmens einher die Verluste zu übernehmen. Im Vertragskonzern wird daher eine **unmittelbare Verrechnung** möglich, die sich steuermindernd auswirken kann (körperschaftsteuerliche Organschaft, § 14 KStG). U.a. wegen dieser steuerlichen Auswirkungen spielen Unternehmensverträge im Konzernrecht eine große Rolle.[19]

An Unternehmensverträgen beteiligte Gesellschaften sind vor allem **die AG und die GmbH**.

Arten von Unternehmensverträgen sind

- Gewinnabführungsvertrag und
- Beherrschungsvertrag.

> **Hinweis:**
> Im GmbHG fehlen jegliche Regelungen zum Komplex Unternehmensverträge. Es ist jedoch unbestritten, dass auch eine **GmbH Vertragspartnerin von Unternehmensverträgen**, insb. von Beherrschungs- und Gewinnabführungsverträgen und sein kann.

1. Beherrschungsvertrag

In § 291 Abs. 1 Satz 1 1. Alt. AktG ist der Beherrschungsvertrag definiert.

a) Merkmale des Beherrschungsvertrags

Parteien eines Beherrschungsvertrags sind Ober- und Untergesellschaft bzw. herrschende und beherrschte Gesellschaft. Untergesellschaften können die AG und KGaA sein. Das Gesetz nennt zwar die GmbH nicht als mögliche beherrschte Gesellschaft. Seit der „Supermarkt-Entscheidung" des BGH[20] steht die Beteiligungsfähigkeit einer GmbH aber außer Frage. Der Unterschied besteht darin, dass es sich nicht um einen aktienrechtlichen Vertragskonzern handelt.[21]

---

16 K. Schmidt, Gesellschaftsrecht, § 31 II 3, S. 945.
17 Hüffer, AktG, § 19 Rn. 21.
18 Vgl. zu den Problemen mit Unternehmensverträgen in Umwandlungsfällen: Müller, BB 2002, 157; Schwarz, ZNotP 2002, 106; Zilles, GmbHR 2001, 21.
19 Heckschen, in: Beck'sches Notarhandbuch, D III, Rn. 103; MünchKomm-AktG/Altmeppen, § 291 Rn. 52.
20 BGH, NJW 1989, 295 = BGHZ 105, 324, 338.
21 Hüffer, AktG, § 291 Rn. 6.

Unter einem Beherrschungsvertrag versteht das Gesetz eine Vereinbarung, durch die die Leitung einer Gesellschaft der Leitung einer anderen Gesellschaft unterstellt wird. Daraus folgt, dass die Leitung der abhängigen Gesellschaft weisungsgebunden ist. Gemäß § 308 AktG ist der Vorstand der herrschenden Gesellschaft berechtigt, dem Vorstand der beherrschten Gesellschaft Weisungen zu erteilen.

> **Hinweis:**
> Die Weisungsgebundenheit ist ein entscheidendes Merkmal des Beherrschungsvertrags.[22]

Der Beherrschungsvertrag enthält zunächst ein schuldrechtliches Element. Die Wirkungen des Vertrags gehen aber **über diejenigen eines nur schuldrechtlichen Vertrags hinaus**. In der Sache wirkt der Beherrschungsvertrag wie eine Satzungsänderung bei der abhängigen Gesellschaft.[23] In seiner Rechtsnatur ist ein Beherrschungsvertrag daher als Organisationsvertrag einzustufen.[24] Das Schwergewicht der Wirkungen liegt nicht in der Begründung wechselseitiger Rechte und Pflichten, wie es bei einem „nur" schuldrechtlichen Vertrag der Fall wäre, sondern in der **unmittelbaren Gestaltung der gesellschaftsrechtlichen Beziehungen** zwischen den Vertragspartnern sowie zwischen der abhängigen Gesellschaft und den außenstehenden Anteilseignern.

b) Inhalt

19 Der Vertrag muss mindestens die Vertragsparteien benennen und die Leitung der Untergesellschaft zum Gegenstand haben. **Der Begriff „Leitung"** der Gesellschaft in § 291 Abs. 1 AktG entspricht dem in § 76 Abs. 1 AktG. Gemeint ist die Leitungsfunktion des Vorstands im Sinne eines Teilbereichs der Geschäftsführung.[25]

20 Grds. bleibt die Leitung bei der Untergesellschaft zwar erhalten. Allerdings ist der Vorstand der abhängigen Gesellschaft verpflichtet den **Weisungen der Obergesellschaft Folge zu leisten**, wenn der Vorstand der Obergesellschaft von seinem Herrschaftsrecht Gebrauch macht.

21 Der Beherrschungsvertrag muss gemäß § 304 AktG den **angemessenen Ausgleich und die Abfindung** nach § 305 AktG für die außenstehenden Aktionäre ausdrücklich regeln. Fehlt eine Regelung über die Abfindung, wird diese gemäß § 305 Abs. 5 AktG nach den Regelungen des Spruchverfahrens durch das zuständige Gericht festgesetzt. Die Pflicht zur Verlustübernahme nach § 302 AktG ensteht mit Abschluss des Beherrschungs- oder Gewinnabführungsvertrags. In der Praxis ist es üblich die Pflicht zur Verlustübernahme entsprechend § 302 AktG in den Vertrag aufzunehmen, um zu erreichen, dass das Organschaftsverhältnis nach § 17 Satz 2 Nr. 2 KStG anerkannt wird.[26]

22 Der **Ausschluss des Weisungsrechts** beim Beherrschungsvertrag ist nicht möglich, weil das Weisungsrecht das entscheidende Merkmal des Beherrschungsvertrags ist.[27] Aus § 308 Abs. 1 Satz 2 AktG geht aber hervor, dass nachteilige Weisungen des herrschenden Unternehmens ausgeschlossen werden können.

23 **Fraglich ist**, ob Unternehmensverträge über den Mindestinhalt hinaus weitere Regelungen enthalten können. Der BGH hält dies zumindest dann für zulässig, **soweit keine zwingenden gesetzlichen Regelungen entgegenstehen**.[28] So hat es der BGH für zulässig erachtet, dass Kündigungs- und Rücktrittsrechte, die

---

22 Hüffer, AktG, § 291 Rn. 11; MünchKomm-AktG/Altmeppen, § 291 Rn. 54; Scholz/Emmerich, GmbHG, Anhang § 13 Rn. 170.
23 BGHZ 103, 1, 4 = NJW 1988, 1326; BGHZ 105, 324, 331 = NJW 1989, 295.
24 MünchKomm-AktG/Altmeppen, § 291 Rn. 25.
25 Vgl. dazu MünchKomm-AktG/Altmeppen, § 291 Rn. 67; Hüffer, AktG, § 291 Rn. 10.
26 Vgl. Schreiben des BMF vom 16.12.2005, DStR 2006, 40.
27 H.M.: KölnerKomm-AktG/Koppensteiner, § 291 Rn. 13; Hüffer, AktG, § 291 Rn. 11; Krieger, in: Münchener Handbuch des Gesellschaftsrechts, Bd. 4, § 70 Rn. 6; a.A.: Geßler, in: Geßler/Hefermehl/Eckhardt/Kropff, AktG, § 291 Rn. 53; ausführlich dazu, ebenfalls mit a.A.: MünchKomm-AktG/Altmeppen, § 291 Rn. 94 ff.
28 BGHZ 119, 1, 5 ff. = NJW 1992, 2760; BGHZ 122, 211, 217 = NJW 1993, 1976.

über den engen Rahmen der §§ 296, 297 AktG hinausgehen, vereinbart werden können.[29] Den Entscheidungen ist in der Lit. Kritik entgegengebracht worden. Begründet wird die Kritik damit, dass durch weitergehende Regelungen Rechte der außenstehenden Aktionäre und der Gläubiger über den gesetzlichen Rahmen hinaus eingeschränkt würden.[30] Es ist z.T. gefordert worden, im Vertrag präzise und verbindlich die Leitungsstruktur des Konzerns zu regeln und insb. festzulegen, welcher Entscheidungsspielraum auf welchen Gebieten dem Tochtervorstand künftig noch zukommen soll.[31]

Als ergänzende Regelungen werden oft **Bestimmungen über die Laufzeit des Vertrags** vereinbart. Die ausdrückliche Bezeichnung des Vertrags als „Beherrschungsvertrag" in der Überschrift oder im Text ist dagegen nicht zu fordern.[32]

> **Hinweis:**
> Im Gegensatz zu einem Gewinnabführungsvertrag kann ein Beherrschungsvertrag **nicht rückwirkend** vereinbart werden kann, da eine rückwirkende Unterstellung unter die einheitliche Leitung denknotwendig unmöglich ist.[33]

2. Gewinnabführungsvertrag

In § 291 Abs. 1 Satz 1 1. Alt. AktG ist der Gewinnabführungsvertrag geregelt.

a) Merkmale des Gewinnabführungsvertrags

Ein Gewinnabführungsvertrag ist ebenso wie ein Beherrschungsvertrag als **Organisationsvertrag** einzustufen, obwohl nach außen hin nur das schuldrechtliche Element der Gewinnabführungsverpflichtung deutlich wird. Er wird auch als Ergebnisabführungsvertrag bezeichnet.[34] Durch den Abschluss eines Gewinnabführungsvertrags verpflichtet sich ein Unternehmen (verpflichtetes Unternehmen, Untergesellschaft) seinen **Gewinn an das andere Unternehmen abzuführen**. Grds. muss die Gesellschaft ihren gesamten Bilanzgewinn abführen.

Im Ergebnis betreibt die verpflichtete Gesellschaft ihre Unternehmung nicht (mehr) aus eigenem Gewinnstreben, sondern für die Obergesellschaft. Die Aktionäre erhalten nicht mehr ein Anteil am Ergebnis, sondern gemäß § 304 AktG nur noch einen angemessenen Ausgleich, eine **Art „Rente"**.[35]

Hintergrund des Abschlusses von Gewinnabführungsverträgen sind häufig **steuerliche Überlegungen**. Nach § 14 KStG kann in diesem Fall das Einkommen der Organgesellschaft, soweit sich aus § 16 KStG nichts anderes ergibt, dem Träger des Unternehmens (Organträger) zugerechnet werden, wenn die entsprechenden Voraussetzungen erfüllt sind. Es wird von körperschaftsteuerlicher Organschaft gesprochen.

b) Teilgewinnabführungsvertrag

Von dem Gewinnabführungsvertrag ist der Teilgewinnabführungsvertrag nach § 292 Abs. 1 Nr. 2 AktG zu unterscheiden. **Bei Teilgewinnabführungsverträgen** verpflichtet sich eine AG oder eine KGaA nur zur Abführung eines Teils ihres Gewinns. Die Vereinbarung kann auch die Verpflichtung zur Abführung des gesamten Gewinns oder von Teilen des Gewinns einzelner Betriebe einer Gesellschaft enthalten. Eine

---

29 OLG München, AG 1991, 358, 361.
30 Bayer, ZGR 1993, 599; Hirte, ZGR 1994, 643, 648; MünchKomm-AktG/Altmeppen, § 291 Rn. 29 ff.
31 Hommelhoff, Die Konzernleitungspflicht, S. 152 f.
32 So ausdrücklich Krieger, in: Münchener Handbuch des Gesellschaftsrechts, Bd. 4, § 70 Rn. 7, a.A.: Kölner-Komm-AktG/Koppensteiner, § 293 Rn. 11; Geßler/Hefermehl/Eckhardt/Kropff, AktG, § 293 Rn. 43, in der 2. Aufl. wird an dieser Auffassung jedoch nicht mehr festgehalten, vgl. MünchKomm-AktG/Altmeppen, § 293 Rn. 76.
33 OLG Hamburg, NJW 1990, 521; Hüffer, AktG, § 291 Rn. 11; offen lassend: BGHZ 121, 211, 223 f. = NJW 1993, 1976.
34 Heckschen, in: Beck'sches Notarhandbuch, D III, Rn. 103.
35 MünchKomm-AktG/Altmeppen, § 291 Rn. 143.

stille Beteiligung an einer AG ist nach fast allgemeiner Ansicht als **„anderer Unternehmensvertrag „i.S.d. § 292 AktG** anzusehen.[36] Daraus folgt, dass eine stille Beteiligung an einer AG als Teilgewinnabführungsvertrag in das Handelsregister eingetragen werden muss.

c) Inhalt

27 Aus §§ 291 Abs. 1 Satz 1, 304 Abs. 3 Satz 1 AktG kann ein **Mindestinhalt für den Gewinnabführungsvertrag** entnommen werden. So wird durch den Vertrag die Verpflichtung zur Abführung des ganzen Gewinns begründet. Im Gegenzug verpflichtet sich das Unternehmen, das in den Genuss des Gewinns kommt, zur Zahlung eines angemessenen Ausgleichs. Den Ausgleich erhält allerdings nicht die Gesellschaft selbst, sondern die **außen stehenden Aktionäre der Gesellschaft**. Der Ausgleich muss in einer auf die Anteile am Grundkapital bezogenen wiederkehrenden Geldzahlung bestehen.

Gewinnabführungs- und Beherrschungsverträge müssen für die Anerkennung eines Organschaftsverhältnisses gemäß § 17 Satz 2 Nr. 2 KStG eine ausdrückliche Vereinbarung zur Verlustübernahme nach § 302 AktG enthalten. Zumindest muss auf § 302 AktG Bezug genommen werden. Es wird von den Finanzbehörden nicht beanstandet, wenn Gewinnabführungs- und Beherrschungsverträge, die vor dem 1.1.2006 abgeschlossen worden sind, noch keinen Hinweis auf den § 302 Abs. 4 AktG enthalten.[37] § 302 Abs. 4 AktG wurde durch das Schuldrechtsmodernisierungsgesetz in das Aktiengesetz aufgenommen.

28 **Weitere Detailregelungen** können im Gewinnabführungsvertrag getroffen werden.

> **Hinweis:**
> Die Praxis implementiert häufig Regelungen zur Berechnung des abzuführenden Gewinns in die Verträge. Zulässig sind Regelungen zu Fragen der Bilanzierung, zur Frage der Bildung von Rücklagen oder Investitionen.[38]

Gewinnabführungsverträge können **mit Rückwirkung** für das bei Abschluss des Vertrags laufende Geschäftsjahr vereinbart werden.[39] Bei Beherrschungsverträgen ist dagegen keine rückwirkende Vereinbarung möglich. Der Gewinnabführungsvertrag allein begründet kein Weisungsrecht der Obergesellschaft gegenüber der gewinnabführenden Gesellschaft.

VI. Unternehmensverträge i.S.d. § 292 AktG

29 Das AktG behandelt in § 292 AktG noch **weitere Unternehmensverträge**. Dies sind

- die Gewinngemeinschaft,
- der Teilgewinnabführungsvertrag,
- der Betriebspacht- und Betriebsüberlassungsvertrag,
- Verlustübernahmeverträge,
- unentgeltliche Teilgewinnabführungsverträge.

Hinzu kommt der gesetzlich nicht gesondert geregelte **Betriebsführungsvertrag**.

Durch die Einstufung als Unternehmensverträge hat der Gesetzgeber insb. erreicht, dass für den Abschluss der Verträge die §§ 291 – 299 AktG zu beachten sind. Darüber hinaus geht das Gesetz davon aus, dass es

---

36 MünchKomm-AktG/Altmeppen, § 292 Rn. 65; Krieger, in: Münchener Handbuch des Gesellschaftsrechts, Bd. 4, § 72 Rn. 17, m. umfangreichen N. in Fn. 46.
37 Für die GmbH BFH, DStR 2006, 1224; sowie Schreiben des BMF vom 16.12.2005, DStR 2006, 40.
38 MünchKomm-AktG/Altmeppen, § 291 Rn. 147.
39 BGHZ 122, 211, 223 = NJW 1993, 1976; OLG München, AG 1991, 358, 359; OLG Düsseldorf, AG 1996, 473, 474.

D. Abschluss von Unternehmensverträgen

I. Vertragsabschluss

Der Abschluss des Unternehmensvertrags fällt in den **Zuständigkeitsbereich des Vorstands einer AG**. Der Unternehmensvertrag bedarf der Schriftform, den die zuständigen Organe in vertretungsberechtigter Anzahl abschließen müssen. Beim Abschluss eines Unternehmensvertrags ist immer zu beachten, ob die Satzungen der beteiligten Gesellschaften einen **Zustimmungsvorbehalt zu Gunsten des Aufsichtsrates** vorsehen. Es muss ebenfalls berücksichtigt werden, dass auch Austauschverträge Unternehmensverträge sein können, wenn Leistung oder Gegenleistung eines Vertragsteils, die Abführung des Gewinns oder eines Teils des Gewinns zum Inhalt haben.[41]

30

II. Bericht

Der Vorstand jeder der an einem Unternehmensvertrag beteiligten Gesellschaften muss einen **Bericht verfassen**.

31

> **Hinweis:**
> Im Gegensatz zum Abschluss des Unternehmensvertrags muss der Bericht über den Unternehmensvertrag nach h.M. in der Lit. von allen Vorstandsmitgliedern unterzeichnet werden.[42]

Der Bericht muss gemäß § 293a AktG **ausführlich** sein. In dem Bericht muss auf den Abschluss des Vertrags und den Vertrag selbst eingegangen werden. Der Bericht muss Erläuterungen zum Unternehmensvertrag in rechtlicher und wirtschaftlicher Hinsicht enthalten. Besonders sorgfältig ist auf die **Art und die Höhe des Ausgleichs oder Abfindung** einzugehen. Hinzuweisen ist auch auf die Bewertungsmethode und Bewertungsschwierigkeiten.[43]

32

Gemäß § 293a Abs. 3 AktG ist ein Bericht nicht erforderlich, soweit alle Anteilseigner aller beteiligten Rechtsträger **auf seine Erstattung verzichten**. Im Gegensatz zu § 8 Abs. 3 UmwG reicht für die Verzichtserklärung die öffentlich beglaubigte Form aus.[44] Die Regelung entspricht inhaltlich dem § 8 Abs. 3 UmwG und soll die Vorstände von der Berichtpflicht entlasten, soweit die Aktionäre die Berichte nicht brauchen oder wollen. Eine unentbehrliche Berichtpflicht würde in diesen Fällen nur **unnötigen Verwaltungsaufwand und unnötige Kosten** verursachen.

33

> **Hinweis:**
> Ein nur einseitiger Verzicht ist nach dem Wortlaut der Norm nicht zulässig, denn wie in § 8 Abs. 3 UmwG müssen alle Anteilseigner aller beteiligten Unternehmen auf die Berichterstattung verzichten.[45]

---

40 Hüffer, AktG, § 292 Rn. 2; Geßler/Hefermehl/Eckhardt/Kropff, AktG, § 292 Rn. 4; MünchKomm-AktG/Altmeppen, § 292 Rn. 7.
41 Ausführlich: MünchKomm-AktG/Altmeppen, § 293 Rn. 5 ff.
42 Hüffer, AktG, § 293a Rn. 10; Stratz, in: Schmitt/Hörtnagl/Stratz, UmwG, § 8 Rn. 9; Lutter/Drygala, in: Lutter, UmwG, § 8 Rn. 9; a.A.: KG, DB 2004, 2746 = ZIP 2005, 167 = AG 2005, 205 = WM 2005, 41 = EWiR 2005, 135 (m. Anm. Linnerz; n. rkr. die Revision ist anhängig beim BGH unter Az. II ZR 266/04); OLG Hamm, ZIP 2005, 1457 = AG 2005, 774 = DB 2005, 1263 zu § 327a AktG.
43 Dazu Hüffer, AktG, § 293a Rn. 14 ff; MünchKomm-AktG/Altmeppen, § 293a Rn. 42 ff.
44 MünchKomm-AktG/Altmeppen, § 293a Rn. 55.
45 Str. für die Zulässigkeit eines einseitigen Verzichts: MünchKomm-AktG/Altmeppen, § 293a Rn. 54; Altmeppen, ZIP 1998, 1853, 1861 f.; dagegen: Hüffer, AktG, § 293a Rn. 21; Bungert, DB 1995, 1384, 1388.

III. Prüfung

34 Bei jeder der vertragsschließenden AG und KGaA ist der Unternehmensvertrag gemäß § 293b AktG **durch sachverständige Prüfer** zu prüfen. Eine Ausnahme von der Prüfungspflicht besteht, soweit sich alle Aktien der abhängigen Gesellschaft in der Hand der herrschenden Gesellschaft befinden. Durch die Vorschrift wird die Prüfung des Ausgleichs und der Angemessenheit gewährleistet. Dadurch sollen spätere gerichtliche Überprüfungen in einem Spruchverfahren **vermieden werden**. Die Vertragsprüfer werden **auf Antrag der Vorstände** der vertragsschließenden Gesellschaften vom zuständigen Gericht ausgewählt und bestellt.

35 § 293b Abs. 2 AktG enthält einen **Verweis auf § 293a Abs. 3 AktG**. Danach können die Anteilseigner aller beteiligten Unternehmen nicht nur auf die Erstattung des Berichts durch die Vorstände verzichten, sondern auch auf die Prüfung des Unternehmensvertrags.

IV. Prüfungsbericht

36 Über das Ergebnis der Prüfung haben die Prüfer einen **schriftlichen Bericht** zu erstatten. Der Bericht muss insb. darauf eingehen, ob der Ausgleich oder die vorgeschlagene Abfindung angemessen ist. Die Prüfer müssen in dem Bericht auch darauf hinweisen, **nach welchen Methoden** der Ausgleich und die Abfindung ermittelt worden ist und aus welchen Gründen diese Methoden angemessen sind.

37 § 293e Abs. 2 AktG enthält ebenfalls einen **Verweis** auf § 293a Abs. 3 AktG. Danach können die Anteilseigner aller beteiligten Unternehmen auch **auf die Erstattung des Prüfungsberichts verzichten**.

> **Hinweis:**
> Eine eigenständige Bedeutung kommt der Verzichtsmöglichkeit nach § 293e Abs. 2 AktG nur zu, wenn die Prüfung des Unternehmensvertrags (§ 293b AktG) stattfindet.[46]

V. Einberufung zur Hauptversammlung

38 Die Hauptversammlung wird gemäß §§ 121 ff. AktG durch den Vorstand in vertretungsberechtigter Anzahl einberufen.[47] Gemäß § 124 AktG ist die **Tagesordnung der Hauptversammlung bekannt zu machen**. Da die Hauptversammlung über einen Vertrag beschließen soll, der nur mit Zustimmung der Hauptversammlung wirksam wird (§ 291 Abs. 1 Satz 1 AktG), muss der Vertrag gemäß § 124 Abs. 2 Satz 2 AktG mit seinem **wesentlichen Inhalt** bekannt gemacht werden. Es kann und wird nicht verlangt, die Verträge ihrem gesamten Inhalt nach bekannt zu machen.[48]

> **Hinweis:**
> Um Anfechtungsrisiken zu vermeiden, werden Unternehmensverträge (oder auch andere Verträge) in der Praxis häufig mit ihrem Volltext veröffentlicht.[49]

VI. Informationspflichten

39 Die Regelungen zur Vorbereitung des Abschlusses von Unternehmensverträgen wurden ebenso wie die Regelungen zur Eingliederung im Zuge des Umwandlungsbereinigungsgesetzes[50] **an die Regelungen des UmwG angepasst**. Seither besteht gemäß § 293a AktG eine Berichtspflicht, nach §§ 293b – 293e AktG eine Prüfungspflicht[51] sowie umfassende Informationspflichten im Vorfeld der Hauptversammlung.

---

46 Hüffer, AktG, § 293e Rn. 10.
47 Hüffer, AktG, § 121 Rn. 6; Happ/Ludwig, Aktienrecht, 10.09 Rn. 3.
48 Hüffer, AktG, § 124 Rn. 10; Happ/Ludwig, Aktienrecht, 10.09 Rn. 13.
49 Happ/Ludwig, Aktienrecht, 10.09 Rn. 13.
50 UmwBerG v. 28.10.1994, BGBl. I, S. 3210, mit Änderungen in §§ 319 Abs. 4 – 6, 320 Abs. 4, 320a, 320b.
51 Vgl. Rn. 31 ff.

Von der Einberufung der Hauptversammlung an müssen gemäß § 293f AktG **folgende Unterlagen** in den Geschäftsräumen jeder der beteiligten Unternehmen zur Einsicht der Aktionäre auslegen:

- der Unternehmensvertrag,
- die Jahresabschlüsse und die Lageberichte der vertragsschließenden Unternehmen für die letzten drei Geschäftsjahre,
- die nach § 293a AktG erstatteten Berichte des Vorstands und die nach § 293e AktG erstatteten Berichte der Vertragsprüfer.

Jedem Aktionär muss auf Verlangen unverzüglich und kostenlos eine Abschrift dieser Unterlagen erteilt werden.

VII. Beschlüsse der Hauptversammlungen

1. Zustimmung bei der abhängigen Gesellschaft

a) Mehrheitserfordernis

Die **Aktionäre der verpflichteten AG** müssen dem Unternehmensvertrag gemäß § 293 Abs. 1 AktG in einer Hauptversammlung zustimmen. Für die Zustimmung zu dem Unternehmensvertrag ist nach § 133 Abs. 1 AktG grds. die **einfache Stimmenmehrheit** notwendig sowie nach § 293 Abs. 1 Satz 2 AktG 3/4 des bei der Beschlussfassung vertretenen Grundkapitals (sog. doppelte Mehrheit).[52] Die Satzung kann gemäß § 293 Abs. 1 Satz 3 AktG größere Kapitalmehrheiten oder weitere Erfordernisse vorsehen. Daraus folgt im Umkehrschluss, dass Erleichterungen nicht in der Satzung verankert werden können.

In der Hauptversammlung ist jeder Aktionär stimmberechtigt. Ein Ausschluss von Stimmrechten sieht § 293 AktG nicht vor. Daraus folgt, dass auch der Mehrheitsaktionär stimmberechtigt ist und bei entsprechender Beteiligung den Beschluss alleine herbeiführen kann.[53]

b) Formerfordernis

Nach § 130 AktG muss der Beschluss der Hauptversammlung **notariell beurkundet werden**.[54]

2. Zustimmung bei der herrschenden Gesellschaft

§ 293 Abs. 2 AktG sieht vor, dass auch die Hauptversammlung des Vertragspartners, mithin der Obergesellschaft dem Unternehmensvertrag zustimmen muss. Auch diese Zustimmung ist **notwendige Wirksamkeitsvoraussetzung** für den Unternehmensvertrag. Der Grund für das Zustimmungserfordernis ist in den weiter aufgebürdeten Pflichten für die Obergesellschaft zu erblicken. Für die Obergesellschaft liegt ein **besonderes Risiko** vor allem in der Pflicht zur Verlustübernahme nach § 302 AktG.[55]

a) Mehrheitserfordernis

Nach § 293 Abs. 2 Satz 2 i.V.m. § 293 Abs. 1 Satz 1 AktG ist für die Zustimmung bei der herrschenden Gesellschaft eine Mehrheit von 3/4 des bei der Beschlussfassung in der Hauptversammlung vertretenen Grundkapitals notwendig. Daneben besteht nach § 133 Abs. 1 AktG die Notwendigkeit der einfachen Stimmenmehrheit.[56]

---

52 MünchKomm-AktG/Altmeppen, § 293 Rn. 37.
53 Zur Frage, ob nicht der Verbandswille von den Sonderinteressen eines Vertragspartners zu sehr dominiert wird: Hüffer, AktG, § 293 Rn. 9.
54 So auch MünchKomm-AktG/Altmeppen, § 293 Rn. 36.
55 BGH, NJW 1989, 295 = BGHZ 105, 324, 338 (Supermarkt); BGH, NJW 1992, 1452, 1453 = ZIP 1992, 395 (Siemens-Nold); vgl. MünchKomm-AktG/Altmeppen, § 293 Rn. 92.
56 MünchKomm-AktG/Altmeppen, § 293 Rn. 96.

b) Formerfordernis

44 Aus dem Mehrheitserfordernis folgt, dass der Beschluss ebenso wie bei der abhängigen Gesellschaft gemäß § 130 AktG **notariell zu beurkunden** ist.

VIII. Anmeldung und Eintragung

45 Das Bestehen eines Unternehmensvertrags ist **gemäß § 294 AktG** in das Handelsregister einzutragen.

1. Anmeldung zum Handelsregister

46 Die Anmeldung zum Handelsregister muss der **Vorstand der verpflichteten Gesellschaft** vornehmen. Erforderlich aber auch ausreichend ist die Anmeldung durch die Mitglieder des Vorstands in vertretungsberechtigter Anzahl.

Die Anmeldung muss das Bestehen des Unternehmensvertrags, die Namen der beteiligten Gesellschaften, das Datum des Vertragsabschlusses sowie die Tatsache der Zustimmung durch die herrschende Gesellschaft nennen. Auch die Art des Unternehmensvertrags muss in der Anmeldung angegeben werden.

> **Hinweis:**
> Zu beachten ist, dass kein **Zwang zur Anmeldung** besteht und somit eine zwangsweise Durchsetzung der Anmeldung bzw. Eintragung ebenfalls nicht möglich ist.[57]

Der Anmeldung sind der Unternehmensvertrag, der notariell beurkundete Zustimmungsbeschluss der beherrschten Gesellschaft und der Zustimmungsbeschluss der herrschenden Gesellschaft als Anlagen in Urschrift, Ausfertigung oder öffentlich beglaubigter Abschrift beizufügen.

2. Eintragung in das Handelsregister

47 Der Vertrag wird erst mit der Eintragung in das Handelsregister wirksam, sie wirkt mithin **konstitutiv**. Die Eintragung erfolgt nur in das Handelsregister der verpflichteten Gesellschaft nicht in das Register des herrschenden Gesellschaft. Das Registergericht macht die Eintragung gemäß § 10 HGB[58] in dem von der Landesjustizverwaltung bestimmten elektronischen Informations- und Kommunikationssystem bekannt.

---

57 Hüffer, AktG, § 293 Rn. 2.
58 In der durch das Gesetz über elektronische Handelsregister und Genossenschaftsregister sowie das Unternehmensregister – (EHUG) v. 10.11.2006, BGBl. I, S. 2553 geänderten Fassung.

IX. Ablauf in der Übersicht

| Interne Entscheidung einen Unternehmensvertrag abzuschließen | 48 |

↓

Abschluss des Unternehmensvertrags durch die zuständigen Organe:
- Organe müssen in vertretungsberechtigter Anzahl handeln
- Beachtung der Schriftform des Vertrags
- Beachtung eines möglichen Zustimmungsvorbehaltes zu Gunsten des Aufsichtsrates

↓

Bericht über den Unternehmensvertrag

↓

Bestellung der Vertragsprüfer

↓

Prüfung des Unternehmensvertrags

↓

Erstellung des (Vertrags-)Prüfungsberichts

↓

Einberufung der Hauptversammlung:
- Mit der Einberufung Bekanntmachung der Tageordnung der HV
- Bekanntmachung des wesentlichen Inhalts des Unternehmensvertrags

↓

Auslage von Unterlagen ab Einberufung:
- Unternehmensvertrag
- Jahresabschlüsse und die Lageberichte der vertragsschließenden Unternehmen für die letzten drei Geschäftsjahre
- Berichte des Vorstands nach § 293a AktG und die nach § 293e AktG zu erstatteten Berichte der Vertragsprüfer

↓

Beschluss der Hauptversammlung der abhängigen Gesellschaft

↓

Beschluss der Hauptversammlung der herrschenden Gesellschaft (bei AG und KGaA):
- Beschlüsse sind ggf. notariell zu beurkunden

↓

Anmeldung zum Handelsregister mit folgendem Inhalt:
- Bestehen des Unternehmensvertrags und die Namen der Beteiligten
- Datum des Vertragsabschlusses
- Datum des Zustimmungsbeschlusses
- Tatsache, dass auch die HV der herrschenden Gesellschaft zugestimmt hat (bei AG und KGaA)

↓

Anlagen zur Handelsregisteranmeldung:
- Unternehmensvertrag
- notariell beurkundeter Zustimmungsbeschluss der abhängigen Gesellschaft
- Zustimmungsbeschluss der herrschenden Gesellschaft

↓

Eintragung ins Handelsregister:
- Wirksamwerden des Vertrags

↓

Bekanntmachung durch das Gericht

Die Berichts- und Prüfungspflichten sollen nach h.M. nicht für eine abhängige GmbH gelten.[59]

E. Änderung von Unternehmensverträgen

49 Die Änderung von Unternehmensverträgen bedarf gemäß § 295 AktG der Zustimmung der Hauptversammlung. Somit bedarf die Änderung von Unternehmensverträgen auch des Abschlusses **eines schriftlichen (Änderungs-)Vertrags**. Soweit ein Gewinnabführungs- oder Beherrschungsvertrag geändert werden soll und der andere Vertragsteil eine AG oder KGaA ist, ist auch die Zustimmung der Hauptversammlung der herrschenden Gesellschaft notwendig.

Gemäß § 295 Abs. 1 Satz 2 AktG gilt § 294 AktG sinngemäß. Danach ist die Änderung des Unternehmensvertrags zum Handelsregister anzumelden. Eingetragen wird **nur die Tatsache**, dass der Unternehmensvertrag geändert wurde. Der geänderte Inhalt wird dagegen nicht eingetragen.[60]

F. Beendigung von Unternehmensverträgen

50 **§ 296 AktG regelt die Aufhebung** von Unternehmensverträgen, **§ 297 AktG dagegen die Kündigung**. Während nach § 296 AktG ein Vertrag für die Beendigung des Unternehmensvertrags notwendig ist, beinhaltet § 297 AktG die Beendigung des Unternehmensvertrags durch einseitige Erklärung.

I. Aufhebung

51 Die Aufhebung des Vertrags bedarf der **vertraglichen Vereinbarung**. Überraschend ist, dass die Aufhebung des Unternehmensvertrags nicht der Zustimmung der Hauptversammlung der verpflichteten Gesellschaft bedarf, sondern vielmehr eine **Maßnahme der Geschäftsleitung**[61] darstellt. Auch bei der herrschenden Gesellschaft ist kein Zustimmungsbeschluss der Hauptversammlung notwendig. Diese Rechtslage wird in der Lit. zum Teil scharf kritisiert.[62]

> **Hinweis:**
> Zu beachten ist, dass im Innenverhältnis die Zustimmung des Aufsichtsrates erforderlich sein kann.[63]

Dieser Kritik an der Gesetzesbegründung ist insoweit zuzustimmen, als dass die Aufhebung eines Unternehmensvertrags den Aktionär in seinen Rechten ebenso berühren kann, wie der Abschluss.[64] Die **gesetzgeberische Intention ist jedoch eindeutig**, so dass diese rechtspolitisch bedenkliche Regelung hingenommen werden muss.

Die Aufhebungsvereinbarung kann gemäß § 296 Abs. 1 Satz AktG **nicht mit Rückwirkung** getroffen werden. Hintergrund ist, dass Ansprüche gegen die Gesellschaft nicht rückwirkend beseitigt können werden sollen.[65]

> **Hinweis:**
> Die Vorschrift § 296 Abs. 1 Satz AktG gilt auch für andere Unternehmensverträge i.S.d. § 292 AktG.

---

59 Hüffer, AktG, § 293a Rn. 5; Baumbach/Hueck/Zöllner, GmbHG, SchlAnhKonzernR, Rn. 53.
60 MünchKomm-AktG/Altmeppen, § 295 Rn. 26.
61 Hüffer, AktG, § 296 Rn. 5; KölnerKomm-AktG/Koppensteiner, § 296 Rn. 4.
62 KölnerKomm-AktG/Koppensteiner, § 296 AktG Rn. 4; MünchKomm-AktG/Altmeppen, § 296 Rn. 11 m. umfangreichen N.
63 Hüffer, AktG, § 296 Rn. 5.
64 Heckschen/Heidinger, Die GmbH, § 10 Rn. 6.
65 MünchKomm-AktG/Altmeppen, § 296 Rn. 23.

Für die GmbH geht die wohl h.M. davon aus, dass die Aufhebung eines Unternehmensvertrags **denselben Formanforderungen** unterliegt wie der Abschluss.[66]

II. Kündigung

In § 297 AktG ist die **Beendigung von Unternehmensverträgen** durch Kündigung geregelt.

1. Kündigung aus wichtigem Grund

Nach § 297 Abs. 1 Satz 1 AktG kann ein Unternehmensvertrag **ohne Einhaltung einer Kündigungsfrist** aus wichtigem Grund gekündigt werden. In Abs. 1 Satz 2 nennt die Vorschrift als wichtigen Grund für die Kündigung durch die abhängige Gesellschaft die voraussichtlich **nicht vorhandene Leistungsfähigkeit des Vertragspartners**. Es reicht eine entsprechende Prognose aus. Der Kündigende braucht nicht zu warten, bis ein Schaden eintritt. Allerdings darf die Prognose nicht willkürlich sein. Soweit diese Voraussetzungen vorliegen, darf nach h.M. jeder Vertragsteil kündigen.[67]

Die Veräußerung der Beteiligung durch das herrschende Unternehmen beendet den Unternehmensvertrag nicht automatisch. **Es ist umstritten, ob die Veräußerung einen wichtigen Grund darstellt**, der die abhängige Gesellschaft zur Kündigung berechtigt. Zwar wird in der Praxis regelmäßig eine Beteiligung des anderen Vertragsteils bestehen, Voraussetzung für einen Unternehmensvertrag ist die Beteiligung jedoch nicht. Aus diesem Grund wird ein Kündigungsrecht auch überwiegend verneint.[68]

Eine a.A. geht aber von einem **Kündigungsrecht der abhängigen Gesellschaft** aus. Dabei wird unterstellt, dass eine abhängige Gesellschaft den Unternehmensvertrag nur auf Grund der Erwartung abschließt, dass der Vertragspartner aufgrund seiner Beteiligung an der abhängigen Gesellschaft ein Eigeninteresse an ihrem Bestand habe. Wenn das herrschende Unternehmen seine Beteiligung aufgibt, ändere sich für die abhängige Gesellschaft deshalb die Geschäftsgrundlage. Aus diesem Grund sei ein Recht zur Kündigung jedenfalls für die abhängige Gesellschaft anzunehmen.[69]

Fraglich ist auch, **ob** in einem solchen Fall ein **Kündigungsrecht für die herrschende Gesellschaft besteht**. Dabei ist jedoch der Grundsatz zu berücksichtigen, dass eine Kündigung nicht auf vom Kündigenden selbst herbeigeführte oder zu vertretene Umstände gestützt werden kann. Eine Minderansicht vertritt, dass man dem herrschenden Unternehmen ein Kündigungsrecht zugestehen müsse. Die Ansicht wird damit begründet, dass sich die wirtschaftlichen Verhältnisse des herrschenden Unternehmens gravierend verändern würden.[70] Die Mindermeinung ist jedoch abzulehnen. Beide Vertragsteile sind an den Vertrag gebunden und für das **herrschende Unternehmen muss gelten**, dass es sich der Vertragsbindung **nicht vorzeitig durch Anteilsveräußerung entziehen** kann.[71]

2. Ordentliche Kündigung

Der Unternehmensvertrag kann in den vertraglich festgelegten Fällen gekündigt werden.[72] Das gilt für beide Vertragsteile. Die Vertragsparteien können das Recht zur ordentlichen Kündigung auch **vertraglich**

---

66 MünchKomm-AktG/Altmeppen, § 296 Rn. 15 ff.; vgl. zum Streitstand ausführlich auch: Heckschen/Heidinger, Die GmbH, § 10 Rn. 6.
67 Hüffer, AktG, § 297 Rn. 5; KölnerKomm-AktG/Koppensteiner, § 297 Rn. 18.
68 OLG Düsseldorf, NJW-RR 1995, 233; LG Duisburg, AG 1994, 397; Hüffer, AktG, § 297 Rn. 7; Lutter/Hommelhoff, in: Lutter/Hommelhoff, GmbGH, Anh. § 13 Rn. 70; Ulrich, GmbHR 2004, 1000, 1001, 1005; Philippi/Neveling, BB 2003, 1685, 1687, a.A.: LG Bochum, ZIP 1986, 1386.
69 LG Bochum, GmbHR 1987, 24, 25 = ZIP 1986, 1386; Laule, AG 1990, 145, 152; MünchKomm-AktG/Altmeppen, § 297 Rn. 30.
70 Krieger, in: Münchener Handbuch des Gesellschaftsrechts, Bd. 4, § 70 Rn. 169; Knott/Rodewald, BB 1996, 472, 473; Krieger/Jannott, DStR 1995, 1473, 1476; Laule AG 1990, 145, 152.
71 OLG Düsseldorf, AG 1995, 137, 138; MünchKomm-AktG/Altmeppen, 2. Aufl., § 297 Rn. 39; Hüffer, AktG, § 297 Rn. 7; Joussen, GmbHR 2000, 221, 222; Rix, MittRhNotK 1986, 29, 41.
72 Dazu Philippi/Neveling, BB 2003, 1685, 1686 ff.

ausschließen. Die Kündigung durch den anderen Vertragsteil kann auch daran gebunden werden, dass die außenstehenden Aktionäre der Kündigung zustimmen. Soweit keine vertraglichen Regelungen zur Kündigung bestehen, gibt es nach h.M.[73] auch nicht die Möglichkeit Verträge i.S.d. § 291 AktG zu kündigen. Bei Verträgen i.S.d. § 292 AktG ist zu differenzieren:

- Bei Gewinngemeinschaften ist die Kündigung nach § 723 BGB zulässig.
- Bei Betriebspacht- und Überlassungsverträgen gelten die besonderen pachtrechtlichen Regelungen, §§ 595, 584 BGB.
- Für die Kündigung von Betriebsführungsverträgen sind je nach Ausgangslage die §§ 627 oder 671 BGB entsprechend heranzuziehen.
- Bei einer stillen Beteiligung besteht das Kündigungsrecht nach §§ 132, 134, 234 HGB; § 723 BGB.

> **Hinweis:**
>
> Ist bei Beherrschungs- oder Gewinnabführungsverträgen **kein Kündigungsrecht vereinbart** stellt die Vertragslaufzeit gleichzeitig die Mindest-, wie auch die Höchstvertragsdauer dar.

G. GmbH im Konzern

I. Anwendbarkeit der Regelungen des Aktienrechts

57 Das GmbHG enthält keine Regelungen zum Konzernrecht.[74] Die grundlegenden Regelungen zum Konzernrecht finden sich vielmehr im AktG in den §§ 15 – 21 AktG. Die Regelungen enthalten einen **rechtsformneutralen Begriff** für die Unternehmensverbindungen.[75] Es ist daher unstreitig, dass eine GmbH als abhängiges oder herrschendes Unternehmen ebenso fungieren kann, wie als Partei eines Unternehmensvertrags nach §§ 291 ff. AktG.[76] Die Gesamtheit der Regelungen fällt unter den Begriff „GmbH-Konzernrecht".[77]

Auch bei einer GmbH werden Unternehmensverträge häufig aus steuerlichen Erwägungen geschlossen. Für die Anerkennung der **steuerlichen Organschaft** nach § 17 Satz 2 Nr. 2 KStG muss die Verlustausgleichspflicht nach § 302 AktG in dem Gewinnabführungs- oder Beherrschungsvertrag mit einer GmbH vereinbart werden.[78]

> **Hinweis:**
>
> In der Praxis wird empfohlen in den Verträgen auf den § 302 AktG zu verweisen, um Auslegungsschwierigkeiten zu umgehen.[79]

---

73 KölnerKomm-AktG/Koppensteiner, § 297 Rn. 10; MünchKomm-AktG/Altmeppen, § 296 Rn. 68 ff. Krieger, in: Münchener Handbuch des Gesellschaftsrecht, Bd. 4, § 70 Rn. 167.
74 Simon/Leuering, NJW-Spezial, 2006, 363.
75 Zum Unternehmensbegriff ausführlich K. Schmidt, Gesellschaftsrecht, § 31 II 1, S. 935 ff.
76 Heckschen/Heidinger, Die GmbH, § 10 Rn. 1; Goette, Die GmbH § 9 Rn. 1; Scholz/Emmerich, GmbHG, Anh. § 13 Rn. 8; Roth/Altmeppen, GmbHG, Anh. § 13 Rn. 2; Hüffer, AktG, § 15 Rn. 6; Timm, GmbHR 1989, 11.
77 Scholz/Emmerich, GmbHG, Anh. § 13 Rn. 1; auch Altmeppen, GmbHG, Anh. § 13 Rn. 1.
78 BFH DStR 2006, 1224, 1225; BMF, DStR 2006, 40.
79 Jacobi, ZIP 2006, 2346, 2351.

II. Zustandekommen eines Unternehmensvertrages[80]

Die **Kompetenz für den Abschluss eines Unternehmensvertrages** liegt bei den Geschäftsführungsorganen in vertretungsberechtigter Zahl.[81] Da Beherrschungs- und Gewinnabführungsverträge gesellschaftsrechtliche Verträge sind, gilt die Unbeschränkbarkeit der Vertretungsmacht nicht. Vielmehr ist ein Beschluss der Gesellschafterversammlung erforderlich. Die **Gesellschafterversammlung** wird nach § 49 Abs. 1 GmbHG durch den Geschäftsführer einberufen.

1. Zustimmung bei der abhängigen GmbH

Es bestehen keine Zweifel darüber, dass bei **einer verpflichteten GmbH** die Gesellschafterversammlung den Zustimmungsbeschluss fassen muss. Dies hat der BGH unter Anknüpfung an die §§ 53 und 54 GmbHG in seiner „Supermarkt-" Entscheidung festgestellt.[82] Mit welcher Mehrheit der Beschluss bei der GmbH gefasst werden muss, ist allerdings ungeklärt geblieben.

> **Hinweis:**
>
> Das Mehrheitsquorum für den Zustimmungsbeschluss bei der GmbH ist noch immer umstritten. Zum Teil wird gefordert, dass bei der verpflichteten Gesellschaft sämtliche Gesellschafter der GmbH dem Unternehmensvertrag zustimmen muss.[83] Andere Stimmen in der Lit. wollen dagegen eine 3/4-Mehrheit ausreichen lassen.[84]

Für den Zustimmungsbeschluss bei einer abhängigen GmbH ist die **notarielle Form** erforderlich.[85] In der Lit. gibt es Ansätze die Formvorschriften zu durchbrechen. Danach soll es möglich sein das Erfordernis der notariellen Beurkundung dadurch zu vermeiden, dass in der Satzung diese Zustimmung bereits **generalisiert vorweggenommen** wird..[86] Diese Vorgehensweise ist jedoch unzulässig, da die Zustimmung zu einem konkreten Vertrag erteilt werden muss. Durch die vorherige abstrakte Zustimmung werden Zuständigkeiten unzulässigerweise von der Anteilseignerversammlung auf die Vertretungsorgane verlagert.

> **Hinweis:**
>
> Der Praxis kann wegen der bestehenden Rechtsunsicherheiten nicht zu einer solchen Vorgehensweise geraten werden.[87]

2. Zustimmung bei der herrschenden GmbH

Bei einer herrschenden GmbH besteht **ebenfalls ein Zustimmungserfordernis** der Gesellschafterversammlung.[88] Eine notarielle Beurkundung des Beschlusses ist **nicht erforderlich**.[89]

---

80 Vgl. zu den Voraussetzungen ausführlich DNotI-Gutachten Nr. 23108 und umfassend zu Gewinnabführungs- und Beherrschungsverträgen mit einer GmbH: Mues, RNotZ 2005, 1 ff.
81 Vgl. nur Scholz/Emmerich, GmbHG, Anh. § 13 Rn. 141.
82 BGH NJW 1989, 295 = BGHZ 105, 324, 33; Baumbach/Hueck/Zöllner, GmbHG, SchlAnhKonzernR, Rn. 53.
83 Altmeppen, in: Roth/Altmeppen, GmbHG, Anh. § 13 Rn. 40; Scholz/Emmerich, GmbHG, Anhang § 13 Rn. 140 ff. und 146.; Baumbach/Hueck/Zöllner, GmbHG, SchlAnhKonzernR, Rn. 55 m. umfangreichen N.
84 Lutter/Hommelhoff?in: Lutter/Hommelhoff, GmbHG, Anh. § 13 Rn. 52; Halm, NZG 2001, 728.
85 LG Düsseldorf, DB 2004, 428, dazu Pentz, DB 2004, 1543; Lutter/Hommelhoff, in: Lutter/Hommelhoff, GmbHG, Anh. § 13 Rn. 38; Heckschen/Heidinger, Die GmbH, § 10 Rn. 2.
86 Kleinert/Lahl, GmbHR 2003, 698, 701; dieses Modell ähnelt sehr der antizipierten Anteilsübertragung, dazu: Heckschen/Heidinger, Die GmbH, § 3 Rn. 148 ff.
87 Heckschen/Heidinger, Die GmbH, § 10 Rn. 3.
88 Lutter/Hommelhoff, in: Lutter/Hommelhoff, GmbHG, Anh. § 13 Rn 62.
89 Heckschen/Heidinger, Die GmbH, § 10 Rn. 2.

3. Eintragung des Unternehmensvertrages ins Handelsregister

62 Die Geschäftsführer der abhängigen GmbH müssen **in öffentlich-beglaubigter Erklärung** den Abschluss des Unternehmensvertrages gegenüber dem Handelsregister anmelden. Der Anmeldung sind der Vertrag im Original oder in beglaubigter Abschrift, der Zustimmungsbeschluss der herrschenden GmbH im Original oder in beglaubigter Abschrift und eine beglaubigte Abschrift des Zustimmungsbeschlusses nebst Datum der Beschlussfassung[90] der beherrschten GmbH beizufügen.[91]

> **Hinweis:**
>
> Der Unternehmensvertrag muss zur Wirksamkeit in das Register einer abhängigen GmbH eingetragen werden.[92]

Nicht geklärt ist die Frage, ob ein Unternehmensvertrag auch bei der **herrschenden Gesellschaft eingetragen** werden muss. Die wohl h.M. verneint das Eintragungserfordernis bei der herrschenden Gesellschaft.[93]

III. Teilgewinnabführungsvertrag bei einer GmbH/stille Beteiligung

63 Ob eine stille Beteiligung auch bei der GmbH als Teilgewinnabführungsvertrag in das Handelsregister einzutragen ist, ist in der Lit. **umstritten**.[94] Eine Entscheidung des BayObLG aus dem Jahr 2003 ist wohl dahin zu verstehen, dass eine stille Beteiligung an einer GmbH nicht in das Handelsregister eingetragen werden muss.[95] Im konkreten Fall jedenfalls sah das BayObLG keine Veranlassung für eine Eintragung in das Handelsregister. Das BayObLG führte dazu aus, dass Gewinnbeteiligungen in äußerst vielgestaltiger Weise vereinbart werden könnten.[96] Insb. wenn die Gewinnbeteiligung im Zusammenhang mit einem anderen auf Leistung und Gegenleistung gerichteten Vertrag vereinbart wird, ginge es dabei häufig um Verträge, die eindeutig den Charakter reiner Austauschverträge hätten und organisationsrechtliche Fragen der Gesellschaft nicht berührten. Die Gewinnbeteiligung stelle in einem solchen Fall aus Sicht der GmbH regelmäßig nur einen gewinnschmälernden Kostenfaktor dar und stehe deshalb auch nicht unter dem Vorbehalt einer gesellschaftsvertraglichen Regelung nach § 29 GmbHG.[97]

> **Hinweis:**
>
> Diese Problematik von Teilgewinnabführungsverträgen wird häufig bei Umwandlungen **von einer GmbH in eine AG** übersehen. Soweit an der GmbH eine stille Beteiligung bestand, wird diese nach der Umwandlung in eine AG nach h.M. als Teilgewinnabführungsvertrag i.S.d. § 292 Abs. 1 Nr. 2 AktG angesehen.[98] Bei der AG muss die stille Beteiligung als Teilgewinnabführungsvertrag aber nach ganz h.M. in das Handelsregister eingetragen werden.[99]

---

90 LG Bonn, MittRhNotK 2000, 78 mit Verweis auf BGH, NJW 1989, 295.
91 Vgl. dazu im Einzelnen Heckschen, MittRhNotK 1990, 269.
92 Baumbach/Hueck/Zöllner, GmbHG, SchlAnhKonzernR, Rn. 53.
93 AG Duisburg, AG 1994, 568; Altmeppen, DB 1994, 1273; Baumbach/Hueck/Zöllner, GmbHG, SchlAnhKonzernR, Rn. 57; a.A: Scholz/Emmerich, GmbHG, Anh. § 13 Rn. 153.
94 Dafür: Scholz/Emmerich, GmbHG, Anh. § 13 Rn. 214.; Mertens, AG 2000, 32; Weigl, GmbHR 2002, 778; dagegen: MünchKomm-HGB/K. Schmidt, § 230 Rn. 114 f.; Scholz/Priester, GmbHG, § 53 Rn. 164; Roth/Altmeppen, GmbHG, Anh. § 13 Rn. 113.
95 BayObLG, NZG 2003, 636 = ZIP 2003, 845 = NotBZ 2003, 197.
96 Baumbach/Hueck, GmbHG, § 29 Rn. 79.
97 Baumbach/Hueck, GmbHG, § 29 Rn. 82.
98 Vgl. BGH, NZG 2003, 1023; dazu auch Heckschen/Simon, Umwandlungsrecht, § 9 Rn. 24 ff.
99 Vgl. zur Frage einer stillen Beteiligung bei einer GmbH, Heckschen, in: Beck'sches Notarhandbuch, D III, Rn. 120; ausführlich dazu Heckschen/Heidinger, Die GmbH, § 10 Rn. 1 ff.

IV. Änderung und Beendigung von Unternehmensverträgen

Immer noch umstritten ist, welche **Voraussetzungen** für die Beendigung und Änderung von Unternehmensverträgen bei einer GmbH einzuhalten sind, insb., ob die zuvor aufgezeigten Voraussetzungen für den Abschluss auch für diese Maßnahmen gelten.[100] Das BayObLG[101] hat es abgelehnt, die Aufhebung eines Gewinnabführungs- und Beherrschungsvertrags bei der abhängigen Gesellschaft in vollem Umfang wie eine Satzungsänderung zu behandeln. Die Aufhebung des Vertrags stelle keinen so schwerwiegenden Eingriff in die Gesellschafterstellung dar wie dessen Abschluss. Daher komme zwar der Eintragung des Abschlusses des Vertrags in das Handelsregister konstitutive Bedeutung zu, die Eintragung der Aufhebung habe indes nur deklaratorische Wirkung.

Nicht geklärt ist seit dem In-Kraft-Treten der InsO auch das Schicksal von Unternehmensverträgen in der Insolvenz. Welche Ansicht überwiegt, lässt sich nicht genau feststellen.[102]

> **Hinweis:**
> Für die Praxis kann dies nur bedeuten, einen Unternehmensvertrag zu kündigen (sofern nicht andere Argumente dagegen stehen), sobald eine Gesellschaft in die Insolvenz fällt. Die Eröffnung eines Insolvenzverfahrens stellt jedenfalls einen wichtigen Grund dar, der zur Kündigung berechtigt.[103]

Die **rückwirkende Aufhebung eines Unternehmensvertrags** ist auch im GmbH-Konzern grds. unzulässig (§ 296 Abs. 1 Satz 2 AktG) analog. Auch die abhängige GmbH, ihre Gesellschafter und ihre Gläubiger sind vor der rückwirkenden Beseitigung ihrer Ansprüche aus dem Unternehmensvertrag zu schützen.[104]

Die in das AktG **neu eingefügten §§ 293a ff.**, die den Minderheiten- und Gesellschafterschutz übernehmen, der im Umwandlungsrecht seit In-Kraft-Treten des Umwandlungsbereinigungsgesetzes gilt, sollen nach h.M. nicht analog auf das GmbH-Konzernrecht übertragen werden können. Gefordert wird jedoch, dass § 293 f. AktG, wonach die Gesellschafter der Obergesellschaft über die Untergesellschaft (= beherrschte Gesellschaft) informiert werden müssen, analog angewendet werden soll.[105]

V. Haftung der Gesellschafter

Bei einer GmbH besteht eine sog. **gesellschaftsrechtliche Treuepflicht**.[106] Diesem Grundsatz folgend darf das herrschende Unternehmen, insb. der Mehrheitsgesellschafter keinen schädigenden Einfluss auf die beherrschte Gesellschaft ausüben.[107] Soweit allerdings sämtliche Gesellschafter einer abhängigen GmbH der Maßnahmen zustimmen, besteht ein Schutz zu Gunsten der GmbH nur noch im Rahmen des Kapitalerhaltungsgrundsatz[108] nach §§ 30 ff. GmbHG sowie nach den Grundsätzen des existenzvernichtenden Eingriffs.[109]

---

100 Vgl. dazu Kerkhoff, GmbHR 1999, 226; Ulrich, GmbHR 2004, 1000, 1001 ff.; Meyding/Schnorbus/Hennig, ZNotP 2006, 122, 131 f.
101 BayObLG, ZIP 2003, 798.
102 Vgl. nur Krieger, in: FS für Metzler, S. 139, 140 Fn. 8, sowie andersherum Philippi/Neveling, BB 2003, 1682, 1689.
103 Im Tenor Philippi/Neveling, BB 2003, 1682, 1689, die sich gegen eine automatische Beendigung aussprechen.
104 BGH, GmbHR 2002, 62, 63 = ZIP 2002, 35, 36; so auch DNotI-Gutachten Nr. 40320 v. 10.4.2003 und Nr. 1387 v. 1.3.2001; LG Düsseldorf, DNotZ 2001, 171.
105 Kerkhoff, GmbHR 1999, 226.
106 Dazu allgemein: Scholz/Emmerich, GmbHG, § 13 Rn. 36 ff. Michalski/Michalski, GmbHG § 13 Rn. 137 ff.
107 Scholz/Emmerich, GmbHG, Anh. § 13 Rn. 71 ff.
108 Vgl. Teil 2: Gesellschaftsrecht, 2. Kapitel, § 1 Rn. 352 ff.
109 Vgl. Teil 2: Gesellschaftsrecht, 2. Kapitel, § 1 Rn. 230 ff.

§ 2 Eingliederung

Inhaltsverzeichnis

		Rn.			Rn.
A.	Allgemeines	1		c) Zustimmungsbeschluss bei der Hauptgesellschaft	16
B.	Grafische Darstellung der Eingliederung	2		3. Vollzug	17
C.	Grundfall einer Eingliederung (§ 319 AktG)	3		a) Anmeldung zur Eintragung	17
I.	Voraussetzungen	4		b) Gerichtsbeschluss	18
	1. AG mit Sitz im Inland	4		c) Wirkung der Eintragung	19
	2. Sitz im Inland	5	D.	Mehrheitseingliederung	20
	3. SEVIC-Entscheidung	6	I.	Voraussetzungen	21
	4. GmbH	7	II.	Ablauf	22
II.	Ablauf	8		1. Vorbereitung	22
	1. Vorbereitung	9		a) Ablauf wie im Grundfall	23
	a) Entwurf des Eingliederungsbeschlusses	9		b) Prüfung	24
	b) Eingliederungsbericht	10		c) Vorabinformationen	25
	c) Eingliederungsprüfung	11		d) Einberufung zur Hauptversammlung	26
	d) Vorabinformation der Aktionäre der Hauptgesellschaft	12		e) Hauptversammlung	27
	2. Hauptversammlungsbeschlüsse	13		f) Vollzug	28
	a) Auskunftsrecht	14		g) Spruchverfahren	29
	b) Beschlussfassung bei der einzugliedernden Gesellschaft	15	E.	Eingliederung versus squeeze-out	30

Kommentare und Gesamtdarstellungen:

Beck'sches Notar-Handbuch, 4. Aufl. 2005; *Hüffer*, Kommentar zum Aktiengesetz, 7. Aufl. 2006; *Kölner Kommentar zum AktG*, Bd. 6, 3. Aufl. 2004; *Lutter/Hommelhoff*, Kommentar zum GmbHG, 16. Aufl. 2004; *Münchener Kommentar Handelsgesetzbuch*, 2. Aufl. 2000; *Widmann/Mayer*, Umwandlungsrecht, Stand: Januar 2007.

Aufsätze und Rechtsprechungsübersichten:

Bungert, Grenzüberschreitende Verschmelzungsmorbidität – Anmerkung zur Sevic-Entscheidung des EuGH, BB 2006, 53; *Drygala*, Die Mauer bröckelt – Bemerkungen zur Bewegungsfreiheit deutscher Unternehmen in Europa, ZIP 2005, 1995; *Heckschen*, Ist das deutsche Umwandlungsrecht gemeinschaftsrechtswidrig?, NotBZ 2005, 315; *Kraft/Bron*, Grundfreiheiten und grenzüberschreitende Verschmelzung im Lichte aktueller EuGH-Rechtsprechung (Sevic), IStR 2006, 26; *Siems*, Der letzte Mosaikstein im Internationalen Gesellschaftsrecht der EU?, EuZW 2006, 135.

A. Allgemeines

1   Eine **weitere Möglichkeit der Unternehmensverbindung** stellt die Eingliederung dar. Wie bei den Unternehmensverträgen behält der Ausgangsrechtsträger dabei seine rechtliche Selbständigkeit. Durch die Eingliederung wird ein **Konzernverhältnis i.S.d. § 18 Abs. 1 Satz 2 AktG** begründet. In seinen Wirkungen kommt die Eingliederung der Verschmelzung sehr nah. Die Eingliederung ist im dritten Teil des AktG geregelt. § 319 AktG enthält die Eingliederung einer 100 %igen Tochtergesellschaft in die Hauptgesellschaft. In § 320 AktG ist die **Mehrheitseingliederung** geregelt, bei der die Hauptgesellschaft mindestens 95 % der Aktien an der Tochtergesellschaft halten muss. Im Gegensatz zur Verschmelzung **bedarf es keines Eingliederungsvertrags**. Nach der Eingliederung hat die Hauptgesellschaft ein unbegrenztes Weisungsrecht gegenüber der eingegliederten Gesellschaft.[1]

---

1   MünchKomm-AktG/Grunewald, Vor § 319 Rn. 3 f.

> **Hinweis:**
> Die Eingliederung stellt ein Mittel der Konzernbildung dar.[2] Nach der Eingliederung sind Hauptgesellschaft und eingegliederte Gesellschaft verbundene Unternehmen i.S.d. §§ 15, 18 AktG. Es wird eine einheitliche Leitung der Unternehmen erreicht **ohne auf die rechtliche Selbständigkeit zu verzichten**.

B. Grafische Darstellung der Eingliederung

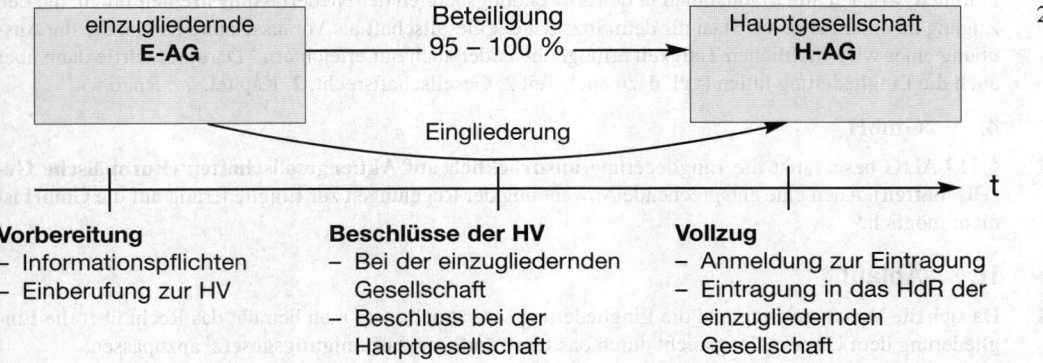

Vorbereitung
- Informationspflichten
- Einberufung zur HV

Beschlüsse der HV
- Bei der einzugliedernden Gesellschaft
- Beschluss bei der Hauptgesellschaft

Vollzug
- Anmeldung zur Eintragung
- Eintragung in das HdR der einzugliedernden Gesellschaft

C. Grundfall einer Eingliederung (§ 319 AktG)

Die Hauptversammlung einer AG kann gemäß § 319 AktG die Eingliederung der Gesellschaft in eine andere Gesellschaft (Hauptgesellschaft) beschließen, wenn sich **alle Aktien der Gesellschaft in der Hand der Hauptgesellschaft** befinden.

Die Bestimmungen des Gesetzes und der Satzung über Satzungsänderungen sind nach § 319 Abs. 1 Satz 2 AktG nicht anzuwenden. Im Gegensatz zur Verschmelzung ist kein Vertrag über die Eingliederung der Gesellschaften notwendig.

Der Beschluss der Eingliederung wird nur wirksam, soweit auch die Hauptversammlung der Hauptgesellschaft der **Eingliederung zustimmt**. Die Informationspflichten usw., die die Gesellschaft zu Gunsten der Aktionäre treffen, dienen nur dem Schutz der Aktionäre der Hauptgesellschaft. Die Aktionäre bzw. der einzige Aktionär der Tochtergesellschaft ist die Hauptgesellschaft, die nicht schutzwürdig ist.

I. Voraussetzungen

1. AG mit Sitz im Inland

Eine Eingliederung können nur die Gesellschaftsrechtsformen der **AG** und der **Europäischen Gesellschaft (SE)**[3] vornehmen.

2. Sitz im Inland

§ 319 Abs. 1 AktG schreibt ausdrücklich nur vor, dass die Hauptgesellschaft ihren Sitz im Inland haben muss. Diese Voraussetzung gilt aber **auch für die einzugliedernde Gesellschaft**. Dies ist insoweit eine

---

2 MünchKomm-AktG/Grunewald, Vor § 319 Rn. 2.
3 Zur SE insgesamt ausführlich, Heckschen, in: Widmann/Mayer, Umwandlungsrecht, Anhang 14; zur Behandlung einer SE wie eine AG Heckschen, in: Widmann/Mayer, Umwandlungsrecht, § 1 UmwG Rn. 68; vgl. dazu auch untern Rn. 6.

zwingende Voraussetzung, weil andernfalls nicht das deutsche Recht auf die einzugliedernde Gesellschaft Anwendung fände.

3. SEVIC-Entscheidung

6 Nach der Entscheidung des EuGH in der Rechtssache „SEVIC-Systems"[4] steht aber infrage, ob die Beschränkung der Eingliederung auf AG mit Sitz im Inland noch Bestand hat. Im konkreten Fall der „SEVIC"-Entscheidung ging es zwar um die Eintragung einer Hereinverschmelzung nach Deutschland. Jedoch hat der EuGH in seiner Entscheidung ein **sehr weites Verständnis der Niederlassungsfreiheit** nach Art. 43, 48 EGV gezeigt. Der Gerichtshof hat sich dabei des Arguments des Generalanwalts angenommen, wonach alle Maßnahmen in den Anwendungsbereich der Niederlassungsfreiheit fallen, die den Zugang zu einem anderen Staat als dem Sitzstaat der Gesellschaft als Voraussetzung haben, die die Ausübung einer wirtschaftlichen Tätigkeit ermöglichen oder auch nur erleichtern.[5] Darunter dürfte dann aber auch die Eingliederung fallen (vgl. dazu auch Teil 2: Gesellschaftsrecht, 2. Kapitel, § 3 Rn. 6 f.).

4. GmbH

7 § 319 AktG beschränkt die Eingliederung **ausdrücklich auf Aktiengesellschaften (Europäische Gesellschaften)**. Auch eine entsprechende Anwendung der Regelungen zur Eingliederung auf die GmbH ist nicht möglich.[6]

II. Ablauf

8 Da sich die Verschmelzung und die Eingliederung sehr ähneln, war man bemüht das Recht über die Eingliederung dem Umwandlungsrecht durch das **Umwandlungsbereinigungsgesetz**[7] anzupassen.

Daher treffen die beteiligten Rechtsträger **Pflichten, die dem Schutz der Aktionäre dienen**.

- Offenlegung gemäß § 319 Abs. 3 AktG,
- Bericht gemäß § 319 Abs. 4 AktG,
- Auskunft gemäß § 319 Abs. 3 AktG,
- Prüfung gemäß § 320 Abs. 3 und 4 AktG (nur bei der Mehrheitseingliederung).

1. Vorbereitung

a) Entwurf des Eingliederungsbeschlusses

9 Der Vorstand der einzugliedernden Gesellschaft muss einen **Beschlussentwurf als Grundlage der Beschlussfassung** erstellen. Der Text wird i.d.R. sehr kurz ausfallen, da er nur die Eingliederung der 100 %igen Tochtergesellschaft enthält.

b) Eingliederungsbericht

10 § 319 Abs. 3 Satz 1 Nr. 3 AktG sieht die Erstellung eines Eingliederungsberichts **durch den Vorstand der Hauptgesellschaft** vor. Die Vorschrift entspricht in etwa dem § 293a AktG, wonach der Vorstand, der an einem Unternehmensvertrag beteiligten AG, einen Bericht über den abzuschließenden Unternehmensvertrag zu erstellen hat.[8] Ebenso bildet § 8 UmwG eine parallele Berichtspflicht für den Fall einer

---

[4] EuGH, DB 2005, 2804 = ZIP 2005, 2311 = DStR 2006, 49 = IStR 2006, 32 m. Anm. Bungert, BB 2006, 53 ff.; Kraft/Bron, IStR 2006, 26 ff.; Drygala, Anm. zum EuGH Urteil „SEVIC", EWiR 2006, 25 zum Schlussantrag des Generalanwalts, Drygala, ZIP 2005, 1995 ff.; Siems, EuZW 2006, 135.

[5] Vgl. kritisch Heckschen, NotBZ 2005, 315, 319 m.w.N. in Fn. 38; ausführlich auch Heckschen, in: Widmann/Mayer, Umwandlungsrecht, § 1 UmwG Rn. 238 auch Bungert, BB 2006, 53 ff.; Kraft/Bron, IStR 2006, 26 ff.

[6] Lutter/Hommelhoff, in: Lutter/Hommelhoff, GmbHG, Anh. § 13 Rn. 77.

[7] UmwBerG v. 28.10.1994, BGBl. I, S. 3210, mit Änderungen in §§ 319 Abs. 4 – 6, 320 Abs. 4, 320a, 320b.

[8] Zum Inhalt des Berichts: MünchKomm-AktG/Altmeppen, § 293a Rn. 35 ff.

umwandlungsrechtlichen Verschmelzung.[9] Gegenstand des Berichts ist **nur die Eingliederung an sich**. Inhaltlich muss der Bericht den mit der Eingliederung verfolgten Zweck und alternative Möglichkeiten darstellen sowie die Vor- und Nachteile gegeneinander abwägen.

Den Aktionären der künftigen Hauptgesellschaft muss insb. die **wesentliche Rechtsfolge der Eingliederung**, nämlich die gesamtschuldnerische Haftung der Hauptgesellschaft gemäß § 322 AktG für die Altverbindlichkeiten der einzugliedernden AG dargelegt werden. Die Aktionäre der Hauptgesellschaft müssen sich eine fundierte Meinung über die Eingliederung bilden können und insb. darüber, inwieweit ihre Aktien durch die Eingliederung verwässert werden könnten. Die gesamtschuldnerische Haftung trifft die Hauptgesellschaft auch für Verbindlichkeiten, die von der eingegliederten Gesellschaft erst nach der Eingliederung begründet werden.

c) Eingliederungsprüfung

Eine Eingliederungsprüfung ist **für den Grundfall der Eingliederung nicht vorgesehen**. Das liegt darin begründet, dass es keine Minderheitsaktionäre gibt, da die AG, die eingegliedert werden soll, bereits zu 100% zur Hauptgesellschaft gehört.

d) Vorabinformation der Aktionäre der Hauptgesellschaft

Zur Vorabinformation der Aktionäre sieht § 319 Abs. 3 Satz 1 AktG die Offenlegung von folgenden Unterlagen vor:

- Entwurf des Eingliederungsbeschlusses § 319 Abs. 3 Nr. 1 AktG,
- Jahresabschlüsse und die Lageberichte der beteiligten Gesellschaften für die letzten drei Geschäftsjahre § 319 Abs. 3 Nr. 2 AktG,
- ausführlicher schriftlicher Bericht des Vorstands der zukünftigen Hauptgesellschaft, in dem die Eingliederung rechtlich und wirtschaftlich erläutert und begründet wird (Eingliederungsbericht) § 319 Abs. 3 Nr. 3 AktG sowie
- ausführlicher Prüfungsbericht § 320 Abs. 4 Satz 1 AktG.

Die Unterlagen müssen gemäß § 319 Abs. 3 Satz 1 AktG von der Einberufung der Hauptversammlung der zukünftigen Hauptversammlung an, die über die Zustimmung zur Eingliederung beschließen soll, in den Geschäftsräumen der Gesellschaft zur **Einsicht der Aktionäre ausgelegt werden**. Auch in der Hauptversammlung sind die Unterlagen auszulegen. Auf Verlangen muss jedem Aktionär eine Abschrift der Unterlagen erteilt werden.

2. Hauptversammlungsbeschlüsse

Die **Hauptversammlungen beider Gesellschaften** müssen über die Eingliederung beschließen. Die Hauptversammlung der einzugliedernden Gesellschaft fasst einen Beschluss über die Eingliederung (§ 319 Abs. 1 Satz 1 AktG). Die Hauptversammlung der Hauptgesellschaft muss der Eingliederung zustimmen. In welcher Reihenfolge die Beschlüsse gefasst werden, ist unerheblich.

a) Auskunftsrecht

§ 319 Abs. 3 Satz 4 AktG sieht **zu Gunsten der Aktionäre** ein Auskunftsrecht vor. Aktionäre können in der Hauptversammlung, die über die Eingliederung beschließen soll, Auskunft über alle im Zusammenhang mit der Eingliederung wesentlichen Angelegenheiten der einzugliedernden Gesellschaft verlangen. Die Norm entspricht in etwa § 293g Abs. 3 AktG. Das Auskunftsrecht der Aktionäre steht im Spannungsverhältnis zum Interesse der Gesellschaft, insb. unternehmerisch relevante Informationen zurückzuhalten. Fraglich ist daher inwieweit das allgemeine **Auskunftsverweigerungsrecht nach § 131 Abs. 3 Satz 1 Nr. 1 AktG** auch im Rahmen des Auskunftsanspruches nach § 319 Abs. 3 AktG Anwendung findet. Vor dem Hintergrund des Sinn und Zwecks des Auskunftsanspruches aus § 319 Abs. 3 AktG dürften auf kei-

---

[9] Mayer, in: Widmann/Mayer, Umwandlungsrecht, § 8 UmwG Rn. 17 ff.

nen Fall Auskünfte über das Bestehen von Altverbindlichkeiten bei der einzugliedernden Gesellschaft verweigert werden.[10]

b) Beschlussfassung bei der einzugliedernden Gesellschaft

15 Die Hauptversammlung der einzugliedernden Gesellschaft muss gemäß § 319 Abs. 1 Satz 1 AktG zur Eingliederung einen Beschluss fassen. Da die Hauptgesellschaft zu 100 % an der Tochtergesellschaft beteiligt ist, übt der Vorstand der Hauptgesellschaft die **Stimmrechte in der Hauptversammlung der Tochtergesellschaft** aus. Die Hauptversammlung der einzugliedernden Gesellschaft ist denknotwendig eine Vollversammlung.[11] Daher sind Verstöße gegen die förmlichen Beschlussvoraussetzungen unerheblich. Gemäß § 319 Abs. 1 Satz 2 AktG gelten die gesetzlichen Bestimmungen und die Bestimmungen der Satzung über Satzungsänderungen nicht. Damit sind die Voraussetzungen des § 130 Abs. 3 Satz 3 AktG gegeben und es ist **keine notarielle Beurkundung der Niederschrift des Beschlusses notwendig**.

> **Hinweis:**
> Bei börsennotierten Gesellschaften muss der Beschluss notariell beurkundet werden (§ 130 Abs. 1 Satz 3 AktG).[12]

c) Zustimmungsbeschluss bei der Hauptgesellschaft

16 Gemäß § 319 Abs. 2 AktG wird der Beschluss über die Eingliederung nur wirksam, soweit die Hauptversammlung **der Hauptgesellschaft der Eingliederung zustimmt**.

§ 319 Abs. 2 AktG sieht für den Beschluss eine **Mehrheit von 3/4** des bei der Beschlussfassung vertretenen Grundkapitals vor. Die Satzung kann auch größere Beschlussmehrheiten vorsehen. Hintergrund der Vorschrift ist, dass der Vorstand der Hauptgesellschaft **nicht im Alleingang** die Eingliederung der Tochtergesellschaft vollziehen können soll. Weitere Bestimmungen der Satzung oder gesetzliche Bestimmungen über Satzungsänderungen sind nicht zu berücksichtigen.

> **Hinweis:**
> Der Zustimmungsbeschluss der Hauptversammlung ist sowohl bei börsennotierten wie auch bei nicht börsennotierten Gesellschaften **notariell zu beurkunden**. Das liegt in den §§ 319 Abs. 2 Satz 2 AktG begründet, der für den Zustimmungsbeschluss eine Mehrheit von 3/4 des bei der Beschlussfassung vertretenen Grundkapitals vorsieht.[13]

3. Vollzug

a) Anmeldung zur Eintragung

17 Nach § 319 Abs. 4 AktG hat der **Vorstand der einzugliedernden Gesellschaft** die Eingliederung an sich sowie die Firma der Hauptgesellschaft zur Eintragung in das Handelsregister, das für die einzugliedernde Gesellschaft zuständig ist, anzumelden. Dem Registergericht sind die Niederschriften der Hauptversammlungsbeschlüsse und ihre Anlagen in Ausfertigung oder **öffentlich beglaubigter Abschrift** zusammen mit der Anmeldung einzureichen.

Entsprechend § 16 Abs. 2 UmwG muss der Vorstand der einzugliedernden Gesellschaft auch bei der Anmeldung zum Handelsregister nach § 319 Abs. 5 Satz 1 AktG eine **Negativerklärung abgeben**. Gegenüber dem Registergericht muss der Vorstand erklären, dass eine Klage gegen die Wirksamkeit eines Hauptversammlungsbeschlusses nicht oder nicht fristgemäß erhoben oder eine solche Klage rechtskräftig abgewiesen oder zurückgenommen worden ist. Der Erklärungsinhalt geht also dahin, dass **weder**

---

10 Hüffer, AktG, § 319 Rn. 11.
11 Hüffer, AktG, § 319 Rn. 5.
12 Vgl. KölnerKomm-AktG/Koppensteiner, § 319 Rn. 3.
13 Heckschen, in: Beck'sches Notarhandbuch, D III, Rn. 129.

gegen den Beschluss der Hauptversammlung der Tochtergesellschaft noch **gegen den Beschluss der Hauptgesellschaft** Klage erhoben worden ist. Gegen den Beschluss bei der Tochtergesellschaft wird aber kaum jemals Klage erhoben werden. Auch noch nach der Anmeldung besteht die Mitteilungspflicht des Vorstandes fort.

b) Gerichtsbeschluss

Ohne die Abgabe der Negativerklärung darf das Registergericht die Eingliederung nicht eintragen (**Registersperre**). Wie auch im Umwandlungsrecht ist die Negativerklärung aber dann entbehrlich, wenn alle klageberechtigten Aktionäre ihren **Verzicht auf die Anfechtungsmöglichkeit erklärt haben**. Die Verzichtserklärungen müssen notariell beurkundet werden. Die Eingliederung kann auch eingetragen werden, wenn das für eine Klage gegen den Hauptversammlungsbeschluss zuständige LG festgestellt hat, dass die Klage der Eintragung der Eingliederung nicht entgegensteht. Die **Entscheidung des Gerichts ersetzt mithin die Negativerklärung**. Seiner Entscheidung legt das Gericht eine Abwägung der Interessen der Gesellschaft gegen die Interessen der Aktionär zugrunde. Dabei hat das Gericht alle tatsächlichen und rechtlichen Fragen zu beachten.[14] Soweit das Interesse an einer zügigen Eintragung der Eingliederung höher zu bewerten ist, wird das Gericht feststellen, dass die fehlende Negativerklärung der Eintragung nicht entgegensteht. Soweit die Klage **offensichtlich unzulässig oder unbegründet** ist, kann das Gericht die Entscheidung ohne umfangreiche Abwägung treffen.[15]

18

c) Wirkung der Eintragung

Mit der Eintragung der Eingliederung in das Handelsregister des Sitzes der AG wird sie in die Hauptgesellschaft eingegliedert. Die **Eingliederung wirkt mithin konstitutiv**. Die Bekanntmachung erfolgt gemäß § 10 HGB[16] in dem von der Landesjustizverwaltung bestimmten elektronischen Informations- und Kommunikationssystem. Die Bekanntmachung erfolgt im vollständigen Wortlaut.[17]

19

D. Mehrheitseingliederung

Neben dem Grundfall der Eingliederung lässt § 320 AktG auch die Mehrheitseingliederung zu. Die Hauptversammlung der einzugliedernden Gesellschaft kann auch **gegen den Willen der Minderheitsaktionäre** die Eingliederung beschließen.

20

Dem Ausschluss der Minderheitsaktionäre begegnen keine verfassungsrechtlichen Bedenken mehr.[18] Durch die Eingliederung gehen die Anteile der Minderheitsaktionäre **auf den Hauptaktionär über**, so dass dieser alleiniger Gesellschafter des betroffenen Unternehmens wird. Die Minderheitsaktionäre verlieren also ihre Mitgliedschaft.

I. Voraussetzungen

Neben den Voraussetzungen, die auch für den Grundfall der Eingliederung gelten (vgl. Rn. 3 ff.) müssen sich bei einer Mehrheitseingliederung mindestens 95 % der Aktien in der Hand der Hauptgesellschaft befinden.

21

---

14 Vgl. zum Prüfungsumfang OLG Hamburg, DB 2004, 2805.
15 OLG Stuttgart, DB 2003, 33; OLG Düsseldorf, ZIP 2004, 359 = NZG 2004, 328 = WM 2004, 728 = AG 2004, 207 = DB 2004, 590 = EWiR 2004, 467 (Sustmann). Beschwerdeentscheidung zu LG Wuppertal, AG 2004, 161.
16 In der Fassung des Gesetzes über elektronische Handelsregister und Genossenschaftsregister sowie das Unternehmensregister (EHUG) v. 10.11.2006, BGBl. 2006 I, S. 2553.
17 Hüffer, AktG, § 319 Rn. 22.
18 MünchKomm-AktG/Grunewald, § 320 Rn. 2.

II. Ablauf

1. Vorbereitung

22 Ein Eingliederungsvertrag ist ebenso wie im Grundfall der Eingliederung nach § 319 AktG nicht notwendig.

a) Ablauf wie im Grundfall

23 Der Ablauf der Mehrheitseingliederung stellt sich grds. so dar, wie der Ablauf der Eingliederung einer 100 %igen Tochtergesellschaft in die Hauptgesellschaft (vgl. Rn. 3 ff.). Bei der Mehrheitseingliederung muss aber **zusätzlich eine Prüfung vorgenommen** werden.

b) Prüfung

24 Gemäß § 320 Abs. 3 AktG ist die Eingliederung **durch unabhängige Sachverständige** zu prüfen. Die Prüfer werden auf Antrag des Vorstands der zukünftigen Hauptgesellschaft vom zuständigen Gericht bestellt. Die Prüfung kann unterbleiben, soweit alle Aktionäre durch öffentlich beglaubigte Erklärung auf die Prüfung verzichten (§§ 320 Abs. 4 Satz 3, 293a Abs. 3 AktG).

Prüfungsgegenstände sind die Eingliederung sowie der Eingliederungsbericht. Insb. muss der Prüfungsbericht **Angaben zur Angemessenheit des Umtauschverhältnisses** bzw. zur Barabfindung enthalten. Ein Urteil über die Zweckmäßigkeit der Eingliederung muss der Prüfungsbericht nicht enthalten.

c) Vorabinformationen

25 Neben den zum Grundfall genannten Unterlagen (vgl. Rn. 12) muss nach § 320 Abs. 4 Satz 1 AktG von der Einberufung der Hauptversammlung an und während der Hauptversammlung auch der Prüfungsbericht zur Einsicht der Aktionäre ausliegen.

d) Einberufung zur Hauptversammlung

26 Die Einberufung zur Hauptversammlung der einzugliedernden Gesellschaft muss wie üblich die **Tagesordnung für die Hauptversammlung** enthalten. Gemäß § 320 Abs. 2 AktG muss die Bekanntmachung der Tagesordnung weitere Angaben enthalten. Die Bekanntmachung muss

- die Firma und den Sitz der zukünftigen Hauptgesellschaft und
- eine Erklärung über den Umtausch der Aktien oder über eine Barabfindung

enthalten.

e) Hauptversammlung

27 Da an der einzugliedernden Gesellschaft auch Minderheitsaktionäre beteiligt sind, entfällt i.d.R. das **Vollversammlungsprivileg**. Der Auskunftsanspruch besteht in der Hauptversammlung ebenso wie im Grundfall der Eingliederung einer 100 %igen Tochtergesellschaft in die Hauptgesellschaft.

f) Vollzug

28 **Mit der Eintragung der Eingliederung** in das Handelsregister der einzugliedernden Gesellschaft wird die Gesellschaft in die Hauptgesellschaft eingegliedert. Die Eintragung wirkt mithin konstitutiv. Mit der Eintragung der Eingliederung gehen gemäß § 320a AktG alle Aktien, die sich nicht in der Hand der Hauptgesellschaft befinden, auf diese über. Die eingegliederte Gesellschaft wird **Einmann-AG**. Der Übergang der Anteilsinhaberschaft vollzieht sich kraft Gesetzes.

> **Hinweis:**
> Nach dem Vollzug der Eingliederung besteht für die durch die Eingliederung verbundenen Unternehmen (§ 15 AktG) eine **unwiderlegliche Konzernvermutung** (§ 18 Abs. 1 Satz 2 AktG).

Die ausgeschiedenen Aktionäre erhalten eine **Abfindung für die Übertragung ihrer Anteile**. Der Anspruch entsteht mit der Eingliederung der Gesellschaft. Für die Übertragung ihrer Anteile erhalten die Aktionäre i.d.R. Aktien der Hauptgesellschaft (§ 320b AktG). Die Hauptgesellschaft kann die Aktien **durch eine Kapitalerhöhung schaffen** oder die dafür benötigten eigenen Aktien erwerben.

Soweit die Hauptgesellschaft **ihrerseits eine abhängige Gesellschaft ist**, haben die Aktionäre das Recht zwischen einer baren Abfindung und der Abfindung in Aktien zu wählen.[19]

g) Spruchverfahren

Die Aktionäre der eingegliederten Gesellschaft können den Eingliederungsbeschluss der Hauptversammlung gemäß § 320b Abs. 2 AktG nicht mit der Begründung anfechten, dass **die angebotene Abfindung zu niedrig** bemessen sei. In diesem Fall wird die Abfindung gemäß § 320b Abs. 2 Satz 2 AktG in einem Spruchverfahren vom Gericht festgelegt.[20]

29

E. Eingliederung versus squeeze-out

Während bei der Mehrheitseingliederung die Minderheit nicht vollständig aus dem Konzern gedrängt wird, ist dies gerade Ziel des squeeze-out Verfahrens. Nach seiner Einführung im Jahre 2001[21] hat dieses Verfahren **ganz erhebliche praktische Bedeutung** erlangt. Nur wenige Verfahren wurden jedoch ohne anschließende gerichtliche Auseinandersetzung durchgeführt.[22] Die verfassungsrechtliche Zulässigkeit des Verfahrens ist allerdings geklärt.[23] Die bestehende Streitanfälligkeit beruht auf der – zu korrigierenden – Entscheidung des Gesetzgebers auch bei dieser Maßnahme einen Hauptversammlungsbeschluss zur Voraussetzung zu machen. Das squeeze-out-Verfahren **unterscheidet sich in einigen Punkten von der Eingliederung**:

30

Eingliederung	squeeze-out
Ziel: Einheitliche Leitung der Unternehmen unter Bewahrung der rechtlichen Selbständigkeit.	**Ziel:** Einheitliche Leitung der Unternehmen unter Bewahrung der rechtlichen Selbständigkeit.
Nach der Eingliederung sind die Minderheitsaktionäre, Aktionäre der Hauptgesellschaft, sofern sie nicht die Barabfindung gewählt haben.	Herabsetzung der Verwaltungskosten bei der Tochtergesellschaft. Insb. sind nach dem squeeze-out keine Minderheitsaktionäre mehr vorhanden.
Als Gegenleistung für das Ausscheiden aus der einzugliedernden Gesellschaft erhalten die Aktionäre eine Abfindung in Form von Aktien an der Hauptgesellschaft. Alternativ können sie eine Barabfindung erhalten.	Als Gegenleistung für das Ausscheiden aus der AG erhalten die Aktionäre eine angemessene Barabfindung.
Die Eingliederung begründet gemäß § 18 Abs. 1 Satz 2 AktG eine unwiderlegliche Konzernvermutung.[24]	Das squeeze-out-Verfahren ist dagegen konzernrechtsneutral. Zwar wird durch die Beteiligung ebenfalls eine Abhängigkeitsvermutung nach § 17 Abs. 2 AktG begründet, diese kann jedoch widerlegt werden (bspw. durch einen Entherrschungsvertrag).

---

19 MünchKomm-AktG/Grunewald, § 320b Rn. 7.
20 Hüffer, AktG, § 320b Rn. 8 f.
21 Wertpapierübernahmegesetz v. 20.12.2001, BGBl. I, S. 3822, in Kraft getreten am 1.1.2002.
22 Vgl. bspw. OLG Düsseldorf, AG 2005, 771; LG Frankfurt, NZG 2006, 868 (n. rkr.); LG Dortmund, AG 2004, 623; OLG Stuttgart, DB 2004, 2092 = ZIP 2004, 1907 = NZG 2004, 1162.
23 BGH, NJW-Special 2006, 29.
24 Hüffer, AktG, § 327a Rn. 3.

6. Kapitel: Unternehmensumstrukturierungen
§ 1 Umwandlungsrecht

Inhaltsverzeichnis

	Rn.
A. Allgemeines	1
I. Entwicklung des Umwandlungsrechts	1
II. Gesetzessystematik	5
1. Gesetzestechnik	5
2. Umwandlungsmöglichkeiten im Überblick	9
a) Umwandlungsarten	9
b) Ausgangsmotive (beispielhafte Aufzählung)	12
3. Europarechtliche Aspekte	13
4. Verhältnis zur Umstrukturierung nach allgemeinem Recht	17
a) Zulässigkeit	17
b) Vergleichende Bewertung	18
c) Ausstrahlung des Umwandlungsrechts (Analogieverbot i.w.S.)	20
III. Haftungsgefahren	21
1. Haftungssystem des UmwG	21
2. Haftung nach dem jeweiligen Gesellschaftsrecht	22
IV. Besonderheiten bei der Anfechtung	25
1. Grundsatz der Anfechtbarkeit	25
2. Einschränkungen und Spruchverfahren	26
3. Einschränkungen und Freigabeverfahren	28
V. Steuerliche Aspekte	31
1. Grunderwerbsteuer	31
2. Einkommensteuer	35
3. Erbschaftsteuer	39
VI. Kartellrechtliche Aspekte	40
B. Ablauf eines Umwandlungsverfahrens	45
C. Verschmelzung	46
I. Definition und Grundprinzipien	46
II. Verschmelzungsfähige Rechtsträger	54
III. Ablauf der Verschmelzung mit Übersicht	58
IV. Grundfall der Verschmelzung zur Aufnahme	59
1. Muster (zwei unabhängige GmbH zur Aufnahme)	59
a) Verschmelzungsvertrag	59
b) Zustimmungsbeschluss bei der übernehmenden Gesellschaft (Niederschrift über eine Gesellschafterversammlung)	60
c) Zustimmungsbeschluss bei der übertragenden Gesellschaft (Niederschrift über eine Gesellschafterversammlung)	61
d) Anmeldung für die übertragende GmbH	62
e) Anmeldung für die übernehmende GmbH	63
2. Erläuterungen	64
a) Verschmelzungsvertrag	64
aa) Rechtsnatur	64
bb) Abschlusskompetenz	65
cc) Inhalt	66
(1) Bezeichnung der Vertragspartner nach Name oder Firma und Sitz	67
(2) Vermögensübertragung als Ganzes gegen Gewährung von Anteilen	68
(3) Umtauschverhältnis und bare Zuzahlung oder Angaben über die Mitgliedschaft	69
(4) Einzelheiten für den Erwerb der Anteile	70
(5) Zeitpunkt der Gewinnberechtigung am übernehmenden Rechtsträger	71
(6) Verschmelzungsstichtag	72
(7) Rechte einzelner Anteils- und Rechtsinhaber	73
(8) Besondere Vorteile für Vertretungsorgane, Aufsichtsräte etc.	74
(9) Folgen für die Arbeitnehmer	75
dd) Stichtage	79
ee) Form	80
ff) Zuleitung an den Betriebsrat	83
gg) Aufhebung und Änderung	86
b) Berichte und Prüfung	87
aa) Verschmelzungsbericht	87
bb) Verschmelzungsprüfung	88
cc) Prüfungsbericht	89
c) Zustimmungsbeschluss und Kapitalerhöhung	90
aa) Einberufung und Offenlegung	90
bb) Beschlussfassung	91
cc) Zustimmungserklärungen	94
dd) Anteilsgewährung und Kapitalerhöhung	95
(1) Anteilsgewährungspflicht	95
(2) Kapitalerhöhungsverbot/-gebot	97
d) Anmeldung	103
aa) Anmeldebefugnis und Form	103
bb) Anlagen und Kapitalerhöhung	105
cc) Negativerklärung	106
dd) Schlussbilanz und Acht-Monats-Frist	109

	e) Eintragung und Gesamtrechtsnachfolge . 111
V.	Verschmelzung zur Neugründung 113
	1. Übersicht 113
	2. Muster (Verschmelzung von zwei GmbH zur Neugründung einer dritten GmbH) 114
	a) Verschmelzungsvertrag 114
	b) Zustimmungsbeschlüsse bei den übertragenden GmbH (Niederschrift über eine Gesellschafterversammlung) 115
	c) Anmeldung für die jeweilige übertragende GmbH 116
	d) Anmeldung für die neu gegründete GmbH 117
	3. Erläuterungen 118
	a) Anwendung von Gründungsrecht 118
	b) Kettenverschmelzung 125
VI.	Verschmelzung einer GmbH auf den Alleingesellschafter 126
	1. Muster: Verschmelzungsvertrag (GmbH auf den Alleingesellschafter) 126
	2. Erläuterungen 127
VII.	Verschmelzung von Personengesellschaften . . . 129
	1. Muster zur Verschmelzung von Personengesellschaften (GmbH & Co. KG auf GmbH & Co. KG zur Aufnahme) 129
	a) Verschmelzungsvertrag (GmbH & Co. KG auf GmbH & Co. KG zur Aufnahme) 129
	b) Zustimmungsbeschluss der übernehmenden Gesellschaft/Verzichtserklärungen Niederschrift über eine Gesellschafterversammlung 130
	c) Zustimmungsbeschluss der übertragenden Gesellschaft/Verzichtserklärungen Niederschrift über eine Gesellschafterversammlung 131
	d) Anmeldung der übertragenden A-GmbH & Co. KG 132
	e) Anmeldung der übernehmenden B-GmbH & Co. KG 133
	2. Erläuterungen 134
	a) Verschmelzungsvertrag 134
	b) Zustimmungsbeschluss 137
	c) Anmeldung 140
	d) Anwachsungsmodell statt Verschmelzung 141
VIII.	Verschmelzung von AG 144
	1. Muster zur Verschmelzung von AG (AG zur Aufnahme auf andere AG) 144
	a) Verschmelzungsvertrag (AG zur Aufnahme auf andere AG) 144
	b) Bekanntmachung nach § 62 Abs. 3 UmwG 145
	c) Zustimmungsbeschluss bei der übernehmenden Gesellschaft 146
	d) Zustimmungsbeschluss bei der übertragenden Gesellschaft 147
	e) Anmeldung für die übertragende AG . . . 148
	f) Anmeldung für die übernehmende AG . . 149
	2. Erläuterungen 150
	a) Anteilsgewährung/Kapitalerhöhung und Gründungsprüfung 151
	b) Zustimmungsbeschlüsse 154
	c) Informationspflichten 157
	d) Verschmelzung zur Neugründung 161
	e) Einzelne Besonderheiten 162
IX.	Verschmelzung von Partnerschaftsgesellschaften 164
	1. Muster: Aufnahme einer Partnerschaftsgesellschaft auf eine andere Partnerschaftsgesellschaft ohne Abfindungsangebot 164
	2. Erläuterungen 165
X.	Verschmelzung von Genossenschaften 169
	1. Muster: Aufnahme einer Genossenschaft auf eine andere Genossenschaft 169
	2. Erläuterungen 170
XI.	Verschmelzung von Vereinen 175
	1. Muster: Verschmelzung von Vereinen (Aufnahme eines e.V. auf einen anderen e.V.) . . . 175
	2. Erläuterungen 176
D.	**Spaltung** 181
I.	Definition und Grundprinzipien 181
II.	Spaltungsfähige Rechtsträger 189
III.	Ablauf der Spaltung 190
IV.	Grundfall: Abspaltung zur Aufnahme 191
	1. Muster: Abspaltung von einer GmbH zur Aufnahme auf eine andere GmbH (mit Kapitalerhöhung bei aufnehmender und Kapitalherabsetzung bei übertragender Gesellschaft) 191
	a) Spaltungsvertrag 191
	b) Zustimmungsbeschluss bei der übernehmenden GmbH (Niederschrift über eine Gesellschafterversammlung) 192
	c) Zustimmungsbeschluss bei der übertragenden GmbH (Niederschrift über eine Gesellschafterversammlung) 193
	d) Handelsregisteranmeldung für die übertragende GmbH 194
	e) Handelsregisteranmeldung für die aufnehmende GmbH 195
	2. Erläuterungen 196
	a) Spaltungsvertrag 197
	aa) Bestimmtheitsgrundsatz 198
	bb) Anteilsgewährungspflicht 200
	cc) Fakultativer Inhalt 203
	b) Zustimmungsbeschlüsse 204
	aa) Spaltungsbericht und -prüfung 204
	bb) Zuleitung an Betriebsrat 205
	cc) Beschlussanforderungen und Zustimmungsbedürftigkeit 207
	dd) Kapitalaufbringung und Kapitalerhaltung 208
	c) Anmeldung 210
	d) Eintragung und partielle Gesamtrechtsnachfolge 211

	e) Haftung 213			a) Umwandlungsbeschluss (Niederschrift über eine Gesellschafterversammlung) .. 257
V.	Abspaltung von einer GmbH zur Neugründung einer GmbH......................... 214			b) Handelsregisteranmeldung (GmbH in eine GmbH & Co. KG) 258
	1. Muster: Spaltungsplan 214		2.	Erläuterungen..................... 259
	2. Erläuterungen..................... 215			a) Formwechselbeschluss 261
	a) Spaltungsplan 215			aa) Identität der Gesellschafter........ 261
	b) Zustimmungsbeschluss 216			bb) Inhalt des Formwechselbeschlusses.. 267
	c) Anmeldung und Eintragung 219			cc) Form und Durchführung des Umwandlungsbeschlusses 273
VI.	Aufspaltung einer GmbH zur Aufnahme auf zwei GmbH 221			b) Umwandlungsbericht................ 276
	1. Muster: Spaltungsvertrag................ 221			c) Anmeldung 277
	2. Erläuterungen..................... 222			d) Eintragung 279
VII.	Abspaltung von einer KG zur Aufnahme auf eine andere KG 223			e) Steuerliche Besonderheiten 280
	1. Muster 223	V.	Formwechsel einer GmbH & Co. KG in eine AG 282
	a) Spaltungsvertrag 223		1.	Muster 282
	b) Muster: Einberufung der Gesellschafterversammlung 224			a) Umwandlungsbeschluss (Niederschrift über eine Gesellschafterversammlung) .. 282
	c) Zustimmungsbeschluss bei der übernehmenden Gesellschaft (Niederschrift über eine Gesellschafterversammlung [Auszug])........................ 225			b) Handelsregisteranmeldung (GmbH & Co. KG in eine AG – Auszug)......... 283
			2.	Erläuterungen..................... 284
	d) Zustimmungsbeschluss bei der übertragenden Gesellschaft (Niederschrift über eine Gesellschafterversammlung der A-KG [Auszug] Urkundseingang) 226			a) Formwechselbeschluss 285
				b) Sonstiges 288
		VI.	Formwechsel einer AG in eine GmbH 293
			1.	Muster 293
	2. Erläuterungen..................... 227			a) Umwandlungsbeschluss (Hauptversammlungsniederschrift [Auszug]) 293
VIII.	Ausgliederung von einer AG zur Neugründung einer GmbH bzw. AG 229			b) Handelsregisteranmeldung (AG in eine GmbH)......................... 294
	1. Muster: Ausgliederung von einer AG zur Neugründung einer GmbH 229		2.	Erläuterungen..................... 295
	a) Ausgliederungsplan.................. 229	VII.	Formwechsel einer Genossenschaft in eine AG 298
	b) Zustimmungsbeschluss bei der übertragenden AG (Auszug aus dem notariellen Protokoll der A-AG) 230		1.	Muster 298
				a) Umwandlungsbeschluss (Niederschrift der Generalversammlung)............ 298
	2. Erläuterungen..................... 231			b) Handelsregisteranmeldung der AG 299
	a) Besonderheiten bei der AG 231			c) Anmeldung zum Genossenschaftsregister............................. 300
	b) Besonderheiten der Ausgliederung 234			
IX.	Ausgliederung aus dem Vermögen eines Einzelkaufmanns........................ 236		2.	Erläuterungen..................... 301
		F.	Vermögensübertragung................. 304
	1. Muster: Neugründung einer GmbH....... 236	G.	Euroumstellung 307
	a) Ausgliederungsplan.................. 236	I.	Einleitung 307
	b) Handelsregisteranmeldung für den e. K. 237		1.	Einführung des Euro 308
	c) Handelsregisteranmeldung für die neu gegründete GmbH 238		2.	Bestandsschutz für Altgesellschaften 311
		II.	Besonderheiten im Umwandlungsrecht....... 316
	2. Erläuterungen..................... 239		1.	Umwandlung von Kapitalgesellschaften ... 316
X.	Ausgliederung aus dem Vermögen einer Gebietskörperschaft 243		2.	Gesetzliche Neuregelung seit 1.1.1999 317
			3.	Übergangsregelung des § 318 Abs. 2 UmwG 318
	1. Muster: Handelsregisteranmeldung....... 243			
	2. Erläuterungen..................... 244			a) Umwandlung zur Aufnahme 319
E.	Formwechsel 250			b) Umwandlung zur Neugründung 326
I.	Definition und Grundprinzipien 250			aa) „Altumwandlungen" zur Neugründung 326
II.	Formwechselfähige Rechtsträger (siehe § 191 Abs. 1 und Abs. 2 UmwG) 254			bb) „Neuumwandlungen" zur Neugründung 327
III.	Ablauf des Formwechsels 255			
IV.	Formwechsel einer GmbH in eine GmbH & Co. KG............................ 257			c) Formwechsel 328
				aa) Konflikt mit § 247 UmwG 329
	1. Muster 257			bb) Praktische Lösung 330

Kommentare und Gesamtdarstellungen:

Dietz, Die Ausgliederung nach dem UmwG und nach Holzmüller, 2000; *Engelmeyer*, Die Spaltung von Aktiengesellschaften nach dem neuen Umwandlungsrecht, 1995; *Göttler*, Anteilsgewährung und Mitgliedschaft bei der Verschmelzung unter Beteiligung von Gesellschaften mit beschränkter Haftung, 2002; *Guthal*, Die Auswirkungen von Umwandlungen auf Unternehmensverträge nach §§ 291, 292 AktG und die Rechte außenstehender Aktionäre, 2001; *Heckschen/Simon*, Umwandlungsrecht, Gestaltungsschwerpunkte der Praxis, 2002; *Heidinger*, Gutachten zur Euroumstellung im Gesellschaftsrecht, Gutachten des Deutschen Notarinstituts Band VI, 2001; *Heidinger/Limmer/Holland/ Reul*, Gutachten zum Umwandlungsrecht, Gutachten des Deutschen Notarinstituts, Band IV, 1998; *Hügel*, Verschmelzung und Einbringung von Kapitalgesellschaften, 1995; *Huber*, Anteilsgewährungspflicht im Umwandlungsrecht?, 2003; *Kallmeyer*, Umwandlungsgesetz, 3. Aufl. 2006; *Katschinski*, Die Verschmelzung von Vereinen, 1999; *Kiem*, Unternehmensumwandlung, 2000; *Knoche*, Wirksamkeit von Auslandsbeurkundungen im Gesellschaftsrecht, Notar und Rechtsgestaltung: Tradition und Zukunft, 1998; *Kopp/Heidinger*, Notar und Euro, 2. Aufl. 2001; *Limmer*, Handbuch der Unternehmensumwandlung, 2. Aufl. 2002; *Lutter*, Umwandlungsgesetz; 3. Aufl. 2004; *Michalski*, Kommentar zum GmbH Gesetz, 2002; *Naraschewski*, Stichtage und Bilanzen bei der Verschmelzung, 2001; *Ohlmeyer/Kuhn/ Philipkowski*, Verschmelzung von Genossenschaften, 7. Aufl. 2004; *Sagasser/Bula/Brünger*, Umwandlungen, 3. Aufl. 2002; *Schmitt/Hörtnagl/Stratz*, Umwandlungsgesetz, Umwandlungssteuergesetz, UmwG, UmwStG, 4. Aufl. 2006; *Schmitz-Riol*, Der Formwechsel der eingetragenen Genossenschaft in die Kapitalgesellschaft, 1998; *Schröer*, Arbeitgeberhaftung bei der Spaltung von Rechtsträgern, 2002; *Semler/Stengel*, UmwG, 2003; *Supplit*, Ausgliederung nach § 168 UmwG, 2005; *Veil*, Umwandlung einer AG in eine GmbH, 1996; *Widmann/Mayer*, Umwandlungsrecht, Stand Oktober 2006; *Wirth*, Spaltung einer eingetragenen Genossenschaft, 1998; *Zetzsche*, Die virtuelle Hauptversammlung, 2002; *Zürbig*, Der Formwechsel einer Personengesellschaft in eine Kapitalgesellschaft, 1999.

Aufsätze und Rechtsprechungsübersichten:

Aha, Einzel- oder Gesamtrechtsnachfolge bei der Ausgliederung?, AG 1997, 345; *Ammon*, Gesellschaftsrechtliche und sonstige Neuerungen im Handelsrechtsreformgesetz, Ein Überblick, DStR 1998, 1474; *Austmann/Frost*, Vorwirkungen von Verschmelzungen, ZHR 2005, 431; *Bachner*, Individualarbeits- und kollektivrechtliche Auswirkungen des neuen Umwandlungsgesetzes, NJW 1995, 2881; *Bartovics*, Die Ausschlussfrist gemäß § 17 Abs. 2 UmwG, GmbHR 1996, 514; *Baumann*, Kapitalerhöhung zur Durchführung der Verschmelzung von Schwestergesellschaften mbH im Konzern?, BB 1998, 2321; *Bärwaldt/Schabacker*, Der vorsorgliche Formwechsel in eine OHG beim Formwechsel einer Kapitalgesellschaft in eine GbR, NJW 1999, 623; *Bayer*, Kein Abschied vom Minderheitenschutz durch Information, ZGR 1995, 613; *ders.*, 1000 Tage neues Umwandlungsrecht – eine Zwischenbilanz, ZIP 1997, 1613; *Bermel/ Müller*, Vinkulierte Namensaktien und Verschmelzung, NZG 1998, 331; *Borsch*, Ausgliederungen kirchlicher Unternehmen auf Kapitalgesellschaften, DNotZ 2005, 10; *Bruski*, Die Gründungsphase der Aktiengesellschaft bei der Spaltung zur Neugründung, AG 1997, 17; *Buchner*, Die Ausgliederung von betrieblichen Funktionen (Betriebsteilen) und arbeitsrechtlichen Aspekten (I), GmbHR 1997, 377; *Buchta/Sasse*, Rechtsprobleme bei der Verschmelzung eingetragener Genossenschaften mit Aktiengesellschaften, ZfgG 55 (2005), 17; *Bungert*, Ausgliederung durch Einzelrechtsübertragung und analoge Anwendung des Umwandlungsgesetzes, NZG 1998, 367; *ders.*, Die Übertragung beschränkt persönlicher Dienstbarkeiten bei der Spaltung, BB 1997, 897; *Custodis*, Die gelöschte Verschmelzung – Über die Löschung von Gesellschafterbeschlüssen und die Rechtsfolgen einer zu Unrecht vorgenommenen Verschmelzungslöschung, GmbHR 2006, 904; *Däubler*, Das Arbeitsrecht im neuen Umwandlungsgesetz, RdA 1995, 136 ff., *Diekmann*, Die Nachgründung der Aktiengesellschaft, ZIP 1996, 2149; *ders.*, Verschmelzung und Formwechsel nach dem neuen Umwandlungsgesetz, GmbHR. 1995, 161; *Dörri*, Das neue Umwandlungsgesetz, WiB 1995, 1; *ders.*, Erbrecht und Gesellschaftsrecht bei Verschmelzung, Spaltung und Formwechsel, GmbHR 1996, 245; *Drygala*, Die Reichweite der arbeitsrechtlichen Angaben im Verschmelzungsvertrag, ZIP 1996, 1365; *Echert*, Der Formwechsel einer Kapitalgesellschaft in eine Personengesellschaft und seine Auswirkungen auf öffentlich-rechtliche Verhältnisse, AG 1950; *Engelmeyer*, Ausgliederung durch partielle Gesamtrechtsnachfolge und Einzelrechtsnachfolge – ein Vergleich, AG 1999, 263; *Feddersen/Kiem*, Die Ausgliederung zwischen „Holzmüller" und neuem Umwandlungsrecht, ZIP 1994, 1078; *Fleischer*, Die Vermeidung der Gewerbesteuer durch steuergünstige Gestaltungen bei der Umstrukturierung von Unternehmen, DStR 1996, 1390; *Fuhrmann/Simon*, Praktische Probleme der umwandlungsrechtlichen Ausgliederung, AG 2000, 49; *Geck*, Die Spaltung von Unternehmen nach dem neuen Umwandlungsrecht, DStR 1995, 416; *Germann*, Die Acht-Monats-Frist für die Einreichung der Schlussbilanz nach Verschmelzung und ihre Bedeutung für die Praxis, GmbHR 1999, 591; *Götz*, Umwandlungen – Umsatzsteuer bei Spaltung, Verschmelzung und Einbringung, Gestaltende Steuerberatung 1999, 239 ff.; *Grunewald*, Rechtsmissbräuchliche Umwandlungen, in FS für Röhricht, 2005, 129; *Heckschen*, Ausgliederung kommunaler Eigenbetriebe, WiPra 1996, 325; *ders.*, Beschränkung des Klagerechts im Umwandlungsverfahren, NotBZ 2001, 206; *ders.*, Das Umwandlungsrecht unter Berücksichtigung registerrechtlicher Problembereiche, Rpfleger 1999, 357; *ders.*, Die Entwicklung des Umwandlungsrechts aus Sicht der Rechtsprechung und Praxis, DB 1998, 1385; *ders.*, Die Verschmelzung auf den Alleingesellschafter – eine missglückte Regelung, ZIP 1996, 450; *ders.*, Die Zustimmung zur Umwandlung durch Verschmelzung, NotBZ 1997, 2; *ders.*, Fusion von Kapitalgesellschaften im Spiegel der Rechtsprechung, WM 1990, 377; *ders.*, Kernbereiche notarieller Mitwirkung bei Umwandlungsverfahren, WiPrax 1996, 210; *ders.*, Umstrukturierung von Kapitalgesellschaften vor und während der Krise: Umwandlungsmaßnahmen vor dem Insolvenzeröffnungsantrag, DB 2005, 2283; *ders.*, Umwandlungsrecht und Insolvenz, in: FS Widmann, 2000, S. 31; *ders.*, Verschmelzungsrecht auf dem Prüfstand, ZIP 1989,1168; *Heermann*, Auswirkungen einer Behebbarkeit oder nachträglichen Korrektur von gerügten Verfahrensmängeln auf das Unbedenklichkeitsverfahren nach § 16 Abs. 3 UmwG, ZIP 1999, 1861; *Heidenhain*, Sonderrechtsnachfolge bei der Spaltung, ZIP 1995, 801; *ders.*, Spaltungsvertrag und Spaltungsplan, NJW 1995, 2873; *Heidinger*, Die Euroumstellung beim Formwechsel von Kapitalgesellschaften, NZG 2000, 532; *Hemrichs*, Zum Formwechsel und zur Spaltung nach dem neuen UmwG, ZIP 1995, 794; *Henze*, Aspekte und Entwicklungstendenzen der aktienrechtlichen Anfechtungsklage in der Rechtsprechung des BGH, ZIP 2002, 97; *ders.*, Auflösung einer Aktiengesellschaft und Erwerb ihres Vermögens durch den Mehrheitsgesellschafter, ZIP 1995, 1473; *Heurung*, Zur Anwendung und Angemessenheit verschiedener Unternehmenswertverfahren im Rahmen von Umwandlungsfällen (Teil 1), DB 1997, 837; *Hjort*, Der notwendige Inhalt eines Verschmelzungsvertrages aus arbeitsrechtlicher Sicht, NJW 1999, 750; *Ihrig*, Gläubigerschutz durch Kapitalaufbringung bei Verschmelzung und Spaltung nach neuem Umwandlungsrecht, GmbHR 1995, 622; *Ittner*, Die Spaltung nach dem neuen Umwandlungsrecht, MittRhNotK 1997, 105; *Joost*, Arbeitsrechtliche Angaben im Umwandlungsvertrag, ZIP 1995, 976; *Kallmeyer*, Der Ein- und Austritt des Komplementär-GmbH einer GmbH & Co. KG bei Verschmelzung, Spaltung und Formwechsel nach dem UmwG 1995, GmbHR 1996, 80; *Kiem*, Die schwebende Umwandlung, ZIP 1999, 173; *Kögel*, Firmenrechtliche Besonderheiten des neuen Umwandlungsrechts, GmbHR 1996, 168; *Körner/Rodewald*, Bedingungen, Befristungen, Rücktritts- und Kündigungsrechte in Verschmelzungs- und Spaltungsverträgen, BB 1999, 853; *Krause*, Wie lang ist ein Monat? – Fristberechnung am Beispiel des § 5 III UmwG, NJW 1999, 1448; *Krause-Ablaß/Link*, Fortbestand, Zusammensetzung und Kompetenzen des Aufsichtsrates nach Umwandlung einer AG in eine GmbH, GmbHR 2005, 731; *Lutter/Drygala*, Internationale Verschmelzungen in Europa, JZ 2006, 770; *Lutter/Leinekugel*, Planmäßige Unterschiede im umwandlungsrechtlichen Minderheitenschutz?, ZIP 1999, 261; *Mack/Schwedhehn/Streck*, Die Spaltung der GmbH nach dem neuen Umwandlungsrecht (1), GmbHR 1995, 7; *Marsch-Barner*, Die Rechtsstellung der Europäischen Gesellschaft (SE) im Umwandlungsrecht, in: Liber amicorum – Wilhelm Happ 2006, 165 ff.; *Martens*, Nachgründungskontrolle beim Formwechsel einer GmbH in eine AG, ZGR 1999, 548; *Mayer, D.*, Anteilsgewährung bei der Verschmelzung mehrerer übertragender Rechtsträger – Zugleich Besprechung der Entscheidung des OLG Frankfurt v. 10.3.1998, DB 1998, 913; *ders.*, Das Umwandlungsrecht als Instrumentarium der Unternehmensnachfolge, DNotZ 1998, 159 (Sonderheft); *ders.*, Erste Zweifelsfragen bei der Unternehmensspaltung, DB 1995, 861; *ders.*, Unternehmensnachfolge und Umwandlung, ZEV 2005, 325; *Melchior*, Die Beteiligung von Betriebsräten an Umwandlungsvorgängen aus Sicht des Handelsregisters, GmbHR 1996, 833; *Mertens*, Aktuelle Probleme zur Verschmelzung von Mutter- auf Tochtergesellschaften – down stream merger, AG 2005, 785; *ders.*, Die formwechselnde Umwandlung einer GmbH in eine Aktiengesellschaft mit Kapitalerhöhung und die Gründungsvorschriften, AG 1995, 561; *ders.*, Die stille Beteiligung an der GmbH und ihre Überleitung bei Umwandlung in die AG, AG 2000 32 ff.; *Meyer-Landrut/Kiem*, Der Formwechsel einer Publikumsgesellschaft, WM 1997, 1361; *Lepper*, Die Ausgliederung kommunaler Unternehmen in der notariellen Praxis, RNotZ 2006, 313; *Müller-Eising/Bert*, § 5 Abs. 3 UmwG: Eine Norm, eine Frist, drei Termine, DB 1996, 1398; *Müller*, Auswirkungen von Umstrukturierungen nach dem Umwandlungsgesetz auf Beherrschungs- und Gewinnabführungsverträge, BB 2002, 157; *Müller, K.-J.*, Die Zuleitung des Verschmelzungsvertrages an den Betriebsrat nach § 5 Abs. 3 Unwandlungsgesetz, DB 1997, 713; *Nagl*, Die Spaltung durch Einzelrechtsnachfolge und nach dem neuen Umwandlungsrecht, DB 1996, 1221; *Naraschewski*, Gläubigerschutz bei der Verschmelzung von GmbH, GmbHR 1998, 356; *Neye*, Die Änderungen im Umwandlungsrecht nach den handels- und gesellschaftsrechtlichen Reformgesetzen in der 13. Legislaturperiode, DB 1998, 1649; *ders.*, Partnerschaft und Umwandlung, ZIP 1997, 722; *Noack*, Hauptversammlung der Aktiengesellschaft und moderne Kommunikationstechnik – aktuelle Bestandsaufnahme und Ausblick, NZG 2003, 241; *Passarge*, Anforderungen an die Satzung einer Rechtsanwalts-AG, NJW 2005, 1835; *Priester*, Das neue Umwandlungsrecht aus notarieller Sicht, DNotZ 1995, 427; *ders.*, Die klassische Ausgliederung, ZHR 1999 (163), 187; *ders.*, Die „Umwandlung" einer GmbH auf ihren nicht-vollkaufmännischen Alleingesellschafter, DB 1996, 413; *ders.*, Gründungsrecht contra Identitätsprinzip – Kapitalausstattung beim Formwechsel, DNotZ 2000, 449; *ders.*, Kapitalgrundlage bei Formwechsel, DB 1995, 911; *ders.*, Mitgliederwechsel im Umwandlungszeitpunkt, DB 1997, 560; *ders.*, Personengesellschaften im Umwandlungsrecht, DStR 2005, 788; *Reichert*, Folgen der Anteilsvinkulierung für Umstrukturierungen von Gesellschaften mit beschränkter Haftung und Aktiengesellschaften nach dem Umwandlungsgesetz 1995, GmbHR 1995, 176; *Reimann*, Die kostenrechtlichen Auswirkungen des Umwandlungsgesetzes 1995, MittBayNot 1995, 1; *Rogall*, Die grenzüberschreitende Abspaltung nach der geplanten Änderung der steuerlichen Fusionsrichtlinie, RIW 2004, 271; *Sammler*, Die Umwandlung von Kapitalgesellschaften in Personenunternehmen, NWB, 2004, 3851 (Fach 18, S. 4107); *Schindhelm/Stein*, Der Gegenstand der Ausgliederung bei einer Privatisierung nach dem UmwG, DB 1999, 1375; *Schmidt, K.*, Zur gesetzlichen Befristung der Nichtigkeitsklage gegen Verschmelzungs- und Umwandlungsbeschlüsse, DB 1995, 1849; *Schöne*, Die Spaltung unter Beteiligung von GmbH, ZHR 2002, 510; *Schröder*, Ausgliederung aus gemeinnützigen Organisationen, DStR 2001, 1415; *Schröer*, Sicherheitsleistung für Ansprüche aus Dauerschuldverhältnissen bei Unternehmensumwandlungen, DB 1999, 317;

Schwarz, H.-D., Das neue Umwandlungsrecht, DStR 1994, 1694; *Schwarz, O.*, Auswirkungen des Formwechsels einer beherrschten Kapitalgesellschaft in eine Personengesellschaft auf Organschaftsverträge, ZNotP 2002, 106; *Timmermanns*, Kapitalaufbringung und Kapitalfestsetzung bei dem Formwechsel einer Personenhandelsgesellschaft in eine Kapitalgesellschaft, DB 1999, 948; *Wälzholz*, Aktuelle Probleme der Unterbilanz- und Differenzhaftung bei Umwandlungsvorgängen, AG 2006, 469; *Wenglorz*, Die grenzüberschreitende Heraus-Verschmelzung einer deutschen Kapitalgesellschaft, BB 2004, 1061; *Wolf*, Interessenskonflikt bei der Unternehmensteilung durch Spaltung, Der Konzern 2003, 661; *Wrenger*, Verschmelzung von Kapitalgesellschaften mit dem Vermögen eines Alleingesellschafters bei fehlender Eintragungsfähigkeit in das Handelsregister, BB 1997, 1905; *Zätzsch/Gröning*, Neue Medien im Aktienrecht: Zum RefE des NaStraG, NZG 2000, 393; *Zimmer*, Grenzüberschreitende Rechtspersönlichkeit, ZHR 2004, 355 f.; *Zöllner*, Das neue Umwandlungsrecht, AG 1994, 336.

A. Allgemeines

I. Entwicklung des Umwandlungsrechts

1 Die **Gesamtreform des Umwandlungsrechts** im Jahre 1994 geht zurück auf einen bereits aus dem Jahre 1980 stammenden Antrag des Deutschen Bundestages. Hintergrund dieses Reformauftrags war die **starke Zersplitterung und Unübersichtlichkeit** des früheren Rechts, da die Einzelregelungen auf die verschiedensten Gesetze verteilt waren. Dadurch waren die Bestimmungen in vielen Punkten uneinheitlich. Zugleich sollten die im bisherigen Umwandlungsrecht bestehenden Lücken geschlossen werden.

2 Dies betrifft die **Eröffnung der Umwandlung für zusätzliche Rechtsformen**, die bisher nicht oder nicht generell von diesen Möglichkeiten Gebrauch machen konnten, wie z.B.:

- Umwandlung von Personenhandelsgesellschaften in Kapitalgesellschaften und umgekehrt,
- Formwechsel von Kapitalgesellschaften in Genossenschaften,
- Umwandlung von rechtsfähigen Vereinen in Kapitalgesellschaften und Genossenschaften,
- Umwandlung von Stiftungen in Kapitalgesellschaften,
- seit dem 1.8.1998 Umwandlung von Partnerschaftsgesellschaften.

3 Darüber hinaus wird durch das neue Umwandlungsrecht erstmals allgemein die **Möglichkeit der Spaltung** von Rechtsträgern eingeführt. Hierfür gab es bisher seit 1991 lediglich Regelungen für Sonderbereiche in den neuen Bundesländern, wie z.B. im Landwirtschaftsanpassungsgesetz (LwAnpG) und im Gesetz über die Spaltung der von der Treuhandanstalt verwalteten Unternehmen (SpTruG).

4 **Ziel des UmwG** von 1994 ist es, den Unternehmen ein rechtliches Instrumentarium an die Hand zu geben, **Änderungen der Unternehmensstrategie und der Unternehmensstruktur umzusetzen**, ohne den kosten- und zeitaufwendigen Weg der Liquidation der bisherigen Gesellschaft und anschließenden Neugründung in der gewünschten Gesellschaftsform gehen zu müssen. Im Zusammenhang mit dem UmStG wird **steuerlich Buchwertfortführung** ermöglicht.

II. Gesetzessystematik

1. Gesetzestechnik

5 Schwierigkeiten mit der Anwendung des neuen UmwG bereitet der Praxis die vom Gesetzgeber bewusst gewählte **Verweisungstechnik** (auch **Baukastentechnik** genannt). Danach ist das UmwG in sieben Bücher gegliedert. Das **1. Buch** umfasst nur § 1, der die verschiedenen Möglichkeiten der Umwandlung aufzählt.

6 Die nachfolgenden Bücher behandeln jeweils diese **einzelnen Formen der Umwandlung**:

- Verschmelzung (2. Buch),
- Spaltung (3. Buch),
- Vermögensübertragung (4. Buch) und
- Formwechsel (5. Buch).

Die nachfolgenden Bücher behandeln jeweils diese **einzelnen Formen** der Umwandlung.

Die einzelnen Bücher mit den jeweiligen Umwandlungsformen als solche sind wiederum gegliedert in **allgemeine und besondere Vorschriften**. In dem **allgemeinen Teil** sind – gleichsam vor die Klammer gezogen – die Vorschriften aufgenommen, die für alle Fälle der jeweiligen Umwandlungsart gelten. In dem **besonderen Teil** finden sich dann Sonderregelungen, die vor allem aus der Rechtsform der jeweils beteiligten Unternehmen resultieren.

Besondere Bedeutung hat in diesem Zusammenhang das **2. Buch**, das die **Verschmelzung** behandelt, da es ein allgemeines Modell der Umwandlung darstellt, das für alle nachfolgenden Umwandlungsarten Vorbild ist. Demgemäß wird in den nachfolgenden Büchern 3, 4 und 5 (Spaltung, Vermögensübertragung, Formwechsel) in vielen Fällen auf die Vorschriften des Verschmelzungsrechts verwiesen.

Das **6. Buch** regelte **ursprünglich das Spruchverfahren**, durch das die besonderen Vorschriften über die bare Zuzahlung ergänzt werden. Mit Wirkung zum 1.9.2003[1] wurde das Spruchverfahren in ein **eigenes Spruchverfahrensgesetz** ausgekoppelt, damit es auch für andere gesellschaftsrechtliche Streitigkeiten bei vergleichbaren Konstellationen (insb. für Abfindungen bei Beherrschungs- und Gewinnabführungsverträgen [§§ 304, 305 AktG], bei der Eingliederung von Aktiengesellschaften [§ 320b AktG] und beim Squeeze-Out [§§ 327a ff. AktG]) vereinheitlicht Anwendung finden kann. Das **jetzige 6. Buch** enthält die **Strafvorschriften und Zwangsgeldandrohungen**, das **7. Buch Übergangs- und Schlussvorschriften** (u.a. zur Euroumstellung, § 318 Abs. 2 UmwG).

Bei der Rechtsanwendung im konkreten Falle sind daher bis zu **vier Ebenen** zu beachten und heranzuziehen:

- der allgemeine Teil des Verschmelzungsrechts, der im Wege der Verweisung in vielen Fällen anwendbar ist,
- das allgemeine Recht des jeweiligen Umwandlungsvorgangs (entfällt bei Verschmelzung),
- die besonderen Vorschriften für die einzelnen Rechtsformen im Verschmelzungsrecht und
- die besonderen Vorschriften für die einzelnen Rechtsformen bei der jeweiligen Umwandlungsart.

Die einzelnen Bücher sind nach dem **Prinzip einer Checkliste** aufgebaut. Mit diesem Aufbau wird das Ziel verfolgt, Fehler in der Kautelar- und Registerpraxis zu vermeiden.

2. Umwandlungsmöglichkeiten im Überblick

a) Umwandlungsarten

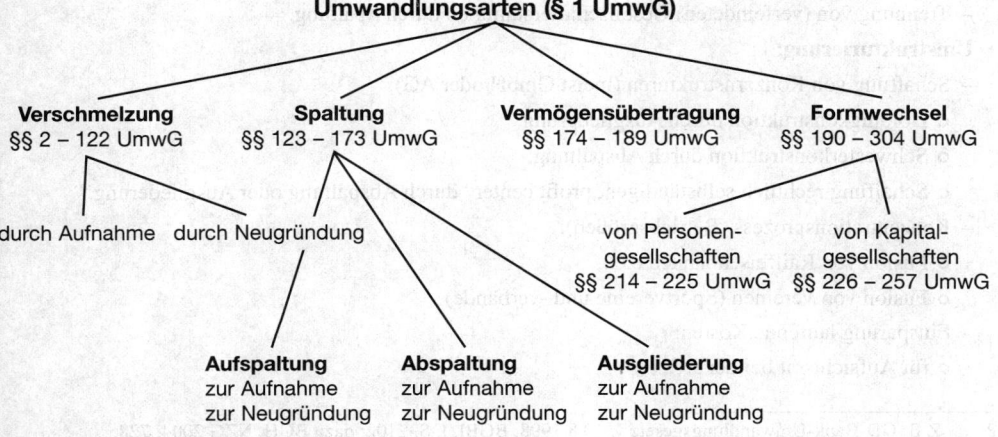

___
[1] Art. 4 im Gesetz v. 12.6.2003, BGBl. I, S. 838.

10 Die Aufzählung der zulässigen Umwandlungsarten in § 1 UmwG ist entsprechend dem gesellschaftsrechtlichen Typenzwang abschließend (**numerus clausus**). In Frage kommt daher nur die Verschmelzung, die Spaltung in den Varianten der Aufspaltung, Abspaltung und Ausgliederung, die Vermögensübertragung und der Formwechsel. Die **Verschmelzung und alle Spaltungsarten** kommen jeweils in der Variante zur Aufnahme auf einen bestehenden Rechtsträger und zur Neugründung in Frage. Sonstige Umwandlungen sind nach § 1 Abs. 2 UmwG nur aufgrund anderweitiger ausdrücklicher Regelungen zuzulassen (sog. **Analogieverbot** i.e.S. ≈ numerus clausus).[2]

Nach § 1 Abs. 3 UmwG kann von den Vorschriften des UmwG nur abgewichen werden, wenn dies **ausdrücklich zugelassen ist**.[3] Dies entspricht in etwa der Gesetzesstrenge nach § 23 Abs. 5 AktG für die Aktiengesellschaften.

11 Ob von einem an einer **Umwandlung beteiligten Rechtsträger** ein Unternehmen in betriebswirtschaftlichem und rechtlichem Sinn betrieben wird, ist nicht entscheidend. Angeknüpft wird vielmehr daran, dass eine im Rechtsverkehr auftretende juristische Einheit an einem Umwandlungsvorgang beteiligt ist.

b) Ausgangsmotive (beispielhafte Aufzählung)

12
- Steuerliche Gründe:
  - anders als bei Liquidation keine Aufdeckung stiller Reserven,
  - Buchwertfortführung mit achtmonatiger Rückwirkung,
  - Verlustverrechnungsmöglichkeiten (nur noch in sehr engen Grenzen),
  - günstigere Erbschaftsteuerbewertung der PHG gegenüber der GmbH,
  - Schaffung einer Betriebsaufspaltung:
    o e.K zur Betriebs-GmbH durch Ausgliederung,
    o mitunternehmerische Betriebsaufspaltung zwischen Schwestergesellschaften (z.B. GmbH & Co. KG und GmbH) durch Abspaltung.
- Erbfolge (vorweggenommene oder Vorbereitung des Erbfalles):
  - Vermeidung von Erbengemeinschaften durch Ausgliederung von e.K. auf GmbH & Co. KG,
  - bessere Erbschaftsteuerwerte und individuellere Bestimmung der Erbfolge nach Formwechsel einer GmbH in GmbH & Co. KG,
  - Aufspaltung/Abspaltung einer GmbH/GmbH & Co. KG zur Verteilung von Betriebsvermögen (Teilbetriebe) schon zu Lebzeiten,
  - Trennung von (verfeindeten) Gesellschafterstämmen durch Spaltung.
- **Umstrukturierung:**
  - Schaffung von Konzernstrukturen (meist GmbH oder AG):
    o Holdingkonstruktion durch Ausgliederung,
    o Schwesterkonstruktion durch Abspaltung,
    o Schaffung rechtlich selbständiger „profit center" durch Abspaltung oder Ausgliederung.
  - Konzentrationsprozess (Betriebsgrößen):
    o Fusion von Raiffeisenbanken e.G.,
    o Fusion von Vereinen (Sportvereine und -verbände).
  - Einsparung laufende Kosten:
    o für Aufsichtsrat bei der AG,

---

[2] Z.B. GD-Bank-Umwandlungsgesetz v. 13.8.1998, BGBl. I, S. 2102; dazu BGH, NZG 2004, 728.

[3] Vgl. OLG Karlsruhe, NZG 2002, 1118 zum Spannungsverhältnis zwischen gesellschaftsvertraglichen Regelungen und dem Umwandlungsrecht; dazu auch Simon/Leuering, NJW-Spezial 2004, 363.

- o für Veröffentlichungen daher Wechsel in PHG.
- o keine Sozialversicherungspflicht für AG-Vorstand.
- Änderung von Organisationsstrukturen:
  - o Fremdorganschaft bei der GmbH,
  - o Vermeidung von Mitbestimmung.
- Haftungsvermeidung:
  - o Ausgliederung eines e.K. in eine GmbH,
  - o Formwechsel/Verschmelzung OHG in/auf GmbH,
  - o Altlastenabspaltung durch Verselbständigung eines Betriebsteils (z.B. Pensionsverpflichtung).
- Betriebsaufspaltung:
  - o siehe oben Steuergründe,
  - o vgl. bei sog. Steuerberatermodell Gefahr der verdeckten Sacheinlage,
  - o Problem der kapitalersetzenden Nutzungsüberlassung.
- going public:
  - o Kapitalbeschaffung durch Börsengang,
  - o Formwechsel GmbH in AG,
- going privat: Formwechsel „wieder zurück",
- Übertragungserleichterungen:
  - o Rückabwicklung gescheiterter Zusammenschlüsse durch (partielle) Gesamtrechtnachfolge,
  - o Vorbereitung zur Veräußerung von Betriebsteilen,
  - o keine Übertragung beim Formwechsel.

3. Europarechtliche Aspekte

Als mögliche Umwandlungsobjekte sind im UmwG (§ 1 Abs. 1) ausdrücklich nur **Rechtsträger mit Sitz im Inland** erfasst. Nach dem Urteil des **EuGH v. 13.12.2005 (Sevic)**[4] ist § 1 Abs. 1 UmwG aber **europarechtswidrig** (Verstoß gegen Art 43 EG und 48 EG – Niederlassungsfreiheit), da er das Hineinverschmelzen eines (europäischen) ausländischen Rechtsträgers auf einen im deutschen Handelsregister eingetragenen Rechtsträger generell verweigert. Daraus wird in der Lit. auf die grds. Zulässigkeit internationaler Verschmelzungen innerhalb der EU geschlossen.[5]

13

Die Eintragung der Verschmelzung einer GmbH mit Sitz in Deutschland als übertragender Gesellschaft auf eine Private Limited Company als aufnehmende Gesellschaft, die ihren statutarischen Sitz in England und eine Zweigniederlassung in Deutschland hat (Hinausverschmelzen), kann nach richtiger **Ansicht des OLG München**[6] dennoch nicht erstmalig konstitutiv im Register der Zweigniederlassung vorgenommen

14

---

4   EuGH, BB 2006, 11 ff. mit Kommentar von Claudia Schmidt und Silvja Maul = ZIP 2005, 2311 = IStR 2006, 32; auf Vorlage durch das LG Koblenz, DStR 2003, 736 = ZIP 2003, 2210; siehe auch die Vorlage des BVerfG, NZG 2003, 1016; siehe dazu Bungert, BB 2006, 53; Kraft/Bron, IStR 2006, 26; Kuntz, IStR 2006, 224; Kieninger, EWS 2006, 49; Drygala, EWiR § 1 UmwG 1/06, 25; zum Schlussantrag des Generalanwalts v. 7.7.2005, ZIP 2005, 1227 schon Drygala, ZIP 2005, 1995; Knapp, DNotZ 2005, 723 ff.; EWiR § 1 1/05, 581 (Wachter); vgl. auch Wenglorz, BB 2004, 1061; zur grenzüberschreitenden Abspaltung: Rogall, RIW 2004, 271.

5   Siehe nur Lutter/Drygala, JZ 2006, 770 ff.; dazu auch ausführlich Kroppensteiner, Der Konzern 2006, 40 ff.; Sedemund, BB 2006, 519; Gesell/Krömker, DB 2006, 2558; Winter, Der Konzern 2007, 24; vlg. zu den verschiedenste Möglichkeiten auch Drinhausen/Gesell, BB 2006, Special 8, S. 3 ff.; Herausverschmelzung weiterhin ablehnend: Kindler, Der Konzern 2006, 811.

6   NZG 2006, 513 = FGPrax 2006, 172 = BB 2006, 1185 = ZIP 2006, 1049 = GmbHR 2006, 600 = DB 2006, 1148.

werden. Dabei stellt das OLG München vorrangig auf formale registerrechtliche Gründe betreffend die Eintragung bei der Zweigniederlassung ab.

Auf **europarechtlicher Ebene** wird seit langem an der notwendigen Rechtsvereinheitlichung als Basis auch für grenzüberschreitende Umwandlungen gearbeitet.[7] Mit der Schaffung der **Europäischen Aktiengesellschaft** (SE),[8] die u.a. durch grenzüberschreitende Verschmelzung gegründet werden kann, wurden die ersten europäischen Umwandlungen auf gesicherten Rechtsboden gesetzt.[9] Auch kann eine SE innerhalb der Europäischen Gemeinschaft ihren Sitz verlegen.

Der Rat der EU hat inzwischen auch die **Verschmelzungsrichtlinie** (zehnte gesellschaftsrechtliche Richtlinie) verabschiedet[10] und sie ist 20 Tage nach Veröffentlichung im Amtsblatt[11] (also am 15.10.2005) **in Kraft getreten**.[12] Eine Umsetzung in nationales Recht steht derzeit noch aus, muss aber bis Ende 2007 erfolgen.[13]

15 Zur Umsetzung dieser Verschmelzungsrichtlinie regelt das zweite Gesetz zur **Änderung des Umwandlungsrechts** im Regierungsentwurf vom 9.8.2006 die grenzüberschreitende Verschmelzung von Kapitalgesellschaften in einem neuen zehnten Abschnitt des 2. Buches in den §§ 122a – 122l UmwG neu.[14] Danach ist nicht mehr der schon jetzt mögliche Umweg der grenzüberschreitenden Umwandlung über die SE erforderlich.[15] Beispielsweise soll eine deutsche GmbH in Zukunft problemlos mit einer französichen S.A.R.L. verschmelzen können.[16] Genauso soll dann eine britische plc (Ltd.) auf eine deutsche AG verschmolzen werden können.[17] Erforderlich ist dafür ein gemeinsamer Verschmelzungsplan, ein Verschmelzungsbericht und eine Verschmelzungsprüfung. Zum **Schutz von Minderheitsaktionären**[18] **und Gläubigern**[19] sind Sonderregeln vorgesehen. Erfüllt die deutsche Gesellschaft alle Voraussetzungen, kann sie bei dem zuständigen Registergericht eine sog. Verschmelzungsbescheinigung beantragen, die für die Eintragung der Verschmelzung im ausländischen Register vorgelegt werden muss.

---

7   Siehe der Vorschlag einer Richtlinie des Europäischen Parlamentes und des Rates über die Verschmelzung von Kapitalgesellschaften v. 18.11.2003, abgedruckt in BR-Drucks. 915/03; siehe zu den grenzüberschreitenden Unternehmenszusammenschlüssen Kloster, EuZW 2003, 293 ff.; zur grenzüberschreitenden Rechtspersönlichkeit: Zimmer, ZHR 2004, 355 f.; Wiesner, DB 2005, 91; vgl. auch schon die steuerliche Fusionsrichtlinie 90/434/EWG, Abl. EG Nr. L 225 v. 20.8.1990, S. 1 geändert durch Richtlinie 2005/19/EG des Rates v. 17.2.2005, Abl. EU Nr. L 59 v. 20.3.2005, S. 19.

8   SE-VO (EG) Nr. 2157/2001, AmBl. (EG) v. 10.11.2001, L 294/10, in Kraft getreten am 8.10.2004; SE-Ausführunggesetz (SEAG) v. 22.12.2004, BGBl. I, S. 3675.

9   Zur Rechtsstellung der SE im Umwandlungsrecht: Marsch-Barner in: Liber amicorum für Happ, S. 165 ff.; zur Verschmelzungsgründung und Folgeverschmelzungen nach österreichischem Recht: Ratka/Rauter, GesRZ 2006, 55; zur grenzüberschreitenden Umstrukturierung mittels der SE: Reichert, Der Konzern 2006, 821.

10 Beschl. v. 20.9.2005.

11 2005/56/EG v. 26.10.2005, Abl. L 310 S. 1.

12 Dazu schon Frischhut, EWS 2006, 55; Hoffmann, RIW Heft 2/2006, S. 1; Oechsler, NZG 2006, 161.

13 Zu den gesellschaftsrechtlichen und steuerlichen Planungsüberlegungen: Eismayr, IWB Nr. 22 v. 23.11.2005, S. 1075 ff. = 11 Europäische Gemeinschaften Gruppe 2, S. 705 ff.

14 BT-Drucks. 16/2919 v. 12.10.2006; siehe zum Referentenentwurf v. 17.2.2006: Haritz/Wolff, GmbHR 2006, 340; Neye/Timm, DB 2006, 488; Louven, ZIP 2006, 2021; Müller, NZG 2006, 286; Drinhausen/Gesell, BB 2006, Special 8, 3; Stellungnahme der Centrale für GmbH, GmbHR 2006, 418; Simon/Rubner, Der Konzern 2006, 835; Handelsrechtsausschuss des DAV, NZG 2006, 737; Bayer/Schmidt, NZG 2006, 841; Neye, BB 2007, 389; Krause/Kulpa, ZHR 2007, 38.

15 Siehe dazu Kossmann/Heinrich, ZIP 2006, 164.

16 Zur Frage der Anwendbarkeit auch auf US-amerikanische Gesellschaften Drinhausen/Keinath, RIW 2006, 81, 87; Frenzel/Axer, RIW 2007, 47.

17 Zweifelnd Wachter, GmbHR Sonderbeilage Heft 9, 35 ff.; zu US-amerikanischen Gesellschaften: Drinkhausen/Keinath, RIW 2006, 81, 87 und Frenzel/Axel, RIW 2007, 47.

18 Siehe dazu ausführlich: Müller, Der Konzern 2007, 81.

19 Siehe ausführlich: Grunewald, Der Konzern 2007, 106.

Flankierend dazu wurde im arbeitsrechtlichen Bereich ein Gesetz zur Umsetzung der Regelungen über die **Mitbestimmung der Arbeitnehmer** bei einer Verschmelzung von Kapitalgesellschaften aus verschiedenen Mitgliedstaaten erlassen.[20]

Die erforderlichen, korrespondierenden steuerlichen Regelungen sind mit Wirkung ab 13.12.2006 im Gesetz über steuerliche Begleitmaßnahmen zur Einführung der Europäischen Gesellschaft und zur Änderung weiterer steuerlicher Vorschriften (**SEStEG**)[21] umgesetzt. Es wurden die **nationalen steuerlichen Vorschriften** zur Umstrukturierung von Unternehmen an die jüngsten gesellschaftrechtlichen und steuerrechtlichen **Entwicklungen und Vorgaben des europäischen Rechts** angepasst. Ferner sollten **steuerliche Hemmnisse** für die als Folge der zunehmenden internationalen wirtschaftlichen Verflechtung immer wichtiger werdende grenzüberschreitende Umstrukturierung von Unternehmen **beseitigt werden**. Betroffen sind insbesondere die §§ 11 – 13 KStG, die Wegzugsbesteuerung nach AStG und § 4 EStG sowie § 48 EStG (allgemeine Entnahmefiktion bei Verlagerung ins Ausland und Berechnung eines Ausgleichspostens). Das UmwStG wird vollständig neu gefasst. Damit soll auf einen Schlag die alte Fusionsrichtlinie und die neue Verschmelzungsrichtlinie umgesetzt sowie die steuerliche Flankierung der SE VO gewährleistet werden.

Eine grenzüberschreitende Umwandlung ermöglicht auch die **zukünftige Sitzverlegungsrichtlinie**[22] durch Sitzverlegung in ein europäisches Ausland und Umwandlung nach dem dortigen Recht.[23] Der Referentenentwurf zur Änderung des GmbHG (MoMiG v. 29.5.2006) sieht in § 4a die Sitzverlegung der GmbH, also auch ins Ausland, ohne Auflösung vor.

16

Grenzüberschreitende Verschmelzungen von Personengesellschaften müssen aber weiterhin nach allg. europarechtlichen Grundsätzen (siehe oben Rn. 13) oder durch das sog. Anwachsungsmodell[24] erfolgen. Auch für **Spaltungen** über die Grenze gibt es noch keine gesicherten Rechtsregeln.[25]

4. Verhältnis zur Umstrukturierung nach allgemeinem Recht

a) Zulässigkeit

Durch das **Analogieverbot** (i.e.S.) und den **numerus clausus im UmwG** werden Umstrukturierungsmaßnahmen nach den allgemeinen zivilrechtlichen und gesellschaftsrechtlichen Regeln **nicht ausgeschlossen**. Verzichtet man auf die Vorteile des UmwG, die insb. in der Gesamtrechtsnachfolge bestehen, so sind zahlreiche alternative Wege für jede der genannten Umwandlungsmöglichkeiten nach allgemeinem Recht eröffnet. Bei der Vertrags- und Beschlussgestaltung muss allerdings dann genau differenziert werden.[26]

17

Die **wirtschaftlichen Zielsetzungen** eines **Verschmelzungsverfahrens** können z.B. durch einen Anteilskauf, durch eine Einbringung der Mitgliedschaft (share) als Sacheinlage gegen Anteilsgewährung oder aber auch durch Einzelübertragung des Aktivvermögens eventuell flankiert mit einem Unternehmensvertrag weitgehend erreicht werden.

In vielen Fällen wird gerade **bei kleineren und wirtschaftlich unbedeutenderen Umstrukturierungswünschen** an die Stelle einer **Ausgliederung** nach dem UmwG die bloße Einzelübertragung im Wege der

---

20 BGBl. I 2006, S. 3332; vgl. zum Entwurf BR-Drucks. 540/06 v. 11.8.2006 und BT-Drucks. 16/2922 v. 12.10.2006; siehe dazu Teichmann, Der Konzern 2007, 89; Nagel, NZG 2007, 57.
21 BGBl. I 2006, S. 2782 v. 12.12.2006.
22 14. Richtlinie, ursprünglicher Entwurf abgedruckt in ZIP 1997, 1721.
23 Zu ertragsteuerlichen Aspekten der Herausverschmelzung deutscher Kapitalgesellschaften: Hölscher/Loose, IWB Nr.2 v. 25.1.2006, S. 59 ff. = Deutschland Gruppe 4, S. 475 ff.
24 Heckschen, in: Widmann/Mayer, UmwR, § 1 Rn. 321.
25 Dazu Veil, Der Konzern 2007, 98.
26 Vgl. KG, GmbHR 2004, 1342 = NZG 2004, 1172, zur Unklarheit zwischen Verschmelzung zur Aufnahme und Sachkapitalerhöhung.

Kapitalerhöhung gegen Sacheinlage (assets) treten.[27] Bei Personengesellschaften bieten sich als Alternative die sog. Anwachsungs- oder Abwachsungsmodelle an.[28]

Nach allgemeinen Regeln des HGB ist auch weiterhin die **identitätswahrende „Umwandlung"** einer BGB-Gesellschaft in eine OHG oder eine KG[29] sowie einer KG in eine GmbH & Co. KG[30] zulässig.

b) Vergleichende Bewertung

18 Die **Vorteile**, die das UmwG gerade durch die Gesamtrechtsnachfolge bietet, sind insb. dann, wenn es sich nicht um konzerninterne Maßnahmen handelt (sonst viele Verzichtsmöglichkeiten), durch zahlreiche, z.T. **aufwendige Verfahrensschritte**, zu erkaufen. **Gerade bei der AG** wird durch diese Verfahrensschritte ein zeitlicher Vorlauf zwingend vorgeschrieben, der hinderlich sein kann. So sieht das Verschmelzungs- und das Spaltungsrecht z.B. vor, dass vor der Einberufung der Hauptversammlung, die über die Umwandlung zu entscheiden hat – somit mindestens einen Monat vor der entsprechenden Entschlussfassung – der Entwurf des Verschmelzungsvertrages, Spaltungsvertrages, Spaltungsentwurfes beim Handelsregister eingereicht werden muss (§§ 61, 125 UmwG).

19 **Fehlerträchtige Berichtspflichten** und die im Regelfall **zwingende Beschlussfassung durch die Hauptversammlung** sollten jeden Rechtsanwalt, Notar und Steuerberater bei dem Wunsch nach Umstrukturierung auch die Alternativen außerhalb des UmwG in Betracht ziehen lassen. Neben der Überlegung, wie sich die verschiedenen Wege zum gewünschten Erfolg **kosten-, steuer- und arbeitsrechtlich** auswirken, muss auch die Frage gestellt werden, welcher Weg die meiste **Angriffsfläche für Klagen** von Minderheitsgesellschaftern mit sich bringt (siehe insb. § 14 Abs. 2 UmwG). Bei Spaltungsvorgängen schlägt auch die fünfjährige gesamtschuldnerische Nachhaftung für alle beteiligten Rechtsträger zu Buche (§ 133 Abs. 1 UmwG). Gerade bei Ausgliederungsmaßnahmen sprechen oft gute Gründe gegen eine Lösung über das UmwG.[31]

c) Ausstrahlung des Umwandlungsrechts (Analogieverbot i.w.S.)

20 Umgekehrt ist eine in der Lit.[32] zu Recht heftig kritisierte Tendenz der untergerichtlichen Rspr. zu beachten, die Anforderungen an eine **Umwandlung analog** auch auf eine Maßnahme der Ausgliederung nach allgemeinem Recht, die wirtschaftlich den gleichen Effekt hat, anzuwenden.[33] **Der BGH**[34] hat in seiner Entscheidung zum Delisting[35] **keine analoge Anwendung** des UmwG angeordnet, allerdings den Rechtsgedanken des § 29 UmwG (Abfindungsangebot für ausscheidenswillige Anteilsinhaber) aufgegriffen. Grds. hat jedes Unternehmen die freie Wahl, welchen Umstrukturierungsweg es einschlägt. Dabei kann

---

27 Vgl. dazu ausführlich und mit Mustern Mayer, in: Widmann/Mayer, Umwandlungsrecht, Anhang 5 Einbringung Rn. 323 ff.; Heckschen/Simon, Umwandlungsrecht 2002, § 7 Rn. 89 ff.
28 Zur genauen Differenzierung bei der Anmeldung OLG Frankfurt, DB 2003, 2327.
29 Simon, DStR 2000, 578 ff.; Horn, GmbH-StB 2000, 342 f.; Limmer, DStR 2000, 1230.
30 Siehe dazu Priester, in: FS für Huber, S. 905 ff.
31 Vgl. zur Ausgliederung durch Einzelrechtsnachfolge: Priester, ZHR 1999, 187; Bungert, NZG 1998, 367; Engelmeyer, AG 1999, 263.
32 Siehe dazu ausführlich: Mayer, in: Widmann/Mayer, Umwandlungsrecht, Anhang 5, Einbringung, Rn. 896 ff. mit zahlr. w. N. für die verschiedenen Meinungen.
33 So z.B. LG Koblenz, ZIP 1998, 385 zum Spaltungsbericht und der Zwischenbilanz für die „Ausgliederung" durch Einzelrechtsübertragung; befürwortend: ebenso LG Frankfurt/M., ZIP 1997, 1698; LG Karlsruhe, AG 1998, 99; Lutter/Leinekugel ZIP 1999, 261; ablehnend: LG Hamburg, DB 1997, 516; LG München I, BB 2006, 1928 = ZIP 2006, 2036 = NZG 2006, 873; Bungert, NZG 1998, 367; Heckschen, DB 1998, 1385; vgl. auch Trölitzsch, DStR 1999, 764; ausführlich: allg. zur Ausstrahlungswirkung Schnorbus, Gestaltungsfreiheit im Umwandlungsrecht 2001, S. 78 ff.
34 ZIP 2003, 387 m. Anm. Streit.
35 Siehe zur Umwandlung als Mittel des Delisting: Streck, AG 1998, 460.

es sich des UmwG bedienen, muss es aber nicht.[36] **Der BGH** hat die sog. **"Holzmüllergrundsätze"**[37] für das Erfordernis von Zustimmungsbeschlüssen der Anteilseigner auch bei Umstrukturierungen außerhalb des Umwandlungsrechts und Einzelrechtsübertragungen bedeutender Unternehmensteile in letzter Zeit deutlich eingeschränkt („Gelatine-Rspr.").[38] Die Veräußerung von Beteiligungen durch eine AG bedarf nicht der Zustimmung der HV, wenn es an einer Mediatisierung des Einflusses der Muttergesellschaft und ihrer Aktionäre geht.[39]

III. Haftungsgefahren

1. Haftungssystem des UmwG

Zum **Schutz der Gläubiger** – sowohl der des übertragenden als auch der des aufnehmenden Rechtsträgers – regelt § 22 UmwG, dass diese binnen sechs Monaten nach dem Tag der Eintragung der Verschmelzung in das Handelsregister, **Sicherheitsleistung**[40] verlangen können, soweit sie nicht Befriedigung verlangen könnten und glaubhaft machen, dass die Verschmelzung die Erfüllung ihrer Forderung gefährden wird. Diese Regelung gilt über § 133 Abs. 1 Satz 2 UmwG auch für die Spaltung und nach § 204 UmwG für den Formwechsel, stellt aber in der Praxis ein stumpfes Schwert dar. Es existiert dazu kaum veröffentlichte Rspr.[41] Grds. werden alle vermögenswerten, schuldrechtlichen Forderungen erfasst, die zum Zeitpunkt des Wirksamwerdens der Verschmelzung begründet wurden. Dazu zählen auch Dauerschuldverhältnisse, auch wenn die Teilansprüche erst später fällig werden.[42] Die **Gefährdung der Forderungserfüllung** muss konkret sein,[43] kann aber auch durch Liquiditätsgefährdung in Richtung einer drohenden Zahlungsunfähigkeit entstehen. Die Gefährdung der Gläubiger muss sich allerdings durch die Verschmelzung selbst objektiv erhöhen.[44] Es genügt die Glaubhaftmachung der Gefährdung i.S.d. § 294 ZPO.

Darüber hinaus besteht nach § 133 Abs. 1 – 6 UmwG grds. eine **gesamtschuldnerische Haftung** aller an einer Spaltung beteiligten Rechtsträger.[45] Bei der Verschmelzung und beim Formwechsel ergibt sich diesbezüglich kein Regelungsbedarf, da außer dem Zielrechtsträger selbst kein anderer Rechtsträger mehr übrig bleibt. Daneben kommt bei **Fortführung eines erworbenen Handelsgeschäftes mit Formenfortführung** auch eine Haftung nach der allgemeinen Haftungsnorm des § 25 HGB in Frage (vgl. § 133 Abs. 1 Satz 2 UmwG).[46]

Auch die **Verwaltungsträger** der beteiligten Rechtsträger (Geschäftsführer, Vorstand u.Ä.) können sich **schadensersatzpflichtig machen**. § 25 UmwG regelt insofern bei den übertragenden Rechtsträgern eine gesamtschuldnerische Haftung sowohl gegenüber den Gläubigern als auch gegenüber den Anteilsinhabern. An verschiedenen Stellen im UmwG ist der Grundgedanke des **Nachhaftungsbegrenzungsgesetzes** fortgeführt worden, nach dem regelmäßig eine Haftungsbegrenzung auf fünf Jahre besteht (§ 25 Abs. 3 UmwG für die Verwaltungsträger der übertragenden Rechtsträger; § 45 UmwG bei persönlich haftenden

---

36 BVerfG, DB 2000, 1905.
37 BGH, ZIP 1982, 568 = DB 1982, 795.
38 BGH, NZG 2004, 570 und NZG 2004, 571 = NJW 2004, 1860.
39 BGH, ZIP 2007, 24.
40 Siehe dazu ausführlich: Soldier, Die Höhe der Sicherheitsleistung im Umwandlungsgesetz.
41 Siehe z.B. nur LG Köln, Urt. v. 17.9.2004 – 82 O 133/03, n.v., zur Gefährdung von Versorgungsansprüchen; LG Köln, Der Konzern 2004, 806: keine Gefährdung der Forderungserfüllung durch Anspruch auf Sicherheitsleistung anderer Gläubiger.
42 Stratz, in: Schmitt/Hörtnagl/Stratz, UmwG, § 22 Rn. 6 m.w.N; LG Köln, Urt. v. 17.9.2004 – 82 O 133/03, n.v.; siehe dazu ausführlich Schröer, DB 1999, 317 ff.
43 LG Köln, Urt. v. 17.9.2004 – 82 O 133/03, n.v.
44 Stratz, in: Schmitt/Hörtnagl/Stratz, UmwG, § 22 Rn. 13.
45 Vgl. ausführlich: Müller, DB 2001, 2637.
46 Str.: MünchKomm-HGB/Lieb, § 25 Rn. 25: angesichts der Dispositivität der Vorschrift ohne rechten Sinn; ganz ablehnend: Ebenroth/Boujong/Joost/Zimmer, HGB, § 25 Rn. 36 mangels rechtsgeschäftlicher Übertragung; vgl. auch K. Schmidt, ZGR 1993, 366, 391.

Gesellschaftern einer übertragenden Personengesellschaft und § 133 Abs. 3 UmwG für beteiligte Rechtsträger bei der Spaltung). **§ 27 UmwG** begrenzt auch die aufgrund anderer Anspruchsgrundlagen bestehende Haftung der Verwaltungsträger des übernehmenden Rechtsträgers auf fünf Jahre seit dem Tage, an dem die Eintragung der Verschmelzung ins Handelsregister als bekannt gemacht gilt.

2. Haftung nach dem jeweiligen Gesellschaftsrecht

22 Darüber hinaus finden sich im Umwandlungsrecht verschiedene **Haftungsregelungen**, die wie im **allgemeinen Gesellschaftsrecht** insb. die mit der **Sachgründung bzw. Sachkapitalerhöhung** vergleichbare Situation berücksichtigen. Bei der Neugründung einer GmbH im Rahmen einer Verschmelzung oder einer Kapitalerhöhung zur Durchführung einer Verschmelzung nach § 56 Abs. 2 GmbHG i.V.m. § 9 GmbHG kann daher eine **Differenzhaftung** der beteiligten Gesellschafter eingreifen. Voraussetzung ist, dass der Wert des Unternehmens des übertragenden Rechtsträgers den Gesamtnominalbetrag der gewährten neuen Geschäftsanteile unterschreitet (§ 55 Abs. 1 UmwG).

Dies gilt über § 125 UmwG grds. auch für die Spaltung sowie nach § 220 UmwG bzw. § 197 UmwG i.V.m. § 9 GmbHG auch für den Formwechsel. Die Haftung trifft auch bei der Verschmelzung oder Spaltung **zur Neugründung** die Gesellschafter des/der übertragenden Rechtsträger/s, obwohl §§ 36 Abs. 2 Satz 2 und 135 Abs. 2 Satz 2 UmwG erklären, dass den Gründern der bzw. die übertragende/n Rechtsträger gleichsteht/gleichstehen.[47]

Beim Formwechsel gelten nach den §§ 245 Abs. 1 – 3, 219 UmwG als **Gründer** einer entstehenden Kapitalgesellschaft die für den Formwechsel stimmenden, bei der KGaA auch die persönlich haftenden Gesellschafter.

Für die Verschmelzung zweier **AG** zur Aufnahme mit Kapitalerhöhung lehnt das OLG München jedoch die Differenzhaftung der Aktionäre ab.[48]

23 Bisher kaum diskutiert wird die Frage, ob die Gesellschafter einer im Zuge der Verschmelzung/Spaltung neu gegründeten GmbH sogar eine **Unterbilanzhaftung** für den Fall treffen kann, dass **im „Gründungsstadium" Verluste eingetreten sind**, die dazu führen, dass das Reinvermögen der neu gegründeten Kapitalgesellschaft im Zeitpunkt der Eintragung den **Betrag des statutarischen Stammkapitals unterschreitet**.[49] Zur Frage, ob überhaupt eine Vorgesellschaft entsteht, siehe unten Rn. 119.

Daneben kommt bei der Verschmelzung und Spaltung zur Neugründung sowie beim Formwechsel über die Verweisung in § 197 UmwG auch noch die **Gründerhaftung** nach § 9a GmbHG und § 46 AktG der Gesellschafter bzw. Gründer für die Richtigkeit und Vollständigkeit der zum Zwecke der Gründung einer GmbH oder einer AG gemachten Angaben in Frage.

24 Streitig ist, ob die **Verschmelzung einer Mutter auf ihre Tochter** (sog. down-stream-merger) bei Kapitalgesellschaften eine Haftung nach den §§ 30, 31 GmbHG bzw. §§ 57, 62 AktG wegen verbotener Auszahlung an einen Gesellschafter auslösen kann.[50] Diese Problematik ergibt sich insbesondere, wenn die Muttergesellschaft den Erwerb der Tochtergesellschaft früher einmal überwiegend mit Fremdkapital finanziert hatte und die daraus noch bestehenden Verbindlichkeiten jetzt in die Tochtergesellschaft „hineinverschmolzen" werden. Die Muttergesellschaft wird als Gesellschafterin von den Verbindlichkeiten

---

[47] Mayer, in: Widmann/Mayer, Umwandlungsrecht, § 36 Rn 100 f.; Lutter/Winter, UmwG, § 56 Rn. 26; Reichert, in: Semler/Stengel, UmwG, § 56 Rn. 17.

[48] OLG München, ZIP 2005, 2108; die Differenzierung zur GmbH ablehnend: Wälzholz, AG 2006, 469; Thoß, NZG 2006, 376; str. siehe Grunewald, in: Lutter, UmwG, § 69 Rn. 27 m.w.N. in Fn 3.

[49] Vgl. dazu Ihrig, GmbHR 1995, 336; Winter, in: Lutter, UmwG, § 56 Rn. 28; Reichert, in: Semler/Stengel, UmwG, § 56 Rn. 17; Wälzholz, AG 2006, 469.

[50] Befürwortend: Priester, in: Lutter, UmwG, § 24 Rn. 62; Mayer, in: Widmann/Mayer, Umwandlungsrecht, § 5 Rn. 40.1; Stratz in: Schmitt/Hörtnagl/Stratz, UmwG, § 24 Rn 52; Bula/Schlösser in: Sagasser/Bula/Brünger, UmwR, K 61; Haritz in: Semler/Stengel UmwG, § 24 Rn. 48; Müller, in: Kallmeyer, UmwG, § 24 Rn 40; ablehnend: Bock, GmbHR 2005, 1023; Enneking/Heckschen, DB 2006, 1099.

befreit und deren Gesellschafter erhalten Anteile an der Tochtergesellschaft. Diskutiert wird diese Fallkonstellation auch unter dem Gesichtspunkt des existenzvernichtenden Eingriffs.[51]

IV. Besonderheiten bei der Anfechtung

1. Grundsatz der Anfechtbarkeit

Grds. unterliegt jeder Umwandlungsbeschluss – wie ein Satzungsänderungsbeschluss – der **Anfechtung** entsprechend den Regeln für den jeweils beteiligten Rechtsträger. § 14 UmwG setzt eine **Frist von einem Monat** ab Beschlussfassung.[52] Als Anfechtungsgrund kommen (soweit nicht Nichtigkeit anzunehmen ist) insb. Ladungsmängel, fehlendes Barabfindungsangebot, Unvollständigkeit des Umwandlungsbeschlusses etc. in Frage.[53]

25

2. Einschränkungen und Spruchverfahren

Jedoch ist die **Anfechtung** einer Umwandlung insofern **eingeschränkt** als sie durch die Gesellschafter der übertragenden oder formwechselnden Rechtsträger nicht darauf gestützt werden kann, dass das **Umtauschverhältnis**[54] **oder das Abfindungsangebot** zu schlecht ist (§§ 14 Abs. 2, 15, 32, 125 Satz 1, 195 Abs. 2, 196, 210 UmwG).[55] Hierfür ist das am 1.9.2003 in Kraft getretene Spruchstellenverfahren nach dem neuen **Spruchverfahrensneuordnungsgesetz**[56] vorgesehen.

26

Das **Spruchverfahren** wird durch einen Antrag eines Anteilsinhabers[57] des übertragenden Rechtsträgers binnen drei Monate[58] nach der Bekanntmachung der Umwandlung (§ 4 Abs. 1 Nr. 4 SpruchG) eingeleitet (§ 3 Satz 1 Nr. 3 SpruchG) und ist auf bare Zuzahlung gerichtet. Anders als bei dem Anspruch auf Barabfindung nach § 29 UmwG ist es für den Anspruch auf bare Zuzahlung nach § 15 UmwG bzw. § 196 UmwG nicht Voraussetzung, dass der Anteilsinhaber Widerspruch gegen den Verschmelzungs-, Spaltungs- oder Umwandlungsbeschluss zur Niederschrift erklärt und gegen diesen Beschluss gestimmt hat. **Zulässigkeitsvoraussetzung** für ein solches Spruchverfahren sind konkrete Einwendungen, nicht nur pauschale Angriffe gegen die Unternehmensbewertung.[59] Eine rechtskräftige Entscheidung im Spruchverfahren wirkt für und gegen alle (inter omnes, § 13 Satz 2 SpruchG). Gerichtlich festgelegte bare Zuzahlungen können entgegen der Regelung für freiwillige bare Zuzahlungen in §§ 54 Abs. 4 und 68 Abs. 3 UmwG auch höher als 10 % zugesprochen werden.

27

---

51 Enneking/Heckschen, DB 2006, 1099; Mayer, in: Widmann/Mayer, Umwandlungsrecht, § 5 Rn. 40.1: Müller in: Kallmeyer, UmwG, § 24 Rn. 40.

52 Zur Fristwahrung bei vor Eintragung des Verschmelzungsbeschlusses eingereichter aber erst danach zugestellter Anfechtungsklage: OLG Hamburg, ZIP 2004, 906.

53 Vgl. die Übersicht bei Heckschen, in: Widmann/Mayer, Umwandlungsrecht, § 13 Rn. 210 ff.

54 Zum eingeschränkten Prüfungsumfang: OLG Suttgart, DStR 2006, 626; dagegen jetzt LG Stuttgart, AG 2007, 52; zur Wertrelation von Vorzugsaktien und Stammaktien: OLG Karlsruhe, OLG-Report 2006, 391; zur Unternehmensbewertung im Spruchverfahren: Stilz, in: FS für Mailänder, S. 423 ff.; siehe auch LG Frankfurt, AG 2007, 41 zum Anspruch auf bare Zuzahlung nach § 15 UmwG: Megede, BB 2007, 337.

55 Vgl. auch zur Verletzung der Auskunftspflicht hinsichtlich des Prüfungsberichtes und des Abfindungsangebots OLG Karlruhe, AG 1999, 470; BGH, ZIP 2001, 199; ZIP 2001, 412 = GmbHR 2001, 247; siehe dazu Kleindieck, NZG 2001, 574; zu den Grenzen des Anfechtungsausschlusses bei rechtsmissbräuchlichen Umwandlungen: Grunewald, in: FS für Röhricht, S. 129 ff.

56 Gesetz v. 12.6.2003, BGBl. I, S. 838.

57 Zum Nachweiserfordernis vgl. OLG Stuttgart, NZG 2004, 1162 und LG Frankfurt/M., ZIP 2005, 859; Wasmann/Gayk, BB 2005, 955, 956.

58 Zur Wahrung der Antragsfrist durch Einreichung beim unzuständigen Gericht: BGH, ZIP 2006, 826 = DB 2006, 1046 = AG 2006, 414; dazu Hirte/Wittgens, EWiR § 306 AktG a.F. 1/06, 355; strenger noch OLG Frankfurt, NZG 2006, 272.

59 Vgl. OLG Frankfurt, DB 2006, 660 zum Spruchverfahren wegen der Abfindung beim Squeeze-out.

Der materielle Ausschluss der Klage nach § 14 Abs. 2 UmwG greift allerdings nicht im Falle der **Ausgliederung zur Aufnahme** nach § 123 Abs. 3 Nr. 1 UmwG,[60] da dabei nicht die Anteilseigner des übertragenden Rechtsträgers Anteile bekommen, sondern der Rechtsträger selbst. Die Einschränkungen der Anfechtungsklage aus § 14 Abs. 2 UmwG gelten allgemein auch nicht für die Anteilsinhaber der aufnehmenden Rechtsträger.

3. Einschränkungen und Freigabeverfahren

28 Ansonsten kann eine auf einen anderen Anfechtungsgrund gestützte Klage grds. die **Eintragung einer Umwandlung blockieren**. Denn nach § 16 Abs. 2 UmwG bedarf es für die Eintragung einer Verschmelzung, Spaltung oder eines Formwechsels einer sog. **Negativerklärung über bestehende Anfechtungsklagen** (vgl. dazu genauer unten Rn. 103 ff. – Anmeldung –). Wurde ein Umwandlungsbeschluss angefochten, kann die Umwandlung unter bestimmten Voraussetzungen auch **vor Abschluss des Anfechtungsprozesses** eingetragen werden.

Voraussetzung ist ein entsprechender Beschluss in einem vorgeschalteten **Unbedenklichkeits- bzw. Freigabeverfahren beim Prozessgericht** (vgl. §§ 16 Abs. 3, 125 Satz 1, 198 Abs. 3 UmwG).[61] Nach § 16 Abs. 3 Satz 3 UmwG n.F.[62] soll der Beschluss spätestens drei Monate nach Antragstellung ergehen.

Eine diesbezügliche Entscheidung des Prozessgerichts ist für den Registerrichter verbindlich.[63] Ein solcher **Unbedenklichkeitsbeschluss** kann allerdings nur ergehen, wenn die **Klage unzulässig bzw. offensichtlich unbegründet**[64] ist oder das **Vollzugsinteresse** an einer Eintragung das Interesse des Klägers am Aufschub **überwiegt** (§ 16 Abs. 3 Satz 2 UmwG).[65] Letzteres ist nur der Fall, wenn die mit dem weiteren Aufschub der Eintragung verbundenen Nachteile **so schwer wiegen**, dass es gerechtfertigt erscheint, die Verschmelzung trotz eventueller Mängel einzutragen.[66]

29 Ein Fall der **offensichtlichen Unbegründetheit** wird auch bei rechtsmissbräuchlich erhobenen Klagen angenommen.[67] Dies ist z.B. der Fall, wenn der Kläger durch die Anfechtungsklage zum Nachgeben in einem gegen die Gesellschaft geführten Schadensersatzprozess zwingen will.[68] Indiz für rechtsmissbräuchliche Klageerhebung ist z.B. der Erwerb von Aktien durch den Kläger erst nach den streitgegenständlichen Zustimmungsbeschlüssen.[69]

---

60 OLG Stuttgart, DB 2003, 33.
61 Siehe dazu OLG Stuttgart, DB 2003, 33 = OLG Report 2002, 337; ZIP 1997, 75; OLG Hamm, ZIP 1999, 798; OLG Düsseldorf, ZIP 1999, 793 = NZG 1999, 566; Köstner, WM 2000, 1921 ff.; Heermann, ZIP 1999, 1861; OLG Düsseldorf, ZIP 2001, 1717 zum Formwechsel = EWiR 2001, 1161; OLG Frankfurt, ZIP 2003, 1654; NJW-RR 1999, 334 = GmbHR 1998, 838; OLG Hamm, Der Konzern 2005, 374 = AG 2005, 361; dazu ausführlich: Lüttge/Bassler, Der Konzern 2005, 341 ff.; OLG München, ZIP 2005, 615 = WM 2005, 1414, zur Verletzung von Meldepflichten nach §§ 21, 22 WpHG; OLG Stuttgart, ZIP 2004, 1145.
62 BR-Drucks. 95/09. Inkrafttreten stand bei Redaktionsschluss unmittelbar bevor.
63 Marsch-Barner, in: Kallmeyer, UmwG, § 16 Rn. 34.
64 Zur offensichtlichen Unbegründetheit OLG Düsseldorf, DB 2006, 2223.
65 Zum vorrangigen Vollzugsinteresse ausführlich OLG Frankfurt, ZIP 2006, 370 = NZG 2006, 227; dazu NJW-Spezial 2006, 173.
66 Vgl. Begründung RegE, BT-Drucks. 12/6699, S. 89; Bork, in: Lutter, UmwG, § 16 Rn. 20; a. A.: Heermann, ZIP 1999, 861, 864; Noack, ZHR 2000, 274, 283; zur Bedeutung der Erfolgsaussicht der Anfechtungsklage: Halfmeier, WM 2006, 1465 ff.
67 OLG Frankfurt, ZIP 1996, 379 = NJW-RR 1996, 417;
68 Vgl. dazu auch BGHZ 107, 296; OLG Düsseldorf ZIP 1999, 793; OLG Hamm ZIP 1999, 798; Henz ZIP 2002, 97, 100 f.
69 OLG Düsseldorf, DB 2001, 321; ebenso: OLG Düsseldorf, OLG Report 2005, 721 bei der Klage gegen ein kaltes Delisting durch Aufspaltung; OLG Frankfurt, ZIP 2006, 370 = DB 2006, 438, auf Bekanntmachung der Tagesordnung abstellend; siehe aber EuGH AG 2000, 470 zu nur verzögerter Klageerhebung.

Auch nach erfolgter Eintragung entfällt nicht das **Rechtsschutzbedürfnis für eine Anfechtungsklage**,[70] solange die Monatsfrist (§§ 14 Abs. 1, 125 Satz 1, 195 Abs. 1 UmwG) noch nicht verstrichen ist.[71] Erweist sich die Anfechtungsklage als **begründet**, ist der Rechtsträger, der den Unbedenklichkeitsbeschluss erwirkt hat, verpflichtet, dem Antragsgegner den **Schaden zu ersetzen**, der ihm aus der vorzeitigen Eintragung der Verschmelzung entstanden ist (§ 16 Abs. 3 Satz 6 UmwG).[72]

30

Das OLG Frankfurt[73] wollte im Freigabeverfahren T-Online/Deutsche Telekom erstmals eine **Rechtsbeschwerde** zum BGH zulassen. Der BGH hat diese aber als **unstatthaft** zurückgewiesen.[74] Im neuen § 16 Abs. 3 Satz 6 UmwG ist dies nun ausdrücklich klargestellt.

V. Steuerliche Aspekte

1. Grunderwerbsteuer

Die Übertragung eines Grundstückes im Wege der Gesamtrechtsnachfolge durch **Verschmelzung** oder **Spaltung** löst mit der Eintragung der Umwandlung im Handelsregister[75] **Grunderwerbsteuer** aus (§ 1 Abs. 1 Nr. 3 GrEStG), da bei diesen Vorgängen ein Rechtsträgerwechsel stattfindet. Daher ergibt sich diesbezüglich auch eine **Anzeigepflicht beim Finanzamt** nach § 18 GrEStG. Durch eine Verschmelzung oder Spaltung kann es auch zu einer mittelbaren oder unmittelbaren Anteilsvereinigung an einer grundbesitzhaltenden Gesellschaft i.S.d. § 1 Abs. 3 GrEStG kommen.[76] Unter grunderwerbsteuerlichen Aspekten ist **immer zu überlegen**, ob nicht eine geplante Verschmelzung auch umgekehrt oder statt der Aufspaltung eine Abspaltung konzipiert werden kann, so dass der Grundbesitz nicht bewegt wird.

31

Die **Bemessungsgrundlage** ermittelt sich aus dem Grundstückswert nach § 138 Abs. 2, 3 BewG (§ 8 Abs. 2 Satz 1 Nr. 2 GrEStG). Die bei der Verschmelzung anfallende Grunderwerbsteuer gehört zu den aktivierungspflichtigen Anschaffungskosten.[77]

32

Je nach genauer Konstellation können die §§ 5 oder 6 GrEStG bei einer Grundstücksübertragung in eine Gesamthand oder aus einer Gesamthand zur (teilweisen) **Grunderwerbsteuerfreiheit** führen. Allerdings kann ein anschließender Formwechsel in eine Kapitalgesellschaft ggf. die dortige **fünfjährige Haltefrist durchbrechen**.[78] Für Verschmelzungen und Spaltungen von Wohnungsunternehmen und Wohnungsgenossenschaften **in den neuen Bundesländern und in Berlin** im Zeitraum v. 1.1.2004 – 31.12.2007 existiert eine sondergesetzlich geregelte Grunderwerbsteuerbefreiung (§ 4 Nr. 8 GrEStG).[79]

33

Der **Formwechsel** ist grds. nicht grunderwerbsteuerbar, auch wenn sich Grundvermögen im Vermögen des betreffenden Rechtsträgers befindet (zum grunderwerbsteuerauslösenden Formwechsel wegen späterem Wegfall der Vergünstigungen aus §§ 5, 6 GrEStG siehe bereits zuvor und genauer unten beim Formwechsel Rn. 280 f.

34

---

70 OLG Stuttgart, ZIP 2004, 1145 = OLG-Report 2004, 160.
71 Zur Wirksamkeit einer vor Eintragung des Verschmelzungsbeschlusses eingereichten aber erst danach zugestellten Anfechtungsklage: OLG Hamburg, ZIP 2004, 906.
72 Entgegen § 20 Abs. 2 UmwG bei erfolgreicher Anfechtungsklage sogar noch für Löschung analog § 142 FGG: Horsch, Rpfleger 2005, 577 ff., siehe aber unten Rn. 111.
73 OLG Frankfurt, ZIP 2006, 370 = DB 2006, 438 = BB 2006, 1584 mit zustimmender Anm. Gehrlein; siehe dazu auch Neumann/Siebmann, DB 2006, 435; Wilsing/Goslar, EWiR, § 16 UmwG 3/06, 189.
74 NZG 2006, 553 = dazu Waclawik, ZIP 2006, 1428; schon vorher ablehnend: z.B. Decher, ZIP 2006, 746.
75 BFH, DB 2005, 85 = DStRE 2005, 113.
76 BFH, GmbH-StB 2005, 360: keine Grunderwerbsteuerpflicht bei Verschmelzung eines Organträgers auf neuen Organträger (bisher) außerhalb der Organschaft; siehe dazu Pflüger, Gestaltende Steuerberatung 2006, 81.
77 BFH, GmbHR 2004, 58 = BB 2003, 2732.
78 Gottwald, Grunderwerbsteuer, S. 134 f.; vgl. z.B. BFH, GmbHR 2003, 1515.
79 Hauschild, Deutschland Spezial Ost 2004, 1.

2. Einkommensteuer[80]

35 Im Gesetz über steuerliche Begleitmaßnahmen zur Einführung der Europäischen Gesellschaft und zur Änderung weiterer steuerlicher Vorschriften (**SEStEG**)[81] ist mit Wirkung ab 13.12.2006 eine vollständige Neufassung des UmwStG erfolgt. Hier können nur kurz die Grundprinzipien aufgezeigt werden, die im neuen UmwStG ihren Niederschlag gefunden haben. Zu Einzelheiten wird auf die Ausführungen in Teil 2: Gesellschaftsrecht 15. Kapitel Rn. 258 – 308 sowie auf die hierzu veröffentlichte Lit.[82] verwiesen.

36 Das **alte Umwandlungssteuergesetz** wurde von zwei Grundprinzipien beherrscht. Um Buchwertfortführung (steuerneutrale Umwandlung) zu erreichen, musste ein Betrieb, Teilbetrieb, Mitunternehmeranteil oder eine Mehrheits- bzw. sogar eine Alleinbeteiligung an einer Kapitalgesellschaft und nicht nur einzelne Wirtschaftsgüter übertragen werden. Darüber hinaus musste die Übertragung gegen Anteile erfolgen.

37 Das **neue Umwandlungssteuergesetz** bringt einen **Konzeptwandel** nicht nur im Einbringungsteil in eine Kapitalgesellschaft (§§ 20 – 23 UmwStG), sondern in kleinerem Umfang auch im Bereich des verschmelzungsbedingten Vermögensüberganges bzw. des Formwechsels von einer Kapitalgesellschaft auf eine Personengesellschaft (§§ 3 – 10 UmwStG).[83] Inhaltlich wurden zum Regierungsentwurf v. 12.7.2006[84] durch die Beschlussempfehlung und den Bereich des Finanzausschusses[85] nochmals wesentliche Änderungen aufgenommen.[86]

Das neue Umwandlungssteuergesetz wurde **europäisiert**, so dass es auch Anwendung findet, wenn die an der Umwandlung beteiligten, übertragenen oder übernehmenden Rechtsträger in der EU oder im EWR ansässig sind. Die Maßgeblichkeit der Handels- für die Steuerbilanz wurde bei der Ausübung der im UmwStG vorgesehenen Bewertungswahlrechte aufgegeben.

Nach § 3 UmwStG muss bei **Verschmelzung oder Formwechsel von einer Körperschaft** auf eine Personengesellschaft oder eine natürliche Person (§§ 3 – 10 UmwStG) im Grundsatz der gemeine Wert angesetzt werden. Auf Antrag ist aber auch die Bewertung mit dem Buch- oder einem Zwischenwert möglich, wenn die stillen Reserven verstrickt bzw. in Deutschland steuerbar bleiben. Die Übertragung von Verlusten ist jetzt gänzlich ausgeschlossen.

Bei der **Einbringung in eine Kapitalgesellschaft oder Genossenschaft** (§§ 20 – 23 UmwStG) wurde das bisherige Besteuerungskonzept der einbringungsgeborenen Anteile aufgegeben. Stattdessen erfolgt eine nachträgliche Besteuerung bei Veräußerung der für die Einbringung erhaltenen Anteile innerhalb von sieben Jahren nach der Einbringung.

38 Nach § 54 EStDV muss jede Form der Umwandlung mit Beteiligung von Kapitalgesellschaften den **Finanzämtern** am Sitz der Geschäftsleitung (§ 20 AO) aller beteiligter Rechtsträger **gemeldet** werden. Durch das SEStEG wurde auch diese Meldepflicht der Notare nach § 54 EStDV erweitert. Damit ist bei **Veräußerern**, die ihren **Wohnsitz oder gewöhnlichen Aufenthalt nicht (mehr) im Inland** haben, neben der Abschrift an das Sitzfinanzamt (§ 54 Abs. 1 EStDV) auch eine Anzeige an das Finanzamt erforderlich, das bei einer früheren unbeschränkten Steuerpflicht für den Anteilseigner (bzw. bei unentgeltlichem Erwerb für dessen Rechtsvorgänger) zuständig war.

3. Erbschaftsteuer

39 Dass eine Umwandlung unmittelbar eine Erbschaft- bzw. Schenkungsteuerpflicht nach § 7 ErbStG auslöst ist zwar möglich, kommt praktisch mangels freigiebiger Zuwendung eher selten vor. Eine Ver-

---

80 Siehe dazu ausführlich: Carlé/Koru/Stahl/Stahl, Umwandlungen 2007.
81 BGBl. I 2006, S. 2782 v. 12.12.2006.
82 Siehe z.B. Dötsch/Pung, DB 2006, 2648 ff., 2704 ff. und 2763 ff.
83 Dötsch/Pung, DB 2006, 2704; siehe dazu ausführlich: Lemaître/ Schönherr, GmbHR 2007, 173.
84 BR-Drucks. 542/06 v. 11.8.2006.
85 BT-Drucks. 16/3315 und 16/3369.
86 Siehe dazu Benecke NWB 2006, 4253.

schmelzung (oder auch Aufspaltung) führt aber zur **Nachbesteuerung** nach §§ 13a Abs. 5 und 19a Abs. 5 ErbStG (Betriebsvermögensfreibetrag und -abschlag), wenn sie **innerhalb von fünf Jahren** nach dem erbschaftsteuerbegünstigten Vorgang (Übertragung von Kapitalgesellschaftsanteilen) erfolgt.[87] **Auch für den Formwechsel** kann dies gelten, obwohl bei ihm keine Übertragung des Gewerbebetriebes oder der Geschäftsanteile und auch keine Auflösung der Kapitalgesellschaft stattfindet.

VI. Kartellrechtliche Aspekte

Im Zuge der 7. GWB-Novelle wurde das GWB mit Wirkung zum 1.7.2005 grundlegend geändert. Die im Zusammenhang mit Umwandlungen relevanten Regelungen über die **Zusammenschlusskontrolle (§§ 35 – 43 GWB)**, sind jedoch weitgehend unverändert geblieben. Sie soll einer Unternehmenskonzentration durch externes Wachstum entgegenwirken und eine Verschlechterung der Marktstruktur und Gefahren, die von marktbeherrschenden Unternehmen ausgehen, vermeiden.

40

Für die **Verschmelzung, die Spaltung und die Vermögensübertragung** kommt insb. der Tatbestand eines Zusammenschlusses durch Vermögenserwerb nach § 37 Abs. 1 Nr. 1 GWB in Frage. Beim **Formwechsel** kann es mangels Vermögensübertragung demgegenüber nicht zu einem **kartellrechtlich relevanten Zusammenschluss** nach § 37 Abs. 1 Nr. 1 GWB kommen. Rechtstechnisch denkbar ist auch ein Zusammenschluss durch Kontrollerwerb (§ 37 Abs. 1 Nr. 2 GWB) oder Anteilserwerb (§ 37 Abs. 1 Nr. 3 GWB: mehr als 25 %).

41

Ein **Zusammenschluss** nach § 37 Abs. 1 Nr. 1 GWB liegt nur vor, wenn das Vermögen eines anderen Unternehmens **ganz oder zu einem wesentlichen Teil** erworben wird. Der Kontrolle nach §§ 36 ff. GWB unterliegen aber nur Zusammenschlüsse, die die nach § 38 GWB zu berechnenden **quantitativen Schwellenwerte** des § 35 Abs. 1 Nr. 1 und § 35 Abs. 1 Nr. 2 GWB (mehr als 500 Mio. Weltumsatz und mehr als 25 Mio. Einzelunternehmensumsatz) kumulativ übersteigen. § 35 Abs. 2 GWB enthält darüberhinausgehende Ausnahmen von der Zusammenschlusskontrolle (sog. **Toleranzklauseln**).

42

Erfüllt ein Zusammenschluss die **Voraussetzungen der §§ 35 ff. GWB**, muss das Vorhaben vor seinem Vollzug **beim Bundeskartellamt angemeldet** und von diesem unter Beachtung der Grundsätze des § 36 GWB **genehmigt werden** (präventive Kontrolle). Innerhalb **eines Monats nach Anmeldung** muss das Bundeskartellamt mitteilen, ob es in das Hauptprüfungsverfahren eingetreten ist (§ 40 Abs. 1 GWB). Ansonsten kommt eine Untersagung nicht mehr in Betracht. Die **Verfügung als Abschluss des Hauptprüfungsverfahrens** muss wiederum innerhalb von vier Monaten seit Eingang der vollständigen Anmeldung zugestellt sein (§ 40 Abs. 2 GWB). Ist dies nicht der Fall, gilt der Zusammenschluss als freigegeben.

43

Ohne Freigabe oder Ablauf dieser jeweiligen Fristen dürfen die Unternehmen einen Zusammenschluss **nicht vollziehen** (§ 41 Abs. 1 Satz 1 GWB). Dagegen verstoßende **Rechtsgeschäfte sind (schwebend) unwirksam** (Satz 2). Bei rechtskräftiger Untersagungsverfügung ergibt sich endgültige Unwirksamkeit. Dieses betrifft schon den jeweiligen Umwandlungsvertrag sowie die entsprechenden Beschlüsse. **Dies gilt nicht** bei Umwandlungen, sobald sie durch (gegen das oben dargestellte Vollzugsverbot verstoßende) **Eintragung im zuständigen Register** rechtswirksam geworden sind (§ 41 Abs. 1 Satz 3 GWB). Bei der zeitlichen Planung eines genehmigungsbedürftigen Zusammenschlusses durch eine Umwandlung muss also die **max. viermonatige Dauer** des Prüfungsverfahrens beim Bundeskartellamt **mitberücksichtigt werden**.

44

> **Hinweis:**
>
> In der Praxis hilft man sich regelmäßig mit einem sog. Kartellvorbehalt.[88] Der Verschmelzungs- bzw. Spaltungsvertrag wird unter die aufschiebende Bedingung gestellt, dass die zuständige Kartellbehörde den Zusammenschluss nicht untersagt, freigibt oder vier Monate verstrichen sind. Schwierigkeiten bereiten aber Freigaben durch das Kartellamt unter Auflagen.

---

87 BFH, DB 2006, 1597 = DStR 2006, 1270.
88 Simon, in: Semler/Stengel, UmwR 2003, § 5 Rn. 100 und § 126 Rn. 102.

B. Ablauf eines Umwandlungsverfahrens

45 Das Umwandlungsverfahren vollzieht sich bei allen Umwandlungsvorgängen im Wesentlichen in **drei Hauptschritten**:

Schritt 1: Vertrag, Plan oder Entwurf

Als rechtsgeschäftliche Grundlage für die Übertragung des Vermögens ist zunächst von den beteiligten Rechtsträgern ein **Vertrag** abzuschließen. Wenn bei einer Spaltung erst neue Rechtsträger entstehen sollen, tritt an die Stelle des Vertrags ein **Spaltungsplan** als einseitiges Rechtsgeschäft. Beim Formwechsel, bei dem es ebenfalls an einem Vertragspartner fehlt, wird diese vorbereitende Funktion durch den Entwurf des Umwandlungsbeschlusses erfüllt. Für alle genannten Rechtsakte wird jeweils ein bestimmter **Mindestinhalt** im Umwandlungsgesetz vorgeschrieben.

Schritt 2: Beschlussfassung nach Informationen und Offenlegung

Systemwidrige Bestimmungen des Umwandlungsrechts (§§ 5 Abs. 3, 126 Abs. 3 UmwG) versuchen durch **Information des Betriebsrates** einen Monat vor der Beschlussfassung über die beabsichtigte Verschmelzung, Spaltung oder den Formwechsel die Arbeitnehmer und die Arbeitnehmervertretungen zu schützen.

Die **Anteilsinhaber** der beteiligten Rechtsträger sind grds. durch einen besonderen **Bericht** über die Einzelheiten der geplanten Umwandlung zu unterrichten. Dem Schutz ihrer Interessen dient im Übrigen die – generell oder nur unter bestimmten Voraussetzungen – vorgeschriebene **Prüfung** durch unabhängige Sachverständige (z.B. im Konzern verzichtbar). Je nach beteiligtem Rechtsträger sind bestimmte **Einberufungs- und Informationsvorschriften** zu beachten. Insb. bei der AG, KGaA und dem VVaG enthalten das Umwandlungsgesetz und die jeweiligen Spezialgesetze für den betreffenden Rechtsträger besondere **Offenlegungs- und Bekanntmachungspflichten**. Auf der Grundlage der erhaltenen Informationen beschließen die Anteilsinhaber über die Umwandlung, i.d.R. mit der für Satzungsänderungen vorgeschriebenen Mehrheit. Für den **Beschluss** ist generell die **notarielle Beurkundung** vorgeschrieben. Darüber hinaus bedarf es im Einzelfall ebenfalls notariell zu beurkundende **Zustimmungserklärungen** bestimmter besonders betroffener Anteilseigner. Erst mit den erforderlichen Zustimmungsbeschlüssen wird der jeweilige Verschmelzungs- bzw. Spaltungsvertrag wirksam.

Schritt 3: Eintragung aufgrund Anmeldung

Die Wirksamkeit der Umwandlung, insb. des Vermögensübergangs des Entstehens und Erlöschens der beteiligten Rechtsträger bzw. beim Formwechsel das Fortbestehen in der neuen Rechtsform, wird erst durch die **Eintragung** im zuständigen Register herbeigeführt (§§ 19, 20, 130, 131, 202 UmwG). Eine Eintragung erfolgt nur aufgrund einer **Anmeldung** durch die zuständigen Vertretungsorgane innerhalb von acht Monaten seit dem Datum auf das die beizufügende Schlussbilanz des übertragenden Rechtsträgers aufgestellt wurde (siehe dazu näher unten Rn. 103 ff.).

C. Verschmelzung

I. Definition und Grundprinzipien

Die **Verschmelzung** ist die wichtigste im neuen UmwG vorgesehene Umwandlungsform. Einerseits kommt sie in der Praxis am häufigsten vor.[89] Andererseits wird in den anderen Umwandlungsarten mehr oder weniger vollständig auf **die Regelungen des Verschmelzungsrechts verwiesen**, so dass dort die gleichen Grundsätze anzuwenden sind (vgl. z.B. §§ 125, 176 Abs. 1, 180 UmwG).

46

Die Verschmelzung beinhaltet folgende **Wesensmerkmale** (vgl. Regierungsbegründung Einführung UmwG):

47

- Verbindung zweier oder mehrerer Rechtsträger
- durch Übergang aller Aktiva und Passiva ipso iure (durch Gesamtrechtsnachfolge)
- von einem oder mehreren liquidationslos erlöschenden Rechtsträgern
- auf den aufnehmenden oder neu zu bildenden Rechtsträger
- unter Gewährung von Anteilen oder Mitgliedschaften des übernehmenden oder neuen Rechtsträgers an die Anteilsinhaber (Gesellschafter, Aktionäre, Genossen oder Mitglieder) des übertragenden Rechtsträgers.

Bei der Verschmelzung ist der **Untergang des übertragenden Rechtsträgers** zwingend.[90] Sein Fortbestand kann nicht wirksam vereinbart werden. Dabei geschieht die Verschmelzung jedoch unter Ausschluss der Abwicklung. Dies ergibt sich ebenfalls aus dem Prinzip der Gesamtrechtsnachfolge, die keinen Raum für eine Liquidation lässt.

48

§ 20 Abs. 1 Nr. 1 UmwG kodifiziert das Prinzip der **Gesamtrechtsnachfolge** für die Verschmelzung. Das Vermögen des übertragenden Rechtsträgers geht als Ganzes auf den übernehmenden oder neu gegründeten Rechtsträger über. Auch bei einem laufenden Zivilprozess tritt der Gesamtrechtsnachfolger in die Parteienstellung ein.[91]

49

Aus ihrer Definition folgt auch, dass **einzelne Aktiva oder Passiva** von der Gesamtrechtsnachfolge **nicht ausgenommen** werden können.[92] Entsprechende Vereinbarungen sind nichtig. **Einzelverfügungen über Gegenstände** der erlöschenden Gesellschaft können jedoch noch **bis zur konstitutiven Eintragung der Verschmelzung** ins Handelsregister wirksam vorgenommen werden. Diese Gegenstände müssen dann jedoch vor dem Wirksamwerden der Verschmelzung mit dinglicher Wirkung aus dem Vermögen des übertragenden Rechtsträgers ausgeschieden sein.

Bei von der Gesamtrechtsnachfolge erfassten **gegenseitigen Verträgen** kann sich ein **Sonderkündigungsrecht** aus einer entsprechenden Vertragsklausel (**change of control-Klausel**) aber auch aus den Gesamtumständen[93] ergeben. § 21 UmwG enthält diesbezüglich eine **Billigkeitsregelung**. Die Stellung

50

---

[89] Siehe z.B. die statistische Erhebung für AG: Bayer/Hofmann, AG Report 2006, R 468, Heft 20.
[90] Austmann/Frost, ZHR 2005, 431.
[91] Für Unterbrechung des laufenden Prozesses analog § 239 Abs. 1 ZPO: Stöber, NZG 2006, 574.
[92] Siehe zum Problem von im Ausland belegenen Gesellschaftsvermögen: Racky, DB 2003, 923; Kusserow/Prüm, WM 2005, 633 ff.; Kübler, in: Semler/Stengel, UmwG, § 20 Rn. 10; zur Rechtsstellung der stillen Gesellschaft bei der Verschmelzung: Winter, in: FS für Peltzer, S. 45.
[93] Zu Kreditverträgen: Eusani, WM 2004, 866; OLG Karlsruhe, DB 2001, 1548 Sonderkündigungsrecht bejaht; BGH, NJW 2002, 2168 für Pachtvertrag verneint.

des **Wohnungseigentumsverwalters** geht wegen seines höchstpersönlichen Charakters nicht im Wege der Gesamtrechtsnachfolge mit über.[94]

51 Des Weiteren folgt aus der Definition der Verschmelzung, dass die „**Gegenleistung**" für die Anteilsinhaber der übetragenden Rechtsträger, die dadurch ja ihre Anteile bzw. Mitgliedschaften am erlöschenden Rechtsträger verlieren, in der **Gewährung von – gleichwertigen – Anteilen** oder Mitgliedschaften an dem aufnehmenden bzw. neu entstehenden Rechtsträger bestehen muss.[95] Der Übergang der Anteile erfolgt **ex lege** (kraft Gesetz). Das UmwG n.F.[96] sieht in § 54 Abs. 1 Satz 3 UmwG und § 68 Abs. 1 Satz 3 UmwG die Möglichkeit eines einvernehmlichen notariellen Verzichts auf die Gewährung von Anteilen vor.

52 Mit dem **Erlöschen des übertragenden Rechtsträgers** endet auch das bisherige mitgliedschaftliche Verhältnis der Gesellschafter. Es wird durch das neue mitgliedschaftliche Verhältnis fortgesetzt. Rechte und Pflichten (bei Kapitalgesellschaften insb. die Einlagepflicht) aus der alten Mitgliedschaft ergeben sich im selben Umfang jetzt aus dem neuen Mitgliedschaftsverhältnis. Diese „**Kontinuität der Mitgliedschaft**" bedeutet z.B. auch, dass die Gesellschafter durch die Verschmelzung nicht etwa von ihren bisher noch offenen Einlagepflichten befreit werden. **Die Einlageforderung** geht im Wege der Gesamtrechtsnachfolge auf die aufnehmende Gesellschaft über (vgl. auch § 20 Abs.1 Nr. 3 Satz 2 UmwG: dingliche Surrogation bezüglich Rechte Dritter an Anteilen der übertragenden Rechtsträger), ob als einfache Forderung oder noch als entsprechend geschützte Einlageforderung, ist strittig.[97]

53 Nur bei der Verschmelzung einer Tochter-GmbH auf Ihre Mutter-GmbH geht die betreffende **Einlageforderung** durch Konfusion unter. Dennoch ist ganz allgemein die Verschmelzung auch mit **nicht voll eingezahlten Geschäftsanteilen** möglich. Das Gesetz regelt für die GmbH lediglich in § 51 Abs. 1 Satz 3 UmwG das Erfordernis der Zustimmung aller Gesellschafter der aufnehmenden GmbH, da ihnen bezüglich der offenen Stammeinlagenleistungen eine Haftung nach § 24 GmbHG drohen soll.[98]

---

[94] Str. Bärmann/Pick/Merle, WEG, § 26 Rn. 77; Weitnauer/Lüke, WEG, § 26 Rn. 25; Mayer, in: Widmann/Mayer, Umwandlungsrecht, § 132 Rn. 35; OLG Köln, NZM 2006, 591 (bei Anwachsung); zur Ausgliederung: BayObLG, NJW-RR 2002, 732; OLG Köln, OLG-Report Köln 2004, 49; krit. auch Palandt/Bassenge, BGB, § 26 WEG Rn. 1; a.A.: Vossius, in: Widmann/Mayer, Umwandlungsrecht, § 20 Rn. 322 f.; Teichmann, in: Lutter, UmwG, § 132 Rn. 42; Niedenführ/Schulze, WEG, § 26 Rn. 12; OLG Düsseldorf, NJW-RR 1990, 1299 (offen bei juristischen Personen).

[95] Sehr streitig, vgl. dazu näher unten Rn. 95 f.

[96] BT-Drucks. 16/2919 v. 12.10.2006 unter Maßgabe der Änderungen im BR-Drucks. 95/07 v. 16.2.2007; das Inkrafttreten stand bei Redaktionsschluss unmittelbar bevor.

[97] Dogmatisch konsequent müsste es sich eigentlich um eine einfache Gesellschaftsforderung handeln; a.A. die h.M.: Reichert, in: Semler/Stengel, UmwG, § 51 Rn. 10; Winter, in: Lutter, UmwG, § 51 Rn. 10; Mayer, in: Widmann/Mayer, Umwandlungsrecht, § 51 Rn. 22 ff., für noch offene Einlageforderung.

[98] H.M.; Reichert, in: Semler/Stengel, 2003, § 51 Rn. 18; Winter, in: Lutter, UmwG, § 51 Rn. 10; Bermel, in: Goutier/Knopf/Tulloch, UmwG, § 51 Rn. 9; Mayer, in: Widmann/Mayer, Umwandlungsrecht, § 51 Rn. 25; a.A.: Stratz, in: Schmitt/Hörtnagl/Stratz, UmwG, § 51 Rn. 9, der auf die Zustimmung der Gesellschafter bei der übertragenden GmbH abstellen will; Klarstellung in § 51 Abs. 1 Satz 3 UmwG n.F., dass die Zustimmung aller Gesellschafter der übernehmenden Gesellschaft erforderlich ist.

II. Verschmelzungsfähige Rechtsträger

auf / von	PHG	PartG	GmbH	AG	KGaA	e.G.	e.V./ wirt.V.	Gen.Pr. Vbd.	VVaG	nat. Pers. Alleingesellschafter
PHG	A/N §§ 39 - 45	A/N §§ 39 - 45, 45a - 45e	A/N §§ 39 - 45, 46 - 59	A/N §§ 39 - 45, 60 - 77	A/N §§ 39 - 45, 78	A/N §§ 39 - 45, 79 - 98	-	-	-	-
PartG	A/N §§ 39 - 45, 45a - 45e	A/N §§ 45a - 45e,	A/N §§ 45a 45e, 46 - 59	A/N §§ 45a - 45e, 60 - 77	A/N §§ 45a - 45e, 78	A/N §§ 45a - 45e, 79 - 98	-	-	-	-
GmbH	A/N §§ 39 - 45, 46 - 59	A/N §§ 45a - 45e 46 - 59	A/N §§ 46 - 59	A/N §§ 46 - 59, 60 - 77	A/N §§ 46 - 59 78	A/N §§ 46 - 59 79 - 98	-	-	-	§§ 120 - 122 i.V.m. §§ 46 - 59
AG	A/N §§ 39 - 45, 60 - 77	A/N §§ 45a - 45e, 60 - 77	A/N §§ 46 -59, 60 - 77	A/N §§ 60 - 77	A/N §§ 60 - 77	A/N §§ 60 - 77	-	-	-	§§ 120 - 122 i.V.m. §§ 60 - 77
KGaA	A/N §§ 39 - 45, 78	A/N §§ 45a - 45e, 78	A/N §§ 46 -59, 78	A/N §§ 60 - 77, 78	A/N § 78	A/N §§ 78, 79 - 98	-	-	-	§§ 120 - 122 i.V.m. § 78
e.G.	A/N §§ 39 - 45, 79 - 98	A/N §§ 45a - 45e, 79 - 98	A/N §§ 46 -59, 79 - 98	A/N §§ 60 - 77, 79 - 98	A/N §§ 78, 79 - 98	A/N §§ 79 - 98	-	-	-	-
e.V./ wirt.V.	A/N §§ 39 - 45, 99 - 104a	A/N §§ 45a - 45e, 99 - 104a	A/N §§ 46 - 59, 99 - 104a	A/N §§ 60 - 77, 99 - 104a	A/N §§ 78, 99 - 104a	A/N §§ 79 - 98, 99 - 104a	A/N §§ 99 - 104a	-	-	-
Gen. Pr. Vbd.	-	-	-	-	-	-	-	A §§ 105 - 108	-	-
VVaG	-	-	-	A/N (nur Versicherung) §§ 60 - 77, 109 - 119	-	-	-	-	A/N §§ 109 - 119	-
nat. Pers.	-	-	-	-	-	-	-	-	-	-

Erläuterungen:

*A: Vorgang ist nur zur Aufnahme durch einen übernehmenden Rechtsträger (obere waagerechte Spalte) möglich.

*N: Vorgang ist nur zur Neugründung eines neuen Rechtsträgers (obere waagerechte Spalte) möglich.

Nach allg. Meinung kann die **EWiV** genauso wie die Personengesellschaft an Verschmelzungen beteiligt sein, da nach § 1 EWiV-AG für sie das Recht der OHG gilt.[99] Für die **Partenreederei** ist dies umstritten.[100]

Die **Europäische Aktiengesellschaft** (SE) mit Sitz in Deutschland ist umwandlungsrechtlich wie eine deutsche AG zu behandeln,[101] da sie **ihrer Natur nach eine AG** ist (vgl. insb. der Verweis aufs Aktiengesetz). Davon zu unterscheiden ist die Frage, wie die SE durch grenzüberschreitende Verschmelzung oder durch Umwandlung aus einer AG gegründet werden kann. Die Regelungen hierfür befinden sich in der **europäischen SE-VO** selbst sowie im nationalen **SEAG**.

---

99 Siehe nur Lutter, in: Lutter, UmwG, § 3 Rn. 4 m.w.N. in Fn. 15 auf S. 198.
100 Bejahend: K. Schmidt, Die Partenreederei als Handelsgesellschaft, S. 124 ff.; Drygala, in: Lutter, UmwG, § 3 Rn. 5.
101 Hörtnagl, in: Schmitt/Hörtnagl/Stratz, UmwG, Teil C SE-VO Vor Rn. 3; Marsch-Barner, in: Liber amicorum für Happ, S. 165.

Nicht verschmelzungsfähig sind insb. die **GbR, die Erbengemeinschaft, der nichtrechtsfähige Verein, die stille Gesellschaft** und die **Stiftung**. Die GbR kann jedoch seit dem HRefG von 1998, auch wenn sie vermögensverwaltend oder kleingewerbetreibend (nicht aber freiberuflich) tätig ist, über einen Zwischenschritt **durch die Eintragung ins Handelsregister nach § 105 Abs. 2 HGB** zur verschmelzungsfähigen OHG oder mit entsprechender Satzungsänderung zur KG avancieren.[102]

Die **Vor-GmbH**, wie auch die **Vor-AG** sind noch nicht umwandlungsfähig, können aber schon den Verschmelzungsvertrag abschließen, die **Zustimmungsbeschlüsse** fassen lassen und die Anmeldung zum Handelsregister durchführen. Die GmbH/AG muss nur **vor der Eintragung der Verschmelzung** durch ihre eigene Eintragung entstanden sein.[103]

56   Nach § 3 Abs. 3 UmwG können auch **aufgelöste Rechtsträger** an der Verschmelzung als übertragende Rechtsträger teilnehmen, wenn die Fortsetzung beschlossen werden könnte. Dies ist z.B. **nicht der Fall**

- bei Gesellschaften in Liquidation, wenn mit der Verteilung des Vermögens bereits begonnen wurde,[104]
- wenn wegen (materieller [insolvenzrechtlicher] nicht nur bilanzieller) Überschuldung nach einem Auflösungsbeschluss ein Fortsetzungsbeschluss nicht mehr gefasst werden könnte[105]
- oder wenn die Auflösung, wie bei der Eröffnung des Insolvenzverfahrens[106] und der Ablehnung der Insolvenzeröffnung mangels Masse, zwingende gesetzliche Folge ist.[107]

57   **Kein Hinderungsgrund** ist jedoch allein die insolvenzrechtliche Überschuldung des übertragenden Rechtsträgers, sofern nicht Kapitalaufbringungsgrundsätze bei der übernehmenden Kapitalgesellschaft entgegenstehen.[108] In der Lit. wird sogar die Verschmelzungsfähigkeit noch im Insolvenzeröffnungsverfahren befürwortet.[109] Streitig ist, ob ein aufgelöster Rechtsträger auch aufnehmender Rechtsträger sein kann, ohne dass die Fortsetzung vorher beschlossen werden muss.[110] Dies dürfte wohl eher zu verneinen sein, da das Umwandlungsgesetz mit der Ausnahmevorschrift des § 3 Abs. 3 UmwG konzeptionell nur die Sanierungsfusion nicht aber die Abwicklungsfusion ermöglichen wollte.

> **Hinweis:**
>
> **Verschmelzungshindernisse** können sich auch aus gesellschaftsrechtlichen Vorgaben der jeweiligen Rechtsform der beteiligten Rechtsträger oder aus berufsrechtlichen Gesichtspunkten ergeben. So kann z.B. eine Steuerberater-GmbH nicht mit einer ein Handelsgewerbe betreibenden Gesellschaft verschmolzen werden.[111] Die Verschmelzung auf oder auch der Formwechsel in eine Partnerschaftsgesellschaft ist nur zulässig, wenn alle Gesellschafter der übertragenden oder formwechselnden Gesellschaft „partnerschaftsfähig" i.S.d. § 1 PartGG sind (vgl. § 45a UmwG).

---

102   Stengel, in: Semler/Stengel, UmwG, § 3 Rn. 5; Heckschen, Rpfleger 1999, 357, 358; von der GbR in die GmbH & Co.. KG: Gassmann, DB 2004, 2066; Limmer, DStR 2000, 1230; Simon, DStR 2000, 578; Horn, GmbHStB 2000, 342; BayObLGZ 2002, 137.
103   Kallmeyer, UmwG, § 3 Rn. 9; Lutter/Drygala, in: Lutter, UmwG, § 3 Rn. 5; nur scheinbar a.A.: Stratz, in: Schmitt/Hörtnagl/Stratz, UmwG, § 3 Rn. 24.
104   OLG Naumburg, GmbHR 1998, 38.
105   BayObLG, DB 1998, 711.
106   Zur Umwandlung nach Stellung des Insolvenzantrages Heckschen, DB 2005, 2675.
107   KG, DNotZ 1999, 148 m. Anm. Limmer zum Konkurs bei der aufnehmenden Gesellschaft.
108   OLG Stuttgart, DStR 2006, 338 m. zust. Anm. von Wälzholz = DB 2005, 2681 = GmbHR 2006, 380, zur Verschmelzung einer GmbH auf ihren Alleingesellschafter.
109   Heckschen, DB 2005, 2675; Wälzholz, DStR 2006, 338, 339.
110   Ablehnend: z.B. AG Erfurt, Rpfleger 1996, 163; Lutter/Drygala, in: Lutter, UmwG, § 3 Rn. 19 m.w.N. in Fn. 3 und 4; a.A. insb. Stratz, in: Schmitt/Hörtnagl/Stratz, UmwG, § 3 Rn. 48.
111   Heckschen, in: Beck'sches Notar-Handbuch, D IV Rn. 18; OLG Hamm, NJW 1997, 666; ablehnend: Neye, EWiR § 19 UmwG 1/97.

III. Ablauf der Verschmelzung mit Übersicht[112]

- Vorüberlegungen

58

Welche Verschmelzungsart	
– durch Aufnahme	§ 2 Nr. 1
– durch Neugründung	§ 2 Nr. 2
Verschmelzungsmöglichkeiten unter Beteiligung verschiedener Rechtsträger (vgl. voranstehende Übersicht)	§ 3 Abs. 1, Abs. 2
ggf. Aufstellung der erforderlichen Schlussbilanz (Acht-Monats-Frist)	§ 17 Abs. 2 Satz 4

- Abschluss eines Verschmelzungsvertrages oder Aufstellung eines Entwurfs

Mindestinhalt	§§ 5, 29 Abs. 1 Satz 1, 35, 36, 37
sowie zusätzlich bei	
OHG, KG	§ 40
Partnerschaft	§ 45b
GmbH	§§ 46, 56
e.G.	§§ 80, 96
VVaG	§§ 110, 114
Notarielle Beurkundung	§§ 6, 36
Kündigung des Vertrages	§§ 7, 36
Zuleitung des Verschmelzungsvertrages an den Betriebsrat	§§ 5 Abs. 3, 36
Erstattung eines Verschmelzungsberichtes	§ 8
sowie zusätzlich bei OHG, KG	§ 41
Partnerschaft	§ 45c
Verschmelzungsprüfung	§§ 9 – 12, 36
sowie zusätzlich bei	
OHG, KG	§ 44
Partnerschaft	§ 45e i.V.m. § 44
GmbH	§§ 48, 56, 30 Abs. 2
AG	§§ 60, 73
KGaA	§ 78 i.V.m. §§ 60, 73
e.G.	§§ 81, 96 (Gutachten des Prüfungsverbandes)
e.V.	§ 100
w.V.	§ 100

---

112 Alle hier genannten Paragrafen sind solche des UmwG.

- Einberufung der beschlussfassenden Versammlungen nach dem jeweiligen Recht des betroffenen Rechtsträgers
- Zusätzliche Vorbereitung des Verschmelzungsbeschlusses durch Unterrichtungs- und Bekanntmachungspflichten

OHG, KG	§ 42
Partnerschaft	§ 45c
GmbH	§§ 47, 49, 56
AG	§§ 61, 63, 73
KGaA	§ 78 i.V.m. §§ 61, 63, 73
e.G.	§§ 82, 96
e.V.	§ 101
gen. Pr.V.	§ 106 i.V.m. § 101
VVaG	§§ 11, 112, 114
w.V.	§ 101
natürliche Person	§ 121 i.V.m. § 61

- Durchführung der Versammlung der Anteilsinhaber des aufnehmenden und des (der) übertragenden Rechtsträger(s)

Beschluss der Anteilsinhaber, notariell beurkundet	**§§ 13, 36**
ggf. Kapitalerhöhung	**§§ 55, 69**
sowie zusätzliche Informations- und Auskunftspflichten bei:	
AG	§§ 64, 73
KGaA	§ 78 i.V.m. §§ 64, 73
e.G.	§§ 83, 96
e.V.	§ 102
gen. Pr.V.	§ 106 i.V.m. § 102
VVaG	§§ 112, 114
w.V.	§ 102

- Zustimmungs-, Mehrheits- und andere Erfordernisse

Zustimmungserklärungen einzelner Anteilsinhaber, notariell beurkundet:	§ 13 Abs. 2 und Abs. 3, § 36
sowie zusätzlich bei	
OHG, KG	§ 43
Partnerschaft	§ 45d
GmbH	§§ 50, 51, 56, 59
AG	§§ 65, 73 sowie §§ 62, 76

KGaA	§ 78 Satz 1, Satz 3; §§ 65, 73; §§ 62, 76
e.G.	§§ 84, 96
e.V.	§ 103
gen. Pr.V.	§ 106 i.V.m. § 103
VVaG	§§ 112, 116
w.V.	§ 103

- Klage gegen Wirksamkeit des Verschmelzungsbeschlusses §§ 14, 36
- Anmeldung der Verschmelzung bei den zuständigen Registern §§ 16, 35, 38

Anlagen und Zusatzerklärungen bei der Anmeldung	§ 17 Abs. 1
Bilanz	§ 17 Abs. 2
GmbH	§ 52
zusätzlich e.G. (Prüfungsgutachten)	§ 86
Eintragung und Bekanntmachung der Verschmelzung in den zuständigen Registern	§§ 19, 36
sowie zusätzlich bei	
GmbH	§ 53
AG	§§ 66, 71, 77
KGaA	§ 78 i.V.m. §§ 66, 77
VVaG	§§ 117, 118, 119
Wirksamwerden und Wirkungen der Verschmelzung	§§ 20, 21, 28
sowie zusätzlich bei e.G.	§§ 87, 88, 96
Eröffnungsbilanzen nach der Verschmelzung	§ 24

- Schutzsysteme für Betroffene

Schutz der Anteilsinhaber	
Nachbesserung des Umtauschverhältnisses	§ 15
sowie zusätzlich bei	
e.G.	§ 85
VVaG	§ 113
Spruchverfahren	SpruchverfahrensG
Barabfindung bei Wechsel der Beteiligungsart	§§ 29 – 31, 34, 36
sowie zusätzlich bei	
KGaA	§ 78 Satz 4
e.G.	§§ 90 – 94 (Ausschlagungsrecht)

e. V.	§ 104a
Schadensersatzansprüche	
gegen Mitglieder der Vertretungs- und Aufsichtsorgane	§§ 25 – 27, 70
gegen Verschmelzungsprüfer	§ 11 Abs. 2
Schutz der Inhaber von Sonderrechten („Verwässerungsschutz")	§ 23
Schutz der Gläubiger	
Sicherheitsleistung	§ 22
sowie zusätzlich bei	
OHG, KG	§ 45
Partnerschaft	§§ 45e i.V.m. § 45
e.G.	§§ 95, 96
Schadensersatzansprüche gegen Mitglieder der Vertretungs- und Aufsichtsorgane	§§ 25 – 27, 70
Schutz des Rechtsverkehrs (Kapitalschutz)	
Anwendung des Gründungsrechts	§ 36 Abs. 2
sowie zusätzlich bei	
GmbH	§ 58
AG	§§ 67, 75
KGaA	§ 78 i.V.m. §§ 67, 75
im Falle von Kapitalerhöhungen	
bei GmbH	§§ 53 – 55
bei AG	§§ 66, 68, 69, 73
bei KGaA	§ 78 i.V.m. §§ 66, 68, 69, 73
Schutz der Arbeitnehmer	
Betriebsübergang	§ 324

IV. Grundfall der Verschmelzung zur Aufnahme

1. Muster (zwei unabhängige GmbH zur Aufnahme)

a) Verschmelzungsvertrag

UR-Nr. ... /200 ...

**A.
Urkundseingang mit Sachstand**

Verhandelt zu ...

am ...

Vor dem unterzeichnenden

...

Notar mit dem Amtssitz in ...

erschienen:

1. Herr .... *(Name, Geburtsdatum, Adresse)*,

   Frau .... *(Name, Geburtsdatum, Adresse)*,

beide handelnd nicht im eigenen Namen, sondern als gemeinsam vertretungsberechtigte Geschäftsführer der A-GmbH mit dem Sitz in ...,

eingetragen im Handelsregister des AG ... unter HRB ...,

2. Herr ...*(Name, Geburtsdatum, Adresse)*,

handelnd nicht im eigenen Namen, sondern als alleinvertretungsberechtigter Geschäftsführer der B-GmbH mit dem Sitz in ... eingetragen im Handelsregister des Amtsgerichts ... unter HRB ....

Die Vertretungsberechtigungen folgen aus den beglaubigten Handelsregisterauszügen vom ..., die dieser Urkunde als Beleg beigefügt sind.[113]

Die Erschienenen weisen sich dem Notar gegenüber aus durch Vorlage ihrer amtlichen Lichtbildausweise.

Nach Angabe der Beteiligten sind an der übertragenden A-GmbH, deren Stammkapital i.H.v. .... € voll eingezahlt ist,

- Herr ... *(Name, Geburtsdatum, Adresse)*,

mit einem Geschäftsanteil von ... €

und

- Herr ... *(Name, Geburtsdatum, Adresse)*,

mit einem Geschäftsanteil von ... €

beteiligt.

Einziger Gesellschafter der aufnehmenden B-GmbH ist nach Angabe

Herr ...*(Name, Geburtsdatum, Adresse)*,

mit einem ebenfalls voll eingezahlten Geschäftsanteil von ... €.

Eine Zustimmungspflicht nach § 51 Abs. 1 UmwG ist nicht gegeben.

Die Erschienenen erklären, dass weder der Notar selbst noch sein Sozius in der Sache, die im Nachfolgenden beurkundet wird, vorbefasst i.S.v. § 3 Abs. 1 Nr. 7 BeurkG ist.

Die Erschienenen ließen folgenden

---

[113] Vgl. § 12 Satz 2 BeurkG, wonach auch die Bescheinigung des Notars gemäß § 21 BNotO nach Einsicht ins Handelsregister genügen würde.

B.
Verschmelzungsvertrag

zwischen

der A-GmbH mit Sitz in ... als übertragende Gesellschaft

und

der B-GmbH mit Sitz in ... als aufnehmender Gesellschaft

beurkunden und erklärten, handelnd wie angegeben:

§ 1
Vermögensübertragung

Die A-GmbH überträgt ihr Vermögen als Ganzes mit allen Rechten und Pflichten unter Ausschluss der Abwicklung auf die B-GmbH im Wege der Verschmelzung durch Aufnahme.

§ 2
Gegenleistung[114]

Die B-GmbH gewährt den Gesellschaftern der A-GmbH als Ausgleich folgende Anteile an der B-GmbH:

- dem Gesellschafter X einen Geschäftsanteil im Nennbetrag von ... €,
- dem Gesellschafter Y einen Geschäftsanteil im Nennbetrag von ... €.

Die Geschäftsanteile werden kostenfrei und mit Gewinnberechtigung ab dem .... gewährt.

1. Zur Durchführung der Verschmelzung wird die B-GmbH ihr Stammkapital von bislang[115] ... € um ... € auf ... € erhöhen, und zwar durch Bildung eines Geschäftsanteils im Nennbetrag von ... € und eines weiteren Geschäftsanteils im Nennbetrag von ... €. Als bare Zuzahlung erhält ... einen Betrag von ... € und ... einen Betrag von ... €.

2. Das Umtauschverhältnis beträgt ....

§ 3
Bilanzstichtag[116]

Der Verschmelzung wird die mit dem uneingeschränkten Bestätigungsvermerk des Wirtschaftsprüfers ... in ... versehene Bilanz der A-GmbH zum ... als Schlussbilanz zugrunde gelegt.

§ 4
Verschmelzungsstichtag

Die Übernahme des Vermögens der A-GmbH erfolgt im Innenverhältnis mit Wirkung zum Ablauf des .... Von diesem Zeitpunkt an gelten alle Handlungen und Geschäfte der A-GmbH als für Rechnung der B-GmbH vorgenommen.

---

114 Bei der Verschmelzung im Konzern der 100 %-igen Tochter auf die Mutter-Gesellschaft (sog. up-stream merger) entfällt die Gewährung einer Gegenleistung also sowohl die Anteilsgewährung als auch die Kapitalerhöhung zur Schaffung der Anteile (§ 2, 9 [zweite Bedingung] des Mustertextes).

115 Zur Frage der Euroumstellung im Zuge der Verschmelzung siehe Rn. 307 ff.

116 Um die Acht-Monats-Frist des § 17 Abs. 2 Satz 4 UmwG zu entschärfen, wird teilweise auch ein variabler Stichtag empfohlen. Die Zulässigkeit ist aber streitig, siehe Erläuterungen zu Stichtage.

§ 5
Besondere Rechte

Besondere Rechte i.S.v. § 5 Abs. 1 Nr. 7 UmwG bestehen bei der B-GmbH nicht. Einzelnen Anteilsinhabern werden im Rahmen der Verschmelzung keine besonderen Rechte gewährt.

§ 6
Besondere Vorteile

Besondere Vorteile i.S.v. § 5 Abs. 1 Nr. 8 UmwG werden weder einem Mitglied eines Vertretungs- oder Aufsichtsorgans eines an der Verschmelzung beteiligten Rechtsträgers, noch dem Abschlussprüfer oder dem Verschmelzungsprüfer gewährt.

§ 7
Folgen der Verschmelzung für Arbeitnehmer und ihre Vertretungen

Für die Arbeitnehmer der Gesellschaften und ihre Betriebsräte ergeben sich folgende Auswirkungen ...

Folgende Maßnahmen sind vorgesehen ...

§ 8
Änderung der Firma[117]

Die Firma der B-GmbH wird geändert in: „A & B-GmbH".

§ 9
Bedingungen

Der Verschmelzungsvertrag steht unter der aufschiebenden Bedingung, dass

- die formgerechten Zustimmungsbeschlüsse der Gesellschafterversammlungen beider Gesellschaften bis zum ...[118] vorliegen und
- die Gesellschafter der B-GmbH im Zustimmungsbeschluss die vorstehende Kapitalerhöhung[119] und die vorstehende Änderung der Firma der B-GmbH beschließen.

§ 10
Kosten, Abschriften

Die durch diesen Vertrag und seine Durchführung bei beiden Gesellschaften entstehenden Kosten trägt die B-GmbH. Sollte die Verschmelzung nicht wirksam werden, tragen die Kosten dieses Vertrages die Gesellschaften zu gleichen Teilen; alle übrigen Kosten trägt die jeweils betroffene Gesellschaft allein.

Von dieser Urkunde erhalten

Ausfertigungen:

- die beteiligten Gesellschaften,
- die Gesellschafter der A- und der B-GmbH;

beglaubigte Abschriften:

- die Registergerichte in ...,

---

117 Dieser Beschlusspunkt ist nur fakultativ, falls von den Parteien gewünscht. Alternativ kann auch die aufnehmende GmbH die Firma der übertragenden übernehmen (§ 18 UmwG).
118 Alternativ kann auch ein Rücktrittsrecht für beide Gesellschaften geregelt werden.
119 Entfällt bei der Verschmelzung der Tochter- auf die Mutter-GmbH.

- die Grundbuchämter in ...,
- die beteiligten Betriebsräte,
- das Finanzamt ... (Sitzfinanzamt nach § 54 EStDV).

Eine einfache Abschrift mit Veräußerungsanzeige erhält das Finanzamt ... (Grunderwerbsteuerstelle nach § 18 GrEStG).[120]

§ 11
Salvatorische Klausel

...

C.
Vollzugsvollmacht/Hinweise/Belehrungen

...

Diese Niederschrift wurde den Erschienenen vom Notar vorgelesen, von ihnen genehmigt sowie von ihnen und dem Notar eigenhändig, wie folgt, unterschrieben:

...

b) Zustimmungsbeschluss bei der übernehmenden Gesellschaft (Niederschrift über eine Gesellschafterversammlung)

UR-Nr. ... /200...

Heute, am ...

...

erschienen vor mir,

Notar mit dem Amtssitz in ...,

in der Geschäftsstelle:

1. ..., handelnd für sich selbst sowie zugleich für
2. ..., aufgrund notariell beglaubigter Vollmacht vom ..., die der Urkunde im Original beigefügt ist.

Auf Ansuchen des Erschienenen beurkunde ich seinen Erklärungen gemäß, was folgt:

I.
Vorbemerkungen

Im Handelsregister des AG ... ist unter HRB ... eine Gesellschaft mit beschränkter Haftung unter der Firma ... GmbH mit dem Sitz in ... eingetragen. Das Stammkapital beträgt 25.000 €.

An der Gesellschaft sind seit Gründung der Gesellschaft beteiligt:

... mit einer Stammeinlage i.H.v. 25.000 €.

Die Stammeinlagen sind voll eingezahlt.

---

120 In Ausnahmefällen auch Schenkungsteuerstelle nach § 34 ErbStG.

II.
Gesellschafterversammlung[121]

Der vorgenannte Gesellschafter hält unter Verzicht auf alle Frist- und Formvorschriften eine Gesellschafterversammlung ab und stellt fest, dass die Gesellschafterversammlung als Vollversammlung beschlussfähig ist.

Die Gesellschafter beschließen mit allen Stimmen Folgendes:

§ 1
Zustimmung zum Verschmelzungsvertrag

Dem Verschmelzungsvertrag, Urkunde des Notars ... in ... vom ... UR-Nr. ..., wird mit allen Stimmen vorbehaltlos zugestimmt. Er ist dieser Niederschrift als Anlage beigefügt.

§ 2
Kapitalerhöhung[122]

Das Stammkapital der Gesellschaft i.H.v. ... € wird um ... € auf ... € erhöht. Die Kapitalerhöhung erfolgt gemäß § 55 UmwG zum Zwecke der Durchführung der unter § 1 beschlossenen Verschmelzung.

(1) Es werden zwei Stammeinlagen i.H.v. je ... € gebildet. Diese Stammeinlagen werden jeweils an Herrn X. und Herrn Y., bisherige Gesellschafter der übertragenden A-GmbH, als Gegenleistung für die Übertragung des Vermögens der A-GmbH ausgegeben.

(2) Sie leisten ihre Stammeinlage durch die Übertragung des Vermögens der A-GmbH nach Maßgabe des unter § 1 genannten Verschmelzungsvertrages. Der Übertragung des Vermögens liegt die dieser Urkunde als Anlage 2 beigefügte Verschmelzungsbilanz der A-GmbH, zum 31.12. ... zugrunde.

(3) Die neuen Geschäftsanteile sind ab 1.1. ... gewinnbezugsberechtigt.

(4) Mit der Durchführung der Verschmelzung sind die neuen Stammeinlagen in voller Höhe bewirkt.

§ 3
Satzungsänderung

(1) Der Gesellschaftsvertrag der B-GmbH wird in § 3 (Stammkapital) wie folgt geändert:

„Das Stammkapital der Gesellschaft beträgt ... € (in Worten: ... Euro)".

(2) Außerdem wird § 1 (Firma) des Gesellschaftsvertrages wie folgt geändert: Die Firma lautet: „A & B-GmbH".

§ 4
Kosten, Abschriften

Die Kosten dieser Urkunde trägt die Gesellschaft.

Abschriften erhalten ...

---

121 In Ausnahmefällen auch Schenkungsteuerstelle nach § 34 ErbStG.
122 Entfällt bei bestimmten Konzernkonstellationen wie insbesondere der Verschmelzung der Tochter- auf die Mutter-GmbH (siehe §§ 54, 68 UmwG); zur eventuellen Problematik der Euroumstellung siehe Rn. 307 ff.

III.
Verzichtserklärungen,[123] Sonstiges

(1) Alle Gesellschafter verzichten auf eine Prüfung der Verschmelzung, auf Erstattung eines Verschmelzungsberichtes und eines Verschmelzungsprüfungsberichtes sowie auf eine Klage gegen die Wirksamkeit des Verschmelzungsbeschlusses. Der Notar hat über die Bedeutung der Verzichtserklärungen belehrt.

(2) Alle Gesellschafter erklären, dass der Verschmelzungsvertrag ihnen spätestens zusammen mit der Einberufung der Gesellschafterversammlung übersandt wurde.

(3) Der beurkundende Notar wies die Gesellschafter darauf hin, dass jeder von ihnen die Erteilung einer Abschrift der Niederschrift über diese Gesellschafterversammlung und des Verschmelzungsvertrages verlangen kann und dass ihnen ein Anspruch gegen die Geschäftsführer auf Auskunft auch über alle für die Verschmelzung wesentlichen Angelegenheiten der anderen beteiligten Gesellschaften zusteht.

Vorgelesen vom Notar, von den Erschienenen genehmigt und eigenhändig unterschrieben.

....

c) **Zustimmungsbeschluss bei der übertragenden Gesellschaft (Niederschrift über eine Gesellschafterversammlung)**

61 UR-Nr. ... /200 ...

Heute, am ...

...

erschienen vor mir,

Notar mit dem Amtssitz in ...,

in der Geschäftsstelle:

1. ..., handelnd für sich selbst sowie zugleich für

2. ..., aufgrund notariell beglaubigter Vollmacht vom ..., die der Urkunde im Original beigefügt ist.

Auf Ansuchen des Erschienenen beurkunde ich seinen Erklärungen gemäß, was folgt:

I.
Vorbemerkungen

Im Handelsregister des AG ... ist unter HRB ... eine Gesellschaft mit beschränkter Haftung unter der Firma A-GmbH mit dem Sitz in ... eingetragen. Das Stammkapital beträgt 25.000 €.

An der Gesellschaft sind seit Gründung der Gesellschaft beteiligt:

- X mit einer Stammeinlage i.H.v. 12.500 € und
- Y mit einer Stammeinlage i.H.v. 12.500 €.

Die Stammeinlagen sind voll eingezahlt.

---

123 Nach den §§ 8 Abs. 3 Satz 2, 9 Abs. 3 UmwG sind die Verzichtserklärungen notariell zu beurkunden. Daher ist die Beurkundungsform für Willenserklärungen nach §§ 8 ff. BeurkG erforderlich.

II.
Gesellschafterversammlung

Die vorgenannten Gesellschafter halten unter Verzicht auf alle Frist- und Formvorschriften eine Gesellschafterversammlung ab und stellen fest, dass die Gesellschafterversammlung als Vollversammlung beschlussfähig ist.

Die Gesellschafter beschließen mit allen Stimmen Folgendes:

§ 1
Zustimmung zum Verschmelzungsvertrag

Dem Verschmelzungsvertrag, Urkunde des Notars ... in ... vom ...

UR-Nr. ... wird mit allen Stimmen vorbehaltlos zugestimmt. Er ist dieser Niederschrift als Anlage beigefügt.

§ 2
Feststellung der Verschmelzungsbilanz

Die dieser Urkunde als Anlage 2 beigefügte Schlussbilanz (Verschmelzungsbilanz) zum 31.12. ... wird festgestellt.

§ 3
Kosten, Abschriften

Die Kosten dieser Urkunden trägt die Gesellschaft.

Abschriften erhalten ...

III.
Verzichtserklärungen,[124] Sonstiges

(1) Alle Gesellschafter verzichten auf eine Prüfung der Verschmelzung, auf Erstattung eines Verschmelzungsberichtes und eines Verschmelzungsprüfungsberichtes sowie auf eine Klage gegen die Wirksamkeit des Verschmelzungsbeschlusses. Der Notar hat über die Bedeutung der Verzichtserklärungen belehrt.

(2) Alle Gesellschafter erklären, dass der Verschmelzungsvertrag ihnen spätestens zusammen mit der Einberufung der Gesellschafterversammlung übersandt wurde.

(3) Der beurkundende Notar wies die Gesellschafter darauf hin, dass jeder von ihnen die Erteilung einer Abschrift der Niederschrift über diese Gesellschafterversammlung und des Verschmelzungsvertrages verlangen kann und dass ihnen ein Anspruch gegen die Geschäftsführer auf Auskunft auch über alle für die Verschmelzung wesentlichen Angelegenheiten der anderen beteiligten Gesellschaften zusteht.

Vorgelesen vom Notar, von den Erschienenen genehmigt und eigenhändig unterschrieben.

---

[124] Nach den §§ 8 Abs. 3 Satz 2, 9 Abs. 3 UmwG sind die Verzichtserklärungen notariell zu beurkunden. Daher ist die Beurkundungsform für Willenserklärungen nach §§ 8 ff. BeurkG erforderlich.

d) Anmeldung für die übertragende GmbH[125]

62

An das

AG ...

– Handelsregister B –

Betrifft: HRB ... A-GmbH

In der Anlage überreichen wir, die unterzeichnenden alleinigen Geschäftsführer der o.a. GmbH:

1. Ausfertigung des Verschmelzungsvertrages vom ... – UR-Nr. ... des beglaubigenden Notars –,
2. Ausfertigung des Zustimmungsbeschlusses der Gesellschafter der A-GmbH vom ... – UR-Nr. ... des Notars –, samt Verzichtserklärungen der Gesellschafter der A-GmbH auf Erstellung eines Verschmelzungsberichtes und Verschmelzungsprüfung und Erstellung eines Verschmelzungsprüfungsberichtes sowie Verzicht auf Anfechtung des Zustimmungsbeschlusses,
3. Ausfertigung des Zustimmungsbeschlusses des Gesellschafters der B-GmbH vom .... – UR.Nr. .... des Notars –, samt Verzichtserklärung des Gesellschafters der B-GmbH auf Erstellung eines Verschmelzungsberichtes und Verschmelzungsprüfung und Erstellung eines Verschmelzungsprüfungsberichtes sowie Verzicht auf Anfechtung des Zustimmungsbeschlusses,
4. Nachweis über die Zuleitung des Entwurfs des Verschmelzungsvertrages an den Betriebsrat der A-GmbH und der B-GmbH,
5. Festgestellte Schlussbilanz der A-GmbH zum Verschmelzungsstichtag,

und melden zur Eintragung in das Handelsregister an:

Die A-GmbH ist auf die B-GmbH als übernehmende Gesellschaft im Wege der Verschmelzung durch Aufnahme verschmolzen.

Wir erklären, dass weder der Verschmelzungsbeschluss der Gesellschafter der A-GmbH noch der Verschmelzungsbeschluss der Gesellschafter der B-GmbH angefochten wurden und aufgrund der Verzichtserklärungen eine Anfechtung nicht mehr möglich ist.

..................., den ...

....

(Unterschrift der Geschäftsführer)

(Beglaubigungsvermerk)

e) Anmeldung für die übernehmende GmbH[126]

63

An das

AG ...

– Handelsregister B –

Betrifft: HRB ... B-GmbH

In der Anlage überreiche ich, der unterzeichnende alleinige Geschäftsführer:

---

125 Zur elektronischen Anmeldung nach EHUG (BGBl. I 2006, S. 2553) seit 1.1.2007 siehe Rn. 103 f. und Teil 1: Handelsrecht, 2. Kapitel, Rn. 82 ff.
126 Zur elektronischen Anmeldung nach EHUG (BGBl. I 2006, S. 2553) seit 1.1.2007 siehe Rn. 103 f. und Teil 1: Handelsrecht, 2. Kapitel, Rn. 82 ff.

1. Ausfertigung des Verschmelzungsvertrages vom ... – UR.Nr. ... des beglaubigenden Notars –,
2. Ausfertigung des Zustimmungsbeschlusses der Gesellschafter der A-GmbH vom ... – UR.Nr. .... des Notars –, samt Verzichtserklärungen der Gesellschafter der A-GmbH auf Erstellung eines Verschmelzungsberichtes und einer Verschmelzungsprüfung und Erstellung eines Verschmelzungsprüfungsberichtes sowie Verzicht auf Anfechtung des Zustimmungsbeschlusses,
3. Ausfertigung des Zustimmungsbeschlusses des Gesellschafters der B-GmbH vom ... – UR.Nr. ... des Notars –, samt Verzichtserklärung des Gesellschafters der B-GmbH auf Erstellung eines Verschmelzungsberichtes und Verschmelzungsprüfung und Erstellung eines Verschmelzungsprüfungsberichtes sowie Verzicht auf Anfechtung des Zustimmungsbeschlusses,
4. Nachweis über die Zuleitung des Entwurfs des Verschmelzungsvertrages an den Betriebsrat der A-GmbH und der B-GmbH,
5. festgestellte Schlussbilanz der A-GmbH v. ... (als Wertnachweis für die Kapitalerhöhung),
6. vollständigen Satzungswortlaut nebst notarieller Übereinstimmungsbescheinigung gemäß § 54 Abs. 1 2. Halbs. GmbHG,
7. Liste der Übernehmer,
8. berichtigte Gesellschafterliste,

und melde zur Eintragung in das Handelsregister an:

- Die A-GmbH ist im Wege der Verschmelzung durch Aufnahme auf die B-GmbH verschmolzen.
- Das Stammkapital der B-GmbH ist zum Zwecke der Durchführung der Verschmelzung von ... € um ... € auf ... € erhöht worden. Dementsprechend ist § 3 des Gesellschaftsvertrages – Stammkapital – geändert und neu gefasst worden.
- Die Firma der B-GmbH ist geändert in: „A & B-GmbH".

Dementsprechend ist der Gesellschaftsvertrag in § 1 – Firma – geändert.

Ich erkläre, dass weder der Verschmelzungsbeschluss der Gesellschafter der A-GmbH noch der Verschmelzungsbeschluss der Gesellschafter der B-GmbH angefochten wurde und aufgrund der Verzichtserklärungen eine Anfechtung nicht mehr möglich ist.

Ich beantrage, die Kapitalerhöhung (§ 2) zunächst zu vollziehen und davon zwei beglaubigte Handelsregisterauszüge zu übersenden.[127]

(Formulierungsalternative bei unterschiedlichen Handelsregistergerichten:

„Ich werde sodann zur Vervollständigung der Anmeldung der Verschmelzung einen beglaubigten Handelsregisterauszug der A-GmbH einreichen, aus dem sich die Eintragung der Verschmelzung in das Handelsregister des Sitzes der A-GmbH ergibt".)

................, den ...

....

(Unterschrift des Geschäftsführers)

(Beglaubigungsvermerk)

---

[127] Nach h.M. muss das Registergericht des übertragenden Rechtsträgers nicht mit seiner Eintragung der Verschmelzung auf die Eintragung der Kapitalerhöhung bei dem Registergericht des übernehmenden Rechtsträgers warten (Bork, in: Lutter, UmwG § 19 Rn. 2; Stratz, in: Schmitt/Hörtnagl/Stratz, UmwG § 19 Rn. 6; a.A.: Schwarz, in: Widmann/Mayer, Umwandlungsrecht, § 19 Rn. 13.1). In der Praxis empfiehlt es sich daher bei unterschiedlichen Registern dennoch einen Handelsregisterauszug über die Eintragung der Kapitalerhöhung an das Register des übertragenden Rechtsträgers zu übersenden.

2. Erläuterungen

a) Verschmelzungsvertrag

aa) Rechtsnatur

64 Der Verschmelzungsvertrag ist ein **organisationsrechtlicher Vertrag** zwischen den beiden oder mehreren[128] an der Verschmelzung beteiligten Rechtsträgern. Als solcher ist er vorrangig einer objektiven Auslegung zugänglich.[129] Er steht unter dem Vorbehalt der Zustimmung der Anteilseigner, ist also **zunächst schwebend unwirksam**. Die Vereinbarung einer zusätzlichen aufschiebenden Bedingung ist allgemein möglich, eine auflösende nur, wenn die Bedingung nach der Eintragung nicht mehr eintreten kann, z.B. weil sie mit der Eintragung entfällt (vgl. § 7 UmwG).[130] Letzteres ergibt sich aus der Bestandskraft einer Verschmelzung durch ihre Eintragung im Handelsregister nach § 20 Abs. 2 UmwG, die auch nicht durch eine auflösende Bedingung des Verschmelzungsvertrages durchbrochen werden kann.

bb) Abschlusskompetenz

65 Der Verschmelzungsvertrag wird durch die **Vertretungsorgane** der beteiligten Rechtsträger in vertretungsberechtigter Zahl entsprechend den gesetzlichen bzw. satzungsmäßigen Bestimmungen abgeschlossen. **Prokuristen** haben daher nur im Rahmen einer satzungsmäßigen unechten Gesamtvertretung mit einem organschaftlichen Vertreter (z.B. Geschäftsführer oder Vorstand) Abschlusskompetenz. Die Vertretungsorgane können sich allerdings auch durch grds. formlos[131] **rechtsgeschäftlich Bevollmächtigte** vertreten lassen.[132] Das Handeln eines **vollmachtlosen Vertreters** kann nachträglich genehmigt oder die Vollmacht bestätigt werden (§§ 182, 184 BGB). § 181 BGB (mit Außenwirkung) sowie statutarische Mitwirkungsrechte weiterer Organe (mit Innenwirkung) sind zu beachten.

cc) Inhalt

66 Der **zwingende Inhalt** eines Verschmelzungsvertrages – ebenso wie der Inhalt seines schriftlichen Entwurfes (§ 4 Abs. 2 UmwG) – ergibt sich aus dem Katalog des § 5 Abs. 1 Nr. 1 – 9 und Abs. 2 UmwG.[133]

(1) Bezeichnung der Vertragspartner nach Name oder Firma und Sitz

67 Für die Firmenfortführung findet sich eine besondere Regelung in § 18 UmwG.[134] Daneben gelten die allgemeinen firmenrechtlichen Vorschriften der §§ 17 ff. HGB.

(2) Vermögensübertragung als Ganzes gegen Gewährung von Anteilen

68 Von der Gesamtrechtsnachfolge durch die Verschmelzung können keine Vermögensgegenstände ausgenommen werden. Zum Dogma der Anteilsgewährungspflicht siehe genauer unten.

---

128 H.M. in der Lit., vgl. nur Limmer, in: Handbuch der Unternehmensumwandlung, Rn. 183 ff.; a.A.: OLG Frankfurt, DNotZ 1999, 154.
129 Siehe auch KG, GmbHR 2004, 1342.
130 Schröer, in: Semler/Stengel, UmwG, § 5 Rn. 94 u. Rn. 97; Limmer, in: Handbuch der Unternehmensumwandlung, Rn. 201 ff.; Körner/Rodewald, BB 1999, 853.
131 Arg. § 167 Abs. 2 BGB; Mayer, in: Münchener Handbuch des Gesellschaftsrechts, Bd. 3, § 73 Rn. 12; Limmer, in: Handbuch der Unternehmensumwandlung, Rn. 197; bei Vertretung zur Gründung einer GmbH greifen § 37 UmwG i.V.m. § 2 Abs. 2 GmbHG: notarielle Beglaubigung.
132 Vgl. ausführlich zu Vollmachten bei Umwandlungsvorgängen: Melchior GmbHR 1999, 520 ff.
133 Zu den Einzelheiten siehe ausführlich: Limmer, in: Handbuch der Unternehmensumwandlung, Rn. 220 ff.; Mayer, in: Münchener Handbuch des Gesellschaftsrechts, Bd. 3, § 73 Rn. 14 ff.; zu den Grenzen der Auslegungsfähigkeit: KG, GmbHR 2004, 1342 = NZG 2004, 1172.
134 Siehe dazu allgemein: Limmer, NotBZ 2000, 101 ff.

(3) Umtauschverhältnis und bare Zuzahlung oder Angaben über die Mitgliedschaft

Dies betrifft die Angabe, wie viele Anteile am übernehmenden Rechtsträger auf einen Anteil des übertragenden Rechtsträgers entfallen (z.B. 1 zu 2 oder bei Kapitalgesellschaften durch Angabe der Nennbeträge). Das Umtauschverhältnis ergibt sich grds. aus der Wertrelation der beteiligten Unternehmen aufgrund einer Bewertung nach einer anerkannten Bewertungsmethode, kann aber auch frei durch die Parteien bestimmt werden (z.B. im Konzern).[135] Daher ist auch eine **quotenabweichende Verschmelzung** möglich.[136] Das Umtauschverhältnis ist nicht Gegenstand der registergerichtlichen Prüfung,[137] kann aber nach § 15 UmwG in einem gesonderten Verfahren (sog. Spruchverfahren) der gerichtlichen Überprüfung unterstellt werden.

69

Bare Zuzahlungen sollen nur dem Spitzenausgleich beim Umtauschverhältnis dienen und nicht zum „Auskaufen" eines Gesellschafters missbraucht werden können. Daher sehen z.B. §§ 54 Abs. 4 und 68 Abs. 3 UmwG bei aufnehmender GmbH bzw. AG eine Grenze von max. 10 % des Nennbetrages der gewährten Anteile vor.

Bei Verein oder VVaG als übernehmendem Rechtsträger sind statt des Umtauschverhältnisses **Angaben über die Mitgliedschaft** im Verschmelzungsvertrag aufzunehmen.

(4) Einzelheiten für den Erwerb der Anteile

Die erforderlichen Anteile werden regelmäßig durch Kapitalerhöhung beim oder Neugründung des aufnehmenden Rechtsträger/s geschaffen. Es können aber auch vorhandene eigene Anteile verwendet werden.

70

(5) Zeitpunkt der Gewinnberechtigung am übernehmenden Rechtsträger

Regelmäßig wird der Beginn des Geschäftsjahres der übernehmenden Gesellschaft, das auf den Stichtag der letzten Jahresbilanz der übertragenden Gesellschaft folgt, gewählt. Dies ist aber nicht zwingend.

71

(6) Verschmelzungsstichtag

Dies ist der Termin, von welchem an die Handlungen des übertragenden Rechtsträgers im Innenverhältnis als für Rechnung des übernehmenden Rechtsträgers vorgenommen gelten. Dieser muss nach überwiegender Auffassung mit dem Stichtag der Schlussbilanz nach § 17 Abs. 2 UmwG übereinstimmen. Siehe zu den verschieden Stichtagen auch näher unten.

72

(7) Rechte einzelner Anteils- und Rechtsinhaber

Inhaltlich bezieht sich die Angabepflicht auf jede Form **gesellschaftsrechtlicher Sonderrechte** oder sonstiger gegenüber dem neuen Rechtsträger eingeräumter **schuldrechtlicher Sondervorteile**, wie z.B. Optionsrechte auf Aktien oder Wandelschuldverschreibungen, Vorzugsrechte auf Gewinn- oder Liquidationserwerb, Vorerwerbsrechte, Sonderstimmrechte oder Recht zur Bestellung von Organen. § 23 UmwG bestimmt, wie in einigen dieser Fälle die Gegenleistung auszusehen hat. Insb. bei der AG sind oft gleichwertige Rechte aktienrechtlich gar nicht zulässig oder Sonderbeschlüsse der einzelnen Aktiengattungen erforderlich. Fehlende Angaben können die Anfechtung und den Schadensersatz begründen sowie die Eintragung verhindern.

73

(8) Besondere Vorteile für Vertretungsorgane, Aufsichtsräte etc.

Aufzuführen sind Vergünstigungen jeglicher Art wie z.B. Abfindungszahlungen oder die Zusage an Verwaltungsorgane des übertragenden Rechtsträgers, in der übernehmenden Gesellschaft wiederum Organfunktionen zu erhalten. Fehlenden Angaben machen die Vereinbarung unverbindlich. Weitere Rechtsfolgen wie zu (7) sind streitig.

74

---

135 Siehe dazu jüngst: OLG Stuttgart, DStR 2006, 626 = AG 2006, 420 = ZIP 2006, 764 (LS).
136 Stratz, in: Schmitt/Hörtnagl/Stratz, UmwG, § 5 Rn. 8; Mayer, in: Widmann/Mayer, UmwR, § 5 Rn. 24.2.
137 Grunewald in: Lutter, UmwG, § 20 Rn. 6.

(9) Folgen für die Arbeitnehmer

75 Diese Angabepflicht korrespondiert mit der Zuleitungspflicht an den Betriebsrat nach § 5 Abs. 3 UmwG (siehe dazu genauer unter Rn. 83).

76 Dieser für alle Rechtsformen geltende Katalog wird durch **Sonderregelungen** für die **unterschiedlichen Rechtsformen** der beteiligten Rechtsträger ergänzt (vgl. z.B. für die Verschmelzung der GmbH in die GmbH § 46 UmwG: Nennbetrag des zu gewährenden Anteiles für jeden Anteilsinhaber gesondert).[138] Darüber hinaus kann der Verschmelzungsvertrag noch **fakultative Regelungen** wie z.B. die Verpflichtung zu Satzungsänderungen, Änderung des Geschäftsjahres, Kostentragung oder Kündigungsrechte usw. enthalten.[139]

77 Liegt ein **mangelhafter Verschmelzungsvertrag** vor, darf der Registerrichter die Verschmelzung nicht eintragen. Der darauf beruhende Zustimmungsbeschluss ist jedoch nicht nichtig, sondern nur anfechtbar.[140] Fehlt eine der zwingenden Angaben nach Nr. 1 – 3 (essentialia negotii) ist der **Verschmelzungsvertrag** selbst **nichtig**.[141]

78 Bei der sog. „**Mischverschmelzung bzw. -spaltung**" (Rechtsträger unterschiedlicher Rechtsformen) zur Aufnahme und im Falle von stärker vinkulierten Anteilen beim aufnehmenden Rechtsträger ist nach § 29 UmwG im Verschmelzungsvertrag jedem widersprechenden Anteilsinhaber[142] eine Abfindung anzubieten. Im UmwG n.F.[143] ist die Notwendigkeit eines Abfindungsangebotes auch für die Verschmelzung einer börsennotierten AG auf eine nichtbörsennotierte AG vorgesehen.[144]

Diese Vorschrift dient dem **Minderheitenschutz** gegen wesentliche Verschlechterung ihrer Rechtsposition durch die Austrittsmöglichkeit gegen gerichtlich überprüfbare (§ 34 UmwG), angemessene Abfindung. Daher ist die Abfindung durch notariell beurkundete Erklärung verzichtbar.[145]

dd) Stichtage

79 Bei der Verschmelzung wie auch bei der Spaltung ist zwischen verschiedenen **Stichtagen** zu unterscheiden. Der Zeitpunkt der **Gewinnberechtigung** nach § 5 Abs. 1 Nr. 5 UmwG kann frei gewählt werden, fällt nur aus praktischen Erwägungen meist auf den Stichtag der letzten Jahresbilanz des übertragenden Rechtsträgers. Gleiches gilt für den **Bewertungsstichtag** auf den die Berechnung eines angemessenen Umtauschverhältnisses abstellt.[146] Der **Verschmelzungsstichtag** nach § 5 Abs. 1 Nr. 6 UmwG legt demgegenüber fest, von welchem Tage an die Handlungen des übertragenden Rechtsträgers im Innenverhältnis als für Rechnung des übernehmenden Rechtsträgers vorgenommen gelten und dient der Abgrenzung der Rechnungslegung. Auch ein zukünftiger Stichtag ist grds. zulässig.[147] Der **Stichtag der Schlussbilanz** hat insb. für die Einhaltung der Acht-Monats-Frist bei der Anmeldung[148] nach § 17 Abs. 2

---

138 Vgl. oben Rn. 58 - Ablauf der Verschmelzung -.

139 Mayer, in: Münchener Handbuch des Gesellschaftsrechts, Bd. 3, § 73 Rn. 50.

140 Schröer, in: Semler/Stengel, UmwG, § 5 Rn. 108.

141 Schröer, in: Semler/Stengel, UmwG, § 5 Rn. 108; Drygala, in: Lutter, UmwG, § 5 Rn. 92; Marsch-Barner, in: Kallmeyer, UmwG, § 5 Rn. 63; KG, WM 1999, 323.

142 Nach h.M. kann der austrittswillige Gesellschafter nicht gleichzeitig für die Verschmelzung stimmen: Hirte, ZInsO 2004, 353, 362; Grunewald, in: Lutter, UmwG, § 29 Rn. 10.

143 BT-Drucks. 16/2919 v. 12.10.2006 unter Maßgabe der Änderungen in BR-Drucks. 95/07; das Inkrafttreten stand bei Redaktionsschluss unmittelbar bevor.

144 So schon nach altem Recht: OLG Düsseldorf, DB 2006, 2223; dazu Zetzsche, EWiR § 16 UmwG 1/07, 89.

145 Mayer, in: Münchener Handbuch des Gesellschaftsrechts, Bd. 3, § 73 Rn. 48; der Verzicht darauf, überhaupt ein Abfindungsangebot im Entwurf des Verschmelzungsvertrages aufzunehmen, muss allerdings schon vorher erfolgen.

146 Drygala, in: Lutter, UmwG § 5 Rn. 21.

147 Zur Ausnahme bei der Genossenschaft, Heidinger, NotBZ 2002, 86; Limmer, in: Handbuch der Unternehmensumwandlung, Rn. 294.

148 Vgl. dazu unten Rn. 103 ff.

Satz 4 UmwG Bedeutung. Nach noch überwiegender Auffassung muss der Verschmelzungsstichtag mit dem Schlussbilanzstichtag übereinstimmen, genau genommen ihm unmittelbar nachfolgen.[149] Die Zulässigkeit eines variablen Stichtags ist streitig.[150]

> **Hinweis:**
>
> Der **steuerliche Übertragungsstichtag** muss zwingend dem Verschmelzungsstichtag und damit auch dem Stichtag der Schlussbilanz des übertragenden Rechtsträgers unmittelbar nachfolgen (§ 2 Abs. 1 Satz 1 UmwStG: steuerlicher Übergang mit Ablauf des Stichtages).[151]

ee) Form

Nach § 6 UmwG ist der Verschmelzungsvertrag **zu beurkunden**.[152] Der **Entwurf**, der als Grundlage für den Zustimmungsbeschluss genügt (§ 4 Abs. 2 UmwG), bedarf nur der Schriftform.

80

> **Hinweis:**
>
> Erforderlich ist eine **Beurkundung von Willenserklärungen** nach den §§ 8 ff. BeurkG. Die Form eines Tatsachenprotokolls genügt nicht (§§ 36 ff. BeurkG). Beachtet man dies, kann der Verschmelzungsvertrag und alle erforderlichen Zustimmungsbeschlüsse inkl. aller besonderen Zustimmungserklärungen in einer Urkunde zusammen beurkundet werden.[153]

Ob **Auslandsbeurkundung** genügt, ist sehr streitig.[154]

81

Ein eventueller **Formmangel** wird nach § 20 Abs. 1 Nr. 4 UmwG durch die Eintragung **geheilt**.

82

ff) Zuleitung an den Betriebsrat[155]

Nach § 5 Abs. 3 UmwG muss der vollständige[156] Verschmelzungsvertrag oder sein Entwurf **einen Monat vor den Zustimmungsbeschlüssen** den zuständigen Betriebsräten der jeweiligen Rechtsträger zugeleitet werden. Auf die Monatsfrist,[157] nicht aber die Zuleitung als solche, kann vom Betriebsrat **verzichtet** werden. Bei Fristverzicht durch den Betriebsrat sollte sogar eine Nachholung der Zuleitung nach Ablauf der Acht-Monats-Frist nach § 17 Abs. 2 Satz 4 UmwG genügen.[158] Die fehlende oder nicht fristgerechte

83

---

149 Str.: Drygala, in: Lutter, UmwG, § 5 Rn. 42; Schröer, in: Semler/Stengel, UmwG, § 5 Rn. 42; siehe auch FG Köln, Der Konzern 2005, 612; a.A.: Mayer, in: Münchener Handbuch des Gesellschaftsrechts, Bd. 3, § 73 Rn. 37; Mayer, in: Widmann/Mayer, Umwandlungsrecht, § 5 Rn. 159 ff.; Marsch-Barner, in: Kallmeyer, UmwG, § 5 Rn. 33; Aha, BB 1996, 2559.

150 Limmer, in: Handbuch der Unternehmensumwandlung, Rn. 295; Mayer, in: Widmann/Mayer, Umwandlungsrecht, § 5 Rn. 164; Hoffmann-Becking, in: FS für Fleck, S. 119; Bula/Schlösser, in: Sagasser/Bula/Brünger, Umwandlungen, K 7; kritisch: Müller, WPg 1996, 859; kritisch auch Schütz/Fett, DB 2002, 2696 und Drygala, in: Lutter, UmwG § 5 Rn. 43.

151 Schröer, in: Semler/Stengel, UmwG, § 5 Rn. 42; Umwandlungssteuererlass, Tz. 02.03, GmbHR 1998, 444, 455; FG Köln, Der Konzern 2005, 612.

152 Zum Umfang der Beurkundungspflicht: Hermanns, ZIP 2006, 2296.

153 Limmer, in: Handbuch der Unternehmensumwandlung, Rn. 194.

154 Vgl. dazu näher Limmer, in: Handbuch der Unternehmensumwandlung, Rn. 191 ff. und 600 ff.; Mayer, in: Münchener Handbuch des Gesellschaftsrechts, Bd. 3, § 73 Rn. 145; Heckschen, in: Beck'sches Notar-Handbuch, D IV Rn. 21; Dignas, GmbHR 2005, 139; vgl. OLG Frankfurt, GmbHR 2005, 764 zur Auslandsbeurkundung bei GmbH-Geschäftsanteilsabtretung.

155 Siehe dazu Blechmann, NZA 2005, 1143.

156 OLG Naumburg, GmbHR 2003, 1433; großzügiger für Abspaltung LG Essen, ZIP 2002, 893 = NZG 2002, 736 auch ohne für Betriebsrat nicht relevante Anlagen; Blechmann NZA 2005, 1143, 1148: nur relevante Unterlagen.

157 LG Stuttgart, GmbHR 2000, 622; Schröer, in: Semler/Stengel, UmwG, § 5 Rn. 123; OLG Naumburg, FGPrax 2003, 275.

158 Mayer, in: Widmann/Mayer, Umwandlungsrecht, § 5 Rn. 266; Weiler, MittBayNot 2006, 377, 380.

Zuleitung ist ein **Eintragungshindernis** (§ 17 Abs. 1 UmwG), begründet aber kein Anfechtungsrecht der Anteilsinhaber oder gar der Arbeitnehmer.[159]

84 § 5 Abs. 3 UmwG korrespondiert mit § 5 Abs. 1 Nr. 9 UmwG, wonach der Verschmelzungsvertrag auch **Angaben über die Folgen der Verschmelzung für die Arbeitnehmer** und ihre Vertretungen sowie die insoweit vorgesehenen Maßnahmen zu enthalten hat. Fehlen die Angaben im Verschmelzungsvertrag oder sind diese unvollständig, kann die Informationspflicht des Betriebsrates nicht erfüllt werden. Die Richtigkeit der Angaben hat das Registergericht jedoch nicht zu prüfen.[160] Der genaue **Umfang der Angaben** im Verschmelzungsvertrag ist derzeit noch sehr umstritten.[161] Neben den unmittelbaren Folgen der Verschmelzung müssen meines Erachtens auch Angaben über die mittelbaren Folgen gemacht werden, soweit diese bereits abzusehen sind.[162]

Fehlt ein Betriebsrat, bedarf es keiner Zuleitung, erst recht keiner Schaffung eines Betriebsrates. Angaben im Verschmelzungsvertrag nach § 5 Abs. 1 Nr. 9 UmwG dürfen allein deshalb jedoch nicht ganz entfallen.[163] Fehlen überhaupt Arbeitnehmer, genügt dieses als Angabe im Verschmelzungsvertrag.[164]

Besteht neben den Betriebsräten für die einzelnen Unternehmen ein Gesamt- oder Konzernbetriebsrat, sollte wegen der diesbezüglich unklaren Rechtslage allen Betriebsräten zugeleitet werden. Denn regelmäßig sind durch den Umwandlungsvorgang die Belange aller Betriebsräte betroffen.

85 Gemäß § 324 UmwG bleibt auch **§ 613a BGB** bei Umwandlungen anwendbar. Wenn die Voraussetzung des **Betriebsübergangs** vorliegt, sind z.B. nach § 613a Abs. 5 BGB die Arbeitnehmer über den Übergang der Arbeitsverhältnisse zu informieren. Die Ein-Monats-Frist für einen eventuell gegebenen Widerspruch[165] des Arbeitnehmers gegen den Übergang seines Arbeitsverhältnisses beginnt erst mit dem Zugang dieser Benachrichtigung.

gg) Aufhebung und Änderung

86 Bzgl. der **Aufhebung oder Änderung eines Verschmelzungsvertrages** ist nach dem zeitlichen Fortschritt des Umwandlungsvorganges zu differenzieren:

- Die Aufhebung oder Änderung des Verschmelzungsvertrages **vor dem letzten erforderlichen Zustimmungsbeschluss** ist ohne weiteres durch die Vertretungsorgane selbst möglich, da der Verschmelzungsvertrag noch nicht wirksam ist. Änderungen müssen beurkundet und ggf. die Betriebsratszusendung und bereits erfolgte Zustimmungsbeschlüsse wiederholt werden. Die Aufhebung soll in diesem Stadium privatschriftlich zulässig sein.[166]

- **Nachdem** die **Zustimmungsbeschlüsse zum Verschmelzungsvertrag bereits gefasst** wurden, bedarf sowohl die Aufhebung als auch die Änderung entsprechender Zustimmungsbeschlüsse mit der gleichen gesetzlich erforderlichen Mehrheit.[167]

---

159 So aber noch Grunewald, in: Lutter, Umwandlungsrechtstage, S. 22.
160 Limmer, in: Handbuch der Unternehmensumwandlung, Rn. 388 m.w.N.
161 Vgl. ausführlich: Limmer, in: Handbuch der Unternehmensumwandlung, Rn. 301 ff.; Mayer, in: Münchener Handbuch des Gesellschaftsrechts, Bd. 3, § 73 Rn. 41.
162 Limmer, in: Handbuch der Unternehmensumwandlung, Rn. 37 ff. m.w.N.; vgl. auch OLG Düsseldorf, DB 1998, 1399.
163 Str.; a.A.: LG Stuttgart, DNotZ 1996, 701, 702 bei Schwestergesellschaft ohne Betriebsräte; Simon, in: Heckschen/Simon, Umwandlungsrecht, § 5 Rn. 75.
164 Großzügiger: LG Stuttgart, DNotZ 1996, 701: keine Angaben erforderlich.
165 Bei der Verschmelzung sind die Rechtsfolgen eines solchen Widerspruchs streitig (rechtsfolgenlos oder Erlöschen des Arbeitsverhältnisses), da der übertragende Rechtsträger erlischt, siehe dazu Vollrath, in: Widmann/Mayer, Umwandlungsrecht, § 324 Rn. 16.
166 Heckschen, in: Beck'sches Notar-Handbuch, D IV Rn. 30.
167 Limmer, in: Handbuch der Unternehmensumwandlung, Rn. 24; Marsch-Barner, in: Kallmeyer, UmwG, § 4 Rn. 17; Lutter/Drygala, in: Lutter, UmwG, § 4 Rn. 19; zu Unrecht a.A.: scheinbar Heckschen, in: Beck'sches Notar-Handbuch, D IV Rn. 30 nur Beurkundung.

- **Nach Eintragung** im Handelsregister kann der Verschmelzungsvertrag weder aufgehoben noch geändert werden, weil die Verschmelzung vollzogen ist (§ 20 Abs. 1 UmwG).[168]

b) Berichte und Prüfung

aa) Verschmelzungsbericht

Die Vertretungsorgane jedes beteiligten Rechtsträgers haben grds. immer einen (ggf. gemeinsamen) Verschmelzungsbericht zu erstellen (§ 8 UmwG). Unter bestimmten Voraussetzungen sind in den besonderen Regelungen für Rechtsträger bestimmter Rechtsformen auch Ausnahmen von der Berichtspflicht vorgesehen (z.B. § 41 UmwG für Personenhandelsgesellschaften, bei denen alle Gesellschafter zur Geschäftsführung berechtigt sind). Entbehrlich ist ein Verschmelzungsbericht auch, wenn alle Anteilsinhaber aller Rechtsträger darauf in notarieller Form **verzichtet** haben oder die Verschmelzung einer Tochter- auf ihre Muttergesellschaft erfolgt (§ 8 Abs. 3 UmwG). Da der Verzicht keine höchstpersönliche Erklärung darstellt, ist Vertretung aufgrund formloser Vollmacht möglich.[169] Der Bericht muss schriftlich abgefasst aber nicht notwendigerweise von allen Mitgliedern des Vertretungsorgans unterzeichnet sein.[170]

Der Verschmelzungsbericht dient der **Vorabinformation der Gesellschafter** zur sachgerechten Vorbereitung auf die Versammlung der Anteilseigner (vgl. § 47 UmwG: auch Übersenden mit Einberufung). Er muss zeitnah (ca. innerhalb acht Monate) zum Umwandlungsstichtag erstellt werden.[171] Der Bericht soll den Anteilsinhabern eine Plausibilitätskontrolle des vorgeschlagenen Umtauschverhältnisses ermöglichen. Hierfür muss die wirtschaftliche Zweckmäßigkeit der Maßnahme, insb. durch Darstellung der Ermittlung der Unternehmenswerte und der wirtschaftlichen Hintergründe, erläutert werden.[172] Es bedarf zwar keines detaillierten Synergiefahrplans aber einer groben Schätzung und der schlagwortartigen Aufzählung der durch die Verschmelzung geplanten Kosteneinsparungen.[173] Unzureichende Informationen führen i.d.R. zur Anfechtbarkeit der Zustimmungsbeschlüsse.[174] Dies gilt nach h.M. auch, wenn der Informationsmangel nur das Umtauschverhältnis betrifft.[175] Nach der Gegenmeinung ist man auch diesbezüglich wie nach § 14 Abs. 2 UmwG i.V.m. § 15 UmwG auf das Spruchverfahren verwiesen.[176]

bb) Verschmelzungsprüfung

Die §§ 9 – 12 UmwG sehen die Prüfung des Verschmelzungsvertrages oder seines Entwurfes durch einen oder mehrere vom Vertretungsorgan bestellte (§ 10 Abs. 1 UmwG) sachverständige Prüfer vor. Der Verschmelzungsprüfer kann nachfolgend auch zum Abschlussprüfer gewählt werden.[177] Im Zentrum der Prüfung steht die **Angemessenheit des Umtauschverhältnisses** unter Berücksichtigung der baren Zuzahlung

---

168 OLG Frankfurt, GmbHR 2003, 117; a.A. zu Unrecht: Custodis, GmbHR 2006, 904 für die auf Anregung der Parteien von Amts wegen gelöschte Verschmelzung.
169 Heckschen, in: Beck'sches Notar-Handbuch, D IV Rn. 31.
170 KG, WM 2005, 41 = ZIP 2005, 167; a.A.: noch LG Berlin ZIP 2003, 2027.
171 Zur sonst gegebenen Anfechtbarkeit des Zustimmungsbeschlusses: LG Mainz, NZG 2001, 951.
172 Zum genauen Inhalt siehe Limmer, in: Handbuch der Unternehmensumwandlung, Rn. 498 ff.; OLG Düsseldorf, ZIP 1999, 793; OLG Hamm, ZIP 1999, 798; LG Essen, AG 1999, 329; KG, AG 1999, 126; LG München, AG 2000, 86; OLG Frankfurt, ZIP 2000, 1928 = EWiR 2000, 1125 (Keil).
173 OLG Düsseldorf, ZIP 1999, 793 = DB 1999, 1253 = NZG 1999, 565.
174 Heckschen, DB 1998, 1385; BGH, ZIP 1990, 168, 170; Drygala, in: Lutter, UmwG, § 8 Rn. 54: für Kapitalgesellschaften; Rn. 57: Nichtigkeit bei Personengesellschaften.
175 Drygala, in: Lutter, UmwG, § 8 Rn. 55; Gehling, in: Semler/Stengel, UmwG, § 8 Rn. 76 ff.; a.A. im Rahmen eines Formwechsels, BGHZ 146, 179 = BGH, ZIP 2001, 199, 200 f. „MEZ" sowie BGH, ZIP 2001, 412, 413 f.: keine Anfechtungsklage für Informationsmängel, die das Abfindungsangebot betreffen.
176 Vgl. auch die Einschränkungen des Anfechtungsrechts bei der AG durch das UMAG seit 1.11.2005, siehe dazu Stratz, in: Schmitt/Hörtnagl/Stratz, UmwG, § 14 Rn. 24 ff.
177 LG München, DB 2000, 35.

und der für die Anteilsinhaber vorgesehenen Mitgliedschaften.[178] Ob eine Verschmelzungsprüfung erforderlich ist, bestimmt sich nach den besonderen Regelungen jeweils bei den einzelnen beteiligten Rechtsträgern.[179] Bei der GmbH muss sie nach § 48 UmwG nur auf Verlangen eines Gesellschafters durchgeführt werden. Im UmwG[180] n.F. ist vorgesehen, dass der Gesellschafter die Prüfung der Verschmelzung nur noch innerhalb einer Frist von einer Woche nach Zusendung der Verschmelzungsunterlagen verlangen kann. Gemäß § 9 Abs. 1, Abs. 3 UmwG i.V.m. § 8 Abs. 3 UmwG ist bei allen beteiligten Rechtsträgern die Verschmelzungsprüfung **in notarieller Form verzichtbar** und bei der Verschmelzung einer Tochter auf ihre Mutter entbehrlich.[181]

cc) Prüfungsbericht

89 Das Ergebnis der Verschmelzungsprüfung wird in einem Prüfungsbericht niedergelegt und testiert.[182] Auch dieser ist **verzichtbar** und bei der Tochter/Mutterverschmelzung entbehrlich (§ 12 Abs. 3 UmwG i.V.m. § 8 Abs. 3 UmwG). Ein Verstoß gegen die Pflicht zur Vorlage des Prüfungsberichtes führt zur Anfechtbarkeit des Umwandlungsbeschlusses.[183]

c) Zustimmungsbeschluss und Kapitalerhöhung
aa) Einberufung und Offenlegung

90 Das UmwG sieht für die beteiligten Rechtsträger unterschiedlich strenge Pflichten zur Bekanntmachung und Offenlegung vor (vgl. dazu oben Rn. 58).

Für die **Ladung zur Mitgliederversammlung** gelten grds. die allgemeinen Regeln für den jeweiligen Rechtsträger. Zusätzlich ist bei einzelnen Rechtsträgern vorgesehen, dass der Verschmelzungsvertrag oder sein Entwurf und ggf. der Verschmelzungsbericht mit der Ladung zu übersenden sind (vgl. z.B. § 47 UmwG für die GmbH).

bb) Beschlussfassung

91 Die Anteilsinhaber aller an der Verschmelzung beteiligten Rechtsträger müssen der Verschmelzung auf der Grundlage des vollständigen Vertrages oder seines Entwurfes **zustimmen** (§ 13 Abs. 1 UmwG).[184] Das UmwG sieht hierfür bei der Beteiligung der verschiedensten Rechtsträger 3/4-**Mehrheit** vor (§§ 43 Abs. 2, 50 Abs. 1, 65, 78, 84, 112 UmwG), bei der Beteiligung von Personenhandelsgesellschaften und Partnerschaftsgesellschaften – vorbehaltlich anderweitiger Regelungen im Gesellschaftsvertrag – Einstimmigkeit (§§ 43 Abs. 1, 45d UmwG). Strengere satzungsmäßige Mehrheiten sind zu beachten, selbst wenn sie nur für Satzungsänderungen bzw. bei übertragendem Rechtsträger auch für die Auflösung geregelt sind.[185]

---

178 Zum genauen Prüfungsgegenstand vgl. Limmer, in: Handbuch der Unternehmensumwandlung, Rn. 532; Mayer, in: Münchener Handbuch des Gesellschaftsrechts, Bd. 3, § 9 Rn. 17 ff.

179 Vgl. oben Rn. 58.

180 BT-Drucks. 16/2919 v. 12.10.2006 unter Maßgabe der Änderungen in BR-Drucks. 95/07; das Inkrafttreten stand bei Redaktionsschluss unmittelbar bevor.

181 Heckschen, in: Beck'sches Notar-Handbuch, D IV Rn. 52: schriftliche Erklärung des „Nichtverlangens" reicht aus. M.E. aber bei bindendem „Verzicht" im Vorfeld problematisch. Zur Möglichkeit eine angemessene Frist zur Kundgabe des Prüfungsverlangens zu stellen: Reichert, in: Semler/Stengel, UmwG, § 48 Rn. 17 m.w.N; Stratz, in: Schmitt/Hörtnagl/Stratz, UmwG, § 48 Rn. 3.

182 Zum genauen Inhalt siehe § 12 Abs. 2 UmwG; vgl. auch OLG Karlsruhe, DB 1989, 1616 = ZIP 1989, 988; OLG Hamm, DB 1988, 842 = AG 1989, 31; IDW, WPg 1989, 43.

183 LG Heidelberg, DB 1996, 1768; Heckschen, DB 1998, 1385; gesetzliche Regelungen hierzu bestehen nur für AG, Genossenschaft und e.V.: §§ 63 Abs. 1, 82 Abs. 1, 101 Abs. 1 UmwG; bei GmbH und Personengesellschaft ist die Vorlagepflicht strittig: vgl. nur Zeidler, in: Semler/Stengel, UmwG, § 12 Rn. 2; Reichert, in: Semler/Stengel, UmwG, § 47 Rn. 8; Ihrig, in: Semler/Stengel, UmwG, § 42 Rn. 6.

184 Ausnahmen ergeben sich nur bei der AG aus § 62 UmwG (siehe Rn. 154) und bei der Ausgliederung aus dem Vermögen eines Einzelkaufmannes nach § 152 UmwG (Rn. 164).

185 Heckschen, in: Widmann/Mayer, Umwandlungsrecht, § 13 Rn. 70 ff.

Ergeben sich an dem zugestimmten Entwurf **Änderungen**, bedarf es erneuter Zustimmungsbeschlüsse. Auch der Zustimmungsbeschluss zunächst nur bei einem beteiligten Rechtsträger, lässt für diesen eine Bindungswirkung vergleichbar mit einem Angebot entstehen.[186]

Die Beschlüsse müssen in einer **notariell beurkundeten Versammlung** gefasst werden, so dass ein Umlaufbeschluss unzulässig ist. Erfolgen keine beurkundungsbedürftigen Verzichtserklärungen oder Zustimmungserklärungen, genügt die **Protokollform** nach den §§ 36, 37 BeurkG.[187] Eine gemeinsame Beurkundung von Beschluss und Verzichtserklärungen muss in der Form der Willenserklärungsbeurkundung erfolgen (§§ 8 ff. BeurkG) und birgt die Gefahr einer Verzögerung des gesamten Umwandlungsvorganges, wenn doch nicht alle Anteilsinhaber verzichten. Eine **Auslandsbeurkundung** wird überwiegend für unzulässig gehalten.[188] Schon die Verpflichtung zum Zustimmungsbeschluss ist jedenfalls dann beurkundungsbedürftig, wenn eine wirtschaftlich bedeutende Strafe beim Scheitern der Verschmelzung zu zahlen ist (sog. break-up fee).[189]

92

Anteilsinhaber können sich grds. nach den Regeln des jeweiligen beteiligten Rechtsträgers[190] bei der Beschlussfassung von einem durch **Vollmacht** legitimierten Dritten vertreten lassen. Nur bei einer **Verschmelzung zur Neugründung** ist die Vollmacht zu beglaubigen (§ 2 Abs. 2 GmbHG; § 23 Abs. 1 Satz 2 AktG). Bei der Stimmabgabe im Verschmelzungsbeschluss ist wie bei satzungsändernden Beschlüssen grds. § 181 BGB zu beachten. Daher benötigten Minderjährige ggf. jeweils einen **Ergänzungspfleger**.[191] Die Notwendigkeit einer **vormundschaftsgerichtlichen Genehmigung** für die Mitwirkung eines Minderjährigen an einem Verschmelzungsbeschluss ist höchst umstritten.[192]

93

cc) Zustimmungserklärungen

Von dem Zustimmungsbeschluss durch Stimmabgabe der Anteilsinhaber sind die z.T. erforderlichen **individuellen Zustimmungserklärungen** aller oder bestimmter Anteilsinhaber zu unterscheiden. Gemäß § 13 Abs. 3 UmwG sind auch diese **notariell zu beurkunden**, allerdings ist die Form der §§ 6 ff. BeurkG zu beachten. In diesem Zusammenhang sind insb.

94

- die Zustimmung bei vinkulierten Anteilen (§ 13 Abs. 2 UmwG),
- die Zustimmung aller beim Zustimmungsbeschluss nicht anwesender Gesellschafter von Personenhandelsgesellschaften oder Partnerschaftsgesellschaften (§§ 43 Abs. 1, 45d Abs. 1 UmwG),
- die Zustimmung der Beteiligten GmbH-Gesellschafter, wenn bestimmte Minderheitsrechte eines einzelnen Gesellschafters beeinträchtigt (§ 50 Abs. 2 UmwG) werden und
- die Zustimmung bei nicht voll eingezahlten Geschäftsanteilen (§ 51 UmwG) wegen der darin enthaltenen Erhöhung des Haftungsrisikos

zu nennen.

Im Übrigen wird auf die Übersicht zum Ablauf der Verschmelzung (Rn. 58) verwiesen.[193]

dd) Anteilsgewährung und Kapitalerhöhung

(1) Anteilsgewährungspflicht

Die Frage, ob im Rahmen einer Verschmelzung an die Anteilsinhaber der übertragenden Rechtsträger als Ersatz für den Verlust ihrer Rechtsposition **Anteile am übernehmenden Rechtsträger** gewährt werden

95

---

186 Limmer, in: Handbuch der Unternehmensumwandlung, Rn. 561; Heckschen, MittRhNotK 1989, 75.
187 Mayer, in: Münchener Handbuch des Gesellschaftsrechts, Bd. 3, § 13 Rn. 232.
188 Limmer, in: Handbuch der Unternehmensumwandlung, Rn. 601.
189 LG Paderborn, NZG 2004, 899.
190 Vgl. Übersicht bei Heckschen, in: Beck'sches Notar-Handbuch, D IV Rn. 39.
191 Limmer, in: Handbuch der Unternehmensumwandlung, Rn. 219 a.E.
192 Vgl. dazu ausführlich: Limmer, in: Handbuch der Unternehmensumwandlung, Rn. 213 ff.
193 Siehe dazu auch ausführlich: Limmer, in: Handbuch der Unternehmensumwandlung, Rn. 654 ff.

müssen, ist von der Frage zu trennen, woher diese zu gewährenden Anteile kommen (z.B. bei Kapitalgesellschaften aus einer Kapitalerhöhung).[194] Das Gesetz sieht eine **Ausnahme von der Anteilsgewährungspflicht** allein bei der Verschmelzung der 100 %igen Tochtergesellschaft auf ihre Mutter (vgl. §§ 5 Abs. 2, 20 Abs. 1 Nr. 3 2. Halbs., 1. Alt. UmwG) sowie bei eigenen Anteilen an dem aufnehmenden Rechtsträger an dem übertragenden Rechtsträger (§ 20 Abs. 1 Nr. 3 2. Halbs. UmwG) vor. Die bei dieser Konstellation ansonsten erfolgende Gewährung eigener Anteile soll bei Kapitalgesellschaften vermieden werden und wäre bei Personenhandelsgesellschaften nach allgemeinen gesellschaftsrechtlichen Regeln gar nicht möglich. Auch durch **bare Zuzahlungen** kann die Anteilsgewährung nur bis 10 % des Nennbetrags der gewährten Anteile ersetzt werden (§§ 54 Abs. 4, 68 Abs. 3 UmwG). Darlehensgewährungen als Gegenleistung sind wie Sachleistungen ganz unzulässig.[195] Ein eventueller Mehrwert des übertragenden Rechtsträgers muss in die Kapitalrücklagen gestellt werden.

Sehr umstritten ist die Frage, ob durch die Berechtigten auf die **Gewährung von Anteilen verzichtet** werden kann.[196] Das UmwG n.F.[197] sieht in §§ 54 Abs. 1 Satz 3 und 68 Abs. 1 Satz 3 die Möglichkeit eines einvernehmlichen notariellen Verzichts auf die Gewährung von Anteilen vor. Nach derzeitigem Rechtsstand wird die Anteilsgewährungspflicht als Wesensmerkmal der Verschmelzung und Spaltung angesehen[198] sowie die hierbei zu berücksichtigenden Gläubigerschutzgesichtspunkte betont.[199] Da insb. bei der **Schwesterverschmelzung** aus Sicht der Anteilseigner eine Anteilsgewährung wirtschaftlich unsinnig erscheint, sprechen sich große Teile der Lit.[200] und Instanzgerichte[201] gegen eine Anteilsgewährungspflicht in den verschiedensten Konstellationen aus. Demgegenüber haben sich die Obergerichte[202] zumindest bei der Verschmelzung von Kapitalgesellschaften unter Berufung auf den in der Regierungsbegründung bereits betonten Gläubigerschutzgedanken ausdrücklich für eine Anteilsgewährungspflicht entschieden. **In der Praxis** wird dieser Grundgedanke des Gläubigerschutzes aber dadurch ausgehebelt, dass – von den Registergerichten inzwischen allgemein anerkannt – bei Kapitalgesellschaften die kleinstmögliche Anteilsgewährung (50 € Geschäftsanteile[203] und 1 € Aktie) mit einer entsprechend kleinen Kapitalerhöhung bei der aufnehmenden Kapitalgesellschaft[204] bzw. bei Kommanditgesellschaften keine Erhöhung der Hafteinlage, sondern nur des Kapitalkontos für zulässig gehalten wird.

96 Bei der Verschmelzung von **Personengesellschaften** erscheint die Frage der Anteilsgewährungspflicht derzeit offen, da bei der Kommanditgesellschaft nur in geringem Maße und bei der OHG als aufneh-

---

194 Vgl. dazu ausführlich: Limmer, in: Handbuch der Unternehmensumwandlung, Rn. 375 ff.
195 Reichert, in: Semler/Stengel, UmwG, § 54 Rn. 33; Winter, in: Lutter, UmwG, § 54 Rn. 31.
196 Vgl. dazu ausführlich: Limmer, in: Handbuch der Unternehmensumwandlung, Rn. 224 ff., 378 ff.
197 BT-Drucks. 16/2919 v. 12.10.2006 unter Maßgabe der Änderungen in BR-Drucks. 95/07 v. 16.2.2007; das Inkrafttreten stand bei Redaktionsschluss unmittelbar bevor.
198 Mayer, in: Widmann/Mayer, Umwandlungsrecht, § 5 Rn. 15 ff.; Heidinger, DNotZ 1999, 154 ff., 161 f.
199 Regierungsbegründung zu § 54 UmwG, abgedr. bei Ganske, Umwandlungsrecht, S. 103.
200 Kallmeyer, GmbHR 1996, 80; Ihrig, ZHR 1996, 317 ff.; Winter, in: Lutter, UmwG, § 54 Rn. 5 ff.; Bayer, ZIP 1997, 1613, 1615; Baumann, BB 1998, 2321; Göttler, Anteilsgewährung und Mitgliedschaft bei der Verschmelzung unter Beteiligung von Gesellschaften mit beschränkter Haftung, S. 225 ff.; Huber, Anteilswahrungspflicht im Umwandlungsrecht?, S. 245 ff., 293, 355 ff., 389, 465, 475 ff.; differenzierend: Tillmann, GmbHR 2003, 740.
201 LG München, GmbHR 1999, 35; LG Koblenz, ZIP 1998, 1226; LG Essen ZIP 2002, 893 für die Spaltung einer GmbHR zu Null; LG Saarbrücken, DNotI-Report 1999, 163 zur Verschmelzung einer GmbH & Co.. KG auf eine bereits existierende GmbH & Co.. KG.
202 OLG Frankfurt, DNotZ 1999, 154; KG, DNotZ 1999, 158 jeweils mit Anm. Heidinger; jüngst wieder OLG Hamm, Der Konzern 2004, 805 = NZG 2004, 1005 = NJW-RR 2004, 1556 = GmbHR 2004, 1533.
203 § 55 Abs. 1 Satz 2 2. Halbs. UmwG als Sondervorschrift zu § 5 Abs. 1 GmbHG.
204 Limmer, in: Handbuch der Unternehmensumwandlung, Rn. 254 ff.; strenger jüngst aber für Summierung der Garantie-Kapitalziffern: Petersen, GmbHR 2004, 738; dagegen wieder: Maier-Reimer, GmbHR 2004, 1128 und Rodewald, GmbHR 2005, 515; für zeitliche Ausschüttungssperre bei aufnehmender Kapitalgesellschaft: Mayer, in: Widmann/Mayer Umwandlungsrecht § 5 Rn. 54; Naraschewski, GmbHR 1998, 356.

mendem Rechtsträger überhaupt keine Gläubigerschutzgesichtspunkte relevant werden können.[205] Das im UmwG vorgesehene **Gläubigerschutzprinzip**[206] beschränkt sich auf

- die Möglichkeit von Sicherheitsleistung (§ 22 UmwG) bzw. Haftung der beteiligten Verwaltungsträger (§§ 25, 27 UmwG),
- Nachhaftung der persönlich haftenden Gesellschafter (§§ 45, 45e UmwG),
- Fortdauer der Nachschusspflicht bei Genossen (§§ 95, 96 UmwG) sowie
- Haftung aller beteiligten Rechtsträger bei der Spaltung (§ 133 UmwG).

(2) Kapitalerhöhungsverbot/-gebot

Kapitalerhöhungsverbote: 97

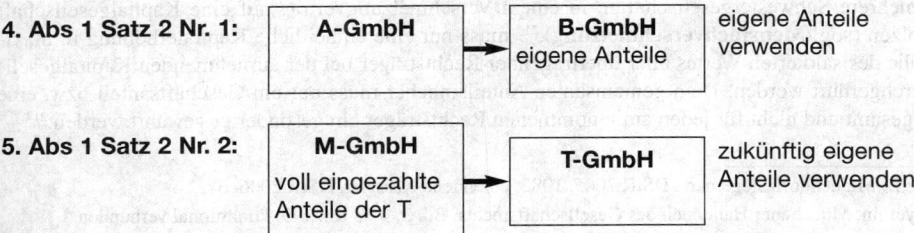

1. Abs 1 Satz 1 Nr. 1:	T-GmbH	→ M-GmbH	keine Anteilsgewährung (w/eigene Anteile würden entstehen)
2. Abs 1 Satz 1 Nr. 2:	A-GmbH eigene Anteile	→ B-GmbH	keine Anteilsgewährung für eigene Anteile w/A-GmbH erlischt
3. Abs 1 Satz 1 Nr. 3:	M-GmbH nicht voll eingezahlte Anteile der T	→ T-GmbH	n.v. eingez. (eigene) Anteile verwenden

Kapitalerhöhungswahlrechte:

4. Abs 1 Satz 2 Nr. 1:	A-GmbH eigene Anteile	→ B-GmbH eigene Anteile	eigene Anteile verwenden
5. Abs 1 Satz 2 Nr. 2:	M-GmbH voll eingezahlte Anteile der T	→ T-GmbH	zukünftig eigene Anteile verwenden

Abs. 2:
Kapitalerhöhungsverbote/-wahlrechte, wenn entsprechender Anteilsbesitz bei Dritten für Rechnung des jeweiligen Rechtsträgers besteht.

Bei Kapitalgesellschaften korrespondiert mit der Anteilsgewährungspflicht ein **Kapitalerhöhungsgebot**   98
bzw. **-verbot** (§ 54 UmwG für die GmbH und § 68 UmwG für die AG). § 54 Abs. 1 Satz 1 und Abs. 2 UmwG und § 68 Abs. 1 Satz 1 und Abs. 2 UmwG normieren ein **Kapitalerhöhungsverbot**, soweit

---

205 Vgl. jüngst ausführlich: Huber, Anteilsgewährungspflicht im Umwandlungsrecht?, 2005; Mayer, in: Widmann/Mayer, Umwandlungsrecht, § 5 Rn. 24.1 ff.; Tillmann, GmbHR 2003, 740 ff.
206 Vgl. dazu ausführlich: Petersen, Der Gläubigerschutz im Umwandlungsrecht, 2001.

- eine Tochter auf ihre Mutter verschmolzen werden soll (Nr. 1),
- beim übertragenden Rechtsträger eigene Anteile vorhanden sind (Nr. 2) oder
- bei der Verschmelzung einer Mutter auf ihre Tochter bei der Mutter nicht voll eingezahlte Anteile der Tochter vorhanden sind (Nr. 3).

Damit soll korrespondierend mit der Ausnahme zur Anteilsgewährungspflicht (§ 20 Abs. 1 Nr. 3 UmwG) die Schaffung oder Erhaltung eigener Anteile bzw. der Verlust von Stammeinlageforderungen durch Konfusion verhindert werden.

99 Abs. 1 Satz 2 und Abs. 2 gibt der jeweils aufnehmenden Kapitalgesellschaft ein **Wahlrecht** zwischen der Kapitalerhöhung und der Verwendung bereits vorhandener Anteile zur Erfüllung ihrer Anteilsgewährungspflicht, soweit

- die übernehmende Gesellschaft eigene Anteile innehat (Nr. 1) oder
- ein übertragender Rechtsträger voll eingezahlte Geschäftsanteile/Aktien des übernehmenden Rechtsträgers innehat (Nr. 2).

100 Nach **h.M.** wird im Fall des **down stream mergers** (Mutter auf Tochter-Verschmelzung) den **steuerlichen Anforderungen** an eine Buchwertfortführung (§ 20 UmwStG) nicht genüge geleistet, wenn keine neuen Anteile gewährt werden, sondern nur die vorhandenen (z.B. eigene).[207]

101 Die **Kapitalerhöhung zur Erfüllung der Anteilsgewährungspflicht** im Rahmen einer Verschmelzung bei der aufnehmenden Kapitalgesellschaft ist von der Verschmelzung **wechselseitig abhängig** (vgl. §§ 53, 66 UmwG).[208] Sie unterliegt den allgemeinen Regeln einer **Sachkapitalerhöhung**, soweit nicht § 55 Abs. 1 UmwG diese ausschließt. Eine gesonderte Übernahmeerklärung muss daher z.B. nicht abgegeben werden. Auch sind die Vorgaben für die Bewirkung der Sacheinlage (§§ 56a, 7 GmbHG) sowie die Versicherung des Geschäftsführers (§ 57 Abs. 2 und Abs. 3 Nr. 1 GmbHG) entbehrlich. Wegen des **Verbots der Unterpari-Emission** muss der Wert des übertragenden Rechtsträgers den Kapitalerhöhungsbetrag decken,[209] was die Verschmelzung eines materiell überschuldeten, übertragenden Rechtsträgers auf eine Kapitalgesellschaft grds. ausschließt.[210] Die Verschmelzung **auf einen überschuldeten Rechtsträger** ist demgegenüber bei Berücksichtigung einer eventuellen Insolvenzantragspflicht grds. zulässig.[211] Die Regeln der Euroumstellung sind zu beachten.[212]

102 Werden mehrere Schwestergesellschaften in einem Verschmelzungsvertrag auf eine Kapitalgesellschaft verschmolzen (sog. **Mehrfachverschmelzung**),[213] muss nur eine einheitliche Kapitalerhöhung in maximaler Höhe des saldierten Wertes aller übertragender Rechtsträger bei der aufnehmenden Kapitalgesellschaft durchgeführt werden. Dem gemeinsamen Anteilsinhaber muss nur ein Geschäftsanteil bzw. eine Aktie insgesamt und nicht für jeden aufgenommenen Rechtsträger ein gesonderter gewährt werden.[214]

---

207 So z.B. Middendorf/Stegemann DStR 2005, 1082; ablehnend Kesseler, DStR 2006, 67.
208 Mayer, in: Münchener Handbuch des Gesellschaftsrechts, Bd. 3, § 73 Rn. 179: konditional verbunden.
209 Vgl. zum Wertnachweis DNotI-Gutachten Nr. 46789 v. 26.1.2004.
210 Möglich bleibt aber die Verschmelzung einer Tochter auf ihre Mutter ohne Kapitalerhöhung; zur Frage der Mehrfachverschmelzung unter Beteiligung eines vermögenslosen Rechtsträgers: Tillmann, BB 2004, 673; siehe auch schon OLG Frankfurt, ZIP 1998, 1191; Mayer, in: Widmann/Mayer, Umwandlungsrecht, § 55 Rn. 8310 ff.; zur Verschmelzung einer überschuldeten GmbH auf ihren Alleingesellschafter OLG Stuttgart, ZIP 2005, 2066, dazu Heckschen, EWiR, § 120 UmwG 1/05, 839.
211 Mayer, in: Münchener Handbuch des Gesellschaftsrechts, Bd. 3, § 73 Rn. 211 ff.
212 Vgl. genauer unten Rn. 318.
213 Siehe dazu ausführlich Heckschen/Simon, Umwandlungsrecht 2002, § 5 Rn. 10 ff.; Mayer, in: Widmann/Mayer, Umwandlungsrecht, § 5 Rn. 56.8 ff.
214 H.M. in der Lit.: Mayer, DB 1998, 913; Heckschen, DB 1998, 1385; Neye, EWiR § 46 UmwG 1/98, 517; Mayer, in: Widmann/Mayer, Umwandlungsrecht, § 5 Rn. 56.11; a.A.: OLG Frankfurt, DB 1998, 917; jetzt aber auch LG Frankfurt v. 15.2.2005, GmbHR 2005, 940 = Der Konzern 2005, 602 für einen Geschäftsanteil, nur Angabe über jeweilige Gegenleistung.

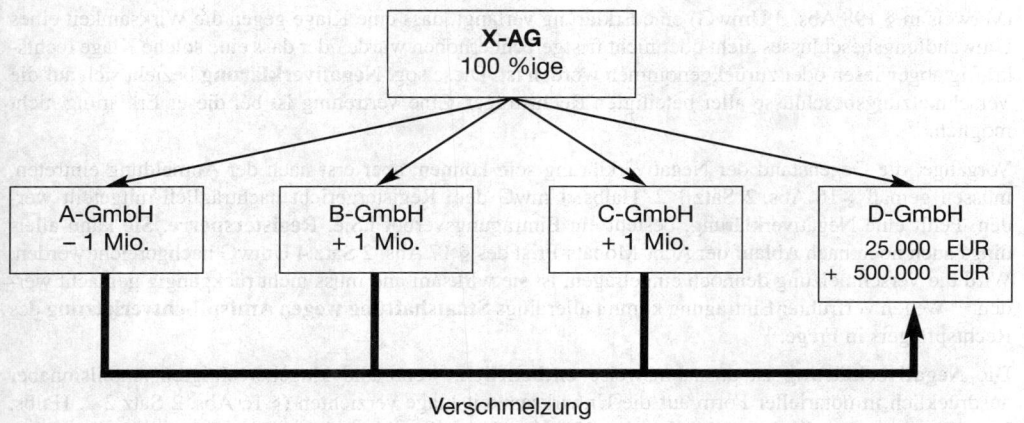

d) Anmeldung

aa) Anmeldebefugnis und Form

Die Verschmelzung muss von den Vertretungsorganen der beteiligten Rechtsträger grds. in **vertretungsberechtigter Zahl**, bei der Anmeldung einer Kapitalerhöhung bei der GmbH durch alle Geschäftsführer (§ 55 UmwG i.V.m. § 78 GmbHG) in beglaubigter Form sowohl bei den Registergerichten aller übertragenden als auch des übernehmenden Rechtsträgers zur Eintragung angemeldet werden (§ 16 Abs.1 UmwG).

103

Seit 1.1.2007[215] müssen die Anmeldungen zum Handels-, Genossenschafts- und Partnerschaftsregister in elektronischer – allerdings weiterhin öffentlich beglaubigter – Form erfolgen (§ 12 Abs. 1 und Abs. 2 HGB). Die näheren Anforderungen regeln die Regierungen der registerführenden Bundesländer in einer Verordnung (§ 8a Abs. 2 HGB). Die Bundesländer können für eine Übergangszeit bis Ende 2009 auch noch Anmeldungen in Papierform zulassen (Art. 61 EGHGB).

104

bb) Anlagen und Kapitalerhöhung

Die erforderlichen **Anlagen** für die Anmeldung bei den Registern der übertragenden Rechtsträger ergeben sich hauptsächlich aus § 17 UmwG. Hinzukommen kann ggf. die Erklärung über den Eintritt etwa im Verschmelzungsvertrag vereinbarter, aufschiebender Bedingungen. Soweit eine Kapitalerhöhung beim aufnehmenden Rechtsträger erfolgen muss, ist diese dort spätestens mit der Verschmelzung anzumelden. Auch bei dem übertragenden Rechtsträger bedarf es eines Nachweises über ihre Durchführung (vgl. zur GmbHG § 53 UmwG, zur AG § 66 UmwG) und ggf. der Übernahmeerklärung des Treuhänders (§ 71 Abs. 1 Satz 2 UmwG). Ob die Eintragung der Kapitalerhöhung beim Register des aufnehmenden Rechtsträgers schon für die Anmeldung oder erst für die Eintragung der Verschmelzung bei den Registern der übertragenden Rechtsträger vorliegen muss, ist streitig.[216] Bei der übernehmenden GmbH ist auch eine Liste der Übernehmer und (optional) eine berichtigte Gesellschafterliste beizufügen.

105

cc) Negativerklärung

Nach § 16 Abs. 2 UmwG wird von den Vertretungsorganen in vertretungsberechtigter Anzahl bei der Anmeldung der Verschmelzung, der Spaltung (Verweis in § 125 Satz 1 UmwG) und beim Formwechsel

106

---

215 Gesetz über elektronische Handelsregister und Genossenschaftsregister sowie das Unternehmensregister (EHUG), BGBl. I 2006, S. 2553 v. 15.11.2006; vgl. dazu Dauner-Lieb/Linke, DB 2006, 767; Meyding/Bödeker, BB 2006, 1009; Ries, Rpfleger 2006, 233; Seibert/Decker, DB 2006, 2446.

216 Ablehnend Bork, in: Lutter, UmwG § 19 Rn. 2; Stratz, in: Schmitt/Hörtnagl/Stratz, UmwG, § 19 Rn. 7; a.A.: Schwarz, in: Widmann/Mayer, Umwandlungsrecht, § 19 Rn. 131; offenbar auch Reichert, in: Semler/Stengel, UmwG, § 53 Rn. 11.

(Verweis in § 198 Abs. 3 UmwG) eine Erklärung verlangt, dass eine Klage gegen die Wirksamkeit eines Umwandlungsbeschlusses nicht oder nicht fristgerecht erhoben wurde oder dass eine solche Klage rechtskräftig abgewiesen oder zurückgenommen worden ist. Diese sog. **Negativerklärung** bezieht sich auf die Verschmelzungsbeschlüsse aller beteiligten Rechtsträger. Eine Vertretung ist bei dieser Erklärung nicht möglich.[217]

Vorgänge, die Gegenstand der Negativerklärung sein können, aber erst nach der Anmeldung eintreten, müssen gemäß § 16 Abs. 2 Satz 1 2. Halbs. UmwG dem Registergericht nachträglich mitgeteilt werden. Fehlt eine Negativerklärung, besteht ein Eintragungsverbot i.S.e. **Registersperre**. Sie kann allerdings auch noch nach Ablauf der Acht-Monats-Frist des § 17 Abs. 2 Satz 4 UmwG nachgereicht werden. Wird die Verschmelzung dennoch eingetragen, ist sie wirksam und muss nicht rückgängig gemacht werden.[218] Wegen verfrühter Eintragung kommt allerdings **Staatshaftung wegen Amtspflichtverletzung** des Rechtspflegers in Frage.[219]

107 Die **Negativerklärung** ist ausnahmsweise **entbehrlich**, wenn alle klageberechtigten Anteilsinhaber ausdrücklich in notarieller Form auf die Unwirksamkeitsklage verzichten (§ 16 Abs. 2 Satz 2 2. Halbs. UmwG) oder wenn alle Anteilsinhaber dem Verschmelzungsbeschluss zugestimmt haben,[220] weil Anfechtungsklagen dann auch nicht mehr möglich sind. Daher bedarf es auch bei der Ausgliederung aus dem Vermögen eines Einzelkaufmannes zur Neugründung einer GmbH (vgl. § 152 UmwG) keiner Negativerklärung.

108 Der Negativerklärung nach § 16 Abs. 2 Satz 1 UmwG steht es gleich, wenn ein Prozessgericht in einem sog. **Unbedenklichkeitsverfahren** rechtskräftig festgestellt hat, dass die Erhebung einer Klage gegen die Wirksamkeit eines Verschmelzungsbeschlusses der Eintragung der Verschmelzung nicht entgegensteht (§ 16 Abs. 3 Satz 1 UmwG). Zu diesem Unbedenklichkeitsverfahren wird auf die einleitenden Ausführungen unten Rn. 28 ff. verwiesen.

dd) Schlussbilanz und Acht-Monats-Frist

109 Besondere Bedeutung kommt der Einreichung einer auf einen höchstens **acht Monate** vor der Anmeldung liegenden Stichtag[221] aufgestellten **Schlussbilanz**[222] zum Register des **übertragenden Rechtsträgers** zu (§ 17 Abs. 2 Satz 4 UmwG). Um eine einigermaßen zeitnahe Bewertung des übertragenden Rechtsträgers für die Gläubiger, die Anteilsinhaber und den Registerrichter zu ermöglichen, muss innerhalb dieser Acht-Monats-Frist die Anmeldung mit den essentialia des Verschmelzungsvorgangs (Vertrag, Zustimmungsbeschlüsse) beim **Register des übertragenden Rechtsträgers** eingereicht sein. Bei dem **Register des aufnehmenden Rechtsträgers** besteht hingegen keine Pflicht zum fristgerechten Einreichen der Schlussbilanz.[223] Diese kann allenfalls zum Wertnachweis im Zusammenhang mit der Kapitalaufbringung verlangt werden. Alle übrigen Unterlagen können nachgereicht werden.

---

217 Marsch-Barner, in: Kallmeyer, UmwG, § 16 Rn. 22; Melchior, GmbHR 1999, 520.

218 OLG Hamm, DB 2001, 85; krit. dazu: Meilicke, DB 2001, 1235; dagegen eingelegte Verfassungsbeschwerde BVerfG, DB 2005, 1373 f. wurde nicht zur Entscheidung angenommen; weiterhin für Löschung analog § 142 FGG: Hosch, Rpfleger 2005, 577 und Büchel, ZIP 2006, 2289.

219 BGH, DB 2006, 2563 = ZIP 2006, 2312 zum Formwechsel die Vorinstanz der Sache nach bestätigend, wegen der Schadensberechnung aber aufhebend und zurückweisend; Vorinstanzen: OLG Hamm, DB 2006, 36 = Der Konzern 2006, 286; LG Dortmund, DB 2004, 805; siehe zu allen Urteilen Büchel, ZIP 2006, 2289; vgl. auch OLG Frankfurt, ZIP 2003, 1607; siehe auch OLG Hamm, DB 2002, 1431 (Aussetzungsbeschluss bzgl. der Anfechtungsklage).

220 Marsch-Barner, in: Kallmeyer, UmwG, § 16 Rn. 29; Bork, in: Lutter, UmwG,, § 16 Rn. 13; LG Dresden, GmbHR 1997, 175.

221 Vgl. zu den verschiedenen Stichtagen oben Rn. 79.

222 Zur Abgrenzung zu einer beigefügten überobligatorischen Zwischenbilanz: OLG Frankfurt, OLG-Report 2006, 594 = GmbHR 2006, 382; zur Schlussbilanz bei einer im Konzernabschluss einbezogenen Gesellschaft: Scheunemann, DB 2006, 797.

223 Vgl. BayObLG, ZIP 1999, 968 für die Ausgliederung zur Neugründung.

> **Hinweis:**
>
> Streitig ist, ob dies auch für die **Bilanz** gilt.[224] Das Erstellen und Nachreichen der Bilanz nach Ablauf der Acht-Monats-Frist widerspricht meines Erachtens dem Sinn des § 17 Abs. 2 Satz 4 UmwG, den Gläubigern und Anteilsinhabern eine zur (möglichen) Eintragung der Verschmelzung einigermaßen zeitnahe Information über den Vermögensstand des übertragenden Rechtsträgers zu bieten. Das zeitnahe Nachreichen einer bereits fristgerecht erstellten, lediglich bei der fristgerechten Anmeldung vergessenen Bilanz sollte aber zugelassen werden.[225]

Kleinere Korrekturen im Verschmelzungsvertrag sollen auch nach Ablauf der Acht-Monats-Frist auf Zwischenverfügung des Registergerichtes möglich sein.[226] Bei einer inhaltlichen Änderung bedarf es jedoch auch neuer Zustimmungsbeschlüsse und einer neuen Anmeldung unter Berücksichtigung der Acht-Monats-Frist.[227]

e) Eintragung und Gesamtrechtsnachfolge

Die Eintragung in die Register der übertragenden und des aufnehmenden Rechtsträgers erfolgt in der in § 19 UmwG geregelten **Reihenfolge**:

- Register des übertragenden Rechtsträgers mit Wirksamkeitsvorbehalt
- Register des übernehmenden Rechtsträgers
  - eventuelle Kapitalerhöhung
  - Eintragung der Verschmelzung (Wirksamkeit
- Mitteilung von Amts wegen von übernehmendem Register an übertragenes Register
- Vermerk des Tages der Eintragung beim übernehmenden Register im Register des übertragenden Rechtsträgers.

Im UmwG[228] n.F. ist ein Verzicht auf den Wirksamkeitsvorbehalt bei der Eintragung im Register des Sitzes jedes der übertragenden Rechtsträger vorgesehen, wenn die Eintragungen in den Registern aller Rechtsträger am selben Tag erfolgen. Soweit eine Kapitalerhöhung erforderlich ist, muss diese vor der Verschmelzung im Register der übernehmenden Kapitalgesellschaft eingetragen werden (§§ 53, 66 UmwG). Die Verschmelzung ist erst **mit ihrer Eintragung** im Register des übernehmenden Rechtsträgers (§ 20 Abs. 1 UmwG) **wirksam**. Bis zu diesem Zeitpunkt, also auch noch nach Fassung der Zustimmungsbeschlüsse, können Anteilseigner ihre Anteile veräußern.[229] In diesem Zeitpunkt erlischt der übertragende

---

224 Diesbezüglich noch streng: Heidinger u.a., Gutachten zum Umwandlungsrecht, 1996/1997, Gutachten des Deutschen Notarinstituts Band IV 1998, Gutachten Nr. 13 u. Nr. 36; Germann, GmbHR 1999, 591, 593; Mayer, in: Münchener Handbuch des Gesellschaftsrechts, Bd. 3, § 73 Rn. 230; Gerold, MittRhNotK 1997, 205; Heidinger, DNotZ 1999, 165; LG Dresden, GmbHR 1998, 1086; die jüngere Lit.: Stratz, in: Schmitt/Hörtnagl/Stratz, UmwG, § 17 Rn. 46; Widmann, in: Widmann/Mayer, Umwandlungsrecht, § 24 Rn. 68; Bork, in: Lutter, UmwG, § 17 Rn. 6; Heckschen, Rpfleger 1999, 357, 363; ders., NotBZ 1997, 132.

225 So auch LG Frankfurt, NotBZ 1998, 36 = GmbHR 1998, 380; OLG Zweibrücken, RNotZ 2002, 516 in einem Haftpflichtprozess gegen einen Notar; OLG Jena, NZG 2003, 43; Weiler, MittBayNot 2006, 377; zu weitgehende LG Frankfurt, GmbHR 1998, 379: verspätete Einreichung rechtzeitig wegen verspäteter Eintragung der Kapitalerhöhung.

226 OLG Hamm, GmbHR 2006, 255 = OLG-Report 2006, 282 für die Klarstellung der Bezeichnung eines Vertragspartners bei einer Kettenverschmelzung.

227 Großzügiger z.T. in der Lit. für die Änderung einer unzulässigen Firma des neu zu gründenden Rechtsträgers.

228 BT-Drucks. 16/2919 v. 12.10.2006 unter Maßgabe der Änderungen in BR-Drucks. 95/07 v. 16.2.2007; das Inkrafttreten stand bei Redaktionsschluss unmittelbar bevor.

229 Vgl. BayObLG, MittBayNot 2004, 198 für den Formwechsel.

Rechtsträger, alle Aktiva und Passiva gehen auf den aufnehmenden Rechtsträger über (siehe dazu schon oben Rn. 46 ff.).[230]

Durch diese Eintragung im Register des übernehmenden Rechtsträgers sind alle **Beurkundungsmängel** des Verschmelzungsvertrages und eventueller Zustimmungs- und Verzichtserklärungen **geheilt** (§ 20 Abs. 1 Nr. 4 UmwG).

112 Darüber hinaus genießt die Verschmelzung auch **bei sonstigen Mängeln Bestandsschutz** (§ 20 Abs. 2 UmwG).[231] Selbst eine begründete Anfechtungsklage kann nicht bewirken, dass die einmal eingetragene Verschmelzung rückgängig gemacht wird.[232] Eine Amtslöschung nach §§ 142, 144 FGG kommt nicht in Betracht.[233] Eine widerrechtliche Amtslöschung muss seinerseits wieder gelöscht werden,[234] Schadensersatzansprüche bleiben demgegenüber möglich. Eine Rechtsnachfolge durch die eingetragene Verschmelzung findet nur dann nicht statt, wenn die **ganze Verschmelzung wegen gravierender Mängel nichtig** ist. Dies wird in der Rspr. angenommen, wenn z.B. die gewählte Umwandlungsform oder die Gesellschaftsform nicht dem Gesetz entspricht.[235]

---

230 Zur Rechtsstellung des stillen Gesellschafters: Winter, in: FS für Peltzer, S. 645 ff.; zur Erhaltung einer Zweigniederlassung nach Verschmelzung: Keidel/Krafka/Willer, Registerrecht, Rn. 322 und DNotI Gutachten Nr. 51795 v. 10.8.2004; zur Gesamtrechtsnachfolge bei Umwandlungen mit Auslandsbezug: Kusserow/Prüm, WM 2005, 633.

231 Korte, DStR 2004, 185.

232 OLG Hamburg, Der Konzern 2004, 433.

233 OLG Frankfurt, GmbHR 2003, 1276; OLG Hamburg, NZG 2003, 981; OLG Hamm, ZIP 2001, 569; siehe auch schon Heidinger u.a., Gutachten zum Umwandlungsrecht, Gutachten Nr. 17.; ausführlich dazu: Korte, DStR 2004, 185 ff. m.w.N.; auf Vorlage des OLG Hamm, DB 2002, 1431 wurde die Verfassungsbeschwerde dagegen als unzulässig zurückgewiesen BVerfG, WM 2004, 2354; a.A.: Horsch, Rpfleger 2005, 577 für analoge Anwendung des § 142 FGG.

234 A.A. zu Unrecht: Custodis, GmbHR 2006, 904 für ex nunc Beseitigung der Verschmelzung durch Löschung im Handelsregister.

235 Siehe vor allem die fehlgeschlagenen LPG-Umwandlungen: BGH, ZIP 2001, 2006 mit Verweis auf BGHZ 132, 353; 137, 134; BGH, ZIP 1999, 840; ZIP 1999, 1126; BGH, NZG 2007, 69 zur VEB-Umwandlung.

V. Verschmelzung zur Neugründung

1. Übersicht

Ziel:
Zwei Unternehmen sollen fusioniert werden

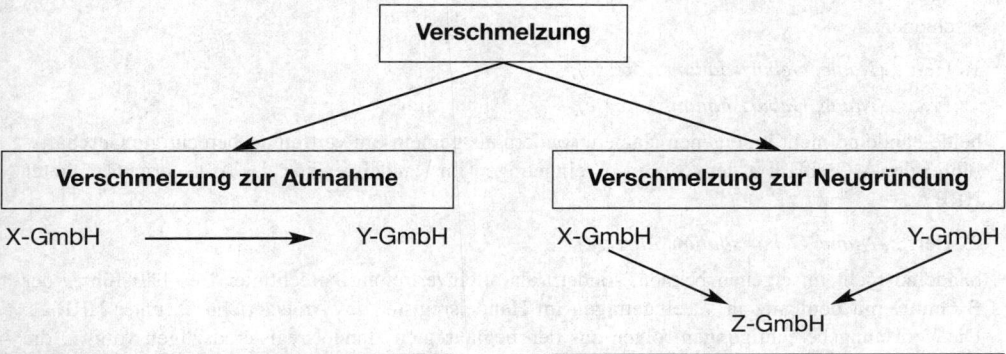

Kennzeichen:
- Gesamtrechtsnachfolge
- unter Ausschluß der Liquidation
- gegen Anteilsgewährung an die Anteilsinhaber des übertragenden Rechtsträgers
- Firmenfortführung bei beiden Varianten möglich (§ 18 UmwG)

2. Muster (Verschmelzung von zwei GmbH zur Neugründung einer dritten GmbH)

a) Verschmelzungsvertrag

UR-Nr. ... /200 ...

**A.
Urkundseingang mit Sachstand**

Verhandelt zu ...

am ...

Vor dem unterzeichnenden

...

Notar mit dem Amtssitz in ...

erschienen:

1. Herr ...*(Name, Geburtsdatum, Adresse)*,

    Frau ...*(Name, Geburtsdatum, Adresse)*,

beide handelnd nicht im eigenen Namen, sondern als gemeinsam vertretungsberechtigte Geschäftsführer der A-GmbH mit dem Sitz in ..., eingetragen im Handelsregister des Amtsgerichts ... unter HRB ...,

2. Herr ...*(Name, Geburtsdatum, Adresse)*,

handelnd nicht im eigenen Namen, sondern als alleinvertretungsberechtigter Geschäftsführer der B-GmbH mit dem Sitz in ..., eingetragen im Handelsregister des Amtsgerichts ... unter HRB .... Die Vertretungsberechtigungen folgen aus den beglaubigten Handelsregisterauszügen vom ..., die dieser Urkunde als Beleg beigefügt sind.[236]

Die Erschienenen wiesen sich dem Notar gegenüber aus durch Vorlage ihrer amtlichen Lichtbildausweise.

Nach Angabe der Beteiligten sind an der übertragenden A-GmbH, deren Stammkapital i.H.v. ... € voll eingezahlt ist,

- Herr ...*(Name, Geburtsdatum, Adresse)*,
  mit einem Geschäftsanteil von ... €

und

- Herr ...*(Name, Geburtsdatum, Adresse)*,
  mit einem Geschäftsanteil von ... €

beteiligt.

Einziger Gesellschafter der aufnehmenden B-GmbH ist nach Angabe

Herr ...*(Name, Geburtsdatum, Adresse)*,

mit einem ebenfalls voll eingezahlten Geschäftsanteil von ... €.

Eine Zustimmungspflicht nach § 51 Abs. 1 UmwG ist nicht gegeben.

Die Erschienenen erklären, dass weder der Notar selbst noch sein Sozius in der Sache, die im Nachfolgenden beurkundet wird, vorbefasst i.S.v. § 3 Abs. 1 Nr. 7 BeurkG ist.

Die Erschienenen ließen folgenden

B.
Verschmelzungsvertrag

beurkunden und erklärten, handelnd wie angegeben:

---

[236] Vgl. § 12 Satz 2 BeurkG, wonach auch die Bescheinigung des Notars gemäß § 21 BNotO nach Einsicht ins Handelsregister genügen würde.

§ 1
Vermögensübertragung

Die A-GmbH und die B-GmbH übertragen ihr Vermögen als Ganzes mit allen Rechten und Pflichten unter Ausschluss der Abwicklung auf die neu zu gründende C-GmbH mit dem Sitz in ... im Wege der Verschmelzung durch Neugründung.

§ 2
Gegenleistung

(1) Die C-GmbH gewährt den Gesellschaftern der A-GmbH und der B-GmbH von ihrem Stammkapital i.H.v. insgesamt ... €,

- dem Gesellschafter T einen Geschäftsanteil im Nennbetrag von ... €,
- ....

(2) Das Umtauschverhältnis beträgt ...

(3) Die Geschäftsanteile werden kostenfrei mit Gewinnberechtigung ab ... gewährt.

§ 3
Bilanzstichtag[237]

Der Verschmelzung werden die mit dem uneingeschränkten Bestätigungsvermerk des Wirtschaftsprüfers ... in ... versehenen Bilanzen der A-GmbH und der B-GmbH zum ... als Schlussbilanzen zugrunde gelegt.

§ 4
Verschmelzungsstichtag

Die Übernahme des Vermögens der A-GmbH und der B-GmbH erfolgt im Innenverhältnis mit Wirkung zum Ablauf des .... Von diesem Zeitpunkt an gelten alle Handlungen und Geschäfte der A-GmbH und der B-GmbH als für Rechnung der C-GmbH vorgenommen.

§ 5
Besondere Rechte

Besondere Rechte i.S.v. § 5 Abs. 1 Nr. 7 UmwG bestehen bei der C-GmbH nicht. Einzelnen Anteilsinhabern werden im Rahmen der Verschmelzung keine besonderen Rechte gewährt.

§ 6
Besondere Vorteile

Besondere Vorteile i.S.v. § 5 Abs. 1 Nr. 8 UmwG werden weder einem Mitglied eines Vertretungs- oder Aufsichtsorgans eines an der Verschmelzung beteiligten Rechtsträgers, noch dem Abschlussprüfer oder dem Verschmelzungsprüfer gewährt.

§ 7
Folgen der Verschmelzung für Arbeitnehmer und ihre Vertretungen

Für die Arbeitnehmer der Gesellschaften und ihre Betriebsräte ergeben sich folgende Auswirkungen ....

Folgende Maßnahmen sind vorgesehen ....

---

[237] Um die 8-Monats-Frist des § 17 Abs. 2 Satz 4 UmwG zu entschärfen, wird teilweise auch ein **variabler Stichtag** empfohlen. Die Zulässigkeit ist aber str., siehe Erläuterungen zum Stichtage.

§ 8
Bedingungen

Der Verschmelzungsvertrag steht unter der aufschiebenden Bedingung, dass die formgerechten Zustimmungsbeschlüsse der Gesellschafterversammlungen beider Gesellschaften bis zum ...[238] vorliegen.

§ 9
Gründung

Die A-GmbH und die B-GmbH, handelnd als Gründer gemäß § 36 Abs. 2 Satz 2 UmwG, erklären, vorbehaltlich der Zustimmungsbeschlüsse der Gesellschafterversammlungen:

1. Die Gesellschafter der A-GmbH und der B-GmbH errichten unter der Firma C-GmbH mit dem Sitz in .... eine Gesellschaft mit beschränkter Haftung. Für das Gesellschaftsverhältnis gilt der als Anlage zu dieser Niederschrift genommene Gesellschaftsvertrag.

2. In der hiermit abgehaltenen Gesellschafterversammlung wird beschlossen:

Er ist stets einzeln vertretungsberechtigt und von den Beschränkungen des § 181 BGB befreit.

§ 10
Kosten, Abschriften

Die durch diesen Vertrag und seine Durchführung bei beiden Gesellschaften entstehenden Kosten trägt die C-GmbH. Sollte die Verschmelzung nicht wirksam werden, tragen die Kosten dieses Vertrages die Gesellschaften zu gleichen Teilen; alle übrigen Kosten trägt die jeweils betroffene Gesellschaft allein.

Abschriften erhalten ....

§ 11
Salvatorische Klausel

....

C.
Vollzugsvollmacht/Hinweise/Belehrungen

....

Diese Niederschrift nebst der Anlage wurde den Erschienenen vom Notar vorgelesen, von ihnen genehmigt und von ihnen und dem Notar eigenhändig, wie folgt, unterschrieben:

....

Anlage 1 zur Urkunde vom ... UR-Nr. ....

Satzung der C-GmbH

(mit Angaben zur Sacheinlage):

Die Stammeinlage wird in voller Höhe dadurch erbracht, dass die A-GmbH und die B-GmbH jeweils ihr Vermögen als Ganzes mit allen Rechten und Pflichten unter Ausschluss der Abwicklung im Wege der Verschmelzung durch Neugründung nach § 2 Nr. 2 UmwG nach Maßgabe des Verschmelzungsvertrages vom ... übertragen.

---

238 Alternativ kann auch ein Rücktrittsrecht für beide Gesellschaften geregelt werden.

b) Zustimmungsbeschlüsse bei den übertragenden GmbH (Niederschrift über eine Gesellschafterversammlung)

UR-Nr. .../200 ...

Heute, am ...

...

erschienen vor mir,

Notar mit dem Amtssitz in ...,

in der Geschäftsstelle:

1. ..., handelnd für sich selbst sowie zugleich für ...;
2. ..., aufgrund notariell beglaubigter Vollmacht vom ..., die der Urkunde im Original beigefügt ist.

Auf Ansuchen des Erschienenen beurkunde ich seinen Erklärungen gemäß, was folgt:

I.
Vorbemerkungen

Im Handelsregister des AG ... ist unter HRB ... eine Gesellschaft mit beschränkter Haftung unter der Firma ... GmbH mit dem Sitz in ... eingetragen. Das Stammkapital beträgt 25.000 €.

An der Gesellschaft sind seit Gründung der Gesellschaft beteiligt:

- ...

Die Stammeinlagen sind voll eingezahlt.

II.
Gesellschafterversammlung

Die vorgenannten Gesellschafter halten unter Verzicht auf alle Frist- und Formvorschriften eine Gesellschafterversammlung ab und stellen fest, dass die Gesellschafterversammlung als Vollversammlung beschlussfähig ist.

Die Gesellschafter beschließen mit allen Stimmen Folgendes:

§ 1
Zustimmung zum Verschmelzungsvertrag

Dem Verschmelzungsvertrag, Urkunde des Notars ... in ... vom ...

UR-Nr. ..., wird mit allen Stimmen vorbehaltlos zugestimmt. Er ist dieser Niederschrift als Anlage beigefügt.

Die darin enthaltene (IX.) Geschäftsführerbestellung wird bestätigt.

§ 2
Feststellung der Verschmelzungsbilanz

Die dieser Urkunde als Anlage 2 beigefügte Schlussbilanz (Verschmelzungsbilanz) zum 31.12. ... wird festgestellt.

§ 3
Kosten, Abschriften

Die Kosten dieser Urkunden trägt die Gesellschaft.

Abschriften erhalten ....

III.
Verzichtserklärungen,[239] Sonstiges

Alle Gesellschafter verzichten auf eine Prüfung der Verschmelzung, auf Erstattung eines Verschmelzungsberichtes und eines Verschmelzungsprüfungsberichtes sowie auf eine Klage gegen die Wirksamkeit des Verschmelzungsbeschlusses. Der Notar hat über die Bedeutung der Verzichtserklärungen belehrt.

Alle Gesellschafter erklären, dass der Verschmelzungsvertrag ihnen spätestens zusammen mit der Einberufung der Gesellschafterversammlung übersandt wurde.

Der beurkundende Notar wies die Gesellschafter darauf hin, dass jeder von ihnen die Erteilung einer Abschrift der Niederschrift über diese Gesellschafterversammlung und des Verschmelzungsvertrages verlangen kann und dass ihnen ein Anspruch gegen die Geschäftsführer auf Auskunft auch über alle für die Verschmelzung wesentlichen Angelegenheiten der anderen beteiligten Gesellschaften zusteht.

Vorgelesen vom Notar, von den Erschienenen genehmigt und eigenhändig unterschrieben.

c) Anmeldung für die jeweilige übertragende GmbH

116

An das

AG ...

– Handelsregister B –

Betrifft: HRB ... A-GmbH (alternativ B-GmbH)

In der Anlage überreichen wir, die unterzeichnenden alleinigen Geschäftsführer der o.a. GmbH:

1. Ausfertigung des Verschmelzungsvertrages vom ... – UR-Nr. ... des beglaubigenden Notars –,
2. Ausfertigung des Zustimmungsbeschlusses der Gesellschafter der A-GmbH vom ... – UR-Nr. ... des Notars –, samt Verzichtserklärungen der Gesellschafter der A-GmbH auf Erstellung eines Verschmelzungsberichtes und einer Verschmelzungsprüfung und Erstellung eines Verschmelzungsprüfungsberichtes sowie Verzicht auf Anfechtung des Zustimmungsbeschlusses,
3. Ausfertigung des Zustimmungsbeschlusses des Gesellschafters der B-GmbH vom ... – UR-Nr. ... des Notars –, samt Verzichtserklärung des Gesellschafters der B-GmbH auf Erstellung eines Verschmelzungsberichtes und einer Verschmelzungsprüfung und Erstellung eines Verschmelzungsprüfungsberichtes sowie Verzicht auf Anfechtung des Zustimmungsbeschlusses,
4. Nachweis über die Zuleitung des Entwurfs des Verschmelzungsvertrages an den Betriebsrat der A-GmbH und der B-GmbH,
5. festgestellte Schlussbilanz der A-GmbH (alternativ der B-GmbH) zum Verschmelzungsstichtag

und melden zur Eintragung in das Handelsregister an:

Die A-GmbH (alternativ die B-GmbH) ist im Wege der Verschmelzung durch Neugründung auf die C-GmbH verschmolzen.

---

[239] Nach den §§ 8 Abs. 3 Satz 2, 9 Abs. 3 UmwG sind die Verzichtserklärungen notariell zu beurkunden. Daher ist die Beurkundungsform für Willenserklärungen nach §§ 8 ff. BeurkG erforderlich.

Wir erklären, dass weder der Verschmelzungsbeschluss der Gesellschafter der A-GmbH noch der Verschmelzungsbeschluss des Gesellschafters der B-GmbH angefochten wurde und wegen der Verzichtserklärungen auch nicht mehr angefochten werden kann.

...................., den ...

....

(Unterschrift der Geschäftsführer)

(Beglaubigungsvermerk)

d) Anmeldung für die neu gegründete GmbH

An das

AG ...

– Handelsregister B –

Betrifft: Neugründung der C-GmbH mit Sitz in ...

In der Anlage überreichen wir, die sämtlichen, unterzeichnenden Geschäftsführer der A-GmbH – dortiges Handelsregister HRB ... – und der B-GmbH – dortiges Handelsregister HRB ... –:

1. Ausfertigung des Verschmelzungsvertrages vom ... – UR-Nr. ... des beglaubigenden Notars –,
2. Ausfertigung des Zustimmungsbeschlusses der Gesellschafter der A-GmbH vom ... – UR-Nr. ... des Notars –, samt Verzichtserklärungen der Gesellschafter der A-GmbH auf Erstellung eines Verschmelzungsberichtes und einer Verschmelzungsprüfung und Erstellung eines Verschmelzungsprüfungsberichtes sowie Verzicht auf Anfechtung des Zustimmungsbeschlusses,
3. Ausfertigung des Zustimmungsbeschlusses des Gesellschafters der B-GmbH vom ... – UR-Nr. ... des Notars –, samt Verzichtserklärung des Gesellschafters der B-GmbH auf Erstellung eines Verschmelzungsberichtes und einer Verschmelzungsprüfung und Erstellung eines Verschmelzungsprüfungsberichtes sowie Verzicht auf Anfechtung des Zustimmungsbeschlusses,
4. Nachweis über die Zuleitung des Entwurfs des Verschmelzungsvertrages an den Betriebsrat der A-GmbH und der B-GmbH,
5. Gesellschafterliste,
6. festgestellte Schlussbilanzen der A-GmbH und der B-GmbH (als Wertnachweis), ein Sachgründungsbericht ist nach § 58 UmwG nicht erforderlich

und melden zur Eintragung in das Handelsregister an:

Die A-GmbH und die B-GmbH haben im Wege der Verschmelzung durch Neugründung unter der Firma „C-GmbH" eine Gesellschaft mit beschränkter Haftung gegründet.

Sitz der Gesellschaft ist ...

Die Gesellschaft hat einen oder mehrere Geschäftsführer. Ist nur ein Geschäftsführer bestellt, so vertritt dieser die Gesellschaft allein. Sind mehrere Geschäftsführer bestellt, so wird die Gesellschaft durch zwei Geschäftsführer gemeinsam oder durch einen Geschäftsführer in Gemeinschaft mit einem Prokuristen vertreten. Durch Gesellschafterbeschluss kann einzelnen Geschäftsführern die Befugnis zur Einzelvertretung sowie die Befreiung von den Beschränkungen des § 181 BGB erteilt werden.

Zum ersten Geschäftsführer der Gesellschaft wurde bestellt:

...(Vor- und Familienname), ...(Geburtsdatum), ...(Wohnort).

> Er ist berechtigt, die Gesellschaft einzeln zu vertreten und von den Beschränkungen des § 181 BGB befreit.
>
> Der Geschäftsführer zeichnet seine Namensunterschrift wie folgt: ....
>
> Der mitunterzeichnende Geschäftsführer erklärt:
>
> „Ich versichere, dass keine Umstände vorliegen, die meiner Bestellung als Geschäftsführer nach § 6 Abs. 2 Satz 2 und Satz 3 GmbH-Gesetz entgegenstehen.
>
> Ich bin von dem beglaubigenden Notar über meine unbeschränkte Auskunftspflicht gegenüber dem Registergericht belehrt worden.
>
> Ich versichere insb., dass ich nicht wegen einer Konkursstraftat (Bankrott, Verletzung der Buchführungspflicht, Gläubigerbegünstigung, Schuldnerbegünstigung) nach den §§ 283 – 283d des Strafgesetzbuches vorbestraft bin und dass mir die Ausübung eines Berufs bzw. Berufszweiges oder Gewerbes bzw. Gewerbezweiges nicht durch ein Gericht oder eine Behörde untersagt worden ist."
>
> Alle unterzeichnenden Geschäftsführer erklären, dass weder der Verschmelzungsbeschluss der Gesellschafter der A-GmbH noch der Verschmelzungsbeschluss der Gesellschafter der B-GmbH angefochten wurde und eine Anfechtung aufgrund der Verzichtserklärungen nicht mehr möglich ist.
>
> ...., den ...
>
> ....
>
> (Unterschrift der Geschäftsführer)
>
> (Beglaubigungsvermerk)

3. Erläuterungen

a) Anwendung von Gründungsrecht

118 Grds. sind die gleichen Schritte vorzunehmen wie bei der Verschmelzung zur Aufnahme (vgl. oben Rn. 64 ff.). Da die aufnehmende Gesellschaft erst gegründet werden muss, gelten zusätzlich die Sonderregeln der §§ 36 – 38 UmwG. Danach sind vor allem die **(Sach-)Gründungsvorschriften** des jeweiligen neuen Rechtsträgers anzuwenden (§ 36 Abs. 2 Satz 1 UmwG).

119 Als **Gründer** gelten die übertragenden Rechtsträger selbst, nicht die Gesellschafter (§ 36 Abs. 2 Satz 2 UmwG). Die **Satzung** bzw. der Gesellschaftsvertrag oder das Statut des neu gegründeten Rechtsträgers muss im Verschmelzungsvertrag enthalten oder festgestellt, also mitbeurkundet werden (§ 37 Abs. 2 Satz 2 UmwG). Daher wird überwiegend auch die Entstehung einer **Vorgesellschaft** ab Beurkundung des Verschmelzungsvertrages bis zur Eintragung der Verschmelzung angenommen.[240]

120 **Verschmelzung und Spaltung zur Neugründung:**

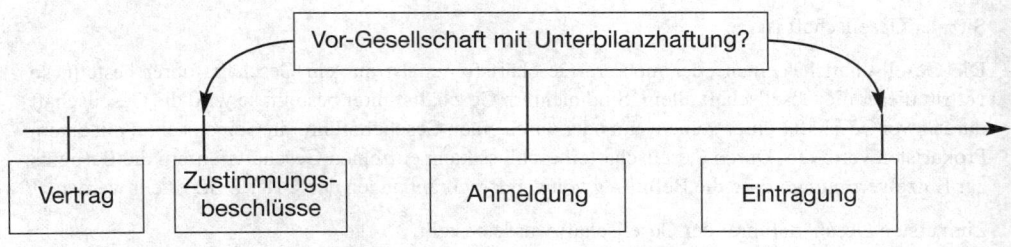

---

[240] Str. vgl. ausführlich: Limmer, in: Handbuch der Unternehmensumwandlung, Rn. 368 ff.

> **Hinweis:**
>
> Es gilt wie bei der Sachgründung das **Verbot der Unterpari-Emission**, so dass die Sacheinlagen, d.h. die Vermögen der übertragenden Gesellschaften, die Stammeinlagen der neu gebildeten Gesellschaft decken müssen. Das Stammkapital der neuen Gesellschaft muss allerdings nicht der Summe der Stammkapitalien der übertragenden Gesellschaften entsprechen.[241]

Nach den §§ 57 und 74 UmwG sind in die Satzung von Kapitalgesellschaften die **Festsetzung über Sondervorteile, Gründungsaufwand, Sacheinlagen und Sachübernahmen**, die in den Gesellschaftsverträgen, Satzungen und Statuten der übertragenden Gesellschaften enthalten waren, zu übernehmen. Darüber hinaus müssen auch **neu begründete Sondervorteile** und aus dem Vermögen der neuen Gesellschaft zu zahlender Gründungsaufwand in der Satzung erscheinen. Schließlich muss die in der Verschmelzung liegende Sacheinlage gesondert in die Satzung aufgenommen werden (§ 36 Abs. 2 UmwG i.V.m. § 27 AktG und § 5 Abs. 4 GmbHG).

Formulierungsbeispiel: Sacheinlage

> Die Stammeinlagen sind erbracht im Wege der Verschmelzung zur Neugründung der XY-GmbH ......

Gemäß § 59 UmwG für die GmbH bzw. § 76 Abs. 2 UmwG für die AG bedarf die **Satzung** bzw. der Gesellschaftsvertrag der neu gegründeten Gesellschaft zu ihrer/seiner Wirksamkeit der **Zustimmung** der Gesellschafter jeder der übertragenden Gesellschaften durch Verschmelzungsbeschluss. I.d.R. erfolgen der Zustimmungsbeschluss zur Verschmelzung und der Zustimmungsbeschluss zum Gesellschaftsvertrag in einer Gesellschafter- bzw. Hauptversammlung.[242]

Abhängig von der Rechtsform der übertragenden Rechtsträger ist nach § 58 UmwG bei der GmbH ein **Sachgründungsbericht**, nach § 75 UmwG für die AG ein Gründungsbericht und eine **Gründungsprüfung** erforderlich.[243]

b) Kettenverschmelzung

In diesem Zusammenhang stellt sich häufig die Frage nach der Zulässigkeit der sog. „**Kettenverschmelzung**", bei der mehrere Verschmelzungen oder auch andere Umwandlungsvorgänge hintereinander geschaltet, aber gleichzeitig schon vor Eintragung der ersten vereinbart und beschlossen werden sollen. Der Verschmelzungsvertrag kann **aufschiebend bedingt** auf die Eintragung des ersten Umwandlungsvorganges abgeschlossen werden (vgl. § 7 UmwG).[244] Auch die Zustimmungsbeschlüsse der beteiligten Rechtsträger können unter der (Rechts-) Bedingung der Wirksamkeit der vorrangigen Umwandlung durch Eintragung im Register gefasst werden.[245] Ein rückwirkender Stichtag auf einen Zeitpunkt, zu dem der übernehmende Rechtsträger noch nicht existierte, ist möglich.[246] Da weder eine Vorgesellschaft noch ein noch nicht existierender Rechtsträger umwandlungsfähig ist, wird bei gewissen Konstellationen sogar akzeptiert, dass der Verschmelzungsvertrag und die Zustimmungsbeschlüsse schon im Vorgriff für erst

---

[241] Limmer, in: Handbuch der Unternehmensumwandlung, Rn. 412 ff., 462; Mayer, in: Widmann/Mayer Umwandlungsrecht, § 36 Rn. 59.
[242] Limmer, in: Handbuch der Unternehmensumwandlung, Rn. 482.
[243] Vgl. dazu ausführlich: Limmer, in: Handbuch der Unternehmensumwandlung, Rn. 484 ff.
[244] Zustimmend: OLG Hamm, GmbHR 2006, 255 = OLG-Report 2006, 282 mit Hinweisen zur konkreten Firmenbenennung; siehe dazu Weiler, MittBayNot 2006, 377.
[245] Zur befristeten und bedingten Handelsregistereintragung siehe Scheel, DB 2004, 2355 ff.
[246] Ulrich/Böhle, GmbHR 2006, 644; Mayer, in: Widmann/Mayer, Umwandlungsrecht, § 5 Rn. 235.8.

zukünftig entstehende Rechtsträger gefasst werden können.[247] In einem solchen Vertrag muss allerdings die übertragende Gesellschaft entsprechend ihrer gegenwärtigen Eintragung im Handelsregister ohne Berücksichtigung einer im Zusammenhang mit der Erstfusion vorgenommenen, erst mit deren Eintragung im Handelsregister wirksam werdenden Firmenänderung, also noch mit ihrer Altfirma bezeichnet werden.[248] Existiert die Übertragerin beim zweiten Umwandlungsvorgang zum im Rahmen der achtmonatigen Rückwirkung an sich zulässigen Stichtag der Schlussbilanz rechtlich überhaupt noch nicht, erscheint dies problematisch, da der erst später entstehende Rechtsträger zum Bilanzstichtag noch nicht buchführungsfähig ist und somit für ihn auch keine Bilanz i.S.d. § 17 Abs. 2 Satz 4 UmwG erstellt werden kann.[249] Die Praxis hilft sich mit einer sog. „technischen Bilanz".

VI. Verschmelzung einer GmbH auf den Alleingesellschafter

1. 1. Muster: Verschmelzungsvertrag (GmbH auf den Alleingesellschafter)

A.
Urkundseingang (bei Bedarf mit Sachstand)

(Vgl. Muster: Verschmelzungsvertrag zwei unabhängige GmbH zur Aufnahme, Rn. 59)

...

Der Erschienene ließ sodann folgenden

B.
Verschmelzungsvertrag

beurkunden und erklärte, handelnd wie angegeben:

§ 1
Vermögensübertragung

Die A-Kraftfahrzeughandel GmbH überträgt ihr Vermögen als Ganzes mit allen Rechten und Pflichten unter Ausschluss der Abwicklung auf ihren Alleingesellschafter, Herrn A, im Wege der Verschmelzung durch Aufnahme.

§ 2
Bilanzstichtag[250]

Der Verschmelzung wird die mit dem uneingeschränkten Bestätigungsvermerk des Wirtschaftsprüfers ... in ... versehene Bilanz der A-GmbH zum ... als Schlussbilanz zugrunde gelegt.

§ 3
Verschmelzungsstichtag

Die Übernahme des Vermögens der A-GmbH erfolgt im Innenverhältnis mit Wirkung zum Ablauf des .... Von diesem Zeitpunkt an gelten alle Handlungen und Geschäfte der A-GmbH als für Rechnung von Herrn A vorgenommen.

---

247 Vgl. dazu näher Limmer, in: Handbuch der Unternehmensumwandlung, Rn. 159 ff., 371 ff., 587 ff. zur Stimmberechtigung; Mayer, in: Münchener Handbuch des Gesellschaftsrechts, Bd. 3, § 73 Rn. 194 ff.; Mayer, in: Widmann/Mayer, Umwandlungsrecht, § 5 Rn. 235.4 ff.; Sagasser/Ködderitzsch, in: Sagasser/Bula/Brünger, Umwandlungen, J 167 ff.; ausführlich dazu: Heckschen/Simon, Umwandlungsrecht, § 5, Rn. 141 ff.

248 OLG Hamm, GmbHR 2006, 255: Klarstellung der Bezeichnung auch nach Ablauf der Acht-Monats-Frist.

249 Heckschen/Simon, Umwandlungsrecht, § 5 Rn. 159, 194; großzügiger insofern: Mayer, in: Widmann/Mayer, Umwandlungsrecht, § 5 Rn. 235.8.

250 Um die Acht-Monatsfrist des § 17 Abs. 2 Satz 4 UmwG zu entschärfen, wird teilweise auch ein **variabler Stichtag** empfohlen. Die Zulässigkeit ist aber str., siehe Erläuterungen zu Stichtagen Rn. 79.

§ 4
Besondere Rechte

Besondere Rechte i.S.v. § 5 Abs. 1 Nr. 7 UmwG werden nicht gewährt.

§ 5
Besondere Vorteile

Besondere Vorteile i.S.v. § 5 Abs. 1 Nr. 8 UmwG werden weder einem Mitglied eines Vertretungs- oder Aufsichtsorgans eines an der Verschmelzung beteiligten Rechtsträgers, noch dem Abschlussprüfer oder dem Verschmelzungsprüfer gewährt.

§ 6
Folgen der Verschmelzung für Arbeitnehmer und ihre Vertretungen

Für die Arbeitnehmer der Gesellschaften und ihre Betriebsräte ergeben sich folgende Auswirkungen ....

Folgende Maßnahmen sind vorgesehen ....

§ 7
Weitere Regelungen

Das durch die Verschmelzung durch Aufnahme entstehende Einzelunternehmen hat seinen Sitz in ....
Die Firma des Einzelunternehmens lautet ....

C.
Gesellschafterversammlung mit Zustimmungsbeschluss

Sodann hält Herr A als Alleingesellschafter der A-Kraftfahrzeughandel GmbH eine Gesellschafterversammlung unter Verzicht auf alle Frist- und Formvorschriften ab und stellt fest, dass die Gesellschafterversammlung als Vollversammlung beschlussfähig ist. Er beschließt sodann mit allen Stimmen Folgendes:

§ 1
Feststellung der Verschmelzungsbilanz

Die dieser Urkunde als Anlage 1 beigefügte Schlussbilanz (Verschmelzungsbilanz) zum 31.12 ... wird festgestellt.

§ 2
Zustimmung zum Verschmelzungsvertrag

Dem unter B beurkundeten Verschmelzungsvertrag wird mit allen Stimmen vorbehaltlos zugestimmt.

D.
Sonstiges, Kosten und Abschriften

§ 1
Verzichts- und Zustimmungserklärung

Ein Verschmelzungsbericht ist gemäß § 8 Abs. 3 UmwG nicht erforderlich. Eine Verschmelzungsprüfung wird nicht verlangt. Herr A. verzichtet als Alleingesellschafter auf die Anfechtung des Zustimmungsbeschlusses.

> **§ 2**
> **Kosten**
>
> Die Kosten dieser Urkunde trägt das Einzelunternehmen des Herrn A.
>
> **§ 3**
> **Abschriften**
>
> Abschriften dieser Urkunde erhalten: ....
>
> **E.**
> **Vollzugsvollmacht/Hinweise/Belehrungen**
>
> ...
>
> Diese Niederschrift nebst der Anlage wurde dem Erschienenen vom Notar vorgelesen, von ihm genehmigt und von ihm und dem Notar eigenhändig, wie folgt, unterschrieben:
>
> ...

2. Erläuterungen

127 Die Verschmelzung einer GmbH auf ihren Alleingesellschafter ist strukturell die Verschmelzung einer Tochtergesellschaft auf ihre 100%ige Mutter. Die Sonderregeln der §§ 120 ff. UmwG finden nur Anwendung auf die Verschmelzung von **Kapitalgesellschaften zur Aufnahme** auf den Alleingesellschafter, der eine natürliche Person ist. Beim Abschluss des Verschmelzungsvertrages zwischen der GmbH bzw. AG und ihrem Alleingesellschafter sind § 181 BGB bzw. § 112 AktG zu beachten. Gemäß § 5 Abs. 2 UmwG entfallen die den Anteilstausch betreffenden Angaben nach § 5 Abs. 1 Satz 2 – 5 UmwG im Verschmelzungsvertrag. Ein gesonderter Zustimmungsbeschluss des aufnehmenden Alleingesellschafters ist entbehrlich.[251]

Nach dem erst 1998 ausdrücklich geänderten[252] § 122 Abs. 2 UmwG kann auch eine Verschmelzung auf einen **nicht eintragungsfähigen Alleingesellschafter** stattfinden. In diesem Fall wird die Verschmelzung mit der Eintragung im Handelsregister der übertragenden Gesellschaft wirksam. Streitig ist, ob ein aufnehmender Kleingewerbetreibender sich nach § 2 HGB eintragen lassen muss, oder diesbezüglich ein Wahlrecht hat.[253] Wird auf einen bereits eingetragenen Einzelkaufmann verschmolzen, kann dieser seine eingetragene Einzelfirma beibehalten.[254]

128 Das **OLG Stuttgart**[255] hat die Verschmelzung einer GmbH auf ihren Alleingesellschafter ausdrücklich auch dann zugelassen, wenn die übertragende GmbH insolvenzrechtlich überschuldet ist. Die damit verbundene Gläubigergefährdung durch eine Flucht aus der Insolvenzantragspflicht wegen Überschuldung könne das Registergericht mangels diesbezüglicher Prüfungskompetenz nicht verhindern.

---

251 LG Dresden, DB 1997, 88; LG Dortmund, GmbHR 1997, 175; Zimmermann, in: Kallmeyer, UmwG, § 121 Rn. 3; Heckschen, in: Widmann/Mayer, Umwandlungsrecht, § 121 Rn. 18; Mayer, in: Münchener Handbuch des Gesellschaftsrechts, Bd. 3, § 73 Rn. 302; Karollus, in: Lutter, UmwG, § 121 Rn. 12; vgl. auch Heckschen, DB 1998, 1385.

252 Art. 7 HRefG v. 22.6.1998, BGBl. I, S. 1474.

253 Für Eintragungspflicht: Mayer, in: Münchener Handbuch des Gesellschaftsrechts, Bd. 3, § 73 Rn. 298; Limmer, in: Handbuch der Unternehmensumwandlung, Rn. 1447; a.A.: Karollus, in: Lutter, UmwG, § 122 Rn. 7; Meier-Reimer, in: Semler/Stengel, UmwG, § 122 Rn. 10; Heckschen, in: Widmann/Mayer, Umwandlungsrecht, § 122 UmwG Rn. 4.1.; Stratz, in: Schmitt/Hörtnagl/Stratz, UmwG, § 122 Rn. 4.

254 OLG Schleswig, NotBZ 2001, 70.

255 ZIP 2005, 2066 = DB 2005, 2681 = NZG 2006, 159, zustimmend: Wälzholz, DStR 2006, 338.

VII. Verschmelzung von Personengesellschaften

1. Muster zur Verschmelzung von Personengesellschaften (GmbH & Co. KG auf GmbH & Co. KG zur Aufnahme)

a) Verschmelzungsvertrag (GmbH & Co. KG auf GmbH & Co. KG zur Aufnahme)[256]

A.
Urkundseingang, Präambel, Sachstand

(Vgl. Muster: Verschmelzungsvertrag zwei unabhängige GmbH zur Aufnahme, angepasst an die GmbH & Co. KG Rn. 59)

Die Erschienenen ließen sodann folgenden

B.
Verschmelzungsvertrag

beurkunden und erklärten, handelnd wie angegeben:

§ 1
Vermögensübertragung

Die A-GmbH & Co. KG überträgt ihr Vermögen als Ganzes mit allen Rechten und Pflichten unter Ausschluss der Abwicklung auf die B-GmbH & Co. KG im Wege der Verschmelzung durch Aufnahme.

§ 2
Gegenleistung

(1) Die B-GmbH & Co. KG räumt allen Gesellschaftern der A-GmbH & Co. KG als Gegenleistung für die Übertragung des Vermögens die Stellung als Kommanditisten mit folgenden Beteiligungen an der B-GmbH & Co. KG ein:

- dem Gesellschafter A (bisheriger Kommanditist) einen festen Kapitalanteil i.H.v. ... €,
- der A-Geschäftsführungs GmbH (bisherige Komplementärin) einen festen Kapitalanteil i.H.v. 0 €.

Der Kapitalanteil des A stellt gleichzeitig die in das Handelsregister einzutragende Hafteinlage des neuen Kommanditisten dar. Die Hafteinlage der A-Geschäftsführungs GmbH beträgt 1 €.

Die Beteiligungen werden kostenfrei und die Beteiligung des A mit Gewinnberechtigung ab ... gewährt.

(2) Durch den Eintritt der neuen Kommanditisten wird das Festkapital der B-GmbH & Co. KG von ... € um ... € auf ... € erhöht.

(3) Die Kapitalanteile der bisherigen Gesellschafter der B-GmbH & Co. KG bleiben unverändert.

(4) Das Umtauschverhältnis der Beteiligungen beträgt ....

---

[256] Vgl. ausführlich Muster bei Kiem, Unternehmensumwandlung, S. 145 ff.

§ 3
Bilanzstichtag[257]

Der Verschmelzung wird die mit dem uneingeschränkten Bestätigungsvermerk des Wirtschaftsprüfers ... in ... versehene Bilanz der A-GmbH & Co. KG zum ... als Schlussbilanz zugrunde gelegt.

§ 4
Verschmelzungsstichtag

Die Übernahme des Vermögens der A-GmbH & Co. KG erfolgt im Innenverhältnis mit Wirkung zum Ablauf des .... Von diesem Zeitpunkt an gelten alle Handlungen und Geschäfte der A-GmbH & Co. KG als für Rechnung der B-GmbH & Co. KG vorgenommen.

§ 5
Besondere Rechte

Besondere Rechte i.S.v. § 5 Abs. 1 Nr. 7 UmwG bestehen bei der B-GmbH & Co. KG nicht. Einzelnen Anteilsinhabern werden im Rahmen der Verschmelzung keine besonderen Rechte gewährt.

§ 6
Besondere Vorteile

Besondere Vorteile i.S.v. § 5 Abs. 1 Nr. 8 UmwG werden weder einem Mitglied eines Vertretungs- oder Aufsichtsorgans der an der Verschmelzung beteiligten Rechtsträger, einem geschäftsführenden Gesellschafter noch dem Abschlussprüfer oder dem Verschmelzungsprüfer gewährt.

§ 7
Folgen der Verschmelzung für Arbeitnehmer und ihre Vertretungen

Für die Arbeitnehmer der Gesellschaften und ihre Betriebsräte ergeben sich folgende Auswirkungen ...

Folgende Maßnahmen sind vorgesehen ....

§ 8
Bedingungen

Der Verschmelzungsvertrag steht unter der aufschiebenden Bedingung, dass die formgerechten Zustimmungsbeschlüsse der Gesellschafterversammlungen beider Gesellschaften bis zum ... vorliegen.[258]

§ 9
Kosten, Abschriften

Die durch diesen Vertrag und seiner Durchführung bei beiden Gesellschaften entstehenden Kosten trägt die B-GmbH & Co. KG. Sollte die Verschmelzung nicht wirksam werden, tragen die Kosten dieses Vertrages die Gesellschaften zu gleichen Teilen; alle übrigen Kosten trägt die jeweils betroffene Gesellschaft allein.

Folgende Anschriften werden erteilt: ....

---

257 Um die Acht-Monatsfrist des § 17 Abs. 2 Satz 4 UmwG zu entschärfen, wird teilweise auch ein **variabler Stichtag** empfohlen. Die Zulässigkeit ist aber str., siehe Erläuterungen zum Stichtage.

258 Alternativ kann auch ein Rücktrittsrecht für beide Gesellschaften geregelt werden.

> **§ 10**
> **Salvatorische Klausel**
>
> ...
>
> **C.**
> **Vollzugsvollmacht/Hinweise/Belehrungen**
>
> ...
>
> Diese Niederschrift nebst der Anlage wurde den Erschienenen vom Notar vorgelesen, von ihnen genehmigt und von ihnen und dem Notar eigenhändig, wie folgt, unterschrieben:
>
> ...

b) Zustimmungsbeschluss der übernehmenden Gesellschaft/Verzichtserklärungen
   Niederschrift über eine Gesellschafterversammlung

> Heute, den ...
>
> erschienen vor mir,
>
> dem unterzeichnenden Notar ..., mit Amtssitz in ...,
>
> an der Amtsstelle in ...
>
> 1. Herr ... (A) ...*(Name, Geburtsdatum, Ort, Straße)*
> 2. Herr ... (X) ...*(Name, Geburtsdatum, Ort, Straße)*
> 3. Herr ... (Y) ...*(Name, Geburtsdatum, Ort, Straße)*.
>
> Der Erschienene zu 1. handelnd nicht im eigenen Namen, sondern als alleinvertretungsberechtigter Geschäftsführer der B-Geschäftsführungs-GmbH mit Sitz in ..., eingetragen im Handelsregister des AG ... unter HRB .... Die Vertretungsberechtigung folgt aus dem beglaubigten Handelsregisterauszug vom ..., der dieser Urkunde als Beleg beigefügt ist. Die B-GmbH ist ausweislich des als Beleg beigefügten beglaubigten Handelsregisterauszuges des AG .... alleinige Komplementärin der B-GmbH & Co. KG mit Sitz in ..., eingetragen im Handelsreister des AG ... unter HRA ..., und vertritt diese hier. Die Erschienenen sind mir, dem Notar, persönlich bekannt.
>
> **A.**
> **Sachstand**
>
> Nach Angabe und ausweislich des vorbezeichneten beglaubigten Handelsregisterauszugs ist die oben bezeichnete B-Geschäftsführungs-GmbH alleinige Komplementärin und sind die Erschienenen zu 2. und 3. die beiden einzigen Kommanditisten der B-GmbH & Co. KG.
>
> Auf Antrag beurkunde ich den vor mir abgegebenen Erklärungen gemäß Folgendes:
>
> **B.**
> **Gesellschafterversammlung**
>
> Die Erschienenen erklären:
>
> Unter Verzicht auf alle durch Gesetz oder Gesellschaftsvertrag vorgeschriebenen Formen und Fristen halten wir hiermit eine Gesellschafterversammlung der B-GmbH & Co. KG ab und beschließen einstimmig Folgendes:

130

I.
Verschmelzung

Dem Verschmelzungsvertrag zwischen der A-GmbH & Co. KG und der B-GmbH & Co. KG (Urkunde des Notars ..., in ..., vom ..., UR-Nr. ...) wird mit allen Stimmen vorbehaltlos zugestimmt. Er ist der Niederschrift als Anlage beigefügt.

II.
Gegenleistung

Zur Durchführung der Verschmelzung treten die Gesellschafter der A-GmbH & Co. KG – die A-Geschäftsführungs GmbH und Herr A – jeweils als Kommanditisten der B-GmbH & Co. KG bei. Sie erhalten die nachfolgend beschriebenen Festkapitalanteile, die als Gegenleistung für die Verschmelzung gewährt werden:

A einen Kapitalanteil von ... €.

A-Geschäftsführungs-GmbH einen Kapitalanteil von 0 €.

Die im Handelsregister einzutragende Hafteinlage des A beträgt .... €, die der A-Geschäftsführungs-GmbH 1 €.

III.
Änderung des Gesellschaftsvertrages der B-GmbH & Co. KG

Der Gesellschaftsvertrag der B-GmbH & Co. KG wird wie folgt geändert:

§ 3
Einlagen

An der Gesellschaft sind als Kommanditisten wie folgt beteiligt:

A mit einem Kapitalanteil von ... €.

A-Geschäftsführungs GmbH mit einem Kapitalanteil von 0 €.

Herr X mit einem Kapitalanteil von ... €.

Herr Y mit einem Kapitalanteil von ... €.

Die B-Verwaltungs GmbH ist ohne Kapitalanteil als persönlich haftende Gesellschafterin an der Gesellschaft beteiligt.

Die Gesellschafter X, Y hatten ihre Kapitalanteile durch Bareinlagen bei Abschluss des Gesellschaftsvertrages der B-GmbH & Co. KG erbracht. Die Gesellschafter A und die A-Geschäftsführungs-GmbH haben aufgrund Verschmelzungsvertrag vom ... das bisher von der A-GmbH & Co. KG betriebene Unternehmen in die B-GmbH & Co. KG im Wege der Verschmelzung eingebracht. Der Einbringung wurde die Bilanz zum ... zugrunde gelegt. Der Einlagewert ist das in der Jahresbilanz vom 31.12 ... ausgewiesene Eigenkapital des eingebrachten Unternehmens. Hieran ist der Gesellschafter A entsprechend seiner Einlageleistung beteiligt gewesen. Die A-Geschäftsführungs GmbH hatte eine 0-Kapitalbeteiligung.

Eine Auflösung stiller Reserven oder ein Ansatz des Geschäftswertes erfolgte nicht.

C.
Verzichtserklärungen[259]

Alle Gesellschafter verzichten auf eine Prüfung der Verschmelzung, auf Erstattung eines Verschmelzungsberichtes und eines Verschmelzungsprüfungsberichtes sowie auf eine Klage gegen die Wirksamkeit des Verschmelzungsbeschlusses. Der Notar hat über die Bedeutung der Verzichtserklärungen belehrt.

D.
Sonstiges

Alle Gesellschafter erklären, dass der Verschmelzungsvertrag ihnen spätestens zusammen mit der Einberufung der Gesellschafterversammlung übersandt wurde.

Der beurkundende Notar wies die Gesellschafter darauf hin, dass jeder von ihnen die Erteilung einer Abschrift der Niederschrift über diese Gesellschafterversammlung und des Verschmelzungsvertrages verlangen kann und dass ihnen ein Anspruch gegen die Geschäftsführer auf Auskunft auch über alle für die Verschmelzung wesentlichen Angelegenheiten der anderen beteiligten Gesellschaften zusteht.

Die dieser Urkunde beigefügte Anlage bildet einen wesentlichen Bestandteil dieser Urkunde.

Die Kosten dieser Urkunde trägt die Gesellschaft.

Vorgelesen vom Notar, von den Erschienenen genehmigt und eigenhändig unterschrieben.

c) Zustimmungsbeschluss der übertragenden Gesellschaft/Verzichtserklärungen Niederschrift über eine Gesellschafterversammlung

Heute, den ...

erschienen vor mir,

dem unterzeichnenden Notar ..., mit Amtssitz in ...,

an der Amtsstelle in ...:

1. Herr/Frau ...*(Name, Geburtsdatum, Ort, Straße)*
2. Herr/Frau ... (A) ...*(Name, Geburtsdatum, Ort, Straße).*

Der Erschienene zu 1. handelnd nicht im eigenen Namen, sondern als alleinvertretungsberechtigter Geschäftsführer der A-Geschäftsführungs-GmbH mit Sitz in ..., eingetragen im Handelsregister des AG ... unter HRB .... Die Vertretungsberechtigung folgt aus dem beglaubigten Handelsregisterauszug vom ..., der dieser Urkunde als Beleg beigefügt ist. Die A-Geschäftsführungs- GmbH ist ausweislich des als Beleg beigefügten beglaubigten Handelsregisterauszuges des AG .... alleinige Komplementärin der A-GmbH & Co. KG mit Sitz in ..., eingetragen im Handelsreister des AG ... unter HRA ..., und vertritt diese hier. Die Erschienenen sind mir, dem Notar, persönlich bekannt.

A.
Sachstand

Nach Angabe und ausweislich des vorbezeichneten beglaubigten Handelsregisterauszuges ist die oben bezeichnete A-Geschäftsführungs-GmbH alleinige Komplementärin und ist der Erschienene zu 2. der einzige Kommanditist der A-GmbH & Co. KG.

---

[259] Nach den §§ 8 Abs. 3 Satz 2, 9 Abs. 3 UmwG sind die Verzichtserklärungen notariell zu beurkunden. Daher ist die Beurkundungsform für Willenserklärungen nach §§ 8 ff. BeurkG erforderlich.

Auf Antrag beurkunde ich den vor mir abgegebenen Erklärungen gemäß Folgendes:

B.
Gesellschafterversammlung

Die vorgenannten Gesellschafter halten eine Gesellschafterversammlung der vorgenannten Gesellschaft unter Verzicht auf alle Frist- und Formvorschriften ab und stellen fest, dass die Gesellschafterversammlung als Vollversammlung beschlussfähig ist.

Die Gesellschaft beschließt mit allen Stimmen Folgendes:

Dem Verschmelzungsvertrag zwischen der A-GmbH & Co. KG und der B-GmbH & Co. KG mit Sitz in ... vom ..., UR-Nr. ... des amtierenden Notars wird mit allen Stimmen vorbehaltlos zugestimmt.

Der Verschmelzungsvertrag ist dieser Urkunde als Anlage beigefügt.

C.
Verzichtserklärungen[260]

Alle Gesellschafter verzichten auf eine Prüfung der Verschmelzung, auf Erstattung eines Verschmelzungsberichtes und eines Verschmelzungsprüfungsberichtes sowie auf eine Klage gegen die Wirksamkeit des Verschmelzungsbeschlusses. Der Notar hat über die Bedeutung der Verzichtserklärungen belehrt.

D.
Sonstiges

Alle Gesellschafter erklären, dass der Verschmelzungsvertrag ihnen spätestens zusammen mit der Einberufung der Gesellschafterversammlung übersandt wurde.

Der beurkundende Notar wies die Gesellschafter darauf hin, dass jeder von ihnen die Erteilung einer Abschrift der Niederschrift über diese Gesellschafterversammlung und des Verschmelzungsvertrages verlangen kann und dass ihnen ein Anspruch gegen die Geschäftsführer auf Auskunft auch über alle für die Verschmelzung wesentlichen Angelegenheiten der anderen beteiligten Gesellschaften zusteht.

Die Kosten dieser Urkunde trägt die Gesellschaft.

Vorgelesen vom Notar, von den Erschienenen eigenhändig genehmigt und unterschrieben.

d) Anmeldung der übertragenden A-GmbH & Co. KG

132

...

(Briefkopf an AG HRA)

Ich, der unterzeichnende alleinvertretungsberechtigte Geschäftsführer der persönlich haftenden Gesellschafterin der A-GmbH & Co. KG,[261] überreiche in der Anlage:

1. Ausfertigung des Verschmelzungsvertrages vom ... – UR-Nr. ... des beglaubigenden Notars –,
2. Ausfertigung des Zustimmungsbeschlusses der Gesellschafter der A-GmbH & Co. KG vom ... – UR-Nr. ... des Notars –, samt Verzichtserklärungen der Gesellschafter der A-GmbH & Co. KG auf

---

260 Nach den §§ 8 Abs. 3 Satz 2, 9 Abs. 3 UmwG sind die Verzichtserklärungen notariell zu beurkunden. Daher ist die Beurkundungsform für Willenserklärungen nach §§ 8 ff. BeurkG erforderlich.

261 Nach § 16 UmwG müssen entgegen § 108 Abs. 1 HGB nicht alle Gesellschafter, sondern nur die Vertretungsorgane in der zur Vertretung berechtigenden Zahl die Verschmelzung anmelden (siehe DNotI-Gutachten Nr. 26282 v. 31.7.2001).

Erstellung eines Verschmelzungsberichtes und einer Verschmelzungsprüfung und Erstellung eines Verschmelzungsprüfungsberichtes sowie Verzicht auf Anfechtung des Zustimmungsbeschlusses,

3. Ausfertigung des Zustimmungsbeschlusses der Gesellschafter der B-GmbH & Co. KG vom ... – UR-Nr. ... des Notars –, samt Verzichtserklärungen der Gesellschafter der B-GmbH & CO. KG auf Erstellung eines Verschmelzungsberichtes und einer Verschmelzungsprüfung und Erstellung eines Verschmelzungsprüfungsberichtes sowie Verzicht auf Anfechtung des Zustimmungsbeschlusses,

4. Nachweis über die Zuleitung des Entwurfs des Verschmelzungsvertrages an den Betriebsrat der A-GmbH & Co. KG und der B-GmbH & Co. KG,

5. festgestellte Schlussbilanz der A-GmbH & Co. KG zum Verschmelzungsstichtag

und melde zur Eintragung ins Handelsregister an:

Die A-GmbH & Co. KG ist auf die B-GmbH & Co. KG als übernehmende Gesellschaft im Wege der Verschmelzung durch Aufnahme verschmolzen. Die A-GmbH & Co. KG ist erloschen.

Ich erkläre, dass weder der Verschmelzungsbeschluss der Gesellschafter der A-GmbH & Co. KG noch der Verschmelzungsbeschluss der Gesellschafter der B-GmbH & Co. KG angefochten worden sind und wegen der von allen Gesellschaftern abgegebenen Verzichtserklärungen nicht angefochten werden können.

................., den ...

....

(Unterschrift des Geschäftsführers)

(Beglaubigungsvermerk)

e) **Anmeldung der übernehmenden B-GmbH & Co. KG**

...

(Briefkopf an AG HRA)

In der Anlage überreiche ich, der unterzeichnende alleinvertretungsberechtigte Geschäftsführer, handelnd als alleiniger Komplementär der B-GmbH & Co. KG:

1. Ausfertigung des Verschmelzungsvertrages vom ... – UR-Nr. ... des beglaubigenden Notars –,

2. Ausfertigung des Zustimmungsbeschlusses der Gesellschafter der A-GmbH & Co. KG vom ... – UR-Nr. ... des Notars –, samt Verzichtserklärungen der Gesellschafter der A-GmbH & Co. KG auf Erstellung eines Verschmelzungsberichtes und einer Verschmelzungsprüfung und Erstellung eines Verschmelzungsprüfungsberichtes sowie Verzicht auf Anfechtung des Zustimmungsbeschlusses,

3. Ausfertigung des Zustimmungsbeschlusses der Gesellschafter der B-GmbH & Co. KG vom ... – UR-Nr. ... des Notars –, samt Verzichtserklärungen der Gesellschafter der B-GmbH & Co. KG auf Erstellung eines Verschmelzungsberichtes und einer Verschmelzungsprüfung und Erstellung eines Verschmelzungsprüfungsberichtes sowie Verzicht auf Anfechtung des Zustimmungsbeschlusses,

4. Nachweis über die Zuleitung des Entwurfs des Verschmelzungsvertrages an den Betriebsrat der A-GmbH & Co. KG und der B-GmbH & Co. KG,

und melde zur Eintragung in das Handelsregister an:

- Die A-GmbH & Co. KG ist auf die B-GmbH & Co. KG im Wege der Verschmelzung durch Aufnahme verschmolzen. Die A-GmbH & Co. KG ist erloschen.

- Die Gesellschafter der A-GmbH & Co. KG sind im Rahmen der Verschmelzung in die B-GmbH & Co. KG als neue Kommanditisten eingetreten und erhalten folgende Gesellschafterstellungen mit den nachfolgenden Maßgaben:

    – Herr A *(Name, Vorname, Geburtsdatum, Wohnort)*, die Stellung als Kommanditist mit einer Hafteinlage i.H.v. € ...,

    – Die A-Geschäftsführungs-GmbH *(HRB...in...)* die Stellung als Kommanditist mit einer Hafteinlage i.H.v. 1 €.

    Ich erkläre, dass weder der Verschmelzungsbeschluss der Gesellschafter der A-GmbH & Co. KG noch der Verschmelzungsbeschluss der Gesellschafter der B-GmbH & Co. KG angefochten worden sind und wegen der von allen Gesellschaftern abgegebenen Verzichtserklärungen nicht angefochten werden können.

    ...., den ...

    ....

    (Unterschrift des Geschäftsführers)

    (Beglaubigungsvermerk)

2. Erläuterungen

a) Verschmelzungsvertrag

134 Bei der Verschmelzung von Personenhandelsgesellschaften ist – insb. bei der Schwesterkonstellation – streitig, ob auf die Gewährung von **Anteilen ganz verzichtet** werden kann (vgl. oben Rn. 95 ff.). Da bei der Kommanditgesellschaft nur in geringem Maße und bei der OHG als aufnehmendem Rechtsträger überhaupt keine Gläubigerschutzgesichtspunkte relevant werden können, erscheint diese Frage der Anteilsgewährungspflicht derzeit offen.[262] Ist der Gesellschafter eines übertragenden Rechtsträgers bereits Gesellschafter bei der aufnehmenden Personenhandelsgesellschaft, kann ihm wegen des **personengesellschaftsrechtlichen Verbots der Mehrfachbeteiligung** keine zweite Gesellschafterstellung eingeräumt, sondern nur seine bereits vorhandene aufgestockt werden. Beim Kommanditist einer aufnehmenden KG, wird allgemein anerkannt, dass die Erhöhung des Kapitalkontos genügt, d.h. dass die Hafteinlage nicht verändert werden muss.[263]

---

262 Vgl. jüngst ausführlich: Huber, Anteilsgewährungspflicht im Umwandlungsrecht?, 2005; Mayer, in: Widmann/Mayer, Umwandlungsrecht, § 5 Rn. 24.1 ff.; Tillmann, GmbHR 2003, 740 ff.

263 Siehe schon Heidinger u.a., Gutachten zum Umwandlungsrecht, Gutachten Nr. 18; Limmer, in: Handbuch der Unternehmensumwandlung, Rn. 1871 ff.; noch großzügiger: Mayer, in: Widmann/Mayer, Umwandlungsrecht, § 5 Rn. 24.2 sowie § 126 Rn. 124: Verbuchung auf dem Privatkonto genügt, was allerdings steuerlich das Kriterium „gegen Gewährung von Anteilen" nicht erfüllen dürfte.

Anteilsgewährung bei Personenhandelsgesellschaften

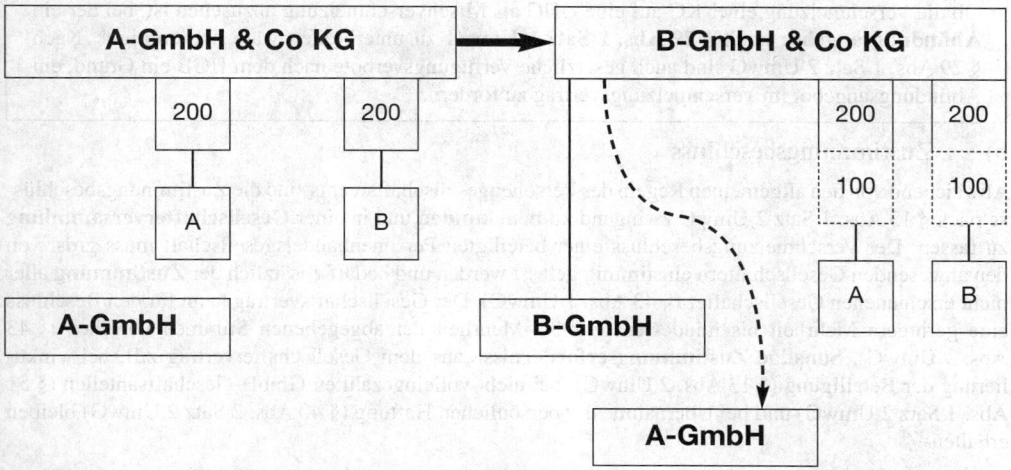

Bei der Verschmelzung einer GmbH & Co. KG auf eine weitere GmbH & Co. KG mit anderer Komplementär-GmbH liegt keine **Schwesterverschmelzung** vor. Auch eine 0-Kapitalbeteiligung vermittelt eine Mitgliedschaft i.S.d. Umwandlungsrechts. Daher muss der Komplementär-GmbH der übertragenden GmbH & Co. KG eine neue Kommanditistenstellung (eventuell mit 0 Kapitalanteil, und geringfügiger Hafteinlage) gewährt werden.[264] **Alternativ** könnte ihr auch eine Komplementärstellung ohne Kapitalbeteiligung eingeräumt werden, was aber zu ihrer persönlichen Haftung auch für Verbindlichkeiten der übernehmenden GmbH & Co. KG führt. Wird eine GmbH & Co. KG auf eine GmbH verschmolzen, muss grds. ein **(kleinstmöglicher) Geschäftsanteil** i.H.v. 50 €[265] (zur steuerlichen Neutralität auch nur treuhänderisch) gewährt werden. In allen Fällen kann die überflüssige „Ex-Komplementärin" nach allg. Regeln unmittelbar nach der Verschmelzung ausscheiden oder auch auf die übernehmende KG verschmolzen werden.

Ist der aufnehmende oder der neu gegründete Rechtsträger eine Personenhandelsgesellschaft, muss im Verschmelzungsvertrag bestimmt werden, welche **Stellung (Kommanditist/Komplementär)** die Anteilseigner des übertragenden Rechtsträgers erhalten (§ 40 Abs. 1 UmwG). Bei bestimmten Konstellationen (z.B. vorher keine persönliche Haftung) ist dem Gesellschafter eines übertragenden oder auch aufnehmenden Rechtsträgers die Stellung eines Kommanditisten zu gewähren (§§ 40 Abs. 2 Satz 1, 43 Abs. 2 Satz 3 UmwG).

Die neue oder **erhöhte Hafteinlage** eines Gesellschafters des übertragenden Rechtsträgers ist i.S.d. § 172 Abs. 1 HGB nur haftungsbefreiend erbracht, wenn sein Anteil am Vermögen der übertragenden Gesellschaft werthaltig war.[266] Die Tatsache, dass die kleinstmögliche Hafteinlage i.H.v. 1 € von der Ex-Komplementärin als Kommanditistin bei der aufnehmenden Kommanditgesellschaft nicht erbracht ist, kann praktisch vernachlässigt werden. Die Überschuldung des übertragenden Rechtsträgers ist kein Hindernis für die Verschmelzung auf eine Personenhandelsgesellschaft.[267]

---

264 Vgl. ebenso Mayer, in: Widmann/Mayer, Umwandlungsrecht, § 5 Rn. 24.3.
265 Siehe § 54 Abs. 3 UmwG, der § 5 Abs. 1 GmbHG insoweit einschränkt.
266 Limmer, in: Handbuch der Unternehmensumwandlung, Rn. 901; Vossius, in: Widmann/Mayer, Umwandlungsrecht, § 40 Rn. 18.
267 LG Leipzig, GmbH-Steuerpraxis 2006, 253, für den Fall einer überschuldeten GmbH & Co. KG auf eine andere GmbH & Co. KG; dazu Scheunemann, DB 2006, 885, vgl. auch OLG Stuttgart, ZIP 2005, 2066, für die Verschmelzung auf einen Alleingesellschafter; zustimmend: Wälzhölz, DStR 2006, 338.

> **Hinweis:**
>
> Ob die Verschmelzung einer KG auf eine OHG als Mischverschmelzung anzusehen ist, bei der ein **Abfindungsangebot nach § 29 Abs. 1 Satz 1 UmwG** zu unterbreiten wäre, ist streitig.[268] Nach § 29 Abs. 1 Satz 2 UmwG sind auch gesetzliche Verfügungsverbote nach dem HGB ein Grund, ein Abfindungsangebot im Verschmelzungsvertrag zu fordern.[269]

b) Zustimmungsbeschluss

137 Abweichend von den allgemeinen Regeln des Personengesellschaftsrechts sind die Zustimmungsbeschlüsse nach § 13 Abs. 1 Satz 2 UmwG zwingend **zu beurkunden** und in einer **Gesellschafterversammlung** zu fassen. Der Verschmelzungsbeschluss einer beteiligten Personenhandelsgesellschaft muss grds. von den anwesenden Gesellschaftern einstimmig gefasst werden und bedarf zusätzlich der **Zustimmung** aller nicht erschienenen Gesellschafter (§ 43 Abs. 1 UmwG). Der Gesellschaftsvertrag kann für den Beschluss eine geringere Mehrheit bis mindestens zur 3/4-Mehrheit der abgegebenen Stimmen vorsehen (§ 43 Abs. 2 UmwG). **Sonstige Zustimmungserfordernisse** aus dem Gesellschaftervertrag z.B. bei Vinkulierung der Beteiligung (§ 13 Abs. 2 UmwG), bei nicht volleingezahlten GmbH-Geschäftsanteilen (§ 51 Abs. 1 Satz 2 UmwG) und bei Übernahme der persönlichen Haftung (§ 40 Abs. 2 Satz 2 UmwG) bleiben erhalten.

138 Bei einem Mehrheitsentscheid findet auf Verlangen eines Gesellschafters eine **Verschmelzungsprüfung** bei der Personenhandelsgesellschaft statt (§ 44 UmwG). Ein **Verschmelzungsbericht** ist dann entbehrlich, wenn alle Anteilsinhaber aller beteiligten Rechtsträger darauf in notarieller Form verzichten (§ 8 Abs. 3 UmwG) oder bei der aufnehmenden Personenhandelsgesellschaft alle Gesellschafter zur Geschäftsführung berechtigt sind (§ 41 UmwG). Auch die **Unterrichtungspflicht** nach § 42 UmwG knüpft an dieses Kriterium der Geschäftsführung an.

139 Eine **Stimmrechtsvollmacht** ist nur möglich, soweit dies im Gesellschaftsvertrag der betreffenden Personenhandelsgesellschaft oder im Einzelfall durch alle Gesellschafter zugelassen ist.[270]

c) Anmeldung

140 Die Anmeldung in die Handelsregister aller beteiligten Rechtsträger erfolgt nach § 16 Abs. 1 UmwG auch bei den Personenhandelsgesellschaften durch ihre **organschaftlichen Vertreter in vertretungsberechtigter Zahl**. Insofern geht § 16 UmwG der Regelung in den §§ 162 Abs. 2, 108 Abs. 1 HGB (eine Anmeldung durch alle Gesellschafter wird verlangt) vor.[271]

d) Anwachsungsmodell[272] statt Verschmelzung

141 Das **nach allgemeinen Regeln** für die Personenhandelsgesellschaft durchführbare Anwachsungsmodell kann statt einer Verschmelzung zum gewünschten Ergebnis führen aber auch mit einer Verschmelzung kombiniert werden. Dieses Modell beruht auf dem Prinzip der **Einheitlichkeit der Mitgliedschaft** und der **Ablehnung der Einpersonengesellschaft** bei den Personengesellschaften. Vereinen sich alle Mitgliedschaften in der Hand eines Gesellschafters, erlischt die Personengesellschaft und ihr Vermögen wächst dem letzten verbleibenden Gesellschafter an. Dieses Modell ist besonders geeignet, wenn man bei einer GmbH & Co. KG das Vermögen der KG ohne Einzelübertragungen auf Ihren Kommanditisten (ggf. auch auf die Komplementärin) transferieren will, ohne die KG liquidieren zu müssen. Dafür bieten sich **drei verschiedene Gestaltungswege** an:

---

[268] Limmer, in: Handbuch der Unternehmensumwandlung, Rn. 905 m.w.N.
[269] Zur Ausgestaltung und Vollzug der Abfindungsangebote bei der Personenhandelsgesellschaft siehe ausführlich: Limmer, in: Handbuch der Unternehmensumwandlung, Rn. 911 ff.
[270] Limmer, in: Handbuch der Unternehmensumwandlung, Rn. 943; zur Form der Vollmacht siehe oben Rn. 91 f.
[271] Limmer, in: Handbuch der Unternehmensumwandlung, Rn. 965, DNotI-Gutachten Nr. 26282 v. 31.7.2001.
[272] Vgl. zu den verschiedenen Varianten ausführlich: Seibt, in: FS für Röhricht, S. 603 ff.

Anwachsung/Verschmelzung 142

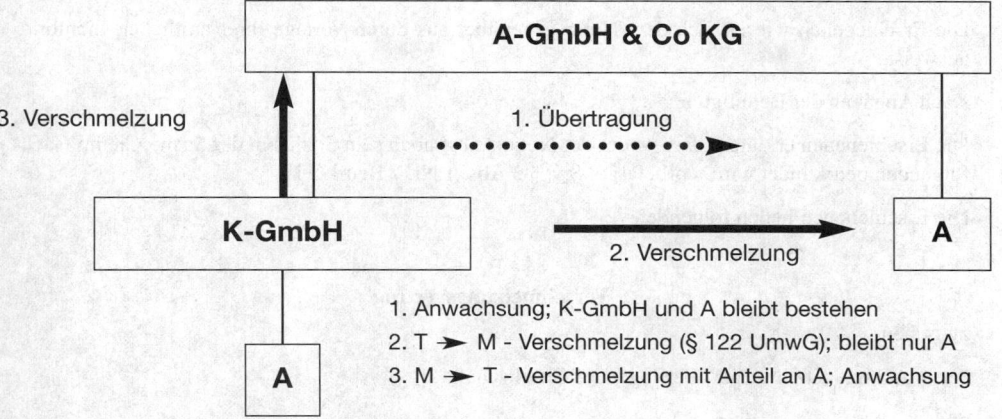

1. Anwachsung; K-GmbH und A bleibt bestehen
2. T ➤ M - Verschmelzung (§ 122 UmwG); bleibt nur A
3. M ➤ T - Verschmelzung mit Anteil an A; Anwachsung

Dieses Modell eignet sich grds. auch, wenn das Vermögen auf die Komplementär-GmbH übergehen soll. Dann kommt auch eine schlichte Verschmelzung von der GmbH & Co. KG auf die Komplementär-GmbH in Frage. 143

VIII. Verschmelzung von AG

1. Muster zur Verschmelzung von AG (AG zur Aufnahme auf andere AG)

a) Verschmelzungsvertrag (AG zur Aufnahme auf andere AG)

144

UR-Nr. ... /200 ...

A.
Urkundseingang mit Sachstand

Verhandelt zu ...

am ...

Vor dem unterzeichnenden ...

Notar mit dem Amtssitz in ...

erschienen:

1. Herr ...*(Name, Geburtsdatum, Adresse)*,

Frau ...*(Name, Geburtsdatum, Adresse)*,

beide handelnd nicht im eigenen Namen, sondern als gemeinsam vertretungsberechtigte Vorstände der A-AG mit dem Sitz in ...., eingetragen im Handelsregister des AG ..... unter HRB ....,

2. Herr ...*(Name, Geburtsdatum, Adresse)*,

handelnd nicht im eigenen Namen, sondern als alleinvertretungsberechtigter Vorstand der B-AG mit dem Sitz in ..., eingetragen im Handelsregister des AG ... unter HRB .... Die Vertretungsberechtigungen folgen aus den beglaubigten Handelsregisterauszügen vom ..., die dieser Urkunde als Beleg beigefügt sind.[273]

Die Erschienenen wiesen sich dem Notar gegenüber aus durch Vorlage ihrer amtlichen Lichtbildausweise.

Nach Angaben der Beteiligten[274] .....

Die Erschienenen erklären, dass weder der Notar selbst noch sein Sozius in der Sache, die im Nachfolgenden beurkundet wird, vorbefasst i.S.v. § 3 Abs. 1 Nr. 7 BeurkG ist.

Die Erschienenen ließen folgenden

B.
Verschmelzungsvertrag

zwischen

der A-AG mit Sitz in ... als übertragender Gesellschaft

und

der B-AG mit Sitz in ... als übernehmender Gesellschaft

beurkunden und erklärten, handelnd wie angegeben:

§ 1
Vermögensübertragung

Die A-AG überträgt ihr Vermögen als Ganzes mit allen Rechten und Pflichten unter Ausschluss der Abwicklung auf die B-AG im Wege der Verschmelzung durch Aufnahme.

§ 2
Gegenleistung

(1) Die B-AG gewährt mit Wirksamwerden der Verschmelzung den Aktionären der A-AG für je ... Inhaberaktien der A-AG im Nennbetrag von je 1 € ... Inhaberaktien der B-AG im Nennbetrag von je 1 €.

(2) Bare Zuzahlungen werden nicht geleistet.

(3) Die Inhaberaktien werden kostenfrei und mit Gewinnbezugsrecht ab dem ... gewährt.

(4) Das Umtauschverhältnis beträgt: ....

(5) Zur Durchführung der Verschmelzung wird die B-AG ihr Grundkapital von ... € um ... € auf ... € durch Ausgabe von ... Stück Inhaberaktien im Nennbetrag von je 1 € mit Gewinnbezugsberechtigung ab dem ... erhöhen.

(6) Die A-AG bestellt als Treuhänder für den Empfang der zu gewährenden Aktien und deren Aushändigung an die Aktionäre der A-AG die ... Bank AG mit dem Sitz in .... Die B-AG wird die Aktien dem Treuhänder vor der Eintragung in das Handelsregister übergeben und ihn anweisen, die Aktien nach Eintragung der Verschmelzung Zug um Zug gegen Aushändigung der Aktien an der A-AG zu übergeben.

---

[273] Vgl. § 12 Satz 2 BeurkG, wonach auch die Bescheinigung des Notars gemäß § 21 BNotO nach Einsicht ins Handelsregister genügen würde.

[274] Fallspezifischer **Sachstand** über gesellschaftsrechtliche Verhältnisse der beteiligten Rechtsträger (vgl. Muster: Verschmelzung GmbH auf GmbH zur Aufnahme, Rn. 59).

§ 3
Bilanzstichtag[275]

Der Verschmelzung wird die mit dem uneingeschränkten Bestätigungsvermerk des Wirtschaftsprüfers ... in ... versehene Bilanz der A-AG zum ... als Schlussbilanz zugrunde gelegt.

§ 4
Verschmelzungsstichtag

Die Übernahme des Vermögens der A-AG erfolgt im Innenverhältnis mit Wirkung zum Ablauf des .... Von diesem Zeitpunkt an gelten alle Handlungen und Geschäfte der A-AG als für Rechnung der B-AG vorgenommen.

§ 5
Besondere Rechte

Besondere Rechte i.S.v. § 5 Abs. 1 Nr. 7 UmwG bestehen bei der B-AG nicht. Einzelnen Anteilsinhabern werden im Rahmen der Verschmelzung keine besonderen Rechte gewährt.

§ 6
Besondere Vorteile

Besondere Vorteile i.S.v. § 5 Abs. 1 Nr. 8 UmwG werden weder einem Mitglied eines Vertretungs-[276] oder Aufsichtsorgans der an der Verschmelzung beteiligten Rechtsträger noch dem Abschlussprüfer oder dem Verschmelzungsprüfer gewährt.

§ 7
Folgen der Verschmelzung für Arbeitnehmer und ihre Vertretungen

Für die Arbeitnehmer der Gesellschaften und ihre Betriebsräte ergeben sich folgende Auswirkungen ....

Folgende Maßnahmen sind vorgesehen ....

§ 8
Bedingungen

Der Verschmelzungsvertrag steht unter der aufschiebenden Bedingung, dass

(1) die formgerechten Zustimmungsbeschlüsse der Hauptversammlungen beider Gesellschaften bis zum ...[277] vorliegen und

(2) die Gesellschafter der B-AG im Zustimmungsbeschluss die vorstehende Kapitalerhöhung[278] beschließen.

§ 9
Kosten, Abschriften

Die durch diesen Vertrag und seine Durchführung bei beiden Gesellschaften entstehenden Kosten trägt die B-AG. Sollte die Verschmelzung nicht wirksam werden, tragen die Kosten dieses Vertrages

---

[275] Um die Acht-Monats-Frist des § 17 Abs. 2 Satz 4 UmwG zu entschärfen, wird teilweise auch ein **variabler Stichtag** empfohlen. Die Zulässigkeit ist aber str., siehe Erläuterungen zu Stichtagen unten Rn. 79.

[276] In Frage kommt häufig die Bestellung der Vorstände der übertragenden AG zu Vorständen der aufnehmenden AG durch den Aufsichtsrat.

[277] Alternativ kann auch ein Rücktrittsrecht für beide Gesellschaften geregelt werden.

[278] Entfällt bei der Verschmelzung der Tochter- auf die Mutter-GmbH.

die Gesellschaften zu gleichen Teilen; alle übrigen Kosten trägt die jeweils betroffene Gesellschaft alleine.

Abschriften erhalten: ...

§ 10
Salvatorische Klausel

...

C.
Vollzugsvollmacht/Hinweise/Belehrungen

...

Diese Niederschrift wurde den Erschienenen vom Notar vorgelesen, von ihnen genehmigt und von ihnen und dem Notar eigenhändig, wie folgt, unterschrieben:

...

b) Bekanntmachung nach § 62 Abs. 3 UmwG

Gemäß § 62 Abs. 3 UmwG wird bekannt gemacht, dass eine Verschmelzung der A-AG als übertragende Gesellschaft auf die B-AG als übernehmende Gesellschaft erfolgen soll. Dadurch überträgt die A-AG ihr Vermögen als Ganzes mit allen Rechten und Pflichten unter Auflösung ohne Liquidation auf die B-AG im Wege der Verschmelzung durch Aufnahme. Die Verschmelzung erfolgt im Innenverhältnis mit Wirkung zu Beginn des 1.1.(Verschmelzungsstichtag). Der Verschmelzung liegt die Jahresbilanz der A-AG zum 31.12. ... als Schlussbilanz zugrunde.

Im Geschäftsraum der B-AG (...) sind zur Einsicht der Aktionäre folgende Unterlagen ausgelegt:

- Verschmelzungsvertrag,
- Jahresabschlüsse und Lageberichte der an der Verschmelzung beteiligten Gesellschaften für die letzten drei Geschäftsjahre,
- eventuell Zwischenbilanz,
- Verschmelzungsbericht,
- Prüfungsbericht.

Der Verschmelzungsvertrag wurde zum Handelsregister der B-AG eingereicht. Der Vorstand plant, von § 62 Abs. 1 UmwG Gebrauch zu machen, da sich mindestens 90 % des Stammkapitals der übertragenden AG in der Hand der übernehmenden B-AG befinden, so dass ein Verschmelzungsbeschluss bei der B-AG nicht erforderlich ist.

Der Vorstand weist allerdings die Aktionäre darauf hin, dass ein Verschmelzungsbeschluss erforderlich ist, wenn Aktionäre der B-AG, deren Anteile zusammen den zwanzigsten Teil des Grundkapitals der B-AG erreichen, die Einberufung einer Hauptversammlung verlangen, in der über die Zustimmung zu der Verschmelzung beschlossen wird. Das Einberufungsverlangen ist an die B-AG zu richten.

c) Zustimmungsbeschluss bei der übernehmenden Gesellschaft

Hauptversammlungsniederschrift[279]

I.
Urkundseingang und Eröffnungsfeststellungen

Heute, den ...

begab ich mich, der unterzeichnende Notar ..., mit Amtssitz in ... auf Ansuchen in das Verwaltungsgebäude der Firma B-AG mit Sitz in München, um an der dorthin auf heute 10.00 Uhr einberufenen

ordentlichen Hauptversammlung

der Aktionäre der Firma B-AG teilzunehmen und über den Gang der Verhandlung sowie über die gefassten Beschlüsse die gesetzlich vorgeschriebene

Niederschrift

zu errichten wie folgt:

I.

Anwesend waren:

1. Vom Aufsichtsrat der Gesellschaft:
   a) Herr W, Kaufmann, wohnhaft in ...*(Vorsitzender)*
   b) Herr Z, Kaufmann, wohnhaft in ...
   c) Herr Y, Unternehmer, wohnhaft in ...
2. Vom Vorstand der Gesellschaft:
   a) Herr A., Dipl.-Ing., wohnhaft in ...*(Vorsitzender)*
   b) Herr B., Kaufmann, wohnhaft in ...
3. Die im Teilnehmerverzeichnis nebst Nachträgen aufgeführten Aktionäre und Vertreter. Sie haben ihre Berechtigung zur Teilnahme an der Hauptversammlung und zur Ausübung des Stimmrechts im Sinne der Satzung und Einladung ordnungsgemäß nachgewiesen.

II.

Den Vorsitz der Versammlung führte der Vorsitzende des Aufsichtsrates. Er eröffnete die Versammlung um 10.15 Uhr. Er stellte fest, dass die Hauptversammlung form- und fristgemäß durch Bekanntmachung im elektronischen Bundesanzeiger vom ..... einberufen worden ist. Ein Ausdruck wurde mir, dem Notar, übergeben. Es ist dieser Niederschrift als Anlage 1 beigefügt. Die Bekanntmachung enthält folgende Tagesordnung:

1. Erläuterung des Verschmelzungsvertrages durch den Vorstand;
2. Beschluss über die Zustimmung zu dem Verschmelzungsvertrag mit der A-AG;
3. Beschluss über die Erhöhung des Grundkapitals von 2 000 000 € um 1 000 000 € auf 3 000 000 € durch Ausgabe von 2 000 000 € auf den Inhaber lautenden Aktien mit Nennbetrag von je 1 € mit Gewinnbezugsberechtigung ab 1.1....

Die neuen Aktien werden als Gegenleistung für die Übertragung des Vermögens der A-AG im Wege der Verschmelzung ausgegeben, und zwar im Verhältnis von je zwei Aktien der A-AG mit dem Be-

---

[279] Hierbei handelt es sich um eine Niederschrift i.S.d. §§ 36 ff. BeurkG

trag von je 1 € zu einer Aktie der B-AG im Nennbetrag von 1 €. Der Vorstand wird ermächtigt, die Einzelheiten der Kapitalerhöhung und ihrer Durchführung festzulegen.

4. Beschluss über die Änderung von § 5 Abs. 1 der Satzung (Grundkapital):

„Das Grundkapital beträgt 3 000 000 € und ist eingeteilt in 3 000 000 Stück Aktien im Nennbetrag von je 1 €. Die Aktien lauten auf den Inhaber."

Anschließend wies er auf die Einsichtsmöglichkeit in das Verzeichnis der erschienenen oder vertretenen Aktionäre hin, nachdem er erklärt hatte, dass sämtliche in dem Verzeichnis aufgeführten Aktionäre ihre Berechtigung zur Teilnahme an der Hauptversammlung ordnungsgemäß nachgewiesen haben. Das Teilnehmerverzeichnis wurde von der ersten Abstimmung für die gesamte Dauer der Hauptversammlung zur Einsicht allen Teilnehmern zugänglich gemacht. Bei Änderungen in der Präsenz fertigte der Vorsitzende vor jeder Abstimmung Nachträge, die ebenfalls für die restliche Dauer zugänglich gemacht wurden. Er stellte die Präsenz vor jeder Abstimmung fest und gab diese bekannt. Der Vorsitzende erklärte, dass die Abstimmung durch Handaufheben stattfinden werde, soweit nicht eine andere Abstimmungsart für eine Abstimmung angeordnet werde.

Der Vorsitzende stellte weiter fest, dass der Verschmelzungsvertrag vor der Einberufung der Hauptversammlung zu den Registerakten der Gesellschaft bei dem Handelsregister des AG in ... eingereicht worden ist. Er stellte ferner fest, dass von der Einberufung der Hauptversammlung an in dem Geschäftsraum der Gesellschaft folgende Unterlagen zur Einsicht der Aktionäre ausgelegen haben und diese auch während der Dauer der Hauptversammlung im Versammlungssaal ausliegen:

1. Verschmelzungsvertrag vom ...,
2. Jahresabschlüsse und Lageberichte der übertragenden und der übernehmenden Gesellschaft der letzten drei Geschäftsjahre,
3. Verschmelzungsberichte der beiden Vorstände,
4. Prüfungsberichte der Verschmelzungsprüfer bezüglich beider Gesellschaften.

Der Verschmelzungsvertrag wird dieser Niederschrift als Anlage 3 beigefügt.

Daraufhin wurde die **Tagesordnung** wie folgt erledigt:

Punkt 1: des Verschmelzungsvertrages

Der Vorstandsvorsitzende erläuterte den Verschmelzungsvertrag vom ... und begründete insb. die Zweckmäßigkeit der Verschmelzung und das Umtauschverhältnis der Aktien. Auch die weiteren Punkte des Verschmelzungsvertrages wurden vom Vorstand erläutert. Verschiedenen Aktionären wurden Auskünfte über die für die Verschmelzung wesentlichen Angelegenheiten erteilt.

Punkt 2: Zustimmung zu dem Verschmelzungsvertrag

Es wurde durch Handaufheben abgestimmt. Der Vorsitzende stellte fest, dass nach dem Teilnehmerverzeichnis Stammaktien im Nennbetrag von 2 000 000 € mit 2 000 000 Stimmen vertreten sind.

Vorstand und Aufsichtsrat schlagen vor, dem Verschmelzungsvertrag vom ... mit der A-AG zuzustimmen.

Gegen die Zustimmung zu dem abgeschlossenen Verschmelzungsvertrag vom ... mit der A-AG stimmte ein Aktionär mit 30 000 € Grundkapital und 30 000 Stimmen. Dafür stimmten entsprechend dem Vorschlag von Vorstand und Aufsichtsrat 1 970 000 Stimmen mit 1 970 000 € Grundkapital. Stimmenthaltungen gab es keine.

Der Vorsitzende gab das Abstimmungsergebnis bekannt und stellte fest, dass die Verschmelzung mit der A-AG durch Zustimmung zu dem Verschmelzungsvertrag vom ... mit mehr als 3/4 Mehrheit des vertretenen Grundkapitals beschlossen ist.

Punkt 3: Erhöhung des Grundkapitals der Gesellschaft

Es wurde durch Handaufheben abgestimmt. Der Vorsitzende stellte fest, dass keine Änderung im Teilnehmerkreis stattgefunden hat.

Vorstand und Aufsichtsrat schlugen folgenden Kapitalerhöhungsbeschluss vor:

„Das Grundkapital der Gesellschaft wird von zurzeit 2 000 000 € um 1 000 000 € auf 3 000 000 € erhöht durch Ausgabe von 2 000 000 Stück auf den Inhaber lautenden Aktien im Nennbetrag von je 1 € mit Gewinnberechtigung ab 1.1. ... Die neuen Aktien werden als Gegenleistung für die Übertragung des Vermögens der A-AG im Wege der Verschmelzung an die Aktionäre der A-AG ausgegeben, und zwar im Verhältnis von je zwei Aktien der A-AG mit dem Betrag von je 1 € zu einer Aktie der B-AG im Nennbetrag von 1 €. Der Vorstand wird ermächtigt, die weiteren Einzelheiten der Kapitalerhöhung und ihrer Durchführung festzusetzen."

Gegen diesen Antrag stimmte 1 Aktionär mit 30.000 € Grundkapital und 30 000 Stimmen. Dafür wurden 1 970 000 Stimmen mit 1 970 000 € Grundkapital abgegeben. Es gab keine Stimmenthaltungen.

Der Vorsitzende gab das Abstimmungsergebnis bekannt und stellte fest, dass die Kapitalerhöhung zur Durchführung der Verschmelzung mit mehr als 3/4 Mehrheit des vertretenen Grundkapitals beschlossen ist.

Punkt 4: Änderung der Satzung § 5 Abs. 1 (Grundkapital)

Der Vorsitzende stellte fest, dass der Aktionär Reinhard Müller die Hauptversammlung verlassen hat, ohne Vollmacht zu erteilen. Nach dem Teilnehmerverzeichnis sind nunmehr Aktien im Nennbetrag von 1 970 000 € mit 1 970 000 Stimmen vertreten. Diese Veränderung wurde in einem Nachtrag zum Teilnehmerverzeichnis vermerkt. Der Nachtrag wurde zur Einsicht ausgelegt.

Die Versammlung beschloss einstimmig durch Handaufheben entsprechend dem Vorschlag des Vorstandes und des Aufsichtsrates. § 5 Abs. 1 der Satzung erhält folgende Fassung:

„Das Grundkapital beträgt 3 000 000 € und ist eingeteilt in 3 000 000 Stück Aktien im Nennbetrag von je 1 €. Die Aktien lauten auf den Inhaber."

Der Vorsitzende gab das Abstimmungsergebnis bekannt und stellte fest, dass die Satzungsänderung einstimmig beschlossen ist.

Gegen keine der Beschlüsse wurde Widerspruch zur Niederschrift erklärt.

Damit war die Tagesordnung erledigt. Der Vorsitzende schloss die Hauptversammlung um 19.00 Uhr.

Die Niederschrift wurde vom Notar wie folgt unterschrieben:

...

Anlage 1: Teilnehmerverzeichnis

Anlage 2: Ausdruck des elektronischen Bundesanzeigers vom ...

Anlage 3: Verschmelzungsvertrag vom ...

d) Zustimmungsbeschluss bei der übertragenden Gesellschaft

147 Das Muster für den Zustimmungsbeschluss bei der übertragenen Gesellschaft entspricht dem voranstehenden Muster „Zustimmungsbeschluss bei der übernehmenden Gesellschaft". Lediglich die Punkte 3 „Erhöhung des Grundkapitals der Gesellschaft" und 4 „Änderung der Satzung" entfallen. Von einem Abdruck wurde daher abgesehen.

e) Anmeldung für die übertragende AG

148 In der Anlage überreichen wir, die unterzeichnenden gemeinschaftlich vertretungsberechtigten Vorstandsmitglieder der A-AG:

1. Ausfertigung des Verschmelzungsvertrages vom ... – UR-Nr. ... des beglaubigenden Notars –,
2. Ausfertigung des Zustimmungsbeschlusses der Hauptversammlung der A-AG vom ... – UR-Nr. ... des beglaubigenden Notars –,
3. Ausfertigung des Zustimmungsbeschlusses der Hauptversammlung der B-AG vom ... – UR-Nr. ... des beglaubigenden Notars –,
4. Verschmelzungsbericht,
5. Bericht der Verschmelzungsprüfer,
6. Nachweis über die Zuleitung des Entwurfs des Verschmelzungsvertrages an die Betriebsräte der A-AG und der B-AG,
7. Schlussbilanz der A-AG zum Verschmelzungsstichtag,

und melden zur Eintragung in das Handelsregister an:

Die A-AG ist auf die B-AG als übernehmende Gesellschaft im Wege der Verschmelzung durch Aufnahme verschmolzen.

Wir erklären, dass weder der Verschmelzungsbeschluss der Aktionäre der A-AG noch der Verschmelzungsbeschluss der Aktionäre der B-AG angefochten worden ist.

Die Anzeige des Treuhänders nach § 71 Abs. 1 Satz 2 UmwG wird dem Registergericht unmittelbar durch den Treuhänder zugeleitet.

f) Anmeldung für die übernehmende AG

149 In der Anlage überreiche ich, der unterzeichnende allein vertretungsberechtigte Vorstand der B-AG:

1. Ausfertigung des Verschmelzungsvertrages vom ... – UR-Nr. ... des beglaubigenden Notars –,
2. Ausfertigung des Zustimmungsbeschlusses der Hauptversammlung der A-AG vom ... – UR-Nr. ... des beglaubigenden Notars –,
3. Ausfertigung des Zustimmungsbeschlusses der Hauptversammlung der B-AG vom ... – UR-Nr. ... des beglaubigenden Notars –,
4. Verschmelzungsbericht,
5. Bericht der Verschmelzungsprüfer,
6. Nachweis über die Zuleitung des Entwurfs des Verschmelzungsvertrages an die Betriebsräte der A-AG und der B-AG,
7. Berechnung der Kosten, die für die Gesellschaft durch die Ausgabe der neuen Aktien entstehen werden,
8. vollständigen Satzungswortlaut mit notarieller Übereinstimmungsbescheinigung,

und melde zur Eintragung in das Handelsregister an:

- Die A-AG ist auf die B-AG im Wege der Verschmelzung durch Aufnahme verschmolzen.
- Die Hauptversammlung der Gesellschaft vom ... hat die Erhöhung des Grundkapitals von ... € um ... € auf .... € beschlossen. Die Erhöhung des Grundkapitals ist aufgrund der Zustimmung beider Gesellschaften zum Verschmelzungsvertrag durchgeführt. § ... der Satzung – Grundkapital – ist in Anpassung an die Kapitalerhöhung geändert.

Hierzu erklären wir:

Die Kapitalerhöhung nach § 69 UmwG dient der Durchführung der Verschmelzung der A-AG mit der B-AG. Die Hauptversammlungen beider Gesellschaften haben dem Verschmelzungsvertrag zugestimmt.

Ferner erklären wir, dass weder der Verschmelzungsbeschluss der Aktionäre der A-AG noch der Verschmelzungsbeschluss der Aktionäre der B-AG angefochten worden ist.

Die Anzeige des Treuhänders nach § 71 Abs. 1 Satz 2 UmwG wird dem Registergericht unmittelbar durch den Treuhänder zugeleitet.

Es wird darum gebeten, im Hinblick auf § 66 UmwG, zunächst die Kapitalerhöhung sowie die Durchführung der Kapitalerhöhung samt Satzungsänderung einzutragen und davon zwei beglaubigte Handelsregisterauszüge zu übersenden.[280]

2. Erläuterungen

Für die Verschmelzung unter Beteiligung einer AG gelten die allgemeinen Vorschriften in §§ 2 – 38 UmwG (diesbezüglich wird auf die Erläuterungen zur GmbH-Verschmelzung oben Rn. 64 ff. zur Aufnahme und zur Neugründung oben Rn. 118 ff. verwiesen). Darüber hinaus sind die Regelungen des AktG insb. zur Einberufung, zum Ablauf der Hauptversammlung und zur Niederschrift zu beachten. Aus den §§ 60 – 72 UmwG (zur Aufnahme) und §§ 73 – 77 UmwG (zur Neugründung) ergeben sich einige Besonderheiten für die AG-Verschmelzung.

150

a) Anteilsgewährung/Kapitalerhöhung und Gründungsprüfung

Die Problematik der **Anteilsgewährungspflicht** und der Kapitalerhöhungsverbote bzw. -wahlrechte ist in den §§ 20 Abs. 1 Nr. 3 und 68 UmwG wie bei der GmbH geregelt (vgl. dazu oben Rn. 64 ff.). Die **Kapitalerhöhung** ist nach § 69 Abs. 1 Satz 1 UmwG durch Nichtanwendungserklärung einiger aktienrechtlicher Vorschriften erleichtert. Eine **Differenzhaftung** für die Aktionäre einer übertragenden AG bei Überbewertung der übergehenden Vermögensgegenstände wird anders als bei der Verschmelzung von GmbH abgelehnt.[281] § 188 Abs. 2 AktG i.V.m. § 36a Abs. 2 Satz 3 AktG ist wegen der ausdrücklichen Ausnahme in § 69 Abs. 1 Satz 1 UmwG genauso wenig wie § 9 GmbHG analog anwendbar.

151

Für den **Verschmelzungsbericht**[282] und die **Verschmelzungsprüfung** gelten die allgemeinen Grundsätze.[283] Die nach allgemeinem AktG (§ 183 Abs. 3) zusätzlich für eine Sachkapitalerhöhung erforderliche,

152

---

280 Nach h.M. muss das Registergericht des übertragenden Rechtsträgers nicht mit seiner Eintragung der Verschmelzung auf die Eintragung der Kapitalerhöhung bei dem Registergericht des übernehmenden Rechtsträgers warten (Bork, in: Lutter, UmwG § 19 Rn. 2; Stratz, in: Schmitt/Hörtnagl/Stratz, UmwG, § 19 Rn. 6; a.A.: Mayer, in: Widmann/Mayer, Umwandlungsrecht, § 19 Rn. 13.1). In der Praxis empfiehlt es sich daher bei unterschiedlichen Registern dennoch einen Handelsregisterauszug über die Eintragung der Kapitalerhöhung an das Register des übertragenden Rechtsträgers zu übersenden.
281 OLG München, ZIP 2005, 2108 = DB 2006, 146; zustimmend: Grunewald, EWiR § 69 UmwG 1/06, 29; str. siehe Grunewald, in: Lutter, UmwG, § 69 Rn. 27 m.w.N. in Fn. 3.
282 Vgl. die ausführlichen Muster bei Limmer, in: Handbuch der Unternehmensumwandlung, Rn. 1249 und Kiem, Unternehmensumwandlung, S. 69 ff.
283 S. oben Rn. 87; Mayer, in: Münchener Handbuch des Gesellschaftsrechts, Bd. 3, § 73 Rn. 290; siehe aber LG Berlin, ZIP 2003, 2027: Unterzeichnung durch alle Vorstandsmitglieder.

externe „**Gründungsprüfung**" wird durch § 69 Abs. 1 Satz 1 2. Halbs. UmwG bei der Verschmelzung zur Aufnahme auf bestimmte Fälle beschränkt (Gläubigergefährdung, insb. wenn der übertragende Rechtsträger keinen Kapitalschutz kennt).[284] Bei der Verschmelzung zur Neugründung einer AG ist ein Gründungsbericht und eine Gründungsprüfung nur entbehrlich, soweit eine Kapitalgesellschaft oder eine eingetragene Genossenschaft übertragender Rechtsträger ist (§ 75 Abs. 2 UmwG).

153 Die allgemeinen Vorschriften des AktG finden grds. Anwendung. Nach § 67 UmwG sind für eine **übernehmende AG** die Vorschriften über die **Nachgründung** (§ 52 AktG) zu beachten.[285] Im Rahmen des UmwG[286] n.F. ist eine Ausnahme für eine AG vorgesehen, die durch Formwechsel aus einer mindestens seit zwei Jahren bestehenden GmbH entstanden ist. Zum Schutz vor Umgehung der Nachgründungsvorschriften gilt bezüglich einer übertragenden AG eine zweijährige Sperre seit ihrer Gründung für die Beschlussfassung über eine Verschmelzung zur Neugründung (§ 76 Abs. 1 UmwG).

b)   Zustimmungsbeschlüsse

154 Grds. müssen auch die Aktionäre aller beteiligten AG dem Verschmelzungsvertrag in einer Hauptversammlung zustimmen (§ 13 Abs. 1 UmwG). § 65 UmwG verlangt hierfür, soweit in der Satzung keine strengere Regelung enthalten ist, mindestens eine **3/4-Mehrheit** des bei der Beschlussfassung **vertretenen Grundkapitals**. D.h. es muss kumulativ einfache Mehrheit der abgegebenen Stimmen und 3/4-Kapitalmerheit vorliegen.[287] Zum Ablauf der Hauptversammlung und dem Inhalt der Niederschrift wird auf die Ausführungen zur AG verwiesen.

155 Ein **Verschmelzungsbeschluss** der übernehmenden AG ist **entbehrlich** bei einer Beteiligung von mind. 90 % an der übertragenden Kapitalgesellschaft (sog. Bagatellverschmelzung), es sei denn mind. 5 % der Aktionäre der übernehmenden AG verlangen die Beschlussfassung (§ 62 Abs. 1, Abs. 2 UmwG). Die 90 %ige Beteiligung muss nach überwiegender Meinung spätestens zum Zeitpunkt der Anmeldung der Verschmelzung vorliegen.[288]

156 Bei mehreren Aktiengattungen bedarf es jeweils getrennter **Sonderbeschlüsse** (§ 65 Abs. 2 UmwG). Der Umwandlungsbeschluss aller Aktionäre bleibt daneben erforderlich.[289]

c)   Informationspflichten

157 Nach § 61 UmwG ist der **Verschmelzungsvertrag** oder sein Entwurf vor der Einberufung der Hauptversammlung,[290] die über die Zustimmung beschließen soll, zum Zweck der Bekanntmachung **beim Registergericht** jeder beteiligten AG **einzureichen**.[291] Diese Einreichung ist nicht verzichtbar, da sie auch den Interessen der Gläubiger dient.[292]

---

284 Vgl. dazu Limmer, in: Handbuch der Unternehmensumwandlung, Rn. 416 ff.
285 Vgl. ausführlich: Limmer, in: Handbuch der Unternehmensumwandlung, Rn. 1199; Ziemus, in: Lutter, ZGR 1999, 49.
286 BT-Drucks. 16/2919 v. 12.10.2006 unter Maßgabe der Änderungen in BR-Drucks. 95/07 v. 16.2.2007; das Inkrafttreten stand bei Redaktionsschluss unmittelbar bevor.
287 Hüffer, AktG, § 179 Rn. 14.
288 Limmer, in: Handbuch der Unternehmensumwandlung, Rn. 1190 ff.; Henze, AG 1993, 341, 344; Rieger, in: Widmann/Mayer, Umwandlungsrecht, § 62 Rn. 24; Marsch-Barner, in: Kallmeyer, UmwG, § 62 Rn. 7; für Zeitpunkt der Beschlussfassung: OLG Karlsruhe, AG 1992, 31 = ZIP 1991, 1145 zum alten Umwandlungsrecht; dem folgend Bayer, ZIP 1997, 1613, 1615.
289 LG Hamburg, AG 1996, 281; Heckschen, in: Beck'sches Notar-Handbuch, D IV Rn. 54a.
290 Zum derzeitigen Widerspruch zwischen der Ein-Monats-Frist nach Art. 6 der Fusionsrichtlinie und der 30-Tagefrist im neuen § 123 Abs. 1 AktG für die Einladung zur Hauptversammlung: Schmidt, DB 2006, 375.
291 Mayer, in: Münchener Handbuch des Gesellschaftsrechts, Bd. 3, § 73 Rn. 270; zu den Rechtsfolgen fehlerhafter Einreichung: Heidinger/Limmer/Holland/Reul, Gutachten zum Umwandlungsrecht, Gutachten des Deutschen Notarinstituts Band IV, 1998, 458 ff. m.w.N.
292 Streitig: Rieger, in: Widmann/Mayer, Umwandlungsrecht, § 61 Rn. 7; DNotI-Gutachten Nr. 32334 v. 18.4.2002 m.w.N.; a.A.: Limmer, in: Handbuch der Unternehmensumwandlung, Rn. 1164.

Darüber hinaus sieht § 63 UmwG in Abs. 1 die **Auslegung diverser Unterlagen** vor. Diese muss in den Geschäftsräumen der jeweiligen AG zur Einsicht der Aktionäre von der Einberufung der Hauptversammlung an erfolgen, die über die Zustimmung zum Verschmelzungsvertrag beschließen soll. Die u.a. **auszulegende Jahresbilanz** darf einen höchstens sechs Monate zurückliegenden Stichtag haben (§ 63 Abs. 1 Nr. 3 UmwG), so dass sich hierdurch faktisch die Acht-Monats-Frist des § 17 Abs. 2 Satz 4 UmwG verkürzen kann. Der **Jahresabschluss des vergangenen Jahres** muss dann nicht ausgelegt werden, wenn er noch nicht aufgestellt sein musste.[293] § 63 Abs. 3 UmwG enthält das Recht jedes Aktionärs auf eine Abschrift dieser Unterlagen.

158

Ist ein **Zustimmungsbeschluss** bei der übernehmenden AG **entbehrlich** (vgl. § 62 Abs. 1, 2 UmwG) müssen nach § 62 Abs. 3 UmwG einen Monat vor der Hauptversammlung der übertragenden Gesellschaft, die den Zustimmungsbeschluss fassen soll, in den Geschäftsräumen der übernehmenden Gesellschaft zur Einsicht der Aktionäre die in § 63 Abs. 1 UmwG genannten **Unterlagen ausgelegt** werden. Darüberhinaus bedarf es einer **speziellen Bekanntmachung** (§ 62 Abs. 3 Satz 2 UmwG). Dies gilt auch bei einem 100 %igen Tochter-Mutter-Verhältnis, da die Information der Aktionäre der aufnehmenden Muttergesellschaft bezweckt wird.

159

Im Tagesordnungspunkt zur Abstimmung über die Verschmelzung ist nach § 124 Abs. 2 Satz 2 AktG auch der **wesentliche Inhalt des Verschmelzungsvertrages**, nicht notwendigerweise der gesamte Verschmelzungsvertrag, **bekannt zu machen**.[294]

160

d) Verschmelzung zur Neugründung

Bei der Verschmelzung zur Neugründung muss die **Satzung der neuen AG** in dem Verschmelzungsvertrag festgestellt, und somit beurkundet werden. Der Inhalt der Satzung orientiert sich an einer Sachgründung (vgl. dazu bei der AG). **Gründer** sind die übertragenden Rechtsträger, die Aktien werden aber kraft Gesetzes von den Anteilsinhabern der übertragenden Rechtsträger entsprechend den Regelungen im Verschmelzungsvertrag erworben. Die alten Festsetzungen über **Sondervorteile, Gründungsaufwand, Sacheinlage und Sachübernahme** bei den übertragenden Rechtsträgern sind in der Satzung der neuen AG zu übernehmen (§ 74 UmwG), die neuen Angaben nach allgemeinen Grundsätzen aufzunehmen.

161

> **Hinweis:**
>
> Zweckmäßigerweise ist der erste Aufsichtsrat von den Gründern, also den übertragenden Rechtsträgern, gleichzeitig mit dem Abschluss des durch die Zustimmungsbeschlüsse bereits wirksamen Gesellschaftsvertrages der neuen AG zu bestellen.[295] Der Aufsichtsrat bestellt dann den ersten Vorstand (§ 30 Abs. 4 AktG).

e) Einzelne Besonderheiten

Nach § 71 UmwG ist für den Empfang der zu gewährenden Aktien und ggf. der baren Zuzahlungen ein **Treuhänder** zu bestellen. Diese Funktion kann auch der beurkundende Notar zusätzlich wahrnehmen.[296] Zum Umtausch der Aktien vgl. § 72 UmwG. Der Treuhänder ist grds. nicht verzichtbar, da er neben den Interessen der Gesellschafter der übertragenden Rechtsträger auch die Interessen der übernehmenden AG und des Rechtsverkehrs an einer zuverlässigen Abwicklung der Aktienübergabe dient. Fehlt es gänzlich an einer Aktiengewährung und einer baren Zuzahlung ist dies aber sehr bestritten.[297]

162

---

293 OLG Frankfurt, DB 2003, 872; OLG Hamburg, ZIP 2003, 1344.
294 Rieger, in: Widmann/Mayer, Umwandlungsrecht, § 63 Rn. 4; OLG Stuttgart, AG 1999, 138; Limmer, in: Handbuch der Unternehmensumwandlung, Rn. 1169; strenger: LG Hanau, AG 1996, 184.
295 Vgl. dazu und zur Anwendung der §§ 30, 31 AktG: Limmer, in: Handbuch der Unternehmensumwandlung, Rn. 476 und 1244.
296 Marsch/Barner, in: Kallmeyer, UmwG, § 71 Rn 5; Rieger, in: Widmann/Mayer, Umwandlungsrecht, § 71 Rn. 7.
297 Marsch-Barner in: Kallmeyer, UmwG, § 71 Rn. 3; Diekmann, in: Semler/Stengel, UmwG, § 71 Rn. 14.

163　**Unbekannte Aktionäre** bei einer übertragenden AG sind nach § 35 UmwG im Verschmelzungsvertrag oder im Verschmelzungsbeschluss sowie bei der Anmeldung der Eintragung durch Angabe ihrer Aktienurkunden zu bezeichnen. Das UmwG[298] n.F. sieht insofern eine Erleichterung vor. Bis zu 5 % unbekannte Aktionäre können danach nur mit der Angabe des insgesamt auf sie entfallenden Teils des Grundkapitals und der auf sie nach der Verschmelzung entfallenden Anteile ausreichend bezeichnet werden.

Bei der AG als aufnehmendem Rechtsträger sind wegen der Gesetzesstrenge (§ 23 Abs. 5 AktG) häufig bei dieser **Sonderrechte beim übertragenden Rechtsträger** schwer gleichermaßen zu gewähren. Dies kann zu Sondervorteilen der übrigen Aktionäre und/oder zur Notwendigkeit von Sonderbeschlüssen einzelner Aktiengattungen führen.

IX.　Verschmelzung von Partnerschaftsgesellschaften

1.　Muster: Aufnahme einer Partnerschaftsgesellschaft auf eine andere Partnerschaftsgesellschaft ohne Abfindungsangebot

164

A.
Urkundseingang und Sachstand

...

Die Erschienenen ließen folgenden

B.
Verschmelzungsvertrag

zwischen

der A-Partnerschaft als Überträgerin mit Sitz in X

und

der B-Partnerschaft als Übernehmerin mit Sitz in Y

beurkunden und erklärten, handelnd wie angegeben:

§ 1
Vermögensübertragung

Die A-Partnerschaft überträgt ihr Vermögen als Ganzes mit allen Rechten und Pflichten unter Ausschluss der Abwicklung auf die B-Partnerschaft im Wege der Verschmelzung durch Aufnahme. Zum Ausgleich räumt die B-Partnerschaft den Partnern der A-Partnerschaft Anteile ein.

§ 2
Angabe der neuen Partner nach § 45b UmwG

An der übertragenden Partnerschaft sind folgende Personen beteiligt, die folgende Berufe in der übernehmenden Partnerschaft ausüben:

- Herr X *(Vor-, Nachname, Wohnort)*, ausgeübter Beruf ...
- Herr Y *(Vor-, Nachname, Wohnort)*, ausgeübter Beruf ...

§ 3
Gegenleistung

(1) Die B-Partnerschaft räumt den Partnern der A-Partnerschaft als Gegenleistung für die Übertragung des Vermögens Anteile ein, und zwar

---

298　BT-Drucks. 16/2919 v. 12.10.2006 unter Maßgabe der Änderungen in BR-Drucks. 95/07 v. 16.2.2007; das Inkrafttreten stand bei Redaktionsschluss unmittelbar bevor.

- dem Partner X einen festen Kapitalanteil i.H.v. ... €,
- dem Partner Y einen festen Kapitalanteil i.H.v. ... €.

Die Beteiligungen werden kostenfrei und mit Gewinnberechtigung ab ... gewährt.

(2) Die Kapitalanteile der bisherigen Partner der B-Partnerschaft bleiben unverändert.

(3) Das Umtauschverhältnis der Beteiligungen beträgt ....

§ 4
Bilanzstichtag[299]

Der Verschmelzung wird die mit dem uneingeschränkten Bestätigungsvermerk des Wirtschaftsprüfers ... in ... versehene Bilanz der A-Partnerschaft zum ... als Schlussbilanz zugrunde gelegt.

§ 5
Verschmelzungsstichtag

Die Übernahme des Vermögens der A-Partnerschaft erfolgt im Innenverhältnis mit Wirkung zum Ablauf des .... Von diesem Zeitpunkt an gelten alle Handlungen und Geschäfte der A-Partnerschaft als für Rechnung der B-Partnerschaft vorgenommen.

§ 6
Besondere Rechte

Besondere Rechte i.S.v. § 5 Abs. 1 Nr. 7 UmwG bestehen bei der B-Partnerschaft nicht. Einzelnen Partnern werden im Rahmen der Verschmelzung keine besonderen Rechte gewährt.

§ 7
Besondere Vorteile

Besondere Vorteile i.S.v. § 5 Abs. 1 Nr. 8 UmwG werden weder einem Mitglied eines Vertretungs- oder Aufsichtsorgans der an der Verschmelzung beteiligten Rechtsträger, einem Partner noch dem Abschlussprüfer oder dem Verschmelzungsprüfer gewährt.

§ 8
Folgen der Verschmelzung für Arbeitnehmer und ihre Vertretungen

Für die Arbeitnehmer der Gesellschaften und ihre Betriebsräte ergeben sich folgende Auswirkungen ....

Folgende Maßnahmen sind vorgesehen ....

§ 9
Bedingungen

Der Verschmelzungsvertrag steht unter der aufschiebenden Bedingung, dass die formgerechten Zustimmungsbeschlüsse der Gesellschafterversammlungen beider Partnerschaften bis zum[300] ... vorliegen.

---

[299] Um die Acht-Monats-Frist des § 17 Abs. 2 Satz 4 UmwG zu entschärfen, wird teilweise auch ein **variabler Stichtag** empfohlen. Die Zulässigkeit ist aber str., siehe Erläuterungen zu Stichtagen Rn. 79.

[300] Alternativ kann auch ein Rücktrittsrecht für beide Gesellschaften geregelt werden.

§ 10
Kosten, Abschriften

Die durch diesen Vertrag und seiner Durchführung bei beiden Partnerschaften entstehenden Kosten trägt die B-Partnerschaft. Sollte die Verschmelzung nicht wirksam werden, tragen die Kosten dieses Vertrages die Gesellschaften zu gleichen Teilen; alle übrigen Kosten trägt die jeweils betroffene Gesellschaft allein.

Abschriften dieser Urkunde erhalten ...

§ 11
Salvatorische Klausel

...

C.
Vollzugsvollmacht/Hinweise/Belehrungen

...

Diese Niederschrift nebst der Anlage wurde den Erschienenen vom Notar vorgelesen, von ihnen genehmigt und von ihnen und dem Notar eigenhändig, wie folgt, unterschrieben:

...

2. Erläuterungen

165 Seit dem Gesetz zur Änderung des UmwG v. 22.7.1998 wurde auch der Partnerschaftsgesellschaft die Möglichkeit der Verschmelzung eröffnet. Da **nur Angehörige eines freien Berufes** Partner einer Partnerschaftsgesellschaft sein können, ist die Verschmelzung auf eine Partnerschaft nur möglich, wenn alle Anteilsinhaber der übertragenden Rechtsträger natürliche Personen sind, die einen freien Beruf ausüben (§ 45a UmwG).

166 Es gelten neben den §§ 45a – 45e UmwG weitgehend die **allgemeinen Vorschriften** für die Verschmelzung von Personengesellschaften. Zu dem Inhalt des Verschmelzungsvertrages nach § 5 UmwG muss zusätzlich für jeden Anteilsinhaber eines übertragenden Rechtsträgers der Name, Vorname und Wohnort sowie der **ausgeübte Beruf** enthalten sein (§ 45b UmwG; vgl. die Angaben bei § 3 Abs. 2 Satz 2 PartGG).

167 Ein **Verschmelzungsbericht** ist nur erforderlich, wenn ein Partner gemäß § 6 Abs. 2 PartGG von der Geschäftsführung ausgeschlossen ist (§ 45c UmwG). Hierfür gilt § 42 UmwG.

168 Soweit der Partnerschaftsgesellschaftsvertrag keine Mehrheitsentscheidung vorsieht, bedarf der Verschmelzungsbeschluss der **Zustimmung aller** anwesenden Partner in einer Gesellschafterversammlung und zusätzlich aller nicht erschienen Partner in notariell beurkundeter Form.

Die **Anmeldung** der Verschmelzung erfolgt wie bei der Personenhandelsgesellschaft durch die organschaftlichen Vertreter in vertretungsberechtigter Zahl, allerdings zu den zuständigen Partnerschaftsregistern.[301]

---

[301] Vgl. näher zu den besonderen Nachweisen zur Berufsqualifikation: Limmer, in: Handbuch der Unternehmensumwandlung, Rn. 107.

X. Verschmelzung von Genossenschaften

1. Muster: Aufnahme einer Genossenschaft auf eine andere Genossenschaft

A.
Urkundseingang und Sachstand

...

Die Erschienenen ließen folgenden

B.
Verschmelzungsvertrag

beurkunden und erklärten, handelnd wie angegeben:

§ 1
Vermögensübertragung

Die A-Genossenschaft überträgt ihr Vermögen als Ganzes mit allen Rechten und Pflichten unter Ausschluss der Abwicklung auf die B-Genossenschaft im Wege der Verschmelzung durch Aufnahme. Die B-Genossenschaft gewährt als Ausgleich hierfür den Mitgliedern der A-Genossenschaft Mitgliedschaften.

§ 2
Gegenleistung

(1) Die B-Genossenschaft gewährt mit Wirksamwerden der Verschmelzung jedem Mitglied der A-Genossenschaft die Mitgliedschaft in der B-Genossenschaft.

(2) Jedes Mitglied der A-Genossenschaft erhält bei der B-Genossenschaft mit Wirksamwerden der Verschmelzung einen Geschäftsanteil i.H.v. ... €.

(3) Die Mitgliedschaften werden kostenfrei und mit Gewinnbezugsberechtigung ab dem ... gewährt. Die Angaben zu der Mitgliedschaft in der B-Genossenschaft ergeben sich aus dem als Anlage zu dieser Urkunde genommenen Auszug aus der Satzung der B-Genossenschaft.

§ 3
Bilanzstichtag[302]

Der Verschmelzung wird die mit dem uneingeschränkten Bestätigungsvermerk des Wirtschaftsprüfers ... in ... versehene Bilanz der A-Genossenschaft zum ... als Schlussbilanz zugrunde gelegt.

§ 4
Verschmelzungsstichtag

Die Übernahme des Vermögens der A-Genossenschaft erfolgt im Innenverhältnis mit Wirkung zum Ablauf des ..... Von diesem Zeitpunkt an gelten alle Handlungen und Geschäfte der A-Genossenschaft als für Rechnung der B-Genossenschaft vorgenommen.

---

[302] Um die Acht-Monatsfrist des § 17 Abs. 2 Satz 4 UmwG zu entschärfen wird teilweise auch ein **variabler Stichtag** empfohlen. Die Zulässigkeit ist aber str. Ein **zukünftiger Stichtag** ist bei der Genossenschaftsverschmelzung nicht zulässig (sehr streitig). Hierzu siehe genauer die Erläuterungen zu den verschiedenen Stichtagen Rn. 79.

§ 5
Besondere Rechte

Besondere Rechte i.S.v. § 5 Abs. 1 Nr. 7 UmwG bestehen bei der B-Genossenschaft nicht. Einzelnen Genossen werden im Rahmen der Verschmelzung keine besonderen Rechte gewährt.

§ 6
Besondere Vorteile

Besondere Vorteile i.S.v. § 5 Abs. 1 Nr. 8 UmwG werden weder einem Mitglied eines Vertretungs- oder Aufsichtsorgans der an der Verschmelzung beteiligten Rechtsträger noch dem Abschlussprüfer oder dem Verschmelzungsprüfer gewährt.

§ 7
Folgen der Verschmelzung für Arbeitnehmer und ihre Vertretungen

Für die Arbeitnehmer der Gesellschaften und ihre Betriebsräte ergeben sich folgende Auswirkungen ...

Folgende Maßnahmen sind vorgesehen ....

§ 8
Bedingungen

Der Verschmelzungsvertrag steht unter der aufschiebenden Bedingung, dass die formgerechten Zustimmungsbeschlüsse der Generalversammlungen beider Genossenschaften bis zum ... vorliegen.[303]

§ 9
Kosten, Abschriften

Die durch diesen Vertrag und seiner Durchführung bei beiden Gesellschaften entstehenden Kosten trägt die B-Genossenschaft. Sollte die Verschmelzung nicht wirksam werden, tragen die Kosten dieses Vertrages die Genossenschaften zu gleichen Teilen; alle übrigen Kosten trägt die jeweils betroffene Genossenschaft allein.

Abschriften dieser Urkunde erhalten ...

§ 10
Salvatorische Klausel

...

C.
Vollzugsvollmacht/Hinweise/Belehrungen

...

Diese Niederschrift nebst der Anlage wurde den Erschienenen vom Notar vorgelesen, von ihnen genehmigt und von ihnen und dem Notar eigenhändig, wie folgt, unterschrieben:

...

2. Erläuterungen

170 Neben den allgemeinen Vorschriften des UmwG zur Verschmelzung und des GenG zur Generalversammlung gelten die §§ 79 – 98 UmwG für die Verschmelzung unter Beteiligung von Genossenschaften.

---

[303] Alternativ kann auch ein Rücktrittsrecht für beide Gesellschaften geregelt werden.

Der Grundsatz der **Anteilsgewährungspflicht** (vgl. dazu oben Rn. 95 ff.) gilt auch bei der Genossenschaftsverschmelzung (außer im Fall der Tochter/Mutterverschmelzung nach § 20 Abs. 1 Nr. 3 UmwG), ist dort sogar besonders detailliert geregelt (siehe z.B. die §§ 87 und 88 UmwG). Die Verschmelzung ist auch unter Genossenschaften unterschiedlicher Haftart[304] und unterschiedlicher Geschäftsanteilsstückelung zulässig. 171

Aus § 80 UmwG ergibt sich die Verpflichtung zu genaueren Angaben im Verschmelzungsvertrag zu den zu gewährenden Anteilen. Bei der Regelung des Anteilstausches ist die besondere Struktur der Genossenschaftsanteile zu berücksichtigen, deren Wert sich vorrangig nach dem Geschäftsguthaben richtet (vgl. §§ 80, 87 UmwG).[305] Da der Wert der jeweiligen Geschäftsguthaben nur aus der Bilanz zu ersehen ist, kann einer Verschmelzung ohne Vorliegen der für die Verschmelzung relevanten Schlussbilanz nicht wirksam zugestimmt werden. Daher ist bei der Genossenschaftsverschmelzung – anders als bei der Verschmelzung unter Beteiligung anderer Rechtsträger – ein **zukünftiger Bilanzstichtag** nicht möglich.[306] 172

Neben dem nach allgemeinen Grundsätzen erforderlichen **Verschmelzungsbericht** ist für jede beteiligte Genossenschaft statt der **Verschmelzungsprüfung** ein **Gutachten des Prüfungsverbandes** zu erstellen,[307] das bei der Generalversammlung, die über die Verschmelzung beschließt, verlesen (§ 83 Abs. 2 UmwG) und der Anmeldung zum Handelsregister beigefügt (§ 86 UmwG) werden muss. Da dieses auch der Information der Gläubiger dient, ist es nicht verzichtbar.[308] Wegen der Informationspflichten der Genossen vor der Generalversammlung verweist § 82 UmwG auf die Regelung des § 63 Abs. 1, Abs. 2 UmwG für die AG (vgl. dazu oben Rn. 157). 173

Der Verschmelzungsbeschluss muss grds. in einer notariell protokollierten **Generalversammlung** mit einer **Mehrheit von 3/4** der abgegebenen Stimmen gefasst werden. Dabei muss – anders als bei § 130 AktG – nicht die ganze Generalversammlung beurkundet werden, sondern nur der Zustimmungsbeschluss.[309] Die Einberufung und Durchführung der Generalversammlung richtet sich nach den Bestimmungen des GenG (insb. §§ 43, 44, 46, 47).[310] Wegen § 43a GenG kommt bei einer großen Genossenschaft auch eine Vertreterversammlung zur Beschlussfassung über die Verschmelzung in Frage. 174

---

304 Vgl. hierzu und zu den Konsequenzen für die Nachschusspflicht: Limmer, in: Handbuch der Unternehmensumwandlung, Rn. 1267.
305 Siehe dazu Limmer, in: Handbuch der Unternehmensumwandlung, Rn. 1269 ff.
306 So die h.M. in der umwandlungsrechtlichen Lit. Bayer, in: Lutter, UmwG, § 80 Rn. 27; Scholderer, in: Semler/Stengel, UmwG, § 80 Rn. 60; Schwarz, in: Widmann/Mayer, Umwandlungsrecht, § 80 Rn. 15; Wirth, Spaltung einer eingetragenen Genossenschaft, 131 f.; Naraschewski, Stichtage und Bilanzen bei der Verschmelzung, S. 77 Fn. 75; Stratz, in: Schmitt/Hörtnagl/Stratz, UmwG, § 80 Rn. 10; Heidinger, NotBZ 2002, 86; ders., NotBZ 1998, 223; a.A.: die überwiegende genossenschaftsrechtliche Lit.: Beuthien/Wolff, BB 2001, 2126; Bonow, Rpfleger 2002, 506; Hettrich/Pöhlmann/Gräser/Röhrich, GenG, § 80 UmwG Rn. 4; Lang/Weidmüller/Metz/Schaffland, GenG, Anhang 1 § 17 Rn. 6; Ohlmeyer/Kuhn/Philipowski, Verschmelzung von Genossenschaften, S. 136; Beuthien, GenG mit Umwandlungsrecht, § 2 ff. UmwG Rn. 55.
307 Zum Inhalt siehe Limmer, in: Handbuch der Unternehmensumwandlung, Rn. 1308 ff.
308 H.M. DNotI-Gutachten Nr. 41941 v. 5.6.2003 m.w.N.; a.A.: Beuthien, GenG, §§ 2 ff. UmwG Rn. 26.
309 Limmer, Handbuch der Unternehmensumwandlung, Rn. 1344; Ohlmeyer/Kuhn/Philipowski/Tischbein, Verschmelzung von Genossenschaften, Rn. 9.13; vgl. auch schon DNotI-Report 2000, 91, 92 rechte Spalte a. E.
310 Siehe dazu genauer Limmer, in: Handbuch der Unternehmensumwandlung, Rn. 1318 ff., 1326 ff.

XI. Verschmelzung von Vereinen

1. Muster: Verschmelzung von Vereinen (Aufnahme[311] eines e.V. auf einen anderen e.V.)

A.
Urkundseingang und Sachstand

...

Die Erschienenen ließen folgenden

B.
Verschmelzungsvertrag

beurkunden und erklärten, handelnd wie angegeben:

§ 1
Vermögensübertragung

Der A-e.V. überträgt sein Vermögen als Ganzes mit allen Rechten und Pflichten unter Ausschluss der Abwicklung auf den B-e.V. im Wege der Verschmelzung durch Aufnahme.

§ 2
Gegenleistung

Der B-e.V. gewährt mit Wirksamwerden der Verschmelzung jedem Mitglied des A-e.V. die Mitgliedschaft in dem B-e.V. Die Angaben zur Mitgliedschaft ergeben sich aus dem als Anlage zu dieser Urkunde genommenen Auszug aus der geltenden Satzung des B-e.V.

§ 3
Bilanzstichtag[312]

Der Verschmelzung wird die mit dem uneingeschränkten Bestätigungsvermerk des Wirtschaftsprüfers ... in ... versehene Bilanz des A-e.V. zum ... als Schlussbilanz zugrunde gelegt.

§ 4
Verschmelzungsstichtag

Die Übernahme des Vermögens des A-e.V. erfolgt im Innenverhältnis mit Wirkung zum Ablauf des .... Von diesem Zeitpunkt an gelten alle Handlungen und Geschäfte des A-e.V. als für Rechnung des B-e.V. vorgenommen.

§ 5
Besondere Rechte

Besondere Rechte i.S.v. § 5 Abs. 1 Nr. 7 UmwG bestehen bei dem B-e.V. nicht. Einzelnen Vereinsmitgliedern werden im Rahmen der Verschmelzung keine besonderen Rechte gewährt.

---

[311] Zur Neugründung vgl. oben für die Verschmelzung bei GmbH zur Neugründung Rn. 113.

[312] Um die Acht-Monatsfrist des § 17 Abs. 2 Satz 4 UmwG zu entschärfen wird teilweise auch ein **variabler Stichtag** empfohlen. Die Zulässigkeit ist aber str., siehe Erläuterungen zum Stichtage; siehe auch zur Pflicht beim e.V. überhaupt eine Bilanz aufstellen zu müssen näher bei den Erläuterungen.

§ 6
Besondere Vorteile

Besondere Vorteile i.S.v. § 5 Abs. 1 Nr. 8 UmwG werden weder einem Mitglied eines Vertretungs- oder Aufsichtsorgans der an der Verschmelzung beteiligten Rechtsträger, noch dem Abschlussprüfer oder dem Verschmelzungsprüfer gewährt.

§ 7
Folgen der Verschmelzung für Arbeitnehmer und ihre Vertretungen

Für die Arbeitnehmer der Gesellschaften und ihre Betriebsräte ergeben sich folgende Auswirkungen ....

Folgende Maßnahmen sind vorgesehen ....

§ 8
Bedingungen

Der Verschmelzungsvertrag steht unter der aufschiebenden Bedingung, dass die formgerechten Zustimmungsbeschlüsse der Mitgliederversammlungen beider Vereine bis zum ... vorliegen.

§ 9
Abfindungsangebot,[313] Entschädigung bei Doppelmitgliedschaft

Der B-e.V. macht den Mitgliedern des A-e.V. für den Fall, dass diese gegen den Verschmelzungsbeschluss einen Widerspruch zur Niederschrift erklären, folgendes Abfindungsangebot nach § 29 Abs. 1 UmwG: Für den Fall, dass die Mitglieder ihr Ausscheiden erklären, erhalten sie als Gegenleistung eine Barabfindung i.H.v. ... €. Der B-e.V. trägt etwaige Kosten des Ausscheidens.

Soweit ein Mitglied des A-e.V. bereits Mitglied im B-e.V. ist (Doppelmitgliedschaft), erhält es im B-e.V. keine weitere Mitgliedschaft. Der durch die Verschmelzung entstehende Verlust der Mitgliedschaft wird dadurch ersetzt, dass eine Entschädigung entsprechend der Abfindung beim Ausscheiden bezahlt wird.

§ 10
Kosten

Die durch diesen Vertrag und seiner Durchführung bei beiden Vereinen entstehenden Kosten trägt der B-Verein. Sollte die Verschmelzung nicht wirksam werden, tragen die Kosten dieses Vertrages die Vereine zu gleichen Teilen; alle übrigen Kosten trägt der jeweils betroffene Verein allein.

§ 11
Salvatorische Klausel

...

C.
Vollzugsvollmacht/Hinweise/Belehrungen

...

Diese Niederschrift wurde den Erschienenen vom Notar vorgelesen, von ihnen genehmigt und von ihnen und dem Notar eigenhändig, wie folgt, unterschrieben:

...

---

313 Siehe aber § 104a UmwG.

2. Erläuterungen

176 Ein eingetragener Verein[314] kann durch Verschmelzung **keine Rechtsträger anderer Rechtsformen** aufnehmen und nicht durch Verschmelzung anderer Rechtsträger neu gegründet werden (§ 99 Abs. 2 UmwG; vgl. dazu die Übersicht oben Rn. 54). Der wirtschaftliche Verein kann nur als übertragender Rechtsträger beteiligt sein (§ 3 Abs. 2 Nr. 1 UmwG). Für altrechtliche Vereine gilt § 317 UmwG.

177 Eine **Verschmelzungsprüfung** erfolgt bei wirtschaftlichen Vereinen stets, beim eingetragenen Verein nur, wenn mindestens 10 % der Mitglieder dies schriftlich verlangen (§ 100 UmwG). § 101 UmwG verweist zur Vorbereitung der Mitgliederversammlung auf die Informationspflichten für die AG nach § 63 Abs. 1, Abs. 2 UmwG (siehe dazu oben Rn. 157 ff.). Ist ein Verein **nicht bilanzierungspflichtig**, muss er nur seine Rechnungslegung der letzten drei Jahre auslegen. Statt einer eventuell erforderlichen Zwischenbilanz (§ 63 Abs. 2 UmwG) genügt ein nach den Regeln der Schlussbilanz erstellter Zwischenabschluss.[315] Auch zur Einreichung einer Schlussbilanz nach § 17 Abs. 2 UmwG wird der Verein nicht bilanzierungspflichtig.[316]

178 Für den **übertragenden wirtschaftlichen Verein**, der nicht in ein Handelsregister eingetragen ist, gelten Besonderheiten bezüglich der Eintragung und der Bekanntmachung (§ 104 UmwG). Für den **steuerbegünstigten Idealverein** entfallen die Regeln über das Abfindungsgebot (§ 104a UmwG). Ansonsten kommt ein Abfindungsangebot nach § 29 Abs. 1 Satz 2 UmwG wegen § 38 BGB (Nichtübertragbarkeit der Mitgliedschaft) in Frage.[317]

179 Der **Verschmelzungsbeschluss** muss in einer **Generalversammlung mit 3/4-Mehrheit** der erschienen Mitglieder gefasst werden (§ 103 UmwG), soweit nicht eine größere Mehrheit oder weitere Erfordernisse in der Satzung bestimmt sind. Das Zustimmungserfordernis aller Mitglieder kann sich auch aus der Änderung des Vereinszwecks durch die Verschmelzung ergeben (§ 33 Abs. 1 Satz 2 BGB).[318]

Die **Delegiertenversammlung** kann den Verschmelzungsbeschluss fassen, wenn diese kraft Satzungsregelung die Mitgliederversammlung ersetzt.[319]

180 Jedem Vereinsmitglied eines übertragenden Vereins kann nur eine Vereinsmitgliedschaft beim aufnehmenden Verein gewährt werden. Besteht bereits eine Vereinsmitgliedschaft beim aufnehmenden Verein, ist eine **Doppelmitgliedschaft** ausgeschlossen.[320]

D. Spaltung

I. Definition und Grundprinzipien

181 Die Spaltung ist ein Umwandlungsvorgang spiegelbildlich zur Verschmelzung. Ziel einer Spaltung ist – im Gegensatz zur Verschmelzung – die vollständige und teilweise **Aufteilung des Gesellschaftsvermögens** auf eine oder mehrere andere Gesellschaften. Dabei kommt es zur Übertragung der abzuspaltenden

---

314 Zur Verschmelzung nicht rechtsfähiger Vereine am Beispiel von Gewerkschaften: Wiedemann/Thüsing, WM 1999, 2237, 2277.

315 Katschinski, in: Semler/Stengel, UmwG, § 102 Rn. 8.

316 Limmer, in: Handbuch der Unternehmensumwandlung, Rn. 1420; Katschinski, in: Semler/Stengel, UmwG, § 99 Rn. 115 ff., 240 ff.; Hadding/Hennrichs, in: FS für Boujong, S. 226 ff.; a.A.: Vossius, in: Widmann/Mayer, Umwandlungsrecht, § 99 Rn. 121.

317 Vgl. Katschinski, Die Verschmelzung von Vereinen, S. 103 ff.

318 Heidinger/Limmer/Holland/Reul, Gutachten zum Umwandlungsrecht, 194 f.; Limmer, in: Handbuch der Unternehmensumwandlung, Rn. 1410; siehe zum Fall der Fusion des Deutschen Sportbundes mit dem nationalen olympischen Komitee: Krähe, SpuRt 2005, 237; a.A.: Widmann/Mayer/Vossius, Umwandlungsrecht, § 99 Rn. 92.

319 Str.: Heidinger u.a., Gutachten zum Umwandlungsrecht, S. 189.

320 Limmer, in: Handbuch der Unternehmensumwandlung, Rn. 1383; differenzierend Katschinski, in: Semler/Stengel, UmwG, § 99 Rn. 86 ff. für anderweitigen Ausgleich.

Vermögensteile im Wege der Sonderrechtsnachfolge, die oft auch als **„partielle Gesamtrechtsnachfolge"** bezeichnet wird und bei der die Notwendigkeit von Einzelübertragungsakten entfällt. Ein Rechtsträger kann auch nur einen einzigen Gegenstand, etwa ein Grundstück mit seinen wesentlichen Bestandteilen, im Wege der Ausgliederung gemäß den §§ 123 ff. UmwG, „als Gesamtheit" auf den anderen Rechtsträger übertragen (beachte aber das Erfordernis des **Teilbetriebes** in § 15 UmwStG um Buchwertfortführung zu sichern).

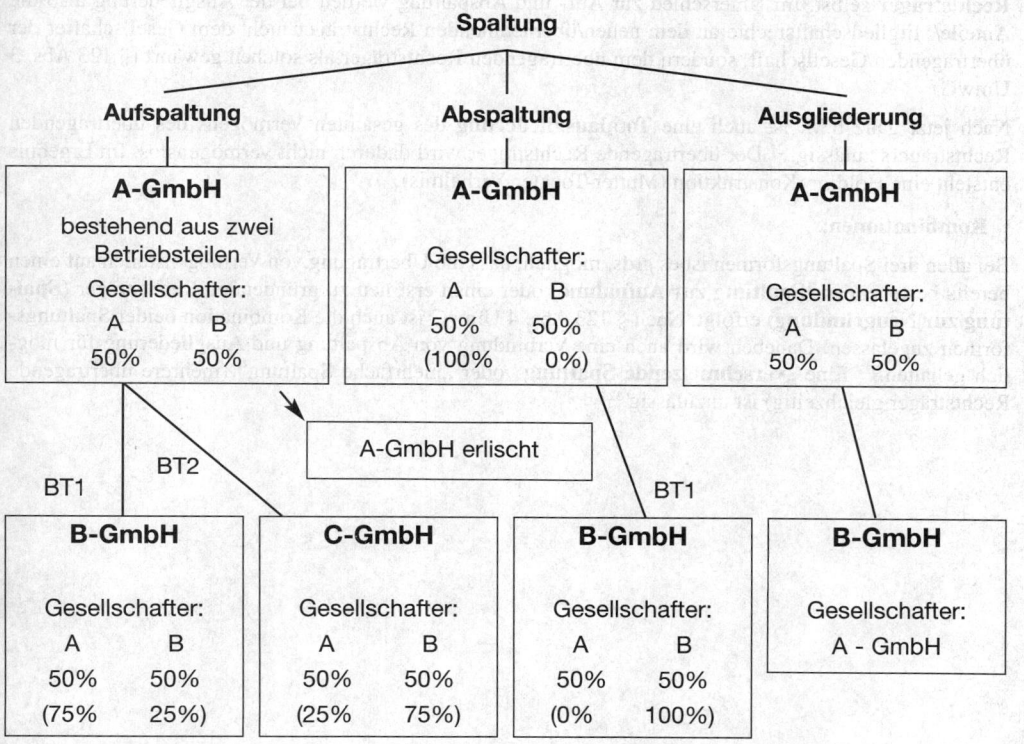

182

In § 123 UmwG werden die möglichen **Spaltungsarten** dargelegt:

183

- **Aufspaltung:**

Übertragung des gesamten Vermögens auf mehrere neue oder bereits bestehende übernehmenden Rechtsträger unter **Auflösung** des übertragenden Rechtsträgers unter **Gewährung von Anteilen** an den neuen/übernehmenden Rechtsträgern **an die Anteilsinhaber** des übertragenden Rechtsträgers (§ 123 Abs. 1 UmwG).

184

- **Abspaltung:**

Abgabe einzelner Vermögensteile des übertragenden Rechtsträgers auf einen oder mehrere neue/übernehmende Rechtsträger unter **Anteilsgewährung an die Anteilsinhaber** des übertragenden Rechtsträgers. Hierbei bleibt, anders als bei der Aufspaltung der **übertragende Rechtsträger erhalten** (§ 123 Abs. 2 UmwG).

185

Die **Gegenleistung**, welche der/die neue/n übernehmende/n Rechtsträger bei der Auf- und Abspaltung für das übertragende Vermögen erbringt, liegt in der Gewährung von Anteilen an ihm an die Anteilsinhaber des übertragenden Rechtsträgers. Die zu gewährenden Anteile müssen bei schon bestehenden aufneh-

186

menden Rechtsträgern grds. durch **Kapitalerhöhung** (bei Kapitalgesellschaften) oder **Erhöhung des Eigenkapitals** (bei Personengesellschaften) geschaffen werden.

- **Ausgliederung:**

187 Der übertragende Rechtsträger überträgt **Teile seines Vermögens** an einen oder mehrere neue/n bzw. übernehmende/n Rechtsträger unter **Gewährung von Anteilen** an diesem **an den übertragenden Rechtsträger** selbst. Im Unterschied zur Auf- und Abspaltung werden bei der Ausgliederung also die Anteile/Mitgliedschaftsrechte an dem neuen/übernehmenden Rechtsträger nicht dem Gesellschafter der übertragenden Gesellschaft, sondern dem übertragenden Rechtsträger als solchen gewährt (§ 123 Abs. 3 UmwG).

Nach jetzt ganz h.M. ist auch eine **Totalausgliederung** des gesamten Vermögens des übertragenden Rechtsträgers zulässig.[321] Der übertragende Rechtsträger wird dadurch nicht vermögenslos. Im Ergebnis entsteht eine Holding-Konstruktion (Mutter-Tochter-Verhältnis).

- **Kombinationen:**

188 Bei allen drei Spaltungsformen ist es grds. möglich, dass die Übertragung von Vermögensteilen auf einen bereits bestehenden (**Spaltung zur Aufnahme**) oder einen erst neu zu gründenden Rechtsträger (**Spaltung zur Neugründung**) erfolgt. Nach § 123 Abs. 4 UmwG ist auch die Kombination beider Spaltungsformen zugelassen. Daneben wird auch eine Verbindung von Abspaltung und Ausgliederung für möglich gehalten.[322] Eine „**verschmelzende Spaltung**" oder „mehrfache Spaltung" (mehrere übertragende Rechtsträger gleichzeitig) ist unzulässig.[323]

---

321 Schröer, in: Semler/Stengel, UmwG 2003, § 126 Rn. 28; Mayer, in: Widmann/Mayer, Umwandlungsrecht, § 126 Rn. 55 ff.; a.A.: noch Kallmeyer, ZIP 1994, 1746, 1749.
322 Str.: befürwortend: Bärwaldt, in: Semler/Stengel, UmwG, § 135 Rn. 8; Geck, DStR 1995, 416; Kallmeyer, DB 1995, 81; Teichmann, in: Lutter, UmwG, § 123 Rn. 26; Heckschen, in: Beck'sches Notar-Handbuch, D IV Rn. 58; a.A.: Karollus, in: Lutter (Hrsg.), Kölner Umwandlungsrechtstage 1995, S. 162; differenzierend: Hörtnagl in: Schmitt/Hörtnagl/Stratz, UmwG, § 123 Rn. 17; Mayer, in: Widmann/Mayer, Umwandlungsrecht, § 123 Rn. 7. 2 ff.
323 Schwanna, in: Semler/Stengel, UmwG, § 123 Rn. 19; Hörtnagl in: Schmitt/Hörtnagl/Stratz, UmwG, § 123 Rn. 18.

II. Spaltungsfähige Rechtsträger

von \ auf	PHG	PartG	GmbH	AG/KGaA	e.G.	e.V.	Gen.Pr.Vbd.	VVaG
PHG	A/N §§ 125, 135	A/N §§ 125 - 135	A/N §§ 125 - 135; 138 - 140	A/N §§ 125 - 135; 141 - 146	A/N §§ 125 - 135; 147, 148	-	-	-
PartG	A/N §§ 125, 135	A/N §§ 125, 135,	A/N §§ 125, 135, 138, 140	A/N §§ 125, 135, 141 - 146	A/N §§ 125, 135, 147, 148	-	-	-
GmbH	A/N §§ 125, 135; 138 - 140	A/N §§ 125, 135; 138 - 140	A/N §§ 125, 135; 138 - 140	A/N §§ 125, 135; 138 - 140; 141 - 146	A/N §§ 125, 135; 138 - 140; 147, 148	-	-	-
AG/KGaA	A/N §§ 125, 135; 141 - 146	A/N §§ 125, 141 - 146	A/N §§ 125, 135; 138 - 140; 141 - 146	A/N §§ 125, 135; 141 - 146	A/N §§ 125, 135; 141 - 146; 147, 148	-	-	-
e.G.	A/N §§ 125, 135; 147, 148	A/N §§ 125, 135; 147, 148	A/N §§ 125, 135; 138 - 140; 147, 148	A/N §§ 125, 135; 141 - 146; 147, 148	A/N §§ 125, 135; 147, 148	-	-	-
e.V./wirt.V.	A/N §§ 125, 135	A/N §§ 125, 135	A/N §§ 125, 135; 138 - 140	A/N §§ 125, 135; 141 - 146	A/N §§ 125, 135; 147, 148	A/N §§ 125, 135; 149	-	-
Gen. Pr.V	-	-	nur Ausgliederung A/N §§ 125, 135; 138 - 140; 150	nur Ausgliederung A/N §§ 125, 135; 141 - 146; 150	-	-	A §§ 125; 150	-
VVaG	-	-	nur Ausgliederung/ ohne Vers.-verträge A/N §§ 125, 135; 138 - 140, 151	nur Vers.-AG nur Auf-/Abspaltung A/N §§ 125, 135; 141 - 146; 151	-	-	-	nur Auf-/Abspaltung A/N §§ 125, 135, 151
Einzelkaufmann	nur Ausgliederung A §§ 125, 152 - 157	-	nur Ausgliederung A/N §§ 125, 135; 138 - 140, 152 - 160	nur Ausgliederung A/N §§ 125, 135; 141 - 146; 152 - 160	nur Ausgliederung A §§ 125; 147, 148; 152 - 157	-	-	-
Stiftungen	nur Ausgliederung A §§ 125; 161 - 167	-	nur Ausgliederung A/N §§ 125, 135; 138 - 140; 161 - 167	nur Ausgliederung A/N §§ 125, 135; 141 - 146; 161 - 167	-	-	-	-
Gebietskörperschaften	nur Ausgliederung A §§ 125, 168 - 173	-	nur Ausgliederung A/N §§ 125, 135; 138 - 140; 168 - 173	nur Ausgliederung A/N §§ 125, 135; 141 - 146; 168 - 173	nur Ausgliederung A/N §§ 125, 135; 147, 148; 168 - 173	-	-	-

Erläuterungen:

*A: Vorgang ist nur zur Aufnahme durch einen übernehmenden Rechtsträger (obere waagerechte Spalte) möglich.

*N: Vorgang ist nur zur Neugründung eines neuen Rechtsträgers (obere waagerechte Spalte) möglich.

III. Ablauf der Spaltung[324]

190 • Vorüberlegungen

Welche Spaltungsart	§ 123
Aufspaltung	§ 123 Abs. 1
– zur Aufnahme	Nr. 1
– zur Neugründung	Nr. 2
Abspaltung	§ 123 Abs. 2
– zur Aufnahme	Nr. 1
– zur Neugründung	Nr. 2
Ausgliederung	§ 123 Abs. 3
– zur Aufnahme	Nr. 1
– zur Neugründung	Nr. 2
Spaltungsmöglichkeiten unter Beteiligung verschiedener Rechtsträger	§ 124 Abs. 1 i.V.m. § 3 Abs. 1, 3 und 4 (vgl. voranstehende Tabelle)
ggf. Aufstellung der erforderlichen Schlussbilanz (Acht-Monats-Frist)	§ 17 Abs. 2 Satz 4

• Abschluss eines Spaltungs- und Übernahmevertrages (Spaltung zur Aufnahme, § 125 i.V.m. §§ 4 und 36) oder Aufstellung eines Spaltungsplans (Spaltung zur Neugründung, § 136)

Mindestinhalt	§§ 126, 136, 125 i.V.m. §§ 29 Abs. 1, 35 und 37
sowie zusätzlich bei bestimmten Rechtsträgern über §§ 125, 135 wie Verschmelzung	siehe die Übersicht Rn. 58.
Notarielle Beurkundung	§ 125 i.V.m. §§ 6, 135, 136
Kündigung des Vertrages	§ 125 i.V.m. §§ 7, 135
Zuleitung von Spaltungsvertrag oder -plan an den Betriebsrat	§§ 126 Abs. 3, 135, 136
Erstattung eines Spaltungsberichtes	§ 127
sowie zusätzlich bei	
– OHG, KG	§ 125 i.V.m. §§ 41, 135
– Partnerschaft	§ 125 i.V.m. §§ 45c, 135
– eK	§§ 153, 158
– r.St	§ 162
– Gebietskörperschaft oder Zusammenschluss	§ 169
Bestellung des Spaltungsprüfers (Prüfung des Umtauschverhältnisses nur für Aufspaltung und Abspaltung)	§ 125 i.V.m. §§ 9 – 12, 36 und 135

• Vorbereitung des Spaltungsbeschlusses durch Unterrichtungs- und Bekanntmachungspflichten

über §§ 125, 135 wie Verschmelzung	siehe die Übersicht Rn. 58.
zusätzlich bei AG und KGaA besondere Pflicht	§ 143

---

324 Alle hier genannten Paragrafen sind solche des UmwG.

§ 1 Umwandlungsrecht • D. Spaltung

- **Durchführung der Versammlung der Anteilsinhaber des (der) aufnehmenden und des übertragenden Rechtsträger(s)**

über §§ 125, 135 wie Verschmelzung	siehe die Übersicht Rn. 58.
Gebietskörperschaft oder Zusammenschluss	§ 169 Satz 2
Beschluss der Anteilsinhaber, notariell beurkundet	§ 125 i.V.m. §§ 13, 36, 135
ggf. Kapitalerhöhung	§§ 125, 135 i.V.m. §§ 55, 69, 142
ggf. Kapitalherabsetzung	§§ 139, 145

- **Zustimmungs-, Mehrheits- und andere Erfordernisse**

über §§ 125, 135 wie Verschmelzung	siehe die Übersicht Rn. 58.
r.St.	§ 163
Gebietskörperschaft oder Zusammenschluss	§ 169
Nichtverhältniswahrende Spaltung	§ 128
Zustimmungserklärungen einzelner Anteilsinhaber, notariell beurkundet	§ 125 i.V.m. §§ 13 Abs. 2 und Abs. 3, 36, 128, 135

- **Klage gegen die Wirksamkeit des Spaltungsbeschlusses, § 125 i.V.m. §§ 14, 36, 135**
- **Anmeldung der Spaltung bei den zuständigen Registern**

Anmeldung der Spaltung bei den zuständigen Registern	§§ 129, 125 i.V.m. §§ 16, 35, 38, 137
sowie zusätzlich bei	
– GmbH	§ 140
– AG	§ 146
– KGaA	§ 146
– e.G.	§ 148
– eK	§ 160
Anlagen und Zusatzerklärungen der Anmeldung	
Bilanz	§§ 125 i.V.m. §§ 17, 135
sowie zusätzlich bei	
– GmbH	§§ 125, 135 i.V.m. § 52
– AG	§ 146 Abs. 2
– KGaA	§ 146 Abs. 2
– e.G.	§ 148 Abs. 2
Eintragung und Bekanntmachung der Spaltung in den zuständigen Registern	§§ 130, 137, 125 i.V.m. §§ 35, 135
sowie zusätzlich bei	
– GmbH	§ 53
– AG	§§ 66, 71, 77
– KGaA	§ 78 i.V.m. §§ 66, 77

– VVaG	§§ 117, 118, 119
– eK	§§ 154, 160 Abs. 2
– r.St.	§ 164
Wirksamwerden und Wirkungen der Spaltung	§§ 131, 132, 125 i.V.m. §§ 21, 28, 135
sowie zusätzlich bei	
– e.G.	§ 125 i.V.m. §§ 87, 88, 135
– eK	§ 155
– Gebietskörperschaft oder Zusammenschluss	§ 171
Eröffnungsbilanzen nach der Spaltung	§ 125 i.V.m. §§ 24, 135

- Schutz der Betroffenen

Schutz der Anteilsinhaber	
– Nachbesserung des Umtauschverhältnisses bei Aufspaltung und Abspaltung	§ 125 i.V.m. §§ 15, 135
sowie zusätzlich bei	
– e.G.	§ 125 i.V.m. §§ 85, 135
– VVaG	§ 125 i.V.m. §§ 113, 135
Spruchverfahren	Spruchverfahrensgesetz
Barabfindung bei Wechsel der Beteiligungsart im Falle von Aufspaltung und Abspaltung	§ 125 i.V.m. §§ 29 – 31, 34, 36, 133, 135
sowie zusätzlich bei	
– verschiedenen Rechtsträgern über §§ 125, 135 wie Verschmelzung	siehe die Übersicht Rn. 58
Schadensersatzansprüche	
– gegen Mitglieder der Vertretungs- und Aufsichtsorgane	§ 125 i.V.m. §§ 25 – 27, 70, 135
– gegen Spaltungsprüfer	§ 125 i.V.m. §§ 11 Abs. 2, 135
Schutz der Inhaber von Sonderrechten („Verwässerungsschutz")	§ 125 i.V.m. §§ 23, 133 Abs. 2, 135
Schutz der Gläubiger	
Haftung §§ 133, 134, 135	
Sicherheitsleistung	§ 125 i.V.m. §§ 22, 133, 135
Fortdauer der persönlichen Haftung nach Recht des jeweiligen Rechtsträgers	
– OHG, KG	§ 125 i.V.m. §§ 45, 135
– Partnerschaft	§ 125 i.V.m. § 45e i.V.m. §§ 45, 135
– e.G.	§ 125 i.V.m. §§ 95, 96, 135
– eK	§§ 156 – 158
– r.St.	§§ 166, 167

– Gebietskörperschaft oder Zusammenschluss	§§ 172, 173
– Schadensersatzansprüche gegen Mitglieder der Vertretungs- und Aufsichtsorgane	§ 125 i.V.m. §§ 25 – 27, 70, 135
Schutz des Rechtsverkehrs (Kapitalschutz)	
– Anwendung des Gründungsrechts	§ 135 Abs. 2
sowie zusätzlich	
– bei verschiedenen Rechtsträgern über §§ 125, 135 wie Verschmelzung	siehe die Übersicht Rn. 58
– eK	§ 159
– r.St.	§ 165
– Gebietskörperschaft oder Zusammenschluss	§ 170
– im Falle von Kapitalerhöhungen	
über §§ 125, 135 wie Verschmelzung	siehe die Übersicht Rn. 58
– im Falle einer Kapitalherabsetzung bei	
– GmbH	§ 139
– bei AG und KGaA	§ 145
Schutz der Arbeitnehmer	
– Betriebsverfassung	
– Mitteilungspflicht	§ 126 Abs. 3
– Übergangsmandat des Betriebsrates	§ 321
– Gemeinsamer Betrieb	§ 322
– Betriebsübergang	§ 324
– Kündigungsrecht	§ 323
– Unternehmensmitbestimmung	§ 325

IV. Grundfall: Abspaltung zur Aufnahme

1. Muster: Abspaltung von einer GmbH zur Aufnahme auf eine andere GmbH (mit Kapitalerhöhung bei aufnehmender und Kapitalherabsetzung bei übertragender Gesellschaft)

a) Spaltungsvertrag

UR-Nr. ... 200/ ...

A.
Urkundseingang

Verhandelt zu ...

am ...

Vor dem unterzeichnenden ...

Notar mit dem Amtssitz in ...

191

erschienen:

1. Herr ...*(Name, Geburtsdatum, Adresse)*,

   Frau ...*(Name, Geburtsdatum, Adresse)*,

   beide handelnd nicht im eigenen Namen, sondern als gemeinsam vertretungsberechtigte Geschäftsführer der A-GmbH mit dem Sitz in ..., eingetragen im Handelsregister des Amtsgerichts ... unter HRB ...,

2. Herr ...*(Name, Geburtsdatum, Adresse)*,

   handelnd nicht im eigenen Namen, sondern als alleinvertretungsberechtigter Geschäftsführer der B-GmbH mit dem Sitz in ..., eingetragen im Handelsregister des Amtsgerichts ... unter HRB ....

Die Vertretungsberechtigungen folgen aus den beglaubigten Handelsregisterauszügen vom ..., die dieser Urkunde als Beleg beigefügt sind.[325] Die Erschienenen wiesen sich dem Notar gegenüber aus durch Vorlage ihrer amtlichen Lichtbildausweise.

B.
Vorbemerkung/Sachstand

Die Erschienenen erklärten:

I.

Das Stammkapital der im Handelsregister des Amtsgerichts ... unter HRB ... eingetragenen A-GmbH beträgt ... €. An ihr sind beteiligt:

- Herr A mit einer Stammeinlage von ... €;
- Herr B mit einer Stammeinlage von ... €.

Die Geschäftsanteile wurden bei der Gründung erworben und sind voll einbezahlt, so dass keine besondere Zustimmungspflicht nach § 51 Abs. 1 UmwG besteht.

II.

Das Stammkapital der im Handelsregister des AG ... unter HRB ... eingetragenen B-GmbH beträgt ...... €. An ihr sind beteiligt:

- Herr X mit einer Stammeinlage von ... €;
- Herr Y mit einer Stammeinlage von ... €.

Die Geschäftsanteile wurden bei der Gründung erworben und sind voll einbezahlt, so dass keine besondere Zustimmungspflicht nach § 51 Abs. 1 UmwG besteht.

Die A-GmbH will ihren Teilbetrieb „Hochbau" auf die B-GmbH im Wege der Abspaltung durch Aufnahme übertragen.

Die Erschienenen ließen sodann folgenden

C.
Spaltungsvertrag

beurkunden und erklärten, handelnd wie angegeben:

---

[325] Vgl. § 12 Satz 2 BeurkG, wonach auch die Bescheinigung des Notars gemäß § 21 BNotO nach Einsicht ins Handelsregister genügen würde.

§ 1
Beteiligte Rechtsträger, Spaltung

(1) An der Abspaltung sind die A-GmbH mit Sitz in ... als übertragender Rechtsträger und die B-GmbH mit Sitz in ... als übernehmender Rechtsträger beteiligt.

(2) Die A-GmbH überträgt hiermit ihre nachstehend unter II. genannten Vermögensteile als Gesamtheit im Wege der Abspaltung zur Aufnahme auf die B-GmbH. Die B-GmbH gewährt als Ausgleich hierfür den Gesellschaftern der A-GmbH Geschäftsanteile an der B-GmbH.

§ 2
Vermögensübertragung

(1) Die A-GmbH überträgt den von ihr unterhaltenen Teilbetrieb „Hochbau" auf die B-GmbH mit allen Aktiven und Passiven.

Die Abspaltung erfolgt auf der Basis der festgestellten Abspaltungsbilanz der WPG-Wirtschaftsprüfungsgesellschaft vom 31.12. .... Die Spaltungsbilanz ist Bestandteil dieses Spaltungsvertrages. Sie ist als Anlage 1 dieser Urkunde als wesentlicher Bestandteil beigefügt.

(2) Bei den als Gesamtheit übertragenen Gegenständen des Aktiv- und Passivvermögens der A-GmbH handelt es sich im Einzelnen[326] um:

1. den im Grundbuch des AG ... von ..., Blatt ..., verzeichneten Grundbesitz der Gemarkung ..., Flur ..., Flurstück Nr. ..., Größe ... qm;
2. den auf dem vorbezeichneten Grundstück befindlichen Betriebsteil „Hochbau" der A-GmbH nebst dem hierzu gehörenden beweglichen Anlage- und Umlaufvermögen, wie es sich aus der Anlage 1 zu dieser Niederschrift ergibt;
3. alle dem vorbezeichneten Betriebsteil zuzuordnenden Verträge, insb. Leasingverträge, Lieferverträge, Werkverträge und sonstigen Rechte, wie sie sich aus der Anlage 2 zu dieser Niederschrift ergeben;
4. alle Verbindlichkeiten der A-GmbH, die dem vorbezeichneten Betriebsteil wirtschaftlich zuzuordnen sind, wie sie sich aus der Anlage 3 zu dieser Niederschrift ergeben;
5. die in der Anlage 4 zu dieser Niederschrift bezeichneten Arbeitsverhältnisse;
6. Sachen, Rechte, Vertragsverhältnisse, die nicht in den beigefügten Anlagen aufgeführt sind, soweit sie dem vorbezeichneten Betriebsteil im weitesten Sinne wirtschaftlich zuzuordnen sind; dies gilt insb. für bis zur Eintragung der Spaltung in das Handelsregister erworbene Sachen oder Rechte und begründete Vertragsverhältnisse und Verbindlichkeiten.

(3) Für sämtliche unter Ziff. 2 beschriebenen Aktiva und Passiva gilt, dass die Übertragung im Wege der Spaltung alle Wirtschaftsgüter, Gegenstände, materiellen und immateriellen Rechte, Verbindlichkeiten und Rechtsbeziehungen erfasst, die dem Teilbetrieb „Hochbau" dienen oder zu dienen bestimmt sind oder sonst den Teilbetrieb betreffen oder ihm wirtschaftlich zuzurechnen sind, unabhängig davon, ob die Vermögensposition bilanzierungsfähig ist oder nicht. Die Übertragung erfolgt auch unabhängig davon, ob der Vermögensgegenstand in den Anlagen 1 – 4 aufgeführt ist.

Sollten die zu übertragenden Rechtspositionen des Aktiv- oder Passivvermögens bis zum Wirksamwerden der Spaltung im regelmäßigen Geschäftsgang veräußert worden sein, so werden die an ihre Stelle getretenen vorhandenen Surrogate übertragen. Übertragen werden auch die bis zum Wirksam-

---

326 Vgl. eine ausführliche Beschreibung der verschiedensten Wirtschaftsgüter zur Erfüllung des Bestimmtheitsgrundsatzes bei Limmer, in: Handbuch der Unternehmensumwandlung, Rn. 1505 ff. und 1520.

werden der Spaltung erworbenen Gegenstände des Aktiv- oder Passivvermögens, soweit sie zum übertragenen Teilbetrieb gehören.

(4) Bei Zweifelsfällen, die auch durch Auslegung dieses Vertrages nicht zu klären sind, gilt, dass Vermögensgegenstände, Verbindlichkeiten, Verträge und Rechtspositionen, die nach obigen Regeln nicht zugeordnet werden können, bei der übertragenden Gesellschaft verbleiben. In diesen Fällen ist die A-GmbH berechtigt nach § 315 BGB eine Zuordnung nach ihrem Ermessen unter Berücksichtigung der wirtschaftlichen Zugehörigkeit vorzunehmen.

(5) Soweit bilanzierte und nicht bilanzierte Vermögensgegenstände und Schulden sowie Rechtsbeziehungen, die dem Teilbetrieb „Hochbau" wirtschaftlich zuzuordnen sind, nicht schon kraft Gesetzes mit der Eintragung der Spaltung in das Handelsregister der übertragenden Gesellschaft auf die aufnehmende Gesellschaft übergehen, wird die übertragende Gesellschaft diese Vermögensgegenstände oder Schulden sowie die Rechtsbeziehungen auf die B-GmbH übertragen. Ist die Übertragung im Außenverhältnis nicht oder nur mit unverhältnismäßigem Aufwand möglich oder unzweckmäßig, werden sich die beteiligten Gesellschaften im Innenverhältnis so stellen, wie sie stehen würden, wenn die Übertragung der Vermögensgegenstände und Passiva bzw. Rechtsbeziehungen auch im Außenverhältnis mit Wirkung zum Vollzug dabei erfolgt wäre. Wird die übertragende Gesellschaft aus Verbindlichkeiten in Anspruch genommen, die der aufnehmenden zuzuordnen sind, ist diese zur Freistellung verpflichtet oder hat Ausgleich zu leisten.

(6) Soweit für die Übertragung von bestimmten Gegenständen die Zustimmung eines Dritten, eine öffentlich-rechtliche Genehmigung oder eine Registrierung erforderlich ist, werden sich die übertragende und die aufnehmende Gesellschaft bemühen, die Zustimmung, Genehmigung oder Registrierung beizubringen. Falls dies nicht oder nur mit unverhältnismäßig hohem Aufwand möglich sein würde, werden sich die übertragende und die aufnehmende Gesellschaft im Innenverhältnis so stellen, als wäre die Übertragung der Gegenstände des abgespaltenen Vermögens mit Wirkung zum Vollzugsdatum erfolgt.

(7) Berichtigungen bei Registern und Grundbuch

Die A-GmbH und die B-GmbH bewilligen und beantragen nach Wirksamwerden der Ausgliederung das Grundbuch bei den unter Ziff. 2 beschriebenen Grundstücken und dinglichen Rechten zu berichtigen.

§ 3
Gegenleistung, Umtauschverhältnis

(1) Die B-GmbH gewährt folgende Anteile:

- dem Gesellschafter A einen Geschäftsanteil im Nennbetrag von ... €,
- dem Gesellschafter B einen Geschäftsanteil im Nennbetrag von ... €.

Die Geschäftsanteile werden kostenfrei und mit Gewinnberechtigung ab dem ... gewährt.

(2) Zur Durchführung der Abspaltung wird die B-GmbH ihr Stammkapital von bislang ... € um ... € auf ... € erhöhen, und zwar durch Bildung eines Geschäftsanteils im Nennbetrag von .... € und eines weiteren Geschäftsanteils im Nennbetrag von ... €.

Als bare Zuzahlungen erhalten A einen Betrag von ... € und B einen Betrag von ... €.

(3) Das Umtauschverhältnis beträgt ....

(4) Die Aufteilung der Anteile erfolgt entsprechend dem Verhältnis der Beteiligungen der Gesellschafter an der A-GmbH.

(5) Der Gesamtwert, zu dem die erbrachte Sacheinlage von der aufnehmenden Gesellschaft übernommen wird, entspricht dem handelsrechtlichen Buchwert des übertragenen Vermögens zum Spaltungsstichtag. Soweit der Buchwert des übertragenen Nettovermögens den Nennbetrag der dafür gewährten Geschäftsanteile übersteigt, wird der Differenzbetrag in die Kapitalrücklage der aufnehmenden Gesellschaft eingestellt. Eine Vergütung für den Differenzbetrag wird nicht geschuldet.

(6) Da zur Durchführung der Abspaltung eine Kapitalherabsetzung erforderlich ist, wird die A-GmbH ihr Stammkapital herabsetzen, wie folgt:

Das Stammkapital der Gesellschaft wird von ... € um ... € auf ... € (in Worten: ... Euro) herabgesetzt.

Die Kapitalherabsetzung erfolgt als vereinfachte Kapitalherabsetzung i.S.d. § 139 UmwG i.V.m. §§ 58a ff. GmbHG. Die Herabsetzung des Stammkapitals dient der Anpassung des Stammkapitals infolge der Spaltung, weil das verbleibende Vermögen der abspaltenden Gesellschaft das nominelle Kapital i.H.v. ... € nicht mehr deckt.

§ 4
Spaltungsstichtag

Die Übernahme des vorbezeichneten Vermögens der A-GmbH erfolgt im Innenverhältnis mit Wirkung zum Ablauf des ....Vom ... an gelten alle Handlungen und Geschäfte der A-GmbH, die das übertragene Vermögen betreffen, als für Rechnung der B-GmbH vorgenommen.

§ 5
Besondere Rechte

Besondere Rechte i.S.v. § 126 Abs. 1 Nr. 7 UmwG bestehen bei der B-GmbH nicht. Einzelnen Anteilsinhabern werden im Rahmen der Spaltung keine besonderen Rechte gewährt.

§ 6
Besondere Vorteile

Besondere Vorteile i.S.v. § 126 Abs. 1 Nr. 8 UmwG werden weder einem Mitglied eines Vertretungs- oder Aufsichtsorgans der an der Spaltung beteiligten Rechtsträger, noch dem Abschlussprüfer oder dem Spaltungsprüfer gewährt.

§ 7
Folgen der Abspaltung für Arbeitnehmer und ihre Vertretungen

Durch die Abspaltung ergeben sich für die Arbeitnehmer und ihre Vertretungen die nachgenannten Folgen: ....

Insoweit sind folgende Maßnahmen vorgesehen: ....

§ 8
Abfindungsangebot

Ein Abfindungsangebot ist nach den §§ 29, 125 UmwG nicht erforderlich, da der aufnehmende Rechtsträger die gleiche Rechtsform hat wie der übertragende Rechtsträger und beim aufnehmenden Rechtsträger keine Verfügungsbeschränkungen für die Geschäftsanteile bestehen.

§ 9
Sonstige Vereinbarungen

(1) Sollten für die Übertragung der in § 2 genannten Sachen, Rechte, Vertragsverhältnisse und Verbindlichkeiten nach § 132 UmwG weitere Voraussetzungen geschaffen werden müssen, so verpflich-

ten sich die Vertragsbeteiligten alle erforderlichen Erklärungen abzugeben und Handlungen vorzunehmen.

(2) Sollte eine Übertragung der in § 2 genannten Sachen, Rechte, Vertragsverhältnisse und Verbindlichkeiten im Wege der Spaltung auf die B-GmbH rechtlich nicht möglich sein, so verpflichten sich die Vertragsbeteiligten alle erforderlichen Erklärungen abzugeben und alle erforderlichen Handlungen vorzunehmen, die rechtlich zu dem beabsichtigten Vermögensübergang auf die B-GmbH in anderer Weise führen.

§ 10
Bedingungen

Der Spaltungsvertrag steht unter der aufschiebenden Bedingung, dass:

- die formgerechten Zustimmungsbeschlüsse der Gesellschafterversammlung beider Gesellschaften bis zum[327] ... vorliegen und
- die Gesellschafter der B-GmbH im Zustimmungsbeschluss die vorstehende Kapitalerhöhung zur Durchführung der Spaltung beschließen und
- die Gesellschafter der A-GmbH im Zustimmungsbeschluss die vorstehende Kapitalherabsetzung beschließen.

§ 11
Hinweise, Vollmacht

Der Notar hat auf Folgendes hingewiesen:

- Die Spaltung wird erst mit der Eintragung in das Handelsregister der übertragenden Gesellschaft wirksam.
- Auf die Notwendigkeit der Einholung folgender Genehmigungen:
  - Grundstücksverkehrsgenehmigung
  - Zustimmung für die Übertragung folgender Beteiligungen ...
- Nach § 133 UmwG haften für die vor dem Wirksamwerden der Spaltung begründeten Verbindlichkeiten des übertragenden Rechtsträgers alle an der Spaltung beteiligten Rechtsträger gesamtschuldnerisch; Gläubiger können für ihre Verbindlichkeiten Sicherheitsleistung nach den §§ 125, 22 UmwG verlangen. Daneben können weitere Haftungsvorschriften anwendbar sein, insb. § 25 HGB, § 75 AO.
- Bei der Anmeldung der Abspaltung hat der Geschäftsführer der übertragenden Gesellschaft zu erklären, dass die durch Gesetz und Satzung vorgesehenen Voraussetzungen für die Gründung dieser Gesellschaft auch unter Berücksichtigung der Spaltung im Zeitpunkt der Anmeldung vorliegen (§ 140 UmwG).
- Bei nicht vollständig eingezahlten Stammeinlagen bestehen nach den §§ 51 Abs. 1, 125 UmwG besondere Zustimmungspflichten.
- Die Mitglieder des Vertretungsorgans und auch eines Aufsichtsorgans sind nach § 25 UmwG als Gesamtschuldner zum Schadensersatz bei Verletzung ihrer Pflichten nach dem Umwandlungsgesetz verpflichtet.
- Die Spaltung kann zur Grunderwerbsteuer führen.

Die Beteiligten beauftragen und ermächtigen den Notar die zum Vollzug notwendigen Genehmigungen und Zustimmungserklärungen einzuholen. Genehmigungen werden mit Eingang beim Notar

---

327 Alternativ kann auch ein Rücktrittsrecht für beide Gesellschaften geregelt werden.

wirksam. Dies gilt nicht für die Versagung von Genehmigungen oder deren Erteilung unter Bedingungen oder Auflagen.

§ 12
Kosten, Abschriften

Die durch diesen Vertrag und seine Durchführung bei beiden Gesellschaften entstehenden Kosten trägt die B-GmbH. Sollte die Spaltung nicht wirksam werden, tragen die Kosten dieses Vertrages die Gesellschaften zu gleichen Teilen; alle übrigen Kosten trägt die jeweils betroffene Gesellschaft allein.

Von dieser Urkunde erhalten

Ausfertigungen:

- die beteiligten Gesellschaften,
- die Gesellschafter der A-GmbH,

beglaubigte Abschriften:

- die Registergerichte in ...,
- die Grundbuchämter in ...,
- die beteiligten Betriebsräte,
- das Finanzamt ... (Sitzfinanzamt nach § 54 EStDV).

Eine einfache Abschrift mit Veräußerungsanzeige erhält das Finanzamt ... (Grunderwerbsteuerstelle nach § 18 GrEStG).[328]

§ 13
Salvatorische Klausel

Sollten einzelne Bestimmungen dieser Urkunde unwirksam oder nicht durchführbar sein, so soll dies die Gültigkeit dieses Vertrages im Übrigen nicht berühren. An die Stelle der unwirksamen oder undurchführbaren Vereinbarung soll eine solche treten, die dem wirtschaftlichen Ergebnis entspricht.

§ 14
Anlagen

Auf die Anlagen wird gemäß § 14 Abs. 1 Satz 2 BeurkG Bezug genommen. Der Inhalt dieser Anlagen ist den Beteiligten genau bekannt, auf das Vorlesen haben sie ausdrücklich verzichtet. Die Beteiligten haben jede Seite der beigefügten Anlagen unterzeichnet.

1. Abspaltungsbilanz der WPG-Wirtschaftsprüfungsgesellschaft vom 31.12. ....

Diese Niederschrift wurde den Erschienenen vom Notar vorgelesen, von ihnen genehmigt und von ihnen und dem Notar eigenhändig wie folgt unterschrieben:

...

b) **Zustimmungsbeschluss bei der übernehmenden GmbH (Niederschrift über eine Gesellschafterversammlung)**

Heute, den ...,

erschienen vor mir,

---

[328] In Ausnahmefällen auch Schenkungsteuerstelle nach § 34 ErbStG.

dem unterzeichnenden Notar ..., mit Amtssitz in ...

an der Amtsstelle in ...

1. Herr X., Kaufmann, wohnhaft in ...

2. Herr Y., Kaufmann, wohnhaft in ...

Beide Beteiligte sind mir, Notar ..., persönlich bekannt.

Auf Antrag beurkunde ich den vor mir abgegebenen Erklärungen gemäß Folgendes:

I.
Sachstand

Die Erschienenen erklären:

Wir sind Gesellschafter der B-GmbH, eingetragen im Handelsregister des Amtsgerichts ... unter HRB ... mit einem Stammkapital von ... €.

Herr X hält einen Geschäftsanteil i.H.v. ..... €.

Herr Y hält einen Geschäftsanteil i.H.v. ..... €.

Die Stammeinlagen sind voll einbezahlt.

II.
Gesellschafterversammlung

Die vorgenannten Gesellschafter halten unter Verzicht auf alle Frist- und Formvorschriften eine Gesellschafterversammlung ab und stellen fest, dass die Gesellschafterversammlung als Vollversammlung beschlussfähig ist.

Die Gesellschafter beschließen mit allen Stimmen Folgendes:

§ 1
Zustimmung zum Spaltungsvertrag

Dem Spaltungsvertrag, Urkunde des Notars ..., in ... vom ... UR-Nr. ... wird mit allen Stimmen vorbehaltlos zugestimmt. Er ist dieser Niederschrift als Anlage beigefügt.

§ 2
Kapitalerhöhung

(1) Das Stammkapital der Gesellschaft i.H.v. ... €[329] wird zur Durchführung der Spaltung gemäß § 55 UmwG um ... € auf ... € erhöht.

(2) Es werden zwei Stammeinlagen i.H.v. je ... € gebildet. Zur Übernahme dieser Stammeinlage werden jeweils Herr A und Herr B, Gesellschafter der abspaltenden A-GmbH, zugelassen.

(3) Sie leisten ihre Stammeinlage durch die Übertragung des abgespaltenen Vermögens der A-GmbH nach Maßgabe des unter § 1 genannten Spaltungsvertrages. Der Übertragung des Vermögens liegt die in dieser Urkunde als Anlage 2 beigefügte Spaltungsbilanz der A-GmbH zum 31.12 ... zugrunde.

(4) Die neuen Geschäftsanteile sind ab 1.1 ... gewinnbezugsberechtigt.

Mit der Durchführung der Abspaltung sind die neuen Stammeinlagen in voller Höhe bewirkt.

---

[329] Zur Frage der eventuell erforderlichen Euroumstellung siehe unten Rn. 318.

**§ 3
Satzungsänderung**

Der Gesellschaftsvertrag der B-GmbH wird in § 3 (Stammkapital) wie folgt geändert:

„Das Stammkapital der Gesellschaft beträgt ... € (in Worten: ... Euro)."

**III.
Verzichtserklärungen, Sonstiges**

(1) Alle Gesellschafter verzichten (vorsorglich) auf eine Prüfung der Spaltung und auf die Erstellung eines Spaltungsberichtes und Erstellung eines Spaltungsprüfungsberichtes und ausdrücklich auf eine Anfechtung dieses Beschlusses.

(2) Alle Gesellschafter erklären, dass ihnen der Spaltungsvertrag spätestens zusammen mit der Einberufung der Gesellschafterversammlung übersandt wurde.

(3) Der beurkundende Notar wies die Gesellschafter weiter darauf hin, dass jeder von ihnen die Erteilung einer Abschrift der Niederschrift über diese Gesellschafterversammlung verlangen kann und dass ihnen ein Anspruch gegen die Geschäftsführer auf Auskunft über alle wesentlichen Angelegenheiten der anderen beteiligten Gesellschaften zusteht.

**IV.
Kosten, Abschriften**

Die Kosten dieser Urkunde trägt die Gesellschaft.

Von dieser Urkunde erhalten:

Ausfertigungen:

- die Gesellschafter,
- die übertragende Gesellschaft,
- die übernehmende Gesellschaft,

beglaubigte Abschriften:

- die Registergerichte,
- das Grundbuchamt.

Verlesen vom Notar und von den Beteiligten genehmigt und eigenhändig unterschrieben.

...

c) **Zustimmungsbeschluss bei der übertragenden GmbH (Niederschrift über eine Gesellschafterversammlung)**

Heute, den ...

erschienen vor mir,

dem unterzeichnenden Notar ..., mit Amtssitz in ...

an der Amtsstelle in ...

1. Herr A., Kaufmann, wohnhaft in ...
2. Herr B., Kaufmann, wohnhaft in ...

Die Beteiligten sind mir, Notar ..., persönlich bekannt. Auf Antrag beurkunde ich den vor mir abgegebenen Erklärungen gemäß Folgendes:

I.
Sachstand

Im Handelsregister des AG ... ist in der Abteilung B unter Nr. ... die Firma A-GmbH mit Sitz in ... eingetragen. Gesellschafter dieser Gesellschaft sind nach Angabe:

- Herr A, mit einem Gesellschaftsanteil i.H.v. ... €.
- Herr B, mit einem Gesellschaftsanteil i.H.v. ... €.
- Das Stammkapital der Gesellschaft beträgt ... €.

II.
Gesellschafterversammlung

Die vorgenannten Gesellschafter halten eine Gesellschafterversammlung der Gesellschaft unter Verzicht auf alle Frist- und Formvorschriften ab, und stellen fest, dass die Gesellschafterversammlung als Vollversammlung beschlussfähig ist.

Die Gesellschafter beschließen sodann mit allen Stimmen Folgendes:

§ 1
Zustimmung zum Spaltungsvertrag

Dem Spaltungsvertrag vom ... UR-Nr. ... des amtierenden Notars wird mit allen Stimmen vorbehaltlos zugestimmt.

Der Spaltungsvertrag ist dieser Urkunde als Anlage beigefügt.

§ 2
Kapitalherabsetzung

Die Gesellschafter erklären:

Die Geschäftsanteile der Herren A und B sind voll eingezahlt. Da zur Durchführung der Abspaltung eine Kapitalherabsetzung erforderlich ist, beschließen die Gesellschafter weiter:

(1) Das Stammkapital der Gesellschaft wird von ... € um ... € auf ... € (in Worten: ... Euro) herabgesetzt.

(2) Die Kapitalherabsetzung erfolgt als vereinfachte Kapitalherabsetzung i.S.d. § 139 UmwG i.V.m. §§ 58a ff. GmbHG zum Ausgleich eines Spaltungsverlustes i.H.v. ... €. Die Herabsetzung des Stammkapitals dient der Anpassung des Stammkapitals infolge der Spaltung, weil das verbleibende Vermögen der abspaltenden Gesellschaft das nominelle Kapital i.H.v. ... € nicht mehr deckt und die Bilanz der A-GmbH keine Beträge in den Kapital- und Gewinnrücklagen ausweist. Auch ein Gewinnvortrag besteht nicht.

(3) Die Nennbeträge der von den Gesellschaftern gehaltenen Geschäftsanteile beträgt nach der Herabsetzung des Stammkapitals je ... €.

(4) § 3 des Gesellschaftsvertrages wird wie folgt neu gefasst:

„§ 3
Stammkapital

Das Stammkapital der Gesellschaft beträgt ... € (in Worten: ... Euro)."

III.
Verzichtserklärungen, Sonstiges

(1) Alle Gesellschafter verzichten (vorsorglich) auf eine Prüfung der Spaltung und auf die Erstellung eines Spaltungsberichtes und Erstellung eines Spaltungsprüfungsberichtes und ausdrücklich auf eine Anfechtung dieses Beschlusses.

(2) Alle Gesellschafter erklären, dass ihnen der Spaltungsvertrag spätestens zusammen mit der Einberufung der Gesellschafterversammlung übersandt wurde.

(3) Der beurkundende Notar wies die Gesellschafter weiter darauf hin, dass jeder von ihnen die Erteilung einer Abschrift der Niederschrift über diese Gesellschafterversammlung verlangen kann und dass ihnen ein Anspruch gegen die Geschäftsführer auf Auskunft über alle wesentlichen Angelegenheiten der anderen beteiligten Gesellschaften zusteht.

(4) Der Notar belehrte über die Vermögensbindung als Folge der vereinfachten Kapitalherabsetzung. Es dürfen insb. keine Zahlungen an die Gesellschafter geleistet werden. Auch die Gewinnausschüttung ist gemäß § 58d GmbHG beschränkt.

IV.
Kosten, Abschriften

Die Kosten dieser Urkunde trägt die Gesellschaft. Von dieser Urkunde erhalten:

...

Vorgelesen vom Notar, von den Erschienenen genehmigt und eigenhändig unterschrieben.

d) Handelsregisteranmeldung für die übertragende GmbH

An das

AG

– Handelsregister B –

Betrifft: HRB ... – A-GmbH

In der Anlage überreichen wir, die unterzeichnenden gemeinsam vertretungsberechtigten Geschäftsführer der A-GmbH:

1. Ausfertigung des Spaltungsvertrages vom ... – UR-Nr. ... des beglaubigenden Notars –,
2. Ausfertigung des Zustimmungsbeschlusses der Gesellschafter der A-GmbH vom ... – UR-Nr. ... des beglaubigenden Notars –, der auch den Beschluss über die Kapitalherabsetzung samt Änderung des Gesellschaftsvertrages enthält,
3. Ausfertigung des Zustimmungsbeschlusses der Gesellschafter der B-GmbH vom ... – UR-Nr. ... des beglaubigenden Notars –, der auch den Beschluss über die Kapitalerhöhung samt Änderung des Gesellschaftsvertrages enthält,
4. Ausfertigung der Verzichtserklärungen der Gesellschafter der A-GmbH und der B-GmbH auf Erstellung eines Spaltungsberichtes und eines Prüfungsberichtes und Durchführung einer Spaltungsprüfung vom ... – UR-Nr. ... des beglaubigenden Notars –,
5. Nachweis über die Zuleitung des Entwurfs des Spaltungsvertrages an die Betriebsräte der A-GmbH und der B-GmbH,

6. Schlussbilanz der A-GmbH zum Spaltungsstichtag,[330]
7. vollständigen Wortlaut des Gesellschaftsvertrages mit Satzungsbescheinigung des Notars nach § 54 Abs. 1 GmbHG

und melde zur Eintragung in das Handelsregister an:

1. Die A-GmbH hat die im Spaltungsvertrag vom ... – UR-Nr. ... des beglaubigenden Notars – genannten Vermögensteile als Gesamtheit auf die B-GmbH mit dem Sitz in ... (eingetragen im Handelsregister des Amtsgerichts ... unter HRB ...) als übernehmende GmbH im Wege der Abspaltung zur Aufnahme übertragen.

2. Das Stammkapital der A-GmbH i.H.v. ... € (in Worten: ... Euro) wurde im Wege der vereinfachten Kapitalherabsetzung nach § 139 UmwG i.V.m. §§ 58a ff. GmbHG um ... € (in Worten: ... Euro) auf ... € (in Worten: ... Euro) herabgesetzt. Die Satzung der A-GmbH wurde in § 3 entsprechend geändert.

Ich erkläre, dass die Spaltungsbeschlüsse aller an der Spaltung beteiligten Gesellschaften nicht angefochten worden sind und aufgrund der in allen Spaltungsbeschlüssen enthaltenen Anfechtungsverzichtserklärungen sämtlicher Gesellschafter auch nicht angefochten werden können.

Ich erkläre ferner gemäß § 140 UmwG, dass die durch Gesetz und Gesellschaftsvertrag vorgesehenen Voraussetzungen für die Gründung dieser Gesellschaft unter Berücksichtigung der Abspaltung im Zeitpunkt dieser Anmeldung vorliegen und dass ein Fall des § 51 Abs. 1 UmwG (nicht voll eingezahlte Geschäftsanteile) nicht vorliegt (§ 52 Abs. 1 UmwG).

..., den ...

(Beglaubigungsvermerk)

e) Handelsregisteranmeldung für die aufnehmende GmbH

An das

AG

– Handelsregister B –

Betrifft: HRB ... – B-GmbH

In der Anlage überreiche ich, der unterzeichnende, alleinvertretungsberechtigte Geschäftsführer der B-GmbH:

1. Ausfertigung des Spaltungsvertrages vom ... – UR-Nr. ... des beglaubigenden Notars –,

2. Ausfertigung des Zustimmungsbeschlusses der Gesellschafter der B-GmbH vom ... – UR-Nr. ... des beglaubigenden Notars –, der auch den Beschluss über die Kapitalerhöhung samt Änderung des Gesellschaftsvertrages enthält,

3. Ausfertigung des Zustimmungsbeschlusses der Gesellschafter der A-GmbH vom ... – UR-Nr. ... des beglaubigenden Notars –, der auch den Beschluss über die Kapitalherabsetzung samt Änderung des Gesellschaftsvertrages enthält,

4. Ausfertigung der Verzichtserklärungen der Gesellschafter der A-GmbH und der B-GmbH auf Erstellung eines Spaltungsberichtes und eines Prüfungsberichtes und Durchführung einer Spaltungsprüfung vom ... – UR-Nr. ... des beglaubigenden Notars –,

---

[330] Zu unterscheiden ist die sog. Spaltungsbilanz über den abgespaltenen Betriebsteil die als Bestandteil des Spaltungsvertrages beigefügt ist. Diese ersetzt nicht die Schlussbilanz nach § 17 Abs. 2 Satz 4 UmwG; siehe dazu näher die Erläuterungen unten Rn. 210.

5. Nachweis über die Zuleitung des Entwurfs des Spaltungsvertrages an die Betriebsräte der A-GmbH und der B-GmbH,
6. Schlussbilanz der A-GmbH zum Spaltungsstichtag,
7. vollständigen Wortlaut des Gesellschaftsvertrages mit Satzungsbescheinigung des Notars nach § 54 Abs. 1 GmbHG,
8. aktualisierte Liste der Gesellschafter, unter Angabe der Gesellschafter, denen die neuen Stammeinlagen gewährt wurden

und melde zur Eintragung in das Handelsregister an:

1. Das Stammkapital der B-GmbH i.H.v. ... € (in Worten: ... Euro) wurde im Wege der Kapitalerhöhung zur Durchführung der Spaltung um ... € (in Worten: ... Euro) auf ... € (in Worten: ... Euro) erhöht. Die Satzung der B-GmbH wurde in § 3 entsprechend geändert.
2. Die A-GmbH (eingetragen im Handelsregister des Amtsgerichtes ... unter HRB ...) hat die im Spaltungsvertrag vom ... – UR-Nr. ... des beglaubigenden Notars – genannten Vermögensteile als Gesamtheit auf die B-GmbH mit dem Sitz in .... als übernehmende GmbH im Wege der Abspaltung zur Aufnahme übertragen.

Ich erkläre, dass die Spaltungsbeschlüsse aller an der Spaltung beteiligten Gesellschaften nicht angefochten worden sind und aufgrund der in allen Spaltungsbeschlüssen enthaltenen Anfechtungsverzichtserklärungen sämtlicher Gesellschafter auch nicht angefochten werden können.

Ich erkläre ferner, dass ein Fall des § 51 Abs. 1 UmwG (nicht voll eingezahlte Geschäftsanteile) nicht vorliegt (§ 52 Abs. 1 UmwG).

..., den ...

(Beglaubigungsvermerk)

2. Erläuterungen

Wegen der Verweisung in § 125 UmwG allgemein für die Spaltung und in § 135 UmwG für die Spaltung zur Neugründung auf die Regelungen der Verschmelzung kann in weitem Umfang auf die Erörterungen zur Verschmelzung zur Aufnahme siehe Rn. 113 und zur Neugründung siehe Rn. 113 verwiesen werden. 196

a) Spaltungsvertrag

Für den Spaltungsvertrag gelten weitestgehend die Grundsätze wie für den Verschmelzungsvertrag (vgl. oben Rn. 64 ff.). Der genaue Inhalt ergibt sich aus § 126 UmwG. Dieser entspricht weitestgehend dem oben genauer erörterten Inhalt eines Verschmelzungsvertrags. Zusätzlich ist nur Nr. 10 „Angabe über die Aufteilung der Anteile" und Nr. 9 „genaue Bezeichnung und Aufteilung der Gegenstände" (sog. Bestimmtheitsgrundsatz) zu beachten. 197

aa) Bestimmtheitsgrundsatz

Besonderheiten zur Verschmelzung ergeben sich insb. daraus, dass für alle Beteiligte, aber auch für Dritte (Gläubiger oder zukünftige Gesellschafter) aus der notariellen Urkunde selbst heraus genau bestimmt oder **zumindest bestimmbar** sein muss, welche **Vermögensgegenstände** auf welchen Rechtsträger übergehen bzw. bei welchem Rechtsträger verbleiben. Daher bedarf es nach § 126 Nr. 9 UmwG der genauen Bezeichnung aller übergehenden Aktiva und Passiva, die dem **sachenrechtlichen Bestimmtheitsgrundsatz**[331] entspricht. Die Praxis hilft sich häufig mit der generalklauselartigen „**Allformel**".[332] Dabei ist der 198

---

[331] Heidinger u.a., Gutachten zum Umwandlungsrecht, S. 206 ff.; ausführlich: Mayer, in: Widmann/Mayer, Umwandlungsrecht, Anhang 5 Einbringung, Rn. 89 ff.; vgl. dazu allg. Staudinger/Seiler, BGB, Einl. zum SachenR Rn. 54 f.; Baur/Stürner, Sachenrecht, Rn. 4.17 ff.; Trendelenburg, MDR 2003, 1329 zum Asset-Deal.

[332] Schröer, in: Semler/Stengel, UmwG, § 126 Rn. 57; Kallmeyer, in: Kallmeyer, UmwG, § 126 Rn. 20; als zulässig anerkannt: BGH, NZG 2003, 1172 = NJW-RR 2004, 123.

Spaltungsvertrag auch der Auslegung zugänglich. Eine **Bezugnahme auf die beigefügte Bilanz** ist zwar hilfreich aber regelmäßig nicht ausreichend.[333] § 14 BeurkG hat mit der Möglichkeit auf das Vorlesen zu verzichten eine beurkundungstechnische Erleichterung für alle weiteren zur Erfüllung des Bestimmtheitsgrundsatzes beigefügten Bilanzen oder Inventare eröffnet.

199 Zusätzlich sieht § 126 Abs. 2 UmwG für bestimmte Gegenstände, insb. **für Grundstücke**, eine besondere Art der Bezeichnung vor. Bei Grundstücken ist streitig, ob eine nicht § 28 GBO entsprechende Bezeichnung dazu führt, dass das Grundstück mangels gesetzmäßiger Bezeichnung materiell nicht übergeht oder nur ein Verfahrensfehler vorliegt.[334] Der materiell-rechtliche Übergang von **nicht vermessenen Teilflächen** an Grundstücken allein durch die Bezeichnung im Spaltungsvertrag ist dogmatisch schwer begründbar, weil ihr zu diesem Zeitpunkt und oft auch noch zum Eintragungszeitpunkt die Rechtsobjektivität fehlt. Dennoch ist von der ganz **h.M.** inzwischen anerkannt, dass das Eigentum daran nach Eintragung der Spaltung im Handelsregister zum Zeitpunkt der Teilungsgenehmigung sowie des Vollzuges der Teilung durch Bildung des Grundstückes im Rechtssinne übergeht.[335]

bb) Anteilsgewährungspflicht

200 Für die Frage der **Anteilsgewährungspflicht** (vgl. § 123 Abs. 1 – 3 UmwG „gegen Anteile") gelten grds. die gleichen Überlegungen wie bei der Verschmelzung (siehe oben Rn. 95). In § 131 Abs. 1 Nr. 3 2. Halbs. UmwG ist eine Ausnahme von der Anteilsgewährungspflicht nur bei der **Tochter-Mutterspaltung** im Gesetz vorgesehen. Über § 125 UmwG gelten (außer bei der Ausgliederung) auch die Kapitalerhöhungsverbote bzw. -wahlrechte der §§ 54, 68 UmwG.

201 Darüber hinaus diskutiert man über weitere Möglichkeiten von der **Anteilsgewährung abzusehen**, insb. bei der Übertragung eines negativen Vermögens,[336] wenn alle Beteiligten darauf verzichten[337] und wenn eine Spaltung auf eine Personenhandelsgesellschaft zur Aufnahme erfolgt, an der schon ein Anteilsinhaber der Übertragerin beteiligt ist (Schwestergesellschaft).[338] Das UmwG[339]n.F. sieht in den §§ 54 Abs. 1 Satz 3 und 68 Abs. 1 Satz 3 UmwG n.F., die über § 125 UmwG auch für die Spaltung gelten, die Möglichkeit eines einvernehmlichen notariellen Verzichts auf die Gewährung von Anteilen vor.

202 Ausdrücklich anerkannt hat der Gesetzgeber in § 128 UmwG, dass Anteile mit Zustimmung aller Gesellschafter **nicht verhältniswahrend** zugeteilt werden. § 131 Abs. 1 und Abs. 3 UmwG („Anteilsinhaber der beteiligten Rechtsträger") bringen zum Ausdruck, dass statt Anteilen an den übernehmenden Rechtsträgern auch zusätzliche Anteile am übertragenden Rechtsträger gewährt werden können. Daraus wird z.T. in Lit. und Rspr. geschlossen, dass es genügt, wenn dem betreffenden Anteilsinhaber keine neuen Anteile gewährt werden, er vielmehr nur Gesellschafter des übertragenden Rechtsträgers bleibt[340] oder sogar ganz

---

333 Mayer, in: Widmann/Mayer, Umwandlungsrecht, § 126 Rn. 203; scheinbar großzügiger Priester, DNotZ 1995, 427, 445.
334 Vgl. dazu ausführlich Volmer, WM 2002, 428 ff.
335 Heckschen, in: Beck'sches Notar-Handbuch, D IV Rn. 62; Mayer, in: Widmann/Mayer, Umwandlungsrecht, § 126 Rn. 212 ff.; Schöner/Stöber, Grundbuchrecht, Rn 995c; Heidinger u.a., Gutachten zum Umwandlungsrecht, S. 216 ff.
336 Vgl. Hörtnagl, in: Schmitt/Hörtnagl/Stratz, UmwG, § 126 Rn. 50; vgl. auch Drygala, in: Lutter, UmwG, § 5 Rn. 9; dezidiert ablehnend: Mayer, in: Münchener Handbuch des Gesellschaftsrechts, Bd. 3, § 73 Rn. 624.
337 Mayer, in: Münchener Handbuch des Gesellschaftsrechts, Bd. 3, § 73 Rn. 625; vgl. Winter, in: Lutter, UmwG, § 54 Rn. 16 ff.; Priester, DB 1997, 560, 564; Kallmeyer, in: Kallmeyer, UmwG, § 123 Rn. 11 auch für die Ausgliederung.
338 Mayer, in: Münchener Handbuch des Gesellschaftsrechts, Bd. 3, § 73 Rn. 627.
339 BT-Drucks. 16/2919 v. 12.10.2006 unter Maßgabe der Änderungen in BR-Drucks. 95/07 v. 16.2.2007; das Inkrafttreten stand bei Redaktionsschluss unmittelbar bevor.
340 Vgl. Mayer, in: Münchener Handbuch des Gesellschaftsrechts, Bd. 3, § 73 Rn. 678; Priester, in: Lutter, UmwG, § 128 Rn. 13; LG Konstanz, DB 1998, 1177, 1178; LG Essen, ZIP 2002, 843 = NZG 2002, 736 = EWiR 2002, 637 (Keil).

ausscheidet (sog. **„Spaltung zu Null"**).[341] Die Angaben hierzu, wie die Aufteilung der Anteile und Mitgliedschaften jedes der beteiligten Rechtsträger auf die Anteilsinhaber des übertragenden Rechtsträgers erfolgen soll, muss nach § 126 Abs. 1 Nr. 10 UmwG der Spaltungs- bzw. Übernahmevertrag enthalten.

Abspaltung zu Null bei eigenen Anteilen

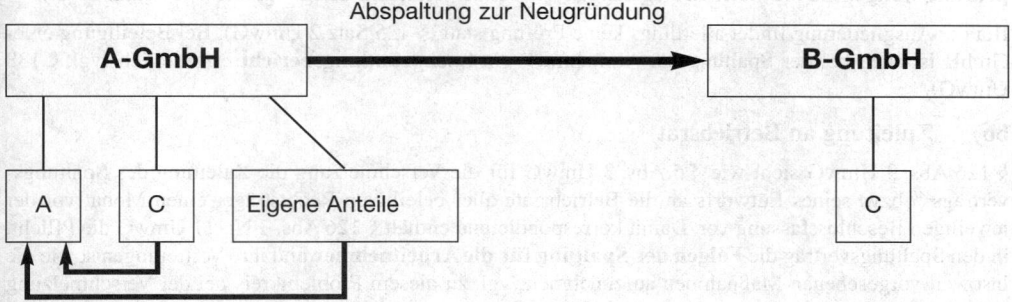

- C erhält alle Anteile an der neu gegründeten B-GmbH.
- A erhält entweder Anteile an der A-GmbH von C, aus dem Bestand der eigenen Anteile oder keine Anteile. Die Zulässigkeit letzterer Alternative ist streitig.
- Für die eigenen Anteile werden nach § 131 Abs.1 Nr. 3 2. Halbs. UmwG keine Anteile gewährt.

cc) **Fakultativer Inhalt**

Als fakultative Regelung im Spaltungsvertrag sollten Vereinbarungen über **vergessene Vermögenswerte** oder **gescheiterte Übertragungen** (z.B. mangels ausreichender Bestimmtheit oder wegen § 132 UmwG) aufgenommen werden.[342] Bei der Abspaltung und der Ausgliederung verbleiben sie sonst beim übertragenden Rechtsträger, bei der Aufspaltung greift für **vergessene Aktiva**[343] die Auslegungsregelung des § 131 Abs. 3 UmwG (quotale Aufteilung des Gegenstandes selbst, bei seiner Unteilbarkeit Aufteilung seines Wertes nach der Quote der allgemeinen Aufteilung der Aktiva und Passiva).

Darüber hinaus können sich **Regelungen über Satzungsänderungen** beim aufnehmenden Rechtsträger oder Bestimmungen über die Geschäftsführung beim neu zu gründenden Rechtsträger als sinnvoll erweisen.

> **Hinweis:**
> Eine Firmenfortführung nach § 18 UmwG scheidet bei der Abspaltung und der Ausgliederung (nicht bei der Aufspaltung) aus (§ 125 UmwG). Firmenfortführung nach § 22 HGB bleibt nach h.M. allerdings möglich, wenn das ganze Handelsgeschäft übertragen wird.

Für die **Aufhebung oder Änderung** des Spaltungsvertrages gelten die gleichen Grundsätze wie bei der Verschmelzung, siehe dazu oben Rn. 59 ff.

---

341 LG Konstanz, ZIP 1998, 1226; LG Essen, ZIP 2002, 893; Mayer, in: Münchener Handbuch des Gesellschaftsrechts, Bd. 3, § 73 Rn. 679; vgl. hierzu Priester, DB 1997, 560, 566 bei Fn. 93; Mayer; in: Widmann/Mayer, Umwandlungsrecht, § 126 Rn. 275 ff.; Hörtnagl, in: Schmitt/Hörtnagl/Stratz, UmwG, § 128 Rn. 12; zu den steuerlichen Auswirkungen Klein, NWB 2004, 4279 (Fach 18, S. 4139).
342 Vgl. dazu LAG Düsseldorf, BB 2003, 1344.
343 Für Anwendung auch auf vergessenen Passiva: Hörtnagl, in: Schmitt/Hörtnagl/Stratz, UmwG, § 131 Rn. 116.

b) Zustimmungsbeschlüsse

aa) Spaltungsbericht und -prüfung

204 Grds. ist nach § 127 Satz 1 UmwG ein **Spaltungsbericht** jedes Rechtsträgers, der an der Spaltung beteiligt ist, erforderlich.[344] Über § 125 UmwG gelten sowohl für den Spaltungsbericht als auch die **Spaltungsprüfung** weitgehend die gleichen Regelungen wie bei der Verschmelzung (vgl. dazu oben Rn. 64 ff.).

Bei der Ausgliederung findet allerdings keine Prüfung statt (§ 125 Satz 2 UmwG). Bei Beteiligung einer GmbH ist auch bei der Spaltung zur Aufnahme[345] ein **Sachgründungsbericht** erforderlich (vgl. § 138 UmwG).

bb) Zuleitung an Betriebsrat

205 § 126 Abs. 3 UmwG sieht wie § 5 Abs. 3 UmwG für die Verschmelzung die Zuleitung des Spaltungsvertrags[346] bzw. seines Entwurfs an die Betriebsräte aller beteiligten Rechtsträger einen Monat vor der jeweiligen Beschlussfassung vor. Damit korrespondierend enthält § 126 Abs. 1 Nr. 11 UmwG die Pflicht, in den Spaltungsvertrag die **Folgen der Spaltung für die Arbeitnehmer** und ihre Vertretungen sowie die insoweit vorgesehenen Maßnahmen aufzunehmen (vgl. zu diesem Problemkreis bei der Verschmelzung oben Rn. 83).

206 § 323 Abs. 1 UmwG, wonach im Fall einer Unternehmensspaltung sich die kündigungsrechtliche Stellung der betroffenen Arbeitnehmer aufgrund der Spaltung für die Dauer von zwei Jahren ab dem Zeitpunkt ihres Wirksamwerdens nicht verschlechtert, steht allerdings einer **Kündigung durch den Insolvenzverwalter wegen Betriebsstilllegung** in der Insolvenz eines abgespaltenen Unternehmens nicht entgegen.[347]

cc) Beschlussanforderungen und Zustimmungsbedürftigkeit

207 Für Form und Beschlussmehrheit des Spaltungsbeschlusses sowie Informationspflichten und Zustimmungserfordernisse gelten über § 125 UmwG die **Regelungen für die Verschmelzungen** (vgl. Rn. 91). Einschränkungen ergeben sich z.T. bei der Ausgliederung. § 128 UmwG sieht für die nicht verhältniswahrende Auf- oder Abspaltung ein **Zustimmungserfordernis** aller Anteilsinhaber des übertragenden Rechtsträgers vor.

dd) Kapitalaufbringung und Kapitalerhaltung

208 Bei der Spaltung muss der Wert der übertragenen Vermögensgegenstände den bei einer aufnehmenden Kapitalgesellschaft eventuell **erforderlichen Kapitalerhöhungsbetrag** abdecken. Gleiches gilt bei der Spaltung zur Neugründung für **das neue Stammkapital** bzw. Grundkapital. Hierbei sind die Grundsätze einer Sachkapitalerhöhung bzw. Sachgründung anzuwenden. In diesem Zusammenhang prüft das Registergericht auch, ob die im Spaltungsvertrag bezeichneten Vermögensgegenstände durch partielle Gesamtrechtsnachfolge wirklich übergehen (zum Bestimmtheitsgrundsatz oben Rn. 64); zur Unübertragbarkeit i.S.d. § 132 UmwG unten Rn. 103 ff. Die beteiligten Rechtsträger sind im Rahmen der Kapitalaufbringungsgrundsätze aber dahingehend frei, wie viele Anteile sie gewähren (siehe oben Rn. 65) und

---

344 Strenge Anforderungen an den Spaltungsbericht einer abspaltenden AG: OLG Hamburg, AG 2002, 460.
345 Str.: Reichert, in: Semler/Stengel, UmwG, § 138 Rn. 2; bejahend: OLG Stuttgart, BB 1982, 398; verneinend: OLG Köln, GmbHR 1996, 684.
346 LG Essen, ZIP 2002, 893 = NZG 2002, 736: ohne alle Anlagen, soweit diese nicht für Arbeitnehmer relevant, vgl. dazu Kiem, EWiR 2002, 637 ff.; streng für die Verschmelzung jüngst OLG Naumburg, GmbHR 2003, 1433.
347 BAG, ZIP 2006, 631.

damit auch, wie hoch die Kapitalerhöhung beschlossen wird.[348] Eine **Versicherung** des Geschäftsführers entsprechend § 8 Abs. 2 GmbHG beim übernehmenden Rechtsträger ist nicht erforderlich.[349]

Soweit es sich um eine Kapitalgesellschaft handelt, sind darüber hinaus beim übertragenden Rechtsträger die **Kapitalerhaltungsgrundsätze** zu beachten. Die Geschäftsführer der übertragenden GmbH haben strafbewehrt (§ 313 Abs. 2 UmwG) zu versichern, dass das verbleibende Vermögen noch das Stammkapital deckt (§ 140 UmwG). Wenn durch die Abspaltung eine Unterbilanz entstehen würde, ist eine **Kapitalherabsetzung** durchzuführen und vor der Spaltung im Handelsregister einzutragen (§ 139 Satz 2 UmwG). Soweit diese erforderlich[350] ist, kann eine **vereinfachte Kapitalherabsetzung** erfolgen (§§ 139 UmwG i.V.m. §§ 58a ff. GmbHG). Außer im Fall eines Kapitalabschnitts nach § 58a Abs. 4 GmbHG kann die Kapitalherabsetzung also höchstens auf den Mindeststammkapitalbetrag von 25.000 € erfolgen. Bei der **Ausgliederung** zur Neugründung erscheint dieses Problem nicht sehr virulent, da die Anteile an den ausgliedernden Rechtsträger selbst und nicht an seine Gesellschafter gewährt werden. Dennoch kann eine Kapitalherabsetzung erforderlich werden, wenn der Wert der gewährten Anteile (insb. bei der Ausgliederung zur Aufnahme) hinter dem Wert des ausgegliederten Vermögens zurückbleibt.[351]

209

c) Anmeldung

Grds. haben **die Vertretungsorgane** aller an der Spaltung beteiligten Gesellschaften die Spaltung beim Handelsregister des Sitzes ihrer Gesellschaft anzumelden (§ 125 UmwG i.V.m. § 16 Abs. 1 Satz 1 UmwG). Zusätzlich ist zur Anmeldung das Vertretungsorgan jedes der übernehmenden Rechtsträger auch beim Register des übertragenden Rechtsträgers berechtigt (§ 129 UmwG). Die beizufügenden Unterlagen richten sich nach § 125 UmwG i.V.m. § 17 UmwG (vgl. bei der Verschmelzung oben Rn. 103 ff. Die erforderliche **Schlussbilanz** ist auch bei der Abspaltung eine Gesamtbilanz des übertragenden Rechtsträgers.[352] **Teilbilanzen** über die abzuspaltenden Vermögensgegenstände ergänzen diese sinnvoll, insb. auch zum Zwecke eines Wertnachweises gegenüber dem Register einer aufnehmenden Kapitalgesellschaft bei einer eventuell erforderlichen Kapitalaufbringung. Das Register des übertragenden Rechtsträgers kann aber nicht nach § 17 Abs. 2 UmwG Teilbilanzen verlangen.

210

d) Eintragung und partielle Gesamtrechtsnachfolge

Die Spaltung wird entsprechend der in § 130 UmwG vorgegebenen Reihenfolge zuerst im Register jedes übernehmenden (mit Wirksamkeitsvorbehalt), dann des übertragenden Rechtsträgers eingetragen. Das UmwG[353] n.F. sieht einen Verzicht auf den Wirksamkeitsvorbehalt vor, wenn für alle beteiligten Rechtsträger eine tagggleiche Eintragung erfolgt. Die **Wirksamkeit der Spaltung** ist von **der Eintragung beim übertragenden** Rechtsträger abhängig (§ 131 Abs. 1 UmwG). Nach dieser Eintragung sind **Mängel** der notariellen Beurkundung und fehlende Zustimmungs- oder Verzichtserklärungen **geheilt** (§ 131 Abs. 1

211

---

348 Mayer, in: Münchener Handbuch des Gesellschaftsrechts, Bd. 3, § 73 Rn. 636; kritisch jüngst: Petersen, GmbHR 2004, 738; zur Anteilsgewährungspflicht bei Konzernkonstellationen Mayer, in: Münchener Handbuch des Gesellschaftsrechts, Bd. 3, § 73 Rn. 641; Heckschen/Simon, Umwandlungsrecht, § 3, S. 59 ff.; Mayer, in: Widmann/Mayer, Umwandlungsrecht, § 123 Rn. 4.1 ff. und § 126 Rn. 75 ff.

349 Limmer, in: Handbuch der Unternehmensumwandlung, Rn. 1815; Priester, in: Lutter, UmwG, § 138 Rn. 3; Zimmermann, in: Kallmeyer, UmwG, § 137 Rn. 9; differenzierend: Mayer, in: Widmann/Mayer, Umwandlungsrecht, § 135 Rn. 61 und § 76 Rn. 13.

350 Zum Begriff der Erforderlichkeit Mayer, in: Münchener Handbuch des Gesellschaftsrechts, Bd. 3, § 73 Rn. 732 ff.; vgl. auch Zeidler, WpG 2004, 324 zur Deckung des Spaltungsverlustes einer AG aus vorhandenen Rücklagen.

351 So auch Mayer, in: Münchener Handbuch des Gesellschaftsrechts, Bd. 3, 73 Fn. 31; Sickinger, in: Sagasser/Bula/Brünger, Umwandlungen, N 81.

352 Str.: Stratz, in: Schmitt/Hörtnagl/Stratz, UmwG § 17 Rn. 50 m.w.N. zu allen Meinungen a.A.: Heckschen, in: Beck'sches Notar-Handbuch, D IV Rn. 70.

353 BT-Drucks. 16/2919 v. 12.10.2006 unter Maßgabe der Änderungen in BR-Drucks. 95/07 v. 16.2.2007; das Inkrafttreten stand bei Redaktionsschluss unmittelbar bevor.

Nr. 4 UmwG). Auch sonstige Mängel der Spaltung beeinträchtigten die Wirkung der Spaltung nicht mehr (§ 131 Abs. 2 UmwG).[354]

212 Mit der Eintragung gehen grds. alle Vermögensgegenstände, die im Spaltungsvertrag hinreichend bestimmt sind, im Wege der **partiellen Gesamtrechtsnachfolge**[355] auf den aufnehmenden oder neugegründeten Rechtsträger über (§ 131 Abs. 1 Nr. 1 UmwG). In diesem Zusammenhang ergeben sich aber aus **§ 132 UmwG erhebliche Einschränkungen**.[356] Danach können nur übertragbare Rechtspositionen übergehen (problematisch bei Aufspaltung). Darüber hinaus sind bezüglich bestimmter Voraussetzungen (insb. staatlicher Genehmigungen) die gleichen Anforderungen wie bei einer Einzelrechtsübertragung des betreffenden Vermögensgegenstandes zu erfüllen. Die Abspaltung von **Pensionsverbindlichkeiten** unter Schaffung sog. „Rentner-GmbH" hält das BAG[357] auch ohne Zustimmung der Versorgungsberechtigten oder des Pensionssicherungsvereins für zulässig. Wegen seiner spaltungshemmenden Wirkung ist die genaue Reichweite des § 132 UmwG n.F. sehr umstritten und die Lit. versucht, sie einschränkend (teleologisch) auszulegen.[358] Das UmwG[359] n.F. sieht eine vollständige Aufhebung der „Spaltungsbremse" in Gestalt des § 132 UmwG wegen der erheblichen Schwierigkeiten bei seiner praktischen Anwendung und der Rechtsunsicherheit infolge seiner Auslegung vor.[360]

> **Hinweis:**
> Bei Grundstücken bedarf es keiner Auflassung, sondern nur einer Grundbuchberichtigung.[361] Problematisch ist der Rechtsübergang bei zu vermessenden Teilflächen.[362] Höchstpersönliche Rechtspositionen, wie z.B. die Verwalterstellung nach WEG, gehen nicht über,[363] ebenso wenig öffentlich-rechtliche Erlaubnisse.[364] Bei Unternehmensverträgen ist zu differenzieren zwischen herrschendem

---

354 Zum ggf. dennoch verbleibenden Rechtsschutzbedürfnis für eine Anfechtungsklage: OLG Stuttgart, ZIP 2004, 1145; siehe auch zur Anfechtung oben A. IV. Rn. 25 ff.
355 Zur Parteistellung im Zivilprozess: Bark/Jacoby, ZHR 2003, 440; keine Rechtskrafterstreckung auf übertragenden Rechtsträger: BGH, BB 2006, 2038 = NZG 2006, 799 = NJW-RR 2006, 1628.
356 Müller, BB 2000, 365 zu Verträgen mit Abtretungsbeschränkungen.
357 BAG, BB 2005, 2414, für den Fall der Ausgliederung eines ganzen Regiebetriebes mit Aktiva; dazu Klemm/Hanisch, BB 2005, 2409; Louis/Nowak, DB 2005, 2354; Schmidt/Heinz, GmbHR 2005, 1307; Grub, DZWiR 2005, 397; Flitsch, EWiR 2005, 779; a.A.: AG Hamburg, ZIP 2005, 1249 und mit abweichender Begründung das Urteil bestätigend: LG Hamburg, ZIP 2005, 2331 = DB 2006, 941, n. rkr., z. Zt. anhängig beim OLG Hamburg, Az. 11 Wx 10/06, für den Fall der separaten Ausgliederung im Nachgang zur Einzelrechtsübertragung des dazugehörigen Betriebes; dazu kritisch Laufersweiler, EWiR § 123 UmWG 1/06, 127; Wollenweber/Ebert, NZG 2006, 41; Hohenstatt/Seibt, ZIP 2006, 546, bis zur abschließenden Klärung die Alternative der Verschmelzung oder Anwachsung vorschlagend; Louven/Wenig, BB 2006; Bader/Ebert, DB 2006, 938; zu den steuerlichen Folgen der Übertragung von Pensionszusagen: Förster, DStR 2006, 2149.
358 Vgl. ausführlich: Mayer, in: Münchener Handbuch des Gesellschaftsrechts, Bd. 3, § 73 Rn. 580 ff.; für eine ersatzlose Streichung jüngst wieder Heindenhain, ZHR 2004, 468 ff.
359 BT-Drucks. 16/2919 v. 12.10.2006 unter Maßgabe der Änderungen in BR-Drucks. 95/07 v. 16.2.2007; das Inkrafttreten stand bei Redaktionsschluss unmittelbar bevor.
360 Begrüßend: Müller, NZG 2006, 491 und Stellungnahme der Zentrale für GmbH, GmbHR 2006, 418, 421.
361 Mayer, in: Widmann/Mayer, Umwandlungsrecht, § 123 Rn. 4.1 ff. und § 126 Rn. 75 ff., 212.
362 Vgl. bereits oben Rn. 191; Mayer, in: Münchener Handbuch des Gesellschaftsrechts, Bd. 3, § 73 Rn. 595.
363 Str.: Mayer, in: Münchener Handbuch des Gesellschaftsrechts, Bd. 3, § 73 Rn. 607; Bärmann/Pick/Merle, WEG, § 26 Rn. 77; Weitnauer/Lüke, WEG, § 26 Rn. 25; Mayer, in: Widmann/Mayer, Umwandlungsrecht, § 132 Rn. 35; OLG Köln, NZM 2006, 591 (bei Anwachsung); zur Ausgliederung: BayObLG, NJW-RR 2002, 732; OLG Köln, OLG-Report Köln 2004, 49; krit. auch Palandt/Bassenge, BGB, § 26 WEG Rn. 1; a.A.: Vossius, in: Widmann/Mayer, Umwandlungsrecht, § 20 Rn. 322 f.; Teichmann: in: Lutter, UmwG, § 132 Rn. 42; Niedenführ/Schulze, WEG, § 26 Rn. 12; OLG Düsseldorf, NJW-RR 1990, 1299 (offen bei juristischen Personen).
364 Mayer, in: Münchener Handbuch des Gesellschaftsrechts, Bd. 3, § 73 Rn. 609; Bremer, GmbHR 2000, 865; zu den öffentlich-rechtlichen Pflichten: Schall/Horn, ZIP 2003, 327.

und beherrschtem sowie übertragendem und aufnehmendem Unternehmen.³⁶⁵ Die Zulässigkeit der Teilung von Vertragsverhältnissen durch Spaltung ist umstritten.³⁶⁶ Nicht erfasst von § 132 UmwG werden Rechtsgesamtheiten wie z.B. Unternehmen.³⁶⁷ Streitig ist dies für Verbindlichkeiten.³⁶⁸

e) Haftung

Nach § 133 Abs. 1 UmwG **haften** alle an der Spaltung beteiligten Rechtsträger für alle Verbindlichkeiten des übertragenden Rechtsträgers neben dem Primärschuldner **gesamtschuldnerisch** fünf Jahre (Abs. 3) ab Eintragung ins Handelsregister. Besonderheiten ergeben sich zusätzlich aus § 134 UmwG, insb. für die Betriebsaufspaltung. Daneben kommt bei Firmenfortführung eine Haftung eines aufnehmenden Rechtsträgers nach § 25 Abs. 1 HGB in Frage, die nur durch eine entsprechende ins Handelsregister eingetragene Vereinbarung begrenzt werden kann (§ 25 Abs. 2 HGB).³⁶⁹ § 26 HGB begrenzt die Nachhaftung nur für den übertragenden Rechtsträger auf fünf Jahre.³⁷⁰

213

V. Abspaltung von einer GmbH zur Neugründung einer GmbH³⁷¹

1. Muster: Spaltungsplan

**A.
Urkundseingang**

214

Verhandelt

zu ...

am ...

vor dem unterzeichnenden

...

Notar mit dem Amtssitz in ...

erschien:

Herr ... *(Name, Geburtsdatum, Adresse)*,

---

365 Mayer, in: Münchener Handbuch des Gesellschaftsrechts, Bd. 3, § 73 Rn. 615; Vossius in: FS für Widmann 2000, S.133 ff.; Priester, in: Lutter, UmwG, § 126 Rn. 65; Müller, BB 2002, 157 ff.
366 Mayer, in: Münchener Handbuch des Gesellschaftsrechts, Bd. 3, § 73 Rn. 611; ablehnend: Hahn, GmbHR 1991, 242, 246; Teichmann, ZGR 1993, 346, 413; Engelmeier, Die Spaltung von Aktiengesellschaften, S. 49 f., 345; zustimmend: Vossius, in: Widmann/Mayer, Umwandlungsrecht, § 131 Rn. 94 ff.; Widmann/Mayer, Umwandlungsrecht, § 126 Rn. 195 ff., 227 ff. und zur Aufteilung von Verbindlichkeiten, Rn. 240 ff.; Priester, in: Lutter, UmwG, § 126 Rn. 45 ff.; Hörtnagl, in: Schmitt/Hörtnagl/Stratz, UmwG, § 131 Rn. 45; Heidenhain, NJW 1995, 2873, 2877 und für Mietverhältnisse: Mutter, ZIP 1997, 139.
367 Mayer, in: Münchener Handbuch des Gesellschaftsrechts, Bd. 3, § 73 Rn. 587; ähnlich jetzt: Teichmann, in: Lutter, UmwG, § 132 Rn. 17 f.; Müller, BB 2000, 365 ff.
368 Mayer, in: Münchener Handbuch des Gesellschaftsrechts, Bd. 3, § 73 Rn. 587; vgl. bereits Heidenhain, ZIP 1995, 801, 804; D. Mayer, GmbHR 1996, 403, 405 ff.; Ittner, MittRhNotK 1997, 104, 115; Sagasser/Sickinger, in: Sagasser/Bula/Brünger, Umwandlungen, M 48; befürwortend: Teichmann, in: Lutter, UmwG, § 132 Rn. 4; Kallmeyer, in: Kallmeyer, UmwG, § 132 Rn. 3.
369 Hörtnagl in: Schmitt/Hörtnagl/Straatz, UmwG, § 133 Rn. 19; zu pauschal für Begrenzung der Haftung nach § 133 Abs. 3 UmwG auf fünf Jahre: Heckschen, in: Beck'sches Notar-Handbuch, D IV Rn. 74.
370 Vgl. Hommelhoff/Schwab, in: Lutter, UmwG, § 133 Rn. 101.
371 Vgl. die Ausführungen zur Abspaltung zur Aufnahme, Rn. 191 und auch oben bei Verschmelzung zur Neugründung, Rn. 113.

hier handelnd nicht im eigenen Namen, sondern als alleinvertretungsberechtigter Geschäftsführer der A-GmbH mit dem Sitz in ..., eingetragen im Handelsregister des AG ... unter HRB ...

Die Vertretungsberechtigung folgt aus dem beglaubigten Handelsregisterauszug vom ..., der dieser Urkunde als Beleg beigefügt ist.[372]

Der Erschienene wies sich dem Notar gegenüber aus durch Vorlage seines amtlichen Lichtbildausweises.

B.
Vorbemerkung/Sachstand

Der Erschienene erklärte:

Das Stammkapital der im Handelsregister des AG ... unter HRB ... eingetragenen A-GmbH beträgt ...... €. An ihr sind beteiligt:

- Herr A mit einer Stammeinlage von ... €,
- Herr B mit einer Stammeinlage von ... €.

Die Geschäftsanteile wurden bei der Gründung erworben und sind voll einbezahlt, so dass keine besondere Zustimmungspflicht nach § 51 Abs. 1 UmwG besteht.

Die A-GmbH will ihren Teilbetrieb „Hochbau" auf die B-GmbH im Wege der Abspaltung durch Neugründung übertragen.

Der Erschienene ließ sodann folgenden

C.
Spaltungsplan

beurkunden und erklärte, handelnd wie angegeben:

§ 1
Beteiligte Rechtsträger, Spaltung, Gesellschaftsvertrag

(1) An der Abspaltung sind die A-GmbH mit Sitz in ... als übertragender Rechtsträger und die B-GmbH mit Sitz in ... als übernehmender Rechtsträger beteiligt.

(2) Die A-GmbH mit Sitz in ... überträgt hiermit ihre nachstehend unter § 2 genannten Vermögensteile als Gesamtheit im Wege der Abspaltung zur Neugründung auf die neu zu gründende B-GmbH. Die B-GmbH gewährt als Ausgleich hierfür den Gesellschaftern der A-GmbH Geschäftsanteile an der B-GmbH.

(3) Die Firma der im Wege der Spaltung neu zu gründenden Gesellschaft lautet:

„B-GmbH".

Ihr Sitz ist ...

Vorbehaltlich der Genehmigung der Gesellschafterversammlung der A-GmbH wird für die B-GmbH der als Anlage 1 zu dieser Urkunde genommene Gesellschaftsvertrag festgestellt. Auf diese Anlage wird verwiesen, sie wurde mit verlesen und von den Beteiligten genehmigt.

---

372 Vgl. § 12 Satz 2 BeurkG, wonach auch die Bescheinigung des Notars gemäß § 21 BNotO nach Einsicht ins Handelsregister genügen würde.

§ 2
Vermögensübertragung

(1) Die A-GmbH überträgt den von ihr unterhaltenen Teilbetrieb „Hochbau" auf die B-GmbH mit allen Aktiven und Passiven. Die Abspaltung erfolgt auf der Basis der festgestellten Abspaltungsbilanz der WPG-Wirtschaftsprüfungsgesellschaft vom 31.12. .... Die Spaltungsbilanz ist Bestandteil dieses Spaltungsplanes. Sie ist als Anlage 2 dieser Urkunde als wesentlicher Bestandteil beigefügt.

(2) Bei den als Gesamtheit übertragenen Gegenständen des Aktiv- und Passivvermögens der A-GmbH handelt es sich im Einzelnen[373] um:

- den im Grundbuch des AG ... von ..., Blatt ..., verzeichneten Grundbesitz der Gemarkung ..., Flur ..., Flurstück Nr. ..., Größe ... qm;
- den auf dem vorbezeichneten Grundstück befindlichen Betriebsteil „Hochbau" der A-GmbH nebst dem hierzu gehörenden beweglichen Anlage- und Umlaufvermögen, wie es sich aus der Anlage 2 zu dieser Niederschrift ergibt;
- alle dem vorbezeichneten Betriebsteil zuzuordnenden Verträge, insbesondere Leasingverträge, Lieferverträge, Werkverträge und sonstigen Rechte, wie sie sich aus der Anlage 3 zu dieser Niederschrift ergeben;
- alle Verbindlichkeiten der A-GmbH, die dem vorbezeichneten Betriebsteil wirtschaftlich zuzuordnen sind, wie sie sich aus der Anlage 4 zu dieser Niederschrift ergeben;
  - die in der Anlage 5 zu dieser Niederschrift bezeichneten Arbeitsverhältnisse;
  - Sachen, Rechte, Vertragsverhältnisse, die nicht in den beigefügten Anlagen aufgeführt sind, soweit sie dem vorbezeichneten Betriebsteil im weitesten Sinne wirtschaftlich zuzuordnen sind; dies gilt insb. für bis zur Eintragung der Spaltung in das Handelsregister erworbene Sachen oder Rechte und begründete Vertragsverhältnisse und Verbindlichkeiten.

(3) Für sämtliche unter Abs. 2 beschriebenen Aktiva und Passiva gilt, dass die Übertragung im Wege der Spaltung alle Wirtschaftsgüter, Gegenstände, materiellen und immateriellen Rechte, Verbindlichkeiten und Rechtsbeziehungen erfasst, die dem Teilbetrieb „Hochbau" dienen oder zu dienen bestimmt sind oder sonst den Teilbetrieb betreffen oder ihm wirtschaftlich zuzurechnen sind, unabhängig davon, ob die Vermögensposition bilanzierungsfähig ist oder nicht. Die Übertragung erfolgt auch unabhängig davon, ob der Vermögensgegenstand in den Anlagen 2 – 5 aufgeführt ist.

Sollten die zu übertragenden Rechtspositionen des Aktiv- oder Passivvermögens bis zum Wirksamwerden der Spaltung im regelmäßigen Geschäftsgang veräußert worden sein, so werden die an ihre Stelle getretenen vorhandenen Surrogate übertragen. Übertragen werden auch die bis zum Wirksamwerden der Spaltung erworbenen Gegenstände des Aktiv- oder Passivvermögens, soweit sie zum übertragenen Teilbetrieb gehören.

(4) Bei Zweifelsfällen, die auch durch Auslegung dieses Vertrages nicht zu klären sind, gilt, dass Vermögensgegenstände, Verbindlichkeiten, Verträge und Rechtspositionen, die nach obigen Regeln nicht zugeordnet werden können, bei der übertragenden Gesellschaft verbleiben. In diesen Fällen ist die A-GmbH berechtigt nach § 315 BGB eine Zuordnung nach ihrem Ermessen unter Berücksichtigung der wirtschaftlichen Zugehörigkeit vorzunehmen.

(5) Soweit bilanzierte und nicht bilanzierte Vermögensgegenstände und Schulden sowie Rechtsbeziehungen, die dem Teilbetrieb „Hochbau" wirtschaftlich zuzuordnen sind, nicht schon kraft Gesetzes mit der Eintragung der Spaltung in das Handelsregister der übertragenden Gesellschaft auf die aufnehmende Gesellschaft übergehen, wird die übertragende Gesellschaft diese Vermögensgegenstände

---

373 Vgl. eine ausführliche Beschreibung der verschiedensten Wirtschaftsgüter zur Erfüllung des Bestimmtheitsgrundsatzes bei Limmer, in: Handbuch der Unternehmensumwandlung, Rn. 1505 ff. und 1520.

oder Schulden sowie die Rechtsbeziehungen auf die B-GmbH übertragen. Ist die Übertragung im Außenverhältnis nicht oder nur mit unverhältnismäßigem Aufwand möglich oder unzweckmäßig, werden sich die beteiligten Gesellschaften im Innenverhältnis so stellen, wie sie stehen würden, wenn die Übertragung der Vermögensgegenstände und Passiva bzw. Rechtsbeziehungen auch im Außenverhältnis mit Wirkung zum Vollzug dabei erfolgt wäre. Wird die übertragende Gesellschaft aus Verbindlichkeiten in Anspruch genommen, die der aufnehmenden zuzuordnen sind, ist diese zur Freistellung verpflichtet oder hat Ausgleich zu leisten.

(6) Soweit für die Übertragung von bestimmten Gegenständen die Zustimmung eines Dritten, eine öffentlich-rechtliche Genehmigung oder eine Registrierung erforderlich ist, werden sich die übertragende und die aufnehmende Gesellschaft bemühen, die Zustimmung, Genehmigung oder Registrierung beizubringen. Falls dies nicht oder nur mit unverhältnismäßig hohem Aufwand möglich sein würde, werden sich die übertragende und die aufnehmende Gesellschaft im Innenverhältnis so stellen, als wäre die Übertragung der Gegenstände des abgespaltenen Vermögens mit Wirkung zum Vollzugsdatum erfolgt.

(7) Berichtigungen bei Registern und Grundbuch:

Die A-GmbH und die B-GmbH bewilligen und beantragen nach Wirksamwerden der Ausgliederung das Grundbuch bei den unter Abs. 2 beschriebenen Grundstücken und dinglichen Rechten zu berichtigen.

§ 3
Gegenleistung, Umtauschverhältnis

(1) Die B-GmbH gewährt folgende Anteile:

- dem Gesellschafter A einen Geschäftsanteil im Nennbetrag von ... €,
- dem Gesellschafter B einen Geschäftsanteil im Nennbetrag von ... €.

Die Geschäftsanteile werden kostenfrei und mit Gewinnberechtigung ab dem ... gewährt.

Bare Zuzahlungen werden nicht gewährt.

(2) Das Umtauschverhältnis beträgt ....

(3) Die Aufteilung der Anteile erfolgt entsprechend dem Verhältnis der Beteiligungen der Gesellschafter an der A-GmbH.

(4) Der Gesamtwert, zu dem die erbrachte Sacheinlage von der aufnehmenden Gesellschaft übernommen wird, entspricht dem handelsrechtlichen Buchwert des übertragenen Vermögens zum Spaltungsstichtag. Soweit der Buchwert des übertragenen Nettovermögens den Nennbetrag der dafür gewährten Geschäftsanteile übersteigt, wird der Differenzbetrag in die Kapitalrücklage der aufnehmenden Gesellschaft eingestellt. Eine Vergütung für den Differenzbetrag wird nicht geschuldet.

(5) Da zur Durchführung der Abspaltung eine Kapitalherabsetzung erforderlich ist, wird die A-GmbH ihr Stammkapital herabsetzen, wie folgt:

Das Stammkapital der Gesellschaft wird von ... € um ... € auf ... € (in Worten: ... Euro) herabgesetzt.

Die Kapitalherabsetzung erfolgt als vereinfachte Kapitalherabsetzung i.S.d. § 139 UmwG i.V.m. §§ 58a ff. GmbHG. Die Herabsetzung des Stammkapitals dient der Anpassung des Stammkapitals infolge der Spaltung, weil das verbleibende Vermögen der abspaltenden Gesellschaft das nominelle Kapital i.H.v. ... € nicht mehr deckt.

§ 4
Spaltungsstichtag

Die Übernahme des vorbezeichneten Vermögens der A-GmbH erfolgt im Innenverhältnis mit Wirkung zum Ablauf des ... Vom ... an gelten alle Handlungen und Geschäfte der A-GmbH, die das übertragene Vermögen betreffen, als für Rechnung der B-GmbH vorgenommen.

§ 5
Besondere Rechte

Besondere Rechte i.S.v. § 126 Abs. 1 Nr. 7 UmwG bestehen bei der B-GmbH nicht. Einzelnen Anteilsinhabern werden im Rahmen der Spaltung keine besonderen Rechte gewährt.

§ 6
Besondere Vorteile

Besondere Vorteile i.S.v. § 126 Abs. 1 Nr. 8 UmwG werden weder einem Mitglied eines Vertretungs- oder Aufsichtsorgans noch dem Abschlussprüfer oder dem Spaltungsprüfer gewährt.

§ 7
Folgen der Abspaltung für Arbeitnehmer und ihre Vertretungen

Durch die Abspaltung ergeben sich für die Arbeitnehmer und ihre Vertretungen die nachgenannten Folgen: ...

Insoweit sind folgende Maßnahmen vorgesehen: ...

§ 8
Abfindungsangebot

Ein Abfindungsangebot ist nach den §§ 29, 125 UmwG nicht erforderlich, da der aufnehmende Rechtsträger die gleiche Rechtsform hat wie der übertragende Rechtsträger und beim aufnehmenden Rechtsträger keine Verfügungsbeschränkungen für die Geschäftsanteile bestehen.

§ 9
Geschäftsführerbestellung

Die A-GmbH als Gründerin hält eine erste Gesellschafterversammlung der B-GmbH ab und beschließt unter Verzicht auf alle Form- und Fristvorschriften mit allen Stimmen Folgendes:

Zum ersten Geschäftsführer der B-GmbH wird Herr .... bestellt. Er ist stets einzelvertretungsberechtigt und von den Beschränkungen des § 181 BGB befreit.

§ 10
Hinweise, Vollmacht

Der Notar hat auf Folgendes hingewiesen:

- Die Spaltung wird erst mit der Eintragung in das Handelsregister der übertragenden Gesellschaft wirksam.
- Auf die Notwendigkeit der Einholung folgender Genehmigungen:
  - Grundstücksverkehrsgenehmigung
  - Zustimmung für die Übertragung folgender Beteiligungen ...
- Nach § 133 UmwG haften für die vor dem Wirksamwerden der Spaltung begründeten Verbindlichkeiten des übertragenden Rechtsträgers alle an der Spaltung beteiligten Rechtsträger gesamtschuldnerisch; Gläubiger können für ihre Verbindlichkeiten Sicherheitsleistung nach den §§ 125,

22 UmwG verlangen. Daneben können weitere Haftungsvorschriften anwendbar sein, insb. § 25 HGB, § 75 AO.
- Bei der Anmeldung der Abspaltung hat der Geschäftsführer der übertragenden Gesellschaft zu erklären, dass die durch Gesetz und Satzung vorgesehenen Voraussetzungen für die Gründung dieser Gesellschaft auch unter Berücksichtigung der Spaltung im Zeitpunkt der Anmeldung vorliegen (§ 140 UmwG).
- Die Mitglieder des Vertretungsorgans und auch eines Aufsichtsorgans sind nach § 25 UmwG als Gesamtschuldner zum Schadensersatz bei Verletzung ihrer Pflichten nach dem Umwandlungsgesetz verpflichtet.
- Die Spaltung kann zur Grunderwerbsteuer führen.

Die Beteiligten beauftragen und ermächtigen den Notar die zum Vollzug notwendigen Genehmigungen und Zustimmungserklärungen einzuholen. Genehmigungen werden mit Eingang beim Notar wirksam. Dies gilt nicht für die Versagung von Genehmigungen oder deren Erteilung unter Bedingungen oder Auflagen.

§ 11
Kosten, Abschriften

Die durch diese Urkunde und ihren Vollzug entstehenden Kosten trägt die übertragende A-GmbH.

Von dieser Urkunde erhalten

Ausfertigungen:

- die beteiligten Gesellschaften,
- die Gesellschafter der A- und der B-GmbH,

beglaubigte Abschriften:

- die Registergerichte in ...,
- die Grundbuchämter in ...,
- der beteiligte Betriebsrat,
- das Finanzamt ... (Sitzfinanzamt nach § 54 EStDV).

Eine einfache Abschrift mit Veräußerungsanzeige erhält das Finanzamt ... (Grunderwerbsteuerstelle nach § 18 GrEStG[374]).

§ 12
Salvatorische Klausel

Sollten einzelne Bestimmungen dieser Urkunde unwirksam oder nicht durchführbar sein, so soll dies die Gültigkeit dieses Vertrages im Übrigen nicht berühren. An die Stelle der unwirksamen oder undurchführbaren Vereinbarung soll eine solche treten, die dem wirtschaftlichen Ergebnis entspricht.

§ 13
Anlagen

Auf die Anlage 1 (Satzung der B-GmbH) wird gemäß § 9 Abs. 1 Satz 2 BeurkG verwiesen, sie wurde mitverlesen.

Auf die sonstigen Anlagen wird gemäß § 14 Abs. 1 Satz 2 BeurkG Bezug genommen. Der Inhalt dieser Anlagen ist den Beteiligten genau bekannt, auf das Vorlesen haben sie ausdrücklich verzichtet. Die Beteiligten haben jede Seite der beigefügten Anlagen unterzeichnet.

---

374 In Ausnahmefällen auch Schenkungssteuerstelle nach § 34 ErbStG.

Diese Niederschrift nebst Anlage 1 wurde dem Erschienenen vom Notar vorgelesen, von ihm genehmigt und von ihm und dem Notar eigenhändig wie folgt unterschrieben:

Anlagen:

1. Gesellschaftsvertrag der B-GmbH

(Vgl. Muster: Gründung einer GmbH, Teil 2: Gesellschaftsrecht, 2. Kapitel § 1 Rn. 108)

Bei der Regelung über das Stammkapital ist zu formulieren:

Die Stammeinlage wird in voller Höhe dadurch geleistet, dass sämtliche Aktiva und Passiva des Teilbetriebes „Hochbau" der A-GmbH mit Sitz in X-Stadt (HRB ...) im Wege der Abspaltung zur Neugründung (§ 123 Abs. 2 Nr. 2 UmwG) auf die Gesellschaft nach Maßgabe des Spaltungsplans zur Urkunde des Notars ... vom ... (UR-Nr. ...) übertragen werden. Das übertragene Vermögen ist in der Spaltungsbilanz, die dieser Niederschrift als Anlage 2 beigefügt wird und auf die nach § 14 BeurkG verwiesen wird, bezeichnet.

2. Abspaltungsbilanz der WPG-Wirtschaftsprüfungsgesellschaft vom 31.12 ...

3. – 5.

2. Erläuterungen

a) Spaltungsplan

Mangels Vertragspartner kann hier nur einseitig durch den abspaltenden Rechtsträger ein Spaltungsplan aufgestellt werden (§ 136 UmwG). Der **Gesellschaftsvertrag** des neu zu gründenden Rechtsträgers muss mitenthalten sein oder festgestellt (§ 125 UmwG i.V.m. § 37 UmwG) und damit – unabhängig von der Rechtsform – auch mitbeurkundet werden (zu Besonderheiten bezüglich des Inhaltes bei Verschmelzung Rn. siehe oben Rn. 118 ff..[375] Nach § 135 Abs. 2 UmwG gelten die für die jeweilige Rechtsform einschlägigen Gründungsvorschriften. Da es sich systematisch um eine **Sachgründung** handelt, bedarf es auch genauer Festsetzung der Sacheinlage in der Satzung selbst (§ 5 Abs. 4 GmbHG) nicht nur in dem Spaltungsplan.[376] Die Mindestzahl der Gründer muss allerdings nicht vorhanden sein (§ 135 Abs. 2 Satz 2 UmwG).

b) Zustimmungsbeschluss

Bei Neugründung einer GmbH ist nach § 138 UmwG bei der AG nach § 144 UmwG zwingend ein **Sachgründungsbericht** erforderlich.

Es genügt ein einziger **Zustimmungsbeschluss** beim abspaltenden Rechtsträger, um dem Spaltungsplan zu seiner Wirksamkeit zu verhelfen (§§ 135, 125, 13 UmwG). Gemäß den §§ 135, 125 UmwG i.V.m. § 59 UmwG bzw. § 76 Abs. 2 UmwG bedarf auch die Satzung einer GmbH sowie der Gesellschaftsvertrag einer AG der Zustimmung der Gesellschafter des übertragenden Rechtsträgers durch Beschluss. Wegen der damit verbundenen Neugründung eines Rechtsträgers bedarf die Beteiligung eines minderjährigen Gesellschafters der vormundschaftsgerichtlichen Genehmigung.[377]

---

[375] Schröer, in: Semler/Stengel, UmwG, § 136 Rn. 6; Drygala, in: Lutter, UmwG, § 6 Rn. 3 für den Verschmelzungsvertrag.

[376] Vgl. dazu ausführlich: Limmer, in: Handbuch der Unternehmensumwandlung, Rn. 1673 ff.; siehe auch BGH, DNotI-Report 2000, 186 zur Einbringung im Wege der Einzelrechtsübertragung; Heidinger u.a., Gutachten zum Umwandlungsrecht, 1998, Gutachten Nr. 32, S. 232 ff.; OLG Naumburg, OLG Report 2004, 145: Festsetzung als Gründung durch Abspaltung.

[377] Mayer, in: Münchener Handbuch des Gesellschaftsrechts, Bd. 3, § 73 Rn. 751; Hörtnagl, in: Schmitt/Hörtnagl/Stratz, UmwG, § 135 Rn. 20.

Eine eventuelle Stimmrechtsvollmacht bedarf ggf. der Beglaubigung nach § 2 Abs. 2 GmbHG bzw. § 23 Abs. 1 Satz 2 AktG.[378]

218 Wird von einer Einzelpersonen-GmbH abgespalten, ist bei **Vertretung ohne Vertretungsmacht** oder einer nicht formgerechten Bevollmächtigung die Problematik des § 180 BGB zu beachten. Anders als bei der Einmannsgründung durch einseitige nicht empfangsbedürftige Erklärung ist im hier vorliegenden Fall der Gründung durch Einmann-Beschluss die Genehmigung aber möglich.[379] Problematisch erscheint dies allerdings bei einem Spaltungsplan durch einen Vertreter ohne Vertretungsmacht.

c) Anmeldung und Eintragung

219 Nach § 137 UmwG sind durch die **Vertretungsorgane** des übertragenden Rechtsträgers neben der Abspaltung selbst (§ 137 Abs. 2 UmwG) der oder die neue(n) Rechtsträger (§ 137 Abs. 1 UmwG) anzumelden. Einer **Versicherung** des Geschäftsführers oder Vorstandes über die Aufbringung des Stammkapitals bedarf es nicht, jedoch über die freie Verfügungsmöglichkeit.[380] Allerdings sind umwandlungsrechtliche **Versicherungen** nach den §§ 16 Abs. 2 (keine Anfechtung) und 140 UmwG bzw. § 146 UmwG (Kapitaldeckung bei übertragender Kapitalgesellschaft) nötig.

220 Die Eintragungsreihenfolge ist wie bei der Spaltung zur Aufnahme (§§ 137 Abs. 3, 125, 130 UmwG). Erst die **Eintragung** bei dem übertragenden Rechtsträger wirkt **konstitutiv** für die Abspaltung selbst sowie die Entstehung des/der neuen Rechtsträger(s). Fehler in der Reihenfolge beeinträchtigen nicht die Wirksamkeit der Spaltung und der Neugründung. Eine verfrüht oder allein ohne Wirksamkeitsvorbehalt eingetragene neu zu gründende GmbH entsteht grds. nicht wirksam ohne Eintragung der Abspaltung und ist von Amts wegen zu löschen.[381] Über die Lehre zur faktischen Gesellschaft kann es im Einzelfall (insb. bei auch fehlendem Wirksamkeitsvorbehalt) doch zur Entstehung einer fehlerhaft neu gegründeten GmbH kommen.[382]

VI. Aufspaltung einer GmbH zur Aufnahme[383] auf zwei GmbH

1. Muster: Spaltungsvertrag

221
UR-Nr. ... /200 ...

A.
Urkundseingang

Verhandelt zu ...

am ...

---

378 Siehe zu der Form der Stimmrechtsvollmacht schon oben Rn. 91.
379 OLG Frankfurt, DNotZ 2003, 459, 461; LG Berlin, GmbHR 1996, 123; Bayer, in: Lutter/Hommelhoff, GmbHG, § 2 Rn. 17; Roth/Altmeppen, GmbHG, § 2 Rn. 28; Baumbach/Hueck/Fastrich, GmbHG, § 2 Rn. 18; Michalski, GmbHG, 2002, § 2 Rn. 34; Rowedder/Schmidt-Leithoff, GmbHG, § 2 Rn. 56; Wachter, GmbHR 2003, 660.
380 Mayer, in: Widmann/Mayer, Umwandlungsrecht, § 135 Rn. 60, 61; Priester, in: Lutter, UmwG, § 138 Rn. 3; zur Gründungsphase: Wilken, DStR 1999, 677.
381 Vgl. Mayer, in: Münchener Handbuch des Gesellschaftsrechts, Bd. 3, § 73 Rn. 775; Fronhöfer, in: Widmann/Meyer, UmwR, § 137 Rn. 72; zur „Heilung" des fehlenden Wirksamkeitsvorbehalts: Heidinger u.a., Gutachten zum Umwandlungsrecht, Gutachten Nr. 35.
382 Vgl. DNotI-Gutachten Nr. 66956 v. April 2006 zur fehlenden Eintragung des ausgegliederten Einzelkaufmanns, DNotI-Gutachten Nr. 69984 v. August 2006 zur vergessenen Eintragung der Ausgliederung beim Einzelkaufmann; siehe auch BGH, DStR 2007, 79 ff. = ZInsO 2006, 1208 ff. = NZG 2007, 69 zur fehlgeschlagenen Umwandlung nach TreuhG.
383 Bei der Aufspaltung zur Neugründung müssen zunächst noch die Besonderheiten aus dem Muster „Abspaltung zur Neugründung" beachtet werden. Siehe dazu auch unter steuerlichen Aspekten Erhart/Ostermayer, GmbH-Stpr. 2004, 406 ff.

vor dem unterzeichnenden

...

Notar mit dem Amtssitz in ...

erschienen:

1. Herr ... *(Name, Geburtsdatum, Adresse)*,

hier handelnd nicht im eigenen Namen, sondern als alleinvertretungsberechtigter Geschäftsführer der A-GmbH mit dem Sitz in ..., eingetragen im Handelsregister des AG ... unter HRB ...,

2. Herr ... *(Name, Geburtsdatum, Adresse)*,

hier handelnd nicht im eigenen Namen, sondern als alleinvertretungsberechtigter Geschäftsführer der B-GmbH mit dem Sitz in ..., eingetragen im Handelsregister des AG ... unter HRB ...,

3. Herr ... *(Name, Geburtsdatum, Adresse)*,

hier handelnd nicht im eigenen Namen, sondern als alleinvertretungsberechtigter Geschäftsführer der C-GmbH mit dem Sitz in ..., eingetragen im Handelsregister des AG ... unter HRB ....

Die Vertretungsberechtigungen folgen aus den beglaubigten Handelsregisterauszügen vom ..., die dieser Urkunde als Beleg beigefügt sind.[384]

Die Erschienenen wiesen sich dem Notar gegenüber aus durch Vorlage ihrer amtlichen Lichtbildausweise.

B.
Vorbemerkung/Sachstand

Die Erschienenen erklärten:

§ 1

Das Stammkapital der im Handelsregister des AG ... unter HRB ... eingetragenen A-GmbH beträgt ...... €. An ihr sind beteiligt:

- Herr A mit einer Stammeinlage von ... €,
- Herr B mit einer Stammeinlage von ... €.

Die Geschäftsanteile wurden bei der Gründung erworben und sind voll einbezahlt, so dass keine besondere Zustimmungspflicht nach § 51 Abs. 1 UmwG besteht.

§ 2

Das Stammkapital der im Handelsregister des AG ... unter HRB ... eingetragenen B-GmbH beträgt ...... €. An ihr sind beteiligt:

- Herr X mit einer Stammeinlage von ... €,
- Herr Y mit einer Stammeinlage von ... €.

Die Geschäftsanteile wurden bei der Gründung erworben und sind voll einbezahlt, so dass keine besondere Zustimmungspflicht nach § 51 Abs. 1 UmwG besteht.

---

[384] Vgl. § 12 Satz 2 BeurkG, wonach auch die Bescheinigung des Notars gemäß § 21 BNotO nach Einsicht ins Handelsregister genügen würde.

§ 3

Das Stammkapital der im Handelsregister des AG ... unter HRB ... eingetragenen C-GmbH beträgt ...... €. An ihr sind beteiligt:

- Herr L mit einer Stammeinlage von ... €,
- Herr M mit einer Stammeinlage von ... €.

Die Geschäftsanteile wurden bei der Gründung erworben und sind voll einbezahlt, so dass keine besondere Zustimmungspflicht nach § 51 Abs. 1 UmwG besteht.

Die A-GmbH betreibt zwei Teilbetriebe, und zwar den Teilbetrieb „Hochbau" und den Teilbetrieb „Tiefbau". Das gesamte Vermögen der A-GmbH in Form der beiden Teilbetriebe soll auf die B-GmbH und die C-GmbH im Wege der Aufspaltung durch Aufnahme unter Auflösung ohne Abwicklung jeweils als Gesamtheit gegen Gewährung von Anteilen der B- und der C-GmbH an die Gesellschafter der A-GmbH übertragen werden.

Die Erschienenen ließen sodann folgenden

C.
Spaltungsvertrag

beurkunden und erklärten, handelnd wie angegeben:

§ 1
Beteiligte Rechtsträger, Spaltung

(1) An der Aufspaltung sind beteiligt die A-GmbH mit Sitz in ... als übertragender Rechtsträger sowie die B-GmbH mit Sitz in ... und die C-GmbH mit Sitz in ... übernehmende Rechtsträger.[385]

(2) Die A-GmbH überträgt hiermit ihr ganzes Vermögen, in nachstehend unter II. genauer bezeichneten Vermögensteilen als Gesamtheit, unter Auflösung ohne Abwicklung im Wege der Aufspaltung zur Aufnahme auf die B-GmbH und die C-GmbH. Die B-GmbH und die C-GmbH gewähren als Ausgleich hierfür den Gesellschaftern der A-GmbH jeweils Geschäftsanteile an der B-GmbH und der C-GmbH.

§ 2
Vermögensübertragung

(1) Die A-GmbH überträgt den von ihr an drei Standorten unterhaltenen Teilbetrieb „Hochbau" auf die B-GmbH mit allen Aktiven und Passiven. Die Abspaltung erfolgt auf der Basis der festgestellten Abspaltungsbilanz I der WPG-Wirtschaftsprüfungsgesellschaft vom 31.12. ... und diese Spaltungsbilanz ist Bestandteil dieses Spaltungsplanes.

(2) Die A-GmbH überträgt den von ihr an zwei Standorten unterhaltenen Teilbetrieb „Tiefbau" auf die C-GmbH mit allen Aktiven und Passiven. Die Abspaltung erfolgt auf der Basis der festgestellten Abspaltungsbilanz II der WPG-Wirtschaftsprüfungsgesellschaft vom 31.12. ... und diese Spaltungsbilanz ist Bestandteil dieses Spaltungsplanes.

(3) Die Bilanzen sind als Anlagen 1 und 2 dieser Urkunde als wesentlicher Bestandteil beigefügt.

(4) Im Einzelnen sind folgende Vermögensgegenstände Bestandteil des Teilbetriebes „Hochbau" und werden im Rahmen der Spaltung auf die B-GmbH übertragen ....

---

[385] Bei der Aufspaltung müssen mindestens zwei aufnehmende Rechtsträger vorhanden sein oder neu gegründet werden.

(5) Im Einzelnen sind folgende Vermögensgegenstände Bestandteil des Teilbetriebes „Tiefbau" und werden im Rahmen der Spaltung auf die C-GmbH übertragen ....

(6) Für sämtliche unter Abs. 4 und 5 beschriebenen Aktiva und Passiva gilt, dass die Übertragung im Wege der Spaltung alle Wirtschaftsgüter, Gegenstände, materiellen und immateriellen Rechte, Verbindlichkeiten, Rechtsbeziehungen erfasst, die dem jeweiligen Teilbetrieb dienen oder zu dienen bestimmt sind oder sonst den Teilbetrieb betreffen oder ihm wirtschaftlich zuzurechnen sind, unabhängig davon, ob die Vermögensposition bilanzierungsfähig ist oder nicht. Die Übertragung erfolgt auch unabhängig davon, ob der Vermögensgegenstand in den Anlagen aufgeführt ist.

Sollten die zu übertragenden Rechtspositionen des Aktiv- oder Passivvermögens bis zum Wirksamwerden der Spaltung im regelmäßigen Geschäftsgang veräußert worden sein, so werden die an ihrer Stelle getretenen vorhandenen Surrogate übertragen. Übertragen werden auch die bis zum Wirksamwerden der Spaltung erworbenen Gegenstände des Aktiv- oder Passivvermögens, soweit sie zum übertragenen Teilbetrieb gehören.

(7) Bei Zweifelsfällen über Vermögensgegenstände, Verbindlichkeiten, Verträge und Rechtspositionen, die nach obigen Regeln nicht zugeordnet werden können und auch durch Auslegung dieses Vertrages nicht zu klären sind, gilt § 131 Abs. 3 UmwG.

(8) Soweit für die Übertragung von bestimmten Gegenständen die Zustimmung eines Dritten, eine öffentlich-rechtliche Genehmigung oder eine Registrierung erforderlich ist, werden sich die Vertragsparteien bemühen, die Zustimmung, Genehmigung oder Registrierung beizubringen.

(9) Berichtigungen bei Registern, Grundbuch, Markenerklärungen:

Die A-GmbH, die B- und die C-GmbH bewilligen und beantragen, nach Wirksamwerden der Spaltung die von der Spaltung betroffenen Markenregister entsprechenden Vorschriften dieses Vertrages zu berichtigen.

Die A-GmbH, die B- und die C-GmbH bewilligen und beantragen nach Wirksamwerden der Abspaltung das Grundbuch bei den unter Abs. 4 und Abs. 5 beschriebenen Grundstücken und dinglichen Rechten zu berichtigen.

§ 3
Gegenleistung, Umtauschverhältnis bei der B-GmbH[386]

(1) Die B-GmbH gewährt folgende Anteile:

- dem Gesellschafter A einen Geschäftsanteil im Nennbetrag von ... €,
- dem Gesellschafter B einen Geschäftsanteil im Nennbetrag von ... €.

Die Geschäftsanteile werden kostenfrei und mit Gewinnberechtigung ab dem ... gewährt.

(2) Zur Durchführung der Abspaltung wird die B-GmbH ihr Stammkapital von bislang ... € um ... € auf ... € erhöhen, und zwar durch Bildung eines Geschäftsanteils im Nennbetrag von ... € und eines weiteren Geschäftsanteils im Nennbetrag von ... €.

Als bare Zuzahlungen erhält A einen Betrag von ... € und B einen Betrag von ... €.

(3) Das Umtauschverhältnis beträgt ....

(4) Der Gesamtwert zu dem die erbrachte Sacheinlage von der aufnehmenden B-GmbH übernommen wird, entspricht dem handelsrechtlichen Buchwert des übertragenen Vermögens zum Spaltungsstich-

---

[386] Es können Anteile auch entweder nur an der B-GmbH oder nur an der C-GmbH gewährt werden (§ 128 UmwG).

tag. Soweit der Buchwert des übertragenen Nettovermögens den Nennbetrag der dafür gewährten Geschäftsanteile und der baren Zuzahlung übersteigt, wird der Differenzbetrag in die Kapitalrücklage der aufnehmenden B-GmbH eingestellt. Eine Vergütung für den Differenzbetrag wird nicht geschuldet.

§ 4
Gegenleistung, Umtauschverhältnis bei der C-GmbH

(1) Die C-GmbH gewährt folgende Anteile:

- dem Gesellschafter A einen Geschäftsanteil im Nennbetrag von ... €,
- dem Gesellschafter B einen Geschäftsanteil im Nennbetrag von ... €.

Die Geschäftsanteile werden kostenfrei und mit Gewinnberechtigung ab dem ... gewährt.

(2) Zur Durchführung der Abspaltung wird die C-GmbH ihr Stammkapital von bislang ... € um ... € auf ... € erhöhen, und zwar durch Bildung eines Geschäftsanteils im Nennbetrag von ... € und eines weiteren Geschäftsanteils im Nennbetrag von ... €.

Als bare Zuzahlungen erhält A einen Betrag von ... € und B einen Betrag von ... €.

(3) Das Umtauschverhältnis beträgt ...

(4) Der Gesamtwert zu dem die erbrachte Sacheinlage von der aufnehmenden C-GmbH übernommen wird, entspricht dem handelsrechtlichen Buchwert des übertragenen Vermögens zum Spaltungsstichtag. Soweit der Buchwert des übertragenen Nettovermögens den Nennbetrag der dafür gewährten Geschäftsanteile und der baren Zuzahlung übersteigt, wird der Differenzbetrag in die Kapitalrücklage der aufnehmenden C-GmbH eingestellt. Eine Vergütung für den Differenzbetrag wird nicht geschuldet.

§ 5
Spaltungsstichtag

Die Übernahme des vorbezeichneten Vermögens der A-GmbH erfolgt im Innenverhältnis mit Wirkung zum Ablauf des .... Vom ... an gelten alle Handlungen und Geschäfte der A-GmbH, die das übertragene Vermögen betreffen, als für Rechnung der B- bzw. der C-GmbH vorgenommen.

§ 6
Besondere Rechte

Besondere Rechte i.S.v. § 126 Abs. 1 Nr. 7 UmwG bestehen bei der B- und der C-GmbH nicht. Einzelnen Anteilsinhabern werden im Rahmen der Spaltung keine besonderen Rechte gewährt.

§ 7
Besondere Vorteile

Besondere Vorteile i. S. v. § 126 Abs. 1 Nr. 8 UmwG werden weder einem Mitglied eines Vertretungs- oder Aufsichtsorgans, noch dem Abschlussprüfer oder dem Spaltungsprüfer gewährt.

§ 8
Folgen der Abspaltung für Arbeitnehmer und ihre Vertretungen

Durch die Abspaltung ergeben sich für die Arbeitnehmer und ihre Vertretungen die

nachgenannten Folgen: ...

Insoweit sind folgende Maßnahmen vorgesehen: ...

§ 9
Abfindungsangebot

Ein Abfindungsangebot nach §§ 29, 125 UmwG ist nicht erforderlich.

§ 10
Sonstige Vereinbarungen

(1) Sollten für die Übertragung der in § 2 genannten Sachen, Rechte, Vertragsverhältnisse und Verbindlichkeiten nach § 132 UmwG weitere Voraussetzungen geschaffen oder staatliche Genehmigungen eingeholt werden müssen, so verpflichten sich die Vertragsbeteiligten alle erforderlichen Erklärungen abzugeben und Handlungen vorzunehmen.

(2) Sollte eine Übertragung der in § 2 genannten Sachen, Rechte, Vertragsverhältnisse und Verbindlichkeiten im Wege der Aufspaltung rechtlich nicht möglich sein, so dass diese erlöschen, können die aufnehmenden Gesellschaften daraus keinerlei Rechte geltend machen.

(3) Wird eine übernehmende Gesellschaft als Gesamtschuldner für Verbindlichkeiten in Anspruch genommen, die ihr nach dem Vertrag nicht zugeordnet worden sind (§ 133 Abs. 1, Abs. 2 Satz 1 UmwG), ist die andere übernehmende Gesellschaft verpflichtet, die in Anspruch genommene Gesellschaft von der geltend gemachten Verbindlichkeit unverzüglich freizustellen. Die in Anspruch genommene Gesellschaft kann auch Ersatz der ihr entstandenen Aufwendungen verlangen.

§ 11
Bedingungen

Der Spaltungsvertrag steht unter der aufschiebenden Bedingung, dass:

- die formgerechten Zustimmungsbeschlüsse der Gesellschafterversammlungen aller beteiligten Gesellschaften bis zum ... vorliegen und
- die Gesellschafter der B- und der C-GmbH im Zustimmungsbeschluss die vorstehende Kapitalerhöhung zur Durchführung der Spaltung beschließen.

§ 12
Hinweise, Vollmacht

Der Notar hat auf Folgendes hingewiesen:

- Die Spaltung wird erst mit der Eintragung in das Handelsregister der übertragenden Gesellschaft wirksam.
- Auf die Notwendigkeit der Einholung folgender Genehmigungen:
  - Grundstücksverkehrsgenehmigung
  - Zustimmung für die Übertragung folgender Beteiligungen: ...
- Nach § 133 UmwG haften für die vor dem Wirksamwerden der Spaltung begründeten Verbindlichkeiten des übertragenden Rechtsträgers alle an der Spaltung beteiligten Rechtsträger gesamtschuldnerisch; Gläubiger können für ihre Verbindlichkeiten Sicherheitsleistung nach §§ 125, 22 UmwG verlangen. Daneben können weitere Haftungsvorschriften anwendbar sein, insb. die §§ 25 HGB, 75 AO.
- Bei nicht vollständig eingezahlten Stammeinlagen bestehen nach §§ 51 Abs. 1, 125 UmwG besondere Zustimmungspflichten.
- Die Mitglieder des Vertretungsorgans und auch eines Aufsichtsorgans sind nach § 25 UmwG als Gesamtschuldner zum Schadensersatz bei Verletzung ihrer Pflichten nach dem UmwG verpflichtet.
- Die Aufspaltung kann zur Grunderwerbsteuer führen.

Die Beteiligten beauftragen und ermächtigen den Notar, die zum Vollzug notwendigen Genehmigungen und Zustimmungserklärungen einzuholen. Genehmigungen werden mit Eingang beim Notar wirksam. Dies gilt nicht für die Versagung von Genehmigungen oder deren Erteilung unter Bedingungen oder Auflagen.

§ 13
Kosten, Abschriften

Die durch diesen Vertrag und ihre Durchführung bei beiden Gesellschaften entstehenden Kosten tragen die B-GmbH und die C-GmbH zu gleichen Teilen. Sollte die Aufspaltung nicht wirksam werden, tragen die Kosten dieses Vertrages alle beteiligten Gesellschaften zu gleichen Teilen; alle übrigen Kosten trägt die jeweils betroffene Gesellschaft allein.

Von dieser Urkunde erhalten:

Ausfertigungen:

- die beteiligten Gesellschaften,
- die Gesellschafter der A-, der B- und der C-GmbH,

beglaubigte Abschriften:

- die Registergerichte in ...,
- die Grundbuchämter in ...,
- die beteiligten Betriebsräte,
- das Finanzamt ... (Sitzfinanzamt nach § 54 EStDV).

Eine einfache Abschrift mit Veräußerungsanzeige erhält das Finanzamt ... (Grunderwerbsteuerstelle nach § 18 GrEStG[387]).

§ 14
Salvatorische Klausel

Sollten einzelne Bestimmungen dieser Urkunde unwirksam oder nicht durchführbar sein, so soll dies die Gültigkeit dieses Vertrages im Übrigen nicht berühren. An die Stelle der unwirksamen oder undurchführbaren Vereinbarung soll eine solche treten, die dem wirtschaftlichen Ergebnis der unwirksamen oder undurchführbaren Klausel in zulässiger Weise am nächsten kommt.

§ 15
Anlagen

Auf die Anlagen wird gemäß § 14 Abs. 1 Satz 2 BeurkG Bezug genommen. Der Inhalt dieser Anlagen ist den Beteiligten genau bekannt, auf das Vorlesen haben sie ausdrücklich verzichtet. Die Beteiligten haben jede Seite der beigefügten Anlagen unterzeichnet.

Anlagen 1. – 5.

Diese Niederschrift wurde den Erschienenen vom Notar vorgelesen, von ihnen genehmigt und von ihnen und dem Notar eigenhändig, wie folgt, unterschrieben:

...

2. Erläuterungen

222   Die **Firmenfortführung** gemäß § 18 UmwG ist möglich (§ 125 Satz 1 UmwG). Bei der Aufspaltung geht das gesamte Vermögen des übertragenden Rechtsträgers auf die aufnehmenden oder neu gegründeten

---

387 In Ausnahmefällen auch Schenkungsteuerstelle nach § 34 ErbStG.

Rechtsträger entsprechend dem Spaltungsvertrag oder -plan im Wege der **partiellen Gesamtrechtsnachfolge** über (§ 131 Abs. 1 Nr. 1 UmwG). Der übertragende Rechtsträger erlischt zwingend (§ 131 Abs. 1 Nr. 2 UmwG). Nach § 131 Abs. 3 UmwG werden „vergessene" oder unklar zugeteilte Vermögensgegenstände verhältnismäßig auf die aufnehmenden Rechtsträger verteilt, soweit möglich die Gegenstände selbst, ansonsten ihre Gegenwerte.

VII. Abspaltung von einer KG zur Aufnahme auf eine andere KG

1. Muster

a) Spaltungsvertrag

UR-Nr. ... /200 ...

Verhandelt zu ...

am ...

Vor dem unterzeichnenden

...

Notar mit dem Amtssitz in ...

erschienen:

1. Herr ... *(Name, Geburtsdatum, Adresse),*

   Herr ... *(Name, Geburtsdatum, Adresse),*

hier handelnd nicht im eigenen Namen, sondern als alleinige persönlich haftende Gesellschafter der A-KG mit dem Sitz in ..., eingetragen im Handelsregister des AG ... unter HRA ...,

2. Herr ... *(Name, Geburtsdatum, Adresse),*

hier handelnd nicht im eigenen Namen, sondern als alleiniger persönlich haftender Gesellschafter der B-KG mit dem Sitz in ..., eingetragen im Handelsregister des AG ... unter HRA ... .

Die Vertretungsberechtigungen folgen aus den beglaubigten Handelsregisterauszügen vom ..., die dieser Urkunde als Beleg beigefügt sind.[388]

Die Erschienenen wiesen sich dem Notar gegenüber aus durch Vorlage ihrer amtlichen Lichtbildausweise.

Die Erschienenen ließen folgenden

Spaltungsvertrag

beurkunden und erklärten, handelnd wie angegeben:

I.
Vermögensübertragung

(1) Die A-KG überträgt hiermit ihre nachstehend genannten Vermögensteile als Gesamtheit im Wege der Abspaltung zur Aufnahme auf die B-KG. Die B-KG gewährt als Ausgleich hierfür den Gesellschaftern der A-KG Beteiligungen an der B-KG.

---

[388] Vgl. § 12 Satz 2 BeurkG, wonach auch die Bescheinigung des Notars gemäß § 21 BNotO nach Einsicht ins Handelsregister genügen würde.

(2) Bei den als Gesamtheit übertragenen Gegenständen des Aktiv- und Passivvermögens der A-KG handelt es sich im Einzelnen um:

1. den im Grundbuch des AG ... von ..., Blatt ..., verzeichneten Grundbesitz der Gemarkung ..., Flur ..., Flurstück Nr. ..., Größe ... qm;

2. den auf dem vorbezeichneten Grundstück befindlichen Betriebsteil Kfz-Werkstatt der A-KG nebst dem hierzu gehörenden beweglichen Anlage- und Umlaufvermögen, wie es sich aus der Anlage 1 zu dieser Niederschrift ergibt; im Falle einer Veräußerung von Gegenständen durch die A-KG im regelmäßigen Geschäftsverkehr treten ihre Surrogate an ihre Stelle;

3. alle den vorbezeichneten Betriebsteil zuzuordnenden Verträge, insb. Leasingverträge, Lieferverträge, Werkverträge und sonstigen Rechte, wie sie sich aus der Anlage 2 zu dieser Niederschrift ergeben;

4. alle Verbindlichkeiten der A-KG, die dem vorbezeichneten Betriebsteil wirtschaftlich zuzuordnen sind, wie sie sich aus der Anlage 3 zu dieser Niederschrift ergeben;

5. die in der Anlage 4 zu dieser Niederschrift bezeichneten Arbeitsverhältnisse;

6. Sachen, Rechte, Vertragsverhältnisse, die nicht in den beigefügten Anlagen aufgeführt sind, soweit sie dem vorbezeichneten Betriebsteil im weitesten Sinne wirtschaftlich zuzuordnen sind; dies gilt insb. für bis zur Eintragung der Spaltung in das Handelsregister erworbene Sachen oder Rechte und begründete Vertragsverhältnisse und Verbindlichkeiten.

II.
Gegenleistung

(1) Die B-KG gewährt folgende Beteiligungen:

- dem Gesellschafter A einen festen Kapitalanteil von 20.000 €,
- dem Gesellschafter B einen festen Kapitalanteil von 15.000 €.

Die Anteile werden kostenfrei und mit Gewinnberechtigung ab dem .... gewährt.

(2) Dem Gesellschafter A wird die Stellung eines persönlich haftenden Gesellschafters, dem Gesellschafter B die Stellung eines Kommanditisten eingeräumt. Die Haftsumme des Kommanditisten entspricht dem Betrag seines Kapitalanteils.

Bare Zuzahlungen werden nicht geleistet.

(3) Das Umtauschverhältnis beträgt ....

(4) Die Aufteilung der Anteile erfolgt entsprechend dem Verhältnis der Beteiligungen der Gesellschafter an der A-KG.

§ 3
Spaltungsstichtag

Die Übernahme des vorbezeichneten Vermögens der A-KG erfolgt im Innenverhältnis mit Wirkung zum Ablauf des .... Vom .... an gelten alle Handlungen und Geschäfte der A-KG, die das übertragene Vermögen betreffen, als für Rechnung der B-GmbH vorgenommen.

§ 4
Besondere Rechte

Besondere Rechte i.S.v. § 126 Abs. 1 Nr. 7 UmwG bestehen bei der B-KG nicht. Einzelnen Anteilsinhabern werden im Rahmen der Spaltung keine besonderen Rechte gewährt.

§ 5
Besondere Vorteile

Besondere Vorteile i.S.v. § 126 Abs. 1 Nr. 8 UmwG werden nicht gewährt.

§ 6
Folgen der Abspaltung für Arbeitnehmer und ihre Vertretungen

Durch die Abspaltung ergeben sich für die Arbeitnehmer und ihre Vertretungen die nachgenannten Folgen:

....

Insoweit sind folgende Maßnahmen vorgesehen:

....

§ 7
Sonstige Vereinbarungen

(1) Sollten für die Übertragung der in § 1 Abs. 2 genannten Sachen, Rechte, Vertragsverhältnisse und Verbindlichkeiten nach § 132 UmwG weitere Voraussetzungen geschaffen oder staatliche Genehmigungen eingeholt werden müssen, so verpflichten sich die Vertragsbeteiligten alle erforderlichen Erklärungen abzugeben und Handlungen vorzunehmen.

(2) Sollte eine Übertragung der in § 1 Abs. 2 genannten Sachen, Rechte, Vertragsverhältnisse und Verbindlichkeiten im Wege der Spaltung auf die B-KG rechtlich nicht möglich sein, so verpflichten sich die Vertragsbeteiligten alle erforderlichen Erklärungen abzugeben und alle erforderlichen Handlungen vorzunehmen, die rechtlich zu dem beabsichtigten Vermögensübergang auf die B-KG in anderer Weise führen.

§ 8
Bedingungen

Der Spaltungsvertrag steht unter der aufschiebenden Bedingung, dass:

(1) die formgerechten Zustimmungsbeschlüsse der Gesellschafterversammlung beider Gesellschaften bis zum .... vorliegen und

(2) die Gesellschafter der B-KG im Rahmen des Zustimmungsbeschlusses eine Neufassung des Gesellschaftsvertrages der B-KG in der Fassung wie er sich aus der Anlage 5 zu dieser Urkunde ergibt, beschließen, wobei der Beschluss unter der Bedingung des Wirksamwerdens der Spaltung bis zum .... erfolgen kann.

§ 9
Kosten, Abschriften

Die durch diesen Vertrag und ihre Durchführung bei beiden Gesellschaften entstehenden Kosten trägt die B-KG. Sollte die Spaltung nicht wirksam werden, tragen die Kosten dieses Vertrages die Gesellschaften zu gleichen Teilen; alle übrigen Kosten trägt die jeweils betroffene Gesellschaft allein.

Abschriften erhalten ....

§ 10
Vollzugsvollmacht/Hinweise/Belehrungen

....

§ 11
Salvatorische Klausel

Sollten einzelne Bestimmungen dieser Urkunde unwirksam oder nicht durchführbar sein, so soll dies die Gültigkeit dieses Vertrages im übrigen nicht berühren. An die Stelle der unwirksamen oder undurchführbaren Vereinbarung soll eine solche treten, die dem wirtschaftlichen Ergebnis der unwirksamen oder undurchführbaren Klausel in zulässiger Weise am nächsten kommt.

Diese Niederschrift nebst allen Anlagen wurde den Erschienenen vom Notar vorgelesen, von ihnen genehmigt und von ihnen und dem Notar eigenhändig wie folgt unterschrieben:

....

b) Muster: Einberufung der Gesellschafterversammlung

B-KG

Geschäftsführung

An

Herrn ....

....

Einladung zur Gesellschafterversammlung

Wir laden unsere Gesellschafter zu einer außerordentlichen Gesellschafterversammlung unserer Gesellschaft

am ...., den ...., ... Uhr

in das Notariat ...., ..., ...

ein.

Tagesordnung:

1. Zustimmung zum Spaltungsvertrag zwischen der A-KG als übertragende Gesellschaft und der B-KG als aufnehmende Gesellschaft. Der Spaltungsvertrag wurde am .... geschlossen und ist in beglaubigter Abschrift dieser Einladung beigefügt.
2. Da nach dem Gesellschaftsvertrag unserer Gesellschaft die Spaltung durch Mehrheitsentscheidung beschlossen werden kann, darf ich Sie bitten, der Geschäftsführung bis zum .... mitzuteilen, ob sie eine Spaltungsprüfung gemäß § 125 i.V.m. § 44 UmwG wünschen. Die Kosten dieser Prüfung würde die Gesellschaft tragen. Wird kein fristgemäßer Antrag auf Prüfung gestellt, unterbleibt diese.
3. Änderung des Gesellschaftsvertrages § 3 (Haftung und Einlage), § 4 (Geschäftsführung und Vertretung).

Der Inhalt des Beschlusses ist in der Anlage beigefügt.

Mit freundlichen Grüßen

....

Anlagen:

- Spaltungsvertrag vom ....,
- Änderungsbeschluss für Gesellschaftsvertrag.

c) **Zustimmungsbeschluss bei der übernehmenden Gesellschaft (Niederschrift über eine Gesellschafterversammlung [Auszug])**

Heute, den .... erschienen vor mir, dem unterzeichnenden Notar ...., mit Amtssitz in ...., an der Amtsstelle in ....:

1. Herr W, Kaufmann, wohnhaft in ....;
2. Herr Z, Kaufmann, wohnhaft in ....;
3. Herr Y, Kaufmann, wohnhaft in ....

Die Beteiligten sind mir, dem Notar, persönlich bekannt.

Auf Antrag beurkunde ich den vor mir abgegebenen Erklärungen gemäß Folgendes:

I.
Sachstand

Die Erschienenen sind Gesellschafter der B-KG, eingetragen im Handelsregister des AG München unter ....

Die Kapitalanteile verteilen sich unter die Gesellschafter wie folgt:

1. Persönlich haftender Gesellschafter:

Herr W: 80.000 €.

2. Kommanditisten:

Herr Z: 10.000 €;

Herr Y: 10.000 €.

II.
Gesellschafterversammlung

Die Erschienenen erklärten:

Wir sind die alleinigen Gesellschafter der B-KG mit Sitz in München, unter Verzicht auf alle durch Gesetz oder Gesellschaftsvertrag vorgeschriebenen Formen und Fristen halten wir hiermit eine Gesellschafterversammlung der B-KG ab und beschließen:

1. Dem Spaltungsvertrag zwischen der A-KG und der B-KG (Urkunde des Notars ...., in ...., vom ...., UR-Nr. ....) wird mit allen Stimmen vorbehaltlos zugestimmt. Er ist der Niederschrift als Anlage beigefügt.
2. Änderung des Gesellschaftsvertrages der B-KG:

§ 3
Haftung und Einlagen

(1) **Persönlich haftende Gesellschafter sind:**
- A mit einem Kapitalanteil von 20.000 €;
- Herr W mit einem Kapitalanteil von 80.000 €.

(2) **Kommanditisten sind:**
- B mit einem Kapitalanteil von 15.000 €;
- Herr Z mit einem Kapitalanteil von 10.000 €;
- Herr Y mit einem Kapitalanteil von 10.000 €.

Die Gesellschafter W, Z und Y hatten ihre Kapitalanteile durch Bareinlagen bei Abschluss des Gesellschaftsvertrages der B-KG erbracht. Die Gesellschafter A und B haben aufgrund Spaltungsvertrag vom .... den bisher von der A-KG betriebenen Betriebsteil „Kfz-Werkstatt" in X-Stadt in die B-KG im Wege der Spaltung eingebracht. Der Einbringung wurde die Bilanz zum .... zugrunde gelegt. Der Einlagewert ist der in der Jahresbilanz zum 31.12. ausgewiesene Buchwert der abgespaltenen Vermögensteile. Hieran sind A und B entsprechend ihrer Einlageleistung beteiligt gewesen. Eine Auflösung stiller Reserven oder ein Ansatz des Geschäftswertes erfolgte nicht. Die Hafteinlagen entsprechen den Kapitalanteilen.

§ 4
Geschäftsführung, Vertretung

Zur Geschäftsführung und Einzelvertretung berechtigt sind die persönlich haftenden Gesellschafter.

III.
Verzichtserklärungen, Sonstiges

Die Gesellschafter verzichten auf die Prüfung der Spaltung, die Anfechtung dieses Beschlusses und Erstattung eines Spaltungsberichtes und eines Spaltungsprüfungsberichtes sowie vorsorglich auf eine Barabfindung nach den §§ 29 ff. UmwG.

Der beurkundende Notar wies die Gesellschafter darauf hin, dass jeder von ihnen die Erteilung einer Abschrift der Niederschrift über diese Gesellschafterversammlung und des Spaltungsvertrages verlangen kann. Die Kosten einschließlich der Durchführung dieses Beschlusses trägt die übernehmende Gesellschaft als Aufwand.

Vorgelesen vom Notar, von den Erschienenen genehmigt und eigenhändig unterschrieben.

d) **Zustimmungsbeschluss bei der übertragenden Gesellschaft (Niederschrift über eine Gesellschafterversammlung der A-KG [Auszug] Urkundseingang)**

226

....

I.
Sachstand

....

II.
Gesellschafterversammlung

Die vorgenannten Gesellschafter halten eine Gesellschafterversammlung der vorgenannten Gesellschaft unter Verzicht auf alle Frist- und Formvorschriften ab und stellen fest, dass die Gesellschafterversammlung als Vollversammlung beschlussfähig ist.

Die Gesellschafter beschließen mit allen Stimmen Folgendes:

1. Dem Spaltungsvertrag zwischen der A-KG und der B-KG mit Sitz in München vom ...., UR-Nr. .... des amtierenden Notars .... wird mit allen Stimmen vorbehaltlos zugestimmt. Der Spaltungsvertrag ist dieser Urkunde als Anlage beigefügt.

2. Die dieser Urkunde als Anlage 2 beigefügte Schlussbilanz (Spaltungsbilanz) zum 31.12. wird festgestellt.[389]

---

389 Notarielle Beurkundung ist diesbzgl. nicht erforderlich.

III.
Verzichtserklärungen, Sonstiges

Die Kosten dieser Urkunde trägt die Gesellschaft.

Alle Gesellschafter verzichten auf eine Prüfung der Spaltung und Erstattung eines Spaltungsberichtes und eines Spaltungsprüfungsberichtes sowie vorsorglich auf eine Barabfindung nach den §§ 29 ff. UmwG.

Alle Gesellschafter verzichten auf die Anfechtung dieses Beschlusses ausdrücklich.

Der beurkundende Notar wies die Gesellschafter darauf hin, dass jeder von ihnen die Erteilung einer Abschrift der Niederschrift über diese Gesellschafterversammlung und des Spaltungsvertrages verlangen kann und dass, im Falle des Widerspruchs eines persönlich haftenden Gesellschafters, diesem im neuen Rechtsträger die Stellung eines Kommanditisten zu gewähren ist.

Vorgelesen vom Notar, von den Erschienenen eigenhändig unterschrieben:

....

2. Erläuterungen

Für die **Abspaltung von einer KG zur Aufnahme auf eine andere KG** gelten grds. dieselben Regelungen wie für die Abspaltung von einer GmbH auf ein GmbH (vgl. oben Rn. 196). **Wegen der Besonderheiten** der Beteiligung von Personenhandelsgesellschaften wird auf die Erläuterungen bei der Verschmelzung verwiesen (vgl. oben Rn. 134 ff.). Für die Abspaltung unter Beteiligung von Personenhandelsgesellschaften finden sich unter den besonderen Vorschriften für die einzelnen Rechtsträger (§§ 138 ff. UmwG) keine gesonderten Regelungen. 227

> **Hinweis:**
>
> Soll auf eine GmbH & Co. KG zur Neugründung abgespalten werden, muss nach bisheriger Registerpraxis beachtet werden, dass die erforderliche Komplementär-GmbH schon bei dem übertragenden Rechtsträger beteiligt ist.[390] Wegen des Grundsatzes der Gesellschafteridentität kann sie nach inzwischen sehr streitiger Ansicht nicht im Zuge der Abspaltung oder Ausgliederung hinzutreten.[391]

Ist der **übertragende Rechtsträger eine GmbH & Co. KG**, soll oft die Komplementär-GmbH nicht an dem aufnehmenden oder neu gegründeten Rechtsträger beteiligt werden. Hierbei helfen die Grundsätze der nicht verhältniswahrenden Spaltung nach § 128 UmwG (vgl. oben Rn. 65). 228

VIII. Ausgliederung von einer AG zur Neugründung einer GmbH bzw. AG

1. Muster: Ausgliederung von einer AG zur Neugründung einer GmbH

a) Ausgliederungsplan

Urkundseingang 229

A.
Sachstand

....

---

[390] Vgl. dazu Limmer, in: Handbuch der Unternehmensumwandlung, Rn. 1846 ff.

[391] Str., siehe auch unten beim Formwechsel Rn. 261 ff. und zur Ausgliederung auf eine Personengesellschaft: Heidinger u.a., Gutachten zum Umwandlungsrecht, Gutachten Nr. 42; Mayer, in: Widmann/Mayer, Umwandlungsrecht, § 152 Rn. 222; zum Formwechsel einer AG in eine GmbH & Co. KG jüngst „obiter dictum" großzügiger BGH, NZG 2005, 722; dazu Simon/Leuering, NJW-Spezial 2005, 459.

B.
Ausgliederungsplan

§ 1
Beteiligte Rechtsträger, Ausgliederung

(1) An der Ausgliederung sind beteiligt die A-AG mit Sitz in .... als übertragender Rechtsträger und die B-GmbH mit Sitz in .... als neu gegründeter Rechtsträger.

(2) Die A-AG mit Sitz in .... überträgt hiermit ihren Geschäftsbereich „Gartenmöbel" als Gesamtheit mit den nachfolgend in § 2 dieses Vertrages und in den dort genannten Anlagen bezeichneten Aktiva und Passiva auf die B-GmbH, und zwar im Wege der Ausgliederung zur Neugründung nach § 123 Abs. 3 Nr. 2 UmwG. Die Übertragung erfolgt gegen Gewährung eines neuen Geschäftsanteils an der neu gegründeten Gesellschaft B-GmbH an die übertragende Gesellschaft A-AG.

(3) Die Firma der im Wege der Ausgliederung neu zu gründenden Gesellschaft lautet: „B-GmbH".

Ihr Sitz ist ....

Vorbehaltlich der Genehmigung der Gesellschafterversammlung der A-AG wird für die B-GmbH der als Anlage 1 zu dieser Urkunde genommene Gesellschaftsvertrag festgestellt. Auf die Anlage wird verwiesen, sie wurde mit verlesen und von dem Beteiligten genehmigt.

§ 2
Vermögensübertragung

(Anm: § 2 kann dem Muster „Spaltungsvertrag bei Abspaltung einer GmbH entnommen werden.)

§ 3
Gegenleistung, Umtauschverhältnis

(1) Das Stammkapital der neu gegründeten B-GmbH beträgt .... €.

(2) Die A-AG übernimmt die Stammeinlage in gleicher Höhe. Der gewährte Geschäftsanteil ist ab dem Ausgliederungsstichtag gewinnbezugsberechtigt. Er ist mit keinen Besonderheiten ausgestattet.

(3) Bare Zuzahlungen werden nicht geleistet.

(4) Der Gesamtwert, zu dem die erbrachte Sacheinlage von der aufnehmenden Gesellschaft übernommen wird, entspricht dem handelsrechtlichen Buchwert des übertragenen Vermögens zum Ausgliederungsstichtag. Soweit der Buchwert des übertragenen Nettovermögens den Nennbetrag der dafür gewährten Geschäftsanteile übersteigt, wird der Differenzbetrag in die Kapitalrücklage der aufnehmenden Gesellschaft eingestellt. Eine Vergütung für den Differenzbetrag wird nicht geschuldet.

§ 4
Spaltungsstichtag

Die Übernahme des vorbezeichneten Vermögens der A-AG erfolgt im Innenverhältnis mit Wirkung zum Ablauf des .... Vom .... an gelten alle Handlungen und Geschäfte der A-AG, die das übertragene Vermögen betreffen, als für Rechnung der B-GmbH vorgenommen.

§ 5
Besondere Rechte

Besondere Rechte i.S.v. § 126 Abs. 1 Nr. 7 UmwG bestehen bei der B-GmbH nicht. Einzelnen Anteilsinhabern werden im Rahmen der Spaltung keine besonderen Rechte gewährt.

§ 6
Besondere Vorteile

Besondere Vorteile i.S.v. § 126 Abs. 1 Nr. 8 UmwG werden weder einem Mitglied eines Vertretungs- oder Aufsichtsorgans noch dem Abschlussprüfer oder dem Spaltungsprüfer gewährt.

§ 7
Folgen der Abspaltung für Arbeitnehmer und ihre Vertretungen

Durch die Abspaltung ergeben sich für die Arbeitnehmer und ihre Vertretungen die nachgenannten Folgen: ....

Insoweit sind folgende Maßnahmen vorgesehen: ....

§ 8
Abfindungsangebot

Es ist kein Abfindungsangebot erforderlich, da § 125 UmwG die Anwendung des § 29 UmwG bei der Ausgliederung ausschließt.

§ 9
Geschäftsführerbestellung

Die A-AG als Gründerin hält eine erste Gesellschafterversammlung der B-GmbH ab und beschließt unter Verzicht auf alle Form- und Fristvorschriften mit allen Stimmen Folgendes:

Zum ersten Geschäftsführer der B-GmbH wird Herr .... bestellt. Er ist stets einzelvertretungsberechtigt und von den Beschränkungen des § 181 BGB befreit.

§ 10
Hinweise, Vollmacht

Der Notar hat auf Folgendes hingewiesen:

- Die Spaltung wird erst mit der Eintragung in das Handelsregister der übertragenden Gesellschaft wirksam.
- Auf die Notwendigkeit der Einholung folgender Genehmigungen:
  - Grundstückverkehrsgenehmigung,
  - Zustimmung für die Übertragung folgender Beteiligungen ....
- Nach § 133 UmwG haften für die vor dem Wirksamwerden der Spaltung begründeten Verbindlichkeiten des übertragenden Rechtsträgers alle an der Spaltung beteiligten Rechtsträger gesamtschuldnerisch; Gläubiger können für ihre Verbindlichkeiten Sicherheitsleistung nach den §§ 125, 22 UmwG verlangen. Daneben können weitere Haftungsvorschriften anwendbar sein, insb. § 25 HGB, § 75 AO.
- Bei der Anmeldung der Ausgliederung hat der Vorstand der übertragenden Gesellschaft zu erklären, dass die durch Gesetz und Satzung vorgesehenen Voraussetzungen für die Gründung dieser Gesellschaft auch unter Berücksichtigung der Spaltung im Zeitpunkt der Anmeldung vorliegen (§ 146 UmwG).
- Die Mitglieder des Vertretungsorgans und auch eines Aufsichtsorgans sind nach § 25 UmwG als Gesamtschuldner zum Schadensersatz bei Verletzung ihrer Pflichten nach dem Umwandlungsgesetz verpflichtet.
- Die Spaltung kann zur Grunderwerbsteuer führen.

Die Beteiligten beauftragen und ermächtigen den Notar die zum Vollzug notwendigen Genehmigungen und Zustimmungserklärungen einzuholen. Genehmigungen werden mit Eingang beim Notar wirksam. Dies gilt nicht für die Versagung von Genehmigungen oder deren Erteilung unter Bedingungen oder Auflagen.

§ 11
Kosten, Abschriften

Die durch diese Urkunde und ihren Vollzug entstehenden Kosten trägt die übertragende A-AG.

Von dieser Urkunde erhalten

Ausfertigungen:

- die beteiligten Gesellschaften,
- die Gesellschafter der A-AG und der B-GmbH,

beglaubigte Abschriften:

- die Registergerichte in ....,
- die Grundbuchämter in ....,
- die beteiligten Betriebsräte,
- das Finanzamt ...... (Sitzfinanzamt nach § 54 EStDV).

Eine einfache Abschrift mit Veräußerungsanzeige erhält das Finanzamt .... (Grunderwerbsteuerstelle nach § 18 GrEStG[392]).

§ 12
Salvatorische Klausel

Sollten einzelne Bestimmungen dieser Urkunde unwirksam oder nicht durchführbar sein, so soll dies die Gültigkeit dieses Vertrages im Übrigen nicht berühren. An die Stelle der unwirksamen oder undurchführbaren Vereinbarung soll eine solche treten, die dem wirtschaftlichen Ergebnis der unwirksamen oder undurchführbaren Klausel in zulässiger Weise am nächsten kommt.

Diese Niederschrift nebst allen Anlagen wurde den Erschienenen vom Notar vorgelesen, von ihnen genehmigt und von ihnen und dem Notar eigenhändig wie folgt unterschrieben:

....

b)   **Zustimmungsbeschluss bei der übertragenden AG (Auszug aus dem notariellen Protokoll der A-AG)**

Zu Punkt 1:

Der Vorstandsvorsitzende erläuterte den Ausgliederungsplan vom .... und begründete insb. die Zweckmäßigkeit der Ausgliederung sowie die Angemessenheit des Umtauschverhältnisses der Aktien.

Auf Vorlesen wurde einstimmig verzichtet.

Zu Punkt 2:

Der Vorsitzende stellte fest, dass der Ausgliederungsplan samt Gesellschaftsvertrag der B-GmbH und die Geschäftsführerbestellung von Herrn .... vor Einberufung der Hauptversammlung nach §§ 125, 61 UmwG zum Handelsregister eingereicht worden ist und dass das Register in den zur

---

392   In Ausnahmefällen auch Schenkungsteuerstelle nach § 34 ErbStG.

Bekanntmachung seiner Eintragung bestimmten Blättern, dem Bundesanzeiger und dem .... einen Hinweis darauf veröffentlicht hat, dass der Vertrag zum Handelsregister eingereicht worden ist.

Der Vorsitzende stellte weiter fest, dass der Ausgliederungsplan samt Gesellschaftsvertrag der B-GmbH und die Geschäftsführerbestellung von Herrn ...., die Jahresabschlüsse und die Geschäftsberichte der beteiligten Gesellschaft für die letzten drei Geschäftsjahre, die Ausgliederungsberichte und die Prüfungsberichte von der Einberufung der Hauptversammlung an in den Geschäftsräumen der Gesellschaft zur Einsicht der Aktionäre ausgelegen haben und auch in der Hauptversammlung ausliegen.

Zu Punkt 3:

Die Hauptversammlung fasste einstimmig den Beschluss, den Ausgliederungsplan samt Gesellschaftsvertrag der B-GmbH und die Geschäftsführerbestellung von Herrn .... vom .... zu genehmigen.

Der Vorsitzende gab das Abstimmungsergebnis bekannt und verkündete das Zustandekommen des Beschlusses.

2. Erläuterungen

a) Besonderheiten bei der AG

Für die Besonderheiten bezüglich der Zustimmungsbeschlüsse[393] bei der AG, der besonderen Informationspflichten, der Kapitalerhöhung und der sonstigen Besonderheiten für die AG kann auf die **Erörterungen zur Verschmelzung** verwiesen werden (siehe dazu oben Rn. 150 ff.).

Eine **zusätzliche Informationspflicht** des Vorstandes gegenüber den Aktionären ergibt sich für die Spaltung bei wesentlicher Veränderung des Vermögens der übertragenden AG zwischen Abschluss des Vertrages (bzw. der Erstellung des Entwurfes) und dem Zeitpunkt der Beschlussfassung aus § 143 UmwG.

231

232

Hinweis:

Die Spaltung einer AG innerhalb der ersten zwei Jahre nach ihrer Eintragung ins Register ist ausgeschlossen (§ 141 UmwG). Das UmwG[394] n.F. lässt die Ausgliederung zur Neugründung zu. Diese Vorschrift dient der Vermeidung von Umgehungen der Nachgründungsvorschrift § 52 AktG.

Erfolgt eine **Kapitalerhöhung bei der aufnehmenden AG**, ist in Abweichung zur Verschmelzung (§ 69 UmwG) stets die **Sacheinlage** nach § 183 Abs. 3 AktG **zu prüfen** (§ 142 UmwG). Anders als in § 75 Abs. 2 UmwG geregelt sind auch **Gründungsbericht** und **Gründungsprüfung** bei der neugegründeten übernehmenden AG stets erforderlich (§ 144 UmwG).

233

Die **Kapitalherabsetzung**,[395] die Anmeldung und die „**Kapitalerhaltungsversicherung**" regeln §§ 145, 146 UmwG wie für die GmbH die §§ 139, 140 UmwG (vgl. dazu oben Rn. 208).

---

[393] Zu den Sonderbeschlüssen LG Hamburg, AG 1996, 281; zur teleologischen Reduktion bezüglich des Zustimmungstatbestandes der §§ 50 Abs. 2 und 51 UmwG siehe Limmer, in: Handbuch der Unternehmensumwandlung, Rn. 1774.

[394] BT-Drucks. 16/2919 v. 12.10.2006 unter Maßgabe der Änderungen in BR-Drucks. 95/07 v. 16.2.2007; das Inkrafttreten stand bei Redaktionsschluss unmittelbar bevor.

[395] Zur Kapitalherabsetzung bei der AG siehe ausführlich: oben Teil 2: Gesellschaftsrecht, 2. Kapitel, § 2 Rn. 473 ff.

b) Besonderheiten der Ausgliederung

234 Bei der Ausgliederung stellt sich in besonderem Maße die Frage der **Alternativgestaltung** durch **Einzelrechtsübertragung** im Wege der Sachgründung bzw. Sachkapitalerhöhung.[396] Überwiegend wird auch eine **Totalausgliederung**[397] für zulässig gehalten.

235 Grds. gelten für die Ausgliederung die Regelungen der Abspaltung und über § 125 UmwG der Verschmelzung. Die Verweisung in § 125 UmwG ist aber für die Ausgliederung eingeschränkt. So ist z.B. **keine Firmenfortführung** nach § 18 UmwG möglich. Es bedarf auch keines **Barabfindungsgebotes** bei der „Mischausgliederung" (§ 29 UmwG). Auch bei der Tochter/Mutterausgliederung besteht keine Ausnahme von der **Anteilsgewährungspflicht** (§ 131 Abs. 1 Nr. 3 UmwG). Die Beschränkungen der Kapitalerhöhung (§§ 54, 68 UmwG) gelten nicht, es sind aber auch keine baren Zuzahlungen zulässig (§§ 54 Abs. 4, 68 Abs. 3 UmwG).[398]

Eine **Ausgliederungsprüfung** nach den §§ 9 – 12 UmwG findet nicht statt, da es bei der Ausgliederung nicht zum Anteilstausch bei den Gesellschaftern sondern nur zur Anteilsgewährung an den übertragenden Rechtsträger selbst kommt.

IX. Ausgliederung aus dem Vermögen eines Einzelkaufmanns[399]

1. Muster: Neugründung einer GmbH

a) Ausgliederungsplan

236

Urkundseingang

Der Erschienene ließ folgende

Ausgliederung aus dem Vermögen eines Einzelkaufmanns durch Neugründung einer GmbH

beurkunden und erklärte:

§ 1
Ausgliederung

(1) Der Erschienene ist alleiniger Inhaber des unter der Firma .... betriebenen einzelkaufmännischen Unternehmens mit dem Sitz in .... Die Firma ist eingetragen im Handelsregister des .... unter HRA ....

Herr .... gliedert das vorbezeichnete Unternehmen aus seinem Vermögen aus im Wege der Neugründung der nachgenannten Gesellschaft mit beschränkter Haftung.

(2) Die Firma der im Wege der Ausgliederung neu zu gründenden Gesellschaft lautet: B-GmbH.

Ihr Sitz ist ....

Für die B-GmbH wird der als Anlage 1 zu dieser Urkunde genommene Gesellschaftsvertrag festgestellt.

---

396 Siehe Rn. 17 ff.; Mayer, in: Münchener Handbuch des Gesellschaftsrechts, Bd. 3, § 73 Rn. 780 ff.; Limmer, in: Handbuch der Unternehmensumwandlung, Rn. 1762 ff.
397 Vgl. Limmer, in: Handbuch der Unternehmensumwandlung, Rn. 1778; H. Schmidt, AG 2005, 26 ff.
398 Vgl. zu dieser Problematik ausführlich: Limmer, in: Handbuch der Unternehmensumwandlung, Rn. 1776 ff.
399 Zu den alternativen Gestaltungsmöglichkeiten durch Einbringung siehe ausführlich: Mayer, in: Widmann/Mayer, Umwandlungsrecht, Bd. 8 Anhang 5 Rn. 323 ff.

§ 2
Vermögensübertragung

(Anm.: Die Ausführungen zu § 2 können dem Muster: Spaltungsvertrag bei Abspaltung von einer GmbH D. IV. 1. a) Rn. 191 entnommen werden.)

§ 3
Gegenleistung

(1) Das Stammkapital beträgt .... €.

(2) Herr .... übernimmt die neu gebildete Stammeinlage in gleicher Höhe.

(3) Bare Zuzahlungen werden nicht geleistet.

(4) Der Gesamtwert, zu dem die erbrachte Sacheinlage von der aufnehmenden Gesellschaft übernommen wird, entspricht dem handelsrechtlichen Buchwert des übertragenen Vermögens zum Ausgliederungsstichtag. Soweit der Buchwert des übertragenen Nettovermögens den Nennbetrag der dafür gewährten Geschäftsanteile übersteigt, wird der Differenzbetrag in die Kapitalrücklage der aufnehmenden Gesellschaft eingestellt. Eine Vergütung für den Differenzbetrag wird nicht geschuldet.

§ 4
Spaltungsstichtag

Die Übernahme des vorbezeichneten Vermögens des Einzelkaufmannes ..... erfolgt im Innenverhältnis mit Wirkung zum Ablauf des .... Vom .... an gelten alle Handlungen und Geschäfte des Einzelkaufmannes ....., die das übertragene Vermögen betreffen, als für Rechnung der B-GmbH vorgenommen.

§ 5
Besondere Rechte

Besondere Rechte i.S.v. § 126 Abs. 1 Nr. 7 UmwG bestehen bei der B-GmbH nicht. Einzelnen Anteilsinhabern werden im Rahmen der Spaltung keine besonderen Rechte gewährt.

§ 6
Besondere Vorteile

Besondere Vorteile i.S.v. § 126 Abs. 1 Nr. 8 UmwG werden weder einem Mitglied eines Vertretungs- oder Aufsichtsorgans noch dem Abschlussprüfer oder dem Spaltungsprüfer gewährt.

§ 7
Folgen der Abspaltung für Arbeitnehmer und ihre Vertretungen

Durch die Abspaltung ergeben sich für die Arbeitnehmer und ihre Vertretungen die nachgenannten Folgen: ....

Insoweit sind folgende Maßnahmen vorgesehen: ....

§ 8
Geschäftsführerbestellung

Herr .... als Gründungsgesellschafter der neuen B-GmbH hält unter Verzicht auf alle Frist- und Formvorschriften eine Gesellschafterversammlung ab und beschließt einstimmig Folgendes:

Zum ersten Geschäftsführer der neu errichteten Gesellschaft mit beschränkter Haftung wird der Erschienene bestellt. Er ist stets einzelvertretungsberechtigt, auch wenn weitere Geschäftsführer bestellt sind, und von den Beschränkungen des § 181 BGB befreit.

§ 9
Hinweise, Vollmacht

Der Notar hat auf Folgendes hingewiesen:

- Die Spaltung wird erst mit der Eintragung in das Handelsregister der übertragenden Gesellschaft wirksam.
- Auf die Notwendigkeit der Einholung folgender Genehmigungen:
  - Grundstückverkehrsgenehmigung
  - Zustimmung für die Übertragung folgender Beteiligungen ....
- Nach § 133 UmwG haften für die vor dem Wirksamwerden der Spaltung begründeten Verbindlichkeiten des übertragenden Rechtsträgers alle an der Spaltung beteiligten Rechtsträger gesamtschuldnerisch; Gläubiger können für ihre Verbindlichkeiten Sicherheitsleistung nach den §§ 125, 22 UmwG verlangen. Daneben können weitere Haftungsvorschriften anwendbar sein, insb. § 25 HGB, § 75 AO.
- Die Spaltung kann zur Grunderwerbsteuer führen.

  Der Beteiligte beauftragt und ermächtigt den Notar die zum Vollzug notwendigen Genehmigungen und Zustimmungserklärungen einzuholen. Genehmigungen werden mit Eingang beim Notar wirksam. Dies gilt nicht für die Versagung von Genehmigungen oder deren Erteilung unter Bedingungen oder Auflagen.

§ 10
Kosten, Abschriften

Die durch diese Urkunde und ihre Durchführung entstehenden Kosten trägt die B-GmbH.

Von dieser Urkunde erhalten

Ausfertigungen:

- Der Einzelkaufmann ......,
- die B-GmbH;

beglaubigte Abschriften:

- die Registergerichte in ....,
- die Grundbuchämter in ....,
- die beteiligten Betriebsräte,
- das Finanzamt ...... (Sitzfinanzamt nach § 54 EStDV).

Eine einfache Abschrift mit Veräußerungsanzeige erhält das Finanzamt .... (Grunderwerbsteuerstelle nach § 18 GrEStG[400]).

§ 11
Salvatorische Klausel

Sollten einzelne Bestimmungen dieser Urkunde unwirksam oder nicht durchführbar sein, so soll dies die Gültigkeit dieses Vertrages im Übrigen nicht berühren. An die Stelle der unwirksamen oder undurchführbaren Vereinbarung soll eine solche treten, die dem wirtschaftlichen Ergebnis der unwirksamen oder undurchführbaren Klausel in zulässiger Weise am nächsten kommt.

---

[400] In Ausnahmefällen auch Schenkungsteuerstelle nach § 34 ErbStG.

§ 12
Anlagen

Auf die Anlagen wird gemäß § 14 Abs. 1 Satz 2 BeurkG Bezug genommenen. Der Inhalt dieser Anlagen ist dem Beteiligten genau bekannt, auf das Vorlesen hat er ausdrücklich verzichtet. Der Beteiligte hat jede Seite der beigefügten Anlagen unterzeichnet.

Anlagen 1 – 5:

.....

b) Handelsregisteranmeldung für den e. K.

In der Anlage überreiche ich, der unterzeichnende alleinige Inhaber des einzelkaufmännischen Unternehmens mit der Firma A:

1. Ausfertigung des Ausgliederungsplans vom .... –UR-Nr. des beglaubigenden Notars –,
2. Schlussbilanz des einzelkaufmännischen Unternehmens zum Spaltungsstichtag,
3. Nachweis über die rechtzeitige Zuleitung zum Betriebsrat

und melde zur Eintragung in das Handelsregister an:

Ich habe durch Ausgliederung vom .... – UR-Nr. .... des beglaubigenden Notars – das gesamte Vermögen des einzelkaufmännischen Unternehmens mit der Firma A als Gesamtheit auf die neu gegründete B-GmbH mit dem Sitz in .... als übernehmende GmbH im Wege der Ausgliederung durch Neugründung übertragen. Die Firma ist erloschen.

c) Handelsregisteranmeldung für die neu gegründete GmbH

In der Anlage überreiche ich, der unterzeichnende alleinige Inhaber des einzelkaufmännischen Unternehmens mit der Firma A – dortiges Handelsregister HR A .... – und alleinige Geschäftsführer der B-GmbH:

1. Ausfertigung des Ausgliederungsplans nebst Gesellschaftsvertrag der neu gegründeten B-GmbH vom .... – UR-Nr. .... des beglaubigenden Notars –,
2. Gesellschafterliste,
3. Sachgründungsbericht,
4. Unterlagen über die Werthaltigkeit der übertragenen Vermögensteile sowie Schlussbilanz des übertragenden Rechtsträgers,
5. Nachweis über die rechtzeitige Zuleitung zum Betriebsrat

und melde zur Eintragung in das Handelsregister an:

Ich habe im Wege der Ausgliederung durch Neugründung eine Gesellschaft mit beschränkter Haftung unter der Firma „B-GmbH" gegründet. Ich versichere, dass meine Verbindlichkeiten nicht das Vermögen übersteigen.

Sitz der Gesellschaft ist ....

Die Gesellschaft hat einen oder mehrere Geschäftsführer. Ist nur ein Geschäftsführer bestellt, so vertritt dieser die Gesellschaft allein. Sind mehrere Geschäftsführer bestellt, so wird die Gesellschaft durch zwei Geschäftsführer gemeinsam oder durch einen Geschäftsführer in Gemeinschaft mit einem Prokuristen vertreten. Durch Gesellschafterbeschluss kann einzelnen Geschäftsführern die Befugnis zur Einzelvertretung sowie die Befreiung von den Beschränkungen des § 181 BGB erteilt werden.

> Zum ersten Geschäftsführer der Gesellschaft wurde ich, der Unterzeichnende, bestellt.
>
> Ich bin berechtigt, die Gesellschaft stets einzeln zu vertreten und bin von den Beschränkungen des § 181 BGB befreit.
>
> Ich zeichne meine Namensunterschrift wie folgt: ....
>
> Ich versichere, dass keine Umstände vorliegen, die meiner Bestellung als Geschäftsführer nach § 6 Abs. 2 Satz 2 und Satz 3 GmbH-Gesetz entgegenstehen.
>
> Ich bin von dem beglaubigenden Notar über meine unbeschränkte Auskunftspflicht gegenüber dem Registergericht belehrt worden.
>
> Ich versichere insb., dass ich nicht wegen einer Insolvenzstraftat (Bankrott, Verletzung der Buchführungspflicht, Gläubigerbegünstigung, Schuldnerbegünstigung) nach den §§ 283 – 283d des Strafgesetzbuches vorbestraft bin und dass mir die Ausübung eines Berufs bzw. Berufszweiges oder Gewerbes bzw. Gewerbezweiges nicht durch ein Gericht oder eine Behörde untersagt worden ist.
>
> Die Geschäftsräume der neu gegründeten Gesellschaft befinden sich in ...., ...
>
> Ich erkläre, dass eine Anfechtung ausgeschlossen ist und daher eine Negativerklärung gemäß § 16 Abs. 2 UmwG entbehrlich ist.
>
> ...., den ....
>
> (Beglaubigungsvermerk)

2. Erläuterungen

239 Da der Einzelkaufmann einerseits keine Anteilsinhaber hat, denen Anteile gewährt werden könnten, andererseits als natürliche Person nicht erlöschen kann, hat das Gesetz systematisch zutreffend in den §§ 152 ff. UmwG die **Ausgliederung als einzige Umwandlungsform** für den Einzelkaufmann vorgesehen. Die Ausgliederung ist nur dem **eingetragenen Kaufmann** erlaubt. Die Eintragung unmittelbar vor Eintragung der Ausgliederung im Handelsregister genügt aber.[401]

Auf Kapitalgesellschaften kann zur Aufnahme oder zur Neugründung, auf **Personenhandelsgesellschaften nur zur Aufnahme** ausgegliedert werden, da nicht der Beitritt eines zusätzlichen Gesellschafters im Zuge der Ausgliederung zugelassen wird (**Identität der Gesellschafter**)[402] und ansonsten eine Einmann-Personengesellschaft entstünde. Die aufnehmende Personenhandelsgesellschaft kann aber kurz vor der Ausgliederung geschaffen werden. Sie kann **schon durch Geschäftsbeginn** (= Abschluss des Ausgliederungsvertrages) entstehen (§ 123 Abs. 1 und Abs. 2 HGB). Daher genügt ihre Eintragung vor der Eintragung der Ausgliederung, jedenfalls wenn im Zeitpunkt des Ausgliederungsvertrages und des Zustimmungsbeschlusses zur Ausgliederung eine Personenhandelsgesellschaft, die auf den Betrieb eines in kaufmännischer Weise eingerichteten Geschäftsbetriebes gerichtet ist, gegründet war.[403] Bei kleingewerblichen oder vermögensverwaltenden Gesellschaften entsteht eine OHG oder KG allerdings erst mit ihrer Eintragung im Handelsregister (§§ 105 Abs. 2, 123 Abs. 2, 161 Abs. 2 HGB); es besteht also vorher nur eine BGB-Gesellschaft.

240 Der Einzelkaufmann darf – gemessen an seinem Gesamtvermögen zum Verkehrswert inklusive Privatvermögen – **nicht überschuldet** sein (§§ 152 Satz 2, 154, 160 Abs. 2 UmwG). Darüber muss er dem Han-

---

[401] Heidinger u.a., Gutachten zum Umwandlungsrecht, Gutachten Nr. 40.
[402] Siehe zum diesbezüglichen Meinungsstreit beim Formwechsel unten Rn. 261 ff.
[403] Heidinger u.a., Gutachten zum Umwandlungsrecht, Gutachten Nr. 41.

delsregister allgemein eine entsprechende Erklärung,[404] bei der Ausgliederung zur Neugründung auf eine AG oder KGaA dem Gründungsprüfer eine aussagekräftige Aufstellung abgeben (§ 159 Abs. 3 UmwG).

Es bedarf keines **Ausgliederungsberichtes** für den Einzelkaufmann (§ 153 UmwG), sehr wohl aber für den aufnehmenden Rechtsträger (§ 127 UmwG) sowie eines **Sachgründungsberichtes**[405] und der **Gründungsprüfung** beim neu gegründeten aufnehmenden Rechtsträger (§ 159 UmwG). Ein **Zustimmungsbeschluss** ist nur durch den aufnehmenden Rechtsträger, nicht gesondert durch den Einzelkaufmann erforderlich,[406] da dieser ja bereits den Ausgliederungsvertrag selbst abgeschlossen hat. Bei der Ausgliederung zur Neugründung soll ein Zustimmungsbeschluss ganz entbehrlich sein,[407] also der Ausgliederungsplan des allein beteiligten Einzelkaufmanns genügen.

Die **Anmeldung** muss bei der Ausgliederung zur Neugründung durch den Einzelkaufmann und sämtliche Mitglieder der Vertretungsorgane der neuen Gesellschaft erfolgen (§ 160 UmwG). Eine Negativerklärung i.S.d. § 16 Abs. 2 UmwG ist entbehrlich, da außer dem Anmeldenden selbst kein Anfechtungsberechtigter in Frage kommt.

Die **Eintragung** der Ausgliederung bewirkt neben den Rechtsfolgen nach § 131 UmwG bei der Totalausgliederung, dass die Firma des Einzelkaufmanns erlischt (§ 155 UmwG). Dann ist – anders als bei der Ausgliederung nur eines Teils des Unternehmens (vgl. auch § 125 Satz 1 UmwG der die Firmenfortführung nach 18 UmwG ausdrücklich ausschließt) – die **Fortführung der Firma** nach allgemeinen firmenrechtlichen Grundsätzen insb. § 22 HGB zulässig.[408] Durch den Übergang des Vermögens kann sich der Einzelkaufmann nicht von der Haftung für seine Verbindlichkeiten befreien (§ 156 UmwG), aber eine **Nachhaftungsbegrenzung** auf fünf Jahre erreichen (§ 157 UmwG).

X. Ausgliederung aus dem Vermögen einer Gebietskörperschaft

1. Muster: Handelsregisteranmeldung

In der Anlage überreiche ich, der unterzeichnende Bürgermeister als Vertretungsorgan der Gemeinde X-Stadt, als übertragender Rechtsträger sowie die unterzeichnenden Geschäftsführer der im Betreff genannten GmbH:

1. Ausfertigung des Ausgliederungsplans nebst Gesellschaftsvertrag der neugegründeten GmbH vom .... – UR-Nr. .... des beglaubigenden Notars –,

2. Gesellschafterliste,

3. Sachgründungsbericht,

4. Ausgliederungsbeschluss des Gemeinderates der Gemeinde X-Stadt,

5. Unterlagen über die Werthaltigkeit der übertragenen Vermögensteile sowie Schlussbilanz,

6. kommunalaufsichtsrechtliche Genehmigung,

7. Nachweis über die Zuleitung des Ausgliederungsplanes zum Betriebsrat/Personalrat

und melde zur Eintragung in das Handelsregister an:

---

[404] Str.: Limmer, in: Handbuch der Unternehmensumwandlung, Rn. 2101; Mayer, in: Münchener Handbuch des Gesellschaftsrechts, Bd. 3, § 73 Rn. 820; Karollus, in: Lutter, UmwG, § 15 Rn. 12.
[405] BayObLG, FGPrax 2000, 32.
[406] Mayer, in: Münchener Handbuch des Gesellschaftsrechts, Bd. 3, § 73 Rn. 809; Limmer, in: Handbuch der Unternehmensumwandlung, Rn. 2080.
[407] Heckschen, in: Beck'sches Notar-Handbuch, D IV Rn. 76.
[408] Mayer, in: Münchener Handbuch des Gesellschaftsrechts, Bd. 3, § 73 Rn. 826; Heckschen, in: Beck'sches Notar-Handbuch, D IV 76; LG Hagen, GmbHR 1996, 127.

Die Gemeinde X-Stadt hat im Wege der Ausgliederung durch Neugründung ihres Eigenbetriebes „Freibad ...." eine Gesellschaft mit beschränkter Haftung unter der Firma „Freibad ....-GmbH" gegründet.

Sitz der Gesellschaft ist ....

Die Gesellschaft hat einen oder mehrere Geschäftsführer. Ist nur ein Geschäftsführer bestellt, so vertritt dieser die Gesellschaft allein. Sind mehrere Geschäftsführer bestellt, so wird die Gesellschaft durch zwei Geschäftsführer gemeinsam oder durch einen Geschäftsführer in Gemeinschaft mit einem Prokuristen vertreten. Durch Gesellschafterbeschluss kann einzelnen Geschäftsführern die Befugnis zur Einzelvertretung sowie die Befreiung von den Beschränkungen des § 181 BGB erteilt werden.

Zum ersten Geschäftsführer der Gesellschaft wurden die Herren A und B bestellt.

Sie sind berechtigt, die Gesellschaft stets einzeln zu vertreten und sind von den Beschränkungen des § 181 BGB befreit.

Sie zeichnen ihre Namensunterschriften wie folgt: ....

Wir versichern jeder für seine Person, dass keine Umstände vorliegen, die unserer Bestellung als Geschäftsführer nach § 6 Abs. 2 Satz 2 und Satz 3 GmbH-Gesetz entgegenstehen.

Wir sind von dem beglaubigenden Notar über unsere unbeschränkte Auskunftspflicht gegenüber dem Registergericht belehrt worden.

Wir versichern insb., dass wir nicht wegen einer Insolvenzstraftat (Bankrott, Verletzung der Buchführungspflicht, Gläubigerbegünstigung, Schuldnerbegünstigung) nach den §§ 283 – 283d des Strafgesetzbuches vorbestraft sind und dass uns die Ausübung eines Berufs bzw. Berufszweiges oder Gewerbes bzw. Gewerbezweiges nicht durch ein Gericht oder eine Behörde untersagt worden ist.

Die Geschäftsräume der neu gegründeten Gesellschaft befinden sich in ...., ...

Wir erklären, dass eine Anfechtung ausgeschlossen ist und daher eine Negativerklärung gemäß § 16 Abs. 2 UmwG entbehrlich ist.

........., den ....

(Beglaubigungsvermerk)

2. Erläuterungen

244 Die Ausgliederung aus dem Vermögen einer Gebietskörperschaft[409] (Bund, Länder, Gemeinden, Gemeindeverbände, Landkreise u.ä.) hat große Ähnlichkeit mit der vorangehend erläuterten **Ausgliederung aus dem Vermögen eines Einzelkaufmanns**. Auf eine Personenhandelsgesellschaft kann auch hier nur zur Aufnahme ausgegliedert werden. **In der Praxis** wird meist auf eine GmbH zur Neugründung ausgegliedert. In der Satzung der neuen GmbH kann nicht die Gesellschaftsversammlung durch den Gemeinderat ersetzt werden.[410]

245 Der **Ausgliederungsplan** enthält die Ausgliederungserklärung durch das Vertretungsorgan der Gebietskörperschaft (z.B. des Bürgermeisters oder Landrats) und die Errichtung der „aufnehmenden" GmbH. **Zu beachten ist**, ob das jeweils einschlägige Bundes- oder Landesrecht eine Ausgliederung verbietet, Genehmigungspflichten, Vorbehalte oder Anzeigepflichten enthält.[411]

---

409 Zur Kirchengemeinde Pfeiffer, NJW 2000, 3694; Lepper, RNotZ 2006, 313, 316; Borsch, DNotZ 2005, 10 ff.
410 Vgl. OLG Karlsruhe Rpfleger 1996, 161; Erle/Becker, NZG 1999, 58 ff.
411 Vgl. dazu Suppliet, NotBZ 1997, 38 ff.; Heckschen, in: Widmann/Mayer, Umwandlungsrecht, § 168 Rn. 49 ff.

Die Ausgliederung muss sich auf ein **gesamtes „Unternehmen"** beziehen, was nicht zwingend einen ganzen Eigen- oder Regiebetrieb umfasst. Es muss sich aber um eine organisatorisch verselbständigte als Sondervermögen geführte Vermögenseinheit handeln.[412] Einzelne Gegenstände können ausdrücklich ausgenommen werden.[413] Die gleichzeitige Ausgliederung mehrerer Regie- bzw Eigenbetriebe in einem Ausgliederungsvorgang ist zulässig.[414]

246

Ein **Ausgliederungsbericht** oder eine **Ausgliederungsprüfung** für die Gebietskörperschaft ist nicht erforderlich (§ 169 UmwG). Demgegenüber ist der **Sachgründungsbericht** auf Seiten der neu zu gründenden GmbH nach allgemeinen Vorschriften stets erforderlich, wobei sogar der Geschäftsverlauf und die Lage des übertragenen Eigenbetriebes darzustellen ist (§ 170 i.V.m. UmwG §§ 58, 75 Abs. 1 UmwG).

247

Die **Anmeldung** erfolgt nach allgemeinen Regeln (§ 137 Abs. 1 UmwG) durch das Vertretungsorgan der Gebietskörperschaft (z.B. den Bürgermeister). Eine Erklärung nach § 16 Abs. 2 UmwG, dass keine Anfechtung gegen den Ausgliederungsbeschluss vorliegt, kann nicht verlangt werden.[415]

248

Ob ein **Ausgliederungsbeschluss** erforderlich ist, ergibt sich aus den jeweils einschlägigen öffentlich-rechtlichen Regelungen (§ 169 Satz 2 UmwG). Diese bestimmen auch die Frage, ob ein solcher Beschluss Wirksamkeitsvoraussetzung oder nur ein Internum ist[416] und ob eventuell eine kommunalaufsichtliche Genehmigung erforderlich ist. Eventuell erforderliche Gemeinderatsbeschlüsse bedürfen nicht der **notariellen Beurkundung**.[417]

249

E. Formwechsel

I. Definition und Grundprinzipien

Formwechsel

250

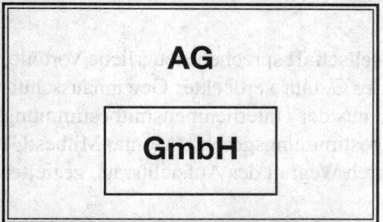

- identitätswahrender Formwechsel
- bloßer Rechtskleidwechsel
- keine Vermögensübertragung

---

412 Limmer, in: Handbuch der Unternehmensumwandlung, Rn. 2114; eingehend zum Unternehmensbegriff Schindhelm/Stein, DB 1999, 1375 ff.; Lepper, RNotZ 2006, 313, 317 f.
413 H.M. siehe nur H. Schmidt, in: Lutter, UmwG, § 168 Rn. 11; Heckschen, in: Widmann/Mayer, Umwandlungsrecht, § 168 Rn. 131; Limmer, in: Handbuch der Unternehmensumwandlung, Rn. 2114; Schindhelm/Stein, DB 1999, 1375, 1377.
414 Perlitt, in: Semler/Stengel, UmwG, § 168 Rn. 34; H. Schmidt, in: Lutter, UmwG, § 168 Rn. 12; Heckschen, in: Widmann/Mayer, Umwandlungsrecht, § 168 Rn. 15; Hörtnagl, in: Schmitt/Hörtnagl/Stratz, UmwG, § 168 Rn. 5; Lepper, RNotZ 2006, 313, 318; zweifelnd noch: Heckschen, in: Beck'sches Notar-Handbuch, D IV Rn. 77; Heckschen, DB 1998, 1385.
415 Limmer, in: Handbuch der Unternehmensumwandlung, Rn. 2130; DNotI-Report 1995, 184; Heckschen, in: Beck'sches Notar-Handbuch, D IV 6c. Rn. 81.
416 Meist – außer in Bayern – hat der Bürgermeister im Außenverhältnis unbeschränkte Vertretungsmacht.
417 DNotI-Report 1995, 184; Limmer, in: Handbuch der Unternehmensumwandlung, Rn. 2136; Heckschen, in: Widmann/Mayer, Umwandlungsrecht, § 168 Rn. 18; Suppliet, NotBZ 1999, 49.

251 Praktisch nicht so bedeutend, aber gerade auch aus grunderwerbsteuerlicher Sicht (vgl. unten Rn. 280 f.) hoch interessant ist die Möglichkeit des Formwechsels nach den §§ 190 ff. UmwG. Der wesentliche **Unterschied** des Formwechsels **gegenüber den anderen Arten der Umwandlung** liegt in der wirtschaftlichen Kontinuität des Rechtsträgers vor und nach dem Formwechsel. Diese Kontinuität beruht zum einen auf der Identität des Personenkreises (vgl. § 202 Abs. 1 Nr. 2 Satz 1 UmwG)[418] und zum anderen auf der Tatsache, dass der Vermögensbestand des Rechtsträgers vor und nach dem Formwechsel gleich bleibt.[419] Durch den Formwechsel soll sich lediglich die rechtliche Organisation des Unternehmensträgers, dem vor und nach der Umwandlung dasselbe Vermögen zugeordnet wird, ändern. Deshalb müsse nach der Begründung des Regierungsentwurfs der wirtschaftlichen Identität auch die rechtliche Identität entsprechen. In der Lit. spricht man auch von dem „**identitätswahrenden Formwechsel**" unter bloßem „**Rechtskleidwechsel**". Konsequenz daraus ist z.B., dass nur ein Rechtsträger am Formwechsel beteiligt ist, so dass es keine Formwechselverträge, sondern nur einen **Formwechselbeschluss** bzw. dessen Entwurf gibt.

252 Durch die Möglichkeit des Formwechsels von **Kapitalgesellschaften in Personenhandelsgesellschaften** und umgekehrt wird die grds. Zweiteilung des deutschen Gesellschaftsrechts in juristische Personen und Gesamthandsgemeinschaften für den Bereich des Umwandlungsrechts aufgehoben. Auch ein **aufgelöster Rechtsträger** kann noch formgewechselt werden, wenn seine Fortsetzung in der bisherigen Rechtsform beschlossen werden könnte (§ 191 Abs. 3 UmwG siehe aber auch § 214 Abs. 2 UmwG für die Personenhandelsgesellschaft). Das **Umwandlungssteuerrecht** behandelt demgegenüber auch den Formwechsel wie eine Verschmelzung als Vermögensübergang auf eine Personengesellschaft bzw. als Einbringung in eine Kapitalgesellschaft (siehe dazu ab Rn. 35).

Für einen Formwechsel gibt es die verschiedensten **Motive** wie z.B. beim Gang in die Kapitalgesellschaft, die Haftungsbegrenzung, die Vorbereitung einer Betriebsaufspaltung, die Trennung von Kapital und Management, die Planung der Nachfolge, die Nutzungsüberlassung, die Vorbereitung von Kapitalbeschaffungsmaßnahmen durch Formwechsel in die AG („**going public**"), Rückzug von der Börse („**going privat**") durch Formwechsel aus der AG.

253 Für den **Wechsel von der Kapitalgesellschaft in die Personengesellschaft** sprechen steuerliche Vorteile, Senkung von fixen Kosten (Rechnungslegung etc.), Vermeidung der Gefahr verdeckter Gewinnausschüttungen, Flucht aus den Publizitätsvorschriften des HGB,[420] Flucht aus der Unternehmensmitbestimmung nach dem Mitbestimmungsgesetz (MitbestG), dem Montanmitbestimmungsgesetz (MontanMitbestG) und dem früheren Betriebsverfassungsgesetz (BetrVG) 1952[421] durch Wegfall des Aufsichtsrats, gezielter Nachfolgeplanung oder Erleichterung einer Liquidation.

Für den Wechsel vom **Verein in die Kapitalgesellschaft** kann die Trennung von Mitgliedern und Management und die Anpassung aufgrund eines gewandelten Vereinszwecks (vgl. z.B. Bundesliga-Fußballvereine) sprechen.[422]

---

418 Vgl. zu den daraus resultierenden Schwierigkeiten mit der Komplementär-GmbH und dem Meinungsstreit dazu unten Rn. 261 ff.

419 Vgl. dazu Mayer, in: Münchener Handbuch des Gesellschaftsrechts, Bd. 3, § 73 Rn. 310 ff.; zum Schicksal von stillen Beteiligungen: Sedlmayer, DNotZ 2003, 611 ff.; zur Parteifähigkeit im laufenden Prozess: OLG Köln, GmbHR 2003, 1489 = ZIP 2004, 238; zum Fortbestand von Unternehmensverträgen einer beherrschten AG: OLG Düsseldorf, NZG 2005, 280 f. = ZIP 2004, 753.

420 Siehe jetzt aber § 264a HGB neu: GmbH & Co. KG wie GmbH zu behandeln.

421 Seit 1.7.2004 durch das sog. DrittelbeteiligungsG (BGBl. 2004 I, S. 974) ersetzt.

422 Hierfür wird in der Praxis oft die Ausgliederung der Lizenzspieler-Abteilung aus einem e.V. bevorzugt, siehe zur Ausgliederung oben z.B. Rn. 229.

II. Formwechselfähige Rechtsträger (siehe § 191 Abs. 1 und Abs. 2 UmwG) 254

von \ auf	GbR	PHG	PartG	GmbH	AG	KGaA	e.G.
PHG	§ 190 Abs. 2	§ 190 Abs. 2	-	§§ 214 - 225	§§ 214 - 225	§§ 214 - 225	§§ 214 - 225
PartG	§ 190 Abs. 2	§ 190 Abs. 2	-	§§ 225 - 225c	§§ 225 - 225c	§§ 225 - 225c	§§ 225 - 225c
GmbH	§§ 226; 228 - 237	§§ 226; 228 - 237	§§ 226; 228 - 237	-	§§ 226; 238 - 250	§§ 226; 238 - 250	§§ 226; 251 - 257
AG	§§ 226; 228 - 237	§§ 226; 228 - 237	§§ 226; 228 - 237	§§ 226; 238 - 250	-	§§ 226; 238 - 250	§§ 226; 251 - 257
KGaA	§§ 226 - 237	§§ 226 - 237	§§ 226 - 237	§§ 226, 227; 238 - 250	§§ 226, 227; 238 - 250	-	§§ 226, 227; 251 - 257
e.G.	-	-	-	§§ 258 - 271	§§ 258 - 271	§§ 258 - 271	-
e.V./wirt.V.	-	-	-	§§ 272 - 290	§§ 272 - 290	§§ 272 - 290	§§ 272; 283 - 290
VVaG	-	-	-	-	(nur größerer VVaG) §§ 291 - 300	-	-
Körperschaften/ Anstalten des öffentl. Rechts	-	-	-	§§ 301 - 304	§§ 301 - 304	§§ 301 - 304	-

III. Ablauf des Formwechsels

Der konkrete Ablauf eines Formwechsels ist davon geprägt, dass **nicht mehrere Gesellschaften** daran 255
beteiligt sind und **keine Vermögensübertragung durch Gesamtrechtsnachfolge** erfolgt. Auch wenn die Identität des Rechtsträgers gewahrt wird und nur sein Rechtskleid wechselt, müssen wegen der Verweisungen im Umwandlungsrecht auf die jeweiligen Gründungsvorschriften des Zielrechtsträgers hierbei weitestgehend die Sachgründungsvorschriften in den einschlägigen Spezialgesetzen beachtet werden. Kurz zusammengefasst stellt sich der Ablauf folgendermaßen dar[423]:

- **Vorüberlegungen** 256

Formwechselfähige Rechtsträger	§ 191 i.V.m. § 3
sowie zusätzlich bei	
– OHG und KG	§ 214
– Partnerschaft	§§ 225a, 225c i.V.m. § 214 Abs. 2
– AG, KGaA und GmbH	§§ 226, 228
– Eingetragene Genossenschaft (e.G.)	§ 258
– Rechtsfähiger Verein (e.V.)	§§ 272, 273
– Versicherungsvereine auf Gegenseitigkeit	§ 291
– Körperschaften und Anstalten des öffentlichen Rechts (K/AdöR)	§ 301
Aufstellung einer Schlussbilanz	
– handelsrechtlich nicht erforderlich	§ 17 Abs. 2 Satz 4
– steuerrechtlich (Acht-Monats-Frist)	§ 14 UmwStG

---

[423] Nachfolgende Paragrafen ohne Nennung sind solche des UmwG.

- **Entwurf des Umwandlungsbeschlusses (§ 192 Abs. 1 Satz 3)**

Mindestinhalt	§ 194 Abs. 1
sowie zusätzlich bei	
– OHG, KG	§ 218
– Partnerschaft	§ 225c i.V.m. § 218
– GmbH, AG, KGaA	§§ 234, 243, 253
– e.G.	§ 263
– e.V.	§§ 276, 285
– VVaG	§ 294
Zuleitung an Betriebsrat	§ 194 Abs. 2
Erstattung eines Umwandlungsberichtes (mit Vermögensaufstellung)	§ 192
sowie zusätzlich bei	
– OHG, KG	§ 215
– Partnerschaft	§ 225b
– GmbH, AG, KGaA	§§ 229, 238 Satz 2
Bestellung einer Prüfers	
– nur bei OHG, KG	§ 225
– Partnerschaft	§ 225c i.V.m. § 225
– e.G.	§ 259
Vorbereitung des Umwandlungsbeschlusses durch Unterrichtungspflichten	
– OHG, KG	§ 216
– GmbH, AG, KGaA	§§ 230, 231, 238, 251
– Partnerschaft	§ 225b
– e.G.	§ 260
– e.V.	§§ 274, 283
– VVaG	§ 292

- **Durchführung der Versammlung der Anteilsinhaber**

GmbH, AG, KGaA	§§ 232, 239, 251
e.G.	§ 261
e.V.	§§ 274, 283

- **Beschluss der Anteilsinhaber**

notariell beurkundet	§ 193
sowie zusätzlich bei	
– OHG, KG	§ 217
– Partnerschaft	§ 225c i.V.m. § 217

– GmbH, AG, KGaA	§§ 233, 240, 244, 252
– e.G.	§ 262
– e.V.	§§ 275, 284
– VVaG	§ 293
– K/AdöR	§ 302

- **Zustimmungserklärungen einzelner Anteilsinhaber**

notariell beurkundet	§ 193 Abs. 2 und Abs. 3
sowie zusätzlich bei	
– OHG, KG	§ 217 Abs. 3
– Partnerschaft	§ 225c i.V.m. § 217 Abs. 3
– GmbH, AG, KGaA	§§ 233 Abs. 2 und Abs. 3, 240 Abs. 2 und Abs. 3, 241, 242, 252 Abs. 1
– e.G.	§ 262 Abs. 2
– e.V.	§§ 275, 284
– K/AdöR	§ 303 Abs. 2

- **Klage gegen die Wirksamkeit des Umwandlungsbeschlusses: § 195**
- **Anmeldung des Formwechsels bei den zuständigen Registern**

Anmeldung des Formwechsels bei den zuständigen Registern	§ 198
sowie zusätzlich bei	
– OHG, KG	§ 222
– Partnerschaft	§ 225c i.V.m. § 222
– GmbH, AG, KGaA	§§ 235, 246, 254
– e.G.	§ 265
– e.V.	§§ 278, 286
– VVaG	§ 296
– Anlagen der Anmeldung	**§ 199**
sowie zusätzlich bei	
– OHG, KG	§ 223
– Partnerschaft	§ 225c i.V.m. § 223
– e.G.	§ 265
– Eintragung und Bekanntmachung der neuen Rechtsform in den zuständigen Registern	**§ 201**
sowie zusätzlich bei	
– e.V.	§§ 279, 287
– VVaG	§ 297

– Wirksamwerden und Wirkungen des Formwechsels	§ 202
sowie zusätzlich bei	
– GmbH, AG, KGaA	§§ 236, 247, 248, 255
– e.G.	§ 266
– e.V.	§§ 280, 288
– VVaG	§ 298
– K/AdöR	§ 304
Besondere Benachrichtigungspflichten beim Rechtsträger neuer Rechtsform	
– AG, KGaA	§§ 267, 268, 281, 299
– e.G.	§§ 256, 289

- Schutzsysteme für Betroffene

Schutz der Anteilsinhaber	
Nachbesserung des Beteiligungsverhältnisses	§ 196
Spruchverfahren	SpruchverfahrensG
Barabfindung bei Ausscheiden	§§ 207 – 212
– Verfahren	SpruchverfahrensG
sowie zusätzlich bei	
– GmbH, AG, KGaA	§§ 227, 231, 250
– e.G.	§ 270
– e.V.	§§ 282, 290
– VVaG	§ 300
Schadensersatzansprüche	
– gegen Mitglieder der Vertretungs- und Aufsichtsorgane	§§ 205, 206
– gegen Prüfer (nur bei Personenhandelsgesellschaften)	§ 225 i.V.m. §§ 208, 30, 11
Schutz der Inhaber von Sonderrechten ("Verwässerungsschutz")	§ 204 i.V.m. § 23
Schutz der Gläubiger	
– Sicherheitsleistung	§ 204 i.V.m. § 22
Fortdauer der persönlichen Haftung	
– OHG, KG	§ 224
– Partnerschaft	§ 225c i.V.m. § 224
– KGaA	§§ 237, 249, 257
– e.G.	§ 271
– Schadensersatzansprüche gegen Mitglieder der Vertretungs- und Aufsichtsorgane	§§ 205, 206
Schutz des Rechtsverkehrs (Kapitalschutz)	
– Anwendung des Gründungsrechts	§ 197
sowie zusätzlich bei	

– OHG, KG	§§ 219, 220
– Partnerschaft	§ 225c i.V.m. §§ 219, 220
– GmbH, AG, KGaA	§ 245
– e.G.	§ 264
– e.V.	§ 277
– VVaG	§ 295
– K/AdöR	§ 303 Abs. 1

IV. Formwechsel einer GmbH in eine GmbH & Co. KG

1. Muster

a) Umwandlungsbeschluss (Niederschrift über eine Gesellschafterversammlung)

Heute, den ...., erschienen vor mir, dem unterzeichnenden Notar .... mit Amtssitz in ...., an der Amtsstelle in ....

1. Herr A, Kaufmann, wohnhaft in ....,
2. Herr B, Kaufmann, wohnhaft in ....,
3. Herr C, Kaufmann, wohnhaft in ....

Alle Beteiligten sind mir, ..., Notar, persönlich bekannt.

Herr A handelt im eigenen Namen und zugleich als alleinvertretungsberechtigter Geschäftsführer der Verwaltungsgesellschaft A-GmbH.

Hierzu bescheinige ich, Notar, aufgrund der Einsicht in das Handelsregister vom ...., dass dort unter HRB .... die Firma Verwaltungsgesellschaft A-GmbH eingetragen ist und Herr A alleinvertretungsberechtigt und den von Beschränkungen des § 181 BGB befreiter Geschäftsführer ist.[424]

Die Erschienenen erklären, dass weder der Notar selbst noch sein Sozius in der Sache, die im Nachfolgenden beurkundet wird, vorbefasst i.S.v. § 3 Abs. 1 Nr. 7 BeurkG ist.

Die Erschienenen baten um Beurkundung der folgenden Umwandlung einer GmbH in eine GmbH & Co. KG und erklärten:

**A.
Rechtslage**

Die Erschienenen sind Gesellschafter der A-GmbH, eingetragen im Handelsregister des AG X unter HRB Nr. .... Die Firma betreibt den Handel, Import und Export mit Fliesen aus Italien.

Das Stammkapital beträgt 50.000 €.

Das Stammkapital verteilt sich unter den Gesellschaftern wie folgt:

- Herr A: Stammeinlage i.H.v. 20.000 €,
- Herr B: Stammeinlage i.H.v. 20.000 €,
- Herr C: Stammeinlage i.H.v. 10.000 €.

Die Beteiligten erklären, dass die Stammeinlagen in voller Höhe eingezahlt sind.

---

[424] Alternativ kann auch eine beglaubigte Kopie des entsprechenden Handelsregisterauszuges beigefügt werden.

Die Gesellschaft hat keinen Grundbesitz. Die Gesellschafter erklären, dass dem Betriebsrat der Gesellschaft der Entwurf des Umwandlungsbeschlusses fristgemäß zugeleitet wurde.

Die Verwaltungs A-GmbH, eingetragen im Handelsregister des AG .... unter HRB-Nr ...., deren Gesellschafter ebenfalls A, B, und C sind, soll Komplementärin der durch Formwechsel entstehenden A-GmbH & Co. KG werden. Zu diesem Zweck erwirbt sie vor dem Formwechsel von C einen Geschäftsanteil i.H.v. 100 € an der A-GmbH. Einzelvertretungsberechtigter und von der Beschränkung des § 181 BGB befreiter Geschäftsführer ist A.

B.
Teilung und Abtretung eines Geschäftsanteils[425]

1. Der Erschienene zu 3. tritt mit Zustimmung der Erschienenen zu 1. und 2. von seiner Stammeinlage i.H.v. 10.000 € einen Teilgeschäftsanteil i.H.v. 100 € an die Verwaltungs A-GmbH ab, welche die Abtretung annimmt.

2. Vorstehende Abtretung erfolgt treuhänderisch nach folgender Maßgabe:
   - Die Erwerberin wird – soweit gesetzlich möglich – im Hinblick auf nachstehenden Formwechsel ihre Rechte aus dem abgetretenen Geschäftsanteil nur nach Weisung und für Rechnung des Veräußerers wahrnehmen.
   - Im Hinblick auf vorstehende Vereinbarung ist eine weitere Gegenleistung für den abgetretenen Geschäftsanteil nicht geschuldet.

C.
Beschluss über die Umwandlung

Die Erschienenen sowie die Verwaltungs A-GmbH, vertreten durch den Erschienenen zu 1., erklären sodann:

Wir sind die alleinigen Gesellschafter der A-GmbH mit Sitz in ....-Stadt. Unter Verzicht auf alle durch Gesetz oder Gesellschaftsvertrag vorgeschriebenen Formen und Fristen halten wir hiermit eine Gesellschaftervollversammlung der A-GmbH ab und beschließen einstimmig folgenden

Umwandlungsbeschluss:

1. Die A-GmbH wird durch Formwechsel in eine Kommanditgesellschaft umgewandelt.
2. Die Firma der KG lautet: A-GmbH & Co. KG. Sitz der KG ist ....
3. Komplementärin ist die Verwaltungsgesellschaft A-GmbH.
4. Kommanditisten sind mit folgenden Hafteinlagen beteiligt:
   - Herr A: Hafteinlage 20.000 €,
   - Herr B: Hafteinlage 20.000 €,
   - Herr C: Hafteinlage 10.000 €.
5. Die Gesellschafter erhalten folgende Kapitalkonten[426]:
   - die Komplementärin: 0 €,
   - Herr A: 40.000 €,
   - Herr B: 40.000 €,
   - Herr C: 20.000 €.

---

425 Die Komplementär-GmbH wurde vor dem Formwechsel neu gegründet und erhält vom Gesellschafter C einen Minianteil an der formwechselnden GmbH i.H.v. 100 €; siehe dazu jetzt auch Rn. 265.

426 Das Vermögen der formwechselnden GmbH enthielt 50.000 € Buchwerte und noch einmal 50.000 € stille Reserven. Diese wurden im Rahmen des Formwechsels aufgedeckt.

Die Gewinnverteilung nach dem in der Anlage beigefügten Gesellschaftsvertrag entspricht dem Verhältnis der Kapitalkonten I.

6. Die Beteiligten stellen für die Kommanditgesellschaft den Gesellschaftsvertrag fest, der dieser Urkunde als Anlage beigefügt ist; er ist Bestandteil dieser Urkunde und wurde mit verlesen.
7. Besondere Rechte i.S.v. § 194 Abs. 1 Nr. 5 UmwG werden einzelnen Gesellschaftern oder Dritten nicht eingeräumt.
8. Die Gesellschaft bietet jedem Gesellschafter, der gegen den Umwandlungsbeschluss Widerspruch zu Protokoll erklärt, eine Barabfindung nach § 207 UmwG i.H.v. .... € je 1.000 € Geschäftsanteil, wenn er das Ausscheiden aus der entstehenden A-GmbH & Co. KG erklärt.
9. Die KG übernimmt die Arbeitnehmer der GmbH, die Arbeitsverhältnisse bleiben unverändert bestehen. Weitere Maßnahmen sind daher für die Arbeitnehmer nicht vorgesehen. Auswirkungen mitbestimmungsrechtlicher oder tarifvertraglicher Art ergeben sich für die Arbeitnehmer nicht.

Weitere Beschlüsse werden nicht getroffen.

D.
Zustimmungs- und Verzichtserklärungen

1. Herr A erklärt seine Zustimmung zu diesem Beschluss gemäß § 233 Abs. 2 UmwG i.V.m. § 50 Abs. 2 UmwG. Ihm war in der GmbH ein Sonderrecht auf Geschäftsführung eingeräumt.
2. Alle Gesellschafter verzichten auf das Abfindungsangebot gemäß § 207 UmwG.
3. Alle Gesellschafter verzichten auf die Erstattung eines Umwandlungsberichtes und auf die Anfechtung des Beschlusses ausdrücklich.
4. Die nach § 233 Abs. 2 Satz 3 UmwG erforderliche Zustimmungserklärung der Verwaltungsgesellschaft A-GmbH als persönlich haftende Gesellschafterin wurde mit dem Umwandlungsbeschluss erteilt.

E.
Schlussbestimmungen

Von dieser Urkunde erhalten

Ausfertigungen:

- die Beteiligten nach Vollzug.

Beglaubigte Abschriften:

- die Beteiligten,
- das Registergericht,
- das Sitzfinanzamt (§ 54 EStDV),
- (ggf.) der Steuerberater der Beteiligten.

Die Kosten der Urkunde trägt die Gesellschaft, ebenso anfallende Verkehrssteuern.

F.
Hinweise

(vgl. die üblichen Belehrungen, Hinweise und ggf Vollzugsvollmacht)

Samt Anlagen vorgelesen vom Notar, von den Erschienenen und vom Notar eigenhändig unterschrieben.

....

b) Handelsregisteranmeldung (GmbH in eine GmbH & Co. KG)

258

Zur Eintragung in das Handelsregister wird angemeldet:

1. Die A-GmbH wurde aufgrund Umwandlungsbeschlusses vom ...., UR.Nr. .... in die Rechtsform einer Kommanditgesellschaft mit der Firma A-GmbH & Co. KG umgewandelt.
2. Die Kommanditgesellschaft hat ihren Sitz in ....
3. Persönlich haftende Gesellschafterin ist die Verwaltungsgesellschaft A-GmbH in .... (HRB ....).
4. Kommanditisten sind folgende Personen (jeweils mit Name, Vorname, Geburtsdatum, Wohnort) mit folgenden Hafteinlagen:
   - Herr A: Hafteinlage 20.000 €,
   - Herr B: Hafteinlage 20.000 €,
   - Herr C: Hafteinlage 10.000 €.
5. Der Geschäftsführer der persönlich haftenden Gesellschafterin zeichnet seine Namensunterschrift bei der von der Anmeldung betroffenen Firma der A-GmbH & Co. KG wie folgt:
   .... (Namensunterschrift des A)
6. Das Geschäftslokal der Kommanditgesellschaft befindet sich in ....
7. Die Kommanditgesellschaft hat den Handel, Import und Export mit Fliesen aus Italien zum Gegenstand.

Zu dieser Anmeldung überreichen wir folgende Anlagen:
- Ausfertigung des Umwandlungsbeschlusses zur Urkunde des Notars ...., in ...., UR-Nr. .... samt Verzichts- und Zustimmungserklärungen;
- Nachweis über die Zuleitung des Umwandlungsbeschlusses an den Betriebsratsvorsitzenden.

Weiter erklären wir, dass Klagen gegen den Umwandlungsbeschluss nicht erhoben sind und im Umwandlungsbeschluss die Gesellschafter auf eine Anfechtung verzichtet haben.

....

(Unterschrift des Geschäftsführers der A-GmbH, des Herrn A)

(Beglaubigungsvermerk)

2. Erläuterungen

259 Abweichend zum alten Umwandlungsrecht hat der Gesetzgeber **ausdrücklich** den Formwechsel von einer Kapitalgesellschaft in eine GmbH & Co. KG vorgesehen.[427]

260 Neben den **Vorschriften des allgemeinen Teils** (§§ 190 – 213 UmwG) müssen bei einem Formwechsel von einer Kapitalgesellschaft (§§ 226 – 227 UmwG) in eine Personenhandelsgesellschaft **die besonderen Regelungen** der §§ 228 – 237 UmwG beachtet werden.

> **Hinweis:**
>
> Gemäß § 228 Abs. 1 UmwG ist ein Formwechsel in eine KG nur möglich, wenn die Ausgangs-GmbH ein Handelsgewerbe betreibt oder die Voraussetzungen der §§ 161 Abs. 1, 105 Abs. 2 HGB (kleingewerbetreibend oder vermögensverwaltend, aber ins Handelsregister eingetragen) vorliegen.

---

[427] Vgl. auch die allgemeinen Hinweise zum Formwechsel oben Rn. 250 ff.; zur steuerlichen Problematik: Semmler, NWB 2004, 3851 (Fach 18, S. 4107).

Ansonsten (insb. bei Freiberuflern) bleibt nur der Formwechsel in die GbR oder die Partnerschaft (§ 226 UmwG).

a) **Formwechselbeschluss**

aa) **Identität der Gesellschafter**

Der Grundsatz der Identitätswahrung (vgl. oben Rn. 46 ff. für die Verschmelzung) führt beim Formwechsel einer GmbH in eine GmbH & Co. KG und umgekehrt zur Problematik der **Beteiligung der zukünftigen bzw. bisherigen Komplementär-GmbH**.

Sonderfall: GmbH & Co. KG

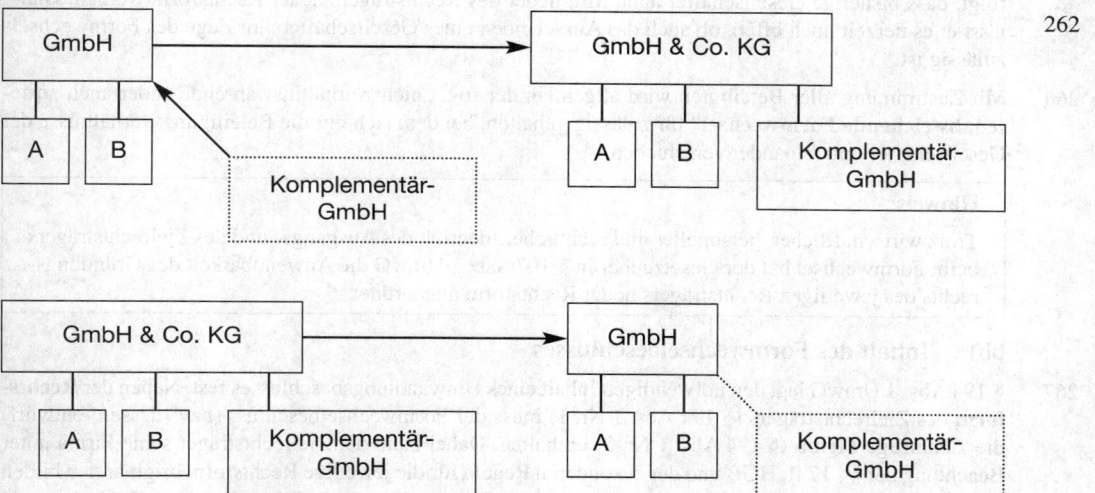

Die wohl noch **überwiegende Meinung**[428] folgt dabei der Gesetzesbegründung zu § 194 UmwG, die einen **Mitgliederwechsel** zum Zeitpunkt des Wirksamwerdens des Formwechsels durch dessen Eintragung im zuständigen Register ausschließt. Eine gesetzliche Ausnahme sehen nur die §§ 221 – 236 UmwG für den Formwechsel in bzw. aus der KGaA vor. Da ein **Ein- bzw. Austritt** von Gesellschaftern kurz vor bzw. kurz nach dem Formwechsel nach allgemeinen Regeln für den jeweils betroffenen Rechtsträgertypus möglich ist, wird **in der Praxis** die beim Formwechsel in die GmbH & Co. KG benötigte Komplementär-GmbH schon bei der Ausgangs-GmbH mit einem Minimal-Anteil von 100 € als Gesellschafter beteiligt. Der Erwerb des Geschäftsanteils ist noch **bis zur Eintragung des Formwechsels** möglich.[429] Es genügt sogar eine Vor-GmbH, die selbst noch nicht im Handelsregister eingetragen ist, als zukünftige Komplementärin. Dies kann aber zu erheblichen Haftungsrisiken für die Gründungsgesellschafter führen.

---

[428] Heidinger u.a. Gutachten zum Umwandlungsrecht, Gutachten Nr. 43 u. 44; Mayer, in: Münchener Handbuch des Gesellschaftsrechts, Bd. 3, § 73 Rn. 311; Heckschen, in: Beck'sches Notar-Handbuch, D IV Rn. 93;.Mayer, in: Widmann/Mayer, Umwandlungsrecht, § 5 Rn. 57 ff., § 126 Rn. 2 ff.; Decher, in: Lutter, UmwG, § 202 Rn. 13; Meister/Klöcker, in: Kallmeyer, UmwG, § 202 Rn. 28 ff.; a.A.: mit Zustimmung aller beteiligten Personen: Priester, DB 1997, 560, 562 ff.; K. Schmidt, GmbHR 1995, 693; Bayer, ZIP 1997, 1613, 1616; Kallmeyer, GmbHR 1996, 80, 82; Landwirtschaftssenat des BGH, ZIP 1995, 422, 425.

[429] BayObLG, NJW-RR 2000, 627 = ZIP 2000, 230 = DB 2000, 36 f.; Mayer, in: Münchener Handbuch des Gesellschaftsrechts, Bd. 3, § 73 Rn. 369; vgl. auch BayObLG, ZIP 2003, 1145 = MittBayNot 2004, 200 ff. m. Anm. Gerber: beim Formwechsel einer AG in eine KG besteht kein Verfügungsverbot für die Aktien nach dem Formwechselbeschluss.

264 Um **Steuerneutralität** zu erreichen, kann die zukünftige Komplementär-GmbH diesen Geschäftsanteil auch nur **treuhänderisch** für einen anderen Gesellschafter (künftigen Kommanditisten) halten und bei der Ziel-KG ohne Abfindung eine Null-Kapitalbeteiligung erhalten.[430] Das Treuhandverhältnis sollte aus steuerlichen und haftungsrechtlichen Gründen ausdrücklich mit Eintragung des Formwechsels enden. Bei dem umgekehrten Weg des Formwechsels einer GmbH & Co. KG in eine GmbH wird entsprechend der bisherigen Komplementär-GmbH ein Geschäftsanteil am Zielrechtsträger nur treuhänderisch gewährt und bereits aufschiebend bedingt abgetreten.[431]

265 Für den Formwechsel einer AG in eine GmbH & Co. KG hat der **BGH** jetzt[432] „obiter dictum" ausgesprochen, dass der Komplementär mit dessen Zustimmung **im Zuge des Formwechsels neu hinzutreten** kann. Gleichzeitig betont er jedoch, dass aus dem Gebot der Kontinuität der Mitgliedschaft (lediglich) folgt, dass bisherige Gesellschafter auch Mitglieder des Rechtsträgers neuer Rechtsform werden. Daher lässt er es derzeit noch offen, ob auch das Ausscheiden eines Gesellschafters im Zuge des Formwechsels zulässig ist.[433]

266 Mit Zustimmung aller Beteiligten wird allgemein der sog. „nicht verhältniswahrende" oder auch „**quotenabweichende Formwechsel**" für zulässig gehalten, bei dem sich nur die Beteiligungsverhältnisse der Gesellschafter untereinander verschieben.[434]

> **Hinweis:**
> Trotz wirtschaftlicher, personeller und rechtlicher Identität des Ausgangs- und des Zielrechtsträgers beim Formwechsel hat der Gesetzgeber in § 197 Satz 1 UmwG die Anwendbarkeit des Gründungsrechts des jeweiligen Rechtsträgers neuer Rechtsform angeordnet.[435]

bb) Inhalt des Formwechselbeschlusses

267 § 194 Abs. 1 UmwG legt den notwendigen Inhalt eines Umwandlungsbeschlusses fest. Neben der **Rechtsform** des Zielrechtsträgers (§ 194 Abs. 1 Nr. 1) muss der Formwechselbeschluss (bzw. dessen -entwurf) die zukünftige **Firma** (§ 194 Abs. 1 Nr. 2) enthalten. Dabei kann der Zielrechtsträger seine Firma unter Beachtung der §§ 17 ff. HGB und der besonderen Regeln für die jeweilige Rechtsform originär neu bilden oder unter Einhaltung des § 200 UmwG fortführen. Darüber hinaus sind Angaben über **Zahl, Art und Umfang der zukünftigen Beteiligung** aller bisherigen Gesellschafter (§ 194 Abs. 1 Nr. 4) und eventuelle **Sonderrechte** (§ 194 Abs. 1 Nr. 5) erforderlich.

268 Materiell-rechtlich entscheidend für die zukünftige Gesellschafterstellung beim Zielrechtsträger ist nach § 202 Abs. 1 Nr. 2 UmwG der **Bestand zum Zeitpunkt der Eintragung des Formwechsels** im Register, nicht die Angaben im Formwechselbeschluss.[436] Veräußerungen zwischen Formwechselbeschluss und Eintragung des Formwechsels im Handelsregister haben also noch materiell-rechtliche Auswirkungen auf den Mitgliederbestand des Zielrechtsträgers.

269 Das **Barabfindungsangebot im Formwechselbeschluss** nach § 207 UmwG **entfällt bei** der Einpersonengesellschaft, wenn alle Gesellschafter dem Formwechsel zustimmen müssen (§ 194 Abs. 1 Nr. 6

---

[430] Siehe dazu genauer Mayer, in: Münchener Handbuch des Gesellschaftsrechts, Bd. 3, § 73 Rn. 371 ff.
[431] Für Aufgabe der Treuhandlösung wegen Austrittsrechts der Komplementärin jüngst Simon/Leuering, NJW-Spezial 2005, 459.
[432] BGH, NZG 2005, 722, unter Verweis auf BGHZ 142, 1, 5.
[433] Relevant insb. beim umgekehrten Fall des Formwechsels einer GmbH & Co. KG in eine GmbH; für Austrittsrecht der Komplementärin jüngst Simon/Leuering, NJW-Spezial 2005, 459.
[434] Limmer, in: Handbuch der Unternehmensumwandlung, Rn. 2309; Mayer, in: Münchener Handbuch des Gesellschaftsrechts, Bd. 3, § 73 Rn. 313; Vollrath, in: Widmann/Mayer, Umwandlungsrecht, § 194 Rn. 17; Decher, in: Lutter, UmwG, § 202 Rn. 20; Priester, DB 1997, 560, 566; Veil, DB 1996, 2529.
[435] Vgl. dazu ausführlich: Limmer, in: Handbuch der Unternehmensumwandlung, Rn. 2404 ff.
[436] Vgl. dazu Mayer, in: Münchener Handbuch des Gesellschaftsrechts, Bd. 3, § 73 Rn. 302 und 322.

UmwG) oder wenn mit notariell beurkundeter Zustimmung aller Beteiligten darauf verzichtet wird.[437] Damit das Barabfindungsangebot schon im (Entwurf des) Umwandlungsbeschluss/es entbehrlich ist, muss der Verzicht auf das Angebot bereits **vor dem Umwandlungsbeschluss** erklärt werden.[438] Im Umwandlungsbeschluss oder danach kann demgegenüber nur noch ein Verzicht auf die angebotene Abfindung erfolgen. Eine Anfechtungsklage gegen den Formwechselbeschluss nur wegen eines zu niedrigen Abfindungsangebotes[439] ist ausgeschlossen (§ 210 UmwG) und dem Spruchverfahren vorbehalten (§ 212 UmwG i.V.m. Spruchverfahrensgesetz).

Die **Angaben** über die Folgen des Formwechsels **für die Arbeitnehmer und ihre Vertretungen** (§ 194 Abs. 1 Nr. 7 UmwG) sowie die insoweit vorgesehenen Maßnahmen (vgl. dazu bereits oben bei Verschmelzung Rn. 83 korrespondieren mit § 194 Abs. 2 UmwG, der festlegt, dass der Entwurf des Umwandlungsbeschlusses (ohne Umwandlungsbericht) spätestens einen Monat vor dem Tag des Formwechselbeschlusses dem zuständigen Betriebsrat zuzuleiten ist. Die fehlende rechtzeitige Zuleitung ist ein Eintragungshindernis (§ 199 UmwG).[440] Für den Verzicht gilt das oben Rn. 83 zur Verschmelzung Gesagte. Der Verzicht auf die Zuleitungsfrist nicht aber auf die Zuleitung als solche ist also zulässig. 270

Der nach § 194 UmwG **zwingende Inhalt** wird durch verschiedene Vorschriften des besonderen Teiles ergänzt. Im hier vorliegenden Fall muss im Formwechselbeschluss z.B. nach § 234 Satz 1 Nr. 1 und Nr. 2 UmwG der Sitz der Personengesellschaft und ggf. die Kommanditisten[441] sowie deren jeweilige Hafteinlage angegeben werden. Die **Hafteinlage** der Kommanditisten wird wie bei einer Sacheinlage durch den auf jeden Einzelnen entfallenden Anteil des tatsächlichen Reinvermögens der bisherigen Kapitalgesellschaft erbracht.[442] 271

Anders als beim Formwechsel in eine Kapitalgesellschaft oder Genossenschaft (siehe dazu §§ 218 Abs. 1, 243 Abs. 1 UmwG) muss nach aktuellem Recht zwar nicht zwingend die **Satzung der Personenhandelsgesellschaft** als Zielrechtsträger im Formwechselbeschluss mit enthalten sein. Die Beifügung als Anlage und Mitbeurkundung (dann mit bloßer 3/4-Mehrheit) ist allerdings auch hier zweckdienlich.[443] Auch der Aspekt der rechtlichen Einheit zwischen Formwechselbeschluss und Satzung spricht für eine 272

---

437   Heckschen, in: Beck'sches Notar-Handbuch, D IV Rn. 83; Priester, DNotZ 1995, 427, 450; Limmer, in: Handbuch der Unternehmensumwandlung, Rn. 2325 u. 2402; Vollrath, in: Widmann/Mayer, Umwandlungsrecht, § 207 Rn. 21; Meister/Klöcker, in: Kallmeyer UmwG, § 207 Rn. 45 ff.

438   Zeidler, in: Semler/Stengel, UmwG, § 207 Rn. 16.

439   Auch bei diesbezüglicher Verletzung von Informations-, Auskunfts- und Berichtspflichten, BGH, GmbHR 2001, 247 = ZIP 2001, 412; ZIP 2001, 199 = GmbHR 2001, 200.

440   Blechmann, NZA 2005, 1143, kritisch zur Zuleitungspflicht; zum Fehlen der Angaben im Formwechselbeschluss: Vollrath, in: Widmann/Mayer, Umwandlungsrecht, § 199 Rn. 5 mit Verweis auf § 5 Rn. 203 ff.

441   Zum Problem der unbekannten Aktionärs/Kommanditisten insb. beim Formwechsel einer AG in eine GmbH & Co. KG: Vossins, in: Widmann/Mayer, Umwandlungsrecht, § 234 Rn. 11.1; vgl. auch bei §§ 213 und 35 UmwG; Limmer, in: Handbuch der Unternehmensumwandlung, Rn. 2281, 2317; BayObLG, DB 1996, 1814, 1815; Ihrig, in: Semler/Stengel, UmwG, § 234 Rn. 11; BayObLG NZG 2003, 829 = ZIP 2003, 1145 – 1147 = DB 2003, 1377 – 1378: kein Verfügungsverbot für Aktien; OLG Bremen, DB 2003, 1498 (Pflegerbestellung statt öffentlicher Zustellung).

442   Ihrig, in: Semler/Stengel, UmwG, § 234 Rn. 9; Stratz, in: Schmitt/Hörtnagl/Stratz, UmwG, § 234 Rn. 4; vgl. auch GmbHR Gutachten, GmbHR 2002, 739.

443   Heckschen, in: Beck'sches Notar-Handbuch, D IV Rn. 88; Limmer, in: Handbuch der Unternehmensumwandlung, Rn. 2328; Usler, MittRhNotK 1998, 21, 33; Vollrath, in: Widmann/Mayer, Umwandlungsrecht, § 194 Rn. 59; vgl. auch zur Satzungsfestsetzung durch 3/4-Mehrheit: BGH, DStR 2005, 1539 ff.; OLG Düsseldorf, ZIP 2003, 1749; zur Registervollmacht bei Personenhandelsgesellschaften: OLG Schleswig, DB 2003, 1502 ff. = NZG 2003, 830; Bandehzadeh, DB 2003, 1663 ff.

Beurkundung.[444] Das UmwG[445] n.F. sieht in § 234 Nr. 3 UmwG vor, dass auch der Gesellschaftsvertrag der Personengesellschaft zwingender Bestandteil des Formwechselbeschlusses ist.

cc) Form und Durchführung des Umwandlungsbeschlusses

273 Nach § 193 Abs. 3 UmwG bedarf der Umwandlungsbeschluss der notariellen Beurkundung.[446] Soweit keine beurkundungsbedürftigen Zustimmungserklärungen abgegeben werden müssen, genügt die Form der **Niederschrift** nach den §§ 36 ff. BeurkG. Über § 193 Abs. 2 UmwG und entsprechende Vinkulierungsregelungen in der Satzung ergibt sich häufig ein **Zustimmungsbedürfnis** aller Gesellschafter (siehe auch das Zustimmungserfordernis des § 233 Abs. 2 und Abs. 3 UmwG für alle zukünftigen Vollhafter).

274 Für **Informationspflichten, Inhalt und Ablauf** der beschlussfassenden Versammlung sowie erforderlichen Mehrheiten bestehen jeweils besondere Regelungen für die einzelnen Rechtsformen (siehe insb. die §§ 230 – 232 UmwG; vgl. ansonsten die Übersicht zum Ablauf oben Rn. 255 f.: „Entwurf des Umwandlungsbeschlusses" bis „Beschluss der Anteilsinhaber").

275 Die Frage der **Stellvertretung** beim Formwechselbeschluss richtet sich grds. nach der Rechtsform des formwechselnden Rechtsträgers.[447] Die Vollmacht sollte beglaubigt werden.[448] Auch **Vertretung ohne Vertretungsmacht** ist grds. mit beglaubigter Nachgenehmigung bzw. Vollmachtsbestätigung zulässig.[449] § 181 BGB ist zu beachten.

b) Umwandlungsbericht

276 Nach § 192 UmwG muss grds. in allen Fällen des Formwechsels das Vertretungsorgan des formwechselnden Rechtsträgers einen **ausführlichen schriftlichen Bericht** erstatten und den Gesellschaftern vor der Gesellschaftsversammlung rechtzeitig übersenden (§ 230 Abs. 1 UmwG). In diesem ist der **Formwechsel als solcher** und insb. die **künftige Beteiligung der Anteilsinhaber** rechtlich und wirtschaftlich zu erläutern und zu begründen. Die Anteilsinhaber sollen sich ein Bild über die wirtschaftliche Zweckmäßigkeit der Umwandlung machen[450] und die Angemessenheit einer eventuellen Barabfindung beurteilen können.

> **Hinweis:**
>
> Dem Umwandlungsbericht ist der Entwurf des Umwandlungsbeschlusses und eine zeitnahe[451] Vermögensaufstellung beizufügen. Fehlen diese, so ist dies ein Eintragungshindernis.[452] In der Vermögensaufstellung sind die „wirklichen Werte", also die Verkehrswerte, als Fortführungswerte der ein-

---

444 Vgl. Schröer, in: Semler/Stengel, UmwG, § 136 Rn. 6 für den Spaltungsplan; Drygalla, in: Lutter, UmwG, § 6 Rn. 3 für den Verschmelzungsvertrag.
445 BT-Drucks. 16/2916 v. 12.10.2006 unter Maßgabe der Änderungen in BR-Drucks. 95/07 v. 16.2.2007; das Inkrafttreten stand bei Redaktionsschluss unmittelbar bevor.
446 Zur Formbedürftigkeit einer Verpflichtung zum Formwechsel: Heidinger u.a., Gutachten zum Umwandlungsrecht, Gutachten Nr. 49.
447 Vgl. dazu genauer: Limmer, in: Handbuch der Unternehmensumwandlung, Rn. 2263 ff.; siehe aber z.B. § 47 Abs. 3 GmbHG oder § 197 UmwG i.V.m. § 2 Abs. 2 GmbHG.
448 Str. zur Differenzierung von formfrei nach § 167 Abs. 2 BGB bis zur notariellen Beurkundung: Bärwaldt, in: Semler/Stengel, UmwG, § 193 Rn. 12; Vollrath, in: Widmann/Mayer, Umwandlungsrecht, § 193 Rn. 24 ff.; differenzierend: Stratz, in: Schmitt/Hörtnagl/Stratz, UmwG, § 193 Rn. 8.
449 Mayer, in: Münchener Handbuch des Gesellschaftsrechts, Bd. 3, § 73 Rn. 343.
450 Limmer, in: Handbuch der Unternehmensumwandlung, Rn. 2204.
451 H.M. ca. ein bis zwei Monate; vgl. genauer dazu Limmer, in: Handbuch der Unternehmensumwandlung, Rn. 2226.
452 OLG Frankfurt, GmbHR 2003, 1274.

zelnen Wirtschaftsgüter anzusetzen.[453] Verbindlichkeiten mit Rangrücktrittserklärungen sind nicht zu berücksichtigen.[454] Im UmwG[455] n.F. ist das Erfordernis der Vermögensaufstellung (§ 192 Abs. 2 UmwG) ersatzlos gestrichen worden.

Nach § 192 Abs. 3 UmwG entfällt ein Umwandlungsbericht sowie auch die Vermögensaufstellung,[456] wenn an dem formwechselnden Rechtsträger **nur ein Anteilsinhaber** beteiligt ist oder wenn alle Anteilsinhaber in notariell beurkundeter Form darauf **verzichten.**

Eine **Formwechselprüfung** findet grds. nicht statt (zur Ausnahme beim Formwechsel einer Genossenschaft, siehe § 259 UmwG sowie die Ausnahme der Gründungsprüfung der AG nach den §§ 32 ff. AktG).

c) Anmeldung

Grds. hat die Anmeldung nach § 198 UmwG **beim Register des Ausgangsrechtsträgers** zu erfolgen, darüber hinaus beim Register des Zielrechtsträgers, wenn wegen der Rechtsform ein anderes Registergericht (z.B. Genossenschaftsregister, nicht aber Handelsregister A und B) oder wegen einer enthaltenen Sitzverlegung ein Register am anderen Ort zuständig wird. Im Fall des Formwechsels einer GmbH in eine GmbH & Co. KG müssen bei gleichbleibendem Sitz also die Vertretungsorgane der formwechselnden GmbH gemäß § 235 Abs. 2 UmwG den Formwechsel nur zur Eintragung des Sitzes der formwechselnden GmbH anmelden.

277

Gegenstand der Anmeldung ist nicht wie früher der Umwandlungsbeschluss, sondern die neue Rechtsform des Rechtsträgers[457] sowie weitere Beschlüsse neben dem eigentlichen Formwechselbeschluss (z.B. Geschäftsführerbestellung und Ähnliches).

278

Die **Anlagen** bestimmen sich nach § 199 UmwG und den jeweiligen Sonderregelungen für die einzelnen Rechtsformen (vgl. Übersicht zum Ablauf oben Rn. 255 f.: „Anmeldung des Formwechsels bei den zuständigen Registern") sowie den Gründungsvorschriften (vgl. § 197 UmwG i.V.m. § 8 GmbHG bzw. § 37 Abs. 4 AktG). Ob beim Formwechsel in eine Kapitalgesellschaft auch eine modifizierte **Einlagenversicherung** entsprechend der §§ 8 Abs. 2 GmbHG und 37 Abs. 1 AktG abzugeben ist, ist streitig.[458]

> **Hinweis:**
>
> Der Anmeldung ist keine Schlussbilanz beizufügen, da § 17 Abs. 2 UmwG beim Formwechsel nicht gilt. Eine handelsrechtliche Rückbeziehung ist beim Formwechsel nicht möglich, sondern nur eine steuerliche (vgl. §§ 9 Satz 2 und 25 Satz 2 UmwStG n.F.).[459] Die Vereinbarung eines „Formwechselstichtages" hat nur schuldrechtliche Wirkung im Innenverhältnis zwischen den Beteiligten. Um auch spätere formlose Änderungen des steuerlichen Formwechselstichtages noch zu ermöglichen, kann es ratsam sein, eine diesbezügliche Festlegung im Formwechselbeschluss ganz zu unterlassen.

---

453 So die h.M.; zum Meinungsstreit Limmer, in: Handbuch der Unternehmensumwandlung, Rn. 2020 ff.; LG Mainz, DB 2001, 1136; Mayer, in: Widmann/Mayer, Umwandlungsrecht, § 192 Rn. 54; Meister/Klöcker, in: Kallmeyer, UmwG, § 192 Rn. 27; Decher, in: Lutter, UmwG, § 192 Rn. 60; Bärwaldt, in: Semler/Stengel, UmwG, § 192 Rn. 31.
454 OLG Naumburg, GmbHR 2003, 1432.
455 BT-Drucks. 16/2919 v. 12.10.2006 unter Maßgabe der Änderungen in BR-Drucks. 95/07 v. 16.2.2007; das Inkrafttreten stand bei Redaktionsschluss unmittelbar bevor.
456 OLG Frankfurt, DB 2003, 2378.
457 Volhard, in: Semler/Stengel, UmwG, § 198 Rn. 1; Limmer, in: Handbuch der Unternehmensumwandlung, Rn. 2444.
458 Limmer, in: Handbuch der Unternehmensumwandlung, Rn. 2460 f.
459 Zum alten UmwStG: Limmer, in: Handbuch der Unternehmensumwandlung, Rn. 2273; Mayer, in: Münchener Handbuch des Gesellschaftsrechts, Bd. 3, § 73 Rn. 378 ff., 386.

d) Eintragung

279 Der Registerrichter prüft auch, ob die Gesellschaft ordnungsgemäß errichtet und angemeldet ist. Erst **mit der Eintragung** des Formwechsels in das Register der neuen Rechtsform ist dieser wirksam und entfaltet seine **Rechtswirkungen** nach § 202 UmwG. Der formwechselnde Rechtsträger erhält seine neue Rechtsform, die Anteilsinhaber ihre neuen Mitgliedschaften, die Rechtsinhaberschaft von Forderungen, Rechten und Verträgen bleibt weitgehend unberührt.[460] Eine **Prokura** beim Ausgangsrechtsträger besteht grds. ohne diesbezügliche Anmeldung beim Zielrechtsträger fort.[461] Die **organschaftlichen Vertreter** verlieren jedoch ihre Organstellung. Es bedarf noch der Kündigung ihrer Anstellungsverträge und der Bestellung der neuen Organe.[462] Ein **Unternehmensvertrag** muss zu seinem Fortbestand die formellen Voraussetzungen beim Zielrechtsträger (vgl. insb. §§ 293, 294 AktG bei stiller Beteiligung als Teilgewinnabführungsvertrag[463]) erfüllen.[464] Unterbeteiligungen setzen sich grds. am Zielrechtsträger fort.[465]

> **Hinweis:**
> Der Mangel der notariellen Beurkundung wird durch die Eintragung geheilt (§ 202 Abs. 1 Nr. 3 UmwG), sonstige Mängel lassen die Wirkung der Eintragung unberührt (§ 202 Abs. 3 UmwG).[466]

e) Steuerliche Besonderheiten

280 Aus **erb- und schenkungsteuerrechtlichen** Gründen ist vor allem wegen der unterschiedlichen Bewertung (vgl. § 97 BewG zu § 11 BewG) der Wechsel in eine Personenhandelsgesellschaft auch steuerlich weiterhin attraktiv. Der schenkungsteuerliche Freibetrag und der Bewertungsabschlag nach den §§ 13a, 19a ErbStG für im Betriebsvermögen übertragene Geschäftsanteile kann jedoch entfallen, wenn innerhalb von fünf Jahren ein Formwechsel in eine Personengesellschaft erfolgt (vgl. § 13a Abs. 5 Nr. 4 ErbStG: „Vermögen übertragen" gemäß §§ 3 – 16 UmwStG).[467]

281 Der Formwechsel einer Kapitalgesellschaft in eine Personenhandelsgesellschaft und umgekehrt unterliegt nicht der **Grunderwerbsteuer**, da es hierbei nicht zu einem Rechtsträgerwechsel kommt.[468] Allerdings gehen die Steuervergünstigungen der §§ 5, 6 GrEStG verloren, wenn in sachlichem und zeitlichem

---

460 Vgl. Limmer, in: Handbuch der Unternehmensumwandlung, Rn. 2478; zum Fortbestand eines Unternehmervertrages bei Formwechsel der beherrschten AG in eine GmbH & Co. KG: OLG Düsseldorf, ZIP 2004, 753 = NZG 2005, 280; zum Widerruf der Anwaltszulassung beim Formwechsel in eine Anwalts-AG: BGH NJW 2005, 1568.
461 OLG Köln, DNotZ 1996, 700.
462 Klimt/Tilling, ArbRB 2006, 25.
463 Str.: Mertens, AG 2000, 32. 38; a.A.: Winter, in: FS für Peltzer, S. 645, 650; Schlitt/Beck, NZG 2001, 688, 691; zum Schicksal stiller Beteiligungen auch Sedlmayer, DNotZ 2003, 611 f.; zur Problematik der stillen Gesellschaft als Teilgewinnabführungsvertrag bei der AG ausführlich: Limmer, in: Handbuch der Unternehmensumwandlung, Rn. 2486 ff.
464 Zu den Auswirkungen des Formwechsels einer beherrschten Kapitalgesellschaft in eine Personengesellschaft auf Organschaftsverträge: Schwarz, ZNotP 2002, 106.
465 Stegemann/Middendorf, BB 2006, 1084 auch zu den steuerlichen Ausführungen.
466 OLG Hamm, DB 2002, 1431; DB 2001, 85; kritisch dazu: Meilicke, DB 2001, 1235; dagegen eingelegte Verfassungsbeschwerde war unzulässig: BVerfG, DB 2005, 1373 f.; weiterhin für Löschung analog § 142 FGG: Hosch, Rpfleger 2005, 577; Bückel, ZIP 2006, 2289; zur Haftung des Rechtspflegers wegen Amtspflichtverletzung: LG Dortmund, DB 2004, 805; Staatshaftung wegen Amtspflichtverletzung bejahend: OLG Hamm, DB 2006, 36; BGH, DB 2006, 2563; OLG Frankfurt, ZIP 2003, 1607.
467 Str.: Mayer, in: Münchener Handbuch des Gesellschaftsrechts, Bd. 3, § 73 Rn. 380.
468 Nach anfänglich gegenteiliger Ansicht der Finanzverwaltung jetzt ausdrücklich: BFH, ZIP 1997, 144.

Zusammenhang mit der Grundstücksübertragung auf eine Gesamthand bzw. von einer Gesamthand ein Formwechsel in eine Kapitalgesellschaft erfolgt.[469]

V. Formwechsel einer GmbH & Co. KG in eine AG

1. Muster

a) Umwandlungsbeschluss (Niederschrift über eine Gesellschafterversammlung)

Urkundseingang

282

....

Die Erschienenen baten um Beurkundung der folgenden

Umwandlung

und erklärten:

**A.
Rechtslage**

(Anm.: Die Ausführungen zur Rechtslage können entsprechend dem Muster: Formwechsel GmbH in GmbH & Co. KG gestaltet werden, siehe dazu Rn. 257.)

**B.
Umwandlungsbeschluss**

Die Erschienenen erklären sodann:

Wir sind die alleinigen Gesellschafter der A-GmbH & Co. KG mit Sitz in X-Stadt. Unter Verzicht auf alle durch Gesetz oder Gesellschaftsvertrag vorgeschriebenen Formen und Fristen halten wir hiermit eine Gesellschafterversammlung ab und beschließen einstimmig Folgendes:

1. Die A-GmbH & Co. KG wird durch Formwechsel in eine AG umgewandelt. Die Satzung der AG ist dieser Niederschrift als Anlage 1 beigefügt, die mitverlesen und genehmigt wurde. Die Gesellschafter stellen die Satzung fest.
2. Die Firma der AG lautet: A-AG. Sie hat ihren Sitz in ....
3. Die A-AG erhält ein Grundkapital von 50.000 €. Das Vermögen der A-KG beträgt nach der letzten Schlussbilanz vom 31.12 .... 50.000 €. Das Grundkapital ist eingeteilt in 50.000 auf den Inhaber lautende Stückaktien. Für die Form der Aktienurkunden und die Ausgabe wird auf die Bestimmung der Satzung verwiesen.

Am Grundkapital der AG werden die Gesellschafter wie folgt beteiligt:

Die A-Verwaltungs-GmbH mit einer Stückaktie (treuhänderisch für B)

- Herr B mit 24.999 Stückaktien,
- Herr C mit 25.000 Stückaktien.

1. Bei der Gesellschaft bestehen keine Sonderrechte i.S.v. § 194 Abs. 1 Nr. 5 UmwG, es werden auch keine besonderen Rechte wie Vorzugsaktien, Mehrstimmrechte etc. gewährt.

---

[469] Hoffmann, GrEStG, § 5 Rn. 18; Pahlke/Franz, GrEStG, § 5 Rn. 28; Boruttau/Viskorf, Grunderwerbsteuer, § 5 Rn. 67; Mayer, in: Münchener Handbuch des Gesellschaftsrechts, Bd. 3, § 73 Rn. 333; Gottwald, NotBZ 2001, 285, 286; BFH, NV 2003, 940 = Der Konzern 2003, 352.

2. Ein Abfindungsangebot nach § 207 UmwG ist nicht erforderlich, da der Umwandlungsbeschluss nach dem Gesellschaftsvertrag der GmbH & Co. KG nur einstimmig gefasst werden kann (§ 194 Abs. 1 Nr. 6 UmwG).

3. Die A-AG übernimmt sämtliche Arbeitnehmer der A-GmbH & Co. KG. Es bleiben daher die Arbeitsverhältnisse in unveränderter Form bestehen. Weitere Maßnahmen sind für die Arbeitnehmer der A-GmbH & Co. KG nicht vorgesehen. Es ergeben sich auch keine weiteren Auswirkungen tarifvertraglicher und mitbestimmungsrechtlicher Art. Dem Aufsichtsrat der künftigen AG werden Arbeitnehmervertreter nicht angehören, da die Gesellschaft weniger als 500 Arbeitnehmer beschäftigt (§ 1 DrittelbG).

C.
Gesellschafterbeschluss

(Anm.: Die Ausführungen zum Gesellschafterbeschluss können dem Muster: Bargründung einer AG; siehe Teil 2: Gesellschaftsrecht, 2. Kapitel, § 2 Rn. 7 entnommen werden)

D.
Zustimmungs- und Verzichtserklärung, Sonstiges

Alle Gesellschafter verzichten auf die Erstattung eines Umwandlungsberichtes samt Vermögensaufstellung und auf die Anfechtung dieses Beschlusses.

Es wird weiter festgestellt, dass für den Formwechsel folgende namentlich näher bezeichneten Personen gestimmt haben (§ 217 Abs. 2 UmwG), die damit Gründer der AG sind: ....

E.
Übertragung einer Aktie

Die A-Verwaltungs-GmbH tritt schon jetzt aufschiebend bedingt auf die Wirksamkeit des Formwechsels ihre zukünftige Aktie an B ab. B nimmt diese Abtretung an.

F.
Schlussbestimmungen

Die Kosten dieser Urkunde trägt die Gesellschaft.

Von dieser Urkunde erhalten

Ausfertigungen:

- ....

Beglaubigte Abschriften:

- ....

G.
Hinweise/Belehrungen/Vollzugsvollmacht

....

Samt Anlagen vorgelesen vom Notar, von den Erschienenen genehmigt und eigenhändig unterschrieben:

....

b) Handelsregisteranmeldung (GmbH & Co. KG in eine AG – Auszug)

Zur Eintragung in das Handelsregister melden wir, die Gründer, Mitglieder des ersten Vorstandes und des ersten Aufsichtsrates, der A-AG, Folgendes an:

283

1. Die A-GmbH & Co. KG ist durch Formwechsel aufgrund des Umwandlungsbeschlusses vom .... zur Urkunde des Notars .... UR-Nr. .... in die A-AG umgewandelt.
2. Gründer der Gesellschaft sind nach § 219 UmwG sämtliche Gesellschafter der A-GmbH & Co. KG wie folgt:
3.-10. *(Anm.: Die nachfolgenden Angaben können den allgemeinen Mustern zur Sachgründung einer AG entnommen werden.)*
11. Sämtliche Aktien wurden von den Gesellschaftern der A-GmbH & Co. KG gegen Sacheinlage gemäß den Festsetzungen in der Satzung übernommen, wonach die Sacheinlagen geleistet werden, indem die A-GmbH & Co. KG formwechselnd in die Rechtsform der AG unter der Firma A-AG umgewandelt wird.

Der Wert der Sachleistungen entspricht dem Ausgabebetrag der dafür gewährten Aktien.

Die Voraussetzungen der §§ 36 Abs. 2, 36a AktG sind damit erfüllt. Die Sacheinlagen sind vollständig geleistet.[470]

Zu dieser Anmeldung überreichen wir folgende Anlagen:

- beglaubigte Abschrift des Umwandlungsbeschlusses samt Satzung und Aufsichtsratsbestellung zur Urkunde des Notars ...., in ...., UR-Nr. ....,
- Nachweis über die Zuleitung des Umwandlungsbeschlusses zum Betriebsratsvorsitzenden,
- Ausfertigung des Beschlusses des Aufsichtsrates über die Bestellung der Mitglieder des Vorstandes,
- Gründungsbericht der Gründer,
- Prüfungsbericht der Mitglieder des Vorstandes und des Aufsichtsrates,
- Prüfungsbericht des Gründungsprüfers,
- Berechnung des Gründungsaufwandes.

Auf den Umwandlungsbericht wurde verzichtet. Weiter erklären wir, dass Klagen gegen den Umwandlungsbeschluss nicht erhoben sind und im Umwandlungsbeschluss die Gesellschafter auf eine Anfechtung verzichtet haben.

....

(Anm.: Unterschrift sämtlicher Gründer, der Vorstandsmitglieder und der Aufsichtsratsmitglieder der AG)

(Beglaubigungsvermerk)

2. Erläuterungen

Über die allgemeinen Hinweise zum Formwechsel (vgl. dazu Rn. 259 ff.) hinaus gelten hier die besonderen Vorschriften der §§ 214 – 225 UmwG.

284

a) Formwechselbeschluss

Grds. erfordert der Formwechselbeschluss bei einer Personenhandelsgesellschaft die **Zustimmung aller**, auch der nicht anwesenden Gesellschafter, wenn im Gesellschaftsvertrag nicht eine abweichende Mehr-

285

---

[470] Str., ob erforderlich; Schlitt, in: Semler/Stengel, UmwG, § 220 Rn. 18 m.w.N.; vgl. aber § 246 Abs. 3 UmwG beim Formwechsel einer GmbH in die AG.

heit vorgesehen ist (§ 217 UmwG). Die satzungsmäßige Mehrheit muss aber mindestens 3/4 der abgegebenen Stimmen betragen (§ 217 Abs. 1 Satz 3) und ausdrücklich für den „Formwechsel" oder zumindest für „Umwandlungen" vorgesehen sein (Bestimmtheitsgrundsatz).[471] Unterschreitet die Satzungsregelung diese Mindestquote ist streitig, ob wieder Zustimmung aller gilt oder die 3/4 Mehrheit genügt.[472]

286 Als **Gründer** der entstehenden Kapitalgesellschaft gelten nach § 219 Satz 1 UmwG alle bzw. die für den Formwechsel stimmenden Gesellschafter nach § 219 Satz 2 UmwG der Personenhandelsgesellschaft. Daher sind diese im Protokoll über den Formwechselbeschluss aufzuführen.[473]

287 Nach § 218 Abs. 1 Satz 1 UmwG muss auch der **Gesellschaftsvertrag der Kapitalgesellschaft** in dem Formwechselbeschluss enthalten sein. Wegen der Verweisung in § 197 UmwG auch auf §§ 26 und 27 AktG sind in der Satzung der AG auch Angaben über Sacheinlagen und Sachübernahmen bezüglich der Entstehung der AG aus dem Formwechsel geboten.[474]

b) Sonstiges

288 Die **Anmeldung** des Formwechsels erfolgt durch alle künftigen Vorstände (bei der GmbH der Geschäftsführer) sowie alle Aufsichtsräte (§ 222 UmwG)[475] und alle Gründer (§ 222 Abs. 2 UmwG).

Zur Problematik der **überflüssigen Komplementär-GmbH** beim Ausgangsrechtsträger vgl. oben Rn. 261 ff..[476]

289 Nach § 197 Satz 1 UmwG gelten grds. die Gründungsvorschriften der entstehenden Kapitalgesellschaft.[477] Wie bei der Sachgründung einer AG bedarf es eines **Gründungsberichtes** durch die Gründer (§ 32 AktG; vgl. auch für die GmbH § 5 Abs. 4 Satz 2 GmbHG) sowie einer **Gründungsprüfung** durch den Vorstand, Aufsichtsrat und einen externen Gründungsprüfer (§ 197 UmwG i.V.m. §§ 33, 34 AktG).

290 Darüber hinaus muss zum **Schutz der Kapitalaufbringung** nach § 220 UmwG der Nennbetrag des Stammkapitals bei der entstehenden AG oder GmbH durch das Nettovermögen (Reinvermögen), wie bei einer Sachgründung nach Verkehrswerten[478] bewertet, gedeckt sein. Verbindlichkeiten mit Rangrücktrittserklärung bleiben außer Betracht.[479] Der Nachweis erfolgt durch die **Schlussbilanz** (wenn die Buchwerte schon genügen) oder einen **gesondert aufzustellenden Vermögensstatus** (zu Verkehrswerten).[480] Genügt

---

471 BGHZ 85, 351, 355 ff.; BGH, DB 1995, 90, 91; zur Kritik etwa MünchKomm-BGB/Ulmer, § 709 Rn. 72 ff.; eine verbreitete Meinung verlangt sogar, dass die im Gesellschaftsvertrag enthaltene Klausel die Art der Umwandlung ausdrücklich bezeichnen muss: Dirksen, in: Kallmeyer, UmwG, § 217 Rn. 8; Priester, ZGR 1990, 420, 439; Streck/Mack/Schwedhelm, GmbHR 1995, 169; Vossius, in: Widmann/Mayer, Umwandlungsrecht, § 217 Rn. 76; a.A.: Semler/Stenge/Schlitt, UmwG, § 217 Rn. 16; Priester, in: Lutter, Umwandlungsrechtstage, S. 99, 115; H. Schmidt, in: FS für Brandner, S. 133, 145 ff.; Binnewies, GmbHR 1997, 727, 732; Zürbig, Der Formwechsel einer Personengesellschaft in einer Kapitalgesellschaft, S. 95.
472 Zimmermann, in: Kallmeyer, UmwG, § 43 Rn. 10, für 3/4-Mehrheit; Stratz, in: Schmitt/Hörtnagl/Stratz, UmwG, § 43 Rn. 10, für Einstimmigkeit.
473 Heckschen, in: Beck'sches Notar-Handbuch, D IV Rn. 95.
474 Str., siehe dazu ausführlich: Limmer, in: Handbuch der Unternehmensumwandlung, Rn. 2350 ff.; Heidinger u.a., Gutachten zum Umwandlungsrecht, Gutachten Nr. 48.
475 Zur Bestellung der neuen Organe und Aufsichtsräte siehe Limmer, in: Handbuch der Unternehmensumwandlung, Rn. 2428 ff.
476 S. auch Mayer, in: Münchener Handbuch des Gesellschaftsrechts, Bd. 3, § 73 Rn. 311 ff.
477 Vgl. dazu ausführlich Limmer, in: Handbuch der Unternehmensumwandlung, Rn. 2417 ff.
478 H.M. vgl. nur Schlitt, in: Semler/Stengel, UmwG, § 220 Rn. 13; Mayer, in: Münchener Handbuch des Gesellschaftsrechts, Bd. 3, § 73 Rn. 336; vgl. auch Limmer, in: Handbuch der Unternehmensumwandlung, Rn. 2292 zur Durchführung der Buchwertfortführung; OLG Naumburg, ZIP 2004, 566 zum wortgleichen § 264 Abs. 1 UmwG: Rangrücktritt genügt zur Neutralisierung von Forderungen.
479 OLG Naumburg, GmbHR 2003, 1432 zu § 264 UmwG.
480 Schlitt, in: Semler/Stengel, UmwG, § 220 Rn. 19 ff.

der Wert nicht den Anforderungen des § 220 UmwG, kann die Kapitalaufbringung durch eine zusätzliche Sacheinlage oder Bareinlage (Mischeinlage) erfolgen.[481]

Die Stammeinlage bei der Zielgesellschaft muss nicht identisch mit dem bisherigen Kapitalanteil des jeweiligen Personengesellschafters festgesetzt werden. Für die Verwendung der **überschießenden Kapitalanteile** und des sonstigen Eigenkapitals des Personenhandelsgesellschafters ist eine Regelung im Umwandlungsbeschluss (Rückzahlung, Einstellung in die Kapitalrücklage oder Einbuchung eines Darlehens)[482] zwar nicht zwingend, aber sinnvoll.

Die **Gesellschafterhaftung** nach § 128 HGB für Verbindlichkeiten zum Zeitpunkt des Formwechsels bleibt bis fünf Jahre nach dem Formwechsel erhalten (§ 224 UmwG).

Sinnvollerweise bestellen gleich die Gründer im Formwechselbeschluss den bei der AG **erforderlichen Aufsichtsrat**. Denn dieser selbst sowie die durch ihn zu ernennenden Vorstände müssen die Anmeldung des Formwechsels bewirken. Nach § 197 Satz 2 UmwG findet dabei § 30 Abs. 3 Satz 1 AktG keine Anwendung. Daher ist die **Amtszeit des ersten Aufsichtsrates** nicht bis zum Ende der Hauptversammlung, die über das erste Geschäftsjahr beschließt, begrenzt. Bei bestehendem Aufsichtsrat führt § 203 UmwG ggf. zur Amtskontinuität. Ob ein Statusverfahren nach §§ 97 – 99 AktG durchgeführt werden muss, ist streitig.[483] Nach dem UmwG[484] n.F. wird § 31 AktG (Bestellung des Aufsichtsrats bei Sachgründung) ausdrücklich für anwendbar erklärt.

Bei einem Formwechsel einer Personenhandelsgesellschaft in eine Kapitalgesellschaft muss für ggf. vorhandenes **Sonderbetriebsvermögen** der formwechselnden Personenhandelsgesellschaft zur Vermeidung der Aufdeckung stiller Reserven die Erhaltung der Betriebsvermögenseigenschaft im Auge behalten werden.[485]

VI. Formwechsel einer AG in eine GmbH

1. Muster

a) Umwandlungsbeschluss (Hauptversammlungsniederschrift [Auszug])

I.
Anwesenheit:

....

II.
Ablauf der Hauptversammlung

....

Die Bekanntmachung enthält folgende Tagesordnung:

1. Erläuterung des Entwurfes des Umwandlungsbeschlusses und des Umwandlungsberichtes durch den Vorstand.
2. Beschluss über die Umwandlung der A-AG in die A-GmbH.

---

481 Mayer, in: Münchener Handbuch des Gesellschaftsrechts, Bd. 3, § 73 Rn. 333.
482 Vgl. dazu die verschiedenen Möglichkeiten bei Mayer, in: Münchener Handbuch des Gesellschaftsrechts, Bd. 3, § 73 Rn. 324.
483 Befürwortend: Meister/Klöcker, in: Kallmeyer, UmwG, § 197 Rn 74; Decher, in: Lutter/Winter, UmwG, § 203 Rn. 15; ablehnend: Parmentier, AG 2006, 476.
484 BT-Drucks. 16/2919 v. 12.10.2006 unter Maßgabe der Änderungen in BR-Drucks. 95/07 v. 16.2.2007; das Inkrafttreten stand bei Redaktionsschluss unmittelbar bevor.
485 ErbStR (2003) H 65; vgl. zu den verschiedenen Möglichkeiten Limmer, in: Handbuch der Unternehmensumwandlung, Rn. 2508 ff.

3. Beschluss über die Bestellung der Geschäftsführer der A-GmbH.

.... (Teilnehmer und Präsenzfeststellung)

Der Vorsitzende stellte weiter fest, dass der Umwandlungsbericht von der Einberufung der Hauptversammlung an in dem Geschäftsraum der Gesellschaft ausgelegt wurde, dieser auch während der Dauer der Hauptversammlung im Versammlungssaal ausliegt. Der Vorsitzende stellte weiter fest, dass den Aktionären mit der Einberufung der Hauptversammlung ein Abfindungsangebot nach § 207 UmwG übersandt wurde. Weiter stellte der Vorsitzende fest, dass die XY-Wirtschaftsprüfungsgesellschaft die Angemessenheit der im Entwurf des Umwandlungsbeschlusses angebotenen Barabfindung in ihrem Prüfungsbericht festgestellt hat. Der Prüfungsbericht wurde allen Beteiligten zusammen mit dem Abfindungsangebot übersandt und liegt auch heute in der Hauptversammlung aus.

Weiter stellt der Vorsitzende fest, dass der Entwurf des Umwandlungsbeschlusses dem Betriebsrat fristgemäß zugeleitet wurde (§ 194 Abs. 2 UmwG).

Punkt 1: Erläuterung des Entwurfes des Umwandlungsbeschlusses

Der Vorstandsvorsitzende erläuterte den Entwurf des Umwandlungsbeschlusses. Verschiedenen Aktionären wurden Auskünfte über die für die Umwandlung wesentlichen Angelegenheiten erteilt.

Punkt 2: Umwandlungsbeschluss

Der Vorsitzende beantragte, den Formwechsel der AG wie folgt zu beschließen:

(1) Die AG wird durch den Formwechsel in eine GmbH umgewandelt. Die Satzung der GmbH ist dieser Niederschrift als Anlage 2 beigefügt. Sie war Bestandteil des Entwurfes des Umwandlungsbeschlusses, der allen Aktionären zugesandt wurde. Die Satzung wird festgestellt.

(2) Die Firma der GmbH lautet: „A-GmbH".

(3) Das Grundkapital der A-AG zu 200.000 € wird in der bisherigen Höhe zum Stammkapital der A-GmbH beteiligt:

- Herr A: mit einem Geschäftsanteil von 50.000 €,
- Herr B: mit einem Geschäftsanteil von 50.000 €,
- Herr C: mit einem Geschäftsanteil von 50.000 €,
- Herr D: mit einem Geschäftsanteil von 20.000 €,
- Herr E: mit einem Geschäftsanteil von 20.000 €,
- Herr F: mit einem Geschäftsanteil von 10.000 €.

(4) Sonstige besondere Rechte (z.B. Anteile ohne Stimmrecht, Mehrstimmrechtsanteile etc.) für einzelne Gesellschafter oder Dritte werden nicht gewährt.

(5) Die Gesellschaft bietet jedem Aktionär, der gegen den Umwandlungsbeschluss Widerspruch zu Protokoll des die Gesellschafterversammlung beurkundenden Notars erklärt, den Erwerb seiner künftigen Geschäftsanteile Zug um Zug gegen Zahlung einer Barabfindung nach Maßgabe der §§ 207–211 UmwG an. Die Barabfindung beträgt

je Aktie ....

(6) Die Arbeitsverhältnisse mit den Arbeitnehmern der AG werden auch in der neuen Rechtsform fortgesetzt. Auswirkungen mitbestimmungsrechtlicher oder tarifrechtlicher Art ergeben sich nicht.

Sodann stimmen die Aktionäre durch Handaufhebung ab. Der Vorsitzende stellt fest, dass nach dem Teilnehmerverzeichnis Aktien im Nennbetrag von 200.000 € mit 4.000 Stimmen vertreten sind. Für den Umwandlungsbeschluss stimmen alle Aktionäre. Stimmenthaltungen gab es keine.

Der Vorsitzende gab das Abstimmungsergebnis bekannt und stellte fest, dass die Umwandlung mit mehr als 3/4 Mehrheit des vertretenen Grundkapitals beschlossen ist.

Punkt 3: Bestellung der ersten Geschäftsführer

....

Die Niederschrift wurde vom Notar wie folgt unterschrieben:

....

Anlage 1: Ausdruck der Ladung im elektronischen Bundesanzeiger

Anlage 2: Satzung der A-GmbH

(GmbH-Satzung wie üblich mit zusätzlicher Angabe bei Stammeinlagen:

Die Gesellschafter erbringen die von ihnen übernommenen Stammeinlagen durch Formwechsel der A-AG in die A-GmbH.)

b) Handelsregisteranmeldung (AG in eine GmbH)

An das

AG X-Stadt

– Handelsregister –

HRB-Nr. ....

Zur Eintragung in das Handelsregister wird angemeldet:

1. Die A-AG wurde aufgrund Umwandlungsbeschlusses vom ...., UR-Nr. .... in die Rechtsform einer GmbH mit der Firma A-GmbH umgewandelt.

   Der Sitz der Gesellschaft ist weiterhin ....

   Die Geschäftsräume der Gesellschaft befinden sich in ....

2. Zu ersten Geschäftsführern der Gesellschaft wurden bestellt:

   - Herr A, Kaufmann in ....,
   - Herr B, Kaufmann in ....

   Diese Geschäftsführer sind beide berechtigt, die Gesellschaft stets einzeln zu vertreten.

3. Abstrakte Vertretungsbefugnis: Die Gesellschaft hat einen oder mehrere Geschäftsführer. Ist nur ein Geschäftsführer bestellt, so vertritt er die Gesellschaft einzeln. Sind mehrere Geschäftsführer bestellt, so wird die Gesellschaft durch zwei Geschäftsführer gemeinschaftlich oder durch einen Geschäftsführer und einen Prokuristen gemeinschaftlich vertreten.

   Die Gesellschafterversammlung kann unabhängig von der Zahl der bestellten Geschäftsführer jederzeit einen, mehreren oder allen Geschäftsführern Einzelvertretungsbefugnis und Befreiung von § 181 BGB erteilen, soweit nicht § 112 AktG entgegensteht.

4. Die Unterschrift der Geschäftsführer wird zur Aufbewahrung bei Gericht wie folgt gezeichnet:

   ....,

   ....

5. Die Geschäftsführer versichern, dass keine Umstände vorliegen, die ihrer Bestellung nach § 6 Abs. 2 Satz 2 und Satz 3 GmbHG entgegenstehen, da sie weder wegen einer Straftat nach den §§ 283 – 283 d StGB verurteilt worden sind, noch ihnen durch gerichtliches Urteil oder durch vollziehbare Entscheidung einer Verwaltungsbehörde die Ausübung eines Berufes, Berufszweiges, Gewerbes oder Gewerbszweiges untersagt worden ist.

6. Die Geschäftsführer bekennen ferner, von dem unterschriftsbeglaubigenden Notar nach § 53 Abs. 2 des Gesetzes über das Zentralregister und des Erziehungsregisters in der Fassung der Bekanntmachung vom 21.9.1984 belehrt worden zu sein.

7. Zu dieser Anmeldung überreichen wir folgende Anlagen:
   - beglaubigte Abschrift des Umwandlungsbeschlusses zur Urkunde des Notars ...., in .... UR-Nr. ....,
   - beglaubigte Abschrift des Beschlusses über die Geschäftsführerbestellung, in der gleichen Urkunde enthalten,
   - Umwandlungsbericht samt Vermögensaufstellung gemäß § 192 UmwG,
   - Nachweis über die Zuleitung des Umwandlungsbeschlusses zum Betriebsratsvorsitzenden,
   - Liste der Gesellschafter,[486]
   - ein Sachgründungsbericht ist nicht erforderlich (§ 245 Abs. 4 UmwG).

8. Das Stammkapital der Gesellschaft beträgt .... €. Die Gesellschafter erbringen die von ihnen übernommenen Stammeinlagen durch Formwechsel der A-AG in die A-GmbH.

9. Weiter erklären wir, dass eine Klage gegen die Wirksamkeit des Umwandlungsbeschlusses nicht oder nicht fristgemäß erhoben worden ist.

....

(Unterschrift der Vorstandsmitglieder der A-AG in vertretungsberechtigter Zahl)

(Beglaubigungsvermerk)

2. Erläuterungen

295 Für den Formwechsel in eine Kapitalgesellschaft anderer Rechtsform sind insb. zusätzlich **§§ 238 – 250 UmwG** zu beachten.[487]

So wie der Formwechsel einer GmbH in eine AG[488] zur Vorbereitung des Börsenganges dienen kann, führt der umgekehrte Formwechsel zum **Rückzug von der Börse** (sog. delisting).[489] Genauso wie beim Formwechsel einer AG in eine KG[490] besteht kein Verfügungsverbot für die Aktien nach dem Formwechselbeschluss.

Die Satzung der Zielkapitalgesellschaft ist Bestandteil des Umwandlungsbeschlusses (§§ 243 Abs. 1 Satz 1, 218 UmwG). In dieser Satzung ist die **Sacheinlage „durch Formwechsel"** festzusetzen. Zu be-

---

486 Zum Problem der unbekannten Aktionäre vgl. BayObLG, DB 1996, 1814; OLG Bremen, DB 2003, 1498; Happ in: Lutter, UmwG, § 246 Rn. 19 ff.; Ihrig, in: Semler/Stengel, UmwG, § 234 Rn. 11.

487 Des Weiteren siehe oben Rn. 250 ff.; allgemein zum Formwechsel und Rn. 257 zum Grundfall Formwechsel einer GmbH in eine GmbH & Co. KG.

488 Siehe dazu ausführlich: Mayer, in: Münchener Handbuch des Gesellschaftsrechts, Bd. 3, § 73 Rn. 396 und das Muster von Limmer, in: Handbuch der Unternehmensumwandlung, Rn. 2809 ff.

489 Zu den Motiven auch Meyer-Landrut/Kiem, WM 1997, 1361, 1363; Veil, Umwandlung einer AG in eine GmbH, S. 6 ff.

490 BayObLG, ZIP 2003, 1145 = MittBayNot 2004, 200 ff. m. Anm. Gerber.

achten ist auch § 243 Abs. 1 Satz 2 UmwG (Festsetzung über Sondervorteile, Gründungsaufwand, Sacheinlagen und Sachübernahmen vom Ausgangsrechtsträger).

Nach § 247 UmwG muss der Nennbetrag des **Grundkapitals bzw. Stammkapitals unverändert** fortgeführt werden. § 243 Abs. 2 UmwG ermöglicht nur Kapitalmaßnahmen vor oder nach dem Formwechselbeschluss unter Beachtung der allgemeinen Regeln für die jeweils existierende Rechtsform.[491]

Über § 245 Abs. 1 Satz 2 UmwG gilt das **Gebot der Reinvermögensdeckung** in § 220 UmwG nur für den umgekehrten Fall des Formwechsels der GmbH in eine AG. § 245 Abs. 4 UmwG enthält für den hier vorliegenden Fall gerade keine Verweisung auf § 220 UmwG (vgl. dazu bereits oben Rn. 288),[492] weil die Kapitalaufbringungs- und Kapitalerhaltungsgrundsätze bei der AG von allen Rechtsformen am strengsten sind. Ein **Volleinzahlungsgebot** bezüglich der Ausgangsgeschäftsanteile bzw. -aktien existiert jedoch beim Formwechsel in beide Richtungen nicht.[493] Dabei ist allerdings streitig, ob eine offene Einlageforderung als geschützte Einlageforderung bei der neuen Mitgliedschaft weiter bestehen kann, oder zur einfachen Forderung der Gesellschaft gegen den Gesellschafter wird.

Für mehrere Aktien können auch **mehrere Geschäftsanteile** gewährt werden.[494] Kann trotz der Stückelungserleichterungen in den §§ 243 Abs. 3 Satz 3, 258 Abs. 2, 276 UmwG i.V.m. § 243 UmwG kein Geschäftsanteil mit einem Nennwert, der durch zehn teilbar ist und mindestens 50 € beträgt, gebildet werden, dürfen zum Ausgleich von Spitzenbeträgen den Gesellschaftern **Teilrechte** an einem Geschäftsanteil gewährt werden.[495] Ein 1-€-Aktionär soll nicht einen Geschäftsanteil i.H.v. 50 € erhalten müssen.

Die **Anmeldung** des Formwechsels erfolgt allein durch das Vertretungsorgan der formwechselnden Kapitalgesellschaft (§ 246 Abs. 1 UmwG).[496]

VII. Formwechsel einer Genossenschaft in eine AG

1. Muster

a) Umwandlungsbeschluss (Niederschrift der Generalversammlung)

I.
Anwesenheit

....

II.
Ablauf der Generalversammlung

Den Vorsitz der Versammlung führte entsprechend der Satzung der Vorsitzende des Aufsichtsrates. Er stellte fest, dass die Generalversammlung form- und fristgemäß einberufen worden ist. Der Einladung war das Abfindungsangebot gemäß § 207 UmwG beigefügt.

Anschließend legte er das anliegende, von ihm unterzeichnete Verzeichnis der erschienenen und vertretenen Genossen zur Einsichtnahme aus, nachdem der Vorstand erklärt hatte, dass sämtliche, in

---

[491] Vgl. dazu Limmer, in: Handbuch der Unternehmensumwandlung, Rn. 2337; zur Auswirkung eines Formwechsels auf das bedingte Kapital Rennert, NZG 2001, 865; zu der sich daraus ergebenden Problematik bzgl. der Euroumstellung vgl. ausführlich unten Rn. 307 ff.

[492] Str.: vgl. Scheel, in: Semler/Stengel, UmwG, § 245 Rn. 36 ff.;

[493] Mayer, in: Münchener Handbuch des Gesellschaftsrechts, Bd. 3, § 73 Rn. 433 f.; Bärwaldt, in: Semler/Stengel, UmwG, § 197 Rn. 29 m.w.N.; a.A.: für Formwechsel einer PersHG: Joost, in: Lutter, UmwG, § 220 Rn. 14.

[494] Limmer, in: Handbuch der Unternehmensumwandlung, Rn. 2310; Rieger, in: Widmann/Mayer, Umwandlungsrecht, § 243 Rn. 45; zu weitgehend für mehrere Anteile bei nur einer Aktie: Happ, in: Lutter, UmwG, § 243 Rn. 14.

[495] Vgl. dazu ausführlich: Vollrath, in: Widmann/Mayer, Umwandlungsrecht, § 194 Rn. 26.

[496] Zu Besonderheiten der Eintragung im Handelsregister siehe ausführlich: Berninger, GmbHR 2004, 659.

dem Verzeichnis aufgeführten Genossen ihre Berechtigung zur Teilnahme an der Generalversammlung ordnungsgemäß nachgewiesen haben.

Der Vorsitzende stellt weiter fest, dass von der Einberufung der Generalversammlung an in dem Geschäftsraum der Genossenschaft folgende Unterlagen zur Einsicht der Genossen ausgelegt waren und diese auch während der Generalversammlung im Versammlungssaal auslagen:

- der Umwandlungsbericht samt Entwurf eines Umwandlungsbeschlusses und Vermögensübersicht,
- das Prüfungsgutachten des Prüfungsverbandes.

Der Vorsitzende stellte fest, dass der Formwechsel als Gegenstand der Beschlussfassung schriftlich angekündigt wurde. In der Ankündigung war auf die nach § 262 Abs. 1 UmwG erforderlichen Mehrheiten sowie auf die Möglichkeit der Erhebung eines Widerspruchs und die sich daraus ergebenden Rechte hingewiesen. Die Einladung wird als Anlage zu diesem Protokoll genommen, sie enthält auch die Tagesordnung.

Er stellte weiter fest, dass der Entwurf des Umwandlungsbeschlusses fristgemäß dem Betriebsrat zugeleitet wurde.

Nunmehr gab der Vorsitzende bekannt, dass von insgesamt 3.000 Genossen 115 Genossen rechtzeitig und formgerecht Widerspruch gegen den beabsichtigten Formwechsel erhoben haben, so dass gemäß § 262 Abs. 1 UmwG der Umwandlungsbeschluss einer Mehrheit von 9/10 der abgegebenen Stimmen bedarf.

Der Vorsitzende erklärte, dass die Abstimmung durch Handaufheben stattfinden werde, soweit nicht eine andere Abstimmungsart für die Abstimmung angeordnet werde.

Daraufhin wurde die **Tagesordnung** wie folgt erledigt:

Punkt 1: Erläuterungen des Umwandlungsberichtes

Der Vorstandsvorsitzende erläuterte den Umwandlungsbeschluss zu Beginn der Verhandlung mündlich. Verschiedenen Genossen wurde Auskunft über weitere Angelegenheiten erteilt.

Punkt 2: Verlesung des Prüfungsgutachtens

Das Prüfungsgutachten wurde vom Vorsitzenden gemäß § 261 Abs. 2 UmwG verlesen.

Punkt 3: Umwandlungsbeschluss

Der Vorsitzende schlägt vor, dass die Genossenschaft folgenden Umwandlungsbeschluss fasst:

Die X-Genossenschaft wird in eine AG umgewandelt. Die Satzung der AG, die als Anlage dem Protokoll beigefügt ist, wurde vor der Beschlussfassung verlesen. Sie wird festgestellt.

- Die Firma der AG lautet X-AG.
- Das Grundkapital der AG wird auf 500.000 € festgesetzt und in 500.000 Aktien im Nennbetrag von je 1 € eingeteilt. Die Aktien lauten auf den Inhaber.
- Auf je 1 € des Geschäftsguthabens entfällt eine Aktie im Nennbetrag von 1 €. Jeder Genosse wird dabei in dem Verhältnis beteiligt, in dem am Ende des letzten vor der Beschlussfassung über den Formwechsel abgelaufenen Geschäftsjahres sein Geschäftsguthaben zur Summe der Geschäftsguthaben aller Genossen gestanden hat, die durch den Formwechsel Aktionäre werden.
- Sonstige besondere Rechte wie stimmrechtslose Vorzugsaktien, Mehrstimmrechtsaktien etc. werden weder den Genossen noch Dritten gewährt.
- Abfindungsangebot (§ 270 UmwG):

Die Genossenschaft bietet jedem Genossen, der gegen den Umwandlungsbeschluss Widerspruch zur Niederschrift erklärt oder der dem Formwechsel bis zum Ablauf des dritten Tages von dem Tag an, an dem der Umwandlungsbeschluss gefasst wurde, durch eingeschriebenen Brief widersprochen hat, den Erwerb seiner zukünftigen Aktien gegen eine Barabfindung von 50 € je Geschäftsanteil an. Die Barabfindung beruht auf dem Gutachten der Wirtschaftsprüfungsgesellschaft XY.

- Die X-AG übernimmt die Arbeitnehmer der X-Genossenschaft, weitere Maßnahmen sind für die Arbeitnehmer daher nicht vorgesehen.

Gegen diesen Vorschlag des Vorstandes stimmten zehn Genossen. Dafür stimmten entsprechend dem Vorschlag des Vorstandes und Aufsichtsrates 2990 Genossen.

Der Vorsitzende stellte fest, dass die Umwandlung mit mehr als 9/10 der abgegebenen Stimmen beschlossen ist.

Punkt 4: Bestellung des Aufsichtsrates[497]

....

Punkt 5: Bestellung der Abschlussprüfer

....

Die Niederschrift wurde vom Notar und vom Vorsitzenden und den anwesenden Mitgliedern des Vorstandes wie folgt unterschrieben:

....

Anlage 1: Teilnehmerverzeichnis

Anlage 2: Exemplar über die Einberufung zur Versammlung

Anlage 3: Satzung der X-AG

b) Handelsregisteranmeldung der AG

An das

AG X-Stadt

– Handelsregister –

Zur Eintragung in das Handelsregister melden wir an:

1. Die X-Genossenschaft ist durch Formwechsel aufgrund des Umwandlungsbeschlusses vom .... UR-Nr. .... in die X-AG umgewandelt. Der AG liegt die beigefügte Satzung zugrunde.

2. Zu Mitgliedern des Vorstandes wurden bestellt:
    - Herr A, Kaufmann in X-Stadt,
    - Herr B, Kaufmann in X-Stadt.

   Zu Mitgliedern des ersten Aufsichtsrates werden bestellt: ....

3. Die beiden Vorstandsmitglieder, Herr A und Herr B, sind berechtigt, die Gesellschaft stets einzeln zu vertreten. Sie sind in allen Fällen von den Beschränkungen des § 181 BGB befreit, soweit nach § 112 AktG zulässig.

---

[497] Sinnvollerweise erfolgt gleich im Anschluss ein gesonderter Beschluss, in dem sich der Aufsichtsrat konstituiert und einen neuen Vorstand bestellt.

4. Abstrakte Vertretungsbefugnis: Die Gesellschaft wird durch zwei Mitglieder des Vorstandes oder durch ein Mitglied des Vorstandes zusammen mit einem Prokuristen vertreten. Besteht der Vorstand nur aus einer Person, vertritt dieser allein.

5. Die Unterschrift der Vorstandsmitglieder wird wie folgt gezeichnet:

   ....

   (Unterschriftszeichnung)

6. Die Vorstandsmitglieder versichern, dass keine Umstände vorliegen, die ihrer Bestellung nach § 76 Abs. 3 Satz 2 und Satz 3 AktG entgegenstehen. Keiner von uns ist wegen einer Straftat nach den §§ 283 – 283d StGB verurteilt, noch ist einem von uns die Ausübung eines Berufes, Berufszweiges, Gewerbes oder Gewerbezweiges durch richterliches Urteil oder durch vollziehbare Entscheidung einer Verwaltungsbehörde untersagt worden. Wir sind durch den beglaubigenden Notar über unsere unbeschränkte Auskunftspflicht gegenüber dem Gericht belehrt worden.

7. Die Geschäftsräume der Gesellschaft befinden sich in ....

8. Das Grundkapital der Gesellschaft beträgt 500 000 € und ist eingeteilt in 500 000 Aktien im Nennbetrag von 1 € die auf den Inhaber lauten.

Es wird versichert, dass durch Eintragung des Formwechsels ins Handelsregister das Vermögen der Gesellschaft vollständig geleistet ist und der Wert des Vermögens dem Ausgabebetrag der dafür gewährten Aktien entspricht. Die Voraussetzungen der §§ 36 Abs. 2, 36a Abs. 2 AktG sind damit erfüllt.[498]

Zu dieser Anmeldung überreichen wir folgende Anlagen:

- Beglaubigte Abschrift des Umwandlungsbeschlusses zur Urkunde des Notars ...., in ...., UR-Nr. ...., der auch die Satzung der AG und die Bestellung der Aufsichtsratsmitglieder enthält;
- Nachweis über die Zuleitung des Umwandlungsbeschluss zum Betriebsratsvorsitzenden;
- Ausfertigung des Beschluss des Aufsichtsrates über die Bestellung der Mitglieder des Vorstandes; Gründungsbericht der Gründer ist nicht erforderlich (§ 264 Abs. 3 UmwG);
- Prüfungsbericht der Mitglieder des Vorstandes und des Aufsichtsrates;
- Prüfungsbericht des Gründungsprüfers;
- Gutachten des Prüfungsverbandes;
- Umwandlungsbericht;
- Berechnung des Gründungsaufwandes.

Weiter erklären wir, dass Klagen gegen den Umwandlungsbeschluss nicht erhoben sind.

....

(Unterschriften aller Vorstandsmitglieder und aller Mitglieder des Aufsichtsrates)

c) Anmeldung zum Genossenschaftsregister

An das

AG

Abt. Genossenschaftsregister

---

[498] Es ist umstritten, ob eine Versicherung nach § 37 AktG erforderlich ist; vgl. Schlitt, in: Semler/Stengel, UmwG, § 220 Rn. 18 m.w.N. und § 246 Abs. 3 UmwG.

> – X-Stadt –
>
> Handelsregistersache X-Genossenschaft
>
> Zur Eintragung in das Genossenschaftsregister melden wir an:
>
> Die X-Genossenschaft ist durch Formwechsel aufgrund des Umwandlungsbeschlusses vom ....
> UR-Nr. .... in die X-AG umgewandelt worden.
>
> Der Formwechsel zum Handelsregister der AG ist mit gleicher Post angemeldet worden.
>
> Wir erklären, dass Klagen gegen den Umwandlungsbeschlusses nicht erhoben sind und im Umwandlungsbeschluss die Gesellschafter auf eine Anfechtung verzichtet haben.
>
> Zu dieser Anmeldung überreichen wir folgende Anlagen:
>
> - Beglaubigte Abschrift des Umwandlungsbeschluss zur Urkunde des Notars ...., in ...., UR-Nr. ....;
> - Nachweis über die Zuleitung des Umwandlungsbeschlusses zum Betriebsratsvorsitzenden;
> - Gutachten des Prüfungsverbandes;
> - Umwandlungsbericht.
>
> (Unterschriften aller Vorstandsmitglieder und Unterschriften aller Aufsichtsratsmitglieder [§ 265 UmwG i.V.m. § 222 Abs. 1 UmwG] oder alternativ Unterschrift der Vorstandsmitglieder der Genossenschaft in vertretungsberechtigter Zahl [§ 265 UmwG i.V.m. § 222 Abs. 3 UmwG[499]].)
>
> ....
>
> (Beglaubigungsvermerk)

2. Erläuterungen

Zum Formwechsel einer Genossenschaft in eine AG vgl. zunächst oben unter Rn. 257 allgemein zum Formwechsel sowie Rn. 282 zum Formwechsel in eine AG und der AG in die GmbH unter Rn. 293.[500] Insb. sind hier die §§ 258 – 271 UmwG zu beachten.

301

Der Formwechsel einer Genossenschaft ist nach § 258 Abs. 1 UmwG **nur in** die Rechtsform einer **Kapitalgesellschaft** zulässig. Eine Ausnahme besteht nur, wenn es sich um eine aus einer LPG hervorgegangenen Genossenschaft in den neuen Bundesländern handelt (§ 38a LwAnpG).[501] Dabei muss auf jeden Genossen mindestens ein durch 10 teilbarer Geschäftsanteil von mindestens 50 € oder **eine volle Aktie** entfallen (§ 258 Abs. 2 UmwG).

302

§ 295 UmwG bestimmt den **Inhalt des Umwandlungsbeschlusses** über eine ausführliche Verweisung in § 263 Abs. 1 UmwG sowie einige Sonderregelungen, insb. zu den Beteiligungsquoten der bisherigen Genossen an der zukünftigen Rechtsform.[502]

> **Hinweis:**
> Bei der Beteiligung einer Genossenschaft am Formwechsel ist ein Gutachten des Prüfungsverbandes erforderlich (§§ 259, 270 Abs. 2 Satz 1 UmwG). Da diese Prüfung auch Gläubigerschutzinteressen dient, ist sie nicht verzichtbar.[503]

---

499 Str., ob § 157 GenG hier vorgreift.
500 Ausführlich: Limmer, in: Handbuch der Unternehmensumwandlung, Rn. 2816 ff.
501 Siehe Limmer, in: Handbuch der Unternehmensumwandlung, Rn. 2821; siehe zum Formwechsel der DG Bank e.G. das Sondergesetz v. 13.8.1998, BGBl I, S. 2102 und BGH, ZIP 2004, 666.
502 Vgl. dazu Limmer, in: Handbuch der Unternehmensumwandlung, Rn. 2854 ff.
503 Hecksehen, in: Beck'sches Notar-Handbuch, D IV Rn. 95a.

303 § 264 UmwG schreibt wie § 220 UmwG (vgl. oben Rn. 288) die Deckung des Grundkapitals durch das Reinvermögen der e.G. vor. Die von einer Rangrücktrittserklärung betroffenen Verbindlichkeiten bleiben bei der Berechnung außer Betracht.[504]

Da zwei verschiedene Register beteiligt sind, ist die **Anmeldung** sowohl beim Register des formwechselnden Rechtsträgers (Genossenschaft) als auch beim Register der neuen Rechtsform anzumelden (§ 198 Abs. 2 Satz 3 UmwG) und einzutragen (§§ 198 Abs. 2 Satz 4, 202 Abs. 2 UmwG). Für die Genossenschaft handelt der Vorstand, beim Register der AG alle Vorstände und der Aufsichtsrat (§ 265 UmwG i.V.m. § 222 Abs. 1 Satz 1 UmwG).

F. Vermögensübertragung

304

von \ auf	Öffentliche Hand	VVaG	Öffentl.-rechtl. Versicherungs- unternehmen	Vers.-AG
GmbH Vollübertragung	§§ 175 Nr. 1, 176	-	-	-
Teilübertragung	§§ 175 Nr. 1, 177	-	-	-
AG/KGaA Vollübertragung	§§ 175 Nr. 1, 176	-	-	-
Teilübertragung	§§ 175 Nr. 1, 177	-	-	-
Vers.-AG Vollübertragung	-	§§ 175 Nr. 2 lit. a, 178	§§ 175 Nr. 2 lit. a, 178	-
Teilübertragung	-	§§ 175 Nr. 2 lit. a, 179	§§ 175 Nr. 2 lit. a, 179	-
VVaG Vollübertragung	-	-	§§ 175 Nr. 2 lit. b, 180 - 183, 185 - 187	§§ 175 Nr. 2 lit. b, 180 - 183, 185 - 187
Teilübertragung	-	-	§§ 175 Nr. 2 lit. b, 184 - 187	§§ 175 Nr. 2 lit. b, 184 - 187
öff.-recht. Versicherungs- unternehmen Vollübertragung	-	§§ 175 Nr. 2 lit. c, 188	-	§§ 175 Nr. 2 lit. c, 188
Teilübertragung	-	§§ 175 Nr. 2 lit. c 189	-	§§ 175 Nr. 2 lit. c 189

305 Die Vermögensübertragung, die bisher **in der Praxis eine nur untergeordnete Rolle** spielt, wird im vierten Buch des Umwandlungsrechts geregelt. Sie ist in zwei Varianten möglich (§ 174 UmwG):

306 Als **Vollübertragung** in Anlehnung an die Verschmelzung oder als **Teilübertragung** nach dem Vorbild der Spaltung. Ihr Anwendungsbereich ist wegen des engen Kreises der möglichen beteiligten Rechtsträger

---

504 OLG Naumburg, GmbHR 2003, 1432.

(§ 175 UmwG: Bund-, Länder-, Gebietskörperschaften, Versicherungsaktiengesellschaft, Versicherungsverein auf Gegenseitigkeit, öffentlich-rechtliches Versicherungsunternehmen) sehr eingeschränkt. Der sachliche Unterschied zur Verschmelzung bzw. der Spaltung besteht darin, dass die **Gegenleistung** für das Vermögen aus dem übertragenden Rechtsträger nicht in Anteilen an den übernehmenden Rechtsträgern, sondern in anderer Form – etwa durch Geldleistung – erbracht wird. Dies hat seinen Grund darin, dass die Struktur der beteiligten Rechtsträger (öffentliche Hand, öffentlich-rechtliche Versicherungsunternehmen) meist einen Anteilstausch nicht zulässt.

G. Euroumstellung

I. Einleitung

Die Problematik der Euroumstellung stellt sich im Zusammenhang mit der **Umwandlung** nur bei **Beteiligung von Kapitalgesellschaften**. Denn nur bei diesen muss ein noch in DM lautendes Nennkapital eventuell auf Euro umgestellt werden.[505]

1. Einführung des Euro

Die Einführung des Euro[506] erforderte insb. im Bereich der **Kapitalgesellschaften** Rechtsänderungen, um die bisher in DM gesetzlich festgelegten „**Signalbeträge**" in glatten Eurobeträgen auszudrücken. Durch das EuroEG wurden diese neuen Euro-Beträge im GmbHG sowie im AktG festgelegt.

Vom 1.1.1999 – 31.12.2001 war aufgrund der europarechtlichen Vorgaben eine **dreijährige Übergangsphase** vorgesehen, bis zu deren Ende die Währungsumstellung abgeschlossen sein sollte. Für die GmbH sind in einem neuen § 86, der dem GmbHG angehängt wurde, und für die AG in den §§ 1 – 4 EGAktG Sondervorschriften vorgesehen, die teilweise nur diese Übergangszeit v. 1.1.1999 – 31.12.2001 betreffen, z.T. aber dauerhaft die Umstellung von Altgesellschaften auf Euro regeln. Während der dreijährigen Übergangszeit bestand für eine Neugründung (bei Einhaltung der neuen Nennbetragsregelungen) grds. **Wahlfreiheit zwischen DM und Euro**, die nur mehr unterschiedliche Bezeichnungen ein- und derselben Währung darstellten.[507]

Seit **Ablauf der Übergangsfrist** ab 1.1.2002 kann eine GmbH oder AG nur noch in Euro gegründet werden. Bei der **Gründung** müssen die neuen Stückelungsvorgaben in § 5 GmbHG und in § 8 AktG beachtet werden. Auch bei jeder **Kapitalmaßnahme** muss eine Kapitalgesellschaft seit 1.1.2002 ihr Nennkapital zwingend auf (glatte) Eurobeträge umstellen. Zu den verschiedenen hierfür zur Verfügung stehenden Vorgehensweisen bei der GmbH und der AG wird auf Kopp/Heidinger, Notar und Euro, 2. Aufl. 2001 (mit Mustern) verwiesen. Für die hier relevanten **Umwandlungen** ergeben sich aus dieser Systematik die unten dargestellten Besonderheiten.

2. Bestandsschutz für Altgesellschaften

Für Altgesellschaften gelten grds. die **alten gesetzlichen Regelungen** des GmbHG und des AktG, die bis 31.12.1998 in Kraft waren, weiter.[508]

Altgesellschaften sind alle **vor dem 31.12.1998** ins Handelsregister **eingetragenen** Gesellschaften. Darüber hinaus gelten auch die Gesellschaften als Altgesellschaften, die **vor dem 1.1.1999 zur Eintragung in**

---

505 Vgl. allgemein zur Euroumstellung im Gesellschaftsrecht mit Mustern auch Heidinger in: Würzburger Notarhandbuch, Teil 5, Kapitel 7, S. 2279 ff.
506 EuroEG v. 9.6.1998, BGBl. I, S. 1242.
507 Zu den Problemstellungen in der Übergangszeit wird auf Heidinger, Gutachten zur Euroumstellung, Gutachten des DNotI, Bd. II; Kopp/Heidinger, Notar und Euro, S. 10 und LG Bonn, MittRhNotK 1999, 161 = GmbHR 1999, 864 = MittBayNot 1999, 580 verwiesen.
508 Scholz/U.H. Schneider, GmbHG, § 86 Rn. 10.

das **Handelsregister angemeldet**, aber erst danach – allerdings bis zum 31.12.2001 – ins Handelsregister eingetragen wurden (§ 86 Abs. 1 Satz 1 2. Halbs. GmbHG und § 2 Satz 1 EGAktG).[509]

313 **Während der Übergangszeit** v. 1.1.1999 – 31.12.2001 galten für Altgesellschaften keine Sonderregelungen. Sie konnten ihr in DM ausgedrücktes Kapital beibehalten und waren nicht zu einer Umstellung auf Euro verpflichtet. Bei einer Alt-GmbH konnten die auf glatte DM-Beträge lautenden Geschäftsanteile auch weiterhin nach den alten Regeln für die Nennbeträge **geteilt und veräußert** werden, ohne dass zuvor eine Anpassung der Nennbeträge an die neuen Euro-Einheiten erforderlich war.[510] Selbst **Kapitalerhöhungen und -herabsetzungen** waren während des Übergangszeitraums noch im Rahmen der bislang gültigen Betragsstufen in DM möglich.[511]

314 Auch eine **AG** konnte noch eine Kapitalerhöhung durch Ausgabe neuer Nennbetragsaktien, die auf die alten glatten DM-Nennbeträge lauten, durchführen. **Voraussetzung** war lediglich, dass der Kapitalerhöhungsbeschluss bis spätestens 31.12.2001 im Handelsregister eingetragen wurde (§ 3 Abs. 2 Satz 1 2. Halbs. EGAktG, § 86 Abs. 1 Satz 4 GmbHG). Die **Durchführung** der Kapitalerhöhung kann bei der AG auch erst nach dem 1.1.2002 tatsächlich erfolgen und beim Handelsregister angemeldet werden.[512] Dies gilt für die reguläre Kapitalerhöhung gleichermaßen wie für die **bedingte Kapitalerhöhung**, so dass z.B. Wandelschuldverschreibungen oder Mitarbeiteroptionspläne (siehe dazu oben allgemein zur AG) noch in vielen Jahren durch Aktien mit glatten DM-Nennbeträgen bedient werden können.[513] Bei dem **genehmigten Kapital** ist meines Erachtens zusätzlich zu fordern, dass auch der Vorstandsbeschluss über die Ausübung des genehmigten Kapitals noch vor dem 31.12.2001 erfolgt ist.[514]

> **Hinweis:**
>
> Grds. können Altgesellschaften auch **nach Ablauf der Übergangsfrist** weiterhin mit ihren glatten DM-Beträgen fortgeführt, die Geschäftsanteile oder Aktien unverändert übertragen oder im Rahmen der Vorschriften vor dem 31.12.1998 geteilt werden.[515] Erst bei einer Änderung des Stamm- bzw. Grundkapitals nach dem 31.12.2001 besteht die **Verpflichtung, das Kapital auf Euro umzustellen** und die errechneten „krummen" Eurobeträge glattzustellen. Diese Umstellungsverpflichtung ist mit einer **Registersperre** sanktioniert (§ 86 Abs. 1 Satz 4 GmbHG, § 3 Abs. 5 EGAktG). Dabei stellt der Gesetzgeber nicht auf die Anmeldung der Kapitalmaßnahme, sondern auf deren Eintragung im Handelsregister nach dem 31.12.2001 ab.

315 Erfolgt entgegen dieser **Registersperre** die **Eintragung** einer Kapitalerhöhung im Handelsregister noch mit **glatten DM-Beträgen** ist diese Kapitalerhöhung dennoch wirksam.[516] Die Registersperre greift dann allerdings bei der nächsten Kapitalmaßnahme.

---

509 Michalski/Zeidler, GmbHG, § 86 Rn. 9 spricht von „unechter Altgesellschaft".
510 Heidinger, Gutachten zur Euroumstellung, Gutachten des DNotI, Bd. VI.
511 Für die GmbH: Lutter/Bayer, in: Lutter/Hommelhoff, GmbHG, § 86 Rn. 2; Kopp/Heidinger, Notar und Euro, S. 14.
512 MünchKomm-AktG/Heider, § 6 Rn. 106.
513 Vgl. dazu ausführlich: Heidinger, ZNotP 2002, 179, 182.
514 Heidinger, ZNotP 2002, 179, 182.
515 Michalski/Zeidler, GmbHG, § 86 Rn. 14; Scholz/U.H. Schneider, GmbHG, § 86 Rn. 16.
516 Heidinger, ZNotP 2002, 179, 181; Michalski/Zeidler, GmbHG, § 86 Rn. 19.

II. Besonderheiten im Umwandlungsrecht
1. Umwandlung von Kapitalgesellschaften

Art der Umwandlung	Daten	Rechtsgrundlage	Konsequenzen
Altumwandlung **zur Aufnahme**	Eintragung bis zum 31.12.1998	nach altem bis 31.12.1998 geltendem Recht	Aufnehmende Gesellschaft: glatte DM-Beträge erforderliche Kapitalerhöhung: glatte DM-Beträge
Neuumwandlung zur Aufnahme in der Übergangszeit (Besitzstandsschutz)	Eintragung zwischen 1.1.1999 und 31.12.2001	§ 318 Abs. 2 Satz 1 UmwG	Aufnehmende Gesellschaft: glatte DM-Beträge erforderliche Kapitalerhöhung: glatte DM-Beträge freiwillige Umstellung auf Euro möglich
Umwandlung zur Aufnahme nach Übergangszeit	Eintragung nach dem 31.12.2001	§ 86 Abs. 1 Satz 4 GmbHG; § 3 Abs. 5 EGAktG (Registersperre)	Wenn Kapitalerhöhung erforderlich: Umstellung auf glatte Eurobeträge zwingend
Altumwandlung **zur Neugründung** (Besitzstandsschutz)	Anmeldung bis zum 31.12.1998	§ 318 Abs. 2 Satz 2 2. Halbs. UmwG	Neugründung der aufnehmenden Gesellschaft nach altem Recht: glatte DM-Beträge
Neuumwandlung zur Neugründung in der Übergangszeit	Anmeldung ab 1.1.1999 und Eintragung bis 31.12.2001	§ 318 Abs. 2 Satz 2 1. Halbs. UmwG, § 86 Abs. 2 GmbHG § 3 Abs. 3 EGAktG	Neugründung der aufnehmenden Gesellschaft nach neuem Recht glatte Eurobeträge oder umgerechnete „krumme" DM-Beträge
Umwandlung zur Neugründung nach der Übergangszeit	Eintragung nach dem 31.12.2001	§ 86 GmbHG §§ 2, 3 EGAktG	Neugründung der aufnehmenden Gesellschaft: nur in glatten Eurobeträgen
Alt- **Formwechsel** (Besitzstandsschutz)	Anmeldung bis zum 31.12.1998	§ 318 Abs. 2 Satz 2 2. Halbs. UmwG	Zielrechtsträger nach altem Recht: glatte DM-Beträge
Neu-Formwechsel in der Übergangszeit	Anmeldung ab 1.1.1999 und Eintragung bis 31.12.2001	§ 318 Abs. 2 Satz 2 1. Halbs. UmwG § 86 Abs. 2 GmbHG § 3 Abs. 3 EGAktG	Zielrechtsträger nach Übergangsregelung: glatte Eurobeträge oder umgerechnete „krumme" DM-Beträge
Formwechsel nach der Übergangszeit	Eintragung nach dem 31.12.2001	§ 86 GmbHG §§ 2, 3 EGAktG	Zielrechtsträger nach neuem Recht: glatte Eurobeträge

2. Gesetzliche Neuregelung seit 1.1.1999

Durch das EuroEG wurden mit Wirkung v. 1.1.1999 zunächst bei allen Vorschriften, in denen die Worte „Deutsche Mark" vorkamen, diese **durch „Euro" ersetzt**. Dies betrifft insb. für die Verschmelzung die §§ 46 Abs. 1 Satz 3, 54 Abs. 3 Satz 1, 55 Abs. 1 Satz 2 UmwG und für den Formwechsel die §§ 243

Abs. 3 Satz 2, 258 Abs. 2, 263 Abs. 3 Satz 1 und 273 UmwG. Dadurch wurde in der gesetzlichen Regelung eine Umstellung von 50 DM auf 50 € bewirkt und der Divisor „10" beibehalten. Dies führt zu einer Anhebung des Mindestnennbetrags der zu gewährenden GmbH-Anteile auf das nahezu Doppelte. Das Ziel dieser Gestaltung ist es, zu kleine Geschäftsanteile zu vermeiden.[517]

3. Übergangsregelung des § 318 Abs. 2 UmwG

318 Ähnlich wie im Aktien- und GmbH-Recht macht die Euroeinführung auch für das Umwandlungsgesetz recht **komplizierte Übergangsregelungen** notwendig. Sie sind in dem der Vorschrift des § 318 UmwG neu angefügten Abs. 2 enthalten.

Die Übergangsvorschrift des § 318 Abs. 2 UmwG erfasst nach ihrem Wortlaut nur Umwandlungen mit **Kapitalgesellschaften als aufnehmendem Rechtsträger**. Regelungen für Personengesellschaften hielt der Gesetzgeber für überflüssig. Daher ist z.B. bei dem Formwechsel einer GmbH in eine **GmbH & Co. KG** bei der GmbH vor dem Formwechsel keine Euroumstellung erforderlich.[518]

Bei der Regelung des § 318 Abs. 2 UmwG für Kapitalgesellschaften ist klar zwischen **zwei Fallgruppen** zu unterscheiden. Wesentliches Unterscheidungskriterium ist, ob die Umwandlung zur Neugründung eines Rechtsträgers (= **Verschmelzung/Spaltung**) bzw. zum Wechsel in eine neue Rechtsform (= **Formwechsel**) führt (§ 318 Abs. 2 Satz 2 UmwG) oder ob sie ohne solche Strukturänderungen zur Aufnahme erfolgt (§ 318 Abs. 2 Satz 1 UmwG). Bei den Fällen mit Strukturänderung wird dann nochmals zwischen „**Altumwandlung**" und „**Neuumwandlung**" differenziert.

a) Umwandlung zur Aufnahme

319 Zu der von § 318 Abs. 2 Satz 1 UmwG erfassten Fallgruppe – ohne Neugründung eines Rechtsträgers oder Wechsel in einen neuen Rechtsträger – gehören insb. die Fälle der **Verschmelzung** durch oder der **Spaltung zur Aufnahme**.

320 Die aufnehmenden Kapitalgesellschaften, die am 1.1.1999 bestehen, haben nach den Überleitungsregeln des Aktien- und GmbH-Rechts **Bestandsschutz** für ihr Kapital und dessen Nennbetragseinteilung (§ 3 Abs. 2 EGAktG, § 86 Abs. 1 GmbHG). Die **Umwandlung** hielt der Gesetzgeber **nicht** für einen Anlass, die übernehmende Gesellschaft zur Umstellung ihres Kapitals auf den Euro und die Glättung ihrer Nennbeträge zu zwingen.

321 Dies galt auch, wenn die übernehmende Kapitalgesellschaft zur Durchführung der Umwandlung während des **Übergangszeitraumes ihr Kapital erhöhte**. Denn auch nach § 3 Abs. 2 Satz 1 EGAktG und § 86 Abs. 1 Satz 2 GmbHG durften die aufgrund einer Kapitalerhöhung während der Übergangszeit ausgegebenen Anteile ebenfalls noch auf die bislang zulässigen Nennbeträge lauten. Daher hat der Gesetzgeber in § 318 Abs. 2 Satz 1 UmwG folgerichtig für die Festsetzung der Nennbeträge der Anteile der übernehmenden Kapitalgesellschaft, die den Anteilsinhabern des übertragenden Rechtsträgers zu gewähren waren, noch die bis zum 31.12.1998 geltenden Nennbetragsstufen für maßgeblich erklärt, d.h. dass die erforderliche Kapitalerhöhung noch mit glatten DM-Beträgen durchgeführt werden konnte. Grds. fand also die Stückelung nach dem alten § 5 Abs. 1 und Abs. 3 GmbHG (teilbar durch 100 und mindestens 500 DM) und § 8 Abs. 2 AktG (teilbar durch fünf und Mindestbetrag 5 DM für Nennbetragsaktien) Anwendung.[519]

322 Für die **GmbH** als aufnehmende Gesellschaft regelte § 54 Abs. 3 Satz 1 UmwG vor dem 31.12.1998 ganz allgemein im Umwandlungsrecht eine Erleichterung für Geschäftsanteile dergestalt, dass eine **Teilbarkeit** durch zehn und ein Mindestnennbetrag i.H.v. 50 DM genügt. Diese allgemeine umwandlungsrechtliche Regelung war auch noch auf die Umwandlungen zur Aufnahme in der Übergangszeit anwendbar.

---

517 Vgl. Neye, DB 1998, 1649, 1655.
518 Heidinger, Gutachten zur Euroumstellung, Gutachten des DNotI, Bd. VI, Nr. 51; LG Osnabrück, Beschl. v. 30.6.2000 – 15 T 18/00 (3), n.v.
519 Lutter, in: Lutter, UmwG, § 318 Rn. 10.

Erst wenn die Umwandlung mit einer ab dem 1.1.2002 eingetragenen **Kapitalerhöhung** verbunden ist, ist gemäß § 3 Abs. 5 EGAktG und § 86 Abs. 1 Satz 4 GmbHG eine Umstellung des Kapitals und eine Anpassung der Nennbeträge an das neue Euro-Betragsraster erforderlich (vgl. Regierungsbegründung zu § 318 Abs. 2 Satz 1 UmwG). Dies muss grds. durch eine vorgeschaltete gesonderte Kapitalmaßnahme nach allgemeinen Regeln erfolgen. 323

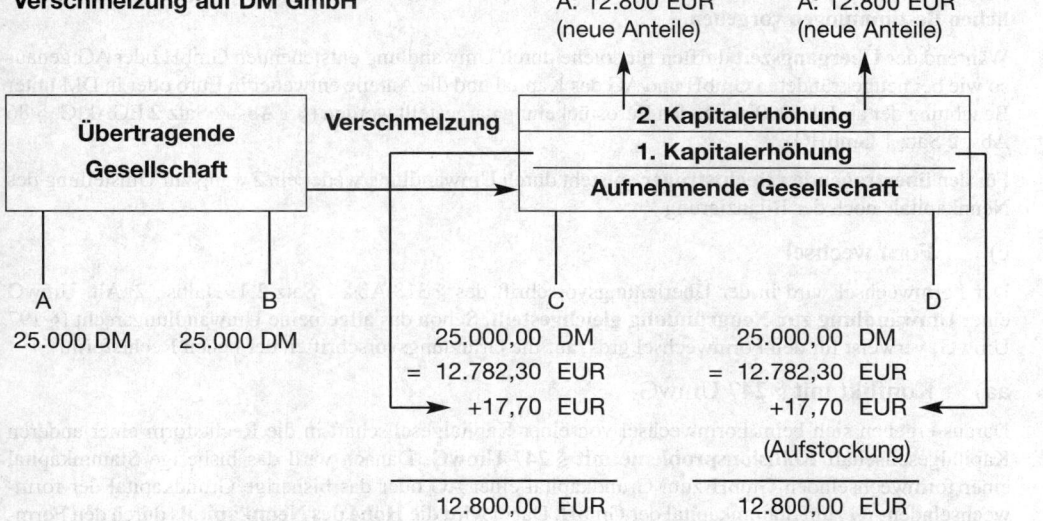

Ob die Euroumstellung im Sonderfall der **reinen Schwesterverschmelzung/-spaltung** durch eine einheitliche Kapitalerhöhung im Zuge der Verschmelzung/Spaltung zur Gewährung der Anteile geschehen kann, ist derzeit noch streitig.[520] Ob der **übertragende Rechtsträger** schon auf Euro umgestellt hat oder noch als DM-Altgesellschaft existiert, ist irrelevant. 325

b) Umwandlung zur Neugründung

aa) „Altumwandlungen" zur Neugründung

Entsprechend den Regelungen für Altgesellschaften bei der GmbH und der AG ist auch im Umwandlungsrecht eine **besitzstandswahrende Übergangsregelung** für „Altumwandlungen" enthalten. Dass die beteiligten Gesellschaften bei einer am 31.12.1998 bereits eingetragenen Umwandlung ihre DM-Kapitalbeträge nach dem 1.1.1999 beibehalten können, ergibt sich bereits aus den jeweiligen Übergangsvorschriften in § 86 Abs. 1 Satz 1 GmbHG und § 3 Abs. 2 Satz 1 EGAktG. § 318 Abs. 2 Satz 2 2. Halbs. UmwG stellt für die Umwandlungen, bei denen ein neuer Rechtsträger oder ein Rechtsträger neuer Rechtsform **bis zum 31.12.1998 zur Eintragung in das Handelsregister angemeldet** wurde, klar, dass es auch in diesen Fällen noch bei den bis zum 31.12.1998 geltenden Gründungsvorschriften bleibt. Allein der eventuell rückwirkende Umwandlungsstichtag 31.12.1998 macht die Umwandlung allerdings nicht zu einer „Altumwandlung". 326

bb) „Neuumwandlungen" zur Neugründung

In den Fällen der Umwandlung durch oder zur Neugründung eines Rechtsträgers sowie beim Formwechsel verweist schon das UmwG allgemein auf die für den neuen Rechtsträger geltenden **Gründungsvorschriften** (§§ 36 Abs. 2, 135 Abs. 2, 197 UmwG). Der Gesetzgeber behandelt konsequent auch für die Umstellung auf den Euro diese Umwandlungen als Neugründung. Daher nimmt § 318 Abs. 2 Satz 2 327

---

520 Befürwortend: Fronhöfer, in: Widmann/Mayer, Umwandlungsrecht, § 318 Rn. 21; kritisch demgegenüber: Mayer, in: Widmann/Mayer, Umwandlungsrecht, § 55 Rn. 45.

1. Halbs. UmwG ausdrücklich Bezug auf die jeweiligen Überleitungsvorschriften zur Einführung des Euro im EGAktG und in § 86 GmbHG. Das bedeutet zunächst, dass für solche Umwandlungsfälle „zur Neugründung", die **nach dem 31.12.1998** zur Eintragung in das Handelsregister **angemeldet** worden sind, für die Stückelung der Geschäftsanteile und Aktiennennbeträge schon die neuen Eurobeträge gelten. Zu beachten sind hierbei auch die Vorschriften des Umwandlungsrechts, die wie § 243 Abs. 3 Satz 2 UnwG oder § 263 Abs. 3 Satz 1 und 2 UmwG als Sonderregeln **den allgemeinen gesellschaftsrechtlichen Bestimmungen vorgehen**.

Während der **Übergangszeit** durften für solche durch Umwandlung entstehenden GmbH oder AG genauso wie bei neugegründeten GmbH und AG das Kapital und die Anteile entweder in Euro oder in DM unter Beachtung der ab 1.1.1999 geltenden Eurostückelung dargestellt werden (§ 1 Abs. 2 Satz 2 EGAktG, § 86 Abs. 2 Satz 1 GmbHG).

Für den **übertragenden Rechtsträger** entsteht durch Umwandlung weder ein Zwang zur Umstellung des Nennkapitals noch der Bilanzierung.[521]

c) Formwechsel

328 Der Formwechsel wird in der Überleitungsvorschrift des § 318 Abs. 2 Satz 2 1. Halbs., 2. Alt. UmwG einer **Umwandlung zur Neugründung gleichgestellt**. Schon das allgemeine Umwandlungsrecht (§ 197 UmwG) verweist für den Formwechsel grds. auf die Gründungsvorschriften der neuen Rechtsform.

aa) Konflikt mit § 247 UmwG

329 Daraus ergeben sich beim Formwechsel von einer Kapitalgesellschaft in die Rechtsform einer anderen Kapitalgesellschaft **Kollisionsprobleme mit § 247 UmwG**. Danach wird das bisherige Stammkapital einer formwechselnden GmbH zum Grundkapital einer AG oder das bisherige Grundkapital der formwechselnden AG zum Stammkapital der GmbH. Dabei wird die **Höhe des Nennkapitals** durch den Formwechsel nicht berührt. Die unveränderte Fortschreibung des bisherigen Nennkapitals ist eine Konsequenz aus der rechtlichen Kontinuität und Identität der Gesellschaft beim Übergang von der einen in die andere Form der Kapitalgesellschaft.[522] „Formwechselt" nun eine DM-GmbH in eine Euro-AG oder eine DM-AG in eine Euro-GmbH, führt dies bei der durch Formwechsel entstehenden Kapitalgesellschaft rechnerisch zwingend zu einem Verstoß gegen die für den Zielrechtsträger bei Gründung geltenden Teilbarkeitsvorschriften. Das UmwG sieht grds. **keine Möglichkeit vor**, im Umwandlungsbeschluss durch den Formwechsel als solchen die Kapitalziffer zu ändern. Das Grund- oder Stammkapital der Gesellschaft neuer Rechtsform muss demnach in deren Satzung in der Höhe ausgewiesen werden, die es vor dem Formwechsel hatte.[523]

> **Hinweis:**
> Ausnahme ist nur die AG mit **Stückaktien**, die keine Stufung der Nennbeträge ihrer Aktien kennt. Da in der Übergangszeit auch eine Gründung einer AG mit Stückaktien und einem Grundkapital von 100.000 DM zulässig war, musste auch ein Formwechsel von einer GmbH mit 100.000 DM Stammkapital auf eine AG mit Stückaktien und einem Grundkapital von 100.000 DM zulässig sein. Seit dem 1.1.2002 kann die Ziel-AG mit Stückaktien einfach das bisherige glatte DM-Stammkapital der Ausgangs-GmbH in **krummen Eurobeträgen** als Grundkapital unverändert übernehmen.

bb) Praktische Lösung

330 Dieser Konflikt ist **pragmatisch** dadurch zu **lösen**, dass noch bei der Ausgangsrechtsform die erforderlichen Anpassungsmaßnahmen erfolgen, indem schon dort eine Umstellung auf Euro mit entsprechender

---

521 Heidinger, Gutachten zur Euroumstellung, Gutachten des DNotI, Bd. VI, Nr. 54; zur Ausgliederung aus dem Vermögen eines Einzelkaufmanns auf eine GmbH zur Neugründung.
522 Happ, in: Lutter, UmwG, § 247 Rn. 4.
523 Happ, in: Lutter, UmwG, § 243 Rn. 42.

Glättung durchgeführt wird.[524] Dadurch entspricht das nun schon vorhandene Grund- bzw. Stammkapital und dessen Stückelung der Anteile bereits den neuen Anforderungen beim Zielrechtsträger. Die erforderliche Umstellung und Kapitalmaßnahme muss noch nach dem Recht des Ausgangsrechtsträgers durchgeführt werden.

In der Lit.[525] werden aber auch **Vorschläge zur Lösung** dieser Problematik diskutiert, die es ermöglichen, auf eine Euroumstellung nur zum Zwecke des Formwechsels beim Ausgangsrechtsträger zu verzichten. Dies kann insb. bei einer AG von praktischer Relevanz werden, da bei dieser die Möglichkeiten der Euroglättung gegenüber der GmbH eingeschränkt sind (insb. keine Kapitalerhöhung gegen Einlagen). Rspr. hierzu fehlt derzeit noch.

---

524 So auch die Empfehlung von Fronhöfer, in: Widmann/Mayer, Umwandlungsrecht, § 318 Rn. 52.
525 Abgrenzungsposten in Höhe des Differenzbetrages: Happ, in: Lutter, UmwG, § 247 Rn. 5; befürwortend: Scheel, in: Semler/Stengel, UmwG, 2003, § 247 Rn. 6; kritisch hierzu: Heidinger, NZG 2000, 532 für zeitgleiche Euroumstellung beim Zielrechtsträger; dies befürwortend: Perlitt, in: Semler/Stengel, UmwG 2003, § 318 Rn. 20; ablehnend: Fronhöfer, in: Widmann/Mayer, Umwandlungsrecht, § 318 Rn. 48 ff.

§ 2 Umstrukturierungen

Inhaltsverzeichnis

	Rn.
A. Einführung	1
B. „Bausteine" für Umstrukturierungen nach allgemeinen Vorschriften	3
I. Einbringungsvorgänge	3
1. Begriffsbestimmung	3
2. Rechtsgeschäftliche Übertragung von Vermögensgegenständen im Rahmen einer Einbringung	5
a) Einbringungsvertrag	6
b) Übertragung von Verträgen und Verbindlichkeiten	9
c) Konkretisierung der zu übertragenden Vermögensgegenstände	14
3. Sacheinlagen im Gesellschaftsrecht	19
a) Sacheinlagen bei Personengesellschaften	20
b) Sacheinlagen bei Kapitalgesellschaften	26
c) Mangelhafte Sacheinlagen	35
4. Einbringung aus Gesellschaften (Ausgliederungen)	37
a) Ausgliederung aus einer AG	38
b) Ausgliederung aus einer GmbH	43
c) Ausgliederung aus einer Personengesellschaft	45
5. Steuerlicher Überblick	46
II. Anwachsungsvorgänge	50
1. Anwachsung	51
2. Gestaltungsmodelle	57
a) Klassisches Anwachsungsmodell (einfache Anwachsung)	59
b) Erweiterte Anwachsung	65
3. Steuerlicher Überblick	69
III. Formwechsel von Personengesellschaften	73
1. Formwechsel zwischen GbR und OHG	74
2. Formwechsel zwischen OHG/GbR und KG	77
3. Zivilrechtliche und steuerliche Folgen eines Formwechsels zwischen Personengesellschaften	82
IV. Sachdividende	84
1. Voraussetzungen für die Ausschüttung einer Sachdividende	85
2. Gegenstand der Sachdividende	87
3. Bewertung der Sachdividende	88
4. Sachdividende bei der GmbH	90
5. Steuerlicher Überblick	91
V. Realteilung (Naturalteilung)	94
1. Gesellschaftsrecht	94
2. Steuerlicher Überblick	98
VI. Ausstrahlungswirkung des UmwG auf Umstrukturierungen	103

	Rn.
1. Numerus clausus des UmwG und Zulässigkeit von Umstrukturierungen nach allgemeinen Vorschriften	104
2. Anwendung von Verfahrensvorschriften des UmwG auf Umstrukturierungen nach allgemeinen Vorschriften	107
a) Umfang des Analogieverbotes in § 1 Abs. 2 UmwG	108
b) Mitbestimmungskompetenzen der Gesellschafter	109
c) Vorbereitung von Gesellschafterbeschlüssen über Umstrukturierungen bei der AG	113
d) Vorbereitung von Gesellschafterbeschlüssen über Umstrukturierungen bei der GmbH	120
e) Fazit	121
C. Entscheidungsparameter bei der Gestaltung einer Umstrukturierung	123
I. Einzelrechtsnachfolge versus Gesamtrechtnachfolge	124
II. Entscheidungskompetenz und Informationspflichten	130
III. Grundsatz der Gesellschafteridentität	134
IV. Haftung des übertragenden Rechtsträgers	136
V. Transaktionskosten	137
VI. Arbeitsrecht	138
VII. Steuerliche Konsequenzen	141
D. Typische Fälle von Umstrukturierungen nach allgemeinen Vorschriften	146
I. Umwandlung eines einzelkaufmännischen Unternehmens in eine GmbH im Rahmen einer Stufengründung	147
1. Ausgangsfall	147
2. Gestaltungsüberlegungen	148
3. Ablauf der Stufengründung	152
II. Stufengründung bei der AG – Nachgründung (§ 52 AktG)	160
1. Gestaltungsüberlegungen	160
2. Ablauf der Stufengründung einer AG	163
a) Anwendbarkeit der Nachgründungsvorschriften auf Sachkapitalerhöhungen	163
b) Verfahrensschritte	165
III. Realteilung einer KG	174
1. Ausgangsfall	174
2. Gestaltungsüberlegungen	175
3. Durchführung der Realteilung	178

Kommentare und Gesamtdarstellungen:

Baumbach/Hopt, Kommentar zum Handelsgesetzbuch, 32. Aufl. 2006; *Baumbach/Hueck*, Kommentar zum GmbH-Gesetz, 18. Aufl. 2005; *Boruttau*, Grunderwerbsteuergesetz, 16. Aufl. 2006; *Hopt/Wiedemann*, Großkommentar Aktiengesetz, 4. Aufl. 1992 ff.; *Hüffer*, Aktiengesetz, 7. Aufl. 2006; *Kallmeyer*, Umwandlungsgesetz, 3. Aufl. 2006; *Lutter*, Umwandlungsgesetz, 3. Aufl. 2004; *Lutter/Hommelhoff*, Kommentar zum GmbH-Gesetz, 16. Aufl. 2005; *Michalski*, Kommentar zum GmbH-Gesetz, 2002; *Münchener Anwaltshandbuch Personengesellschaftsrecht*, 2005; *Münchener Handbuch des Gesellschaftsrechts*, 2. Aufl. 2004; *Münchener Kommentar Aktiengesetz*, 2. Aufl. 2000-2006; *Münchener Kommentar zum Handelsgesetzbuch*, Bd. 2 (§§ 105 – 160), 2. Aufl. 2006; *Roth/Altmeppen*, Kommentar zum GmbHG, 5. Aufl. 2005; *Sagasser/Bula/Brünger*, Umwandlungen, 3. Aufl. 2002; *K. Schmidt*, Gesellschaftsrecht, 4. Aufl. 2002; *Schmidt*, EStG, 25. Aufl. 2006; *Schmitz/Hörtnagl/Stratz*, Umwandlungsgesetz, Umwandlungssteuergesetz: UmwG, UmwStG, 4. Aufl. 2006; *Sudhoff*, Personengesellschaften, 8. Aufl. 2005; *Ulmer/Habersack/Winter*, Gesetz betreffend die Gesellschaften mit beschränkter Haftung (GmbHG), Bd. 1 und Bd. 2, 2005 – 2006; *Widmann/Mayer*, Umwandlungsrecht, Stand: Juli 2006.

Formularbücher und Mustersammlungen:

Engl, Formularbuch Umwandlungen, 2004.

Aufsätze und Rechtsprechungsübersichten:

Aha, Einzel- oder Gesamtrechtsnachfolge bei der Ausgliederung?, AG 1997, 345; *Beuthien*, Die zwei Missdeutungen des § 25 HGB, NJW 1993, 1737; *Brandenberg*, Personengesellschaftsbesteuerung nach dem Unternehmenssteuerfortentwicklungsgesetz, DStZ 2002, 511; *Breitenreicher*, Die Anwachsung als steuerliches Umwandlungsinstrument, DStR 2004, 1405; *Dötsch/Pung*, SEStEG: Die Änderungen des UmwStG (Teil II), DB 2006, 2763; *Eisolt*, Neuregelung der Nachgründung durch das Namensaktiengesetz, DStR 2001, 748; *Engl*, Realteilung auch mit Einzelwirtschaftsgütern rückwirkend ab 1.1.2001 nach dem UntStFG steuerneutral möglich, DStR 2002, 119; *Englmeyer*, Ausgliederung durch partielle Gesamtrechtsnachfolge oder Einzelrechtsnachfolge – ein Vergleich, AG 1999, 263; *Geßler*, Einberufung und ungeschriebene Hauptversammlungszuständigkeiten, in: FS für Stimpel, 1985, S. 771; *Götze*, „Gelatine" statt „Holzmüller" – Zur Reichweite ungeschriebener Mitwirkungsbefugnisse der Hauptversammlung, NZG 2004, 585; *Groß*, Vorbereitung und Durchführung von Hauptversammlungsbeschlüssen zu Erwerb und Veräußerung von Unternehmensbeteiligungen, AG 1996, 111; *Hasselbach/Hartmut*, Sachausschüttung im Aktienrecht NZG 2001, 599; *Heidinger*, Neues zur Voreinzahlung bei der Kapitalerhöhung, DNotZ 2001, 341; *Hoffmann-Becking*, Der Einbringungsvertrag zur Sacheinlage eines Unternehmens oder Unternehmensteils in die Kapitalgesellschaft, in: FS für Lutter, 2000, S. 453; *Joost*, „Holzmüller 2000" vor dem Hintergrund des Umwandlungsgesetzes, ZHR 163 (1999), 164; *Kraft/Trübenbach*, Umstrukturierungen außerhalb des Umwandlungssteuerrechts durch Übertragungsmöglichkeiten für einzelne Wirtschaftsgüter, StB 2004, 336; *Lutter/Leinekugel*, Kompetenzen von Hauptversammlung und Gesellschafterversammlung beim Verkauf von Unternehmensteilen, ZIP 1998, 225; *Lutter/Leinekugel/Rödder*, Die Sachdividende, ZGR 2002, 204; *Müller*, Die Änderungen im HGB und die Neuregelungen der Sachdividende durch das Transparenz- und Publizitätsgesetz, NZG 2002, 752; *Orth*, Umwandlung durch Anwachsung, DStR 1999, 1011 und 1053; *Priester*, Die Entscheidungsautonomie des Vorstandes und die „Basisdemokratie" in der Akteingesellschaft ZHR 147 (1983), 377; *Prinz/Schürner*, Tracking Stocks und Sachdividenden – ein neues Gestaltungsinstrument für spartenbezogene Gesellschaftsrechte?, DStR 2003, 181; *Reiff/Ettinger*, Gesellschaftsrechtliche Treuepflichten im Zusammenhang mit der Heilung von verdeckten Sacheinlagen bei der GmbH, DStR 2004, 1258; *Schulze zur Wische*, Die Realteilung einer Personengesellschaft unter Berücksichtigung der BMF-Schreibens vom 28.2.2006, DB 2006, 921; *Simon*, Nochmals: „Umwandlung" der GmbH & Co. GbR in eine KG. DStR 2000, 578; *Vollmer*, Vollzugsprobleme bei Spaltungen, WM 2002, 428; *Weißhaupt*, Holzmüller-Informationspflichten nach den Erläuterungen des BGH in Sachen „Gelatine", AG 2004, 585; *Winkemann*, Die Realteilung – eine Zwischenbilanz, BB 2004, 130; Wollburg/Gehling, Umgestaltung des Konzerns – Wer entscheidet über die Veräußerung von Beteiligungen einer Aktiengesellschaft, in: FS für Lieberknecht, S. 133; *Wolf*, Diskussionsbericht zu den Referaten Joost und Priester, ZHR 163 (1999), 203.

A. Einführung

Im Rahmen einer Umstrukturierung werden die **Aktiva und Passiva eines Rechtsträgers** ganz oder teilweise auf einen anderen Rechtsträger übertragen. Seit dem Jahr 1995 bietet das Umwandlungsgesetz (UmwG) eine **einheitliche gesetzliche Grundlage** für fast alle denkbaren Umstrukturierungsvarianten. Aufgrund der Universalität des UmwG kann allerdings leicht übersehen werden, dass es auch außerhalb des Umwandlungsrechtes vielfältige Möglichkeiten der Übertragung von Vermögensgegenständen auf andere Rechtsträger gibt. Diese Umstrukturierungen erfolgen **nach allgemeinen zivil- und gesellschafts-**

1

rechtlichen Regelungen und können zur Erreichung wirtschaftlich vergleichbarer Resultate wie Umwandlungen nach dem UmwG eingesetzt werden.

Trotz der ähnlichen Ergebnisse der unterschiedlichen Umstrukturierungsmethoden bestehen jedoch **wesentliche Unterschiede** in der rechtlichen Durchführung und der jeweiligen steuerlichen Beurteilung. Der Berater muss daher bei jeder Umstrukturierung zunächst die unterschiedlichen rechtlichen Möglichkeiten zum Erreichen der gewünschten Zielstruktur identifizieren und die jeweiligen Vor- und Nachteile analysieren. Dabei wird sich – je nach Lage des Einzelfalles – in manchen Konstellationen zeigen, dass eine Umstrukturierung nach den Vorschriften außerhalb des UmwG für die Beteiligten vorteilhafter sein kann.

2   In diesem Kapitel sollen die **wichtigsten Möglichkeiten von Umstrukturierungen** außerhalb des UmwG dargestellt werden. Dabei soll zunächst ein Überblick über die verschiedenen Methoden von Umstrukturierungen geben werden. Es werden also sozusagen die „Bausteine" vorgestellt, aus denen der Berater die zu dem konkreten Sachverhalt passenden Umstrukturierungsschritte konstruieren kann. Sodann wird das Verhältnis der vorgestellten Methoden zu den im UmwG vorgesehenen Umstrukturierung erläutert. Ein besonderer Schwerpunkt liegt dabei auf dem Vergleich der Vor- und Nachteile mit den korrespondierenden Regelungen des UmwG. Dadurch soll sichtbar gemacht werden, in welchen Fällen welche Umstrukturierungsmethode zu optimalen Ergebnissen führen kann. Für einige wichtige, beispielhafte Umstrukturierungsvorgänge sollen dann im abschließenden Teil des Kapitels konkrete Gestaltungshinweise zur Durchführung gegeben werden.

B. „Bausteine" für Umstrukturierungen nach allgemeinen Vorschriften

I. Einbringungsvorgänge

1. Begriffsbestimmung

3   Der Begriff „**Einbringung**" entstammt dem Umwandlungssteuerrecht (§§ 20, 21, 24 UmwStG). Dort wird als Einbringung die Verschaffung des zivilrechtlichen bzw. wirtschaftlichen Eigentums oder Nutzungsrechtes an einem Betrieb oder Teilbetrieb oder an bestimmten Beteiligungen im Rahmen einer Einlage in eine Kapital- oder Personengesellschaft bezeichnet. Die Vermögensübertragung kann dabei entweder durch Gesamtrechtsnachfolge oder durch Einzelrechtsübertragung erfolgen. Zwingend ist jedoch die Gewährung neuer Anteile am übernehmenden Rechtsträger.

Vorliegend soll ein **gegenüber dem UmwStG modifizierter Begriff der Einbringung** zugrunde gelegt werden. Als Einbringung sollen **alle Vermögensübertragungen** (also auch Übertragungen von einzelnen Wirtschaftsgütern, die keinen Betrieb oder Teilbetrieb bilden) auf eine Kapital- oder Personengesellschaft **im Wege der Einzelrechtsnachfolge** verstanden werden, die durch eine bereits bestehende oder zukünftige Gesellschafterstellung des einbringenden Rechtssubjekts motiviert sind und für die als Gegenleistung entweder Anteile am aufnehmenden Rechtsträger gewährt werden oder aber keine Gegenleistung erfolgt.

Kennzeichnend für Einbringungsvorgänge im hier verstandenen Sinn ist also die Vermögensübertragung im Wege der Einzelrechtsnachfolge. Entsprechend bestehen Einbringungsvorgänge aus einem **Verpflichtungsgeschäft** und einem sachenrechtlichen **Verfügungsgeschäft**. Sofern die Einbringung gegen Gewährung von Gesellschaftsanteilen erfolgt, bilden häufig entweder die Sachgründung einer neuen Gesellschaft oder die Sachkapitalerhöhung bei einer bestehenden Gesellschaft die Rechtsgrundlage für die Übertragung der Vermögensgegenstände.

4   Nachfolgend werden zunächst die bei der **rechtsgeschäftlichen Übertragung** von Vermögensgegenständen im Wege der Einzelrechtsnachfolge zu beachtenden Grundsätze dargestellt. Nach dieser Darstellung der Verfügungsgeschäfte im Rahmen einer Einbringung werden dann die entsprechenden gesellschaftsrechtlichen Verpflichtungsgeschäfte erläutert.

2. Rechtsgeschäftliche Übertragung von Vermögensgegenständen im Rahmen einer Einbringung

Die Übertragung von Vermögensgegenständen auf die aufnehmende Kapital- oder Personengesellschaft erfolgt im Rahmen der **Einzelrechtsnachfolge**. Das Eigentum an jedem Vermögensgegenstand muss daher einzeln und nach den jeweiligen spezifischen gesetzlichen Regelungen übertragen werden.

Dies bedeutet etwa, dass **bewegliche Sachen gemäß §§ 929 ff. BGB** übertragen werden. Die Eigentumsübertragung von Grundstücken bedarf der **Auflassung und Eintragung ins Grundbuch (§§ 873, 925 BGB)**. Forderungen und andere Rechte sind durch Abtretung zu übertragen (§§ 398 ff., 413, 1154 BGB).

a) Einbringungsvertrag

Die für die Rechtsübertragung notwendigen Rechtsgeschäfte werden meist in einem gesonderten **Einbringungsvertrag** zusammengefasst.[1] Der Einbringungsvertrag enthält in der Praxis neben den für die Übertragung notwendigen Willenserklärungen häufig auch Regelungen über die näheren **Modalitäten der Einbringung** (z.B. Einbringungsstichtag, steuerliche Wertansätze, notwendige Zustimmungen Dritter).

Beim Abschluss des Einbringungsvertrages sind die jeweiligen **Formvorschriften** für die rechtsgeschäftliche Eigentumsübertragung zu beachten. So ist bei der Übertragung eines Grundstückes auf eine Gesellschaft der Einbringungsvertrag als Verfügungsgeschäft zwar nicht gemäß § 311b Abs. 1 BGB notariell zu beurkunden. Da der Einbringungsvertrag jedoch die Auflassung enthält, ist die **notarielle Beurkundung nach § 925 BGB** erforderlich. Auch bei der Übertragung von GmbH-Geschäftsanteilen muss gemäß § 15 Abs. 3 GmbHG die dingliche Abtretung notariell beurkundet werden.

Sofern im Zusammenhang mit der Einbringung **notariell zu beurkundende gesellschaftsrechtliche Maßnahmen** wie Gründungen oder Kapitalerhöhungen erfolgen, empfiehlt es sich, den Einbringungsvertrag zusammen mit den notarieller Niederschriften dieser Vorgänge zu beurkunden. Die Mitbeurkundung des Einbringungsvertrages löst dann keine gesonderte Gebühr nach der Kostenordnung mehr aus.[2]

Vertragspartner des Einbringungsvertrages sind der einbringende (Neu-)Gesellschafter als bisheriger Eigentümer auf der einen und die aufnehmende Kapital- oder Personengesellschaft, die durch die jeweils vertretungsberechtigten Organe vertreten wird, auf der anderen Seite.

> **Hinweis:**
> Sofern der Vertreter der aufnehmenden Gesellschaft mit dem einbringenden Gesellschafter identisch ist,[3] muss der Gesellschaftsvertrag bzw. die Satzung die Befreiung des Vertreters von den **Beschränkungen des § 181 BGB** vorsehen oder es muss per Gesellschafterbeschluss vorab eine Befreiung für den Einzelfall erfolgen.

Wenn die Einbringung im Rahmen der Gründung einer Gesellschaft erfolgt, muss der Einbringungsvertrag eine **juristische (logische) Sekunde nach** dem Entstehen der jeweiligen (Vor-)Gesellschaft, d.h. **nach Beurkundung des jeweiligen Gründungsvorgangs**, abgeschlossen werden, damit ein tauglicher Vertragspartner für den Einbringungsvertrag existiert. Die Vor-GmbH wird durch die ersten Geschäftsführer[4] und die Vor-AG durch den ersten Vorstand[5] vertreten.

---

1 Ausführlich zur Rechtsnatur des Einbringungsvertrages Hoffmann-Becking, in: FS für Lutter, S. 453; wie hier Mayer, in: Widmann/Mayer, Umwandlungsrecht, Anhang 5 Rn. 79 ff.
2 Vgl. Heinrich, in: Münchener Handbuch des Gesellschaftsrechts, § 9 Rn. 35.
3 Dies wird insb. bei der Einmann-GmbH mit einem Gesellschafter-Geschäftsführer der Fall sein.
4 Lutter/Bayer, in: Lutter/Hommelhoff, GmbHG, § 11 Rn. 11.
5 Hüffer, AktG, § 41 Rn. 11.

b) Übertragung von Verträgen und Verbindlichkeiten

9   Insb. bei der Einbringung von Unternehmen bzw. Unternehmensteilen werden häufig nicht nur Aktiva zu übertragen sein, sondern **auch bestehende Verbindlichkeiten**. Außerdem soll die aufnehmende Gesellschaft häufig **neuer Vertragspartner** von bereits abgeschlossenen Verträgen wie z.B. von Mietverträgen oder anderen Dauerschuldverhältnissen oder von sonstigen laufenden Vertragsverhältnissen mit Geschäftspartnern werden.

Verbindlichkeiten können gemäß §§ 414, 415 Abs. 1 BGB **nur mit Zustimmung des jeweiligen Gläubigers** befreiend übertragen werden (**Schuldübernahme**). Notwendige Zustimmungen der Gläubigers sollten idealerweise vor dem Abschluss des Einbringungsvertrages eingeholt werden. Wenn ein Gläubiger die Zustimmung verweigert, haftet gemäß § 415 Abs. 3 BGB im Zweifel zunächst der Übernehmer für die Erfüllung solcher Verbindlichkeiten.

> **Hinweis:**
>
> Aus Gründen der Rechtssicherheit sollte die Vermutung des § 415 Abs. 3 BGB im Einbringungsvertrag festgeschrieben werden, indem ausdrücklich vereinbart wird, dass die übernehmende Gesellschaft die Verbindlichkeit im Weg des Schuldbeitritts mitübernimmt und dass die Parteien sich jedenfalls schuldrechtlich im Innenverhältnis mit Wirkung zum Einbringungsstichtag so stellen, als ob die Schuldübernahme wirksam geworden wäre.

10 **Formulierungsbeispiel: Einbringungsvertrag/Schuldübernahme**

> Soweit die Gläubiger der in Anlage .... dieses Einbringungsvertrages aufgelisteten, von der Gesellschaft übernommenen Verbindlichkeiten der Schuldübernahme nicht zustimmen, behandeln sich der Einbringende und die Gesellschaft schuldrechtlich im Innenverhältnis dennoch so, als ob die Schuldübernahme erfolgt wäre. Die Gesellschaft stellt den Einbringenden insoweit von jeglicher Inanspruchnahme aus oder im Zusammenhang mit den in Anlage .... dieses Einbringungsvertrages aufgelisteten Verbindlichkeiten frei.

11 Bei der Übertragung eines Vertrages auf eine Gesellschaft (**Vertragsübernahme**) muss ebenfalls der Vertragspartner mit einbezogen werden. Dies kann entweder durch einen dreiseitigen Vertrag geschehen oder aber durch einen zweiseitigen Vertrag zwischen der ausscheidenden und der eintretenden Vertragspartei, dem der Dritte zustimmt.[6] Während die Vertragsübernahme der Form des übernommenen Vertrages bedarf, ist die Zustimmung des anderen Vertragspartners gemäß § 182 Abs. 2 BGB formlos möglich.[7]

> **Hinweis:**
>
> Auch hier sind im Einbringungsvertrag Regelungen vorzusehen, wonach die Parteien sich unabhängig davon, ob die Zustimmung des Vertragspartners erlangt werden kann, jedenfalls schuldrechtlich im Innenverhältnis mit Wirkung zum Einbringungsstichtag so stellen haben, als ob die Vertragsübernahme wirksam geworden wäre.

12 **Formulierungsbeispiel: Einbringungsvertrag/Vertragsübernahme**

> Soweit die Vertragspartner der in Anlage .... dieses Einbringungsvertrages aufgelisteten, von der Gesellschaft übernommenen laufenden Vertragsverhältnisse der Vertragsübernahme nicht zustimmen, behandeln sich der Einbringende und die Gesellschaft schuldrechtlich im Innenverhältnis dennoch so, als ob die Vertragsübernahme erfolgt wäre; insb. sind sämtliche Vorteile und Lasten aus den der in Anlage .... aufgelisteten Vertragsverhältnissen mit Wirkung ab dem Einbringungsstichtag

---

6   BGH, NJW 1985, 2528.
7   BGH, NJW 1979, 369; NJW 2003, 2160.

ausschließlich der Gesellschaft zugeordnet. Die Gesellschaft stellt den Einbringenden insoweit von jeglicher Inanspruchnahme frei.

Wenn ein kompletter Betrieb oder Betriebsteil i.S.e. **Handelsgeschäftes** eingebracht wird und die übernehmende Gesellschaft das Handelsgeschäft unter der **bisherigen Firma** fortführt, ist **§ 25 HGB** zu beachten.[8] Gemäß § 25 Abs. 1 Satz 1 HGB erfolgt ein gesetzlicher Schuldbeitritt der übernehmenden Gesellschaft für Verbindlichkeiten, die der ehemalige Firmeninhaber begründet hat. Bestehende Forderungen gelten den Schuldnern gegenüber gemäß § 25 Abs. 1 Satz 2 HGB auf die übernehmende Gesellschaft übergegangen, sofern keine ausdrücklichen Regelungen zwischen Einbringer und aufnehmender Gesellschaft getroffen worden sind. Damit wird durch § 25 Abs. 1 HGB jedoch **keine gesetzliche Vertragsübernahme** begründet. Es soll vielmehr **nur der Schuldner geschützt** werden, wenn er ahnungslos an den neuen Firmeninhaber leistet, obwohl seine Verbindlichkeit beim alten Firmeninhaber verblieben ist.[9]

13

> **Hinweis:**
>
> Aus Gründen der Rechtssicherheit empfiehlt es sich daher, auch bei der Einbringung eines Handelsgeschäftes mit Firmenfortführung eine rechtsgeschäftliche Vertragsübernahme mit sämtlichen dritten Vertragspartnern zu vereinbaren. Ferner kann die Haftung der übernehmenden Gesellschaft für bestehende Verbindlichkeiten ausgeschlossen werden. Diese Vereinbarung wird den Gläubigern gegenüber erst mit Eintragung und Bekanntmachung in das Handelsregister wirksam (§ 25 Abs. 2 HGB).

c) Konkretisierung der zu übertragenden Vermögensgegenstände

Da bei der Einbringung sämtliche Vermögensgegenstände einzeln und nach den jeweiligen gesetzlichen Vorschriften auf die übernehmende Gesellschaft übertragen werden, ist es aufgrund des **sachenrechtlichen Bestimmtheitsgrundsatzes** erforderlich, die zu übertragenden Vermögensgegenstände hinreichend genau zu individualisieren und zu konkretisieren.

14

> **Hinweis:**
>
> Die Konkretisierung kann entweder direkt im Einbringungsvertrag erfolgen oder – üblicherweise – in Form von Anhängen zum Einbringungsvertrag mit genauen Aufzählungen der übergehenden Vermögensgegenstände.

Ein **Anhang mit sämtlichen einzubringenden Vermögensgegenständen** ist rechtlich zwar insoweit sicher, als dass dadurch eine eindeutige Zuordnung jedes einzelnen Vermögensgegenstandes ermöglicht wird. Allerdings ist die Erstellung eines derartigen Verzeichnisses **zeit- und kostenaufwendig** und birgt die Gefahr, dass einzelne Gegenstände übersehen werden. Insofern stellt sich die Frage, ob und wie Vermögensgegenstände als Sachgesamtheiten unter Beachtung des sachenrechtlichen Bestimmtheitsgebotes im Einbringungsvertrag zusammengefasst werden können.

15

Hier ist zunächst festzustellen, dass bei der Übertragung von **Grundstücken** die **Regelung des § 28 GBO** berücksichtigt werden muss, wonach die Angabe des Grundbuchamts, Gemarkung, Band- und Blattstelle sowie die Flurstücknummer erforderlich ist. Zwar handelt es sich bei § 28 GBO nur um eine Verfahrensvorschrift und um keine materiell-rechtliche Formvorschrift. Die Auflassung wäre daher auch dann wirksam, sofern das betroffene Grundstück in anderer Weise als in § 28 GBO verlangt konkretisiert wird. Um Verzögerungen im Grundbuchvollzug und entsprechenden Mehraufwand zu vermeiden, sollte § 28 GBO jedoch auch bei der Auflassung beachtet werden und sämtliche erforderlichen Angaben zum Grundstück im Einbringungsvertrag aufgeführt werden.[10]

16

---

8   Ausführlich dazu Beuthien, NJW 1993, 1737.
9   Die Frage, ob § 25 Abs. 1 HGB eine gesetzliche Vertragsübernahme begründet, ist sehr umstritten, Nachweise bei Baumbach/Hopt/Hopt, HGB, § 25 Rn. 11.
10 Ausführlich zur Problematik Vollmer, WM 2002, 428.

Auch bei der Abtretung von **Beteiligungen an Kapital- oder Personengesellschaften** ist eine möglichst genaue Individualisierung durch Angabe der Firma, Handelsregisternummer, Höhe der Beteiligung sowie ggf. Angaben über noch offene Einlageleistungen empfehlenswert.[11]

17 Für **sonstige Vermögensgegenstände** gelten dagegen grds. die allgemeinen Regeln der Vertragsauslegung. Es ist daher nicht erforderlich, sämtliche Vermögensgegenstände explizit und einzeln aufzuführen, sondern vielmehr ausreichend, wenn im Wege der Vertragsauslegung ermittelt werden kann, welche Vermögensgegenstände übertragen werden. Die **Bestimmbarkeit der übertragenen Vermögensgegenstände** reicht also grds. aus. Daher sind im Einbringungsvertrag auch Sammelbezeichnungen zulässig, soweit sie die gemeinten Einzelgegenstände klar erkennen lassen.[12]

Besonders häufig sind dabei **räumlich-zeitliche Sammelbezeichnungen** anzutreffen, wonach alle beweglichen Sachen, die sich zum Stichtag auf einem bestimmten Grundstück oder in einem bestimmten Raum bzw. Gebäude befinden, übereignet werden sollen.[13]

Zulässig ist auch die **Beschreibung einer Sachgesamtheit als Funktionseinheit**. Entsprechend kann die Einbringung eines Betriebes oder Teilbetriebes grds. durch die Verwendung von sog. „**All-Klauseln**" erfolgen.[14] Derartige Klauseln legen fest, dass sämtliche für den Geschäftsbetrieb bei betriebswirtschaftlicher Betrachtung notwendigen Gegenstände eingebracht und übereignet werden sollen. Sollen einzelne Teile einer Sachgesamtheit **nicht übertragen werden**, können diese Vermögensgegenstände durch explizite Nennung und Aufzählung von der Übertragung ausgenommen werden.

18 Nach Abschluss des Einbringungsvertrages eintretende **Veränderungen im Bestand der Sachgesamtheiten** lassen die Wirksamkeit der Festlegung unberührt. Übertragen werden dann alle zum Übertragungsstichtag von dem Sachgesamtheitsbegriff umfassten Gegenstände.

> **Hinweis:**
> Zur Klarstellung kann und sollte in den Einbringungsvertrag eine Klausel aufgenommen werden, wonach Vermögensgegenstände, die zum Übertragungsstichtag an die Stelle von beim Abschluss des Einbringungsvertrages vorhandenen Gegenständen getreten sind, ausdrücklich mit eingebracht und übertragen werden.[15]

Problematisch kann dagegen die ausschließliche **Bezugnahme auf Bilanzen** sein. Dies folgt daraus, dass die Bilanz nur Sammelpositionen ausweist und keine hinreichende Individualisierung der einzeln zu übertragenden Vermögensgegenstände ermöglicht. Außerdem sollen meist auch die nicht bilanzierungsfähigen Vermögensgegenstände, wie etwa die sofort abschreibungsfähigen geringwertigen Wirtschaftsgüter des Anlagevermögens oder die immateriellen selbst geschaffenen Wirtschaftsgüter, übertragen werden. Bilanzen sind daher regelmäßig um Inventarlisten, Anlagevermögensspiegel und Aufstellungen der nicht bilanzierten, aber ebenfalls übertragenen Vermögensgegenstände wie etwa selbst hergestellte EDV-Systeme oder selbst geschaffene Patente zu ergänzen.[16]

3. Sacheinlagen im Gesellschaftsrecht

19 Die Einbringung erfolgt **zumeist gegen Gewährung von Gesellschaftsanteilen** an der aufnehmenden Personen- oder Kapitalgesellschaft. Dann müssen im Rahmen einer Einbringung neue Anteile für den einbringenden Gesellschafter geschaffen werden. Dies geschieht **entweder** im Rahmen einer Sachgründung der Gesellschaft **oder aber** auch im Rahmen einer Sachkapitalerhöhung. Die Sachgründung bzw. Sachkapitalerhöhung bilden den **gesellschaftsrechtlichen Rechtsgrund** für die Einbringung. Sie müssen

---

11 Mayer, in: Widmann/Mayer, Umwandlungsrecht, § 126 Rn. 221.
12 BGH, NJW 92, 1161.
13 Vgl. z.B. BGH, NJW 2000, 2898.
14 BGH, DB 2003, 2589; Mayer, in: Widmann/Mayer, Umwandlungsrecht, Anhang 5 Rn. 91.
15 Hörtnagl, in: Schmitt/Hörtnagl/Stratz, UmwG, § 126 Rn. 80
16 Mayer, in: Widmann/Mayer, Umwandlungsrecht, Anhang 5 Rn. 92.

unter Beachtung der jeweiligen gesellschaftsspezifischen Regelungen erfolgen. Während der Einbringungsvertrag mit dem vertretungsberechtigten Organ der aufnehmenden Gesellschaft abgeschlossen wird, sind an den gesellschaftsrechtlichen Maßnahmen, die die Grundlage für den Einbringungsvertrag bilden, regelmäßig die Gesellschafter der aufnehmenden Gesellschaft beteiligt.

a) Sacheinlagen bei Personengesellschaften

Die Gesellschafter einer Personengesellschaft verpflichten sich entweder **beim Abschluss des Gesellschaftsvertrages** oder in einer **späteren Änderung des Gesellschaftsvertrages** zur Leistung eines Beitrags (Einlage).[17] Dabei können die Gesellschafter den Inhalt der Beitragsverpflichtung nach Belieben bestimmen. Wie sich aus § 706 Abs. 2 BGB ergibt, können auch Sachen oder Sachgesamtheiten Gegenstand der Beitragspflicht von Gesellschaftern sein.[18]

Bei Sacheinlagen muss der **Gegenstand der Einlage im Gesellschaftsvertrag hinreichend bestimmt** sein. Da der Gesellschaftsvertrag selbst jedoch nicht dem sachenrechtlichen Bestimmtheitsgrundsatz genügen muss, sind die Anforderungen an die Konkretisierung der Sacheinlagen dort geringer als im Einbringungsvertrag. Ausreichend ist, wenn durch Auslegung ermittelt werden kann, welche Sachen bzw. Sachgesamtheiten in die Personengesellschaft eingebracht werden sollen. Daher kann eine schlagwortartige und verkehrsübliche Bezeichnung ausreichen.[19]

Formulierungsbeispiel: Gesellschaftsvertrag

> Einbringung des Geschäftsbereiches Automotive Systeme der Gesellschafterin X-GmbH mit allen Aktiva und Passiva.

Wie der übrige Gesellschaftsvertrag einer Personengesellschaft sind die Regelungen über die Beitragsverpflichtung der Gesellschafter **grds. nicht formbedürftig**. Allerdings müssen die **allgemeinen Formvorschriften** beachtet werden. So ist etwa die Verpflichtung eines Gesellschafters, der Gesellschaft ein Grundstück zu übereignen (§ 311b Abs. 1 BGB) oder einen GmbH-Anteil abzutreten (§ 15 Abs. 4 Satz 1 GmbHG) formbedürftig.

> **Hinweis:**
> Soweit das Erfordernis notarieller Beurkundung der Beitragsverpflichtung auch nur eines Gesellschafters besteht, erfasst die Formbedürftigkeit den **gesamten Gesellschaftsvertrag** einschließlich aller in diesem Zusammenhang getroffener Nebenabreden.[20] Dies bedeutet, dass dann das „gesamte Paket", also alle in einem wirtschaftlichen Zusammenhang stehenden Vereinbarungen, beurkundungspflichtig ist.

Da die Gesellschafter einer **OHG** für deren Verbindlichkeiten grds. **unbeschränkt persönlich** haften, besteht für die Gesellschafter bei der Bewertung der Sacheinlagen **weitgehende Gestaltungsfreiheit**. Der Gläubigerschutz erfolgt hier durch Haftung der Gesellschafter und nicht durch Registerkontrolle. Einzubringende Sachen oder Sachgesamtheiten können mit dem Verkehrswert oder einem höheren oder niedrigeren Wert angesetzt werden. Grenzen bei der Bewertung ergeben sich allein aus § 138 BGB.[21]

Auch bei der KG, bei der die Haftung der Kommanditisten auf den Betrag der im Handelsregister eingetragenen Haftsumme beschränkt ist, besteht zunächst grds. **Bewertungsfreiheit**. Das Registergericht prüft nicht, ob und in welcher Höhe ein Kommanditist Beiträge in das Gesellschaftsvermögen geleistet

---

17 Die Möglichkeit, einer Personengesellschaft als unbeschränkt haftender Gesellschafter ohne Beitragsleistung anzugehören (z.B. die GmbH als Komplementärin ohne Vermögenseinlage bei einer GmbH & Co. KG) bleibt vorliegend unberücksichtigt.
18 Gummert, in: Münchener Anwaltshandbuch Personengesellschaftsrecht, § 3 Rn. 32.
19 OLG Düsseldorf, GmbHR 1996, 214; Hoffmann-Becking, in: FS für Lutter, S. 453, 462 m.w.N.
20 BGH, NJW 1983, 1843.
21 BGH, WM 1975, 325.

hat. Allerdings können die Gläubiger der KG den Kommanditisten gemäß § 171 Abs. 1 HGB in Höhe seiner Hafteinlage jederzeit unmittelbar in Anspruch nehmen. Der Kommanditist muss dann nachweisen, dass er Einlagen in Höhe der Hafteinlage erbracht hat. Bei Sacheinlagen muss er daher den **Wert der Sacheinlage zum Einbringungsstichtag nachweisen.**[22] Aus diesem Grund kann es trotz der Bewertungsfreiheit sinnvoll sein, zu Dokumentationszwecken im Gesellschaftsvertrag einer KG eine Überprüfung des Wertes der Sacheinlage zum Zeitpunkt der Einbringung durch Sachverständige (in der Praxis Wirtschaftsprüfergutachten) zu vereinbaren.[23]

b) Sacheinlagen bei Kapitalgesellschaften

26 Die Gründungsvorgänge und die Durchführung von Kapitalerhöhungen sind bei Kapitalgesellschaften **komplexer** als bei Personengesellschaften. Da bei Kapitalgesellschaften die Haftung auf das Gesellschaftsvermögen beschränkt ist, muss gewährleistet sein, dass der Gesellschaft die von den Gesellschaftern versprochenen Einlagen **tatsächlich** zufließen. Entsprechend sind zur Sicherung der realen Aufbringung des Stamm- bzw. Grundkapitals umfangreiche Nachweise und Werthaltigkeitsprüfungen erforderlich und es findet eine entsprechende **registergerichtliche Kontrolle** statt.

27 So müssen bei der **Sachgründung einer GmbH** im Gesellschaftsvertrag gemäß § 5 Abs. 4 GmbHG der Name des einbringenden Gesellschafters, der Gegenstand der Sacheinlage und der Betrag der Geldeinlage, auf den die Sacheinlage sich bezieht, festgelegt werden. Dabei reicht es aus, den Gegenstand der Sacheinlage **schlagwortartig** zu umschreiben. In einem **Sachgründungsbericht** müssen die Gesellschafter nachweisen, dass die jeweilige Sacheinlage angemessen bewertet worden ist. Die Geschäftsführer dürfen die GmbH erst nach dem dinglichen Vollzug der Einbringung in die GmbH beim Handelsregister anmelden. Mit der Anmeldung sind der Sachgründungsbericht, die Verträge über die Einbringung der Sacheinlagen sowie **Nachweise zur Werthaltigkeit** beim Registergericht einzureichen. Der Registerrichter ist gemäß § 9c GmbHG verpflichtet, sämtliche eingereichten Unterlagen zu überprüfen und so die Werthaltigkeit der Sacheinlagen zu verifizieren.

> **Hinweis:**
> Gerade bei der Einbringung eines bestehenden Unternehmens kann fraglich sein, ob der Wert des eingebrachten Unternehmens und somit die Vollwertigkeit der Sacheinlage nach dem Substanzwertverfahren oder einem Ertragswertverfahren festgestellt werden kann. Häufig akzeptieren Registergerichte eine Ertragswert-Bewertung nur, wenn sie durch eine Substanzbewertung „untermauert" werden kann. Diese Frage sollte im Vorfeld der Gründung mit dem zuständigen Registergericht abgestimmt werden.[24]

28 Sofern sich **nach der Eintragung der GmbH** in das Handelsregister herausstellt, dass der Wert der Sacheinlage im Zeitpunkt der Anmeldung der Gesellschaft zur Eintragung den Betrag der dafür übernommenen Stammeinlage nicht erreicht hat, ist der einbringende Gesellschafter gemäß § 9 GmbHG verpflichtet, den Differenzbetrag als Einlage in Geld zu leisten.

29 Für die **Sachkapitalerhöhung einer GmbH** gelten vergleichbare Vorschriften wie bei der Sachgründung einer GmbH. Zunächst ist ein Kapitalerhöhungsbeschluss erforderlich, der nach § 56 Abs. 1 GmbHG Angaben zum Gegenstand der Sacheinlage sowie zum Betrag der Stammeinlage, auf den sich die Sacheinlage bezieht, enthalten muss. **Daneben** muss gemäß § 55 GmbHG eine gesonderte Übernahmevereinbarung zwischen der Gesellschaft und dem jeweiligen Gesellschafter abgeschlossen werden. Die **Einbringung selbst** erfolgt dann im Rahmen des gesonderten Einbringungsvertrages.

---

22 BGH, WM 1977, 167; OLG Hamm, NZG 2000, 366.
23 Gummert, in: Münchener Anwaltshandbuch Personengesellschaftsrecht, § 3 Rn. 41.
24 Zur Anwendung der unterschiedlichen Bewertungsmethoden bei Ermittlung einer Unterbilanz BGH, NZG 2006, 390.

Ein **Sachgründungsbericht** ist bei einer Sachkapitalerhöhung **gesetzlich nicht vorgeschrieben** und auch nicht durch eine analoge Anwendung von § 5 Abs. 4 Satz 2 GmbHG erforderlich.[25] Da jedoch bei der Anmeldung der Kapitalerhöhung gemäß § 57a GmbHG i.V.m. § 9a GmbHG die Vollwertigkeit der geleisteten Sacheinlage gegenüber dem Registergericht nachzuweisen ist, muss das Registergericht durch andere Nachweise als den Sachgründungsbericht von der Werthaltigkeit der Sacheinlagen überzeugt werden.

> **Hinweis:**
> In der Praxis verlangen die Registergerichte häufig die Vorlage eines Wirtschaftsprüfergutachtens.

Bei der **Sachgründung einer AG** muss die Satzung gemäß § 27 Abs. 1 AktG besondere Festsetzungen **über** die Person des Einbringers, den Gegenstand der Sacheinlage sowie den Nennbetrag bzw. bei Stückaktien die Anzahl der bei der Sacheinlage zu gewährenden Aktien enthalten. **Es ist ausreichend**, wenn in der Satzung der Gegenstand der Sacheinlage **schlagwortartig umschrieben** wird, die Konkretisierung erfolgt dann im Einbringungsvertrag.

Im Falle der Einbringung eines Unternehmens oder eines Unternehmensteils **in die neu gegründete AG** enthält **§ 31 AktG Spezialregelungen** über die Bestellung des ersten Aufsichtsrates. Durch diese Regelungen soll eine möglichst rasche Beteiligung der Arbeitnehmer des übernommenen Unternehmens am Aufsichtsrat der aufnehmenden Gesellschaft gewährleistet werden. **Voraussetzung** für das Verfahren nach § 31 AktG ist stets, dass mit der Einbringung auch Arbeitsverhältnisse gemäß § 613a BGB auf die neu gegründete AG übergehen. Werden nur einzelne Wirtschaftsgüter oder Beteiligungen eingebracht, so findet § 31 AktG keine Anwendung.

Bei der Gründung einer AG ist sowohl bei einer Bar- als auch bei einer Sachgründung **gemäß § 32 AktG ein Gründungsbericht** durch die Gründer-Aktionäre anzufertigen. Im Falle der Sachgründung müssen jedoch zusätzlich zum sonstigen Inhalt des Berichtes auch die wesentlichen Umstände dargelegt werden, von denen die Angemessenheit der Leistungen der Gesellschaft für die Sacheinlagen abhängt.

Die Sacheinlagen müssen gemäß § 33 Abs. 2 und Abs. 3 AktG durch einen gerichtlich bestellten Gründungsprüfer auf ihre Werthaltigkeit überprüft werden.

Umstritten ist, ob bei der Aktiengesellschaft die Sacheinlagen wie **bei der GmbH** zwingend vor der Anmeldung der Gründung zum Handelsregister zu leisten sind. Der Wortlaut der einschlägigen Vorschrift des § 36a Abs. 2 AktG ist insoweit unklar. Die **wohl h.M.** ist der Ansicht, dass die Vorschrift dem einbringenden Gesellschafter die Möglichkeit einräumt, die Übertragung des Gegenstandes der Sacheinlage **innerhalb einer Frist von fünf Jahren** – und somit auch nach der Anmeldung zum Handelsregister – zu bewirken.[26]

Ob diese Auslegung zutreffend ist, erscheint fraglich. Eine Kontrolle, ob die Sacheinlagen tatsächlich der AG übereignet werden, kann bei der herrschenden Auslegung von § 36a Abs. 2 AktG weder durch den Gründungsprüfer noch durch das Registergericht stattfinden, da die Übereignung ja innerhalb von fünf Jahren nach der Eintragung noch möglich sein soll.[27] In Anbetracht der größeren Prüfungsdichte der Sachkapitalgründung bei einer AG gegenüber einer GmbH ist diese Privilegierung der AG bezüglich der tatsächlichen Leistung der Sacheinlage jedoch **unseres Erachtens nicht nachvollziehbar**.

---

25 Baumbach/Hueck/Zöllner, GmbHG, § 56 Rn. 17.
26 Hüffer, AktG, § 36a Rn. 4 m.w.N.
27 Überzeugend gegen die h.M. Mayer, ZHR 154 (1990), 535; Mayer, in: Widmann/Mayer, Umwandlungsrecht, Anhang 5 Rn. 560 ff.

> **Hinweis:**
> Es empfiehlt sich daher jedenfalls, die Sacheinlagen bei der AG wie bei der GmbH vor der Anmeldung der Gründung beim Handelsregister zu bewirken bzw. eine im Einzelfall beabsichtigte spätere dingliche Übertragung mit dem Registergericht vorab abzusprechen.

33 Das Registergericht hat **vor der Eintragung der neu gegründeten AG** in das Handelsregister zu prüfen, ob alle formellen und materiellen Eintragungsvoraussetzungen erfüllt sind. Gemäß § 38 Abs. 2 Satz 2 AktG kann das Gericht bei Sacheinlagen die Eintragung ablehnen, wenn die Gründungsprüfer erklären oder das Gericht der Auffassung ist, dass der Wert der Sacheinlagegegenstände „**nicht unwesentlich**" hinter dem geringsten Ausgabebetrag der dafür zu gewährenden Aktien zurückbleibt.

Sollte sich nach der Eintragung der AG zeigen, dass der **Wert der Sacheinlagen** zum Zeitpunkt der Anmeldung zum Handelsregister geringer als der auf die einzelnen Aktien entfallende Betrag war, haften die einbringenden Gesellschafter analog § 9 GmbHG auf die Differenz zwischen dem tatsächlichen Wert der Sacheinlage und dem geringsten Ausgabebetrag.[28]

34 Bei der **Sachkapitalerhöhung einer AG** sind gemäß § 183 AktG die Regelungen zur Sachgründung im Wesentlichen entsprechend anzuwenden.

c) Mangelhafte Sacheinlagen

35 Die **Haftung für Sach- und Rechtsmängel** bei Sacheinlagen ist mangels ausdrücklicher gesetzlicher Regelungen seit jeher **heftig umstritten**. Insb. wurde diskutiert, ob die Sacheinlageleistung einen kaufähnlichen Vorgang darstelle mit der Folge, dass die **kaufrechtlichen Gewährleistungsvorschriften analog** anwendbar seien.[29] Zunehmend und unseres Erachtens zurecht wird jedoch erkannt, dass aufgrund des gesellschaftsrechtlichen Charakters der Einlageverpflichtung die Anwendung von §§ 433 ff. BGB nicht möglich ist.[30] Es ist vielmehr zu differenzieren, ob es um die Sacheinlage bei einer Kapital- oder Personengesellschaft geht.

36 Bei **Personengesellschaften** sind mangelhafte Sacheinlagen nach den Vorschriften des allgemeinen Schuldrechtes zu bewerten. Danach stellt die mangelhafte Erfüllung der Beitragspflicht eine Pflichtverletzung i.S.v. § 280 Abs. 1 BGB dar, die grds. zur Schadensersatzpflicht führt. Auf mangelndes Verschulden kann sich der Gesellschafter i.d.R. nicht berufen, weil seine Verpflichtung zu Sacheinlageleistung im Gesellschaftsvertrag als Übernahme einer Garantie oder eines Beschaffenheitsrisikos **gemäß § 276 Abs. 1 Satz 1 BGB** anzusehen ist. Die Gesellschaft kann daher unter den Voraussetzungen von § 281 BGB Schadensersatz für die mangelhafte Sacheinlage fordern.

Bei **Kapitalgesellschaften** ist der Grundsatz der realen Kapitalaufbringung zu beachten. Da Sachmängel i.d.R. dazu führen, dass der tatsächliche Wert der eingebrachten Sache unter dem in der Satzung festgesetzten Wert liegt, enthält **§ 9 GmbHG** mit der Regelung über die Differenzhaftung eine alle anderen Vorschriften verdrängende Spezialregelung. Der Gesellschafter muss daher unabhängig von seinem Verschulden den Minderwert der eingebrachten Sachen ausgleichen.[31] Bei der AG wird § 9 GmbHG bei mangelhaften und minderwertigen Einlagen analog angewandt.[32]

4. Einbringung aus Gesellschaften (Ausgliederungen)

37 Bei Einbringungsvorgängen ist nicht nur die Ebene der Gesellschaft, in die eingebracht wird zu betrachten, sondern daneben auch die **Ebene, von der das einzubringende Vermögen** stammt. Ist das einbrin-

---

28 Hüffer, AktG, § 9 Rn. 6; MünchKomm-AktG/Pentz, § 27 Rn. 44.
29 Überblick und ausführliche Nachweise bei Baumbach/Hueck/Fastrich, § 5 Rn. 38.
30 K. Schmidt, Gesellschaftsrecht, § 20 III; Michalski/Zeidler, GmbHG, § 5 Rn. 203 m.w.N.
31 Baumbach/Hueck/Fastrich, § 5 Rn. 38 m.w.N.
32 MünchKomm-AktG/Pentz, § 27 Rn. 57.

gende Rechtssubjekt – wie bspw. in Konzernstrukturen – ebenfalls eine Gesellschaft, sind Besonderheiten zu beachten.

Aus Sicht der einbringenden Gesellschaft handelt es sich um einen Vorgang, der wirtschaftlich mit einer **Ausgliederung nach § 123 Abs. 3 UmwG** vergleichbar ist, der rechtstechnisch aber außerhalb des UmwG verläuft. Dennoch wird auch dieser Vorgang vielfach – und auch im Folgenden – ebenfalls als Ausgliederung bezeichnet.

Auf der **Ebene der einbringenden Gesellschaft** können besondere **Kompetenz- und Zuständigkeitsprobleme** entstehen, wenn im Rahmen von Einbringungsvorgängen Teile des Gesellschaftsvermögens entweder in eine andere bereits bestehende Gesellschaft, an der die einbringende Gesellschaft beteiligt ist, oder in eine neue Gesellschaft, die dann im Wege der Sachgründung entstehen soll, eingebracht werden. Grds. werden die für die Einbringung erforderlichen Rechtsgeschäfte von dem vertretungsberechtigten Organ der einbringenden Gesellschaft abgeschlossen. Zu den **umstrittensten Fragen** des Gesellschaftsrechtes gehört, ob und in welcher Form die Gesellschafter der ausgliedernden Gesellschaft an der Einbringung beteiligt werden müssen.

a) Ausgliederung aus einer AG

Gemäß § 76 Abs. 1 AktG leitet der **Vorstand einer AG** die Gesellschaft unter eigener Verantwortung. Ihm obliegt die Geschäftsführungsbefugnis (§ 77 Abs. 1 AktG). Eine originäre Zuständigkeit der Hauptversammlung für Geschäftsführungsentscheidungen ist gesetzlich nicht vorgesehen. Der Vorstand kann allerdings **gemäß § 119 Abs. 2 AktG** die Hauptversammlung mit Fragen der Geschäftsführung befassen. Ob der Vorstand einen derartigen Hauptversammlungsbeschluss herbeiführen lässt, liegt nach dem Wortlaut von § 119 Abs. 2 AktG grds. allein im **eigenverantwortlichen Ermessen** des Vorstandes.

In der **Holzmüller-Entscheidung**[33] hat der BGH unter dem Stichwort „**ungeschriebene Hauptversammlungskompetenzen**" jedoch entschieden, dass bei bestimmten Geschäftsführungsmaßnahmen eine Ermessensreduktion der Verwaltung bestehen kann und dass der Vorstand dann verpflichtet ist, einen Beschluss der Hauptversammlung gemäß § 119 Abs. 2 AktG herbeizuführen.

Im konkreten Fall hatte eine AG den wertvollsten Teil ihres Gesellschaftsvermögens (ca. 80 %) auf eine durch eine Sachgründung errichtete Tochtergesellschaft in der **Rechtsform der KGaA** im Wege der Einzelübertragung ausgegliedert.

Die Gesellschafterrechte an der Tochtergesellschaft übt **der Vorstand der Muttergesellschaft** im Rahmen seiner Leitungsfunktion nach § 76 Abs. 1 AktG unter eigener Verantwortung aus. Der Vorstand kann daher in der Hauptversammlung der KGaA frei über die Wahl und Entlastung des Aufsichtsrates, die Entlastung der persönlich haftenden Gesellschafter, die Feststellung und Verwendung des Jahresabschlusses oder auch Kapitalerhöhungen entscheiden. Die Aktionäre der Muttergesellschaft haben dagegen **keine Möglichkeit**, den Einsatz des in die Tochtergesellschaft übertragenen Betriebskapitals, das Risiko seines Verlusts und die Verwendung der durch seinen Einsatz erzielten Erträge **unmittelbar zu beeinflussen**. Sie haben damit hinsichtlich des Großteils des Gesellschaftsvermögens ihre gemäß § 119 Abs. 1 AktG der Hauptversammlung vorbehaltenen Befugnisse verloren. Die Stellung der Aktionäre der Muttergesellschaft hat sich durch die Ausgliederung somit zwar rechtlich nicht verändert. Faktisch sind ihre Mitbestimmungsrechte jedoch verkürzt worden, weil durch die Gründung der Tochtergesellschaft **wesentliche Entscheidungskompetenzen** über das Gesellschaftsvermögen auf den Vorstand verschoben wurden.

Aufgrund dieser faktischen **Kompetenzverschiebung zu Gunsten des Vorstandes** hatte der BGH entschieden, dass durch die Ausgliederung „so tief in die Mitgliedsrechte der Aktionäre und deren im Anteilseigentum verkörpertes Vermögensinteresse" eingegriffen wurde, dass „der Vorstand vernünftigerweise nicht annehmen konnte, er dürfe über sie ausschließlich in eigener Verantwortung entscheiden, ohne die Hauptversammlung zu beteiligen".[34]

---

33 BGH, NJW 1982, 1703 = BGHZ 83, 122.
34 BGHZ 83, 122 (131).

Entsprechend den **vom BGH aufgestellten Grundsätzen** wurden in der Folgezeit von Instanzgerichten bei Ausgliederungen im Wege der Einzelrechtsnachfolge häufig ebenfalls Hauptversammlungsbeschlüsse verlangt.[35]

40 Indessen warf die Holzmüller-Entscheidung auch **viele Folgefragen** auf. So war zunächst unklar, **mit welcher Mehrheit der Hauptversammlungsbeschluss** gefasst werden oder **welches Erheblichkeitsausmaß** die Ausgliederung haben muss. Im Laufe der Diskussion wurden die ungeschriebenen Hauptversammlungskompetenzen dabei tendenziell ausgeweitet. So wurde teilweise die Meinung vertreten, dass eine Entscheidungskompetenz der Hauptversammlung bei Ausgliederungen grds. gegeben sei, so dass der Vorstand nur dann allein entscheidungsbefugt sei, wenn durch die Ausgliederung nur ein geringer Teil des Gesellschaftsvermögens berührt werde. Es wurden dazu im Schrifttum unterschiedliche Schwellenwerte diskutiert (z.B. 20 % – 25 % des unternehmerischen Vermögens der Obergesellschaft[36]). Ein allgemeiner Konsens konnte allerdings nicht erzielt werden.[37]

41 Der BGH hat nun in seinen beiden **Gelatine-Entscheidungen**[38] die Reichweite ungeschriebener Hauptversammlungskompetenzen bei Ausgliederungen konkretisiert und zugleich auch deutlich „**zurückgestutzt**". Der BGH betont nun, dass eine zwingende Mitwirkung der Hauptversammlung bei Geschäftsführungsmaßnahmen des Vorstandes nur **ausnahmsweise und in engen Grenzen** in Betracht kommt. Er verwirft die im Schrifttum genannten Schwellenwerte, die zwischen 10 % und 50 % des Gesellschaftsvermögens variieren, als zu niedrig und führt aus, dass ein relevanter Eingriff in die Mitgliedsrechte der Aktionäre erst dann vorliegt, wenn die Ausgliederung in ihrer Bedeutung für die Gesellschaft die Ausmaße der Ausgliederung im „Holzmüller-Fall" erreicht. Konkrete Schwellenwerte nennt der BGH nicht. Aber es steht nun fest, dass **nur besonders schwerwiegende Fälle** der Vermögensverlagerung von der AG auf eine Tochtergesellschaft zustimmungspflichtig sind.

Sofern eine Ausgliederung wesentliche Teile des Gesellschaftsvermögens berührt und daher zustimmungspflichtig ist, verlangt der BGH nunmehr eine **qualifizierte Mehrheit von 75 %** des vertretenen Grundkapitals.

42 Der **BGH** hat jedoch auch in den Gelatine-Entscheidungen keine Aussagen darüber getroffen, in welchem Umfang die Aktionäre im Vorfeld einer Hauptversammlungsentscheidung über die geplante Ausgliederung zu informieren sind. Diese – **in vielen Details strittige** – Frage der **Informationspflichten gegenüber den Aktionären** wird im Zusammenhang mit der Darstellung der Ausstrahlungswirkung des UmwG auf Umstrukturierungen diskutiert werden (siehe Rn. 113 ff.).

b) Ausgliederung aus einer GmbH

43 Die **gesetzliche Kompetenzverteilung** innerhalb einer GmbH unterscheidet sich wesentlich von derjenigen bei einer AG. Während bei der AG die drei Organe Vorstand, Hauptversammlung und Aufsichtsrat in einer ausgeglichenen Machtbalance zueinander stehen und insb. der Vorstand gemäß § 76 Abs. 1 AktG die Geschäfte in eigener Verantwortung führt, ist bei der GmbH die **Gesellschafterversammlung das oberste Organ** mit einer umfassenden Letztendscheidungskompetenz. So sind die Gesellschafter gemäß § 37 Abs. 1 GmbHG befugt, den Geschäftsführern sogar verbindliche Weisungen für Einzelentscheidungen des Tagesgeschäftes zu geben. Nach § 49 Abs. 2 GmbHG muss jederzeit eine Gesellschafterversammlung einberufen werden, wenn es im Interesse der Gesellschafter erforderlich erscheint.

Aus diesen gesetzlichen Regelungen ergibt sich, dass die **Gesellschafterversammlung über außergewöhnliche und bedeutende Maßnahmen** entscheiden muss. Hierzu gehören nach verbreiteter Ansicht

---

35 Siehe etwa OLG München, AG 1995, 232; LG Frankfurt, ZIP 1993, 830.
36 Wollburg/Gehling, in: FS für Lieberknecht, S. 133, 159 mit Erläuterungen zur Berechnung des „unternehmerischen Vermögens".
37 Vgl. Diskussionsbericht von M. Wolf, ZHR 163 (1999), 203 (204); Wollburg/Gehling, in: FS für Lieberknecht, 133, 157 f. m.w.N.
38 BGH, NZG 2004, 571 und 575; näher dazu Götze, NJW 2004, 585; Altmeppen, ZIP 2004, 999.

auch Ausgliederungen.[39] Unklar ist derzeit allerdings, **welchen Umfang** eine Ausgliederung haben muss, um als außergewöhnlich und somit zustimmungsbedürftig qualifiziert zu werden. **Vor der Gelatine-Entscheidung des BGH** wurde die Ansicht vertreten, dass der Umfang Entscheidungskompetenzen der Gesellschafter in der AG und in der GmbH weitgehend deckungsgleich ist, so dass sämtliche Ausgliederungen bei einer AG oder einer GmbH, die eine gewisse Wesentlichkeitsschwelle überschreiten, als zustimmungspflichtig angesehen wurden.[40]

Nachdem der BGH diese **Wesentlichkeitsschwelle** bei der AG nun stark angehoben und eine Zustimmung der Hauptversammlung nur noch in Ausnahmefällen bejaht hat, können diese Grundsätze aufgrund der unterschiedlichen Kompetenzordnungen nicht mehr auf die GmbH übertragen werden. Es ist unseres Erachtens für die GmbH vielmehr davon auszugehen, dass die Gesellschafterversammlung als oberstes Organ der GmbH **bei sämtlichen Ausgliederungen, die nicht vollkommen unwesentlich sind**, entscheidungsbefugt ist und von den Geschäftsführern angerufen werden muss.[41]

Bei der Beurteilung einer Ausgliederung als wesentlich dürften sowohl qualitative als auch quantitative Kriterien für die Entscheidung maßgeblich sein. So dürfte eine Ausgliederung eines Betriebsteils im Rahmen eines Joint-Ventures mit Beteiligung eines Dritten auch bei geringem Volumen als wesentlich zu bewerten sein, während eine Ausgliederung auf eine 100 %ige Gesellschaft in der Rechtsform einer GmbH bei gleichem Volumen noch als unwesentlich eingestuft werden könnte.[42] Die Frage der Wesentlichkeit einer Ausgliederung bei einer GmbH kann daher letztendlich nur im Rahmen einer wertenden Gesamtbetrachtung des jeweiligen Einzelfalls entschieden werden.

> **Hinweis:**
>
> Regelmäßig finden sich in GmbH-Satzungen Kataloge der für die Geschäftsführung zustimmungspflichtigen Maßnahmen. Wenn die Auslegung solcher Satzungsregelungen ergibt, dass eine Ausgliederung unter eine oder mehrere Fälle des Katalogs fällt, ist unabhängig von der dargestellten Problematik die Gesellschafterversammlung zu befassen.

Der BGH hat in der Gelatine-Entscheidung **einen mit einer qualifizierten Mehrheit** gefassten Beschluss verlangt. Dieses Mehrheitserfordernis kann nicht auf die GmbH übertragen werden, da der BGH die Hauptversammlungskompetenz in offener Rechtsfortbildung aus der Zuständigkeitsverteilung innerhalb der AG ableitet. Die erforderliche Mehrheit bestimmt sich daher zunächst nach § 47 Abs. 1 GmbHG. Entsprechend können die Beschlüsse der Gesellschafter über Ausgliederungen und andere ungewöhnliche Maßnahmen grds. mit **einfacher Mehrheit der abgegebenen Stimmen** gefasst werden. **Etwas anderes** kann bei Vorhaben gelten, bei denen im Rahmen der Ausgliederung auch externe Gesellschafter beteiligt werden. In diesen Konstellationen erscheint es sachgerecht, entsprechend den Regelungen bei Kapitalerhöhungen eine qualifizierte Mehrheit zu fordern.[43]

44

> **Hinweis:**
>
> Auch insoweit ist die Satzung der einbringenden GmbH vorrangig zu beachten und ggf. auszulegen.

---

39 Roth/Altmeppen, GmbHG, § 37 Rn. 22; Baumbach/Hueck/Zöllner/Noack, GmbHG, § 37 Rn. 11.
40 Lutter/Leinekugel, ZIP 1998, 225, 231.
41 Baumbach/Hueck/Zöllner/Noack, GmbHG, § 37 Rn. 11.
42 So auch Ulmer/Paefgen, GmbHG, § 37 Rn. 9.
43 In der Lit. wird eine qualifizierte Mehrheit der GmbH-Gesellschafter bei Maßnahmen, die einer „faktischen Änderung des Satzungszweckes gleichen", gefordert, so z.B. Ulmer/Hüffer, GmbHG, § 47 Rn.15. Dieses Kriterium ist allerdings zu unbestimmt und daher nicht praktikabel. Zu unterschieden sind vielmehr Ausgliederungen auf 100 %-Tochtergesellschaften und auf Gesellschaften mit Beteiligungen Dritter. Sofern Dritte an der Tochtergesellschaft beteiligt sind, gleicht die Ausgliederung strukturell einer Kapitalerhöhung mit Einlagen von neuen Gesellschaftern. Daher ist in diesen Konstellationen eine qualifizierte Mehrheit zu fordern.

c) Ausgliederung aus einer Personengesellschaft

45 Bei einer OHG ist gemäß § 116 Abs. 2 HGB die **Zustimmung sämtlicher Gesellschafter zu außergewöhnlichen Rechtsgeschäften** erforderlich. Ausgliederungen gelten als Grundlagengeschäfte und somit grds. als **außergewöhnlich i.S.v. § 116 Abs. 2 HGB**.[44] Da das Ausmaß des Risikos, das ein bestimmtes Geschäft für die Gesellschaft birgt, ein wesentliches Kriterium für die Qualifikation als außergewöhnliches Geschäft ist, dürften jedoch Ausgliederungen, die nur einen ganz geringen Teil des Gesellschaftsvermögens umfassen, nicht als zustimmungspflichtiges Rechtsgeschäft anzusehen sein.

Nach § 164 Satz 1 HGB gilt **§ 116 Abs. 2 HGB auch für die KG**. Somit ist bei außergewöhnlichen Geschäften einer KG ebenfalls ein einstimmiger **Gesellschafterbeschluss erforderlich**.[45]

> **Hinweis:**
> Da § 116 Abs. 2 HGB gemäß § 109 HGB dispositives Recht ist, können im Gesellschaftsvertrag **abweichende Regelungen** vereinbart werden. So kann der Bereich der einfachen bzw. außergewöhnlichen Geschäfte durch einen Enumerativkatalog oder durch generell-abstrakte Kriterien definiert werden. Ferner kann vom Erfordernis der Einstimmigkeit abgewichen oder es können bestimmte Zustimmungsvorbehalte und Vetorechte zu Gunsten einzelner Gesellschaftern eingeführt werden.

5. Steuerlicher Überblick

46 Bei der steuerlichen Beurteilung von Einbringungsvorgängen ist zunächst danach zu unterscheiden, **welche Vermögensgegenstände** eingebracht werden.

Sofern nur **einzelne Wirtschaftsgüter** eingebracht werden, ergeben sich die steuerlichen Konsequenzen aus den allgemeinen steuerlichen Vorschriften. Die Einbringung von einzelnen Wirtschaftsgütern aus einem Betriebsvermögen führt i.d.R. zu einer Gewinnrealisierung beim Einbringenden. Bei der Einbringung von einzelnen Wirtschaftsgütern aus einem Betriebsvermögen in eine Personengesellschaft ist § 6 Abs. 5 EStG zu beachten.

Wenn nicht nur einzelne Wirtschaftsgüter, sondern ein **Betrieb oder Teilbetrieb** oder ein Mitunternehmeranteil bzw. Anteile von Kapitalgesellschaften eingebracht werden, enthält das UmwStG[46] sowohl für die Einbringung in Kapitalgesellschaften (§§ 20 – 23 UmwStG) als auch für die Einbringung in Personengesellschaften (§ 24 UmwStG) Spezialvorschriften.

Ein **Betrieb oder Teilbetrieb im steuerlichen Sinne** wird dann eingebracht, wenn eine Sachgesamtheit in der sie verbindenden Organisation eingebracht wird. Es müssen also alle funktional wesentlichen Betriebsgrundlagen in einem einheitlichen Vorgang auf die übernehmende Gesellschaft übertragen werden.[47] Die **Voraussetzungen** für das Vorliegen eines (Teil-)Betriebes in steuerlicher Hinsicht sind komplex und in Teilen „tückisch".[48] In Zweifelsfällen sollte daher versucht werden, vorab eine verbindliche Auskunft beim zuständigen Finanzamt einzuholen.

47 Gemäß § 20 Abs. 2 UmwStG sind bei einer Einbringung eines steuerlichen (Teil-)Betriebes oder Mitunternehmeranteils in eine **Kapitalgesellschaft** die eingebrachten Wirtschaftsgüter grds. mit dem gemeinen Wert anzusetzen. **Auf Antrag beim Finanzamt** kann die Kapitalgesellschaft das übernommene Betriebs-

---

44   Baumbach/Hopt/Hopt, HGB, § 116 Rn. 2; MünchKomm-HGB/Jickeli, § 116 Rn. 6.
45   Baumbach/Hopt/Hopt, HGB, § 164 Rn. 2.
46   Nachfolgend werden die steuerlichen Folgen von Einbringungen nach dem SEStEG beschrieben, das erstmals auf Einbringungen anzuwenden ist, die nach dem 12.12.2006 zur Eintragung in das Handelsregister angemeldet worden sind, ausführlich zu den Neufassungen: Dötsch/Pung, DB 2006, 2763.
47   Schmitt, in: Schmitt/Hörtnagl/Stratz, UmwG, § 20 UmwStG Rn. 6 m.w.N. und Bsp.
48   Die allgemeine Definition des Teilbetriebes als „ein mit einer gewissen Selbständigkeit ausgestatteter, organisch geschlossener Teil des Gesamtbetriebes, der für sich allein lebensfähig ist" wirft zahlreiche ungeklärte Detailfragen auf. Eine Übersicht zum aktuellen Diskussionsstand findet sich etwa bei Hörtnagl, in: Schmitt/Hörtnagl/Stratz, UmwStG, § 15 Rn. 47 ff.

vermögen einheitlich mit dem **Buchwert** oder einem beliebigen Wert zwischen dem Buchwert und dem gemeinen Wert (**Zwischenwert**) ansetzen, wenn folgende Voraussetzungen kumulativ erfüllt sind:

- Es muss sichergestellt sein, dass das eingebrachte Betriebsvermögen bei der übernehmenden Körperschaft der Besteuerung mit Körperschaftsteuer unterliegt.
- Die Passivposten des eingebrachten Betriebsvermögens (ohne das Eigenkapital) dürfen die Aktivposten nicht übersteigen.
- Das Recht der Bundesrepublik Deutschland hinsichtlich der Besteuerung des Gewinns aus der Veräußerung des eingebrachten Betriebsvermögens bei der übernehmenden Kapitalgesellschaft darf nicht ausgeschlossen oder beschränkt werden.

Der Antrag auf einen anderen Wertansatz als den gemeinen Wert kann auch dann gestellt werden, wenn der Einbringende neben den Gesellschaftsanteilen andere Wirtschaftsgüter (z.B. Gesellschafterdarlehen) erhält, sofern der gemeine Wert dieser Wirtschaftsgüter den Buchwert des eingebrachten Vermögens nicht übersteigt.

> **Hinweis:**
> Die im Regierungsentwurf zum SEStEG enthaltene Regelung, wonach im Rahmen der Einbringung geleistete bare Zahlungen an den Einbringenden zu einer sofortigen Gewinnrealisierung führen, ist in der endgültigen Gesetzesfassung nicht mehr enthalten. Daher ist es bei Vorliegen der in § 20 Abs. 2 UmwStG genannten Bedingungen weiterhin steuerunschädlich, wenn im Rahmen der Einbringung das Gesellschaftskapital nominal um einen geringen Betrag erhöht und die Differenz zum Buchwert als Gesellschafterdarlehen gewährt wird bzw. eine sofortige Zahlung an den einbringenden Gesellschafter erfolgt.

Setzt die Kapitalgesellschaft die **Wirtschaftsgüter mit dem gemeinen Wert oder einem Zwischenwert** an, so entsprechen die Steuerfolgen beim Einbringenden denen einer normalen Veräußerung des eingebrachten Vermögens (d.h. steuerliche Belastung des sich als „Buchgewinn" ohne Cash-Zufluss ergebenden Veräußerungsgewinns). Der **Veräußerungsgewinn** errechnet sich dabei aus der Differenz zwischen dem Wertansatz des übertragenen Vermögens und den bisherigen Buchwerten (§ 20 Abs. 3 UmwStG). Durch die **Wahl des Buchwertes** kann die Sacheinlage beim Einbringenden dagegen steuerneutral durchgeführt werden.

Der Ansatz eines Zwischenwertes mit einer teilweisen Gewinnrealisierung kann **in der Praxis** dann sinnvoll sein, wenn ein steuerpflichtiger Gewinn aufgrund des Bestehens von Verlustvorträgen bei dem einbringenden Rechtssubjekt kompensiert wird. Die aufnehmende Gesellschaft hat bei einem Ansatz zu Buchwerten die **bisherigen Buchwerte fortzuführen**, für sie bedeutet der Ansatz zum gemeinen Wert oder Zwischenwert dagegen die Schaffung zusätzlichen Abschreibungsvolumens.

Sofern der Einbringende bei einer Einbringung zum Buch- oder Zwischenwert die erhaltenen Anteile innerhalb eines Zeitraums von sieben Jahre nach dem Einbringungszeitpunkt veräußert, hat er gemäß § 22 Abs. 1 UmwStG **rückwirkend für das Jahr der Einbringung** den sog. **Einbringungsgewinn I** zu versteuern. Der Einbringungsgewinn I errechnet sich aus dem gemeinen Wert des eingebrachten Vermögens im Zeitpunkt der Einbringung abzüglich des Wertansatzes des eingebrachten Vermögens bei der aufnehmenden Gesellschaft sowie abzüglich der Einbringungskosten. Der Einbringungsgewinn I verringert sich um ein Siebtel für jedes seit dem Einbringungszeitpunkt bis zum Zeitpunkt der Veräußerung abgelaufene Zeitjahr. Für die Ermittlung des Einbringungsgewinns I muss also rückwirkend der **damalige gemeine Wert der eingebrachten Wirtschaftsgüter** ermittelt werden.

Zusätzlich muss der Einbringende im Jahr der Veräußerung **einen Veräußerungsgewinn** der bei der Einbringung erhaltenen Anteile versteuern, auf den, wenn ein deutsches Besteuerungsrecht besteht, die Regelungen von § 8b KStG bzw. von § 3 Nr. 40 EStG anzuwenden sind. Dabei **erhöht der zu versteuernde Einbringungsgewinn I nachträglich die Anschaffungskosten** der veräußerten Anteile.

49 Bei Einbringung eines (Teil-)Betriebes oder eines Mitunternehmeranteils in eine **Personengesellschaft** müssen die eingebrachten Wirtschaftsgüter gemäß § 24 Abs. 2 UmwStG ebenfalls grds. mit dem **gemeinen Wert** angesetzt werden. Wie bei Kapitalgesellschaften kann jedoch **auf Antrag** das übernommene Betriebsvermögen mit dem Buchwert oder einem Zwischenwert bewertet werden, soweit das Recht der Bundesrepublik Deutschland hinsichtlich der Besteuerung des eingebrachten Betriebsvermögens nicht ausgeschlossen oder beschränkt wird. Die Besteuerung des Einbringungsvorgangs beim Einbringenden **gleicht** im Wesentlichen der Besteuerungssystematik bei der Einbringung in eine Kapitalgesellschaft und hängt von der Einbringungsbewertung sowie dem Zeitpunkt der Veräußerung des durch die Einbringung erlangten Mitunternehmeranteils ab.

II. Anwachsungsvorgänge

50 Die **Anwachsung** führt zu einer Übertragung des Vermögens einer Personengesellschaft auf einen Gesellschafter. Anwachsungsvorgänge können bei Umstrukturierungen **vielfältig eingesetzt** werden. Sie können sowohl den Formwechsel einer Personengesellschaft in eine Kapitalgesellschaft ermöglichen als auch die Verschmelzung einer Personengesellschaft mit einer bestehenden Kapitalgesellschaft.

1. Anwachsung

51 Die **gesetzliche Grundlage** für die Anwachsung findet sich in **§ 738 Abs. 1 BGB**. Danach wächst im Falle des Ausscheidens eines Gesellschafters aus einer GbR sein Anteil am Gesellschaftsvermögen den übrigen Gesellschaftern zu. Im Gegenzug erhält der ausscheidende Gesellschafter aus dem Gesellschaftsvermögen eine Abfindung.

52 Die Anwachsung ist ein **Ausfluss des Gesamthandprinzips**, wonach das Gesellschaftsvermögen den Gesellschaftern in ihrer gesamthänderischen Verbundenheit zusteht. Wenn ein Gesellschafter ausscheidet, fällt dessen Anteil an den Vermögensgegenständen des Gesamthandvermögens weg, weil die Gesellschafterstellung Voraussetzung für die gesamthänderische Mitberechtigung ist. Die in der Gesellschaft verbleibenden Gesellschafter sind weiterhin an den Vermögensgegenständen gesamthänderisch berechtigt. Ob ihr Anteil wertmäßig eine Erhöhung erfährt, hängt davon ab, ob und in welcher Höhe das Gesellschaftsvermögen mit Ansprüchen des ausscheidenden Gesellschafters auf ein Abfindungsguthaben belastet ist.

53 Der **Wortlaut von § 738 Abs. 1 BGB** bezieht sich auf das Ausscheiden eines Gesellschafters aus einer Gesellschaft **mit mehr als zwei Gesellschaftern**. Die Prinzipien der Anwachsung gelten jedoch grds. auch für den verbleibenden Gesellschafter einer Zwei-Personen-Gesellschaft. In dieser Konstellation ist jedoch zu berücksichtigen, dass das Gesellschaftsverhältnis beim **Ausscheiden eines Gesellschafters aus der Zwei-Personen-Gesellschaft** aufgrund von Konfusion des Gesellschaftsvertrages ohne Liquidation endet. Denn die Existenz einer Einmann-Personengesellschaft ist **nach derzeit herrschender Ansicht** grds. nicht möglich.[49] Mit der Vollbeendigung der Gesellschaft erlischt auch die gesamthänderische Bindung des Gesellschaftsvermögens, da es nun nur noch einen Berechtigten gibt. Dies hat zur Folge, dass der verbleibende Gesellschafter Alleineigentümer des Gesellschaftsvermögens wird.[50]

54 Der Übergang des Eigentums auf den letzten Gesellschafter erfolgt **unmittelbar kraft Gesetzes**. Eine formelle Übertragung des Eigentums an den einzelnen Vermögensgegenständen im Wege der Einzelrechtsnachfolge ist weder erforderlich noch möglich. Der verbleibende Gesellschafter wird automatisch mit dem Ausscheiden des vorletzten Gesellschafters und somit unabhängig von seiner Eintragung in das Grundbuch Eigentümer. Das Grundbuch muss daher nur berichtigt werden. Eine **Auflassung ist nicht erforderlich**.[51]

---

[49] Ob eine sachlich und zeitlich begrenzte Einmann-Personengesellschaft in bestimmten Sonderkonstellationen (z.B. bei Nießbrauchbestellung an einem Gesellschaftsanteil und anschließender Anwachsung durch Erbschaft) zugelassen werden soll, ist umstritten. Aktuell zur Zulässigkeit der Einmann-Personengesellschaft OLG Schleswig, ZIP 2006, 615 m.w.N. zum Meinungsstand.
[50] K. Schmidt, Gesellschaftsrecht, § 8 IV.
[51] OLG Düsseldorf, NJW-RR 1999, 619.

Außer den **Aktiva** gehen auch **sämtliche Passiva** und **bestehenden Vertragsverhältnisse** auf den letzten Gesellschafter automatisch über, ohne dass es einer ausdrücklichen Zustimmung der Gläubiger bzw. der anderen Vertragspartner bedarf. Sofern bei einer KG neben den Kommanditisten auch der Komplementär aus der Gesellschaft ausscheidet, bedeutet dies allerdings, dass der letzte verbleibende Kommanditist nun unbeschränkt mit seinem gesamten Vermögen für die noch bestehenden Verträge und Verbindlichkeiten der ehemaligen KG haftet.[52]

Umstritten ist, ob bei der Anwachsung das Gesellschaftsvermögen im Wege der Gesamtrechtsnachfolge oder der Sonderrechtsnachfolge auf den letzten Gesellschafter übergeht.[53] Während sich **gesellschaftsrechtliche** Stimmen überwiegend für einen Fall der **Gesamtrechtsnachfolge** aussprechen, da die Übertragung der Aktiva und Passiva als Ganzes und in einem Akt erfolgt, vertreten der **BFH**[54] **und Teile der steuerrechtlichen Lit.**[55] demgegenüber die Auffassung, dass **steuerrechtlich** eine Sonderrechtsnachfolge gegeben sei. Dies wird damit begründet, dass bei der Gesamtrechtsnachfolge sämtliche Rechtspositionen ohne rechtliche Veränderung auf einen neuen Rechtsträger übergehen. Da bei der Anwachsung jedoch eine Umwandlung von Gesamthandseigentum in Einzeleigentum stattfinde, könne **keine echte Gesamtrechtsnachfolge** vorliegen.[56] Diese auf den ersten Blick etwas theoretisch erscheinende Differenzierung kann steuerrechtlich von Bedeutung sein, da bestimmte Vorschriften, wie z.B. § 23 Abs. 4 UmwStG ausdrücklich von einer **Vermögensnachfolge im Wege der Gesamtrechtsnachfolge** ausgehen und diese Vorschriften daher nicht bei Anwachsungsvorgängen anwendbar sein sollen.[57]

55

Die Anwachsung ist gesetzlich **nur für die GbR ausdrücklich geregelt**. Die Anwachsungsprinzipien des § 738 Abs. 1 BGB gelten über die Verweisungsnorm von § 105 Abs. 3 HGB auch für Personenhandelsgesellschaften.[58]

56

2. Gestaltungsmodelle

Eine Anwachsung des Gesellschaftsvermögens erfolgt, sobald sich sämtliche Anteile einer Personengesellschaft bei einem Gesellschafter vereinigen. Dies kann dadurch erreicht werden, dass alle Gesellschafter bis auf einen Gesellschafter aus der Gesellschaft **austreten**. Hierbei handelt es sich um das **„einfache" bzw. „klassische" Anwachsungsmodell**.

57

Alternativ können sämtliche Gesellschaftsanteile auf einen Gesellschafter oder einen außenstehenden Dritten **übertragen** werden. Diese Gestaltungsvariante wird **„erweiterte Anwachsung"** genannt.

58

a) Klassisches Anwachsungsmodell (einfache Anwachsung)

Bei einer Umstrukturierung nach dem **klassischen Anwachsungsmodell** treten sämtliche Gesellschafter bis auf einen zu einem einheitlichen Zeitpunkt aus der Personengesellschaft aus.

59

> **Hinweis:**
> Häufig handelt es sich bei dem verbleibenden Gesellschafter um die Komplementär-GmbH einer GmbH & Co. KG, so dass im Ergebnis ein Formwechsel von der Personengesellschaft in eine GmbH vorliegt.

Zur Umsetzung des klassischen Anwachsungsmodells ist zunächst ein **Beschluss der Gesellschafter** über das Ausscheiden aller Gesellschafter bis auf einen Gesellschafter erforderlich. In dem Beschluss ist der

60

---

52 Baumbach/Hopt/Hopt, HGB, § 131 Rn. 35.
53 Nachweise für die unterschiedlichen Ansichten bei Orth, DStR 1999, 1011, 1012.
54 BMF-Schreiben v. 25.3.1998, BStBl. I, S. 268, Rn. 22.14.
55 Schmitt, in: Schmitt/Hörtnagl/Stratz, UmwG, § 20 UmwStG Rn. 197.
56 So Schmitt, in: Schmitt/Hörtnagl/Stratz, UmwG, § 20 UmwStG Rn. 197.
57 Zur Rechtslage bei dem insoweit weitgehenden identischen § 22 Abs. 3 UmwStG a.F.: Schmitt, in: Schmitt/Hörtnagl/Stratz, UmwG, § 22 UmwStG Rn. 81 m.w.N. zum Streitstand.
58 Arnhold/Pathe, in: Münchener Anwaltshandbuch Personengesellschaftsrecht, § 10 Rn. 128 m.w.N.

Zeitpunkt des Austritts der Gesellschafter und somit des Übergangs des Gesellschaftsvermögens auf den verbleibenden Gesellschafter festzulegen (**Anwachsungsstichtag**).

61 Darüber hinaus sind in dem Beschluss Regelungen über die Art und die Höhe von **Abfindungszahlungen** der Gesellschaft an die ausscheidenden Gesellschafter zu treffen. Dabei ist es möglich, dass die **ausscheidenden Gesellschafter auf eine Abfindung verzichten**. Dies kann aus Vereinfachungsgründen dann sinnvoll sein, wenn bei einer GmbH & Co. KG die ausscheidenden Kommanditisten an der Komplementär-GmbH im gleichen Verhältnis wie an der aufgelösten KG beteiligt sind. Da sich in diesem Fall der Wert der Beteiligung an der GmbH um den Wert der Kommanditbeteiligung erhöht, verändert sich die Vermögenssituation der Kommanditisten durch ihr Ausscheiden aus der KG nicht.

> **Hinweis:**
> Viele Gesellschaftsverträge enthalten **Kündigungsklauseln**, die es einzelnen Gesellschaftern ermöglichen, unter Einhaltung einer Kündigungsfrist aus der Gesellschaft auszuscheiden. Derartige Kündigungsfristen müssen bei der Festlegung des Stichtags des Austritts der Gesellschafter nicht berücksichtigt werden. Denn durch den Gesellschafterbeschluss wird der Gesellschaftsvertrag im Hinblick auf die Durchführung der Anwachsung einvernehmlich abgeändert.

62 Der Gesellschafterbeschluss über die Durchführung des Anwachsungsmodells muss **grds. einstimmig** gefasst werden, da die Gesellschafterstellung nur mit Zustimmung des jeweils betroffenen Gesellschafters aufgehoben werden kann.[59]

Im Gesellschaftsvertrag können allerdings **abweichende Mehrheitserfordernisse** vereinbart werden.

> **Hinweis:**
> Bei der Gestaltung entsprechender Klauseln in Gesellschaftsverträgen ist zu berücksichtigen, dass **Mehrheitsklauseln bei Eingriffen in den Kernbereich der Mitgliedsrechte** der einzelnen Gesellschafter nur zulässig sind, wenn sie sich ausdrücklich auf das konkrete Mitgliedschaftsrecht beziehen und Ausmaß und Umfang des zulässigen Eingriffs erkennen lassen.[60] Vor allem bei Klauseln über den Ausschluss von Gesellschaftern ohne deren Zustimmung sind daher hohe Anforderungen an deren Bestimmtheit zu stellen.[61] Im Gesellschaftsvertrag müsste daher ausdrücklich geregelt sein, dass ein Gesellschafter durch Mehrheitsbeschluss aus der Gesellschaft ausscheidet, wenn sämtliche übrigen Gesellschafter bis auf einen Gesellschafter ebenfalls aus der Gesellschaft ausscheiden, um die Anwachsung des Gesellschaftsvermögens beim letzten verbleibenden Gesellschafter zu bewirken. Zur Erhöhung der Rechtssicherheit sollten im Gesellschaftsvertrag bereits die Gesellschafter, zu deren Gunsten das Anwachsungsmodell durchgeführt werden können soll, sowie die kürzestmögliche Frist zwischen dem Mehrheitsbeschluss und dem Ausscheiden des Gesellschafters genannt werden.

63 Sofern die Anwachsung unter **Ausschluss des Abfindungsanspruchs** der ausscheidenden Gesellschafter erfolgen soll, können hierfür **keine Mehrheitsbeschlüsse** in der Satzung vereinbart werden. Denn dies würde im Ergebnis einem satzungsmäßigem Ausschluss des Anspruchs auf ein Abfindungsguthaben gleichkommen. Ein derartiger Verzicht auf die Abfindung kann jedoch nur ad hoc aus Anlass des Ausscheidens vereinbart werden und ist vorab in der Satzung nicht zulässig.[62]

64 Der Gesellschafterbeschluss bedarf **keiner besonderen Form**, soweit im Gesellschaftsvertrag nichts anderes vereinbart ist. Insb. bei einstimmiger Beschlussfassung können die Gesellschafter entsprechend den

---

59 Baumbach/Hopt/Hopt, HGB, § 119 Rn. 36 m.w.N.
60 MünchKomm-HGB/Enzinger, § 119 Rn. 64.
61 MünchKomm-HGB/Schmidt, § 131 Rn. 86.
62 MünchKomm-HGB/Schmidt, § 131 Rn. 164.

Grundsätzen über Vollversammlungen[63] auf alle gesetzlichen und gesellschaftsvertraglichen Formen und Fristen der Einberufung und Ankündigung von Gesellschafterversammlungen verzichten.[64]

Die **liquidationslose Beendigung** der Personenhandelsgesellschaft durch Ausscheiden aller Gesellschafter bis auf einen ist gemäß § 143 Abs. 1 und Abs. 2 HGB von sämtlichen Gesellschaftern (d.h. den ausgeschiedenen und den verbleibenden) in notariell beglaubigter Form (§ 12 HGB) zum Handelsregister anzumelden.

b) Erweiterte Anwachsung

Bei der **erweiterten Anwachsung** erfolgt die Anteilsvereinigung sämtlicher Anteile bei einem Gesellschafter dadurch, dass alle übrigen Gesellschafter ihre Anteile rechtsgeschäftlich an ihn übertragen. Die Übertragung kann entweder **entgeltlich** gegen einen Veräußerungspreis oder **im Rahmen einer Einbringung gegen Ausgabe von neuen Anteilen an der Zielgesellschaft** erfolgen. Sofern die Beteiligungsverhältnisse an der übertragenen und aufnehmenden Gesellschaft identisch sind, kann auf eine Gegenleistung auch ganz verzichtet werden.

65

Es ist möglich, den Anwachsungsvorgang auch bei bisherigen **Nicht-Gesellschaftern** eintreten zu lassen, indem sämtliche Gesellschafter ihre Anteile an einen Dritten abtreten. **Anteile an Personengesellschaften** können dabei auch auf andere Personengesellschaften übertragen werden.[65] Die erweiterte Anwachsung ist also eine Gestaltungsvariante, um eine Personengesellschaft auf eine andere, bereits bestehende Personen- oder Kapitalgesellschaft zu verschmelzen.

66

Die Übertragung der Gesellschaftsanteile erfolgt **gemäß § 413 BGB durch Abtretung**. Der Übertragungsvertrag ist als solcher formfrei. Dies gilt auch dann, wenn sich im Gesellschaftsvermögen Grundstücke oder GmbH-Geschäftsanteile befinden.[66]

67

> **Hinweis:**
> Eine Abtretung von Gesellschaftsanteilen an Personengesellschaften ist nur zulässig, wenn sie im Gesellschaftsvertrag gestattet wird. Der Gesellschaftsvertrag kann die Übertragung nur zu bestimmten Stichtagen oder an bestimmte, qualifizierte Dritte (z.B. Mitgesellschafter oder nahe Angehörige) zulassen oder von der Zustimmung durch die Gesellschafterversammlung oder der geschäftsführenden Gesellschafter abhängig machen. Sofern der Gesellschaftsvertrag die Übertragung nicht ausdrücklich erlaubt, müssen bei jeder Übertragung sämtliche Gesellschafter zustimmen.[67] Es empfiehlt sich, vor dem Abschluss der Übertragungsverträge der einzelnen Gesellschafter mit dem aufnehmenden Gesellschafter sämtliche beabsichtigten Übertragungen **durch die Gesellschafterversammlung einstimmig genehmigen zu lassen**, da auf diese Weise alle eventuell vorhandenen Übertragungsbeschränkungen einvernehmlich außer Kraft gesetzt werden.

Besonderheiten sind bei der erweiterten **Anwachsung einer KG** zu beachten. Da die Beteiligung eines Personengesellschafters stets einheitlich zu betrachten ist, kann er nicht gleichzeitig Komplementär und Kommanditist sein.[68] **Zur Vermeidung von möglichen dogmatischen Verwirrungen** ist es daher ratsam, dass die Übertragung sämtlicher KG-Anteile durch entsprechende Regelungen in den einzelnen Einbringungsverträgen synchronisiert wird und gleichzeitig erfolgt, so dass die KG unmittelbar nach der Übertragung sämtlicher Anteile aufgrund Anwachsung beendet ist.

68

---

63 Näher zur Vollversammlung etwa Baumbach/Hueck/Zöller, GmbHG, § 51 Rn. 31.
64 Arnhold/Pathe, in: Münchener Anwaltshandbuch Personengesellschaftsrecht, § 10 Rn. 134.
65 Baumbach/Hopt/Hopt, HGB, § 124 Rn. 32.
66 MünchKomm-HGB/Schmidt, § 105 Rn. 216.
67 MünchKomm-HGB/Schmidt, § 105 Rn. 218; Baumbach/Hopt/Hopt, HGB, § 105 Rn. 70.
68 BayObLG, ZIP 2003, 1443; Baumbach/Hopt/Hopt, HGB, § 124 Rn. 16.

3. Steuerlicher Überblick

69 Die steuerlichen Folgen einer einfachen Anwachsung unterscheiden sich **grundlegend** von denen einer erweiterten Anwachsung:

70 Wenn im Rahmen einer **erweiterten Anwachsung** den einbringenden Gesellschaftern Gesellschaftsanteile an der aufnehmenden Personen- oder Kapitalgesellschaft gewährt werden, liegt eine Einbringung von Mitunternehmeranteilen gemäß §§ 20, 24 UmwStG vor. Daher kann die aufnehmende Gesellschaft **auf Antrag beim Finanzamt** und bei Vorliegen der jeweiligen Voraussetzungen die Gesellschaftsanteile mit dem Buchwert oder einem Zwischenwert bis maximal dem gemeinen Wert ansetzen. Im Übrigen gelten dann die unter Rn. 46 ff. skizzierten Regelungen. Im Ergebnis kann eine erweiterte Anwachsung somit unter bestimmten Voraussetzungen **steuerneutral** für die übertragenden Gesellschafter durchgeführt werden.[69]

71 Da bei einer **einfachen Anwachsung** keine einbringende Übertragung von Kommanditanteilen erfolgt und auch keine neuen GmbH-Anteile gewährt werden, sind hier die Tatbestandsvoraussetzungen von §§ 20 – 24 UmwStG nicht erfüllt. Daher ist die einfache Anwachsung grds. als **erfolgswirksamer Vorgang** anzusehen. Für die ausscheidenden Gesellschafter ergibt sich ein gemäß §§ 16, 34 EStG zu versteuernder Gewinn, wenn die Bar- oder Sachwertabfindung **höher als der Buchwert** ihrer Beteiligung ist. Der Gesellschafter, dem das Vermögen der Personengesellschaft anwächst, muss entsprechend die Buchwerte der ihm zugewachsenen Vermögensgegenstände aufstocken.[70] Dies gilt **unabhängig davon**, ob der aufnehmende Gesellschafter eine Einzelperson, eine Mitunternehmerschaft oder Kapitalgesellschaft ist.

Etwas anderes ergibt sich bei der einfachen Anwachsung nur, wenn die Gesellschafter **ohne Abfindung** aus der Gesellschaft ausgeschieden sind. In diesem Fall kann § 6 Abs. 3 EStG anwendbar sein, wenn die Anwachsung auf eine Einzelperson oder eine Personengesellschaft erfolgt. Dies hat zur Folge, dass Anwachsung steuerlich unbeachtlich ist und die Wirtschaftsgüter mit ihren bisherigen Wertansätzen fortgeführt werden müssen.

72 Ob § 6 Abs. 3 EStG auch bei der abfindungslosen Anwachsung des Gesellschaftsvermögens auf **Kapitalgesellschaften** anwendbar ist, ist **umstritten**.[71] Allerdings wird das abfindungslose Ausscheiden aus der Personengesellschaft zu Gunsten einer Kapitalgesellschaft i.d.R. auf gesellschaftsrechtlichen Gründen beruhen, weil die ausscheidenden Personengesellschafter auch Gesellschafter der Kapitalgesellschaft sind. In diesen Fällen liegt eine **verdeckte Einlage** vor, auf die § 6 Abs. 3 EStG nicht anwendbar ist.[72] Die verdeckte Einlage führt daher bei den ausscheidenden Gesellschaftern zu einer **Gewinnrealisierung aufgrund der Aufgabe ihres Mitunternehmeranteils**. Für die Gewinnermittlung ist die Wertdifferenz zwischen dem Buchwert und dem gemeinen Wert der Kommanditanteile maßgeblich. Gleichzeitig führt die verdeckte Einlage gemäß § 6 Abs. 6 Satz 2 EStG zu nachträglichen höheren Anschaffungskosten der Beteiligung an der Kapitalgesellschaft (i.d.R. der Komplementär-GmbH).[73]

III. Formwechsel von Personengesellschaften

73 Die einzelnen Formen von Personengesellschaften (GbR, OHG, KG) unterscheiden sich **durch bestimmte gesetzliche Tatbestandsmerkmale**. Sofern einzelne Tatbestandsmerkmale bei einer Personengesellschaft erfüllt bzw. nicht mehr erfüllt sind, **wandelt sich die Gesellschaft kraft Gesetzes in eine andere Gesellschaft um**. Diese Mechanismen können gezielt für die Umwandlung einer Personengesellschaft in eine andere Form der Personengesellschaft genutzt werden.

---

[69] Schmitt, in: Schmitt/Hörtnagl/Stratz, UmwG, § 20 UmwStG Rn. 198.
[70] Orth, DStR 1999, 1011, 1015.
[71] Dagegen etwa Brandenberg, DStZ 2002, 511, 513; für die Anwendung auf Kapitalgesellschaften Schmidt/Glanegger, EStG, § 6 Rn. 473.
[72] Ausführlich dazu Arnhold/Pathe, in: Münchener Anwaltshandbuch Personengesellschaftsrecht, § 10 Rn. 225.
[73] Orth, DStR 1999, 1053, 1056.

1. Formwechsel zwischen GbR und OHG

Nach § 105 Abs. 1 HGB ist eine Gesellschaft, bei der sämtliche Gesellschafter den Gläubigern unbeschränkt haften, dann eine OHG, wenn ihr Zweck auf den Betrieb eines Handelsgewerbes unter gemeinschaftlicher Firma gerichtet ist. Eine GbR und eine OHG unterschieden sich also im Wesentlichen dadurch, dass die OHG ein Handelsgewerbe betreibt. Entsprechend diesen **gesetzlichen Voraussetzungen** wandelt sich eine GbR **automatisch** in eine OHG, sobald ihre **gewerbliche Betätigung so zunimmt**, dass sie den Umfang eines Handelsgewerbes gemäß § 1 Abs. 2 HGB überschreitet.[74] Dabei ist es unerheblich, ob die Gesellschafter die Rechtsform der OHG gewollt haben[75] oder ob die Gesellschaft in das Handelsregister eingetragen wird.

> **Hinweis:**
> Die Handelsregister-Eintragung einer OHG wirkt gemäß § 105 Abs. 1 HGB nur deklaratorisch und ist daher für die Entstehung einer OHG nicht entscheidend. Gleichwohl sind die Gesellschafter gemäß § 106 HGB verpflichtet, die OHG zur Eintragung in das Handelsregister anzumelden.

Umgekehrt wandelt sich eine OHG, die ursprünglich ein Handelsgewerbe betrieben hat und die – entgegen § 106 HGB – nicht in das Handelsregister eingetragen wurde, unabhängig vom Willen ihrer Gesellschafter in eine GbR um, wenn der **Gewerbebetrieb** auf den Umfang eines Kleingewerbes **zurückgeht oder ganz eingestellt** wird.[76]

Während § 105 Abs. 1 HGB die Qualifizierung als OHG vom Umfang des Gewerbebetriebes der Gesellschaft abhängig macht, kann eine OHG gemäß § 105 Abs. 2 HGB auch aufgrund einer dann **konstitutiven Eintragung in das Handelsregister** entstehen. Dadurch können sich GbR, die nur ein Kleingewerbe betreiben oder ihr eigenes Vermögen verwalten, durch die freiwillige Eintragung in das Handelsregister in eine OHG umwandeln. Da die Eintragung gemäß § 108 Abs. 1 HGB von allen Gesellschaftern bewirkt werden muss, kann eine Umwandlung nach § 105 Abs. 2 HGB nur erfolgen, wenn sämtliche Gesellschafter damit einverstanden sind.

2. Formwechsel zwischen OHG/GbR und KG

Die KG unterscheidet sich gemäß § 161 Abs. 1 HGB dadurch von der OHG, dass in der Gesellschaft **mindestens ein persönlich haftender Gesellschafter** (Komplementär) und **mindestens ein Kommanditist**, der nur beschränkt haftet, vorhanden sind. Eine **OHG** wandelt sich daher **in eine KG** um, sobald die Gesellschafter durch Änderung des Gesellschaftsvertrages vereinbaren, dass ein Gesellschafter zukünftig nur beschränkt haften soll. Der Kommanditist kann entweder ein neu hinzutretender Gesellschafter oder auch ein Altgesellschafter sein, dessen Gesellschafterstellung verändert wird. Häufig erfolgt die Umwandlung einer OHG in eine KG bei Erbfällen, wenn die Erben eines Gesellschafters aufgrund testamentarischer Anordnung oder unter Berufung auf ihre Rechte aus § 139 HGB Kommanditisten werden.

Ein Gesellschafter, der in die Kommanditisten-Stellung wechselt, **haftet gemäß § 160 Abs. 3 HGB** für die bis zum Zeitpunkt seiner Eintragung als Kommanditist begründeten Alt-Verbindlichkeiten **unbeschränkt**. Die Haftungsbegrenzung auf die Hafteinlage entfaltet nur Wirkung für Verbindlichkeiten, die nach der Eintragung als Kommanditist in das Handelsregister begründet werden.

Auch eine **GbR**, die nur vermögensverwaltend oder kleingewerblich tätig ist, kann durch die **gesellschaftsvertragliche Vereinbarung von Haftungsbegrenzungen** für einzelne Gesellschafter und Eintragung ins Handelsregister gemäß § 161 Abs. 1 und Abs. 2 HGB i.V.m. § 105 Abs. 2 HGB **in eine KG** umgewandelt werden.[77]

---

[74] H.M., siehe etwa BGHZ 10, 91, 97; Baumbach/Hopt/Hopt, HGB, § 105 Rn. 7 m.w.N.
[75] MünchKomm-HGB/Schmidt, § 105 Rn. 31.
[76] BGHZ 32, 307 – sofern die OHG in das Handelsregister eingetragen ist, gilt beim Wegfall des Handelsgewerbes § 105 Abs. 2 HGB und eine Umwandlung in eine GbR erfolgt nicht.
[77] Hoffmann, DStR 2000, 580.

80 Eine **KG** wandelt sich **in eine OHG** um, wenn der letzte Kommanditist ausscheidet und der Gesellschaft noch mindestens zwei Komplementäre angehören oder wenn die Haftungsbeschränkung des letzten Kommanditisten im Gesellschaftsvertrag aufgehoben wird. Denn in diesen Fällen gehören der Gesellschaft nur noch unbeschränkt haftende Gesellschafter an. Ein Kommanditist, der durch Vertragsänderung Komplementär wird, haftet nach § 130 HGB unbeschränkt für alle bereits vorhandenen Gesellschaftsverbindlichkeiten, obwohl ein Beitritt im technischen Sinne nicht vorliegt[78]

81 Außerdem wird eine **KG zur OHG**, wenn die Gesellschaft nach dem Ausscheiden des letzten Komplementärs ohne Hinzutritt eines neuen Komplementärs als werbende Gesellschaft fortgesetzt wird.[79]

3. Zivilrechtliche und steuerliche Folgen eines Formwechsels zwischen Personengesellschaften

82 Der Formwechsel führt bei der Personengesellschaft **zivilrechtlich** nicht zu einem Rechtsträgerwechsel. Die Personengesellschaft behält vielmehr ihre Identität und „wechselt lediglich ihr Rechtskleid"[80] (**Rechtsträgeridentität**). Da die Gesellschaft unverändert Trägerin ihrer Aktiva und Passiva bleibt, ist weder eine Einzelübertragung von Vermögensgegenständen noch die Annahme einer Gesamtrechtsnachfolge erforderlich.[81]

Durch den Formwechsel wird bei Vorhandensein von Grundvermögen das **Grundbuch unrichtig**, weil die berechtigte Gesellschaft nunmehr falsch bezeichnet ist. Daher ist eine Richtigstellung des Grundbuchs notwendig.[82]

83 In **steuerlicher** Hinsicht bewirkt ein Formwechsel zwischen Personengesellschaften grds. keine Veränderungen. Die steuerliche Mitunternehmerschaft bleibt in ihrer bisherigen Form unverändert bestehen, so dass insb. Abschreibungen, Bilanzansätze etc. unverändert weiterzuführen sind und steuerliche Behaltensfristen nicht unterbrochen werden. Der Formwechsel löst auch keine Grunderwerbsteuerpflicht aus.[83] Wenn der Formwechsel jedoch mit dem Eintritt eines weiteren Gesellschafters (z.B. eines Kommanditisten in eine OHG) verbunden ist, ist unter Umständen § 1 Abs. 2a GrEStG zu beachten.

IV. Sachdividende[84]

84 Eine unorthodoxe, aber im Einzelfall durchaus effektive Möglichkeit der Konzern-Entflechtung stellt die **Ausschüttung einer Sachdividende** in Form von Anteilen an Tochtergesellschaften der ausschüttenden AG dar. Eine Sachdividende kann sich bspw. dann anbieten, wenn eine AG nur über wenige Großaktionäre verfügt oder Anteile an einer börsennotierten Gesellschaft hält und sich von dieser Beteiligung trennen will.

1. Voraussetzungen für die Ausschüttung einer Sachdividende

85 Die Rechtslage soll zunächst für die **AG** dargestellt werden. Gemäß § 58 Abs. 4 AktG haben die Aktionäre grds. einen **Anspruch auf Auszahlung des Bilanzgewinns**. Dieser Anspruch ist primär auf eine Geldzahlung in Form einer Bardividende gerichtet. Ob daneben die Auszahlung des Bilanzgewinns in Form von Sachleistungen überhaupt zulässig ist, war bis zum Jahr 2002 umstritten.

Vielfach wurde die Möglichkeit einer Sachdividende dem Grunde nach zwar bejaht. Allerdings ging die h.M. davon aus, dass ein einfacher Hauptversammlungsbeschluss über eine Gewinnverwendung in Form

---

78 MünchKomm-HGB/Schmidt, § 130 Rn. 14.
79 BGH, NJW 1979, 1705; MünchKomm-HGB/Schmidt, § 131 Rn. 8.
80 So Simon, DStR 2000, 578, 580; h.M. Baumbach/Hopt/Hopt, HGB, § 105 Rn. 8 m.w.N.
81 MünchKomm-HGB/Schmidt, § 105 Rn. 109.
82 BayObLG, NJW 82, 110.
83 Fischer, in: Boruttau, Grunderwerbsteuergesetz, § 1 Rn. 61 ff. m.w.N.
84 Die Verfasser danken Herrn Rechtsreferendar Christian Glauer für seine wertvolle Mitarbeit im Abschnitt „Sachdividende".

einer Sachdividende nicht ausreichen könne.[85] Vielmehr müsse die Gesellschaft eine Vereinbarung mit den Aktionären schließen, durch die jeder einzelne Aktionär anstelle der Geldzahlung **eine andere Leistung an Erfüllungs statt** akzeptiere. Die Zustimmung der Aktionäre zur Dividendenausschüttung in Form von Sachleistungen anstatt Bargeld konnte auch implizit durch einen einstimmigen Hauptversammlungsbeschluss aller Aktionäre erteilt werden.

Im Jahr 2002 fand die Sachdividende in § 58 Abs. 5 AktG nun eine **gesetzliche Verankerung**. Voraussetzung der Ausschüttung einer Sachdividende ist nunmehr zunächst, dass die **Satzung eine solche Möglichkeit** überhaupt **vorsieht**. Damit soll der Aktionär in seinem finanziellen Hauptinteresse vor Überraschungen geschützt werden.[86] Die konkrete Entscheidung, den Bilanzgewinn eines Jahres als Sachdividende auszuschütten, muss sodann durch einen entsprechenden **Hauptversammlungsbeschluss** manifestiert werden. Sofern in der Satzung nichts anderes bestimmt ist, kann dieser Gewinnverwendungsbeschluss mit **einfacher Mehrheit** erfolgen.[87] Dabei muss der Gewinnverwendungsbeschluss Festsetzungen über die Art der auszuschüttenden Gegenstände und ihre Bewertung enthalten.[88]

86

2. Gegenstand der Sachdividende

Das AktG enthält in § 58 Abs. 5 AktG keine Aussage darüber, was Gegenstand einer Sachdividende sein kann. Daher sind die allgemeinen aktienrechtlichen Grundsätze, insb. das **Gleichbehandlungsgebot** des § 53a AktG, zu beachten. Daraus folgt zunächst, dass der Gegenstand der Sachdividende derart **teilbar** sein muss, dass sämtliche Aktionäre entsprechend ihrer Beteiligung Ausschüttungen enthalten können. Zugleich muss der Gegenstand der Sachdividende für alle Aktionäre den **gleichen Nutzen** haben. Unzulässig wäre es daher, Gegenstände auszuschütten, die zwar der Großaktionär benötigt, die jedoch für die anderen Aktionäre von geringem Nutzen und nur schwer verwertbar sind. I.d.R. dürften bei Aktiengesellschaften mit einem größeren Gesellschafterkreis daher nur **leicht liquidierbare Gegenstände**, wie etwa börsennotierte Aktien von Tochtergesellschaften, als Gegenstand einer Sachdividende in Betracht kommen.[89]

87

3. Bewertung der Sachdividende

Die Sachdividende dient wie die Bar-Dividende der **Ausschüttung des Bilanzgewinnes**. Der Wert der ausgeschütteten Gegenstände muss daher dem Bilanzgewinn entsprechen. Sehr **umstritten** ist, ob dabei der Buchwert oder der Verkehrswert der Gegenstände maßgeblich ist. Dieses Problem stellt sich vor allem dann, wenn der Verkehrswert der auszuschüttenden Sachen über deren Buchwert liegt. Denn in diesem Fall würden bei einer Buchwert-Bewertung durch die Sachdividende stille Reserven ausgekehrt werden. Die Regierungsbegründung des TransPuG hat sich dafür entschieden, die Klärung dieser wesentlichen Frage bewusst der wissenschaftlichen Lit. zu überlassen.[90]

88

Richtig erscheint unseres Erachtens die **Bewertung der Gegenstände zum Verkehrswert**.[91] Dies ergibt sich bereits daraus, dass der Bilanzgewinn eine in Geld ausgedrückte Größe ist und die Sachdividende letztlich ein Ersatz für eine Geldzahlung ist. Die Höhe des Gewinnausschüttungsanspruchs der Aktionäre kann nicht davon abhängen, in welcher Form dieser Anspruch erfüllt wird. Des Weiteren ist auch aus dem Gesichtspunkt des Gläubigerschutzes ein Verkehrswertansatz geboten. Da die Gesellschaft mit dem Verkehrswert ihres gesamten wirtschaftlichen Vermögens und gerade nicht nur mit dessen Buchwert haftet, würde mit einer Ausschüttung der stillen Reserven wie sie im Rahmen des Buchwertansatzes stattfindet,

89

---

85 MünchKomm-AktG/Bayer, § 58 Rn. 107.
86 Hasselbach/Hartmut, NZG 2001, 599, 600; Müller, NZG 2002, 752, 757.
87 Müller, NZG 2002, 752, 757.
88 Müller, NZG 2002, 752, 758.
89 Lutter/Leinekugel/Rödder, ZGR 2002, 204, 211 f.
90 BR-Drucks. v. 8.2.2002, 109/02, S. 27.
91 Müller, NZG 2002, 752, 758; Hüffer, AktG, § 58 Rn. 33; ein Bewertungswahlrecht zwischen Buch- und Verkehrswert befürwortet dagegen MünchKomm-AktG/Bayer, § 58 Rn. 110.

eine Benachteiligung der Gläubiger der Gesellschaft einhergehen.[92] Dieser Gedanke findet sich auch in § 57 Abs. 1 AktG, wonach eine verbotene Rückgewähr dann angenommen wird, wenn die AG Wirtschaftsgüter zu einem Preis, der unter dem Marktpreis aber über dem Buchwert liegt, an einen Aktionär verkauft.[93]

Die Bewertung der Sachdividende zum Verkehrswert führt zu einer **handelsrechtlichen Gewinnrealisierung**, da die AG eine Verbindlichkeit gegenüber den Gesellschaftern mit Wirtschaftsgütern erfüllt, die buchmäßig niedriger als die Verbindlichkeit bewertet werden. Die Gewinnrealisierung tritt **regelmäßig erst im Ausschüttungsjahr** und nicht bereits im Wirtschaftsjahr, auf das sich die Ausschüttung bezieht, ein, da erst im Ausschüttungsjahr die Konkretisierung der Sachdividende durch einen Hauptversammlungsbeschluss und somit die Gewinnrealisierung erfolgt.[94]

4. Sachdividende bei der GmbH

90 Trotz fehlender gesetzlicher Regelungen ist die Ausschüttung einer Sachdividende **auch bei der GmbH zulässig**. Voraussetzung für eine Sachdividende ist hier eine entsprechende **Satzungsklausel** sowie ein konkreter **Gesellschafterbeschluss**.[95] Allerdings besteht auch ohne eine Satzungsbestimmung die Möglichkeit, dass ein Gesellschafter eine Sachleistung an Erfüllungs statt annimmt oder dass die Sachleistung den Gesellschaftern wahlweise neben Geld von der GmbH angeboten wird.[96]

5. Steuerlicher Überblick

91 Sofern der Verkehrswert der ausgeschütteten Gegenstände **höher als der Buchwert** ist, führt die Ausschüttung unabhängig davon, ob die Sachdividende handelsrechtlich zum Verkehrswert oder Buchwert bewertet wird, zu einer **steuerlichen Gewinnrealisierung** bei der ausschüttenden Gesellschaft[97]: Bei handelsrechtlicher Bewertung zum Buchwert liegt in Höhe der Differenz zum Verkehrswert eine **verdeckte Gewinnausschüttung** vor, da die Gesellschaft wertmäßig mehr an die Gesellschafter ausschüttet, als sie nach den Vorschriften des HGB verpflichtet ist. Die handelsrechtliche Bewertung zum Verkehrswert führt dagegen zu einer **offenen Gewinnrealisierung**. Sofern Sachdividenden in Form von Aktien oder GmbH-Geschäftsanteilen an Tochterkapitalgesellschaften ausgeschüttet werden, ist die Gewinnrealisierung auf Ebene der ausschüttenden Gesellschaft gemäß § 8b Abs. 2 KStG im Ergebnis zu 95 % steuerbefreit.[98]

92 Die Gesellschaft ist jedoch – was in der Praxis keinesfalls übersehen werden darf – auch bei Ausschüttung einer Sachdividende zum Einbehalt von **Kapitalertragsteuer** verpflichtet. Die Kapitalertragsteuer beträgt **gemäß § 43a Abs. 1 Nr. 1 EStG** 20 % des Kapitalertrags, wenn der Gläubiger, also der Dividendenempfänger, die Kapitalertragsteuer trägt. Um dies zu ermöglichen, ist häufig die kombinierte Ausschüttung einer Sach- und Bardividende sinnvoll, wobei die Höhe der Bardividende der vom Dividendenempfänger zu leistenden Kapitalertragsteuer entspricht. Wenn nur eine Sachdividende ausgeschüttet werden soll, muss die AG die Kapitalertragsteuer selbst tragen.

93 Sofern **Empfänger** der Sachdividende **natürliche Personen** sind, die die Anteile der ausschüttenden Gesellschaft im Privatvermögen halten, erzielen sie Einkünfte aus Kapitalvermögen, die nach dem Halbeinkünfteverfahren zu besteuern sind. Die Sachdividende ist dabei gemäß § 8 Abs. 2 EStG mit ihrem Verkehrswert zu bewerten. Wenn **Kapitalgesellschaften Empfänger** von Sachdividenden sind, ist die Ausschüttung gemäß § 8b Abs. 1 KStG im Ergebnis zu 95 % steuerfrei.

---

92 So auch Prinz/Schürner, DStR 2003, 181, 183.
93 MünchKomm-AktG/Bayer, § 57 Rn. 33 m.w.N.
94 Prinz/Schürner, DStR 2003, 181, 183.
95 Roth/Altmeppen, GmbHG, § 29 Rn. 53.
96 Baumbach/Hueck, GmbHG.
97 Ausführlich zur steuerlichen Problematik Lutter/Leinekugel/Rödder, ZGR 2002, 204, 229.
98 BMF-Schreiben v. 28.4.2003, BStBl. I, S. 292, Rn. 22.

V. Realteilung (Naturalteilung)

1. Gesellschaftsrecht

Durch eine Realteilung (**auch „Naturalteilung"** genannt) kann das Gesellschaftsvermögen einer **Personengesellschaft** auf die Gesellschafter aufgeteilt (übertragen) werden. Die Realteilung führt zu einer Aufspaltung und Beendigung der Personengesellschaft. **Nicht möglich** ist eine Realteilung bei Kapitalgesellschaften.

94

Wie der Begriff „Einbringung" entstammt auch **der Begriff „Realteilung"** dem Steuerrecht. In § 16 Abs. 3 Satz 2 EStG finden sich Regelungen für die einkommensteuerliche Behandlung der Realteilung. Die Realteilung ist eine **besondere Art der Auseinandersetzung** einer Personengesellschaft, bei der das Gesellschaftsvermögen nicht liquidiert wird, sondern auf die Gesellschafter aufgeteilt wird. Bei der Realteilung kommt es auf Gesellschaftsebene zu einer **Einstellung der Tätigkeit der Personengesellschaft**; dies unterscheidet die Realteilung vom Ausscheiden eines oder mehrerer Gesellschafter gegen (Sach-)Abfindung.

95

Gemäß § 145 Abs. 1 HGB bedarf die Realteilung als „andere Art der Auseinandersetzung" einer **besonderen Vereinbarung zwischen den Gesellschaftern**. Diese Vereinbarung kann bereits im Gesellschaftsvertrag festgelegt sein. **Zulässig** ist auch ein **späterer Gesellschafterbeschluss** über die Beendigung der Gesellschaft und Verteilung des Gesellschaftsvermögens im Wege der Realteilung. Dieser Gesellschafterbeschluss kann noch **während des Liquidationsverfahrens** getroffen werden, so dass die Liquidation eingestellt wird und das verbleibende Gesellschaftsvermögen auf die Gesellschafter aufgeteilt wird.[99]

96

Sofern der Gesellschaftsvertrag nicht zwingend die Realteilung des Gesellschaftsvermögens vorsieht, muss sie von allen Gesellschaftern **grds. einstimmig** beschlossen werden.

> **Hinweis:**
> Der Gesellschaftsvertrag kann allerdings einen Mehrheitsbeschluss zulassen. Eine derartige **Mehrheitsklausel** ist jedoch nur wirksam, wenn sie **ausreichend bestimmt** ist. Es reicht daher nicht aus, wenn im Gesellschaftsvertrag nur die grds. Möglichkeit eines Beschlusses über eine Realteilung genannt wird, ohne konkrete Kriterien anzugeben, nach denen die Aufteilung erfolgen wird. Es muss vielmehr aus dem Gesellschaftsvertrag bereits ersichtlich sein, in welcher Art und Weise die Realteilung aufgrund eines Mehrheitsbeschlusses erfolgen kann.[100]

Die Realteilung wird durchgeführt, indem die einzelnen Vermögensgegenstände der Gesellschaft im Wege der Einzelübertragung entsprechend den jeweiligen sachenrechtlichen Vorschriften auf die Gesellschafter übertragen werden. Bei Sachgesamtheiten, z.B. Unternehmensteilen, muss dabei der sachenrechtliche Bestimmtheitsgrundsatz beachtet werden. Nachdem sämtliche Vermögensgegenstände der Gesellschaft verteilt sind, endet die dann vermögenslose Gesellschaft.

97

2. Steuerlicher Überblick

Durch eine Realteilung kann eine Personengesellschaft unter bestimmten Voraussetzungen **gewinnneutral aufgelöst** werden. Die Voraussetzungen für eine steuerneutrale Realteilung finden sich in **§ 16 Abs. 3 Satz 2 – 4 EStG**.[101] Danach muss der aufnehmende Gesellschafter im Rahmen einer Realteilung für die einzelnen Wirtschaftsgüter **zwingend** die Buchwerte der übertragenden Personengesellschaft fortführen, wenn Teilbetriebe, Mitunternehmeranteile oder einzelne Wirtschaftsgüter in sein Betriebsvermögen übertragen werden und die Besteuerung der stillen Reserven bei ihm sichergestellt ist.

98

---

99 MünchKomm-HGB/Schmidt, § 145 Rn. 45.
100 MünchKomm-HGB/Schmidt, § 145 Rn. 46.
101 Aktuell zur Auslegung der Vorschriften durch die Finanzverwaltung BMF v. 28.2.2006, DStR 2006, 426 sowie Schulze zur Wiesche, DB 2006, 921.

99 Wesentlich ist also, dass die Wirtschaftsgüter der realgeteilten Personengesellschaft **in ein anderes Betriebsvermögen** übertragen werden. Dabei ist es unerheblich, ob funktional selbständig organisierte Teilbetriebe oder nur einzelne, unzusammenhängende Wirtschaftgüter in das Betriebsvermögen übertragen werden.

100 Wenn im Rahmen einer Realteilung **auf mindestens einen Gesellschafter einzelne Wirtschaftsgüter übertragen werden**, gelten für alle Gesellschafter allerdings bestimmte Sonderregelungen: In diesem Fall sieht § 16 Abs. 3 Satz 3 EStG eine **dreijährige Behaltefrist für bestimmte Wirtschaftsgüter** vor, bevor die Realteilung endgültig steuerneutral ist. Werden vor Ablauf der Behaltefrist von einem ehemaligen Gesellschafter bestimmte Wirtschaftsgüter (Grund und Boden, Gebäude, andere wesentliche Betriebsgrundlagen) **weiterveräußert oder entnommen**, so wird die Realteilung in Bezug auf das veräußerte Wirtschaftsgut **nachträglich steuerschädlich**. Dabei ist es unerheblich, ob der handelnde Gesellschafter bei der Realteilung einzelne Wirtschaftsgüter oder einen (Teil-)Betrieb erhalten hat. Die Behaltefrist endet drei Jahre nach Abgabe der Steuererklärung der Mitunternehmerschaft für den Veranlagungszeitraum der Realteilung. Sie endet i.d.R. daher erst vier bis fünf Jahre nach dem Vollzug der Realteilung.[102]

Das veräußerte bzw. entnommene Wirtschaftsgut muss in diesem Fall mit seinem gemeinen Wert und nicht mit seinem Buchwert bei der übertragenen Personengesellschaft angesetzt werden. Dies führt zur **Aufdeckung von stillen Reserven** und somit zu einer rückwirkenden Gewinnrealisierung bei der Personengesellschaft. Der so entstandene steuerliche Gewinn der Personengesellschaft ist entsprechend den gesellschaftsvertraglichen Vereinbarungen **nachträglich den Gesellschaftern zuzurechnen**. Die Veräußerung innerhalb der Behaltefrist kann daher zu einer **Änderung der Gewinnfeststellungsbescheide** der Gesellschafter und somit zu einer höheren Steuerbelastung bei sämtlichen ehemaligen Gesellschaftern führen.

> **Hinweis:**
> Die eine Realteilung durchführenden Gesellschafter sollten in der Vereinbarung über die Realteilung auch regeln, wer die Steuerbelastung bei Verletzung von Behaltensfristen zu tragen hat.

101 Die Behaltefrist ist nach dem eindeutigen Wortlaut von § 16 Abs. 2 EStG nur bei Realteilungen relevant, bei denen **auf mindestens einen Gesellschafter einzelne Wirtschaftsgüter übertragen** werden. Sie gilt demnach nicht für Realteilungen, bei denen **sämtliche Gesellschafter** Teilbetriebe oder Mitunternehmeranteile erhalten.

102 Gemäß § 16 Abs. 3 Satz 4 EStG ist eine Buchwertfortführung nicht möglich, wenn **einzelne Wirtschaftsgüter auf eine Körperschaft, Personenvereinigung oder Vermögensmasse** (Hauptfall: Übertragung auf Kapitalgesellschaften wie AG oder GmbH) übertragen werden. In diesem Fall ist vielmehr der **gemeine Wert** anzusetzen. Mit dieser Regelung soll vermieden werden, dass stille Reserven auf solche Körperschaften überspringen und damit aus Anteilseignersicht aus der vollen Steuerpflicht des Betriebsvermögens in den Bereich des Halbeinkünfteverfahrens gelangen.[103] Die steuerneutrale Übertragung von Teilbetrieben oder Mitunternehmeranteilen auf Körperschaften ist dagegen möglich.

VI. Ausstrahlungswirkung des UmwG auf Umstrukturierungen

103 Durch die dargestellten Umstrukturierungsmethoden können **wirtschaftlich vergleichbare Ergebnisse** erreicht werden wie mit Umwandlungen nach dem UmwG. Die Verfahren und die Durchführung der dargestellten Umstrukturierungen unterscheiden sich jedoch wesentlich von Umwandlungen nach dem UmwG. Aufgrund der wirtschaftlichen Austauschbarkeit der unterschiedlichen Umwandlungsverfahren stellt sich die Frage, wie die **Verfahrensunterschiede gerechtfertigt werden** können, oder ob nicht eine Vereinheitlichung angestrebt werden sollte. Eine derartige Vereinheitlichung könnte dadurch erreicht werden, dass durch das Umwandlungsrecht die Zulässigkeit von Umstrukturierungen nach allgemeinen

---

102 Engl, DStR 2002, 119, 122.
103 Winkemann, BB 2004, 130, 131.

Vorschriften eingeschränkt wird. Denkbar wäre aber auch, bestimmte Vorschriften des UmwG, insb. Vorschriften, die dem Minderheitenschutz dienen, analog auf Umstrukturierungen nach allgemeinen Vorschriften anzuwenden. In diesem Abschnitt wird daher untersucht werden, ob und in welchem Umfang das UmwG **Ausstrahlungswirkung** auf Umstrukturierungen nach allgemeinen Vorschriften entfaltet.

1. Numerus clausus des UmwG und Zulässigkeit von Umstrukturierungen nach allgemeinen Vorschriften

Fraglich ist zunächst, inwieweit Umstrukturierungen nach allgemeinen Vorschriften unter der Geltung des Umwandlungsrechtes noch zulässig sind. Nach **§ 1 Abs. 2 UmwG** ist eine Umwandlung i.S.v. § 1 Abs. 1 UmwG außer in den im UmwG geregelten Fällen nur dann möglich, wenn sie **durch ein anderes Bundes- oder Landesgesetz ausdrücklich vorgesehen** ist. Damit wird klargestellt, dass die in § 1 Abs. 1 UmwG genannten Umwandlungsmöglichkeiten (Verschmelzung, Spaltung, Vermögensübertragung, Formwechsel) nicht beliebig durchgeführt werden können, sondern nur entsprechend den spezifischen Regelungen des UmwG.

Dieser in § 1 Abs. 2 UmwG normierte **numerus clausus der Umwandlungsmöglichkeiten** erlangt etwa bei der Frage Bedeutung, welche Rechtsträger umwandlungsfähig sind. Sofern eine bestimmte Rechtsform nach dem UmwG nicht beteiligungsfähig ist, kann sie an keiner Umwandlung nach dem UmwG beteiligt sein.[104] Eine **analoge Anwendung** der Vorschriften des UmwG auf Umwandlungen unter Beteiligung eines vom UmwG nicht erfassten Rechtsträgers wird durch § 1 Abs. 2 UmwG **grds. ausgeschlossen**.

Da sich § 1 Abs. 2 UmwG **ausdrücklich** auf Umwandlungen i.S.v. § 1 Abs. 1 UmwG bezieht, trifft die Vorschrift allerdings keine Aussage über die Zulässigkeit von Umstrukturierungen, die nicht in § 1 Abs. 1 UmwG genannt sind. Durch § 1 Abs. 2 UmwG werden daher **Umwandlungen anderer Art nicht ausgeschlossen**. Es gibt also keinen Zwang zur Verwendung der im UmwG angebotenen Gestaltungsmöglichkeiten.[105] Entsprechend liest man in der Regierungsbegründung zum UmwG[106]:

„Die von dem neuen UmwG eröffneten Möglichkeiten der Umwandlungen in all ihren Formen treten neben die nach allgemeinem Zivil- oder Handelsrecht schon jetzt möglichen Methoden, die Vereinigung, Realteilung oder Umgründung von Rechtsträgern durchzuführen. Die zwingenden Vorschriften des UmwG müssen demnach nur dann beachtet werden, wenn sich die beteiligten Rechtsträger der Vorteile bedienen wollen, die das Gesetz und die mit ihm verbundenen steuerrechtlichen Regelungen mit sich bringen."

Damit wird deutlich, dass der Gesetzgeber durch das UmwG Umstrukturierungen nach allgemeinen Vorschriften nicht einschränken wollte. Fazit: **Umstrukturierungen außerhalb des UmwG** sind durch den numerus clausus des Umwandlungsrechtes **nicht ausgeschlossen**.

2. Anwendung von Verfahrensvorschriften des UmwG auf Umstrukturierungen nach allgemeinen Vorschriften

Eine **Angleichung** von wirtschaftlich vergleichbaren Umstrukturierungsverfahren nach allgemeinen Vorschriften an umwandlungsrechtliche Vorgänge könnte auch dadurch erreicht werden, dass auf Umstrukturierungsverfahren bestimmte **Vorschriften des UmwG analog** angewendet werden. Dazu müsste deren analoge Anwendung jedoch zunächst überhaupt zulässig sein.

a) Umfang des Analogieverbotes in § 1 Abs. 2 UmwG

Wie soeben dargelegt wurde, **enthält § 1 Abs. 2 UmwG das Verbot**, die Vorschriften des UmwG analog bei der Beteiligung von Rechtsträgern, die nach dem UmwG nicht umwandlungsfähig sind, anzuwenden. Eine explizite Aussage darüber, ob **Wertungen des Umwandlungsrechtes** auch auf vergleichbare Umstrukturierungen außerhalb des UmwG übertragen werden können, enthält § 1 Abs. 2 UmwG jedoch nicht. Daher ist es nicht möglich, aus § 1 Abs. 2 UmwG ein Analogieverbot im weiteren Sinne abzuleiten.

---

104 Hörtnagl, in: Schmitt/Hörtnagl/Stratz,UmwG, § 1 Rn. 55.
105 Lutter/Drygala, in: Lutter, UmwG, § 1 Rn. 34.
106 Zitiert nach K. Schmidt, Gesellschaftsrecht, § 13 I 4.a.

Es ist vielmehr grds. denkbar, dass die Wertungen des Umwandlungsrechtes **Ausstrahlungswirkung** auf andere Vorgänge entfalten können.[107]

Dabei ist allerdings zu beachten, dass viele umwandlungsrechtliche Verfahrensvorschriften **rechtsformunabhängig** sind und bei der Einbeziehung von unterschiedlichsten Rechtsformen anwendbar sind. Sofern derartige Vorschriften analog auf Umstrukturierungen angewandt werden sollen, muss zunächst nachgewiesen werden, dass sie ein **allgemeingültiges gesellschaftsrechtliches Grundprinzip** statuieren. Außerdem muss eine **planwidrige Regelungslücke** im Verfahren der Umstrukturierung bestehen, die nicht durch Analogien zu Vorschriften der beteiligten Rechtsformen, sondern nur durch Analogien des rechtsformübergreifenden Umwandlungsrechtes sinnvoll geschlossen werden kann.[108] Ob und inwieweit derartige Regelungslücken bestehen, ist in Lit. und Rspr. stark **umstritten**.

b) Mitbestimmungskompetenzen der Gesellschafter

109 Kennzeichen des Umwandlungsrechtes ist, dass die Umwandlungsvorgänge der Zustimmung der Gesellschafter der beteiligten Rechtsträger bedürfen. Das **Zustimmungserfordernis** der Gesellschafter kann daher **als umwandlungsrechtliches Grundprinzip** angesehen werden.

110 Der BGH hat bereits vor der Verabschiedung des UmwG in seiner **Holzmüller-Entscheidung**[109] im Jahr 1982 bei der Ausgliederung von wesentlichen Vermögensteilen aus einer AG im Wege der Einzelrechtsnachfolge eine **Entscheidungskompetenz der Hauptversammlung** gemäß § 119 Abs. 2 AktG angenommen.

In der Lit. wurde die dogmatische Verankerung der Hauptversammlungskompetenz in § 119 Abs. 2 AktG überwiegend abgelehnt, weil das Vorlageermessen in § 119 Abs. 2 AktG dem Vorstand die Haftungsbefreiung des § 93 Abs. 4 Satz 1 AktG eröffnen will und der Vorstand daher bei seiner Ermessensausübung **ausschließlich seine eigenen Interessen** und nicht die der Aktionäre berücksichtigen muss. Eine Ermessensreduktion aufgrund eines gesteigerten Interesses der Aktionäre widerspräche der Zielsetzung des § 119 Abs. 2 AktG.[110] Stattdessen wurde die Hauptversammlungszuständigkeit aus einer **Gesamtanalogie aus §§ 179, 293 Abs. 2, 319 Abs. 2 AktG und §§ 125, 65 UmwG** abgeleitet.[111] Insoweit wurden also auch Vorschriften des UmwG für die Gesamtanalogie zur Begründung einer Hauptversammlungskompetenz herangezogen. Da bei einer Ausgliederung nach dem UmwG ein Hauptversammlungsbeschluss unabhängig vom Volumen der Ausgliederung notwendig ist, führte die Annahme einer Gesamtanalogie zu einer steten Ausweitung der ungeschriebenen Hauptversammlungskompetenzen bei Umstrukturierungsvorgängen.

111 In seinen **Gelatine-Entscheidungen**[112] hat sich der BGH nunmehr ausdrücklich von sämtlichen bisher vertretenen dogmatischen Ansätzen gelöst. Die besondere Zuständigkeit der Hauptversammlung sei weder aus § 119 Abs. 2 AktG noch aus einer Gesetzesanalogie abzuleiten, sondern sei das **Ergebnis einer offenen Rechtsfortbildung**.

Obwohl der BGH in seiner Gelatine-Entscheidung nur über ungeschriebene Kompetenzen der Hauptversammlung einer AG entschieden hat, ist die Entscheidung **auch für andere Rechtsformen** bedeutsam. Indem der BGH eine analoge Anwendung der rechtsformübergreifenden umwandlungsrechtlichen Vorschriften ausdrücklich abgelehnt hat, hat er verdeutlicht, dass es nach seiner Ansicht gerade **keinen allgemeinen gesellschaftsrechtlichen Grundsatz** der Gesellschafterkompetenzen bei Ausgliederungsfällen gibt. Vielmehr sei die Hauptversammlung **nur in besonders gravierenden Fällen**, die zu einer

---

107 Lutter/Drygala, in: Lutter, UmwG, § 1 Rn. 39 m.w.N.
108 Priester, ZHR 163 (1999), 187, 192.
109 BGHZ 83, 122.
110 Martens, ZHR 147 (1983), 377; Joost, ZHR 163 (1999), 164; Weißhaupt, NZG 1999, 804.
111 Erstmals formuliert von Geßler, in: FS für Stimpel, S. 771; einen Überblick zur dogmatischen Entwicklung der „Holzmüller-Doktrin" gibt Weißhaupt, NZG 1999, 804.
112 BGH, NZG 2004, 571 und 575.

Aushöhlung der Aktionärsrechte führen können, entscheidungsbefugt. Die Hauptversammlung muss also nach Ansicht des BGH einer Ausgliederung im Wege der Einzelrechtsnachfolge **nur in Extremfällen** zustimmen, während sie bei einer Ausgliederung nach dem UmwG stets und unabhängig von den wirtschaftlichen Auswirkungen zustimmungspflichtig ist.

Somit hat der BGH einen allgemeinen gesellschaftsrechtlichen Grundsatz, wonach bei Umstrukturierungen grds. die Gesellschafter zustimmen müssen, abgelehnt. **Offensichtlich** sieht der BGH auch im rechtsformübergreifenden UmwG keine derartige allgemeine Wertung verankert. Eine Zustimmungspflicht der Gesellschafter bei Umstrukturierungen außerhalb des Umwandlungsrechtes ergibt sich daher nur entweder aus dem **Verfahren der konkreten Umstrukturierung**[113] oder aus den jeweils rechtsformspezifischen **gesellschaftsrechtlichen Grundsätzen**.[114] Daher kann etwa auch bei der GmbH eine Gesellschafterzuständigkeit bei Ausgliederungen nicht durch eine Analogie zu umwandlungsrechtlichen Vorschriften sondern nur mit der allgemeinen Kompetenz- und Aufgabenverteilung innerhalb der GmbH begründet werden.[115]

c) Vorbereitung von Gesellschafterbeschlüssen über Umstrukturierungen bei der AG

Sofern Umstrukturierungsmaßnahmen nur mit Zustimmung der Gesellschafter durchgeführt werden können, stellt sich die Frage, welche **Informationspflichten** im Vorfeld der Beschlüsse bestehen.

In Teilen der Lit. und der Rspr. konnte man in der zweiten Hälfte der 90er Jahre eine immer stärkere **Angleichung der Informationsanforderungen** in „Holzmüller-Fällen" an die **Vorgaben des UmwG** feststellen.[116]

So nahm etwa das **LG Frankfurt** in Analogie zu den §§ 186 Abs. 4, 293a AktG und §§ 8, 127, 192 UmwG eine Berichtspflicht der Vorstandes bei der Vorbereitung von Hauptversammlungsbeschlüssen über Ausgliederungen an.[117] Der Vorstandsbericht soll eine ausführliche Begründung der geplanten Maßnahme enthalten und insb. die wirtschaftlichen Rahmenbedingungen sowie die Bedeutung und Tragweite erläutern.

Das **OLG München** verlangte zusätzlich unter Berufung auf §§ 63 Abs. 1 Nr. 1, 64 Abs. 1 UmwG die Auslegung der Verträge bzw. ihrer Entwürfe.[118]

Das **LG Karlsruhe** ist schließlich davon ausgegangen, dass sämtliche Schutzvorschriften des UmwG für die Ausgliederung im Wege der Gesamtrechtsnachfolge aufgrund der Gleichheit der Interessenlage auf Ausgliederungen von Unternehmensteilen im Wege der Einzelrechtsnachfolge entsprechend anwendbar seien. Es verlangte daher neben der Auslage der Verträge auch die Vorlage eines Spaltungsberichtes und einer gesondert zu erstellenden Zwischenbilanz sowie die Jahresabschlüsse und Lageberichte des von der Maßnahme betroffenen Rechtsträgers für die letzten drei Jahre.[119]

Nachdem der **BGH** bereits bei der Ableitung von ungeschriebenen Hauptversammlungskompetenzen einen **Rückgriff auf das Umwandlungsrecht abgelehnt** hat, erscheint es fraglich, ob das UmwG zur Begründung von Informationspflichten noch herangezogen werden kann. Denn der BGH hat die Hauptversammlungskompetenz gerade nicht mit der wirtschaftlichen Vergleichbarkeit der unterschiedlichen Umstrukturierungsverfahren begründet, sondern mit einem **besonders gravierenden Eingriff in die Aktionärsrechte**. Es ist daher davon auszugehen, dass bei Vorliegen einer nach den Gelatine-Grundsätzen

---

113 Z.B. bei einem Formwechsel durch das Klassische Anwachsungsmodell, da hier alle Gesellschafter koordiniert zusammenwirken müssen.
114 Wie etwa bei der AG bei Ausgliederungen, die zu einer Aushöhlung von Aktionärsrechten führen würden.
115 Vgl. hierzu oben Rn 43.
116 In der Lit. z.B. Weißhaupt, NZG 1999, 804.
117 LG Frankfurt, ZIP 1997, 1698.
118 OLG München, WM 1996, 1462.
119 LG Karlsruhe, ZIP 1998, 385.

zustimmungspflichtigen Ausgliederung bei einer AG zunächst die **Verfahrensvorschriften des AktG** den Informationsumfang der Aktionäre im Vorfeld der Hauptversammlung bestimmen.

116 Hinweise auf den Umfang der Informationspflichten gemäß den Vorschriften des AktG finden sich in der **Altana/Milupa-Entscheidung des BGH**.[120] Dort hat der BGH den Grundsatz aufgestellt, dass der Vorstand der Hauptversammlung grds. die Informationen geben muss, die **für eine sachgerechte Willensbildung notwendig** sind. Aktienrechtlicher Anknüpfungspunkt für die Informationspflicht der Aktionäre ist die analoge Anwendung von § 124 Abs. 2 Satz 2 AktG. Sofern die Hauptversammlung über eine Ausgliederung im Wege der Einzelrechtsnachfolge oder eine andere Umstrukturierungsmaßnahme, die mit Eingriffen in die Aktionärsstellung verbunden ist, entscheiden soll, sind ihr daher die Eckpunkte der geplanten Umstrukturierung mit der Tagesordnung zur Hauptversammlung bekannt zu geben.

Hierbei ist zu differenzieren, ob die vertraglichen Grundlagen für die geplante Maßnahme bereits (im Entwurf) vorliegen oder nicht. Sofern Vertragsentwürfe bereits existieren, muss der wesentliche Inhalt der Verträge mitgeteilt werden. Dazu gehören nach Ansicht des LG Frankfurt die Hauptleistungspflichten der beteiligten Vertragsparteien, insb. der Kaufpreis oder bei Einbringungsvorgängen die Bewertung der Sacheinlage.[121] Wenn die geplante Umstrukturierungsmaßnahme noch **keine vertragliche Ausprägung** erhalten hat, müssen die geplanten Maßnahmen, die Gründe und das unternehmerische Konzept zusammen mit der Tagesordnung mitgeteilt werden, um den Aktionären eine **solide Entscheidungsbasis** zu geben.[122]

117 Fraglich ist, ob der Vorstand zusätzlich zu den soeben beschriebenen Informationen der Hauptversammlung einen **schriftlichen Bericht** erstatten muss. Verschiedene aktienrechtliche Vorschriften (§§ 186 Abs. 4 Satz 2, 293a, 319 Abs. 3 Satz 1 Nr. 3, 320 Abs. 3 Satz 1, 327c Abs. 2 Satz 1 AktG) sehen einen derartigen Bericht vor, in dem die Gründe für die geplante, zustimmungspflichtige Maßnahme zu erläutern ist. Die **Analogiefähigkeit dieser Vorschriften** und damit die Notwendigkeit einer Berichtspflicht bei anderen zustimmungspflichtigen Maßnahmen sind umstritten.

Während **Teile der unterinstanzlichen Rspr.**[123] **und der Lit.**[124] eine Berichtpflicht annehmen, scheint der BGH einer **Ausweitung von Vorstands-Berichtspflichten** im Wege von Analogien **ablehnend** gegenüber zu stehen. So hat der BGH eine analoge Anwendung von § 186 Abs. 4 Satz 2 AktG im Falle des Delistings abgelehnt.[125] Es sei ausreichend, wenn die Gründe für das Delisting **auf der Hauptversammlung** dargelegt würden. Entsprechendes hat auch für Umstrukturierungen zu gelten. Da die wesentlichen Eckpunkte der geplanten Umstrukturierung zusammen mit der Hauptversammlungseinladung veröffentlicht werden, erhalten die Aktionäre vorab ausreichend Informationen. Ein formeller Vorstandsbericht ist nicht notwendig, eine analogiebedürftige Regelungslücke besteht insoweit nicht.[126] Sofern weiterer individueller Informationsbedarf besteht, kann dieser besser durch das **Auskunftsrecht der Aktionäre in der Hauptversammlung** gemäß § 131 AktG befriedigt werden.

> **Hinweis:**
> Es empfiehlt sich, Antworten und Informationen auf vorhersehbare Fragen zur geplanten Umstrukturierung bereits vor der Hauptversammlung im Internet zu veröffentlichen. Dies hat den Vorteil,

---

120 BGHZ 146, 288.
121 LG Frankfurt, ZIP 2005, 579.
122 So auch Weißhaupt, AG 2004, 585, 590, der die umfassende Information im Rahmen von § 124 Abs. 2 Satz 2 AktG im Falle von fehlenden Vertragsentwürfen als „Holzmüller-Bericht" bezeichnet. Dieser „Holzmüller-Bericht" ist jedoch von dem sogleich zu besprechenden Vorstandsbericht zu unterscheiden. Dieser Vorstandsbericht müsste zusätzlich zu den Informationen über die geplante Maßnahme erstattet werden.
123 LG Frankfurt, ZIP 1997, 1698; LG Karlsruhe 1998, 387.
124 Groß, AG 1996, 111; Lutter/Leinekugel, ZIP 1998, 805.
125 BGH, NZG 2003, 280, 284.
126 So auch Mayer, in: Widmann/Mayer, Umwandlungsrecht, Anhang 5 Rn. 930; Kort, ZIP 2002, 685; Weißhaupt, AG 2004, 585.

dass die Antworten sorgfältiger formuliert werden können und der Vorstand auf diese Fragen die Antworten während der Hauptversammlung gemäß § 131 Abs. 3 Nr. 7 AktG verweigern kann.

Auch die **Auslage des Ausgliederungsvertrages oder sonstiger Verträge** im Zusammenhang mit einer Umstrukturierung ist zur Vorbereitung des Hauptversammlungsbeschlusses **nicht erforderlich**. Zwar wird die Auslage und Zusendung von bestimmten zustimmungspflichtigen Verträgen in zahlreichen aktien- und umwandlungsrechtlichen Vorschriften verlangt (§§ 179a, 293f AktG, § 63 UmwG). **Der BGH** hat jedoch bereits in der Altana/Milupa-Entscheidung festgestellt, dass sich aus den einzelnen Vorschriften im Wege der Gesamtanalogie nicht ableiten lasse, dass die gesteigerten Informationspflichten für alle Verträge, die der Hauptversammlung zur Zustimmung unterbreitet werden, gelten sollen. Es bedürfe vielmehr einer **Prüfung im Einzelfall**, ob eine der jeweiligen speziellen Norm vergleichbare Fallkonstellation vorliege.[127]

118

Bei einer **Analyse der einzelnen Vorschriften** zeigt sich, dass bei sämtlichen auslegepflichtigen Verträgen, die Zustimmung der Hauptversammlung zu dem jeweiligen Vertrag **Außenwirkung** entfaltet. Da somit der Beschluss der Hauptversammlung für die rechtliche Verpflichtung der AG notwendig ist, ist es erforderlich, dass der Wortlaut des Vertrages bereits vor der Hauptversammlung feststeht und den Aktionären bekannt ist.

119

Der BGH hat dagegen ausdrücklich betont, dass ein Hauptversammlungsbeschluss nach den „Gelatine-Grundsätzen" **keine Außenwirkung** entfaltet. Der Vorstand könnte daher eine Ausgliederung oder eine andere Umstrukturierung auch dann rechtswirksam durchführen, wenn sie in Einzelheiten, z.B. dem endgültigen Einbringungsstichtag, von den von der Hauptversammlung gebilligten Entwürfen abweicht. Eine Benachteiligung der Aktionäre ist in diesem Fall jedoch nicht zu erkennen. Da die Auslage bzw. Übersendung von ausformulierten Vertragstexten das **Umstrukturierungsverfahren nur unflexibler gestalten** würde, ohne dass die Aktionäre dadurch wesentlich mehr entscheidungsrelevante Informationen erhalten, ist die analoge Anwendung der entsprechenden aktien- bzw. umwandlungsrechtlichen Vorschriften aufgrund des Fehlens einer entsprechenden Regelungslücke bei Umstrukturierungen nach allgemeinen Vorschriften abzulehnen.[128] Etwas andere kann nur dann gelten, wenn in den jeweiligen Verträgen – freiwillig – ein **Zustimmungsvorbehalt der Hauptversammlung** vorgesehen ist, so dass der Beschluss der Hauptversammlung ausnahmsweise aufgrund der konkreten Vertragsgestaltung Außenwirkung entfaltet.[129]

d) Vorbereitung von Gesellschafterbeschlüssen über Umstrukturierungen bei der GmbH

Bei der Einberufung der Gesellschafterversammlung einer **GmbH** bestimmt sich der Informationsumfang nach § 51 GmbHG. Grds. sind die Anforderungen an die Tagesordnung der Gesellschafterversammlung einer GmbH **niedriger als bei einer AG**. Trotzdem ist es notwendig, die Gesellschafter so über die Gegenstände der Tagesordnung zu informieren, dass die Bedeutung der einzelnen Entscheidungspunkte deutlich wird. Bei Umstrukturierungen sind daher Informationen **entsprechend den Regeln von § 124 Abs. 2 Satz 2 AktG** den Gesellschaftern mitzuteilen.[130] Die Beifügung von zusätzlichem Informationsmaterial oder Vertragtexten zur Tagesordnung ist nicht gesetzlich vorgeschrieben und auch nicht notwendig. Denn den Gesellschaftern steht gemäß § 51a GmbHG unabhängig von einer Gesellschafterversammlung ein umfassendes Auskunfts- und Einsichtsrecht zu, so dass sie ausreichend Informationsmöglichkeiten haben.

120

---

127 BGHZ 146, 288, 295.
128 Sehr str., wie hier Götze, NZG 2004, 585; Weißhaupt, AG 2004, 585; a.A.: Mayer, in: Widmann/Mayer, Umwandlungsrecht, Anhang 5 Rn. 935.
129 So war die Konstellation in BGHZ 146, 288: im Vertragswerk war ein Rücktrittsrecht für den Fall vereinbart, dass die Hauptversammlung dem Vertrag ihre Zustimmung verweigern sollte.
130 Baumbach/Hueck/Zöllner, GmbHG, § 51 Rn. 26.

e) Fazit

121 Die Frage, ob und wie weit das UmwG Ausstrahlungswirkung auf Umstrukturierungen nach den allgemeinen Vorschriften entfaltet, ist in den letzten Jahren häufig und **kontrovers diskutiert** worden. Dabei wurden hauptsächlich Ausgliederungssachverhalte bei AG untersucht. Im Hinblick auf den **Schutz von Minderheitsaktionären** bestand teilweise die Tendenz, umwandlungsrechtliche Vorschriften immer stärker auch bei Umstrukturierungen außerhalb des UmwG anzuwenden und so die jeweiligen Verfahren zu vereinheitlichen.

122 Allerdings können einige jüngere Entscheidungen des BGH[131] als **Wendepunkt** in der Diskussion um die Ausstrahlungswirkung des UmwG interpretiert werden. In diesen Entscheidungen hat der BGH auf eine **analoge Anwendung von umwandlungsrechtlichen Vorschriften verzichtet**, obwohl sie aufgrund des jeweiligen Sachverhaltes denkbar gewesen wäre.

Vor allem in seiner **Gelatine-Entscheidung** hat der BGH bei einer Ausgliederung im Wege der Einzelrechtsnachfolge **ausdrücklich** keine Parallelen zur Ausgliederung nach dem Umwandlungsrecht gezogen. Diese Urteile können als Anzeichen gewertet werden, dass der BGH das Umwandlungsrecht als geschlossene Kodifikation mit eigenen Grundsätzen sieht, die nicht zwangsläufig als generelle gesellschaftsrechtliche Wertungen aufzufassen sind.

Die Rechtsentwicklung ist derzeit aber noch nicht abgeschlossen. Es erscheint **nicht unwahrscheinlich**, dass auch zukünftig umwandlungsrechtliche Vorschriften **noch in Ausnahmefällen** bei Umstrukturierungen nach den allgemeinen Vorschriften analog angewandt werden, etwa dann, wenn ein angemessener Schutz der (Minderheits-)Gesellschafter nicht durch die analoge Anwendung der jeweiligen rechtsformspezifischen Normen erzielt werden kann.

C. Entscheidungsparameter bei der Gestaltung einer Umstrukturierung

123 Die Entscheidung, ob eine Umstrukturierung nach den Regeln des UmwG oder nach allgemeinen Vorschriften erfolgen soll, kann nur nach einer sorgfältigen Analyse der Ausgangssituation und den Wünschen und Interessen der Beteiligten getroffen werden. Für sämtliche denkbaren Gestaltungsvarianten sprechen i.d.R. Vor- und Nachteile, die einer genauen **Abwägung** bedürfen. Die Formulierung von „Faustregeln" ist daher nicht möglich. Nachfolgend sollen allerdings **einige Gesichtspunkte** genannt werden, in denen sich die jeweiligen Umstrukturierungsverfahren unterscheiden und die daher bei der Auswahl der für den jeweiligen Lebenssachverhalt am günstigsten erscheinenden Gestaltungsvariante bedacht werden müssen.

I. Einzelrechtsnachfolge versus Gesamtrechtnachfolge

124 Das wesentliche Merkmal einer Umwandlung nach dem UmwG ist, dass sich die Vermögensübertragung auf den neuen Rechtsträger **im Wege der (partiellen) Gesamtrechtsnachfolge** vollzieht (§§ 20, 131 UmwG). Die Vermögensübertragung tritt dabei kraft Gesetz ein, so dass **keine besonderen Übertragungsakte** nach den jeweiligen sachenrechtlichen Vorschriften erforderlich sind. Bei Grundstücken ist daher keine Auflassung notwendig, sondern nur eine Berichtigung des Grundbuchs. Ein gutgläubiger Erwerb von Rechtspositionen ist allerdings mangels eines Übertragungsaktes, an den der gute Glaube anknüpfen könnte, nicht möglich.[132]

125 Die **Gesamtrechtsnachfolge** bietet zwei **wesentliche Vorteile** gegenüber der Übertragung von Vermögensgegenständen durch Einzelrechtsnachfolge.

---

131 Insb. BGHZ 146, 288; BGH, NZG 2003, 280; NZG 2004, 571 und 575.
132 Kallmeyer, in: Kallmeyer, UmwG, § 131 Rn. 4.

Zum einen werden von der Gesamtrechtsnachfolge nicht nur die Aktiva, sondern **auch Passiva sowie Rechte und Pflichten aus bestehenden Schuldverhältnissen** erfasst und können auf den aufnehmenden Rechtsträger übertragen werden. Die Zustimmung der anderen Vertragsparteien bzw. Gläubiger zu der Übertragung von Schuldverhältnissen bzw. Verbindlichkeiten ist dabei nicht notwendig.[133]

126

Zum anderen muss bei der Übertragung des **gesamten Vermögens** eines Rechtsträgers im Wege der Gesamtrechtsnachfolge **nicht der sachenrechtliche Bestimmtheitsgrundsatz** im jeweiligen Umwandlungsvertrag beachtet werden. Hier reicht eine allgemeine Bezeichnung aus, durch die erkennbar ist, dass das gesamte Vermögen übertragen werden soll. Sofern allerdings im Rahmen einer Spaltung gemäß § 123 UmwG **nur einzelne Vermögensteile** übertragen werden sollen, ist der Bestimmtheitsgrundsatz in ähnlicher Weise zu beachten wie bei der Übertragung im Rahmen der Einzelrechtsnachfolge (§ 126 Abs. 2 UmwG).[134]

127

Als **Nachteil der umwandlungsgesetzlichen Gesamtrechtsnachfolge** kann angesehen werden, dass der Rechtsübergang gemäß §§ 20 Abs. 1, 131 Abs. 1 UmwG erst mit der Eintragung der Umwandlung in das Handelsregister erfolgt, deren Zeitpunkt nicht im Voraus bestimmbar ist. Dadurch kann sich die sachenrechtliche Vermögensübertragung im Vergleich zu einer Rechtsübertragung im Wege der Einzelrechtsnachfolge verzögern. Eine **Verzögerung** tritt insb. dann ein, wenn die Handelsregistereintragung durch Gesellschafterklagen gegen die Umwandlungsbeschlüsse blockiert wird und dem Antrag auf Eintragung trotz anhängiger Klagen in einem Unbedenklichkeitsverfahren gemäß § 16 Abs. 3 UmwG nicht stattgegeben worden ist.

> **Hinweis:**
>
> Im Umwandlungsvertrag wird i.d.R. ein Stichtag vereinbart. Ab diesem Stichtag gelten die Handlungen der übertragenden Gesellschaft bezüglich der zu übertragenden Aktiva und Passiva als für Rechnung der übernehmenden Gesellschaft vorgenommen. Diese Vereinbarung hat nur schuldrechtliche Wirkung im Innenverhältnis zwischen den beteiligten Gesellschaften. Erst mit der Eintragung in das Handelsregister entfaltet die Umwandlung Außenwirkung gegenüber Dritten.

Eine **Umstrukturierung nach dem UmwG** bietet sich daher an, wenn viele unterschiedliche Vermögensgegenstände, insb. Grundstücke oder auch Verträge bzw. Dauerschuldverhältnisse, auf einen neuen Rechtsträger übertragen werden sollen und es nicht erforderlich ist, dass die dingliche Übertragung ohne zeitliche Verzögerung wirksam wird.

128

Umgekehrt kann eine **Umstrukturierung nach den allgemeinen Vorschriften** sinnvoll sein, wenn das Eigentum nur an wenigen Vermögensgegenständen zu einem bestimmten Stichtag übertragen werden soll. Insb. wenn keine Grundstücke oder GmbH-Anteile von der Ausgliederung betroffen sind, kann sich der Verzicht auf eine Umwandlung nach dem UmwG anbieten, da dann für die Übertragung keine Formvorschriften zu beachten sind. Der Umwandlungsvertrag muss dagegen **stets notariell beurkundet** werden (§§ 6, 125 UmwG), auch wenn dies für die Eigentumsübertragung im Wege der Einzelrechtsnachfolge eigentlich nicht erforderlich wäre.

129

II. Entscheidungskompetenz und Informationspflichten

Zu den umwandlungsrechtlichen Prinzipien gehört, dass die Umwandlungen stets von den Gesellschaftern der beteiligten Gesellschaften **mit einer qualifizierten Mehrheit** beschlossen werden müssen. Zur Vorbereitung der Gesellschafterbeschlüsse müssen die Vertretungsorgane einen **ausführlichen schriftlichen Bericht über die beabsichtigten Maßnahmen** erstatten (§§ 8, 127, 192 UmwG). Die Berichtspflicht besteht unabhängig von der Rechtsform der beteiligten Gesellschaften. Bei AG muss außerdem der **Umwandlungsvertrag** bzw. sein Entwurf in den Geschäftsräumen der Gesellschaft ausgelegt und den Aktionären auf Wunsch zugesandt werden (§§ 63, 125 UmwG).

130

---

[133] Stratz, in: Schmitt/Hörtnagl/Stratz, UmwG, § 20 Rn. 35 ff. m.w.N.
[134] Kallmeyer, in: Kallmeyer, UmwG, § 126 Rn. 19 ff.

131 Wie bereits oben dargelegt worden ist,[135] bestehen bei Ausgliederungen nach den allgemeinen Vorschriften derartige **Form- und Zustimmungserfordernisse nicht zwangsläufig**. Bei einer AG ist ein Hauptversammlungsbeschluss nur bei besonders schwerwiegenden Ausgliederungen erforderlich. Die Gesellschafter einer GmbH müssen zwar zu sämtlichen nicht unwesentlichen Umstrukturierungsvorgängen ihre Zustimmung erteilen. Dabei ist i.d.R. aber ein **Gesellschafterbeschluss mit einfacher Mehrheit** ausreichend. Auch die Informationspflichten im Vorfeld der Beschlüsse über Umwandlungen nach den allgemeinen Vorschriften sind **geringer** als die Informationspflichten nach dem UmwG.

132 Die **Vorteile einer Umstrukturierung nach den allgemeinen Vorschriften** zeigen sich besonders deutlich bei der **Nutzung von Anwachsungsmodellen** zum Formwechsel einer Personengesellschaft in eine Kapitalgesellschaft: Gemäß § 217 UmwG ist bei einem derartigen Formwechsel nach den Regeln des UmwG grds. die **Zustimmung aller Gesellschafter notwendig**, sofern im Gesellschaftsvertrag nicht ein Mehrheitsbeschluss von mindestens 75 % der abgegebenen Stimmen vereinbart ist. Zur Vorbereitung des Umwandlungsbeschlusses muss gemäß § 192 UmwG ein Umwandlungsbericht erstellt werden. Der Umwandlungsbeschluss selbst muss gemäß § 197 UmwG i.V.m. § 2 Abs. 1 GmbHG, § 23 Abs. 1 AktG notariell beurkundet werden.

133 Zwar können auch Anwachsungsmodelle grds. **nur mit dem Einverständnis aller Gesellschafter** durchgeführt werden. Allerdings ist keine Einhaltung von besonderen Form- und Informationsvorschriften erforderlich. Insb. der Austritt aus der Personengesellschaft bzw. die Übertragung der Gesellschaftsanteile auf die Zielkapitalgesellschaft kann formlos erfolgen. Der Formwechsel wird beim Anwachsungsmodell **zum Zeitpunkt der Beendigung der Personengesellschaft** wirksam, während er gemäß § 202 UmwG erst mit der Eintragung der neuen Rechtsform in das Handelsregister wirksam wird.

III. Grundsatz der Gesellschafteridentität

134 Das Umwandlungsrecht geht vom Grundsatz der Gesellschafteridentität aus. Die Gesellschafter des alten Rechtsträgers sollen **auch Gesellschafter des neuen Rechtsträgers** werden. Bei Umwandlungen nach dem UmwG müssen die Gesellschafter daher stets im Umwandlungsvertrag ausdrücklich den Umfang und das Verhältnis der Anteile an dem neuen Rechtsträger festlegen (z.B. §§ 5 Nr. 3, 194 Nr. 3 UmwG). Sofern das **Umtauschverhältnis** von einem Gesellschafter als zu niedrig angesehen wird, kann er ein **Spruchverfahren** einleiten (§§ 15, 196 UmwG). Schließlich sieht das UmwG die Möglichkeit des **Ausscheidens** umwandlungsunwilliger Gesellschafter **gegen eine angemessene Barabfindung** durch den übernehmenden Rechtsträger vor, wenn der übernehmende Rechtsträger einer anderen Rechtsform angehört oder die Anteile am übernehmenden Rechtsträger Verfügungsbeschränkungen unterworfen sind (§§ 29, 207 UmwG).

135 Bei Umstrukturierungen nach den allgemeinen Vorschriften ist **keine Gesellschafteridentität notwendig**. Umstrukturierungen können vielmehr gerade dazu dienen, Vermögensgegenstände auf Rechtsträger mit einer anderen Gesellschafterstruktur als der des bisherigen Rechtsträgers zu übertragen. Dies kann etwa durch eine **Einbringung im Wege der Kapitalerhöhung** in eine bestehende Gesellschaft oder durch eine erweiterte Anwachsung, bei der alle Gesellschaftsanteile auf eine dritte Gesellschaft übertragen werden, geschehen. Umstrukturierungen nach den allgemeinen Vorschriften bieten daher unter dem Gesichtspunkt von Gesellschafterwechseln eine größere Flexibilität. **Voraussetzung ist jedoch**, dass alle beteiligten Gesellschafter mit der jeweiligen Zielstruktur einverstanden sind, da keine ausdrücklichen gesetzlichen Regelungen bestehen, wie mit opponierenden Minderheitsgesellschaftern zu verfahren ist. Insb. gibt es **keine gesetzlichen Grundlagen** für eine Abfindung opponierender Gesellschafter und es kann daher kein Spruchverfahren nach dem Spruchverfahrensgesetz durchgeführt werden (siehe § 1 SpruchG).

---

135 Siehe oben Rn. 109 ff.

IV. Haftung des übertragenden Rechtsträgers

Das UmwG sieht **besondere Vorschriften zum Schutz der Gläubiger** des alten Rechtsträgers vor. So steht den Gläubigern bei einer Verschmelzung gemäß § 22 UmwG ein Anspruch auf besondere Sicherheitsleistung zu. Bei dem Formwechsel einer Personengesellschaft in eine Kapitalgesellschaft bleibt nach § 224 UmwG die **Haftung der Gesellschafter gemäß § 128 HGB** für Verbindlichkeiten, die vor dem Formwechsel entstanden sind, bestehen. Nach § 133 UmwG haften schließlich die an einer Spaltung beteiligten Rechtsträger für alle vor dem Wirksamwerden der Spaltung begründeten Verbindlichkeiten des übertragenden Rechtsträgers den Gläubigern gegenüber als Gesamtschuldner.

136

Für Umstrukturierungen nach den allgemeinen Vorschriften existiert **kein vergleichbarer Gläubigerschutz**. Bei einer Ausgliederung im Wege der Einbringung haftet der übernehmende Rechtsträger daher nur für die von ihm übernommenen Verbindlichkeiten, sofern kein besonderer Haftungstatbestand wie etwa § 25 HGB eingreift.[136]

V. Transaktionskosten

Bei Umwandlungen nach dem UmwG müssen sowohl die Gesellschafterbeschlüsse der beteiligten Gesellschaften als auch der Umwandlungsvertrag notariell beurkundet werden. Umstrukturierungen nach allgemeinen Vorschriften können dagegen häufig formfrei erfolgen. Insb. ist bei Einbringungsverträgen nur dann eine notarielle Beurkundung notwendig, wenn Grundstücke oder GmbH-Geschäftsanteile Gegenstand der Einbringung sind. Daher sind Umstrukturierungen nach den allgemeinen Vorschriften häufig mit **geringeren Transaktionskosten** verbunden als Umwandlungen nach dem UmwG.

137

VI. Arbeitsrecht

Wenn bei einer Umwandlung nach dem UmwG ein Betrieb oder Betriebsteil auf einen anderen Rechtsträger übertragen wird, sind gemäß § 324 UmwG die arbeitsrechtlichen Vorschriften zum **Betriebsübergang in § 613a BGB** anzuwenden.[137] Insoweit unterscheidet sich eine Umwandlung nach dem UmwG nicht von einer Umstrukturierung nach allgemeinen Vorschriften.

138

Unterschiede ergeben sich jedoch **im kollektiven Arbeitsrecht**. Das UmwG sieht vor, dass der Umwandlungsvertrag Angaben über die Folgen der Umwandlung für die Arbeitnehmer und ihre Vertretungen sowie über beabsichtigte arbeitsrechtliche Maßnahmen enthält (§§ 5 Abs. 1 Nr. 9, 126 Abs. 1 Nr. 11, 194 Abs. 1 Nr. 7 UmwG). Der Umwandlungsvertrag bzw. sein Entwurf ist **spätestens einen Monat vor der Gesellschafterversammlung** den jeweiligen Betriebsräten der betroffenen Rechtsträger zuzuleiten (§§ 5 Abs. 3, 126 Abs. 3, 194 Abs. 2 UmwG). Durch diese Vorschriften soll eine frühzeitige Einbeziehung der Arbeitnehmer in den Umwandlungsprozess gewährleistet werden.

139

Bei Umstrukturierungen nach allgemeinen Vorschriften richtet sich die Einbeziehung des Betriebsrates nach den **allgemeinen betriebsverfassungsrechtlichen Mitwirkungs- und Mitbestimmungsrechten**. Nach § 111 BetrVG hat der Unternehmer in Betrieben mit i.d.R. mehr als zwanzig wahlberechtigten Arbeitnehmern den Betriebsrat über geplante Betriebsänderungen, die wesentliche Nachteile für die Belegschaft oder erhebliche Teile der Belegschaft zur Folge haben können, rechtzeitig und umfassend zu unterrichten und die geplante Betriebsänderung mit dem Betriebsrat zu beraten. Dies bedeutet, dass große Umstrukturierungsmaßnahmen auch **nach den allgemeinen betriebsverfassungsrechtlichen Vorschriften** frühzeitig mit dem Betriebsrat besprochen werden müssen. Bei kleineren Umstrukturierungsmaßnahmen kann dagegen **eine Beteiligung des Betriebsrates nicht erforderlich** sein.

140

VII. Steuerliche Konsequenzen

Trotz wirtschaftlich vergleichbarer Ergebnisse können Umwandlungen nach dem UmwG und Umstrukturierungen nach den allgemeinen Vorschriften **unterschiedliche steuerliche Konsequenzen** haben. Neben

141

---

136 Engelmeyer, AG 1999, 263, 266.
137 Hörtnagl, in: Schmitt/Hörtnagl/Stratz, UmwG, § 324 Rn. 1.

einkommen- und körperschaftssteuerlichen Auswirkungen muss der Berater auch die grunderwerbsteuerlichen Folgen einer Umstrukturierung bedenken. Nachfolgend sollen einige wesentliche steuerliche Aspekte ohne Anspruch auf Vollständigkeit aufgeführt werden.

142 Für die **Einbringung von Betrieben, Teilbetrieben und bestimmten Gesellschaftsanteilen** in Kapital- bzw. Personengesellschaften gelten im Wesentlichen die gleichen Regelungen (§§ 20 – 23, 24 UmwStG), unabhängig davon, ob die Einbringung im Wege der Einzelrechtsnachfolge oder nach umwandlungsrechtlichen Vorschriften erfolgt.

143 **Unterschiede bei Ausgliederungen nach dem UmwG** gegenüber Einbringungen im Wege der Einzelrechtsnachfolge ergeben sich jedoch bspw. gemäß § 23 Abs. 4 UmwStG bei einem Ansatz des eingebrachten (Teil-)Betriebes zum gemeinen Wert. In diesem Fall bewirkt nur die Einbringung durch **umwandlungsrechtliche Gesamtrechtsnachfolge** den **partiellen Eintritt** der aufnehmenden Gesellschaft in die steuerliche Rechtsstellung des Einbringenden. Bei der Einbringung im Wege der **Einzelrechtsnachfolge** wird ein Anschaffungsvorgang angenommen. Dies hat u.a. zur Folge, dass bei abnutzbaren Wirtschaftsgütern sowohl die Abschreibungsmethode als auch die Restnutzungsdauer unabhängig von der bisherigen Abschreibungsmethode neu festgelegt werden.[138]

144 Vor allem bei der **Entscheidung über das geeignete Anwachsungsmodell** werden häufig steuerliche Überlegungen eine maßgebliche Rolle spielen. Wie bereits dargelegt wurde, bestehen **wesentliche steuerliche Unterschiede** zwischen dem erweiterten Anwachsungsmodell und dem einfachen Anwachsungsmodell. Das erweiterte Anwachsungsmodell ist **gesellschaftsrechtlich zwar komplexer**, aus steuerlicher Sicht aufgrund der Möglichkeiten für unterschiedliche Bewertungen gemäß §§ 20, 24 UmwStG jedoch häufig interessanter. Daneben sind bei Anwachsungsvorgängen noch grunderwerbsteuerliche Aspekte zu berücksichtigen. Denn während der Formwechsel nach dem UmwG aufgrund der Identität der Rechtsträger nicht grunderbsteuerbar ist,[139] löst die Anwachsung gemäß § 1 Abs. 1 Nr. 3 GrEStG Grunderwerbsteuer aus.[140]

145 Aufgrund der unterschiedlichen und teilweise gegenläufigen steuerlichen Folgen sind i.d.R. **umfassende steuerliche Belastungsvergleiche** notwendig, um die für den konkreten Einzelfall steueroptimale Gestaltungsvariante zu ermitteln.

D. Typische Fälle von Umstrukturierungen nach allgemeinen Vorschriften

146 Nachfolgend sollen **ausgewählte Fallkonstellationen** aufgezeigt werden, in denen eine Umstrukturierung nach allgemeinen Vorschriften sinnvollerweise durchgeführt werden kann. Für die ebenfalls typische Fallkonstellation der Umstrukturierung einer GmbH & Co. KG in eine GmbH siehe die Lösungshinweise zur Klausur „Umstrukturierungen" (Teil 3: Klausuren, Rn. 13).

I. Umwandlung eines einzelkaufmännischen Unternehmens in eine GmbH im Rahmen einer Stufengründung

1. Ausgangsfall

147 Der nicht in das Handelsregister eingetragene Kaufmann G betreibt ein einzelkaufmännisches Unternehmen. G wünscht, sein Unternehmen in eine GmbH umzuwandeln. Sein Ziel ist es dabei, möglichst rasch in den Genuss der Haftungsprivilegien der GmbH zu gelangen. Das Unternehmen verfügt über keinen Grundbesitz und wird in Geschäftsräumen betrieben, deren Eigentümer G ist.

---

138 Näher Schmitt, in: Schmitt/Hörtnagl/Stratz, UmwG, § 22 Rn. 73 ff.
139 Pahlke, in: Widmann/Mayer, Umwandlungsrecht, Anhang 12 Rn. 9.
140 Mayer, in: Widmann/Mayer, Umwandlungsrecht, Anhang 5 Rn. 493.

2. Gestaltungsüberlegungen

Gemäß §§ 152, 158 ff., 124 ff. UmwG kann ein Einzelkaufmann, **dessen Firma in das Handelsregister eingetragen ist**, sein Unternehmen nach umwandlungsrechtlichen Vorschriften auf eine neu gegründete Kapitalgesellschaft ausgliedern. Das UmwG knüpft bei der Ausgliederung eines einzelkaufmännischen Unternehmens also an die Eintragung des Einzelkaufmanns in das Handelsregister an, die bei G allerdings nicht vorliegt. G wäre zwar gemäß § 29 HGB verpflichtet gewesen, seine Firma und den Ort seiner Handelsniederlassung in das Handelsregister eintragen zu lassen. Diese Eintragung ist jedoch nur deklaratorisch und für die Kaufmannseigenschaft von G gemäß § 1 Abs. 1 HGB irrelevant.[141]

148

Somit steht dem G der Weg in die GmbH über das UmwG nicht offen. Ob eine vorherige Eintragung als Einzelkaufmann in das Handelsregister und anschließende Umwandlung nach dem UmwG **vorteilhaft** ist, hängt von der Vermögensstruktur des einzubringenden Unternehmens ab. **Vorteile aufgrund der Vermögensübertragung im Wege der Gesamtrechtsnachfolge** sind insb. dann ersichtlich, wenn zum Unternehmen des G zahlreiche Grundstücke gehören würden oder das Unternehmen von Verträgen abhängig ist, bei denen nicht sicher ist, ob die Vertragspartner einer Vertragsübernahme durch die neu gegründete GmbH zustimmen. **Als materieller Nachteil** einer Ausgliederung nach dem UmwG ist die gesamtschuldnerische Haftung der neu gegründeten GmbH für die Verbindlichkeiten des G gemäß § 133 UmwG anzusehen. Denn diese Haftung der GmbH umfasst auch die Haftung für Verbindlichkeiten, die aus der Privatsphäre des G oder aus anderen unternehmerischen Aktivitäten von G resultieren.[142]

149

Da die zunächst erforderliche Eintragung des G als Einzelkaufmann **Verzögerungen** verursacht und eine Haftung der GmbH für sämtliche Verbindlichkeiten des G nicht gewünscht ist, erscheint es sinnvoll, das Unternehmen **im Wege der Einzelrechtsnachfolge als Sacheinlage** in eine neu gegründete GmbH einzubringen. Dies könnte durch eine Sachgründung der GmbH erfolgen. Das Unternehmen würde dann nach Abschluss des Gesellschaftsvertrages als Sacheinlage zur endgültigen freien Verfügung der Geschäftsführer auf die Vorgesellschaft übertragen werden (§ 7 Abs. 3 GmbHG) und könnte bereits für die GmbH werbend tätig werden. Allerdings würde G aufgrund der **Grundsätze zur Vorbelastungshaftung** bis zur Eintragung der GmbH unbeschränkt für die Verbindlichkeiten der Vorgesellschaft haften (dies grundsätzlich im Innenverhältnis gegenüber der Gesellschaft).[143] Da sich Eintragung **aufgrund der Werthaltigkeitsprüfung der Sacheinlage** durch das Registergericht verzögern kann (§ 9c Abs. 1 Satz 2 GmbHG), besteht bei der Sachgründung für G also noch für einen nicht absehbaren Zeitraum ein Haftungsrisiko.[144]

150

Wenn G möglichst rasch die Haftungsvorteile eine GmbH nutzen möchte, ist eine sog. **Stufengründung** zu empfehlen, bei der die GmbH **zunächst** als **Bargründung** gegründet und eingetragen wird. Sobald die GmbH eingetragen ist, wird das Unternehmen **dann** anschließend im Rahmen einer **Sachkapitalerhöhung** in die GmbH eingebracht.

151

> **Hinweis:**
>
> Der Begriff „Stufengründung" wird mit unterschiedlichen Bedeutungen verwendet. Häufig wird als Stufengründung die beabsichtigte Gründung einer GmbH bezeichnet, bei der nicht alle Geschäftsanteile von den Gründern gezeichnet werden, sondern einige Geschäftsanteile zunächst vakant gehalten werden und von nachträglich beitretenden Gesellschaftern übernommen werden sollen. Dieses Verfahren ist unzulässig. Es gibt keine Geschäftanteile ohne Gesellschafter, die sich zur Leistung der jeweiligen Stammeinlage verpflichten.[145] Dagegen wird der Begriff der Stufengründung im hier verstanden Sinn einer Einbringungsmethode verwendet.[146]

---

141 Baumbach/Hopt/Hopt, HGB, § 1 Rn. 9.
142 Hörtnagl, in: Schmitt/Hörtnagl/Stratz, UmwG, § 156 Rn. 7.
143 BGHZ 134, 333; Überblick zur Vorgesellschaft etwa bei Roth/Altmeppen, GmbHG, § 11 Rn. 38 ff.
144 Unabhängig von der Vorbelastungshaftung haftet G gemäß § 9 GmbHG für die Werthaltigkeit der Sacheinlage zum Zeitpunkt der Anmeldung zum Handelsregister.
145 Vgl. etwa Roth/Altmeppen, GmbHG, § 2 Rn. 18.
146 Mayer, in: Widmann/Mayer, Umwandlungsrecht, Anhang 5 Rn. 316 ff.

In diesem Fall haftet G nur für die Werthaltigkeit der Sacheinlage **zum Zeitpunkt der Anmeldung zum Handelsregister**. Ein weitergehendes Vorbelastungshaftungsrisiko bis zur Eintragung in das Handelsregister trägt G bei einer Kapitalerhöhung dagegen im Gegensatz zur Situation bei der Gründung einer GmbH nicht.[147]

3. Ablauf der Stufengründung

152 Die Stufengründung erfolgt in **zwei Schritten**.

Zunächst wird eine GmbH im Wege der Bargründung gegründet. Dabei ist es ausreichend, die GmbH mit dem Mindeststammkapital auszustatten. Insb. wenn an der GmbH bzw. dem einzubringenden Unternehmen mehrere Personen beteiligt sind, ist es sinnvoll, bereits bei der Gründung der GmbH eine **Einbringungsverpflichtung im Gründungsprotokoll** vertraglich zu vereinbaren. In der Gründungssatzung sollte ebenfalls die geplante Kapitalerhöhung durch Sacheinlage des Unternehmens als Nebenleistungspflicht gemäß § 3 Abs. 2 GmbHG bereits festgeschrieben werden.[148]

153 **Formulierungsbeispiel: Einbringungsverpflichtung innerhalb des Gründungsprotokolls der GmbH**

> G betreibt derzeit ein nicht im Handelsregister eingetragenes einzelkaufmännisches Unternehmen. Nach Eintragung der mit dieser Urkunde neu gegründeten xy-GmbH in das Handelsregister wird dieses Unternehmen im Wege einer Sachkapitalerhöhung in die xy-GmbH zum Stichtag 1.1.2007 eingebracht werden. Die näheren Einzelheiten zur Einbringungsverpflichtung sind in einem (Sach-)Kapital-erhöhungsbeschluss in gesonderter Urkunde zu regeln.

154 Entsprechend den Vereinbarungen in Gründungsprotokoll und Satzung wird nach Eintragung der GmbH ein **Kapitalerhöhungsbeschluss** gefasst. In dem Kapitalerhöhungsbeschluss muss gemäß § 56 Abs. 1 GmbHG der Gegenstand der Sacheinlage **hinreichend genau bezeichnet** werden und der Betrag der Stammeinlage auf den sich die Sacheinlage bezieht. Häufig wird der Betrag der Stammeinlage geringer sein als der Wert des eingebrachten Unternehmens. In diesem Fall muss der Kapitalerhöhungsbeschluss **Regelungen enthalten, wie mit dem Mehrwert zu verfahren ist**: Der Mehrwert kann entweder ein Agio darstellen, dass in die Rücklagen der GmbH eingestellt wird. Denkbar ist auch, dass der einbringende Gesellschafter der Gesellschaft ein Darlehen in Höhe des Mehrbetrags gewährt.

Die Festlegung der Verwendung des Mehrwertes ist wichtig für den **Umfang der Prüfungspflicht des Registergerichts** und somit für den **Umfang der Nachweise der Werthaltigkeit**. Sofern der Mehrbetrag der Sacheinlage als Darlehen des einbringenden Gesellschafters vereinbart ist, wird das Registergericht prüfen, ob sowohl der Betrag, der auf die Stammeinlage angerechnet wird, als auch die Höhe des Gesellschafterdarlehens vom Wert der Sacheinlage gedeckt sind. **Bei einer Überpari-Ausgabe** prüft das Registergericht dagegen nur, ob der Wert der Sacheinlage den Nennbetrag der Stammeinlage erreicht. Eine **Prüfung, ob die Sacheinlage den Betrag des Agios erreicht**, erfolgt bei der GmbH nicht.[149]

155 Zusammen mit dem Kapitalerhöhungsbeschluss wird i.d.R. der **Übernahmevertrag beurkundet**. Durch den Übernahmevertrag verpflichtet sich der übernehmende Gesellschafter gegenüber der GmbH zur Übernahme der auf das erhöhte Kapital zu leistenden Stammeinlage.

Sodann kann die **dingliche Übertragung des Unternehmens** auf die GmbH durch den Einbringungsvertrag erfolgen.[150] Wenn keine Grundstücke oder GmbH-Anteile zum Unternehmensvermögen gehören, kann der Einbringungsvertrag ohne Einhaltung einer besonderen Form abgeschlossen werden. Eine no-

---

147 BGH, ZIP 2002, 799; Roth/Altmeppen, GmbHG, § 56a Rn. 6.
148 Mayer, in: Widmann/Mayer, Umwandlungsrecht, Anhang 5 Rn. 320.
149 LG Augsburg, NJW-RR 1996, 604; Roth/Altmeppen, GmbHG, § 57a Rn. 2.
150 Ausführlich zu dem Bestimmtheitserfordernis im Einbringungsvertrag oben unter Rn. 14 ff.

tarielle Beurkundung ist dann nicht erforderlich. Es ist möglich, die Wirksamkeit der dinglichen Übertragung auf einen bestimmten, in der Zukunft liegenden Stichtag festzulegen.

Bei der Anmeldung der Kapitalerhöhung zum Handelsregister muss ein Sachgründungsbericht der Gesellschafter – im Gegensatz zur Anmeldung der Sachgründung – **nicht mit eingereicht werden**.[151] Da jedoch gegenüber dem Registergericht der Nachweis der Vollwertigkeit der geleisteten Sacheinlage erbracht werden muss (vgl. Rn 154), sind i.d.R. **Wirtschaftsprüfer- oder Sachverständigengutachten vorzulegen**, so dass die Sachkapitalerhöhung im Vergleich zur Sachgründung bezüglich der Nachweis- und Berichtspflichten gegenüber dem Handelsregister nur einen geringen Vorteil bietet.

Das Registergericht muss gemäß § 57a GmbHG i.V.m. § 9c GmbHG die Werthaltigkeit der Sacheinlage prüfen. Sofern der Wert der Sacheinlage bei der Anmeldung zum Handelsregister nicht die Höhe der Stammeinlage erreicht, ist der einbringende Gesellschafter gemäß § 56 Abs. 2 GmbHG i.V.m. § 9 Abs. 1 GmbHG zur Einzahlung des Fehlbetrages in Geld verpflichtet.

> **Hinweis:**
> Eine Stufengründung muss vom Berater sorgfältig geplant und begleitet werden. Denn es gibt mehrere Verhaltensweisen der Gründer, die den Erfolg der Stufengründung gefährden können.

So muss auf jeden Fall vermieden werden, dass die Gründer die Bareinlage dazu verwenden, einzelne Gegenstände des einzubringenden Unternehmens zu erwerben. Dadurch würde der „klassische" Tatbestand der **verdeckten Sacheinlage** verwirklicht.[152]

Eine weitere Gefahr besteht darin, dass die Gesellschafter das einzubringende Unternehmen **bereits unmittelbar nach der Eintragung der Gesellschaft** und vor dem Kapitalerhöhungsbeschluss und Abschluss des Übernahmevertrages an die Gesellschaft übereignen. Die Einlageschuld des Gesellschafters entsteht nämlich erst mit dem Abschluss des Übernahmevertrages.

Ob eine **vorzeitige Leistung der Sacheinlage** im Wege der Zweckumwidmung Erfüllungswirkung haben kann, ist **umstritten**. Der BGH hat in einem Fall der Stufengründung entschieden, dass Gegenstände und Sachwerte, deren Besitz bzw. Eigentum einer GmbH bereits vor dem Kapitalerhöhungsbeschluss überlassen worden ist, grds. nur dann als Sacheinlage eingebracht werden können, wenn sie zumindest im Zeitpunkt des Kapitalerhöhungsbeschlusses **noch gegenständlich im Gesellschaftsvermögen vorhanden sind**.[153] Sind die zu früh eingebrachten Gegenstände nicht mehr im Gesellschaftsvermögen vorhanden, so kommen nach Ansicht des BGH als Sacheinlage lediglich die dem Gesellschafter zustehenden Erstattungsansprüche gegen die Gesellschaft in Betracht.

An dieser Entscheidung ist bemerkenswert, dass der BGH als wesentlichen Zeitpunkt den **Zeitpunkt des Kapitalerhöhungsbeschlusses** und nicht den Zeitpunkt des Abschlusses des Übernahmevertrages mit dem an der Kapitalerhöhung teilnehmenden Aktionär ansieht. Denn durch den Kapitalerhöhungsbeschluss entsteht gerade noch **keine Verpflichtung zur Leistung der Sacheinlage**.[154] Häufig werden jedoch Kapitalerhöhungsbeschluss und Übernahmevertrag zusammen beurkundet, so dass in der Praxis keine unterschiedlichen Zeitpunkte vorliegen. **Der BGH geht weiterhin davon aus**, dass für die Zulässigkeit der Sacheinlagevorleistung lediglich die Existenz der Sacheinlage im Gesellschaftsvermögen zum Zeitpunkt des Kapitalerhöhungsbeschlusses maßgeblich ist. Zur Bewertung der Sacheinlage trifft der BGH keine Aussagen. Für die Werthaltigkeit der Sacheinlage ist daher gemäß § 56 Abs. 2 GmbHG

---

151 H.M.: Roth/Altmeppen, GmbHG, § 56 Rn. 7 m.w.N.
152 Überblick zu den Voraussetzungen und Rechtsfolgen der verdeckten Sacheinlage etwa bei Baumbach/Hueck/Fastrich, GmbHG, § 19 Rn. 37 ff. m.w.N; ausführlich zur Heilung der verdeckten Sacheinlage Ettinger/Reiff, NZG 2004, 258 und Reiff/Ettinger, DStR 2004, 1258.
153 BGH, NZG 2001, 27. Der BGH lässt ausdrücklich offen, ob Ausnahmen von den von ihm aufgestellten Grundsätzen im Sanierungsfall möglich sein können. Näher zu dieser Problematik: BGH, ZIP 2006, 2214; Baumbach/Hueck/Zöllner, GmbHG, § 56a Rn. 9 ff.
154 Heidinger, DNotZ 2001, 341.

i.V.m. § 9 GmbHG auch bei einer Vorausleistung der Zeitpunkt der Anmeldung zum Handelsregister maßgeblich.

> **Hinweis:**
> Zur Vermeidung einer zu frühen Einbringung des Unternehmens und daraus resultierender fehlerhafter Kapitalerhöhungsbeschlüsse sollten der Kapitalerhöhungsbeschluss und der Übernahmevertrag daher möglichst zeitnah nach der Eintragung der Gesellschaft in das Handelsregister beurkundet werden.

II. Stufengründung bei der AG – Nachgründung (§ 52 AktG)

1. Gestaltungsüberlegungen

160 Wie soeben gezeigt wurde, können durch eine Stufengründung einer GmbH bei einer Vermögensübertragung möglichst rasch die Haftungsprivilegien der GmbH genutzt werden. Das Verfahren der Stufengründung kann **grds. auch bei einer AG** durchgeführt werden. In diesem Fall sind allerdings neben den allgemeinen aktienrechtlichen Vorschriften über Sachkapitalerhöhungen die **besonderen Vorschriften für Nachgründungen** in engem zeitlichen Zusammenhang zur Gründung der AG in § 52 AktG zu beachten.

161 Die **Vorteile einer Stufengründung im Wege der Nachgründung** gegenüber der Sachgründung einer AG gleichen den Vorteilen der Stufengründung bei der GmbH: Zum einen kann die durch die Bargründung errichtete AG **relativ schnell in das Handelsregister eingetragen** werden, so dass den Aktionären ohne längere Verzögerungen eine juristische Person zur Verfügung steht. Wenn anschließend ein Unternehmen in die AG eingebracht wird, so kann dieses Unternehmen sofort werbend tätig werden und von der Haftungsbeschränkung auf das Gesellschaftsvermögen profitieren. Dabei ist allerdings zu beachten, dass die Einbringung bis zur Beendigung des Nachgründungsverfahrens **schwebend unwirksam ist**,[155] was zu einer gewissen Rechtsunsicherheit führt.

Zum anderen besteht ein Vorteil der Sachkapitalerhöhung gegenüber der Sachgründung darin, dass bei der Sachkapitalerhöhung eine Prüfung der Sacheinlage durch Vorstand und Aufsichtsrat **nicht erforderlich** ist. Die §§ 33, 34 AktG verlangen eine derartige Prüfung nur bei der Gründung einer AG. Zudem ist auch die **Werthaltigkeitsprüfung durch das Gericht** bei der Sachkapitalerhöhung **weniger streng** ausgestaltet als bei der Sachgründung. Während das Gericht nämlich bei der Gründung der Gesellschaft im Falle mangelnder Werthaltigkeit nach § 38 Abs. 1 und Abs. 2 AktG die Eintragung immer ablehnen muss, gestattet § 183 Abs. 3 Satz 2 AktG die Eintragung auch in dem Fall, dass der Wert nur unwesentlich hinter dem Nennbetrag der dafür zu gewährenden Aktien zurück bleibt.

162 Eine zusätzliche **formale Erleichterung** bietet die **Stufengründung bei der AG** insoweit, als dass die bei einer Sachgründung gemäß §§ 27 Abs. 5, 26 Abs. 5 AktG notwendigen, umfangreichen Satzungsbestimmungen über den Gegenstand der Sacheinlage, die 30 Jahre im Satzungstext verankert bleiben müssen, bei der Nachgründung durch Sachkapitalerhöhung **entbehrlich sind**.

Im Vergleich zur Stufengründung bei der GmbH weist das **Nachgründungsverfahren** bei der AG allerdings **höhere formale Anforderungen** auf. Als wesentlicher Nachteil gegenüber der GmbH-Stufengründung ist anzusehen, dass der Einbringungsvertrag erst mit der Eintragung der Kapitalerhöhung in das Handelsregister endgültig wirksam wird.

2. Ablauf der Stufengründung einer AG

a) Anwendbarkeit der Nachgründungsvorschriften auf Sachkapitalerhöhungen

163 Der Anwendungsbereich von § 52 AktG umfasst gemäß § 52 Abs. 1 AktG **bestimmte Verträge**, durch die die AG „vorhandene oder herzustellende Anlagen oder anderen Vermögensgegenstände" von ihren Gründungsaktionären oder Aktionären, die mit **mehr als 10 % am Grundkapital beteiligt** sind, inner-

---
155 Hüffer, AktG, § 52 Rn. 7 f.

halb von **zwei Jahren seit der Eintragung der Gesellschaft** in das Handelsregister erwerben soll. Die Nachgründungsvorschriften erfassen nach dem Wortlaut also schuldrechtliche Austauschverträge. Es soll eine **Umgehung der Regelungen zur Sachgründung** durch zeitnahe Erwerbsgeschäfte der AG mit den Gründern oder anderen Großaktionären verhindert werden.

Eine Sachkapitalerhöhung ist **kein schuldrechtlicher Austauschvertrag** zwischen den Aktionären und der AG sondern ein **korporatives Rechtsgeschäft**. Trotzdem ist § 52 AktG nach überwiegender Ansicht bei Sachkapitalerhöhungen analog anwendbar, wenn sie innerhalb von zwei Jahren seit der Gründung der AG durchgeführt werden und die Sacheinlagen von den Gründern oder von Aktionären geleistet werden, die mit mehr als 10 % an der AG beteiligt sind.[156] **Maßgeblich für die Beteiligungshöhe** ist dabei die **voraussichtliche Beteiligung nach Durchführung der Sachkapitalerhöhung**. Daher sind die Nachgründungsvorschriften auch dann anzuwenden, wenn durch die Sachkapitalerhöhung ein Aktionär, der bislang noch nicht an der AG beteiligt war, eine wesentliche Beteiligung erhalten wird.[157] Bei Sacheinlagen von Aktionären mit geringeren Beteiligungen als 10 % des Grundkapitals nach der Kapitalerhöhung gelten die allgemeinen Vorschriften zu Sachkapitalerhöhungen in § 183 AktG.

164

b) Verfahrensschritte

Die einzelnen Schritte einer Nachgründung ergeben sich aus den detaillierten Regelungen des § 52 AktG. Danach muss bei der Sachkapitalerhöhung im Wege der Nachgründung folgender **Ablaufplan** eingehalten werden:

165

Zunächst ist der **Einbringungsvertrag** über die Sacheinlage zwischen der AG und dem jeweiligen Aktionär abzuschließen. Dieser Vertragsschluss kann nicht als vorzeitige Einlageleistung gewertet werden, denn gemäß § 52 Abs. 1 AktG sind sämtliche nachgründungspflichtigen Verträge bis zum Abschluss des Nachgründungsverfahrens mit der Eintragung in das Handelsregister schwebend unwirksam. Daher erfolgt durch den Abschluss des Einbringungsvertrages noch keine endgültige dingliche Vermögensübertragung an die AG vor einem entsprechenden Hauptversammlungsbeschluss über die Kapitalerhöhung.

166

Über den Einbringungsvertrag muss die **Hauptversammlung beschließen**. Sofern keine Vollversammlung sämtlicher Aktionäre stattfinden kann, bei der kein Aktionär der Beschlussfassung widerspricht, erfolgt die Einberufung der Hauptversammlung **nach den allgemeinen Regeln (§ 121 Abs. 6 AktG)**. Insb. muss dann der Einbringungsvertrag in den Geschäftsräumen ausgelegt und sein Inhalt gemäß § 124 Abs. 2 Satz 2 AktG mit der Tagsordnung den Aktionären bekannt gemacht werden. Im Falle einer Vollversammlung sind diese Formalien dagegen verzichtbar.[158]

167

Nicht verzichtbar im Falle einer Vollversammlung sind die Erstattung eines **Nachgründungsberichtes** durch den Aufsichtsrat (§ 52 Abs. 3 AktG) und eines Prüfungsberichtes durch einen gerichtlich bestellten Gründungsprüfer (§ 52 Abs. 4 AktG) vor der Hauptversammlung.[159] Bei einer Sachkapitalerhöhung sind sowohl eine **Sacheinlageprüfung** nach § 183 Abs. 3 AktG als auch eine **Nachgründungsprüfung** erforderlich. Die beiden Prüfungen können jedoch verbunden und ihre Ergebnisse in einem Prüfungsbericht zusammengefasst werden. Das Gericht muss den Prüfer dazu ausdrücklich sowohl als Sach- als auch als Nachgründungsprüfer bestellen.

168

I.d.R. wird die Sachkapitalerhöhung unter **Ausschluss des Bezugsrechtes** der übrigen Aktionäre erfolgen. Daher müssen die Vorschriften zur Beschlussfassung über einen **Bezugsrechtsausschluss** in § 186 Abs. 3 und Abs. 4 AktG beachtet werden. Insb. ist der Vorstand verpflichtet, der Hauptversammlung in einem schriftlichen Bericht die Gründe für den Ausschluss des Bezugsrechtes darzulegen und den vorge-

169

---

156 Nachweise zum Streitstand über die Anwendbarkeit bei Sachkapitalerhöhungen in GK/Priester, AktG, § 52 Rn. 22 ff.
157 GK/Priester, AktG, § 52 Rn. 36.
158 Mayer, in: Widmann/Mayer, Umwandlungsrecht, Anhang 5 Rn. 595.
159 Str., wie hier Mayer, in: Widmann/Mayer, Umwandlungsrecht, Anhang 5 Rn. 596; a.A.: GK/Priester, AktG, § 52 Rn. 36: Vollversammlung kann auf vorherige Prüfung und Berichterstattung verzichten, Prüfungen müssen lediglich vor Anmeldung zum Handelsregister erfolgen.

schlagenen Ausgabebetrag der neuen Aktien zu begründen. Die Vorlage eines Vorstandsberichtes ist nicht erforderlich, wenn alle Aktionäre in einer Vollversammlung darauf verzichten.[160]

170 Die Hauptversammlung muss dann einen **Kapitalerhöhungsbeschluss** fassen und dem **Einbringungsvertrag zustimmen**. Dabei muss die Zustimmung zum Einbringungsvertrag gemäß § 52 Abs. 5 AktG mit einer **Mehrheit von mindestens 75 %** des bei der Beschlussfassung vertretenen Grundkapitals erfolgen. Wird der Vertrag **im ersten Jahr nach der Eintragung** der Gesellschaft in das Handelsregister geschlossen, muss die zustimmende Mehrheit außerdem mindestens ein Viertel des gesamten vorhandenen Grundkapitals umfassen (§ 52 Abs. 5 Satz 2 AktG). Eine Abmilderung dieser gesetzlichen Erfordernisse durch entsprechende Satzungsbestimmungen ist unzulässig.

171 Die **erforderliche Mehrheit für den Kapitalerhöhungsbeschluss** ergibt sich aus § 182 Abs. 1 AktG sowie den entsprechenden Regelungen in der Satzung. Sofern die Kapitalerhöhung unter Bezugsrechtsausschluss für die übrigen Aktionäre erfolgt, ist gemäß § 186 Abs. 3 AktG eine Mehrheit von mindestens 75 % des bei der Beschlussfassung vertretenen Grundkapitals erforderlich. In diesem Fall kann die Satzung keine geringeren Mehrheitserfordernisse statuieren.

172 Nach dem Kapitalerhöhungsbeschluss muss der einbringende Aktionär gemäß § 185 AktG die neuen Aktien durch einen **Zeichnungsschein** zeichnen.

173 Zum **Handelsregister** sind dann eine notariell beglaubigte Abschrift des Nachgründungs- bzw. Einbringungsvertrages, die Berichte von Aufsichtsrat und Gründungsprüfer, eine notariell beglaubigte Abschrift der Niederschrift über die Hauptversammlung, eine Zweitschrift des Zeichnungsscheins sowie der vollständige Wortlaut der geänderten Satzung einzureichen. **Das Registergericht prüft** dann, ob die **gesetzlichen und satzungsmäßigen** Voraussetzungen für die Sachkapitalerhöhung vorliegen. Insb. prüft es, ob der Wert der Sacheinlage den geringsten Ausgabebetrag der neu ausgegebenen Aktien erreicht bzw. nicht wesentlich unterschreitet. Der Einbringungsvertrag wird dann mit der Eintragung in das Handelsregister endgültig und mit Rückwirkung auf den Zeitpunkt seines Abschlusses wirksam.

III. Realteilung einer KG

1. Ausgangsfall

174 An der A & B GmbH & Co. KG sind A und B als Kommanditisten je zur Hälfte beteiligt. Komplementärin ist die A & B Verwaltungs-GmbH, an der A und B ebenfalls je zur Hälfte beteiligt sind. Die Komplementärin ist am Vermögen der A & B GmbH & Co. KG nicht beteiligt und hat keine Einlage geleistet.

A & B beabsichtigen, sich zu trennen. Die Trennung soll möglichst steuerneutral stattfinden. Außerdem möchte A den Gewerbebetrieb der A & B GmbH & Co. KG weiterführen. Die Gesellschaft verfügt über ein unbebautes Grundstück, das B gerne hätte. Sowohl A als auch B betreiben jeweils noch eigene einzelkaufmännische Handelsgewerbe und sind insoweit in das Handelsregister eingetragen.

2. Gestaltungsüberlegungen

175 Die A & B GmbH & Co. KG kann nicht nach dem UmwG aufgespalten werden. Denn in der Aufzählung des § 124 UmwG fehlt der in das Handelsregister **eingetragene Einzelkaufmann** als möglicher aufnehmender Rechtsträger einer Spaltung. Eine Spaltung nach den Vorschriften des UmwG ist somit nur möglich, wenn an der aufzuspaltenden Personenhandelsgesellschaft ausschließlich andere Personenhandelsgesellschaften oder Kapitalgesellschaften, nicht jedoch natürliche Personen, beteiligt sind. Im vorliegenden Fall muss die Realteilung daher **nach den allgemeinen zivilrechtlichen Vorschriften** durchgeführt werden. Da sowohl A als auch B über eigene Gewerbebetriebe verfügen, kann das Gesellschaftsvermögen jeweils in Betriebsvermögen überführt werden, so dass die steuerlichen Sonderregelungen von § 16 Abs. 3 Satz 2 – 4 EStG Anwendung finden.

---

160 Hüffer, AktG, § 186 Rn. 23.

Im Rahmen der Realteilung ist darauf zu achten, dass A und B entsprechend ihrer Beteiligung **jeweils die Hälfte des Gesellschaftsvermögens** erhalten. Da die Komplementärin nicht am Gesellschaftsvermögen beteiligt ist, müssen ihr keine Wirtschaftsgüter zugeordnet werden. Es ist geplant, auf A den Gewerbebetrieb der Gesellschaft und auf B das unbebaute Grundstück zu übertragen. Sofern der Gewerbebetrieb höher zu bewerten ist als das Grundstück, muss B zusätzlich zu dem Grundstück einen **Wertausgleich** erhalten. Der Wertausgleich kann auf unterschiedliche Weise und mit unterschiedlichen steuerlichen Folgen durchgeführt werden:

Wenn A an B direkt einen Wertausgleich bezahlen würde, so würde diese Zuzahlung außerhalb der Realteilung bei B zu einem **steuerpflichtigen Veräußerungsgewinn** führen. Zur Vermeidung der Besteuerung des Spitzenausgleichs ist es daher ratsam, dem B im Rahmen der Realteilung neben dem Grundstück weitere Wirtschaftsgüter zuzuordnen. Sofern ausschließlich Teilbetriebe auf die Gesellschafter übertragen werden, kann die Zuordnung von einzelnen Wirtschaftsgütern zu einer Zerschlagung der Teilbetriebe führen[161] und damit bewirken, dass die **Behaltefrist des § 16 Abs. 3 Satz 3 EStG** ausgelöst wird. Um dies zu vermeiden, sollte der **Spitzenausgleich durch die Zuordnung von neutralen Wirtschaftsgütern**, die mit keinem der Teilbetriebe notwendigerweise zusammenhängen, vorgenommen werden.[162]

> **Hinweis:**
> Hier kann es sich im Einzelfall anbieten, die liquiden Mittel der Gesellschaft durch Kreditaufnahme in der für den Wertausgleich erforderlichen Höhe aufzustocken und die Gelder sowie die Darlehensverbindlichkeiten dann ausgleichend auf die Gesellschafter aufzuteilen.[163]

Im vorliegenden Fall findet bereits plangemäß die Übertragung eines einzelnen Wirtschaftsgutes, nämlich des Grundstückes, statt. Die Realteilung wird daher unabhängig von den zum Wertausgleich zugeteilten Wirtschaftsgütern die Behaltefrist für die Bewahrung der Steuerneutralität auslösen. A und B steht es daher frei, beliebige weitere Wirtschaftsgüter aus dem Gewerbebetrieb dem B zum Wertausgleich zuzuordnen.

3. Durchführung der Realteilung

Grundlage der Realteilung ist eine Klausel im Gesellschaftsvertrag oder in Ermangelung entsprechender Regelungen ein **Gesellschafterbeschluss**, wonach die Gesellschaft ohne Liquidation durch Übertragung des Gesellschaftsvermögens auf die Gesellschafter beendet werden soll.

Es ist sinnvoll, dass die Gesellschafter neben dem Gesellschafterbeschluss noch einen **Auseinandersetzungvertrag** abschließen, in dem die Details der Realteilung festgelegt werden.[164] In diesem Auseinandersetzungsvertrag müssen vor allem auch Regelungen enthalten sein, wie zu verfahren ist, wenn ein Gesellschafter Wirtschaftsgüter innerhalb der steuerlichen Behaltefrist veräußert oder entnimmt. Denn eine derartige Veräußerung oder Entnahme kann auch zu **einer steuerlichen Belastung bei den übrigen Gesellschaftern** führen. Daher ist festzulegen, dass der Gesellschafter verpflichtet ist, die steuerliche Mehrbelastung zu tragen, der die steuerschädliche Verfügung oder Entnahme getätigt hat. Dies kann durch die folgende **Klausel** im Auseinandersetzungsvertrag geschehen.

Formulierungsbeispiel: Auseinandersetzungvertrag/steuerliche Behaltefrist

> Die Gesellschafter verpflichten sich gegenseitig, keine Rechtsgeschäfte oder sonstige Handlungen vorzunehmen, welche die Steuerneutralität der Realteilung rückwirkend entfallen lässt. Insb. verpflichten sich die Gesellschafter, die gesetzlichen Vorgaben in Bezug auf die Behaltefristen des § 16

---

161 Dies könnte bspw. der Fall sein, wenn Teile des Fuhrparks des einen Teilbetriebes zum Wertausgleich dem anderen Gesellschafter zugeordnet werden und dessen Teilbetrieb kein Fahrzeuge benötigt.
162 Winkemann, BB 2004, 130, 134.
163 Schmidt/Wacker, EStG, § 16 Rn. 550 m.w.N.
164 Vertragsmustersatz bei Engl/Fox, in: Engl, Formularbuch Umwandlungen, S. 525 ff.

Abs. 3 Satz 3 EStG einzuhalten. Soweit es nachträglich durch das Verhalten eines Gesellschafters für die hier vereinbarte Realteilung zu einem Anfall von Steuern kommt, stellt dieser Gesellschafter die anderen Gesellschafter von etwaig anfallenden Steuern frei.

Ferner kann der Auseinandersetzungsvertrag eine **klarstellende Klausel** zu etwaigen Wertausgleichszahlungen enthalten.

181 **Formulierungsbeispiel: Auseinandersetzungsvertrag/Wertausgleichszahlungen**

Ausgleichzahlungen zwischen den Gesellschaftern sind nicht zu leisten, da die Parteien von der Gleichwertigkeit der Wirtschaftsgüter, die jeweils den Gesellschaftern zugeordnet werden, ausgehen. Ausgleichszahlungen sind auch insoweit ausgeschlossen, als stille Reserven in unterschiedlichem Umfang auf die einzelnen Gesellschafter übergehen.

> **Hinweis:**
> Der Auseinandersetzungsvertrag sollte bereits möglichst detaillierte Aufstellungen über die Verteilung des Gesellschaftsvermögens (z.B. in Form von Anlagen) enthalten. Diese Aufstellungen können dann auch in Form einer Anlage zum Inhalt des Gesellschafterbeschlusses über die Realteilung der Gesellschaft gemacht werden.

182 Die **Durchführung der Realteilung** obliegt der Komplementärin der Gesellschaft, sofern die Gesellschafter in ihrem Gesellschafterbeschluss nichts anderes beschließen. Sie vertritt die Gesellschaft insb. bei Auflassungen zu Grundstücksübertragungen.

183 Sobald die Realteilung durchgeführt ist, muss die Beendigung der Gesellschaft zur Eintragung in das **Handelsregister** angemeldet werden. Wenn einzelne Gesellschafter einen Teilbetrieb übernehmen und noch nicht als Einzelkaufmann in das Handelsregister eingetragen sind, kann diese Eintragung zusammen mit der Beendigung angemeldet werden. Dabei ist auch anzugeben, ob ein Gesellschafter mit Zustimmung der übrigen Gesellschafter die bisherige Firma fortführt.

7. Kapitel: Betriebsaufspaltungen

Inhaltsverzeichnis

	Rn.
A. Einführung	1
B. Voraussetzungen und Erscheinungsformen der Betriebsaufspaltung	2
I. Tatbestandliche Voraussetzungen der Betriebsaufspaltung im Überblick	2
1. Typologie der Betriebsaufspaltung	2
2. Rechtsgrundlagen und Geltungsgrund	5
a) Zivilrecht/Öffentliches Recht	5
b) Steuerliche Rechtsgrundlagen	6
c) Geltungsgrund der Betriebsaufspaltung	12
d) Abgrenzung zu anderen Formen der Funktionstrennung	15
aa) Betriebsaufspaltung als Trennung von Vermögen zur Einkommensverlagerung	15
bb) Abgrenzung verwandter Funktions- und Einkommensverlagerungen	16
II. Erscheinungsformen der Betriebsaufspaltung	20
1. Vielfalt von Sachverhalten	20
2. Überblick über Abgrenzungskriterien bei Betriebsaufspaltungen	21
a) Abgrenzung nach dem Entstehungszeitpunkt	21
b) Abgrenzung nach den beteiligten Rechtsträgern	23
c) Abgrenzung zwischen horizontalen und vertikalen Betriebsaufspaltungen	24
aa) Vorgaben der Entscheidung des Großen Senats vom 8.11.1971	24
bb) Beschreibung der vertikalen und horizontalen Betriebsaufspaltungen	25
d) Abgrenzung nach dem Umfang des Pachtgegenstandes	26
III. Einzelheiten zu den tatbestandlichen Voraussetzungen der Betriebsaufspaltung	27
1. Verfahrensrechtliche Einordnung	27
2. Personelle Verflechtung	28
a) Einheitlicher geschäftlicher Betätigungswille erforderlich	28
aa) Definition des einheitlichen Betätigungswillens	28
bb) Gesellschaftsrechtliche Betrachtungsweise	29
(1) Überlassende Personenmehrheiten	30
(2) Beteiligungsidentität im Besitz- und Betriebsunternehmen	31
(3) Beherrschungsidentität bei fehlender Beteiligungsidentität	32
cc) Zusammenrechnung von Ehegattenanteilen	34

	Rn.
(1) Ehegatten sind nicht an beiden Unternehmen beteiligt	34
(2) Ehegatten sind als Personengruppe an beiden Unternehmen mehrheitlich beteiligt	35
(3) Ehegatten haben Gütergemeinschaft vereinbart	36
dd) Anteile minderjähriger Kinder	37
(1) Möglichkeiten der Zusammenrechnung	37
(2) Eintritt der Volljährigkeit	38
b) Faktische Beherrschung	40
aa) Grundsätze der Rspr.	40
bb) Wechselwirkungen zwischen der Stellung als verdeckter Mitunternehmer und der faktischen Beherrschung	42
c) Mittelbare Beteiligung und mittelbare Vermietung	44
aa) Mittelbare Beherrschung	44
bb) Mittelbare Nutzungsüberlassung	45
3. Sachliche Verflechtung	46
a) Begriff der wesentlichen Betriebsgrundlage	47
b) Grundstücke als wesentliche Betriebsgrundlagen	48
aa) Grundstücksbegriff	48
bb) Kriterien der Wesentlichkeit von überlassenen Grundstücken	49
(1) Frühere Kriterien und sog. Austauschbarkeits-Rechtsprechung	49
(2) Neuere Rspr. des BFH	51
cc) Folgerungen für verschiedene Grundstücksarten	53
dd) Bürogebäude als wesentliche Betriebsgrundlagen	55
(1) Einbeziehung aller Formen von Büro- und Verwaltungsgebäuden	55
(2) Übergangsregelung der Finanzverwaltung für erstmals entstehende Betriebsaufspaltungen	56
ee) Erbbaurecht und Nießbrauch als wesentliche Betriebsgrundlage	58
ff) Grundstücke von untergeordneter wirtschaftlicher Bedeutung	59
c) Immaterielle Wirtschaftsgüter	60
aa) Patente, Lizenzen	60
bb) Geschäftswert	61
d) Bewegliche Wirtschaftsgüter	64

C. **Gestaltungen zur Vermeidung der Betriebsaufspaltung** 66
I. Einstimmigkeitsabreden als Gestaltungsinstrument 67
   1. Entwicklung der Rspr. zu den Einstimmigkeitsabreden 68
   2. BMF-Schreiben v. 7.10.2002 als Gestaltungsvorgabe 70
      a) Einstimmigkeit muss auch auf Geschäfte des täglichen Lebens gerichtet sein 70
      b) Aussagen zur faktischen Beherrschung .. 71
      c) Aussagen zu Übergangsregelungen 72
   3. Folgerungen aus dem BMF-Schreiben für die Gestaltung von Gesellschaftsverträgen . 73
      a) Einstimmigkeitsabreden mit Nur-Besitz-Gesellschaftern 73
         aa) Mehrheitserfordernisse nach dem Gesetz 73
         bb) Folgerungen für die Gestaltung der Einstimmigkeitsabreden 74
            (1) Umfang des Einstimmigkeitsprinzips 74
            (2) Gestaltungen bei Ehegatten-Bruchteilsgemeinschaften 76
         cc) Vorsicht bei Einzel-Gesellschafter-Geschäftsführern im Besitz-Unternehmen 77
      b) Gestaltungen mit Nur-Betriebsgesellschaftern 78
      c) Keine Zusammenrechnung von Anteilen 80
II. Wiesbadener Modell 81
   1. Darstellung des Grundkonzepts 81
   2. Bedeutung des wirtschaftlichen Eigentums 82
   3. Steuerliche Folgen des Wiesbadener Modells 85
      a) Vorliegen eines gewerblichen Verpachtungsbetriebs beim Betriebserhaltungsmodell 85
      b) Vorteil der Gewerbesteuerersparnis im Besitzunternehmen 87
      c) Vermeidung der steuerlichen Verstrickung im Steuerberatermodell 88
   4. Bewertung des Modells 89
III. Unentgeltliche Überlassung im Rahmen einer mitunternehmerischen Betriebsaufspaltung ... 91
   1. Systematische Einordnung der Gestaltungsmöglichkeit 91
      a) Überlassung von Wirtschaftsgütern durch eine gewerbliche Schwesterpersonengesellschaft 91
      b) Entwicklung der Rechtslage 92
         aa) Rechtslage bis zur Rechtsprechungsänderung in den 90er-Jahren: Vorrang des Sonderbetriebsvermögens 92
         bb) Neue Rechtslage seit 1996: Vorrang des Betriebsvermögens der überlassenden Mitunternehmerschaft 93

cc) Zusammenfassung zur geltenden Rechtslage 96
   2. Möglichkeit der unentgeltlichen Nutzungsüberlassung 98
      a) Konservierung der früheren Rechtslage bei unentgeltlicher Nutzungsüberlassung 98
      b) Bewertung der Gestaltungsmöglichkeit . 100
   3. Vorrang des Sonderbetriebsvermögens bei nichtgewerblicher Betriebspersonengesellschaft 101
      a) Zweifelsfragen nach dem BMF-Schreiben v. 28.4.1998 101
      b) Klärung durch das BFH-Urteil v. 10.11.2005 – IV R 29/04 102
IV. Separierung von nachträglich überlassenen Wirtschaftsgütern bei bestehender Betriebsaufspaltung 103
   1. BFH-Urt. v. 2.12.2004 – III R 77/03 103
   2. Voraussetzungen für eine privat veranlasste Nutzungsüberlassung 104
D. **Gestaltungsfragen bei gewollter Betriebsaufspaltung** 107
I. Betriebserhaltungs- und Schrumpfungsmodell 108
   1. Zivilrechtliche Rechtsgrundlagen 108
   2. Steuerliche Grundlagen der Betriebsverpachtung 110
      a) Grundlagen der Betriebsverpachtung ... 110
      b) „Wiederaufleben" des Verpächterwahlrechts als „Rettungsanker"........... 111
   3. Gestaltungsbedarf aus zivilrechtlicher Sicht 112
      a) Schriftform des Pachtvertrags 112
      b) Überleitung von Schuldverhältnissen ... 113
      c) Firmenfortführung 114
   4. Ausgestaltung der Pflichten von Pächter und Verpächter 115
      a) Zivilrechtliche und steuerliche Ausgangslage 115
      b) Abweichende Substanzerhaltungsklausel im Pachtvertrag 116
         aa) Anspruch des Verpächters auf Substanzerhaltung 117
         bb) Erhaltungsaufwendungen und Ersatzbeschaffungen des Pächters .. 118
         cc) Abgrenzung zum Schrumpfungsmodell 121
      c) Vermeidung des Geschäftswertsübergangs 122
         aa) Urteil des FG Düsseldorf v. 25.9.2003 122
         bb) Folgerungen aus der Rspr. 123
   5. Belastungswirkungen des Betriebserhaltungsmodells 125
II. Steuerberatermodell........................ 127
   1. Gewerbesteuerlicher Hintergrund des Steuerberatermodells 127
   2. Zivilrechtlicher und steuerlicher Gestaltungsbedarf 128
      a) Zivilrecht........................ 128

b) Steuerrecht........................ 129
    aa) Entscheidung des BFH v. 27.3.2001
        – I R 42/00 130
    bb) BFH-Urt. v. 16.6.2004 – X R 34/03 131
    cc) Rechtsfolgen.................. 132
    dd) Folgerungen aus der Rspr. 133
III. Verdeckte Gewinnausschüttungen bei der Betriebsaufspaltung..................... 134
  1. Voraussetzungen und Rechtsfolgen der verdeckten Gewinnausschüttung 134
  2. Steuerliche Auswirkungen eines überhöhten oder zu niedrigen Pachtzinses 137
  3. Kriterien zur Angemessenheit des Pachtzinses............................. 139
    a) Wirtschaftliche Erwägungen aus der Sicht des Besitzunternehmens und der Betriebs-GmbH 139
    b) Angemessenheitsprüfung 140
    c) Folgerungen für die Gestaltungspraxis .. 143
IV. Umsatzsteueroption für die Pachtzinsen...... 144
  1. Rechtslage ohne umsatzsteuerliche Organschaft 144
  2. Rechtslage mit umsatzsteuerlicher Organschaft 145
V. Ausgestaltung der Gesellschaftsverträge...... 146
  1. Gewährleistung der persönlichen Verflechtung 146
  2. Besonderheiten bei Nur-Besitzgesellschaftern 147
VI. Stellung von Gesellschafter-Geschäftsführern .. 148
E. **Zusammenfassender Überblick zu den steuerlichen Folgen bei Betriebsaufspaltungen** .. 149
I. Begründung der Betriebsaufspaltung 149
  1. Gewinnrealisierungen beim Aufspaltungsvorgang 149
  2. Einzelne Fallkonstellationen 150
    a) Begründung der typischen Betriebsaufspaltung zu einer Betriebs-GmbH aus einem Einzelunternehmen und einer Personengesellschaft 150
      aa) Tabellarischer Überblick 150
      bb) Zusammenfassende Erläuterung.... 151
    b) Begründung der mitunternehmerischen Betriebsaufspaltung zu einer Betriebspersonengesellschaft (Betriebs-GmbH & Co. KG)......................... 152
      aa) Tabellarischer Überblick 152
      bb) Zusammenfassende Erläuterung.... 153
    c) Begründung der kapitalistischen Betriebsaufspaltung zu einer Betriebs-GmbH 159
    d) Begründung der umgekehrten Betriebsaufspaltung 162
  3. Begründungsvorgänge im Zusammenhang mit vorweggenommenen Erbfolgen und dem Erbfall 163
    a) Aufnahme von Angehörigen als Nur-Betriebsgesellschafter in die Betriebs-GmbH 163

      aa) Gründung der Betriebsaufspaltung zur Vorbereitung der Nachfolge 163
      bb) Rechtslage bis zum 31.12.1998 164
      cc) Aktuelle Rechtslage 165
        (1) Früherer Alleingesellschafter .. 165
        (2) Disquotale Einlage hinsichtlich des nahen Angehörigen....... 166
    b) Begründung mitunternehmerischer Betriebsaufspaltungen beim unentgeltlichen Übergang von Mitunternehmeranteilen 168
      aa) Unentgeltliche Übertragung von Mitunternehmerteilanteilen 168
        (1) Grundlagen 168
        (2) Neuere „Synchron-Rechtsprechung" des BFH 169
        (3) Bildung mitunternehmerischer Betriebsaufspaltungen bei Teilanteilsübertragungen...... 171
        (4) Entstehen mitunternehmerischer Betriebsaufspaltungen im Erbfall.................. 174
II. Laufende Besteuerung.................. 175
  1. Besitz-Unternehmen 175
    a) Typische Betriebsaufspaltung zu einer Betriebs-GmbH................... 175
      aa) Umqualifizierung von Einkünften und steuerliche Verstrickung 175
        (1) Formen von Besitzgesellschaften 175
        (2) Umqualifizierung von Einkünften und Verstrickung 176
        (3) Abfärbung 177
      bb) Gewinnermittlung und Bilanzierung 178
        (1) Getrennte Betriebe........... 178
        (2) Bilanzierungspflicht und Einkünfteermittlung 179
        (3) Korrespondierende Bilanzierung 180
        (4) Ansätze der Wirtschaftsgüter bei nachträglicher Aufdeckung . 181
      cc) Umfang des Betriebsvermögens.... 182
        (1) Anteile an der Betriebsgesellschaft.................... 182
        (2) Anteile an anderen Kapitalgesellschaften 183
        (3) Behandlung von Dividendenausschüttungen 184
        (4) Zeitpunkt der Aktivierung des Gewinnanspruchs 185
        (5) Darlehensforderungen gegen die Betriebs-GmbH 190
        (6) Darlehensforderungen gegen andere Kapitalgesellschaften... 191
        (7) Behandlung unwesentlichen Betriebsvermögens 192
      dd) Gewerbesteuerliche Folgen 193
    b) Umgekehrte Betriebsaufspaltung 194

aa) Besteuerung der Besitzkapitalgesellschaft 194
bb) Besteuerung der Betriebsgesellschaft 195
cc) Organschaft. 198
c) Mitunternehmerische Betriebsaufspaltung 199
aa) Ertragsteuerliche Folgen der mitunternehmerischen Betriebsaufspaltung. 199
bb) Gewerbesteuerliche Nachteile 200
cc) Abgrenzung des Betriebsvermögens bei bestimmten Besitzunternehmen . 201
d) Kapitalistische Betriebsaufspaltung 204
aa) Überlassung wesentlicher Betriebsgrundlagen im Konzern 204
(1) Enger Anwendungsbereich der Betriebsaufspaltungsgrundsätze 204
(2) Verbliebene spezifische Steuerfolgen der kapitalistischen Betriebsaufspaltung.......... 205
bb) Überlassung wesentlicher Betriebsgrundlagen durch gemeinnützige Einrichtungen................. 206
cc) Nutzungsüberlassung einer Trägerkörperschaft an einen BgA........ 208
(1) Sinngemäße Anwendung der Betriebsaufspaltungsgrundsätze 208
(2) Kein Abzug des Nutzungsentgelts................... 209
(3) Abzug von Darlehenszinsen ... 210
(4) Umqualifizierung in vGA 211
(5) Überlassenes Wirtschaftsgut beim BgA zu erfassen 212
(6) Überführung von Wirtschaftsgütern des BgA auf die Trägerkörperschaft................ 213
2. Besteuerung der Betriebsgesellschaft 214
F. **Finanzierung des Betriebsunternehmens** ... 215
I. Zugehörigkeit von Darlehen zum Betriebsvermögen des Besitzunternehmens 215
1. Anerkennung von Darlehensbeziehungen in der Betriebsaufspaltung............... 215
2. Besitzeinzelunternehmen. 216
3. Besitz-Mitunternehmerschaft 217
a) Typische Betriebsaufspaltung 217
b) Mitunternehmerische Betriebsaufspaltung 218
4. Besitz-Kapitalgesellschaft............... 219
II. Ertrag- und gewerbesteuerliche Behandlung von Darlehen außerhalb der Krise........... 220
1. Besteuerung der Darlehenszinsen im Besitzunternehmen 220
2. Anwendung von § 8a KStG bei der Betriebs-GmbH 221
a) Voraussetzungen des § 8a KStG 222
aa) Wesentliche beteiligter Anteilseigner . . 222
bb) Vergütungen für Fremdkapital 225

cc) Nahe stehende Personen.......... 226
dd) Safe Haven 227
ee) Dritte mit Rückgriffsrecht 228
ff) Freigrenze................... 229
b) Wirkungen des § 8a KStG............ 230
aa) Mehr-Belastung der Betriebs-GmbH 230
bb) Gewerbliche Einkünfte des Anteilseigners 231
cc) Einfluss auf Refinanzierungszinsen im Besitzunternehmen 232
3. Gewerbesteuerliche Behandlung im Besitz- und Betriebsunternehmen 233
a) Anwendung der Hinzurechnungsregelung in § 8 Nr. 1 GewStG auf Darlehen des Besitzunternehmens 233
b) Weitergereichte Darlehen des Besitzunternehmens sind keine „Durchlaufkredite"............................. 234
c) Verhältnis zu § 8a KStG 235
d) Nachteilige Gewerbesteuerbelastung bei der Betriebs-GmbH 236
e) Belastungsvergleich zur Finanzierung einer GmbH außerhalb der Betriebsaufspaltung............................ 237
III. Besonderheiten von eigenkapitalersetzenden Darlehen an eine Betriebs-GmbH 238
1. Voraussetzungen einer Teilwertabschreibung auf eigenkapitalersetzende Darlehen bei der Betriebsaufspaltung 238
a) Begriff eigenkapitalersetzender Darlehen.............................. 238
b) Eigenkapitalersetzende Darlehen sind steuerliches Fremdkapital 239
c) Teilwertabschreibung setzt Gesamtbetrachtung der Ertragsaussichten von Besitz- und Betriebsgesellschaft voraus . 240
d) Auswirkungen dieser Rspr. im Halbeinkünfteverfahren 241
e) Behandlung von eigenkapitalersetzenden Bürgschaften 243
2. Gewinnrealisierung bei der Betriebs-GmbH im Fall des qualifizierten Rangrücktritts? . . 244
G. **Beendigung der Betriebsaufspaltung**....... 245
I. Wegfall der persönlichen und sachlichen Verflechtung 245
1. Gründe für den Wegfall der persönlichen und sachlichen Verflechtung 245
2. Vermeidung der Aufdeckung stiller Reserven............................. 247
3. Folgen einer Gewinnrealisierung......... 248
a) Besteuerung eines Betriebsaufgabegewinns 248
b) Vorsicht bei verdeckter Einlage der Anteile an der Betriebs-GmbH 250
II. Umstrukturierungen zur Vermeidung der Betriebsaufgabe........................... 252
1. Überblick............................ 252
2. Erläuterungen........................ 253

H. Sonderfragen bei der Betriebsaufspaltung über die Grenze 257	b) Frühere Haftung nach den Grundsätzen des qualifiziert faktischen Konzerns 285
I. Steuerliche Behandlung bei bestehender Betriebsaufspaltung 257	c) Haftung wegen eines existenzvernichtenden Eingriffs 286
II. Probleme des Wegzugs bei bestehender inländischer typischer Betriebsaufspaltung........ 258	II. Eigenkapitalersetzende Gebrauchsüberlassung und Darlehen 292
I. Sonstige steuerliche Fragen zur Betriebsaufspaltung 260	1. Eigenkapitalersetzende Gebrauchsüberlassung 292
I. Erbschaftsteuer 260	2. Eigenkapitalersetzende Darlehen......... 294
1. Anwendung des ErbStG auf vorweggenommene Erbfolgen und Erbfälle 260	III. Haftung nach § 73 und § 74 AO 295
2. Bewertungsfragen bei typischen und mitunternehmerischen Betriebsaufspaltungen bei vorweggenommener Erbfolge 263	1. Haftung als Organträger nach § 73 AO 295
	2. Haftung des Verpächters als Eigentümer von Gegenständen nach § 74 AO......... 296
a) Bestimmung und Aufteilung des Anteilssteuerwerts..................... 263	a) Wesentlich beteiligte Person 297
b) Ermittlung des Anteilssteuerwerts...... 264	b) Gegenstände, die einem Unternehmen dienen 298
aa) Bewertung der Beteiligung an der Betriebs-GmbH 266	c) Eigentümer 299
bb) Bewertung von verpachtetem Grundbesitz im Besitzunternehmen....... 267	d) Sachlicher Umfang der Haftung 300
	aa) Haftung für Betriebssteuern....... 300
3. Anwendung des § 13a ErbStG in der Betriebsaufspaltung................... 269	bb) Gegenständliche Beschränkung der Haftung..................... 301
a) Inhalt und Vorteile des § 13a ErbStG ... 269	e) Verfahrensrecht 302
b) Anwendung der Regelung in der Betriebsaufspaltung 270	**K. Vor- und Nachteile der Betriebsaufspaltung** .. 303
c) Nachversteuerungstatbestände......... 271	I. Betriebsaufspaltungen als Gestaltungen des Mittelstands........................... 303
d) Vorlagebeschluss des BFH v. 22.5.2002 und Beschluss des BVerfG v. 31.1.2007 . 272	II. Zivilrechtliche und wirtschaftliche Überlegungen............................... 304
aa) Vorlage zur Verfassungsmäßigkeit des seit 1996 geltenden Erbschaftsteuerrechts................... 272	III. Steuerliche Belastungssituation............. 309
	1. Betriebsaufspaltung als Kind der steuerlichen Gestaltungsberatung 309
bb) Verfassungsrechtliche Rügen des BFH 273	2. Belastungsfaktoren................... 310
cc) Folgen des Ausgangs der Normenkontrolle für die Praxis........... 277	3. Ertragsteuerliche Standortbestimmung 315
dd) Verfahrensrechtliche Fragen....... 278	a) Vorteile der typischen Betriebsaufspaltung seit 1994 315
II. Investitionszulagenrecht 280	b) Wegfall von Argumenten für die Betriebsaufspaltung seit dem StEntlG 1999/2000/2002.................. 316
III. Umsatzsteuer 281	
IV. Verfahrensrecht 282	c) Weiterer Abbau von Vorteilen durch das UntStFG und StSenkG 317
J. Durchgriffshaftung 283	aa) Typische Betriebsaufspaltung...... 317
I. Haftung aus dem Gesellschaftsverhältnis 283	bb) Mitunternehmerische Betriebsaufspaltung 318
1. Abschluss eines Ergebnisabführungsvertrags............................... 283	d) Gestaltungsvorteile der umgekehrten Betriebsaufspaltung................. 319
2. Haftung außerhalb des Vertragskonzerns... 284	4. Ausblick auf mittelfristige Reformen 320
a) Haftung nach §§ 30, 31 GmbHG....... 284	

Kommentare und Gesamtdarstellungen:

Beck'sches Handbuch der Personengesellschaften, 2. Aufl. 2002; *Bentler*, Das Gesellschaftsrecht der Betriebsaufspaltung, 1986; *Binz/Sorg*, Die GmbH & Co. KG im Gesellschafts- und Steuerrecht, 10. Aufl. 2005; *D. Carlé*, Die Betriebsaufspaltung, 2003; *Erman*, Kommentar zum Bürgerlichen Gesetzbuch, 11. Aufl. 2004; *Gebel*, Betriebsvermögensnachfolge, 2. Aufl. 2002; *Glanegger/Gürow*, Gewerbesteuergesetz, 6. Aufl. 2006; *Gosch*, KStG, 2005; *Kölner Handbuch Betriebsaufspaltung*, 3. Aufl. 1978; *Korn*, Kommentar zum EStG; *Herrmann/Heuer/Raupach*, Kommentar zum Einkommen- und Körperschaftsteuerrecht, EStG, Stand Juni 2006; *Kaligin*, Die Betriebsaufspaltung, 5. Aufl. 2005; *Kessler*, Typologie der Betriebsaufspaltung, 1986; *Kirchhof*, EStG, 6. Aufl. 2006; *Knobbe-Keuk*, Bilanzsteuerrecht und Unternehmenssteuerrecht, 9. Aufl. 1993; *Söffing*, Die Betriebsaufspaltung, 3. Aufl. 2005; *Lange*, Personengesellschaften im Steuerrecht, 6. Aufl. 2005; *Mayer*, Unternehmensnachfolge, 1999; **Münchener Kommentar zum Bürgerlichen Gesetzbuch**, Bd. 5 (§§ 705 – 853), 4. Aufl. 2004; *Neumann*, VGA und verdeckte Einlagen, 2. Aufl. 2005; *Teufel*, Steuerliche Rechtsformoptimierung, 2002; *Westermann*, Handbuch der Personengesellschaften, Stand 2006; *Winnefeld*, Bilanz-Handbuch, 4. Aufl. 2006; *Zimmermann/Hottman/Hübner/Schaeberle/Völkel*, Die Personengesellschaft im Steuerrecht, 8. Aufl. 2003.

Aufsätze und Rechtsprechungsübersichten:

Altmeppen, Gesellschafterhaftung und „Konzernhaftung" bei der GmbH, NJW 2002, 321; *Anzinger/Mittermaier*, Vorläufige Festsetzung der Erbschaft- und Schenkungsteuer: Ende des schutzwürdigen Vertrauens in die geltende Rechtslage?, BB 2002, S. 2355, 2356 f; *Berz/Müller*, Sonderbetriebsvermögen und mitunternehmerische Betriebsaufspaltung, DStR 1996, 1919; *Biergans*, Sondervergütungen nach § 15 Abs. 1 Satz 1 Nr. 2 bei mittelbaren Leistungsbeziehungen und mittelbarer Beteiligung, DStR 1988, 655; *Birk*, Vorlagebeschluß des BFH an das Bundesverfassungsgericht wegen der möglichen Verfassungswidrigkeit wesentlicher Teile des Erbschaftsteuergesetzes in der ab dem 1.1.1996 geltenden Fassung, ZEV 2002, 165; *Brandenberg*, Schwesterpersonengesellschaften/Mitunternehmerische Betriebsaufspaltung: Was ist bis zum Jahresende zu tun?, DB 1998, 2488; *ders.*, Betriebsaufspaltung – Buchwertfortführung bei Übertragung einzelner Wirtschaftsgüter, JbFSt 1997/1998 293; *ders.*, Übertragung von Mitunternehmeranteilen und Teilen von Mitunternehmeranteilen, NWB Fach 3, S. 11813; *ders.*, Personengesellschaftsbesteuerung nach dem Unternehmensteuerfortentwicklungsgesetz, DStZ 2002, 515; *Braun*, EFG-Beilage 5/2000, S. 33; *Bröder*, Die Haftung im Organkreis nach § 73 AO, NWB Fach 2, S. 8233; *Buchna/Sombrowski*, Nochmals zu Aufwendungen mit Eigenkapitalersatzcharakter als nicht zu berücksichtigende Gewinnminderungen nach § 8b Abs. 3 KStG, DB 2005, 1539; *Crezelius*, Kodifizierte und rechtsprechungstypisierte Umgehungen, StuW 1995, 313; *Daragan*, Nochmals: Vorläufige Festsetzung der Erbschaft- und Schenkungsteuer: Ende des schutzwürdigen Vertrauens in die geltende Rechtslage?, BB 2003 83; *Dörner*, Möglichkeiten zur Fremdfinanzierung in der Betriebsaufspaltung, INF 2005, 867 ff.; *Drüen*, Über konsistente Rechtsfortbildung – Rechtsmethodische und verfassungsrechtliche Vorgaben am Beispiel des richterrechtlichen Institus der Betriebsaufspaltung, GmbHR 2005, 69; *Drygala*, Abschied vom qualifizierten faktischen Konzernrecht – Konzernrecht für alle?, GmbHR 2003, 728; *Emmrich/Kloster*, Unentgeltliche Übertragung von Mitunternehmeranteilen mit Sonderbetriebsvermögen, GmbHR 2005, 448; *Erhart/Ostermayer*, Die Betriebsverpachtung im Ganzen, StB 2005, 50 ff.; *dies.*, GmbH-Stpr 2006, 40, 43; *Fichtelmann*, Insolvenz in der Betriebsaufspaltung, EStB 2004, 75; *ders.*, Anteile an der Betriebsgesellschaft als (Sonder-)BV der Besitzgesellschaft, 207; *ders.*, Betriebsaufspaltung: Grundstücke als wesentliche Betriebsgrundlagen, EStB 2005, 421; *ders.*, Anpassung der Pachtzahlungen im Rahmen der Betriebsaufspaltung an die wirtschaftliche Leistungsfähigkeit der Betriebs-GmbH als rechtlicher Gestaltungsmissbrauch, INF 1994, 431; *ders.*, Der Pachtvertrag bei der Betriebsaufspaltung INF 1994, 366; *ders.*, Übergang des Geschäftswerts bei Betriebsverpachtung und – veräußerung, INF 2002, 46; Ausgewählte Fragen zur Betriebsaufspaltung, GmbHR 2006, 345; *Förster/Brinkmann*, Die Vorteilhaftigkeit „zusammengesetzter Rechtsformen" nach der Unternehmenssteuerreform, BB 2002, 1289; *Forst/Hoffmann*, Betriebspacht-, Betriebsüberlassungs- und Betriebsführungsverträge, EStB 2005, 195; *Gosch*, Personelle Verflechtung bei der Betriebsaufspaltung, StBp 1997, 53; *Große*, Der Betriebsführungsvertrag bei verbundenen Unternehmen, StW 2005, 270; *Hannes*, Vorläufige Steuerfestsetzungen im Hinblick auf anhängige Musterverfahren betreffend die Verfassungsmäßigkeit des Erbschaft- und Schenkungsteuergesetzes, ZEV 2002, 65; *Hartmann*, Pause für das Erbschaft- und Schenkungsteuerrecht, UVR 2002, 7; *Haubold/ Jordan*, Praktische Auswirkungen der Überprüfung der Verfassungsmäßigkeit der erbschaft- und schenkungsteuerlichen Behandlung des Übergangs von Betriebsvermögen, UVR 2002, 120 ff.; *Heidemann/Osterthun*, Erbschaftsteuerergesetz in der Fassung ab 1.1.1996 verfassungsgemäß?, ZEV 2002, 386; *Hoffmann*, GmbH-Beratung, GmbHR 1998, 824; *ders.*, Betriebsaufspaltung: Teilwertabschreibung auf Beteiligung und eigenkapitalersetzendes Darlehen an Betriebskapitalgesellschaft GmbHR 2004, 593; *Höhmann*, Verluste aus der Gewährung eigenkapitalersetzender Darlehen, NWB Fach 3, 13805; *ders.*, Bürgschaften von Gesellschaftern als negatives Sonderbetriebsvermögen II bei der Betriebsaufspaltung, NWB Fach 3, 12293; *Kai*, Zweifelsfragen zu § 6 Abs. 3 EStG i.d.F. des UntStFG, DB 2005, 794 ff.; *Kempermann*, Aktuelle Entwicklungen bei der Betriebsaufspaltung, NWB Fach 3, S. 12501 ff.; *ders.*, Mitunternehmerschaft, Mitunternehmer und Mitunternehmeranteil GmbHR 2002, 200; *Kessler*, Die Durchgriffshaftung der GmbH-Gesellschafter wegen existenzgefährdender Anteile, GmbHR 2003, 945; *Kessler/Märkle/Offerhaus*, Die Zukunft des Erbschaft- und Schenkungsteuerrechts nach dem Vorlagebeschluss des BFH vom 22.06.2002, DB-Beilage 2/2003, S. 1; *Kessler/Teufel*, Die klassischen Betzriebsaufspaltung nach der Unternehmenssteuerreform, BB 2001, 17; *dies.*, Die umgekehrte Betriebsaufspaltung zwischen Schwestergesellschaften, DStR 2001, 869; *Klein*, Die verdeckte Einlage im Ertragsteuerrecht, NWB Fach 3, S. 13059 ff.; *Klein/Wienands*, Die Kapitalgesellschaft als Besitzgesellschaft im Rahmen der Betriebsaufspaltung, GmbHR 1995, 499; *Kloster/Kloster*, Zurechnung von Wirtschaftsgütern bei mitunternehmerischer Betriebsaufspaltung, GmbHR 2000, 111; *Klumpp*, Teilanteilsveräußerung unter Zurückbehaltung wesentlicher Betriebsgrundlagen im Sonderbetriebsvermögen, ZEV 2000, 466; *Korn*, Das BMF-Schreiben zu § 6 Abs. 3 EStG: Analyse und Gestaltungshinweise, KÖSDI 2005, 14633 ff.; *Kowallik*, Erbschaft- und Schenkungsteuerplanung für Immobilien im In- und Ausland durch das Einlagemodell, DStR 1999, 1834; *Kröller/Fischer/Dürr*, Steht die vorweggenommene Erbfolge bei Mitunternehmeranteilen vor dem Ende?, BB 2001, 1707; *Lohse/Triebel*, Vermögensverwaltende Gesellschaften bürgerlichen Rechts mit minderjährigen Gesellschaftern und gerichtliche Genehmigungspraxis, ZEV 2000, 342; *Lutz/Engelsing*, Die Betriebsaufspaltung, SteuerStud 2003, 624 ff. (Teil 1) und 2004, 17 ff. (Teil 2); *Märkle*, Die Betriebsaufspaltung an der Schwelle zum neuen Jahrtausend, BB-Beil. 7/2000, 15; *ders.*, Beratungsschwerpunkt Betriebsaufspaltung – neueste Rechtsprechung und Verwaltungsanweisungen, DStR 2002, 1109; *Meyer/Ball*, Die mitunternehmerische Betriebsaufspaltung, FR 1998, 1075; *Middendorf/Stegemann*, Steuerliche Kapitalerhöhungspflicht bei Verschmelzung der Mutterpersonengesellschaft auf die 100%ige Tochter-GmbH, DStR 2005, 1082; *dies.*, Nochmals: Steuerliche Kapitalerhöhungspflicht bei Verschmelzung der Mutterpersonengesellschaft auf die 100%ige Tochter-GmbH, DStR 2006, 67; *Neu*, Offene Fragen und Beratungsempfehlungen zur Übergangsregelung zur mitunternehmerischen Betriebsaufspaltung, INF 1999, 492; *ders.*, Nutzungsüberlassungen zwischen Schwesterpersonengesellschaften, DStR 1998, 1250; *Niehus*, Zur Anwendung von Realteilungsgrundsätzen und § 6b EStG auf die Übertragung von Wirtschaftsgütern bei Schwesterpersonengesellschaften, FR 2005, 278 ff.; *v. Oertzen/Slabon*, Folgerungen für schenkungsteuerliche Gestaltungen aus der vorläufigen Festsetzung von Schenkungsteuerbescheiden, DStR 2002, 251; *Pohl/Raupach*, Kapitalersetzende Darlehen – Bilanzierung bei Rangrücktritt, Abzugsverbote nach § 3c Abs. 2 EStG, § 8b Abs. 3 KStG, JbFStR 2006/2007 (Tagungsband), 319 – 328; *Poll*, Die mitunternehmerische Betriebsaufspaltung, DStR 1999, 477; *Rödder/Stangl*, Wertminderungen eigenkapitalersetzender Darlehen im Betriebsvermögen einer Kapitalgesellschaft nach § 8b Abs. 3 Satz 3 KStG, DStR 2005, 354; *Rödder/Wochinger*, Down-Stream-Merger mit Schuldenüberhang und Rückkauf eigener Anteile, DStR 2006, 684; *Rogall/Stangl*, Die Realteilung einer Personengesellschaft, FR 2006, 345 ff.; *dies.*, Unentgeltliche Übertragung von (Teil-)Mitunternehmeranteilen und Sonderbetriebsvermögen, DStR 2005, 1073 ff.; *Roser*, Folgen einer unbeabsichtigten Betriebsaufspaltung, EStB 2005, 191; *Ruf*, Die Betriebsaufspaltung über die Grenze, IStR 2006, 232; *Schiffers*, Sonderbetriebsvermögen, GmbH-StB 1997, 274; *Schießl*, Übergang des Geschäftswerts auf die Betriebs-GmbH im Rahmen einer Betriebsaufspaltung, GmbHR 2006, 459 ff.; *K. Schmidt*, Gesellschafterhaftung und Konzernhaftung bei der GmbH, NJW 2001, 3577; *Schmidt/Hageböcke*, Nochmals: Der Verlust von eigenkapitalersetzenden Darlehen und § 8b Abs. 3 KStG, DB 2004, 2716; *Schothöfer*, Schenken oder Abwarten?, DB 2003, 1409f; *Schulze zur Wiesche*, Betriebsaufspaltung: Umfang von Betriebsvermögen und Sonderbetriebsvermögen bei der Besitzgesellschaft, StB 2006, 55; *ders.*, Die umgekehrte Betriebsaufspaltung, BB 1989, 815; *ders.*, Freiberufliche Mitunternehmerschaft und Betriebsaufspaltung, BB 2006, 75; *Schwedhelm/Ehnert*, Auswirkungen des neuen § 8a KStG auf den Mittelstand, FR 2004, 249 ff.; *Seer*, Gewerbesteuerliche Merkmalsübertragung als Sachgesetzlichkeit der Betriebsaufspaltung, BB 2002, 1833; *Seer*, Erbschaft- und Schenkungsteuergesetz nun erneut auf dem Prüfstand des BverfG!, GmbHR 2002, 873; *Siemers/Waldens/Dimova*, Hat der Vorlagebeschluss des BFH zur Verfassungsmäßigkeit des ErbStG Ankündigungseffekt?, BB 2003, 611; *G. Söffing*, Sachliche Verflechtung bei der Betriebsaufspaltung, NWB Fach 3, S. 12295; *ders.*, Merkmalsübertragung bei der Betriebsaufspaltung, BB 1998, 2289; *ders.*, Mitunternehmerische Betriebsaufspaltung, BB 1998, 1973; *M. Söffing/Seitz*, Wie sicher ist das Gesetz zur Sicherung der Unternehmensnachfolge?, EStB 2006, 100; *Stahl*, Beratungsfeld echte und unechte Betriebsaufspaltung, KÖSDI 2003, 13794; *Stimpel/Neumann*, Zweifelsfragen zu der Steuerfolge des § 8a KStG n.F. bei Kapital- und Personengesellschaften im Inland, GmbHR 2004, 392; *Strahl*, Die Bedeutung der Gesamtplanrechtsprechung. bei der Umstrukturierung von Personengesellschaften unter steuerneutraler Ausgliederung einzelner Wirtschaftsgüter, FR 2004, 929 ff.; *ders.*, Besteuerung der mitunternehmerischen Betriebsaufspaltung, KÖSDI 1998, 11533; *Strahl/Bauschatz*, Die Betriebsaufspaltung im Steuer- und Zivilrecht, NWB Fach 3, S. 1191 ff.; *Thill/Antoskiewicz*, Einzelfragen beim down-stream-merger eines Organträgers auf eine Organgesellschaft, FR 2006, 7; *Schneeloch*, Steuerplanerische Überlegungen zur Betriebsaufspaltung, DStR 1991, 804; *Vogt*, Zur Verfassungsmäßigkeit der Erbschaftsteuer, ZEV 2001, 508; *Watermeyer*, BFH entscheidet zum qualifizierten Rangrücktritt, GmbHR 2006, 240; *Weinmann*, Anteilsbewertung im Stuttgarter Verfahren nach der Körperschaftsteuerreform, ZEV 2001, 184; *Weinmann/Geck*, Die neuen Erbschaftsteuer-Richtlinien-/-Hinweise 2003, ZEV 2003, 185; *Weißmüller*, Der Betriebsführungsvertrag, BB 2000, 1949; *Welling/Richter*, Die Erbschaftsteuer auf dem verfassungsgerichtlichen Prüfstand, BB 2002, 2305; *Wendt*, Teilanteilsübertragungen und Aufnahme eines Gesellschaffters in ein Einzelunternehmen nach den Änderungen des EStG durch das UntStFG, FR 2002, 128; *Wilhelm*, Zurück zur Durchgriffshaftung, NJW 2003, 175; *Zimmer*, GmbH-Stpr. 2005, 235.

A. Einführung

Die Beschäftigung mit der Betriebsaufspaltung ist für den wirtschaftsrechtlich beratenden Anwalt unerlässlich. Bei vielen Sachverhaltsgestaltungen kommt die Berührung mit diesem Rechtsinstitut in Betracht. Dies kann in Fällen der „**echten Betriebsaufspaltung**" geschehen, wenn es ausdrücklich darum geht, eine Betriebsaufspaltung aus einem bestehenden einheitlichen Unternehmen heraus zu gestalten. Noch wichtiger ist allerdings das Problembewusstsein für die Fälle der sog. „**unechten Betriebsaufspaltung**" zu entwickeln, die aus Unkenntnis gebildet wird und entweder zur Haftungsfalle für den Berater oder zumindest zur Beeinträchtigung des Mandatsverhältnisses führen kann, wenn auf Grund der Gestaltung die z.T. erheblichen negativen steuerlichen Folgen der Betriebsaufspaltung eintreten. Wachsamkeit ist **bei jeder Gestaltung von Pacht- oder Mietverträgen** für Wirtschaftsgüter geboten, die vom Gesellschafter einer operativ tätigen Kapitalgesellschaft mit dieser Gesellschaft (z.B. aus Haftungsgründen) geschlossen werden sowie bei Nachfolgegestaltungen und Gestaltungen **der vorweggenommenen Erbfolge**.[1]

Dieser Beitrag will den vielschichtigen Gestaltungen gerecht werden, in denen Betriebsaufspaltungen auftreten. Denkbar sind diese bei **landwirtschaftlicher, freiberuflicher und gewerblicher Betätigung**, aber auch im **öffentlich-rechtlichen Bereich** zwischen Betrieben gewerblicher Art und juristischen Personen des öffentlichen Rechts. Das Schwergewicht der Darstellung liegt bei den steuerlichen Folgen.

B. Voraussetzungen und Erscheinungsformen der Betriebsaufspaltung

I. Tatbestandliche Voraussetzungen der Betriebsaufspaltung im Überblick

1. Typologie der Betriebsaufspaltung

2   Bei Betriebsaufspaltungen werden Teile des Betriebsvermögens und der Funktionen eines eigentlich einheitlichen Unternehmens auf zwei oder mehrere Unternehmen aufgeteilt. **Typischerweise bestehen zwei Rechtsträger**, eine die wesentlichen Betriebsgrundlagen oder den gesamten Betrieb besitzende und diese vermietende Besitzgesellschaft und die Wirtschaftsgüter nutzende operative Betriebsgesellschaft. Wirtschaftlicher Effekt dieser Funktionsaufteilung ist eine **Verlagerung von Einkünften** aus der operativ tätigen Betriebsgesellschaft in das verpachtende Besitzunternehmen.

3   Die **rechtliche Definition** der Betriebsaufspaltung beruht auf der Entscheidung des Großen Senats des BFH v. 8.11.1971.[2] Hiernach ist für die Beantwortung der Frage, ob sich das Besitzunternehmen gewerblich betätigt, nicht maßgeblich, ob dieses Unternehmen mit der Betriebsgesellschaft wirtschaftlich ein einheitliches Unternehmen bildet, sondern es ist von dem Vorhandensein zweier Unternehmen auszugehen. Maßgeblich ist für den Großen Senat, ob die hinter den beiden Unternehmen stehenden Personen „einen einheitlichen geschäftlichen Betätigungswillen" haben.

4   **Wesensmerkmal der Betriebsaufspaltung** ist damit rechtlich der einheitliche geschäftliche Betätigungswille der hinter den Unternehmen stehenden Gesellschafter. Dieser kommt zum Ausdruck, indem eine sog. **persönliche Verflechtung** zwischen den Trägern der Besitzgesellschaft und der Betriebsgesellschaft besteht und kumulativ die (entgeltliche oder unentgeltliche) Überlassung von Wirtschaftsgütern durch die Besitzgesellschaft an die Betriebsgesellschaft erfolgt, welche sog. **wesentliche Betriebsgrundlagen** der Betriebsgesellschaft bilden (sachliche Verflechtung). Zugleich begründete die Entscheidung des Großen Senats in Abkehr von der vorherigen Rspr., dass das Besitz- und das Betriebsunternehmen auch steuerlich getrennte selbständige Unternehmen sind.

Checkliste: Wesenmerkmale der Betriebsaufspaltung   ☑

Betriebsaufspaltungen sind gekennzeichnet durch
☐ die Existenz sowohl eines Besitz- und als auch Betriebsunternehmens,
☐ die zivilrechtlich und steuerlich selbständige Rechtsträger sind,
☐ die durch einen **einheitlichen geschäftlichen Betätigungswillen** verbunden sind,

---

1   Vgl. Roser, EStB 2005, 191, 193, der z.B. darauf hinweist, dass eine Betriebsaufspaltung entstehen kann, wenn Geldschenkungen an minderjährige Kinder erfolgen, die unter der Auflage erfolgen, dass mit diesen Mitteln betrieblich genutzte Grundstücke erworben werden sollen, unter Vorbehalt der einseitigen Vermögenssorge des Elternteils (§ 1683 Abs. 3 BGB), der eine Betriebs-GmbH beherrscht.
2   BFH, BStBl. 1972 II, S. 63.

> ☐ der durch die **persönlichen Verflechtung** der oder des Gesellschafter(s) beider Unternehmen in beiden Unternehmen durchgesetzt werden kann und
>
> ☐ die gleichzeitige Nutzungsüberlassung mindestens einer wesentlichen Betriebsgrundlage zwischen beiden Unternehmen (**sachliche Verflechtung**) zum Ausdruck kommt.

2. Rechtsgrundlagen und Geltungsgrund

a) Zivilrecht/Öffentliches Recht

Zivilrechtlich sind der Träger des Besitz- und der Träger des Betriebsunternehmens sowie deren Gesellschafter **selbständige Rechtssubjekte**, die durch die Nutzungsüberlassung des Betriebs oder der wesentlichen Betriebsgrundlagen in schuldrechtliche Rechtsbeziehungen zueinander treten. Bei diesen Rechtsbeziehungen kommen die Regelungen des im Einzelfall abgeschlossenen Vertrags oder die dispositiven Vorschriften des BGB zur Anwendung. Darüber hinaus finden bei Betriebsaufspaltungen auf der Ebene des jeweils betrachteten Rechtsträgers die allgemeinen Vorschriften des **Handelsrechts, des Eigenkapitalersatzrechts und des Konzernrechts und Insolvenzrechts** Anwendung. Dasselbe gilt für das **Arbeitsrecht**, dem Bedeutung bei der Überleitung eines einheitlichen Betriebs auf ein Besitz- und ein Betriebsunternehmen zukommt. Kurzum: Es existiert weder eine zivilrechtliche Rechtsgrundlage der Betriebsaufspaltung, noch ein „**zivilrechtliches Sonderrecht**", noch gibt es eine auf Betriebsaufspaltungen zugeschnittene spezifische Auslegung zivilrechtlicher Vorschriften durch die Zivilgerichte.

5

Dasselbe gilt für den Bereich **des öffentlichen Rechts**. Die Träger des Besitz- oder des Betriebsunternehmens werden isoliert betrachtet und sind jeweils für sich Adressaten von Verwaltungsakten.

b) Steuerliche Rechtsgrundlagen

Steuerrecht ist **strafbewährtes öffentliches Eingriffsrecht**. Die besonderen steuerlichen Folgen der Betriebsaufspaltung müssen daher auf eine Ermächtigungsgrundlage zurückgeführt werden können.[3] Für die negativen Folgen der Betriebsaufspaltung – die Annahme eines gewerblichen Verpachtungsbetriebs durch das Besitzunternehmen statt einer vermögensverwaltenden Betätigung – stützt sich die Rspr. auf § 15 EStG und § 7 Satz 1 GewStG als Rechtsgrundlagen.[4]

6

> **Hinweis:**
>
> Dies führt zur **Gewerbesteuerpflicht** der erzielten Pachteinnahmen aufgrund deren Umqualifizierung von Einkünften aus einer (privaten) Vermietung und Verpachtung nach § 21 EStG in gewerbliche Einkünfte nach § 15 EStG, § 7 Satz 1 GewStG; einkommensteuerlich zur Gefahr einer **Abfärbung** und **Infizierung** ansonsten nichtgewerblicher Einkünfte nach § 15 Abs. 3 Nr. 1 EStG (bei Personengesellschaften als Beitzunternehmen) und zur generellen Steuerpflicht der Veräußerung von Anteilen an einer Betriebskapitalgesellschaft (über § 17 EStG hinaus) und von solchen Wirtschaftsgütern, die zum Betriebsvermögen des Besitzunternehmens gehören (über § 23 Abs. 1 Nr. 1 und Nr. 2 EStG hinaus).

Die in der Rspr. ausgeprägten tatbestandlichen Voraussetzungen der Betriebsaufspaltungs stellen nicht auf die gesetzlichen Kriterien in § 15 Abs. 2 EStG ab,[5] sondern beruhen verselbständigt auf eigenen, **durch das Richterrecht entwickelten Kriterien**. Hierauf richtet sich die massive Kritik, die an der Existenz

7

---

[3] Vgl. Seer, BB 2002, S. 1833, 1837.

[4] Vgl. Beschluss des Großen Senats des BFH BStBl. 1972 II, S. 72, der aufgrund des einheitlichen geschäftlichen Betätigungswillens das Vorliegen eines Gewerbebetriebes annimmt.

[5] Auf Grund des erforderlichen einheitlichen geschäftlichen Betätigungswillens wird eine Teilnahme des Besitzunternehmens am allgemeinen wirtschaftlichen Verkehr i.S.d. § 15 Abs. 2 EStG verneint, vgl. Kessler, Typologie, S. 89 ff.; Söffing, Betriebsaufspaltung, S. 56.

des „Rechtsinstituts" der Betriebsaufspaltung[6] immer noch anhält und es als nicht vom Gesetz gedeckte Rechtsfortbildung der FG und des BFH ansieht.[7]

Der Beschluss des Großen Senats v. 8.11.1971, der die Betriebsaufspaltung auf eine neue dogmatische Grundlage stellte, indem er von rechtlich und steuerlich getrennten Unternehmen ausgeht, die durch den einheitlichen geschäftlichen Betätigungswillen verbunden sind, wird im Schrifttum als Quelle von Zweifelsfragen kritisiert. Die Kritik richtet sich darauf, dass der Große Senat die Rechtsfolgen der Betriebsaufspaltung einerseits damit erklärt, dass eine wirtschaftliche Einheit zwischen Besitz- und Betriebsunternehmen vorliegt (sog. **Einheitstheorie**), bei der Anwendung des materiellen Steuerrechts von der Rspr. aber die Selbständigkeit von Besitz- und Betriebsunternehmen betont wird (sog. **Trennungstheorie**).[8] Dieser Antagonismus spielt aktuell wieder eine Rolle bei der sog. **Merkmalsübertragung** von Steuerbefreiungen der Betriebs- auf die Besitzgesellschaft. Hier ist eine Änderung der Rspr. eingetreten (vgl. unten Rn. 9).

8 Die **tatbestandlichen Voraussetzungen** der Betriebsaufspaltung sind wandelbar und führen aufgrund ihrer Änderungsanfälligkeit zur Rechtsunsicherheit. Hierfür kann die Entscheidung des **BFH vom 23.5.2000**,[9] seit der der BFH Büro- und Verwaltungsgebäude i.d.R. als wesentliche Betriebsgrundlage ansieht, als Beispiel dienen. Durch eine Änderung der Rspr. können bestimmte Sachverhaltskonstellationen – wie z.B. die Überlassung eines „Allerweltsgebäudes" – zur Nutzung als Betriebsaufspaltung und damit als gewerbliche Verpachtung behandelt werden, die zuvor jahrelang nicht als Betriebsaufspaltung behandelt wurde.[10] Dramatisch können auch die Folgen sein, wenn Wirtschaftsgüter in dem Glauben veräußert werden, sie seien Bestandteil des steuerlichen Privatvermögens und könnten steuerfrei veräußert werden, wenn erst anlässlich des Veräußerungsvorgangs **eine bislang nicht erkannte Betriebsaufspaltung** „entdeckt" wird.

9 Durch den Widerstreit von Einheits- und Trennungstheorie sind **auch die konkreten Rechtsfolgen** des Vorliegens einer „bekannten" Betriebsaufspaltung nicht immer absehbar. Dies zeigt die Änderung der Rspr. des BFH zur Merkmalsübertragung bei der GewSt, die zu einer Änderung der bisher feststehenden Rspr. des BFH in die entgegengesetzte Richtung führt. Der BFH vertrat bislang in ständiger Rspr., dass wegen der Selbständigkeit von Besitz- und Betriebsunternehmen gewerbesteuerliche Befreiungen des Betriebsunternehmens nicht beim Besitzunternehmen Anwendung finden könnten.[11] Der X. Senat des BFH hatte wegen einer geänderten Rechtsauffassung mit Beschluss v. 12.5.2004[12] den Großen Senat angerufen, mittlerweile ist der Vorlagebeschluss aber durch Beschluss v. 7.3.2006 aufgehoben und die Änderung der Rspr. mit Urteil v. **29.3.2006** vollzogen worden,[13] da die übrigen Senate der vom X. Senat neuerdings vertretenen Auffassung zustimmen, dass die Befreiungstatbestände des Betriebsunternehmens auch beim Besitzunternehmen angewandt werden können.

> **Hinweis:**
> Die **Praxis wird nunmehr wiederum die Frage beschäftigen**, ob dies eine punktuelle Änderung der Rspr. darstellt oder den Beginn einer Rechtsentwicklung makiert, die sich von der Trennungsthe-

---

6   Indem die Betriebsaufspaltung als Rechtsinstitut bezeichnet wird, soll hervorgehoben, werden, dass es sich um einen neben den gesetzlichen Regelungen stehenden Tatbestand handelt, vgl. Drüen, GmbHR 2005, 69, 70.
7   Vgl. z.B. Gluth, in: Hermann/Heuer/Raupach, EStG/KStG, § 15 Anm. 795; a.A.: Drüen, GmbHR 2005, 69, 73 f.; Seer, BB 2002, 1833, 1838, die im Grundsatz von einer zulässigen richterlichen Rechtsfortbildung ausgehen.
8   Vgl. Kessler, Typologie, S. 45 – 50.
9   BFH, BStBl. 2000 II, S. 621.
10 Eine Übergangsregelung enthält das BMF-Schreiben v. 7.10.2002, BStBl. 2002 I, S. 1028.
11 Vgl. BFH, BStBl. 1984 II, S. 115; BFH, BStBl. 2002 II, S. 662.
12 BFH, BStBl. 2004 II, S. 607.
13 Vgl. BFH, NWB Eilnachrichten 19/2006, Fach 1, S. 1581 und nunmehr das Urt. v. 29.3.2006 – V R 59/00, juris.

orie (Besitz- und Betriebsunternehmen zwei eigenständige Rechtsträger) verabschiedet und wieder zum Verständnis der Betriebsaufspaltung als Einheitsunternehmen zurückkehrt.

So ist es verständlich, dass trotz der seit 70 Jahren existierenden Rspr. zur Betriebsaufspaltung der Bezug **zu einer Ermächtigungsgrundlage** (in § 15 Abs. 2 EStG oder in Form einer richterlichen Rechtsfortbildung) bei der „typischen Betriebsaufspaltung" zwischen einer natürlicher Personen oder Personenmehrheit und einer Betriebskapitalgesellschaft als nicht vorhanden und die Umqualifizierung von Einkünften beim Besitzunternehmen in der Betriebsaufspaltung als nicht vom Gesetz gedeckt angesehen wird.[14]

10

Das **BVerfG** ist wegen dieser Zweifel mehrfach mit der Betriebsaufspaltung befasst worden.[15] Es hat in den bisherigen Entscheidungen **weder einen Verstoß gegen den Gleichheitssatz** in Art. 3 Abs. 1 GG, **noch eine unzulässige Überschreitung der Grenzen** richterlicher Rechtsfortbildung nach Art. 20 Abs. 3 GG bejaht. Für die tägliche Praxis und die Gestaltungspraxis ist daher trotz der berechtigten Kritik von einer Fortdauer der Rspr. zur Betriebsaufspaltung auszugehen. Lediglich im Fall der **Abwehrberatung** könnte es sich anbieten, das Rechtsinstitut der Betriebsaufspaltung als solches anzugreifen.

Zu berücksichtigen ist auch, dass sich die **Frage nach den Rechtsgrundlagen** und der Existenzberechtigung der Betriebsaufspaltungsrechtsfolgen bei ohnehin gewerblich geprägten Mitunternehmerschaften **nach § 15 Abs. 3 Nr. 2 EStG** oder Rechtsträgern, die kraft Rechtsform gewerbliche Einkünfte erzielen (wie Kapitalgesellschaften nach § 8 Abs. 2 KStG) unter veränderten Bedingungen als bei der „typischen Betriebsaufspaltung" stellt. Bei diesen ohnehin auch gewerbesteuerpflichtigen Rechtsträgern mit Betriebsvermögen kann die Annahme einer Betriebsaufspaltung allenfalls zu gewerbesteuerlich verschärfen Rechtsfolgen führen, z.B. wenn beim Besitzunternehmen statt einer gewerbesteuerfreien Betriebsverpachtung mit „ruhendem Gewerbebetrieb" auf Grund der Betriebsaufspaltung im Besitzunternehmen gewerbesteuerpflichtige Einkünfte anfallen. Mit guten Argumenten wird entgegen der h.M. bei Besitzunternehmen, die kraft eigener Betätigung i.S.d. § 15 Abs. 2 EStG oder kraft Rechtsform gewerbliche Einkünfte erzielen oder bei denen die Überlassung einer wesentlichen Betriebsgrundlage als Sondervergütung nach § 15 Abs. 1 Satz 1 oder Satz 2 EStG zu erfassen ist, die Geltung der Rechtsfolgen der Betriebsaufspaltung verneint, da das „Richterrecht" nicht das positive Recht verdrängen könne.[16]

11

Hinweis:

Es empfiehlt sich auch trotz dieses überzeugenden Arguments, in der Beratungspraxis auch in diesen Fallgruppen bei Vorliegen einer persönlichen und sachlichen Verflechtung der Rspr. zu folgen.

c) Geltungsgrund der Betriebsaufspaltung

Die Betriebsaufspaltung wurde ursprünglich von der Rspr. in den 30er-Jahren des letzten Jahrhunderts entwickelt, **um die gewerbesteuerliche Bemessungsgrundlage** zu erhalten.[17] Es sollte verhindert werden, dass im Betriebsunternehmen durch Pachtzinsen Betriebsausgaben generiert werden konnten, die im Besitzunternehmen im Rahmen einer privaten Vermögensverwaltung bei den Einkünften aus Vermietung und Verpachtung gewerbesteuerfrei vereinnahmt werden konnten. Allerdings hat sich die Rspr. zur Fundierung der Betriebsaufspaltung **von diesem Missbrauchsbekämpfungsgedanken** entfernt und beruht mit dem Kriterium des einheitlichen geschäftlichen Betätigungswillens der hinter dem Besitz- und Betriebsunternehmen stehenden Personen auf einer anderen Grundlage.[18] Dies ist **dogmatisch weder eine Zurechnung** der gewerblichen Betätigung der Betriebsgesellschaft an das Besitzunternehmen, noch

12

---

14 Carlé, Betriebsaufspaltung, Rn. 1 – Rn. 15.
15 BVerfG, BStBl. 1969 II, S. 389; BStBl. 1985 II, S. 475; HFR 1988, 121; GmbHR 1995, 308; v. 25.3.2004, juris.
16 Vgl. Söffing, Betriebsaufspaltung, S. 171 ff.
17 Zu den nationalsozialistischen Wurzeln des Rechtsinstituts siehe Kessler, Typologie, S. 58.
18 Vgl. zur Entwicklung der Rspr. seit 1930 Kessler, Typologie, S. 58 und Crezelius, StuW 1995, 313, 319, der die Betriebsaufspaltung ebenfalls als Rechtsprechungstypisierung für einen spezifischen Missbrauchsfall einordnet

führt die Rspr. zur Annahme einer eigenständigen gewerblichen Betätigung des Besitzunternehmens eine Subsumtion unter die Tatbestandsmerkmale des § 15 Abs. 2 EStG durch. Sie sieht letztlich den Beherrschungswillen als einen Umstand, der außerhalb der eigentlichen Betätigung des Besitzunternehmens in der Person der Rechtsträger des Besitz- und Betriebsunternehmens liegt, für die Qualifizierung der Einkünfte beim Besitzunternehmen heran.[19]

13 In jüngerer Zeit rekuriert der BFH allerdings wieder ausdrücklich auch auf die **Erhaltung der Gewerbesteuerbemessungsgrundlage** als Rechtfertigungsgrund für die Existenz der Betriebsaufspaltung.[20] Die Betriebsaufspaltung wird dehalb auch in der jüngeren Vergangenheit vermehrt wieder **infrage gestellt**. Der Gesetzgeber habe mit der Einführung des § 35 EStG und der damit verbundenen Anrechenbarkeit der GewSt auf die ESt zum Ausdruck gebracht, dass er die Belastung aus der GewSt weit gehend rückgängig machen wolle, so dass für das Sicherungskonstrukt der GewSt kein Bedürfnis mehr bestehe.[21] Auch im Hinblick auf diese Rechtfertigung der Betriebsaufspaltung führt die **Rechtsprechungsänderung zur Merkmalsübertragung zu neuen Zweifeln**. Denn wenn die Sicherung des Gewerbesteueraufkommens den inneren Grund für die Betriebsaufspaltungsrechtsprechung bildet, ist es zwar konsequent, wenn der BFH eine gewerbesteuerliche Befreiung des Betriebs- auf das Besitzunternehmen ausdehnt. Es ist aber zweifelhaft, erst über das Rechtsinstitut der Betriebsaufspaltung zwei getrennte Unternehmen anzunehmen, von denen das eine, welches die Haupttätigkeit ausführt, sogar gewerbesteuerbefreit ist. Ist aber nunmehr für Zwecke der GewSt bei einzelnen Regelungen von einem Einheitsunternehmen auszugehen (durch Ausdehnung der Befreiung des Betriebs- auf das Besitzunternehmen), wird die Geltung des Rechtsinstituts ganz in Frage gestellt, da es systematisch nicht überzeugt, **einkommensteuerlich getrennte Unternehmen** und gewerbesteuerlich ein Einheitsunternehmen anzunehmen.

14 Darüber hinaus hat sich auch das **ertragsteuerliche Umfeld geändert**,[22] in dem die Betriebsaufspaltung **heute Wirkung entfaltet**. Dies gilt maßgeblich für die Verstrickung stiller Reserven: Während in der Vergangenheit auf Grund der höheren Schwellen für eine wesentliche Beteiligung nach § 17 EStG die Zurechnung von Anteilen an der Betriebskapitalgesellschaft zum (Sonder-)Betriebsvermögen beim Besitzunternehmen und die Zugehörigkeit von verpachteten Grundstücken zum Betriebsvermögen des Besitzunternehmens im Vergleich zur Annahme einer privaten Vermietung und Verpachtung steuerverschärfend wirkten, sind nach aktueller Rechtslage Veräußerungen von Anteilen an Kapitalgesellschaften nach § 17 EStG ab einer Beteiligung **von einem Prozent** (vgl. § 17 Abs. 1 EStG) und die Veräußerung von Grundstücken bei einer Haltedauer von weniger als zehn Jahren generell steuerpflichtig (§ 23 Abs. 1 Satz 1 Nr. 1 EStG). Die Gewerbesteuerbelastung wird über § 35 EStG typisierend kompensiert.

d) Abgrenzung zu anderen Formen der Funktionstrennung

aa) Betriebsaufspaltung als Trennung von Vermögen zur Einkommensverlagerung

15 Die **Idee der Betriebsaufspaltung** beruht darauf, durch die Trennung operativ genutzten Vermögens und dessen entgeltlicher Nutzungsüberlassung die Gesamtsteuerlast im Hinblick auf die Gewerbesteuerlast zu senken und aus zivilrechtlicher Sicht, wertvolles Vermögen dem Haftungszugriff zu entziehen.

bb) Abgrenzung verwandter Funktions- und Einkommensverlagerungen

16 Betrachtet man **den Aspekt** der Einkommensverlagerung, so lassen sich neben der Betriebsaufspaltung auch verwandte Gestaltungsformen in der Rechtspraxis finden, die keine Betriebsaufspaltungen sind:

---

19 Vgl. hierzu Söffing, Betriebsaufspaltung, S. 205 f., der auf die Friktion dieses Konzepts mit der Rspr. des Großen Senats zur GmbH & Co. KG (BFH, BStBl. 1984 II, S. 750) hinweist. In diesem Beschluss habe der Große Senat klargestellt, dass für die Annahme einer mitunternehmerischen gewerblichen Betätigung grds. erforderlich sei, dass die auf der Ebene der Mitunternehmerschaft durchgeführte Betätigung für sich betrachtet gewerblich i.S.d. § 15 Abs. 2 EStG sein müsse und dies nicht deshalb werde, weil an einer Gesellschaft Mitunternehmer beteiligt seien, die kraft Rechtsform gewerbliche Einkünfte erzielten.
20 BFH, BStBl. 2006 II, S. 173.
21 Vgl. Kessler/Teufel, BB 2001, 17, 26.
22 Kempermann, NWB Fach 3, S. 11922 ff.

Die **Überlassung wesentlicher Wirtschaftsgüter** zwischen Schwesterkapitalgesellschaften beherrschender Doppelgesellschafter lässt sich als eine solche Gestaltung begreifen, die aber hier nicht weiter erörtert wird, da sie begrifflich keine Betriebsaufspaltung darstellt.[23] Diese Gestaltung ist besonders bei der Nutzungsüberlassung betrieblichen Grundbesitzes steuereffizient, da sie es ermöglicht, die erweiterte Kürzung gemäß § 9 Nr. 1 Satz 2 GewStG zu nutzen.

17

Betriebsführungsverträge[24] **werden dadurch charakterisiert**, dass der Geschäftsbesorger auf der Basis einer Betriebsführungsvereinbarung i.S.d. § 292 Abs. 1 Nr. 3 AktG entweder als Geschäftsbesorger im fremden Namen und für fremde Rechnung die Geschäfte eines anderen Rechtsträgers führt (sog. **echte Betriebsführungsverträge**) oder der Geschäftsbesorger im eigenen Namen auftritt, aber für Rechnung des Betriebsinhabers agiert (sog. **unechter Geschäftsführungsvertrag**). Der Geschäftsbesorger enthält ein Entgelt, der Gewinn aus seiner Tätigkeit steht dem Betriebsinhaber zu. **Steuerlich** erfolgt die Ergebniszurechnung beim Betriebsinhaber, da der Geschäftsbesorger für fremde Rechnung tätig wird. Das Betriebsführungsentgelt führt beim Betriebsinhaber zur Betriebsausgabe, solange es angemessen und fremdüblich ist.[25] **Bilanziell** bleibt bei der echten Betriebsführung alles unverändert, d.h. die Wirtschaftsgüter und Geschäftsvorfälle werden beim Betriebsinhaber erfasst, bei der unechten Betriebsführung bedarf es hierzu ergänzend der Vereinbarung einer Ermächtigungstreuhand oder eines vorweggenommenen Besitzkonstituts für neuerworbene Wirtschaftsgüter und Forderungen in der Betriebsführungsvereinbarung.

18

Betriebsüberlassungsverträge werden als sog. Innenpacht charakterisiert. Hierbei betreibt die überlassende Gesellschaft ihren Betrieb nicht mehr selbst, sondern überlasst ihn dem Pächter zur Nutzung. Der Pächter tritt in fremdem Namen (als Generalbevollmächtigter des Verpächters), aber für eigene Rechnung auf. Die Beteiligten stellen sich im Vertrag so, dass wirtschaftlich betrachtet der Pächter einen Anspruch auf positive Betriebsergebnisse hat und der Verpächter auf Ausgleich negativer Betriebsergebnisse. **Steuerlich** wird das Ergebnis des Betriebs dem Pächter zugerechnet.

19

II. Erscheinungsformen der Betriebsaufspaltung

1. Vielfalt von Sachverhalten

Betriebsaufspaltungen nach den Kriterien der Rspr. liegen in einer Vielzahl von unterschiedlichen Konstellationen vor. Die Rechtsfolgen der Betriebsaufspaltung müssen nicht bei jeder Konstellationen dieselben sein, das „**verklammernde Element**" bei allen Betriebsaufspaltungen ist jedoch immer das Vorliegen einer sachlichen und persönlichen Verflechtung. Die Praxis hat zu Unterscheidung der vielfältigen denkbaren Konstellationen die im Folgenden dargestellten Abgrenzungskriterien entwickelt. Es handelt sich hierbei **nicht um Rechtsbegriffe**, sondern lediglich um die Beschreibung bestimmter Sachverhaltskonstellationen.

20

2. Überblick über Abgrenzungskriterien bei Betriebsaufspaltungen

a) Abgrenzung nach dem Entstehungszeitpunkt

Gemeinhin wird – bezogen auf den Bildungszeitpunkt – unterschieden zwischen der sog. „**echten**" Betriebsaufspaltung und der „**unechten**" Betriebsaufspaltung:

21

- Eine **echte Betriebsaufspaltung** liegt nach dieser Definition vor, wenn aus einem bestehenden Unternehmen eine Besitz- und eine Betriebsgesellschaft „durch Aufspaltung" gebildet werden. Häufig wird das Betriebsunternehmen hierfür erst neu gegründet. Es werden vom Besitzunternehmen entweder der gesamte Betrieb verpachtet oder die wesentlichen Teile des Anlagevermögens im Eigentum der Besitzunternehmens zurückbehalten und an die Betriebsgesellschaft vermietet oder verpachtet. Kenn-

---

23 Vgl. hierzu ausführlich die Gestaltungshinweise und Belastungsvergleiche bei Teufel, Steuerliche Rechtsformoptimierung, S. 151 ff.
24 Hierzu Forst/Hoffmann, EStB 2005, 195 ff.; Große, StW 2005, 270 ff.; Weißmüller, BB 2000, 1949.
25 Zur Problematik verdeckter Gewinnausschüttungen bei Mängeln in der Vereinbarungen und Durchführung Große, StW 2005, 270, 272 f.

zeichnend ist auch, dass es sich um eine planvolle Aufspaltung des zuvor einheitlich geführten Unternehmens handelt.

- Die **Definition der unechten Betriebsaufspaltung** knüpft daran an, dass das Betriebsunternehmen aktiv am Markt tätig ist und das Besitzunternehmen entweder gar nicht besteht oder es zwar existiert, aber die persönliche und die sachliche Verflechtung erst nachträglich eintreten. Hierbei handelt es sich in der Praxis sowohl um Fälle der nicht erkannten Betriebsaufspaltung, wenn z.B. wertvoller Grundbesitz einer Betriebsgesellschaft von deren Gesellschaftern verpachtet wird als auch um Fälle bewusst gestalteter Betriebsaufspaltungen.

22 Die Unterscheidung zwischen der „echten" und der „unechten" Betriebsaufspaltung ist **auf die historische Entwicklung der richterlichen Rechtsfortbildung** zurückzuführen. Die ältere Rspr. des RFH hat in den 30er-Jahren des vorigen Jahrhunderts die Besitz- und Betriebsgesellschaft nicht nur als wirtschaftliche sondern auch als „quasi" rechtliche Einheit betrachtet. Der Aufspaltungsakt eines zuvor einheitlichen Unternehmens in eine Besitz- und eine Betriebsgesellschaft wurde als Fortführung des bisherigen Engagements in anderer Form und somit Vorgang innerhalb eines Betriebs angesehen (sog. **Restbetriebsgedanke**).[26] Dies brachte dem Steuerpflichtigen zwar Nachteile bei der späteren Behandlung der Vermietungseinkünfte der Besitzgesellschaft als Einkünfte aus Gewerbebetrieb, sie erlaubte es aber auch, Gewinnrealisierungen im Zusammenhang mit dem Aufspaltungsvorgang zu vermeiden.[27] Erstmals 1959 hat dann der BFH auch die Fälle, in denen einem bestehenden operativen Unternehmen nachträglich eine einzige wesentliche Betriebsgrundlage zur Nutzung überlassen wurden, der Betriebsaufspaltungs-Rspr. unterworfen.[28] In der heutigen Rspr. werden die echte und die unechte Betriebsaufspaltung gleich behandelt.

b) Abgrenzung nach den beteiligten Rechtsträgern

23 Die in der Praxis aufzufindenden Betriebsaufspaltungen lassen sich auch **nach der Rechtsform der beteiligten Rechtsträger charakterisieren**. Bei all diesen Rechtsformen ist immer eine persönliche und sachliche Verflechtung gegeben. Die Definitionen haben ebenfalls lediglich beschreibenden Charakter:

- Die „**typische Betriebsaufspaltung**": Diese Form ist dadurch gekennzeichnet, dass ein in der Rechtsform eines Einzelunternehmens oder einer Personengesellschaft betriebenes Unternehmen in eine Besitz- und ein Betriebsunternehmen aufgespalten wird. Das Betriebsunternehmen ist eine Kapitalgesellschaft. Der Kapitalgesellschaft wurde anschließend der gesamte Betrieb oder aber wesentliche Betriebsgrundlagen zur Nutzung überlassen.

- Bei der **kapitalistischen Betriebsaufspaltung** haben sowohl das Besitz- als auch das Betriebsunternehmen die Rechtsform der Kapitalgesellschaft, wobei die Besitzkapitalgesellschaft als Muttergesellschaft selbst zu mehr als 50 % an der Betriebskapitalgesellschaft beteiligt sein muss.[29] Die Überlassung einer wesentlichen Betriebsgrundlage zwischen **Schwesterkapitalgesellschaften** ist **keine Betriebsaufspaltung**.

- Die sog. **umgekehrte Betriebsaufspaltung** ist nach der überwiegenden Auffassung gegeben, wenn eine Besitzkapitalgesellschaft eine wesentliche Betriebsgrundlage oder ihren Betrieb an eine Betriebspersonengesellschaft verpachtet, die Betriebspersonengesellschaft jedoch ihrerseits die Besitzkapitalgesellschaft beherrscht. Eine solche Beherrschung ist nach der Rspr. auch gegeben, wenn die Anteile an der Besitzkapitalgesellschaft zum (Sonder-)Betriebsvermögen des Gesellschafters der Betriebspersonengesellschaft gehören.

- Schließlich existiert noch die sog. **mitunternehmerische Betriebsaufspaltung**. In dieser Konstellation werden wesentliche Betriebsgrundlagen oder der gesamte Betrieb von einer Mitunternehmerschaft an eine Schwester-Mitunternehmerschaft zur Nutzung überlassen.

---

26 Vgl. Kessler, Typologie, S. 58.
27 Vgl. Kessler, Typologie, S. 59, der darauf hinweist, dass das heute bekannte Wahlrecht zwischen aufgeschobener und Sofortversteuerung bei der Betriebsverpachtung noch nicht entwickelt worden war.
28 Vgl. Söffing, Betriebsaufspaltung, S. 43.
29 Grundlegend BFH, BStBl. 1980 II, S. 77, 78.

- **Dreistufige Betriebsaufspaltung**[30] : Eine dreistufige Betriebsaufspaltung liegt vor, wenn das Besitzunternehmen nicht Eigentümer der wesentlichen Betriebsgrundlagen ist, sondern diese selbst von dritter Seite gemietet oder gepachtet hat.
- **Mehrfache Betriebsaufspaltung**[31] : Hierdurch werden sternköpfige Konstellationen umschrieben. Eine Betriebsaufspaltung **mit einem Besitzunternehmen und mehreren Betriebsunternehmen** ist gegeben, wenn das Besitzunternehmen mehrere wesentliche Betriebsgrundlagen an unterschiedliche Betriebsgesellschaften überlässt und im Verhältnis zu jeder Betriebsgesellschaft die persönliche Verflechtung gewährleistet ist. **Existieren mehrere rechtlich selbständige Besitzunternehmen**, die nicht zu einem einheitlichen Steuersubjekt zusammengefasst werden können und ist jeweils auch die personelle Verflechtung zur Betriebsgesellschaft gewährleistet, wird eine separate Betriebsaufspaltung von jedem Besitzunternehmen zu der Betriebsgesellschaft angenommen.

c) Abgrenzung zwischen horizontalen und vertikalen Betriebsaufspaltungen

aa) Vorgaben der Entscheidung des Großen Senats vom 8.11.1971

Für den Großen Senat war in seinem Beschluss v. 8.11.1971 der **einheitliche geschäftliche Betätigungswille** zwischen Besitz- und Betriebsunternehmen das entscheidende Merkmal, um beim Besitzunternehmen eine gewerbliche Betätigung anzunehmen, da sich die Tätigkeit des Besitzunternehmens von der Tätigkeit eines normalen Vermieters nur auf Grund dieses Kriteriums unterscheide.

Dieser einheitliche geschäftliche Betätigungswille trete – so der Große Senat – zwar am klarsten zu Tage, wenn an beiden Unternehmen **dieselben Personen im gleichen Verhältnis beteiligt seien**. Es genüge aber auch, dass die Person oder die Personen, die das Besitzunternehmen tatsächlich beherrschten, in der Lage seien, **auch in der Betriebsgesellschaft ihren Willen durchzusetzen**, da in diesem Fall die Vermietung oder Verpachtung der wesentlichen Betriebsanlagen in der Verbindung mit der Beherrschung der Betriebsgesellschaft die Entfaltung einer gewerblichen Tätigkeit des Besitzunternehmens darstelle.

Im Anschluss an den Beschluss des Großen Senats herrschte in der Praxis eine gewisse Verunsicherung dahingehend, wann Betriebsaufspaltungen trotz der Selbständigkeit von Besitz- und Betriebsunternehmen für die Anwendung steuerlicher Vorschriften wegen des einheitlichen geschäftlichen Betätigungswillens **als einheitliches Unternehmen** zu behandeln sind (sog. **Einheitstheorie**[32]) und ob auf der Basis der sog. **Trennungstheorie** Betriebsaufspaltungen konzeptionell stets ein **Dreiecksverhältnis** voraussetzen, in dem das Besitz- und das Betriebsunternehmen wie „Schwestergesellschaften" nebeneinander stehen und von einer dahinter stehenden Person oder Personengruppe beherrscht werden müssen.[33] Von dieser letzten Begriffsdefinition wären nur „horizontale Betriebsaufspaltungen" abgedeckt. „**Vertikale Betriebsaufspaltungen**" wären nicht denkbar, da in diesen Fällen das Besitzunternehmen selbst (und nicht die dahinter stehenden Gesellschafter) das Betriebsunternehmen als Gesellschafter beherrscht. Der Große Senat hat jedoch in seinem Beschluss v. 8.11.1971 auch die vertikalen Betriebsaufspaltungen zugelassen. Er führt auf die Beantwortung der Vorlagefrage aus, dass es genüge, wenn die Person oder die Personen, **die das Besitzunternehmen tatsächlich beherrschten**, in der Lage seien, auch in der Betriebsgesellschaft ihren Willen durchzusetzen. Diese Begriffsdefinition umfasst auch den Fall, dass in der Gesellschaft eines Besitzunternehmens, welches wiederum selbst Anteile an der Betriebsgesellschaft besitzt, durch das Be-

---

30 Gluth, in: Herrmann/Heuer/Raupach, EStG/KStG, § 15, Anm. 783.
31 Gluth, in: Herrmann/Heuer/Raupach, EStG/KStG, § 15, Anm. 784.
32 Die Einheitstheorie hat zur Folge, dass bei der Anwendung steuerlicher Vorschriften das Besitz- und das Betriebsunternehmen in bestimmten Fällen als ein einzelner Gewerbebetrieb angesehen werden könnten. Die Diskussion zu den Folgen der Einheitstheorie ist derzeit bei der Frage der Merkmalsübertragung im Gewerbesteuerrecht wieder aufgeflammt, vgl. Drüen, GmbHR 2005, 69, 75.
33 Zur Diskussion im Anschluss an die Entscheidung des Großen Senats eingehend Kessler, Typologie, S. 45 ff.; Drüen, GmbHR 2005, 69, 70.

sitzunternehmen seinen Willen auch in der Betriebsgesellschaft durchsetzen kann. Dementsprechend sind beide Formen von Betriebsaufspaltungen in der Praxis bekannt.[34]

bb) Beschreibung der vertikalen und horizontalen Betriebsaufspaltungen

25 Die **vertikalen Bertiebsaufspaltungen** (sog. **Einheitsbetriebsaufspaltungen**) sind Sachverhaltskonstellationen, in denen alle (oder die Mehrheit der) Anteile an der Betriebsgesellschaft vom Besitzunternehmen selbst gehalten werden und das Besitzunternehmen der Betriebsgesellschaft eine wesentliche Betriebsgrundlage zur Nutzung überlässt. Besitzunternehmen und Betriebsunternehmen sind hierbei grds. nicht auf eine bestimmte Rechtsform festgelegt. Es gibt auf Grund des **Vorrangs des Sonderbetriebsvermögens** aber Einschränkungen für häufig auftretende Sachverhalte, in denen eine vertikale Betriebsaufspaltung nicht gebildet werden kann.

> **Hinweis:**
>
> Sowohl für den Fall, dass der Mehrheitsgesellschafter „seiner" Betriebs-Personengesellschaft als auch für den Fall, dass eine Mutter-Personengesellschaft als Besitzunternehmen (Obergesellschaft) einer Tochter-Personengesellschaft (Untergesellschaft) als Betriebsunternehmen mindestens eine wesentliche Betriebsgrundlage zur Nutzung überlassen, werden die überlassenen Wirtschaftsgüter steuerlich nicht dem überlassenden Gesellschafter in einem eigenen Besitzunternehmen zugeordnet. Die Wirtschaftsgüter werden wegen der Lehre des Vorrangs des Sonderbetriebsvermögens[35] steuerlich als Sonderbetriebsvermögen **des Gesellschafters bei der nutzenden Gesellschaft** erfasst und hierdurch die Zuordnung dieser Wirtschaftsgüter zum Besitzunternehmen vereitelt, das als eigenständiges Besitzunternehmen neben der Betriebsgesellschaft stünde. Die Zuordnung zum Sonderbetriebsvermögen bei der nutzenden Gesellschaft hat steuerlich den Effekt, dass sich die Pachtzahlungen bei der Betriebsgesellschaft wegen der korrespondierenden Bilanzierung als Sonderbetriebseinnahmen des Gesellschafters steuerlich nicht auswirken.

In der Praxis ist daher die vertikale Betriebsaufspaltung hauptsächlich in der Form der kapitalistischen Betriebsaufspaltung und der umgekehrten Betriebsaufspaltung bekannt. Auch die Überlassung einer wesentlichen Betriebsgrundlage durch den Mehrheitsgesellschafter einer Kapitalgesellschaft an diese Betriebskapitalgesellschaft ist m.E. ein Fall der vertikalen Betriebsaufspaltung.[36]

Die „**horizontalen Betriebsaufspaltungen**" beruhen auf der geschilderten **Dreieckskonstellation**. In diesen Fällen überlassen Personenmehrheiten (z.B. Bruchteils- oder Erbengemeinschaft) oder eine Personengesellschaft als Besitzunternehmen einer Betriebsgesellschaft (Personen- oder Kapitalgesellschaft) mindestens eine wesentliche Betriebsgrundlage zur Nutzung und die überlassenden Personen können als Gesellschafter des Besitzunternehmens auch die Betriebsgesellschaft beherrschen. Hierzu gehören die Fälle der **mitunternehmerischen Betriebsaufspaltungen** und die Fälle der **typischen Betriebsaufspaltungen**.

d) Abgrenzung nach dem Umfang des Pachtgegenstandes

26 Wird eine Betriebsaufspaltung **aktiv** gestaltet, stellt sich für die Gestaltung des Pachtvertrags die Frage, in welchem Umfang Wirtschaftsgüter des zuvor aktiven Unternehmens bei der zukünftigen Besitzgesellschaft verbleiben und verpachtet werden sollen oder auf die Betriebskapitalgesellschaft beim Aufspaltungsvorgang übergehen sollen. **Gegenpole** sind die Verpachtung des gesamten Betriebs an die Be-

---

34 Vgl. auch Söffing, Betriebsaufspaltung, S. 42.
35 Vgl. hierzu Rätke, in: Herrmann/Heuer/Raupach, EStG/KStG, § 15 Anm. 601, 633 und Schneider, in: Herrmann/Heuer/Raupach, EStG, § 15 Anm. 758.
36 Diese Konstellation kann nicht als Fall der horizontalen Betriebsaufspaltung gesehen werden, da der Mehrheitsgesellschafter nach dem geltenden steuerlichen Transparenzprinzip in § 15 Abs. 1 Satz 1 Nr. 1 EStG nicht als Person angesehen werden kann, die „hinter" dem von ihr selbst betriebenen Einzelunternehmen steht.

triebskapitalgesellschaft oder nur die Verpachtung einer einzigen wesentlichen Betriebsgrundlage. Auch Mischformen sind möglich. In der Praxis haben sich die folgenden drei **Grundmodelle** etabliert:

- **Verpachtung des gesamten Betriebs:** Der gesamte Betrieb wird an die Betriebsgesellschaft verpachtet. Die Betriebskapitalgesellschaft ist verpflichtet, die Substanz des Betriebs zu erhalten und zu erneuern, so dass der Betrieb am Ende der Pachtlaufzeit intakt an den Verpächter zurückübertragen werden kann. Regelmäßig werden die Vorräte und sonstige Gegenstände des Umlaufvermögens beim Aufspaltungsvorgang vom Pächter erworben.
- **Das Schrumpfungsmodell**: Der Betrieb wird ebenfalls im Ganzen an die Betriebskapitalgesellschaft verpachtet. Die Betriebskapitalgesellschaft ist jedoch nicht zur Substanzerhaltung verpflichtet. Sie hat sämtliche Erneuerungen und die Erhaltung aller Wirtschaftsgüter auf eigene Rechnung durchzuführen. Die Ersatzbeschaffungen tätigt sie eigenständig, so dass die erworben Wirtschaftsgüter in das Eigentum der Betriebsgesellschaft übergehen. Der ursprünglich überlassenden Betrieb wird somit in seiner Substanz allmählich verbraucht, bis nur noch die wesentlichen Betriebsgrundlagen vom Besitzunternehmen an die Betriebskapitalgesellschaft verpachtet werden.
- **Das Steuerberatermodell**: Hierbei werden **nur eine** oder wenige wesentliche Betriebsgrundlagen in Form von Grundstücken, Sachanlagevermögen oder immateriellen Wirtschaftsgütern verpachtet. Das Vorratsvermögen wird von der Betriebskapitalgesellschaft erworben. Alle anderen Forderungen und Verbindlichkeiten verbleiben beim Verpächter, der sie abwickelt. Auch hier bleiben beim Besitzunternehmen durch Zeitablauf nur noch die verpachteten wesentlichen Betriebsgrundlagen erhalten.

> **Hinweis:**
>
> Werden Betriebsaufspaltungen „aus Versehen" begründet, geschieht dies häufig in der Form der unechten Betriebsaufspaltung zu einer bestehenden operativ tätigen Betriebsgesellschaft, der nachträglich von den Gesellschaftern **eine einzige wesentliche Betriebsgrundlage** verpachtet wird.

III. Einzelheiten zu den tatbestandlichen Voraussetzungen der Betriebsaufspaltung

1. Verfahrensrechtliche Einordnung

Der Trennungstheorie des Großen Senats wird im Verfahrensrecht uneingeschränkt gefolgt, d.h. Besitz- und Betriebsunternehmen werden je nach Rechtsform für sich betrachtet veranlagt.

2. Personelle Verflechtung

a) Einheitlicher geschäftlicher Betätigungswille erforderlich

aa) Definition des einheitlichen Betätigungswillens

Eine personelle Verflechtung liegt nach der ständigen Rspr. seit dem Beschluss des Großen Senats v. 8.11.1971 vor, sofern die hinter beiden selbständigen Unternehmern stehenden Personen **einen einheitlichen geschäftlichen Betätigungswillen** haben.[37] Davon ist auszugehen, wenn

- dieselbe **Person** oder **Personengruppe** an beiden Unternehmen mehrheitlich beteiligt ist (sog. **Beteiligungsidentität**),
- **oder** die Person oder die Personen die das Besitzunternehmen **tatsächlich beherrschen, in der Lage sind**, im Betriebsunternehmen ihren Willen durchzusetzen (sog. **Beherrschungsidentität**).

---

[37] Ständige Rspr. seit BFH, BStBl. 1972 II, S. 63.

bb) Gesellschaftsrechtliche Betrachtungsweise

29 Für die Durchsetzung des Willens sind grds. die **Stimmrechte der einzelnen Gesellschafter** im Bezug auf die Angelegenheiten des täglichen Lebens entscheidend.[38] Diese bestimmen sich nach den **gesellschaftsvertraglichen Regelungen**, so dass die Einsichtnahme in die Gesellschaftsverträge erforderlich ist. Werden keine vertraglichen Vereinbarungen über das Stimmrecht getroffen, sind die gesetzlichen Vorschriften maßgebend (z.B. § 709 BGB, §§ 119, 161 HGB, § 133 AktG, § 47 GmbHG).

Bei Vorliegen sog. **Stimmrechtsbindungsverträge** ist das Stimmrecht des weisungsgebundenen Gesellschafters dem Weisungsberechtigten zuzurechnen. Ein **Stimmrechtsausschluss** der Gesellschafter, die sowohl an dem Besitzunternehmen als auch am Betriebsunternehmen beteiligt sind, bei Vornahme von Rechtsgeschäften zwischen diesen beiden Unternehmen steht einer personellen Verflechtung jedenfalls **dann nicht entgegen**, wenn dieser von den Gesellschaftern **nicht praktiziert wird**.[39]

Bei den vertikalen Betriebsaufspaltungen (Einheitsbetriebsaufspaltungen), in denen die Anteile der Betriebsgesellschaft sich im Eigentum eines Einzelunternehmers oder einer Personengesellschaft befinden, ist das Erfordernis der persönlichen Verflechtung **jeweils unproblematisch erfüllt**.[40]

(1) Überlassende Personenmehrheiten

30 Bei den überlassenden Personenmehrheiten ist die Konstellation gegeben, das mehrere Gesellschafter sowohl Rechtsträger des Besitz- als auch des Betriebsunternehmens sind. Das Besitz- und das Betriebsunternehmen sind jedoch untereinander nicht gesellschaftsrechtlich verflochten. Dies sind die Fälle der „**horizontalen Betriebsaufspaltungen**", in denen das zuvor beschriebene Dreiecksverhältnis vorliegt.

(2) Beteiligungsidentität im Besitz- und Betriebsunternehmen

31 Am deutlichsten tritt der einheitliche geschäftliche Betätigungswille hervor, **wenn an beiden Unternehmen dieselben** Personen im gleichen Verhältnis beteiligt sind.[41] In diesen Fällen der **Beteiligungsidentität** nimmt die Rspr. an, dass die Gesellschafter auf Grund gleichgerichteter Interessen gemeinsam eine „Doppelgesellschaft" errichtet haben und **vermutet** einen einheitlichen geschäftlichen Betätigungswillen der Gesellschafter. In diesem Bereich wirkt der Gedanke der Einheitstheorie nach.

(3) Beherrschungsidentität bei fehlender Beteiligungsidentität

32 Sind die Beteiligungsverhältnisse in beiden Gesellschaften nicht identisch und/oder weitere Gesellschafter jeweils nur am Besitz- oder Betriebsunternehmen beteiligt,[42] ist eine personelle Verflechtung auch dann anzunehmen, wenn eine **durch gleichgerichtete Interessen verbundene Personengruppe** ihren Willen in beiden Unternehmen durchsetzen kann.[43] Gleichgerichtete Interessen werden von der Rspr. **stets widerlegbar vermutet**, da die beteiligten Personen sich nach der Auffassung der Rspr. bewusst zur Verfolgung eines bestimmten wirtschaftlichen Zwecks, der Errichtung einer Doppelgesellschaft, zusammengeschlossen haben.[44]

Diese tatsächliche **Vermutung muss vom Steuerpflichtigen widerlegt** werden. Auch hier ist die Rspr. sehr restriktiv, was den Entlastungsnachweis angeht. Interessenkollisionen stehen der Vermutung nur entgegen, sofern sie auf Grund der Gestaltung der Verträge und der bestehenden wirtschaftlichen Interessenlagen nicht nur denkbar, sondern ihr tatsächliches Vorhandensein durch konkrete Tatsachen nachgewiesen wird.[45]

---

38 Vgl. BFH, BStBl. 1993 II, S. 134 und BStBl. 1986 II, S. 611.
39 BFH, BStBl. 1984 II, S. 212 und BStBl. 1986 II, S. 296.
40 Söffing, Betriebsaufspaltung, S. 88 f.
41 BFH, BStBl. 1972 II, S. 63; BStBl. 1972 II, S. 796; BStBl. 1994 II, S. 466.
42 Sog. Nur-Besitz- oder Nur-Betriebsgesellschafter.
43 BFH, BStBl. 1972, S. 796; BStBl. 1982 II, S. 662.
44 BFH, DStR 2000, 816.
45 BFH, BStBl. 1992 II, S. 349.

Ausnahmsweise können **extrem konträre Beteiligungsverhältnisse**, d.h. wenn mehrere Personen für sich an dem einen Unternehmen mit weniger als 50 %, am anderen Unternehmen mit mehr als 50 % beteiligt sind, der Annahme gleichgerichteter Interessen in der Personengruppe entgegenstehen, sofern die ungleiche Verteilung der Anteile auch zur Folge hat, dass der eine Beteiligte das Besitzunternehmen und der andere Beteiligte das Betriebsunternehmen jeweils allein beherrschen kann.[46]

33

cc) Zusammenrechnung von Ehegattenanteilen

(1) Ehegatten sind nicht an beiden Unternehmen beteiligt

Sind die Ehegatten jeweils nur an einem der beiden Unternehmen beteiligt[47] ist gemäß dem Beschluss des BVerfG v. 12.3.1985[48] die Zusammenrechnung ihrer Anteile nicht zulässig. Das Gericht sieht es als verfassungswidrig an, für Zwecke der Besteuerung eine gleichgerichtete wirtschaftliche Interessenlage anzunehmen, soweit sie **ausschließlich auf der Ehe** beruht oder nur mit der Lebenserfahrung begründet wird, zwischen Ehegatten bestünde bei wesentlichen wirtschaftlichen Entscheidungen stets eine identische Willensrichtung. Der angeführte Beschluss des BVerfG betrifft aber lediglich Fälle, in denen einem Steuerpflichtigen die Anteile eines Familienangehörigen deshalb zugerechnet werden, **weil der Interessengleichklang nur aus der familiären Bindung** abgeleitet wird. Eine Betriebsaufspaltung liegt daher mangels personeller Verflechtung nicht vor, wenn das Besitzunternehmen alleine der Ehefrau und das Betriebsunternehmen alleine dem Ehemann gehört oder umgekehrt (**Wiesbadener Modell**).[49] Hierauf wird noch unten bei Rn. 81 ff. genauer eingegangen.

34

(2) Ehegatten sind als Personengruppe an beiden Unternehmen mehrheitlich beteiligt

Eine Zusammenrechnung von Ehegattenanteilen kommt in Betracht, sofern **nicht die Ehe allein** den Anlass für die Zusammenrechnung gibt, sondern darüber hinausgehende Beweisanzeichen vorliegen, die für gleichgerichtete Interessen sprechen. Solche sind insb. in einer durch umfassende, planmäßige und gemeinsame Betätigung geprägten **Wirtschaftsgemeinschaft**[50] zusätzlich zur ehelichen Lebensgemeinschaft sowie bei der Erteilung einer **unwiderruflichen Stimmrechtsvollmacht** angenommen worden.[51] Dagegen stellen jahrelanges konfliktfreies Zusammenwirken,[52] das Zur-Verfügung-Stellen der Mittel für die Beteiligung durch den anderen Ehegatten und der Güterstand der Zugewinngemeinschaft **noch keine besonderen Beweisanzeichen** dar, auch nicht wenn mehrere Indizien gleichzeitig vorliegen.[53]

35

Ehegattenanteile sind somit zusammenzurechnen, wenn die **Ehegatten jeweils an beiden Unternehmen beteiligt sind** und i.S.d. Gruppentheorie eine Interessengruppe (allein oder mit anderen Doppelgesellschaftern) bilden, die in beiden Unternehmen ihren Willen durchsetzen kann. Nach dem bestätigenden Urteil des **BFH vom 24.2.2000** berührt der zur Betriebsaufspaltung ergangene Beschluss des BVerfG v. 12.3.1985 die Anwendbarkeit der Personengruppentheorie bei Ehegatten nicht, weil diese Grundsätze für Ehegatten und andere Angehörige einerseits sowie für fremde Dritte andererseits **in gleicher Weise** gelten.[54] Der Interessengleichklang wird, wenn Ehegatten zusammen mehrheitlich sowohl am Besitz- als auch am Betriebsunternehmen beteiligt sind, eben nicht aus der ehelichen Beziehung, sondern aus dem zweckgerichteten Zusammenschluss derselben Personen in beiden Unternehmen, also der Stellung als „Doppelgesellschafter", abgeleitet.

---

46 BFH, DStR 2000, 816; BStBl. 1989 II, S. 152; FG Schleswig-Holstein, EFG 2000, 1121.
47 BFH, BStBl. 1991 II, S. 801; ferner BStBl. 1993 II, S. 876.
48 BVerfG, BStBl. 1985 II, S. 475.
49 BFH, BStBl. 1986 II, S. 359; BStBl. 1987 II, S. 28.
50 BFH, BStBl. 1986 II, S. 913.
51 BFH, BStBl. 1986 II, S. 362.
52 BFH, BStBl. 2002 II, S. 722.
53 BFH, BStBl. 1990 II, S. 500.
54 BFH, DStR 2000, 816.

(3) Ehegatten haben Gütergemeinschaft vereinbart

36 Leben Ehegatten im Güterstand der Gütergemeinschaft und halten sie die Beteiligung an der Betriebskapitalgesellschaft im Gesamtgut, kann eine **Gütergemeinschaft als Besitzunternehmen** anzusehen sein.[55] Der BFH hat in der jüngsten Entscheidung zu diesem Problemkreis vom 19.10.2006[56] aus der freien Übertragbarkeit von GmbH-Anteilen (§ 15 Abs. 1 GmbHG) deren zwingende Zuordnung zum Gesamtgut hergeleitet (§ 1416 Abs. 1 Satz 2 BGB). Die Zuordnung zum Gesamtgut führt selbst dann zur Annahme einer personellen Verflechtung, wenn die Anteile an der Betriebskapitalgesellschaft nur von einem Ehegatten erworben werden, weil die Anteile gemeinschaftliches Vermögen beider Ehegatten darstellen und gemeinschaftlich verwaltet werden (§§ 1421, 1450 Abs. 1 Satz 1 BGB). Die gemeinschaftliche Vermögensberechtigung hat zur Folge, dass die Ehegatten für die Prüfung der persönlichen Verflechtung beide als Gesellschafter der Betriebskapitalgesellschaft qualifiziert werden, so dass Gesellschafteridentität im Besitzunternehmen (der Gütergemeinschaft) und der Betriebskapitalgesellschaft hergestellt war.

dd) Anteile minderjähriger Kinder
(1) Möglichkeiten der Zusammenrechnung

37 Die Zusammenrechnung **kommt grds. in Betracht**, sofern den Eltern die Vermögenssorge (§ 1626 Abs. 1 Satz 2 BGB) zusteht. Haben beide Eltern gemeinsam das Vermögenssorgerecht für das Kind, ist zu beachten, dass von einer bestimmten Ausübung dieses Rechts durch beide Eltern nur ausgegangen werden kann, wenn **auch zwischen den Eltern die Zusammenrechnung der Anteile möglich ist** (vgl. R 137 Abs. 8 EStR 2003).

Dies ist nach **einem Urteil des BFH vom 24.2.2000**[57] der Fall, wenn die Anteile der Eltern als Personengruppe nach den allgemeinen Grundsätzen zusammengerechnet werden dürfen, also nicht die Ehe den Anlass für die Zusammenrechnung gibt, sondern die planmäßige gleichgerichtete Beteiligung an beiden Unternehmen. Eine personelle Verflechtung durch Zusammenrechnung liegt **nach Auffassung der Finanzverwaltung** in R 137 Abs. 8 EStR 2003 vor, wenn

- **einem Elternteil oder beiden Elternteilen und einem minderjährigen Kind** an beiden Unternehmen jeweils zusammen die Mehrheit der Stimmrechte zuzurechnen sind.
- **Ist beiden Elternteilen an einem Unternehmen zusammen** die Mehrheit der Stimmrechte zuzurechnen und halten sie nur zusammen mit dem minderjährigen Kind am anderen Unternehmen die Mehrheit der Stimmrechte, liegt, wenn das Vermögenssorgerecht beiden Elternteilen zusteht, grds. **eine personelle Verflechtung** vor.
- Hält **nur ein Elternteil** an dem einen Unternehmen die Mehrheit der Stimmrechte und hält er zusammen mit dem minderjährigen Kind die Mehrheit der Stimmrechte an dem anderen Unternehmen, liegt grds. **keine personelle Verflechtung** vor; auch in diesem Fall kann aber eine personelle Verflechtung anzunehmen sein, **wenn das Vermögenssorgerecht allein** beim beteiligten Elternteil liegt oder wenn das Vermögenssorgerecht bei beiden Elternteilen liegt und zusätzlich zur ehelichen Lebensgemeinschaft gleichgerichtete wirtschaftliche Interessen der Ehegatten vorliegen.
- Ist **nur einem Elternteil** an dem einen Unternehmen die Mehrheit der Stimmrechte zuzurechnen und halten an dem anderen Unternehmen beide Elternteile zusammen mit dem minderjährigen Kind die Mehrheit der Stimmrechte, liegt grds. **keine personelle Verflechtung** vor, es sei denn, die Elternanteile können zusammengerechnet werden und das Vermögenssorgerecht steht beiden Elternteilen zu.

---

55 BFH, DStR 2006, 2207.
56 BFH, DStR 2006, 2207.
57 BFH, DStR 2000, 816.

(2) Eintritt der Volljährigkeit

Besonderes Augenmerk muss auf den Eintritt der Volljährigkeit gerichtet werden. Zum 1.1.1999 ist das **Minderjährigenhaftungsbegrenzungsgesetz** v. 25.8.1998 in Kraft getreten,[58] das in § 723 Abs. 1 Satz 3 Nr. 2 BGB eine Ergänzung vorgenommen hat. Hiernach kann ein Gesellschafter, der das 18. Lebensjahr vollendet hat, die Gesellschaft aus wichtigem Grund kündigen. Daneben wurde eine Haftungsbegrenzung auf das Vermögen zum Zeitpunkt der Volljährigkeit in § 1629a Abs. 1 Satz 1 BGB eingeführt, wenn die Eltern Verbindlichkeiten für das Kind begründet hatten. Die Kündigungsregelung gilt nach h.M. **für die GbR, die OHG und die Komplementärstellung in einer KG**, nicht aber für die Kommanditistenstellung.[59]

38

Die **Kündigung des Volljährigen kann dramatische Folgen** haben, wenn hierdurch eine personelle Verflechtung und damit die Betriebsaufspaltung entfällt. In umgekehrter Richtung besteht in den Fällen, in denen der Minderjährige als Nur-Besitz- oder Betriebsgesellschafter die personelle Verflechtung verhindert hatte, ein hohes Risiko, dass eine Betriebsaufspaltung durch das Ausscheiden erstmals entsteht.

39

> **Hinweis:**
> Wird eine Kündigung ausgesprochen, ist bis zum tatsächlichen Ausscheidungszeitpunkt Handlungsbedarf geboten.

Wird keine Kündigung ausgesprochen, **entfällt** mit Eintritt der Volljährigkeit der **Rechtsgrund für die Zusammenrechnung der Anteile**, da den Eltern ab diesem Zeitpunkt die Vermögenssorge nicht mehr zusteht.[60] Dies kann bei Gestaltungen, in denen eine Betriebsaufspaltung **gewollt** ist, zum **Wegfall** der personellen Verflechtung führen.

> **Hinweis:**
> Auch hier ist Handlungsbedarf geboten, da diese Rechtsfolge allein als Rechtswirkung des Eintritts der Volljährigkeit eintritt und dabei das Risiko sehr hoch ist, dass rückwirkend dass Problem nicht beseitigt werden kann.

b) Faktische Beherrschung
aa) Grundsätze der Rspr.

In **seltenen Ausnahmefällen** kann die Beherrschung der Betriebgesellschaft ohne entsprechenden Anteilsbesitz durch eine besondere Machtstellung vermittelt werden, wenn die Gesellschafter **nach den Umständen des Einzelfalles** darauf angewiesen sind, sich dem Willen eines anderen so unterzuordnen, dass sie keinen eigenen geschäftlichen Betätigungswillen entfalten können.[61] Das Vorliegen solcher besonderen Umstände **muss stets im Einzelfall festgestellt werden**.

40

Die Feststellung dieser Tatsache obliegt im finanzgerichtlichen Verfahren **allein dem FG als Tatsacheninstanz**. In der Abwehrberatung gilt es daher, im Verfahren vor dem FG solche Tatsachen vorzutragen und unter Beweisantritt nachzuweisen, die dem FG die Schlussfolgerung vereiteln, dass eine oder mehrere Person(en) ohne gesellschaftsrechtliche Beteiligungen das Besitz- und Betriebsunternehmen faktisch beherrschen können. Gelangt das FG bei seiner Tatsachenwürdigung im Urteil jedoch zu dem Schluss, dass eine faktische Beherrschung vorlag, bindet diese Feststellung den BFH im Revisionsverfahren (§ 118 Abs. 2 FGO). Damit sind die Erfolgsaussichten einer Revision denkbar gering, da der BFH nunmehr nur noch prüfen kann, ob die Schlussfolgerung des FG angesichts des ermittelten Sachverhalts gegen die allgemeinen Denkgesetze verstößt.

---

58 BGBl. 1998 I, S. 2487.
59 Lohse/Triebel, ZEV 2000, 342, Klöckner, ZEV 2001, 48.
60 Roser, EStB 2005, 191, 194.
61 BFH, BStBl. 1976 II, S. 750; BFH/NV 1991, S. 454.

Derartige **Ausnahmefälle** faktischer Beherrschung wurden z.B. von der Rspr. angenommen,

- wenn ein Gesellschafter der Betriebsgesellschaft unverzichtbare Betriebsgrundlagen zur Verfügung stellt, die er dieser ohne weiteres wieder entziehen kann; oder
- der Alleininhaber des Besitzunternehmens auch der alleinige **Geschäftsführer** der Betriebs-GmbH ist und er jederzeit seinen Geschäftsanteil von 49 % auf bis zu 98 % erhöhen kann[62] oder
- auf die Gesellschafter, deren Stimmen zur Erreichung der im Einzelfall erforderlichen Stimmenmehrheit fehlen, kann aus wirtschaftlichen oder anderen Gründen Druck dahingehend ausgeübt werden, dass sie sich dem Willen der beherrschenden Person oder Personengruppe unterordnen. Ein jahrelanges konfliktfreies Zusammenwirken allein lässt den Schluss auf eine bestehende faktische Beherrschung aber noch nicht zu.[63]

41 **Berufliche Vorbildung** und Erfahrung der Geschäftsführer der Betriebsgesellschaft sowie **fehlende Branchenkenntnis der Gesellschafter** reichen zur Annahme einer faktischen Beherrschung für sich betrachtet nicht aus.[64] Ebenso wenig liegt eine faktische Beherrschung vor, wenn die das Besitzunternehmen beherrschenden Ehemänner der an der Betriebsgesellschaft beteiligten Ehefrauen **zugleich** im Betriebsunternehmen angestellt sind und der Gesellschaftsvertrag vorsieht, dass die Gesellschaftsanteile der Ehefrauen bei Beendigung des Arbeitsverhältnisses des jeweiligen Ehemannes eingezogen werden können.[65]

bb) Wechselwirkungen zwischen der Stellung als verdeckter Mitunternehmer und der faktischen Beherrschung

42 Zwischen der Rspr. zur faktischen Beherrschung bei der Betriebsaufspaltung und der Rspr. zur Stellung als verdeckter Mitunternehmer bestehen **Wechselwirkungen**. Regelmäßig liegen in diesen Fällen Konstellationen vor, die bei Vorliegen einer sachlichen und persönlichen Verflechtung zu einer **mitunternehmerischen Betriebsaufspaltung** führen können. Besonders die Verpachtung von wesentlichem Betriebsvermögen an GmbH & Co. KG durch Ehegatten, in denen der oder die jeweils andere(n) Ehegatte(n) alleiniger oder Mehrheitskommanditist und der verpachtende Ehegatte als Geschäftsführer der Komplementär-GmbH oder der KG tätig sind, haben die Rspr. wiederholt beschäftigt.[66]

43 Die Rspr. **zur verdeckten Mitunternehmerschaft ist weiter** als die Prüfung der faktischen Beherrschung bei der Betriebsaufspaltung, da sie auch die Überlassung von Betriebsvermögen durch **eine natürliche Person** an einer operativ tätige Personengesellschaft erfasst. Diese Konstellationen können wegen des bereits erwähnten Vorrangs des Sonderbetriebsvermögens nicht zu einer Betriebsaufspaltung führen.[67] In Fällen jedoch, in denen in die Überlassung von Betriebsvermögen **durch eine Personenmehrheit** an einer operativ tätige Personengesellschaft erfolgt,[68] kommt es bei Annahme einer verdeckten Mitunternehmerstellung der überlassenden Personen zu der Frage, mit welcher Höhe die Anteile der nunmehr überlassenden Mitunternehmer zu quantifizieren sind. Die Rspr. zur verdeckten Mitunternehmerstellung hat sich in der Vergangenheit nämlich regelmäßig damit begnügt, **die Eigenschaft als verdeckter Mitunterneh-**

---

62 BFH, BStBl. 1997 II, S. 437.
63 BFH, BStBl. 1999 II, S. 445.
64 BFH, BStBl. 1989 II, S. 155; BStBl. 1989 II, S. 152; BStBl. 1987 II, S. 28; BStBl. 1990 II, S. 500.
65 BFH, BStBl. 1999 II, S. 445.
66 BFH, BStBl. 1986 II, S. 10; BStBl. 1996 II, S. 66; BStBl. 1998 II, S. 480; BStBl. 1985 II, S. 363; BStBl. 1986 II, S. 599; BStBl. 1990 II, S. 500; BStBl. 1988 II, S. 62; BStBl. 1989 II, S. 705; BStBl. 1994 II, S. 645; BStBl. 1994 II, S. 282.
67 Vgl. oben Rn. 25.
68 Wenn z.B. Ehemänner einer pachtenden GmbH & Co. KG Grundstücke entgeltlich zu Nutzung überlassen und gleichzeitig die Geschäftsführer dieser von den Ehefrauen allein beherrschten GmbH & Co. KG sind, vgl. BFH, BStBl. 1989 II, S. 705. Werden die Ehemänner ebenfalls als Mitunternehmer der KG angesehen, stellt sich die Frage, ob die Ehemänner nunmehr als beherrschende Gesellschafter der KG angesehen werden können oder ob dies die Ehefrauen sind und die Zusammenrechnung der Ehegattenanteile aufgrund der Entscheidung des BVerfG (BStBl. 1985 II, S. 475) ausgeschlossen ist.

mer als solche festzustellen, mangels gesellschaftsrechtlicher Stellung fehlt es aber für die Prüfung einer persönlichen Verflechtung an der **Quantifizierbarkeit** der Beteiligungshöhe für diese verdeckten Mitunternehmer. Es dürfte daher in diesen Fällen grds. von einem **Vorrang des Sonderbetriebsvermögens** und nicht von einer Überlassung wesentlicher Betriebsgrundlagen von einer Besitzgesellschaft (bestehend aus den verdeckten Mitunternehmern) an eine von diesen beherrschte Betriebsgesellschaft auszugehen sein.

c) Mittelbare Beteiligung und mittelbare Vermietung

aa) Mittelbare Beherrschung

Auch eine **mittelbare Beteiligung** an der **Betriebsgesellschaft** kann zu deren Beherrschung ausreichen und eine personelle Verflechtung begründen.[69] Die personelle Verflechtung ist gewährleistet, wenn die Gesellschafter des Besitzunternehmens auch die Gesellschaft beherrschen, die über die Stimmenmehrheit in der Betriebsgesellschaft verfügt.[70]

44

Die mittelbare Beherrschbarkeit des **Besitzunternehmens** (in der Rechtsform einer GmbH & Co. KG) hat der BFH hingegen abgelehnt: Beherrschen ein oder mehrere „Doppelgesellschafter" die Betriebsgesellschaft und beteiligen sich diese über eine Kapitalgesellschaft an der Gesellschaft, die dem Betriebsunternehmen die wesentliche Betriebsgrundlage überlässt, soll der „Durchgriff" durch die Kapitalgesellschaft auf den „Doppelgesellschafter" zur Bejahung einer persönlichen Verflechtung unzulässig sein.[71] Diese Rspr. wird vereinzelt befürwortet, jedoch überwiegend kritisiert und erscheint auf Grund der Ungleichbehandlung von Besitz- und Betriebsgesellschaft im Hinblick darauf, dass in beiden Fällen das Merkmal der persönlichen Verflechtung geprüft wird, nicht überzeugend.[72]

bb) Mittelbare Nutzungsüberlassung

Die für die Annahme einer Betriebsaufspaltung erforderliche Verflechtung wird nicht dadurch ausgeschlossen, dass der Mehrheitsgesellschafter einer Betriebs-GmbH und Alleineigentümer des Betriebsgrundstücks dieses einer **zwischengeschalteten GmbH** zur Weitervermietung an die Betriebsgesellschaft überlässt.[73] Die **Zwischenvermietung über eine gewerbliche Personengesellschaft** führt hingegen regelmäßig nicht zur Annahme einer Betriebsaufspaltung, da in diesen Fällen doppelstöckige Personengesellschaften vorliegen, für die § 15 Abs. 1 Satz 1 Nr. 1 Satz 2 EStG eine spezielle Zurordnung des überlassenen Wirtschaftsgutes zum Sonderbetriebsvermögen des mittelbaren Gesellschafters bei der nutzenden Unter-Personengesellschaft anordnet.

45

3. Sachliche Verflechtung

Die ältere Rspr. des BFH zur Frage, wann ein Wirtschaftsgut für das Betriebsunternehmen eine wesentliche Betriebsgrundlage ist, führte das Erfordernis des Tatbestandsmerkmals der sachlichen Verflechtung auf das Erfordernis des **einheitlichen geschäftlichen Betätigungswillens** zurück. Der oder die Besitzunternehmer mussten nicht nur durch die personelle Verflechtung, sondern auch durch die Überlassung einer oder mehrerer wesentlicher Betriebsgrundlagen **einen beherrschenden Einfluss auf das Betriebsunternehmen** ausüben.[74] Dies war der Fall, wenn das Betriebsunternehmen ohne die überlassene wesentliche Betriebsgrundlage seinen Betrieb in der Form, wie es ihn mit Hilfe der überlassenen wesentlichen Betriebsgrundlage führte, **nicht fortführen konnte**.[75] Auch heute noch wird die sachliche neben der personellen Verflechtung vom BFH aus diesem Grund als notwendig angesehen. So hat der X. BFH-Senat

46

---

69 BFH, BStBl. 1982 II, S. 60; BStBl. 1988 II, S. 537.
70 Gluth, in: Herrmann/Heuer/Raupach, EStG/KStG, § 15 Anm. 801.
71 BFH, BStBl. 1999 II, 532; BFH, BStBl. 1993 II, S. 134.
72 Befürwortend: Salzmann, DStR 2000, 1229; a.A.: Wacker, in: Schmidt/Wacker, EStG, § 15 Rn. 835; Gluth, in: Herrmann/Heuer/Raupach, EStG/KStG, § 15 Anm. 801; FG Nürnberg, EFG 2002, 632.
73 BFH, BStBl. 2002 II, S. 363.
74 Vgl. Söffing, Betriebsaufspaltung, S. 48 f.
75 BFH, BStBl. 1993 II, S. 245, 246.

in zwei aktuellen Urteilen[76] betont, dass die Überlassung einer wesentlichen Betriebsgrundlage an das Betriebsunternehmen **als unternehmerisches Instrument der Beherrschung fungiere**. Söffing weist zutreffend kritisch darauf hin, dass die Rspr. die Schwelle, wann ein beherrschender Einfluss durch die überlassenen Wirtschaftsgüter ausgeübt werden kann, entgegengesetzt dieser eigenen Vorgabe immer niedriger ansetzt und bei Grundstücken inzwischen nahezu jedes Gebäude als wesentliche Betriebsgrundlage ansieht.[77]

a) Begriff der wesentlichen Betriebsgrundlage

47 Die überlassenen materiellen oder immateriellen Wirtschaftsgüter müssen für die Betriebsgesellschaft **eine wesentliche Betriebsgrundlage** darstellen.[78] Wesentliche Betriebsgrundlage sind solche Wirtschaftsgüter, denen ein besonderes wirtschaftliches Gewicht für die Betriebsführung zukommt und die zur Erreichung des konkreten Betriebszwecks des betrachteten Betriebsunternehmens erforderlich sind.[79] Die maßgebende Betrachtung ist somit **rein funktional aus dem Blickwinkel** der betrachteten Betriebsgesellschaft im Einzelfall vorzunehmen. Nicht entscheidend ist damit, ob das Wirtschaftsgut erhebliche stille Reserven enthält (**sog. quantitative Betrachtungsweise**)[80] oder jederzeit am Markt ersetzbar wäre.[81] Eine über diese Kriterien hinausgehende und „vor die Klammer" zu ziehende rechtliche Definition existiert nicht.

b) Grundstücke als wesentliche Betriebsgrundlagen

aa) Grundstücksbegriff

48 Bei der Beurteilung der Frage, ob das Grundstück von wesentlichem Gewicht für das Betriebsunternehmen ist, ist nicht auf die einzelnen Grundstücksteile, sondern auf **das Grundstück als Einheit** abzustellen.[82] Unter Grundstück ist hierbei zudem der zusammenhängende Grundbesitz und **nicht die katastermäßige Parzelle** zu verstehen.

bb) Kriterien der Wesentlichkeit von überlassenen Grundstücken

(1) Frühere Kriterien und sog. Austauschbarkeits-Rechtsprechung

49 Der BFH hat zunächst in der ständigen Rspr. aller Senate ein wirtschaftliches Gewicht des Grundstücks nach den nachfolgenden **drei Kriterien** angenommen, dass das Betriebsunternehmen in seiner Betriebsführung auf das ihm zur Nutzung überlassene Grundstück angewiesen war. Im Einzelnen war dies der Fall, wenn

- die Betriebsführung der Betriebsgesellschaft durch Lage, Größe und Grundriss des Grundstücks bestimmt war[83] **oder**

- das Grundstück **auf die Bedürfnisse der Betriebsgesellschaft zugeschnitten war**, vor allem, wenn die aufstehenden Baulichkeiten für die Zwecke des Betriebsunternehmens hergerichtet oder gestaltet worden waren[84] **oder**

- das Betriebsunternehmen **aus anderen innerbetrieblichen Gründen** den Betrieb **ohne ein Grundstück dieser Art** nicht fortführen könnte.

---

76 BFH, BStBl. 1997 II, S. 44, 46, BStBl. 2002 II, S. 363, 364.
77 Vgl. Söffing, Betriebsaufspaltung, S. 48.
78 BFH, BStBl. 1989 II, S. 1014; BStBl. 1992 II, S. 415.
79 BFH, BStBl. 1986 II, S. 299.
80 BFH, BStBl. 1998 II, S. 104. Auch ungünstige oder heruntergekommene Wirtschaftsgüter können eine wesentliche Betriebsgrundlage sein.
81 BFH, BStBl. 1993 II, S. 718.
82 BFH, BStBl. 1992 II, S. 334.
83 BFH, BStBl. 1992 II, S. 723, für das Ladenlokal eines Getränkeeinzelhandels; im Ergebnis auch BFH/NV 1993, 167 für die Räumlichkeiten eines Textileinzelhandels an einer Hauptverkehrsstraße.
84 BFH, BStBl. II 1992, S. 830 für Grundstücke von Fertigungsbetrieben.

Der **Steuerpflichtige** konnte eine sachliche Verflechtung erfolgreich bestreiten, wenn für den Fall, dass das Nutzungsverhältnis mit dem Besitzunternehmen beendet wurde, das überlassene Grundstück jederzeit durch Anmieten oder Kauf eines gleichartigen Grundstücks am Markt hätte ersetzt (ausgetauscht) werden können. Denn in diesem Fall hätte das Betriebsunternehmen bei Wegfall des Nutzungsverhältnisses seinen Betrieb in der Form, wie er bisher geführt worden war, fortsetzen können. Die Berücksichtigung dieses Einwands wurde als **sog. Austauschbarkeits-Rspr.** bezeichnet.[85]

(2) Neuere Rspr. des BFH

Der BFH hat nunmehr die **Austauschbarkeits-Rechtsprechung** aufgegeben. Nach der neueren Rspr. des BFH ist jedes Grundstück, das die räumliche und funktionale Grundlage für die Geschäftstätigkeit des Betriebsunternehmens bildet und es ihr ermöglicht, ihren Geschäftsbetrieb aufzunehmen und auszuüben, eine wesentliche Betriebsgrundlage.[86]

Diese Voraussetzungen liegen vor, wenn das Grundstück nach dem Gesamtbild der Verhältnisse **zur Erreichung des Betriebszwecks** erforderlich ist und besonderes Gewicht für die Betriebsführung hat. Ohne Belang sollen Maßstäbe sein, die von außen **ohne Bezug auf die Betriebsstruktur** an das Grundstück angelegt werden.[87] So spielt es keine Rolle, – so exemplarisch der X. Senat des BFH in seiner Entscheidung v. 18.9.2002 – ob das Grundstück auch von anderen Unternehmen genutzt werden könnte oder ob ein Ersatzgrundstück gekauft oder angemietet werden könnte. Unerheblich sei auch, ob das Grundstück und die aufstehenden Baulichkeiten ursprünglich für die Zwecke eines anderen Betriebs genutzt und vom Kläger ohne nennenswerte Investitionen und Veränderungen in den Dienst der GmbH gestellt werden konnten.[88]

Das Kriterium der räumlichen und funktionalen Grundlage stützt sich m.E. auf den – nach den o.g. Kriterien (vgl. Rn. 49) ausreichenden – **innerbetrieblichen Zusammenhang** zwischen dem genutzten Grundstück und dem Betrieb der Betriebsgesellschaft. Dieser Zusammenhang wird bereits deshalb bejaht, weil das Betriebsunternehmen das betrachtete Grundstück im konkreten Einzelfall überhaupt nutzt. Der Prüfung, ob eine Beherrschung des Betriebsunternehmens **gerade durch** das überlassene Grundstück erreicht wird, bedarf es **nicht mehr**.[89] Kempermann sieht die Entwicklung des neuen Kriteriums sogar darin begründet, dass der BFH eine zuverlässige Prüfung der Beherrschung durch das überlassene Grundstück nicht vornehmen könne.[90]

Über den Begriff „**Grundlage**" in der neuerdings verwendeten Definition ist zumindest noch angedeutet, dass das Grundstück eine gewisse wirtschaftliche Bedeutung für die Betriebsgesellschaft haben muss. Damit dürfte die frühere Rspr. noch Bestand haben, nach der ausnahmsweise, z.B. wegen der geringen Größe des überlassenen Grundstücks, eine gewichtige wirtschaftliche Bedeutung verneint werden konnte.[91] Eine Entscheidung zu diesem Problemkreis existiert noch nicht. In der Lit. wird im Übrigen auch für möglich gehalten, dass jedes vom Betriebsunternehmen genutzte Grundstück nunmehr immer auch wirtschaftliche Bedeutung hat und es keine untergeordneten Wirtschaftsgüter mehr gibt.[92]

cc) Folgerungen für verschiedene Grundstücksarten

Fabrikgrundstücke sind i.d.R. wesentliche Betriebsgrundlagen, da die Gebäude meist durch ihre Gliederung oder sonstige Bauart auf den Betrieb zugeschnitten sind. Davon kann zumindest dann ausgegangen

---

85 Vgl. Söffing, Betriebsaufspaltung, S. 54 ff.
86 BFH, BStBl. 2002 II, S. 662, 665; BFH/NV 2003, S. 41; BFH/NV 2003, S. 1321.
87 Vgl. z.B. BFH/NV 2003, S. 41.
88 BFH/NV 2003, S. 41.
89 Vgl. kritisch Söffing, Betriebsaufspaltung, S. 54 ff.
90 Kempermann, NWB Fach 3, S. 12501 (12504).
91 Dabei ist neben den Größenverhältnissen im Vergleich zu den von Fremden gemieteten Betriebsgrundstücken auch die absolute Größe des Grundstücks zu beachten, vgl. BFH, BStBl. 1993 II, S. 245.
92 Söffing, Betriebsaufspaltung, S. 58 – 61.

werden, wenn ein enger zeitlicher Zusammenhang zwischen Errichtung des Gebäudes, Vermietung und Aufnahme des Betriebs in diesem Gebäude besteht.[93] Dasselbe wird regelmäßig für **Laden- und Verkaufsräume** angenommen, da diese die Eigenart des Betriebs prägen und der Kundenstamm mit ihnen verbunden ist.[94]

54 **Unbebaute Grundstücke** sind wesentliche Betriebsgrundlagen, wenn sie betriebsnotwendig sind[95] oder von der Betriebsgesellschaft mit Zustimmung des Besitzunternehmens für betriebliche Zwecke bebaut werden.

dd) Bürogebäude als wesentliche Betriebsgrundlagen

(1) Einbeziehung aller Formen von Büro- und Verwaltungsgebäuden

55 Die Wesentlichkeit eines Büro- oder Verwaltungsgebäudes beurteilt sich grds. nach den allgemeinen Kriterien der Wesentlichkeitsprüfung für alle Grundstücke. Dies bedeutete nach der früheren Rspr., dass **speziell auf das Betriebsunternehmen zugeschnittene Bürogebäude** – z.B. auf Grund einer besonderen Bauweise – eine wesentliche Betriebsgrundlage bildeten.[96]

Die geänderte, verschärfende Rspr. hat zu einer Erweiterung der sachlichen Verflechtung auf **Allerwelts-Büro- und Verwaltungsgebäuden geführt**. Insb. mit Urt. v. 23.5.2000[97] hat der BFH entschieden, dass immer dann eine wesentliche Betriebsgrundlage vorliege, wenn die Grundstücke für die Betriebsgesellschaft **von nicht untergeordneter Bedeutung seien**. Hiervon sei bei einer Anmietung durch die Betriebsgesellschaft regelmäßig auszugehen, wenn diese das Büro- und Verwaltungsgebäude benötige, es für die betrieblichen Zwecke der Betriebsgesellschaft geeignet und wirtschaftlich von nicht untergeordneter Bedeutung sei. Zur Klarstellung fügt der BFH an, dass diese Anforderungen **bei der gebotenen funktionalen Betrachtung** unabhängig vom baulichen Zuschnitt und der örtlichen Lage erfüllt seien, wenn das Unternehmen der Betriebsgesellschaft ohne das Gebäude nur bei einer einschneidenden Änderung seiner Organisation fortgeführt werden könnte. **Im Ergebnis** ist also allein die Tatsache ausreichend, dass eine Betriebsgesellschaft ein Bürogebäude als solches benötigt und im betrachteten Fall ein solches von beherrschenden Gesellschaftern gemietet hat.

Den vorläufigen Schlusspunkt der Entwicklung stellt das BFH-Urteil v. 13.7.2006[98] dar. In dieser Entscheidung sieht der BFH sogar Räume eines Einfamilienhauses, die als Sitz der Betriebsgesellschaft genutzt und an diese vermietet wurden, als wesentliche Betriebsgrundlagen an. Untergrenze für eine Eignung als wesentliche Betriebsgrundlage bilden die Grenzen des § 8 EStDV.

(2) Übergangsregelung der Finanzverwaltung für erstmals entstehende Betriebsaufspaltungen

56 Da diese Änderung der Rspr. erstmals Fälle in die Betriebsaufspaltung hineinzog, die vorher mangels sachlicher Verflechtung sowohl seitens der Finanzverwaltung als auch der Rspr. als reine Vermietungstätigkeit angesehen wurden, hat diese Rechtsprechungsentwicklung drastische Folgen.

57 Die **Finanzverwaltung** wendet die Grundsätze des Urteils v. 23.5.2000 über den entschiedenen Fall hinaus an. Sie hat allerdings die folgende Übergangsregelung erlassen[99] :

---

93 BFH, BStBl. 1992 II, S. 347.
94 BFH, BStBl. 1992 II, S. 723.
95 BFH, BStBl. 1998 II, S. 478.
96 Wenn ein neu errichtetes Gebäude zum Zweck der büro- und verwaltungsmäßigen Nutzung an die Betriebsgesellschaft vermietet wurde, für deren Zwecke es hergerichtet oder gestaltet worden war, nahm der BFH eine besondere wirtschaftliche Bedeutung für das Betriebsunternehmen an, vgl. z.B. BFH/NV 1998, S. 1001.
97 BFH, BStBl. 2000 II, S. 621.
98 BFH, BStBl. 2006 II, S. 804.
99 BMF-Schreiben v. 18.9.2001, BStBl. 2001 I, S. 634, v. 20.12.2001, BStBl. 2002 I, S. 88 und v. 11.6.2002, BStBl. 2002 I, S. 647.

- In den Fällen, in denen nur deshalb eine Betriebsaufspaltung vorliegt, weil die Anwendung der Grundsätze des BFH-Urteils v. 23.5.2000 zu einer Änderung gegenüber der vorherigen Verwaltungspraxis geführt hat, werden die steuerlichen Konsequenzen aus der Betriebsaufspaltung **auf Antrag erst für die Zeit nach dem 31.12.2002 gezogen**.
- Auch in den Fällen, in denen **allein** die Anwendung der Grundsätze des BFH-Urteils zur Entstehung einer Betriebsaufspaltung führt, aber die Voraussetzungen hierfür **vor dem 1.1.2003** wieder entfallen, ist das Urteil **auf Antrag nicht anzuwenden**.
- Wird der Antrag gestellt **und besteht die Betriebsaufspaltung über den 31.12.2002 hinaus fort**, sind die Wirtschaftsgüter beim Besitzunternehmen zum 1.1.2003 mit den Werten anzusetzen, mit denen sie zu Buche stehen würden, wenn die Betriebsaufspaltung von Anfang an zutreffend erkannt worden wäre. Es wird nicht beanstandet, wenn die mit den Restwerten auf Grund der tatsächlich in Anspruch genommenen Absetzung für Abnutzung angesetzt werden.
- Steuerpflichtige, die von der Übergangsregelung Gebrauch machen wollen, können dies **bis zur Unanfechtbarkeit** des entsprechenden Steuerbescheids beantragen. **Der Antrag kann nicht widerrufen werden.**

ee) Erbbaurecht und Nießbrauch als wesentliche Betriebsgrundlage

Bei Erbbaurechten kann es ebenfalls zur Annahme einer sachlichen Verflechtung kommen. Hier sind **verschiedene Konstellationen** denkbar.

58

Zum einen kann das Besitzunternehmen Inhaber **nur des Erbbaurechts** sein. Hat es auf dem Grundstück ein Gebäude errichtet und dieses der Betriebsgesellschaft zur Nutzung überlassen, wird die Annahme einer sachlichen Verflechtung bejaht. Es ist gleichgültig, ob das Besitzunternehmen ein ihm gehörendes Gebäude auf fremdem Grund und Boden oder ein zivilrechtlich vollständig in seinem Eigentum stehendes Grundstück zur Nutzung überlässt.[100]

Von der Rspr. entschieden wurde die Konstellation, dass das Besitzunternehmen Eigentümer des Grundstücks ist **und der Betriebsgesellschaft ein Erbbaurecht einräumt**, auf dessen Grundlage die Betriebsgesellschaft auf dem Grund und Boden ein Gebäude errichtet. In diesem Fall steht das von der Betriebsgesellschaft auf fremdem Grund und Boden errichtete Gebäude von vornherein in deren Eigentum und **ist bei der Betriebsgesellschaft** zu aktivieren.[101] Auch der mit dem Erbbaurecht belastete **Grund und Boden** kann für sich betrachtet noch als wesentliche Betriebsgrundlage angesehen werden und zur Begründung einer sachlichen Verflechtung führen. Die Rspr. nimmt dies an, wenn das aus Sicht des Besitzunternehmens auf der Grundlage des Erbbaurechts errichtete Gebäude eine wesentliche Betriebsgrundlage des Betriebsunternehmens bilde, anzunehmen, wenn das Grundstück vom Betriebsunternehmen **unter Zustimmung des Besitzunternehmens** mit Gebäuden und Vorrichtungen bebaut werden konnte,[102] die für das Betriebsunternehmen eine wesentliche Betriebsgrundlage sind. Die sachliche Verflechtung beginnt in diesen Fällen mit der **Errichtung** des Gebäudes, **ausnahmsweise** aber schon mit Abschluss des Erbbaurechtsvertrags, wenn bei der rechtsverbindlichen Bestellung des Erbbaurechts im Rahmen eines abgestimmten Vertragskonzepts die Errichtung des Gebäudes fest vereinbart wurde.[103]

Für den **Nießbrauch** ist anerkannt, dass eine Betriebsaufspaltung bei Vorliegen der übrigen Voraussetzungen auch dann gegeben ist, wenn der Vermieter nicht Eigentümer des vermieteten Wirtschaftsguts ist, sondern wenn es ihm (nur) zur Nutzung überlassen worden ist.[104]

---

100 Fichtelmann, EStB 2005, 421, 422.
101 Fichtelmann, EStB 2005, 421, 422.
102 BFH, BStBl. 1991 II, S. 405; BStBl. 2002 II, S. 662.
103 Fichtelmann, EStB 2005, 421, 423.
104 BFH, BStBl II 1989, 1014; BFH/NV 2002, 781.

ff) Grundstücke von untergeordneter wirtschaftlicher Bedeutung

59 Da für die Prüfung der Wesentlichkeit eines überlassenen Grundstücks auf die wirtschaftliche Bedeutung des Grundstücks für das Betriebsunternehmen abzustellen ist, ist demgemäß ein Betriebsgrundstück **keine wesentliche Betriebsgrundlage**, das für das Betriebsunternehmen keine oder nur geringe wirtschaftliche Bedeutung hat.[105] Allerdings ist diese Rspr. vor dem Hintergrund der Aufgabe der Austauschbarkeits-Rechtsprechung fortzuentwickeln. Auf Grund der Tatsache, dass es der BFH für die Wesentlichkeit nunmehr fast schon ausreichen lässt, dass der konkrete Betriebsablauf durch Fortfall des betrachteten Wirtschaftsguts gestört werden könnte, bleibt abzuwarten, bei welchen Umständen der BFH in Zukunft noch Ausnahmen bei untergeordneter wirtschaftlicher Bedeutung zulässt.[106]

c) Immaterielle Wirtschaftsgüter

aa) Patente, Lizenzen

60 **Immaterielle Wirtschaftsgüter** sind als wesentliche Betriebsgrundlage anzusehen, wenn die unternehmerische Tätigkeit der Betriebsgesellschaft auf sie in besonderem Maße gestützt wird. Solche immateriellen Wirtschaftsgüter können z.B. Patente,[107] Gebrauchsmuster,[108] Marken oder auch ungeschützte Erfindungen[109] sein. Kennzeichen dafür, dass im Einzelfall eine „erhebliche" Grundlage der operativen Tätigkeit der Betriebsgesellschaft in der Überlassung des immateriellen Wirtschaftsgüter liegt, sind nach der Rspr. des BFH die auf der Überlassung des immateriellen Wirtschaftsgüter beruhenden **Umsätze** der Betriebsgesellschaft.

Der BFH hat zunächst Umsatzanteile zwischen 61 und 82%, etwa 75%[110] des Gesamtumsatzes verlangt, ist dann aber verschärfend zu niedrigeren Relationen gelangt. Eine gute Richtschnur bildet die Unterscheidung des BFH im Urteil v. 17.11.1989,[111] nach dem eine sachliche Verflechtung **immer anzunehmen ist**, wenn die Umsätze der GmbH **zu mehr als 50%** auf überlassenen Patenten des Gesellschafters beruhen. Liegt diese Umsatzrelation niedriger, kann gleichwohl eine sachliche Verflechtung in Betracht kommen. In einem (älteren) Fall hat der BFH bereits einen **Umsatzanteil von 25 %** zur Annahme einer wesentlichen Betriebsgrundlage für ausreichend gehalten.[112]

bb) Geschäftswert

61 Der Geschäftswert ist nach der ständigen Rspr. des BFH der Wert, der einem gewerblichen Unternehmen **über den Substanzwert (Verkehrswert) der einzelnen materiellen und immateriellen Wirtschaftsgüter hinaus** innewohnt.[113] Er ist Ausdruck der Gewinnchancen eines Unternehmens, soweit diese nicht in einzelnen Wirtschaftsgütern verkörpert sind, sondern durch den Betrieb eines lebenden Unternehmens gewährleistet erscheinen.[114] Angesichts **dessen ist er unmittelbar mit dem Betrieb als solchem verwoben**, so dass er grds. nicht ohne diesen veräußert oder entnommen werden kann.[115]

62 Aus diesen Vorgaben folgt, dass eine sachliche Verflechtung **nicht durch eine isolierte Überlassung nur des Geschäftswerts** möglich ist. Die Frage ist vielmehr, ob der Geschäftswert bei der Begründung einer Betriebsaufspaltung, bei der wesentliche Betriebsgrundlagen des Besitzunternehmens verpachtet werden,

---

105 BFH, BStBl. 1993 II, S. 245; BStBl. 1993 II, S. 233.
106 Vgl. zum Ganzen Söffing, Betriebsaufspaltung, S. 68 ff.
107 Vgl. BFH, BStBl. 1989 II, S. 455; BStBl. 1988 II, S. 537.
108 BFH, BStBl. 1989 II, S. 455.
109 BFH, BStBl. 1994 II, S. 168.
110 BFH, BStBl. 1992 II, S. 415.
111 BFH, BFH/NV 1990, S. 99.
112 BFH, BStBl. 1973 II, S. 869.
113 BFH, BStBl. 1996 II, S. 576.
114 BFH, BFHE 185, 230.
115 BFH, BStBl. 1983 II, S. 113 f.; BFHE 185, 230.

automatisch mit auf die Betriebsgesellschaft übergeht. Nach der Rspr. des BFH wird durch das Entstehen einer Betriebsaufspaltung aber **nicht** zwingend ein Übergang des Geschäftswerts auf das Betriebsunternehmen ausgelöst.[116]

Problematisch sind die Fälle in denen ein Unternehmen den Betrieb eines anderen ganz oder teilweise übernimmt (Betriebsverpachtung im Ganzen oder Teilbetriebsverpachtung) und hierbei **geschäftswertbildende Faktoren** von dem übertragenden Unternehmen auf das übernehmende übergehen. Der Geschäftswert des übertragenden Unternehmens folgt dann denjenigen geschäftswertbildenden Faktoren, die durch ihn verkörpert werden, z.B. wenn die Betriebsgesellschaft nach ihrer Organisation und Struktur eigenständig am Wirtschaftsleben teilnehmen kann die Nutzungsmöglichkeit dieser Faktoren auf Dauer angelegt ist und ihr nicht vorzeitig entzogen werden kann.[117] Auch wenn bei einer Betriebsaufspaltung die Betriebsgesellschaft das Betriebsgrundstück anmietet und ihr alle übrigen Wirtschaftsgüter zu Eigentum übertragen werden, kann der Geschäftswert auf die Betriebsgesellschaft übergehen, sofern er nicht allein auf bestimmten Eigenschaften des zurückbehaltenen Betriebsgrundstücks beruht.[118]

63

> **Hinweis:**
>
> In der **kautelarjuristischen Vertragsgestaltung** wird deshalb versucht, den Übergang des Geschäftswerts auf die Betriebsgesellschaft durch sehr differenzierte Pachtzinsklauseln zu vermeiden, die eigene Vergütungskomponenten für den Geschäftswert enthalten (siehe Rn. 122 ff.).

d) Bewegliche Wirtschaftsgüter

Der BFH hat in st. Rspr. **auch bei der Überlassung von beweglichen Wirtschaftsgütern** des Anlagevermögens das Vorliegen einer sachlichen Verflechtung bejaht, wenn durch die Veräußerung des überlassenen Wirtschaftsgutes z.B. eine Produktion schlechterdings ausgeschlossen wurde. Als Beispiele aus der Rspr. können die **folgenden Urteile** dienen:

64

- Überlassung von **Maschinen und technischen Geschäftsausstattungen** einer Druckerei, weil sie für die Betriebsfortführung funktional von erheblicher Bedeutung seien, gleich ob sie nach Ablauf der zehnjährigen Pachtzeit veraltet und technisch überholt seien;[119]
- Überlassung von **Spinnereimaschinen** als wesentliche Betriebsgrundlagen bei einer Kammgarn-Spinnerei;[120]
- Überlassung einer Sachgesamtheit aus **Betriebsausstattung, Werkzeugen und Geschäftswagen**, weil diese für ein Schlosserei- und Metallbauunternehmen von ihrer Funktion her ein wesentliches Gewicht für die Betriebsführung hätten, da ein Unternehmen dieser Art zu seiner Führung solcher Wirtschaftsgüter bedürfe;[121]
- Überlassung von **Standardmaschinen** bei einem Fabrikationsbetrieb:[122]
- Überlassung **der einzigen Dreschmaschine** einer Lohndrescherei, weil ohne diese die Tätigkeit gar nicht ausgeübt werden konnte und sie damit als zur Produktion eingesetzte Maschine unerlässlich gewesen sei.[123]

Für die Überlassung von beweglichen Wirtschaftsgütern des Anlagevermögens liegt auch bereits einer neue Entscheidung des X. Senats des BFH nach Aufgabe der Austauschbarkeits-Rechtsprechung vor.

65

---

116 BFH, HFR 1963, 170; BStBl. 1989 II, S. 982; BFH/NV 1990, S. 264; BStBl. 1991 II, S. 829; BStBl. 2001 II, S. 771; Tillmann, GmbHR 1989, 49; Schneeloch, DStR 1991, 804, 805.
117 Vgl. auch FG Rheinland-Pfalz, EFG 2003, 240.
118 Vgl. BFH, BStBl. 1997 II, S. 44; Tillmann, GmbHR 1989, 41, 49.
119 BFH/NV 1987, S. 578.
120 BFH, BStBl. 1970 II, S. 719, 720.
121 BFH, BFH/NV 1986, S. 21.
122 BFH, BStBl. 1996 II, S. 527.
123 BFH, BFH/NV 1995, S. 385.

In diesem **Beschluss v. 18.5.2004**[124] verweist der X. Senat auf die bisherige BFH-Rspr., die weiterhin Gültigkeit habe. Er betont, dass weiterhin je nach Branche und der Eigenart des Betriebs sowie nach den Umständen des Einzelfalls Maschinen und Einrichtung als Betriebsgegenstände von untergeordneter Bedeutung beurteilt werden könnten.[125] Einzelne, kurzfristig wiederbeschaffbare Maschinen seien auch bei Fabrikationsbetrieben und bei Produktionsunternehmen daher regelmäßig keine wesentlichen Betriebsgrundlagen. Es liegt daher die Annahme nahe, dass die Aufgabe der Austauschbarkeits-Rechtsprechung im Bereich der Überlassung von Grundstücken **nicht zu neuen Kriterien bei der Überlassung beweglicher Wirtschaftsgüter** führt. Dies ist jedoch nicht unbestritten.[126]

C. Gestaltungen zur Vermeidung der Betriebsaufspaltung

66 Der Eintritt der Rechtsfolgen einer Betriebsaufspaltung kann in vielen Fällen durch Gestaltungsmaßnahmen ausgeschlossen werden. Die geeigneten Gestaltungen setzen fast alle auf der Ebene an, den **Eintritt einer personellen Verflechtung auszuschließen**. Dies gilt zumindest für die nachfolgend dargestellten Gestaltungsmöglichkeiten (vgl. Rn. 67 ff.). Angesichts der sehr weit gehenden Rspr. zur sachlichen Verflechtung wäre es leichtfertig, bei einer Gestaltung darauf zu bauen, dass ein zur Nutzung an das Betriebsunternehmen überlassenes Wirtschaftsgut im Einzelfall keine wesentliche Betriebsgrundlage darstellt. Für **die mitunternehmerischen Betriebsaufspaltungen** besteht eine nur bei dieser Konstellation nutzbare Gestaltungsmöglichkeit, die wesentliche Betriebsgrundlage unentgeltlich zu überlassen (siehe unten Rn. 98 ff.).

> **Hinweis:**
> Die an dieser Stelle beschriebenen Möglichkeiten mit sog. **Nur-Besitzgesellschaftern** sind nur bei horizontalen Betriebsaufspaltungen effektiv. Liegt eine **Einheitsbetriebsaufspaltung** vor, kann allenfalls über einen Nur-Betriebsgesellschafter die personelle Verflechtung ausgeschlossen werden.

I. Einstimmigkeitsabreden als Gestaltungsinstrument

67 Der Praxis ist durch die Rspr. des BFH zu den sog. **Einstimmigkeitsabreden** ein wirksames Gestaltungsinstrument an die Hand gegeben, die Rechtsfolgen der Betriebsaufspaltung in den geeigneten Fällen zu vermeiden oder eintreten zulassen. Es wird in diesem Zusammenhang von einem **de facto-Wahlrecht** gesprochen.

Relevant ist diese Gestaltungsmöglichkeit, wenn an der Besitzgesellschaft neben der mehrheitlich bei der Betriebsgesellschaft beteiligten Person oder Personengruppe mindestens ein weiterer Gesellschafter beteiligt (sog. Nur-Besitzgesellschafter) und **Beschlüsse der Gesellschafterversammlung** wegen vertraglicher oder gesetzlicher Bestimmungen einstimmig oder mit qualifizierter Mehrheit gefasst werden müssen, so dass eine Beherrschungsidentität auf vertraglicher und gesellschaftsrechtlicher Grundlage und damit eine personelle Verflechtung verhindert werden kann. Obwohl die bislang ergangene Rspr. und vor allem das BMF-Schreiben nur zu den Fällen des Nur-Besitz-Gesellschafters ergangen sind, kann die personelle Verflechtung **auch in den Fällen des Nur-Betriebsgesellschafters** ausgeschlossen werden (siehe unten Rn. 78 ff.).

---

124 BFH, BFH/NV 2004, S. 1262.
125 Dies wurde für eine Metzgerei (BFH, BStBl. 1979 II, S. 300, 302) bejaht sowie für eine Bäckerei, Konditorei mit Cafe-Restaurant und ein Hotel (BFH, BStBl. 1980 II, S. 181, 184), weil für deren Umsatz und Gewinn die Lage und der Zustand der Betriebsgebäude ausschlaggebend seien; ferner bei einem Einzelhandelsbetrieb (BFH/NV 1993, S. 233) bzgl. des Inventars und des Warenbestandes, die bei der Aufnahme kurzfristig wiederbeschafft werden könnten (vgl. z.B. BFH, BStBl. 1993 II, S. 710, bei einem Furnierwerk die Kreissäge, Paketschere, Kräne und eine Schälmaschine).
126 Vgl. Söffing, Betriebsaufspaltung, S. 68–70.

1. Entwicklung der Rspr. zu den Einstimmigkeitsabreden

Beginnend mit dem BFH-Urteil v. 9.11.1983 entschied der BFH, dass die Voraussetzungen der personellen Verflechtung im Rahmen einer Betriebsaufspaltung i.d.R. nicht erfüllt sind, wenn

- ein Gesellschafter des Besitzunternehmens nicht zugleich Gesellschafter der Betriebs-GmbH ist (**sog. Nur-Besitzgesellschafter**) und
- nach dem Gesellschaftsvertrag der Besitzgesellschaft **für alle Geschäfte** im Zusammenhang mit den überlassenen **Betriebsgrundlagen einstimmig Beschlüsse** in der Gesellschafterversammlung zu fassen sind.[127]

Weitere Urteile des BFH v. 29.10.1987 und v. 10.12.1991 verfestigten diese Rspr.,[128] warfen aber Zweifel dahingehend auf, welchen Umfang eine Einstimmigkeitsabrede haben musste und ob diese durch die Annahme einer faktischen Beherrschung durch die Finanzverwaltung eine personelle Verflechtung nicht endgültig zu beseitigen vermochte. Einen **wichtigen Baustein** der Entwicklung bildete das BFH-Urteil v. 21.1.1999:[129] Nach dem Sachverhalt dieses BFH-Urteils bestanden identische Beteiligungsverhältnisse bei der Besitz-GmbH & Co. KG und an der Betriebs-GmbH. Der Gesellschaftsvertrag der Besitz-GmbH & Co. KG wurde um eine Einstimmigkeitsabrede ergänzt, nach der **zu allen Vorgängen betreffend des Mietvertrags** über die überlassenen wesentlichen Betriebsgrundlagen (Grundstücke) einstimmige Gesellschafterbeschlüsse erforderlich waren. Anschließend übertrug ein an der Besitz- und Betriebsgesellschaft Beteiligter (Sowohl-als-auch-Gesellschafter) seine Kommanditbeteiligung auf einen Nur-Besitz-Gesellschafter. **Der BFH gab der klagenden Besitz-GmbH & Co. KG Recht**, dass die getroffene Einstimmigkeitsabrede in Verbindung mit der Übertragung der Kommanditbeteiligung zur Beendigung der Betriebsaufspaltung mangels andauernder personeller Verflechtung führte. Der IV. Senat stellte in dieser Entscheidung zudem zwei bedeutsame Zweifelsfragen klar, durch die nunmehr die Gestaltung von Einstimmigkeitsabreden auf einer weitgehend gesicherten Basis hinsichtlich ihrer Voraussetzung beruht:

- Bezugspunkt der Einstimmigkeitsabrede sind die **Geschäfte des täglichen Lebens**: Müssen Beschlüsse der Gesellschafterversammlung einstimmig gefasst werden, können die beherrschende Person oder Personengruppe rechtlich ihren Willen in der Besitzgesellschaft nicht mehr durchsetzen, wenn an der Besitzgesellschaft neben der mehrheitlich bei der Betriebsgesellschaft beteiligten Person oder Personengruppe mindestens ein weiterer Gesellschafter beteiligt ist und wenn das Einstimmigkeitsprinzip **auch die laufende Verwaltung der vermieteten Wirtschaftsgüter**, die sog. Geschäfte des täglichen Lebens, einschließt.

- **Verhältnis der rechtlichen Gestaltung zur Annahme einer faktischen Beherrschung**: Ein generelles Abstellen auf die rein tatsächliche Beherrschung – so der IV. Senat – scheide aus, da sich das tatsächliche Beherrschungsverhältnis nur aus dem Verhalten der Gesellschafter in der Vergangenheit ableiten ließe und dieses keinen sicheren Schluss darauf zulasse, dass dieser Zustand auch fortwirke. Außerdem sei unklar, welche Anforderungen in diesem Zusammenhang an eine tatsächliche Beherrschung zu stellen seien. **Nur in besonders gelagerten Ausnahmefällen** könne trotz fehlender rechtlicher Möglichkeit zur Durchsetzung des eigenen Willens eine Person oder Personengruppe ein Unternehmen faktisch beherrschen. Dies sei etwa dann der Fall, wenn auf die Gesellschafter, deren Stimmen zur Erreichung der im Einzelfall erforderlichen Stimmenmehrheit fehlen, aus wirtschaftlichen oder anderen Gründen Druck dahingehend ausgeübt werden könne, dass sie sich dem Willen der beherrschenden Person oder Personengruppe unterordnen müssten oder ein Gesellschafter der Gesellschaft **unverzichtbare Betriebsgrundlagen** zur Verfügung stelle. Die **Feststellungslast** sieht der IV. Senat bei demjenigen, der aus dem Vorliegen einer Betriebsaufspaltung günstige Folgen für sich ableiten wolle.

---

127 BFH, BStBl. 1984 II, S. 212. Diesem Grundsatz folgten auch der BFH, BStBl. 1989 II, S. 96 und BFH/NV 1992, S. 551, BStBl. II 1997, S. 44; krit.: Gosch, StBp 1997, 53, 54; Söffing, BB 1998, 397.

128 BFH, BStBl. 1989 II, S. 96; BFH/NV 1992, S. 551. Die Finanzverwaltung vertrat demgegenüber die Auffassung, es reiche für die personelle Verflechtung aus, wenn die Mehrheitspersonengruppe infolge des Einstimmigkeitsprinzips zwar nicht rechtlich, aber doch tatsächlich in der Lage sei, ihren unternehmerischen Willen in der Besitzgesellschaft durchzusetzen (so BMF-Schreiben v. 29.3.1985 – S 2241, BStBl. 1985 I, S. 121 und v. 23.1.1989 – S 2241, BStBl. 1989 I, S. 39).

129 BFH, BStBl. 2002 II, S. 771.

- In einem weiteren Urteil entschied der BFH **zu einer GbR als Besitzgesellschaft**, bei der kraft Gesetzes das Einstimmigkeitsprinzip galt (§ 709 Abs. 1 BGB) und keine Einzel- sondern eine Mehrfach-Geschäftsführung bestand.[130]

2. BMF-Schreiben v. 7.10.2002 als Gestaltungsvorgabe

a) Einstimmigkeit muss auch auf Geschäfte des täglichen Lebens gerichtet sein

70 In diesem BMF-Schreiben folgt die Finanzverwaltung der Rspr. des BFH und schließt sich der Auffassung an, dass **bei gesetzlicher Geltung des Einstimmigkeitsprinzips** oder dessen gesellschaftsvertraglicher Vereinbarung der Eintritt einer personellen Verflechtung vermieden werden kann. Im Hinblick auf den Bezugspunkt der Einstimmigkeit führt es aus:

„Dies gilt jedoch nur, **wenn das Einstimmigkeitsprinzip auch die laufende Verwaltung** der vermieteten WG, die so genannten Geschäfte des täglichen Lebens, einschließt. Ist die Einstimmigkeit nur bzgl. der Geschäfte außerhalb des täglichen Lebens vereinbart, wird die personelle Verflechtung dadurch **nicht ausgeschlossen**".

Begründet wird dies damit, dass für die Durchsetzung des geschäftlichen Betätigungswillens nach dem BFH-Urteil v. 27.8.1992[131] auf die Beherrschungsmacht über das bestehende Miet- oder Pachtverhältnis abzustellen sei.

b) Aussagen zur faktischen Beherrschung

71 Das BMF-Schreiben macht sich auch die Aussagen des BFH zur faktischen Beherrschung zu Eigen. Es wiederholt fast wörtlich die Entscheidungsgründe aus dem BFH-Urt. v. 21.1.1999 und sieht die Möglichkeit, eine personelle Verflechtung trotz einer bestehenden Einstimmigkeitsabrede anzunehmen, **nur in besonders gelagerten Ausnahmefällen**.

c) Aussagen zu Übergangsregelungen

72 Die Anerkennung des Einstimmigkeitsprinzips durch die Finanzverwaltung führte zu tief greifenden Änderungen. Zu unterscheiden sind die **folgenden Fallgruppen**:

- In den Fällen, in denen die Beteiligten trotz eines vorhandenen Einstimmigkeitsprinzips **vom Vorliegen einer Betriebsaufspaltung ausgegangen sind** und das Vorliegen einer Betriebsaufspaltung nunmehr ab dem Zeitpunkt der Geltung des Einstimmigkeitsprinzips zu verneinen ist, werden für die Vergangenheit daraus keine Folgerungen gezogen, wenn **bis zum 31.12.2002** Maßnahmen zur Herstellung der Voraussetzungen einer Betriebsaufspaltung (z.B. Rücknahme bzw. Ausschluss der Einstimmigkeitsabrede) getroffen worden sind. Dies konnte bis zur Unanfechtbarkeit des entsprechenden Steuerbescheids beantragt werden. Der **Antrag kann nicht widerrufen** werden und ist von allen Gesellschaftern oder Gemeinschaftern, ggf. vertreten durch einen gemeinsamen Bevollmächtigten oder einen Vertreter i.S.d. § 34 AO, **einheitlich zu stellen**.

- Wurde ein solcher Antrag nicht gestellt **und** können die von der Besitzgesellschaft an die Betriebsgesellschaft überlassenen Wirtschaftsgüter unter keinem anderen rechtlichen Gesichtspunkt weiter als Betriebsvermögen behandelt werden,[132] sollen sie nach dem BMF-Schreiben in Fällen, in denen eine echte oder unechte Betriebsaufspaltung angenommen wurde, **zu dem Zeitpunkt gewinnrealisierend als entnommen anzusehen** (§ 4 Abs. 1 Satz 2 EStG) sein, ab dem eine Betriebsaufspaltung angenommen worden ist. Seien die Bescheide des entsprechenden Veranlagungszeitraums bereits bestandskräftig, seien diese **nach § 174 Abs. 3 AO** änderbar, um zu verhindern, dass ein steuererhöhender oder steuermindernder Vorgang bei der Besteuerung überhaupt nicht berücksichtigt werden konnte. Der **BFH**

---

130 BFH, BStBl. 2002 II, S. 774. Zur Problematik der Einzel-Geschäftsführung vgl. das BFH, BStBl. 2003 II, S. 757.
131 BFH, BStBl. 1993 II, S. 134
132 Das BMF-Schreiben nennt hier verschiedene Ersatztatbestände, die bei Wegfall der Voraussetzungen einer Betriebsaufspaltung zur weiteren Annahme von Einkünften aus Gewerbebetrieb führen können.

hat in einem Beschluss v. 18.8.2005 der Korrekturmöglichkeit über die Regelung in § 174 Abs. 3 AO eine Absage erteilt.[133] Dies bedeutet, dass die nachträgliche Veranlagung von Gewinnrealisierungen auf Grund der geänderten rechtlichen Beurteilung des Einstimmigkeitsprinzips bei bestandskräftigen Steuerbescheiden nicht mehr möglich ist.

3. Folgerungen aus dem BMF-Schreiben für die Gestaltung von Gesellschaftsverträgen

a) Einstimmigkeitsabreden mit Nur-Besitz-Gesellschaftern

aa) Mehrheitserfordernisse nach dem Gesetz

Für den Praktiker bedeuten die Aussagen des BMF-Schreibens (Rn. 70 f.), dass er im Einzelfall analysieren muss, **welches Rechtsgebilde als Besitzunternehmen** fungiert und ob er ggf. eine gesellschaftsvertragliche Einstimmigkeitsabrede zur Vermeidung der personellen Verflechtung gestalten muss. Die **folgende Übersicht** zeigt, welche Mehrheitserfordernisse nach dem Gesetz bestehen:

Rechtsform des Besitzunternehmens	Gesetzliches Einstimmigkeitsprinzip	Gesetzliches Mehrheitsprinzip
GbR	§ 709 Abs. 1 BGB bestimmt, dass bei der GbR die Führung der Geschäfte den Gesellschaftern nur gemeinschaftlich zusteht. Für jedes Geschäft ist damit die Zustimmung aller Gesellschafter erforderlich.	
OHG	Das Einstimmigkeitsprinzip ist nach § 116 Abs. 2 HGB und 119 Abs. 1 HGB nur für die über den gewöhnlichen Betrieb hinausgehenden Handlungen notwendig.	Für die Geschäfte des täglichen Lebens gilt das Mehrheitsprinzip. Wichtig ist hierbei, dass sich die Abstimmung nach dem Gesetz **im Zweifel nach Köpfen** und nicht nach Kapitalanteilen richtet.
KG und GmbH & Co.KG	Nach § 164 HGB gilt das Einstimmigkeitsprinzip für außergewöhnliche Geschäfte, die sog. Grundlagengeschäfte.	Für die laufenden Geschäfte bedarf es keiner Zustimmung der Kommanditisten zur Geschäftsführung. Diese wird vom Komplementär oder einem gewillkürten Geschäftsführer in eigener Zuständigkeit ausgeführt.
Erbengemeinschaft		Bei der Erbengemeinschaft ist im Grundsatz nur eine gemeinschaftliche Geschäftsführung und Vertretung nach § 2038 Abs. 1 BGB gesetzlich vorgeschrieben. Es kann aber nach § 2038 Abs. 2 und § 745 BGB vereinbart werden, dass die einfache oder eine qualifizierte Stimmenmehrheit ausreichend ist.

---

[133] BFH, DStR 2005, 1642.

Bruchteilsgemeinschaft	Nach der gesetzlichen Grundregel in §§ 741 und 744 Abs. 1 BGB steht die Verwaltung des gemeinschaftlichen Gegenstandes den Eigentümern nur gemeinschaftlich zu.	Es kann nach § 745 Abs. 2 BGB vereinbart werden, dass Geschäfte bzgl. der ordnungsgemäßen Verwaltung und Benutzung des gemeinschaftlichen Eigentums mit Stimmenmehrheit beschlossen werden können. Dies gilt jedoch nicht für Grundlagengeschäfte, z.B. die Veräußerung der verpachteten Betriebsgrundlagen.
Gütergemeinschaft	Nach § 1450 Abs. 1 BGB unterliegt das Gemeinschaftsgut der gemeinschaftlichen Verwaltung.	
GmbH		Bei der GmbH kann nach § 47 Abs. 1 GmbHG die Gesellschafterversammlung mit einfacher Mehrheit über alle Geschäfte entscheiden.
AG		Bei der AG kann nach § 133 Abs. 1 AktG ebenfalls mit einfacher oder einer qualifizierten Mehrheit über alle Geschäfte entschieden werden. Grenzen dieser Befugnisse bildet die sog. Holzmüller-Entscheidung in ihrer Fortentwicklung durch den BGH, wenn es sich um eine Besitz-AG handelt.

bb) Folgerungen für die Gestaltung der Einstimmigkeitsabreden

(1) Umfang des Einstimmigkeitsprinzips

74 Die Finanzverwaltung verlangt im BMF-Schreiben v. 7.10.2002 **ein umfassendes Einstimmigkeitsprinzip**, das sowohl auf die Änderung, Aufhebung oder Beendigung des Vertrags über die zur Nutzung überlassenen wesentlichen Betriebsgrundlagen (Grundlagengeschäfte) als auch auf die Geschäfte des täglichen Lebens des Besitzunternehmens bezogen ist. Dieses sehr weitgehende Erfordernis erschließt sich aus der oben unter bei Rn. 70 wiedergegebenen wörtlichen Formulierung **im Wege eines Erst-Recht-Schlusses**: Da es nicht ausreichen soll, nur eine Einstimmigkeit für das Grundlagengeschäft zu vereinbaren, aber an anderer Stelle des BMF Schreibens ausdrücklich hervorgehoben wird, dass das Grundlagengeschäft als Instrument der Beherrschung des Betriebsunternehmens zu qualifizieren ist, kann nach Auffassung der Finanzverwaltung die personelle Verflechtung nur ausgeschlossen werden, wenn die beherrschende Person oder Personengruppe ihren Willen nicht bei den Geschäften des täglichen Lebens und erst recht nicht bei der Änderungen, Aufhebung oder Beendigung des Vertrags über die zur Nutzung überlassenen wesentlichen Betriebsgrundlagen durchsetzen kann.

Zudem folgt die Finanzverwaltung der ständigen Rspr. des BFH, die davon ausgeht, dass **nach Begründung der Betriebsaufspaltung** die Vermietung oder Verpachtung eines Grundstücks durch das Besitzunternehmen an das Betriebsunternehmen kein Grundlagengeschäft, sondern ein Geschäft des täglichen Lebens ist, das die Verwaltung des Grundstücks betrifft.[134]

Deshalb muss die Beherrschbarkeit des Betriebsunternehmens nicht nur bei Abschluss und Beendigung des Überlassungsvertrags, sondern durchgängig während der Nutzungsdauer durch eine Einstimmigkeitsrabrede oder eine qualifizierte Mehrheit ausgeschlossen werden. **Nicht ausreichend** sind somit

---

134 BFH, BStBl. 1972 II, S. 796; BStBl. 1986 II, S. 296.

Gestaltungen, in denen eine Einstimmigkeit oder qualifizierte Mehrheit nur für Beschlüsse der Gesellschafterversammlung über die Änderung, Aufhebung oder Beendigung des Vertrags über die zur Nutzung überlassenen wesentlichen Betriebsgrundlagen vereinbart worden ist. Deshalb **reichen die gesetzlichen Regelungen bei den meisten der dargestellten Rechtsformen allein nicht aus**, um den Eintritt einer personellen Verflechtung bei Vorhandensein eines Nur-Besitz-Gesellschafters auszuschließen. Das Einstimmigkeitsprinzip oder eine andere qualifizierte Mehrheit muss in diesen Fällen im Gesellschaftsvertrag oder der Satzung des Besitzunternehmens **für alle Geschäfte des täglichen Lebens und die Grundlagengeschäfte** verankert werden,[135] wenn Diskussionen mit der Finanzverwaltung über die Wirksamkeit des Einstimmigkeitsprinzips vermieden werden sollen.

Für die KG, **einschließlich der GmbH & Co. KG**, stellt das BMF-Schreiben ausdrücklich fest, dass das Einstimmigkeitsprinzip zwar auch für die KG gelte, soweit es um die Änderung oder Aufhebung des Miet- oder Pachtvertrags mit der Betriebsgesellschaft gehe und es sich nach § 164 HGB um ein außergewöhnliches Geschäft handele, das der Zustimmung aller Gesellschafter bedürfe. Da aber für die Geschäfte des täglichen Lebens die Zustimmung der Kommanditisten nicht erforderlich sei, gelte bei einer KG das Einstimmigkeitsprinzip zur Verhinderung einer personellen Verflechtung nicht kraft Gesetzes. 75

> **Hinweis:**
> Für den überaus praxisrelevanten Fall, **dass als Besitzunternehmen eine (nicht gewerblich geprägte) GmbH & Co. KG fungiert**, muss daher im Gesellschaftsvertrag entweder das Einstimmigkeitsprinzip oder eine andere qualifizierte Mehrheit vereinbart werden, die es dem oder den Mehrheits-Gesellschafter(n) nicht ermöglicht, ihren Willen in der Gesellschafterversammlung allein durchzusetzen.

(2) Gestaltungen bei Ehegatten-Bruchteilsgemeinschaften

Die **Rechtslage bei Ehegatten-Bruchteilsgemeinschaften** als Besitzunternehmen ist sehr von der Gestaltung im Einzelfall abhängig: 76

- Sind die **Ehegatten auch mehrheitlich am Betriebsunternehmen** beteiligt, begründen sie **als Doppelgesellschafter** nach den Grundsätzen des BFH- Urteils v. 24.2.2000 als beherrschende Personengruppe eine personelle Verflechtung. In diesen Fällen geht die Rspr. regelmäßig davon aus, dass die Ehegatten **konkludent eine GbR begründen**, die dann als Besitzunternehmen anzusehen sei.[136] Diese GbR ist eine Innengesellschaft, die nicht über Gesamthandsvermögen verfügt, da die wesentlichen Betriebsgrundlagen zivilrechtlich den Ehegatten und nicht der GbR gehört, das Miet- oder Pachtverhältnis vom Betriebsunternehmen mit den Ehegatten persönlich abgeschlossen ist und ansonsten keine weiteren Gesellschaftsgegenstände existieren. Das überlassene Wirtschaftsgut ist in diesen Fällen **als Sonderbetriebsvermögen der mitunternehmerischen Ehegatten** bei der Innen-GbR als Besitzunternehmen zu erfassen.[137] Es stellt sich dann oft die Frage, ob und wie in diesen Fällen ein Nur-Besitzgesellschafters eine personelle Verflechtung vermieden werden kann. Dies dürfte m.E. schon dadurch möglich sein, dass die Ehegatten aus der Innen-Gesellschaft eine echte Außen-GbR mit Gesamthandsvermögen machen, **indem sie einen Nur-Besitzgesellschafter** gegen eine Einlage und Gewinnbeteiligung in das Gesamthandsvermögen aufnehmen, da dann in der GbR das Einstimmigkeitsprinzip kraft Gesetzes gilt. Einer Einbringung der Miteigentumsanteile in diese GbR bedarf es m.E. jedoch nicht.

- Ist **nur ein Ehegatte Doppelgesellschafter** und an einer überlassenden Ehegatten-Bruchteilsgemeinschaft hälftig beteiligt, entsteht auf Grund der Ehefrau als Nur-Besitzgesellschafterin keine Betriebsaufspaltung, wenn die nutzende Betriebsgesellschaft **eine Kapitalgesellschaft** ist.[138]

---

135 Vgl. ebenso Kempermann, NWB Fach 3, S. 11921, 11923; a.A.: Söffing, Betriebsaufspaltung, S. 85.
136 BFH, DStR 2005, 1642.
137 BFH, DStR 2005, 1642.
138 BFH, DStR 2005, 366: In dieser Entscheidung hat der BFH klar gestellt, dass ein 50 %-Miteigentumsanteil nicht zu einer Beherrschung der Besitz-Bruchteilsgemeinschaft führt und dass eine Zusammenrechnung der Ehegatten-Miteigentumsanteile nicht ohne weitere Umstände möglich ist.

- Beherrscht der Doppelgesellschafter–Ehegatte die Bruchteilsgemeinschaft durch Stimmenmehrheit und ist die nutzende Betriebsgesellschaft **eine Kapitalgesellschaft**, entsteht grds. eine Betriebsaufspaltung mit der Bruchteilsgemeinschaft als Besitzunternehmen. Diese könnte durch eine Einstimmigkeitsabrede verhindert werden.
- Ist **die nutzende Betriebsgesellschaft eine Personengesellschaft**, gilt bei einer hälftigen Beteiligung an der Ehegatten-Bruchteilsgemeinschaft der Vorrang des Sonderbetriebsvermögens, d.h. das überlassene Wirtschaftsgut ist im Sonderbetriebsvermögen des überlassenden Ehegatten bei der nutzenden Mitunternehmerschaft zu erfassen. Ein Besitzunternehmen entsteht nicht.

Für eine zusammenfassende Darstellung der Rspr. wird auf den Beitrag von Weber verwiesen.[139]

cc) Vorsicht bei Einzel-Gesellschafter-Geschäftsführern im Besitz-Unternehmen

77 Ist im Gesellschaftsvertrag die gemeinschaftliche Geschäftsführung abbedungen und einem Gesellschafter übertragen sind die übrigen Gesellschafter bei einzelnen Gesellschaftsformen von der Geschäftsführung ausgeschlossen (vgl. z.B. § 710 BGB). Der BFH hat **in einem Urt. v. 1.7.2003** trotz Einstimmigkeitsabrede eine personelle Verflechtung bejaht, weil eine Besitz-GbR einem Doppelgesellschafter die alleinige Geschäftsführungsbefugnis übertragen hatte[140] : Da die Mit-Gesellschafter zwar bei gesellschaftsfremden Angelegenheiten mitwirken mussten, **sie aber keinen Einfluss mehr auf die Verwaltungsgeschäfte** der Gesellschaft nehmen konnten, habe die Einstimmigkeitsabrede in ihrer Wirkung versagt. Solange einem nach § 710 BGB berufenen Gesellschafter-Geschäftsführer die Geschäftsführungsbefugnis nicht durch einstimmigen Beschluss der übrigen Gesellschafter bei Vorliegen eines wichtigen Grundes (§ 712 BGB) entzogen sei, dürften die anderen Gesellschafter in Angelegenheiten der Geschäftsführung nicht tätig werden. Sie hätten weder ein Widerspruchsrecht gegen die von dem Geschäftsführer getroffenen Maßnahmen,[141] noch könnten sie diesem gemäß § 713 Weisungen erteilen. Ihr Stimmrecht beschränke sich auf Beschlüsse in anderen als Geschäftsführungsangelegenheiten,[142] d.h. die Mitgesellschafter seien bei allen rechtlichen und tatsächlichen Maßnahmen, auch ungewöhnlicher Art, soweit sie nicht zu einer Änderung des Bestandes oder der Organisation der Gesellschaft führten **von der Mitwirkung ausgeschlossen**.[143] Damit kontrolliere der Geschäftsführer auch das Nutzungsverhältnis hinsichtlich der Geschäfte des täglichen Lebens, da dieses nach der Begründung der Betriebsaufspaltung zu den Verwaltungsgeschäften gehöre, die der Geschäftsführer vollständig beherrsche.

In einer **Entscheidung v. 24.8.2006**[144] für den Fall einer Besitz-GbR bestätigt der BFH die o.g. Grundsätze: Die Allein-Geschäftsführungsbefugnis eines Gesellschafter-Geschäftsführers vermittle die Beherrschung der Geschäfte des täglichen Lebens und damit des Nutzungsverhältnisses im Besitzunternehmen, wenn der alleinige Gesellschafter-Geschäftsführer über eine Beteiligung verfüge, die seine Ablösung durch die Mitgesellschafter vereitele. Noch weitergehender entschied der BFH jedoch, dass die Beherrschung der Betriebs-GmbH gegeben sei, wenn dieser Gesellschafter-Geschäftsführer an der GmbH in einer Höhe beteiligt sei, dass er in der Gesellschafterversammlung der GmbH Beschlüsse herbeiführen könne, dass statt seiner ein Dritter als Prokurist oder Handlungsbevollmächtigter (§ 46 Nr. 7 GmbHG) die Betriebs-GmbH vertreten könne. Die Entscheidung ist m.E. kaum vertretbar. Der BFH setzt sich zunächst über die Feststellung des FG hinweg, dass der betroffene Doppelgesellschafter in der GbR nicht von den Beschränkungen des § 181 BGB befreit war, d.h. dieser in seiner Person nicht unmittelbar für beide Gesellschaften auftreten konnte. Kaum zu rechtfertigen ist aber die anschließende Schlussfolge-

---

139 Weber, FR 2006, 572 ff.
140 BFH, BStBl. 2003 II, S. 757.
141 Vgl. MünchKomm-BGB/Ulmer, § 710 Rn. 6.
142 H.M., vgl. u.a. MünchKomm-BGB/Ulmer, § 709 Rn. 28 und § 713 Rn. 6, m.w.N.; Erman/Westermann, BGB, § 710 Rn. 3 und § 709 Rn. 19, 20.
143 MünchKomm-BGB/Ulmer, § 709 Rn. 10, m.w.N.; Westermann, Handbuch der Personengesellschaften, I. Teil, Rn. 363, 366.
144 BFH, DStR 2007, 21.

rung, es sei nicht beachtlich, ob der betroffene Gesellschafter wegen § 47 Abs. 4 Satz 2 GmbHG von seiner Stimmberechtigung in der GmbH-Gesellschafterversammlung auch für mittelbare Insichgeschäfte ausgeschlossen sei, da § 41 Abs. 1 AO auch zivilrechtlich unwirksame Beschlüsse für die Besteuerung ausreichen lasse. Der BFH verkennt, dass bei einem Stimmrechtsausschluss auch die für maßgeblich gehaltene Bestimmung eines Dritten, für die Betriebs-GmbH aufzutreten, nicht gegeben wäre. Es fehlen nämlich jegliche Feststellungen im Tatbestand des Urteils, welche Beschlüsse vom betroffenen Doppelgesellschafter tatsächlich initiiert worden waren. Der Prüfungsmaßstab des BFH-Urteils schwankt also zwischen einer abstrakten und für § 41 AO erforderlichen konkreten Prüfung, ohne die maßgeblichen Feststellungen zu treffen.

Diese Grundsätze lassen sich neben der GbR auch auf alle anderen Rechtsformen von Besitzgesellschaften **übertragen**, bei denen eine Einzel-Geschäftsführungsbefugnis die Mitbestimmung der Mitgesellschafter in laufenden Angelegenheiten ausschließt.

b) Gestaltungen mit Nur-Betriebsgesellschaftern

Obwohl das BMF-Schreiben v. 7.10.2002 zu dieser Konstellation keine Aussage enthält, ist sie ebenso geeignet, eine personelle Verflechtung auszuschließen. Entscheidend ist auch bei dieser Gestaltung zunächst die Analyse der Rechtsform des Betriebsunternehmens.

78

Im relevantesten Fall **der Betriebs-GmbH** gilt nach § 47 Abs. 1 GmbHG das **Mehrheitsprinzips kraft Gesetzes** für alle Beschlüsse der Gesellschafterversammlung. Zugleich sieht § 47 Abs. 4 GmbHG vor, dass ein Gesellschafter gemäß § 47 Abs. 4 Satz 2 GmbHG bei Beschlüssen kein Stimmrecht hat, welche die Vornahme eines Geschäfts des täglichen Lebens gegenüber diesem Gesellschafter betreffen. **Dieser Stimmrechtsausschluss nach § 47 Abs. 4 GmbHG allein steht** der Beherrschung der Betriebs-GmbH durch den Sowohl-als-auch-Gesellschafter nach der ständigen BFH-Rspr. **nicht entgegen**.[145]

Entscheidend ist für den BFH, ob **in der praktischen Handhabung** die Sowohl-als-auch-Gesellschafter ihren Willen in der Betriebs-GmbH durchsetzen können. Hierbei hat die Rspr. eine personelle Verflechtung bejaht, wenn der Nur-Betriebsgesellschafter bei den Geschäften des täglichen Lebens, von den Sowohl-als-auch-Gesellschaftern überstimmt werden kann.[146] In einer weiteren Konstellationen hat die Rspr. trotz eines Einstimmigkeitsprinzips die personelle Verflechtung angenommen, weil die Besitzgesellschafter **zugleich als Geschäftsführer der Betriebs-Gesellschaft** tätig waren und sie die das Nutzungsverhältnis betreffenden Rechtshandlungen ohne Zustimmung der Gesellschafterversammlung durchführen und auf Grund ihrer Mehrheit ihre Abberufung als Geschäftsführer verhindern konnten.[147]

Der BFH begründet dies in einer aktuellen Entscheidung zu diesem Problemkreis **v. 30.11.2005**[148] damit, dass wenn der Gesellschaftsvertrag Geschäfte des täglichen Lebens nicht von der Zustimmung der Gesellschafterversammlung abhängig mache, der Geschäftsführer die Geschäfte des täglichen Lebens zwar im Interesse der Gesellschaft, aber grds. gemäß § 37 Abs. 1 und § 45 GmbHG eigenverantwortlich zu führen habe. Ein Gesellschafter-Geschäftsführer, der allein oder zusammen mit einem anderen Sowohl-als-auch-Gesellschafter über die einfache Mehrheit der Stimmen gemäß § 47 Abs. 1 GmbHG verfüge, beherrsche deshalb die Geschäfte des täglichen Lebens in der Betriebsgesellschaft, wenn ihm – abgesehen vom Fall des Vorliegens eines wichtigen Grunds – **die Geschäftsführungsbefugnis nicht gegen seinen Willen entzogen werden könne**. Dies gelte auch dann, wenn der Gesellschaftsvertrag für alle zu fassenden Beschlüsse (mindestens) eine qualifizierte Mehrheit vorschreibe, über die der Gesellschafter-Geschäftsführer nicht verfüge.

---

145 BFH, BStBl. 1989 II, S. 455; sehr aktuell: BFH, BStBl. II 2006, S. 415.
146 BFH, BStBl. 1977 II, S. 44.
147 BFH, BFH/NV 1985, S. 49 und BStBl. 1993 II, S. 134. Bei Gesellschafterbeschlüssen, welche die Bestellung oder Abberufung eines Gesellschafter-Geschäftsführers betreffen (§ 46 Nr. 5 GmbHG), ist der Gesellschafter-Geschäftsführer nicht gemäß § 47 Abs. 4 Satz 2 GmbHG vom Stimmrecht ausgeschlossen.
148 BFH, BStBl. II 2006, S. 415.

Es sei unerheblich, dass die Nur-Betriebs-Gesellschafter, die über das in § 50 Abs. 1 GmbHG genannte Quorum verfügten, die Berufung einer Gesellschafterversammlung verlangen und vom Gesellschafter-Geschäftsführer vorzunehmende Geschäfte des täglichen Lebens zum Beschlussgegenstand machen könnten. Der Gesellschafter-Geschäftsführer könne bei einer solchen Sachlage die von seinem Besitzunternehmen überlassene wesentliche Betriebsgrundlage deshalb dauerhaft als unternehmerisches **„Instrument der Beherrschung"** einsetzen. Er habe es im Besitzunternehmen zudem in der Hand, das Rechtsverhältnis über die Nutzung der überlassenen wesentlichen Betriebsgrundlage durch Kündigung zu beenden.

Durch die in Rn. 77 angesprochenen Entscheidung vom 24.8.2006 geht der BFH noch weiter und bejaht die Beherrschung der laufenden Geschäfte der Betriebs-GmbH selbst dann, wenn der betroffene Doppelgesellschafter nicht Geschäftsführer der Betriebs-GmbH ist, sondern aufgrund seiner Beteiligung durchsetzen könne, dass statt seiner ein Dritter die Betriebs-GmbH vertrete. Es reicht quasi eine **mittelbare Geschäftsführungsbefugnis** aus. Der bislang in der Rspr. anerkannte Grundsatz, dass es auf die abstrakte gesellschaftsrechtlich vermittelte Beherrschung der Gesellschaft ankomme, wird ohne eine Vorlage an den Großen Senat verletzt, da es der IX. Senat des BFH mit Verweis auf § 41 AO dahinstehen lässt, ob der betroffene Doppelgesellschafter nach § 47 Abs. 4 GmbHG in der Gesellschafterversammlung mitstimmen durfte.

79 Eine **tragfähige Gestaltung** verlangt daher, dass **spiegelbildlich** zu den Rechtssprechungsgrundsätzen beim Besitzunternehmen auch beim Betriebsunternehmen das Einstimmigkeitsprinzip oder eine andere qualifizierte Mehrheit abweichend von § 47 Abs. 1 GmbHG sowohl hinsichtlich der **Geschäfte des täglichen Lebens** als auch hinsichtlich der **Grundlagengeschäfte im Gesellschaftsvertrag den GmbH enthalten ist**. Geschäftsführungsbefugnisse für Gesellschafter mit qualifizierter Mehrheit in der Betriebs-GmbH sind schädlich. Die oben angeführte Rspr. wird m.E. zu Recht dahingehend kritisiert, dass sie sehr viel weit gehender als beim Besitzunternehmen eine faktische Beherrschung der Betriebsgesellschaft durch die Sowohl-als-auch-Gesellschafter bejaht, ohne dass ein wesentlicher Unterschied zwischen beiden Fallgruppen zu erkennen ist.[149]

c) Keine Zusammenrechnung von Anteilen

80 Ergänzend sei darauf hingewiesen, dass die Einstimmigkeitsabrede neben den beschriebenen positiven Anforderungen im Hinblick auf den zu gestaltenden Umfang verlangt, dass in negativer Hinsicht eine **Zusammenrechnung der Anteile** des Nur-Besitzgesellschafters oder Nur-Betriebsgesellschafters mit den Anteilen der Doppelgesellschafter nicht möglich sein darf. Soll z.B. ein Minderjähriger als Nur-Besitz- oder Nur-Betriebsgesellschafter fungieren und sind nach den Grundsätzen der **Richtline 137 Abs. 8 EStR 2003** dessen Anteile mit denen der beherrschenden Doppelgesellschafter zusammenzurechnen, so versagt die Einstimmigkeitsabrede. Denn in einer solchen Fallkonstellation besteht eine beherrschende Personengruppe, über die eine personelle Verflechtung hergestellt werden kann.

II. Wiesbadener Modell

1. Darstellung des Grundkonzepts

81 Das **Wiesbadener Modell** ist eine von der Finanzverwaltung anerkannte Konstruktion, **die den Eintritt der personellen Verflechtung vermeidet**.[150] Dieser Gestaltung liegt zugrunde, dass ein Ehegatte sich nur am Besitzunternehmen und der andere Ehegatten sich nur am Betriebsunternehmen beteiligt. Es fehlt daher im Hinblick auf eine personelle Verflechtung von vornherein an einer Beteiligungsidentität. Das BVerfG hat mit Beschluss v. 12.3.1985[151] die Zusammenrechnung der Anteile der Ehegatten nur dann als zulässig angesehen, wenn neben der ehelichen Lebensgemeinschaft **Beweisanzeichen für eine gleichgerichtete wirtschaftliche Interessenlage** der Ehegatten festgestellt werden können. Liegen keine zusätzlichen Beweisanzeichen hierfür vor, kann daher über eine faktische Beherrschung im Regelfall

---

149 Vgl. auch Gluth, in: Herrmann/Heuer/Raupach, EStG/KStG, § 15 Anm. 800.
150 BFH, BStBl. 1986 II, S. 359 und BStBl. 1987 II, S. 29.
151 BVerfG v. 12.3.1985, BStBl. 1985 II, S. 475.

C. Gestaltungen zur Vermeidung der Betriebsaufspaltung

keine personelle Verflechtung begründet werden. Die Rspr. hat aber selbst die Mitarbeit des nicht am Betriebsunternehmen beteiligten Ehegatten als Geschäftsführer in Betriebsunternehmen nicht ausreichen lassen, um eine personelle Verflechtung kraft faktischer Beherrschung zu bejahen.

2. Bedeutung des wirtschaftlichen Eigentums

Damit eine solche Gestaltung tragfähig ist, darf jedoch auch das im Steuerrecht existierende **Institut des wirtschaftlichen Eigentums** nicht außer Acht gelassen werden. Denn vorrangig von der Frage, ob eine personelle Verflechtung besteht, ist zu klären, wer **aus steuerlicher Sicht** Inhaber der überlassenen wesentlichen Betriebsgrundlagen und der Beteiligung an Besitz- und Betriebsunternehmen ist. Kann auf Grund der Umstände des Einzelfalles angenommen werden, dass ein Ehegatte wirtschaftlicher Eigentümer sowohl der wesentlichen Betriebsgrundlagen als auch der Beteiligung an der Betriebsgesellschaft ist, bricht die Gestaltung in sich zusammen, da dann unzweifelhaft eine personelle Verflechtung gegeben ist. Dies befindet sich auch im Einklang mit dem Beschluss des BVerfG v. 12.3.1985, der nur eine pauschale Zusammenrechnung der Ehegattenanteile untersagt hat. Ist jedoch bereits ein Ehegatte allein wirtschaftlicher Eigentümer der Beteiligungen und der überlassenen wesentlichen Betriebsgrundlage, stellt sich die Frage einer Anteilszusammenrechnung nicht mehr.

82

Wird z.B. das zur Nutzung überlassene Grundstück von der Ehefrau mit geschenkten Mitteln des Ehemannes erworben worden und haben die Eheleute **für den Scheidungsfall** den Rückfall des Grundstücks an den Ehemann vereinbart, ist der nur an der Betriebsgesellschaft beteiligte Ehemann **nicht** als wirtschaftlicher Eigentümer des Grundstücks anzusehen und kann auf dieser Grundlage steuerlich **nicht** als überlassenden Besitzunternehmer qualifiziert werden.[152]

83

Dagegen ist eine Gestaltung kritisch, bei der die Ehefrau das vermietete Grundstück oder die Alleinbeteiligung an der Betriebsgesellschaft vom Ehemann geschenkt erhalten hat und dieser **die Rückübertragung jederzeit** ohne Angabe von Gründen einseitig verlangen kann.[153] Diese Auffassung deckt sich mit der Rspr. des BFH zur Anerkennung einer Mitunternehmerstellung bei dem beschenkten Ehegatten.[154] Diese wird bei entsprechenden Klauseln im Schenkungsvertrag für den beschenkten Ehegatten verneint und der Mitunternehmeranteil dem Schenker zugerechnet. Übertragen auf die hier vorliegende Konstellation bedeutet dies, dass die Ehefrau nicht als Inhaberin der Anteile an der Betriebsgesellschaft oder des zur Nutzung überlassenen Grundstücks angesehen werden kann. Der entsprechende Gegenstand wird dem Ehemann als Schenker zugerechnet. Damit besteht eine personelle Verflechtung in der Form einer Einmann-Betriebsaufspaltung.

84

3. Steuerliche Folgen des Wiesbadener Modells

a) Vorliegen eines gewerblichen Verpachtungsbetriebs beim Betriebserhaltungsmodell

Verpachtet ein Steuerpflichtiger seinen gesamten Betrieb, ist darin grds. **eine Aufgabe der gewerblichen Tätigkeit** zu sehen, da er nur noch vermögensverwaltend tätig wird. Diese Betriebsaufgabe würde dem Wortlaut des § 16 Abs. 3 Satz 1 EStG entsprechend zu einer sofortigen Aufdeckung und Besteuerung der im Betrieb ruhenden stillen Reserven führen. Der Steuerpflichtige kann bei Vorliegen der weiteren Voraussetzungen des § 16 Abs. 4 EStG i.V.m. § 34 EStG den **Freibetrag und den ermäßigten Steuersatz** auf den Aufgabegewinn anwenden.

85

Der BFH gewährt dem Verpächter in ständiger Rspr. das Recht unter bestimmten weiteren Voraussetzungen, eine Erklärung über die Aufgabe des Betriebs zu unterlassen (**sog. Verpächterwahlrecht**).[155]

86

---

152 Vgl. H 19 EStG 2000 „Scheidungsklausel".
153 Schmidt/Schmidt, EStG, § 15 Rn. 847; FG Rheinland-Pfalz, EFG 1996, 330.
154 Haep, in: Herrmann/Heuer/Raupach, EStG/KStG, § 15 Anm. 417 – 420.
155 BFH, BStBl. 1985 II, S. 456 und R 139 Abs. 5 EStR 2005. Auf Grund des BFH, BStBl. 2004 II, S.10 kann die Verpachtung des Betriebs nunmehr auch an einen branchenfremden Pächter erfolgen, wenn der Verpächter seinen ursprünglichen Betrieb nach Ablauf der Pachtzeit wieder aufnehmen kann.

Levedag

Eine Aufdeckung der stillen Reserven kann dadurch vermieden werden. Der Betrieb besteht dann als fortbestehendes gewerbliches Verpachtungsunternehmen weiter und wird einkommensteuerlich als ruhender Gewerbebetrieb angesehen. Die im Betrieb ruhenden stillen Reserven werden nicht aufgedeckt und dementsprechend auch nicht besteuert. Der Verpächter erzielt weiterhin Einkünfte aus Gewerbebetrieb.

In den Konstellationen, in denen dieses **Betriebserhaltungsmodell** der Betriebsaufspaltung zugrunde liegt, sind regelmäßig auch die Voraussetzungen des Verpächterwahlrechts erfüllt. Das Verpächterwahlrecht kann trotz Vorliegens der sachlichen und persönlichen Voraussetzungen dann nicht ausgeübt werden, wenn gleichzeitig die **Tatbestandsmerkmale der Betriebsaufspaltung erfüllt werden**. Die Grundsätze der Betriebsaufspaltung sind vorrangig vor denen der Betriebsverpachtung anzuwenden.[156]

> **Hinweis:**
> Durch das Wiesbadener Modell ist von Beginn an eine persönliche Verflechtung ausgeschlossen. Hierdurch steht die Anwendung des ansonsten subsidiären Verpächterwahlrechts offen.

b) Vorteil der Gewerbesteuerersparnis im Besitzunternehmen

87 Die wichtige Besonderheit liegt in der Gewerbesteuerfreiheit der Pachtzinsen beim Verpachtungsbetrieb: Obwohl der Verpächter eines Gewerbebetriebs einkommensteuerlich weiterhin Einkünfte i.S.d. § 15 EStG erzielt, unterliegen diese **nach Abschn. 11 Abs. 3 Satz 1, Abschn. 19 Abs. 1 Satz 12 GewStR** anders als bei der Betriebsaufspaltung nicht der Gewerbesteuer, da keine werbende Tätigkeit i.S.d. Gewerbesteuerrechts mehr ausgeübt wird. Bei dem Betriebspächter sind die auf nicht in Grundbesitz bestehenden Wirtschaftsgüter entfallenden Pachtzinsen nach § 8 Nr. 7 GewStG **gewinnerhöhend** hinzuzurechnen, da der Ausnahmetatbestand, dass die Pachtzinsen beim Verpächter der GewSt unterliegen, nicht erfüllt ist. Im Vergleich mit der Betriebsaufspaltung entsteht also der Vorteil der niedrigeren Belastung mit Gewerbesteuer im Verpachtungsunternehmen.

c) Vermeidung der steuerlichen Verstrickung im Steuerberatermodell

88 Liegt das **Steuerberatermodell** der Verpachtung zugrunde – werden also an eine Betriebsgesellschaft nur eine wesentliche Betriebsgrundlage oder mehrere wesentliche Betriebsgrundlagen zur Nutzung überlassen, die für sich betrachtet keinen Betrieb oder Teilbetrieb darstellen – kann das Wiesbadener Modell das **Entstehen eines gewerblichen Besitzunternehmens** insgesamt verhindern. Das „Verpachtungsunternehmen" erzielt Einkünfte aus Vermietung und Verpachtung nach § 21 EStG, Gewerbesteuer fällt nicht an. Die **Veräußerung** der verpachteten Wirtschaftsgüter ist nach gegenwärtiger Rechtslage nur innerhalb der Spekulationsfrist in § 23 EStG steuerpflichtig.

4. Bewertung des Modells

89 Das Wiesbadener Modell wird in der Praxis trotz der bestehenden Gestaltungssicherheit **durchaus zurückhaltend beurteilt**. Seine Problematik liegt darin, dass zur Vermeidung der Annahme einer faktischen Beherrschung durch die Finanzverwaltung viele sinnvolle Gestaltungsmaßnahmen nicht getätigt werden. So wird aus Vorsichtsgründen bei der Gestaltung davor gewarnt, die Betriebsgesellschaft unterkapitalisiert und das Besitzunternehmen völlig fremdfinanziert auszugestalten, den Pachtvertrag kurzfristig kündbar zuhalten, der Besitzgesellschaft oder deren Gesellschaftern jederzeit ausübbare Ankaufsrechte für die Anteile der Betriebs-GmbH einzuräumen (oder hierbei zu niedrige Kaufpreise festzuschreiben) und die Gesellschafter der Besitzgesellschaft als Geschäftsführer mit starker Rechtspositionen in der Betriebsgesellschaft einzusetzen.[157]

90 Zudem muss **bei Versterben eines Ehegatten** sorgfältig beachtet werden, dass nicht im Todesfall ein Übergang der Anteile an Besitz- oder Betriebsunternehmen durch die Gesamtrechtsnachfolge auf den anderen Ehegatten zu einer personellen Verflechtung und damit Betriebsaufspaltung führt. Der Bestand des

---

156 Allgemeine Auffassung, vgl. Erhart/Ostermayer, StB 2005, 50, 52.
157 Carlé, Betriebsaufspaltung, Rn. 282–284.

Unternehmens kann zudem gefährdet werden, wenn die Ehe in die Brüche geht und damit nicht sichergestellt ist, dass die vom Betriebsunternehmen benötigten wesentlichen Betriebsgrundlagen weiterhin genutzt werden können. Carlé weist m.E. zu Recht daraufhin, dass **ohne das Steuerrecht**, niemand auf die Idee käme, eine solche Gestaltung zu empfehlen.[158]

III. Unentgeltliche Überlassung im Rahmen einer mitunternehmerischen Betriebsaufspaltung

1. Systematische Einordnung der Gestaltungsmöglichkeit

a) Überlassung von Wirtschaftsgütern durch eine gewerbliche Schwesterpersonengesellschaft

Der **Wortlaut des § 15 Abs. 1 Satz 1 Nr. 2 und Satz 2 EStG erfasst** nur die Fälle, nach denen ein unmittelbar Beteiligter oder der Beteiligte an einer Obergesellschaft der Mitunternehmerschaft ein Wirtschaftsgut zur Nutzung überlassen. Der BFH hat jedoch schon früh den Anwendungsbereich der Vorschrift **teleologisch erweitert** auf Fälle, in denen ein Dritter in den Leistungsaustausch zwischen Gesellschafter und Gesellschaft eingeschaltet wird (Leistungsmittler).[159] Dieser Dritte konnte seit jeher eine Kapitalgesellschaft, **aber auch eine Schwesterpersonengesellschaft** sein.[160] Hier entstehen Berührungspunkte zu den „horizontalen" mitunternehmerischen Betriebsaufspaltungen, die lediglich eine besondere Konstellation der Nutzungsüberlassung zwischen Schwesterpersonengesellschaften bilden.[161] Kernproblem[162] ist in diesen Falkonstellationen die Frage der sog. **Bilanzierungskonkurrenz** der überlassenen Wirtschaftsgüter: Fraglich ist, ob diese Wirtschaftsgüter im Betriebsvermögen der überlassenden Schwestergesellschaft (Besitzpersonengesellschaft) oder im Sonderbetriebsvermögen der Gesellschafter bei der Betriebspersonengesellschaft zu erfassen sind.

91

b) Entwicklung der Rechtslage

aa) Rechtslage bis zur Rechtsprechungsänderung in den 90er-Jahren: Vorrang des Sonderbetriebsvermögens

Bis zum Ende der 70er-Jahre gingen die herrschende Lehre und die Finanzverwaltung hierbei davon aus, dass die Vorschrift des § 15 Abs. 1 Satz 1 Nr. 2 2. Halbs. EStG **eine Qualifikationsnorm, aber keine Zurechnungsnorm** sei, mithin die Einstufung eines Wirtschaftsguts als Sonderbetriebsvermögen dann nicht in Betracht komme, wenn die betreffenden Wirtschaftsgüter bereits einem anderen Gewerbebetrieb zuzuordnen sind (sog. Subsidiaritätstheorie).

92

Nach Aufgabe dieser Subsidiaritätstheorie durch das BFH-Urteil v. 18.7.1979,[163] dem sich die Finanzverwaltung anschloss,[164] galt grds. **bei der Überlassung von Wirtschaftsgütern zwischen Schwesterpersonengesellschaften** ein Vorrang des Sondebetriebsvermögens, d.h. die Wirtschaftsgüter waren vorrangig im Sonderbetriebsvermögen der überlassenden Mitunternehmer bei der nutzenden Mitunternehmerschaft, nicht aber im Betriebsvermögen der überlassenden Schwesterpersonengesellschaft zu erfassen. Dies galt auch, wenn zugleich die Voraussetzungen einer sog. **mitunternehmerischen Betriebsaufspaltung** vorla-

---

158 Carlé, Betriebsaufspaltung, Rn. 284.
159 Vgl. Kloster/Kloster, GmbHR 2000, 111, 112; Biergans, DStR 1988, 655 ff.; Schmidt/Schmidt, EStG, § 15 Rn. 605.
160 Vgl. Schmidt/Schmidt, EStG, § 15 Rn. 605; Kloster/Kloster, GmbHR 2000, 111, 112. Mit den jüngeren Rechtsprechungsänderungen zur Nutzungsüberlassung zwischen Schwesterpersonengesellschaften bzw. zur mitunternehmerischen Betriebsaufspaltung wird die teleologische Erweiterung des § 15 Abs. 1 Satz 1 Nr. 2 EStG zu Gunsten des Wortlauts der Vorschrift ein Stück weit beseitigt.
161 Vgl. Schiffers, GmbH-StB 1997, 274.
162 Vgl. Kloster/Kloster, GmbHR 2000, 111 ff.
163 Vgl. BFH, BStBl. 1979 II, S. 750.
164 Vgl. BMF, BStBl. 1979 I, S. 683.

gen, wenn also neben der personellen Verflechtung (= Beherrschung der nutzenden Personengesellschaft durch die überlassenden Mitunternehmer) das zur Nutzung überlassene Wirtschaftsgut auch zu einer **sachlichen Verflechtung führte, da es funktional als wesentliche Betriebsgrundlage** der nutzenden Betriebspersonengesellschaft anzusehen war. Im Ergebnis bedeutete dies, dass sich die Rechtsfolgen einer mitunternehmerischen Betriebsaufspaltung nicht einstellten, insb. mangels eines eigenständigen Betriebsvermögens kein Besitzunternehmen gebildet werden konnte. Denn die überlassenen Wirtschaftsgüter waren ja vorrangig bei der nutzenden Mitunternehmerschaft zu erfassen.

bb) **Neue Rechtslage seit 1996: Vorrang des Betriebsvermögens der überlassenden Mitunternehmerschaft**

93 Durch mehrere BFH-Entscheidungen[165] sowie einen Erlass des BMF v. 28.4.1998 ist die Rechtslage in diesem Bereich Ende der 90er-Jahre neu geklärt worden.[166] Die Rspr. vollzog eine **Kehrtwendung**.[167] Nunmehr werden die von einer gewerblich geprägten bzw. gewerblich tätigen Personengesellschaft an eine Schwesterpersonengesellschaft zur Nutzung überlassener Wirtschaftsgüter **als eigenes Betriebsvermögen der überlassenden Gesellschaft** und nicht mehr als Sonderbetriebsvermögen bei der nutzenden Personengesellschaft qualifiziert. Diese Rechtsgrundsätze gelten auch für den Fall der gewerblich geprägten atypisch stillen Gesellschaft.[168]

94 Innerhalb dieser **Gemengelage** stellte der BFH auch neue Grundsätze zur Nutzungsüberlassung bei Vorliegen der Voraussetzungen einer **mitunternehmerischen Betriebsaufspaltung** auf. Wird das von der Besitzgesellschaft an die Betriebsgesellschaft überlassene Wirtschaftsgut als wesentliche Betriebsgrundlage der Betriebsgesellschaft angesehen, treten nunmehr überlagernd neben die Rspr. zur Überlassung von Wirtschaftsgütern zwischen Schwesterpersonengesellschaften die **Grundsätze für die Überlassung von Wirtschaftsgütern im Rahmen mitunternehmerischer Betriebsaufspaltungen**.

Mit der Entscheidung des **BFH v. 23.4.1996**[169] und dem Erlass der Finanzverwaltung **v. 28.4.1998**[170] existieren **neue Vorgaben für die Bilanzierungskonkurrenz** bei der mitunternehmerischen Betriebsaufspaltung zwischen personenidentischen Schwesterpersonengesellschaften. Eindeutig ist nunmehr, dass bei der „horizontalen" mitunternehmerischen Betriebsaufspaltung für diese ein Vorrang vor der Qualifikation des überlassenen Wirtschaftsgutes als Sonderbetriebsvermögen bei der nutzenden Gesellschaft besteht.

> Hinweis:
> Im Ergebnis bedeutet dies, dass ein Wirtschaftsgut, welches als wesentliche Betriebsgrundlage an eine Betriebspersonengesellschaft von einer Besitzpersonengesellschaft vermietet wird, **bei der Besitzgesellschaft** zu erfassen ist.

95 **Nicht betroffen von der neuen Rspr.** sind die **Fälle der sog. doppel- oder mehrstöckigen Personengesellschaft**, also diejenigen Fälle, in denen eine Personengesellschaft selbst unmittelbar oder mittelbar an einer anderen Personengesellschaft als Mitunternehmer beteiligt ist. In diesen Fällen verbleibt es bei der Anwendung der gesetzlichen Regelung zur doppelstöckigen Personengesellschaft in § 15 Abs. 1 Satz 1 Nr. 2 Satz 2 EStG.[171]

---

165 Vgl. BFH, BStBl. 1994 II, S. 99; BStBl. 1998 II, S. 328; BStBl. 1998 II, S. 325.
166 Vgl. BMF-Schreiben v. 28.4.1998, BStBl. 1998 I, S. 583; BMF-Schreiben v. 18.1.1996, BStBl. 1998 I, S. 86.
167 Vgl. BFH, BStBl. 1981 II, S. 433; BStBl. II 1994, S. 93; BStBl. 1998 II, S. 328.
168 Vgl. BFH, BStBl. 1998 II, S. 325.
169 Vgl. BFH, BStBl. 1998 II, S. 325.
170 Vgl. BMF, BStBl. 1998 II, S. 583.
171 Vgl. BMF-Schreiben v. 28.4.1998, BStBl. I, S. 583 unter Tz. 1.

cc) Zusammenfassung zur geltenden Rechtslage

Im Ergebnis wird nach der derzeitigen Rechtslage hinsichtlich der Zugehörigkeit des überlassenen Wirtschaftsgutes nunmehr **differenziert:**

- Auch nach der Rechtsprechungsänderung zur Überlassung von Wirtschaftsgütern zwischen Schwesterpersonengesellschaften gilt, dass die Überlassung von Wirtschaftsgütern durch eine rein **vermögensverwaltende Schwesterpersonengesellschaft** zu Sonderbetriebsvermögen der überlassenden Mitunternehmer bei der nutzenden Gesellschaft führt.[172]

- In den Fällen der Überlassung durch eine gewerbliche Mitunternehmerschaft oder eine Besitz-Mitunternehmerschaft in einer mitunternehmerischen Betriebsaufspaltung ist nunmehr davon auszugehen, dass **das zur Nutzung überlassene Wirtschaftsgut** dem eigenen Betriebsvermögen der überlassenden Besitz-Mitunternehmerschaft und nicht mehr dem Sonderbetriebsvermögen der überlassenden Mitunternehmer bei der nutzenden Mitunternehmerschaft zuzurechnen ist.

- Die unmittelbare Überlassung **eines Wirtschaftsgutes durch einen beherrschenden Mitunternehmer** (natürliche Person, Kapital- oder Ober-Personengesellschaft) an eine Betriebspersonengesellschaft, führt nach wie vor zur Erfassung des Wirtschaftsgutes im Sonderbetriebsvermögen des Mitunternehmers bei der nutzenden Betriebs-Personengesellschaft.

- Nicht abschließend geklärt **ist die Überlassung von Wirtschaftsgütern durch Bruchteilseigentümer**. Klar ist **nach** dem BFH-Urteil v. 18.8.2005,[173] dass bei Vermietung mit Gewinnerzielungsabsicht das Vorliegen einer konkludent gegründete BGB-Innengesellschaft vermutet wird, die als Besitz-GbR im Rahmen einer mitunternehmerischen Betriebsaufspaltung fungiert, also eine mitunternehmerische Betriebsaufspaltung vorliegt (vgl. ergänzend Rn. 35.)

Nach der **Kehrtwende der Rspr.** wurde in der Lit. zwar diskutiert, ob auch bei der Überlassung durch den einzelnen Mitunternehmer ein Unterfall der mitunternehmerischen Betriebsaufspaltung gegeben sein konnte.[174] Nach der h.M. und der Auffassung von Vertretern der **Finanzverwaltung**[175] sowie des BMF-Schreibens v. 28.4.1998 bezieht sich die Rechtsprechungsänderung aber nur auf das Konkurrenzverhältnis von mitunternehmerischer Betriebsaufspaltung und den Grundsätzen des Sonderbetriebsvermögens, **soweit die Besitzgesellschaft eine Personengesellschaft ist.** Für die Überlassung von Wirtschaftsgütern durch eine natürliche Person oder durch eine Oberpersonengesellschaft ist in diesem Zusammenhang nichts entschieden worden, so dass es **bei der bisherigen Rechtslage** (Vorrang des Sonderbetriebsvermögens) bleibt.[176]

Dies ist m.E. bereits deshalb zutreffend, da ansonsten das durch Richterrecht gebildete Rechtsinstitut der Betriebsaufspaltung zu einer Überlagerung der in § 15 Abs. 1 Satz 1 Nr. 2 EStG ausdrücklich angeordneten Rechtsfolge führen würde.[177] Der BFH hat diese Rechtsfrage **durch sein Urteil v. 18.8.2005** abschließend dahingehend geklärt, dass bei der Überlassung wesentlicher Betriebsgrundlagen durch beherrschende Mitunternehmer weiter der Vorrang des Sonderbetriebsvermögens gilt[178] und keine mitunternehmerische Betriebsaufspaltung entsteht.

---

172 Vgl. Kloster/Kloster, GmbHR 2000, 111, 114.
173 Vgl. BFH, BStBl 2005 II, S. 830.
174 Vgl. Ball, DStR 1999, 477, 478; Meyer/Ball, FR 1998, 1075, 1077.
175 Vgl. Brandenberg, DB 1998, 2488.
176 Vgl. im Ergebnis Meyer/Ball, FR 1998, 1075, 1076; Neu, INF 1999, 492, 493.
177 Vgl. G. Söffing, BB 1998, 1973, 1974. Der BFH spricht jedoch nur von einer „Überlagerung" der Grundsätze der Betriebsaufspaltung, vgl. BFH, BStBl. 2001 II, S. 316.
178 Vgl. BFH, BStBl. 2005 II, S. 830.

2. Möglichkeit der unentgeltlichen Nutzungsüberlassung

a) Konservierung der früheren Rechtslage bei unentgeltlicher Nutzungsüberlassung

98 Die vorrangige Erfassung des überlassenen Wirtschaftsgutes bei einer Besitz-Mitunternehmerschaft gilt nach dem BMF-Schreiben v. 28.4.1998 für die mitunternehmerische Betriebsaufspaltung nur dann, wenn bei der Besitz-Gesellschaft eine **Gewinnerzielungsabsicht** festgestellt werden kann. Als **Indiz für die Gewinnerzielungsabsicht** wird von der Finanzverwaltung herangezogen, ob das Wirtschaftsgut entgeltlich oder unentgeltlich überlassen wird.

99 Im Fall einer **unentgeltlichen Überlassung** von Wirtschaftsgütern – so das BMF-Schreiben v. 28.4.1998 – sei nach der neuen Rspr. keine mitunternehmerische Betriebsaufspaltung anzunehmen, wenn es an einer Gewinnerzielungsabsicht und damit an einer eigenen gewerblichen Tätigkeit der Besitzpersonengesellschaft fehle. In diesem Fall bleibe § 15 Abs. 1 Nr. 2 EStG weiterhin anwendbar. Auch bei einer lediglich teilentgeltlichen Nutzungsüberlassung sei eine eigene gewerbliche Tätigkeit der Besitzpersonengesellschaft und damit eine mitunternehmerische Betriebsaufspaltung nur anzunehmen, wenn die Voraussetzung einer Gewinnerzielungsabsicht bei der Besitzpersonengesellschaft vorliege.

Bei einer unentgeltlichen Überlassung und einer reinen Vermietungstätigkeit der Besitzgesellschaft, die nur im Wege der mitunternehmerischen Betriebsaufspaltung eine Gewerblichkeit der Einkünfte begründen würde, sind die Wirtschaftsgüter nach der Auffassung der Finanzverwaltung daher **vorrangig im Sonderbetriebsvermögen** bei der nutzenden Gesellschaft[179] zu erfassen. Die Engeltlichkeit der Überlassung wird zu einem **Steuergestaltungsinstrument** bei der mitunternehmerischen Betriebsaufspaltung,[180] mittels dessen man die alte Rechtslage konservieren oder die Rechtsfolgen der neuen Rspr. herbeiführen kann.

b) Bewertung der Gestaltungsmöglichkeit

100 Die vorbeschriebene Gestaltungsmöglichkeit wird zwar unter Hinweis auf die ansonsten abweichende Rechtslage bei der unentgeltlichen Überlassung eines Wirtschaftsgutes an eine Betriebskapitalgesellschaft **scharf kritisiert**.[181] Es ist den Kritikern auch zuzugeben, dass außerhalb der hier erfassten Fallgruppe die unentgeltliche Überlassung einer wesentlichen Betriebsgrundlage bei Vorliegen einer persönlichen Verflechtung den Eintritt einer Betriebsaufspaltung nicht ausschließt.[182] Die hier aufgezeigte Gestaltungsmöglichkeit stellt somit einen Widerspruch zu diesen Grundsätzen dar. Es ist aber m.E. den Befürwortern dieser Gestaltungsmöglichkeit zuzustimmen,[183] die auf die im BMF-Schreiben v. 28.4.1998 erläuterten erheblichen Nachteile der Rechtsprechungsänderung hinweisen und deshalb auf Grund des Bedürfnisses der Praxis befürworten, in bestimmten Fällen ein Mittel zu haben, um diese Nachteile verhindern zu können.

3. Vorrang des Sonderbetriebsvermögens bei nichtgewerblicher Betriebspersonengesellschaft

a) Zweifelsfragen nach dem BMF-Schreiben v. 28.4.1998

101 **Noch umstritten in diesem Zusammenhang waren** die Rechtsfolgen bei der Nutzungsüberlassung durch Schwesterpersonengesellschaften an eine freiberufliche oder LuF-Betriebspersonengesellschaft. Hier war ungeklärt, ob die neue Rspr. zur mitunternehmerischen Betriebsaufspaltung anzuwenden war oder ob weiter der Vorrang des Sonderbetriebsvermögens galt. Vertreter der **Finanzverwaltung** befürwor-

---

179 Vgl. BMF-Schreiben v. 28.4.1998, BStBl. 1998 I, S. 583 Rn. 1.
180 Vgl. Hoffmann, GmbHR 1998, 824, 825.
181 Vgl. Neu, DStR 1998, 1250, 1252.
182 Dies wird damit begründet, dass die Gewinnerzielungsabsicht vorhanden sei, weil durch die unentgeltliche Überlassung der Gewinn der Betriebs-GmbH steige und hierdurch mit höheren Ausschüttungen zu rechnen sei.
183 Vgl. Kloster/Kloster, GmbHR 2000, 111, 114; Brandenberg, DB 1998, 2488, 2489; G. Söffing, DB 1998, 1973, 1974.

teten den Vorrang des Sonderbetriebsvermögens.[184] Dagegen wurde eingewandt, die Grundsätze der neuen Rspr. seien hier ebenso wie auf die Betriebsverpachtung anzuwenden.[185] Eine Erfassung des überlassenen Wirtschaftsgutes in einem eigenständigen Besitzunternehmen sollte nach einer Auffassung sogar zu dem verheerenden Ergebnis führen, dass wegen der Vermietung wesentlicher Betriebsgrundlagen durch die Besitzpersonengesellschaft an die Freiberuflerbetriebsgesellschaft insgesamt gewerbliche Einkünften beim Besitzunternehmen vorliegen sollten.[186]

b) Klärung durch das BFH-Urteil v. 10.11.2005 – IV R 29/04

Der BFH hat in einem grundlegenden Urteil die Bildung einer mitunternehmerischen Betriebsaufspaltung in diesen Fällen abgelehnt und geurteilt, dass das überlassene Wirtschaftsgut **im Sonderbetriebsvermögen der überlassenden Gesellschafter bei einer Freiberufler-Betriebspersonengesellschaft** zu erfassen ist.[187] Er ist damit der Auffassung gefolgt, die es schon immer abgelehnt hatte, bei Vermietung wesentlicher Betriebsgrundlagen an eine Freiberuflergesellschaft eine mitunternehmerische Betriebsaufspaltung anzunehmen.[188]

Zwar beschäftigt sich das Besprechungsurteil **nicht mit der Überlassung an eine LuF-Betriebspersonengesellschaft**, aus der Urteilsbegründung geht aber m.E. hervor, dass die Grundsätze für Freiberufler entsprechend gelten müssen. Denn der BFH betont, dass es bei der richterlichen Schaffung des Rechtsinstituts der Betriebsaufspaltung – wie dessen Entstehungsgeschichte belegt – gerade auch darum gegangen sei, zu verhindern, dass der Gewerbesteuer durch eine organisatorische Aufteilung des zur Verwirklichung der gewerblichen Tätigkeit dienenden Vermögens auf zwei eigenständige Rechtsträger ausgewichen werde.[189] Mangels Gewerbesteuerpflicht bestehe bei der freiberuflichen Nutzung von Betriebsvermögen kein Bedürfnis, die Rechtsgrundsätze zur Betriebsaufspaltung heranzuziehen. Dieser Gedanke lässt sich uneingeschränkt auf LuF-Betriebspersonengesellschaften übertragen.

IV. Separierung von nachträglich überlassenen Wirtschaftsgütern bei bestehender Betriebsaufspaltung

1. BFH-Urt. v. 2.12.2004 – III R 77/03[190]

Das genannte BFH-Urteil eröffnet Gestaltungsmöglichkeiten für Besitzunternehmer, die bereits eine Betriebsaufspaltung unterhalten, wenn weitere Wirtschaftsgüter erworben und der Betriebsgesellschaft ebenfalls zur Nutzung verpachtet werden sollen. Die Entscheidung eröffnet **unter engen Voraussetzungen** einen Gestaltungsweg, die neuerworbenen Wirtschaftsgüter nicht zu Betriebsvermögen des bestehenden Besitzunternehmens oder eines weiteren Besitzunternehmens werden zu lassen und die Verpachtungsentgelte als Einkünfte aus Vermietung und Verpachtung nach § 21 EStG zu besteuern.

Im Streitfall hatte ein Besitzunternehmer ein neues Grundstück mit seiner Ehefrau in Miteigentum erworben, die **nicht** an der Betriebs-GmbH beteiligt war. Es wurde um die Frage gestritten, ob der Miteigentumsanteil des Klägers, der beherrschender Doppelgesellschafter war, zum Betriebsvermögen des bestehenden Besitzunternehmens gehörte oder zum Betriebsvermögen eines neu entstehenden zweiten Besitzunternehmens geworden war:

- Das Entstehen **eines zweiten Besitzunternehmens** ließ sich dadurch leicht ausschliessen, dass der Doppelgesellschafter (Kläger) nur zu 50 % Miteigentümer war und der weitere Miteigentümer nicht

---

184 Vgl. Brandenberg, DB 1998, 2488, 2491.
185 Vgl. Schmidt/Schmidt, EStG, § 15 Rn. 858; Neu, DStR 1998, 1250, 1251; Patt/Rasche, DStZ 1999, 127, 132.
186 Reiß, in: Kirchhof, EStG, § 15 Rn. 87; Patt/Rasche, DStZ 1999, 127, 132 f.
187 BFH, BStBl. 2006 II, S. 173.
188 Vgl. BFH, BStBl. 2004 II, S. 607; Schmidt/Wacker, EStG, § 15 Rn. 858 a.E. und § 18 Rn. 55, Brandenberg, JbFSt 1997/1998, 288 ff.; L. Schmidt, JbFSt 1997/1998, 291.
189 BFH, BStBl. 2004 II, S. 607.
190 BFH, BStBl. 2005 II, S. 340.

- auch Gesellschafter der Betriebs-GmbH war. Es lag also keine beherrschende Personengruppe und damit keine personelle Verflechtung vor.
- Der BFH eröffnete einen **Weg zur Separierung des Grundstücks** vom Betriebsvermögen des bestehenden Besitzunternehmens und entschied, dass bei einer Eigentümergemeinschaft, an der ein Besitzeinzelunternehmer beteiligt sei und die ein Grundstück an die Betriebs-GmbH vermiete, die anteilige Zuordnung des Grundstücks zum Betriebsvermögen des Besitzeinzelunternehmens davon abhängig sei, ob die Vermietung an die Betriebs-GmbH **durch die betrieblichen Interessen des Besitzunternehmens veranlasst sei** oder die Erzielung möglichst hoher Einkünfte aus Vermietung und Verpachtung bezweckte. Ob die Überlassung des Grundstücks dem betrieblichen oder privaten Bereich zuzuordnen sei, sei unter Heranziehung aller Umstände des einzelnen Falles zu beurteilen. Es sei daher maßgeblich, dass eine **private Veranlassung** dargetan werden kann.
- Eine **widerlegbare Vermutung** dahingehend, dass die Zugehörigkeit eines nachträglich überlassenen Wirtschaftsguts aus einer Bruchteilsgemeinschaft, an der nur ein Doppelgesellschafter hälftig beteiligt ist, betrieblich durch die Existenz des daneben bestehenden Besitzunternehmens veranlasst wäre, stellt der BFH in seinem Urt. v. 2.12.2004 nicht auf. Er lehnt die Annahme einer betrieblichen Veranlassung **allein auf Grund gleichgerichteter Interessen der Ehegatten-Bruchteilsgemeinschaft** ab.
- **Voraussetzung für die Zuordnung des hälftigen Miteigentumanteils** zum Betriebsvermögen des bestehenden Einzelunternehmens sei, dass das Wirtschaftsgut dazu diene, die Vermögens- und Ertragslage zu verbessern und daher den Wert der Beteiligung erhalte. Dies sei der Fall, wenn das überlassene Wirtschaftsgut für Zwecke der Betriebsgesellschaft hergerichtet werde, nicht fremdüblich und zeitnah nach der Begründung der Betriebsaufspaltung vermietet werde.

2. Voraussetzungen für eine privat veranlasste Nutzungsüberlassung

104 Das FG Düsseldorf gelangte im zweiten Rechtszug (anknüpfend an das BFH-Urt. v. 2.12.2004) in seinem Urteil v. 12.10.2005[191] zu dem Ergebnis, dass die Überlassung des **Grundstücks dem privaten Bereich der Kläger zuzuordnen** sei. In Anmerkungen zum BFH-Urteil wird vertreten, der BFH habe tendenziell eher eine Zuordnung des Grundstücks in Form des hälftigen Miteigentumsanteils zum notwendigen Betriebsvermögen des Besitzeinzelunternehmens (bzw. Sonderbetriebsvermögen II bei einer Besitz-Mitunternehmerschaft) vor Augen.[192] Verstehe man das Institut der Betriebsaufspaltung generell als Missbrauchsvermeidungsinstrument, liege eine „**Attraktionskraft**" des Betriebsvermögens im Besitzunternehmen nahe, die auch neben dem bestehenden Besitzunternehmen überlassene Wirtschaftsgüter in dessen Betriebsvermögen hineinziehe.[193]

105 Dieser sehr weit gehenden Auffassung ist der BFH nicht gefolgt. Die Eintscheidung lässt Raum, eine private Veranlassung darzutun. **Indizien für die private Veranlassung** der Nutzungsüberlassung sind der Abschluss des Überlassungsvertrags zu fremdüblichen Bedingungen, dessen regelmäßige Kündbarkeit sowie ein zeitlicher Abstand zur Begründung der Betriebsauspaltung und die Tatsache, dass das Grundstück für die nutzende Betriebsgesellschaft nicht unverzichtbar sei. In diesen Fällen stehe der Zweck der privaten Rendite- und Einkünfteerzielung als Motiv der Überlassung im Vordergrund.[194] **Es fällt auf**, dass der BFH für die Prüfung des der Überlassung zugrunde liegenden Veranlassungszusammenhangs auf Kriterien zurückgreift, die im Rahmen der Prüfung einer sachlichen Verflechtung unter Geltung der inzwischen aufgegebenen Austauschbarkeits-Rspr. bedeutsam waren.[195]

106 Für **Fälle der Altersabsicherung**, die primär auf eine Einkünfteerzielung ausgerichtet ist, erscheint die Rspr. des BFH nutzbar, einen privaten Veranlassungszusammenhang herzustellen und darzutun. Bei diesen Gestaltungen sollte jedoch klar sein, dass es regelmäßig dazu kommen wird, die Tragfähigkeit im

---

191 FG Düsseldorf, EFG 2006, 264 mit Anm. Braun.
192 BFH, StBp 2005, 120, 121 mit Anm. Heuermann.
193 BFH, StBp 2005, 120, 121 mit Anm. Heuermann.
194 Schulze zur Wiesche, StB 2006, 55, 58; Zimmers, GmbH-Stpr 2005, 235, 237.
195 FG Düsseldorf, EFG 2006, 264, 264 mit Anm. Braun.

finanzgerichtlichen Verfahren durchzusetzen. Die Annahme eines privaten Veranlassungszusammenhangs ist eine Schlussfolgerung, die das FG aus den vorgetragenen und festgestellten Tatsachen im Wege einer Gesamtwürdigung zu ziehen hat und an die der BFH in einem etwaigen Revisionsverfahren gebunden ist (§ 118 Abs. 2 FGO).

> **Hinweis:**
> Es stellt daher ein **stetes Risiko dar**, ob neben den Tatsachen, die für eine private Veranlassung sprechen, nicht noch andere Tatsachen verwirklicht werden, die eine betriebliche Zuordnung nahe legen. Die Gestaltung ist daher nur begrenzt sicher und beherrschbar.

D. Gestaltungsfragen bei gewollter Betriebsaufspaltung

Im folgenden Abschnitt sollen **Gestaltungsfragen** behandelt werden, die sich stellen, wenn die Betriebsaufspaltung geplant eingegangen wird. Betroffen sind in diesem Zusammenhang die **Ausgestaltung des Pachtvertrags oder Mietvertrags** und der **Gesellschaftsverträge**, da die persönliche Verflechtung während der Lebensdauer der Betriebsaufspaltung durchgängig sichergestellt werden muss. Unterschieden wird für die Gliederung danach, ob Gegenstand der Nutzungsüberlassung der gesamte Betrieb ist (**Betriebserhaltungsmodell**, ggf. in der Variante des **Schrumpfungsmodells**) oder ob nur einzelne Wirtschaftsgüter an die Betriebsgesellschaft überlassen werden sollen (**Steuerberatermodell**).

I. Betriebserhaltungs- und Schrumpfungsmodell

1. Zivilrechtliche Rechtsgrundlagen

Das **Betriebserhaltungsmodell** ist dadurch gekennzeichnet, dass der Betriebsgesellschaft ein gesamter Betrieb oder Teilbetrieb zur Nutzung überlassen wird. Regelmäßig wird in der Praxis vor der Überlassung das Umlaufvermögen separiert und an die Betriebsgesellschaft veräußert und oder als Gegenstand einer Sacheinlage in die Betriebsgesellschaft gegen Gewährung von Gesellschaftsrechten eingebracht.

> **Hinweis:**
> Im letzteren Fall ist bei der Gründung **an das Problem der verdeckten Sacheinlage** bei einer Betriebs-GmbH zu denken.

Rechtsgrundlage der Betriebsüberlassung ist das Pachtrecht nach §§ 535, 581 ff. BGB. Die Betriebsgesellschaft darf als Pächterin das Unternehmen als Pachtgegenstand nutzen und dessen Früchte ziehen.[196] Ferner ist die Betriebsverpachtung bei den Regelungen zur Firmenfortführung nach § 22 Abs. 2 HGB zu beachten. Über die Ausgestaltung der **Verpflichtung des Pächters zur Substanzerhaltung kann gesteuert** werden, ob die Verpachtung des Betriebs „eisern" darauf ausgerichtet ist, dass der Verpächter Eigentum auch an allen ersatzbeschafften Wirtschaftsgütern erwirbt (§ 582a BGB) und der Betrieb am Ende der Laufzeit vollständig an den Verpächter zurückzugeben ist **oder** ob der Pächter Eigentum an allen ersatzbeschafften Wirtschaftsgütern erwerben soll, so dass der Verpächter durch Zeitablauf Eigentümer nur noch der wesentlichen Wirtschaftsgüter des **Anlagevermögens** als Restbestandteil des früheren Betriebs bleibt und diese zur Nutzung überlässt (sog. Schrumpfungsmodell).

---

[196] Die Frage, ob der Pachtvertrag als Betriebsüberlassungsvertrag nach § 292 Abs. 1 Nr. 3 AktG anzusehen ist, soll nicht weiter untersucht werden, weil auch in diesem Fall Pachtrecht Anwendung finden soll, vgl. Fichtelmann, INF 1994, 366, 368.

2. Steuerliche Grundlagen der Betriebsverpachtung

a) Grundlagen der Betriebsverpachtung

110 Es war bereits an anderer Stelle auf das **Rechtsinstitut der Betriebsverpachtung** hingewiesen worden (vgl. oben Rn 85.), das beim Betriebserhaltungsmodell von den Grundsätzen der Betriebsaufspaltung **überlagert** wird. Zur Abgrenzung sei noch wiederholend erwähnt, dass die Überlassung der Wirtschaftsgüter eines Betriebs durch einen beherrschenden Mitunternehmer an eine Personengesellschaft weder nach den Grundsätzen der Betriebsverpachtung noch nach den Grundsätzen der mitunternehmerischen Betriebsaufspaltung, sondern ausschließlich als überlassenes Sonderbetriebsvermögen gemäß § 15 Abs. 1 Satz 1 Nr. 2 EStG zu beurteilen ist. Ein Nebeneinander zwischen Betriebsverpachtung und überlagernder Betriebsaufspaltung kommt daher nur bei der Verpachtung **an beherrschte Kapitalgesellschaften zum Tragen**.

b) „Wiederaufleben" des Verpächterwahlrechts als „Rettungsanker"

111 Das Nebeneinander von Betriebsverpachtung und Betriebsaufspaltung hat beim Wegfall der Voraussetzungen der Betriebsaufspaltung Bedeutung. Der **Wegfall der sachlichen und/oder der personellen Verflechtung** führt nach ständiger Rspr. des BFH zu einer mit der Aufdeckung der stillen Reserven einhergehenden (Zwangs-)Aufgabe des Besitzunternehmens. Diese kann aber unter bestimmten Umständen mit Hilfe des Verpächterwahlrechts vermieden werden. Das **Verpächterwahlrecht lebt wieder auf**, wenn eine „Betriebsverpachtung in der Betriebsaufspaltung" vorgelegen hat, also ein funktionsfähiger Betrieb zu Beginn der Betriebsaufspaltung vorlag und dieser im Zeitpunkt der Beendigung der Betriebsaufspaltung ohne weiteres wieder aufgenommen werden kann und die persönlichen Voraussetzungen des Verpächterwahlrechts gegeben sind.[197] Das Verpächterwahlrecht steht **in persönlicher Hinsicht** nur natürlichen Personen, Betrieben gewerblicher Art i.S.d. § 1 Abs. 1 Nr. 4 KStG sowie **nicht gewerblich geprägten Personengesellschaften zu**. Bei Personengesellschaften kann das Verpächterwahlrecht nur einheitlich von allen Gesellschaftern ausgeübt werden (vgl. H 139 Abs. 5 EStH). In einem **Urteil v. 15.3.2005** hat der BFH seine ständige Rspr. bestätigt, dass es sowohl bei Wegfall der sachlichen als auch der personellen Verflechtung zum Wiederaufleben des Verpächterwahlrechts kommt.[198]

Werden nach Wegfall der sachlichen oder persönlichen Verflechtung die Wirtschaftsgüter des Betriebs weiter an die frühere Betriebsgesellschaft verpachtet, kommt es **nicht zur zwingenden Gewinnrealisierung durch eine Betriebsaufgabe**. Die weiteren Steuerfolgen der Nutzungsüberlassung entsprechen denen, die beim „Wiesbadener Modell" vorgestellt wurden (vgl. oben Rn. 86 ff.).

Der BFH **hat mit Urteil v. 17.4.2002**[199] das Wiederaufleben des Verpächterwahlrechts **auch für den Fall** angenommen, dass das Besitzunternehmen zunächst keinen Betrieb, sondern einzelne Wirtschaftsgüter an die Betriebsgesellschaft überlassen hat (also **aus einer unechten Betriebsaufspaltung** hervorgegangen ist), wenn im Zeitpunkt des Endes der Betriebsaufspaltung ein vollständiger Betrieb oder zumindest sämtliche wesentliche Betriebsgrundlagen im Besitzunternehmen gehalten werden.

> Hinweis:
>
> Es kann daher sinnvoll sein, **das Betriebsvermögen des Besitzunternehmens nachträglich anzureichern**, um die Voraussetzungen für ein Wiederaufleben des Verpächterwahlrechts zu schaffen. Dies kann auch durch den Erwerb von Wirtschaftsgütern von der Betriebsgesellschaft erreicht werden.

---

197 Vgl. BFH, BStBl. 1998 II, S. 325 für die echte Betriebsaufspaltung mit unterliegender Betriebsverpachtung; BMF-Schreiben v.17.10.1994, BStBl. 1994 I, S. 771.
198 BFH, BFH/NV 2005, S. 1292.
199 BFH, BStBl. 2002 II, S. 527.

In diesem Zusammenhang **hat der BFH mit Urteil v. 20.01.2005**[200] entschieden, dass die Grundstücksverwaltung einen Teilbetrieb der bisherigen Besitzgesellschaft bilden könne, wenn nach Begründung einer Betriebsaufspaltung die Besitzpersonengesellschaft einen Teil des Betriebs von der Betriebsgesellschaft zurückerwebe, um diesen Betrieb selbst fortzuführen: Eine Grundstücksvermietung könne **in Gestalt eines Teilbetriebs ausgeübt werden**, wenn sie (wie im Fall der Betriebsaufspaltung) für sich gesehen die Voraussetzungen eines Gewerbebetriebs erfülle und wenn sie sich als gesonderter Verwaltungskomplex aus dem Gesamtbetrieb des Besitzunternehmens heraushebe. Dies sei im Fall der Betriebsaufspaltung zwischen einem Besitzunternehmen **und mehreren Betriebsgesellschaften der Fall**, wenn an eine Betriebsgesellschaft räumlich abgrenzbare Grundstücksteile, die ausschließlich dieser Gesellschaft zuzuordnen seien, durch gesonderten Vertrag vermietet würden.

3. Gestaltungsbedarf aus zivilrechtlicher Sicht

Vgl. zu Formulierungsvorschlägen: *Carlé*, Betriebsaufspaltung; *Fichtelmann*, INF 1994, 366 ff.; 396 ff.; *Knoppe*, Betriebsaufspaltung, 5. Aufl.; *Münchener Vertragshandbuch*, Band 2, 3. Aufl., S. 261 ff.; *Streck/Schwedhelm*, Formular A.2.02 (Betriebsaufspaltung), Steuerliches Formularbuch, S. 47 ff.

a) Schriftform des Pachtvertrags

Die **Schriftform** des Pachtvertrags ist notwendig gemäß § 566 Abs. 1 BGB, wenn der Pachtvertrag die Überlassung eines Grundstücks für mehr als ein Jahr beinhaltet. Das Erfordernis, dass zur Vermeidung einer verdeckten **Gewinnausschüttung von Anfang an klare und eindeutige Vereinbarungen** zwischen der Betriebs-GmbH und ihren Gesellschaftern vorliegen müssen, damit sie steuerlich anerkannt werden, gilt auch für die Vereinbarung von Miet- und Pachtverhältnissen im Rahmen der Betriebsaufspaltung. Ist ein Miet- oder Pachtvertrag unklar und wird er nicht durchgeführt, sind die darauf beruhenden Leistungen vGA i.S.d. § 8 Abs. 3 Satz 2 KStG.[201] Fehlt ein schriftlicher Miet- oder Pachtvertrag kann aus der Regelmäßigkeit der Leistungen und des engen zeitlichen Zusammenhangs zwischen Leistung und Gegenleistung bei Mietverträgen, ebenso wie bei anderen Dauerschuldverhältnissen, schon aus dem tatsächlichen Leistungsaustausch der Rückschluss auf eine von Beginn an zumindest mündlich abgeschlossene Vereinbarung möglich sein.[202]

112

b) Überleitung von Schuldverhältnissen

Die **Überleitung von Schuldverhältnissen**, in denen das Besitzunternehmen Vertragspartner ist, auf die Betriebs-GmbH ist für das Betriebserhaltungsmodell zu regeln. Betroffen sind Dauerschuldverhältnisse wie z.B. Versicherungsverträge aber auch noch nicht erfüllte Verträge aus Lieferungs- und Leistungsbeziehungen. Stimmt der Dritte (Vertragspartner des früheren Einheitsunternehmens) einer Vertragsübernahme nicht zu, ist im Innenverhältnis zwischen Besitz- und Betriebs-GmbH für die verschiedenen Veträge jeweils eine Erfüllungsübernahme gemäß § 329 BGB vorzusehen.

113

Einigkeit besteht, dass die Betriebspacht einen Fall des Betriebsübergangs gemäß **§ 613a BGB** darstellt, d.h. die **Arbeitsverhältnisse** gehen auf die Betriebs-GmbH über. Hier wird zumeist bei **Pensionsrückstellungen** die Übernahme der Rückstellungen gegen eine Zahlung des Gegenwerts an die Betriebs-GmbH in den Pachtvertrag aufgenommen.

c) Firmenfortführung

Bei einer Firmenfortführung durch die Betriebs-GmbH führt die Betriebsverpachtung zu einer Haftung des Pächters gemäß § 22 i.V.m. § 25 HGB für die vor Haftbeginn begründeten Verbindlichkeiten. Um die Verjährung gemäß § 26 HGB in Gang zu setzen, wird regelmäßig ein Datum vereinbart, zu dem der Verpächter (das Besitzunternehmen) die Änderung seines Firmennamens zum Handelsregister anzumelden hat.

114

---

200 BFH, BFH/NV 2005, S. 951.
201 BFH, BStBl. 1990 II, S. 468.
202 BFH, BStBl. 1993 II, S. 139.

4. Ausgestaltung der Pflichten von Pächter und Verpächter

a) Zivilrechtliche und steuerliche Ausgangslage[203]

115 Das vom Pächter **unter Rückgabeverpflichtung** (§ 582a Abs. 3 Satz 1, § 1048 BGB) zur Nutzung übernommene Inventar, d.h. die beweglichen Wirtschaftsgüter des Anlagevermögens, bleibt **im zivilrechtlichen und wirtschaftlichen Eigentum des Verpächters** und ist ohne Rücksicht auf die Gewinnermittlungsart weiterhin ihm zuzurechnen und von ihm unverändert mit den Werten fortzuführen, die sich nach den Vorschriften über die Gewinnermittlung ergeben. Die Abschreibungen der abnutzbaren Wirtschaftsgüter **stehen allein dem Verpächter** als dem zivilrechtlichen und wirtschaftlichen Eigentümer zu. Übergibt der Verpächter im Zeitpunkt der Verpachtung mit eisernem Inventar auch Umlaufvermögen, das der Pächter nach Beendigung des Pachtverhältnisses zurückzugeben hat, so handelt es sich dabei um die Gewährung eines Sachdarlehens. Beim Verpächter tritt an die Stelle der übergebenen Wirtschaftsgüter eine **Sachwertforderung**, die mit dem gleichen Wert anzusetzen ist wie die übergebenen Wirtschaftsgüter.

Der **Pächter wird wirtschaftlicher Eigentümer** der überlassenen Wirtschaftsgüter des **Umlaufvermögens**. Er muss diese bei Gewinnermittlung durch Betriebsvermögensvergleich nach §§ 4 Abs. 1, 5 EStG nach den allgemeinen Grundsätzen aktivieren und in gleicher Höhe eine Rückgabeverpflichtung passivieren. Bei dieser Ausgangslage bleibt es, wenn der Pächter **nur zur pfleglichen Behandlung des gepachteten Vermögens** (§ 588 Abs. 2 Satz 1 BGB) verpflichtet wird. Dann muss das Besitzunternehmen die entsprechenden Ersatz- und Erhaltungsinvestitionen tragen, deren Umfang einen unverhältnismäßigen Aufwand erfordert.

b) Abweichende Substanzerhaltungsklausel im Pachtvertrag

116 **Hiervon abweichend** kann dem Pächter eine Substanzerhaltungsverpflichtung auferlegt werden, die er auf eigene Kosten zu erfüllen hat.

aa) Anspruch des Verpächters auf Substanzerhaltung

117 Der Verpächter hat **den Anspruch gegen den Pächter auf Substanzerhaltung** des eisern verpachteten Inventars als sonstige Forderung **zu aktivieren**. Der Anspruch ist zu jedem Bilanzstichtag unter Berücksichtigung der Wiederbeschaffungskosten neu zu bewerten. Er beträgt bei Pachtbeginn 0 € und wird infolge der Abnutzung der verpachteten Wirtschaftsgüter von Jahr zu Jahr **um den Wert der Abnutzung** – unter Berücksichtigung der veränderten Wiederbeschaffungskosten – erhöht. Im Ergebnis wirkt sich damit **beim Verpächter nur der Unterschiedsbetrag** zwischen seinen Abschreibungen und der Veränderung des Anspruchs auf Substanzerhaltung gewinnwirksam aus.

Diese **Verpflichtung des Pächters**, die zur Nutzung übernommenen Pachtgegenstände bei Beendigung der Pacht zurückzugeben, muss sich in seiner Bilanz gewinnwirksam widerspiegeln. Der Pächter muss den Erfüllungsrückstand (noch nicht eingelöste Verpflichtung zur Substanzerhaltung) **erfolgswirksam durch Passivierung einer Rückstellung** ausweisen, auch wenn diese Verpflichtung noch nicht fällig ist. Der **Bilanzposten entwickelt sich korrespondierend** mit jenem des Verpächters wegen des Anspruchs auf Substanzerhaltung.

bb) Erhaltungsaufwendungen und Ersatzbeschaffungen des Pächters

118 Der Pächter hat die Verpflichtung, das zur Nutzung **übernommene bewegliche Anlagevermögen** zu erhalten und laufend zu ersetzen (§§ 582a Abs. 2 Satz 1, 1048 Abs. 1 Satz 2 1. Halbs. BGB). Die **Erhaltungsaufwendungen** im ertragsteuerlichen Sinn sind bei ihm als Betriebsausgaben zu berücksichtigen. Die vom Pächter ersetzten Wirtschaftsgüter werden Eigentum des Verpächters auch insoweit, als ihre Anschaffung oder Herstellung durch den Pächter **über diese Verpflichtung** hinausgeht (§§ 582a Abs. 2 Satz 2, 1048 Abs. 1 Satz 2 2. Halbs. BGB). Sie sind vom Verpächter mit den vom Pächter aufgewendeten Anschaffungs- oder Herstellungskosten **zu aktivieren und abzuschreiben**. Der Verpächter hat den auf

---

203 Die Darstellung folgt dem BMF-Schreiben v. 21.2.2002, BStBl. 2002 I, S. 262 zur sog. „Eisernen Verpachtung".

die ersetzten Wirtschaftsgüter entfallenden (als sonstige Forderung aktivierten) Anspruch auf Substanzerhaltung aufzulösen. Beim Pächter ist die Rückstellung insoweit aufzulösen.

Für über die zivilrechtliche Verpflichtung hinausgehende Anschaffungs- oder Herstellungskosten hat der **Verpächter eine Wertausgleichsverpflichtung** zu passivieren und **der Pächter einen Wertausgleichsanspruch** als sonstige Forderung zu aktivieren. Beide Bilanzposten sind in den folgenden Wirtschaftsjahren unter Berücksichtigung von geänderten Wiederbeschaffungskosten gleichmäßig fortzuentwickeln. Der Auflösungszeitraum ergibt sich aus der Differenz zwischen der Nutzungsdauer des neu angeschafften oder hergestellten Wirtschaftsguts und der bei Pachtbeginn verbliebenen Restnutzungsdauer des ersetzten Wirtschaftsguts.

Bei **Gewinnermittlung durch Einnahmenüberschussrechnung nach § 4 Abs. 3 EStG** haben die vorgenannten Forderungen und Verbindlichkeiten keine Auswirkung auf den Gewinn. Ersatzbeschaffungen von Wirtschaftsgütern des Anlagevermögens führen beim Pächter im Wirtschaftsjahr der Zahlung zu einer Betriebsausgabe. Beim Verpächter führen sie im Wirtschaftsjahr der Ersatzbeschaffung zu einer Betriebseinnahme. Dies gilt unabhängig von der Gewinnermittlungsart des jeweils anderen Vertragspartners.

cc) Abgrenzung zum Schrumpfungsmodell

Es kann jedoch noch weitergehender vereinbart werden, dass alle Investitionen durch die Betriebsgesellschaft getragen werden und in deren Eigentum übergehen. Hierdurch werden durch Zeitablauf von der Besitzgesellschaft nur noch Wirtschaftsgüter des Anlagevermögens verpachtet, nicht mehr aber ein Betrieb im Ganzen. Dies hat jedoch zur Folge, dass bei Beendigung der Betriebsaufspaltung das Verpächterwahlrecht nicht wieder aufleben kann.

c) Vermeidung des Geschäftswertsübergangs

aa) Urteil des FG Düsseldorf v. 25.9.2003

Das FG Düsseldorf hat mit einem Urteil v. 25.9.2003[204] einen Fall entschieden, in dem es maßgeblich um den Übergang eines Geschäftswerts auf die künftige Betriebsgesellschaft im Betriebserhaltungsmodell ging.[205] Das FG Düsseldorf nahm in Einklang mit der Rspr. des BFH im Urteil v. 27.3.2001 (vgl. unten ausführlich Rn. 130) bei der Begründung der Betriebsaufspaltung keine verdeckte Einlage des Geschäftswerts in die Betriebs-GmbH, sondern dessen Verbleib im Besitzunternehmen an. Vereinbarungen zur Nutzungsüberlassung des Geschäftswerts während der Dauer der Betriebsaufspaltung fehlten im Pachtvertrag vollständig, was das FG als Unklarheiten zu Lasten des Klägers wertete.

bb) Folgerungen aus der Rspr.

Es ist im **jeweiligen Einzelfall** nach den tatsächlichen Umständen zu prüfen, inwieweit ein Übergang des Geschäftswerts auf die Betriebsgesellschaft bei Übergang in die Betriebsaufspaltung im Betriebserhaltungsmodell erfolgt. Im Betriebserhaltungsmodell spricht vieles für einen Verbleib des Geschäftswerts im Besitzunternehmen.[206] Der der Entscheidung zugrunde liegende Sachverhalt ist ein Musterbeispiel dafür, „wie man es nicht macht" und **unterstreicht die Bedeutung einer ausdifferenzierten Vertragsgestaltung** für diese Problematik.

Da der Geschäftswert an den geschäftsbildenden Faktoren haftet und diese der Betriebs-GmbH nur zur Nutzung überlassen werden, ist durch die vertragliche Gestaltung zu untermauern, dass der Geschäftswert beim Besitzunternehmen zurückbleibt. Notwendig sind insb.:

---

[204] Urteil des FG Düsseldorf, EFG 2004, 41 ff. mit Anm. Claßen.
[205] Diese Frage stellte eine Vorfrage für den eigentlichen Streitpunkt dar, ob eine gewinnrealisierende Betriebsaufgabe bei einer bis dahin nicht erkannten Betriebsaufspaltung durch Wegfall der persönlichen Verflechtung eingetreten war.
[206] Vgl. z.B. BFH, BStBl. 1989 II, S. 982; BStBl. 1991 II, S. 829; BFHE 185, 230; BStBl. 2002 II, S. 387.

- eine **Regelung im Pachtvertrag**, dass der Geschäftswert an die Betriebsgesellschaft verpachtet wird;
- eine Regelung **über die Höhe des für den Geschäftswert** zu zahlenden Pachtzinses (zur Höhe vgl. unten Rn. 140 ff.);
- eine Regelung über die **Herausgabepflicht des Geschäftswerts** an das Besitzunternehmen für den Fall des Pachtendes, die – im Unterschied zum Steuerberatermodell (vgl. unten Rn. 128 ff) – entschädigungslos auch im Hinblick auf etwaige Wertsteigerungen zu sein hat.

124 Schwierig ist die Gestaltung für das **Schrumpfungsmodell**. Hier ist bei geplanter Schrumpfung mit einem Übergang des Geschäftswerts während der Pachtdauer zu rechnen, da sich die geschäftswertbildenden Faktoren durch Zeitablauf verflüchtigen und der Geshäftswert dann auf den von der Betriebsgesellschaft beruhenden Faktoren beruht. Für diese Fälle ist eine Anpassungsklausel zur Minderung des Pachtzinses und eine **Herausgabepflicht gegen Entschädigung** bei Beendigung der Betriebsaufspaltung vorzusehen.

5. Belastungswirkungen des Betriebserhaltungsmodells

125 Bilden die verpachteten Wirtschaftsgüter **einen Betrieb oder Teilbetrieb**, so ist nach § 8 Nr. 7 GewStG beim Betriebsunternehmen gewerbesteuerlich eine Hinzurechnung für die Miet- und Pachtzinsen vorzunehmen, die **nicht in Grundbesitz** (z.B. bewegliches Anlagevermögen) bestehen. Zwar ist der Miet- und Pachtzins in diesem Fall beim Besitzunternehmen der Gewerbesteuer unterworfen, was nach dem Wortlaut der Vorschrift die Hinzurechnung ausschließt. Soweit der Miet- und Pachtzins für diese Wirtschaftsgüter **aber 125.000 € übersteigt**, erfolgt die Hinzurechnung gemäß § 8 Nr. 7 Satz 2 2. Halbs. GewStG trotzdem zwingend.

Die Vorschrift geht davon aus, dass die Benutzung gemieteter bzw. gepachteter Wirtschaftsgüter **den Gewerbeertrag des Betriebes** erhöht.[207] Es ist zwar nur die Hälfte der Miet- und Pachtzinsen dem Steuerbilanzergebnis hinzuzurechnen. Trotzdem soll damit nach der Vorstellung des Gesetzgebers im Ergebnis eine vollständige Beseitigung der steuerlichen Abzugsfähigkeit von Miet- und Pachtzinsen erreicht werden. Denn der Gesetzgeber unterstellt, dass auch **die Benutzung eigener Wirtschaftsgüter** nur etwa zur Hälfte den Ertrag erhöhen würde, **während die andere Hälfte** für Abschreibungen, Instandsetzung etc. aufgewendet werden müsste.[208]

126 Folgendes **Beispiel** soll die **Steuerwirkungen des § 8 Nr. 7 GewStG** verdeutlichen:[209]

Eine Betriebskapitalgesellschaft hat den gesamten Betrieb von einer Besitzpersonenunternehmung gepachtet. Das Brutto-Nutzungsentgelt für das nicht in Grundbesitz bestehende Anlagevermögen beträgt 20 Geldeinheiten (GE), wobei angenommen wird, dass dieser Betrag 125.000 € übersteigt, so dass § 8 Nr. 7 Satz 2 2. Halbs GewStG die hälftige Hinzurechnung der Miet- und Pachtzinsen bei der Ermittlung des Gewerbeertrags der Betriebskapitalgesellschaft anordnet. Der auf das Anlagevermögen entfallende Abschreibungs- und Instandhaltungsaufwand soll genau halb so hoch wie die Brutto-Nutzungsvergütung sein, also 10 GE. Die nachstehende Tabelle vergleicht die gewerbesteuerliche Situation einer solchen „optimierten" Betriebs-Kapitalgesellschaft mit der einer reinen Kapitalgesellschaft:

Kapitalgesellschaft	reineKapG	KapG+Nutzungsüberlass.
erhöhter Vergleichsgewinn	110,00	110,00
– AfA und Instandhaltungsaufwand	- 10,00	0,00
Gewinn vor Nutzungsvergütung	100,00	110,00
– Nutzungsvergütung	0,00	- 20,00
HB/StB-Gewinn vor Steuern	100,00	90,00
+ Hinzurechnung (§ 8 Nr. 7 GewStG)	0,00	10,00

---

207 Vgl. Knobbe-Keuk, Unternehmenssteuerrecht, S. 743.
208 Vgl. Güroff, in: Glanegger/Güroff, § 8 Nr. 7 Rn. 1.
209 Teufel, Steuerliche Rechtsformoptimierung, S. 72 f.

Gewerbeertrag	100,00	100,00
– Gewerbesteuer (400%)	- 16,67	- 16,67
Gewerbesteuerminderung		0,00

Die 50%ige Hinzurechnung der Miet- und Pachtzinsen führt dadurch im Ergebnis – abgesehen von der Überlassung nicht abnutzbarer Wirtschaftsgüter – nicht nur dazu, dass die steuerlichen Auswirkungen der Miet- und Pachtzinsen zu 50 % rückgängig gemacht werden. Geht man dem gesetzgeberischen Leitbild des § 8 Nr. 7 GewStG entsprechend davon aus, dass sich der idealtypische Miet- und Pachtzins hälftig aus dem Kapitalverzinsungselement einerseits und dem „AfA-Ersatz" andererseits zusammensetzt, erreichen § 8 Nr. 7 S. 1 bzw. § 8 Nr. 7 Satz 2 2. Halbs. GewStG im Ergebnis eine 100 %ige Beseitigung der steuerlichen Auswirkungen von Miet- und Pachtzinsen auf das nicht in Grundbesitz bestehende Anlagevermögen.

Kommt § 8 Nr. 7 Satz 2 GewStG bei der Betriebskapitalgesellschaft zur Anwendung, so wird der hinzugerechnete Betrag vom Gewerbeertrag im Besitzunternehmen gekürzt (vgl. § 9 Nr. 4 GewStG). Hierdurch kann es **im Besitzunternehmen** zu einer Bildung von **gewerbesteuerlichen Verlustvorträgen** durch die Kürzungen nach § 9 Nr. 4 GewStG und zu einer Fehlallokation von Ermäßigungspotenzial nach § 35 EStG kommen. Kessler/Teufel empfehlen daher die umgekehrte Betriebsaufspaltung als optimierte Variante der Betriebsaufspaltung (vgl. unten Rn. 194).[210]

II. Steuerberatermodell

1. Gewerbesteuerlicher Hintergrund des Steuerberatermodells

In der gewerbesteuerlichen Belastung durch die **Hinzurechnung gemäß § 8 Nr. 7 Satz 2 2. Halbs. GewStG** ist die wesentliche Begründung für das **Steuerberatermodell** zu sehen. Um die Hinzurechnung zu beseitigen, werden nur einzelne Wirtschaftsgüter überlassen, die **keinen Betrieb oder Teilbetrieb** bilden. Wie noch dargestellt wird, besteht jedoch ein wesentliches Problem auf Basis der geltenden Rechtslage, dass der Aufspaltungsvorgang eines bestehenden Unternehmens hinein in das Steuerberatungsmodell nicht mehr steuerneutral möglich ist (vgl. unten Rn. 150).

127

2. Zivilrechtlicher und steuerlicher Gestaltungsbedarf

Vgl. *Streck/Schwedhelm*, Formular A.2.03 (Betriebsaufspaltung), Steuerliches Formularbuch, S. 47 ff.

a) Zivilrecht

Zivilrechtlich wird regelmäßig **eine entgeltliche Übertragung** von Teilen des Anlagevermögens und des Umlaufvermögens gegen Übernahme der Verbindlichkeiten des früheren Einheitsunternehmens vereinbart. Fehlen hierzu erforderliche Zustimmungen von Dritten, ist für das Innenverhältnis eine Erfüllungsübernahme vorzusehen. Im Übrigen ergibt sich weitgehend derselbe Regelungsbedarf wie beim Betriebserhaltungsmodell hinsichtlich der Vertragsüberleitung auf die Betriebs-GmbH und des Übergangs der Arbeitsverhältnisse.

128

b) Steuerrecht

Aus steuerlicher Sicht ist die **Vermeidung des Geschäftswertsübergangs** auf die Betriebsgesellschaft zu gestalten.

129

aa) Entscheidung des BFH v. 27.3.2001 – I R 42/00

Nach dem **BFH-Urteil v. 27.3.2001**[211] kann im Steuerberatermodell der Geschäftswert **nicht schematisch** dem ursprünglich bestehenden Unternehmen zugeordnet werden.

130

Eine entgeltliche Übertragung des Geschäftswerts auf die Betriebsgesellschaft im Fall der Betriebsaufspaltung **kann anzunehmen** sein, wenn geschäftswertbildende Faktoren – z.B. eine besonders quali-

---

[210] Kessler/Teufel, DStR 2001, 869 ff.
[211] BFH, BStBl. 2001 II, S. 771.

fizierte Arbeitnehmerschaft oder eine spezielle betriebliche Organisation – nach der Aufspaltung des bislang einheitlichen Betriebs fortan nicht mehr dem fortbestehenden Besitzunternehmen, sondern der neu gegründeten Betriebsgesellschaft zur Verfügung stehen und **nur von ihr sinnvoll genutzt werden** können. In diesem Fall ist ein Übergang des Geschäftswerts auf die Betriebsgesellschaft möglich, wenn diese

- ihrer Organisation und Struktur nach eigenständig am Wirtschaftsleben teilnehmen kann **und**
- die Nutzungsmöglichkeit der Betriebsgesellschaft **auf Dauer** angelegt ist und ihr nicht vorzeitig entzogen werden kann.

Ob eine weitere Zuordnung der geschäftswertbildenden Faktoren zum ursprünglichen Einheitsunternehmen oder zur Betriebsgesellschaft nach dem Aufspaltungsvorgang vorzunehmen ist, ist **eine Frage der Tatsachenermittlung**. Der BFH betont in seinem Urteil v. 27.3.2001, es hänge von den tatsächlichen Umständen des jeweiligen Einzelfalls ab und sei vorrangig Aufgabe des FG, festzustellen, ob und inwieweit Gewinnaussichten des bislang bestehenden auf das neu gegründete Unternehmen übergegangen seien und ob sowie ggf. in welcher Höhe ein fremder Dritter hierfür – über den Preis der sonstigen übertragenen Wirtschaftsgüter hinaus – ein Entgelt gezahlt hätte. Die vom FG in diesem Punkt erfolgte Würdigung könne im Revisionsverfahren nur daraufhin überprüft werden, ob sie **gegen Denkgesetze oder allgemeine Erfahrungssätze** verstoße (§ 118 Abs. 2 FGO).

bb) BFH-Urt. v. 16.6.2004 – X R 34/03[212]

131 In dem vorgenannten Urteil entschied der BFH in Fortführung der Entscheidung v. 27.3.2001, dass, wenn bei der **Begründung einer Betriebsaufspaltung** sämtliche Aktiva und Passiva einschließlich der Firma mit Ausnahme des Immobiliarvermögens auf die Betriebsgesellschaft übertragen und das vom Besitzunternehmer zurückbehaltene Betriebsgrundstück der Betriebsgesellschaft langfristig zur Nutzung überlassen werden, der im bisherigen (Einzel-)Unternehmen entstandene (originäre) Geschäftswert grds. auf die Betriebsgesellschaft übergehe.

cc) Rechtsfolgen

132 Die **denkbaren Rechtsfolgen** aus dem Übergang des Geschäftswerts sind bei der Begründung des Steuerberatermodells vielfältig:

- In dem der Entscheidung v. 27.3.2001 zugrunde liegenden Sachverhalt hatte der Steuerpflichtige den Geschäftswert u.a. an die Betriebs-GmbH veräußert, das Finanzamt sah **in dem gezahlten Entgelt eine verdeckte Gewinnausschüttung** der Betriebs-GmbH, da der Geschäftswert nicht übergegangen sei und deshalb die Betriebs-GmbH die gezahlte Vergütung ohne Gegenleistung getätigt habe.
- Nach dem der Entscheidung v. 16.6.2004 zugrunde liegenden Sachverhalt hatte die Einzelunternehmerin (Klägerin) **alle Aktiva und Passiva des Einzelunternehmens** mit Ausnahme des betrieblichen Grundbesitzes mit „Unternehmenskaufvertrag" zu einem „Gesamtkaufpreis", der den Buchwerten der übertragenen Wirtschaftsgüter entsprach, an die Betriebs-GmbH veräußert. Mitveräußert wurde auch die Handelsfirma. An der Betriebs-GmbH war ein Nachfolger beteiligt, dessen Einlage nicht den übergehenden stillen Reserven entsprach. Der Übergang des Geschäftswerts hatte **eine verdeckte Einlage in die Betriebs-GmbH** und damit vorhergehend eine gewinnrealisierende Entnahme aus dem Betriebsvermögen des Einzelunternehmens zur Folge.

dd) Folgerungen aus der Rspr.

133 Die Rspr. hat zur Folge, dass anhand der tatsächlichen Umstände des Einzelfalls geprüft wird, ob im Zusammenhang mit dem Übergang in eine Betriebsaufspaltung der Geschäftswert aus dem Betriebsvermögen des vorherigen Einheits- und künftigen Besitzunternehmens in die Betriebsgesellschaft wechselt. Diese Gefahr **ist im Steuerberatermodell** stets vorhanden, da das Restbetriebsvermögen des späteren Besitzunternehmens möglichst klein gehalten wird, um die Konstruktion nicht als Betriebsverpachtung

---

212 BFH, BFH/NV 2004, S. 1701.

und damit gewerbesteuerlich in den Anwendungsbereich des § 8 Nr. 7 Satz 2 2. Halbs. GewStG fallen zu lassen. Zudem stellt das oben genannte BFH-Urteil v. 16.6.2004 m.E. **fast schon eine tatsächliche Vermutung für den Übergang des Geschäftswerts** im Steuerberatermodell auf. Demgemäß empfiehlt es sich, im Steuerberatermodell bei der vertraglichen Gestaltung eine klare Vereinbarung über den Geschäftswert im Pachtvertrag und der für den Aufspaltungsvorgang maßgeblichen Vereinbarung vorzusehen:

- Geht man auf Grund einer Übertragung der geschäftswertbildenden Faktoren **von einem Übergang des Geschäftswerts** aus, kann dieser zu einem angemessenen Kaufpreis gewinnrealisierend an die Betriebsgesellschaft veräußert werden, was bei vorhandenen Verlustvorträgen (allerdings unter Berücksichtigung der Schranken aus der Mindestbesteuerung) empfehlenswert sein kann. Für den Fall der Rückabwicklung der Betriebsaufspaltung in das Einheitsunternehmen ist ein Herausgabeanspruch vorzusehen, der auch eine Entschädigung für die Betriebs-GmbH für zwischenzeitliche Wertsteigerungen vorsehen sollte, um eine verdeckte Gewinnausschüttung zu vermeiden.[213]
- Sieht man Chancen, dass **der Geschäftswert im Besitzunternehmen verbleibt**, ist im Pachtvertrag eine eigenständige Regelung für dessen Nutzungsüberlassung an die Betriebsgesellschaft vorzusehen und eine eigene **Regelung des Pachtzinses** für den überlassenen Geschäftswert aufzunehmen. Diese kann angemessen umsatzabhängig i.H.v. 0,5 – 1,5 % des Umsatzes vereinbart werden.[214] In diesem Fall ist es ratsam z.B. in einer Passage des Vertragstextes zu dokumentieren, an welchen geschäftswertbildenden Faktoren der Geschäftswert haftet und dass diese im Besitzunternehmen verbleiben. Ein Herausgabeanspruch gegen Wertersatz bei Beendigung der Betriebsaufspaltung ist nicht aufzunehmen, da da ja kein Übergang des Geschäftswerts erfolgt.

III. Verdeckte Gewinnausschüttungen bei der Betriebsaufspaltung

1. Voraussetzungen und Rechtsfolgen der verdeckten Gewinnausschüttung

Das Merkmal der verdeckten Gewinnausschüttung (vGA) durch Kapitalgesellschaften ist **gesetzlich nicht definiert**. Das KStG enthält lediglich in § 8 Abs. 3 Satz 2 KStG die Bestimmung, dass auch vGA das Einkommen nicht mindern. Der **BFH**[215] definiert die Tatbestandsmerkmale einer vGA als:

- eine Vermögensminderung oder verhinderte Vermögensmehrung,
- die durch das Gesellschaftsverhältnis veranlasst ist,
- sich auf die Höhe des Unterschiedsbetrags gemäß § 4 Abs. 1 Satz 1 EStG i. V. mit § 8 Abs. 1 KStG auswirkt und
- in keinem Zusammenhang mit einer offenen Ausschüttung steht.

Das Merkmal **der Veranlassung im Gesellschaftsverhältnis** nimmt der BFH bei der Betriebsaufspaltung an, wenn eine Betriebs-GmbH dem beherrschenden Besitzunternehmen einen Vermögensvorteil zuwendet, den sie bei der Sorgfalt eines ordentlichen und gewissenhaften Geschäftsleiters einem Nichtgesellschafter nicht gewährt hätte.[216]

Bei den **für Betriebsaufspaltungen relevanten Rechtsbeziehungen** (Pacht-/Mietvertrag, Gehaltszahlungen an Besitzgesellschafter sowie Darlehensbeziehungen zwischen Besitz- und Betriebsgesellschaft) besteht die Gefahr einer vGA **hinsichtlich der Höhe der gezahlten Entgelte**. Es wird anhand eines Fremdvergleichs (Drittvergleichs) geprüft, ob der Geschäftsleiter der Betriebs-GmbH die im Rahmen der Rechtsbeziehung gewährte Vergütung auch einem Nichtgesellschafter gewährt hätte. Dies geschieht **durch eine Angemessenheitsprüfung der gezahlten Entgelte**, wobei die Rspr. im Besonderen für die Angemessenheitsprüfung des Pachtzinses sehr differenzierte Kriterien entwickelt hat.

---

213 Neumann, VGA und verdeckte Einlagen, Stichwort „Betriebsaufspaltung", S. 114.
214 Neumann, VGA und verdeckte Einlagen, Stichwort „Betriebsaufspaltung", S. 112.
215 BFH, BStBl. 1989 II, S. 475; BStBl. 1989 II, S. 631; BFH/NV 2003, S. 1666.
216 BFH, BStBl. 1967 III, S. 626; BFHE 203, 77.

Ist Empfänger der Vergütung ein **beherrschender Gesellschafter** im Rahmen einer Betriebsaufspaltung, so liegt die Veranlassung im Gesellschaftsverhältnis auch dann vor, wenn die Betriebs-GmbH eine Leistung erbringt, für die es an einer klaren und im Voraus getroffenen, zivilrechtlich wirksamen und tatsächlich durchgeführten Vereinbarung fehlt (**sog. Rückwirkungs- bzw. Nachzahlungsverbot**) und welche im Übrigen dem Drittvergleich standhalten würde. Für die Beherrschung ist im Regelfall eine Beteiligung am Stamm- oder Grundkapital **von mehr als 50 % erforderlich (Mehrheit der Stimmrechte)**. Der Gesellschafter kann somit entscheidenden Einfluss ausüben,[217] weil er mit dieser Mehrheit Gesellschafterbeschlüsse erzwingen kann, da § 47 Abs. 1 GmbHG das Mehrheitsprinzip vorsieht.

135   Ist eine vGA festgestellt, so ist in Höhe der vGA entsprechend § 8 Abs. 3 KStG das Einkommen der Betriebsgesellschaft zu erhöhen und dieses erhöhte Einkommen der KSt und GewSt zu unterwerfen. Nach nunmehr herrschender Ansicht ist die erforderliche Korrektur **außerhalb der Bilanz bei der Einkommensermittlung** vorzunehmen.[218]

136   **Verdeckte Gewinnausschüttungen** sind grds. Einkünfte aus Kapitalvermögen nach § 20 Abs. 1 Nr. 1 EStG. Für die Einkünfteermittlung des Besitzunternehmens (Alleingesellschafter als natürliche Person, Mitunternehmerschaft oder Besitzkapitalgesellschaft) ist zu beachten, dass die die vGA begründenden Entgelte (z.B. der Pachtzins) bereits als gewerbliche Einkünfte (im Regelfall als gewerbliche Pachtzinsen) erfasst worden sind. Die Feststellung der vGA hat die Umqualifizierung der Einkünfte in gewerbliche Dividendeneinkünfte nach §§ 15, 20 Abs. 1 und 3 EStG zur Folge, da die Anteile an der Betriebskapitalgesellschaft zum Betriebsvermögen des Besitzunternehmens gehören (vgl. unten Rn. 182). Im Einzelnen ist für die steuerlichen Folgen auf der Gesellschafterebene nach der Eigenschaft des Gesellschafters zu differenzieren:

- **Alleingesellschafter als natürliche Person und Besitz-Mitunternehmerschaft**: Die Einkünfte unterliegen nach der Umqualifizierung in Dividendeneinkünfte dem **Halbeinkünfteverfahren**, so dass sie für den Gesellschafter zu einer Steuererstattung führen. **Refinanzierungsaufwendungen** unterliegen jedoch dann dem hälftigen Abzugsverbot aus § 3c Abs. 2 EStG. **Gewerbesteuerlich** werden die gewerblichen Dividenden **nach § 9 Nr. 2a GewStG** aus der Bemessungsgrundlage des Besitzunternehmens gekürzt. Die Umsetzung dieser Begünstigung ist verfahrensrechtlich seit Einführung des § 32a KStG auch gesichert, wenn die vGA erst zu einem Zeitpunkt bei der Betriebsgesellschaft erkannt wird, zu dem die Veranlagung der beherrschenden Gesellschafter oder der einheitliche und gesonderte Feststellungsbescheid bereits bestandskräftig sind.

- **Besitzkapitalgesellschaft in der kapitalistischen Betriebsaufspaltung**: Ist der von einer vGA begünstigte Gesellschafter seinerseits ebenfalls eine Kapitalgesellschaft, so wird die vGA ebenso wie eine offene Gewinnausschüttung gemäß § 8b KStG nicht besteuert. Der Bezug ist daher steuerfrei. 5 % des Bezugs sind allerdings als nichtabzugsfähige Betriebsausgaben zu erfassen (§ 8b Abs. 5 KStG). Folge ist damit aus wirtschaftlicher Sicht eine Steuerfreiheit von 95 % des Bezugs.

- **Errichtung einer Organschaft**: Bei Errichtung einer Organschaft wird das Ergebnis der Betriebsgesellschaft (Organgesellschaft) dem Besitzunternehmen (Organträger) für steuerliche Zwecke zugerechnet. Zudem findet die 5 %-Hinzurechnung nach § 8b Abs. 5 KStG keine Anwendung. Die Organschaft erlaubt also eine vollkommene Planungssicherheit gegenüber nachträglich festgestellten vGAs. **Für natürliche Personen als** Besitzunternehmen und jetzt auch Besitz-Mitunternehmerschaften steht dieser Weg ebenfalls offen, da Tz. 16 des BMF-Schreibens v. 10.11.2005[219] auch die Besitzgesellschaften als Organträger qualifiziert, wenn diese nach Tz. 13 desselben BMF-Schreibens die Mehrheit der

---

217 BFH, BFH/NV 1997, S. 808; BStBl. 1990 II, S. 454; BStBl. 1982 II, S. 139.
218 BMF v. 28.5.2002, BStBl. 2002 I, S. 603, Tz. 3; BFH, BStBl. 1993 II, S. 801; BFHE 179, 284; BFHE 186, 540; BStBl. 2001 II, S. 240.
219 BMF-Schreiben v. 10.11.2005, BStBl. 2005 I, S. 1038.

Anteile **im Gesamthandsvermögen** halten.[220] Nachteilig bei der Organschaft ist für natürliche Personen oder Besitz-Mitunternehmerschaften, dass durch den nach § 14 KStG zwingend erforderlichen Ergebnisabführungsvertrag eine fünfjährige Bindung und eine zivilrechtliche Verpflichtung zu einem Verlustausgleich bestehen, die die regelmäßig angestrebte zivilrechtliche Haftungsbegrenzung der Besitzgesellschafter vereitelt.

2. Steuerliche Auswirkungen eines überhöhten oder zu niedrigen Pachtzinses

Ein **überhöhter Pachtzins**, der seinem Grund im Gesellschaftsverhältnis hat, führt zu einer verdeckten Gewinnausschüttung[221] und damit zur Einkommenskorrektur bei der Betriebs-GmbH und Anwendung des Halbeinkünfteverfahrens im Besitzunternehmen.

137

Ein **zu niedriger Pachtzins**, der durch das Gesellschaftsverhältnis veranlasst ist, stellt eine **Nutzungseinlage** in die Betriebsgesellschaft dar, die **wirtschaftlich** zu einer Gewinnverlagerung in die Betriebsgesellschaft führt. Der gezahlte Pachtzins ist bei der Betriebskapitalgesellschaft als Betriebsausgabe abziehbar. **Die Grundsätze zur verdeckten Einlage in die Betriebskapitalgesellschaft**, die nach § 6 Abs. 6 Satz 2 EStG zu nachträglichen Anschaffungskosten auf die Beteiligung an einer Betriebs-GmbH führt, sind Einlagefähigkeit des Nutzungsvorteils im Besitzunternehmen **nicht anwendbar**. Es wird nach der BFH-Rspr. auch kein Erlass einer zuvor angemessenen Pachtzinsforderung fingiert, um die Regelungen zur verdeckten Einlage zur Anwendung zu bringen.[222] In Sonderkonstellationen erfolgt eine anteilige **Gewinnkorrektur im Besitzunternehmen** (Versagung anteiligen Betriebsausgabenabzugs) nach § 12 Nr. 2 EStG bei der Verlagerung von Einkünften auf Angehörige, die an der Betriebs-GmbH beteiligt sind.[223] Dies ist der Fall, wenn ein beherrschender Gesellschafter aus privaten Gründen einen unangemessen niedrigen Pachtzins vereinbart, um Gewinne in die Betriebs-GmbH zu verlagern, an der Angehörige beteiligt sind.[224]

138

3. Kriterien zur Angemessenheit des Pachtzinses

a) Wirtschaftliche Erwägungen aus der Sicht des Besitzunternehmens und der Betriebs-GmbH

Der **Verpächter** in einer Betriebsaufspaltung wird unter wirtschaftlichen und seiner zivilrechtlichen Pflicht zur Instandhaltung einen Pachtzins erwarten, der ihm eine **Abschreibungsvergütung**[225] und eine angemessene **Kapitalverzinsung**[226] gewährleistet. Besteht allerdings eine Substanzerhaltungsverpflichtung der Betriebs-GmbH wird der Pachtzins geringer anzusetzen sein, da die Abschreibungsvergütung beim Besitzunternehmen dann nicht mehr zum späteren Ersatz der verbrauchten Wirtschaftsgüter eingesetzt zu werden braucht. Der Verpächter wird daher das ortsübliche Entgelt für die Verpachtung der materiellen Wirtschaftsgüter (z.B. von Grundstücken) und für die immateriellen Wirtschaftsgüter verlangen.

139

---

220 Von vornherein nicht möglich ist die Bildung einer Organschaft daher bei den konkludent gebildeten GbRs, die reine Innengesellschafter sind und bei denen die Anteile an der Betriebsgesellschaft dem Sonderbetriebsvermögen zuzuordnen sind, vgl oben Rn. 76.
221 Vgl. Märkle, BB-Beil. 7/2000, 15; ders., DStR 2002, 1153, 1156.
222 Vgl. Märkle, BB-Beil. 7/2000, 15 und 16.
223 Vgl. Märkle, BB-Beil. 7/2000, 15; ders., DStR 2002, 1153, 1159
224 Vgl. Engelsing/Sievert, SteuerStud 2004, 17, 22 mit Hinweis auf BFH, DStR 1998, 887. Die Aufwandskürzung erfolgt im Besitzunternehmen über eine Nutzungsentnahme.
225 Die Abschreibungsvergütung ist eine Vergütung für den Wertverzehr, der durch die Abnutzung der Wirtschaftsgüter beim Verpächter eintritt und in der Praxis durch die steuerlichen Abschreibungen bemessen wird, vgl. Korn, in: Kölner Handbuch Betriebsaufspaltung,., Tz. 402 – 406.
226 Die Kapitalverzinsung als Komponente des Pachtzinses muss aus Sicht des Verpächters über der Rendite liegen, die er durch eigene wirtschaftliche Betätigung erzielen könnte.

b) Angemessenheitsprüfung

140 Bei der Angemessenheitsprüfung für den Pachtzins ist nach dem maßgebenden **BFH-Urteil v. 4.5.1977**[227] davon auszugehen, dass zwischen den widerstreitenden Interessen des Verpächters an einem möglichst hohen Pachtzins und den Interessen des Pächters (der Betriebs-GmbH) an der eigenen Rendite **ein vorrangiges Interesse der Betriebs-GmbH** besteht.[228] Nach dem vorgenannten BFH-Urteil dürften die **Renditeerwartungen des Verpächters** nur in der Weise eine Rolle spielen, dass die Betriebs-GmbH als Pächterin eine Schmälerung ihres Gewinns durch Erhöhung des Pachtzinses hinnehmen werde, wenn sie darauf angewiesen sei, den Betrieb zu pachten. Denn der Pächter in der Rechtsform einer GmbH werde bestrebt sein, durch Vereinbarung eines niedrigeren Pachtzinses seine eigenen Gewinnerwartungen über das Maß einer angemessenen Verzinsung des eingezahlten Stammkapitals und einer Vergütung für das Risiko des nichteingezahlten Stammkapitals hinaus zu steigern. Damit wird deutlich, dass der Gedanke des Einheitsunternehmens und darauf aufbauend einer Gesamtbetrachtung des Gewinns von Besitz- und Betriebsunternehmen für die Angemessenheitsprüfung nicht erfolgt.

141 Aus der BFH-Rspr. ist zu folgern, dass nicht die Renditeerwägungen des Besitzunternehmens der Angemessenheitsprüfung das Gepräge geben, sondern die Eigenkapitalverzinsung der Betriebs-GmbH. Das Urteil v. 4.5.1977 gibt ein **mehrstufiges Prüfungsschema** vor:[229]

---

1. Stufe:

Durchschnittlicher Gewinn des Einheitsunternehmens während der letzten drei – fünf Jahre vor Betriebsaufspaltung

./. vereinbarte Pacht

./. angemessener Unternehmerlohn der Betriebs-GmbH

./. ggf. Rückstellung für Substanzerhaltung

+ Aufwendungen, die nach dem Pachtvertrag das Besitzunternehmen treffen (= hypothetisch ersparte Aufwendungen, wenn das Unternehmen noch Einheitsunternehmen wäre), z.B. AfA* und Darlehenszinsen

= **Rendite der Betriebs-GmbH**

↓

2. Stufe:

Prüfung der Rendite des Besitzunternehmens: Dieses darf eine Abschreibungsvergütung und angemessene Kapitalverzinsung erwarten, die auf **Basis der Teilwerte** der verpachteten Einzelwirtschaftsgüter im Zeitpunkt der Pachtberechnung beruht**.

---

* Streitig ist, ob Sonderabschreibungen einzuberechnen sind, vgl. Fichtelmann, INF 1994, 396, 397.

** FG München, EFG 1993, 172.

142 Der **BFH verdichtet diese Erwägungen** rechtlich zu einer widerlegbaren Vermutung, dass bei einer ausreichenden Eigenkapitalrendite der Betriebsgesellschaft **der erste Anschein gegen** eine verdeckte Gewinnausschüttung spreche. Erst in der **zweiten Stufe**, d.h. wenn die ausreichende Rendite von der Betriebs-GmbH nicht erzielt wird, erfolgt eine Prüfung, inwieweit entweder eine unangemessene Kapitalverzinsung oder zu hohe Abschreibungsvergütung oder zu hohe Vergütung für den überlassenen Ge-

---

227 BFH, BStBl. 1977 II, S. 679.
228 Korn, in: Kölner Handbuch Betriebsaufspaltung, Rn. 394.
229 Fichtelmann, INF 1994, 396, 397; Engelsing/Sievert, SteuerStud 2004, 17, 22 mit abweichender Berechnungsweise, die m.E. den Vorrang der Mindestverzinsung bei der Betriebs-GmbH nicht beachtet.

schäftswert verlangt wird. Schließlich ist **noch eine dritte Stufe** zu prüfen, wenn sich herausstellt, dass zwar der Betriebs-GmbH eine angemessene Rendite verbleibt, aber die Pachtzahlungen am oberen Rand der angemessenen Pachtzahlungen liegen.[230] Hier soll eine vGA anzunehmen sein, da der Renditeerwartung der Betriebs-GmbH der Vorrang einzuräumen sei. In diese Richtung geht eine Entscheidung des FG München v. 15.7.1992,[231] nach der eine Pachtzahlung i.H.v. **200 % der steuerlichen Abschreibungsbeträge im Steuerberatermodell** zu einer unangemessenen Kapitalverzinsung führt. Derzeit werden die folgenden Angemessenheitsgrenzen befürwortet[232] :

---

1. Stufe:

Mindestens 10 – 15 % des eingesetzten Stammkapitals der Betriebs-GmbH; nach **Auffassung der Finanzverwaltung** sind jedoch **10 – 25 %** des gesamten Eigenkapitals aus Stammkapital, Rücklagen und stillen Reserven zu verlangen*.

---

2. Stufe:

Kapitalverzinsung von 5 – 12 % der Summe der Teilwerte zzgl. Geschäftswert ist angemessen.

Kapitalverzinsung für Immobilien: 5 – 8 % angemessen.

Kapitalverzinsung für übriges Vermögen: 6 – 10 % angemessen

Geschäftswert: Umsatzabhängige Pacht i.H.v. 0,5 – 2,0 % des Umsatzes ist angemessen.

Afa-Vergütung: Bei Substanzerhaltungspflicht darf keine AfA-Vergütung erfolgen; nach Vollabschreibung ist der Pachtzins zu mindern.

---

3. Stufe:

200 % der steuerlichen Abschreibungsbeträge als Pacht ist im Steuerberatermodell trotz ausreichender Rendite der Betriebs-GmbH unangemessen.

---

* *FG Niedersachsen, GmbHR 2000, 799.*

c) Folgerungen für die Gestaltungspraxis

Es ist daraus abzuleiten, dass es sich um eine dynamische Beziehung zwischen den verschiedenen Bezugsgrößen handelt, die von der Unternehmensentwicklung bestimmt wird. Die Angemessenheitsprüfung nach dem BFH-Urteil lässt sich **erst retrograd nach einigen Jahren Pachtdauer** durchführen.[233] Entsprechend bedürfen Pachtverträge in der Betriebsaufspaltung stets **differenziert ausgestalteter Pachtzinsabreden** für die zur Nutzung überlassenen materiellen und immateriellen Wirtschaftsgüter und **Anpassungsklauseln**, die es ermöglichen, auf die Situation zu reagieren. Existieren solche Klauseln, führt es es ebenfalls zu einer verdeckten Gewinnausschüttung, wenn die Betriebs-GmbH ihr zustehende Pachtminderungsrechte nicht ausübt.[234]

---

230 Fichtelmann, INF 1994, 396, 397.
231 FG München, EFG 1993, 172; FG Saarland, EFG 1995, 538.
232 Neumann, VGA und verdeckte Einlage, Stichwort „Betriebsaufspaltung", S. 110 ff; Engelsing/Sievert, SteuerStud 2004, 17, 22.
233 Fichtelmann, INF 1994, 396, 397.
234 Zur Frage der optimierenden Anpassung als Gestaltungsmissbrauch vgl. Fichtelmann, INF 1998, 431 ff.

IV. Umsatzsteueroption für die Pachtzinsen

1. Rechtslage ohne umsatzsteuerliche Organschaft

144 Werden Grundstücke im Rahmen der Betriebsaufspaltung zur Nutzung überlassen, sind diese steuerbar, nicht jedoch steuerpflichtig, da die Steuerbefreiung nach § 4 Nr. 12 a) UStG eingreift. **Für die übrigen Pachtzinsumsätze** hinsichtlich beweglicher Wirtschaftsgüter oder von Rechten ist diese Steuerbefreiung jedoch nicht anwendbar. Tätigt die Betriebsgesellschaft Umsätze, die den Vorsteuerabzug nicht ausschließen, so kann nach § 9 Abs. 1 und Abs. 2 UStG im Pachtvertrag auch für die Pachtzinsen zur Umsatzsteuerpflicht optiert, d.h. i.S.d. Gesetzes auf die Steuerbefreiung verzichtet werden. Hier ist bei der Vertragsgestaltung zu beachten, dass der **Pachtvertrag als Rechnung** den Anforderungen an Rechnungen gemäß der EU-Rechnungsrichtlinie und deren Umsetzung in das deutsche Recht durch das SteuerändG 2003 genügen muss.[235]

2. Rechtslage mit umsatzsteuerlicher Organschaft

145 Kommt es auf Grund einer wirtschaftlichen, finanziellen und organistorischen Eingliederung einer Betriebs-GmbH in das Besitzunternehmen kraft Gesetzes zur Bildung einer umsatzsteuerlichen Organschaft gemäß § 2 Abs. 2 Nr. 2 UStG, stellen die Umsätze zwischen Betriebs- und Beszitunternehmen **nicht steuerbare Innenumsätze** dar.[236] Dies steht der Optionsausübung jedoch nicht entgegen, wenn die Betriebs-GmbH Umsätze tätigt, die nicht zum Vorsteuerausschluss führen.

V. Ausgestaltung der Gesellschaftsverträge

1. Gewährleistung der persönlichen Verflechtung

146 Ist eine Betriebsaufspaltung gewollt, muss der einheitliche Beherrschungswille in Gestalt der personellen Verflechtung durchgehend **auf der Grundlage der Stimmrechte** in beiden Gesellschaften gewährleistet sein. Hierzu sind **Stimmrechtsbindungsverträge**[237] neben den Gesellschaftsverträgen abzuschließen. Nach den Grundsätzen der BFH-Urteile v. 1.7.2003 und 30.11.2005 (vgl. oben Rn. 77 ff.) sollten die Doppelgesellschafter auch **ihre doppelte Stellung als Geschäftsführer** in beiden Unternehmen sicherstellen. Dies erfordert weiter **flankierende Regelungen** zum synchronen Übergang von Anteilen an Besitz- und Betriebsunternehmen in den Fällen der Abtretung von Gesellschaftsanteilen sowie die Verzahnung letztwilliger Verfügungen mit den Gesellschaftsverträgen.

> **Hinweis:**
> Ist die Beteiligungsstruktur unübersichtlich und schwer beherrschbar, empfiehlt sich die Bildung einer Einheits-Betriebsaufspaltung mit einer Mutter-GmbH & Co. KG, die Wirtschaftsgüter an die Tochter-Betriebs-GmbH überlässt. Hierdurch ist die personelle Verflechtung durchgängig gewährleistet.

2. Besonderheiten bei Nur-Besitzgesellschaftern

147 Beteiligen sich Nur-Besitzgesellschafter an einer Besitzgesellschaft in einer typischen Betriebsaufspaltung treten für sie **zahlreiche nachteilige Steuerfolgen**, insb. die Belastung der Pachteinkünfte mit Gewerbesteuer und der steuerlichen Verstrickung der verpachteten Wirtschaftsgüter, auf. Diese Belastung wird im Vergleich zur Belastungssituation der Erzielung gewerbesteuerfreier Vermietungseinkünfte ohne Vorliegen einer Betriebsaufspaltung durch § 35 EStG abgemildert, jedoch nur bei niedrigen GewSt-Hebesätzen kompensiert. Es ist daher überlegenswert, als Nur-Besitzgesellschafter einen Ausgleich dafür zu fordern, dass dessen Rendite durch die Gewerbesteuerbelastung vermindert wird.

---

[235] Vgl. BMF-Schreiben v. 29.1.2004, BStBl. I, S. 258 ff. mit Übergangsregelungen für vor dem 1.1.2004 geschlossene Verträge in Tz. 36 und 51.

[236] Dies ist regelmäßig bei der Betriebsaufspaltung gegeben, vgl. Kaligin, Betriebsaufspaltung, S. 234 f.

[237] Vgl. zur Vertragsgestaltung umfassend Bentler, Das Gesellschaftsrecht der Betriebsaufspaltung, S. 149 ff.

> **Hinweis:**
>
> In der Praxis werden daher komplexe **wechselseitige Ausgleichsklauseln** in Gesellschaftsverträgen von Besitzunternehmen formuliert, die den Nur-Besitzgesellschafter im Innenverhältnis so stellen sollen, als liege steuerlich eine gewerbesteuerfreie Vermietung und Verpachtung vor. Gleichzeitig hat dann der Nur-Besitzgesellschafter den Doppelgesellschaftern wertmäßig den Vorteil aus der von ihm genutzten anrechenbaren Gewerbesteuer gemäß § 35 EStG zurückzugewähren.[238]

VI. Stellung von Gesellschafter-Geschäftsführern

Bei Gesellschafter-Geschäftsführern stellen sich durch die Betriebsaufspaltung keine Besonderheiten im Vergleich zur Rechtslage ohne Betriebsaufspaltung ein.

E. Zusammenfassender Überblick zu den steuerlichen Folgen bei Betriebsaufspaltungen

I. Begründung der Betriebsaufspaltung

1. Gewinnrealisierungen beim Aufspaltungsvorgang

Die Begründung einer Betriebsaufspaltung kann **aus verschiedenen Lebenssituationen** des Unternehmens heraus erfolgen. Der nachfolgende Abschnitt zeigt die Fallkonstellationen auf, in denen der Begründungsvorgang aus einem bestehenden Unternehmen (= das nach dem Aufspaltungsvorgang verpachtende Besitz-Unternehmen) heraus zu **Gewinnrealisierungen und der Versteuerung der stillen Reserven** in den übertragenen Wirtschaftsgütern führen kann. Vorab sind die folgenden Grundsätze bedeutsam:

- Die Verpachtung **eines einzelnen Wirtschaftsgutes** löst keine Gewinnrealisierungen beim Verpächter aus.
- Wird **ein Betrieb** verpachtet, führt dies zwar zu einer Betriebsaufgabe beim Verpächter, die sich **durch das Verpächterwahlrecht** vermeiden lässt (vgl. oben Rn. 84 ff.).
- Die Gewinnrealisierungen können **durch die Veräußerung oder Übertragung derjenigen Wirtschaftsgüter** entstehen, die beim Aufspaltungsvorgang vom späteren Besitz- auf das Betriebsunternehmen übertragen werden. Dies sind je nach Ausgestaltung der Betriebsaufspaltung im Betrieberhaltungs-, Schrumpfungs-, oder Steuerberatermodell nur die Wirtschaftsgüter des Umlaufvermögens oder auch Wirtschaftsgüter des Anlagevermögens.
- Keine Gewinnrealisierungen entstehen daher im Regelfall **bei der Neubegründung einer unternehmerischen Struktur** in Form einer Betriebsaufspaltung und **bei der Begründung einer unechten Betriebsaufspaltung, wenn nur ein Verpachtungsvorgang erfolgt**. Auf diese Formen wird hier daher nicht eingegangen.
- Die **unentgeltliche Übertragung** von Wirtschaftsgütern aus dem späteren Besitzunternehmen **auf** eine Betriebskapitalgesellschaft führt für Übertragungsvorgänge nach dem 31.12.1998 zu einer verdeckten Einlage in die Betriebs-GmbH mit der Rechtsfolge, dass der Teilwert der eingelegten Wirtschaftsgüter **zu nachträglichen Anschaffungskosten** des Gesellschafters auf seine Beteiligung führt (§ 6 Abs. 6 Satz 2 EStG) **und zu einer Gewinnrealisierung beim späteren Besitzunternehmen**, da die verdeckt eingelegten Wirtschaftsgüter aus dessen Betriebsvermögen vorgeschaltet entnommen werden.[239] In der

---

[238] Carlé, Betriebsaufspaltung, Rn. 189 mit vier Formulierungsvorschlägen.
[239] Vgl. Klein, NWB Fach 3, S. 13059, 13064: Da die Einlage in die aufnehmende Kapitalgesellschaft durch das Gesellschaftsverhältnis veranlasst ist, liegt im Übergang von der betrieblichen Ebene des abgebenden Betriebsvermögens zur gesellschaftsrechtlichen Veranlassung eine Entnahme. Mit anderen Worten: Der Gesellschafter muss aus dem einen Betriebsvermögen entnehmen, um in dem anderen Betriebsvermögen nach seinem Willen das Wirtschaftsgut zuführen zu können.

früheren **Rechtslage bis zum 31.12.1998** lag eine Besonderheit der Betriebsaufspaltung, da Rspr. und Finanzverwaltung trotz der verdeckten Einlage während des Aufspaltungsvorgangs eine Buchwertfortführung der übertragenen Wirtschaftsgüter zuließen und damit die Gewinnrealisierung vollständig vermieden werden konnte, soweit nur Doppelgesellschafter vorhanden waren.[240]

- Eine **teilentgeltliche Übertragung** von Wirtschaftsgütern mit einer Schuldübernahme für Verbindlichkeiten durch die Betriebs-GmbH führte auch nach der früheren Rechtslage zur Aufteilung des Übertragungsvorgangs bei jedem Wirtschaftsgut in eine unentgeltliche Übertragung und eine entgeltliche Übertragung. Für die unentgeltliche Übertragung war **bis zum 31.12.1998** die Buchwertfortführung möglich, für die entgeltliche Übertragung waren die stillen Reserven zu realisieren. Nach der jetzt geltenden Rechtslage ist der Vorgang **insgesamt gewinnrealisierend**.

2. Einzelne Fallkonstellationen

a) Begründung der typischen Betriebsaufspaltung zu einer Betriebs-GmbH aus einem Einzelunternehmen und einer Personengesellschaft

aa) Tabellarischer Überblick

150

Ausgangsrechtsträger	Gestaltungsoption	Steuerliche und gesellschaftsrechtliche Folgen
Einzelunternehmen	Ausgliederung nach §§ 123, 152 UmwG unter Zurückbehaltung der zu verpachtenden Wirtschaftsgüter auf die Betriebs-GmbH und Verpachtung der zurückbehaltenen Wirtschaftsgüter	**Gewinnrealisierung** für alle übergehenden Wirtschaftsgüter als laufender Gewinn, da kein Betrieb nach § 20 UmwStG eingebracht wird **Ausnahme: Übergang eines Teilbetriebs**
Personengesellschaft	Aufspaltung/Abspaltung/Ausgliederung nach § 123 Abs. 1 – 3 UmwG unter Zurückbehaltung der zu verpachtenden Wirtschaftsgüter auf die Betriebs-GmbH	**Gewinnrealisierung** für alle übergehenden Wirtschaftsgüter als laufender Gewinn, da **kein Betrieb** nach **§ 20 UmwStG** eingebracht wird **Ausnahme: Übergang eines Teilbetriebs**
Einzelunternehmen und Personengesellschaft	Übertragung einzelner Wirtschaftsgüter auf die Betriebs-GmbH ohne Gegenleistung und Verpachtung des Betriebs oder wesentlicher Betriebsgrundlagen	**Gewinnrealisierung** für alle auf die Betriebs-GmbH übergehenden Wirtschaftsgüter **durch Entnahme als laufender Gewinn und** Entstehen **nachträglicher Anschaffungskosten** auf die Beteiligung an der Betriebs-GmbH.

---

240 Vgl. hierzu Söffing, Betriebsaufspaltung, S. 244, 247; bestätigend: BFH, BFH/NV 2004, S. 1701.

E. Zusammenfassender Überblick zu den steuerlichen Folgen bei Betriebsaufspaltungen

	Übertragung einzelner Wirtschaftsgüter auf die Betriebs-GmbH im Wege der **Sachgründung** oder der **Veräußerung der Wirtschaftsgüter nach Bargründung** und Verpachtung des Betriebs oder wesentlicher Betriebsgrundlagen	**Gewinnrealisierung** für alle auf die Betriebs-GmbH übergehenden Wirtschaftsgüter
		Gefahr der verdeckten Gewinnausschüttung bei Überpreisverkauf oder Gefahr der verdeckten Einlage bei Unterpreisverkauf
		Gesellschaftsrechtlich: Gefahr der verdeckten Sachgründung bei Erwerb nach Bargründung

bb) Zusammenfassende Erläuterung

Soll eine Betriebsaufspaltung aus einem früheren Einzelunternehmen oder einer gewerblich tätigen Personengesellschaft (GmbH & Co. KG) gebildet werden, ist hinsichtlich der Übertragungsmöglichkeiten nach dem UmwG zu unterscheiden:[241]

- Da ein **Einzelunternehmen** lediglich Vermögen ausgliedern kann (§ 152 UmwG), ist das Betriebsvermögen auf die künftige Betriebs-GmbH auszugliedern, **das nicht verpachtet werden soll**.
- Ist Ausgangsrechtsträger eine GmbH & Co. KG sind mehrere Vorgehensweisen denkbar: Es können entweder Wirtschaftsgüter, die nicht verpachtet werden sollen, auf die spätere Betriebs-GmbH ausgegliedert (zur Bildung einer **Einheitsbetriebsaufspaltung**) oder abgespalten (zur Bildung einer Doppelgesellschaft) werden. Eine **Aufspaltung** würde voraussetzen, dass die bisherige GmbH & Co. KG erlischt und die zu verpachtenden wesentlichen Betriebsgrundlagen auf eine Besitz-GmbH & Co. KG einerseits und das übrige Betriebsvermögen auf eine Betriebs-GmbH andererseits zur Bildung einer Doppelgesellschaft aufgespalten werden. Die Aufspaltung ist hier zu vernachlässigen, da das angestrebte Gestaltungsziel bereits mit der Ausgliederung oder der Abspaltung erreicht werden kann und es insofern der Gründung einer weiteren Gesellschaft nicht bedarf. Die **Anwendung der Spaltungsvorschriften** hat den Vorteil der partiellen **Gesamtrechtsnachfolge**, d.h. das übertragene Vermögen kann ohne die Zustimmung von Gläubigern oder Vertragspartnern auf die Betriebs-GmbH übergeleitet werden.
- Außerdem können natürlich im Wege der **Einzelrechtsnachfolge** einzelne Wirtschaftsgüter entgeltlich (gegen Gewährung von Gesellschaftsrechten) oder unentgeltlich auf die Betriebs-GmbH übertragen werden.

Das **Steuerrecht sieht hingegen keine Möglichkeiten vor**, Vermögen steuerneutral auf die Betriebs-GmbH zu übertragen:[242]

- Die unentgeltliche Übertragung von einzelnen Wirtschaftsgütern aus einem Einzelunternehmen oder einer betrieblichen Personengesellschaft auf die Betriebs-GmbH stellt **eine verdeckte Einlage** dar, die zu einer gewinnrealisierenden Entnahme aus dem Betriebsvermögen des übertragenden Unternehmens führt.
- Die Einbringung einzelner Wirtschaftsgüter oder des Rest-Betriebsvermögens **ohne die wesentlichen Betriebsgrundlagen** gegen Gewährung von Gesellschaftsrechten in die Betriebs-GmbH kann **nicht**

---

[241] Vgl. Carlé, Betriebsaufspaltung, Rn. 45 – 72.
[242] Vgl. Carlé, Betriebsaufspaltung, Rn. 397 ff.

nach § 20 UmwStG steuerneutral durchgeführt werden, da diese Vorschrift die Einbringung des gesamten Betriebs voraussetzt.[243]
- Erwogen werden deshalb von der Praxis **Stufenlösungen**:[244] Hierbei soll zunächst nach den Regelungen des § 6 Abs. 5 EStG Betriebsvermögen des Ausgangsrechtsträgers auf eine Tochter-Personengesellschaft übertragen werden[245] und die Tochter-Personengesellschaft formwechselnd in eine Betriebs-GmbH umgewandelt werden.[246] Allerdings ist dieser Weg nicht effektiv, da durch den Formwechsel nach § 6 Abs. 5 Satz 6 EStG rückwirkend die Teilwerte der übertragenen Wirtschaftsgüter anzusetzen sind, wenn die Umwandlung innerhalb einer Frist von sieben Jahren nach der Übertragung durchgeführt wird.[247] **Werden die wesentlichen Betriebsgrundlagen**, welche später verpachtet werden sollen, im Sonderbetriebsvermögen der Ausgangs-GmbH & Co. KG gehalten,[248] kommt ein anderes **mehrstufiges Modell** in Betracht:[249] Zunächst kann das Sonderbetriebsvermögen zum Buchwert in das Gesamthandsvermögen einer anderen (ggf. neu zu gründenden) gewerblich geprägten Schwester-GmbH & Co. KG übertragen werden. Die Ausgangs-GmbH & Co. KG kann dann im Wege des **erweiterten Anwachsungsmodells** oder eines **Formwechsels**[250] steuerneutral in die zukünftige Betriebs-GmbH umgestaltet werden. Anschließend kann die gewerblich geprägte Personengesellschaft die übertragenen wesentlichen Betriebsgrundlagen an die Betriebs-GmbH zur Nutzung überlassen.

> **Hinweis:**
>
> **Kettenübertragungen nach § 6 Abs. 5 EStG zu Buchwerten** und die Ausgliederung von Betriebsvermögen im Vorfeld eines Einbringungsvorgangs nach § 20 UmwStG sind unter dem Gesichtspunkt des steuerlichen Gestaltungsmissbrauchs nach § 42 AO und den Grundsätzen der **Gesamtplan-Rechtsprechung** angreifbar und stellen daher nicht den sichersten Weg für den gestaltenden Praktiker dar.[251]

Soll eine Aufdeckung stiller Reserven vermieden werden, ist als letzter Ausweg die **Betriebsverpachtung im Ganzen** mit der Veräußerung nur des Umlaufvermögens anwendbar. Erforderlich ist dann, dass zunächst der **gesamte Betrieb** von der Ausgangs-GmbH & Co. KG oder dem Einzelunternehmer an die Betriebs-GmbH verpachtet wird. Anschließend kann über das **Schrumpfungsmodell** bei der Betriebs-GmbH über den Zeitablauf eigenes Betriebsvermögen entstehen.[252]

---

243 Vgl. Carlé, Betriebsaufspaltung, Rn. 397.
244 Vgl. Carlé, Betriebsaufspaltung, Rn. 399.
245 Dies soll entweder direkt aus dem Einzelunternehmen nach § 6 Abs. 6 Satz 3 Nr. 1 EStG zu Buchwerten oder bei einer Personengesellschaft ebenfalls zu Buchwerten nach § 6 Abs. 6 Satz 3 Nr. 1 EStG in das Gesamthandsvermögen der Tochter-Personengesellschaft. Die Einbringung des Restbetriebs ohne die wesentlichen Betriebsgrundlagen in die Tochter-Personengesellschaft nach § 24 UmwStG kommt nicht in Betracht, da auch diese Vorschrift die Einbringung eines Betriebs mit dessen wesentlichen Betriebsgrundlagen voraussetzt.
246 Vgl. Kaligin, Betriebsaufspaltung, S. 148.
247 Vgl. Carlé, Betriebsaufspaltung, Rn. 399.
248 Ist dies nicht der Fall kann nach § 6 Abs. 5 Satz 3 Nr. 2 EStG eine weitere vorgeschaltete Buchwertüberführung in das Sonderbetriebsvermögen notwendig.
249 Vgl. Carlé, Betriebsaufspaltung, Rn. 400.
250 Vgl. hierzu ausführlich Levedag, in: Münchener Handbuch des Gesellschaftsrechts, Bd. 2, § 58 Rn. 344 ff.
251 Vgl. Kaligin, Betriebsaufspaltung, S. 150; ausführlich: Strahl, FR 2004, 929, 932.
252 Kaligin, Betriebsaufspaltung, S. 150.

b) Begründung der mitunternehmerischen Betriebsaufspaltung zu einer Betriebspersonengesellschaft (Betriebs-GmbH & Co. KG)

aa) Tabellarischer Überblick

Ausgangsrechtsträger	Gestaltungsoption	Steuerliche und gesellschaftsrechtliche Folgen
Einzelunternehmen		Aus einem bestehenden Einzelunternehmen kann unmittelbar keine mitunternehmerische Betriebsaufspaltung begründet werden, da die Überlassung von Wirtschaftsgütern zur Nutzung an die Betriebs-GmbH & Co. KG zu deren Einlage in das Sonderbetriebsvermögen führt.[253]
Personengesellschaft	Aufspaltung oder Abspaltung[254] nach §§ 123 Abs. 1 oder Abs. 2 UmwG auf die Betriebs-GmbH & Co. KG unter Zurückbehaltung der zu verpachtenden Wirtschaftsgüter	**Keine steuerneutrale Einbringung** eines Betriebs nach § 24 UmwStG; **Ausnahme: Übergang eines Teilbetriebs** Übertragung der übergehenden Wirtschaftsgüter **zum Buchwert** nach § 6 Abs. 5 Satz 3 EStG **nicht möglich**;[255] **Eine steuerneutrale Realteilung** nach § 16 Abs. 3 Satz 2 ff. EStG ist nicht möglich; **Gewinnrealisierung als laufender Gewinn**
Personengesellschaft	Übertragung einzelner Wirtschaftsgüter auf die Betriebs-GmbH & Co. KG **ohne Gegenleistung** und Verpachtung des Betriebs oder wesentlicher Betriebsgrundlagen	Übertragung der übergehenden Wirtschaftsgüter **zum Buchwert** nach § 6 Abs. 5 Satz 3 EStG **nicht möglich**; **Gewinnrealisierung als laufender Gewinn auf Grund Entnahme;** **eine steuerneutrale Realteilung** nach § 16 Abs. 3 Satz 2 ff. EStG ist nicht möglich **Verdeckte Einlage** in die Betriebs-GmbH & Co. KG

152

---

253 Vgl. zum Vorrang des Sonderbetriebsvermögens oben Rn. 25.
254 Eine Ausgliederung nach § 123 Abs. 3 UmwG kommt nicht in Betracht, da hierzu der ausgliedernden Personengesellschaft Anteile zu gewähren wären und eine Struktur der doppelstöckigen mitunternehmerischen Einheitsbetriebsaufspaltung entsteht. Wegen des Vorrangs des Sonderbetriebsvermögens einer Nutzungsüberlassung durch die Oberpersonengesellschaft kommen die Grundsätze der Betriebsaufspaltung nicht zur Geltung.
255 Bei der Gestaltung wird hier davon ausgegangen, dass man sich sicherheitshalber an der bestrittenen Auffassung der Finanzverwaltung orientieren sollte, dass die Übertragung eines Wirtschafsguts aus dem Gesamthandsvermögen in das Gesamthandsvermögen einer gewerblichen Schwesterpersonengesellschaft (Betriebs-GmbH & Co. KG) nicht zum Buchwert erfolgen kann.

Personengesellschaft	Übertragung einzelner Wirtschaftsgüter auf die Betriebs-GmbH & Co. KG im Wege der Einbringung **oder** der **Veräußerung der Wirtschaftsgüter nach Bargründung** und Verpachtung des Betriebs oder wesentlicher Betriebsgrundlagen	Übertragung der übergehenden Wirtschaftsgüter **zum Buchwert** nach § 6 Abs. 5 Satz 3 EStG **nicht möglich**;
		Gewinnrealisierung als laufender Gewinn auf Grund **Veräußerung**; Anwendung des § 6b EStG bei der abgebenden Personengesellschaft

bb) Zusammenfassende Erläuterung

153 Aus dem **Blickwinkel des produzierenden Ausgangsunternehmens** ist es notwendig, entweder die später zu pachtenden Wirtschaftsgüter auf eine neue Besitzgesellschaft zu übertragen oder aber die zu verpachtenden Wirtschaftsgüter zurückzubehalten und das Restvermögen des Betriebs auf einen neuen operativen Rechtsträger zu übertragen. Zur Vereinfachung wird im Folgenden immer davon ausgegangen, dass sowohl das Besitz- als auch das Betriebsunternehmen in der Rechtsform einer GmbH & Co. KG gebildet werden sollen. Beide GmbH & Co. KG stehen sich in der Zielstruktur bei einer mitunternehmerischen Betriebsaufspaltung als Schwester-GmbH & Co. KG gegenüber.

154 Betrachtet man zunächst die zivilrechtliche Ebene des „Aufspaltungsvorgangs", bietet sich **eine Spaltung nach § 123 UmwG** an. Bei Auf- und Abspaltungen als dreiseitigen Übertragungsvorgängen sind den Gesellschaftern des übertragenden Rechtsträgers als Gegenleistung für die Vermögensübertragung Gesellschaftsrechte an dem übernehmenden Rechtsträger zu gewähren, so dass die angepeilte **Schwesterpersonengesellschaftsstruktur** ohne weiteres erreicht werden kann. Die **Aufspaltung** setzt voraus, dass die bisher bestehende Betriebs-GmbH & Co. KG erlischt und deren Vermögen auf zwei neue oder anderweitige Schwester-GmbH & Co. KG übergeht. Bei der **Abspaltung** können die bei der Ausgangs-GmbH & Co. KG vorhandenen wesentlichen Betriebsgrundlagen auf die später verpachtende Besitz-GmbH & Co. KG übertragen werden. Das UmwG bietet daher ein gutes Instrumentarium an, den „Aufspaltungsvorgang" vorzunehmen. Es verlangt auch nicht, dass die übergehenden Wirtschaftsgüter eine Sachgesamtheit in Form eines Betriebs oder Teilbetriebs bilden. Verbindlichkeiten können im Wege der partiellen Gesamtrechtsnachfolge ohne Zustimmung der jeweiligen Gläubiger auf einen neuen Rechtsträger übertragen werden. Die **Übertragung von Einzelwirtschaftsgütern** durch **Einzelrechtsnachfolge** ist natürlich ebenfalls möglich.

155 Problematisch ist, dass das **Steuerrecht** für die notwendigen Übertragungsakte nur **einzelner Wirtschaftsgüter** (z.B. des Umlaufvermögens) oder eines **Restbetriebs** ohne alle oder einige wesentliche Betriebsgrundlagen zur Vorbereitung einer Betriebsaufspaltung **keine steuerneutrale Übertragungsmöglichkeit** vorsieht:

- Eine **steuerneutrale Einbringung des Vermögens**, das später an die operative Betriebspersonengesellschaft verpachtet werden soll, in eine Schwester-GmbH & Co. KG gegen Gewährung von Gesellschaftsrechten **nach § 24 UmwStG ist nicht möglich**. Sie scheitert daran, dass diese Regelung die Einbringung eines Betriebs oder Teilbetriebs erfordert und deshalb keine Wirtschaftsgüter zurückbehalten werden können, die wesentliche Betriebsgrundlagen des Betriebs bilden.

- Eine steuerneutrale **Realteilung** der Ausgangs-GmbH & Co. KG bei einer Auf- oder Abspaltung kommt ebenfalls nicht in Betracht.[256] Zwar ermöglichen die gesetzlichen Regelungen zur Realteilung in § 16 Abs. 3 Satz 2 ff. EStG, auch einzelne Wirtschaftsgüter zu Buchwerten zu übertragen. Problematisch ist

---

256 Kritisch Rogall/Stangl, FR 2006, 345, 351.

jedoch, dass die Finanzverwaltung im grundlegenden **Erlass zu Realteilung v. 28.2.2006**[257] u.a. in die Übertragung einzelner Wirtschaftsgüter **auf eine Schwesterpersonengesellschaft** als nicht zulässig ansieht. Zudem setzt die Realteilung nach dem Erlass die Beendigung der zu teilenden Mitunternehmerschaft voraus, d.h. sie ist nur noch in den Fällen der Aufspaltung nach § 123 Abs. 1 UmwG nutzbar.

- Auch die **Übertragung einzelner Wirtschaftsgüter nach § 6 Abs. 5 Satz 3 EStG** zwischen den Gesamthandsvermögen von Schwesterpersonengesellschaften wird von der Finanzverwaltung nicht akzeptiert. Zwar ist die intensive Diskussion zu dieser Frage noch nicht abgeschlossen und eine Entscheidung des BFH zu diesem Problemkreis noch nicht ergangen.[258] Es stellt für die Gestaltungspraxis jedoch keinen sicheren Weg dar, darauf zu vertrauen, dass der BFH sich in der befürwortenden Auffassung der Lit. anschließen würde.

> **Hinweis:**
>
> Dem **Praktiker** bleibt daher nur, entweder eine **Stufenlösung** vorzunehmen oder aber die **Aufdeckung stiller Reserven** in Kauf zu nehmen oder das **Betriebserhaltungsmodell** umzusetzen.

Im Rahmen einer **Stufenlösung** könnten aus dem Gesamthandsvermögen der übertragenden Ausgangs-GmbH & Co. KG einzelne Wirtschaftsgüter nach § 6 Abs. 5 Satz 3 Nr. 2 EStG zunächst in das Sonderbetriebsvermögen der Doppel-Mitunternehmer der späteren Besitz-GmbH & Co. KG übertragen und von dort in einem zweiten Schritt aus deren Sonderbetriebsvermögen in das Gesamthandsvermögen der Besitz-GmbH & Co. KG übertragen werden. Diese **Kettenübertragung zu Buchwerten** ist unter dem Gesichtspunkt der Gesamtplanrechtsprechung oder den Grundsätzen der Gesamtplanrechtsprechung aber angreifbar und stellt ebenfalls nicht den sichersten Weg dar.[259]

156

Bei der Aufdeckung stiller Reserven besteht u.U. die Möglichkeit, ggf. eine **Rücklage nach § 6b EStG** zu bilden. Die Finanzverwaltung akzeptiert mittlerweile, dass **unter den Voraussetzungen des § 6b EStG** die beim veräußernden Ausgangsrechtsträger gebildete Rücklage auf das nämliche Wirtschaftsgut bei der Schwester-Besitz-GmbH & Co. KG übertragen werden kann, wenn das Wirtschaftsgut zu fremdüblichen Bedingungen an die Schwesterpersonengesellschaft veräußert wird.[260] Bei beteiligungsidentischen Schwesterpersonengesellschaften kann mithin im Ergebnis eine steuerneutrale Übertragung einzelner Wirtschaftsgüter realisiert werden.[261]

157

Soll eine Aufdeckung stiller Reserven ganz vermieden werden, ist als letzter Ausweg das **Betriebserhaltungsmodell** anwendbar. Erforderlich ist dann, dass zunächst der gesamte Betrieb von der Ausgangs-GmbH & Co. KG an eine beteiligungsidentische Schwester-GmbH & Co. KG verpachtet wird. Anschließend kann über das **Schrumpfungsmodell** bei der Betriebs-GmbH & Co. KG über den Zeitablauf eigenes Betriebsvermögen entstehen.[262]

158

c) Begründung der kapitalistischen Betriebsaufspaltung zu einer Betriebs-GmbH

Bei der **Begründung einer kapitalistischen Betriebsaufspaltung** müssen im letzten Schritt zwei Kapitalgesellschaften im Mutter-Tochter-Verhältnis existieren. Aus einem Einheitsunternehmen in Form einer Kapitalgesellschaft können die zu übertragenden Wirtschaftsgüter **durch Aufspaltung/Abspaltung oder Ausgliederung** oder im Wege der Einzelrechtsnachfolge auf die Tochter-Betriebs-GmbH übertragen werden. Gesellschaftsrechtlich kann eine verdeckte Sachgründung drohen, wenn eine Veräußerung im Anschluss an eine Bargründung erfolgt.

159

---

257 BMF-Schreiben v. 28.2.2006, FR 2006, 339 = DB 2006, 527.
258 Vgl. zur Darstellung dieser Diskussion ausführlich Niehus, FR 2005, 278 f.
259 Vgl. Kaligin, Betriebsaufspaltung, S. 150; ausführlich Strahl, FR 2004, 929, 932.
260 Vgl. OFD Koblenz, DStR 2004, 314.
261 Niehus, FR 2005, 278, 283.
262 Kaligin, Betriebsaufspaltung, S. 150.

160 Diese Vorgänge sind **steuerlich nicht ohne Gewinnrealisierung** durchzuführen. Es fehlt bei den Spaltungen nach dem UmwG am Erfordernis des Betriebs, nur im Fall eines Teilbetriebs kann nach § 15 UmwStG eine Buchwertfortführung erreicht werden.

161 **Bei der Einzelrechtsnachfolge** der Betriebs-GmbH in einzeln übertragene Wirtschaftsgüter kommt es entweder zu einer verdeckten Einlage oder zu einer steuerpflichtigen Veräußerung bei der abgebenden Mutter-Kapitalgesellschaft.

d) Begründung der umgekehrten Betriebsaufspaltung

162 In der Zielstruktur liegt eine **Einheitsbetriebsaufspaltung** vor, in der eine Betriebspersonengesellschaft – regelmäßig eine Betriebs-GmbH & Co. KG – eine Besitzkapitalgesellschaft unmittelbar beherrscht und von dieser Wirtschaftsgüter zur Nutzung überlassen erhält **oder** es liegen zivilrechtlich Schwestergesellschaften vor, bei denen aber die Anteile an der Besitzkapitalgesellschaft zum Sonderbetriebsvermögen der Betriebs-GmbH & Co. KG gehören. **Aus einer GmbH heraus** können zivilrechtlich durch Auf- und Abspaltung Teile des Betriebsvermögens übertragen werden, was steuerlich jedoch wie bei der Begründung einer kapitalistischen Betriebsaufspaltung zu Gewinnrealisierungen führt.[263] Ebenso ist daher möglich, das Umlaufvermögen von einer neugegründeten Betriebs-GmbH & Co. KG zu erwerben und von dieser das Anlagevermögen pachten zu lassen. Eine Verpachtung des gesamten Betriebs durch die zukünftige Tochter-Kapitalgesellschaft ist nicht nach den Grundsätzen des Verpächterwahlrechts möglich, da dieser das **Verpächterwahlrecht** nicht zusteht (vgl. H 139 Abs. 5 EStH).

3. Begründungsvorgänge im Zusammenhang mit vorweggenommenen Erbfolgen und dem Erbfall

a) Aufnahme von Angehörigen als Nur-Betriebsgesellschafter in die Betriebs-GmbH

aa) Gründung der Betriebsaufspaltung zur Vorbereitung der Nachfolge

163 Oft werden bei der Begründung typischer Betriebsaufspaltungen nahe Angehörige zur Einleitung des Generationenwechsels in die Betriebs-GmbH & Co. KG aufgenommen. Die Betriebsaufspaltung ist ein **gutes Instrument zur Nachfolgeplanung**, da die übergebende Generation sich durch die Pachtzinsen Einkünfte vorbehält, die Mehrheit in der Betriebs-GmbH behalten kann und die nachfolgende Generation als Nur-Betriebs-Gesellschafter an der Führung und am Gewinn des operativen Unternehmens an die endgültige Unternehmensnachfolge herangeführt werden kann.

In diesen Fällen wurden im Rahmen des Aufspaltungsvorgangs oft die Nachfolger ohne Zahlung eines Aufgeldes in die Betriebs-GmbH als Gesellschafter aufgenommen und an deren stillen Reserven beteiligt. Dies kann entweder **durch eine Bargründung**[264] mit einer Einlage des Nachfolgers zum Nennwert des Gesellschaftsanteils **oder im Wege einer Kapitalerhöhung**[265] zum Nennwert der neu ausgegebenen Anteile erfolgen.

bb) Rechtslage bis zum 31.12.1998

164 Der **BFH** hat mit zwei Urteilen v. 16.6.2004[266] und v. 23.6.2004[267] die Rechtslage geklärt, wenn unter Ausnutzung der eingangs dargestellten Möglichkeiten zur Buchwertübertragung Wirtschaftsgüter aus dem ursprünglichen Einheitsunternehmen auf die Betriebs-GmbH übergingen:

- Hiernach führt **die verdeckte Einlage** von Wirtschaftsgütern (= die Übertragung ohne Gewährung von Gesellschaftsrechten) des bisherigen Einzelunternehmers und jetzigen Besitzunternehmers in das Betriebsvermögen einer zuvor zwischen dem Besitzunternehmer und einem nahen Angehörigen im Wege

---

263 Carlé, Betriebsaufspaltung, Rn. 139.
264 OFD Münster, DB 1990, 1797 und OFD Frankfurt, FR 1996, 762.
265 BMF-Schreiben, BStBl. 1985 I, S. 97; BFH, BStBl. 1991 II, S. 832.
266 BFH, BStBl. 2005 II, S. 378.
267 BFH, EStB 2005, 61.

der Bargründung errichteten GmbH (Betriebsgesellschaft) **zu einer Entnahme der betreffenden Wirtschaftsgüter durch den Besitzunternehmer** gemäß §§ 4 Abs. 1 Satz 2, 6 Abs. 1 Nr. 4 Satz 1 EStG und damit zu einer Gewinnrealisierung in Höhe des Bruchteils, welcher der Beteiligungsquote des nahen Angehörigen (Nur-Betriebsgesellschafters) an der Betriebs-GmbH entsprach.

- Übertrug der Besitzunternehmer **Teile seines Betriebsvermögens teilentgeltlich** (gegen Buchwertentgelt oder Übernahme von Verbindlichkeiten) auf die Betriebs-GmbH, so sind die Übertragungsvorgänge hinsichtlich jeden einzelnen Wirtschaftsguts im Verhältnis des Entgelts zum Teilwert in einen entgeltlichen und in einen unentgeltlichen Teil aufzusplitten. Hinsichtlich der entgeltlichen Teile liegen (gewinnrealisierende) Veräußerungsgeschäfte und bzgl. der unentgeltlichen Teile verdeckte Einlagen vor.

- Hinsichtlich **des unentgeltlichen Teils** des jeweiligen Übertragungsvorgangs liegt eine verdeckte Einlage vor, die insoweit nicht als gewinnrealisierende Entnahme der übertragenen aktiven Wirtschaftsgüter aus dem Besitzunternehmen anzusehen ist, als die stillen Reserven **auf die GmbH-Beteiligungsquote** der übertragenden Gesellschafter (= früheren Alleingesellschafters) entfallen.

- Geht ein bislang nicht aktivierbarer originärer Geschäftswert im Zuge der Gründung über, **wird der Geschäftswert verdeckt eingelegt.** Diese verdeckte Einlage kann in Bezug auf die GmbH-Beteiligungsquote des aufgenommenen Nur-Betriebsgesellschafters **nicht erfolgsneutral gestaltet** werden.

cc) Aktuelle Rechtslage

(1) Früherer Alleingesellschafter

Die aktuelle Rechtslage entspricht der früheren Rechtslage mit der Verschärfung, dass **auch die unentgeltliche Überführung** von Wirtschaftsgütern, die auf die Beteiligung des früheren Alleingesellschafters entfallen **nicht mehr steuerneutral** möglich ist, sondern **als eine verdeckte Einlage mit vorgeschalteter Entnahme** anzusehen ist.

(2) Disquotale Einlage hinsichtlich des nahen Angehörigen

Hinsichtlich des aufgenommenen Angehörigen ist eine Entnahme i.S.v. § 4 Abs. 1 Satz 2 i.V.m. § 6 Abs. 1 Nr. 4 Satz 1 EStG bei dieser Konstellation darin zu sehen, dass der Besitzunternehmer die aus seinem Besitzunternehmen in die Betriebs-GmbH verdeckt (unentgeltlich) eingelegten Wirtschaftsgüter (teilweise) für private Zwecke verwendet, als die dadurch ausgelöste tatsächliche Vermögensmehrung quotal auf die GmbH-Anteile der nahen Angehörigen (Nur-Betriebsgesellschafter) entfällt. Es handelt sich **hierbei um eine disquotale Einlage des Besitzunternehmers in die Betriebs-GmbH**, die in Höhe der GmbH-Beteiligungsquote des Nur-Betriebsgesellschafters für dessen Rechnung geleistet ist. Im Besitzunternehmen liegt eine Entnahme **in Höhe des Bruchteils** vor, welcher der Beteiligungsquote des nahen Angehörigen an der Betriebs-GmbH entspricht.

Die verdeckte disquotale Einlage von Wirtschaftsgütern des Besitzunternehmens in die Betriebs-GmbH stellt sich, soweit es die GmbH-Beteiligungsquote des nahen Angehörigen betrifft, in ertragsteuerlicher Sicht lediglich als eine **Verkürzung des Leistungsweges** dar, die sich in **folgenden gedanklichen Schritten** vollzieht:

- Entnahme des verdeckt eingelegten Wirtschaftsguts in Höhe des Bruchteils der GmbH-Beteiligungsquote des nahen Angehörigen durch den Besitzunternehmer aus Besitzunternehmen und entsprechende Schenkung an den nahen Angehörigen;

- verdeckte Einlage des schenkweise erworbenen Bruchteilseigentums durch den Beschenkten in die Betriebs-GmbH.

b) **Begründung mitunternehmerischer Betriebsaufspaltungen beim unentgeltlichen Übergang von Mitunternehmeranteilen**

aa) **Unentgeltliche Übertragung von Mitunternehmerteilanteilen**

(1) **Grundlagen**

168 Im Rahmen des Erbanfalls und der vorweggenommenen Erbfolge können **einkommensteuerliche Rechtsfolgen** ausgelöst werden, wenn Realisationstatbestände (in Gestalt der Entnahme von Wirtschaftsgütern des Sonderbetriebsvermögens in das Privatvermögen) verwirklicht werden. Bei der Nachfolge in Personengesellschaften wird die Situation hier maßgeblich dadurch verkompliziert, dass der zivilrechtliche Gegenstand des Nachlasses oder der Sondererbfolge (der Kommanditanteil) und die einkommensteuerliche Bezugsgröße Mitunternehmeranteil (Anteil des Mitunternehmers am Reinvermögen der Personengesellschaft und das ihm zuzuordnende Sonderbetriebsvermögen) **uneinheitlich** sind.[268] Es droht damit immer die Gefahr einer Entnahme der Wirtschaftsgüter des **Sonderbetriebsvermögens** und nach neuerer Rspr. des BFH auch die **Aufdeckung von stillen Reserven im Gesellschaftsanteil**.

(2) **Neuere „Synchron-Rechtsprechung" des BFH**

169 Traditionell legte der BFH den Begriff des **Mitunternehmeranteils** in § 6 Abs. 3 EStG und § 16 EStG identisch aus, was auf Grund der funktionalen Betrachtungsweise des BFH für Wirtschaftsgüter des Sonderbetriebsvermögens im Rahmen des § 6 Abs. 3 EStG dazu führte, dass **auch bei unentgeltlicher Übertragung** wesentliche Betriebsgrundlagen des Sonderbetriebsvermögens als ein Bestandteil des Mitunternehmeranteils anzusehen sind.[269] Hiervon ausgehend entsprach es **der älteren Rspr.**, im Fall der Zurückbehaltung von wesentlichen Betriebsgrundlagen in Form des Sonderbetriebsvermögens **anlässlich einer Veräußerung** eine tarifbegünstigte Aufgabe des gesamten Mitunternehmeranteils (Gesellschaftsanteil und Sonderbetriebsvermögen) nach § 16 Abs. 3 EStG anzunehmen.[270] Gegenstand der **neueren Synchron-Rechtsprechung** des BFH ist die noch striktere Verknüpfung von Mitunternehmeranteil und Sonderbetriebsvermögen, deren Ausfluss das Gebot einer kongruenten (quotenentsprechenden) Übertragung von Mitunternehmeranteil und dazugehörigem Sonderbetriebsvermögen ist, wenn die Tarifbegünstigung nach §§ 16, 34 EStG (sog. „halber Steuersatz" oder die sog. Fünftelregelung) bei der entgeltlichen Übertragung eines Mitunternehmeranteils in Anspruch genommen werden sollen.[271]

170 Basierend auf dieser Ausgangslage besteht weitgehend Einigkeit in der **Lit.**,[272] dass **die neuere Rspr.** des BFH auch für die **unentgeltliche** Übertragung von Teil- und ganzen Mitunternehmeranteilen nach § 6 Abs. 3 EStG Bedeutung entfaltet. Damit gilt die sog. **Quoten-Rechtsprechung** bzw. **Synchron-Rechtsprechung** auch für den Übergang von Vermögen im Erbgang und bei vorweggenommener Erbfolge, was die erhebliche Gefahr einer Aufdeckung stiller Reserven bei Vorgängen der vorweggenommenen Erbfolge heraufbeschwört. Gerade das **Bedürfnis** der Praxis für eine disquotale Übertragung des Sonderbetriebsvermögens bei vorweggenommenen Erbfolgen führte zu heftigen Reaktionen **auf das BFH-Urteil v. 24.8.2000**,[273] da es **vor der Rechtsprechungsänderung** möglich war, bei der Übergabe von Teil-Mitunternehmeranteilen zurückbehaltenes Sonderbetriebsvermögen allein dem vom Übergeber behaltenem Rest-Mitunternehmeranteil zuzuordnen.[274] Der Gesetzgeber reagierte auf die Änderung der Rspr. und fügte **durch das UntStFG**[275] in § 6 Abs. 3 Satz 1 EStG einen Halbsatz ein, mit dem klargestellt wur-

---

268 Vgl. Gebel, Betriebsvermögensnachfolge, Rn. 735.
269 Vgl. BFH, BStBl. 1995 II, S. 890.
270 Vgl. Klumpp, ZEV 2001, 55, 57 mit Nachweisen.
271 Vgl. BFH, BStBl. 2001 II, S. 26; FR 2000, 1210; BFH/NV 2001, S. 548.
272 Vgl. u.a. Brandenberg, NWB Fach 3, S. 11813, 11817; Wendt, FR 2002, 128, 130; Kröller/Fischer/Dürr, BB 2001, 1707, 1709; Müller in: Beck'sches Handbuch Personengesellschaften, § 8, Rn. 230 – 237.
273 Vgl. BFH v. 24.8.2000, DStR 2000, 1768; Kempermann, GmbHR 2002, 200, 203 m.w.N.
274 Müller in: Beck'sches Handbuch Personengesellschaften, § 8 Rn. 232.
275 Vgl. zu Rückwirkungsproblemen Wendt, FR 2002, 127, 132.

de, dass auch die unentgeltliche Übertragung eines Teil-Mitunternehmeranteils zur Buchwertfortführung führt und regelte in Satz 2 der Vorschrift, dass Sonderbetriebsvermögen **unter Beachtung einer fünfjährigen Behaltefrist** auch zurückbehalten werden kann.[276] Auf dieser Grundlage hat das BMF mit erheblicher Verzögerung ein grundlegendes **BMF-Schreiben v. 3.3.2005** erlassen.[277] Es gelten hiernach im Hinblick auf vorweggenommene Erbfolgen die folgenden Grundsätze:

- Es ist zwischen dem Übergang des gesamten Mitunternehmeranteils und **des Teil-Mitunternehmeranteils** zu unterscheiden. Die **Buchwertfortführung** kann demnach **nur dann zur Anwendung kommen**, wenn auch nach den Parametern der neuen Rspr. ein „Mitunternehmeranteil" im Sinne der Vorschrift übertragen wird.

- Beim Übergang **eines gesamten Mitunternehmeranteils** kann Sonderbetriebsvermögen nach § 6 Abs. 3 Satz 2 EStG (ganz oder anteilig) zurückbehalten werden, es wird dadurch aber eine fünfjährige Behaltefrist ausgelöst. Die quotale Übertragung des gesamten Sonderbetriebsvermögens und des gesamten Mitunternehmeranteils vermeidet eine Sperrfrist.

- Beim Übergang von **Teil-Mitunternehmeranteilen ohne vorhandenes Sonderbetriebsvermögen** gilt nunmehr durch die **Klarstellung**[278] des § 6 Abs. 3 Satz 1 EStG, dass die Buchwertfortführung gesichert ist. Hier stellen sich keine größeren Probleme.

- Bei der **Übertragung von Teil-Mitunternehmeranteilen und vorhandenem Sonderbetriebsvermögen** ist zwischen quotalen und disquotalen Übertragungen zu unterscheiden. **Unterquotale Übertragungen** fallen unter § 6 Abs. 3 Satz 2 EStG und lösen eine Sperrfrist aus. **Überquotale Übertragungen** sind in einen Vorgang nach § 6 Abs. 3 Satz 1 EStG (im Hinblick auf die Quote) und eine Übertragung nach § 6 Abs. 5 Satz 3 EStG aufzuspalten. Hierdurch wird die Sperrfrist des § 6 Abs. 5 Satz 4 EStG für den übersteigenden Teil ausgelöst.

- Wichtig ist, dass die vorbeschriebenen Rechtsfolgen nur bei der Übertragung von sog. **wesentlichem Sonderbetriebsvermögen**[279] eintreten. Um die mit der Synchron-Rechtsprechung verbundenen Probleme zu umgehen, ist es somit wünschenswert, Sonderbetriebsvermögen und Mitunternehmeranteil steuerneutral zu trennen. Hier droht aber die Anwendung der **Gesamtplan-Rechtsprechung (vgl. Tz. 7 des BMF-Schreibens v. 3.3.2005)**. Die Gesamtplan-Rechtsprechung soll auch bei der Übertragung von Sonderbetriebsvermögen vor der Übertragung eines Teil-Mitunternehmeranteils zur Anwendung kommen.[280]

(3) Bildung mitunternehmerischer Betriebsaufspaltungen bei Teilanteilsübertragungen

Bei der vorweggenommenen Erbfolge oder dem Erbfall bei Personengesellschaften können mitunternehmerische Betriebsaufspaltungen entstehen, wenn Wirtschaftsgüter, die im Sonderbetriebsvermögen eines Mitunternehmers stehen und der Gesellschaftsanteil nach § 6 Abs. 3 EStG auf mehrere Personen übertragen werden oder **im Regelfall** der „Senior" seinen Mitunternehmeranteil anteilig mit der dem quotenentsprechenden oder einem unterquotalen Teil seines Sonderbetriebsvermögens auf den potenziellen Nachfolger überträgt.

Nach Tz. 22 des **BMF-Schreibens v. 3.3.2005**[281] ist davon auszugehen, dass einer unter § 6 Abs. 3 Satz 1 EStG fallenden Übertragung **unmittelbar eine Zurechnung** der Wirtschaftsgüter des Sonderbetriebsvermögens bei der neu entstehenden Besitzpersonengesellschaft nachfolgt. Eine Überführung in das Sonder-

---

276 Dies entsprach schon der Auffassung vor der Änderung des § 6 Abs. 3 EStG, wurde vom BFH in der Entscheidung v. 24.8.2000 jedoch offen gelassen, vgl. Brandenberg, NWB Fach 3, S. 11813, 11815.
277 Vgl. BMF-Schreiben v. 3.3.2005, DB 2005, 527.
278 Vgl. Gebel, Betriebsvermögensnachfolge, Rn. 864.
279 Siehe Brandenberg, DStZ 2002, 515, 518.
280 Vgl. Kai, DB 2005, 794, 799.
281 BMF-Schreiben, BStBl. 2005 I, S. 458, abgelöst durch die Neufassung der Tz. durch BMF, FR 2007, 97.

betriebsvermögen bei der Besitzpersonengesellschaft erfolge – so Tz. 22 des besagten BMF-Schreibens – nach § 6 Abs. 5 Satz 2 EStG **zum Buchwert**.

Beispiel im BMF-Schreiben für eine quotale Übertragung des Sonderbetriebsvermögens:

A ist zu 60 % an der AB OHG beteiligt, der er auch ein im Sonderbetriebsvermögen befindliches Grundstück zur Nutzung überlässt. In 2002 überträgt A die Hälfte seines Mitunternehmeranteils quotal (1/2 des Gesamthandsanteils und 1/2 des Sonderbetriebsvermögens) unentgeltlich auf C. Die AC-GbR überlässt das Grundstück der ABC-OHG entgeltlich zur Nutzung.

Lösung der Verwaltung: *Zunächst liege eine unentgeltliche Teil-Mitunternehmeranteilsübertragung nach § 6 Abs. 3 Satz 1 EStG vor, der zwingend eine Buchwertfortführung vorschreibe. Im zweiten Schritt ändere sich auf Grund der steuerlichen Beurteilung des neu entstandenen Gebildes als mitunternehmerische Betriebsaufspaltung die bisherige Zuordnung des Grundstücks als Sonderbetriebsvermögen bei der OHG. Das Grundstück sei entweder Gesamthandsvermögen bei der AC-GbR oder stehe im Bruchteilseigentum von A und C. Bei Übertragung des Sonderbetriebsvermögens in das Gesamthandsvermögen erfolge dies nach § 6 Abs. 5 Satz 3 Nr. 2 EStG zum Buchwert, bei Bruchteilsgemeinschaft zwischen A und C werde das Grundstück Sonderbetriebsvermögen bei der gesamthandslosen Besitz-GbR aus A und C, so dass die Übertragung nach § 6 Abs. 5 Satz 2 EStG zum Buchwert erfolge.*

Entstehe die mitunternehmerische Betriebsaufspaltung **durch eine unterquotale Übertragung**, sei der Vorgang insgesamt nach § 6 Abs. 3 Satz 2 EStG zu behandeln sein. Eine unterquotale Übertragung des Sonderbetriebsvermögens in die Besitzpersonengesellschaft führe zu keiner schädlichen Veräußerung oder Aufgabe i.S.d. § 6 Abs. 3 Satz 2 EStG; für die einer Übertragung nach § 6 Abs. 3 Satz 2 EStG nachfolgenden Übertragungen seien aber insb. die Tz. 11 und 13 des BMF-Schreibens zu beachten.

Im BMF-Schreiben werden damit **zwei unterschiedliche Fallgruppen** angesprochen, bei denen es zur Bildung einer mitunternehmerischen Betriebsaufspaltung kommen kann. Dies sind die **quotalen Übertragungen** von Sonderbetriebsvermögen neben einem Teil-Mitunternehmeranteil und die **unterquotalen Übertragungen von Sonderbetriebsvermögen** neben einem Teil-Mitunternehmeranteil. Eine überquotale Übertragung von Sonderbetriebsvermögen wird im BMF-Schreiben nicht angesprochen, obwohl auch sie zur Bildung einer mitunternehmerischen Betriebsaufspaltung führen kann.

172 Für die **quotale Übertragung**, die unter § 6 Abs. 3 Satz 1 1. Halbs. EStG fällt, greift das BMF-Schreiben die Grundsätze des **BFH-Urteils v. 18.8.2005** auf (vgl. oben Rn. 96), das auch bei der Bildung von Bruchteilseigentum von der Begründung einer Innen-GbR als Besitzgesellschaft ausgeht, falls beide Bruchteilseigentümer auch Mitunternehmer der Betriebspersonengesellschaft sind. Wie der BFH in dem vorgenannten Urteil klargestellt hat, werden die verpachteten Wirtschaftsgüter zu Sonderbetriebsvermögen bei der Besitzpersonengesellschaft.

Diese Rspr. aufnehmend, wird im BMF-Schreiben zutreffend davon ausgegangen, dass **im ersten Schritt eine Übertragung nach § 6 Abs. 3 Satz 1 EStG** (der Sachgesamtheit Teil-Mitunternehmeranteil) vorliegt, bei der das übertragene WG aus dem Sonderbetriebsvermögen zunächst in das Sonderbetriebsvermögen des Empfängers bei der Betriebspersonengesellschaft übergeht und der Empfänger zugleich Mitunternehmer wird oder seine Mitunternehmerstellung vergrößert. Eine Behaltefrist nach § 6 Abs. 3 Satz 2 EStG entsteht in diesen Fällen nicht.

Anschließend wird **im zweiten Schritt** nach § 6 Abs. 5 Satz 2 EStG, ohne eine Sperrfrist auszulösen, das Sonderbetriebsvermögen von den Mitunternehmern (Überträger und Empfänger) in deren Sonderbetriebsvermögen bei der neuentstehenden Besitz-GbR übertragen. Erfolgt dann anschließend eine Übertragung des zur Nutzung überlassenen Wirtschaftsgutes vom Sonderbetriebsvermögen der Besitzpersonengesellschaft in das Gesamthandsvermögen der Besitzpersonengesellschaft gegen Gewährung von Gesellschaftsrechten nach § 6 Abs. 5 Satz 3 EStG, geschieht diese nach Tz. 22 des BMF-Schreibens ausdrücklich zum Buchwert. Hierdurch wird m.E. klargestellt, dass das BMF in den Fällen der Bildung einer mitunternehmerischen Betriebsaufspaltung Kettenübertragungen nicht mit dem Vorwurf eines Gestaltungsmissbrauchs nach § 42 AO oder der Gesamtplan-Rechtsprechung angreifen wird.

Liegt **eine unterquotale Übertragung** vor, so bestimmt sich nach der Auffassung der Finanzverwaltung der gesamte Vorgang nach § 6 Abs. 3 Satz 2 EStG. Dies bedeutet, dass bereits der Übergang des Teil-Mitunternehmeranteils und des mitübertragenen WG des Sonderbetriebsvermögens auf den Empfänger die Behaltefrist im Sinne der Vorschrift auslösen. Auch in diesem Fall entsteht eine mitunternehmerische Betriebsaufspaltung mit einer Besitz-GbR nach den Grundsätzen des BFH-Urteils v. 18.8.2005, in deren Sonderbetriebsvermögen die zur Nutzung überlassenen Wirtschaftsgüter übergehen. Diese Übertragung kann zwar nach § 6 Abs. 5 Satz 2 EStG zum Buchwert erfolgen. Allerdings besteht in diesen Fällen dem Wortlaut nach ein **Verstoß gegen die Behaltefrist des § 6 Abs. 3 Satz 2 EStG**, da das übergehende Sonderbetriebsvermögen nicht weiter der Betriebspersonengesellschaft zugeordnet bleibt, sondern zu steuerlichem Betriebsvermögen der Besitzpersonengesellschaft wird. Die tatbestandliche Vorgabe, dass das zurückbehaltene Betriebsvermögen weiterhin „derselben Mitunternehmerschaft" zugeordnet sein muss, wird in der Person des übertragenden Mitunternehmers nicht erfüllt. Die **Finanzverwaltung** sieht in diesem Übergang auf eine andere Mitunternehmerschaft, die Besitzpersonengesellschaft, keine Verletzung der Behaltefrist und weitet dies auch auf die anschließende Übertragung des Wirtschaftsgutes von dem Sonderbetriebsvermögen der Besitzpersonengesellschaft in deren Gesamthandsvermögen nach § 6 Abs. 5 Satz 3 EStG aus. Erst für **Folgeübertragungen** gelten durch Verweisung der Tz. 22 auf die Tz. 11 und 13 des BMF-Schreiben **hinsichtlich des ursprünglich zurückbehaltenen Sonderbetriebsvermögens** die allgemeinen Grundsätze für die Verletzung von Behaltefristen nach § 6 Abs. 3 Satz 2 EStG.[282]

173

Die **Regelungen zu unterquotalen Übertragungen im BMF-Schreiben sind als großzügig anzusehen**. Denn die Übertragung eines Wirtschaftsgutes vom Sonderbetriebs- in das Gesamthandsvermögen der Besitzpersonengesellschaft nach § 6 Abs. 5 Satz 3 EStG wird bei unterquotalen Übertragungen entgegen der Tz. 13 des BMF-Schreibens ausnahmsweise nicht als schädliche Veräußerung angesehen.[283]

(4) Entstehen mitunternehmerischer Betriebsaufspaltungen im Erbfall

Mitunternehmerische Betriebsaufspaltungen können ferner im Zusammenhang mit **einfachen Nachfolgeklauseln** bei der Nachfolge in eine Personengesellschaft entstehen.

174

Die einfache Nachfolgeklausel bietet **ertragsteuerlich keine großen Probleme**, da der zivilrechtlichen Sondererbfolge einkommensteuerlich gefolgt wird. Bei der einfachen Nachfolgeklausel werden die einzelnen Miterben entsprechend ihrer Erbquoten zu Mitunternehmern.[284] Dieser Vorgang ist als unentgeltliche Übertragung **des gesamten Mitunternehmeranteils** des Erblassers gemäß § 6 Abs. 3 Satz 1 EStG anzusehen, der zivilrechtlich im Wege des Anteilssplitting auf die einzelnen Miterben übergeht und **zwingend zur Buchwertfortführung** führt.

Regelmäßig droht durch den Erbfall nach der bisher gültigen h.M. auch **keine Entnahme von Sonderbetriebsvermögen**, da die entsprechenden Wirtschaftsgüter bei einer Erbengemeinschaft in deren Gesamthandsvermögen übergehen und nach § 39 Abs. 2 AO quotengleich den Mitunternehmeranteilen der einzelnen Miterben zugeordnet werden. Der betriebliche Zusammenhang des Sonderbetriebsvermögens bleibt damit auch über den Erbfall hinaus erhalten.[285] **Im Ergebnis** können daher **nach § 6 Abs. 3 EStG** auf der Ebene der Gesellschaft sowohl die Wirtschaftsgüter des Gesamthandsvermögens als auch die Wirtschaftsgüter des Sonderbetriebsvermögens mit ihrem Buchwert fortgeführt werden.[286]

> **Hinweis:**
> Zu beachten sind jedoch die Rechtsfolgen, die sich aus dem neuen steuerlichen Verständnis der **mitunternehmerischen Betriebsaufspaltung** ergeben.[287] Danach kann zwischen der Erbengemein-

---

282 Kai, DB 2005, 794, 802; Korn, KÖSDI 2005, 14633, 14644.
283 Rogall/Stangl, DStR 2005, 1073, 1081.
284 Vgl. BMF-Schreiben v. 11.1.1993, BStBl. 1993 I, S. 62, Rn. 80.
285 Vgl. Gebel, Betriebsvermögensnachfolge, Rn. 802.
286 Siehe Mayer, Unternehmensnachfolge, S. 145 unter Verweis auf BFH, BStBl. 1995 II, S. 714.
287 Vgl. hierzu die Ausführungen oben Rn. 96 ff.

> schaft durch die Überlassung der auf sie übergehenden Wirtschaftsgüter des Sonderbetriebsvermögens an eine Betriebspersonengesellschaft (bspw. eine GmbH & Co. KG) unter Umständen eine mitunternehmerische Betriebsaufspaltung erstmals begründet werden.[288] Die Wirtschaftsgüter des ehemaligen Sonderbetriebsvermögens sind dann nach den Grundsätzen der mitunternehmerischen Betriebsaufspaltung grds. der **Erbengemeinschaft** oder nach den Grundsätzen des BFH-Urt. v. 18.8.2005 einer **Innen-GbR**[289] **als Besitzunternehmen** zuzurechnen und bilden bei dieser ebenfalls Sonderbetriebsvermögen.

Das BMF-Schreiben verweist in Tz. 23 auf die Tz. 83 – 85 des BMF-Schreibens v. 11.1.1993, das nunmehr durch das BMF-Schreiben v. 30.3.2006 ohne inhaltliche Änderung ersetzt wurde. Damit sollte sichergestellt sein, dass nach Auffassung des BMF bei der einfachen Nachfolgeklausel rechtstechnisch **ein Vorgang des § 6 Abs. 3 Satz 1 EStG** (= Übergang des gesamten Mitunternehmeranteils mit dem gesamten Sonderbetriebsvermögen auf mehrere Erwerber) vorliegen dürfte. Sieht man darin einen Unterfall der quotalen Teilanteilsübertragung auf mehrere Erwerber, düfte nach den Grundsätzen **der Tz. 22 des BMF-Schreibens** dies ebenfalls nicht zur Aufdeckung von stillen Reserven führen: Im Anschluss an die Übertragung gemäß § 6 Abs. 3 Satz 1 EStG werden nach § 6 Abs. 5 Satz 3 Nr. 2 EStG in der Fassung durch das UntStFG die Wirtschaftsgüter aus dem Sonderbetriebsvermögen bei der Betriebspersonengesellschaft in das Gesamthandsvermögen der Erbengemeinschaft oder nach § 6 Abs. 5 Satz 2 EStG in das Sonderbetriebsvermögen bei der konkludenten Innen-GbR zum Buchwert übertragen.[290] **Behaltefristen** können demnach nicht aus § 6 Abs. 3 Satz 2 EStG heraus, sondern nur aus § 6 Abs. 5 EStG heraus entstehen.

II. Laufende Besteuerung

1. Besitz-Unternehmen

a) Typische Betriebsaufspaltung zu einer Betriebs-GmbH

aa) Umqualifizierung von Einkünften und steuerliche Verstrickung

(1) Formen von Besitzgesellschaften

175 **Bei der typischen Betriebsaufspaltung bildet** das Besitzunternehmen entweder der Alleingesellschafter der Betriebskapitalgesellschaft oder eine Besitz-Mitunternehmerschaft durch beherrschende Personengruppe.

(2) Umqualifizierung von Einkünften und Verstrickung

176 Wichtigste Rechtsfolge der Betriebsaufspaltung ist die Umqualifizierung von Vermietungs- und Verpachtungseinkünften der Besitzgesellschaft oder des Besitz-Einzelunternehmens in Einkünfte aus Gewerbebetrieb nach § 15 EStG, was auch zu deren Belastung mit **Gewerbesteuer** führt. Damit verbunden ist die **Verstrickung der überlassenen Wirtschaftsgüter** als notwendiges Betriebsvermögen des Besitzunternehmens. Ist das Besitzunternehmen eine Mitunternehmerschaft infizieren die gewerblichen Pachtzinsen nach § 15 Abs. 3 Nr. 1 EStG alle Einkünfte des Besitzunternehmens. Für **die Problematik von Nur-Besitzgesellschaftern** wird auf die Ausführungen zur mitunternehmerischen Betriebsaufspaltung verwiesen, die hier sinngemäß gelten (vgl. unten Rn. 199).

---

288 Siehe Kröller/Fischer/Dürr, BB 2001, 1707, 1721.

289 Der BFH hat in seinem Urteil v. 18.8.2005 (Rz. 97) nur die konkludente GbR-Gründung für den Fall der Innen-GbR entschieden. Diese Grundsätze dürften aber auch auf Erbengemeinschaften anzuwenden sein. Ansonsten wäre die Erbengemeinschaft selbst Besitzgesellschaft.

290 Vgl. Kempermann, GmbHR 2002, 200, 204.

(3) Abfärbung

Alle Einkünfte einer Besitzpersonengesellschaft werden auf Grund der Abfärbung gemäß § 15 Abs. 3 Nr. 1 EStG in gewerbliche Einkünfte umqualifiziert, die als laufende Einkünfte der Gewerbesteuer unterliegen.

bb) Gewinnermittlung und Bilanzierung

(1) Getrennte Betriebe

Einkommensteuerlich und gewerbesteuerlich sind Besitz- und Betriebsunternehmen **als zwei selbständige Gewerbebetriebe** anzusehen, die eigenständig bilanzieren und im Grundsatz keine korrespondierenden Wertansätze in der Handels- und Steuerbilanz haben müssen (§ 252 Abs. 1 Nr. 4 HGB, § 5 Abs. 1 Satz 1 EStG).[291] Die Trennungstheorie hat durch die Rechtsprechungsänderung zur Merkmalsübertragung nach § 3 Nr. 20 lit. c) GewStG gewerbesteuerlich eine Einschränkung erfahren (vgl. oben Rn. 9).

(2) Bilanzierungspflicht und Einkünfteermittlung

Die Bilanzierungspflicht beim Besitzunternehmen richtet sich zunächst nach der **zivilrechtlichen Vorfrage**, ob der als Besitzunternehmen fungierende Rechtsträger als Einzelkaufmann oder Personenhandelsgesellschaft (OHG oder KG) im Handelsregister eingetragen ist. Ist dies der Fall, so bleiben **seit der Handelsrechtsreform zum 1.7.1998** nach § 105 Abs. 2 HGB auch rein vermögensverwaltende Personengesellschaften Handelsgesellschaften i.S.d. HGB, die als Kaufleute zur handelsrechtlichen Bilanzierung verpflichtet sind (§ 238 HGB). Eine handelsrechtliche Bilanzierungspflicht zieht nach § 140 AO auch eine **steuerliche Bilanzierungspflicht** und damit Gewinnermittlung durch Bestandsvergleich nach § 4 Abs. 1 oder § 5 Abs. 1 EStG nach sich. Ist Überlasender eine GbR oder andere Personenmehrheit, besteht Übereinstimmung, dass die Betätigung als steuerliches Besitzunternehmen im Rahmen einer Betriebsaufspaltung handelsrechtlich **die zivilrechtliche Kaufmannseigenschaft nicht begründet**, da das Besitzunternehmen kein Handelsgewerbe betreibt, sondern reine Vermögensverwaltung. In diesen Fällen besteht weder eine handelsrechtliche noch eine steuerliche Pflicht zur Bilanzierung. Nur bei Überschreiten der Grenzen kann **nach § 141 AO** eine Aufforderung zur Gewinnermittlung nach § 4 oder § 5 Abs. 1 EStG erfolgen. Erfolgt **keine Aufforderung**, ist streitig, ob die Einkünfte des Besitzunternehmens nach § 4 Abs. 3 EStG durch Einnahme-Überschuss-Rechnung ermittelt werden dürfen. Die **Finanzverwaltung** verlangt auch dann die Gewinnermittlung durch Bestandsvergleich.[292]

(3) Korrespondierende Bilanzierung

Auf Grund der Trennungstheorie sind Besitz- und Betriebsgesellschaft eigenständige Unternehmen, die wechselseitig Forderungen und Verbindlichkeiten haben können. **Einen Grundsatz der korrespondierenden Bilanzierung gibt es nicht.**[293] Diese Regel erfährt wichtige Ausnahmen bei den bereits angesprochenen Substanzerhaltungsansprüchen und -rückstellungen sowie bei Warenrückgabeansprüchen und -verbindlichkeiten, **die korrespondierend zu bilanzieren sind**.[294]

(4) Ansätze der Wirtschaftsgüter bei nachträglicher Aufdeckung

Wird erst in einem späteren Veranlagungszeitraum erkannt, dass zu einem früheren Zeitpunkt die Voraussetzungen einer Betriebsaufspaltung eingetreten sind, ist grds. auf den Zeitpunkt des Beginns eine **Eröffnungsbilanz** aufzustellen.[295] Sind für diesen Veranlagungszeitraum der entsprechende Einkommensteuerbescheid des Besitzeinzelunternehmers oder ein Gewinnfeststellungsbescheid bereits bestandskräftig

---

[291] Vgl. BFH, BStBl. 1989 II, S. 714.
[292] Kaligin, Betriebsaufspaltung, S. 154 mit Hinweis auf einen Erlass des FM Niedersachsen v. 21.2.1974.
[293] BFH, BStBl. 1989 II, S. 714.
[294] BFH, BStBl. I1975 II, S. 700; BStBl. 1966 III, S. 147 und BStBl. 1966 III, S. 589; Erhart/Ostermayer, GmbH-StPr 2006, S. 245 mit einem Fallbeispiel.
[295] BFH, BStBl. 2002 II, S. 662.

und auf Grund der Festsetzungsverjährung nicht mehr änderbar, ist diese auf den Beginn des ersten verfahrensrechtlich offenen VZ zu erstellen. Es liegt eine Betriebseröffnung aufgrund eines Strukturwandels vor.[296] Die Wirtschaftsgüter im Betriebsvermögen des Besitzunternehmens sind dann **mit fortgeführten Anschaffungskosten nach § 6 Abs. 1 Nr. 5 EStG** einzulegen, d.h. es findet eine lückenlose Erfassung aller stillen Reserven statt. Soll in diesem Fall eine Gewinnermittlung nach § 4 Abs. 3 EStG erfolgen, versagt die Rspr. diese Möglichkeit regelmäßig deshalb, weil die Wahl der Gewinnermittlungsmethode das Bewusstsein voraussetze, Gewinneinkünfte zu erzielen[297]

cc) Umfang des Betriebsvermögens

(1) Anteile an der Betriebsgesellschaft

182 Die Anteile eines Besitzeinzelunternehmers **an der Betriebsgesellschaft** gehören nach der ständigen Rspr. des BFH **zum notwendigen Betriebsvermögen seines Besitzunternehmens**.[298] Werden die **Anteile an der Betriebs-GmbH** von Gesellschaftern einer Besitzgesellschaft nicht im Gesamthandsvermögen gehalten, **gehören sie zum notwendigen Sonderbetriebsvermögen II** der Gesellschafter bei der Besitzgesellschaft.

(2) Anteile an anderen Kapitalgesellschaften

183 Die Anteile der Besitzgesellschafter an einer **anderen Kapitalgesellschaft**, welche intensive und dauerhafte Geschäftsbeziehungen zur Betriebskapitalgesellschaft unterhält, gehören zum notwendigen Betriebsvermögen des Besitzunternehmens.[299] Werden diese Anteile nicht von der Besitz-Mitunternehmerschaft selbst, sondern von einem Besitzgesellschafter gehalten, sind diese Anteile notwendiges Sonderbetriebsvermögen II des Besitz-Personengesellschafters, wenn die Kapitalgesellschaft mit der Betriebsgesellschaft in einer für diese vorteilhaften und nicht nur kurzfristigen Geschäftsbeziehung steht.[300]

(3) Behandlung von Dividendenausschüttungen

184 Ausschüttungen der Betriebs-GmbH sind Sondervergütungen, die **einkommensteuerlich dem Halbeinkünfteverfahren** unterliegen und gewerbesteuerlich nach § 9 Nr. 2a GewStG aus dem Gewerbeertrag der GmbH & Co. KG grds. zu kürzen sind.

Aufwendungen, die mit diesen Einnahmen im Zusammenhang stehen, zählen zu den **Sonderbetriebsausgaben**.

(4) Zeitpunkt der Aktivierung des Gewinnanspruchs

185 Nach der einheitlichen Rspr. von EuGH, BGH[301] und BFH konnten Dividendenansprüche der Gesellschafter **handelsrechtlich** phasengleich aktiviert werden,[302] wenn:

- übereinstimmende Wirtschaftsjahre vorliegen,
- der Dividendenberechtigte einen beherrschenden Einfluss auf die ausschüttende Gesellschaft ausüben konnte,
- zum Bilanzstichtag über die Ausschüttungsabsicht verfügte,

---

296 Vgl. zu Gestaltungsmöglichkeiten Schwetlik, GmbHR 2007, S. 38.
297 Vgl. BFH, BFH/NV 1995, 1195.
298 Vgl. z.B. BFH, BStBl. 1992 II, S. 723; BStBl. 2000 II, S. 255.
299 Vgl. z.B. BFH, BStBl. 2005 II, S. 694; BStBl. 2005 II, S. 833.
300 Vgl. BFH, BStBl. 2005 II, S. 354.
301 Der BFH hat sich der Rspr. des BGH, dass ein handelsrechtliches Aktivierungswahlrecht zur phasengleichen Aktivierung bestehe, angeschlossen, da ein solches Wahlrecht zwingend zu einem steuerlichen Aktivierungsgebot führt, vgl. BFH, BStBl. 1981 II, S. 184.
302 Vgl. BFH, BStBl. 1999 II, S. 551 (= Vorlagebeschluss des I. Senats des BFH an den Großen Senat); Winnefeld, Bilanz-Hb., Kap. M Rn. 735 – 749.

- das Beteiligungsverhältnis während des gesamten Wirtschaftsjahres der Beteiligungsgesellschaft bestanden hat, was jedoch vom I. Senat des BFH als nicht zwingende Voraussetzung angesehen wird und
- ein späterer Gewinnverwendungsbeschluss gefasst wird.

Nach früherer Rechtslage konnte somit vor der Entscheidung bei der Betriebs-GmbH über die Gewinnausschüttung der Dividendenanspruch ausgewiesen werden, wenn Anhaltspunkte dafür vorlagen, dass die Gesellschafter der GmbH und zugleich Kommanditisten für eine Dividendenausschüttung stimmen würden.[303] **Ausnahmen** galten, wenn nach der Satzung des Beteiligungsunternehmens dessen Gewinn grds. nicht ausgeschüttet werden soll und dies der tatsächlichen Übung in der Vergangenheit entsprach.[304]

Eine **weitere Ausnahme** gilt in Fällen, in denen ein Mehrheitsgesellschafter einer GmbH vor seinem Bilanzstichtag eine Vorabausschüttung der von ihm beherrschten Gesellschaft veranlasst hatte und auf den Bilanzstichtag den Anspruch auf eine weitere Dividende aktivieren wollte, deren Ausschüttung erst nach diesem Stichtag beschlossen worden war.[305]

Für das **Steuerrecht** hat der Große Senat des BFH entschieden, dass eine Kapitalgesellschaft, die mehrheitlich an einer anderen Kapitalgesellschaft beteiligt ist, einen Dividendenanspruch aus einer zum Bilanzstichtag noch nicht beschlossenen Gewinnverwendung der nachgeschalteten Gesellschaft grds. **nicht aktivieren** kann.[306] Tragender Grund für die Entscheidung ist, dass die Aussicht auf eine Gewinnausschüttung, welche noch nicht durch einen zivilrechtlichen Anspruch auf Ausschüttung bereits verfestigt ist, kein eigenständiges bilanzierungsfähiges Wirtschaftsgut für das Steuerrecht darstellt. **Handelsrecht und Steuerrecht fallen daher in Zukunft in dieser Frage auseinander.**

Eine Dividendenforderung als eigenständiges Wirtschaftsgut kann aber auch schon **vor der Fassung des Gewinnverwendungsbeschlusses** nach dem Großen Senat entstehen. Aktivierungsfähig ist die **erwartete Dividendenausschüttung**, wenn zum Bilanzstichtag der Gewinn der beherrschten Gesellschaft auszuweisen und der mindestens ausschüttungsfähige Gewinn bekannt ist. Zudem muss durch objektive Gesichtspunkte nachgewiesen sein, dass die Gesellschafter der ausschüttenden Gesellschaft am Bilanzstichtag endgültig entschlossen waren, eine bestimmte Gewinnverwendung zu beschließen.[307] Diese Voraussetzungen müssen anhand objektiv nachprüfbarer Kriterien nach außen dokumentiert werden, wobei zu berücksichtigen ist, dass eine Absicht, Gewinne auszuschütten, sich später ändern kann. Es wird daher wohl in Zukunft kaum möglich sein, die **erforderlichen Nachweise** zu führen,[308] weshalb die phasengleiche Aktivierung für das Steuerrecht faktisch **abgeschafft worden ist**.

Mittlerweile wurde vom BFH auch klargestellt, dass die Grundsätze der Entscheidung des Großen Senats auch für bilanzierende Einzelunternehmer, **Personenunternehmen** und die **Fälle der Betriebsaufspaltung** zur Anwendung kommen.[309] Die **Finanzverwaltung** hat eine Übergangsregelung erlassen, nach der bis zum **31.12.2000** (Kalenderjahr = Wirtschaftsjahr) die Grundsätze der alten Rspr. weiter Anwendung finden.[310]

(5) Darlehensforderungen gegen die Betriebs-GmbH

Solche Darlehensforderungen gehören zum notwendigen Betriebsvermögen des Besitzunternehmens (vgl. unten Rn. 216).

---

303 Vgl. Winnefeld, Bilanz-Hb., Kap. L Rn. 870.
304 Vgl. BFH, BFH/NV 1991, S. 808; BStBl. 1999 II, S. 547.
305 Vgl. BFH, BStBl. 2001 II, S. 401.
306 Vgl. BFH, GrS 2/99, BStBl. 2000 II, S. 632.
307 Vgl. BFH, GrS 2/99, BStBl. 2000 II, S. 632, 635.
308 Vgl. die Anforderungen des I. Senats, der vorgelegt hatte (BFH, BStBl. 2001 II, S. 409).
309 Vgl. BFH, BStBl. 2001 II, S. 185; BFH, BFH/NV 2001, S. 447.
310 Vgl. BMF-Schreiben, DStR 2000, 1997 mit Anm. Hoffmann.

(6) Darlehensforderungen gegen andere Kapitalgesellschaften

191 Darlehen, die die Besitz-(Personen)gesellschaft einem Geschäftspartner der Betriebs-GmbH gewährt, werden grds. als betrieblich veranlasst angesehen und damit **dem notwendigen Betriebsvermögen der Besitzgesellschaft zugeordnet**. Eine **Ausnahme** von diesem Grundsatz kommt nur dann in Betracht, wenn

- zwischen Besitzgesellschafter und Geschäftspartner der Betriebs-GmbH persönliche Beziehungen bestehen,
- ein wirtschaftlicher Nutzen des Darlehens für die Betriebs-GmbH nicht zu erkennen ist und
- außerdem das Darlehen unter Bedingungen gewährt wurde, unter denen die Besitzgesellschaft einem fremden Dritten keine finanziellen Mittel zur Verfügung gestellt haben würde.

In einem solchen Fall ist die Darlehensgewährung **als Entnahme** zu behandeln **und eine verdeckte Einlage** des Besitzgesellschafters in die Kapitalgesellschaft anzunehmen, die Geschäftspartner der Betriebs-GmbH ist.[311]

(7) Behandlung unwesentlichen Betriebsvermögens

192 Auch solche Wirtschaftsgüter, die neben einer wesentlichen Betriebsgrundlage an die Betriebsgesellschaft verpachtet werden, **selbst aber unwesentliche Wirtschaftsgüter sind**, gehören zum notwendigen Betriebsvermögen des Besitzunternehmens.

dd) Gewerbesteuerliche Folgen

193 Hierzu wird auf die Ausführungen zur mitunternehmerischen Betriebsaufspaltung verwiesen (vgl. Rn. 199). Die gewerbesteuerlichen Folgen sind weit gehend identisch. Allein die **Dividendenausschüttungen der Betriebs-GmbH** oder anderer Kapitalgesellschaften bedürfen hier einer gesonderten Erwähnung. Diese werden nach § 9 Nr. 2a GewStG aus dem Gewerbertrag des Besitzunternehmens gekürzt.

b) Umgekehrte Betriebsaufspaltung

aa) Besteuerung der Besitzkapitalgesellschaft

194 Die Besitzkapitalgesellschaft erzielt auch bei einer reinen Vermietungs- und Verpachtungstätigkeit gemäß § 8 Abs. 2 KStG, § 2 Satz 2 GewStG **gewerbliche Einkünfte**, welche auch der Gewerbesteuer unterliegen. Ansonsten weichen insb. die gewerbesteuerlichen Folgen der Kürzungen nach § 9 Nr. 4 GewStG und die Bilanzierungsfragen nicht von denen der typischen Betriebsaufspaltung ab. Die Kürzung nach § 9 Abs. Nr. 1 Satz 2 GewStG kommt nicht zur Anwendung.

bb) Besteuerung der Betriebsgesellschaft

195 Die Betriebsgesellschaft, in der Praxis regelmäßig eine GmbH & Co. KG, ist nach § 15 Abs. 2 EStG originär gewerblich tätig und beherrscht zudem die Besitzkapitalgesellschaft.[312]

196 **Anteile an der Besitzkapitalgesellschaft**, die **nicht** im Gesamthandseigentum liegen, sind **im Sonderbetriebsvermögen II** der Gesellschafter zu erfassen. Folglich gehören auch die offenen und verdeckten Ausschüttungen zu den Sonderbetriebseinnahmen und haben dieselben steuerlichen Konsequenzen wie bei der klassischen Betriebsaufspaltung.

197 **Vergütungen an den Gesellschafter-Geschäftsführer** der GmbH sind keine Sonderbetriebseinnahmen bei der KG.[313]

---

311 BFH, BStBl. 2005 II, S. 354; BStBl. 2005 II, S. 694.
312 Vgl. Förster/Brinkmann, BB 2002, 1289, 1293.
313 Vgl. Schulze zur Wiesche, BB 1989, 815, 818.

cc) Organschaft

Im Fall einer Beherrschung der Besitzkapitalgesellschaft durch die Betriebspersonenunternehmung ist es ertragsteuerlich möglich, dass die Betriebspersonenunternehmung **körperschaftsteuerliche Organträgerin** der Besitzkapitalgesellschaft ist, da § 14 KStG nur noch eine finanzielle Eingliederung und den Abschluss eines Ergebnisabführungsvertrags für die Organschaft verlangt. Nach den letzten Änderungen des § 14 KStG muss die finanzielle Eingliederung zur Betriebs-GmbH & Co. KG unmittelbar vorliegen, d.h. diese muss die Anteile an **der Besitzkapitalgesellschaft im Gesamthandsvermögen** halten.[314]

198

c) Mitunternehmerische Betriebsaufspaltung

aa) Ertragsteuerliche Folgen der mitunternehmerischen Betriebsaufspaltung

Die ertragsteuerlichen Folgen der mitunternehmerischen Betriebsaufspaltung ergeben sich im Wesentlichen daraus, dass seit der Rechtsprechungsänderung in den 90er-Jahren (siehe auch oben Rn. 93) **zwei gewerbliche Mitunternehmerschaften** in Form des Besitz- und des Betriebsunternehmens nebeneinander stehen und gewerbliche Einkünfte erzielen. Hieraus ergeben sich die **folgenden Konsequenzen**.

199

Nur-Besitzgesellschafter	Auf der **Grundlage der früheren Rspr.** und Verwaltungspraxis wurden bei einem Gesellschafter, der nur an der Besitz-, nicht aber an der Betriebspersonengesellschaft beteiligt war („Nur-Besitzgesellschafter"), vielfach lediglich Einkünfte aus Vermietung und Verpachtung angenommen und seine Anteile an den überlassenen Wirtschaftsgütern dem Privatvermögen zugeordnet, während die Wirtschaftsgüter der beherrschenden Mitunternehmer als deren Sonderbetriebsvermögen bei der nutzenden Betriebs-Personengesellschaft erfasst worden waren. **Nach der geänderten und geltenden Rspr. erzielt der Nur-Besitzgesellschafter** Einkünfte aus Gewerbebetrieb und die Wirtschaftsgüter gehören zum Betriebsvermögen, so dass auch die Veräußerungsgewinne unabhängig von deren Haltedauer steuerpflichtig sind. Die Rechtsfolgen entsprechen also denen, die bei der Überlassung von Wirtschaftsgütern einer beherrschenden Personengruppe an eine Betriebskapitalgesellschaft eintreten.
Abfärbung	Die Besitzpersonengesellschaft unterfällt ggf. der Abfärbung gemäß § 15 Abs. 3 Nr. 1 EStG.

bb) Gewerbesteuerliche Nachteile

Durch die Begründung der Eigengewerblichkeit des Besitzunternehmens liegen nunmehr zwei getrennte Betriebe vor, während nach der früher geltenden Rechtslage nur ein Betrieb vorlag, dem die im Sonderbetriebsvermögen erfassten Wirtschaftsgüter der Mitunternehmer ebenfalls zuzurechnen waren. Im Einzelnen hat die Rechtsprechungsänderung zu den **folgenden Rechtsfolgen** geführt:

200

---

314 Vgl. Carlé, Betriebsaufspaltung, Rn. 567 ff.

Inanspruchnahme von gewerbesteuerlichen Befreiungen in § 3 Nr. 20 EStG	Verpachtungspersonengesellschaften, die Wirtschaftsgüter an von der Gewerbesteuer befreite Personengesellschaften zur Nutzung überlassen haben, z.B. Krankenhäuser, Rehabilitationskliniken oder sonstige Gesundheitseinrichtungen betreiben, die in den Anwendungsbereich von § 67 AO fallen, werden ebenfalls der GewSt unterworfen. In diesem Bereich **zur sog. Merkmalsübertragung** ist eine Änderung der Rechtslage erfolgt, da der Große Senat nicht mehr über den Vorlagebeschluss des X. Senats v. 12.5.2004 entscheiden musste. Der X. Senat des BFH hat **mit Urteil v. 29.3.2006** nunmehr eine Merkmalsübertragung der Verhältnisse der Betriebsgesellschaft auf das Besitzunternehmen für die Befreiungsregelung in § 3 Nr. 20 GewStG bejaht und an der bisherigen Rspr. nicht mehr festgehalten (vgl. oben Rn. 9).[315]
Höhere Belastung durch Dauerschulden	Nach früherer Rspr. lagen bei Darlehensbeziehungen zwischen Schwesterpersonengesellschaften Sondervergütungen i.S.d. § 15 Abs. 1 Nr. 2 EStG der darlehensgebenden Mitunternehmer vor, die bei der das Darlehen empfangenden Betriebs-Personengesellschaft den Gewerbeertrag (Abschnitt 40 Abs. 2 GewStR) erhöhten. Da aber die Hinzurechnungsvorschrift des § 8 Nr. 1 GewStG auf Sondervergütungen i.S.d. § 15 Abs. 1 Nr. 2 EStG nicht anzuwenden war, ergab sich keine gewerbesteuerliche Doppelbelastung. Nunmehr fallen für die zwischen Besitz- und Betriebsgesellschaft vereinbarten Darlehen, die als Dauerschulden zu qualifizieren sind, bei der mitunternehmerischen Betriebsaufspaltung in Höhe des hälftigen Entgelts Hinzurechnungen an, die zu einer gewerbesteuerlichen Doppelbelastung im Besitzunternehmen führen, da das hälftige Entgelt bei der das Darlehen empfangenden Gesellschaft gemäß § 8 Nr. 1 GewStG hinzuzurechnen ist.
Verlust der Saldierungsmöglichkeiten	Ein negativer Gewerbeertrag der Besitzpersonengesellschaft darf nicht mit einem positiven Gewerbeertrag der Betriebspersonengesellschaft verrechnet werden (oder umgekehrt), während vor der Rechtsprechungsänderung bei der Ermittlung des Gewerbeertrags eine Saldierung zwischen Gesamthandsergebnis und Sonderbetriebsergebnis vorzunehmen war.

cc) Abgrenzung des Betriebsvermögens bei bestimmten Besitzunternehmen

201 Für die mitunternehmerische Betriebsaufspaltung mit einer **Bruchteilsgemeinschaft, Erbengemeinschaft oder Gütergemeinschaft als Besitzunternehmen** spricht sich die Finanzverwaltung für die sinngemäße Anwendung der Grundsätze des BMF-Schreibens v. 28.4.1998 aus.[316] Nach Auffassung der Finanzverwaltung kann daher auch eine Bruchteilsgemeinschaft ohne Gesamthandsvermögen „Besitzgesellschaft" einer mitunternehmerischen Betriebsaufspaltung sein.[317]

Der BFH ist im **Urteil v. 29.8.2001**[318] davon ausgegangen, dass zwischen den Miteigentümern einer Bruchteilsgemeinschaft, die ein Grundstück erworben haben, um es einer von ihnen beherrschten Betriebsgesellschaft **als Doppelgesellschafter** als wesentliche Betriebsgrundlage zur Nutzung zu überlas-

---

315 Ebenso BFH, DStR 2006, 2207.
316 Vgl. OFD München, DB 1999, 1878.
317 Vgl. OFD München, DB 1999, 1878; Berz/Müller, DStR 1996, 1919; Poll, DStR 1999, 477; a.A.: Strahl, KÖSDI 1998, 11533; Meyer/Ball, FR 1998, 1075, 1082.
318 BFH, BFH/NV 2002, 185.

sen, **regelmäßig eine zumindest konkludent vereinbarte GbR bestehen wird**.[319] Diese Grundsätze hat der BFH in seinem **Urteil v. 18.8.2005** für den Fall bestätigt, dass die Miteigentümer das Grundstück an die Betriebsgesellschaft gegen ein ausreichendes Entgelt – und somit mit Gewinnerzielungsabsicht – vermieten (vgl. zur unentgeltlichen Nutzungsüberlassung oben Rn. 199 ff.). Die Miteigentumsanteile am Grundstück sind dann **Sonderbetriebsvermögen I** der Bruchteilseigentümer bei der (Besitz-)GbR.

Die wichtigste Aussage des **BFH-Urteils v. 18.8.2005** betrifft die unmittelbare Nutzungsüberlassung von Wirtschaftsgütern **der Besitzgesellschafter** an die Betriebspersonengesellschaft ohne Zwischenvermietung durch die Besitz-GbR. Vermietet der Gesellschafter einer Besitzpersonengesellschaft ein ihm gehörendes Wirtschaftsgut an eine Betriebspersonengesellschaft, an der er ebenfalls (ggf. beherrschend) beteiligt ist, so stellt das überlassene Wirtschaftsgut **Sonderbetriebsvermögen I** des Gesellschafters bei der Betriebspersonengesellschaft dar. Diese Zuordnung geht der als Sonderbetriebsvermögen II bei der Besitzpersonengesellschaft vor.

202

Für die **Gestaltungspraxis** ist wesentlich, dass der BFH wohl nunmehr bei Vermietung mit Gewinnerzielungsabsicht durch Doppelgesellschafter, denen das überlassene Wirtschaftsgut als Bruchteilseigentümern gehört, **eine Besitz-Innen-GbR annimmt**. Trotz dieser den Besitzgesellschaftern „untergeschobenen Innen-GbR" dürften zur Vermeidung der Betriebsaufspaltung durch eine Einstimmigkeitsabrede mit einem Nur-Besitzgesellschafter m.E. nicht die Grundsätze der GbR, sondern der Bruchteilsgemeinschaft heranzuziehen sein. Der BFH dürfte nämlich nur dann zu einer konkludenten Besitz-GbR kommen, wenn an Besitz- und Betriebspersonengesellschaft ausschließlich Doppelgesellschafter beteiligt sind.

203

Wichtig ist auch, dass der BFH bei Vermietung ohne Gewinnerzielungsabsicht weiterhin offen lässt, ob eine Bruchteilsgemeinschaft eine Besitz-GbR bilden kann. Wäre dies nicht der Fall, würde weiterhin der Vorrang des Sonderbetriebsvermögens gelten.[320]

d) Kapitalistische Betriebsaufspaltung

aa) Überlassung wesentlicher Betriebsgrundlagen im Konzern

(1) Enger Anwendungsbereich der Betriebsaufspaltungsgrundsätze

Die kapitalistische Betriebsaufspaltung ist nach der hier vertretenen Sichtweise ein Fall der **Einheitsbetriebsaufspaltung**, d.h. eine beherrschende Mutterkapitalgesellschaft überlässt ihrer beherrschten Tochterkapitalgesellschaft eine oder mehrere wesentliche Betriebsgrundlagen zur Nutzung. Es treten in diesem Zusammenhang weder für die steuerliche Verstrickung von Wirtschaftsgütern noch für die Qualifizierung der Vermietungs- und Verpachtungseinkünfte besondere Rechtsfolgen auf Grund des Vorliegens der personellen und sachlichen Verflechtung ein, da die Besitz-Muttergesellschaft ohnehin nach § 8 Abs. 2 KStG, § 2 Abs. 2 GewStG kraft Rechtsform gewerbliche Einkünfte erzielt und über ein Betriebsvermögen verfügt. Es liegt **ein Konzernsachverhalt** vor, in dem sich die Behandlung verdeckter Gewinnausschüttungen für ein überhöhtes Nutzungsentgelt nach allgemeinen Grundsätzen bestimmt,[321] wie wenn keine sachliche oder persönliche Verflechtung bestehen würde.

204

(2) Verbliebene spezifische Steuerfolgen der kapitalistischen Betriebsaufspaltung

Nach der **vor dem 1.1.1999** geltenden Rechtslage sollten zwischen Mutter-Besitzgesellschaft und Tochter-Betriebsgesellschaft Wirtschaftsgüter bei einer bestehenden Betriebsaufspaltung zu Buchwerten transferiert werden können.[322] Dieser Möglichkeit ist jedoch der Boden entzogen worden, seit der Gesetzgeber in § 6 Abs. 6 Satz 2 EStG bestimmt hat, dass bei einer Überführung von Wirtschaftsgütern in eine Kapi-

205

---

319 Schmidt/Wacker, EStG, § 15 Rn. 858; Brandenberg, DB 1998, 2488, 2490; Neu, INF 1999, 493; Stahl, KÖSDI 2003, 13794, 13800.
320 Wendt, FR 2006, 25.
321 Gosch, KStG, § 8 Rn. 653.
322 Klein/Wienands, GmbHR 1995, 499; Gosch, KStG, § 8 Rn. 651 zu der Frage, ob trotz der Buchwertfortführung qua Betriebsaufspaltung eine verdeckte Gewinnausschüttung angenommen werden konnte.

talgesellschaft ohne Gewährung von Gesellschaftsrechten **zwingend eine verdeckte Einlage vorliegt**. Dies führt zu einer Einlagebewertung bei der aufnehmenden Betriebs-Tochterkapitalgesellschaft nach § 6 Abs. 1 Nr. 5 EStG und einer nachträglichen Erhöhung der Anschaffungskosten der Mutter-Besitzgesellschaft.[323] Es verbleibt damit ertragsteuerlich nur noch bei einem gewerbesteuerlichen Vorteil, da die **Besitz-Kapitalgesellschaft nach § 9 Nr. 1 Satz 2 GewStG von der erweiterten Kürzung Gebrauch** machen kann.[324] Dabei ist jedoch darauf hinzuweisen, dass dies nur gilt, wenn man den Begriff der kapitalistischen Betriebsaufspaltung erweiternd auch auf die Fälle der Überlassung **zwischen Schwesterkapitalgesellschaften** anwendet.[325] Für den hier vertretenen Begriffsinhalt der kapitalistischen Betriebsaufspaltung – Beherrschung und Überlassung wesentlicher Betriebsgrundlagen durch eine Mutter- an eine Tochterkapitalgesellschaft – existiert damit auch der Vorteil der erweiterten Kürzung nicht mehr.

bb) Überlassung wesentlicher Betriebsgrundlagen durch gemeinnützige Einrichtungen[326]

206 Zunehmend betätigen sich gemeinnützige GmbH und eingetragene Vereine wirtschaftlich (sog. Non-profit-Unternehmen) und gliedern im Zuge dieser Tätigkeit ihre Betriebe auf Tochterkapitalgesellschaften unter Zurückbehaltung und Verpachtung wesentlicher Betriebsgrundlagen aus. In diesen Fällen stellt sich die Frage, wie die Grundsätze der Betriebsaufspaltung wirken, da die gemeinnützige Institution (das Besitzunternehmen) als Körperschaftsteuersubjekt i.S.d. § 1 KStG ohnehin – auch ohne die Grundsätze der Betriebsaufspaltung – nach § 8 Abs. 2 KStG kraft Rechtsform gewerbliche Einkünfte erzielt. Die **Umqualifizierung der Vermietungs- und Verpachtungtätigkeit** in eine gewerbliche Betätigung i.S.d. § 15 EStG auf Grund der personellen und sachlichen Verflechtung entfaltet im Hinblick auf die Bindungen der Abgabenordnung (AO) für den Status als „gemeinnützig" Wirkungen.

207 **Die Nutzungsüberlassung ist keine Vermögensverwaltung**: Der den §§ 14, 64 und 65 AO zugrunde liegende Konkurrenzgedanke erfordert, dass die Grundsätze der Betriebsaufspaltung auch bei gemeinnützigen Einrichtungen Anwendung finden. Eine Tätigkeit, die sich äußerlich als reine steuerfreie Vermögensverwaltung darstellt, ist demnach **als steuerpflichtige Vermietung oder Verpachtung anzusehen**, wenn die eigentliche wirtschaftliche Tätigkeit unter Überlassung einer wesentlichen Betriebsaufspaltung im Wege der Betriebsaufspaltung auf eine selbständige Kapitalgesellschaft ausgegliedert worden ist.

Die **Grundsätze der Betriebsaufspaltung** sind **nicht anzuwenden**, wenn aus einer gemeinnützigen **Einrichtung ein Zweckbetrieb ausgegliedert** wird und sowohl das Besitz- als auch das Betriebsunternehmen gemeinnützig sind. Das Besitzunternehmen (Dachgesellschaft) kann nur dann gemeinnützig sein, wenn es auch nach der Ausgliederung der Zweckbetriebe eine eigene gemeinnützige Tätigkeit entfaltet oder die Betriebsunternehmen Hilfspersonen i.S.d. § 57 Abs. 1 Satz 2 AO sind. Zu weiteren Ausnahmefällen wird auf die **Verfügung der OFD Frankfurt v. 22.5.1999** Bezug genommen.

cc) Nutzungsüberlassung einer Trägerkörperschaft an einen BgA

(1) Sinngemäße Anwendung der Betriebsaufspaltungsgrundsätze

208 Wesentliche Betriebsgrundlagen können auch von einer juristischen Person des öffentlichen Rechts (Trägerkörperschaft) an einen Eigenbetrieb zur Nutzung überlassen werden, der **als rechtlich unselbständiger Betrieb gewerblicher Art (BgA) nach § 1 Abs. 1 Nr. 6 i.V.m. § 4 KStG** besteuert wird. Problematisch ist jedoch in dieser Konstellation, dass nur ein Rechtsträger, die Trägerkörperschaft, existiert, die sowohl als Besitz- als auch als Betriebsunternehmen fungiert. Die Rspr. behilft sich mit einer **Fiktion**. Es wird **bei der Gewinnermittlung fingiert**, der BgA sei ein selbständiges Steuerrechtssubjekt in der

---

323 Carlé, Betriebsaufspaltung, Rn. 553.
324 Carlé, Betriebsaufspaltung, Rn. 556, 557.
325 Kaligin, Betriebsaufspaltung, S. 188.
326 Vgl. OFD Frankfurt, Verfügung v. 22.2.1999, Haufeindex 301948.

Rechtsform einer Kapitalgesellschaft und die Trägerkörperschaft sei deren Alleingesellschafterin.[327] Da in der vergleichbaren Situation **eine Betriebsaufspaltung zwischen Alleingesellschafter und nutzender Betriebsgesellschaft anzunehmen wäre** und die Pachteinnahmen bei der Trägerkörperschaft reglmäßig nach § 4 Abs. 5 KStG nicht der Besteuerung unterliegen, wird zur Neutralisierung der fehlenden Steuerbarkeit der Pachteinnahmen **der steuermindernde Abzug der Pachtzinsen beim BgA** verneint.

(2) Kein Abzug des Nutzungsentgelts

Interne Vereinbarungen zwischen einer Trägerkörperschaft und ihrem BgA **über die Vermietung wesentlicher Betriebsgrundlagen sind daher regelmäßig steuerrechtlich unbeachtlich.** Vereinbarungen, auf Grund derer eine Trägerkörperschaft ihren BgA mit Miet- oder Pachtzinsen für Wirtschaftsgüter belastet, die der Trägerkörperschaft gehören und wesentliche Betriebsgrundlagen des BgA sind, **dürfen** nach ständiger Rspr.[328] somit **nicht der Besteuerung zugrunde gelegt werden**, da sonst der Zweck des § 1 Abs. 1 Nr. 6 KStG, die Betriebe der öffentlichen Hand gegenüber den Gewerbebetrieben der Privatwirtschaft steuerlich nicht zu begünstigen, vereitelt würde.

209

(3) Abzug von Darlehenszinsen

Auch interne Darlehensvereinbarungen zwischen dem BgA und der Trägerkörperschaft können der Besteuerung nur zugrunde gelegt werden, soweit sie – unterstellt, sie wären zwischen einer Kapitalgesellschaft und ihrem beherrschenden Gesellschafter abgeschlossen worden, – bei der Besteuerung der Kapitalgesellschaft zu beachten wären.[329] Daher kann eine Trägerkörperschaft grds. ihrem BgA Kapital als Fremdkapital überlassen oder **durch Einlagen** als Eigenkapital zuführen.[330] Wird Fremdkapital auf Grund einer internen Vereinbarung überlassen, so hat der BFH **in einem Urteil v. 24.2.2002** offen gelassen, ob die Darlehenszinsen nicht abziehbar wären, die mit den Mitteln aus den internen Darlehensvereinbarungen zur Finanzierung von Anschaffungs- oder Herstellungskosten wesentlicher Betriebsgrundlagen des BgA zusammenhängen.[331]

210

(4) Umqualifizierung in vGA

Soweit die Minderung des dem BgA gewidmeten Vermögens auf Vereinbarungen beruht, **die der Besteuerung nicht zugrunde gelegt werden dürfen**, wird die Vermögensminderung bei der Gewinnermittlung wie eine vGA behandelt.[332] Die abgezogenen Nutzungsentgelte des BgA werden dementsprechend in vGA umqualifiziert, was auf Ebene des BgA zu einer Einkommenserhöhung (§ 8 Abs. 3 Satz 2 KStG) und zur Annahme einer Ausschüttung führt.

211

(5) Überlassenes Wirtschaftsgut beim BgA zu erfassen

Das überlassene Wirtschaftsgut ist **dem Betriebsvermögen des BgA** zuzurechnen[333] und in der Steuerbilanz des BgA zu aktivieren. Wird eine Betriebsaufspaltung erst später erkannt, sind die WG mit den Werten zu aktivieren, mit denen die Wirtschaftsgüter zu Buche stehen würden, wenn sie von Anfang an, d.h. vom Zeitpunkt der Nutzung durch den BgA an, als Betriebsvermögen des BgA behandelt worden wären. Dieser Wert entspricht den historischen Anschaffungs- und Herstellungskosten bzw. dem historischen Einlagewert abzgl. der Absetzung für Abnutzung. Sind Verwaltungsgebäude betroffen, werden **nach dem**

212

---

327 BFH, BStBl. 2003 II, S. 412; BStBl. 2001 II, S. 558; BStBl. 1990 II, S. 647; Gosch, KStG, § 8 Rn. 633, 637; Vfg. OFD Erfurt v. 25.6.2003, Haufeindex 981935.
328 BFH, BStBl. 1984 II, S. 496; BFH/NV 1987, 123; BStBl. 2001 II, S. 558.
329 BFH, BStBl. 1983 II, S. 147.
330 Vgl. zur Möglichkeit von Einlagen s. BFH, BStBl. 1987 II, S. 865.
331 Vgl. BFH, BStBl. 2003 II, S. 412; Gosch, KStG, § 8 Rn. 639.
332 Vgl. BFH, BStBl. 1984 II, S. 496 und BStBl. 2001 II, S. 558.
333 Vgl. z.B. BFH, BStBl. 1984 II, S. 496.

BMF-Schreiben vom 11.6.2002[334] die steuerlichen Folgen, die sich aus dem BFH-Urteil v. 23.5.2000[335] ergeben auf Antrag erst für die Zeit **nach dem 31.12.2002** gezogen. Überlässt demnach eine Trägerkörperschaft über diesen Zeitraum hinaus eine wesentliche Betriebsgrundlage an ihren BgA, so sind die Miet- und Pachtverträge ab dem 1.1.2003 nicht mehr anzuerkennen und das überlassenen Wirtschaftsgut dem Betriebsvermögen des BgA zuzuordnen.

(6) Überführung von Wirtschaftsgütern des BgA auf die Trägerkörperschaft

213 Nach dem **BFH-Urteil v. 24.2.2002** ist das Überführen von Wirtschaftsgütern, die Betriebsvermögen eines Betriebs gewerblicher Art sind, **ohne entsprechende Gegenleistung** in den Hoheitsbereich der Trägerkörperschaft keine Entnahme, **sondern eine Gewinnausschüttung**. Dies ist jedoch keine spezifische Folge der entsprechend anzunehmenden Betriebsaufspaltungsgrundsätze, sondern der Tatsache, dass der BFH den BgA als „fiktive" Kapitalgesellschaft ansieht, die ohne Gegenleistung der Trägerkörperschaft als fiktivem Alleingesellschafter keinen Vorteil gewähren darf. Eine **verdeckte Gewinnausschüttung liegt jedoch nicht vor**, wenn das Wirtschaftsgut **gegen Zahlung einer angemessenen Gegenleistung** aus dem BgA ausscheidet. Dem Grundsatz des BFH – der steuerrechtlichen Gleichstellung des Verhältnisses zwischen einem BgA und seiner Trägerkörperschaft mit dem einer Kapitalgesellschaft und deren Alleingesellschafter – folgend, ist zur Vermeidung einer verdeckten Gewinnausschüttung eine klare und im Voraus abgeschlossene (interne) Vereinbarung zwischen der Trägerkörperschaft und dem BgA erforderlich.[336]

> **Hinweis:**
> Die Rechtsfolgen einer kapitalistischen Betriebsaufspaltung treten unmittelbar ein, **wenn zwei Rechtsträger** vorhanden sind, d.h. die Überlassung der Trägerkörperschaft an einen von ihr beherrschten BgA mit eigener Rechtspersönlichkeit oder eine privatrechtliche Kapitalgesellschaft als Betriebsgesellschaft erfolgt.

2. Besteuerung der Betriebsgesellschaft

214 Bei der **Betriebskapitalgesellschaft**, welches ein produzierendes Unternehmen in der Rechtsform einer Kapitalgesellschaft oder einer Personenhandelsgesellschaft ist, finden sich keine Besonderheiten im Vergleich zu einer stand-alone-Betrachtung des Unternehmens außerhalb einer Betriebsaufspaltung. Hinzuweisen ist spezifisch nur auf die in der Betriebsaufspaltung auftretenden Fragen der korrespondierenden **Bilanzierung einer Substanzerhaltungsrückstellung** (vgl. oben Rn. 116 und 180).

F. Finanzierung des Betriebsunternehmens

I. Zugehörigkeit von Darlehen zum Betriebsvermögen des Besitzunternehmens

1. Anerkennung von Darlehensbeziehungen in der Betriebsaufspaltung

215 Das Besitzunternehmen und die Betriebsgesellschaft sind verbundene, aber rechtlich selbständige Unternehmen.[337] Darlehensbeziehungen zwischen Besitz- und Betriebsunternehmen werden daher **für steuerliche Zwecke anerkannt** und nicht als Einlagen der Besitzgesellschaft in die Betriebsgesellschaft behandelt.

---

334 Vgl. BMF BStBl. 2002 I, S. 647.
335 BFH, BStBl. 2003 II, S. 412.
336 Vgl. Verfügung des OFD Frankfurt v. 15.1.2004.
337 Vgl. Beschluss des Großen Senats des BFH, BStBl. 1972 II, S. 63; BStBl. 1986 II, S. 296.

2. Besitzeinzelunternehmen

Seit dem BFH-Urteil v. **7.3.1978 – VIII R 38/74**[338] gehört im Fall einer Betriebsaufspaltung **eine Darlehensforderung des Besitzunternehmens** in der Rechtsform des Einzelunternehmens **gegen die Betriebsgesellschaft zum notwendigen Betriebsvermögen des Besitzunternehmens**, wenn das Darlehen dazu dient, die Vermögens- und Ertragslage der Betriebsgesellschaft zu verbessern und damit den Wert der Beteiligung des Besitzunternehmens an der Betriebsgesellschaft zu erhalten oder zu erhöhen. **Etwas anderes gilt nur dann**, wenn die Darlehensaufnahme durch die Betriebsgesellschaft zur Verbesserung ihrer Vermögens- und Ertragslage weder notwendig noch zweckmäßig war, sondern festgestellt werden kann, dass für die **Darlehenshingabe lediglich private Erwägungen**, z.B. der Wunsch nach einer günstigen Kapitalanlage, maßgebend waren. Diesen Gesichtspunkt hat der BFH in einem Urteil v. 2.12.2004[339] auch für andere Wirtschaftsgüter bestätigt.

216

3. Besitz-Mitunternehmerschaft

a) Typische Betriebsaufspaltung

Ist das Besitzunternehmen eine Personengesellschaft, gehört ein der Betriebs-GmbH **von der Gesellschaft** mit Mitteln des Gesamthandsvermögens gewährtes Darlehen jedoch stets zu ihrem Betriebsvermögen.[340] **Werden die Darlehen von den Gesellschaftern der Besitzgesellschaft** unmittelbar an die Betriebs-GmbH gewährt, sind sie **im Sonderbetriebsvermögen** der darlehensgebenden Gesellschafter bei der Besitz-Gesellschaft zu erfassen.

217

b) Mitunternehmerische Betriebsaufspaltung

Liegt eine mitunternehmerische Betriebsaufspaltung vor, so sind Darlehen der Besitzgesellschaft an die Betriebspersonengesellschaft **im Betriebsvermögen** der Besitzgesellschaft zu erfassen.

218

Ist **Darlehensgeber ein einzelner Besitzpersonengesellschafter** und gewährt er das Darlehen an die Besitzgesellschaft zur **Weiterleitung an die Betriebspersonengesellschaft**, so ist das Darlehen in entsprechender Anwendung der Grundsätze des BFH-Urteils v. 22.1.2002[341] im Sonderbetriebsvermögen I bei der Besitzgesellschaft anzusetzen.

Ist **Darlehensgeber ein Besitzpersonengesellschafter**, gewährt er das Darlehen unmittelbar an die Betriebspersonengesellschaft und ist er zugleich Doppelgesellschafter, gilt der **Vorrang des Sonderbetriebsvermögens**, d.h. das Darlehen gehört zum Sonderbetriebsvermögen I des Darlehensgebers bei der Betriebspersonengesellschaft.[342] Diese Zuordnung geht nach der aktuellen Entscheidung des **BFH v. 18.8.2005** der Einordnung als Sonderbetriebsvermögen II bei der Besitz-Personengesellschaft vor.

4. Besitz-Kapitalgesellschaft

Darlehen einer Besitz-Kapitalgesellschaft an eine Betriebspersonengesellschaft (in der umgekehrten Betriebsaufspaltung) oder Betriebskapitalgesellschaft (in der kapitalistischen Betriebsaufspaltung) gehören zwingend zu deren steuerlichen Betriebsvermögen.

219

---

338 BFH, BStBl. 1978 II, S. 378.
339 BFH, BStBl. 2005 II, S. 340.
340 BFH, BStBl. 2001 II, S. 335.
341 BFH, BFH/NV 2002, 906.
342 BFH, BStBl. 2005 II, S. 830.

II. Ertrag- und gewerbesteuerliche Behandlung von Darlehen außerhalb der Krise

1. Besteuerung der Darlehenszinsen im Besitzunternehmen

220 **Vereinnahmte Darlehenszinsen** sind auf der Ebene des Besitzunternehmens als Einkünfte aus Gewerbebetrieb zu besteuern und unterliegen somit der Einkommen-/Körperschaftsteuer (im Fall der Besitzkapital-) oder beim Besitz(mit)unternehmer (im Fall der Besitzmitunternehmerschaft) und der Gewerbesteuer bei der Besitzgesellschaft.

2. Anwendung von § 8a KStG bei der Betriebs-GmbH

221 Die Neuregelung des § 8a KStG, die ab dem Veranlagungszeitraum 2004 auch für Inlandsfälle anzuwenden ist, kann in allen Formen von Betriebsaufspaltungen Bedeutung haben, in denen zumindest ein Rechtsträger eine Kapitalgesellschaft ist. Nur für die Darlehensbeziehungen **in einer mitunternehmerischen Betriebsaufspaltung entfaltet die Regelung keine Bedeutung**.

Nach dem Regelungskonzept der Vorschrift sind Vergütungen für Fremdkapital, die einem **Anteilseigner** zufließen, der zu einem Zeitpunkt im Wirtschaftsjahr **wesentlich (= zu mehr als einem Viertel)** am Grund- oder Stammkapital beteiligt war, verdeckte Gewinnausschüttungen, wenn die Vergütungen **insgesamt mehr als 250.000 € (Freigrenze)** betragen haben und entweder

- eine nicht in einem Bruchteil des Kapitals bemessene Vergütung vereinbart ist oder
- selbst bei einer solchen Vergütungsform das Fremdkapital zu einem Zeitpunkt des Wirtschaftsjahres das Eineinhalbfache des anteiligen Eigenkapitals des Anteilseigners übersteigt.

Bei der letztgenannten Finanzierungsform kann die **Rechtsfolge der vGA abgewendet** werden, wenn der **Drittvergleich** gelingt, also nachgewiesen werden kann, dass das Fremdkapital auch unter gleichen Umständen wie vom Anteilseigner von einem fremden Dritten gegeben worden wäre. Wichtig ist, dass die Regelung der vGa in § 8 Abs. 3 Satz 2 KStG nachrangig ist, d.h. **sie nur Wirkung für angemessene Fremdkapitalvergütungen entfaltet**.[343]

Um Umgehungstatbestände zu erfassen, sind neben diesem Grundkonzept auch Finanzierungen erfasst, die **von einer dem Anteilseigner nahe stehenden Person i.S.d. § 1 Abs. 2 AStG** ausgereicht werden oder **von einem fremden Dritten** gewährt werden, der entweder auf den Anteilseigner oder die nahe stehende Person zurückgreifen kann (§ 8a Abs. 1 Satz 3 KStG).

> **Hinweis:**
> Die Thematik hat seit Einführung zu einer kaum noch zu überblickenden Diskussion im Schrifttum geführt. Die **Finanzverwaltung** hat im Erlassweg für die praktische Arbeit bedeutsame BMF-Schreiben veröffentlicht, die bei der täglichen Arbeit unbedingt beachtet werden sollten. Im Einzelnen sind dies der in Teilen weitergeltende Erlass v. 15.12.1994,[344] das umfangreiche BMF-Schreiben v. 15.7.2004[345] mit Ergänzungen vom 22.7.2005/20.10.2005[346] und 19.9.2006.[347] Hier kann nur darauf aufmerksam gemacht werden, dass die Beschränkungen der Regelung vor allem die Finanzierung durch Gesellschafterdarlehen oder den Gesellschaftern nahe stehenden Personen und rückgriffsberechtigten Dritten **bei der typischen Betriebsaufspaltung** und der kapitalistischen Betriebsaufspaltung betreffen.

---

343 Gosch, KStG, § 8a Rn. 46.
344 BMF, BStBl. 1995 I, S. 25 und S. 176.
345 BMF, BStBl. 2004 I, S. 593.
346 BMF, BStBl. 2005 I, S. 829.
347 BMF, BStBl. 2006 I, S. 559.

a) Voraussetzungen des § 8a KStG

aa) Wesentlich beteiligter Anteilseigner

Wesentlich beteiligter Anteilseigner gemäß § 8a Abs. 3 Satz 1 KStG ist der **unmittelbare Anteilseigner**, der zivilrechtlich am Stammkapital wesentlich beteiligt ist (vgl. Tz. 8 des BMF-Schreibens v. 15.7.2004).[348] Dies bedeutet, dass der **beherrschende Besitzeinzelunternehmer** in der typischen Betriebsaufspaltung immer Anteilseigner i.S.d. Vorschrift ist.

In den Fällen der **Besitz-Mitunternehmerschaften** befinden sich die Anteile an der Betriebs-GmbH entweder im Sonderbetriebsvermögen der Gesellschafter oder im Gesamthandsvermögen. Im Fall des Haltens der Anteile im Gesamthandsvermögen einer Personengesellschaft (**Einheitsbetriebsaufspaltung**) liegt eine vorgeschaltete gewerbliche Personengesellschaft vor, die jedem Besitz-Mitunternehmer eine **mittelbare wesentliche Beteiligung** i.S.d. § 8a Abs. 3 Satz 1 KStG vermittelt, unabhängig davon, ob der einzelne Mitunternehmer durchgerechnet in seiner Person über eine wesentliche Beteiligung verfügt.[349] Die Personengesellschaft als zivilrechtliche Gesellschafterin kann aber nicht selbst Anteilseigner im Sinne der Regelung sein. Das Gesetz sieht in Abs. 3 Satz 1 ausdrücklich vor, dass deren Mitunternehmer als **mittelbare Anteilseigner** zu qualifizieren sind.

Werden die Anteile an der Betriebs-GmbH bei der horizontalen Betriebsaufspaltung **im Sonderbetriebsvermögen der Besitz-Mitunternehmerschaft** gehalten, ist die Subsumtion schwieriger. Es kann hier entweder ein Fall des § 8a Abs. 1 Satz 1 oder Abs. 3 Satz 1 oder Satz 2 KStG vorliegen. Bei Anteilseignern, die jeder für sich betrachtet bereits unmittelbar zu mehr als 25 % beteiligt sind, dürfte eine **unmittelbare Beteiligung i.S.d. § 8a Abs. 1 Satz 1 KStG** gegeben sein. Denn in diesem Fall sind die Gesellschafter nicht „über" die zwischengeschaltete Personengesellschaft i.S.d. § 8a Abs. 3 Satz 1 KStG beteiligt, da Letztere zivilrechtlich nicht Gesellschafterin der Betriebs-GmbH ist. Liegt **eine beherrschende Personengruppe** vor, in der einzelne Gesellschafter allein **nicht zu einem Viertel beteiligt** sind, ist eine „Personenvereinigung" i.S.d. § 8a Abs. 3 Satz 2 KStG gegeben.[350] Auch hier treffen jeden Anteilseigner durch die Zusammenrechnung der Anteile zu einer wesentlichen Beteiligung die Rechtsfolgen des § 8a KStG bei Vorliegen der übrigen Voraussetzungen.

bb) Vergütungen für Fremdkapital

Nicht betroffen von § 8a KStG sind das Pachtentgelt für die wesentlichen Betriebsgrundlagen und Vergütungen für Sachwertdarlehen, z.B. für überlassenes Umlaufvermögen. § 8a KStG ist nur für Vergütungen anwendbar, die als Entgelt **für eine Kapitalzuführung in Geld** gezahlt werden.[351] Betroffen sind also **nur die Darlehensbeziehungen in der Betriebsaufspaltung**. Das Fremdkapital darf i.S.d. § 8 Nr. 1 GewStG nicht nur kurzfristig überlassen worden sein.

cc) Nahe stehende Personen

Reicht nicht der unmittelbar oder mittelbar beteiligte Anteilseigner das Darlehen selbst aus, sondern eine darlehensgebende Besitz-GmbH & Co. KG mit Mitteln des Gesamthandsvermögens, soll eine Finanzierung über eine nahe stehende Person i.S.d. § 1 Abs. 2 Satz 1 AStG vorliegen.[352] Dies ist m.E. **wegen § 39 Abs. 2 AO nicht zutreffend**, da solche Darlehen als „eigene" Darlehen des Anteilseigners anzusehen sein dürften. Die Unterscheidung ist wegen der unterschiedlichen Besteuerungsfolgen von Bedeutung. Die vgA gemäß § 8a KStG führt auch in diesem Fall zu einem Dividendenzufluss beim Anteilseigner und der

---

348 Zustimmend: Schwedhelm/Ehnert, FR 2004, 249, 250; a.A:. Gosch, KStG, § 8a Rn. 97.
349 Schwedhelm/Ehnert, FR 2004, 249, 250; Stimpel/Neumann, GmbHR 2004, 392, 397.
350 Vgl. hierzu zum „alten" § 8a Abs. 3 Satz 2 KStG, Prinz, in: Herrmann/Heuer/Raupach, KStG, § 8a Rn. 168.
351 Gosch, KStG, § 8a Rn. 59; Stegemann, INF 2004, 107, 108.
352 Kaligin, Betriebsaufspaltung, S. 207.

Einkommenskorrektur bei der Betriebs-GmbH. **Zusätzlich** soll der nahe stehende Dritte als Empfänger einer Zinszahlung diese der Besteuerung nach allgemeinen Regeln zu unterwerfen haben.[353]

dd) Safe Haven

227 Bei den „normalen" Zinszahlungen tritt die Wirkung des § 8a KStG erst bei Überschreiten des Safe Haven ein.

ee) Dritte mit Rückgriffsrecht

228 Vergütungen für Fremdkapital, die die Kapitalgesellschaft **an einen Dritten** zahlt (der nicht nahe stehende Person sein kann), sind unter den Voraussetzungen der §§ 8 Abs. 3 Satz 2, 8a KStG **verdeckte Gewinnausschüttungen**, soweit der Dritte (z.B. als Sicherungsnehmer) auf den wesentlich beteiligten Anteilseigner oder eine diesem nahe stehende Person zurückgreifen kann, weil **ein rechtlicher Anspruch** (z.B. auf Grund einer Garantieerklärung, Patronatserklärung oder einer Bürgschaft) oder eine dingliche Sicherheit (z.B. Sicherungseigentum, Grundschuld) besteht. Erfasst sind damit Finanzierungen, bei denen die Betriebs-GmbH direkt von einer kreditgebenden Bank ein Darlehen erhält, die gegen einen wesentlichen Anteilseigner Rückgriffsrechte hat. Die Wirkung kann ausgeschlossen werden, wenn der **im BMF-Schreiben v. 15.7.2004 in Tz. 21** im Erlassweg geschaffene **Gegenbeweis** geführt werden kann.

ff) Freigrenze

229 Die Freigrenze des § 8a Abs. 1 Satz 1 KStG i.H.v. 250.000 € bezieht sich nach Tz. 28 – 30 des BMF-Schreibens v. 15.7.2004 auf die **insgesamt** im Veranlagungszeitraum an die wesentlich beteiligten Anteilseigner der Kapitalgesellschaft oder Personen zu entrichtenden schädlichen Vergütungen (**gesellschafts- und veranlagungszeitraumbezogene Freigrenze**). Vergütungen für nur kurzfristig überlassenes Fremdkapital bleiben unberücksichtigt. Bei Überschreiten der Freigrenze ist die gesamte Vergütung den Rechtsfolgen des § 8a KStG unterworfen, nicht nur der übersteigende Betrag. Bei der Prüfung der Freigrenze sind auch **Vergütungen auf das zulässige Fremdkapital und Vergütungen auf Fremdkapital**, für das der Drittvergleich gelingt, einzubeziehen. Vergütungen an einen rückgriffsberechtigten Dritten sind nur zu berücksichtigen, soweit kein Gegenbeweis geführt werden kann. Im Ergebnis ist diese Freigrenze für mittelständische Strukturen als zu gering anzusehen, um viele Fälle aus dem Anwendungsbereich herauszuhalten.

b) Wirkungen des § 8a KStG

aa) Mehr-Belastung der Betriebs-GmbH

230 Soweit die Vergütung für Fremdkapital nach §§ 8 Abs. 3 Satz 2, 8a KStG eine verdeckte Gewinnausschüttung darstellt, wird sie bei der leistenden Betriebs-GmbH dem Steuerbilanzgewinn im Rahmen der Ermittlung des Einkommens **außerhalb der Steuerbilanz** hinzugerechnet. Das auf diese Weise erhöhte Einkommen der Kapitalgesellschaft ist auch Gewinn i.S.d. § 7 Satz 1 GewStG **und erhöht den Gewerbeertrag**. Dies führt zu einer **vollständigen Nichtabziehbarkeit der Zinsaufwendungen**, die ansonsten bei Annahme einer Dauerschuld nach § 8 Nr. 1 GewStG den Gewinn nur hälftig erhöht hätten. Die verdeckte Gewinnausschüttung stellt außerdem **eine sonstige Leistung dar** und erfolgt mit Abfluss der Vergütung bei der Kapitalgesellschaft.

bb) Gewerbliche Einkünfte des Anteilseigners

231 Beim wesentlich beteiligten Anteilseigner, der natürliche Person und Besitzunternehmer ist, unterliegen die als verdeckte Gewinnausschüttung qualifizierten Vergütungen als Einkünfte i.S.d. § 20 Abs. 1 Nr. 1 Satz 2 EStG dem Halbeinkünfteverfahren (§ 3 Nr. 40 EStG). Für Zwecke der Gewerbesteuer ist **§ 9 Nr. 2a GewStG** zu beachten, d.h. für den Anteilseigner tritt im Vergleich zur Belastung als Darlehensgeber eines Darlehens, das als Dauerschuld einzuordnen wäre, eine steuerlich geringere Belastung ein, da die Darlehenszinsen nicht mehr in voller Höhe zu gewerblichen Einkünften führen und als Dividenden **nur noch**

---

353 Vgl. zur Diskussion Prinz, in: Herrmann/Heuer/Raupach, KStG, § 8a Anm. J 03 – 20.

hälftig in die Bemessungsgrundlage eingehen.³⁵⁴ Diese Rechtsfolgen gelten bei allen Finanzierungsformen, auch bei der Darlehensgewährung durch nahe stehende Personen oder rückgriffsberechtigte Dritte. **Gewerbesteuerlich** werden sie durch die Kürzung nach § 9 Nr. 2 a GewStG zudem **in voller Höhe nicht im Gewerbeertrag** des Besitzunternehmens erfasst, während die Darlehenszinsen ansonsten als laufende gewerbliche Einkünfte voll der Gewerbesteuer unterliegen würden.

cc) Einfluss auf Refinanzierungszinsen im Besitzunternehmen

§ 3c Abs. 2 EStG ist anzuwenden, so dass Refinanzierungszinsen beim Besitzunternehmen nur noch zur Hälfte abziehbar sind. Es kann daher beim Besitzunternehmen insgesamt zu **negativen gewerbesteuerlichen Effekten** kommen, wenn ohne die Umqualifizierung durch § 8a KStG i.V.m. § 20 Abs. 1 Satz 2 EStG hohe Refinanzierungszinsen die vereinnahmten Darlehenszinsen überkompensiert haben.

3. Gewerbesteuerliche Behandlung im Besitz- und Betriebsunternehmen

a) Anwendung der Hinzurechnungsregelung in § 8 Nr. 1 GewStG auf Darlehen des Besitzunternehmens

Gemäß § 8 Nr. 1 GewStG werden dem Gewinn aus Gewerbebetrieb die Hälfte der Entgelte für Schulden, die **der nicht nur vorübergehenden Verstärkung** des Betriebskapitals dienen, **wieder hinzugerechnet**, soweit sie bei der Ermittlung des Gewinns abgesetzt worden sind. Darlehensbeziehungen zwischen Besitz- und Betriebsgesellschaft sind auch gewerbesteuerrechtlich selbständig zu beurteilen. Der Abzug des für das jeweilige Darlehen entstandenen Zinsaufwands bei einer Betriebsgesellschaft ist gewerbesteuerrechtlich gemäß **§ 8 Nr. 1 GewStG bei der Betriebsgesellschaft hälftig** durch Hinzurechnung von Dauerschuldentgelten wieder zu neutralisieren, wenn die übrigen Voraussetzungen der Vorschrift erfüllt sind. Der Einheitsgedanke wird also gewerbesteuerlich für die Prüfung von Darlehensbeziehungen nicht beachtet.

> **Hinweis:**
> Die vorgenannte Dauerschuldproblematik findet sowohl auf die Darlehensaufnahme einer Betriebs-Kapitalgesellschaft als auch auf die Darlehensaufnahme einer Betriebspersonengesellschaft in einer mitunternehmerischen Betriebsaufspaltung Anwendung.

Nur dann, wenn in einer mitunternehmerischen Betriebsaufspaltung **unmittelbare Darlehen der Besitz-Mitunternehmer** nach den Grundsätzen des BFH-Urteils v. 18.8.2005 dem Sonderbetriebsvermögen bei der Betriebspersonengesellschaft zugeordnet werden, unterbleibt eine Hinzurechnung von Dauerschuldentgelten bei der Betriebspersonengesellschaft. Die hinzuzurechnenden Zinsen sind in diesem Fall bereits in voller Höhe als Sonderbetriebseinnahmen des darlehensgebenden Mitunternehmers erfasst und steuerlich im Ergebnis nicht einmal hälftig abziehbar.

b) Weitergereichte Darlehen des Besitzunternehmens sind keine „Durchlaufkredite"

Ein Kredit dient ausnahmsweise dann nicht der Verstärkung des Betriebskapitals, wenn es sich um einen sog. durchlaufenden Kredit handelt. In diesem Fall kann die Hinzurechnung beim Besitzunternehmen vermieden werden, wenn ein weitergereichter Kredit als durchlaufender Kredit anzusehen wäre. Dies setzt verkürzt voraus, dass das durchreichende Besitzunternehmen den Kredit ausschließlich im fremden Interesse aufnimmt und ihm aus der Darlehensvergabe kein über die bloßen Verwaltungskosten hinausgehender Nutzen erwächst.³⁵⁵ **Der BFH stellt strikt auf die separaten Darlehensbeziehungen** ab und verneint regelmäßig das Vorliegen eines Durchlaufkredits,³⁵⁶ obwohl er unter Berücksichtigung des Einheitsgedankens durchaus zu einer anderen Behandlung gelangen könnte. Wendet man den Trennungsgedanken an, so dienen durchgereichte Kreditmittel an die Betriebs-GmbH, die dort für Investitionen ver-

---

354 Zustimmend: Prinz, in: Hermann/Heuer/Raupach, KStG § 8a Anm. J 03 – 18.
355 Dörner, INF 2005, 867, 871.
356 BFH, BStBl. 2005 II, S. 102.

wendet werden, immer auch dem Eigeninteresse der Besitzgesellschaft, da sie mittelbar zum Werterhalt der Anteile an der Betriebs-GmbH dienen.

> **Hinweis:**
>
> Hier bleibt abzuwarten, ob die Rechtsprechungsänderung zur Merkmalsübertragung für das Gewerbesteuerrecht zu einer anderen Sichtweise führen wird, falls auch für die Subsumtion unter § 8 Nr. 1 GewStG ein einheitliches Unternehmen anzunehmen wäre. Nach der derzeitigen ungünstigen BFH-Rspr. fällt für weitergereichte Kredite sowohl beim Besitz- als auch beim Betriebsunternehmen eine „doppelte" Hinzurechnung nach § 8 Nr. 1 GewStG an.

c) Verhältnis zu § 8a KStG

235 Die vorgenannten Fragen stellen sich nur für Darlehen, **die nicht unter § 8a KStG umzuqualifizieren sind.** Kommt § 8a KStG zur Anwendung, ist die Abzugsfähigkeit der Darlehenszinsen, die an den wesentlich beteiligten Anteilseigner gezahlt worden sind, gewerbesteuerlich insgesamt nicht mehr gegeben.

d) Nachteilige Gewerbesteuerbelastung bei der Betriebs-GmbH

236 Verglichen mit der Darlehensaufnahme von einem fremden Dritten unterliegen Darlehen an eine Betriebs-GmbH einer 1,5-fachen Gewerbesteuerbelastung, da die Darlehenszinsen beim Darlehensgeber (dem Besitzunternehmen) im Gewerbeertrag enthalten sind und bei der Betriebs-GmbH **auf Grund der Hinzurechnung nach § 8 Nr. 1 GewStG hälftig** nicht abgezogen werden können.[357] Darlehen, die vom Besitzunternehmen aufgenommen und an das Betriebsunternehmen durchgereicht werden, **unterliegen der doppelten Hinzurechnung nach § 8 Nr. 1 GewStG** auf Ebene des Besitz- und Betriebsunternehmens, da die Rspr. diesbzgl. von zwei separaten Darlehensbeziehungen ausgeht und einen Durchlaufkredit auf Ebene der Betriebs-GmbH regelmäßig verneint.[358]

e) Belastungsvergleich zur Finanzierung einer GmbH außerhalb der Betriebsaufspaltung[359]

237

Hebesatz	400	400
	reine KapG	KapG + Darlehen
Betriebs-KapG		
Gewinn vor Pacht und vor AfA	100,00	100,00
– Darlehenszinsen	0,00	– 20,00
HB/StB-Gewinn vor Steuern	100,00	100,00
+ Hinzrechnung (§ 8 Nr. 1 GewSt)	0,00	10,00
Gewerbeertrag	100,00	100,00
– Gewerbesteuer (400 %)	– 16,67	– 15,00
Gewinn nach Gewerbesteuer	83,33	65,00
– Körperschaftsteuer (25 %)	– 20,83	– 16,25
– Solidaritätszuschlag	– 1,15	– 0,89
Gewinn nach Steuern	61,35	47,86

---

357 Dörner, INF 2005, 867, 867.
358 BFH, BStBl. 2005 II, S. 102.
359 Berechnungsbeispiel bei Teufel, Steuerliche Rechtsformoptimierung, S. 171.

Besitz-PersU		
Gewerbeertrag		20,00
– Gewerbesteuer (400%)		– 3,33
Gewinn nach Gewerbesteuer		16,67
Gesellschafter		
Einkünfte aus Gewerbebetrieb		16,67
Dividenden Beteiligung KapG	61,35	47,86
– steuerfrei 50 % (§ 3 Nr. 40 EStG)	– 30,68	– 23,93
zu versteuerndes Einkommensteuer	– 12,88	– 17,05
Steuerermäßigung (§ 35 EStG)		1,50
– Einkommensteuer (42 %)	– 12,88	– 15,55
– Solidaritätszuschlag	– 0,71	– 0,94
Gesamtsteuerbelastung	**52,24**	**51,96**

Gehört ein Gesellschafterdarlehen auf Grund des Zusammentreffens mit einer Betriebsaufspaltung zum notwendigen Betriebsvermögen eines Besitzeinzelunternehmens bzw. zum Sonderbetriebsvermögen II einer Besitz-Mitunternehmerschaft, so beträgt das Optimierungspotenzial einer Kombination aus betrieblichem Gesellschafterdarlehen und Vollausschüttung **- 0,0137 Geldeinheiten** im Vergleich zur Vollausschüttung einer Kapitalgesellschaft, die auf Grund von Einlagen oder Eigenmitteln ohne eine Darlehensaufnahme vom Gesellschafter auskommt. Die Darlehenszinsen sind bei der Besitzpersonenunternehmung gewerbesteuerpflichtig.

> **Hinweis:**
> Zwar erhält der Gesellschafter eine Steuerermäßigung gemäß § 35 EStG, diese gleicht bei einem Gewerbesteuerhebesatz von 400 % die Gewerbesteuerbelastung jedoch nur partiell aus. Die Verlagerung von Einkünften in das Besitzunternehmen hinein ist somit vorteilhafter.[360]

III. Besonderheiten von eigenkapitalersetzenden Darlehen an eine Betriebs-GmbH

1. Voraussetzungen einer Teilwertabschreibung auf eigenkapitalersetzende Darlehen bei der Betriebsaufspaltung

a) Begriff eigenkapitalersetzender Darlehen

Darlehen der Gesellschafter der Besitzgesellschaft, **die der Betriebs-Kapitalgesellschaft gewährt werden**, sind im Anschluss an die Rspr. des BGH und nach § 32a GmbHG eigenkapitalersetzend, wenn sie zu einem Zeitpunkt hingegeben werden, in dem sich die Gesellschaft bereits in der Krise befindet, oder wenn ein Darlehen für den Fall der Krise bestimmt ist. Weiterhin können Darlehen eigenkapitalersetzenden Charakter erlangen, wenn sie zu einem Zeitpunkt gewährt wurden, in dem sich die Gesellschaft noch nicht in der Krise befand, sie aber bei Eintritt der Krise stehen gelassen werden.[361] **Krise** ist nach der Legaldefinition des § 32a Abs. 1 Satz 1 GmbHG der Zeitpunkt, in dem ein Gesellschafter der Gesellschaft

238

---

[360] Vgl. zur umfassenden Darstellung und Belastungsvergleiche aller Finanzierungsoptionen in der Betriebsaufspaltung Dörner, INF 2005, 867 ff.
[361] Vgl. BFH, BStBl. 1993 II, S. 333 und BFH, BStBl. 1999 II, S. 817.

als ordentlicher Kaufmann Eigenkapital statt eines Darlehens gewährt hätte,[362] wobei nach den zu §§ 30, 31 GmbHG entwickelten Rechtsprechungsgrundsätzen[363] und über § 32a Abs. 3 Satz 1 GmbHG das Stehenlassen eines Gesellschafterdarlehens in der Krise gleichgestellt wird.

b) Eigenkapitalersetzende Darlehen sind steuerliches Fremdkapital

239 Der **BFH** hat zuletzt in **zwei jüngeren Urteilen** die Streitfrage geklärt, ob eigenkapitalersetzende Darlehen entsprechend den Grundsätzen des § 17 EStG „wie Eigenkapital" zu behandeln sind, die als verdeckte Einlage die nachträglichen Anschaffungskosten der Beteiligung an der Betriebs-GmbH erhöhen **oder** ob Beteiligung an der Betriebs-GmbH und Forderung steuerlich selbständige Wirtschaftsgüter bleiben.

Die Entscheidung dieser Frage ist maßgeblich dafür, ob in der Krise der **wertgeminderte Darlehensrückzahlungsanspruch abgeschrieben** werden kann oder die Abschreibung nur auf das Wirtschaftsgut „Beteiligung" erfolgen kann.

Der BFH entschied mit **Urteilen v. 6.11.2003 und 10.11.2005**,[364] dass eigenkapitalersetzende Darlehen, die die Gesellschafter der Besitzgesellschaft der Betriebs-Kapitalgesellschaft gewähren, **nicht zu nachträglichen Anschaffungskosten der Beteiligung** an der Betriebs-Kapitalgesellschaft führen, wenn die Gesellschafter die Darlehensforderungen in der Sonderbilanz als Sonderbetriebsvermögen oder im Gesamthandsvermögen erfassen und die Darlehensforderungen damit **nicht dem Privatvermögen zuzurechnen**, sondern im Betriebsvermögen der Besitzgesellschaft zu bilanzieren sind.[365] Begründet wird dies damit, dass im Rahmen des § 17 EStG von einem **normspezifischen Anschaffungskostenbegriff** auszugehen sei, der sich nicht auf die Fälle eigenkapitalersetzender Darlehen in einem Betriebsvermögen übertragen lasse. Außerhalb des sachlichen Anwendungsbereichs des § 17 EStG seien nur solche Aufwendungen des Gesellschafters nachträgliche Anschaffungskosten der Beteiligung, welche (offene oder verdeckte) Einlagen in das Gesellschaftsvermögen darstellten.[366] Erst wenn der Inhaber der Darlehensforderung auf diese gegenüber der Betriebs-Kapitalgesellschaft gemäß § 397 BGB **verzichte**, läge in Höhe der im Zeitpunkt des Verzichts noch werthaltigen Darlehensforderung eine verdeckte Einlage in die GmbH vor, die bei der Besitzgesellschaft in dieser Höhe zu nachträglichen Anschaffungskosten auf die Beteiligung führen könne.[367]

In der Entscheidung **v. 10.11.2005** hat der BFH in einem obiter dictum die Annahme einer verdeckten Einlage **auch für den Fall eines qualifizierten Rangrücktritts** abgelehnt, der nach der jüngeren Rspr. des BGH verlangt, dass die Gesellschafter wegen ihrer Forderung hinter die Forderungen sämtlicher Gesellschaftsgläubiger zurücktreten und bis zur Überwindung der Krise ihre Forderungen **erst zugleich mit den Einlagerückgewähransprüchen** der Mitgesellschafter getilgt werden dürfen.[368] Auch die mit einer qualifizierten Rangrücktrittsvereinbarung versehenen eigenkapitalersetzenden Darlehen sind im Rahmen des handelsrechtlichen Jahresabschlusses und der Steuerbilanz der Besitzgesellschaft als Forderungen und bei der Betriebskapitalgesellschaft als Verbindlichkeiten zu bilanzieren.

Bilanziell sind eigenkapitalersetzende Darlehen bei der Besitzgesellschaft daher als Forderungen zu behandeln, die ein eigenständiges Wirtschaftsgut neben der Beteiligung an der Betriebs-GmbH darstellen.[369]

---

362 Vgl. BFH, BStBl. 1999 II, S. 817 und BGH, ZIP 1990, 98.
363 Vgl. BGHZ 119, 201.
364 BFH, BStBl. 2004 II, S. 416.
365 Siehe auch schon BFH, BStBl. 2001 II, S. 335 und BStBl. 2005 II, S. 694.
366 Vgl. BFH, BStBl. 2005 II, S. 694; BStBl. 2004 II, S. 416; Hoffmann, GmbHR 2004, 593.
367 Vgl. Beschluss des Großen Senats des BFH, BStBl. 1998 II, S. 307; BFH, 2005 II, S. 694.
368 BGH, NJW 2001, 1280: Ein so weit reichender Rangrücktritt noch hinter die gemäß § 39 Abs. 2 InsO berechtigten Gläubiger ist nach der Auffassung des BGH erforderlich, um die Verbindlichkeit aus dem Überschuldungsstatus zu eliminieren
369 Vgl. BFH, BStBl. 1993 II, S. 502; BStBl. 2004 II, S. 416; BStBl. 2005 II, S. 581.

c) Teilwertabschreibung setzt Gesamtbetrachtung der Ertragsaussichten von Besitz- und Betriebsgesellschaft voraus

Die jüngere BFH-Rspr. eröffnet die Möglichkeit der aufwandswirksamen Teilwertabschreibung auf den Darlehensrückzahlungsanspruch nur unter erschwerten Bedingungen. Seit dem **BFH-Urteil v. 6.11.2003** ist der Teilwert eines eigenkapitalersetzenden Darlehens, das der Betriebskapitalgesellschaft von der Besitzgesellschaft gewährt worden ist, ist **nach denselben Kriterien zu bestimmen, die für die Bewertung der Beteiligung gelten**. Eine Wertberichtigung des Wirtschaftsgutes „Forderung" ist damit nur dann möglich, wenn auch der Teilwert der Beteiligung an der Betriebs-GmbH wertgemindert ist. Mit anderen Worten: Eine Teilwertabschreibung eigenkapitalersetzender Darlehen zwischen Besitz- und Betriebsunternehmen kommt nur nach den Kriterien in Betracht, die für die Abschreibung des Teilwerts der Beteiligung an der Kapitalgesellschaft selbst gelten.

Die **Teilwertabschreibung einer Beteiligung an der Betriebs-GmbH** ist wiederum erst dann möglich, wenn eine Gesamtbetrachtung der Ertragsaussichten von Besitz- und Betriebsunternehmen zu dem Ergebnis führt, dass die Ertragsaussichten von Besitz- und Betriebsunternehmen in einem solchen Maße **voraussichtlich dauerhaft gesunken sind**, dass ein Erwerber des Besitzunternehmens für die zum (Sonder-)Betriebsvermögen gehörenden Anteile an der Betriebskapitalgesellschaft einen unterhalb der Anschaffungskosten liegenden Preis zahlen würde.

> **Hinweis:**
> Bislang sind diese Anforderungen nur für die typischen Betriebsaufspaltungen von der BFH-Rspr. aufgestellt worden. Sie dürften bei der kapitalistischen Betriebsaufspaltung aber ebenso Anwendung finden.

d) Auswirkungen dieser Rspr. im Halbeinkünfteverfahren

Gelingt der Nachweis der Wertminderung für die Forderung, stellt sich die Frage, ob der Aufwand aus der Wertberichtigung bei natürlichen Personen als Besitzunternehmern nach § 3c Abs. 2 Satz 1 EStG **nur hälftig abziehbar** ist. Denn die Regelung schließt nach ihrem Wortlaut auch Betriebsvermögensminderungen ein, die im wirtschaftlichem Zusammenhang mit den nach § 3 Nr. 40 EStG hälftig freizustellenden Dividendeneinkünften und Veräußerungsgewinnen aus der Beteiligung an der Betriebs-GmbH stehen.

Für **Besitzkapitalgesellschaften** stellt sich die Frage, ob der Aufwand **in voller Höhe** nicht abzugsfähig ist, da § 8b Abs. 3 Satz 3 KStG sogar Gewinnminderungen, die im Zusammenhang mit nach § 8b KStG steuerfreien Einkünften stehen, vom Abzug ausschließt. Für das Körperschaftsteuerrecht wird die Diskussion um die Auslegung des § 8b Abs. 3 KStG derzeit sehr intensiv geführt.[370]

Auf Grund des **unterschiedlichen Wortlauts** in § 3c Abs. 2 EStG einerseits und § 8b Abs. 3 KStG andererseits erscheint eine unterschiedliche Handhabung der Abziehbarkeit zwar möglich, in der Sache jedoch nicht. M.E. spricht bei Körperschaften alles für einen vollen Abzug der Aufwendungen aus der Teilwertabschreibung des Wirtschaftsgutes „Forderung", das eben neben der Beteiligung erhalten bleibt und dessen Aufwendungen nicht der Beteiligung zuzuordnen sind.[371]

e) Behandlung von eigenkapitalersetzenden Bürgschaften

Nach dem **BFH-Urteil v. 18.12.2001**[372] sind **Bürgschaften**, die die Gesellschafter einer Besitzpersonengesellschaft **für Verbindlichkeiten der Betriebskapitalgesellschaft übernehmen**, durch den Betrieb der Besitzpersonengesellschaft veranlasst und damit negatives Sonderbetriebsvermögen II der Gesellschafter-Bürgen bei der Besitzpersonengesellschaft, wenn die Übernahme der Bürgschaften **zu nicht markt-**

---

[370] Die Abzugsfähigkeit verneinend Buchna/Sombrowski, DB 2005, 1956 ff.; a.A.: Rödder/Stangl, DB 2005, 354 ff.; Schmidt/Hageböcke, DStR 2004, 2716 ff.
[371] Pohl/Raupach, JbFStR 2006/2007 (Tagungsband), 319, 327.
[372] BFH, BStBl. 2002 II, S. 733 mit Anm. Höhmann, NWB Fach 3, S. 12293.

üblichen (fremdüblichen) Bedingungen erfolgt. Die Inanspruchnahme der Gesellschafter aus solchen Bürgschaften führt – anders als im Anwendungsbereich des § 17 EStG – **nicht zu nachträglichen Anschaffungskosten** für die zum Sonderbetriebsvermögen II der Gesellschafter bei der Besitzpersonengesellschaft gehörenden Anteile an der Betriebskapitalgesellschaft. Stattdessen können die Gesellschafter Sonderbetriebsausgaben aus Bildung einer Rückstellung wegen drohender Inanspruchnahme aus solchen Bürgschaften abziehen, wenn die korrespondierenden **Regressansprüche** gegen die Betriebs-GmbH aus § 774 Abs. 1 BGB **nicht werthaltig** sind. Ob § 3c EStG hier anzuwenden ist, dürfte mit den gleichen Erwägungen zu verneinen sein wie bei der Teilwertabschreibung auf eigenkapitalersetzende Darlehen.

2. Gewinnrealisierung bei der Betriebs-GmbH im Fall des qualifizierten Rangrücktritts?

244 Ein weiteres Problemfeld betrifft die Betriebs-GmbH, wenn zur Vermeidung einer Überschuldung **ein qualifizierter Rangrücktritt** des Gesellschafters erfolgt.

> **Hinweis:**
> Der einfache Rangrücktritt, nach dem der Gesellschafter hinter die übrigen Gläubiger zurücktritt, ist insolvenzrechtlich nicht mehr effektiv. Der harte Rangrücktritt, nach dem die Rückzahlung der Verbindlichkeit nur aus zukünftigen Gewinnen und aus freiem Vermögen erfolgen kann, genügt den Vorgaben des Insolvenzrechts ebenfalls nicht. **Steuerlich** bleiben bei beiden Formen die Gesellschafterdarlehen Verbindlichkeiten, die in der Steuerbilanz zu passivieren sind.[373]

Nach seiner jüngeren Rspr. verlangt der BGH zur Vermeidung einer Überschuldung zwar nicht den Verzicht des Gesellschafters auf die Darlehensforderung. Es wird aber für notwendig gehalten, dass die Gesellschafter wegen ihrer Forderung **auch hinter die Forderungen sämtlicher Gesellschaftsgläubiger zurücktreten** und bis zur Überwindung der Krise ihre Forderungen erst zugleich mit den Einlagerückgewähransprüchen der Mitgesellschafter getilgt werden dürfen.[374]

Ein so weit reichender Rangrücktritt noch hinter die gemäß § 39 Abs. 2 InsO berechtigten Gläubiger führt dazu, dass die Gesellschafter **erst in der Schlussverteilung** nach § 199 Satz 2 InsO auf ihre Gesellschafterdarlehen eine Rückzahlung erhalten dürfen, also so behandelt werden, als handele es sich um statutarisches Eigenkapital.[375]

Aus steuerlicher Sicht wird diskutiert, ob ein Gesellschafterdarlehen, welches unter solchen Restriktionen steht, noch als Fremdkapital behandelt werden kann **oder ob es erfolgswirksam bei Erklärung des Rangrücktritts auszubuchen ist**.[376] Die Bundessteuerberaterkammer befürchtet eine Kollision zwischen Insolvenz- und Steuerrecht, da das Insolvenzrecht zur Gewinnrealisierung zwinge.[377] Der BFH scheint **in seiner Entscheidung v. 10.11.2005** trotz der weit reichenden Bindung des Gesellschafterdarlehens noch von dessen Fremdkapitalcharakter auszugehen, was eine Gewinnrealisierung ausschließen würde. Die Aussage des BFH war aber für den entschiedenen Fall zwar nicht entscheidungserheblich. Dennoch dürfte für die Gestaltungspraxis nunmehr auf Grund dieser Aussage Entwarnung eintreten können, da es sich doch um einen deutlichen Fingerzeig handelte, wie zumindest der IV. Senat des BFH den qualifizierten Rangrücktritt behandeln würde.[378]

---

373 Vgl. BFH, BFH/NV 2005, S. 428; BFH/NV 2006, S. 419 und BMF, BStBl. 2004 I, S. 850. Die Regelung des § 5 Abs. 2a EStG führt nicht zu einer Gewinnrealisierung durch den Zwang zur Ausbuchung der Verbindlichkeit.

374 BGH, NJW 2001, 1280. Ein so weit reichender Rangrücktritt noch hinter die gemäß § 39 Abs. 2 InsO berechtigten Gläubiger ist nach der Auffassung des BGH erforderlich, um die Verbindlichkeit aus dem Überschuldungsstatus zu eliminieren.

375 Goette, Anm. zu BGH, DStR 2001, 179.

376 Bejahend Pohl/Raupach, JbFStR 2006/2007 (Tagungsband), 319, 327.

377 Eingabe der Bundessteuerberaterkammer beim BMF v. 29.11.2005, abrufbar unter der Internetadresse: www.bstbk.de.

378 Vgl. Watermeyer, GmbHR 2006, 240.

G. Beendigung der Betriebsaufspaltung

I. Wegfall der persönlichen und sachlichen Verflechtung

1. Gründe für den Wegfall der sachlichen und persönlichen Verflechtung

Die **Beendigung** einer Betriebsaufspaltung kann ungewollt oder aber als geplanter Vorgang eintreten. **Voraussetzung** für die Beendigung ist, dass der einheitliche wirtschaftliche Betätigungswille entfällt, der durch die Merkmale der sachlichen und personellen Verflechtung konkretisiert wird Ausreichend ist, dass entweder eine **sachliche oder eine personelle Entflechtung** eintritt. Die Gründe für einen solchen Vorgang sind vielfältig:

Der **Wegfall der sachlichen Verflechtung** droht entweder daraus, dass das Miet- oder Pachtverhältnis beendet wird oder die überlassenen Wirtschaftsgüter keine wesentlichen Betriebsgrundlagen mehr darstellen, weil die Betriebsgesellschaft auf Grund einer Änderung ihres Betriebs nunmehr andere Wirtschaftsgüter als wesentliche Betriebsgrundlagen nutzt. Die Übertragung eines Grundstücks auf Kinder **unter Einräumung eines Nießbrauchsvorbehalts** am verpachteten Grundstück an den beherrschenden Betriebsgesellschafter unter Fortbestand des Pachtvertrags führt **nicht zum Wegfall** der sachlichen Verflechtung.[379]

245

Häufiger tritt der Wegfall der personellen Verflechtung auf. Mögliche Gründe sind

246

- das Ausscheiden eines Gesellschafters,
- die Veräußerung einer Beteiligung, der Erbfall mit dem Übergang der Beteiligungen an Besitz- und Betriebsunternehmen auf verschiedene Beteiligte,
- die Aufnahme von Nur-Besitz- oder Nur-Betriebsgesellschaftern,
- das Ausscheiden eines beherrschenden Gesellschafters aus der Betriebs-Gesellschaft im Erbfall auf Grund gesellschaftsvertraglicher Regelungen,
- die Beendigung von Stimmrechtsbindungsverträgen,[380]
- die Zwangsvollstreckung in Gesellschaftsbeteiligungen durch Dritte oder
- die **Eröffnung des Insolvenzverfahrens im Besitz- oder Betriebsunternehmen**,[381] da einem Insolvenzverwalter nach § 80 InsO die vollumfängliche Verwaltungs- und Verfügungsbefugnis über die Betriebsgesellschaft zusteht.
- die **einheitliche Testamentsvollstreckung** über die Anteile am Besitz- und Betriebsunternehmen oder über den Pachtgegenstand und die Anteile am Betriebsunternehmen führt dann, **wenn eine Dauertestamentsvollstreckung** vorliegt und die einheitliche Willensdurchsetzung gewährleistet ist, **nicht** zum Wegfall der persönlichen Verflechtung.[382]

Es ist in der Rspr. geklärt, dass die Beendigung der Betriebsaufspaltung zur **Betriebsaufgabe** des Besitzunternehmens mit der Aufdeckung aller stillen Reserven des Betriebsvermögens und damit auch der Anteile an der Betriebs-GmbH führt. Der Tatbestand der Betriebsaufgabe wird auch dann erfüllt, wenn die Zwangsrealisierung **nicht auf einer Handlung des Steuerpflichtigen** beruht, sondern die personelle Verflechtung z.B. auf Grund Eintritt der Volljährigkeit von Kindern oder Änderungen in der Rspr. eintritt.[383]

---

[379] BFH, BFH/NV 2002, 781.
[380] Vereinzelt wird die Frage aufgeworfen, ob auch ein Abstimmungsverhalten unter Verletzung eines Stimmrechtsbindungsvertrags zu einem Wegfall der personellen Verflechtung führt, vgl. Fichtelmann, GmbHR 2006, 345.
[381] Vgl. vertiefend Fichtelmann, EStB 2004, 75.
[382] Vgl. differenzierend: Kaligin, Betriebsaufspaltung, S. 107; BFH, BStBl. 1985 II, S. 657.
[383] Vgl. Söffing, Betriebsaufspaltung, S. 302 f.

2. Vermeidung der Aufdeckung stiller Reserven

247 Allerdings kann die mit der Aufdeckung der stillen Reserven verbundene Besteuerung durch vielfältige **Auffangtatbestände** vermieden werden, wenn die stillen Reserven des Besitzunternehmens weiterhin steuerlich verstrickt verbleiben. Hierbei ist zu differenzieren, ob es sich um eine Betriebsaufspaltung mit unterliegender Betriebsverpachtung oder um eine Betriebsaufspaltung handelt, innerhalb derer nur einzelne wesentliche Betriebsgrundlagen zur Nutzung überlassen werden:

- Bei der Betriebsaufspaltung mit unterliegender Betriebsverpachtung wurde bereits darauf hingewiesen, dass das **Verpächterwahlrecht wieder aufleben** kann, wenn im Zeitpunkt der Entflechtung dessen Voraussetzung weiter erfüllt sind.

- Ebenfalls unterbleibt eine Zwangsrealisierung, wenn der Rechtsträger des Besitzunternehmens **kraft Gesetzes gewerbliche Einkünfte** erzielt, z.B. eine gewerblich geprägte GmbH & Co. KG i.S.d. § 15 Abs. 2 Satz 3 Nr. 2 EStG oder auf Grund anderer Betätigungen originär gewerblich tätig gemäß § 15 Abs. 2 EStG ist. Bereits aus diesem Grund empfiehlt es sich, als Besitzgesellschaften im Rahmen einer geplanten Betriebsaufspaltung immer eine GmbH & Co. KG einzurichten. Bei denjenigen Formen von Betriebsaufspaltungen, bei denen **Besitzkapitalgesellschaften** vorliegen, ist eine Realisierung der stillen Reserven nicht zu befürchten.

3. Folgen einer Gewinnrealisierung

a) Besteuerung eines Betriebsaufgabegewinns

248 **Liegen keine Auffangtatbestände** vor und kommt es zu den Rechtsfolgen einer Betriebsaufgabe ist gemäß § 16 Abs. 3 Satz 1 EStG das Betriebsvermögen des Besitzunternehmens zu gemeinen Werten anzusetzen und ein etwaiger **Betriebsaufgabegewinn** als Differenz zwischen den gemeinen Werten und dem Buchwert der Wirtschaftsgüter des Betriebsvermögens zu versteuern. Die bisher in Betriebsvermögen des Besitzunternehmens gehaltenen Wirtschaftsgüter werden Privatvermögen der Besitz-Gesellschafter.

Auf den **Betriebsaufgabegewinn** können bei Vorliegen der weiteren Voraussetzungen der Freibetrag nach § 16 Abs. 4 EStG und der halbe Steuersatz nach § 34 Abs. 3 EStG Anwendung finden oder – falls dies nicht der Fall ist – zumindest die Fünftelregelung angewandt werden. Hierbei ist zu beachten, dass der halbe Steuersatz nicht anzuwenden ist, soweit es zu Aufdeckung von stillen Reserven in den Anteilen an der Betriebs-GmbH kommt, da diese bereits im Wege des Halbeinkünfteverfahrens begünstigt werden (§ 34 Abs. 2 Nr. 1 EStG).

249 Eine neuere Entscheidung des **BFH v. 20.1.2005**[384] gibt mehr Sicherheit im Hinblick auf das Vorliegen **von Teilbetrieben bei Besitzgesellschaften**. Unterhält eine Besitzgesellschaft neben der Verpachtung von Wirtschaftsgütern an die Betriebsgesellschaft noch einen eigenen Gewerbebetrieb, stellt die Betriebsaufspaltung **einen Teilbetrieb** bei der Besitzgesellschaft dar. Dieser Teilbetrieb kann nach den Regelungen der §§ 16, 34 EStG tarifbegünstigt **veräußert** werden. Als Veräußerung i.S. des § 16 Abs. 1 EStG gilt nach Abs. 3 Satz 1 der Vorschrift **auch die Aufgabe eines Gewerbebetriebs**. Die Regelung umfasst nicht nur Gewinne aus der Aufgabe eines ganzen Betriebs, sondern auch aus der Aufgabe eines Teilbetriebs.[385]

b) Vorsicht bei verdeckter Einlage der Anteile an der Betriebs-GmbH

250 Darüber hinaus kann aber **auch bei Fortbestehen einer Betriebsaufspaltung** eine Umstrukturierungsmaßnahme zu einer Gewinnrealisierung führen. Der BFH hat in einem **Urteil v. 20.7.2005**[386] eine Gewinnrealisierung auf Grund einer verdeckten Einlage bei einem Besitzunternehmen angenommen, weil dieses die Beteiligung an der Betriebskapitalgesellschaft in eine andere Kapitalgesellschaft ohne Gewährung von Gesellschaftsrechten verdeckt eingelegt hatte. Die **empfangende Kapitalgesellschaft** musste die eingelegten Wirtschaftsgüter gemäß § 8 Abs. 1 KStG i.V.m. § 4 Abs. 1 Satz 1 und Satz 5, § 6 Abs. 1 Nr. 5 EStG grds. **mit dem Teilwert zu bilanzieren**. Damit korrespondierend hat der einlegende Gesellschafter

---

384 BFH, BFH/NV 2005, S. 951.
385 Ständige Rspr., vgl. etwa BFH, BStBl. 1965 III, S. 88 und BStBl. 2002 II, S. 537.
386 BFH, BStBl. 2005 II, S. 395.

grds. einen Entnahmegewinn (§ 4 Abs. 1 Satz 2 i.V.m. § 6 Abs. 1 Nr. 4 und § 6 Abs. 6 Satz 2 EStG) zu versteuern. Denn der verdeckten Einlage von einzelnen Wirtschaftsgütern aus dem Betriebsvermögen des einlegenden Gesellschafters **geht grds. die vorherige Entnahme** der nämlichen Wirtschaftsgüter aus dem Betriebsvermögen des Einlegenden voraus.

Diese führte zu einer Aufdeckung der stillen Reserven im Besitzunternehmen, die im entschiedenen Streitfall als **tarifbegünstigte Teilbetriebsaufgabe** nach §§ 16 Abs. 3 und Abs. 4, 34 Abs. 1 EStG zu qualifizieren war, da die eingelegte Beteiligung 100 %-Beteiligung an einer Kapitalgesellschaft und damit einen Teilbetrieb gemäß § 16 Abs. 1 Satz 2 EStG darstellte. Die Einlage der Beteiligung hatte auf den Bestand der Betriebsaufspaltung keinen Einfluss, da der BFH **mittelbare Betriebsaufspaltungen**, die durch eine beherrschte Zwischen-GmbH vermittelt werden, als Fall der personellen Verflechtung anerkennt. Dies bedeutet im entschiedenen Fall, dass **auch nach der verdeckten Einlage die Anteile an der Betriebs-GmbH weiter im Betriebsvermögen des Besitzunternehmens** verhaftet blieben.

Die Entscheidung des BFH war noch zu § 7 Abs. 1 EStDV ergangen. **Nach aktueller Rechtslage** liegt der vorgeschriebene Sachverhalt **im Anwendungsbereich des § 6 Abs. 3 Satz 1 EStG**, da die 100 %-Beteiligung an der Betriebs-GmbH als Teilbetrieb anzusehen ist. Die Rechtsfolge dieser Vorschrift ist **die zwingende Buchwertfortführung ohne Aufdeckung der stillen Reserven**. Es ist aber umstritten, ob die verdeckte Einlage eines Teilbetriebs in eine empfangende Kapitalgesellschaft unter den Tatbestand des § 6 Abs. 3 EStG subsumiert werden kann. Die **Finanzverwaltung** sieht im BMF-Schreiben v. 3.3.2005 in Tz. 1 als aufnehmende Personen auch Kapitalgesellschaften an, sie postuliert aber in Tz. 2 bei unentgeltlichen Übertragungen auf eine Kapitalgesellschaft, an der der Übertragende beteiligt ist, **den Vorrang der Rechtsfolgen einer verdeckten Einlage** (vor der Buchwertfortführung gemäß § 6 Abs. 3 EStG). Nach Auffassung der Finanzverwaltung würde daher auch unter Geltung des § 6 Abs. 3 EStG daher dasselbe Ergebnis herbeigeführt wie im BFH-Urteil v. 20.7.2005, d.h. es ist von einer gewinnrealisierenden Teilbetriebsaufgabe im Besitzunternehmen auszugehen. Diese Auffassung ist jedoch nicht unbestritten. Nach anderer Auffassung soll in den Fällen, in denen die Versteuerung der stillen Reserven gewährleistet ist, ein Vorrang des § 6 Abs. 3 EStG zur Geltung kommen.[387]

II. Umstrukturierungen zur Vermeidung der Betriebsaufgabe

1. Überblick

Soll eine Betriebsaufspaltung geplant beendet werden, ohne dass es so Gewinnrealisierung kommt, stehen das Instrumentarium des UmwStG und des zivilrechtlichen UmwG zur Verfügung.

Die nachfolgende Tabelle gibt einen Überblick über einige standardmäßige Möglichkeiten:

Ausgangsstruktur	Zivilrecht	Steuerrecht
Typische BASP mit Einzelbesitzunternehmen oder Besitzgesellschaft	Je nach Rechtsträger Einbringungen mit Einzelrechtsnachfolge oder Umwandlungen nach dem UmwG.	Einbringung des Betriebs des Besitzunternehmens in die Betriebs-GmbH zu Buchwerten nach § 20 UmwStG.
Mitunternehmerische BASP	**Anwachsung** der Besitz- auf die Betriebsgesellschaft durch Übetragung aller Mitunternehmeranteile in die Betriebspersonengesellschaft, wenn Besitzgesellschaft mit Gesamthandsvermögen vorliegt.	Einbringung **des Betriebs** des Besitzunternehmens in die Betriebs-GmbH & Co. KG zu Buchwerten oder **Anwachsung** der Besitz- auf die Betriebsgesellschaft. Für beide Vorgänge **gilt § 24 UmwStG**.[388]

---

387 Vgl. zur Diskussion Klein, NWB Fach 3, S. 13059, 13065; der Finanzverwaltung zustimmend: Emmerich/Kloster, GmbHR 2005, 448, 449; Korn, KÖSDI 2005, 14633, 14634; Kai, DB 2005, 794, 795.

388 Möglich ist auch die gewinnrealisierende Veräußerung aller Anteile der Besitzgesellschaft an die Betriebsgesellschaft, die nach BFH, DStR 2006, 30 zu Anschaffungskosten auf die im Wege der Anwachsung übergehenden Wirtschaftsgüter führt.

Kapitalistische BASP	Auf- oder Abwärtsverschmelzung.	§§ 11 – 13 UmwStG für beide Formen.[389]
Umgekehrte BASP	Auf- oder Abwärtsverschmelzung.	Bei Verschmelzung der Mutter-Betriebspersonengesellschaft auf die Besitzkapitalgesellschaft liegt eine Einbringung nach § 20 UmwStG vor.[390] Bei Aufwärtsverschmelzung der Besitzkapitalgesellschaft auf die Mutter-Personengesellschaft liegt ein Vorgang nach §§ 3 ff. UmwStG vor.

2. Erläuterungen

253 Im Rahmen der Darstellung können die Grundlagen des Umwandlungsteuerrechts und die denkbaren Konstellationen hier nicht weiter dargestellt werden.[391] Betrachtet werden nur Auflösungsvorgänge, in denen keine Trennung der Aktivitäten geplant ist,[392] sondern das bisherige Engagement mit demselben Gesellschafterkreis nunmehr **in einem anderen Rechtsträger** fortgeführt werden soll, also Besitz- und Betriebsunternehmen zusammengeführt werden.

254 Grds. sind **bei der typischen Betriebsaufspaltung** Einbringungsvorgänge zum Buchwert nach § 20 UmwStG möglich. Hierbei ist zu beachten, dass **Sonderbetriebsvermögen** in die empfangende Betriebs-GmbH **miteingebracht** werden muss. Im Hinblick auf die Beteiligung an der Betriebs-GmbH stellt sich damit das Problem, dass im Zuge der Umwandlung **eigene Anteile** entstehen. § 33 Abs. 1 GmbHG bestimmt, dass eigene Anteile, auf welche die Einlagen noch nicht vollständig geleistet sind, von der Gesellschaft nicht erworben werden dürfen. Eigene Anteile, auf welche die Einlagen vollständig geleistet sind, können nur unter der im § 33 Abs. 2 GmbHG genannten Voraussetzung von der Gesellschaft erworben werden. **Steuerlich gestattet die Finanzverwaltung** in Rn. 20.11 des Umwandlungssteuererlasses[393] beim erweiterten Anwachsungsmodell bei Umstrukturierung einer GmbH & Co. KG, das Wahlrecht in § 20 UmwStG auszuüben, ohne die Anteile an der Komplementär-GmbH in die GmbH einzubringen. Stattdessen sind die Anteile an der ehemaligen Komplementär-GmbH, welche sich im Sonderbetriebsvermögen befanden, **als einbringungsgeborene Anteile nach § 21 UmwStG** anzusehen. Diese Grundsätze finden **auch im Fall der Verschmelzung der KG auf die Komplementär-GmbH oder für den Formwechsel** Anwendung. Diese Rechtsfolge dürfte **auch bei der Betriebsaufspaltung** hinsichtlich der Anteile an der Betriebs-GmbH zur Anwendung kommen.[394] So kann die Bildung eigener Anteile auch zivilrechtlich vermieden werden.

Noch nicht klar ist die Rechtslage seit dem Inkrafttreten der §§ 20, 21 UmwStG in der Fassung des SEStEG. Geht man weiter den Weg, dass bei der Einbringung des Sonderbetriebsvermögens die Anteile an der Komplementär-GmbH nicht in diese selbst eingebracht werden müssen. Einbringungsgeborene Anteile entstehen nach §§ 20 Abs. 3 Satz 4 und 21 Abs. 2 Satz 6 UmwStG nur noch, wenn die eingebrachten Anteile selbst einbringungsgeboren sind. Im Übrigen wird die Veräußerung der empfangenen Anteile nach den Regeln des sog. **Einbringungsgewinns** I behandelt. Ob die Finanzverwaltung auch unter der

---

389 Für die Abwärtsverschmelzung werden gemäß Tz. 11.24 des UmwStG-Erlasses = BMF, BStBl. 1998 I, S. 268 im Billigkeitsweg dieselben steuerlichen Vorschriften wie für die Aufwärtsverschmelzung angewandt.
390 Liegt Grundbesitz bei der Tochterkapitalgesellschaft vor, hilft die Abwärtsverschmelzung (down-stream merger) auf die Tochterkapitalgesellschaft, um Grunderwerbsteuern zu vermeiden.
391 Vgl. vertiefend: Strahl/Bauschatz, NWB Fach 3, S.11921 (11947 ff.).
392 Entsprechend unterbleiben hier Ausführungen zur Realteilung.
393 BMF, BStBl. 1998 I, S. 268.
394 Skeptisch allerdings Söffing, Betriebsaufspaltung, S. 308, der schon die Wesentlichkeit i.S.d. § 20 UmwStG verneint.

zukünftigen Rechtslage daher gestattet, die Anteile an der Komplementär-GmbH nicht in diese einzubringen und diese dann als einbringungsgeborene Anteile behandelt werden dürfen, ist unklar, erschiene aber praktikabel.

Für die **Beendigung der mitunternehmerischen Betriebsaufspaltung** zu Buchwerten **steht steuerlich § 24 UmwStG** zur Verfügung. Hier gilt es, die zivilrechtliche Ausgangslage zu analysieren. Eine Anwachsung als Gestaltungsinstrument führt nur dann zum Erfolg, **wenn eine „echte" Personengesellschaft mit Gesamthandsvermögen** vorliegt. Bei den koludent gegründeten Innen-GbR, denen zivilrechtliches Bruchteilseigentum zugrunde liegt, müssen die verpachteten wesentlichen Betriebsgrundlagen (= das Sonderbetriebsvermögen der Besitz-GbR) im Wege der **Einzelrechtsnachfolge** von den Miteigentümern auf die Betriebspersonengesellschaft übertragen werden. Diese letzte Form stellt m.E. eine Betriebseinbringung dar.

255

Komplexer ist die Rechtslage bei den kapitalistischen und den umgekehrten Betriebsaufspaltungen. Beide Formen sind **Einheitsbetriebsaufspaltungen**. Gestreift werden kann hier nur die Möglichkeit der Verschmelzung, wobei für beide Formen entweder die Aufwärts- (**up stream merger**) oder die **Abwärtsverschmelzung** (down stream merger) in Betracht kommt. Die Komplexität wird zumeist dadurch verstärkt, dass Organschaften vorliegen. **Bei der umgekehrten Betriebsaufspaltung** findet ein Übergang des Vermögens einer Kapital- auf eine Personengesellschaft statt. Der up stream merger richtet sich nach den §§ 3 ff. UmwStG,[395] der down stream merger ist eine Einbringung i.S.d. § 20 UmwStG.[396] Bei der **kapitalistischen Betriebsaufspaltung** wird zur Ersparnis von Grunderwerbsteuer regelmäßig eine Abwärtsverschmelzung stattfinden.[397] Hier entstehen zwar auf Grund des Durchgangserwerbs gemäß § 20 Abs. 1 Nr. 3 Satz 1 UmwG keine eigenen Anteile. Es stellt sich aber die Frage, ob beim Übergang von negativem Vermögen und Entstehens einer Unterbilanz, z.B. bei fremdfinanzierten Mutterkapitalgesellschaften, ein Verstoß gegen § 30 GmbHG anzunehmen ist, der zu einer vGa führt. Die Diskussion hierzu ist voll im Fluss.[398]

256

H. Sonderfragen bei der Betriebsaufspaltung über die Grenze[399]

I. Steuerliche Behandlung bei bestehender Betriebsaufspaltung

Betriebsaufspaltungen treten auch bei grenzüberschreitenden Sachverhalten auf. In der Praxis sind die folgenden Konstellationen steuerlich bedeutsam. Es wird davon ausgegangen, dass allen Konstellationen **eine typische Betriebsaufspaltung** zugrunde liegt.

257

---

395 Vgl. hierzu Middendorf/Stegemann, DStR 2005, 1082 mit Replik Kesseler; dies., DStR 2006, 67.
396 Für den down stream merger stellt sich ebenfalls das Problem des Entstehens eigener Anteile, das vermieden werden kann, da auch hier die Anteile an der Besitzkapitalgesellschaft nicht einzubringen sein dürften.
397 Vgl. Thill/Antoskiewicz, FR 2006, 7.
398 Rödder/Wochinger, DStR 2006, 684; Pohl/Raupach, JbFStR 2006/2007 (Tagungsband), S. 292 – 297.
399 Vgl. jüngst Ruf, IStR 2006, 232 ff.; Schießl, StW 2006, 43 ff. Die weitere denkbare Konstellation des Inländers, der an einem ausländischen Besitzunternehmen mit ausländischen Betriebsunternehmen beteiligt ist, wird hier vernachlässigt.

Sachverhalt	Steuerliche Rechtslage
Ausländisches Besitzunternehmen (Besitzunternehmer mit Wohnsitz im Ausland) und inländisches Betriebsunternehmen, das inländisches Grundstück mietet.	**Verpachtungseinkünfte**: Der oder die Besitzgesellschafter erzielen aus den Pachteinnahmen Einkünfte aus Vermietung und Verpachtung gemäß § 49 Abs. 1 Nr. 6 EStG, und nicht Einkünfte aus Gewerbetrieb gemäß § 49 Abs. 1 Nr. 2a EStG, wenn wie im Regelfall keine inländische Betriebsstätte des Besitzunternehmens besteht.[400] Die Einkünfte unterliegen nicht der GewSt. Deutschland darf aber bei Fehlen eines DBA mit einer Klausel entsprechend Art. 6 Abs. 1 OECD-MA die Verpachtungseinkünfte besteuern. **Dividenden**: Deutschland hat zwar aus § 49 Abs. 1 Nr. 5a) EStG ein Besteuerungsrecht, dieses wird aber regelmäßig durch Doppelsteuerungsabkommen (DBA) auf ein Quellensteuerrecht beschränkt. Bei der Ermittlung der Quellensteuer läuft das Halbeinkünfteverfahren leer, d.h. die Quellensteuer wird auf den vollen Bruttobetrag der Dividende erhoben. Bei **Veräußerung** des Grundstücks hat Deutschland ein Besteuerungsrecht nach Art. 13 Abs. 1 OECD-MA i.V.m. § 49 Abs. 1 Nr. 2 f.) EStG.
Inländisches Besitzunternehmen und ausländisches Betriebsunternehmen, an das ein ausländisches Grundstück verpachtet wird.	**Verpachtungseinkünfte und Einkünfte aus Veräußerung des Grundstücks**: Wendet man die Grundsätze der Betriebsaufspaltungs-Rechtsprechung auch in dieser Konstellation nach h.M. an, erzielt der inländische Besitzunternehmer Einkünfte aus Gewerbebetrieb gemäß § 15 EStG. Bei Vorliegen eines DBA mit einer Regelung entsprechend Art. 6 Abs. 1 OECD-MA hat Deutschland kein Besteuerungsrecht. Die freizustellenden Einkünfte unterliegen aber auf Grund des DBA regelmäßig dem Progressionsvorbehalt nach § 32b EStG. **Dividenden**: Die gewerblichen Dividendeneinkünfte dürfen regelmäßig in Deutschland gemäß § 15 EStG i.V.m. der Regelung eines DBA nach dem Halbeinkünfteverfahren unter Anrechnung der ausländischen Quellensteuer besteuert werden.

II. Probleme des Wegzugs bei bestehender inländischer typischer Betriebsaufspaltung

258 Besteht eine typische Betriebsaufspaltung im Inland und ist ein Wegzug des inländischen Besitzeinzelunternehmers geplant, droht nach der Rechtslage vor dem SEStEG durch Wegfall der unbeschränkten Steuerpflicht eine Betriebsaufgabe mit voller Gewinnrealisierung. Dies folgt aus dem **sog. finalen Betriebsaufgabebegriff**, den die Rspr. entwickelt hatte: Nach diesem konnte selbst dann, wenn ein Betrieb organisatorisch unverändert bestehen blieb, eine Betriebsaufspaltung eintreten, wenn auf Grund einer Handlung oder eines Rechtsvorgangs eine Erfassung der stillen Reserven nicht mehr gewährleistet war.[401] Nur dann, wenn die Begründung einer inländischen Betriebsstätte des Besitzunternehmens i.S.d. § 12 AO (feste Geschäftseinrichtung) oder durch Bestellung eines ständigen Vertreters gemäß § 13 AO gelang, konnte die Gewinnrealisierung vermieden werden.

---

400 So ausdrücklich: Tz. 1.2.1.1 des sog. Betriebsstättenerlasses (= BMF, BStBl. 1999 I, S. 1076).
401 Vgl. Kulosa, in: Herrmann/Heuer/Raupach, EStG, § 16, Anm. 437 ff.

Da Anteile an der Betriebs-GmbH zum Betriebsvermögen des Besitzunternehmens zählten, hat die **Wegzugsbesteuerung nach § 6 AstG** (vor und nach dem SEStEG) **für die Betriebsaufspaltung keine Relevanz**. Entweder erfolgt die Betriebsaufgabe im Wegzugszeitpunkt unter Realisation aller stillen Reserven (auch in den Anteilen) oder diese wird vermieden und die Anteile bleiben dem Betriebsvermögen der inländischen Betriebsstätte zugeordnet.

Durch die **Entstrickungsvorschrift des § 4 Abs. 1 Satz 3 EStG** in der Fassung des SEStEG ist eine gesetzliche Regelung für den Austritt einzelner WG aus der deutschen Steuerpflicht geschaffen worden. Der Vorgang ist kraft Gesetzes als Entnahme zu behandeln. Für die hier betrachtete Konstellation bringt dies keine Änderung der Rechtslage, wenn durch den Wegzug des Unternehmers ohne Begründung einer Betriebsstätte das deutsche Besteuerungsrecht aus der späteren Veräußerung des Wirtschaftsgutes ausgeschlossen wird. Es stellt sich aber die Frage, ob nicht § 16 EStG vorrangig ist, wenn für eine Sachgesamtheit – den Betrieb des Besitzunternehmens – das deutsche Besteuerungsrecht verloren geht.

I. Sonstige steuerliche Fragen zur Betriebsaufspaltung

I. Erbschaftsteuer

1. Anwendung des ErbStG auf vorweggenommene Erbfolgen und Erbfälle

Näher betrachtet werden hier die erbschafsteuerlichen Folgen von Schenkungen im Rahmen vorweggenommener Erbfolgen und im Rahmen von Erbfällen **unter der Prämisse, dass die personelle Verflechtung und damit Betriebsaufspaltung erhalten bleibt.**

Für die **Einheitsbetriebsaufspaltungen** ist die Rechtslage hier wesentlich übersichtlicher, da **zivilrechtlich** nur die Übertragung von Anteilen an einer Obergesellschaft – entweder der Besitzpersonengesellschaft in der umgekehrten Betriebsaufspaltung oder an einer Kapitalgesellschaft in der kapitalistischen Betriebsaufspaltung auftritt. **Steuerlich** wird dies nachvollzogen, d.h. der Schenker oder Erblasser überträgt aus steuerlicher Sicht entweder nur einen Mitunternehmeranteil, z.B. an einer Besitz-GmbH & Co. KG oder Anteile an einer Kapitalgesellschaft.

Für **die mitunternehmerische Betriebsaufspaltung** und die typische Betriebsaufspaltung zu einer Betriebs-GmbH sind nach der zivilrechtlichen Rechtslage sowohl Beteiligungen an der Besitzgesellschaft oder Bruchteilseigentum (= Sonderbetriebsvermögen des Gesellschafters bei einer Innen-GbR) und **simultan** an der Betriebs-GmbH oder Betriebs-GmbH & Co. KG zu übertragen. Nach der ertragsteuerlichen Rechtslage ist **bei der typischen Betriebsaufspaltung** zudem die Beteiligung an der Betriebs-GmbH Sonderbetriebsvermögen II der Gesellschafter bei der Besitzgesellschaft.

Beim Übergang von Anteilen in einer typischen, mitunternehmerischen oder umgekehrten Betriebsaufspaltung, in denen Personengesellschaften vorhanden sind, **im Rahmen eines Erbfalls** bestimmen sich die näheren erbschaftsteuerlichen Rechtsfolgen für den oder die Erben nach der jeweils technisch gewählten Umsetzung der Nachfolgeplanung **über Fortsetzungsklauseln, einfache oder qualifizierte Nachfolgeklauseln oder Eintrittsklauseln.** Zur ertrag- und erbschaftsteuerlichen Behandlung wird auf Teil 2: Gesellschaftsrecht, 1. Kapitel, § 3 Rn. 223, 229, 233 und 241 verwiesen.

2. Bewertungsfragen bei typischen und mitunternehmerischen Betriebsaufspaltungen bei vorweggenommener Erbfolge

a) Bestimmung und Aufteilung des Anteilssteuerwerts

Erbschaft- und schenkungsteuerlicher Anknüpfungspunkt ist der ertragsteuerliche Mitunternehmeranteil. Aus dem Zusammenspiel der §§ 10 Abs. 1 Satz 3 ErbStG, 12 Abs. 5 ErbStG und § 97 Abs. 1a BewG wird deutlich, dass damit für **Erbschaftsteuerzwecke** eine autonome Ermittlung der Bereicherung in Höhe des Anteilssteuerwerts des Erblassers **auf den Todesstichtag oder auf den Tag der Schenkung** vorzunehmen ist. Eine Ermittlung der Bereicherung nach den Grundsätzen der gemischten Schenkung

(Saldierung von Aktiva und Passiva) auf Grund einer anteiligen Übernahme von Wirtschaftsgütern und Verbindlichkeiten der Gesellschaft ist nicht vorzunehmen (sog. Einheitstheorie).[402] Das Erbschaft- und Schenkungsteuerrecht geht von einem Übergang des Anteils als autonom zu bewertendem Gegenstand aus. In **einem ersten Schritt** ist somit der Anteilssteuerwert der übergehenden Beteiligung auf den relevanten Stichtag zu ermitteln, der nicht dem Verkehrswert entspricht. Der ermittelte Anteilssteuerwert ist **in einem zweiten Schritt** nach § 97 Abs. 1a BewG auf die einzelnen Gesellschafter zu verteilen.

> **Hinweis:**
> Für **Besitzeinzelunternehmer** sind die zum Betriebsvermögen zählenden Wirtschaftsgüter zu bewerten.

b) Ermittlung des Anteilssteuerwerts

264 Bei **gewerblichen Personengesellschaften als Besitzunternehmen** zählen nach § 97 Abs. 1 Nr. 5 BewG i.V.m. § 95 BewG grds. „alle" zum Gesamthandsvermögen einer gewerblich geprägten Personengesellschaft **gehörenden** Wirtschaftsgüter zum erbschaftsteuerlichen Betriebsvermögen. Ihr **Gesamthandsvermögen** ist damit unabhängig von der ertragsteuerlichen Qualifikation bewertungsrechtlich Betriebsvermögen. Auch die **Wirtschaftsgüter, die im Eigentum eines, mehrerer oder aller Gesellschafter** stehen und Schulden eines, mehrerer oder aller Gesellschafter, soweit die Wirtschaftsgüter und Schulden bei der steuerlichen Gewinnermittlung zum Betriebsvermögen der Gesellschaft gehören (= das Sonderbetriebsvermögen), sind zu erfassen.[403]

265 Grundsätzlich verweist § 12 Abs. 5 ErbStG auf die §§ 95 – 99, 103, 104, 109 Abs. 1 und 2, 137 BewG, was zu einer weit gehenden inhaltlichen Übereinstimmung zwischen der **Steuerbilanz für Ertragsteuerzwecke** und der für die Schenkung- und Erbschaftsteuer auf den Besteuerungszeitpunkt zu erstellenden Vermögensaufstellung führt (**sog. Bewertungs- und Bestandsidentität**). § 109 Abs. 1 BewG regelt, dass das erbschaftsteuerlich anzusetzende Betriebsvermögen bei gewerblichen Unternehmen mit einer Gewinnermittlung nach § 4 Abs. 1 und Abs. 5 EStG grds. mit den **Steuerbilanzwerten** in die erbschaftsteuerliche Vermögensaufstellung zu übernehmen ist. Diese Grundsätze werden als eine Verlängerung der Maßgeblichkeit ins Erbschaftsteuerrecht angesehen, so dass von einer **Bestandsidentität und einer Bewertungsidentität** der ertragsteuerlichen Verhältnisse für das Erbschaftsteuerrecht gesprochen werden kann.[404] Dies führt zu einer **Verschonung der stillen Reserven bei der Erbschaftsbesteuerung**, obwohl die Verkehrswerte **zivilrechtlich** für die Berechnung des Nachlasswerts und z.B. Ausgleichszahlungen oder Pflichtteilsansprüche zugrunde zu legen sind.

Für Betriebsgrundstücke und Anteile an Kapitalgesellschaften sind erbschaftsteuerrelevante **Bedarfswerte** nach eigenen Vorgaben (§ 12 Abs. 3 ErbStG i.V.m. §§ 138 ff. BewG), also unabhängig von den ertragsteuerlichen Bilanzansätzen, zu ermitteln, die nachfolgend dargestellt werden.[405]

aa) Bewertung der Beteiligung an der Betriebs-GmbH

266 Die Bewertung der Anteile an der Betriebs-GmbH ist dadurch verkompliziert, dass diese als **Bestandteil des Sonderbetriebsvermögens II** anzusehen sind. Dieser Annahme wird auch im Erbschaftsteuerrecht gefolgt. Damit kann die Beteiligung an der Betriebs-GmbH **unabhängig von der Höhe der Beteiligung des verstorbenen Mitunternehmers**[406] in die Begünstigung gemäß § 13a ErbStG einbezogen werden. Obwohl zivilrechtlich die Anteile an einer Kapitalgesellschaft als separate Nachlass- oder Schenkungsgegenstände unabhängig von der Beteiligung an der Besitz-Gesellschaft auf den Erben übergehen, werden die im Sonderbetriebsvermögen II verhafteten Anteile an der Betriebs-GmbH ausschließlich dem Mitun-

---

402 Vgl. Gebel, Betriebsvermögensnachfolge, Rn. 845.
403 Vgl. R 115 ErbStR 2003, dazu Weinmann/Geck, ZEV 2003, 185, 188.
404 Vgl. Gebel, Betriebsvermögensnachfolge, Rn. 20 ff.; Kowallik, DStR 1999, 1834 ff.
405 Vgl. zu weiteren Ausnahmen von der Bestands- und Bewertungsidentität R 114 Abs. 1 ErbStR.
406 Vgl. ansonsten die Beteiligungsgrenze in § 13a Abs. 1 Nr. 4 ErbStG.

ternehmeranteil am Besitzunternehmen zugeordnet.[407] Unabhängig von der ertragsteuerlichen und erbschaftsteuerlichen Zugehörigkeit der Anteile an der Komplementär-GmbH zum (Sonder-)Betriebsvermögen richtet sich der **erbschaftsteuerliche Steuerwert** immer nach § 11 i.V.m. § 12 Abs. 2 und 12 Abs. 5 S. 3 ErbStG. Der Wert ist entweder aus Verkäufen abzuleiten oder nach der Maßgabe des sog. **Stuttgarter Verfahrens** zu schätzen.[408] Nach dem Übergang vom Anrechnungs- zum Halbeinkünfteverfahren war das Stuttgarter Verfahren in einzelnen Punkten zu modifizieren.[409] Für die Wertermittlung von Anteilen an einer typischen Betriebs-GmbH ist der **Definitivcharakter der KSt** die wohl bedeutendste Änderung: Die KSt ist gemäß R 99 Abs. 1 Satz 4 ErbStR mit dem tatsächlich veranlagten Betrag ohne Berücksichtigung einer Körperschaftsteuerminderung oder -erhöhung nach §§ 37, 38 KStG n.F. vom Einkommen eines Wirtschaftsjahrs, auf das das KStG in der neuen Fassung anwendbar ist, abzuziehen.

bb) Bewertung von verpachtetem Grundbesitz im Besitzunternehmen

Für die Bewertung von Grundstücken, die im Betriebsvermögen des Besitzunternehmens liegen, ist gemäß § 12 Abs. 3 ErbStG i.V.m. §§ 138 ff. BewG eine **Bedarfsbewertung** vorzunehmen, ihr Wert darf nicht aus der Steuerbilanz auf den Bewertungsstichtag abgeleitet werden. Verfahrensrechtlich wird dieser Wert durch einen **Feststellungsbescheid** gemäß § 138 Abs. 5 BewG gesondert festgestellt und bindet das zuständige Erbschaft- und Schenkungsteuerfinanzamt.

267

Bewertungsrechtlich folgt die höchstrichterliche Rspr. dem Beschluss des Großen Senats des BFH v. 8.11.1971.[410] Dieser geht davon aus, dass Besitzgesellschaft einerseits und Betriebsgesellschaft andererseits auch steuerrechtlich zwei selbständige Unternehmen darstellen und nicht wirtschaftlich zu einem einheitlichen Unternehmen zusammenzufassen sind. Auf dieser Grundlage hat der **BFH mit Urteil v. 2.2.2005**[411] die lang diskutierte Streitfrage geklärt, ob bei der Bedarfsbewertung nach § 146 BewG **auf die im Pachtvertrag vereinbarte Miete** oder wegen der personellen und sachlichen Verflechtung auf eine übliche Miete abzustellen ist, die regelmäßig niedriger als die im Pachtvertrag vereinbarte Miete ist.[412] Der BFH entschied, dass bei der typisierenden Bedarfsbewertung bebauter Grundstücke auch in Fällen entgeltlicher Überlassung im Rahmen einer Betriebsaufspaltung **die vertraglich vereinbarte Miete zugrunde zu legen sei**; ein Ansatz der üblichen Miete komme nicht in Betracht: Der Gesetzgeber habe angeordnet, dass die Grundstückswerte in typisierender Weise zu ermitteln seien (§ 138 Abs. 3 Satz 1 BewG). Folge dieser Typisierung sei, dass außerhalb der in § 146 Abs. 3 Satz 1 BewG ausdrücklich genannten Fälle nicht zu prüfen sei, ob die tatsächliche Jahresmiete der üblichen Miete entspreche. Mit der Einführung eines typisierenden Bewertungsverfahrens nehme der Gesetzgeber in Kauf, dass in vielen Mietverhältnissen die tatsächliche Miete nicht der üblichen Miete entspreche.

268

> **Hinweis:**
> Damit kann nur über die sog. **Escape-Klausel** gemäß § 146 Abs. 7 BewG ein niedrigerer Wertansatz erreicht werden. Hierzu muss der Steuerpflichtige auf eigene Kosten ein Sachverständigengutachten i.S.d. Vorschrift vorlegen. Gelingt es, einen **niedrigeren gemeinen Wert** des Grundstücks auf den relevanten **Bewertungsstichtag** nachzuweisen, ist dieser anzusetzen.[413]

---

407 Siehe Binz/Sorg, GmbH & Co. KG, § 20 Rn. 13 für die vergleichbare Problematik bei der beteiligungsidentischen GmbH & Co. KG.

408 Vgl. Binz/Sorg, GmbH & Co. KG, § 20 Rn. 15 – 18 für die vergleichbare Problematik bei der beteiligungsidentischen GmbH & Co. KG.

409 Siehe allgemein Weinmann, ZEV 2001, 184 ff.; Erlass des Finanzministeriums Baden-Württemberg v. 13.2.2001/1.3.2001, BStBl. 2001 I, S. 162.

410 BFH, BStBl. 1972 II, S. 63.

411 BFH, BStBl. 2005 II, S. 426.

412 Motiv der Betriebsaufspaltung ist nicht zuletzt, eine Gewinnverlagerung auf das Besitzunternehmen zu erreichen und damit eine möglichst hohe Miete oder Pacht anzusetzen.

413 Vgl. hierzu bereits FG Nürnberg, EFG 2004, 1194.

3. Anwendung des § 13a ErbStG in der Betriebsaufspaltung
a) Inhalt und Vorteile des § 13a ErbStG

269 Nach **§ 13a Abs. 1 ErbStG** werden u.a. Betriebsvermögen und Anteile an Kapitalgesellschaften i.S.d. § 13a Abs. 4 ErbStG bis zu einem Wert von 225.000 € bei der Bewertung des geschenkten Vermögens oder des Nachlasses außer Ansatz gelassen. Zusätzlich wird **nach Abs. 2 der Regelung** der nach Anwendung des Abs. 1 verbleibende Wert des Vermögens i.S.d. Abs. 4 nur mit 65 % angesetzt. Dieser **Freibetrag und der verminderte Wertansatz gelten gemäß § 13a Abs. 4 ErbStG** für inländisches Betriebsvermögen beim Erwerb eines ganzen Gewerbebetriebs, eines Teilbetriebs, eines Anteils an einer Gesellschaft i.S.d. § 15 Abs. 1 Nr. 2 und Abs. 3 sowie für **Anteile an einer Kapitalgesellschaft**, wenn die Kapitalgesellschaft zur Zeit der Entstehung der Steuer Sitz oder Geschäftsleitung im Inland hat und der Erblasser oder Schenker **am Nennkapital dieser Gesellschaft zu mehr als einem Viertel unmittelbar** beteiligt war. Neben diesen Begünstigungen existieren für die Übertragung von Betriebsvermögen außerdem die folgenden **steuerliche Vorteile**:

- Bei der Übergabe von Betriebsvermögen ist nach § 19 a ErbStG auch beim Übergang auf Nicht-Angehörige immer der Tarif nach Steuerklasse I anzuwenden.
- Obwohl nach § 13a ErbStG das Betriebsreinvermögen schon besonders privilegiert ist, verbleibt den Erben auch der **Abzug von bestimmten, im Zusammenhang mit dem Betriebsvermögen auftretenden Schulden** nach § 10 Abs. 6 Satz 4 ErbStG. Hierdurch kann eine Verrechnung von privilegiert bewertetem Vermögen und Schulden zu deren Nominalwert erreicht werden.
- Schließlich dürfen auch bei Schenkungen von Betriebsvermögen im Rahmen der vorweggenommenen Erbfolge die Schulden abgesetzt werden, die **Grundsätze der Wertermittlung für gemischte Schenkungen** (Saldierung von Leistung und Gegenleistung und Erfassung nur des anteiligen unentgeltlichen Teils) werden nicht angewandt.

Der Freibetrag oder Freibetragsanteil gemäß Abs. 1 und der verminderte Wertansatz gemäß Abs. 2 **fallen gemäß § 13a Abs. 5 ErbStG mit Wirkung für die Vergangenheit** weg, soweit der Erwerber innerhalb von fünf Jahren nach dem Erwerb bestimmte **Nachversteuerungstatbestände** verwirklicht.

b) Anwendung der Regelung in der Betriebsaufspaltung

270 In der Betriebsaufspaltung ist die Regelung vor allem **im personalistischen Besitzunternehmen** anzuwenden, da die Beteiligung an der Betriebs-GmbH als Bestandteil des Mitunternehmeranteils anzusehen ist. Auf den übergehenden Mitunternehmeranteil eines Doppelgesellschafters findet die Regelung nach Ermittlung des Anteilssteuerwerts Anwendung.

Nur dort, **wo auch ertragsteuerlich** Anteile an einer Kapitalgesellschaft und nicht Mitunternehmeranteile am Besitzunternehmen übertragen werden, etwa in der kapitalistischen Betriebsaufspaltung, ist die Beteiligungsgrenze in § 13a Abs. 4 ErbStG zu beachten.

c) Nachversteuerungstatbestände

271 **Auf die Nachversteuerungstatbestände in § 13a Abs. 5 ErbStG kann nur hingewiesen werden**, wenn im Anschluss an die Vermögensübertragung z.B. Umstrukturierungen vorgenommen werden. Dringend empfohlen wird, bei der Zusammenführung von Besitz- und Betriebsgesellschaft zu prüfen, ob in den letzten fünf Jahren vor der Umstrukturierungsmaßnahme Übertragungen i.S.d. § 13a ErbStG stattgefunden haben.

d) Vorlagebeschluss des BFH v. 22.5.2002 und Beschluss des BVerfG v. 31.1.2007

aa) Vorlage zur Verfassungsmäßigkeit des seit 1996 geltenden Erbschaftsteuerrechts

In einem **Beschluss v. 24.10.2001**[414] hatte der BFH zunächst das BMF aufgefordert, dem Verfahren beizutreten, welches in den Vorlagebeschluss des BFH an das BVerfG v. 22.5.2002 mündete.[415] Im Vorlagefall ging es u.a. um die Frage, ob die Vorschriften des § 19 Abs. 1 ErbStG i.V.m. §§ 10 Abs. 1 Satz 1 und Satz 2 ErbStG, 12 ErbStG sowie §§ 13a, 19a ErbStG in der seit dem 1.1.1996 geltenden Fassung wegen Verstoßes gegen den Gleichheitssatz verfassungswidrig sind. Das BVerfG hat nunmehr mit Beschluss v. 31.1.2007 das geltende Erbschaftsteuerrecht als verfassungswidrig angesehen und dem Gesetzgeber aufgegeben, bis zum 31.12.2008 ein verfassungskonformes Gesetz zu schaffen.

272

bb) Verfassungsrechtliche Rügen des BFH

Die deutsche Erbschaftsteuer ist als **Erbanfallsteuer** konstruiert, die die **Bereicherung des Erben** auf Grund dessen erhöhter Leistungsfähigkeit aus dem Vermögenszuwachs zum Besteuerungsgegenstand macht. Sie greift nicht als Form der „Schlussbesteuerung" auf den Vermögensstatus in der Person des Erblassers zu, wie es bei einer **Nachlasssteuer** der Fall wäre. Wählt der Gesetzgeber die erhöhte Leistungsfähigkeit des Erben als Besteuerungsgegenstand aus, so ist der folgerichtige und verfassungsmäßig gebotene Bewertungsmaßstab der **Verkehrswert**, wie es § 12 Abs. 1 BewG mit dem Ansatz des gemeinen Werts auch vorsieht.[416] Die gleichmäßige Besteuerung aller Steuerpflichtigen hängt davon ab, ob für im Erbfall alle Vermögensarten, die die Leistungsfähigkeit erhöhen besteuert und in ihrer Relation zueinander realitätsgerecht besteuert bewertet werden (**sog. Gebot der realitätsgerechten Wertrelation**).[417]

273

Das **Erbschaftsteuerrecht** in der **gegenwärtigen Form** enthält jedoch vielerlei Vergünstigungen bei manchen Vermögensarten, die der BFH in seinem **Vorlagebeschluss** v. 22.5.2002 eindrucksvoll zusammenfasst, die den Regelansatz des gemeinen Wertes zur Ausnahme werden lassen. Im Ergebnis führt nach der Auffassung des BFH und des diesen bestätigenden BVerfG die Maßstab- und Konturenlosigkeit der verschiedenen Begünstigungen in ihrer Gesamtheit zu einer willkürlichen und verfassungswidrigen Besteuerung im Erbfall. Es entspreche jedoch auch den verfassungsrechtlichen Vorgaben, den Übergang von Betriebsvermögen im Erbgang weit gehend von einer Besteuerung zu verschonen.[418]

Die **Begünstigung** des Betriebsvermögens ist eine Folge aus der **Entscheidung des BVerfG v. 22.6.1995** zur früheren Vermögens- und Erbschaftsteuer.[419] Auf Grund der **Gemeinwohlbindung von Produktionsbetrieben** durch die Substanzsteuern gab das BVerfG dem Gesetzgeber zur Neuregelung der Erbschaftsteuerlast auf, die Fortführung der Betriebe nicht durch eine überhöhte Erbschaftsteuerlast zu gefährden, und zwar unabhängig davon, ob das übergebene Betriebsvermögen zwischen Erblasser und Erben im Rahmen eines verwandtschaftlichen Näheverhältnisses erfolgt. Der Gesetzgeber hat dabei namentlich in den §§ 13a und 19a ErbStG 1996 neben dem schon früher geltenden **Freibetrag** von 500.000 DM einen in der Höhe unbegrenzten **Bewertungsabschlag** i.H.v. 40 % des Betriebsvermögens nach Erfassung des Freibetrags in das ErbStG eingefügt und gemäß § 19a ErbStG eine Tarifbegrenzung für die Übergabe von Betriebsvermögen unabhängig von der verwandtschaftlichen Nähe zwischen Erblasser und Erbe in das Erbschaftsteuergesetz eingeführt.[420] Auch die Stundungsregelung nach § 28 ErbStG beinhaltet eine enorme Erleichterung der Übergabe von Betriebsvermögen. Der **innere Grund für die Beschränkung**

274

---

414 Vgl. BFH, DStR 2001, 2112 ff.
415 Vgl. BFH, BStBl. 2002 II, S. 598 (Az. des BVerfG: 1 BvL 10/02).
416 Vgl. Birk, ZEV 2002, 165, 167; Seer, GmbHR 2002, 873, 874; Viskorf, JbFStR 2002/2003 (Tagungsband), S. 425 ff.
417 Vgl. nur Seer, GmbHR 2002, 873, 874.
418 Vgl. ausführlicher Welling/Richter, BB 2002, 2305, 2309.
419 Siehe BVerfG, BStBl. 1995 II, S. 671 ff.
420 Siehe zu einer Darstellung der historischen Entwicklung der Begünstigungsregelungen und den verfassungsrechtlichen Vorgaben aus den Beschlüssen BVerfG, BStBl. 1995 II, S. 671 ff. die umfassende Begründung des BFH-Vorlagebeschlusses, BStBl. 2002 II, S. 598 unter B. II.

des erbschaftsteuerlichen Zugriffs bei gemeinwohlgebundenen Betrieben liegt in der grundsätzlichen Annahme des BVerfG, die Erbschaftsteuer als zusätzliche Last neben den übrigen gesteigerten rechtlichen Bindungen eines Betriebs gegenüber der Gesellschaft zu berücksichtigen.[421]

275 BVerfG und BFH kritisieren die **Unterbewertung** von Betriebsvermögen, bebautem Grundbesitz, land- und forstwirtschaftlichem Vermögen und nicht notierter Anteile an Kapitalgesellschaften im Verhältnis zur Bewertung von Nachlassgegenständen, die mit dem gemeinen Wert erfasst werden. Darüber hinaus hielt der BFH bestimmte **Kulminationswirkungen** für fragwürdig. **Kritisiert wird,**

- dass **Schulden**, welche mit dem unterbewerteten Vermögen zusammenhängen, zusätzlich zur erbschaftsteuerlichen Unterbewertung noch als Schulden des Erblassers **mit dem Nominalwert** für Zwecke der Erbschaftsteuer abgezogen werden dürfen **und**
- dass unterbewertetes Vermögen **nicht** generell einem **Nachsteuervorbehalt** unterliegt **und**
- dass die Begünstigungen **rechtsformabhängig** ausgestaltet sind, wobei ausdrücklich auf die Familienpool-GmbH & Co. KG als gängige Gestaltung hingewiesen wird.

276 Das BVerfG bestätigt den **BFH** dahingehend, dass der **einheitliche Tarif des § 19 Abs. 1 ErbStG** die einheitliche Erfassung aller Nachlassgegenstände mit ihren gemeinen Werten gebiete. Die **Tarifvorschrift** des § 19 ErbStG entfalte eine „**Klammerwirkung**", da die tarifliche Gleichbehandlung verfassungswidrig sei, wenn die Bewertung der Vermögensbestandteile in der Bemessungsgrundlage unterschiedlich sei und eine Gleichheit im Belastungserfolg nicht erreicht werden könne.[422]

cc) Folgen des Ausgangs der Normenkontrolle für die Praxis

277 Wie in der Praxis erwartet worden war, hat sich das BVerfG der Auffassung angeschlossen, dass das **Konglomerat an Bewertungsmaßstäben** im geltenden Recht nicht den verfassungsrechtlichen Anforderungen entspricht.[423] Es propagiert auf der Bewertungsebene die gleiche Wertbemessung aller Vermögensarten in Höhe des gemeinen Werts und lässt Verschonungssubventionen erst auf der zweiten Ebene zu, die folgerichtig und zielgenau auszugestalten seien. Der Besteuerung darf das mit der Verfassung unvereinbare geltende Recht noch bis zum 31.12.2008 zugrunde gelegt werden. Gibt es bis zu diesem Zeitpunkt kein neues Recht, darf die Erb- und Schenkungsteuer nicht mehr erhoben werden. Mit der Entscheidung des BVerfG, das geltende Recht nur für unvereinbar mit der Verfassung zu erklären, war in der Praxis allgemein gerechnet worden, so dass **bis zum Ablauf der Übergangsregelung** das jetzt geltende Recht weiter angewendet werden kann.[424]

dd) Verfahrensrechtliche Fragen

278 Die **Finanzverwaltung hat am 6.12.2001** mit gleich lautenden Erlassen der obersten Finanzbehörden der Länder verfügt, dass alle Festsetzungen zur Erbschaft- und Schenkungsteuer in vollem Umfang für vorläufig gemäß § 165 AO zu erklären sind, um den erwarteten erhöhten Verwaltungsaufwand aus einer Vielzahl von Einsprüchen zu reduzieren.[425] Die h.M. in der Lit. hält den Vor-läufigkeitsvermerk nach § 165 Abs. 1 Satz 2 Nr. 3 AO auch bereits bei Bescheiden, die vor dem Vorlagebeschluss des BFH am 22.5.2002 erlassen worden sind, für zulässig.[426] Für **Altfälle und bis zur Entscheidung des BVerfG** noch

---

421 BVerfG, BStBl. 1995 II, 671 ff.
422 Vgl. Birk, ZEV 2002, 165, 167.
423 Vgl. Birk, ZEV 2002, 165, 167. Seer, GmbHR 2002, 873, 874; Viskorf, JbFStR 2002/2003 (Tagungsband), S. 425 ff.
424 Vgl. Kessler/Märkle/Offerhaus, DB-Beilage 2/2003, S. 1, 4 ff.; Siemers/Waldens/Dimova, BB 2003, 611, 612; kritisch zu dieser Praxis Seer, GmbHR 2002, 873, 876.
425 Siehe Finanzministerium Baden-Württemberg, BStBl. 2001 I, S. 985.
426 Zur Diskussion siehe Anzinger/Mittermaier, BB 2002, S. 2355, 2356 f.; Crezelius/v. Elsner/Spiegelberger/Wolf, JbFStR 2003/2004, S. 446 ff. m.w.N.

erlassene (vorläufige) Steuerbescheide hat das Verfahren keine Auswirkungen, da § 176 AO grds. den Vertrauensschutz in die bei Erlass des Bescheids gültige Rechtslage gewährleistet.[427]

> **Hinweis:**
>
> Wo es möglich ist, sollte Vermögen bis zur Entscheidung des BVerfG im Wege der vorweggenommenen Erbfolge **planbar** übertragen werden.[428] Eine **Schutzlücke** besteht weiter für alle **offenen Veranlagungen**, wenn der Gesetzgeber im Rahmen einer nur ausnahmsweise verfassungsrechtlich zulässigen **echten Rückwirkung** das Erbschaft- und Schenkungsteuerrecht verschärft.[429]

II. Investitionszulagenrecht

Bei der Investitionszulage und bei den Sonderabschreibungen nach dem Fördergebietsgesetz ist **nicht mehr die Betriebspersonengesellschaft, sondern die Besitzpersonengesellschaft anspruchsberechtigt**. Der BFH hat zur Investitionszulagengewährung entschieden, der Ausschluss des Zulageanspruchs eines außerhalb des Fördergebiets ansässigen Besitzunternehmens, das Wirtschaftsgüter an ein Betriebsunternehmen im Fördergebiet vermiete, widerspreche der Rechtsnatur der Betriebsaufspaltung als bloßer Aufteilung der Funktionen eines normalerweise einheitlichen Betriebs auf zwei Rechtsträger.[430]

Er hat dies mit dem Zweck der Investitionszulage – der Stärkung der Investitionskraft und Schaffung von Arbeitsplätzen in den neuen Bundesländern – sowie der Erwägung begründet, dass andernfalls in Fällen der Betriebsaufspaltung die Gewährung der Investitionszulage generell ausgeschlossen wäre. Hierin liegt eine **Merkmalsübertragung** der Merkmale des Betriebsunternehmens auf das Besitzunternehmen und ein Rückgriff auf die nach dem Beschluss des Großen Senats v. 8.11.1971 verworfene Einheitsbetrachtung.[431] Die **Finanzverwaltung** folgt der Auffassung des BFH, vgl. z.B. im BMF-Schreiben v. 31.3.1992[432] und Abschnitt IV des BMF-Schreibens v. 30.12.1994[433] sowie beim Fördergebietsgesetz in Tz. 6 des BMF-Schreibens v. 29.3.1993[434] und Abschnitt II Nr. 2 des BMF-Schreibens v. 24.12.1996.[435]

III. Umsatzsteuer

Hinsichtlich der USt ist auf die obigen Ausführungen zu verweisen. Regelmäßig liegt eine umsatzsteuerliche Organschaft vor (außerhalb der mitunternehmerischen Betriebsaufspaltung), wenn eine Betriebs-GmbH als Organgesellschaft vorhanden ist. Dies führt zu nichtsteuerbaren Innenumsätzen zwischen Besitz- und Betriebsgesellschaft und zu einer Durchgriffshaftung des Besitzunternehmens als Organträger gemäß § 73 AO.

Beim **Übergang in die Betriebsaufspaltung** ist zu beachten, dass die Organschaft nicht die Umsätze des Aufspaltungsvorgangs selbst erfasst, wenn Wirtschaftsgüter an die Betriebs-GmbH veräußert werden. Eine nicht steuerbare Geschäftsveräußerung in Ganzen gemäß § 1 Abs. 1a UStG scheitert daran, dass im Restbetriebsvermögen auch wesentliche Betriebsgrundlagen zurückbehalten werden. Es kommt daher zu steuerpflichtigen Veräußerungen, wenn nicht ausnahmsweise Steuerbefreiungen aus § 4 Nr. 8 oder § 4

---

[427] Vgl. Oertzen/Slabon, DStR 2002, 251; Hannes, ZEV 2002, 65; differenzierend: Kessler/Märkle/Offerhaus, BB-Beilage 2/2203, S. 5 f.; Siemers/Waldens/Dimova, BB 2002, 611 (613); a.A.: Anzinger/Mittermaier, BB 2002, 2355, 2358 mit Erwiderung Daragan, BB 2003, 82 f.
[428] Siehe Hannes, ZEV 2002, 66; Heidemann/Osterthun, ZEV 2002, 38; Haubold/Jordan, UVR 2002, 120 ff.
[429] Vgl. Anzinger/Mittermaier, BB 2002, 2355, 2360.
[430] BFH, BStBl. 1999 II, S. 607; BFH, BStBl. 1999 II, S. 610 sowie zur Berlin-Zulage BFH, BStBl. 1988 II, S. 739 und zu Sonderabschreibungen nach dem Zonenrandförderungsgesetz BFH, BStBl. 1996 II, S. 82.
[431] Söffing, Betriebsaufspaltung, S. 267 ff.
[432] BMF, BStBl. 1992 I, S. 236.
[433] BMF, BStBl. 1995 I, S. 18.
[434] BMF, BStBl. 1993 I, S. 279.
[435] BMF, BStBl. 1996 I, S. 1516 und BStBl. 1999 I, S. 839.

Nr. 9a UStG zur Anwendung kommen. Werden die Wirtschaftsgüter **im Wege der verdeckten Einlage** auf die Betriebs-GmbH übertragen, erfolgt dies aus der Sicht des Umsatzsteuerrechts ohne Entgelt, löst aber ggf. Vorsteuerkorrekturen nach § 15a UStG aus.

IV. Verfahrensrecht

282 Augrund des Trennungsprinzips werden Besitz- und Betriebsunternehmen verfahrensrechtlich separat veranlagt. Für Zwecke der USt und GewSt erhalten beide eigenständige Veranlagungen.[436] Bei der ESt bzw. KSt der Betriebs-GmbH werden auf Ebene des Besitzunternehmens bei Mitunternehmerschaften Gewinnfeststellungen nach §§ 179 ff. AO durchgeführt oder das Ergebnis direkt im Einkommensteuerbescheid eines Besitzeinzelunternehmers erfasst.

J. Durchgriffshaftung

I. Haftung aus dem Gesellschaftsverhältnis

1. Abschluss eines Ergebnisabführungsvertrags

283 Kommt es zum Abschluss eines Ergebnisabführungsvertrags, greift die Durchgriffshaftung nach § 302 AktG analog auch in Betriebsaufspaltungssachverhalten ein.

2. Haftung außerhalb des Vertragskonzerns

a) Haftung nach §§ 30, 31 GmbHG

284 Primäre Rechtsgrundlage der Durchgriffshaftung sind die §§ 30, 31 GmbHG.

b) Frühere Haftung nach den Grundsätzen des qualifiziert faktischen Konzerns

285 Die von der Rspr. entwickelten **Grundsätze des qualifiziert faktischen Konzerns** fanden in der Diskussion über Haftungsfolgen bei einer Betriebsaufspaltung unter Beteiligung einer GmbH als Betriebsgesellschaft erheblichen Widerhall und wurden in Betriebsaufspaltungsfällen für anwendbar gehalten.[437] Der BGH hat jedoch die Haftung nach Konzerngrundsätzen als dogmatische Grundlage für eine Durchgriffshaftung zwischenzeitlich ausdrücklich aufgegeben,[438] so dass von einer Darstellung an dieser Stelle abgesehen wird.

c) Haftung wegen eines existenzvernichtenden Eingriffs

286 Angefangen mit dem „Bremer Vulkan"-Urteil des BGH v. 17.9.2001[439] über das BGH-Urt. v. 25.2.2002[440] bis hin zum „KBV-Urteil" v. 24.6.2002[441] hat der BFH den Kerngedanken des TBB-Urteils v. 29.3.1993[442] aufgenommen und sieht die Grundlage für eine Haftung im **Missbrauch der beherrschenden Gesellschafterstellung** und dem Missbrauch der Haftungsbeschränkung, die § 13 Abs. 2 GmbHG vermittelt. Der beherrschende Gesellschafter missbraucht seine Stellung, wenn er eine „angemessene Rücksichtnahme auf die Eigenbelange der GmbH" nicht beachtet und dieser die Mittel entzieht, die sie zur Tilgung ihrer Verbindlichkeiten benötigt. Wegen der Verortung des Anspruchs als Rückgriffsanspruch der Gesellschaft gegen den Gesellschafter, der im Eingriff in die vermögensmäßige Integrität der Kapitalgesell-

---

436 Im Fall der umsatzsteuerlichen Organschaft erhält jedoch nur das Besitzunternehmen als Organträger einen Umsatzsteuerbescheid.
437 Vgl. Kaligin, Betriebsaufspaltung, S. 36 – 39 und S. 41 – 44.
438 Vgl. jedoch Drygala, GmbHR 2003, 728, 737 f., der auf weit gehende Ähnlichkeiten des „neuen" Konzepts mit dem aufgegbenen Konzept hinweist.
439 BGH, NJW 2001, 3622, hierzu Altmeppen, NJW 2002, 321 ff.; K. Schmidt, NJW 2001, 3577 ff.
440 BGH, NJW 2002, 1803 ff.
441 BGH, NJW 2002, 3024 ff.
442 BGHZ 122, S. 123.

schaft begründet wird, handelt es sich **um eine Durchgriffshaftung auf Grund existenzgefährdender Eingriffe**.[443]

Der Anspruch steht **neben dem Anspruch aus § 826 BGB**, dessen Voraussetzung einer „vorsätzlichen sittenwidrigen Schädigung" ebenfalls erfüllt ist, wenn der Gesellschafter einer GmbH planmäßig Haftungssubstrat entzieht.[444] Er steht ebenso neben der **Haftung nach §§ 30, 31 GmbHG, denen gegenüber er nachrangig** ist.[445] **Effekt** der Durchgriffshaftung ist, dass der BGH über den Schutz des Stammkapitals hinaus eine **Ausschüttungssperre** für das Vermögen statuiert, das die Gesellschaft zur Erfüllung ihrer Verbindlichkeiten benötigt.[446]

287

Anspruchsberechtigt sind in der Insolvenz der Insolvenzverwalter oder, falls es nicht zu einem Insolvenzverfahren kommt, die einzelnen Gesellschaftsgläubiger. **Anspruchsverpflichtet** sind der **Gesellschafter**, der Vermögen entzieht **und** die **Mitgesellschafter**, die am Vermögensentzug mitwirken, selbst wenn ihnen kein Vorteil zufließt.

288

Problematisch ist gegenwärtig, dass noch keine abschließenden Kriterien entwickelt worden sind, nach denen eine Missbrauch der Haftungsbeschränkung des § 13 Abs. 2 GmbHG festgestellt werden kann.[447] Die folgenden **Tatbestandsmerkmale** sind jedoch als **Voraussetzungen** anerkannt:

289

- die Nachteiligkeit einer Maßnahme;
- die objektiv missbräuchliche Ausübung der beherrschenden Gesellschafterstellung;
- die fehlende Kompensierbarkeit der nachteiligen Maßnahme für die Gesellschaft.

Rechtsfolge ist, dass der Gläubiger in Höhe seiner Forderung einen unmittelbaren Anspruch gegen den beherrschenden Gesellschafter und die mitwirkenden Mitgesellschafter geltend machen kann.[448]

290

Für **Betriebsaufspaltungssachverhalte** bringt diese neue Fundierung Rechtsunsicherheit. Zu unterscheiden ist hier m.E. zwischen dem Aufspaltungsvorgang und der Haftung in bestehenden Betriebsaufspaltungen. Der Abzug von Vermögensgegenständen und betrieblichen Teilfunktionen aus einem früheren Einheitsunternehmen wird als möglicher Anwendungsfall angesehen,[449] d.h. ein Kollaps der Betriebs-GmbH nach dem Aufspaltungsvorgang sollte vermieden werden. Problematisch ist insb., dass kein Anhaltspunkt dafür existiert, nach welchem Zeitablauf eine schädliche Maßnahme nicht mehr als ursächlich anzusehen ist. In einer bestehenden Betriebsaufspaltung **begründet die personelle Verflechtung für sich betrachtet keinen Missbrauch der Gesellschafterstellung**,[450] ebenso wenig die Tatsache, dass ein Gesellschafter seiner GmbH Anlagevermögen verpachtet, statt es in die Betriebs-GmbH einzubringen.[451]

291

II. Eigenkapitalersetzende Gebrauchsüberlassung und Darlehen

1. Eigenkapitalersetzende Gebrauchsüberlassung

Desweiteren ist **die Haftung aus §§ 32, 32a GmbHG** auf Grund einer eigenkapitalersetzenden Gebrauchsüberlassung zu beachten. Diese stellt ein zentrales Problem in Betriebsaufspaltungsfällen dar.

292

---

443 Vgl. zur dogmatischen Einordnung Wilhelm, NJW 2003, 175, 177.
444 Keßler, GmbHR 2003, 945, 947.
445 Keßler, GmbHR 2003, 945, 950.
446 Drygala, GmbHR 2003, 728, 730.
447 Zu einzelnen Fallgruppen Blaese, NWB Fach 18, S. 4097, 4105; Drygala, GmbHR 2003, 728, 734.
448 Blaese, NWB Fach 18, 4097, 4103.
449 Drygala, GmbHR 2003, 728, 734.
450 Drygala, GmbHR 2003, 728, 732.
451 Der KBV-Fall betraf einen Sachverhalt der Betriebsaufspaltung ohne personelle Verflechtung, da der verpachtende Gesellschafter nur zu 40 % an der GmbH beteiligt war. An der Pacht des Anlagevermögens durch die Betriebs-GmbH hat der BGH keinen Anstoß gefunden.

Der **BGH** hat in seinen Entscheidungen **Lagergrundstück I-V** die Anwendung der Regeln für eigenkapitalersetzende Greuchsüberlassungen auch für Betriebsaufspaltungen **mit einer unterliegenden Betriebsverpachtung** ausdrücklich angenommen.[452] Dies führt zu dem **Gestaltungshinweis**, dass im **Steuerberatermodell** die Voraussetzungen für eine eigenkapitalersetzende Gebrauchsüberlassung schwerer erfüllt werden.[453]

293 Liegt eine eigenkapitalersetzende Nutzungsüberlassung vor, kommt es zu den folgenden Rechtsfolgen[454]: Der Verpächter kann nach Eröffnung des Insolvenzverfahrens **die Vergütung für die Nutzungsüberlassung nur als nachrangiger Insolvenzgläubiger geltend machen** bzw. muss die im letzten Jahr vor dem Antrag auf Eröffnung des Insolvenzverfahrens an ihn gezahlte Vergütung an die GmbH zurückzahlen. Darüber hinaus ist der Insolvenzverwalter nach Eröffnung des Insolvenzverfahrens berechtigt, **das Nutzungsrecht bis zum Ende der vertraglich vereinbarten Laufzeit** – auch durch Überlassung an Dritte – zu verwerten. Wäre der Nutzungsüberlassungsvertrag mit einem fremden Dritten über eine längere Laufzeit oder Kündigungsfrist als die vertraglich vereinbarte geschlossen worden, ist der sich aus diesem Vergleich ergebende Nutzungszeitraum zu berücksichtigen. **Lediglich die Verwertung der zur Nutzung überlassenen Sache durch den Insolvenzverwalter ist grds. ausgeschlossen**, wenn nicht der die Nutzung Überlassende die weitere Nutzungsüberlassung dadurch unmöglich macht, dass er den zur Nutzung überlassenen Gegenstand gegen den Willen der Gesellschaft oder des Insolvenzverwalters veräußert oder dieser einverständlich veräußert wird und zwischen dem die Nutzung Überlassenden und dem Insolvenzverwalter Einigkeit darüber besteht, dass der Erlös in Höhe des Restwerts des Nutzungsrechts der Gesellschaft oder der Insolvenzmasse zufließen soll.

Nach § 32a Abs. 3 Satz 2 GmbHG gelten die §§ 32a, 32b GmbHG nicht für Gesellschafter, die nicht Geschäftsführer der GmbH sind und an deren Stammkapital mit 10 % oder weniger beteiligt sind (**sog. Zwerganteile**), was für Minderheitsgesellschafter in einer beherrschenden Personengruppe bedeutsam sein kann. Auch das **Sanierungsprivileg** in § 32a Abs. 3 Satz 3 GmbHG kann bedeutsam werden.

Noch nicht geklärt ist, ob durch eine – in der Betriebsaufspaltung regelmäßig vorliegende – **Gebrauchsüberlassung mit Finanzplancharakter** generell der Anwendungsbereich der Regelungen zu den eigenkapitalersetzenden Nutzungsüberlassungen eröffnet wird.[455] Dies wäre ein schweres Handicap der Betriebsaufspaltung und würde zu einer flächendeckenden Haftung auch in den Fällen des Steuerberatermodells führen.

2. Eigenkapitalersetzende Darlehen

294 Auch die zivilrechtlichen Rechtsfolgen eigenkapitalersetzender Darlehen finden in der Betriebsaufspaltung Anwendung (vgl. zu den steuerlichen Folgen oben Rn. 238 ff.).

III. Haftung nach § 73 und § 74 AO

1. Haftung als Organträger nach § 73 AO

295 In der **typischen Betriebsaufspaltung** kommt eine Haftung nach § 73 AO in Betracht, wenn eine **umsatzsteuerliche Organschaft** zum Besitzunternehmen besteht (vgl. hierzu oben Rn. 281). Hat auch eine körperschaft- und gewerbesteuerliche Organschaft bestanden, etwa **in den Fällen der kapitalistischen oder der umgekehrten Betriebsaufspaltung**, kann es auch wegen Körperschaft- und Gewerbesteuer zu einer Haftung kommen.

---

452 BGHZ 109, 55 (Lagergrundstück I); BGHZ 121, 31 (Lagergrundstück II); BGHZ 127, 1 (Lagergrundstück III); BGHZ 127, 17 (Lagergrundstück IV) und BGH, DB 1997, 1662 (Lagergrundstück V).
453 Kaligin, Betriebsaufspaltung, S. 31.
454 Strahl/Bauschatz, NWB Fach 3, S. 11921, 11951.
455 Kaligin, Betriebsaufspaltung, S. 30 m.w.N.

> **Hinweis:**
>
> In der typischen Betriebsaufspaltung kann auch für die ESt des oder der Besitzgesellschafter gehaftet werden, allerdings werden in der typischen Betriebsaufspaltung Ergebnisabführungsverträge auch zur Vermeidung der Inanspruchnahme aus § 302 AktG gerade nicht abgeschlossen.

2. Haftung des Verpächters als Eigentümer von Gegenständen nach § 74 AO

Nach § 74 AO haftet der Eigentümer eines Gegenstands, wenn er diesen einem Unternehmen überlässt, an dem er wesentlich beteiligt ist. Durch die Eigentümerhaftung nach § 74 AO sollen Ausfälle von Betriebssteuern vermieden werden, die dadurch entstehen, dass Unternehmen die von ihnen genutzten Gegenstände nicht in ihrem Betriebsvermögen führen, sondern von ihren Gesellschaftern überlassen bekommen. Diese Norm führt in steuerlicher Hinsicht zu einer **Aufhebung der Haftungsbeschränkung für die Betriebssteuern der Betriebs-GmbH** oder einer Betriebspersonengesellschaft im Fall der Betriebsaufspaltung (und den Fällen des Sonderbetriebsvermögens).

a) Wesentlich beteiligte Person

Die Haftung beschränkt sich **auf wesentlich beteiligte Personen**. Die Rechtsform der Gesellschaft ist hierbei unerheblich. Nach § 74 Abs. 2 Satz 1 AO ist eine Person an einem Unternehmen wesentlich beteiligt, wenn sie **zu mehr als 25 %** am Grund- oder Stammkapital oder am Vermögen des Unternehmens beteiligt ist. Hierbei werden nach dem Gesetzeswortlaut sowohl mittelbare als auch unmittelbare Beteiligungen an der Gesellschaft berücksichtigt. **Nach § 74 Abs. 2 Satz 2 AO** gilt eine Person unabhängig von ihrer tatsächlichen Beteiligung an der Gesellschaft als wesentlich beteiligt, wenn sie auf das Unternehmen einen beherrschenden Einfluss tatsächlich ausübt und durch ihr Verhalten positiv dazu beiträgt, dass fällige Steuern nicht entrichtet werden. Dies bedeutet, dass die Haftung gerade auch **bei personeller Verflechtung kraft faktischer Beherrschung** Platz greifen kann. Für die Betriebsaufspaltung hat das FG Köln mit Urteil v. 9.12.1999[456] entschieden, dass bei der Bestimmung der Beteiligungsquote eines wesentlich beteiligten Gesellschafters **nicht auf die Personengruppentheorie ankommt**, d.h. nicht jeder der beherrschenden Gesellschafter kann zur Haftung herangezogen werden, sondern nur die tatsächlich zu mehr als 25 % beteiligten Doppelgesellschafter.

b) Gegenstände, die einem Unternehmen dienen

Nach dem **Anwendungserlass** zur AO (AEAO) zu § 74 vertritt das BMF, dass der der Begriff des Gegenstands nur Sachen i.S.d. § 90 BGB, nicht aber Rechte umfasst. Dies ist nicht unbestritten.[457] Dies führt nach der h.M. zu der Rechtsfolge, dass Betriebsaufspaltungen, **die auf der Überlassung von Rechten** beruhen, nicht im Anwendungsbereich der Regelung liegen. Auf die Entgeltlichkeit der Überlassung kommt es wie bei der typischen Betriebsaufspaltung nicht an. Somit sind sowohl Miet- und Pachtverträge mit festem oder variablem (z.B. gewinnabhängigem) Entgelt als auch Leihverträge und tauschähnliche Rechtsgeschäfte (Nutzung gegen eine sonstige nicht in Geld bestehende Leistung) in die Haftung eingeschlossen.

c) Eigentümer

Da die Haftung in der Endkonsequenz auf eine mögliche Vollstreckung hinausläuft, kann **nur der zivilrechtliche Eigentümer** in Haftung genommen werden. Wirtschaftliches Eigentum i.S.d. § 39 Abs. 2 AO genügt nicht, da hierin nicht vollstreckt werden kann. Unerheblich ist, ob die Gegenstände einem Beteiligten allein oder mehreren Beteiligten zur gesamten Hand gehören, z.B. bei einer Besitz-GbR. Möglich ist auch eine Haftung mit Bruchteilen an einer Bruchteilsgemeinschaft.

---

[456] FG Köln, EFG 2000, 203: Der Fall betraf jedoch eigentlich einen Fall des Sonderbetriebsvermögens und nicht der Betriebsaufspaltung, vgl. Braun, EFG-Beilage 5/2000, S. 33.
[457] Vgl. etwa Bröder, NWB Fach 2, S. 8233 ff.

d) Sachlicher Umfang der Haftung

aa) Haftung für Betriebssteuern

300 Die Haftung umfasst nur Ansprüche aus dem Steuerschuldverhältnis, bei denen sich die Steuerpflicht zwingend auf den Betrieb des Unternehmens gründet (**Betriebssteuern**). Den Steuern stehen die Ansprüche auf Erstattung von Steuervergütungen gleich. Zu den Betriebssteuern gehören insb.: **USt**, **GewSt**, Verbrauchsteuern bei Herstellungsbetrieben und Rückforderung von InvZ. Hingegen **nicht** zu den Betriebssteuern gehören die ESt, KSt, ErbSt und SchenkSt, LSt, KESt und Zölle. Die Haftung erstreckt sich ebenfalls **nicht** auf steuerliche **Nebenleistungen**, d.h. Verspätungszuschläge (§ 152 AO), Zinsen (§§ 233 – 237 AO), Säumniszuschläge (§ 240 AO), Zwangsgelder (§ 329 AO), Kosten (§§ 178, 337 – 345 AO) und Zinsen i.S.d. Zollkodexes. Die Betriebssteuern müssen während der Zeit des Bestehens der wesentlichen Beteiligung und des gleichzeitigen Dienens des Gegenstandes entstanden sein, ohne dass es auf deren Festsetzung oder Fälligkeit ankommt.

bb) Gegenständliche Beschränkung der Haftung

301 Die Haftung ist **auf den einzelnen Gegenstand beschränkt**, der dem Unternehmen zum Zeitpunkt der Entstehung der Betriebssteuern dient oder diente. Eine weiterführende Haftung ist nach § 74 AO nicht möglich. Das FG München hat hierzu in einem **Urteil v. 15.9.2005**[458] entschieden, dass auch **Grundstücke, die mit Grundpfandrechten belastet sind**, für Zwecke der Haftung dem Grunde nach ohne die wertmäßige Belastung heranzuziehen sind, da sich die Haftungsbeschränkung erst im Vollstreckungsverfahren auswirke.

e) Verfahrensrecht

302 Die Inanspruchnahme erfolgt durch **Haftungsbescheid**. Im Haftungsbescheid muss die Entscheidung zum Entschließungs- und Auswahlermessen begründet und gegenständliche Beschränkung angegeben werden. Die **Festsetzungsfrist** für eine auf § 74 AO beruhende Haftung beträgt **vier Jahre**. Sie beginnt mit Ablauf des Kalenderjahrs, in dem der Haftungstatbestand verwirklicht worden ist. Der Haftungstatbestand ist regelmäßig mit Entstehung der Betriebssteuern verwirklicht, da sich aus § 74 AO keine anderweitige Regelung ableiten lässt. Gemäß § 191 Abs. 3 Satz 5 AO endet die Festsetzungsfrist jedoch nicht, bevor die gegen den Steuerschuldner (Unternehmer) festgesetzte Steuer verjährt ist (**Ablaufhemmung**). Hierbei greift die Verjährungsfrist auf die Zahlungsverjährung i.S.d. § 228 AO zurück.

K. Vor- und Nachteile der Betriebsaufspaltung

I. Betriebsaufspaltungen als Gestaltungen des Mittelstands

303 Bei der **Grundsatzentscheidung**, ob eine Betriebsaufspaltung begründet werden soll, ist aus dem vorliegenden Beitrag ersichtlich geworden, dass es keine einheitliche Form der Betriebsaufspaltung gibt. Entsprechend kann eine Vorteils- und Nachteilsbetrachtung nur auf bestimmte Konstellationen eingehen.

Für den **Kapitalgesellschaftskonzern**, der in Form der kapitalistischen Betriebsaufspaltung zwar Zugang zu diesem Rechtsinstitut hat, ist die Betriebsaufspaltung als nicht relevant anzusehen.

Der **Schwerpunkt liegt in mittelständischem Bereich** bei den natürlichen Personen, aus deren Blickwinkel heraus die folgende Betrachtung erfolgt. Diese stehen grds. vor der Wahl, ihr unternehmerisches Engagement in der Rechtsform der **Personengesellschaft** (einer GmbH & Co. KG) oder der **Kapitalgesellschaft** (i.d.R. einer GmbH oder kleinen AG) durchzuführen. Die **Betriebsaufspaltung lässt sich als Variation zu diesen Grundformen** begreifen, indem Teile des für den gewerblichen Prozess notwendigen Betriebsvermögens dem operativen Rechtsträger nicht zu Eigentum, sondern nur zur Nutzung überlassen werden.

---

[458] FG München, Urt. v. 15.9.2005 – 14 K 2643/02 (JURISSTRE200670283).

> **Hinweis:**
>
> Natürlich ist es auch möglich, die Betriebsaufspaltung in einigen Fällen als betriebswirtschaftlich geplante Aufteilung von eigenständigen Funktionen, z.B. der Produktion- und Vertriebsfunktionen, in verschiedenen Gesellschaften zu strukturieren. Hierin liegt aber nicht der eigentliche Kern der hier angesprochenen Fälle der Betriebsaufspaltung, die zumindest aus ihrem historischen Werdegang heraus immer von dem Versuch der Haftungsbeschränkung oder Nachfolgeplanung einerseits und der Minderung der gewerbesteuerlichen Bemessungsgrundlage durch die gezielte Verlagerung von Einkommen geprägt war, was nicht zuletzt im Merkmal der sachlichen Verflechtung seinen Ausdruck gefunden hat.

II. Zivilrechtliche und wirtschaftliche Überlegungen

In zivilrechtlicher Sicht steht bei der Entscheidung für eine Betriebsaufspaltung regelmäßig der **Wunsch nach einer Haftungsbeschränkung** im Vordergrund. Die beim Besitzunternehmen verbleibenden Anlagegegenstände sind, abgesehen von der steuerlichen Haftung nach § 74 AO, im Idealfall der Haftung entzogen. Es ist jedoch fraglich, ob in der Praxis dieser Idealfall überhaupt Geltung beanspruchen kann, da in in diesen Konstellationen regelmäßig auch der oder die Besitzunternehmer, z.B. bei der Anschaffung eines nachträglich an die Betriebsgesellschaft verpachteten Grundstücks, ohnehin eine persönliche Haftung bei der Finanzierung eingehen müssen. 304

Zudem ist aufgezeigt worden, dass durch die Regeln **zur eigenkapitalersetzenden Gebrauchsüberlassung** gerade im **Insolvenzfall** die Handlungsmöglichkeiten erheblich eingeschränkt werden, da der Insolvenzverwalter das überlassene Wirtschaftsgut zwar nicht verwerten darf, es jedoch für die Dauer des Insolvenzverfahrens der Betriebsgesellschaft quasi unentgeltlich weiter zu überlassen ist. Hinzu treten in diesen Fällen auch noch oft die Gewinnrealisierung auf Grund des Vorteils der personellen Verflechtung und die damit verbundene Betriebsaufgabe, was zu Liquiditätsengpässen führt. Es lässt sich daher zum Aspekt der Haftungsbegrenzung zusammenfassend sagen, dass diese **nur bis zum Krisenfall** und nur idealtypisch funktioniert, danach jedoch erhebliche Beschränkungen in der Verfügungsgewalt auch über die zurückbehaltenen Wirtschaftsgüter bestehen. 305

Die **Gefahr der Durchgriffshaftung** nach den Grundsätzen des existenzvernichtenden Eingriffs ist auf Grund der Betriebsaufspaltung nicht größer als in dem Fall, in dem das unternehmerische Engagements über eine vollständig beherrschte Kapitalgesellschaft ohne Überlassung der wesentlichen Betriebsgrundlagen durchgeführt wird. Hier steht die Betriebsaufspaltung ohne Vor- aber auch ohne Nachteile dar. 306

Besondere Vorteile bietet die Betriebsaufspaltung dadurch, dass durch die Verlagerung von Einkünften in das Besitzunternehmen eine Trennung von unternehmerisch tätigen und „konsumierenden" Familienangehörigen möglich ist. So kann der Lebensunterhalt nicht aktiv unternehmerisch tätiger Familienmitglieder durch Pachtzinseinnahmen gesichert werden, gleichzeitig aber die Betriebs-GmbH durch Manager oder Familienmitglieder ohne Einflussnahme geführt werden. Zudem ermöglicht die Betriebsaufspaltung auch die **Nachfolgeplanung** im mittelständischen Bereich, da durch die Trennung in Betriebs- und Besitzunternehmen eine wertmäßige Gleichstellung aller Abkömmlinge erreicht werden kann, ohne dass der in Betriebsunternehmen befindliche operativen Geschäftsbereich von der Nachfolge beeinträchtigt wird. 307

Darüber hinaus bestehen Vorteile bei der Minimierung von Publizitätspflichten nach dem Bilanzrichtliniengesetz und arbeitsrechtliche Vorteile, da die Bildung eines Wirtschaftsausschusses und die Bildung von paritätischen Aufsichtsräten nach dem Mitbestimmungsgesetz in Einzelfällen vermieden werden können. 308

> **Hinweis:**
>
> Aus **zivilrechtlicher Sicht** ist die Begründung der Betriebsaufspaltung unter Abwägung aller Vorteile und Nachteile daher m.E. nur für vereinzelte Fälle zu empfehlen. Dies sind Nachfolgegestal-

> tungen und Fälle der unechten Betriebsaufspaltung, wenn z.B. einzelne wertvolle Wirtschaftsgüter nachträglich angeschafft und gezielt zur Absicherung von Einkünften im Alter verpachtet werden sollen, anstatt durch die Betriebsgesellschaft selbst angeschafft zu werden. Vor Gestaltungen **in Form des Wiesbadener Modells** ist bereits an anderer Stelle gewarnt worden, da diese bei negativer Entwicklung der persönlichen Beziehungen durch Trennung oder Scheidung zu existenziellen Gefahren führen können, wenn z.B. die durchgehende Nutzbarkeit eines wesentlichen Grundstücks nicht mehr gesichert ist.

III. Steuerliche Belastungssituation

1. Betriebsaufspaltung als Kind der steuerlichen Gestaltungsberatung

309 Die Betriebsaufspaltung ist **vorwiegend ein steuerlich motiviertes Rechtsinstitut**. Seitdem in den 30er-Jahren die ersten Gestaltungen auftauchten, ist es das Ziel der Betriebsaufspaltungen gewesen, die Gesamtsteuerlast hinsichtlich der laufenden Besteuerung zu senken. Dies geschieht, indem Einkünfte aus einem operativ tätigen Rechtsträger in die Sphäre des Besitzunternehmens verlagert werden. Ursprünglich zielte die Gestaltung auf die Senkung der gewerbesteuerlichen Belastung, indem durch den Betriebsausgabenabzug für die Pachtzinsen die gewerbesteuerliche Bemessungsgrundlage bei der Betriebs-GmbH oder Betriebs-GmbH & Co. KG gesenkt werden konnte und andererseits die Besitzunternehmer gewerbesteuerfreie Einkünfte aus Vermietung und Verpachtung nach § 21 EStG erzielten.

Die Rspr. zur typischen Betriebsaufspaltung lässt sich daher zu einem sehr wesentlichen Teil als **Gestaltungsgrenze** begreifen,[459] da sie im Ergebnis dazu führt, die Gewerblichkeit des Besitzunternehmens und damit die grundsätzliche Gewerbesteuerbarkeit für die Pachteinnahmen zu rechtfertigen. Heute hat dieser Aspekt der Betriebsaufspaltung das Hauptgewicht, da der frühere zweite wesentliche steuerliche Aspekt, die steuerneutrale Durchführung des Aufspaltungsvorgangs, auf Grund der Einführung von § 6 Abs. 6 Satz 2 EStG nicht mehr möglich ist.

2. Belastungsfaktoren

310 Es bleibt **als zentraler Vorteil** der Betriebsaufspaltung **in Form der typischen Betriebsaufspaltung** übrig, dass nach wie vor die von der Betriebs-GmbH gezahlten Geschäftsführervergütungen und gewährten Pensionszusagen, soweit sie nicht zu verdeckten Gewinnausschüttungen führen, die gewerbesteuerliche Bemessungsgrundlage mindern **und nicht zu den gewerblichen Einkünften** der Besitzunternehmer gehören. Hierin liegt ein entscheidender Vorteil der Betriebsaufspaltung im Vergleich mit einer typischen GmbH & Co. KG.

311 **Für die Pachteinnahmen** ist die Situation auf Grund der vorliegenden Rspr. zur Betriebsaufspaltung und den gewerbesteuerlichen Regelungen in §§ 8 Nr. 7 GewStG und 9 Nr. 4 GewStG durch den Einzelfall bestimmt. Diese bleiben nach **wie vor die entscheidenden Faktoren für die Steuerbelastung**, weil die Steuerermäßigung nach § 35 EStG in der Mehrzahl der Fälle nicht zu einer genauen Entlastung der Besitzunternehmer von Gewerbesteuer führt. Ziel der Steueroptimierung muss daher auch sein, das Leerlaufen von Anrechnungspotenzial zu vermeiden.

312 Für die Belastungswirkungen ist zwischen den **Betriebsaufspaltungen mit unterliegender Betriebsverpachtung** und der Überlassung einzelner Wirtschaftsgüter zu unterscheiden:

- Für die **Betriebsaufspaltung mit Betriebsverpachtung** regelt der Grundtatbestand des § 8 Nr. 7 Satz 1 GewStG, dass Pachtzinsen für jene Wirtschaftsgüter des Anlagevermögens, **die nicht in Grundbesitz bestehen**, bei der Ermittlung des Gewerbeertrags des Pächters – also bei der Betriebs-GmbH – **hälftig wieder hinzuzurechnen** sind. Die Hinzurechnung unterbleibt aber nach der Rückausnahme gemäß § 8 Nr. 7 Satz 2 1. Halbs. GewStG, wenn die Pachtzinsen **beim Empfänger** zur Gewerbesteuer heranzuziehen sind. Dies wäre bei der Betriebsaufspaltung grds. der Fall, da das Besitzunternehmen ebenfalls

---

[459] Vgl. Crezelius, StuW 1995, 313 ff.

K. Vor- und Nachteile der Betriebsaufspaltung

der Gewerbesteuer unterliegt. Nach der weiteren Rückausnahme in § 8 Nr. 7 Satz 2 2. Halbs. GewStG wird die Hinzurechnung bei der Betriebsgesellschaft **aber dennoch durchgeführt**, wenn der Betrag der Pachtzinsen **125.000 € übersteigt** und ein Betrieb (oder Teilbetrieb) Gegenstand der Verpachtung ist. Zur Vermeidung einer doppelten Belastung der Pachtzinsen wird (bei Eingreifen der zweiten Rückausnahme in § 8 Nr. 7 Satz 2) dann im Besitzunternehmen nach § 9 Nr. 4 GewStG die Kürzung des beim Pächter hinzugerechneten Betrags angeordnet.

- **Greift diese Hinzurechnung** oberhalb eines Pachtzinses i.H.v 125.000 € bei der Betriebs-GmbH **ein**, sind die **Steuerwirkungen gravierend**. Da sich der Pachtzins für abnutzbare Wirtschaftsgüter aus den Komponenten eines Kapitalverzinsungselements und dem auf die Wirtschaftsgüter entfallenden Abschreibung und Instandhaltungsaufwand (Afa-Ersatz) beim Verpächter zusammensetzt, führt die hälftige Hinzurechnung im wirtschaftlichen Ergebnis dazu, dass **die Abzugswirkung bei der Betriebs-GmbH gewerbesteuerlich aufgehoben** wird[460] und sich im Vergleich mit einer Kapitalgesellschaft, der die gepachteten Wirtschaftsgüter selbst gehören, keine Gewerbesteuerminderung mehr ergibt. Wird ein Betrieb- oder Teilbetrieb zu Pachtzinsen oberhalb der Grenze von 125.000 € überlassen, umfasst dieser Effekt auch die verpachteten nicht wesentlichen Betriebsgrundlagen als Bestandteile des verpachteten Betriebs.

- **Zur Vermeidung dieser Hinzurechnung** bieten sich **das Steuerberater-** und das **Schrumpfungsmodell** an, in denen weder eine Betriebs- noch eine Teilbetriebsverpachtung vorliegen. Innerhalb dieser Modelle ist aber die Höhe des angemessenen Pachtzinses nicht beliebig ausgestaltbar.

Bei der **Überlassung von Grundbesitz** an eine Betriebs-GmbH oder Betriebspersonengesellschaft führt die Rspr. zur Betriebsaufspaltung dazu, dass die **erweiterte Kürzung § 9 Nr. 1 Satz 2 GewStG** nicht angewendet werden kann. Die hierauf entfallenden Pachtzinsen sind gewerbesteuerlich ebenso hoch belastet wie der Gewinn des operativen Rechtsträgers mit diesem selbst gehörenden wesentlichen Betriebsgrundlagen. In diesen Fällen ist die Überlassung von Grundbesitz durch eine Schwesterkapitalgesellschaft an eine Betriebs-GmbH steuerlich effektiver als die Bildung einer Betriebsaufspaltung,[461] wie das folgende Berechnungsbeispiel von Teufel zeigt. Die **Überlassung von Betriebsgrundstücken** durch eine Schwesterkapitalgesellschaft bewirkt eine vollständige Freistellung der Nutzungsentgelte von der Gewerbesteuer. Die über die Schwesterkapitalgesellschaft „geleiteten" Teile des Gewinns werden nur mit Körperschaftsteuer (und Solidaritätszuschlag) sowie bei Ausschüttung zur Hälfte mit Einkommensteuer (und Solidaritätszuschlag) belastet. Das Optimierungspotenzial beträgt - 0,0955 (d.h. jeder Euro Netto-Nutzungsvergütung spart 9,55 Cent Steuern).

	reine KapG	KapG + Nutzungs-überlass.
Betriebs-KapG		
Gewinn v. Nutzungsvergütung	100,00	100,00
– Nutzungsvergütung	0,00	- 20,00
HB/StB-Gewinn vor Steuern	100,00	80,00
Gewerbeertrag	100,00	80,00
– Gewerbesteuer (400 %)	- 16,67	- 13,33
Gewinn nach Gewerbesteuer	83,33	66,67
– Körperschaftsteuer (25 %)	- 20,83	- 16,67
– Solidaritätszuschlag	- 1,15	- 0,92
Gewinn nach Steuern	61,35	49,08

---

460 Vgl. Teufel, Steuerliche Rechtsformoptimierung, S. 72.
461 Vgl. Teufel, Steuerliche Rechtsformoptimierung, S. 155.

Schwester-KapG		
Nutzungsvergütung		20,00
– Kürzung (§ 9 Nr. 1 S. 2 GewStG)		- 20,00
Gewerbeertrag		0,00
– Körperschaftssteuer (25 %)		- 5,00
Solidaritätszuschlag		- 0,28
Gewinn nach Steuern		14,73
Gesellschafter		
Dividenden beteil. Schwester-KapG		14,73
Dividenden beteil Betriebs.-KapG.	61,35	49,08
– steuerfrei 50 % (§ 3 Nr. 40 EStG)	- 30,68	- 31,90
zu versteuerndes Einkommensteuer	30,68	31,90
– Einkommensteuer (42 %)	- 12,88	-13,40
– Solidaritätszuschlag	- 0,71	- 0,74
Gesamtsteuerbelastung	**52,24**	**50,33**
Optimierungspotential		**- 0,0955**

314 Die Verlagerung von Einkünften **durch die Gewährung von Darlehen an die Betriebs-GmbH** oder die Betriebspersonengesellschaft ist im Vergleich mit der Belastungssituation der Darlehensgewährung eines Gesellschafters an die Kapitalgesellschaft ohne Betriebsaufspaltung nur **bedingt steuereffizient**. Durch das Zusammenwirken von hälftiger Hinzurechnung nach § 8 Nr. 1 GewStG bei der Betriebsgesellschaft, hälftiger Dividendenbesteuerung nach § 3 Nr. 40 EStG im Besitzunternehmen und der Steuerermäßigung nach § 35 EStG lassen sich durch geschickte Steuerung der Höhe der Darlehenszinsen und der damit noch zur Ausschüttung zur Verfügung stehenden Dividendenbeträge **Optimierungspotenziale** erschließen. Im Fall der mitunternehmerischen Betriebsaufspaltung, in denen das Besitzunternehmen selbst ein Darlehen gewährt, erfolgt eine hälftige Hinzurechnung der Darlehenszinsen nach § 8 Nr. 1 GewStG und wird die Steuerermäßigung nach § 35 EStG für die Erträge des Besitz- und Betriebsunternehmens gewährt, was aber im Vergleich mit dem Bezug hälftig besteuerter Dividenden weniger steueroptimal ist. In den Fällen, in denen in der Besitzgesellschafter in einer mitunternehmerischen Betriebsaufspaltung der Betriebspersonengesellschaft selbst ein Darlehen gewährt, gehört dieses im Darlehen sogar zum Sonderbetriebsvermögen des Darlehensgebers bei der Betriebspersonengesellschaft und wirkt sich somit der Zinsabzug steuerlich überhaupt nicht aus.

Die folgende Betrachtung geht kursorisch auf die einzelnen Formen der Betriebsaufspaltung (außerhalb der kapitalistischen Betriebsaufspaltung) ein und kommt zu dem Ergebnis, dass die **Sonderform der umgekehrten Betriebsaufspaltung** steuerlich am effektivsten ist.

3. Ertragsteuerliche Standortbestimmung

a) Vorteile der typischen Betriebsaufspaltung seit 1994

315 **Nach der Einführung von § 32c EStG** durch das StandOG **im Jahr 1994**, welcher im vollem Umfang auch auf die gewerblichen Einkünfte auf der Ebene der Besitzgesellschaft anwendbar war, hatte sich das Rechtsformpendel zu Gunsten der Personenunternehmungen verschoben. Der Betriebsaufspaltung kam hier **besondere Bedeutung** zu, da sie die Gewährung der einkommensteuerlichen Tarifbegrenzung beim Besitzunternehmen mit einer Verminderung der Bemessungsgrundlagen bei der Betriebskapitalgesellschaft (Abzugsfähigkeit angemessener Leistungsvergütungen) und gewerbesteuerliche Entlastungen

(Freibetrag und Staffeltarif beim Besitzunternehmen) kombinierte. Hinzu traten die Verrechenbarkeit von einkommensteuerlichen Verlusten des Besitzunternehmens mit anderen Einkünften der Besitzunternehmer und erbschaftsteuerliche Vergünstigungen für Betriebsvermögen (§ 13a ErbStG).

b) Wegfall von Argumenten für die Betriebsaufspaltung seit dem StEntlG 1999/2000/2002

Mit dem **Wegfall der Vermögensteuer** und der **Gewerbekapitalsteuer** entfiel ein wesentlicher Vorteil im Vergleich zur reinen Kapitalgesellschaft. Durch das **StEntlG 1999/2000/2002** wurde der Weg in die Betriebsaufspaltung zeitweise erschwert und das Abzinsungsgebot in § 6 Abs. 1 Nr. 3a EStG eingeführt, welches nachteiligen Einfluss auf die Pachterneuerungsrückstellung und die Bilanzierung von Sachwertdarlehen an die Betriebkapitalgesellschaft haben kann.

316

c) Weiterer Abbau von Vorteilen durch das UntStFG und StSenkG

aa) Typische Betriebsaufspaltung

Die Rahmenbedingungen für klassische Betriebsaufspaltungen haben sich **weiter verschlechtert**. Angesichts der Steuerermäßigung in § 35 EStG muss es nunmehr **Gestaltungsziel** sein, gewerbesteuerliche Belastungen auf der Ebene des Besitzunternehmens optimal in Ermäßigungspotenzial beim Gesellschafter umzusetzen. Hier besteht durch die Kürzung in § 9 Nr. 4 GewStG im Besitzunternehmen beim Eingreifen der Hinzurechnung nach § 8 Nr. 7 Satz 2 2. Halbs. GewStG auf der Ebene der Betriebs-GmbH die Gefahr des Verlusts von Anrechnungsvolumen im Vergleich zu einem Einheitsunternehmen, da die gewerbesteuerliche Bemessungsgrundlage bei der Betriebskapitalgesellschaft erhöht wird.[462] Tendenziell verkehrt sich die vor der Unternehmenssteuerreform bestehende Vorteilhaftigkeit der typischen Betriebsaufspaltung bei Pachtzinsen oberhalb von 125.000 € in ihr Gegenteil und führt zu Nachteilen gegenüber der reinen GmbH.[463]

317

bb) Mitunternehmerische Betriebsaufspaltung

Für eine **Standortbestimmung** kann auf die obigen Ausführungen zur klassischen Betriebsaufspaltung verwiesen werden, mit dem Unterschied, dass bei der mitunternehmerischen Betriebsaufspaltung Besitz- und Betriebsunternehmen gewerbliche Einkünfte i.S.d. § 35 EStG n.F. erzielen. Greifen die §§ 8 Nr. 7, 9 Nr. 4 GewStG ein, stellt sich die Problematik der Verschwendung von Anrechnungspotenzial daher in nicht so gravierender Form, da § 35 EStG sowohl für die Einkünfte im Besitz- und im Betriebsunternehmen anwendbar ist.

318

d) Gestaltungsvorteile der umgekehrten Betriebsaufspaltung

Kommt es bei einer **Betriebsaufspaltung mit unterliegender Betriebsverpachtung** zu einer Hinzurechnung nach den § 8 Nr. 7 Satz 2 GewStG bei der Betriebs-Personengesellschaft und einer Kürzung nach § 9 Nr. 4 GewStG bei der Besitz-Kapitalgesellschaft, so nützt die **umgekehrte Betriebsaufspaltung** die Ermäßigungsmöglichkeiten **aus § 35 EStG** im Idealfall optimal aus. Bei der Besitzkapitalgesellschaft führen die Kürzungen nicht zur Vernichtung von Anrechnungspotenzial, während die durch Hinzurechnungen erhöhten gewerblichen Einkünfte der Betriebs-Personengesellschaft durch die Hinzurechnung von Miet- und Pachtzinsen und Sonderbetriebseinnahmen den Kommanditisten mehr Anrechnungsvolumen vermitteln.[464] Zugleich ist es möglich, durch den Zufluss der Miet- und Pachtzinsen in der Besitz-GmbH Kapital steuergünstig unter Belastung mit dem niedrigen Körperschaftsteuersatz von 25 % zu thesaurieren. Eine ausführliche Darstellung und Berechnung der Vorteilhaftigkeit findet sich bei Kessler/Teufel.[465]

319

---

462 Vgl. Märkle, DStR 2002, 1109, 1110.
463 Vgl. die umfassenden Belastungsvergleiche von Kessler/Teufel, BB 2001, 17, 19 – 22.
464 Vgl. Märkle, DStR 2002, S. 1109, 1110; Förster/Brinkmann, BB 2002, 1289, 1293.
465 Kessler/Teufel, DStR 2001, 869, 873 ff.

4. Ausblick auf mittelfristige Reformen

320 Beim Ausblick auf mittelfristig anstehende Reformvorhaben ist zum einen das **Gesetz zur Sicherung der Unternehmensnachfolge** zu nennen, das auf einer Vereinbarung im Rahmen des Jobgipfels im März 2005, zurückgehend auf eine Initiative Bayerns, beruht.[466] Dieser zunächst in der letzten Legislaturperiode eingebrachte Gesetzesentwurf, welcher der Diskontinuität anheim gefallen ist, dürfte im Zusammenhang mit einer Entscheidung des BVerfG wieder eingebracht werden. **Ergänzend** ist noch ein ursprünglicher Gesetzesentwurf Hessens zu nennen, der eine Beschränkung des § 13a ErbStG auf die Übertragung von Mitunternehmeranteilen an gewerblich tätige und gewerblich infizierten Personengesellschaften zum Gegenstand hatte, dessen geplante Neuregelung jedoch noch nicht im bereits verabschiedeten Gesetz zur Bekämpfung steuerlicher Missbräuche enthalten war.[467]

Der Gesetzesentwurf des Gesetzes zur Sicherung der Unternehmensnachfolge vom 25.10.2006 ist von zwei grundsätzlichen Differenzierungen getragen. Zum einen sollen nur noch **sog. Produktivvermögen** steuerlich begünstigt werden, das grds. dem Betriebsvermögen i.S.d. ertragsteuerliche Betriebsvermögens entspricht aber im Gesetz legaldefinierte Vermögensgegenstände wie Geld und Geldforderungen, Wertpapiere, Kapitalgesellschaftsbeteiligungen bis 25 %, zur Nutzung überlassene Grundstücke und Rechte, zur Nutzung überlassene immaterielle Wirtschaftsgüter und bestimmte Wirtschaftsgüter des Sonderbetriebsvermögens von der Begünstigung ausnimmt, selbst wenn diese ertragsteuerliches Betriebsvermögen sind. **Für die Betriebsaufspaltung** ist eine **spezielle Regelung in § 28a Abs. 2 Satz 3 ErbStG-E vorgesehen**, nach der das vom Besitzunternehmen überlassener Vermögen als produktives Vermögen anzusehen ist. Allerdings erfasst die derzeitige Formulierung des Gesetzes die Fälle der Personengruppentheorie nicht. Ferner ist die **Unterscheidung in Großvermögen mit einem Wert über 100 Mio € und in Mittelstandsvermögen zentral**. Für Großvermögen können die die bisher bekannten Vergünstigungen in §§ 13a, 19a ErbStG zur Anwendung kommen, aber keine Stundung i.S.d. § 28 der jetzigen Fassung mehr genutzt werden. Für Mittelstandsunternehmen, d.h. Vermögen bis zu einem Wert von einschließlich 100 Mio. € wird die Entlastung statt durch einen Freibetrag künftig mit einer vorläufigen Stundung, gekoppelt mit einem ratierlichen Erlass der Steuer i.H.v. jährlich 10 % bei Fortführung des Unternehmens über einen Zeitraum von zehn Jahren verwirklicht. Es besteht daher bei Fortführung von mindestens zehn Jahren die Möglichkeit, die Besteuerung vollständig zu vermeiden.

Im Übrigen wird die **Technik zur Ermittlung der erbschaftsteuerlichen Bemessungsgrundlage neu geregelt**, es bleiben jedoch nach dem derzeitigen Entwurf die erbschaftsteuerliche Zuordnung und die Bewertungskriterien für Betriebsgrundstücke vorhanden. Neu ist, dass Kapitalgesellschaftsbeteiligungen über 25 % wie übergegangene Mitunternehmeranteile behandelt werden und das Betriebsvermögen der Kapitalgesellschaft zur Wertermittlung des Anteilssteuerwerts zu bewerten ist.

321 Weitere umfassende Reformvorhaben betreffen **die Neuordnung der gesamten Unternehmensbesteuerung zum 1.1.2008**. Hierzu liegt ein erster Referentenentwurf vom 5.2.2007 vor, der u.a. eine umfassende gewerbesteuerliche Hinzurechnung von Sachkapitaldarlehen und Dauerschulden vorsieht sowie eine Zinsschranke anstelle des § 8a KStG. Die Umsetzung dieser Vorschläge hätte schwere steuerliche Nachteile zur Folge.

---

466 BT-Drucks. 15/5555 v. 30.5.2005, dazu Söffing/Seitz, EStB 2006, 100 ff.
467 Vgl. zum Entwurf BR-Drucks. 890/05 v. 9.12.2005.

8. Kapitel: Internationales und europäisches Gesellschaftsrecht

Inhaltsverzeichnis

		Rn.
A.	**Sitztheorie und Gründungstheorie**	1
I.	Basis für die Anerkennung ausländischer Gesellschaften	1
II.	Geltung der Sitztheorie	10
	1. Bestimmung des Verwaltungssitzes	10
	2. Beachtlichkeit von Weiterverweisungen	14
	3. Ausländische Gesellschaften mit effektivem Verwaltungssitz im Inland	15
III.	Geltung des Gründungsstatuts für EU-Gesellschaften	16
IV.	Überseeische Länder und Gebiete der EU	24
V.	Geltung des Gründungsstatuts bei Gründung in einem EWR-Staat	26
VI.	Geltung der Gründungstheorie im Verhältnis zu den USA	27
VII.	Geltung der Gründungstheorie aufgrund bilateralen Staatsvertrags mit anderen Staaten	29
VIII.	Geltung der Gründungstheorie aufgrund des GATS?	31
IX.	Kontrolltheorie	32
B.	**Reichweite des Gesellschaftsstatuts**	33
I.	Grundsätzliches	33
	1. Qualifikation	33
	2. Einfluss der Niederlassungsfreiheit	35
II.	Gründung der Gesellschaft	37
	1. Materielle Voraussetzungen	37
	2. Formelle Voraussetzungen	42
III.	Innere Organisation	44
IV.	Kapitalverfassung und Durchgriffshaftung	48
	1. Kapitalverfassung	48
	2. Kollisionsrechtliche Behandlung der Durchgriffshaftung	50
	3. Existenzvernichtungshaftung	52
	4. Haftung wegen Unterkapitalisierung	54
	5. Haftung wegen Vermögensvermischung	55
	6. Eingehungsbetrug	56
V.	Haftung aus Insolvenzverschleppung	57
VI.	Firma	61
VII.	Rechnungslegung	63
VIII.	Umfang der Rechtsfähigkeit	65
IX.	Vertretung der Gesellschaft	67
X.	Beteiligung an anderen Gesellschaften, „Organfähigkeit"	70
XI.	Prozessuale Parteifähigkeit	75
XII.	Deliktsfähigkeit	76
XIII.	Wechsel- und Scheckfähigkeit	77
XIV.	Unternehmerische Mitbestimmung	78
XV.	Betriebliche Mitbestimmung	80
XVI.	Abtretung von Geschäftsanteilen	81
	1. Materielle Voraussetzungen für die Abtretung	82
	2. Formelle Wirksamkeit der Abtretung	84
	a) Einhaltung des Gesellschaftsstatuts (Gleichwertigkeitsfrage)	84
	b) Formwirksamkeit aufgrund Einhaltung der Ortsform	86
	3. Formwirksamkeit des Kausalgeschäfts	91
XVII.	Übergang der Geschäftsanteile kraft Gesetzes	93
	1. Übergang aufgrund von Erbfolge	94
	2. Übergang aus güterrechtlichen Gründen	96
	3. Übergang aufgrund von Umwandlungsakten	98
XVIII.	Konzernverhältnisse	99
XIX.	Formwechsel	101
XX.	Grenzüberschreitende Verschmelzung	102
	1. Verschmelzungsstatut	102
	2. Zulässigkeit der grenzüberschreitenden Verschmelzung nach deutschem materiellen Umwandlungsrecht	104
	3. Ersatzlösungen	109
	4. Einschränkungen der Kombinationslehre	110
	5. Anerkennung der Verschmelzung in Drittstaaten	113
XXI.	Liquidation und Löschung	114
C.	**Sitzverlegung**	117
I.	Verlegung des Verwaltungssitzes einer deutschen GmbH ins Ausland	117
	1. Kollisionsrechtliche Ebene	117
	2. Materiell-rechtliche Ebene	119
II.	Verlegung des statutarischen Sitzes einer deutschen GmbH ins Ausland	121
III.	Zuzug einer ausländischen Gesellschaft	125
D.	**Internationale Zuständigkeit der Zivilgerichte**	131
I.	Allgemeines	131
II.	Quellen des Internationalen Zivilprozessrechts	133
III.	Gerichtsstand nach der EuGVVO	135
	1. Allgemeiner internationaler Gerichtsstand der Gesellschaft	135
	2. Internationale Zuständigkeit für gesellschaftsinterne Streitigkeiten	137
	a) Ausschließliche Zuständigkeit aus Art. 22 Ziff. 2 EuGVVO	137
	b) Zuständigkeit aus Art. 5 Ziff. 1 EuGVVO: Ansprüche aus einem Vertrag	141
	c) Zuständigkeit aus Art. 5 Ziff. 3 EuGVVO: Ansprüche aus Delikt	142
	d) Zuständigkeit kraft Prorogation	144
E.	**Bezüge zum Internationalen Insolvenzrecht**	145

I. Allgemeines zum Internationalen Insolvenzrecht 145
II. Internationale Zuständigkeit zur Eröffnung des Insolvenzverfahrens 146
   1. Zuständigkeit zur Eröffnung eines Hauptinsolvenzverfahrens 146
   2. Zuständigkeit zur Eröffnung eines Partikularinsolvenzverfahrens 149
III. Rechtsanwendung im Insolvenzverfahren 154
IV. Anerkennung im Ausland eröffneter Insolvenzverfahren 158
F. **Rechtsetzung der EU** 159
I. Überblick 159
II. Primäres Gemeinschaftsrecht 162
III. Formen des Sekundärrechts 168
   1. Richtlinien 168
   2. Verordnungen 171
IV. Übersicht über die erlassenen gesellschaftsrechtlichen Richtlinien 173
   1. Erste gesellschaftsrechtliche Richtlinie ... 173
      a) Publizitätspflicht 173
      b) Weitere Schwerpunkte der Richtlinie ... 174
      c) Elektronisches Handelsregister 175
   2. Zweite gesellschaftsrechtliche Richtlinie .. 176
   3. Dritte gesellschaftsrechtliche Richtlinie ... 178
   4. Vierte gesellschaftsrechtliche Richtlinie .. 179
   5. Versuch einer fünften gesellschaftsrechtlichen Richtlinie 180
   6. Sechste gesellschaftsrechtliche Richtlinie .. 181
   7. Siebte gesellschaftsrechtliche Richtlinie ... 182
   8. Achte gesellschaftsrechtliche Richtlinie ... 184
   9. Gescheiterte Neunte Richtlinie 185
   10. Zehnte gesellschaftsrechtliche Richtlinie .. 186
      a) Inhalt 186
      b) Verschmelzungsverfahren 190
      c) Behandlung der Mitbestimmung 192
      d) Umsetzung in Deutschland 193
   11. Elfte gesellschaftsrechtliche Richtlinie ... 194
   12. Zwölfte Richtlinie 195
   13. Dreizehnte gesellschaftsrechtliche Richtlinie 198
   14. Vierzehnte gesellschaftsrechtliche Richtlinie 199
V. Weitere Vorhaben 201
   1. Richtlinienvorschlag zur Verantwortlichkeit der Direktoren und der Verbesserung der Informationen hinsichtlich der Finanzberichterstattung und Corporate Governance . 202
   2. Änderung der Kapitalrichtlinie 203
   3. Richtlinie über die Ausübung der Stimmrechte der Aktionäre 204
VI. Gesellschaftsrechtlichen Verordnungen 206
   1. Europäische Wirtschaftliche Interessenvereinigung 206
   2. Europäische Gesellschaft 207
   3. Europäische Genossenschaft 209
G. **Zweigniederlassungen ausländischer Gesellschaften im Inland** 210
I. Begriff der Zweigniederlassung 210
II. Zweigniederlassung oder Tochtergesellschaft – Vor- und Nachteile 214
III. Pflicht zur Eintragung der Zweigniederlassung im Handelsregister 216
IV. Inhalt der Anmeldung – insb. einer englischen limited company 220
V. Anlagen zur Anmeldung 221
VI. Form der Anmeldung 222
VII. Anmerkungen zu einzelnen Punkten der Anmeldung: 223
   1. Firma der Zweigniederlassung 223
   2. Unternehmensgegenstand (§ 13e Abs. 2 Satz 3 HGB) 226
   3. Ständiger Vertreter 229
   4. Angaben zum Geschäftsführer 232
   5. Höhe des Stammkapitals der Gesellschaft . 234
VIII. Anmeldung späterer Änderungen 235
   1. Allgemeines 235
   2. Anmeldung von Satzungsänderungen 236
   3. Löschung der Zweigniederlassung 238
   4. Auflösung und Löschung der Gesellschaft im Gründungsstaat 239
IX. Vor- und Nachteile der Verwendung einer limited im Inland 241
   1. Kostenvergleich 242
   2. Abtretung von Geschäftsanteilen 244
   3. Haftungsrisiko 246
   4. Mitbestimmung 247
   5. Besteuerung 248
   6. Sozial- und Gewerberecht 249
   7. Rechnungslegung 252
   8. Rechtliche Beratung 254
H. **Existenz- und Vertretungsnachweise bei ausländischen Gesellschaften** 255
I. Grundzüge 255
II. Besonderheiten bei Gesellschaften aus dem englischen Rechtskreis 256
III. Besonderheiten bei Gesellschaften aus den USA 262
   1. Anerkennung US-amerikanischer Gesellschaften in Deutschland 262
   2. Vertretung der corporation (inc.) 263
   3. Vertretung einer limited liability company (LLC) 264
   4. Trust 265
   5. Nachweis von Existenz und Vertretung 266
IV. Anerkennung ausländischer öffentlicher Urkunden 270

Kommentare und Gesamtdarstellungen:

v. Bar, Internationales Privatrecht, Bd. II, 1991; *Bechtel*, Umzug von Kapitalgesellschaften unter der Sitztheorie, 1999; *Eidenmüller*, Ausländische Kapitalgesellschaften im deutschen Recht, 2004; *Großfeld*, Internationales und Europäisches Unternehmensrecht, 2. Aufl. 1995; *Grundmann*, Europäisches Gesellschaftsrecht, 2004; *Hirte/Bücker*, Grenzüberschreitende Gesellschaften, 2005; *Höfling*, Das englische internationale Gesellschaftsrecht, 2002; *Kegel/Schurig*, Internationales Privatrecht, 9. Aufl. 2004; *Kropholler*, Internationales Privatrecht, 5. Aufl. 2004; *Lutter*, Europäische Auslandsgesellschaften in Deutschland, 2005; *Mellert/Verfürth*, Wettbewerb der Gesellschaftsformen, 2005; *Sandrock/Wetzler*, Deutsches Gesellschaftsrecht im Wettbewerb der Rechtsverordnung, 2004; *Schwarz*, Europäisches Gesellschaftsrecht, ein Handbuch für die Wissenschaft und Praxis, 2000; *Spahlinger/Wegen*, Internationales Gesellschaftsrecht in der Praxis, 2005; *Süß/Wachter*, Handbuch des internationalen GmbH-Rechts, 2006; *Tersteegen*, Kollisionsrechtliche Behandlung ausländischer Kapitalgesellschaft im Inland, 2002; *Weller*, Europäische Rechtsformwahlfreiheit und Gesellschafterhaftung, 2004; *Zimmer*, Internationales Gesellschaftsrecht – Das Kollisionsrecht der Gesellschaften und sein Verhältnis zum Internationalen Kapitalmarktrecht und zum Internationalen Unternehmensrecht, 1996.

Aufsätze und Rechtsprechungsübersichten:

Altmeppen, Schutz vor „europäischen" Kapitalgesellschaften, NJW 2004, 97; *ders. /Wilhelm*, Gegen die Hysterie um die Niederlassungsfreiheit der Scheinauslandsgesellschaften, DB 2004, 1083; *Apfelbaum*, Gütergemeinschaft und Gesellschaftsrecht, MittBayNot 2006, 185; *Baudenbacher/Buschle*, Niederlassungsfreiheit für EWR-Gesellschaften nach Überseering, IPRax 2004, 26; *Bayer*, Zulässige und unzulässige Einschränkungen der europäischen Grundfreiheiten im Gesellschaftsrecht, BB 2002, 2289; *ders.*, Die EuGH-Entscheidung „Inspire Art" und die deutsche GmbH im Wettbewerb der europäischen Rechtsordnungen, BB 2003, 2357; *Behrens*, Das Internationale Gesellschaftsrecht nach dem Centros-Urteil des EuGH, IPRax 1999, 323; *ders.*, Das Internationale Gesellschaftsrecht nach dem Überseering-Urteil des EuGH und den Schlussanträgen zu Inspire Art, IPRax 2003, 193; *ders.*, Gemeinschaftsrechtliche Grenzen der Anwendung inländischen Gesellschaftsrechts auf Auslandsgesellschaften nach Inspire Art, IPRax 2004, 20; *Binge/Thölke*, „Everything goes!"? – Das deutsche Internationale Gesellschaftsrecht nach Inspire Art, DNotZ 2004, 21; *Bitter*, Flurschäden im Gläubigerschutzrecht durch „Centros & Co."?, WM 2004, 2194, *Borges*, Gläubigerschutz bei ausländischen Gesellschaften mit inländischem Sitz, ZIP 2004, 733; *ders.*, Der rechtliche Status der im Registerstaat erloschenen Gesellschaft, IPRax 2005, 134; *Bungert*, Zur Rechtsfähigkeit US-amerikanischer Kapitalgesellschaften ohne gesellschaftlichen Schwerpunkt in den USA, WM 1995, 2125; *Drinhausen/Gesell*, Gesellschaftsrechtliche Gestaltungsmöglichkeiten grenzüberschreitender Mobilität von Unternehmen in Europa, BB-Special 8 2006, 3; *Dorr/Stukenborg*, „Going to the Chapel": Grenzüberschreitende Ehen im Gesellschaftsrecht, DB 2003, 647; *Drouven/Mödl*, US-Gesellschaften mit Hauptverwaltungssitz in Deutschland im deutschen Recht, NZG 2007, 7; *Ebert/Levedag*, Die zugezogene „private company limited by shares (Ltd.)" nach dem Recht von England und Wales als Rechtsformalternative für in- und ausländische Investoren in Deutschland, GmbHR 2003, 1337; *Ebke*, „Überseering": Die wahre Liberalität ist Anerkennung, JZ 2003, 927; *ders.*, Überseering und Inspire Art: Die Revolution im Internationalen Gesellschaftsrecht und ihre Folgen, in: FS für Thode, 2005, S. 593; *Eidenmüller*, Anmerkung zu den Schlussanträgen des Generalanwalts Colomer in der Rechtssache Überseering, ZIP 2002, 82; *ders.*, Mobilität und Restrukturierung von Unternehmen im Binnenmarkt, JZ 2004, 24; *ders.*, Europäisches und deutsches Gesellschaftsrecht im europäischen Wettbewerb der Gesellschaftsrechte, in: FS für Heldrich, 2005, S. 581; *ders./Rehberg*, Rechnungslegung von Auslandsgesellschaften, ZVglR Wiss 105 (2006), 427; *ders./Rehm*, Niederlassungsfreiheit versus Schutz des inländischen Rechtsverkehrs: Konturen des Europäischen Internationalen Gesellschaftsrechts, ZGR 2004, 159; *Forsthoff*, Rechts- und Parteifähigkeit ausländischer Gesellschaften mit Verwaltungssitz in Deutschland? – Die Sitztheorie vor dem EuGH, DB 2000, 1109; *ders.*, Abschied von der Sitztheorie, BB 2002, 318; *ders.*, Internationales Gesellschaftsrecht im Umbruch, DB 2003, 979; *Freitag/Leible*, Justizkonflikte im Europäischen Internationalen Insolvenzrecht und (k)ein Ende, RIW 2006, 641; *Geyrhalter/Gänßler*, Perspektiven nach „Überseering" – wie geht es weiter?, NZG 2003, 409; *Goette*, Wo steht der BGH nach „Centros" und „Inspire Art"?, DStR 2005, 197; *Goette*, Zu den Folgen der Anerkennung ausländischer Gesellschaften mit tatsächlichem Sitz im Inland für die Haftung ihrer Gesellschafter und Organe, ZIP 2006, 541; *Großerichter*, Ausländische Kapitalgesellschaften im deutschen Rechtsraum: Das deutsche Internationale Gesellschaftsrecht und seine Perspektiven nach der Entscheidung „Überseering", DStR 2003, 159; *v. Halen*, Das internationale Gesellschaftsrecht nach dem Überseering-Urteil des EuGH, WM 2003, 571; *J. Hoffmann*, Neue Möglichkeiten zur identitätswahrenden Sitzverlegung in Europa?, ZHR 164 (2000), 43; *ders.*, Das Anknüpfungsmoment der Gründungstheorie, ZVglRWiss 101 (2002) 283; *Horn*, Deutsches und europäisches Gesellschaftsrecht und die EuGH-Rechtsprechung zur Niederlassungsfreiheit – Inspire Art, NJW 2004, 893; *Kieninger*, Niederlassungsfreiheit als Rechtswahlfreiheit, ZGR 1999, 724; *dies.*, Internationales Gesellschaftsrecht nach „Centros", „Überseering" und „Inspire Art": Antworten, Zweifel und offene Fragen, ZEuP 2004, 685; *Kindler*, Niederlassungsfreiheit für Scheinauslandsgesellschaften?, NJW 1999, 1993; *ders.*, Auf dem Weg zur Europäischen Briefkastengesellschaft?, NJW 2003, 1073; *ders.*, „Inspire Art" – aus Luxemburg nichts Neues zum Internationalen Gesellschaftsrecht, NZG 2003, 1086; *Leible*, Niederlassungsfreiheit und Sitzverlegungsrichtlinie, ZGR 2004, 531; *ders./Hoffmann*, „Überseering" und das (vermeintliche) Ende der Sitztheorie, RIW 2002, 925; *dies.*, Vom „Nullum" zur Personengesellschaft – Die Metamorphose der Scheinauslandsgesellschaft im deutschen Recht, DB 2002, 2203; *dies.*, „Überseering" und das deutsche Gesellschaftskollisionsrecht, ZIP 2003, 925; *dies.*, Wie inspiriert ist „Inspire Art"?, EuZW 2003, 677; *Louven*, Umsetzung der Verschmelzungsrichtlinie, ZIP 2006, 2021; *Lutter*, „Überseering" und die Folgen, BB 2003, 7; *Maul/Schmidt*, Inspire Art – Quo vadis Sitztheorie?, BB 2003, 2297; *W. Meilicke*, Kommentar zu Inspire Art, GmbHR 2003, 1271; *Niemeyer*, GmbH und Limited im Markt der Unternehmensrechtsträger, ZIP 2006, 2237; *Paefgen*, Umwandlungen über die Grenze – ein leichtes Spiel?, IPRax 2004, 132; *Paulus*, Grundlagen des neuen Insolvenzrechts – Internationales Insolvenzrecht, DStR 2005, 334; *Rehm*, Vom Außenseiter zum Liebling? Liechtensteinische Gesellschaften mit deutschem Verwaltungssitz als unternehmerische Gestaltungsoption, Der Konzern 2006, 166; *Reichert/Weller*, Geschäftsanteilsübertragung mit Auslandsberührung, DStR 2005, 250 (Teil I); DStR 2005, 293 (Teil II); *W. H. Roth*, „Centros": Viel Lärm um nichts?, ZGR 2000, 311; *Schanze/Jüttner*, Anerkennung und Kontrolle ausländischer Gesellschaften – Rechtslage und Perspektiven nach der Übersee-Entscheidung des EuGH, AG 2003, 30; *dies.*, Die Entscheidung für Pluralität: Kollisionsrecht und Gesellschaftsrecht nach der EuGH-Entscheidung „Inspire Art", AG 2003, 661; *Schön*, Die Niederlassungsfreiheit von Kapitalgesellschaften im System der Grundfreiheiten, in: FS für Lutter, 2000, S. 685; *M. Schulz*, (Schein-)auslandsgesellschaften in Europa – ein Scheinproblem?, NJW 2003, 2705; *Sedemund*, EU-weite Verschmelzungen: Gesellschaftsrechtliche Vorgaben und steuerliche Implikationen des SEVIC-Urteils des EuGH vom 13.12.2005, BB 2006, 519; *Spahlinger/Wegen*, Deutsche Gesellschaften in grenzüberschreitenden Umwandlungen nach „Sevic" und der Verschmelzungsrichtlinie in der Praxis, NZG 2006, 721 *Spindler/Berner*, Inspire Art – der europäische Wettbewerb um das Gesellschaftsrecht ist endgültig eröffnet, RIW 2003, 949; *dies.*, Der Gläubigerschutz im Gesellschaftsrecht nach Inspire Art, RIW 2004, 7; *Süß*, Muss die Limited sich vor der Gündung einer Ltd. & Co. KG in das deutsche Handelsregister eintragen lassen? GmbHR 2005, 673; *Triebel/Hase*, Wegzug und grenzüberschreitende Umwandlungen deutscher Gesellschaften nach „Überseering" und „Inspire Art", BB 2003, 2409; *Ulmer*, Gläubigerschutz bei Scheinauslandsgesellschaften, NJW 2004, 1201; *ders.*, Insolvenzrechtlicher Gläubigerschutz gegenüber Scheinauslandsgesellschaften ohne hinreichende Kapitalausstattung?, KTS 2004, 291; *Wachter*, Auswirkungen des EuGH-Urteils in Sachen Inspire Art Ltd. auf Beratungspraxis und Gesetzgebung, GmbHR 2004, 88; *Wegen/Schlichte*, GmbH oder EU-inländische Gesellschaft – die Qual der Wahl für Unternehmer und Berater in der Praxis, RIW 2006, 801; *Weller*, Scheinauslandsgesellschaften nach Centros, Überseering und Inspire Art: Ein neues Anwendungsfeld für die Existenzvernichtungshaftung, IPRax 2003, 207; *ders.*, Das Internationale Gesellschaftsrecht in der neuesten BGH-Rechtsprechung, IPRax 2003, 324; *ders.*, Einschränkung der Gründungstheorie bei mißbräuchlicher Auslandsgründung?, IPRax 2003, 520; *ders.*, „Inspire Art": Weitgehende Freiheiten beim Einsatz ausländischer Briefkastengesellschaften, DStR 2003, 1800; *ders.*, Zum identitätswahrenden Wegzug deutscher Gesellschaften, DStR 2004, 1218; *Ziemons*, Freie Bahn für den Umzug von Gesellschaften nach Inspire Art?!, ZIP 2003, 1913; *ders.*, Mysterium „Centros", ZHR 164 (2000) 23; *ders.*, Wie es euch gefällt? Offene Fragen nach dem Überseering-Urteil des EuGH, BB 2003, 1; *ders.*, Nach „Inspire Art": Grenzenlose Gestaltungsfreiheit für deutsche Unternehmen?, NJW 2003, 3585; *ders.*, Grenzüberschreitende Rechtspersönlichkeit, ZHR 168 (2004) 355.

A. Sitztheorie und Gründungstheorie

I. Basis für die Anerkennung ausländischer Gesellschaften

1 Wenn eine im Ausland errichtete Gesellschaft **im Inland auftritt** und z.B. ein Grundstück kaufen will, eine Tochtergesellschaft gründet oder hier eine Zweigniederlassung errichtet, so stellt sich die Frage, ob dieses offenbar nicht den Bestimmungen des deutschen Rechts entsprechend errichtete Gebilde überhaupt als juristische Person anerkannt werden kann oder zumindest aus Sicht unseres Rechts rechtsfähig ist (**Anerkennungsfrage**).

2 Gemäß Art. 3 Abs. 1 EGBGB ist bei Sachverhalten mit einer Verbindung zum Recht eines ausländischen Staates **nach den Vorschriften des Internationalen Privatrechts** zu bestimmen, welche Rechtsordnung anzuwenden ist. Bei internationalen Sachverhalten verfährt man also im Internationalen Privatrecht (IPR) nach der sogenannten **kollisionsrechtlichen Methode**. Es wird zunächst geprüft, ob deutsches oder welches bestimmte andere Recht anzuwenden ist. Hiernach ist dann auch die Rechtsfähigkeit der Gesellschaft zu beurteilen. Die Rechtsfähigkeit wird in Deutschland nach dem **sog. Personalstatut** entschieden. Bei einer Handelsgesellschaft wird das Personalstatut als Gesellschaftsstatut bezeichnet. Dies ist die Rechtsordnung, nach der sich über die Rechtsfähigkeit hinaus die Gründung, die Organisation und die Liquidation der Gesellschaft – kurzum sämtliche gesellschaftsrechtlich einzuordnenden Fragen richten (Gesellschaftsstatut). Das internationale Gesellschaftsrecht regelt also die Anknüpfung des Gesellschaftsstatuts, die Bestimmung seines Regelungsbereichs sowie die Möglichkeiten und die Folgen eines Wechsels des Gesellschaftsstatuts.[1]

---

1 GK/Behrens, GmbHG, Einl. B Rn. 2.

Hiervon abzusondern sind die Vorschriften des deutschen Rechts, die ausländische Gesellschaften unmittelbar in bestimmten Beziehungen regeln. Hierbei handelt es sich um das **sog. Fremdenrecht**. Beispiel hierfür wären die für ausländische Kapitalgesellschaften geltenden besonderen Anforderungen an die Anmeldung einer Zweigniederlassung im Inland in den §§ 13d ff. HGB.

Das **Personalstatut natürlicher Personen** ist in Art. 7 EGBGB gesetzlich bestimmt. Danach unterliegt die Rechtsfähigkeit einer Person dem Recht des Staates, dem die Person angehört (Art. 7 Abs. 1 Satz 1 EGBGB). Das auf die Rechtsfähigkeit anwendbare Recht wird also **anhand der Staatsangehörigkeit** dieser Person bestimmt. Man sagt daher, das Personalstatut wird an die Staatsangehörigkeit „angeknüpft".

Das Personalstatut der Gesellschaften ist weder im EGBGB noch andernorts im deutschen Recht gesetzlich bestimmt. Eine juristische Person, eine Kapitalgesellschaft oder eine Personengesellschaft hat auch keine Staatsangehörigkeit, so dass insoweit auch **keine entsprechende Anwendung von Art. 7 EGBGB** in Betracht kommt. Dazu, wie das Gesellschaftsstatut zu bestimmen ist, gibt es **zwei grds. verschiedene Ansätze:**

Nach einer Ansicht unterliegt die Gesellschaft dem Recht, nach dem sie gegründet worden ist (**Gründungstheorie**). Die Gründungstheorie ist im 18. Jahrhundert in England entwickelt worden und sollte englischen Kaufleuten ermöglichen, auch im Ausland AG nach dem ihnen vertrauten englischen Recht zu errichten.[2] Infolge der Gründungstheorie können die Gründungsgesellschafter sich durch Wahl des Gründungsortes aussuchen, nach welchem Recht sie ihre Gesellschaft gründen wollen. Sie führt also zur Rechtswahlfreiheit.

Mittlerweile gilt die Gründungstheorie nicht nur im Vereinigten Königreich, den USA und allen anderen Ländern, die das englische Rechtssystem rezipiert haben sowie den meisten süd- und mittelamerikanischen Staaten. Auch in den Staaten des sog. kontinentalen Rechtssystems findet sie zunehmend Verbreitung, wie in der Schweiz, in Liechtenstein, den Niederlanden, Skandinavien und Osteuropa.

Der **besondere Vorteil der Gründungstheorie** liegt zum einen darin, dass das Gesellschaftsstatut immer einfach zu bestimmen ist (**Klarheit und Eindeutigkeit**). Es lässt sich bereits der Satzung oder der Handelsregistereintragung der Gesellschaft entnehmen. Es wechselt auch nicht dadurch, dass die Gesellschaft später einmal ihren Tätigkeitsschwerpunkt in ein anderes Land verlegt. Der weitere Vorteil ist also, dass die **Mobilität der Gesellschaften** erhöht wird. Eine im Inland gegründete Gesellschaft bleibt weiterhin dem Gründungsrecht unterworfen, wenn sie ins Ausland geht. Umgekehrt kann eine im Ausland wirksam errichtete Gesellschaft sich im Inland niederlassen, ohne dass sie befürchten muss, nun rechtliche Risiken einzugehen. Die Gründungstheorie korreliert daher mit einem liberalen Konzept des Gesellschaftsrechts.

Nach der sog. **Sitztheorie** genügt es für die Anerkennung einer im Ausland gegründeten Gesellschaft nicht, dass diese den Bestimmungen des dort geltenden Rechts entsprechend errichtet worden ist. Die Gesellschaft soll vielmehr den Regeln des Staates unterliegen, auf dessen Gebiet sie hauptsächlich tätig ist, in dem sie also den tatsächlichen Sitz ihrer Hauptverwaltung (**effektiver Verwaltungssitz**) hat. Für eine hauptsächlich im Inland tätige Gesellschaft genügt es daher nicht, dass diese im Ausland unter Einhaltung der dort geltenden Erfordernisse errichtet worden ist. Vielmehr muss sie die Vorschriften des inländischen Rechts einhalten, insb. was die Kapitalisierung, Haftung der Geschäftsführer, Kapitalaufbringung und Kapitalerhaltung, Durchgriffshaftung, Bilanzpublizität, Schutz von Minderheitsgesellschaftern, Arbeitnehmermitbestimmung angeht. Die Sitztheorie bezweckt damit den Schutz der Interessen des inländischen Rechtsverkehrs. Mit der Anknüpfung an den tatsächlichen Sitz der Hauptverwaltung wird das Recht des Staates, in dem die Gesellschaft schwerpunktmäßig tätig wird, zum Gesellschaftsstatut berufen.[3] Einer Umgehung drittschützender Normen des inländischen Gesellschaftsrechts wird hierdurch effektiv vorgebeugt. Insoweit passt die Sitztheorie also auf der Ebene des Internationalen Privatrechts gut zu einem Rechtssystem mit einem stärker regulierten materiellen Gesellschaftsrecht.

---

[2] Hierzu Großfeld, Internationales Unternehmensrecht, S. 43; Hoffmann, ZVglRWiss 101 (2002), 283; Höfling, Das englische Gesellschaftsrecht, S. 83 ff.

[3] So zu Recht GK/Behrens, GmbHG, Einl. B Rn. 16.

8 **Nachteil der Sitztheorie** ist, dass das Gesellschaftsstatut bei in mehreren Ländern tätigen Gesellschaften nur schwer feststellbar sein kann. Bei einer Verlagerung der Tätigkeit in einen anderen Staat besteht die Gefahr, dass damit auch der Sitz verlegt wird, mit der Folge, dass das bislang geltende Gesellschaftsrecht, aus dem die Gesellschaft ihre Rechtspersönlichkeit ableitet, nicht mehr gilt und stattdessen ein anderes Gesellschaftsrecht zur Anwendung gelangt, nach dem die Gesellschaft nicht wirksam gegründet worden ist (**Statutenwechsel**).

9 Da sich für die Anknüpfung an den Sitz der Gesellschaft zunehmend weit reichende Ausnahmen aufgrund der **Europäischen Gründungstheorie**[4] und vorrangiger Staatsverträge[5] ergeben, wird vielfach angenommen, die Fortgeltung der Sitztheorie für Gesellschaften aus sog. Drittstaaten (sog. **gespaltenes Kollisionsrecht**) bringe eine übermäßige Komplexität mit sich und müsse daher vermieden werden.[6] Bis zum Erlass einer legislativen Regelung, die offiziell die Anknüpfung an das Gründungsstatut vorschreibt,[7] bzw. einer eindeutigen Wendung der höchstrichterlichen Rspr. ist aber von der grds. Fortgeltung Sitztheorie auszugehen.[8]

II. Geltung der Sitztheorie

1. Bestimmung des Verwaltungssitzes

10 Maßgeblich für Anknüpfung ist nach der Sitztheorie allein der **tatsächliche (effektive) Verwaltungssitz** der Gesellschaft. Der statutarische (Satzungs-)Sitz der Gesellschaft ist für die Bestimmung des Gesellschaftsstatuts bedeutungslos. Nach der vom BGH rezipierten sog. **Sandrockschen Formel** befindet sich der tatsächliche Sitz der Hauptverwaltung am „Tätigkeitsort der Geschäftsführung und der dazu berufenen Vertretungsorgane, also dem Ort, wo die **grundlegenden Entscheidungen** der Unternehmensleitung effektiv in laufende Geschäftsführungsakte umgesetzt werden".[9] Der Ort der internen Willensbildung, also der Wohnsitz der Gesellschafter, der Ort der Aufsichtsratssitzungen, der Vorstands- und Geschäftsführerversammlungen ist nebensächlich. Entscheidend ist, wo die Gesellschaft **nach außen hin in Erscheinung tritt**. Dabei ist nicht einmal maßgeblich, ob diese Aufgabe durch einen organschaftlichen Vertreter oder einen anderen Angestellten mit faktisch umfassender Vertretungs- und Entscheidungskompetenz wahrgenommen wird.

> **Hinweis:**
> Dem Schutzcharakter der Sitztheorie entspricht es, dass es darauf ankommt, wo die Entscheidungen umgesetzt werden und die Gesellschaft nach außen in Erscheinung tritt, also den Ort, an dem das Tagesgeschäft der Gesellschaft durchgeführt wird, der Schwerpunkt des gesellschaftlichen Lebens.

---

4 Im Folgenden unter Rn. 16.
5 Im Folgenden unter Rn. 27 ff.
6 So vor allem Behrens, IPRax 2003, 206; ders. in: GK/Behrens, GmbHG, Einl. B Rn. 40; Eidenmüller, ZIP 2002, 2244; Leible/Hoffmann, RIW 2002, 935; AnwK-BGB/Hoffmann, Anh. zu Art. 12 EGBGB Rn. 140. Es ist zu berücksichtigen, dass vor allem Behrens und Hoffmann in diesen Fällen die Gründungstheorie nur eingeschränkt anwenden wollen, und insb. bei faktischen Inlandsgesellschaften in weitem Umfang im Wege einer „Sonderanknüpfung" deutsches Recht anwenden. Damit wird aber die einheitliche Anknüpfung auf die vordergründige Anerkennung beschränkt und auf zweiter Ebene durch eine komplexe Aufspaltung des Gesellschaftsstatuts für nicht privilegierte Gesellschaften wieder aufgehoben.
7 Vorschläge wurden schon verschiedentlich gemacht. Diese gehen nunmehr ausschließlich dahin, auch Gesellschaften aus nicht privilegierten Staaten auf der Basis der Anwendung des Gründungsrechts anzuerkennen.
8 BGH, NVwZ-RR 2006, 28 – zu einer Gesellschaft aus Panama; BayObLG, RIW 2003, 387; Forsthoff, in: Hirte/Bücker, Grenzüberschreitende Gesellschaften, § 2 Rn. 31; Palandt/Heldrich, BGB, Anh. zu Art. 12 EGBGB Rn. 2; Mankowski, RIW 2005, 486; Zimmer, ZHR 168 (2004), 365; ablehnend: AnwK-BGB/Hoffmann, Anh. zu Art. 12 EGBGB Rn. 140 wegen grds. Einwendungen gegen die Sitztheorie.
9 BGHZ 97, 269, 271 unter Bezugnahme auf Sandrock, in: FS für Beitzke, S. 669, 683.

Beispiel:

Eine in Dublin registrierte limited company irischen Rechts klagte 1998 vor dem LG Potsdam Maklerprovision ein. Die vertretungsberechtigten Organmitglieder des board of directors der limited company lebten und arbeiteten in London und auf den Kanalinseln. Die gewerbliche Tätigkeit der Gesellschaft wurde ausschließlich von einem in Berlin wohnenden „Generalbevollmächtigten" wahrgenommen, der in Deutschland belegene Immobilienobjekte vermittelte. Das LG Potsdam entschied daher zu Recht, dass die Gesellschaft ihren Verwaltungssitz in Deutschland habe.[10]

Bei in mehreren Ländern aktiven Gesellschaften ist der **Schwerpunkt der Tätigkeit zu ermitteln**. Da es hierbei ausschließlich auf die tatsächlichen Umstände ankommt, ist ein Beweis nur unter Darlegung der gesamten geschäftlichen Aktivitäten der Gesellschaft möglich. Nahezu unmöglich erscheint dies im Grundbuch- oder Handelsregisterverfahren zu leisten, wo der Nachweis in **öffentlich beglaubigter Form** zu führen ist.

Diesen **Nachweisschwierigkeiten** begegnet die Rspr. der OLG durch einen **Anscheinsbeweis** dahingehend, dass sich der tatsächliche Sitz der Hauptverwaltung in dem Staat befindet, nach dessen Recht die Gesellschaft **erkennbar organisiert ist**.[11] Demgegenüber möchte ein Teil der Lit. nach fremdem Recht gegründeten Gesellschaften stets die Pflicht zum Beweis des ausländischen Verwaltungssitzes auferlegen. Bei Gesellschaften aus sog. „Oasenstaaten" spreche sogar eine **allgemeine Vermutung** dafür, dass der Sitz sich nicht im Gründungsstaat befinde.[12] Praktische Folge letzterer Auffassung wäre, dass für jede Eintragung im Grundbuch oder Handelsregister von der ausländischen Gesellschaft Dokumentationen über den tatsächlichen Verwaltungssitz in öffentlicher Form vorgelegt werden müssten. Internationale Handelskammern und Wirtschaftsprüfer hätten die Aktivitäten der Gesellschaft im In- und Ausland zu begutachten.

Ausnahmsweise kann nach der Rspr. auf die Ermittlung des effektiven Verwaltungssitzes verzichtet werden, wenn ein solche nicht oder – unter Zugrundelegung aller relevanten Einzelheiten – nur unter großen Schwierigkeiten ausgemacht werden kann.

Beispiel:

Eine limited company agierte als Maklerin von Lufttransportkapazitäten. Die in verschiedenen Staaten wohnenden und hauptberuflich als Flugzeugpiloten tätigen Gesellschafter-Geschäftsführer handelten nicht von einem bestimmten Ort aus, sondern „durch die Welt fliegend" von ihren jeweiligen Einsatzorten aus. Es ließ sich nicht einmal eine einheitliche Verwaltung ausmachen, da sie zwar alle im Namen der Gesellschaft, ansonsten aber einzeln und weitgehend eigenständig handelten. Ein „Sitz der Hauptverwaltung" bestand damit nicht. Insb. erfolgte keine Tätigkeit vom Gründungsstaat aus – eine Tätigkeit war der Gesellschaft dort sogar gesetzlich untersagt („Nixtecs").[13]

Bei der Ermittlung eines Verwaltungssitzes wären in Nixtecs aufgrund der geringen Ortsbindung schon minimale Umstände ausschlaggebend gewesen. Nebensächlichkeiten, wie etwa ein mehrmaliges Treffen der Gesellschafter in demselben Flughafenhotel käme eine entscheidende Bedeutung zu.[14] Das OLG Frankfurt sah daher davon ab, einen Verwaltungssitz zu fixieren, und erklärte mangels eines Sitzes sei ausnahmsweise der Gründungstheorie zu folgen.[15]

Die Entscheidung ist richtig, denn **kein Staat kann geltend machen**, sein Rechtsverkehr sei durch die Tätigkeit der Gesellschaft so intensiv berührt, dass sich die Gesellschaft insgesamt seinem Gesellschaftsrecht unterstellen müsse. Darüber hinaus wird durch diese Entscheidung deutlich, dass auch die Sitztheorie letztlich die **Gründungstheorie zur Basis** hat und das Sitzrecht sich nur wie ein weiterer Filter da-

---

10 ZIP 1999, 2021 = DNotI-Report 2000, 26; bestätigt durch: OLG Brandenburg, RIW 2000, 798.
11 OLG München, NJW 1986, 2197, 2198; OLG Hamm, DB 1995, 137.
12 Z.B. MünchKomm-BGB/Kindler, IntGesR Rn. 451.
13 OLG Frankfurt, RIW 1999, 783 = GmbHR 1999, 1254 = IPRax 2001, 132 = ZIP 1999, 1710.
14 So wurde das Vorliegen des Verwaltungssitzes in Deutschland von der Beklagten damit begründet, dass der Alleingesellschafter, der wesentlichen Einfluss auf die Geschäfte nahm und die Geschäftsunterlagen stets bei sich trug, bei seiner Freundin in München lebe und seinen gewöhnlichen Aufenthalt habe.
15 Kritisch: Borges, RIW 2000, 167, 170.

rüber legt. Diese Kumulation zeigt sich z.B. daran, dass eine Kapitalgesellschaft nach der Sitztheorie nur dann als rechtsfähig anerkannt werden kann, wenn sich das Gründungsstatut mit dem Sitzrecht deckt.

2. Beachtlichkeit von Weiterverweisungen

Auf die **Verweisung auf das am Verwaltungssitz geltende Recht** ist auch das dort geltende IPR anzuwenden. Insb. ist nach Art. 4 Abs. 1 Satz 2 EGBGB eine Verweisung durch das am Verwaltungssitz geltende IPR auf das Recht eines dritten Staates (**Weiterverweisung**) oder auf das deutsche Recht (**Rückverweisung**) zu beachten.[16] Das kommt insb. dann vor, wenn das dortige internationale Gesellschaftsrecht auf der Gründungstheorie beruht und die Gesellschaft dem Recht unterstellt, nach dem sie gegründet worden ist.[17]

Beispiel:

Eine nach dem Recht der British Virgin Islands errichtete international business company will einen Geschäftsanteil an einer GmbH mit Sitz in Düsseldorf erwerben. Zum Nachweis der Existenz legt sie ein certificate of incorporation, ausgestellt vom Registrar of Companies in Tortola vor. Die ordnungsgemäße Vertretung belegt der Geschäftsführer der deutschen GmbH durch eine auf ihn lautende Vollmacht, die von einem Wirtschaftsprüfer mit Zulassung und Büro in Hongkong unterschrieben und dort notariell beglaubigt worden ist. Des weiteren reicht er ein certificate of incumbency ein, in welchem der im certificate of incorporation genannte registered agent der Gesellschaft bestätigt, dass der Wirtschaftsprüfer in Hongkong alleiniges Mitglied des board of directors der Gesellschaft sei und als solcher die Gesellschaft alleine vertreten könne.

Die international business company stellt nach dem Recht der BVI eine Form der offshore company dar. Derartige Gesellschaften dürfen im Gründungsstaat keine gewerbliche Tätigkeit entfalten. Beim registered agent handelt es sich um einen Angestellten, der zwingend einen Wohnsitz auf den BVI haben muss, aber lediglich für die interne Verwaltung der Gesellschaft, Meldungen zum Register etc. zuständig ist. Sein Büro vermag daher nicht den effektiven Verwaltungssitz der Gesellschaft zu begründen. Da prima facie rechtmäßiges Verhalten zu unterstellen ist, ist vielmehr von einem Verwaltungssitz außerhalb der British Virgin Islands auszugehen. Auf die Tätigkeit der von der company gehaltenen GmbH kommt es nicht an, da diese als selbständige Tochtergesellschaft einen eigenen Verwaltungssitz hat und einem eigenen Gesellschaftsstatut unterliegt. Da auch die Verwaltung der Beteiligung an der inländischen GmbH noch nicht zu einem effektiven Verwaltungssitz im Inland führt, ist dieser wohl in Hongkong anzusiedeln, da dort der alleinige director, welcher zur Leitung der Gesellschaft und zur Führung der Geschäfte berufen ist,[18] tätig wird. Damit verweist das deutsche Recht aufgrund des Sitzes der Gesellschaft auf das Recht von Hongkong.

Das internationale Gesellschaftsrecht von Hongkong wiederum beruht auf der Gründungstheorie und verweist damit[19] auf das Gesellschaftsrecht der BVI, da die Gesellschaft nach dem dort geltenden Recht errichtet worden ist. Diese Weiterverweisung hat der deutsche Rechtsanwender gemäß Art. 4 Abs. 1 Satz 2 EGBGB zu befolgen und so mittelbar die Gesellschaft nach Maßgabe der Gründungstheorie anzuerkennen. Auch Offshore-Gesellschaften sind mithin in Deutschland anzuerkennen, wenn sie ihren Verwaltungssitz in einem Gründungstheorie-Staat haben.[20]

Zu einer **Rückverweisung auf deutsches Recht** kann es kommen, wenn eine in Deutschland errichtete und im Handelsregister eingetragene Gesellschaft ihren effektiven Verwaltungssitz in einen Staat verlegt hat, der der Gründungstheorie folgt.[21]

---

16 BGHZ 161, 224 = DÖV 2005, 384 – zu einer in Panama errichteten Gesellschaft mit effektivem Verwaltungssitz in den Niederlanden; OLG Frankfurt, NJW 1990, 2204; MünchKomm-BGB/Kindler, IntGesR 485.

17 Z.B. England, Schweiz, Großbritannien, die Niederlande u.v.a.

18 Vgl. zum entsprechenden englischen Recht unten Rn. 232.

19 Triebel/Hodgson/Kellenter/Müller, Englisches Handels- und Wirtschaftsrecht, Rn. 1184.

20 Vgl. auch BGH, NJW 2004, 3707 zu einer Gesellschaft von den BVI mit tatsächlichem Hauptverwaltungssitz in Bangkok.

21 Hierbei handelt es sich um das Problem des „Wegzugs" inländischer Gesellschaften, hierzu unten Rn. 118.

3. Ausländische Gesellschaften mit effektivem Verwaltungssitz im Inland

Unterlag eine im Ausland gegründete Kapitalgesellschaft wegen effektiven Verwaltungssitzes in Deutschland deutschem Recht,[22] so wurde lange Zeit angenommen, es handele sich um ein „**Nullum**".[23] Seit der Entscheidung des II. Senats des BGH vom 1.7.2002 ist jedoch anerkannt, dass diese Konstellation **nach den kollisionsrechtlichen Regeln** für einen internationalen Statutenwechsel zu behandeln ist.[24] Die im Ausland gegründete Gesellschaft ist vom Zuzug an also nach den Bestimmungen des deutschen Rechts neu zu beurteilen. Soweit sie mehrere Gesellschafter hat, kommt daher zunächst die Behandlung als **Personengesellschaft deutschen Rechts** in Betracht. Für eine Behandlung als Vor-GmbH ergibt sich zumeist schon deswegen kein Raum, weil die Gesellschaft nicht im deutschen Handelsregister eingetragen werden sollte. Soweit der Geschäftsbetrieb die Anforderungen an einen kaufmännischen Gewerbebetrieb i.S.v. § 1 HGB erfüllt, liegt also eine OHG vor, die gemäß § 124 Abs. 1 HGB rechts- und parteifähig ist.[25] Allerdings ließ sich mit dieser Rspr. nicht, wie wohl von einigen erhofft, der Einzug der Gründungstheorie für die EU-Auslandsgesellschaften verhindern. Denn deren Gesellschafter hätten nicht nur mit dem Umzug der Gesellschaft nach Deutschland ihre **Haftungsbegrenzung verloren** – eine Benachteiligung, die sich kaum rechtfertigen ließe.[26] Die Umwandlung in eine Personengesellschaft scheitert darüber hinaus in allen Fällen der Ein-Personen-Kapitalgesellschaft, was wohl die Mehrheit der Fälle betreffen würde.

III. Geltung des Gründungsstatuts für EU-Gesellschaften

Art. 43 des EGV verbietet sämtliche **Beschränkungen der freien Niederlassung** von Staatsangehörigen eines Mitgliedstaats im Hoheitsgebiet eines anderen Mitgliedstaats (**primäre Niederlassungsfreiheit**). Das Gleiche gilt für Beschränkungen der Gründung von Agenturen, Zweigniederlassungen oder Tochtergesellschaften durch Angehörige eines Mitgliedstaats, die im Hoheitsgebiet eines Mitgliedstaats ansässig sind (**sekundäre Niederlassungsfreiheit**). Art. 48 EGV erstreckt diese Freiheiten auf die nach den Rechtsvorschriften eines Mitgliedstaats gegründeten Gesellschaften, die ihren satzungsmäßigen Sitz, ihre Hauptverwaltung oder ihre Hauptniederlassung innerhalb der Gemeinschaft haben.

Wegen dieses klaren Wortlauts ging zunächst in Deutschland die Lehre davon aus, die Sitztheorie verstoße insoweit gegen die Niederlassungsfreiheit, als bei einer in einem anderen Mitgliedstaat gegründeten Gesellschaft die **Anerkennung in Deutschland nicht mehr gegeben** sei, wenn der effektive Verwaltungssitz nach Deutschland verlegt worden ist.[27]

1988 entschied der EuGH im Fall „**Daily Mail**",[28] dass Großbritannien nicht das Recht auf Niederlassungsfreiheit verletze, wenn es die Verlegung der Geschäftsleitung einer Gesellschaft von London aus in die Niederlande von einer vorherigen Genehmigung durch das englische Schatzamt abhängig mache mit folgenden Leitsätzen:

---

22 Hierbei handelt es sich um das Problem des „Zuzugs" ausländischer Gesellschaften, dazu unten Rn. 125.
23 BGH, NZG 2000, 926 = IPRax 2000, 423 = RIW 2000, 555 = ZIP 2000, 967 = BB 2000, 1106; BayObLG, DB 1998, 2318; OLG München, NJW-RR 1995, 703; Staudinger/Großfeld, IntGesR, Rn. 427; anscheinend ging auch der VII. Senat des BGH in seinem Vorlagebeschluss in der Sache „Überseering" (BGH, IPRax 2000, 423 = RIW 2000, 555 = ZIP 2000, 967 = BB 2000, 1106) von dieser Ansicht aus.
24 BGHZ 151, 204 = NJW 2002, 3539 = IPRax 2003, 62 (mit Besprechung Kindler) = BB 2002, 2031 = ZIP 2002, 1763 = DB 2002, 2039 = GmbHR 2002, 1021 = RJW 2002, 877 = WM 2002, 1929; vgl. auch die Besprechung von Leible/Hoffmann, DB 2002, 2203.
25 Siehe Eidenmüller/Rehm, ZGR 1997, 89, 91; Zimmer, Internationales Gesellschaftsrecht, S. 303. Das Entstehen einer Handelsgesellschaft kraft Eintragung gemäß § 105 Abs. 2 HGB scheitert in diesen Fällen regelmäßig daran, dass die Gesellschaft nicht im Inland registriert ist.
26 Vgl. den Vier-Kriterien-Test, unten Rn. 36.
27 Siehe z.B. von Bar, Internationales Privatrecht, Bd. I, Rn. 170; Behrens, RabelsZ 52 (1988), 498, 520; Drobnig, in: von Bar, Europäisches Gemeinschaftsrecht und IPR, S. 185 ff.; Grothe, Die ausländische Kapitalgesellschaft & Co., S. 125; Knobbe-Keuk, DB 1990, 2580.
28 EuGHE 1988, 5507 = NJW 1989, 2186 = JZ 1989, 384 mit Anm. Großfeld/Luttermann = IPRax 1989, 381 mit Anm. Behrens = RIW 1989, 304 mit Anm. Sandrock/Austermann = DB 1989, 269 mit Anm. Ebenroth/Eyles.

Der **EWG-Vertrag** betrachtet die Unterschiede, die die Rechtsordnungen der Mitgliedstaaten hinsichtlich der für ihre Gesellschaften erforderlichen Anknüpfung sowie der Möglichkeit und ggf. der Modalitäten einer Verlegung des satzungsmäßigen oder wahren Sitzes einer Gesellschaft nationalen Rechts von einem Mitgliedstaat in einen anderen aufweisen, als Probleme, die durch die Bestimmungen über die Niederlassungsfreiheit nicht gelöst sind, sondern einer Lösung **im Wege der Rechtssetzung oder des Vertragsschlusses** bedürfen; eine solche wurde jedoch noch nicht gefunden. Unter diesen Umständen gewähren die Art. 52 und 58 EWG-Vertrag beim derzeitigen Stand des Gemeinschaftsrechts einer Gesellschaft, die nach dem Recht eines Mitgliedstaats gegründet ist und in diesem ihren satzungsmäßigen Sitz hat, **nicht das Recht**, den Sitz ihrer Geschäftsleitung in einen anderen Mitgliedstaat zu verlegen.

Die **Richtlinie 73/148** zur Aufhebung der Reise- und Aufenthaltsbeschränkungen für Staatsangehörige der Mitgliedstaaten innerhalb der Gemeinschaft auf dem Gebiet der Niederlassung und des Dienstleistungsverkehrs betrifft nach Titel und Text **nur Reise und Aufenthalt von natürlichen Personen**. Aufgrund ihres Inhalts können ihre Bestimmungen auf juristische Personen nicht analog angewandt werden. Die Richtlinie 73/148 gibt daher einer Gesellschaft nicht das Recht, den Sitz ihrer Geschäftsleitung in einen anderen Mitgliedstaat zu verlegen.

18 Der Fall hatte eigentlich mit der Sitztheorie nichts zu tun, denn in Großbritannien galt **schon damals die Gründungstheorie**. Die Verlegung der Geschäftsleitung in das Ausland war allein **aus steuerlichen Gründen** der Genehmigung (Offenlegung stiller Reserven vor der „Entstrickung") erforderlich. Der EuGH führte aus, die Gleichstellung der Anknüpfungsmerkmale des Satzungssitzes, der Hauptverwaltung und der Hauptniederlassung in Art. 58 EGV[29] zeige, dass der EG-Vertrag die Bestimmung des Gesellschaftsstatuts und die Zulässigkeit und Folgen grenzüberschreitender Sitzverlegungen als Probleme ansehe, die durch den Vertrag nicht unmittelbar gelöst würden.

19 Dieses **obiter dictum** wurde von der h.L. und der Rspr. als Bestätigung dafür genommen, dass die der Gewährung der Niederlassungsfreiheit vorgreifliche Frage, ob eine Gesellschaft wirksam gegründet und überhaupt rechtsfähig sei, **vom nationalen Kollisionsrecht** entschieden und unter Zugrundelegen der Sitztheorie verneint werden dürfe.[30]

Diese Zuversicht währte bis zur Entscheidung des EuGH in Sachen **„Centros"** vom 9.3.1999.[31] Dort hatten zwei in Dänemark lebende Dänen in England die Centros Ltd. als **private limited company** mit einem Stammkapital von 100 £ gegründet. Alleiniger Zweck war die Errichtung einer Zweigniederlassung in Dänemark. Die dänischen Behörden lehnten die Eintragung der „Zweigniederlassung" in das Handelsregister mit der Begründung ab, dass die Gesellschafter mit der Errichtung der limited company in England und der anschließenden Errichtung der Zweigniederlassung in Dänemark die Aufbringung des vom dänischen Recht **vorgeschriebenen Mindestkapitals** umgehen wollten – was von den Klägern nicht bestritten wurde. Das sei eine unzulässige Umgehung.

20 Der EuGH erklärte die Verweigerung der Eintragung der Zweigniederlassung durch die dänischen Behörden für **unzulässig**. Die Ablehnung verletze das im EU-Vertrag niedergelegte Recht auf Niederlassungsfreiheit. Die **Ausnützung** in einem anderen EG-Mitgliedstaat geltender vorteilhafter gesellschaftsrechtlicher Bestimmungen sei legitim und dürfe nicht als Missbrauch behandelt werden.

Die Entscheidung löste in Deutschland eine **lebhafte Kontroverse** aus. Viele behaupteten sofort, die Sitztheorie sei nun zumindest bei der Anerkennung von Gesellschaften aus anderen EU-Mitgliedstaaten

---

29   = Art. 48 EGV a.F.
30   Von Bar, Internationales Privatrecht, Bd. II, Rn. 633: „Die Anknüpfung an den effektiven Verwaltungssitz einer Gesellschaft steht heute gefestigter da, als jemals zuvor"; Behrens, IPRax 1989, 357; ders. ZGR 1994, 20 f.; Staudinger/Großfeld, IntGesR, Rn. 123.
31   Centros Ltd../. Erhvervs- og Selskabsstyrelsen, EuGH 1999 I, 1484 = NJW 1999, 2017 = NZG 1999, 298 = JZ 1999, 669 = RIW 1999, 447; EWS 1999, 201 = BB 1999, 809 = GmbHR 1999, 474 = IPRax 1999, 361 = JZ 1999, 669 = WM 1999, 956 = ZIP 1999, 438.

endgültig obsolet.[32] Andere wiesen darauf hin, dass in Dänemark die Gründungstheorie galt, so dass die englische limited company dort als rechtsfähig anzuerkennen war und die dortigen Behörden sich ausschließlich auf den Missbrauchsvorwurf stützen konnten. Damit sei die Entscheidung für die Sitztheorie ohne Bedeutung.[33] **Der österreichische OGH** entschied schon kurze Zeit nach Centros, die in Österreich sogar in § 10 IPRG gesetzlich festgeschriebene Sitztheorie bei Errichtung einer Zweigniederlassung durch eine englische limited company außer Acht zu lassen.[34]

Zur Klärung dieser Fragen legte der VII. Senat des BGH daher in der Sache Überseering diese Frage dem EuGH vor. Es ging um eine in den Niederlanden gegründete GmbH, die **Überseering B.V.** Diese klagte gegen eine deutsche GmbH. Noch vor Klageerhebung allerdings waren die Geschäftsanteile an der B.V. von den ursprünglichen, in den Niederlanden lebenden Gesellschaftern auf zwei in Düsseldorf lebende Personen übertragen worden, die von da an von Düsseldorf aus die Geschäfte der Gesellschaft betrieben. Der **BGH verneinte die Parteifähigkeit** der B.V., da die Gesellschaft wegen ihres effektiven Verwaltungssitzes im Inland nach dem deutschen Recht zu beurteilen sei und mangels Eintragung im deutschen Handelsregister nicht wirksam gegründet sei. Ihr gehe daher die Rechtsfähigkeit und damit auch die Parteifähigkeit ab.[35]

21

Der EuGH entschied auf die Vorlage – im Wege der Plenarentscheidung – dass es gegen die Niederlassungsfreiheit **verstoße**, wenn einer Gesellschaft, die in einem Mitgliedstaat gegründet worden ist in einem anderen Mitgliedstaat die **Rechts- und Parteifähigkeit abgesprochen werde**, weil angenommen wird, dass sie ihren tatsächlichen Verwaltungssitz dorthin verlegt hat. Mache eine Gesellschaft, die in dem Staate, in dessen Hoheitsgebiet sie ihren satzungsmäßigen Sitz hat, gegründet worden ist, in einem anderen Mitgliedstaat von ihrer Niederlassungsfreiheit Gebrauch, so sei der andere Mitgliedstaat nach den Art. 43 und 48 EGV verpflichtet, die Rechts- und Parteifähigkeit, die diese Gesellschaft nach dem Recht ihres Gründungsstaats besitzt, zu achten.[36] Der EuGH hat die Vorlagefrage daher **wie folgt beantwortet**:

22

1. Es verstößt gegen die Art. 43 EG und 48 EG, wenn einer Gesellschaft, die nach dem Recht des Mitgliedstaats, in dessen Hoheitsgebiet sie ihren satzungsmäßigen Sitz hat, gegründet worden ist und von der nach dem Recht eines anderen Mitgliedstaats angenommen wird, dass sie ihren tatsächlichen Verwaltungssitz dorthin verlegt hat, in diesem Mitgliedstaat die Rechtsfähigkeit und damit die Parteifähigkeit vor seinen nationalen Gerichten für das Geltendmachen von Ansprüchen aus einem Vertrag mit einer in diesem Mitgliedstaat ansässigen Gesellschaft abgesprochen wird.

2. Macht eine Gesellschaft, die nach dem Recht des Mitgliedstaats gegründet worden ist, in dessen Hoheitsgebiet sie ihren satzungsmäßigen Sitz hat, in einem anderen Mitgliedstaat von ihrer Niederlassungsfreiheit Gebrauch, so ist dieser andere Mitgliedstaat nach den Art. 43 EG und 48 EG verpflichtet, die

---

32 Die Stellungnahmen zu dieser – wie auch den beiden im Weiteren genannten – gesellschaftsrechtlichen Leitentscheidungen des EuGH in der gesellschaftsrechtlichen Lit. in Deutschland sind kaum zu übersehen. Hier – wie im Weiteren – seien daher jeweils nur einige wenige Stellungnahmen beleghaft herausgegriffen: Meilicke, DB 1999, 625 ff.; Neye, EWiR 1999, 259 f.; Sedemund/Hausmann, BB 1999, 810; Kieninger, ZGR 1999, 724; Sandrock, BB 1999, 1337; Steindorff, JZ 1999, 1140; Werlauff, ZIP 1999, 867.

33 OLG Hamm, NJW 2001, 2183; OLG Düsseldorf, NJW 2001, 2184; Ebke, JZ 1999, 656; Görk, MittBayNot 1999, 300 ff.; Palandt/Heldrich, BGB, Anh. zu Art. 12 EGBGB Rn. 2; Kindler, NJW 1999, 1993 ff.; Münch-Komm-BGB/Kindler, IntGesR 368 ff.; Bamberger/Roth/Mäsch, BGB, Anh. zu Art. 12 EGBGB Rn. 13; Sonnenberger/Großerichter, RIW 1999, 721; Roth, ZGR 2000, 326.

34 OGH, NZG 2000, 36 = JZ 2000, 1999.

35 BGH, NZG 2000, 926 = IPRax 2000, 423 = RIW 2000, 555 = ZIP 2000, 967 = BB 2000, 1106.

36 EuGH, NJW 2002, 3614 = DNotI-Report 2002, 182 = DNotZ 2003, 139 = IPRax 2003, 65 mit Anm. Behrens = RIW 2002, 945 = ZIP 2002, 2037 = WM 2002, 2372 = JZ 2003, 947 = GmbHR 2002, 1137. Dazu auch Ebke, JZ 2003, 927; Eidenmüller, ZIP 2002, 2233; Forsthoff, DB 2003, 979; Großerichter, DStR 2003, 159; Kallmeyer, DB 2002, 2521; Kindler, NJW 2003, 1073; Leible/Hoffmann, ZIP 2003, 925; Lutter, BB 2003, 7; Meilicke, GmbHR 2003, 793; Merkt, RIW 2003, 458; Roth, IPRax 2003, 117; Schanze/Jüttner, AG 2003, 30; Weller, IPRax 2003, 207; Zimmer, RabelsZ 67 (2003), 298.

Rechtsfähigkeit und damit die Parteifähigkeit zu achten, die diese Gesellschaft nach dem Recht ihres Gründungstaats besitzt.

23 Dementsprechend hat der **BGH nach Abschluss des Vorlageverfahrens** in Sachen Überseering entschieden, dass eine Gesellschaft nach deutschem internationalen Gesellschaftsrecht hinsichtlich ihrer Rechtsfähigkeit dem Recht des Mitgliedstaates zu unterstellen sei, **in dem sich gegründet worden ist** und in dem sie weiterhin ihren satzungsmäßigen Sitz hat.[37] Im Verhältnis zu Gesellschaften, die in einem anderen EU-Mitgliedstaat nach dem dort geltenden Recht gegründet worden ist, gilt also die Gründungstheorie, so dass die Gesellschaft ohne Rücksicht darauf anzuerkennen ist, in welchem Staat sie ihren effektiven Verwaltungssitz hat.

Seine Fortsetzung hat diese anerkennungsfreundliche Rspr. des EuGH in der Entscheidung **Inspire Art** gefunden, wo es nicht mehr um die Bestimmung des Gesellschaftsstatuts, sondern um dessen Reichweite ging.[38]

IV. Überseeische Länder und Gebiete der EU

24 Fraglich ist, ob sich die europäische Gründungstheorie auch auf Gesellschaften bezieht, die in **außereuropäischen Ländern und Hoheitsgebieten**, die mit Dänemark, Frankreich, den Niederlanden und dem Vereinigten Königreich besondere **Beziehungen unterhalten** (Art. 182 Abs. 1 EGV) gegründet worden sind. Diese werden nach Maßgabe ergänzender Beschlüsse auch in den Rahmen der Niederlassungsfreiheit einbezogen (Art. 183 Abs. 5 EGV). **Der Anhang II zum EGV** enthält eine Liste mit 20 Ländern und Gebieten. Hierunter befinden sich zahlreiche bekannte Steuerparadiese, wie z.B. die Niederländischen Antillen, die Cayman Islands, die Turks and Caicos Islands, die British Virgin Islands und Bermuda. Die **Anerkennung von Briefkastengesellschaften** aus diesen Ländern ist daher eine Frage besonderer praktischer und politischer Bedeutung.

25 Der **BGH** scheint die Frage bejahen zu wollen. In seiner Entscheidung vom 13.9.2004[39] führt er aus, dass die Rechts- und Parteifähigkeit der Beklagten als „Ltd." nach dem Recht der British Virgin Islands, die gemäß Art. 183 Abs. 1, 183 Nr. 5 EGV i.V.m. dem Anhang II EGV in den Geltungsbereich der Niederlassungsfreiheit gemäß Art. 43 ff. EGV einbezogen sind, auch dann gegeben sei, wenn der **tatsächliche Verwaltungssitz** der Beklagten sich **in Deutschland** befinden sollte.

Diese Folgerung beruht auf einer unzutreffenden Auslegung des EGV. Zunächst gilt die Niederlassungsfreiheit im Verhältnis zu diesen Ländern nicht uneingeschränkt, sondern **gemäß Art. 45, 45 des Übersee-Assoziierungsbeschlusses** nur nach Maßgabe der im Rahmen des GATS (General Agreement on Trade in Services) eingegangenen Verpflichtungen. Es verbleibt daher bei einem Nichtdiskriminierungsgrundsatz,[40] der also **keine vorbehaltlose Anerkennung** mit sich bringt.[41] Darüber hinaus verlangt Art. 45 Abs. 1 lit. a des Übersee-Assoziierungsbeschlusses eine tatsächliche und dauerhafte Verbindung mit der Wirtschaft des betreffenden assoziierten Landes bzw. Gebietes. Bei einer reinen Offshore-Gesellschaft, die schon kraft Gesetzes in dem Gründungsstaat sich wirtschaftlich nicht engagieren darf, ist dies nicht gegeben.[42]

V. Geltung des Gründungsstatuts bei Gründung in einem EWR-Staat

26 Die Art. 31 und 34 des **Abkommens über den Europäischen Wirtschaftsraum** (EWR) von 1992 enthalten mit den Freizügigkeitsregeln des EGV inhaltlich weitgehend identische Vorschriften.[43] Daher ergibt

---

37 BGHZ 154, 185, 190 = NJW 2003, 718 = JZ 2003, 525 = RIW 2003, 474.
38 Hierzu unten, Rn. 35.
39 BGH, NJW 2004, 3706 = RiW 2004, 935 = WM 2004, 2150 = ZIP 2004, 2095 = AG 2005, 39.
40 Siehe Pitschas, in: Streinz, EUV/EGV, Art. 183 EGV Rn. 9.
41 Hierzu unten, Rn. 31.
42 So Thölke, DNotZ 2006, 146.
43 Siehe Herdegen, Internationales Wirtschaftsrecht, S. 153.

sich für in einem anderen EWR-Mitgliedstaat – gegenwärtig **Island, Liechtenstein und Norwegen** – gegründete Gesellschaften, das gleiche Privileg wie für die EU-Gesellschaften. Auch eine liechtensteinische „Briefkastengesellschaft" in Form einer Anstalt ist also ungeachtet des effektiven Verwaltungssitzes in Deutschland nach liechtensteinischem Recht zu behandeln und anzuerkennen.[44] Das OLG Hamm will dies auch für Gesellschaften aus der Schweiz gelten lassen.[45]

VI. Geltung der Gründungstheorie im Verhältnis zu den USA

Eine Reihe von **bilateralen Handels- und Niederlassungsabkommen** der Bundesrepublik Deutschland enthalten Vorschriften, aus denen sich die Verpflichtung zur Anerkennung im anderen Abkommensstaat gegründeter Gesellschaften ergibt.

27

Praktisch wichtigster Fall ist Art. XXV des **Freundschafts-, Handels- und Schifffahrtsvertrags** vom 29.10.1954 mit den USA:[46]

Art. XXV

(5) Der Ausdruck „Gesellschaften" in diesem Vertrag bedeutet Handelsgesellschaften, Teilhaberschaften sowie sonstige Gesellschaften, Vereinigungen und juristische Personen; dabei ist es unerheblich, ob ihre Haftung beschränkt oder nicht beschränkt und ob ihre Tätigkeit auf Gewinn oder nicht auf Gewinn gerichtet ist. Gesellschaften, die gemäß den Gesetzen und sonstigen Vorschriften des einen Vertragsteils in dessen Gebiet errichtet sind, gelten als Gesellschaften dieses Vertragsteils; ihr rechtlicher Status wird in dem Gebiet des anderen Vertragsteils anerkannt.

In einem Staat der USA errichtete Gesellschaften sind also in Deutschland auf der Basis der **Gründungstheorie** anzuerkennen.[47] Bezweifelt wird das für den Fall, dass die Gesellschaft keine effektiven Beziehungen zu den USA unterhält, sondern sämtliche Aktivitäten im Inland entfaltet. Teilweise wurde insoweit zusätzlich ein **sog. genuine link** gefordert.[48] Es ist umstritten, ob dieses bislang vom Internationalen Gerichtshof einmalig, nämlich ausschließlich im Fall „Nottebohm"[49] eingesetzte Argument sich überhaupt verallgemeinern und auf den Bereich des Zivilrechts übertragen lässt.

28

In der neueren Lit. wird dies mit guten Gründen überwiegend abgelehnt.[50] Darüber hinaus kann diesem Kriterium **keine praktische Bedeutung** zukommen. Um nicht schon die Sitztheorie durch die Hintertür wieder einzuführen, müssen für das Vorliegen eines genuine link schon **untergeordnete faktische Beziehungen** zum Gründungsstaat genügen, soweit sie nur über rein formale Aspekte hinausgehen. Schon um

---

44 BGH, NJW 2005, 3351 = NZG 2005, 974 = DNotZ 2006, 143. Zuvor schon OLG Frankfurt, IPRax 2004, 56; Baudenbacher/Buschle, IPRax 2004, 29; Mankowski, RIW 2004, 483; Leible, in: Hirte/Bücker, Grenzüberschreitende Gesellschaften, § 10 Rn. 6; Rehm, Der Konzern 2006, 170.

45 OLG Hamm, ZIP 2006, 1822.

46 BGBl. 1956 II, S. 487 ff.

47 BGH, ZIP 2002, 1155 = WM 2002, 1186 = NJW-RR 2002, 1359; ZIP 2003, 720 = WM 2003, 699 = BB 2003, 810 mit Anm. Kindler; OLG Celle, WM 1992, 1703; OLG Düsseldorf, WM 1995, 808; Ebenroth/Bippus, NJW 1988, 2137; Soergel/Lüderitz, BGB, Anh. zu Art. 10 EGBGB Rn. 13.

48 OLG Düsseldorf, NJW-RR 1995, 1124 = ZIP 1995, 1009; Bausback, DNotZ 1996, 258; Ebenroth/Bippus, DB 1988, 844; Ebenroth/Bippus, NJW 1988, 2137; MünchKomm-BGB/Kindler, IntGesR Rn. 322 ff.; Staudinger/Großfeld, IntGesR, Rn. 204 ff.

49 ICJ Reports, 1955, 4, 23 f.

50 Vgl. BGHZ 153, 353 = NJW 2003, 1607 = IPRax 2003, 265 = DB 2003, 818 = ZIP 2003, 720 = WM 2003, 699 – wo kein genuine link verlangt wurde; dagegen taucht in der Entscheidung des II. Senats des BGH (BB 2004, 1868) das genuine link aber wieder auf – freilich ohne dass ihm in der Entscheidung erhebliche Bedeutung zukam. Gegen das genuine-link-Erfordernis jetzt z.B. GK/Behrens, GmbHG, Einl. B Rn. 36; Bungert, DB 2003, 1044; Damann, RabelsZ 68 (2004), 645; Drouven/Mödl, NZG 2007, 7; Ebke, JZ 2005, 303; Kropholler, Internationales Privatrecht, S. 561; Eidenmüller, Ausländische Kapitalgesellschaften, § 2 Rn. 31 ff., 34; Paal, RIW 2005, 739; Ulmer, IPRax 1996, 101; Leible, in: Hirte/Bücker, Grenzüberschreitende Gesellschaften, § 10 Rn. 8; Ulmer, IPRax 1996, 1001; AnwK-BGB/Hoffmann, Anh. zu Art. 12 EGBGB Rn. 145.

ihre Löschung im Gründungsstaat zu verhindern, muss eine Kapitalgesellschaft – jedenfalls in den USA – im Gründungsstaat aber immer **einige Aufgaben** erfüllen: So muss sie dort ihren statutarischen Sitz nehmen, die Registrierung im Handelsregister aufrecht erhalten, eine Zustelladresse vorweisen, Steuererklärungen abgeben, eine Person als registered agent beschäftigen etc. Ein fehlendes genuine link ist daher praktisch nicht vorstellbar.[51]

VII. Geltung der Gründungstheorie aufgrund bilateralen Staatsvertrags mit anderen Staaten

29 Entsprechende **Vereinbarungen mit Spanien, Irland und den Niederlanden** sind jedenfalls durch die europarechtliche Gründungstheorie so weit überlagert worden, dass dahingestellt bleiben kann, ob sich aus ihnen eine konstitutive Norm für die Anerkennung nach Maßgabe des Gründungsstatuts ergibt.[52]

30 Eine Vielzahl von bilateralen **Kapitalschutzabkommen** enthält eine Definition dahingehend, dass als „Gesellschaften" i.S.d. Abkommens im Verhältnis zu dem anderen Vertragsstaat alle juristischen Personen gelten, die dort **nach den dortigen Rechtsvorschriften** gegründet und anerkannt werden.[53]

Dies gilt für Gesellschaften aus

- Antigua und Barbuda,
- Bolivien,
- Burkina Faso,
- VR China,
- Dominikanischer Bund,
- Ghana,
- Guyana,
- Honduras,
- Hongkong,
- Indien,
- Indonesien,
- Jamaika,
- Jemen,
- Kambodscha,
- Kamerun,
- Katar,
- Kongo (Zaire),
- Korea (Republik),
- Kroatien,
- Kuba,
- Lesotho,
- Liberia,

---

51 Bamberger/Roth/Mäsch, BGB, Anh. zu Art. 12 EGBGB Rn. 3.
52 Vgl. z.B. MünchKomm-BGB/Kindler, IntGesR Rn. 306; Bamberger/Roth/Mäsch, BGB, Anh. zu Art. 12 EGBGB Rn. 5; Steiger, RIW 1999, 175; ablehnend: z.B. von Bar, Internationales Privatrecht, Bd. II, Rn. 629.
53 Z.B. Art. 1 Abs. 4 lit. b des Vertrags mit der Republik Kuba über die Förderung und den gegenseitigen Schutz von Kapitalanlagen v. 30.4.1996, BGBl. 1998 II, S. 747 ff.; Auflistung dieser Abkommen bei Eidenmüller, Ausländische Kapitalgesellschaften, § 2 Rn. 15; MünchKomm-BGB/Kindler, InGesR Rn. 308 ff.

- Malaysia,
- Mali,
- Mauritius,
- Montenegro,
- Nepal,
- Oman,
- Pakistan,
- Papua-Neuguinea,
- Rumänien,
- Senegal,
- Serbien,
- Singapur,
- Somalia,
- Sri Lanka,
- St. Lucia,
- St. Vincent und die Grenadinen,
- Sudan,
- Swasiland,
- Tansania,
- Tschad und
- die Zentralafrikanische Republik.[54]

Es fehlt in diesen Abkommen eine **ausdrückliche Verpflichtung** dahingehend, dass diese Gesellschaften auch anzuerkennen sind – wie es dagegen im Schifffahrtsvertrag mit den USA der Fall ist. Nach weit überwiegender Auffassung werden Gesellschaften aus diesen Staaten daher in Deutschland nur dann anerkannt, wenn sie ihren **effektiven Verwaltungssitz im Ausland** haben (also im Abkommenstaat oder einem Drittstaat).[55] Die eigentlich bedeutenden Fälle, dass die Gesellschaft ihren effektiven Verwaltungssitz in Deutschland hat, sind damit außen vor.

VIII. Geltung der Gründungstheorie aufgrund des GATS?

Art. XVII, XXVII lit. c des GATS[56] gewährt allen Unternehmen, insb. juristischen Personen, die nach dem Recht eines der WTO-Mitgliedstaaten[57] gegründet worden sind und in irgendeinem der **WTO-Mitgliedstaaten** eine erhebliche Geschäftstätigkeit ausgeübt haben, einen garantierten Marktzugang. Leible[58] hat nun die die Diskussion aufgeworfen, ob nicht auch diese **Marktzugangsberechtigung** den Anspruch mit sich bringe, nach dem Gründungsstatut auch dann anerkannt zu werden, wenn mit dem Marktzugang, also

---

54 Detaillierte Nachweise bei MünchKomm-BGB/Kindler, IntGesR Rn. 308; Eidenmüller, Ausländische Kapitalgesellschaften, § 2 Rn. 15; Spahlinger/Wegen, Internationales Gesellschaftsrecht, Rn. 257 ff.
55 Vgl. z.B. Ebenroth/Bippus, RIW 1988, 339; MünchKomm-BGB/Kindler, IntGesR Rn. 309 (mit Aufstellung); Bamberger/Roth/Mäsch, BGB, Anh. zu Art. 12 EGBGB Rn. 6 (mit Aufstellung); Staudinger/Großfeld, IntGesR, Rn. 224. Ohne diese Einschränkung aber Eidenmüller, Ausländische Kapitalgesellschaften, § 2 Rn. 15 (mit Aufstellung).
56 Vgl. hierzu Herdegen, Internationales Wirtschaftsrecht, § 7 Rn. 10.
57 Als sog. multilaterales Abkommen gilt das GATS dabei für sämtliche Mitglieder der WTO, vgl. Herdegen, Internationales Wirtschaftsrecht, § 7 Rn. 18.
58 Michalski/Leible, ZGR 2004, 531.

der Errichtung einer Niederlassung in Deutschland die Verlagerung des Unternehmensschwerpunktes in Deutschland einhergeht.[59]

Bejaht man dies, würde die Gründungstheorie für die Gesellschaften aus allen 146 Mitgliedstaaten der WTO und damit praktisch **weltweit** gelten. Eine erheblich inhaltliche Einschränkung ergäbe sich aber daraus, dass die Gesellschaft in einem der WTO-Mitgliedstaaten (aber nicht unbedingt demselben Staat, nach dessen Recht die Gründung erfolgt ist) eine **erhebliche Geschäftätigkeit** ausgeübt haben muss. Reine Briefkastengesellschaften, die von Anfang an für den Einsatz im Inland errichtet worden sind und bis dahin im Gründungsstaat als „Vorratsgesellschaft" eine blutlose Existenz zwischen Aktendeckeln fristeten, könnten sich daher auf dieses Privileg nicht berufen. Wohl aber wäre die Konstellation „**nachträgliche Verlegung** des effektiven Verwaltungssitzes aus dem Ausland in das deutsche Inland" aus dem Repertoire der Zuzugsfälle (hierzu unten Rn. 125) erfasst.

IX. Kontrolltheorie

32 Nach der sog. Kontrolltheorie wird die „Nationalität" einer Gesellschaft danach bestimmt, **welche Staatsangehörigkeit** die hinter der Gesellschaft stehenden Gesellschafter mehrheitlich besitzen. Ihren Ursprung verlangt diese Theorie der Kriegsgesetzgebung, quasi um „Feindvermögen" auszumachen.[60] Äußerst nützlich ist diese Theorie weiterhin auch dann, wenn **ausländischer Einfluss** aus öffentlich-wirtschaftspolitischen Gründen **begrenzt werden soll**. Beispiele hierfür sind § 3 Abs. 1 Luftverkehrsgesetz und das polnische Gesetz über den Erwerb von Grundstücken durch Ausländer.[61] Im Zivilrecht hat die Kontrolltheorie jedoch nie eine Bedeutung gehabt.

B. Reichweite des Gesellschaftsstatuts

I. Grundsätzliches

1. Qualifikation

33 Die Anerkennung der im Ausland gegründeten Kapitalgesellschaft als juristische Person – einschließlich ihrer Rechtsfähigkeit – ist die **bedeutendste Rechtsfolge**, die sich aus dem Gesellschaftsstatut ergibt. Darüber hinaus regiert das Gesellschaftsstatut aber auch sämtliche Voraussetzungen für die Gründung der Gesellschaft, ihre Kapitalisierung, die interne Organisation einschließlich der Gesellschaftsorgane, ihrer Bestellung, Abberufung und Kompetenzen, der Haftung und Haftungsbegrenzung nach Außen, der Liquidation etc.

34 Die schwierigsten Probleme bei der Zuordnung gewisser Rechtsfragen (Qualifikation) zum Gesellschaftsstatut ergeben sich dann, wenn diese auch den Regelungsbereich **anderer Kollisionsnormen** berühren. Beispielsweise fragt sich bei der Eigenhaftung des Geschäftsführers einer GmbH, ob diese dem für die Organstellung maßgeblichen Gesellschaftsstatut oder dem für die deliktische Haftung maßgeblichen Deliktsstatut (Art. 40 EGBGB) unterliegt. Die Haftung wegen Insolvenzverschleppung steht im Spannungsfeld von Gesellschaftsstatut und Insolvenzstatut, also dem Recht des Gerichts, das das Insolvenzverfahren eröffnet hat (hierzu unten Rn. 57).

Diese **Abgrenzungsfragen (Qualifikation)** haben in Deutschland bis vor kurzem keine Rolle gespielt. Die Sitztheorie stellte sicher, dass das Gesellschaftsstatut schon vorsorglich mit dem Rechtssystem in Einklang stand, in dessen Umfeld die Gesellschaft agierte und dem die wichtigsten Rechtsbeziehungen unterlagen. **Die Lit. und Praxis** interpretierten den Geltungsbereich des Gesellschaftsstatuts weit, was die Rechtsanwendung erleichterte, den Beteiligten – insb. den betroffenen Gesellschaften – Sicherheit

---

59 Vgl. Lehmann, RIW 2004, 816 – dieser im Ergebnis aber ablehnend; AnwK-BGB/Hoffmann, Anh. zu Art. 12 EGBGB Rn. 146 ff.; zurückhaltend: Mankowski, RIW 2005, 486; MünchKomm-BGB/Kindler, Rn. 481.
60 Hierzu Großfeld, Internationales Unternehmensrecht, S. 68.
61 Vom 24.3.1920. Aktuelle Übersetzung von Gralla, in: Polnische Wirtschaftsgesetze, S. 259.

verschaffte und schließlich auch der Schutzfunktion der Sitztheorie[62] zu möglichst weit reichender Wirkung verhalf.

2. Einfluss der Niederlassungsfreiheit

War mit der Sitztheorie die weitgehende **Beibehaltung inländischer Schutzmechanismen** durch die weite Qualifikation des Begriffs des Gesellschaftsstatuts gewährleistet, drehte sich dieses Verhältnis durch die Geltung des Gründungsstatuts nun um: Da diese das Eindringen ausländischer Gesellschaften in den inländischen Rechtsverkehr unter Anerkennung des ausländischen Gesellschaftsstatuts mit sich brachte, galt es nun, zur Wahrung bislang **unangetasteter inländischer „Schutzstandards"**, den Bereich des Gesellschaftsstatuts eng zu interpretieren und vor allem solche Vorschriften, die dem Schutz und den Interessen an der Gesellschaft nicht beteiligter Dritter dienen solchen Kollisionsnormen zuzuweisen, deren Anknüpfungspunkte bei hauptsächlich im Inland tätigen Gesellschaften zur Geltung deutschen Rechts führen (also z.B. dem Tatort, Art. 40 EGBGB; der **lex fori concursus**, Art. 4 Abs. 1 Insolvenzrichtlinie; der Belegenheit des Betriebs etc.).

35

Solche Bestrebungen haben durch die Entscheidung des EuGH in **Inspire Art**[63] einen Dämpfer erhalten. In jener Entscheidung stand ein niederländisches Gesetz[64] auf dem Prüfstand, welches für ausländische Gesellschaften mit tatsächlichem Sitz in den Niederlanden eine Reihe von Sonderregelungen enthielt. Die persönliche gesamtschuldnerische Haftung der Geschäftsführer für den Fall, dass die Gesellschaft ihren (richtlinienkonform angeordneten) Offenlegungspflichten nicht nachkommt, billigte der EuGH dagegen unter dem Vorbehalt, dass diese Regelung die Gesellschaft nicht gegenüber niederländischen Gesellschaften benachteiligt.[65] Das **Erfordernis der ausdrücklichen Firmierung** der ausländischen Gesellschaft als „formal ausländische Gesellschaft" aber verstieß nach Ansicht des EuGH gegen die Zweigniederlassungsrichtlinie, welche die Offenlegungspflichten abschließend bestimmt. Ebenso verstoße die Pflicht zur Anmeldung über die Zweigniederlassungsrichtlinie hinausgehender Informationen, wie über den Alleingesellschafter und die Verpflichtung zur Vorlage einer Erklärung von Wirtschaftsprüfern, dass die Gesellschaft bezüglich des eingezahlten Mindestkapitals die Voraussetzungen erfülle, **gegen die Niederlassungsfreiheit**, da die Zweigniederlassungsrichtlinie die Offenlegungspflichten abschließend bestimme. Das gleiche gelte für die Erstreckung der Bestimmungen des niederländischen Rechts über das Mindeststammkapital und die Haftung der Geschäftsführer auf diese Gesellschaft. Die Gesellschaft könne sich **auch dann** auf die Niederlassungsfreiheit berufen, wenn sie nur deshalb im Ausland gegründet worden sei, um die strengeren Vorschriften des niederländischen Rechts zu umgehen. Die **amtlichen Leitsätze** des Gerichts lauten wie folgt:

1. Art. 2 der Elften Richtlinie 89/666/EWG des Rates vom 21. Dezember 1989 über die Offenlegung von Zweigniederlassungen, die in einem Mitgliedstaat von Gesellschaften bestimmter Rechtsformen errichtet wurden, die dem Recht eines anderen Staates unterliegen, steht einer Regelung eines Mitgliedstaats wie der Wet op de formeel buitenlandse vennootschappen vom 17. Dezember 1997 entgegen, die Zweigniederlassungen einer nach dem Recht eines anderen Mitgliedstaats gegründeten Gesellschaft Offenlegungspflichten auferlegt, die nicht in dieser Richtlinie vorgesehen sind.

2. Die Art. 43 EG und 48 EG stehen einer Regelung eines Mitgliedstaats wie der Wet op de formeel buitenlandse vennootschappen entgegen, die die Ausübung der Freiheit zur Errichtung einer Zweitniederlassung in diesem Staat durch eine nach dem Recht eines anderen Mitgliedstaats gegründete Gesellschaft von bestimmten Voraussetzungen abhängig macht, die im innerstaatlichen Recht für die Gründung von

---

62 Hierzu oben Rn. 7.
63 EuGH, NJW 2003, 3331 = GmbHR 2003, 1260 mit Anm. Meilicke = ZIP 2003, 1885 = IPRax 2004, 46 mit Anm. Behrens = DB 2003, 2219 = BB 2003, 1064 = EWS 2003, 513 mit Anm. Hirte = AG 2003, 680 = NZG 2003, 1064 mit Anm. Kindler = RIW 2003, 957 = JZ 2004, 24 = DNotZ 2004, 55.
64 Wet op de formeel buitenlandse vennootschappen v. 17.12.1997, „WFBV" („Gesetz für Schein-Auslandsgesellschaften").
65 Rn. 60 – 64.

Gesellschaften bezüglich des Mindestkapitals und der Haftung der Geschäftsführer vorgesehen sind. Die Gründe, aus denen die Gesellschaft in dem anderen Mitgliedstaat errichtet wurde, sowie der Umstand, dass sie ihre Tätigkeit ausschließlich oder nahezu ausschließlich im Mitgliedstaat der Niederlassung ausübt, nehmen ihr nicht das Recht, sich auf die durch den EG-Vertrag garantierte Niederlassungsfreiheit zu berufen, es sei denn, im konkreten Fall wird ein Missbrauch nachgewiesen.

36 Ausnahmsweise könne ein derartiger Eingriff gerechtfertigt sein, wenn folgende Voraussetzungen erfüllt seien (**Vier-Konditionen-Test**):
- die Beschränkungen müssen in nicht diskriminierender Weise angewandt werden,
- sie müssen aus zwingenden Gründen des Allgemeininteresses gerechtfertigt sein,
- sie müssen zur Erreichung des verfolgten Zieles erforderlich sein und
- dürfen nicht über das hinausgehen, was zur Erreichung dieses Zieles erforderlich ist.[66]

Dieser Vier-Konditionen-Test führt dazu, dass auch bei Zuordnung gewisser Rechtsfragen aus dem Gesellschaftsrecht hinaus in solche Rechtsgebiete, die regelmäßig dem Bereich der **allgemeinen Verkehrsvorschriften** angehören (wie z.B. Vertrags- und Deliktsrecht) das Ergebnis jedenfalls daran zu messen ist, ob es die Niederlassungsfreiheit berührt und ob es nach dem Vier-Konditionen-Test gerechtfertigt ist. Dadurch, dass eine bestimmte Rechtsfrage schnell aus dem Bereich des Gesellschaftsrechts dem Delikts- oder Insolvenzrecht zugeordnet wird, lässt sich also die „**Europäische Gründungstheorie**" noch nicht aushebeln.

II. Gründung der Gesellschaft

1. Materielle Voraussetzungen

37 Die **Rechtsfähigkeit der Gesellschaft** und damit zwingend einhergehend auch die zum Erwerb der Rechtsfähigkeit erforderlichen Maßnahmen unterliegen dem Gesellschaftsstatut. Dies gilt z.B. für die Anforderungen an die Errichtung des **Gesellschaftsvertrags** und den notwendigen Inhalt.

38 Vor allem unterliegen dem Gesellschaftsstatut die Voraussetzungen für das Entstehen einer **Vorgesellschaft**, ihre Rechtsfähigkeit und Organisation, die Haftung der Gesellschafter für die Verbindlichkeiten und die Übernahme der Verbindlichkeiten und Rechte durch die spätere Vollgesellschaft und die weiteren Wirkungen einer Vorgesellschaft.[67] Dies folgt daraus, dass es sich bei der Vorgesellschaft letztlich schon um die eigentliche Gesellschaft handelt, bis auf den Umstand, dass das Gründungsverfahren noch nicht abgeschlossen ist. Die Identität der Vorgesellschaft mit der vollendeten Gesellschaft bedingt auch die Identität des Personalstatuts beider Gesellschaften.

39 Die **Vor-Gründungsgesellschaft** dagegen stellt ein eigenes Rechtsverhältnis (GbR) zwischen den – nicht notwendigerweise allen – Gesellschaftern der GmbH dar, das sich nicht in der Kapitalgesellschaft bzw. der Vorgesellschaft fortsetzt, sondern nach Gründung der Gesellschaft eventuell neben der Vollgesellschaft als Gesellschaftervereinbarung eine eigene Existenz beibehält.[68] Insoweit können daher die Beteiligten gemäß Art. 27 EGBGB das **anwendbare Recht vereinbaren**. Haben sie eine entsprechende Rechtswahl versäumt, gilt kraft „engster Verbindung" im Zweifel das Recht, nach dem die Gesellschaft errichtet werden soll.[69] Teilweise wird angenommen, die Vor-Gründungsgesellschaft unterliege zwingend dem künftigen Gesellschaftsstatut.[70] Dies ist aber **weder zwingend noch sinnvoll**: Bezieht sich die Ge-

---

66 Rn. 133 unter Nachweis der bisherigen Rspr. des EuGH.
67 Ausführlich zur Vorgesellschaft aus rechtsvergleichender Sicht: Kersting, Die Vorgesellschaft im europäischen Gesellschaftsrecht.
68 Vgl. hierzu Lutter/Bayer, in: Lutter/Hommelhoff, GmbHG, § 11 Rn. 3; K. Schmidt, Gesellschaftsrecht, S. 1010 f.
69 BGH, WM 1975, 389; GK/Behrens, GmbHG, Einl. B Rn. 64; MünchKomm-BGB/Kindler, IntGesR Rn. 588; Palandt/Heldrich, BGB, Anh. Art. 12 EGBGB Rn. 6; Göthel, in: Reithmann/Martiny, Internationales Vertragsrecht, Rn. 1967.
70 Michalski/Leible, GmbHG, System. Darst. 2 Teil 1 Rn. 64.

sellschaftervereinbarung auf die Gründung von Gesellschaften in verschiedenen Staaten, ist die Divergenz sogar unvermeidbar. Probleme entstehen auch dann, wenn sich die Gesellschafter zwar über die Gründung der Gesellschaft einig sind, nicht aber darüber, in welchem Land diese erfolgen soll (bspw. bei einer China-Investment Gründung in der Volksrepublik China oder in Hongkong).

In gleicher Weise unterliegt eine **Gesellschaftervereinbarung** unter den Gründern außerhalb des eigentlichen Gesellschaftsvertrags (Gründungsvertrag, **joint venture agreement**, vertragliche Nebenabreden unter den Gründungsgesellschaftern, soweit diese nicht materielle Satzungsbestimmung werden etc.) gemäß Art. 27 EGBGB dem von den Beteiligten frei gewählten Vertragsstatut.[71] Insoweit gelten die gleichen Regeln wie für die Anknüpfung der **Vor-Gründungsgesellschaft** (siehe oben Rn. 39). Soweit sich die Vereinbarung auf die gesellschaftliche Struktur auswirkt (wie dies z.B. auch bei einer Stimmbindungsvereinbarung der Fall sein soll),[72] ergibt sich eine gesellschaftsrechtliche Qualifikation der entsprechenden Fragen, so dass sich das Statut der Gesellschaft auch auf die Gesellschaftervereinbarung auswirkt.[73] 40

Ausgenommen vom Gesellschaftsstatut sind des Weiteren **registerrechtlichen Fragen**, also das Verfahren der Eintragung, Anforderungen an die Anträge etc. Diese unterliegen der **lex libri** bzw. der **lex fori**, also dem Recht des Staates, dessen Behörde bzw. Gericht das Register führt. Da die Registrierung einer Kapitalgesellschaft in dem Land erfolgen muss, in dem sie ihren statutarischen Sitz hat und nach dessen Recht sie errichtet wird, deckt sich die lex libri gezwungenermaßen mit dem Gesellschaftsstatut, so dass eine Divergenz nicht vorstellbar ist. 41

2. Formelle Voraussetzungen

Streitigkeiten ergeben sich im Hinblick auf die **Form des Gründungsaktes**. Die Frage taucht in ähnlicher Form bei der Formwirksamkeit der Abtretung wieder auf.[74] Ausgangspunkt dieser Schwierigkeiten ist Art. 11 Abs. 1 EGBGB. Für die Formwirksamkeit eines Rechtsgeschäfts genügt danach nicht nur die Einhaltung der von dem Recht, das auf seinen Gegenstand anzuwenden ist vorgesehenen Formerfordernisse (**Geschäftsrecht** bzw. lex causae, in casu also das Gesellschaftsstatut). Zur Erleichterung der Einhaltung der Form (favor negotii) soll auch die Einhaltung der Formerfordernisse des Rechts des Staates, in dem das Rechtsgeschäft vorgenommen ist (**Ortsrecht** bzw. lex loci actus) genügen. 42

Hieran schließen sich in der Lit. **zwei Streitfragen** an: Zunächst ist es im deutschen Recht umstritten, ob die in Art. 11 EGBGB vorgesehene alternative Geltung des Ortsrechts auch im Gesellschaftsrecht zum Zuge kommt. Hier geht es also um die **kollisionsrechtliche Entscheidung**. Verneint man diese Frage und verlangt das – in diesem Fall dann ausschließlich maßgebliche – Gesellschaftsstatut die notarielle Beurkundung, so stellt sich die weitere Frage, ob die notarielle Beurkundung auch von einem ausländischen Notar vorgenommen werden kann und welche Anforderungen dann ggf. an die Person des Notars und das Verfahren der Beurkundung zu stellen sind (**Gleichwertigkeitsfrage**). 43

Die Ansichten in der Lit. sind gespalten, die Rspr. ist noch uneinheitlich. Es zeichnet sich in Bezug auf die **alternative Geltung der Ortsform** zumindest für Akte, die die Organisation der Gesellschaft betreffen – und dies gilt vorzüglich für den Gründungsakt – eine Tendenz dahingehend ab, ausschließlich die vom Gesellschaftsstatut verlangte Form gelten zu lassen und das **Ortsrecht nicht zuzulassen**.[75]

---

[71] BGH, WM 1975, 387; Michalski/Leible, GmbHG, System. Darst. 2 Rn. 64.
[72] Overrath, ZGR 1974, 91; MünchKomm-BGB/Kindler, IntGesR Rn. 590.
[73] GK/Behrens, GmbHG, Einl. B Rn. 79.
[74] Hierzu unten Rn. 84.
[75] OLG Hamm, NJW 1974, 1057; OLG Karlsruhe, RIW 1979, 565; OLG Hamburg, NJW-RR 1993, 1317; LG Augsburg, GmbHR 1996, 941, 942; LG Kiel, RIW 1997, 1223; Goette, MittRhNotK 1997, 3, 5; Lutter/Hommelhoff, in: Lutter/Hommelhoff, § 53 Rn. 16; Reuter, DB 1998, 118; Baumbach/Hueck/Fastrich, GmbHG, § 53 Rn. 80; Goette, DStR 1996, 709, 710; Kröll, ZGR 2000, 120; Kropholler, Internationales Privatrecht, S. 312; GK/Behrens, GmbHG, Einl. B Rn. 135.

> **Hinweis:**
> In der Praxis stellt sich dann die Frage, ob sich dies auch auf die **Form der Gründungsvollmacht** erstreckt, also vor allem nach der internationalen Reichweite von § 2 Abs. 2 GmbHG. Grds. wird zwar das Vollmachtsstatut getrennt behandelt, so dass auch die Wirksamkeit der Vollmacht vom Hauptstatut selbständig ist. Bei der Pflicht zur Beurkundung des Gründungsaktes wie auch der hierauf gerichteten Vollmacht handelt es sich aber letztlich um Erfordernisse, die über reine Formzwecke hinaus auch schon – quasi als Vorstufe – in das **registerrechtliche Gründungsverfahren** hineinragen. Auch § 12 HGB mit seiner gleichen Zielrichtung wird nicht als materiell-rechtliches Formerfordernis sondern als verfahrensrechtliche Vorschrift begriffen. Demgemäß ist die Gründungsvollmacht für die Errichtung einer deutschen GmbH auch bei Errichtung im Ausland zwingend gemäß § 2 Abs. 2 GmbHG in öffentlich beglaubigter Form vorzulegen.

III. Innere Organisation

44 Unangefochten ausschließlicher Regelungsgegenstand des Gesellschaftsstatuts ist die interne Organisation der Gesellschaft. Dazu gehört zunächst die Frage, welche **Organe** die Gesellschaft hat (obligatorische und fakultative Organe), welche Aufgaben und Kompetenzen diesen Organen zukommen, wie diese besetzt werden, welche persönlichen Voraussetzungen zur Besetzung der Organposition vorliegen müssen, wie die Bestellung der Organe erfolgt, wie sie wieder abberufen werden, welchen Treuepflichten sie unterliegen, wie diese bei Verstößen haften etc.

45 Das Gesellschaftsstatut regelt die Anforderungen an den **Inhalt der Satzung**, den fakultativen und zwingenden Inhalt und die materiellen Voraussetzungen und das Verfahren für eine Satzungsänderung. Ob die Formwirksamkeit der Satzungsfeststellung und einer Satzungsänderung ausschließlich dem Gesellschaftsstatut unterliegt oder gemäß Art. 11 EGBGB auch die Einhaltung eines weniger strengen Ortsrechts ausreicht, ist **umstritten**. Insoweit gelten hier die Ausführungen zur Formwirksamkeit des Gründungsaktes (oben Rn. 42).

46 Eine Ausnahme von der Geltung des Gesellschaftsstatuts ergibt sich dann, wenn sich die Rechte und Pflichten nicht unmittelbar aus dem Gesellschaftsverhältnis ergeben: So gilt für die **Haftung** und die Vergütungsansprüche **des Geschäftsführers** einer GmbH vorrangig das Vertragsstatut seines **Geschäftsführeranstellungsvertrags** (vgl. Art. 27 EGBGB) – wenngleich hierdurch zwingende Regeln des Gesellschaftsstatuts nicht abbedungen werden können. Gleiches müsste dann auch für Vereinbarungen unter den Gesellschaftern, wie **Stimmbindungsverträge** etc. gelten. Auch hier unterliegt der Vertrag an sich dem Vertragsstatut, welches sich nach den Art. 27 ff. EGBGB bestimmt. Aus dem Gesellschaftsstatut aber ergibt sich, ob ein derartiger Vertrag zwischen den Gesellschaftern überhaupt zulässig ist oder gegen zwingendes Gesellschaftsrecht verstößt, und ob – seine Wirksamkeit unterstellt – er bereits dazu führt, dass eine vertragswidrige Stimmabgabe ipso iure unwirksam ist.[76]

47 Die **Mitgliedschaft** einschließlich der sich aus ihr ergebenden Rechte und Pflichten unterliegt dem Gesellschaftsstatut. Dies gilt auch für die Frage, ob diese Rechte verbrieft werden können und wie sie übertragen werden (hierzu im Detail unten Rn. 83). Auch die Vererblichkeit unterliegt dem Gesellschaftsstatut. Wer Erbe ist, ergibt sich aus dem Erbstatut (vgl. Art. 25 EGBGB und unten Rn. 94).

Teil der inneren Organisation der Gesellschaft in diesem Sinne ist auch die unternehmerische Arbeitnehmer-Mitbestimmung (siehe unten Rn. 78).

---

76   BGH, NJW 1996, 54, GK/Behrens, GmbHG, Einl. B Rn. 79.

IV. Kapitalverfassung und Durchgriffshaftung
1. Kapitalverfassung

Schließlich ergibt sich auch die **Kapitalverfassung aus dem Gesellschaftsstatut**. Dies gilt für das gesetzliche Mindestkapital, die Voraussetzungen und das einzuhaltende Verfahren bei der Kapitalerhöhung und Kapitalherabsetzung, sowie die Kapitalaufbringung einschließlich der Zulässigkeit und besonderen Anforderungen an Sacheinlagen.[77] Dies gilt nach weit überwiegender Ansicht – wenn auch hier die Einigkeit schon nicht mehr besteht – ebenso für die damit eng zusammengehörigen Fragen der Kapitalerhaltung.[78]

48

Auch beim **Kapitalersatzrecht** wird mittlerweile überwiegend davon ausgegangen, dass die §§ 32a und 32b GmbHG und die Rechtsprechungsregeln zwingend mit dem deutschen System des Mindestkapitals, Kapitalaufbringung und Kapitalerhaltung verbunden seien und diese ergänzen. Daher seien auch nur dann, wenn die letztgenannten Vorschriften gelten, die **deutschen Vorschriften** über den Kapitalersatz anwendbar. Das wiederum setzt die Geltung deutschen Rechts als Gesellschaftsstatut voraus (siehe oben). Der Rang einer entsprechenden Darlehensforderung des Gesellschafters im Insolvenzfall (§ 39 Abs. 1 Nr. 5 InsO) sei allerdings eine Frage des materiellen Insolvenzrechts und unterliege damit dem **Insolvenzstatut**. Bei tatsächlichem Hauptsitz der ausländischen Gesellschaft im Inland und Eröffnung des Insolvenzverfahrens durch ein deutsches Gericht sind daher insoweit §§ 39 Abs. 1 Nr. 5 und auch 135 InsO anwendbar.[79] Es wird hiergegen vorgebracht, dass die Frage, ob das Darlehen überhaupt kapitalersetzend sei, nicht nachträglich aus dem Insolvenzstatut beantwortet werden könne. Die Unterscheidung, ob in der Krise eingeschossenes Kapital Fremd- oder Eigenkapital sei, könne schon deswegen nur gesellschaftsrechtlich qualifiziert werden, weil die Finanzierung vor dem Insolvenzfall erfolge (und zu diesem Zeitpunkt noch kein Insolvenzstatut feststehe).[80]

49

2. Kollisionsrechtliche Behandlung der Durchgriffshaftung

Der zurzeit am heißesten „umkämpfte" Bereich des internationalen Gesellschaftsrechts ist die Frage, ob für einzelne Haftungs- und Durchgriffstatbestände vom Gesellschaftsstatut abweichende „**Sonderanknüpfungen**" möglich sind. Hierbei sollen diverse Haftungstatbestände abweichend qualifiziert, also z.B. als allgemeine Verhaltensvorschriften aus dem Gesellschaftsstatut herausgenommen und dem Deliktsstatut oder dem Insolvenzstatut unterstellt werden. Bei einer faktischen Inlandsgesellschaft ergibt sich so die Möglichkeit aufgrund Handelns im Inland wegen inländischem Tatort über Art. 40 EGBGB bzw. bei Konkurseröffnung im Inland das deutsche Recht als lex fori concursi (Art. 4 EU-InsVO) zur Anwendung zu bringen. Anlass für diese Überlegungen ist der **Schutz der inländischen Gläubiger** bei der durch die EuGH-Entscheidungen Überseering und Inspire Art eröffneten Verwendung von ausländischen Gesellschaftsformen ohne gesetzliches Mindestkapital und Kapitalschutzgewähr (insb. die englische limited) als „faktische Inlandsgesellschaften".

50

Dabei ist man sich wohl weitgehend einig, dass Mindestkapital, Kapitalaufbringung und auch die Kapitalaufbringung weiterhin (ausschließlich) dem Gesellschaftsstatut unterstehen.[81] Durch die beliebige Zuweisung zu unterschiedlichen Kollisionsnormen sollte man allerdings nicht logische Zusammenhänge

51

---

77 Vgl. BGH, NJW 1991, 1414.
78 BGHZ 148, 167 = NJW 2001, 3123 zur Qualifikation des Rückzahlungsverbots aus §§ 30, 31 GmbHG; Eidenmüller, Ausländische Kapitalgesellschaften, § 4 Rn. 12; GK/Behrens, GmbHG, Einl. B Rn. 81; AnwK-BGB/Hoffmann, Anh. zu Art. 12 EGBGB Rn. 114; Michalski/Leible, GmbHG, System. Darst. 2 Teil 1 Rn. 104 ff.; Bayer, BB 2003, 2364; Fischer, ZIP 2004, 1479; Tersteegen, Kollisionsrechtliche Behandlung ausländischer Kapitalgesellschaften im Inland, S. 216. Abweichend aber z.B. Bitter, WM 2004, 2194; Altmeppen/Wilhelm, DB 2004, 1088; Ulmer, NJW 2004, 1209.
79 Spahlinger/Wegen, Internationales Gesellschaftsrecht, Rn. 315.
80 GK/Behrens, GmbHG, Einl. B Rn. 86.
81 BGH, NJW 1991, 1414; BGHZ 148,168; Michalski/ Leible, GmbHG, System. Darst. 2 Teil 1 Rn. 61; MünchKomm-BGB/Kindler, IntGesR Rn. 591.

zerreißen, indem **zusammengehörende Regelungsbereiche** verschiedenen Rechtsordnungen zugewiesen werden. Auch werden durch die vom Gesellschaftsstatut abweichende Qualifikation die einschlägigen Schutzvorschriften des Gesellschaftsstatuts von der Regelung dieser Frage durch das deutsche Recht verdrängt. Letzterem Mangel will man vielfach durch eine sog. „**Doppelqualifikation**" abhelfen: Es sollen die durch die Sonderanknüpfung ermittelten Vorschriften neben die des Gesellschaftsstatuts treten.[82] Die „Doppelqualifikation" stellt freilich ein immer noch „zwielichtiges" kollisionsrechtliches Instrument dar, das allenfalls dann zum Einsatz gelangen soll, wenn eine eindeutige Qualifikation schon aus „**technischen Gründen**" ausscheidet.[83]

> **Hinweis:**
> Vor allem kann die Doppelqualifikation zur Anwendung der Vorschriften mehrerer Rechtsordnungen auf dieselbe Frage und damit zu schwierig aufzulösenden Konkurrenzen (Normenfülle)[84] führen. Schon aus diesem Grunde sollte vor einem voreiligen Ausweichen auf eine Mehrfachqualifikation sorgfältig geprüft werden, ob diese **tatsächlich unvermeidlich** ist oder nicht nur aus „politischen Gründen" angestrebt wird.

3. Existenzvernichtungshaftung

52 Am ehesten denkbar ist m.E. die Anwendung deutschen Rechts bei faktischen Inlandsgesellschaften auf die Ansprüche der Gläubiger aus **Existenzvernichtungshaftung**,[85] soweit diese auf § 826 BGB[86] gestützt werden. Hier könnte man an eine deliktische Qualifikation denken.[87] Folge wäre, dass bei tatsächlichem Sitz der Gesellschaft im Inland der Tatort im Inland liegen würde und damit über Art. 40 Abs. 1 EGBGB deutsches Recht anwendbar wäre.

M.E. ist in diesen Fällen aber die Geltung des deutschen Tatortrechts **nicht überzeugend**. Wegen der die Beziehung zwischen Gesellschafter und Gesellschaft überwölbenden gesellschaftsrechtlichen Beziehung müsste man hier vielmehr auf die **Ausweichklausel in Art. 41 Abs. 1 EGBGB** zurückgreifen. Danach wird das Tatortrecht durch ein Recht verdrängt, mit dem eine „wesentlich engere Beziehung besteht". Eine solche engere Beziehung stellt hier im Verhältnis der Gesellschaft zu den Gesellschaftern das Gesellschaftsverhältnis dar. Folglich gilt auch hier das Gesellschaftsstatut (akzessorische Anknüpfung gemäß Art. 41 Abs. 2 Ziff. 1 EGBGB). Ein Anspruch der Gesellschaft aus existenzvernichtendem Eingriff wäre also auch dann, wenn man ihn deliktisch qualifiziert, bei einer EU-Gesellschaft nach dem Gründungsrecht zu beurteilen.[88]

53 Anderes könnte sich ergeben, wenn es um einen **unmittelbaren Haftungsanspruch** eines Dritten, wie z.B. eines Gläubigers der GmbH geht. Eine Zuordnung zum Gesellschaftsstatut scheidet aus, da in dieser besonderen Konstellation das Verhältnis zwischen Gesellschafter-Geschäftsführer und Drittem im Vordergrund steht und das Verhältnis des Handelnden zur Gesellschaft in den Hintergrund tritt.[89]

---

82 Vgl. Bayer, BB 2003, 2364; Kindler, in: FS für Jayme, S. 409 ff.; Ulmer, NJW 2004, 1204; Zimmer, NJW 2003, 3588 f.

83 Vgl. von Bar, Internationales Privatrecht, Bd. I, Rn. 178: „ultima ratio"; Eidenmüller, RabelsZ 70 (2006), 485.

84 Hierzu Kegel/Schurig, Internationales Privatrecht, S. 360 ff.

85 BGHZ 149, 10 = NJW 2001, 3622 „Bremer Vulkan".

86 Bzw. auf § 823 Abs. 2 BGB i.V.m. § 266 StGB, vgl. BGH, NJW 2004, 2248; dazu Fleischer, NJW 2004, 2876.

87 So z.B. Kindler, NZG 2003, 1088; Altmeppen, NJW 2004, 101 f.; Zimmer, NJW 2003, 3588; Paefgen, DB 2003, 491; Weller, IPRax 2003, 524; Henze, DB 2003, 2165; Goette, in: Schröder, Die GmbH im europäischen Vergleich, S. 156; Bitter, WM 2004, 2197. Ablehnend: GK/Behrens, GmbHG, Einl. B Rn. 94; Eidenmüller, Ausländische Kapitalgesellschaften, § 4 Rn. 26.

88 Ebenso: Eidenmüller, RabelsZ 70 (2006), 489.

89 Für eine insolvenzrechtliche Qualifikation Weller, Europäische Rechtsformwahlfreiheit und Gesellschafterhaftung, S. 276 ff.

Zu denken wäre z.B. an die Fälle der „**Aschenputtelgesellschaften**" oder des **Eingehungsbetrugs**, in denen der Geschäftsführer für die Gesellschaft Waren bestellt, wohl wissend oder zumindest billigend in Kauf nehmend, dass die Gesellschaft mangels ausreichender Kapitalausstattung diese voraussichtlich nicht wird bezahlen können.

Die europarechtliche **Niederlassungsfreiheit wird dann nicht tangiert**, denn es wird nicht der Zugang zum Markt verhindert, erschwert oder davon abgeschreckt. Es kommt vielmehr allein darauf an, wie sich die Gesellschaft auf dem Markt verhält. Es handelt sich also um verhaltensbezogene Regeln. Darüber hinaus verlangt § 826 BGB ein vorsätzliches sittenwidriges Handeln. Damit dürfte der vom EuGH in Inspire Art erwähnte Fall des „Missbrauchs" vorliegen, bei dem eine Berufung auf die Niederlassungsfreiheit ausscheidet.[90]

4. Haftung wegen Unterkapitalisierung

Für die Durchgriffshaftung bei **materieller Unterkapitalisierung** wird verbreitet eine Sonderanknüpfung befürwortet. Zwar ergibt sich hier zunächst der Anschein, dass ein typischer Fall der Marktzugangsbeschränkung vorliegt. Denn diese Rechtsfigur schließt systematisch bestimmte Rechtsträger von der Aufnahme bestimmter Geschäfte aus – soweit diese nicht bereit sind, auf der Basis und nach den Anforderungen des am jeweiligen Markt geltenden Rechts ihr Kapital aufzustocken.

In den Entscheidungen Centros und Inspire Art ging es ebenfalls gerade darum, dass Dänemark bzw. die Niederlande eine gewisse Mindestkapitalisierung der zugewanderten Gesellschaft sicherstellen wollten. **Andererseits** ist aber zu berücksichtigen, dass in der deutschen Rspr. die objektive Unterkapitalisierung allein für die Haftung der Gesellschafter gegenüber den Gläubigern noch nicht genügt, sondern der BGH in seiner Rspr. stets auch eine **vorsätzliche sittenwidrige Gläubigerschädigung** verlangt.[91] Auch in diesen Fällen steht das Verhältnis des Gesellschafters zum Dritten im Vordergrund. Der Gesellschafter verwendet die Gesellschaft quasi als Schutzschild bzw. Werkzeug, um den Dritten zu schädigen. Hier ist sowohl die deliktische Qualifikation mit der Anknüpfung an den Handlungsort als auch – wegen Vorliegen eines Missbrauchsfalles – die Vereinbarkeit mit der EuGH-Rspr. anzunehmen.[92]

5. Haftung wegen Vermögensvermischung

In gleicher Weise ist auch bei der Haftung wegen **Vermögensvermischung** eine deliktische Qualifikation denkbar.[93] Der deliktische Eingriff würde dann aber m.E. darin liegen, dass der Gesellschafter durch die Vermengung von eigenem und Gesellschaftskapital das Kapital der Gesellschaft rechtswidrig vermindert hat. Hier wäre also die Gesellschaft primär Geschädigte. Folge wäre aber nicht die Geltung des Tatortrechts, sondern dass wegen der die Beziehung zwischen Gesellschafter und Gesellschaft überwölbenden gesellschaftsrechtlichen Beziehung auch gemäß Art. 41 Abs. 1 EGBGB das Gesellschaftsstatut als „das Recht, mit dem eine wesentlich engere Beziehung besteht" anzuwenden wäre (akzessorische Anknüpfung gemäß Art. 41 Abs. 2 Ziff. 1 EGBGB). Allenfalls dann, wenn die Vermögensvermischung **bewusst** auf eine Gläubigerschädigung abzielt käme – wie oben bei der Haftung aus Existenzvernichtung (siehe oben Rn. 52) – wegen dessen Schädigung gemäß § 826 BGB eine Anwendung des deliktischen Tatortprinzips in Betracht.[94]

---

90 Vgl. oben Rn. 35, Tz. 105 der Urteilsgründe.
91 BGH, DB 1988, 1848; NJW 1994, 446.
92 Siehe auch Forsthoff/Schulz, in: Hirte/Bücker, Grenzüberschreitende Gesellschaften, § 15 Rn. 65; Ulmer, NJW 2004, 1205; Schanze/Jüttner, AG 2003, 669; Bayer, BB 2003, 2365; Fleischer, in: Lutter, Europäische Auslandsgesellschaften in Deutschland, S. 117; Borges, ZIP 2004, 741; Bitter, WM 2004, 2197. Für eine ausnahmslose Maßgeblichkeit des Gesellschaftsstatuts, aber die Anwendung von Art. 6 EGBGB (ordre public) in extremen Ausnahmefällen (Aschenputtelgesellschaften) GK/Behrens, GmbHG, Einl. B, Rn. 92.
93 Zimmer, NJW 2003, 3588.
94 Forsthoff/Schulz, in: Hirte/Bücker, Grenzüberschreitende Gesellschaften, § 15 Rn. 67.

6. Eingehungsbetrug

56 Wenn der Geschäftsführer **betrügerisch und/oder sittenwidrig vorsätzlich** den Gläugier geschädigt hat, haftet er nach § 823 Abs. 2 BGB i.V.m. § 263 StGB bzw. nach § 826 BGB. Diese Eigenhaftung des Geschäftsführers aus Delikt kommt **unmittelbar im Verhältnis zum Dritten** zustande. Insoweit kann daher aus Art. 43 Abs. 1 EGBGB unmittelbar auf das Tatortrecht – bei der ausschließlich im Inland tätigen limited also das deutsche Recht – zurückgegriffen werden.[95] Bestellt der director einer 1-Pfund-Limited also aus seinem Büro in Deutschland für die Gesellschaft Waren, wohl wissend oder zumindest billigend in Kauf nehmend, dass die Gesellschaft das Entgelt später nicht wird leisten können, so dürfte wohl ein entsprechender **Schadensersatzanspruch des Gläubigers** gegen den director nach deutschem Recht entstehen. Eine Beeinträchtigung der Niederlassungsfreiheit liegt hierin nicht. Denn wenn der director in Deutschland geschäftlich tätig wird, so treffen ihn hierbei unvermeidlich auch die Verhaltenspflichten des deutschen Rechts.

V. Haftung aus Insolvenzverschleppung

57 Die Haftung der Gesellschafter und der Geschäftsführer unterliegt grds. dem Gesellschaftsstatut. Insoweit könnte man das Gleiche auch für die Haftung aus Insolvenzverschleppung denken. Allerdings ergibt sich hier ein **markanter Differenzierungsgrund**: Die Haftung der Gesellschafter und Geschäftsführer wird deswegen dem Gesellschaftsstatut unterstellt, weil auch die gesellschaftsrechtlichen Pflichten dieser Personen sich aus dem Gesellschaftsstatut ergeben. Zum einen ist es konsequent, dem Recht, das die Verpflichtung und den Sorgfaltsmaßstab bestimmt auch die **Sanktion der Verletzung** zu entnehmen. Zum anderen soll sich keine Sanktion ergeben, wo keine Verpflichtung verletzt worden ist. Die Verpflichtung zur Stellung des Insolvenzantrags ergibt sich hingegen nicht aus dem Gesellschaftsrecht, sondern aus dem Insolvenzrecht. Dieses stellt z.B. den Insolvenzgrund fest, wann der Schuldner den Antrag stellen kann und wann er zur Antragstellung verpflichtet ist. Damit hat auch die Haftung wegen Insolvenzverschleppung ihren Ursprung im Insolvenzrecht. Sie unterliegt daher **nach überwiegender Auffassung** dem Insolvenzstatut.[96] Insolvenzstatut ist wiederum gemäß Art. 4 Abs. 1 EU-InsVO die **lex fori concursus**, also die Rechtsordnung, die für das Gericht gilt, das das Insolvenzverfahren eröffnet hat.

58 Im Verhältnis zu englischen limiteds mit faktischem Sitz im Inland ergibt sich ein besonderes Problem, wenn man der gesellschaftsrechtlichen Qualifikation folgen würde. Die einschlägigen Haftungsansprüche des englischen Rechts können wohl nicht von Dritten, sondern nur vom Liquidator persönlich, sogar nur vom englischen **liquidator** in einem englischen Insolvenzverfahren geltend gemacht werden.[97] Dies gilt zum einen für Ansprüche aus **wrongful trading**, wobei der director die Geschäfte der Gesellschaft weiter betrieben hat, obgleich er wusste oder hätte wissen müssen, dass die Gesellschaft keine realistische Aussicht hatte, die Liquidation zu vermeiden, (Sect. 214 (2) Insolvency Act 1986). Dies gilt ebenso für die Ansprüche aus **fraudulent trading**, bei dem die directors die Gesellschaft mit dem Ziel geführt haben, die Gläubiger der Gesellschaft zu betrügen, (Sect. 213 Insolvency Act 1986). Bei Geschäftsschwerpunkt der limited in Deutschland aber ist das Hauptinsolvenzverfahren in Deutschland durchzuführen,[98] so dass ein deutscher Insolvenzverwalter und kein liquidator nach englischem Recht bestellt wird.

---

95 Vgl. BGH, NJW 2005, 1648 = DStR 2005, 839 = BB 2005, 1016 = GmbHR 2005, 630 = RJW 2005, 542 = WM 2005, 889 = ZIP 2005, 805; AG Segeberg, NZG 2005, 762.

96 GK/Behrens, GmbHG, Einl. B, Rn. 106 (i.E.); Borges, ZIP 2004, 737; Eidenmüller, Ausländische Kapitalgesellschaften, § 9 Rn. 32; Eidenmüller, RabelsZ 70 (2006), 497; Hausmann, in: Reithmann/Martiny, Internationales Vertragsrecht, Rn. 2291c; Müller, NZG 2003, 417; Wachter, GmbHR 2003, 1257; Weller, DStR 2003, 1804; für gesellschaftsrechtliche Qualifikation dagegen: AnwK-BGB/Hoffmann, Anh. Art. 12 EGBGB Rn. 111; Huber, in: Lutter, Europäische Auslandsgesellschaften in Deutschland, S. 348; Mock/Schildt, in: Hirte/Bücker, Grenzüberschreitende Gesellschaften, § 16 Rn. 46; Ulmer, NJW 2004, 1207; Zimmer, NJW 2003, 3590.

97 Siehe Kasolosky, in: Hirte/Bücker, Grenzüberschreitende Gesellschaften, § 4 Rn. 42; Fleischer, in: Lutter, Europäische Auslandsgesellschaften in Deutschland, S. 61 ff.; Huber, in: Lutter, Europäische Auslandsgesellschaften in Deutschland, S. 322.

98 Vgl. hierzu unten, Rn. 146.

Insoweit ergäbe sich hier zunächst eine **absolute Haftungsfreistellung**: Das deutsche Recht über die Insolvenzverschleppung etc. wäre nach dieser Ansicht nicht anwendbar, weil seine Geltung gegen die Grundsätze der Niederlassungsfreiheit verstößt, wie sie infolge der Entscheidung des EuGH in Sachen Inspire Art zu verstehen ist. Die Haftung nach englischem Recht dagegen käme nicht in Betracht, da das anwendbare englische Recht zwar einschlägige Haftungsansprüche vorsieht, diese aber nicht geltend gemacht werden können, wenn das Insolvenzverfahren in Deutschland durchgeführt wird.

Dieses Ergebnis ist offensichtlich nach allen beteiligten Rechtsordnungen (also den beiden nationalen wie auch der europäischen) **planwidrig**, denn die Haftungsfreistellung eines schuldhaft handelnden director beeinträchtigt den Binnenmarkt und ist nicht hinnehmbar. Zur Behebung dieser Lücke käme zunächst in Betracht, die **einschlägigen Vorschriften des englischen Insolvency Act** im inländischen Insolvenzverfahren als englisches Gesellschaftsrecht anzuwenden. Dies bereitet kein Problem, da die Haftung ja aus deutscher Sicht gesellschaftsrechtlich zu qualifizieren ist. Allerdings stellt sich die Frage, wie die Vorschriften dahingehend ausgeweitet werden, dass auch der deutsche Insolvenzverwalter in einem deutschen Verfahren diese Vorschriften anwenden kann. Diese würden also umgestaltet, was kaum zu rechtfertigen wäre.[99]

> **Hinweis:**
> Man könnte aus der Bindung der Haftung aus **wrongful trading und fraudulent trading** an die Eröffnung des Insolvenzverfahrens in England im englischen Recht auch die Regel folgern, dass aus englischer Sicht diese und vergleichbare Haftungsfolgen immer dem Insolvenzstatut unterliegen. Bei **Verfahrenseröffnung in Deutschland** würde also – soweit die deutschen Gerichte aus englischer Sicht zuständig sind – das englische Recht insoweit die deutschen Haftungsregeln für anwendbar erklären. Diese Rechtsfolge wäre als sog. versteckte Rückverweisung aus deutscher Sicht gemäß Art. 4 Abs. 1 Satz 2 EGBGB beachtlich.[100] Insoweit gelten daher die Regeln über die Konkursverschleppung etc. des deutschen Rechts.

Die Frage, welches Gesellschaftsorgan für die Einleitung des Insolvenzverfahrens zuständig ist, unterliegt **nicht dem Insolvenzstatut**, sondern dem für die interne Kompetenzverteilung weiterhin maßgeblichen Gesellschaftsstatut. So sind also bei einer englischen limited mit Sitz in Deutschland nicht die einzelnen „Geschäftsführer" gemäß § 64 GmbHG verpflichtet, sondern es entscheidet das **board of directors** über die Antragstellung.

Abschließend stellt sich noch die Frage, ob eine insolvenzrechtliche Qualifikation bei einer in einem anderen EU-Mitgliedstaat gegründeten Gesellschaft die **Niederlassungsfreiheit beeinträchtigen könnte**. Man könnte vorbringen, das Auseinanderfallen von Gesellschaftsstatut und Insolvenzstatut beeinträchtige die Geschäftsführung. Hier ist aber darauf hinzuweisen, dass die Zuständigkeit für die Insolvenzgerichte in Europa durch die EU-InsVO einheitlich geregelt ist. Zuständig sind gemäß Art. 3 EU-InsVO die Gerichte des Staates, in dem die Gesellschaft ihren **Mittelpunkt hat**.[101] Damit ist die Zuständigkeit auf ein einziges Gericht konzentriert. Es ist daher nicht nur zumutbar, sondern auch angemessen, dass die Gesellschaft sich an den dort geltenden Maßstäben orientieren muss.[102]

59

60

---

99 Für eine entsprechende Anwendung Schumann, DB 2004, 747; Schanze/Jüttner, AG 2003, 670; Mock/Schildt, in: Hirte/Bücker, Grenzüberschreitende Gesellschaften, § 16 Rn. 46. Dagegen daher Huber, in: Lutter, Europäische Auslandsgesellschaften in Deutschland, S. 350.

100 Zur versteckten Rückverweisung vgl. z.B. Kegel/Schurig, Internationales Privatrecht, S. 411 ff.; Kropholler, Internationales Privatrecht, S. 177 ff.

101 Hierzu unten, Rn. 146.

102 So auch GK/Behrens, GmbHG, Einl. B Rn. 107; vgl. auch Huber, in: Lutter, Europäische Auslandsgesellschaften in Deutschland, S. 348 ff.

VI. Firma

61 Die **Rechtsnatur des Firmenrechts** ist umstritten. Vielfach wird in der Lit. die Ansicht vertreten, es handele sich um Ordnungsrecht mit öffentlichem Charakter.[103] Dies führt zu einer territorialistischen Geltung. Maßgeblich wäre das **Recht am Ort der Hauptniederlassung** der Gesellschaft und ihrer Zweigniederlassung.

> *Beispiel:*
>
> *Danach könnte von einer in Liechtenstein errichteten AG verlangt werden, dass sie ihre Firma um den Zusatz „AG nach liechtensteinischem Recht" ergänzt.*

62 Nach der Gegenansicht unterliegt auch die Firma der Gesellschaft dem **Gesellschaftsstatut**. Das Gesellschaftsstatut gilt dann für die Bildung der Firma einer Gesellschaft und die erforderlichen Rechtsformzusätze.[104] Allerdings will auch diese Ansicht den „Ordnungscharakter" des Firmenrechts in der Weise berücksichtigen, dass Beschränkungen bei der Firmenbildung in den §§ 18 und 30 HGB (Irreführungsgefahr; Unterscheidbarkeit) über den **ordre public**, Art. 6 EGBGB zu beachten seien.[105]

Dies ist in dieser Form übertrieben: Die Firma der ausländischen Gesellschaft an sich kann im Inland noch keine Beeinträchtigungen hervorrufen, die so erheblich sind, dass sie den ordre public auf den Plan rufen. Beeinträchtigungen sind allenfalls dann zu erwarten, wenn die Gesellschaft im Inland eine **Zweigniederlassung** errichtet und diese Firma im Geschäftsverkehr verwendet. Dann aber würde sich daraus bereits eine unzulässige Handlung auf dem Gebiet des Wettbewerbsrechts ergeben. Dieses aber gilt als **Verhaltensnorm** nicht als Bestandteil des Gesellschaftsstatuts. Es kommt stets dann zum Zuge, wenn der deutsche „Markt" berührt ist.[106] Damit wird das Entstehen einer Schutzlücke vermieden. Der Rückgriff auf den ordre public dürfte damit praktisch ausgeschlossen sein.

Zudem ist daran zu denken, dass die Untersagung des abstrakten Führens einer nach dem Gründungsrecht zulässig angenommenen Firma die ausländische Gesellschaft schon **in ihrer Niederlassungsfreiheit** behindert, ohne dass eine hinreichende Rechtfertigung vorliegt.[107] Eine EU-Gesellschaft könnte sich daher gegen eine entsprechende Anordnung wehren – nicht jedoch gegen ein Vorgehen mit wettbewerbsrechtlichen Maßnahmen, soweit hierbei die Grundsätze der Nichtdiskriminierung etc. beachtet werden.

> **Hinweis:**
>
> Daher kann von einer ausländischen Gesellschaft mit einer entgegen den §§ 18, 30 HGB gebildeten Firma auch dann, wenn sie ihren tatsächlichen Sitz im Inland hat, noch nicht verlangt werden, dass sie ihre nach dem Gesellschaftsstatut zulässig gebildete Firma ändert oder um einen Zusatz ergänzt (etwa durch Klarstellung, dass sie nach ausländischem Recht gegründet worden ist), solange die Irreführungsgefahr nur abstrakt besteht. Insb. wäre diese Firma dann auch in das deutsche Handelsregister einzutragen. Dies gilt umso mehr, als gemäß § 13 Abs. 3 Satz 1 HGB das deutsche Registergericht bei der Eintragung der Zweigniederlassung nur zu prüfen hat, ob § 30 HGB beachtet ist, also die Firma sich deutlich von den anderen, bereits im Handelsregister eingetragenen Firmen unterscheidet. Für eine darüber hinaus gehende Prüfung, ob die Verwendung der Firma möglicher-

---

103 MünchKomm-BGB/Kindler, IntGesR Rn. 210; Spahlinger/Wegen, Internationales Gesellschaftsrecht, Rn. 554.
104 BGH, NJW 1971, 1523; BayObLGZ 1986, 64; MünchKomm-HGB/Heidinger, vor § 17 Rn. 66; AnwK-BGB/Hoffmann, Anh. Art. 12 EGBGB Rn. 22; Michalski/Leible, System. Darst. 2 Teil 1 Rn. 99 ff.; K. Schmidt, in: Lutter, Europäische Auslandsgesellschaften in Deutschland, S. 27.
105 GK/Behrens, GmbHG, Einl. B Rn. 74; AnwK-BGB/Hoffmann, Anh. Art. 12 EGBGB Rn. 133 f.; Michalski/Leible, System. Darst. 2 Teil 1 Rn. 100.
106 Marktortprinzip, BGHZ 113, 11; von Bar, Internationales Privatrecht, Bd. II, Rn. 700; Kropholler, Internationales Privatrecht, S. 532 f.
107 Hierzu MünchKomm-HGB/Heidinger, vor § 17 Rn. 76. Nach MünchKomm-BGB/Kindler, IntGesR Rn. 212 liegt keine unzulässige Beschränkung vor, da die Berufung auf die liberalen Vorschriften des Gründungsstaates rechtsmissbräuchlich sei.

weise irreführend ist oder andere Bestimmungen verletzt, ist das Handelsregister nicht zuständig.[108] Verwirklicht sich die Irreführung durch Verwendung der Firma im Rechtsverkehr, sind wettbewerbsrechtliche Maßnahmen begründet. Die Rspr. ist hier sehr streng und prüft auch die Einhaltung von § 18 HGB im Detail nach.[109]

VII. Rechnungslegung

Die Qualifikation der Pflicht zur Rechnungslegung, der Führung der Handelsbücher, der Erstellung des Jahresabschlusses einschließlich der Abschlussprüfung und Rechnungspublizität ist umstritten. Teilweise verweist man auf die öffentlichen Interessen, die diesen Vorschriften zugrunde lägen und geht daher von einer **öffentlich-rechtlichen Qualifikation** aus. Folge sei, dass inländische Zweigniederlassungen ausländischer Gesellschaften den Vorschriften in §§ 238 ff. HGB unterlägen.[110] Die Gegenauffassung qualifiziert die hiermit zusammenhängenden Fragen **gesellschaftsrechtlich**. Die Bestimmungen des HGB sind danach mithin nur dann anwendbar, wenn und soweit die Gesellschaft deutschem Gesellschaftsstatut unterliegt.[111]

> **Hinweis:**
>
> Die **praktische Bedeutung dieses Streits** hält sich in Grenzen: § 325a Abs. 1 Satz 1 HGB bestimmt ausdrücklich, dass bei einer im Inland gelegenen Zweigniederlassung einer Kapitalgesellschaft mit Sitz in einem anderen Mitgliedstaat der EU die nach dem für die Hauptniederlassung maßgeblichen Recht erstellten Unterlagen der Rechnungslegung zum Handelsregister der Zweigniederlassung vorzulegen sind. Diese Regelung geht auf Art. 9 der Zweigniederlassungsrichtlinie (11. Richtlinie, hierzu unten Rn. 194) zurück. Hieraus ergibt sich, dass auch bei Zweigniederlassung im Inland die Rechnungslegung für die Zweigniederlassung nicht zusätzlich nach den im Zweigniederlassungsstaat geltenden Regeln erfolgen muss. <u>Es ist ausreichend</u>, dass Rechnungslegung, Prüfung und Offenlegung nach dem Recht am Sitz der Hauptniederlassung erfolgt sind. Nur die zusätzliche Publizität bestimmt sich dann nach dem im Zweigniederlassungsstaat geltenden Recht.[112] <u>Die Erstellung eines Jahresabschlusses nach deutschem Recht kann also nicht verlangt werden.</u>

Die Unterlagen müssen **nicht unbedingt übersetzt** werden (§ 325a Abs. 1 Satz 2 HGB). Es genügt, dass sie in englischer Sprache eingereicht werden. Ist die Abschrift vom Register der Hauptniederlassung amtlich beglaubigt, so genügt die deutsche Übersetzung allein des Beglaubigungsvermerks (§ 325a Abs. 1 Satz 3 HGB).

Dies muss dann auch für die **EU-Gesellschaften mit faktischem Inlandssitz** gelten, die also ihre faktische Hauptniederlassung im Inland haben, denn spätestens seit den Entscheidungen Centros und Überseering ist deutlich, dass die inländische faktische Hauptniederlassung einer in einem anderen Mitgliedstaat gegründeten Kapitalgesellschaft als Zweigniederlassung i.S.d. Zweigniederlassungsrichtlinie zu behandeln ist.[113]

Die Frage nach der öffentlich-rechtlichen bzw. gesellschaftsrechtlichen Qualifikation bleibt damit nur für solche Fälle von Bedeutung, in denen die Gesellschaft **weder der EU noch dem EWR** angehört.

---

[108] So Mankowski, in: Hirte/Bücker, Grenzüberschreitende Gesellschaften, § 12 Rn. 63.
[109] Vgl. z.B. LG Limburg, GmbHR 2006, 261 Anm. Römermann.
[110] Baumbach/Hopt/Merkt, HGB, § 238 Rn. 9; Riegger, ZGR 2004, 510; Röhricht/v. Westphalen/Röhricht, HGB, Einl. Rn. 52: MünchKomm-BGB/Kindler, IntGesR Rn. 253.
[111] Eidenmüller/Rehberg, ZGR 2006, 432; Zimmer, Internationales Gesellschaftsrecht, S. 183; GK/Behrens, GmbHG, Einl. B Rn. 95; Staudinger/Großfeld, IntGesR Rn. 366; Michalski/Leible, GmbHG, System. Darst. 2 Teil 1 Rn. 121; Westhoff, in: Hirte/Bücker, Grenzüberschreitende Gesellschaften, § 17 Rn. 26.
[112] Baumbach/Hopt/Merkt, HGB, § 325a Rn. 1.
[113] Spahlinger/Wegen, Internationales Gesellschaftsrecht, Rn. 566.

VIII. Umfang der Rechtsfähigkeit

65 In vielen Rechtsordnungen ist die Rechtsfähigkeit einer Kapitalgesellschaft weiterhin nicht allumfassend, sondern weiterhin **auf den Gesellschaftszweck beschränkt**. Die Geschäftsführung kann die Gesellschaft also nicht bei solchen Rechtsgeschäften vertreten, die nicht vom statutarisch bestimmten Zweck der Gesellschaft gedeckt sind (Handeln ultra vires). Bekannt ist hierfür das anglo-amerikanische Gesellschaftsrecht, auch wenn in England diese Doktrin aufgrund von Art. 9 Abs. 1 der EG-Publizitätsrichtlinie[114] weitgehend ausgemerzt worden ist und sie in den USA ihre Bedeutung ebenfalls weitgehend verloren hat. Weniger bekannt ist in diesem Zusammenhang die Bestimmung des Art. 2:7 des niederländischen BGB. Hintergrund ist heutzutage nicht mehr das historisch überwundene Konzessionsprinzip, sondern der **Schutz der Gesellschafter vor „Veruntreuung"** des Gesellschaftskapitals durch die Geschäftsführer.

66 Einhellige Ansicht ist, dass nicht nur die Erlangung, sondern auch die **Grenzen der Rechtsfähigkeit** dem Gesellschaftsstatut zu entnehmen sind.[115] Das ergibt sich aus der Anerkennung der vom ausländischen Recht verliehenen Rechtsfähigkeit: Diese kann naturgemäß nicht weiter reichen als das ausländische Recht. Tritt eine ausländische Gesellschaft im inländischen Rechtsverkehr auf, so wird allerdings zum Schutz gutgläubiger Dritter, die mit dieser kontrahieren, Art. 12 Satz 1 EGBGB entsprechend angewandt (**Verkehrsschutz**). Die Gesellschaft kann sich danach nur dann noch auf eine sich aus ihrem Personalstatut ergebende Beeinträchtigung der allgemeinen Rechts- und Handlungsfähigkeit berufen, wenn dies dem anderen Vertragsteil entweder bekannt war oder er dies kennen musste.[116]

IX. Vertretung der Gesellschaft

67 Dem Gesellschaftsstatut unterliegt auch die **organschaftliche Vertretung** der Gesellschaft. Dies gilt insb. für die Frage, welches Organ zur Vertretung der Gesellschaft berufen ist, in welcher Art und Weise dessen Mitglieder die Gesellschaft vertreten können (einzeln- oder gesamtvertretungsbefugt), welchen Grenzen und Einschränkungen die Vertretungsbefugnis unterliegt (Selbstkontrahieren, bestimmte Geschäfte mit besonderer Bedeutung wie Verfügungen über Immobilien etc.) und welche Folgen sich aus dem Überschreiten dieser Kompetenzen ergeben (Nichtigkeit, Anfechtbarkeit, Schadensersatz).[117]

Genau wie bei Beschränkungen der Handlungsfähigkeit findet auch bei sich aus dem Gesellschaftsstatut ergebenden **Beschränkungen der Vertretungsbefugnis** der organschaftlichen Vertreter Art. 12 EGBGB entsprechende Anwendung. Bleibt der Umfang der Vertretungsbefugnis des Geschäftsführers einer ausländischen GmbH hinter dem des Geschäftsführers einer deutschen GmbH zurück, gelangt das dem Geschäftspartner günstigere deutsche Ortsrecht zur Anwendung, sofern dieser von der Divergenz nichts wusste oder wissen konnte.[118]

68 Von der organschaftlichen ist die **gewillkürte Vertretung** zu trennen. Hierfür gilt das Gesellschaftsstatut nicht. Vielmehr wird das auf die Vollmacht anwendbare Recht (**Vollmachtsstatut**), mangels einer einschlägigen Kollisionsnorm im Gesetz grds. danach bestimmt, in welchem Land von der Vollmacht erkennbar Gebrauch gemacht werden bzw. tatsächlich Gebrauch gemacht wird (**Wirkungslandsprinzip**).[119]

---

114 1. Richtlinie 68/151/EWG v. 9.3.1968, ABl. Nr. L 65/8.
115 BGHZ 25, 134; 97, 269 = NJW 1986, 2194; BGH, NJW 1998, 2452.
116 BGH, NJW 1998, 2452; ausführlich: GK/Behrens, GmbHG, Einl. B Rn. 68 ff.; Michalski/Leible, GmbHG, System. Darst. 2 Teil 1 Rn. 83; Hausmann, in: Reithmann/Martiny, Internationales Vertragsrecht, Rn. 2258 ff.; Palandt/Heldrich, BGB, Anh. zu Art. 12 EGBGB Rn. 11; MünchKomm-BGB/Spellenberg, Art. 12 EGBGB Rn. 12.
117 BGH, NJW 1992, 628; NJW 1993, 2745; OLG Düsseldorf, RIW 1995, 326; Michalski/Leible, GmbHG, System. Darst. 2 Teil 1, Rn. 95.
118 Hausmann, in: Reithmann/Martiny, Internationales Vertragsrecht, Rn. 2259; von Bar, Internationales Privatrecht, Bd. II, Rn. 640; Leible, in: Hirte/Bücker, Grenzüberschreitende Gesellschaften, § 10 Rn. 48.
119 BGH, NJW 1990, 3088; ausführlich: Hausmann, in: Reithmann/Martiny, Internationales Vertragsrecht, Rn. 2431 ff.

Sonderregeln gelten hier für die typisierten Vollmachten des Handelsrechts. So unterliegen die **Prokura und die Handlungsvollmacht** grds. dem Recht des Staates, in dem das Unternehmen seinen Sitz hat. Da nunmehr nicht mehr unbedingt das Recht des Staates, in dem das Unternehmen seinen (tatsächlichen) Sitz hat, Gesellschaftsstatut ist, können also das Statut der Prokura und das Gesellschaftsstatut differieren. Bei einer englischen limited company als faktischer Inlandsgesellschaft gilt also deutsches Recht für die Prokura. Es spielt also keine Rolle, dass das englische Recht die Prokura nicht kennt. Ist die Prokura oder eine Handlungsvollmacht auf eine Zweigniederlassung beschränkt (**Filialprokura**), so gilt das Recht des Staates, in dem sich diese Zweigniederlassung befindet. Dies gilt erst recht für den Fall des ständigen Vertreters der Gesellschaft i.S.v. Art. 2 Abs. 1 lit. e Zweigniederlassungsrichtlinie[120] (= § 13e Abs. 2 Satz 3 Ziff. 3 HGB).

X. Beteiligung an anderen Gesellschaften, „Organfähigkeit"

Auch die Fähigkeit einer Gesellschaft, die Beteiligung an einer anderen Gesellschaft zu erwerben (**aktive Beteiligungsfähigkeit**), unterliegt grds. ihrem Gesellschaftsstatut. In der Praxis wird aber ein derartiger Beteiligungserwerb stets möglich sein. Dies dürfte selbst bei uneingeschränkt fortgeltender ultra-vires-Doktrin dann gelten, wenn die Geschäftsführung zur Verfolgung des statutarisch vorgegebenen Gesellschaftszwecks Anteile an einer anderen Gesellschaft erwirbt oder eine Tochtergesellschaft gründet. Anderes mag sich allenfalls bei **außergewöhnlich konstruierten Einschränkungen** bei der Formulierung des Gesellschaftszwecks in der Satzung ergeben. Solche Fälle dürften jedoch rein theoretisch sein.

Die Frage, ob eine Beteiligung an einer Gesellschaft auch von einer juristischen Person übernommen werden kann („**passive Beteiligungsfähigkeit**"), unterliegt dagegen dem Gesellschaftsstatut der Objektgesellschaft. Diese Frage ist bei Kapitalgesellschaften einschließlich der GmbH unproblematisch – jedenfalls ist mir keine Rechtsordnung bekannt, bei der sich in diesem Punkt Probleme ergeben.

Von praktischer Bedeutung ist diese Frage dagegen bei Personengesellschaften. Hier führt die Beteiligung von juristischen Personen zu einer sogenannten „**Typenvermischung**". In Deutschland ist eine derartige Gestaltung durch die Rspr. anerkannt worden. **Allein in der Lit.** werden Bedenken gegen die Beteiligung ausländischer Kapitalgesellschaften an einer Personenhandelsgesellschaft erhoben.[121] Ähnlich wie in Deutschland sieht man es in einigen anderen Ländern, wie den Niederlanden, England und Dänemark. In der Schweiz oder Japan wird eine derartige Typenvermischung zwischen Personen- und Kapitalgesellschaft abgelehnt. Entscheidend für die Typenvermischung ist daher faktisch das für die Objektgesellschaft maßgebliche Gesellschaftsstatut.[122]

Das Gesellschaftsstatut der Beteiligungsgesellschaft entscheidet dann nicht nur darüber, ob die Beteiligung einer Kapitalgesellschaft allgemein zulässig ist, sondern auch darüber, ob eine ausländische Kapitalgesellschaft hierbei **ausgeschlossen** ist. Dies wird in der deutschen Lit. z.B. weiterhin noch von einigen Stimmen für die „**Limited & Co. KG**" bestritten.[123] Die Zulässigkeit dürfte seit der Entscheidung im Fall Landshuter Druckhaus[124] kaum noch ernsthaft angezweifelt werden.[125] Soweit die Gegenauffassung mit Problemen bei der praktischen Bewältigung der grenzüberschreitenden Typenvermischung argumentiert, so ist dem entgegenzuhalten, dass eine verfehlte Rechtsformwahl deren **Zulässigkeit nicht berührt** und die meisten Probleme durchaus zu bewältigen sind. Der Ausschluss einer EU-Gesellschaft von der Betei-

---

120   11. gesellschaftsrechtliche Richtlinie, siehe hierzu unten Rn. 194.
121   Z.B. MünchKomm-BGB/Kindler, IntGesR Rn. 552; ablehnend: AG Oeynhausen, GmbHR 2005, 692.
122   Grds. für die alleinige Maßgeblichkeit des für die Kapitalgesellschaft maßgeblichen Gesellschaftsstatuts: Grothe, Die ausländische Kapitalgesellschaft & Co, S. 204 f.
123   AG Oeynhausen, GmbHR 2005, 692; Staudinger/Großfeld, IntGesR, Rn. 542; MünchKomm-BGB/Kindler, IntGesR Rn. 552; Staub/Ulmer, HGB, § 105 Rn. 92. Kritisch auch: K. Schmidt, Gesellschaftsrecht, § 56 VII 2.
124   BayObLG, NJW 1986, 3029 (englisch private limited company); ihm folgend z.B. OLG Saarbrücken, NJW 1999, 647 (schweizer. AG); OLG Stuttgart, WM 1995, 928.
125   Zur Ausländischen Gesellschaft und Co siehe z.B.: Grothe, Die ausländische Kapitalgesellschaft & Co; Werner, GmbHR, 2005, 288; Süß, GmbHR 2005, 673.

ligung an einer deutschen KG oder OHG liefe vielmehr auf eine Diskriminierung der ausländischen Gesellschaft hinaus.[126] Art. 12 EGV erzwingt damit die Zulässigkeit der „europäischen Kapitalgesellschaft und Co. KG".

73 In gleicher Weise betreffen auch die Regeln, die die Beteiligung einer Ein-Personen-GmbH als einzigen Gesellschafter ausschließen (**Verbot der doppelstöckigen Ein-Personen-GmbH**)[127] nicht die Beteiligungsfähigkeit der Gesellschafterin, sondern die Organisation der Objektgesellschaft. Hier entscheidet dann also ausschließlich das Gesellschaftsstatut der Objektgesellschaft.

74 Ob in einer Gesellschaft eine bestimmte Organstellung von einer natürlichen Person eingenommen werden muss oder ob insoweit auch eine juristische Person eintreten kann (**Organfähigkeit**), unterliegt dem für die betroffene Gesellschaft maßgeblichen Gesellschaftsstatut. Daher kann eine deutsche GmbH in einer englischen private limited company die Position eines Vorstands (director) einnehmen, nicht aber eine englische private limited company in einer deutschen GmbH Geschäftsführer werden.[128] Theoretisch ist hier auch das Gesellschaftsstatut der Gesellschaft zu beachten, der die Organstellung eingeräumt werden soll.[129] Es ist aber nicht erkennbar, aus welchem Grund eine Rechtsordnung den Kapitalgesellschaften verbieten sollte, eine derartige Position in ausländischen Gesellschaften einzunehmen. Praktisch bleibt es dabei wie bei der Beteiligungsfähigkeit, nämlich bei der ausschließlichen Maßgeblichkeit des Gesellschaftsstatuts der Gesellschaft, deren Organ betroffen ist.

XI. Prozessuale Parteifähigkeit

75 Die Parteifähigkeit ergibt sich im deutschen Recht gemäß § 50 Abs. 1 ZPO **aus der Rechtsfähigkeit**. Daher wurde lange Zeit zur Bestimmung der Parteifähigkeit als Vorfrage unter Zugrundelegung des Gesellschaftsstatuts zunächst die Rechtsfähigkeit ermittelt und aus der sich aus dem ggf. ausländischen Recht sich ergebenden zivilrechtlichen Rechtsfähigkeit auch die Prozessfähigkeit gefolgert.[130] Nach neuerer Auffassung soll dagegen die Parteifähigkeit im Wege einer prozessualen Kollisionsnorm **unmittelbar dem Gesellschaftsstatut** zu entnehmen sein.[131] Das könnte allerdings zu bedenklichen Folgen führen, erhalten doch so unter Umständen auch solche Gebilde die Parteifähigkeit, die nach deutschem Verständnis aus prozessualen Gesichtspunkten eigentlich nicht klagen dürfen sollen (GbR, trust).

XII. Deliktsfähigkeit

76 Ob und unter welchen Voraussetzungen einer Gesellschaft unerlaubte Handlungen einer natürlichen Person zuzurechnen sind und wie sie dafür haftet (Deliktsfähigkeit), unterliegt dem **Deliktsstatut**[132] – welches gemäß Art. 40 ff. EGBGB zu bestimmen ist. Dem Gesellschaftsstatut unterliegt freilich weiterhin die Beurteilung der hierbei auftauchenden Vorfragen, ob es sich bei der Gesellschaft um eine rechtsfähige Person handelt und ob die handelnde Person organschaftlicher Vertreter der Gesellschaft ist etc. Bei deutschem Deliktsstatut gilt also **§ 31 BGB**, der auf alle juristischen Personen gleich ob öffentlichen oder privaten Rechts anzuwenden ist,[133] auch für eine nach ausländischem Recht organisierte Gesellschaft. Dies gilt insb. auch für die weite Auslegung des Begriffs des „**verfassungsmäßig berufenen Vertreters**" – wobei

---

126 Insoweit kann unmittelbar auf die Begründung des EuGH in der Entscheidung SEVIC Systems v. 13.12.2005 verwiesen werden.
127 Vgl. z.B. das tschechische Recht.
128 MünchKomm-BGB/Kindler, IntGesR Rn. 556.
129 Vgl. Michalski/Leible, GmbHG, System. Darst. 2 Teil 1 Rn. 92.
130 BGH, NJW 1965, 1666; OLG Frankfurt, NJW 1990, 2204.
131 MünchKomm-BGB/Kindler, IntGesR Rn. 562; Wagner, in: Lutter, Europäische Auslandsgesellschaften in Deutschland, S. 229; AnwK-BGB/Hoffmann, Anh. zu Art. 12 EGBGB Rn. 18.
132 OLG Köln, NJW-RR 1998, 756; Michalski/Leible, GmbHG, System. Darst. 2 Teil 1 Rn. 88; Bamberger/Roth/Mäsch, BGB, Anh. zu Art. 12 EGBGB Rn. 46.
133 Palandt/Heinrichs, BGB, § 31 Rn. 3 m.w.N.

dann wiederum die Frage, ob eine Person „verfassungsmäßig berufen" ist, nach dem Gesellschaftsstatut zu beurteilen ist.[134]

XIII. Wechsel- und Scheckfähigkeit

Ob eine Gesellschaft einen Wechsel oder Scheck begeben kann, müsste sich nach allgemeinen Grundsätzen eigentlich aus dem **Wechsel- bzw. Scheckstatut** ergeben. Die Art. 91 WG und 60 ScheckG enthalten hier eine ausdrückliche Verweisung auf das Recht des Staates, dem eine Person angehört. Dies wird bei juristischen Personen in eine Verweisung auf das Gesellschaftsstatut umgedeutet.[135]

XIV. Unternehmerische Mitbestimmung

Die unternehmerische Mitbestimmung ist eine **deutsche Spezialität** und in den meisten anderen Ländern unbekannt. Die fehlende Mitbestimmung wird daher auch vielfach als besonderer Vorteil der Verwendung einer limited für Geschäftsaktivitäten im Inland aufgeführt – obgleich in den typischen Einsatzfällen der limited die Schwellenwerte für das Eingreifen der Mitbestimmung nach deutschem Recht kaum jeweils erreicht sein werden.

Im Allgemeinen wird daraus, dass die **einschlägigen Mitbestimmungsgesetze** ausdrücklich auf bestimmte Gesellschaftsformen Bezug nehmen (§ 1 MitbestG 1976, § 1 Montan-MitbestG, § 1 BetrVG 1952) abgeleitet, auf Gesellschaften mit ausländischer Rechtsform seien diese Gesetze ebenso wenig anwendbar, wie z.B. auf die KG.[136] Selbst wenn man mit einer **entsprechenden ausweitenden Auslegung** – wozu aufgrund des Enumerationsprinzips ein hoher Begründungsaufwand erforderlich wäre – zu einer entsprechenden Anwendung auf nach ausländischem Recht gegründete Gesellschaften mit vergleichbarer Struktur gelangen würde, wäre die Umsetzung dennoch **kaum möglich**. Insb. gilt dies, da auch das dualistische System von Vorstand und Aufsichtsrat eine Spezialität der deutschsprachigen Länder darstellt und in den meisten ausländischen Gesellschaftsrechten entweder völlig unbekannt ist oder aber dort, wo es vor kurzem eingeführt wurde (Frankreich, Italien) fakultativ gilt und praktisch nur selten vorkommt. Die Mitbestimmung würde also eine **Umstrukturierung der ausländischen Gesellschaft** erzwingen, die häufig sogar das zwingende Organisationsrecht des Gesellschaftsstatuts verletzen würde.[137] Bei EU-Gesellschaften würde sich diese Auffassung mit der deutlichen Aussage des EuGH in Inspire Art in Widerspruch setzen, wonach der Zuzugsstaat die nach dem Gründungsrecht errichtete Gesellschaft auch in **Bezug auf ihre Organisation** nach dem Gründungsrecht zu akzeptieren hat.[138]

Verschiedentlich wird versucht, die Mitbestimmung für tatsächliche Inlandsgesellschaften über eine Berufung auf den **international privatrechtlichen ordre public** (Art. 6 EGBGB) zu retten.[139] Dieser Versuch fällt aber schon durch den Hinweis darauf in sich zusammen, dass schon durch Ausweichen auf andere Gesellschaftsformen des deutschen Rechts dasselbe Unternehmen mit wirtschaftlich weitgehend gleichen Folgen mitbestimmungsfrei errichtet werden kann, ohne dass sich hierzu im Inland nennenswerter Widerspruch erhebt.

---

134 Vgl. Bamberger/Roth/Mäsch, BGB, Anh. zu Art. 12 EGBGB Rn. 46.
135 Von Bar, Internationales Privatrecht, Bd. II, Rn. 638; MünchKomm-BGB/Kindler, IntGesR Rn. 554.
136 Binz/Mayer, GmbHR 2003, 257; Ebke, JZ 2003, 931; Forsthoff, DB 2002, 2477; Müller-Bonnani, in: Hirte/Bücker, Grenzüberschreitende Gesellschaften, § 13 Rn. 17 ff.; Zimmer, NJW 2003, 3590.
137 Diese praktischen Hindernisse bei der Umsetzung der Mitbestimmung in einer Kapitalgesellschaft ausländischen Rechts haben auch Zimmer bewogen, von seiner ursprünglich analogie-freundlichen Auffassung (in: Zimmer, Internationales Gesellschaftsrecht, S. 292) abzurücken (siehe nun: Zimmer, NJW 2003, 3591). A.A. MünchKomm-BGB/Kindler, IntGesR Rn. 566 ff.
138 EuGH, NJW 2003, 3331; Nach MünchKomm-BGB/Kindler, IntGesR Rn. 567 wäre der Eingriff gerechtfertigt.
139 Staudinger/Großfeld, IntGesR, Rn. 510, 516. Das Gleiche ließe sich gegen das Ansinnen anführen, die ausländische Gesellschaft müsse im Inland statt einer Zweigniederlassung eine Tochtergesellschaft in einer mitbestimmten Gesellschaftsform errichten (Großfeld/Erlinghagen, JZ 1993, 221).

> **Hinweis:**
>
> Die ausschließlich im Inland tätige GmbH mit Satzungssitz im Ausland ist daher im Inland mitbestimmungsfrei. Dies gilt selbst in den Fällen, in denen die ausländische Rechtsform ausschließlich dazu eingesetzt wird, die Mitbestimmungsregeln des deutschen Rechts zu umgehen.[140]

XV. Betriebliche Mitbestimmung

80 Von der unternehmerischen ist die betriebliche Mitbestimmung zu trennen. Auf der Ebene der betrieblichen Mitbestimmung ist man von der Rechtsform des Unternehmens und seiner Ausgestaltung unabhängig. Daher ist hierbei ausschließlich darauf abzustellen, **in welchem Land der Betrieb eingerichtet ist**. In einem inländischen Betrieb muss daher auch dann ein Betriebsrat nach deutschem Recht, insb. den Vorschriften des BetrVerfG, eingerichtet werden, wenn der Unternehmensträger eine Kapitalgesellschaft ausländischen Rechts ist.[141] Die ausländische Zweigniederlassung einer deutschen GmbH dagegen ist auch bei Erreichen der entsprechenden Mitarbeiterzahlen nur nach Maßgabe des ausländischen Rechts mitbestimmt. In gleicher Weise kann bei einer Konzernmutter bzw. Konzernzwischenholding ebenfalls bezogen auf die Arbeitnehmer der faktischen Inlandsgesellschaften und Inlandsbetriebe ein Konzernbetriebsrat eingerichtet werden.

XVI. Abtretung von Geschäftsanteilen

81 Bei der Abtretung von Geschäftsanteilen an einer GmbH sind Rechtskollisionen in verschiedenster Weise möglich. Bekanntester Fall ist der sog. **Beurkundungstourismus** bei höherwertigen Geschäften. Hierbei versuchen die Vertragsparteien durch Beurkundung des Verkaufs und der Abtretung in Basel oder in Zürich, Notargebühren zu sparen. Im Rahmen eines komplexen Unternehmenskaufs kann aber der Abschluss eines einheitlichen Vertrags erzwingen, dass ein Kausalgeschäft, welches Beteiligungen an Gesellschaften mit Sitz in vielen Staaten betrifft, in einem Staat abgeschlossen werden muss. In diesem Fall wird dann auch vielfach von den Beteiligten ein **closing** in einer einzigen Sitzung verlangt die auch die Abtretungen erfassen soll. Auch der Umstand, dass sowohl abtretender Gesellschafter als auch Erwerber ihre Niederlassung im Ausland haben, kann ein „legitimes" Interesse an der Vornahme der Abtretung im Ausland begründen. Bei der Einbringung in eine weitere Gesellschaft stehen sich das Gesellschaftsstatut der Objektgesellschaft und das Gesellschaftsstatut der Gründungsgesellschaft gegenüber.

Für die Beurteilung dieser Fälle sind eine Reihe von Fragen gesondert zu beurteilen:

1. Materielle Voraussetzungen für die Abtretung

82 Die Übertragung von Geschäftsanteilen unterliegt dem **Gesellschaftsstatut**. Dies betrifft dann insb. die Frage, ob eine Abtretung überhaupt möglich ist und welche Beschränkungen ggf. bestehen (Übertragung nur an Mitgesellschafter möglich, Zustimmungserfordernisse der Gesellschaft etc.), ob eine Teilabtretung möglich ist und welche Regelung über die Stückelung hierbei zu beachten ist, welche Maßnahmen zur Übertragung durchzuführen sind (Übergabe von Anteilsscheinen, Mitteilung an die Geschäftsführung, Eintragung im Handelsregister etc.) und mit welchem Zeitpunkt die Abtretung wirksam wird. Dabei ergibt sich aus dem Gesellschaftsstatut auch, ob – neben den anderen Erfordernissen – der Anteil bereits mit Abschluss des schuldrechtlichen Kausalgeschäfts übergeht (**reines dingliches Konsensprinzip**, so z.B. Frankreich, Polen), ob es eine von der Kausa verselbständigte, „**abstrakte**" **Abtretung** gibt (Deutschland, Griechenland) oder ob eine **Abtretungserklärung erforderlich** ist, die aber in ihrem Bestand von der Wirksamkeit eines Kausalverhältnisses abhängt (System von titulus und modus, z.B. Österreich, Schweiz). Die Verfügungswirkung der Kausa (Kauf, Schenkungsvertrag, Vermächtnis) hängt also nicht

---

[140] Müller-Bonanni, in: Hirte/Bücker, Grenzüberschreitende Gesellschaften, § 13 Rn. 23: „Missbrauchsfälle" unter Berufung auf den Vorbehalt des EuGH in Inspire Art.
[141] BAG, NJW 1978, 1124; Michalski/Leible, GmbHG, System. Darst. 2 Teil 1 Rn. 119; Fischer, BB 2000, 562; Müller-Bonanni, in: Hirte/Bücker, Grenzüberschreitende Gesellschaften, § 13 Rn. 45 ff.

von dem für diesen schuldrechtlichechtlichen Titel geltenden Recht (Vertragsstatut gemäß Art. 27 ff. EGBGB) ab, sondern von dem für die Abtretung maßgeblichen Recht, also dem Gesellschaftsstatut der Objektgesellschaft.

Besonderheiten gelten, wenn über die Beteiligung echte Inhaberpapiere ausgegeben worden sind. Das ist dann der Fall, wenn die Übertragung der Beteiligung in der Weise erfolgt, dass die verbriefende Urkunde übereignet wird. Das Gesellschaftsstatut gilt dann nur für die Frage, ob es sich bei diesen Papieren um echte Inhaberpapiere (z.B. Inhaberaktien) handelt. Die Verfügung über diese Papiere richtet sich dann nicht nach dem Gesellschaftsstatut, das lediglich darüber entscheidet, ob die Verfügung möglich ist und welche Wirkungen sie hat, sondern nach dem für die Übereignung des Papiers maßgeblichen Sachenstatut. Art. 43 Abs. 1 EGBGB verweist hier auf das Recht am jeweiligen Lageort der Urkunde (lex cartae sitae).[142]

83

2. Formelle Wirksamkeit der Abtretung

a) Einhaltung des Gesellschaftsstatuts (Gleichwertigkeitsfrage)

Gemäß Art. 11 Abs. 1 1. Fall EGBGB ist die Abtretung zum einen wirksam, wenn sie die von dem auf das Rechtsgeschäft anwendbaren Recht verlangte Form einhält (**Geschäftsstatut**) – bei der Abtretung von Geschäftsanteilen also das Gesellschaftsstatut (siehe oben Rn. 82).

84

> **Hinweis:**
>
> So kann z.B. auch bei Vornahme der Abtretung im Inland der Anteil an einer französischen société à responsabilité limitée (SARL) nach Maßgabe des französischen Rechts unter Einhaltung der einfachen Schriftform abgetreten werden. Die Beteiligung an einer niederländischen B.V. dagegen kann im Inland nach dem Geschäftsstatut überhaupt nicht abgetreten werden, da das niederländische Recht ausschließlich die Beurkundung durch einen Notar mit Amtssitz in den Niederlanden genügen lässt.

Bei der Abtretung der **Beteiligung an einer deutschen GmbH** stellt sich die Frage, ob die von § 15 Abs. 3 GmbHG verlangte notarielle Beurkundung überhaupt durch einen ausländischen Notar möglich ist. In der Praxis gab es hier bei größeren Gegenstandswerten einen gewissen „**Beurkundungstourismus**" in die Schweiz. Nach einer Entscheidung des BGH vom 16.2.1981 kann ein vom deutschen Recht aufgestelltes Beurkundungserfordernis auch durch einen ausländischen Notar erfüllt werden, soweit das Beurkundungsverfahren gleichwertig sei.[143] Solche Gleichwertigkeit sei gegeben,

85

„... wenn die ausländische Urkundsperson nach Vorbildung und Stellung im Rechtsleben eine der Tätigkeiten des deutschen Notars entsprechende Funktion ausübt und für die Errichtung der Urkunde ein Verfahrensrecht zu beachten hat, das den tragenden Grundsätzen des deutschen Beurkundungsrechts entspricht."

---

142 BGH, NJW 1994, 940; Behr, in: FS für Sandrock, S. 159, 161; Kegel/Schurig, Internationales Privatrecht, S. 580; Staudinger/Großfeld, IntGesR, Rn. 320; Staudinger/Stoll, Internationales Sachenrecht, Rn. 418, der dies allerdings auch für Namenspapiere in Betracht zieht, a.a.O., Rn. 413.

143 BGH, NJW 1981, 1160, DNotZ 1981, 451, 452 = BGHZ 80, 76, 78; BGH, BB 1989, 1361 = NJW-RR 1989, 1259 = WM 1989, 1221 = GmbHR 1990, 25, 28; OLG München, RIW 1998, 147, 148; OLG Düsseldorf, WM 1989, 643, 644; Palandt/Heldrich, BGB, Art. 11 EGBGB Rn. 16; Baumbach/Hueck/Fastrich, GmbHG, § 2 Rn. 9; Bamberger/Roth/Mäsch, BGB, Art. 11 EGBGB Rn. 40; Reichert/Weller, DStR 2005, 252; Bayer, in: Lutter/Hommelhoff, GmbHG, § 15 Rn. 26, § 2 Rn. 16; Roth/Altmeppen, GmbHG, § 15 Rn. 90; Rowedder/Bergmann, GmbHG § 15 Rn. 53; Scholz/Westermann, GmbHG, Einl. Rn. 95; Staudinger/Großfeld, IntGesR, Rn. 497; MünchKomm-BGB/Spellenberg, Art. 11 EGBGB Rn. 47; a.A.: noch so z.B. OLG Hamm, NJW 1974, 1057; LG München I, DNotZ 1976, 501; Winkler, BeurkG, Einl. Rn. 61; Heckschen, DB 1990, 161, 165.

Der BGH hat daraufhin die **Gleichwertigkeit für die Beurkundung** durch Notare in Zürich/Altstadt bejaht.[144] Bei Beurkundung durch einen österreichischen Notar liegt die Gleichwertigkeit besonders nahe, da hier das Beurkundungsverfahren noch strenger ist, als in der Schweiz.[145] In der Lit. finden sich vielfach **erheblich weitergehende Vermutungen** – teilweise sogar für sämtliche Länder des lateinischen Notariats.[146] Fraglich ist, welche Auswirkungen sich für die Feststellung der Gleichwertigkeit aus dem nach der vorgenannten Entscheidung ergangenen „Supermarkt-Beschluss"[147] ergeben, in dem der BGH die Bedeutung der Beurkundungspflicht insb. im Hinblick auf die **materielle Richtigkeitsgewähr** und Gewährleistung einer Prüfungs- und Belehrungsfunktion betont hat. Vorsichtshalber sollte daher bei Beurkundung in der Schweiz darauf geachtet werden, dass die Urkunde auch tatsächlich verlesen wird, der Notar auf seine Belehrungspflicht hingewiesen hat und dies im Beurkundungsvermerk auch ausdrücklich vermerkt wird.[148]

> **Hinweis:**
> Bei Einschaltung eines aus den USA, Großbritannien oder anderen Ländern mit Common Law Tradition stammenden notary public stellt sich vielfach die Gleichwertigkeitsproblematik nicht. Das dort geltende Recht stellt zwar Verfahren für die Beglaubigung, eidesgleiche Bekräftigungen etc. zur Verfügung. Stets bezieht sich dieses Verfahren aber nicht auf den Inhalt der Erklärung, so dass es sich um keine Beurkundung handelt.

b) Formwirksamkeit aufgrund Einhaltung der Ortsform

86 Art. 11 Abs. 1 2. Fall EGBGB lässt es zur Formwirksamkeit eines Rechtsgeschäfts auch genügen, wenn dieses entsprechend den Bestimmungen des Rechts des Staates, in dem es vorgenommen wird (**Ortsrecht**) vorgenommen worden ist. Verlangt dieses Recht für die Abtretung eine geringere Form als das Geschäftsstatut, so genügt dies. Verlangt dieses Recht für die Abtretung von GmbH-Geschäftsanteilen die notarielle Beurkundung, so stellt sich die **Frage der Gleichwertigkeit** dann notwendigerweise nicht mehr, da mit der Beurkundung stets die Beurkundung durch die inländischen Notare gemeint ist.

87 Allerdings ist umstritten, ob die Formwirksamkeit aufgrund Einhaltung des Ortsrechts auch für die **Abtretung von Geschäftsanteilen an einer deutschen GmbH** in Frage kommt. Aus der Entstehungsgeschichte des Art. 11 EGBGB n.F. ergibt sich, dass der damalige Gesetzgeber gesellschaftsrechtliche Fragen nicht mitregeln wollte.[149]

---

144 Pauschal für alle Notare sämtlicher Schweizer Kantone BB 1989, 1361 = GmbHR, 1990, 25, 28 = NJW-RR 1989, 1259 = WM 1989, 1221. Für die Notare in Basel-Stadt OLG München, BB 1998, 119 = DB 1998, 125; kritisch hierzu z.B. Merkt, Internationaler Unternehmenskauf, Rn. 435 – dort auch ausführliche Übersicht vor allem auch über die ältere und die erstinstanzliche Rspr.
145 Vgl. auch LG Kiel, BB 1998, 120.
146 Nachweise bei Merkt, Internationaler Unternehmenskauf, Rn. 433.
147 Vom 24.10.1988 BGHZ, 105, 324, 338
148 Vgl. Reithmann, in: Reithmann/Martiny, Internationales Vertragsrecht, Rn. 576 ff.; ebenso auch der Ansatz von Goette, MittRhNotK 1997, 1; siehe auch Staudinger/Hertel, Vorbem. zu §§ 127a, 128 BGB Rn. 737: würde gar nichts vorgelesen, läge nur eine Unterschriftsbeglaubigung vor. Allgemein ablehnend zur Beurkundung in der Schweiz zuletzt Pilger, BB 2005, 1285.
149 Bredthauer, DB 1986, 1864; Lichtenberger, DNotZ 1986, 644, 653; Staudinger/Großfeld, IntGesR, Rn. 497; MünchKomm-BGB/Kindler, IntGesR Rn. 535; ebenso im Ergebnis Lutter/Bayer, in: Lutter/Hommelhoff, GmbHG, § 15 Rn. 16, 22, § 2 Rn. 16; Reithmann, NJW 2003, 388; Rowedder/Bergmann, in Rowedder, GmbHG, § 15 Rn. 54.

Die Rspr. ist in dieser Frage uneinheitlich. Der BGH hat die Anwendbarkeit des Ortsrechts für möglich gehalten, aber letztlich ausdrücklich offen gelassen.[150] Die neuere Rspr. der Obergerichte hat die **Einhaltung der Ortsform für ausreichend** gehalten.[151] Die Lit. stimmt weit überwiegend zu.[152]

Die Anknüpfung an den Abschlussort versagt, wenn das dort geltende Recht die Abtretung von Geschäftsanteilen an einer GmbH nicht kennt, und damit auch keine entsprechende Form vorsieht (sog. **Formenleere**). Das ist dann der Fall, wenn dem Ortsrecht die GmbH als Rechtsform nicht bekannt ist.

Beispiel hierfür ist die Entscheidung des OLG Stuttgart vom 17.5.2000.[153] Dort waren Geschäftsanteile an einer deutschen GmbH in Kalifornien abgetreten worden. Das Gericht verwies auf die **Vorschriften des kalifornischen Rechts** zur close corporation und meinte, das Ortsrecht von Kalifornien verlange für die Abtretung die Übergabe von indossierten Anteilsscheinen. Diese Konsequenz ist schon deswegen verfehlt, weil die Übergabe von Anteilsscheinen und anderen Wertpapieren keine Frage der Form ist, sondern materielle Voraussetzung für die Abtretung. Daher unterliegt sie nicht dem Formstatut, sondern dem **Gesellschaftsstatut**. In casu galt also insoweit deutsches Recht, welches die Übergabe der Aktienurkunde nicht verlangt.[154] Dennoch konnte sich aus dem Ortsrecht keine Möglichkeit ergeben, den Vertrag privatschriftlich abzuschließen. Aus dem Erfordernis der Übergaben von Anteilsscheinen, also Inhaberpapieren, hätte sich dem Gericht vielmehr die Frage aufdrängen müssen, ob es sich bei der vergleichsweise herangezogenen Gesellschaftsform des kalifornischen Rechts überhaupt um eine GmbH in unserem Sinne handelt. Dabei hätte sich aus der zwingende Verbriefung der Anteile und der Aufteilung der Anteile in eine Vielzahl gleichlautender Nennbeträge (und nicht nach übernommenen Einlagen je nach Gesellschafter) ergeben, dass die corporation des kalifornischen Rechts auch in der Form der close corporation keine GmbH ist, sondern **allenfalls eine „kleine AG"**.[155] Die wirtschaftlich gleichartige Funktion der Rechtsform kann hier nicht weiterführen, wenn diese nicht auch mit einer organisatorischen Vergleichbarkeit einhergeht.

Dabei ist zu berücksichtigen, dass insb. im anglo-amerikanischen Rechtsraum weiterhin die corporation (inc.) bzw. die limited company die einzige Form der Kapitalgesellschaft ist, die auch in der auf einen begrenzten Gesellschafterkreis zugeschnittenen Variante (close corporation bzw. private limited company) ihre „kapitalistische" Struktur beibehalten hat. Gleiches gilt in einigen skandinavischen Staaten (Schweden, Finnland). Damit kennen diese Rechte nur Regelungen für die Abtretung von Aktien, nicht aber von GmbH-Geschäftsanteilen. Mangels Ortsform ist das Geschäfts dann nicht formfrei, sondern (Fall der sog. Formenleere) es ist bei Abtretung in diesen Ländern die vom Gesellschaftsstatut vorgesehene Form zwingend einzuhalten.

> **Hinweis:**
> Soweit das Recht und die offiziellen Stellen des ausländischen Staates kein gleichwertiges Beurkundungsverfahren zur Verfügung stellen, bleibt daher nur der Weg zum **Beamten bei der Botschaft** oder eines **Generalkonsulats der Bundesrepublik Deutschland**. In Betracht käme auch die

---

150 BGHZ 80, 76, 78.
151 OLG Stuttgart, NJW 1981, 1176; DB 2000, 1218 = DStR 2000, 1074; BayObLG, NJW 1978, 500; OLG Frankfurt, DNotZ 1982, 186; OLG München, RIW 1998, 147, 148; OLG Düsseldorf, NJW 1989, 2200.
152 Roth/Altmeppen, GmbHG, § 15 Rn. 90; Baumbach/Hueck/Fastrich, GmbHG § 15 Rn. 22; Palandt/Heldrich, BGB, Art. 11 EGBGB Rn. 8; Scholz/Winter, GmbHG § 15 Rn. 39; GK/Winter/Löbbe, GmbHG, § 15 Rn. 138; Gätsch/Schulte, ZIP 1999, 1913; Goette, MittRhNotK 1997, 1, 3, 5; = ders., in: FS für Boujong, S. 130; Kröll, ZGR 2000, 122; Reuter, DB 1998, 116, 118; Merkt, Internationaler Unternehmenskauf, Rn. 426; Reichert/Weller, DStR 2005, S. 254. Ablehnend: Lutter/Bayer, in Lutter/Hommelhoff, GmbHG, § 15 Rn. 22; Staudinger/Großfeld, IntGesR, Rn. 492.
153 DStR 2000, 1704 = GmbHR 2000, 721 mit Anm. Emde.
154 So auch Reichert/Weller, DStR 2005, 255; MünchKomm-BGB/Kindler, IntGesR Rn. 587 Fn. 1416.
155 Immerhin hat das Gericht Zweifel an der Vergleichbarkeit betont (mit eingehenden Nachweisen aus der deutschen Kommentarliteratur) – und konnte diese letztlich dahingestellt sein lassen, weil es die Einhaltung des Ortsrechts (dies aber mit falscher Begründung) verneinte.

> Beurkundung in Deutschland durch Bevollmächtigte aufgrund von Vollmachten. Diese können im ausländischen Staat öffentlich beglaubigt werden.

90 Bei einigen Ländern, deren Formerfordernisse hinter der Beurkundung gemäß § 15 Abs. 3 GmbHG zurückbleibt wie Polen (öffentliche Beglaubigung) oder Frankreich (Schriftform) ergibt sich, dass diese aufgrund der **sog. dinglichen Konsensprinzips** eine Abtretung gar nicht kennen. Der Abschluss des Kausalgeschäfts (Kauf, Schenkung) führt unmittelbar zum Übergang des betroffenen Rechts; umgekehrt ist eine „abstrakte" Abtretung ohne causa unmöglich. Formerfordernisse gibt es hier also **nur für das Kausalgeschäft**. Da die Abtretung unbekannt ist, ergibt sich naturgemäß für diese auch keine Formvorschrift.

Aus deutscher Sicht könnte man diese Lücke in der Weise zu füllen versuchen, dass man einwendet, die Formerfordernisse für das Kausalgeschäft umfassten bereits sämtliche für die Übertragung der Beteiligung erforderlichen Akte. Es widerspreche daher dem der Geltung des Ortsrechts zugrunde liegenden Gedanken des Vertrauensschutzes und der Erleichterung des Rechtsverkehrs, hier mehr zu verlangen, als nach dem Ortsrecht zur **wirksamen Übertragung erforderlich** sei. Da es sich insoweit um einen bislang noch nicht erörterten Aspekt der Auslandsabtretung von Geschäftsanteilen handelt, ist insoweit jedoch Vorsicht bei der Anwendung dieser angeblichen Ortsform angebracht. Es sollte vorsichtshalber die vom Gesellschaftsstatut verlangte Ortsform eingehalten werden.

3. Formwirksamkeit des Kausalgeschäfts

91 Die Formwirksamkeit des Kausalgeschäfts ergibt sich gemäß Art. 11 Abs. 1 EGBGB alternativ aus dem **Recht des Abschlussortes** und dem auf das Hauptgeschäft, also z.B. dem Kaufvertrag, anwendbaren Recht. Anders als bei der Abtretung ist es in Deutschland allgemein anerkannt, dass auch dann, wenn Geschäftsanteile an einer deutschen GmbH betroffen sind, die Formwirksamkeit des Schuldvertrags sich auch aus dem Ortsrecht ergeben kann, selbst wenn dieses erheblich geringere Anforderungen an die Form stellt als § 15 Abs. 4 GmbHG.[156] Ggf. wäre dann sogar eine formfreie Vereinbarung des Kaufvertrags wirksam. **Probleme** ergeben sich allenfalls dann, wenn das am Abschlussort geltende Recht die GmbH nicht kennt.

Der Schuldvertrag unterliegt dem gemäß Art. 27 ff. EGBGB bestimmten Recht. Danach ist vorrangig auf eine **Rechtswahlvereinbarung** der Beteiligten abzustellen. Haben sie keine Rechtswahl getroffen, gilt – mangels anderer engerer Verbindungen – das Recht des Staates, in dem der Verkäufer seinen gewöhnlichen Aufenthalt hat (Art. 28 Abs. 2 EGBGB).[157]

92 Neuerdings wird die Ansicht vertreten, § 15 Abs. 4 GmbHG beziehe sich ausschließlich auf solche Verträge, die den Verkauf von Anteilen an einer deutschen GmbH beträfen. Diese Vorschriften wollten den Handel mit GmbH-Geschäftsanteilen einschränken und seien demnach auf Verträge über Anteilen an ausländischen Gesellschaften nicht anwendbar.[158] § 15 Abs. 4 GmbHG fehle für Anteile an ausländischen Gesellschaften der internationale Geltungswille.[159]

Diese Auffassung verkennt, dass der internationale Geltungsbereich einer Vorschrift sich nicht aus der materiellen Norm selbst herleitet, sondern **aus dem Kollisionsrecht**.[160] Für die von den Vertretern dieser Ansicht verfolgte Geltung der Formvorschriften des Gesellschaftsstatuts der Objektgesellschaft fehlt es an einer Verweisungsnorm im deutschen Kollisionsrecht. Insoweit würde es sich um eine **freie Rechtsfortbildung** handeln, die sich von der lex lata löst.

---

156 BGH, RIW 2005, 144; OLG Stuttgart, NZG 2001, 40; Goette, DStR 1996, 711; Merkt, Internationaler Unternehmenskauf, Rn. 406; Michalski/Ebbing, GmbHG, § 15 Rn. 97; Scholz/Westermann, GmbHG, Einl. Rn. 95.
157 MünchKomm-BGB/Kindler, IntGesR Rn. 588.
158 OLG München, ZIP 1993, 508; Wrede, GmbHR 1995, 365; Staudinger/Großfeld, IntGesR, Rn. 503: es gelte ausschließlich das Gesellschaftsstatut.
159 Eidenmüller, Ausländische Kapitalgesellschaften, S. 103.
160 Merkt, Internationaler Unternehmenskauf, Rn. 409; OLG Celle, GmbHR 1992, 815; Lutter/Bayer, in: Lutter/Hommelhoff, GmbHG, § 15 Rn. 35; Reichert/Weller, DStR 2005, 294; GK/Winter/Löbbe, GmbH, § 15 Rn. 91.

Daher ist die **Beurkundung immer dann erforderlich**, wenn es sich bei der ausländischen Gesellschaft um eine GmbH i.S.v. § 15 GmbHG handelt. Diese Folge können die Beteiligten jedoch dadurch umgehen, dass sie für den Kaufvertrag ausdrücklich ein anderes als das deutsche Recht als Vertragsstatut wählen (Art. 27 EGBGB).

XVII. Übergang der Geschäftsanteile kraft Gesetzes

Der Wechsel des Gesellschafters kann nicht nur kraft rechtsgeschäftlicher Übertragung eintreten. Ein Wechsel kann auch durch **Änderungen auf der Vermögensebene** erfolgen. In Frage kommen hier folgende Fälle:

- Bei natürlichen Personen tritt mit Tod die Erbfolge ein. Folge ist, dass der Geschäftsanteil auf die Erben übergeht, in manchen Rechtsordnungen auch auf den Vermächtnisnehmer, auf den personal representative in Form des Testamentsvollstreckers oder eines gerichtlich bestellten Nachlassverwalters.
- Wechselt der Gesellschafter den ehelichen Güterstand und tritt bei ihm Gütergemeinschaft ein (durch Eheschließung; durch Abschluss eines Ehevertrags bzw. bei der sog. aufgeschobenen Gütergemeinschaft wie im niederländischen Recht durch Auflösung der Ehe), so wird das Güterrecht ggf. vorsehen, dass der Geschäftsanteil in die eheliche Gütergemeinschaft fällt und damit beiden Eheleuten gemeinsam zusteht.
- Ist der Gesellschafter eine juristische Person, so kann die Vermögenszuordnung wechseln, indem diese verschmolzen wird, aufgespalten wird oder einfach nur die Rechtsform wechselt.
- Schließlich hat in einigen Rechtsordnungen die Löschung der Gesellschaft zur Folge, dass das Vermögen der Gesellschaft dem Staat bzw. der Krone anfällt. Hierbei handelt es sich – anders als in den vorgenannten Fällen – nicht um eine Änderung der Zuordnung auf vermögensrechtliche Ebene, sondern um ein hoheitliches Anfallsrecht. Daher wird dieser Fall unten erläutert.[161]

1. Übergang aufgrund von Erbfolge

Das Erbstatut bestimmt sich gemäß Art. 25 Abs. 1 EGBGB anhand der **Staatsangehörigkeit des Erblassers**.[162] Aus dem Erbstatut ergibt sich, wem diese in den Nachlass gefallen Rechte grds. zustehen sollen, also wer Erbe ist, welche Maßnahmen für den Erwerb des Nachlasses durch den Erben erforderlich sind, ob ein Vermächtnis über den Geschäftsanteil wirksam ist, ob eine Testamentsvollstreckung angeordnet ist, wie weit die Befugnisse des Testamentsvollstreckers reichen, welchen Beschränkungen der Erbe bei angeordneter Nacherbfolge unterliegt etc.

Hier kann es im Einzelfall zu **Abgrenzungsproblemen** mit dem Erbstatut kommen. Generell sind diese Fragen dann schwierig, wenn es um die **Vererbung von Anteilen an Personengesellschaften** und die Kollision des Erbrechts mit den gesellschaftsrechtlichen Grundsätzen der Sondernachfolge geht. Allgemein ist davon auszugehen, dass das Gesellschaftsstatut bestimmt, ob die Gesellschaft nach dem Tod des Gesellschafters überhaupt fortgesetzt wird und ob bei Fortsetzung der Gesellschaft der Anteil des verstorbenen Gesellschafters in den Nachlass fällt, unmittelbar auf den Erben oder einen Dritten übergeht oder den verbliebenen Gesellschafter anwächst und den Hinterbliebenen des verstorbenen Gesellschafters ggf. eine Abfindung zusteht. Insoweit kommt dem Gesellschaftsstatut also die **Vorrangstellung** zu. Des Weiteren entscheidet das Gesellschaftsstatut dann, wenn es die Vererblichkeit bejaht hat darüber, ob eine Testamentsvollstreckung überhaupt möglich ist, ob ein vom Erblasser angeordnetes Vermächtnis zum Erwerb des Geschäftsanteils unmittelbar durch den Vermächtnisnehmer führt oder zum Erwerb durch die Erben und zur Verpflichtung der Erben, den Anteil an den Vermächtnisnehmer abzutreten.[163]

---

161 Siehe unter Rn. 115.
162 Rück- und Weiterverweisungen des Heimatrechts des Erblassers sowie vorrangige Staatsverträge sind zu beachten. Im Einzelnen hierzu Haas, in: Süß/Haas, Erbrecht in Europa, S. 37 ff.
163 Vgl. insoweit Süß/Haas, Erbrecht in Europa, S. 37 ff.

2. Übergang aus güterrechtlichen Gründen

96 In ähnlicher Weise ist auch das Verhältnis von Gesellschaftsstatut und Güterstatut zu bestimmen. Das Güterstatut bestimmt sich gemäß Art. 15 Abs. 2 EGBGB vorrangig nach einer **ehevertraglichen Rechtswahl der Eheleute**. Im Übrigen ist auf die gemeinsame Staatsangehörigkeit bei Eheschließung abzustellen (Art. 15 Abs. 1 i.V.m. Art. 14 Abs. 1 Ziff. 1 EGBGB), hilfsweise darauf, in welchem Staat die Eheleute bei Eheschließung beide ihren gewöhnlichen Aufenthalt hatten (Art. 15 Abs. 1 i.V.m. Art. 14 Abs. 1 Ziff. 2 EGBGB).

Aus dem Güterstatut ergibt sich z.B., ob die Vermögen der Eheleute getrennt bleiben oder ob die Vermögen und ggf. welche Teile des Vermögens gemeinschaftliches Vermögen der Eheleute werden. Vor allen gilt dieses auch dafür, auf welche Weise ihnen das Vermögen zusteht, in welcher Weise sie dieses verwalten und wie sie darüber verfügen können. Insoweit gilt das Güterstatut also für die Frage, ob der Gesellschaftsanteil dem verheirateten Gründer allein zusteht oder in die Gütergemeinschaft fällt und ob er hierüber überhaupt alleine verfügen kann. Weltweit am weitesten verbreitet ist die **sog. Errungenschaftsgemeinschaft**, bei der das Vermögen, welches die Eheleute nach der Eheschließung entgeltlich erwerben, in die Gütergemeinschaft fällt.

97 Hierbei wird man wohl die Frage, ob ein Geschäftsanteil bei Gründung der Gesellschaft oder derivativem Erwerb durch einen verheirateten Gesellschafter bzw. bei Begründung des Güterstands durch den Gesellschafter in die eheliche Gütergemeinschaft fallen soll, **güterrechtlich zu qualifizieren** haben.[164] So gibt es einige Rechtsordnungen, die das dem Erwerbsgeschäft eines Ehegatten dienende Vermögen, einschließlich der Anteile an einer entsprechenden Kapitalgesellschaft, von der ehelichen Gütergemeinschaft generell ausnehmen. Zieht dagegen das maßgebliche Güterrecht auch den Geschäftsanteil in die Gütergemeinschaft, entscheidet das Gesellschaftsstatut darüber, ob der Anteil „**gemeinschaftstauglich**" ist, also die eheliche Gesamthand überhaupt duldet. Bei einem Anteil an einer deutschen OHG oder KG z.B. wäre dies nicht der Fall, da das deutsche Recht eine gesamthänderische Beteiligung an dem Anteil an einer Personengesellschaft nicht anerkennt.[165] Bei einem Geschäftsanteil an einer deutschen GmbH ist dagegen davon auszugehen, dass dieser Gegenstand der Gütergemeinschaft sein kann. Ob die Gesellschafter dies schon dadurch ändern können, dass sie den Anteil vinkulieren, ist zweifelhaft.[166]

3. Übergang aufgrund von Umwandlungsakten

98 Ist der **Gesellschafter eine juristische Person**, so unterliegen Wirksamkeit und Wirkungen eines Formwechsels, einer Verschmelzung oder sonstigen Umwandlungsmaßnahme dem für sie maßgeblichen Gesellschaftsstatut (siehe unten Rn. 101 ff.). Dieses entscheidet insb. darüber, ob es zu einer **identitätswahrenden Universalsukzession** kommt und wann und wie Aktiva und Passiva auf den neuen Rechtsträger übergehen. Die Anerkennung eines Umwandlungsaktes betreffend eine ausländische Gesellschaft, der in ihrem Heimatstaat erfolgt ist, bereitet im deutschen Inland keine Probleme. **Bedenken ergeben sich aber dann**, wenn die für die Objektgesellschaft maßgebliche ausländische Rechtsordnung eine derartige Form der Universalsukzession nicht kennt. Dann lässt sich nicht ausschließen, dass dort selbst dann die dinglichen Wirkungen der Universalsukzession negiert werden, wenn dort grds. anerkannt wird, dass die Umwandlungsmaßnahme nach dem ausländischen Recht wirksam ist.

---

[164] So bereits RG, JW 1938, 1718; Riering, IPRax 1998, 325 f.

[165] BGHZ 57, 128; MünchKomm-BGB/Kanzleiter, § 1416 Rn. 9; Staudinger/Thiele, BGB, § 1416 Rn. 14.

[166] Für die Zuordnung zum Sondergut durch Vinkulierung: MünchKomm-BGB/Kanzleiter, § 1417 Rn. 3; Hachenburg/Zutt, GmbHG, § 15 Rn. 76; GK/Löbbe/Winter, GmbHG, § 15; Riering, IPRax 1998, 326; a.A.: Apfelbaum, MittBayNot 2006, 190; Bohlscheid, RNotZ 2005, 533; Scholz/Winter, GmbHG, § 15 Rn. 201; Lutter, AcP 161 (1962), S. 165.

> **Hinweis:**
> In der Praxis behilft man sich mit auf diese ausländischem Recht unterliegenden Rechtsgüter bezogenen vorsorglich getroffenen flankierenden Einzelübertragungen, die auf den Zeitpunkt des Wirksamwerdens der Umwandlungsmaßnahme aufschiebend bedingt getroffen werden.

Dies hilft allerdings nicht, wenn das für die Tochtergesellschaft geltende Recht die Übertragung auch im Wege der Universalsukzession wie auch der Einzelübertragung **nicht anerkennt**, weil es die Übertragung dieser Rechte auf einen anderen Rechtsträger von behördlichen Genehmigungen etc. abhängig macht. In diesem Fall sollte man auf Art. 3 Abs. 3 EGBGB zurückgreifen und anerkennen, dass aufgrund eines **vorrangig zu beachtenden ausländischen Einzelstatuts** die Universalsukzession in Bezug auf diese Recht gescheitert ist.[167] Folge wäre, dass die übertragende Gesellschaft – mangels vollständiger Liquidation im Rahmen der Verschmelzung – nicht erloschen ist, sondern mit den entsprechenden Rechten fortbesteht. Aufgrund des Verschmelzungsvertrags wäre diese Gesellschaft dann verpflichtet, sich um den Übergang der bei ihr verbliebenen Rechte im Wege der **Singularsukzession** zu bemühen. Diese Betrachtung verhindert die Situation, dass aus Sicht des ausländischen Staates die Rechte weiterhin dem übertragenden Rechtsträger zustehen, aus inländischer Sicht aber dieser Rechtsträger durch Verschmelzung erloschen ist.

XVIII. Konzernverhältnisse

Das auf den grenzüberschreitenden Konzern anwendbare Recht wird grds. an das Gesellschaftsstatut der abhängigen Gesellschaft angekoppelt. Im **Unterordnungskonzern**[168] unterliegen Begründung, Wirkungen und Auflösung des Konzernrechtsverhältnisses daher ausschließlich dem Recht dieser Gesellschaft. Dies gilt gleichermaßen für den vertraglichen wie auch für den faktischen Konzern.[169] Allenfalls für die internen Verhältnisse der herrschenden Gesellschaft (die **sog. Konzernbildungs- und Konzernleitungskontrolle**) findet auch das Gesellschaftsstatut der herrschenden Gesellschaft Anwendung.[170]

99

Die Zulässigkeit grenzüberschreitender Unternehmensverträge nach **deutschem Konzernrecht** – also mit einer deutschen Gesellschaft als abhängiger Gesellschaft – wird mittlerweile allgemein anerkannt.[171] Bisweilen findet man die Behauptung, der **Beherrschungs- und Gewinnabführungsvertrag** müsse eine ausdrückliche Rechtswahl zugunsten des deutschen Rechts, die Vereinbarung eines deutschen Gerichtsstands und die Verpflichtung des herrschenden Unternehmens, eine Zwangsvollstreckung aus einem rechtskräftigen Urteil zu dulden, enthalten, ansonsten sei er nichtig.[172] Eine rechtliche Grundlage gibt es hierfür nicht. Die Rechtswahl wäre wirkungslos, da die Geltung des Rechts der beherrschten Gesellschaft

100

---

167 So auch MünchKomm-BGB/Kindler, IntGesR Rn. 861 – dieser allerdings insoweit zu weitgehend, als er dem Einzelstatut auch entnehmen will, ob die Verschmelzung dingliche oder schuldrechtliche Wirkungen habe (Rn. 677). Die Voraussetzungen für eine Analogie sind gegeben. Wie beim Erb- und Ehegüterstatut handelt es sich auch beim Gesellschaftsstatut um ein „Vermögensstatut". Wenn Art. 3 Abs. 3 EGBGB hier nicht auch das Gesellschaftsstatut erfasst, so liegt dass daran, dass das Gesellschaftsstatut immer noch nicht im EGBGB geregelt ist, es sich also weiterhin um einen gesetzlichen Torso handelt.
168 Zum grenzüberschreitenden Gleichordnungskonzern z.B. Spahlinger/Wegen, Internationales Gesellschaftsrecht, Rn. 396 ff.
169 MünchKomm-BGB/Kindler, IntGesR Rn. 731 ff. – dort auch eine ausführliche Zusammenstellung abweichender Theorien; von Bar, Internationales Privatrecht, Bd. II, Rn. 649; GK/Behrens, GmbHG, Einl. B Rn. 97; Michalski/Leible, GmbHG, System. Darst. 2 Teil 1 Rn. 159; Bauschatz, Der Konzern 2003, 805 ff.; im Ergebnis auch BGH, NJW 1998, 1866 – dort nicht ausdrücklich Stellung nehmend.
170 Bauschatz, Der Konzern 2003, 806.
171 BGH, NJW 1992, 2760; Emmerich, in: Emmerich/Habersack, Aktien- und GmbH-Konzernrecht, § 291 Rn. 37; Lutter/Hommelhoff, in: Lutter/Hommelhoff, GmbHG, Anh. § 13 Rn. 63; Michalski/Leible, GmbHG, System. Darst. 2 Teil 1 Rn. 163. Nachweis älterer abweichender Ansichten bei MünchKomm-BGB/Kindler, IntGesR Rn. 744 ff.; Staudinger/Großfeld, IntGesR, Rn. 567.
172 Vgl. Staudinger/Großfeld, IntGesR, Rn. 575 ff.; MünchKomm-BGB/Kindler, IntGesR Rn. 761.

zwingend ist; die Zwangsvollstreckung aus dem Urteil ist ohnehin zu dulden; und welche Gerichtsstände in Europa zwingend sind und in welchen Fällen eine abweichende Gerichtsstandsvereinbarung zulässig ist, ergibt sich zwingend aus Art. 22, 23 der Europäischen Gerichtsstands- und VollstreckungsVO vom 22.12.2000 (Brüssel I-VO).[173]

XIX. Formwechsel

101 Die Umwandlung im engeren Sinne, also der **Formwechsel** unterliegt ebenfalls dem Gesellschaftsstatut.[174] Umstritten ist, ob dies auch dann gilt, wenn aufgrund des Formwechsels das Vermögen auf den Alleingesellschafter übergeht (siehe unten Rn. 110).

XX. Grenzüberschreitende Verschmelzung

1. Verschmelzungsstatut

102 Die **Verschmelzung von Gesellschaften** wird nach der in Deutschland bislang herrschenden Lehre dem Gesellschaftsstatut unterstellt. Soweit die miteinander verschmolzenen Gesellschaften verschiedenen Gesellschaftsstatuten unterliegen, ist eine Verschmelzung nur dann möglich, wenn Voraussetzungen und Erfordernisse der für sämtliche verschmolzenen Gesellschaften geltenden Rechtsordnungen gleichzeitig beachtet werden (**Kombinationslehre** bzw. **Vereinigungstheorie**).[175] Vor allem müssen sämtliche beteiligten Rechtsordnungen die grenzüberschreitende Verschmelzung zulassen. In Bezug auf die Zulässigkeit der grenzüberschreitenden Verschmelzung ergibt sich damit eine **kumulative Anwendung der Gesellschaftsstatute**. Für die hierbei einzuhaltenden Erfordernisse (Verschmelzungsbeschluss, Konsultation des Betriebsrats etc.) gelten für jede Gesellschaft die von ihrem Gesellschaftsstatut aufgestellten Erfordernisse (distributive Anknüpfung).

103 Die Verschmelzung von Gesellschaften aus verschiedenen EU-Mitgliedstaaten regelt die 10. gesellschaftsrechtliche Richtlinie der EU (**Verschmelzungsrichtlinie**),[176] die bis Ende 2007 durch die Mitgliedstaaten in nationales Recht umzusetzen ist.[177] Diese Richtlinie bringt die Zulässigkeit der Verschmelzung mit sich und insoweit eine Vereinheitlichung. Des gleichen wird auch das **einzuhaltende Verfahren teilweise vereinheitlicht**. Im Übrigen bleibt es für die Voraussetzungen zur Durchführung der Verschmelzung für jede der beteiligten Gesellschaften bei der Geltung des für sie geltenden Rechts (Art. 4 Abs. 1 Richtlinie). Insoweit wird die **distributive Anknüpfung** also fortgeführt.

2. Zulässigkeit der grenzüberschreitenden Verschmelzung nach deutschem materiellen Umwandlungsrecht

104 Eine erste Möglichkeit zu einer internationalen Verschmelzung hat im deutschen Recht die **Umsetzung der SE-VO** geboten. Die grenzüberschreitende Verschmelzung für Kapitalgesellschaften aus Mitgliedstaaten der EU und des EWR in Umsetzung der 10. gesellschaftsrechtlichen Richtlinie wird nach dem Referentenentwurf künftig in einem neu eingefügten Abschnitt 10 im Buch 2 des UmwG geregelt werden. Allerdings beschränkt sich dieser Abschnitt auf die Regelung der Verschmelzung von Gesellschaften **aus verschiedenen Mitgliedstaaten der EU**. Für das Verhältnis zu Drittstaaten (z.B. die Schweiz) – und für den Zeitraum bis zum In-Kraft-Treten der Novelle – bleibt es daher bei der bisherigen Regelung. Das Gleiche gilt für grenzüberschreitende Spaltungsvorgänge und die Verschmelzung von Personengesellschaften, die von der Richtlinie ausgenommen worden sind.[178] Freilich dürfte die grenzüberschreitende

---

173 ABl. EG 2001 Nr. L 12, S. 1 – abgedruckt in allen gängigen ZPO-Kommentaren.
174 MünchKomm-BGB/Kindler, IntGesR Rn. 831.
175 Dorr/Stukenborg, DB 2003, 648; Paefgen, IPRax 2004, 132; Bungert, AG 1995, 502; Staudinger/Großfeld, IntGesR, Rn. 630; MünchKomm-BGB/Kindler, IntGesR Rn. 848 ff.
176 Richtlinie 2005/56/EG v. 26.10.2005, ABl. L 310 v. 25.11.2005, S. 1; hierzu unten Rn. 186.
177 Art. 19 der RL.
178 Louven, ZIP 2006, 2023; Spahlinger/Wegen, NZG 2006, 722.

Verschmelzung von Personengesellschaften einfacher durch Anwachsungsgestaltungen zu erreichen sein. Der grenzüberschreitende Formwechsel läuft praktisch auf eine internationale Verlegung des Satzungssitzes hinaus (hierzu unten Rn. 130).

Die **Zulässigkeit der grenzüberschreitenden Verschmelzung** nach deutschem materiellen Recht war bislang umstritten. Ein Teil der Lehre geht davon aus, dass sich aus § 1 Abs. 1 UmwG 1994, da sich das UmwG auf Verschmelzung unter „Rechtsträgern mit Sitz im Inland" beschränke, eine Regelungslücke ergebe. Folge sei, dass in Bezug auf Verschmelzungen unter Beteiligung von Rechtsträgern ohne Sitz im Inland ein gesetzlich nicht geregelter Bereich bestehe, so dass man insoweit keine Erlaubnis und kein Verbot annehmen könne.[179] Die wohl weiterhin noch überwiegende Auffassung in der deutschen Lehre hingegen verweist darauf, dass gemäß § 1 Abs. 2 UmwG Umwandlungen der in § 1 Abs. 1 UmwG nicht genannten Typen nur **vorbehaltlich einer gesetzlichen Regelung** zulässig seien. Damit handele es sich bei den in § 1 Abs. 1 UmwG genannten Verschmelzungen unter Rechtsträgern mit Sitz im Inland um einen numerus clausus der Umwandlungsmöglichkeiten.[180] Dabei ist allein umstritten, ob unter „Satzungssitz" i.S.v. § 1 UmwG der statutarische Sitz der umzuwandelnden Gesellschaften zu verstehen sei[181] oder ob dieser Begriff i.S.d. „**tatsächlichen Verwaltungssitzes**" auszulegen sei, wie er im Rahmen der kollisionsrechtlichen Sitztheorie herausgebildet worden ist.[182] Richtigerweise wird man seit den neueren Änderungen des internationalen Gesellschaftsrechts auf den statutarischen Sitz abstellen müssen, denn das UmwG gilt nur dann für die Verschmelzung, wenn die jeweils betroffene Gesellschaft nach deutschem Recht errichtet und konstituiert worden ist. Eine limited mit faktischem Inlandssitz dagegen wird man kaum nach den Vorschriften des UmwG auf eine deutsche GmbH verschmelzen können.

105

Die gerichtliche Praxis hat in mehreren Fällen grenzüberschreitende Verschmelzungen vollzogen, wobei es sich aber regelmäßig im „**Hereinverschmelzungen**", also die Verschmelzung einer ausländischen Tochter auf ihre deutsche Mutter handelte.[183] Gegen die „**Herausverschmelzung**", bei der das deutsche Recht die Herrschaft über die Gesellschaft aufgibt, bestehen dagegen noch erhebliche Hemmungen.[184] Das ist verständlich, denn eine deutsche Gesellschaft könnte sich so aus dem deutschen Gesellschaftsrecht fortstehlen und unter die Fittiche eines fremden Rechts begeben.

106

Für die praktisch meisten Fälle hat sich der Streit nun dadurch erledigt, dass der EuGH in der Rechtssache SEVIC Systems[185] durch extensive Auslegung des Begriffs der Niederlassungsfreiheit entschieden hat, dass der Ausschluss von Gesellschaften mit Sitz in einem anderen EU-Mitgliedstaat von der Verschmelzung auf eine deutsche Gesellschaft **gegen die Niederlassungsfreiheit verstoße**. Derartige (Hinein-)Ver-

107

---

[179] Z.B. Bermel, in: Goutier/Knopf/Tulloch, UmwG, § 1 Rn. 16; Kronke, ZGR 1994, 26, 35 f.; Lutter, UmwG, § 1 Rn. 6; Bungert, AG 1995, 489, 502.

[180] Z.B. Bearbeiter, in: Schmitt/Hörtnagel/Stratz, UmwG, § 6 Rn. 3; MünchKomm-BGB/Kindler, IntGesR Rn. 867; Schaumburg, GmbHR 1996, 585 ff.; Ebenroth/Offenloch, RIW 1997, 1, 11; Kallmeyer, in: Kallmeyer, UmwG, § 1 Rn. 11; Dorr/Stukenborg, DB 2003, 648.

[181] So z.B. Dötsch, BB 1998, 1030; Semler, in: Semler/Stengel, UmwG, § 1 Rn. 49; MünchKomm-BGB/Kindler, IntGes Rn. 875; Bermel, in: Goutier/Knopf/Tulloch, UmwG § 1 Rn. 6.

[182] So Großfeld, AG 1996, 302; Kallmeyer, in: Kallmeyer, UmwG, § 1 Rn. 14.

[183] So berichteten Rixen und Böttcher, GmbHR 1993, 572 von einer deutsch-französischen Verschmelzung. Kronke, ZGR 1994, 29 berichtete von einer vom Registergericht Hannover vollzogenen internationalen Umwandlung. Das AG Lörrach soll Verschmelzungen deutscher mit schweizerischen Gesellschaften zulassen. Beim OLG Düsseldorf werden mittlerweile Verschmelzungen einer italienischen SRL auf eine deutsche GmbH vorgenommen sowie die Verschmelzung einer französischen S.A. auf eine deutsche GmbH (ausführlich: Dorr/Stukenborg, DB 2003, 647 ff.). Das Handelsregister in Köln vollzog Verschmelzungen einer österreichischen Tochtergesellschaft (Ges.m.b.H.) auf ihre deutsche Mutter-GmbH.

[184] Allein Wenglorz, BB 2004, 1061 berichtete von der Verschmelzung einer deutschen GmbH auf ihre österreichische 100-%ige Muttergesellschaft in der Rechtsform einer AG.

[185] NJW 2006, 425 = DStR 2006, 49 = BB 2006, 11 mit Anm. Maul/Schmidt = RiW 2006, 140 = WM 2006, 92 = ZIP 2005, 2311 = AG 2006, 80.

schmelzungen müssen daher von den Registergerichten auch ohne eine ausdrückliche gesetzliche Grundlage vollzogen werden.[186] Das gleiche wird für Gesellschaften aus einem EWR-Mitgliedstaat gelten.[187]

Problematisch bleibt insoweit allenfalls die sog. Herausverschmelzung, also die Verschmelzung einer deutschen Gesellschaft auf eine ausländische Gesellschaft. Diese ist einem „Wegzug" vergleichbar, so dass hier gegen eine Erstreckung der SEVIC-Rspr. die Argumentation des EuGH in Sachen Daily Mail eingewandt werden kann. Immerhin hat sich der EuGH bislang an einer Auseinandersetzung mit Daily Mail vorbei drücken können und sogar noch in Inspire Art (Rn. 102 der Urteilsbegründung) das Urteil Daily Mail ausdrücklich bestätigt. Der Argumentation des Generalanwalts, der explizit auch den – nicht streitgegenständlichen – **Wegzugsfall von der Niederlassungsfreiheit umfasst** sah,[188] hat sich der EuGH nicht angeschlossen. In der Lit. wird vielfach bereits eine entsprechende Ausweitung auch auf die Wegzugsfälle für möglich gehalten und eine Aufgabe der Rspr. des EuGH in Daily Mail gefordert.[189]

108 **Bejaht** man die Möglichkeit der Hinausverschmelzung auf der Basis der Niederlassungsfreiheit (und entgegen der Rspr. des EuGH in Daily Mail), so stellt sich ergänzend die Frage, ob eine mitbestimmte Gesellschaft deutschen Rechts durch Verschmelzung auf eine ausländische Gesellschaft, die keiner Mitbestimmung unterliegt – z.B. eine für diesen Zweck kurzerhand errichtete SARL französischen Rechts – der **Mitbestimmung entfliehen kann**. Teilweise wird dies für möglich gehalten.[190] Demgegenüber wäre zu überlegen, ob nicht die bis zur Umsetzung der Richtlinie auch in Bezug auf andere Fragen, wie z.B. das Verfahren etc. bestehende normative Lücke dadurch gefüllt werden muss, dass die **Vorschriften der 10. Richtlinie**, die ja bereits in Kraft ist (hierzu unten Rn. 186), unmittelbar zur Lückenfüllung herangezogen werden. Für dieses Verfahren spricht, dass wegen des vereinheitlichenden Effekts auf diese Weise die Koordination der für aufnehmende und übertragende Gesellschaft geltenden Rechtsordnungen am ehesten gelingen kann. Möglich wäre allerdings, dass damit auch die Vorschriften über den Export der Mitbestimmung (hierzu Rn. 192) zur Anwendung gelangen.

3. Ersatzlösungen

109 Zur „Verschmelzung" einer deutschen GmbH auf ihre ausländische Alleingesellschafterin könnte man z.B. auch **wie folgt verfahren**:

Die deutsche GmbH (übertragende Gesellschaft) wird – nach Übertragung eines Teil-Geschäftsanteils durch den Alleingesellschafter auf einen Treuhänder – **in eine KG umgewandelt**, wobei der Treuhänder die Stellung eines Kommanditisten und die ausländische Kapitalgesellschaft die Stellung einer Komplementärin übernimmt (ausländische Kapitalgesellschaft & Co. KG).[191] **Tritt nun der Treuhänder wieder aus der KG aus** bzw. überträgt er seinen Anteil auf die Komplementärin, so erlischt die KG. Das Vermögen der KG, also der vormaligen GmbH, geht im Wege der Anwachsung gemäß § 738 BGB mit allen Aktiva und Passiva auf die ausländische Gesellschafterin und Komplementärin (übernehmende Gesellschaft) über (**Anwachsungslösung**).[192] Wirtschaftlich wird so eine (Hinaus-)Verschmelzung erreicht.

Dieses Verfahren wird **auch nach Umsetzung der Verschmelzungsrichtlinie** weiterhin vonnöten sein, soweit auf eine Nicht-EU-Gesellschaft verschmolzen werden soll. Des Weiteren wird das **Verfahren einfacher und schneller** durchzuführen sein, als die transnationale Verschmelzung, da hier alle Maßnahmen im Handelsregister und nach dem Gesellschaftsstatut der übertragenden Gesellschaft erfolgen, also eine grenzüberschreitende Kooperation der Handelsregister nicht erforderlich ist. Schließlich könnte man ver-

---

186 So Drygala, ZIP 2005, 1996; Kieninger, EWS 2006, 51.
187 Vgl. oben Rn. 26.
188 Rn. 45 des Schlussantrags, ZIP 2005, 1227.
189 So z.B. Geyrhalter/Weber, NZG 2005, 838; Kieninger, EWS 2006, 52.
190 So Kieninger, EWS 2006, 53.
191 Zur Zulässigkeit dieser Gestaltung siehe oben Rn. 72.
192 Vgl. auch Bücker, in: Hirte/Bücker, Grenzüberschreitende Gesellschaften, § 3 Rn. 68 ff.; Eidenmüller, Ausländische Kapitalgesellschaften, § 8 Rn. 188 ff.; Spahlinger/Wegen, Internationales Gesellschaftsrecht, Rn. 515, 516.

suchen, auf diese Weise einen Weg aus der unternehmerischen Mitbestimmung zu suchen, den die Verschmelzungsrichtlinie durch die Verhandlungsregelung gerade versperrt hat.

4. Einschränkungen der Kombinationslehre

Eine **einschränkende Anwendung der Kombinationslehre** bei der transnationalen Verschmelzung findet sich in einer neueren Entscheidung des österreichischen OGH:[193] Das österreichische Recht kennt die Möglichkeit, eine GmbH durch Übertragung ihres Unternehmens auf einen Alleingesellschafter bzw. einen Gesellschafter mit mindestens 90 % Beteiligung „umzuwandeln" (§ 2 öst. UmwG). Diese Umwandlung kommt zustande, indem diese bei der umzuwandelnden Gesellschaft **im Firmenbuch eingetragen** wird. Das Vermögen geht dann mit allen Aktiva und Passiva auf den Hauptgesellschafter über. Ein Minderheitsgesellschafter ist ggf. abzufinden. Der österreichische OGH hat mit Urt. v. 20.3.2003 eine derartige Umwandlung einer österreichischen Tochtergesellschaft ohne Berücksichtigung des deutschen Gesellschaftsstatuts der Muttergesellschaft ausgesprochen. Es wurde ausdrücklich erklärt, die Umwandlung brauche **nicht im Register der deutschen Mutter** eingetragen zu werden. Zwar habe die Umwandlung die gleiche Funktion wie eine Verschmelzung. Anders als eine Verschmelzung greife diese Umwandlung aber nicht in die Struktur der übernehmenden Gesellschaft ein. Daher sei auch eine Prüfung und Eintragung des Umwandlungsvorgangs durch das Handelsregister am Sitz des Alleingesellschafters nach dem für diesen geltenden Gesellschaftsstatut für die Eintragung der Umwandlung im österreichischen Firmenbuch nicht erforderlich.

Hiergegen sind in Deutschland Bedenken geäußert worden: Wegen der **Vergleichbarkeit** der Umwandlung i.S.d. österreichischen Rechts mit der Verschmelzung i.S.d. deutschen Rechts sollen auch die Erfordernisse des deutschen Rechts zu beachten sein.[194]

Dieser **Vergleich mit der Verschmelzung** überzeugt aber nicht: Das gleiche Ergebnis wie bei der „Umwandlung" nach österreichischem Recht ließe sich hier auch im Wege der Anwachsungslösung (siehe oben Rn. 109) erreichen. Dort sind aber – und das war bislang unstreitig – auf Seiten der „übernehmenden" Gesellschaft die Voraussetzungen für eine Verschmelzung nicht einzuhalten. Man könnte daher ebenso durch den Vergleich mit der Anwachsungslösung den Schluss ziehen, der OGH habe genau richtig entschieden.

Entscheidend erscheint hier das Argument des OGH, der darauf abstellt, ob es auf der Ebene der übernehmenden Gesellschaft zu **irgendwelchen Änderungen** komme.[195] Das ist dann ausgeschlossen, wenn auf die Alleingesellschafterin verschmolzen wird, da dann die übernehmende Gesellschaft keinerlei Kapitalerhöhung vornehmen und keine neuen Gesellschafter aufnehmen muss. Die Übernahme der Passiva aus der übertragenden Gesellschaft ist unmaßgeblich, denn eine persönliche Haftung der Alleingesellschafterin kann auch aus Konzernrecht, bei Umwandlung der Tochter in eine Personengesellschaft oder anderen Gründen erfolgen. Daher sollte man m.E. vielmehr im Gegenteil für alle Umwandlungsvorgänge, bei denen die Struktur des übernehmenden Gesellschafters unberührt bleibt, grds. ausschließlich auf das **Gesellschaftsstatut des übertragenden Gesellschafters** abstellen.[196] Das gilt nicht nur für die Verschmelzung auf den Alleingesellschafter, sondern auch für die Auf- und Abspaltung von einer ausländischen auf eine deutsche Gesellschaft.

Allenfalls bei der Beurteilung der Vertretungsbefugnis des gesellschaftlichen Vertretungsorgans für den Abschluss des Verschmelzungsvertrags etc. wäre das **Gesellschaftsstatut der übernehmenden Gesellschaft** zu beachten. So könnte man daraus, dass für eine entsprechende nationale Verschmelzung ein

---

193 OGH, ZIP 2003, 1086, 1088 = IPRax 2004, 128.
194 Eidenmüller, Ausländische Kapitalgesellschaften, § 9 Rn. 69; Paefgen, IPRax 2004, 132 ff.; Spahlinger/Wegen, Internationales Gesellschaftsrecht, Rn. 514. Vgl. auch MünchKomm-BGB/Kindler, IntGesR Rn. 855.
195 Behrens weist bereits darauf hin, dass die Hereinverschmelzung und Hereinspaltung für die aufnehmende Gesellschaft nicht mehr bedeute, als eine Kapitalerhöhung, so dass das inländische Umwandlungsrecht eine solche nicht verhindern dürfe: GK/Behrens, GmbHG, Einl. B Rn. 130.
196 Art. 15 Verschmelzungsrichtlinie sieht hier immerhin ein vereinfachtes Verfahren vor.

Beschluss der Gesellschafterversammlung erforderlich ist, eine Einschränkung der Vertretungsbefugnis des gesellschaftlichen Vertretungsorgans für den Abschluss des Verschmelzungsvertrags ableiten oder auf eine „Holzmüller-Doktrin" rückschließen.[197]

5. Anerkennung der Verschmelzung in Drittstaaten

113 Ob die Verschmelzung auch in einem dritten Staat, in dem Sachen belegen sind, die der übertragenden Gesellschaft gehört haben oder eine Gesellschaft ihren Sitz hat, an der die übertragende Gesellschaft beteiligt war, ist **nach dem Recht dieses dritten Staates** zu beurteilen. Kennt dieser die infolge der Verschmelzung eintretende Universalsukzession nicht an, so treten die oben unter Rn. 98 genannten Probleme auf.

XXI. Liquidation und Löschung

114 Das Gesellschaftsstatut regelt nicht nur die Geburt, sondern auch die **Beerdigung der Gesellschaft**. Aus ihm ergibt sich also, wie die Liquidation eingeleitet wird, welche Auswirkungen diese auf die Geschäftsführungsbefugnisse der bisherigen Geschäftsführer und die Liquidatoren hat, wie die Gesellschaft abzuwickeln ist und wodurch diese beendet wird.[198] Dies betrifft dann die Löschung der Gesellschaft im Register, die deklaratorischen bzw. konstitutiven Wirkungen der Lösung und schließlich auch die Möglichkeit der Nachtragsliquidation.

115 **Probleme bereiten** ausländische Gesellschaften, die in ihrem Sitzstaat gelöscht worden sind, ohne dass das inländische Vermögen vollständig liquidiert wurde.[199] Diese sind nach dem Gesellschaftsrecht einiger Länder (z.B. Englands) nicht mehr rechtsfähig. Einige Rechtsordnungen – wie z.B. das englische Recht – sehen vor, dass bei der Liquidation „vergessene" Gegenstände als bona vacantia, also herrenloses Vermögen, im Wege eines hoheitlichen Aneignungsrechts dem Staat anheimfallen bzw. auf die Krone übergehen.[200] Ein solches **hoheitliches Aneignungsrecht** greift jedoch bezüglich in Deutschland belegener Rechte aufgrund seiner territorialen Beschränkung nicht ein. Daher gilt aus Gründen der Rechtssicherheit die ausländische Gesellschaft solange als fortbestehend, wie sie noch Grundstücke, GmbH-Anteile oder sonstiges Vermögen im Inland besitzt.[201] Es würde sich also nach deutschem Recht eine Personengesellschaft ergeben. Soweit die Gesellschaft Einpersonengesellschaft war, würde das Vermögen dem letzten verbliebenen Gesellschafter anfallen.

116 Da die nunmehrige Gesellschaft unbekannt ist, ist für das im Inland belegene Vermögen gemäß § 1913 BGB ein **Pfleger zu bestellen**.[202] Gemäß Art. 24 Abs. 2 EGBGB unterliegt die Pflegschaft dem Recht, das für die Angelegenheit, für die die Pflegschaft erforderlich ist, maßgebend ist – bei im Inland belegenem Vermögen (Art. 43 Abs. 1 EGBGB) oder Anteilen an einer inländischen Gesellschaft also dem deutschen Recht.[203] § 1913 BGB ist daher kollisionsrechtlich berufen. Die Zuständigkeit der deutschen Gerichte ergibt sich über § 35b Abs. 2 FGG aus dem Fürsorgebedürfnis im Inland.

---

197 Hierzu z.B. Heckschen/Heidinger, Die GmbH, § 8 Rn. 104 ff.
198 GK/Behrens, GmbHG, Einl. B Rn. 99; MünchKomm-BGB/Kindler, IntGesR Rn. 662.
199 Häufige Fälle in der Praxis: Anteile an vermögenslosen Kapitalgesellschaften im Inland, Vormerkung im Grundbuch für Ansprüche aus mittlerweile geplatzten Verträgen, nicht mehr valutierte Grundschulden etc.
200 So zu England: Triebel/Hodgson/Kellenter/Müller, Englisches Handels- und Wirtschaftsrecht, Rn. 785
201 BGHZ 33, 256; OLG Stuttgart, NJW 1974, 1627, 1628; Soergel/Lüderitz, BGB, Anh. Art. 10 EGBGB Rn. 27; Palandt/Heldrich, BGB, Anh. zu Art. 12 EGBGB Rn. 17; MünchKomm-BGB/Kindler, IntGesR Rn. 663; ausführlich: Borges, IPRax 2005, 134; Knütel, RIW 2004, 503; Mansel, in: FS für Kegel, S. 111; Schulz, NZG 2005, 415.
202 OLG Stuttgart, NJW 1974, 1628; Mansel, in: FS für Kegel, S. 121 ff.; MünchKomm-BGB/Kindler, IntGesR Rn. 662. a.A.: Staudinger/Großfeld, IntGesR, Rn. 371: Bestellung eines Abwesenheitspflegers nach § 1911 BGB.
203 MünchKomm-BGB/Klinkhardt, Art. 24 EGBGB Rn. 52 m.w.N.

C. Sitzverlegung

I. Verlegung des Verwaltungssitzes einer deutschen GmbH ins Ausland

1. Kollisionsrechtliche Ebene

Verlegt eine deutsche GmbH den tatsächlichen Sitz ihrer Hauptverwaltung aus Deutschland ins Ausland (**Wegzug**), so tritt auf der Basis der – in Bezug auf deutsche Gesellschaften weiterhin anwendbaren – Sitztheorie ein **Statutenwechsel** ein. An die Stelle des bisherigen deutschen Gesellschaftsstatuts tritt eine **Verweisung auf das neue Sitzrecht**. Die Gesellschaft kann daher nach einem derartigen Wechsel allenfalls dann als GmbH fortbestehen, wenn sie auch nach dem neuen Sitzrecht als GmbH anerkannt wird. Dies dürfte meistens nicht der Fall sein, da die GmbH nicht nach den Vorschriften des ausländischen Rechts gegründet worden ist, insb. dort in keinem Handelsregister eingetragen ist. Folge wäre, dass die Gesellschaft nicht mehr als Kapitalgesellschaft anerkannt werden kann.

117

Anders ist dies, wenn die GmbH ihren neuen **Sitz in einem anderen EU-Mitgliedstaat** hat. Sie wäre dann dort auf der Basis der Rspr. des EuGH in Sachen Überseering nach Maßgabe des deutschen Gründungsrechts anzuerkennen. Gleiches gilt bei **Verlegung des Verwaltungssitzes** in einen Staat, der bei der Anknüpfung des Gesellschaftsstatuts der Gründungstheorie folgt. In diesem Fall wendet das Recht des neuen Sitzstaates das **deutsche Gesellschaftsrecht** an. Hierin liegt eine Rückverweisung auf das deutsche Recht. Diese Rückverweisung führt gemäß Art. 4 Abs. 1 Satz 2 EGBGB zur weiteren Geltung des deutschen Gesellschaftsstatuts, so dass trotz Sitzverlegung die Kontinuität gewährleistet ist.[204]

118

Darüber hinaus hat auch Wenckstern in einer beeindruckenden Analyse festgestellt, dass es kein gerichtliches Urteil gebe, dass einer deutschen Gesellschaft wegen eines Wegzugs aus Deutschland die **Rechtsfähigkeit nach deutschem Recht aberkannt** habe – obgleich er feststellt, dass es eine Vielzahl solcher Gesellschaften geben müsse, vor allem Tochtergesellschaften ausländischer Konzerne, die im Inland nur noch über den berühmten „Briefkasten" verfügen. Er zieht daraus die Konsequenz, dass diese Gesellschaften weiterhin nach dem deutschen Gründungsstatut zu beurteilen seien und reduziert damit die Sitztheorie zu Recht auf ihren eigentlichen Zweck, nämlich der **Durchsetzung deutscher Schutzvorschriften** auf alle Gesellschaften mit wirtschaftlichem Schwerpunkt im Inland.[205]

2. Materiell-rechtliche Ebene

Die Lehre verlangte bislang bei Verlegung des tatsächlichen Verwaltungssitzes einer deutschen Gesellschaft in das Ausland (Wegzug) – unabhängig von der Fortgeltung deutschen Gesellschaftsstatuts aus Gründen des materiellen deutschen Gesellschaftsrechts[206] – die **Auflösung der Gesellschaft**. Weder eine entgegenstehende Satzungsbestimmung noch ein abweichender Wille der Gesellschafter könnten dies verhindern.[207] In der Rspr. findet sich dieser Satz in vielen Entscheidungen. Allerdings ging es dort nicht um die Verlegung des tatsächlichen, sondern des statutarischen Sitzes.[208]

119

---

204 Kegel/Schurig, Internationales Privatrecht, S. 581.
205 Wenckstern, in: FS für Drobnig, S. 465 ff., 477; vgl. hierzu auch GK/Behrens, GmbHG, Einl. B Rn. 16.
206 Da sich diese Konsequenz ohne Rücksicht auf die Fortgeltung deutschen Rechts ergibt, hat sie – entgegen vielfacher Behauptung – auch nichts mit der kollisionsrechtlichen Sitztheorie zu tun.
207 Kegel/Schurig, Internationales Privatrecht, S. 582; Staudinger/Großfeld, IntGesR, Rn. 610; Hirte, Kapitalgesellschaftsrecht, Rn. 7, 13.
208 BGHZ 25, 134, 144; OLG Brandenburg, GmbHR 2005, 484; BayObLG, DNotZ 2004, 725 Anm. Thölke = GmbHR 2004, 490 = ZIP 2004, 806; BayObLG, WM 1992, 1371 = ZIP 1992, 842; OLG Hamm, RIW 1997, 874 = ZIP 1996, 1696.

120 In der neueren Lit. wird die Auflösung bei Verlegung des tatsächlichen Verwaltungssitzes zunehmend in Frage gestellt.[209] Insb. werden gegen die zwangsläufige Auflösung der Gesellschaft infolge der Sitzverlegung die **Grundsätze der Niederlassungsfreiheit** aus Art. 43, 48 EGV vorgebracht. Jedoch vertrat der EuGH 1988 in Daily Mail[210] die Ansicht, dass die britische Regierung die Verlagerung der Geschäftsleitung einer englischen Gesellschaft in die Niederlande verhindern könne. Dort wollte die Gesellschaft durch den Umzug die stillen Reserven ihres Portfolios der Besteuerung durch den englischen Fiskus entziehen. Dieser wiederum machte seine Zustimmung davon abhängig, dass zumindest ein Teil der Reserven offen gelegt wird.

Zwar hat der EuGH noch in Überseering[211] diese Aussage von Daily Mail bestätigt.[212] Es wäre für die vorliegende Konstellation aus mehreren Gründen ein Abweichen des EuGH von dem Ergebnis in Daily Mail denkbar. So hat er in der Sache de Lasteyrie du Saillant[213] ausgesprochen, dass eine Wegzugsbesteuerung eine **nicht zu rechtfertigende Behinderung der Niederlassungsfreiheit** darstelle.[214] Wenn schon die Behinderung in Hinblick auf die Niederlassungsfreiheit problematisch ist, so muss dies für das absolute Verbot erst recht gelten. Dies gilt umso mehr, als sich für die Liquidation der Gesellschaft bei Wegzug (unter Fortgeltung deutschen Gesellschaftsstatuts) weder eine **gesetzliche Grundlage** noch ein **zwingender Grund** ergeben. Vielmehr bleiben wegen der Fortgeltung deutschen Gesellschaftsstatuts die Interessen aller Beteiligten gewahrt.[215] Es ging dort um eine natürliche Person, die in ihrem Bestand nicht von der Gesetzgebung ihres Gründungsstaates abhängig ist.

Die Reform des GmbHG und des AktG im Rahmen des MoMiG wird hier eine Änderung bringen, um bestehende Wettbewerbsnachteile der deutschen GmbH zu beseitigen. So sollen § 5 Abs. 2 AktG und § 4a Abs. 2 GmbHG gestrichen werden, so dass diese Gesellschaften ihren Verwaltungssitz nicht mehr am Satzungssitz einrichten müssen und damit – das stellt die Gesetzesbegründung ausdrücklich klar – ihren Verwaltungssitz im Ausland halten können.[216]

II. Verlegung des statutarischen Sitzes einer deutschen GmbH ins Ausland

121 Da eine deutsche GmbH nur Bestand hat, wenn sie durch Eintragung in ein deutsches Handelsregister gegründet worden ist, die Eintragung in das deutsche Handelsregister allerdings wiederum die Zuständigkeit des deutschen Handelsregisters durch einen Satzungssitz im Inland voraussetzt, ergibt sich – unabhängig von § 4a GmbHG – eine **unmittelbare Verkettung** von inländischem Satzungssitz und Rechtsfähigkeit nach dem deutschen Recht. Die Verlegung des Satzungssitzes ins Ausland würde dagegen mit Löschung der Gesellschaft im deutschen Handelsregister zum **Verlust der Rechtsfähigkeit** führen.

122 Dies würde **auch bei Anwendung der Gründungstheorie** gelten: Bei Anknüpfung an den Satzungssitz würde mit der Verlegung des Satzungssitzes in ein anderes Land wegen des damit einhergehenden Statutenwechsels die Gesellschaft erlöschen. Dementsprechend wird insb. auch im englischen internationa-

---

209 Forsthoff, in: Hirte/Bücker, Grenzüberschreitende Gesellschaften, § 2 Rn. 22; Ziemons, ZIP 2003, 1919; Maul/Schmidt, BB 2003, 2300; Bayer, BB 2003, 2363; Berner/Spindler, RIW 2003, 956; Triebel/v. Hase, BB 2003, 2409; Kleinert/Probs, DB 2003, 2217; Eidenmüller, ZIP 2002, 2233, 2243; ders., JZ 2004, 29; Meilicke, GmbHR 2003, 793, 803; diese Kritik nahm insb. nach der Entscheidung des EuGH in Sachen Hughes de Lasteyrie du Saillant (DB 2004, 686 = GmbHR 2004, 504) zu, siehe z.B. Mankowski, RIW 2004, 484; Wälzholz, RNotZ 2004, 410.
210 Rs. 81/87, NJW 1989, 2186 = JZ 1989, 384 = IPRax 1989, 381 = DB 1989, 269.
211 NJW 2002, 3614 Rn. 70.
212 Ähnlich in Inspire Art (siehe oben Rn. 35), Rn. 103.
213 ZIP 2004, 662.
214 So auch Mankowski, RIW 2005, 486; GK/Behrens, GmbHG, Einl. B Rn. 121; Leible/Hoffmann, RIW 2004, 682; Meilicke, GmbHR 2003, 803; Weller, DStR 2004, 1219.
215 Hierauf verweisen vor allem Wenckstern, in: FS für Drobnig, 1999, S. 465 ff., 477; Spahlinger/Wegen, Internationales Gesellschaftsrecht, Rn. 451.
216 Vgl. Drinhausen/Gsell, BB-Special 8/2006, 6 unter Verweisung auf S. 37 des Regierungsentwurfs zum MoMiG.

len Gesellschaftsrecht angenommen, dass die Verlegung des statutarischen Sitzes in ein anderes Rechtsgebiet unzulässig ist.[217]

Nach einer neueren Literaturauffassung könne die Gesellschaft **bei gleichzeitiger Verlegung von Satzungs- und Verwaltungssitz** fortbestehen. Da es zu einem Statutenwechsel komme, sei – mangels Geltung deutschen Gesellschaftsstatuts – kein Satzungssitz in Deutschland mehr erforderlich.[218] Dagegen ist einzuwenden, dass die Verlegung des tatsächlichen Verwaltungssitzes innerhalb der EU sowie in einen Staat, der der Gründungstheorie folgt, noch nicht zu einem Statutenwechsel führt, sondern zu einer Rückverweisung (siehe oben Rn. 118). Da Verlegung des statutarischen Sitzes der GmbH aber erst mit Eintragung der Sitzverlegung im Handelsregister wirksam wird,[219] hat das deutsche Handelsregister die Zulässigkeit der Sitzverlegung noch **auf der Basis deutschen Gesellschaftsstatuts** zu prüfen – und (nach h.M.) abzulehnen.

Die deutsche Rspr. hat in den neueren Entscheidungen[220] übereinstimmend den **Vollzug einer Verlegung des statutarischen Sitzes** im Handelsregister abgelehnt. Eine Vorlage an den EuGH[221] wurde vom EuGH als unzulässig abgelehnt.

Anderes ergibt sich auch nicht aus der **Niederlassungsfreiheit** und Art. 48 EGV: Die Niederlassungsfreiheit wird bereits durch die Befugnis zur Errichtung von Zweigniederlassungen und ggf. zur Verlegung des tatsächlichen Sitzes der Hauptverwaltung (siehe oben Rn. 21) gewährt. Nach oben (Rn. 119) vertretener Auffassung ergibt sich die Möglichkeit **zur vollständigen Verlagerung des Geschäftsbetriebs** ins Ausland dadurch, dass eine deutsche GmbH im Rahmen der EU unter Beibehaltung der vom deutschen Recht gewährten Rechtsfähigkeit auch den tatsächlichen Sitz der Hauptverwaltung frei verlegen kann.

Die Verlegung des Satzungssitzes unter Löschung im Ursprungstaat und Eintragung im Zuzugsstaat dagegen liefe darauf hinaus, dass die Gesellschaft nicht nur ihre Niederlassung verlegt, sondern auch **ihre rechtliche Verfassung ändert**. Aus einer deutschen GmbH würde dann z.B. eine Societé à résponsabilité limitée (SARL) französischen Rechts. Ein derartiger transnationaler Formwechsel geht über die Niederlassungsfreiheit hinaus und wird durch den EGV nach gegenwärtig noch h. M. nicht gewährleistet.[222]

Anderes könnte man aus der Entscheidung des EuGH in der Sache SEVIC Systems herauslesen. Freilich ging es hier nicht um eine Herausverschmelzung, sondern um eine sog. Hineinverschmelzung. Insoweit kann also die Doktrin aus der Daily Mail-Entscheidung weiterhin aufrecht erhalten werden.[223] Eine innergemeinschaftliche Verlegung des statutarischen Sitzes der Gesellschaft soll aber durch die geplante **14. Sitzverlegungsrichtlinie** der Europäischen Kommission ermöglicht werden.[224]

---

217 Z.B. Behrens, Die GmbH im internationalen und europäischen Recht, Rn. 59; Höfling, Das englische Gesellschaftsrecht, S. 126.
218 So Weller, DStR 2005, 1219; Spahlinger/Wegen, Internationales Gesellschaftsrecht, Rn. 460.
219 Roth/Altmeppen, GmbHG, § 54 Rn. 15.
220 Vgl. BayObLG, DStR 2004, 1225 = GmbHR 2004, 490 mit Anm. Stieb = ZIP 2004, 806; OLG Zweibrücken, DB 2005, 2293; LG Berlin, GmbHR 2005, 997 = NotBZ 2004, 224; OLG Brandenburg, NotBZ 2005, 219 = DB 2005, 604 = GmbHR 2005, 484 mit Anm. Ringe; OLG Düsseldorf, WM 2002, 1008.
221 AG Heidelberg, ZIP 2000, 1617.
222 Behrens, IPRax 2000, 389; Triebel/Hase, BB 2003, 2414; Forsthoff, in: Hirte/Bücker, Grenzüberschreitende Gesellschaften, § 2 Rn. 28; Paefgen, IPRax 2004, 133; Lutter/Bayer, in: Lutter/Hommelhoff, GmbHG, § 4a Rn. 22; ebenso wohl auch Weller, DStR 2005, 1218 – der allerdings nicht zwischen Verlegung des Satzungs- und Verwaltungssitzes differenziert; a.A.: Roth, in: Lutter, Europäische Auslandsgesellschaften in Deutschland, S. 400, der ein Recht auf Verlegung des Satzungssitzes innerhalb der EU unter gleichzeitiger Umwandlung konstatiert. Ebenso jetzt auch Geyrhalter/Weber, DStR 2006, 150 unter Berufung auf die Entscheidung des EuGH in Sachen SEVIC Systems.
223 Vgl. Kieninger, EWS 2006, 54, die freilich selbst für eine Anwendung auch auf die Herausverschmelzungsfälle plädiert und damit auch den grenzüberschreitenden Wegzug in den Schutzbereich der Niederlassungsfreiheit nimmt.
224 Öffentliche Konsultation der GD Binnenmarkt ist abrufbar unter folgender Internetadresse: http://europa.eu.int/comm/internal_market/company/seat-transfer/2004-consult_de.htm. Hierzu auch unten Rn. 201 ff.

III. Zuzug einer ausländischen Gesellschaft

125 Bei Sitzverlegung einer ausländischen Gesellschaft ins Inland (**Zuzug**) ist wie folgt zu differenzieren: Die Verlegung des tatsächlichen Sitzes der Hauptverwaltung führt auf der Basis der Sitztheorie zur **Geltung deutschen Gesellschaftsstatuts**, so dass die nicht nach den Vorgaben des deutschen Gesellschaftsrechts errichtete Gesellschaft allenfalls (bei Mehrgliedrigkeit) als OHG bzw. GbR behandelt werden kann (siehe oben Rn. 15).

126 **Ausgenommen hiervon** sind jedoch Gesellschaften für die die Sitztheorie nicht gilt, sondern die aufgrund der EG-Freizügigkeit oder aufgrund eines bilateralen Abkommens sich auf die Gründungstheorie berufen können.[225] Diesen bleibt die von ihrem Gründungsrecht verliehene Rechtsfähigkeit erhalten, soweit nicht das Gründungsrecht selbst die Sitzverlegung zum Anlass nimmt, der Gesellschaft wegen Wegzugs die Rechtsfähigkeit zu entziehen.

127 Die **Verlegung des statutarischen Sitzes** ins Inland ist ausgeschlossen. Eine solche würde zunächst voraussetzen, dass das bisherige Gesellschaftsstatut die Sitzverlegung zulässt – also die ausländische Gesellschaft aus dem bisherigen Gesellschaftsstatut „entlässt". Dies ist **nur ausnahmsweise** der Fall (relativ großzügig z.B. die Schweiz, Luxemburg und andere Staaten). Zudem müsste aber auch der Zuzugsstaat die Fortsetzung der Gesellschaft unter Beibehaltung ihrer bisherigen Identität ermöglichen, insb. diese in das Handelsregister eintragen. Dies ist in Deutschland nicht der Fall, da hier nach bislang h.A. eine GmbH nur durch Neugründung bzw. die im UmwG vorgesehenen Umwandlungsvorgänge zustande kommt, nicht aber durch Sitzverlegung einer ausländischen Gesellschaft – selbst wenn diese sich vollständig den Gründungsvoraussetzungen für eine GmbH nach dem GmbHG anpasst.

128 Dies wurde selbst für Gesellschaften aus einem anderen EU-Mitgliedstaat lange Zeit angenommen[226] und soweit auf den bevorstehenden **Erlass der EU-Sitzverlegungsrichtlinie** (hierzu unten Rn. 199). verwiesen. Es ist insoweit die am 13.12.2005 ergangene Entscheidung des EuGH in der Sache SEVIC Systems[227] zu beachten. Dort hatte der EuGH sich in Bezug auf die Zulässigkeit der grenzüberschreitenden Verschmelzung dem Plädoyer des Generalanwalts angeschlossen und festgestellt, dass die innereuropäische Freizügigkeit das Recht auf Gründung und Leitung einer Gesellschaft nach den Bestimmungen des Aufnahmestaates, die für dessen eigene Angehörige gelten, umfasse (dort Rn. 17). In diesen Anwendungsbereich fielen alle Maßnahmen, die den Zugang zu und die Ausübung einer wirtschaftlichen Tätigkeit in jenem Staat dadurch ermöglichen oder auch nur erleichtern, wenn sie die tatsächliche Teilnahme aller Wirtschaftsbeteiligten am Wirtschaftsleben unter denselben Bedingungen gestatten, die für die inländischen Wirtschaftsbeteiligten gelten. Dies bezieht der EuGH dann auch auf **die grenzüberschreitende Verschmelzung** (Rn. 19 des Urteils).

129 Wenn der EuGH auf diese Weise für einen in einem anderen EU-Mitgliedstaat gegründeten Rechtsträger dieselben Verschmelzungsmöglichkeiten eröffnen will, wie einem inländischen Rechtsträger, so gibt es keinen Grund, dies nicht auch auf den **grenzüberschreitenden Formwechsel** zu beziehen. So dürfte z.B. vor dem EuGH wohl eine Rechtslage, die es einer deutschen AG erlaubt, sich in eine GmbH bzw. GmbH & Co. KG umzuwandeln, einer englischen limited company mit geschäftlichem Mittelpunkt im Inland diese Möglichkeit aber verschließt, keinen Bestand haben.[228]

130 Des Weiteren käme als Ersatzmöglichkeit eine **internationale Verschmelzung** in Betracht. Durch die Entscheidung SEVIC Systems ist nun für die grenzüberschreitende Verschmelzung von Kapitalgesellschaften – auch schon vor Umsetzung der EU-Verschmelzungsrichtlinie – der Weg geöffnet. Die **grenzüberschreitende Sitzverlegung** könnte daher auch in der Weise vollzogen werden, dass in Deutschland

---

[225] Hierzu oben Rn. 16 ff.
[226] Vgl. nur GK/Behrens, GmbHG, Einl. B Rn. 122; Spahlinger/Wegen, Internationales Gesellschaftsrecht, Rn. 478.
[227] NJW 2006, 425 = DStR 2006, 49 = BB 2006, 11 mit Anm. Maul/Schmid = RJW 2006, 140 = WM 2006, 92 = ZIP 2005, 2311 = AG 2006, 80.
[228] Ebenso auch Geyrhalter/Weber, DStR 2006, 150.

eine GmbH gegründet wird und anschließend die in einem anderen EU-Mitgliedstaat gegründete Gesellschaft auf diese Gesellschaft verschmolzen wird. Damit wäre dasselbe Ergebnis erreicht, wenngleich ein **mehraktiger Vorgang** erforderlich wäre.

> **Hinweis:**
> Umgekehrt – als Vehikel für die Sitzverlegung einer deutschen Gesellschaft in das Ausland – funktioniert diese Verschmelzungslösung allerdings wohl noch nicht. Insoweit hat die SEVIC-Entscheidung die Herausverschmelzung noch nicht ermöglicht. Der fortbestehende Einfluss der Daily Mail-Doktrin ist hier unsicher.[229]

D. Internationale Zuständigkeit der Zivilgerichte

I. Allgemeines

Wird gegen eine ausländische Gesellschaft geklagt oder entsteht eine Streitigkeit zwischen den Gesellschaftern einer ausländischen Gesellschaft, so fragt sich nicht nur, welches Recht über die Begründetheit der geltend gemachten Rechte entscheidet (IPR), sondern auch, in welchem Staat die Klage vor die zuständigen Gerichte zu bringen ist (internationale Zuständigkeit). Letztere Frage wird vom **internationalen Zivilprozessrecht** beantwortet. Dieser Bereich, der im Grenzbereich zwischen dem IPR und dem Zivilverfahrensrecht liegt, befasst sich mit den **verfahrensrechtlichen Besonderheiten**, die sich bei der Beteiligung von ausländischen Staatsangehörigen, im Ausland lebenden Personen und ausländischen Streitgegenständen ergeben (internationale Zuständigkeit deutscher Gerichte, Partei- und Prozessfähigkeit von Ausländern vor deutschen Gerichten, Zustellung von Klagen, Urteilen und sonstigen Schriftstücken im Ausland, Beweisaufnahme im Ausland, Anerkennung und Vollstreckung ausländischer Urteile, etc.).

131

Für einen Überblick über das gesamte internationale Zivilprozessrecht sei auf die einschlägige Spezialliteratur[230] verwiesen. Die **internationale Zuständigkeit** ist dennoch in internationalen Sachverhalten von hervorragender praktischer Bedeutung. So muss der Anwalt, dem das Mandat für einen Rechtsstreit angetragen wird schon vor den materiell-rechtlichen Überlegungen prüfen, ob die **deutschen Gerichte überhaupt zuständig** sind, verneinendenfalls dann in welchen Staaten er ansonsten klagen könnte. Das ist nicht nur für die Einschaltung eines ausländischen Rechtsanwalts und die Berücksichtigung der abweichenden Sichtweise des ausländischen Gerichts von Bedeutung. Daran mag sich schon die **Strategie des gesamten Vorgehens** entscheiden, je nach dem, ob die Durchführung des Prozesses in dem ausländischen Staat dem eigenen Mandanten oder dem Gegner die größeren Opfer abverlangt. Auch mag ein ausländisches Gericht, das nach seinem eigenen Zivilprozessrecht sich für zuständig erachten könnte, für den eigenen Mandanten möglicherweise günstiger entscheiden.

132

> **Hinweis:**
> Dies ist vor allem deswegen zu beachten weil der Anwalt verpflichtet ist, auch die Möglichkeit einer Klage im Ausland und den sich hieraus möglicherweise für seinen Mandanten ergebenden Möglichkeiten und Gefahren zu prüfen. Unterlässt er dies, kann er sich unter Umständen der Haftpflicht aussetzen.

---

229 Vgl. zu dieser Frage die Nachweise oben Rn. 106.
230 Z.B. Geimer, Internationales Zivilprozessrecht; Geimer/Schütze, Europäisches Zivilprozessrecht; Kropholler, Europäisches Zivilprozessrecht, Lehmann, GmbHR 2005, 978; Rauscher, Europäisches Zivilprozessrecht; Schack, Internationales Zivilverfahrensrecht; Schütze, Deutsches Internationales Zivilprozessrecht unter Einschluss des Europäischen Zivilprozessrechts, Wagner, in: Lutter, Europäische Auslandsgesellschaften in Deutschland, S. 223 ff.

II. Quellen des Internationalen Zivilprozessrechts

133 Die unterste Hierarchie unter den Rechtsquellen nimmt das **nationale („autonome") Zuständigkeitsrecht** ein. Hierbei überrascht es den Beobachter zunächst, dass es – anders als für das IPR – im deutschen Recht einen geschlossenen Regelungskomplex weder für das internationale Zivilprozessrecht und noch nicht einmal für die internationale Zuständigkeit gibt. Allenfalls punktuell finden sich über die ZPO verstreut für einige Bereiche **Regelungen der internationalen Zuständigkeit**. Dies trifft z.B. für die Zuständigkeit bei Scheidung zu (§ 606a ZPO). Schon die Scheidungsfolgen aber werden hiervon nicht mehr erfasst. Unter den allgemeinen Zuständigkeitsnormen finden wir den § 23 ZPO, wonach eine Person, die im Inland keinen Wohnsitz hat wegen vermögensrechtlicher Ansprüche auch vor dem Gericht verklagt werden kann, in dessen Bezirk sich Vermögen des Beklagten befindet. Diese Vorschrift ist mehr Ergänzung zu einem anders gearteten System als ein eigener Grundsatz.

134 Bislang wurde diese Regelungslücke dadurch gefüllt, dass man die internationale Zuständigkeit quasi als eine **örtliche Zuständigkeit im weiteren Sinne** behandelt und aus den Zuständigkeitsnormen für die örtliche Zuständigkeit abgeleitet hat. Die Zuweisung der örtlichen Zuständigkeit an ein bestimmtes deutsches Gericht aufgrund des Sitzes einer Gesellschaft oder anderer Umstände indiziert also bspw. – quasi von der lokalen auf die internationale Ebene verlängert – über §§ 13, 17 ZPO auch die internationale Zuständigkeit der deutschen Gerichte für die Klage.

Die praktische Bedeutung dieser Fortbildung des nationalen Rechts schwindet jedoch. Jedenfalls dann, wenn der Beklagte seinen Wohnsitz – bzw. die beklagte Gesellschaft ihren Sitz – in einem Mitgliedstaat der EU (ausgenommen Dänemark) hat, unterliegt die internationale Zuständigkeit der Gerichte in Zivil- und Handelssachen den Vorschriften der **Verordnung des Rates über die gerichtliche Zuständigkeit und die Anerkennung und Vollstreckung von Entscheidungen in Zivil- und Handelssachen v. 22.12.2000 (EuGVVO bzw. Brüssel I-VO).**[231] Im Verhältnis zu Dänemark gilt weiterhin der historische Vorläufer zur EuGVVO, das **Brüsseler Übereinkommen** v. 1968 über die gerichtliche Zuständigkeit und die Anerkennung und Vollstreckung von Entscheidungen in Zivil- und Handelssachen v. 22.12.2000 (EuGVÜ), das über weite Strecken gleich lautende Bestimmungen enthält.[232] Das **Luganer Übereinkommen** über die gerichtliche Zuständigkeit und die Anerkennung und Vollstreckung von Entscheidungen in Zivil- und Handelssachen v. 16.11.1988[233] stellt ein weitgehend gleichlautendes Parallelübereinkommen zum „Brüsseler" EuGVÜ dar, welches im Verhältnis der EU-Staaten zu Nicht-EU-Staaten abgeschlossen wurde (daher gilt es weiterhin für Deutschland im Verhältnis zu Island, Norwegen und der Schweiz).[234]

III. Gerichtsstand nach der EuGVVO

1. Allgemeiner internationaler Gerichtsstand der Gesellschaft

135 Gemäß Art. 2 Abs. 1 EuGVVO sind vorbehaltlich abweichender Vorschriften der Verordnung Personen, die ihren Wohnsitz im Hoheitsgebiet eines Mitgliedstaats haben, vor den Gerichten dieses Mitgliedstaats zu verklagen (**Allgemeiner Gerichtsstand**). Der „Wohnsitz" einer Gesellschaft oder juristischen Person befindet sich für die Anwendung der EuGVVO dabei an dem **Sitz der Gesellschaft**. Art. 60 Abs. 1 EuGVVO verweist nicht mehr (wie noch das Brüsseler EuGVÜ) auf den Sitzbegriff des nationalen Rechts,

---

[231] Vgl. Art. 2 Abs. 1 Erwägungsgrund Nr. 9 der Verordnung Nr. 44/2001 des Rates v. 22.12.2000 über die gerichtliche Zuständigkeit und die Anerkennung und Vollstreckung von Entscheidungen in Zivil- und Handelssachen (EuGVVO), ABl. L 12 v. 16.1.2001, S. 1.

[232] Dänemark hat von seinem Recht Gebrauch gemacht, die Maßnahmen der Kommission auf dem Gebiet des internationalen Zivilprozessrechts abzulehnen (opt out). Daher gilt im Verhältnis zu Dänemark das alte Brüsseler Abkommen von 1968 (EuGVÜ) fort (BGBl. 1998 II, S. 1412). Künftig soll zwischen der EU und dem Königreich Dänemark ein eigenes bilaterales Anerkennungs- und Vollstreckungsübereinkommen gelten (Entwurf in ABl. L 299 v. 16.11.2005, S. 62).

[233] BGBl. 1994 II, S. 2660.

[234] Text und Nachweise z.B. bei Jayme/Hausmann, Internationales Privat- und Verfahrensrecht, Nr. 152.

sondern definiert den Sitz autonom. Dabei enthält die EuGVVO keine einheitliche Definition des Sitzes, sondern gleich derer drei (die entsprechende Definition entstammt Art. 48 Abs. 1 EG).

Art. 60

(1) Gesellschaften und juristische Personen haben für die Anwendung dieser Verordnung ihren Wohnsitz an dem Ort, an dem sich

a) ihr satzungsmäßiger Sitz,

b) ihre Hauptverwaltung oder

c) ihre Hauptniederlassung

befindet.

Diese drei verschiedenen Definitionen des Sitzes der Gesellschaft sind nebeneinander anwendbar, ohne dass sich eine spezifische Rangfolge ergibt. Der Kläger hat also die freie Wahl, wo er seine Klage erheben will. Juristische Personen und Gesellschaften sind damit gegenüber natürlichen Personen prozessual benachteiligt.

Entscheidend sind damit folgende drei Faktoren:

- Der **satzungsmäßige Sitz**: Gemeint ist damit der (formale) Sitz der Gesellschaft, wie er sich aus der Satzung ergibt.
- Die **Hauptverwaltung**: Hiermit ist der Ort, an dem die Willensbildung und die eigentliche unternehmerische Leitung der Gesellschaft erfolgt, also meist der Sitz der Organe, z.B. der Sitz des Vorstands.[235] Bei straff in den Konzern eingegliederten Gesellschaften kann dieser Sitz mit dem Sitz der Konzernmutter zusammenfallen.
- Die **Hauptniederlassung**: Dies ist der Ort, an dem der tatsächliche Geschäftsschwerpunkt liegt, bei einer Fabrik also die zentrale Produktionsstätte, ansonsten der Ort, an dem sich die wesentlichen Personal- und Sachmittel konzentrieren.[236] Damit entspricht diese letzte Definition der Festlegung des „tatsächlichen Sitzes der Hauptverwaltung", wie er aufgrund der Sitztheorie in Deutschland zur Anknüpfung des Gesellschaftsstatuts dient.

Aus Art. 5 Abs. 5 EuGVVO ergibt sich darüber hinaus für Streitigkeiten aus dem Betrieb einer Zweigniederlassung, einer Agentur oder einer sonstigen Niederlassung die weitere Zuständigkeit des Gerichts des Ortes, an dem sich diese **Niederlassung befindet**. Aus der Erwähnung auch der Zweigniederlassung ergibt sich, dass der Begriff der Niederlassung weiter als der Begriff der Zweigniederlassung zu verstehen ist. Damit ist jede **Außenstelle eines Stammhauses** gemeint, die auf Dauer angelegt, eine Geschäftsführung hat und sachlich so ausgestattet ist, dass sie in der Weise Geschäfts mit Dritten betreiben kann, dass diese – obgleich sie wissen, dass möglicherweise ein Rechtsverhältnis mit dem im Ausland ansässigen Stammhaus begründet wird sich nicht unmittelbar an dieses zu wenden brauchen, sondern Geschäfte an dem Mittelpunkt geschäftlicher Tätigkeit abschließen können, der dessen Außenstelle ist.[237] Diese Definition stellt den **Vertrauensschutzcharakter** in den Vordergrund. Die praktische Dimension dieser Zuständigkeit mag insb. darin liegen, dass sie die Zuständigkeit in den Fällen zu begründen vermag, in denen der Kläger zu Unrecht eine Zuständigkeit nach Art. 2 i.V.m. Art. 60 Abs. 1 lit. b (Hauptverwaltung) bzw. lit c EuGVVO (Hauptniederlassung) angenommen hatte.

Für in Deutschland tätige, nach englischem Recht gegründete **limited companies** ergibt sich damit stets ein allgemeiner Gerichtsstand in England (Art. 2 i.V.m. Art. 60 Abs. 1 lit. a EuGVVO – satzungsmäßiger Sitz) als auch in Deutschland (Art. 2 i.V.m. Art. 60 Abs. 1 lit. b lit c EuGVVO – Hauptniederlassung – bzw.

---

[235] Staudinger, in: Rauscher, Europäisches Zivilprozessrecht, Art. 60 EuGVVO Rn. 1.
[236] Kropholler, Europäisches Zivilprozessrecht, Art. 60 EuGVVO Rn. 2.
[237] EuGH, 22.11.1978 – 33/78 Nr. 12 – zitiert bei Kropholler, Europäisches Zivilprozessrecht, Art. 5 EuGVVO Rn. 103.

bei Hauptniederlassung in England aus Art. 5 Abs. 5 EuGVVO für die mit der Niederlassung verbundenen Ansprüche am Sitz der inländischen Niederlassung).

2. Internationale Zuständigkeit für gesellschaftsinterne Streitigkeiten

a) Ausschließliche Zuständigkeit aus Art. 22 Ziff. 2 EuGVVO

137 Für **Klagen**, welche

- die Gültigkeit oder Nichtigkeit einer Gesellschaft oder juristischen Person, also die Wirksamkeit ihrer Gründung zum Gegenstand haben, oder
- die Auflösung der Gesellschaft, oder
- die Gültigkeit bzw. die Nichtigkeit der Beschlüsse eines ihrer Organe zum Gegenstand haben – dies gilt sowohl für Anfechtungsklagen, Nichtigkeitsklagen und andere Gestaltungsklagen, die die Nichtigkeit eines fehlerhaften Beschlusses herbeiführen sollen, wie auch für Feststellungsklagen, die entweder die Nichtigkeit oder aber die Wirksamkeit des Beschlusses bestätigen,

sind gemäß Art. 22 Ziff. 2 EuGVVO die Gerichte des Mitgliedstaates, in dessen Hoheitsgebiet die Gesellschaft oder juristische Person **ihren Sitz hat ausschließlich zuständig**. Aus der ausdrücklichen Erwähnung der juristischen Personen neben den Gesellschaften ergibt sich, dass auch solche Gesellschaften betroffen sind, die keine juristische Person darstellen, also insb. Personenhandelsgesellschaften wie die KG und die OHG.[238]

138 Leider ist diese Vorschrift dadurch, dass sie die von der ausschließlichen Zuständigkeit erfassten Klagen abschließend aufzählt, notwendigerweise **unvollständig**. So fallen z.B. Haftungsklagen gegen Gesellschafter oder Gesellschaftsorgane, die Eigenkapitalersatzklage, aber auch eine Hinauskündigungsklage gegen einen Mitgesellschafter aus dem Anwendungsbereich heraus in die allgemeine Zuständigkeitsnorm.[239] Gleiches gilt für Leistungsklagen auf Gewinnauszahlung, auf Auskunft oder Zahlung einer Abfindung. Eine **entsprechende Anwendung** der Zuständigkeitsnorm auf diese Fälle scheidet schon deswegen aus, weil diese Zuständigkeit zugleich eine ausschließliche darstellt.

139 Bei der Entscheidung darüber, wo sich der für die Bestimmung der Zuständigkeit **maßgebliche Sitz** der Gesellschaft befindet, gilt nicht die allgemeine Definition des „Sitzes" in Art. 60 EuGVVO (hierzu oben Rn. 135).[240] Vielmehr muss aufgrund ausdrücklicher Regelung (Qualifikationsverweisung) das Gericht die Vorschriften seines eigenen (nationalen) IPR anwenden (Art. 22 Ziff. 2 Satz 2 EuGVVO). Ungeklärt ist nun, wie dieser Begriff auszufüllen ist. Auf der Basis der traditionellen Sitztheorie wäre der Begriff mit dem „**tatsächlichen Sitz der Hauptverwaltung**" zu füllen, wie er vom BGH in Anlehnung an die Formel von Sandrock festgelegt wurde.[241]

Hiergegen wird nun von mehreren Seiten vorgetragen, der EuGH habe der Sitztheorie spätestens mit seiner Entscheidung in Sachen Inspire Art den Garaus gemacht, so dass damit die Alleinzuständigkeit der Gerichte **am statutarischen Sitz** herbeigeführt worden sei. Auch für die Nichtigkeits-, Auflösungs- und Beschlussmängelklage betreffend einer von Deutschland aus verwalteten (also mit tatsächlichem Hauptverwaltungssitz im Inland) Gesellschaft englischen Rechts seien also die englischen Gerichte ausschließlich zuständig.[242]

Allerdings übersieht diese Ansicht, dass sich aus der erwähnten Rspr. des EuGH nur ergibt, dass in einem anderen Mitgliedstaat gegründete Gesellschaften nach Maßgabe des dort geltenden Rechts **im Inland anzuerkennen** sind und deren Freizügigkeit auch nicht auf anderen Weise behindert werden darf. Diese Modifikation des nationalen internationalen Gesellschaftsrechts führt in der Praxis dazu, dass im Ver-

---

238 Siehe Kropholler, Europäisches Zivilprozessrecht, Art. 22 EuGVVO Rn. 35.
239 Zu Recht kritisch daher z.B. Geimer/Schütze, Europäisches Zivilverfahrensrecht, Art. 22 EuGVVO Rn. 141.
240 So aber Geimer/Schütze, Europäisches Zivilverfahrensrecht, Art. 22 EuGVVO Rn. 213.
241 BGHZ 97, 296 – hierzu oben, Rn. 10.
242 So z.B. Wagner, in: Lutter, Europäische Auslandsgesellschaften in Deutschland, S. 265; ebenso wohl auch Lehmann, GmbHR 2005, 979.

hältnis zu diesen Gesellschaften dann weitgehend die gleichen Ergebnisse gelten, wie bei **Geltung der Gründungstheorie**. Den generellen Übergang zur Gründungstheorie vermag der EuGH nicht zu erzwingen. Auch hätte diese Ansicht zur Folge, dass die Zuständigkeit bei EU-Auslandsgesellschaften anders zu bestimmen wäre, als bei Gesellschaften aus Drittstaaten. Daher bleibt nach a.A. der Verwaltungssitz für Art. 22 Ziff. 2 EuGVVO aus deutscher Sicht weiterhin von Bedeutung.[243]

Die Methode der Verweisung auf das nationale Recht vermeidet eine Stellungnahme der Kommission zur in Europa uneinheitlichen Definition des Sitzes. Folge ist eine **Schein-Regelung**: Man denke z.B. an eine limited company mit Hauptniederlassung in Deutschland. Während aus englischer Sicht die **englischen Gerichte ausschließlich (!) zuständig** sind, da die Gesellschaft gezwungenermaßen ihr registered office in England hat, liegt aus deutscher Sicht die ausschließliche Zuständigkeit bei den deutschen Gerichten, da die Gesellschaft ihren Verwaltungssitz im Inland hat (**Zuständigkeitshäufung**).[244] Schlimmer kommt es im umgekehrten Fall: Wird eine von einem englischen Konzern in Deutschland gegründete deutsche GmbH nun nur noch vom Konzernsitz in England aus verwaltet, so sind die deutschen Gerichte mangels Hauptverwaltungssitzes in Deutschland und die englischen Gerichte mangels registered office in England unzuständig. Es stellt sich dann die Frage, ob die ausschließliche **Zuständigkeit keines Gerichts** dann auch zur Unzuständigkeit aller Gerichte führt oder die (konkurrierende) Zuständigkeit nach den allgemeinen Regeln eröffnet.[245]

b) Zuständigkeit aus Art. 5 Ziff. 1 EuGVVO: Ansprüche aus einem Vertrag

Was die nicht schon durch Art. 22 Ziff. 2 EuGVVO erfassten gesellschaftsrechtlichen Streitigkeiten angeht, so ergibt sich die Möglichkeit zur Zuständigkeitskonzentration am Sitz der Gesellschaft daraus, dass der EuGH den Begriff der „**vertraglichen Streitigkeit**" i.S.v. Art. 5 Ziff. 1 EuGVVO weit auslegt und hierunter auch gesellschaftsrechtliche Verhältnisse fasst. Dies gilt z.B. für Zahlungsansprüche, die ihre Grundlage in dem zwischen einem Verein und seinen Mitgliedern bestehenden **Mitgliedschaftsverhältnis** haben.[246] Das Gleiche muss dann auch für die Ansprüche einer Kapitalgesellschaft, wie einer GmbH gegen ihre Gesellschafter gelten, wie z.B. für die Ansprüche auf Gewähr der Einlagen,[247] auf Darlehensrückgewähr gemäß § 32a GmbHG,[248] Erstattungsansprüche aus § 31 GmbHG,[249] und schließlich auch die Ansprüche aus der organschaftlichen Sonderbeziehung zwischen der Gesellschaft und ihren Organwaltern, wie z.B. dem Geschäftsführer einer deutschen GmbH gelten.[250] **Ohne Bedeutung** ist dabei, ob sich die streitige Verpflichtung unmittelbar aus dem Gesellschaftsvertrag oder einem anderen Vertrag ergibt, oder ob diese Nebenpflicht ist bzw. an die Stelle einer nicht erfüllten vertraglichen Verpflichtung getreten ist.[251] Weitere Fälle sind nicht ausgeschlossen.

Soweit ein **Vertrag oder Ansprüche aus einem Vertrag** i.S.v. Art. 5 Ziff. 1 lit. a EuGVVO Gegenstand der Klage sind, so sind die Gerichte des Ortes, an dem die vertragliche Verpflichtung erfüllt worden ist oder zu erfüllen wäre (konkurrierend) zuständig. Soweit dabei nicht die Verpflichtung aus dem Verkauf beweglicher Sachen oder der Erbringung von Dienstleistungen resultiert – also insb. in den hier betroffenen gesellschaftsrechtlichen Verpflichtungen – so verzichtet die EuGVVO auf eine eigene **Bestimmung des Erfüllungsortes** und verweist für die Regeln zur Bestimmung des Erfüllungsortes auf das Recht des Staates, das nach dem IPR des Gerichtsstaates auf die streitige Verpflichtung anwendbar wäre.[252] Dabei

---

243 So z.B. Kropholler, Europäisches Zivilprozessrecht, Art. 22 EuGVVO Rn. 41; Eidenmüller, Ausländische Kapitalgesellschaften, § 5 Rn. 128. Für eine gespaltene Zuständigkeit dagegen Mankowski, in: Rauscher, Europäisches Zivilprozessrecht, Art. 22 EuGVVO Rn. 30.
244 Es gilt dann der Prioritätsgrundsatz gemäß Art. 29 EuGVVO.
245 Vgl. Kropholler, Europäisches Zivilprozessrecht, Art. 22 EuGVVO Rn. 2.
246 EuGH, IPRax 1984, 85.
247 BGH, ZIP 2003, 1418.
248 OLG Bremen, RIW 1998, 63.
249 OLG Jena, RIW 1999, 703; OLG Koblenz, NZG 2001, 759.
250 OLG München, NZG 1999, 1170.
251 Vgl. Spahlinger/Wegen, Internationales Gesellschaftsrecht, Rn. 788 m.w.N.
252 Vgl. Kropholler, Europäisches Zivilprozessrecht, Art. 5 EuGVVO Rn. 31.

ist regelmäßig wohl anzunehmen, dass diese Verpflichtungen in dem Staat zu erfüllen sind, in dem die Gesellschaft ihren Sitz hat.

c) Zuständigkeit aus Art. 5 Ziff. 3 EuGVVO: Ansprüche aus Delikt

142 Für **Ansprüche aus einer unerlaubten Handlung** oder einer Handlung, die einer unerlaubten Handlung gleichgestellt ist, begründet Art. 5 Ziff. 3 EuGVVO die Zuständigkeit auch des Gerichts des Ortes, an dem das schädigende Ereignis eingetreten ist. Hierunter fallen nach Ansicht des EuGH alle nicht an einen Vertrag im Sinne von Art. 5 Ziff. 1 EuGVVO anknüpfenden Klagen, mit denen eine **Schadenshaftung geltend gemacht** wird.[253] Daraus ergibt sich ein sehr weitgehender Rahmen dieser Zuständigkeit.

Sehr lehrreich ist in diesem Zusammenhang die **Entscheidung des OLG Köln** v. 14.5.2004.[254] Es ging dort um die Klage des Gläubigers einer insolventen deutschen AG gegen die jeweils in Österreich und der Schweiz lebenden Gründungsgesellschafter aus dem Gesichtspunkt der Durchgriffshaftung wegen materieller Unterkapitalisierung. Das Gericht führt dort aus, dass nach Art. 5 Nr. 3 EuGVVO/LugÜ eine Person, die ihren Wohnsitz im Hoheitsgebiet eines Mitglieds- bzw. Vertragstaats hat, abweichend von der allgemeinen Regel des Art. 2 Abs. 1 EuGVVO vor dem Gericht des Ortes, an dem das schädigende Ereignis eingetreten ist, verklagt werden könne, wenn eine unerlaubte Handlung oder eine Handlung, die einer unerlaubten Handlung gleichgestellt ist, oder Ansprüche aus einer solchen Handlung den Gegenstand des Verfahrens bilden. Der EuGH lege dabei den Begriff der unerlaubten Handlung autonom und sehr weit aus. Darunter sei jegliche Schadenshaftung zu verstehen, die nicht aus einem Vertrag i.S.v. Art. 5 Nr. 1 herrühre. Dies gelte auch für eine Haftung wegen sittenwidriger Schädigung der Gläubigerinteressen aufgrund einer krassen Unterkapitalisierung. Dies werde dadurch gestützt, dass die höchstrichterliche Rspr. bislang für die hier in Betracht kommende Fallgruppe des Haftungsdurchgriffs wegen (anfänglicher) eindeutiger materieller Unterkapitalisierung einer gesellschaftsrechtlich begründeten Haftung eher zurückhaltend gegenüberstand und die Haftung in solchen Fällen meist ausschließlich aus § 826 BGB abgeleitet habe. Damit seien die Ansprüche zumindest „auch" deliktsrechtlich zu qualifizieren mit der Folge, dass die Anwendungsbereiche der Art. 5 Nr. 3 EuGVVO bzw. Art. 5 Nr. 3 LugÜ insoweit eröffnet seien. Gerichtsstandsbestimmend sei nach Art. 5 Nr. 3 EuGVVO bzw. Art. 5 Nr. 3 LugÜ wahlweise sowohl der Ort, an dem der Schaden eingetreten ist (Erfolgsort), als auch der Ort des dem Schaden zugrunde liegenden ursächlichen Geschehens, also der Handlungsort. Der in Betracht kommende Haftungsgrund besteht darin, dass die AG möglicherweise sittenwidrig den Rechtsschein einer funktionsfähigen Wirtschaftseinheit seit Übernahme der Aktien erweckt habe. Die maßgeblichen Handlungen seien daher am Sitz der Gesellschaft in Deutschland vorgenommen worden.

143 Die **gleichen Argumente** wird man auch für eine Zuständigkeit der Gerichte für Ansprüche gegen die Gesellschafter aus **Existenzvernichtungshaftung** verwenden können.[255]

> **Hinweis:**
>
> Es ist zu beachten, dass der EuGH ebenfalls die Ansicht vertritt, dass das gemäß Art. 5 Ziff. 3 EuGVVO zuständige Gericht nicht zugleich über die nicht-deliktischen Anspruchsgrundlagen entscheiden dürfe (**Spaltungstheorie**).[256] Damit läuft bei materieller Anspruchskonkurrenz der Kläger Gefahr, dass die eigentlich begründete Klage nur deshalb abgewiesen wird, weil die deliktsrechtliche Anspruchsgrundlage nicht erfüllt war und sich für die Entscheidung über die Ansprüche aus anderen Gründen keine Zuständigkeit dieses Gerichts ergab.[257] Sicherer fährt der Kläger daher, wenn er am allgemeinen Gerichtsstand des Beklagten klagt, da dann der Klage aus jedem Rechtsgrund stattgegeben werden kann.

---

253 EuGH, NJW 1988, 3088.
254 NZG 2004, 1009.
255 Ebenso Lehmann, GmbHR 2005, 982.
256 EuGH, NJW 1988, 3088.
257 Vgl. Geimer/Schütze, Europäisches Zivilverfahrensrecht, Art. 5 EuGVVO Rn. 223.

d) Zuständigkeit kraft Prorogation

Soweit kein ausschließlicher Gerichtsstand gegeben ist, können die Parteien gemäß Art. 23 EuGVVO auch einen **Gerichtsstand vertraglich vereinbaren**. Diese Vereinbarung muss schriftlich getroffen werden. Es genügt aber z.B. die Vereinbarung in der Satzung der Gesellschaft, so dass auch später beitretende Gesellschafter gebunden werden.[258] Dies greift dann z.B. für die gesellschaftsrechtlichen Streitigkeiten, die nicht schon über Art. 22 Ziff. 2 EuGVVO erfasst werden (vgl. oben Rn. 138). 144

E. Bezüge zum Internationalen Insolvenzrecht[259]

I. Allgemeines zum Internationalen Insolvenzrecht

Das internationale Insolvenzrecht regelt die **internationale Zuständigkeit der Insolvenzgerichte**, die Frage, welches Insolvenzrecht zur Anwendung gelangt und die Besonderheiten bei der Behandlung grenzüberschreitender Insolvenzen sowie schließlich die Anerkennung der Wirkungen eines im Ausland eröffneten Insolvenzverfahrens im Inland. 145

Das autonome internationale Insolvenzrecht ist in den §§ 335 – 358 InsO enthalten. Diese Vorschriften gelangen praktisch selten zur Anwendung, da i.a.R. die Bestimmungen der **EuInsVO**[260] vorrangige Geltung beanspruchen. Die EuInsVO verdrängt das nationale internationale Insolvenzrecht in allen Fällen, in denen der Schuldner (also die insolvente Gesellschaft) den Mittelpunkt seiner hauptsächlichen Interessen in der Gemeinschaft hat (vgl. Erwägungsgrund 14 der EuInsVO). Ratio hierfür ist, dass Art. 3 Abs. 1 EuInsVO hieran die internationale Zuständigkeit der Gerichte fest macht. Eine daneben sich aus §§ 335 ff. InsO ergebende Zuständigkeit bleibt damit auf die Fälle beschränkt, in denen die Gesellschaft ihren Mittelpunkt außerhalb der EU (bzw. in Dänemark)[261] hat. Inhaltlich ergeben sich jedoch **weit reichende Übereinstimmungen** des autonomen Rechts mit der EuInsVO, wenngleich das autonome Recht – verständlicherweise – nicht ganz so kooperationsfreundlich ist.[262]

II. Internationale Zuständigkeit zur Eröffnung des Insolvenzverfahrens

1. Zuständigkeit zur Eröffnung eines Hauptinsolvenzverfahrens

Die Verordnung unterscheidet zwischen **Hauptinsolvenzverfahren und Partikularinsolvenzverfahren**. Nur im Hauptinsolvenzverfahren wird das gesamte Vermögen des Gemeinschuldners erfasst. Das Partikularinsolvenzverfahren dagegen beschränkt sich auf das Vermögen des Schuldners, welches in dem Land belegen ist, dessen Gericht das Partikularverfahren eröffnet hat. 146

Gemäß Art. 3 Abs. 1 Satz 1 EuInsVO sind ausschließlich die Insolvenzgerichte des Staates zuständig, in dem die insolvente Gesellschaft den **Mittelpunkt ihrer hauptsächlichen Interessen** hat. Als Mittelpunkt der hauptsächlichen Interessen soll gemäß Erwägungsgrund 13 der EuInsVO der Ort gelten, an dem der Schuldner gewöhnlich der Verwaltung seiner Interessen nachgeht und der damit für Dritte feststellbar ist. Dabei wird gemäß Art. 3 Abs. 1 Satz 2 EuInsVO bei Gesellschaften und anderen juristischen Personen **bis zum Beweis des Gegenteils** vermutet, dass sich der Mittelpunkt ihrer hauptsächlichen Interessen an dem Ort des satzungsmäßigen Sitzes befindet. Dies lässt vermuten, dass sich in den meisten Fällen der

---

258 EuGH v. 10.3.1992 – Rs. C-214/89, sl. 1992, I-1745, Rn. 28, n.v.
259 Spezialliteratur: Eidenmüller, Ausländische Kapitalgesellschaften, § 9; Huber, ZZP 2001, 133; MünchKomm-BGB/Kindler, IntInsR, Rn. 1 ff.; Mock/Schildt, ZInsO 2003, 396; Müller, NZG 2003, 414; Paulus, DStR 2005, 334; ders., Europäische Insolvenzordnung; Duursma-Kepplinger, Europäische Insolvenzordnung; Smid, Deutsches und Europäisches Internationales Insolvenzrecht; Schack, Internationales Zivilverfahrensrecht, S. 431 ff.
260 Verordnung (EG) Rn. 1346/2000, ABl. L 160 v. 30.6.2000, S. 1 ff.
261 Dänemark ist vom Geltungsbereich der EuInsVO ausgenommen.
262 So die Bewertung in MünchKomm-BGB/Kindler, IntInsR Rn. 684.

Mittelpunkt mit dem „tatsächlichen Sitz der Hauptverwaltung" deckt, wie er für die Zwecke der Sitztheorie herausgebildet worden ist.[263]

> **Hinweis:**
>
> Damit ergibt sich insb. für eine ausschließlich in Deutschland tätige und von hier aus gelenkte „englische" limited ein Mittelpunkt ihrer hauptsächlichen Interessen in Deutschland. Folglich besteht eine ausschließliche Zuständigkeit der deutschen Insolvenzgerichte zur Eröffnung des Hauptinsolvenzverfahrens. In England wäre allenfalls die Durchführung eines Partikularinsolvenzverfahrens möglich, soweit sich auch dort verwertbares Vermögen der limited befindet.[264]

147 Umgekehrt ist bei der Bestimmung des Mittelpunkts der hauptsächlichen Interessen von **Konzerngesellschaften** in der Auslegung der europäischen Gerichte die allgemeine Tendenz zu erkennen, deren Mittelpunkt am Sitz der Muttergesellschaft anzusiedeln, wenn es sich um eine 100 %-ige Tochter handelt, die vollständig von ihrer Mutter gelenkt werde (**Mind of Management Theorie**). Es komme darauf an, in welchem Mitgliedstaat die **unternehmensleitenden Entscheidungen** getroffen werden.[265] Das ist aus deutscher Sicht äußerst überraschend, denn hier ist man gewohnt, dass jede Gesellschaft auch dann, wenn sie intensiv in einen Konzern eingebunden ist, als rechtlich selbständige Einheit behandelt wird. In der Tat spricht aber das ausdrückliche Erfordernis, dass der Ort für Dritte erkennbar sein muss (Erwägungsgrund 13 zur EuInsVO) dafür, dass die EuInsVO weniger von dem Ort des Auftretens der Gesellschaft nach außen (wie nach der sog. **business activity theory**[266]) ausgeht, denn bei letzterer wird der Mittelpunkt unmittelbar an den nach außen hin erkennbaren Aktivitäten der Gesellschaft fest gemacht, so dass hier die Erkennbarkeit Dritten gegenüber keinen Sinn mehr machen würde.

Eine Klärung dieser Auslegungsfrage hat der EuGH gebracht. Diesem ist als für die entscheidende Auslegung der Richtlinien bei Differenzen in den einzelnen Mitgliedstaaten zuständige Instanz diese Frage in einem Vorabentscheidungsverfahren bereits vorgelegt worden.[267]

148 Der EuGH hat in seiner Entscheidung vom 2.5.2006 klargestellt, dass auch konzernabhängige Gesellschaften einen eigenständigen Mittelpunkt haben, sofern sie nur selbständig nach außen auftreten. Insoweit hat er daher die Ansicht des Tribunale di Parma verworfen und dem High Court of Dublin Recht gegeben. Freilich gilt nach Eröffnung des Verfahrens durch das Gericht eines EU-Staates der Anerkennungsgrundsatz. Eine Prüfung der Zuständigkeit des verfahrenseröffnenden Gerichts sei ausgeschlossen. Faktisch gilt damit der **Prioritätsgrundsatz**. Hat das Gericht eines anderen EU-Mitgliedstaates seine eigene Zuständigkeit für die Durchführung eines Hauptinsolvenzverfahrens unter Berufung auf Art. 3 Abs. Abs. 1 EuInsVO bejaht und das Verfahren eröffnet, so ist diese Verfahrenseröffnung gemäß Art. 16 EuInsVO in allen anderen Mitgliedstaaten anzuerkennen. Die erneute Eröffnung unter Berufung auf eine nach ihrer Auffassung bestehende eigene Zuständigkeit und Unzuständigkeit des anderen Gerichts ist ausgeschlossen.[268] Allenfalls käme die **Eröffnung eines Sekundärinsolvenzverfahrens** in Betracht (Art. 16 Abs. 2 EuInsVO).

---

263 Siehe oben Rn. 10.
264 Vgl. AG Mönchengladbach, NZG 2004, 1016 = ZIP 2004, 1064 – dort allerdings zu einer deutschen GmbH als Gemeinschuldnerin, die Tochtergesellschaft einer englischen limited war; AG Nürnberg, ZIP 2007, 83.
265 High Court of Justice Leeds, ZIP 2004, 943; AG Duisburg, NZI 2003, 160; AG München (Fall Hettlage), ZIP 2004, 962 = IPRax 2004, 433 = NZI 2004, 450; Tribunale di Parma im Fall Parmalat, ZIP 2004, 2295.
266 Vgl. MünchKomm-BGB/Kindler, IntInsR Rn. 141. Dieser Auffassung folgte z.B. der Supreme Court of Ireland, der dahin im Fall Parmalat/Eurofood. für die in Irland ansässige Schuldnerin entgegen der Auffassung des Tribunale di Parma eine eigene Zuständigkeit annahm, NZI 2004, 505.
267 Nachweise hierzu bei Huber, in: Lutter, Europäische Auslandsgesellschaften in Deutschland, S. 348.
268 EuGH, NZG 2006, 633 = RIW 2006, 619 = NJW 2006, 2682 = BB 2006, 1762; Freitag/Leible, RIW 2006, 641; Mankowski, BB 2006, 1753; Bachner, ELFR 2006, 311. Einen Ausweg hat der High Court of Dublin darin gefunden, dass er in der ausländischen Entscheidung einen Verstoß gegen den irischen ordre public erkannt und daher unter Berufung auf Art. 26 EuInsVO die Anerkennung verweigern konnte (ZIP 2004, 1226).

2. Zuständigkeit zur Eröffnung eines Partikularinsolvenzverfahrens

Hat der Schuldner den Mittelpunkt seiner hauptsächlichen Interessen im Gebiet eines anderen Mitgliedstaats, so sind gemäß Art. 3 Abs. 2 EuInsVO die inländischen Gerichte trotzdem zur Eröffnung eines Insolvenzverfahrens befugt, wenn der Schuldner eine **Niederlassung im Gebiet dieses anderen Mitgliedstaats** hat. Die Wirkungen dieses Verfahrens sind dann auf das im Gebiet dieses letzteren Mitgliedstaats belegene Vermögen des Schuldners beschränkt. Dies bedeutet dann **gemäß Art. 2 lit. g EuInsVO** im Fall von körperlichen Gegenständen, dass diese in seinem Gebiet belegen sind, im Fall von Gegenständen oder Rechten, bei denen das Eigentum oder die Rechtsinhaberschaft in ein öffentliches Register einzutragen ist, dass das Register unter der Aufsicht dieses Staates geführt wird und schließlich bei Forderungen, dass der zur Leistung verpflichtete Dritte den Mittelpunkt seiner hauptsächlichen Interessen in diesem Mitgliedstaat hat.

149

Antragsberechtigt für ein Partikularinsolvenzverfahren sind gemäß Art. 29 EuInsVO der Verwalter des Hauptinsolvenzverfahrens und jede andere Person oder Stelle, der das Antragsrecht nach dem Recht des Mitgliedstaats zusteht, in dessen Gebiet das Sekundärinsolvenzverfahren eröffnet werden soll, insb. also die Gläubiger des Schuldners.[269]

150

Gemäß Art. 2 lit. h EuInsVO bezeichnet der **Begriff der „Niederlassung"** jeden Tätigkeitsort, an dem der Schuldner einer wirtschaftlichen Aktivität von nicht vorübergehender Art nachgeht, die den Einsatz von Personal und Vermögenswerten voraussetzt. Der Begriff ist also erheblich weiter, als z.B. der der Zweigniederlassung i.S.d. Zweigniederlassungsrichtlinie bzw. Art. 13d HGB.

151

> **Hinweis:**
> Damit sind auch die Zuständigkeitsvoraussetzungen für ein derartiges auf einen Teil des Vermögens beschränktes Insolvenzverfahren relativ niedrig. Das eröffnet taktische Möglichkeiten. So kann z.B. der Antrag auf Einleitung eines Insolvenzverfahrens im Inland zunächst darauf gestützt werden, dass der Gemeinschuldner den Mittelpunkt seiner hauptsächlichen Interessen im Inland hat (Hauptinsolvenzverfahren), hilfsweise ein Partikularinsolvenzverfahren unter Hinweis auf eine „Niederlassung" beantragt werden.

Ein Partikularinsolvenzverfahren kann gemäß Art. 3 Abs. 3 EuInsVO auch noch eingeleitet werden, nachdem bereits in einem anderen Mitgliedstaat der EU ein Hauptinsolvenzverfahren eröffnet worden ist. Bei diesem Partikularinsolvenzverfahren handelt es sich dann um ein sog. **Sekundärinsolvenzverfahren**.

152

Ist noch kein Hauptinsolvenzverfahrens eingeleitet worden, kann ein Partikularverfahren nach Art. 3 Abs. 4 EuInsVO **nur eröffnet werden**, wenn

153

- die Eröffnung eines Hauptinsolvenzverfahrens nach dem Recht des Mitgliedstaats, in dem der Schuldner den Mittelpunkt seiner hauptsächlichen Interessen hat, nicht möglich ist oder
- die Eröffnung des Partikularverfahrens von einem Gläubiger beantragt wird, der seinen Wohnsitz, gewöhnlichen Aufenthalt oder Sitz in dem Mitgliedstaat hat, in dem sich die betreffende Niederlassung befindet, oder
- dessen Forderung auf einer sich aus dem Betrieb dieser Niederlassung ergebenden Verbindlichkeit beruht.

Ein inländischer Gläubiger ist also nicht gezwungen, das Verfahren am ausländischen Hauptsitz des Schuldners einzuleiten, sondern kann dies auch im Inland, soweit hier nur eine **„Niederlassung" des Schuldners** bestand und der Bestand des inländischen Vermögens einen entsprechenden Versuch lohnenswert erscheinen lässt.

Das Gericht, das das Partikularinsolvenzverfahren eröffnet hat, führt dieses auch dann gemäß Art. 4 EuInsVO nach seinem eigenen Konkursrecht (**lex fori concursus**) durch, wenn das Hauptinsolvenzverfahren

---

[269] Für ein Antragsrecht auch des Schuldners AG Köln, NZI 2004, 153.

nach einem anderen Recht durchgeführt wird. Gemäß Art. 32 EuInsVO kann jeder Gläubiger seine Forderung im Hauptinsolvenzverfahren und in jedem Sekundärinsolvenzverfahren anmelden. Der Verwalter des Hauptinsolvenzverfahrens meldet in jedem Sekundärinsolvenzverfahren die Forderungen an, die in dem Hauptinsolvenzverfahren, für das er bestellt ist, bereits angemeldet worden sind. Der Verwalter eines Haupt- oder eines Sekundärinsolvenzverfahrens ist berechtigt, wie ein Gläubiger **an jedem anderen Insolvenzverfahren** mitzuwirken, insb. an den Gläubigerversammlungen teilzunehmen. Können bei der Verwertung der Masse des Sekundärinsolvenzverfahrens alle in diesem Verfahren festgestellten Forderungen befriedigt werden, so übergibt der in diesem Verfahren bestellte Verwalter den verbleibenden Überschuss gemäß Art. 35 EuInsVO dem Verwalter des Hauptinsolvenzverfahrens.

III. Rechtsanwendung im Insolvenzverfahren

154 Für das Insolvenzverfahren und seine Wirkungen gilt gemäß Art. 4, 28 InsVO grds. das Insolvenzrecht des Staats, in dem das Verfahren eröffnet wird (**lex fori concursus**). Bei Eröffnung des Verfahrens durch ein deutsches Gericht muss dieses also auch dann, wenn der Schuldner eine nach ausländischem Recht errichtete Gesellschaft ist, insoweit die Vorschriften des deutschen Rechts, vor allem die InsO anwenden. Dieses **Insolvenzstatut** regelt, aus welchen Gründen das Insolvenzverfahren eröffnet werden kann und wie es durchzuführen und zu beenden ist. Es **regelt insb.**:

- welche Vermögenswerte zur Masse gehören und wie die nach der Verfahrenseröffnung vom Schuldner erworbenen Vermögenswerte zu behandeln sind,
- die Befugnisse des Schuldners und des Verwalters,
- wie sich das Insolvenzverfahren auf laufende Verträge des Schuldners auswirkt,
- welche Forderungen als Insolvenzforderungen anzumelden sind und wie Forderungen zu behandeln sind, die nach der Eröffnung des Insolvenzverfahrens entstehen und
- welche Rechtshandlungen nichtig, anfechtbar oder relativ unwirksam sind, weil sie die Gesamtheit der Gläubiger benachteiligen.

155 Einige Fragen nach der **Reichweite des Insolvenzstatuts** sind umstritten. Dies betrifft insb. die Abgrenzung zum Gesellschaftsstatut. Dies gilt z.B. für die **Insolvenzantragspflicht**. Teilweise wird insoweit die Ansicht vertreten, diese Frage unterläge dem Gesellschaftsstatut.[270] Es ist zu beachten, dass das Insolvenzantragsrecht nach dem Insolvenzstatut zu beurteilen ist (Art. 4 Abs. 2 Satz 1 EuInsVO). Unterstellt man die Antragspflicht einem anderen Recht, könnte verpflichtet sein, wer nicht antragsberechtigt ist. Darüber hinaus dient auch die Verpflichtung zur Antragstellung weniger gesellschaftsrechtlichen Ordnungsinteressen (wie z.B. der internen Kompetenzverteilung) als der rechtzeitigen Einleitung des Insolvenzverfahrens, um den Erfolg des Verfahrens zu gewährleisten. Damit werden **spezifisch insolvenzrechtliche Ziele verfolgt**.[271] Dies rechtfertigt eine insolvenzrechtliche Natur. Ohne Bedeutung ist insoweit, dass die Antragspflicht nicht in der InsO, sondern in § 64 GmbHG bzw. § 92 AktG geregelt ist. Entscheidend für die Qualifikation ist nicht der formale Standort einer Vorschrift, sondern deren Funktion im Rechtssystem (**sog. funktionelle Qualifikation**).[272] Freilich ist, soweit man aus dem Insolvenzstatut die Verpflichtung der Gesellschaftsorgane zur Antragstellung bejaht, die Frage, welches Organ des Schuldners zur Antragstellung verpflichtet ist, nach dem Gesellschaftsstatut zu beurteilen, da nur das Gesellschaftsstatut über die interne Kompetenzverteilung entscheiden kann.

156 Gleiches gilt für die **Haftung aus Insolvenzverschleppung**. Hierbei handelt es sich um eine Haftung, die akzessorisch zur Verletzung einer Handlungspflicht ist. Damit ergibt sich, dass die Haftung nur nach demselben Recht zu beurteilen ist, wie auch die Handlungspflicht an sich. Aus der insolvenzrechtlichen

---

270 Schanze/Jüttner, AG 2003, 670; Ulmer, NJW 2004, 1207.
271 So auch Spahlinger/Wegen, Internationales Gesellschaftsrecht, Rn. 754; Eidenmüller, Ausländische Kapitalgesellschaften, § 9 Rn. 26; Eidenmüller, RabelsZ 70 (2006) 497; MünchKomm-BGB/Kindler, IntGesR Rn. 638.
272 Vgl. Kropholler, Internationales Privatrecht, § 17 I.

Qualifikation der Insolvenzantragspflicht ergibt sich damit die Geltung des Insolvenzstatuts auch für die Haftung, und zwar ganz gleich, ob diese im Einzelnen aus im Gesellschaftsrecht oder im allgemeinen Deliktsrecht (§§ 823 Abs. 2 BGB, 826 BGB) begründeten Haftungstatbeständen resultiert.[273]

Ein **Verstoß gegen die Europäische Niederlassungsfreiheit** ergibt sich hieraus m.E. noch nicht, denn die ausländische Gesellschaft wird insoweit in dem Staat, in dem sie den Mittelpunkt ihrer Interessen hat, mit den inländischen Gesellschaften gleich behandelt. Da sie auch nur in einem einzigen Staat den Mittelpunkt ihrer Interessen haben kann, ergibt sich auch keine in Bezug auf die Niederlassungsfreiheit problematische Kumulation von Haftungsrisiken aus mehreren Rechten bei Gesellschaften, die ihren tatsächlichen Schwerpunkt in einen anderen EU-Mitgliedstaat verlegt haben.[274] Insoweit handelt es sich also um **keine Zulassungsbeschränkung**, sondern um **allgemeine Verhaltensnorm**. Probleme wären allenfalls bei solchen Gesellschaften denkbar, die nach dem Recht ihres Ursprungsstaates nicht, wohl aber nach dem Recht des Zuzugsstaates insolvenzreif sind. Hier hätte die Verlegung des Schwerpunkts die Einleitung des Insolvenzverfahrens im Einzelfall die Pflicht zur Insolvenzeröffnung zur Folge, mit dem Ergebnis, dass der Marktzugang nicht möglich wäre. Allerdings dürfte hier eine Rechtfertigung des „Eingriffs" in die Niederlassungsfreiheit wohl ohne größere Probleme zu rechtfertigen sein.

Die Behandlung von **eigenkapitalersetzenden Darlehen im Insolvenzfall** ist umstritten. Wenngleich hier die Ansicht, der Rang der Darlehensforderung sei insolvenzrechtlich zu qualifizieren eine starke Anziehungskraft hat, so ist doch der Hinweis überzeugend, dass die Frage, wie eine Gesellschaft mit Kapital auszustatten ist gesellschaftsrechtlich zu qualifizieren ist. Insb. wäre die Folge, dass ein „Umzug" der Gesellschaft unter Umständen zur Folge hätte, dass ein Gesellschafterdarlehen unvorhersehbarerweise zu Eigenkapital umqualifiziert würde, schwer mit der Niederlassungsfreiheit vereinbar.

157

IV. Anerkennung im Ausland eröffneter Insolvenzverfahren

Bei der Anerkennung im Ausland eröffneter Insolvenzverfahren ist danach zu differenzieren, ob das Verfahren in einem **EU-Mitgliedstaat** (außer Dänemark) oder in einem Drittstaat eröffnet worden ist.

158

Ist das Verfahren in einem EU-Mitgliedstaat (außer Dänemark) eröffnet worden, so ist es im Inland gemäß Art. 16 EuInsVO **in allen anderen Mitgliedstaaten anzuerkennen**, soweit nur das Gericht des anderen EU-Mitgliedstaates seine eigene Zuständigkeit für die Durchführung eines Hauptinsolvenzverfahrens unter Berufung auf Art. 3 Abs. Abs. 1 EuInsVO bejaht hat (siehe oben Rn. 148). Die Anerkennung bedeutet daher nicht, dass es im Inland eines besonderen Anerkennungsaktes bedürfte. Vielmehr entfaltet die ausländische Insolvenzeröffnung im Inland unmittelbar alle Wirkungen, die das ausländische Recht für die Eröffnung vorsieht.

Ist das Verfahren in Dänemark oder einem Staat **außerhalb der EU** eröffnet worden, so richtet sich die Anerkennung nach § 343 InsO. Auch danach ist die Eröffnung im Inland automatisch anzuerkennen und wirksam. Allerdings sieht die Bestimmung eine Reihe von Versagungsgründen für die Anerkennung einer im Ausland erfolgten Insolvenzeröffnung vor. Insb. ist hier der Fall zu erwähnen, dass das ausländische Recht nach deutschen Vorschriften für die Eröffnung nicht zuständig gewesen wäre (§ 343 Abs. 1 Ziff. 1 InsO).

---

273 Diese Frage ist in der Lit. noch sehr umstritten. wie hier z.B. Eidenmüller, Ausländische Kapitalgesellschaften, § 9 Rn. 32; Goette, DStR 2005, 200; Borges, ZIP 2004, 733; Weller, DStR 2003, 1804; Wachter, GmbHR 2003, 1257; Huber, in: Lutter, Europäische Auslandsgesellschaften in Deutschland, S. 333. Für eine gesellschaftsrechtliche Qualifikation dagegen z.B. AG Segeberg, ZIP 2005, 814; Ulmer, NJW 2004, 1207.

274 Vgl. nur Huber, in: Lutter, Europäische Auslandsgesellschaften in Deutschland, S. 348 ff.; a.A.: Zimmer, NJW 2003, 3590.

F. Rechtsetzung der EU[275]

I. Überblick

159 Das Gesellschaftsrecht ist wie bislang kaum ein anderes Rechtsgebiet in den Einfluss der Europäisierung geraten. Grund dafür ist zu Recht die besondere Bedeutung, die dem Gesellschaftsrecht für die **Verwirklichung des gemeinsamen Binnenmarktes** zukommt. Die Intensität der Europäisierung wird hierbei dadurch gesteigert, dass in mehrerer Hinsicht eine Vielfalt von Maßnahmen und Einflussnahmen zu beachten ist:

In formeller Hinsicht steht der EG-Vertrag an oberster Stelle (primäres EG-Recht). Dieser statuiert in den Art. 43, 48 die Niederlassungsfreiheit. Hierbei handelt es sich zwar nur um äußerst abstrakte Vorschriften ohne äußerlich erkennbaren Bezug zum Gesellschaftsrecht. Die Rspr. des EuGH zur Anerkennung in einem anderen EU-Mitgliedstaat gegründeter Gesellschaften, der Errichtung von Zweigniederlassungen, der Möglichkeit grenzüberschreitender Verschmelzungen etc. hat jedoch das überkommene deutsche (das autonome) internationale Gesellschaftsrecht in den letzten sechs Jahren vollständig beiseite geschoben und damit einen Paradigmenwechsel bewirkt. Die dadurch eröffnete Diskussion um den „**Wettbewerb der Gesellschaftsrechte**" hat darüber hinaus auch Anstoß für Überlegungen zu tiefgreifenden Änderungen des GmbH-Rechts gegeben, von denen jetzt noch nicht absehbar ist, wohin sie das deutsche Recht führen werden. Darüber hinaus erlässt die Kommission Richtlinien und Verordnungen (sekundäres EG-Recht). Rechtsgrundlage dafür sind die Art. 44 Abs. 2 lit. g, Art. 95 EGV. Diese Ermächtigungsgrundlagen berechtigen die Kommission zur Angleichung des gesamten Gesellschaftsrechts, einschließlich des Mitbestimmungs-Bilanz- und Gesellschaftskollisionsrechts.[276]

160 **Inhaltlich** ist ein Wechsel in der Politik zu betrachten: Anfangs richtete sich die Absicht der Kommission offenbar darauf, die Gesellschaftsrechte der Einzelstaaten langfristig vollständig zu vereinheitlichen und durch die einzelnen Richtlinien das Gesellschaftsrecht also systematisch Stück für Stück abzuarbeiten. Diese Politik hat mit dem **gescheiterten Entwurf zur (5.) Strukturrichtlinie** ihren vorläufigen Schlusspunkt erreicht. Seitdem schälen sich einige zielorientierte Strategien heraus:

Zum einen schafft die Kommission neben den nationalen Rechtsformen einige „**Supranationale**" **Rechtsformen**, wie z.B. die Europäische Gesellschaft (SE), die Europäische wirtschaftliche Interessenvereinigung (EWIV), die Europäische Genossenschaft, die Europäische Stiftung, den Europäischen Verein etc. Zum anderen wird die grenzüberschreitende Mobilität (grenzüberschreitende Verschmelzung, grenzüberschreitende Sitzverlegung etc.) der nach nationalem Recht errichteten EU-Gesellschaften erhöht. Eine besondere Dynamik hat dieser Bereich dadurch erhalten, dass die Rspr. des EuGH (Centros, Überseering etc.)[277] den Gemeinschaftsgesetzgeber überholt hat, indem er die Anerkennung und absolute Niederlassungsfreiheit der Gesellschaften,[278] die Verschmelzung von Gesellschaften aus verschiedenen EU-Staaten durchgesetzt und die argumentativen Voraussetzungen für die grenzüberschreitende Verlegung des Satzungssitzes (SEVIC Systems)[279] geschaffen hat, noch bevor die einschlägige 10. und die (noch nicht verabschiedete) 14. Richtlinie verbindlich geworden sind.

Schließlich fokussiert sich die Kommission auf materiell-rechtlicher Ebene auf eine „**Modernisierung des Gesellschaftsrechts**" in genauer bestimmten Bereichen, um die Wettbewerbsfähigkeit der EU-Gesellschaften im Weltmaßstab zu verbessern. So verfolgt sie mit dem Aktionsplan Gesellschaftsrecht vom

---

275 Spezialliteratur zu diesem Thema: Grundmann, Europäisches Gesellschaftsrecht; Habersack, Europäisches Gesellschaftsrecht; Habersack, NZG 2004, 1; Hopt, ZIP 2005, 461; van Hulle/Gesell, European Corporate Law; van Hulle/Maul, ZGR 2004, 484; Merkt, RIW 2004, 1; Saenger, Casebook Europäisches Gesellschafts- und Unternehmensrecht; Schwarz, Europäisches Gesellschaftsrecht.
276 Kindler, ZHR 158 (1994), 352 ff.
277 Hierzu unten Rn. 164.
278 Hierzu bereits oben Rn. 21.
279 EuGH, BB 2006, 11 mit Anm. Schmidt/Maul = GmbHR 2006, 140 mit Anm. Haritz = EWS 2006, 27 mit Anm. Kieninger auf S. 49.

21.5.2003 eine Steigerung der globalen Leistungsfähigkeit und Wettbewerbsfähigkeit der EU-Unternehmen, den Schutz Dritter und der Aktionärsrechte.[280]

Es ist möglich, dass diese dreifache Stoßrichtung der Entwicklung des europäischen Gesellschaftsrechts zu einer **rapiden Angleichung der Rechtsordnungen** führen wird. Denn die nun eröffnete freie Mobilität der Gesellschaften wie auch die Schaffung von supranationalen Gesellschaftsformen in allen Segmenten wird unweigerlich den nationalen Gesetzgeber einem Modernisierungsdruck aussetzen, will er nicht hinnehmen, dass die nationalen Rechtsformen von den ausländischen bzw. supranationalen Gesellschaftsformen verdrängt werden.

II. Primäres Gemeinschaftsrecht

Die Rechtsquellen des Europarechts unterscheidet man gemeinhin in das durch die drei Integrationsverträge gesetzte Recht (**primäres Gemeinschaftsrecht**) und das sog. **sekundäre Gemeinschaftsrecht**, also das Recht, welches die Organe der EG auf der Basis dieses primären Gemeinschaftsrechts gesetzt haben.

Im primären Gemeinschaftsrecht befinden sich keine Vorschriften, die sich konkret auf Handelsgesellschaften beziehen. Dennoch wirken sich einige Vorschriften in der einen oder anderen Hinsicht unmittelbar auch auf das Gesellschaftsrecht aus. In diesem Zusammenhang ist vor allem die Niederlassungsfreiheit in Art. 43 EGV von Bedeutung, welche in Art. 48 EGV ausdrücklich auch auf die nach dem Recht eines Mitgliedstaats errichteten Gesellschaften erstreckt wird:

Das Niederlassungsrecht
Artikel 43

Die Beschränkungen der freien Niederlassung von Staatsangehörigen eines Mitgliedstaats im Hoheitsgebiet eines anderen Mitgliedstaats sind nach Maßgabe der folgenden Bestimmungen verboten. Das Gleiche gilt für Beschränkungen der Gründung von Agenturen, Zweigniederlassungen oder Tochtergesellschaften durch Angehörige eines Mitgliedstaats, die im Hoheitsgebiet eines Mitgliedstaats ansässig sind.

Vorbehaltlich des Kapitels über den Kapitalverkehr umfasst die Niederlassungsfreiheit die Aufnahme und Ausübung selbständiger Erwerbstätigkeiten sowie die Gründung und Leitung von Unternehmen, insb. von Gesellschaften i.S.d. Art. 48 Abs. 2, nach den Bestimmungen des Aufnahmestaats für seine eigenen Angehörigen.

Artikel 48

Für die Anwendung dieses Kapitels stehen die nach den Rechtsvorschriften eines Mitgliedstaats gegründeten Gesellschaften, die ihren satzungsmäßigen Sitz, ihre Hauptverwaltung oder ihre Hauptniederlassung innerhalb der Gemeinschaft haben, den natürlichen Personen gleich, die Angehörige der Mitgliedstaaten sind.

Als Gesellschaften gelten die Gesellschaften des bürgerlichen Rechts und des Handelsrechts einschließlich der Genossenschaften und die sonstigen juristischen Personen des öffentlichen und privaten Rechts mit Ausnahme derjenigen, die keinen Erwerbszweck verfolgen.

Entsprechend der gesetzlichen Definition wird bei der Niederlassungsfreiheit zwischen der sog. **primären Niederlassungsfreiheit**, also der Freiheit, sich in jedem Mitgliedstaat mit dem Schwerpunkt der unternehmerischen Tätigkeit (Hauptniederlassung) niederzulassen (Art. 43 Abs. 1 Satz 1 EGV) und der sog. **sekundären Niederlassungsfreiheit**, also dem Recht, von dieser Niederlassung aus in jedem anderen Mitgliedstaat Zweigniederlassungen, Agenturen etc. zu gründen (Art. 43 Abs. 1 Satz 2 EGV), differenziert.[281] Dieses Grundrecht hat sich in der Rspr. des EuGH seit 1999 zu einem Motor für die grenzüberschreitende Mobilität der Gesellschaften entwickelt. Diese Entwicklung, die mit der Entscheidung in

---

280 Hierzu auch unten Rn. 201 unter „Weitere Vorhaben".
281 Vgl. EuGH v.28.1.1986 Slg. 1986, 301, n.v.

Sachen Centros[282] ihren Anfang genommen hatte und mit Inspire Art[283] und SEVIC Systems[284] ihre letzten Höhepunkte erreicht hatte, ist oben[285] dargestellt.

165 Daneben kommt auch der **Kapitalverkehrsfreiheit** Bedeutung im Gesellschaftsrecht zu.

Kapitel 4
Der Kapital- und Zahlungsverkehr
Artikel 56

(1) Im Rahmen der Bestimmungen dieses Kapitels sind alle Beschränkungen des Kapitalverkehrs zwischen den Mitgliedstaaten sowie zwischen den Mitgliedstaaten und dritten Ländern verboten.

(2) Im Rahmen der Bestimmungen dieses Kapitels sind alle Beschränkungen des Zahlungsverkehrs zwischen den Mitgliedstaaten sowie zwischen den Mitgliedstaaten und dritten Ländern verboten.

Artikel 58

(1) Art. 56 berührt nicht das Recht der Mitgliedstaaten,
a) die einschlägigen Vorschriften ihres Steuerrechts anzuwenden, die Steuerpflichtige mit unterschiedlichem Wohnort oder Kapitalanlageort unterschiedlich behandeln,
b) die unerlässlichen Maßnahmen zu treffen, um Zuwiderhandlungen gegen innerstaatliche Rechts- und Verwaltungsvorschriften, insb. auf dem Gebiet des Steuerrechts und der Aufsicht über Finanzinstitute, zu verhindern, sowie Meldeverfahren für den Kapitalverkehr zwecks administrativer oder statistischer Information vorzusehen oder Maßnahmen zu ergreifen, die aus Gründen der öffentlichen Ordnung oder Sicherheit gerechtfertigt sind.

(2) Dieses Kapitel berührt nicht die Anwendbarkeit von Beschränkungen des Niederlassungsrechts, die mit diesem Vertrag vereinbar sind.

(3) Die in den Absätzen 1 und 2 genannten Maßnahmen und Verfahren dürfen weder ein Mittel zur willkürlichen Diskriminierung noch eine verschleierte Beschränkung des freien Kapital- und Zahlungsverkehrs i.S.d. Art. 56 darstellen.

166 Die gesellschaftsrechtliche Relevanz dieser Vorschriften ergibt sich daraus, dass auch die Beteiligung an Personen- und Kapitalgesellschaften eines anderen Mitgliedstaates vom Schutzbereich der Kapitalverkehrsfreiheit erfasst wird.

167 Dies wurde insb. in der Entscheidung des EuGH zu den sog. **golden shares** deutlich. Dort hat der EuGH festgestellt, dass die Sonderregelung, mit der eine von der Französischen Republik gehaltene Sonderaktie der Société Nationale Elf-Aquitaine geschaffen wird und die eine vorherige Genehmigung durch diesen Mitgliedstaat bei jeder Überschreitung bestimmter Schwellenwerte von Anteilen oder Stimmrechten sowie ein Widerspruchsrecht gegen Entscheidungen über die Abtretung oder die Verwendung als Sicherheit der Mehrheit des Kapitals von vier ihrer Tochtergesellschaften vorsieht, eine Beschränkung des Kapitalverkehrs zwischen den Mitgliedstaaten darstelle und daher gemeinschaftswidrig sei. Dies gelte ohne Rücksicht darauf, dass sich diese Regelung gleichermaßen gegen inländische Aktionäre wie gegen Aktionäre aus einem anderen Mitgliedstaat wende.[286]

Im Übrigen liegt eine gesellschaftsrechtliche Bedeutung des Primärrechts darin, dass es weit reichende Ermächtigungsgrundlagen für den Erlass der sekundärrechtlichen Akte auf dem Gebiet des Gesellschaftsrechts enthält (dazu im Folgenden Rn. 168 ff.).

---

282 EuGH 1999 I, 1484 = NJW 1999, 2017 = NZG 1999, 298 = JZ 1999, 669 = RIW 1999, 447 = EWS 1999, 201.
283 EuGH, NJW 2003, 3331 = GmbHR 2003, 1260 mit Anm. Meilicke = ZIP 2003, 1885 = IPRax 2004, 46 mit Anm. Behrens = DB 2003, 2219 = BB 2003, 1064 = EWS 2003, 513 mit Anm. Hirte = AG 2003, 680 = NZG 2003, 1064 mit Anm. Kindler = RIW 2003, 957 = JZ 2004, 24.
284 EuGH, BB 2006, 11 mit Anm. Schmidt/Maul = GmbHR 2006, 140 mit Anm. Haritz.
285 Rn. 19 ff.
286 EuGH, NZG 2002, 628 = NJW 2002, 2305.

III. Formen des Sekundärrechts

1. Richtlinien

Art. 5 Abs. 1 EGV bestimmt, dass die Gemeinschaft nur innerhalb der ihr in dem EGV zugewiesenen Befugnisse und gesetzten Ziele tätig werden kann. Dieses **Prinzip der begrenzten Einzelermächtigung** schließt eine umfassende Harmonisierung des Rechts der Mitgliedstaaten grds. aus. Allerdings zeigt sich in der Praxis häufig, dass der Gegenstand der Ermächtigungsgrundlage gerne großzügig ausgelegt wird. Die **Grundlage für den Erlass von Richtlinien** zur Angleichung des Gesellschaftsrechts ergibt sich aus Art. 44 Abs. 2 lit. g EGV:

> **Artikel 44**
>
> (2) Der Rat erlässt gemäß dem Verfahren des Art. 251 und nach Anhörung des Wirtschafts- und Sozialausschusses Richtlinien zur Verwirklichung der Niederlassungsfreiheit für eine bestimmte Tätigkeit.
>
> (3) Der Rat und die Kommission erfüllen die Aufgaben, die ihnen aufgrund der obigen Bestimmungen übertragen sind, indem sie insb.
>
> ...
>
> g) soweit erforderlich die Schutzbestimmungen koordinieren, die in den Mitgliedstaaten den Gesellschaften i.S.d. Art. 48 Abs. 2 im Interesse der Gesellschafter sowie Dritter vorgeschrieben sind, um diese Bestimmungen gleichwertig zu gestalten;
>
> ...

Der Bereich der „Schutzbestimmungen" i.S.v. Art. 44 Abs. 2 lit. g EGV wird **weit gegriffen**: In den Schutzbereich dieser Bestimmungen fallen nicht nur die Gesellschafter und die Gläubiger, sondern darüber hinaus alle anderen Personen. Hieraus folgert der EuGH, dass damit praktisch **das gesamte Gesellschaftsrecht** umfasst wird.[287] Da der Zweck der Vorschrift auch die Schaffung einheitlicher Rahmenbedingungen in der EU erfasst, ist gleichzeitig jede einheitliche Maßnahme der EU auch erforderlich und das Eingreifen des Subsidiaritätsprinzips ausgeschlossen: Eine nationale Maßnahme könnte nämlich die Erreichung dieses Zieles nicht bewirken.[288]

Art. 44 EGV ermächtigt zum **Erlass von Richtlinien**. Eine solche Maßnahme ist gemäß Art. 249 Abs. 3 EGV für jeden Mitgliedstaat, an den sie gerichtet wird, hinsichtlich des zu erreichenden Ziels verbindlich. Sie überlässt jedoch den innerstaatlichen Stellen **die Wahl der Form und der Mittel**, mit denen diese dieses Ziel erreichen wollen. So hat also der Mitgliedstaat die Wahl, ob er die Richtlinienbestimmungen als isolierten Einzelakt in Form eines Gesetzes oder einer Verordnung erlässt (was z.B. in England die Regel ist) oder ob er diesen der Einheitlichkeit und Systematik des Gesetzesrechts wegen in die bestehenden Gesetzbücher einarbeitet (das ist die Praxis in Deutschland).

Insoweit ist sie also für die Beteiligten nicht unmittelbar geltendes Recht, sondern bedarf zuvor der **Umsetzung durch den nationalen Gesetzgeber**. Hierfür sieht die Richtlinie regelmäßig eine bestimmte Frist vor.

> **Hinweis:**
>
> Dennoch kann eine nicht fristgerecht umgesetzte Richtlinie in zweifacher Hinsicht direkte Wirkungen für den Bürger entfalten: Zunächst kann er gegen den säumigen Staat einen gemeinschaftsrechtlichen Staatshaftungsanspruch geltend machen, wenn er einen Schaden erlitten hat, der bei fristgerechter Umsetzung vermieden worden wäre.[289] Zum anderen darf sich der säumige und damit

---

[287] Vgl. die Darstellung bei Habersack, Europäisches Gesellschaftsrecht, Rn. 20 unter Bezugnahme auf die Entscheidungsgründe in der Daihatsu-Entscheidung: EuGH, JZ 1998, 193.

[288] Siehe Habersack, Europäisches Gesellschaftsrecht, Rn. 23.

[289] Siehe EuGH 1996 I, 1029 – Francovich; Geiger, EUV/EGV, Art. 10 EGV Rn. 46. Siehe hierzu auch das Beispiel unten Rn. 173.

vertragswidrig handelnder Staat seinen Bürgern gegenüber nicht auf die fehlende Umsetzung berufen, sondern muss sich so behandeln lassen, als wenn die Umsetzung fristgerecht erfolgt wäre.[290] Eine unmittelbare Drittwirkung im Verhältnis von Privatleuten untereinander gibt es nicht, da sich jeder auf das aktuelle Recht verlassen darf.

2. Verordnungen

171 Demgegenüber hat die Verordnung gemäß Art. 249 Abs. 2 EGV allgemeine Geltung. Sie ist in allen ihren Teilen verbindlich und gilt **unmittelbar in jedem Mitgliedstaat**. Diese unmittelbare Geltung führt dazu, dass die Verordnung nicht, wie die Richtlinie, nur der Angleichung des Rechts dient, sie führt auf dem von ihr behandelten Gebiet unmittelbar zur Vereinheitlichung des Rechts und verdrängt im Mitgliedstaat jegliches entgegenstehende Recht.

Abgesehen von der IAS-Verordnung hat die Verordnung als Instrument auf dem Gebiet des Gesellschaftsrechts bislang ausschließlich für die **Einführung der neuen Gesellschaftsformen** (Europäische wirtschaftliche Interessenvereinigung, Europäische Gesellschaft, Europäische Genossenschaft – künftig auch die Europäische Privatgesellschaft) Verwendung gefunden.

Als Gesetzgebungsgrundlage kommt **Art. 95 und Art. 308 EGV** in Betracht, wonach der Rat zur schrittweisen Verwirklichung des Binnenmarktes Maßnahmen zur Angleichung des Rechts der Mitgliedstaaten erlassen kann:

Artikel 95

(1) Soweit in diesem Vertrag nichts anderes bestimmt ist, gilt abweichend von Art. 94 für die Verwirklichung der Ziele des Art. 14 die nachstehende Regelung. Der Rat erlässt gemäß dem Verfahren des Art. 251 und nach Anhörung des Wirtschafts- und Sozialausschusses die Maßnahmen zur Angleichung der Rechts- und Verwaltungsvorschriften der Mitgliedstaaten, welche die Errichtung und das Funktionieren des Binnenmarktes zum Gegenstand haben.

...

(10) Die vorgenannten Harmonisierungsmaßnahmen sind in geeigneten Fällen mit einer Schutzklausel verbunden, welche die Mitgliedstaaten ermächtigt, aus einem oder mehreren der in Art. 30 genannten nicht wirtschaftlichen Gründe vorläufige Maßnahmen zu treffen, die einem gemeinschaftlichen Kontrollverfahren unterliegen.

172 Allerdings ist es fraglich, ob auch die die teilweise Vereinheitlichung bestimmter Rechtsgebiete durch Schaffung transnationaler neuer Rechtsformen im Gesellschaftsrecht sich noch als „**Harmonisierungsmaßnahme" und Mittel zur „Angleichung" des Rechts** ausgeben lässt. Während die Kommission hier eine weite Auslegung vertritt, und auch die „Vollharmonisierung" als Angleichungsmaßnahme versteht, ist der Rat, als Vertreter der einzelnen Mitgliedstaaten hier a.A..[291] Folglich sind die genannten Verordnungen auch nicht auf Art. 95 EGV gestützt worden, sondern auf Art. 308 EGV.

Artikel 308

Erscheint ein Tätigwerden der Gemeinschaft erforderlich, um im Rahmen des Gemeinsamen Marktes eines ihrer Ziele zu verwirklichen, und sind in diesem Vertrag die hierfür erforderlichen Befugnisse nicht vorgesehen, so erlässt der Rat einstimmig auf Vorschlag der Kommission und nach Anhörung des Europäischen Parlaments die geeigneten Vorschriften.

Diese Vorschrift ist in ihrem **Anwendungsbereich relativ weit**. Kompensiert wird dies dadurch, dass der Rat einstimmig entscheiden muss, während für Maßnahmen nach Art. 95 EGV eine qualifizierte Mehrheit genügt.

---

290 Geiger, EUV/EGV, Art. 249 Rn. 15, m.w.N.
291 Habersack, Europäisches Gesellschaftsrecht, Rn. 24.

IV. Übersicht über die erlassenen gesellschaftsrechtlichen Richtlinien
1. Erste gesellschaftsrechtliche Richtlinie
a) Publizitätspflicht

Die 1. gesellschaftsrechtliche Richtlinie (68/151/EWG)[292] v. 9.3.1968 zur Koordinierung der Schutzbestimmungen, die in den Mitgliedstaaten den Gesellschaften i.S.d. Art. 58 Abs. 2 des Vertrags im Interesse der Gesellschafter sowie Dritter vorgeschrieben sind, um diese Bestimmungen gleichwertig zu gestalten (**Publizitätsrichtlinie**), beabsichtigt die Stärkung des Schutzes Dritter, die mit einer Kapitalgesellschaft, die in einem Mitgliedstaat der EU gegründet worden ist, kontrahieren. Insb. sollen diese vor Schäden aus der Unwirksamkeit von Verpflichtungen der Gesellschaft geschützt werden. Die Umsetzung erfolgte in Deutschland **durch Gesetz** v. 15.8.1969[293] und Verordnung v. 23.7.1969.[294]

173

Die Richtlinie enthält zur Verwirklichung ihres Zwecks Regeln auf drei verschiedenen Gebieten. Zunächst wird die **Publikation** der Satzung der Gesellschaft, der Besetzung der Organe der Gesellschaft und der Vertretungsbefugnis sowie des Jahresabschlusses angeordnet. Die Publikation erfolgt entweder in einem zentralen Register des Mitgliedstaates oder bei einem Handels- bzw. Gesellschaftsregister und durch Veröffentlichung in einem Amtsblatt des Mitgliedstaates. Auch die **negative Publizitätswirkung**, wie sie in § 15 Abs. 3 HGB eingefügt worden ist, geht auf diese Richtlinie zurück.

Insb. weil das deutsche Recht in § 335 Satz 1 Nr. 6, Satz 2 HGB keinerlei geeignete Sanktionen für die Verletzung der Publikationspflicht i.S.v. Art. 6 der Richtlinie vorsieht, wird allgemein angenommen, dass der deutsche Gesetzgeber diese **Richtlinie unvollständig umgesetzt** habe.[295] Auch in England dürfte diese Richtlinie unvollständig umgesetzt worden sein, da im englischen Register of Companies wohl die Mitglieder des Vorstands (board of directors) publiziert werden, nicht aber die Art und Weise, in der diese kraft Gesetzes und nach Maßgabe der Satzung der Gesellschaft (articles of association) zur Vertretung der Gesellschaft befugt sind.[296]

Lehrreich ist insoweit die **Entscheidung des BGH** v. 24.11.2005:[297] Der Kläger, der im Konkurs einer GmbH mit ca. 600.000 DM ausgefallen war, machte dort gegen die beklagte Bundesrepublik einen gemeinschaftsrechtlichen Staatshaftungsanspruch geltend. Der Kläger trägt vor, die Bundesrepublik habe die 1. Richtlinie und die 4. Richtlinie (Jahresabschlussrichtlinie) nicht hinreichend umgesetzt. Nach Art. 2 Abs. 1 lit. f der Ersten Richtlinie hätten die Mitgliedstaaten die erforderlichen Maßnahmen treffen müssen, damit die Bilanz und die Gewinn- und Verlustrechnung für jedes Geschäftsjahr der Gesellschaften offen gelegt würden. Zwar habe der Gesetzgeber in § 325 Abs. 1 HGB eine entsprechende Offenlegungspflicht der gesetzlichen Vertreter von Kapitalgesellschaften bestimmt. Indem er jedoch nach § 335 Satz 1 Nr. 6, Satz 2 HGB ein Einschreiten des Registergerichts wegen der Nichtoffenlegung nur auf Antrag eines Gesellschafters, Gläubigers oder des (Gesamt-) Betriebsrats der Gesellschaft vorgesehen habe, habe er seine Verpflichtung aus Art. 6 der Richtlinie 68/151/EWG verletzt, geeignete Maßregeln anzudrohen, um die Offenlegungspflicht durchzusetzen. Bei hinreichender Umsetzung hätte die Gesellschaft nicht mehr als Anbieter auf dem Markt auftreten dürfen, sondern wäre von Amts wegen gelöscht gewesen.[298]

Der BGH führt aus, dass die allgemeinen Voraussetzungen für einen gemeinschaftsrechtlichen Staatshaftungsanspruch erfüllt seien, wenn die verletzte Gemeinschaftsrechtsnorm bezweckt, dem Einzelnen

---

[292] ABl EG Nr. L 65, S. 8.
[293] BGBl. 1969 I, S. 1145.
[294] BGBl. 1969 I, S. 1152.
[295] Hierzu unten Rn. 173.
[296] Siehe unten Rn. 259.
[297] NJW 2006, 690 = DB 2006, 92 = ZIP 2006, 23.
[298] Der Publikationsverpflichtung kommen in Deutschland schätzungsweise nur 10 – 15 % der GmbH nach.

Rechte zu verleihen, der Verstoß hinreichend qualifiziert sei und zwischen diesem Verstoß und dem dem Einzelnen entstandenen Schaden ein unmittelbarer Kausalzusammenhang bestehe.[299]

Der EuGH habe ferner geklärt, dass die Bundesrepublik dadurch gegen ihre Verpflichtungen aus der 1. und 4. Richtlinie verstoßen habe, dass sie keine geeigneten Sanktionen für den Fall vorgesehen hatte, dass Kapitalgesellschaften ihre Verpflichtung zur Offenlegung der Jahresabschlüsse unterließen.[300] Der Gerichtshof hat ausgeführt, soweit in Art. 54 Abs. 3 lit. g EGV, auf den die Publizitätsrichtlinie gestützt sei, vom Schutz der Interessen Dritter gesprochen werde, könne dieser Begriff nicht auf Gläubiger der Gesellschaft beschränkt werden. Die vierte Begründungserwägung der Richtlinie verdeutliche, dass die Offenlegung des Jahresabschlusses hauptsächlich der Unterrichtung Dritter diene, die die wirtschaftliche Situation der Gesellschaft nicht hinreichend kennen. Indem Art. 6 der Publizitätsrichtlinie von den Mitgliedstaaten die Androhung geeigneter Maßregeln für den Fall verlange, dass die vorgeschriebene Offenlegung unterbleibe, stehe er § 335 Satz 1 Nr. 6, Satz 2 HGB a.F. entgegen, wonach nur Gesellschafter, Gläubiger und der Betriebsrat die Verhängung von Maßregeln verlangen können.

Nach den Ausführungen des EuGH bezwecke die in Art. 2 der Publizitätsrichtlinie geforderte Offenlegung auch die Unterrichtung der Personen, die beurteilen wollen, ob sie in Rechtsbeziehungen zu der in Rede stehenden Gesellschaft treten wollen, so dass ihnen durch diese Bestimmung ein Recht verliehen sei, das durch die unzureichende Umsetzung der Beklagten verletzt worden sei.

Eine Staatshaftung komme im vorliegenden Fall dennoch wegen mangelnden Kausalzusammenhangs nicht zustande. Der Kläger habe seine Entscheidung, der später in Konkurs gefallenen Gesellschaft Geld anzuvertrauen, nicht davon abhängig gemacht, sich anhand der Jahresabschlüsse über deren wirtschaftliche Verhältnisse ein Bild zu machen. Weder bei seiner ersten Anlage noch bei Abschluss des Einzeldepot-Verwaltungsvertrags habe er versucht, sich über die Verhältnisse der Gesellschaft zu unterrichten. Dabei hätte ihm aufgrund seiner Stellung als Gläubiger der Gesellschaft vor Abschluss des Vertrags das Recht zugestanden, ein Einschreiten des Registergerichts zu beantragen, um die vertretungsberechtigten Organe der Gesellschaft zu einer Einhaltung der Offenlegungspflicht anzuhalten.

Der Kläger könne seinen Anspruch auch nicht damit begründen, die Gesellschaft sei bei ordnungsgemäßer Offenlegung zu löschen gewesen. Art. 2 der Publizitätsrichtlinie und Art. 47 der Jahresabschlussrichtlinie sähen die Offenlegung vor, um Dritten die Möglichkeit zu geben, sich hierüber zu unterrichten. Die Richtlinien enthielten keine Verpflichtung, Gesellschaften, die ihren Offenlegungspflichten nicht nachkommen, aufzulösen oder vom Markt zu nehmen. Zwar seien die Mitgliedstaaten nach Art. 6 der Publizitätsrichtlinie verpflichtet, mit der Androhung geeigneter Maßregeln einer Verletzung von Offenlegungspflichten entgegenzuwirken. Dabei stehe ihnen jedoch ein Handlungsspielraum zu, der nicht dahin verengt werden könne, dass eine Gesellschaft, die ihren Pflichten nicht nachkommt, aus dem Rechtsleben entfernt werden müsse. Primär geht es vielmehr darum, die Offenlegung sicherzustellen, damit der hierdurch geschützte Personenkreis seine Informationsrechte wahrnehmen kann. Einen weitergehenden Zweck hätten auch die in Art. 6 der Publizitätsrichtlinie angesprochenen Maßregeln nicht.

b) Weitere Schwerpunkte der Richtlinie

174 Des Weiteren stärkt die Richtlinie die **Stellung der Vertretungsorgane** zu Gunsten mit der Gesellschaft handelnder Dritter. Gemäß Art. 8 Abs. 2 der Richtlinie können satzungsmäßige oder auf einem Beschluss der zuständigen Organe beruhende **Beschränkungen der Befugnisse der Organe** der Gesellschaft Dritten nicht entgegengesetzt werden, selbst wenn sie bekannt gemacht worden sind – ausgenommen ist insoweit die Anordnung der Gesamtvertretung. Auch können Fehler bei der **Bestellung von Leitungsorganen** Dritten nicht entgegengehalten werden, soweit die Bestellung ordentlich publiziert worden ist – es sei denn der Dritte war nachweislich bösgläubig. Handlungen, die den Rahmen des Gegenstands des Unternehmens überschreiten, sind zu Gunsten der mit der Gesellschaft kontrahierenden gutgläubigen Dritten

---

299 EuGH – Köbler, NJW 2003, 3539 Rn. 30, 31 m.umfangr.w.N.; BGHZ 134, 30, 37; 146, 153, 158 f.; BGH, NJW 2005, 747; NJW 2005, 742 = BGHZ 162, 49.

300 EuGH, NJW 1998, 129; EuZW 1998, 758.

wirksam. Hierdurch wurde in vielen EU-Staaten, insb. England, mit dem Grundsatz der ultra-vires-Doktrin gebrochen. Allenfalls für den Fall, dass die Gesellschaft beweist, dass **dem Dritten bekannt war**, dass die Handlung den Unternehmensgegenstand überschritt, oder dass er darüber nach den Umständen nicht in Unkenntnis sein konnte, kann das nationale Recht eine Ausnahme von der Gültigkeit vorsehen. Die Bekanntmachung der Satzung darf zu diesem Beweis aber nicht ausreichen.

Schließlich enthält die Richtlinie Vorschriften für den Fall der **Nichtigkeit der Gesellschaft** und die Haftung für Verpflichtungen, die im Namen der Gesellschaft vor ihrer Eintragung eingegangen worden sind.

c) Elektronisches Handelsregister

Durch weitere Richtlinie v. 15.7.2003[301] ist die **Publizitätsrichtlinie ergänzt** worden. Hierdurch wurde neben diversen Aktualisierungen und Anpassungen insb. eine Vorschrift aufgenommen, die die Möglichkeit der **elektronischen Anmeldung zum Handelsregister** und der Online-Einsicht in das Handelsregister vorschreibt. Die Umsetzung in Deutschland erfolgte durch das zum 1.1.2007 in Kraft getretene EHUG vom 15.11.2006.[302]

2. Zweite gesellschaftsrechtliche Richtlinie

Die 2. gesellschaftsrechtliche Richtlinie (77/91/EWG) v. 13.12.1976 zur Koordinierung der Schutzbestimmungen, die in den Mitgliedstaaten den Gesellschaften i.S.d. Art. 58 Abs. 2 des Vertrags im Interesse der Gesellschafter sowie Dritter für die Gründung der AG sowie für die Erhaltung und Änderung ihres Kapitals vorgeschrieben sind, um diese Bestimmungen gleichwertig zu gestalten (**Kapitalrichtlinie**),[303] bezweckt insb. die Angleichung der Vorschriften über das Mindestkapital, die Kapitalaufbringung und die Kapitalerhaltung.[304] Die Richtlinie ist durch eine weitere Richtlinie v. 23.11.1992 um einen Art. 24a ergänzt worden.[305] Damit wurde das im „kontinentalen Rechtskreis" bereits seit langem verankerte System eines festen Mindestkapitals auch in die nordischen Länder und die dem common law folgenden Länder hineingetragen.

Die Richtlinie gilt **ausschließlich für AG** und enthält zu diesem Zweck in ihrem Art. 1 Abs. 1 eine Auflistung der Gesellschaftsformen, die als „AG" gelten. So gilt sie z.B. in England im Hinblick auf die limited company nur in der Unterart des public limited company (plc). Daher kann in England die private limited company weiterhin ohne Einhaltung eines bestimmten Mindestkapitals gegründet werden, während bei der Gründung einer plc. ein Mindestkapital von GBP 50.000 aufzubringen ist (sec. 101 [1] Companies Act 1985).

Die Richtlinie enthält hierzu **nicht nur Vorschriften über ein Mindestkapitel** (25.000 ECU), die Sacheinlagen, die Nachgründung, Sachübernahmen und verdeckte Sachgründungen, sondern auch über Ausschüttungssperren, Voraussetzungen für den Erwerb eigener Aktien und schließlich die Kapitalherabsetzung. Die Ergänzung von 1992 (= Art. 24a der Richtlinie) füllte eine Regelungslücke, indem der Erwerb der Aktien durch eine Tochtergesellschaft dem Erwerb eigener Aktien durch die Gesellschaft selbst gleichgestellt wurde.

In Deutschland wurde zur Umsetzung eine Änderung des AktG erforderlich, die durch Gesetz v. 23.12.1978 erfolgte.[306] Diese betraf im Wesentlichen die vollständige Leistung der Bareinlagen (§ 36a AktG) und die Prüfung bei Sacheinlagen im Rahmen der Gründung (§ 33 AktG) wie auch im Rahmen der Kapitalerhöhung (§ 183 Abs. 3 AktG).

---

301 Richtlinie 2003/58/EG, ABl. Nr. L 221 v. 4.9.2003, S. 13.
302 BGBl. 2006 I, S. 2553; vgl. Schlotter, BB 2007, 1.
303 ABl. Nr. L 26, S. 1.
304 Ausführlich hierzu Habersack, Europäisches Gesellschaftsrecht, Rn. 135 ff.
305 Richtlinie 92/101/EWG des Rates v. 23.11.1992 zur Änderung der Richtlinie 77/91/EWG über die Gründung der Aktiengesellschaft sowie die Erhaltung und Änderung ihres Kapitals, ABl. Nr. L 347/64 v. 28.11.1992.
306 BGBl. 1978 I, S. 1959.

> **Hinweis:**
> Voraussichtlich wird in einer späteren Änderung die Richtlinie wieder etwas „entschärft". So hat die EU-Kommission am 29.10.2004 einen auf der SLIM-Initiative[307] beruhenden Vorschlag ausgearbeitet, mit dem die Gründung von AG und die Durchführung von Maßnahmen zur Kapitaländerung erneut geändert und vereinfacht werden soll.[308] Hierin wird der allgemeine Trend auf EU-Ebene sichtbar, vom System der Kapitalaufbringung und Kapitalerhaltung zum System der Prüfung und Publizität überzugehen.

3. Dritte gesellschaftsrechtliche Richtlinie

178 Die 3. gesellschaftsrechtliche Richtlinie (78/855/EWG) v. 9.10.1978[309] betrifft die Verschmelzung von mehreren AG (**Fusionsrichtlinie**) aus demselben Staat. Sie soll den Schutz von Gläubigern und Minderheitsaktionären bei der Verschmelzung von Gesellschaften fördern, insb. in dem Fall, dass sich die Verschmelzung in einem anderen EU-Mitgliedstaat abspielt. Diese besonders schutzbedürftigen Personen sollen sich auf einen **Mindestschutz auch in den anderen Ländern** verlassen können. Daher setzt die Richtlinie insoweit durch verfahrensrechtliche Vorschriften zu Verschmelzungsplan, Verschmelzungsbeschluss, Verschmelzungsbericht und Verschmelzungsprüfung bestimmte Mindeststandards. Da die Richtlinie nur die Verschmelzung von den dort eigens enumerierten Gesellschaftsformen (AG) betrifft, werden die GmbH und die Personengesellschaften nicht berührt. Die Umsetzung erfolgte in Deutschland **durch Durchführungsgesetz v. 25.10.1982**.[310]

In den Staaten, die die Verschmelzung bis dahin noch nicht kannten, führte der Erlass der Fusionsrichtlinie zur **erstmaligen Einführung der Verschmelzung** von Gesellschaften. In England spielen auch heute „Verschmelzungen" in der gesellschaftsrechtlichen Praxis noch keine Rolle.[311]

4. Vierte gesellschaftsrechtliche Richtlinie

179 Die **Offenlegung des Jahresabschlusses**, also von Bilanz und Gewinn- und Verlustrechnung auf der Basis der (1.) Publizitätsrichtlinie kann nur dann allen interessierten Personen europaweit die Informationen zur Bewertung der Gesellschaft verschaffen, wenn die Jahresabschlüsse auch auf einer – zumindest in Grundlagen – **einheitlichen Regelung** erfolgen. Ansonsten läge keine Vergleichbarkeit vor. Daher wurde in Anschluss an die Publizitätsrichtlinie auch eine Angleichung des Rechts der Rechnungslegung in Angriff genommen. Ergebnis sind die 4. und die 7. Richtlinie. Die **4. gesellschaftsrechtliche Richtlinie** über den Jahresabschluss von Gesellschaften bestimmter Rechtsformen (78/660/EWG) v. 25.7.1978 (**Bilanzrichtlinie**) behandelt Form und Inhalt von (Einzel-)Jahresabschlüssen. Diese Richtlinie gilt nicht nur für die AG, sondern auch für die KGaA und die GmbH. Die Umsetzung erfolgte in Deutschland durch das sog. Bilanzrichtliniengesetz v. 19.12.1985.[312] Durch Änderungsrichtlinie 90/605/EWG (GmbH & Co. Richtlinie)[313] wurde der Anwendungsbereich der Richtlinie auf die GmbH & Co. KG erstreckt.[314] Erleich-

---

[307] Simpler Legislation for the Internal Market, abgedruckt z.B. in ZIP 1999, 1944.
[308] WM 2004, 2507; vgl. dazu auch Schmolke, WM 2005, 1828. U.a. soll unter bestimmten Voraussetzungen der Sachgründungsbericht entfallen und durch erweiterte Angaben zum Registergericht ersetzt werden; der Erwerb eigener Anteile und die Kapitalherabsetzung sollen erleichtert werden.
[309] ABl. Nr. L 295, S. 36.
[310] BGBl. 1982 I, S. 1245. Vgl. auch das Gesetz zur Bereinigung des Umwandlungsrechts v. 28.10.1994 (BGBl. 1994 I, S. 3210), mit dem das gesamte Umwandlungsrecht im UmwG 1994 konsolidiert wurde.
[311] Siehe Süß/Wachter, Handbuch des internationalen GmbH-Rechts England Rn. 717.
[312] BGBl. 1985 I, S. 2355.
[313] Richtlinie 90/605/EWG des Rates v. 8.11.1990 zur Änderung der Richtlinien 78/660/EWG und 83/349/EWG über den Jahresabschluß bzw. den konsolidierten Abschluß hinsichtlich ihres Anwendungsbereichs, ABl. Nr. L 317 v. 16.11.1990, S. 60.
[314] Die Umsetzung erfolgte in Deutschland erheblich verspätet, nämlich erst durch Gesetz v. 24.2.2000, BGBl. 2000 I, S. 154.

terungen wurden wieder durch Richtlinie v. 8.11.1990 (**Mittelstandsrichtlinie**)[315] für die sog. kleinen und mittleren Unternehmen vorgenommen, vor allem was die Erstellung und Offenlegung des Anhangs und die Verpflichtung zur Erstellung des Lageberichts betrifft.[316]

Vielfach wird kritisiert, dass die zahlreichen Wahlrechte in der Richtlinie es verhindert haben, den **Gegensatz zwischen den unterschiedlichen Bilanzsystemen**, insb. dem vom Grundsatz der Vorsicht beherrschten deutschen Bilanzrecht und dem vom Grundsatz des fair and true view dominierten englischen Systems zu überwinden.[317]

5. Versuch einer fünften gesellschaftsrechtlichen Richtlinie

Der Entwurf zu einer **5. gesellschaftsrechtlichen Richtlinie (Strukturrichtlinie)** betrifft die innere Verfassung von Gesellschaften. Sie beschränkt sich auf AG. Hauptelemente waren zunächst die Einführung des (deutschen) dualistischen Systems mit Vorstand und Aufsichtsrat in allen Mitgliedstaaten der EU, und zwar zumindest als Option. Eine zweite Neuerung war die Einführung der Arbeitnehmermitbestimmung für alle Gesellschaften mit mehr als 1000 Arbeitnehmern. Ein letzter Vorschlag stammt v. 20.11.1991 und sah ein Optionsrecht zwischen der monistischen Leitungsstruktur mit einem einheitlichen Verwaltungsrat nach französischem Modell und einer dualistischen Struktur nach deutschem Modell vor.

180

Sie gilt mittlerweile **als endgültig gescheitert**.[318] Hauptgrund hierfür ist offenbar auch, dass man sich über die Mitbestimmung der Arbeitnehmer nicht einigen konnte. Nicht zu verkennen ist freilich, dass zahlreiche Versatzstücke dieser Richtlinie **in die SE-VO eingebaut** worden sind.[319] Auch haben einige Staaten mit dem (romanischen-)monistischen System mit einem einheitlichen Verwaltungsrat das dualistische System schon freiwillig eingeführt. Allerdings spielt die S.A. mit directoire und conseil de surveillance in Frankreich praktisch keine große Rolle. In Italien ist die Reform zu neu, als dass man über die Auswirkungen urteilen könnte.

6. Sechste gesellschaftsrechtliche Richtlinie

Die Richtlinie (82/891/EWG) v. 17.12.1982 (**Spaltungsrichtlinie**) enthält Vorschriften zum Schutz der Gläubiger und der Minderheitsgesellschafter für den Fall der Spaltung einer Gesellschaft. Diese Richtlinie gilt **ausschließlich für den Fall der Spaltung von AG**. Anders als die (3.) Fusionsrichtlinie verpflichtet sie die Mitgliedstaaten aber nicht, überhaupt erst die Spaltung von Gesellschaften zu ermöglichen. Die Richtlinie greift daher nur für den Fall, dass der Mitgliedstaat sich entschließt, die Spaltung von AG überhaupt erst zuzulassen. Die Umsetzung erfolgte in Deutschland mit dem Erlass des UmwG 1994.[320]

181

7. Siebte gesellschaftsrechtliche Richtlinie

Die Richtlinie (83/349/EWG) v. 13.6.1983 über den konsolidierten Abschluss (**Konzernrechnungslegungsrichtlinie**) ergänzt die 4. Richtlinie (Bilanzrichtlinie). Sie soll durch Einführung eines konsolidierten Jahresabschluss im Konzern die Transparenz dadurch erleichtern, dass nun ein Abschluss für den gesamten Konzern erfolgt, in dem der Konzern so behandelt wird, als sei er ein einziges Unternehmen und eine rechtliche Einheit. Die Umsetzung erfolgte in Deutschland durch das sog. **Bilanzrichtliniengesetz v. 19.12.1985**.[321] Die Richtlinie erfasste in der ursprünglichen Fassung (Abs. 4 Abs. 1 lit. a in Deutschland

182

---

315 Richtlinie 90/604/EWG des Rates v. 8.11.1990 zur Änderung der Richtlinie 78/660/EWG über den Jahresabschluß und der Richtlinie 83/349/EWG über den konsolidierten Abschluß hinsichtlich der Ausnahme für kleine und mittlere Gesellschaften sowie der Offenlegung von Abschlüssen in ECU, ABl. Nr. L 317 v. 16.11.1990, S. 57.
316 Die Schwellenwerte für die kleinen und mittleren Unternehmen wurden zuletzt durch Richtlinie vom 17.6.1999 (1999/60/EG) angehoben, ABl. Nr. L 162, S. 65 v. 26.6.1999.
317 Siehe Habersack, Europäisches Gesellschaftsrecht, Rn. 287.
318 Habersack, Europäisches Gesellschaftsrecht, Rn. 58.
319 Hierauf weist Behrens hin: GK/Behrens, GmbHG, Einl. B Rn. 200.
320 Gesetz zur Bereinigung des Umwandlungsrechts v. 28.10.1994, BGBl. 1994 I, S. 3210.
321 BGBl. 1985 I, S. 2355.

nur die AG, die KGaA und GmbH. Durch Änderungsrichtlinie 90/605/EWG (GmbH & Co. KG-RL)[322] wurde allerdings der Anwendungsbereich auch auf den Fall ausgeweitet, dass die Konzernmutter die Rechtsform einer GmbH & Co.KG hat. Die Umsetzung dieser Ausweitung erfolgte in Deutschland durch Gesetz v. 24.2.2000.[323]

183 Diese Richtlinie wurde durch die Verordnung (EG) Nr. 1606/2002 des Europäischen Parlaments und des Rates v. 19.7.2002 betreffend die Anwendung internationaler Rechnungslegungsstandards (**IAS-VO**)[324] ergänzt. Diese schreibt nun vor, dass börsennotierte Gesellschaften ihren konsolidierten Jahresabschluss spätestens für das am oder nach dem 1.1.2005 beginnende Rechnungsjahr nach den vom International Accounting Standards Board festgesetzten internationalen Rechnungslegungsstandards (**International Accounting Standards – IAS bzw. IFRS**) aufstellen müssen. Die Regeln der 7. Richtlinie werden insoweit also verdrängt. Die Mitgliedstaaten können ferner die Anwendung der IAS für die Aufstellung von Einzeljahresabschlüssen sowie die Konzernbilanzen nicht börsennotierten Unternehmen gestatten oder gar vorschreiben. Die 4. und die 7. Richtlinie sind durch die Richtlinie 2003/51/EG v. 18.6.2003 den internationalen Rechnungslegungsstandards angeglichen worden.[325]

> **Hinweis:**
> Aktuell plant die Kommission eine Änderung der 4. und 7. Richtlinie. Hintergrund ist der Wille zur Verschärfung der Prüfung, um in Zukunft Fälle wie Enron oder Parmalat zu verhindern. So solle eine gemeinschaftliche Verantwortung aller Mitglieder der Geschäftsführungs- und Aufsichtsorgane für die jährliche Rechnungslegung und Publizität eingeführt werden. Es soll sichergestellt werden, dass alle Unternehmen vollständige Informationen über außerbilanzielle Vereinbarungen vorlegen. Dazu zählen auch die „Special Purpose Vehicles" (Zweckgesellschaften), die unter Umständen in Offshore-Ländern belegen sind. Viertens sollen die börsennotierten Gesellschaften schließlich eine jährliche „Corporate Governance"-Erklärung abgeben.

8. Achte gesellschaftsrechtliche Richtlinie

184 Die Richtlinie (84/253/EWG) des Rates v. 10.4.1984 über die Zulassung der mit der Pflichtprüfung der Rechnungslegungsunterlagen beauftragten Personen[326] (**Prüferbefähigungsrichtlinie**) ergänzt die 4. und die 7. Richtlinie insoweit, als dort die Pflichtprüfung des Abschlusses vorgeschrieben ist. Sie regelt, die Qualifikation, die Unabhängigkeit und die Sorgfaltspflichten der Wirtschaftsprüfer. Auch diese Richtlinie wurde in Deutschland durch das sog. Bilanzrichtliniengesetz v. 19.12.1985 umgesetzt.[327]

> **Hinweis:**
> Auch hier will man wegen der vergangenen Skandale eine Verschärfung vornehmen. Ein Vorschlag zur Änderung der Richtlinie ist bereits vom Rat und vom Europäischen Parlament genehmigt worden. Dieser wird die Anforderungen an die Ausbildung, Registrierung, Aufsicht, Organisation etc. in Bezug auf die Prüfer erhöhen.

---

322 Richtlinie 90/605/EWG des Rates v. 8.11.1990 zur Änderung der Richtlinien 78/660/EWG und 83/349/EWG über den Jahresabschluß bzw. den konsolidierten Abschluß hinsichtlich ihres Anwendungsbereichs, ABl. Nr. L 317 v. 16.11.1990, S. 60.
323 BGBl. 2000 I, S. 154.
324 ABl. Nr. L 243 v. 11.9.2002, S. 1.
325 Die Details der Rechnungslegungsstandards werden laufend durch neue Richtlinien angepasst, vgl. zuletzt: „Verordnung (EG) Nr. 108/2006 der Kommission vom 11.1.2006 zur Änderung der Verordnung (EG) Nr. 1725/2003 der Kommission betreffend die Übernahme bestimmter internationaler Rechnungslegungsstandards in Übereinstimmung mit der Verordnung (EG) Nr. 1606/2002 des Europäischen Parlaments und des Rates im Hinblick auf IFRS 1, 4, 6 und 7, IAS 1, 14, 17, 32, 33 und 39 sowie IFRIC 6".
326 ABl. Nr. L 126 vom 12.5.1984 S. 20.
327 BGBl. 1985 I, S. 2355; die einschlägigen Bestimmungen finden sich in §§ 131 ff. WPO.

9. Gescheiterte Neunte Richtlinie

Die **9. gesellschaftsrechtliche Richtlinie (Konzernrechtsrichtlinie)** soll das Konzernrecht vereinheitlichen. Der letzte Entwurf von 1984 ist stark durch das deutsche Konzernrecht geprägt. Sie ist bislang noch nicht verabschiedet worden und gilt als gescheitert.[328] Offenbar wird sich die Europäische Kommission nun von diesem Modell absetzen und den Vorschlägen der zur Modernisierung des Gesellschaftsrechts eingesetzten **High Level Group of Company Law Experts** folgen. Diese hatten in ihrem Abschlussbericht im November 2002 vorgeschlagen, die 9. Richtlinie aufzugeben. Die Kommission will bis 2008 auf Empfehlung der High Level Group einen neuen Richtlinienentwurf anfertigen. Dieser wird voraussichtlich auf dem Gedanken beruhen, dass sich aus dem Konzern ergebende Gefährdungen durch erweiterte Offenlegungspflichten bewältigt werden.

185

10. Zehnte gesellschaftsrechtliche Richtlinie

a) Inhalt

Die am 18.11.2003 von der Europäischen Kommission vorgeschlagene und vom Europäischen Rat am 20.9.2005 verabschiedete **10. gesellschaftsrechtliche Richtlinie** (2005/56/EG) über die Verschmelzung von Kapitalgesellschaften aus verschiedenen Mitgliedstaaten (**Internationale Verschmelzungsrichtlinie**)[329] ermöglicht eine grenzüberschreitende Verschmelzung von Kapitalgesellschaften und anderen Gesellschaften mit Rechtspersönlichkeit aus verschiedenen EU-Mitgliedstaaten. Der Rat stützt sich für die Kompetenz zum Erlass der Richtlinie auf Art. 44 EG. Das ist auffällig, da Art. 293 EG noch eine ausdrückliche Absichtserklärung der Mitgliedstaaten dazu enthält, die grenzüberschreitende Verschmelzung von Gesellschaften verschiedener Mitgliedstaaten durch Abschluss eines völkerrechtlichen Abkommens zu ermöglichen. Die Richtlinie ist bis Dezember 2007 umzusetzen. In Deutschland plant man die Einfügung neuer Abschnitte in das UmwG.[330]

186

Interessant ist insoweit, dass bereits am 23.7.1990 eine Richtlinie erlassen worden war, die einen Aufschub der Besteuerung von stillen Reserven vorsah, die bei einer grenzüberschreitenden Verschmelzung, Spaltung oder Einbringung von Unternehmensteilen oder eines Austausches von Anteilen entstehen.[331] Diese Richtlinie wurde durch Beschluss des Rates der EU-Finanzminister am 17.2.2005 verbessert und in ihrem Anwendungsbereich erweitert.[332] Das ist deswegen bemerkenswert, als derartige Umwandlungsmaßnahmen bislang zwar steuerlich begünstigt, aber zivilrechtlich unzulässig waren – und wohl teilweise auch noch sind.

187

Die 10. Gesellschaftsrechtsrichtlinie verfolgt in gewisser Weise das **Muster der 3. Richtlinie** und überträgt das dort für die Verschmelzung vorgesehene Verfahren von der Ebene der nationalen auf die der internationalen Verschmelzung. Anders als diese betrifft sie aber alle Kapitalgesellschaftsformen, und damit in Deutschland insb. auch die GmbH und die Genossenschaft. Die Verschmelzung von Kapitalgesellschaften aus verschiedenen Mitgliedstaaten der EU war **bereits durch die Einführung der SE-VO** ermöglicht worden. Sie stellte daher grds. kein Novum für die gesellschaftsrechtliche Praxis dar. Allerdings ermöglicht die Verschmelzungsrichtlinie eine transnationale Verschmelzung auch unterhalb der für die Europäische Gesellschaft (SE) geltenden Mindestkapitalschwelle und die Verschmelzung auf eine GmbH bzw. AG nationalen Rechts. Sie stellt daher typischerweise ein Instrument zur Förderung der Kleinen und Mittleren Unternehmen (KMU) dar.

188

---

328 Habersack, Europäisches Gesellschaftsrecht, Rn. 15.
329 ABl. v. 25.11.2005, Nr. L 310 S. 1. Erste Berichte hierzu von: Bayer/Schmidt, NJW 2006, 401; Frischhut, EWS 2006, 55; Grohmann/Gruschinske, GmbHR 2006, 191; Neye, ZIP 2005, 1893; Drinhausen/Keinath, RIW 2006, 81; Oechsler, NZG 2006, 161.
330 Siehe z.B. Louven, ZIP 2006, 2021.
331 Richtlinie 90/434/EWG des Rates v. 23.7.1990 über das gemeinsame Steuersystem für Fusionen, Spaltungen, die Einbringung von Unternehmensteilen und den Austausch von Anteilen, die Gesellschaften verschiedener Mitgliedstaaten betreffen, Amtsblatt Nr. L 225 v. 20.8.1990, S. 1.
332 Siehe Becker, GmbHR 2005, R 93.

189 Grds. bestätigt die Richtlinie den bislang für die internationale Verschmelzung geltenden Grundsatz, dass für jede der beteiligten Gesellschaften jeweils das für sie geltende **nationale Recht maßgeblich** ist. Dieses entscheidet dann grds. auch darüber, ob diese Rechtsform überhaupt einer Verschmelzung zugänglich ist (Art. 4 Richtlinie). Dies ist in Europa noch nicht selbstverständlich, weil die (3.) Fusionsrichtlinie die Verschmelzung nur für die AG einheitlich eingeführt hat. Daher kann in einzelnen Mitgliedstaaten die GmbH oder die Genossenschaft noch von der Verschmelzung ausgeschlossen sein. Der **Anwendungsbereich der internationalen Verschmelzung** greift also nicht weiter als der der nationalen Verschmelzung. Dies betrifft vor allem auch die englische limited, die weder im nationalen noch im grenzüberschreitenden Bereich verschmelzungsfähig ist.[333]

b) Verschmelzungsverfahren

190 Das Verschmelzungsverfahren beginnt mit einem gemeinsamen **Verschmelzungsplan**, der von den Leitungsorganen der beteiligten Gesellschaften aufzustellen ist. Art. 5 Richtlinie enthält hierfür eine lange Reihe von Mindestinhalten. Aufgrund der subsidiären Geltung des nationalen Rechts für die Vorschriften und Formalitäten (Art. 4 Abs. 1 lit. b Richtlinie) dürften sich hier in Bezug auf Inhalt und Form des Planes die Vorschriften der einzelnen Rechtsordnungen kumulieren. Der Verschmelzungsplan ist anschließend in jedem der betroffenen Staaten nach dem jeweils dort geltenden Recht **bekannt zu machen** (Art. 6 Richtlinie).

191 Anschließend müssen die Gesellschafterversammlungen jeder der an der Verschmelzung teilnehmenden Gesellschaften **über den Verschmelzungsplan entscheiden**. Dabei ist den Gesellschaftern neben dem Plan selbst ein Verschmelzungsbericht über die rechtlichen und wirtschaftlichen Aspekte der Verschmelzung sowie die Auswirkungen auf die Gesellschafter, die Gläubiger und die Arbeitnehmer (Art. 7 Satz 1 Richtlinie), die Stellungnahme der Arbeitnehmervertretung dazu (Art. 7 Satz 3 Richtlinie) und ein Bericht unabhängiger Sachverständiger (Art. 8 Abs. 1 Richtlinie) vorzulegen, soweit die Gesellschafter aller beteiligter Gesellschaften nicht auf die Prüfung und die Erstellung des Sachverständigenberichts verzichtet haben (Art. 8 Abs. 4 Richtlinie).

Nachdem ein Gericht oder eine andere vom jeweiligen nationalen Recht vorgeschriebene Stelle im Staat jeder der an der Verschmelzung beteiligten Gesellschaften die Rechtmäßigkeit der Verschmelzung geprüft und hierüber eine **Vorabbescheinigung** ausgestellt hat (Art. 10 Abs. 2 Richtlinie), erfolgt die Eintragung der Verschmelzung. Diese erfolgt – nach Prüfung (Art. 11 Richtlinie) – zunächst in dem Register, in die die aus der grenzüberschreitenden Verschmelzung hervorgehende Gesellschaft (bzw. die aufnehmende Gesellschaft) eingetragen wird.

Das **für diese Gesellschaft geltende Recht** entscheidet auch darüber, wann die Verschmelzung wirksam wird, also das Vermögen auf die übernehmende Gesellschaft übergeht und wann die übertragenden Gesellschaften erlöschen. **Nach Meldung der Eintragung** durch dieses Register an die Register, die für die Offenlegung der anderen an der Verschmelzung beteiligten Gesellschaften (die übertragenden Gesellschaften) zuständig sind, wird die Verschmelzung auch dort eingetragen (Art. 13 Richtlinie).

Art. 15 Richtlinie enthält **Verfahrenserleichterungen** für den Fall, dass die übernehmende Gesellschaft alleinige Gesellschafterin der übertragenden Gesellschaft ist oder mindestens 90 % der Anteile hält.

c) Behandlung der Mitbestimmung

192 Langjähriges Hindernis für die Verabschiedung der Richtlinie durch den Rat war die **Frage der Arbeitnehmermitbestimmung**. Hier ist eine Lösung in der Übernahme der „Verhandlungslösung" aus der SE-RL[334] gefunden worden. Danach ist vorrangig eine Lösung im Verhandlungswege zu finden. Scheitert die Verhandlung, so tritt die sog. Auffanglösung ein. Voraussetzung für das Eingreifen dieser Auffanglösung

---

333 Ebert/Levedag, in: Süß/Wachter, Handbuch des internationalen GmbH-Rechts England Rn. 35.
334 Richtlinie 2001/86/EG des Rates zur Ergänzung des Statuts der Europäischen Gesellschaft hinsichtlich der Beteiligung der Arbeitnehmer v. 8.10.2001, ABl. Nr. L 294, S. 22.

ist aber, dass zuvor mindestens 33 % der Arbeitnehmer aller beteiligter Gesellschaften (bei Gründung der Europäischen Gesellschaft [SE]: 25 %) bereits einer Mitbestimmungsregelung unterlagen.

d) Umsetzung in Deutschland

Die Richtlinie ist **noch nicht in deutsches Recht umgesetzt** worden. Vielmehr hat der nationale Gesetzgeber nach Art. 19 der Richtlinie bis Dezember 2007 Zeit, die Richtlinie umzusetzen. Nachdem aber der EuGH nach Verabschiedung der Richtlinie in der Sache SEVIC Systems AG[335] entschieden hat, dass die grenzüberschreitende Verschmelzung unmittelbar aufgrund der Freizügigkeit ermöglicht wird, auch ohne dass eine entsprechende gesetzliche Grundlage in den betroffenen Mitgliedstaaten besteht, ist damit zu rechnen, dass der deutsche Gesetzgeber die **Umsetzungsfrist nicht ausschöpfen wird**, um ein „gesetzliches Vakuum" möglichst rasch zu beseitigen. Bis dahin wird es angebracht sein, die Regeln der Richtlinie, die als solches ja bereits geltendes Recht sind, unmittelbar heranzuziehen.

Ein **Regierungsentwurf** für ein entsprechendes Umsetzungsgesetz ist am 9.8.2006 veröffentlicht worden.[336] Er sieht die Regelung der grenzüberschreitenden Verschmelzung europäischer Kapitalgesellschaften in einen neu geschaffenen Abschnitt 10 des Zweiten Buches im UmwG (§§ 122a ff. UmwG) vor. Es ist geplant, dass das Gesetz dann über die Änderung des UmwG noch vor Ablauf der Frist für die Umsetzung verabschiedet wird.

11. Elfte gesellschaftsrechtliche Richtlinie

Die Richtlinie (89/666/EWG) v. 21.12.1989 über die **Offenlegung von Zweigniederlassungen**, die in einem Mitgliedstaat von Gesellschaften bestimmter Rechtsformen errichtet wurden, die dem Recht eines anderen Staates unterliegen (**Zweigniederlassungsrichtlinie**)[337] ergänzt die (1.) Publizitätsrichtlinie und die beiden (4. und 7.) Bilanzrichtlinien. Sie enthält Regeln darüber, welche Publizitätserfordernisse eine in einem anderen EU-Mitgliedstaat errichtete Kapitalgesellschaft bei Errichtung einer Zweigniederlassung im Inland einhalten muss. Dies betrifft zum einen die **Eintragung gesellschaftsrechtlicher Daten** im Handelsregister, zum anderen die Offenlegung bestimmter Unterlagen der Rechnungslegung.[338]

Dabei verfolgt die Richtlinie einen **doppelten Schutzzweck**: Zum einen soll der Geschäftsverkehr dadurch geschützt werden, dass er durch zusätzliche Publizität auch am Ort der Zweigniederlassung genauso einfach an die der Publizität unterliegenden Informationen herankommt, wie in dem Fall, dass die ausländische Gesellschaft im Inland eine Tochtergesellschaft errichtet hätte. Nach ihrer dritten Begründungserwägung wurde die 11. Richtlinie ausdrücklich mit Rücksicht auf den Umstand erlassen, dass die Errichtung einer Zweigniederlassung neben der Gründung einer Tochtergesellschaft eine der Möglichkeiten sei, die einer Gesellschaft zur **Ausübung des Niederlassungsrechts** in einem anderen Mitgliedstaat zur Verfügung stehen. Zum anderen soll auch die ausländische Gesellschaft in der Ausübung ihrer Niederlassungsfreiheit dadurch geschützt werden, dass sie im Zweigniederlassungsstaat ausschließlich ihrem Heimatrecht vergleichbare Formalitäten zu beachten hat.[339] Gerade dieser Aspekt war das Thema der bekannten Entscheidung des EuGH in Sachen Inspire Art.[340]

Gegenstand dieser Entscheidung war ein niederländisches Gesetz über sog. formal ausländische Gesellschaften (Wet op de formeel buitenlandse vennootschappen, WFBV). Dieses sah für im Ausland gegründete Gesellschaften, die ausschließlich in den Niederlanden tätig werden besondere Anforderungen vor. U.a. verlangte das Gesetz die Angabe im Handelsregister, dass es sich bei der ausländischen Gesellschaft um eine „formal ausländische Gesellschaft", also um eine „Scheinauslandsgesellschaft" bzw. „pseudo foreign corporation" handelt (Art. 1 und 2 Abs. 1 WFBV), die Angabe des Datums der ersten Eintragung im

---

335 EuGH, BB 2006, 11 mit Anm. Schmidt/Maul = GmbHR 2006, 140 mit Anm. Haritz.
336 Dazu z.B. Louven, ZIP 2006, 2021.
337 ABl. v. 30.12.1989 Nr. L 395, S. 36.
338 Zu Einzelheiten unten Rn. 252.
339 Vgl. Habersack, Europäisches Gesellschaftsrecht, Rn. 119.
340 NJW 2003, 3331, hierzu auch oben Rn. 35.

ausländischen Handelsregister und der Informationen über den Alleingesellschafter im Handelsregister des Aufnahmestaats (Art. 2 Abs. 1 WFBV) sowie die zwingende Hinterlegung einer Erklärung von Wirtschaftsprüfern, dass die Gesellschaft die Voraussetzungen bezüglich des gezeichneten und eingezahlten Mindestkapitals und des Eigenkapitals erfüllt (Art.4 Abs. 3 WFBV).

Der EuGH erinnert in seiner Entscheidungsbegründung daran, dass aus der 4. und 5. Begründungserwägung der 11. Richtlinie hervorgehe, dass die Unterschiede, die in den nationalen Rechtsvorschriften für Zweigniederlassungen insb. im Bereich der Offenlegung bestehen, die Ausübung der Niederlassungsfreiheit stören können und deshalb zu beseitigen seien. Daraus folge, dass unbeschadet der für Zweigniederlassungen bestehenden sozialrechtlichen, steuerrechtlichen und statistischen Informationspflichten die durch die 11. Richtlinie herbeigeführte Harmonisierung der Offenlegung solcher Niederlassungen abschließend sei, da sie nur so ihren Zweck erfüllen könne. Hervorzuheben sei ferner, dass Art. 2 Abs. 1 der 11. Richtlinie erschöpfend formuliert ist. Darüber hinaus enthalte Art. 2 Abs. 2 eine Aufzählung fakultativer Offenlegungsmaßnahmen für Zweigniederlassungen, was nur dann einen Sinn ergäbe, wenn die Mitgliedstaaten keine anderen Offenlegungsmaßnahmen für Zweigniederlassungen als die in der 11. Richtlinie genannten vorsehen können.

Die verschiedenen Offenlegungsmaßnahmen der WFBV verstießen folglich gegen die 11. Richtlinie, so dass die einschlägigen Regelungen nichtig seien.

> **Hinweis:**
>
> Die Umsetzung der Richtlinie erfolgte in Deutschland – mit nahezu zweijähriger Verspätung – durch Gesetz v. 22.7.1993.[341] Hierdurch wurden die §§ 13d – 13g sowie § 325a in das HGB eingeführt und die §§ 13a – 13c HGB erheblich umgestaltet.

12. Zwölfte Richtlinie

195 Die **Richtlinie** (89/667/EWG) v. 21.12.1989 auf dem Gebiet des Gesellschaftsrechts betreffend Gesellschaften mit beschränkter Haftung mit einem einzigen Gesellschafter (**Einpersonengesellschaftsrichtlinie**) lässt es zu, dass Gesellschaften mit einem einzigen Gesellschafter errichtet oder betrieben werden. Diese Möglichkeit war damals nur in fünf Mitgliedstaaten anerkannt. Zweck der Richtlinie war es, auch kleineren Unternehmen auf diese Weise die Kapitalgesellschaft als Unternehmensvehikel zur Verfügung zu stellen und so den Mittelstand zu fördern. Der besondere Binnenmarktbezug ergibt sich daraus, dass auch unternehmerische Aktivitäten eines Unternehmens aus einem anderen Staat **regelmäßig in Form einer Einpersonen-Tochtergesellschaft** erfolgen. Aus diesen speziellen Zwecken erklärt sich auch, dass sich die Richtlinie auf die GmbH als Einpersonengesellschaft beschränkt.

Zugleich hielt die Richtlinie den Staaten aber auch zwei Fälle offen, in denen die Errichtung einer Zweigniederlassung für unzulässig erklärt werden kann: Dies gilt zum einen für den Fall, dass eine **natürliche Person einziger Gesellschafter mehrerer Gesellschaften** ist. Der zweite Fall ist, dass eine Einpersonengesellschaft oder eine andere juristische Person einziger Gesellschafter einer Gesellschaft ist (**doppelstöckige Einpersonengesellschaft**). Damit sollte offenbar solchen Staaten, die grds. Bedenken gegen die Einpersonengesellschaft hatten, die Einführung dieser Rechtsform erleichtert werden.

196 Wegen der Gefahren der Manipulation, die sich bei der Einpersonengesellschaft in besonderem Maße ergeben, statuiert die Richtlinie auch einige Schutzbestimmungen und ein **Mindestmaß an Publizität und Transparenz**. So sind z.B. Verträge zwischen der Gesellschaft und dem Alleingesellschafter, der zugleich Geschäftsführer der Gesellschaft ist, in irgendeiner Form schriftlich zu fixieren, wenn sie nicht im normalen Geschäftsverlauf abgeschlossen werden.

---

341 BGBl. 1993 I, S. 1282.

Die Umsetzung der Richtlinie in Deutschland war eigentlich nicht nötig, da bereits die GmbH-Reform von 1980 die Einpersonengesellschaft zugelassen hatte. Das deutsche Umsetzungsgesetz v. 18.12.1991[342] konnte sich daher auf diverse Details beschränken.

13. Dreizehnte gesellschaftsrechtliche Richtlinie

Die Richtlinie (2004/25/EG) v. 21.4.2004 (**Übernahmerichtlinie**) betreffend die Vorschriften, Verhaltenskodizes und sonstigen Regelungen der Mitgliedstaaten für Übernahmeangebote für die Wertpapiere einer dem Recht eines Mitgliedstaats unterliegenden Gesellschaft, sofern alle oder ein Teil dieser Wertpapiere zum Handel an einer Börse in einem oder mehreren Mitgliedstaaten zugelassen sind. Betroffen sind mithin allein die **börsennotierten AG**. Hierbei geht es insb. um „feindliche Übernahmen", die Verhinderung von Insiderhandeln, die Information der Arbeitnehmervertreter etc. Hauptstreitpunkt war hier die in Art. 9 der Richtlinie eingeführte strenge **Neutralitätspflicht der Leitungs- und Aufsichtsorgane** der Zielgesellschaft. Diese darf sich also – anders als bei Übernahme von Mannesmann durch Vodafone praktiziert – der Übernahme nicht widersetzen.[343] Die **Umsetzung der Richtlinie musste bis zum 20.5.2006 erfolgen**.[344]

14. Vierzehnte gesellschaftsrechtliche Richtlinie

Für die geplante 14. gesellschaftsrechtliche Richtlinie (**Sitzverlegungsrichtlinie**) existiert ein letzter Entwurf, der noch v. 22.4.1997 stammt. Am 26.2.2006 wurde von der Kommission dazu ein Konsultationspapier veröffentlicht.[345] Die Richtlinie ist noch nicht erlassen. Sie soll die grenzüberschreitende Verlegung des Satzungssitzes einer Gesellschaft ermöglichen. Konsequenz der Sitzverlegung ist danach, dass die Gesellschaft im Register des ehemaligen Sitzstaates gelöscht wird und im Zuzugsstaat unter Anpassung an die Erfordernisse des dort geltenden Gesellschaftsrechts in das Register eingetragen wird. In Wirklichkeit handelt es sich bei der Sitzverlegung also um einen **transnationalen Formwechsel** der Gesellschaft. Haupthindernis für die Zustimmung der Bundesregierung war wohl auch hier lange Zeit das Bestreben, auch bei einem Wegzug einer deutschen Gesellschaft die unternehmerische Mitbestimmung beizubehalten. Es scheint jetzt wohl alles darauf hinauszulaufen, das Verhandlungsmodell einzusetzen, wie dies auch schon bei der Sitzverlegung der Europäischen Gesellschaft (SE) in der SE-VO und in der Richtlinie über die internationale Verschmelzung Verwendung gefunden hat.

Die Richtlinie war auch nach den Entscheidungen des EuGH in den Sachen Centros, Überseering und Inspire Art weiterhin erforderlich, da diese Entscheidungen nur die Verlegung des Sitzes der Hauptverwaltung unter Beibehaltung des statutarischen Sitzes der Gesellschaft erlaubten, nicht aber die **Verlegung des Satzungssitzes**. Freilich dürfte man aus der Begründung des EuGH in der Sache SEVIC Systems[346] über die Zulässigkeit einer grenzüberschreitenden Verschmelzung ableiten, dass die Niederlassungsfreiheit auch verlangt, dass eine grenzüberschreitende Verlegung des Satzungssitzes mit der damit einhergehenden Umwandlung der Gesellschaft in eine der am neuen Satzungssitz geltenden Rechtsformen zulässig ist.[347] Allenfalls in Bezug auf den „Wegzug", also die Zulässigkeit von Beschränkungen nationalen Rechts, die die **Verlegung des Satzungssitzes in das Ausland beschränken** oder ausschließen, wäre beim gegenwärtigen Stand der Rspr. des EuGH noch vertretbar, dass die Niederlassungsfreiheit nicht tangiert ist.

V. Weitere Vorhaben

Am 21.5.2003 hat die Kommission den **Aktionsplan zur Modernisierung des Gesellschaftsrechts** und zur Verbesserung der Corporate Governance in der EU verabschiedet. Der Aktionsplan der Kommission

---

342 BGBl. 1991 I, S. 2206.
343 Vgl. hierzu Kindler/Horstmann, DStR 2004, 866, 868.
344 Hierzu z.B. van Kann/Just, DStR 2006, 328.
345 Pressemitteilung dazu abrufbar unter folgender Internetadresse: http://europa.eu.int/rapid/pressReleasesAction.do?reference=IP/04/270&format=HTML&aged=0&language=DE&guiLanguage=en
346 EuGH, BB 2006, 11 mit Anm. Schmidt/Maul = GmbHR 2006, 140 mit Anm. Haritz = EWS 2006, 27.
347 Siehe hierzu oben Rn. 124.

folgt den Vorschlägen, die von der Hochrangigen Gruppe von Experten auf dem Gebiet des Gesellschaftsrechts (**sog. High Level Group**) in ihrem am 4.11.2002 vorgelegten Abschlussbericht über moderne gesellschaftsrechtliche Rahmenbedingungen in Europa enthalten waren.

1. Richtlinienvorschlag zur Verantwortlichkeit der Direktoren und der Verbesserung der Informationen hinsichtlich der Finanzberichterstattung und Corporate Governance

202 Die Europäische Kommission hat am 28.10.2004 vier **grundlegende Überarbeitungen der EU-Rechnungslegungsrichtlinien** vorgeschlagen, mit denen das Vertrauen in die Vorlage von Unternehmensabschlüssen gestärkt werden soll. So wird z.B. festgeschrieben, dass die Vorstandsmitglieder gemeinsam für die Abschlüsse und wesentliche Nichtfinanzinformationen verantwortlich sind. Diese Vorschläge sind Bestandteil des Aktionsplans der Kommission auf dem Gebiet des Gesellschaftsrechts, der im Mai 2003 veröffentlicht wurde. Eine Umsetzung wird wahrscheinlich im Wege einer Änderung der 4. und 7. Gesellschaftsrichtlinie erfolgen.

2. Änderung der Kapitalrichtlinie

203 Die Europäische Kommission hat am 29.10.2004 einen Richtlinienvorschlag vorgelegt, der AG bestimmte Maßnahmen, die sich auf die **Höhe und die Struktur ihres Kapitals** sowie auf ihre Eigentumsverhältnisse auswirken, erleichtern soll. Geändert würden durch diese Richtlinie die Bestimmungen der 2. Gesellschaftsrechtsrichtlinie von 1976, die sich auf die Gründung von AG sowie die Erhaltung und Änderung ihres Kapitals beziehen. Der Vorschlag ist Teil des von der Kommission im Mai 2003 vorgelegten Aktionsplans für Gesellschaftsrecht und Corporate Governance.

Man sucht hier einen Kompromiss zwischen den Zielen, die Kapitalvorschriften für AG zu vereinfachen und zu verbessern, gleichzeitig aber auch wirksame Schutzvorkehrungen für Gläubiger und Anleger, insb. für Minderheitsaktionäre zu treffen. Da die derzeitigen Kapitalvorschriften der 2. Gesellschaftsrechtsrichtlinie von den Beteiligten in bestimmten Punkten **als zu starr und teuer empfunden** würden, sollen die Mitgliedstaaten mit der neuen Richtlinie die Möglichkeit erhalten, unter bestimmten Bedingungen spezielle Berichtspflichten abzuschaffen und gewisse Änderungen in der Besitzstruktur zu erleichtern.

3. Richtlinie über die Ausübung der Stimmrechte der Aktionäre[348]

204 Der Vorschlag der Kommission für eine neue Richtlinie über die **Ausübung der Stimmrechte der Aktionäre**, der am 5.1.2005 vorgelegt wurde, soll durch die Einführung von Mindeststandards die grenzüberschreitende Ausübung von Aktionärsrechten bei börsennotierten Gesellschaften erleichtern. Aktionäre sollen unabhängig davon, wo sie in der EU ansässig sind, rechtzeitig Zugang zu vollständigen Informationen über ihr Unternehmen erhalten und bestimmte Rechte, insb. Stimmrechte, problemlos **auch aus der Ferne ausüben können**.

205 Die Maßnahme sieht dabei **folgende Mindeststandards** vor:

- Hauptversammlungen sollten mindestens einen Monat vor ihrer Durchführung einberufen werden. Spätestens zum Zeitpunkt der Einberufung sollten alle relevanten Informationen vorliegen und auf die Website des Emittenten eingestellt werden. Die Einladung sollte alle erforderlichen Informationen enthalten.
- Anstelle der Aktiensperrung sollte ein System der stichtagsbezogenen Feststellung der Aktionärseigenschaft angewandt werden, wobei der Stichtag höchstens 30 Tage vor der Hauptversammlung liegen darf.
- Auch Gebietsfremde sollten über das Fragerecht verfügen. Der Schwellenwert für die Ausübung des Rechts, Beschlussvorlagen einzubringen, sollte nicht höher als 5 % liegen, damit dieses Recht von einer größeren Zahl von Aktionären in Anspruch genommen werden kann, ohne dass dies zulasten des ordnungsgemäßen Ablaufs der Hauptversammlung geht.

---

348 Ausführlich: Becker, GmbHR 2006, S. R 69.

- Die Stimmrechtsvertretung sollte nicht an übermäßige Verwaltungsanforderungen geknüpft und nicht unnötig beschränkt werden. Die Aktionäre sollten über mehrere Möglichkeiten zur Abstimmung in Abwesenheit verfügen.
- Die Abstimmungsergebnisse sollten allen Aktionären zugänglich sein und auf die Website des Emittenten eingestellt werden.

VI. Gesellschaftsrechtlichen Verordnungen

1. Europäische Wirtschaftliche Interessenvereinigung

Die Europäische Wirtschaftliche Interessenvereinigung (**EWIV**) wurde durch VO des Rates v. 25.7.1985 geschaffen. Die notwendigen Ausführungsvorschriften für die Registrierung hat der Bundesgesetzgeber durch Gesetz v. 14.4.1988 zur Verfügung gestellt.[349]

Der deutsche Gesetzgeber hat sich entschlossen, die EWIV ohne Rechtspersönlichkeit auszustatten. Sie ist daher **nicht juristische Person**, vielmehr gelten die §§ 105 – 160 HGB – soweit die EWIV-VO keine Sonderregeln enthält. Die EWIV darf nicht selber unternehmerisch tätig werden, auch keinen freien Beruf ausüben. Sie tritt auch nicht selber am Markt auf. Sie soll „die wirtschaftlichen Tätigkeit ihrer Mitglieder erleichtern oder entwickeln, um es ihnen zu ermöglichen, ihre eigenen Ergebnisse zu steigern". Sie stellt also insoweit lediglich ein **dem Konsortium vergleichbares Kooperationsinstrument** dar. Denkbare Zwecke sind z.B. die Forschung und Entwicklung, der Einkauf und Vertrieb, die Werbung, die Schulung von Mitarbeitern und die Übernahme sonstiger Dienstleistungen für die Mitgliedsunternehmen.[350]

Die kollisionsrechtliche Besonderheit besteht darin, dass die EWIV ihren Verwaltungssitz innerhalb der Union verlegen kann, ohne dass dies die Auflösung zur Folge hat. Nach Art. 13 EWIV-VO ist auch die **Verlegung des Satzungssitzes** in einen anderen Mitgliedstaat möglich. Folge ist dann, dass das am neuen Satzungssitz geltende Recht anwendbar wird (Statutenwechsel).

Im Übrigen sei hier auf die Ausführungen von Ebert, Teil 2: Gesellschaftsrecht 1. Kapitel, § 6 EWIV verwiesen.

2. Europäische Gesellschaft

Die Europäische Gesellschaft (SE) ist – **nach langen Verhandlungen** – durch Verordnung (EG) Nr. **2157/2001** des Rates v. 8.10.2001 über das Statut der Europäischen Gesellschaft (SE) Realität geworden.[351] Die besonderen Vorteile dieser Gesellschaftsform lagen darin, dass sie erstmals die grenzüberschreitende Verschmelzung von Gesellschaften aus verschiedenen Mitgliedstaaten ermöglichte sowie die transnationale Sitzverlegung (Verlegung des statutarischen Gesellschaftssitzes) in einen anderen Mitgliedstaat der EU.

Das Europäische Statut verleiht der Europäischen Gesellschaft (SE) einen supranationalen Charakter. Dieser führt wegen der rahmenhaften Regelung in der SE-VO zu einer **komplizierten Normenhierarchie**. Diese baut sich pyramidenhaft gemäß Art. 9 SE-VO wie folgt auf:

- Obersten Rang haben die materiellen Vorschriften der SE-VO,
- An zweiter Stelle kommen die Bestimmungen der Satzung der SE, soweit diese unmittelbar auf einer „Satzungsermächtigung" durch die SE-VO beruhen,
- Soweit die SE-VO die Frage nicht regelt, weil entweder der gesamte Bereich ausgespart wurde oder aber die VO für den Einzelfall keine Regelung enthält, so gelten die Rechtsvorschriften des Mitgliedstaates in dem die Europäische Gesellschaft (SE) ihren Sitz hat, und zwar hier wiederum an erster Stelle die Regeln, die speziell die Europäische Gesellschaft (SE) betreffen,
- An vierter Stelle gelten die Rechtsvorschriften des Sitzstaates, die auf eine nach dem Recht des Sitzstaats gegründete AG Anwendung finden würden (also das allgemeine Aktienrecht).

---

349 BGBl. 1988 I, S. 514.
350 Vgl. Habersack, Europäisches Gesellschaftsrecht, Rn. 364.
351 ABl. L 294 v. 10.11.2001, S. 1.

- Schließlich gelten die Bestimmungen in der Satzung der Europäischen Gesellschaft (SE), unter den gleichen Voraussetzungen wie im Fall einer nach dem Recht des Sitzstaats der Europäischen Gesellschaft (SE) gegründeten AG.

Es gibt also nicht „die Europäische Gesellschaft (SE)", sondern vielmehr die Europäische Gesellschaft (SE) in 27 nationalen Ausprägungen.[352]

208 Gemäß Art. 7 SE-VO muss der satzungsmäßige Sitz der Europäischen Gesellschaft (SE) in der Gemeinschaft liegen, und zwar in dem Mitgliedstaat, in dem sich die **Hauptverwaltung der Europäische Gesellschaft (SE)** befindet. Fallen der Satzungssitz und der Sitz der Hauptverwaltung auseinander, so muss der Mitgliedstaat gemäß Art. 64 SE-VO darauf hinzuwirken, dass die Einheit wiederhergestellt wird. Dies bedeutet, dass **die SE der Sitztheorie unterliegt** – und damit weniger mobil ist als die Kapitalgesellschaften der meisten EU-Mitgliedstaaten, die nach ihrem Gründungsrecht wegziehen dürfen und damit von der Europäischen Gründungstheorie profitieren. Allerdings führt das Auseinanderfallen von Satzungssitz und Hauptverwaltungssitz nicht zur Nichtigkeit oder zum Erlöschen der Gesellschaft, sondern kann „geheilt" werden, indem gemäß Art. 8 SE-VO der Satzungssitz der Europäischen Gesellschaft (SE) in einen anderen Mitgliedstaat verlegt wird. Diese Verlegung führt weder zur Auflösung der Europäischen Gesellschaft (SE) noch zur Gründung einer neuen juristischen Person. Wegen der nationalen Ausprägung des Rechts der Europäischen Gesellschaft (SE) in jedem einzelnen Staat der EU geht sie aber mit einem partiellen Statutenwechsel einher, die Gesellschaft muss an das SE-Recht des neuen Sitzstaates **angepasst werden**. Darüber hinaus sieht die SE-VO für die grenzüberschreitende Sitzverlegung ein besonderes Verfahren vor (mit Verlegungsplan, Barabfindungsangebot an Minderheitsaktionäre etc.).[353]

3. Europäische Genossenschaft

209 Die Europäische Genossenschaft (**abgekürzt SCE = societas cooperativa europaea**) hat aufgrund des Beschlusses des Ministerrates v. 22.7.2003 über den Erlass der VO über das Statut der Europäischen Genossenschaft (SCE-VO)[354] das Licht der Welt erblickt.[355] Begleitet wird diese VO durch die Richtlinie 2003/72/EG des Rates v. 22.7.2003 zur Ergänzung des Statuts der Europäischen Genossenschaft hinsichtlich der Beteiligung der Arbeitnehmer (Arbeitnehmerbeteiligungs-Richtlinie).[356]

Damit steht in den Mitgliedstaaten der EU die Europäische als Rechtsform **wahlweise neben der „nationalen"** Genossenschaft zur Verfügung. Ähnlich wie bei der Europäischen Gesellschaft (SE) ist allerdings auch bei der Gründung einer Europäischen Genossenschaft (SCE) Voraussetzung, dass ein grenzüberschreitender Sachverhalt vorliegt. Es genügt aber bereits, dass die Gründer ihren Wohnsitz bzw. ihren Satzungssitz in mindestens zwei verschiedenen Mitgliedstaaten haben.

Die SCE-VO ist – wie die SE-VO – sehr lückenhaft. Wie bei der Europäischen Gesellschaft (SE) werden diese dann entweder durch ein spezielles Ausführungsgesetz des Staates, in dem die Europäische Genossenschaft (SCE) ihren Sitz hat oder durch das allgemeine nationale Genossenschaftsrecht dieses Staates ausgefüllt.

Die Umsetzung der Richtlinie ist in Deutschland noch nicht erfolgt, sondern wird aktuell vorbereitet.[357]

G. Zweigniederlassungen ausländischer Gesellschaften im Inland

I. Begriff der Zweigniederlassung

210 Die Zweigniederlassung ist ein **rechtlich unselbständiger Teil des Unternehmens**, der betriebswirtschaftlich eine gewisse Eigenständigkeit besitzt. Nach herkömmlicher Ansicht setzt das Bestehen einer

---

352 Vgl. z.B. Koppensteiner, RIW 2006, 103.
353 Ergänzend sei hier auf die Ausführungen in Teil 2: Gesellschaftsrecht, 2. Kapitel § 3.
354 VO (EG) Nr. 1435/2003 ABl. L Nr. 207, S. 1.
355 Vgl. Schulze, Europäische Genossenschaft – mit Text der VO; ders., NZG 2004, 792.
356 ABl. Nr. L 207, S. 25.
357 Vgl. den Gesetzesentwurf BR-Drucks. 71/06 v. 27.1.2006.

Zweigniederlassung die räumliche Selbständigkeit, die Gleichartigkeit des Geschäftsgegenstands mit der Hauptniederlassung, eine gewisse Dauer und eine äußere Einrichtung ähnlich einer Hauptniederlassung voraus, also ein eigenes Geschäftslokal, ein eigenes Bankkonto, gesonderte Buchführung etc. (**räumliche, organisatorische und personelle Selbständigkeit**).[358] Die Errichtung einer Zweigniederlassung ist eine rein faktische Angelegenheit.

Nach der Entscheidung des EuGH in der Sache Somafer[359] – die zum Begriff der Zweigniederlassung als zuständigkeitsbegründender Tatsache i.S.v. Art. 5 Ziff. 5 EuGVÜ erging – ist mit dem Begriff der Zweigniederlassung ein **Mittelpunkt geschäftlicher Tätigkeit** gemeint, der auf Dauer als Außenstelle eines Stammhauses hervortritt, eine Geschäftsführung hat und sachlich so ausgestattet ist, dass er in der Weise Geschäfte mit Dritten betreiben kann, dass diese, obgleich sie wissen, dass möglicherweise ein Rechtsverhältnis mit dem im Ausland ansässigen Stammhaus begründet wird, sich nicht unmittelbar an dieses zu wenden brauchen, sondern Geschäfte an dem Mittelpunkt geschäftlicher Tätigkeit abschließen können, der dessen Außenstelle ist. Markant ist die Formel des BGH, dass eine Zweigniederlassung so selbständig organisiert sein muss, dass sie **auch nach Wegfall der Hauptniederlassung fortbestehen könnte**.[360]

Keine Zweigniederlassung sind – mangels ausreichender Selbständigkeit – daher Empfangsstellen, Warenlager, Speicher, Kassen, Eisenbahnhöfe und Agenturen, deren Leiter Angestellte sind, die nicht zum selbständigen Abschluss von Verträgen befugt sind.[361]

Der Einsatz einer englischen private limited company oder einer corporation aus Delaware als Vehikel für den Betrieb eines Unternehmens im Inland führt regelmäßig dazu, dass die inländische Niederlassung die einzige Niederlassung der im Ausland gegründeten Gesellschaft sein wird. Tatsächlich wird diese daher keine Zweig- sondern die Hauptniederlassung darstellen. Für die Eintragung im Handelsregister ist dies ohne Bedeutung. Schon in der Centros-Entscheidung hatte der EuGH festgestellt, dass eine ausländische Niederlassung auch dann als Zweigniederlassung zu registrieren ist, wenn es **tatsächlich die einzige Niederlassung** ist. „Hauptniederlassung" ist damit der Satzungssitz der Gesellschaft, der u.a. das für die Errichtung der Gesellschaft maßgebliche Handelsregister indiziert. „**Zweigniederlassung**" ist jede weitere tatsächliche, ausschließlich in registertechnischer Sicht sekundäre Niederlassung.[362] Eine andere Entscheidung würde dazu führen, dass die tatsächliche Hauptniederlassung aus der Anmeldepflicht herausfiele und der **Publizität entzogen** wäre. Dies würde dem Zweck der Publizitätsrichtlinie zuwiderlaufen und ist daher abzulehnen.[363]

Umstritten ist in diesem Zusammenhang, ob eine ausländische Kapitalgesellschaft dadurch, dass sie sich **an einer KG im Inland** als Komplementärin beteiligt, im Inland eine Zweigniederlassung begründet. Teilweise wird auch insoweit eine Eintragung der ausländischen Komplementärin gefordert, bevor die KG eingetragen werden könne.[364] Beschränkt sich die Tätigkeit der ausländischen Gesellschaft auf die **Wahrnehmung der Stellung des Komplementärs**, so ist das inländische Unternehmen der Gesellschaft bereits unter der Firma der KG im deutschen Handelsregister eingetragen. Da die ausländische Gesell-

---

358 Vgl. insoweit Baumbach/Hopt/Hopt, HGB, § 13 Rn. 3; Staub/Hüffer, HGB, vor § 13 Rn. 9 ff.; ausführlich zum Begriff der Zweigniederlassung: Kögel, DB 2004, 1763.
359 EuGHE 1978, 2193 Rn. 12.
360 BGH, NJW 1972, 1860.
361 Beispiele aus Baumbach/Hopt/Hopt, HGB, § 13 Rn. 3.
362 Vgl. auch KG, GmbHR 2004, 119; AG Duisburg, NZG 2003, 1072; Binge/Thölke, DNotZ 2004, 25; Lutter/Bayer, in: Lutter/Hommelhoff, GmbHG, § 12 Rn. 15; K. Schmidt spricht von einem „gemeinschaftsrechtlichen Begriff der Zweigniederlassung", so in Lutter, Europäische Auslandsgesellschaften in Deutschland, S. 4.
363 Vgl. auch Wachter, ZNotP 2005, 124. Anders neuerdings Liese, NZG 2006, 201 ff., der die Zweigniederlassung in diesen Fällen als „Hauptniederlassung" eintragen will. Da die Haupteintragung der Gesellschaft am satzungsmäßigen Sitz bestehen bleibt, bleibt m.E. aber offen, welche besonderen rechtlichen Folgen mit der Unterscheidung von Zweig- und Hauptniederlassung dann verbunden sein sollen.
364 Vgl. Werner, GmbHR 2005, 288 ff.

schaft daneben keine eigene unternehmerische Tätigkeit entfaltet, kann dann auch keine eigene Zweigniederlassung mehr eingetragen werden.[365]

II. Zweigniederlassung oder Tochtergesellschaft – Vor- und Nachteile

214 Will ein inländisches Unternehmen im Ausland tätig werden bzw. ein ausländisches Unternehmen im Inland sich geschäftlich niederlassen, so stellt sich die Wahl, ob das Unternehmen **besser unmittelbar durch eine Zweigniederlassung** im Inland tätig wird oder eine **Tochtergesellschaft in Form einer GmbH oder AG** errichtet.

Bis vor einiger Zeit war es fast einmütige Praxis, eine Tochtergesellschaft in Form einer GmbH zu errichten. Zweigniederlassungen ausländischer Gesellschaften dagegen kamen kaum vor. Die spätestens seit der EuGH-Entscheidung in Sachen Überseering allgemein anerkannte Möglichkeit, im Ausland gegründete Kapitalgesellschaften auch für die ausschließliche gewerbliche Tätigkeit im Inland einzusetzen, brachte allerdings dem Zweigniederlassungsrecht eine späte und unerwartete Blüte. Die in bis dato in Lit. und Rspr. wenig beachteten, in die Art. 13d ff. HGB eingebrachten **Regelungen der Zweigniederlassungsrichtlinie**[366] wurden plötzlich Gegenstand zahlreicher Entscheidungen der AG und LG sowie von Praktikeraufsätzen. Grund für die Probleme bei der Anwendung mag wohl weniger gewesen sein, dass sich die Richtliniennormen nicht in das deutsche HGB einfügten: Weder ist die – in der Praxis dominierende – private limited company englischen Rechts mit der „GmbH" richtig komptatibel, mit der sie gleichgesetzt wird noch erweist sich das englische register of companies als „Handelsregister" im „kontinentalen" Sinne.

215 Als Vor- und Nachteile der beiden Optionen müsste man **folgende Punkte** berücksichtigen:

Zweigniederlassung:	Tochtergesellschaft:
Die Zweigniederlassung ist schneller und einfacher zu errichten, da es lediglich einiger Anmeldungen bei Behörden bedarf. Mit dem Betrieb kann aber sofort begonnen werden, da die Eintragung nur deklaratorische Bedeutung hat.	Zwar bedarf eine Tochtergesellschaft in Form einer GmbH der Anmeldung und Eintragung ins Handelsregister, bevor diese gegründet ist. In Deutschland wäre allerdings auch schon vor Eintragung ein Handeln für die Vor-GmbH möglich. In anderen Ländern geht die Eintragung schneller (wie z.B. in England, wo keine Prüfung durch den Registrar of Companies erfolgt) oder die Eintragung ist nur von deklaratorischer Bedeutung (wie z.B. in Luxemburg). Darüber besteht die Möglichkeit, eine GmbH als Mantelgesellschaft zu erwerben.
Zwar bedarf die Einrichtung der Zweigniederlassung selbst keines Verfahrens. Die Einrichtung zieht allerdings nach der Zweigniederlassungsrichtlinie die Verpflichtung zur Anmeldung der Zweigniederlassung zum Handelsregister nach sich. Der administrative Aufwand hierfür und die damit verbundenen Kosten (Nachweis der eintragungspflichtigen Umstände in öffentlicher Form, beglaubigte Übersetzungen für alle Unterlagen, Satzungsdokumente etc., Zeichnung durch alle Geschäftsführer etc.) übersteigt allerdings bisweilen das im Rahmen der Gründung einer Tochtergesellschaft Erforderliche erheblich.	Eine GmbH schirmt den Unternehmer von der persönlichen Haftung ab.

---

365 So Ebenroth/Boujong/Joost/Kindler/Pentz, HGB, § 13 Rn. 17; Süß, GmbHR 2005, 673.
366 Hierzu oben Rn. 194.

Eine Zweigniederlassung benötigt regelmäßig keine eigene Kapitalausstattung wie ein eigenständiges Unternehmen. Dies macht die Zweigniederlassung gerade im Banken- und Versicherungsbereich attraktiv. Auch hat dieser Grund erheblich zum „Boom" der englischen limited beigetragen.

Eine Tochtergesellschaft genießt regelmäßig Inländerbehandlung, auch wenn sich die Anteile ausschließlich in ausländischer Hand befinden. Im Rahmen der EU spielt dies aber keine Rolle, da ausländische Investoren unter dem Schutz der Niederlassungsfreiheit des Art. 43 EG stehen.

Für die Zweigniederlassung muss nicht – wie für eine Tochtergesellschaft – ein eigener Jahresabschluss errichtet werden.[1] Allerdings ist gemäß § 325a HGB der Jahresabschluss der Hauptniederlassung auch bei dem Handelsregister der Zweigniederlassung offen zu legen. Parallel macht die Veranlagung zur Körpersteuer im Inland es erforderlich, dass eine eigene Gewinnermittlung auf der Basis des deutschen Bilanzrechts erfolgt. Zumindest bei Überschreitung der in § 141 Abs. 1 AO genannten Schwellenwerte sind Jahresabschlüsse für die Zweigniederlassung auch nach deutschem Recht zu erstellen.

Steuerlich bildet die Tochter eine selbständige Einheit. Die Dividenden sind bei der Mutter meistens im Rahmen des DBA-Schachtelprivilegs bzw. aufgrund der Mutter-Tochter-Richtlinie steuerfrei.

Auf steuerlicher Ebene kommt möglicherweise die Hinzurechnung von Anlaufverlusten in Betracht. Im Übrigen greift aufgrund des Betriebsstättenprivilegs die Freistellung der Gewinne im Staat der Hauptniederlassung. Die saubere Abgrenzung der Gewinne mag allerdings manchmal bei den Finanzbehörden angezweifelt werden. Die Verhältnisse sind bei einer Tochtergesellschaft mit eigener Rechtspersönlichkeit klarer.

Im Handelsregister der Tochtergesellschaft sind nur die Umstände anzumelden und zu publizieren, die diese selber betreffen. Bei der Zweigniederlassung dagegen wäre jeder Wechsel in der Geschäftsführung der Muttergesellschaft nachzuweisen, anzumelden und einzutragen.

Der Einsatz einer Zweigniederlassung im Inland mag die Entstehung der Mitbestimmung verhindern. Zwar greift diese erst dann ein, wenn die Zahl der Arbeitnehmer 500 übersteigt. Einen – schon wegen der Entfernung – weitgehend verselbständigten Unternehmensteil in dieser Größe aber als rechtlich unselbständige Zweigniederlassung zu betreiben, dürfte aber schon buchungstechnisch recht aufwendig sein.

Anm. 1:
Streitig: wie hier z.B. Schön, in: FS für Heldrich, S. 391 unter Hinweis auf den abschließenden Charakter der Zweigniederlassungsrichtlinie (siehe oben Rn. 35: Argumentation des EuGH in Inspire Art); für eine Verpflichtung zur Rechnungslegung nach §§ 238 ff. HGB dagegen MünchKomm-BGB/Kindler, IntGesR Rn. 945 unter Hinweis auf den – von ihm betonten – öffentlich-rechtlichen Charakter der Vorschriften.

III. Pflicht zur Eintragung der Zweigniederlassung im Handelsregister

Die Errichtung der Zweigniederlassung im Inland durch eine ausländische Gesellschaft muss gemäß den §§ 13 ff. HGB zum Handelsregister angemeldet werden.[367] **Die Anmeldung ist zwingend.** Ein „Wahl-

---

[367] Binge/Thölke, DNotZ 2004, 24; Scholz/Winter, GmbHG, § 12 Rn. 55; Michalski/Heyder, GmbHG, § 12 Rn. 41.

recht" der Gesellschaft zwischen „selbständiger" und unselbständiger Zweigniederlassung besteht nicht. Allerdings haben es die Beteiligten in der Hand, die Niederlassung so auszugestalten, dass keine Zweigniederlassung vorliegt.[368]

Die Anmeldung einer Zweigniederlassung ist aufwendig, zumal die einschlägigen Vorschriften des HGB lange Zeit – mangels praktischer Bedeutung bis zum Einsetzen des „limited-Boom" nach der Überseering-Entscheidung des EuGH – vernachlässigt worden sind. Viele Fragen sind daher **weder gesetzlich geregelt noch anderweitig gelöst**. Die Rspr. arbeitet die Defizite langsam auf. Die Judikatur ist aber noch nicht einheitlich und schwer zu übersehen.

217 Zur Anmeldung sind gemäß § 13e Abs. 2 Satz 1 HGB bei einer Kapitalgesellschaft in Form einer AG bzw. GmbH der **Vorstand bzw. die Geschäftsführer** jeweils in vertretungsberechtigter Anzahl befugt und verpflichtet. Diese können sich dabei vertreten lassen. Die persönliche Zeichnung der Namensunterschriften (siehe unten Rn. 221) bleibt davon unberührt.

218 **Bei Unterlassen** kann die Anmeldung durch Festsetzung eines Zwangsgelds gemäß § 14 HGB erzwungen werden.[369] Allerdings ist diese Sanktion **ohne praktische Bedeutung**: Zunächst erfährt das zuständige Handelsregister ja regelmäßig wegen der unterlassenen Anmeldung nichts von der Errichtung der Zweigniederlassung und kennt auch nicht die zuständigen Organmitglieder. Zum anderen ist die Zustellung und Vollstreckung von Ordnungsgeld-Bescheiden nur dann möglich, wenn der Betreffende seinen Wohnsitz im Inland hat. Hält er sich im Ausland auf, muss das Handelsregister dem Treiben tatenlos zusehen.[370] Eine Verpflichtung oder ein Recht des Leiters der Zweigniederlassung zur Anmeldung gibt es nicht.

219 Eine Sanktionsmöglichkeit ergibt sich möglicherweise aus **§ 11 Abs. 2 GmbHG**: Zwar kann diese Vorschrift – zumindest bei EU-Auslandsgesellschaften – **nicht unmittelbar zur Anwendung** kommen. Denn selbst dann, wenn die ausländische Gesellschaft nicht nur eine Zweigniederlassung, sondern ihre Hauptniederlassung im Inland hätte, würde die Rspr. des EuGH in Inspire Art einer aus der mangelnden Eintragung im deutschen Handelsregister abgeleiteten unmittelbaren Haftung der Geschäftsführer für die Verbindlichkeiten der Gesellschaft entgegen stehen.[371] Insb. muss man im Inland akzeptieren, dass die ausländische Gesellschaft ja – anders als die GmbH in Gründung – ihre Gründungsverfahren im Gründungsstaat abgeschlossen hat und damit die Haftungsbeschränkung wirksam geworden ist. So hatte auch der BGH entschieden.[372]

Die Entscheidung berücksichtigt aber nicht hinreichend, dass eine **entsprechende Anwendung geboten ist**. Art. 12 der 11. gesellschaftsrechtlichen Richtlinie 89/666/EWG v. 21.12.1999 (Zweigniederlassungsrichtlinie) verpflichtet die Mitgliedstaaten, geeignete Maßregeln für den Fall anzudrohen, dass die erforderliche Offenlegung der Zweigniederlassungen im Aufnahmestaat unterbleibt. Da die Sanktionen nach § 14 HGB keinen Erfolg versprechen (siehe oben), wäre hier die alternative Anwendung von § 11 Abs. 2 GmbHG das Mittel der Wahl.[373]

Die **Niederlassungsfreiheit** wird durch die Haftung nicht behindert, denn die damit sanktionierte Verpflichtung zur Anmeldung der inländischen Zweigniederlassung ist gemeinschaftsrechtskonform. Insb. ist sie – entgegen der Behauptung des BGH – nicht unverhältnismäßig, da die Festsetzung des Zwangsgeldes gemäß § 14 HGB nicht effektiv ist (siehe oben Rn. 218). Der Vergleich mit der Zweigniederlassung einer nationalen Gesellschaft vermag nicht zu überzeugen, denn zum einen ist dort die Zwangsgeldfestsetzung

---

368 Zur Frage, ob die Übernahme der Stellung als Komplementär in einer deutschen KG zur Begründung einer Zweigniederlassung im Inland führt oben Rn. 213.
369 Keidel/Krafka/Willer, Registerrecht, Rn. 297.
370 Wachter, DStR 2005, 1819; Mankowski, in: Hirte/Bücker, Grenzüberschreitende Gesellschaften, § 12 Rn. 31.
371 Anders aber MünchKomm-BGB/Kindler, IntGesR Rn. 957 ff.
372 BGH, NJW 2005, 1648 = DStR 2005, 839 = BB 2005, 1016 = GmbHR 2005, 630 = RIW 2005, 542 = WM 2005, 889 = ZIP 2005, 805; AG Segeberg, NZG 2005, 762.
373 So z.B. insb. AnwK-BGB/Hoffmann, Anh. Art. 12 EGBGB Rn. 104; MünchKomm-BGB/Kindler, IntGesR Rn. 957 ff.; Lutter/Bayer, in: Lutter/Hommelhoff, GmbHG, § 12 Rn. 16.

regelmäßig durchsetzbar; zum anderen sind diese Gesellschaften zumindest in einem Handelsregister innerhalb Deutschlands registriert, so dass sich die Interessenten erheblich leichter – vor allem ohne sprachliche Hindernisse – die erforderlichen Informationen beschaffen können, als bei einer nur im Ausland registrierten Gesellschaft. Allerdings wird man hierfür eine **gesetzliche Grundlage** verlangen müssen. Die Ausdehnung von § 11 Abs. 2 GmbHG auf ausländische Gesellschaften durch richterliche Rechtsfortbildung geht wohl über die Möglichkeiten der richterrechtlichen Rechtsfortbildung hinaus.[374]

IV. Inhalt der Anmeldung – insb. einer englischen limited company[375]

Die Anmeldung der Zweigniederlassung muss folgende Angaben enthalten: 220

- die Anschrift der Zweigniederlassung (§ 13e Abs. 2 Satz 3 HGB),
- die Firma der Zweigniederlassung (§ 13d Abs. 2 HGB),
- den Gegenstand der Zweigniederlassung (§ 13e Abs. 2 Satz 3 HGB),
- die Personen, die befugt sind, als ständige Vertreter für die Tätigkeit der Zweigniederlassung die Gesellschaft gerichtlich und außergerichtlich zu vertreten, unter Angabe ihrer Befugnisse (§ 13e Abs. 2 Satz 4 Ziff. 3 HGB),
- das Register, bei dem die Gesellschaft geführt wird und die Nummer des Registereintrags, sofern das Recht des Staates, in dem die Gesellschaft ihren Sitz hat, eine Registereintragung vorsieht (§ 13e Abs. 2 Satz 4 Ziff. 1 HGB),
- die Rechtsform der Gesellschaft (§ 13e Abs. 2 Satz 4 Ziff. 2 HGB) – also z.B. private company limited by shares,
- Firma und Sitz der Gesellschaft (§ 13g Abs. 3 HGB i.V.m. § 10 Abs. 1 GmbHG),
- Höhe des Stammkapitals der Gesellschaft (§ 13g Abs. 3 HGB i.V.m. § 10 Abs. 1 GmbHG),
- Gegenstand der Gesellschaft (str. siehe unten Rn. 226 ff., vgl. § 13g Abs. 3 HGB i.V.m. § 10 Abs. 1 GmbHG),
- der Tag, an dem der Gesellschaftsvertrag abgeschlossen wurde (§ 13g Abs. 3 HGB i.V.m. § 10 Abs. 1 GmbHG) sowie
- die Bestimmung über die Zeitdauer der Gesellschaft – soweit vorhanden (§ 13g Abs. 3 HGB i.V.m. § 10 Abs. 2 GmbHG),
- wenn die Gesellschaft nicht dem Recht eines Mitgliedstaates der Europäischen Gemeinschaften oder eines anderen Vertragsstaates des Abkommens über den Europäischen Wirtschaftsraum unterliegt, das Recht des Staates, dem die Gesellschaft unterliegt (§ 13e Abs. 2 Satz 4 Ziff. 4 HGB),
- die Geschäftsführer der Gesellschaft, einschließlich ihrer Vertretungsbefugnisse (§ 13g Abs. 3 HGB i.V.m. § 10 Abs. 1 GmbHG). Eine Straffreiheitserklärung gemäß § 8 Abs. 3 GmbHG bzw. § 37 Abs. 2 AktG dagegen ist nicht erforderlich,[376]
- Angaben über etwaige Sacheinlagen (§ 13g Abs. 3 HGB i.V.m. § 5 Abs. 4 GmbHG).

V. Anlagen zur Anmeldung

Dem Antrag auf Eintragung der Zweigniederlassung sind **folgende Unterlagen** beizufügen: 221

---

374 So auch K. Schmidt, in: Lutter, Europäische Auslandsgesellschaften in Deutschland, S. 9 ff.; Wachter, DStR 2005, 1820 – der immerhin die Zulässigkeit eines derartigen Gesetzes bejaht.
375 Umfassend zur Anmeldung von Zweigniederlassungen englischer Gesellschaften z.B.: Klein, Rpfleger 2003, 629; Krause, NotBZ 1998, 171; Eidenmüller, Ausländische Kapitalgesellschaften, § 5 Rn. 16 ff., 71 ff.; Ebenroth/Boujong/Joost/Kindler/Pentz, HGB, § 13d ff.; Wachter, NotBZ 2004, 41; ders. MDR 2004, 611.
376 A.A.: dagegen für den Fall, dass die Gesellschaft ihren Hauptverwaltungssitz im Inland hat MünchKomm-BGB/Kindler, IntGesR Rn. 918.

- Der Gesellschaftsvertrag in öffentlich beglaubigter Abschrift und eine beglaubigte Übersetzung in deutscher Sprache (§ 13g Abs. 2 Satz 1 HGB). Bei einer englischen limited company sind dies das memorandum of association sowie die articles of association.[377]
- Ein Nachweis des Bestehens der Gesellschaft und der Legitimation der Geschäftsführer bzw. Vorstände der Gesellschaft (§ 13e Abs. 2 Satz 2 HGB). Regelmäßig erfolgt dies durch einen Handelsregisterauszug, der bei der Hauptniederlassung ausgestellt worden ist. Sonderprobleme ergeben sich bei englischen Gesellschaften daraus, dass im englischen Handelsregister die Vertretungsbefugnisse nicht verlautbart werden (siehe unten Rn. 259).
- Im Fall von Sachgründungen die gemäß § 8 Abs. 1 Ziff. 2, Abs. 4 und 5 erforderlichen Unterlagen (§ 13g Abs. 2 Satz 2 HGB).
- Eine inländische Gewerbeerlaubnis, soweit der Gegenstand des Unternehmens oder die Zulassung zum Gewerbebetrieb im Inland der Genehmigung bedürfen (§ 13e Abs. 2 Satz 2 HGB).

VI. Form der Anmeldung

222 Die Anmeldung muss **in öffentlich beglaubigter Form** vorgelegt werden (§ 12 Abs. 1 HGB). Die öffentliche Beglaubigung kann auch im Ausland erfolgen.[378] Sofern diese dann in fremder Sprache abgefasst ist, wäre aber gemäß §§ 8 FGG, 184 GVG eine durch einen in Deutschland öffentlich bestellten und beeidigten Übersetzer beglaubigte Übersetzung beizufügen.

> **Hinweis:**
> Auch die beizufügenden Anlagen müssen in öffentlicher Form vorgelegt werden. Dies ist bei Handelsregisterauszügen, vom Handelsregister beglaubigten Abschriften der Satzungsdokumente etc. stets der Fall. Zu berücksichtigen ist weiter, dass für durch eine ausländische Behörde ausgestellte Bestätigungen etc. regelmäßig bei Verwendung im Inland die Anbringung der Apostille verlangt werden kann (siehe unten Rn. 274).

VII. Anmerkungen zu einzelnen Punkten der Anmeldung:

1. Firma der Zweigniederlassung[379]

223 Was die Firmierung der Zweigniederlassung angeht, so ist bereits die **Bestimmung der hierfür maßgeblichen Rechtsordnung** umstritten. Nach einer Auffassung bestimmt das Gesellschaftsstatut, also das für die Hauptniederlassung maßgebliche Recht, die Firma auch der Zweigniederlassung, also z.B., ob ein Zweigniederlassungszusatz zulässig oder erforderlich sei.[380] **Überwiegend aber wird angenommen**, die Firma der Zweigniederlassung einer ausländischen Gesellschaft unterliege dem am Sitz der Zweigniederlassung geltenden Recht. Selbst bei Verwendung der Firma der Hauptniederlassung sei diese am deutschen Recht zu messen.[381] Eine vermittelnde Ansicht will die Vorfrage, wie die Firma der Hauptniederlassung laute, dem Gesellschaftsstatut entnehmen.[382]

Während Zweigniederlassungen inländischer Unternehmen unter der Firma der Hauptniederlassung auftreten können aber nicht müssen, das Führen einer Zweigniederlassungsfirma also **fakultativ** ist,[383] wird

---

377 Hierzu OLG Hamm, OLG-Report 2006, 797.
378 Röhricht/v. Westphalen/Ammon, HGB, § 13f Rn. 7.
379 Ergänzend sei hier auf die Ausführungen oben Rn. 61 verwiesen.
380 MünchKomm-HGB/Heidinger, vor § 17 Rn. 75.
381 Ebenroth/Boujong/Joost/Kindler/Zimmer, HGB, Anh. § 17 Rn. 29.
382 MünchKomm-HGB/Bokelmann, § 13d Rn. 17 f.; ebenso wohl auch Baumbach/Hopt/Hopt, HGB, § 13d Rn. 4; ausführlich: MünchKomm-BGB/Kindler, IntGesR Rn. 226 ff.
383 So zu Recht LG Frankfurt, GmbHR 2005, 1135.

teilweise bei Zweigniederlassungen ausländischer Unternehmen der Zusatz für **zwingend** gehalten.³⁸⁴ Nach a.A. kann die Zweigniederlassung auch unter der Firma der Hauptniederlassung handeln, ein Hinweis auf den Sitz der Gesellschaft im Ausland bzw. die Haftungsbeschränkung sei nicht erforderlich.³⁸⁵

Entscheidend dürften hier die handelsrechtlichen Grundsätze der **Firmenklarheit, Firmenwahrheit und der Vermeidung der Irreführung** sein. Beschränkungen bei der Verwendung der Firma der Hauptniederlassung müssen den Anforderungen der Niederlassungsfreiheit standhalten.³⁸⁶ Anders als z.B. bei einer AG schweizerischen Rechts oder einer Ges.m.b.H. österreichischen Rechts ist eine „limited" oder eine „société à responsabilité limitée" aufgrund des Rechtsformzusatzes deutlich als ausländische Gesellschaft erkennbar. Das dürfte vielfach selbst dann gelten, wenn dieser nicht ausgeschrieben ist. Hier ist allerdings noch einiges umstritten. Auch dürfte kaum jemand hinter dieser Firmierung eine persönlich haftende natürliche Person vermuten.³⁸⁷ Zwar wäre bei einer „Ltd." nicht genau erkennbar, ob es sich um eine limited company englischen, irischen oder vielleicht auch maltesischen oder zypriotischen Rechts handelt. Der betroffene **Rechtsverkehr ist jedoch gewarnt**, dass es sich um eine ausländische Gesellschaft handelt und wird sich dann erforderlichenfalls selber darüber informieren, in welchem Staat die Hauptniederlassung ansässig ist.³⁸⁸

224

Problematisch sind die Fälle mit Gesellschaften aus anderen Staaten. Wer weiß schon, dass es sich bei einer Spółka Akcyjna um eine AG polnischen oder bei einer *дружество с ограничена отговорнос* um eine GmbH bulgarischen Rechts handelt. Die Zweigniederlassungsrichtlinie lässt hier für einen zwingenden Zusatz keinen Raum.³⁸⁹ Auch diese Gesellschaften können daher im Inland ihre Zweigniederlassung mit dem vollständigen, im Übrigen aber originalen (ggf. in der Schrift romanisierten) Wortlaut ihrer Firma firmieren lassen. Ein **Hinweis auf die Nationalität der Gesellschaft** käme allenfalls dann in Betracht, wenn sie hiervon abweichen wollen.

225

2. Unternehmensgegenstand (§ 13e Abs. 2 Satz 3 HGB)

Beim Gegenstand wird zwischen dem Gegenstand der Gesellschaft insgesamt und dem Gegenstand der Zweigniederlassung unterschieden. Der **Gegenstand der inländischen Zweigniederlassung** kann sich mit dem Gegenstand der Hauptniederlassung decken, muss es aber nicht, sondern kann auch enger gefasst werden. **Unzulässig wäre allenfalls** ein Gegenstand der Zweigniederlassung, der vom Gegenstand des Unternehmens nicht gedeckt wird, denn die für die Errichtung und Anmeldung der Zweigniederlassung zuständige Geschäftsführung ist nicht befugt, den ihr durch die Gesellschaftssatzung vorgegebenen Aktionsradius auszuweiten. Das OLG Jena hat insoweit die Prüfungsbefugnis des Registergerichts verneint.³⁹⁰

226

---

384 Keidel/Krafka/Willer, Registerrecht, Rn. 272; Röhricht/v. Westphalen/Ammon, HGB, § 13d Rn. 14; Baumbach/Hopt, HGB, § 13d Rn. 4.
385 So z.B. ausdrücklich unter Anführung des Beispiels der Firmierung für eine englische limited Kögel, Rpfleger 1993, 10; Ebenroth/Boujong/Joost/Kindler/Pentz, HGB, § 13d Rn. 21; Koller/Roth/Morck/Roth, HGB, § 13d Rn. 7 unter Berufung auf BGH, NJW 1991, 2022, 2024.
386 Vgl. EuGH, NJW 2003, 3331 = DNotZ 2004, 55 (Inspire Art), Rn. 140.
387 MünchKomm-HGB/Bokelmann, § 13d Rn. 19 – unter sinnvoller Einschränkung bei im Inland völlig unverständlichen Firmen und Rechtsformzusätzen.
388 Allenfalls könnte man z.B. bei einer limited panamaischen Rechts oder aus den British Virgin Islands überlegen, ob hier die Gefahr der Verwechslung mit einer EU-limited aus den genannten Staaten besteht, was in der Tat für die Rechtsverfolgung von erheblicher Bedeutung wäre.
389 So zutreffend Wachter, ZNotP 2005, 139.
390 OLG Jena, DNotZ 2006, 153; ebenso OLG Hamm, NZG 2005, 930 = GmbHR 2005, 1130; Mankowski, in: Hirte/Bücher, Grenzüberschreitende Gesellschaften, § 13 Rn. 206.

227 Zum Register der Zweigniederlassung ist gemäß § 13e Abs. 2 Satz 3 HGB (= Art. 2 Abs. 1 lit. b der EG-Zweigniederlassungsrichtlinie)[391] der Gegenstand der Zweigniederlassung anzumelden. Darüber hinausgehend verlangt § 13g Abs. 3 HGB i.V.m. § 10 Abs. 1 Satz 1 GmbHG, dass der Gegenstand des „Unternehmens" **ins Handelsregister einzutragen** und im Bundesanzeiger sowie im Amtsblatt zu publizieren sei.[392] Bei englischen Gesellschaften ist der Unternehmensgegenstand regelmäßig sehr umfangreich. Er nimmt im memorandum nicht selten mehr als fünf Seiten ein.[393] Die Publikation im Bundesanzeiger verursacht dann erhebliche Kosten.[394] Die EG-Zweigniederlassungsrichtlinie sieht die Anmeldung des Gegenstands der Gesellschaft aber nicht vor. Da Art. 2 EG-Zweigniederlassungsrichtlinie die anzumeldenden Angaben **abschließend** aufzählt,[395] geht die Verpflichtung zur Anmeldung des Gegenstands der Gesellschaft über den Rahmen der Richtlinie hinaus. Damit ist § 13g Abs. 3 HGB i.V.m. § 10 Abs. 1 Satz 1 GmbHG „richtlinienkonform" dahingehend auszulegen, dass mit „Gegenstand des Unternehmens" der Gegenstand der Zweigniederlassung gemeint ist.[396]

228 Die **Aufzählung einer Vielzahl von Unternehmensaktivitäten** in den memoranda der englischen Gesellschaften schafft auch Probleme im Zusammenhang mit § 13e Abs. 2 Satz 2 HGB. Danach ist dem Handelsregister gegenüber der Nachweis einer ggf. notwendigen staatlichen Genehmigung für den Gegenstand des Unternehmens zu erbringen. Da der Unternehmensgegenstand in der lege artis verfassten Satzung einer englischen limited z.B. auch die Vergabe von Darlehen vorsieht, benötigt dann das Registergericht z.B. die Vorlage einer entsprechenden Genehmigung nach dem KWG. Wohl mehrheitlich hat sich hier aber die Ansicht gebildet, dass die Genehmigungsbedürftigkeit nicht am Unternehmensgegenstand der Gesellschaft,[397] sondern am **Unternehmensgegenstand der Zweigniederlassung**[398] zu messen sei. Das ist zutreffend, denn für Tätigkeiten, die allenfalls im Ausland ausgeübt werden sollen, bedarf die ausländische Gesellschaft im Inland keiner behördlichen Genehmigung.

3. Ständiger Vertreter

229 Der ständige Vertreter ist eine Rechtsfigur, welche erstmalig im Rahmen der Umsetzung der Zweigniederlassungsrichtlinie in das deutsche Recht eingeführt worden ist. Dabei besteht Einigkeit darüber, dass es sich bei dem ständigen Vertreter **um einen gewillkürten und keinen gesetzlichen Vertreter** der Gesellschaft handelt,[399] der keine typisierte handelsrechtliche Vollmacht, wie z.B. der Prokura oder der Handlungsbevollmächtigte, hat.[400] Vielmehr ergibt sich der konkrete Umfang der Vertretungsmacht des ständigen Vertreters **aus der ihm erteilten Vollmacht** und muss daher in dieser Vollmacht genau bezeichnet werden.[401] Dies ergibt sich schon daraus, dass § 13e Abs. 1 Satz 4 Ziff. 3 HGB ausdrücklich bestimmt,

---

391 11. Richtlinie 89/666/EWG über die Offenlegung von Zweigniederlassungen, die in einem Mitgliedstaat von Gesellschaften bestimmter Rechtsformen errichtet wurden, die dem Recht eines anderen Staates unterliegen, v. 21.12.1989, ABl. Nr. L 395/36.

392 § 13g Abs. 4 HGB; Michalski/Heyder, GmbHG, § 12 Rn. 54.

393 Grund dafür ist die begrenzte Fortgeltung der ultra-vires-doctrine im englischen Recht. Auch wenn ein den Unternehmensgegenstand überschreitendes Rechtsgeschäft gegenüber gutgläubigen Dritten wirksam ist, hat es dennoch eine Haftung des Direktoren der Gesellschaft gegenüber zur Folge.

394 Das AG Charlottenburg verlangt daher bis zu 3.000 € als Kostenvorschuss, vgl. Ries, AnwBl 2005, 55.

395 So insb. EuGH in „Inspire Art" (NJW 2003, 3331 = DNotZ 2004, 55), Rn. 69.

396 So OLG Jena, DNotZ 2006, 153; OLG Hamm, GmbHR 2005, 1130; Eidenmüller, Ausländische Kapitalgesellschaften, § 5 Rn. 85 und Wachter, MDR 2004, 616. Anders aber die Praxis der Handelsregister, vgl. LG Bielefeld, Rpfleger 2004, 708 = GmbHR 2005, 98 m.abl. Anm. Wachter; siehe auch Seibert, GmbHR 1992, 741; Michalski/Heyder, GmbHG, § 12 Rn. 54; Ries, AnwBl 2005, 54.

397 So aber Ebenroth/Boujong/Joost/Kindler/Pentz, HGB, § 13g Rn. 69.

398 So OLG Thüringen, GmbHR 1999, 822; LG Regensburg, MittBayNot 1997, 50; Keidel/Krafka/Willer, Registerrecht, Rn. 336; Eidenmüller, Ausländische Kapitalgesellschaften, § 7 Rn. 48; Wachter MDR 2004, 616.

399 Plesse, DStR 1993, 134; Seibert, GmbHR 1992, 740.

400 Plesse, DStR 1993, 134; Seibert, GmbHR 1992, 740.

401 Heidinger, MittBayNot 1998, 74.

dass nicht nur die Person des ständigen Vertreters einzutragen ist, sondern auch die Art und Weise, in der dieser vertritt (Allein- bzw. Gesamtvertretungsmacht) und der Umfang der Vertretungsmacht.[402]

Da es sich bei dem ständigen Vertreter um keinen organschaftlichen, sondern um einen gewillkürten Vertreter handelt, gilt für die Vertretungsmacht nicht das Gesellschaftsstatut, sondern das **Vollmachtsstatut**. Dieses wiederum wird mangels Kodifikation des internationalen Vertretungsrechts nach dem sog. Wirkungslandsprinzip angeknüpft. Die Wirksamkeit einer Vollmacht unterliegt danach dem Recht des Staates, in dem **von der Vollmacht Gebrauch gemacht werden soll**.[403] Die Vollmacht ist daher – gleich ob sie in allgemeiner Form oder als auf die Zweigniederlassung beschränkte Handlungsvollmacht bzw. Prokura erteilt worden ist – bei inländischer Zweigniederlassung stets nach deutschem Recht zu beurteilen. Das gilt dann auch für die Wirksamkeit einer Generalvollmacht oder die Zulässigkeit des Selbstkontrahierens.

230

Ständige Vertreter sind – wenn solche bestellt worden sind – **im Handelsregister einzutragen**. Dies bedeutet nicht, dass solche Vertreter auch notwendigerweise zu bestellen sind. Die Bestellung steht der Gesellschaft frei.[404] Nicht zu verkennen ist jedoch, dass die Bestellung des ständigen Vertreters **erhebliche Erleichterungen und Rechtssicherheit** mit sich bringt: Wegen der Geltung deutschen Rechts für die Vertretungsverhältnisse braucht sich dann der inländische Geschäftsverkehr nicht mehr damit auseinander zu setzen, welche Befugnisse den organschaftlichen Vertretern nach dem ausländischen Gesellschaftsrecht zukommen. **Umstritten ist**, ob ein organschaftlicher Vertreter – wie z.B. der director einer limited – zur Doppelung seiner Kompetenzen zum ständigen Vertreter[405] bzw. Filialprokuristen bestellt werden kann.

231

4. Angaben zum Geschäftsführer[406]

In vielen Ländern – z.B. auch in England können nicht nur natürlich Personen, sondern **auch juristische Personen** zu Mitgliedern des Vertretungsorgans bestellt werden.[407] In der Praxis wird bisweilen auch der Geschäftsführer der „director limited" in das deutsche Handelsregister eingetragen. Das ist deswegen sinnvoll, weil ansonsten die Vertretung der Gesellschaft nicht durch einen deutschen Handelsregisterauszug nachgewiesen werden könnte – bei einer englischen „director limited" nicht einmal unter Heranziehung des englischen Registers. Bei der Anmeldung der Zweigniederlassung ergibt sich daraus kein zusätzlicher Aufwand, da dann die Vertretungsverhältnisse ohnehin vollständig nachzuweisen sind. Lästig mag aber werden, dass jeder Wechsel im board der director-limited dann **auch zum Zweigniederlassungsregister** der von ihr verwalteten Gesellschaften anzumelden ist.

232

Umstritten ist, ob in das Handelsregister eingetragen werden muss, dass der „Geschäftsführer **vom Verbot des § 181 BGB befreit**" sei. Selbstverständlich macht die Verweisung auf § 181 BGB hier keinen Sinn, da sich die Befugnisse des Geschäftsführers aus dem ausländischen Gesellschaftsstatut ergeben und § 181 BGB damit nicht gilt. Das **OLG München** hat die Eintragung abgelehnt, da zum einen der § 181 BGB ohnehin nicht anwendbar sei, zum anderen aber auch die Situation im englischen Recht nicht mit der des deutschen Rechts unmittelbar vergleichbar sei.[408] Das **OLG Celle** weist weiter darauf hin, dass von der Zulässigkeit des Selbstkontrahierens jedenfalls dann nicht ausgegangen werden könne, wenn das beson-

233

---

402 Ebenroth/Boujong/Joost/Kindler/Pentz, HGB, § 13e Rn. 75; MünchKomm-HGB/Krafka, § 13e HGB Rn. 9 unter Bezugnahme auf die Begründung im Regierungsentwurf BT-Drucks. 12/3908, S. 16.

403 BGH, NJW 1990, 3088; Palandt/Heldrich, BGB, Art. 32 EGBGB Anh. Rn. 1; Bamberger/Roth/Mäsch, BGB, Anh. zu Art. 10 EGBGB Rn. 26; Hausmann, in: Reithmann/Martiny, Internationales Vertragsrecht, Rn. 2444.

404 Siehe bereits die Regierungsbegründung BT-Drucks. 12/3908, S. 16; Kindler, NJW 1993, 3305; Heidinger, MittBayNot 1998, 73 f.; Seibert, GmbHR 1992, 740; Ebenroth/Boujong/Joost/Kindler/Pentz, HGB, § 13e Rn. 74.

405 Zur Zulässigkeit dieser Kumulation der Kompetenzen bereits Heidinger, MittBayNot 1998, 75. Ablehnend: z.B. KG, NJW-RR 2004, 334; MünchKomm-BGB/Kindler, IntGesR Rn. 931; Wachter, NZG 2005, 340; zustimmend Schall, NZG 2006, 55; Keidel/Krafka/Willer, Registerrecht, Rn. 331.

406 Zur Vertretung englischer Kapitalgesellschaften und ihrem Nachweis ausführlicher unten, Rn. 255 ff.

407 Sec. 289 (1) (b) Companies Act 1985 bestimmt für diesen Fall ausdrücklich, welche Angaben in das bei der Gesellschaft zu führende Register aufzunehmen sind.

408 OLG München, DNotZ 2006, 152.

dere Informationsverfahren in Klausel 85 Table A einzuhalten sei.[409] Da das deutsche Handelsregister eine entsprechende Eintragung vorsieht, lässt man diese Eintragung zu, sofern nach dem ausländischen Recht ein Selbstkontrahieren wirksam wäre.[410] Das **LG Freiburg** hat darüber hinaus eine Eintragung im Fall der limited befürwortet, da das englische Recht kein gesetzliches Verbot des Selbstkontrahierens kenne, der director also schon qua lege befreit sei. Der Rechtsverkehr werde hierdurch vor der Gefahr erleichterter Vermögensverschiebungen gewarnt.[411]

Schall weist darauf hin, dass das englische Recht von den directors verlange, bei Interessenkollision keine Geschäfte mit der Gesellschaft abzuschließen; dennoch vorgenommene Verträge seien **allenfalls anfechtbar** – jedenfalls aber zunächst wirksam. Demgemäß bestehe die Möglichkeit des Selbstkontrahierens auch nach englischem Recht vorbehaltlich einer satzungsmäßigen Befreiung.[412] Freilich hat das unter Missachtung dieser Handlungsgrundsätze vorgenommene Geschäft trotz der Anfechtbarkeit nach englischem Recht **erst einmal Bestand**.[413] Dieses Auseinanderfallen von Können und Dürfen rechtfertigt es m.E., im Handelsregister die Möglichkeit des Selbstkontrahierens zu vermerken.

5. Höhe des Stammkapitals der Gesellschaft

234   Gemäß § 13g Abs. 3 HGB i.V.m. § 10 Abs. 1 GmbHG ist auch der Betrag des Stammkapitals der ausländischen Gesellschaft **zum Register der Zweigniederlassung anzumelden**. Schwierigkeiten ergeben sich hier bei Gesellschaften, deren Gesellschaftsrecht mehrere Kapitalziffern kennt. So kennt das englische Recht der limited company das sogenannte authorised capital bzw. nominal capital. Bei diesen Ziffern handelt es sich um eine Art genehmigtes Kapital, dessen Betrag von der Hauptversammlung im memorandum festgesetzt wird. Dieses kann dann von der Geschäftsführung der Gesellschaft ausgegeben werden. Dagegen wird das tatsächlich gezeichnete Kapital der Gesellschaft als issued capital bezeichnet. Auf dieses issued capital müssen mindestens 25 % eingezahlt werden. Der tatsächlich eingezahlte Betrag wird dann paid-up capital genannt.[414]

Für die Eintragung im deutschen Handelsregister der Zweigniederlassung wird nun angenommen, dass hier das issued capital einzutragen sei. Dies ist zutreffend, denn nur diese Ziffer gibt die (historische) Haftungsgrundlage der Gesellschaft wieder. Der Betrag des authorised capital hingegen ist ohne Bedeutung – solange nicht dieses Kapital ausgegeben und damit zu issued capital umgewandelt wird. Die entsprechende Eintragung ist daher nicht erforderlich. Ob man dagegen eine **zusätzliche Eintragung** auch dieses Betrages zulässt, ist offen. Die Praxis der Handelsgerichte ist uneinheitlich. Wegen der mit der Angabe mehrerer Kapitalziffern verbundenen Verunsicherung sollte es m.E. bei der Anmeldung allein des issued capital bleiben. Das authorised capital kann darüber hinaus jederzeit durch Einsicht in die entsprechend eingereichte Neufassung des memorandum als Satzung der Gesellschaft festgestellt werden.

> **Hinweis:**
> Der Betrag des paid-up capital ist nicht einzutragen, da ja auch bei der deutschen GmbH nicht anzumelden ist, ob die Gesellschafter einer GmbH den von ihnen übernommenen Betrag am Kapital der Gesellschaft voll eingezahlt haben.

---

409   OLG Celle, DStR 2006, 199.
410   Ebenroth/Boujong/Joost/Kindler/Pentz, HGB, § 13g Rn. 8; MünchKomm-HGB/Bokelmann, § 13g Rn. 1.
411   LG Freiburg, EWiR 2004, 1225 (Schall) = NZG 2004, 1170; ebenso LG Augsburg, NZG 2005, 356; LG Ravensburg, GmbHR 2005, 490.
412   LG Freiburg, EWiR, 2004, 1225.
413   Vgl. Dreibus, Die Vertretung verselbständigter Rechtsträger in europäischen Ländern IV: Vereinigtes Königreich von Großbritannien und Nordirland, S. 151.
414   Vgl. Kadel, MittBayNot 2006, 104.

VIII. Anmeldung späterer Änderungen

1. Allgemeines

Nach der erstmaligen Eintragung der Zweigniederlassung sind auch **alle späteren Änderungen** in Bezug auf die Gesellschaft oder die Zweigniederlassung anzumelden. Dies gilt z.B. nicht nur für eine Verlegung der Zweigniederlassung oder eine Änderung des ständigen Vertreters der Zweigniederlassung (§ 13e Abs. 3 HGB), sondern auch für jede Änderung bei den Geschäftsführern der Gesellschaft (§ 13g Abs. 6 HGB), eine Satzungsänderung, eine Kapitalerhöhung der Hauptniederlassung etc. (§ 13g Abs. 5 HGB). Für die Anmeldung und die Nachweise der Änderung gelten dann im Wesentlichen die gleichen Erfordernisse wie bei der erstmaligen Anmeldung.

2. Anmeldung von Satzungsänderungen

Gemäß § 13g Abs. 5 Satz 2 HGB i.V.m. § 54 Abs. 1 Satz 2 GmbHG ist der Anmeldung einer Satzungsänderung der **vollständige Wortlaut des Gesellschaftsvertrags** in der neuen Fassung beizufügen, und zwar in der Originalsprache und in deutscher Übersetzung. Ferner ist der Vertrag mit der Bescheinigung eines Notars zu versehen, dass die geänderten Bestimmungen des Gesellschaftsvertrags mit dem Beschluss über die Änderung des Gesellschaftsvertrags übereinstimmen. Dies bereitet dann keine großen Umstände, wenn die Satzungsänderung bei der ausländischen Gesellschaft **notariell beurkundet** worden ist, z.B. von einem Notar am Sitz der Hauptniederlassung.

Probleme ergeben sich dann, wenn die Satzungsänderung nach dem für die Gesellschaft maßgeblichen ausländischen Gesellschaftsstatut **nicht beurkundungspflichtig ist** – wie z.B. nach englischem Recht, welches die Beurkundung als materiell-rechtliches Formerfordernis nicht kennt – und daher in privatschriftlicher Form vorgenommen worden ist. Hier gibt es dann keinen Notar, der quasi als Nebengeschäft die konsolidierte Fassung erstellen kann. Auch ist fraglich, ob ein scrivener notary in der City of London eine derartige Bescheinigung – und wenn ja, zu welchen Gebühren – erstellen wird. Wachter[415] schlägt vor, für die Satzungsänderung bei einer englischen limited company die Bescheinigung **von einem deutschen Notar ausstellen zu lassen**. Dieser müsse dann regelmäßig einen englischen Kollegen herbeiziehen, um die Wirksamkeit der Satzungsänderung nach englischem Gesellschaftsrecht sicher beurteilen zu können. Es ist nicht schwer vorstellbar, dass sich dennoch kaum ein deutscher Notar bereit finden wird, eine derartige Bescheinigung auszustellen.

Schaut man in der Grundlage der entsprechenden Vorschrift nach, in Art. 2 der 11. Gesellschaftsrichtlinie (Zweigniederlassungsrichtlinie), so findet man dort das Erfordernis, neben dem Errichtungsakt und der Satzung der Gesellschaft auch die Änderungen dieser Unterlagen offen zu legen (Art. 2 Abs. 2 lit. b der Richtlinie). Das Erfordernis, dass nach Änderung der Satzung der gesamte Text der neuen Fassung einzureichen ist und eine notarielle Bescheinigung für die Richtigkeit der eingereichten konsolidierten Fassung vorzulegen ist, findet sich dort nicht. Allenfalls kann gemäß Art. 4 eine **beglaubigte Übersetzung** verlangt werden. Im Hinblick darauf, dass die Anforderungen der Zweigniederlassungsrichtlinie abschließend sind, dürften darüber hinausgehende Vorschriften der Mitgliedstaaten die Niederlassungsfreiheit verletzen.[416] Dementsprechend müsste es genügen, wenn die limited eine **beglaubigte Abschrift des Protokolls** mit dem satzungsändernden Gesellschafterbeschluss vorlegt.

3. Löschung der Zweigniederlassung

Mittlerweile geben schon eine Reihe von Unternehmern die limited wieder auf, da die Arbeit über die Zweigniederlassung ihnen nicht den erhofften Erfolg bringt. In mehreren Fällen verlangten die Registergerichte für die Eintragung der Aufhebung gemäß § 13g Abs. 7 HGB die Durchführung eines **Liquidationsverfahrens für die Zweigniederlassung**, mit den entsprechenden Bekanntmachungen in den

---

415 ZNotP 2005, 122, 143.
416 So der EuGH in Inspire Art (NJW 2003, 3331 = DNotZ 2004, 55), siehe oben Rn. 35.

Verkündungsblättern etc.[417] Dies übersieht, dass bei der Aufhebung der Zweigniederlassung eine Liquidation nicht stattfinden kann, da die Zweigniederlassung keine liquidationsfähige Einheit darstellt.[418] Der Rechtsträger – nämlich die englische limited – bleibt weiterhin bestehen und gibt lediglich seine Niederlassung im Inland auf. Infolge der tatsächlichen Auflösung der Zweigniederlassung ist die (deklaratorische) Eintragung der Zweigniederlassung im Handelsregister rückgängig zu machen, indem die zuständigen Organpersonen der limited eine beglaubigte Anmeldung der Auflösung und Beantragung der Löschung zum Handelsregister vornehmen.[419]

Die Auflösung ist gemäß § 13e Abs. 2 Satz 1, § 13g Abs. 7 HGB **zum Handelsregister anzumelden**. Zur Anmeldung ist nicht der für die Zweigniederlassung bestellte ständige Vertreter berufen, sondern der Geschäftsführer bzw. der Vorstand der Gesellschaft, also bei einer limited das board of directors. Dieses handelt dann entweder durch den alleinigen director bzw., sollte das board mit mehreren Personen besetzt worden sein, durch die Mitglieder des board of directors gemeinsam bzw. ggf. in anderer, statutarisch bestimmter vertretungsbefugter Anzahl.

4. Auflösung und Löschung der Gesellschaft im Gründungsstaat

239 Unabhängig hiervon wäre eine Liquidation der englischen limited company zu beurteilen. Diese vollzieht sich **nach den Vorschriften des Gesellschaftsstatuts**. So können bei einer limited die Direktoren auf einem board meeting den Beschluss fassen, dass die Gesellschaft aufgelöst wird. Eine derartige freiwillige Liquidation (**voluntary winding up**) ist nur dann möglich, wenn die Gesellschaft noch zahlungsfähig ist, also nicht das Insolvenzverfahren zu betreiben ist. Es wird dann ein Liquidator bestellt, der die Abwicklung der Gesellschaft durchführt. In diesem Fall wäre dann zunächst die Auflösung der Gesellschaft und später dann deren Beendigung – sollte die Zweigniederlassung nicht schon zuvor aufgehoben worden sein – anzumelden (§ 13g Abs. 6 HGB i.V.m. §§ 67 Abs. 1, 2, 5, 74 Abs. 1 Satz 1 GmbHG).

240 Mangelnde Kenntnis des englischen Gesellschaftsrechts, Kommunikationsprobleme und Unachtsamkeit des secretary bzw. der directors führen immer wieder dazu, dass der Registrar of Companies eine limited wegen verspäteter Abgabe des annual report oder sonstiger Versäumnisse löscht.[420] Nach englischem Recht verliert die Gesellschaft infolge der Löschung ihre **Rechtsfähigkeit**, das Vermögen der Gesellschaft fällt als bona vacantia der englischen Krone zu.[421] Eine Wiedereintragung der Gesellschaft ist nur mit großem Aufwand möglich.

Das in Deutschland belegene Vermögen wird von diesem hoheitlichen Anfallsrecht aufgrund seiner territorialen Beschränktheit nicht erfasst. Dies gilt dann auch für die inländische Zweigniederlassung. Daher bleibt auch die limited in Deutschland als „**Restgesellschaft**" mit ihrem inländischen Betrieb als Vermögen bestehen.[422] Die bisherigen Direktoren haben mit der Löschung ihr Amt verloren, so dass sie auch für die inländische Restgesellschaft nicht mehr handeln können. Sie handeln also vom Zeitpunkt

---

417 Vgl. z.B. AG Krefeld, Beschl. v. 15.3.2006 – 40 HRB 10413, n.v.

418 So auch: Rowedder/Rasner, GmbHG, § 60 Rn. 3; Ebenroth/Boujong/Joost/Kindler/Pentz, HGB, § 13g Rn. 26; MünchKomm-HGB/Krafka, § 13g Rn. 7; MünchKomm-BGB/Kindler, IntGesR Rn. 948; Süß, DNotZ 2005, 188; Wachter, ZNotP 2005, 143.

419 Vgl. z.B. Ebenroth/Boujong/Joost/Kindler/Pentz, HGB, § 13h Rn. 26; Keidel/Krafka/Willer, Registerrecht, Rn. 320. Die Gerichte berufen sich hierbei auf den Grundsatz, die inländische Zweigniederlassung einer ausländischen Gesellschaft sei wie eine Hauptniederlassung zu behandeln (§ 13d Abs. 3 HGB). Freilich gilt diese Gleichstellung lediglich in registerverfahrensrechtlicher Hinsicht – also was die Verpflichtung zur Anmeldung und die Zuständigkeit angeht. Dass dieses nicht in materiell-rechtlicher Hinsicht gilt, ergibt sich schon aus dem in § 13d Abs. 3 HGB enthaltenen Vorbehalt (vgl. auch Keidel/Krafka/Willer, Registerrecht, Rn. 327; den registerrechtlichen Aspekt dabei stellt besonders Scholz/Winter, GmbHG, § 12 Rn. 39 heraus).

420 Siehe das Gutachten des Instituts für Internationales Privatrecht an der Universität zu Köln, bei: Mansel, in: FS für Kegel, S. 111; Knütel, RIW 2004, 503.

421 Triebel/Hodgson/Kellenter/Müller, Englisches Handels- und Wirtschaftsrecht, Rn. 785.

422 BGHZ 33, 256; OLG Stuttgart, NJW 1974, 1627, 1628 = IPRspr. 1974, Nr. 71; Soergel/Lüderitz, BGB, Anh. Art. 10 EGBGB Rn. 27; Palandt/Heldrich, BGB, Anh. zu Art. 12 EGBGB Rn. 17.

der Löschung an als falsi procuratores mit **unbeschränkter persönlicher Haftung**. Daher ist durch ein deutsches Gericht ein Pfleger i.S.d. § 1913 BGB[423] zu bestellen. Ist für die Zweigniederlassung ein ständiger Vertreter oder eine Filialprokura bestellt worden, dürfte diese Vertreterstellung fortbestehen.[424]

> **Hinweis:**
>
> Nach einer abweichenden Ansicht besteht die Gesellschaft im Inland als Gesellschaft mit deutschem Personalstatut fort. Mangels ordnungsgemäßer Gründung als Kapitalgesellschaft liege keine juristische Person vor, sondern allenfalls eine Personengesellschaft. Hatte die Gesellschaft einen einzigen Gesellschafter, liege ein Einzelunternehmen vor.[425] Folgt man dieser Ansicht, wäre die Eintragung als Zweigniederlassung falsch, und in eine Eintragung als OHG (in HRA) oder Einzelunternehmen zu ändern – soweit ein Handelsgewerbe überhaupt noch vorliegt.

IX. Vor- und Nachteile der Verwendung einer limited im Inland[426]

Die Rspr. des EuGH hat die Möglichkeit eröffnet, auch eine in einem anderen EU-Mitgliedstaat errichtete Kapitalgesellschaft **als Vehikel für ein ausschließlich im Inland betriebenes Unternehmen** einzusetzen. Einzige Voraussetzung wäre – jedenfalls solange bis auch in dieser Hinsicht der EuGH seine Entscheidung in Sachen Daily Mail revidiert – dass nach dem Recht des Gründungsstaates der Bestand der Gesellschaft dadurch unberührt bleibt, dass diese ihren **tatsächlichen Hauptverwaltungssitz** nach Deutschland verlegt oder gar schon von Anfang an nur in Deutschland hat. 241

Vielfach wird hier das Schlagwort vom „**Wettbewerb der Rechtsordnungen**" eingesetzt. Dieses Bild ist schon deswegen verfehlt, weil nicht mehrere Rechtsordnungen in ihrer Effizienz verglichen werden, sondern schlicht nur einzelne Teile einer Rechtsordnung in eine andere hinein „importiert" werden. „Sieger" wäre dann die Rechtsordnung, die das Angebot macht, welches ausschließlich aus der Sicht des „Importeurs" das Günstigste ist. **Auch das praktische Leben** zeigt, dass von einem echten Wettbewerb nicht die Rede sein kann. Mit der „1-Euro-GmbH" und der „Blitz-GmbH" haben auch Frankreich und Spanien versucht, in den Markt einzusteigen. Freilich fehlen diese Gesellschaften im Bauchladen der Reisenden, die allerorten ihre Vorratsgesellschaften feilbieten. Vielmehr fokussiert sich das Phänomen bei den werbend tätigen Gesellschaften weitgehend auf englische private company limited by shares (limited bzw. Ltd.). Im Weiteren wird daher auch ausschließlich die limited behandelt.[427]

1. Kostenvergleich

Hauptwerbeargument für die limited sind die für die Gründung angeblich geringer anfallenden Kosten. In der Tat bekommt man bei einem guten Angebot bereits für 259 € eine limited mit Einheits-Satzung innerhalb von zehn Tagen, einschließlich der Zurverfügungstellung eines registered office für ein Jahr.[428] Zudem benötigt man für die Eintragung der Zweigniederlassung noch die Übersetzung der Gründungsunterlagen und eine Apostille (insgesamt 49 €) sowie die Befreiung von der Pflicht zur Steuererklärung in England und einen company secretary (Gesamtpaket für 12 Monate 119 €). Die **Anmeldung der Zweigniederlassung** in Deutschland benötigt weitere 20 € (je 10 € für Notar und Gericht). Das macht bereits 242

---

423 OLG Stuttgart, NJW 1974, 1627, 1628; Mansel, in: FS Kegel, S. 121 ff.; MünchKomm-BGB/Kindler, IntGesR Rn. 500; a.A.: Staudinger, IntGesR, Rn. 371: Bestellung eines Abwesenheitspflegers nach § 1911 BGB.
424 Anders Wachter, DB 2004, 2797, der aber wohl davon ausgeht, dass mit Löschung der limited durch den Registrar of Companies kein Rechtssubjekt mehr besteht.
425 Borges, IPRax 2005, 141.
426 Aus der umfangreichen Lit.: Dierksmeier, BB 2005, 1516; Heckschen/Köklü/Maul, Private Limited Company – Gründung, Führung, Besteuerung in Deutschland; Korts/Korts, BB 2005, 1474; Kessler/Eicke, DStR 2005, 2101; Meller, BB 2006, 8; Micheler, ZGR 2004, 324; Schröder/Schneider, GmbHR 2005, 1288; Schumann, DB 2004, 743; Westhoff, ZInsO 2004, 289; Zöllner, GmbHR 2006, 1.
427 Eine zahlenmäßige Einordnung bei Wiemeier, ZIP 2006, 2237.
428 Statt aller: Go Limited.

447 € aus. **Jährlich erneut entstehen** der limited Kosten für die Beschäftigung des secretary, die Unterhaltung des registered office in England, die Postumleitung und den jährlichen Statusbericht. Diese Kosten fallen bei der im Inland gegründeten GmbH schon deswegen nicht an, weil bei dieser Satzungs- und tatsächlicher Sitz identisch sind.

Die Gründung einer deutschen GmbH dagegen verursacht **Kosten bei Notar und Gericht** i.H.v. knapp 400 € – einschließlich der Bestellung des Geschäftsführers.[429] Zu berücksichtigen ist dabei, dass die Beurkundung des GmbH-Vertrags durch den Notar den Entwurf einer den Bedürfnissen des Unternehmers maßgeschneiderten Satzung umfasst. Das oben erwähnte Start-Paket für die limited dagegen enthält Memorandum und Satzung in einer Einheitsform, die immer einen Kompromiss darstellt. Für die Anpassung – dies beginnt schon mit der Konkretisierung des Gegenstands der Gesellschaft im memorandum of association würden schon weitere Anwaltsgebühren auf Stundenbasis anfallen.[430] Des weiteren ist zu beachten, dass die zusätzlichen **laufenden Kosten für eine grenzüberschreitend agierende Gesellschaft**, die Publizitäts-, Melde- und andere gesetzliche Pflichten in zwei Ländern parallel erfüllen muss, diesen Vorteil schon nach wenigen Jahren aufgezehrt haben werden.

Zu den genannten Gebühren kommen in beiden Fällen die **Kosten für die Veröffentlichungen im Bundesanzeiger**, wobei wegen des regelmäßig noch umfangreichen Geschäftsgegenstands englischer Gesellschaften diese Kosten bei der Zweigniederlassung einer limited **regelmäßig höher** sind als bei einer deutschen GmbH.[431]

243 Ein anderer Kostenvergleich findet sich bei van Hulle/Gesell – wobei diese dann von einer Tätigkeit jeweils ausschließlich im Gründungsstaat ausgehen:[432]

	GmbH	limited
Gründungskosten (ohne Anwaltskosten):	ca. 650 €	30 €
Laufende Kosten:	ca. 70 €	475 €

Der angebliche kostenmäßige Vorteil der limited reduziert sich damit auf die fehlende Aufbringung eines die „**Seriositätsschwelle**" übersteigenden Grundkapitals. Der Gesellschafter muss dafür aber sein Unternehmen ohne Kapital starten.

2. Abtretung von Geschäftsanteilen

244 Weiteres Werbeargument für die limited ist, dass nach englischem Recht die Anteile **formfrei abgetreten** werden können.[433] Da die Abtretung dem englischen Gesellschaftsstatut unterliegt, gilt die Formfreiheit gemäß Art. 11 Abs. 1 1. Fall EGBGB auch dann, wenn die Abtretung im Inland erfolgt. Die schuldvertragliche causa allerdings wird **deutschem Vertragsstatut** unterliegen, wenn die Beteiligten das deutsche Recht als Vertragsstatut gewählt haben (Art. 27 Abs. 1 EGBGB) oder keine Wahl getroffen haben, aber in Deutschland leben (Art. 28 EGBGB).[434] Damit gilt bei Vertragsschluss in Deutschland über Art. 11 Abs. 1 EGBGB ausschließlich deutsches Recht und damit § 15 Abs. 4 GmbHG.[435] Es stellt sich dann

---

429 Vgl. die Gegenüberstellung der Kosten bei Wachter, GmbHR 2004, 94.
430 Hierauf weisen bereits Kallmeyer, DB 2004, 637 und Kanzleiter, DNotZ 2003, 888 hin.
431 Die Kosten können in Einzelfällen bis zu 4.000 € betragen.
432 Van Hulle/Gesell, European Corporate Law, vgl. das beigefügte Poster.
433 Zur Abtretung ausführlich Cooper, in: Gruson/Hutter, Acquisition of Shares in a Foreign Country, S. 403 ff.; Lembeck, in: Kalss, Die Übertragung von GmbH-Geschäftsanteilen in 14 europäischen Rechtsordnungen, S. 223 ff.
434 Vgl. hierzu BGH III ZR 172/03 v. 4.11.2004, n.v. Urteilsbegründung unter II 2 c.
435 Freilich gibt es Autoren, die § 15 Abs. 4 GmbHG eine Ausnahme für den Fall zu entnehmen wollen, dass nach dem Gesellschaftsstatut eine formfreie Abtretung möglich ist (so z.B. Wrede, GmbHR 1995, 368; dagegen: Lutter/Bayer, in: Lutter/Hommelhoff, GmbHG § 15 Rn. 35; Bamberger/Roth/Mäsch, BGB, Art. 11 EGBGB Rn. 40, jew. m.w.N.; der BGH – III ZR 172/03 v. 4.11.2004, n.v., Urteilsbegründung II 3 – hat dies offen gelassen.

nur noch die Frage, ob die limited englischen Rechts einer GmbH i.S.d. deutschen GmbHG vergleichbar ist.[436] Obwohl das englische Recht die GmbH nicht kennt, wird dennoch die **private company limited by shares** in vielerlei Hinsicht der GmbH gleichgestellt. Daher werden deutsche Gerichte auf einen Kaufvertrag über limited-Anteile § 15 Abs. 4 GmbHG anwenden.[437] Eine Heilung gemäß § 15 Abs. 4 Satz 2 GmbHG scheidet aus, da das englische Recht keine abstrakte Abtretung kennt, ohne wirksame causa also auch keine Übertragung der Anteile zustande kommen kann.[438] Damit lässt sich die Einschaltung des Notars nur dann sparen, wenn man auch den Kaufvertrag mit seinen schuldrechtlichen Wirkungen durch ausdrückliche Rechtswahl **dem englischen Kaufrecht unterstellt**.

Zu den Beurkundungskosten kommt die **englische Stempelsteuer** (0,5 % des Entgelts, jeweils aufgerundet auf volle 5 £ Sterling). Dies ist unumgänglich, da der secretary den Erwerber erst dann als Gesellschafter registrieren darf, wenn ihm die Zahlung nachgewiesen worden ist. 245

3. Haftungsrisiko[439]

Die **Haftungsbegrenzung** für die Gesellschafter und Vorstandsmitglieder ist gesellschaftsrechtlich zu qualifizieren. Insoweit gilt daher bei einer limited das englische Recht. Dieses schirmt die Gesellschafter und Handelnden relativ sicher gegen die **persönliche Haftung** ab. Vor allem ist auch bei der „inländischen limited" eine Haftung aus verdeckter Sacheinlage nicht zu befürchten – da das englische Recht bei der Aufbringung des Kapitals sehr großzügig ist und für die limited keine besondere Prüfung im Fall von Sacheinlagen kennt.[440] Selbst die vielbefürchtete Haftung für kapitalersetzende Darlehen etc. greift wohl bei englischen limiteds selbst dann nicht ein, wenn diese tatsächlichen Inlandsgesellschaften sind.[441] 246

Es gibt einige Haftungsgrundlagen, die in Deutschland von der deutschen Literatur zunehmend vom Gesellschaftsrecht losgelöst werden und damit auch auf die im Inland agierende limited angewandt werden sollen. Dies gilt z.B. für die **Eigenhaftung des Vertreters** aus culpa in contrahendo[442] oder aus unerlaubter Handlung (z.B. § 823 Abs. 1, 2, § 826 BGB).[443]

Es wird auch diskutiert, die **Haftung wegen Insolvenzverschleppung** insolvenzrechtlich zu qualifizieren.[444] Für ein Insolvenzverfahren wären gemäß Art. 3 Abs. 2 der EuInsVO[445] die deutschen Gerichte ausschließlich zuständig, wenn die limited nur im Inland eine Niederlassung hat. Es gilt dann das deut-

---

436 So ausdrücklich BGH III ZR 172/03 v. 4.11.2004, n.v. Urteilsbegründung unter II 2 b, dieses von ihm gefundene Ergebnis unter II 3 aber wieder in Zweifel ziehend.
437 Merkt, in: Reithmann/Martiny, Internationales Vertragsrecht, Rn. 876 Fn. 3 hält z.B. bei einer kanadischen limited die Vergleichbarkeit gegeben. Teilweise wird in der Lit. aus Billigkeitserwägungen eine Unanwendbarkeit von § 15 Abs. 4 GmbHG angenommen, wenn das Gesellschaftsstatut eine derart strenge Form nicht vorsehe (so z.B. OLG München, NJW-RR 1993, 998; Bungert, DZWiR 1993, 497). Die Gegenansicht verweist zutreffend darauf, dass eine derartige Ausnahme keine rechtliche Grundlage hat (z.B. Bamberger/Roth/Mäsch, BGB, Art. 11 EGBGB Rn. 40; Merkt, Internationaler Unternehmenskauf, Rn. 409 ff.).
438 Lembeck, in Kalss, Die Übertragung von GmbH-Geschäftsanteilen in 14 europäischen Rechtsordnungen, S. 232.
439 Vgl. hierzu oben Rn. 50 ff.
440 Vgl. Kasolowski, in: Hirte/Bücker, Grenzüberschreitende Gesellschaften, § 4 Rn. 88.
441 Noch umstritten. Vgl. hierzu oben Rn. 49.
442 Siehe Ulmer, JZ 1999, 664. Hier gilt dann das Vertragsstatut.
443 Paefgen, DB 2003, 487; Schumann, DB 2004, 744; Goette, ZIP 2006, 545. Bei einer Gesellschaft mit tatsächlichem Sitz im Inland gilt dann über Art. 40 EGBGB deutsches Recht, siehe Heinz, Die englische Limited, S. 17.
444 Für eine insolvenzrechtliche Qualifikation mit der Folge, dass bei Eröffnung des Insolvenzverfahrens in Deutschland trotz ausländischen Gesellschaftsstatuts die deutsche lex fori concursus gilt z.B. AG Hamburg, ZIP 2003, 1008; Leible/Hoffmann, RIW 2002, 930; Meilicke, GmbHR 2003, 806; Bayer, BB 2003, 2364 f.; Wachter, GmbHR 2003, 1257; ebenso Goette, in: Schröder, Die GmbH im europäischen Vergleich, S. 158, unter ausdrücklicher Berufung auf die Arbeit von Weller, Europäische Rechtsformwahlfreiheit und Gesellschafterhaftung; ausführlich: Höfling, Das englische Gesellschaftsrecht, S. 264 ff.
445 Verordnung des Rates 1346/200 v. 29.5.2000.

sche Insolvenzrecht als lex fori concursus.[446] Gleiches wird für die **Regeln des Eigenkapitalersatzes** diskutiert.[447] Auch die Haftung aus existenzvernichtendem Eingriff wird von manchen dem deutschen Deliktsstatut unterstellt.[448] Die Akteure müssen daher mit dem Risiko leben, dass sie der Haftung nach den Vorschriften des deutschen Rechts **nicht entronnen sind**, sondern stattdessen bis zu einer abschließenden Klärung dieser Qualifikationsfragen durch den BGH oder den EuGH Gefahr laufen, dass sie mit der Einschaltung der englischen limited diese Haftung mit den Haftungstatbeständen des englischen Rechts, wie des wrongful trading, des fraudulent trading oder des lifting the corporate veil kumulieren.

4. Mitbestimmung

247 Die **fehlende Mitbestimmung** ist sicher für viele Unternehmer ein erstrebenswerter Aspekt. In der Praxis wird dieser Umstand in den meisten Fällen der Unternehmensgründung, die den Anlass zum Einsatz der limited bieten, keine Rolle spielen, da diese Unternehmen die Anzahl der Mitarbeiter, bei der die Mitbestimmung eingreift, ohnehin nicht erreichen.

Was die praktisch erheblich früher eingreifende **betriebliche Mitbestimmung** angeht, so ist diese von der Rechtsform des Unternehmensträgers unabhängig. Ausschlaggebend ist vielmehr ausschließlich, **ob der Betrieb im Inland belegen** ist. Insoweit werden GmbH und limited also gleich behandelt. Auch in einem inländischen Betrieb einer limited wäre bei entsprechender Mitarbeiteranzahl ein **Betriebsrat einzurichten** (siehe oben Rn. 80).

5. Besteuerung

248 In England ist die **Unternehmensbesteuerung niedriger** als in Deutschland. Hiervon kann der deutsche Unternehmer durch Einsatz der limited aber regelmäßig nicht profitieren. Wenn er weiterhin im Inland tätig werden will, stellt die (Zweig)niederlassung eine Betriebsstätte dar. Dann liegt das Besteuerungsrecht für die hier generierten Gewinne bei der Bundesrepublik Deutschland.[449] Das bedingt nicht nur, dass die auf die inländische Niederlassung entfallenden Gewinne **im Inland zu versteuern** sind. Es ist zugleich auch der auf die inländische Niederlassung entfallende Gewinn nach deutschem Recht zu ermitteln, damit das Finanzamt die Steuererklärung akzeptiert. Es ist dann also neben der in England zum Registrar of companies einzureichenden **Bilanz nach englischem GAAP** doch noch eine **Bilanz nach deutschem Recht** anzufertigen. Zwar bleibt es angeblich in der Praxis unbeanstandet, wenn stattdessen auch in England die deutsche Steuerbilanz eingereicht wird. Offenbar ist dies aber weniger auf eine Toleranz des englischen Rechts zurückzuführen als darauf, dass der Registrar of Companies **keinerlei materielle Prüfungen** der eingereichten Unterlagen vornimmt, sondern bei Einreichen einer die Anforderungen zumindest in formaler Hinsicht erfüllenden Aufstellung bereits von Maßnahmen absieht. Ob daher dieser Verstoß gegen die englischen Publizitätsvorschriften auf Dauer rechtlich folgenlos bleibt, muss daher noch dahinstehen.

Zudem ist aufgrund des registered office in England weiterhin alljährlich eine Steuererklärung abzugeben – solange sich die weggezogene limited hiervon nicht auf Antrag hat befreien lassen.

6. Sozial- und Gewerberecht

249 Ein weiteres beliebtes Werbeargument für die englische limited ist die **Befreiung von der Sozialversicherungspflicht**. Hintergrund ist das sog. Handwerkerversicherungsgesetz von 1960, auf welches die Regelung in § 2 Ziff. 8 SGB IV zurückgeht, wonach sich auch für selbständige Handwerker eine Versicherungspflicht in der Rentenversicherung und den anderen Sozialversicherungen ergibt. Diese wegen der nachteiligen Entwicklung der Sozialversicherungssysteme zunehmend als Belastung empfundene Pflicht-

---

446 Art. 4 InsolvenzVO, vgl. auch von Bar, Internationales Privatrecht, Bd. I, Rn. 21; Schack, Internationales Zivilprozessrecht, Rn. 1086.
447 Siehe oben Rn. 157; Paulus, ZIP 2002, 734; Kindler, NZG 2003, 1090; Forsthoff, DB 2003, 980.
448 Die deliktsrechtliche Qualifikation würde über Art. 40 EGBGB die Anwendung deutschen Rechts auf im Inland tätige ausländische Gesellschaften eröffnen, hierfür z.B. Binge/Thölke, DNotZ 2004, 26; Haas, DStR 2003, 423 ff.; Höfling, Das englische Gesellschaftsrecht, S. 267; Weller, IPRax 2003, 207.
449 Zur Besteuerung Klein, Rpfleger 2003, 634 ff.

versicherung konnte sich der Handwerker bislang dadurch entziehen, dass er sein Geschäft mittels einer Kapitalgesellschaft beteiligt, an der er selber zugleich wesentlich (= mindestens 50 %) beteiligt ist und die Position eines Geschäftsführers ausübt.

Diese **Befreiung von der Pflichtversicherung in der Sozialversicherung** gilt auch für den Gesellschafter-director der limited. Ein spezifischer Vorsprung der limited gegenüber der GmbH liegt hierin aber nicht, denn insoweit gilt allein die Gleichstellung des director der limited mit dem Geschäftsführer der deutschen GmbH.

250

Der **Pflichtmitgliedschaft in der IHK** entgeht die limited nicht, denn sie beschränkt sich nicht auf inländische Gesellschaftsformen, sondern erfasst ausländische Gesellschaften, sobald diese im Inland eine Niederlassung oder Betriebsstätte unterhalten (§ 2 Abs. 1 IHK-Gesetz).[450] Gleiches gilt auch für den sog. **„Meisterzwang"** und die Pflicht zur Eintragung in die Handwerksrolle.[451] Gewerberechtliche Genehmigungserfordernisse treffen ebenfalls inländische Betriebe, auch wenn diese von ausländischen Gesellschaften betrieben werden.

251

7. Rechnungslegung

Solange die limited im englischen Companies Register als englische Gesellschaft eingetragen ist, hat diese die **Offenlegungsvorschriften nach englischem Recht** zu beachten. Insb. muss sie nach englischem Recht Buch führen, eine Gewinn- und Verlustrechnung aufstellen und eine Bilanz nach den Grundsätzen des englischen Rechts, also den **Statements of Standard Accounting Practices (SSAP)** und den **Financial Reporting Standards (FRS)** aufstellen.[452] Dies gilt auch für kleine und mittelgroße Gesellschaften. Für diese gelten aber bestimmte Erleichterungen. Der Abschluss ist zu prüfen, soweit es sich nicht um ein Kleinunternehmen (Jahresumsatz erreicht nicht 5,6 Mio. Pfund) handelt. Schließlich ist er auch zum Companies Register einzureichen und zu publizieren. Versäumt die Gesellschaft die Einreichung, so drohen **Geldstrafen und andere Sanktionen**.

252

In Deutschland ist umstritten, ob die §§ 238 ff. HGB als **öffentliches Recht oder gesellschaftsrechtlich** zu qualifizieren sind.[453] Nicht abschließend geklärt ist daher, ob die Bestimmungen des HGB zu Buchführung, Rechnungslegung und Abschlussprüfung auch für die inländische Zweigniederlassung der limited gelten oder ob es dabei bleibt, dass die Gesellschaft gemäß § 325a HGB den nach englischem Recht erstellten Abschluss offen legen und zum Zweigniederlassungsregister einreichen muss. Dabei wäre auch die Vorlage des in englischer Sprache verfassten Abschlusses gemäß § 325 a Abs. 1 Satz 4 HGB ausreichend, eine Übersetzung kann also unterbleiben.

253

Jedenfalls aber ergibt sich daraus, dass die Zweigniederlassung mit ihrem Gewinn im Inland der **Körperschaftsteuer** unterliegt – eine Verpflichtung, für steuerliche Zwecke im Inland eine den deutschen Regeln entsprechende Bilanz aufzustellen.[454] Ein Zusatzbelastung für Gesellschaften mit Hauptniederlassung im Ausland ist also unvermeidbar.

8. Rechtliche Beratung

Lässt sich die laufende Verwaltung der Gesellschaft (Geschäftsführung, jährliche Hauptversammlung, etc.) noch mit Hilfe einfacher schriftlicher Ratgeber zum englischen Recht realisieren, so erfordern

254

---

450 So VG Darmstadt, Urt. v. 7.11.2006 – 9 E 793/05, n.v.
451 Siehe Eidenmüller, Ausländische Kapitalgesellschaften, § 7 Rn. 35 ff.
452 Vgl. Just, Die englische Limited, Rn. 253
453 Für öffentlich-rechtliche Qualifikation: von Bar, Internationales Privatrecht, Bd. II, Rn. 608; MünchKomm-HGB/Ballwieser, § 238 Rn. 13; MünchKomm-BGB/Kindler, IntGesR Rn. 945; Baumbach/Hopt/Merkt, HGB, § 238 Rn. 9; Ebenroth/Boujong/Joost/Kindler/Wiedmann, HGB, § 238 Rn. 10. Für gesellschaftsrechtliche Qualifikation: GK/Behrens, GmbHG, Einl. B Rn. 95; Graf/Bisle, IStR 2004, 874; Michalski/Leible, GmbHG, Syst. Darst. 2 Rn. 121; Zimmer, Internationales Gesellschaftsrecht, S. 182; Staudinger/Großfeld, IntGesR, Rn. 362; ausführlich: Westhoff, in: Hirte/Bücker, Grenzüberschreitende Gesellschaften, § 17 Rn. 24 ff.
454 Westhoff, in: Hirte/Bücker, Grenzüberschreitende Gesellschaften, § 17 Rn. 111.

Strukturmaßnahmen (Satzungsänderung, Kapitalerhöhung), Gesellschafterstreitigkeiten und das richtige Verhalten in der Krise der Gesellschaft und die Vermeidung von Haftungsansprüchen **qualifizierten juristischen Rat**. Die Kommunikation mit Anwälten in England wirft sprachliche und sonstige Verständigungsprobleme auf; Beratung im englischen Gesellschaftsrecht erhält man in Deutschland allenfalls bei teuren Spezialisten. Hinzu kommt, dass die doppelte Ansässigkeit der Gesellschaft in England und Deutschland dazu führt, dass sich deutsches und englisches Recht **in Teilaspekten „überlagern"** und sich rechtliche Fragen ergeben, die bislang nicht geklärt sind. Die Beteiligten lassen sich daher in den meisten Fällen auf ein juristisches Abenteuer ein, dessen Folgen sie nicht übersehen können.[455]

H. Existenz- und Vertretungsnachweise bei ausländischen Gesellschaften

I. Grundzüge

255 Treten ausländische Gesellschaften im Inland als Vertragspartei, Prozessbeteiligte oder in anderer Beziehung auf, so stellt sich nicht nur die Frage, ob diese Gesellschaft anzuerkennen ist und ob ihr nach dem für sie maßgeblichen Recht überhaupt **hinreichende Rechts- und Beteiligtenfähigkeit** zukommt, sondern auch, wer sie und in welcher Weise vertreten kann. Probleme wirft bisweilen auch der Nachweis der Gründung der Gesellschaft, ihre Fortexistenz und der Bestellung der zur Vertretung berufenen Organpersonen auf.

In den meisten Staaten der EU ist die (1.) **Publizitätsrichtlinie so gut umgesetzt** worden, dass aus einem entsprechenden Auszug aus dem Handelsregister, ggf. sogar in beglaubigter Form, Existenz und Vertretung der Gesellschaft hervorgeht. Dabei werden nicht nur die zur Vertretung der Gesellschaft berufenen Personen, sondern auch die Art und Weise, in der diese die Gesellschaft vertreten, eindeutig wiedergegeben. I.d.R. wird daher ein entsprechender Auszug genügen, zumal die Beteiligten auf die Publizitätswirkungen vertrauen können.[456]

> **Hinweis:**
>
> Im deutschen Grundbuchrecht ist der Vertretungsnachweis für ausländische Kapitalgesellschaften in der von § 29 Abs. 1 GBO verlangten öffentlichen Form zu führen. Die Beweiserleichterungen des § 32 GBO sind für ausländische Handelsregisterauszüge bzw. eine Vertretungsbescheinigung gemäß § 21 BNotO nicht anwendbar.[457] Die sich ergebenden Beweisschwierigkeiten werden durch das Eingreifen des Grundsatzes der freien Beweiswürdigung vermieden. Soweit für eine ausländische Gesellschaft ein öffentliches Register existiert, erkennen es deutsche Gerichte daher an, wenn der Vertretungsnachweis durch Vorlage öffentlich beglaubigter Registerauszüge geführt wird.[458] Regelmäßig wird in der Praxis der Registergerichte auch die Vertretungsbescheinigung eines am Sitz der Gesellschaft ansässigen Notars anerkannt.[459]

II. Besonderheiten bei Gesellschaften aus dem englischen Rechtskreis

256 Das Gesellschaftsrecht in England hat sich **über das Commonwealth** über die ganze Erde verbreitet. Es gilt jetzt im Wesentlichen in den EU-Staaten Großbritannien, Irland, Malta und Zypern – wobei hier die

---

455 So auch Wegen/Schlichte, RIW 2006, 803; Drouven/Mödl, NZG 2007, 13 – zur US-Corporation.
456 Vgl. Art. 3 Abs. 5 der (1.) Publizitätsrichtlinie.
457 So OLG Hamm, RIW 1995, 152, 153 zum Nachweis des tatsächlichen Verwaltungssitzes einer Gesellschaft; Hausmann, in: Reithmann/Martiny, Internationales Vertragsrecht, Rn. 2270.
458 So OLG Köln, MittRhNotK, 1988, 181, 182; Schöner/Stöber, Grundbuchrecht, Rn. 3636a; Meikel/Roth, GBO, § 32 Rn. 59; Bausback, DNotZ 1996, 254, 265 f.
459 Dies ist allerdings dann fehlerhaft, wenn der Zugang zum Notariat im betroffenen Staat keine vollständige juristische Ausbildung erfordert – wie z.B. bei US-notaries.

Verwandtschaft noch am weitesten geht, da in allen diesen Ländern das Gesellschaftsrecht in gleichem Maße auch durch die EG-Richtlinien beeinflusst wird. Darüber hinaus hat es auf den Kanalinseln Jersey und Guernsey, der Isle of Man, Gibraltar, British Virgin Islands, den Bahamas, in Bermuda, Hong Kong und Singapur Verbreitung gefunden. In größeren vom englischen Recht beeinflussten Staaten wie Australien, Kanada, Südafrika und Neuseeland sind die Abweichungen zum englischen Recht größer, da diese Länder naturgemäß eine größere Eigenständigkeit entwickeln können. Dennoch finden wir in den Gesellschaftsrechten dieser Länder viele Charakteristika wieder, **die das englische vom deutschen Recht unterscheiden**. Dies gilt auch für das Recht der US-Staaten. Wegen der hier in besonderem Maße bestehenden Besonderheiten werden die USA jedoch unten gesondert behandelt.

Im Weiteren soll daher die Vertretung und ihr Nachweis zunächst für englischen und dann für US-amerikanische Gesellschaften exemplarisch dargestellt werden.

Das englische Recht der Kapitalgesellschaften unterscheidet nicht grundlegend zwischen „GmbH" und „AG". Vielmehr gibt es die limited company in der einfachen Form der private limited company (ltd.) und der public limited company (plc.). Für letztere gelten einige Sonderregeln in Bezug auf Mindestkapital, Sacheinlagen, Corporate governance, Zusammensetzung der Gesellschaftsorgane etc., wofür sie im Gegenzug ihre Aktien an den Börsen feilbieten darf. 257

Die Geschäftsführung einer company obliegt dem **board of directors** (Vorstand) der Gesellschaft als Kollektivorgan. Gemäß Sect. 282 Companies Act 1985 besteht das board aus **mindestens zwei** directors. In einer private company kann das board aber auch mit einem einzigen director besetzt werden. Die Kompetenzen der Direktoren sind nicht gesetzlich bestimmt, sondern ergeben sich aus dem Organisationsstatut der Gesellschaft (articles of association). Für den Fall, dass die articles keine individuelle Regelung treffen, hierauf ausdrücklich verweisen oder diese kopieren, gilt gemäß Sect. 8 (2) Companies Act 1985 der Table A. Dieser befindet sich in den Companies (Tables A to F) Regulations 1985. Hierbei handelt es sich um **eine Art Mustersatzung**, die ipso iure gilt, soweit nicht die individuelle Satzung abweichende Bestimmungen enthält. Gemäß Sect. 72 Table A obliegen Verwaltung und Vertretung der Gesellschaft dem board of directors, wobei den directors Gesamtvertretungsbefugnis zukommt. Soweit die private company einen einzigen director hat, ist dieser notwendigerweise alleinvertretungsbefugt. Bei größeren Gesellschaften mit einem größeren board, dem teilweise auch Personen angehören, die nicht ständig bei der Gesellschaft arbeiten (sog. independent directors), können nicht stets alle directors gleichzeitig handeln. In diesem Fall werden einzelne directors oder leitende Angestellte der Gesellschaft durch board-Beschluss, Gesellschafterbeschluss oder durch die Satzung ermächtigt, bestimmte Aufgaben eigenverantwortlich wahrzunehmen. Am bekanntesten ist hier der **managing director**, der als befugt gilt, die laufenden Geschäfte der Gesellschaft (day to day business) eigenverantwortlich zu führen.

Gemäß Sect. 35A (1) Companies Act 1985 gelten zugunsten Dritter, die **im guten Glauben** mit der Gesellschaft kontrahieren, die Befugnisse des board of directors, die Gesellschaft zu verpflichten oder andere dazu zu ermächtigen, als frei von satzungsmäßigen Beschränkungen. Damit kann sich ein Dritter, der mit dem board oder mit einer Person, die ihre Befugnisse vom board ableitet verhandelt darauf verlassen, dass diese zur uneingeschränkten Vertretung der Gesellschaft befugt sind. Für die bevollmächtigte dritte Person gilt dies auch dann, wenn sie ihre Befugnis auf eine **Vollmacht** stützt, die von einem director zusammen mit dem secretary bzw. zwei directors gemeinsam unterschrieben worden ist oder auf der das common seal der Gesellschaft angebracht worden ist (Sect. 36 A (6) Companies Act 1985). Hierbei handelt es sich um eine sog. **deed**, die nach englischem Recht ebenfalls den Rechtsschein einer wirksamen Vertretung der Gesellschaft begründet.[460] 258

Der **Nachweis der Gründung und weiteren Existenz** einer company kann durch ein sog. certificate of incorporation des Registrar of Companies erfolgen, der in beglaubigter Form durch beim Companies Re- 259

---

[460] Langhein, NZG 2001, 126; Heinz, ZNotP 2000, 412; Claudet, Notarius International 7, S. 39, 45 und S. 60; Kadel, MittBayNot 2006, 105 f.

gistration Office in Cardiff ausgestellt wird.[461] Es kann durch Bescheinigung des Registrar of Companies (sog. **certificate of good standing**)[462] auch die aktuelle Zusammensetzung der board of directors und die Person des secretary nachgewiesen werden. Aus einer solchen Bescheinigung ergibt sich die organschaftliche Vertretung der Gesellschaft aber nicht. Offenbar werden von dem Registrar of Companies in Cardiff auch wohl Bescheinigungen darüber ausgestellt, wer die Gesellschaft in welcher Weise vertreten kann.[463] Allerdings ist unklar, auf welcher Grundlage derartige Bescheinigungen vom Register erstellt werden und welche Gutglaubenswirkungen ihnen zukommen. Eine **gesetzliche Grundlage gibt es nicht**. Angesichts des Umstands, dass das englische Register keinerlei inhaltliche Prüfungen der eingereichten Unterlagen vornimmt, sondern diese nur in Bezug auf die **formelle Richtigkeit** untersucht, ist der Wert einer derartigen Bescheinigung zweifelhaft. Allenfalls dann, wenn der alleinige director der Gesellschaft gehandelt hat oder sämtliche directors der Gesellschaft gemeinsam gehandelt haben kann sich aber aus einem certificate of good standing die wirksame Vertretung der limited entnehmen lassen, da dann die gesetzliche Vermutung eingreift.

> **Hinweis:**
> Ergibt sich bereits aus den articles of association unmittelbar, dass alle directors der Gesellschaft diese allein vertreten können oder in bestimmter Zahl bereits gesamtvertretungsbefugt sind, kann der Nachweis der Vertretungsbefugnis durch das **certificate of good standing** zusammen mit einer beglaubigten Abschrift der **articles of association** erfolgen. Eine einfache oder beglaubigte Abschrift stellt z.B. der Registrar of Companies aus.[464]

260 Handelt ein Bevollmächtigter oder handeln einzelne directors der Gesellschaft, so ist der **board-Beschluss** nachzuweisen, mit dem dem director oder dem Dritten für das betroffene Geschäft oder Geschäfte dieser Art Vollmacht erteilt worden ist. Dieser Nachweis erfolgt durch **eine Bescheinigung des secretary** der Gesellschaft. Der secretary ist eine im Idealfall juristisch qualifizierte Person, die die Aufgabe des „Schriftführers" der Gesellschaft übernimmt. Sie hält den Kontakt der Gesellschaft zum Registrar of Companies, ist für die jährlichen Meldungen zum Register verantwortlich. Insb. ist er auch dafür verantwortlich, die Sitzungen der verschiedenen Gesellschaftsorgane einzuberufen und in den Sitzungen des board of directors (board meetings) Protokoll zu führen und in das Protokollbuch der Gesellschaft (minute book) einzutragen. Er kann daher durch einen Auszug aus dem minute book die Beschlussfassung und ihren Inhalt bestätigen. Anschließend kann der secretary vor einem englischen Notar bekräftigen, dass es sich bei dem von ihm angefertigten Auszug aus dem Protokollbuch der Gesellschaft um eine wahrheitsgetreue Widergabe des Inhalts des board-Beschlusses handelt (acknowledgement bzw. affidavit). Diese Versicherung wird vom notary public beglaubigt. Hierdurch erhält die Bescheinigung einen **der öffentlichen Form nahe kommenden Charakter**.

261 Eine letzte Nachweismöglichkeite besteht in den **notariellen Bescheinigungen**. Die sog. srivener notaries in der City of London stellen verbunden mit der Beglaubigung der Unterschriften unter einer Vollmacht oder einem anderen Schriftstück auch **Vertretungsbescheinigungen für englische Gesellschaften** aus. Die meisten deutschen Registergerichte kennen diese Bestätigungen an.[465] Die Notare der City of London sind aufgrund ihrer juristischen Ausbildung in der Lage, die für diese Bescheinigung erforderliche rechtliche Prüfung vorzunehmen.[466] Insoweit handelt es sich bei diesen Bescheinigungen also um besonders

---

461 Companies House, Crown Way Cardiff CF4 3ZU, Telephon: 0044-345-573991 (Direct Service Desk Number), Abfragen und Bestellung über Internet: www.companieshouse.gov.uk.
462 Muster z.B. bei Heinz, ZNotP 2000, 412.
463 Vgl. LG Berlin, GmbHR 2004, 1227 = GmbHR 2005, 172 = DB 2004, 2628 = ZIP 2004, 2380 = NotBZ 2005, 41.
464 Siehe Mankowski, in: Hirte/Bücker, Grenzüberschreitende Gesellschaften, § 12 Rn. 96.
465 Siehe bereits Hahn, DNotZ 1964, 288, 290 ff.
466 Mann, NJW 1955, 1177.

zuverlässige Nachweise. Allerdings sind diese Bescheinigungen auch mit Kosten von regelmäßig mehr als 250 £ verbunden.

III. Besonderheiten bei Gesellschaften aus den USA

1. Anerkennung US-amerikanischer Gesellschaften in Deutschland

Die Anerkennung US-amerikanischer Gesellschaften und die Bestimmung des Gesellschaftsstatuts im Verhältnis zu den USA ergibt sich aus der Sonderregelung in Art. XXV Abs. 5 des **Freundschafts-, Handels- und Schifffahrtsvertrags** v. 29.10.1954.[467]

262

Wenngleich jeder der über 50 US-Staaten **sein eigenes Gesellschaftsrecht** erlassen hat, so kann dennoch davon ausgegangen werden, dass dieses in den Grundzügen übereinstimmt. Grund dafür ist, dass gerade im Gesellschaftsrecht die Einzelstaaten geneigt sind, die **einschlägigen Mustergesetze zu übernehmen**.

> **Hinweis:**
> Spitzenreiter bei den Eintragungen von Gesellschaften ist in den USA nicht etwa einer der bevölkerungsmäßig oder wirtschaftlich starken Staaten wie New York oder Kalifornien, sondern Delaware. Aufgrund seiner einfachen und schnellen Registrierung, günstigen Besteuerung und für die Gründer großzügigen Gesetzgebung im Gesellschaftsrecht hat Delaware also in den USA eine vergleichbare Position wie in Europa Liechtenstein.

2. Vertretung der corporation (inc.)

Das US-amerikanische Gesellschaftsrecht geht wie das englische von einem einheitlichen Typus der Kapitalgesellschaft aus, der **corporation**. Die Geschäftsführung in einer corporation obliegt dem **board of directors**, einem von der Hauptversammlung gewählten Kollegialorgan, das gleichzeitig die Aufsicht über die Geschäftsführung wahrnimmt.[468] Die Einzelheiten ergeben sich nicht aus dem Gesetz, sondern **aus der Satzung der Gesellschaft** (articles of incorporation). Die Mitglieder des board sind grds. gesamtvertretungsbefugt. Bei größeren Gesellschaften wird die Geschäftsführung auf einzelne Mitglieder des board of directors (z.B. den president bzw. den chief executive officer) oder leitende Verwaltungsbeamte der Gesellschaft (officers) delegiert, die dann im Rahmen des gewöhnlichen Geschäftsgangs vertretungsbefugt sind. Dem board of directors kommt dann nur noch Aufsichtsfunktion zu. In den meisten Staaten kann das board of directors auch mit einem einzigen director besetzt werden.[469] Dieser director ist dann notwendigerweise alleinvertretungsbefugt.

263

Die Vertretungsbefugnis der Gesellschaftsorgane ist auf den Gesellschaftszweck beschränkt (**ultra-vires-Doktrin**). Zur Erleichterung des Geschäftsverkehrs und zum Schutz gutgläubiger Geschäftspartner sowie sonstiger Dritter sind die Auswirkungen dieser Lehre jedoch in den Gesetzen weitgehend eingeschränkt worden und betreffen nur noch die Haftung des Handelnden im Innenverhältnis zur Gesellschaft.

3. Vertretung einer limited liability company (LLC)

Die **limited liability company** ist eine vor einigen Jahren geschaffene Rechtsform, die sich aber sehr schnell etabliert hat. Es handelt sich um eine der Kapitalgesellschaft angenäherte Form der Personengesellschaft, die aber **juristische Person** ist.[470] Die Gesellschaft entsteht durch Anmeldung der Satzung (articles of organization) bei einer staatlichen Behörde.[471] Die Gesellschafter haften beschränkt auf ihre

264

---

467 BGBl. 1956 II, S. 487 ff. – dazu bereits oben Rn. 26.
468 Bungert, Gesellschaftsrecht in den USA, S. 25.
469 Carney/Hay, in: Lutter, Die Gründung einer Tochtergesellschaft im Ausland, S. 951.
470 Bungert, Gesellschaftsrecht in den USA, S. 64.
471 Solomon/Palmiter, Corporations, S. 21.

Einlage. Die besondere Attraktivität dieser Gesellschaftsform besteht darin, dass sie steuerlich „transparent" behandelt wird.[472]

Die Vertretung der LLC obliegt grds. den Gesellschaftern, von denen jeder zur Alleinvertretung befugt ist (**Selbstorganschaft**). Wurde allerdings in der Satzung eine Geschäftsführung (**management**) bestellt und ihr die Verwaltung und Vertretung der Gesellschaft übertragen, ist diese für die Vertretung der Gesellschaft ausschließlich zuständig. In diesem Fall kommt jedem der manager **Einzelvertretungsmacht** zu. Für die Vertretung der Gesellschaft sind aber abweichende Regelungen in der Satzung (articles of organization) oder der Geschäftsordnung (operating agreement) vorrangig zu beachten.[473]

Die **ultra-vires-Doktrin** gilt hier auch im Verhältnis zu Dritten – anders als bei der corporation. Die Gesellschaft wird dann nicht durch ein Handeln ihres Vertreters gebunden, wenn dem Vertragspartner die Überschreitung des Gesellschaftszwecks bekannt oder offensichtlich war.[474]

4. Trust

265 Bei Errichtung eines trust entsteht **keine juristische Person**. Vielmehr bilden die in den trust eingebrachten Rechte ein **Sondervermögen**, das dem Treuhänder (trustee) zugeordnet ist und über das dieser nach außen auch verfügen kann. Insoweit bedarf es mithin nur eines Nachweises der wirksamen Übertragung des Vermögens auf den Treuhänder. Handelt es sich bei dem Treuhänder um keine natürliche Person, sondern um eine Gesellschaft, ist die Vertretungsbefugnis für diese **nach den allgemeinen Regeln** nachzuweisen. Dabei ist berücksichtigen, dass die h.M. die Begründung eines Trust-Verhältnisses an deutschem Recht unterliegenden Sachen und Rechten, insb. an in Deutschland belegenen Sachen oder Anteilen an Gesellschaften mit Sitz in Deutschland nicht anerkennt.[475]

5. Nachweis von Existenz und Vertretung

266 Die Gründung einer Gesellschaft (sowohl der inc. als auch der LLC) erfolgt **durch Einreichung der Satzung** (memorandum of incorporation bzw. articles of organization) bei der zuständigen staatlichen Stelle, regelmäßig der Secretary of State (in New York: Department of State), einer Zivilverwaltungsbehörde in dem jeweiligen US-Einzelstaat auf Ministerialebene. Daher kann die Gründung und damit die Existenz der Gesellschaft durch ein von derselben Stelle ausgestelltes **certificate of incorporation** nachgewiesen werden.[476]

> **Hinweis:**
> Liegt die Gründung der Gesellschaft zeitlich etwas weiter zurück, sollte zusätzlich ein sog. certificate of good standing angefordert werden, da das certificate of incorporation keinen Nachweis darüber erbringt, dass die Gesellschaft inzwischen nicht wieder erloschen ist.[477] Häufig wird diese Bescheinigung mit dem certificate of incorporation in einer Urkunde verbunden.[478]

267 **Mit der Anmeldung der Gesellschaft** zur Inkorporierung sind (im Fall der corporation) die Gründungsdirektoren der Gesellschaft dem secretary bzw. department of state zu melden. Änderungen der Besetzung des board of directors bzw. ein Auswechseln der manager sind diesem jedoch in den meisten Staaten nicht mitzuteilen. Daher kann durch eine entsprechende Bescheinigung allenfalls bei frisch gegründeten Ge-

---

472 Solomon/Palmiter, Corporations, S. 24.
473 Bungert, IStR 1993, 132.
474 Bungert, Gesellschaftsrecht in den USA, S. 70.
475 BGH, IPRax 1985, 221, 223; von Bar, Internationales Privatrecht, Bd. II, Rn. 500; Böhmer, Das deutsche IPR des timesharing, S. 75; v. Caemmerer, in: FS für Zepos, S. 25, 34; Coing, ZfRV 1994, 81, 90; Czermak, Der expresstrust im Internationalen Privatrecht, S. 283 ff.; Witthuhn, Das Internationale Privatrecht des Trust, S. 141 ff.
476 Kau/Wiehe, RIW 1991, 32, 33; Bungert, DB 1995, 963, 967 f.
477 Vgl. OLG Hamm, IPRax 1998, 358, 360; Bungert, IPRax 1998, 339, 347.
478 In Florida können die Daten online abgefragt werden, wobei auch die directors, der secretary und andere Personen genannt werden: www.sunbiz.com.

sellschaften die Zusammensetzung des board of directors – aber **schon nicht mehr die konkrete Vertretung** – nachgewiesen werden. Im Übrigen gibt es keine Möglichkeit, die Besetzung des Vertretungsorgans oder gar die Vertretungsbefugnis durch eine „amtliche" Urkunde nachzuweisen. Dies macht die besondere Schwierigkeit im Umgang mit US-Gesellschaften aus.

Der Nachweis der Vertretungsbefugnis wird im praktischen Rechtsverkehr in den USA bei wichtigeren Geschäften durch **eine Bestätigung des secretary der Gesellschaft** geführt. Der secretary ist der Schriftführer der Gesellschaft, der wie in England so auch in den USA für die ordnungsgemäße Einberufung und Abhaltung der Versammlungen sorgt, für die Gesellschaft Bescheinigungen erteilt und das Siegel der Gesellschaft verwahrt. In den USA kann dieses Amt – anders als in England – in kleineren Gesellschaften **auch vom einzigen director** in Personalunion wahrgenommen werden. Da der secretary das Protokollbuch der Gesellschaft führt, kann er Abschriften des board-Beschlusses ausfertigen, mit dem Vollmacht zum Abschluss des betroffenen Rechtsgeschäfts erteilt wurde oder dieses genehmigt wird. Ist er zugleich alleiniger director, muss er sich in seiner Eigenschaft als secretary seine Vertretungsbefugnis als director selber bestätigen. Anschließend kann der secretary vor einem notary public ein acknowledgement (entspricht in etwa einer gesteigerten Form der Beglaubigung in unserem Sinne) abzugeben,[479] durch das diese Bescheinigung einer **öffentlichen Urkunde i.S.d. deutschen Rechts** nahe kommt.

268

Einer Bescheinigung, die mit dem **Siegel der Gesellschaft (corporate seal)** versehen ist, kommt eine besondere Gutglaubensfunktion zu.[480]

Bei der **limited liability company** kann die Existenz ebenfalls durch ein certificate of incorporation nachgewiesen werden. Die Vertretungsbefugnis ergibt sich aus der Satzung (articles of organization), indem entweder dort die manager der Gesellschaft bereits bestellt wurden oder mangels Einrichtung eines Managements die Gesellschafter selber die Geschäftsführung wahrnehmen. Soweit ein manager später bestellt wurde oder der handelnde Gesellschafter nachträglich die Beteiligung erworben hatte, ist der **Nachweis durch entsprechende Urkunden** (Änderung der Satzung, Abtretungsvertrag, Gesellschafterbeschluss) oder wie bei der corporation durch Bestätigung des secretary der Gesellschaft (soweit vorhanden) zu führen.

269

Bisweilen wird die **legal opinion einer amerikanischen Anwaltskanzlei** eingeholt. Hierbei handelt es sich um keine öffentliche Urkunde i.S.v. § 29 GBO. Ist jedoch kein formeller Nachweis erforderlich, so bietet die Bescheinigung gemeinsam mit dem certificate of incorporation und der Haftpflichtpolice des amerikanischen Kanzlei – bei entsprechender Autorität – eine hinreichende Sicherheit im Umgang mit US-Gesellschaften.

IV. Anerkennung ausländischer öffentlicher Urkunden

Die rechtliche Wirkung einer öffentlichen Urkunde reicht **nur so weit wie der Geltungsbereich des Rechts**, auf dessen Grundlage die Beurkundung erfolgt ist. Einer durch eine ausländische Behörde ausgestellten öffentlichen Bescheinigung, Beglaubigung oder Urkunde kommt mithin im Inland noch nicht ipso iure die vom deutschen Recht vorgesehene besondere Beweiswirkung öffentlicher Urkunden zu. Immerhin bestimmt aber § 438 Abs. 2 ZPO, dass einer ausländischen Urkunde der volle Beweiswert zukommt, wenn diese **durch eine konsularische Vertretung in der Bundesrepublik Deutschland** legalisiert worden ist.

270

Legalisation bedeutet, dass der deutsche Konsul im Errichtungsstaat durch einen Vermerk die Echtheit der Urkunde bestätigt.

271

Im Verhältnis zu einer Reihe von Staaten bestehen bilaterale Abkommen, aufgrund derer die dort ausgestellten Urkunden im Inland **keiner weiteren Form** mehr bedürfen (also weder Legalisation noch

272

---

479 Muster hierfür z.B. bei Fischer, ZNotP 1999, 357.
480 Hamilton, Corporations, S. 553.

Apostille). Dies gilt aktuell für Belgien,[481] Dänemark,[482] Frankreich,[483] Italien,[484] Österreich[485] und die Schweiz.[486]

273 Eine erhebliche Erleichterung im Verhältnis zu vielen anderen Staaten ergibt sich aus dem **Haager Übereinkommen** zur Befreiung ausländischer öffentlicher Urkunden von der Legalisation v. 5.10.1961,[487] nach welchem für den Echtheitsnachweis einer Urkunde aus einem Beitrittsstaat in einem anderen Beitrittsstaat allenfalls die Anbringung einer **Apostille** verlangt werden kann. Zuständig für die Anbringung der Apostille ist eine für die jeweilige Urkundsperson zuständige bestimmte Behörde des Ausstellungsstaates. Das Abkommen ist eines der erfolgreichsten multilateralen Abkommen überhaupt. Mittlerweile gilt das Abkommen im Verhältnis zu **folgenden Staaten**:

Andorra, Antigua und Barbuda, Argentinien, Armenien, Australien, Bahamas, Barbados, Belarus, Belgien, Belize, Bosnien-Herzegowina, Botsuana, Brunei Darussalam, Bulgarien, China (nur die Sonderverwaltungsregionen Hongkong und Macau), Cook Inseln, Dominica, Ecuador, El Salvador, Estland, Fidschi, Finnland, Frankreich, Grenada, Griechenland, Honduras, Irland, Island, Israel, Italien, Japan, Kasachstan, Kolumbien, Kroatien, Lesotho, Lettland, Liechtenstein, Litauen, Luxemburg, Malawi, Malta, Marshallinseln, Mauritius, Mazedonien, Mexiko, Monaco, Namibia, Neuseeland, Niederlande, Niue, Norwegen, Österreich, Panama, Polen, Portugal, Rumänien, Russische Föderation, Samoa, San Marino, Schweden, Schweiz, Serbien und Montenegro, Seychellen, Slowakei, Slowenien, Spanien, St. Kitts und Nevis, St. Lucia, St. Vincent und die Grenadinen, Südafrika, Suriname, Swasiland, Tonga, Trinidad und Tobago, Tschechische Republik, Türkei, Ungarn, Venezuela, Vereinigtes Königreich, Vereinigte Staaten, Zypern.

Gegen den Beitritt einiger Staaten (z.B. Albanien, Aserbaidschan, Indien, Liberia und die Ukraine) hat die Bundesregierung Widerspruch eingelegt, so dass das Abkommen im Verhältnis zu diesen Staaten nicht in Kraft getreten ist.

274 Die Apostille ist **nicht in jedem Fall zwingend erforderlich**, sondern nur nach gerichtlichem bzw. behördlichen Ermessen. Bspw. verzichten die Behörden in Grenzgebieten zur Schweiz regelmäßig auf die Apostille, da sie aufgrund ihrer Erfahrung die Echtheit hinreichend selber beurteilen können. Das LG Berlin hat ebenfalls entschieden, dass Bescheinigungen des englischen company house im LG-Bezirk auch ohne Apostille anerkannt werden.[488] In der Tat fragt sich, ob bei Urkunden aus dem europäischen Ausland überhaupt noch das regelmäßige Verlangen einer Apostille **verhältnismäßig** ist. Regelmäßig besteht hier bei gewisser Vertrautheit mit Urkunden aus diesem Staat nicht mehr Anlass zu Zweifeln an der Echtheit, als bei einer inländischen Urkunde. Der **Grad an zusätzlicher Sicherheit** aufgrund der ebenfalls im Ausland angebrachten Apostille ist häufig nicht messbar. Das gilt vor allem dann, wenn für die Anbringung der Apostille dieselbe Stelle zuständig ist, wie für die Ausstellung der Urkunde (z.B. der Secretary of State in den meisten US-Staaten, der das certificate of incorporation wie auch die Apostille dafür ausstellt).

In einer Reihe von Staaten hat das Auswärtige Amt die Legalisation von Urkunden eingestellt, da die Echtheit und Richtigkeit der Urkunden dort nicht gewährleistet ist. Diese „**Schwarze Liste**" betrifft zurzeit Urkunden aus den folgenden Ländern:

- Afghanistan,
- Äquatorialguinea,

---

481 Deutsch-Belgisches Abkommens v. 13.5.1975 (BGBl. 1980 II, S. 815).
482 Deutsch-Dänisches Beglaubigungsabkommen v. 17.6.1936 (RGBl. 1936 II, S. 213).
483 Abkommen zwischen der Bundesrepublik Deutschland und der Französischen Republik über die Befreiung öffentlicher Urkunden von der Legalisation v. 13.9.1971 (BGBl. 1974 II, S. 1100).
484 Vertrag zwischen der Bundesrepublik Deutschland und der Italienischen Republik über den Verzicht auf die Legalisation von Urkunden v. 7.6.1969 (BGBl. 1974 II S. 1069).
485 Deutsch-österreichischer Beglaubigungsvertrag v. 21.6.1923 (RGBl. 1924 II, S. 61).
486 Das Deutsch-Schweizerische Abkommen v. 14.2.1907 (RGBl. 1907, S. 411) umfasst allerdings nur Urkunden, die von Gerichten ausgestellt wurden (z.B. Handelsregisterauszüge) und von bestimmten höheren Verwaltungsbehörden.
487 BGBl. 1965 II, S. 876.
488 LG Berlin, GmbHR 2004, 1227 = GmbHR 2005, 172 = DB 2004, 2628 = ZIP 2004, 2380 = NotBZ 2005, 41.

- Aserbaidschan,
- Bangladesh,
- Benin,
- Côte d'Ivoire
- Dominikanische Republik,
- Dschibuti,
- Eritrea,
- Gambia,
- Ghana,
- Guinea,
- Guinea-Bissau,
- Haiti,
- Indien,
- Kambodscha,
- Kamerun,
- Kenia,
- Kongo (Demokratische Republik und Republik Kongo),
- Laos,
- Liberia,
- Marokko,
- Mongolei,
- Myanmar (Birma),
- Nepal,
- Nigeria,
- Pakistan,
- Philippinen,
- Ruanda,
- Senegal,
- Sierra Leone,
- Sri Lanka,
- Tadschikistan,
- Togo,
- Tschad,
- Uganda,
- Usbekistan,
- Vietnam,
- Zentralafrikanische Republik.

In diesen Fällen ist eine aufwendige inhaltliche Überprüfung der Urkunde durch die deutsche konsularische Vertretung im Wege der Amtshilfe erforderlich.

9. Kapitel: Nachfolge in Gesellschaftsbeteiligungen

Inhaltsverzeichnis

	Rn.
A. **Vorbemerkung**	1
B. **Allgemeines zur steuerlichen Behandlung der Unternehmensnachfolge**	6
I. Einkommensteuer	6
1. Allgemeines	6
2. Auseinandersetzung	8
3. Verlustvortrag	12
II. Erbschaft-/Schenkungsteuer	13
1. Erwerbsvorgänge	13
2. Bewertung des Betriebsvermögens von Personenunternehmen	15
3. Aufteilung des erbschaftsteuerlichen Wertes des Betriebsvermögens bei Mitunternehmerschaften	17
4. Erbschaftsteuerliche Begünstigung des Produktivvermögens	18
a) Erwerbsvorgänge	19
b) Begünstigtes Vermögen	20
aa) Betriebsvermögen	20
bb) Anteile an inländischen Kapitalgesellschaften	21
c) Begünstigungen	22
aa) Freibetrag nach § 13a Abs. 1 ErbStG	22
bb) Bewertungsabschlag (verminderter Wertansatz, § 13a Abs. 2 ErbStG)	23
cc) Tarifentlastungsbetrag (§ 19a ErbStG)	24
dd) Begünstigungstransfer	27
ee) Verzicht auf die Begünstigung	29
d) Nachbesteuerung	30
III. Grunderwerbsteuer	35
C. **Rechtsnachfolge von Todes wegen**	36
I. Einzelunternehmen in der Nachfolge	36
1. Zivilrecht	36
2. Steuerrecht	39
a) Einkommensteuer	39
b) Erbschaftsteuer	41
II. Rechtsnachfolge in Anteile an Personengesellschaften	42
1. Eingeschränkte Rechtsnachfolge kraft Gesetzes	42
2. Gestaltung der Rechtsnachfolge in Anteile an Personengesellschaften	48
3. Gesellschaftsvertragliche Klauseln im Einzelnen und ihre Rechtsfolgen	51
a) Fortsetzungsklausel	51
aa) Zivilrecht	51
bb) Einkommensteuer	57
cc) Erbschaftsteuer	63
b) Erbrechtliche Nachfolgeklauseln	65
aa) Einfache Nachfolgeklausel	67
(1) Zivilrecht	67
(2) Einkommensteuer	73
(3) Erbschaftsteuer	76
bb) Qualifizierte Nachfolgeklausel	79
(1) Zivilrecht	79
(2) Einkommensteuer	83
(3) Erbschaftsteuer	86
c) Rechtsgeschäftliche Nachfolgeklausel	88
aa) Zivilrecht	88
bb) Einkommensteuer	92
cc) Erbschaftsteuer	94
d) Eintrittsklausel	96
aa) Zivilrecht	96
bb) Einkommensteuer	104
cc) Erbschaftsteuer	107
III. Rechtsnachfolge von Todes wegen in Anteile an Kapitalgesellschaften	109
1. Zivilrecht	109
a) Grundsatz	109
b) Rechtsnachfolge im Gründungsstadium	111
aa) Vorgründungsstadium	111
bb) Vorgesellschaft	112
2. Einkommensteuer	115
a) Rechtsnachfolge in Kapitalgesellschaftsanteile	115
b) Rechtsnachfolge in Anteile an einer Komplementär-GmbH bei einer GmbH & Co. KG bzw. an einer Betriebskapitalgesellschaft im Rahmen einer Betriebsaufspaltung	117
3. Erbschaftsteuer	118
4. Zwangsabtretung, Zwangseinziehung	122
a) Zivilrecht	122
b) Einkommensteuer	127
c) Erbschaftsteuer	129
IV. Testamentsvollstreckung	131
1. Einzelunternehmen	131
a) Treuhandlösung	132
b) Vollmachtslösung	133
2. Testamentsvollstreckung an Personengesellschaftsanteilen	134
3. Testamentsvollstreckung an Kapitalgesellschaftsanteilen	138
4. Steuerliche Pflichten des Testamentsvollstreckers	140
a) Erbschaftsteuer	140
b) Unternehmensfortführung	141
aa) Einzelunternehmen	141

bb) Personengesellschaft 144
cc) Kapitalgesellschaften 145
D. **Vorweggenommene Erbfolge** 146
I. Allgemeines. 146
   1. Zivilrecht 146
   2. Einkommensteuer 154
   3. Schenkungsteuer 161
II. Einzelunternehmen 165

1. Übertragung eines Einzelunternehmens ... 165
2. Aufnahme einer natürlichen Person in ein bestehendes Einzelunternehmen 167
3. Zuwendung eines Anteils an einer Personengesellschaft. 170
4. Zuwendung eines Anteils an einer Kapitalgesellschaft 174

Kommentare und Gesamtdarstellungen:

Bamberger/Roth, Kommentar zum Bürgerlichen Gesetzbuch, 2003; *Baumbach/Hopt*, Kommentar zum Handelsgesetzbuch: HGB, 32. Aufl. 2006; *Baumbach/Hueck*, Kommentar zum GmbH-Gesetz, 18. Aufl. 2006; *Beck'sches Mandatshandbuch*, Erbrechtliche Unternehmensnachfolge, 2002; *Bengel/Reimann*, Handbuch der Testamentsvollstreckung, 3. Aufl. 2001; *Crezelius*, Unternehmenserbrecht, 1998; *Gebel*, Betriebsvermögensnachfolge, 2. Aufl. 2002; *ders.*, Die Gesellschafternachfolge im Schenkung- und Erbschaftsteuerrecht, 2. Aufl. 1997; *Ebenroth*, Erbrecht, 1992; *Ebenroth/Boujoung/Joost*, Kommentar zum Handelsgesetzbuch, 1. Aufl. 2001 ff.; *Gosch/Schwedhelm/ Spiegelberger*, GmbH-Beratung, Stand: 2006; *Hermann/Heuer/Raupach*, Einkommensteuer- und Körperschaftsteuergesetz mit Nebengesetzen, Stand: 2006; *Hörger/Stephan/Pohl*, Unternehmens- und Vermögensnachfolge, 2. Aufl. 2002; *Hörger/Stephan*, Die Vermögennachfolge im Erbschaft- und Ertsragsteuerrecht, 3. Aufl. 1998; *Hübner*, Die Unternehmensnachfolge im Erbschaft- und Schenkungsteuerrecht, 1998; *Hübschmann/Hepp/Spitaler*, Kommentar zur Abgabenordnung und Finanzgerichtsordnung, Stand: 2006; *Kirchhof/Söhn/Mellinghoff*, Einkommensteuergesetz, Stand: 2006; *Lorz/Kirchdörfer*, Unternehmensnachfolge, 2. Aufl. 2006; *Mayer/Bonefeld/Wälzholz/Weidlich*, Testamentsvollstreckung, 2. Aufl. 2005; *Meyer-Scharenberg*, Gestaltung der Erb- und Unternehmensnachfolge in der Praxis, Stand: Dezember 2005; *Mayer/Süß/Tanck/Bittler/Wälzholz*, Handbuch Pflichtteilsrecht, 2003; *Münchener Anwaltshandbuch Erbrecht*, 2. Auflage 2007; *Münchener Kommentar zum Bürgerlichen Gesetzbuch*, Bd. 5, §§ 705 – 853, 4. Aufl. 2004; *Münchener Kommentar zum Handelsgesetzbuch*, Bd. 4, §§ 238 – 342a, 2001; *Münchener Vertragshandbuch*, Bd. 1, Gesellschaftsrecht, 6. Aufl. 2005; *Nieder*, Handbuch der Testamentsgestaltung, 2. Aufl. 2000; *Schmidt*, Einkommensteuergesetz: EStG, 25. Aufl. 2006; *Scholz*, GmbHG, Bd. 1, 9. Aufl. 2000, 10. Aufl. 2006, Bd. 2 9. Aufl. 2002; *Söffing/Thümmel*, Praxishandbuch der Unternehmensgestaltung, 2003; *Staub*, Großkommentar zum Handelsgesetzbuch, Bd. 2, 4. Aufl. 2005; *Staudinger*, Kommentar zum Bürgerlichen Gesetzbuch, Buch IV, §§ 1626 – 1631 BGB, 2006; *DAV*, Steueranwalt 2005/2006, 2006; *Streck*, Körperschaftsteuergesetz: KStG, 6. Aufl. 2003; *Streck/Mack/Olbing*, Unternehmensnachfolge – Testamentsberatung und Erben, 2005; *Sudhoff*, Unternehmensnachfolge, 5. Aufl. 2005; *Schmidt*, Kommentar zum EStG, 25. Aufl. 2006; *Troll/Gebel/Jülicher*, ErbStG, 32. Aufl. 2006; *Ulmer/Habersack/Winter*, Gesetz betreffend die Gesellschaften mit beschränkter Haftung (GmbHG), Bd. 1, §§ 1 – 28, 2005; *Viskorf/Glier/Hübner/Knobel/Schuck*, Erbschaftsteuer – und Schenkungsteuergesetz, Bewertungsgesetz, 2. Aufl. 2004; *Widmann/Mayer*, Umwandlungsrecht, Stand: 2006.

Formularbücher und Mustersammlungen:

Münchener Prozessformularbuch, Bd. 4, Erbrecht, 2004.

Aufsätze und Rechtsprechungsübersichten:

Baur, Der Testamentsvollstrecker als Unternehmer, in: FS für Dölle,, 1963, S. 249; *Crezelius*, Die werdende Kapitalgesellschaft im Körperschaftsteuerrecht, in: FS für Wassermeyer, 2005, S. 15; *Daragan*, Erfüllung einer Pflichtteilsverbindlichkeit durch Grundstücksübertragung an Erfüllung Statt: Nachlaßverbindlichkeit in Höhe des Nennwerts, ZEV 1999, 35; *Fischer*, Fortführung eines Handelsgeschäfts durch eine Erbengemeinschaft?, ZHR 144 (1980), 1; *Gebel*, Steuerliche Wertermittlung beim Erwerb durch Vermächtnis und aufgrund Pflichtteils, ZEV 1999, 85; *Grote*, Möglichkeiten der Haftungsbeschränkung für den Erben eines einzelkaufmännischen Gewerbebetriebs, BB 2001, 2595; *Habersack*, Grenzen der Mehrheitsherrschaft in Stimmrechtskonsortien, ZHR 164 (2000), 1; *Hannes*, Verwaltungsanweisung zur ertragsteuerlichen Behandlung der Erbengemeinschaft und Ihrer Auseinandersetzung, ZEV 2006, 164; *Hübner*, Erbschaftsteuerliche Unternehmensbewertung und Steuerbilanzwerte, DStR 2000, 1205; *ders.*, Das Bereicherungsprinzip des ErbStG und seine Bedeutung für die Begünstigung des Produktivvermögens – mittelbare Erwerbe nach dem StÄndG 2001, DStR 2003, 4; *ders.*, Aufteilung des erbschaftsteuerlichen Werts bei Personengesellschaften, ErbStB 2005, 249; *ders.*, Anm. zu BFH v. 20.01.2005 II R 56/02 und BFH 02.03.2005 II R 11/02, ZEV 2005, 354; *ders.*, Die (dis-) qualifizierte Nachfolgeklausel, ZErb 2004, 34; *ders.*, Die Eintrittsklausel im Einkommen- und Erbschaftsteuerrecht, ErbStB 2006, 17; *ders.*, Zwangsabtretung und Zwangseinziehung im Erbschaftsteuerrecht,

ErbStB 2004, 387; *Kirchdörfer/Lorz*, Familienvermögensgesellschaften als Organisationsmodelle im Rahmen der Familienstrategie und der Planung der Vermögensnachfolge, DB 2004, Beilage 3 zu Heft 21; *Leisner*, Die Erhöhung der Erbschaft- und Schenkungsteuer durch das Haushaltsbegleitgesetz 2004 – verfassungswidrig?, NJW 2004, 1129; *Märkle*, Die Übertragung eines Bruchteils eines Gesellschaftsanteils bei vorhandenem Sonderbetriebsvermögen, DStR 2001, 685; *Priester*, Testamentsvollstreckung am GmbH-Anteil, in: FS für Stimpel, 1985, 463; *Schäfer*, Das bedingte Austrittsrecht nach § 139 HGB in der GbR, NJW 2005, 3665; *K. Schmidt*, Handelsrechtliche Erbenhaftung als Bestandteil des Unternehmensrechts, ZHR 157 (1993), 609; *ders.*, Die Erbengemeinschaft nach einem Einzelkaufmann – Verfassung, Haftung, Umwandlung und Minderjährigenschutz, NJW 1985, 2790; *ders.*, Das Handelsrechtsreformgesetz, NJW 1998, 2161; *ders.*, Zur Gesellschafternachfolge im Todesfall, BB 1989, 172; *Schön*, Nießbrauch am Gesellschaftsanteil in Gesellschafts- und Steuerrecht, StbJb. 1996/97, 45; *Ulmer*, Zur Gesellschafternachfolge im Todesfall, BB 1977, 808; *Viskorf*, Anm. zu BFH v. 07.10.1998 II R 52/96, FR 1999, 664; *Wachter*, Verfassungsmäßigkeit des Haushaltsbegleitgesetzes 2004, DB 2004, 780; *Wacker/Franz*, Zur ertragsteuerrechtlichen Behandlung der Erbengemeinschaft und Ihrer Auseinandersetzung, BB 1993, Beilage 5, S. 2; *Wassermeyer*, in: FS für Schmidt, Der Erwerb eigener Anteile durch eine Kapitalgesellschaft – Überlegungen zur Rechtsprechung des I. Senats des BFH, 1993, S. 621; *Ziegler*, Mittelbare Schenkung von Anteilen an einer Kapitalgesellschaft, ZEV 2005, 265.

A. Vorbemerkung

Die Rechtnachfolge in unternehmerisches oder privates Vermögen ist primär eine **Gestaltungsaufgabe**. Die nachfolgenden Ausführungen können sich deshalb nicht auf die Beschreibung des – weitgehend dispositiven – Gesetzesrechts beschränken, sondern müssen insb. die gestaltungsrelevanten Aspekte dieser Themenstellung betonen. Und diese sind – wie bei jeder Gestaltung – zukunftsorientiert und auf spezifische Ziele ausgerichtet. In erster Linie bedarf es in diesem Kontext der Definition der anzustrebenden Ziele und deren Ordnung (Zielhierarchie), um Zielkonflikte zu vermeiden.

> *Beispiel:*
> *Wer der Minimierung der nachfolgebedingten Steuerlast die oberste Priorität einräumt, vernachlässigt möglicherweise bewusst oder unbewusst andere Gestaltungsziele. Das kann verheerende Folgen haben, etwa dann, wenn dem Unternehmen keine zukunftsfähige Struktur gegeben wird oder Streit unter den Familienangehörigen ausbricht.*

An oberster Stelle wird regelmäßig das Ziel der **Erhaltung des Familienvermögens** stehen. Da im Bereich mittelständischer Unternehmen das Unternehmensvermögen häufig den wesentlichen Teil des Familienvermögens bildet, dürfte dieses Ziel der Erhaltung des Familienunternehmens an sich vorgehen. Diese Zieldefinition erfordert Vorkehrungen für den Fall, dass entweder die angestrebte familieninterne Nachfolge ausscheidet – etwa weil der Nachfolger vorverstirbt oder sich anderen Aufgaben zuwendet – oder aber dem Nachfolger der unternehmerische Erfolg versagt bleibt. Die aus dieser Überlegung folgende Unternehmensstruktur muss nicht nur die ins Auge gefasste Nachfolge ermöglichen, sondern zugleich transaktionsoffen sein, um ggf. auch die Alternative einer Unternehmenstransaktion (Unternehmensverkauf, Beteiligung eines Investors) zu ermöglichen und insb. auch eine **effektive Haftungsabschirmung** wertvollen Anlagevermögens zumindest gegenüber Risiken aus dem operativen Geschäft (Produkthaftung etc.) beinhalten. Allein die Generierung einer in diesem umfassenden Sinn nachfolgetauglichen Unternehmensstruktur erfordert regelmäßig einen erheblichen Gestaltungsaufwand.

Zu den Gestaltungszielen gehört ohne Zweifel auch die **Minimierung von nachfolgebedingten Liquiditätsabflüssen**, die bei mittelständischen Unternehmerfamilien häufig nur aus dem Unternehmen finanziert werden können. Die Unternehmensnachfolge begründet vor dem Hintergrund der Komplexität gerade auch des nachfolgerelevanten Steuerrechts stets die Gefahr, entweder ertragsteuerrelevante Gewinnrealisierungen oder vermeidbare Erbschaftsteuerbelastungen auszulösen. Aber nicht allein das Steuerrecht kann Liquiditätsbelastungen auslösen. Auch das Zivilrecht hat in diesem Kontext seine Tücken: Pflichtteilsansprüche, Zugewinnausgleichsansprüche, Ausgleichsansprüche unter Miterben (§§ 2050 ff. BGB) oder gar Unterhaltsansprüche (§ 1586b Abs. 1 Satz 1 BGB) sind zu bedenken und zu steuern. In diesen Fällen drohen häufig im Kontext der Erfüllung dieser Ansprüche spezifische steuerliche Nachteile.[1]

---

[1] Vgl. etwa BFH, ZEV 2005, 315 m. Anm. Hübner.

4   Es liegt auf der Hand, dass eine sachgerechte Gestaltung vor dem Hintergrund des komplexen Umfelds, das neben den erwähnten Gesichtspunkten eine Vielzahl weiterer Aspekte – insb. auch in psychologischer Hinsicht – umfasst, nicht kurzfristig herbeigeführt werden kann, sondern eine **langfristige Strukturierungsaufgabe** darstellt, die einer sorgfältigen Analyse des Status quo, einer wohlüberlegten Definition der Zielhierarchie und – auf der Grundlage dieser Vorarbeiten – der Entwicklung einer individuellen Unternehmensstruktur bedarf.

5   Dies alles kann indessen nicht Gegenstand der nachfolgenden Ausführungen sein, die sich auf das rechtliche und steuerliche Umfeld der Nachfolge in Gesellschaftsbeteiligungen beschränken werden. Gerade deshalb sei vorweg betont, dass die Kenntnis der insoweit bestehenden Gestaltungsoptionen und der zugehörigen steuerlichen Konsequenzen eine zwar erforderliche, nicht aber eine hinreichende Bedingung für die Generierung einer zukunftsfähigen Nachfolgekonzeption ist.

B. Allgemeines zur steuerlichen Behandlung der Unternehmensnachfolge

I. Einkommensteuer

1. Allgemeines

6   Die **einkommensteuerliche Behandlung der Rechtsnachfolge von Todes** wegen basiert im Wesentlichen auf der Entscheidung des Großen Senats vom 5.7.1990.[2] Die Folgerungen aus dieser Entscheidung hat die Steuerverwaltung in dem BMF-Schreiben v. 14.3.2006[3] niedergelegt. Im Einzelnen ist von folgenden Grundsätzen auszugehen[4]:

- Der **Erbanfall** und die **Auseinandersetzung** unter den Miterben sind getrennt zu würdigende Vorgänge (Abkehr von der früher herrschenden Einheitsthese); sie bilden auch dann keine Einheit, wenn die Auseinandersetzung zeitnah auf den Erbfall folgt.

- Daraus folgt eine beschränkte ertragsteuerliche Rechtsfähigkeit der Betriebsvermögen haltenden Miterbengemeinschaft als Gewinnerzielungs- und -ermittlungssubjekt und die **Qualifikation der Miterben als Mitunternehmer**. Soweit die Miterbengemeinschaft ertragsteuerliches Privatvermögen hält, ist die Bruchteilsbetrachtung[5] zu beachten, so dass die Miterben unmittelbar als anteilige Träger des Gesamthandsvermögens zu betrachten sind. Gleichwohl ist eine gemeinschaftliche Einkünfteerzielung anzunehmen.[6] In den Fällen eines Mischnachlasses findet die Abfärberegelung des § 15 Abs. 3 Nr. 1 EStG keine Anwendung.[7]

- Die Erbauseinandersetzung der Miterben folgt den allgemeinen Regeln über die Auseinandersetzung des Vermögens einer Personengesellschaft (**Realteilungsgrundsätze**) mit der Folge, dass ein Spitzenausgleich, der aus dem Eigenvermögen der Beteiligten finanziert wird, bei dem Empfänger zu einem steuerpflichtigen Veräußerungsgewinn führen kann und beim Leistenden Anschaffungskosten begründet.

- Die nur schuldrechtliche Stellung des Vermächtnisnehmers ist von der dinglichen Nachlassbeteiligung der (Mit-) Erben und deren Auseinandersetzung zu unterscheiden.

---

2   GrS 2/89, BStBl. 1990 II, S. 837.
3   BStBl. 2006 I, S. 253.
4   Schmidt/Wacker, EStG, § 16 Rn. 605 ff.; grundlegend Wacker/Franz, BB 1993, Beilage 5, S. 2 zum Vorgängerschreiben des BMF aus dem Jahr 1993; zu den Änderungen im neuen BMF-Schreiben v. 14.3.2006 vgl. etwa Hannes, ZEV 2006, 164 ff.
5   Vgl. BFH, BStBl. 2004 II, S. 987; vgl. auch BFH, BB 2004, 2678.
6   Wacker/Franz, BB 1993, Beilage 5, S. 2 a.E.
7   BMF v. 14.3.2006, BStBl. 2006 I, S. 253 Tz. 4.

Der Erbanfall ist **einkommensteuerlich** – sieht man von besonderen Konstellationen insb. im Bereich der Personengesellschaften ab – **regelmäßig ohne steuerliche Relevanz**. Die Rechtsnachfolge des oder der Erben erfolgt im Bereich des Betriebsvermögens nach § 6 Abs. 3 Satz 1 und Satz 3 EStG und im Bereich des Privatvermögens nach § 11d EStDV steuerneutral; auch die Rechtsnachfolge in Erblasserschulden begründet keine Einkünfterealisierung.

2. Auseinandersetzung

Die **Auseinandersetzung unter den Miterben** führt – obwohl eine Betriebsaufgabe auf der Ebene der Mitunternehmerschaft, also der Erbengemeinschaft vorliegt – nicht zu einer Gewinnrealisierung, wenn und soweit die Voraussetzung für eine gewinnneutrale **Realteilung**[8] eingehalten sind und Wirtschaftsgüter des Betriebsvermögens nicht in das Privatvermögen eines Beteiligten überführt werden. Die Annahme einer Realteilung setzt voraus, dass dem Grunde nach eine Betriebsaufgabe auf der Ebene der Mitunternehmerschaft vorliegt; ein als Veräußerung oder Aufgabe eines Mitunternehmeranteils durch einen ausscheidenden Mitunternehmer und Fortführung der Mitunternehmerschaft im Übrigen zu qualifizierender Vorgang stellt nach der Verwaltungsauffassung keine Realteilung[9] dar. Werden im Zuge eines derartigen Ausscheidens (Einzel-)Wirtschaftsgüter des Gesamthandsvermögens auf den Ausscheidenden übertragen, so liegt ein Fall der **Sachwertabfindung**[10] vor, der eine Veräußerung des betreffenden Wirtschaftsgutes durch die Mitunternehmerschaft (Gewinnrealisierung) zu dessen gemeinen Wert und eine korrespondierende Erhöhung des Veräußerungs- bzw. Aufgabeerlöses des Ausscheidenden zur Folge hat (doppelte Gewinnrealisierung).

Nicht abschließend geklärt ist auch nach dem BMF-Schreiben v. 28.2.2006 die Frage, ob die Gewährung einer Sachwertabfindung jedenfalls dann zu Buchwertkonditionen erfolgt, wenn diese in einer betrieblichen Sachgesamtheit besteht, also ein (Teil-)Betrieb oder ein Mitunternehmeranteil Gegenstand der Sachwertabfindung ist. Dagegen spricht die Festlegung der Verwaltung in dem zitierten BMF-Schreiben, dafür spricht der Umstand, dass sich ansonsten ein Wertungswiderspruch zu § 6 Abs. 3 EStG ergeben könnte. Nach dem BMF-Schreiben v. 28.2.2006 gehen die Grundsätze dieses Schreibens jedoch den Vorschriften des § 6 Abs. 3 und des § 6 Abs. 5 EStG vor.

Die **Realteilung** erfolgt zwingend und endgültig zu Buchwertkonditionen, soweit einzelnen Realteilern eine betriebliche Sachgesamtheit zugewiesen wird, (Teil-)Betrieb oder Mitunternehmeranteil. Soweit Einzelwirtschaftsgüter des Gesamthandsvermögens zugewiesen werden, steht der Buchwertzwang unter dem Vorbehalt einer schädlichen Verfügung des Realteilers für den Fall, dass innerhalb einer Sperrfrist – drei Jahre nach Abgabe der Steuererklärung der Mitunternehmerschaft für den Veranlagungszeitraum der Realteilung (§ 16 Abs. 3 Satz 3, 2. Halbs. EStG) – über zugewiesene Einzelwirtschaftsgüter schädlich verfügt wird (Veräußerung, Entnahme). In diesen Fällen ist rückwirkend auf den Zeitpunkt der Realteilung der gemeine Wert der Wirtschaftsgüter anzusetzen[11] mit der Folge, dass ein laufender, jedoch nicht der Gewerbesteuer unterliegender Gewinn von allen Realteilern – allgemeiner Gewinnverteilungsschlüssel – zu versteuern ist.[12]

---

8   Zur Realteilung vgl. § 16 Abs. 3 Sätze 2 ff. EStG; BMF v. 28.2.2006, BStBl. I, S. 228; zur Anwendung der Realteilungsgrundsätze im Rahmen der Erbauseinandersetzung vgl. i.E. BMF v. 14.3.2006, BStBl. I, S. 253.

9   BMF v. 28.2.2006, BStBl. I, S. 228 unter II.; vgl. zum Begriff der Realteilung Schmidt/Wacker, EStG, § 16 Rn. 535.

10 Zur Abgrenzung Realteilung/Sachwertabfindung vgl. Schmidt/Wacker, EStG, § 16 Rn. 536.

11 M.E. wirkt sich diese rückwirkende Teilwertaufstockung nicht auf die erbschaftsteuerliche Bemessungsgrundlage aus, soweit sie auf Umständen (schädliche Verfügung) beruht, die erst nach dem maßgeblichen Bewertungsstichtag eingetreten sind, §§ 9, 11 ErbStG.

12 BMF v. 28.2.2006, BStBl. I, S. 228 unter IX.

Als Veräußerung gilt auch eine Einbringung der erhaltenen Einzelwirtschaftsgüter zusammen mit einer betrieblichen Sachgesamtheit nach den §§ 20, 24 UmwStG unabhängig von der Ausübung des Bewertungswahlrechts in diesen Fällen.[13]

10 Wird im Zuge der Realteilung ein **Spitzenausgleich**[14] bezahlt, der nicht aus der Teilungsmasse, sondern aus dem persönlichen Vermögen eines Realteilers finanziert wird, liegt im Verhältnis des Spitzenausgleichs zum Wert des übernommenen Betriebsvermögens ein entgeltlicher Veräußerungs-/Anschaffungsvorgang vor. In Höhe des um den anteiligen Buchwert des übernommenen Betriebsvermögens gekürzten Spitzenausgleichs entsteht ein – laufender – Veräußerungsgewinn für den oder die veräußernden Realteiler, der jedoch nicht der Gewerbesteuer unterliegt.[15] Als Entgelt gilt auch die Übernahme von nicht zur Teilungsmasse gehörenden Verbindlichkeiten. Übernimmt allerdings ein Realteiler lediglich – auch überquotal – Verbindlichkeiten der Realteilungsmasse, so ist darin kein Entgelt zu sehen.[16]

11 Bei Maßnahmen, die darauf abzielen, die Teilungsmasse teilungsgerecht zu gestalten, ist Vorsicht geboten. Soweit darauf abgezielt wird, die liquiden Mittel der Teilungsmasse durch Einlagen oder Kreditaufnahme zu erhöhen, werden dagegen in der Fachliteratur Bedenken geltend gemacht.[17] Auch im Fall der Entnahme von Barmitteln aus dem Betriebsvermögen zur Erhöhung der liquiden Mittel des Privatvermögens des Nachlasses will die Steuerverwaltung einen Gestaltungsmissbrauch annehmen.[18]

3. Verlustvortrag

12 Derzeit ungeklärt ist die Möglichkeit der Nutzung von Verlusten durch die Erben, wenn der Erblasser über einen noch nicht ausgeglichenen Verlustvortrag verfügte. Nachdem der I. Senat am **Übergang des Verlustabzugs** in seinem Beschl. v. 20.3.2000[19] Zweifel geäußert hatte, hat er gleichwohl in seiner Entscheidung v. 16.5.2001[20] an der Vererblichkeit des Verlustabzugs festgehalten. Zwischenzeitlich hat der XI. Senat die Frage dem Großen Senat zur Entscheidung vorgelegt,[21] so dass die weitere Entwicklung in dieser Frage offen ist. Deshalb wird die Gestaltungspraxis in derartigen Fällen nach Gestaltungen suchen, die eine Verlustnutzung noch beim Erblasser ermöglichen – z.B. durch Aufdeckung stiller Reserven – ohne allerdings zugleich die erbschaftsteuerliche Bemessungsgrundlage zu erhöhen;[22] insb. letzteres bedarf besonderer Gestaltungsmaßnahmen. Das ist nur im Rahmen einer vorweggenommenen Erbfolge sinnvoll zu gestalten und ist auch im derzeitigen Recht nicht ohne weiteres zielgenau zu erreichen.

II. Erbschaft-/Schenkungsteuer

1. Erwerbsvorgänge

13 Anders als bei der Einkommensteuer, die den Erbanfall grds. als steuerneutral behandelt und eventuelle Gewinnrealisierungen in erster Linie im Bereich der Erbauseinandersetzung annimmt, unterliegt der **Erb-**

---

13 BMF v. 28.2.2006, BStBl. I, S. 228 unter VIII.; anders für § 6 Abs. 3 EStG: BMF v. 3.3.2005, BStBl. I, S. 458 Rn. 13 für den Fall der Buchwertfortführung.
14 Zu Ausgleichsgestaltungen, die darauf abzielen, einen Wertausgleich und dessen gewinnrealisierenden Wirkungen zu vermeiden vgl. Schmidt/Wacker, EStG, § 16 Rn. 550.
15 BMF v. 28.2.2006, BStBl. I, S. 228 unter VI.
16 Zutreffend: BMF v. 30.3.2006, BStBl. I, S. 306 gegen BFH, BStBl. 2006 II, S. 296; ebenso BMF v. 14.3.2006, BStBl. I, S. 253 Rn. 24.
17 Schmidt/Wacker, EStG, § 16 Rn. 550: Scheineinlagen.
18 BMF v. 14.3.2006, BStBl. I, S. 253 Rn. 33.
19 BFH, BStBl. 2000 II, S. 622.
20 BFH, BStBl. 2001 II, S. 487.
21 BFH, BStBl. 2005 II, S. 262.
22 Soweit dies dadurch erreicht werden soll, dass die stillen Reserven von Einzelwirtschaftsgütern gehoben werden sollen, bietet es sich etwa an, hierfür solche Wirtschaftsgüter zu wählen, deren ertragsteuerlicher Wert bei der Ermittlung des erbschaftsteuerlichen Wertes des Betriebsvermögens nicht maßgebend ist: Grundstücke, Anteile an Kapitalgesellschaften.

schaftsteuer gerade der unentgeltliche Erwerb von Todes wegen. Die Erbauseinandersetzung als solche ist grds. steuerneutral, weil der Erwerbstatbestand „Erwerb durch Erbanfall" mit dem Anfall des Erblasservermögens beim Erben bzw. der Erbengemeinschaft abgeschlossen und vollendet ist.

Der Erbschaftsteuer unterliegen folgende Erwerbsvorgänge:

- Da Einzelunternehmen und Anteile an Kapitalgesellschaften zwingend vererblich sind, erfolgt in der ersten Stufe zwingend ein **Erwerb durch Erbanfall** (§§ 1922, 1942 BGB) bei dem oder den Erben, der nach § 3 Abs. 1 Nr. 1 ErbStG der Erbschaftsteuer unterliegt.
- Der Erwerb des oder der Erben durch Erbanfall kann dadurch beschwert sein, dass der Anteil weiter übertragen werden muss (zweite Stufe). In Betracht kommt, dass der Erblasser durch noch nicht vollzogene Schenkung unter Lebenden oder durch echte Schenkung auf den Todesfall (§ 3 Abs. 1 Nr. 2 Satz 1 ErbStG), durch eine Auflage (§ 3 Abs. 2 Nr. 2 ErbStG) oder durch ein Vermächtnis (§ 3 Abs. 1 Nr. 1, 3. Var. ErbStG) eine Weiterübertragung des Anteils angeordnet hat, die bei diesen Erwerbern einen nach den zitierten Vorschriften steuerbaren Erwerb begründet. Auch in diesen Fällen ist der angefallene Geschäftsanteil zunächst in der ersten Stufe als Erwerb durch Erbanfall beim Erben zu erfassen; die Minderung der Bereicherung durch die Beschwerung ist als Nachlassverbindlichkeit nach § 10 Abs. 5 ErbStG zu berücksichtigen.
- Denkbar ist auch eine Vereinbarung zwischen den Erben oder zwischen den Erben und einem Vermächtnisnehmer oder zwischen den Erben und einem Pflichtteilsberechtigten über eine Ausschlagung der Erbschaft oder des Vermächtnisses oder den Verzicht auf einen entstandenen[23] Pflichtteilsanspruch, jeweils gegen (Sach-)Abfindung (**Abfindungserwerb**). Eine derartige Vereinbarung erlaubt den Beteiligten nach dem Tod des Erblassers eine Disposition über den Gegenstand des Erwerbs im erbschaftsteuerlichen Sinne.[24]

2. Bewertung des Betriebsvermögens von Personenunternehmen[25]

Die Bewertung des Betriebsvermögens von Personenunternehmen richtet sich nach § 12 Abs. 5 ErbStG (§§ 95 ff. BewG). Die Ermittlung des Wertes des Betriebsvermögens erfolgt anhand einer **Vermögensaufstellung** im Wege der Einzelbewertung der Wirtschaftsgüter des Betriebsvermögens (§ 98a BewG, R 39 Abs. 3 ErbStR 2003). Für den Ansatz und die Bewertung der anzusetzenden Wirtschaftsgüter gelten – vorbehaltlich besonderer Vorschriften[26] – die steuerbilanziellen Vorschriften entsprechend (§§ 95, 109 Abs. 1 BewG; Bestands- und Bewertungsidentität). Soweit ein bilanzierendes Unternehmen keine Stichtagsbilanz erstellt, können die Stichtagswerte aus der vorhergehenden Bilanz abgeleitet werden (R 39 f. ErbStR 2003).[27]

Der Grundsatz der **Bestandsidentität** (Ansatzidendität in Steuerbilanz und Vermögensaufstellung) wird insb. in folgenden Fällen durchbrochen (R 114 Abs. 2 Satz 5 ErbStR 2003):

- Nach § 97 Abs. 1 BewG gehören zum Betriebsvermögen einer Kapitalgesellschaft und einer Mitunternehmerschaft alle Wirtschaftsgüter des Gesellschaftsvermögens. Das stimmt bei Kapitalgesellschaften (§ 97 Abs. 1 Nr. 1 BewG) mit der steuerbilanziellen Wertung überein, denn Kapitalgesellschaften kön-

---

23 Zu der Frage, ob der Anspruch bereits geltend gemacht sein darf vgl. Hübner, in: Viskorf/Glier/Hübner/Knobel/Schuck, ErbStG/BewG, § 3 ErbStG Rn. 214.
24 Zur Abgrenzung der Abfindungserwerbe von Leistungen an Erfüllungs statt i.S.d. § 364 Abs. 1 BGB vgl. BFH, BStBl. 1999 II, S. 23; Viskorf, FR 1999, 664; Daragan, ZEV 1999, 35; Gebel, ZEV 1999, 85; zur ertragsteuerlichen Behandlung – keine Anerkennung der zivilrechtlichen Rückwirkung der Ausschlagung (§ 1953 Abs. 1 BGB) – vgl. BMF v. 14.3.2006, BStBl. 2006 I, S. 253 Tz. 37.
25 Zur Verfassungswidrigkeit der nachfolgend dargestellten, gleichwohl bis 31.12.2008 fortgeltenden Rechtslage vgl. BVerfG, DStR 2007, 235 ff.
26 §§ 97, 99, 103 BewG; § 12 Abs. 1, Abs. 2, Abs. 3, Abs. 5 Satz 3 und Abs. 6 ErbStG.
27 Zu den Problemen dieser Ableitung vgl. Klinger/Hübner/Grüdl, in: Münchener Prozessformularbuch, Bd. 4, Erbrecht, Form. V.II.7. Anm. 33 ff.

nen kein Privatvermögen haben.[28] Demgegenüber können Wirtschaftsgüter des Gesamthandsvermögens[29] einer Mitunternehmerschaft (§ 97 Abs. 1 Nr. 5 Satz 1 BewG) aus steuerbilanzieller Sicht auch notwendiges Privatvermögen sein.[30] Bewertungsrechtlich sind jedoch alle – aktiven[31] – Wirtschaftsgüter des Gesamthandsvermögens unabhängig von ihrer Verwendung stets und zwingend Betriebsvermögen[32] mit der weiteren Folge, dass sie an den Begünstigungen der §§ 13a, 19a ErbStG teilnehmen. Diese eigenständige bewertungsrechtliche Zuordnung gilt indessen nicht für das Sonderbetriebsvermögen (§ 97 Abs. 1 Nr. 5 Satz 1 BewG).

- Die Zuordnung von **Betriebsgrundstücken** richtet sich nach § 99 BewG nach originären bewertungsrechtlichen Grundsätzen (§ 99 Abs. 2 Satz 1 und Satz 2 BewG). Der BFH hat jedoch in einer weder vom Gesetz[33] noch von der Gesetzesbegründung[34] gedeckten Entscheidung[35] bestimmt, dass die Zuordnung nach Satz 1 und Satz 2 des § 99 Abs. 2 BewG nur dann eingreife, wenn ein Grundstück ertragsteuerlich nicht eindeutig dem Betriebs- oder Privatvermögen zugeordnet werde. Die Folgen dieser Entscheidung sind in vielen Details unklar, insb. deshalb, weil die Grundstücksbegriffe des Bewertungsrechts und des Ertragsteuerrechts divergieren. Gleichwohl folgt die Steuerverwaltung der zitierten BFH-Entscheidung.[36] Unberührt von der ertragsteuerlichen Qualifikation eines Grundstücks bleiben jedoch Satz 3 und Satz 4 des § 99 Abs. 2 BewG. Es bleibt deshalb auch dabei, dass Grundstücke des Gesamthandsvermögens einer Mitunternehmerschaft unabhängig von ihrer ertragsteuerlichen Qualifikation stets und zwingend Betriebsvermögen sind.

- Die Zuordnung von **Verbindlichkeiten** zum – bewertungsrechtlichen – Betriebsvermögen setzt nach § 103 Abs. 1 BewG voraus,
  – dass die Verbindlichkeit in der Steuerbilanz zu passivieren ist und
  – mit einem Wirtschaftsgut wirtschaftlich zusammenhängt, das bewertungsrechtlich zum Betriebsvermögen gehört.

Diese doppelte Anknüpfung hat allein historische Gründe[37] und ist in der Sache überholt. Sie führt auch z.T. zu absurden Ergebnissen:

Beispiel:

Zum Gesamthandsvermögen einer Ein-Mann-GmbH & Co. KG gehört ein wertvolles Einfamilienhaus-Grundstück, das die KG für 2 Mio. € erworben hatte; der Kaufpreis wurde von der KG durch einen Bankkredit finanziert. Das Haus wird von der Familie eines Gesellschafters unentgeltlich für private Wohnzwecke genutzt.

Das Grundstück ist – anders als ertragsteuerlich: notwendiges Privatvermögen – bewertungsrechtlich notwendiges Betriebsvermögen und nimmt deshalb an den Begünstigungen der §§ 13a, 19a ErbStG teil. Demgegenüber ist die Verbindlichkeit nicht in der Vermögensaufstellung anzusetzen, da sie in der Steuerbilanz nicht passiviert werden darf (notwendiges Privatvermögen). Sie mindert deshalb nicht den begünstigenden Effekt der §§ 13a, 19a ErbStG – insb. des Bewertungsabschlags –, sondern ist bei der Ermittlung des Erwerbs des/der Erben ungemindert durch den Bewertungsabschlag als private Nachlassverbindlichkeit in voller Höhe abzuziehen.

---

28 BFH, DStR 1997, 492.
29 Dies gilt auch für virtuelles Gesamthandsvermögen bei einer atypischen Innengesellschaft, Schmidt/Wacker, EStG, Rn. 348.
30 Schmidt/Wacker, EStG, § 15 Rn. 484.
31 Zum Ansatz von Verbindlichkeiten vgl. § 103 Abs. 1 BewG und die nachfolgenden Ausführungen.
32 Vgl. auch § 99 Abs. 2 Satz 4 BewG.
33 § 95 Abs. 1 Satz 1, 2. Halbs. BewG.
34 BT-Drucks. 12/1108, S. 73: „Die Erfassung der Betriebsgrundstücke ... richtet sich ausschließlich nach den entsprechenden Vorschriften des Bewertungsgesetzes."
35 BFH, BStBl. II 2005, S. 463.
36 Gleichlautende Ländererlasse v. 3.6.2005, BStBl. I, S. 797.
37 Hübner, DStR 2000, 1205, 1206.

Die in die Vermögensaufstellung aufzunehmenden Wirtschaftsgüter sind grds. mit den Steuerbilanzwerten anzusetzen (§ 109 Abs. 1 BewG, **Bewertungsidentität**). Ausnahmen von diesem Grundsatz gelten für Betriebsgrundstücke, Anteile an Kapital- und Personengesellschaften.[38] Die Anknüpfung an die Steuerbilanzwerte wurde durch das StÄndG 1992 eingeführt mit dem Ziel der Entlastung der Wirtschaft. Seinerzeit wirkte sich diese Maßnahme noch bei der Gewerbekapitalsteuer und der betrieblichen Vermögensteuer aus, beides Steuern mit marginalen Tarifbelastungen. Nach verschiedenen Reformen ist letztlich die Erbschaftsteuer als einzige Anwendungsmaterie verblieben, allerdings im Unterschied zu den genannten Steuern mit nominalen Tarifsätzen bis zu 50 %. Deshalb hat im Kontext der Erbschaftsteuer der Umstand, dass die Maßgeblichkeit der Steuerbilanzwerte zwar im Durchschnitt zu einer deutlichen Minderung der Bemessungsgrundlage geführt, sich gleichwohl aber im Einzelfall extrem nachteilig auswirken können, erhebliches Gewicht. So ist zu bedenken, dass die Ausübung von **Bewertungswahlrechten** (§§ 20, 24 UmwStG: Ansatz von Teil- oder Zwischenwerten) und die Wahl der **Abschreibungsmethode** (linear statt degressiv) zu erheblichen Steuernachteilen führen können, die nicht bereicherungs-, sondern zufallsabhängig und deshalb auch unter verfassungsrechtlichen Aspekten zweifelhaft sind.[39]

16

Für die nicht mit Steuerbilanzwerten anzusetzenden Wirtschaftsgüter gelten folgende Wertansätze:

- Grundstücke sind mit den **Grundbesitzwerten** nach den §§ 138 ff., 145 ff. BewG anzusetzen.[40]
- **Anteile an Kapitalgesellschaften** sind mit dem Börsenkurs anzusetzen (§ 12 Abs. 1 ErbStG, § 11 Abs. 1 BewG). Liegt ein solcher nicht vor, ist der gemeine Wert anzusetzen, der in erster Linie aus Verkäufen abzuleiten ist, die innerhalb eines Jahres vor dem Stichtag stattgefunden haben (§ 12 Abs. 1 ErbStG, § 11 Abs. 2 Satz 2 BewG). Kommt eine derartige Ableitung nicht in Betracht, ist der gemeine Wert unter Berücksichtigung des Vermögens und der Ertragsaussichten der Gesellschaft zu schätzen (§ 12 Abs. 1 ErbStG, § 11 Abs. 2 Satz 2 BewG, § 12 Abs. 2 ErbStG; R 96 ff. ErbStR 2003, sog. Stuttgarter Verfahren[41]).
- **Anteile an Personengesellschaften** sind mit dem jeweiligen Anteil am Betriebsvermögen (§ 97 Abs. 1 lit. a BewG)[42] anzusetzen.

3. Aufteilung des erbschaftsteuerlichen Wertes des Betriebsvermögens bei Mitunternehmerschaften[43]

Das Vermögen von Personengesellschaften ist im Ganzen zu bewerten; der Gesamtwert ist sodann auf die Beteiligten aufzuteilen (§§ 3, 97 Abs. 1 lit. a BewG). Ausgehend von der Erwägung, dass der Gesamtwert des Gesellschaftsvermögens typischerweise dem steuerbilanziellen Eigenkapital entspricht, sieht das BewG eine **Aufteilung** anhand der steuerbilanziellen Kapitalkonten vor, wobei Sonderbetriebsvermögen dem jeweiligen Gesellschafter vorweg zugewiesen wird. Unterschiedsbeträge zwischen dem erbschaftsteuerlichen Wert des Betriebsvermögens einerseits und dem steuerbilanziellen Eigenkapital andererseits sind in der Folge dieses gedanklichen Ausgangspunktes als stille Reserven bzw. Lasten des Betriebsvermögens zu qualifizieren und deshalb nach dem Gewinn- und Verlustverteilungsschlüssel auf die Beteiligten zu verteilen.

17

Beispiel:

A und B sind Gesellschafter der A-B OHG. Sie sind am Kapital im Verhältnis 70 (A): 30 (B) beteiligt. Der Buchwert des Gesellschaftsvermögens beläuft sich auf 2 Mio. €. Zum Gesellschaftsvermögen gehört ein Betriebsgrundstück mit einem Grundbesitzwert i.H.v. 800.000 € und einem Buchwert von 200.000 € sowie eine Beteiligung an einer

---

38 Vgl. i.E. R 122 ErbStR 2003.
39 Ebenso nunmehr ausdrücklich BVerfG, DStR 2007, 235 ff.
40 Vgl. jedoch zur Bewertung von Grundstücksvermächtnissen das obiter dictum in BFH, BStBl. 2004 II, S. 1039.
41 Vgl. dazu Rn. 118.
42 Vgl. dazu nachfolgend unter Rn. 17.
43 Vgl. ausführlich Hübner, ErbStB 2005, 249.

GmbH mit einem gemeinen Wert von 1Mio. € und einem Buchwert von 25.000 €. A hat der Gesellschaft ein Darlehen i.H.v. 2 Mio. € gewährt.

Bilanz A-B OHG

div. Aktiva	3.775.000	Kapital A	1.400.000	
Grundstück	200.000	Kapital B	600.000	
GmbH-Bet.	25.000	Verbindlichkeit	2.000.000	
	4.000.000		4.000.000	

Sonderbilanz A

Darlehen	2.000.000	Sonderkapital	2.000.000
	2.000.000		2.000.000

Vermögensaufstellung A-B OHG

diverse Aktiva	3.775.000
Grundstück	800.000
GmbH-Beteiligung	1.000.000
Verbindlichkeit	- 2.000.000
Darlehen A	2.000.000
erbschaftsteuerl. Wert des Betriebsvermögens	5.575.000

Aufteilung des erbschaftsteuerlichen Wertes des Betriebsvermögens

		A	B
Wert des Betriebsvermögens	5.575.000		
– Sonderbetriebsvermögen A (§ 97 Abs. 1 lit. a Nr. 1 BewG)	- 2.000.000	2.000.000	
– Kapital A (§ 97 Abs. 1 lit. a Nr. 2 BewG)	- 1.400.000	1.400.000	
– Kapital B (§ 97 Abs. 1 lit. a Nr. 2 BewG)	- 600.000		600.000
verbleibender Wert des BV (§ 97 Abs. 1 lit. a Nr. 3 BewG)	1.575.000		
Verteilung nach GuV-Schlüssel (§ 97 Abs. 1 lit. a Nr. 3 BewG)	- 1.575.000	1.102.500	472.500
Wertanteile (§ 97 Abs. 1 lit. a Nr. 4 BewG)	0	4.502.500	1.072.500

4. Erbschaftsteuerliche Begünstigung des Produktivvermögens

18 Der Erwerb von inländischem[44] Betriebsvermögen, von inländischem land- und forstwirtschaftlichem Vermögen und von Anteilen an Kapitalgesellschaften mit – im Zeitpunkt der Steuerentstehung (§ 9 ErbStG) – Sitz oder Geschäftsleitung im Inland kann nach den §§ 13a, 19a ErbStG begünstigt sein. **Voraussetzung für die Begünstigung** von Betriebsvermögen ist, dass ein Erwerber einen (Teil-)Betrieb

---

44 Zur europarechtlichen Problematik dieser Beschränkung vgl. Hübner, in: Viskorf/Glier/Hübner/Knobel/Schuck, ErbStG/BewG, § 13a ErbStG Rn. 21.

oder Mitunternehmeranteil durch erbschaftsteuerbaren Erwerb von Todes wegen (§ 3 ErbStG) oder durch Schenkung unter Lebenden (§ 7 ErbStG) erwirbt. Beim Erwerb von Anteilen an Kapitalgesellschaften kommt es darauf an, dass der Erblasser bzw. Schenker an der Kapitalgesellschaft unmittelbar zu mehr als 25 % beteiligt war.

a) Erwerbsvorgänge

Nach dem **Gesetzeswortlaut** sind die Begünstigungen immer dann zu gewähren, wenn der Erwerb als Erwerb von Todes wegen i.S.d. § 3 ErbStG bzw. als Schenkung unter Lebenden i.S.d. § 7 ErbStG zu qualifizieren ist. Die **Verwaltung** sieht in den ErbStR 2003 jedoch eine Reihe von Restriktionen vor, die dem Gesetzeswortlaut nicht zu entnehmen sind. So soll der Erwerb begünstigten Vermögens aufgrund eines Verschaffungsvermächtnisses oder im Rahmen eines Abfindungserwerbs nach § 3 Abs. 2 Nr. 4 ErbStG nicht begünstigt sein (R 55 Abs. 4 ErbStR 2003),[45] ebenso der Erwerb im Rahmen einer mittelbaren Schenkung (R 56 Abs. 2 ErbStR 2003).[46] Für diese Restriktionen findet sich nicht nur im Gesetz keinerlei Anhaltspunkt, sie stehen auch im Widerspruch zu der Entscheidung des BVerfG, wonach der Erwerb von betrieblichem Vermögen, das einer erhöhten Sozialgebundenheit unterliegt, aus diesem Grund zu einer Minderung der Leistungsfähigkeit (Bereicherung) des Erwerbers führt, die von Verfassungs wegen bei der Bemessung der Erbschaft-/Schenkungsteuer zu berücksichtigen ist.[47] Diese vom BVerfG vorgegebene Begünstigungslogik verletzt die Verwaltung, wenn sie die Begünstigung davon abhängig machen will, dass das begünstigungsfähige Vermögen vom Erblasser/Schenker herrühren muss. Denn die Herkunft des Vermögens und damit der erhöhten Sozialgebundenheit kann für die infolge dieser erhöhten Sozialgebundenheit geminderte Leistungsfähigkeit des Erwerbers keine Relevanz haben.

19

b) Begünstigtes Vermögen

aa) Betriebsvermögen

Die Begünstigungen setzen voraus, dass der Erwerber einen **(Teil-)Betrieb** (Einzelunternehmen) oder einen **Mitunternehmeranteil** erwirbt. Sowohl der Wortlaut der einschlägigen Normen, als auch das erbschaft-/schenkungsteuerliche Bereicherungsprinzip als auch die Rspr. des BVerfG[48] deuten darauf hin, dass es allein darauf ankommen kann, ob das erworbene Vermögen in der Hand des Erwerbers die Qualifikationsmerkmale der genannten Sachgesamtheiten erfüllt, in der Hand des Erwerbers also einen (Teil-)Betrieb oder Mitunternehmeranteil bildet. Demgegenüber vertritt die Verwaltung die Auffassung, dass der Erwerber eine betriebliche Sachgesamtheit vom Erblasser/Schenker unter Wahrung der ertragsteuerlichen Identität dieser Sachgesamtheit erwerben muss und möchte die Begünstigungen versagen, wenn **wesentliche Betriebsgrundlagen** (auch des Sonderbetriebsvermögens) zurückbehalten werden (R 51 Abs. 3 ErbStR 2003; H 51 Abs. 3 ErbStH 2003). Die Verwaltung, der die Rspr. der FG wohl überwiegend folgt, steht auf dem Standpunkt, dass die §§ 13a, 19a ErbStG die Funktion hätten, die Nachfolge des Erwerbers in eine kontinuierlich fortbestehende betriebliche Sachgesamtheit im ertragsteuerlichen Sinne zu begünstigen, wobei Gradmesser für die Betriebswesentlichkeit der einzelnen Wirtschaftsgüter der Sachgesamtheit eine funktionale Betrachtung sein soll.

20

> **Hinweis:**
>
> Besonders befremdlich mutet in diesem Zusammenhang der Umstand an, dass die Steuerverwaltung die ertragsteuerlichen Voraussetzungen für die Buchwertfortführung nach § 6 Abs. 3 EStG[49]

---

45 Folge dieser Verwaltungsanweisung ist im Zusammenspiel mit R 62 Abs. 2 Nr. 4 ErbStR 2003 eine absurde Fehlallokation der Begünstigungen. Vgl. dazu das Beispiel bei Hübner, in: Viskorf/Glier/Hübner/Knobel/Schuck, ErbStG/BewG, § 13a ErbStG Rn. 101 f.
46 Vgl. zu dieser Problematik beim Erwerb von Anteilen an Kapitalgesellschaften BFH, BStBl. 2005 II, S. 411; a.A.: Hübner DStR 2003, 4, 9 f.
47 BVerfGE 93, 165.
48 BVerfGE 93, 165.
49 Vgl. dazu i.E. das BMF-Schreiben v. 3.3.2005, BStBl. I, S. 458.

zugleich als Voraussetzung für die Begünstigungsgewährung versteht (R 51 Abs. 3 ErbStR 2003), denn hier werden völlig unterschiedliche Regelungszusammenhänge miteinander verknüpft, ohne dass dafür eine gesetzliche Grundlage oder auch nur ein sachlicher Grund erkennbar wäre. Gleichwohl kann man die Verwaltungsauffassung dahin gehend konkretisieren: wer sicher sein will, dass die Begünstigungen nicht versagt werden, der möge die ertragsteuerlichen Voraussetzungen für die Buchwertfortführung einhalten und beachten.

bb) Anteile an inländischen Kapitalgesellschaften

21 Anteile an einer inländischen Kapitalgesellschaft können begünstigtes Vermögen sein, wenn der Erblasser/Schenker am Nennkapital der Gesellschaft zu mehr als einem Viertel unmittelbar beteiligt war. Die **Mindestbeteiligungsquote** hat den Zweck, auf typisierende Weise unternehmerische Beteiligungen von reinen Kapitalanlagen zu trennen und letztere von den Begünstigungen auszunehmen. Sie ist offensichtlich zu hoch.[50] Maßgeblicher Zeitpunkt ist der Tod des Erblassers, bzw. der Zeitpunkt der Ausführung der Schenkung. Eine **unmittelbare Beteiligung** am Nennkapital soll – trotz § 10 Abs. 1 Satz 3 ErbStG – bereits insoweit ausgeschlossen sein, als die Beteiligung über eine vermögensverwaltende Personengesellschaft gehalten wird (H 26 ErbStH 2003).[51] Die Begünstigung knüpft ausschließlich an den statutarischen Sitz oder den Ort der Geschäftsleitung an. Unerheblich ist, ob sich das **Gesellschaftsvermögen** der Gesellschaft im **In- oder Ausland** befindet. Mittelbar begünstigt ist also auch – anders als bei gewerblich tätigen Personengesellschaften, R 51 Abs. 4 Satz 2 ErbStR 2003 – Vermögen, das einer ausländischen Betriebsstätte zuzuordnen ist.

c) Begünstigungen

aa) Freibetrag nach § 13a Abs. 1 ErbStG

22 Nach § 13a Abs. 1 ErbStG ist zunächst ein erblasser-/schenkerbezogener **Freibetrag** i.H.v. 225.000 € zu gewähren. Der Freibetrag wurde in einem verfassungsrechtlich zweifelhaften Gesetzgebungsverfahren zum Haushaltsbegleitgesetz 2004[52] von 256.000 € auf 225.000 € abgesenkt.[53] Der Freibetrag ist nicht – wie die persönlichen Freibeträge (§ 16 ErbStG) oder der Versorgungsfreibetrag (§ 17 ErbStG) – erwerberbezogen, weil der Gesetzgeber die Multiplikation des Freibetrages mit der Zahl der Erwerber vermeiden wollte. Der Freibetrag wird innerhalb von zehn Jahren nur einmal gewährt (§ 13a Abs. 1 Satz 2 ErbStG; R 59 ErbStR 2003) und wird vorbehaltlich einer Erblasserbestimmung nach Erbquoten bzw. nach Köpfen auf die Erwerber verteilt.[54] Das Verhältnis der Freibetragszuteilung nach § 13a Abs. 1 Nr. 1 ErbStG und dem Begünstigungstransfer nach § 13a Abs. 3 ErbStG ist weitgehend ungeklärt.[55] Im Fall der Schenkung unter Lebenden setzt die Gewährung des Freibetrages eine Erklärung des Schenkers voraus, dass der Freibetrag in Anspruch genommen wird (R 58 ErbStR 2003; H 58 ErbStH 2003).

bb) Bewertungsabschlag (verminderter Wertansatz, § 13a Abs. 2 ErbStG)

23 Der nach Abzug eines zu gewährenden Freibetrages verbleibende Wert ist nach § 13a Abs. 2 ErbStG gekürzt um einen **Bewertungsabschlag** von 35 % nur noch i.H.v. 65 % anzusetzen (**verminderter Wert-**

---

50 Zu Recht kritisch zur Anknüpfung an die Beteiligungsquote des Erblassers vor dem Hintergrund des Bereicherungsprinzips BFH, BStBl. II 2002, S. 598 unter B.II.3.b.bb.
51 Zur Kritik vgl. Hübner, in: Viskorf/Glier/Hübner/Knobel/Schuck, ErbStG/BewG, § 13a ErbStG Rn. 69; zur Behandlung eigener Anteile vgl. R 53 Abs. 2 Satz 2 ErbStR 2003; zu durch Einziehung untergegangenen Anteilen vgl. Hübner, in: Viskorf/Glier/Hübner/Knobel/Schuck, ErbStG/BewG, § 13a ErbStG Rn. 70.
52 BGBl. 2004 I, S. 3076.
53 Dazu Wachter, DB 2004, 780 und Leisner, NJW 2004, 1129.
54 Zur Verteilung nach Köpfen vgl. BFH, BStBl. II 2005, S. 295; gleichlautende Ländererlasse v. 30.11.2005, BStBl. I, S. 1031.
55 Vgl. R 57 ErbStR; zur Kritik dieser Richtlinienregelung vgl. Hübner, in: Viskorf/Glier/Hübner/Knobel/Schuck, ErbStG/BewG, § 13a ErbStG Rn. 99 f.

ansatz). Die Herabsetzung des Abschlags von 40 % auf 35 % durch das Haushaltsbegleitgesetz 2004[56] ist ebenso fragwürdig wie die durch dasselbe Gesetz vorgenommene Kürzung des Freibetrages.[57]

> **Hinweis:**
>
> Anders als für den Freibetrag gelten für den Bewertungsabschlag keine Beschränkungen: er unterliegt nicht dem Kumulierungsverbot und ist – solange nicht auf seine Gewährung ausdrücklich verzichtet wird (§ 13a Abs. 6 ErbStG) – unabhängig von der Inanspruchnahme des Freibetrages zu gewähren.

cc) Tarifentlastungsbetrag (§ 19a ErbStG)

§ 19a ErbStG in seiner ursprünglichen Fassung zielte darauf ab, alle Erwerbe begünstigten Vermögens durch **natürliche Personen**[58] in der Steuerklasse 1 zu besteuern. Erreicht werden sollte diese Gleichstellung, die nicht die persönlichen Freibeträge, sondern allein die Tarifbelastung umfasste, durch einen Steuerentlastungsbetrag, der als Unterschiedsbetrag zur anteiligen Steuerbelastung nach Steuerklasse I von der sich ergebenden Steuerschuld abzuziehen war (§ 19a Abs. 4 ErbStG).[59] Durch das Haushaltsbegleitgesetz 2004[60] wurde der Entlastungsbetrag um 12 % auf 88 % gekürzt (§ 19a Abs. 4 Satz 3 ErbStG).[61]

24

Anders als § 13a Abs. 1 ErbStG **begünstigt** der Wortlaut des § 19a ErbStG **alle „steuerpflichtigen Erwerbe"**. Gleichwohl wollen die ErbStR die für § 13a ErbStG vorgesehenen Restriktionen, die auch dort keine Grundlage im Gesetz haben, auf § 19a ErbStG übertragen (R 76 Abs. 1 ErbStR 2003). Die Berechnung des Entlastungsbetrages erfolgt uneinheitlich; während das Betriebsvermögen die mit diesem Vermögen wirtschaftlich zusammenhängenden Schulden umfasst (Nettogröße), ist dies bei land- und forstwirtschaftlichem Vermögen und bei begünstigten Anteilen an Kapitalgesellschaften nicht der Fall.[62]

25

§ 19a Abs. 1 Satz 2 ErbStG (Begünstigungstransfer) entspricht der Regelung des § 13a Abs. 3 Satz 1 ErbStG. Die Anweisungen in den ErbStR (R 78 ErbStR 2003) entsprechen den Richtlinienregelungen zu § 13a Abs. 3 ErbStG (R 61 ErbStR 2003).

26

dd) Begünstigungstransfer

Nach § 13a Abs. 3 (§ 19a Abs. 1 Satz 2) ErbStG kann ein Erwerber Freibetrag (-santeil), Bewertungsabschlag und Tarifentlastung nicht in Anspruch nehmen, soweit er begünstigtes Vermögen aufgrund einer letztwilligen oder rechtsgeschäftlichen Verfügung des Erblassers/Schenkers **auf einen Dritten überträgt**. Die Begünstigungen gehen auf den Dritten über.

27

Die Begünstigungsgewährung erfolgt in den Fällen zweistufigen Erwerbs ebenfalls zweistufig. Allerdings werden die erste und die zweite Stufe vermengt, weil z.B. der Vermächtnisnehmer an der Freibetragsverteilung auf erster Stufe ebenfalls beteiligt wird. Die **Folge dieser Vermengung** sind eine Reihe von Ungereimtheiten,[63] die die Verwaltung durch eine Abkehr vom eindeutigen Gesetzeswortlaut zu lösen versucht (R 61 ErbStR 2003).

---

56 BGBl. 2004 I, S. 3076.
57 Dazu Wachter, DB 2004, 780 und Leisner, NJW 2004, 1129.
58 Also etwa nicht durch Stiftungen; kritisch Hübner, in: Viskorf/Glier/Hübner/Knobel/Schuck, ErbStG/BewG, § 19a ErbStG Rn. 6.
59 Zur Berechnung des Entlastungsbetrages vgl. H 79 Abs. 2 ErbStH 2003 und Hübner, in: Viskorf/Glier/Hübner/Knobel/Schuck, ErbStG/BewG, § 19a ErbStG Rn. 8.
60 BGBl. 2004 I, S. 3076.
61 Zu den verfassungsrechtlichen Zweifeln an der Gesetzesänderung vgl. die Nachw. bei Fn. 53.
62 Zu den Auswirkungen dieser Uneinheitlichkeit vgl. das Beispiel bei Hübner, in: Viskorf/Glier/Hübner/Knobel/Schuck, ErbStG/BewG, § 19a ErbStG Rn. 10.
63 Hübner, in: Viskorf/Glier/Hübner/Knobel/Schuck, ErbStG/BewG, § 13a ErbStG Rn. 99 ff.

28 Unklar ist auch der **Umfang der Anwendbarkeit des § 13a Abs. 3 ErbStG**: Nach der Begründung des Regierungsentwurfs zum JStG 1997 sollte der Begünstigungstransfer auch in den Fällen der Erbauseinandersetzung eingreifen. Dieser Zielsetzung widersetzen sich die ErbStR und nehmen eine massive **Fehlallokation der Begünstigungen** in Kauf (R 61 Abs. 2 Satz 3 ErbStR 2003 i.V.m. R 62 Abs. 2 Nr. 2 ErbStR 2003).

ee) Verzicht auf die Begünstigung

29 Gehört zum begünstigten Vermögen land- und forstwirtschaftliches Vermögen oder ein Anteil an einer Kapitalgesellschaft, so kann der Erwerber auf die Steuerbefreiung verzichten (§ 13a Abs. 6 ErbStG). Der Grund für diese Möglichkeit liegt darin, dass bei beiden Vermögensarten – anders als normalerweise beim Betriebsvermögen – die damit wirtschaftlich zusammenhängenden Verbindlichkeiten nicht Teil des begünstigten Vermögens sind. Aus diesem Grund sieht § 10 Abs. 6 Satz 5 ErbStG insoweit eine besondere Schuldenkürzung vor. Übersteigen die Schulden den Steuerwert des begünstigten Vermögens (**Schuldenüberhang**), so vermindert sich dieser Schuldenüberhang durch die Inanspruchnahme der Begünstigungen und die damit verbundene Schuldenkürzung.

> **Hinweis:**
> Diese nachteilige Wirkung der Begünstigungen kann durch einen Verzicht auf die Begünstigungen vermieden werden.

d) Nachbesteuerung

30 Die §§ 13a Abs. 5 und 19a Abs. 5 ErbStG enthalten gleichlautende Nachsteuerbestimmungen, die für Kapitalgesellschaften überwiegend strenger ausgestaltet sind als für Betriebsvermögen. Zur Durchführung der Nachbesteuerung vgl. R 67, 80 ErbStR 2003. Insgesamt sind die Nachsteuerregelungen inkonsistent, orientierungslos und willkürlich und dürften einer am Belastungsgrund der Erbschaftsteuer und am Begünstigungsgrund der erhöhten Sozialgebundenheit ausgerichteten verfassungsrechtlichen Prüfung kaum standhalten.

31 Die Nachsteuerbestimmungen sind keine reine Missbrauchsverhinderungsvorschriften, sondern haben zunächst die Funktion, die **Nachhaltigkeit des Begünstigungsgrundes**, nämlich die Nachhaltigkeit der erhöhten Sozialgebundenheit des erworbenen Vermögens in der Person des Erwerbers zur Begünstigungsvoraussetzung zu deklarieren. Da die Aufrechterhaltung der Sozialgebundenheit in der Person des Erwerbers i.a.R. zu dessen Disposition steht, muss es in der Sache darum gehen, typische Sachverhalte zu definieren, in denen sich der Erwerber innerhalb der Behaltefrist in einer Weise der erhöhten Sozialgebundenheit entzieht, die den Begünstigungsgrund entfallen lässt. Der typische Fall eines derartigen Vorgangs ist der Fall der **entgeltlichen Veräußerung** des erworbenen Vermögens[64] und die damit verbundene Umschichtung sozial gebundenen Vermögens in ungebundenes Vermögen. Demgegenüber kann eine **unentgeltliche Veräußerung** schon deshalb nicht zwingend eine Nachbesteuerung auslösen, weil sie dem Grunde nach ja selbst vom Gesetz als begünstigter Erwerbsvorgang qualifiziert wird. Problematisch sind Fälle an der Nahtstelle zwischen Entgeltlichkeit und Unentgeltlichkeit.[65]

32 Zweifelhaft ist die Frage, wie eine **Betriebsaufgabe, Liquidation** oder eine **Insolvenz** in diesem Kontext zu werten ist. Zweifelsfrei ist eine Nachbesteuerung dann gerechtfertigt, wenn es sich um eine freiwillige Aufgabe oder Auflösung handelt und das begünstigt erworbene Vermögen und Befreiung von der erhöhten Sozialgebundenheit in das Privatvermögen überführt wird. Ob es allerdings gerechtfertigt ist, auch im Fall einer Insolvenz mit einer Nachbesteuerung zu reagieren, wie dies die Rspr. des BFH[66] vorsieht, ist m.E. mehr als zweifelhaft.

---

64 § 13a Abs. 5 Nr. 1, Nr. 4 ErbStG.
65 Vgl. zur Übergabe begünstigt erworbenen Vermögens gegen Versorgungsleistung BFH, BStBl. 2005 II, S. 532 m. abl. Anm. Hübner, ZEV 2005, 354.
66 BFH, BStBl. 2005 II, S. 571 m. abl. Anm. Hübner ZEV 2005, 355.

Uneinheitlich wird die **Kapitalauskehrung** behandelt. Während bei Personenunternehmen jede Entnahme an den kleinkarierten Maßstäben des § 13a Abs. 5 Nr. 3 ErbStG[67] zu messen ist, ist bei Ausschüttungen aus Kapitalgesellschaften alles unschädlich bis zu der Grenze, ab der die Ausschüttung durch eine Herabsetzung des Nominalkapitals finanziert wird.[68]

33

> **Hinweis:**
>
> Die Finanzierung einer Ausschüttung/Entnahme durch Veräußerung betriebswesentlicher Wirtschaftsgüter[69] soll schädlich sein; nur in seltenen Fällen wird dieser Finanzierungszusammenhang aber nachweisbar sein, weil er die Zuordnung eines Ausschüttungs-/Entnahmebetrages zu dem Veräußerungserlös voraussetzt. Das dürfte in der Praxis nicht immer einfach sein.

Völlig unverständlich ist die Behandlung von **Umwandlungsvorgängen**: Während bei Kapitalgesellschaften nach dem Wortlaut wohl jede Umwandlung schädlich sein soll,[70] obwohl die erhöhte Sozialgebundenheit des transformierten Vermögens in der Person des Erwerbers erhalten bleibt, wird bei Personenunternehmen sachgerecht großzügig verfahren. Obwohl es sich bei Einbringungsvorgängen nach den §§ 20, 24 UmwStG dem Grunde nach um Veräußerungsvorgänge handelt, haben diese – selbst dann nicht, wenn die Einbringung zum Teilwert erfolgt – als solche keine Nachbesteuerung zur Folge; die Nachbesteuerung erfolgt erst dann, wenn die im Rahmen der Einbringung gewährten Anteile veräußert werden. Für Anteile an Kapitalgesellschaften hat diese Differenzierung erstaunliche Konsequenzen: Werden diese im Privatvermögen gehalten, unterliegen sie dem strengen Regime des § 13a Abs. 5 Nr. 4 ErbStG. Werden sie dagegen im (Sonder-)Betriebsvermögen gehalten, unterliegen sie der wesentlich günstigeren Bestimmung des § 13a Abs. 5 Nr. 1 Satz 2 ErbStG.

34

III. Grunderwerbsteuer

Im Kontext der Unternehmensnachfolge sind auch grunderwerbsteuerliche Erwägungen anzustellen. Die Übertragung von Anteilen an Grundbesitz haltenden Personengesellschaften (§ 1 Abs. 2 lit. a, Abs. 3 GrEStG) oder Kapitalgesellschaften (§ 1 Abs. 3 GrEStG) insb. im Rahmen vorbereitender Gestaltungen oder im Rahmen einer vorweggenommenen Erbfolge kann dem Grunde nach steuerbar sein. Zwar **schließen sich Erbschaft- und Grunderwerbsteuer gegenseitig aus**, weil der Erbschaft-/Schenkungsteuer unterliegende Vorgänge grds. von der Grunderwerbsteuer befreit sind (§ 3 Nr. 2 Satz 1 GrEStG). Gleichwohl kommt eine Grunderwerbsteuerbelastung in den Fällen in Betracht, in denen **eine vorweggenommene Erbfolge nach schenkungsteuerlichen Maßstäben teilentgeltlich erfolgt** oder Auflagen bei der Schenkungsteuer abziehbar sind (§ 3 Nr. 2 Satz 2 GrEStG) und keine personenbezogenen Befreiungen eingreifen (§ 3 Nr. 4, Nr. 6 GrEStG).

35

C. Rechtsnachfolge von Todes wegen

I. Einzelunternehmen in der Nachfolge

1. Zivilrecht

Im Mittelstand findet sich verbreitet nach wie vor die **Unternehmensform des Einzelunternehmens**. Diese „Rechtsform" kann man ohne weiteres als nachfolgeuntauglich bezeichnen. Dies gilt zunächst aus haftungsrechtlicher Sicht.

36

---

[67] R 65 ErbStR 2003.
[68] Zur Unschädlichkeit der lediglich nominellen Kapitalherabsetzung vgl. R 66 Abs. 2 ErbStR 2003.
[69] § 13a Abs. 5 Nr. 1 Satz 2, Abs. 4 Satz 2 ErbStG; R 63 Abs. 2 ErbStR 2003.
[70] Zutreffend gegen einen derartigen Automatismus und für eine am Gesetzeszweck orientierte Auslegung FG Münster, EFG 2005, 292. Anders der BFH in seiner Revisionsentscheidung BFH, BStBl. 2006 II, S. 602 m. abl. Anm. Hübner, ZEV 2006, 368.

37 Zwar ist es möglich, die erbrechtliche **Erbenhaftung** durch Ausschlagung (§§ 1945, 1953 BGB) auszuschließen oder auf den Nachlass zu beschränken (§§ 1975 ff. BGB); schwer zu steuern ist allerdings die handelsrechtliche Erbenhaftung aus § 27 HGB. Denn der Erbe wird automatisch Träger des ererbten Unternehmens mit der Folge, dass er die Haftungsbeschränkung nach § 27 Abs. 2 HGB beseitigen muss,[71] was vielfach nicht innerhalb der Drei-Monats-Frist möglich, jedenfalls i.a.R. wirtschaftlich unsinnig sein wird.

Streitig ist, ob eine **Firmenänderung** die Haftung beseitigt[72] und ob eine Haftungsbeschränkung nach § 25 Abs. 2 HGB – Registereintragung – gegen die Erbenhaftung nach § 27 HGB hilft.[73] Zu beachten ist, dass die Überführung des Unternehmens auf einen neuen Unternehmensträger nach h.M. keine Einstellung des Unternehmens i.S.d. § 27 Abs. 2 HGB darstellt. Gefordert wird insoweit die Voll-Liquidation, zumindest aber die Einstellung der werbenden Tätigkeit.[74] Die hieraus folgende Empfehlung kann nur lauten, die Situation des § 27 HGB durch eine rechtzeitige Unternehmensumwandlung in eine Personen- oder Kapitalgesellschaft zu vermeiden.

38 Wird der Erblasser **durch mehrere Erben beerbt**, so wird die Miterbengemeinschaft zur Unternehmensträgerin, eine Rolle, zu der sie nicht taugt.[75] Denn es handelt sich um eine Zufallsgemeinschaft, ihr fehlen gesetzlich vorgeschriebene Organe, die Miterben haften für Neuverbindlichkeiten gesamtschuldnerisch und sie ist zu unternehmerisch sinnvollem Tun nicht in der Lage: sie kann kein Unternehmen hinzu erwerben, keinen Gesellschafter aufnehmen und – nach herkömmlicher Gerichtspraxis – einem der Miterben keine Prokura erteilen. Auch unter diesen Gesichtspunkten ist dringend eine lebzeitige Rechtsformänderung anzuraten.[76]

2. Steuerrecht

a) Einkommensteuer[77]

39 Die Rechtsnachfolge des oder der Erben in die Unternehmerstellung des Erblassers hat zur Folge, dass diese in die Unternehmerstellung des Erblassers, ggf. als Mitunternehmer nachfolgen.[78] Das hat Konsequenzen insb. für die Qualifizierung der laufenden Einkünfte, die die Miterben aus dem ererbten Unternehmen ziehen. Eine **Rückwirkung der Erbauseinandersetzung** mit der Konsequenz, dass die das Unternehmen nicht fortführenden Miterben auch **in dem Zeitraum zwischen Erbanfall und Erbauseinandersetzung** keine Einkünfte aus Gewerbebetrieb erzielen, erkennt die Verwaltung grds. für einen Zeitraum von sechs Monaten an, in Ausnahmefällen auch darüber hinaus.[79] Voraussetzung ist aber stets, dass sich die Miterben entsprechend einer Teilungsanordnung oder der späteren Auseinandersetzung entsprechend verhalten und die Einkünfte aus dem Betrieb dem diesen fortführenden Miterben zuweisen.

40 Die Erbauseinandersetzung folgt **Realteilungsgrundsätzen**: wird einem Miterben ein (Teil-)Betrieb zugewiesen, so hat dieser die Buchwerte fortzuführen. Erhält ein Miterbe lediglich einzelne Wirtschaftsgüter des Betriebsvermögen zugewiesen, so kommt eine Buchwertfortführung nur in Betracht, wenn die Wirtschaftsgüter beim Erwerber Teil eines Betriebsvermögens werden.[80] Auch dann sind rückwirkend auf die Realteilung die gemeinen Werte anzusetzen, wenn zugewiesene spezifische Einzelwirtschaftsgüter

---

71 K. Schmidt, Handelsrecht, S. 269; ders., ZHR 157 (1993), 609 f.
72 K. Schmidt, Handelsrecht, S. 268; ders., NJW 1985, 2790; ders., ZHR 157 (1993), 611 f.
73 K. Schmidt, Handelsrecht, S. 271 f., ders., ZHR 157 (1993), 271 f.
74 Grote, BB 2001, 2595 ff.; a.A.: K. Schmidt, Handelsrecht, S. 273; ders., ZHR 157 (1993), 600 ff.
75 Fischer, ZHR 144 (1980), 1 ff.
76 Scherer, in: Sudhoff, Unternehmensnachfolge, § 1 Rn. 28; Demuth, in: Söffing/Thümmel, Praxishandbuch der Unternehmensgestaltung, S. 392.
77 Vgl. bereits unter Rn. 6 ff.
78 BMF-Schreiben v. 14.3.2006, BStBl. I, S. 253 Rn. 1 ff.
79 BMF-Schreiben v. 14.3.2006, BStBl. I, S. 253 Rn. 7 ff.
80 Schmidt/Wacker, EStG, § 16 Rn. 551: personen- und objektbezogene Betrachtung.

(Grund und Boden, Gebäude, andere betriebswesentliche Wirtschaftsgüter) innerhalb der Behaltefrist des § 16 Abs. 3 Satz 3, 2. Halbs. EStG entnommen oder veräußert[81] werden.

Nach dem BMF-Schreiben v. 28.2.2006[82] beschränkt sich der rückwirkende Ansatz des gemeinen Wertes **auf das entnommene Wirtschaftsgut**. Der sich aus der rückwirkenden Wertaufstockung ergebende Gewinn ist allen Realteilern nach dem allgemeinen Gewinnverteilungsschlüssel zuzuordnen.[83] Die Entnahme oder Veräußerung nicht betriebswesentlicher Wirtschaftsgüter hat dagegen auch innerhalb der Behaltefrist lediglich einen laufenden Gewinn des jeweiligen Realteilers zur Folge; es erfolgt keine rückwirkende Wertaufstockung. Die Frage der Betriebswesentlichkeit ist nicht nur funktional, sondern auch quantitativ zu bestimmen.[84]

b) Erbschaftsteuer[85]

Bei der **erbschaftsteuerlichen Behandlung** der Rechtsnachfolge in einen (Teil-)Betrieb des Erblassers ergeben sich keine Besonderheiten. Soweit im Rahmen der Erbauseinandersetzung nach Realteilungsgrundsätzen und schädlicher Verfügung eines Realteilers über ihm zugewiesene Einzelwirtschaftsgüter innerhalb der Behaltefrist rückwirkend der gemeine Wert anzusetzen ist, schlägt dieser rückwirkende Ansatz des gemeinen Wertes nicht auf die erbschaftsteuerliche Bemessungsgrundlage durch (§ 109 Abs.1 BewG). Die Berücksichtigung von Ereignissen nach dem Zeitpunkt der Steuerentstehung scheitert ungeachtet der durch § 109 Abs.1 BewG angeordneten Maßgeblichkeit der Steuerbilanzwerte am erbschaftsteuerlichen Stichtagsprinzip (§§ 9, 11 BewG).[86]

41

> **Hinweis:**
>
> Die Auswirkungen der Anknüpfung der erbschaftsteuerlichen Bemessungsgrundlage an die Steuerbilanzwerte auf das Stichtagsprinzip sind nicht abschließend geklärt. Zweifelsfrei dürfte diese Anknüpfung eine Modifikation des erbschaftsteuerlichen Stichtagsprinzips zur Folge haben, etwa im Hinblick auf die Berücksichtigung sog. wertaufhellender Umstände. Weder auf die Bestimmung des Gegenstands des erbschaftsteuerlichen Erwerbs noch auf dessen Wert dürften sich jedoch tatsächliche Vorgänge auswirken, die sich erst nach dem maßgebenden Bewertungszeitpunkt ereignet haben.

II. Rechtsnachfolge in Anteile an Personengesellschaften

1. Eingeschränkte Rechtsnachfolge kraft Gesetzes

Nach dem gesetzlichen Regelstatut sind Anteile an werbenden Personengesellschaften nicht per se vererblich. Eine gewichtige Ausnahme von diesem Grundsatz sieht § 177 HGB für die Rechtsnachfolge in einen Kommanditanteil vor; vgl. zum Tod eines stillen Gesellschafters § 234 Abs. 2 HGB.[87]

42

Soweit es um die Folgen des **Todes eines persönlich haftenden Gesellschafters** geht, folgt das Gesetz unterschiedlichen Konzeptionen. Bei der GbR sieht das gesetzliche Regelstatut die Auflösung der Gesellschaft vor (§ 727 BGB); für die stille Gesellschaft, die eine Beteiligung am Handelsgeschäft eines Einzelunternehmers zum Gegenstand hat, gilt dasselbe, ebenso wie beim Tod des Hauptbeteiligten bei einer

43

---

81 Veräußerung in diesem Sinne soll nach der Verwaltungsauffassung auch eine Einbringung zum Buchwert nach den §§ 20, 24 UmwStG sein, BMF-Schreiben v. 28.2.2006, BStBl. I, S. 228, Teil VIII.
82 BStBl. 2006 I, S. 228, Teil IX.: „Eine Aufdeckung der übrigen stillen Reserven erfolgt nicht."
83 BMF-Schreiben v. 28.2.2006, BStBl. I, S. 228 Teil IX.; Schmidt/Wacker, EStG, § 16 Rn. 555: Konsequenzen für die Realteilungsabrede.
84 Schmidt/Wacker, EStG, § 16 Rn. 554.
85 Vgl. bereits Rn. 13 ff.
86 Vgl. etwa zur Frage einer rückwirkenden Umwandlung R 34 ErbStR 2003 und BFH, BStBl. 1984 II, S. 772.
87 Zur entsprechenden Anwendung des § 243 Abs. 2 HGB beim Tod eines Unterbeteiligten vgl. Baumbach/Hopt/Hopt, HGB, § 105 Rn. 43.

Unterbeteiligung. Allerdings unterscheiden sich die Rechtsfolgen der Auflösung: während die Auflösung bei einer Außengesellschaft lediglich den Übergang in das Abwicklungsstadium bezeichnet, hat die Auflösung bei einer Innengesellschaft unmittelbar deren Vollbeendigung zur Folge (str.).[88] Das Gesellschaftsverhältnis wandelt sich zu einem auf Abrechnung gerichteten Schuldverhältnis.

44 Soweit der **Tod eines Gesellschafters** zur **Auflösung** der Gesellschaft führt, findet eine Rechtsnachfolge von Todes wegen in das jeweilige Abwicklungsverhältnis statt: Anteile an einer in das Auflösungsstadium übergegangenen Außengesellschaft bzw. Forderungen und Verbindlichkeiten aus einem Abrechnungsverhältnis sind ohne weiteres vererblich.

45 **Für Personenhandelsgesellschaften** sieht das Gesetz seit dem In-Kraft-Treten des Handelsrechtsreformgesetzes v. 22.6.1998[89] beim Tod eines persönlich haftenden Gesellschafters nicht mehr die Auflösung der Gesellschaft vor, sondern vielmehr die Fortsetzung unter den verbleibenden Gesellschaftern (§ 131 Abs. 3 Nr. 1 HGB).[90] Zur Auflösung kommt es auch nach neuem Recht dann, wenn der einzige Komplementär verstirbt und der Gesellschaftsvertrag für diesen Fall keine Vorsorge getroffen hat;[91] die verbleibenden Gesellschafter können, sofern es sich um zumindest zwei handelt, die Gesellschaft unter Bestimmung eines neuen Komplementärs fortsetzen.

46 Für den Fall des **Todes eines persönlich haftenden Gesellschafters** – von mehreren – einer Personenhandelsgesellschaft sieht das Gesetz vor, dass die Gesellschaft unter den verbleibenden Gesellschaftern fortgesetzt wird. Damit treten als gesetzliches Regelstatut die Rechtsfolgen ein, die herkömmlich eine Fortsetzungsklausel bewirkt. Diese Rechtsfolgen bestehen darin, dass der verstorbene Gesellschafter mit seinem Tod aus der fortbestehenden Gesellschaft ausscheidet, sein Anteil am Gesamthandsvermögen den anderen Gesellschaftern anwächst und diese oder die Gesellschaft[92] eine Abfindung schulden (§ 738 BGB), die in den Nachlass des verstorbenen Gesellschafters fällt.

Eine Rechtsnachfolge in den fortbestehenden Anteil eines verstorbenen Gesellschafters kommt deshalb bei Außengesellschaften und Geltung des gesetzlichen Regelstatuts nur in Betracht, wenn der Verstorbene **Kommanditist** war (§ 177 HGB) sowie in den Fällen der GbR, dort allerdings nur um den Preis des Strukturwandels von der werbenden zur aufgelösten Gesellschaft. In den Fällen des Todes eines Gesellschafters einer OHG oder eines Komplementärs sieht das Gesetz keine Rechtsnachfolge in den fortbestehenden Anteil des Verstorbenen vor, sondern dessen Ausscheiden aus der als solcher fortbestehenden Gesellschaft und kombiniert diesen Ausscheidensvorgang mit einer Anwachsung des Anteils des Verstorbenen am Gesellschaftsvermögen bei den verbleibenden Gesellschaftern und der Entstehung eines dieser Anwachsung korrespondierenden Abfindungsanspruchs.

47 Anders als bei Anteilen an Kapitalgesellschaften, deren Vererblichkeit zwingend ist, sind die dargestellten gesetzlichen Regelungen **dispositiv** und bedürfen auch der Disposition. Auch vor dem Hintergrund des Umstandes, dass das Ertragsteuerrecht das Ausscheiden gegen Abfindung als einen typischerweise gewinnrealisierenden Veräußerungsvorgang qualifiziert,[93] dürften sich in vielen Fällen Gestaltungen aufdrängen, die nicht nur auf den Fortbestand der Gesellschaft, sondern auch auf den Fortbestand des Anteils des Verstorbenen abzielen und damit eine Rechtsnachfolge in diesen fortbestehenden Anteil ermöglichen. Denn eine derartige Gestaltung dient in besonderer Weise auch dem Fortbestand der Gesellschaft, weil eine Rechtsnachfolge in den fortbestehenden Anteil des verstorbenen Gesellschafters die Entstehung von Abfindungsansprüchen und damit von unerwünschten Liquiditätsabflüssen vermeidet.

---

88 So die noch h.M., vgl. MünchKomm-HGB/K. Schmidt, § 234 Rn. 1 m.w.N.
89 BGBl. I, S. 1474.
90 Kritisch K. Schmidt, NJW 1998, 2161, 2166.
91 Zu den Rechtsfolgen des Ausscheidens des alleinigen Komplementärs (GmbH) aus einer KG mit nur einem Kommanditisten vgl. BGH, ZIP 2004, 1047 = NZG 2004, 611. Zu den steuerlichen Implikationen vgl. BFH, ZEV 2005, 315 m. Anm. Hübner.
92 Str., vgl. MünchKomm-HGB/K. Schmidt, § 131 Rn. 128; MünchKomm-BGB/Ulmer, § 738 Rn. 16; a.A.: Palandt/Sprau, BGB, § 738 Rn. 2.
93 Vgl. dazu Rn. 8 ff.

2. Gestaltung der Rechtsnachfolge in Anteile an Personengesellschaften

Die Rechtsnachfolge in Anteile an Personengesellschaften ist auf unterschiedlicher Grundlage möglich. Denkbar ist zunächst die Rechtsnachfolge auf **erbrechtlicher Grundlage**, die voraussetzt, dass der Gesellschaftsanteil durch eine erbrechtliche Nachfolgeklausel vererblich gestellt wird.

Daneben kommt eine Rechtsnachfolge in den fortbestehenden Anteil jedoch auch auf einer rein rechtsgeschäftlichen, sprich **gesellschaftsvertraglichen Grundlage** in Betracht. In diese Kategorie gehören die rechtsgeschäftliche Nachfolgeklausel und die Eintrittsklausel, wobei letztere in verschiedenen technischen Varianten auftreten kann.

Die unmittelbare **Rechtsnachfolge eines außen stehenden Dritten** in den Anteil eines verstorbenen Gesellschafters einer Personengesellschaft setzt nach der Entscheidung des BGH v. 10.2.1977[94] eine erbrechtliche Grundlage voraus. Das ergebe sich schon daraus, dass dem deutschen Zivilrecht rechtsgeschäftliche Verfügungen zu Gunsten Dritter fremd seien. Außerdem ist der BGH der Auffassung, dass die Rechtsnachfolge in einen Anteil an einer Personengesellschaft als Bündel unmittelbar den Gesellschafter treffender Rechte und Pflichten anzusehen sei, so dass die Anordnung der Rechtsnachfolge eines außen stehenden Dritten im Hinblick auf die ebenfalls übergehenden Pflichten als Vertrag zulasten eines Dritten zu qualifizieren sei. Eine unmittelbar wirkende Rechtsnachfolge in eine schuldrechtliche Pflichtenlage kann sich nur auf der Grundlage einer erbrechtlichen Gesamtrechtsnachfolge (§ 1922 BGB) im Kontext mit dem Anfallprinzip (§ 1942 Abs. 1 BGB) ergeben.

Daraus folgt:
- Die Rechtsnachfolge in einen Anteil an einer werbenden Personengesellschaft auf erbrechtlicher Grundlage setzt zum einen die **Vererblichkeit des Anteils** voraus, die durch § 177 HGB oder durch eine erbrechtliche Nachfolgeklausel sichergestellt werden kann. Erforderlich ist weiter, dass der oder die als Nachfolger in Betracht kommenden Personen auch **tatsächlich Erben werden**. Grds. richtet sich der Umfang der Rechtsnachfolge nach dem Erbteil der jeweiligen Erben. Lässt allerdings die Nachfolgeklausel i.V.m. der Erbeinsetzung nur einen von mehreren Nachfolgern zu, so ist nach der Rspr. des BGH auch dann von einer Vollnachfolge des einzigen Nachfolgers auszugehen, wenn die Nachfolgeklausel keinen dahingehenden Anhaltspunkt enthält.[95] Folgen mehrere, nicht jedoch alle Erben aufgrund einer erbrechtlichen Nachfolgeklausel nach, so richtet sich deren Erwerbsquote nach dem Verhältnis ihrer Erbteile.
- Eine **gesellschaftsvertragliche Bestimmung**, die eine Rechtsnachfolge in einen Anteil ermöglichen soll, ist regelmäßig als **erbrechtliche Nachfolgeklausel** zu qualifizieren. Das soll nach der zitierten Rspr. des BGH auch dann gelten, wenn der Gesellschaftsvertrag nicht ausdrücklich von einer Nachfolge oder dem Übergang des Anteils spricht, sondern den Begriff des Eintritts verwendet. Sofern also aus bestimmten Gründen gerade die spezifischen Rechtsfolgen einer rechtsgeschäftlichen Nachfolgeklausel oder einer Eintrittsklausel gewollt sind, muss dies zweifelsfrei klargestellt werden.
- Die **Anordnung einer unmittelbaren Rechtsnachfolge** in den Anteil eines verstorbenen Gesellschafters auf gesellschaftsvertraglicher Grundlage (rechtsgeschäftliche Nachfolgeklausel) ist nur möglich, wenn es sich bei dem Nachfolger nicht um einen Dritten handelt, sondern er bereits Gesellschafter der Gesellschaft ist und er deshalb Vertragspartei des Gesellschaftsvertrages und damit der Nachfolgevereinbarung ist.
- Ist eine Rechtsnachfolge auf **rein rechtsgeschäftlicher/gesellschaftsvertraglicher Grundlage** gewollt und handelt es sich bei dem in Aussicht genommenen Nachfolger um einen Dritten, so ist die Nachfolgeklausel **in eine Eintrittsklausel umzudeuten**, die keine unmittelbare Rechtsnachfolge in den Anteil des Verstorbenen bewirkt, sondern die Rechtsnachfolge von der Ausübung des Eintrittsrechts abhängig macht.

---

94 BGHZ 68, 225 = NJW 1977, 1339.
95 BGH, NJW 1977, 1339.

- Allerdings entscheidet sich der BGH nicht ohne weiteres für eine Auslegung, die einer ins Auge gefassten Nachfolge eines Dritten zum Erfolg verhilft. Denn er legt die gesellschaftsvertragliche Klausel aus der **Interessenlage der verbleibenden Gesellschafter** aus. Deren Interessenlage entspreche es nicht, die Nachfolge von einer in das Belieben des Eintrittsberechtigten gestellten Willensentscheidung abhängig zu machen. Denn entscheidet sich dieser gegen den Eintritt, so gelten im Ergebnis die Rechtsfolgen einer Fortsetzungsklausel: der Anteil des Verstorbenen am Gesellschaftsvermögen wächst den verbliebenen Gesellschaftern an und zugleich entsteht ein Abfindungsanspruch.[96] Insb. letzteres entspreche typischerweise nicht der Interessenlage der Gesellschafter. Auch dies macht deutlich, dass eine gewollte Rechtsnachfolge auf gesellschaftsvertraglicher Grundlage zweifelfrei angeordnet werden muss.

3. Gesellschaftsvertragliche Klauseln im Einzelnen und ihre Rechtsfolgen

a) Fortsetzungsklausel

aa) Zivilrecht[97]

51 Die **Fortsetzungsklausel** beschränkt sich in ihrem Kern darauf, den Übergang der Gesellschaft in das Liquidationsstadium aus Anlass des Todes eines Gesellschafters auszuschließen und deren Fortbestand als werbende Gesellschaft unter den verbliebenen Gesellschaftern anzuordnen. Das bedeutet, dass der verstorbene Gesellschafter im Zeitpunkt seines Todes aus der Gesellschaft ausscheidet, eine Rechtsnachfolge in seinen Anteil also nicht stattfindet und ein Abfindungsanspruch nach Maßgabe der gesellschaftsvertraglichen Regelung bzw. hilfsweise des Gesetzes (§ 738 BGB) entsteht und in den Nachlass fällt. Eine derartige ausdrückliche Regelung ist für persönlich haftende Gesellschafter einer Personenhandelsgesellschaft entbehrlich, weil sie sich bereits aus dem Gesetz ergibt (§ 131 Abs. 3 Nr. 1 HGB) und für Kommanditisten – soweit es um den Fortbestand der Gesellschaft als solcher geht – von § 177 HGB umfasst wird.

52 Soweit ein **Abfindungsanspruch** entsteht und dieser nicht durch den Gesellschaftsvertrag modifiziert wird, richtet sich dieser nicht nach Liquidationswerten, sondern nach heute h.M. nach **Going Concern-Werten**, umfasst also den vollen wirtschaftlichen Wert des lebenden Unternehmens unter Einschluss aller stillen Reserven und eines eventuellen Firmenwertes. Der Liquidationswert hat nur die Funktion einer Wertuntergrenze.[98] Maßgebend ist regelmäßig nicht der Substanzwert, sondern der Ertragswert.[99]

53 Nach allgemeiner Ansicht ist es möglich, den **Abfindungsanspruch** auch auf einen Betrag unterhalb des Buchwertes zu **beschränken** und sogar vollständig **auszuschließen**.[100] Eine derartige Regelung wird als aufschiebend bedingte – und vollzogene (§ 2301 Abs. 2 BGB) – Schenkung auf den Todesfall angesehen.[101] Diese Qualifizierung impliziert die Relevanz der Abfindungsbeschränkung für Fragen der Pflichtteilsergänzung (§ 2325 BGB). Die Zehn-Jahres-Frist des § 2325 Abs. 3 BGB beginnt in diesen Fällen mit dem Tod des Gesellschafters.[102]

54 Wird eine Abfindung gezahlt, so hat dies beim Tod eines Kommanditisten das Aufleben der **Haftung** nach § 172 Abs. 4 HGB im Rahmen der §§ 161 Abs. 2, 160 Abs. 1 HGB zur Folge.[103] Die Haftung trifft

---

96 Zum Ausschluss des Abfindungsanspruchs in derartigen Fällen vgl. unter Rn. 53.
97 Ebenroth, Erbrecht, Rn. 861 ff.; K. Schmidt, Gesellschaftsrecht, S. 1336 ff., § 45 V. 3.
98 Baumbach/Hopt/Hopt, HGB, § 131 Rn. 49.
99 Baumbach/Hopt/Hopt, HGB, § 131 Rn. 49.
100 BGHZ 22, 186, 194; BGH, WM 1971, 1338 f.; Ebenroth/Boujong/Joost/Lorz, HGB, § 131 Rn. 20; Staub/Schäfer, HGB, § 131 Rn. 182.
101 Zur Problematik der Abgrenzung entgeltlich/unentgeltlich unter dem Gesichtspunkt des Wagnischarakters einer derartigen Klausel vgl. Bamberger/Roth/Mayer, BGB, § 2325 Rn. 15. Vgl. in diesem Kontext die Bestimmung des § 3 Abs. 1 Nr. 2 Satz 2 ErbStG.
102 Bamberger/Roth/Mayer, BGB, § 2325 Rn. 29 unter Hinweis auf BGHZ 98, 226, 229 = NJW 1987, 122; Mayer, in: Mayer/Süß/Tanck/Bittler/Wälzholz, Handbuch Pflichtteilsrecht, § 8 Rn. 64 ff.
103 MünchKomm-HGB/K. Schmidt, §§ 171, 172 Rn. 66 ff., 73.

die Erben des verstorbenen Kommanditisten als Kehrseite des in den Nachlass fallenden Abfindungsanspruchs.

Zu beachten sind auch die haftungsrechtlichen Folgen des Todes des **Komplementärs einer Zwei-Personen-KG**. Denn der Wegfall des einzigen Mitgesellschafters hat zur Folge, dass die Gesellschaft als solche ohne Liquidation vollbeendet wird und der verbleibende Kommanditist zum Einzelunternehmer mit der Haftungsfolge des § 27 HGB wird.[104] An dieser Rechtslage kann auch eine Fortsetzungsklausel nichts ändern, weil es eine Personengesellschaft mit nur einem Gesellschafter grds. nicht gibt.

Formulierungsbeispiel: Fortsetzungsklausel

> Mit dem Tod eines Gesellschafters scheidet dieser aus der Gesellschaft aus, die unter den verbleibenden Gesellschaftern fortgesetzt wird.

bb) Einkommensteuer

Im Fall der Fortsetzungsklausel liegt grds. ein entgeltlicher und damit gewinnrealisierender **Veräußerungsvorgang** vor. Noch der versterbende Gesellschafter veräußert seinen Gesellschaftsanteil. Es ergibt sich ein Veräußerungsgewinn in Höhe des Unterschiedsbetrages zwischen der Höhe seiner Abfindung und dem Buchwert seines Kapitalkontos, der ggf. mit gesondert festgestellten verrechenbaren Verlusten nach § 15a Abs. 2 EStG auszugleichen ist.[105]

Erhält der ausscheidende Gesellschafter eine **Abfindung in Höhe des Buchwertes** seines Kapitalkontos, ist der Vorgang gewinnneutral; es liegt ein unentgeltlicher Vorgang vor; die verbleibenden Gesellschafter führen die Buchwerte des verstorbenen Gesellschafters fort. Liegt die **Abfindung unter dem Buchwert** des Kapitalkontos, kommt es darauf an, ob die Abfindungsbeschränkung privat oder betrieblich veranlasst ist. Bei privater Veranlassung liegt ein unentgeltlicher Ausscheidensvorgang mit der Folge der Buchwertfortführung vor; ist die Abfindungsbeschränkung – unter Fremden – betrieblich veranlasst, so erzielt der verstorbene Gesellschafter einen Veräußerungsverlust.[106]

Soweit nach diesen Regeln ein Veräußerungsvorgang anzunehmen ist, liegt bei den verbleibenden Gesellschaftern ein korrespondierender **Anschaffungsvorgang** vor. Dabei handelt es sich – abweichend von der zivilrechtlichen Rechtslage – nicht um einen Vorgang zwischen dem verstorbenen Gesellschafter bzw. dessen Erben einerseits und der Gesellschaft andererseits,[107] sondern um einen ausschließlich der Gesellschafterebene zuzuordnenden Vorgang. Dies folgt aus der steuerrechtlichen Transparenz der Personengesellschaften, die eine Zuordnung der Wirtschaftsgüter des Gesellschaftsvermögens zu den Gesellschaftern und nicht zu der Gesellschaft zur Folge hat. Aus steuerlicher Sicht erwerben also die verbleibenden Gesellschafter die dem Verstorbenen gehörenden anteiligen Wirtschaftsgüter des Gesamthandsvermögens.

Diese Qualifikation hat weiter zur Folge, dass die Bezahlung der Abfindung aus Gesellschaftsmitteln zunächst als **Entnahme** zu qualifizieren ist, die allerdings sogleich zur Finanzierung von anteiligen Wirtschaftsgütern des Gesamthandsvermögens dem Betriebsvermögen der Mitunternehmerschaft wieder zugeführt (Einlage) wird und im Rahmen dieses Vorgangs die Anschaffungskosten (Kapitalkonto) der verbleibenden Gesellschafter an der Gesellschaft erhöht.

Ermittelt die Gesellschaft (z.B. eine Freiberuflersozietät) ihren Gewinn nicht im Wege des Bestandsvergleichs (Bilanzierung) nach den §§ 4, 5 EStG, sondern im Wege der **Einnahme-/Überschussrechnung** nach § 4 Abs. 3 EStG, so muss die Gesellschaft für die Ermittlung des Kapitalkontos des Ausgeschiedenen zum Bestandsvergleich übergehen.[108] Ein dabei entstehender Übergangsgewinn ist allen Gesell-

---

104 Vgl. BFH, ZEV, 2005, 315 m. Anm. Hübner; BGHZ 113,132 = NJW 1991, 844.
105 Schmidt/Wacker, EStG, § 15a Rn. 224.
106 Schmidt/Wacker, EStG, § 16 Rn. 663.
107 Vgl. bei Fn. 92.
108 Vgl. dazu R 4.6 EStR 2005, H 4.6 EStH 2005.

schaftern nach Maßgabe des allgemeinen Gewinnverteilungsschlüssels zuzuordnen, unabhängig davon, dass dieser Übergangsgewinn partiell auf die Aktivierung von (Honorar-)Forderungen entfällt, die dem ausgeschiedenen Gesellschafter nicht mehr zufließen.[109] Die Gesellschaft kann allerdings unmittelbar im Anschluss an diesen Wechsel der Gewinnermittlungsart – allerdings nunmehr in veränderter Zusammensetzung – wieder zur Einnahme-Überschussrechnung übergehen mit der Folge, dass die Gewinnerhöhungen (Übergangsgewinn) durch diesen gegenläufigen Wechsel der Gewinnermittlungsart (über-)kompensiert werden.

Beispiel:

Die A-Sozietät besteht aus den Gesellschaftern A, B und C, die zu gleichen Teilen am Gesellschaftsvermögen und am Gewinn/Verlust der Gesellschaft beteiligt sind. Als C verstirbt, hat die Gesellschaft offene Honorarforderungen i.H.v. 300.000 €. Das übrige Gesellschaftsvermögen hat einen Buchwert von 180.000 €. Die Erben des C erhalten eine Abfindung i.H.v. 500.000 €.

Im Rahmen des Übergangs zum Bestandsvergleich aus Anlass des Todes des C sind die offenen Forderungen zu aktivieren. Es ergibt sich deshalb ein Übergangsgewinn i.H.v. 300.000 €, der A, B und C zu gleichen Teilen zuzuweisen ist. Damit erhöht sich das Kapitalkonto des C von (180.000 / 3 =) 60.000 € um 100.000 € auf 160.000 €. Diesen Übergangsgewinn muss C als nicht nach den §§ 16 Abs. 4, 34 EStG privilegierten, sondern als laufenden Gewinn[110] versteuern; die Steuerlast geht als Nachlassverbindlichkeit auf seine Erben über. Unmittelbar auf den Zeitpunkt nach dem Tod des C gehen A und B wieder zur Einnahme-Überschussrechnung über. Dabei sind die offenen Forderungen als Abzugsposten zu berücksichtigen: in Höhe dieser Position ergibt sich ein (Übergangs-)Verlust, der nunmehr A und B zu gleichen Teilen zusteht. Das bedeutet, dass der Übergangsgewinn von je 100.000 € durch einen gegenläufigen Übergangsverlust i.H.v. je 150.000 € überkompensiert wird, dem allerdings eine positive Gewinnauswirkung gegenübersteht, wenn die Forderungen zu einem späteren Zeitpunkt eingehen.

Die Abfindung erhöht das Kapitalkonto der verbleibenden Gesellschafter um jeweils 250.000 €, so dass sich deren Kapital zukünftig jeweils wie folgt zusammensetzt:

Kapitalkonto A bzw. B vor dem Tod des C	60.000
anteiliger Übergangsgewinn (Übergang zum Bestandvergleich)	+ 100.000
anteiliger Übergangsverlust (Übergang zur Einnahme-/Überschuss-Rechnung)	– 150.000
Übergehende anteilige Wirtschaftsgüter des C (Buchwert)	30.000
weiter gehende Anschaffungskosten (A, B)	220.000
Kapitalkonto nach Ausscheiden C (und vor Eingang der offenen Forderungen)	260.000

Gewinnwirksam sind folgende Vorgänge:

- *Bei allen Gesellschaftern wirkt sich der Übergangsgewinn als laufender Gewinn aus, der aus dem Übergang zum Bestandvergleich resultiert. Der Übergang zur Einnahme-Überschussrechnung führt zu einem laufenden Verlust nur bei den verbleibenden Gesellschaftern.*
- *Außerdem erzielt C einen Veräußerungsgewinn insoweit, als er eine Abfindung erhält, die über sein Kapitalkonto nach anteiligem Übergangsgewinn hinausgeht.*

	A	B	C
Übergangsgewinn Bestandsvergleich	100.000	100.000	100.000
Übergangsverlust E/Ü-Rechnung	– 150.000	– 150.000	
Veräußerungsgewinn			
Kapital C vor Übergangsgewinn			– 60.000
Übergangsgewinn			– 100.000

---

109 BFH, BStBl. 2000 II, S. 179.
110 Schmidt/Wacker, EStG, § 16 Rn. 661. Bei einer gewerblich tätigen oder geprägten Gesellschaft unterliegt der Übergangsgewinn auch der Gewerbesteuer.

Kapital C nach Übergangsgewinn	– 160.000			
Abfindung	500.000			
Veräußerungsgewinn	340.000			340.000
Gewinnauswirkung		– 50.000	– 50.000	440.000
davon nach §§ 16 Abs. 4, 34 EStG privilegiert				340.000

Werden die offenen Forderungen bezahlt, ergibt sich bei A und B ein laufender Gewinn i.H.v. jeweils 150.000 €.

Die Anschaffung der anteiligen, zuvor dem verstorbenen Gesellschafter zuzuordnenden Wirtschaftsgüter durch die verbleibenden Gesellschafter ist ein betrieblich veranlasster Vorgang. Daraus folgt, dass auch eventuelle Finanzierungsaufwendungen als (Sonder-)Betriebsausgaben abzugsfähig sind.

Das Ausscheiden eines Gesellschafters infolge einer Fortsetzungsklausel kann weiter gehende steuerliche Folgen haben, wenn der Gesellschafter der Gesellschaft ihm gehörende Wirtschaftsgüter zur Nutzung überlassen hatte oder sonst über **Sonderbetriebsvermögen** verfügte. Da es sich bei Sonderbetriebsvermögen stets um Gegenstände handelt, die im persönlichen Eigentum des Gesellschafters stehen, richtet sich die Rechtsnachfolge in diese Vermögensgegenstände und ggf. auch Schulden stets nach erbrechtlichen Grundsätzen. Derartiges Vermögen geht deshalb beim Tod des Gesellschafters auf dessen Erben über. Scheidet der Verstorbene mit seinem Tod aus der Gesellschaft aus, findet also keine Rechtsnachfolge in den Gesellschaftsanteil des Verstorbenen statt, so endet auch die Zugehörigkeit des Sonderbetriebsvermögens zum Betriebsvermögen der Mitunternehmerschaft, so dass insoweit eine Entnahmebesteuerung eingreifen kann.[111]

62

cc) Erbschaftsteuer

Erbschaftsteuerlich sind zwei betroffene Personen bzw. -gruppen zu betrachten. Auf der Seite des oder der Erben ist die **Abfindungsforderung als Teil des Vermögensanfalls** (§ 10 Abs. 1 Satz 2 ErbStG) im Rahmen des Erwerbs durch Erbanfall (§ 3 Abs. 1 Nr. 1 ErbStG) zu erfassen und zwar, soweit nicht eine Sachabfindung zu gewähren ist,[112] als mit dem Nennwert zu bewertende Kapitalforderung (§ 12 BewG). Die Inanspruchnahme erbschaftsteuerlicher Begünstigungen für die Nachfolge in Produktivvermögen (§§ 13a, 19a ErbStG) scheidet aus.

63

Zu betrachten sind auch die verbleibenden Gesellschafter. Bereits oben[113] wurde darauf hingewiesen, dass für den Fall des Ausscheidens durch Tod **Abfindungsansprüche beschränkt** und sogar völlig **ausgeschlossen** werden können. Für diesen Fall fingiert § 3 Abs. 1 Nr. 2 Satz 2 ErbStG eine erbschaftsteuerbare Schenkung auf den Todesfall, soweit die zu leistende Abfindung hinter dem erbschaftsteuerlichen Wert des Anteils des Verstorbenen zurückbleibt. Diese Bestimmung wird i.a.R. nur einen geringen Anwendungsbereich haben, seit durch das StÄndG 1992 für die Bewertung von Personengesellschaften die Steuerbilanzansätze und -werte (§ 109 Abs. 1 BewG[114]) maßgeblich sind. Der Anwendungsbereich des § 3 Abs. 1 Nr. 2 Satz 2 ErbStG wird sich schon deshalb im Wesentlichen auf die Fälle beschränken, in denen eine Abfindung vollständig ausgeschlossen ist.

64

---

111 Schmidt/Wacker, EStG, § 16 Rn. 662; zum Begriff des Sonderbetriebsvermögens vgl. Schmidt/Wacker, EStG, § 15 Rn. 506 ff.

112 Denkbar wäre dies etwa in der Konsequenz einer Einbringung quoad sortem (Einbringung dem Werte nach); vgl. dazu K. Schmidt, Gesellschaftsrecht, S. 569 f., § 20 II. 2.

113 Rn. 53.

114 Praktisch wichtige Ausnahmen: Grundbesitz (§ 12 Abs. 3 ErbStG, §§ 138 ff. BewG), Anteile an Kapitalgesellschaften (§ 12 Abs. 2 ErbStG, § 11 BewG).

b) Erbrechtliche Nachfolgeklauseln[115]

65 Wie die Bezeichnung der Klauseln bereits trefflich beschreibt, geht es bei diesen Klauseln um die Rechtsnachfolge eines Nachfolgers in den als solchen fortbestehenden Anteil des Verstorbenen. Diese gedankliche Grundlage schließt eine Anwachsung und die Entstehung eines Abfindungsanspruchs aus. Eine Sonderstellung nimmt in diesem Kontext die **Eintrittsklausel** ein, die der genannten These in der Treuhandvariante folgt. In der Abfindungsvariante wird allerdings gerade die Anwachsung und der entstehende Abfindungsanspruch dazu genutzt, die „Nachfolge" herbeizuführen, die allenfalls wirtschaftlich eine derivative Nachfolge in den Anteil des Verstorbenen sein kann; bei genauer Betrachtung erwirbt der Eintrittsberechtigte den Anteil originär.

66 Da der verstorbene Gesellschafter mit seinem Tod als Rechtsträger ausscheidet, muss der Anteil – so er als solcher fortbesteht – **im Zeitpunkt des Todes auf einen Nachfolger übergehen**. Dieser Übergang kann sich auf erbrechtlicher Grundlage vollziehen und setzt als solcher zwingend voraus, dass der Nachfolger zumindest zu einem Bruchteil Erbe des verstorbenen Gesellschafters wird. Der Übergang kann sich unter bestimmten Voraussetzungen aber auch auf rechtsgeschäftlicher, also gesellschaftsvertraglicher Grundlage vollziehen. Eine Nachfolge auf rechtsgeschäftlicher Grundlage setzt aus den bereits unter Rn. 48 ff. genannten Gründen voraus, dass der Nachfolger bereits an der Gesellschaft beteiligt ist, sofern nicht die Rechtsnachfolge von einer Willensentscheidung des Nachfolgers abhängt (Eintrittsklausel). In diesem letztgenannten Fall muss aber auch die Zwischenphase bis zur Ausübung des Eintrittsrechts geregelt werden. Der Anteil kann auch für diese Zwischenphase nicht als subjektloses Recht bestehen bleiben.

aa) Einfache Nachfolgeklausel

(1) Zivilrecht[116]

67 Die **einfache Nachfolgeklausel** (ebenso § 177 HGB) hat die Rechtsnachfolge aller Erben zum Gegenstand. Die Rechtsnachfolge vollzieht sich außerhalb der Miterbengemeinschaft als Sonder- oder Einzelrechtsnachfolge der Erben.[117] Dabei teilt sich der Gesellschaftsanteil automatisch auf die Erben im Verhältnis der Erbquoten auf („automatisches Splitting"[118]). Damit bewirkt die Nachfolgeklausel die wirtschaftlichen Folgen einer sich selbst vollziehenden Teilungsanordnung. Ungeachtet der unmittelbaren Einzelrechtsnachfolge gehört der Anteil zum Nachlass mit der Folge, dass eine Testamentsvollstreckung an dem Anteil möglich ist.[119] Um die Folgen der Aufspaltung des Gesellschaftsanteils und damit auch der Stimmrechte zu steuern, kann die Aufnahme einer Vertreterklausel („**obligatorische Gruppenvertretung**") in den Gesellschaftsvertrag zweckmäßig sein.[120] Folge der Aufspaltung des Anteils entsprechend den Erbquoten ist es auch, dass bei einer einfachen Nachfolgeklausel – anders als bei einer qualifizierten Nachfolgeklausel – keine erbrechtlichen Ausgleichsansprüche entstehen können.

68 Die einfache Nachfolgeklausel überlässt die Nachfolgesteuerung dem Erblasser. Er hat es in der Hand, durch die Wahl des erbrechtlichen Instrumentariums den oder die Nachfolger nach seinen Vorstellungen zu bestimmen, ohne dass die Angehörigen oder die anderen Gesellschafter ihn insoweit wirksam beeinflussen könnten. Zugleich hat die einfache Nachfolgeklausel zur Folge, dass eine Nachfolge in den fortbestehenden Anteil stets stattfindet.

---

115 Vgl. bereits oben unter Rn. 48 ff.; Ebenroth, Erbrecht, Rn. 864 ff.
116 Ebenroth, Erbrecht, Rn. 865 ff.; K. Schmidt, Gesellschaftsrecht, S. 1338 ff., § 45 V. 4.
117 Keine Sonderzuordnung beim Alleinerben, vgl. MünchKomm-HGB/K. Schmidt, § 139 Rn. 14.
118 K. Schmidt, Gesellschaftsrecht, S. 1339, § 45 V. 4., dort auch zur Begründung dieser festgefügten Rspr. des BGH.
119 BGHZ 108, 187 = NJW 1989, 3152.
120 MünchKomm-HGB/K. Schmidt, § 177 Rn. 17; BGHZ 121,137,151 = NJW 1993, 2114; BGH, NJW-RR 2005, 39; Stenger, in: Sudhoff, Unternehmensnachfolge, § 26 Rn. 15 ff.; Habersack, ZHR 164 (2000), 1 ff.

> **Hinweis:**
>
> Der Fall, dass eine Nachfolge in den Anteil daran scheitert, dass die Erbfolge nicht auf die Nachfolgeklausel abgestimmt ist, die Erben also die zum Nachfolger qualifizierenden Merkmale einer qualifizierenden Nachfolgeklausel nicht erfüllen, kann bei einer einfachen Nachfolgeklausel nicht eintreten.

Die unmittelbare Rechtsnachfolge in die Gesellschafterstellung kann für den Erben bei der OHG oder im Falle der Komplementärstellung des verstorbenen Gesellschafters die unangenehme Folge haben, dass er sich einer **unbeschränkten persönlichen Haftung** ausgesetzt sieht.[121] Nach § 139 HGB kann jeder Gesellschafter-Erbe sein Verbleiben in der Gesellschaft davon abhängig machen, dass ihm unter Belassung seines bisherigen Gewinnanteils die Stellung eines Kommanditisten eingeräumt und der auf ihn entfallende Teil der Einlage des Erblassers als seine Kommanditeinlage anerkannt wird. Wenn die übrigen Gesellschafter dem nicht zustimmen, kann der Nachfolger ohne Einhaltung einer Kündigungsfrist aus der Gesellschaft ausscheiden (§ 139 Abs. 2 HGB). Die Rechte nach den Absätzen 1 und 2 des § 139 HGB kann der Nachfolger nur innerhalb einer Frist von drei Monaten geltend machen (§ 139 Abs. 3 HGB).

69

Die Bestimmung des § 139 HGB ist im Zusammenhang mit der gesellschaftsrechtlichen Haftung des Gesellschafternachfolgers für **Altverbindlichkeiten** (§§ 103, 173 HGB) zu sehen, die sich – allein – aus der Gesellschafterstellung des Nachfolgers ergibt; diese Haftung ist von der Erbenhaftung nach den §§ 1967 ff. BGB zu trennen. Der letzteren ist die Haftung des Nachfolgers zuzurechnen, die sich daraus ergibt, dass der verstorbene Gesellschafter nach § 128 HGB haftete.[122]

70

Scheidet der Erbe innerhalb der Frist des § 139 Abs. 3 HGB aus der Gesellschaft aus, so haftet er nur nach den Grundsätzen der **Erbenhaftung**. Wird seine Stellung nach Abs. 1 in die eines Kommanditisten umgewandelt, so haftet der Erbe sowohl für Neu- als auch für Altverbindlichkeiten nur nach den Grundsätzen der Kommanditistenhaftung. Daneben besteht freilich die Erbenhaftung (§ 139 Abs. 4 HGB).[123] Völlig ungeklärt ist im Fall der Umwandlung der Gesellschafterstellung die Frage, in welcher Höhe die Haftsumme einzutragen ist. Dieses Problem stellt sich insb. dann, wenn das Kapitalkonto negativ ist.[124]

> **Hinweis:**
>
> Unbedingt Vorsorge zu treffen ist ggf. für das **Versterben des einzigen Komplementärs**, weil ansonsten die Gesellschaft aufgelöst ist.[125] In Betracht kommt insb. die Aufnahme einer GmbH als weitere Komplementärin, die vorsorgliche Umwandlung der KG in eine GmbH & Co. KG oder die Aufnahme einer Umwandlungsklausel in den Gesellschaftsvertrag.[126]

Die auf die Miterben entfallenden Teilanteile können auf einen oder mehrere Erben oder auch auf außenstehende Dritte übertragen werden, etwa aufgrund eines (Voraus-)Vermächtnisses oder einer vom Erblasser angeordneten Auflage, aber auch aufgrund einer Einigung zwischen den Miterben. Aus gesellschaftsrechtlicher Sicht ist für derartige Übertragungen ggf. Vorsorge dahin gehend zu treffen, dass sie von der allgemeinen **Zustimmungsbedürftigkeit für Anteilsübertragungen** freigestellt werden.[127]

71

---

121 Zur entsprechenden Anwendung des § 139 HGB auf die GbR vgl. Schäfer, NJW 2005, 3665.
122 MünchKomm-HGB/K. Schmidt, § 139 Rn. 6; Crezelius, Unternehmenserbrecht, Rn. 300 ff.
123 K. Schmidt, Gesellschaftsrecht, S. 1578 ff., § 54 II. 4.
124 Vgl. dazu K. Schmidt, Gesellschaftsrecht, S. 1579, § 54 II. 4.
125 Zu den Folgen vgl. den Beispielsfall BFH, BStBl. II 2005, S. 554 m. Anm. Hübner, ZEV 2005, 319.
126 K. Schmidt, Gesellschaftsrecht, S. 1580, § 54 II. 4.; ders., BB 1989, 172 ff.
127 Vgl. dazu MünchKomm-HGB/K. Schmidt, § 139 Rn. 15.

72 **Formulierungsbeispiel: Einfache Nachfolgeklausel**

> Im Fall des Todes eines Gesellschafters wird die Gesellschaft mit den Erben des Verstorbenen fortgesetzt. ...

(2) Einkommensteuer[128]

73 Die Rechtsnachfolge in den Gesellschaftsanteil erfolgt einkommensteuerlich zwingend zu Buchwertkonditionen (§ 6 Abs. 3 Satz 1 EStG i.V.m. § 6 Abs. 3 Satz 3 EStG). Eine Gewinnrealisierung scheidet deshalb jedenfalls infolge der Nachfolge aus. Die Erben werden – sofern eine zu Gewinneinkünften führende Tätigkeit oder gewerbliche Prägung der Gesellschaft vorliegt – zu **Mitunternehmern der Gesellschaft**. Die einfache Nachfolgeklausel vermeidet eine Trennung des Gesellschaftsanteils vom Sonderbetriebsvermögen, denn neben der gesplitteten Einzelrechtsnachfolge in den Gesellschaftsanteil findet zugleich eine Gesamtrechtsnachfolge aller Erben in eventuelles Sonderbetriebsvermögen statt, so dass sich eine Trennung des Sonderbetriebsvermögens vom Gesellschaftsanteil erst im Rahmen der Erbauseinandersetzung ergeben kann.

74 Die **Weiterübertragung** des (Teil-)Anteils eines Miterben im Hinblick auf eine Auseinandersetzungsanordnung oder zur Erfüllung eines (Voraus-)Vermächtnis oder einer Auflage hat ebenfalls keine Gewinnrealisierung zur Folge; der jeweilige Erwerber erwirbt gleichfalls unentgeltlich und mit dem Zwang zur Buchwertfortführung nach § 6 Abs. 3 EStG. Einigen sich die Beteiligten jedoch dahin, dass nur einer von mehreren Erben die Gesellschaftsbeteiligung insgesamt fortführen soll, so ist zu unterscheiden:[129]

- Gehört zum Nachlass **weiteres Vermögen** des Erblassers und einigen sich die Miterben im Rahmen einer Auseinandersetzung durch Realteilung auf eine Zuweisung des gesamten Anteils an einen Miterben, so gelten die allgemeinen Grundsätze der Miterbenauseinandersetzung[130] mit der Folge, dass die Auseinandersetzung im Grundsatz **gewinnneutral** stattfindet. Wird im Zuge der Realteilung Sonderbetriebsvermögen einem Miterben zugewiesen, der nicht Gesellschafter bleibt, so ist darin eine Entnahme zu sehen, die eine entsprechende Entnahmebesteuerung zur Folge hat. Wird im Rahmen der Erbauseinandersetzung eine **Ausgleichszahlung** des Gesellschaftermiterben an den oder die anderen Miterben **aus dem Eigenvermögen** des Gesellschaftermiterben erbracht, so handelt es sich um einen Veräußerungs-/Anschaffungsvorgang mit entsprechenden steuerlichen Folgen: der veräußernde Miterbe erzielt einen Veräußerungsgewinn (-verlust[131]), der erwerbende Miterbe hat Anschaffungskosten, die ggf. zum Ansatz eines Mehr- oder Minderkapitals in einer (positiven oder negativen) Ergänzungsbilanz führen. Finanziert der erwerbende Miterbe die Ausgleichsleistung durch eine Kreditaufnahme, so sind die Schuldzinsen als Sonderbetriebsausgaben zu berücksichtigen.

75 Grds. beziehen alle Miterben aus dem auf sie übergegangenen Anteil laufende Einkünfte. Allerdings kommt eine **Rückbeziehung der Erbauseinandersetzung** auf den Zeitpunkt des Erbanfalls in gewissen Grenzen in Betracht, wenn die Miterben die Einkünfte aus der Beteiligung demjenigen zuweisen, der die Beteiligung im Rahmen der Auseinandersetzung übernimmt. Die Verwaltung lässt die Rückbeziehung zu, wenn zwischen Erbanfall und Auseinandersetzung ein Zeitraum von nicht mehr als sechs Monaten liegt. In Einzelfällen kann die Frist auch länger sein.[132] Diese Rückbeziehung ändert jedoch nichts daran, dass die Miterben Mitunternehmer geworden sind und deshalb Ausgleichszahlungen als Veräußerungserlös bzw. Anschaffungskosten zu qualifizieren sind.

---

128 Schmidt/Wacker, EStG, § 16 Rn. 665 ff.
129 Vgl. i.E. Schmidt/Wacker, EStG, § 16 Rn. 670.
130 BMF-Schreiben v. 14.3.2006, BStBl. I, S. 253 Rn. 71.
131 Die Annahme eines Verlustes scheidet aus, wenn der zu zahlende Ausgleich geringer ist als der anteilige Buchwert des Kapitalkontos und diese Minderzahlung privat veranlasst ist. In diesem Fall liegt ein vollständig unentgeltlicher Vorgang vor.
132 BMF-Schreiben v. 14.3.2006, BStBl. I, S. 253 Rn. 8; vgl. auch BFH, BStBl. II 2002, S. 850: 27 Monate; dazu Schmidt/Wacker, EStG, § 16 Rn. 623 m.w.N.

(3) Erbschaftsteuer

Der Erwerb einer Beteiligung infolge einfacher Nachfolgeklausel ist als **Erwerb durch Erbanfall** nach § 3 Abs. 1 Nr. 1 ErbStG steuerbar. Die Bewertung des erworbenen Anteils richtet sich nach § 12 Abs. 5 ErbStG i.V.m. den §§ 95, 97, 99, 103, 109 BewG[133] (Substanzbewertung anhand einer Einzelbewertung der Wirtschaftsgüter des Betriebsvermögens – einschließlich des Sonderbetriebsvermögens – mit den Steuerbilanzwerten[134]), soweit Grundbesitz (§ 12 Abs. 3 ErbStG, §§ 138 ff. BewG) oder Anteile an Kapitalgesellschaften (§ 12 Abs. 2 ErbStG, § 11 BewG) zum Gesellschaftsvermögen gehören, sind die zitierten Sondervorschriften zu beachten. Der Wert des jeweils erworbenen Anteils ist durch eine Bewertung des gesamten Gesellschaftsvermögens und dessen anschließende Aufteilung zu ermitteln (§§ 3, 97 Abs. 1 lit. a BewG).[135] Die sich auf diese Weise ergebende Bemessungsgrundlage ist ggf. um den erblasserbezogenen Freibetrag oder Freibetragsanteil nach § 13a Abs. 1 Nr. 1 ErbStG zu mindern; der verbleibende Wert ist nach § 13a Abs. 2 ErbStG nur i.H.v. 65 % anzusetzen.[136]

76

Wird der Anteil aufgrund einer Auflage oder eines Vermächtnisses weiter übertragen, so findet nach § 13a Abs. 3 ErbStG ein **Begünstigungstransfer** statt. Der Freibetrag (-santeil) wird auf erwerbenden Miterben übertragen, der Bewertungsabschlag wird dem übertragenden Miterben entzogen und dem erwerbenden Miterben originär gewährt.

77

Sofern im Rahmen der **Erbauseinandersetzung** der Anteil unter den Miterben übertragen wird, ist dies ohne erbschaftsteuerliche Relevanz. Denkbar ist allerdings in diesem Kontext eine freigebige Zuwendung unter den Beteiligten Miterben. Unklar ist, ob im Rahmen einer Erbauseinandersetzung ein **Begünstigungstransfer** nach § 13a ErbStG stattfindet; die Gesetzesbegründung zum JStG 1997[137] sah dies vor. Die Erbschaftsteuerrichtlinien verweigern sich diesem Gesetzesauftrag (R 61 Abs. 2 Satz 1 ErbStR 2003). Erfolgt die Weiterübertragung innerhalb der Behaltefrist des § 13a Abs. 5 ErbStG entgeltlich, so hat dies eine Nachbesteuerung zur Folge (§ 13a Abs. 5 Nr. 1 ErbStG) ebenso wie der Fall, dass ein Gesellschafter innerhalb der Behaltefrist sog. Überentnahmen vornimmt (§ 13a Abs. 5 Nr. 3 ErbStG). Eine unentgeltliche Weiterübertragung ist dagegen ihrerseits begünstigt und lässt die Begünstigung i.R.d. Erbanfalles unberührt (R 62 Abs. 2 ErbStR 2003).

78

bb) Qualifizierte Nachfolgeklausel

(1) Zivilrecht[138]

Anders als bei der einfachen Nachfolgeklausel folgen bei der **qualifizierten Nachfolgeklausel** nur einer oder mehrere, jedoch nicht alle Miterben in die Gesellschafterstellung des Erblassers nach: nur die Erben, die die Qualifikationsmerkmale erfüllen, die der Gesellschaftsvertrag vorsieht (z.B.: „Abkömmlinge des Erblassers in gerader Linie") und zugleich Erben sind, können nachfolgen. Damit birgt die qualifizierte Nachfolgeklausel stets die Gefahr, dass sich bis zum Erbfall die Verhältnisse so ändern, dass kein Erbe die Qualifikationsmerkmale erfüllt und damit die Nachfolge scheitert. Das kann zum einen daran liegen, dass der Erblasser abweichend testiert, aber etwa auch daran, dass die als Nachfolger vorgesehene Person vorverstirbt.

79

---

133 R 114 ff. ErbStR 2003.
134 Vgl. Rn. 16.
135 Rn. 17.
136 Rn. 18 ff.
137 BT-Drucks. 13/4389: „Der Übergang des Freibetrages und – daran anknüpfend – des Bewertungsabschlages kommt insb. zwischen Erben in Betracht, die Teilungsanordnungen (§ 2048 BGB) und Vorausvermächtnisse (§ 2150 BGB) erfüllen."
138 Ebenroth, Erbrecht, Rn. 869 ff.; K. Schmidt, Gesellschaftsrecht, S. 1343 ff.

> **Hinweis:**
> Die qualifizierte Nachfolgeklausel hat deshalb stets zur Folge, dass nach ihrer Verankerung im Gesellschaftsvertrag überwacht werden muss, ob die letztwillige Verfügung oder die Klausel einer Anpassung bedürfen. Diese Notwendigkeit besteht nicht nur seitens des Erblassers, sondern auch seitens der anderen Gesellschafter. Denn scheitert die Nachfolge in den Anteil des Gesellschafters, muss – je nach Ausgestaltung des Gesellschaftsvertrages – eine Abfindung finanziert werden, sofern die Klausel nicht in eine Eintrittsklausel umgedeutet werden kann und der Eintrittsberechtigte das Eintrittsrecht ausübt.[139]

80 Der Anteil fällt bei dem oder den Nachfolgern insgesamt – also auch in dem über die Erbquote hinausgehenden Umfang[140] – **unmittelbar und außerhalb** der Miterbengemeinschaft an (Sonderzuordnung), was allerdings die Nachlasszugehörigkeit nicht berührt. Ein Durchgangserwerb der nicht qualifizierten Miterben findet nicht statt.

81 Der Umstand, dass die qualifizierte Nachfolgeklauseln typischerweise eine Nachfolge nur einzelner von mehreren Miterben in den Anteil zur Folge hat, begründet eine – grds. am Verkehrswert des Anteils orientierte[141] – **Ausgleichslast** des Nachfolgers und zu Gunsten der nicht nachfolgenden Miterben,[142] das zu einer erheblichen Liquiditätsbelastung und zu gravierenden ertragsteuerlichen Nachteilen führen kann. Diese Ausgleichslast sollte grds. im Interesse einer liquiditätsschonenden Nachfolgegestaltung vermieden werden; das kann dadurch geschehen, dass der Nachfolger als Alleinerbe eingesetzt wird oder aber der ihm infolge der Nachfolgeklausel über seine Erbquote hinaus anfallende Mehrerwerb durch Vorausvermächtnis zugewandt wird.

82 **Formulierungsbeispiel: Qualifizierte Nachfolgeklausel**

> Im Fall des Todes eines Gesellschafters wird die Gesellschaft mit den nachfolgeberechtigten Erben des Verstorbenen fortgesetzt. Nachfolgeberechtigt sind ...

(2) Einkommensteuer

83 Die einkommensteuerliche Betrachtung folgt streng der zivilrechtlichen Sonderzuordnung: Mitunternehmer wird allein der qualifizierte Nachfolger. Ungeachtet des Umstandes, dass die wirtschaftliche Wirkung einer qualifizierten Nachfolgeklausel – nicht anders als bei einer einfachen Nachfolgeklausel – die einer dinglich wirkenden (Teil-)Erbauseinandersetzung ist, was jedenfalls bei einer wirtschaftlichen Betrachtung die Annahme eines **Durchgangserwerb** der nicht nachfolgenden Miterben tragen könnte, bestehen Rspr. und Verwaltung auf der Beurteilung, dass ein derartiger Durchgangserwerb der Miterben nicht stattfindet.[143]

Das hat für die einkommensteuerliche Qualifikation eventueller Ausgleichsleistungen **gravierende Folgen**. Denn wenn die Miterben nicht als (Durchgangs-)Mitunternehmer qualifiziert werden können, kann die Ausgleichsleistung – anders als bei der einfachen Nachfolgeklausel – nicht einer Veräußerung eines Mitunternehmeranteils durch die nicht nachfolgenden Miterben zugeordnet werden. Die Ausgleichsleistung ist deshalb **privat veranlasst**; eventuelle Finanzierungsaufwendungen sind steuerlich unbeachtlich. Auf der Seite des Nachfolgers handelt es sich bei den Ausgleichsleistungen nicht um steuerliche Anschaf-

---

139 Siehe Rn. 50; BGH, NJW 1978, 264.
140 Ständige Rspr. seit BGHZ 68, 225 = NJW 1977, 1339; a.A. noch BGHZ 22, 186, 193 f.
141 MünchKomm-BGB/Ulmer, § 727 Rn. 45, wonach die für die Pflichtteilsberechnung geltenden Bewertungsgrundsätze des § 2311 BGB heranzuziehen sind; dazu ausführlich Bamberger/Roth/Mayer, BGB § 2311 Rn. 13 ff., 23 ff., zur Berücksichtigung latenter Steuern Bamberger/Roth/Mayer, BGB, § 2311 Rn. 33 m.w.N.: keine Berücksichtigung latenter Ertragsteuern bei Unternehmensfortführung.
142 Zur Begründung dieser Ausgleichsverpflichtung vgl. MünchKomm-HGB/K. Schmidt, § 139 Rn. 20 m.w.N.
143 Schmidt/Wacker, EStG, § 16 Rn. 672 m.w.N.; BMF-Schreiben v. 14.3.2006 I, S. 253 Rn. 72.

fungskosten des Anteils, so dass diese Aufwendungen im Fall der Veräußerung des Anteils den steuerlichen Veräußerungsgewinn nicht mindern.

Beispiel:[144]

S1 folgt aufgrund qualifizierter Nachfolgeklausel in den Anteil des V nach (Verkehrswert des Anteils 10 Mio. €; Buchwert des Kapitalkontos 1 Mio. €). Zum Nachlass gehört sonstiges Vermögen im Wert von 1 Mio. €. V ordnet zu Gunsten des S 2, der neben S 1 Miterbe zu 1/2 wird, einen am Verkehrswert des Anteils und an der Belastung der stillen Reserven mit latenten Steuern orientierten Ausgleich[145] *i.H.v. 3 Mio. € an. S 1 veräußert den Anteil zu 75 % des Verkehrswertes an einen Mitgesellschafter, nachdem die Gesellschafter einer Fremdveräußerung zum Verkehrwertes die Zustimmung verweigert hatten.*

Sein Veräußerungsgewinn errechnet sich durch Gegenüberstellung von Veräußerungserlös (7,5 Mio. €) und Kapitalkonto (1 Mio. €) und beläuft sich auf 6,5 Mio. €, denn die über den Buchwert des Anteils hinausgehende Ausgleichsleistung darf nicht in einer Ergänzungsbilanz aktiviert werden und erhöht deshalb nicht das Kapitalkonto. Die Einkommensteuer beläuft sich bei einer angenommenen Tarifbelastung von 45 % auf 2.925.000 €. Damit verbleibt ihm – nach Ausgleichsleistung – von seinem Erwerb lediglich 1.575.000 €, wovon er noch die ErbSt zu bezahlen hat. Auch insoweit kann er die Ausgleichsleistung nicht abziehen, da sie als Teil der Erbauseinandersetzung nicht bereicherungsmindernd berücksichtigt wird.

Aus einkommensteuerlicher Sicht ergeben sich weitere Probleme im Hinblick auf eventuelles **Sonderbetriebsvermögen** des Erblassers. Die Rechtsnachfolge in dieses Vermögen folgt nicht der spezifischen Rechtsnachfolge in den Anteil des Erblassers, sondern allgemeinen erbrechtlichen Grundsätzen und fällt deshalb der Miterbengemeinschaft an. Daraus resultiert im Zeitpunkt des Erbanfalls eine partielle Entnahme des Sonderbetriebsvermögens noch durch den Erblasser mit der Folge der Realisierung eines nicht nach den §§ 16, 34 EStG begünstigten, aber nicht gewerbesteuerpflichtigen[146] Entnahmegewinns.[147]

84

Grds. erfordert die Buchwertfortführung nach § 6 Abs. 3 EStG den Übergang des gesamten Mitunternehmeranteils und damit aller unter funktionalen Gesichtspunkten **betriebswesentlichen Wirtschaftsgüter** des Gesamthandsvermögens und auch des Sonderbetriebsvermögens. Andernfalls liegt im Zuge der Rechtsnachfolge eine Aufgabe des Mitunternehmeranteils in der Person des Rechtsvorgängers mit der Folge der Entstehung eines Aufgabegewinns vor. Das hätte in solchen Fallgestaltungen, in denen betriebswesentliches Sonderbetriebsvermögen partiell entnommen wird, eine Gewinnrealisierung auch im Hinblick auf den Gesellschaftsanteil des verstorbenen Gesellschafters zur Folge. Diese Konsequenz hat der BFH im Hinblick auf die „gravierenden steuerlichen Folgen" ausdrücklich abgelehnt,[148] mit der Folge, dass – soweit die Rechtsnachfolge stattfindet (Gesellschaftsanteil und quotaler Erwerb des Sonderbetriebsvermögens) – die Buchwerte fortzuführen sind. Die Steuerverwaltung folgt dieser Rspr.[149]

85

> **Hinweis:**
> Diese Rspr. wird man auch auf andere Fälle der Rechtsnachfolge aus Anlass des Todes eines Gesellschafters und damit insb. auf die Fälle anzuwenden haben, in denen die Rechtsnachfolge in den Anteil nicht auf erbrechtlicher, sondern auf rechtsgeschäftlicher/gesellschaftsvertraglicher Grundlage erfolgt (rechtsgeschäftliche Nachfolgeklausel, Eintrittsklausel). Denn in diesen Fällen gilt für die Rechtsnachfolge in das Sonderbetriebsvermögen nichts anderes.

---

144 Vgl. ausführlich Hübner, ZErb 2004, 34.
145 Zur Berücksichtigung latenter Ertragsteuern vgl. bereits die Hinweise bei Fn. 141. Soweit die Ausgleichsleistung unter Berücksichtigung latenter Steuern trotz Unternehmensfortführung bestimmt wird, ist der darüber hinausgehende Ausschluss des Ausgleichsanspruchs als Vorausvermächtnis zu Gunsten des Nachfolgers zu qualifizieren.
146 BFH, BStBl. 2000 II, S. 316.
147 Ausführlich Schmidt/Wacker, EStG, § 16 Rn. 674 m.w.N.
148 BFH, BStBl. 2000 II, S. 316.
149 BMF-Schreiben v. 14.3.2006, BStBl. I, S. 253, Gegenschluss aus Rn. 73; zu den Abhilfemöglichkeiten vgl. Schmidt/Wacker, EStG, § 16 Rn. 675 m.w.N.

(3) Erbschaftsteuer

86 Anders als die Einkommensteuer interpretiert die Rspr. und Verwaltungsansicht eine qualifizierte Nachfolgeklausel als eine sich selbst vollziehende Teilungsanordnung und nimmt einen **Durchgangserwerb** aller Miterben an. Deshalb nehmen alle Miterben an dem Bewertungsverfahren für den Mitunternehmeranteil und auch an den erbschaftsteuerlichen Begünstigungen der §§ 13a, 19a ErbStG teil (R 5 Abs. 3, R 55 Abs. 2 Satz 1 ErbStR 2003; H 5 Abs. 3, H 55 ErbStH 2003). Entgegen der Gesetzesbegründung zum JStG 1997[150] wendet die Verwaltung auch §§ 13a Abs. 3, 19a Abs. 2 Satz 2 ErbStG nicht auf die Teilungsanordnung an. Folge dieser Handhabung ist eine evidente Fehlallokation der Begünstigungen.[151]

> **Hinweis:**
> Will der Erblasser, dass die erbschaftsteuerlichen Vorteile (Bewertungsverfahren, Begünstigungen nach den §§ 13a, 19a ErbStG[152]) auf den Nachfolger konzentriert werden (Minimierung der nachfolgebedingten Liquiditätsabflüsse), muss er diesen entweder zum Alleinerben machen oder eine rechtsgeschäftliche Grundlage für die Nachfolge wählen.

87 Die Verwaltung versucht, die Gewährung der Begünstigungen der §§ 13a, 19a ErbStG davon abhängig zu machen, dass die **Voraussetzungen des § 6 Abs. 3 EStG für die Fortführung der Buchwerte eingehalten** sind. Die Rechtsgrundlagen für diese Parallele sind zweifelhaft, weil das ErbStG anders als das EStG allein die Bereicherung des Erwerbers im Blick hat; dessen Bereicherung ist der Grund für die Auferlegung der Steuerlast.

Deshalb kommt es nach den §§ 13a, 19a ErbStG auch allein auf den **Erwerb des Erwerbers** an. Erfüllt dieser Erwerb die Voraussetzungen der zitierten Vorschriften bzw. unterliegt der Erwerb der erhöhten Sozialgebundenheit und ist deshalb die Bereicherung des Erwerbers gemindert, sind die Begünstigungen zu gewähren. Demgegenüber macht das EStG die Buchwertfortführung davon abhängig, dass gerade die betriebliche Einheit des Erblassers als nämliche, also unter Wahrung sämtlicher Identitätsmerkmale (wesentliche Betriebsgrundlagen) auf den Erwerber übergeht. Für die Übertragung dieses (Identitäts-) Erfordernisses auf die Erbschaftsteuer fehlt erkennbar jede rechtliche Grundlage und sachliche Rechtfertigung.[153]

Das bedeutet, dass die Verwaltung jedenfalls in den Fällen, in denen ein Gesellschaftsanteil insgesamt übergeht, auch einen Übergang der wesentlichen Betriebsgrundlagen sowie des Sonderbetriebsvermögens fordert. Bei diesem Ausgangspunkt stellt sich die Frage, welche Folgen sich aus der partiellen Entnahme des Sonderbetriebsvermögens in den Fällen ergibt, in denen neben dem Nachfolger **weitere Miterben beteiligt sind**. Zweifelsfrei ist der Erwerb des anteiligen Sonderbetriebsvermögens durch die nicht nachfolgenden Miterben nicht begünstigt. Die Richtlinien äußern sich aber nicht zu der Frage, ob das auf den Nachfolger übergehende Vermögen begünstigt bleibt, wenn das auf die nicht nachfolgenden Miterben übergehende Sonderbetriebsvermögen zu den wesentlichen Betriebsgrundlagen gehört. Man wird wohl annehmen können, dass auch hier für die Erbschaftsteuer keine strengeren Maßstäbe als bei der Einkommensteuer anzulegen sind, auch wenn dort die Buchwertfortführung letztlich auf einer Billigkeitsmaßnahme beruht.[154]

---

150 BT-Drucks. 13/4389, Fn. 137.
151 Hübner, ZErb 2004, 34.
152 Das Gesetz sieht eine Zuweisung der Begünstigungen durch den Erblasser nur für den Freibetrag vor; für den in seinen Auswirkungen häufig wesentlich wichtigeren Bewertungsabschlag ist eine Zuweisung – ebenso wie für die Tarifentlastung nach § 19a ErbStG – dagegen nicht vorgesehen.
153 Hübner, in: Viskorf/Glier/Hübner/Knobel/Schuck, ErbStG/BewG, § 13a Rn. 28 ff.
154 Vgl. oben bei Fn 148.

c) Rechtsgeschäftliche Nachfolgeklausel

aa) Zivilrecht[155]

Rechtsgeschäftliche Nachfolgeklauseln sind – sofern sie nicht in eine erbrechtliche Nachfolgeklausel umgedeutet werden können[156] – **grds. unwirksam**.

> **Hinweis:**
> Eine echte rechtsgeschäftliche Klausel, die eine Nachfolge allein auf gesellschaftsvertraglicher Grundlage bewirkt, kann eine derartige Klausel nur sein, wenn der Nachfolger als Beteiligter Vertragspartei des Gesellschaftsvertrages ist.[157] Auch dann sollte jedoch klargestellt werden, dass die Klausel nicht als erbrechtliche Klausel, sondern wegen der spezifischen Rechtswirkungen gerade als rechtsgeschäftliche Klausel gewollt ist.

Aus der Sicht der Beteiligten hat die rechtsgeschäftliche Klausel etwa den Vorteil, dass die Nachfolge nicht der **Testierfreiheit** des Erblassers überantwortet bleibt, sondern im Interesse der anderen Gesellschafter und auch des Nachfolgers definitiv geregelt werden kann.[158] Der Anteil fällt nicht in den Nachlass.[159] Daneben ergeben sich insb. erbschaftsteuerliche Besonderheiten.

Die rechtsgeschäftliche Nachfolgeklausel bewirkt eine **Rechtsnachfolge in den fortbestehenden Anteil des Erblassers** aufgrund eines Rechtsgeschäfts unter Lebenden, allerdings aufschiebend bedingt auf den Tod des Erblassers.[160] Die hierfür grds. erforderliche Zustimmung der anderen Gesellschafter liegt in der Nachfolgeklausel selbst, die Bestandteil des Gesellschaftsvertrages ist.

Die rechtsgeschäftliche Nachfolgeklausel bewirkt einen **anrechnungspflichtigen Vorempfang** i.S.d. § 2050 BGB, wenn der Nachfolger zugleich Miterbe ist. Auswirkungen können sich auch im Bereich des § 2316 BGB ergeben und auch nach § 2325 BGB (Pflichtteilsergänzung). Ist der Nachfolger jedoch nicht Erbe, was bei einer rechtsgeschäftlichen Nachfolgeklausel gerade nicht zwingend ist, so kommen auch Pflichtteilsansprüche gegen ihn nur nach Maßgabe des § 2329 BGB in Betracht. Dagegen kann sich kein Ausgleichsanspruch wie bei der qualifizierten Nachfolgeklausel ergeben, weil der Anteil nicht zum Nachlass gehört. Selbst wenn der Nachfolger Miterbe wird, kann er deshalb nicht zu einer Ausgleichsleistung verpflichtet sein.

Formulierungsbeispiel: Rechtsgeschäftliche Nachfolgeklausel

> Im Fall des Todes des Gesellschafters V wird die Gesellschaft mit dessen Neffen, dem Gesellschafter N unabhängig davon fortgesetzt, ob N zum Kreis der Erben nach V gehört.

bb) Einkommensteuer

Das Einkommensteuerrecht unterscheidet bei der Qualifikation der Nachfolge nicht danach, ob diese auf erbrechtlicher oder rechtsgeschäftlicher Grundlage erfolgt. Der maßgebenden Vorschrift des § 6 Abs. 3 EStG ist eine derartige Unterscheidung fremd. Voraussetzung für die dort vorgesehene **Buchwertfortführung** ist allein, ob eventuell vorhandenes und der Beteiligung zuzuordnendes betriebswesentliches Sonderbetriebsvermögen auf den Nachfolger oder aber auf andere Erwerber übergeht, weil der Nachfolger im Fall der rechtsgeschäftlichen Nachfolgeklausel typischerweise nicht (Mit-)Erbe ist.

---

155 K. Schmidt, Gesellschaftsrecht, S. 1346 ff., § 45 V. 6; Ebenroth, Erbrecht, Rn. 890 ff.
156 Vgl. dazu bereits unter Rn 50.
157 MünchKomm-BGB/Ulmer, § 727 Rn. 50 f. m.w.N.
158 BayObLG, BB 2000, 2119.
159 Sein Wert ist deshalb bei der Bemessung der Erbscheinsgebühr nicht zu berücksichtigen, BayObLG, BB 2000, 2119.
160 Die Klausel bedarf nicht der Form des § 2301 BGB, Ulmer, BB 1977, 808.

In diesem Kontext gelten die zur qualifizierten Nachfolgeklausel entwickelten Grundsätze entsprechend. Das gilt insb. auch für die **Billigkeitsrspr.** des BFH, wonach sich die Rechtsfolgen einer partiellen oder vollständigen Abspaltung eventuellen Sonderbetriebsvermögens auch im Fall der Betriebswesentlichkeit auf eine Entnahmebesteuerung in der Person des Erblassers beschränkt – deren Folgen die Erben, nicht den nichterbenden Nachfolger aufgrund einer rechtsgeschäftlichen Nachfolgeklausel treffen – und nicht zu einer Aufgabebesteuerung im Hinblick auf den gesamten Mitunternehmeranteil führt.[161]

93 Bei der rechtsgeschäftlichen Nachfolgeklausel erfolgt der Erwerb des Nachfolgers zweifelsfrei **unmittelbar**; ein Durchgangserwerb der Miterben ist ausgeschlossen. Der Anteil gehört auch nicht – anders als bei einer erbrechtlichen Nachfolgeklausel – zum Nachlass.

cc) Erbschaftsteuer

94 Die rechtsgeschäftliche Nachfolgeklausel bewirkt einen Erwerb auf rechtsgeschäftlicher Grundlage und kann deshalb nicht als Erwerb durch Erbanfall qualifiziert werden; fraglich kann allein sein, ob es sich bei dem Erwerb um eine **Schenkung auf den Todesfall** nach § 3 Abs. 1 Nr. 2 Satz 1 ErbStG handelt oder ob ein Erwerb nach § 3 Abs. 1 Nr. 2 Satz 2 ErbStG anzunehmen ist. Diese Frage ist nicht geklärt. Für die Anwendung des Satzes 1 spricht neben dem verunglückten Wortlaut des Satzes 2, der erhebliche Zweifel an der Bestimmtheit der Norm begründet, der Umstand, dass es einer Fiktion nicht bedarf, wo der fingierte Erwerb ohnehin schon vorliegt.

Im Übrigen dürften die Rechtsfolgen sich kaum unterscheiden. Erwerbsgegenstand ist der (Mitunternehmer-)Anteil auch dann, wenn betriebswesentliches Sonderbetriebsvermögen nicht auf den Erwerber übergeht. Zum Umfang der Begünstigung im Hinblick auf die Problematik der Abtrennung des Sonderbetriebsvermögens kann auf die Ausführungen zur qualifizierten Nachfolgeklausel verwiesen werden (vgl. Rn. 85). Von dieser unterscheidet sich die rechtsgeschäftliche Nachfolgeklausel jedoch in einem anderen Punkt fundamental: es steht auch für die Erbschaftsteuer außer jedem Zweifel, dass es **zu keinem Durchgangserwerb eventueller (Mit-)Erben** kommt. Das hat zur Folge, dass die Vorteile des Bewertungsverfahrens und die erbschaftsteuerlichen Begünstigungen sich vollständig auf den Nachfolger konzentrieren; die (Mit-)Erben partizipieren nicht an den Wirkungen dieser Regelungen.

95 Leistet der Nachfolger **Ausgleichszahlungen** (Gleichstellungsgelder), so gelten – da es sich um einen Erwerb von Todes wegen handelt – nicht die Grundsätze der gemischten Schenkung.[162] Vielmehr sind die erbschaft-/schenkungsteuerlich als Leistungsauflage zu qualifizierenden Zahlungen vom Vermögensanfall als Nachlassverbindlichkeit abzuziehen (§ 10 Abs. 5 Nr. 3 ErbStG). Beim Leistungsempfänger unterliegen diese Zahlungen ungeachtet des Umstandes, dass es sich hierbei um einen Veräußerungserlös im einkommensteuerlichen Sinn (im Verhältnis Nachfolger – Erblasser) handelt, der Erbschaftsteuer nach § 3 Abs. 2 Nr. 2 ErbStG nach dem Erblasser.

> **Hinweis:**
> Zu beachten ist, dass derartige Zahlungen keine Abfindungen auf gesellschaftsvertraglicher Grundlage sind und deshalb auch dann den Umfang des steuerbaren Erwerbs nicht beschränken würden, wenn man die rechtsgeschäftliche Nachfolgeklausel unter § 3 Abs. 1 Nr. 2 Satz 2 ErbStG subsumiert („soweit").

---

161 Vgl. dazu BFH, BStBl. 2000 II, S. 316.
162 Hübner, in: Viskorf/Glier/Hübner/Knobel/Schuck, ErbStG/BewG, § 3 ErbStG Rn. 147.

d) Eintrittsklausel
aa) Zivilrecht[163]

Die Eintrittsklausel ist gleichfalls eine rechtsgeschäftliche (Nachfolge-)Klausel. Denn sie zielt im Rahmen des zivilrechtlich Möglichen auf eine Rechtsnachfolge **auf gesellschaftsvertraglicher Grundlage**, und zwar unabhängig von einer eventuellen Erbenstellung des Nachfolgers. Da sie die Nachfolge nicht unmittelbar anordnet, sondern von der Ausübung eines Gestaltungsrechts durch den Eintrittsberechtigten abhängig macht, meidet sie das Verdikt der Unwirksamkeit einer rechtsgeschäftlichen Nachfolgeklausel auf anderem Weg. Im Deckungsverhältnis zwischen den Gesellschaftern handelt es sich um einen Vertrag zu Gunsten des Eintrittsberechtigten auf den Todesfall (§§ 328, 331 BGB), im Valutaverhältnis zwischen Erblasser und Eintrittsberechtigtem um eine Schenkung (auf den Todesfall).[164]

Da der Eintritt zunächst die **Ausübung des Eintrittsrechts** voraussetzt, muss die Art und Weise des Eintritts geregelt werden. Dabei gibt es grds. zwei Möglichkeiten:

„Der Wert der Beteiligung kann dem Berechtigten ... dadurch übertragen werden, ... dass unter Ausschluss eines solchen Abfindungsanspruchs die übrigen Gesellschafter den ihnen damit zugefallenen Kapitalanteil des Ausgeschiedenen treuhänderisch für den Eintrittsberechtigten halten und bei dessen Eintritt auf ihn übertragen"[165] (sog. **Treuhandvariante**[166]). Diese Variante vermeidet eine Anwachsung im Fall des Eintritts und die damit verbundene Entstehung von Abfindungsansprüchen und hat eine Nachfolge des Eintretenden in den als solchen fortbestehenden Anteil des Verstorbenen zur Folge (derivativer Erwerb). Übt der Eintrittsberechtigte das Eintrittsrecht nicht aus, wächst der Anteil den verbleibenden Gesellschaftern an, der Abfindungsanspruch entsteht und fällt in den Nachlass.[167]

Formulierungsbeispiel: Eintrittsklausel/Treuhandsvariante

> Im Fall des Todes des Gesellschafters A hat dessen Neffe N – unabhängig davon, ob er zum Kreis der Erben nach A gehört – das Recht, binnen einer Frist von drei Monaten nach dem Tod des V zu erklären, dass er der Gesellschaft beitritt. § 139 HGB gilt entsprechend.[168] Der Gesellschaftsanteil des A geht mit dessen Tod auf die verbleibenden Gesellschafter über, die den Anteil als Treuhänder für den Eintrittsberechtigten halten und auf diesen übertragen, wenn er sein Eintrittsrecht ausübt. Andernfalls wird die Gesellschaft unter den verbleibenden Gesellschaftern fortgesetzt.

Denkbar ist allerdings auch, dass im Fall des Todes des Erblassers zunächst die **Grundregel der Fortsetzungsklausel** vereinbart wird, wonach der Verstorbene Gesellschafter mit seinem Tod ausscheidet, sein Anteil am Gesellschaftsvermögen den verbleibenden Gesellschaftern anwächst, der Abfindungsanspruch entsteht und – sofern nicht durch Rechtsgeschäft unter Lebenden (Vorausabtretung im Rahmen einer Schenkung auf den Todesfall[169]) bereits aus dem Vermögen des Erblassers ausgeschieden und dem Eintrittsberechtigten zugewandt – in den Nachlass fällt. In diesem Fall kann er dem Eintrittsberechtigten bspw. im Wege des (Voraus-)Vermächtnisses zugewandt werden. Der Eintritt vollzieht sich dann wie folgt: „Er bringt als Einlage das Erlöschen des schon entstandenen Abfindungsanspruchs ein ..." (sog. **Abfindungsvariante**; originärer Erwerb).[170]

---

163 Ebenroth, Erbrecht, Rn. 883 ff.; K. Schmidt, Gesellschaftsrecht, S. 1346 ff., § 45 V. 6.; zum Vorrang einer qualifizierten Nachfolgeklausel, wenn der Eintrittsberechtigte Erbe geworden ist, vgl. Rn. 50.
164 Gleichwohl ist § 2301 BGB nicht anwendbar, vgl. Palandt/Grüneberg, BGB, § 331 Rn. 4.
165 BGH, NJW 1978, 264.
166 Vgl. dazu auch Ebenroth, Erbrecht, Rn. 886.
167 Der Abfindungsausschluss ist durch die Nichtausübung des Eintrittsrechts auflösend bedingt, MünchKomm-BGB/Ulmer, § 727 Rn. 59; Ebenroth, Erbrecht, Rn. 886.
168 MünchKomm-HGB/K. Schmidt, § 139 Rn. 62.
169 MünchKomm-BGB/Ulmer, § 727 Rn. 59.
170 BGH, BB 1987, 1555.

101 **Formulierungsbeispiel: Gesellschaftsvertrag**

> Im Fall des Todes des Gesellschafters A wird die Gesellschaft unter den verbleibenden Gesellschaftern fortgesetzt. Der Neffe N des A hat jedoch – unabhängig davon, ob er zum Kreis der Erben nach A gehört – das Recht, binnen einer Frist von drei Monaten nach dem Tod des V zu erklären, dass er der Gesellschaft beitritt. § 139 HGB gilt entsprechend.[171] Erklärt N seinen Beitritt, so hat er eine Einlage in Höhe der Abfindung nach § ..... dieses Vertrages zu leisten, die die Gesellschaft aus Anlass des Ausscheidens des A schuldet. Die Einlage kann dadurch erbracht werden, dass N den Abfindungsanspruch des A in die Gesellschaft einbringt.

102 **Formulierungsbeispiel: Testament**

> Endet meine Gesellschafterstellung in der A KG durch meinen Tod, gehört zu meinem Nachlass ein Abfindungsanspruch nach Maßgabe des § ..... des Gesellschaftsvertrages der A KG. Diesen Anspruch vermache ich meinem Neffen N unter der Bedingung, dass er das ihm nach dem Gesellschaftsvertrag der A-KG zustehende Recht ausübt, der A-KG beizutreten.

103 Beide Wege der Rechtsnachfolge unterscheiden sich insb. in dem **Gegenstand der unmittelbaren Rechtsnachfolge**. Während im Fall der Treuhandvariante der Anteil des Verstorbenen als solcher fortbesteht und deshalb Gegenstand der Rechtsnachfolge sein kann, geht der Anteil des Verstorbenen im Fall der Abfindungsvariante unter, so dass eine unmittelbare Rechtsnachfolge in den Anteil des Verstorbenen ausscheidet, diese vielmehr in den Abfindungsanspruch des Erblassers stattfindet. Der Eintritt hat die originäre Begründung eines neuen Gesellschaftsanteils des Eintrittsberechtigten zur Folge. Von einer – mittelbaren – Rechtsnachfolge in den Anteil des Verstorbenen kann deshalb nur in einem wirtschaftlichen Sinn gesprochen werden.

bb) Einkommensteuer[172]

104 Die **einkommensteuerliche Behandlung der Eintrittsklausel** ist zumindest z.T. unklar. Das hat seinen Grund darin, dass das BMF-Schreiben v. 14.3.2006[173] sich lediglich zur Abfindungsvariante äußert. Daraus wird man den Schluss ziehen müssen, dass im Fall der Treuhandvariante die unmittelbare Rechtsnachfolge des Eintrittsberechtigten in den Anteil des Erblassers zwingend zu Buchwertkonditionen erfolgt und zwar unabhängig davon, ob der Eintrittsberechtigte Erbe ist oder nicht. Denn der Rechtsgrund der Rechtsnachfolge ist für den Tatbestand des § 6 Abs. 3 EStG ohne jede Bedeutung. Soweit zu dem Anteil des Erblassers betriebswesentliches Sonderbetriebsvermögen gehört hatte, gelten die Ausführungen zur qualifizierten Nachfolgeklausel entsprechend.

105 Die Ausführungen des zitierten BMF-Schreibens zur Abfindungsvariante sind dagegen rätselhaft und jedenfalls partiell unzutreffend. Denn der Text geht davon aus, dass das Eintrittsrecht auf Erben übergeht und dass dieser Übergang im Wege des Erbanfalls erfolgt. Diese Ausführungen sind unklar. Geht man davon aus, dass die Eintrittsklausel **in eine erbrechtliche Nachfolgeklausel** umzudeuten ist, bedarf es keiner besonderen Ausführungen zur Behandlung der Eintrittsklausel, denn diese Klauseln werden in dem BMF-Schreiben an anderer Stelle behandelt.[174] Geht man jedoch davon aus, dass es sich **um eine echte Eintrittsklausel handelt**, sind die Ausführungen unverständlich. Denn der Erwerb des Eintrittsrechts erfolgt nicht auf erbrechtlicher, sondern auf rechtsgeschäftlicher Grundlage (§§ 328, 331 BGB). Deshalb steht das Eintrittsrecht auch typischerweise Nichterben zu. Allerdings kann man dem BMF-Schreiben die Aussage entnehmen, dass die Rechtsnachfolge auch in den Fällen der Abfindungsvariante jedenfalls insoweit zu den Konditionen des § 6 Abs. 3 EStG erfolgen soll, als Erben eintreten. Wenn dies aber die

---

171 MünchKomm-HGB/K. Schmidt, § 139 Rn. 62.
172 Schmidt/Wacker, EStG, § 16 Rn. 677 ff.
173 BStBl. 2006 I, S. 253, Rn. 70.
174 BStBl. 2006 I, S. 253, Rn. 71 ff.

Verwaltungsauffassung ist, kann für den Eintritt von Nichterben nichts anderes gelten, denn eine Differenzierung nach dem Rechtsgrund des Erwerbs oder nach der erbrechtlichen Qualität des Nachfolgers (Erbe/Nichterbe) ist mit § 6 Abs. 3 EStG nicht vereinbar. Wenn man also die mittelbare Nachfolge des Eintretenden dem Grunde nach als Nachfolge in den Anteil des Erblassers qualifiziert – wofür eine sachgerechte wirtschaftliche Betrachtungsweise spricht, die nicht das Nachfolgevehikel (den Abfindungsanspruch), sondern das wirtschaftliche Ziel der Eintrittsklausel in das Zentrum der steuerlichen Wertung stellt –, so muss dies unterschiedslos auch für den Nichterben gelten.

Folgt man der hier vertretenen Auffassung nicht, greifen zunächst die **Rechtsfolgen der Fortsetzungsklausel** ein, so dass sich eine Gewinnrealisierung in der Person des Erblassers ergibt, deren einkommensteuerliche Folgen die Erben tragen. Im Zuge dieser Gewinnrealisierung ergibt sich zunächst bei den verbleibenden Gesellschaftern eine Buchwertaufstockung, sofern die Abfindung den Buchwert des Kapitalkontos übersteigt.[175] Beim Eintritt ergibt sich sodann eine weitere Buchwertaufstockung für den Eintretenden, der die Mehrwerte in einer positiven Ergänzungsbilanz abzubilden hat.[176]

106

> **Hinweis:**
> Angesichts der bestehenden Unsicherheiten ist unter dem Gesichtspunkt der Gestaltungssicherheit die Treuhandvariante vorzuziehen.

cc) Erbschaftsteuer

Die **Behandlung der Eintrittsklausel bei der Erbschaftsteuer** hat – jedenfalls aus der Sicht der Steuerverwaltung[177] – einen bemerkenswerten Wandel erfahren, der sich an der Entwicklung der einschlägigen Verwaltungsanweisungen nachvollziehen lässt.[178] Aktuell steht die Verwaltung auf dem Standpunkt, dass es sich auch im Fall der Abfindungsvariante um den Fall eines – mittelbaren – Erwerbs des Anteils des Verstorbenen handelt (R 55 Abs. 2 Satz 3 lit. f. ErbStR 2003).[179] Diese Auffassung ist deshalb überzeugend, weil sie – wie im Fall der mittelbaren Zuwendung unter Lebenden – auf einem wirtschaftlichen Bereicherungsbegriff basiert, wonach der Erwerber um den Gegenstand bereichert ist, den er letztendlich erwerben soll.

107

Folgt man dem wirtschaftlichen Bereicherungsbegriff, so muss – wie dies in der ständigen Rspr. des BFH zu mittelbaren Zuwendungen beispielhaft und zutreffend zum Ausdruck kommt – das **wirtschaftliche Ergebnis** der beabsichtigten Zuwendung in den **Mittelpunkt der erbschaftsteuerlichen Wertung** gestellt werden, nicht das Mittel, das zum Zweck der Erreichung dieses Ziels instrumentalisiert wird. Gleichwohl – insoweit gilt für die Erbschaftsteuer nichts anderes als für die Einkommensteuer – sollte man aus Gründen der Gestaltungssicherheit die Treuhandvariante bevorzugen.

Die Verwaltungsauffassung hat zur Folge, dass in beiden Varianten der **von dem Eintrittsberechtigten erworbene Anteil als Erwerbsgegenstand zu qualifizieren** ist. Dies hat wiederum zur Folge, dass das Bewertungsverfahren für Personenunternehmen anzuwenden ist und auch die Begünstigungen der §§ 13a, 19a ErbStG zu gewähren sind.[180]

108

---

175 Eine Abbildung dieser Wertaufstockung in positiven Ergänzungsbilanzen ist entbehrlich, soweit die Anwachsung entsprechend den Beteiligungsquoten der verbleibenden Gesellschafter erfolgt.
176 Vgl. ausführlich Hübner, ErbStB 2006, 17 ff.
177 Rspr. des BFH zu diesem Fragenkreis liegt noch nicht vor.
178 Hübner, ErbStB 2006, 17, 18 f.
179 Dieser Standpunkt ist für die Abfindungsvariante umstr., vgl. nur Troll/Gebel/Jülicher, ErbStG, § 3 Rn. 148, für die Treuhandvariante soweit ersichtlich unstreitig.
180 Vgl. dazu Hübner, ErbStB 2006, 17, 20 ff.

III. Rechtsnachfolge von Todes wegen in Anteile an Kapitalgesellschaften

1. Zivilrecht

a) Grundsatz

109 Anteile an Kapitalgesellschaften sind vererblich. Diese **Vererblichkeit** ist zwingend und kann nicht durch Satzungsbestimmungen eingeschränkt werden. Der Anteil an einer GmbH fällt, solange er nicht geteilt wird (§ 17 GmbHG) der Erbengemeinschaft an. Vor der Teilung können die Miterben die Rechte aus dem Anteil nur gemeinschaftlich ausüben (§ 18 Abs. 1 GmbHG; zur Bestellung eines gemeinsamen Vertreters vgl. § 18 Abs. 3 GmbHG).[181] Wegen der bestehenden Unsicherheiten im Hinblick auf die aus dem Gesetz folgende Rechtslage[182] empfiehlt es sich, hierzu Regelungen in der Satzung zu treffen.

110 Aus der zwingenden Vererblichkeit von Kapitalgesellschaftsanteilen ergibt sich für personalistisch strukturierte Gesellschaften, dass eine **unmittelbare Steuerung der Gesellschafternachfolge von Todes** wegen in der Satzung **nicht möglich** ist. Sofern die Gesellschafter jedoch auf eine derartige Steuerung Wert legen, muss diese Steuerung an den durch die Erbfolge entstandenen Sachverhalt anknüpfen und eine (Zwangs-)Abtretung oder Einziehung des übergangenen Geschäftsanteils vorsehen.[183]

b) Rechtsnachfolge im Gründungsstadium

aa) Vorgründungsstadium

111 Bis zur Beurkundung der Satzung handelt es sich um eine Vorgründungsgesellschaft, die gemeinhin als GbR, ggf. (§ 123 Abs. 2 HGB) als OHG zu qualifizieren ist. Die **Rechtsnachfolge in Anteile an einer Vorgründungsgesellschaft**, die häufig nicht über einen ausformulierten Gesellschaftsvertrag verfügen wird, richtet sich regelmäßig nach den einschlägigen Regelungen (GbR: Auflösung der GbR beim Tod eines Gesellschafters, § 727 BGB; Vererblichkeit des Anteils an der aufgelösten GbR;[184] OHG: § 131 Abs. 3 Nr. 1 HGB Fortsetzung der Gesellschaft unter den verbleibenden Gesellschaftern, Abfindungsanspruch). Die einkommensteuerliche und erbschaftsteuerliche Behandlung der Rechtsnachfolge knüpft an diese zivilrechtliche Qualifikation der Rechtsnachfolge an.[185]

bb) Vorgesellschaft

112 Ab dem **Zeitpunkt der Beurkundung der Satzung** liegt eine Vorgesellschaft vor, die zivilrechtlich als werdende Kapitalgesellschaft im Wesentlichen dem Statut der eingetragenen Gesellschaft unterstellt wird und sich identitätswahrend in die eingetragene Kapitalgesellschaft wandelt.

Handelt es sich um eine **echte Vorgesellschaft**, die letztlich tatsächlich eingetragen wird, dürfte sich die Rechtsnachfolge unzweifelhaft nach den für die eingetragene Kapitalgesellschaft geltenden Regeln richten (§ 15 Abs. 1 GmbHG; §§ 1922, 1942 BGB). Unklar ist gleichwohl, wie die echte Vorgesellschaft zu verstehen ist. Das Ertragsteuerrecht folgt dem **traditionellen gesellschaftsrechtlichen Verständnis**, das die Vorgesellschaft als eine Gesamthandsgesellschaft qualifiziert, auf die Kapitalgesellschaftsrecht anzuwenden ist, soweit dies nicht die Eintragung der Gesellschaft voraussetzt. Eine im Vordringen befindliche **gesellschaftsrechtliche Auffassung** behandelt dagegen die Vorgesellschaft als werdende juristische Person, als Rechtsgebilde eigener Art, das mit der späteren juristischen Person identisch ist.

113 Schwierigkeiten bereitet indessen die sog. **unechte Vorgesellschaft**, bei der die Eintragung letztlich scheitert, die aber nicht umgehend nach der Aufgabe der Eintragungsabsicht liquidiert wird; die unechte Vorgesellschaft wird allgemein als Personengesellschaft qualifiziert. Der Wandel der echten zur unechten Vorgesellschaft ist für die traditionelle Auffassung unproblematisch, während die im Vordringen befind-

---

181 Zur AG vgl. § 69 AktG.
182 Scholz/K. Schmidt, GmbHG, § 47 Rn. 81.
183 Vgl. dazu Rn. 122 ff.
184 MünchKomm-BGB/Ulmer, § 727 Rn. 9 m.w.N.; BGH, GmbHR 1996, 55.
185 Hübner, in: Viskorf/Glier/Hübner/Knobel/Schuck, ErbStG/BewG, § 3 ErbStG Rn. 80 ff.

liche Auffassung einen **Formwechsel „kraft Rechtsformverfehlung"**[186] oder eine Liquidation der echten Vorgesellschaft annehmen muss.

Für die Rechtsnachfolge sind folgende Konstellationen zu unterscheiden:

- Rechtsnachfolge in Anteile an einer echten Vorgesellschaft mit nachfolgender Eintragung,
- Rechtsnachfolge in Anteile an einer echten Vorgesellschaft und nachfolgende Wandlung zur unechten Vorgesellschaft,
- Rechtsnachfolge in Anteile an einer unechten Vorgesellschaft.

Problematisch ist die zweite Konstellation. In der ersten Konstellation ist Erwerbs- und Bewertungsgegenstand seitens des Nachfolgers je nach zivilrechtlichem Vorverständnis ein Anteil an einer Kapitalgesellschaft oder einer Personengesellschaft,[187] in der dritten Konstellation an einer Personengesellschaft. Aus dieser Qualifikation folgen die entsprechenden Konsequenzen für Bewertungsverfahren und Begünstigungsgewährung nach den §§ 13a, 19a ErbStG. Folgt man in der zweiten Konstellation der im Vordringen befindlichen Auffassung, kommt man um die – möglicherweise begünstigungsschädliche – Annahme eines Formwechsels oder einer Liquidation der Vorgesellschaft[188] nicht herum; folgt man dagegen der traditionellen Auffassung, wäre der Wandel von der echten zur unechten Vorgesellschaft begünstigungsunschädlich.

2. Einkommensteuer

a) Rechtsnachfolge in Kapitalgesellschaftsanteile

Es ist zu unterscheiden:

- Gehören die Anteile zum **Betriebsvermögen eines Einzelunternehmers** oder zum **Gesamthandsvermögen einer Mitunternehmerschaft**, ist die Rechtsnachfolge insoweit als Teil des Betriebs oder des Mitunternehmeranteils nach § 6 Abs. 3 Satz 1 und Satz 3 EStG steuerneutral.
- Gehören die Anteile – etwa im Rahmen einer Betriebsaufspaltung oder die Anteile an einer Komplementär-GmbH einer GmbH & Co. KG – zum **Sonderbetriebsvermögen einer Mitunternehmerschaft**, kann sich im Hinblick auf die Sonderrechtsnachfolge in den Anteil der Personengesellschaft/ Mitunternehmerschaft eine Abspaltung des Sonderbetriebsvermögens vom Mitunternehmeranteil ergeben, die zu einem Entnahmegewinn führt.[189]
- Gehören die Anteile zum **Privatvermögen**, hat die Rechtsnachfolge keine unmittelbaren steuerlichen Konsequenzen. Der Rechtsnachfolger führt die Anschaffungskosten fort. Auch andere besteuerungsrelevante Merkmale des Rechtsvorgängers gehen auf den Nachfolger über (§§ 17 Abs. 1 Satz 4, Abs. 2 Satz 5, 23 Abs. 1 Satz 3 EStG; § 22 Abs. 6 UmwStG; § 6 Abs. 2 AStG).

Steuerliche Konsequenzen können sich im Rahmen der Erbauseinandersetzung ergeben. So kann sich – sofern der Geschäftsanteil zu einem (Sonder-)Betriebsvermögen gehört – eine gewinnrealisierende Entnahme ergeben, wenn der Anteil in das Privatvermögen eines Miterben überführt wird. Keine steuerlichen Folgen ergeben sich demgegenüber, solange der Anteil zusammen mit dem zugehörigen Mitunternehmeranteil oder (Teil-)Betrieb auf einen Miterben übergeht (§ 6 Abs. 3 EStG). Denkbar ist eine steuerneutrale Übertragung auch im Regelungsbereich des § 6 Abs. 5 Satz 3 EStG. Eine Gewinnrealisierung kann sich auch im Bereich des Privatvermögens ergeben, sofern es sich um ertragsteuerlich verstrickte Anteile handelt (§§ 17, 23 EStG, § 21 UmwStG) und im Rahmen der Erbauseinandersetzung ein Wertausgleich aus dem Eigenvermögen eines Beteiligten gezahlt wird.[190]

---

186 Scholz/K. Schmidt, GmbHG, § 11 Rn. 24, 29, 143.
187 Im Hinblick auf R 102 ErbStR 2003 dürften sich keine Bewertungsunterschiede ergeben.
188 § 13a Abs. 5 Nr. 4 ErbStG; zur Liquidationsbesteuerung vgl. Crezelius, in: FS für Wassermeyer, S. 15, 23.
189 BMF-Schreiben v. 14.3.2006, BStBl. I, S. 253 Rn. 73 f.
190 BMF-Schreiben v. 14.3.2006, BStBl. I, S. 253 Rn. 26 f.

b) Rechtsnachfolge in Anteile an einer Komplementär-GmbH bei einer GmbH & Co. KG bzw. an einer Betriebskapitalgesellschaft im Rahmen einer Betriebsaufspaltung

117 Einkommensteuerlich sind die von den Kommanditisten unmittelbar gehaltenen Anteile an der Komplementär-GmbH im Sonderbetriebsvermögen II der KG zu erfassen, es sei denn, die Komplementär-GmbH übt noch eine andere Tätigkeit von nicht ganz untergeordneter Bedeutung aus.[191] Die für § 6 Abs. 3 EStG wichtige Frage, ob es sich hierbei um eine **funktional wesentliche Betriebsgrundlage** handelt, ist umstritten.[192] Für die von den Gesellschaftern der Personen-Besitzgesellschaft unmittelbar gehaltenen Anteile an der Betriebskapitalgesellschaft gilt dasselbe (Sonderbetriebsvermögen II). Unabhängig von der Frage, ob die GmbH-Anteile als funktional wesentliches Betriebsvermögen zu qualifizieren sind, kommt es bei einer Trennung der GmbH-Anteile von den Mitunternehmeranteilen im Rahmen der Rechtsnachfolge in die Mitunternehmeranteile im Rahmen einer qualifizierten Nachfolgeklausel oder einer Rechtsnachfolge auf gesellschaftsvertraglicher Grundlage nur zu einer Gewinnrealisierung im Hinblick auf die GmbH-Anteile (Entnahmegewinn), nicht jedoch im Hinblick auf den Mitunternehmeranteil an der KG oder an der Besitzpersonengesellschaft.[193]

3. Erbschaftsteuer

118 Die erbschaftsteuerliche Erfassung erfordert eine **Bewertung** des übergegangenen Geschäftsanteils bzw. der übergegangenen Aktien. Diese Bewertung richtet sich nach § 12 Abs. 1 und Abs. 2 ErbStG i.V.m. § 11 BewG. Danach ist bei börsennotierten Anteilen an Kapitalgesellschaften – (Kommandit-)Aktien – der Börsenkurs anzusetzen.[194] Kommt eine Bewertung anhand des Börsenkurses nicht in Betracht, so ist der gemeine Wert nach § 11 Abs. 2 BewG anzusetzen. Dieser ist vorrangig aus Verkäufen abzuleiten, die im Rahmen eines gewöhnlichen Geschäftsverkehrs und innerhalb eines Zeitraums von einem Jahr vor dem Bewertungsstichtag (§ 11 ErbStG) abgewickelt werden.[195]

Ist auch dies nicht möglich, so ist der gemeine Wert unter Berücksichtigung des Vermögens und der Ertragsaussichten der Gesellschaft zu schätzen (**Stuttgarter Verfahren**, § 12 Abs. 1 ErbStG, § 11 Abs. 2 Satz 2 BewG, § 12 Abs. 2 ErbStG; R 96 ff. ErbStR 2003). Das Vermögen der Gesellschaft wird dergestalt berücksichtigt, dass die Vermögenssubstanz im Wesentlichen nach den auch für Personenunternehmen geltenden Grundsätzen auf der Grundlage der Steuerbilanzansätze und -werte ermittelt, bewertet (Vermögen) und ins Verhältnis zum Nennkapital der Gesellschaft gesetzt wird (Vermögenswert, vH-Satz; V). Die Ertragsaussichten ergeben sich auf der Grundlage des körperschaftsteuerlichen Einkommens der Gesellschaft, in dem dieses um die Positionen bereinigt wird, die den nachhaltig ausschüttbaren Gewinn der Gesellschaft vom körperschaftsteuerlichen Einkommen unterscheiden und ebenfalls ins Verhältnis zum Nominalkapital der Gesellschaft gesetzt werden (E).[196] Der gemeine Wert (G) ergibt sich im Regelfall nach der Formel

$$G = 0{,}68 \, (V + 5E).$$

---

191 Vgl. aber einschränkend OFD München, GmbHR 2001, 684.
192 Vgl. BFH, BStBl. 1997 II, S. 342 unter II.1.d.: verneinend unter Berufung auf Widmann, in: Widmann/Mayer, Umwandlungsrecht, § 20 UmwStG Rn. 30, 98; Schmidt/Wacker, EStG, § 15 Rn. 509, 714; ders., EStG, § 16 Rn. 414 (bejahend); Märkle, DStR 2001, 685 (bejahend); OFD Münster, GmbHR 2002, 1207 (bejahend ohne Begründung).
193 BFH, BStBl. 2000 II, S. 316; Schmidt/Wacker, EStG, § 16 Rn. 674 m.w.N.; vgl. dazu bereits Rn. 85.
194 § 11 Abs. 1 Satz 1 und Satz 2 BewG.
195 Vgl. i.E. R 95 Abs. 3 ff. ErbStR 2003, im Detail zur Struktur des „Stuttgarter Verfahrens" R 100 ErbStR 2003; Hübner, in: Gosch/Schwedhelm/Spiegelberger, GmbH-Beratung, Stichwort:"Nachfolge – Bewertung eines Geschäftsanteils".
196 Vgl. i.E. R 99 ErbStR 2003 und ausführlich Hübner in: Gosch/Schwedhelm/Spiegelberger, GmbH-Beratung, Stichwort: „Nachfolge – Bewertung eines Geschäftsanteils".

Der Erwerb von Anteilen an Kapitalgesellschaften ist – anders als der Erwerb von Anteilen an Personenunternehmen – nicht per se erbschaftsteuerlich begünstigt, sondern nur dann, wenn **der Erblasser** an der Gesellschaft unmittelbar zu mehr als 25 % beteiligt war. Abzustellen ist insoweit auf den Zeitpunkt der Entstehung der Steuer (keine zeitraumbezogene Betrachtung).

Die Notwendigkeit, eine **Mindestbeteiligungsquote** als Voraussetzung für die Begünstigung zu bestimmen, resultiert aus dem Abgrenzungsproblem zwischen einer reinen Kapitalanlage und einer unternehmerischen Beteiligung. Hier hat sich der Gesetzgeber an der Sperrminorität für satzungsändernde Gesellschafterbeschlüsse orientiert. Diese Beteiligungsquote ist zu hoch, weil in mittelständischen (Familien-)Unternehmen auch unternehmerische Beteiligungen häufig unterhalb dieser Grenze anzutreffen sind. Demgegenüber ergibt das Unmittelbarkeitserfordernis keinen nachvollziehbaren Sinn. Denn es kann ohnehin nur die Rechtsnachfolge in das unmittelbar gehaltene Vermögen besteuert werden, die dann aber eine Nachfolge in das mittelbar gehaltene Vermögen umfasst.

Deshalb spielt das **Unmittelbarkeitserfordernis** bei mittelbar gehaltene Beteiligungen an Kapitalgesellschaften **keine Rolle**, wenn das unmittelbar gehaltene Vermögen selbst begünstigt ist. Ist das **unmittelbar gehaltene Vermögen nicht begünstigt** – z.B. eine vermögensverwaltende, also Überschusseinkünfte (§§ 20, 21 EStG) vermittelnde Personengesellschaft – so ergibt das Unmittelbarkeitserfordernis jedenfalls dann keinen Sinn, wenn man § 10 Abs. 1 Satz 3 ErbStG (Bruchteilsbetrachtung) auch zutreffend auf der Erblasser-/Schenkerseite anwendet. Anderer Ansicht ist allerdings die Steuerverwaltung (H 26 ErbStH 2003),[197] so dass insb. bei vermögensverwaltenden Personengesellschaften eine Gestaltungsfalle droht. Probleme können sich auch bei eigenen Anteilen oder im Falle einer Einziehung ergeben, jedenfalls dann, wenn letztere nicht mit einer Kapitalherabsetzung verbunden wurde.[198]

Zu beachten ist auch, dass die Begünstigungsgewährung bei Anteilen an Kapitalgesellschaften, die im Privatvermögen gehalten werden, die mit diesen Anteilen wirtschaftlich zusammenhängenden **Verbindlichkeiten** nicht berührt. Aus diesem Grund ordnet § 10 Abs. 6 Satz 5 ErbStG eine gesonderte Schuldenkürzung für derartige Verbindlichkeiten an.[199] In Fällen eines **Schuldenüberhangs** besteht die Möglichkeit eines Verzichts auf die Begünstigung.

Des Weiteren ist zu beachten, dass die **Nachsteuervorschriften** bei im Privatvermögen gehaltenen Anteilen an Kapitalgesellschaften (§§ 13a Abs. 5 Nr. 4, 19a Abs. 5 Nr. 4 ErbStG) extrem weit ausgreifen. Danach ist eine Vielzahl insb. von Umstrukturierungsvorgängen innerhalb der Behaltefrist mit einem Nachsteuerverdikt belegt, ohne dass dafür nachvollziehbare Gründe erkennbar sind,[200] soweit der Begünstigungsgrund der erhöhten Sozialbindung nicht berührt wird.

4. Zwangsabtretung, Zwangseinziehung

a) Zivilrecht

Während bei Personengesellschaften die Rechtsnachfolge von Todes wegen im Gesellschaftsvertrag selbst gesteuert werden kann, ist dies bei Kapitalgesellschaften ausgeschlossen. Deshalb kann lediglich versucht werden, im Nachgang zu einem Erbfall unerwünschte Gesellschafter wieder aus der Gesellschaft zu entfernen. Dazu hat sich ein **festes Klauselwerk** etabliert, das neben der Möglichkeit der Zwangseinziehung auch Zwangsabtretungen an die Gesellschaft selbst, an einzelne oder mehrere Gesellschafter oder auch an gesellschaftsfremde Dritte ermöglicht.

---

197 Kritisch Hübner, in: Viskorf/Glier/Hübner/Knobel/Schuck, BewG/ErbStG, § 13a ErbStG Rn. 69.
198 Hübner, in: Viskorf/Glier/Hübner/Knobel/Schuck, BewG/ErbStG, § 13a ErbStG Rn. 70.
199 Dazu und zu Gestaltungsoptionen in diesem Zusammenhang vgl. Hübner, in: Viskorf/Glier/Hübner/Knobel/Schuck, BewG/ErbStG, § 13a ErbStG Rn. 106 ff.
200 Hübner, in: Viskorf/Glier/Hübner/Knobel/Schuck, BewG/ErbStG, § 13a ErbStG Rn. 121 ff.; vgl. auch FG Münster, EFG 2005, 292, das sich zutreffend gegen die völlig sinnentleerte Nachsteueranordnung des § 13a Abs. 5 Nr. 4 ErbStG wendet und den Anwendungsbereich dieser Norm im Wege verfassungskonformer Auslegung beschneidet. Dagegen BFH, BStBl. 2006 II, S. 602 m. abl. Anm. Hübner, ZEV 2006, 368.

123 Die **Zwangseinziehung** aus Anlass des Todes eines Gesellschafters bedarf einer Grundlage in der Satzung (§ 34 Abs. 1, Abs. 2 GmbHG). Angesichts der Unklarheiten zur Wirkung der Einziehung[201] empfiehlt sich eine ausführliche Regelung über die Voraussetzungen und die unmittelbaren Rechtsfolgen eines Einziehungsbeschlusses unabhängig von der Frage, wann der mit der Einziehung verbundene Untergang des Geschäftsanteils wirksam wird. Außerdem kann es sich mit Rücksicht auf die Liquiditätslage der Gesellschaft, die das Einziehungsentgelt zu leisten hat, empfehlen, alternativ eine Zwangsabtretung vorzusehen, die auch mit einer Verfügungsermächtigung der Gesellschaft nach § 185 BGB verbunden werden kann.[202] Zur Sicherung der Beteiligungs- oder Stammesquoten können Erwerbsrechte zweckmäßig sein.[203]

124 **Formulierungsbeispiel: Zwangseinziehung**

> § ..... Tod eines Gesellschafters
>
> (1) Verstirbt ein Gesellschafter, so kann die Gesellschafterversammlung mit einer Mehrheit von ..... binnen einer Frist von drei Monaten nach dem Eingang einer Mitteilung nach Satz 2 die Einziehung der Geschäftsanteile des verstorbenen Gesellschafters beschließen. Der oder die Erwerber von Todes wegen sind verpflichtet, die Gesellschaft unverzüglich von dem Übergang der Geschäftsanteile zu unterrichten.
>
> (2) Einziehungsvergütung ...
>
> (3) Soweit nach Abs. 1 die Einziehung des Anteils zulässig ist, kann die Gesellschaft stattdessen verlangen, dass der oder die Erwerber der Geschäftsanteile die ganz oder teilweise an die Gesellschaft selbst, an einzelne oder mehrere Gesellschafter oder von der Gesellschaft zu benennende Dritte abzutreten sind. Die Gesellschaft kann auch beschließen, dass die Geschäftsanteile teilweise abzutreten sind und im Übrigen eingezogen werden. § 17 GmbHG bleibt unberührt.
>
> (4) Soweit von der Gesellschaft statt der Einziehung die Abtretung der Geschäftsanteile beschließt, gilt für das Entgelt Abs. 2 entsprechend mit der Maßgabe, dass die Vergütung für den abzutretenden Geschäftsanteil von dem Erwerber des Geschäftsanteils geschuldet wird und die Gesellschaft für deren Zahlung wie ein Bürge haftet, der auf die Einrede der Vorausklage verzichtet hat. § 30 Abs. 1 GmbHG bleibt unberührt.

125 Eine Beschränkung der Einziehungs- oder Abtretungsvergütung kann als – vollzogene – Schenkung auf den Todesfall qualifiziert werden mit entsprechenden Folgen für eventuelle Ausgleichs- oder Pflichtteilsansprüche.[204]

126 Ist im Zuge einer Erbauseinandersetzung oder zur Erfüllung einer Auflage oder eines Vermächtnisses eine **Übertragung des Geschäftsanteils erforderlich**, so stellt sich die Frage, ob im Falle vereinbarter Vinkulierungsklauseln die Zustimmung der Gesellschaft (§ 15 Abs. 5 GmbHG) erforderlich ist. Angesichts der insoweit bestehenden Unklarheiten[205] empfiehlt sich eine eindeutige Satzungsbestimmung.

b) Einkommensteuer

127 Die auf der Grundlage einer Zwangsabtretung oder eines geltend gemachten Erwerbsrechts erfolgte **Anteilsübertragung ist als Veräußerung zu qualifizieren**, die der Besteuerung unterliegt, sofern der zu übertragende Anteil steuerlich verstrickt ist (§§ 17, 23 EStG, § 21 UmwStG, Betriebsvermögen). Insoweit gelten die allgemeinen Grundsätze.

---

201 BGHZ 139, 299 = NJW 1998, 3646; vgl. die Anm. von Goette zu BGH, DStR 2006, 1900, 1901.
202 Löbbe, in: Ulmer/Habersack/Winter, GmbHG, § 15 Rn. 14.
203 Vgl. Meister/Klöckner, in: Münchener Vertragshandbuch, IV.22 § 26.
204 Löbbe, in: Ulmer/Habersack/Winter, GmbHG, § 15 Rn. 16 ff.
205 Scholz/Winter, GmbHG, § 15 Rn. 30 m.w.N.

Demgegenüber ist **einkommensteuerliche Qualifikation der Einziehung** gegen Abfindung umstritten. Zum einen wird die Einziehung von der wohl h.M. als entgeltlicher Veräußerungsvorgang angesehen,[206] zum anderen wird die Auffassung vertreten, es handle sich um einen Ausschüttungsvorgang.[207] Richtig erscheint die **Annahme einer Veräußerung**, denn nur auf diese Weise ist sichergestellt, dass der Anteilseigner seine Anschaffungskosten mit der Einziehungsabfindung verrechnen kann. Ansonsten würde es darauf ankommen, ob die Ausschüttung aus dem Einlagekonto finanziert wird, was wiederum von der Eigenkapitalsituation der Gesellschaft abhängt (§ 27 Abs. 1 Satz 3 KStG).

128

c) Erbschaftsteuer

Der Gesetzgeber hat versucht, die **erbschaftsteuerlichen Folgen der Zwangseinziehung und der Zwangsabtretung** für die Gesellschafter in Sondertatbeständen zu regeln (§ 3 Abs. 1 Nr. 2 Satz 2 und Satz 3 ErbStG). Ob und inwieweit ihm dies gelungen ist, ist umstritten und weitgehend unklar.[208] Praktisch dürften diese Sonderbestimmungen wohl nur eingreifen, wenn entweder ein Einziehungs- oder Abtretungsentgelt in der Satzung vollständig ausgeschlossen ist oder aber – im Fall einer Buchwertabfindung – das Gesellschaftsvermögen Wirtschaftsgüter in nennenswertem (Wert-)Umfang enthält, die erbschaftsteuerlich mit einem höheren als dem Buchwert erfasst werden (Grundstücke, Anteile an Kapitalgesellschaften).

129

Nicht ausdrücklich geregelt ist jedoch die Frage, welche **Folgen** sich **seitens der Erben** ergeben. Denn erbschaftsteuerlich stellt sich auf der Seite der Erben die Frage nach dem Gegenstand des der Erbschaftsteuer unterliegenden Erwerbs, wenn die Erben in Anteile an Kapitalgesellschaften nachfolgen, die unter dem Verdikt einer Zwangseinziehung oder -abtretung stehen und eine dieser Maßnahmen tatsächlich ergriffen wird.

130

An diese Frage schließen sich weitere Fragen an, nämlich die **nach dem anzuwendenden Bewertungsverfahren** und danach, ob die **Begünstigungen nach den §§ 13a, 19a ErbStG** in Anspruch genommen werden können. Richtigerweise wird man den Erwerb des Anteils als Erwerb unter einer auflösenden Bedingung i.S.d. § 5 Abs. 1 BewG qualifizieren müssen mit der Folge, dass im Fall der Ausübung des Abtretungs- oder Einziehungsrechts der Erwerb des Anteils rückwirkend als Erwerbsgegenstand entfällt und an seine Stelle das jeweilige Entgelt tritt. Das kann für die Erben vor allem dann zu einer erheblichen erbschaftsteuerlichen Schlechterstellung führen, wenn das Entgelt am wirklichen Wert des Anteils orientiert ist, weil damit alle Bewertungsvorteile entfallen und das Entgelt mit dem Nominalwert bewertet wird.

> **Hinweis:**
> Es kann in derartigen Fällen sinnvoll sein, die Ausübung der Zwangsrechte durch die Gesellschaft dadurch zu umgehen, dass im Vorgriff eine drohende Beschlussfassung durch die Gesellschaft die beabsichtigten Maßnahmen freiwillig vereinbart werden. Denn wenn die Anteilstransaktion auf einer Willensbildung durch den Erben beruht, realisiert er mit der Transaktion den wirtschaftlichen Wert des ihm angefallenen Anteils. Zwar kann er dann die erbschaftsteuerlichen Begünstigungen der §§ 13a, 19a ErbStG nicht erhalten; es verbleiben ihm jedoch die Bewertungsvorteile.[209]

---

[206] Hörger/Stephan, Die Vermögensnachfolge im Erbschaft- und Ertragsteuerrecht, Rn. 887; Wassermeyer, in: FS für Schmidt, 1993, S. 621 ff., 631; IdW, Erbfolge und Erbauseinandersetzung bei Unternehmen, Rn. 614 m.w.N.

[207] Schmidt/Weber-Grellet, EStG, § 17 Rn 101; Streck, KStG, § 27 Anm. 9.

[208] Zu den Defiziten der gesetzlichen Regelungen Hübner, ErbStB 2004, 387; a.A.: – ohne Begründung – in der Frage, ob Zwangsabtretungs- oder -einziehungsklauseln als „vom Erblasser gesetzte Bedingung" i.S.d. § 3 Abs. 2 Nr. 2 ErbStG zu qualifizieren sind, ist Troll/Gebel/Jülicher, ErbStG, § 3 Rn. 262.

[209] Zur Qualifizierung des Erwerbs der verbleibenden Gesellschafter in den Fällen der freiwilligen Abtretung bzw. Einziehung mit Zustimmung des betroffenen Gesellschafters (§ 34 Abs. 1 GmbHG) vgl. Hübner, ErbStB 2004, 387, 398 ff.

IV. Testamentsvollstreckung[210]

1. Einzelunternehmen

131 Testamentsvollstreckung ist bei einem Einzelunternehmen zulässig. Unzweifelhaft ist dies allerdings **nur für die Abwicklungstestamentsvollstreckung**, während dies für die Verwaltungstestamentsvollstreckung z.T. nach wie vor bestritten wird.[211] Nicht anerkannt ist die sog. **echte Testamentsvollstreckerlösung**.[212] Bei diesen Fragestellungen geht es um das Problem der Haftung. Denn der Testamentsvollstrecker haftet als solcher gar nicht und der Erbe kann seine Haftung auf den Nachlass beschränken (§ 2206 BGB). Insofern würde ein Einzelunternehmen mit beschränkter Haftung entstehen. Deshalb muss es darum gehen, eine Lösung zu finden, in der entweder der Testamentsvollstrecker oder aber der Erbe unbeschränkt haftet.[213] Insoweit sind die folgenden zwei Gestaltungen denkbar.

a) Treuhandlösung

132 Der Testamentsvollstrecker kann das Unternehmen als Treuhänder für die Erben führen mit der Konsequenz, dass er **im Außenverhältnis unbeschränkt** haftet, jedoch im Innenverhältnis Befreiung von allen Verbindlichkeiten aus dem Betrieb des Unternehmens fordern kann. Gleichwohl trägt der Testamentsvollstrecker bei dieser Lösung persönlich ein erhebliches Risiko.

b) Vollmachtslösung

133 Der Erbe erteilt dem Testamentsvollstrecker Vollmacht, in seinem Namen das Unternehmen zu führen. In diesem Fall haftet **im Außenverhältnis der Erbe**, nicht der Testamentsvollstrecker.

2. Testamentsvollstreckung an Personengesellschaftsanteilen

134 Nach h.M. setzt die Zulässigkeit der Testamentsvollstreckung voraus, dass sie im Gesellschaftsvertrag zugelassen ist oder alle Gesellschafter zustimmen.

135 **Formulierungsbeispiel: Testamentsvollstreckung am Gesellschaftsanteil**[214]

> Die Anordnung der Testamentsvollstreckung am Gesellschaftsanteil ist zulässig. Der oder die Testamentsvollstrecker können auch berechtigt werden als Bevollmächtigte oder als Treuhänder der Erben oder Vermächtnisnehmer sämtliche Rechte aus dem Gesellschaftsanteil auszuüben. Hierzu gehören auch die höchstpersönlich eingeräumten Sonderrechte, wie etwa das Recht auf Geschäftsführung bzw. Vertretung. Für die treuhänderische Übertragung von Gesellschaftsanteilen auf den Testamentsvollstrecker und die Rückübertragung auf die Erben oder Vermächtnisnehmer ist die Zustimmung der anderen Gesellschafter nach § ... des Vertrages nicht erforderlich.

136 Grds. ist eine Abwicklungstestamentsvollstreckung uneingeschränkt zulässig; Schwierigkeiten bereitet auch hier die Verwaltungsvollstreckung bei Anteilen, die eine unbeschränkte Haftung des Gesellschafters nach § 128 HGB zur Folge haben. Für **Kommanditanteile** ist dagegen die Zulässigkeit durch den Beschl. des BGH v. 3.7.1989[215] geklärt. Für **Komplementäranteile und Anteile an einer OHG** wird die Verwaltungstestamentsvollstreckung von der h.M. dagegen als unzulässig angesehen, obwohl der Erbe

---

210 Scherer, in: Sudhoff, Unternehmensnachfolge, S. 100 ff., § 9; Lorz, in: Münchener Anwaltshandbuch Erbrecht, S. 418 ff., § 19; Bengel/Reimann/Mayer, Handbuch der Testamentsvollstreckung, S. 210 ff.; Mayer/Bonefeld/Wälzholz/Weidlich, Testamentsvollstreckung, S. 206 ff.
211 MünchKomm-HGB/Lieb, § 27 Rn. 23 ff.
212 Baur, in: FS für Dölle, S. 249.
213 Scherer, in: Sudhoff, Unternehmensnachfolge, S. 122 ff.
214 Bengel/Reimann/Mayer, Handbuch der Testamentsvollstreckung, S. 229.
215 BGHZ 108, 187 = NJW 1989, 3152; vgl. in der Folge BGH, NJW 1996, 1284; NJW 1998, 1313 m. Anm. Goette, DStR 1998, 304; KG, NZG 2000,1167; LG Mannheim, NZG 1999, 824.

durch § 139 HGB haftungsrechtlich geschützt ist.[216] Angesichts der h.M. bleibt für die Praxis in derartigen Fällen nur der auch für Einzelunternehmen mögliche Weg über die Treuhand- oder Vollmachtslösung.

Nach vordringender, aber umstrittener Meinung umfasst die Kompetenz des Testamentsvollstreckers bei einem Kommanditanteil auch Maßnahmen, die den **Kernbereich** der Mitgliedschaft berühren. Er kann also ohne Zustimmung des Erben einer Umwandlung zustimmen. Zur Zustimmung zu einer Einlagenerhöhung ist er nur befugt, wenn er die hierfür erforderlichen Mittel aus dem Nachlass finanzieren kann, da er nur insoweit zu Verfügungen befugt ist (§ 2006 BGB).[217]

3. Testamentsvollstreckung an Kapitalgesellschaftsanteilen

Die Testamentsvollstreckung an Kapitalgesellschaftsanteilen ist sowohl in der Form der **Auseinandersetzungs-/Abwicklungsvollstreckung** als auch in der Form der **Dauer- oder Verwaltungsvollstreckung** ohne weiteres zulässig und wird auch durch eine Anteilsvinkulierung nach § 15 Abs. 5 GmbHG nicht ausgeschlossen. Sofern dem Testamentsvollstrecker Verwaltungsbefugnisse übertragen sind, ist seine Handlungsmacht grds. umfassend, sofern nicht spezifische Satzungsbestimmungen die Ausübung von Verwaltungsrechten durch Außenstehende beschränken; sie umfasst nicht die Wahrnehmung höchstpersönlicher Rechte des Erben.

Schranken sollen sich nach umstrittener Auffassung auch aus dem **Kernbereich** der Mitgliedschaft ergeben;[218] m.E. kann die Frage hier nicht anders entschieden werden als bei Kommanditanteilen. Beschränkungen ergeben sich auch daraus, dass der Testamentsvollstrecker den Erben nicht über die Mittel des Nachlasses hinaus verpflichten darf (§ 2206 Abs. 1 Satz 1 BGB) und nach § 2205 Satz 3 BGB nur eingeschränkt zu unentgeltlichen Verfügungen berechtigt ist. Soll der Testamentsvollstrecker zum **Geschäftsführer** bestellt werden, darf er an einem darauf gerichteten Gesellschafterbeschluss nur mitwirken, wenn er durch letztwillige Verfügung von den Beschränkungen des § 181 BGB befreit ist.[219]

4. Steuerliche Pflichten des Testamentsvollstreckers[220]

a) Erbschaftsteuer

Während die **Anzeigepflicht nach § 30 ErbStG** ohne Rücksicht auf das Bestehen einer Testamentsvollstreckung den Erben trifft, ist zur **Abgabe der Erbschaftsteuererklärung** der Testamentsvollstrecker verpflichtet (§ 31 Abs. 5 ErbStG). Gegenüber dem Testamentsvollstrecker ist auch der Steuerbescheid bekannt zu geben (§ 32 ErbStG).[221] **Steuerschuldner** bleibt dessen ungeachtet der Erwerber. Steuerliche Wahlrechte, die das ErbStG dem Erwerber einräumt,[222] kann nur dieser selbst ausüben.[223]

---

216 So zutreffend K. Schmidt/MünchKomm-HGB, § 139 Rn. 47.
217 Vgl. i.E. die Darstellung bei Scherer, in: Sudhoff, Unternehmensnachfolge, S. 128, § 9 Rn. 54.
218 Priester, in: FS für Stimpel, S. 463, 481 ff.; ihm folgend Bengel/Reimann/Mayer, Handbuch der Testamentsvollstreckung, Kap. 5 Rn. 232; Nieder, Handbuch der Testamentsgestaltung, Rn. 942; a.A.: Lorz, in: Münchener Anwaltshandbuch Erbrecht, § 19 Rn. 257 f., 266. Zur Mitwirkung an Kapitalerhöhungen vgl. Lorz, in: Münchener Anwaltshandbuch Erbrecht, § 19 Rn. 269 ff. sowie Bengel/Reimann/Mayer, Handbuch der Testamentsvollstreckung, Kap. 5 Rn. 235 jeweils m.w.N.
219 BGH, GmbHR 1989, 329.
220 Ausführlich Bengel/Reimann/Piltz, Handbuch der Testamentsvollstreckung, Kap. 8, S. 385 ff.; Mayer/Bonefeld/Wälzholz/Weidlich/Kassel-Knauf, Testamentsvollstreckung, Rn. 1096 ff.
221 Zu den verfahrensrechtlichen Besonderheiten der Bekanntgabe an den Testamentsvollstrecker vgl. Tz 2.13 des Anwendungserlasses zur Abgabenordnung (AEAO) zu § 122 AO.
222 Steuerklassenwahl, § 6 Abs. 2 Satz 2 ErbStG; Verzicht auf Begünstigung bei sog. Produktivvermögen, § 13a Abs. 6 ErbStG; Ablösung zinslos gestundeter Steuer nach § 25 Abs. 1 Satz 3 ErbStG etc.
223 Bengel/Reimann/Piltz, Handbuch der Testamentsvollstreckung, S. 396.

b) Unternehmensfortführung

aa) Einzelunternehmen

141 Teilweise wird vertreten,[224] dass der Testamentsvollstrecker im Fall der Treuhandlösung trotz § 39 Abs. 2 Nr. 1 Satz 2 AO im Hinblick auf seine unentziehbare Handlungsmöglichkeit und unbeschränkte Außenhaftung die **Stellung eines (Mit-)Unternehmers neben dem Erben** einnimmt mit der Folge, dass seine Vergütung nicht nach § 18 Abs. 1 Nr. 3 EStG als Einnahmen aus selbständiger Tätigkeit, sondern als gewerbliche Sonderbetriebseinnahmen zu qualifizieren sind. Demgegenüber ist es im Fall der Vollmachtslösung ausgeschlossen, dass der Testamentsvollstrecker die Stellung eines Mitunternehmers erlangt.

142 In den Fällen der **Vollmachtslösung** treffen den Erben die steuerlichen Erklärungspflichten hinsichtlich der Umsatzsteuer, Gewerbesteuer und gesonderten Feststellung der Besteuerungsgrundlagen aus dem Unternehmen (§ 180 Abs. 1 Nr. 2 lit. b AO); der Testamentsvollstrecker kann allenfalls nach § 35 AO zur Abgabe von Erklärungen wie ein gesetzlicher Vertreter verpflichtet sein.

143 Auch in den Fällen der **Treuhandlösung** sollen die Erben nach wohl überwiegender Meinung als Unternehmer anzusehen und – vorbehaltlich § 35 AO – für die Abgabe der Steuererklärungen zuständig sein; für die USt soll jedoch nach Verwaltungsauffassung (R 16 Abs. 7 Satz 3 UStR 2005) im Anschluss an die Rspr. des BFH[225] anderes gelten. Hier ist der Testamentsvollstrecker als Unternehmer anzusehen und deshalb erklärungspflichtig.

bb) Personengesellschaft

144 Eine Mitunternehmerstellung – denkbar nur in Treuhandfällen – kommt allenfalls **in den Fällen der unbeschränkten Haftung** in Betracht. Der Testamentsvollstrecker kann jedoch als Verfügungsberechtigter insoweit erklärungspflichtig sein, als die Erklärungspflicht an die Gesellschafterstellung anknüpft. Das ist bei der Umsatzsteuer und Gewerbesteuer nicht der Fall: Unternehmensträger ist die Gesellschaft als solche. Mitwirkungspflichten können jedoch bei der Erklärung zur einheitlichen und gesonderten Gewinnfeststellung nach § 180 Abs. Abs. 1 Nr. 2 lit. a AO bestehen.

cc) Kapitalgesellschaften

145 Sowohl bei der Körperschaftsteuer, als auch bei der Gewerbe- und Umsatzsteuer ist Unternehmensträger und damit erklärungspflichtig die Gesellschaft als solche. Die Abgabe der Steuererklärungen ist eine Geschäftsführungsaufgabe. Der Testamentsvollstrecker ist mit Erklärungspflichten nicht belastet.

D. Vorweggenommene Erbfolge

I. Allgemeines

1. Zivilrecht

146 Der **Begriff der vorweggenommenen Erbfolge** ist legal nicht definiert. Die Rspr. des BGH[226] versteht darunter die Übertragung von Vermögen oder eines wesentlichen Teiles davon durch den (künftigen) Erblasser auf einen oder mehrere als (künftige) Erben in Aussicht genommene Empfänger.[227] Allerdings ist das Recht der vorweggenommenen Erbfolge nicht in einer dem Erbrecht vergleichbaren Art und Weise ausgeformt. Die Gestaltung einer vorweggenommenen Erbfolge muss sich deshalb allgemeiner Rechtsinstitute bedienen, die das Recht für Vermögenstransfers unter Lebenden bereitstellt. Dabei weist das verfügbare Instrumentarium durchaus Lücken auf: so gibt es etwa – was insb. bei einer Vermögensüber-

---

[224] A.A. ist die wohl h.M., vgl. Bengel/Reimann/Piltz, Handbuch der Testamentsvollstreckung, Kap. 8 Rn. 110; Mayer/Bonefeld/Wälzholz/Weidlich/Kassel-Knauf, Testamentsvollstreckung, Rn. 1314.
[225] BFH, BStBl. 1999 II, S. 628.
[226] BGH, NJW 1995, 1349; BGHZ 113, 310 = NJW 1991,1345.
[227] Das Steuerrecht folgt dieser Definition, vgl. BMF-Schreiben v. 13.1.1993, BStBl. I, S. 80 Rn. 1.

tragung auf Minderjährige ins Auge fällt – keine der Testamentsvollstreckung oder der Vor- und Nacherbfolge vergleichbaren Institute, so dass die mit diesen Instituten erreichbaren Effekte auf andere Weise substituiert werden müssen.

Eine vorweggenommene Erbfolge kann unter einer Vielzahl von Gesichtspunkten zweckmäßig sein. **Auf zivilrechtlichem Gebiet** sei insb. die Problematik der Nachlassspaltung erwähnt, die bei Auslandvermögen dazu führen kann, dass für die Rechtsnachfolge in den Nachlass das Erbrecht unterschiedlicher Länder maßgebend ist, was nicht selten zu einer erheblichen Komplizierung der Nachfolgegestaltung und der Nachlassabwicklung führt.

> **Hinweis:**
> Um eine derartige Entwicklung zu vermeiden, ist nicht zuletzt eine lebzeitige Übertragung des Auslandsvermögens ein probates Mittel.

Erhebliche Vorteile kann eine vorweggenommene Erbfolge jedoch auch **auf steuerlichem Gebiet** generieren. Die vorweggenommene Erbfolge führt bei ertragbringendem Vermögen zu einem Transfer der Einkunftsquelle auf den Nachfolger mit den Wirkungen eines Einkommens- oder Familiensplittings, das zum einen laufende Progressionsvorteile generieren kann, vor allem aber zur Folge hat, dass die beim Nachfolger anfallenden Vermögenserträge nicht der Erbschaftsteuer unterliegen. Ein weiterer nicht zu unterschätzender Vorteil ist die Möglichkeit, die Vermögensnachfolge und ihre Liquiditätswirkungen als kontrollier- und steuerbaren Prozess zu strukturieren und damit die Zufälligkeiten, die die Besteuerung eines Erbanfalls nicht selten prägen, zu eliminieren.

> **Hinweis:**
> Besonderes Augenmerk kann dabei darauf gerichtet werden, die durch die Vermögensübertragung bewirkten steuerlichen Effekte zu minimieren, indem auf einen ertragsteuerneutralen Vermögenstransfer hingearbeitet wird, erbschaft-/schenkungsteuerliche Freibeträge mehrfach genutzt werden und bei einem zeitlich gestreckten Nachfolgeprozess auch insoweit Progressionsvorteile angestrebt werden, und allgemein steuergünstige Gestaltungen konzipiert werden.

Im vorliegenden Zusammenhang geht es um die Rechtsnachfolge in Gesellschaftsbeteiligungen. Dieser Kontext legt den Hinweis nahe, dass Gesellschaftsbeteiligungen selbst nicht nur Objekt, sondern **auch Instrument einer vorweggenommenen Erbfolge** sein können. In einer Vielzahl von Fällen ergeben sich besondere Gestaltungsmöglichkeiten im Bereich der vorweggenommenen Erbfolge dann, wenn das zu übertragende Vermögen nicht unmittelbar, sondern durch Beteiligungen an einer Familiengesellschaft (**Familienpool**) gehalten wird. Für die Ausgestaltung derartiger Poollösungen gibt es einen weiten Gestaltungsspielraum. Mit einer derartigen Gestaltung sind bspw. folgende Effekte erreichbar[228]:

- Das Vermögen wird im Zuge der Rechtsnachfolge nicht auf verschiedene Nachfolger aufgeteilt, sondern bleibt als Vermögensmasse in der Gesellschaft eingebunden. Eine Vermögenszersplitterung wird vermieden.
- Die Individualisierung der Vermögensnutzung kann auf die entnahmefähige Beträge beschränkt werden.
- Die Gefahr der Vermögensabwanderung in fremde Familien kann durch gesellschaftsvertragliche Nachfolgeregelungen (qualifizierte Nachfolgeklauseln) vermieden werden.
- Eine Nachlassspaltung kann möglicherweise dadurch vermieden werden, dass Auslandsvermögen in einer Gesellschaft gehalten wird.
- Für die Beteiligung minderjähriger an dem Vermögen eignet sich eine derartige Gestaltung in besonderer Weise, weil damit über die Volljährigkeitsgrenze hinaus sichergestellt werden kann, dass das übertragene Vermögen nicht bestimmungswidrig verwendet wird.

---

228 Vgl. ausführlich Kirchdörfer/Lorz, DB 2004, Beilage 3 zu Heft 21.

- Der allgemein mit einer vorweggenommenen Erbfolge verbundene und häufig als Nachteil empfundene Verlust der Dispositionsbefugnis über das übertragene Vermögen kann durch geeignete Gestaltungen zumindest gemildert werden. So kann dem Übertragenden eine besondere Stellung im Hinblick auf die Geschäftsführung und die Entnahmemöglichkeiten eingeräumt werden.

> **Hinweis:**
> Daneben lassen sich eine Vielzahl steuergünstiger Effekte durch eine derartige Gestaltung erreichen, deren Darstellung den hier vorgegebenen Rahmen sprengen würde.

149 Typischerweise liegen den Fällen der vorweggenommenen Erbfolge (zumindest teil-)unentgeltliche Verfügungen zu Gunsten des Nachfolgers vor, die schenkungshalber erfolgen und deshalb grds. dem **Formerfordernis** des § 518 Abs. 1 Satz 1 BGB unterliegt. Auch aus anderen Gesichtspunkten können sich spezifische Formerfordernisse ergeben, etwa wenn das zu übertragende Vermögen Grundstücke (§ 311b Abs. 1 BGB) oder Geschäftsanteile an einer GmbH (§ 15 Abs. 3, Abs. 4 GmbHG) umfasst.

150 Besonderes Gewicht erhält das Formerfordernis des § 518 Abs. 1 BGB in solchen Fällen, in denen die vorweggenommene Erbfolge derart gestaltet wird, dass der Nachfolger mittels der Begründung einer **Innengesellschaft** (stille Gesellschaft, Unterbeteiligung) an dem Vermögen beteiligt wird. Denn nach der älteren Rspr. des BGH,[229] der insb. der BFH folgt,[230] bewirkt die bloße Einbuchung der stillen Beteiligung keine Vollziehung der Schenkung i.S.d. § 518 Abs. 2 BGB.

> **Hinweis:**
> Deshalb sollte die Gestaltungspraxis in derartigen Fällen stets darauf achten, dass eine notarielle Beurkundung erfolgt.[231]

151 Sollen **Minderjährige** beschenkt werden, so stellt sich zum einem die Frage, ob ihre gesetzlichen Vertreter für sie handeln, zumal nicht selten der gesetzliche Vertreter zugleich der Schenker sein wird. Weiter ist zu prüfen, ob die Übertragung der Genehmigung des FamG bedarf.

152 Die **Eltern eines Kindes sind von der Vertretung ausgeschlossen**, soweit auch ein Vormund von der Vertretung des Mündels ausgeschlossen ist (§§ 1629 Abs. 2 Satz 1, 1795 BGB). Hier wird die Vertretung häufig nach § 1795 Abs. 1 Nr. 1 oder Abs. 2 BGB ausgeschlossen sein. Eine Ausnahme vom Vertretungsausschluss unter dem Gesichtspunkt, dass es sich um ein „lediglich rechtlich vorteilhaftes Rechtsgeschäft" handelt[232] dürfte lediglich im Fall der Schenkung eines Anteils an einer Kapitalgesellschaft in Betracht kommen, im Fall der Schenkung eines Kommanditanteils mit einbezahlter Einlage und im Fall schenkweisen Zuwendung einer stillen oder Unterbeteiligung.[233] Sind die Eltern von der Vertretung ausgeschlossen, bedarf es der Bestellung eines Ergänzungspflegers, wobei bei mehreren minderjährigen Beteiligten für jedes Kind ein Ergänzungspfleger bestellt werden muss.

153 Zu beachten ist weiter, dass die Eltern bzw. der Pfleger der **Genehmigung des FamG** bedürfen, soweit auch ein Vormund nach §§ 1821 und 1822 Nr. 1, Nr. 3, Nr. 5 und Nr. 8 – Nr. 11 BGB einer Genehmigung des Vormundschaftsgerichts bedürfte (§ 1643 Abs. 1 BGB). Diese Voraussetzung liegt etwa in den Fällen des § 1822 Nr. 3 BGB vor, wenn der Abschluss oder die Änderung eines Gesellschaftsvertrages zu beurteilen sind, die den Beitritt eines Minderjährigen zum Gegenstand haben.[234]

---

229 BGHZ 7, 174; 7, 378; unentschieden in BGHZ 111, 85, 89 = DB 1974, 365. Die zitierte ältere Rspr. des BGH wird von der h.L. abgelehnt, vgl. MünchKomm-HGB/K. Schmidt, § 230 Rn. 83 ff.
230 BFH, BStBl. 1994 II, S. 635; BStBl. 1975 II, S. 141.
231 Schmidt/Wacker, EStG, § 15 Rn. 773.
232 Zu § 181 BGB vgl. Bamberger/Roth/Habermeier, BGB, § 181 Rn. 19; dieser Gesichtspunkt schränkt auch § 1795 Abs. 1 Nr. 1 BGB ein.
233 Vgl. ausführlich Staudinger/Peschel/Gutzeit, BGB, § 1629 Rn. 246 ff.
234 Bamberger/Roth/Bettin, BGB, § 1822 Rn. 9 ff.

2. Einkommensteuer

Die Beachtung der zivilrechtlichen Wirksamkeitsvoraussetzungen sind auch einkommensteuerlich von Bedeutung, weil im Bereich der **Verträge zwischen Angehörigen** die Rspr. die Anerkennung derartiger Verträge davon abhängig macht, dass die Verträge zivilrechtlich wirksam sind, in ihrer Ausgestaltung einem Fremdvergleich standhalten und tatsächlich durchgeführt werden. Die Anwendung des § 41 AO ist bei Verträgen zwischen Angehörigen grds. ausgeschlossen.[235]

154

Einkommensteuerlich steht im Mittelpunkt der Betrachtung, wie auch bei einer Nachfolge von Todes wegen, die Frage, ob und ggf. wie eine Gewinnrealisierung aus Anlass der Vermögensübertragung vermieden werden kann. Soweit Gesellschaftsbeteiligungen dem **Privatvermögen** zuzuordnen sind, was aus systematischen Gründen nur bei Anteilen an Kapitalgesellschaften in Betracht kommt, gilt Folgendes:

155

Soweit die Anteile **steuerlich nicht verstrickt** sind (§§ 17, 23 EStG; § 21 UmwStG), können sich beim Schenker keine Konsequenzen ergeben. Aber auch im Fall der steuerlichen Verstrickung gilt jedenfalls im Falle der vollständig unentgeltlichen Übertragung nichts anderes. Der Erwerber tritt in die Rechtsstellung seines Rechtsvorgängers ein, er führt dessen Anschaffungskosten und die übrigen steuerlich relevanten Merkmale des Schenkers fort.[236] Liegt dagegen – nach ertragsteuerlichen Maßstäben[237] – ein (teil-)entgeltlicher Transfer vor, so führt dies nach allgemeinen Grundsätzen im Umfang der Entgeltlichkeit zu einem steuerbaren Veräußerungsgewinn nach den §§ 17, 23 EStG oder § 22 UmwStG.

156

Ist die Rechtsnachfolge in **Betriebsvermögen** zu beurteilen, ist zunächst zu bedenken, dass jede vorweggenommene Erbfolge ein Vorgang ist, der privat veranlasst und demnach grds. als gewinnrealisierende Überführung des übertragenen Betriebsvermögens in das Privatvermögen zu qualifizieren ist (Entnahme, Betriebsaufgabe), sofern nicht besondere Vorschriften[238] die Fortführung der Buchwerte erlauben oder anordnen. Diese Vorschriften setzen jedoch grds. einen unentgeltlichen Vermögenstransfer voraus – wobei die Abgrenzung entgeltlich/teilentgeltlich/unentgeltlich jeweils nach spezifischen Kriterien zu klären ist –, so dass deren auf Buchwertfortführung gerichtete Rechtsfolgenanordnung immer dann nicht eingreifen kann, wenn (Teil-)Entgeltlichkeit anzunehmen ist.

157

Deshalb ist stets zu prüfen, ob der Beschenkte zu Leistungen verpflichtet ist, die als (Teil-)**Entgelt** zu qualifizieren sind:

158

- **Vorbehaltene Nutzungen** sind nicht als Gegenleistung zu qualifizieren.
- Hat der Übernehmer Teile des übertragenen Vermögens Dritten zu überlassen (**Weitergabeverpflichtung**), so berührt dies die Unentgeltlichkeit der Vermögensübertragung nicht.
- Hat der Übernehmer dagegen eine **Abstandszahlung** an den Übertragenden oder **Gleichstellungsleistungen** an Dritte zu erbringen, so handelt es sich dabei um ein Entgelt im ertragsteuerlichen Sinn.
- Übernimmt der Beschenkte **Verbindlichkeiten des Schenkers**, so ist diese Schuldübernahme als Gegenleistung zu qualifizieren, wenn es sich hierbei um private Verbindlichkeiten des Schenkers handelt oder wenn eine betriebliche Verbindlichkeit nicht als Teil einer betrieblichen Sachgesamtheit (Betrieb, Teilbetrieb, Mitunternehmeranteil), sondern im Kontext mit der Übertragung von Einzelwirtschaftsgütern übernommen wird.
- Übernimmt der Beschenkte die **Verpflichtung, wiederkehrende Leistungen** an den Schenker oder andere Personen[239] **zu erbringen**, so können diese Leistungen unterschiedlich zu qualifizieren sein:
  - Es kann sich um – unabhängig von der Vermögensübertragung zu erbringende – Unterhaltsleistungen an den Übergeber handeln, die die Unentgeltlichkeit der Vermögensübertragung nicht berühren.

---

235 Vgl. i.E. Fischer, in: Hübschmann/Hepp/Spitaler, AO/FGO, § 41 AO Rn. 34 f.
236 §§ 17 Abs. 2 Satz 5, Abs. 1 Satz 4, 23 Abs. 1 Satz 3, 22 Abs. 6 EStG.
237 Die Frage der (Teil-)Entgeltlichkeit wird bei Einkommen- und Schenkungsteuer nicht einheitlich entschieden.
238 § 6 Abs. 3 und Abs. 5 Satz 3 EStG, vgl. § 16 Abs. 3 Sätze 2 ff. EStG.
239 Zu den möglichen Empfängern von Versorgungsleistungen vgl. BMF-Schreiben v. 16.9.2004, BStBl. I, S. 922 Tz. 36.

- Es kann sich um private Versorgungsleistungen handeln, wenn diese den Anforderungen der Rspr.[240] bzw. der Verwaltung[241] an derartige Leistungen genügen. Derartige Versorgungsleistungen haben die Funktion eines Vorbehaltsnießbrauchs und berühren deshalb – einkommensteuerlich[242] – die Unentgeltlichkeit der Versorgungsleistung nicht.
- Es kann sich – in seltenen Ausnahmefällen – um eine **betriebliche Versorgungsrente** handeln.[243]
- Es kann sich um eine **Veräußerungsleistung** (Veräußerungsrente) handeln, die als Entgelt zu qualifizieren ist.[244]

159 Entscheidend für die Unterscheidung **Entgeltlichkeit/Unentgeltlichkeit** ist auch die Frage, ob die Einheits- oder Trennungstheorie zur Beurteilung heranzuziehen ist.

Soweit die Nachfolge in Einzelwirtschaftsgüter zu beurteilen ist, greift die **Trennungstheorie** mit der Folge, dass jede als Gegenleistung zu qualifizierende Leistung zumindest zu einer Teilentgeltlichkeit des Vorgangs führt und der im Grundsatz einheitliche Übertragungsvorgang nach dem Verhältnis der Verkehrswerte von Leistung und Gegenleistung in einen entgeltlichen und einen unentgeltlichen Teil aufzuteilen ist. Hinsichtlich des unentgeltlichen Teils führt der Nachfolger die Buchwerte fort; hinsichtlich des entgeltlichen Teils erwirbt er originär und hat eigene Abschaffungskosten.

Demgegenüber hält die **Einheitstheorie**, die bei der Rechtsnachfolge in betriebliche Sachgesamtheiten (Betrieb, Teilbetrieb, Mitunternehmeranteil) heranzuziehen ist, an einer einheitlichen Beurteilung des Vorgangs als entgeltlich oder unentgeltlich fest: Übersteigt das „Entgelt" den Nettobuchwert (Kapitalkonto) des übertragenen Vermögens nicht, handelt es sich insgesamt um einen unentgeltlichen Vorgang mit der Konsequenz, dass der Nachfolger die Buchwerte fortführt. Der Vorgang kann weder als teilentgeltlich qualifiziert werden, noch kommt – unter der Prämisse privater Veranlassung – ein Veräußerungsverlust in Betracht. Übersteigt das Entgelt den Nettobuchwert des übertragenen Vermögens, so handelt es sich insgesamt – ungeachtet der Frage, ob die Gegenleistung den Verkehrswert des übertragenen Vermögens erreicht oder dahinter zurückbleibt – um einen (voll-)entgeltlichen Vorgang mit der Folge, dass der Übertragende einen Veräußerungsgewinn zu versteuern und der Erwerber originäre Anschaffungskosten hat.[245]

160 Im Kontext der vorweggenommenen Erbfolge spielen **Nießbrauchsgestaltungen** eine erhebliche Rolle. Die Gestaltung eines **Zuwendungsnießbrauchs**,[246] bei dem die Vermögenssubstanz dem Senior verbleibt und lediglich die Nutzungen dem Nachfolger zugewandt werden, dürfte in der Praxis eher selten sein und vor allem in den Fällen des sog. **Vermächtnisnießbrauchs** vorkommen, bei denen ein vorbehaltener Nießbrauch dem längerlebenden Ehegatten zugewandt wird, um dessen Versorgung zu sichern. Die Zuwendung der Vermögenssubstanz unter vollständigem oder partiellem Vorbehalt der Nutzungen der zugewandten Vermögenssubstanz (sog. **Vorbehaltsnießbrauch**) spielt dagegen in der Praxis eine größere Rolle. Nach der Rspr. und der Verwaltungspraxis behält der Vorbehaltsnießbraucher auch in den Fällen der echten Nießbrauchslösung seine Mitunternehmerstellung.[247] In den Fällen der Treuhandlösung gilt dasselbe, wenn der Nießbraucher hinreichend Mitverwaltungsrechte ausüben kann.[248] Zu Besonderheiten bei Anteilen an Kapitalgesellschaften vgl. unter Rn. 176 ff.

Die schenkweise Aufnahme eines nicht in der Gesellschaft mitarbeitenden Kindes in eine gewerbliche Familienpersonengesellschaft zielt i.a.R. auch auf ein Splitting der Einkunftsquelle. Hierbei sind verschiedene Gesichtspunkte zu beachten:

---

240 BFH, BStBl. 2004 II, S. 95, BStBl. 2004 II, S. 100.
241 BMF-Schreiben v. 16.9.2004, BStBl. I, S. 922.
242 Zur schenkungsteuerlichen Qualifizierung der Versorgungsleistungen vgl. unter Rn. 164.
243 BFH/NV 1998, 835, 1998, 820, BFH, BStBl. 1989 II, S. 585.
244 BMF-Schreiben v. 16.9.2004, BStBl. I, S. 922 Tz. 50 ff.
245 Vgl. dazu m.w.N. Schmidt/Wacker, EStG, § 16 Rn. 57 ff.
246 Zur steuerlichen Stellung des Zuwendungsnießbrauchers vgl. Schmidt/Wacker, EStG, § 15 Rn. 305 ff.
247 Schmidt/Wacker, EStG, § 15 Rn. 313.
248 Schmidt/Wacker, EStG, § 15 Rn. 313, 306.

- Das Kind muss eine **Mitunternehmerstellung** erlangen; das bedeutet, dass es Mitunternehmerrisiko tragen muss und Mitunternehmerinitiative entfalten kann. Das Kind muss deshalb am Gewinn der Gesellschaft und an den stillen Reserven beteiligt sein. Die Stellung eines Kommanditisten begründet ausreichende Initiativrechte, wenn die Kommanditistenrechte dem gesetzlichen Regelstatut zumindest angenähert sind.[249] Zudem muss der Gesellschaftsvertrag wirksam sein und tatsächlich durchgeführt werden; daran fehlt es etwa, wenn Gewinnanteile nicht vereinbarungsgemäß ausbezahlt werden und auch keine Vereinbarungen über das Stehen lassen des Gewinns getroffen werden oder die Eltern die den Kindern eingeräumten Gesellschafterrechte nicht beachten. Unschädlich sind Beschränkungen des Entnahmerechts oder von Abfindungsbeschränkungen für den Fall der vorzeitigen Kündigung des Kindes. Schädlich ist auch die Möglichkeit eines freien Widerrufs der Schenkung oder eine Befristung der Gesellschafterstellung.
- Nach ständiger Rspr. des BFH ist dem Kind ein **Gewinnanteil** nur insoweit zuzurechnen, als er angemessen ist. Ein übersteigender Betrag ist als Einkommensverwendung des Schenkers zu qualifizieren.[250] Maßstab für die Angemessenheit ist allerdings der tatsächliche Wert des Gesellschaftsanteils im Zeitpunkt der Zuwendung, in dessen Bemessung die Ertragsaussichten einfließen. Die Angemessenheitsgrenze liegt bei 15 %. Im Ergebnis wird sich vor allem dann eine Beschränkung ergeben, wenn eine überquotale Gewinnzuweisung vereinbart wird.[251]

3. Schenkungsteuer

161 Eine **vorweggenommene Erbfolge** wird meist **als freigebige Zuwendung** (§ 7 Abs. 1 Nr. 1 ErbStG) der Schenkungsteuer unterliegen. Die Steuer entsteht, wenn die Schenkung ausgeführt ist (§ 9 Abs. 1 Nr. 2 ErbStG). Neben dem Tatbestand der freigebigen Zuwendung kommen auch andere Steuertatbestände aus dem Katalog des § 7 ErbStG in Betracht. Seit dem In-Kraft-Treten des StÄndG 2001 setzt die Inanspruchnahme der Begünstigungen der §§ 13a, 19a ErbStG keine vorweggenommene Erbfolge mehr voraus, sondern begnügt sich damit, dass der Vorgang als Schenkung unter Lebenden (§ 7 ErbStG) zu qualifizieren ist. Die Verwaltung hat daraus indessen nicht die zutreffenden Konsequenzen gezogen.[252]

162 Auch im Bereich der Schenkungsteuer ist die **Abgrenzung Entgeltlichkeit/Teilentgeltlichkeit/Unentgeltlichkeit** von Bedeutung, allerdings mit umgekehrten Vorzeichen. Während einkommensteuerlich im Umfang der Unentgeltlichkeit eine Steuerentstehung vermieden werden kann, begründet im schenkungsteuerlichen Kontext gerade die Unentgeltlichkeit steuerliche Belastungen. Denn eine Schenkung muss, um schenkungsteuerbar zu sein, „freigebig", also unentgeltlich sein (§ 7 Abs. 1 Nr. 1 ErbStG).

163 Die Schenkungsteuer folgt in den Fällen der Teilentgeltlichkeit – um in einkommensteuerlichen Kategorien zu sprechen – stets und ausnahmslos der **Trennungstheorie** und teilt im Fall einer nach schenkungsteuerlicher Logik anzunehmenden Gegenleistung den Vorgang nach den für sog. gemischte Schenkungen geltenden Grundsätzen in einen unentgeltlichen und einen entgeltlichen Teil auf (R 17 ErbStR 2003) wobei letzterer nicht der Schenkungsteuer unterliegt, möglicherweise aber der Grunderwerbsteuer, sofern kein Befreiungstatbestand eingreift. Schenkungsteuerlich wird zwischen Schenkungen unter Leistungsauflagen einerseits, die wie eine echte Gegenleistung eine (Teil-)Entgeltlichkeit begründen, und Duldungs- oder Nutzungsauflagen unterschieden, die die Unentgeltlichkeit des Vermögenstransfers unberührt lassen.

Eine **Leistungsauflage** ist anzunehmen, wenn dem Beschenkten Sach- oder Geldleistungen auferlegt werden (R 17 Abs. 1 Satz 4 lit. f ErbStR 2003). Liegt eine **Nutzungs- oder Duldungsauflage** vor (vorbehaltene Nutzungen), so ist der Kapitalwert der Auflage im Grundsatz bereicherungsmindernd zu berücksichtigen, also vom Steuerwert des geschenkten Vermögens zu subtrahieren. Dies gilt jedoch dann nicht, wenn der Begünstigte dieses Vorbehalts der Schenker selbst oder sein Ehegatte ist (§ 25 ErbStG). In

---

[249] Schmidt/Wacker, EStG, § 15 Rn. 263.
[250] BFH, BStBl. 1973 II, S. 5; BStBl. 1987 II, S. 54; Schmidt/Wacker, EStG, § 15 Rn. 776 ff.
[251] Vgl. in schenkungsteuerlicher Hinsicht § 7 Abs. 6 ErbStG.
[252] Vgl. die Restriktionen in R 56 ErbStR 2003.

diesen Fällen geht das Gesetz von einem zeitlich gestreckten Erwerb zunächst nur der Vermögenssubstanz und nachfolgend der Nutzungsbefugnis aus und besteuert den Erwerb bereits im Zeitpunkt der Substanzübertragung vollständig. Der zeitlich aufgeschobene Erwerb der Nutzungsbefugnis wird lediglich im Rahmen der Steuererhebung durch eine Stundung des auf die Nutzungen entfallenden Teils der festgesetzten Steuer berücksichtigt.[253]

164 Im Kontext der Abgrenzung zwischen Entgeltlichkeit und Unentgeltlichkeit werden einkommen- und schenkungsteuerlich vor allem die **privaten Versorgungsleistungen** unterschiedlich qualifiziert. Ungeachtet des Umstandes, dass Versorgungsleistungen nach der Rspr. des Großen Senats des BFH aus den Erträgen des übertragenen Vermögens finanziert werden müssen und deshalb in der Sache nichts anderes sind als vorbehaltene Erträge,[254] grenzt der II. Senat des BFH rein formal danach ab, dass es sich hierbei um Geldleistungen handelt, die nach traditionellen Denkmustern als Leistungsauflage oder Gegenleistung zu qualifizieren sind.

Das begründet – so vom BFH jüngst entschieden[255] – zwar im Bereich der Nachsteuertatbestände (§§ 13a Abs. 5, 19a Abs. 5 ErbStG) eine **schädliche Verfügung**, wenn also etwa der Erwerber begünstigten Vermögens dieses innerhalb der Behaltefrist gegen Versorgungsleistungen weiterüberträgt, nicht jedoch dann, wenn die Übertragung selbst schenkungsteuerlich zu qualifizieren ist. Denn die Annahme einer Gegenleistung bzw. Leistungsauflage hat eine **Minderung der schenkungsteuerlichen Bemessungsgrundlage** zur Folge, ohne dass korrespondierend eine ertragsteuerliche Gewinnrealisierung befürchtet werden müsste. In Betracht kommt allerdings die **Steuerbarkeit nach dem Grunderwerbsteuergesetz** auf der Grundlage der „Gegenleistung"; jedoch dürften im Kontext einer vorweggenommenen Erbfolge häufig persönliche Befreiungstatbestände eingreifen (§ 3 Nr. 4, Nr. 6 GrEStG).

II. Einzelunternehmen

1. Übertragung eines Einzelunternehmens

165 Die Übertragung eines Einzelunternehmens im Rahmen einer vorweggenommenen Erbfolge erfolgt grds. **durch Übertragung der einzelnen Vermögensgegenstände** des unternehmerisch genutzten Vermögens. Dabei sind aus zivilrechtlicher Perspektive lediglich allgemeine Grundsätze zu beachten.

166 Zu warnen ist indessen vor der in der Praxis häufig anzutreffenden Gestaltung, dass besondere Vermögensgegenstände schlicht zurückbehalten werden. Derartige Gestaltungen, die häufig der Absicherung oder Versorgung des Übertragenden dienen, können ertragsteuerlich eine Gewinnrealisierung zur Folge haben, wenn es sich bei den zurückbehaltenen Wirtschaftsgütern um solche handelt, die **unter funktionalen Gesichtspunkten für den Betrieb (betriebs-)wesentlich sind**. Die Fortführung der Buchwerte nach § 6 Abs. 3 Satz 1, Satz 3 EStG erfordert den Übergang eines vollständigen (Teil-)Betriebs, was wiederum den Übergang aller wesentlichen Betriebsgrundlagen auf den Nachfolger voraussetzt. Zugleich hat eine derartige Gestaltung zur Folge, dass infolge der Gewinnrealisierung beim Übertragenden (Betriebsaufgabe, § 16 EStG) die Steuerbilanzwerte der Einzelwirtschaftsgüter auf den Teilwert aufgestockt werden[256] und sich damit die schenkungsteuerliche Bemessungsgrundlage unter Umständen massiv erhöht. Zugleich entfallen nach der Verwaltungsauffassung die erbschaftsteuerlichen Begünstigungen.

---

253 Hübner, in: DAV, Steueranwalt 2005/2006, S. 15 ff.
254 Gerade dieser Gesichtspunkt begründet die Unentgeltlichkeit der Vermögensübertragung gegen Versorgungsleistungen im ertragsteuerlichen Kontext.
255 BFH, ZEV 2005, 353 m. abl. Anm. Hübner.
256 Grds. ist zwar für Zwecke der Gewinnrealisierung beim Schenker der gemeine Wert anzusetzen (§ 16 Abs. 3 Satz 7 EStG). Gleichwohl erwirbt der Beschenkte einen Betrieb – nur nicht den nämlichen des Schenkers –, so dass er die geschenkten Einzelwirtschaftsgüter in sein Betriebsvermögen einlegt. Diese Einlage erfolgt zum Teilwert (§ 6 Abs. 1 Nr. 5 EStG).

> **Hinweis:**
> Soll gleichwohl aus den genannten Gründen nicht das gesamte Betriebsvermögen en bloc auf den Nachfolger übertragen werden, so bedarf es im Vorfeld **besonderer Gestaltungsmaßnahmen**, die eine derartige Zielsetzung steuerlich absichern. Unabhängig davon, dass die Rechtsform eines Einzelunternehmens generell nicht empfehlenswert ist, lässt sich eine derartige Absicherung nur durch die Einbringung des Unternehmensvermögens in eine oder mehrere Gesellschaften oder in eine Betriebsaufspaltungsstruktur erreichen.

2. Aufnahme einer natürlichen Person in ein bestehendes Einzelunternehmen

Aus gesellschaftsrechtlicher Sicht bereitet der in der Überschrift bezeichnete Vorgang keine besonderen Schwierigkeiten. Es handelt sich in der Sache um die **Gründung einer Personengesellschaft**, bei der ein Gesellschafter als Sacheinlage sein Einzelunternehmen und der andere Gesellschafter eine Bar- oder gleichfalls eine Sacheinlage erbringt. Diese Gründung kann nur durch Einzelübertragung auf die zu gründende Personengesellschaft erfolgen; eine Ausgliederung zur Neugründung ist nicht möglich (§ 152 UmwG). Denkbar ist eine Gesamtrechtsnachfolge jedoch dergestalt, dass zunächst im Wege der Bargründung eine Personenhandelsgesellschaft gegründet und eingetragen wird, und dann auf diese Gesellschaft zur Aufnahme ausgegliedert wird.

167

Einkommensteuerlich erfährt dieser Vorgang jedoch eine mehrfache Beachtung. Traditionell folgt das Ertragsteuerrecht dem Zivilrecht und qualifiziert diesen Vorgang als **Einbringungsvorgang i.S.d. § 24 UmwStG** mit der Folge, dass die aufnehmende Gesellschaft ein Wahlrecht hat, die eingebrachten Wirtschaftsgüter des Einzelunternehmens mit den fortgeführten Buchwerten (Untergrenze), den Teilwerten (Obergrenze) oder einem Zwischenwert anzusetzen (§ 24 UmwStG).[257]

168

Durch das UntStFG[258] wurde jedoch auch § 6 Abs. 3 EStG dahingehend erweitert, dass die für die Rechtsnachfolge in eine betriebliche Sachgesamtheit angeordnete **Rechtsfolge der zwingenden Buchwertfortführung** auch „bei der unentgeltlichen Aufnahme einer natürlichen Person in ein bestehendes Einzelunternehmen" gilt. Diese **Regelung geht ggf. der Anwendung des § 24 UmwStG vor** und verdrängt diese für den Fall der unentgeltlichen Aufnahme[259] mit der Folge, dass die Möglichkeit, einen höheren Wertansatz zu wählen, ausgeschlossen wird. Die Bestimmung des § 6 Abs. 3 EStG ermöglicht allerdings – ebenso wie § 24 UmwStG[260] – die Zurückbehaltung von auch betriebswesentlichen Wirtschaftsgütern unter der Voraussetzung, dass diese Sonderbetriebsvermögen bei der entstehenden Mitunternehmerschaft werden.[261]

Aus schenkungsteuerlicher Sicht ist die Buchwertfortführung für die Besteuerung dieses Vorgangs insofern von Bedeutung, als die **schenkungsteuerliche Bemessungsgrundlage** (§ 12 Abs. 5 ErbStG, § 109 Abs. 1 BewG) **an die Steuerbilanzwerte anknüpft**. Der unentgeltlich aufgenommene Gesellschafter erwirbt einen Mitunternehmeranteil; der Erwerb ist nach den §§ 13a, 19a ErbStG begünstigt.

169

3. Zuwendung eines Anteils an einer Personengesellschaft

Anteile an Personengesellschaften sind unter Lebenden nicht frei übertragbar. Veränderungen der personellen Zusammensetzung des Gesellschafterkreises bedürfen der **Zustimmung jedes einzelnen Gesellschafters**, sofern nicht der Gesellschaftsvertrag die Übertragbarkeit allgemein oder unter bestimmten Voraussetzungen erlaubt. Auch in personalistisch strukturierten Gesellschaften wird i.a.R. eine Anteilsübertragung auf Personen eröffnet, die nach dem Gesellschaftsvertrag nachfolgeberechtigt sind. Völlige Freiheit in der Übertragung von Anteilen dürfte nur bei Publikumsgesellschaften anzutreffen sein. Die

170

---

257 BMF-Schreiben v. 25.3.1998, BStBl. I, S. 268 (UmwSt-Erlass) Tz. 24.01.
258 Unternehmensteuerfortentwicklungsgesetz v. 20.12.2001, BGBl. I, S. 3858.
259 Vgl. zum Verhältnis des § 6 Abs. 3 EStG zu § 24 UmwStG Schmidt/Glanneger, EStG, § 6 Rn. 480.
260 BMF-Schreiben v. 25.3.1998, BStBl. I, S. 268 (UmwSt-Erlass) Tz. 24.06.
261 BMF-Schreiben v. 3.3.2005, BStBl. I, S. 458 Tz. 21.

Übertragung erfolgt durch Abtretung (§§ 413, 398 BGB); Rechtsgrund für die Übertragung wird im Kontext einer vorweggenommenen Erbfolge regelmäßig eine Schenkung sein.

171 **Einkommensteuerlich** setzt eine steuerneutrale Übertragung eines Mitunternehmeranteils voraus, dass entweder[262]

- bei der Übertragung des **gesamten Mitunternehmeranteils** das **gesamte betriebsnotwendige Sonderbetriebsvermögen** auf den Beschenkten übergeht (Fall des § 6 Abs. 3 Satz 1 EStG) oder
- bei einer **Teilanteilsübertragung** das **betriebswesentliche Sonderbetriebsvermögen zumindest quotenkongruent** mitübertragen wird (Fall des § 6 Abs. 3 Satz 1 EStG; eine überquotale Übertragung des Sonderbetriebsvermögens ist insoweit nach § 6 Abs. 5 Satz 3 EStG zu beurteilen[263]) oder
- bei einer **Teilanteilsübertragung** das Sonderbetriebsvermögen **unterquotal übertragen oder vollständig zurückbehalten wird** und das zurückbehaltene Sonderbetriebsvermögen weiterhin zum Betriebsvermögen derselben Mitunternehmerschaft gehört (Fall des § 6 Abs. 3 Satz 2 EStG); veräußert in diesem Fall der Beschenkte den übertragenen Mitunternehmeranteil innerhalb einer Sperrfrist von fünf Jahren, so ist das gesamte[264] übertragene Vermögen rückwirkend auf die Übertragung mit dem Teilwert zu bewerten und der sich dabei ergebende Gewinn vom Schenker zu versteuern. Dasselbe gilt bei einer Aufgabe des Mitunternehmeranteils innerhalb der Sperrfrist.

Sind diese Voraussetzungen für eine Buchwertfortführung nicht erfüllt, wird also insb. der gesamte Mitunternehmeranteil unter Zurückbehaltung von betriebswesentlichem Sonderbetriebsvermögen übertragen, so liegt beim Übertragenden infolge der privaten Veranlassung eine **Aufgabe des Mitunternehmeranteils** vor, die zur Entstehung eines Aufgabegewinns nach Maßgabe des § 16 EStG führt.

172 **Schenkungsteuerlich** erwirbt der Beschenkte in allen dargelegten Fallgestaltungen einen Mitunternehmeranteil, der nach Maßgabe der einschlägigen Vorschriften zu bewerten ist.[265] Nach der Verwaltungsauffassung soll allerdings die Begünstigung nur gewährt werden, wenn zugleich die einkommensteuerlichen Voraussetzungen für die Buchwertfortführung erfüllt sind.[266] Allerdings wirkt sich ein Verstoß gegen die Sperrfrist des § 6 Abs. 3 Satz 2 EStG weder auf die schenkungsteuerliche Bemessungsgrundlage aus noch auf die Begünstigungsgewährung. Denn nach § 11 ErbStG richtet sich sowohl der Gegenstand des Erwerbs als auch dessen Wert nach den Verhältnissen im Zeitpunkt der Steuerentstehung.

Nach der ständigen Rspr. des BFH zum – statischen – **Stichtagsprinzip** des ErbStG ist es mit diesem Prinzip unvereinbar, tatsächliche Umstände, die erst nach dem Zeitpunkt der Steuerentstehung eintreten (Verstoß gegen die Sperrfrist des § 6 Abs. 3 Satz 2 EStG), erbschaftsteuerlich zu berücksichtigen. Ein gezielter Verstoß gegen die Sperrfrist nach § 6 Abs. 3 Satz 2 EStG hat also zur Folge, dass der Schenker die auf den im Rahmen der Schenkung übertragenen stillen Reserven ruhende latente Einkommensteuer trägt (rückwirkender Teilwertansatz). Diese rückwirkende Wertaufstockung schlägt jedoch nicht auf die schenkungsteuerliche Bemessungsgrundlage durch (§ 11 ErbStG). Diese Übernahme der (im Zeitpunkt der Schenkung latenten) Ertragsteuerbelastung ist – anders als die Übernahme der Schenkungsteuer durch den Schenker (§ 10 Abs. 2 ErbStG) – schenkungsteuerneutral.

173 **Disquotale Gesellschafterleistungen** und (beteiligungsquoten-)**inkongruente Einlagen**[267] sind bei Personengesellschaften ohne weiteres steuerbar. Die spezifische Problematik bei Kapitalgesellschaften

---

262 BMF-Schreiben v. 3.3.2005, BStBl. I, S. 458.
263 BMF-Schreiben v. 3.3.2005, BStBl. I, S. 458 Tz. 16.
264 BMF-Schreiben v. 3.3.2005, BStBl. I, S. 458 Tz. 10. Diese Verwaltungsauffassung ist wenig überzeugend, weil bis zur Übertragungsquote des Sonderbetriebsvermögens eine quotenkongruente Übertragung von Gesellschaftsanteil und Sonderbetriebsvermögen vorliegt, so dass es zumindest vertretbar und angesichts der Behandlung der überquotalen Übertragung des Sonderbetriebsvermögens auch naheliegend wäre, bis zur Höhe der Quotenkongruenz einen Fall des § 6 Abs. 3 Satz 1 EStG anzunehmen.
265 Vgl. Rn. 15 ff.
266 R 51 Abs. 3 ErbStR 2003, H 51 Abs. 3 ErbStH 2003.
267 Vgl. dazu unter Rn. 181 ff.

resultiert letztlich aus dem Trennungsprinzip, das die Instrumentalisierung der Kapitalgesellschaft als eigenständiges Rechtssubjekt erst ermöglicht. Personengesellschaften werden dagegen traditionell – und bislang ohne Berücksichtigung der Entwicklung der letzten Jahre zur zivilrechtlichen Qualifikation der Personenaußengesellschaften – nicht als Erwerbssubjekte im schenkungsteuerlichen Sinn qualifiziert;[268] demnach sind Personengesellschaften erbschaft-/schenkungsteuerlich transparent. Leistungen in das Gesellschaftsvermögen bewirken vor dem Hintergrund dieser Betrachtung stets eine Vermögensmehrung bei den anderen Gesellschafter und unterliegen vor diesem Hintergrund nach allgemeinen Grundsätzen der Besteuerung. Sollte sich die erbschaft-/schenkungsteuerliche Qualifikation vor dem Hintergrund der zivilrechtlichen Entwicklung der der Kapitalgesellschaften annähern, dürften sich bei Personengesellschaften in diesem Kontext dieselben Fragen stellen wie bei Kapitalgesellschaften.

4. Zuwendung eines Anteils an einer Kapitalgesellschaft

Aus **zivilrechtlicher Sicht** sind eventuelle Vinkulierungsklauseln (§ 15 Abs. 5 GmbHG) zu überwinden. Für den Fall der Übertragung von Teilanteilen müssen Geschäftsanteile geteilt werden (§ 17 GmbHG), was der Genehmigung der Gesellschaft bedarf, die nur im Einzelfall erteilt werden darf (§ 17 Abs. 2 GmbHG). Die Teilung setzt nicht die Volleinzahlung voraus.[269] Die Übertragung erfolgt durch Abtretung nach den §§ 413, 398 BGB, § 15 GmbHG; die Abtretung bedarf der notariellen Beurkundung. 174

Aus **einkommensteuerlicher Sicht** ist zu unterscheiden, ob der übertragene Anteil steuerlich verstrickt ist – (Sonder-)Betriebsvermögen (§§ 17, 23 EStG, § 22 UmwStG) oder nicht: 175

- Wird der **übertragene Anteil im Betriebsvermögen gehalten**, so hat die unentgeltliche Zuwendung im Rahmen einer vorweggenommenen Erbfolge eine Entnahme zur Folge, die zu einer Entnahmebesteuerung (Ansatz mit dem Teilwert) führt,[270] mit der Konsequenz, dass der Schenker die in der Zeit zwischen der Anschaffung/Einlage[271] und der Entnahme entstandenen stillen Reserven versteuert; der Beschenkte erwirbt die Anteile ohne latente Einkommensteuerbelastung. Eine Entnahmebesteuerung greift jedoch dann im Ergebnis nicht ein, wenn die Voraussetzungen des § 6 Abs. 3 EStG oder des § 6 Abs. 5 Satz 3 EStG vorliegen und deshalb der Übertragungsvorgang zwingend zu Buchwertkonditionen abzuwickeln ist.

Da Anteile an Kapitalgesellschaften auch dann grds. nicht mit Steuerbilanzwerten zu bewerten sind, wenn sie in einem Betriebsvermögen gehalten werden (§ 12 Abs. 5 Satz 3 ErbStG), wirkt sich eine Gewinnrealisierung in der Person des Schenkers nicht auf die schenkungsteuerliche Bemessungsgrundlage aus.

- Anteile, die **nach den §§ 17, 23 EStG oder nach § 22 UmwStG steuerlich verstrickt** sind, gehen dagegen ohne Gewinnrealisierung aus Anlass der Übertragung auf den Beschenkten über,[272] der die Anschaffungskosten des Schenkers fortführt und damit – sofern sich in den Anteilen stille Reserven gebildet haben – eine latente Ertragsteuerlast übernimmt.

- Sind die Anteile beim Schenker nicht steuerverstrickt, erlangen jedoch beim Beschenkten die Qualität steuerverstrickter Anteile, sollen nach der Rspr. des BFH gleichwohl die historischen Anschaffungskosten maßgeblich sein.[273] Mit dem Wortlaut des § 17 Abs. 2 Satz 5 EStG lässt sich dieses Ergebnis nicht begründen, denn dort sind nur Anteile i.S.d. § 17 EStG angesprochen, also solche Anteile, die der Beschenkte bereits als verstrickte Anteile erwirbt. Die Rspr. führt im Widerspruch zum Gesetzeszweck

---

268 BFH, BStBl. II 1995, S. 81.
269 Baumbauch/Hueck/Fastrich, GmbHG, § 17 Rn. 3.
270 Vgl. unter Rn. 157.
271 Beachte § 6 Abs. 1 Nr. 5 lit. b EStG.
272 §§ 17 Abs. 2 Satz 5, 23 Abs. 1 Satz 3 EStG; § 22 Abs. 6 UmwStG. Die Zurechnung von Besteuerungsmerkmalen des Rechtsvorgängers zum Rechtsnachfolger in den Fällen des unentgeltlichen Erwerbs entspricht einem allgemeinen Rechtsgrundsatz, wenngleich die unterschiedlich ausgestalteten Einzelfallbestimmungen dies nicht eindeutig nahe legen.
273 Vgl. die Nachweise bei Schmidt/Weber-Grellet, EStG, Rn. 159; BFH, BStBl. 2005 II, S. 398 im Kontext der Absenkung der Beteiligungsschwelle des § 17 EStG.

dazu, dass auch stille Reserven versteuert werden, die in einer Zeit entstanden sind, in der die Verstrickung noch nicht bestand.[274]

176 Die ertragsteuerliche Behandlung des **Nießbrauchs** an Anteilen an Kapitalgesellschaften ist umstritten. Nach § 20 Abs. 2 lit. a EStG erzielt Einkünfte aus Anteilen an Kapitalgesellschaften (§ 20 Abs. 1 Nr. 1 und Nr. 2 EStG) der Anteilseigner. Sind diese Einnahmen einem Nießbraucher zuzurechnen, gilt er als Anteilseigner i.S.d. § 20 Abs. 2 lit. a Satz 1 EStG (§ 20 Abs. 2 lit. a Satz 3 EStG).

Daraus ergibt sich zum einen, dass das Gesetz eine Erfassung der Einnahmen beim Nießbraucher **nicht für grds. ausgeschlossen hält**[275] und zum anderen, dass zunächst nach allgemeinen Grundsätzen zu prüfen ist, **ob der Nießbraucher den Tatbestand der Einkünfteerzielung erfüllt**. Betrachtet man die Frage statisch, kann nicht eine Unterscheidung zwischen Zuwendungsnießbrauch einerseits und Vorbehaltsnießbrauch/Vermächtnisnießbrauch andererseits maßgebend sein,[276] sondern die Frage, ob der Nießbraucher Mitverwaltungsrechte ausüben kann, die es erlauben, ihn als Einkünfteerzieler zu betrachten.[277]

177 Es ist aber auch zu fragen, ob nicht auch eine **dynamische oder historische Dimension zu berücksichtigen ist**. Nach der Rspr. des BFH kann ein Anteil an einer Kapitalgesellschaft Gegenstand einer Vermögensübertragung gegen Versorgungsleistungen sein. Dieses Rechtsinstitut beruht auf dem Gedanken vorbehaltener Erträge und führt zu einer kontinuierlichen Zuordnung der Erträge aus diesem Anteil zum Anteilsinhaber/Vorbehaltsnießbraucher ungeachtet des Umstandes, dass diese Zuordnung aus gesetzestechnischen Gründen nicht nach § 20 EStG, sondern nach § 22 Nr. 1 EStG erfolgt. Gleichwohl würde es mit dieser Kontinuität schwer vereinbar sein, dem Vorbehaltsnießbraucher die Stellung des Einkünfteerzielers deshalb zu verweigern, weil er einen reinen Ertragsnießbrauch ohne Mitverwaltungsrechte innehat, ihm aber nach einer Ablösung dieses Nießbrauchs durch Versorgungsleistungen die Stellung eines Einkünfteerzielers zuzugestehen, obgleich es nach der Rspr. des BFH klar ist, dass ihm diese Stellung verbleibt, obwohl gerade der Übernehmer nunmehr die Erträge aus der übertragenen Einkunftsquelle erwirtschaftet.

178 Folgt man dieser Betrachtung, so spricht viel dafür, jedenfalls in den Fällen des Vorbehalts- oder Vermächtnisnießbrauchs der Tz. 55 des **Nießbraucherlasses** vom 23.11.1983[278] zu folgen und die statische Betrachtung auf die Fälle des Zuwendungsnießbrauchs zu beschränken. Das bedeutet, dass in den Fällen des Vorbehalts- oder Vermächtnisnießbrauchs grds. der Nießbraucher Einkünfte nach § 20 Abs. 1 Nr. 1 und Nr. 2 EStG bezieht, in den Fällen des Zuwendungsnießbrauchs jedoch darauf abzustellen ist, ob dem Nießbraucher ausreichende Mitverwaltungsrechte zustehen, die es erlauben, ihn als Einkünftebezieher zu qualifizieren.

179 **Schenkungsteuerlich** sind bei der Schenkung von Anteilen an Kapitalgesellschaften folgende Besonderheiten zu beachten:

Die Inanspruchnahme der erbschaft-/schenkungsteuerlichen Begünstigungen nach den §§ 13a, 19a ErbStG setzt voraus, dass der Schenker an der Kapitalgesellschaft **unmittelbar zu mehr als 25 % beteiligt sein muss** (§ 13a Abs. 4 Nr. 3 ErbStG). Dabei äußert sich das Gesetz nicht dazu, in welchem Zeitpunkt oder Zeitraum dieses Erfordernis erfüllt sein muss (vgl. etwa § 17 Abs. 1 Satz 1 EStG), so dass nach allgemeinen Grundsätzen auf den Zeitpunkt der Steuerentstehung, also den Zeitpunkt der Ausführung der Schenkung abzustellen ist (§ 9 Abs. 1 Nr. 2 ErbStG). Daraus folgt, dass bei einer nicht vollständigen Übertragung von Geschäftsanteilen berücksichtigt werden muss, dass und ob der Schenker für die

---

274 Wie hier auch: Schmidt/Weber-Grellet, EStG, Rn. 159.
275 So aber Wassermeyer, in: Kirchhof/Söhn/Mellinghoff, EStG, § 20 Rn. B 27, B 38, der es mit der Struktur einer Kapitalgesellschaft für unvereinbar hält, den Gewinnanteil eines Gesellschafters als Entgelt für eine Kapitalüberlassung auf Zeit zu betrachten.
276 So aber BMF v. 23.11.1983, BStBl. 1983 I, S. 508 Tz. 55?ff., das insoweit noch anwendbar ist.
277 Janssen, in: Herrmann/Heuer/Raupach, EStG, § 20 Anm. 56 unter Berufung auf Schön, StbJb. 1996/97, 45 ff.
278 BStBl. 1998 I, S. 508.

Rechtsnachfolge in den ihm verbliebenen Anteil noch die für die Begünstigung erforderliche Beteiligungsschwelle erreicht oder überschreitet.

> **Hinweis:**
>
> Dieses Problem kann man durch die Einbringung der Beteiligung in einen gewerblich tätigen oder gewerblich geprägten Familienpool umgehen, weil die Beteiligungsschwelle ihre Relevanz verliert, wenn die Anteile im Betriebsvermögen gehalten werden. Vor einer Einbringung in einen vermögensverwaltenden Pool ist jedoch zu warnen, weil die Steuerverwaltung in einer sachlich nicht begründbaren Abkehr von der Bruchteilsbetrachtung des § 10 Abs. 1 Satz 3 ErbStG die Auffassung vertritt, dass hierdurch das Unmittelbarkeitserfordernis auf Seiten des Schenkers entfalle (H 26 ErbStH 2003).

R 56 Abs. 2 ErbStR 2003 will (i.V.m. R 76 Abs. 1 ErbStR 2003) für **mittelbare Erwerbe** begünstigten Vermögens die Begünstigungen für Produktivvermögen (§§ 13a, 19a ErbStG) in Fällen der mittelbaren Schenkung nicht gewähren, wenn die Beteiligung am Vermögen eines Dritten erfolgen soll. Dieser Verwaltungsauffassung folgt der BFH[279] unter Hinweis auf den Gesetzeswortlaut, wonach die Rechtsnachfolge in Kapitalgesellschaftsanteile nur dann begünstigt ist, wenn der Schenker/Erblasser an der Gesellschaft unmittelbar zu mehr als 25 % beteiligt ist. Diese Restriktion hat weder im Gesetz eine Grundlage, noch ist sie mit dem erbschaft-/schenkungsteuerlichen Bereicherungsprinzip vereinbar, wenn man dieses i.S.d. Rspr. des BVerfG zum Begünstigungsgrund der §§ 13a, 19a ErbStG interpretiert.[280]

Leistet ein Gesellschafter einer GmbH eine (beteiligungsquoten-)**inkongruente Einlage**, so kann sich je nach Fallgestaltung ein Vermögenstransfer ergeben.

Beispiel 1:

V (Vater; 80%) und S (Sohn; 20%) sind Gesellschafter der A-GmbH. Die GmbH hat ein Betriebsvermögen mit einem Buchwert von 100.000 €. Der Verkehrswert der GmbH beläuft sich auf 1 Mio. €. V und S beschließen, das Kapital auf 400.000 € gegen Bareinlage in Höhe des Nominalwertes zu erhöhen. Zur Übernahme des neuen Geschäftsanteils im Nennwert von 300.000 € wird nur S zugelassen.

Durch die Kapitalerhöhung verschieben sich die Beteiligungsverhältnisse; der Anteil des V beläuft sich auf 20 %, der des S auf 80 %. Deshalb sind 60 % der stillen Reserven aus den Anteilen des V auf die Anteile des S übergegangen.

Unterliegt der durch die disquotale Kapitalerhöhung ausgelöste Transfer stiller Reserven von V auf S der Schenkungsteuer?

Im Umfang des V zustehenden, von ihm nicht ausgeübten Bezugsrechts liegt eine steuerbare Zuwendung eines Teils eines Geschäftsanteils vor. Die anteilige Bareinlage des S ist in vollem Umfang abziehbarer Erwerbsaufwand.[281] Fraglich ist allerdings, ob und in welchem Umfang sich dieser Werttransfer in der schenkungsteuerlichen Bemessungsgrundlage niederschlägt, da das Stuttgarter Verfahren stille Reserven allenfalls sehr unvollkommen abbildet; der Umfang der Erfassung stiller Reserven hängt von der konkreten Ertragssituation der Gesellschaft ab.

---

[279] BFH, BStBl. 2005 II, S. 411 mit nicht überzeugender Begründung; zu Recht kritischer Kommentar Ziegler, ZEV 2005, 265. Auch der BFH hat sich in seinem Vorlage-Beschl., BStBl. 2002 II, S. 598, 609 kritisch mit § 13a Abs. 4 Nr. 3 ErbStG auseinandergesetzt, weil es mit dem Bereicherungsprinzip des ErbStG grds. nicht vereinbar ist, die Leistungsfähigkeit – vgl. Fn. 280 – von Kriterien abhängig zu machen, die in der Person des Schenkers bzw. Erblassers liegen. Großzügiger demgegenüber BVerfG, DStR 2007, 235 ff. unter Rz. 186 f.

[280] Minderung der Leistungsfähigkeit – Bereicherung – infolge erhöhter Sozialbindung, BVerfG, BStBl. 1995 II, S. 671.

[281] BFH, BStBl. 2001 II, S. 1081.

Beispiel 2:

Nach Durchführung der Kapitalerhöhung legt V 500.000 € verdeckt in die A-GmbH ein. Die Einlage wird in die Kapitalrücklage gebucht.

An der Kapitalrücklage sind V und S im Verhältnis des Nominalwertes ihrer Einlage,[282] die V insoweit für Rechnung des S erbringt, beteiligt. Die Anschaffungskosten erhöhen sich bei V um 100.000 €; bei S um 400.000 €.

Unterliegt die in den Anteilen des S infolge der verdeckten Einlage eintretende Werterhöhung der Schenkungsteuer?

Hier geht es um die vom BFH ausdrücklich offengelassene Frage, ob die Bewirkung von Werterhöhungen Gegenstand einer steuerbaren Schenkung sein kann.[283] Nach Verwaltungsansicht ist der Vorgang steuerbar und nicht nach den §§ 13a, 19a ErbStG begünstigt (R 18 Abs. 6 Satz 6 ErbStR 2003).

Zu weiteren Gestaltungen vgl. H 18 ErbStH 2003.

182 Die frühere Rspr. des II. Senats des BFH vermittelte den Eindruck, dass derartige Vermögenstransfers schon deshalb nicht der Schenkungsteuer unterliegen könnten, weil die **Bereicherung nicht vom Schenker, sondern von der Gesellschaft selbst** stamme und in dieser Beziehung der Tatbestand der freigebigen Zuwendung nicht erfüllt sei. Außerdem liege eine Schenkung auch schon deshalb nicht vor, weil eine solche eine substanzielle Vermögensverschiebung im Verhältnis unter den Gesellschaftern voraussetze; die Verschaffung einer Werterhöhung (Reflex der verdeckten Einlage) des dem Bereicherten bereits gehörenden Geschäftsanteils reiche nicht aus.[284] Die Steuerverwaltung ist dem nicht gefolgt, sondern hat zunächst in gleichlautenden Ländererlassen v. 15.3.1997[285] ihre abweichende Auffassung formuliert. Zwischenzeitlich zeichnet sich ab, dass der BFH sich der Linie der Verwaltung zumindest annähert, auch wenn dies in den Entscheidungen nicht ausdrücklich klargestellt wird.[286]

183 Es ist von folgenden Grundsätzen auszugehen:

- Leistungen eines Gesellschafters an die Gesellschaft wie umgekehrt auch Leistungen der Gesellschaft an ihre Gesellschafter sind keine freigebigen Zuwendungen in diesem Verhältnis (R 18 Abs. 2, Abs. 7 ErbStR 2003). Derartige Leistungen können jedoch freigebige Zuwendungen im Verhältnis unter den Gesellschaftern zum Gegenstand haben.

- Gegenstand einer freigebigen Zuwendung kann auch die Verschaffung einer Werterhöhung an einem Gegenstand (Geschäftsanteil) sein, der dem bereicherten Gesellschafter bereits gehört.[287]

- Voraussetzung für die Annahme einer freigebigen Zuwendung im Verhältnis unter den Gesellschaftern ist die – zumindest neben anderen Motivationen bestehende – Absicht, den oder die anderen Gesellschafter zu bereichern.[288] Stehen sich die Gesellschafter als fremde Dritte gegenüber, besteht die **widerlegliche Vermutung**, dass eine Bereicherungsabsicht nicht vorliegt; handelt es sich dagegen um einander nahestehende Personen, besteht eine umgekehrte, ebenfalls widerlegliche Vermutung.

- Liegen danach die **Voraussetzungen einer steuerbaren Zuwendung vor**, so richtet sich die schenkungssteuerliche Behandlung nach R 18 Abs. 6 ErbStR 2003. Die Aufzählung denkbarer Sachverhaltsgestaltungen in H 18 ErbStH 2003 ist lediglich beispielhaft zu verstehen.

---

282 BFH, BStBl. 2001 II, S. 234; Schmidt/Weber-Grellet, EStG, § 17 Rn. 177.
283 BFH, BStBl. 2005 II, S. 845.
284 BFH, BStBl. 1996 II, S. 160; BStBl. 1996 II, S. 454; BStBl. 1996 II, S. 616.
285 BStBl. 1997 I, S. 350; nunmehr R 18 ErbStR 2003; H 18 ErbStH 2003.
286 BFH, BStBl. 2001 II, S. 1081; BFH/NV 2002, 26 = ZEV 2002, 104; BFH/NV 2002, 1030; vgl. aber BFH, BStBl. 2005 II, S. 845; die Entscheidungen betreffen z.T. Personengesellschaften, ihre Grundsätze sind m.E. auf Kapitalgesellschaften übertragbar.
287 BFH, BStBl. 1996 II, S. 548 zu einem Grundstück; BFH/NV 2002, 1030 zu einem Kommanditanteil; ausdrücklich offengelassen in BFH, BStBl. 2005 II, S. 845.
288 Hübner, DStR 1997, 897.

10. Kapitel: Unternehmensbeteiligungen im Familienrecht

Inhaltsverzeichnis

	Rn.
A. Unternehmensbeteiligungen im Zugewinnausgleich	1
I. Grundsätze der Zugewinngemeinschaft	2
1. Grundzüge der Zugewinngemeinschaft	2
a) Vermögenstrennung	3
b) Haftung nur für eigene Verbindlichkeiten	5
c) Ausgleich des Zugewinns bei Beendigung des Güterstandes	9
d) Abgrenzung zum Zugewinn	10
2. Ausgleich des Zugewinns im Todesfall	12
3. Güterrechtlicher Ausgleich des Zugewinns	15
4. Verfügungsbeschränkungen	18
II. Bewertungen und Stichtage beim Zugewinnausgleich	27
1. Anfangsvermögen	27
a) Das Anfangsvermögen	27
b) Stichtag	35
c) Verzeichnis des Anfangsvermögens	39
d) Bewertung	41
e) Indexierung	44
2. Endvermögen	47
a) Das Endvermögen	47
aa) Unentgeltliche Zuwendung	49
bb) Verschwendung	51
cc) Benachteiligungsabsicht	52
b) Stichtag	58
c) Bewertung	65
III. Bewertung von Unternehmen im Zugewinnausgleich	66
1. Gesetzliche Grundlagen	66
a) § 1376 BGB	67
b) Wirklicher Wert	73
c) Auswahl der Bewertungsmethode	75
d) Stichtagsbezogenheit	76
2. Bewertungsmethoden für Unternehmen	77
a) Ertragswertverfahren	77
aa) Zukunftserfolgswert	78
bb) Prognose aus vergangenen Erträgen	81
cc) Nicht betriebsnotwendiges Vermögen	84
dd) Unternehmerlohn	87
ee) Markt	88
b) IDW-Standard S 1	89
aa) Ertragswertmethode	93
bb) Discounted-Cash-Flow-Verfahren (DCF)	94
c) Substanzwertmethode	96
aa) Reproduktions- oder Wiederbeschaffungswert	97
bb) Gesonderte Bewertung des goodwills	98
d) Liquidationswert	99
e) Geschäftswert (good-will)	102
f) Verkaufswert	104
g) Mittelwert	105
h) Stuttgarter Verfahren	106
3. Unternehmensbewertung im Zugewinnausgleich	107
a) Zugewinnausgleich als spezifischer Bewertungszweck	108
b) Verbot der Doppelverwertung in Zugewinnausgleich und Unterhalt	109
c) Folgen für die Bewertung im Zugewinnausgleich	115
aa) Anpassung der Bewertungsmethoden an das Doppelverwertungsverbot	115
bb) Liquidation und nachwirkende eheliche Solidarität	118
cc) Fairer Einigungswert	120
IV. Bewertung von Freiberuflerpraxen im Zugewinnausgleich	121
1. Grundsätze der Bewertung von Freiberuflerpraxen	121
a) Substanzwert	122
b) Good-will	123
c) Unternehmerlohn	126
d) Latente Ertragsteuern	127
e) Korrekturkriterien	128
2. Anwaltskanzlei	129
3. Notarkanzlei	130
4. Steuerberaterkanzlei	131
5. Arztpraxis	132
6. Anwendung auf weitere inhabergeprägte Unternehmen	133
V. Besonderheiten bei der Bewertung von Unternehmensbeteiligungen	134
1. Direkte/indirekte Bewertung	135
a) Direkte Bewertung	135
b) Indirekte Bewertung	136
2. Objektivierter Wert/Subjektiver Wert	137
a) Objektivierter Wert	137
b) Subjektiver Wert	138
3. Einfluss gesellschaftsvertraglicher Abfindungsklauseln	139
4. Abschreibungsgesellschaften	143
5. Einheitlicher Unternehmensbegriff	144
VI. Auskunftsansprüche bezüglich des Unternehmens im Zugewinnausgleich	145

1. Gegenstand der Auskunft................ 146
   a) Endvermögen..................... 146
   b) Illoyale Vermögensminderung......... 147
   c) Anfangsvermögen.................. 148
2. Form der Auskunft..................... 150
   a) Verzeichnis 150
   b) Wertangaben 151
   c) Belege 152
3. Wertermittlungsanspruch................ 154
VII. Ansprüche außerhalb des Güterrechts......... 155
1. Störung der Geschäftsgrundlage 156
2. Ehegatteninnengesellschaft 163
   a) Vorrang vor unbenannter Zuwendung und familienrechtlichem Vertrag....... 165
   b) Konkurrenz gegenüber dem Güterrecht. . 166
   c) Voraussetzungen 169
   d) Indizien 171
   e) Ausgleichsanspruch bei Scheitern der Ehe............................. 172
   f) Folgeprobleme bei der Ehegatteninnengesellschaft 175
B. **Unterhaltsberechnung bei selbstständigen Unternehmern und Gesellschaftern**....... 178
I. Voraussetzungen eines Unterhaltsanspruchs... 178
1. Unterhaltstatbestand 179
   a) Kindesbetreuungsunterhalt (§ 1570 BGB)............................ 179
   b) Altersunterhalt (§ 1571 BGB)......... 183
   c) Unterhalt wegen Krankheit (§ 1572 BGB)............................ 184
   d) Unterhalt bis zu angemessener Erwerbstätigkeit (§ 1573 Abs. 1 BGB)......... 186
   e) Aufstockungsunterhalt (§ 1573 Abs. 2 BGB)............................ 188
   f) Ausbildungsunterhalt (§ 1575 BGB).... 190
   g) Billigkeitsunterhalt (§ 1576 BGB) 191
2. Maß des Unterhalts 192
   a) Eheliche Lebensverhältnisse.......... 193
   b) Prägendes Einkommen 197
   c) Zeitpunkt........................ 205
   d) Konkrete Berechnung 208
   e) Gesamter Lebensbedarf............. 210
3. Bedürftigkeit......................... 218
   a) Tatsächliche Einkünfte 219
   b) Hypothetische Einkünfte 226
   c) Vermögen........................ 227
4. Leistungsfähigkeit 232
   a) Reales Einkommen 234
   b) Erwerbsobliegenheit und fiktives Einkommen.......................... 236
   c) Wechsel in die Selbstständigkeit....... 238
   d) Obliegenheit zur Aufgabe selbstständiger Tätigkeit..................... 241
   e) Verpflichtungen 242
5. Neues Unterhaltsrecht 244
   a) Förderung des Kindeswohls 245
   b) Stärkung der Eigenverantwortung...... 246
II. Gewinneinkünfte im Unterhaltsrecht 247

1. Steuerliche Gewinnermittlung........... 248
   a) Betriebsvermögensvergleich 248
   b) Einnahme-/Überschussrechnung....... 250
   c) Gewinnermittlung bei Personengesellschaften 251
   d) Sonstiges 253
2. Grundsätze unterhaltsrechtlicher Feststellung der Leistungsfähigkeit bei Gewinneinkünften................................ 256
   a) Ermittlungszeitraum 257
   b) Steuerbilanz – Unterhaltsbilanz........ 258
   c) Erwerbsobliegenheit 260
   d) Darlegungslast.................... 263
3. Bedeutsame unterhaltsrechtliche Abweichungen 265
   a) Abschreibungen................... 266
      aa) Abschreibungsarten 267
      bb) Unterhaltsrechtliche Anpassung.... 269
      cc) Abschreibungen und Verbindlichkeiten 273
      dd) Weitere Folgeanpassungen bei den Steuern 274
   b) Entnahmen....................... 278
   c) Investitionsentscheidungen 282
   d) Nahe Angehörige.................. 284
   e) Personalkosten.................... 285
   f) Private Lebensführungskosten........ 286
   g) PKW 288
   h) Rückstellungen 289
   i) Zwei-Konten-Modell 290
4. Abzug von Steuern und Vorsorgeaufwendungen 291
   a) Steuern.......................... 291
   b) Vorsorgeaufwendungen 295
III. Zusammenveranlagung und Realsplitting 299
1. Zusammenveranlagung 302
   a) Verpflichtung..................... 304
   b) Nachteilsausgleich................. 305
   c) Innenverhältnis 306
2. Begrenztes Realsplitting 310
   a) Voraussetzungen 311
   b) Steuerpflicht beim Empfänger........ 313
   c) Anspruch auf Zustimmung zum Realsplitting 314
   d) Nachteilsausgleich................. 315
   e) Erhöhte Leistungsfähigkeit 317
IV. Auskunftsansprüche bezüglich des Unternehmens im Unterhaltsrecht 319
1. Gegenstand der Auskunft............... 319
   a) Einkommen und Vermögen........... 319
   b) Zeitrahmen 321
2. Form der Auskunft.................... 322
C. **Versorgungsausgleich in der Unternehmerehe** 325
I. Reichweite des Versorgungsausgleiches 325
II. Gesetzliche Regelung unpassend für Unternehmer................................ 328

D. Ehevertragliche Gestaltungen für den Unternehmer 330	6. Inhaltliche Auswirkungen auf die Vereinbarungen zum Güterstand 398
I. Vertragsfreiheit und Inhaltskontrolle von Eheverträgen 330	7. Inhaltliche Auswirkungen auf die Vereinbarungen zum Unterhalt 403
1. Begriff und Form des Ehevertrages 330	II. Gütertrennung 404
2. Inhaltskontrolle von Eheverträgen 341	1. Vereinbarung der Gütertrennung 404
3. Grundsatzurteil und Folgeentscheidungen des BGH 345	2. Aufhebung der Gütertrennung mit Vereinbarung der Zugewinngemeinschaft 408
4. Inhaltskontrolle nach der Rechtsprechung des BGH 356	3. „Güterstandsschaukel". 412
	III. Modifikationen der gesetzlichen Güterstands 419
a) Dispositionsfreiheit der Ehegatten. 356	1. Ausschluss des Zugewinns im Scheidungsfall 420
b) Keine zwingende Halbteilung 358	
c) Kernbereichslehre 361	2. Vorbehalt zwischenzeitlichen Zugewinnausgleichs. 423
aa) Kinderbetreuungsunterhalt 364	
bb) Krankheitsunterhalt, Unterhalt wegen Alters, Versorgungsausgleich 365	3. Bewertungsvereinbarungen 425
	4. Herausnahme des Betriebsvermögens aus dem Zugewinn 428
cc) Sonstige Unterhaltstatbestände. 366	
dd) Zugewinnausgleich 367	a) Begriff des unternehmerischen Vermögens 431
d) Ehebedingte Nachteile. 368	
e) Imparität 371	b) Manipulationsgefahren 434
f) Verfahren der Inhaltskontrolle 373	c) Notwendige Regelungsbereiche im Zivilrecht 437
aa) Wirksamkeitskontrolle (§ 138 BGB) 374	
bb) Ausübungskontrolle – Störung der Geschäftsgrundlage 379	5. Vereinbarungen zur Zugewinnausgleichsquote 443
	a) Fälligkeitsvereinbarungen 444
5. Folgerungen für die Beurkundungspraxis . . 382	b) Vereinbarung abweichender Quote ... 446
a) Beurkundungsverfahren. 383	6. Höchstgrenze 449
aa) Vertragsvorlauf 384	IV. Vereinbarungen zum Unterhaltsrecht 456
bb) Übersetzung 385	1. Vollständiger Unterhaltsverzicht 457
cc) Persönliche Anwesenheit 386	2. Unterhaltsverzicht mit Ausnahme bestimmter Unterhaltstatbestände 460
dd) Dokumentation 387	
b) Allgemeine Urkundsbestandteile. 388	3. Unterhaltshöchstgrenze 464
aa) Präambel 388	4. Höchstdauer der Unterhaltspflicht 467
bb) Teilunwirksamkeit, Auffanglinie und salvatorische Klausel 391	V. Versorgungsausgleichregelungen im Unternehmerehevertrag 470
cc) Allgemeine Auffangklausel zur Vermeidung ehebedingter Nachteile 393	**E. Güterstandsbezogene Ausschluss- und Rückerwerbsklauseln** 473
dd) Belehrung 394	I. Sicht der Gesellschaft 473
c) Berücksichtigung verschiedener Ehekonstellationen 396	II. Sicht des Firmenübergebers 478

Kommentare und Gesamtdarstellungen:

Bamberger/Roth, Kommentar zum Bürgerlichen Gesetzbuch, 2003; *Beck'sches Notar-Handbuch*, 4. Aufl. 2005; *Bergschneider*, Verträge in Familiensachen, 3. Aufl. 2006; *Börger/Bosch/Heuschmid*, Familienrecht, 2. Aufl. 2002; *Brambring*, Ehevertrag und Vermögenszuordnung unter Ehegatten, 5. Aufl. 2003; *Braunhofer*, Unternehmens- und Anteilsbewertung zur Bemessung von familien- und erbrechtlichen Ausgleichsansprüchen, 1996; *Büte*, Zugewinnausgleich bei Ehescheidung, 3. Aufl. 2006; *Dauner-Lieb*, Tagungsband der 6. Jahresarbeitstagung des Fachinstituts Familienrecht, 2003 (= Brennpunkte des Familienrechts); *Dauner-Lieb/Heidel/Ring*, Anwaltkommentar BGB, Bd. 4: Familienrecht, 2005; *Dittmann/Reimann/Bengel*, Testament und Erbvertrag, 4. Aufl. 2002; *Gerhardt/von Heintschel-Heinegg/Klein*, Handbuch des Fachanwalts Familienrecht, 5. Aufl. 2005; *Gernhuber/Coester-Waltjen*, Lehrbuch des Familienrechts, 4. Aufl. 1994; *Göppinger/Börger*, Vereinbarungen anlässlich der Ehescheidung, 8. Aufl. 2005; *Göppinger/Wax*, Unterhaltsrecht, 8. Aufl. 2003; *Grziwotz*, Partnerschaftsvertrag für die nichteheliche und nicht eingetragene Lebensgemeinschaft, 4. Aufl. 2002; *Haufe*, SteuerOffice Professional (zit.: Haufe-Index); *Henrich*, Eherecht, 4. Aufl. 2003; *Kanzleiter/Wegmann*, Vereinbarungen unter Ehegatten, 6. Aufl. 2001; *Klattenhoff/Grün*, Versorgungsausgleich, 1999; *Klingelhöffer*, Pflichtteilsrecht, 2. Aufl. 2003; *Kogel*, Strategien beim Zugewinnausgleich, 2005;

Kuckenburg, Der Selbständige im familienrechtlichen Verfahren, 2001; *Langenfeld*, Handbuch der Eheverträge und Scheidungsvereinbarungen, 5. Aufl. 2005; *ders.*, Vertragsgestaltung, 3. Aufl. 2004; *Laws*, Steuerliche Unterlagen im Unternehmensrecht, 2004; *Limmer/Hertel/Frenz/Mayer*, Würzburger Notarhandbuch, 2005; *Luthin*, Handbuch des Unterhaltsrechts, 10. Aufl. 2004; *R. P. Maier*, Das unterhaltsrechtliche Einkommen bei Selbständigen, 1997; *L. Müller*, Vertragsgestaltung im Familienrecht, 2. Aufl. 2002; *C. Münch*, Ehebezogene Rechtsgeschäfte, 2004; *Münchener Kommentar zum Bürgerlichen Gesetzbuch*, Bd. 7, Familienrecht I, 4. Aufl. 2000 und Ergänzungsband Stand: 2005; *Münchener Vertragshandbuch*, Bd. 6, 5. Aufl. 2003; *Nieder*, Handbuch der Testamentsgestaltung, 2. Aufl. 2000; *Palandt*, BGB, 66. Aufl. 2007; *Reinecke*, Lexikon des Unterhaltsrechts, 2003; *Riedel*, Die Bewertung von Gesellschaftsanteilen im Pflichtteilsrecht, 2006; *Rotax*, Praxis des Familienrechts, 3. Aufl. 2007; *K. Schmidt*, Gesellschaftsrecht, 4. Aufl. 2002; *L. Schmidt*, Einkommensteuergesetz, 24. Aufl. 2005; *Schnitzler*, Münchener Anwaltshandbuch Familienrecht, 2002; *Schöner/Stöber*, Grundbuchrecht, 13. Aufl. 2004; *Schröder*, Bewertungen im Zugewinnausgleich, 3. Aufl. 2002; *Schröder/Bergschneider*, Familienvermögensrecht, 2003; *Schwab*, Handbuch des Scheidungsrechts, 5. Aufl. 2004; *Soergel*, Bürgerliches Gesetzbuch mit Einführungsgesetz und Nebengesetzen, §§ 1297-1563, 13. Aufl. 1999; *Soyka*, Die Berechnung des Ehegattenunterhalts, 2. Aufl. 2003; *Staudinger, J.* Kommentar zum Bürgerlichen Gesetzbuch, §§ 1363-1563 (Neubearbeitung 2000), §§ 134-163 (Neubearbeitung 2003); *Strohal*, Unterhaltsrechtlich relevantes Einkommen bei Selbständigen, 3. Aufl. 2006; *Wegmann*, Eheverträge, 2. Aufl. 2002; *Wendl/Staudigl*, Das Unterhaltsrecht in der familienrichterlichen Praxis, 6. Aufl. 2004; *Wever*, Vermögensauseinandersetzung der Ehegatten außerhalb des Güterrechts, 4. Aufl. 2006.

Formularbücher und Mustersammlungen:

Beck'sches Formularbuch, Bürgerliches, Handels- und Wirtschaftsrecht, 8. Aufl. 2003.

Aufsätze und Rechtsprechungsübersichten:

Abel/Eitzert, Notarielle Ehegattenunterhaltsvereinbarungen und die von den Ehegatten zu erteilenden Auskünfte über ihr Einkommen, NotBZ 2003, 47 ff.; *Arens*, Gegenständlich beschränkter Zugewinnausgleich – Ausschluss von Unternehmen, Beteiligungen und Betriebsvermögen durch Ehevertrag, FamRB 2006, 88 ff.; *ders.*, Zugewinn und Steuerschuldverhältnis – häufig übersehene Praxisprobleme und Gestaltungsmöglichkeiten, FamRZ 1999, 257 ff.; *ders.*, Zur einkommensteuerlichen Zusammenveranlagung getrennt lebender Ehegatten, FF 2005, 60 ff.; *Aubel*, Einkommensteuerrecht vor Unterhaltsrecht: Das BVerfG als oberstes Zivilgericht?, NJW 2003, 3657 ff.; *Baetge/Lienau*, Die Berücksichtigung von Steuern bei der Unternehmensbewertung von Personenhandelsgesellschaften mit Discounted-Cashflow-Verfahren nach IDW ES 1 n.F., WPg 2005, 805 ff.; *Battes*, Das österreichische Eherechts-Änderungsgesetz 1999, in: FS für Henrich, 2000, S. 13 ff.; *ders.*, Sinn und Grenzen des Zugewinnausgleichs, FuR 1990, 311 ff.; *ders.*, Zur Inhaltskontrolle von Eheverträgen, FamRZ 2001, 1337 ff.; *Bergschneider*, Eheverträge und Scheidungsvereinbarungen – Wirksamkeit und richterliche Inhaltskontrolle – Überlegungen für die Praxis, FamRZ 2004, 1757 ff.; *ders.*, Verträge zum Zugewinn, FPR 2001, 79 f.; *Bischoff*, Gewillkürtes Betriebsvermögen ist auch bei einer Einnahmeüberschussrechnung möglich, DStR 2004, 1280 ff.; *Blumenröhr*, Zum Vermögensausgleich nach gescheiterter Ehe, in: FS für Odersky, 1996, S. 517 ff.; *Börger*, FPR 2002, 262, 265 f.; *Born*, Die neue Hausfrauen-Rechtsprechung des BGH – Meilenstein oder erster Schritt?, FF 2001, 183 ff.; *Bornheim*, Die Kapitalgesellschaft als Instrument der privaten Vermögensverwaltung, DStR 2001, 1950 ff., 1990 ff.; *Borth*, Die Bewertung von Unternehmen und von Praxen freiberuflich Tätiger, FamRB 2002, 339 ff.; *ders.*, Die Entscheidung des BGH v. 13.6.2001 zum nachehelichen Unterhalt, FamRZ 2001, 1653; *ders.*, Inhaltskontrolle von Eheverträgen – Neuere Rechtsprechung und offene Fragen, FamRB 2005, 177 ff.; *Brambring*, Führt die Teilnichtigkeit zur Gesamtnichtigkeit von Eheverträgen?, FPR 2005, 130 ff.; *Braun*, Ein neues familienrechtliches Institut: Zum Inkrafttreten des Lebenspartnerschaftsgesetzes, JZ 2002, 23 ff.; *Bredthauer*, Der Ehevertrag in der Praxis, NJW 2004, 3072 ff.; *Brudermüller*, Die Entwicklung des Familienrechts seit Mitte 2002 – Güterrecht und Versorgungsausgleich, NJW 2003, 3166 ff.; *ders.*, Zeitliche Begrenzung des Unterhaltsanspruchs (§§ 1573 V, 1578 I S. 2 BGB), FamRZ 1998, 649 ff.; *Burg/Gimmich*, Unternehmensbewertung in der Kautelarjurisprudenz, NotBZ 2005, S. 279 ff.; *Büte*, Auskunftsansprüche beim Zugewinnausgleich, FuR 2004, 289 f., 342 f.; *Büttner*, Grenzen ehevertraglicher Gestaltungsmöglichkeiten, FamRZ 1998, 1 ff.; *Caspary*, Die steuerliche Abzugsfähigkeit von Ehegattenunterhalt: begrenztes Realsplitting, FPR 2003, 410 ff.; *Dauner-Lieb*, Abdingbare Teilhabe – unabdingbare Verantwortung?, FPR 2005, 141 ff.; *dies.*, Reichweite und Grenze der Privatautonomie im Ehevertragsrecht, AcP 201 (2001), 295 ff.; *dies.*, Eheverträge im Spannungsfeld zwischen Privatautonomie und verfassungsrechtlicher Aufwertung der Familienarbeit, FF 2002, 151; *dies.*, Richterliche Überprüfung von Eheverträgen nach dem Urteil des BGH v. 11.2.2004 – XII ZR 265/02, FF 2004, 65; *dies.*, Vorsicht Falle – Eheverträge als Herausforderung für die Beratungspraxis, ZFE 2003, 300; *Dauner-Lieb/Sanders*, Eheverträge – was hat noch Bestand?, FF 2003, 117 f.; *Doetsch*, Die neue Rechtsprechung des Bundesfinanzhofs zu den sogenannten unbenannten (ehebedingten) Zuwendungen, DStR 1994, 638 ff.; *Dörr*, Ehewohnung, Hausrat, Schlüsselgewalt, Verfügungsbeschränkung des gesetzlichen Güterstands und vermögensrechtliche Beziehungen der Ehegatten in der Entwicklung seit dem 1. EheRG,

NJW 1989, 810 ff.; ***Dorsel***, Zur Inhaltskontrolle von Eheverträgen – BGH fördert Rechtssicherheit für Eheverträge, RNotZ 2004, 496 ff.; ***Duderstadt***, Bezugsberechtigung von Lebensversicherungen, FPR 2003, 173 ff.; ***Eichenhofer***, Ausschluss des Versorgungsausgleichs durch Ehevertrag, DNotZ 1994, 213 ff.; ***Ferrari***, Die österreichische Eherechtsreform 1999, FamRZ 2001, 896 ff.; ***Fischer-Winckelmann/R. P. Maier***, Einkünfte aus der Beteiligung an einer Personen- oder Kapitalgesellschaft aus unterhaltsrechtlicher Perspektive, FamRZ 1996, 1391 ff.; ***Fischer-Winckelmann***, Sind Unternehmensbewertungen im Zuge des Zugewinnausgleichs passé?, FuR 2004, 433 ff.; ***Frank***, 100 Jahre BGB – Familienrecht zwischen Rechtspolitik, Verfassung und Dogmatik, AcP 200 (2000), 401 ff.; ***Friedrich***, Rückabwicklung der Schenkungen und Zuwendungen unter Ehegatten nach der Scheidung, JR 1986, 1 ff.; ***Gageik***, Die aktuelle ober- und höchstrichterliche Rechtsprechung zur Inhaltskontrolle von Eheverträgen und ihre Auswirkung auf die notarielle Praxis, RNotZ 2004, 295, 309 ff.; ***ders.***, Wirksamkeits- und Ausübungskontrolle von Eheverträgen unter Berücksichtigung der aktuellen Rechtsprechung seit der Entscheidung des BGH v. 11.2.2004, FPR 2005, 122 ff.; ***Gebel***, Schenkungsteuer bei Vermögensverschiebungen zwischen Eheleuten – steuerfreier Vermögensausgleich im Rahmen einer Ehegatteninnengesellschaft, BB 2000, 2017 ff.; ***Gerber***, Podiumsdiskussion zum Vortrag Grziwotz, 25. Deutscher Notartag: Diskussionsbeitrag, DNotZ 1998, 288 ff.; ***Gerhardt/Schulz***, Verbot der Doppelverwertung von Abfindungen und Unterhalt beim Zugewinn, FamRZ 2005, 145 ff., 317 ff.; ***Gernhuber***, Probleme der Zugewinngemeinschaft, NJW 1991, 2238 ff.; ***Göllert/Ringling***, Die Eignung des Stuttgarter Verfahrens für die Unternehmens- bzw. Anteilsbewertung im Abfindungsfall, DB 1999, 516 ff.; ***Götsche***, Unterhaltsrechtliches Einkommen Selbständiger – Die Anspruchsrücklage (Ansparabschreibung) nach § 7g EStG, ZFE 2006, 55 ff.; ***Graba***, Die Entwicklung des Unterhaltsrechts nach der Rechtsprechung des Bundesgerichtshofs im Jahr 1988, FamRZ 1989, 571 ff.; ***ders.***, Familiensachen, 6. Aufl. 1998; ***ders.***, Zur Bestimmung des Ehegattenbedarfs durch ein Surrogat. Anmerkungen zur neuen Rechtsprechung des BGH, FPR 2002, 48 ff.; ***Großfeld/Stöver/Tönnes***, Neue Unternehmensbewertung, BB-Spezial 7/2005, 2 ff.; ***Gruntkowski***, Grundfragen des Versorgungsausgleichs in der notariellen Praxis, MittRhNotK 1993, 1 ff.; ***Grziwotz***, Die zweite Spur – ein (neuer) Weg zur Gerechtigkeit zwischen Ehegatten, DNotZ 2000, 486 ff.; ***ders.***, Was geht noch? – Ehevertragsgestaltung nach Karlsruhe III, FamRB 2004, 199, 239 ff.; ***ders.***, Möglichkeiten und Grenzen von Vereinbarungen unter Ehegatten, MDR 1998, 1075 ff.; ***ders.***, Formbedürftigkeit ehevertraglicher Vereinbarungen im Rahmen von Gesamtbeurkundungen, FamRB 2006, 23 ff.; ***ders.***, Sittenwidrigkeit und Ausübungskontrolle als Grenzen von Eheverträgen, FF 2001, 41; ***ders.***, Die Lebenspartnerschaft zweier Personen gleichen Geschlechts. Beratungspraxis und Vertragsgestaltung, DNotZ 2001, 280 ff.; ***ders.***, Zur gerichtlichen Kontrolle von Unterhaltsvereinbarungen, MDR 2001, 393 ff.; ***ders.***, Doppelverwertungsverbot im Scheidungsfolgenrecht, MittBayNot 2005, 284 ff.; ***ders.***, Ehevertragsranking oder Ehevertragsfreiheit? – Umsetzung der BGH-Entscheidung zu Eheverträgen durch die Instanzgerichte, MDR 2005, 73 ff.; ***Gutdeutsch***, Ein allgemeiner Verbraucherindex für die Umrechnung des Anfangsvermögens im Zugewinnausgleich, FamRZ 2003, 1061; ***Haas***, Ehegatteninnengesellschaft und Vertrag sui generis, FamRZ 2002, 205 ff.; ***Hahne***, Grenzen ehevertraglicher Gestaltungsfreiheit, DNotZ 2004, 84 ff.; ***Hauß***, Begrenztes Realsplitting in der Unterhaltsberechnung, FamRB 2002, 61 ff.; ***Hayler***, Bestandskraft ehebedingter Zuwendungen im Bereich der Pflichtteilsergänzung (§§ 2325, 2329) – Vertragsgestaltung durch doppelten Güterstandswechsel, DNotZ 2000, 681 ff.; ***Hayler***, Die Drittwirkung ehebedingter Zuwendungen im Rahmen der §§ 2287, 2288 II 2, 2325, 2329 BGB, FuR 2000, 4 ff.; ***Heid***, Die Bewertung gemischter Sozietäten, DStR 1998, 1565 ff.; ***Heinke***, Zustimmungspflicht und Nachteilsausgleich beim Realsplitting, ZFE 2002, 110 ff.; ***ders.***, BVerfG: Keine Teilhabe am Steuervorteil des wiederverheirateten Unterhaltspflichtigen, ZFE 2003, 356 ff.; ***Henrich***, Zur Zukunft des Güterrechts in Europa, FamRZ 2002, 1521; ***Hepting***, Unbenannte Zuwendungen – Ein Irrweg, in: FS für Henrich, 2000, S. 267 ff.; ***Herzberg***, Der Begriff des Betriebsvermögens i.S. des § 8 Abs. 4 Satz 2 KStG, DStR 2002, 1290 ff.; ***Holzhauer***, Auslegungsprobleme des neuen Eherechts, JZ 1977, 729 ff.; ***Horn***, Gründung einer vermögensverwaltenden GmbH, GmbHR 2001, 386 ff.; ***Hülsmann***, Gesellschafterabfindung und Unternehmensbewertung nach der Ertragswertmethode im Lichte der Rechtsprechung, ZIP 2001, 450; ***Jaeger***, Die Wiederentdeckung der stillschweigenden Ehegatteninnengesellschaft als Instrument des Vermögensausgleichs nach gescheiterter Ehe, in: FS für Henrich, 2000, S. 323 ff.; ***Jost***, Zur Frage der Abgrenzung zwischen ehebezogener Zuwendung und Ehegatteninnengesellschaft sowie zum Ausgleich zwischen den Ehegatten bei Auflösung der Gesellschaft, JR 2000, 503 ff.; ***Kanzleiter***, Bedürfen Rechtsgeschäfte „im Zusammenhang" mit Ehe- und Erbverträgen der notariellen Beurkundung?, NJW 1997, 217 ff.; ***Kirchhof***, Die Einkommensbesteuerung von Ehegatten während des Zusammenlebens und im Falle von Trennung und Scheidung, FPR 2003, 387 ff.; ***Kleinle***, Die Ehegattenzuwendung und ihre Rückabwicklung bei Scheitern der Ehe, FamRZ 1997, 1383 ff.; ***Klingelhöffer***, Zugewinnausgleich und freiberufliche Praxis, FamRZ 1991, 882 ff.; ***Koch***, Die Entwicklung der Rechtsprechung zum Zugewinnausgleich, FamRZ 2003, 197 ff.; ***Kogel***, Die Verarmung des Zugewinnausgleichspflichtigen bis zur Rechtskraft der Scheidung, FamRB 2003, 124 ff.; ***ders.***, Verfügungsbeschränkungen gem. § 1378 Abs. 3 BGB – ein Stolperstein im Zugewinn, FamRB 2005, 301 ff.; ***ders.***, Der Lebenshaltungskostenindex beim Zugewinnausgleich von Immobilienvermögen – ein Irrweg?, FamRZ 2003, 278 ff.; ***ders.***, Doppelberücksichtigung von Abfindungen und Schulden im Unterhalt und Zugewinnausgleich – ein Diskussionsbeitrag auch zur Anwaltshaftung -, FamRZ 2004, 1614 ff.; ***ders.***, Verbot der Doppelberücksichtigung von Verbindlichkeiten beim Zugewinn und Unterhalt, FamRB 2005, 207 f.; ***Koritz***, Warum nicht hälftig? Zur Frage des

Aufteilungsmaßstabs von Steuererstattungen und -nachzahlungen zwischen getrennt lebenden Ehegatten oder das Problem des internen Steuerausgleichs, FPR 2003, 435 ff.; *Krause*, Die Optimierung des Realsplittings nach § 10 I Nr. 1 EStG, FamRZ 2003, 899 ff.; *Kruschwitz/Löffler*, Zur Bewertung ewig lebender Unternehmen mit Hilfe von DCF-Verfahren, DB 2003, 1401 f.; *Kruse*, Über die Erbschaftsteuer bei Übergang von der Gütertrennung zur Zugewinngemeinschaft, StuW 1993, 3 ff.; *Kuckenburg*, Wahl der Bewertungsmethode zur Unternehmensbewertung im Zugewinnausgleichsverfahren, FuR 2005, 401 ff.; *Laas*, Einkommensteuerwirkungen bei der Unternehmensbewertung, WPg 2006, 290 ff.; *Langenfeld*, Zur gerichtlichen Kontrolle von Eheverträgen, DNotZ 2001, 272 ff.; *ders.*, Von der Inhaltskontrolle zur Ausübungskontrolle, in: FS für Schippel, 1996, S. 251 ff.; *ders.*, Abgrenzung von ehebezogenen Zuwendungen und Leistungen innerhalb einer Ehegatteninnengesellschaft, ZEV 2000, 14 ff.; *ders.*, Notarielle Scheidungsvereinbarungen über den Versorgungsausgleich, DNotZ 1983, 139 ff.; *ders.*, Ehevertragsgestaltung nach Ehetypen – Zur Fallgruppenbildung in der Kautelarjurisprudenz, 1987, 9 ff.; *ders.*, Möglichkeiten und Grenzen notarieller Vertragsgestaltung bei Eheverträgen und Scheidungsvereinbarungen, DNotZ 1985, Beilage 167 ff.; *ders.*, Der Vertrag der eingetragenen Lebenspartnerschaft, ZEV 2002, 8 ff.; *ders.*, Die Ehevertragsgestaltung auf dem Prüfstand der richterlichen Inhaltskontrolle, ZEV 2004, 311 ff.; *Liebelt*, Praktische Probleme des Steuerrechts bei Trennung und Scheidung von Ehegatten, NJW 1994, 609 ff.; *Löhning*, Die neuen Leitlinien des BGH für die Kontrolle von Eheverträgen, JA 2005, 344 ff.; *Luthin*, Zum Bedarf nach den ehelichen Lebensverhältnissen unter besonderer Berücksichtigung der Rechtsprechung des Bundesgerichtshofs, FamRZ 1988, 1109 ff.; *W. Maier*, Die gleiche Teilhabe der Ehegatten am gemeinsam Erwirtschafteten im Unterhaltsrecht, NJW 2002, 3359 ff.; *Manderscheid*, Besonderheiten der Einkommens- und Vermögensbewertung im Zugewinnausgleich und Unterhaltsrecht bei Selbständigen, ZFE 2005, 341 ff.; *Mannek*, Bewertung nicht notierter Anteile an Kapitalgesellschaften, NWB Fach 9, 787; *J. Mayer*, Zur Inhaltskontrolle von Eheverträgen, FPR 2004, 363 ff.; *N. Mayer*, Herausnahme von einzelnen Gegenständen bzw. Wirtschaftseinheiten aus dem Zugewinnausgleich – eine optimale Gestaltungsvariante im privaten und unternehmerischen Bereich?, DStR 1993, 991 ff.; *ders.*, Herausnahme von einzelnen Gegenständen bzw. Wirtschaftseinheiten aus dem Zugewinnausgleich – eine optimale Gestaltungsvariante im privaten und unternehmerischen Bereich?, MittBayNot 1993, 342 ff.; *ders.*, Zur Wirksamkeit der Herausnahme des Betriebsvermögens aus dem Zugewinnausgleich durch Ehevertrag, MittBayNot 1997, 234 ff.; *ders.*, Das Gesetz zur Beendigung der Diskriminierung gleichgeschlechtlicher Gemeinschaften – Lebenspartnerschaften, ZEV 2001, 169 ff.; *Michalski/Zeidler*, Die Bewertung von Personengesellschaftsanteilen im Zugewinn, FamRZ 1997, 397 ff.; *G. Müller*, Partnerschaftsverträge nach dem Lebenspartnerschaftsgesetz (LPartG) – Hinweise zur Vertragsgestaltung, DNotZ 2001, 581 ff.; *C. Münch*, Inhaltskontrolle von Eheverträgen, MittBayNot 2003, 107 ff.; *ders.*, Die Ehegatteninnengesellschaft – Ein Vorschlag zu ihrer vertraglichen Ausgestaltung -, FamRZ 2004, 233; *ders.*, Die Gesellschaft bürgerlichen Rechts in Grundbuch und Register, DNotZ 2001, 535 ff.; *ders.*, Notar und Parität, DNotZ 2004, 901 ff.; *ders.*, Inhaltskontrolle von Eheverträgen, DNotZ 2005, 819 ff.; *ders.*, Die Schenkungssteuerliche Privilegierung nach § 13a ErbStG bei der unentgeltlichen Aufnahme in ein Einzelunternehmen, DStR 2002, 1025 ff.; *ders.*, Zur Pfändbarkeit von Rückforderungsrechten bei ehebedingten Zuwendungen, FamRZ 2004, 1329 ff.; *ders.*, Inhaltskontrolle von Eheverträgen, FamRZ 2005, 570 ff.; *ders.*, Vertragsfreiheit und Inhaltskontrolle von Eheverträgen, KritV 2005, 208 ff.; *ders.*, „Weniger ist mehr" - Inhaltskontrolle von Eheverträgen, NotBZ 2004, 467 ff.; *ders.*, Inhaltskontrolle von Eheverträgen, ZNotP 2004, 122 ff.; *Muscheler*, Wertänderungen des privilegierten Erwerbs in der Zugewinngemeinschaft, FamRZ 1998, 266 ff.; *Niepmann*, Aktuelle Probleme des ehelichen Vermögensrechts, FF 2005, 131 f.; *Noll*, Aktuelles Beratungs-Know-how Erbschaftsteuerrecht, DStR 2002, 842 ff.; *ders.*, Aktuelles Beratungs-Know-how Erbschaftsteuerrecht, DStR 2002, 1699, 1700 f.; *Norpoth*, Vertrags- und Formularmuster: Der Unterhaltsbedarf bei überdurchschnittlichen Einkommensverhältnissen – Bemessung nach den konkreten Lebensverhältnissen, ZFE 2003, 179 ff.; *von Oertzen*, Strategien zur Minimierung des Pflichtteilsrechts, ErbStB 2005, 71 ff.; *Peemüller/Kunowski/Hillers*, Ermittlung des Kapitalisierungszinssatzes für internationale Mergers & Acquisitions bei Anwendung des Discounted Cash Flow-Verfahrens (Entity-Ansatz) – eine empirische Erhebung, WPg 1999, 621 ff.; *Pezzer*, Die Besteuerung des Anteilseigners, DStJG Bd. 25, 2002, 37; *Piltz/Wissmann*, Unternehmensbewertung beim Zugewinnausgleich nach Scheidung, NJW 1985, 2673 ff.; *Plate*, Die modifizierte Zugewinngemeinschaft im Ehevertrag von Unternehmern, MittRhNotK 1999, 257 ff.; *Rakete-Dombek*, Das Ehevertragsurteil des BGH – Oder: Nach dem Urteil ist vor dem Urteil, NJW 2004, 1273 ff.; *Rasch*, Verbraucherpreisindex 2000 – Umbasierungsfaktoren, DNotZ 2003, 730 ff.; *Rauscher*, Dingliche Mitberechtigung in der Zugewinngemeinschaft, Betrachtungen über die Rechtsprechung des BGH zur Auseinandersetzung gemeinsamer Vermögenswerte nach Scheidung, AcP 186 (1986), 529 ff.; *ders.*, Grenzen der Vertragsfreiheit im Unterhaltsrecht – Konsequenzen aus der Rechtsprechung des BVerfG, DNotZ 2002, 751 ff.; *ders.*, Ehevereinbarungen: Die Rückkehr der Rechtssicherheit, DNotZ 2004, 524 ff.; *Reimann*, Gesellschaftsvertragliche Bewertungsvorschriften in der notariellen Praxis, DNotZ 1992, 472 ff.; *ders.*, Das Unternehmen im Zugewinnausgleich aus der Sicht des Kautelarjuristen, FamRZ 1989, 1248 ff.; *Reul*, Die Umstellung von Wertsicherungsklauseln auf den Verbraucherpreisindex für Deutschland auf der Basis 2000 = 100, DNotZ 2003, 92 ff.; *Römermann/Schröder*, Die Bewertung von Anwaltskanzleien, NJW 2003, 2709 ff.; *Sarres*, Notarielle Urkunden in Familiensachen – Risikogesellschaft und Vertragsgestaltung, FPR 1999, 274 ff.; *Sasse*, Unbenannte Zuwendungen und die Änderungen des ErbStG durch das JStG 1996, BB 1995, 1613 ff.; *Schervier*, MittBayNot 2001, 213 ff. und 486 ff; *K. Schmidt*, Die Schenkung von Personengesellschaftsanteilen durch Einbuchung. Das Urteil des Bundesgerichtshofs v. 2.7.1990 – II ZR 243/89 – als Prüfstein der Zivilrechtsdogmatik und als Grundlage der Gestaltungspraxis, BB 1990, 1992 ff.; *Scholz*, Zur Gleichwertigkeit von Familien- und Erwerbsarbeit bei der Bemessung nachehelichen Unterhalts, FamRZ 2002, 733; *Schmitz*, Anmerkung zu dem Beitrag Verbot der Doppelbewertung von Schulden beim Unterhalt und Zugewinn von Gerhardt und Schulz, FamRZ 2005, 1520 f.; *Schotten*, Die ehebedingte Zuwendung – ein überflüssiges Rechtsinstitut?, NJW 1990, 2481 ff.; *Schröder*, Der Zugewinnausgleich auf dem Prüfstand, FamRZ 1997, 1 ff., *ders.*, Berechnungszeitpunkt für den Zugewinn bei Scheidung, FamRZ 2003, 277 ff.; *ders.*, Doppelberücksichtigung von Abfindungen und Schulden im Unterhalt und Zugewinnausgleich, FamRZ 2005, 89 ff.; *ders.*, Die Bewertung von Personengesellschaftsanteilen im Zugewinnausgleich, FamRZ 1997, 1135 ff.; *ders.*, Zur Frage der Bewertung einer ertragsschwachen Steuerberaterpraxis im Rahmen des Zugewinnausgleichs, FamRZ 2004, 1108; *Schubert*, Wirksamkeit von Unterhaltsverzichts- und -freistellungserklärungen, FamRZ 2001, 733 ff.; *Schulin*, Anmerkung zu Gerhardt und Schulz: Verbot der Doppelverwertung von Schulden beim Unterhalt und Zugewinn, FamRZ 2005, 317 ff., FamRZ 2005, 1521 ff.; *Schulz*, Ausgleichsansprüche für die Mitarbeit eines Ehegatten – Ehegatteninnengesellschaft und familienrechtlicher Kooperationsvertrag, FamRB 2005, 111 f. u. 142 f.; *Schürmann*, Die Entnahmen – Einblicke in Lebensverhältnisse, FamRZ 2002, 1150 ff.; *Schwab*, From Status to Contract?, DNotZ-Sonderheft 2001, 9 ff.; *ders.*, Eingetragene Lebenspartnerschaft – ein Überblick, FamRZ 2001, 385 ff.; *ders.*, Der Zugewinnausgleich in der Krise, in: FS für Alfred Söllner, 2000, S. 1079 ff.; *Schwenzer*, Vertragsfreiheit im Ehevermögens- und Scheidungsfolgenrecht, AcP 196 (1996), 88 ff.; *Schwolow*, Unterhaltsrechtliche Anrechnung der Versorgung des neuen Partners nach der Differenzmethode – Kritik an der Kritik, FuR 2003, 118 ff.; *Seeger*, Die „einseitige Abhängigkeit" – zum Umfang der Beurkundungsbedürftigkeit zusammengesetzter Grundstücksgeschäfte, MittBayNot 2003, 11 ff.; *Seiler*, Über die sog. unbenannten Zuwendungen unter Ehegatten – Ein skeptischer Zwischenbericht, in: FS für Henrich, 2000, S. 551 ff.; *Sontheimer*, Güterrecht und Steuern, NJW 2001, 1315 ff.; *Soyka*, Die neue Partnerschaft und Ehegattenunterhalt, FuR 2004, 1 ff.; *Spieker*, Zum Anspruch eines Ehegatten auf Zustimmung des anderen Ehegatten zur gemeinsamen Einkommensteuerveranlagung, FamRZ 2004, 174 ff.; *Stein*, Entnahmen im Unterhaltsrecht, FamRZ 1989, 343 ff.; *Stenger*, Güterstand bei Unternehmerehen – Die Zugewinngemeinschaft, ZEV 2000, 51 ff.; *Tiedtke*, Mitwirkungspflichten der Ehegatten an der Zusammenveranlagung zur Einkommensteuer und ihre Durchsetzung, FPR 2003, 400 ff.; *Völlings/Fülbier*, Der Berechnungszeitpunkt im Zugewinnausgleich, FuR 2003, 9; *Volmer*, Bemerkungen zur Wirksamkeitskontrolle von Eheverträgen, ZNotP 2005, 242 ff.; *Wachter*, Neue Grenzen der Ehevertragsfreiheit, ZFE 2004, 132 ff.; *ders.*, Überlegungen zur künftigen Gestaltung von Eheverträgen, ZNotP 2003, 408 ff.; *Wälzholz*, Eheverträge als erbschaftsteuerliches Gestaltungsmittel, FamRB 2006, 27 ff.; *Wever*, Zum Anspruch eines Ehegatten auf Zustimmung des anderen zur gemeinsamen steuerlichen Veranlagung bei Vorliegen einer Ehegatteninnengesellschaft, FamRZ 2003, 1457 ff.; *ders.*, Die Entwicklung der Rechtsprechung zur Vermögensauseinandersetzung der Ehegatten außerhalb des Güterrechts, FamRZ 2005, 485 ff.; *ders.*, Zur Frage der Annahme einer stillschweigend geschlossenen Ehegatteninnengesellschaft, FamRZ 2004, 1377 ff.; *Winckelmann*, Die Risiken der Anwaltshaftung bei der Begrenzung des Zugewinnausgleichsanspruchs gemäß § 1378 Abs. 2 BGB, FPR 2003, 167; *Winkler*, Die „güterrechtliche Lösung" als Störfaktor bei der Unternehmensnachfolge, ZErb 2005, 360 ff.; *ders.*, Umstellung des Preisindex für die Lebenshaltung ab 2003, NWB Fach 15, 721 (2002); *Wohlgemuth*, Ehegattenunterhalt und Anspruch auf Versorgungsentgelt bei neuer Partnerschaft. Löst ein solcher Anspruch angemessen die sich in der Praxis ergebenden Probleme?, FamRZ 2003, 983 ff.

A. Unternehmensbeteiligungen im Zugewinnausgleich

Dass im Handbuch eines Fachanwalts für Handels- und Gesellschaftsrecht ein familienrechtliches Kapitel Platz findet, hat seinen guten Grund. Wenn aktuelle Stellungnahmen zum Thema Unternehmensnachfolge sich den Titel geben „Die güterrechtliche Lösung als Störfaktor bei der Unternehmensnachfolge",[1] so ist dieser Grund beim Namen genannt.

Die **güterrechtlichen Folgen** bei Scheidung oder Tod des Unternehmers bzw. eines Gesellschafters sind in ihren Auswirkungen so einschneidend, dass auch derjenige, der sich in erster Linie mit handels- und gesellschaftsrechtlichen Mandaten befasst, die familienrechtlichen Folgen im Blick haben muss. Die Kenntnis dieser Auswirkungen wird häufig dazu führen, dass dem Unternehmer eine **ehevertragliche Regelung** zu empfehlen ist.

1

---

1   Winkler, ZErb 2005, 360 ff.

I. Grundsätze der Zugewinngemeinschaft

1. Grundzüge der Zugewinngemeinschaft

2 Die Zugewinngemeinschaft ist **gesetzlicher Güterstand** seit 1.7.1958 (Stichtag des Anfangsvermögens für Altehen).[2] Ihr liegt der Gedanke zugrunde, dass unabhängig von der ehelichen Rollenverteilung eine **hälftige Teilhabe jedes Ehegatten** an dem von beiden erworbenen Vermögen besteht. Insb. wird dadurch derjenige Ehegatte, der den Haushalt versorgt, in gleicher Weise am Gesamterwerb beteiligt wie der erwerbstätige Ehegatte (**Einverdienerehe**).[3] Dies bedingt zugleich, dass die Zugewinngemeinschaft für viele andere Ehetypen unpassende Regelungen enthält,[4] die erst durch eine ehevertragliche Anpassung an den Ehetyp zu einer gerechten ehelichen Vermögensordnung führen.[5] Nachdem § 1356 BGB, aber auch Art. 6 GG[6] bewusst auf ein gesetzliches Leitbild der Ehe verzichten,[7] sieht die Rspr. inzwischen den **gesetzlichen Güterstand als subsidiär** an. Vorrangig sei die ehevertragliche Vereinbarung der Ehegatten.[8] Dies bringt der Wortlaut des § 1363 Abs. 1 BGB zum Ausdruck. Insofern ist die Ehevertragsfreiheit geradezu ein notwendiges Korrektiv zur Anpassung der gesetzlichen Vorgaben an den jeweiligen Ehetyp.[9]

a) Vermögenstrennung

3 Entgegen dem Wortlaut „Zugewinngemeinschaft" bleibt das **Vermögen** der Ehegatten – auch das während der Ehe erworbene – **getrennt** (§ 1363 Abs. 2 Satz 1 BGB). Es findet also keine dingliche Beteiligung am Vermögen des jeweils anderen Ehegatten statt. Vielmehr beschränkt sich die Auswirkung des gesetzlichen Güterstandes auf den Ausgleich von Zugewinn bei Beendigung des Güterstandes.

Das bedeutet zugleich, dass der **Zugewinnausgleichsanspruch** des berechtigten Ehegatten während des Bestehens der Ehe **latent und ungesichert** ist.[10] Hat der verpflichtete Ehegatte z.B. einen haftungsträchtigen Beruf, so kann sich empfehlen, bereits bei bestehender Ehe einen einvernehmlichen Zugewinnausgleich vertraglich durchzuführen, um eine angemessene dingliche Beteiligung des berechtigten Ehegatten frühzeitig herzustellen; dies gilt gerade mit Blick auf die durch die Neuregelung des **Anfechtungsgesetzes** erweiterten Anfechtungsfristen.

> **Hinweis:**
> Vertraglicher Zugewinnausgleich bei bestehender Ehe sichert gegen Haftungsgefahren beim vermögenderen Ehegatten.

4 Konsequenz aus der Vermögenstrennung ist die Befugnis jedes Ehegatten, sein Vermögen **selbst zu verwalten** (§ 1364 BGB).

---

2 Eingeführt durch das Gesetz über die Gleichberechtigung von Mann und Frau auf dem Gebiet des bürgerlichen Rechts, BGBl. 1957 I, S. 609. Vorher galt bis 1953 der Güterstand der ehemännlichen Verwaltung und Nutznießung und vom 1.4.1953 an der außerordentliche gesetzliche Güterstand der Gütertrennung.
Mit Wirkung zum 1.10.1969 wurde auch der Güterstand für Vertriebene und Flüchtlinge in den gesetzlichen Güterstand übergeleitet (BGBl. 1969 I, S. 1067). Zum ganzen: Staudinger/Thiele, BGB, Einl. zu §§ 1363 ff. Rn. 1 ff.; Kurzübersicht bei Frank, AcP 200 (2000), 401 ff.

3 Langenfeld, in: Münchener Vertragshandbuch, X.1., Anm. 2.(4).

4 Zur Kritik an der Zugewinngemeinschaft etwa Battes, FuR 1990, 311 ff.; Gernhuber, NJW 1991, 2238: „verbuckelte Gestalt", nicht integrierbare „Bonner Quart"; Henrich, FamRZ 2002, 1521, 1523; Schröder, FamRZ 1997, 1 ff.; Schwab, in: FS für Söllner, S. 1079 ff.

5 Umso mehr verwundert, dass der Gesetzgeber diesen Güterstand für die Lebenspartnerschaft erneut als Regelvermögensstand vorgesehen hat, obwohl hier regelmäßig eine völlig andere Lebensgestaltung zugrunde liegt.

6 Hierzu C. Münch, KritV 2005, 208 ff.

7 BT-Drucks. 7/4361, 7.

8 BGH, FamRZ 1997, 800, 802; Müller, Vertragsgestaltung im Familienrecht, Rn. 7.

9 Langenfeld, Handbuch der Eheverträge, Rn. 115; BGH, NJW 2004, 930 f.

10 Die Mechanismen des vorzeitigen Zugewinnausgleichs nach §§ 1385 ff. BGB greifen nur bei Vermögensgefährdung durch ein Fehlverhalten des Ehegatten ein.

Zum Schutz des anderen Ehegatten bestehen lediglich **Verfügungsbeschränkungen** für Haushaltsgegenstände (§ 1369 BGB) und für Verfügungen über das **Vermögen im Ganzen** (§ 1365 BGB). Hierzu benötigt der verfügende Ehegatte auch bei Alleineigentum die Zustimmung seines Ehepartners.

b) Haftung nur für eigene Verbindlichkeiten

Weitere Folge aus der Vermögenstrennung ist die **Haftung jedes Ehegatten nur für eigene Verbindlichkeiten**.[11] In der Gestaltungsberatung gilt es, diesen Grundsatz besonders zu betonen, damit die Vermögensorganisation der Ehegatten entsprechend ausgerichtet werden kann. Für Verbindlichkeiten des anderen Ehegatten haftet man nur dann, wenn hierfür ein besonderer Schuldgrund vorliegt.

Häufig wird gerade im gesetzlichen Güterstand von **Kreditgebern** – unabhängig von der Verwendung eines Darlehens – die **Mitunterzeichnung** durch den anderen Ehegatten verlangt. Dem liegt die Befürchtung der Gläubiger vor Vermögensverschiebungen auf den nicht haftenden Ehegatten zugrunde. Die Rspr. hat allerdings die Wirksamkeit solcher Mithaftungen eingeschränkt. Zunächst ist **Mitschuldner** nur, wer ein eigenes Interesse an der Kreditgewährung hat und über Auszahlung und Verwendung der Darlehensvaluta mitentscheiden darf.[12] Die Beweislast hierfür liegt bei der Bank, eine Vermutung gilt auch nicht bei Investitionen in das gemeinsam bewohnte Haus.[13] Bei einem Anschaffungskredit für einen PKW, der zur Gestaltung und Bewältigung des täglichen Lebens benutzt wird, sind die Ehegatten Mitdarlehensnehmer, unabhängig davon, wer den Kaufvertrag schließt.[14]

Liegen diese Voraussetzungen nicht vor, ist der Ehepartner unabhängig von der Bezeichnung durch den Gläubiger lediglich **Mithaftender** mit der Folge, dass die Mithaftung bei **krasser finanzieller Überforderung sittenwidrig** ist. Eine solche Überforderung liegt jedenfalls dann vor, wenn der Mithaftende voraussichtlich nicht einmal die laufenden Zinsen aufzubringen vermag.[15] Das Interesse eines Gläubigers, sich durch solche Mithaftung vor Vermögensverschiebungen zwischen Ehegatten zu schützen, vermag die Sittenwidrigkeit i.a.R. nur zu vermeiden, wenn dieser beschränkte Zweck durch eindeutige Erklärung zum Inhalt der Mithaftungsabrede gemacht wird.[16] Anders zu beurteilen soll jedoch der Fall lediglich dinglicher Haftung des eigengenutzten Familienwohnheims sein.[17]

Wichtig ist es, bei allen Vermögensübertragungen und Gestaltungsplanungen mit Ehepartnern – unabhängig vom Güterstand – genau zu eruieren, welche Unterschriften unter Darlehen und Bürgschaften die jeweiligen Ehegatten geleistet haben.

> **Hinweis:**
> Bei Darlehensverträgen und Grundschulden von Ehegatten ist genau festzustellen, ob die Ehepartner Mitschuldner sind oder nur Mithaftende. Bei krasser finanzieller Überforderung ist die Mithaftung abzulehnen oder der Sicherungszweck auf Vermögensverschiebungen einzuschränken.

Eine Ausnahme von den oben genannten Grundsätzen ordnet § 1357 BGB unabhängig vom Güterstand mit der Verpflichtungsbefugnis bei Geschäften zur Deckung des Lebensbedarfs an.

c) Ausgleich des Zugewinns bei Beendigung des Güterstandes

Nachdem eine dingliche Beteiligung am Vermögen des anderen Ehegatten nicht eintritt, ist die eigentliche Rechtswirkung der Zugewinngemeinschaft **der Zugewinnausgleich** bei Beendigung der Ehe (§ 1363 Abs. 2 Satz 2 BGB). Auch im Rahmen dieses Zugewinnausgleichs wird der andere Ehegatte nicht ding-

---

11 Palandt/Brudermüller, BGB, Grundz v § 1363 Rn. 2.
12 BGH, ZNotP 2001, 166 f. = DNotZ 2001, 684 ff. m. Anm. Volmer; BGH, ZNotP 2002, 112 f.
13 OLG Celle, NJW 2004, 2598.
14 BGH, BB 2004, 1414.
15 BGH, DNotZ 2000, 459 f.
16 BGH, DStR 1998, 1925; MittBayNot 2002, 387 f.
17 BGH, FamRZ 2002, 1466, Duderstadt, FPR 2003, 173, 175.

lich an den Vermögensgütern des Ehepartners beteiligt, sondern er erhält nur eine **Ausgleichsforderung** nach § 1378 BGB. Allerdings tritt, soweit der Zugewinn im Todesfall durch eine Erhöhung der Erbquote des Ehegatten ausgeglichen wird, eine unmittelbare (**höhere**) **Mitberechtigung** am Nachlass ein.

d) Abgrenzung zum Zugewinn

10 Nicht in den Zugewinnausgleich fällt derjenige Hausrat, der nach der HausratsVO verteilt wird.[18] Damit sind all jene **Hausratsgegenstände** ausgenommen, die nach § 8 HausratsVO als gemeinsames Eigentum gelten oder die nach § 9 HausratsVO ausnahmsweise tatsächlich dem anderen Ehegatten zugeteilt werden.[19] **Anwartschaften oder Aussichten**, über die der Versorgungsausgleich stattfindet, unterliegen gleichfalls nicht dem Zugewinnausgleich (§ 1587 Abs. 3 BGB).[20] Abgrenzungsschwierigkeiten bestehen auch zum Unterhalt hin. Auf sie soll noch gesondert eingegangen werden.[21]

11 Die Zugewinngemeinschaft schließt Ansprüche der **sog. „zweiten Spur"** im Familienrecht nicht aus, daher können in Konkurrenz etwa Ansprüche aus Ehegatteninnengesellschaft, Gesamtschuldnerschaft oder Miteigentümergemeinschaft bestehen. Gegenüber der **Störung der Geschäftsgrundlage** ist der Zugewinnausgleich hingegen vorrangig. Nur wenn dieser zu schlechthin unangemessenen und untragbaren Ergebnissen führt, ist Raum für eine Anpassung aufgrund Störung der Geschäftsgrundlage.[22]

2. Ausgleich des Zugewinns im Todesfall

12 Im Todesfall **erhöht sich der gesetzliche Erbteil** des überlebenden Ehegatten **um ein Viertel**. Damit ist der Zugewinn pauschal abgegolten, unabhängig von der Entstehung eines tatsächlichen Zugewinns. Die Erhöhung tritt also auch dann ein, wenn nur der überlebende Ehegatte Zugewinn erzielt hat.[23] Sie führt zu einer entsprechenden **Reduzierung der Kinderpflichtteile**. Zuwendungen, die der überlebende Ehegatte erhalten hat, werden anders als bei § 1380 BGB auf den erhöhten Erbteil nicht angerechnet.[24]

13 Diese Erhöhung kommt aber nur in Betracht, wenn der überlebende Ehegatte gesetzlicher oder durch Verfügung von Todes wegen berufener **Erbe oder Vermächtnisnehmer** ist.[25] In diesem Fall kann er, sofern noch Pflichtteilsansprüche oder Pflichtteilsergänzungsansprüche bestehen, den großen Pflichtteil aus dem erhöhten gesetzlichen Erbteil verlangen,[26] jedoch keinen weiteren Zugewinn. Der Erblasser kann somit, indem er dem Ehegatten wenigstens ein Vermächtnis zuwendet, diesem immer den großen Pflichtteil verschaffen und damit zugleich die Pflichtteilsansprüche anderer Pflichtteilsberechtigter vermindern.

> **Hinweis:**
> Der Pflichtteil der Kinder lässt sich vermindern, indem der überlebende Ehegatte bedacht wird, so dass er Anspruch auf den großen Pflichtteil hat.

Ist der überlebende Ehegatte weder Erbe noch Vermächtnisnehmer, so greift die **güterrechtliche Lösung** nach § 1371 Abs. 2 BGB. Er erhält in diesem Fall neben dem Zugewinn nur den kleinen, d.h. aus dem nicht erhöhten Erbteil berechneten Pflichtteil.

14 Der überlebende Ehegatte hat im gesetzlichen Güterstand immer das Recht, den **Erbteil auszuschlagen** und stattdessen – entgegen den sonstigen Regelungen zum Pflichtteil – den Pflichtteil und den tatsäch-

---

18 BGH, FamRZ 1984, 144.
19 Näher C. Münch, Ehebezogene Rechtsgeschäfte, Rn. 22 f.
20 Näher C. Münch, Ehebezogene Rechtsgeschäfte, Rn. 29 ff.
21 Vgl. Rn. 109 ff.
22 BGH, FamRZ 1989, 147; FamRZ 1991, 1169; MittBayNot 1997, 295.
23 So ausdrücklich OLG Bamberg, OLG-Report M, 1999, 265.
24 Palandt/Brudermüller, BGB, § 1371 Rn. 5.
25 Dittmann, Testament und Erbvertrag, E.9.
26 Dittmann, Testament und Erbvertrag, E.9; Palandt/Edenhofer, BGB, § 2303 Rn. 11.

lichen Zugewinn zu verlangen (§ 1371 Abs. 2, Abs. 3 BGB). Hierbei erhält er aber ebenfalls nur den kleinen Pflichtteil,[27] der sich aus dem nicht erhöhten Ehegattenerbteil berechnet.[28]

> **Hinweis:**
> Beim Mandat sollte für den überlebenden Ehegatten immer überprüft werden, ob durch Ausschlagung und güterrechtliche Lösung die Ansprüche des überlebenden Ehegatten höher sind!
>
> Hierdurch lassen sich ggf. bei Gesamtbetrachtung für alle Erben auch erbschaftsteuerliche Vorteile erzielen.

Zu beachten ist, dass auch dann, wenn der Zugewinn im Scheidungsfall ehevertraglich ausgeschlossen ist, der Zugewinnausgleichsanspruch im Todesfall bestehen bleibt. Auch eine andere Erbeinsetzung und ein Pflichtteilsverzicht des Ehegatten bewirken nicht, dass der güterrechtliche Zugewinnausgleichsanspruch des Ehegatten nach § 1371 Abs. 2 BGB entfällt!

> **Hinweis:**
> Sollen im Erbfall keine Ansprüche des Ehegatten bestehen, auch nicht auf den güterrechtlichen Zugewinn nach § 1371 Abs. 2 BGB, so muss der Zugewinn vollständig oder zumindest zusätzlich für den Fall des § 1371 Abs. 2 BGB[29] ausgeschlossen werden. Eine zusätzliche Enterbung oder ein Pflichtteilsverzicht genügen in diesem Fall nicht.

3. Güterrechtlicher Ausgleich des Zugewinns

Bei Ehescheidung, Aufhebung der Ehe nach den §§ 1313 ff. BGB, bei Klage auf vorzeitigen Zugewinn nach §§ 1385 ff. BGB, bei Eingreifen der güterrechtlichen Lösung im Todesfall und bei Beendigung der Zugewinngemeinschaft durch Güterstandswechsel erfolgt der **güterrechtliche Zugewinnausgleich** nach §§ 1372 ff. BGB.

Zugewinn ist hierbei der Betrag, um den das Endvermögen eines Ehegatten dessen Anfangsvermögen übersteigt (§ 1373 BGB). Beim Zugewinn handelt es sich also um eine reine Rechengröße, der Anspruch ist ein reiner Geldanspruch. Der Zugewinn beträgt im niedrigsten Fall Null, er kann also nicht negativ sein.[30]

Zur **Ermittlung des Zugewinnausgleichsanspruchs** sind drei Rechenschritte notwendig.[31] Zunächst werden für jeden Ehegatten Anfangs- und Endvermögen zum Stichtag festgestellt. Sodann wird für jeden Ehegatten der Zugewinn als Differenz dieser Werte ermittelt. Im dritten Schritt werden die Zugewinne verglichen. Der Ehegatte mit dem höheren Zugewinn muss dann die **Hälfte des Überschusses** an den anderen ausbezahlen (§ 1378 Abs. 1 BGB).

Allerdings wird die **Höhe der Zugewinnausgleichsforderung** begrenzt durch den Wert des Vermögens, das beim Ausgleichsverpflichteten nach Abzug der Verbindlichkeiten **bei Beendigung des Güterstandes** noch vorhanden ist (§ 1378 Abs. 2 BGB). Diese **Vermögenswertbegrenzung** ist in der Praxis Einfallstor zahlreicher Versuche, Zugewinn durch Vermögensverbrauch zwischen Krise und Scheidung zu verringern.

---

27 BGH, DNotZ 1983, 187 m. Anm. Wolfsteiner.
28 Zur rechnerischen Ermittlung, welche Lösung für den überlebenden Ehegatten die vorteilhafteste ist, vgl. Nieder, Handbuch der Vertragsgestaltung, Rn. 14 ff.
29 Zu dieser Vereinbarungsmöglichkeit: Anwk-BGB/Limbach, § 1371 Rn. 49.
30 Palandt/Brudermüller, BGB, § 1373 Rn. 4.
31 Nach Haußleiter/Schulz, Vermögensauseinandersetzung bei Trennung und Scheidung, Kap. 1 Rn. 4.

4. Verfügungsbeschränkungen

18 Von dem Grundsatz, dass jeder Ehegatte sein Vermögen allein verwaltet, macht das Gesetz zwei Ausnahmen, und zwar bei den Verfügungen über Haushaltsgegenstände (**§ 1369 BGB**), und bei den Gesamtvermögensgeschäften (**§ 1365 BGB**). Hiernach kann sich ein Ehegatte nur mit Einwilligung des anderen Ehegatten verpflichten, über sein Vermögen im Ganzen zu verfügen. Hat er sich ohne Zustimmung verpflichtet, kann er die Verpflichtung nur erfüllen, wenn der andere Ehegatte einwilligt.[32]

Mit dieser Einschränkung will der Gesetzgeber die **wirtschaftliche Grundlage der Familie** ebenso schützen wie die Anwartschaft des anderen Ehegatten auf Zugewinnausgleich[33] (güterstandsspezifische Regelung). Dieser Schutz wird mit § 1365 BGB durch ein **absolutes Veräußerungsverbot**[34] verwirklicht. Demnach ist ein gutgläubiger Erwerb ausgeschlossen.

19 Nach der Rspr. greift die Vorschrift bereits dann ein, wenn ein Ehegatte sich zu einer Verfügung über **im wesentlichen das ganze Vermögen** verpflichtet. Die Voraussetzungen des § 1365 BGB liegen damit dann nicht mehr vor, wenn dem verfügenden Ehegatten noch 15 % seines Gesamtvermögens verbleiben.[35] Bei größeren Vermögen[36] genügen bereits 10 %[37] verbleibendes Vermögen. Hierzu zählen auch unpfändbare Vermögensgegenstände,[38] nicht jedoch laufendes Einkommen oder künftige Renten- oder Versorgungsberechtigungen.[39]

20 **Nach nahezu einhelliger Auffassung** greift die Verfügungsbeschränkung des § 1365 BGB auch dann ein, wenn nur über einen **Einzelgegenstand** verfügt wird, wenn dieser im Wesentlichen das gesamte Vermögen darstellt. Allerdings verlangt die vorherrschende subjektive Theorie, dass der Vertragspartner des sich zur Verfügung verpflichtenden Ehegatten zum Zeitpunkt des Verpflichtungsgeschäftes[40] zumindest die Umstände kennt, aus denen sich ergibt, dass es sich bei dem Einzelgegenstand um das wesentliche Vermögen handelt.[41]

> **Hinweis:**
> Auch die Verfügung über einen Einzelgegenstand kann nach §§ 1365 ff. BGB unwirksam sein.

Dieses Erfassen einzelner Gegenstände macht die Vorschrift des § 1365 BGB für den Rechtsverkehr so problematisch. Im Bereich des **Gesellschaftsrechts** unterfallen wichtige Bereiche den Beschränkungen des § 1365 BGB, manchmal ohne dass dies den Beteiligten bewusst ist. Zum einen handelt es sich hierbei um **Grundstücksverfügungen des Gesellschafters** zur Gesellschaft hin, insb. in Gestalt der Einbringung. Geltung hat dies für die Einbringung in Kapitalgesellschaften, aber auch für die Einbringung in Personengesellschaften, die zu einer gesamthänderischen Bindung des Grundstücks führt.[42] Diese nicht

---

32 Zu den Verfügungsbeschränkungen Graba, 6. Abschn., C.I.4.
33 Müller, Vertragsgestaltung im Familienrecht, Rn. 194.
34 BGHZ 40, 218, 219.
35 BGH FamRZ 1980, 765; hierzu Dörr, NJW 1989, 810, 814 ff.
36 Nach Müller, Vertragsgestaltung im Familienrecht, Rn. 198 soll ein großes Vermögen ab 500.000 € vorliegen.
37 BGH, FamRZ 1991, 669, 670.
38 Langenfeld, Handbuch der Eheverträge, Rn. 199.
39 BGH, NJW 1987, 2673; BGH, FamRZ 1996, 792; Langenfeld, Handbuch der Eheverträge, Rn. 202; Palandt/Brudermüller, BGB, § 1365 Rn. 5; Staudinger/Thiele, BGB, § 1365 Rn. 30.
40 Kennt er sie hier nicht, so bleibt auch das Verfügungsgeschäft zustimmungsfrei, Schröder/Bergschneider/Bergschneider, Familienvermögensrecht, Rn. 4.20.
41 BGHZ 35, 135, 143; 43, 174, 175 ff.; BGH, FamRZ 1969, 322; FamRZ 1990, 970; OLG München, FamRZ 2000, 1152 (nur LS).
42 MünchKomm-BGB/Koch, § 1365 Rn. 70 ff.; Langenfeld, Handbuch der Eheverträge, Rn. 209.

gänzlich unbestrittene Auffassung[43] dürfte durch die Rspr. des BGH zur Rechtsfähigkeit der GbR[44] bekräftigt worden sein.

Zum anderen ist die **Änderung von Gesellschaftsverträgen** dann zustimmungspflichtig, wenn sie sofort (z.B. Änderung der Beteiligungsverhältnisse) oder im späteren Vollzug (z.B. Verzicht auf Abfindung) zur Preisgabe des nahezu gesamten Vermögens führt oder führen kann.[45] Dies ist auch in Umwandlungsfällen zu bejahen.[46] Insgesamt ist **im Gesellschaftsrecht große Vorsicht geboten bei Geltung des § 1365 BGB**, zumal die Grenzen kaum durch Rspr. ausgelotet sind.[47]

Der Tatbestand des § 1365 BGB ist nicht deshalb ausgeschlossen, weil die Verfügung gegen **Entgelt** erfolgt, denn das Gesetz stellt auf die Verfügung als solche, nicht auf eine wirtschaftliche Einbuße ab.[48]

Zahlungspflichten, Bürgschaften oder Schuldübernahmen fallen nicht unter § 1365 BGB, selbst wenn sie das gesamte Vermögen erfassen.[49] Gleiches gilt für eine Zwangsvollstreckungsunterwerfung.[50]

Rechtsfolge fehlender Zustimmung ist nach § 1366 BGB eine schwebende Unwirksamkeit bei Verträgen, und zwar sowohl des Verpflichtungs- wie des Verfügungsgeschäftes, sowie nach § 1367 BGB die Unwirksamkeit bei einseitigen Rechtsgeschäften. Die fehlende Zustimmung kann nach § 1365 Abs. 2 BGB durch **das Vormundschaftsgericht ersetzt werden**, wenn das Rechtsgeschäft den Grundsätzen ordnungsgemäßer Verwaltung entspricht und der Ehegatte die Zustimmung ohne ausreichenden Grund verweigert. Der nicht zustimmende Ehegatte kann die Rechte aus der Unwirksamkeit der Verfügung nach § 1368 BGB direkt dem Dritten gegenüber geltend machen.[51]

§ 1365 BGB ist durch **Ehevertrag abdingbar**, der den Formvorschriften des § 1410 BGB unterliegt. Hierbei können die §§ 1365 ff. BGB insgesamt oder auch nur für einzelne Vermögensgegenstände oder auch zeitlich begrenzt ausgeschlossen werden.[52] **Insb. im Gesellschaftsrecht** ist ein solches Vorgehen angesichts der Unsicherheit bezüglich des Vorliegens der Voraussetzungen des § 1365 BGB einerseits und der einschneidenden Rechtswirkungen bei einem Verstoß andererseits empfehlenswert und gebräuchlich. Daher verlangen die Gesellschaftsverträge vermögender Gesellschaften regelmäßig den Ausschluss der Verfügungsbeschränkungen durch die Gesellschafter, soweit sie nicht weitergehend einen **Ausschluss des Zugewinns** fordern.

> **Hinweis:**
> Bei der Gestaltung von Gesellschaftsverträgen und der Betreuung gesellschaftsrechtlicher Mandate ist dem Erfordernis von Ehegattenzustimmungen besondere Beachtung zu schenken. Aus Sicht der Gesellschaft ist es wünschenswert, die Bestimmung des § 1365 BGB jedenfalls im Hinblick auf die Gesellschaftsbeteiligung ehevertraglich abzubedingen.

Für diesen Ausschluss der Verfügungsbeschränkungen können die nachfolgenden Formulierungen verwendet werden:

---

43 Nachweise der Gegenmeinung bei MünchKomm-BGB/Koch, § 1365 FN 103.
44 BGH, NJW 2001, 1056; zur mangelnden Grundbuchfähigkeit der GbR C. Münch, DNotZ 2001, 535 ff.; BayObLG, DNotZ 2003, 52.
45 MünchKomm-BGB/Koch, § 1365 Rn. 73; Soergel/Lange, BGB, § 1365 Rn. 22.
46 Langenfeld, Handbuch der Eheverträge, Rn. 209.
47 Schröder/Bergschneider/Bergschneider, Familienvermögensrecht, Rn. 4.41.
48 Palandt/Brudermüller, BGB, § 1365 Rn. 5; Schröder, Bewertungen im Zugewinnausgleich, Rn. 4.8.; BGHZ 35, 135.
49 Palandt/Brudermüller, BGB, § 1365 Rn. 5; BGH, FamRZ 1983, 455.
50 Langenfeld, Handbuch der Eheverträge, Rn. 197.
51 Zu Einzelheiten der Revokation Schröder/Bergschneider/Bergschneider, Familienvermögensrecht, Rn. 4.107 f.
52 MünchKomm-BGB/Koch, § 1365 Rn. 101 f.

24 **Formulierungsbeispiel: Genereller Ausschluss der Verfügungsbeschränkungen**

> Für unsere Ehe schließen wir die Verfügungsbeschränkungen der §§ 1365 ff. BGB hiermit gegenseitig aus. Den gesetzlichen Güterstand behalten wir im Übrigen bei.

25 **Formulierungsbeispiel: Ausschluss für alle Gesellschaftsbeteiligungen**

> Für unsere Ehe schließen wir die Verfügungsbeschränkungen der §§ 1365 ff. BGB hiermit insoweit gegenseitig aus, als Beteiligung an Personen- oder Kapitalgesellschaften betroffen sind. Dies gilt auch für Sonderbetriebsvermögen oder Grundbesitz, der an Gesellschaften zur Nutzung überlassen ist.
>
> Im Übrigen bleiben die Verfügungsbeschränkungen und die Bestimmungen des gesetzlichen Güterstandes für unsere Ehe gültig.

26 **Formulierungsbeispiel: Ausschluss für eine einzelne Firmenbeteiligung**

> Für unsere Ehe schließen wir die Verfügungsbeschränkungen der §§ 1365 ff. BGB hiermit insoweit gegenseitig aus, als die Beteiligung des Ehemannes an der Max Müller & Herbert Maier OHG betroffen ist. Dies gilt in gleicher Weise für jedes Nachfolgeunternehmen oder jede Nachfolgebeteiligung oder für Tochterunternehmen sowie für Sonderbetriebsvermögen. Im Übrigen bleiben die Verfügungsbeschränkungen und die Bestimmungen des gesetzlichen Güterstandes für unsere Ehe gültig.

II. Bewertungen und Stichtage beim Zugewinnausgleich

1. Anfangsvermögen

a) Das Anfangsvermögen

27 Anfangsvermögen ist nach § 1374 Abs. 1 BGB dasjenige Vermögen, das einem Ehegatten nach Abzug der Verbindlichkeiten beim **Eintritt des Güterstandes** gehört. Auch das Anfangsvermögen ist nicht etwa eine Vermögensmasse, sondern eine bloße **rechnerische Größe**.[53] Zum Anfangsvermögen gehören alle dem Ehegatten zum Stichtag zustehenden rechtlich geschützten Positionen mit wirtschaftlichem Wert; neben den dem Ehegatten gehörenden Sachen also insb. alle objektiv bewertbaren Rechte, u.a. auch geschützte **Anwartschaften** mit ihrem gegenwärtigen Vermögenswert sowie die Ihnen vergleichbaren Rechtsstellungen, die einen Anspruch auf künftige Leistung gewähren, sofern diese nicht mehr von einer Gegenleistung abhängig und nach wirtschaftlichen Maßstäben bewertbar sind.[54]

28 Das Anfangsvermögen kann **nicht negativ** sein (§ 1374 Abs. 1, 2. Halbs. BGB). Verbindlichkeiten können somit nur bis zur Höhe des Vermögens abgezogen werden.[55] Auch ein späterer privilegierter Erwerb kann nicht mit negativem Anfangsvermögen verrechnet werden,[56] weil die Wertfestsetzungen für § 1374 Abs. 1 BGB und § 1374 Abs. 2 BGB getrennt erfolgen müssen. Der BGH schützt damit die **Empfänger privilegierter Erwerbe** und zieht sich mit Blick auf die darin liegende Verschlechterung der Position des anderen Ehegatten auf die Schematisierung der Stichtage zurück.

Diese Regelung des Gesetzes, welche den verschuldeten Partner davor bewahren soll, für den Ausgleich des Zugewinns **erneut Verbindlichkeiten eingehen zu müssen**, wird als ungerecht empfunden, da die Schuldentilgung durch den verschuldeten Ehepartner nicht zu einem Zugewinnausgleichsanspruch des

---

53 Haußleiter/Schulz, Vermögensauseinandersetzung bei Trennung und Scheidung, Kap. 1 Rn. 17; Palandt/Brudermüller, BGB, § 1374 Rn. 4.
54 BGH, FamRZ 2001, 278, 280.
55 BGH, DNotZ 1996, 458 ff. = MittBayNot 1995, 301.
56 BGH, DNotZ 1996, 458 ff. = MittBayNot 1995, 301.

anderen Ehegatten führt. Daher wird in der Praxis diese Bestimmung häufig durch **ehevertragliche Vereinbarung** abbedungen.

> **Hinweis:**
> Bei verschuldetem Ehegatten sollte ehevertraglich ein negatives Anfangsvermögen festgelegt werden![57]

Der Zugewinnausgleich soll dazu dienen, den anderen Ehegatten an der gemeinsamen Lebensleistung zu beteiligen. Das Gesetz sieht daher den Erwerb von Vermögensgegenständen, der nur auf eine besondere Nähebeziehung zum Veräußerer gegründet ist, als **privilegiert** an und nimmt solche Vermögensgegenstände vom Zugewinn aus. Das BGB ordnet folglich in **§ 1374 Abs. 2 BGB** an, dass Erwerbe

- von Todes wegen,
- mit Rücksicht auf ein künftiges Erbrecht,
- durch Schenkung oder
- als Ausstattung

dem Anfangsvermögen des erwerbenden Ehegatten hinzuzurechnen sind.

§ 1374 Abs. 2 BGB ist **nicht analogiefähig**.[58] Daher ist **Vorsicht** geboten, wenn aus steuerlichen Gründen ein Entgelt vereinbart und die Übertragung als **vollentgeltlich** dargestellt wird. Denn bei Vollentgeltlichkeit greift § 1374 Abs. 2 BGB nicht ein,[59] wohl aber dann, wenn zwar das Rechtskleid eines entgeltlichen Geschäftes gewählt war, dieses aber zu einem Vorzugspreis abgeschlossen wurde mit Rücksicht auf ein künftiges Erbrecht.[60]

Der BGH hat zwar eine **privilegierte Zuwendung** anerkannt, obwohl aus steuerlichen Gründen die Rechtsform des Kaufes gewählt worden war, aber in einem Fall, in dem nie Kaufpreisraten flossen.[61] In einem anderen Urteil legte er aber ganz klar dar, dass dann, wenn der Vertrag aus steuerlichen Gründen als Kauf wirksam sein müsse, keine privilegierte Zuwendung nach § 1374 Abs. 2 BGB mehr vorliege.[62] Diese Sachverhaltsgestaltung kann bei der Übertragung von Gesellschaftsanteilen bedeutsam sein, wenn diese Übertragung etwa aus steuerlichen Gründen entgeltlich erfolgen soll.

> **Hinweis:**
> Daher sollte in einem solchen Fall zur Sicherheit nach Rücksprache mit dem steuerlichen Berater ggf. ehevertraglich klargestellt werden, inwieweit trotz eines entgeltlichen Vertrags ein privilegierter Erwerb vorliegt.

Schenkungen i.S.d. § 1374 Abs. 2 BGB sind nur Schenkungen von Dritter Seite, nicht aber Schenkungen unter Ehegatten selbst, so dass diese nicht in das Anfangsvermögen fallen,[63] sondern Zugewinn darstellen.

---

[57] Formulierungsvorschlag: C. Münch, Ehebezogene Rechtsgeschäfte, Rn. 597 ff.
[58] BGH, FamRZ 1988, 593, 594; vgl. aber auch BGH, MittBayNot 1995, 474 f., wo dennoch die Anwendung des § 1374 Abs. 2 auf eine Lebensversicherung bejaht wird, wenn der Ehegatte Bezugsberechtigter aus der Versicherung eines ihm nahe stehenden verstorbenen Dritten ist; hierzu Anm. Gernhuber, JZ 1996, 205 f.
[59] Palandt/Brudermüller, BGB, § 1374 Rn. 11.
[60] DNotI-Report 1999, 193 ff. (Gutachten); Haußleiter/Schulz, Vermögensauseinandersetzung bei Trennung und Scheidung, Kap. 1 Rn. 27.
[61] BGH, FamRZ 1978, 334; Büte, Zugewinnausgleich bei Ehescheidung, Rn. 24.
[62] BGH, FamRZ 1986, 565, 566; bei Teilentgeltlichkeit teilprivilegierter Erwerb: OLG Bamberg, FamRZ 1990, 408 f.
[63] BGH, NJW 1982, 1093.

§ 1374 Abs. 2 BGB greift nicht ein bei **unbenannten Zuwendungen**[64] unter **Ehegatten** und Zuwendungen um der Ehe willen zu deren dauerhafter wirtschaftlicher Sicherung von den **Schwiegereltern**.[65] Handelt es sich hierbei um Zuwendungen an beide Ehegatten, so will das OLG Nürnberg § 1374 Abs. 2 BGB insgesamt nicht eingreifen lassen.[66] Dies beruht auf einer Missinterpretation der einschlägigen BGH-Rspr.[67]

Bei der Zuwendung kann eine andere Regelung im Hinblick auf die Behandlung im Zugewinn vertraglich vereinbart werden.[68]

32 **Nicht in das Anfangsvermögen** fallen Zuwendungen Dritter, die als **Einkünfte** zu betrachten sind (§ 1374 Abs. 2, letzter Halbs. BGB). Dies gilt insb. für Zuwendungen, die dem laufenden Lebensbedarf dienen sollen. Werden sie angespart, so unterliegen sie dem Zugewinnausgleich.[69]

33 Die **Ausstattung** ist in § 1374 Abs. 2 BGB ausdrücklich als privilegierter Erwerb aufgeführt. Als Ausstattung gilt, was einem Kind mit Rücksicht auf seine Verheiratung oder auf die Erlangung einer selbstständigen Lebensstellung zur Begründung oder zur Erhaltung der Wirtschaft oder der Lebensstellung von Vater oder Mutter zugewendet wird (§ 1624 BGB).

34 **Wirkliche Wertsteigerungen** des privilegierten Erwerbs zählen zum Zugewinn und sind nicht ihrerseits privilegiert.[70] Dies empfinden Ehegatten vielfach als ungerechtfertigt, wenn die Wertsteigerung nicht auf eigener Leistung beruht (z.B. aus Ackerland wird Bauland). Aus diesem Grunde nehmen viele Eheverträge einer modifizierten Zugewinngemeinschaft diese Wertsteigerungen des Anfangsvermögens aus dem Zugewinn aus.[71]

b) Stichtag

35 Stichtag für die Berechnung des Anfangsvermögens ist der **Eintritt des Güterstandes** der Zugewinngemeinschaft (§ 1374 Abs. 1 BGB). Das ist das Datum der Eheschließung oder auch der Abschluss eines Ehevertrags, mit dem Zugewinngemeinschaft vereinbart wird. **Für Altehen** ist maßgeblicher Stichtag der 1.7.1958, zu dem die Zugewinngemeinschaft eingeführt wurde, für Ehegatten **in den neuen Bundesländern** der 3.10.1990, zu dem der Güterstand der Eigentums- und Vermögensgemeinschaft der DDR in den gesetzlichen Güterstand des BGB übergeleitet wurde.[72]

Der Stichtag kann durch **Ehevertrag** von den Ehegatten einvernehmlich anders festgelegt werden.[73]

36 Trotz der Stichtagsbezogenheit gehört ein **Bereicherungsanspruch zum Anfangsvermögen**, der erst während der Ehe entsteht, aber an die Stelle eines vertraglichen Anspruches tritt, der bei Eheschließung bestand.[74] Eine Forderung, die während der Ehe verjährt, bleibt gleichwohl mit vollem Nennwert im Anfangsvermögen.[75]

37 Für Erwerbe, die nach **§ 1374 Abs. 2 BGB** zum privilegierten Anfangsvermögen zählen, ist der Wert zum Zeitpunkt des Erwerbs maßgeblich. Bei gestreckten Erwerbsvorgängen ist der rechtliche Abschluss des

---

64   BGHZ 101, 65 ff.
65   BGH, FamRZ 1995, 1060 = DNotZ 1995, 937.
66   OLG Nürnberg, FuR 2005, 429.
67   Vgl. kritisch: Anm. C. Münch, MittBayNot 2006, 338 f.
68   Hierzu detailliert C. Münch, Ehebezogene Rechtsgeschäfte, Rn. 699 ff.
69   Büte, Zugewinnausgleich bei Ehescheidung, Rn. 33.
70   Vgl. näher Bamberger/Roth/J. Mayer, BGB, § 1374 Rn. 25; Muscheler, FamRZ 1998, 266 ff.
71   Formulierungsvorschlag C. Münch, Ehebezogene Rechtsgeschäfte, Rn. 567 ff.
72   Hierzu Rotax/C. Münch, Praxis des Familienrechts, Teil 3, Rn. 211 ff.
73   MünchKomm-BGB/Koch, § 1374 Rn. 3.
74   BGH, FamRZ 2002, 88 gegen OLG München, FamRZ 2000, 613 (LS).
75   OLG Hamm, FamRZ 1992, 679.

Erwerbsvorgangs maßgeblich, nicht die tatsächliche Sachherrschaft,[76] so etwa beim Grundstückserwerb die Grundbucheintragung.[77]

Ausnahmen von dieser strengen Stichtagsberechnung sollen aufgrund des sog. **Wertaufhellungsprinzips** in beschränktem Umfang möglich sein. Demnach sollen auch zum Stichtag nahe liegende und wirtschaftlich fassbare, in ihrem Kern bereits angelegte Entwicklungen berücksichtigungsfähig sein.[78]

38

c) Verzeichnis des Anfangsvermögens

Nach § 1377 Abs. 3 BGB wird vermutet, dass das **Endvermögen der Zugewinn ist**, wenn kein Vermögensverzeichnis vorliegt. Es empfiehlt sich also, das Anfangsvermögen festzuhalten, um die **Vermutung entkräften zu können**, dass kein Anfangsvermögen vorgelegen habe.[79] Ein gemeinsames Verzeichnis hat im Verhältnis der Ehegatten zueinander die Vermutung der Richtigkeit für sich (§ 1377 Abs. 1 BGB). **Die praktische Erfahrung** zeigt, dass nach mehr als 10 Jahren i.d.R. die Ehegatten ihre Unterlagen vernichtet haben und auch Banken keine Kontoauszüge mehr erstellen können, so dass das Anfangsvermögen nicht bewiesen werden kann, was zum Eingreifen der Vermutung des § 1377 Abs. 3 BGB führt.

39

Ein weiterer **Grund für das Erstellen eines Vermögensverzeichnisses** liegt in § 5 Abs. 1 Satz 3 ErbStG begründet. § 5 Abs. 1 ErbStG stellt für den Fall, dass der Zugewinn im Todesfall durch das erbrechtliche Viertel ausgeglichen wird, eine fiktive Zugewinnausgleichsforderung von der Erbschaftsteuer frei. **§ 5 Abs. 1 Satz 3 ErbStG** bestimmt jedoch ausdrücklich, dass für die Berechnung dieser fiktiven Zugewinnausgleichsforderung die Vermutung des § 1377 Abs. 3 BGB nicht gilt. Das bedeutet, dass im Rahmen der Erbschaftsteuererklärung ein **Nachweis über das Anfangsvermögen** erbracht werden muss. Diesen Nachweis sollte man durch die Erstellung eines Vermögensverzeichnisses möglich machen, das zumindest die wesentlichen Vermögensgegenstände umfasst.

40

> **Hinweis:**
> Es sollte verstärkt die Möglichkeit zur Erstellung eines Vermögensverzeichnisses über das Anfangsvermögen genutzt werden. Die Berechnung des Zugewinns im Scheidungs- oder Todesfall wird hierdurch ganz erheblich erleichtert.

d) Bewertung

Da das Anfangsvermögen nicht mehr ist als eine **Wertgröße**, müssen die einzelnen Vermögenspositionen – ggf. auch als Sachgesamtheiten – und die Passiva bewertet werden, um zu einem Vermögenswert zu kommen, es lässt sich also „die Mathematik des Zugewinnausgleichsverfahrens ohne **Umrechnung** in gleiche Werteinheiten nicht bewerkstelligen".[80] Eine solche Bewertung hat für Anfangs- und Endvermögen getrennt zu erfolgen, und zwar auch dann, wenn ein und derselbe Gegenstand zu beiden Stichtagen im Vermögen vorhanden ist.

41

Einen **absoluten**, immer richtigen **Wert** wird es hierbei **nicht** geben, denn ein solcher lässt sich auch bei Anwendung anerkannter betriebswirtschaftlicher Methoden nicht punktgenau ermitteln.[81] Außerdem hängt der Wert auch von subjektiven Beziehungen der betroffenen Personen zum Bewertungsgegenstand ab; in diesem Zusammenhang ist schließlich noch der Bewertungszweck mit in die Betrachtung einzube-

42

---

76 Büte, Zugewinnausgleich bei Ehescheidung, Rn. 10.
77 OLG Bamberg, FamRZ 1990, 408.
78 Bamberger/Roth/J. Mayer, BGB, § 1376 Rn. 2.
79 Zur Beweislastverteilung nach sehr langer Trennung: BGH, FamRZ 2002, 606. Dort auch zu grober Unbilligkeit in solchen Fällen, wenn das während sehr langer Trennung erwirtschaftete Endvermögen keinen Bezug mehr zur ehelichen Lebensgemeinschaft hat.
80 Schröder, Bewertungen im Zugewinnausgleich, Rn. 59.
81 OLG Stuttgart, DB 2003, 2429.

ziehen. Der Wert ist also ein relativer, funktioneller Begriff[82] und als solcher stets sachverhaltsspezifisch zu ermitteln.

Das BGB selbst kennt ebenfalls **keinen allgemeingültigen Wertbegriff** und Bewertungsmaßstab. Einig ist man sich hinsichtlich des Grundsatzes, dass für den Zugewinnausgleich der **volle wirkliche Wert** zu ermitteln ist.[83] Daraus werden verschiedene Wertbegriffe ermittelt, die bei der Frage der Unternehmensbewertung[84] im Detail aufgezeigt werden.

43 Wichtig für das Anfangsvermögen ist noch, dass der Wert des Anfangsvermögens nach Abschluss der einzelnen Bewertungsvorgänge gemäß § 1374 Abs. 1 Satz 2 BGB **nicht niedriger als Null** sein darf, sofern ehevertraglich nichts anderes vereinbart war.

e) Indexierung

44 Um unechte Wertsteigerungen auszugleichen, ist der **Kaufkraftschwund herauszurechnen**. Dazu ist das Anfangsvermögen mittels des allgemeinen Lebenshaltungskostenindexes des Statistischen Bundesamtes auf die Kaufkraftverhältnisse umzurechnen, die bei Beendigung des Güterstandes vorliegen.[85] Für privilegierten Zuerwerb ist der Kaufkraftschwund seit dem Zeitpunkt des Erwerbs zu berücksichtigen[86] und daher getrennt zu berechnen.

Bisher bedient sich die Rspr. hierzu des Preisindexes für die Lebenshaltung aller privaten Haushalte,[87] künftig wird einheitlich nur noch der **Verbraucherpreisindex für Deutschland** veröffentlicht,[88] so dass dieser Maßstab dann auch für die Indexierung des Anfangsvermögens maßgeblich werden dürfte.[89]

45 Nach dem OLG Jena[90] ist das Anfangsvermögen bei Parteien, die in den **neuen Bundesländern** leben, unter Beachtung des Lebenshaltungskostenindexes für die neuen Bundesländer hochzurechnen.

46 Die **Umrechnung des Anfangsvermögens** geschieht dann nach folgender Formel[91]:

$$\frac{\text{Wert des Anfangsvermögens} \times \text{Index am Endstichtag}}{\text{Index am Anfangsstichtag}}$$

Ist das Anfangsvermögen überschuldet, so entfällt eine Umrechnung.[92]

2. Endvermögen

a) Das Endvermögen

47 Endvermögen ist nach § 1375 Abs. 1 Satz 1 BGB das Vermögen, das einem Ehegatten **nach Abzug der Verbindlichkeiten** bei der Beendigung des Güterstands gehört. Wie das Anfangsvermögen ist auch das Endvermögen nur eine Rechengröße.

---

82   Henrich/Jaeger, Eherecht, § 1376 Rn. 6.
83   BVerfG, FamRZ 1985, 256, 260; BGH, FamRZ 1986, 37, 39; FamRZ 2005, 99; Bamberger/Roth/J. Mayer, BGB, § 1376 Rn. 3; MünchKomm-BGB/Koch, § 1376 Rn. 8; Henrich/Jaeger, Eherecht, § 1376 Rn. 5; Schröder, Bewertungen im Zugewinnausgleich, Rn. 61; Schwab/Schwab, Handbuch des Scheidungsrechts, VII, Rn. 57.
84   Siehe Rn. 66 ff.
85   Ständige Rspr. seit BGH, FamRZ 1974, 83 ff.
86   BGH, FamRZ 1987, 791.
87   Günther/Hein, Familiensachen, § 21 Rn. 11.
88   Zur Umstellung der Indexierung: Reul, DNotZ 2003, 92 ff.; Gutdeutsch, FamRZ 2003, 1061 mit verketteten Indextabellen.
89   Kritisch zur einheitlichen Verwendung dieses Indexes mit einem Plädoyer für die Verwendung des Baukostenindexes bei Immobilien: Kogel, FamRZ 2003, 278.
90   OLG Jena, FamRB 2005, 222.
91   Vgl. Büte, Zugewinnausgleich bei Ehescheidung, Rn. 36.
92   BGH, FamRZ 1984, 31.

In Fällen **illoyaler Vermögensminderungen** werden diese dem Endvermögen wieder hinzugerechnet, so dass sich das Endvermögen entsprechend erhöht. Eine solche Hinzurechnung sieht § 1375 Abs. 2 BGB abschließend[93] für drei Tatbestände vor: 48

aa) Unentgeltliche Zuwendung

Als Zuwendung ist bereits das Verpflichtungsgeschäft mit dem Versprechen einer Leistung anzusehen. Unentgeltlichkeit liegt vor, wenn der Verminderung des Vermögens des Zuwendenden keine Gegenleistung gegenübersteht.[94] Hierbei handelt es sich vor allem um Schenkungen, Ausstattungen, vorweggenommene Erbfolgen, Spenden und Stiftungen.[95] **Umstritten ist**, ob Abfindungsausschlussklauseln eines Gesellschaftsvertrags als unentgeltliche Zuwendungen gewertet werden können. Die vorherrschende Ansicht bejaht einen Fall des § 1375 Abs. 2 BGB, wenn nur einzelne Gesellschafter ohne rechtfertigenden Grund Verzicht leisten.[96] 49

Nicht zu einer Hinzurechnung führen Pflicht- oder Anstandszuwendungen, wie z.B. eine nicht im Übermaß erfolgte Ausstattung.[97] 50

bb) Verschwendung

Unter Verschwendung versteht man unnütze oder ziellose Ausgaben, die in keinem Verhältnis zu den Einkommens- und Vermögensverhältnissen der Ehegatten stehen.[98] Ein großzügiger Lebensstil oder Ausgaben, welche die Lebensverhältnisse übersteigen, reichen hierzu nicht aus.[99] 51

cc) Benachteiligungsabsicht

Eine solche liegt vor, wenn die Benachteiligung des anderen Ehegatten das leitende Motiv des Handelns ist. Es muss sich nicht um das einzige Motiv handeln.[100] 52

> *Beispiele:*
>
> *Ein Ehemann hebt alle gemeinsamen Ersparnisse von einem Festgeldkonto ab und verbrennt aus Wut und Enttäuschung über das Scheitern der Ehe das Bargeld im Ofen. Hier liegt sowohl Verschwendung als auch Benachteiligungsabsicht vor.*[101]
>
> *Ein Ehemann gibt aus Enttäuschung, Wut und Verärgerung darüber, dass er die Ehefrau mit einem anderen Mann im ehelichen Schlafzimmer überrascht hat, einen Betrag von 15.621,51 DM aus. Das OLG Schleswig urteilt, dass dies zwar nicht zu billigen, aber dennoch verständlich und auf einen kurzen Zeitraum beschränkt gewesen sei und sieht die Voraussetzungen des § 1375 Abs. 2 BGB nicht als gegeben an.*[102]

Nach § 1375 Abs. 3 BGB unterbleibt eine Hinzurechnung, wenn von der illoyalen Vermögensminderung (Verpflichtungsgeschäft) bis zur Beendigung des Güterstandes bzw. der Rechtshängigkeit eines Scheidungsantrages[103] 10 Jahre vergangen sind. 53

Die Hinzurechnung unterbleibt ferner, wenn der andere Ehegatte die Vermögensminderung gebilligt hatte.

---

93 OLG Karlsruhe, FamRZ 1986, 167, 168; Palandt/Brudermüller, BGB, § 1375 Rn. 22.
94 BGH, FamRZ 1986, 565, 567.
95 Miesen, in: Münchner Handbuch des Familienrechts, § 19 Rn. 290.
96 MünchKomm-BGB/Koch, § 1375 Rn. 24; Staudinger/Thiele, BGB, § 1375 Rn. 20.
97 MünchKomm-BGB/Koch, § 1375 Rn. 26; Miesen, in: Münchner Handbuch des Familienrechts, § 19 Rn. 293.
98 MünchKomm-BGB/Koch, § 1375 Rn. 28; Palandt/Brudermüller, BGB, § 1375 Rn. 27; OLG Rostock, FamRZ 2000, 228.
99 BGH, FamRZ 2000, 948, 950; Miesen, in: Münchner Handbuch des Familienrechts, Rn. 296.
100 BGH, FamRZ 2000, 948, 950.
101 OLG Rostock, FamRZ 2000, 228.
102 OLG Schleswig, FamRZ 1986, 1208, 1209.
103 Palandt/Brudermüller, BGB, § 1375 Rn. 29.

54 **Umstritten** ist die Frage, ob die Ehegatten durch **Ehevertrag** die Bestimmung des § 1375 Abs. 2 BGB **abbedingen** können. Dafür spricht[104] einerseits, dass die Ehegatten durch Ehevertrag bestimmte Gegenstände aus dem Endvermögen ausnehmen können. Andererseits sieht § 1375 Abs. 3 BGB selbst vor, dass bei Billigung des anderen Ehegatten eine Hinzurechnung unterbleibt.

55 Bei der Hinzurechnung nach § 1375 Abs. 2 BGB ist nicht etwa zuvor das Endvermögen festzustellen und bei Überschuldung auf Null zu setzen, sondern es sind mit dem Betrag, der nach § 1375 Abs. 2 BGB hinzuzurechnen ist, **zunächst die Passiva auszugleichen**, denn der Zugewinnausgleichsberechtigte soll nicht besser gestellt werden, als er ohne die illoyale Vermögensverminderung durch den anderen Teil stünde.[105] Das Endvermögen vor Hinzurechnung kann also negativ sein. Nach Hinzurechnung ist das Endvermögen jedoch mindestens Null.[106]

56 Die **künftige hypothetische Entwicklung** des durch Vermögensminderung ausgeschiedenen Vermögensgegenstandes ist **unbeachtlich**, so dass z.B. bei der Schenkung eines Geldbetrages nicht auch die künftigen Zinsen dem Endvermögen zugerechnet werden dürfen.[107] Der hinzuzurechnende Vermögensgegenstand unterliegt jedoch einer **Indexierung** nach den allgemeinen Regelungen.

Trotz dieser gesetzlichen Anordnung hat die Hinzurechnung nur in wenigen Fällen praktische Auswirkungen, da meist trotz der Hinzurechnung die **Forderungsbegrenzung des § 1378 Abs. 2 BGB** auf das vorhandene Vermögen eingreift und einen Ausgleich der illoyalen Vermögensminderung verhindert. Dies gilt in Überschuldungsfällen, aber auch in Fällen mit positivem Endvermögen.[108]

57 Zum Schutz des anspruchsberechtigten Ehegatten kann dieser bei einem Ausfall seiner Forderung wegen § 1378 Abs. 2 BGB den **Dritten**, der eine unentgeltliche Zuwendung erhalten hat, durch welche der Anspruchsberechtigte benachteiligt werden sollte, nach **§ 1390 BGB** in Anspruch nehmen. Allerdings scheint diese Möglichkeit nur geringe praktische Bedeutung zu haben,[109] zumal bei Eingreifen des § 1390 BGB aufgrund des § 1375 Abs. 1 Satz 2 BGB Verbindlichkeiten beim ausgleichspflichtigen Ehegatten auch über den Vermögensbestand hinaus insoweit abgezogen werden können.

> **Hinweis:**
> Vor etwaigen gerichtlichen Schritten sollten die Erfolgsaussichten im Hinblick auf die Forderungsbegrenzung des § 1378 Abs. 2 BGB überprüft werden!

b) Stichtag

58 Stichtag für die Feststellung und Bewertung des Endvermögens ist die **Beendigung des Güterstandes** (§ 1375 Abs. 1 Satz 1 BGB). Bei Scheidung jedoch wird der Stichtag gemäß **§ 1384 BGB auf die Rechtshängigkeit des Scheidungsantrages**[110] vorverlegt (§§ 167, 253 Abs. 1, 261 Abs. 1 ZPO), d.h. die Ausgleichsforderung entsteht auch hier erst mit Beendigung des Güterstandes,[111] das entscheidende Datum

---

[104] MünchKomm-BGB/Koch, § 1375 Rn. 37; Staudinger/Thiele, BGB, § 1375 Rn. 39; a.A.: (nicht abdingbar) Gernhuber/Coester-Waltjen, 36 IV 3.

[105] Haußleiter/Schulz, Vermögensauseinandersetzung bei Trennung und Scheidung, Kap. 1 Rn. 80; MünchKomm-BGB/Koch, § 1375 Rn. 33; Palandt/Brudermüller, BGB, § 1375 Rn. 23; Schwab/Schwab, Handbuch des Scheidungsrechts, VII Rn. 160.

[106] Schwab/Schwab, Handbuch des Scheidungsrechts, VII Rn. 282 und Schröder/Bergschneider/Bergschneider, Familienvermögensrecht, Rn. 4.516.

[107] MünchKomm-BGB/Koch, § 1375 Rn. 32.

[108] Miesen, in: Münchner Handbuch des Familienrechts, § 19 Rn. 246 f., 251.

[109] Miesen, in: Münchner Handbuch des Familienrechts, § 19 Rn. 259.

[110] Vgl. OLG Düsseldorf, FuR 2001, 523: Folgt einem unberechtigten Eheaufhebungsantrag ein materiell gerechtfertigter Scheidungsantrag, dann ist letzterer maßgeblich.

[111] BGH, NJW 1995, 1832 – bei Tod des ausgleichsberechtigten Ehegatten nach Rechtshängigkeit aber vor Scheidung wird daher kein Ausgleichsanspruch vererbt.

für die Berechnung des Endvermögens aber ist bereits die **Rechtshängigkeit**.[112] Dies bietet zugleich Möglichkeiten für beide Seiten, durch Stellung und Rücknahme von Anträgen oder Wideranträgen einen jeweils günstigen Stichtag zu erreichen.[113] So kann etwa dadurch, dass sich der Antragsgegner dem Scheidungsantrag anschließt, dessen spätere Rücknahme verhindert und damit der Stichtag gesichert werden.[114]

Problematisch ist in diesem Zusammenhang die Vorschrift des **§ 1378 Abs. 2 BGB**, welche die Ausgleichsforderung auf das **bei Beendigung des Güterstandes** vorhandene Vermögen **begrenzt**. Trotz § 1384 BGB greift die Begrenzung nicht etwa für das bei Rechtshängigkeit vorhandene Vermögen.[115] Aus diesem Grunde besteht eine ganz erhebliche Gefahr der Vermögensminderung zwischen beiden Zeitpunkten,[116] für welche § 1375 Abs. 2 BGB nicht anwendbar ist, so dass diese Vorschrift nicht zum **Wegfall der Forderungsbegrenzung** nach § 1378 Abs. 2 BGB führt.[117] Die Vermögensminderung nach Eintritt der Rechtshängigkeit wird somit nicht mehr nach § 1375 Abs. 2 BGB dem Endvermögen hinzugerechnet.

Da § 1378 Abs. 2 BGB als Gläubigerschutzvorschrift **nicht disponibel** ist,[118] kann dieser Gefahr am besten durch den Abschluss eines Ehevertrags begegnet werden, welcher den Güterstand beendet, denn dann ist dieser Zeitpunkt auch für § 1378 Abs. 2 BGB maßgeblich.[119] Hiernach ist bei Scheidungsvereinbarungen die **Wahl der Gütertrennung** auch dann empfehlenswert, wenn wegen der Rechtshängigkeit des Scheidungsantrages die Stichtage bereits feststehen.[120]

59

> **Hinweis:**
>
> Zur Vermeidung von Vermögensverminderungen zwischen Rechtshängigkeit des Scheidungsantrags und Rechtskraft der Scheidung kann sich der Abschluss eines Ehevertrags empfehlen, mit dem die Zugewinngemeinschaft beendet wird. Dann bezieht sich die Begrenzung der Ausgleichsforderung nach § 1378 Abs. 2 BGB auf das in diesem Zeitpunkt vorhandene Vermögen.

Lässt sich eine solche einvernehmliche Regelung nicht herbeiführen, so ist eine Klage auf vorzeitigen Zugewinnausgleich in Betracht zu ziehen, wenn die Voraussetzungen vorliegen, denn mit Rechtskraft eines solchen Urteils tritt nach § 1388 BGB Gütertrennung ein.

60

> **Hinweis:**
>
> Ist eine solche einvernehmliche Regelung nicht zu erreichen, sollte eine Klage auf vorzeitigen Zugewinnausgleich geprüft werden.

Die **Sicherheitsleistung nach § 1389 BGB** ist nicht ausreichend, um der Gefahr des § 1378 Abs. 2 BGB zu begegnen, denn der Anspruch auf Sicherheitsleistung ist akzessorisch und beeinflusst die Höhe der ma-

61

---

112 Detailliert zu diesem Stichtag: Schröder, FamRZ 2003, 277; zur Bedeutung des Stichtages ferner Schröder/Bergschneider/Bergschneider, Familienvermögensrecht, Rn. 4.421 ff.
113 Hierzu Kogel, FamRB 2003, 124 f.
114 Haußleiter/Schulz, Vermögensauseinandersetzung bei Trennung und Scheidung, Kap. 1 Rn. 554.
115 BGH, NJW 1988, 2369; NJW 1995, 1832; kritisch hierzu Schwab/Schwab, Handbuch des Scheidungsrechts, VII Rn. 175.
116 Vgl. das instruktive Beispiel in Miesen, in: Münchner Handbuch des Familienrechts, § 19 Rn. 251; Schröder/Bergschneider/Bergschneider, Familienvermögensrecht, Rn. 4.432 nennt in diesem Zusammenhang § 1384 die am meisten reformbedürftige Vorschrift des Zugewinnausgleichs; vgl. auch Völlings/Fülbier, FuR 2003, 9.
117 Miesen, in: Münchner Handbuch des Familienrechts, § 19 Rn. 252; a.A.: Kogel, FamRB 2003, 124 f., der für eine analoge Anwendung des § 1375 Abs. 2 BGB plädiert.
118 BGH, FamRZ 1988, 925.
119 Vgl. Bergschneider, Verträge in Familiensachen, Rn. 610 f.
120 Winckelmann, FPR 2003, 167 ff.

teriellen Ausgleichsforderung nicht. Vorgeschlagen wird daher eine Sicherung durch Arrest nach §§ 916 ff. ZPO.[121]

62 Zum vorhandenen Vermögen i.S.d. § 1378 BGB zählt auch das Vermögen i.S.d. § 1374 Abs. 2 BGB. Soll dies vermieden werden, so ist etwa bei Zuwendungen von Eltern darauf zu achten, dass **Rückübertragungsklauseln**, mit denen sich die Eltern im Scheidungsfall einen Rückerwerb des übertragenen Objektes vorbehalten, bereits ab Rechtshängigkeit der Scheidung eingreifen, denn dann kann der Rückerwerb rechtzeitig vollzogen werden, so dass das Vermögen zum Stichtag des § 1378 BGB nicht mehr vorhanden ist.

63 **Unterhaltsforderungen**, die am Stichtag fällig waren, aber noch nicht bezahlt sind, gehören beim Verpflichteten zum Passiv- und beim Berechtigten zum Aktivvermögen.[122] Von Bar- oder Bankguthaben dürfen umgekehrt keine Beträge abgezogen werden, weil diese demnächst für den Unterhalt benötigt werden.[123]

64 **Steuern** sind in der Stichtagsberechnung folgendermaßen einzuordnen: Die Einkommensteuervorauszahlung entsteht jeweils am Ersten des Quartals, für das sie zu entrichten ist. Die Jahressteuerschuld entsteht erst mit Ablauf des Veranlagungszeitraumes, ebenso ein Erstattungsanspruch. Bevor Steuerschulden oder -ansprüche jedoch im Endvermögen eingerechnet werden, ist noch zu prüfen, ob eine **innere Aufteilung bzw. interne Freistellungsansprüche** bestehen,[124] denn diese sind ebenfalls mit einzustellen.[125]

c) Bewertung

65 Für die Bewertung des Endvermögens kann auf die Ausführungen beim Anfangsvermögen Bezug genommen werden.[126]

III. Bewertung von Unternehmen im Zugewinnausgleich

1. Gesetzliche Grundlagen

66 Die Bewertung von Vermögen für die Zwecke des Zugewinnausgleichs ist dann besonders schwierig, wenn es sich um **Sachgesamtheiten** handelt, denen ein anderer Wert zuzumessen ist, als er sich durch die Addition der Werte der einzelnen Sachen ergeben würde. Die **Bewertung von Unternehmen** ist in diesem Zusammenhang sowohl für den Betriebswirtschaftler aber auch für den Juristen ein komplexes Thema, das sich zudem – je nach vorherrschender Strömung in der betriebswirtschaftlichen Bewertungslehre – im Laufe der Zeit wandelt. Hier sollen die juristischen Eckpunkte einer Unternehmensbewertung im Zugewinn vorgestellt werden.

a) § 1376 BGB

67 Fragt man sich, welche gesetzlichen Grundlagen es für die Unternehmensbewertung zum Zwecke des Zugewinnausgleichs gibt, so ist die Antwort schnell gegeben. Mit diesem Thema beschäftigt sich lediglich **§ 1376 BGB**. Danach heißt es, dass für die Berechnung des Anfangsvermögens (Abs. 1) und des Endvermögens (Abs. 2) der Wert zugrunde zu legen ist, den das bei Eintritt bzw. Beendigung des Güterstandes vorhandene Vermögen in diesem Zeitpunkt hat.[127] Lediglich **für landwirtschaftliche Betriebe** enthält § 1376 Abs. 4 BGB eine eigene Bewertungsvorschrift. Ansonsten trifft das Gesetz keine weitergehenden Regelungen.

---

121 Winckelmann, FPR 2003, 167, 170.
122 OLG Celle, FamRZ 1991, 944.
123 BGH, FF 2003, 47 m. Anm. Kogel.
124 OLG Köln, FuR 1998, 368; vgl. BFH, DB 2003, 644 f.
125 Zu diesem Thema: Arens, FamRZ 1999, 257 ff.
126 Rn. 41 ff.
127 Daneben wird noch geregelt, dass für hinzuzurechnendes Vermögen bzw. Vermögensminderung die Zeitpunkte des Eintritts der Vermögensmehrung oder Minderung entscheidend sind.

Das BGB enthält auch **keinerlei allgemeine Vorschriften** zur Bewertung von Vermögensgegenständen, die für diesen Bereich fruchtbar gemacht werden könnten.[128]

68

Aus § 1376 BGB lassen sich daher nur einige wenige Erkenntnisse für die Bewertung gewinnen; dazu gehören die **Maßgeblichkeit des vollen Wertes**, die **Anwendung anerkannter Bewertungsgrundsätze** zur Feststellung dieses Wertes[129] und die **Stichtagsbezogenheit der Bewertung**.[130]

Gesondert ist in **§ 1376 Abs. 4 BGB** lediglich die **Bewertung für die Landwirtschaft** festgelegt. Danach ist für die Bewertung der landwirtschaftliche Ertragswert maßgeblich, wenn

69

- der **Inhaber in Anspruch genommen** wird (also nicht, wenn der Inhaber selbst Zugewinn verlangt),
- der Betrieb **sowohl im Anfangs- wie im Endvermögen** zu berücksichtigen ist (nicht mit in die Ertragswertberechnung einbezogen werden also Grundstücke, die während der Ehe hinzuerworben wurden, wenn durch ihr Herauslösen die Leistungsfähigkeit des Hofes nicht gefährdet ist[131]),
- die **Weiterführung** durch den Inhaber oder einen Abkömmling **erwartet werden kann** (Grundstücke, die praktisch baureif sind und deren Herauslösen die Leistungsfähigkeit des Hofes nicht gefährden würde, werden nicht nach dem Ertragswert bewertet.[132] Ebenso werden Grundstücke, die während der Ehe verkauft wurden, im Anfangsvermögen mit dem Verkehrswert angesetzt und zugekaufte Grundstücke im Endvermögen, wenn der Ankauf nicht dringenden betrieblichen Interessen diente[133]).

Als landwirtschaftlicher Ertragswert legen die nach Art. 137 EGBGB maßgeblichen **landesrechtlichen Vorschriften** zumeist das 18 bis 25fache des jährlichen Reinertrages fest.

70

Diese Vorschrift, welche die Landwirtschaft vor der **Zerschlagung** durch nach dem Verkehrswert bemessene Zugewinnansprüche schützen sollte, führt in der Praxis sehr häufig dazu, dass ein Zugewinn im Rahmen des landwirtschaftlichen Betriebes **nicht anfällt**, da die Ertragswerte unverändert oder sogar niedriger sind. Man wird zugleich feststellen müssen, dass dies denjenigen **Ehegatten schutzlos** stellt, der **nicht Hofinhaber ist**, aber über lange Jahre auf dem Hof mitgearbeitet und so zur Erhaltung und ggf. Wertsteigerung des Hofes beigetragen hat. Aus diesem Grunde werden hier zunehmend abweichende Vereinbarungen getroffen.

71

> **Hinweis:**
> Bei Mitarbeit in einem landwirtschaftlichen Betrieb des anderen Ehegatten sollte entweder eine konkrete Entlohnung durch Arbeitsvertrag sichergestellt oder die Regelung des § 1376 Abs. 4 BGB für die Wertberechnung des Betriebes nach dem landwirtschaftlichen Ertragswert modifiziert werden.

Die Vorschrift findet auf Bewertungen im Rahmen der Gütergemeinschaft keine entsprechende Anwendung.[134]

72

Im Unterhaltsrecht sind in der Landwirtschaft die besonderen Sachentnahmen durch Lebensmittel und Wohnraum zu beachten.[135] Umstritten ist, ob eine Gärtnerei landwirtschaftlich zu bewerten ist.[136]

---

128 Piltz/Wissmann, NJW 1985, 2673, 2675.
129 Schröder, Bewertungen im Zugewinnausgleich, Rn. 61.
130 Piltz/Wissmann, NJW 1985, 2673, 2676.
131 BGH, FamRZ 1991, 1166, 1167.
132 BGHZ 98, 382, 388 für Pflichtteilsansprüche; Büte, Zugewinnausgleich bei Ehescheidung, Rn. 134.
133 Haußleiter/Schulz, Vermögensauseinandersetzung bei Trennung und Scheidung, Kap. 1 Rn. 233.
134 BGH, FamRZ 1986, 776 f.
135 BGH, FamRZ 2005, 97.
136 Dafür Schröder, Bewertungen im Zugewinnausgleich, Rn. 125 unter Berufung auf BGH, FamRZ 1997, 351 ff.; a.A.: Haußleiter/Schulz, Vermögensauseinandersetzung bei Trennung und Scheidung, Kap. 1, Rn. 177: Sachwert, der zumeist höher ist als der Ertragswert.

b) Wirklicher Wert

73 Da das Anfangsvermögen nicht mehr ist als eine **Wertgröße**, müssen die einzelnen Vermögenspositionen – ggf. auch als Sachgesamtheiten – und die Passiva bewertet werden, um zu einem Vermögenswert zu kommen. Es lässt sich also „die Mathematik des Zugewinnausgleichsverfahrens ohne **Umrechnung** in gleiche Werteinheiten nicht bewerkstelligen."[137] Eine solche Bewertung hat für Anfangs- und Endvermögen **getrennt zu erfolgen**, und zwar auch dann, wenn ein und derselbe Gegenstand zu beiden Stichtagen im Vermögen vorhanden ist.

74 Einen **absoluten**, immer richtigen Wert wird es hierbei **nicht** geben, denn ein solcher lässt sich auch bei Anwendung anerkannter betriebswirtschaftlicher Methoden nicht punktgenau ermitteln.[138] Außerdem hängt der Wert auch von **subjektiven Beziehungen** der betroffenen Personen zum Bewertungsgegenstand ab; in diesem Zusammenhang ist schließlich noch der **Bewertungszweck** mit in die Betrachtung einzubeziehen, denn viele betriebswirtschaftliche Bewertungsmethoden sind für den Güteraustausch entwickelt worden und bei der Bewertung für den Zugewinnausgleich daher anpassungsbedürftig.[139]
Der Wert ist also ein **relativer, funktioneller Begriff**[140] und als solcher stets sachverhaltsspezifisch zu ermitteln.

Auch wenn das BGB selbst keinen allgemeingültigen Wertbegriff kennt, ist man sich einig hinsichtlich des Grundsatzes, dass für den Zugewinnausgleich der **volle wirkliche Wert** zu ermitteln ist.[141] Damit scheiden i.d.R. Handelsbilanzwerte oder davon abgeleitete steuerliche Werte aus, weil diesen nach § 252 Abs. 1 Nr. 4 HGB das **Vorsichtsprinzip** zugrunde liegt.[142]

c) Auswahl der Bewertungsmethode

75 Entgegen einiger Ansichten in der Lit., welche die betriebswirtschaftlich anerkannte Bewertungsmethode als zwingend auch für die Unternehmensbewertung im Zugewinn ansehen,[143] legt sich die **Rspr. nicht auf eine bestimmte Bewertungsmethode fest**. Sie ist der Ansicht, dass es Aufgabe des sachverständig beratenen Tatrichters ist, die im Einzelfall zutreffende Bewertungsmethode auszuwählen und anzuwenden.[144]

Folge dieser Einschätzung ist auch, dass die Bewertung von der Revisionsinstanz nur daraufhin überprüft werden kann, ob sie gegen **Denkgesetze und Erfahrungssätze** verstößt[145] oder sonst auf rechtsfehlerhaften Erwägungen beruht.[146] Das bedeutet, dass das Gericht aus den betriebswirtschaftlich und juristisch entwickelten Methoden die geeignete auswählt und auch mehrere aufgrund verschiedener Methoden ermittelte Werte zur endgültigen Bewertung heranzieht, etwa durch die **Bildung eines Mittelwertes**.[147] Es darf jedoch keine Vermischung verschiedener Methoden vorgenommen werden.[148] Im Hinblick auf die Bewertungsmethoden ist vieles umstritten. Nachfolgend werden die wichtigsten Bewertungsmethoden vorgestellt, die in der Rspr. zur Unternehmensbewertung eine Rolle gespielt haben.

---

137 Schröder, Bewertungen im Zugewinnausgleich, Rn. 59.
138 OLG Stuttgart, DB 2003, 2429.
139 Schröder, Bewertungen im Zugewinnausgleich, Rn. 62.
140 Henrich/Jaeger, Eherecht, § 1376 Rn. 6.
141 BVerfG, FamRZ 1985, 256, 260; BGH, FamRZ 1986, 37, 39; FamRZ 2005, 99; Bamberger/Roth/J. Mayer, BGB, § 1376 Rn. 3; MünchKomm-BGB/Koch, § 1376 Rn. 8; Henrich/Jaeger, Eherecht, § 1376 Rn. 5; Schröder, Bewertungen im Zugewinnausgleich, Rn. 61; Schwab/Schwab, Handbuch des Scheidungsrechts, VII Rn. 60.
142 Riedel, Bewertung, Rn. 150 f.
143 Piltz/Wissmann, NJW 1985, 2673, 2677.
144 BGH, FamRZ 2005, 99; FamRZ 2003, 1186, 1187; FamRZ 1991, 43; MünchKomm-BGB/Koch, § 1376 Rn. 8.
145 So Schröder, FamRZ 2005, 101 zum Ansatz der Ertragswertes anstelle des Liquidationswertes beim überschuldeten Unternehmen; dagegen Kuckenburg, FuR 2005, 401.
146 BGH, FamRZ 2005, 99; hierzu kritisch Piltz/Wissmann, NJW 1985, 2673, 2676, die die Auswahl und Anwendung der Methode als voll überprüfbare Rechtsfrage verstehen wollen.
147 OLG Bamberg, FamRZ 1995, 607 ff.; Henrich/Jaeger, Eherecht, § 1376 Rn. 17.
148 BGH, FamRZ 2005, 99.

d) Stichtagsbezogenheit

Für die Unternehmensbewertung bedeutet das Stichtagsprinzip, dass die Bewertung immer zum maßgeblichen Stichtag für das Anfangs- bzw. Endvermögen zu erfolgen hat und hierbei so zu bewerten ist, als wäre die Zeit danach nicht bekannt, d.h. es dürfen **nur die zum Stichtag vorhandenen Erkenntnisse** mit in die Bewertung einfließen.[149] Der BGH hat hierzu eine „**Wurzeltheorie**"[150] entwickelt. Danach sind all diejenigen späteren Entwicklungen mit einzubeziehen, deren Wurzeln in der Zeit vor dem Bewertungsstichtag liegen.[151]

2. Bewertungsmethoden für Unternehmen

a) Ertragswertverfahren

Die **zentrale Bewertungsmethode** – sie wird teilweise als die allein gültige angesehen, da sie von der Betriebswirtschaft als die zutreffende Bewertungsmethode verstanden wird[152] – ist die Ertragswertmethode. Sie ermittelt den **künftigen Ertrag eines Unternehmens**. Dem liegt die Annahme zugrunde, dass der Wert des Unternehmens sich danach richtet, was ein Dritter am Markt für ein Unternehmen zahlen würde. Dieser aber vergleicht die Rendite aus dem Unternehmen mit der Alternative einer anderen rentablen Geldanlage. Demnach ist der Ertrag des Unternehmens entscheidend für seinen Wert. Die Rspr. hat diese Methode zur Unternehmensbewertung **gebilligt**.[153]

aa) Zukunftserfolgswert

Unter dem **Ertragswert** versteht man die **Summe aller zukünftigen Erträge** des fortgeführten Unternehmens[154] **vermehrt um** den **Veräußerungswert des nicht betriebsnotwendigen** Vermögens zu Einzelveräußerungspreisen.[155] Unterste Grenze des Unternehmenswertes[156] ist hierbei der Liquidationswert.[157]

Die zukünftigen Erträge werden auf den Bewertungsstichtag **abgezinst** (kapitalisiert), um zu einem **Barwert** des Unternehmens am **Bewertungsstichtag** zu kommen.[158]

Sofern die künftige Ertragsperiode unbefristet ist geschieht die Kapitalisierung der zukünftigen Erträge nach der **Formel für die immerwährende Rente**.[159]

Der hierbei verwendete Abzinsungsfaktor heißt **Kapitalisierungszinssatz**. Er setzt sich zusammen aus dem **Basiszinssatz**, der sich üblicherweise nach der durchschnittlichen Effektivverzinsung inländischer öffentlicher Anleihen bemisst,[160] und verschiedenen Zuschlägen (die den Barwert vermindern) und Abschlägen (die den Barwert erhöhen). Erörtert wird insb. ein **Unternehmensrisikozuschlag**,[161] der zum Ausdruck bringt, dass die Anlage in Unternehmenswerte immer risikoreicher ist als diejenige in öffent-

---

149 Braunhofer, Unternehmens- und Anteilsbewertung, S. 109; Piltz/Wissmann, NJW 1985, 2673, 2676.
150 So OLG Düsseldorf, DB 2000, 81.
151 BGH, NJW 1973, 509, 511.
152 Piltz/Wissmann, NJW 1985, 2673, 2677.
153 BGH, FamRZ 1982, 54 f.; FamRZ 2005, 99 f.
154 Piltz/Wissmann, NJW 1985, 2673, 2674.
155 Borth, FamRB 2002, 339, 341; Burg/Gimnich, NotBZ 2005, 279, 286; Großfeld, Unternehmens- und Anteilsbewertung, 168 ff.; OLG Düsseldorf, DB 2000, 81.
156 Zum zusätzlichen Abzug negativen Eigenkapitals und zum Verbot der nochmaligen Berücksichtigung dieser Verbindlichkeiten im Endvermögen: BGH, FamRZ 2005, 99, 100.
157 Kuckenburg, FuR 2005, 401; Piltz/Wissmann, NJW 1985, 2673, 2674; Bamberger/Roth/J. Mayer, BGB, § 1376 Rn. 11.
158 Großfeld, Unternehmens- und Anteilsbewertung, 39.
159 BGH, FamRZ 1982, 54, 55.
160 BGH, FamRZ 1982, 54, 55; OLG Düsseldorf, DB 2000, 81.
161 BGH, FamRZ 1982, 54, 55; OLG Düsseldorf, DB 2000, 81, 83; gegen den Ansatz eines solchen Zuschlags: OLG Celle, NZG 1998, 987, 989.

lichen Anleihen. Ein solcher Zuschlag wird nach höheren Werten in der Vergangenheit nunmehr mit 0 – 2% in Ansatz gebracht.[162] Er kann entfallen, wenn der Sachverständige bereits durch eine vorsichtige Bewertung die unternehmerischen Risiken berücksichtigt hat.[163]

Z.T. wird auch für den Ansatz eines **Immobilitätszuschlags** plädiert, weil das Unternehmen nicht in gleicher Weise schnell in Liquidität verwandelt werden kann, wie andere Geldanlagen.[164] Allgemein hat sich ein solcher Zuschlag jedoch noch nicht durchgesetzt. Sofern die Gewinne aus dem Unternehmen die laufende Geldentwertung auffangen können (etwa durch Weitergabe in Form von Preiserhöhungen an Kunden), haben sie der reinen Kapitalanlage etwas voraus, was durch den **Geldentwertungsabschlag** vom Kapitalisierungszinssatz berücksichtigt wird.[165] Die Höhe dieses Geldentwertungsabschlages wird angenommen mit einem Prozentsatz zwischen 1 bis 3.[166]

Die Wirkungsweise der Zu- und Abschläge sowie die Berechnung des Barwertes wird nachfolgend dargestellt.[167]

Beispiel:
Der durchschnittliche Jahresgewinn sei 40.000 €. Der Basiszins betrage 8 %. Damit errechnet sich der Barwert wie folgt:

Barwert = Durchschnittsgewinn/Kapitalisierungszinsfuß (%).

Dies ergibt: 40.000 €: 8/100 = 500.000 €. Der Barwert beträgt also 500.000 €.

Ist ein Risikozuschlag von 2 % hinzuzuzählen, ergibt sich: 40.000 €: 10/100 = 400.000 €. Ein Zuschlag vermindert also den Barwert.

Soll noch ein Geldentwertungsabschlag von 2,5 % gemacht werden, so ist zu rechnen:
40.000 €: 7,5/100 ergibt einen Barwert von 533.333,33 €. Der Abschlag erhöht also den Barwert.

80 Neben dem Ertragswert kann nicht noch gesondert ein „**good will**" ausgerechnet werden, da dieser im Ertragswert bereits enthalten ist.[168]

bb) Prognose aus vergangenen Erträgen

81 Die Summe künftiger Erträge wird durch eine **Prognose auf der Grundlage der vergangenen Erträge** ermittelt unter der Annahme, dass die Entwicklung in der Zukunft in gleicher Weise verläuft.[169]

Bei dieser Zukunftprognose sind die Erträge aus der Vergangenheit als Grundlage zu nehmen. Diese sind **um einmalige, nicht periodengerechte Entwicklungen zu bereinigen** und um betriebliche Eigenleistungen zu erhöhen.[170]

Bei der Bewertung der Erträge in der Vergangenheit können die **jüngeren Jahre stärker gewichtet** werden,[171] wenn sich in der Entwicklung eine Tendenz zeigt.

---

162 BayObLG, AG 1995, 127, 129; OLG Hamm, FamRZ 1998, 235, 236; Büte, Zugewinnausgleich bei Ehescheidung, Rn. 52.
163 OLG Stuttgart, NZG 2000, 744, 747.
164 Schröder, Bewertungen im Zugewinnausgleich, Rn. 79.
165 OLG Düsseldorf, DB 2000, 81, 83.
166 Piltz/Wissmann, NJW 1985, 2673, 2679. Nach OLG Stuttgart, NZG 2000, 744, 747 kann der Abschlag entfallen, wenn auch der etwa gleichhohe Risikozuschlag weggelassen wird.
167 Nach Haußleiter/Schulz, Vermögensauseinandersetzung bei Trennung und Scheidung, Kap. 1 Rn. 104 ff.
168 Großfeld, Unternehmens- und Anteilsbewertung, 40; Henrich/Jaeger, Eherecht, § 1376 Rn. 14.
169 OLG Bamberg, FamRZ 1995, 607, 610.
170 Schröder, Bewertungen im Zugewinnausgleich, Rn. 75; vgl. die Übersicht bei Großfeld, Unternehmens- und Anteilsbewertung, 152 f.
171 Kogel, Strategien, Rn. 481.

Die Annahme, dass die Entwicklung in der Zukunft genauso verlaufe, enthält nicht unwesentlich ein **spekulatives Element**, das umso größer wird, je instabiler die wertbeeinflussenden Faktoren sind. So ist insb. bei einer kleinen Betriebsgröße, einem kleinen Kundenstamm und einer spezialisierten Leistung sowie einer hohen Abhängigkeit vom persönlichen Einsatz und den persönlichen Beziehungen des Inhabers, die Prognose sehr erschwert, so dass bei Vorliegen solcher Voraussetzungen ggf. auch ein **Mittelwert aus mehreren Methoden** zu bilden ist.[172] Bleibt man „methodenrein", so sind die besonderen Verhältnisse wachstumsstarker oder ertragsschwacher oder stark inhabergeprägter Unternehmen im Rahmen der Ertragswertmethode besonders zu berücksichtigen.[173]

82

War die **Berücksichtigung von Steuern bei der Unternehmensbewertung** lange Zeit umstritten,[174] so geht die moderne betriebswirtschaftliche Theorie in Deutschland nunmehr von einem Abzug sowohl der Ertragsteuern auf Ebene des Unternehmens wie auch der Ertragsteuern der Unternehmenseigner aus, die mit einem typisierten Ertragsteuersatz von 35% – Halbeinkünfteverfahren 17,5% – als sachgerecht angesetzt werden.[175] Korrespondierend sind die Steuern auch **im Kapitalisierungszinsfuß abzubilden**.[176]

83

cc) Nicht betriebsnotwendiges Vermögen

Dass zu dem Zukunftsüberschusswert der **Veräußerungswert des nicht betriebsnotwendigen** Vermögens zu Einzelveräußerungspreisen hinzuzuzählen ist, wird allgemein angenommen.[177] Die Rspr. hat erst jüngst formuliert, dass – gleich bei welcher Bewertungsmethode – nicht betriebsnotwendiges Vermögen von der Gesamtbewertung ausgenommen und mit dem Liquidationswert zu bewerten sei.[178] Die **Abgrenzung** des nicht betriebsnotwendigen Vermögens soll **funktional** zu treffen sein, d.h. danach, ob das entsprechende Vermögensgut veräußert werden kann, ohne dass die Unternehmensaufgabe berührt wird.[179] Damit soll die tatsächliche Nutzung entscheidend sein, **nicht hingegen eine hypothetische**.[180] So hat z.B. das BayObLG brauereieigene Gaststätten dem nicht betriebsnotwendigen Vermögen zugeordnet, nachdem nur noch 5 % des Biervertriebs über solche Gaststätten erfolgen.[181]

84

Bei der **Bewertung des nicht betriebsnotwendigen Vermögens** nach Einzelveräußerungswerten will die Rspr. eine **latente Ertragsteuer** abziehen. Dies wird durch die Bewertungsmethode gerechtfertigt, die auf einen Verkauf abstellt,[182] so dass die üblichen Verkaufskosten aber auch eine latente Ertragsteuer abzuziehen sind.[183] Der Abzug von **Veräußerungskosten** ist verschiedentlich als streitig bezeichnet[184] bzw. soll von der tatsächlichen Sachverhaltsgestaltung abhängen.[185] Der BGH hat jüngst aber rein auf die

85

---

172 OLG Bamberg, FamRZ 1995, 607, 610; kritisch zur Prognoseunsicherheit: Schwab/Schwab, Handbuch des Scheidungsrechts, VII Rn. 63.
173 IDW-Standard 2005, Tz. 155 ff. (Gliederungspunkt 8), WPg 2005, 1303, 1317 f.
174 So Großfeld/Stöver/Tönnes, BB-Spezial 7/2005, 2, 10.
175 IDW-Standard 2005, Tz. 32 ff., 53, 54, WPg 2005, 1303, 1307, Großfeld, Unternehmens- und Anteilsbewertung, 100 ff.; Großfeld/Stöver/Tönnes, BB-Spezial 7/2005, 2, 10; Reimann, DNotZ 1992, 472, 475; Schröder, Bewertungen im Zugewinnausgleich, Rn. 73.
176 IDW-Standard 2005, Tz. 102, WPg 2005, 1303, 1312; Großfeld/Stöver/Tönnes, BB-Spezial 7/2005, 2, 10.
177 Borth, FamRB 2002, 339, 341; Burg/Gimnich, NotBZ 2005, 279, 286; Großfeld, Unternehmens- und Anteilsbewertung, 168 ff.; Piltz/Wissmann, NJW 1985, 2673, 2674; BayObLG, AG 1995, 127 ff.; OLG Düsseldorf, DB 2000, 81.
178 BGH, FamRZ 2005, 99.
179 Großfeld, Unternehmens- und Anteilsbewertung, 168.
180 Umstritten: vgl. BayObLG, AG 1995, 127 ff.; OLG Düsseldorf, AG 1999, 321, 324.
181 BayObLG, AG 1995, 127 ff.
182 BGH, FamRZ 2005, 99, 101; Manderscheid, ZFE 2005, 341, 343.
183 OLG Düsseldorf, DB 2000, 81; allerdings war im dort vorliegenden Fall ein späterer Verkauf geplant und hat dann auch tatsächlich stattgefunden.
184 Großfeld, Unternehmens- und Anteilsbewertung, 170; BGH, ZIP 1998, 1161, 1166.
185 OLG Düsseldorf, DB 2000, 81, 82.

Methode abgestellt und – zu Recht – betont, wenn die Wertermittlung Beträge ansetze, die sich nur durch Veräußerung erzielen lassen, dann müssten auch die Kosten abgezogen werden.[186]

Auch ein **Verlustvortrag**, der durch eigene Gewinne des Unternehmens nicht mehr hätte ausgeglichen werden können, soll als nicht betriebsnotwendiges oder neutrales Vermögen anzusetzen sein.[187]

86 Im sogleich zu besprechenden **IDW-Standard** hat das nicht betriebsnotwendige Vermögen eine eigene Regelung erfahren. Danach ist die gesonderte Bewertung unter Abzug der Veräußerungskosten und einer Berücksichtigung der Steuern, allerdings unter Differenzierung nach konkreter Erlösverwendung, vorzunehmen. Ferner ist zu berücksichtigen, ob solches Vermögen der Kreditsicherung dient und seine Veräußerung daher die Finanzierungskosten erhöht.[188]

> **Hinweis:**
> Zu beachten ist, dass bei der Unternehmensbewertung das nicht betriebsnotwendige Vermögen separat zu bewerten ist!

dd) Unternehmerlohn

87 Bei der Ermittlung des Unternehmenswertes ist ein **kalkulatorischer Unternehmerlohn** abzuziehen,[189] da die unternehmerische Tätigkeit des Veräußerers sich nicht oder jedenfalls nicht ohne gesondertes Entgelt fortsetzt. Dieser ist **bei Einzelunternehmen und Personengesellschaften** noch nicht in den Ergebnisrechnungen enthalten, so dass hier eine Korrektur erfolgen muss.[190] Der Abzug hat sich zu bemessen nach dem, was ein nicht am Unternehmen Beteiligter für die Geschäftsführungsleistung erhalten würde[191] zzgl. eines Zuschlages von 20% für den Arbeitgeberanteil zur Sozialversicherung.[192] In gleicher Weise sind Korrekturpositionen einzustellen, wenn Angehörige des Unternehmers bisher unentgeltlich im Unternehmen mitgearbeitet haben.[193]

ee) Markt

88 Neben der Berechnung des Ertragswertes ist immer auch zu überprüfen, **ob es für das Unternehmen einen Markt gibt**; nur dann ist der Ansatz des Ertragswertes als Wert für das fortgeführte Unternehmen möglich.[194]

b) IDW-Standard S 1

89 Ließ sich schon bei der **Schilderung des Ertragswertverfahrens** zeigen, dass über die Bewertungsgrundsätze **ganz unterschiedliche Meinungen** sowohl hinsichtlich der anzuwendenden Methode als auch innerhalb einer Methode hinsichtlich der durchzuführenden Bewertungsschritte bestehen, so ist es umso wichtiger, dass sich allgemeine Standards entwickeln, an die man sich bei der Unternehmensbewertung halten kann und die auch bei der ehevertraglichen Gestaltung[195] als allgemein zugänglich und vernünftig in Bezug genommen werden können. Als ein solcher Standard haben sich die vom Haupt-

---

186 BGH, FamRZ 2005, 99, 101.
187 Großfeld, Unternehmens- und Anteilsbewertung, 173.
188 IDW-Standard 2005, Tz. 67 ff., WPg 2005, 1303, 1310.
189 BGH, FamRZ 1999, 361, 364; Borth, FamRB 2002, 339, 340; Fischer-Winckelmann, FuR 2004, 433, 436; Manderscheid, ZFE 2005, 341, 344.
190 IDW-Standard 2005, Tz. 50, WPg 2005, 1303, 1308.
191 Riedel, Bewertung von Gesellschaftsanteilen, Rn. 167; IDW-Standard 2005, Tz. 50, WPg 2005, 1303, 1308.
192 Haußleiter/Schulz, Vermögensauseinandersetzung bei Trennung und Scheidung, Kap. 1 Rn. 100.
193 IDW-Standard 2005, Tz. 50, WPg 2005, 1303, 1308.
194 Haußleiter/Schulz, Vermögensauseinandersetzung bei Trennung und Scheidung, Kap. 1 Rn. 107.
195 Zur ehevertraglichen Vereinbarung von Bewertungsmethoden vgl. C. Münch, Ehebezogene Rechtsgeschäfte, Rn. 608 ff.

fachausschuss des Instituts der Wirtschaftsprüfer verabschiedeten „**Grundsätze zur Durchführung von Unternehmensbewertungen (IDW S 1)**" etabliert.

Diese werden periodisch überprüft und verändert und sind erst jüngst am 18.10.2005 wieder neu beschlossen worden.[196] Dieser Standard ist zur Bewertung von Unternehmen durch Wirtschaftsprüfer gebildet worden. Er wird ergänzt durch die **Stellungnahme des Hauptfachausschusses zur Unternehmensbewertung im Familien- und Erbrecht**, die auch im neuen IDW-Standard noch in seiner Fassung von 1995[197] zitiert wird, so dass dieses nach wie vor die insoweit gültige Fassung ist.[198]

Die Bewertung der Neuerungen im IDW-Standard 2005 ist noch uneinheitlich, dies gilt sowohl für die Bewertung nach Abzug von Steuern wie auch für den Verweis auf die Aktienrendite.[199] Weitere wichtige Änderungen sind die Abkehr von der Vollausschüttungshypothese und die Unterscheidung von Kursgewinnen und Dividendenrenditen.[200]

90

Der IDW-Standard ermittelt den **Zukunftserfolgswert** des Unternehmens mit der Untergrenze des Liquidationswertes und stellt hierfür mit dem **Ertragswertverfahren** und dem **Discounted-Cash-Flow-Verfahren** zwei Methoden zur Verfügung. Der Substanzwert hat nach diesem Standard keine eigenständige Bedeutung mehr.[201] In einem allgemeinen Teil erläutert der Standard zunächst Grundsätze für beide Bewertungsmethoden.

91

Wie bereits bei der Ertragswertmethode als der in der Rspr. gebräuchlichsten dargelegt, basiert die Unternehmensbewertung nach Auffassung des IDW zunächst auf einer **Vergangenheitsanalyse**.[202] Daraus ist eine **Zukunftsprognose** zu entwickeln, die häufig nach einem **Zweiphasenmodell** verläuft. In einer näheren ersten Phase können auf der Grundlage der ermittelten Datenbasis die verschiedenen Einflussfaktoren einzeln veranschlagt werden. Diese Phase dauert zumeist bis etwa fünf Jahre nach dem Stichtag. In der zweiten Phase werden die Daten dann – ausgehend von den Ergebnissen der ersten Phase – als konstant oder konstant wachsend angesehen. Diese Ergebnisse werden dann einer **zusätzlichen Plausibilitätsprüfung** unterzogen.[203]

Der IDW-Standard sieht **als gleichartige Alternativinvestition**, mit der zu vergleichen ist, die Renditen eines Bündels von am Kapitalmarkt notierten Unternehmensanteilen an (Aktienportfolio) und nimmt Korrekturen hinsichtlich unterschiedlicher Steuerbelastungen vor.[204]

92

Der IDW-Standard stellt sodann mit der **Ertragswertmethode** und dem **Discounted Cash Flow-Verfahren** zwei gleichrangige Bewertungsmethoden zur Verfügung, die zu gleichen Unternehmenswerten führen müssten.[205]

aa) Ertragswertmethode

Die Ertragswertmethode nach IDW S 1 ermittelt den **Unternehmenswert durch Diskontierung** der den Unternehmenseignern zukünftig zufließenden finanziellen Überschüsse, die aus den künftigen handelsrechtlichen Erfolgen (Ertragsüberschussrechnung) abgeleitet werden. Die Ertragswertmethode[206] wurde

93

---

196 IDW-Standard 2005, WPg 2005, 1303 ff. Zum neuen Standard: Großfeld/Stöver/Tönnes, BB-Spezial 7/2005, 2 ff.
197 Stellungnahme HFA 2/1995, Zur Unternehmensbewertung im Familien- und Erbrecht, WPg 1995, 522 ff.
198 Hierzu Rn. 107 ff.
199 Baetge/Lienau, WPg 2005, 805 ff.; Großfeld/Stöver/Tönnes, BB-Spezial 7/2005, 2, 12 f.; Laas, WPg 2006, 290 f.
200 Laas, WPg 2006, 290, 292.
201 IDW-Standard 2005, Tz. 6, WPg 2005, 1303, 1305.
202 IDW-Standard 2005, Tz. 80 f., WPg 2005, 1303, 1311.
203 IDW-Standard 2005, Tz. 83 f., WPg 2005, 1303, 1311.
204 IDW-Standard 2005, Tz. 101, 124 f., WPg 2005, 1303, 1312.
205 IDW-Standard 2005, Tz. 110, WPg 2005, 1303, 1313.
206 Rn. 77 ff.

insoweit bereits vorgestellt. Der IDW-Standard trifft **Detailaussagen** zur periodengerechten Korrektur einzelner Bilanzansätze, zu den Auswirkungen der künftigen Finanzplanung im Hinblick auf Zinskosten und zur Ermittlung des richtigen Kapitalisierungszinssatzes.

bb) Discounted-Cash-Flow-Verfahren (DCF)

94 Das **DCF-Verfahren** bestimmt den Unternehmenswert durch Diskontierung von Cashflows, d.h. es wird anstelle des Ertragsüberschusses auf die zukünftigen **Einnahmeüberschüsse** abgestellt, die auf den Barwert abzuzinsen sind. Zu bewerten ist letztendlich der **Free Cash-Flow**, d.h. die entnehmbaren Überschüsse.

Diese Methode, welche nicht zuletzt auf dem Einfluss des Shareholder-Value-Ansatzes beruht, entspricht **internationalen Tendenzen** und gewinnt daher auch in Deutschland immer mehr an Boden. Sie hat erste gesetzliche Anerkennung gefunden, indem § 297 Abs. 1 Satz 2 HGB im Konzernanhang börsennotierter Mutterunternehmen eine Kapitalflussrechnung fordert. **Bei den Gerichten** ist das DCF-Verfahren aber wohl der Ertragswertmethode noch nicht gleichgestellt.[207]

95 Der Vorteil des DCF-Verfahrens ist, dass **nach Ermittlung der zu erwartenden Zahlungsströme** eine Bewertung vorliegt, die nicht beeinflusst ist von periodenfremden Bilanzierungsverfahren, Bilanzwahlrechten und anderen sonst zu korrigierenden außerordentlichen Faktoren.

Da der **freie Cash-Flow** diejenige Summe ist, die allen Kapitalgebern zur Verfügung steht, muss für die Unternehmensbewertung eine Methode gefunden werden, die für das Eigenkapital zur Verfügung stehenden Zahlungsströme zu bestimmen. Hierzu stellt der IDW-Standard 2005 drei Methoden zur Verfügung: das Konzept der gewogenen Kapitalkosten (**WACC-Ansatz**), das Konzept des angepassten Barwerts (**APV-Ansatz**) und das Konzept der direkten Ermittlung des Eigenkapitals (**Equity-Ansatz**). Diese Methoden unterscheiden sich in der Art und Weise, wie die auf das Eigenkapital entfallenden Zahlungsströme ermittelt werden, sind aber nach IDW S 1 gleichwertig und müssten auch zu jeweils gleichen Ergebnissen führen.[208]

> **Hinweis:**
> Das DCF-Verfahren ist betriebswirtschaftlich auf dem Vormarsch, durch die Rspr. der Zivilgerichte aber noch nicht abgesichert. Ehevertraglich könnte das Verfahren gleichwohl vereinbart werden.

c) Substanzwertmethode

96 Neben der Ertragswertmethode hat in der Rspr. noch die Substanzwertmethode eine gewisse Rolle gespielt, die jedoch auf dem **Rückzug** begriffen ist und im Wesentlichen noch dort zur Anwendung gelangt, **wo die Ertragswertmethode ungeeignet ist**, etwa weil für das Unternehmen kein Markt besteht oder das Unternehmen derart inhabergeprägt ist, dass mit der Ertragswertmethode kein realistischer Wert festgestellt werden kann. Die **Betriebswirtschaft** ist **skeptisch**, was die Eignung der Substanzwertmethode zur Bestimmung des Unternehmenswertes anbelangt.[209] Es fehlt schon an der Bewertung des Zusammenspiels der Gegenstände und Rechte, die in ihrer Sachgesamtheit den Wert der einzelnen Gegenstände und Rechte übersteigen.

aa) Reproduktions- oder Wiederbeschaffungswert

97 Bei der Ermittlung des Substanzwertes wird der Wert gesucht, der erforderlich wäre, um das Unternehmen „nachzubauen".[210] Es ist daher die **Summe der Zeitwerte zu Wiederbeschaffungspreisen** aller

---

207 So Großfeld, Unternehmens- und Anteilsbewertung, 159.
208 Näher zu diesen Verfahren: Großfeld, Unternehmens- und Anteilsbewertung, 159 ff.; Riedel, Bewertung von Gesellschaftsanteilen, Rn. 213 ff.; Haufe-Index 659818 mit verständlicher Einführung und Berechnungsbeispielen.
209 IDW-Standard 2005, Tz. 6, WPg 2005, 1303, 1305; Burg/Gimnich, NotBZ 2005, 279, 281.
210 Piltz/Wissmann, NJW 1985, 2673, 2674.

selbstständig veräußerbaren Gegenstände des Unternehmens **abzgl. aller Verbindlichkeiten** zu bilden.[211] Der Substanzwert heißt aus diesem Grunde auch Reproduktions- oder Rekonstruktionswert.[212] Dafür ist jeder Gegenstand einzeln zu bewerten, es kann nicht auf vorhandene Bilanzansätze zurückgegriffen werden. Die stillen Reserven sind aufzulösen.[213]

bb) Gesonderte Bewertung des good-wills

In der so geschilderten Berechnung des **Substanzwertes** ist der „**good-will**" eines Unternehmens **nicht enthalten**. Dieser ist zusätzlich gesondert zu bewerten. Der BGH hat es im Rahmen der Berechnung eines Mittelwertes nicht beanstandet, wenn dieser aus Substanzwert ohne „good-will" und Ertragswert gebildet wird.[214]

98

d) Liquidationswert

Als Liquidationswert kann man den **Veräußerungswert der einzelnen Gegenstände** des Unternehmensvermögens abzgl. Schulden, Kosten und Steuern ansehen. Der Liquidationswert liegt regelmäßig ca. 20 bis 25 % unter dem Wiederbeschaffungswert.[215] Je nach Verständnis ist der Liquidationswert auch noch niedriger als der Verkaufswert, da er den bei sofortiger Veräußerung erzielbaren Erlös abbildet.[216] Die Gerichte erlauben insoweit nicht die schonende sich über mehrere Jahre hinziehende Abwicklung, sondern fordern eine Bewertung zum Stichtag.[217] Insoweit stellt der Liquidationswert, der von einer Zerschlagung des Unternehmens ausgeht, jedenfalls betriebswirtschaftlich die **Untergrenze des Firmenwertes** dar.[218] Da die Bewertungsmethode von einer Veräußerung ausgeht, sind **auch bei nur fiktiver Veräußerung** latente Ertragsteuern und Veräußerungskosten abzuziehen.[219]

99

Der Liquidationswert ist der wahre Wert, wenn die Auflösung tatsächlich stattfindet. Problematisch sind **ertragsschwache Unternehmen**, die fortgeführt werden. So wird vertreten, dass sich die **Methodenwahl** beim überschuldeten Einzelunternehmen auf den Ansatz des Liquidationswertes **reduziert**.[220] Nach anderer Auffassung soll das nicht gelten, wenn die Überschuldung etwa auf Überentnahmen beruht, das Unternehmen hingegen nicht ertragsschwach ist.[221]

100

Güterrechtlich problematisch ist, ob bei einem ertragsschwachen Unternehmen dessen Liquidation verlangt werden kann. Dies soll nur dann der Fall sein, wenn ein unrentables, liquidationsreifes Unternehmen aus wirtschaftlich nicht vertretbaren Gründen weitergeführt wird, **nicht** hingegen bei einem ertragsschwachen Unternehmen, das aber **jedenfalls den kalkulatorischen Unternehmerlohn** sichert und damit den Unterhalt des Unternehmers und ggf. seines Ehegatten.[222]

101

---

211 Henrich/Jaeger, Eherecht, § 1376 Rn. 14; Manderscheid, ZFE 2005, 341, 342.
212 Großfeld, Unternehmens- und Anteilsbewertung, 36; Schröder, Bewertungen im Zugewinnausgleich, Rn. 67; AnwK-BGB/Limbach, § 1376 Rn. 9.
213 Haußleiter/Schulz, Vermögensauseinandersetzung bei Trennung und Scheidung, Kap. 1 Rn. 115.
214 BGH, FamRZ 1982, 54.
215 Haußleiter/Schulz, Vermögensauseinandersetzung bei Trennung und Scheidung, Kap. 1 Rn. 121.
216 AnwK-BGB/Limbach, § 1376 Rn. 12.
217 BayObLG, WM 1995, 1580, 1583.
218 Henrich/Jaeger, Eherecht, § 1376 Rn. 15; Kogel, Strategien, Rn. 478; Riedel, Bewertung von Gesellschaftsanteilen, Rn. 133.
219 Haußleiter/Schulz, Vermögensauseinandersetzung bei Trennung und Scheidung, Kap. 1 Rn. 112; Schröder, Bewertungen im Zugewinnausgleich, Rn. 82; BGH, FamRZ 1991, 43, 48; anders jedoch: BGH, ZIP 1998, 1161, 1166 für den Fall, dass eine Veräußerung gar nicht ansteht, da sonst Benachteiligung der im Unternehmen verbleibenden Gesellschafter.
220 Schröder, FamRZ 2005, 101.
221 Kuckenburg, FuR 2005, 401.
222 BGH, FamRZ 1986, 776 f.; Borth, FamRB 2002, 340, 371, 372; Haußleiter/Schulz, Vermögensauseinandersetzung bei Trennung und Scheidung, Kap. 1 Rn. 112.

e) Geschäftswert (good-will)

102 Als „good-will" bezeichnet man den **über den Substanzwert hinausgehenden Wert** eines Unternehmens, den ein Käufer bereit ist zu entrichten. In diesem sog. inneren Wert oder Geschäftswert ist materiell der **sog. Übergewinn** repräsentiert.[223]

Ein „good-will" ist insb. bei inhabergeprägten kleinen Unternehmen und Freiberuflerpraxen in der Gerichtspraxis festgestellt worden. Er setzt voraus, dass sich mit dem Unternehmen **auch für Dritte Erträge erzielen lassen**, ansonsten ist ein „good-will" nicht feststellbar.[224] Hierzu muss festgestellt werden, dass Unternehmen der entsprechenden Art in nennenswertem Umfang veräußert werden oder der „good-will" durch Aufnahme weiterer Eigner realisiert wird.[225] Dies ist in jedem Fall im Rahmen einer Einzelfallprüfung festzustellen.

103 Der „good-will" begründet sich vor allem auf

- Ruf und Ansehen des Inhabers,
- günstigen Standort,
- Art und Verweildauer der Kunden,
- Konkurrenzsituation,
- Mitarbeiterstamm,
- Umsatzvolumen,
- Geschäftsbeziehungen etc.[226]

Der „good-will" hat folglich einen eigenen Marktwert und kann auch **bilanziert** werden (§ 255 Abs. 4 HGB, § 7 Abs. 1 Satz 3 EStG).

Er ist nach Auffassung des BGH von der **persönlichen Arbeitskraft** des Inhabers zu **unterscheiden**.[227]

> **Hinweis:**
> Im Ertragswert eines Unternehmens ist der „good-will" bereits enthalten.

f) Verkaufswert

104 Veräußerungswert ist derjenige Wert, der bei einer Veräußerung der Gegenstände erzielbar ist. Er liegt um die **Handelsspanne unter dem Substanz- oder Wiederbeschaffungswert**. Er soll nur für solche Gegenstände gelten, die zum Verkauf bestimmt sind oder deren wirtschaftlicher Wert typischerweise durch Verkauf realisiert wird.[228] Sofern ein Verkauf nicht aktuell beabsichtigt ist, kann ein vorübergehender Preisrückgang nicht wertmindernd berücksichtigt werden.[229] Der Verkaufswert spielt in der Unternehmensbewertung eine geringe Rolle.

---

223 Piltz/Wissmann, NJW 1985, 2673, 2674.
224 So z.B. für den Handelsvertreter, Haußleiter/Schulz, Vermögensauseinandersetzung bei Trennung und Scheidung, Kap. 1 Rn. 205 m.w.N.; Schröder, Bewertungen im Zugewinnausgleich, Rn. 129; so OLG München, FamRZ 1984, 1096 für einen Architekten; MünchKomm-BGB/Koch, § 1376 Rn. 21; weitergehend Bamberger/Roth/J. Mayer, BGB, § 1376 Rn. 13.
225 BGH, FamRZ 1977, 38, 40; FamRZ 1980, 37, 38; FamRZ 1999, 361, 362.
226 BGH, FamRZ 1999, 361, 362.
227 BGH, FamRZ 1999, 361, 362.
228 Haußleiter/Schulz, Vermögensauseinandersetzung bei Trennung und Scheidung, Kap. 1 Rn. 117; Schwab/Schwab, Handbuch des Scheidungsrechts, VII Rn. 64.
229 BGH, FamRZ 1986, 37, 40.

g) Mittelwert

Aufgrund der Schwierigkeiten der Wertermittlung hat der BGH mehrfach auch die Bildung eines **Mittelwertes aus Ertrags- und Substanzwert** gebilligt, wobei der Substanzwert ohne „good-will" zu rechnen ist, da dieser bereits im Ertragswert enthalten ist.[230] Beim Mittelwertverfahren wird der Wert nach verschiedenen Verfahren festgestellt und dann ein Endwert bestimmt, der die Mitte der festgestellten Werte bildet. Nicht zulässig ist die Vermischung verschiedener Bewertungsmethoden im Rahmen einer einheitlichen Wertfeststellung.[231]

h) Stuttgarter Verfahren

Erwähnt sei noch das sog. „Stuttgarter Verfahren", weil dieses in vielen Satzungen zur Abfindungswertbestimmung herangezogen wird. Das Stuttgarter Verfahren dient der **Finanzverwaltung** zur Bestimmung von Anteilswerten bei nicht börsennotierten Kapitalgesellschaften. War es früher vor allem im Rahmen der Vermögensteuer von Bedeutung, so ist es heute noch für Zwecke der **Erbschaftsteuer** in Anwendung.[232]

Es handelt sich um eine **Kombination von Ertrags- und Vermögens- oder Substanzwert** der Gesellschaft.[233] Das Stuttgarter Verfahren führt seit einigen Änderungen nunmehr i.d.R. zu einer **Unterbewertung** der Unternehmensanteile im Verhältnis zur Ertragswertmethode. Es ist daher vor allem für Bewertungen geeignet, bei denen aufgrund starker Personenbezogenheit des Unternehmens eine zeitliche Begrenzung der Erträge nahe liegt[234] oder in denen etwa kraft Satzung eine bewusst niedrigere Bewertung im Interesse der Unternehmensfortführung erreicht werden soll.

3. Unternehmensbewertung im Zugewinnausgleich

Wie bereits festgestellt wurde, hängt die Bewertung ganz **entscheidend von ihrem Zweck ab**.[235] Auch die betriebswirtschaftliche Unternehmensbewertung stellt den Bewertungsauftrag und die daraus zu ziehenden Schlussfolgerungen in die Vorüberlegungen ein.[236] Das IDW hat daher ein eigenes Ergänzungsgutachten zur Unternehmensbewertung im Familien- und Erbrecht entwickelt.[237] Nach diesen Regelungen soll zunächst in einem ersten Schritt ein objektivierter Wert festgestellt werden, der dann in einem zweiten Schritt zu einem **fairen Einigungswert** übergeleitet werden soll.[238]

a) Zugewinnausgleich als spezifischer Bewertungszweck

Folgende Besonderheiten sind bei der Bewertung von Unternehmen im Rahmen des Zugewinnausgleichs zu nennen:

- Zunächst soll nicht ein Wert zwischen Veräußerer und Erwerber ermittelt werden, den der Erwerber mit einer alternativen Geldanlage vergleicht, sondern es soll entsprechend den Prinzipien des gesetzlichen Güterstandes **der in der Ehe erwirtschaftete Unternehmenswert** zwischen den Ehegatten **hälftig aufgeteilt** werden, so dass jeder Ehegatte nach Durchführung des Zugewinnausgleichs gleich viel hat.[239]

---

230 BGH, FamRZ 1982, 54; FamRZ 1986, 37, 39; OLG Bamberg, FamRZ 1995, 607 ff.; Büte, Zugewinnausgleich bei Ehescheidung, Rn. 36; Henrich/Jaeger, Eherecht, § 1376 Rn. 17; Schröder, Bewertungen im Zugewinnausgleich, Rn. 130; a.A.: Großfeld, Unternehmens- und Anteilsbewertung, 42: überholte Methode.
231 BGH, FamRZ 2005, 99 f.
232 R 97 ff. ErbStR 2003.
233 Zum Stuttgarter Verfahren jüngst: Burg/Gimnich, NotBZ 2005, 279, 282; Mannek, NWB Fach 9, S. 2787 (v. 21.3.2005).
234 Großfeld, Unternehmens- und Anteilsbewertung, 53; Reimann, DNotZ 1992, 472, 475.
235 Großfeld, Unternehmens- und Anteilsbewertung, 25.
236 IDW-Standard 2005, Tz. 2, WPg 2005, 1303, 1304.
237 Stellungnahme HFA 2/1995, WPg 1995, 522 ff.
238 Stellungnahme HFA 2/1995, WPg 1995, 522.
239 Braunhofer, Unternehmens- und Anteilsbewertung, 118.

- Sodann enthält der Zugewinnausgleich **spezifische Reaktionsmechanismen** wie etwa die Stundung nach § 1382 BGB, welche ein Ausweichen auf eine andere Bewertungsmethode ggf. überflüssig machen. Ferner steht mit § 1377 Abs. 3 BGB eine Auffangvorschrift zur Verfügung, die zulasten des Unternehmer-Ehegatten den Unternehmenswert als Zugewinn ansieht, wenn der Wert beim Anfangsvermögen nicht nachgewiesen werden kann.
- Während bei der Wertberechnung zwischen Verkäufer und Erwerber jeder Teil eine Bewertung vornimmt und ein in Aussicht genommenes Geschäft nur zustande kommt, wenn die Beteiligten eine Annäherung bei der Bewertung erzielen, ist die Bewertung im Zugewinnausgleich eine „**Mussbewertung**", die notfalls durch das Gericht entschieden wird.[240]
- Bei der Bewertung im Zugewinnausgleich ist zu beachten, dass im Zusammenhang mit der Scheidung im Rahmen des Zugewinns das vorhandene Vermögen aufgeteilt wird, dass aber im Rahmen des Unterhalts das **künftige Einkommen des ausgleichsverpflichteten Ehegatten** eine Rolle spielt und eine Doppelverwertung vermieden werden muss, so dass nicht derselbe Wert oder seine konstituierenden Faktoren einmal im Zugewinn und zum anderen bei der Unterhaltsberechnung herangezogen werden können.[241]
- Wegen der endgültigen vermögensrechtlichen Abrechnung im Zugewinn ist eine **abschließende Stichtagsbewertung** vorzunehmen. Eine vorläufige Bewertung mit späterer Korrektur – so wie in § 2313 BGB – kommt nicht in Betracht.
- Im Rahmen des Zugewinnausgleichs gilt die **strenge Stichtagsregelung**, so dass das Unternehmen, auch wenn es sowohl zum Anfangs- wie auch zum Endvermögen gehört, zu beiden Stichtagen getrennt zu bewerten ist, und zwar mit den zum jeweiligen Stichtag vorhandenen Erkenntniskriterien.[242] Allerdings hat die Bewertung für beide Stichtage nach derselben Bewertungsmethode zu erfolgen und nicht nach der zum jeweiligen Stichtag vorherrschenden Methode.[243]
- Ein sog. „**Realisierungsprinzip**", wonach ein Wert im Zugewinnausgleich nur angesetzt werden dürfe, wenn er sich auch am Markt erzielen lässt,[244] lässt sich nach überwiegender Ansicht hingegen **nicht aus den Vorschriften über den Zugewinn herleiten**.[245]

> **Hinweis:**
> Der spezifische Bewertungszweck „Zugewinnausgleich" muss bei der Bewertung von Unternehmen Beachtung finden.

b) Verbot der Doppelverwertung in Zugewinnausgleich und Unterhalt

109 Durch mehrere Urteile[246] und Beiträge[247] ist das Thema der Doppelberücksichtigung von **Vermögenspositionen und Schulden bei Unterhalt und Zugewinn** derzeit sehr aktuell.

110 Der BGH hat entschieden, dass eine **gesellschaftsrechtlich ausgestaltete Mitarbeiterbeteiligung** (stille Beteiligung an einer Mitarbeiter-KG, die an den Bestand des Arbeitsverhältnisses geknüpft war und bei Ausscheiden nur zu einer Abfindung zum Nennwert führt), welche die Parteien bei einem Unterhaltsvergleich bereits einbezogen hatten, nicht noch zusätzlich mit dem Beteiligungswert im Zugewinnausgleich

---

240 Piltz/Wissmann, NJW 1985, 2673, 2675.
241 Henrich/Jaeger, Eherecht, § 1376 Rn. 16.
242 Stellungnahme HFA 2/1995, II.1., WPg 1995, 522, 523.
243 Stellungnahme HFA 2/1995, II.2., WPg 1995, 522, 523.
244 So aber Michalski/Zeidler, FamRZ 1997, 397, 398.
245 Kleinle, FamRZ 1997, 1133; Bamberger/Roth/J. Mayer, BGB, § 1376 Rn. 4.
246 BGH, FamRZ 2003, 432; FamRZ 2004, 1352 = NJW 2004, 2675; OLG München, FPR 2004, 505.
247 Anm. Schröder, FamRZ 2003, 434; Anm. Bergschneider, FamRZ 2004, 1353; Anm. Kogel, FamRZ 2004, 1866; Kogel, FamRZ 2004, 1614 ff.; Schröder, FamRZ 2005, 89 mit Replik Kogel; Gerhardt/Schulz, FamRZ 2005, 145 f., 317 ff.

berücksichtigt werden kann. Er hat dazu aus **§ 1587 Abs. 3 BGB**, der eine Doppelberücksichtigung von Anrechten bei Versorgungsausgleich und Zugewinnausgleich ausschließt, einen **allgemeinen Grundsatz** abgeleitet, dass eine Doppelberücksichtigung auch gegenüber dem Unterhalt nicht erfolgen kann.[248]

In einer späteren Entscheidung hat der BGH ausgeführt, dass Parteien, welche eine Arbeitnehmerabfindung als unterhaltsrelevant ihrer Unterhaltsverpflichtung zugrunde legen, damit **ehevertraglich** diese Abfindung aus dem Zugewinn ausschließen.[249] Zumeist ist bei bloßen Unterhaltsvereinbarungen die notarielle **Form** für die güterrechtlichen Eheverträge **nicht gewahrt**. Gleichwohl steht nach BGH eine solche Abrede **nach Treu und Glauben** einer Einstellung des Abfindungsbetrages in den Zugewinn entgegen, da die Vertragsparteien sich sonst in Widerspruch zu ihrem früheren Verhalten setzen.[250] Damit korrigiert der BGH **nach § 242 BGB**, nicht jedoch nach § 1381 BGB.[251]

In einem weiteren Urteil hat der BGH[252] dem OLG Celle widersprochen, das eine Abfindung **mit einer Kredittilgung verrechnet** und zusätzlich unterhaltsrechtlich gewürdigt hatte. Nach BGH hätte bei einer unterhaltsrechtlichen Berücksichtigung der Kredit als weiterbestehend behandelt werden müssen.

> **Hinweis:**
> Das Verbot der Doppelberücksichtigung von Vermögenspositionen/Abfindungen/Beteiligungen im Zugewinnausgleich und beim Unterhalt ist somit nunmehr vom BGH allgemein aufgestellt.

Eine ähnliche Problematik ergibt sich bei der Berücksichtigung von **Schulden**. Wenn die Schuld beim Zugewinnausgleich vom Endvermögen desjenigen Ehegatten abgezogen worden ist, der die Schuldentilgung übernimmt, so würde mit einer zusätzlichen Berücksichtigung der Schuldentilgung bei der Unterhaltsberechnung gleichfalls eine **Doppelbelastung eintreten**. Der unterhaltsberechtigte Ehegatte würde je nach Konstellation[253] letztendlich den gesamten Kredit tilgen. Daher hat das OLG München[254] m.E. zu Recht entschieden, dass dann, wenn die Schuld bereits beim Zugewinn als Passivposten eingestellt war, die Tilgungen nicht nochmals als Abzugsposten beim Unterhalt berücksichtigt werden dürfen. Anders hingegen für die Zinszahlungen; diese haben beim Zugewinnausgleich keine Berücksichtigung gefunden. In der Lit. hat diese Auffassung Unterstützung gefunden,[255] aber auch Kritik geerntet.[256] Es wird abzuwarten sein, ob sich der BGH dem anschließt.

111

> **Hinweis:**
> Über das Verbot der Doppelberücksichtigung von Schulden im Zugewinnausgleich und beim Unterhalt muss der BGH noch entscheiden.

Wo die Vermögensposition zugeordnet wird,[257] kann **von erheblicher wirtschaftlicher Bedeutung** sein, wenn etwa der Unterhalt wegen Wiederheirat entfällt oder der Zugewinnausgleich schon verjährt ist[258] oder auf Unterhalt oder Zugewinn ehevertraglich verzichtet worden war. Zu beachten ist ferner gerade im

112

---

248 BGH, FamRZ 2003, 432.
249 Kritisch hierzu Gerhardt/Schulz, FamRZ 2005, 145, 146.
250 BGH, FamRZ 2004, 1352 = NJW 2004, 2765.
251 So aber OLG Frankfurt, FamRZ 2000, 611.
252 BGH, FamRZ 2005, 967.
253 Vgl. insoweit die Liquiditätszusammenstellungen bei Kogel, FamRB 2005, 207 f.
254 OLG München, FamRZ 2005, 459 und OLG München, FamRZ 2005, 713.
255 Gerhardt/Schulz, FamRZ 2005, 145 f., 317 f. mit getrennter Darstellung der Schuldarten; Niepmann, FF 2005, 131 ff., die danach entscheiden will, ob sich die Schuld tatsächlich auf den Zugewinn ausgewirkt hat; Kogel, FamRZ 2004, 1614, 1617; Grziwotz, MittBayNot 2005, 284.; ders., FPR 2006, 485 ff.
256 Schmitz, FamRZ 2005, 1520; Schulin, FamRZ 2005, 1521.
257 Gegen Wahlrecht und für Vorrangigkeit der Unterhaltsberücksichtigung Gerhardt/Schulz, FamRZ 2005, 145, 146.
258 Eingehend Kogel, FamRZ 2004, 1614, 1615 f.

Hinblick auf die Unternehmensbewertung, dass die Zugewinnberechnung nach Durchführung der Prognose unveränderlich ist, auch bei völlig anderer Gewinnentwicklung; die Unterhaltsbemessung hingegen kann angepasst werden.

Die **Bedeutung dieser Rspr. für** die **Unternehmensbewertung im Zugewinn** ist bisher noch **wenig erörtert**.

113 **Kritik** hat die Rspr. des BGH **zur gesellschaftsrechtlichen Mitarbeiterbeteiligung** erfahren, da hier eine Doppelberücksichtigung gerade nicht vorliege, weil der Unterhalt nur auf die Erträge dieser Beteiligung zugreife, der Zugewinnausgleich hingegen auf die Substanz, so dass der BGH nach dieser Ansicht die Frage der Bewertung einer solchen Beteiligung nicht hätte offen lassen dürfen.[259] Daraus wird die Konsequenz entwickelt, das **Ertragswertverfahren** sei für die Bewertung von Unternehmen oder Unternehmensbeteiligungen im Zugewinn **nicht mehr geeignet**.[260] Noch weitergehend wird aus der Übereinstimmung der Korrekturberechnungen zwischen steuerlichem und unterhaltsrechtlichem Einkommen gefolgert, eine Unternehmensbewertung sei im Zugewinn **gar nicht mehr erforderlich**, wenn die Parteien nicht die Herausnahme aus dem Unterhalt vereinbart hätten.[261] Dieser Ansicht ist nunmehr auch das OLG Oldenburg beigetreten.[262]

Beide **Schlussfolgerungen** sind wohl **zu weitgehend**, jedenfalls noch nicht aus dem einen besprochenen Urteil des BGH zu folgern. Dann hätte der BGH sich intensiver mit seiner **bisherigen gefestigten Rspr.** zur Bewertung von Freiberuflerpraxen auseinandersetzen müssen, mit der er – bei einer anderen Bewertungsmethode für die Freiberuflerpraxis – ausdrücklich ausgeführt hatte, dass bei der Bewertung **eben nicht** künftige Erträge kapitalisiert werden, sondern **nur der Praxiswert** mit den in der Vergangenheit aufgebauten Nutzungsmöglichkeiten.[263] Dieses Urteil hat der BGH sogar noch durch Bezugnahme bestätigt.

114 Zudem hat der BGH die **Besonderheit des Falles der Mitarbeiterbeteiligung** betont, bei welcher die Beteiligung untrennbar mit dem Arbeitsverhältnis verknüpft war. Hier liegt eher der Vergleich mit der sicheren Arbeitsstelle oder dem Beamtenverhältnis nahe, das auch im Zugewinnausgleich nicht kapitalisiert wird. Dementsprechend hatte die Vorinstanz auch die Beteiligung als zukünftiges Arbeitseinkommen gewertet.

Gleichwohl wird die Rspr. **Konsequenzen für die Unternehmensbewertung** im Zugewinn haben müssen, insofern als bei dieser genau beachtet werden muss, nicht zu einer Doppelerfassung des Unternehmens im Zugewinn und Unterhalt zu gelangen.

c) Folgen für die Bewertung im Zugewinnausgleich

aa) Anpassung der Bewertungsmethoden an das Doppelverwertungsverbot

115 Im **Grundsatz** ist zunächst bei den dargestellten **betriebswirtschaftlichen Bewertungsmethoden** anzusetzen, um eine zutreffende Unternehmensbewertung zu erhalten. Da auch für § 1376 BGB der wahre, wirkliche Wert anzusetzen ist, muss die Wertberechnungsmethode mit Blick auf den betriebswirtschaftlichen Stand der Entwicklung ausgewählt werden. Damit steht das Ertragswertverfahren im Vordergrund.

116 Allerdings ist immer im Blick zu behalten, dass bei der Bewertung im Zugewinnausgleich **nicht** die künftigen **Erträge** als Wert zu erfassen sind, **sondern** der am Stichtag bestehende **Vermögenswert** des Unternehmens, der sich nur in den künftig zu erzielenden Erträgen spiegelt.[264]

---

259 Brudermüller, NJW 2003, 3166.
260 Brudermüller, NJW 2003, 3166; hiergegen: Kogel, FamRZ 2004, 1614, 1619.
261 Fischer-Winckelmann, FuR 2004, 433 ff.
262 OLG Oldenburg, NJW 2006, 2125 f.
263 BGH, FamRZ 1999, 361, 363.
264 BGH, FamRZ 1999, 361, 363.

Zudem werden die **künftigen Erträge** – d.h. der Wertmesser für den Vermögenswert – im Rahmen des 117
Ehegattenunterhalts dann zur Unterhaltsberechnung herangezogen. Hier ist das soeben geschilderte **Verbot der Doppelverwertung** zu beachten. Aus diesem Grunde muss mit der allgemeinen Aussage, dass die
Bewertung sich nach dem Bewertungszweck zu richten habe, Ernst gemacht werden. Fraglich ist, welche
Konsequenzen hieraus zu ziehen sind.

- Einen **generellen Vorrang** des Einstellens von Unternehmen oder Unternehmensbeteiligungen in das
Unterhaltsrecht sollte es **nicht** geben.[265] Dies mag schon an dem Umstand verdeutlicht werden, dass
der Unterhalt sich zwar aus dem künftigen Einkommen und damit auch aus den Erträgen des Unternehmens des Unterhaltsverpflichteten errechnet, dass aber der **unterhaltsrechtliche Halbteilungsgrundsatz** gerade bei den im Unternehmerbereich vorkommenden überdurchschnittlichen Einkommensverhältnissen **durchbrochen** ist, weil bei **gehobenen Einkommensverhältnissen** auf eine **konkrete Unterhaltsberechnung** abgestellt wird mit dem Argument, das restliche Einkommen werde nicht für
den Unterhalt, sondern zur Vermögensbildung verwendet.[266] Es wäre nicht richtig, hohe Vermögenswerte aus dem Zugewinn herauszunehmen mit Verweis auf das Unterhaltsrecht, in dem sich dann eine
Beteiligung des Nichtunternehmer-Ehegatten nicht oder jedenfalls nicht annähernd in vollem Umfange
verwirklicht.

- Die Tendenz, auch **Unternehmen** im Zugewinn hoch zu bewerten, **die in dritter Hand nichts wert
sind**, weil sie allein auf der persönlichen Leistung des Inhabers beruhen,[267] muss sich wieder abschwächen. Es wird zwar dabei zu bleiben haben, dass auch unveräußerliche Beteiligungen aufgrund ihres
Nutzungswertes im Zugewinn zu bewerten sind. Jedenfalls aber muss die **persönliche Leistung** eines
solchen Inhabers für die **Unterhaltsbemessung** vorbehalten bleiben und nicht werterhöhend im Zugewinn wirken. So sieht denn auch die Stellungnahme des HFA zur Unternehmensbewertung im Familien- und Erbrecht ausdrücklich vor, dass der Gutachter darlegen soll, inwieweit er bei der Unternehmensbewertung Sachverhalte berücksichtigt hat, die auch bei der Bemessung von Unterhaltspflichten
von Bedeutung sein können (z.B. Trennung von Unternehmerlohn und Unternehmenserfolg).[268] Dies
legt es nahe, dass in solchen Fällen im Rahmen der individuellen Unternehmensbewertung die im Unterhaltsbereich berücksichtigten Faktoren für die Bewertung im Zugewinn herausgerechnet werden
müssen.

- Solches kann vor allem dadurch geschehen, dass dort, wo bisher ein **kalkulatorischer Unternehmerlohn** abgezogen wurde, wie etwa bei der Verwendung der Ertragswertmethode, nicht nur auf den
durchschnittlichen Lohn nach einer vergleichbaren Position abgestellt wird, sondern im Rahmen des
Zugewinns mit Blick auf die Einstellung des „Unternehmerlohnes" in den Unterhalt der **konkrete Unternehmerlohn** berücksichtigt – d.h. im Zugewinn abgezogen – wird.

- In gleicher Weise ist dann bei der Bewertung einer **Freiberuflerpraxis** bei Errechnung des „**goodwills**" jeder personenbezogene Anteil aus diesem „good-will" zu eliminieren. Es ist daher mit Blick auf
die unterhaltsrechtliche Erfassung gerade **nicht der höhere „subjektgebundene good-will"** in die Bewertung beim Zugewinn einzustellen, sondern nur der niedrigere „objektgebundene good-will".[269] Das
bedeutet dann, dass für die Kanzlei des Staranwaltes oder die Praxis eines Herzspezialisten[270] der Wert
im Zugewinn entsprechend sinkt, wenn kein Dritter die Praxis mit vergleichbarem Ruf führen kann.[271]
Der Umstand, dass der Staranwalt oder der Herzspezialist bei Scheidung seine Praxis nicht aufgibt,

---

265 So aber Fischer-Winckelmann, FuR 2004, 433 ff.
266 BGH, FamRZ 1994, 1169, 1170; OLG Düsseldorf, FamRZ 1991, 806 ff.; OLG Köln, FamRZ 2002, 326; OLG
Karlsruhe, NJW-RR 2000, 1026; OLG Koblenz, FamRZ 2000, 605 ff. und 1366 f.; OLG Frankfurt, FamRZ
1997, 353; OLG Hamm, FamRZ 1992, 1175.
267 Bamberger/Roth/J. Mayer, BGB, § 1376 Rn. 13.
268 Stellungnahme HFA 2/1995, IV., WPg 1995, 522, 525.
269 A.A.: Bamberger/Roth/J. Mayer, BGB, § 1376 Rn. 13.
270 Beispiel aus Bamberger/Roth/J. Mayer, BGB, § 1376 Rn. 13.
271 Für die Eliminierung der subjektiven Elemente Henrich/Jaeger, Eherecht, § 1376 Rn. 16; Braunhofer, Unternehmens- und Anteilsbewertung, 119; Klinghöffer, FamRZ 1991, 882, 885.

sondern weiterhin nutzt, führt dazu, dass ihm dies teilweise im Zugewinn berechnet wird (nämlich bei den objektiven nicht personenbezogenen Umständen des „good-wills"), teilweise aber beim Unterhalt („Freiberuflerlohn"), jedenfalls aber nicht doppelt.[272]

- Bei dieser auf die Besonderheiten des Zugewinns abstellenden Bewertung sollte es auch dann verbleiben, wenn im Einzelfall etwa Unterhalt nicht geltend gemacht wird oder wegen Verzichts oder Wiederheirat des Berechtigten entfällt.

> **Hinweis:**
> Das Verbot der Doppelverwertung wird Konsequenzen für die Unternehmensbewertung im Zugewinn haben müssen, die bisher noch kaum diskutiert sind.

bb) Liquidation und nachwirkende eheliche Solidarität

118 Schließlich ist die Aussage, dass der **Liquidationswert als Mindestwert** anzusetzen ist, d.h. bei niedrigerem Ertragswert die betriebswirtschaftliche Unternehmensbewertung gleichwohl den höheren Liquidationswert annimmt, **güterrechtlich zu relativieren**.

Der Liquidationswert ist als der wahre Wert immer dann anzunehmen, wenn das Unternehmen wegen des Zugewinnausgleichs **in engem zeitlichen Zusammenhang tatsächlich liquidiert** werden muss und Abhilfe auch nicht durch eine Stundung nach § 1382 BGB erreicht werden kann.[273]

119 Ansonsten ist die Rspr. für die Bewertung im Zugewinn der Auffassung, es sei eine Entscheidung des Zugewinnausgleichsverpflichteten, ob er den Betrieb liquidiert oder weiterführt. **Führt er das Unternehmen fort**, obwohl der Ertragswert unter dem Liquidationswert liegt, so kommt **nicht** etwa der Ansatz des **Liquidationswertes** schon deshalb in Betracht, weil dieser betriebswirtschaftlich die unterste Wertgrenze bildet. Vielmehr kommt es zum Ansatz des Liquidationswertes nur dann, wenn ein unrentables, liquidationsreifes Unternehmen aus wirtschaftlich nicht vertretbaren Gründen weitergeführt wird.[274]

Liegt bei einer Fortführung des Unternehmens der **Ertragswert unter** dem **Liquidationswert** – so regelmäßig in der Landwirtschaft – so besteht aber **güterrechtlich noch keine Pflicht zur Liquidation**.[275] Aus diesem Grund setzt die Rspr. auch nicht den Liquidationswert an. Schon aus verfassungsrechtlichen Gründen soll eine Pflicht zur Liquidation ausscheiden, wenn der Unternehmer wenigstens seinen kalkulatorischen Unternehmerlohn aus dem Unternehmen erwirtschaften kann.[276] Hier spricht eine nachwirkende eheliche Solidarität dafür, nicht die Liquidation durch Ansetzen von Liquidationswerten zu erzwingen.

cc) Fairer Einigungswert

120 Schließlich muss im Rahmen des Zugewinns ein fairer Einigungswert gefunden werden, der auch die **anderen Vermögenswerte** in der Gesamtbilanz des Zugewinns und die **Folgen der Finanzierung und Besteuerung** der Zugewinnausgleichsleistung[277] mit in den Blick nimmt. Ausgehend von der Prämisse des Zugewinnausgleichs, dass der Zugewinn zwischen den Ehegatten hälftig geteilt wird, kann die Berechnung so erfolgen, dass letztlich beiden Ehegatten ein gleich hohes Nettovermögen verbleibt.

---

272 Vgl. auch Klingelhöffer, FamRZ 1991, 882, 884, der auf den Widerspruch hinweist, dass der Unternehmer unterhaltsrechtlich zur Fortsetzung der Berufstätigkeit verpflichtet wird, während er im Zugewinnausgleich behandelt wird, als hätte er sein Unternehmen verkauft.
273 BGH, FamRZ 1986, 776, 779 f.; FamRZ 1986, 1196, 1197; FamRZ 1993, 1183, 1185; FamRZ 1995, 1270, 1271.
274 BGH, FamRZ 1986, 776, 779.
275 Strenger: Bamberger/Roth/J. Mayer, BGB, § 1376 Rn. 11: kein unökonomisches Verhalten zulasten des anderen Ehegatten.
276 Borth, FamRB 2002, 340, 371, 372.
277 Stellungnahme HFA 2/1995, IV., WPg 1995, 522, 525.

IV. Bewertung von Freiberuflerpraxen im Zugewinnausgleich

1. Grundsätze der Bewertung von Freiberuflerpraxen

Aufgrund der starken Prägung freiberuflicher Praxen durch den Inhaber will die Rspr. hier im Gegensatz zur betriebswirtschaftlichen Theorie eine **andere Bewertung** vornehmen und nicht an den Ertragswert anknüpfen, da der Ertrag hier nicht vom Inhaber zu trennen sei.[278]

121

Nach dem von der Rspr. gebilligten **sog. modifizierten Umsatzverfahren**, dem die Bewertungskriterien der freiberuflichen Standesorganisationen zugrunde liegen, setzt sich der Wert einer freiberuflichen Praxis zusammen aus dem **Substanzwert** und dem Geschäfts- oder Praxiswert („**good-will**"). Letzterer wiederum wird **aus dem Umsatz in einem bestimmten Zeitabschnitt multipliziert mit einem individuell bestimmten Faktor** abgeleitet.[279]

a) Substanzwert

Der Sach- oder Substanzwert setzt sich zusammen aus dem reinen Substanzwert der **Praxiseinrichtung** (Einrichtungsgegenstände, Arbeitsgeräte, Warenvorräte und sonstige Hilfsmittel).[280] Maßgeblich ist der **Wiederbeschaffungswert** der jeweiligen Gegenstände. Hinzuzuzählen sind Guthaben auf Bankkonten, abzuziehen sind Verbindlichkeiten. Zum Substanzwert zählen auch die **noch offenen Honorarforderungen** mit ihrem Nennwert und ohne Steuerkürzung.[281]

122

b) Good-will

I.d.R. wird bei einer eingeführten Freiberuflerpraxis ein Erwerber neben dem reinen Sachwert auch einen darüber hinausgehenden **Geschäftswert** entgelten. Ein solcher „**good-will**" setzt sich zusammen aus Ruf und Ansehen des Praxisinhabers, Standort, Art und Zusammensetzung der Kunden, Mitarbeiterstamm, Umsatzvolumen etc. Der „good-will" hat einen eigenen **Marktwert**. Die damit gegebene Nutzungsmöglichkeit der Freiberuflerpraxis bestimmt somit maßgeblich den Wert.[282]

123

Der BGH sieht in dieser **Nutzungsmöglichkeit** den Wert zum Stichtag verkörpert und will diese unterscheiden von der Kapitalisierung zukünftiger Gewinne des Freiberuflers.[283] Anknüpfend an die Ausführungen zum Einfluss des Doppelverwertungsverbots auf die Bewertung[284] wird auch hier dafür plädiert, bei der Bemessung des „good-wills" die subjektbezogenen Kriterien außer Betracht zu lassen, da diese im Unterhaltsrecht Beachtung finden. Wenn schon der Verkauf als zur Wertbemessung entscheidender Maßstab herangezogen wird, so ist zu beachten, dass die **subjektbezogenen Kriterien** des „good-wills" nicht mitverkauft werden können.

Für die Ermittlung des „good-wills" greift die Rspr. auf Bewertungsregeln zurück, die von den **Standesorganisationen** aufgestellt wurden. Diese ermitteln den Wert der Freiberuflerpraxis i.d.R. nach der Umsatzmethode, wonach der Bruttoumsatz der letzten fünf Jahre festzustellen und zu gewichten ist. Nicht maßgeblich ist hingegen der Gewinn und damit die Kostenstruktur. Daraus ist der **durchschnittliche Jahresbruttoumsatz** zu errechnen. Zur Berechnung des good-wills ist dieser Jahreswert mit einem **Berechnungsfaktor zu multiplizieren**, der von den Standesvertretungen i.d.R. mit einem Korridor angegeben ist. Auf diesen Faktor wirken sich verschiedene Umstände aus.

124

---

278 BGH, FamRZ 1991, 43, 44.
279 OLG Düsseldorf, FamRZ 2004, 1106.
280 Büte, Zugewinnausgleich bei Ehescheidung, Rn. 75.
281 BGH, FamRZ 1991, 43, 45.
282 BGH, FamRZ 1999, 361, 362.
283 BGH, FamRZ 1999, 361, 363.
284 Rn. 109 ff.

Beispiele:

Langer Praxisbetrieb, gemischte Kundschaft, Konkurrenzdichte, Lebensalter und Spezialisierung des ausscheidenden Freiberuflers.[285]

125 Ob tatsächlich ein „good-will" vorhanden ist, bedarf **in jedem Einzelfall** der Prüfung. Voraussetzung ist stets, dass es in nennenswertem Umfang einen Markt zur Veräußerung der Freiberuflerpraxis oder zur entgeltlichen Aufnahme eines weiteren Freiberuflers gibt.[286] Ein „good-will" kann auch dann völlig fehlen, wenn die Praxis **erst kürzlich eingerichtet** wurde[287] oder es sich um eine der künstlerischen Tätigkeit verwandte Tätigkeit handelt[288] oder die Prägung völlig durch das individuelle Können des Inhabers erfolgt.[289] Gesondert zu prüfen ist, ob sich das Verbot, Mandantendaten zu übertragen, auf den „good-will" auswirkt, ob es also zu einem „**Veräußerungsschwund**" kommt.[290]

c) Unternehmerlohn

126 Die Praxis zieht nach Ermittlung des Zwischenergebnisses nach Rn. 122 und Rn. 123 ff. einen **fiktiven kalkulatorischen Unternehmerlohn** ab, da insoweit die Arbeitskraft des Inhabers nicht mit übergeben wird.[291]

Im Zuge des Problems der **Doppelverwertung** wurde bereits kritisch angemerkt, dass nicht nur ein kalkulatorischer Unternehmerlohn, der sich zudem meist nach einer Tätigkeit im Angestelltenverhältnis bemisst, abzuziehen ist, sondern der „good-will" um seine **subjektive Komponente zu bereinigen** ist.

d) Latente Ertragsteuern

127 Die Rspr. bringt von dem so ermittelten Wert die **latenten Ertragsteuern** in Abzug, und zwar nicht nur in den Fällen, wo eine Veräußerung tatsächlich beabsichtigt ist, sondern generell als Konsequenz der Bewertungsmethode. Die Steuern seien wie unvermeidbare Veräußerungskosten anzusehen.[292] Dabei hat die Rspr. den Abzug pauschal des halben Steuersatzes auch angesichts der Abschaffung entsprechender Privilegierung gebilligt.[293]

e) Korrekturkriterien

128 Eine Korrektur des so gefundenen Ergebnisses kann aufgrund des **Bewertungsziels, einen fairen Einigungswert zu finden**,[294] erforderlich sein, insb. wenn der Unternehmer-Ehegatte durch Mitarbeit in der Praxis seinen Lebensunterhalt und den des geschiedenen Ehegatten bestreitet. Hier kann auch eine Rolle spielen, welche steuerlichen Folgen der Zugewinn für jeden Ehegatten hat. Teilweise werden die Korrekturkriterien nachträglich angebracht, teilweise werden sie hingegen bei der Bemessung des Bewertungsfaktors im Rahmen der Umsatzmethode berücksichtigt.

---

285 Vgl. die Zusammenstellung bei Büte, Zugewinnausgleich bei Ehescheidung, Rn. 75.
286 So der BGH in seinem Grundsatzurteil FamRZ 1977, 38, 40; Henrich/Jaeger, Eherecht, § 1376 Rn. 19; Horn, FPR 2006, 317 ff.
287 Büte, Zugewinnausgleich bei Ehescheidung, Rn. 75.
288 OLG München, FamRZ 1984, 1096 f. für einen Architekten.
289 MünchKomm-BGB/Koch, § 1376 Rn. 21.
290 Borth, FamRB 2002, 340, 371, 374; Michalski/Zeidler, FamRZ 1997, 397, 401.
291 BGH, FamRZ 1991, 43 ff.; FamRZ 1999, 361, 364 ff.; Borth, FamRB 2002, 340, 341; Haußleiter/Schulz, Vermögensauseinandersetzung bei Trennung und Scheidung, Kap. 1 Rn. 175; Wendl/Staudigl/Gerhardt, Das Unterhaltsrecht in der familienrechtlichen Praxis, Rn. 175; Heid, DStR 1998, 1565, 1570. Gegen einen Abzug beim Umsatzverfahren Schröder, FamRZ 2004, 1108; wohl aber nur terminologische Frage, ob gesonderter Abzug oder Wahl eines niedrigeren Bewertungsfaktors.
292 BGH, FamRZ 1991, 43, 48; FamRZ 2005, 99; Borth, FamRB 2002, 340, 371, 373; Henrich/Jaeger, Eherecht, § 1376 Rn. 19; Manderscheid, ZFE 2005, 341, 343.
293 BGH, FamRZ 1999, 361, 365.
294 Stellungnahme HFA 2/1995, IV., WPg 1995, 522 ff., 525.

2. Anwaltskanzlei

Die **Bundesrechtsanwaltskammer** hat **Empfehlungen** zur Bewertung von Anwaltskanzleien herausgegeben.[295] Danach wird der Praxiswert wie vorstehend geschildert aus Substanzwert und „good-will" nach der **Umsatzmethode** bemessen. Es sind die Umsätze – ohne USt[296] – der letzten drei Jahre zu betrachten, wobei das letzte Jahr doppelt gewichtet ist. Die Umsätze sind um außerordentliche Einnahmen zu bereinigen. Als **Berechnungsfaktor** gehen die Empfehlungen von einer Zahl zwischen 0,5 und 1 aus. Nur ganz ausnahmsweise – und in jüngerer Zeit angesichts geringerer Mandantentreue noch seltener[297] – kann dieser Faktor bis 1,5 steigen. Die Empfehlungen enthalten einen Katalog von Faktoren, die bei der Berechnung des sog. **Fortführungswertes** im Rahmen des Zugewinns für die Bemessung des Bewertungsfaktors von Bedeutung sind. Von diesem Wert ist sodann ein kalkulatorischer Anwaltslohn in Abzug zu bringen, der sich gestuft nach Lebensalter und Praxisumsatz an die Richterbesoldung anlehnt, die um 40% erhöht wird wegen der den Richtern gewährten Altersversorgungen und Beihilfen.[298]

129

3. Notarkanzlei

Für die Bewertung einer Notarkanzlei kommt es derzeit auf den reinen Substanzwert an, da **ein „goodwill" nicht existiert**, weil die Praxis nicht veräußert werden kann, sondern die Notare staatlich ernannt werden.[299]

130

4. Steuerberaterkanzlei

Für die Steuerberaterpraxis hat der BGH gebilligt,[300] die Bewertung entsprechend den **Empfehlungen der Bundessteuerberaterkammer** vorzunehmen. Danach ist der durchschnittliche Umsatz der letzten drei Jahre heranzuziehen und mit einem Faktor von 1 bis 1,5 zu multiplizieren. Der kalkulatorische Unternehmerlohn und latente Ertragsteuern sind in Abzug zu bringen.[301]

131

5. Arztpraxis

Für Arztpraxen gibt es **Richtlinien der Ärztekammern**,[302] die von der Rspr. des BGH[303] akzeptiert sind. Danach ist der **durchschnittliche Bruttojahresumsatz** zu ermitteln, von dem ein **kalkulatorischer Arztlohn** abgezogen wird, der angelehnt an BAT 1b bzw. Entgeltgruppe 14/15 TÖD – Jahresgehalt eines Oberarztes – zu ermitteln ist in Abhängigkeit von der Umsatzgröße. Der „**good-will**" wird dann mit einem **Drittel** dieses Wertes angenommen, da der Praxiswert bei Ärzten ganz besonders personenbezogen zu sehen ist. Kann die Patientenkartei nicht übergeben werden, mindert dies den Wert.

132

> **Hinweis:**
> Das Verbot wird in der Praxis aber meist durch eine vorherige Anstellung des Erwerbers umgangen und hat dann keinen Einfluss mehr auf die Wertbestimmung. Die beschränkte Veräußerbarkeit von

---

295 BRAK-Mitteilungen, 1992, 24 f.; nunmehr aktuell BRAK-Mitteilungen, 2004, 222, abgedruckt bei Büte, Zugewinnausgleich bei Ehescheidung, Rn. 453 ff.
296 So die Empfehlungen der BRAK, BRAK-Mitteilungen 2004, 222 f.; a.A.: Büte, Zugewinnausgleich bei Ehescheidung, Rn. 181: Bruttoumsatz.
297 Haußleiter/Schulz, Vermögensauseinandersetzung bei Trennung und Scheidung, Kap. 1 Rn. 270; Römermann/Schröder, NJW 2003, 2709, 2711.
298 Gegen den Abzug eines solchen kalkulatorischen Unternehmerlohnes: Römermann/Schröder, NJW 2003, 2709, 2711.
299 BGH, FamRZ 1999, 361, 363; Büte, Zugewinnausgleich bei Ehescheidung, Rn. 169; Haußleiter/Schulz, Vermögensauseinandersetzung bei Trennung und Scheidung, Kap. 1 Rn. 260.
300 BGH, FamRZ 1999, 361 ff.
301 Büte, Zugewinnausgleich bei Ehescheidung, Rn. 194; Haußleiter/Schulz, Vermögensauseinandersetzung bei Trennung und Scheidung, Kap. 1 Rn. 287.
302 Abdruck bei Schröder, Bewertungen im Zugewinnausgleich, Rn. 175.
303 BGH, FamRZ 1991, 43 ff.

> Arztpraxen aufgrund des Gesundheitsstrukturgesetzes 1993 soll an dieser Wertbestimmung im Rahmen des Zugewinns nichts geändert haben.

6. Anwendung auf weitere inhabergeprägte Unternehmen

133 Die Besonderheiten, welche bei der Bewertung von Freiberuflerpraxen betont wurden, bestehen **auch bei kleineren Unternehmen**, deren Erfolg wesentlich durch das Geschick ihres Inhabers bestimmt wird. Auch dort kann daher eine entsprechende Bewertung sachgerecht sein, so insb. bei kleineren Handwerksbetrieben. Zuweilen wird hier auch eine Mittelwertmethode angewendet.[304]

V. Besonderheiten bei der Bewertung von Unternehmensbeteiligungen

134 Neben der Bewertung ganzer Unternehmen **sind im Zugewinn auch Unternehmensbeteiligungen zu bewerten**. Hierzu gibt es verschiedene Methoden.

1. Direkte/indirekte Bewertung

a) Direkte Bewertung

135 Bei der direkten Bewertung von Unternehmensanteilen wird der Anteilswert direkt aus den **Zahlungsströmen** zwischen dem Unternehmen und dem einzelnen **Anteilsinhaber** abgeleitet.[305] Der Wert des Gesamtunternehmens ist hier für den Anteilseigner von untergeordneter Bedeutung. Die Summe aller Anteilswerte kann anders ausfallen als der Unternehmenswert. Die direkte Methode findet vor allem in der Beteiligungsakquisition Anwendung.[306]

b) Indirekte Bewertung

136 Bei der indirekten Bewertung wird der Wert des Anteils **quotal aus dem Wert des Gesamtunternehmens** abgeleitet. Daher ist zunächst der Gesamtwert gemäß den soeben aufgezeigten Grundsätzen festzustellen. Aus der **Höhe der Gewinnbeteiligung**[307] ergibt sich dann der Anteilswert. Diese Methode steht heute traditionell im Vordergrund.[308] Juristisch mag sich die indirekte Methode auf § 738 Abs. 2 BGB stützen, nach dem für die Bewertung bei der Auseinandersetzung einer GbR der Wert des Gesellschaftsvermögens festzustellen ist. Der **BGH** hat diese Methode für die Anteilsbewertung **gebilligt**.[309]

2. Objektivierter Wert/Subjektiver Wert

a) Objektivierter Wert

137 Der objektivierte Wert des Unternehmensanteils entspricht dem **quotalen Wertanteil** am objektiven Gesamtwert des Unternehmens.

b) Subjektiver Wert

138 Der subjektive Wert beinhaltet die Einschätzung des Wertes der Beteiligung an einem Unternehmen **unter besonderer Berücksichtigung der individuellen persönlichen Verhältnisse** des jeweiligen Anteilseigners. Hier werden der Einfluss des Anteilseigners auf die Unternehmenspolitik (**Sperrminorität, Mehr-**

---

304 Vgl. OLG Bamberg, FamRZ 1995, 607, 609; Haußleiter/Schulz, Vermögensauseinandersetzung bei Trennung und Scheidung, Kap. 1 Rn. 206.
305 IDW-Standard 2005, Tz. 13, WPg 2005, 1303, 1305.
306 Riedel, Bewertung von Gesellschaftsanteilen, Rn. 408 f.
307 Riedel, Bewertung von Gesellschaftsanteilen, Rn. 406.
308 *Großfeld, Unternehmens- und Anteilsbewertung,* 31.
309 BGH, FamRZ 1980, 37, 38; DNotZ 1992, 526 = NJW 1992, 892.

heitsbeteiligung) und erwartete Synergieeffekte mit in die Betrachtung einbezogen.[310] Während die betriebswirtschaftliche Bewertung und die Praxis solche Effekte durch Zu- und Abschläge berücksichtigen („**Paketzuschlag**"), soll ihre Einbeziehung in die Bewertung bei der Errechnung einer gesellschaftsrechtlichen Abfindung wegen des Gleichbehandlungsgebotes der Gesellschafter nicht zulässig sein; demnach scheidet insb. ein Minderheitsabschlag aus.[311] Bei der Bewertung im Rahmen des **Zugewinnausgleichs** steht dieses Gebot hingegen nicht im Raum, so dass die Bewertung solche **Herrschaftsmöglichkeiten** durchaus **berücksichtigen** kann.[312]

3. Einfluss gesellschaftsvertraglicher Abfindungsklauseln

Bei den Unternehmensbeteiligungen stellen sich schließlich für die Bewertung die Fragen, wie im Rahmen der Wertfeststellung mit einer laut Gesellschaftsvertrag **unveräußerlichen Beteiligung** oder einer solchen **mit einem niedrigeren Abfindungswert** umzugehen ist. 139

Nach §§ 717 BGB, 105 Abs. 3 HGB ist der Anteil an einer **Personengesellschaft** im Grundsatz **nicht übertragbar**. Eine Übertragung ist jedoch mit Zustimmung der Mitgesellschafter im Einzelfall oder bei Zulassung im Gesellschaftsvertrag möglich.[313] Solches wird in den Gesellschaftsverträgen zwar zumeist vereinbart, ist aber an die Zustimmung der Mitglieder im Einzelfall gebunden, ggf. mit Ausnahmen etwa für die Übertragung auf Abkömmlinge. **GmbH-Anteile** sind zwar nach § 15 GmbHG veräußerlich, nach der Satzung jedoch häufig **vinkuliert**, so dass auch hier keine freie Verfügbarkeit besteht. 140

Zudem sehen die Gesellschaftsverträge und Satzungen für den Fall des Ausscheidens eines Gesellschafters sehr häufig **Abfindungsbeträge** vor, die weit **unter dem Verkehrswert** liegen,[314] damit die Gesellschaft auch nach dem Ausscheiden eines Gesellschafters ohne Liquiditätsprobleme fortgeführt werden kann.[315]

Hierzu hat die **Rspr.** inzwischen entschieden, dass auch bei der unveräußerlichen Beteiligung oder einer geminderten Abfindung keine grds. abweichende Bewertung in Betracht kommt, da die fortbestehende Nutzungsmöglichkeit durch den Inhaber – jedenfalls im Bereich des Zugewinns – maßgeblich für den wahren Wert ist.[316] **Es sei nicht sachgerecht**, den ausgleichungsberechtigten Ehegatten mit Verweis auf eine fiktive Kündigung oder einen fiktiven Erbfall nicht an diesem in der Ehe geschaffenen Wert teilhaben zu lassen. Außerdem könne die entsprechende Klausel auch zum Vorteil des Ausgleichsverpflichteten bei Ausscheiden eines anderen Gesellschafters Anwendung finden. Der BGH will also auch in diesen Fällen vom **Vollwert des Gesellschaftsanteils** ausgehen und die beschränkte Veräußerbarkeit allenfalls durch einen Wertabschlag berücksichtigen.[317] Dieser muss nicht einmal sehr hoch sein;[318] er richtet sich nach 141

---

310 IDW-Standard 2005, Tz.13, WPg 2005, 1303, 1305; vgl. auch IDW Stellungnahme zur Rechnungslegung: Anwendung der Grundsätze des IDW S 1 bei der Bewertung von Beteiligungen und sonstigen Unternehmensanteilen für die Zwecke eines handelsrechtlichen Jahresabschlusses, WPg 2005, 1322 f.
311 Großfeld, Unternehmens- und Anteilsbewertung, 230; OLG Düsseldorf, WM 1973, 1085, 1087; KG, AG 1964, 219.
312 Piltz/Wissmann, NJW 1985, 2673, 2680; Riedel, Bewertung von Gesellschaftsanteilen, 445 ff. für die Pflichtteilsberechnung.
313 K. Schmidt, Gesellschaftsrecht, § 45 III 2 b); Palandt/Sprau, BGB, § 719 Rn. 6 m.w.N.
314 Zu den Grenzen der Zulässigkeit: BGHZ 116, 359 ff.
315 MünchKomm-BGB/Ulmer, § 738 Rn. 39 ff.
316 BGH, FamRZ 1980, 37, 38; FamRZ 1986, 1196, 1197; FamRZ 1999, 361 f.; offen gelassen in BGH, FamRZ 2003, 432 f., ob dies auch dann gilt, wenn die Beteiligung unmittelbar mit dem Arbeitsverhältnis verknüpft ist; OLG Hamm, FamRZ 1998, 235.
317 Gegen diese Rspr. des BGH Michalski/Zeidler, FamRZ 1997, 397 ff. deren Herleitung eines „Realisierungsprinzips" aus den Vorschriften des Zugewinnausgleichs aber keine Gefolgschaft gefunden hat. Daher gegen diesen Ansatz: Kleinle, FamRZ 1997, 1133 f.; Schröder, FamRZ 1997, 1135.
318 So Henrich/Jaeger, Eherecht, § 1376 Rn. 18. Gänzlich gegen einen Abschlag Piltz/Wissmann, NJW 1985, 2673, 2683.

der Wahrscheinlichkeit, mit welcher der betroffene Gesellschafter mit einer Kündigung rechnen muss.[319] Der Vollwert ist nach den dargestellten **allgemeinen Grundsätzen der Unternehmensbewertung** zu bemessen, also auch unter Abzug der latenten Ertragsteuer.

Damit hat sich die Rspr. auch **gegen** eine Lösung in Analogie zu § 2313 BGB mit einer zunächst nur **vorläufigen Bewertung** ausgesprochen.[320] Ein solches Verfahren stünde mit der im Scheidungsverfahren gewünschten und gesetzlich vorgesehenen endgültigen Regelung der Vermögensverhältnisse zum Stichtag in Widerspruch.

142 **Anderes** soll nur dann gelten, wenn die Beteiligung entweder schon **zum Stichtag gekündigt** war, so dass sich der niedrigere Abfindungswert aktualisiert hat[321] oder wenn die Beteiligung **wegen des Zugewinnausgleichs veräußert** werden muss und auch § 1382 BGB nicht zu einer anderen Einschätzung führt.[322]

4. Abschreibungsgesellschaften

143 Auch Abschreibungsgesellschaften, bei denen durch Ausnutzen von Steuervergünstigungen **Verluste erwirtschaftet werden**, haben die Rspr. beschäftigt. Der BGH ist der Auffassung, dass die dabei entstehenden negativen Kapitalkonten **keine Verbindlichkeiten i.S.d. § 1375 Abs. 1 Satz 1 BGB** und daher im Zugewinnausgleich nicht zum Abzug zu bringen sind.[323] Eine solche Gesellschaft hat zwar keinen Aktivwert, ihr kann aber dennoch im Rahmen der Vermögensbewertung nach allgemeinen Grundsätzen ein Vermögenswert zukommen.[324]

5. Einheitlicher Unternehmensbegriff

144 Die Unternehmensbewertung hat zum Ziel, **das Unternehmen als wirtschaftliche Unternehmenseinheit** zu erfassen. Insoweit sind die Grenzen der betriebswirtschaftlichen Unternehmensbewertung nicht immer identisch mit den zivilrechtlichen Grenzen des Unternehmens. Hier soll – jedenfalls aus betriebswirtschaftlicher Sicht – der wirtschaftlichen Einheit der Vorrang zukommen.[325]

So müssen insb. solche **betriebsnotwendigen Vermögensgüter, die im Privatbereich gehalten werden**, berücksichtigt werden. Der Standard IDW S 1 schlägt hierzu entweder deren Einbringung oder die anderweitige Berücksichtigung durch Miet-, Pacht- oder Lizenzzahlungen vor.[326] Hierzu gibt es nur wenige Entscheidungen. So hat das OLG Bamberg bei einer Betriebsaufspaltung entschieden, dass eine Veränderung des Pachtzinses nur zu einer Verschiebung zwischen den Firmen führen würde. Die Unternehmensbewertung müsse dann beide Firmen, Besitz- und Betriebsgesellschaft, **als eine Einheit** betrachten.[327]

---

319 BGH, FamRZ 1986, 1196; Haußleiter/Schulz, Vermögensauseinandersetzung bei Trennung und Scheidung, Kap. 1 Rn. 305.

320 So auch Piltz/Wissmann, NJW 1985, 2673, 2681; Schröder, Bewertungen im Zugewinnausgleich, Rn. 89.

321 BGH, FamRZ 1980, 37, 38; FamRZ 1999, 361; Haußleiter/Schulz, Vermögensauseinandersetzung bei Trennung und Scheidung, Kap. 1 Rn. 306.

322 Büte, Zugewinnausgleich bei Ehescheidung, Rn. 89; Haußleiter/Schulz, Vermögensauseinandersetzung bei Trennung und Scheidung, Kap. 1 Rn. 306; Henrich/Jaeger, Eherecht, § 1376 Rn. 18; MünchKomm-BGB/Koch, § 1376 Rn. 29; Schröder, Bewertungen im Zugewinnausgleich, Rn. 88; teilweise a.A.: Reimann, FamRZ 1989, 1248, 1253 f.

323 BGH, FamRZ 1986, 37 ff.

324 Haußleiter/Schulz, Vermögensauseinandersetzung bei Trennung und Scheidung, Kap. 1 Rn. 129; Büte, Zugewinnausgleich bei Ehescheidung, Rn. 43.

325 IDW-Standard 2005, Tz. 19, WPg. 2005, 1303, 1306.

326 IDW-Standard 2005, Tz. 167, WPg. 2005, 1303, 1318.

327 OLG Bamberg, FamRZ 1995, 607, 610.

VI. Auskunftsansprüche bezüglich des Unternehmens im Zugewinnausgleich

Da der Gläubiger des Zugewinnausgleichsanspruchs für Bestehen und Höhe desselben die **Beweislast** zu tragen hat, gewährt das Gesetz den Ehegatten **Auskunftsansprüche**, um zu einer entsprechenden Darlegung in der Lage zu sein.

1. Gegenstand der Auskunft

a) Endvermögen

Im Zentrum steht hierbei die Bestimmung des **§ 1379 BGB**. Danach besteht ein Auskunftsanspruch eines jeden Ehegatten – auch des Ausgleichspflichtigen – über den **Bestand des Endvermögens**. Der Anspruch entsteht nach Beendigung des Güterstandes (§ 1379 Abs. 1 BGB), im Fall einer Scheidung jedoch nach § 1379 Abs. 2 BGB schon **mit Rechtshängigkeit des Scheidungsantrages**. Wird auf vorzeitigen Zugewinn geklagt, soll der Auskunftsanspruch mangels Erwähnung in § 1379 Abs. 2 BGB nicht schon mit Klageerhebung, sondern erst mit der den Güterstand beendenden Rechtskraft entstehen.[328]

Die Auskunft ist **stichtagsbezogen** zu erteilen, d.h. im Scheidungsfall ist der Bestand des Endvermögens bei Rechtshängigkeit des Scheidungsantrages nach §§ 1384 BGB, 261 Abs. 1, 253 Abs. 1 ZPO (Zustellung des Antrags) anzugeben. Dieser Stichtag muss im Auskunftsantrag wegen des Bestimmtheitserfordernisses genannt sein.[329]

b) Illoyale Vermögensminderung

Nach den Grundsätzen von Treu und Glauben gewährt die Rspr. ferner einen Auskunftsanspruch **in Bezug auf illoyale Vermögensminderungen**, die nach § 1375 Abs. 2 BGB dem Endvermögen zuzurechnen sind.[330] Insoweit muss der Antragsteller konkrete Anhaltspunkte für ein solches Handeln vortragen und Auskunft über einzelne diesbezügliche Vorgänge verlangen.[331] An die Substantiierung dürfen keine übertriebenen Anforderungen gestellt werden. Es genügt z.B. der Umstand, dass kurz vor Scheidungsantrag ein Grundstück veräußert wurde und über die Verwendung des Erlöses keine Angaben gemacht werden.[332] Hergeleitet wird diese Auskunftspflicht aus dem **allgemeinen Auskunftsanspruch nach § 242 BGB**, der demjenigen zusteht, der entschuldbar über das Bestehen und den Umfang seines Rechtes im unklaren und deshalb auf die Auskunft des Verpflichteten angewiesen ist, die dieser unschwer erteilen kann.[333]

c) Anfangsvermögen

Einen **Anspruch auf Auskunft** über den Bestand des Anfangsvermögens gibt das Gesetz **nicht**.[334] Dennoch ergeht die Empfehlung, im Rahmen eines Auskunftsverlangens nach § 1379 BGB den Ehepartner auch um die Angabe des Bestandes des Anfangsvermögens zu **ersuchen**. Gebe der Ehegatte die Auskunft nicht, so könnten ihm bei einer ungerechtfertigten Klage aus diesem Grunde entsprechend § 93d ZPO die **Prozesskosten** aufgegeben werden.[335]

---

328 Schwab/Schwab, Handbuch des Scheidungsrechts, VII Rn. 291.
329 Kogel, Strategien, Rn. 156.
330 BGH, FamRB 2005, 161; FamRZ 1997, 800, 803; FamRZ 1982, 27.
331 BGH, FamRZ 2005, 689; OLG Köln, FamRB 2004, 346; OLG Bremen, FamRZ 1999, 94.
332 OLG Köln, FamRZ 1999, 1071.
333 BGH, FamRZ 1982, 27; MünchKomm-BGB/Koch, § 1379 Rn. 15.
334 Aber gefordert, vom 15. Dt. Familiengerichtstag, C III., FamRZ 2003, 1906, 1908.
335 Empfehlungen des 11. Dt. Familiengerichtstages A III.1., FamRZ 1996, 337, 338; Haußleiter/Schulz, Vermögensauseinandersetzung bei Trennung und Scheidung, Kap. 1 Rn. 468; Kogel, Strategien beim Zugewinnausgleich, Rn. 160; vgl. auch Büte, FuR 2004, 289 ff.

> **Hinweis:**
> Ein Ersuchen um Auskunft auch über das Anfangsvermögen kann bewirken, dass dem Gegner bei einer Weigerung, die zu überflüssigen prozessualen Maßnahmen führt, die Kosten auferlegt werden.

149 Ansonsten gewährt § 1377 Abs. 2 BGB einen klagbaren Anspruch[336] auf **Mitwirkung an einem gemeinsamen Verzeichnis** bis zur Beendigung des Güterstandes.[337] Das Gesetz sanktioniert das Fehlen eines Verzeichnisses durch die **Vermutung, dass** das **Endvermögen** den **Zugewinn** darstellt (§ 1377 Abs. 3 BGB). Die Vermutung kann widerlegt werden. Wenn dies geschieht, so beschränkt sie sich darauf, dass kein weiteres Anfangsvermögen vorliegt.[338]

2. Form der Auskunft

a) Verzeichnis

150 Die Auskunft muss in der Form eines **Vermögensverzeichnisses nach § 260 Abs. 1 BGB** erstellt sein. Das bedeutet, dass **in einem Schriftstück** eine Übersicht sämtlicher Aktiva und Passiva in geordneter und nachprüfbarer Weise erfolgen muss.[339] Nicht ausreichend ist eine Mehrzahl einzelner Schreiben und Schriftstücke.[340] Bei Nachträgen muss insgesamt die Übersichtlichkeit noch gewahrt bleiben. **Umstritten ist**, ob das Verzeichnis vom Auskunftspflichtigen **persönlich unterzeichnet** sein muss.[341] In jedem Fall ist es auch aus anwaltlicher Sicht ratsam, den Mandanten durch Unterzeichnung die Verantwortung für die Zusammenstellung übernehmen zu lassen.[342]

Über § 260 Abs. 2 BGB besteht mit der Abgabe der eidesstattlichen Versicherung ein **Druckmittel** zur Herbeiführung eines vollständigen und richtigen Bestandsverzeichnisses. Wertangaben sind nicht Gegenstand der Versicherung.[343]

b) Wertangaben

151 Der reine **Auskunftsanspruch nach § 1379 Abs. 1 Satz 1 BGB** beinhaltet noch nicht eine Verpflichtung zur Ermittlung des Wertes der in das Vermögensverzeichnis aufzunehmenden Vermögensgegenstände. Dies kann vielmehr nur zusätzlich nach § 1379 Abs. 1 Satz 2 BGB verlangt werden. Der Auskunftsanspruch verlangt jedoch vom Verpflichteten, die zu seinem Endvermögen gehörenden **Gegenstände nach Anzahl, Art und wertbildenden Faktoren** in dem Vermögensverzeichnis anzugeben,[344] so dass dem Ehegatten die Wertermittlung möglich ist.[345] Umfang und Art der Einzelangaben richtet sich nach den Besonderheiten der verschiedenen Vermögensgegenstände.[346] Auch wenn es danach keine allgemeine Regelung für alle Fälle gibt, so können regelmäßig folgende Angaben gefordert werden[347]:

---

336 Schröder/Bergschneider/Schröder, Familienvermögensrecht, Rn. 4.219.
337 Palandt/Brudermüller, BGB, § 1377 Rn. 3; Schröder/Bergschneider/Schröder, Familienvermögensrecht, Rn. 4.222; Staudinger/Thiele, BGB, § 1377 Rn. 4.
338 Schwab/Schwab VII, Handbuch des Scheidungsrechts, Rn. 288.
339 Schwab/Schwab, Handbuch des Scheidungsrechts, VII Rn. 294.
340 OLG Düsseldorf, FamRZ 1979, 808.
341 Haußleiter/Schulz, Vermögensauseinandersetzung bei Trennung und Scheidung, Kap. 1 Rn. 473 mit Nachweisen von Rspr. und Lit.; vgl. aus der aktuellen Rspr. OLG Hamm, FamRZ 2005, 1194 und OLG Dresden, FamRZ 2005, 1195 je zu § 1605 BGB; OLG Nürnberg, FamRB 2005, 236.
342 Kogel, Strategien, Rn. 161.
343 Büte, FuR 2004, 342, 343.
344 BGH, FamRZ 2003, 597.
345 OLG Naumburg, FamRZ 2001, 1303.
346 BGH, FamRZ 1989, 157, 159.
347 Vgl. Büte, FuR 2004, 289, 293 f.

- für **Grundstücke**: Lage, Größe, Art und Bebauung,
- für **Kraftfahrzeuge**: Fabrikat, Typ, Baujahr, Kilometerstand,
- bei **ärztlicher Praxis**: Einrichtung, Umsatz, Zahl der Krankenscheine und Privatpatienten,[348]
- für **sonstige Sachen**: äußeres Erscheinungsbild, Herstellungsjahr und Erhaltungszustand,
- für **Forderungen und Verbindlichkeiten**: Höhe, Gläubiger/Schuldner, Kreditzweck,[349]
- für **Lebensversicherungen**: Abschlussjahr, Prämienhöhe, Fälligkeit, Leistungszusage,[350]
- für **Unternehmen**: Vorlage der Bilanzen sowie der Gewinn- und Verlustrechnung der letzten fünf Kalenderjahre vor dem Stichtag.[351]

c) **Belege**

Ein Anspruch auf Vorlage von **Beleg**en ist vom Auskunftsanspruch zwar grds. **nicht** erfasst.[352] Allerdings besteht dann eine Pflicht zur Vorlage von Belegen, wenn der Zweck der Auskunft, dem anderen Ehegatten die Berechnung des Zugewinnausgleichs zu ermöglichen, anders nicht erreicht werden kann.[353] Aus diesem Grunde wird in nachfolgenden Fällen die Vorlage von Belegen verlangt:

- für **Unternehmen und Unternehmensbeteiligungen** die Vorlage der Bilanzen sowie Gewinn- und Verlustrechnungen für die letzten fünf Jahre vor dem Stichtag unter Berufung auf § 2314 BGB[354] und der Geschäftsunterlagen, so dass der Auskunftsberechtigte die Werte selbst berechnen kann,[355]
- für **Freiberufler** die Einnahme-/Überschussrechnungen der letzten drei bis fünf Jahre, außerdem Sozietätsvertrag und Unterlagen der Sozietät,[356]
- für **landwirtschaftliche Grundstücke**: Bezeichnung nach Lage, Größe, Bonität und Nutzungsart sowie Eigentum und Zupacht, die betriebswirtschaftlichen Jahresabschlüsse, Unternehmensaufwand und -ertrag, Fremdlöhne und Lohnansprüche von Familienangehörigen.[357]

Schutzwürdige Interessen Dritter – insb. von Mitgesellschaftern – schließen die **Pflicht zur Vorlage** von Belegen nicht aus.[358] Dies gilt auch für vertraglich eingegangene Schweigepflichten, denn § 1379 BGB ist zwingendes Recht.[359] Allerdings geht die Auskunftspflicht nicht weiter als nach Gesellschaftsrecht die **Kontrollrechte des Gesellschafters selbst reichen würden**.[360]

---

348 BGH, FamRZ 1989, 157, 159.
349 OLG Düsseldorf, FamRZ 1986, 168, 170.
350 Ablehnend für Zeitwert Haußleiter/Schulz, Vermögensauseinandersetzung bei Trennung und Scheidung, Kap. 1 Rn. 475; OLG Köln, FamRZ 1998, 1515 und FamRZ 2002, 1406: Angabe Rückkaufswert und Überschussanteile genügt.
351 Büte, FuR 2004, 294.
352 OLG Karlsruhe, FamRZ 1998, 761; MünchKomm-BGB/Koch, § 1379 Rn. 20; Palandt/Brudermüller, BGB, § 1379 Rn. 12.
353 BGHZ 75, 195; OLG Naumburg, FamRZ 2001, 1303.
354 OLG Naumburg, FamRZ 2001, 1303; OLG Zweibrücken, FamRZ 2001, 763; OLG Düsseldorf, FamRZ 1999, 1070; BGH, BB 1975, 1083 zu § 2314 BGB; Kogel, Strategien, Rn. 171.
355 BGH, FamRZ 1980, 37, 38.
356 OLG Hamm, FamRZ 1983, 812.
357 OLG Düsseldorf, FamRZ 1986, 168, 169.
358 Bamberger/Roth/J. Mayer, BGB, § 1379 Rn. 9; AnwK-BGB/Groß, § 1379 Rn. 8; BGH, FamRZ 1983, 680 zum Unterhaltsrecht und für die Zusammenveranlagung mit dem neuen Ehegatten.
359 OLG Hamm, FamRZ 1983, 812; Haußleiter/Schulz, Vermögensauseinandersetzung bei Trennung und Scheidung, Kap. 1 Rn. 478.
360 OLG Naumburg, FamRZ 2001, 1303 ff.

Auf die Interessen der Dritten ist jedoch in größtmöglichem Umfang **Rücksicht** zu nehmen. Das kann dazu führen, dass in den Unterlagen Daten über andere Personen geschwärzt werden[361] oder dass die Unterlagen nur unter einem sog. **Wirtschaftsprüfervorbehalt** herausgegeben werden, d.h. sie werden einem vom Auskunft Begehrenden ausgesuchten, zur Verschwiegenheit verpflichteten Wirtschaftsprüfer zur Begutachtung vorgelegt.[362]

3. Wertermittlungsanspruch

154 Ferner gibt § 1379 Abs. 1 Satz 2 BGB einen **zusätzlich**en neben dem Auskunftsanspruch bestehenden[363] Anspruch auf Wertermittlung, der eigens geltend gemacht werden muss.[364] Der Auskunftspflichtige muss danach den **Wert der Aktiva und Passiva** des Endvermögens ermitteln und angeben. Auch die Einschaltung von Hilfspersonen kann verlangt werden, grds. jedoch nicht die Vorlage eines Sachverständigengutachtens.[365] In Ausnahmefällen hat jedoch der BGH die Hinzuziehung eines **Sachverständigen** gefordert, wenn anders eine zuverlässige Bewertung nicht möglich ist. Die Kosten hat der BGH dem Auskunftsberechtigten auferlegt.[366]

VII. Ansprüche außerhalb des Güterrechts

155 Familienrechtliche Tendenz der Zeit ist die Bildung eines „**Güterrechts jenseits des Güterrechts** mit den Mitteln des allgemeinen Vermögensrechts"[367] zur ex-post Korrektur von Vermögenstransfers. Eine Tendenz, welche die **vorausschauende Gestaltung durch Verträge schwieriger** macht und den Anwalt im Rahmen einer Streitigkeit vor besondere Anforderungen an Sachverhaltsaufklärung und -bewertung stellt.[368] Darum sei hier neben den güterrechtlichen Ausführungen der Blick noch kurz auf die beiden Rechtsinstitute gerichtet, die auch im Unternehmensbereich von Bedeutung sind, da sich aus ihnen weitere Ansprüche begründen können.

1. Störung der Geschäftsgrundlage

156 Die Rspr. hat in verschiedenen Sachverhaltskonstellationen Zuwendungen unter Ehegatten nicht als Schenkung eingeordnet,[369] sondern als **sog. unbenannte Zuwendung**. Dem liegt die Annahme zugrunde, dass die Ehegatten subjektiv nicht über die Unentgeltlichkeit einig sind, sondern die Zuwendung „um der Ehe willen" erfolgt, d.h. als Beitrag zur Verwirklichung, Ausgestaltung, Erhaltung und Sicherung der ehelichen Lebensgemeinschaft.[370]

Der BGH geht davon aus, dass damit ein **familienrechtlicher Vertrag eigener Art** zustande kommt.[371] Der **Bestand der Ehe** ist in diesen Fällen nicht Vertragszweck, sondern **Geschäftsgrundlage**. Scheitert nun die Ehe, so kann wegen Wegfalls der Geschäftsgrundlage – nach der Schuldrechtsmodernisierung als Störung der Geschäftsgrundlage in § 313 BGB aufgenommen – ein Ausgleichsanspruch entstehen. Eine Rückforderung des zugewendeten Gegenstandes kann jedoch – zumindest im gesetzlichen Güterstand

---

361 MünchKomm-BGB/Koch, § 1379 Rn. 20.
362 Henrich/Jaeger, Eherecht, § 1379 Rn. 8; Bamberger/Roth/J. Mayer, BGB, § 1379 Rn. 9; Haußleiter/Schulz, Vermögensauseinandersetzung bei Trennung und Scheidung, Kap. 1 Rn. 478.
363 BGH, FamRZ 2003, 597.
364 Kogel, Strategien, Rn. 168.
365 BGH, FamRZ 1991, 316, 317.
366 BGH, FamRZ 1982, 682, 683.
367 Schwab, DNotZ-Sonderheft 2001, 9, 13.
368 OLG Düsseldorf, FamRZ 2004, 1647.
369 Kritisch hiergegen: Koch, FamRZ 1995, 321 ff.; Bamberger/Roth/J.Mayer, § 1372 Rn. 13.
370 BGH, FamRZ 1980, 664; FamRZ 1982, 910; MittBayNot 1990, 178; NJW 1994, 2545; auch frühere Entscheidungen billigen Ausgleichsansprüche zu, ohne schon von einer unbenannten Zuwendung zu sprechen; zusammenfassend: Friedrich, JR 1986, 1 ff.; Kleinle, FamRZ 1997, 1383 ff.; kritisch: Hepting, in: FS für Henrich, S. 267 ff. und Seiler, in: FS für Henrich, S. 551 ff.
371 Kritisch: Rauscher, AcP 186 (1986), 529, 535 f.; MünchKomm-BGB/Koch, Vor § 1363 Rn. 19.

– nur in besonderen Fällen verlangt werden. Ist eine solche ohne „wenn und aber" gewünscht, so muss sie bei der Zuwendung vereinbart werden.

Darüber hinaus hat die Rspr. bei **Mitarbeit** zwar den Begriff der Zuwendung verworfen, aber einen familienrechtlichen Vertrag eigener Art angenommen, dessen Geschäftsgrundlage gleichfalls mit der Scheidung wegfallen könne. Der BGH hat dies insb. bejaht für die **Mitarbeit im Betrieb des Ehegatten** von gewisser Dauer und Regelmäßigkeit und bei der Ersparnis anderer Arbeitskraft, **auch bei einfacher oder untergeordneter Tätigkeit**. Nach Ansicht des BGH begrenzt die Höhe der ersparten Arbeitskosten den Anspruch nach oben, ferner könne der mitarbeitende Ehegatte jedenfalls nur an dem Betrag beteiligt werden, der im Vermögen des anderen Ehegatten zum Zeitpunkt des Wegfalls der Geschäftsgrundlage noch vorhanden war.[372]

157

Für die **Rechtsfolgen** einer Scheidung im Hinblick auf die unbenannte Zuwendung ist zunächst zu **fragen, ob die güterrechtlichen Regelungen bereits zu einem für den Zuwendenden zumutbaren Ergebnis führen**.[373] Nur wenn dies nicht der Fall ist, kann der durch die Scheidung eingetretene Wegfall der Geschäftsgrundlage zu Ansprüchen auf Anpassung oder gar Rückgewähr führen, da nach herrschender Auffassung die Zugewinnregelungen vorrangig sind. Insofern **unterscheidet die Rspr.**:

158

Haben die Ehegatten **Gütertrennung** vereinbart, so kommt ein Ausgleichsanspruch oder gar eine dingliche Rückforderung in Betracht, wenn die Beibehaltung der Vermögensverhältnisse, die durch eine Ehegattenzuwendung herbeigeführt worden sind, dem benachteiligten Ehegatten **nach Treu und Glauben nicht zumutbar** ist.[374] Da hier ein Ausgleichssystem des Zugewinns fehlt, sieht die Rspr. die Voraussetzungen für Ansprüche aus Wegfall der Geschäftsgrundlage nicht sehr streng.

Im Güterstand der **Zugewinngemeinschaft** hingegen hat der Zugewinnausgleich grds. Vorrang und schließt eine Anwendung der Grundsätze über den Wegfall der Geschäftsgrundlage aus. Nur in extremen Ausnahmefällen, in denen die güterrechtlichen Ausgleichsregelungen **zu schlechthin unangemessenen und untragbaren Ergebnissen** führen, sind diese Grundsätze anwendbar.[375]

Weitere Voraussetzung für einen Anspruch auf Anpassung oder Rückgewähr ist eine **umfassende Abwägung aller Gesamtumstände** des Einzelfalles,[376] wie Dauer der Ehe, Alter der Parteien, Art und Umfang der erbrachten Leistung, Leistungen des Zuwendungsempfängers in der und für die Ehe, Höhe der Vermögensvermehrung, Einkommens- und Vermögensverhältnisse der Parteien.

159

Es geht also letztlich nicht nur um die isolierte Korrektur einer Einzelzuwendung, sondern um eine **Gesamtkorrektur** der ehelichen Vermögensverteilung – ein Ergebnis, das regelmäßig dem Willen der Vertragsparteien widerspricht,[377] die Gütertrennung vereinbaren. Eine Erwähnung dieser Korrekturmöglichkeiten im Vertrag über die Gütertrennung erscheint daher ratsam.

Ansprüche aus einer Störung der Geschäftsgrundlage im gesetzlichen Güterstand **scheitern jedoch regelmäßig** am Vorrang des Zugewinnausgleichs.

160

Nach der Rspr. des BGH ist die **Grenze der Untragbarkeit** noch nicht überschritten, wenn der Zuwendende über den Zugewinn annähernd die Hälfte seiner Zuwendung wieder erhält.[378] Selbst für den Fall, dass der Zuwendende weniger als die Hälfte erhält, soll noch kein Ausgleichsanspruch bestehen.[379] **Schlechthin unangemessen** und untragbar ist das Ergebnis aber in den Fällen, in denen beim Zuwen-

---

372 BGH, FamRZ 1994, 1167 = NJW 1994, 2545 = DNotZ 1995, 668 f.
373 BGH, FamRZ 1991, 1169, 1170.
374 BGHZ 84, 361 ff. = FamRZ 1982, 910.
375 BGH, FamRZ 1989, 147; FamRZ 1991, 1169; MittBayNot 1997, 295.
376 BGH, NJW 1994, 2545.
377 Langenfeld, Handbuch der Eheverträge, Rn. 293.
378 Vgl. auch BGH, FamRZ 1982, 778.
379 BGH, FamRZ 1991, 1169, 1171.

dungsempfänger kein Zugewinn anfällt, etwa weil Verbindlichkeiten des Anfangsvermögens getilgt werden, der zugewendete Gegenstand sich aber noch im Endvermögen dieses Empfängers befindet.[380]

> **Hinweis:**
> Bei Ehegattenzuwendungen im gesetzlichen Güterstand entsteht regelmäßig kein Anspruch wegen Störung der Geschäftsgrundlage. Soll der Zuwendungsgegenstand bei Scheidung zurückverlangt werden können, so muss dies gesondert vereinbart sein.

161 Wird ein Ausgleich wegen Störung der Geschäftsgrundlage nicht gewünscht, so kann zum einen schon **bei der Gütertrennung** vereinbart werden, dass Zuwendungen unter den Ehegatten **nicht rückforderbar** sind, wenn die Rückforderung bei der Zuwendung nicht vorbehalten wurde.[381] Zum anderen kann **bei der Zuwendung** selbst eine Regelung getroffen werden, ob die Zuwendung rückforderbar sein soll.[382]

Auf der Grundlage der Erfüllung dieser Ansprüche findet dann bei **gesetzlichem Güterstand** der Zugewinnausgleich statt.[383]

162 Als noch **offen** ist die Frage zu bezeichnen, wann der auf eine Störung der Geschäftsgrundlage gestützte Anspruch **fällig** wird. Nach den OLG München bzw. Düsseldorf liegt Fälligkeit erst mit Rechtskraft der Scheidung vor, da erst dann feststehe, dass über den Zugewinn kein ausreichender Ausgleich erfolge.[384] Ein unterschiedlicher Stichtag für verschiedene Güterstände erscheint hingegen wenig einleuchtend.[385] Das **Datum der Rechtskraft** ist vorzugswürdig, weil dann über den Zugewinn regelmäßig entschieden sein wird, so dass insoweit klar ist, ob dieser einen angemessenen Ausgleich bietet.

2. Ehegatteninnengesellschaft

163 Gegenüber dem familienrechtlichen Kooperationsvertrag, mit dem der BGH seit Beginn der achtziger Jahre arbeitete, stellt der **BGH** mit dem Urt. v. **30.6.1999**[386] wieder die bereits in den fünfziger Jahren bemühte[387] Rechtsfigur der **Ehegatteninnengesellschaft** in den **Vordergrund**[388] und lässt sie damit zur zentralen Anspruchsgrundlage werden, soweit es nicht um das Familienheim geht.[389] Im Urteilsfall war umfangreicheres Immobilienvermögen über lange Jahre hinweg auf den Namen der Ehefrau zu Alleineigentum erworben worden. Der Ehemann behauptete, erhebliche Beiträge geleistet und deshalb einen Ausgleichsanspruch zu haben. Der BGH wendet damit die Grundsätze der Ehegatteninnengesellschaft auch **auf rein finanzielle Zuwendungen** ohne Rücksicht auf Mitarbeit an, während die bisherige Rspr. eine gesellschaftsrechtliche Lösung nur bei Mitarbeit von Ehegatten greifen lassen wollte.[390]

> **Hinweis:**
> Die Ehegatteninnengesellschaft ist nach der neuen Rspr. des BGH zentraler Lösungsansatz für Ausgleichsansprüche außerhalb des Güterrechts, sofern es nicht um das Familienwohnheim geht. Dies muss bei der Beratung und bei der Gestaltung des ehelichen Lebens verstärkt Beachtung finden.

---

380 BGH, FamRZ 1991, 1169, 1171.
381 Formulierungsvorschlag: C. Münch, Ehebezogene Rechtsgeschäfte, Rn. 906.
382 Formulierungsvorschlag: C. Münch, Ehebezogene Rechtsgeschäfte, Rn. 512 f.
383 Langenfeld, Handbuch der Eheverträge, Rn. 267.
384 OLG München, FamRZ 1999, 1663, 1664; OLG Düsseldorf, FamRZ 1992, 652, 653; Koch, FamRZ 2003, 197, 209.
385 So aber Haußleiter/Schulz, Vermögensauseinandersetzung bei Trennung und Scheidung, Kap. 6 Rn. 130.
386 BGHZ 142, 137 = FamRZ 1999, 1580 = NJW 1999, 2962 = DNotZ 2000, 514 ff.
387 BGHZ 8, 249 = NJW 1953, 418; BGH, FamRZ 1954, 136; FamRZ 1961, 519; FamRZ 1967, 320 = BGHZ 47, 157.
388 Jost, JR 2000, 503, 504.
389 Jaeger, in: FS für Henrich, S. 323, 328: starke, in ihren Auswirkungen noch nicht vorhersehbare Veränderungen.
390 Wever, Vermögensauseinandersetzung der Ehegatten außerhalb des Güterrechts, Rn. 600 ff.

In einem weiteren Urteil löst der BGH auch **Fragen der Zusammenveranlagung** dadurch, dass er entsprechende Pflichten aus einer von ihm so gesehenen Ehegatteninnengesellschaft folgert[391] und bestätigt damit die gestiegene Bedeutung dieses Rechtsinstituts.[392]

164

In einem dritten Urteil aus jüngster Zeit hat der BGH betont, dass Ansprüche der Ehegatteninnengesellschaft gegenüber Zugewinnausgleichsansprüchen nicht sekundär sind.[393] Der BGH grenzt im Urteil v. 30.6.1999 die Ehegatteninnengesellschaft von anderen Rechtsfiguren ab.

a) Vorrang vor unbenannter Zuwendung und familienrechtlichem Vertrag

Die Ehegatteninnengesellschaft hat **Vorrang vor der** Rechtsfigur der **unbenannten Zuwendung**[394] oder in Fällen der Ehegattenmitarbeit vor dem **familienrechtlichen Vertrag sui generis**.

165

Grundvoraussetzung einer Ehegatteninnengesellschaft ist nach der Rspr. des BGH, dass sich der Gesellschaftszweck **nicht in der Verwirklichung der ehelichen Lebensgemeinschaft erschöpft, sondern darüber hinausgeht**. Die unbenannte Zuwendung hingegen geschieht zur Verwirklichung der ehelichen Lebensgemeinschaft („Geben um der Ehe willen"), typischerweise bei Errichtung des Familienheims.[395]

b) Konkurrenz gegenüber dem Güterrecht

Das Verhältnis der Ehegatteninnengesellschaft zu den Regelungen des Güterstandes ist umstritten.

166

Der **BGH** leitet seine Ausführungen mit der Fragestellung ein, wie ein gerechter Vermögensausgleich bei Eheauflösung stattfinden könne, wenn das Güterrecht keine befriedigende Lösung gewähre.[396] Dies spricht klar für eine **Nachrangigkeit gegenüber dem Güterrecht**. Mit einem weiteren Urteil aus dem Jahre 2003[397] hat der BGH allerdings nunmehr ausgesprochen, dass die gesellschaftsrechtlichen Ansprüche **keineswegs immer nur subsidiär** gegenüber den Regelungen des Güterrechtes seien, zumal dann, wenn es um Ansprüche gehe, die sich aus dem Güterrecht nicht herleiten ließen (hier z.B. ein Anspruch auf Zustimmung zur gemeinsamen Veranlagung). Dies hat der BGH später noch vertieft in einem Fall, in welchem Ansprüche aus einer Innengesellschaft zeitlich über die Ehezeit hinaus bestanden.[398] Die Rechtsfigur der Ehegatteninnengesellschaft kann sowohl bei Gütertrennung als auch im gesetzlichen Güterstand vorkommen.[399]

Die **Lit**. ist sich über diese Frage aber noch uneins. Einige Stimmen bejahen einen Nachrang der Ehegatteninnengesellschaft,[400] andere **bezweifeln dies**[401] und wieder andere sprechen sich für einen Vorrang der Regelungen über die Innengesellschaft und die Einstellung der Ansprüche als Rechnungsposten in den Zugewinn aus, ähnlich wie beim Gesamtschuldnerausgleich.[402]

167

---

391 BGH, FamRZ 2003, 1454 = DStR 2003, 1805; kritisch hierzu: Arens, FF 2005, 60, 61.
392 Das vom BGH so gesehene Steuersparmodell platzt aber gerade dann, wenn wegen der Ehegatteninnengesellschaft eine Mitunternehmerschaft anzunehmen wäre, vgl. hierzu: Wever, FamRZ 2003, 1457 und Spieker, FamRZ 2004, 174.
393 BGH, FamRZ 2006, 607; hierzu C. Münch, MittBayNot 2006, 423.
394 BGH, DNotZ 2000, 514, 515: „in erster Linie".
395 Grziwotz, DNotZ 2000, 486, 495.
396 BGH, DNotZ 2000, 514, 516, Ziff. 1, erster Satz; siehe auch BGH, FamRZ 1994, 295; Langenfeld, in: Münchner Vertragshandbuch, Formular VI.12, Anm. 2.
397 BGH, DStR 2003, 1805 f. = FamRZ 2003, 1454 m. Anm. Wever.
398 BGH, FamRZ 2006, 607.
399 Wever, Vermögensauseinandersetzung der Ehegatten außerhalb des Güterrechts, Rn. 624.
400 MünchKomm-BGB/Ulmer, Vor § 705 BGB Rn. 79; Langenfeld, ZEV 2000, 14.
401 Grziwotz, DNotZ 2000, 486, 492.
402 Wever, Vermögensauseimandersetzung der Ehegatten außerhalb des Güterrechts, Rn. 659; Haußleiter/Schulz, Vermögensauseinandersetzung bei Trennung und Scheidung, Kap. 6 Rn. 192 ff.; Schulz, FamRB 2005, 142 f.

168 **Vom Ergebnis her** spricht viel für eine Nachrangigkeit, **dogmatisch gesehen** müsste man hingegen sagen, dass dann, wenn die Ehegatten eine Ehegatteninnengesellschaft begründet haben, deren Ausgleichsregelungen unabhängig vom Güterrecht auch zur Anwendung kommen müssen. In jedem Fall ist sehr genau zu prüfen, ob sich der **Aufwand des Verfolgens gesellschaftsrechtlicher Ansprüche** lohnt oder ob das Einstellen in den Zugewinnausgleich genügt.[403]

> **Hinweis:**
> Soll bewusst die Rechtsform der Ehegatteninnengesellschaft genutzt werden, dann ist der richtige Weg die ausdrückliche Begründung einer solchen Gesellschaft und die Gestaltung eines entsprechenden Gesellschaftsvertrags. Dort sollte auch erörtert werden, ob der gesellschaftsrechtliche Ausgleich abschließend ist oder ob die Ansprüche in den Zugewinnausgleich eingestellt werden sollen.[404]

c) Voraussetzungen

169 Nach dem BGH bestehen folgende **Voraussetzungen** für die Annahme einer Ehegatteninnengesellschaft:

- Die Verfolgung eines **über die eheliche Lebensgemeinschaft hinausgehenden Zwecks**:
  - anerkannt etwa für gemeinsame Vermögensbildung durch Einsatz von Vermögenswerten und/oder Arbeitsleistung oder gemeinsame berufliche und gewerbliche Tätigkeit.
  - abgelehnt für den Bau eines Familienheims,[405] die Mitarbeit nicht über den Rahmen der üblichen Ehegattenmitarbeit hinaus.[406]
- **Gleichberechtigte Mitarbeit oder Beteiligung**:
  - lediglich untergeordnete Tätigkeit reicht nicht aus;
  - genau gleiche Beteiligung aber auch nicht erforderlich, vielmehr lediglich Auswirkung auf die Beteiligungsquote.[407]
- **Vorstellung** der Ehegatten, dass die Gegenstände auch bei formal-dinglicher Zuordnung zum Alleineigentum eines Ehegatten **wirtschaftlich beiden** gehören sollen. Weitere bewusste Vorstellungen über die Bildung einer Gesellschaft sollen demnach nicht erforderlich sein.[408] Zentraler Kritikpunkt ist, dass diese Rspr. das notwendige rechtsgeschäftliche Element beim Abschluss eines Gesellschaftsvertrags sehr in den Hintergrund drängt.[409]

170 **Ausgeschlossen** ist eine Ehegatteninnengesellschaft hingegen,

- wenn **gezielt** das Privatvermögen des **Eigentümer**-Ehegatten gefördert werden sollte und die Vermögenswerte diesem rechtlich und **wirtschaftlich allein** verbleiben sollten;
- sofern die Ehegatten eine **ausschließliche Abrede** über den Vermögensausgleich getroffen, also z.B. Darlehensverträge oder Arbeitsverträge geschlossen haben.[410]

d) Indizien

171 **Indizien** für das Vorliegen von **Vermögensbildung** im Sinne einer Ehegatteninnengesellschaft in Abgrenzung vom „Geben um der Ehe willen" können in folgendem liegen[411]:

---

403 Haußleiter/Schulz, Vermögensauseinandersetzung bei Trennung und Scheidung, Kap. 6 Rn. 191 ff.; Schulz, FamRB 2005, 142, 143.
404 Formulierungsvorschlag: C. Münch, Ehebezogene Rechtsgeschäfte, Rn. 1101 ff.
405 BGH, DNotZ 2000, 514, 517.
406 BGH, FamRZ 1975, 35, 37; FamRZ 1989, 147 f.; FamRZ 1995, 1062, 1063.
407 Wever, Vermögensauseinandersetzung der Ehegatten außerhalb des Güterrechts, Rn. 607.
408 BGH, DNotZ 2000, 514 ff.
409 Haas, FamRZ 2002, 205, 207.
410 BGH, DNotZ 2000, 514, 516; a.A.: Gebel, BB 2000, 2017, 2022.
411 Schröder/Bergschneider/Wever, Familienvermögensrecht, Rn. 5.135 ff.

- Abreden über Ergebnisverwendung;[412]
- Erfolgs- und Verlustbeteiligung des Nicht-Eigentümer-Ehegatten;[413]
- Entnahmerecht des Nicht-Eigentümer-Ehegatten;[414]
- Übertragung aufgrund haftungsrechtlicher Überlegungen;[415]
- Planvolles und zielstrebiges Zusammenwirken, um erhebliche Vermögenswerte zu schaffen;[416]
- Angaben Dritten gegenüber.[417]

e) Ausgleichsanspruch bei Scheitern der Ehe

Das Zusammenwirken der Ehegatten findet mit der **Trennung der Ehegatten** sein Ende. Dieses ist also – abweichend vom Güterrecht – nach BGH[418] der **Stichtag für die Bewertung von Ausgleichsansprüchen**, denn ab diesem Zeitpunkt könne unabhängig von der Rechtshängigkeit eines späteren Scheidungsantrages nicht mehr von einer gemeinsamen Vermögensbildung ausgegangen werden. Wenn allerdings die Zusammenarbeit auch nach der Trennung noch fortgesetzt wird, dann endet die Innengesellschaft erst, wenn auch die weitere Zusammenarbeit endet.[419]

172

Da es sich um eine Innengesellschaft handelt, besteht i.d.R. **kein Gesamthandsvermögen**, sondern der nach außen auftretende Gesellschafter ist und bleibt Eigentümer. Aus diesem Grund kommt es nicht zu einer Auseinandersetzung nach den §§ 730 bis 735 BGB, sondern die Trennung der Ehegatten führt zur Auflösung und **sogleich** zur **Vollbeendigung**[420] der Gesellschaft.

173

Dem Nichteigentümer-Ehegatten steht ein **schuldrechtlicher Ausgleichsanspruch** zu, durch den er so gestellt wird, als bestünde ein Gesamthandsvermögen. D.h. zum einen, dass nicht etwa die zurückliegenden Leistungen bewertet werden, sondern nur die vorhandenen Vermögenswerte und Verbindlichkeiten. Es findet also **keine nachträgliche Entlohnung** statt. Zum anderen kann der Nichteigentümer-Ehegatte keine dingliche Beteiligung an den Vermögensgütern verlangen, sondern lediglich Zahlung in Geld.[421] Er ist aber auch an einem Verlust beteiligt.[422]

174

Die Höhe des Ausgleichsanspruches wiederum richtet sich **nach der Beteiligungsquote**. Diese ergibt sich aus dem **Verhältnis der geleisteten Beiträge**, die nach längerer Ehe und umfangreicher Vermögensbildung naturgemäß nur noch schwer feststellbar sind. In diesem Fall hat ohne Rücksicht auf Art und Größe seines Beitrags **jeder** Gesellschafter einen **gleich hohen Anteil** nach der Regelung des **§ 722 Abs. 1 BGB**. Wer mehr als die Hälfte verlangt oder weniger als die Hälfte der Verbindlichkeiten tragen will, den trifft die Darlegungs- und Beweislast für eine abweichende Quote.[423]

Diese klare und praktikable Regelung war für den BGH ein entscheidender Punkt dafür, die Abwicklung über die Rechtsfigur der Ehegatteninnengesellschaft wieder in den Vordergrund zu stellen, denn sie **erspart die mühevolle Nachzeichnung** der über mehrere Jahre oder Jahrzehnte erbrachten Leistungen.

---

412 Haas, FamRZ 2002, 205, 215.
413 BGH, FamRZ 1962, 357, 358; OLG Hamm, NJW-RR 1994, 1382.
414 OLG Celle, NZG 1999, 650 – allgemein zur Innengesellschaft, nicht speziell für Ehegatten.
415 So der Sachverhalt bei BGH, DNotZ 2000, 514 ff.
416 Haas, FamRZ 2002, 205, 215; OLG Düsseldorf, NJW-RR 1995, 1246, 1247.
417 Wever, Vermögensauseinandersetzung der Ehegatten außerhalb des Güterrechts, Rn. 620.
418 BGH, DNotZ 2000, 514, 523.
419 BGH, DB 2006, 886 f.
420 BGH, DNotZ 2000, 514, 524; OLG Schleswig, FamRZ 2004, 1375.
421 BGH, DNotZ 2000, 514, 524.
422 Schröder/Bergschneider/Wever, Familienvermögensrecht, Rn. 5.164.
423 BGH, DNotZ 2000, 514, 524.

> **Hinweis:**
> Die gleich hohe Beteiligung bei nicht nachweisbaren Gesellschaftsbeiträgen kann sehr ungerecht sein und sollte nach Möglichkeit vermieden werden. Weisen Sie daher Ehegatten darauf hin, Vermögensbewegungen festzuhalten und ggf. auch für ihre Beiträge eine gesonderte Rechtsgrundlage zu vereinbaren.

f) Folgeprobleme bei der Ehegatteninnengesellschaft

175 Noch **offen** ist, wie der BGH die **Drittwirkung** der Vermögenstransfers im Rahmen einer solchen Ehegatteninnengesellschaft bewertet.[424] Fraglich ist in diesem Zusammenhang insb., ob Gesellschafterbeiträge ebenso wie ehebedingte Zuwendungen etwa im Erbrecht als **unentgeltlich** angesehen werden können. Dies ist angesichts des von der Rspr. auf § 722 BGB gestützten **Halbteilungsgrundsatzes** jedenfalls schwieriger zu begründen als bei der unbenannten Zuwendung, zumal ja Voraussetzung einer Ehegatteninnengesellschaft ist, dass der Nichteigentümer-Ehegatte durch Mitarbeit oder finanzielle Zuwendungen seinen eigenen Beitrag zur Gesellschaft leistet.

Ob dadurch aber letztendlich etwa **Pflichtteilsansprüche verkürzt** werden können, ist zweifelhaft. Dem Eigentümer-Ehegatten verbleibt sein Eigentum, belastet mit dem Ausgleichsanspruch. Der Nicht-Eigentümer-Ehegatte hat den Ausgleichsanspruch. Pflichtteilsberechtigte erfahren nur dann einen Nachteil, wenn bei geringfügigen Beiträgen des Nichteigentümer-Ehegatten die Rspr. zu einem hälftigen Ausgleichsanspruch kommt.

176 Interessant wird sein, wie diese Konstruktion der Ehegatteninnengesellschaft sich auf die **schenkungsteuerliche Behandlung von Vermögensverschiebungen** auswirkt. Zunächst unterliegen Leistungen der Gesellschafter zur Förderung des Gesellschaftszwecks nicht der Schenkungsteuer, da es an der objektiven Unentgeltlichkeit fehlt.[425] Hinter gesellschaftsbezogenen Leistungen können sich aber auch **freigiebige Zuwendungen** verbergen. Die Abgrenzung ist im Fall einer Ehegatteninnengesellschaft besonders schwierig, weil während ihres Bestehens unterschiedliche Beiträge erfolgen können und erst bei Beendigung sichtbar wird, ob eine bleibende Vermögensverschiebung stattgefunden hat. Höchstens diese wäre dann als freigiebige Zuwendung i.S.d. § 7 Abs. 1 Nr. 1 ErbStG steuerbar, nicht jedoch der Ausgleichsanspruch als Ergebnis gesellschaftsrechtlicher Erfolgsteilhabe.[426]

177 Schließlich darf nicht übersehen werden, dass bei Bejahung einer Ehegatteninnengesellschaft auch die **Vorschriften über die BGB-Gesellschaft** tatsächlich zur Anwendung kommen müssen.[427] So müsste in diesem Fall auch ein **Kontrollrecht** und ein **Kündigungsrecht** abseits des Falles eines Scheiterns der Ehe bestehen, sofern man nicht eine familienrechtliche Überlagerung annehmen wollte, denn im Rahmen des § 723 BGB kann auch das ordentliche Kündigungsrecht nicht auf Dauer ausgeschlossen werden.[428] Den **Ausgleichsanspruch** des zuwendenden Ehegatten könnten dessen **Gläubiger pfänden** und sodann die Gesellschaft nach § 725 BGB kündigen. Somit ist die Ehegatteninnengesellschaft für Vermögensübertragungen aus Haftungsgründen untauglich.[429]

Umso weniger verständlich ist es, wenn Gerichte in ebensolchen Fallgestaltungen den Ehegatten unterstellen, sie hätten, da sie aus Haftungsgründen das Vermögen nur auf den Namen eines Ehegatten angesammelt haben, eine Ehegatteninnengesellschaft begründet.[430] Genau dies würde zur **Pfändbarkeit von Ansprüchen** und damit zum Gläubigerzugriff führen.[431] Dem könnte man nur entgegenhalten, dass

---

424 Grziwotz, DNotZ 2000, 486, 495.
425 Gebel, BB 2000, 2017, 2022 unter Hinweis auf R 18 Abs. 2 und Abs. 7 ErbStR – Kapitalgesellschaft.
426 Gebel, BB 2000, 2017, 2023.
427 Jaeger, in: FS für Henrich, S. 323, 330 f. zieht daraus den Schluss, dass eine Ehegatteninnengesellschaft nur sehr selten vorliegen wird, weil diese Konsequenzen regelmäßig nicht gewollt werden.
428 MünchKomm-BGB/Ulmer, § 723 Rn. 70.
429 So auch Wever, FamRZ 2005, 485, 488.
430 OLG Schleswig, FamRZ 2004, 1375.
431 Daher zu Recht kritisch: Wever, FamRZ 2004, 1377 f.

diese Ansprüche höchstpersönlich und daher unpfändbar seien. Dies wird aber im Gesellschaftsrecht angesichts des zwingenden Charakters des § 725 Abs. 1 BGB schwierig zu begründen sein,[432] zumal sich der BGH inzwischen eindeutig zur Pfändbarkeit von Rückforderungsrechten geäußert hat, die ohne weitere Begründung ausgeübt werden können.[433] Um einen ähnlichen Fall handelt es sich letztlich auch bei einer Innengesellschaft, die ein Gesellschafter jederzeit ordentlich kündigen könnte.

> **Hinweis:**
> Eine Ehegatteninnengesellschaft, die wirklich gewollt ist, sollte **vertraglich** näher **ausgestaltet** sein.[434]

B. Unterhaltsberechnung bei selbstständigen Unternehmern und Gesellschaftern

I. Voraussetzungen eines Unterhaltsanspruchs

Nach § 1569 BGB ist jeder Ehegatte grds. für sich selbst verantwortlich. Als Nachwirkung der Ehe[435] hat das Gesetz jedoch bestimmte Tatbestände benannt, bei denen eine Mitverantwortung des anderen Ehegatten besteht. Ein Unterhaltsanspruch besteht also nur jeweils bei Vorliegen eines der gesetzlichen **Unterhaltstatbestände**.

178

Diese Unterhaltstatbestände stellen auf verschiedene **Einsatzzeitpunkte** ab, so dass Unterhalt nur zu gewähren ist, wenn der Tatbestand zu diesem Zeitpunkt erfüllt ist. Während der erste Einsatzzeitpunkt zumeist die **Rechtskraft der Scheidung** ist, knüpfen die anderen Einsatzzeitpunkte an das Ende des vorhergehenden Unterhaltstatbestandes an. Es muss somit eine **ununterbrochene Unterhaltskette**[436] vorliegen. Nach einer Unterbrechung entsteht somit ein Unterhaltsanspruch grds. nicht mehr.

Neben dem nachfolgend geschilderten **Anspruchsgrund** ist ferner zu prüfen, ob **Bedarf, Bedürftigkeit, Leistungsfähigkeit** gegeben sind und Tatbestände der **Unterhaltsbegrenzung** eingreifen.[437]

1. Unterhaltstatbestand

a) Kindesbetreuungsunterhalt (§ 1570 BGB)

Ein Anspruch auf Kindesbetreuungsunterhalt nach § 1570 BGB setzt voraus, dass es sich um ein **gemeinschaftliches**,[438] i.d.R. **minderjähriges**[439] **Kind** handelt, für das der unterhaltsberechtigte Ehegatte die **Betreuungsbefugnis** hat.[440]

179

---

432 MünchKomm-BGB/Ulmer, § 725 Rn. 7.
433 BGH, FamRZ 2003, 858; hierzu C. Münch, FamRZ 2004, 1329 ff.
434 C. Münch, Ehebezogene Rechtsgeschäfte, Rn. 1101 ff.
435 Palandt/Brudermüller, BGB, Vor § 1569 Rn. 2; Wendl/Staudigl/Pauling, Das Unterhaltsrecht in der familienrechtlichen Praxis, § 4 Rn. 42; zu Recht kritisiert Langenfeld, Handbuch der Eheverträge, Rn. 258, dass das dichte System der Unterhaltstatbestände die Eigenverantwortlichkeit schon fast zur Ausnahme werden lässt.
436 Reinecke, Lexikon des Unterhaltsrechts, Rn. 507; Schnitzler, in: Münchner Handbuch des Familienrechts, § 10 Rn. 2.
437 Oenning, in: Münchner Handbuch des Familienrechts, § 6 Rn. 12 f.; Rotax/Viefhues, Praxis des Familienrechts, Teil 7 Rn. 100.
438 Nicht bei vorehelichen Kindern, Pflegekindern oder Kindern, die erst nach der Scheidung geboren werden, wohl aber bei adoptierten Kindern, MünchKomm-BGB/Maurer, § 1570 Rn. 2.
439 Göppinger/Wax/Bäumel, Unterhaltsrecht, Rn. 953; str. zumeist wird § 1570 BGB auch bei einem volljährigen Kind ausnahmsweise angewendet, wenn dieses etwa aufgrund einer Behinderung noch pflegebedürftig ist, AnwK-BGB/Fränken, § 1570 Rn. 9; Palandt/Brudermüller, BGB, § 1570 Rn. 3.
440 AnwK-BGB/Fränken, BGB, § 1570 Rn. 10; Bamberger/Roth/Beutler, BGB, § 1570 Rn. 6.

180 Wegen des Betreuungsbedarfes dieses Kindes darf vom Unterhaltsberechtigten **keine Erwerbstätigkeit** erwartet werden. Ob eine **Erwerbsobliegenheit** gegeben ist, richtet sich nach den Gesamtumständen, insb. nach Alter und Anzahl der Kinder. Die Rspr. der OLG bzw. die **unterhaltsrechtlichen Leitlinien**[441] sind in Nuancen unterschiedlich. Man kann jedoch sagen, dass keine Erwerbsobliegenheit besteht bei einem Kind bis 8 Jahre[442] bzw. bei zwei oder drei Kindern bis 14 Jahre.[443] Eine teilweise Erwerbsobliegenheit besteht bei einem Kind zwischen 8 und 16 Jahren und bei mehreren Kindern von 14 bis 18 Jahren.[444] Eine volle Erwerbsobliegenheit besteht bei einem Kind ab 15/16 Jahren[445] und bei mehreren Kindern ab 18 Jahren. Im Einzelfall richtet sich dies **nach den Gesamtumständen**.[446]

181 § 1570 BGB enthält **keine Einsatzzeitpunkte**. Dieser Anspruch kann also auch nach der Scheidung erst zur Entstehung gelangen, wenn z.B. ein Ehegatte das Kind erst dann zu sich nimmt. Schon hieraus wird deutlich, dass es sich um einen Unterhaltstatbestand handelt, der zugleich auch dem Schutz der Kinder dient.[447]

182 Der Unterhaltsanspruch wegen Kindesbetreuung eines nur **teilweise erwerbstätigen Ehegatten** setzt sich nach der Rspr. des BGH[448] aus zwei Komponenten zusammen: Er kann nach § 1570 BGB Unterhalt nur bis zur Höhe des Mehreinkommens verlangen, das er durch Vollerwerbstätigkeit erreichen könnte. Reicht dieser Unterhalt zusammen mit dem Erwerbseinkommen nicht zum vollen Unterhalt nach dem ehelichen Lebensbedarf (§ 1578 BGB) aus, so resultiert der restliche Unterhalt aus § 1573 Abs. 2 BGB (**Aufstockungsunterhalt**).

In der Entscheidung, mit welcher der BGH diesen Standpunkt in Abkehr von seiner früheren Rspr. begründet,[449] führt das Gericht aus, der Aufstockungsteil nehme nicht an den Privilegien des § 1570 BGB teil. Damit gehört er wohl auch nicht zum **Kernbereich** der wenig disponiblen Scheidungsfolgen,[450] denn der BGH zitiert in seiner Entscheidung zur Inhaltskontrolle bei Erläuterung des Kernbereichs nur § 1570 BGB.

b) Altersunterhalt (§ 1571 BGB)

183 Ein Anspruch nach § 1571 BGB setzt eine **altersbedingte Erwerbsunfähigkeit** voraus, die regelmäßig bei Überschreiten der Regelaltersgrenze von 65 Jahren erreicht ist.[451] Unterhalb dieser Grenze ist es eine **Frage des Einzelfalles** unter Berücksichtigung der in § 1574 Abs. 2 BGB genannten Kriterien, ob eine Erwerbstätigkeit erwartet werden kann.[452] Einsatzzeitpunkte sind die Scheidung, das Ende des Kinderbe-

---

441 Zusammengestellung aller Leitlinien der verschiedenen OLG in FamRZ 2005, 1306 ff. Die Erwerbsobliegenheit wird i.d.R. – Ausnahme OLG Braunschweig – in Punkt 17 behandelt.
442 BGH, NJW 1995, 1148, 1149.
443 OLG Zweibrücken, FamRZ 2001, 228; OLG Köln, FamRZ 2002, 463 f.
444 OLG Hamm, FamRZ 2003, 1961: bei zwei Kindern von 14 und 15 Jahren bis Halbtagstätigkeit, bei gesteigerter Unterhaltspflicht nach § 1603 Abs. 2 BGB höchstens zwei Drittel Stelle.
445 BGH, NJW 1997, 1851, 1853.
446 Sehr detailliert unter Angabe aller Leitlinien und Urteile: Wendl/Staudigl/Pauling, Das Unterhaltsrecht in der familienrichterlichen Praxis, § 4 Rn. 72 ff.
447 Nach Schnitzler, in: Münchner Handbuch des Familienrechts, § 10 Rn. 11 dient der Unterhalt nach § 1570 BGB sogar vorrangig dem Schutz der Kinder. Diese Auffassung ist von Bedeutung, wenn es um die Frage geht, ob auf diesen Unterhalt verzichtet werden kann.
448 BGH, FamRZ 1990, 492 ff.
449 BGH, FamRZ 1990, 492 ff.
450 BGH, NJW 2004, 930 ff.
451 BGH, FamRZ 1999, 708, 709 = NJW 1999, 1547 ff. Danach lässt der frühere Bezug von vorgezogenem Altersruhegeld die Erwerbsobliegenheit noch nicht entfallen.
452 Kath-Zurhorst, in: Münchner Handbuch des Familienrechts, § 10 Rn. 30; MünchKomm-BGB/Maurer, § 1571 Rn. 5.

treuungsunterhaltes oder das Ende des Unterhaltes wegen Krankheit oder Erwerbslosigkeit. Dieser Anspruch gehört aber auch zum Kernbereich der Scheidungsfolgen mit **erhöhter Dispositionsschranke**.[453]

c) Unterhalt wegen Krankheit (§ 1572 BGB)

Unterhalt kann nach § 1572 BGB verlangt werden, wenn eine Krankheit **kausal** dazu führt, dass eine angemessene Erwerbstätigkeit ganz oder teilweise nicht mehr erwartet werden kann. Die Tatbestandsvoraussetzungen müssen zu einem der folgenden **Einsatzzeitpunkte** gegeben sein: Scheidung, Ende der Kindererziehung, Beendigung von Ausbildung, Fortbildung oder Umschulung oder Wegfall der Voraussetzungen des § 1573 BGB. 184

Nach der Rspr. der OLG kann eine Billigkeitskorrektur erforderlich sein, wenn die **Krankheit bereits bei Eheschließung** vorhanden war und der Berechtigte durch Heirat und Ehe weder gesundheitliche noch versorgungsrechtliche Nachteile erlitten hat.[454] 185

Tritt die **Krankheit erst nach der Ehescheidung** bzw. einem der anderen Einsatzzeitpunkte auf, so ist der Einsatzzeitpunkt nur gewahrt, wenn die Krankheit entweder schon latent vorhanden war, eine Verschlimmerung eintritt oder ein enger zeitlicher oder sachlicher Zusammenhang mit der Scheidung besteht.[455]

Der BGH zählt in seinem **Grundsatzurteil zur Ehevertragsfreiheit** auch den Krankheitsunterhalt noch zum Kernbereich, so dass er nur eingeschränkt disponibel ist.[456]

d) Unterhalt bis zu angemessener Erwerbstätigkeit (§ 1573 Abs. 1 BGB)

Unterhalt wird nach § 1573 Abs. 1 BGB gewährt, wenn der Berechtigte **keine angemessene**, d.h. den Kriterien des § 1574 Abs. 2 BGB entsprechende[457] **Tätigkeit** finden kann, **obwohl** er sich ernsthaft um eine solche bemüht. § 1574 Abs. 2 BGB stellt für die Angemessenheit einmal auf die persönlichen Verhältnisse, aber auch auf die ehelichen Lebensverhältnisse ab. An eine solche **Erwerbsbemühung** werden strenge Anforderungen gestellt. Es besteht eine Verpflichtung, sich aktiv um die Erlangung einer Erwerbstätigkeit zu bemühen.[458] 186

Hat der Berechtigte eine Erwerbstätigkeit erlangt, durch die er seinen Unterhalt – **nach objektiv vorausschauender Prognose**[459] – nachhaltig sichern kann, so lebt der Unterhaltsanspruch auch dann nicht wieder auf, wenn diese Erwerbsmöglichkeit später wegfällt. 187

e) Aufstockungsunterhalt (§ 1573 Abs. 2 BGB)

Übt der Unterhaltsberechtigte zwar eine angemessene Erwerbstätigkeit aus, kann dadurch aber den **vollen Unterhalt nicht decken**, so kommt Aufstockungsunterhalt nach der eigenständigen Anspruchsgrundlage[460] des § 1573 Abs. 2 BGB in Betracht. Allerdings müssen die Einsatzzeitpunkte des § 1573 Abs. 1 BGB eingehalten sein.[461] Die Vorschrift ist Ausdruck dessen, dass sich der volle Unterhalt **nach den** 188

---

453 BGH, NJW 2004, 930 ff.
454 OLG Karlsruhe, FamRZ 1998, 751; a.A.: Rotax/Viefhues, Praxis des Familienrechts, Teil 7 Rn. 154.
455 Kath-Zurhorst, in: Münchner Handbuch des Familienrechts, § 10 Rn. 46; Rotax/Viefhues, Praxis des Familienrechts, Teil 7 Rn. 159; BGH, FamRZ 2001, 1291; OLG Hamm, FamRZ 2002, 1564.
456 BGH, NJW 2004, 930 ff.; hierzu nachfolgend Rn. 403.
457 Hierzu Wendl/Staudigl/Pauling, Das Unterhaltsrecht in der familienrechtlichen Praxis § 4 Rn. 137 ff.
458 Langenfeld, Handbuch der Eheverträge, Rn. 381; Kath-Zurhorst, in: Münchner Handbuch des Familienrechts, § 10 Rn. 55; Wendl/Staudigl/Pauling, Das Unterhaltsrecht in der familienrichterlichen Praxis, § 1 Rn. 527 ff.
459 BGH, NJW 1988, 2034 (Niveau vor Selbstständigkeit ist beizubehalten); Rotax/Viefhues, Praxis des Familienrechts, Teil 7 Rn. 182.
460 Langenfeld, Handbuch der Eheverträge, Rn. 267; OLG Celle, FamRZ 1980, 581, 582.
461 OLG Zweibrücken, FamRZ 2002, 1565; OLG Hamm, FamRZ 2004, 375.

ehelichen Lebensverhältnissen bemisst (§ 1578 BGB). Kaum eine andere Anspruchsgrundlage wird in ähnlicher Weise kritisiert wie diese.[462] Das BVerfG hat deren Verfassungsmäßigkeit bestätigt.[463]

189 Bei eigenem Einkommen des Unterhaltsberechtigten unterschied der BGH in seiner langjährigen Rspr. folgendermaßen: Waren während der Ehe beide Ehepartner erwerbstätig, so wandte er die **Differenzmethode** an, bildete also die Differenz der anrechnungsfähigen Einkommen und sprach hieraus die Unterhaltsquote zu. Nahm hingegen ein Ehepartner erstmalig nach der Scheidung eine Berufstätigkeit auf, so sollte die sog. **Anrechnungsmethode** gelten, d.h. aus dem anrechnungsfähigen Einkommen des bisherigen Alleinverdieners wurde die Unterhaltsquote gebildet und darauf das Einkommen des Unterhaltsberechtigten voll angerechnet. Die Familienarbeit war demnach nicht eheprägend.

Diese **langjährige Rspr.** hat der **BGH** mit seinem Urteil v. 13.6.2001[464] **entscheidend geändert**.[465] Er erkennt nunmehr auch die Haushaltstätigkeit des nicht berufstätigen Ehegatten als eheprägend an und sieht in der nachfolgend aufgenommenen Erwerbstätigkeit quasi ein **Surrogat der bisherigen Haushaltstätigkeit** des nicht berufstätigen Ehegatten, so dass im Regelfall nunmehr die Differenzmethode zur Anwendung gelangt. Damit hat der BGH insb. die Gleichwertigkeit der Familienarbeit in den Vordergrund gerückt und die Familienarbeit als eheprägend anerkannt. Nur für Einkünfte des Unterhaltsberechtigten, die **nicht eheprägend** waren, verbleibt es weiterhin bei der Anwendung der Anrechnungsmethode,[466] so z.B. in den Fällen des unerwarteten Karrieresprungs. Das BVerfG hat kurz nach der Kehrtwende des BGH dessen frühere Rspr. ausdrücklich gerade mit Blick auf den Halbteilungsgrundsatz und die Gleichwertigkeit der Familienarbeit verworfen.[467]

> **Hinweis:**
> Der BGH hat seine Rspr. zur Aufnahme einer Erwerbstätigkeit grundlegend geändert. Er sieht nunmehr Familienarbeit als eheprägend an und die nach der Trennung aufgenommene Erwerbstätigkeit als Surrogat. Daher ist in solchen Fällen die Differenzmethode anzuwenden.

f) Ausbildungsunterhalt (§ 1575 BGB)

190 Ein Ehegatte, der ehebedingt eine Ausbildung nicht beenden konnte, erhält nach § 1575 BGB **Unterhalt zum Abschluss einer Ausbildung** bzw. zu Fortbildung oder Umschulung, wenn erwartet werden kann, dass der Anspruchsberechtigte mit dieser Ausbildung seinen Unterhalt nachhaltig sichern kann. Der Unterhalt wird für die Zeit gezahlt, welche normalerweise für eine solche Ausbildung benötigt wird.

g) Billigkeitsunterhalt (§ 1576 BGB)

191 § 1576 BGB spricht im Sinne einer positiven **Billigkeitsklausel** Unterhalt zu, wenn der Berechtigte aus sonstigen schwerwiegenden Gründen nicht erwerbstätig sein kann und die Versagung von Unterhalt unter Berücksichtigung der Belange beider Ehegatten grob unbillig wäre. Der **Tatbestand ist subsidiär** und nur eine Härteklausel für Ausnahmefälle.[468] Er enthält keine eigenen Einsatzzeitpunkte. In der Praxis kommen solche Ansprüche vor allem bei der **Betreuung nicht gemeinschaftlicher Kinder** in Betracht,

---

462 Holzhauer, JZ 1977, 729, 735 ff.; Langenfeld, Handbuch der Eheverträge, Rn. 268: „Nerzklausel"; Reinecke, Lexikon des Unterhaltsrechts, Rn. 322: „unbillig, wenn keine ehebedingten Nachteile".
463 BVerfG, FamRZ 1993, 171, 172; vgl. zur Frage, ob damit die nacheheliche Solidarität nicht überfordert ist Diederichsen, NJW 1993, 2265 ff.
464 BGH DNotZ 2002, 440 ff. = FamRZ 2001, 986 = NJW 2001, 2254.
465 Hierzu Borth, FamRZ 2001, 1653 f.
466 Reinecke, Lexikon des Unterhaltsrechts, Rn. 311; Wendl/Staudigl/Pauling, Das Unterhaltsrecht in der familienrichterlichen Praxis, § 4 Rn. 127.
467 BVerfG, FamRZ 2002, 527 ff.
468 BGH, MDR 2003, 1419 = FF 2003, 243; Langenfeld, Handbuch der Eheverträge, Rn. 387; MünchKomm-BGB/Maurer, § 1576 Rn. 1.

die in die Familie aufgenommen worden waren[469] oder bei besonderen Vermögensopfern zum Aufbau einer gemeinsamen Existenz oder in Zeiten von Krankheit und Not.[470] Die bestehende Bedürftigkeit muss nicht ehebedingt sein.[471]

2. Maß des Unterhalts

Das Maß des Unterhalts bestimmt sich gemäß § 1578 Abs. 1 Satz 1 BGB nach den **ehelichen Lebensverhältnissen**. Der volle Unterhalt (§ 1577 Abs. 2 mit Verweis auf § 1578 BGB) umfasst den **gesamten Lebensbedarf** (§ 1578 Abs. 1 Satz 4 BGB). Bedarf bezeichnet den Höchstbetrag des zu fordernden Unterhalts, Bedürftigkeit hingegen liegt nur vor, solange und soweit sich der Berechtigte nicht aus seinem Einkommen und seinem Vermögen selbst unterhalten kann (§ 1577 Abs. 1 BGB[472]).

192

a) Eheliche Lebensverhältnisse

Entscheidend sind die Lebensverhältnisse, welche für die Ehe **prägend** waren,[473] insoweit ist mit dem Unterhaltsanspruch eine gewisse Lebensstandsgarantie verbunden,[474] die aber zunehmend von Gesetzgebung[475] und Rspr.[476] zurückgefahren wird. Konkret zu ermitteln ist die Einkommens- und Vermögenslage **beider Ehegatten**,[477] welche die ehelichen Lebensverhältnisse nachhaltig geprägt haben. Somit sind die ehelichen Lebensverhältnisse für beide **Ehegatten gleich**.[478] Hierbei soll ein Lebensstandard entscheidend sein, wie er vom **Standpunkt eines vernünftigen Beobachters** nach dem sozialen Status der Ehegatten i.d.R. gewählt wird.[479]

193

Somit ist insb. das **unterhaltsrechtlich relevante Einkommen** der Parteien zu bestimmen.[480] Hierbei ist sämtliches Einkommen zu berücksichtigen. Für die Ermittlung des Bedarfs ist zu unterscheiden, ob das Einkommen prägend war oder nicht.

194

Zum **unterhaltsrechtlich relevanten Einkommen** zählen hauptsächlich

195

- Erwerbseinkommen und
- Vermögenseinkommen,

aber auch sonstige Einkünfte wie sozialstaatliche Leistungen oder Sachbezüge, soweit es sich nicht um subsidiäre Sozialleistungen handelt.[481]

Nach der neuen Rspr. des BGH[482] hat aber auch die **Familienarbeit** durch Kinderbetreuung oder Hausarbeit die Ehe geprägt. Deren Wert spiegelt sich in dem Einkommen wieder, das derjenige Ehegatte, der Familienarbeit leistet, nach der Scheidung durch Aufnahme einer Erwerbstätigkeit erzielt. Auch dieses

196

---

469 BGH, FamRZ 1984, 769.
470 Rotax/Viefhues, Praxis des Familienrechts, Teil 7 Rn. 224.
471 BGH, MDR 2003, 1419.
472 Oenning, in: Münchner Handbuch des Familienrechts, § 6 Rn. 17.
473 Im Gegensatz dazu wird bei der Prüfung der Bedürftigkeit auch nicht prägendes Einkommen berücksichtigt, Oenning, in: Münchner Handbuch des Familienrechts, § 6 Rn. 16.
474 BVerfG, FamRZ 1981, 745, 751; BGH, NJW 1983, 1733, 1734; Günther/Hein, Familiensachen, § 14 Rn. 126; Rotax/Viefhues, Praxis des Familienrechts, Teil 7 Rn. 267.
475 Rn. 244.
476 BGH, FamRZ 2006, 683 ff.
477 Im Gegensatz zu § 1610 BGB für den Verwandtenunterhalt, der entscheidend auf die Lebensstellung des Bedürftigen abstellt.
478 Rotax/Viefhues, Praxis des Familienrechts, Teil 7 Rn. 267.
479 BGH, FamRZ 1987, 37, 39; FamRZ 1997, 281, 284; Graba, FamRZ 1989, 571; Palandt/Brudermüller, BGB, § 1578 Rn. 36; a.A.: Luthin, FamRZ 1988, 1109, 1111: Maßstab ist die tatsächliche Lebensgestaltung.
480 Ausführlich hierzu: Oenning, in: Münchner Handbuch des Familienrechts, § 6 Rn. 146 ff.; Rotax/Viefhues, Praxis des Familienrechts, Teil 7 Rn. 274 ff.; Maier, NJW 2002, 3359 ff.
481 Wendl/Staudigl/Pauling, Das Unterhaltsrecht in der familienrichterlichen Praxis, § 1 Rn. 451.
482 BGH DNotZ 2002, 440 ff. = FamRZ 2001, 986 = NJW 2001, 2254.

Einkommen ist daher eheprägend. **Problematisch** ist oft die Bemessung der Einkünfte aus selbstständiger Arbeit und unternehmerischer Tätigkeit. Hier muss unterhaltsrechtlich ggf. eine Festsetzung getroffen werden, die von den steuerlichen Zahlen abweicht.[483]

> **Hinweis:**
> Bei Selbstständigen entspricht das steuerliche Einkommen nicht dem unterhaltsrechtlich relevanten Einkommen. Korrekturen sind insb. erforderlich bei Sonderabschreibungen oder bei sonstigen Positionen, welche die private Lebensführung berühren.

b) Prägendes Einkommen

197 Bei der Berechnung des Unterhaltsbedarfs – anders bei der Leistungsfähigkeit – kommt nur Einkommen in Betracht, das die ehelichen Lebensverhältnisse geprägt hat. Als solches ist das **bis zur Ehescheidung nachhaltig erzielte Einkommen** anzusehen.

198 Nach der **Rspr. des BGH** ist bei **überobligationsmäßigem Einkommen** zu unterscheiden: Ein Teil des Einkommens ist als nicht unterhaltsrelevant völlig außer Betracht zu lassen. Der andere Teil hingegen ist als eheprägend anzusehen und im Rahmen der Differenzmethode in die Unterhaltsberechnung einzubeziehen.[484]

199 Prägend sind **auch** Kapital- oder **Vermögenserträge, wenn das Vermögen** als Anfangsvermögen i.S.d. Bestimmungen über den Zugewinn anzusehen ist, also z.B. bei Schenkung oder Erbschaft vor oder nach der Ehe.[485] Somit sind auch Erträge aus unternehmerischem Vermögen, welches aus der Familie übertragen wurde, in die Unterhaltsberechnung einzubeziehen.

Als eheprägend in diesem Sinne ist auch das **mietfreie Wohnen** im eigenen Haus anzusehen, und zwar in Höhe der Differenz zwischen objektivem Mietwert einerseits und Aufwand andererseits.[486]

200 Die Gerichte erkennen jetzt auch die **Familienarbeit** (Haushalt und Kinderbetreuung) des nicht berufstätigen Ehegatten als **eheprägend** an und sehen in der **nachfolgend aufgenommenen Erwerbstätigkeit** quasi ein **Surrogat** der bisherigen Haushaltstätigkeit desjenigen Ehegatten, der Familienarbeit leistete. Gleiches gilt für das Mehreinkommen durch Ausweitung einer Halbtags- zu einer Ganztagstätigkeit.[487]

201 Nicht eheprägend sind diejenigen Teile eines gehobenen Einkommens, die zur **Vermögensbildung** verwendet werden, da sie für Unterhaltszwecke nicht zur Verfügung stehen.[488]

202 **Nicht eheprägend** sind Entwicklungen, welche nach der Scheidung erst eingetreten sind, so der unerwartete **Karrieresprung**.[489] War hingegen die Veränderung in der ehelichen Entwicklung angelegt und mit hoher Wahrscheinlichkeit zu erwarten, so kann auch diese Erwartung bereits die Ehe geprägt haben,[490] wenn die Eheleute ihren Lebenszuschnitt bereits auf diese Erwartung eingerichtet hatten und ein enger zeitlicher Zusammenhang der Veränderung mit der Scheidung noch besteht.[491]

---

483 Detailliert hierzu Rn. 247 ff.
484 BGH, FamRZ 2005, 1154 f.
485 BGH, FamRZ 1988, 1145; Palandt/Brudermüller, BGB, § 1578 Rn. 7.
486 Näher zum Wohnvorteil: C. Münch, Ehebezogene Rechtsgeschäfte, Rn. 1313 ff.
487 OLG Düsseldorf, FamRZ 2002, 1628.
488 BGH, FamRZ 1987, 36, 39; FamRZ 1992, 423, 424; Günther/Hein, Familiensachen, § 14 Rn. 130; vgl. aber auch FamRZ 1983, 678, wonach bei nicht gehobenen Verhältnissen kein Vermögensbildungsanteil ausgesondert werden darf.
489 BGH, FamRZ 2001, 986.
490 BGH, NJW 1987, 1555 (nicht prägend Rentenanteil aus dem Versorgungsausgleich, da Folge der Scheidung); NJW 1990, 3020 (Änderung Beamtenbesoldung durch Kind und Wiederheirat etwa bei den Ortszuschlägen); NJW 1999, 717.
491 Rotax/Viefhues, Praxis des Familienrechts, Teil 7 Rn. 272 ff.

Auch **ehebedingte Verbindlichkeiten** – d.h. solche, die bis zur Trennung einvernehmlich bestanden haben[492] – prägen die ehelichen Lebensverhältnisse und sind daher bereits beim Maß des Unterhalts abzuziehen, nicht erst bei der Leistungsfähigkeit.[493] Hierbei ist unerheblich, welcher Ehegatte die Verbindlichkeiten einging und wofür er sie verwendete.[494] **Ausgeschlossen sind** allerdings solche Verbindlichkeiten, die leichtfertig für Luxuszwecke oder ohne vernünftigen Grund eingegangen wurden[495] oder mit denen die Ehegatten die Kosten der allgemeinen Lebensführung bestritten.[496]

Kindesunterhalt, der die ehelichen Lebensverhältnisse prägt, ist vor der Quotierung vom Einkommen abzuziehen.[497]

203

Fiktive Einkünfte, die bei der Beurteilung von Leistungsfähigkeit und Bedürftigkeit eine Rolle spielen, sollten **nicht** als eheprägend angesehen werden, da hier der Lebensstandard entscheidend ist, den die Ehegatten tatsächlich gelebt haben.[498] **Anders ist dies** aber, wenn ein Ehegatte nach der Scheidung seine **Erwerbsobliegenheit verletzt** und dadurch sein Einkommen unter das in der Ehe gewohnte Niveau herabsinkt. Hier sind die fiktiven Einkünfte prägend.[499] Fiktive Einkünfte als Surrogat der Familienarbeit sind in gleicher Weise prägend.[500]

204

c) Zeitpunkt

Maßgeblicher Zeitpunkt für die Beurteilung der Frage, ob bestimmte Umstände die ehelichen Lebensverhältnisse prägten, ist die **Rechtskraft der Scheidung**.[501] Dies soll sogar dann gelten, wenn der Scheidung eine längere Trennungsphase vorangegangen war[502] und in dieser Phase eine erhebliche Veränderung im beruflichen Werdegang des Unterhaltsverpflichteten eintrat.[503] Anderes – für die Maßgeblichkeit des Trennungszeitpunktes – soll nur dann gelten, wenn mit der Trennung eine **vollständige Umstellung der Lebensverhältnisse** eingetreten ist oder wenn eine unerwartete, vom Normalverlauf erheblich abweichende Entwicklung vorliegt (z.B. Karrieresprung).[504]

205

Allerdings kann sich nach neuerer Rspr. des BGH[505] auch ein **Einkommensrückgang** beim unterhaltspflichtigen Ehegatten **nach der rechtskräftigen Scheidung** bereits auf die Bedarfsberechnung auswirken[506] und nicht erst auf die Leistungsfähigkeit.

206

> **Hinweis:**
> Der BGH misst nunmehr einem Einkommensrückgang auch Bedeutung für die Bedarfsberechnung zu.

Einkünfte des Unterhaltsverpflichteten, die dieser aus einem **Erbe** zieht, das erst **nach Rechtskraft der Scheidung** angefallen ist, sollen dann eheprägend sein, wenn der Verpflichtete gerade im Hinblick auf

207

---

492 MünchKomm-BGB/Maurer, § 1578 Rn. 8.
493 Soergel/Dieckmann, BGB, § 1578 Rn. 25.
494 Rotax/Viefhues, Praxis des Familienrechts, 2. Aufl., Teil 6 Rn. 440.
495 BGH, FamRZ 1996, 160; MünchKomm-BGB/Maurer, § 1578 Rn. 8.
496 Günther/Hein, Familiensachen, § 14 Rn. 133; Soergel/Dieckmann, BGB, § 1578 Rn. 22.
497 BGH, FamRZ 1990, 979.
498 Soergel/Dieckmann, BGB, § 1578 Rn. 7.
499 BGH, FamRZ 1992, 1045, 1047.
500 BGH, FamRZ 2003, 434.
501 BGH, NJW 1982, 1869; NJW 1987, 1555; NJW 1994, 935 f.
502 BGH, NJW 1981, 753.
503 OLG Hamm, FamRZ 1990, 1361.
504 BGH, NJW 1982, 2063; NJW 2001, 3260 f.
505 BGH, FamRZ 2006, 683 m. Anm. Büttner, FamRZ 2006, 765 und Anm. Barth, FamRZ 2006, 852.
506 Hierzu bereits Luthin, FamRZ 1988, 1109, 1111.

dieses Erbe keine angemessene Altersversorgung erspart hat,[507] also das Eheleben bereits auf dieses zukünftige Ereignis ausgerichtet war.

d) Konkrete Berechnung

208 Steht auf diese Weise das gesamte prägende Einkommen fest, so wird dem Unterhaltsberechtigten hiervon ein bestimmter Anteil zugebilligt. Der BGH geht hierbei von einem „**Halbteilungsgrundsatz**" aus,[508] der allerdings nicht als Dogma angesehen werden sollte[509] und daher auch verschiedentlich (z.B. beim Erwerbstätigkeitsbonus) durchbrochen wird. Ansonsten wird der Unterhalt regelmäßig aufgrund der angegebenen **Quoten berechnet**. Eine Ausnahme gilt jedoch bei **überdurchschnittlichen Einkommensverhältnissen**. Zwar hat der BGH bisher keine „Sättigungsgrenze" anerkannt, faktisch aber hat er ein solches Ergebnis durch die Annahme erreicht, dass bei gehobenen Einkommensverhältnissen ein Teil des Einkommens zur Vermögensbildung verwendet wird und daher für den Unterhalt nicht zur Verfügung steht. Aus diesem Grund hat in solchen Fällen eine **konkrete Berechnung** stattzufinden.[510] Eine genaue Einkommensschwelle, ab der eine solche Berechnung vorzunehmen wäre, hat die Rspr. bisher nicht festgelegt.

Vorgeschlagen wird die jeweils **aktuelle Höchstgrenze der einschlägigen Unterhaltstabelle**.[511] Die Rspr. der OLG differiert, verlangt aber eine konkrete Berechnung wohl ab einem Einkommen von 6.000 €,[512] zuweilen auch ab einem Bedarf von 4.000 €.[513]

Prozesstaktisch wird z.T. vorgeschlagen, sich für **unbegrenzt leistungsfähig** zu erklären, um Auskunftsansprüchen des Unterhaltsberechtigten aus dem Wege zu gehen, der dann selbst seinen Unterhaltsanspruch konkret darlegen muss.[514]

> **Hinweis:**
> Bei überdurchschnittlichem Einkommen (ab ca. 6.000 €) ist der Unterhaltsbedarf konkret zu berechnen und nicht mehr nach Quoten zu erfassen. Die Erklärung unbeschränkter Leistungsfähigkeit erspart hier Auskunftsansprüche.

209 Für die **Feststellung des konkreten Bedarfs** soll nicht allein das in der Ehe tatsächlich geübte Konsumverhalten maßgeblich sein, sondern der Lebenszuschnitt, den entsprechend situierte Eheleute im Regelfall wählen,[515] so dass übertriebene Verschwendung ebenso außer Betracht bleibt wie übertriebene Sparsamkeit. Der Bedarf errechnet sich dann regelmäßig als Summe bestimmter Einzelpositionen.[516]

---

507 OLG Hamburg, FamRZ 2003, 1108, insoweit nunmehr bestätigt durch BGH, FamRZ 2006, 387.
508 BVerfG, FamRZ 2002, 527, 529; BGH, DNotZ 2002, 440, 445 f. = FamRZ 2001, 986 f. = NJW 2001, 2254 f. m.w.N.; Maier, NJW 2002, 3359 ff.; siehe auch schon BGH, FamRZ 1988, 265, 267.
509 Palandt/Brudermüller, BGB, § 1578 Rn. 47.
510 BGH, FamRZ 1994, 1169, 1170; OLG Düsseldorf, FamRZ 1991, 806 ff.; OLG Köln, FamRZ 2002, 326; OLG Karlsruhe, NJW-RR 2000, 1026; OLG Koblenz, FamRZ 2000, 1366 f.; FamRZ 2000, 605 ff.; OLG Frankfurt, FamRZ 1997, 353; OLG Hamm, FamRZ 1992, 1175.
511 Norpoth, ZFE 2003, 179, 180.
512 OLG Köln, FamRZ 2002, 326.
513 OLG Köln, FamRZ 2002, 326; OLG Hamm, FamRZ 2003, 1109 will auch bei einem Unterhaltsanspruch von 8.000 DM monatlich noch die Quotelung vornehmen.
514 Norpoth, ZFE 2003, 179, 180.
515 BGH, FamRZ 1994, 1169, 1171; OLG Koblenz, FamRZ 2000, 605; Rotax/Viefhues, Praxis des Familienrechts, Teil 7 Rn. 348.
516 Nach Norpoth, ZFE 2003, 179, 182; vgl. auch Günther/Hein, Familiensachen, § 14 Rn. 140; OLG Köln, FamRZ 2002, 326 mit Berechnungsbeispiel.

e) Gesamter Lebensbedarf

Der gesamte Lebensbedarf (§ 1578 Abs. 1 Satz 4 BGB) umfasst neben dem **Elementarunterhalt** nach § 1578 Abs. 2 und 3 BGB (regelmäßig berechnet nach der **Düsseldorfer oder Berliner Tabelle**) auch die Kosten einer angemessenen Versicherung für den Fall der Krankheit oder Pflegebedürftigkeit sowie des Alters oder verminderter Erwerbsfähigkeit. Es handelt sich um jeweils unselbstständige Teile eines einheitlichen Unterhaltsanspruches.[517] Der **Krankenvorsorge-**[518] und **Altersvorsorgebedarf**[519] ist nicht in den Unterhaltsquoten der oberlandesgerichtlichen Tabellen enthalten und muss daher gesondert geltend gemacht und berechnet werden. Aufgrund seiner besonderen Zweckbestimmung ist der Vorsorgeunterhalt im Urteilstenor gesondert auszuweisen.[520]

210

> **Hinweis:**
> Der Tabellenunterhalt enthält keinen Alters-, Kranken- oder Pflegevorsorgeunterhalt.

Im Rahmen der **Kranken- und Pflegevorsorge**[521] hat der Berechtigte die kostengünstigste Art der in Betracht kommenden angemessenen Versicherungen zu wählen.[522] War der Berechtigte jedoch während der Ehe **privat krankenversichert**, so steht ihm ein entsprechender Versicherungsschutz auch nach der Scheidung zu.[523] War der Berechtigte hingegen in der **gesetzlichen Krankenversicherung** mitversichert, so hat er die Möglichkeit, binnen drei Monaten nach Rechtskraft einer Scheidung der gesetzlichen Krankenkasse seinen Beitritt in Form **freiwilliger Weiterversicherung** anzuzeigen (§§ 9 Abs. 1 Nr. 2, Abs. 2, 10, 188 SGB V).

211

Die Höhe des Beitrages richtet sich nach dem jeweiligen **Beitragssatz** der entsprechenden Krankenversicherung angewendet auf die Einnahmen **aus** Unterhaltszahlung,[524] wobei maßgeblich der **Elementarunterhalt** ist.[525] Bei der Berechnung des Krankenvorsorgeunterhaltes ist dieser Betrag zunächst aus einem vorläufig ermittelten Elementarunterhalt zu ermitteln. Sodann muss er zur Berechnung des endgültigen Elementarunterhaltes zuvor bei der Feststellung des verteilungsfähigen bereinigten Nettoeinkommens des Verpflichteten abgesetzt werden.[526]

212

Ein Anspruch auf Krankenvorsorgeunterhalt **entfällt, wenn der Berechtigte selbst erwerbstätig** ist, so dass er einen eigenen Krankenversicherungsschutz hat.[527]

Für die **Berechnung** des **Altersvorsorgebedarfs** werden die Beträge ermittelt, welche der Berechtigte an die gesetzliche Versicherung zu zahlen hätte, wenn er in Höhe des Elementarunterhaltes versicherungspflichtige Einkünfte aus Erwerbstätigkeit erzielte. Weitere **Einkünfte wie Kapitaleinkünfte oder Mieten** bleiben außer Betracht, da sie ihrer Art nach selbst zur Altersvorsorge geeignet sind.[528]

213

Die komplizierte Berechnung erfolgt **in mehreren Stufen:**

214

---

517 BGH, FamRZ 1982, 255, 257; Günther/Hein, Familiensachen, § 14 Rn. 158.
518 BGH, FamRZ 1983, 676, 677.
519 BGH, FamRZ 1981, 442, 445.
520 BGH, FamRZ 1981, 442, 445; FamRZ 1983, 152, 154; Langenfeld, Handbuch der Eheverträge, Rn. 295.
521 Zur Pflegevorsorge etwa Göppinger/Wax/Bäumel, Unterhaltsrecht, Rn. 1030.
522 BGH, FamRZ 1983, 676 f.; Wendl/Staudigl/Gutdeutsch, Das Unterhaltsrecht in der familienrechtlichen Praxis, § 4 Rn. 504.
523 BGH, FamRZ 2002, 88, 89; Oenning, in: Münchner Handbuch des Familienrechts, § 10 Rn. 121.
524 OLG Hamm, FamRZ 1982, 172, 174.
525 Rotax/Viefhues, Praxis des Familienrechts, Teil 7 Rn. 247.
526 Oenning, in: Münchner Handbuch des Familienrechts, § 10 Rn. 126 mit Berechnungsbeispiel; Günther/Hein, Familiensachen, § 114 Rn. 160 ff. mit Berechnungsbeispiel; Wendl/Staudigl/Gutdeutsch, Das Unterhaltsrecht in der familienrechtlichen Praxis, § 4 Rn. 509 f.
527 OLG Düsseldorf, FamRZ 1991, 806.
528 BGH, FamRZ 1992, 423, 425; OLG München, FamRZ 1987, 169; Rotax/Viefhues, Praxis des Familienrechts, Teil 7 Rn. 257 ff.

- Ermittlung des sog. vorläufigen Elementarunterhaltes ($^3/_7$ Quote),
- Hochrechnung dieses Betrages auf ein fiktives Bruttoeinkommen mittels der sog. **Bremer Tabelle**,[529]
- hieraus Ermittlung des Vorsorgeunterhaltes durch Multiplikation des fiktiven Bruttoeinkommens mit dem jeweiligen Beitragssatz,
- sodann Abzug des Vorsorgeunterhaltes vom Nettoeinkommen,
- Berechnung des endgültigen Elementarunterhaltes.[530]

An diese Berechnung schließt sich i.d.R. eine **Angemessenheitskontrolle** an,[531] mit welcher geprüft wird, ob dem Verpflichteten ausreichend Mittel zur Deckung seines Lebensbedarfs verbleiben und ob der aufgrund der Berechnung des Vorsorgeunterhaltes modifizierte Elementarunterhalt ausreichend ist; sofern letzteres nicht der Fall ist, müsste der nachrangige Altersvorsorgeunterhalt zurücktreten.

215 Allerdings **entfällt der Altersvorsorgeunterhalt**, wenn der Berechtigte bereits eine Altersversorgung zu erwarten hat, die derjenigen des Verpflichteten gleichkommt.[532] Ferner können Einkünfte des Berechtigten aus Kapitalvermögen oder Mieteinnahmen, die auch im Alter fortbestehen, den Anspruch auf Altersvorsorgeunterhalt ausschließen.[533]

Zeitlich besteht der Anspruch auf Altersvorsorgeunterhalt **bis zum allgemeinen Renteneintrittsalter**.

216 Sog. **trennungsbedingter Mehrbedarf**, der konkret nachzuweisen ist,[534] kann in Ausnahmefällen zusätzlich gewährt werden, wenn etwa beim Verpflichteten noch erhebliches nicht eheprägendes Einkommen vorhanden ist, so dass der Mehrbedarf ohne Verstoß gegen den Halbteilungsgrundsatz zugesprochen werden kann.

217 Von den regelmäßig anfallenden erhöhten Kosten des Mehrbedarfs zu unterscheiden ist ein unregelmäßiger außergewöhnlich hoher Bedarf, der sog. **Sonderbedarf**, der nach § 1585b Abs. 1 i.V.m § 1613 Abs. 2 BGB zu gewähren ist. Es muss sich also um einen Bedarf handeln, der als unregelmäßiger nicht vorhersehbar und daher **nicht einplanbar** war, so dass auch nicht erwartet werden konnte, dass aus dem regulären Unterhalt dafür Rücklagen gebildet werden.[535] Ferner müssen die Kosten **außergewöhnlich hoch** sein. Das bedeutet, dass bei beengten wirtschaftlichen Verhältnissen ein Sonderbedarf eher anerkannt werden kann als bei gehobenem Lebenszuschnitt.[536]

3. Bedürftigkeit

218 Nach § 1577 Abs. 1 BGB kann der geschiedene Ehegatte Unterhalt nicht verlangen, solange und soweit er sich aus seinen Einkünften und seinem Vermögen **selbst unterhalten kann**. Insoweit ist er nicht bedürftig.

Zur Deckung des Bedarfs nach § 1577 BGB kommen tatsächliche oder fiktive Einkünfte bzw. Vorteile ebenso in Betracht wie reale oder fiktive Vermögenserträge.

---

529 FamRZ 2006, 167; die daraus entwickelte tabellarische Tabelle von Gutdeutsch (168 f.) erspart die geschilderte Berechnung und lässt die direkte Ablesung von Elementar- und Vorsorgeunterhalt zu.
530 Zu dieser Berechnung teilweise mit Beispielen: Günther/Hein, Familiensachen, § 14 Rn. 162 ff.; Göppinger/Wax/Bäumel, Unterhaltsrecht, Rn. 1032; Oenning, in: Münchner Handbuch des Familienrechts, § 10 Rn. 106; Rotax/Viefhues, Praxis des Familienrechts, Teil 6 Rn. 150.
531 Oenning, in: Münchner Handbuch des Familienrechts, § 10 Rn. 106.
532 BGH, FamRZ 1988, 1145, 1147.
533 BGH, NJW 1992, 1044, 1046; Palandt/Brudermüller, BGB, § 1578 Rn. 67.
534 BGH, FamRZ 1991, 670 f.; FamRZ 1990, 258.
535 OLG Düsseldorf, FamRZ 1990, 1144 (Kommunion); anerkannt z.B. für Umzugskosten zum Zwecke der Aufnahme einer Erwerbstätigkeit, BGH, FamRZ 1983, 29; nicht z.B. bei durchschnittlicher Belastung mit Arztkosten, OLG Karlsruhe, FamRZ 1981, 146.
536 Palandt/Brudermüller, BGB, § 1613 Rn. 19; Reinecke, Lexikon des Unterhaltsrechts, Rn. 572.

a) Tatsächliche Einkünfte

Nach § 1577 Abs. 1 BGB wird das **Einkommen aus zumutbarer Erwerbstätigkeit** stets berücksichtigt. Hierzu zählt insb. das Erwerbseinkommen in Gestalt des **bereinigten Nettoeinkommens** (also der Bruttoeinkünfte abzgl. Steuern und Sozialversicherungsabgaben) inklusive aller Zulagen, Prämien, Urlaubs- oder Weihnachtsgelder. Zum realen Einkommen zählen aber auch **Renten und Pensionen** oder Sozialleistungen mit Lohnersatzfunktion wie z.B. das **Arbeitslosengeld**.[537]

219

Arbeitslosenhilfe oder Sozialhilfe bzw. ALG II nach § 20 Abs. 2 SGB II sind hingegen subsidiäre Leistungen mit Unterhaltsersatzfunktion, die **nicht** auf den Unterhalt anrechenbar sind.[538]

§ 1577 Abs. 2 BGB bestimmt, wie **überobligationsmäßige Tätigkeit** im Rahmen der Bedürftigkeit berücksichtigt wird. Danach gilt die Vorschrift zum einen für alle überobligationsmäßigen Einkünfte und nicht nur für solche, die durch die Nichtleistung des vollen Unterhalts seitens des Verpflichteten ausgelöst werden.[539] Zum anderen ist zwischen der **Nichtanrechnung und der Anrechnung** nach Billigkeitsgesichtspunkten zu unterscheiden. Zahlt der Verpflichtete nicht den vollen Unterhalt, so bleibt auch für den Berechtigten ein Teil dieser Einkünfte anrechnungsfrei.[540] Der anrechenbare Teil ist als eheprägend anzusehen und im Rahmen der Differenzmethode in die Unterhaltsberechnung einzubeziehen.[541]

220

Eine **unzumutbare Erwerbstätigkeit** liegt vor, wenn den Unterhaltsberechtigten keine Erwerbsobliegenheit[542] trifft, dieser aber dennoch Einkommen aus Erwerbstätigkeit erzielt.

221

Wie bereits dargelegt hat sich durch die Änderung der Rspr. des BGH[543] im Hinblick auf die Aufnahme oder Intensivierung einer Erwerbstätigkeit nach der Ehe die rechtliche Qualifizierung solchen Einkommens gewandelt. Die Rspr. hat daher nunmehr verschiedentlich von **Surrogatseinkommen** gesprochen, das an die Stelle der vorher prägenden Familienarbeit getreten ist und ebenfalls als eheprägend anzusehen ist. Dieses prägende Einkommen fließt dann unter Anwendung der **Differenzmethode** in die Unterhaltsberechnung ein.

222

Ist der haushaltsführende Ehegatte etwa wegen Kinderbetreuung nicht in der Lage, eine Erwerbstätigkeit aufzunehmen, so kann man von **einer „ruhenden Bedarfsposition"** ausgehen, die mit späterer Aufnahme einer Erwerbstätigkeit aktiviert wird.[544]

223

Ausgeweitet wurde die **Surrogatslösung** inzwischen für **Renteneinkünfte**.[545] Solche sind auch dann eheprägend, wenn sie auf dem durchgeführten Versorgungsausgleich beruhen und daher mit der Differenzmethode beim Bedarf zu berücksichtigen. Ferner wird die Surrogatslösung auch übertragen auf den **Verkaufserlös** einer bisher als Ehewohnung genutzten Immobilie,[546] so dass Zinsen aus dem Verkaufserlös oder ein erneuter Wohnvorteil bei Ersatzanschaffung prägendes Einkommen darstellen.[547] Somit zieht der BGH nunmehr den früheren Vermögensgegenstand nicht mehr nur mit seinem Nutzwert, sondern mit seinem Anlagewert für Unterhaltszwecke heran.[548]

224

---

537 OLG Düsseldorf, FamRZ 2002, 99; Oenning, in: Münchner Handbuch des Familienrechts, § 6 Rn. 152; Rotax/Reintzen, Praxis des Familienrechts, Teil 6 Rn. 84.
538 Rotax/Reintzen, Praxis des Familienrechts, Teil 6 Rn. 84; Wendl/Staudigl/Pauling, Das Unterhaltsrecht in der familienrichterlichen Praxis, § 1 Rn. 80, 451 ff.; BGH, FamRZ 1987, 456, 458.
539 Bamberger/Roth/J. Mayer, BGB, § 1577 Rn. 24.
540 BGH, FamRZ 1983, 146, 148 f.; Wendl/Staudigl/Gutdeutsch, Das Unterhaltsrecht in der familienrichterlichen Praxis, § 4 Rn. 452 ff.
541 BGH, FamRZ 2005, 1154 f.
542 Vgl. insb. BGH, FamRZ 2001, 350 f.
543 BGH DNotZ 2002, 440 ff. = FamRZ 2001, 986 = NJW 2001, 2254.
544 Borth, FamRZ 2001, 1653, 1655; Born, FF 2001, 183, 187.
545 BGH, FamRZ 2002, 88; NJW 2003, 1796 f.
546 BGH, FamRZ 2001, 1140, 1143.
547 Doppelte Surrogation von Kapital und Zinsgewinn, Graba, FPR 2002, 48, 49; eingehend zum Surrogat beim Wohnungsverkauf: Soyka, FuR 2004, 1 ff.
548 Göppinger/Wax/Bäumel, Unterhaltsrecht, Rn. 1012.

225 Sofern der geschiedene Ehegatte in einer **neuen Partnerschaft** einen Dritten **versorgt**, sind auch solche Leistungen nicht nur im Rahmen der Bedürftigkeit, sondern bereits bei der Bedarfsberechnung als Surrogat der bisherigen Familienarbeit anzusehen.[549] Ferner wird im Rahmen der Bedürftigkeit für die Haushaltsführung und Versorgungsleistung grds. ein **Entgelt** als Einkommen angesetzt,[550] allerdings ein vom Erwerbseinkommen zu unterscheidendes Einkommen, für das die Zumutbarkeit nicht in gleichem Umfange zu prüfen ist.[551] Dies gilt jedoch nur dann, wenn der neue Partner leistungsfähig ist.[552] Allerdings wird der Ansatz eines Einkommens für die Versorgung des neuen Partners angezweifelt, wenn der Ehegatte, der den neuen Partner versorgt, zudem noch eine Erwerbstätigkeit in Vollzeit ausübt, die bereits als Surrogat der Familienarbeit anzusehen ist[553] oder wenn ihn gar keine Erwerbsobliegenheit trifft.[554]

Freiwillige Zuwendungen Dritter sollen i.d.R. nur dem Zuwendungsempfänger zugute kommen und **nicht den Unterhaltspflichtigen entlasten**. Sie können daher – außer in Mangelfällen[555] – nicht angerechnet werden.

b) Hypothetische Einkünfte

226 Besteht eine **Erwerbsobliegenheit**, nimmt der Unterhaltsberechtigte jedoch eine ihm zumutbare Erwerbstätigkeit nicht auf, so sind ihm die **fiktiven Einkünfte** im Rahmen der Bedürftigkeit zuzurechnen, welche er bei der Erwerbstätigkeit hätte erzielen können.

Bei der Frage, ob eine **Erwerbsobliegenheit** zur Annahme einer i.S.d. § 1574 BGB **angemessenen Erwerbstätigkeit** besteht, sind die gesamten Verhältnisse des Unterhaltsberechtigten zu berücksichtigen. Bei **Arbeitslosigkeit** muss der Unterhaltsberechtigte alles ihm Zumutbare tun, um wieder eine Erwerbstätigkeit zu erlangen. Die bloße Meldung beim Arbeitsamt reicht hier nicht. Vielmehr muss der Berechtigte **alle ihm zumutbaren Anstrengungen** unternehmen, wieder Arbeit zu erhalten.[556]

c) Vermögen

227 Das Vermögen des Unterhaltsberechtigten kann seine Bedürftigkeit mindern. Hierbei ist zu unterscheiden zwischen dem **Vermögensstamm und den Vermögenserträgen**. Der Vermögensstamm muss nach § 1577 Abs. 3 BGB nicht verwertet werden, sofern die Verwertung unwirtschaftlich oder unter Berücksichtigung der beiderseitigen wirtschaftlichen Verhältnisse unbillig wäre. Vermögenserträge hingegen sind einzusetzen.

228 **Reale Vermögenserträge** sind nach Abzug von Steuern und Werbungskosten **stets** zu berücksichtigen, und zwar unabhängig von der Herkunft des Vermögens. Daher sind auch **Erträge aus Anfangsvermögen** oder aus im Zugewinnausgleich übertragenem Vermögen anzusetzen; allerdings soll dies dann nicht der Billigkeit entsprechen, wenn auch der andere Ehegatte einen entsprechend großen Vermögensteil erhalten hat.[557] Zu den Erträgen gehört auch der **Wohnvorteil**.

229 Es wird allgemein eine **Verpflichtung** des Unterhaltsberechtigten angenommen, sein **Vermögen so ertragbringend wie möglich anzulegen**.[558] Dies gilt auch für Vermögen, welches der Berechtigte durch

---

549 BGH, FamRZ 2001, 1693 f.; hierzu Schwolow, FuR 2003, 118; OLG Hamm, FamRZ 2005, 713 und OLG Nürnberg, ZFE 2006, 116 kürzen den Selbstbehalt des Unterhaltspflichtigen in solchen Fällen; a.A.: OLG Frankfurt, ZFE 2006, 113; OLG Karlsruhe, OLGR 2005, 757.
550 BGH, FamRZ 1987, 1012, 1014; FamRZ 1989, 487, 488 f.
551 BGH, FamRZ 1987, 1012, 1014.
552 BGH, FamRZ 1989, 487.
553 Oenning, in: Münchner Handbuch des Familienrechts, § 6 Rn. 205.
554 Wohlgemuth, FamRZ 2003, 983 mit Alternativvorschlägen.
555 BGH, FamRZ 2000, 153, 154.
556 OLG Düsseldorf, FamRZ 1980, 1008; BGH, NJW 1986, 718, 720; Palandt/Brudermüller, BGB, § 1603 Rn. 38.
557 BGH, FamRZ 1997, 912, 913.
558 Günther/Hein, Familiensachen, § 14 Rn. 67; Rotax/Viefhues, Praxis des Familienrechts, Teil 7 Rn. 65 ff.

Zuwendungen Dritter erhalten hat,[559] jedenfalls dann wenn das Vermögen keiner Zweckbindung unterliegt und kein Rückforderungsrecht besteht. Wird es ohne ein solches Recht zurückübertragen, sind fiktive Einkünfte anzusetzen.[560]

Bei der Frage, welche Folgerungen hieraus zu ziehen sind, müssen die Interessen aller Beteiligter angemessen gegeneinander **abgewogen** sein.[561] Dem Berechtigten ist sowohl eine angemessene Überlegungsfrist zuzubilligen[562] wie auch eine Rücklage für Notzeiten.[563] Es besteht sogar eine **Obliegenheit zur Umschichtung des Vermögens**, wenn dieses nicht ertragbringend (genug) angelegt ist.[564] Allerdings ist dem Vermögensinhaber ein Ermessensspielraum zuzugestehen. Bevorzugt er **sichere und herkömmliche Anlagen** gegenüber ertrag-, aber auch risikoreicheren Anlageformen, so ist dies nicht zu beanstanden. Kommt der Berechtigte dieser Obliegenheit zur Vermögensumschichtung nicht nach, so muss er sich die durch die Vermögensumschichtung **erreichbaren Einnahmen** auf seinen Anspruch **anrechnen** lassen.[565]

Im Grundsatz muss der Berechtigte nach § 1577 Abs. 1 BGB auch sein Vermögen verwerten. Nach **§ 1577 Abs. 3 BGB** braucht der Berechtigte den Stamm seines Vermögens aber nicht zu verwerten, soweit die **Verwertung unwirtschaftlich** oder unter Berücksichtigung der beiderseitigen wirtschaftlichen Verhältnisse **unbillig** wäre. 230

Unwirtschaftlichkeit der Verwertung liegt dann vor, wenn auf längere Sicht der Ertrag aus dem Vermögensstamm den Unterhalt besser gewährleistet als der Verkaufserlös[566] und dessen Ertrag. **Unbilligkeit** der Verwertung hat die Rspr. insb. dann angenommen, wenn das Vermögen aus einer Auseinandersetzung der Ehegatten oder aus dem Zugewinn stammt und dem Verpflichteten, der einen gleich hohen Anteil bekommen hat, sein Vermögen ungeschmälert verbleibt.[567] Unbilligkeit kann ferner dort vorliegen, wo der in guten Verhältnissen lebende Unterhaltsverpflichtete den Unterhalt aus seinen laufenden Einkünften ohne **Probleme erwirtschaften kann**, der Berechtigte hingegen sein kleineres Vermögen verwerten müsste.[568] 231

4. Leistungsfähigkeit

Der Unterhaltspflichtige ist grds. unterhaltspflichtig, sofern beim Berechtigten die entsprechende Bedürftigkeit festgestellt wurde. Er kann allerdings nach § 1581 BGB einwenden, dass er **nicht leistungsfähig** sei. Die Leistungsfähigkeit des Verpflichteten beschränkt daher den Unterhalt nach oben. 232

Nach **§ 1581 BGB** sind bei der Frage, ob der Verpflichtete leistungsfähig ist, **drei Komponenten** zu berücksichtigen: 233

- die Erwerbs- und Vermögensverhältnisse,
- die sonstigen Verpflichtungen und
- der eigene angemessene Unterhalt.[569]

---

559 OLG München, FamRZ 1996, 1433.
560 OLG Köln, NJW 2003, 438.
561 BGH, FamRZ 1988, 145, 149.
562 BGH, FamRZ 1986, 441, 443.
563 BGH, FamRZ 1986, 439, 441.
564 Günther/Hein, Familiensachen, § 14 Rn. 69.
565 BGH, FamRZ 1992, 423.
566 Reinecke, Lexikon des Unterhaltsrechts, Rn. 631.
567 BGH, FamRZ 1987, 912 f.; FamRZ 1985, 354, 357.
568 BGH, FamRZ 1986, 441 f.
569 Details zur Mangelfallberechnung können hier nicht vorgestellt werden. Hierzu sei verwiesen auf C. Münch, Ehebezogene Rechtsgeschäfte, Rn. 1424 ff. Allerdings wird sich die Mangelfallberechnung komplett ändern bei gesetzlicher Änderung der Regeln im Unterhaltsrecht.

a) Reales Einkommen

234 Bei der Prüfung der Leistungsfähigkeit sind **sämtliche erzielten Einkünfte** des Verpflichteten zu berücksichtigen, **auch solche, die nicht eheprägend waren**,[570] oder solche, die auf **überobligationsmäßiger Arbeit beruhen**.[571] Bei überobligationsmäßiger Arbeit soll es allerdings wohl entsprechend § 1577 Abs. 2 Satz 2 BGB eine Abwägung geben.[572] Unter Einkünften versteht man hierbei das **bereinigte Nettoeinkommen**, so dass insb.[573] Steuern und Sozialabgaben, aber auch berufsbedingte Aufwendungen in Abzug gebracht werden können.

235 Hinsichtlich der **Berücksichtigung der Steuer** hatte der BGH lange Zeit fiktive Berechnungen vermeiden wollen. Allerdings hat nunmehr das BVerfG entschieden,[574] der Gesetzgeber habe bei einer Wiederheirat des Pflichtigen den **Splittingvorteil nur der bestehenden Ehe zugeordnet**, er dürfe daher durch die Gerichte nicht dieser Ehe wieder entzogen und der geschiedenen Ehe zugeordnet werden, indem er den Unterhalt des geschiedenen Ehegatten erhöht. In der Unterhaltsberechnung wirkt sich die Entscheidung des BVerfG so aus, dass der Splittingvorteil eliminiert werden muss. Es ist daher ein **fiktives Einkommen zu bilden**, so als wäre der Unterhaltspflichtige nach **Steuerklasse I** zu veranlagen.[575] Ggf. ist ein Realsplitting zu berücksichtigen.[576] Damit ergeben sich z.T. erheblich niedrigere Unterhaltsbeträge für den geschiedenen Ehegatten.[577]

b) Erwerbsobliegenheit und fiktives Einkommen

236 Da beim Unterhaltsverpflichteten eine Vorschrift wie § 1579 Nr. 3 BGB für den Bedürftigen fehlt, ist im Grundsatz eine **Leistungsunfähigkeit** selbst dann zu beachten, wenn der Verpflichtete sie **herbeigeführt** hat.[578] Allerdings wird man dem Verpflichteten die Berufung auf die Leistungsunfähigkeit versagen müssen, wenn er sie verantwortungslos, mindestens aber leichtfertig herbeigeführt hat.[579] In solchen Fällen ist dem Verpflichteten die Berufung auf die Leistungsunfähigkeit verwehrt und er muss sich **hypothetische Einkünfte** zurechnen lassen. Hierunter kann es insb. fallen, wenn der Verpflichtete seine Arbeit aufgibt bzw. seine Arbeitskraft nicht so gut wie möglich einsetzt. Wird der Verpflichtete unverschuldet arbeitslos, so verlangt die Rspr. von ihm unter sehr hohen Anforderungen den **Nachweis der Arbeitsplatzsuche**, ansonsten bestehen Anknüpfungspunkte für eine Einkommensfiktion.[580]

Danach genügt die Meldung beim Arbeitsamt nicht, vielmehr hat der Verpflichtete sich durch eigene Bewerbungen um eine neue Arbeitsstelle zu bemühen.

---

570 Oenning, in: Münchner Handbuch des Familienrechts, § 7 Rn. 324.
571 BGH, FamRZ 1994, 21.
572 BGH, FamRZ 1982, 779; Günther/Hein, Familiensachen, § 14 Rn. 88 f.; a.A.: Bamberger/Roth/Beutler, BGB, § 1581 Rn. 15: keine Berücksichtigung bei der Leistungsfähigkeit, sondern erst bei der Unterhaltsberechnung im Mangelfall.
573 Ein Katalog von Einkünften sowie von abziehbaren Aufwendungen findet sich bei Rotax/Viefhues, Praxis des Familienrechts, Teil 7 Rn. 324 ff.
574 BVerfG, FamRZ 2003, 1821 f.
575 Aubel, NJW 2003, 3657, 3661; Heinke/Viefhues, ZFE 2003, 356, 357; Schürmann, FamRZ 2003, 1825, 1826.
576 BGH, FamRZ 1983, 670; Heinke/Viefhues, ZFE 2003, 356, 357; Schürmann, FamRZ 2003, 1825, 1827.
577 Erwähnt sei noch die grundsätzliche Kritik von Ewers an der Entscheidung des BVerfG, FamRZ 2003, 1913 ff. Ewers kritisiert, dass das BVerfG nicht erörtert hat, wie der Bedarf des Ehegatten nach den ehelichen Lebensverhältnissen angesichts des in der früheren Ehe vorhandenen Splittingvorteils zu bemessen ist. Auch wenn das BVerfG verbiete, den Splittingvorteil aus der neuen Ehe an den geschiedenen Ehegatten weiterzugeben, so untersage der Beschluss nicht, auf die ehelichen Lebensverhältnisse und damit auf den Splittingvorteil aus der früheren Ehe abzustellen, zumal das BVerfG nun ausdrücklich eine fiktive Berechnung fordert, die der BGH verweigert hat.
578 BGH, FamRZ 1985, 158 f.; OLG Stuttgart, FamRZ 2004, 297; Oenning, in: Münchner Handbuch des Familienrechts, § 6 Rn. 209.
579 BGH, FamRZ 1981, 539.
580 Oenning, in: Münchner Handbuch des Familienrechts, § 6 Rn. 215 ff. m.w.N.

> **Hinweis:**
> Auch die selbstverschuldete Leistungsunfähigkeit ist zu beachten, außer bei verantwortungslosem, mindestens leichtfertigem Handeln.

Mit der sog. **„Hausmann-Rspr."** hat der BGH ausgesprochen, dass ein Unterhaltspflichtiger, der in der geschiedenen Ehe die Familie durch Erwerbstätigkeit erhalten hat, nicht in der neuen Ehe die Rolle des die Familie Betreuenden einnehmen kann, sondern die Erwerbstätigkeit mit Rücksicht auf den Unterhalt der geschiedenen Familie beibehalten muss. Eine Ausnahme gilt nur, wenn in der neuen Ehe der Unterhalt **wesentlich günstiger** gestaltet werden kann, wenn der neue Ehegatte des Unterhaltspflichtigen erwerbstätig ist.[581] Die zum Kindesunterhalt ergangene Rspr. wird auch beim Ehegattenunterhalt Beachtung finden müssen. 237

c) Wechsel in die Selbstständigkeit

Ein Unterhaltspflichtiger darf seinen Arbeitsplatz zwar **nicht ohne hinreichenden Grund** aufgeben.[582] Allerdings prüft die Rspr. des BGH nach dem soeben Ausgeführten nur, ob die Verschlechterung der Situation verantwortungslos, mindestens aber leichtfertig herbeigeführt worden ist. 238

Sofern sich ein Erwerbstätiger **selbstständig macht** und hohe Anfangsverluste hat, kann die Verminderung der Leistungsfähigkeit durchaus beachtlich sein, insb. dann, wenn die Aufnahme der selbstständigen Tätigkeit der typischen beruflichen Entwicklung entspricht (z.B. angestellter Oberarzt eröffnet eigene Praxis) und wenn nach den Umständen mit einer dauerhaften Sicherung der Einkommensverhältnisse in der Selbstständigkeit zu rechnen ist.[583] Dabei ist auch eine unverschuldete Fehleinschätzung durch den Unterhaltspflichtigen hinzunehmen.[584] Besondere Bedeutung ist dabei dem Umstand beizumessen, dass die Zukunftsplanung der Ehegatten vor der Trennung bereits die Selbstständigkeit vorgesehen hatte.[585]

Unbeachtlich ist hingegen eine Flucht des Pflichtigen in eine seiner Qualifikation nicht entsprechende Selbstständigkeit.[586] In einem solchen Fall ist **fiktiv das frühere Einkommen** zugrunde zu legen. Zur Beurteilung ist abzuwägen, ob das Interesse des Pflichtigen an der beruflichen Veränderung die in Rede stehenden Auswirkungen auf die ehelichen Lebensverhältnisse rechtfertigt oder ob dem Interesse des Berechtigten an der Beibehaltung des bisherigen Lebensstandards das größere Gewicht zukommt.[587] 239

Auch wenn die Entscheidung für die Selbstständigkeit beachtlich ist, so wird dem Pflichtigen allerdings angesonnen, für eine Übergangszeit im Interesse des Berechtigten durch **Bildung von Rücklagen oder Aufnahme von Krediten** den Einkommensrückgang zu überbrücken.[588] Ferner muss, wer sich selbstständig macht, auch dafür sorgen, dass er bei unvorhergesehenen **Krankheitsfällen leistungsfähig** bleibt.[589] 240

d) Obliegenheit zur Aufgabe selbstständiger Tätigkeit

Nach einer Übergangszeit kann der Unterhaltspflichtige auch gehalten sein, die selbstständige Tätigkeit wieder aufzugeben.[590] Dies wird noch nicht bei einem einmaligen Gewinnrückgang geschehen. Bei einem 241

---

581 BGH, FamRZ 1996, 796, 797; FamRZ 2001, 614 f.; FamRZ 2001, 1065 (wenn keine betreuungsbedürftigen Kinder aus der neuen Ehe); MünchKomm-BGB/Maurer, § 1581 Rn. 17.
582 BGH, FamRZ 1987, 372 f.
583 Schwab/Borth, Handbuch des Scheidungsrechts, IV Rn. 1170.
584 Schwab/Borth, Handbuch des Scheidungsrechts, IV Rn. 1170.
585 BGH, FamRZ 1988, 256, 258.
586 Strohal, Unterhaltsrechtlich relevantes Einkommen bei Selbständigen, Rn. 191.
587 BGH, FamRZ 1988, 256, 258.
588 BGH, FamRZ 1987, 372 f., OLG Hamm, FamRB 2003, 284; dies kann dann anders sein, wenn der Verpflichtete aus gesundheitlichen Gründen ein bestehendes Arbeitsverhältnis sofort beenden muss, BGH, MDR 2003, 1182 = FamRZ 2003, 1471 m. Anm. Luthin; OLG Hamm, ZFE 2003, 251 f.
589 Wendl/Staudigl/Pauling, Das Unterhaltsrecht in der familienrichterlichen Praxis, § 1 Rn. 515.
590 OLG Frankfurt, FamRZ 2004, 298.

gravierenden und dauerhaften Einkommensrückgang besteht aber eine Obliegenheit zur Beendigung der selbstständigen Tätigkeit, wenn der Pflichtige auf eine andere Einkommenserzielung verwiesen werden kann.[591] Gleiches gilt, wenn die Aufnahme der selbstständigen Tätigkeit von Anfang an nicht rentabel ist. Ggf. besteht bei einem starken Absinken des Einkommens auch Anlass, der Frage nachzugehen, ob der Pflichtige im Rahmen seiner selbstständigen Tätigkeit genug tut, um seiner **Erwerbsobliegenheit** nachzukommen.[592]

Auch ein Selbstständiger darf **mit Erreichen des 65. Lebensjahres** seine berufliche Tätigkeit einstellen.[593]

e) Verpflichtungen

242 Nach § 1581 BGB sind die **Verbindlichkeiten** des Unterhaltsverpflichteten für die Frage der Leistungsfähigkeit zu beachten. Hierzu ist allerdings eine umfassende Abwägung der Interessen von Unterhaltsverpflichtetem, -berechtigtem und Drittgläubiger erforderlich.[594] Hiernach können insb. **Luxusverbindlichkeiten** und solche ohne nachvollziehbaren Grund **nicht** abgezogen werden. Allerdings ist der Abzug von Verbindlichkeiten – anders als bei der Bedarfsberechnung – nicht auf ehebedingte Schulden beschränkt.[595]

243 Im Fall eines **Insolvenzverfahrens** soll sich die Leistungsfähigkeit des Schuldners auf den Differenzbetrag zwischen pfändungsfreiem Betrag und dem Selbstbehalt beschränken.[596] Nach der Erhöhung der Pfändungsfreigrenzen ab dem Jahre 2002 halten die Gerichte den Unterhaltsschuldner zunehmend für verpflichtet, ein **Insolvenzverfahren mit Restschuldbefreiung** einzuleiten.[597] I.d.R. berücksichtigungsfähig sind **ehebedingte Schulden**, die aus der früheren Ehe stammen und in der gemeinsamen Lebensführung gründen. Dies gilt ganz besonders, wenn der unterhaltsberechtigte Ehegatte als Gesamtschuldner oder Bürge die Schulden hätte mittragen müssen. Das was der Unterhaltspflichtige bei fortdauernder Ehe an **Schuldentilgung und Verzinsung** hätte leisten können, wird er regelmäßig abziehen dürfen. Ggf. ist mit Rücksicht auf die allseitige Interessenabwägung ein gestreckterer Tilgungsplan anzustreben.[598] Ggf. muss der Berechtigte eine Kürzung seiner Ansprüche hinnehmen, wenn ansonsten die Einkünfte des Verpflichteten nicht einmal zur Zinszahlung ausreichen und somit die Schuld immer weiter anwüchse.[599] Zu den das Nettoeinkommen mindernden Verbindlichkeiten gehören auch die **Unterhaltsverpflichtungen gegenüber anderen Berechtigten**, sofern diese dem geschiedenen Ehegatten gegenüber nicht nachrangig sind.[600]

---

591 BGH, FamRZ 1993, 1304, 1306; FamRZ 2003, 741, 744; OLG Celle, FuR 2004, 313 f.
592 Strohal, Unterhaltsrechtlich relevantes Einkommen bei Selbständigen, Rn. 203.
593 OLG Hamm, FamRZ 1997, 883 f.
594 BGH, FamRZ 1982, 157 f.; MünchKomm-BGB/Maurer, § 1581 Rn. 25.
595 Wendl/Staudigl/Gerhardt, Das Unterhaltsrecht in der familienrechtlichen Praxis, § 1 Rn. 638 ff.
596 OLG Frankfurt, FF 2003, 182.
597 BGH, FamRZ 2005, 608 (gegenüber minderjährigen Kindern); OLG Dresden, FamRZ 2003, 1028 = MDR 2003, 575 m. Anm. Hauß; OLG Stuttgart, FF 2003, 179 ff.; a.A.: OLG Naumburg, FamRZ 2003, 1215 m. abl. Anm. Melchers, FamRZ 2003, 1769 und zust. Anm. Wohlgemuth, FamRZ 2004, 296; zusammenfassend Niepmann, FÜR 2006, 91 f.
598 OLG Bamberg, FamRZ 1997, 23; Rotax/Viefhues, Praxis des Familienrechts, Teil 7 Rn. 562 f.
599 Günther/Hein, Familiensachen, § 14 Rn. 99.
600 Palandt/Brudermüller, BGB, § 1581 Rn. 13.

5. Neues Unterhaltsrecht

Die Bundesregierung hat inzwischen beschlossen, das **Unterhaltsrecht grundlegend zu reformieren**.[601] Hierbei stehen neben der Vereinfachung des Unterhaltsrechts[602] folgende Absichten[603] im Mittelpunkt:

a) Förderung des Kindeswohls

Der Förderung des Kindeswohls soll in erster Linie die **Neuregelung der Rangfolge im Mangelfall** dienen.[604] Statt der bisherigen Abstimmung der §§ 1582 und 1609 Abs. 2 BGB soll nunmehr eine einheitliche Regelung in § 1609 BGB n.F. erfolgen. Danach hat der Unterhalt minderjähriger unverheirateter Kinder und solcher i.S.d. § 1603 Abs. 2 Satz 2 BGB nun den ersten Rang. Danach folgen Elternteile, die wegen der Betreuung eines Kindes unterhaltsberechtigt sind oder im Fall einer Scheidung wären. Geschiedener und aktueller Ehegatte sowie nicht verheiratete Eltern werden also gleich behandelt. Auf der gleichen zweiten Stufe stehen Ehegatten bei langer Ehedauer.

Ebenfalls dem Kindeswohl soll die Ablösung des Regelbetrages nach der RegelbetragVO im Bereich des **Mindestunterhalts** durch die Bezugnahme auf den **doppelten Freibetrag nach § 32 Abs. 6 EStG** dienen (§ 1612 BGB n.F.), die von einer Neuregelung der Kindergeldanrechnung nach § 1612 BGB n.F. begleitet wird.[605]

b) Stärkung der Eigenverantwortung

Ein grds. Anliegen des Reformgesetzes ist die Stärkung der Eigenverantwortung des geschiedenen Ehegatten.[606] Mit dieser Entscheidung korrigiert der Gesetzgeber ein Stück weit die von ihm als Fehlentwicklung empfundene Tatsache, dass die Grundregel der Eigenverantwortung unter der Vielfalt an sich erweiternden Unterhaltstatbeständen verschüttet wurde. Mit dem Wechsel zur Differenzmethode und der Surrogatsrechtsprechung ist zudem die Unterhaltszahlung immer weiter ausgedehnt worden.

Zur Stärkung der Eigenverantwortung sieht das Reformgesetz Folgendes vor:

- Niederlegung des **Grundsatzes** in **§ 1569 BGB n.F.**
- **§ 1570 BGB n.F.** nimmt ausdrücklich auf die vorhandenen Möglichkeiten der **Drittbetreuung** Bezug. Damit einhergehen wird ein **früheres Eingreifen der Erwerbsobliegenheit** und eine individuellere Betrachtung des Umfelds[607] als nach dem bisherigen Altersphasenmodell.[608] Zu Recht ergeht aber die Mahnung, daraus keinen Zwang zur Fremdbetreuung zu machen.[609]
- Verschärfte Anforderungen an die angemessene Erwerbstätigkeit in **§ 1574 BGB n.F.**, der für die Erwerbstätigkeit nicht mehr fordert, dass sie den ehelichen Lebensverhältnissen angemessen ist, sondern nur noch, dass sie **nicht nach den ehelichen Lebensverhältnissen unbillig** ist. Ferner wird mit der Bezugnahme auf die **frühere Erwerbstätigkeit** auch an den vorehelichen Status angeknüpft. Schließ-

---

601 Beschl. der Bundesregierung v. 5.4.2006, BR-Drucks. 253/06, BT-Drucks. 16/1830; Datum des Inkrafttretens danach geplant zum 1.4.2007; eine elektronische Fassung kann heruntergeladen werden unter: http://www.bmj.bund.de/media/archive/1189/.pdf; eine aktuelle Synopse der geänderten Vorschriften findet sich in FamRZ 2006, 670 ff.
602 Hierzu Grundmann, FF 2005, 213, 215 f.
603 Da das Änderungsgesetz bei Manuskriptabgabe noch nicht verabschiedet ist, erfolgt hier nur ein Überblick. Die entscheidenden unternehmensbezogenen Aussagen ändern sich dadurch nicht.
604 Dazu, dass der Entwurf dieses Ziel erreicht: Peschel-Gutzeit, FF 2006, 296 ff. Nach Schwab, FamRZ 2005, 1417, 1421 handelt es sich hierbei um die eigentliche Revolution des Unterhaltsrechts.
605 Zu den Auswirkungen auf die Düsseldorfer Tabelle: Soyky, FamRZ 2005, 1287, 1289 f.
606 Krit. hierzu mit dem Hinweis auf die verfassungsrechtliche Brisanz dieser Neuregelung v.a. wegen ihres Widerspruchs zu der jüngsten Rspr. zur Inhaltskontrolle von Eheverträgen: Kroppenberg, JZ 2006, 430 ff.; gegen die vorgesehene Unterhaltsreform: Wiegmann, FF 2006, 135 ff.
607 Grundmann, FF 2005, 123, 216.
608 So auch Hauß, FamRB 2006, 180.
609 Schwab, FamRZ 2005, 1417, 1418.

lich wird durch Aufnahme des Wortes „**obliegt**" in Abs. 1 die Verschärfung deutlich. Damit wird keine lebenslange Lebensstandsgarantie mehr ausgesprochen, sondern das Unterhaltsrecht wird von den ehelichen Lebensverhältnissen etwas abgekoppelt. Dies geschieht parallel zu einer Entwicklung in der Rechtsprechung, auch den nach der Scheidung eintretenden Veränderungen noch Bedeutung für die Berechnung des Unterhaltsbedarfs einzuräumen.[610]

- Mit dem **§ 1578 BGB n.F.** werden die Möglichkeiten der **Herabsetzung und Befristung des Unterhalts** wesentlich erweitert.[611] Hier soll auch erstmals der bei der Inhaltskontrolle von Eheverträgen so wichtige Begriff des **ehebedingten Nachteils** eine positivrechtliche Regelung erfahren dergestalt, dass das Fehlen solcher Nachteile eine Herabsetzung oder Befristung des Unterhalts nahelegt.[612]

- Unter diesem Aspekt lässt sich auch aufführen, dass Unterhaltsverzichte künftig nach § 1585 BGB der notariellen Beurkundung bedürfen.[613]

II. Gewinneinkünfte im Unterhaltsrecht

247 Bei der Erzielung von Gewinneinkünften nach § 2 Abs. 2 Nr. 1 EstG i.V.m. § 2 Abs. 1 Nr. 1 – Nr. 3 EStG und §§ 4 – 7k EStG (**Land- und Forstwirtschaft, Gewerbebetrieb, selbstständige Arbeit**) ist die Feststellung der unterhaltsrechtlichen Leistungsfähigkeit – oder, wenn sie beim Berechtigten vorliegen der Bedürftigkeit – mit besonderen Schwierigkeiten verbunden.

Was **die Rechtsformen** anbelangt, in denen solche Einkünfte erzielt werden, so kann auf die zivil- und steuerrechtlichen Betrachtungen hinsichtlich der verschiedenen Gesellschaften im Rahmen dieses Buches verwiesen werden. Anliegend seien nur kurz die Besonderheiten der jeweiligen Gewinnermittlung ins Gedächtnis gerufen, soweit sie für die nachfolgenden Ausführungen von Bedeutung ist.

> **Hinweis:**
> Zu beachten ist, dass immer häufiger neben den Gewinneinkünften des Selbstständigen zusätzliche andere Einkünfte vorliegen, weil der Selbstständige eine **Doppelfunktion ausübt** (Arzt als Selbstständiger und Krankenhausangestellter; Anteilsinhaber als Geschäftsführer).[614]

1. Steuerliche Gewinnermittlung

a) Betriebsvermögensvergleich

248 Für diejenigen Steuerpflichtigen, die nach Handelsrecht (§§ 242 ff. HGB) oder Steuerrecht (§ 141 AO) verpflichtet sind, **Bücher zu führen und regelmäßige Abschlüsse zu machen**, wird der Gewinn durch **Betriebsvermögensvergleich** nach §§ 4 Abs. 1, 5 Abs. 1 EStG ermittelt. In gleicher Weise kann der Gewinn ermittelt werden, wenn **freiwillig** solche Bücher geführt und Abschlüsse getätigt werden.

Gewinn ist dann der Unterschiedsbetrag zwischen dem Betriebsvermögen am Schluss des Wirtschaftsjahres und dem Betriebsvermögen am Schluss des vorangegangenen Wirtschaftsjahres, vermehrt um den Wert der Entnahmen und vermindert um den Wert der Einlagen (§ 4 Abs. 1 EStG).

Entscheidend ist beim Betriebsvermögensvergleich, dass das Betriebsvermögen einer **jährlichen Bewertung** unterliegt und die Geschäftsvorfälle schon in dem Geschäftsjahr eingebucht werden, zu dem sie wirtschaftlich gehören. Eine Forderung wird also mit ihrer Begründung unabhängig von der Zahlung eingebucht und eine Verbindlichkeit ebenso unabhängig von ihrer Begleichung; ähnliches gilt auch für

---

610 BGH, FamRB 2006, 198 f. = FamRZ 2006, 683.
611 Hohloch, FF 2005, 217 ff.
612 Schwab, FamRZ 2005, 1417, 1419; Bergschneider, FamRZ 2006, 153, 154.
613 Hierzu Menne, FÜR 2005, 323, 327.
614 Strohal, Unterhaltsrechtliche relevantes Einkommen bei Selbständigen, Rn. 203.

Rechnungsabgrenzungsposten und Rückstellungen. Unterhaltsrechtlich kann man dies mit dem „**Für-Prinzip**" vergleichen.[615]

Das bedeutet, dass die in der **Bilanz bzw. der Gewinn- und Verlustrechnung** ausgewiesenen Gewinne zu einem erheblichen Teil auf noch nicht eingegangenen Forderungen und noch nicht bezahlten Schulden beruhen können. Regelmäßig gleicht sich dies über den Verlauf verschiedener Geschäftsjahre wieder aus.[616] Man spricht von **unterschiedlichen Periodengewinnen** bei **Identität des Totalgewinns** (auch im Verhältnis zur Einnahme-/Überschussrechnung).[617] Besonderheiten mögen aber unterhaltsrechtlich beachtlich sein, insb. soweit nur wenige Jahre betrachtet werden.

249

b) Einnahme-/Überschussrechnung

Bei der Einnahme-/Überschussrechnung, die nach § 4 Abs. 3 EStG zulässig ist, soweit keine Buchführungspflicht besteht, handelt es sich dagegen um eine reine **Istrechnung** nach dem **Zu- und Abflussprinzip** des § 11 EStG, soweit nicht etwa § 4 Abs. 3 EStG hiervon Ausnahmen anordnet, wie z.B. für Anschaffungs- oder Herstellungskosten nicht abnutzbarer Wirtschaftsgüter des Anlagevermögens. Diese Gewinnermittlungsart wird **vor allem bei selbstständiger Tätigkeit i.S.d. § 18 EStG** bevorzugt, da hier keine Buchführungspflicht besteht.

250

Der Gewinn wird dadurch ermittelt, dass den **Betriebseinnahmen die Betriebsausgaben gegenübergestellt werden.** Der Überschuss bildet den Gewinn. Damit ist diese Art der Gewinnermittlung dem unterhaltsrechtlichen „**In-Prinzip**" vergleichbar.[618] Warenbestand, offene Forderungen und Verbindlichkeiten haben somit nach dieser Rechnung keinen Einfluss auf den Gewinn.[619]

> **Hinweis:**
> Damit ergeben sich Möglichkeiten, den Gewinn durch das **Nichteinziehen von Forderungen** oder das Vorziehen von Anschaffungskosten zu beeinflussen. Auf solche Maßnahmen ist unterhaltsrechtlich zu achten, insb. wenn sich gegenüber den Vorjahren erhebliche Änderungen etwa bei der Quote noch offener Forderungen für geleistete Arbeiten ergeben.[620] Wichtig ist ferner die periodengerechte Verteilung einmaliger Aufwendungen wie Leasingsonderzahlungen oder das Disagio eines Kreditvertrags.[621]

c) Gewinnermittlung bei Personengesellschaften

Für die Personengesellschaften sei die Besonderheit erwähnt, dass diese zwar hinsichtlich der USt oder der Gewerbesteuer selbst Steuersubjekt sind, nicht jedoch im Hinblick auf die **Einkommensteuer oder Körperschaftsteuer**. Hier sind vielmehr die Gesellschafter selbst steuerpflichtig, § 1 EStG. Die Einkünfte der Personengesellschaft werden aber **einheitlich und gesondert festgestellt** (§§ 179 ff. AO) und anhand dieser Feststellung dann **den einzelnen Gesellschaftern** der Personengesellschaft **zugerechnet**, die den Gewinn in ihrer **Einkommensteuer** versteuern. Hier werden also zur unterhaltsrechtlichen Auswertung sowohl die Gewinnfeststellung wie auch die Einzelsteuererklärung benötigt und ggf. die Beschlüsse, aus denen sich die Gewinnverteilung ergibt.

251

Besondere Bedeutung haben **Entnahmebeschränkungen**, die einen **Minderheitsgesellschafter** treffen, der sich diesen Beschränkungen nicht entziehen kann. Da ihm nur diese Beträge nachhaltig zur Verfügung stehen, wird man unterhaltsrechtlich auch nur diese Entnahmen werten können. Anderes gilt allerdings,

252

---

615 Wendl/Staudigl/Kemper, Das Unterhaltsrecht in der familienrechtlichen Praxis, § 1 Rn. 217.
616 Wendl/Staudigl/Kemper, Das Unterhaltsrecht in der familienrechtlichen Praxis, § 1 Rn. 217.
617 Schmidt/Heinecke, EStG, § 4 Rn. 10.
618 Wendl/Staudigl/Kemper, Das Unterhaltsrecht in der familienrechtlichen Praxis, § 1 Rn. 217.
619 Schwab/Borth, Handbuch des Scheidungsrechts, IV Rn. 726.
620 Soyka, Ehegattenunterhalt, Rn. 69.
621 Luthin/Margraf, Wendl/Staudigl/Gerhardt, Das Unterhaltsrecht in der familienrechtlichen Praxis, Rn. 1151.

wenn die **Entnahme des Gewinns** scheitert, weil zunächst ein Verlust aus vergangenen Jahren auszugleichen ist. Hat dieser Verlust Eingang in die Unterhaltsberechnung gefunden, kann die Entnahmebeschränkung nicht zusätzlich gewertet werden.[622]

Für den **Minderheitsgesellschafter einer Kapitalgesellschaft** wird hinsichtlich der Entnahmebeschränkungen ähnliches zu gelten haben.[623]

> **Hinweis:**
> Bei den somit nicht berücksichtigten etwa in Rücklagen eingestellten Gewinnanteilen ist zu beachten, dass diese ggf. im Zugewinnausgleich berücksichtigt werden.

d) Sonstiges

253 Soweit die Gewinnermittlung etwa im Rahmen der Land- und Forstwirtschaft nach § 13a EStG auf der Basis einer „**Gewinnermittlung nach Durchschnittssätzen**" erfolgt, ist diese Ermittlung als Grundlage für eine **unterhaltsrechtliche** Bewertung **nicht geeignet**. Stattdessen muss eine tatsächliche Berechnung der Ertragskraft des landwirtschaftlichen Betriebes vorgenommen werden.[624]

254 Wenig aussagekräftig ist auch eine finanzamtlich vorgenommene **Schätzung des Gewinns nach § 162 AO**, etwa weil der Steuerpflichtige keine Erklärungen abgegeben hat. Sie kann lediglich **mangels anderweitiger Erkenntnisquellen** unterhaltsrechtlich verwertet werden.[625] Zumeist leitet das Finanzamt sie aus bereits erklärten Jahrgängen oder aus Vergleichswerten anderer Betriebe ab. Die Schätzung durch das Finanzamt sollte eigentlich nicht zu niedrig ausfallen.

255 Wo eine **Betriebsaufspaltung** vorliegt oder der Steuerpflichtige im Rahmen von Miet- und Pachtverträgen oder Anstellungsverträgen mit „seiner" Kapitalgesellschaft zusätzliche Einnahmen erzielt, ist eine **konsolidierte Gewinnermittlung** zu erstellen, die ein zusammengefasstes Ergebnis, eine Art „Konzernbilanz" ermittelt.[626] Insoweit kann auch ein Unterhaltspflichtiger nicht „seine" GmbH als eigenständig aus der unterhaltsrechtlichen Bewertung heraushalten. Vielmehr hat auch hier eine einheitliche konsolidierte Betrachtung zu erfolgen.[627] Sofern **Sonderbetriebsvermögen** bei Personengesellschaften vorliegt, werden die Gewinne i.d.R. schon im Rahmen des § 15 Abs. 1 Nr. 2 EStG im Rahmen der Personengesellschaft berücksichtigt.

2. Grundsätze unterhaltsrechtlicher Feststellung der Leistungsfähigkeit bei Gewinneinkünften

256 Wenn auf diese Weise steuerlich die Gewinneinkünfte erfasst werden, so ist dies die **Grundlage für die unterhaltsrechtliche Beurteilung**, da andere Hilfsmittel meist nicht zur Verfügung stehen.[628] Allerdings sind unterhaltsrechtlich einige Besonderheiten zu beachten. Der Grundsatz, dass das steuerliche und das unterhaltsrechtliche Einkommen nicht identisch sind, ist inzwischen Allgemeingut.[629] **Das steuerpflichti-**

---

622 Fischer-Winkelmann/Maier, FamRZ 1996, 1391 ff.; Maier, Das unterhaltsrechtliche Einkommen bei Selbständigen, S. 337 ff.; Kuckenburg, FuR 2005, 152 ff.
623 Maier, Das unterhaltsrechtliche Einkommen bei Selbständigen, S. 351 ff.
624 Strohal, Unterhaltsrechtlich relevantes Einkommen bei Selbständigen, Rn. 212; Wendl/Staudigl/Kemper, Das Unterhaltsrecht in der familienrechtlichen Praxis, § 1 Rn. 218.
625 Strohal, Unterhaltsrechtlich relevantes Einkommen bei Selbständigen, Rn. 213; Wendl/Staudigl/Kemper, Das Unterhaltsrecht in der familienrechtlichen Praxis, § 1 Rn. 219.
626 Strohal, Unterhaltsrechtlich relevantes Einkommen bei Selbständigen, Rn. 243.
627 Soyka, Ehegattenunterhalt, Rn. 65.
628 BGH, FamRZ 204, 1177, 1178.
629 BGH, FamRZ 1985, 357, 359; FamRZ 1998, 357, 359; FamRZ 2003, 741, 743; OLG Hamm, FamRZ 1996, 1216; Strohal, Unterhaltsrechtlich relevantes Einkommen bei Selbständigen, Rn. 182; Wendl/Staudigl/Kemper, Das Unterhaltsrecht in der familienrechtlichen Praxis, § 1 Rn. 209 ff.

ge Einkommen entspricht also insoweit nicht dem tatsächlich zur Verfügung stehenden Einkommen. Der BGH[630] hat hierzu ausgeführt:

„Das steuerlich relevante Einkommen und das unterhaltspflichtige Einkommen sind nicht identisch. Das Steuerrecht erkennt in bestimmten Zusammenhängen Aufwendungen als einkommensmindernd an und gewährt Abschreibungen und Absetzungen, denen eine tatsächliche Vermögenseinbuße nicht oder nicht in diesem Umfang entspricht."

a) Ermittlungszeitraum

Im Gegensatz etwa zum Arbeitnehmereinkommen sind die Gewinneinkünfte regelmäßig stark schwankend, so dass ein Geschäftsjahr allein nicht als Grundlage für die unterhaltsrechtliche Leistungsfähigkeit herangezogen werden kann. Vielmehr ist regelmäßig auf **die letzten drei dem Unterhaltszeitraum vorangehenden Kalenderjahre** abzustellen.[631] Dies ordnen auch die meisten unterhaltsrechtlichen Leitlinien der OLG so an.[632] Regelmäßig wird der **Durchschnitt** dieser drei Jahre Grundlage der Ermittlung sein. Dies kann jedoch anders sein, wenn eine Neueröffnungsphase, eine Anstiegsphase oder eine Aufgabephase vorliegt, da hier die **Tendenz der Gewinnermittlung** mit zu berücksichtigen ist.[633] Der BGH hat insoweit längere Ermittlungszeiträume ausdrücklich gebilligt.[634] Der 14. Deutsche Familiengerichtstag[635] hat dafür plädiert, insb. bei unklarer Situation oder bei Verdacht von Manipulationen den Ermittlungszeitraum auch über drei Jahre hinaus zu erweitern. Insoweit kommt dann eine **fünfjährige Ermittlungsperiode** in Betracht.

257

b) Steuerbilanz – Unterhaltsbilanz

Ist das steuerliche mit dem unterhaltsrechtlichen Einkommen **nicht identisch**, so bedarf die vorgelegte steuerliche Bilanz einer Überprüfung, inwieweit ihre Ansätze für das Unterhaltsrecht übernommen werden können oder zu korrigieren sind. Die Vorlage einer förmlichen „**Unterhaltsbilanz**" neben der Handels- oder Steuerbilanz hat sich nicht durchgesetzt.[636]

258

Daher unterliegen die Einzelpositionen einer Bilanz bzw. einer Einnahme-/Überschussrechnung einer **unterhaltsrechtlichen Prüfung**, auf die sogleich im Einzelnen einzugehen ist. Bedeutsam ist, dass die Auskunftspflicht des Unterhaltspflichtigen so weit geht, dass der Pflichtige Einnahmen und Aufwendungen so darstellen muss, dass die allein steuerlich beachtlichen Aufwendungen von solchen, die unterhaltsrechtlich von Bedeutung sind, abgegrenzt werden können.[637]

Teilweise wird angenommen, **das steuerliche Einkommen** könne wenigstens ein **Mindesteinkommen** als Grundlage für die Unterhaltsberechnung sein.[638] Auch dem wird jedoch – zu Recht – **widersprochen**. So kann etwa allein die Herausnahme eines Gebäudes aus dem Betriebsvermögen zu einem hohen steuerlichen Gewinn führen, obwohl im Rahmen der unterhaltsrechtlichen Bewertung gar keine Änderung stattgefunden hat. Dieser steuerliche Gewinn erhöht die unterhaltsrechtliche Leistungsfähigkeit nicht.[639]

259

---

630 BGH, FamRZ 1980, 770.
631 BGH, FamRZ 2004, 1177, 1178; fast alle Leitlinien der OLG, 1.5., abgedruckt in FamRZ 2005, 1307 ff.; Wendl/Staudigl/Kemper, Das Unterhaltsrecht in der familienrechtlichen Praxis, § 1 Rn. 274.
632 Vgl. Ziff. 1.5. der unterhaltsrechtlichen Leitlinien; in der neuesten Fassung abgedruckt in FamRZ, 2005, 1307 ff.
633 Strohal, Unterhaltsrechtlich relevantes Einkommen bei Selbständigen, Rn. 205.
634 BGH, FamRZ 1985, 357, 358.
635 FamRZ 2002, 296 f. A I.1.d).
636 Strohal, Unterhaltsrechtlich relevantes Einkommen bei Selbständigen, Rn. 272; Wendl/Staudigl/Kemper, Das Unterhaltsrecht in der familienrechtlichen Praxis, § 1 Rn. 209.
637 BGH, FamRZ 1998, 357, 359.
638 BGH, FamRZ 1980, 770; Strohal, Unterhaltsrechtlich relevantes Einkommen bei Selbständigen, Rn. 182.
639 So Wendl/Staudigl/Kemper, Das Unterhaltsrecht in der familienrechtlichen Praxis, § 1 Rn. 210.

So bildet das steuerliche Einkommen lediglich den **Anknüpfungspunkt für die unterhaltsrechtliche Berechnung**.[640]

c) Erwerbsobliegenheit

260 Trotz dieser Art der Auswertung mahnt das unterhaltsrechtliche Schrifttum zu Recht, nicht nur die steuerlichen Daten auszuwerten, sondern auch zu prüfen, ob der Unterhaltspflichtige seiner **Erwerbsobliegenheit** nachgekommen ist, ob er also auch als Selbstständiger seine volle Arbeitskraft eingesetzt hat und die ihm mögliche betriebliche Tätigkeit in vollem Umfang entfaltet hat.[641]

261 Umgekehrt stellt sich aber auch die Frage **überobligatorischer Tätigkeit**, wenn ein Unterhaltspflichtiger als Selbstständiger seinen Gewinn durch eine Arbeitszeit von über 60 Stunden wöchentlich erzielt. Entgegen seiner Praxisrelevanz spielt dieses Argument nur selten in der gerichtlichen Praxis eine Rolle.[642]

262 Eine selbstständige Tätigkeit, die **zu Hause** ausgeübt und freiwillig nach Geburt eines Kindes wieder aufgenommen wird, ist dann nicht mehr überobligatorisch, wenn sie sich mit den Betreuungsnotwendigkeiten des Kindes vereinbaren lässt.[643]

d) Darlegungslast

263 Hinsichtlich der Darlegungs- und Beweislast gilt: Wenn der Berechtigte ein bestimmtes Einkommen nachvollziehbar darlegt,[644] so muss der Verpflichtete dies **substantiiert bestreiten**, denn die Umstände unterliegen seiner Auskunftspflicht und seinen Wahrnehmungsmöglichkeiten.

264 Hat der Verpflichtete seine Bilanz oder Überschussrechnung vorgelegt, so ist es an dem Berechtigten, einzelne Positionen **gezielt zu bestreiten**. Hierzu ist dann erneut der Verpflichtete auch bezüglich der unterhaltsrechtlichen Relevanz[645] darlegungs- und beweispflichtig.[646]

3. Bedeutsame unterhaltsrechtliche Abweichungen

265 Nachfolgend sollen die bedeutsamsten unterhaltsrechtlichen Abweichungen vom steuerrechtlichen Einkommen dargestellt werden

a) Abschreibungen

266 **Abnutzbare Wirtschaftsgüter** sind handelsrechtlich abzuschreiben (§ 253 Abs. 2 HGB). Steuerrechtlich sind sie mit den Anschaffungs(Herstellungs-)kosten abzgl. der Absetzungen für Abnutzungen zu bewerten (§ 6 Abs. 1 Nr. 1 EStG).

Die steuerrechtliche Abschreibung ist auf verschiedene Weisen möglich. Kernproblem ist, dass der steuerlichen Abschreibung nicht in jedem Fall ein **realer Wertverzehr entspricht**, d.h. das Wirtschaftsgut ist weit vor dem Ende seiner Lebensdauer bereits abgeschrieben. Hierzu hat der BGH den Grundsatz ausgesprochen, dass die steuerlichen Abschreibungen unterhaltsrechtlich außer Betracht zu bleiben haben, soweit sie sich nicht mit einer tatsächlichen Verringerung der für den Lebensbedarf verfügbaren Mittel decken.[647] Diesen Standpunkt machen sich auch mehr und mehr Unterhaltsleitlinien der OLG zu eigen.[648]

---

640 Zur unterschiedlichen Bedeutung der Leistungsfähigkeit im Steuerrecht und Unterhaltsrecht: Laws, 218.
641 Strohal, Unterhaltsrechtlich relevantes Einkommen bei Selbständigen, Rn. 273.
642 Kuckenburg, Der Selbständige im familienrechtlichen Verfahren, 149 f.
643 KG, OLG-Report-NL 2006, 16.
644 Vgl. OLG Celle, FuR 2004, 313 f.
645 OLG Hamm, FamRZ 1996, 1216, 1217.
646 Soyka, Ehegatttenunterhalt, Rn. 81; vgl. Kuckenburg, Der Selbständige im familienrechtlichen Verfahren, 161 f.
647 BGH, FamRZ 1985, 357, 359.
648 OLG Düsseldorf, OLG Hamburg, OLG Koblenz, jeweils 1.5. – aktuell abgedruckt in FamRZ 2005, 1307 ff.

aa) Abschreibungsarten

Im Steuerrecht wird zwischen verschiedenen Abschreibungsmethoden unterschieden. So erfolgt die **lineare Abschreibung** nach gleich bleibenden Jahresbeträgen, d.h. die Kosten eines Wirtschaftsgutes werden auf die durchschnittliche Haltbarkeitszeit gleichmäßig verteilt (§ 7 Abs. 1 EStG). Bei der **degressiven Abschreibung** hingegen erfolgt die Abschreibung in fallenden Jahresbeträgen, (§ 7 Abs. 2 EStG). Diese wird nach einem **unveränderten Vomhundertsatz** immer vom jeweiligen Restbuchwert vorgenommen, wobei der dabei anfallende Vomhundertsatz höchstens das Doppelte des bei Absetzung für Abnutzung in gleichen Jahresbeträgen in Betracht kommenden Satzes sein und 20% nicht übersteigen darf.

267

Daneben mag noch die **außerplanmäßige Abschreibung** erwähnt sein, mit der ein erhöhter Wertverzehr aufgrund Beschädigung, Zerstörung etc. nachvollzogen werden kann (§ 7 Abs. 1 Satz 7 EStG). Im Rahmen der **Sonderabschreibung** können erhöhte Abschreibungen ggf. neben der planmäßigen Abschreibung vorgenommen werden, so z.B. im Rahmen der Ansparabschreibung nach § 7g EStG oder im Rahmen des Fördergebietsgesetzes. Bei **geringwertigen Wirtschaftsgütern** erfolgt die Abschreibung nach § 6 Abs. 2 EStG sofort.

268

bb) Unterhaltsrechtliche Anpassung

Die **Abschreibungssätze** entsprechen rein steuerlichen Wertungen. Sie enthalten z.T. – etwa im Rahmen der Sonderabschreibung – Investitionsanreize und sind von der Lebensdauer eines Gegenstandes dann völlig abgekoppelt.

269

In Lit. und Rspr. hat sich eine lebhafte Diskussion entwickelt, inwieweit die steuerliche Abschreibung auch unterhaltsrechtlich anzuerkennen ist. Stand der Meinungen ist nach einer neueren BGH-Entscheidung, dass **Sonderabschreibungen und degressive Abschreibungen nicht anerkannt** werden können, da ihnen kein realer Wertverzehr in dieser Höhe entspricht.[649]

Für die **Abschreibungen für die Abnutzung von Gebäuden** hat die Rspr. entschieden, dass diese **unterhaltsrechtlich unbeachtlich** ist, da sie das Einkommen des Steuerpflichtigen letztlich gar nicht berühre und ihr kein tatsächlicher Wertverzehr entspreche. Im Gegenteil werde durch die Wertentwicklung der Immobilien der Wertverzehr sogar aufgefangen.[650] Dies mag jedenfalls unterhaltsrechtlich gelten können, wo nur eine relativ kurze Zeitspanne betrachtet wird.[651] **Instandsetzungskosten** sind unterhaltsrechtlich nur für notwendigen Erhaltungsaufwand anzuerkennen, da nicht auf Kosten des Unterhaltsberechtigten wertsteigernde Aufwendungen getätigt werden können, die zur Vermögensbildung gehören.[652]

270

Bei der **linearen Abschreibung hingegen** haben die Steuerbehörden seit dem Jahr 2000 die Abschreibungszeiträume derartig verlängert, dass diese nunmehr auch nach Auffassung des BGH **dem realen Wertverzehr entsprechen**. Dies gelte insb. für die vom BMF erstellte **AfA-Tabelle** für die allgemein verwendbaren Anlagegüter vom 15.12.2000.[653] Die lineare Abschreibung sollte daher anerkannt werden;[654] dies sagen auch erste Richtlinien ausdrücklich.[655]

271

---

649 Vgl. etwa BGH, FamRZ 2003, 741 ff.
650 BGH, FamRZ 1984, 39, 41; FamRZ 1997, 281, 283; FamRZ 2005, 1159 f. für Einkünfte aus Vermietung und Verpachtung; wenn nur Wertverlust durch Gebrauch ohne Wertsteigerung, dann Werbungskosten in Höhe des auf die Nutzungsdauer erstreckten Erhaltungsaufwands, Göppinger/Wax/Strohal, Unterhaltsrecht, Rn. 737.
651 Gerhardt/v. Heintschel-Heinegg/Klein/Gerhardt, Handbuch des Fachanwalts FamR, Kap. 6 Rn. 64b.
652 BGH, FamRZ 1997, 281, 283.
653 BGH, FamRZ 2003, 741, 743.
654 Luthin/Margraf, Handbuch des Unterhaltsrechts, Rn. 1177; Wendl/Staudigl/Kemper, Das Unterhaltsrecht in der familienrechtlichen Praxis, § 1 Rn. 246; kritisch zur Änderung bei der Abschreibung Schwab/Borth, Handbuch des Scheidungsrechts, IV Rn. 751.
655 OLG Hamburg, 1.5., abgedruckt FamRZ 2005, 1335 ff.

272 Wo etwa die Sonderabschreibung nicht anerkannt werden kann, ist nach Auffassung des BGH das betroffene Wirtschaftsgut **unterhaltsrechtlich fiktiv linear abzuschreiben**.[656] Das bedeutet, dass eine Abschreibung zu niedrigeren linearen Sätzen anerkannt wird, die dann aber auch länger gehen muss und den steuerlichen Abschreibungszeitraum überschreitet.[657]

> **Hinweis:**
> Wenn also der Unterhalt über einen längeren Zeitraum zu zahlen ist, so gleichen sich die Änderungen letztendlich wieder aus, so dass den aufwändigen Korrekturen im Regelfall letztlich keine sachliche Änderung entspricht.

cc) Abschreibungen und Verbindlichkeiten

273 Sofern Abschreibungen unterhaltsrechtlich anerkannt werden, sind die entsprechenden **Tilgungsleistungen** für Kreditfinanzierungen der abzuschreibenden Wirtschaftsgüter **nicht noch zusätzlich** abzusetzen.[658] Wird die Verbindlichkeit aber anerkannt, so hat eine zusätzliche Abschreibung zu unterbleiben.[659] Auch im Bereich **von Immobilien**, wo Abschreibungen grds. nicht anerkannt werden, soll **der Abzug** der Tilgung zulässig sein, wenn er eheprägend war und objektiv den Einkommensverhältnissen angemessen ist.[660]

dd) Weitere Folgeanpassungen bei den Steuern

274 Im Grundsatz will der BGH Steuern nur dann und in dem Zeitraum zum Abzug zulassen, in dem sie tatsächlich gezahlt worden sind (**In-Prinzip**).[661] Dem liegt der Gedanke zu Grunde, dass sich die Steuerwirkungen über den Betrachtungszeitraum ausgleichen. Der BGH hat dies **für die Korrektur von Sonderabschreibungen ausdrücklich ausgesprochen**, hat also entschieden, dass trotz der unterhaltsrechtlichen Herunterstufung auf eine lineare Abschreibung die aufgrund der Sonderabschreibung ersparten Steuern voll in der Berechnung bleiben und dem Unterhaltsberechtigten zugute kommen.[662] Einschränkend wurde allerdings schon hier betont, dass dies jedenfalls dann gelten könne, wenn sich in den Folgejahren **keine Steuererhöhung ergebe** (weil der Unterhaltspflichtige so wenig verdiente).

275 In einem Fall, in dem das steuerliche Einkommen durch Streichung der **Ansparabschreibungen** erhöht worden ist, hat der BGH nun jedoch entschieden, dass dann auch **fiktive Steuern auf die so erhöhten Gewinne** berücksichtigt werden müssen.[663] Während der BGH sonst Steuern nur in den Jahren abziehen will, in denen sie tatsächlich gezahlt wurden (In-Prinzip), hat er sich hier für eine fiktive Berücksichtigung entschieden (und damit für das **Für-Prinzip**), weil sich die Verschiebungen zwischen dem fiktiven Anfall und der tatsächlichen Entrichtung im konkreten Fall nicht innerhalb des Ermittlungszeitraumes ausgleichen.

Auch in weiteren Urteilen hat der BGH eine **fiktive Steuerberechnung** vorgenommen. Er hat dort Abschreibungen für Gebäude nicht anerkannt und ausgeführt, wenn diese unterhaltsrechtlich unbeachtlich seien, dann müsse auch die dadurch erzielte Steuerersparnis **außer Betracht bleiben** und die Steuern seien so zu berechnen, wie sie auf das nicht durch Verlust reduzierte Einkommen zu entrichten gewesen

---

656 BGH, FamRZ 2003, 741, 743.
657 Hierauf weist Wendl/Staudigl/Kemper, Das Unterhaltsrecht in der familienrechtlichen Praxis, § 1 Rn. 252 ausdrücklich hin.
658 Leitlinien OLG Düsseldorf 1.5., FamRZ 2005, 1325; Schwab/Borth, Handbuch des Scheidungsrechts, IV Rn. 759, dort auch zum alternativen Cash Flow Ansatz.
659 Soyka, Ehegattenunterhalt, Rn. 73.
660 Luthin/Margraf, Handbuch des Unterhaltsrechts, Rn. 1182.
661 BGH, FamRZ 1990, 981, 983; FamRZ 2003, 741, 744.
662 BGH, FamRZ 2003, 741, 744.
663 BGH, FamRZ 2004, 1177, 1178.

wären.[664] Gleiches hat der BGH für andere Fälle einer unterhaltsrechtlichen Nichtanerkennung steuerlich berücksichtigter Kosten ausgesprochen.[665]

Das Für-Prinzip wird für Selbstständige in einigen **Unterhaltsleitlinien** anerkannt.[666] Nachdem nunmehr auch in anderen Bereichen fiktive Steuerberechnungen angestellt werden müssen, so etwa nach der Rspr., welche den Splittingvorteil aus der zweiten Ehe nur dieser zugute halten will,[667] könnte auch bei den Gewinneinkünften diese Tendenz zunehmen. 276

Die steuerlich erhöht abgezogene Sonderabschreibung oder degressive Abschreibung führt bei einer anschließenden Veräußerung zu einem **höheren Veräußerungsgewinn** als er bei linearer Abschreibung entstanden wäre. Wenn die Abschreibung unterhaltsrechtlich auf lineare Abschreibung verkürzt worden ist, dann wird man auch diesen erhöhten Veräußerungsgewinn aus der Unterhaltsberechnung eliminieren müssen.[668] 277

b)   Entnahmen

Im Regelfall kommt es nicht auf tatsächlich aus dem Betrieb entnommene Gelder an – also weder auf verschwenderische noch auf vorsichtige Entnahmen –, sondern auf das verteilungsfähige und damit **für den Konsum zur Verfügung stehende Einkommen**.[669] Dennoch wird die Bedeutung der Entnahmen für die Unterhaltsbemessung viel diskutiert. Einige **Unterhaltsleitlinien** äußern sich dahin, dass ausnahmsweise anstelle des Gewinns die Entnahmen (abzgl. der Einlagen) maßgeblich seien, wenn entweder eine zuverlässige Gewinnermittlung nicht möglich oder der Betriebsinhaber unterhaltsrechtlich zur Vermögensverwertung verpflichtet sei.[670] 278

Auch einige Gerichte haben sich mit der unterhaltsrechtlichen Bedeutung der Entnahmen befasst. So will das **OLG Dresden** Entnahmen nicht als Einkommen i.S.d. Unterhaltsrechts ansehen, sondern allenfalls als Anhaltspunkt. Entnahmen, die den Gewinn übersteigen, sollen jedenfalls für den rückständigen Unterhalt maßgeblich sein.[671] Das **OLG Frankfurt** hat judiziert, ein tatsächlich effektiv höherer Lebensstil könne nicht unbeachtet bleiben.[672] Die Unterhaltsbemessung nach den tatsächlichen Entnahmen sei eine Hilfsmethode, wenn die Gewinnsituation auf absehbare Zeit nicht ermittelt werden könne oder die vorgelegten Unterlagen untauglich seien.[673] Das **OLG Hamm** will eine Berücksichtigung der Entnahmen dann zulassen, wenn der Verpflichtete sein Einkommen nicht ausreichend darlegt.[674] Eingehend hat sich das **OLG Düsseldorf** mit der Bedeutung der Entnahmen befasst.[675] Nach Meinung des Gerichts richtet sich die Lebensstellung nach den Entnahmen, wenn diese größer sind als der Gewinn, und zwar in diesen Fällen ohne zusätzlichen Abzug berufsbedingter Aufwendungen. Dies soll allerdings dann nicht gelten, wenn die Entnahmen aus einem verschuldeten Unternehmen erfolgen oder zur Verschuldung des Unternehmens führen. 279

Die Lit. sieht ebenso bei Entnahmen, die höher sind als der Gewinn, zumindest eine **Nachweispflicht des Unterhaltspflichtigen** bei Behauptung geringerer Leistungsfähigkeit.[676] Insoweit werden die Entnahmen 280

---

664   BGH, FamRZ 2005, 1159, 1161.
665   BGH, FamRZ 2006, 387, 393.
666   OLG Düsseldorf und OLG Koblenz, FamRZ 2005, Heft 16, 1326 und 1353.
667   BVerfG, FamRZ 2003, 1821 f.
668   Wendl/Staudigl/Kemper, Das Unterhaltsrecht in der familienrechtlichen Praxis, § 1 Rn. 254.
669   Luthin/Margraf, Handbuch des Unterhaltsrechts Rn. 1170.
670   OLG Düsseldorf, OLG Hamburg, OLG Koblenz, FamRZ 2005, Heft 16.
671   OLG Dresden, FamRZ 1999, 850.
672   OLG Frankfurt, FamRZ 1992, 64.
673   OLG Frankfurt, FuR 2001, 370.
674   OLG Hamm, FamRZ 1996, 1216.
675   OLG Düsseldorf, FamRZ 2005, 211.
676   Schwab/Borth, Handbuch des Scheidungsrechts, IV Rn. 765 f.

als Anhaltspunkt („Hilfs- und Korrekturgröße"[677]) herangezogen.[678] Andererseits wird eingewendet, dass die Entnahmen letztlich Vermögensverwertung darstellten. Daher dürfe ein Abstellen auf die Entnahmen nur dort geschehen, wo auch eine **Vermögensverwertungspflicht** bestehe oder höchstens noch dann, wenn der Unterhaltspflichtige seiner Darlegungslast nicht genüge.[679] Gewarnt wird ferner vor **Überschneidungsproblemen mit dem Zugewinn**.[680]

281 Der **16. Dt. Familiengerichtstag** empfiehlt in diesem Zusammenhang Folgendes[681] :

„Das aus unternehmerischer Tätigkeit erzielte Einkommen bestimmt sich nach dem tatsächlich für die Lebensführung verfügbaren Betrag. Eine langjährige Entnahmepraxis ist auch unterhaltsrechtlich zu akzeptieren, sofern diese nicht durch übertriebene Sparsamkeit oder Verschwendung gekennzeichnet ist. Es ist nicht gerechtfertigt, eine Vollausschüttung des Gewinns zu fingieren, soweit Überschüsse im Rahmen einer ordnungsmäßigen Wirtschaft für innerbetriebliche Zwecke verwendet werden."

c) Investitionsentscheidungen

282 Während das Steuerrecht **bei Betriebsausgaben** nur danach fragt, ob die Ausgabe zu einer Anschaffung geführt hat, die dem Betrieb dient oder im Betrieb Verwendung findet, sind im Unterhaltsrecht verschiedene Ansichten vertreten. Zum einen wird für eine **grundsätzliche Anerkennung der unternehmerischen Investitionsentscheidung** plädiert.[682] Allerdings kann dies nicht unbeschränkt gelten. So solle eine unterhaltsrechtliche **Überprüfung** des Investitionsverhaltens insb. dann angebracht sein, wenn

- eine **erhebliche Änderung** des Investitionsverhaltens im Vergleich zur Zeit vor der Trennung vorliegt,
- die Investitionen auch **privaten Interessen** dienen könnten,
- unterhaltsrechtlich ein **Mangelfall** im weitesten Sinne vorliegt, so dass vom Unternehmer erwartet werden kann, „Luxusinvestitionen" im Interesse der Unterhaltsberechtigten zurückzustellen.[683]

283 Eine **allgemeine Angemessenheitsprüfung**[684] würde hingegen zu weit gehen. Abzugrenzen ist ggf. noch, ob die Investitionsentscheidung in erster Linie der Vermögensbildung dient, die nicht auf Kosten des Unterhaltsberechtigten erfolgen darf oder ob sie der **Erzielung von Einnahmen in künftigen Zeiträumen** dient, die auch wieder dem Unterhaltsberechtigten zugute kommt. Eine allgemeine Entscheidung darüber, inwieweit das Einkommen zur unterhaltsrechtlichen Bedarfsdeckung oder zur Reinvestition zu verwenden ist, fehlt bisher.[685]

d) Nahe Angehörige

284 Sofern **Rechtsverhältnisse mit nahen Angehörigen** bestehen, sind diese einer besonderen Prüfung zu unterziehen. So ist bei Miet- oder Pachtverträgen etwa zu fragen, ob der angepachtete Gegenstand **wirklich für den Betrieb benötigt** wird und ob die **Gegenleistung angemessen** ist.[686]

e) Personalkosten

285 Bei den Personalkosten ist insb. zu prüfen, ob ein **neuer Lebenspartner des Unterhaltspflichtigen** Leistungen aus dem Betrieb erhält. Zum einen ist zu hinterfragen, ob das Arbeitsverhältnis tatsächlich

---

[677] Kuckenburg, Der Selbständige im familienrechtlichen Verfahren, 158.
[678] Schürmann, FamRZ 2002, 1150 ff.; Wendl/Staudigl/Kemper, Das Unterhaltsrecht in der familienrechtlichen Praxis, § 1 Rn. 287.
[679] Stein, FamRZ 1989, 343 ff.; Soyka, Ehegattenunterhalt, Rn. 80.
[680] Wendl/Staudigl/Kemper, Das Unterhaltsrecht in der familienrechtlichen Praxis, § 1 Rn. 287.
[681] FamRZ 2005, 1962.
[682] Schwab/Borth, Handbuch des Scheidungsrechts, IV Rn. 748, 760.
[683] Wendl/Staudigl/Kemper, Das Unterhaltsrecht in der familienrechtlichen Praxis, § 1 Rn. 232.
[684] Strohal, Unterhaltsrechtlich relevantes Einkommen bei Selbständigen, Rn. 265.
[685] Schwab/Borth, Handbuch des Scheidungsrechts, IV Rn. 745.
[686] Wendl/Staudigl/Kemper, Das Unterhaltsrecht in der familienrechtlichen Praxis, § 1 Rn. 242.

durchgeführt wird. Auch steuerlich wird hier auf einen Fremdvergleich abgestellt. Selbst bei steuerrechtlicher Anerkennung soll dennoch unterhaltsrechtlich weiter geprüft werden, ob der Arbeitsplatz **betrieblich erforderlich** ist, da sonst auch Rangverhältnisse beim Unterhalt unterlaufen werden könnten.[687] Für die Anerkennung des Arbeitslohnes spricht es, wenn dadurch ein **vergleichbarer anderer Arbeitsplatz** hätte eingespart werden können; dagegen spricht, dass mit dem zusätzlichen Arbeitsplatz keine Umsatzänderung einhergeht.[688] Neuerdings vergleicht der BGH die tatsächlichen Personalkosten mit dem in der jeweiligen Branche üblicherweise bestehenden Anteil der Personalkosten im Verhältnis zu den Einnahmen.[689]

f) Private Lebensführungskosten

Soweit Aufwendungen **sowohl dem Betrieb wie der privaten Lebensführung** dienen können, ist der Abgrenzung besondere Sorgfalt zu widmen. Steuerrechtlich möglicherweise anerkannte Pauschalen müssen unterhaltsrechtlich hinterfragt werden.

286

Schließlich wird **bei einem aufwändigen Lebensstil**, der sich aus den Gewinnen der Tätigkeit nicht finanzieren lässt, ein verstärktes Augenmerk darauf zu richten sein, ob im Rahmen der Tätigkeit „**Schwarzgeld**" gebildet wurde, das für die Unterhaltsberechnung mit einzubeziehen wäre.[690] In solchen Fällen sind prozesstaktische Erwägungen anzustellen. Die Aufdeckung von Schwarzgeld im Unterhaltsprozess begründet nach § 116 AO eine **Anzeigepflicht der Gerichte**, in deren Folge aufgrund der Steuernachzahlungen, Strafen etc. die Geldmittel zur Erbringung von Unterhaltsleistungen stark abnehmen.

287

g) PKW

Im Gegensatz zum Steuerrecht, das bei einem **betrieblich verwendeten PKW** nur in besonderen Fällen von PKW der Luxusklasse nach der Angemessenheit fragt (§ 4 Abs. 5 Nr. 7 EStG), liegt die Grenze im Unterhaltsrecht niedriger. Einer besonderen Prüfung soll es bedürfen, wenn der **PKW die Hauptausgabe** darstellt.[691] Von Wichtigkeit ist auch, ob der Unterhaltspflichtige bereits während der Ehe ein entsprechendes Kfz nutzte, so dass hierdurch eine Eheprägung entstand.[692]

288

h) Rückstellungen

Hat der Unternehmer **Rückstellungen gebildet**, die von der Steuerverwaltung anerkannt wurden, so sind diese gleichwohl unterhaltsrechtlich in Frage zu stellen, wenn während bestehender Ehe keinerlei Rückstellungen für vergleichbare Fälle gebildet wurden.[693]

289

Eine besondere Stellung nehmen die **Ansparrücklagen** nach § 7g EStG ein, weil bei ihnen als steuerpolitisches Lenkungsinstrument eine Investitionsabsicht bei Rückstellung nicht vorliegen muss. Gleichwohl können diese nach Ansicht des BGH unterhaltsrechtlich anzuerkennen sein.[694] Allerdings ist eine **Korrektur erforderlich**, wenn die Investition nicht erfolgt und die Rücklage später aufgelöst wird,[695] wenn sich also die Korrektur nicht von selbst innerhalb des Ermittlungszeitraums einstellt.

---

687 Wendl/Staudigl/Kemper, Das Unterhaltsrecht in der familienrechtlichen Praxis, § 1 Rn. 235.
688 Strohal, Unterhaltsrechtlich relevantes Einkommen bei Selbständigen, Rn. 269.
689 BGH, FamRZ 2006, 387 ff.
690 Zur Schwarzgeldproblematik: Strohal, Unterhaltsrechtlich relevantes Einkommen bei Selbständigen, Rn. 248 ff.
691 Schwab/Borth, Handbuch des Scheidungsrechts, IV Rn. 769.
692 Wendl/Staudigl/Kemper, Das Unterhaltsrecht in der familienrechtlichen Praxis, § 1 Rn. 232.
693 Schwab/Borth, Handbuch des Scheidungsrechts, IV Rn. 739.
694 BGH, FamRZ 2004, 1177 ff. – im konkreten Fall freilich anders entschieden.
695 Zu den einzelnen möglichen Sachverhaltskonstellationen: Götsche, ZFE 2006, 55 ff.

i) Zwei-Konten-Modell

290 Ein steuerlich anerkanntes Zwei-Konten-Modell, das die Zinsen für private Ausgaben durch die Kombination von Entnahmen und betrieblichen Krediten in den Betrieb verlagert, ist unterhaltsrechtlich ggf. zu korrigieren, wenn nicht die Zinsen etwa für das Familieneigenheim gezahlt werden, das im Unterhaltsbereich einbezogen ist.[696]

4. Abzug von Steuern und Vorsorgeaufwendungen

a) Steuern

291 Im Grundsatz will der BGH Steuern nur dann und in dem Zeitraum zum Abzug zulassen, in dem sie tatsächlich gezahlt worden sind (**In-Prinzip**).[697] Dem liegt der Gedanke zu Grunde, dass sich die Steuerwirkungen über den Betrachtungszeitraum ausgleichen. Außerdem entspricht dies der Gleichbehandlung mit den Einkünften aus nichtselbstständiger Arbeit.

292 Allerdings ist das **Einkommen des Selbstständigen stark schwankend**. Dem entsprechend sind auch die Steuerzahlungen sehr unterschiedlich. Da die Einkommensteuer i.d.R. erst **einige Jahre nach Ablauf des Veranlagungszeitraumes** in voller Höhe durch Nachzahlungen erhoben oder durch Steuererstattungen zurückgezahlt werden, treffen in vielen Fällen hohe Zahlungen gerade in Jahre mir niedrigerem Einkommen.

Dies kann zu **völlig verzerrten Verhältnissen** führen, ganz besonders wenn nach Betriebsprüfungen Steuernachzahlungen gleich für mehrere aufeinander folgende Jahre anfallen und gleichzeitig erhöhte Vorauszahlungen für die noch nicht veranlagten Jahre und das laufende Jahr angefordert werden. Wenn sich diese im Ermittlungszeitraum wieder ausgleichen, dann kann es beim In-Prinzip verbleiben. Wenn jedoch ein Ausgleich in diesem Zeitraum nicht stattfindet, dann sollte die Steuerbelastung nach dem **Für-Prinzip** berechnet werden,[698] so dass diejenige Steuer abzuziehen ist, die für das jeweilige Veranlagungsjahr anfällt und nicht diejenige, die im entsprechenden Jahr anfällt.

293 Hinzu kommt, dass sich **bei einer unterhaltsrechtlichen Korrektur von Ausgaben** die Frage stellt, ob nicht auch die wegen dieser Ausgaben verminderten Steuern fiktiv wieder hinzugezählt werden müssen. So hat auch der BGH in einem Fall, in dem das steuerliche Einkommen durch Streichung der Ansparabschreibungen erhöht worden ist, nun entschieden, dass dann auch **fiktive Steuern auf die so erhöhten Gewinne** berücksichtigt werden müssen.[699]

Das Für-Prinzip wird für Selbstständige auch in einigen Unterhaltsleitlinien anerkannt.[700] Nachdem nunmehr **auch in anderen Bereichen fiktive Steuerberechnungen** angestellt werden müssen, so etwa bei der Rspr., welche den Splittingvorteil aus der zweiten Ehe nur dieser zugute halten will,[701] wird auch bei den Gewinneinkünften diese Tendenz zunehmen,[702] da das BVerfG herausgestellt hat, dass es alleine die Schwierigkeiten fiktiver Steuerberechung nicht gelten lassen will, zumal dies durch Berechnungsprogramme nunmehr relativ einfach möglich sei.

294 In jedem Fall ist die Steuerbelastung in jedem Jahr des Ermittlungszeitraums abzuziehen, **bevor der Durchschnitt gebildet wird**. Nicht zulässig ist es, zunächst das Durchschnittseinkommen mehrerer Jahre

---

696 Schwab/Borth, Handbuch des Scheidungsrechts, IV Rn. 740 f.; Wendl/Staudigl/Kemper, Das Unterhaltsrecht in der familienrechtlichen Praxis, § 1 Rn. 260.
697 BGH, FamRZ 1990, 981, 983; FamRZ 2003, 741, 744.
698 Soyka, Ehegattenunterhalt, Rn. 67.
699 BGH, FamRZ 2004, 1177, 1178.
700 OLG Düsseldorf und OLG Koblenz, FamRZ 2005, 1326 und 1353.
701 BVerfG, FamRZ 2003, 1821 f.
702 So ausdrücklich Gerhardt/v. Heintschel-Heinegg/Klein/Gerhardt, Handbuch des Fachanwalts FamR, Kap. 6 Rn. 64c, 68.

zu bilden, hierbei zunächst die Steuerbelastung unbeachtet zu lassen und **erst vom sog. Brutto-Durchschnittswert** die darauf entfallende Steuerquote in Abzug zu bringen.[703]

b) Vorsorgeaufwendungen

Ein Selbstständiger kann **Beiträge** für eine regelmäßig freiwillige Krankenversicherung, berufständische Versorgungswerke, aber auch eine angemessene Altersversorgung abziehen. Letztere wird sich **an der gesetzlichen Rentenversicherung zu orientieren** haben, allerdings mit der Besonderheit, dass der Selbstständige für den Arbeitgeber- und Arbeitnehmeranteil jeweils selbst aufkommen muss. Daher kann ein **Anteil von 20%** des nicht bereinigten erzielten Bruttoeinkommens für die Gesamtaltersversorgung durchaus als angemessen betrachtet werden.[704] Von Bedeutung ist hierbei auch, welche Beträge bereits während der Ehe für die Altersversorgung aufgewendet wurden, so dass sie bereits die Ehe geprägt haben.

Allerdings sind **nicht etwa fiktive Altersversorgungsbeiträge** abziehbar, sondern nur die tatsächlich gezahlten.[705]

Die **Art der Altersversorgung** soll dagegen beim Selbstständigen unerheblich sein, so dass auch Lebensversicherungen[706] oder Immobilien in Betracht kommen, soweit sie nach plausiblem Vortrag zur Alterssicherung geeignet sind.[707]

Entschieden hat der BGH allerdings auch, dass bei einem Selbstständigen, der Beiträge in eine gesetzliche Alterskasse zahlt, zusätzliche Beiträge regelmäßig nicht angemessen sind, wenn mangels Leistungsfähigkeit das **Existenzminimum des Kindes** nicht gedeckt werden kann.[708]

Neuerdings billigt der BGH einen über die gesetzliche Altersversorgung hinausgehenden weiteren Abzug von **4% des Bruttoeinkommens** für die Altersversorgung mit Hinweis auf das **Absinken des gesetzlichen Versorgungsniveaus**.[709] Dies führt auch bei Selbstständigen zu einer Erhöhung der Abzugsmöglichkeiten, insb. bei gehobenen Einkommensverhältnissen.[710]

III. Zusammenveranlagung und Realsplitting

Zentrale Vorschrift für die Veranlagungsarten des Einkommensteuerrechts ist **§ 26 EStG**. Diese erlaubt

- Ehegatten,
- die beide unbeschränkt einkommensteuerpflichtig sind und
- nicht dauernd getrennt leben,[711]

die **Wahl zwischen getrennter Veranlagung oder Zusammenveranlagung**, wenn diese Voraussetzungen zu Beginn des Veranlagungszeitraumes vorliegen oder im Laufe des Veranlagungszeitraumes eingetreten sind.

---

703 BGH, FamRZ 1985, 357, 358.
704 OLG München, FamRZ 2000, 26; Schwab/Borth, Handbuch des Scheidungsrechts, IV Rn. 772; Soyka, Ehegattenunterhalt, Rn. 83.
705 BGH, FamRZ 2003, 860, 863.
706 Allerdings muss geprüft werden, ob die Lebensversicherung zur Altersversorgung dient. Dies ist
   zu verneinen bei Kreditverpfändung, Auszahlung weit vor Rentenalter oder wenn die versicherte Person nicht der Selbständige ist, Strohal, Unterhaltsrechtlich relevantes Einkommen bei Selbständigen, Rn. 347.
707 Soyka, Ehegattenunterhalt, Rn. 84.
708 BGH, FamRZ 2003, 741.
709 BGH, FamRZ 2005, 1817.
710 BGH, FamRZ 2006, 387, 389; vgl. auch Empfehlungen des 16. Dt. Familiengerichtstages, I.1.b) FamRZ 2005, 1962 zur Abzugsfähigkeit einer „2. Säule für die Altersversorgung".
711 Näher hierzu: R 174 Abs. 1 EStR.

> **Hinweis:**
> Dass die Ehegatten nicht dauernd getrennt leben, ist Voraussetzung sowohl der Zusammenveranlagung wie auch der getrennten Veranlagung. Liegt diese Voraussetzung nicht vor, so ist stattdessen eine **Einzelveranlagung** durchzuführen.[712]

300 Problematisch ist der **Begriff des dauernden Getrenntlebens**. Ein solches ist anzunehmen, wenn die zum Wesen der Ehe gehörende Lebens- und Wirtschaftsgemeinschaft nach dem Gesamtbild der Verhältnisse auf Dauer nicht mehr besteht. Dabei ist unter Lebensgemeinschaft die **räumliche, persönliche und geistige Gemeinschaft** der Ehegatten, unter Wirtschaftsgemeinschaft die gemeinsame Erledigung der die **Ehegatten gemeinsam berührenden wirtschaftlichen Fragen ihres Zusammenlebens** zu verstehen.[713] Ob die Ehegatten dauernd getrennt leben, richtet sich in erster Linie nach den äußeren, erkennbaren Umständen.[714]

301 Der **steuerliche Begriff des dauernden Getrenntlebens** ist von dem zivilrechtlichen verschieden. Insb. findet die Vorschrift des **§ 1567 Abs. 2 BGB**, nach der ein Versöhnungsversuch das Trennungsjahr nicht unterbricht, im Steuerrecht keine Anwendung, denn diese Bestimmung soll die Ehegatten zu einem Versöhnungsversuch anhalten, ohne dass diese fürchten müssen, dass ein solcher die für eine Scheidung abzuwartende Frist unterbricht. Steuerrechtlich kann ein gescheiterter **Versöhnungsversuch** daher das dauernde Getrenntleben unterbrechen.[715] Die **Erklärung der Ehegatten vor dem FamG** zum dauernden Getrenntleben sind für die steuerrechtliche Würdigung ein Indiz, aber nicht mehr. Entscheidend sind die tatsächlichen Gegebenheiten. Allerdings trifft die Ehegatten die Feststellungslast für das nicht dauernde Getrenntleben.[716]

1. Zusammenveranlagung

302 Bei der **Zusammenveranlagung nach § 26b EStG** werden für jeden Ehegatten die von ihm bezogenen Einkünfte gesondert ermittelt,[717] dann aber zusammengerechnet und die Ehegatten gemeinsam als Steuerpflichtiger behandelt. Die Ehegatten haben eine **gemeinsame Steuererklärung** abzugeben (§ 25 EStG). Insb. ist für die Ehegatten dann der Splittingtarif[718] nach § 32 Abs. 5 EStG anzuwenden, wonach die Steuer das Zweifache des Steuerbetrags beträgt, der sich für die Hälfte des gemeinsam zu versteuernden Einkommens ergibt. Hierdurch entstehen ganz erhebliche Progressionsvorteile, insb. **bei Einverdiener- oder Diskrepanzehen**.

303 Bei Zusammenveranlagung wirkt die Auszahlung einer **Steuerrückerstattung** an einen Ehegatten auch für und gegen den anderen Ehegatten (§ 36 Abs. 4 Satz 3 EStG).

Für die Einkommensteuer haften beide Ehegatten nach § 44 Abs. 1 Satz 1 AO als **Gesamtschuldner**, wenn sie **zusammen veranlagt** werden. Diese Veranlagung wird meist bis zum Jahr der Trennung fortgeführt. Aus diesem Grunde besteht die **Gesamtschuld auch noch nach der Trennung** fort, insb. wenn man berücksichtigt, dass die entsprechenden Erklärungen häufig erst sehr lange nach Ablauf des Veranlagungszeitraumes abgegeben werden.

---

712 Zur Unterscheidung dieser Veranlagungsformen: OFD Frankfurt, DB 2003, 1476.
713 OFD Frankfurt, DB 2003, 1476.
714 BFH, NV 2002, 483.
715 BFH, BStBl. 1991 II, S. 806 f.; NV 1998, 163; Liebelt, NJW 1994, 609; Schröder, Bewertungen im Zugewinnausgleich, Rn. 9.6.
716 BFH, BStBl. 1991 II, S. 806 f.; dort auch kritisch zur Beiziehung von Scheidungsakten.
717 BFH, BStBl. 1988 II, S. 827.
718 Zum verfassungsrechtlichen Schutz des Ehegattensplittings angesichts der Reformdiskussion: Kirchhof, FPR 2003, 387 ff., der im Übrigen darauf hinweist, dass Ehegatten ein gleiches Ergebnis auch durch den Zusammenschluss zu einer Gesellschaft erreichen könnten.

Allerdings kann jeder zusammenveranlagte Ehegatte nach Maßgabe der §§ 268 ff. AO eine **Aufteilung rückständiger Steuern** beantragen. Die Steuer ist alsdann nach dem Verhältnis der Beträge aufzuteilen, die sich bei getrennter Veranlagung ergeben würden (§ 270 AO).

> **Hinweis:**
> Eine **getrennte Veranlagung**, die nur auf **Antrag** durchgeführt wird (§ 26 Abs. 3 EStG) wird regelmäßig nur in Ausnahmefällen für Ehegatten vorteilhaft sein, so etwa wenn bei Zusammenveranlagung die Einkommensgrenzen nach § 5 EigzulG a.F. überschritten waren, ferner etwa in Fällen des Verlustrücktrags nach § 10d EStG oder der außerordentlichen Einkünfte nach § 34 EStG.[719]

a)   Verpflichtung

Eine **Pflicht der Ehegatten, einer Zusammenveranlagung zuzustimmen**, ergibt sich zum einen aus der Verpflichtung eines jeden Ehegatten, **die finanziellen Lasten des anderen Teils nach Möglichkeit zu vermindern**, soweit dies ohne Verletzung eigener Interessen möglich ist. Diese Verpflichtung, die aus dem Wesen der Ehe abzuleiten ist, bleibt auch nach einer Scheidung als Nachwirkung der Ehe bestehen.[720]

304

Neuerdings nimmt der BGH eine Pflicht der Ehegatten **zur Zustimmung zur gemeinsamen Veranlagung** aus der Ehegatteninnengesellschaft heraus an.[721] Der BGH leitet diese Pflicht aus der Vorschrift des § 705 BGB her, die es gebiete, den gemeinschaftlichen Gesellschaftszweck zu fördern. Diese Pflicht zur Zusammenveranlagung bejaht der BGH sogar, ohne dass zuvor eine **Erklärung zum Ausgleich von Nachteilen** abgegeben wurde, da sie eingebettet ist in das Gesamtregime der Ansprüche aus Ehegatteninnengesellschaft. Der BGH erörtert sodann, unter welchen Umständen der der Zusammenveranlagung zustimmende Ehegatte einen Anspruch auf **Beteiligung an den steuerlichen Vorteilen** habe.

b)   Nachteilsausgleich

Wird die Verpflichtung zur Mitwirkung bei der Zusammenveranlagung mit dieser Anspruchsgrundlage begründet, dann korrespondiert damit **grds. eine Pflicht** desjenigen Ehegatten, der hieraus einen Vorteil erzielt, dem anderen Ehegatten die gegenüber einer getrennten Veranlagung höhere steuerliche **Belastung auszugleichen**. Steuerberatungskosten gehören hierzu nur, wenn sie aufgrund der besonderen Situation ausnahmsweise notwendig sind.[722] **Sicherheitsleistung** kann nur gefordert werden, wenn ausreichende Anhaltspunkte vorliegen, dass diese zwingend erforderlich ist.[723] Ein Anspruch des zustimmenden Ehegatten auf Beteiligung an der zu erwartenden Steuerersparnis soll hingegen nicht bestehen.[724]

305

c)   Innenverhältnis

Eine solche **Nachteilsausgleichspflicht besteht aber nur**, wenn zwischen den Ehegatten nichts anderes vereinbart ist. Das hierfür maßgebliche Innenverhältnis der Ehegatten richtet sich nach **§ 426 Abs. 1 BGB**. Die hälftige Teilung wird regelmäßig nicht anzunehmen sein,[725] sondern Regelfall ist, dass im Verhältnis zueinander **jeder Ehegatte für die Steuer haftet, die auf seine Einkünfte entfällt**.[726] Vorzugswürdig bei

306

---

719   Siehe zu weiteren Fällen Schröder/Bergschneider/Engels, Familienvermögensrecht, Rn. 9.16.
720   BGH, FPR 2002, 442 = FamRZ 2002, 1024 m. Anm. Bergschneider, FamRZ 2002, 1181.
721   BGH, DStR 2003, 1805.
722   BGH, FPR 2002, 442, 443.
723   AG Konstanz, FamRZ 2003, 761.
724   BGH, FamRZ 1977, 38, 40 f.; Wever, Vermögensauseinandersetzung der Ehegatten außerhalb des Güterrechts, Rn. 759 f., 797. Neuerdings diskutiert der BGH, DStR 2003, 1805 solche Ansprüche bei einer Lösung über die Ehegatteninnengesellschaft.
725   A.A.: teilweise Koritz, FPR 2003, 435.
726   BGH, NJW 2002, 1570 f. = FamRZ 2002, 739 m. Anm. Wever. Palandt/Grüneberg, BGB, § 426 Rn. 9c auch mit Nachweis abweichender Ansichten.

der Berechnung dieser Aufteilung ist die Methode, eine fiktive getrennte Veranlagung vorzunehmen.[727] Eine bestehende anderweitige Übung kann jedoch Ansprüche ausschließen, jedenfalls bei Zahlungen vor der Trennung.[728]

307 Hat etwa **nach ständiger Übung** ein Ehegatte die Einkommensteuer-Vorauszahlungen stets allein geleistet, so hat er nach dem Innenverhältnis für die Begleichung dieser Forderung alleine aufzukommen.[729] Dies gilt selbst bei einer größeren Zahlung, die kurz vor der Trennung bezogen auf einen Zeitraum danach geleistet wurde.[730]

> **Hinweis:**
> Beachten Sie, dass Steuerzahlungen entsprechend einer bisherigen tatsächlichen Übung nicht zurückgefordert werden können, wenn es kurze Zeit später zur Trennung kommt. Ggf. kann der Trennungszeitpunkt so gewählt werden, dass eine Rückforderung möglich wird.

308 Der BFH schließt sich der Meinung des BGH an und legt demjenigen die Beweislast auf, der **entgegen tatsächlicher Übung** einen Ausgleichsanspruch behauptet.[731]

Die grundlegenden Entscheidungen des BGH über das Innenverhältnis der Ehegatten bei der Steuerzahlung ergingen für die Jahre vor der Trennung.[732] Diese spielen auch nach der Trennung noch eine Rolle, weil die steuerliche Veranlagung häufig erst einige Jahre danach erfolgt.[733] Für diese Zeiträume vor der Trennung ist es auch gerechtfertigt, die Ehegatten an ihrer **während der Ehe geübten Praxis** nach der Trennung festzuhalten.

309 **Ab der Trennung jedoch** – die Auswirkung von Versöhnungsversuchen einmal ausgenommen – wird sich auch im Innenverhältnis nach § 426 BGB eine Änderung ergeben, denn ab diesem Zeitpunkt ist nicht mehr von einem gemeinsamen Wirtschaften auszugehen. Daher wird **ab dem Zeitpunkt der Trennung** von einer Verpflichtung zum Ausgleich von Nachteilen auszugehen sein, die nicht mehr von einem anderen Innenverhältnis überlagert wird.[734]

2. Begrenztes Realsplitting

310 Während bis zum Jahre der Trennung durch die Zusammenveranlagung noch steuerliche Vorteile erzielt werden können, gerät ab dem folgenden Jahr das sog. **begrenzte Realsplitting** nach §§ 10 Abs. 1 Nr. 1 und 22 Nr. 1a EStG als Möglichkeit in den Blick, im Rahmen der Unterhaltszahlung eine steuerlich günstige Vertragsgestaltung zu wählen. Damit kann der Unterhaltspflichtige den Unterhalt bis zum Betrag von derzeit **13.805 € als Sonderausgabe** abziehen (entgegen dem Grundsatz des § 12 Abs. 1 Satz 2 EStG, dass Unterhaltszahlungen einkommensteuerlich nicht abziehbar sind). Damit korrespondiert die Pflicht des Unterhaltsberechtigten, den **Unterhalt zu versteuern**. Der Unterhaltspflichtige hat diese entsprechenden Steuernachteile zu ersetzen und kann dann Zustimmung vom anderen Ehegatten verlangen. Per Saldo kann sich hieraus ein steuerlicher Vorteil ergeben, zumal beim Berechtigten erst ab ca. 7.670 € Einkünften im Jahr Einkommensteuer anfällt.

---

727 BGH, FamRZ 2006, 1178.
728 BGH, FPR 2002, 442 f.
729 BFH, FamRZ 2003, 757.
730 BGH, NJW 2002, 1570 f. = FamRZ 2002, 739 m. Anm. Wever.
731 BFH, BStBl. 2003 II, S. 267 ff. = DB 2003, 644.
732 Hierauf weist Bergschneider, FamRZ 2002, 1181 zu Recht hin im Hinblick auf das Urteil des BGH, FamRZ 2002, 1024.
733 Erwähnt sei an dieser Stelle noch die Auffassung von Tiedtke, FPR 2003, 400 ff., dass ein Ehegatte dann nicht zur Zusammenveranlagung verpflichtet sei, wenn er verhindern wolle, dass der andere Ehegatte Einblick in seine Einkommens- und Vermögensverhältnisse erhalte. Dies sei trotz der Möglichkeit, bei Zusammenveranlagung getrennte Erklärungen abzugeben, eine reale Gefahr, da der Bescheid die entsprechenden Verhältnisse offenbare.
734 Schröder/Bergschneider/Engels, Familienvermögensrecht, Rn. 9.46.

> **Hinweis:**
> Der **Antrag auf Abzug als Sonderausgabe** kann nach R 10.2. Abs. 1 EStR auch auf einen Teil der Unterhaltsleistung begrenzt werden, was zur steuerlichen Optimierung dieses Instruments genutzt werden kann.[735] Die genannte Obergrenze führt ferner bei der Zahlung von Unterhaltsabfindungen häufig zu einer gestreckten Fälligkeit, um die Abziehbarkeit über mehrere Jahre zu ermöglichen.

a) Voraussetzungen

Steuerliche Voraussetzungen für das begrenzte Realsplitting sind:

- **Unterhaltsleistung an Ehegatten**; dies gilt sowohl für den gesetzlichen Unterhalt wie auch für einen vertraglichen oder freiwilligen Unterhalt.[736]
  Nach der Rspr. des BFH stellt auch die Überlassung einer Wohnung eine Unterhaltsleistung dar. Somit ist auch der **Wohnvorteil** in Höhe des Mietwertes abziehbar. Gleiches gilt für die vom Pflichtigen getragenen verbrauchsunabhängigen Kosten.[737] Als andere – nicht rechtsmissbräuchliche – Gestaltung kommt auch in Betracht, dem Berechtigten die Wohnung zu vermieten und ihm durch höheren Barunterhalt die Mietzahlung zu ermöglichen.[738]
- **Scheidung oder dauerndes Getrenntleben**; damit kommt eine Inanspruchnahme im Trennungsjahr regelmäßig noch nicht in Betracht, da in diesem Zeitraum noch die Zusammenveranlagung möglich und günstiger ist.
- **Unbeschränkt steuerpflichtiger Empfänger**[739] oder nach § 1a EStG gleichgestellter EU- oder EWR-Angehöriger.[740]
- **Zustimmung des Empfängers**; einmal erteilt, gilt sie bis auf Widerruf. Der Widerruf ist erst für das folgende Veranlagungsjahr wirksam. Er kann gegenüber dem Wohnsitzfinanzamt sowohl des Verpflichteten als auch des Berechtigten erklärt werden.[741]
- **Antrag des Unterhaltspflichtigen**; wird in jedem Kalenderjahr neu gestellt.

Gegenüber dem Finanzamt werden Antrag und Zustimmung i.d.R. unter Verwendung der **Anlage U zur Einkommensteuererklärung** erklärt. Antrag und Zustimmung können auch nach bestandskräftiger Veranlagung noch gestellt werden und führen dann nach § 175 Abs. 1 Satz 1 Nr. 2 AO zu einer geänderten Veranlagung.[742]

> **Hinweis:**
> Das begrenzte Realsplitting kann auch nach bestandskräftiger Veranlagung noch geltend gemacht werden.

Antrag und Zustimmung können jedoch später nicht mehr zurückgenommen werden, da sie rechtsgestaltend wirken.[743]

---

735 Rotax/Meyer, Praxis des Familienrechts, Teil 11, Rn. 308.
736 Arens, in: Münchner Handbuch des Familienrechts, § 29 Rn. 62; Schröder/Bergschneider/Engels, Familienvermögensrecht, Rn. 9.200.
737 BFH, FamRZ 2000, 1360 f.; nunmehr auch H 86b EStR.
738 BFH, DStR 2000, 107 und 109; H 162a EStR – „Vermietung an Unterhaltsberechtigte".
739 Detailliert Rotax/Meyer, Praxis des Familienrechts, Teil 11 Rn. 308.
740 Näher Wendl/Staudigl/Kemper, Das Unterhaltsrecht in der familienrechtlichen Praxis, § 1 Rn. 583.
741 BFH, DB 2003, 2157.
742 BFH, BStBl. 2001 II, S. 338.
743 BFH, BStBl. 2001 II, S. 338; OFD Koblenz, NWB 2003, 2369.

> **Hinweis:**
> Es sollten zunächst die Nachteile durchgerechnet werden, die durch das begrenzte Realsplitting entstehen, denn ist der Antrag erst beim Finanzamt gestellt, kann er später auch mit Zustimmung des anderen Ehegatten nicht wieder zurückgenommen werden.

b) Steuerpflicht beim Empfänger

313 Der Empfänger hat den Unterhalt als Folge des Realsplittings **als sonstige Einkünfte** nach § 22 Nr. 1a EStG zu versteuern, jedoch nur, soweit die Zahlungen beim Verpflichteten auch tatsächlich als Sonderausgaben berücksichtigt werden (**Korrespondenzprinzip**).

c) Anspruch auf Zustimmung zum Realsplitting

314 Nach der ständigen Rspr. des BGH besteht ein **Anspruch auf Zustimmung zum Realsplitting** durch den anderen Ehegatten aufgrund nachwirkender Verpflichtung zur ehelichen Solidarität, wenn der Verpflichtete hierdurch Vorteile erlangt und der Berechtigte keine Nachteile hat oder seine Nachteile ersetzt werden.[744] Der Unterhaltsberechtigte ist jedoch nicht verpflichtet, die Anlage U zu unterzeichnen.[745] Die **Zustimmungspflicht besteht sogar** dann, wenn zweifelhaft ist, ob die Zahlungen als Unterhalt i.S.d. § 10 Abs. 1 Nr. 1 EStG anerkannt werden.[746] Umgekehrt wird eine Obliegenheit des Unterhaltsverpflichteten angenommen, die Vorteile des Realsplittings zu nutzen, da anderenfalls sogar deren fiktive Zurechnung befürwortet wird.[747]

d) Nachteilsausgleich

315 Der **Zustimmungsanspruch des Verpflichteten** besteht von vorneherein nur auf Zustimmung Zug um Zug gegen die Verpflichtung zur Freistellung von den entstehenden steuerlichen Nachteilen.[748] Die Aufforderung zur Zustimmung muss die Form richtig bezeichnen, in der die Zustimmung zu erfolgen hat. So besteht keine Pflicht zur Unterzeichnung der Anlage U und die Zustimmungserklärung kann auch **gegenüber dem Finanzamt** abgegeben werden.

> **Hinweis:**
> Die Aufforderung des Unterhaltspflichtigen muss daher lauten, die Zustimmung ihm gegenüber oder direkt gegenüber dem Finanzamt zu erklären und im letzteren Fall ihm von der Erklärung Mitteilung zu machen.[749]

Für den Unterhaltsverpflichteten ist es dringend empfehlenswert, zuvor die **Nachteile des Berechtigten abzuschätzen**, denn diese können sogar die Vorteile des Realsplittings überwiegen. Hierzu wird vertreten, dass der Verpflichtete einen Auskunftsanspruch gegen den Berechtigten habe, der solche Nachteile bezeichnen müsse.[750]

> **Hinweis:**
> Vor Inanspruchnahme des Realsplittings sind die Nachteile zu überschlagen, die dies beim Berechtigten auslöst. Diese können sogar die Vorteile des Realsplittings aufwiegen.

Als Nachteile, die zu ersetzen sind, kommen in Betracht:

---

744 BGH, FamRZ 1998, 953; Heinke, ZFE 2002, 110 ff.
745 BGH, FamRZ 1998, 953; OLG Koblenz, FamRZ 2002, 1129.
746 BGH, FamRZ 1998, 953 f.
747 Arens, in: Münchner Handbuch des Familienrechts, § 29 Rn. 89; Günther/Hein, Familiensachen, § 14 Rn. 111.
748 BGH, FamRZ 1983, 576; FamRZ 2005, 1162, 1163; OLG Nürnberg, FamRZ 2004, 1967 f.
749 OLG Karlsruhe, FamRZ 2004, 960 f.
750 Schwab/Borth, Handbuch des Scheidungsrechts, IV Rn. 813.

- **Steuernachteile** bei der Einkommensteuer, da der Berechtigte die Unterhaltsleistung zu versteuern hat; dagegen kann der Verpflichtete nicht aufrechnen.[751] Den Berechtigten trifft eine dementsprechende Darlegungspflicht, der Verpflichtete soll das Recht haben, den Nachteil anhand des Steuerbescheids des Verpflichteten zu überprüfen.[752] Die OLG sprechen sich mehr und mehr dafür aus, dass zu den Nachteilen, die ersetzt werden müssen, auch schon die **Steuervorauszahlungen** des unterhaltsberechtigten Ehegatten gehören, soweit sie auf den Unterhaltszahlungen beruhen.[753] Nach dem OLG Hamburg steht der Anspruch auf Freistellung von Steuervorauszahlungen unter **folgenden weiteren Voraussetzungen**:
  - Pflichtige hat erklärt, für den Zeitraum das Realsplitting durchzuführen,
  - Beträge sind so hoch, dass mit der Zahlung die Lebensumstände des Unterhaltsberechtigten fühlbar beeinträchtigt werden,
  - Unterhaltsberechtigte hat erfolglos versucht, unter Hinweis auf das Realsplitting die Zahlungen aussetzen zu lassen.[754]
- Heiratet der Berechtigte und wird mit seinem **neuen Ehegatten** zusammenveranlagt, so entsteht auch in den Fällen, in denen vorher die Unterhaltsleistung nicht zu versteuern war, z.B. weil sie unter dem Grundfreibetrag lag, eine Steuer. Diesen Nachteil, der aus der Zusammenveranlagung resultiert und dem auch Vorteile der Versteuerung nach dem **Splittingtarif** beim neuen Ehegatten gegenüberstehen, hat der Unterhaltspflichtige nach Ansicht des BGH nicht zu erstatten, da sonst der Nachteilsausgleich unkalkulierbar würde.[755]
- Umstritten ist der Ersatz von **Steuerberatungskosten**. Nach Meinung des BGH sind diese i.d.R. nicht erstattungsfähig.[756] Nur wenn der Fall nach Aufwand und erforderlicher Sachkunde nicht vom Steuerpflichtigen unter Hinzuziehung der Finanzverwaltung bewältigt werden kann, etwa beim erstmaligen Hinzutreten der Unterhaltsleistung zu anderen Einkünften, soll ein Ersatzanspruch bestehen.[757]
- Von einem Ausgleich **sonstiger Nachteile** kann der Unterhaltsberechtigte seine Zustimmung nur abhängig machen, wenn er diese Nachteile im Einzelfall substantiiert darlegt.[758] Zu den sonstigen Nachteilen hat der BGH in der vorgenannten Entscheidung insb. **finanzielle Auswirkungen** gerechnet, die sich aus den Gesetzen außerhalb des Einkommensteuerrechts ergeben, etwa weil diese bei der durch das Realsplitting gegebenen Höhe des zu versteuernden Einkommens eine Kürzung oder den Entzug öffentlicher Leistungen vorsehen.

So werden dadurch, dass Unterhaltszahlungen beim Realsplitting als Einkünfte gewertet werden, die Grenzen bestimmter Sozialleistungen überschritten, etwa bei Wohnungsbauprämien, Sparprämien, Arbeitnehmersparzulagen oder Renten nach dem Bundesversorgungsgesetz, ggf. auch Stipendien oder Kindergartenbeiträgen.

Bei getrennt lebenden Ehegatten kann das Privileg der Familienversicherung nach § 10 Abs. 1 SGB V entfallen. Der in der Zahlung eigener Beiträge bestehende Nachteil müsste dann ausgeglichen werden.

Sofern die Nachteilsausgleichung unkalkulierbar wird, können die Vertragsparteien eine **Vereinbarung über den Nachteilsausgleich beim Realsplitting** treffen.

316

---

751 BGH, FamRZ 1997, 544.
752 OLG Karlsruhe, FamRZ 2001, 99.
753 OLG Bamberg, FamRZ 1987, 1047 f.; OLG Hamburg, FamRZ 2005, 519 f.
754 OLG Hamburg, FamRZ 2005, 519, 520.
755 BGH, FamRZ 1992, 534.
756 BGH, FamRZ 1988, 820, 821 (ebenso: BGH, FamRZ 2002, 1024 für Zusammenveranlagung).
757 BGH, FamRZ 1988, 820, 821 f.
758 BGH, FamRZ 1988, 820, 821; OLG Nürnberg, FamRZ 2004, 1967.

Die Rspr. will einerseits diesen Anspruch auf Nachteilsausgleich für **§ 850b Abs. 1 Nr. 2 ZPO** einer gesetzlichen Unterhaltsrente gleichstellen, so dass dieser Anspruch unpfändbar ist und gegen ihn wegen § 394 BGB nicht aufgerechnet werden kann.[759]

Andererseits sieht der BGH den Anspruch auf Nachteilsausgleich nicht als Unterhaltsanspruch i.S.d. **§ 1585b Abs. 3 BGB** an, sondern als Anspruch eigener Art, auf den diese Vorschrift nicht anwendbar sei.[760] Begründet wird dies damit, dass dieser Anspruch **gerade nicht der Befriedigung von Lebensbedürfnissen** in einem bestimmten Zeitraum diene.[761] Daher unterliegt der Anspruch auf Nachteilsausgleich nicht der Verwirkung nach dieser Vorschrift, sondern kann auch später noch geltend gemacht werden. Der BGH sieht eine Verwirkung nach allgemeinen Kriterien auch nach einigen Jahren noch nicht, da der Unterhaltspflichtige sich auf den Nachteilsausgleich hatte einstellen können und dieser häufig erst durch Jahre später erlassene Steuerbescheide manifest werde.

e) Erhöhte Leistungsfähigkeit

317 Im Übrigen besteht **kein Anspruch des Unterhaltsberechtigten auf Vorteilsausgleich**, also auf Verteilung des durch das Realsplitting beim Verpflichteten entstehenden Vorteils.[762] Von den Vorteilen profitiert der Berechtigte lediglich mittelbar, wenn sich dadurch das verfügbare Einkommen des Verpflichteten und damit dessen **Leistungsfähigkeit erhöht**.[763] Letzteres ist allerdings noch umstritten. Neuerdings wird vorgeschlagen, zur steuerlichen Optimierung nicht die Nachteile auszugleichen, sondern den **Nachteil beim Unterhaltsberechtigten** zu belassen und den Vorteil beim Unterhaltsverpflichteten und die Differenz durch ein Mehr an Unterhalt auszugleichen.[764] Für diesen höheren Unterhalt kann dann wiederum das begrenzte Realsplitting durchgeführt werden. **Nach a.A.** kann ohne weiteres für den Erstattungsbetrag das begrenzte Realsplitting in Anspruch genommen werden.[765] Ferner wird vertreten, es bestehe eine **Pflicht**, die **Eintragung eines Unterhaltsfreibetrages** auf der Lohnsteuerkarte zu beantragen.[766]

318 Kompliziert ist die Berechnung der erhöhten Leistungsfähigkeit, wenn der **Unterhaltsverpflichtete wieder geheiratet** hat, da nach der Rspr. des BVerfG[767] dann nicht von seiner realen Steuerbelastung auszugehen ist, sondern von der **fiktiven um den Splittingvorteil geminderten Steuerbelastung**, so dass der Splittingvorteil nur der neuen Ehe zugute kommt. Hierzu sind **drei Rechenschritte** erforderlich[768] :

- Bestimmung des Nettoeinkommens nach Splittingtabelle und Realsplitting,
- Bestimmung des Nettoeinkommens ohne Realsplitting,
- Bestimmung des Nettoeinkommens nach der Grundtabelle und Erhöhung um die Differenz aus erstem und zweitem Rechenschritt.

---

759 BGH, FamRZ 1997, 544 f.
760 BGH, FamRZ 2005, 1162 = FamRB 2005, 264.
761 Gegen OLG Hamburg, FamRZ 2000, 888 f.
762 BGH, NJW 1985, 195 f.
763 Vgl. BGH, FamRZ 1999, 372, 275 einerseits und OLG Naumburg, FamRZ 2002, 959 andererseits; Caspary, FPR 2003, 410, 412.
764 Krause, FamRZ 2003, 899 f. mit detaillierter Berechnung.
765 FuR 2005, 372 – Praxishinweis.
766 OLG Düsseldorf, FamRZ 1989, 57, 58; Hauß, FamRB 2002, 61.
767 BVerfG, FamRZ 2003, 1821 f.
768 Vgl. Schwab/Borth, Handbuch des Scheidungsrechts, IV Rn. 901.

IV. Auskunftsansprüche bezüglich des Unternehmens im Unterhaltsrecht

1. Gegenstand der Auskunft

a) Einkommen und Vermögen

Gesetzliche Grundlage der Auskunftspflicht sind § 1361 Abs. 4 Satz 4 BGB (**Trennungsunterhalt**) und § 1580 BGB (**nachehelicher Unterhalt**) jeweils i.V.m. § 1605 BGB.

Danach sind die Ehegatten verpflichtet, einander **Auskünfte über ihre Einkünfte und ihr Vermögen** zu erteilen. Über die Höhe der Einkünfte sind auf Verlangen Belege vorzulegen.

Wie der Verweis auf den anwendbaren § 260 BGB ergibt, müssen die Angaben in einer **systematischen Aufstellung** erfolgen, so dass Einnahmen und Ausgaben zueinander abgrenzbar aufgestellt sind. Ferner muss der Auskunftspflichtige Einnahmen und Aufwendungen im einzelnen so darstellen, das die allein steuerrechtlich beachtlichen Aufwendungen von solchen, die **unterhaltsrechtlich** von Bedeutung sind, **abgegrenzt** werden können.[769]

Die **ziffernmäßige Aneinanderreihung einzelner Kostenarten**, wie Abschreibungen, allgemeine Kosten, Rückstellungen, Entnahmen und dergleichen genügt den Anforderungen nicht; die erforderlichen Darlegungen können auch nicht durch den Antrag auf Vernehmung des Steuerberaters ersetzt werden.[770]

b) Zeitrahmen

Die Auskunft kann für **volle drei Kalenderjahre** verlangt werden, wie sie dem Ermittlungszeitraum zugrunde liegen. Wenn sich dieser – nach dem Gesagten – auf weitere Jahre erstreckt, so kann auch hierfür Auskunft verlangt werden. Die Auskunft muss dann jeweils **bis zum 30.06. des Folgejahres** vorgelegt werden.[771]

2. Form der Auskunft

Neben der Auskunftspflicht besteht nach § 1605 Abs. 1 Satz 2 BGB auch ein **Beleganspruch**. Dieser umfasst nach einer Grundsatzentscheidung des BGH[772] den Anspruch auf Vorlage **folgender Belege**:

- Bilanz,
- Gewinn- und Verlustrechnung,
- Steuererklärung,
- Steuerbescheid.

Diese Verpflichtung besteht nicht nur dann, wenn der Unterhaltspflichtige Alleininhaber ist, sondern auch dann, wenn er an dem Unternehmen nur **beteiligt** ist. Hier geht der Anspruch auf **Vorlage der Unterlagen aus der Beteiligung**, weil von diesen der Gewinn des Unterhaltspflichtigen abhängt. Bis zur Grenze **seiner eigenen Auskunfts- und Kontrollrechte** hat der Beteiligte damit die unterhaltsrechtlich erforderlichen Auskünfte zu erteilen.[773] Daten, die ausschließlich andere Gesellschafter betreffen, können unkenntlich gemacht werden.[774]

Sofern diese Nachweise zur Aufklärung nicht ausreichen, soll auch ein **weitergehender Anspruch** auf Vorlage einzelner Abrechnungskonten, Summen- und Saldenlisten sowie Anlagespiegel und Listen of-

---

[769] BGH, FamRZ 1980, 770; FamRZ 1985, 357, 359; FamRZ 1993, 789, 792.
[770] BGH, FamRZ 1980, 770/771.
[771] OLG München, FamRZ 1992, 1207 ff.
[772] BGH, FamRZ 1982, 680 f.
[773] OLG Naumburg, FamRZ 2001, 1303.
[774] Wendl/Staudigl/Kemper, Das Unterhaltsrecht in der familienrechtlichen Praxis, § 1 Rn. 284.

fener Forderungen bestehen.[775] Ergänzend sind ferner ggf. Miet- oder Pachtverträge, Gesellschaftsverträge und Verträge mit nahen Angehörigen vorzulegen.[776]

Nicht durchgesetzt hat sich die Forderung nach einer eigenen „Unterhaltsbilanz", bei welcher die Zahlen um alle unterhaltsrechtlich unbeachtlichen Ausgaben bereinigt sind.[777]

C. Versorgungsausgleich in der Unternehmerehe

I. Reichweite des Versorgungsausgleiches

325 Der Versorgungsausgleich will das **Recht auf gleiche Teilhabe** für den Bereich der **Versorgungsanrechte** realisieren. Das BVerfG[778] formuliert dies so:

„Der Versorgungsausgleich dient ebenso wie der Zugewinnausgleich der Aufteilung von gemeinsam erwirtschaftetem Vermögen der Eheleute, welches nur wegen der in der Ehe gewählten Aufgabenverteilung[779] einem der Ehegatten rechtlich allein zugeordnet war".

Somit geht es – wie beim Zugewinn – um die Teilhabe an Vermögenswerten, die in der Vergangenheit erwirtschaftet wurden.[780] Aus diesem Grunde kommt es auch **nicht auf Bedürftigkeit oder Leistungsfähigkeit** an wie beim Unterhalt.[781] Vom Güterstand ist der Versorgungsausgleich aber unabhängig (§ 1587 Abs. 3 BGB); er findet also auch bei Gütertrennung Anwendung.[782]

326 Die Verteilung der Versorgungsanrechte[783] wird im Regelfall so vorgenommen, dass der Berechtigte ein eigenes Anrecht erhält, so dass seine Versorgung nicht weiter dem Einfluss des Pflichtigen unterliegt. Damit wird zugleich eine **eigenständige soziale Sicherung** des ausgleichsberechtigten Ehegatten angestrebt. Die **Grundprinzipien des Versorgungsausgleichs** sind folgende:

- Erstellung einer Ausgleichsbilanz mit einheitlicher Dynamisierung für alle in der Ehezeit erworbenen Anrechte;
- Feststellung der Ausgleichsrichtung;
- kein Härtefall;
- Einmalausgleich in der gesetzlich vorgegebenen Rangfolge der Ausgleichsarten;
- regelmäßig mit Wirksamkeit ab Rechtskraft der Entscheidung über den Versorgungsausgleich.[784]

327 Neben der gesetzlichen Rentenversicherung und der Beamtenversorgung fallen in den Versorgungsausgleich auch **betriebliche Altersversorgungen**, **berufsständische Versorgungen** und Versicherungen, soweit sie nicht als Kapitalversicherungen dem Zugewinn unterliegen.

---

775 Detailliert: Laws, Steuerliche Unterlagen, 46 ff.
776 Empfehlungen des 14. Dt. Familiengerichtstages, FamRZ 2002, 296.
777 Wendl/Staudigl/Kemper, Das Unterhaltsrecht in der familienrechtlichen Praxis, § 1 Rn. 278.
778 BVerfG, FPR 2003, 465 = FamRZ 2003, 1173.
779 Gemeint ist die Verteilung von Erwerbsarbeit und Haushaltsführung bzw. Kinderbetreuung.
780 Palandt/Brudermüller, BGB, Vor § 1587 Rn. 1.
781 Klattenhoff/Grün, Versorgungsausgleich, Rn. 6.
782 Zu steuerlichen Fragen des Versorgungsausgleichs vgl. Göppinger/Börger/Märkle, Vereinbarungen anläßlich der Ehescheidung, § 9 Rn. 88 ff. und neuerdings BGH, DB 2006, 701 ff.
783 Diesen Begriff verwendet § 1 VAHRG als Oberbegriff für Anwartschaften auf Versorgung, Aussichten auf Versorgung oder Versorgungsleistungen, Palandt/Brudermüller, BGB, § 1587 Rn. 4 ff.
784 Näher C. Münch, Ehebezogene Rechtsgeschäfte, Rn. 1679 ff.

II. Gesetzliche Regelung unpassend für Unternehmer

Für den **selbstständigen Unternehmer** bestehen aber **i.d.R.** im Rahmen dieses Ausgleichssystems **keine eigenen Anrechte**, da er häufig im Rahmen seines Vermögens Altersvorsorge betreibt und ihm als beherrschender Gesellschafter Altersvorsorgeformen für abhängig Beschäftigte nicht zur Verfügung stehen.

328

Im Rahmen des Unternehmerehevertrags ist aus diesem Grunde **stets an den Versorgungsausgleich zu denken**, denn die gesetzliche Regelung führt ansonsten zu Ungerechtigkeiten. Wenn der Nichtunternehmer-Ehegatte schon im Rahmen des Zugewinnausgleichs mit einem Verzicht auf Zugewinn oder wenigstens auf solchen aus dem Betrieb auf Ansprüche verzichtet hat, so wollen die Ehegatten i.d.R. nicht, dass der vermeintlich finanzkräftigere Unternehmer-Ehegatte im Fall einer Ehescheidung von der **Altersversorgung des anderen Ehepartners** profitiert, der häufig neben der Kindererziehung auch nur eingeschränkt gearbeitet hat oder gerade wegen der späteren Rentenansprüche beim Unternehmer-Ehegatten im Betrieb mitgearbeitet hat.

329

> **Hinweis:**
>
> Hier ist die richtige Lösung die, dass auf die **Durchführung des Versorgungsausgleiches insgesamt verzichtet** oder zumindest insoweit verzichtet wird, als der Nichtunternehmer-Ehegatte Ausgleichsverpflichteter wäre. Letzteres kommt insb. dann in Betracht, wenn man über die weitere Entwicklung des Unternehmens oder die Position des Selbstständigen keine vollständige Sicherheit hat, dieser also später ggf. auch **als Angestellter eigene Versorgungen begründen könnte**.

D. Ehevertragliche Gestaltungen für den Unternehmer

I. Vertragsfreiheit und Inhaltskontrolle von Eheverträgen

1. Begriff und Form des Ehevertrages

Der **Ehevertrag im engen Sinne** ist nach § 1408 Abs. 1 BGB ein Vertrag, in welchem die Ehegatten ihre güterrechtlichen Verhältnisse regeln.[785]

330

Die Praxis verwendet jedoch einen **funktional erweiterten Ehevertragsbegriff**[786] im Sinne einer vorsorgenden ehebezogenen familienrechtlichen Vereinbarung von Verlobten und Ehegatten zur Regelung der allgemeinen Ehewirkungen, des ehelichen Güterrechts und etwaiger Scheidungsfolgen und unterscheidet davon die **Scheidungsvereinbarung** als übereinstimmende Regelung einer konkreten Scheidung und ihrer Folgen. Auch dies ist jedoch noch zu eng,[787] da im Rahmen der sog. „zweiten Spur" neben den rein ehegüterrechtlichen auch die **schuldrechtlichen und sachenrechtlichen Rechtsbeziehungen** eine Rolle spielen. Ferner sind auch im Rahmen der nichtehelichen Lebenspartnerschaft ehevertragliche Regelungen durchaus gebräuchlich, welche die Partner für den Fall einer Eheschließung treffen, ohne dass diese sich bereits als Verlobte bezeichnen würden.[788]

In diesem Sinne kann man den **Ehevertrag** kurz als **vorsorgende ehebezogene Vereinbarung** bezeichnen. Unter diesen Begriff passen dann auch die „**Krisen-Eheverträge**", welche die familienrechtlichen Beziehungen der Krisensituation anpassen und Vorsorge für den Scheidungsfall treffen.

---

[785] Soergel/Gaul, BGB, § 1408 Rn. 2; Staudinger/Thiele, BGB, § 1408 Rn. 3.
[786] Brambring, Ehevertrag und Vermögenszuordnung unter Ehegatten, Rn. 6; Grziwotz, MDR 1998, 1075, 1076; Langenfeld, Handbuch der Eheverträge, Rn. 3; Müller, Vertragsgestaltung im Familienrecht, Rn. 4.
[787] Bergschneider, Verträge in Familiensachen, Rn. 7 ff.
[788] Vgl. etwa die Vertragsgestaltungen bei Grziwotz, Partnerschaftsvertrag, S. 99 ff.

331 Für den **Ehevertrag im engen Sinne** sowie die Regelung des Versorgungsausgleichs nach § 1408 Abs. 2 BGB schreibt das Gesetz in **§ 1410 BGB notarielle Beurkundung**[789] und **gleichzeitige Anwesenheit** beider Teile vor.

332 **Gleichzeitige Anwesenheit** verbietet den sukzessiven Abschluss durch Angebot und Annahme, verlangt aber nicht persönliche Anwesenheit, so dass Bevollmächtigung und Genehmigung zulässig sind.

Der BGH hat geklärt, dass eine **Vollmacht**, die nicht unwiderruflich ist, formlos erteilt werden kann.[790] Eine Befreiung von den Beschränkungen des § 181 BGB und damit eine Bevollmächtigung des anderen Ehepartners soll gleichfalls zulässig sein.[791] Allerdings wird dies nunmehr im Hinblick auf die nachfolgend geschilderten Entscheidungen des BVerfG und des BGH zur Inhaltskontrolle von Eheverträgen kritischer betrachtet werden. Da das BVerfG eine **Inhaltskontrolle** gerade auf die ungleiche Verhandlungsposition und die Dominanz eines Ehepartners stützt, muss man davon ausgehen, dass bei Verträgen mit formloser Vollmacht oder gar Vollmacht für den anderen Vertragsteil unter Befreiung von den Beschränkungen des § 181 BGB eine solche Situation später besonders leicht vorgetragen werden kann und sich daher die Maßstäbe für die Inhaltskontrolle verschieben.

> **Hinweis:**
> Bei Eheverträgen sollte auf die persönliche Anwesenheit beider Ehegatten bestanden werden.

Für den Notar wird aufgrund des § 17 Abs. 2a BeurkG sogar die Verpflichtung gesehen, auf persönlicher Anwesenheit zu bestehen, weil er nur so sachgerecht seiner Pflicht zur Sachverhaltsaufklärung nach § 17 Abs. 1 BeurkG nachkommen könne.[792]

Für die Regelung des Versorgungsausgleichs im Rahmen der Scheidungsvereinbarung nach **§ 1587o BGB** ist die gleichzeitige Anwesenheit hingegen nicht vorgeschrieben.

333 **§ 1378 Abs. 3 Satz 2 BGB** fordert für eine Vereinbarung über den Ausgleich des Zugewinns, gemeint ist hier die Vereinbarung über die konkrete Zugewinnausgleichsforderung, die notarielle Beurkundung. **Nach § 1378 Abs. 3 Satz 3 BGB** kann sich „im Übrigen" kein Ehegatte vor Beendigung des Güterstandes verpflichten, über die Ausgleichsforderung zu verfügen. Die Bedeutung dieser Vorschriften ist umstritten. Jedenfalls warnt die Praxis zu Recht davor, dass **formlose Vereinbarungen** der Parteien über die Bewertung von Vermögensgegenständen im Rahmen des Zugewinnausgleichs oder Einigungen über eine Vorabverteilung auch unter anwaltlicher Mitwirkung **unwirksam** sind.[793] Erst wenn die Scheidung rechtskräftig ist oder durch Ehevertrag die Zugewinngemeinschaft beendet wurde, kann über die Ausgleichsforderung formlos verfügt werden.[794]

> **Hinweis:**
> Vorsicht ist bei formlosen Abreden über den Zugewinnausgleichsanspruch geboten. Auch bei anwaltlicher Beteiligung sind formlose Einigungen über die Bewertung einzelner Vermögensgegenstände oder über eine Vorabverteilung nicht wirksam.

---

789 Ausnahmsweise kann die notarielle Beurkundung durch einen gerichtlichen Vergleich nach § 127a BGB ersetzt werden, der auch über den Streitgegenstand hinausgehen kann, wenn die Parteien davon die vergleichsweise Regelung des Streitgegenstandes abhängig machen, Bergschneider, Verträge in Familiensachen, Rn. 122.
790 BGH, DNotZ 1999, 46 = DNotI-Report 1998, 120; dazu, dass dies wenig sachgerecht ist: Wegmann, Rn. 74.
791 Bamberger/Roth/J.Mayer, BGB, § 1408 Rn. 4; Bergschneider, Verträge in Familiensachen, Rn. 121; Münch-Komm-BGB/Kanzleiter, § 1410 Rn. 4.
792 Formularbuch/Brambring, V.10, Anm. 1.
793 Haußleiter/Schulz, Vermögensauseinandersetzung bei Trennung und Scheidung, Kap. 1 Rn. 345, 346; Kogel, Strategien, Rn. 184; Kogel, FamRB 2005, 301 ff.
794 OLG Düsseldorf, FamRZ 1989, 181; Palandt/Brudermüller, BGB, § 1378 Rn. 14; Schwab/Schwab, Handbuch des Scheidungsrechts, VII Rn. 329.

Wichtig ist, und insofern hat die Vorschrift erst jüngst in der Rspr. eine Rolle gespielt,[795] dass nach § 1378 Abs. 3 Satz 3 BGB alle Vereinbarungen unwirksam sind, die **dritte Personen** außer den Eheleuten einbinden, denn nur für die Ehegatten enthält § 1378 Abs. 3 Satz 2 BGB eine Ausnahme vom Vereinbarungsverbot mit Formzwang. Hier besteht die Gefahr der **Unwirksamkeit**, wenn unter Einbeziehung der Dritten Abreden über die Zugewinnausgleichsforderung getroffen werden. Im Beispielsfall des BGH handelte es sich um eine Abrede, nach welcher der Schwiegervater unter Anrechnung auf die Zugewinnausgleichsforderung der Tochter Geld an den Schwiegersohn leisten sollte. Derart gefährdet sind also vor allem Vereinbarungen, mit denen zugleich Ansprüche **Dritter wegen ehebezogener Zuwendungen** abgegolten werden sollen. 334

> **Hinweis:**
> Formlose Vereinbarungen über die Zugewinnausgleichsforderung unter Beteiligung Dritter sollten verhindert werden.

Weitere Formvorschriften können sich ergeben, wenn Erwerb oder Veräußerung von Grundbesitz Gegenstand des Vertrags sind. Dann ist gemäß **§ 311b Abs. 1 BGB** die notarielle Beurkundung erforderlich. 335

Gleiches gilt nach **§ 794 Abs. 1 Nr. 5 ZPO** für den Fall einer Vollstreckungsunterwerfung, die nicht mehr nur für Geldforderungen, sondern für alle Ansprüche zulässig ist, die einer vergleichsweisen Regelung zugänglich sind, nicht auf Abgabe einer Willenserklärung gerichtet sind und nicht den Bestand eines Mietverhältnisses über Wohnraum betreffen.

Schließlich ist noch darauf hinzuweisen, dass es kostenrechtlich von Vorteil ist, mit dem Ehevertrag eine **erbvertragliche Regelung** zu verbinden, da die entsprechende Gebühr nur einmal anfällt, und zwar aus dem Vertrag mit dem höheren Geschäftswert (§ 46 Abs. 3 KostO). In diesem Fall der Verbindung in einer Urkunde genügt für den Erbvertrag nach § 2276 Abs. 2 BGB **die für den Ehevertrag vorgeschriebene Form**. Damit finden aber lediglich die Verfahrensvorschriften der §§ 28 ff. BeurkG keine Anwendung. Die Formvorschriften des materiellen Rechts (§§ 2274 f. BGB) sollen hingegen weiter anwendbar sein.[796] 336

Was den **Umfang der Formbedürftigkeit** anbelangt, so kann nur dringend angeraten werden, auch unterhaltsrechtliche Vereinbarungen und alle sonstigen mit dem Ehevertrag eine rechtliche Einheit bildenden Abreden beurkunden zu lassen, wenn diese mit güterrechtlichen oder versorgungsausgleichsrechtlichen Regelungen verbunden sind, nachdem sich der BGH dieser Auffassung angeschlossen hat.[797] Nicht zuletzt **wegen der Doppelwirkungen einzelner Regelungen** im Güter- und Unterhaltsrecht ist dies notwendig.[798] Immerhin sieht auch die Reform des Unterhaltsrechts im neuen § 1585c BGB die Beurkundungsbedürftigkeit vor.[799] 337

Für den Gesellschaftsrechtler besonders bedeutsam ist, dass auch **Abreden in Gesellschaftsverträgen**, welche den Gesellschafter **verpflichten, einen Ehevertrag** in bestimmter Weise **zu schließen** – etwa Gütertrennung zu vereinbaren –, der **Ehevertragsform** unterliegen.[800] Anders ist dies dann, wenn keine solche Verpflichtung ausgesprochen wird, sondern nur eine Sanktion für den Fall des Nichtabschlusses. 338

---

795 BGH, FamRZ 2004, 1353 m. Anm. Koch.
796 Bamberger/Roth/Litzenburger, BGB, § 2275 Rn. 9; Palandt/Edenhofer, BGB, § 2276 Rn. 7.
797 BGH, FamRZ 2002, 1179, 1180; Langenfeld, DNotZ 1983, 139, 160; Palandt/Brudermüller, BGB, § 1410 Rn. 3 und § 1585c Rn. 3; Schwab/Borth, Handbuch des Scheidungsrechts, IV Rn. 1281; a.A.: Kanzleiter, NJW 1997, 217 ff.; Münch Komm-BGB/Kanzleiter, § 1410 Rn. 3.
798 So zu Recht Grziwotz, FamRB 2006, 23, 26.
799 FamRZ 2005, 1041 f.; zur Reform Schwab, FamRZ 2005, 1417 ff.
800 AnwK-BGB/Völker, § 1410 Rn. 3; Bamberger/Roth/J. Mayer, BGB, § 1410 Rn. 2; Grziwotz, FamRB 2006, 23, 25.

> **Hinweis:**
> Nachdem sich inzwischen auch der BGH für die Formbedürftigkeit der Unterhaltsvereinbarung ausgesprochen hat, wenn diese mit Abreden über Güterrecht und Versorgungsausgleich zu einer Einheit verflochten ist, ist es dringend geboten, keine isolierte Unterhaltsvereinbarung mehr neben anderen notariell beurkundeten Vereinbarungen zu schließen!

339 Sofern im Rahmen des Ehevertrags Grundstücksübertragungen stattfinden, führt schon § 311b Abs. 1 BGB regelmäßig zur Beurkundungsbedürftigkeit des Gesamtvertrags. Ohne in diesem Zusammenhang auf die Einzelheiten der Rspr. eingehen zu können, wann bei vertraglichen Vereinbarungen mit Bezug zueinander die Beurkundungsbedürftigkeit der einen Vereinbarung auch die andere erfasst,[801] lässt sich jedoch festhalten, dass die Abgrenzung häufig so schwierig ist, dass es bei Eingreifen des § 311b Abs. 1 BGB dringend empfehlenswert ist, den Gesamtvertrag zu beurkunden.

340 **Bei einer Scheidungsvereinbarung** spricht zusätzlich § 1587o Abs. 2 Satz 4 BGB – Genehmigungsfähigkeit des Versorgungsausgleichsverzichts unter Berücksichtigung der anderen getroffenen Regelungen – für die Beurkundungsbedürftigkeit des gesamten Vertrags.[802]

Auch die **Aufhebung eines Ehevertrags**, durch den der Güterstand geändert worden war, bedarf der Form des § 1410 BGB.[803] Gleiches soll für die Änderung einer notariell beurkundeten Unterhaltsvereinbarung gelten.[804]

> **Hinweis:**
> Da der Schaden bei einer Nichtigkeit der Gesamtvereinbarung in keinem Verhältnis zur Kostenersparnis steht, sollte alles beurkundet werden, was nach dem Willen einer Vertragspartei Bestandteil der Gesamtvereinbarung sein soll.

2. Inhaltskontrolle von Eheverträgen

341 Mit einem Paukenschlag hat das **BVerfG** durch **zwei Urteile** der Vertragsfreiheit im Bereich der Eheverträge Grenzen aufgezeigt,[805] sich damit einer bis dahin gesicherten Rspr. des BGH[806] entgegengestellt und Argumenten der Lit.[807] zum Durchbruch verholfen.[808] In einem weiteren Judikat hat das BVerfG entschieden, dass die **Familienarbeit der Erwerbsarbeit gleichzustellen** sei.[809] Aufgrund der **Gleichstellung von Erwerbs- und Familienarbeit** seien die Leistungen unabhängig von ihrer ökonomischen Bewertung als gleichwertig anzusehen.[810] Dies bedinge einen **Anspruch auf gleiche Teilhabe** am gemeinsam Erwirtschafteten, und zwar dergestalt, dass dieser Anspruch auch nach Trennung und Scheidung Wirkung entfalte auf die Beziehung der Ehegatten **hinsichtlich Unterhalt, Versorgung und Aufteilung des ge-**

---

801 Hierzu im Detail Seeger, MittBayNot 2003, 11 ff.
802 Langenfeld, Handbuch der Eheverträge, Rn. 35 und 938.
803 OLG Frankfurt, NJWE-FER 2001, 228.
804 OLG Frankfurt, DNotZ 2004, 939.
805 BVerfG FamRZ 2001, 343 = DNotZ 2001, 222 und BVerfG, FamRZ 2001, 985 = DNotZ 2001, 708.
806 Etwa BGH, FamRZ 1996, 1536; FamRZ 1997, 156 ff. = DNotZ 1997, 410; FamRZ 1997, 800; MittBayNot 96, 441; Gerber, DNotZ-Sonderheft 1998, 290.
807 Vor allem Schwenzer, AcP 196 (1996), 88 ff. und Büttner, FamRZ 1998, 1 ff.
808 Zu diesen Entscheidungen: Bergschneider, FamRZ 2001, 1337 ff.; Dauner-Lieb, AcP 201 (2001), 295 ff.; Grziwotz, MDR 2001, 393 ff.; ders., FF 2001, 41 ff.; Langenfeld, DNotZ 2001, 272 ff.; Rauscher, DNotZ 2002, 751 ff.; Schervier, MittBayNot 2001, 213 ff. und 486 ff.; Schubert, FamRZ 2001, 733 ff.; Schwab, DNotZ-Sonderheft 2001, 9 ff.
809 BVerfG, FamRZ 2002, 527.
810 Graba, FPR 2002, 48, 51: ohne Rücksicht auf Quantität und Qualität der Haushaltsführung.

meinsamen Vermögens. Diese Linie hat das BVerfG mit einer Entscheidung zur Härteklausel des Versorgungsausgleichs bestätigt.[811]

Deutete sich beim ersten Urteil des BVerfG noch an, dass nicht notariell beurkundete Verträge einer gesteigerten **Inhaltskontrolle** gegenüber beurkundeten Verträgen unterliegen könnten, so gilt der zweite Beschluss einem beurkundeten Vertrag, ohne dass auf die Unterschiede nochmals eingegangen wird. Damit sind die Entscheidungen des BVerfG nicht Schlusspunkt, sondern **Beginn einer neuen Diskussion um die Ehevertragsfreiheit** geworden.[812] Diese Diskussion mündet mittlerweile sogar in Vorschläge zur Ersetzung des geltenden Güterrechts, weil es der Rspr. des BVerfG widerspreche.[813] 342

Das BVerfG führt allgemein aus, dass bei einer besonders **einseitigen** Aufbürdung von vertraglichen **Lasten und** einer erheblich **ungleichen Verhandlungsposition** der Vertragspartner der Vertrag einer Inhaltskontrolle bedarf. Das BVerfG gibt den Zivilgerichten nicht vor, ob es sich hierbei um eine Wirksamkeitskontrolle anhand des § 138 BGB[814] oder um eine Ausübungskontrolle nach § 242 BGB handelt.[815] Beide Voraussetzungen – ungleiche Verhandlungsposition und einseitige Aufbürdung vertraglicher Lasten – müssen also nach Ansicht des BVerfG **kumulativ** vorliegen.[816] 343

Offen bleibt im Urteil des BVerfG, ob von einer **objektiv krassen Benachteiligung** eines Ehegatten auf das **Vorliegen einer ungleichen Verhandlungsposition** geschlossen werden kann.[817] In den beiden vom BVerfG entschiedenen Fällen war jeweils die **Schwangerschaft der Ehefrau** im Zusammenhang mit dem Abschluss eines Ehevertrags vor Eheschließung Grund für die ungleiche Verhandlungsposition.

Das BVerfG hat jedoch klargestellt, dass die Schwangerschaft nur ein **Indiz** für die mögliche vertragliche Disparität ist, dass aber andere maßgebliche Faktoren wie die Vermögenslage der Schwangeren, ihre berufliche Qualifikation und Perspektive und die von den Ehepartnern ins Auge gefasste Aufteilung von Erwerbs- und Familienarbeit in der Ehe eine Unterlegenheit wieder ausgleichen können. Aus diesen Ausführungen wird man zweierlei folgern können: Zum einen, dass die Schwangerschaft keineswegs die **einzige Ursache für eine ungleiche Verhandlungsposition** sein muss. Zum anderen, dass, wenn eine Vermutung von der krassen Benachteiligung auf die Unterlegenheit schließen lässt, diese **Vermutung jedenfalls widerleglich ist**.

> **Hinweis:**
> Das BVerfG hat eine Inhaltskontrolle von Eheverträgen implementiert, die bei der Gestaltung von Eheverträgen berücksichtigt werden muss. Sie hat Auswirkungen auf alle Bereiche ehevertraglicher Vereinbarungen.

Diese Rspr. des BVerfG hat eine **Vielzahl obergerichtlicher Entscheidungen** nach sich gezogen, die mit jeweils unterschiedlicher Akzentuierung die Vorgaben des BVerfG umzusetzen versuchen. Auf diese reiche Kasuistik kann hier nicht näher eingegangen werden.[818] 344

---

811 BVerfG, FamRZ 2003, 1173 ff. = FPR 2003, 465 f.
812 Dauner-Lieb, AcP 201 (2001), 295, 311.
813 Scholz, FamRZ 2002, 733; Maier, NJW 2002, 3359, 3364; Dauner-Lieb, FF 2002, 151, 153.
814 Kritisch gegen eine über § 138 BGB ausgedehnte Inhaltskontrolle: Koch, FamRZ 2003, 198.
815 Langenfeld, DNotZ 2001, 272, 273; vgl. ferner Langenfeld, in: FS für Schippel, S. 251 ff.
816 Bergschneider, FamRZ 2001, 1337, 1339; Langenfeld, DNotZ 2001, 272, 276; Schwab, DNotZ-Sonderheft 2001, 9, 15; ders., FamRZ 2001, 349; a.A.: offensichtlich Schubert, FamRZ 2001, 733, 735 („oder"); auf das Erfordernis der Ungleichgewichtslage gänzlich verzichten möchte Dauner-Lieb, ZFE 2003, 300, 303.
817 Schwab, DNotZ Sonderheft 2001, 9, 15 gegen Langenfeld, DNotZ 2001, 272, 279; ebenso: Bergschneider, FamRZ 2001, 1337, 1339 unter Berufung auf die allgemeinen Grundsätze des § 138 BGB; hierzu etwa BGH, ZNotP 2002, 394 f.
818 Eine aktuelle Zusammenfassung dieser Urteile findet sich bei Rotax/C. Münch, Praxis des Familienrechts, Teil 3 Rn. 495 ff.

3. Grundsatzurteil und Folgeentscheidungen des BGH

345 Der BGH hat in einer ganzen Reihe von Urteilen die **rechtlichen Anforderungen an Eheverträge** im Zuge der Inhaltskontrolle von Eheverträgen herausgearbeitet und so den Kautelarjuristen quasi einen Leitfaden an die Hand gegeben. Die Kenntnis dieser Urteile ist für die Ehevertragsgestaltung unabdingbar. Daher seien zunächst die Urteile kurz zusammengestellt, um dann die Thesen des BGH zusammenzufassen.

346 Das **Grundsatzurteil des BGH v. 11.2.2004**[819] geht mit den Vorgaben des BVerfG wesentlich behutsamer und **ausgewogen**er um als das OLG München[820] als Vorinstanz. Das OLG hatte die Maßstäbe der Inhaltskontrolle quasi vom Rand in die Mitte verschoben und jede Abweichung von der gesetzlichen Regelung schon als Benachteiligung i.S.d. Inhaltskontrolle angesehen. Allerdings macht der BGH auch deutlich, dass es ein **Zurück zur vollen Vertragsfreiheit nicht mehr** gibt und daher auch keine allgemeine und für alle Fälle abschließende Antwort auf die Frage, unter welchen Voraussetzungen ein Ehevertrag unwirksam oder die Berufung auf eine vertragliche Regelung unzulässig ist.

Wer also gehofft hatte, dass mit dem Urteil des BGH ein „**Ehevertragsmodell**" sich als das haltbare und statthafte herauskristallisiert, der wird enttäuscht sein. Aber es wurden wichtige Maßstäbe gesetzt, die mittlerweile in einer ganzen Reihe von Folgeentscheidungen ausdifferenziert worden sind.

> **Hinweis:**
> Das BGH-Urteil v. 11.2.2004 setzt wichtige Maßstäbe. Eine allgemeingültige Aussage zur Wirksamkeit von Eheverträgen enthält es jedoch nicht.

347 Der BGH betont, es gelte grds. die **Ehevertragsfreiheit**, die ihre **Grenze** erst dort finde, wo die Vereinbarung den **Schutzzweck der gesetzlichen Regelung** unterlaufe.

Die Belastung wird durch eine **Kernbereichslehre** abgestuft, sie wiegt also umso schwerer, je mehr sie in den Kernbereich eingreift. Auf der ersten Stufe des Kernbereichs steht der Unterhalt wegen Kindesbetreuung, auf der zweiten Stufe der Unterhalt wegen Alters oder Krankheit sowie der Versorgungsausgleich. Danach rangieren der Unterhalt wegen Erwerbslosigkeit, wegen Alters- oder Krankenvorsorge sowie der Aufstockungs- und Ausbildungsunterhalt. An letzter Stelle steht sodann der Zugewinnausgleich. Der Vertrag ist im Rahmen einer Inhaltskontrolle zunächst einer **Wirksamkeitskontrolle** nach § 138 BGB[821] und sodann einer **Ausübungskontrolle** nach § 242 BGB zu unterziehen.

348 Die **Entscheidungen v. 6.10.2004**,[822] die zum Versorgungsausgleich ergingen, verschieben den Schwerpunkt der Inhaltskontrolle auf die Ausübungskontrolle und enthalten hierzu wichtige Leitlinien. Die bedeutsamste Aussage liegt darin, dass es im Rahmen der **Vertragsanpassung** bei ehevertraglichem Verzicht auf Versorgungsausgleich regelmäßig **sachgerecht** sei, den Versorgungsausgleich nicht in vollem Umfange durchzuführen, sondern nur die **ehebedingten Versorgungsnachteile des Ehegatten** auszugleichen. Damit bleibt die vertragliche Regelung des Verzichts auf den Versorgungsausgleich trotz der abweichenden Lebensgestaltung **bedeutsam**. Denn der BGH liest aus dieser Regelung zu Recht den Willen der Vertragsteile, nicht an der Versorgung des höherwertig versorgten Ehegatten teilhaben zu wollen, sondern auch im Scheidungsfall sich mit der eigenen Versorgung zu begnügen.

349 Wenn nun die eigene Versorgung wegen der Berufsaufgabe im Rahmen der Kindererziehung nicht mehr sichergestellt werden kann, dann will der BGH die Vertragsanpassung so vornehmen, dass dem **benachteiligten Ehegatten** eine **Versorgung** in der Höhe zugesprochen wird, **wie er sie selbst** bei Weiterführung

---

819 BGH, NJW 2004, 930 f. = FamRZ 2004, 601 = ZNotP 2004, 157 ff.
820 OLG München, FamRZ 2003, 35.
821 Zur Gefahr, dass über diese Generalklausel ein „ehevertraglicher ordre public" durchgesetzt werden soll: J. Mayer, in: Würzburger Notarhandbuch, Teil 3 Rn. 6.
822 BGH, FamRZ 2005, 26 und BGH, FamRZ 2005, 185 je m. Anm. Bergschneider.

seiner beruflichen Tätigkeit – also durchaus unter Einschluss üblicher Karriereschritte – **hätte erzielen können**. Obergrenze bleibt aber die gesetzliche Höhe des Versorgungsausgleichsanspruchs.

Mit dieser Aussage betritt der **BGH** Neuland. Er rückt die **Ehebedingtheit des Nachteils ins Zentrum seiner Überlegungen**, auch wenn diese nicht gesetzliche Voraussetzung der Durchführung des Versorgungsausgleichs ist. Damit ist der die Ausübungskontrolle auslösende Nachteil beseitigt. Mehr muss die Vertragsanpassung nicht leisten. Zudem bleibt berücksichtigt, dass die Ehegatten mit dem Ehevertrag in eine vom Gesetz abweichende Regelung in wirksamer Weise eingewilligt hatten. Das mit dem **Ehevertrag** von den Ehegatten **verfolgte Ziel** bleibt somit auch für die Vertragsanpassung im Rahmen der Ausübungskontrolle **maßgeblich**. Die Vertragsfreiheit, die grundgesetzlich geschützt ist, wird insoweit im größtmöglichen Umfang aufrecht erhalten.

> **Hinweis:**
> Der BGH stellt erstmals mit seinen Entscheidungen v. 6.10.2004 die ehebedingten Nachteile in das Zentrum seiner Überlegungen. Deren Ausgleich verhindert die Sittenwidrigkeit.

Im Fall einer **Heirat in fortgeschrittenem Alter mit ausgeschlossenem Kinderwunsch und grundgelegter Altersversorgung** hat der BGH[823] bei einem Verzicht auf Zugewinn, Versorgungsausgleich und Unterhalt gegen Zahlung einer Unterhaltsabfindung und der Entrichtung von Beiträgen zur gesetzlichen Altersversorgung entschieden, dass auch auf Kindesbetreuungsunterhalt sowie auf Unterhalt wegen Alters und Krankheit verzichtet werden könne, **wenn keine Kinder erwartet würden**. Wichtig war dem BGH, dass der Ehemann aufgrund der vereinbarten Unterhaltsabfindung seine **nacheheliche Verantwortung nicht schlechthin abbedungen** hat.[824] Außerdem verneint der BGH das Vorliegen einer Zwangslage. 350

> **Hinweis:**
> In bestimmten Ehekonstellationen kann auch auf Kindesbetreuungsunterhalt verzichtet werden. Ein Ehepartner sollte jedoch seine nacheheliche Verantwortung nicht schlechthin abbedingen.

Nunmehr hat der BGH in zwei weiteren Entscheidungen[825] die **Argumente der Lit. aufgenommen** und seine Rspr. gefestigt. Zugleich hat er einige über den konkreten Fall hinausreichende Anmerkungen und Stellungnahmen aufgenommen. Damit ist die Vertragsgestaltung zurück auf festerem Boden.[826] Der BGH nimmt Stellung zur Frage der **Teilnichtigkeit** und zum **Wegfall der Geschäftsgrundlage**. Er lehnt eine zwingende **Halbteilung** ab und stellt erneut den **Ausgleich ehebedingter Nachteile** in den Mittelpunkt der Überlegungen. 351

Aus dem Urteil des BGH lässt sich nunmehr schlussfolgern, dass auch im Bereich des **Kindesbetreuungsunterhaltes** eine **Unterhaltshöchstgrenze vereinbart werden kann**.[827] Im entschiedenen Fall ging es um eine sehr ausdifferenzierte Unterhaltsregelung, bei welcher aber die Unterhaltshöchstgrenze mit 2.000,- DM keinesfalls sehr hoch angelegt war.

---

823   MDR 2005, 815 = FamRB 2005, 126 = ZFE 2005, 169.
824   Dauner-Lieb, FPR 2005, 141 prägte dafür die Bezeichnung: „abdingbare Teilhabe – unabdingbare Verantwortung".
825   BGH, FamRZ 2005, 1444 = NJW 2005, 2386; FamRZ 2005, 1449 = NJW 2005, 2391.
826   So C. Münch, DNotZ 2005, 819 ff.
827   Bisher offen; vgl. Grziwotz, FamRB 2004, 199, 205; für eine Unterhaltshöchstgrenze auch bei § 1570 BGB: Dorsel, RNotZ 2004, 496, 500; Langenfeld, ZEV 2004, 311, 314; Rauscher, DNotZ 2004, 524, 537; OLG Düsseldorf, FamRZ 2005, 216; gegen eine solche Beschränkbarkeit etwa Gageik, RNotZ 2004, 295, 301.

> **Hinweis:**
> Es bleibt der Ratschlag des „Weniger ist mehr",[828] d.h. trotz dieser Aussage des BGH sollte eine Unterhaltshöchstgrenze erst bei sehr hohem Einkommen insb. in der Diskrepanzehe vereinbart werden und nicht schon bei beiderseits mittlerem, aber geringfügig unterschiedlichem Einkommen.

352 Die Vorverlegung der Erwerbsobliegenheit hat den BGH nicht dazu bewogen, die Vereinbarung für sittenwidrig zu halten. Er betont ausdrücklich, dass eine Vereinbarung der Parteien, welche die **Betreuungsbedürftigkeit** des erwarteten Kindes an **niedrigere Altersgrenzen** bindet als sie von der Rspr. bisher als angemessen erachtet wurden, nicht schon deshalb als sittenwidrig zu missbilligen ist.[829] Gleichwohl wird man bei solchen Regelungen **Vorsicht** walten lassen, da sie unmittelbar das Kindeswohl betreffen. Sie sind daher eher für solche Ausnahmefälle denkbar, bei denen nach der Art der Arbeit oder unter Zuhilfenahme von Drittbetreuung die Betreuung des Kindes trotz Erwerbstätigkeit sichergestellt werden kann.[830]

Den kompletten Ausschluss des Kindesbetreuungsunterhaltes nach § 1570 BGB hält der BGH dann nicht für sittenwidrig, wenn entweder auf Grund des Alters der eheschließenden Vertragsparteien keine Kinder mehr erwartet werden[831] oder wenn die Ehegatten keine Kinder wollen.[832] Damit ist ausgesprochen, dass in der „double income no kids" Ehe ein **vollständiger Verzicht auf die gesetzlichen Scheidungsfolgenregelungen** weiterhin **möglich** sein kann,[833] ohne dass diese Regelung sittenwidrig ist. Freilich werden, wenn später doch Kinder geboren werden und ein Vertragsteil seinen Beruf aufgibt, Anpassungen im Wege der Ausübungskontrolle zu erfolgen haben.

353 Ein **Ausschluss des Unterhalts wegen Alters oder Krankheit** ist nach Ansicht des BGH schon dann nicht sittenwidrig, wenn bei Vertragsabschluss noch **gar nicht absehbar ist**, wann und unter welchen wirtschaftlichen Gegebenheiten ein Ehegatte wegen Alters oder Krankheit unterhaltsbedürftig werden könnte. Dies gilt besonders dann, wenn solcher Unterhalt im Anschluss an eine Kindesbetreuung nicht in Betracht kommt.[834] Letzterer Satz soll wohl nicht eine Sonderrolle des Alters- und Krankheitsunterhaltes im Anschluss an den Kindesbetreuungsunterhalt (§§ 1571 Nr. 2, 1572 Nr. 2 BGB) begründen, sondern erläutern, dass in **den Fällen langjähriger Kindesbetreuung** eher die Möglichkeit absehbar ist, Unterhalt etwa wegen Alters verlangen zu können.

354 Mit Beschl. v. 17.05.2006[835] hat der BGH entschieden, dass für eine Teilnichtigkeit kein Platz ist, wenn bereits die Gesamtwürdigung des Ehevertrages die Sittenwidrigkeit ergibt, weil eine Partei ausnahmslos benachteiligt ist und die Einzelregelungen durch keine berechtigten Belange der anderen Partei gerechtfertigt sind. Der BGH arbeitet ferner heraus, dass bei einer sog. Bleiberechtsehe eine Disparität der Verhandlungsposition vorliegt. Im konkreten Fall war die Ehefrau 23 Jahre alt, fremd in Deutschland, der deutschen Sprache nicht mächtig und hätte ohne die Ehe weder Aufenthalts- noch Arbeitserlaubnis erhalten. Der Ehemann war elf Jahre älter, in Deutschland beheimatet und als Beamter wirtschaftlich abgesichert.

355 Mit Urt. v. 07.05.2006[836] hat der BGH eine **Unterhaltsvereinbarung für den Betreuungsunterhalt** für **sittenwidrig** gehalten. Da offensichtlich nur über diese Frage gestritten wurde, hat er zum Schicksal der in gleicher Urkunde vereinbarten **Gütertrennung und des Pflichtteilsverzichts** leider **nichts ausge-

---

828 C. Münch, NotBZ 2004, 467 f.
829 BGH, FamRZ 2005, 1444.
830 Bergschneider, FamRZ 2004, 1757, 1761.
831 BGH, FamRB 2005, 126.
832 BGH, FamRZ 2005, 1449.
833 C. Münch, Ehebezogene Rechtsgeschäfte, Rn. 2412 ff.
834 BGH, FamRB 2005, 126.
835 BGH, FamRZ 2006, 1097 = FF 2006, 200.
836 BGH, ZNotP 2006, 428 ff.; LS in FamRZ 2006, 1437 m. Anm. Bergschneider.

sagt.[837] Dass er die noch vor dem Grundsatzurteil ergangene Entscheidung der Vorinstanz[838] bestätigt, lässt vielleicht darauf schließen, dass auch der BGH insoweit die Wirksamkeit nicht anzweifeln will.

Im konkreten Fall war die **Ehefrau schwanger** gewesen und wollte die Ehe unbedingt. Der Ehemann war jedoch nur gegen Abschluss des Ehevertrages bereit, sie zu heiraten. Daraus und aus den weiteren, näher dargelegten Umständen leitet der BGH die Indizien für die schwächere Verhandlungsposition der Ehefrau her. Vom Sachverhalt her wird noch berichtet, dass der Ehemann später die elterliche Firma übertragen bekam und offensichtlich ein hohes Einkommen erzielte; außerdem kam es im Zusammenhang mit der Trennung zu einer tätlichen Auseinandersetzung, bei welcher die Ehefrau verletzt wurde. In der Berufungsinstanz hatte der Ehemann sich eingelassen, er zahle „keinen Cent mehr" als ehevertraglich festgelegt und wollte eine vollständige Abweisung des Unterhaltsbegehrens wegen Anrechnung eigener Einkünfte der Ehefrau erreichen.

Der Ehevertrag enthielt ein **gestuftes System von Unterhaltshöchstgrenzen**, abhängig von der Ehezeitdauer, wobei der Höchstbetrag bei einem Scheidungsantrag innerhalb der ersten acht Jahre mit **770,00 €** festgelegt wurde. Die Dauer der Unterhaltszahlung war bis zur Vollendung des 16. Lebensjahrs des Kindes vorgesehen und damit über die in der Rechtsprechung geforderte Zeit hinaus. Zu den Einkommensverhältnissen wird angegeben, dass die Ehefrau ca. 4.300,00 € brutto monatlich verdiente und der Ehemann ca. 7.800,00 € brutto monatlich.

Entscheidend war für den BGH, dass die Unerhaltshöchstgrenze wegen der **fehlenden Indexierung** nicht einmal das Existenzminimum abdeckte und auch **nicht annähernd die ehebedingten Nachteile ausglich**. Dass der BGH hier bei einem Ehevertrag, der sich doch immerhin um eine gestufte Lösung bemühte, zur Sittenwidrigkeit kam und es nicht bei einer Anpassung i.R.d. § 242 BGB belassen hat, muss schon als eine strengere Durchführung der Inhaltskontrolle gegenüber den bisherigen Urteilen gewertet werden, soweit diese Beurteilung nicht auf Besonderheiten des Einzelfalls beruht, die sich allenfalls zwischen den Zeilen ahnen lassen.

Beachtenswert ist, dass der Terminus der „ehebedingten Nachteile", der als zentraler Begriff in den letzten Urteilen des BGH verwendet wurde, bei einem Ehepartner, der selbst sehr viel verdient, eine niedrig bemessene Unterhaltshöchstgrenze nicht zulässt.

4. Inhaltskontrolle nach der Rechtsprechung des BGH

a) Dispositionsfreiheit der Ehegatten

Seinem Urteil v. 11.2.2004[839] stellt der BGH den folgenden Satz voran, an dem sich die Interpretation der Entscheidung auszurichten haben wird. Damit legt der BGH ebenso wie das BVerfG die Messlatte hoch[840] :

„Die gesetzlichen Regelungen über nachehelichen Unterhalt, Zugewinn und Versorgungsausgleich unterliegen grds. der vertraglichen Disposition der Ehegatten; einen unverzichtbaren Mindestgehalt an Scheidungsfolgen zugunsten des berechtigten Ehegatten kennt das geltende Recht nicht."

Damit legt der BGH seine ursprüngliche Rspr. zugrunde und erteilt Vorschlägen in der Lit. eine Absage, die das geltende Eherecht aufgrund des Widerspruchs zur Rspr. des BVerfG ersetzen wollten.[841] Die Begründung hierzu erfolgt ausführlich.

356

---

837 Borth, FamRB 2006, 325.
838 OLG Koblenz, FamRZ 2004, 805.
839 BGH, NJW 2004, 930 f.
840 Hahne, DNotZ 2004, 84, 89.
841 Scholz, FamRZ 2002, 733; Maier, NJW 2002, 3359, 3364; Dauner-Lieb, FF 2002, 151, 153.

> **Hinweis:**
> Die Ehevertragsfreiheit hat weiterhin Bestand, wenn auch mit bestimmten Schranken, die sich insb. auf den Kernbereich der Scheidungsfolgenregelungen beziehen.

357 Das BGB verzichtet in §§ 1353, 1356 BGB nunmehr bewusst auf ein **gesetzliches Leitbild der Ehe**.[842] Gleiches gilt für das Grundgesetz.[843] Damit können die Ehegatten in eigener Verantwortung über die Gestaltung ihrer ehelichen Lebensgemeinschaft und damit insb. über die Rollenverteilung hinsichtlich Erwerbsarbeit, Familienarbeit und Kindererziehung entscheiden.[844]

Das Scheidungsfolgenrecht hingegen bezieht sich nach wie vor auf einen bestimmten Ehetyp, vorwiegend die Hausfrauenehe. Es bedarf daher nach Ansicht des BGH[845] zwingend der Vertragsfreiheit, damit die Ehegatten diese Scheidungsfolgen ihrem gelebten Ehetyp[846] anpassen können. Ansonsten nähme man den Ehegatten die Freiheit der Ehegestaltung. Das Verlangen nach **Abänderung** der Scheidungsfolgen im Hinblick auf eine **Anpassung an die gelebte Ehekonstellation** – vorzugswürdiger Begriff angesichts verstärkter Wandelbarkeit – ist daher **legitim**.

Die **im BGB ausdrücklich gegebenen Möglichkeiten** zur ehevertraglichen Abänderung der gesetzlichen Scheidungsfolgen in § 1585 c BGB für das Unterhaltsrecht, § 1408 Abs. 1 BGB für das Güterrecht und §§ 1408 Abs. 2, 1587o BGB für den Versorgungsausgleich zeigen, dass das Scheidungsfolgenrecht gerade kein zwingendes, der Parteidisposition entzogenes Recht darstellt. Die **gerichtliche Genehmigung** bei einer scheidungsnahen Versorgungsausgleichsvereinbarung mit Angemessenheitsprüfung nach § 1587o Abs. 2 BGB verstärkt diese Aussage noch, denn einer solchen Anordnung hätte es bei ohnehin umfassender Inhaltskontrolle nicht bedurft.

b) Keine zwingende Halbteilung

358 Der Grundsatz, dass Ehegatten auch nach der Scheidung Anspruch **auf gleiche Teilhabe am gemeinsam Erwirtschafteten** haben,[847] schließt nach BGH[848] entgegen der Vorinstanz die Möglichkeit der Ehegatten nicht aus, eheverträglich durch einvernehmliche und angemessene Regelung etwas anders zu vereinbaren.[849] Die dort vom BVerfG ausgesprochene Halbteilung beziehe sich ohnehin **nur** auf die **Unterhaltsbeiträge**, welche die Ehegatten aus Erwerbseinkommen bzw. Familienarbeit erbringen.

Noch deutlicher wird der BGH in seinem Urteil v. 25.5.2005.[850] So nimmt der BGH klar Stellung gegen diejenigen Ansichten,[851] die aus der Rspr. des BVerfG einen **zwingenden Halbteilungsgrundsatz** ablesen wollen. Bereits die Entscheidung v. 6.10.2004 entsprach dem Anliegen des Ehevertrags, eine Nivellierung des Versorgungsgefälles auszuschließen[852] und ließ den Ehevertrag somit nicht an einer angeblich zwingenden Halbteilung scheitern.

---

842 Palandt/Brudermüller, BGB, § 1356 Rn. 1.
843 Ausführlich hierzu C. Münch, KritV 2005, 208, 217 f.
844 Hahne, DNotZ 2004, 84, 88.
845 BGH, NJW 2004, 930 f.
846 Grundlegend zu den Ehetypen: Langenfeld, Sonderheft DNotZ 1985, 167, 170 f.; ders., FamRZ 1987, 9 ff.
847 BVerfG, FamRZ 2002, 527 ff.
848 BGH, NJW 2004, 930 f.
849 C. Münch, MittBayNot 2003, 107, 109; ders., FamRZ 2005, 570, 573.
850 BGH, FamRZ 2005, 1444.
851 Dauner-Lieb/Sanders, FF 2003, 117, 118; Dauner-Lieb, FF 2004, 65, 66; Rakete-Dombek, NJW 2004, 1273, 1277; a.A.: Grziwotz, MDR 2005, 73, 76; Langenfeld, Handbuch der Eheverträge, Rn. 92; Rauscher, DNotZ 2004, 524 f.; Volmer, ZNotP 2005, 242, 246; J. Mayer, in: Würzburger Notarhandbuch, Teil 3 Rn. 35; für zwingende Halbteilung auch OLG München, FamRZ 2003, 35 m. Anm. Bergschneider; hiergegen: C. Münch, MittBayNot 2003, 107.
852 BGH, FamRZ 2005, 185.

Nunmehr betont der BGH, dass **Erwerbstätigkeit und Familienarbeit** grds. nur dann als **gleichwertig** behandelt werden, **"wenn die Ehegatten nichts anderes vereinbart haben"**.[853] Damit erkennt der BGH an, dass die Rspr. des BVerfG sich nur auf die gesetzliche Rechtslage bezieht, die Parteien aber vertraglich davon abweichen können.

359

Zusätzlich erkennt der BGH die **Autonomie der Ehegatten** bei der Gestaltung ihrer Ehe an und zwar in zweierlei Hinsicht. Zum einen können die Ehegatten die **eheliche Rollenverteilung** abweichend vom Gesetz gestalten;[854] daraus folgt dann zwingend die Abänderungsbefugnis für die gesetzlich angeordneten Scheidungsfolgen. Zum anderen hat der BGH aber auch auf die Frage, warum denn auch diejenigen Ehegatten abweichende Regelungen treffen können, die eine Rollenverteilung gewählt haben, von der auch das Gesetz bei der Bestimmung der Scheidungsfolgen ausgeht,[855] eine deutliche Antwort gegeben:

360

„Die Ehegatten können, **auch wenn die Ehe dem gesetzlichen Leitbild entspricht**, den wirtschaftlichen Wert von Erwerbseinkünften und Familienarbeit **unterschiedlich gewichten**."

Damit können auch in der **sog. Einverdienerehe** bei Diskrepanzfällen Mittelwege beschritten werden, die fern von einer völligen Entsolidarisierung sind, aber nicht den nach dem Gesetz eheangemessenen Unterhalt erreichen. Für die Privatautonomie ist damit ein Stück Terrain zurück gewonnen.

c) Kernbereichslehre

Die Dispositionsfreiheit ist der Grundsatz. Sie gilt aber nicht schrankenlos. Vielmehr wird die Vertragsfreiheit begrenzt durch den **Schutzzweck der gesetzlichen Regelung**.[856]

361

Die Verletzung dieses Schutzzweckes prüft der BGH sodann **dreigliedrig**:

- Evident einseitige Lastenverteilung,
- durch individuelle Gestaltung ehelicher Lebensverhältnisse nicht gerechtfertigt,
- für den belasteten Ehegatten unzumutbar.

Ob diese Voraussetzungen bei ehevertraglicher Abweichung vom gesetzlichen Scheidungsfolgenrecht vorliegen, hat der **Tatrichter zu prüfen**. Nach Auffassung des BGH entfällt diese Prüfung nicht von vornherein deshalb, weil der beurkundende Notar über Inhalt und Konsequenz des Vertrages ordnungsgemäß belehrt hat.[857] Dies heißt nur, dass die **Mitwirkung des Notars** nicht von jeder Prüfungspflicht entbindet. Diese Passage des Urteils besagt aber nicht, dass die Mitwirkung des Notars und das Bewusstwerden der Ehegatten über Inhalt und Folgen des Vertrags in der sogleich zu schildernden Gesamtabwägung keine Berücksichtigung finden könnten. Im Gegenteil sollte dies auch nach der neuen Rspr. ein gewichtiger Punkt sein.[858]

362

> **Hinweis:**
> Die ordnungsgemäße Belehrung des Notars macht die Inhaltskontrolle nicht überflüssig, kann aber den Ehegatten den Regelungsgehalt und seine Folgen bewusst machen und so die Imparität eines Vertragsteils beseitigen, der dann in eigener Verantwortlichkeit der Regelung zustimmt.

Im Anschluss an Dauner-Lieb[859] entwickelt der BGH sodann eine familienrechtliche **Kernbereichslehre** mit einer **Stufenfolge der Scheidungsfolgenansprüche**. Je unmittelbarer die vertragliche Abweichung in den Kernbereich des Scheidungsfolgenrechts eingreift, desto schwerer wiegt die Belastung. Der BGH bildet die nachfolgenden Stufen einer **Rangfolge der Disponibilität** der Scheidungsfolgen:

363

---

853 BGH, FamRZ 2005, 1444.
854 Ausführlich: C. Münch, KritV 2005, 208 ff.
855 Dauner-Lieb, JZ 2004, 1027.
856 BGH, NJW 2004, 930 f.
857 So noch Langenfeld, DNotZ 2001, 272, 279.
858 Vgl. C. Münch, DNotZ 2004, 901 ff.
859 AcP 201 (2001), 295 ff., 319 f.

aa) Kinderbetreuungsunterhalt

364 Auf erster Stufe steht der **Betreuungsunterhalt nach § 1570 BGB**. Er ist schon durch das betroffene Kindesinteresse **nicht frei disponibel**. Allerdings ist er auch nicht zwingend und jeder Disposition entzogen. Der BGH nennt als Beispiel ein von den Ehegatten abweichend vereinbartes Betreuungsmodell. Damit manifestieren sich bereits seit längerer Zeit gegebene Hinweise zur Vorsicht bei Abbedingen des Betreuungsunterhalts.[860]

bb) Krankheitsunterhalt, Unterhalt wegen Alters, Versorgungsausgleich

365 Gemeinsam **auf der zweiten Stufe der Disponibilitätsrangfolge** werden der Krankheitsunterhalt, der Unterhalt wegen Alters und der Versorgungsausgleich eingestuft. Diese Tatbestände gehören **noch mit zum Kernbereich**. Ein Verzicht ist jedoch eher möglich als beim Betreuungsunterhalt. Insb. kann ein solcher angemessen sein, wenn die Ehe erst im Alter oder nach einer bereits ausgebrochenen Krankheit geschlossen wird.[861]

cc) Sonstige Unterhaltstatbestände

366 Der **Unterhalt wegen Erwerbslosigkeit** ist weniger schutzwürdig, weil nach einer nachhaltigen Sicherung des Erwerbseinkommens das Risiko ohnehin auf den Unterhaltsberechtigten übergeht.

Krankenvorsorge- und Altersvorsorgeunterhalt hatte der BGH zunächst auf der folgenden Stufe eingeordnet. Später hat er dann präzisiert[862] und diesen Unterhalt auf die gleiche Stufe gestellt wie den jeweiligen Elementarunterhalt. Dem ist zuzustimmen, da der Vorsorgeunterhalt nach § 1578 BGB keinen eigenen Unterhaltstatbestand bildet, sondern nur die Höhe des Unterhaltes beeinflusst.[863]

Aufstockungsunterhalt (§ 1573 Abs. 2 BGB) und **Ausbildungsunterhalt** (§ 1575 BGB) schließen sich an. Diese Unterhaltsansprüche sind am wenigsten schützenswert, weil das Gesetz hier Begrenzungsmöglichkeiten nach Zeit und Höhe vorsieht. Der Aufstockungsunterhalt ist ohnehin der am meisten kritisierte Unterhaltstatbestand.[864]

dd) Zugewinnausgleich

367 Der **Zugewinnausgleich** nimmt **die letzte Stufe** ein und ist somit am ehesten verzichtbar, da er nicht an eine konkrete Bedarfslage anknüpft. Die Vermögensgemeinschaft sei zudem nicht notwendiger Bestandteil der ehelichen Gemeinschaft. Somit wird die Wahl des Güterstandes insb. nicht durch den Halbteilungsgrundsatz eingeschränkt. Sofern durch Ausschluss des Zugewinnausgleichs der geschiedene Ehegatte später **nicht über eigenes Vermögen verfügt** und deshalb eine Versorgungslücke auftritt, ist dies in erster Linie unterhaltsrechtlich zu kompensieren.

d) Ehebedingte Nachteile

368 Ausgehend von diesen Vorgaben gilt es nun, zu ergründen, wo die Grenze der privatautonomen Regelungsmöglichkeit verläuft. **Für den Kindesbetreuungsunterhalt** hat der BGH ausgesprochen, dass eine Regelung nicht schon bei Erreichen des Existenzminimums akzeptabel sei (und schon gar nicht unterhalb dieses Werts[865]). Eine Grenze ist vielmehr nach der Rspr. des BGH erst dann erreicht, wenn die Unterhaltshöhe nicht annähernd geeignet ist, die **ehebedingten Nachteile auszugleichen**.[866]

---

860 Bergschneider, FamRZ 2003, 39.
861 BGH, NJW 2004, 930.
862 BGH, FamRZ 2005, 1449.
863 Bergschneider, FamRZ 2005, 1452.
864 Holzhauer, JZ 1977, 729, 735 ff.; Langenfeld, BGB, Rn. 268 „Nerzklausel"; Reinecke, Lexikon des Unterhaltsrechts, Rn. 322.
865 BGH, ZNotP 2006, 428 f.
866 BGH, FamRZ 2005, 1444.

Damit setzt sich eine schon mit den Urteilen v. 6.10.2004 begonnene Tendenz der Rspr. fort, die den **Ausgleich ehebedingter Nachteile in den Mittelpunkt stellt**. Solches war schon bei der literarischen Entwicklung der Kernbereichslehre vorgeschlagen worden.[867] Nach dem **Referentenentwurf** des BMJ zur **Änderung des Unterhaltsrechts**[868] sollte künftig § 1578b Abs. 1 BGB eine entsprechende Formulierung enthalten, dass bei Herabsetzung und zeitlicher Begrenzung des Unterhalts insb. zu berücksichtigen sei

„ ... inwieweit durch die Ehe Nachteile im Hinblick auf die Möglichkeit eingetreten sind, für den eigenen Unterhalt zu sorgen. Solche Nachteile können sich vor allem aus der Dauer der Pflege oder Erziehung eines gemeinschaftlichen Kindes, aus der Gestaltung von Haushaltsführung und Erwerbstätigkeit während der Ehe sowie aus der Dauer der Ehe ergeben."

Damit hätte die Ehebedingtheit der Bedürftigkeit auch einen positivrechtlichen Ausdruck gefunden. Für sie war schon bisher eine gesteigerte Bedeutung gefordert worden.[869] Sie galt zudem als tauglicher Ansatzpunkt für die **Reichweite ehevertraglicher Gestaltungsfreiheit**.[870]

Im Urteil v. 25.5.2005[871] und v. 5.7.2006[872] hat nunmehr der BGH das Kriterium der ehebedingten Nachteile nicht nur bei der Ausübungskontrolle, sondern bereits bei der Prüfung der Sittenwidrigkeit angewandt. Damit dürfte bestätigt sein, dass Eheverträge, welche **alle ehebedingten Nachteile ausgleichen**, jedenfalls nicht sittenwidrig sind.[873] Ausnahmen mögen allenfalls da gerechtfertigt sein, wo das voreheliche Einkommen des kindesbetreuenden Ehepartners so niedrig ist, dass den betreuten Kindern bei einer Unterhaltszahlung auf diesem Niveau **evident Nachteile drohen**.

369

Hat der Ehepartner ein sehr hohes voreheliches Einkommen, greift eine Unterhaltshöchstgrenze, die deutlich darunter liegt, zu niedrig. Allerdings wird hierbei zu berücksichtigen sein, dass bei gemeinsamer Entscheidung beider Ehegatten zur Aufgabe der Berufstätigkeit der Ehefrau, dieser unterhaltsrechtlich bei nur einem Einkommen ggf. nicht ihr voreheliches Einkommen als Unterhalt zustehen kann. In den Diskrepanzfällen jedoch sollte sich der Unterhalt der Ehefrau von dem vorehelichen Einkommen des verzichtenden Teils nicht allzu weit weg begeben und die Indexierung oder sonstige Anpassung darf nicht übersehen werden.

370

Zu klären wäre schließlich noch, ob die Berufsaufgabe wirklich ehebedingt erfolgt ist. Insbes. wenn die Schwangerschaft schon bei Vertragsabschluss vorliegt, hätte es auch ohne die Ehe möglicherweise eine berufliche Unterbrechung gegeben. Hier interpretiert der BGH den Ehevertrag, ob dieser eine entsprechende Rollenverteilung der Kinderbetreuung durch die Mutter vorsieht.[874]

Indem die ehebedingten Nachteile die **Grenze privatautonomer Gestaltung** darstellen, haben sie auch von vornherein Einfluss auf die Einstufung in die Kernbereichstheorie. Dies hat der BGH bei der Neubestimmung der **Rangfolge für den Kranken- und Altersvorsorgeunterhalt** ausgesprochen.[875]

e) Imparität

Das Vorliegen von Imparität wird vom BGH auf der Grundlage der verfassungsrechtlichen Bedeutung der Vertragsfreiheit[876] **überprüft**. Der BGH[877] spricht sogar ausdrücklich von einer „**Zwangslage**" – hieraus kann man schließen, dass die allgemeinen Voraussetzungen des § 138 BGB zu untersuchen sind – und

371

---

867 Dauner-Lieb, Brennpunkte des Familienrechts, 12.
868 FamRZ 2005, 1041 f.
869 Brudermüller, FamRZ 1998, 649 ff. m.w.N.
870 Dauner-Lieb, Brennpunkte des Familienrechts, 13.
871 BGH, FamRZ 2005, 1444.
872 BGH, ZNotP 2006, 428.
873 So schon C. Münch, ZNotP 2004, 122, 130.
874 BGH, ZNotP 2006, 428 f.
875 BGH, FamRZ 2005, 1449; so schon Dauner-Lieb, Brennpunkte des Familienrechts, 13.
876 Hohmann-Dennhardt, FF 2004, 233, 235 fordert den BGH auf, dies deutlicher auszusprechen.
877 BGH, FamRZ 2005, 1444 und 1449.

prüft den Sachverhalt auf eine gravierende Störung der Vertragsparität als Voraussetzung einer Wirksamkeitskontrolle. Der BGH prüft daher bei der Wirksamkeitskontrolle stets **die subjektive Unterlegenheit**.[878]

Den Abschluss des Ehevertrags **kurze Zeit vor der Hochzeit**[879] oder gar am Tage der Hochzeit[880] diskutiert der BGH nicht weiter, geht also davon aus, dass dies allein keine subjektive Unterlegenheit begründet. Allerdings nimmt der BGH bei Abschluss des Vertrages am Hochzeitstag die Argumentation des OLG auf, die Ehefrau habe den Entwurf einige Tage vor der Hochzeit erhalten und auch überflogen. Daher sei sie nicht in einer Zwangslage gewesen. Auf die gelegentlich vorgetragene Argumentation der Zwangslage aufgrund getätigter Hochzeitsvorbereitungen[881] geht der BGH hingegen nicht ein.

372 Die Bedeutung der **Schwangerschaft** der Ehefrau bei Abschluss des Ehevertrags fasst der BGH nunmehr so zusammen, dass die Schwangerschaft der Ehefrau für sich allein zwar noch nicht die Sittenwidrigkeit zu begründen vermag, sie **indiziere** aber eine **ungleiche Verhandlungsposition** und damit eine Disparität bei Vertragsabschluss.[882]

Man sollte bei der Frage der Imparität aufgrund Schwangerschaft berücksichtigen, dass es nicht die Schwangerschaft alleine ist, welche das ungleiche Verhandlungsgewicht herbeiführt, sondern der damit verbundene Wunsch, **das Kind als eheliches auf die Welt zu bringen** oder eine Lebensgemeinschaft mit dem Vater des Kindes zu begründen.[883] Bei Abschluss eines Ehevertrags nach Heirat fällt die „Zwangslage" daher wohl weg. Zum anderen hat aber der BGH trotz Schwangerschaft und Vertragsschluss kurz vor der Hochzeit die Sittenwidrigkeit letztlich verneint.

> **Hinweis:**
> Der BGH sieht Imparität der Vertragsteile bei Vertragsschluss als Voraussetzung einer Nichtigkeit oder Anpassung des Ehevertrags an.

f) Verfahren der Inhaltskontrolle

373 Das BVerfG hatte den Zivilgerichten nicht vorgegeben, wie sie die Inhaltskontrolle durchführen sollen, sondern nur auf die §§ 138 und 242 BGB verwiesen. Der BGH unterscheidet nun unter dem **Oberbegriff der Inhaltskontrolle** von Eheverträgen zwischen der **Wirksamkeitskontrolle** zur Überprüfung, ob der Ehevertrag nach den Umständen bei seinem Zustandekommen sittenwidrig i.S.d. § 138 BGB ist, und der **Ausübungskontrolle** nach § 242 BGB, welche prüft, ob insb. aufgrund veränderter Umstände sich der Ehepartner auf den Ehevertrag berufen darf. Hierzu hat der BGH im Urteil v. 25.5.2005 die Prüfungsgrundsätze ausdrücklich dargelegt.

aa) Wirksamkeitskontrolle (§ 138 BGB)

374 Im Rahmen der Wirksamkeitskontrolle prüft der BGH zunächst **jeden einzelnen Verzicht** bzw. Teilverzicht daraufhin, ob er sittenwidrig ist. Hierbei geht der BGH entsprechend seiner Kernbereichslehre von den am wenigsten disponiblen zu den eher verzichtbaren Ansprüchen über.

375 Anschließend unternimmt der BGH eine abschließende **Gesamtschau** aller bereits einzeln überprüften Klauseln, um festzustellen, ob sich die Sittenwidrigkeit etwa aus dem Zusammenwirken der ehevertrag-

---

878 Vgl. auch AG Rheine, FamRZ 2005, 451: soziale Unterlegenheit durch Suchterkrankung; OLG Celle, FamRZ 2004, 1202 mit strengen Anforderungen an die Verwerflichkeit; OLG Braunschweig, FamRZ 2005, 2071 „unter Ausnutzung der schwächeren Lage"; OLG Hamm, FamRZ 2006, 268; nach Löhning, JA 2005, 344 f. muss die Imparität vom bevorteilten Ehegatten erkannt und ausgenutzt sein.
879 BGH, FamRZ 2005, 1444 – zwei Tage vor der Hochzeit.
880 BGH, FamRZ 2005, 1449.
881 Gageik, FPR 2005, 122, 124 unter Hinweis auf OLG Koblenz, NJW-RR 2004, 1445.
882 Kritisch: Bergschneider, FamRZ 2005, 1449.
883 So nunmehr ausdrücklich und meines Erachtens zutreffend: OLG Braunschweig, FamRZ 2005, 2071 m. zust. Anm. Bergschneider.

lichen Regelungen ergibt.[884] In diesem Rahmen ist eine Gesamtabwägung vorzunehmen, die insb. **folgende Kriterien** berücksichtigen sollte:

- **Gründe des Vertragsabschlusses** (hier auch ungleiche Verhandlungsposition),
- **Umstände des Zustandekommens des Ehevertrags.** Unter diesem Punkt bleibt der **Ablauf einer ordnungsgemäßen notariellen Beurkundung** mit ausführlicher Belehrung und Hinweis auf die Folgen des Vertrags weiterhin zu berücksichtigen,[885]
- **beabsichtigte Gestaltung des Ehelebens** (Ehevertrag ehetypengerecht),
- **Auswirkungen auf Ehegatten und Kinder.**

Sittenwidrigkeit, die auf **Extremfälle beschränkt** bleibt,[886] kommt nach BGH regelmäßig nur in Betracht, wenn **folgende Voraussetzungen** vorliegen: 376

- Abbedingen von Regelungen aus dem **Kernbereich** ganz oder zum erheblichen Teil,
- **keine** ausreichende **Kompensation,**
- keine Rechtfertigung durch die Besonderheiten des **Ehetyps** und
- keine **sonst gewichtigen Belange** des begünstigten Ehegatten.

Nach dem ersten Urteil des BGH blieb umstritten, wie sich die Nichtigkeit einzelner Klauseln auf den Gesamtvertrag auswirkt.[887] So stellte sich die Frage, ob eine **salvatorische Klausel** helfen kann, die Nichtigkeit auf einen Teilbereich zu beschränken.[888] 377

Der BGH will nunmehr aus der Nichtigkeit einer einzelnen Klausel nach **§ 139 BGB** auf die Gesamtnichtigkeit schließen, es sei denn, dass der Vertrag auch ohne die nichtige Klausel geschlossen worden wäre. Letzteres kann sich insb. aus einer im Ehevertrag enthaltenen salvatorischen Klausel ergeben. Somit lässt sich nunmehr wohl wie folgt unterscheiden: 378

Ist bei **Prüfung der Einzelklauseln** eine Klausel nichtig, so kann dies nach § 139 BGB zur Gesamtnichtigkeit führen. Sind die Einzelklauseln für sich gesehen wirksam, so kann sich **aus der abschließenden Gesamtschau** ergeben, dass der Vertrag in seiner Gesamtheit durch das Zusammenwirken der einzelnen Klauseln sittenwidrig ist. Eine **salvatorische Klausel** kann dann im ersten Fall bei der Nichtigkeit einer **Einzelklausel** die Nichtigkeit auf diese einzelne Klausel begrenzen, **nicht hingegen** im zweiten Fall, wo die Nichtigkeit gerade aus der **Gesamtschau** resultiert.[889]

> **Hinweis:**
> Die salvatorische Klausel sollte im Ehevertrag jedoch **keineswegs eine Standardformulierung** sein. Vielmehr ist am Vertrag zu prüfen, ob eine Klausel für die Vertragsteile so wichtig ist, dass ohne diese auch eine andere keinen Bestand haben soll.

Im Urteil v. 5.7.2006 stellt der BGH nunmehr die Gesamtabwägung voran.

---

884 BGH, MDR 2005, 815 = FamRB 2005, 126; FamRZ 2005, 1444.
885 Vgl. C. Münch, DNotZ 2004, 901 ff.
886 OLG Hamm, FamRZ 2006, 268.
887 Während sich ein Teil der Lit. für eine Teilnichtigkeit aussprach (Borth, FamRB 2005, 177, 181 – unwirksam nur der Teil, welcher dem Kernbereich zuzuordnen ist; ders. FamRZ 2004, 611; Löhning, JA 2005, 344; J. Mayer, FPR 2004, 363, 370; Rauscher, DNotZ 2004, 543 f.), sahen andere bei der Unwirksamkeit einzelner Klauseln den Gesamtvertrag als unwirksam an (Gageik, FPR 2005, 122, 124; Dauner-Lieb, FF 2004, 65, 68 interpretiert den BGH so, als halte dieser Teilnichtigkeit und geltungserhaltende Reduktion für möglich, spricht sich aber selbst dagegen aus, JZ 2004, 1027, 1028; FPR 2005, 141, 145; Rakete-Dombek, NJW 2004, 1273, 1275).
888 Hierzu C. Münch, Ehebezogene Rechtsgeschäfte, Rn. 339 ff.
889 Vgl. Brambring, FPR 2005, 130, 132.

bb) Ausübungskontrolle – Störung der Geschäftsgrundlage

379 Nach der Wirksamkeitskontrolle schließt sich die **Ausübungskontrolle** an, die der BGH auf **§ 242 BGB** stützt. Der BGH will geprüft wissen, ob sich nunmehr, d.h. im Zeitpunkt des Scheiterns der Ehe, der Ausschluss der Scheidungsfolgen als eine evident einseitige Lastenverteilung darstellt, so dass es dem begünstigten Teil verwehrt ist, sich auf den – wirksam vereinbarten – Verzicht zu berufen.

380 Die **Ausübungskontrolle nach § 242 BGB** zeichnet sich durch eine **flexible Rechtsfolge** aus. Ist die Berufung auf eine Klausel nicht zulässig, so gilt nicht automatisch anstelle dieser Klausel das gesetzliche Recht, sondern der **Richter kann die gültige Rechtsfolge bestimmen**. Je zentraler die Rechtsfolge, deren Abbedingen beanstandet wurde, zum Kernbereich der gesetzlichen Scheidungsfolgen gehört, desto näher muss die richterliche Rechtsfolge der gesetzlichen sein. Z.T. zieht der BGH auch die Grundsätze des Wegfalls der Geschäftsgrundlage heran (§ 313 BGB). Diese können in **Fällen der vertraglichen Risikoübernahme** nicht helfen, gleichwohl findet nach Auffassung des BGH auch in diesen Fällen vertraglicher Risikoübernahme eine **Ausübungskontrolle** statt.[890]

Die Ausübungskontrolle hat – im Gegensatz zur Nichtigkeit – zusätzlich auch eine **zeitliche Komponente**. Das bedeutet, dass die Berufung auf Scheidungsfolgeregelungen ggf. auch nur für einen bestimmten Zeitraum ausgeschlossen sein kann, so etwa bei einem kompletten Unterhaltsverzicht für die Zeit der Kinderbetreuung.[891]

381 **Maßstab** der Anpassung bei der Ausübungskontrolle ist nach der neueren Rspr. des BGH nicht mehr nur die gesetzliche Rechtslage, sondern **auch der abgeschlossene Ehevertrag**, dessen Intention berücksichtigt werden muss. Wenn der Ehevertrag eine hälftige Teilhabe gerade ausschließt, so beschränkt sich die Anpassung ggf. auf den Ausgleich ehebedingter Nachteile.[892]

5. Folgerungen für die Beurkundungspraxis

382 Nach der Rspr. des BGH ist eine befürchtete Entwertung der Ehevertragsfreiheit ausgeblieben. **Eheverträge bleiben weiterhin möglich, sinnvoll und notwendig.** Was bereits abgeschlossene Eheverträge anbelangt, so wird man nach den Kriterien des BGH eine Sittenwidrigkeit nur in wenigen besonderen Fällen befürchten müssen. Der BGH hat mit seinen verschiedenen Urteilen einen Leitfaden zur Gestaltung von Eheverträgen entwickelt. Ob das BVerfG unter Berufung auf den Halbteilungsgrundsatz weitergehende Anforderungen stellt, wird man abwarten müssen.

Da der BGH ein weites Feld der Ausübungskontrolle eröffnet, wird dies allerdings dazu führen, dass **nahezu jeder Ehevertrag** mit der Behauptung, er enthalte evidente Belastungsunterschiede, einer **richterlichen Prüfung** unterzogen wird. Die Folgen für die Praxis von Eheverträgen wird nachfolgend dargestellt:

a) Beurkundungsverfahren

383 Im Hinblick auf die Parität der Ehegatten kann die notarielle Beurkundung **Schutzwirkung entfalten**. Die Umstände der notariellen Beurkundung sind insoweit im Rahmen der Gesamtabwägung zu berücksichtigen.[893] Das erfordert zugleich, dass die notarielle Beurkundung von Eheverträgen einen **gewissen Verfahrensstandard** einhält, damit die Herstellung der Parität zwischen den Ehegatten gelingt.[894]

---

[890] So etwa der Sachverhalt des Urteils BGH, FamRZ 2005, 1444, wo der Notar ausdrücklich angeregt hatte, den Unterhaltsverzicht unter eine auflösende Bedingung zu stellen für den Fall, dass aus der Ehe Kinder hervorgehen.

[891] MünchKomm-BGB/Maurer, Ergänzungsband, § 1585c Rn. 39p.

[892] BGH, FamRZ 2005, 185; FamRZ 2005, 1449; Löhning, JA 2005, 344, 346.

[893] C. Münch, DNotZ 2004, 901 ff.

[894] C. Münch, MittBayNot 2003, 107 ff.; Wachter, ZNotP 2003, 408 ff.; für einen verstärkten Schutz durch Verfahren: J. Mayer, FPR 2004, 363, 369; Langenfeld, Handbuch der Eheverträge, Rn. 21 f., 65.

aa) Vertragsvorlauf

Ratsam ist es, **beide Vertragsteile** rechtzeitig in die Vertragsgestaltung einzubinden und mit ihnen eine **Vorbesprechung** über den beabsichtigten Inhalt des Ehevertrags und seine Konsequenzen zu führen. Aus dieser Vorbesprechung sollte ein **Vertragsentwurf** resultieren, den die Vertragsteile **rechtzeitig** vor Beurkundung erhalten.[895]

Eine **eigene anwaltliche Beratung** allein im Interesse des verzichtenden Mandanten kann ganz erheblich zur Herstellung der Parität beitragen;[896] dies insb. dann, wenn auf der Seite des begünstigten Ehegatten eigene Anwälte, Firmenjuristen etc. bereits tätig geworden sind.

Zwischen dem **Vertragsabschluss und** dem **Hochzeitstermin** sollte noch **ausreichend Zeit** liegen. Wenn dies nicht mehr möglich ist, weil die Parteien zu spät zur Beratung kommen, kann auf das gesteigerte Risiko hingewiesen werden. Kritisch sind insb. Fälle, in denen ein Partner erst unmittelbar vor der Hochzeit mit einem bereits vorbereiteten Ehevertrag konfrontiert wird.[897] Der BGH geht allerdings auf einen Vertragsabschluss nur einen Tag vor der Hochzeit gar nicht ein.[898] Daraus wird man schließen müssen, dass **allein der Vertragsschluss unmittelbar vor der Hochzeit** noch keine Zwangslage begründet.

384

bb) Übersetzung

Sofern einer der Beteiligten Ausländer ist, sollte unbedingt ein **Dolmetscher** herangezogen werden, und zwar zur **Vorbesprechung**, zur Übersetzung des Vertragsentwurfes und auch zur **Beurkundung**.[899] Man sollte sich daher angewöhnen, stets eine **schriftliche Übersetzung** anfertigen zu lassen, auch wenn § 16 Abs. 2 BeurkG dies nicht zwingend vorschreibt. Der Einwand, dass der ausländisch sprechende Ehegatte Verständnisprobleme hatte, kann häufig sonst nicht widerlegt werden. Die Übersetzung sollte von einem öffentlich vereidigten Übersetzer durchgeführt werden, damit gewährleistet ist, dass die Fachsprache ausreichend berücksichtigt wurde.[900]

385

cc) Persönliche Anwesenheit

Damit eine unterlegene Verhandlungsposition schon von der formalen Seite her nicht gegeben ist, sollte man von der nach der Rspr. des BGH[901] möglichen Gestaltung eines Vertragsabschlusses aufgrund formloser Vollmacht durch den anderen Vertragsteil keinen Gebrauch mehr machen, sondern auf der **persönlichen Anwesenheit beider Vertragsteile** bestehen.

386

dd) Dokumentation

Die notarielle Urkunde sollte dieses Verfahren auch dokumentieren. Empfehlenswert ist es also, den **Entwurfsversand und die Besprechungen** ebenso in der Urkunde festzuhalten wie die anwaltliche Vertretung. Zudem sollte man die Nebenakten nach § 5 Abs. 4 DONot mit einem Vermerk über eine längere Aufbewahrungsfrist versehen.

387

Dokumentieren sollten die Notare auch die zur Urkunde gegebenen **Erläuterungen und Belehrungen** durch ausführliche Belehrungsvermerke. Gleiches gilt für die im Vorfeld beteiligten anwaltlichen Vertreter.

---

[895] Bergschneider, FamRZ 2004, 1757, 1764 weist auf den Maßstab des § 17 Abs. 2a Nr. 2 BeurkG hin und plädiert für eine vergleichbare Frist; vgl. auch Bredthauer, NJW 2004, 3072 f.
[896] So ausdrücklich: OLG Koblenz, FamRZ 2004, 205; Wachter, ZFE 2004, 132, 137.
[897] So auch Rauscher, DNotZ 2004, 524, 541; Büttner, FF 2001, 65, 66.
[898] BGH, FamRZ 2005, 1449.
[899] OLG Koblenz, NJW 2003, 2920 = FamRZ 2004, 200 m. Anm. Bergschneider.
[900] Hierzu Wachter, ZNotP 2003, 408, 418; für dieses strengere Prozedere nun auch Langenfeld, Handbuch der Eheverträge, Rn. 21.
[901] BGH, DNotZ 1999, 46; MünchKomm-BGB/Kanzleiter, § 1410 Rn. 4; kritisch: Wegmann, Eheverträge, Rn. 74.

> **Hinweis:**
> Ganz wichtig ist es, die Rspr. des BGH zur Inhaltskontrolle auch im Beurkundungsverfahren umzusetzen und insoweit den Ehegatten Schutz durch Verfahren zu gewähren.

b) Allgemeine Urkundsbestandteile
aa) Präambel

388 Der 15. Dt. Familiengerichtstag[902] gibt folgende Empfehlung:

„Die Vertragsgrundlagen in Bezug auf die Gestaltung der ehelichen Lebensverhältnisse (jeweilige berufliche Tätigkeit des Ehegatten, Betreuung eines gemeinschaftlichen Kindes, Führung einer kinderlosen Ehe) sind im Ehevertrag so konkret wie möglich festzuhalten."

389 Nach Auffassung des BGH[903] hat der Richter später im Rahmen der Wirksamkeitskontrolle auf die individuellen Verhältnisse bei Vertragsschluss abzustellen und eine **Gesamtschau** der Verhältnisse vorzunehmen. Hierbei sind insb. die Einkommens- und Vermögensverhältnisse sowie der **geplante oder bereits verwirklichte Zuschnitt der Ehe** und subjektiv die von den Ehegatten mit dem Vertrag verfolgten Zwecke und sonstigen Beweggründe bedeutsam.

> **Hinweis:**
> Wenn der Richter dies in seiner späteren Wirksamkeitskontrolle berücksichtigen muss, dann wird **auch der Anwalt und der Notar** für seine Beurteilung des Vertrags diese Gesichtspunkte zu erfragen haben. Nur dann sind sie in der Lage, einen der Ehekonstellation entsprechenden Vertrag vorzuschlagen.

In der Lit. häufen sich die Stimmen,[904] diese Ausgangssituation der Vertragsteile auch in einer **Präambel**[905] zur Urkunde festzuhalten. Dies dokumentiert, dass die Ehegatten übereinstimmend von den entsprechenden Angaben ausgingen. In dieser Präambel könnte auch die künftige **eheliche Rollenverteilung** angesprochen sein, die wohl wieder mehr Bedeutung erlangt, jedenfalls insoweit als einseitige Abweichungen von dieser Rollenverteilung nunmehr dazu führen können, dass auch der andere Teil die entsprechende (nach-)eheliche Solidarität nicht mehr schuldet.[906] Dies könnte eine Anpassung bei einer einseitigen Abweichung ganz ausschließen.[907]

390 Allerdings darf auch die **Gefahr einer erweiterten Präambel** nicht übersehen werden: Wenn sich die Verhältnisse anders entwickeln als in der Präambel angenommen, so werden sich Vertragsteile oder Gerichte darauf berufen, um auf diese Weise eine Störung der Geschäftsgrundlage[908] zu begründen. Außerdem ist die Euphorie zu Beginn der Ehe oft so groß, dass die Vertragsparteien zu unrealistischen Lebensentwürfen neigen,[909] die der Notar aufzeigen sollte.

---

902 FuR 2004, 18 ff.
903 BGH, NJW 2004, 930 ff.
904 Bergschneider, FamRZ 2004, 1757, 1764; Dauner-Lieb, FF 2004, 65, 69; Gageik, RNotZ 2004, 295, 312; Grziwotz, FamRB 2004, 199, 203; differenzierend: J. Mayer, FPR 2004, 363, 369 f.: erweiterte Sachverhaltsangaben ja, Motive nein im Hinblick auf spätere Beweislast; Borth, FamRZ 2004, 611 weist auf die Beweislastprobleme hin, wenn der Ehevertrag keine Angaben zur Motivation enthält.
905 Hierzu Langenfeld, Handbuch der Eheverträge, Rn. 243 ff.
906 BGH, NJW 2004, 930 ff.; vgl. auch Rauscher, DNotZ 2004, 524, 545; Dauner-Lieb, FF 2004, 65, 68 hält dies für einen „wirklich aufregenden Teil" des Urteils.
907 Langenfeld, Handbuch der Eheverträge, Rn. 90; Löhning, JA 2005, 344, 346.
908 Vgl. hierzu schon in der Vergangenheit etwa OLG München, FamRZ 1995, 95 und KG, FamRZ 2001, 1002 jeweils zum Versorgungsausgleichsverzicht.
909 Bergschneider, FamRZ 2004, 1757, 1764; Schubert, FamRZ 2001, 733, 738.

> **Hinweis:**
> Die Präambel mit der Darlegung der Vorstellungen der Ehegatten über eheliche Rollenverteilung sowie wichtige Eckdaten der wirtschaftlichen Situation der Ehe wird im Ehevertrag der Regelfall werden.

bb) Teilunwirksamkeit, Auffanglinie und salvatorische Klausel

Bei der geschilderten **Prüfungsmethodik** des BGH kann eine **Teilnichtigkeit nur** vorkommen, wenn zwar eine **Einzelklausel** nichtig ist, der Rest des Vertrags aber Bestand haben kann. Hier hätte die salvatorische Klausel ihren Platz und könnte, wenn sie ernst gemeint und nicht als bloße Floskel verwendet ist, die Nichtigkeit auf die beanstandete Klausel beschränken. Wenn jedoch in der **Gesamtabwägung** die Summe aller Klauseln das Verdikt der Sittenwidrigkeit des Gesamtvertrags bedingt, dann ist er damit in allen seinen Teilen sittenwidrig.[910] Hier **hilft** also eine **salvatorische Klausel nicht**.[911]

Während einerseits die Wohltat der **Kompensation** eine an sich nicht zulässige Klausel haltbar macht, würde andererseits eine eigentlich unbedenkliche Klausel wie die Vereinbarung der Gütertrennung durch zusätzliche Einschränkungen und Belastungen sozusagen **infiziert**, wenn die Gesamtschau zur Sittenwidrigkeit führt. Die Lit. ist sich in ihrer Einschätzung noch uneins. Die Reaktion auf die Aussagen zur Teilnichtigkeit im jüngsten BGH-Urteil bleibt noch abzuwarten.

> **Hinweis:**
> Es ist davon abzuraten, Klauseln in einer Art „**Reduktionskaskade**" als „**Auffanglinien**" zu verwenden, so dass zunächst die schlimmste Rechtsfolge benannt wird und dann jeweils weniger einschneidende, so dass der Richter sich hier die Linie aussuchen müsste, die gerade noch hält. Im Einzelfall kann es aber schon angemessen sein, **eine alternative Rechtsfolge** zu benennen, wenn ein Gericht sonst von der Sittenwidrigkeit ausgehen müsste. Hier sollten auch die Schwierigkeiten der Vertragsgestaltung bei unsicheren Grenzlinien in die Wertung einbezogen werden.

Nach alledem ist die Verwendung einer **salvatorischen Klausel** weiterhin empfehlenswert. Sie kann Bedeutung auch bei der **Ausübungskontrolle** haben, in deren Rahmen lediglich eine einzelne Regelung beanstandet wird. Sie zeigt nämlich, dass die Vertragsparteien trotz Beanstandung einer Klausel und Änderung einer Rechtsfolge am übrigen Vertragsinhalt unverändert festhalten wollen. Sie bezieht sich dann allerdings nicht auf eine Teilnichtigkeit, sondern auf die **Teilanwendbarkeit**. Hier kann sie für einen Richter im Rahmen der Ausübungskontrolle durchaus ein wertvoller Hinweis sein.[912]

> **Hinweis:**
> Salvatorische Klauseln sollten in den Ehevertrag aufgenommen werden.

cc) Allgemeine Auffangklausel zur Vermeidung ehebedingter Nachteile

Auch wenn sich der BGH ausdrücklich dagegen gewandt hat, bei zu weitgehenden Klauseln eine geltungserhaltende Reduktion durchzuführen,[913] so kann doch überlegt werden, bei einem Ehevertrag, der sich in seinen Detailregelungen darum bemüht, etwaige ehebedingte Nachteile auszugleichen, eine **allgemeine Verpflichtung** anzufügen, **nachweislich entstandene ehebedingte Nachteile** auch über die urkundlich bereits aufgenommenen Kompensationen hinaus noch **auszugleichen**. Dies lässt sich damit rechtfertigen, dass bei Vertragsschluss häufig noch gar nicht absehbar ist, welche ehebedingten Nachteile

---

910 Zur Summenwirkung bei der Sittenwidrigkeitsprüfung: Staudinger/Sack, BGB (Neubearbeitung 2003), § 138 Rn. 57 ff.
911 Vgl. Brambring, FPR 2005, 130, 132.
912 So auch Bergschneider, FamRZ 2004, 1757, 1764.
913 BGH, FamRZ 2005, 1444.

später auftreten können. Insoweit bringt eine solche Klausel nicht den Wunsch nach geltungserhaltender Reduktion zum Ausdruck, sondern verstärkt die Intention der Ehegatten, eine vertragliche Gestaltung zu finden, welche alle ehebedingten Nachteile ausschließt bzw. kompensiert. Möglicherweise könnte man in diesem Zusammenhang auch **schiedsgutachterliche Regelungen**[914] vorsehen, wenn sich die Ehegatten über die ehelichen Nachteile später nicht einigen können.

> **Hinweis:**
> Es kann im Vertrag eine allgemeine Klausel Aufnahme finden, wonach ein Ehegatte sich verpflichtet, alle ehebedingten Nachteile auszugleichen.

dd) Belehrung

394 Angesichts der geänderten Rspr. zur Inhaltskontrolle von Eheverträgen müssen die bisher schon aufgrund der Rspr. des BVerfG verwendeten **intensiveren Belehrungsvermerke** beibehalten werden.[915]

Zum einen kann die bisherige Belehrung zur „alten Sittenwidrigkeit" von Unterhaltsverzichten[916] und ihren Verstoß gegen Treu und Glauben[917] beibehalten werden.[918] Allerdings wird die häufig **danach verwendete Regelung**, dass in diesen Fällen Unterhalt höchstens in Höhe des geltenden Sozialhilfesatzes zu leisten sei, aufgrund der geänderten Rspr. nicht mehr tragfähig sein. Vielmehr sollte dann eine Unterhaltshöhe gewählt werden, die an die vorehelichen Situation des (teilweise) Verzichtenden anknüpft. Unverändert notwendig sind auch die **Belehrungen im Rahmen der Versorgungsausgleichsregelung**[919] und der modifizierten Zugewinngemeinschaft.[920]

395 Diese Belehrung zu den einzelnen Regelungsbereichen kann durch eine **Schlussbelehrung** ergänzt werden, die zur **Inhaltskontrolle** von Eheverträgen Stellung nimmt. Diese Belehrung sollte unter Verwendung der in den einschlägigen Urteilen gebrauchten Termini verdeutlichen, dass ein Vertrag von Anfang an unwirksam sein kann oder auch bei Änderung der Verhältnisse später Teile eines Vertrags oder der Gesamtvertrag einer Ausübungskontrolle nicht standhalten könnten. Diese Belehrung kann mit der salvatorischen Klausel verbunden werden.[921]

> **Hinweis:**
> Belehrung und Dokumentation sind für Notar und Anwalt im Rahmen der Beratung oder Beurkundung von Eheverträgen unverzichtbar.

c) Berücksichtigung verschiedener Ehekonstellationen

396 Dass notarielle Eheverträge dem **Ehetyp entsprechen** sollen, gehört seit langem zu den notariellen Standards.[922] Nunmehr wird es noch mehr als bisher erforderlich werden, sich **verändernde Ehekonstellationen** in die Ehevertragsberatung einzubeziehen. Dies legt schon ein sich immer schneller wandelndes berufliches Umfeld mit einer vielgestaltigeren Erwerbsbiographie nahe.[923] Der Notar kann hier eine **an-**

---

914 Zu Schiedsklauseln in Eheverträgen vgl. etwa Schröder, Bewertungen im Zugewinnausgleich, Rn. 53 ff.; Langenfeld, Handbuch der Eheverträge, Rn. 77 ff.; Wachter, ZNotP 2003, 408, 423 f.
915 Koch, NotBZ 2004, 147, 148.
916 BGH, FamRZ 1983, 137; FamRZ 1992, 1403; OLG Köln, FamRZ 2003, 767; OLG Düsseldorf, FamRZ 2004, 461.
917 BGH, FamRZ 1992, 1403; FamRZ 1997, 873.
918 Zur Anwendbarkeit der alten Rspr.: Bergschneider, FamRZ 2004, 202; Rauscher, DNotZ 2004, 524, 535.
919 C. Münch, Ehebezogene Rechtsgeschäfte, Rn. 1948.
920 C. Münch, Ehebezogene Rechtsgeschäfte, Rn. 472 und Rn. 556.
921 Vgl. den Formulierungsvorschlag in Rn. 442.
922 Rauscher, DNotZ 2004, 524, 541.
923 Sarres, FPR 1999, 274, 276.

tizipierte **Ausübungskontrolle** leisten, indem er typische Geschehensabläufe mit in die Beratung einbezieht und auch ehevertraglich regelt. Dies wird insb. für die Auswirkungen nach der Geburt gemeinsamer Kinder der Fall sein. Das Abbedingen von Scheidungsfolgen wird dann entweder für diese Fälle **auflösend bedingt** vereinbart oder mit **Rücktrittsrechten** versehen. Hierzu finden sich bereits viele Gestaltungsvorschläge.[924] Während die auflösende Bedingung den Vorteil hat, keine Erklärung mehr abgeben zu müssen, ist das Rücktrittsrecht flexibler.

Zusätzlich könnte man auch die **Anordnung alternativer Rechtsfolgen** für bestimmte Situationen erwägen, so dass der Vertrag nicht erlischt, sondern mit einer anderen Rechtsfolge weiterhin gilt, welche dann die veränderte Ehekonstellation berücksichtigt. Mit der Festlegung dieser alternativen Rechtsfolge wäre man einer richterlichen Rechtsfolgenanordnung enthoben.

397

> **Hinweis:**
> Der zweistufige Ehevertrag sollte die Regel sein. Die „double income no kids" Ehe ist selten. Daher schadet die Berücksichtigung von Konstellationen mit Kindern und beruflicher Einschränkung im Ehevertrag nicht.

6. Inhaltliche Auswirkungen auf die Vereinbarungen zum Güterstand

Nach Auffassung des **BGH** erweist sich der Zugewinnausgleich einer **ehevertraglichen Disposition am weitesten zugänglich**. Danach ist die eheliche Lebensgemeinschaft – „auch als gleichberechtigte Partnerschaft von Mann und Frau – nicht notwendig auch eine Vermögensgemeinschaft".[925] Der Zugewinn stellt **nicht auf den Bedarf ab**. Hierzu ist der Unterhalt da. Diese Einschätzung mag nicht zuletzt darin begründet liegen, dass die Regelung der Zugewinngemeinschaft von Anfang an vielfach als verfehlt angesehen wurde.

398

Damit hat der BGH in dem für die anwaltliche und notarielle Beratung besonders wichtigen güterrechtlichen Bereich eine **weitgehende Vertragsfreiheit** zuerkannt. Das OLG München hat sogar den Güterstand der Gütertrennung **für einen Gewerbetreibenden** als vielfach interessengerecht bezeichnet.[926] Dies gilt gerade auch in Zeiten schlechter Unternehmenszahlen, denn hier ist der Nichtunternehmerehegatte bei einem Wertverfall des Unternehmens vor Zugewinnausgleichszahlungen geschützt.[927]

Diese Wertung des BGH stößt **in der Lit. nicht auf ungeteilte Zustimmung**. Gerade an diesem Punkt setzt vielmehr Kritik an, dass wegen der Abweichung zum BVerfG und der dort postulierten gleichen Teilhabe ggf. eine weitere verfassungsrechtliche Prüfung zu erfolgen habe.[928]

399

Sicher ist daran richtig, die Praxis insofern zu warnen, als es eine absolute Vertragsfreiheit nicht mehr geben wird.[929] Auch **Vereinbarungen zum Güterstand** können daher an **Grenzen** stoßen. Hier ist insb. an diejenigen Fälle zu denken, in denen ein Ehegatte nach langjähriger Ehe mit Zugewinn in einem Ehevertrag auf den gesamten bisher angefallenen Zugewinn verzichten soll und damit eine ihm zustehende Rechtsposition völlig aufgibt.[930] Ist dies nicht **durch nachvollziehbare Gründe gerechtfertigt** wie etwa Zuwendungen, die den bisherigen Zugewinn ausgleichen sollen, sondern gar noch mit der Ankündigung begleitet, ansonsten die Ehe auflösen zu wollen, so kann durchaus auch die Regelung des Güterstandes im Einzelfall einmal der Inhaltskontrolle nicht standhalten.

---

924 Brambring, Ehevertrag und Vermögenszuordnung unter Ehegatten, Rn. 95, 97; Langenfeld, Handbuch der Eheverträge, Rn. 1248; C. Münch, Ehebezogene Rechtsgeschäfte, Rn. 2424 ff.
925 BGH, NJW 2004, 930 f.; OLG Frankfurt, FamRB 2005, 318.
926 OLG München (16. Senat), FamRZ 2003, 376 m. Anm. Bergschneider.
927 Grziwotz, FamRB 2004, 199 f., 239.
928 So Rakete-Dombek, NJW 2004, 1273, 1277; kritisch auch: Dauner-Lieb, FF 2004, 65, 67 und Grziwotz, FamRB 2004, 199, 239, 241.
929 Bergschneider, FamRZ 2004, 1757, 1763: „kein Freibrief".
930 Schwab, DNotZ-Sonderheft 2001, 9, 17.

400 Generell aber wird die **Vertragspraxis** von der Vorstellung des **BGH** ausgehen können. Ob hiergegen verfassungsrechtlich der Teilhabegedanke ins Feld geführt werden kann, muss als offen bezeichnet werden. Es ist jedoch darauf hinzuweisen, dass das BVerfG in den beiden Fällen den Verfassungsbeschwerden deshalb stattgegeben hat, weil die Gerichte sich mit dem Hinweis auf die Eheschließungsfreiheit gar nicht erst auf eine Inhaltskontrolle eingelassen hatten. Das **BVerfG hat aber nicht** der Zivilgerichtsbarkeit die **Inhaltskontrolle** und ihr Ergebnis **im Detail vorgeschrieben**. Es ist durchaus zweifelhaft ob es dies angesichts der wohl abgewogenen Rspr. des BGH künftig tun wird.

401 Schließlich sei noch auf die Problematik der **Gesamtabwägung** hingewiesen. Wenn die Gütertrennung mit weiteren Verzichten zusammentrifft, so kann das Gesamtbild dazu führen, dass der Vertrag der Wirksamkeitskontrolle nicht standhält. Dann ist auch die Gütertrennung von der Unwirksamkeit betroffen.[931]

> **Hinweis:**
> Wem es vor allem auf die güterrechtliche Regelung ankommt, der sollte daher überlegen, ob er nicht in den anderen Bereichen mit der gesetzlichen Regelung oder jedenfalls einer großzügigen Lösung leben kann.

402 Es sei noch betont, dass die ganze Diskussion im Güterstandsbereich immer mit der Gütertrennung geführt wird. In der notariellen Praxis hingegen stehen längst die vielfältigen Möglichkeiten **zur Modifizierung des gesetzlichen Güterstandes** im Vordergrund. Diese sind zum einen schonender beim Ausschluss der Scheidungsfolgen und können sich ganz auf die Regelung der unpassenden Scheidungsfolgen konzentrieren. Zum anderen nutzt die modifizierte Zugewinngemeinschaft die **Steuervorteile bei der Schenkung- und Erbschaftsteuer** nach § 5 ErbStG aus, die bei der Gütertrennung vergeben werden.

> **Hinweis:**
> Im Güterrecht ist die Vertragsfreiheit noch am größten. Allerdings müssen auch hier Grenzen der Rspr. beachtet werden.

7. Inhaltliche Auswirkungen auf die Vereinbarungen zum Unterhalt

403 Bei **Unterhaltsvereinbarungen in vorsorgenden Eheverträgen** ist besondere Sorgfalt angebracht. Insb. der Kindesbetreuungsunterhalt steht im Zentrum der Kernbereichslehre, aber auch der Unterhalt wegen Alters und Krankheit ist nur eingeschränkt disponibel.

Wie bereits dargestellt, lassen die neueren Urteile jedoch den Schluss zu, dass die Vereinbarung einer **Unterhaltshöchstgrenze** auch in diesem Bereich **zulässig** ist, **wenn sie auskömmlich gewählt** und indiziert ist. Das bedeutet insb. in der Unternehmerehe kommt die Vereinbarung einer Unterhaltshöchstgrenze in Betracht, wenn durch die Höhe des Unterhalts ehebedingte Nachteile ausgeschlossen sind, der verzichtende Ehegatte also so gestellt wird, als hätte er nicht geheiratet, sondern wäre **unter Einschluss üblicher Karriereschritte weiterhin berufstätig gewesen**. Wäre bei der eigenen Berufstätigkeit nur eine geringe Einnahme zu erzielen gewesen, so kann jedoch diese Grenze gerade im Hinblick auf die mitbetroffenen Kinder zu niedrig sein, so dass eine angemessene Höhe als Mindestunterhalt vereinbart werden sollte.

II. Gütertrennung

1. Vereinbarung der Gütertrennung

404 Ehegatten, die nach Abwägung aller zivil- und steuerrechtlichen Gesichtspunkte für ihre Ehe den Güterstand der Gütertrennung vereinbaren möchten, treffen diese **Wahl** i.d.R. **ausdrücklich im Rahmen eines Ehevertrags**. Dabei wird entweder der **bisher entstandene Zugewinn** ausgeglichen oder aber es wird auf den bisher entstandenen Zugewinn ehevertraglich verzichtet.

---

931 Vgl. etwa OLG Oldenburg, FamRZ 2004, 545.

Die notarielle Urkunde wird ferner **Belehrungen** für die Eheleute enthalten, insb. im Hinblick auf die freie Verfügbarkeit, den fehlenden Zugewinn und auf die steuerlich nachteilige Behandlung im Todesfall.

I.d.R. wird der Abschluss des Vertrags heute nicht mehr im **Güterrechtsregister** eingetragen, da die Beteiligten die Veröffentlichung scheuen. Die Erwähnung, dass jeder Ehegatte die Eintragung allein bewirken kann, trägt der Vorschrift des § 1561 Abs. 2 Nr. 1 BGB Rechnung, wo angeordnet ist, dass bei Vorlage eines Ehevertrags der beglaubigte Antrag eines Ehepartners genügt.

Zwar war die Klarheit der gesetzlichen Regelung der Gütertrennung als Vorteil hervorgehoben worden, doch hat die **richterliche Korrektur der Vermögensverteilung** im Scheidungsfall diese gesetzlich vorgegebene Klarheit aus Gründen der Einzelfallgerechtigkeit erheblich durchbrochen.[932] Im Gegensatz zur Zugewinngemeinschaft, deren Regelung gegenüber konkurrierenden Ansprüchen als vorrangig angesehen wird, besteht **in der Rspr. bei der Gütertrennung** eine ganz erhebliche Bereitschaft, Vermögenszuwendungen oder Mitarbeit im Scheidungsfall unter Berufung auf eine Störung der Geschäftsgrundlage (§ 313 BGB) oder neuerdings wieder verstärkt unter Verweis auf eine Ehegatteninnengesellschaft zu korrigieren.

405

Der Vertragsgestalter ist hier gut beraten, solche Streitigkeiten von vornherein dadurch zu vermeiden, dass er bei Vereinbarung der Gütertrennung die **Rückforderung von Zuwendungen** oder Ansprüche aus Ehegatteninnengesellschaften **ausdrücklich ausschließt**, es sei denn, dass die Ehegatten entsprechende vertragliche Absprachen getroffen hätten. Dass die Ehegatten bei Ausgleichswunsch dann Vereinbarungen benötigen, ist im Rahmen der Beratung deutlich zu machen.

Schließlich ist an einen gegenseitigen **Pflichtteilsverzicht** zu denken, wenn die Ehegatten Gütertrennung vereinbaren, um eine komplette Vermögenstrennung auch für den Todesfall herbeizuführen, etwa bei der Wiederverheiratung von Ehegatten mit Kindern, die jeweils alleine die Kinder zu Erben einsetzen möchten. Generell sollten erbrechtliche Fragen bei der Beratung für einen Ehevertrag immer mit angesprochen werden.

406

Muster: Vereinbarung der Gütertrennung

407

UR-Nr.

Vom .... /200

Ehevertrag
– Gütertrennung –

Heute, den ......

erschienen vor mir,

....

Notar in ....

1. Herr ....,

geboren am .... in ....

als Sohn von ....,

letztere eine geborene ....,

2. dessen Ehefrau,

---

[932] Blumenröhr, in: FS für Odersky, S. 517, 525; Schröder/Bergschneider/Bergschneider, Familienvermögensrecht, Rn. 4.553.

Frau ...., geborene ....

geboren am .... in ....

als Tochter von ....,

letztere eine geborene ....,

beide wohnhaft in ....,

nach Angabe im gesetzlichen Güterstand der Zugewinngemeinschaft verheiratet.

Die Erschienenen wollen einen

Ehevertrag

errichten.

Sie erklären bei gleichzeitiger Anwesenheit gemeinsam mündlich mit dem Ersuchen um Beurkundung was folgt:

A.
Allgemeines

Wir sind in beiderseits erster Ehe verheiratet.

Unsere Ehe haben wir am .... vor dem Standesbeamten in .... geschlossen.

Wir sind beide deutsche Staatsangehörige.

Wir haben bisher keinen Ehevertrag geschlossen und sind insoweit im gesetzlichen Güterstand der Zugewinngemeinschaft verheiratet.
.... *(ggf. weitere Ausführungen einer Präambel)* ....

B.
Ehevertragliche Vereinbarungen

Ehevertraglich vereinbaren wir was folgt:

§ 1
Güterstand

(1) Als Güterstand für unsere Ehe soll die

Gütertrennung

nach Maßgabe des Bürgerlichen Gesetzbuches gelten.

Uns ist bekannt, dass durch die Vereinbarung der Gütertrennung

- keine Haftungsbeschränkung gegenüber Gläubigern eintritt,
- jeder Ehegatte über sein Vermögen frei verfügen kann,
- beim Tode eines von uns beiden das Erb- und Pflichtteilsrecht des Überlebenden am Nachlass des Zuerstversterbenden sich vermindern und das Erb- und Pflichtteilsrecht der Kinder oder sonstiger Abkömmlinge sich erhöhen kann,
- bei Auflösung der Ehe kein Zugewinnausgleich stattfindet,
- die Privilegierung des § 5 ErbStG keine Anwendung findet.

Die Gütertrennung soll derzeit nicht in das Güterrechtsregister eingetragen werden.

Jeder von uns beiden ist jedoch berechtigt, den Eintragungsantrag jetzt oder künftig allein zu stellen.

(2) Auf den Ausgleich eines etwa bisher entstandenen Zugewinnes wird gegenseitig

verzichtet.
Den Verzicht nehmen wir hiermit gegenseitig an.

(3) Nach Belehrung durch den Notar verzichten wir auf die Erstellung eines

Vermögensverzeichnisses.

(Formulierungsalternative:

Wir stellen ferner klar, dass unser derzeitiges wesentliches Vermögen jeweils in einem, dieser Urkunde beigeschlossenen Vermögensverzeichnis näher aufgeführt ist.

Die Anlage, auf die hiermit verwiesen wird, ist wesentlicher Bestandteil und damit Inhalt und Gegenstand dieser Urkunde. Sie wurde vom Notar mitverlesen.)

(4) Zuwendungen eines Ehegatten an den anderen können bei Scheidung der Ehe nicht zurückgefordert werden, auch nicht wegen Störung der Geschäftsgrundlage, es sei denn die Rückforderung ist auf gesonderter vertraglicher Grundlage vorbehalten. Dies gilt unabhängig vom Verschulden am Scheitern der Ehe.

Wir vereinbaren ferner, dass andere Ausgleichsansprüche nicht bestehen sollen; insbesondere entsteht nicht etwa durch Mitarbeit im Betrieb eines Ehegatten oder durch das gemeinsame Halten von Vermögensgegenständen eine Ehegatteninnengesellschaft, wenn wir dies nicht ausdrücklich vereinbaren.

Wir verpflichten uns, bei etwaigen Gesamthaftungen das Innenverhältnis des Gesamtschuldnerausgleichs ausdrücklich zu regeln.

Der Verzicht auf Zugewinn stellt nicht selbst eine ehebedingte Zuwendung dar.

§ 2
Versorgungsausgleich und Ehegattenunterhalt

Hinsichtlich des Versorgungsausgleiches und des Ehegattenunterhaltes bei einer etwaigen Scheidung unserer Ehe verbleibt es bei den gesetzlichen Bestimmungen; hiervon abweichende Vereinbarungen wollen wir derzeit nicht treffen.

(Formulierungsalternative:

Dieser Güterstand bleibt auch dann bestehen, wenn der nachfolgend vereinbarte Ausschluss des Versorgungsausgleiches nach § 1408 Abs. 2 Satz 2 BGB unwirksam werden oder der nachstehend vereinbarte Unterhaltsverzicht unwirksam sein oder unanwendbar werden sollte.)

§ 3
Die vorstehenden ehevertraglichen Vereinbarungen nehmen wir hiermit gegenseitig an.

C.
Pflichtteilsverzicht

Wir verzichten hiermit gegenseitig auf unser gesetzliches Pflichtteilsrecht. Wir nehmen diesen Verzicht wechselseitig an.

D.
Belehrungen, Hinweise

Über die rechtliche Tragweite unserer vorstehenden Erklärungen wurden wir vom Notar eingehend belehrt, insbesondere über die Inhaltskontrolle von Eheverträgen.

Der Notar wies uns auf die Bedeutung und das Wesen des vereinbarten Güterstandes der Gütertrennung, auch in erbrechtlicher Hinsicht, sowie auf den Pflichtteilsverzicht hin.

Da wir diesen Vertrag gemeinsam so wollen, soll er nach Möglichkeit auch dann im Übrigen bestehen bleiben und zur Anwendung gelangen, wenn lediglich einzelne Regelungen unwirksam sind oder der Ausübungskontrolle unterliegen. Wir verpflichten uns in diesem Fall, die beanstandete Klausel in rechtlich zulässiger Weise durch eine solche zu ersetzen, die dem Sinn der beanstandeten Klausel am nächsten kommt. Für uns stehen und fallen nicht mehrere Regelungen dieses Vertrags so miteinander, dass bei Unwirksamkeit oder Unanwendbarkeit der einen auch die andere entsprechend nicht anwendbar sein soll.

E.
Schlussbestimmungen

Wir beantragen die Erteilung je einer Ausfertigung dieser Urkunde.

Unsere Geburtsstandesämter erhalten jeweils eine Mitteilung über die Errichtung dieser Urkunde.

Die Kosten dieser Urkunde tragen wir gemeinsam.

2. Aufhebung der Gütertrennung mit Vereinbarung der Zugewinngemeinschaft

408 Die **modifizierte Zugewinngemeinschaft** dürfte mittlerweile verbreiteter sein und im Lichte des § 5 ErbStG auch zumeist erbschaftsteuerlich **günstiger** als die Gütertrennung. Viele Ehegatten haben jedoch zu Beginn ihrer Ehe Gütertrennungsverträge geschlossen, die heute nicht mehr sinnvoll sind, aber auch zwischenzeitlich nie mehr überprüft wurden. Anlass für eine Beratung bieten in solchen Fällen zumeist erbrechtliche Probleme.

> **Hinweis:**
> In diesem Zusammenhang sollte auch der Güterstand thematisiert werden. Hier erweist sich oft ein Güterstandswechsel als durchaus ratsam. Dies kann auch in veränderten Pflichtteilsquoten begründet sein.

409 Beim Übergang von der Gütertrennung in die Zugewinngemeinschaft sollte bedacht werden, ob neben dem ggf. auszugleichenden Zugewinn noch **andere Ansprüche der sog. „zweiten Spur"** bestehen, also insb. Ansprüche wegen Wegfalls der Geschäftsgrundlage, aus Ehegatteninnengesellschaft, aus einem Gesamtschuldverhältnis, aus Miteigentum oder Arbeitsverhältnissen. Hier wird eine **Abgeltungsklausel** vorgeschlagen, die solche Ansprüche dann für die Zukunft ausschließt und auch für Zuwendungen von Schwiegereltern gilt.[933]

Wenn die Gründe für die ursprüngliche Vereinbarung der Gütertrennung nicht mehr vorliegen, z.B. bei älteren Eheleuten, die eine Scheidungsgefahr für sich ausschließen, kann die Vereinbarung **zivilrechtlich** insoweit mit **Rückwirkung** auf den Zeitpunkt der Eheschließung erfolgen, dass als Anfangsvermögen das zurzeit der Eheschließung vorhandene Vermögen definiert wird.[934]

---

[933] Bergschneider, Verträge in Familiensachen, Rn. 588.
[934] Palandt/Brudermüller, BGB, § 1374 Rn. 3; DNotI-Report 1996, 133; vgl. BGH, FamRZ 1998, 303 = NJW 1998, 1857; Büte, Zugewinnausgleich bei Ehescheidung, Rn. 11; Müller, Vertragsgestaltung im Familienrecht, Rn. 299; Sontheimer, NJW 2001, 1315, 1316.

Steuerrechtlich wird diese Rückwirkung im Rahmen des § 5 Abs. 1 ErbStG nicht anerkannt, wenn also der Zugewinnausgleich nur fiktiv ist, weil er über das erbrechtliche Viertel ausgeglichen wird (§ 5 Abs. 1 Satz 4 ErbStG). Lediglich im Rahmen des § 5 Abs. 2 ErbStG – also wenn der Zugewinn real güterrechtlich ausgeglichen wird – könnte die Rückwirkung Anerkennung finden. Allerdings will die Finanzverwaltung (R 12 Abs. 2 Satz 2 ErbStR) die Verschaffung einer erhöhten güterrechtlichen Ausgleichsforderung **selbst als steuerpflichtige Schenkung** werten, wenn mit den Vereinbarungen nicht in erster Linie güterrechtliche, sondern **erbrechtliche Wirkungen** herbeigeführt werden sollen. Dabei nennt die Finanzverwaltung ausdrücklich die Vereinbarung eines vor dem Zeitpunkt des Vertragsschlusses liegenden Beginns des Güterstands oder eines abweichenden Anfangsvermögens als Beispiel für die Verschaffung einer erhöhten güterrechtlichen Ausgleichsforderung (R 12 Abs. 2 Satz 3 ErbStR). Diese Vorschrift soll aber überarbeitet und die Rückwirkung bei § 5 Abs. 2 ErbStG zugelassen werden.[935] Daher ist sorgfältig zu prüfen, ob steuerrechtlich eine Rückwirkungsvereinbarung zu empfehlen ist.

Formulierungsbeispiel: Aufhebung der Gütertrennung

> .... (Urkundseingang) ....
>
> **B.**
> **Ehevertragliche Vereinbarungen**
>
> **§ 1**
> **Güterstand**
>
> (1) Mit Ehevertrag des Notars .... in .... vom ..... haben wir den Güterstand der Gütertrennung vereinbart, in dem wir heute noch leben. Eine Eintragung in das Güterrechtsregister war nicht erfolgt.
>
> (2) Hiermit heben wir diesen Güterstand der Gütertrennung auf und vereinbaren für unsere Ehe den Güterstand der Zugewinngemeinschaft. Dabei soll das Anfangsvermögen eines jeden Ehegatten jedoch so berechnet werden, als hätten wir seit unserer Eheschließung im gesetzlichen Güterstand der Zugewinngemeinschaft gelebt, so dass die Vereinbarung der Zugewinngemeinschaft in dieser Weise zurückwirkt.
>
> (3) ...... ggf. Modifikationen der Zugewinnregelung ....

3. „Güterstandsschaukel"

Die Vereinbarung der Gütertrennung kann schließlich im Rahmen der sog. „Güterstandsschaukel" erfolgen, um **schenkungsteuerfrei Vermögen von einem Ehegatten auf den anderen zu übertragen**. Mit der Vereinbarung der Gütertrennung wird der gesetzliche Güterstand ehevertraglich beendet. Dies löst zwingend die **gesetzlichen Zugewinnausgleichsansprüche** nach § 1378 Abs. 3 Satz 1 BGB aus. Nach § 1408 BGB ist dies jederzeit möglich. Damit haben die Ehegatten die Voraussetzungen des § 5 Abs. 2 ErbStG geschaffen, so dass die Erfüllung der Zugewinnausgleichsforderung schenkungsteuerfrei möglich ist. Dies ist somit eine anerkannte und sichere Möglichkeit, Vermögen schenkungsteuerfrei auf den anderen Ehegatten zu verlagern.[936]

Fraglich wird die Beurteilung allenfalls dann, wenn die Ehegatten sofort anschließend wieder **in den Güterstand der Zugewinngemeinschaft zurückkehren**, indem sie entweder in einer zweiten Urkunde erneut Zugewinngemeinschaft vereinbaren – **Vertragsgestaltung durch doppelten Güterstandswechsel**[937] – oder indem sie **in der gleichen Urkunde** bereits festlegen, dass sie zu einem bestimmten Termin

---

935 BayLAGSt, DStZ 2006, 782.
936 So schon Brambring, ZEV 1996, 248, 252 f.
937 Vgl. hierzu Schotten, NJW 1990, 2481, 2486; Hayler, DNotZ 2000, 681 ff.; ders., FuR 2000, 4, 8; Kruse, StuW 1993, 3, 6; skeptisch: Doetsch, DStR 1994, 638, 642; Sasse, BB 1995, 1613.

die Gütertrennung wieder aufheben und zum gesetzlichen Güterstand zurückkehren,[938] **sog. Güterstandsschaukel**.

Hier erhebt sich zum einen die Frage, ob dieses Vorgehen **schenkungsteuerlich** anzuerkennen ist, zum anderen stellt sich im Zivilrecht das Problem, ob **Pflichtteilsberechtigte und Vertragserben** dieses Verhalten gegen sich gelten lassen müssen oder ob diese Gestaltung Pflichtteilsergänzungsansprüche nach § 2325 BGB und Ansprüche der Vertragserben nach §§ 2287 ff. BGB auslöst, zumal die Pflichtteilsrechte hier gleich doppelt verkürzt werden.

414 Der **BFH** hat in der Revisionsentscheidung zum oben genannten Urteil des FG Köln die sog. **Güterstandsschaukel** sogar bei Aufnahme in einer Urkunde **gebilligt** und für die Vereinbarung der Gütertrennung mit Zugewinnausgleich und anschließend in einer Urkunde vereinbarter Rückkehr zum gesetzlichen Güterstand die Schenkungsteuerfreiheit nach § 5 Abs. 2 ErbStG zugebilligt. Die Gründe liegen für den BFH darin, dass dem begünstigten Ehegatten die Ausgleichsforderung nicht vertraglich zugewendet werde, sondern **kraft Gesetzes** mit der Gütertrennung entstehe. Das Schenkungsteuerrecht müsse die ehevertragliche Gestaltungsfreiheit insoweit anerkennen, wenn es tatsächlich zu einer güterrechtlichen Abwicklung, d.h. Ermittlung der Ausgleichsforderung, komme. Nach BFH ist für § 5 Abs. 2 ErbStG eine irgendwie geartete Einschränkung, dass der Übertritt in die Gütertrennung endgültig sein müsse, nicht zu fordern, so dass die Rückkehr in den gesetzlichen Güterstand unschädlich sei.[939]

Auf Argumente, es sei **rechtsmissbräuchlich**, wenn **in der gleichen Urkunde** und – im entschiedenen Fall – sogar ohne Verbleib einer juristischen Sekunde, für welche die Gütertrennung hätte gelten können, Gütertrennung und Rückkehr zur Zugewinngemeinschaft vereinbart werde, **ging der BFH nicht ein**. In seiner mit Spannung erwarteten Entscheidung billigte der BFH somit die Güterstandsschaukel ausgerechnet in einem Fall, bei dem kein Zeitraum für die Gütertrennung verbleibt. Außerdem wird die sehr hohe Zugewinnausgleichsforderung nicht erfüllt, sondern niedrig verzinslich bis zum Tode gestundet. Ferner zeichnet sich der Fall sogar noch durch eine zumindest teilnichtige Abrede mit dem Ausschluss der Abtretung der Zugewinnausgleichsforderung aus.

415 Damit wird die Güterstandsschaukel künftig rechtssicher vereinbart werden können. Allerdings wird der vorsichtige Berater gut daran tun, die **Gütertrennung wirklich** für einen bestimmten Zeitraum **eintreten zu lassen** und die Rückkehr in den gesetzlichen Güterstand erst nach Ablauf dieser dann befristeten Gütertrennung zu vereinbaren. Außerdem bleibt die Vereinbarung in **zwei Urkunden** in jedem Fall **sicherer als eine Gesamtvereinbarung in einer Urkunde**, denn der BFH hat insoweit den Fall nicht selbst entschieden, sondern nur darauf verwiesen, das FG Köln habe den Vertrag für den BFH bindend so ausgelegt, dass der gesetzliche Güterstand beendet worden sei. Ein anderes FG könnte also bei der Gestaltung in einer Urkunde durchaus noch zu einem anderen Ergebnis kommen.

416 Hinzuweisen ist ferner darauf, dass der Ausgleich des Zugewinns auch als **pflichtteilsfest** angesehen wird.[940] Allerdings hat der BGH hier im Rahmen einer Entscheidung zum Wechsel in die Gütergemeinschaft entschieden, dass **bei einem zweimaligen Wechsel** des Güterstandes nach einheitlichem Plan ein Missbrauch gegeben sein könne.[941] Soweit es den Beteiligten also auch auf Pflichtteilsfestigkeit ankommt, ist die Vereinbarung in zwei Urkunden zu empfehlen. Da hier die zweite Urkunde immer eines neuen Entschlusses bedarf, dürfte kein Gesamtplan vorliegen.

417 Im Gegensatz zum Güterstandswechsel erkennt der BFH Übertragungen im Rahmen des **sog. fliegenden Zugewinnausgleichs** Schenkungsteuerfreiheit nicht zu, so dass bei Übertragungen ohne Beendigung des gesetzlichen Güterstandes Schenkungsteuer anfällt, auch wenn damit der bisherige Zugewinn wirklich ausgeglichen wird.[942]

---

938 So der Fall des FG Köln, DStRE 2002, 1248 ff.
939 BFH, ZEV 2005, 490 m. Anm. C. Münch.
940 Brambring, ZEV 1996, 248, 252; v. Oertzen, ErbStB 2005, 71, 72; Klingelhöffer, Pflichtteilsrecht, Rn. 341 f.
941 BGH, NJW 1992, 558 ff.
942 BFH, ZEV 2006, 41 m. Anm. C. Münch.

> **Hinweis:**
>
> Der Ausgleich des Zugewinns kann steuerfrei durch zwei Eheverträge gestaltet werden, mit denen zunächst Gütertrennung und später erneut Zugewinngemeinschaft vereinbart wird. Die Zusammenfassung dieser Vereinbarungen in einem Vertrag ist vom BFH nicht beanstandet worden, allerdings hat er sich an die Vorentscheidung des FG Köln gebunden gesehen.
>
> Auf jeden Fall sollte die Gütertrennung für eine gewisse Zeit bestehen und es sollten alle zusätzlichen Erschwernisse vermieden werden, die dazu führen, dass die Wirkungen der Gütertrennung letztlich nicht eintreten.

Vorsicht ist allerdings geboten, wenn zum Ausgleich des Zugewinns **etwa ein Betrieb übertragen werden soll**. Die Rspr. des BFH geht davon aus, dass es sich hierbei um eine **Leistung an Erfüllungs Statt** handelt und stuft die Übertragung einkommensteuerlich als entgeltlich ein.[943] Daher handelt es sich bei der Übertragung um eine Betriebsveräußerung, deren einkommensteuerliche Folgen sorgfältig zu prüfen sind. 418

III. Modifikationen des gesetzlichen Güterstandes

In der **Praxis** kommt es weit **häufiger** zu einer Modifikation des gesetzlichen Güterstandes, welche die Zugewinnansprüche bei Scheidung ausschließt, **als** zu einer reinen **Gütertrennung**.[944] In der vertraglichen Anpassung der Zugewinngemeinschaft liegt daher heute die zentrale Gestaltungsaufgabe. 419

1. Ausschluss des Zugewinns im Scheidungsfall

Die **Vorteile des Ausschlusses des Zugewinns** lediglich im Scheidungsfall liegen darin, dass der Zugewinn im Erbfall erhalten bleibt, insb. also die Erbteilserhöhung um ein Viertel nach § 1371 Abs. 1 BGB eintritt. Damit bleiben die **Pflichtteile der Kinder niedriger**. Den Ehegatten kommt bei dieser Modifikation im Todesfall die **Steuerfreistellung des § 5 ErbStG** zugute, die bei immer höheren Werten und der etwaigen künftigen Änderung der Erbschaftsteuerprivilegierungen für Grundbesitz und Betriebsvermögen[945] zunehmend wichtiger wird, zumal sie der Höhe nach unbegrenzt gilt. 420

Um die Wirkungen der Gütertrennung nahezu zu erreichen, wird häufig noch zusätzlich die Geltung der **Verfügungsbeschränkungen** nach §§ 1365 und 1369 BGB **abbedungen**.

Zu beachten ist allerdings, dass der **Zugewinnausgleich im Todesfall bestehen bleibt**. Auch eine andere Erbeinsetzung und ein Pflichtteilsverzicht des Ehegatten bewirken nicht, dass der güterrechtliche Zugewinnausgleichsanspruch des Ehegatten nach § **1371 Abs. 2 BGB** entfällt. Soll der Ehegatte im Todesfall auch diesen güterrechtlichen Zugewinnausgleichsanspruch nicht erhalten, so müsste der Zugewinn vollständig ausgeschlossen werden.[946] 421

> **Hinweis:**
>
> Sollen im Erbfall keine Ansprüche des Ehegatten bestehen, auch nicht auf den güterrechtlichen Zugewinn nach § 1371 Abs. 2 BGB, so muss der Zugewinn vollständig ausgeschlossen werden. Eine zusätzliche Enterbung oder ein Pflichtteilsverzicht genügen in diesem Fall nicht.

Diese Formulierung erlaubt – im Gegensatz zur Gütertrennung – im **Todesfall** die Inanspruchnahme der Steuerfreistellung des § 5 Abs. 1 ErbStG oder bei der güterrechtlichen Lösung des § 5 Abs. 2 ErbStG. Sie schließt jedoch im Scheidungsfall einen Zugewinnausgleichsanspruch aus.

---

943 BFH, DStRE 2005, 449; hierzu Wälzholz, FamRB 2006, 27, 29.
944 Und zwar durchaus schon vor Eintritt in den Ehestand; a.A.: Schröder/Schröder/Bergschneider, Familienvermögensrecht, Rn. 4.207.
945 Vgl. die Vorlage des BFH an das BVerfG, DStR 2002, 1438.
946 Winkler, ZErb 2005, 360 ff.

422 **Formulierungsbeispiel: Ausschluss des Zugewinns im Scheidungsfall**

....

Ehevertraglich vereinbaren wir was folgt:

(1) Für den Fall der Beendigung des Güterstandes durch den Tod eines Ehegatten soll es beim Zugewinnausgleich durch Erbteilserhöhung oder güterrechtliche Lösung verbleiben.

(2) Wird jedoch der Güterstand auf andere Weise als durch den Tod eines Ehegatten beendet, so findet kein Zugewinnausgleich statt.

Dies gilt auch für den vorzeitigen Zugewinnausgleich.

Auf den Ausgleich eines Zugewinnes wird insoweit gegenseitig verzichtet.

Den Verzicht nehmen wir hiermit gegenseitig an.

Dies gilt auch für einen etwa bisher bereits entstandenen Zugewinn.

(3) Durch diese Vereinbarung soll jedoch ausdrücklich **keine Gütertrennung** eintreten.

(4) Zuwendungen eines Ehegatten an den anderen können bei Scheidung der Ehe nicht zurückgefordert werden, auch nicht wegen Störung der Geschäftsgrundlage, es sei denn die Rückforderung ist auf gesonderter vertraglicher Grundlage vorbehalten. Dies gilt unabhängig vom Verschulden am Scheitern der Ehe.

Wir stellen ferner klar, dass andere Ausgleichsansprüche nicht bestehen sollen; insbesondere entsteht nicht etwa durch Mitarbeit im Betrieb eines Ehegatten oder durch das gemeinsame Halten von Vermögensgegenständen eine Ehegatteninnengesellschaft, wenn wir dies nicht ausdrücklich vereinbaren.

Wir verpflichten uns, bei etwaigen Gesamthaftungen das Innenverhältnis des Gesamtschuldnerausgleichs ausdrücklich zu regeln.

Der Verzicht auf Zugewinn stellt nicht selbst eine ehebedingte Zuwendung dar.

(5) Für unsere Ehe schließen wir hiermit ferner die Verfügungsbeschränkungen der §§ 1365 ff. BGB gegenseitig aus (fakultativ).

2. Vorbehalt zwischenzeitlichen Zugewinnausgleichs

423 Ist dagegen **gezielt geplant**, in Zugewinngemeinschaft zu leben, um zwischenzeitlich den Zugewinn durch Güterstandswechsel bei fortbestehender Ehe unter Lebenden **schenkungsteuerfrei ausgleichen zu können**, so muss die Formulierung so erweitert werden, dass auch der Zugewinnausgleich für diesen Fall des Güterstandswechsels durch Ehevertrag erhalten bleibt. Gleiches gilt, wenn diese Möglichkeit jedenfalls offen gehalten werden soll. Denn eine Beendigung des Güterstandes „auf andere Weise als durch den Tod" wäre auch bei einem ehevertraglichen Güterstandswechsel gegeben, so dass nach obiger Formulierung hier der Zugewinn ausgeschlossen wäre und der gleichwohl erfolgte Ausgleich von Zugewinn ggf. schenkungsteuerliche Probleme nach sich ziehen würde. Eine solchermaßen erweiterte Klausel formuliert positiv und schließt dann den Zugewinn für die Fälle der Scheidung oder Aufhebung (§§ 1314, 1318 Abs. 3 BGB) der Ehe und den vorzeitigen Zugewinn aus. Für den Fall **etwaiger späterer Gesetzesänderungen** sind auch künftige hoheitliche Aufhebungen der Ehe auf andere Weise in Bezug genommen, sofern ihnen ein Zugewinnausgleich folgt. Erwähnt werden sollte auch ausdrücklich, dass bei Beendigung des Güterstandes durch Ehevertrag der **Zugewinn erhalten bleibt**.[947]

---

[947] Brambring, in: Münchner Handbuch des Familienrechts, § 25 Rn. 36 und 126.

Formulierungsbeispiel: Ausschluss Zugewinn bei Scheidung mit Vorbehalt ehevertraglichen Ausgleichs 424

> Ehevertraglich vereinbaren wir, was folgt:
>
> (1) Für den Fall der Beendigung des Güterstandes durch Scheidung oder Aufhebung der Ehe sowie in den Fällen der §§ 1385, 1386 BGB findet kein Zugewinnausgleich statt.[948] Gleiches gilt für etwaige künftige gesetzliche Formen der hoheitlichen Aufhebung der Ehe, auf welche ein Zugewinnausgleich folgen würde.
>
> (2) Für den Fall des Todes bleibt es jedoch beim Zugewinnausgleich durch Erbteilserhöhung oder güterrechtliche Lösung. Auch im Fall einer Beendigung des Güterstandes durch Ehevertrag verbleibt es beim Zugewinnausgleich.[949]
>
> (3) Auf den Ausgleich eines Zugewinnes wird insoweit gegenseitig verzichtet. Den Verzicht nehmen wir hiermit gegenseitig an.
>
> Dies gilt auch für einen etwa bisher bereits entstandenen Zugewinn.

3. Bewertungsvereinbarungen

In der Praxis kommen oftmals auch **Bewertungsvereinbarungen** vor. Sie sind insb. dann ratsam, wenn 425
unternehmerisches Vermögen im Zugewinn verbleibt. Hier kann durch Bezugnahme auf ein anerkanntes Bewertungsverfahren die Wertfestlegung von den Ehegatten zuvor vereinbart werden.[950]

> **Hinweis:**
> Empfehlenswert sind hier allein Verweise auf allgemein anerkannte Bewertungsstandards möglichst in ihrer jeweils gültigen Fassung. Zuweilen vorgebrachte individuelle Bewertungskriterien der Vertragsteile sind nur mit Vorsicht verwendbar.

Als solche Standards, die in Bezug genommen werden können, sind etwa anzusehen der **IDW-Stan-** 426
dard[951] **oder das Stuttgarter Verfahren** – wobei über dessen Eignung inzwischen die Meinungen auseinander gehen[952] –, ggf. auch das Bewertungsverfahren nach dem ErbStG, wobei die aktuelle Diskussion um die Verfassungswidrigkeit dieser Bewertung zeigt, wie gefährlich – weil kaum vorhersehbar – eine solche dynamische Verweisung sein kann. Da die Bewertungsverfahren immer wieder an neue Erkenntnisse angepasst werden, ist es ratsam, festzulegen mit welchem Stand das Bewertungsverfahren zur Anwendung kommen soll. Ferner ist darauf zu achten, dass auch zum Stichtag des Anfangsvermögens die entsprechenden Daten erhoben und festgehalten werden.

---

948 Da hier wegen des Vorbehalts des Zugewinns auch beim ehevertraglichen Ende der Zugewinngemeinschaft die Fälle positiv genannt sind, in denen ein Zugewinnausgleich nicht stattfindet, empfiehlt sich hier in jedem Fall die Nennung auch des vorzeitigen Zugewinnausgleichs.

949 Ein solcher Vorbehalt ehevertraglichen Zugewinnausgleichs kann auch im Rahmen anderer Modifikationen des Zugewinnausgleichs sinnvoll sein, etwa beim Ausschluss betrieblichen Vermögens vom Zugewinn. Da hier der Zugewinn im Scheidungsfalle nicht komplett ausgeschlossen ist, kann es vorkommen, dass bei einer Scheidung gleichwohl ein Ehevertrag geschlossen wird, der die Zugewinngemeinschaft beendet, etwa im Hinblick auf die Stichtagsproblematik des § 1378 Abs. 2 BGB. In solchen Fällen soll der Ehevertrag keinen Zugewinn auslösen, daher ist einzuschränken: „ ... verbleibt es beim Zugewinn, außer ein solcher Vertrag wird im Zusammenhang mit der Trennung oder Scheidung geschlossen."

950 Schröder, Bewertungen im Zugewinnausgleich, Rn. 85; Piltz/Wissmann, NJW 1985, 2673, 2677.

951 IDW-Standard 2005, WPg 2005, 1303 ff. Zum neuen Standard: Großfeld/Stöver/Tönnes, BB-Spezial 7/2005, 2 ff.

952 Vgl. etwa zu den Abweichungen des Stuttgarter Verfahrens im Verhältnis zur Discounted-Cash-Flow-Methode: Göllert/Ringling, DB 1999, 516 ff.

Der IDW-Standard wurde zusätzlich ergänzt durch **Grundsätze des HFA des IDW** zur Unternehmensbewertung im Familien- und Erbrecht. Diese Grundsätze ergänzen die Bewertung um eine zweite Stufe zur Findung eines fairen Einigungswertes.

427 **Formulierungsbeispiel: Bewertung nach Fachgutachten IDW**

> Ehevertraglich vereinbaren wir, was folgt:
>
> Den gesetzlichen Güterstand der Zugewinngemeinschaft wollen wir für unsere künftige Ehe ausdrücklich aufrechterhalten, ihn allerdings wie folgt modifizieren:
>
> (1) Der Ehemann ist Inhaber des folgenden Betriebes:
>
> .... (nähere Bezeichnung) ....
>
> Dieser Betrieb soll beim Zugewinnausgleich
>
> *(Formulierungsalternative:*
>
> *... bei Beendigung der Ehe aus anderen Gründen als dem Tod eines Ehegatten)*
>
> so bewertet werden, dass die Bewertung sich nach dem Fachgutachten des IDW (IDW S 1) in seiner zum Stichtag der Endvermögensfeststellung gültigen Fassung richtet. Hierbei soll das Ertragswertverfahren
>
> *(Formulierungsalternative:*
>
> *... das Discounted-Cash-Flow-Verfahren[953])*
>
> zur Anwendung kommen.
>
> *(Formulierungsvariante:*
>
> *Ergänzend sollen die Grundsätze des HFA des IDW zur Unternehmensbewertung im Familien- und Erbrecht in der zum oben genannten Stichtag gültigen Fassung herangezogen werden.[954]*
>
> *Formulierungsvariante: Dieser Betrieb soll beim Zugewinnausgleich so bewertet werden, dass die Bewertung nach dem Konzept des sog. Ertragsbarwertes erfolgt, ggf. unter Berücksichtigung der Einzelfallbesonderheiten.[955]*
>
> .... Schiedsgutachterklausel ....

> **Hinweis:**
> Die letztgenannten Varianten haben allerdings jeweils die vom Unternehmer meist missbilligte Folge, dass über den Bestand des Betriebsvermögens jedenfalls innerhalb der letzten fünf Jahre detailliert Auskunft gegeben werden muss.

---

[953] Hülsmann, ZIP 2001, 450, 451 warnt insoweit als hier eine Bestätigung durch die Rspr. noch aussteht. Zu diesem Verfahren: Peemöller/Kunowski/Hillers, WPg 1999, 621 ff.; Kruschwitz/Löffler, DB 2003, 1401 f.

[954] Derzeit abgedruckt in WPg 1995, 522 ff. Die Grundsätze weisen auf die strenge Stichtagsbezogenheit hin und liefern Aussagen zum Verfahren bei der Bewertung hinsichtlich eines länger zurückliegenden Zeitpunktes.

[955] So der Vorschlag von Bergschneider, Verträge in Familiensachen, Rn. 658.

4. Herausnahme des Betriebsvermögens aus dem Zugewinn

Die **Herausnahme des unternehmerischen Vermögens** von der Zugewinnberechnung gänzlich oder jedenfalls im Scheidungsfall wird in der familienrechtlichen Lit. empfohlen,[956] aber auch zugleich mit Skepsis betrachtet.[957] Der BGH hat diese Gestaltung ausdrücklich für rechtmäßig erklärt.

428

Die für den Ehetyp der Einverdienerehe als Leitbild geschaffenen **Regelungen des Zugewinnausgleichs wollen auf unternehmerisches Vermögen nicht recht passen**. Nicht zuletzt aus diesem Grunde hat etwa die durch die Leitentscheidung des BGH in Bezug genommene Neuregelung des österreichischen gesetzlichen Güterrechts zur Folge gehabt, dass gemäß **§ 82 des österreichischen Ehegesetzes** Gegenstände des unternehmerischen Vermögens oder Anteile an Unternehmen von der Aufteilung des in der Ehe erworbenen Vermögens ausgenommen wurden.

An diesem „Musterbeispiel" zeigt sich jedoch auch zugleich die **Problematik einer solchen Lösung**; denn nach massiver Kritik hat das neue österreichische Ehegesetz[958] in § 91 Abs. 2 EheG angeordnet, dass Verwendungen in das Unternehmen aus sonstigem Vermögen bei der Aufteilung wieder berücksichtigt werden müssen[959]:

§ 91 Abs. 2 Österreichisches Ehegesetz

Wurde eheliches Gebrauchsvermögen oder wurden eheliche Ersparnisse in ein Unternehmen, an dem einem oder beiden Ehegatten ein Anteil zusteht, eingebracht oder für ein solches Unternehmen sonst verwendet, so ist der Wert des Eingebrachten oder Verwendeten in die Aufteilung einzubeziehen. Bei der Aufteilung ist jedoch zu berücksichtigen, inwieweit jedem Ehegatten durch die Einbringung oder Verwendung Vorteile entstanden sind und inwieweit die eingebrachten oder verwendeten ehelichen Ersparnisse aus den Gewinnen des Unternehmens stammten. Der Bestand des Unternehmens darf durch die Aufteilung nicht gefährdet werden.

Bereits die Lektüre dieser Vorschrift lässt ahnen, dass hier Auseinandersetzungen der Ehegatten vorprogrammiert sind.

429

Die bereits erörterte Berechnung der Unternehmenswerte zeigt, dass der Scheidungsfall mit einem vollen Zugewinnausgleich für den Unternehmer zu einer **ganz erheblichen Belastung** führt. Wenn er den wirklichen Wert seines Unternehmens oder – wenn das Unternehmen selbst aufgrund familiärer Zuwendung Anfangsvermögen ist – wenigstens die Wertsteigerung desselben hälftig teilen muss, so wird dies häufig **das Ende des Unternehmens bedeuten**. Es besteht also die Notwendigkeit einer abweichenden vertraglichen Regelung.

Während in vergangenen Jahrzehnten Unternehmer häufig die Gütertrennung anstrebten, stehen in den letzten **Jahren Modifikationen der Zugewinngemeinschaft im Vordergrund**.[960] Immer mehr Gesellschaftsverträge verlangen von ihren Gesellschaftern nicht mehr den Abschluss von Gütertrennung, sondern begnügen sich mit der Forderung nach Ausschluss des Zugewinnausgleichs für das betroffene Unternehmen. Damit wird dem Nichtunternehmer-Ehegatten die Teilhabe am **privaten Vermögenszuwachs nicht verwehrt**.

430

Zudem soll der Ehegatte in vielen Fällen bei fortbestehender Ehe als Erbe durchaus vorgesehen sein, so dass § 5 ErbStG für die Wahl des Güterstandes auch hier eine Rolle spielt. Schließlich ist diese Lösung

---

[956] Z.B. Brambring, Ehevertrag und Vermögenszuordnung unter Ehegatten, Rn. 118, 120 ff.; Notar-Handbuch/Grziwotz, BI, Rn. 67; Langenfeld, Vertragsgestaltung, Rn. 583; MünchKomm-BGB/Kanzleiter, § 1408 Rn. 14.

[957] N. Mayer, DStR 1993, 991 ff.; ders., MittBayNot 1993, 342 ff.; ders. MittBayNot 1997, 234; kritisch auch: Wegmann, Eheverträge, Rn. 121; Gerhardt/von Heintschel-Heinegg/Klein/Bergschneider, Handbuch des Fachanwalts Familienrecht, Kap. 12 Rn. 121.

[958] Österr. GBl. I 1999, 959 ff.

[959] Hierzu Ferrari, FamRZ 2001, 896, 899 und sehr eingehend Battes, in: FS für Henrich, S. 13, 24 ff.; dort auch zur österreichischen Praxis, bei Ehegattenmitarbeit Gewinnbeteiligungsansprüche zuzusprechen.

[960] Langenfeld, in: Münchener Vertragshandbuch, Formular X.5. Anm. 2.

im Rahmen der Beratung dem Ehegatten des Unternehmers leichter zu vermitteln, denn der Sinn, das Unternehmen zu schützen, ist **am ehesten zustimmungsfähig**, wollen doch schließlich beide Ehegatten von dessen Erträgen leben. Auch im Scheidungsfall soll der Unterhalt letztlich vom Unternehmen erwirtschaftet werden.

So positiv also die Lösung einer **lediglich modifizierten Zugewinngemeinschaft** mit Herausnahme des Unternehmens aus dem Zugewinn in der Theorie erscheint, so viele **Probleme** wirft diese Lösung in der Praxis auf, bis hin zu dem Verdikt, dass die gängigen Vertragsmuster die Probleme der streitigen Abwicklung eines solchen partiellen Zugewinnausgleichs bei Betriebsvermögen meist nicht befriedigend zu lösen vermögen.[961]

a) Begriff des unternehmerischen Vermögens

431 Zunächst besteht die Schwierigkeit für den Vertragsgestalter bereits bei der Bezeichnung des vom Zugewinn ausgenommenen Vermögens.

Man wird den **konkreten Gewerbebetrieb oder die konkrete Praxis** im Vertrag benennen. Damit aber kann man sich nicht begnügen. Denn jedenfalls an folgende Entwicklungen im „Firmenleben" muss gedacht werden:

- Der Unternehmer nimmt weitere Teilhaber auf und aus dem Einzelunternehmen wird eine Personengesellschaft.
- Die bestehende Unternehmensform ist steuerlich nicht mehr interessant und das Unternehmen muss umgewandelt werden.
- Das Unternehmen wächst und wird durch Gründung von Tochterfirmen etc. zu einer Unternehmensgruppe.
- Das Unternehmen schließt sich mit anderen Unternehmen zusammen.
- Der Unternehmer nutzt die steuerlichen Möglichkeiten einer Betriebsaufspaltung und gliedert Vermögen aus dem bezeichneten Unternehmen aus.
- Der Unternehmer hat Sonderbetriebsvermögen, welches er einer Personengesellschaft überlässt (dieses wird damit zum Betriebsvermögen, EStR 4.2) oder Vermögen, das einer von ihm beherrschten Kapitalgesellschaft langfristig überlassen wird, dadurch aber steuerlich nicht Betriebsvermögen wird.[962]

432 Um all diese möglichen Gegebenheiten zu berücksichtigen, ist es empfehlenswert, nicht einfach den derzeit bestehenden Gewerbebetrieb oder die Praxis zu bezeichnen, sondern festzuhalten, dass die Regelung auch **erweiternd** in den oben genannten Fällen oder für sonstige denkbare Änderungen gilt.

> **Hinweis:**
> Bei der Definition des vom Zugewinn ausgenommenen Betriebsvermögens müssen auch etwaige Änderungen der Rechtsform aus steuerlichen oder gesellschaftsrechtlichen Gründen mitbedacht werden.

Nicht zuletzt aus diesem Grunde findet man häufig die Formulierung, der Ausschluss vom Zugewinn gelte für „**jegliches Betriebsvermögen**".[963]

Damit verweist der Vertragsgestalter auf die steuerliche Begrifflichkeit für die betrieblichen Einkunftsarten des § 2 Abs. 1 Nr. 1 bis 3 EStG, denn das Zivilrecht kennt keinen Begriff des Betriebsvermögens in diesem Sinne; hier hilft auch die neue Begrifflichkeit des „**Unternehmers**" i.S.d. **§ 14 BGB** nicht weiter, denn dieser Begriff ist in erster Linie mit Rücksicht auf das Verbraucherschutzrecht zu verstehen.

---

961 Bergschneider, Verträge in Familiensachen, Rn. 709.
962 Schmidt/Heinicke, EStG, § 4 Rn. 171.
963 Stenger, ZEV 2000, 51, 54.

D. Ehevertragliche Gestaltungen für den Unternehmer

Auch für das Steuerrecht ist dieser Begriff aber erstens mit einigen definitorischen Unsicherheiten behaftet, zweitens sind die Grenzen verschiebbar und drittens ist die steuerliche Attraktivität des Betriebsvermögens wandelbar.

433

- Das **Steuerrecht** verwendet den **Begriff** des Betriebsvermögens ganz unterschiedlich im Rahmen der Gewinneinkunftsarten, im Bewertungsgesetz und im Erbschaftsteuerrecht.[964] Selbst wenn man bei der Vertragsgestaltung nun per Definition auf die **Gewinneinkunftsarten** abstellte, so betrachte man nur die Erläuterungen etwa in den Einkommensteuer-Richtlinien und deren amtlichen Hinweisen[965] und man wird sofort verstehen, dass auch damit noch keine völlig treffsichere Definition gefunden ist. Es seien nur kurz drei Punkte angeschnitten:
  - Anteile an Kapitalgesellschaften werden sich sehr häufig im steuerlichen Privatvermögen befinden, vom Ausschluss des Zugewinnausgleichs sollen sie aber jedenfalls erfasst sein, sofern sie nicht ausschließlich der Kapitalanlage dienen.[966]
  - Einzelne Gebäude lassen sich steuerlich je nach Nutzung in völlig verschiedene Wirtschaftsgüter zerlegen.[967] Wie soll das Gebäude aber nun im Zugewinn betrachtet werden?
  - Bisher privates Grundstücksvermögen kann durch Grundstücksverkäufe über die Drei-Objekt-Grenze hinaus plötzlich in einen gewerblichen Grundstückshandel mutieren mit der Folge, dass alle zur Veräußerung bestimmten Objekte Betriebsvermögen sind. Dies kann sogar für vorübergehend eigenbewohnte Immobilien gelten.[968]

- Das Steuerrecht unterscheidet bei seiner Betriebsvermögensdefinition drei Vermögensmassen: Das notwendige Betriebsvermögen, das notwendige Privatvermögen und – sowohl bei der Gewinnermittlung durch Betriebsvermögensvergleich wie auch neuerdings bei der Gewinnermittlung durch Einnahmeüberschussrechnung gemäß § 4 Abs. 3 EStG[969] – das gewillkürte **Betriebsvermögen**.

  Während zum **notwendigen Betriebsvermögen** die ausschließlich und unmittelbar für eigenbetriebliche Zwecke genutzten Wirtschaftsgüter zählen,[970] können Wirtschaftsgüter, die lediglich in einem gewissen objektiven Zusammenhang mit dem Betrieb stehen und ihn zu fördern bestimmt und geeignet sind, sog. **gewillkürtes Betriebsvermögen** sein. Die Einkommensteuer-Richtlinien (EStR 13 Abs. 1) grenzen wie folgt ab:
  - Betriebliche Nutzung unter 10% – notwendiges Privatvermögen
  - Betriebliche Nutzung über 50% – notwendiges Betriebsvermögen
  - Betriebliche Nutzung 10% – 50% – kann gewillkürtes Betriebsvermögen sein.

- Die Bezeichnung „Betriebsvermögen" umfasst somit auch das gewillkürte Betriebsvermögen.

- Schließlich ist es für den **Steuerpflichtigen** je nach Gesetzeslage ggf. sogar attraktiv, Betriebsvermögen zu besitzen, so dass sich in der Praxis ein **Trend** hin **zum Betriebsvermögen** feststellen lässt. Dies geschah etwa deutlich nach Einführung des § 13a ErbStG. Die Privilegierungen des Betriebsvermögens, deren Berechtigung nun das BVerfG zu prüfen haben wird, führten dazu, dass beratene Steuerpflichtige ihr **Vermögen umschichteten** und in betriebliches Vermögen überführten. Aus geradezu klassischem Privatvermögen wie dem Immobilienanlagevermögen wurde plötzlich die Immobilien GmbH & Co. KG, die aufgrund ihrer gewerblichen Prägung **Einkünfte nach § 15 EStG erzielt**. Unterstützt wurde

---

964 Zu den steuerlichen Betriebsvermögensbegriffen: Herzberg, DStR 2002, 1290 ff.
965 EStR 4.2 und H 4.2.
966 Vgl. Pezzer unter der Kapitelüberschrift Anteilseigner als Kapitalanleger oder Unternehmer?, in: Perspektiven der Unternehmensbesteuerung, DStJG, Bd. 25, 2002, 37, 38 ff.
967 Vgl. EStR 4.2 oder Schmidt/Heinicke, EStG, § 4 Rn. 191 ff.
968 Schmidt/Weber-Grellet, EStG, § 15 Rn. 77.
969 BFH, DStR 2003, 2156 = BB 2003, 2724; BMF, BStBl. 2004 I, S. 1064; hierzu Bischoff, DStR 2004, 1280 ff.
970 Übrigens unabhängig von ihrer Bilanzierung, BFH, BStBl. 1978 II, S. 330; BStBl. 2002 II, S. 690, 692.

diese Tendenz noch durch die Erleichterung des § 105 Abs. 2 HGB, wonach auch Gesellschaften, die nur eigenes Vermögen verwalten, nun Handelsgesellschaften sein können.

Ein ähnlicher Effekt zeigte sich nach der **Neuregelung der Besteuerung von Kapitalgesellschaften**. Es kam zur Gründung von „Spardosen-GmbHs", wo vorher ein Wertpapier-Portfolio bestand,[971] und sei es nur, um zeitweise in den Genuss der niedrigen Körperschaftsteuer zu kommen und die Ausschüttung auf Zeiten eines gesenkten Einkommensteuersatzes zu verschieben.

Hier liegen **steuerlich rationale** und in keiner Weise ehegüterrechtlich bedingten Verhaltensweisen vor, die aber dennoch zu einer völligen Verschiebung der Vermögensmassen führen können, welche dem Zugewinn unterfallen.

> **Hinweis:**
> Der Begriff „Betriebsvermögen" ist weder zivilrechtlich noch steuerlich eindeutig definiert. Es zeigt sich, dass die Verwendung des steuerlichen Begriffes „Betriebsvermögen" erhebliche (Abgrenzungs-) Probleme birgt.[972]

b) Manipulationsgefahren

434 Die Herausnahme des Unternehmens aus dem Zugewinn führt zu zwei Vermögensmassen als Rechnungsgrundlage für den Zugewinn. Nun erlaubt aber das Steuerrecht die **Überführung von Vermögensgütern** von der einen Vermögensmasse („**Privatvermögen**") in die andere Vermögensmasse („**Betriebsvermögen**") in weitem Umfang. Dies kann etwa durch die Bildung von gewillkürtem Betriebsvermögen geschehen, aber auch durch Entnahmen oder Einlagen. Im Leben eines Unternehmers kommt es durchaus auch ohne ehegüterrechtliche Gründe vor, dass er Privatvermögen wieder in den Betrieb reinvestieren muss.

Instruktiv ist der Fall, in dem der BGH die Vertragsgestaltung gebilligt hat.[973] Hier ging es um einen Investitionsbedarf von 300 Mio. DM, der mit Hilfe des gesamten Privatvermögens gedeckt wurde. Sofern betriebliche oder steuerliche Gründe für die Verschiebung sprechen, wird eine Benachteiligung i.S.d. § 1375 Abs. 2 BGB ausscheiden. Der Unternehmer kann aber auch schlicht darauf verzichten, Gewinne aus dem Unternehmen herauszunehmen und so ein **hohes Verrechnungskonto** aufbauen.

Der Phantasie im Hinblick auf Gestaltungen zur Erzeugung von Betriebsvermögen sind kaum Grenzen gesetzt. Das Beispiel des gewerblichen Grundstückhandels zeigt, dass es gelingen kann, durch die Veräußerung zweier Stellplätze in die Gewerblichkeit hineinzukommen.

435 Das Wort vom „**Zweikontenmodell für den Scheidungsfall**"[974] hat also durchaus seine Berechtigung.

Es gibt verschiedene **Ansätze, solchen Manipulationsgefahren zu begegnen**, ohne dass diese die beschriebenen Konflikte vollständig lösen könnten.

So kann zum einen ehevertraglich vereinbart werden, dass der **Stichtag**, zu dem die Abgrenzung Privat-/und Betriebsvermögen betrachtet wird, nicht die Rechtshängigkeit des Scheidungsantrages ist, sondern **bereits die Trennung**.

Ferner kann für Transfers vom Privatvermögen in das Betriebsvermögen angeordnet werden, dass solche Transfers, die in den **letzten beiden Jahren vor Rechtshängigkeit** des Scheidungsantrages stattgefunden haben, dem ausgleichungspflichtigen Endvermögen des Unternehmers **wieder hinzugerechnet** werden.

Die Frist[975] wurde deshalb gewählt, um Verschiebungen in einer Ehekrise zu erfassen, die vor der Trennung stattgefunden haben, die wiederum ihrerseits regelmäßig längere Zeit vor Rechtshängigkeit des

---

971 Vgl. etwa die Empfehlungen bei Bornheim, DStR 2001, 1950 ff. und 1990 ff.; Horn, GmbHR 2001, 386; Noll, DStR 2002, 1699, 1700 f.
972 Kanzleiter/Wegmann, Vereinbarungen unter Ehegatten, Rn. 189.
973 BGH, NJW 1997, 2239 ff.
974 N. Mayer, DStR 1993, 991, 993.
975 Wie § 91 Abs. 1 Österr. EheG für Hinzurechnungstatbestände zum Endvermögen.

Scheidungsantrages liegt. Sicherlich erfasst eine solche Klausel dann auch die **betriebsnotwendigen Transfers** und führt damit ein weiteres Element ein, das ggf. zu Ungerechtigkeiten führen kann,[976] sie verhindert aber immerhin kurzfristige Manipulationen.

Überlegenswert scheint auch, ob dann, wenn die **Entnahmen** in das Privatvermögen unter einem kalkulatorischen Unternehmerlohn liegen, die **Differenz als fiktiv entnommen** dem privaten Endvermögen hinzugerechnet werden könnte und insoweit ggf. auch Rücktransfers nicht anerkannt werden. 436

> **Hinweis:**
> Durch Transfers vom Privat- in das Betriebsvermögen ergeben sich mannigfache Möglichkeiten zur Erhöhung des ausgleichsfreien Vermögens zulasten des ausgleichspflichtigen Vermögens.

c) Notwendige Regelungsbereiche im Zivilrecht

Wenn eine Regelung über die Herausnahme von Vermögensteilen aus dem Zugewinn gewünscht wird, so darf sich der Vertrag nicht nur auf die Anordnung der **Herausnahme der Aktiva** beschränken, sondern er muss sich **auch mit den Passiva** und dem weiteren Schicksal des herausgenommenen Vermögens befassen. Soweit das gesamte Betriebsvermögen herausgenommen wurde, erübrigen sich ggf. einige der nachfolgenden Regelungen, da Surrogate damit z.B. automatisch erfasst sind. Eine ausdrückliche Regelung schadet aber auch in diesem Fall nicht, sondern verdeutlicht vielmehr die Tragweite der Regelung. 437

So müssen korrespondierend alle mit den herausgenommenen Vermögenswerten zusammenhängenden **Verbindlichkeiten** gleichfalls unberücksichtigt bleiben.[977]

Ganz wichtig ist die Festsetzung, wie **Erträge** aus dem ausgenommenen Vermögensbereich behandelt werden. Wenn auch die Erträge vom Zugewinn ausgenommen werden, dann ist häufig nur noch **wenig ausgleichspflichtige Vermögensmasse** vorhanden, wenn der Betrieb die Haupteinnahmequelle darstellt. Es gibt daher verschiedene Möglichkeiten zur Regelung der Erträge: 438

- Herausnahme aller Erträge (ggf. aber ergänzt um den Ausgleich mindestens eines kalkulatorischen Unternehmerlohnes),
- Herausnahme der im betrieblichen Bereich verbliebenen Erträge,[978]
- Regelung jedenfalls, dass Erträge aus dem ausgenommenen Vermögen für Verwendungen auf dasselbe eingesetzt werden können,[979] ggf. ergänzt um Verfahrensregelungen wie Sonderkonten zur Erfassung der Erträge.[980]

Regelungsbedürftig ist ferner die Behandlung von **Surrogaten** der herausgenommenen Vermögenswerte. Sie erfolgt regelmäßig in dem Sinne, dass auch Ersatzvermögensgegenstände wiederum vom Zugewinn ausgeschlossen sind mit einer Verfahrensregelung, wie solche Surrogate festgestellt werden.[981]

Schließlich sind noch die „**Verwendungen**" zu thematisieren. Nach Hinweis darauf, dass der zivilrechtliche Verwendungsbegriff die Schuldentilgung nicht einschließt,[982] stellen viele Formulierungsvorschläge zunächst klar, dass „Verwendung" auch die Schuldentilgung mit umfasst.[983] 439

---

976 Deshalb kritisch: N. Mayer, DStR 1993, 991, 994.
977 Einhellige Ansicht, etwa Bergschneider, Verträge in Familiensachen, Rn. 697; Langenfeld, Vertragsgestaltung, Rn. 444; N. Mayer, DStR 1993, 991, 992; Stenger, ZEV 2000, 51, 54; Wegmann, Eheverträge, Rn. 225.
978 Z.B. Wegmann, Eheverträge, Rn. 190.
979 Etwa Bergschneider, Verträge in Familiensachen, Rn. 706.
980 Wegmann, Eheverträge, Rn. 150.
981 Plate, MittRhNotK 1999, 257, 265.
982 N. Mayer, DStR 1993, 991, 992.
983 Vgl. etwa Bergschneider, Verträge in Familiensachen, Rn. 706; Langenfeld, Handbuch der Eheverträge, Rn. 451.

440 Verwendungen können dann entweder
- unbeschränkt auch aus nicht ausgenommenem Vermögen zugelassen werden[984] oder
- nur im Hinblick auf das der gemeinsamen Lebensführung dienende, aber ausgenommene Vermögen[985] oder
- nur, soweit sie nicht innerhalb einer gewissen Spanne vor Rechtshängigkeit des Scheidungsantrages erfolgten[986] oder
- sie können gänzlich ausgeschlossen werden.[987]

441 **Probleme** macht die den Zugewinnausgleich begrenzende **Bestimmung des § 1378 Abs. 2 BGB**. Hier wird allgemein vorgeschlagen, das ausgenommene Vermögen als vorhandenes Vermögen i.S.d. Bestimmung gelten zu lassen, damit nicht der Ausgleichsanspruch ungerechtfertigt verkürzt wird. Dies hat insb. Bedeutung, wenn Verwendungen in das ausgleichsfreie Vermögen zwar dem Endvermögen zugerechnet werden, aber **nicht mehr genug** ausgleichspflichtiges Vermögen vorhanden ist.

Schließlich soll durch die Herausnahme **nicht bewirkt werden**, dass bei Vergleich der jeweils ausgleichspflichtigen Vermögensmassen nunmehr der Ehegatte, der insgesamt weit weniger Zugewinn erzielt hat, sogar noch dem anderen Teil ausgleichungspflichtig wird, die **Ausgleichungspflicht** also quasi „umkippt".

Wie das Urteil des BGH zur Herausnahme[988] ganz deutlich macht, ist eine **notarielle Belehrung** über die Folgen bei Transfers vom „Privatvermögen" in das „Betriebsvermögen" dringend geboten.[989]

> **Hinweis:**
> Die Herausnahme des Betriebsvermögens verlangt neben der Herausnahme der Aktiva auch eine Stellungnahme zur Behandlung der Passiva, der Surrogate, der Erträge und der Verwendungen.

Das nachfolgende Muster ist sehr ausführlich. Im individuellen Fall müssen die passenden Teile zusammengestellt werden.[990]

442 **Muster: Ausschluss des Betriebsvermögens vom Zugewinn**

UR-Nr.

Vom .... /200 ....

Ehevertrag

Modifizierte Zugewinngemeinschaft

(Herausnahme des Betriebsvermögens)

Heute, den ......

erschienen vor mir,

....

---

984 Vgl. die im Urteil des BGH, NJW 1997, 2239 wiedergegebene Formulierung.
985 So z.B. Wegmann, Eheverträge, Rn. 151 für das Einfamilienhaus im Anfangsvermögen.
986 N. Mayer, DStR 1993, 991, 994; Plate, MittRhNotK, 1999, 257, 267.
987 So etwa Bergschneider, Verträge in Familiensachen, Rn. 706.
988 BGH, NJW 1997, 2239.
989 So auch Bergschneider, Verträge in Familiensachen, Rn. 705.
990 Vgl. nur Bergschneider, Verträge in Familiensachen, Rn. 709: „Generelle Vorschläge zur Formulierung solcher Eheverträge können kaum gemacht werden."

Notar in .... :

1. Herr ....,

geboren am .... in ....

als Sohn von ....,

letztere eine geborene ....,

2. dessen Ehefrau

Frau ...., geborene ....

geboren am .... in ....

als Tochter von ....,

letztere eine geborene ....,

beide wohnhaft in ....,

nach Angabe im gesetzlichen Güterstand der Zugewinngemeinschaft verheiratet.

Die Erschienenen wollen einen

Ehevertrag

errichten.

Sie erklären bei gleichzeitiger Anwesenheit gemeinsam mündlich mit dem Ersuchen um Beurkundung was folgt:

**A.
Allgemeines**

Wir sind in beiderseits erster Ehe verheiratet.

Unsere Ehe haben wir am .... vor dem Standesbeamten in .... geschlossen.

Wir sind beide deutsche Staatsangehörige.

Wir haben bisher keinen Ehevertrag geschlossen und sind insoweit im gesetzlichen Güterstand der Zugewinngemeinschaft verheiratet.
.... (*ggf. weitere Ausführungen einer Präambel*) ....

**B.
Ehevertragliche Vereinbarungen**

**§ 1
Güterstand**

Ehevertraglich vereinbaren wir was folgt:

Den gesetzlichen Güterstand der Zugewinngemeinschaft wollen wir für unsere künftige Ehe ausdrücklich aufrechterhalten, ihn allerdings wie folgt modifizieren:

(1) Der Ehemann ist Inhaber des folgenden Betriebes:

.... (*nähere Bezeichnung*) ....

Dieser Betrieb soll beim Zugewinnausgleich bei Beendigung der Ehe aus anderen Gründen als dem Tod eines Ehegatten in keiner Weise berücksichtigt werden.

(Formulierungsalternative:

Dieser Betrieb soll beim Zugewinnausgleich in keiner Weise berücksichtigt werden, und zwar weder bei lebzeitiger Beendigung des Güterstandes noch bei Beendigung des Güterstandes durch den Tod eines von uns.

Anm.:*Wenn der Ehegatte nicht Erbe sein soll und daher auch § 1371 Abs. 2 BGB ausgeschlossen sein soll.)*

Dieses betriebliche Vermögen einschließlich des gewillkürten Betriebsvermögens und etwaigen Sonderbetriebsvermögens soll also weder bei der Berechnung des Anfangsvermögens noch bei der Berechnung des Endvermögens des Ehemannes berücksichtigt werden, und zwar auch dann nicht, wenn sich ein negativer Betrag ergibt. Gleiches gilt für Wertsteigerungen oder Verluste dieses Vermögens.

(2) Dies gilt in gleicher Weise für jedes Nachfolgeunternehmen oder jede Nachfolgebeteiligung und jedes Tochterunternehmen, unabhängig von der verwendeten Rechtsform, auch bei Aufnahme weiterer Gesellschafter und auch für Kapitalgesellschaftsanteile, die im Privatvermögen gehalten werden.

In gleicher Weise ausgeschlossen ist bei einer etwa bestehenden Betriebsaufspaltung oder auch ohne eine solche dasjenige Vermögen, das an den Betrieb im obigen Sinne langfristig zur Nutzung überlassen und ihm zu dienen bestimmt ist.

- *(Formulierungsvariante:*

..., sofern die entsprechenden Verträge vor mehr als zwei Jahren vor der Rechtshängigkeit eines Scheidungsantrages abgeschlossen wurden.

- *Formulierungsvariante zu (1) und (2): Ausschluss jeglichen Betriebsvermögens – Formulierungen zur Missbrauchsabgrenzung*

Jegliches Betriebsvermögen eines von uns beiden soll beim Zugewinnausgleich bei Beendigung der Ehe aus anderen Gründen als dem Tod eines Ehegatten .... [ggf. auch beim Tod] .... in keiner Weise berücksichtigt werden.

Unter Betriebsvermögen in diesem Sinne verstehen wir auch gewillkürtes Betriebsvermögen und Sonderbetriebsvermögen sowie Vermögen, das dem Betrieb langfristig zur Nutzung überlassen und ihm zu dienen bestimmt ist.

Zum Betriebsvermögen in diesem Sinne gehören auch steuerlich im Privatvermögen gehaltene Kapitalanteile, soweit sie nicht der reinen Kapitalanlage dienen. Letzteres ist jedenfalls immer dann der Fall, wenn die Kapitalgesellschaft lediglich eigenes Vermögen verwaltet oder wenn die Beteiligungsquote des Ehegatten nicht größer als 10 % ist.

Nicht zum Betriebsvermögen gehören Gesellschaftsbeteiligungen an Gesellschaften, die nur eigenes Vermögen verwalten und die lediglich durch ihre gewerbliche Prägung gewerbliche Einkünfte erzielen ..... [Schiedsgutachterklausel, wenn gewünscht] ....)

(3) Erträge aus diesem vom Zugewinn ausgeschlossenen Vermögen sind gleichfalls vom Zugewinn ausgeschlossen, sofern sie entweder

1. den betrieblichen Bereich noch nicht verlassen haben; insofern sind insb. ausgenommen Guthaben auf Kapital-, Darlehens-, Verrechnungs- oder Privatkonten *(Anm.: streichen, soweit nicht erforderlich)* sowie stehen gelassene Gewinne, Gewinnvorträge oder -rücklagen oder

2. zulässigerweise nach Ziff. 6) dieses Abschnittes wieder auf die ausgeschlossenen Vermögenswerte verwendet wurden.

- **(Formulierungsvariante:**

Erträge aus diesem vom Zugewinn ausgeschlossenen Vermögen unterliegen dem Zugewinnausgleich.

- **Formulierungsvariante:**

Jedoch wird ein kalkulatorischer Unternehmerlohn,

- *welcher der Tätigkeit des Unternehmer-Ehegatten entspricht, für die Zeit, in welcher der Ehegatte ...... [Beschreibung der Tätigkeit] ... bis zur Rechtshängigkeit eines Scheidungsantrages/nur in den letzten fünf Jahren vor Rechtshängigkeit*
- *vermindert um die Beträge, welche in dieser Zeit den betrieblichen Bereich durch Entnahme in das Privatvermögen verlassen haben, ohne wieder im betrieblichen Bereich verwendet worden zu sein, und vermindert um einen Steuersatz von ...%*

dem Endvermögen des Unternehmerehegatten hinzugerechnet.

...... Schiedsgutachterklausel, wenn gewünscht ......

- **Formulierungsvariante:**

Erträge des Unternehmens, die den Rücklagen zugeführt werden, und Gesellschafterdarlehen sind ebenfalls vom Zugewinn ausgenommen, soweit dies den Grundsätzen einer ordnungsgemäßen Unternehmensführung entspricht. Im Streitfall entscheidet der Schiedsgutachter. Werden jedoch bereits endgültig entnommene Gewinne wieder in das Unternehmen transferiert, so unterliegen sie dem Zugewinnausgleich.)[991]

(4) Auch die diese Vermögenswerte betreffenden und ihnen dienenden Verbindlichkeiten sollen im Zugewinnausgleich keine Berücksichtigung finden.

(5) Surrogate der aus dem Zugewinnausgleich herausgenommenen Vermögenswerte sollen nicht ausgleichungspflichtiges Vermögen sein. Sie werden also bei der Berechnung des Endvermögens auch nicht berücksichtigt. Jeder Ehegatte kann verlangen, dass über solche Ersatzvermögenswerte ein Verzeichnis angelegt und fortgeführt wird. Auf Verlangen hat dies in notarieller Form zu geschehen.

- **(Formulierungsvariante: Surrogate im Privatvermögen ausgleichungspflichtig**

Sofern jedoch der vom Zugewinn ausgenommene Betrieb durch Veräußerung aufgegeben wird, unterfallen Veräußerungserlöse, die nicht mehr betriebliches Vermögen sind, dem Zugewinnausgleich, sind also dem Endvermögen hinzuzurechnen. Der ausgenommene Betrieb ist dann, soweit er Anfangsvermögen war, beim Anfangsvermögen zu berücksichtigen.

- **Formulierungsvariante: Surrogate im Privatvermögen mit geringerer Quote ausgleichungspflichtig**

Allerdings vereinbaren wir hierzu folgende Modifikation: Die Wertansätze, mit denen der Betrieb im Anfangs- und der Erlös im Endvermögen unter Berücksichtigung der Geldentwertung anzusetzen ist, sind zu vergleichen. Der Differenzbetrag wird bei Einstellung in das Endvermögen halbiert. So wird z.B. ein Betrieb, der mit 200.000 € im Anfangsvermögen zu werten ist und für den ein Veräußerungserlös von netto 1.000.000 € erzielt wurde, mit 600.000 € im Endvermögen angesetzt.)

(6) Erträge der vom Zugewinn ausgenommenen Vermögenswerte können auf diese Vermögenswerte verwendet werden, ohne dass dadurch für den anderen Ehegatten Ausgleichsansprüche entstehen.

---

[991] So Langenfeld, Handbuch der Eheverträge, Rn. 479. Die dort weiter empfohlene Einschränkung „soweit nicht die Einlage betriebswirtschaftlich notwendig oder geboten ist" wird freilich kaum justiziabel sein.

Macht jedoch ein Ehegatte aus seinem sonstigen Vermögen Verwendungen auf die vom Zugewinnausgleich ausgenommenen Vermögenswerte, werden diese Verwendungen mit ihrem Wert zum Zeitpunkt der Verwendung dem Endvermögen des Ehegatten hinzugerechnet, der Eigentümer dieser Vermögenswerte ist.

Derartige Verwendungen unterliegen also, ggf. um den Geldwertverfall berichtigt, dem Zugewinnausgleich.

- (*Formulierungsvariante:*

Dies gilt jedoch nur für solche Verwendungen, die in den letzten beiden Jahren vor der Rechtshängigkeit eines Scheidungsantrages erfolgt sind.

- *Formulierungsvariante:*

Dies gilt jedoch nur für solche Verwendungen, die nach der Trennung erfolgt sind, wenn diese Trennung durch eine Mitteilung per Einschreiben an den anderen Vertragsteil dokumentiert war.

- *Formulierungsvariante:*

Entsprechendes gilt für Verwendungen des anderen Ehegatten auf die vom Zugewinnausgleich ausgenommenen Vermögenswerte.

- *Formulierungsvariante:*

Verwendungen des anderen Ehegatten auf die vom Zugewinnausgleich ausgenommenen Vermögenswerte werden wir durch gesonderten Darlehensvertrag regeln und sichern.

- *Formulierungsvariante:*

Macht ein Ehegatte aus seinem sonstigen Vermögen Verwendungen auf die vom Zugewinnausgleich ausgenommenen Vermögenswerte, so sind diese Verwendungen gleichfalls vom Zugewinn ausgeschlossen. Das bedeutet, dass auch diese aus dem ausgleichungspflichtigen Vermögen stammenden Verwendungen nicht mehr ausgleichungspflichtig sind. Der Notar hat über die Auswirkungen dieser Vereinbarung eingehend belehrt.)

Unter Verwendungen verstehen wir auch die Tilgung von Verbindlichkeiten.

(7) Zur Befriedigung der sich etwa ergebenden Zugewinnausgleichsforderung gilt das vom Zugewinn ausgenommene Vermögen als vorhandenes Vermögen i.S.d. § 1378 Abs. 2 BGB.

Eine Vollstreckung in das vom Zugewinnausgleich ausgeschlossene Vermögen ist erst zulässig, wenn die Vollstreckung in das ausgleichspflichtige Vermögen nicht zum Erfolg geführt hat.

Ein Ehegatte ist nicht verpflichtet, seinen Zugewinn auszugleichen, wenn er unter Berücksichtigung des vom Zugewinn ausgenommenen Vermögens des anderen Ehegatten nicht zur Ausgleichung verpflichtet wäre.[992]

(8) Die güterrechtlichen Verfügungsbeschränkungen sollen bei zu diesem Vermögen gehörenden Gegenständen nicht gelten.

(9) Wir sind uns darüber einig, dass hinsichtlich des vorgenannten betrieblichen Vermögens auch bei Mitarbeit der Ehefrau keine Ehegatteninnengesellschaft vorliegt, sondern eine rein arbeitsrechtliche Gestaltung. Wir verpflichten uns, insoweit eine erschöpfende vertragliche Regelung zu treffen, über die hinaus keine Ansprüche bestehen sollen, egal aus welchem Rechtsgrund sie hergeleitet werden könnten, insb. nicht aus Ehegatteninnengesellschaft und nicht wegen Wegfalls der Geschäftsgrundlage.

---

992 Wer diese aufwändige Kontrollrechnung vermeiden will, der kann stattdessen den Unternehmer-Ehegatten seinerseits auf Zugewinn verzichten lassen, Arens, FamRB 2006, 88, 90.

(10) Streiten die Ehegatten um die Zugehörigkeit zum betrieblichen Vermögen, so soll ein vom Präsidenten der örtlich zuständigen IHK bestellter Sachverständiger als Schiedsgutachter verbindlich entscheiden.

§ 2
Unterhalt

....

§ 3
Versorgungsausgleich

....

Die vorstehenden ehevertraglichen Vereinbarungen nehmen wir hiermit gegenseitig an.

C.
Pflichtteilsverzicht

Wir verzichten hiermit gegenseitig auf unser gesetzliches Pflichtteilsrecht in Bezug auf das nach vorstehender Ziff. B. § 1 vom Zugewinn ausgenommene Vermögen. Wir nehmen diesen Verzicht wechselseitig an.

D.
Belehrungen, Hinweise

Über die rechtliche Tragweite unserer vorstehenden Erklärungen wurden wir vom Notar eingehend belehrt, insb. darüber,

dass die Abgrenzung der herausgenommenen Vermögenswerte zu Schwierigkeiten führen kann, dass etwa gewillkürtes Betriebsvermögen gebildet werden kann oder Verwendungen aus dem Privatvermögen in das Betriebsvermögen vorgenommen werden können.

Er empfiehlt daher eine strikte Trennung der Vermögensmassen und Aufzeichnungen über Bewegungen zwischen den Vermögensmassen.

Der Notar hat auf die Rspr. des BVerfG und des BGH zur Inhaltskontrolle von Eheverträgen hingewiesen und erläutert, dass ehevertragliche Regelungen bei einer besonders einseitigen Aufbürdung von vertraglichen Lasten und einer erheblich ungleichen Verhandlungsposition unwirksam oder unanwendbar sein können.

Die Vertragsteile erklären, dass sie nach einer Vorbesprechung und dem Erhalt eines Vertragsentwurfes die rechtlichen Regelungen dieses Vertrags umfassend erörtert haben und dieser Vertrag ihrem gemeinsamen Wunsch nach Gestaltung ihrer ehelichen Verhältnisse entspricht. Sie sind insb. überzeugt, dass mit den Regelungen dieses Vertrags alle etwa eintretenden ehebedingten Nachteile ausgeglichen sind.

Der Notar hat darauf hingewiesen, dass bei einer Änderung der Ehekonstellation – hierzu gehören insb. die Geburt gemeinsamer Kinder oder gewichtige Änderungen der Erwerbsbiographie – die Regelungen auch nachträglich einer Ausübungskontrolle unterliegen können. Er hat geraten, in diesem Fall die vertraglichen Regelungen der veränderten Situation anzupassen.

Da wir diesen Vertrag gemeinsam so wollen, soll er nach Möglichkeit auch dann im Übrigen bestehen bleiben und zur Anwendung gelangen, wenn lediglich einzelne Regelungen unwirksam sind oder der Ausübungskontrolle unterliegen. Wir verpflichten uns in diesem Fall, die beanstandete Klausel in rechtlich zulässiger Weise durch eine solche zu ersetzen, die dem Sinn der beanstandeten Klausel

> am nächsten kommt. Für uns stehen und fallen nicht mehrere Regelungen dieses Vertrags so miteinander, dass bei Unwirksamkeit oder Unanwendbarkeit der einen auch die andere entsprechend nicht anwendbar sein soll.
>
> ### E.
> ### Schlussbestimmungen
>
> Wir beantragen die Erteilung je einer Ausfertigung dieser Urkunde.
>
> Unsere Geburtsstandesämter erhalten jeweils eine Mitteilung über die Errichtung dieser Urkunde.
>
> Die Kosten dieser Urkunde tragen wir gemeinsam.

5. Vereinbarungen zur Zugewinnausgleichsquote

443 Ferner können Veränderungen der gesetzlichen Zugewinnausgleichsquote vereinbart werden.

a) Fälligkeitsvereinbarungen

444 Ehevertraglich kann etwa die **Fälligkeit der Zugewinnausgleichsforderung** anders geregelt werden, denn es kommt in der Praxis durchaus vor, dass Ehegatten mit der Höhe des Zugewinns grds. einverstanden sind, aber die Liquidität nicht besitzen, die Forderung bei sofortiger Fälligkeit zu begleichen. Um hier dem zahlungsverpflichteten Ehegatten die Möglichkeit zu geben, den Zugewinn zu bezahlen, ohne Vermögenssubstanz verwerten zu müssen, kann eine **Stundung der Zugewinnausgleichsforderung** in Erwägung gezogen werden. Den Interessen des ausgleichsberechtigten Ehegatten kann durch eine Verzinsung der Forderung und durch die Gestellung von Sicherheiten Rechnung getragen werden.

445 Formulierungsbeispiel: Abweichende Fälligkeit

> Hinsichtlich der Fälligkeit der Zugewinnausgleichsforderung wird für den Fall, dass der Güterstand auf andere Weise als durch den Tod eines Ehegatten endet, vereinbart, dass die Zugewinnausgleichsforderung in fünf gleichen Jahresraten zu zahlen ist. Die erste Rate ist binnen sechs Monaten nach Rechtskraft der Scheidung zur Zahlung fällig. Die restlichen Raten jeweils ein Jahr danach. Gerät der Schuldner mit einer Rate länger als 14 Tage in Verzug, so ist die gesamte Restforderung sofort in einer Summe zur Zahlung fällig.
>
> Die noch geschuldeten Raten sind mit 2% über dem Basiszinssatz nach § 247 BGB zu verzinsen. Die Zinsen sind jeweils mit der Zahlung der nächsten Rate für den bis dahin abgelaufenen Zeitraum zur Zahlung fällig.
>
> Dem Zahlungspflichtigen ist es jedoch stets gestattet, die Forderung ganz oder teilweise vorzeitig zu erfüllen. Teilzahlungen müssen durch 1.000 teilbar sein.
>
> Der Zahlungsverpflichtete hat dem Berechtigten durch Gestellung einer erstrangigen Sicherungshypothek unter Einhaltung der Beleihungsgrenzen der §§ 11 Abs. 2, 12 Hypothekenbankgesetz Sicherheit für die oben genannte Forderung zu leisten, und zwar binnen zwei Monaten nach Rechtskraft der Scheidung. Kommt er dieser Verpflichtung in der genannten Frist nicht nach, so wird die gesamte Zugewinnausgleichsforderung sofort in einer Summe zur Zahlung fällig.
>
> Kommt es zu einem Rechtsstreit über den Zugewinn, so verbleibt es bei den gesetzlichen Fälligkeitsvoraussetzungen.[993]

---

[993] So der Vorschlag von Bergschneider, Verträge in Familiensachen, Rn. 684.

b) Vereinbarung abweichender Quote

Es kann ehevertraglich **die gesetzliche Halbteilungsquote** geändert werden. Hier müssen nach wie vor Anfangs- und Endvermögen bewertet werden, erst am Schluss greift die vertragliche Regelung.

446

Das bedeutet insb., dass nach wie vor **Auskunftsansprüche und Bewertungsprobleme** bestehen. Aus diesem Grunde ist die bloße Kürzung der Ausgleichsquote etwa beim Vorhandensein von Betriebsvermögen noch keine Lösung, die eine einfache Handhabung im Scheidungsfall erlaubt. Sie ist jedoch geeignet, die Liquidität des betrieblichen Vermögens zu schützen.

Die **Ausgleichsquote** könnte auch für beide Ehegatten **unterschiedlich hoch** ausgestaltet sein. Solches wird etwa vorgeschlagen, wenn ein Ehegatte auf den anderen aus Haftungsgründen Vermögen übertragen hat und dieses Vermögen im Scheidungsfall beim Empfänger verbleibt. Der übertragende Ehegatte soll dann wenigstens eine höhere Ausgleichsquote haben.[994]

447

Formulierungsbeispiel: Abweichende Ausgleichsquote

448

> ...... *(Ehevertrag)* ......
>
> Endet der Güterstand auf andere Weise als durch den Tod eines Ehegatten, so beträgt die Ausgleichsquote abweichend von § 1378 Abs. 1 BGB nicht ein Halb sondern nur 20%.

6. Höchstgrenze

Darüber hinaus kann aber auch eine **Begrenzung der Zugewinnforderung** vereinbart werden. Dies kann geschehen durch

449

- einen festen Höchstbetrag (ggf. indexiert),
- verschiedene Höchstbeträge je nach Ehedauer oder
- eine Multiplikation der Ehejahre mit einem Jahresbetrag.[995]

Solche Begrenzungen lassen sich oft dann vereinbaren, wenn für die Ehegatten der entscheidende Maßstab nicht die Teilhabe an dem während der Ehe erwirtschafteten Vermögen ist, sondern die **Aufrechterhaltung des bei der Eheschließung bestehenden sozialen Niveaus** eines Ehegatten, so dass die Höchstbeträge mit Blick auf die mögliche Sparquote ohne Berücksichtigung der Heirat erarbeitet werden.

Vorteil der Höchstbeträge ist, dass dann, wenn der Ehepartner die Höchstbeträge zahlt, ein Auskunftsanspruch und eine Bewertung entfallen können. **Nachteil** fester Höchstbeträge ist, dass diese unabhängig von der Ehedauer anfallen. Gegenüber festen Kompensationsbeträgen haben die Höchstbeträge den Vorteil, dass bei niedrigem Zugewinn der Zugewinn konkret berechnet werden und eben auch niedriger sein kann als die Höchstbeträge.

450

Da die Höchstbeträge häufig erst nach sehr langer Zeit zur Anwendung kommen, kann eine **Indexierung** dieser Höchstbeträge angemessen sein, um die Kaufkraft, die dem anspruchsberechtigten Ehegatten durch die Zahlung zugute kommen soll, im Laufe der Zeit zu erhalten. Hierbei sollte der nunmehr vereinheitlichte „Verbraucherpreisindex für Deutschland" zur Anwendung kommen.[996] Als Basisjahr findet zur Zeit 2000 = 100 Anwendung.[997]

451

Ob die Vereinbarung einer Indexklausel bei einer solchen ehevertraglichen Vereinbarung **genehmigungsbedürftig nach § 2 PaPkG i.V.m. der Preisklauselverordnung** ist, bestehen unterschiedliche Ansichten. Unter Bezugnahme auf die frühere Genehmigungspraxis der Deutschen Bundesbank wird die Auffassung

452

---

994 Bergschneider, Verträge in Familiensachen, Rn. 679.
995 Vgl. etwa Wegmann, Eheverträge, Rn. 108 f.
996 Zur Umstellung der Preisindices ab 2003 Winkler, NWB Fach 15, S. 721 ff. (2002) sowie Reul, DNotZ 2003, 92 ff. – dort auch zu Umstellungsproblemen für Altverträge – und Rasch, DNotZ 2003, 730 f.
997 Informationen sind am schnellsten erhältlich unter der Internetadresse: www.destatis.de.

vertreten, dass die Vereinbarung einer erst künftig entstehenden Einmalzahlungspflicht genehmigungsfrei sei.[998] Diese Meinung ist jedoch nicht unbestritten.[999] Da obergerichtliche Rspr. noch fehlt, ist es ratsam, bei einer Wertsicherungsklausel vorsorglich ein **Negativattest einzuholen**.

> **Hinweis:**
> Zur Sicherheit sollte bei Vereinbarung wertgesicherter Höchstbeträge für den Zugewinnausgleichsanspruch ein Negativattest eingeholt werden.

453 **Formulierungsbeispiel: Höchstbetrag Zugewinn wertgesichert**

> Endet der Güterstand auf andere Weise als durch den Tod eines Ehegatten, so muss als Zugewinn höchstens ein Betrag von 500.000 € gezahlt werden.
>
> Der Höchstbetrag von 500.000 € soll wertbeständig sein.
>
> Der Höchstbetrag errechnet sich demnach wie folgt:
>
> 500.000 €
>
> – in Worten: fünfhunderttausend Euro –
>
> **vervielfacht**
>
> um den Verbraucherpreisindex für Deutschland, wie dieser Index vom Statistischen Bundesamt in Wiesbaden für den Monat festgestellt wird, in dem der Scheidungsantrag rechtshängig wird, der zur Scheidung der Ehe führt,
>
> **geteilt**
>
> durch den Verbraucherpreisindex für Deutschland, wie er im Monat der heutigen Beurkundung bestimmt wird (Basis 2000 = 100).
>
> Nach Hinweis auf das mögliche Erfordernis einer Genehmigung der vorstehenden Wertsicherungsklausel nach § 2 Preisangaben- und Preisklauselgesetz wird der beurkundende Notar beauftragt, ein Negativzeugnis – für den Fall der Genehmigungsbedürftigkeit die entsprechende Genehmigung – einzuholen beim Bundesamt für Wirtschaft und Ausfuhrkontrolle, Frankfurter Str. 29-31, 65760 Eschborn/Ts.

454 **Formulierungsbeispiel: Höchstbetrag gestuft nach Ehedauer**

> Endet der Güterstand auf andere Weise als durch den Tod eines Ehegatten, so wird der Zugewinn nach folgender Maßgabe ausgeglichen:
>
> Dauerte unsere Ehe zwischen Eheschließung und Rechtshängigkeit eines Scheidungsantrages nicht länger als fünf Jahre, so findet ein Zugewinnausgleich nicht statt.
>
> Dauerte unsere Ehe dem entsprechend länger als fünf Jahre, aber nicht länger als zehn Jahre, so ist als Zugewinn höchstens ein Betrag von 200.000 € zu zahlen.
>
> Dauerte unsere Ehe dem entsprechend länger als zehn Jahre, aber nicht länger als zwanzig Jahre, so ist als Zugewinn höchstens ein Betrag von 500.000 € zu zahlen.

---

998 Gutachten des DNotI, DNotI-Report 2002, 4.
999 Für genehmigungsbedürftig halten die Klausel Kanzleiter/Wegmann, Vereinbarungen unter Ehegatten, Rn. 143.

Dauert unsere Ehe dem entsprechend länger als zwanzig Jahre, so ist als Zugewinn höchstens ein Betrag von 800.000 € zu zahlen.

.... *(Indexklausel wie oben)* ....

Formulierungsbeispiel: Höchstbetrag bemessen nach Ehejahren 455

Endet der Güterstand auf andere Weise als durch den Tod eines Ehegatten, so wird der Zugewinn nach folgender Maßgabe ausgeglichen:

Für jedes vollendete Ehejahr – gemessen von der Eheschließung bis zur Rechtshängigkeit eines Scheidungsantrages – ist höchstens ein Betrag i.H.v. 25.000 € als Zugewinn zu zahlen. Für nicht vollendete Jahre ist der Betrag anteilig zu ermitteln.

.... *(Indexklausel wie oben)* ....

IV. Vereinbarungen zum Unterhaltsrecht

Um eine zutreffende Unterhaltsvereinbarung gestalten zu können, ist es angesichts der bereits geschilderten Rspr. zur Inhaltskontrolle von Eheverträgen sehr wichtig, zunächst die relevanten Daten der Beteiligten, aber auch ihre **Vorstellung über die zukünftige Lebensplanung** zu erfassen und zu hinterfragen.[1000] Hierzu sind neben den allgemein in jede Vereinbarung bzw. Urkunde aufzunehmenden Angaben über die persönlichen Daten und die Staatsangehörigkeit die nachfolgend aufgeführten Punkte bedeutsam. 456

Checkliste notwendiger Informationen für Unterhaltsvereinbarungen: ☑

- ☐ Vorehen und Unterhaltspflichten hieraus,
- ☐ vorhandene Kinder und Bestehen einer Schwangerschaft,
- ☐ bei vorehelichen Kindern Unterhaltsverpflichtungen,
- ☐ abgeschlossene Ehe- oder Erbverträge sowie Unterhaltsvereinbarungen,
- ☐ Angaben zum Einkommen; bei einer detaillierten Unterhaltsvereinbarung müssen hier die Angaben zu Einkommen, Abzügen, Werbungskosten etc. vollständig erhoben werden;
- ☐ Angaben zum Vermögen,
- ☐ elterliches oder sonst durch Erbschaft zu erwartendes Vermögen,
- ☐ Darstellung von Berufsausbildung, Berufsweg und weiterer Planung,
- ☐ Beschreibung der Ehekonstellation und der weiteren Lebensplanung,
- ☐ besondere persönliche Eigenschaften eines Ehegatten, z.B. Krankheiten, die den weiteren Lebensweg beeinträchtigen,
- ☐ besondere Vorstellungen der Ehegatten über die Unterhaltsvereinbarung mit Gründen.

Hinweis:

Aufgrund der Rspr. zur Inhaltskontrolle ist bei jeder Unterhaltsvereinbarung die Frage nach einer bestehenden Schwangerschaft zu empfehlen.

[1000] Vgl. Abel/Eitzert, NotBZ 2003, 47 f. zu den Auskünften der Ehegatten bei notariellen Unterhaltsvereinbarungen.

Auch wenn manche Mandanten einige der vorstehenden Themenbereiche nicht gerne erörtern, so kann eine zutreffende Beratung oder Gestaltung **nur geleistet werden**, wenn vorher eine umfassende Information zugrunde gelegt wird.[1001]

1. Vollständiger Unterhaltsverzicht

457 Nach § 1585c BGB kann ein **vollständiger Verzicht auf nachehelichen Unterhalt** sowohl im vorsorgenden Ehevertrag als auch in der Scheidungsvereinbarung erfolgen. Die **Grenzen der Sittenwidrigkeit**, des Verstoßes gegen Treu und Glauben sowie die geschilderten Anforderungen der Inhaltskontrolle sind hierbei zu beachten. Mit der geplanten Neuregelung des Unterhaltsrechts 2007 ist eine Änderung des § 1585c BGB vorgesehen, wonach solche Vereinbarungen notarieller Beurkundung bedürfen.

Nach der aktuellen Rspr. des BGH[1002] gibt es einen **Kernbereich** an Scheidungsfolgen, die **nur eingeschränkt disponibel** sind. Zu diesem Kernbereich gehört auf der ersten Stufe der Unterhalt wegen Kindesbetreuung nach § 1570 BGB, auf der zweiten Stufe der Unterhalt wegen Alters und Krankheit.

Zwar gibt es keine Scheidungsfolge, für die der BGH ein „**Verzichtsverbot**" ausgesprochen hätte. Es ist daher auch in der „double income no kids" Ehe mit unabhängigen Partnern weiterhin ein vollständiger Verzicht möglich, ohne dass dies den Ehevertrag sittenwidrig macht.

> **Hinweis:**
> Bei jungen Verlobten oder Ehegatten sollte der Vertragsgestalter aber dazu raten, auch Regelungen für den Fall zu treffen, dass ein Kind geboren wird, und für diesen Fall den Unterhalt nach § 1570 BGB vom Verzicht auszunehmen.

458 Eingriffe in den **Kernbereich der Scheidungsfolgen** sind nach der Rspr. des BGH eher möglich, wenn sie durch andere Leistungen kompensiert werden.

Auch wenn mangels Kinderwunsch oder bei „verabredeter Kinderfreiheit" der Vertrag der Wirksamkeitskontrolle standhält, kann es im Rahmen späterer Ausübungskontrolle dazu kommen, dass sich der Begünstigte gegen den Kinder erziehenden Elternteil auf den Verzicht nicht berufen kann.

Die Formulierung eines solchen kompletten Unterhaltsverzichtes kann folgendermaßen lauten:

459 **Formulierungsbeispiel: Kompletter Unterhaltsverzicht**

> (1) Für die Zeit nach einer etwaigen Scheidung unserer Ehe verzichten wir gegenseitig auf Unterhalt, auch für den Fall des Notbedarfs,[1003] gleichgültig ob ein Unterhaltsanspruch gegenwärtig bereits erkennbar hervorgetreten ist oder nicht.
>
> (2) Diesen Verzicht nehmen wir hiermit gegenseitig an.
>
> (3) Der Verzicht gilt auch im Fall einer Änderung der einschlägigen gesetzlichen Vorschriften oder der Rspr. weiterhin.[1004]
>
> (4) Wir wurden vom Notar über das Wesen des nachehelichen Unterhaltes und die Auswirkungen des Verzichtes eingehend belehrt. Wir wissen somit, dass jeder von uns für seinen eigenen Unterhalt sorgen muss.[1005]

1001 Hierzu Wachter, ZNotP 2003, 408, 416 ff.
1002 BGH, NJW 2004, 930 f.
1003 Diese Regelung ist lediglich deklaratorisch, Wendl/Staudigl/Pauling, Das Unterhaltsrecht in der familienrichterlichen Praxis, § 6 Rn. 607.
1004 So die Anregung von Bergschneider, Verträge in Familiensachen, Rn. 403.
1005 Bergschneider, Verträge in Familiensachen, Rn. 428 f. merkt an, dass der Unterhaltsverzicht zwar von großer Tragweite sei, aber deshalb dennoch nicht wortreich formuliert werden müsse. Der Formulierungsvorschlag zeigt, dass ein Großteil der Formulierungen mittlerweile den notariellen Belehrungen geschuldet ist. Diese sollten aber zur Sicherheit festgehalten sein.

a) Wir wurden insbesondere darauf hingewiesen, dass ein Unterhaltsverzicht je nach den Umständen des Einzelfalles sittenwidrig sein kann mit der Folge, dass nach einer Ehescheidung Unterhalt nach den gesetzlichen Bestimmungen zu gewähren ist.

b) Ferner kann die Berufung auf einen Unterhaltsverzicht gegen Treu und Glauben verstoßen. Für diesen Fall vereinbaren wir, soweit gesetzlich zulässig, dass Unterhalt höchstens in folgender Höhe zu leisten ist: ... (ggf. voreheliche Anknüpfung) .....[1006]

Wir gehen jedoch übereinstimmend davon aus, dass derzeit Gründe für eine Sittenwidrigkeit nicht erkennbar sind, zumal ein jeder von uns beiden berufstätig ist und es auch bleiben will und ein jeder von uns beiden Rentenanwartschaften hat, so dass die Versorgung eines jeden von uns beiden gesichert ist.

(5) Der Notar hat auf die Rechtsprechung des BVerfG und des BGH zur Inhaltskontrolle von Eheverträgen hingewiesen und erläutert, dass ehevertragliche Regelungen bei einer besonders einseitigen Aufbürdung von vertraglichen Lasten und einer erheblich ungleichen Verhandlungsposition unwirksam oder unanwendbar sein können.

Die Vertragsteile erklären, dass sie nach einer Vorbesprechung und dem Erhalt eines Vertragsentwurfes die rechtlichen Regelungen dieses Vertrags umfassend erörtert haben und diese Regelungen ihrem gemeinsamen Wunsch nach Regelung ihrer ehelichen Verhältnisse entsprechen.

Der Notar hat darauf hingewiesen, dass bei einer Änderung der Ehekonstellation – hierzu gehören insbesondere die Geburt gemeinsamer Kinder oder gewichtige Änderungen der Erwerbsbiographie – die Regelungen auch nachträglicher Ausübungskontrolle unterliegen können. Er hat geraten, in diesem Fall die vertraglichen Regelungen der veränderten Situation anzupassen.

Hinweis:
Bei „Beratungsresistenz" der Vertragsbeteiligten sollten die Bedenken, ob der Vertrag einer Inhaltskontrolle standhält, ein entsprechender Hinweis sowie das Bestehen der Vertragsteile auf Beurkundung in dieser Form festgehalten werden.

2. Unterhaltsverzicht mit Ausnahme bestimmter Unterhaltstatbestände

In der Praxis kommt es sehr häufig vor, dass ein Unterhaltsverzicht vereinbart wird, jedoch der Kinderbetreuungsunterhalt hiervon ausgenommen wird. Es kann der Unterhaltstatbestand des **§ 1570 BGB komplett** vom Verzicht **ausgenommen** werden, so dass in den Fällen der Kindesbetreuung Unterhalt nach den gesetzlichen Vorschriften zu zahlen ist. Möglich ist es auch, den vom Verzicht ausgenommenen Unterhalt wegen Kindesbetreuung **zusätzlich mit einer Höchstbetragsbegrenzung** zu versehen. Schließlich kann die **Geburt** eines gemeinsamen Kindes als **auflösende Bedingung** des Verzichts oder als Rücktrittsgrund vereinbart werden, so dass bei Ausübung dieser Rechte der Unterhaltsverzicht insgesamt entfällt. 460

Nach der Schilderung der Rspr. des BVerfG zur **Inhaltskontrolle** von Eheverträgen und der Kernbereichslehre des BGH ist der **Unterhalt wegen Kindesbetreuung nur eingeschränkt disponibel**. Allerdings hat auch der BGH betont, dass es keinen unverzichtbaren Mindestgehalt an Scheidungsfolgen gibt und in seiner Folgerechtsprechung auch im Bereich des § 1570 BGB die **Vereinbarung von Höchstgren-** 461

[1006] Die frühere Ansicht des BGH (FamRZ 1997, 873, 874), dass dann, wenn sich der Verpflichtete nach Treu und Glauben nicht auf einen Verzicht berufen darf, lediglich Unterhalt in Höhe des Mindestbedarfs zur Sicherung der Existenz geschuldet wird, lässt sich wohl angesichts der Entscheidungen des BVerfG zur Inhaltskontrolle (FamRZ 2001, 343 und FamRZ 2001, 985) nicht mehr halten (so Wendl/Staudigl/Pauling, Das Unterhaltsrecht in der familienrichterlichen Praxis, § 6 Rn. 609b). Dann sollte auch vertraglich nicht mehr diese niedrige Schwelle angesetzt werden. Der Vorschlag geht dahin, einen Betrag zu wählen, der die fortgeschriebene voreheliche Lebensstellung repräsentiert.

zen für möglich gehalten.[1007] Daraus folgt, dass es im Normalfall mittleren Einkommens eine Möglichkeit des Verzichts auf Unterhalt wegen Kindesbetreuung kaum mehr geben wird, es sei denn der Verzicht wird durch eine andere Leistung kompensiert. Allerdings darf dies **nicht dazu führen, schematisch einen Unterhaltsverzicht** im Bereich des § 1570 BGB **abzulehnen**. Zumindest in einer Diskrepanzehe muss es weiterhin möglich sein, den Unterhaltsanspruch nach § 1570 BGB zu begrenzen, wenn die Grenze so gelegt wird, dass die Belange der geschiedenen Ehefrau ebenso wie diejenigen der Kinder Berücksichtigung finden[1008] und eine Indexierung stattfindet.[1009]

462 Zu beachten ist, dass sich der **Unterhaltsanspruch wegen Kindesbetreuung** eines nur teilweise erwerbstätigen Ehegatten nach der Rspr. des BGH[1010] aus zwei Komponenten **zusammensetzt**: Er kann nach **§ 1570 BGB** Unterhalt nur bis zur Höhe des Mehreinkommens verlangen, das er durch Vollerwerbstätigkeit erreichen könnte. Reicht dieser Unterhalt zusammen mit dem Erwerbseinkommen nicht zum vollen Unterhalt nach dem ehelichen Lebensbedarf (§ 1578 BGB) aus, so resultiert der restliche Unterhalt aus **§ 1573 Abs. 2 BGB (Aufstockungsunterhalt)**.

In der Entscheidung, mit welcher der BGH diesen Standpunkt in Abkehr von seiner früheren Rspr. begründet,[1011] führt das Gericht aus, der Aufstockungsteil nehme nicht an den Privilegien des § 1570 BGB teil. Daraus und aus dem Umstand, dass die Grundsatzentscheidung des BGH[1012] bei der Kernbereichslehre für den Betreuungsunterhalt nur § 1570 BGB zitiert, wird man schlussfolgern können, dass wohl **nur die Unterhaltskomponente nach § 1570 BGB zum Kernbereich gehört**, nicht jedoch der Aufstockungsteil. Mithin wäre der Aufstockungsteil in größerem Umfang disponibel. Geht ein betreuender Ehegatte hingegen keiner Erwerbstätigkeit nach, hat er in voller Höhe Anspruch auf Betreuungsunterhalt nach § 1570 BGB.[1013] Wichtig ist es, genau zu formulieren, welcher Unterhalt vorbehalten bleibt.

Ein Verzicht mit Ausnahme der Kindesbetreuung kann mit folgender Formulierung vereinbart werden.

463 Formulierungsbeispiel: Unterhaltsverzicht mit Ausnahme § 1570 BGB

> (1) Für die Zeit nach einer etwaigen Scheidung unserer Ehe verzichten wir gegenseitig auf Unterhalt, auch für den Fall des Notbedarfs, gleichgültig ob ein Unterhaltsanspruch gegenwärtig bereits erkennbar hervorgetreten ist oder nicht, jedoch mit Ausnahme des Unterhalts wegen Betreuung eines Kindes nach § 1570 BGB oder § 1573 Abs. 2 BGB.
>
> *(Formulierungsalternative:*
>
> *... jedoch mit Ausnahme des Unterhalts wegen Betreuung eines Kindes nach § 1570 und § 1573 Abs. 2 BGB und wegen Alters nach § 1571 BGB.)*
>
> 1. Unterhalt nach § 1570 und 1573 Abs. 2 BGB kann somit derjenige Ehegatte von uns verlangen, solange und soweit von ihm wegen der Pflege oder der Erziehung eines gemeinschaftlichen Kindes eine Erwerbstätigkeit nicht erwartet werden kann.
>
> 2. Dies gilt solange bis das jüngste gemeinschaftliche Kind das fünfzehnte Lebensjahr vollendet hat.

1007 BGH, FamRZ 2005, 1444, 1449 und BGH, ZNotP 2006, 428 zur Notwendigkeit einer Indexierung.
1008 Vgl. Rn. 466.
1009 BGH, ZNotP 2000, 428.
1010 BGH, FamRZ 1990, 492 ff.
1011 BGH, FamRZ 1990, 492 ff.
1012 BGH, NJW 2004, 930 f.
1013 Damit steht ein teilweise erwerbstätiger Ehegatte wesentlich schlechter als ein Ehegatte, der keiner Erwerbstätigkeit nachgeht. Das hat der BGH (FamRZ 1990, 492, 494) gesehen und mit der Konstruktion des Gesetzes gerechtfertigt.

Im Anschluss an die Kindesbetreuung kann Unterhalt aus anderen gesetzlichen Gründen nicht verlangt werden.[1014]

- **(Formulierungsvariante:**

Im Anschluss an die Kindesbetreuung kann Unterhalt nach §§ 1571, 1572 oder 1573 Abs. 1 und Abs. 3 BGB verlangt werden, sofern die entsprechenden Voraussetzungen zu diesem Zeitpunkt vorliegen.

- **Formulierungsvariante:**

Im Anschluss an die Kindesbetreuung kann Unterhalt verlangt werden, wenn der kinderbetreuende Ehegatte zu diesem Zeitpunkt das 48. Lebensjahr vollendet hat.)

(2) Diesen Verzicht nehmen wir hiermit gegenseitig an.

(3) Der Verzicht gilt auch im Fall einer Änderung der einschlägigen gesetzlichen Vorschriften oder der Rechtsprechung weiterhin.

(4) Wir wurden vom Notar über das Wesen des nachehelichen Unterhaltes und die Auswirkungen des Verzichtes eingehend belehrt ....[1015]

3. Unterhaltshöchstgrenze

Eine der gebräuchlichsten Vereinbarungen im Unterhaltsrecht ist die Vereinbarung einer **Höchstgrenze für den Unterhalt**. Da es keine „Sättigungsgrenze" für den Unterhalt gibt, begrenzt die Rspr. die Unterhaltszahlungen dadurch, dass bei überdurchschnittlichem Einkommen kein Quotenunterhalt mehr gezahlt wird, sondern eine konkrete Berechnung des Bedarfs beim Unterhaltsberechtigten stattfindet. Diese Methode führt jedoch bei verschiedenen Obergerichten zu durchaus unterschiedlichen Ergebnissen.

464

Die vereinbarte Höchstgrenze liefert demgegenüber eine **kalkulierbare Grenze**. Sie wird von den Vertragsteilen oft einvernehmlich akzeptiert, denn sie bringt einerseits die nacheheliche Solidarität zum Ausdruck, setzt aber andererseits insb. bei der Diskrepanzehe einer **perpetuierten Aufstockung Grenzen**. Ein oft gewählter Ansatzpunkt für die Festlegung der Höchstgrenze ist das Einkommen des Unterhaltsberechtigten aus seiner Berufstätigkeit, bevor diese ehe- oder kinderbedingt aufgegeben wurde, erhöht um Karriereschritte, die zu erwarten gewesen waren. Dabei sollte die Höchstgrenze sowohl den **Elementarunterhalt** als auch den **Alters- und Krankenvorsorgeunterhalt** sowie etwaigen Sonderbedarf umfassen.

Die Höchstgrenze kann auch für den Unterhalt wegen Kindesbetreuung und die übrigen Unterhaltstatbestände unterschiedlich festgelegt sein, so dass im Fall des § 1570 BGB ein erhöhter Betrag zu zahlen ist.

Ein weiterer großer Vorteil der Höchstgrenze insb. für den Unterhaltspflichtigen ist es, dass bei Zahlung der Höchstgrenze jede Unterhaltsberechnung und damit auch jede **Auskunft** über Einkommens- und Vermögensverhältnisse **entfällt**.

465

Wenn eine solche Höchstgrenze in einem vorsorgenden Ehevertrag vereinbart wird, so ist eine **Wertsicherung** oder eine andere Art der Dynamisierung zu vereinbaren, damit die Höchstgrenze auch über Jahrzehnte hinweg ihren Wert behält.

1014 Im Regelfalle eines Verzichts mit Ausnahme Kinderbetreuungsunterhalt wird ein Einsetzen anderer Unterhaltsansprüche mit Ablauf der Kinderbetreuungszeit nicht gewünscht sein. Wenn die ehe- und kindbedingten Nachteile voll ausgeglichen werden sollen, dann kann mit der Formulierung der Alternative zusätzlich Anschlussunterhalt vereinbart werden. Dies ist insb. dann sachgerecht, wenn der Ehepartner nach langen Jahren der Kindererziehung ein Alter erreicht hat, in dem der Wiedereinstieg in das Berufsleben sehr schwierig wird.

1015 Hier schließen sich die Belehrungen an wie im vorhergehenden Formulierungsvorschlag.

Sofern ein begrenztes Realsplitting durchgeführt wird, ist sicherzustellen, dass die Höchstgrenze ein **Nettobetrag** ist. Dem ist hier dadurch genüge getan, dass ein Nachteilsausgleich, also die Erstattung der vom Berechtigten zu zahlenden Steuern, nicht auf die Höchstgrenze angerechnet wird.

Sofern die Höchstgrenze nicht zu niedrig angesetzt wird, vermag sie nach hier vertretener Auffassung auch eine Inhaltskontrolle zu bestehen. Auch der Unterhalt wegen Kindesbetreuung könnte dann auf diese Weise begrenzt werden. Auf Indexierung ist zu achten.

466 Formulierungsbeispiel: Differenzierte Unterhaltshöchstgrenzen

§ 2
Unterhaltsbeschränkung

(1) Es gelten grundsätzlich die gesetzlichen Vorschriften zum Recht des nachehelichen Unterhalts. Allerdings vereinbaren wir, dass die Höhe des gesetzlichen nachehelichen Unterhalts (Gesamtunterhalt einschließlich Vorsorgeunterhalt und Sonderbedarf) auf den Betrag von 4.000 €

– in Worten viertausend Euro – monatlich begrenzt wird.

(2) Dieser Höchstbetrag erhöht sich beim Unterhalt wegen Betreuung eines Kindes nach § 1570 BGB sowie beim Unterhalt wegen Alters oder Krankheit nach § 1571 Nr. 2 oder § 1572 Nr. 2 BGB auf 6.000 € – in Worten sechstausend Euro -.

Sofern nach Auslaufen dieser Unterhaltsansprüche weitere Anschlusstatbestände eingreifen, gilt jedoch für diese die Beschränkung nach Abs. 1 erneut.

(3) Diese Höchstbeträge sollen wertbeständig sein.

Sie erhöhen oder vermindern sich in demselben prozentualen Verhältnis, in dem sich der vom Statistischen Bundesamt in Wiesbaden für jeden Monat festgestellte und veröffentlichte Verbraucherpreisindex für Deutschland gegenüber dem für den Monat, in welchem dieser Vertrag geschlossen wird, festgestellten Index erhöht oder vermindert (Basis 2000 = 100).

(4) Eine Erhöhung oder Verminderung der Höchstbeträge wird erstmals bei Rechtskraft der Scheidung festgelegt und dann jeweils wieder, wenn die Indexveränderung zu einer Erhöhung oder Verminderung des jeweils maßgeblichen Betrages um mindestens 10 % – zehn vom Hundert – gegenüber dem zuletzt festgesetzten Betrag geführt hat.

Der erhöhte Betrag ist erstmals zahlbar in dem Monat, der auf die Veröffentlichung des die oben genannte Grenze überschreitenden Preisindexes folgt.

(5) Nach Hinweis auf das mögliche Erfordernis einer Genehmigung der vorstehenden Wertsicherungsklausel nach § 2 Preisangaben- und Preisklauselgesetz wird der beurkundende Notar beauftragt, ein Negativzeugnis – für den Fall der Genehmigungsbedürftigkeit die entsprechende Genehmigung – einzuholen beim Bundesamt für Wirtschaft und Ausfuhrkontrolle, Frankfurter Str. 29-31, 65760 Eschborn/Ts.

(6) Klargestellt wird, dass sich die Höhe des nachehelichen Unterhalts nach den gesetzlichen Vorschriften errechnet, die vorstehende Regelung also keinen Anspruch auf Zahlung in dieser Höhe gewährt. Es handelt sich in Abs. 1 und 2 lediglich um eine Kappungsgrenze, wenn sich nach dem Gesetz ein höherer Betrag ergäbe.

(7) Ein Nachteilsausgleich bei Durchführung des begrenzten Realsplittings ist auf den Betrag der Höchstgrenze nicht anzurechnen, so dass es sich um einen Nettobetrag handelt.

(8) Eigenes Einkommen des Unterhaltsberechtigten wird bei der Berechnung des Unterhalts berücksichtigt. Der Höchstbetrag vermindert sich um die Hälfte des eigenen unterhaltsrechtlich relevanten Einkommens des Unterhaltsberechtigten.

(Formulierungsalternative:

Eigenes Einkommen des Unterhaltsberechtigten wird nicht angerechnet.[1016]

(9) Zusätzlich gilt folgende weitere Beschränkung: Wenn unsere Ehe zwischen Eheschließung und Rechtshängigkeit eines Scheidungsantrages nicht länger als fünf Jahre gedauert hat, dann besteht die vorgenannte Unterhaltspflicht nur für einen Zeitraum von zehn Jahren ab Rechtskraft der Ehescheidung.

Dies gilt jedoch nicht im Fall des Abs. 2. Für diese Fälle ist also keine zeitliche Beschränkung des Unterhaltes vereinbart.

(10) Wir verzichten hiermit auf weitergehenden Unterhalt, der Erschienene zu 1. (Unternehmer) verzichtet gegenüber der Erschienen zu 2. (Nichtunternehmer) sogar völlig auf jedweden Unterhalt. Diese Verzichte gelten auch für den Fall der Not. Wir nehmen diesen Verzicht wechselseitig an.

(11) Der Verzicht gilt auch im Fall einer Änderung der einschlägigen gesetzlichen Vorschriften oder der Rspr. weiterhin.

(12) Wir wurden vom Notar über das Wesen des nachehelichen Unterhaltes und die Auswirkungen des Verzichtes eingehend belehrt, auch darüber, dass ein Unterhaltsverzicht sittenwidrig sein oder gegen Treu und Glauben verstoßen kann. Wir wissen außerdem, dass der Vertrag einer Inhaltskontrolle unterliegt .... (Belehrungen zur Inhaltskontrolle) ....

4. Höchstdauer der Unterhaltspflicht

Der Unterhaltsverzicht kann so ausgestaltet sein, dass der unterhaltsberechtigte Ehegatte zunächst für eine **Übergangsphase** Unterhalt erhält, der Unterhaltsanspruch aber mit einer festen Frist versehen ist, nach deren Ablauf der Unterhaltsanspruch erlischt. Ggf. kann für den Unterhalt wegen Kindesbetreuung eine Ausnahme gemacht werden.

Formulierungsbeispiel: Höchstdauer der Unterhaltspflicht

(1) Es gelten grundsätzlich die gesetzlichen Vorschriften zum Recht des nachehelichen Unterhalts. Allerdings vereinbaren wir, dass ein Unterhaltsanspruch nur bis längstens fünf Jahre nach Rechtskraft der Scheidung besteht mit Ausnahme eines Unterhaltsanspruchs wegen Kindesbetreuung nach §§ 1570 oder 1573 Abs. 2 BGB, der zeitlich nicht beschränkt wird.

(2) Wir verzichten hiermit auf weitergehenden Unterhalt, auch für den Fall der Not, und nehmen diesen Verzicht wechselseitig an.

(3) Der Verzicht gilt auch im Fall einer Änderung der einschlägigen gesetzlichen Vorschriften oder der Rechtsprechung weiterhin.

(4) Wir wurden vom Notar über das Wesen des nachehelichen Unterhaltes und die Auswirkungen des Verzichtes eingehend belehrt ....

Im Gegensatz zur vorstehend vereinbaren festen Frist kann die Dauer der Unterhaltsgewährung auch von der Ehedauer abhängig gemacht werden:

1016 Kann verwendet werden, wenn in Diskrepanzfällen die Höchstgrenze ohne „Hin und Her" gezahlt werden soll.

469 **Formulierungsbeispiel: Höchstdauer der Unterhaltspflicht nach Ehedauer**

> (1) Es gelten grundsätzlich die gesetzlichen Vorschriften zum Recht des nachehelichen Unterhalts. Allerdings vereinbaren wir, dass ein Unterhaltsanspruch jeweils nur für eine solche Zeit besteht, die der Zeit von der Eheschließung bis zur Rechtshängigkeit des Scheidungsantrags entspricht.[1017]
>
> Dies gilt jedoch nicht für einen Anspruch wegen Kindesbetreuung nach §§ 1570 oder 1573 Abs. 2 BGB, der zeitlich nicht beschränkt wird.

V. Versorgungsausgleichregelungen im Unternehmerehevertrag

470 Wie bereits dargestellt ist im Unternehmerehevertrag daran zu denken, dass der Nichtunternehmer-Ehegatte, der im Hinblick auf den Zugewinn bereits Verzichte geleistet hat, im Scheidungsfall einen Teil seiner Altersversorgung über den Versorgungsausgleich verliert, wenn der **Unternehmer-Ehegatte keine Altersversorgung** i.S.d. Bestimmungen des Versorgungsausgleichs hat, gleichwohl aber auf andere Weise im Alter abgesichert ist. Hier lässt sich ein **einseitiger Verzicht des Unternehmers** auf den Versorgungsausgleich vereinbaren.

Ein solcher einseitiger Ausschluss ist ohne weiteres zulässig, wenn er dergestalt formuliert wird, dass zunächst die allgemeine Ausgleichsbilanz erstellt und dann der Einmalausgleich errechnet wird. Wenn dann ein Ehegatte für den Fall, dass er aufgrund dessen ausgleichsberechtigt ist, auf den Ausgleich verzichtet, dann handelt es sich um einen **einseitig vollständigen Ausschluss**, an dessen Zulässigkeit keine Zweifel geäußert werden.[1018] Ein solcher Ausschluss kann folgendermaßen formuliert werden:

471 **Formulierungsbeispiel: Einseitiger Verzicht des Unternehmers auf Versorgungsausgleich**

> **§ 3**
> **Modifikation des Versorgungsausgleichs**
>
> (1) Ich, der Ehemann, verzichte vollständig auf jeden Versorgungsausgleich, für den Fall, dass ich der Ausgleichsberechtigte bin. Ich, die Ehefrau, nehme diesen Verzicht an.
>
> (2) Eine Abänderung dieser Vereinbarung – insbesondere nach § 10a Abs. 9 VAHRG – wird ausgeschlossen.
>
> (3) Gütertrennung soll durch diese Vereinbarung entgegen § 1414 Satz 2 BGB nicht eintreten.
>
> (4) Über die rechtliche und wirtschaftliche Tragweite der Änderung des Versorgungsausgleichs wurden wir vom Notar ausführlich belehrt.
>
> Weiterhin wurden wir darüber belehrt, dass ein Ausschluss des Versorgungsausgleichs unwirksam ist, wenn innerhalb eines Jahres ab wirksamem Vertragsschluss Antrag auf Scheidung der Ehe gestellt wird.
>
> (5) In diesem Fall soll jedoch die vorstehende Vereinbarung als eine solche nach § 1587o BGB gelten. Über die dann erforderliche Genehmigung des Familiengerichts sind wir unterrichtet.
>
> (6) Sollte die Einschränkung des Versorgungsausgleichs unwirksam sein, weil einer der Ehepartner einen Scheidungsantrag innerhalb der Jahresfrist des § 1408 BGB stellt, und auch durch das Familiengericht nach § 1587o BGB nicht genehmigt werden, so wird die Wirksamkeit der übrigen Vereinbarungen dieses Vertrags hiervon ausdrücklich nicht berührt.

1017 Müller, Vertragsgestaltung im Familienrecht, Rn. 260.
1018 Bergschneider, Verträge in Familiensachen, Rn. 868 f.; Börger/Bosch/Heuschmid, Familienrecht, § 6 Rn. 33; Brambring, Eheverträge und Vermögenszuordnung, Rn. 107; Eichenhofer, DNotZ 1994, 213, 224; Gruntkowski, MittRhNotK 1993, 1, 13; Langenfeld, Handbuch der Eheverträge, Rn. 725 f.; Müller, Vertragsgestaltung im Familienrecht, Rn. 428 f.

Problematisch ist hingegen ein einseitiger Verzicht dergestalt, dass die Ehegatten vereinbaren, dass bei der Erstellung der Ausgleichsbilanz die **Versorgungsanrechte allein eines Ehegatten außer Betracht bleiben sollen**. In diesem Fall kann es zu einem Supersplitting kommen, wenn nämlich derjenige Ehegatte, dessen Anrechte berücksichtigt und damit ausgeglichen werden, nach der gesetzlichen Lage nicht oder nur in geringerem Umfang der Ausgleichungspflichtige wäre.

472

E. Güterstandsbezogene Ausschluss- und Rückerwerbsklauseln

I. Sicht der Gesellschaft

Die Schilderung des Betriebsvermögens im Zugewinn hat gezeigt, dass angesichts der Bewertung im Zugewinn Betriebe oder deren Inhaber in **ernsthafte Liquiditätskrisen** kommen, wenn der Zugewinn für das betriebliche Vermögen gezahlt werden muss. Aus diesem Grunde wurden Überlegungen zur Herausnahme des Betriebsvermögens aus dem Zugewinn angestellt. Probleme bereitet ferner die Verfügungsbeschränkung des § 1365 BGB. Bei größerem Betriebsvermögen sind dessen Voraussetzungen leicht erreicht, so dass **Ehegattenzustimmungen für gesellschaftsrechtliche Akte** notwendig sein können. Dies muss angesichts der Wirkung des § 1365 BGB vermieden werden.

473

Aus Sicht des Unternehmens ist es aber gefährlich, sich ausschließlich auf die Vernunft und Durchsetzungskraft der Gesellschafter zu verlassen. Daher treffen viele **Gesellschaftsverträge** Vorsorge für den Fall, dass ein Gesellschafter heiratet, **ohne eine solche ehevertragliche Regelung** zu treffen. Sie setzen dem Gesellschafter eine bestimmte Frist und legen ihm den Nachweis einer entsprechenden Regelung auf. Als Konsequenz bei Nichteinhaltung sehen sie die **Ausschließung** des Gesellschafters vor, die sich dann nach den gesellschaftsvertraglichen Gegebenheiten zu richten hat. Die Zulässigkeit solcher Klauseln wird überwiegend bejaht.[1019]

474

Werden die Anteile an der Gesellschaft übertragen, so besteht die Möglichkeit, zusätzlich zu dieser gesellschaftsvertraglichen Regelung **im Rahmen der Anteilsübertragung Rückforderungsrechte** zu vereinbaren.[1020] Noch besser aber wäre es, bereits vor Übertragung auf den Abschluss entsprechender Vereinbarungen beim Erwerber zu achten. Da diese aber geändert werden können oder der Ehepartner wechseln kann, bleiben Rückforderungsklauseln und Ausschließungsklauseln dennoch sinnvoll und notwendig.

475

Es sollte in diesem Zusammenhang nicht vergessen werden, dass parallel auch die Frage eines **Pflichtteilsverzichtes des Ehegatten** für das vom Zugewinn auszuschließende Vermögen geklärt werden muss, wenn auch bei bis zum Tode bestehender Ehe der Ehegatte nicht in den Betrieb nachfolgen soll oder nach dem Gesellschaftsvertrag nicht nachfolgen kann. Sehr oft werden im Zusammenhang mit dem Schutz des betrieblichen Vermögens lediglich Gütertrennungsverträge vereinbart, der Pflichtteilsverzicht aber unterbleibt.

476

> **Hinweis:**
>
> Aus Sicht des Unternehmens sind dann, wenn Ehegatten nicht in die Unternehmensnachfolge gelangen sollen, sowohl eine güterrechtliche Regelung wie auch ein Pflichtteilsverzicht angebracht.

Formulierungsbeispiel: Ausschlussklausel bei Nichtabschluss Ehevertrag

477

> **§ 15**
> **Ausschließung von Gesellschaftern**
>
> Ein Gesellschafter kann aus der Gesellschaft ausgeschlossen werden, wenn ....

1019 Vgl. etwa die Nachweise bei Formularbuch/Hengeler/Blaum, Formular VIII.D.2., Anm. 79.
1020 BGH, NJW 1990, 2616; D. Mayer, ZGR 1995, 93 ff.; K. Schmidt, BB 1990, 1992 ff.; C. Münch, DStR 2002, 1025 ff.

c) er eine Ehe eingeht oder eine Lebenspartnerschaft[1021] begründet, ohne dass er mit seinem Ehegatten oder Lebenspartner entweder

1. Gütertrennung vereinbart oder
2. bei Zugewinngemeinschaft vereinbart, dass die Beteiligung an dieser Gesellschaft einschließlich etwaiger Gesellschafterdarlehen und etwaigen Sonderbetriebsvermögens und einschließlich aller Wertsteigerungen bei der Berechnung des Zugewinns keine Berücksichtigung findet oder
3. bei Gütergemeinschaft die Beteiligung einschließlich des Sonderbetriebsvermögens und der Wertsteigerung zum Vorbehaltsgut erklärt

und

4. die Verfügungsbeschränkung des § 1365 BGB ausschließt.

Eine Ausschließung kann erst dann beschlossen werden, wenn der Gesellschafter nach schriftlicher Aufforderung der Gesellschaft nicht binnen längstens drei Monaten nach Empfang der Aufforderung der Gesellschaft nachgewiesen hat, dass die Ausschließungsgründe nicht oder nicht mehr bestehen.

Eine Ausschließung kann sofort beschlossen werden, wenn der Gesellschafter nach Erbringung seines Nachweises die Güterstandsregelung in einer Weise abändert, die nach obiger Regelung zum Ausschluss berechtigt.

II. Sicht des Firmenübergebers

478 Aus der Sicht des Firmenübergebers kann dieser sich ein **Rückübertragungsrecht vorbehalten**, wenn der Übernehmer den Firmenanteil nicht aus dem Zugewinn ausklammert. Hierfür kann nachfolgendes Formulierungsbeispiel Verwendung finden.

479 **Formulierungsbeispiel: Rückerwerbsrecht nach Übertragung von Gesellschaftsanteilen**

Rückerwerbsrechte

(1) Der heutige Veräußerer und nur dieser, nicht etwaige Rechtsnachfolger, ist gegenüber jedem heutigen Erwerber berechtigt, den heute zugewendeten Gesellschaftsanteil bei Vorliegen folgender Voraussetzungen zurückzuerwerben:

- wenn der Tatbestand des § 530 BGB vorliegt;
- wenn über das Vermögen des Erwerbers ein Insolvenzverfahren eröffnet wird oder Zwangsvollstreckungsmaßnahmen in den Gesellschaftsanteil erfolgen;
- wenn ein Erwerber ohne Hinterlassung von Abkömmlingen vor dem heutigen Veräußerer verstirbt;
- wenn für den Erwerber ein Ausschließungsgrund nach § 15 c) des Gesellschaftsvertrags vorliegt.[1022]

(2) Dieses Rückerwerbsrecht ist innerhalb von sechs Monaten nach Eintritt der Voraussetzung durch schriftliche Erklärung gegenüber dem Inhaber des Gesellschaftsanteils bzw. dessen Erben auszuüben. Entscheidend für die Einhaltung der Frist ist die Absendung durch den Erklärenden. Der Rückerwerb ist den übrigen Gesellschaftern anzuzeigen.

1021 An dieser Stelle sei die Lebenspartnerschaft berücksichtigt. Ansonsten würde es den vorgesehenen Rahmen sprengen, auch noch Lebenspartnerschaftsverträge abzuhandeln. Vgl. hierzu etwa Braun, JZ 2002, 23 ff.; Grziwotz, DNotZ 2001, 280 ff.; N. Mayer, ZEV 2001, 169 ff.; G. Müller, DNotZ 2001, 581 ff.; Schwab, FamRZ 2001, 385 ff.; Vertragsmuster: Langenfeld, ZEV 2002, 10.

1022 Vgl. vorhergehendes Formulierungsbeispiel.

(3) Mit Ausübung des Rückerwerbsrechtes fällt der Kommanditanteil einschließlich des Guthabens auf dem Darlehenskonto an den Veräußerer zurück.

Der Rückerwerbsberechtigte muss alle Gesellschafterbeschlüsse gegen sich gelten lassen und erhält den Gesellschaftsanteil zurück, so wie er bei Ausübung des Rückgabeverlangens beschaffen ist.

Gewinne, die der vom Rückgabeverlangen betroffene Erwerber entnommen hat, verbleiben bei diesem, es sei denn

- die Entnahme erfolgte nach Eintritt eines Ereignisses oder Erhalt einer Aufforderung jeweils gemäß (1), welche den Grund für den Rückerwerb bilden, oder
- die Entnahme hat zu einem Schuldsaldo auf dem Darlehenskonto geführt. Dieser ist auszugleichen.

Aus eigenen Mitteln des Kommanditisten geleistete Einlagen in die Gesellschaft oder sonstige Aufwendungen im Zusammenhang mit dem Kommanditanteil, welche der Gesellschaft zugute gekommen sind, hat der Veräußerer dem Erwerber zu ersetzen.

Im Übrigen hat der Rückerwerbsberechtigte keine Gegenleistung zu erbringen.

(4) Die Kosten der Rückübertragung und durch die Rückübertragung etwa anfallende Steuern hat der Rückerwerbsberechtigte zu tragen.

(5) Eine dingliche Sicherung oder eine andere Sicherung etwa durch Verpfändung wird nach Belehrung durch den Notar nicht gewünscht.

11. Kapitel: Minderjährige im Gesellschaftsrecht

Inhaltsverzeichnis

	Rn.
A. Allgemeines	1
I. Gründe für die Beteiligung minderjähriger Gesellschafter	1
II. Probleme der Beteiligung minderjähriger Gesellschafter	3
B. Begründung der Gesellschafterstellung	4
I. Allgemeines	4
II. Gesellschaftsgründung unter Beteiligung Minderjähriger	5
1. Personengesellschaften	5
a) Gesetzliche Vertretung	5
aa) Grundsatz: Vertretung durch die Eltern oder durch den Vormund	5
bb) Vertretungsausschluss bei In-sich-Geschäft oder Mehrfachvertretung	6
cc) Kein Vertretungsausschluss bei lediglich rechtlich vorteilhaften Geschäften	7
dd) Bestellung mehrerer Ergänzungspfleger	8
ee) Person des Ergänzungspflegers	10
ff) Aufgabenkreis des Ergänzungspflegers	11
gg) Rechtsfolgen fehlender Mitwirkung eines Ergänzungspflegers	12
hh) Mitwirkung eines noch zu bestellenden Ergänzungspflegers	14
b) Familien- bzw. vormundschaftsgerichtliche Genehmigung	15
aa) Genehmigungsbedürftigkeit	15
(1) Gesellschaftsvertrag zum Betrieb eines Erwerbsgeschäfts (§ 1822 Nr. 3 BGB)	15
(2) Übernahme einer fremden Verbindlichkeit (§ 1822 Nr. 10 BGB)	18
bb) Genehmigungsfähigkeit	20
(1) Allgemeines	20
(2) Minderjähriger als persönlich haftender Gesellschafter	23
(3) Minderjähriger als Kommanditist	24
(4) Besondere gesellschaftsvertragliche Regelungen	25
cc) Rechtsfolgen fehlender Genehmigung	27
c) Gerichtliche Zuständigkeit	28
aa) Sachliche Zuständigkeit	28
(1) Übersicht: Zuständigkeitsverteilung zwischen Vormundschaftsgericht und FamG bei elterlicher Sorge	28
(2) Vormundschaftsgericht oder Familiengericht	29
(3) Neuregelung durch das Kindschaftsrechtsreformgesetz	30
(4) Anordnung der Ergänzungspflegschaft	32
(5) Auswahl und Bestellung des Ergänzungspflegers	34
(6) Erteilung der gerichtlichen Genehmigung	35
bb) Örtliche Zuständigkeit	36
cc) Funktionelle Zuständigkeit	37
d) Handelsregisteranmeldung	38
aa) Keine Anwendung des § 181 BGB	38
bb) Erteilung einer Handelsregistervollmacht	39
(1) Interessenlage	39
(2) Erteilung einer Handelsregistervollmacht durch die Eltern	40
(3) Erteilung einer Handelsregistervollmacht durch den Ergänzungspfleger	41
e) Besonderheiten bei der Gründung einer stillen Gesellschaft	42
aa) Allgemeines	42
bb) Gesetzliche Vertretung	43
cc) Familien- bzw. vormundschaftsgerichtliche Genehmigung	45
f) Besonderheiten bei der Einräumung einer Unterbeteiligung	46
aa) Allgemeines	46
bb) Gesetzliche Vertretung	47
cc) Familien- bzw. vormundschaftsgerichtliche Genehmigung	48
2. Kapitalgesellschaften	49
a) Gesetzliche Vertretung	49
b) Familien- bzw. vormundschaftsgerichtliche Genehmigung	50
III. Eintritt in eine bestehende Gesellschaft	51
1. Personengesellschaften	51
a) Allgemeines	51
b) Aufnahmevertrag	52
c) Anteilsübertragung	53
aa) Gesetzliche Vertretung	53
(1) Anteilserwerb nicht lediglich rechtlich vorteilhaft	53
(2) Bestellung mehrerer Ergänzungspfleger	56

bb) Familien- bzw. vormundschaftsgerichtliche Genehmigung 57	II. Veräußerung von Gesellschaftsgrundbesitz. ... 82
(1) Genehmigungsbedürftigkeit ... 57	1. Problemstellung 82
(2) Genehmigungsfähigkeit....... 58	2. Veräußerung durch eine Kapitalgesellschaft oder eine Personenhandelsgesellschaft 83
2. Kapitalgesellschaften 60	
a) Anteilserwerb im Zuge einer Kapitalerhöhung 60	3. Veräußerung durch eine BGB-Gesellschaft 85
	D. **Ausscheiden aus der Gesellschaft** 87
aa) Gesetzliche Vertretung 60	I. Übersicht 87
(1) GmbH 60	II. Anteilsübertragung 89
(2) AG 63	1. Gesetzliche Vertretung 89
bb) Familien- bzw. vormundschaftsgerichtliche Genehmigung 64	2. Familien- bzw. vormundschaftsgerichtliche Genehmigung 90
(1) GmbH 64	a) Veräußerung eines Erwerbsgeschäfts (§ 1822 Nr. 3 BGB) 90
(2) AG 66	
b) Anteilsübertragung 68	b) Abtretung eines Personengesellschaftsanteils 91
aa) Gesetzliche Vertretung 68	
bb) Familien- bzw. vormundschaftsgerichtliche Genehmigung 70	c) Abtretung von GmbH-Geschäftsanteilen oder Aktien 92
C. **Der Minderjährige in der Gesellschaft** 71	III. Kündigung der Mitgliedschaft............. 93
I. Gesellschafterbeschlüsse 71	1. Abgrenzung zur Kündigung der Gesellschaft 93
1. Gesetzliche Vertretung 71	
a) Abgrenzung: Gewöhnliche Gesellschafterbeschlüsse – Grundlagenbeschlüsse .. 71	2. Gesetzliche Vertretung 96
	3. Familien- bzw. vormundschaftsgerichtliche Genehmigung 97
b) Einzelfälle 73	
c) Beschlussfassung in der Hauptversammlung einer AG.................... 75	4. Kündigungsrecht des volljährig gewordenen Gesellschafters 99
2. Ladung des Ergänzungspflegers zur Gesellschafterversammlung 76	IV. Auflösung 101
	1. Gesetzliche Vertretung 101
3. Familien- bzw. vormundschaftsgerichtliche Genehmigung 78	2. Familien- bzw. vormundschaftsgerichtliche Genehmigung 102
a) Genehmigungsbedürftigkeit 78	V. Austrittsvereinbarung bei Personengesellschaften 103
b) Genehmigungsfähigkeit 79	
c) Nachträgliche Erteilung der gerichtlichen Genehmigung 80	1. Gesetzliche Vertretung 103
	2. Familien- bzw. vormundschaftsgerichtliche Genehmigung 104

Kommentare und Gesamtdarstellungen:

Altmeppen/Roth, Kommentar zum GmbH-Gesetz, 5. Aufl. 2005; *Angerer*, Schranken gesellschaftsvertraglicher Gestaltungsfreiheit bei Eingriffen in die Privatsphäre, 1993; *Bamberger/Roth*, Kommentar zum Bürgerlichen Gesetzbuch, 2003; *Baumbach/Hopt*, Kommentar zum Handelsgesetzbuch, 32. Aufl. 2006; *Baumbach/Hueck*, Kommentar zum GmbH-Gesetz, 18. Aufl. 2006; *Blaurock*, Handbuch der Stillen Gesellschaft, 6. Aufl. 2003; *Dauner-Lieb/Heidel/Ring*, AnwaltKommentar BGB, 2005; *Ebenroth/Boujong/Joost*, Kommentar zum Handelsgesetzbuch, 2001; *Erman*, Kommentar zum Bürgerlichen Gesetzbuch, 11. Aufl. 2004; *Gustavus*, Handelsregister-Anmeldungen, 6. Aufl. 2005; *Hachenburg*, Kommentar zum GmbH-Gesetz, 8. Aufl. 1992 ff.; *Hilsmann*, Minderjährigenschutz durch das Vormundschaftsgericht bei der Änderung von Gesellschaftsverträgen, 1993; *Hüffer*, Kommentar zum Aktiengesetz, 7. Aufl. 2006; *Keidel/Krafka/Willer*, Registerrecht – Handbuch der Rechtspraxis, 6. Aufl. 2003; *Lindemann*, Die Beschlussfassung in der Ein-Mann-GmbH, 1996; *Lutter*, Kommentar zum Umwandlungsgesetz, 3. Aufl. 2004; *Lutter/Hommelhoff*, Kommentar zum GmbH-Gesetz, 16. Aufl. 2004; *Michalski*, Kommentar zum GmbH-Gesetz, 2002; *Münchener Handbuch des Gesellschaftsrechts*, 2. Aufl. 2004; *Münchener Kommentar zum Aktiengesetz*, 2. Aufl. 2005; *Münchener Kommentar zum Bürgerlichen Gesetzbuch*, 4. Aufl. 2002; *Münchener Kommentar zum Handelsgesetzbuch*, 2. Aufl. 2007; *Münchener Vertragshandbuch*, 6. Aufl. 2005; *Palandt*, Bürgerliches Gesetzbuch, 66. Aufl. 2006; *Röhricht/Graf v. Westphalen*, HGB, 2. Aufl. 2002; *Scholz*, Kommentar zum GmbH-Gesetz, 10. Aufl. 2006; *Schröder/Bergschneider*, Familienvermögensrecht, 2003; *Singhof/Seiler/Schlitt*, Mittelbare Gesellschaftsbeteiligungen, 2004; *Soergel*, Bürgerliches Gesetzbuch mit Einführungsgesetz und Nebengesetzen, Kommentar, 13. Aufl. 1999 ff.; *Staudinger*, Kommentar zum Bürgerlichen Gesetzbuch, 13. Aufl. 1993 ff.; *Sudhoff*, Familienunternehmen, 2. Aufl. 2005; *Widmann/Mayer*, Umwandlungsrecht, 89. EL, Stand: August 2006; *Wiedemann*, Die Übertragung und Vererbung von Mitgliedschaftsrechten bei Personengesellschaften, 1965.

Formularbücher und Mustersammlungen:

Beck'sches Formularbuch Bürgerliches, Handels- und Wirtschaftsrecht, 9. Aufl. 2006; *Böttcher/Ries*, Formularpraxis des Handelsregisterrechts, 2003.

Aufsätze und Rechtsprechungsübersichten:

Baetzgen, Insichgeschäfte im Gesellschaftsrecht, RNotZ 2005, 193; *Bestelmeyer*, Die unsinnige (Nicht-)Zuständigkeit des Familiengerichts für die Anordnung von Ergänzungspflegschaften, FamRZ 2000, 1068; *Bürger*, Die Beteiligung Minderjähriger an Gesellschaften mit beschränkter Haftung, RNotZ 2006, 156; *Czeguhn/Dickmann*, Der Minderjährige in der BGB-Gesellschaft, FamRZ 2004, 1534; *Damrau*, Kein Erfordernis der gerichtlichen Genehmigung bei Schenkungen von Gesellschaftsbeteiligungen an Minderjährige, ZEV 2000, 209; *Dümig*, Die Beteiligung Minderjähriger an einer rechtsfähigen Gesellschaft bürgerlichen Rechts aus familien- bzw. vormundschaftsgerichtlicher Sicht, FamRZ 2003, 1; *Fasselt*, Ausschluß von Zugewinnausgleichs- und Pflichtteilsansprüchen bei Beteiligungen an Familienunternehmen, DB 1982, 939; *Gassen*, Zulässigkeit und Grenzen gesellschaftsrechtlich vereinbarter Pflichten zur Vornahme familien- und erbrechtlicher Vereinbarungen mit Dritten, RNotZ 2004, 423; *Glöckner*, Das Sonderkündigungsrecht des volljährig gewordenen Gesellschafters, ZEV 2001, 47; *Grunewald*, Haftungsbeschränkungs- und Kündigungsmöglichkeiten für volljährig gewordene Personengesellschafter, ZIP 1999, 597; *Hettler/Götz*, Zur vormundschaftsgerichtlichen Genehmigung der schenkweisen Beteiligung eines Minderjährigen an einer Gesellschaft des bürgerlichen Rechts, ZEV 1998, 109; *Hohaus/Eickmann*, Die Beteiligung Minderjähriger an vermögensverwaltenden Familien-Kommanditgesellschaften – Anforderungen für die steuerliche Anerkennung, BB 2004, 1707; *Holzhauer*, Schenkungen aus dem Vermögen Betreuter, FamRZ 2000, 1063; *Ivo*, Die Übertragung von Kommanditanteilen an minderjährige Kinder, ZEV 2005, 193; *Klamroth*, Zur Anerkennung von Verträgen zwischen Eltern und minderjährigen Kindern, BB 1975, 525; *Klüsener*, Vormundschaftsgerichtliche Genehmigungen im Liegenschaftsrecht, Rpfleger 1981, 461; *Kruse*, Nießbrauch an der Beteiligung an einer Personengesellschaft, RNotZ 2002, 69; *Lautner*, Gerichtliche Kontrolle der Beteiligung Minderjähriger an Grundstücksverwaltungsgesellschaften bürgerlichen Rechts, MittBayNot 2002, 256; *Limmer*, Der Familienpool, ZFE 2004, 40; *Lohse/Triebel*, Vermögensverwaltende Gesellschaften bürgerlichen Rechts mit minderjährigen Gesellschaftern und gerichtliche Genehmigungspraxis, ZEV 2000, 337; *Mayer*, Schenkungswiderruf bei Gesellschaftsanteilen im Spannungsfeld zwischen Gesellschafts- und Schenkungsrecht, ZGR 1995, 93; *Meier-Reimer/Marx*, Die Vertretung Minderjähriger beim Erwerb von Gesellschaftsbeteiligungen, NJW 2005, 3025; *Meincke*, Ehescheidung – Gefahrenbegrenzung für das Unternehmen durch zweckmäßige Vertragsgestaltungen, DStR 1991, 515; *v. Oertzen/Hermann*, Vermögensverwaltende GbR vs. vermögensverwaltende KG: Überblick über die zivil- und steuerrechtlichen Gemeinsamkeiten bzw. Unterschiede, ZEV 2003, 400; *Pluskat*, Der entgeltliche Erwerb eines GmbH-Geschäftsanteils eines beschränkt geschäftsfähigen Minderjährigen, FamRZ 2004, 677; *Regler*, KindRG und Ergänzungspflegschaft – Zuständigkeitsprobleme, Elterliches Antrags-, Vorschlags- und Beschwerderecht, RPfleger 2000, 305; *Reimann*, Der Minderjährige in der Gesellschaft – Kautelarjuristische Überlegungen aus Anlass des Minderjährigenhaftungsbeschränkungsgesetzes, DNotZ 1999, 179; *Rust*, Die Beteiligung von Minderjährigen im Gesellschaftsrecht – Vertretung, familien- / vormundschaftsgerichtliche Genehmigung und Haftung des Minderjährigen (Teil 1 und Teil 2), DStR 2005, 1942, 1992; *Schreiber*, Familienrechtliche Genehmigung zur Grundschuldbestellung einer GbR, NotBZ 2002, 109; *Servatius*, Die gerichtliche Genehmigung von Eltern-Kind-Geschäften, NJW 2006, 334; *Sticherling/Stücke*, Zur Bedeutung der neuen Regelungen zur Minderjährigenhaftung bei der vormundschaftsgerichtlichen Prüfung der Genehmigungsfähigkeit von Anteilsübertragungen auf Minderjährige, ZEV 2001, 76; *Stöber*, Der minderjährige Gesellschafter einer offenen Handelsgesellschaft oder Kommanditgesellschaft, Rpfleger 1968, 2; *Stürner*, Der lediglich rechtliche Vorteil, AcP 1973, 402; *Tiedtke*, Unentgeltliche Beteiligung eines Kindes als stiller Gesellschafter, DB 1977, 1064; *Wachter*, Die Rückwirkung von Genehmigungen im Steuerrecht, ZErb 2002, 334; *ders.*, Vertretungsfragen bei der Gründung einer Einpersonen-GmbH, GmbHR 2003, 660; *Wertenbruch*, Familiengerichtliche Genehmigungserfordernisse bei der GbR mit minderjährigen Gesellschaftern, FamRZ 2003, 1714; *Winkler*, Die Genehmigung des Vormundschaftsgerichts zu gesellschaftsrechtlichen Akten bei Beteiligung Minderjähriger, ZGR 1973, 177; *ders.*, Erwerb von GmbH-Anteilen durch Minderjährige und vormundschaftsgerichtliche Genehmigung, ZGR 1990, 131.

A. Allgemeines

I. Gründe für die Beteiligung minderjähriger Gesellschafter

Minderjährige werden an Gesellschaften häufig aus **steuerlichen Gründen** beteiligt. **Ertragsteuerlich** können der Grundfreibetrag nach § 32a Abs. 1 Nr. 1 EStG (derzeit 7.664 €) und der Progressionsvorteil genutzt werden. **Schenkungsteuerlich** bieten „Gesellschaftslösungen" eine elegante Möglichkeit, die

1

Freibeträge nach dem ErbStG – durch entsprechend wiederholte Anteilsübertragungen – im Zehn-Jahres-Rhythmus des § 14 Abs. 1 ErbStG auszuschöpfen und ggf. die Begünstigungen für betriebliches Vermögen in Anspruch zu nehmen. Man wird hierbei jedoch die anstehenden Änderungen der steuerlichen Rahmenbedingungen zu verfolgen haben, insb. was eine mögliche Einschränkung der schenkungsteuerlichen Begünstigungen auf „produktives" Vermögen angeht.[1]

2 Als Gestaltungsmittel der Vermögensnachfolge erfreuen sich Personengesellschaften zunehmender Beliebtheit, sog. **Familien-Pool**.[2] Neben der **BGB-Gesellschaft** ist vor allem die **KG** in den Blick der Vertragsgestalter gerückt, seitdem infolge der Handelsrechtsreform 1998 auch die Darstellung des Unternehmensgegenstandes (Vermögensverwaltung) keine Probleme mehr bereitet (§§ 161 Abs. 2, 105 Abs. 2 Satz 1 HGB). Nach dem Ende der „GbR mbH"[3] ist die KG außerdem unter Haftungsgesichtspunkten unproblematischer als die BGB-Gesellschaft, wenn Minderjährige beteiligt werden sollen.[4]

Zu einer Beteiligung Minderjähriger an Gesellschaften kommt es aber auch „ungeplant", wenn **minderjährige Erben** an die Stelle des verstorbenen Gesellschafters treten.

II. Probleme der Beteiligung minderjähriger Gesellschafter

3 Die Beteiligung Minderjähriger an Gesellschaften wirft in der Praxis einige Probleme auf. Regelmäßig stellen sich Fragen der **gesetzlichen Vertretung** und der etwa erforderlichen **familien- bzw. vormundschaftsgerichtlichen Genehmigung**. Die Nichtbeachtung der entsprechenden Vorgaben kann erhebliche Nachteile verursachen, insb. wenn sie zur Versagung der steuerlichen Anerkennung führt.[5] Verschärft wird diese Problematik, wenn der „Fehler" erst nach Jahren entdeckt wird, zumal die zivilrechtliche Rückwirkung privatrechtlicher Genehmigungen (§ 184 Abs. 1 BGB) steuerlich nicht anerkannt wird.[6] Kaum praktisch geworden ist bislang die Haftungsbeschränkung des § 1629a BGB für volljährig gewordene Gesellschafter.[7]

B. Begründung der Gesellschafterstellung

I. Allgemeines

4 Bei der Begründung der Gesellschafterstellung ist zu unterscheiden: Der Minderjährige kann sich an der **Gründung** der Gesellschaft beteiligen (dazu unter Rn. 5 ff.) oder aber einer bereits bestehenden Gesellschaft „**beitreten**" (dazu unter Rn. 51 ff.). Dabei ist jeweils zwischen Personengesellschaften und Kapitalgesellschaften zu differenzieren.

II. Gesellschaftsgründung unter Beteiligung Minderjähriger

1. Personengesellschaften

a) Gesetzliche Vertretung

aa) Grundsatz: Vertretung durch die Eltern oder durch den Vormund

5 Bei der Gründung einer Personengesellschaft muss für den Minderjährigen sein **gesetzlicher Vertreter** handeln. Gesetzliche Vertreter sind in erster Linie die Eltern. Sie vertreten ihr minderjähriges Kind bei

---

1 Siehe den Entwurf eines Gesetzes zur Erleichterung der Unternehmensnachfolge vom 3.11.2006, BR-Drucks. 778/06.
2 Vgl. v. Oertzen/Hermann, ZEV 2003, 400; Limmer, ZFE 2004, 40.
3 BGH, NJW 1999, 3483.
4 V. Oertzen/Hermann, ZEV 2003, 400, 401.
5 Siehe dazu Hohaus/Eickmann, BB 2004, 1707.
6 BFH, DStR 2005, 1937 = ZEV 2005, 530 m. Anm. Everts.
7 Siehe dazu Grunewald, ZIP 1999, 597; Rast, DStR 2005, 1992, 1994 ff.

gemeinsamer Sorge gemeinschaftlich (§ 1629 Abs. 1 Satz 2 BGB). Hat ein Elternteil das alleinige Sorgerecht, vertritt er das Kind allein (§ 1629 Abs. 1 Satz 3 BGB). Hat das minderjährige Kind einen Vormund, wird es durch diesen gesetzlich vertreten (§§ 1773, 1793 Abs. 1 Satz 1 BGB).

bb) Vertretungsausschluss bei In-sich-Geschäft oder Mehrfachvertretung

Gemäß § 1629 Abs. 2 Satz 1 BGB können die Eltern ein Kind insoweit nicht vertreten, als nach § 1795 BGB ein Vormund von der Vertretung des Kindes ausgeschlossen ist. Greift dieser Vertretungsausschluss, ist gemäß § 1909 BGB ein **Ergänzungspfleger** zu bestellen.[8] Die Eltern dürfen insb. gemäß §§ 1795 Abs. 2, 181 BGB grds. keine Rechtsgeschäfte im Namen des Kindes mit sich im eigenen Namen oder als Vertreter eines Dritten vornehmen. Hierbei greift der Ausschluss beider Eltern von der Vertretungsmacht auch dann durch, wenn nur ein Elternteil Vertragspartner des Kindes werden soll.[9] 6

Ein solcher **Vertretungsausschluss** kommt in zwei Fällen in Betracht:
- Der gesetzliche Vertreter (bei mehreren auch nur einer von ihnen, insb. ein Elternteil) beteiligt sich selbst an der Gründung der Gesellschaft. Dann handelt er bei Abschluss des Gesellschaftsvertrages sowohl im Namen des Kindes als auch im eigenen Namen (In-sich-Geschäft, § 181 1. Alt BGB).
- Der gesetzliche Vertreter vertritt mehrere minderjährige Kinder bei der Gesellschaftsgründung. Dann werden zwischen ihnen Rechtsbeziehungen begründet (Mehrfachvertretung, § 181 2. Alt. BGB). Der gesetzliche Vertreter ist in einer solchen Konstellation nur von der Vertretung **mehrerer** minderjähriger Kinder ausgeschlossen, so dass er an sich **ein** Kind vertreten könnte. Indes liegt dann eine Interessenkollision und damit eine gerichtliche Entziehung der Vertretungsmacht (§§ 1629 Abs. 2 Satz 3, 1796 BGB) nahe.

cc) Kein Vertretungsausschluss bei lediglich rechtlich vorteilhaften Geschäften

Die §§ 1795, 181 BGB finden im Wege einer **teleologischen Reduktion** keine Anwendung, wenn das Rechtsgeschäft dem Kind **lediglich rechtliche Vorteile** verschafft.[10] Dies wird damit begründet, dass der Schutzzweck dieser Vorschriften eine Vertretungsbeschränkung nur dort erfordert, wo es nicht um eindeutige Fälle bloßer Kindesbegünstigung geht. 7

Die **Gründung einer Personengesellschaft** ist für den Minderjährigen nicht lediglich rechtlich vorteilhaft, da mit der Beteiligung „ein Bündel von Rechten und Pflichten" verbunden ist.[11] Dies gilt auch, wenn dem Minderjährigen die etwa geschuldete Einlage von einem Dritten schenkweise zur Verfügung gestellt wird. Denn hiervon bleiben zum einen die Einlageverpflichtung im Außenverhältnis zur Gesellschaft und zum anderen die weiteren, aus der Gesellschafterstellung folgenden Pflichten unberührt. Letzteres ist unstreitig für die Beteiligung als persönlich haftender Gesellschafter, gilt aber nach h.M. auch für den Kommanditisten (s. dazu näher unter Rn. 53).

dd) Bestellung mehrerer Ergänzungspfleger

Sind an der Gründung einer Personengesellschaft mehrere Minderjährige beteiligt, die denselben gesetzlichen Vertreter haben, muss **für jedes Kind ein eigener Ergänzungspfleger** gemäß § 1909 BGB bestellt werden, wenn **ein** Ergänzungspfleger an der Vertretung mehrerer Kinder durch § 181 BGB (i.V.m. §§ 1915 Abs. 1, 1795 Abs. 2 BGB) gehindert wird. Von den Beschränkungen des § 181 BGB kann der Ergänzungspfleger nicht befreit werden; auch durch eine spätere vormundschaftsgerichtliche Genehmigung wäre eine solche Befreiung nicht möglich.[12] 8

---

8   Palandt/Diederichsen, BGB, § 1629 Rn. 21; MünchKomm-BGB/Huber, § 1629 Rn. 42.
9   Palandt/Diederichsen, BGB, § 1629 Rn. 23.
10 BGHZ 59, 236; BGH, NJW 1975, 1895; Palandt/Diederichsen, BGB, § 1795 Rn. 11.
11 BFH, DStR 2005, 1937, 1940 = ZEV 2005, 530 m. Anm. Everts; BGH, NJW 1977, 1339, 1341; OLG Zweibrücken, FamRZ 2000, 117 = NJW-RR 1999, 1174 = NZG 1999, 717.
12 BayObLGZ 1958, 373, 377.

9 Wird die Gesellschaft unter Beteiligung mehrerer minderjähriger Kinder errichtet, werden auch gesellschaftsvertragliche **Rechtsbeziehungen zwischen den Minderjährigen** begründet. Ein Ergänzungspfleger müsste hierbei auf mehreren Seiten des Rechtsgeschäfts tätig werden – und dies lässt § 181 BGB (i.V.m. §§ 1915 Abs. 1, 1795 Abs. 2 BGB) nicht zu. Es muss daher für jeden Minderjährigen ein eigener Ergänzungspfleger bestellt werden.[13] Dies gilt ohne Einschränkung, wenn der gesetzliche Vertreter (z.B. ein Elternteil) selbst an der Gesellschaftsgründung beteiligt und daher von vornherein von jeder Vertretung ausgeschlossen ist (In-sich-Geschäft, s.o., Rn. 6). Wird die Gesellschaft ohne Beteiligung des gesetzlichen Vertreters gegründet, könnte er – unter Vermeidung einer unzulässigen Mehrfachvertretung – an sich **einen Minderjährigen** vertreten, doch liegt dann insoweit eine Entziehung der gesetzlichen Vertretung wegen einer Interessenkollision nahe (s.o. Rn. 6).

ee) Person des Ergänzungspflegers

10 Die Person des Ergänzungspflegers wird durch das Gericht (zur Zuständigkeit siehe Rn. 34) ausgewählt. Hierbei ist allein das **Interesse des Minderjährigen** maßgebend. An einen Vorschlag der von der Vertretung ausgeschlossenen Eltern ist das Gericht nicht gebunden.[14]

> **Hinweis:**
>
> In der Praxis wird das Gericht von einem solchen Vorschlag allerdings nicht ohne sachlichen Grund abweichen. Es ist daher in jedem Fall zu empfehlen, dem Gericht eine Person des Vertrauens vorzuschlagen.

Häufig werden die juristischen oder steuerlichen Berater der Beteiligten zu Ergänzungspflegern bestellt.

ff) Aufgabenkreis des Ergänzungspflegers

11 Anders als die gesetzliche Vertretung durch die Eltern oder den Vormund betrifft die Pflegschaft nach § 1909 BGB nur die **Besorgung bestimmter Angelegenheiten**, die in der Anordnung durch das Gericht festgelegt werden (z.B.: Vertretung des Minderjährigen bei der Gesellschaftsgründung). Da der Minderjährige bei der späteren Ausübung der Gesellschafterrechte grds. auch von seinen Eltern (oder seinem Vormund) vertreten werden kann, wenn diese selbst an der Gesellschaft beteiligt sind (siehe dazu Rn. 71 ff.), wird keine **Dauerergänzungspflegschaft** angeordnet.[15]

gg) Rechtsfolgen fehlender Mitwirkung eines Ergänzungspflegers

12 Wird der Minderjährige bei der Gesellschaftsgründung trotz eines Vertretungsausschlusses von seinen Eltern (oder dem Vormund) vertreten, führt dies nicht zur Nichtigkeit des Rechtsgeschäfts. Vielmehr gelten die §§ 177 ff. BGB bis zur Genehmigung durch den Ergänzungspfleger oder durch den volljährig Gewordenen. Das Rechtsgeschäft ist also **lediglich schwebend unwirksam**.[16] Die Genehmigung wirkt **zivilrechtlich** auf den Zeitpunkt der Vornahme des Rechtsgeschäfts nach § 184 Abs. 1 BGB zurück.[17] Die vormundschafts- bzw. familiengerichtliche Genehmigung allein, die an sich mangels eines wirksamen Vertrages gar nicht erteilt werden dürfte, führt noch nicht zur Wirksamkeit des Geschäfts, da das Gericht zu einer (nachträglichen) Befreiung von den Beschränkungen des § 181 BGB nicht befugt ist.[18] Wird die

---

13 BayObLGZ 1958, 373, 376; MünchKomm-HGB/K. Schmidt, § 105 Rn. 129; Piehler/Schulte, in: Münchener Handbuch des Gesellschaftsrechts, Bd. 1, § 10 Rn. 4; Ebenroth/Boujong/Joost, HGB, § 105 Rn. 92; Keidel/Krafka/Willer, Registerrecht, Rn. 701.
14 Palandt/Diederichsen, BGB, § 1916 Rn. 2.
15 Baumbach/Hopt/Hopt, HGB, § 105 Rn. 27; Lohse/Triebel, ZEV 2000, 337, 339.
16 Vgl. RGZ 119, 114, 116; Bamberger/Roth/Veit, BGB, § 1629 Rn. 21; Staudinger/Engler, BGB, § 1795 Rn. 35.
17 BGHZ 65, 123, 126; Palandt/Diederichsen, BGB, § 1795 Rn. 16; Staudinger/Engler, BGB, § 1795 Rn. 35.
18 BGHZ 21, 229, 234; Palandt/Diederichsen, BGB, § 1795 Rn. 16.

Gesellschaft trotz versagter Genehmigung in Vollzug gesetzt, ist der Minderjährige an der hierdurch entstehenden **fehlerhaften Gesellschaft** nicht beteiligt.[19]

Der ohne die erforderliche Mitwirkung eines Ergänzungspflegers geschlossene und damit schwebend unwirksame Gesellschaftsvertrag wird auch **steuerlich nicht anerkannt**.[20] Die spätere Genehmigung durch den Ergänzungspfleger oder den volljährig Gewordenen führt – ebenso wie die Genehmigung bei vollmachtloser Vertretung – trotz der zivilrechtlichen Rückwirkung gemäß § 184 Abs. 1 BGB grds. nur zu einer steuerlichen Anerkennung für die Zukunft, aber nicht für die Vergangenheit.[21]

hh) Mitwirkung eines noch zu bestellenden Ergänzungspflegers

Das Verfahren zur Bestellung eines Ergänzungspflegers nimmt einige Zeit in Anspruch. Kann die Gesellschaftsgründung nicht bis zum Abschluss dieses Verfahrens aufgeschoben werden, behilft sich die Praxis damit, dass die Person, die dem Familien- bzw. Vormundschaftsgericht (zur Zuständigkeit siehe Rn. 28 ff.) als Ergänzungspfleger vorgeschlagen werden soll, bereits „als zu bestellender Ergänzungspfleger" für den Minderjährigen handelt und für diesen den Gesellschaftsvertrag schließt. Ein solches Vorgehen ist zulässig, ändert aber nichts daran, dass

- der Gesellschaftsvertrag zunächst schwebend unwirksam ist und
- nach der Bestellung des „Vertreters" zum Ergänzungspfleger dessen Genehmigung des Gesellschaftsvertrages erforderlich ist (zur Rückwirkung siehe Rn. 12).

Handelt nämlich für den Minderjährigen eine Person, die erst später zum Ergänzungspfleger bestellt wird und zur Zeit der Vornahme des Rechtsgeschäfts noch keine Vertretungsmacht für den Minderjährigen besitzt, liegt ein Fall der **Vertretung ohne Vertretungsmacht** i.S.d. § 177 Abs. 1 BGB vor.[22] Damit hängt die Wirksamkeit des Vertrages von der Genehmigung des vollmachtlos Vertretenen ab. Diese erteilt er selbst, sofern er zwischenzeitlich volljährig geworden ist, bzw. sein gesetzlicher Vertreter. Letzterer kann nach h.M. **auch der Vertreter ohne Vertretungsmacht selbst** sein, wenn er nachträglich Vertretungsmacht erlangt.[23] Hieraus ergibt sich allerdings, dass das Rechtsgeschäft nicht mit nachträglicher Erlangung der Vertretungsmacht ohne weiteres wirksam wird, sondern hierzu eine **Genehmigung des Vertreters erforderlich** ist.[24] Dies folgt auch aus dem Umstand, dass die Bestellung zum Ergänzungspfleger nicht auf den Zeitpunkt des Vertragsschlusses zurückwirkt (vgl. §§ 1915 Abs. 1, 1789 BGB).[25]

b) Familien- bzw. vormundschaftsgerichtliche Genehmigung

aa) Genehmigungsbedürftigkeit

(1) Gesellschaftsvertrag zum Betrieb eines Erwerbsgeschäfts (§ 1822 Nr. 3 BGB)

Gemäß § 1822 Nr. 3 BGB bedarf der Vormund der Genehmigung des Vormundschaftsgerichts zu einem Gesellschaftsvertrag, der zum Betrieb eines Erwerbsgeschäfts eingegangen wird. Über §§ 1643 Abs. 1, 1915 Abs. 1 BGB gilt diese Bestimmung auch für die Eltern und den Ergänzungspfleger.

---

19 Happ, in: Münchener Handbuch des Gesellschaftsrechts, Bd. 1, § 5 Rn. 60 zur fehlenden gerichtlichen Genehmigung.
20 Hohaus/Eickmann, BB 2004, 1707, 1712.
21 BFH, DStR 2005, 1937 = ZEV 2005, 530 m. Anm. Everts; Hohaus/Eickmann, BB 2004, 1707, 1712; vgl. allgemein zur Rückwirkung von Genehmigungen im Steuerrecht: Wachter, ZErb 2002, 334.
22 Vgl. OLG Hamm, FamRZ 1972, 270; Soergel/Leptien, BGB, § 177 Rn. 5.
23 OLG Hamm, FamRZ 1972, 270; vgl. auch BGH, WM 1960, 611; OLG Frankfurt, FamRZ 1986, 592; Palandt/Heinrichs, BGB, § 177 Rn. 6; MünchKomm-BGB/Schramm, § 177 Rn. 4.
24 Soergel/Leptien, BGB, § 177 Rn. 5.
25 Für die Vormundschaft siehe Soergel/Zimmermann, BGB, § 1789 Rn. 3.

> **Hinweis:**
>
> Unter § 1822 Nr. 3 BGB fällt der Abschluss des Gesellschaftsvertrages einer BGB-Gesellschaft,[26] einer OHG oder einer KG – auch wenn der Minderjährige nur Kommanditist wird[27] -, sofern die Gesellschaft ein Erwerbsgeschäft betreibt.

16 **Erwerbsgeschäft** ist jede regelmäßig ausgeübte, auf selbständigen Erwerb gerichtete Tätigkeit, gleichgültig ob es sich um Handel, Fabrikation, Handwerk, Landwirtschaft, wissenschaftliche, künstlerische oder sonstige Tätigkeit handelt.[28] Ein solches Erwerbsgeschäft lag vor In-Kraft-Treten des Handelsrechtsreformgesetzes v. 22.6.1998[29] immer dann vor, wenn das Unternehmen in der Rechtsform einer OHG oder KG betrieben wurde. Nunmehr kann indes gemäß § 105 Abs. 2 Satz 1 HGB eine OHG oder KG auch zum Zwecke der bloßen Vermögensverwaltung gegründet werden. Die **reine Vermögensverwaltung stellt kein Erwerbsgeschäft** i.S.d. § 1822 Nr. 3 BGB dar und löst deshalb dieses Genehmigungserfordernis nicht aus.[30] Dies gilt etwa für Gesellschaften, deren alleiniger Zweck die Verwaltung und Erhaltung des Familienvermögens ist.[31] Anders ist der Fall zu beurteilen, wenn die Familiengesellschaft GmbH-Beteiligungen nutzt und deren Erträge anlegen soll.[32]

Für die Abgrenzung zwischen Erwerbsgeschäft und Vermögensverwaltung wird u.a. darauf abgestellt, ob eine geschäftsmäßige, gleichsam berufliche Tätigkeit erforderlich ist.[33] **Indizien** für das Vorliegen eines Erwerbsgeschäfts können auch die lange Dauer der Gesellschaft, der Umfang und der Wert des verwalteten Grundvermögens, aber auch das Ziel sein, künftig weiteren Grundbesitz hinzuzuerwerben, ihn zu verwalten, zu vermieten und zu verwerten. Für ein Erwerbsgeschäft spricht auch, wenn der Minderjährige ein gewisses Mitunternehmerrisiko übernimmt, etwa in Gestalt einer gesamtschuldnerischen Haftung für die Verbindlichkeiten der Gesellschaft oder durch eine dem Gesellschaftsanteil entsprechende Beteiligung am Gewinn und Verlust.[34]

17 Die **Rspr.** hat die Grenzen der rein privaten Vermögensverwaltung im Rahmen des § 1822 Nr. 3 BGB in den letzten Jahren zunehmend enger gezogen und die Genehmigungsbedürftigkeit auch auf Gesellschaften ausgedehnt, die die „Verwaltung, Vermietung und Verwertung gewerblich nutzbarer Immobilien von erheblichem Wert" zum Zwecke haben.[35] Teilweise wird hieraus die Schlussfolgerung gezogen, die Genehmigungsbedürftigkeit eines Vertrages, durch den eine Familiengesellschaft unter Beteiligung Minderjähriger gegründet wird, sei nunmehr regelmäßig zu bejahen.[36]

> **Hinweis:**
>
> Die Abgrenzung zwischen der genehmigungsfreien rein privaten Vermögensverwaltung einerseits und dem Betrieb eines „Erwerbsgeschäfts" i.S.d. § 1822 Nr. 3 BGB andererseits ist fließend. Mit Blick auf die Tendenz in der Rspr., ein „Erwerbsgeschäft" i.S.d. § 1822 Nr. 3 BGB auch bei grundbesitzverwaltenden Familiengesellschaften in weitem Umfang anzunehmen, dürfte es sich daher in Zweifelsfällen empfehlen, vorsorglich die Genehmigung einzuholen.

---

26   OLG Zweibrücken, FamRZ 2000, 117 = NJW-RR 1999, 1174 = NZG 1999, 717.
27   BGHZ 17, 160 = NJW 1955, 1067.
28   BayObLG, FamRZ 1996, 119, 121; Soergel/Zimmermann, BGB, § 1822 Rn. 12.
29   BGBl. I, S. 1474.
30   OLG Zweibrücken, FamRZ 2000, 117 = NJW-RR 1999, 1174 = NZG 1999, 717; LG Münster, FamRZ 1997, 842; MünchKomm-BGB/Wagenitz, § 1822 Rn. 21; Soergel/Zimmermann, BGB, § 1822 Rn. 12.
31   LG Mainz, Rpfleger 2000, 15 f.; LG Münster, FamRZ 1997, 852; vgl. auch OLG Hamm, FamRZ 2001, 53.
32   LG München I, ZEV 2000, 370.
33   LG Münster, FamRZ 1997, 842.
34   Vgl. dazu OLG Zweibrücken, FamRZ 2000, 117 = NJW-RR 1999, 1174 = NZG 1999, 717; LG Münster, FamRZ 1997, 842; LG Aachen, NJW-RR 1994, 1319, 1321.
35   BayObLG, DNotZ 1998, 495, 496 f.; Palandt/Diederichsen, BGB, § 1822 Rn. 9.
36   So Reimann, DNotZ 1999, 179, 185; a.A.: Lautner, MittBayNot 2002, 256, 258.

(2) Übernahme einer fremden Verbindlichkeit (§ 1822 Nr. 10 BGB)

Gemäß § 1822 Nr. 10 BGB bedarf der Vormund der Genehmigung zur Übernahme einer fremden Verbindlichkeit, insb. zur Eingehung einer Bürgschaft. Der Anwendungsbereich der Norm wird von der **h.M.** auf diejenigen Fälle beschränkt, in denen eine „**Subsidiärhaftung**" übernommen werden soll, folglich auf die Fälle, in denen dem Minderjährigen, der aufgrund der übernommenen Haftung leistet, ein Ersatzanspruch gegen den Primärschuldner zusteht.[37] Auch die Rspr. orientiert sich am Zweck der Vorschrift und verlangt – in einschränkender Auslegung – die Genehmigung des Vormundschaftsgerichts nur in den Fällen, in denen im Innenverhältnis für die Schuld, die nach außen vom Mündel als eigene übernommen wird, allein der Erstschuldner haftet und ersatzpflichtig bleibt.[38]

18

Trotz dieser einschränkenden Auslegung des § 1822 Nr. 10 BGB wird in der **Lit.** zunehmend die Auffassung vertreten, dass unter diese Vorschrift auch die Beteiligung an einer **Außengesellschaft bürgerlichen Rechts** fällt, da der Minderjährige für die Verbindlichkeiten dieser nunmehr als rechtsfähig anerkannten Gesellschaft analog § 128 HGB[39] (und bei einem späteren Beitritt analog § 130 HGB für die Altverbindlichkeiten[40]) haftet.[41] Gleiches muss dann für die Beteiligung an einer **OHG** gelten, da die §§ 128, 130 HGB hier direkt anwendbar sind. Auch bei der Gründung einer **KG** unter Beteiligung des Minderjährigen „nur" als Kommanditist besteht eine potenzielle Haftung für die Verbindlichkeiten der Gesellschaft. Die Begrenzung dieser Haftung auf die Hafteinlage (§ 171 Abs. 1 HGB) dürfte in der Konsequenz der neueren Lit. nichts am Eingreifen des Genehmigungstatbestands gemäß § 1822 Nr. 10 BGB ändern.[42]

19

M.E. widerspricht die ausdehnende Anwendung des § 1822 Nr. 10 BGB auf die vorgenannten Fälle der gesetzgeberischen Intention und dem sonst anerkannten normzweckorientierten Verständnis dieser Vorschrift.

> **Hinweis:**
> In der Praxis empfiehlt sich der „sicherste Weg", bei der Gründung einer Personengesellschaft unter Beteiligung von Minderjährigen mit Blick auf die neuere Lit. zu § 1822 Nr. 10 BGB vorsorglich stets die gerichtliche Genehmigung einzuholen.

bb) Genehmigungsfähigkeit

(1) Allgemeines

Bei der Prüfung, ob eine familien- bzw. vormundschaftsgerichtliche Genehmigung erteilt werden kann, ist allein das **Wohl und Interesse des Mündels** maßgeblich, wie es sich zum **Zeitpunkt der Entscheidung des Gerichts** darstellt.[43] Dabei hat das Gericht zunächst die Zulässigkeit des Rechtsgeschäfts zu prüfen sowie seine Wirksamkeit im Übrigen. Im Rahmen der **Ermessensentscheidung** über die Erteilung oder Verweigerung der Genehmigung kommt es darauf an, ob der Vertrag im Ganzen für den Vertretenen vorteilhaft ist oder nicht.[44] Die Genehmigung darf nur versagt werden, wenn das Geschäft nach allen zu beurteilenden Vor- und Nachteilen das Interesse des Kindes nicht fördert.

20

---

37 MünchKomm-BGB/Wagenitz, § 1822 Rn. 62; Soergel/Zimmermann, BGB, § 1822 Rn. 39 ff.
38 Staudinger/Engler, BGB, § 1822 Rn. 126 m.w.N. zur Rspr.
39 BGHZ 146, 341 = NJW 2001, 1056 = DNotZ 2001, 234.
40 BGHZ 154, 370 = NJW 2003, 1803 = DNotZ 2003, 764.
41 Dümig, FamRZ 2003, 1, 3 f.; i.E. ebenso Wertenbruch, FamRZ 2003, 1714, 1716; Czeguhn/Dickmann, FamRZ 2004, 1534, 1535; Sudhoff/Winkler, Familienunternehmen, § 9 Rn. 39; Palandt/Diederichsen, BGB, § 1822 Rn. 23.
42 So i.E. auch Rust, DStR 2005, 1942, 1943 f.
43 Palandt/Diederichsen, BGB, § 1828 Rn. 7.
44 Vgl. OLG Zweibrücken, FamRZ 2001, 181; Palandt/Diederichsen, BGB, § 1828 Rn. 7; Weisbrodt, in: Schröder/Bergschneider, Familienvermögensrecht, Rn. 8.160.

Als **Abwägungsgesichtspunkte** spielen insb. eine Rolle:[45]

- die wirtschaftliche Bedeutung,
- das Haftungsrisiko des Kindes,
- das Verwirklichungsrisiko,
- die Person des Vertragspartners sowie
- die Beziehung zwischen Kind und Vertragspartner.

Außerdem ist auf die Üblichkeit entsprechender Vereinbarungen Rücksicht zu nehmen.

21 Der Prüfungsmaßstab des § 1828 BGB darf außerdem nicht mit dem des § 107 BGB verwechselt werden. Die Frage, ob das Rechtsgeschäft für den Minderjährigen lediglich rechtlich vorteilhaft ist, hat Bedeutung für einen etwaigen Vertretungsausschluss (siehe Rn. 7), ist jedoch für die Frage der Genehmigungsfähigkeit irrelevant. Anderenfalls wären alle Rechtsgeschäfte, die – da nicht nur rechtlich vorteilhaft – von einem Ergänzungspfleger abgeschlossen werden müssen, niemals genehmigungsfähig.

22 Das Gericht hat die für die Genehmigung oder ihre Versagung relevanten Tatsachen gemäß § 12 FGG **von Amts wegen** zu ermitteln.[46]

(2) Minderjähriger als persönlich haftender Gesellschafter

23 Soll der Minderjährige die Stellung eines persönlich haftenden Gesellschafters übernehmen, genügt die Tatsache, dass er für Verbindlichkeiten der Gesellschaft im Außenverhältnis den Gläubigern gegenüber mit seinem Vermögen persönlich als Gesamtschuldner haftet, für sich allein nicht, um eine Versagung der Genehmigung zu rechtfertigen.[47] Insoweit sind auch die Haftungsbeschränkung gemäß § 1629a BGB und das Kündigungsrecht gemäß § 723 Abs. 1 Satz 3 Nr. 2 BGB als Abwägungsgesichtspunkte zu berücksichtigen.[48] Beim Abschluss eines Gesellschaftsvertrags hat das Gericht außer der vertraglichen Stellung des Minderjährigen in der Gesellschaft und neben vermögensrechtlichen Gesichtspunkten auch die **Mitgesellschafter** hinsichtlich ihrer Vermögensverhältnisse sowie ihrer charakterlichen und fachlichen Eignung zu beurteilen, weil die Verantwortung für die Vermögenslage des Minderjährigen in der Gesellschaft vorwiegend bei den geschäftsführenden Gesellschaftern liegt.[49]

Es entspricht nicht dem Sinn und Zweck der gerichtlichen Genehmigung, von dem Minderjährigen jedes mit der Beteiligung an einem Erwerbsgeschäft verbundene Risiko fernzuhalten.[50] In diesem Fall wäre die Erteilung der vormundschaftsgerichtlichen Genehmigung zum Abschluss zahlreicher der in §§ 1821, 1822 BGB genannten Rechtsgeschäfte ausgeschlossen, weil sie ihrem Wesen nach von Anfang an wirtschaftliche Risiken für den Minderjährigen in sich bergen.[51] Lassen sich allerdings die Risiken aus dem Gesellschaftsvertrag auch nicht annähernd abschätzen, so ist die gerichtliche Genehmigung zu versagen.[52]

---

45 Weisbrodt, in: Schröder/Bergschneider, Familienvermögensrecht, Rn. 8.161 ff.
46 Vgl. MünchKomm-BGB/Wagenitz, § 1828 Rn. 32 m.w.N.
47 OLG Braunschweig, ZEV 2001, 75; LG München I, ZEV 2000, 370; vgl. auch BayObLG, Rpfleger 1979, 455, 457; OLG Hamm, OLGZ 1983, 148, 151; Palandt/Diederichsen, BGB, § 1822 Rn. 9.
48 OLG Braunschweig, ZEV 2001, 75; OLG Bremen, NJW-RR 1999, 876 = DStR 1999, 1668 zur KG; Lohse/Triebel, ZEV 2000, 337, 341 f.; Sticherling/Stücke, ZEV 2001, 76; weitergehend Damrau, ZEV 2000, 209, 213, der davon ausgeht, dass infolge der Neuregelung des Minderjährigenhaftungsbeschränkungsgesetzes der beschenkte Minderjährige grds. nicht mehr verlieren könne, als ihm geschenkt wurde und daher sogar ein subjektiver Anspruch auf Genehmigung des Gesellschaftsvertrages bestehe.
49 OLG Hamm, FamRZ 2001, 53; BayObLG, FamRZ 1990, 208, 209; LG München I, ZEV 2000, 370.
50 OLG Braunschweig, ZEV 2001, 75.
51 LG München I, ZEV 2000, 370; vgl. BayObLGZ 1976, 281, 286; BayObLG, Rpfleger 1979, 455, 457.
52 OLG Hamm, FamRZ 2001, 53.

(3) Minderjähriger als Kommanditist

Die Gründung einer KG unter Beteiligung eines Minderjährigen als Kommanditist ist wegen der beschränkten Kommanditistenhaftung (§ 171 Abs. 1 HGB) unter dem Gesichtspunkt der familien- bzw. vormundschaftsgerichtlichen Genehmigung unproblematischer als die Beteiligung als persönlich haftender Gesellschafter. Die Genehmigung wird regelmäßig ohne weiteres erteilt, wenn dem Minderjährigen seine (etwaige) Einlage durch Schenkung überlassen wird.[53] Im Gesellschaftsvertrag vereinbarte Nachschusspflichten oder ein Geschäftsbeginn vor Eintragung im Handelsregister (Haftung gemäß § 176 HGB) können jedoch Nachfragen des Gerichts erforderlich machen.

(4) Besondere gesellschaftsvertragliche Regelungen

Gesellschaftsvertragliche Regelungen, wonach jeder **verheiratete Gesellschafter** verpflichtet ist, Gütertrennung oder modifizierte Zugewinngemeinschaft durch **Ehevertrag** zu vereinbaren, finden sich häufig in Formulierungsvorschlägen.[54] Derartige Regelungen sollen verhindern, dass ein Gesellschafter zur Erfüllung eines etwaigen Zugewinnausgleichsanspruchs seine Gesellschaftsbeteiligung verwerten muss und damit den Fortbestand der Gesellschaft insgesamt gefährdet. Aufgrund dieser Zweckrichtung werden entsprechende Klauseln gemeinhin zu Recht für zulässig gehalten.[55] Entsprechendes gilt für eine gesellschaftsvertragliche Verpflichtung, einen **gegenständlich beschränkten Pflichtteilsverzichtsvertrag** zu schließen, in dem die Gesellschaftsbeteiligung von etwaigen Pflichtteilsrechten ausgenommen wird.[56] Solche Bestimmungen eines Gesellschaftsvertrages stehen daher auch nicht seiner Genehmigungsfähigkeit entgegen, wenn Minderjährige beteiligt sind. Zu beachten ist, dass die Aufnahme derartiger Klauseln zur **Beurkundungsbedürftigkeit** des (gesamten) Gesellschaftsvertrages gemäß §§ 1410, 2348 BGB führt.[57]

Die Genehmigungsfähigkeit scheitert auch nicht daran, dass der Minderjährige – wie in der Praxis üblich – in einer Familiengesellschaft gesellschaftsvertraglich **von der Geschäftsführung** (auch über die Volljährigkeit hinaus) **ausgeschlossen** wird und ihm nur ein **eingeschränktes Stimmrecht** zusteht. Kinder sind regelmäßig lange Zeit noch zu unerfahren, um die Geschicke der Gesellschaft mitzubestimmen und können erst im Lauf der Jahre in ihre Verantwortlichkeiten eingeführt werden.[58] Selbst die Einschaltung eines **Gesellschaftertreuhänders** für die minderjährigen Kinder ist grds. genehmigungsfähig.[59]

cc) Rechtsfolgen fehlender Genehmigung

Für die Rechtsfolgen einer erforderlichen, aber fehlenden familien- bzw. vormundschaftsgerichtlichen Genehmigung gelten die Ausführungen unter Rn. 12 entsprechend. Auch die gerichtliche Genehmigung wirkt **zivilrechtlich** auf den Zeitpunkt des Vertragsabschlusses zurück.[60] Anders als bei der privatrechtlichen Genehmigung gemäß § 184 Abs. 1 BGB wird die Rückwirkung der gerichtlichen Genehmigung auch steuerlich anerkannt, wenn die Genehmigung unverzüglich beantragt und binnen angemessener Frist

---

53 OLG Bremen, NJW-RR 1999, 876 = DStR 1999, 1668 für den entgeltlichen Beteiligungserwerb; v. Oertzen/Hermann, ZEV 2003, 400, 401.

54 Z.B. Riegger/Götze, in: Münchener Vertragshandbuch, Bd. 1, Form. III 4 § 11.

55 Ausführlich Gassen, RNotZ 2004, 423, 435 ff.; Angerer, Schranken gesellschaftsvertraglicher Gestaltungsfreiheit bei Eingriffen in die Privatsphäre, S. 92 ff.: Zulässigkeit derartiger Klauseln auch unter dem Gesichtspunkt der Drittwirkung der Grundrechte; teilweise krit. aber Meincke, DStR 1991, 515 ff., 549 ff.; Fasselt, DB 1982, 939 ff.

56 Vgl. Fasselt, DB 1982, 939, 941.

57 MünchKomm-BGB/Kanzleiter, § 1410 Rn. 3; Bamberger/Roth/Mayer, BGB, § 1410 Rn. 2; Riegger/Götze, in: Münchener Vertragshandbuch, Bd. 1, Form. III 4 Anm. 13.

58 Vgl. Hettler/Götz, ZEV 1998, 109, 110; Lohse/Triebel, ZEV 2000, 337, 343; einschränkend für einen Sonderfall BayObLG, DNotZ 1998, 495 m. Anm. Spiegelberger = ZEV 1998, 107 = FamRZ 1997, 842.

59 OLG Frankfurt, NotBZ 2002, 107 f.

60 Staudinger/Engler, BGB, § 1829 Rn. 52 m.w.N.

erteilt wird.[61] Da die Beteiligten Letzteres nicht in der Hand haben, kann es m.E. allein auf die unverzügliche Beantragung der Genehmigung ankommen.[62]

c) Gerichtliche Zuständigkeit

aa) Sachliche Zuständigkeit

(1) Übersicht: Zuständigkeitsverteilung zwischen Vormundschaftsgericht und FamG bei elterlicher Sorge

28

	Sachliche Zuständigkeit
Anordnung der Ergänzungspflegschaft	FamG (str.)
Auswahl des Ergänzungspflegers	FamG (str.)
Bestellung des Ergänzungspflegers	Vormundschaftsgericht
Erteilung der gerichtlichen Genehmigung	Vormundschaftsgericht (str.)

(2) Vormundschaftsgericht oder Familiengericht

29 Für die Bestellung von Ergänzungspflegern und die Erteilung der etwa erforderlichen gerichtlichen Genehmigung zu einzelnen Rechtsgeschäften ist entweder das Vormundschaftsgericht oder das FamG sachlich zuständig. Beide sind Abteilungen des AG (§ 23b GVG, §§ 35, 64 Abs. 1 FGG).

(3) Neuregelung durch das Kindschaftsrechtsreformgesetz

30 Bis zum In-Kraft-Treten des KindRG[63] am 1.7.1998 galt:

Waren die Eltern gemäß § 1629 Abs. 2 i.V.m. § 1795 BGB an einer rechtlichen Vertretung ihrer minderjährigen Kinder gehindert, musste durch das **Vormundschaftsgericht** ein Ergänzungspfleger gemäß § 1909 BGB bestellt werden. Unabhängig davon, ob die Eltern ihr minderjähriges Kind bei Vornahme des Rechtsgeschäfts selbst vertraten oder aber ein gemäß § 1909 BGB bestellter Ergänzungspfleger für das Kind handelte, erteilte das **Vormundschaftsgericht** auch eine nach den §§ 1643, 1821, 1822 BGB erforderliche Genehmigung.

31 Seit dem 1.7.1998 sieht nun § 1643 BGB folgende Regelung vor:

Handeln **Eltern** für ihr Kind und ist das Rechtsgeschäft gemäß § 1643 BGB genehmigungsbedürftig, ist **für die Erteilung der Genehmigung das FamG** zuständig. In diesen Fällen wurde also die früher erforderliche Genehmigung des „Vormundschaftsgerichts" durch die Genehmigung des „FamG" ersetzt:[64] Ziel war es, die nebeneinander bestehende Zuständigkeit des FamG und des Vormundschaftsgerichts im Bereich der elterlichen Sorge vollständig aufzugeben.[65] Die Neuregelung wirft jedoch die nachfolgend erörterten Zweifelsfragen auf, die bislang noch nicht abschließend geklärt sind und von verschiedenen Obergerichten unterschiedlich beantwortet werden.

---

61 Hohaus/Eickmann, BB 2004, 1707, 1712 m.w.N.
62 So auch Hohaus/Eickmann, BB 2004, 1707, 1712; vgl. für die Schenkungsteuer auch R 23 Abs. 3 Satz 2, Satz 4 ErbStR 2003, wonach die Finanzverwaltung die Rückwirkung ausstehender behördlicher (und wohl auch gerichtlicher) Genehmigungen anerkennt, wenn die Beteiligten alles getan haben, um die Genehmigung herbeizuführen.
63 KindRG, BGBl. 1997 I, S. 2942.
64 Staudinger/Engler, BGB, § 1643 Rn. 10.
65 BT-Drucks. 13/4859, S. 159; 13/8511, S. 76.

> **Hinweis:**
> Um Verzögerungen im familien- bzw. vormundschaftsgerichtlichen Verfahren zu vermeiden, empfiehlt es sich, die sachliche Zuständigkeit im Einzelfall im Vorfeld mit dem Gericht abzustimmen.

(4) Anordnung der Ergänzungspflegschaft

Wer im Falle eines Vertretungsausschlusses der Eltern gemäß §§ 1629, 1795 BGB für die **Anordnung der Ergänzungspflegschaft bzw. für die Auswahl des Ergänzungspflegers** zuständig ist, regelt das Gesetz nicht unmittelbar.

Sind die Eltern verhindert, die elterliche Sorge auszuüben, hat das FamG gemäß § 1693 BGB die im Interesse des Kindes erforderlichen Maßregeln zu treffen hat. Muss insoweit eine Vormundschaft oder Pflegschaft angeordnet werden, kann das FamG gemäß § 1697 BGB auch diese Anordnung treffen und den Vormund oder Pfleger auswählen.

Unter Bezugnahme auf diese neu gefassten Vorschriften wird nunmehr in Rspr. und Lit. überwiegend vertreten, dass für die **Anordnung** einer Ergänzungspflegschaft gemäß § 1909 BGB bei rechtlicher Verhinderung der Eltern seit In-Kraft-Treten des KindRG stets das **FamG** zuständig sei.[66] Demgegenüber gehen andere OLG davon aus, dass weiterhin die alleinige Zuständigkeit des **Vormundschaftsgerichts** für die Anordnung der Ergänzungspflegschaft bestehe, weil die Zuständigkeit des FamGs nach den §§ 1693, 1697 BGB nur für Fälle eines dringenden Handlungsbedarfs gelte.[67] Teilweise wird auch eine **Doppelzuständigkeit** von Familien- und Vormundschaftsgericht für die Anordnung der Ergänzungspflegschaft angenommen.[68]

(5) Auswahl und Bestellung des Ergänzungspflegers

Uneinigkeit besteht auch in der Frage, wer für die **Auswahl** des Ergänzungspflegers zuständig ist. Insoweit geht das BayObLG[69] von einer **Doppelzuständigkeit** von FamG (gemäß § 1697 BGB) bzw. Vormundschaftsgericht (gemäß §§ 1915 Abs. 1, 1697 BGB) aus, während nach Ansicht des OLG Hamm[70] für die Auswahl des Ergänzungspflegers das FamG zuständig ist, das zuvor die Pflegschaft angeordnet hat.

Die **Bestellung** des Ergänzungspflegers gemäß §§ 1915, 1789 BGB fällt wiederum in die (alleinige) Zuständigkeit des Vormundschaftsgerichts.[71]

(6) Erteilung der gerichtlichen Genehmigung

Handeln die **Eltern** für ihr minderjähriges Kind, ist für die Erteilung der etwa erforderlichen gerichtlichen Genehmigung das **FamG** zuständig (§ 1643 Abs. 1 BGB). Wird das Kind durch seinen **Vormund** vertreten, wird die Genehmigung durch das **Vormundschaftsgericht** erteilt (siehe insb. §§ 1821, 1822 BGB).

Umstritten ist, wer für die Erteilung der gerichtlichen Genehmigung zuständig ist, wenn für das Kind nicht die – rechtlich ausgeschlossenen – Eltern handeln, sondern ein **Ergänzungspfleger**. Für diese Konstellation gilt § 1643 Abs. 1 BGB nicht, sondern über § 1915 BGB das Vormundschaftsrecht, so dass für

---

[66] BayObLG, FamRZ 2000, 568 = Rpfleger 2000, 158 = FamRZ 2000, 1111 = Rpfleger 2000, 268 = FamRZ 2001, 716; OLG Zweibrücken, FamRZ 2000, 243 = Rpfleger 1999, 489; OLG Dresden, Rpfleger 2000, 497; OLG Hamm, FamRZ 2001, 717 = OLGR 2001, 197; Regler, Rpfleger 2000, 305 ff.; Bamberger/Roth/Bettin, BGB, § 1909 Rn. 15.

[67] OLG Stuttgart, BWNotZ 2000, 19 = FamRZ 2001, 364 = BWNotZ 2001, 20 = Rpfleger 2001, 29; OLGR 2002, 10 unter Aufgabe seiner bisherigen Rspr. BWNotZ 1999, 49 = FamRZ 1999, 1601; KG, FamRZ 2001, 719; OLG Karlsruhe, FamRZ 2000, 568 = FamRZ 2001, 41 f.; Bestelmeyer, FamRZ 2000, 1068 ff.

[68] OLG Hamburg, FamRZ 2001, 719 f. = OLGR 2001, 81.

[69] FamRZ 2000, 568; ebenso Regler, Rpfleger 2000, 305 ff.

[70] FamRZ 2001, 717.

[71] BayObLG, FamRZ 2000, 568 f.; OLG Hamm, FamRZ 2001, 717; Regler, Rpfleger 2000, 305 ff.; a.A. wohl OLG Frankfurt, OLGR 2000, 109.

Ivo

die Erteilung der Genehmigung richtigerweise das Vormundschaftsgericht zuständig ist.[72] Der BGH hat diese Frage jüngst nicht entscheiden müssen.[73]

bb) Örtliche Zuständigkeit

36 Die örtliche Zuständigkeit des FamG bzw. Vormundschaftsgerichts für die vorgenannten Verrichtungen (Rn. 32 ff.) bestimmt sich nach §§ 36, 37, 43 Abs. 1 FGG. Ist eine Vormundschaft bei einem inländischen Gericht anhängig, ist dieses Gericht auch für die Pflegschaft örtlich zuständig (§ 37 Abs. 1 Satz 1 FGG). Andernfalls gilt gemäß §§ 36, 37 FGG folgende Zuständigkeitsreihenfolge:

	Minderjähriger ist Deutscher	**Minderjähriger ist Ausländer** (zur internationalen Zuständigkeit siehe § 35b FGG)
1. Inländischer Wohnsitz	Gericht des Wohnsitzes (§ 36 Abs. 1 Satz 1 FGG)	Gericht des Wohnsitzes (§ 36 Abs. 1 Satz 1 FGG)
2. Inländischer Aufenthalt	Gericht des Aufenthaltes (§ 36 Abs. 1 Satz 1 FGG)	Gericht des Aufenthaltes (§ 36 Abs. 1 Satz 1 FGG)
3. Kein inländischer Wohnsitz oder Aufenthalt	AG Berlin-Schöneberg mit Abgabemöglichkeit (§ 36 Abs. 2 FGG)	Gericht, in dessen Bezirk das Fürsorgebedürfnis hervortritt (§ 37 Abs. 2 FGG)

cc) Funktionelle Zuständigkeit

37 Für die Bestellung von Ergänzungspflegern und die Erteilung der etwa erforderlichen gerichtlichen Genehmigung ist der **Rechtspfleger** funktionell zuständig (§ 3 Nr. 2 lit. a) RPflG).

d) Handelsregisteranmeldung
aa) Keine Anwendung des § 181 BGB

38 Bei einer Handelsregisteranmeldung muss für den Minderjährigen sein **gesetzlicher Vertreter** handeln. Auch insoweit kann sich aufgrund eigener Beteiligung der Eltern oder aufgrund der Beteiligung mehrerer Minderjähriger, die denselben gesetzlichen Vertreter haben, die Frage nach der Mitwirkung eines Ergänzungspflegers stellen. Nach h.M. handelt es sich bei der Handelsregisteranmeldung um eine **Verfahrenserklärung** gegenüber dem Registergericht, und nicht um eine rechtsgeschäftliche Willenserklärung.[74] Aufgrund dieses verfahrensrechtlichen Charakters der Anmeldung ist anerkannt, dass die Vorschrift des § 181 BGB auf sie nicht anwendbar ist. Daher können gesetzliche Vertreter eines minderjährigen Gesellschafters Anmeldungen zum Handelsregister im eigenen Namen als Mitgesellschafter und zugleich namens des Minderjährigen tätigen, ohne dass die §§ 181, 1795 BGB dem entgegenstehen.[75]

In der Praxis wird gleichwohl bei der Bestellung eines Ergänzungspflegers dessen Aufgabenkreis gelegentlich auf die im Zuge der Gesellschaftsgründung erforderliche Anmeldung zum Handelsregister erstreckt. Dass insoweit kein Vertretungsausschluss besteht, ist unschädlich und ändert nichts daran, dass der Ergänzungspfleger die Anmeldung für den Minderjährigen wirksam vornehmen kann. Denn der Ergänzungspfleger ist gesetzlicher Vertreter des Minderjährigen im Rahmen des ihm gerichtlich übertragenen Wirkungskreises.[76]

---

72 So auch BayObLG, ZEV 2004, 340: Vorlage an den BGH = FamRZ 2004, 1055; OLG Frankfurt, OLGR 2000, 109; a.A. OLG Köln, Rpfleger 2003, 570 = ZMR 2004, 189; OLG Hamm, FamRZ 2001, 717; Servatius, NJW 2006, 334.
73 NJW 2005, 415 = ZEV 2005, 66 m. Anm. Everts.
74 Vgl. BayObLG, ZIP 2000, 791; Böttcher/Ries, Formularpraxis des Handelsregisterrechts, Rn. 22.
75 BayObLG, DNotZ 1971, 107 ff.; Gustavus, Handelsregister-Anmeldungen, B § 181 BGB Nr. 8; Maier-Reimer/Marx, NJW 2005, 3025, 3026; Stöber, Rpfleger 1968, 2, 13.
76 MünchKomm-BGB/Schwab, Vor § 1909 Rn. 5.

bb) Erteilung einer Handelsregistervollmacht

(1) Interessenlage

Namentlich in Gesellschaftsverträgen von Publikumsgesellschaften ist häufig vorgesehen, dass jeder Gesellschafter dem geschäftsführenden Gesellschafter (regelmäßig eine GmbH) eine **Vollmacht** für die bei der Gesellschaftsgründung erforderliche Handelsregisteranmeldung und auch für alle künftigen Handelsregisteranmeldungen in notarieller Form (§ 12 Abs. 2 Satz 1 HGB) erteilt.

39

Im Grundsatz ist anerkannt, dass auch der gesetzliche Vertreter einem Dritten durch Vollmachtserteilung die Vertretungsmacht für den gesetzlich Vertretenen einräumen kann (**Untervollmacht**).[77]

(2) Erteilung einer Handelsregistervollmacht durch die Eltern

Bei der Vollmachtserteilung durch die Eltern ist zunächst zu beachten, dass die elterliche Vertretungsmacht gemäß § 1629 BGB mit dem Sorgerecht oder mit dem Eintritt des alleinigen Selbstentscheidungsrechts des Minderjährigen endet.[78] Es ist im Grundsatz aber unstreitig, dass die von einem gesetzlichen Vertreter erteilte Vollmacht nicht mit der Beendigung der gesetzlichen Vertretungsmacht endet.[79] Wird die Vollmacht nicht ausdrücklich auf die Zeit des Bestehens der gesetzlichen Vertretungsmacht beschränkt, bleibt sie deshalb über diesen Zeitpunkt hinaus wirksam. So besteht etwa eine vom gesetzlichen Vertreter eines Minderjährigen erteilte Vollmacht nach inzwischen eingetretener Volljährigkeit bis zum Widerruf fort.[80]

40

Über den Eintritt der Volljährigkeit hinaus wirkende Verpflichtungen des Kindes kann die elterliche Vertretungsmacht aber nur umfassen, wenn hierdurch die Kindesinteressen in der Weise gewahrt werden, dass auch der Wechsel von der Fremd- zur Selbstbestimmung des Kindes berücksichtigt wird.[81] Deshalb bestehen etwa Bedenken, wenn eine Generalvollmacht über die Volljährigkeit des Kindes hinaus erteilt werden soll.[82] Unbedenklich ist dagegen die Erteilung einer über die Volljährigkeit hinaus wirkenden Handelsregistervollmacht durch die Eltern, da sie sich als **Spezialvollmacht** nur auf eine bestimmte Gesellschaftsbeteiligung bezieht.

(3) Erteilung einer Handelsregistervollmacht durch den Ergänzungspfleger

Soweit dies zum Aufgabenkreis des Ergänzungspflegers zählt, kann er für den Minderjährigen ohne weiteres eine (Spezial-)Vollmacht – und damit auch eine Handelsregistervollmacht – erteilen. Da die Vollmacht nicht notwendig mit der Beendigung der gesetzlichen Vertretung erlischt (siehe Rn. 40), kann der Ergänzungspfleger als gesetzlicher Vertreter eine Registervollmacht erteilen, die sich auch auf künftige, nach der Beendigung der Ergänzungspflegschaft liegende Vorgänge bezieht.

41

e) Besonderheiten bei der Gründung einer stillen Gesellschaft

aa) Allgemeines

Bei der stillen Gesellschaft (§§ 230 ff. HGB) handelt es sich um eine spezielle, auf die Beteiligung an einem Handelsgewerbe beschränkte Form der **BGB-Innengesellschaft**.[83] In dieser Gesellschaftsform be-

42

---

[77] Soergel/Leptien, BGB, § 167 Rn. 58; MünchKomm-BGB/Schramm, § 167 Rn. 101.
[78] Vgl. Staudinger/Peschel-Gutzeit, BGB, § 1629 Rn. 142.
[79] RGZ 107, 161, 166: „Denn die vom gesetzlichen Vertreter erteilte Vollmacht erlischt nicht mit dem Aufhören des Vertretungsrechts (...)"; BayObLG, BB 1974, 1089, 1090; Palandt/Heinrichs, BGB, § 168 Rn. 4; Soergel/Leptien, BGB, § 168 Rn. 15; AnwK-BGB/Ackermann, § 168 Rn. 24; speziell für eine Handelsregistervollmacht Ebenroth/Boujong/Joost/Schaub, HGB, § 12 Rn. 98.
[80] Ebenroth/Boujong/Joost/Schaub, HGB, § 12 Rn. 98; Soergel/Leptien, BGB, § 168 Rn. 15, jeweils m.w.N.
[81] Staudinger/Peschel-Gutzeit, BGB, § 1629 Rn. 142 f.
[82] Vgl. dazu RGZ 41, 263, 265 f.: Keine Fortdauer einer Generalvollmacht, die die Mutter namens ihres minderjährigen Kindes einem befreundeten Kaufmann erteilt hatte, über die Volljährigkeit des Kindes hinaus.
[83] MünchKomm-HGB/K. Schmidt, § 230 Rn. 6 m.w.N.

teiligt sich der stille Gesellschafter mit einer Einlage an einem Handelsgewerbe, das ein anderer betreibt. Das Handelsgewerbe kann ein Einzelunternehmen, eine Personenhandels- oder Kapitalgesellschaft sein. Eine Außenhaftung des stillen Gesellschafters besteht nicht.[84]

bb) Gesetzliche Vertretung

43 Ist der gesetzliche Vertreter des Minderjährigen zugleich als Geschäftsinhaber oder dessen Vertretungsorgan (z.B. als GmbH-Geschäftsführer) beim Abschluss des Gesellschaftsvertrages beteiligt, muss für den Minderjährigen gemäß §§ 1629 Abs. 2 Satz 1, 1795 Abs. 2, 181, 1909 BGB ein **Ergänzungspfleger** bestellt werden, es sei denn, es handelt sich bei der Gründung der stillen Gesellschaft um ein für den Minderjährigen lediglich rechtlich vorteilhaftes Geschäft. Dies ist mit Blick auf die Einlageverpflichtung des stillen Gesellschafters grds. nicht der Fall.

Der **BFH** hat mit Blick auf die langfristigen Bindungen aus dem Gesellschaftsvertrag einen **lediglich rechtlichen Vorteil** sogar dann **verneint**, wenn dem Minderjährigen die Einlage geschenkt wird, der Minderjährige hieraus auch keine weiteren Verpflichtungen übernimmt und am Verlust nicht beteiligt wird.[85] Werden die einzulegenden Mittel dem Kind durch den Geschäftsinhaber oder durch einen Dritten unter der Auflage gewährt, sie für die Einlage in der stillen Gesellschaft zu verwenden, ist das Geschäft schon wegen der mit dieser Auflage verbundenen Handlungspflicht für das Kind nicht allein rechtlich vorteilhaft.[86] Wird die Einlage des Kindes dagegen dadurch erbracht, dass der Geschäftsinhaber sie von seinem Kapitalkonto abbucht, lässt sich nach **neuerer Ansicht des BFH** „die Auffassung vertreten", dass mangels jeder Handlungspflicht dem Kind nur ein rechtlicher Vorteil gewährt wird, sofern es auch nur am Gewinn, nicht aber am Verlust des Unternehmens beteiligt sein soll.[87] Die **Lit.** ist uneinheitlich und differenziert teilweise zwischen typischen und atypischen stillen Gesellschaften.[88]

> **Hinweis:**
> Dem Gebot des „sichersten Weges" folgend, empfiehlt es sich, bei der Gründung einer stillen Gesellschaft unter Beteiligung eines Minderjährigen (vorsorglich) stets von einem nicht lediglich rechtlich vorteilhaften Geschäft auszugehen.

44 Sollen **mehrere Minderjährige** als stille Gesellschafter an einem Handelsgeschäft beteiligt werden, das von ihrem gesetzlichen Vertreter betrieben wird oder dessen Organ er ist, stellt sich wiederum (siehe bereits Rn. 8 f.) die Frage, ob für jeden von ihnen ein eigener Ergänzungspfleger bestellt werden muss. Dies wird teilweise mit Blick auf die zunehmend anerkannte Möglichkeit bejaht, eine mehrgliedrige stille Gesellschaft zu gründen.[89] Da es die Beteiligten aber nach wie vor in der Hand haben, ob sie mehrere gleichgerichtete, im Übrigen aber voneinander unabhängige stille Gesellschaften (dann genügt ein Ergänzungspfleger) oder aber eine mehrgliedrige stille Gesellschaft (dann muss für jeden Minderjährigen ein eigener Ergänzungspfleger bestellt werden) gründen,[90] kommt es richtigerweise darauf an, welche dieser Gestaltungen die Beteiligten im Einzelfall gewählt haben.

Der Ergänzungspfleger muss nur für die Gründung der stillen Gesellschaft bestellt werden. Die Bestellung eines **Dauerergänzungspflegers** ist weder erforderlich noch zulässig (siehe bereits Rn. 11).[91]

---

84 Anders nur bei besonderem Verpflichtungsgrund (z.B. Bürgschaft); vgl. Baumbach/Hopt/Hopt, HGB, § 230 Rn. 27.
85 BFH, DB 1974, 365; dagegen Tiedtke, DB 1977, 1064; Blaurock, Handbuch der stillen Gesellschaft, Rn. 9.34.
86 BFH, NJW 1988, 1343 = DB 1987, 2391.
87 BFH, NJW 1988, 1343 = DB 1987, 2391.
88 Vgl. die Nachweise bei MünchKomm-BGB/K. Schmidt, § 230 Rn. 105.
89 Rust, DStR 2005, 1942, 1944.
90 Baumbach/Hopt/Hopt, HGB, § 230 Rn. 7; Bezzenberger/Keul, in: Münchener Handbuch des Gesellschaftsrechts, Bd. 2, § 76 Rn. 24.
91 Bezzenberger/Keul, in: Münchener Handbuch des Gesellschaftsrechts, Bd. 2, § 76 Rn. 53.

cc) Familien- bzw. vormundschaftsgerichtliche Genehmigung

Ob der Gesellschaftsvertrag einer stillen Gesellschaft nach § 1822 Nr. 3 BGB[92] als „Gesellschaftsvertrag, der zum Betrieb eines Erwerbsgeschäfts eingegangen wird", genehmigungsbedürftig ist, wird streitig diskutiert. 45

Bei formaler Betrachtung müsste diese Frage verneint werden, da das Erwerbsgeschäft (zum Begriff siehe Rn. 16 f.) nicht von der stillen Gesellschaft betrieben wird. Im Anschluss an eine ältere Entscheidung des BGH[93] wird vielfach die Auffassung vertreten, der Genehmigungsvorbehalt des § 1822 Nr. 3 BGB gelte nicht, wenn der Minderjährige außer der bedungenen Kapitaleinlage keine weiteren Leistungen zu erbringen habe und an den Verlusten nicht beteiligt sei.[94] Aus Gründen der Rechtssicherheit und im **Interesse eines effektiven Minderjährigenschutzes** wird jedoch zunehmend die **Genehmigungsbedürftigkeit** einer stillen Beteiligung generell und ohne Rücksicht auf die konkrete Ausgestaltung bejaht.[95]

> **Hinweis:**
> Dem Gebot des „sichersten Weges" folgend, empfiehlt es sich, bei der Gründung einer stillen Gesellschaft unter Beteiligung eines Minderjährigen (vorsorglich) stets die familien- bzw. vormundschaftsgerichtliche Genehmigung einzuholen.

f) Besonderheiten bei der Einräumung einer Unterbeteiligung
aa) Allgemeines

Auch die Unterbeteiligung ist eine Form der mittelbaren Unternehmensbeteiligung; sie ist die **Beteiligung an einer Beteiligung** (und nicht – wie die stille Gesellschaft – die Beteiligung an einem Handelsgeschäft selbst). Bei der Unterbeteiligung handelt es sich ebenso wie bei der stillen Gesellschaft um eine BGB-Innengesellschaft.[96] Eine Außenhaftung des Unterbeteiligten besteht grds. nicht.[97] 46

bb) Gesetzliche Vertretung

Es gelten die Ausführungen zur stillen Gesellschaft entsprechend (siehe Rn. 43 f.). Im Anschluss an die Rspr. des BFH zur stillen Gesellschaft wird man für die Praxis auch hier anzunehmen haben, dass der Unterbeteiligungsvertrag nicht nur dann nicht lediglich rechtlich vorteilhaft ist, wenn der Minderjährige zu einer Leistung (z.B. Erbringung einer Einlage) verpflichtet wird, sondern auch, wenn dem Minderjährigen die Unterbeteiligung durch Schenkung eingeräumt wird und er am Verlust nicht beteiligt ist.[98] 47

cc) Familien- bzw. vormundschaftsgerichtliche Genehmigung

Eine gerichtliche Genehmigung des Unterbeteiligungsvertrages gemäß § 1822 Nr. 3 BGB ist entbehrlich, wenn schon die Hauptgesellschaft kein Erwerbsgeschäft im Sinne dieser Vorschrift betreibt.[99] Betreibt die Hauptgesellschaft ein Erwerbsgeschäft, kommt es nach wohl h.M. darauf an, ob der Minderjährige das Risiko des Erwerbsgeschäfts über eine Verlustbeteiligung mit trägt. Bejahendenfalls ist auch dann 48

---

[92] Zu weiteren Genehmigungstatbeständen der §§ 1807 ff. BGB siehe Blaurock, Handbuch der stillen Gesellschaft, Rn. 9.48 ff.
[93] NJW 1957, 672 = JZ 1957, 382.
[94] Baumbach/Hopt/Hopt, HGB, § 230 Rn. 8; Bezzenberger/Keul, in: Münchener Handbuch des Gesellschaftsrechts, Bd. 2, § 76 Rn. 55.
[95] LG München II, NJW-RR 1999, 1018; MünchKomm-BGB/Wagenitz, § 1822 Rn. 26.
[96] Riegger, in: Münchener Handbuch des Gesellschaftsrechts, Bd. 1, § 30 Rn. 5.
[97] Ausnahmen: Delikt oder Rechtsschein; vgl. MünchKomm-BGB/K. Schmidt, § 230 Rn. 234.
[98] Zu der teilweise abweichenden Lit. siehe MünchKomm-BGB/K. Schmidt, § 230 Rn. 225 f.
[99] Riegger, in: Münchener Handbuch des Gesellschaftsrechts, Bd. 1, § 30 Rn. 23; Schlitt/Seiler, in: Singhof/Schlitt/Seiler, Mittelbare Gesellschaftsbeteiligungen, Rn. 385.

eine gerichtliche Genehmigung erforderlich, wenn dem Minderjährigen die Unterbeteiligung geschenkt wird.[100]

> **Hinweis:**
> Sofern die Hauptgesellschaft ein Erwerbsgeschäft i.S.d. § 1822 Nr. 3 BGB betreibt, sollte auch bei der Schenkung einer Unterbeteiligung vorsorglich die gerichtliche Genehmigung eingeholt werden.

2. Kapitalgesellschaften

a) Gesetzliche Vertretung

49 Bei der Gründung einer AG oder GmbH unter Beteiligung eines Minderjährigen gelten die Ausführungen zur Personengesellschaft (Rn. 5 ff.) entsprechend. Die Gesellschaftsgründung ist für den Minderjährigen auch dann **nicht lediglich rechtlich vorteilhaft**, wenn ihm die geschuldete Einlage von einem Dritten schenkweise zur Verfügung gestellt wird, da hiervon die Haftung für die übernommene Einlage gegenüber der Gesellschaft unberührt bleibt. Ist der gesetzliche Vertreter selbst an der Gesellschaftsgründung beteiligt, muss für den Minderjährigen ein Ergänzungspfleger bzw. für mehrere Minderjährige je ein eigener Ergänzungspfleger handeln.[101] Die Gründung einer Mehrpersonen-GmbH durch einen vollmachtlosen Vertreter mit nachträglicher Genehmigung ist möglich, wegen § 180 BGB aber nicht die Gründung einer Einpersonen-GmbH.[102]

b) Familien- bzw. vormundschaftsgerichtliche Genehmigung

50 Betreibt die Gesellschaft ein Erwerbsgeschäft i.S.d. **§ 1822 Nr. 3 BGB**, ist nach h.M. ihre Gründung nach dieser Vorschrift genehmigungsbedürftig.[103] Streitig wird diskutiert, ob (auch) der Genehmigungstatbestand des **§ 1822 Nr. 10 BGB** einschlägig ist. Von der h.M. wird insoweit im Anschluss an die Entscheidung des BGH v. 20.9.1989[104] danach unterschieden, ob eine Haftung des Minderjährigen für rückständige Leistungen (§ 16 Abs. 3 GmbHG) oder eine Ausfallhaftung (§§ 24, 31 Abs. 3 GmbHG) in Betracht kommt.[105] Da eine solche Haftung praktisch nie sicher ausgeschlossen werden kann, sollte vorsorglich stets die gerichtliche Genehmigung eingeholt werden.[106] Die Genehmigungsbedürftigkeit nach § 1822 Nr. 10 BGB entfällt auch nicht mit Blick auf die Regelungen des Minderjährigenhaftungsbeschränkungsgesetzes,[107] da der Schutzzweck des § 1822 BGB nicht nur darin besteht, eine Überschuldung des Minderjährigen zu verhindern, sondern auch sein aktuell vorhandenes Vermögen zu schützen. § 1629a BGB spielt daher m.E. keine Rolle für die **Genehmigungsbedürftigkeit**, sondern erst für die **Genehmigungsfähigkeit** (siehe auch Rn. 23). In den Fällen der Einpersonengründung soll § 1822 Nr. 10 BGB allerdings nicht einschlägig sein.[108]

---

100 OLG Hamm, DB 1974, 424; Baumbach/Hopt/Hopt, HGB, § 105 Rn. 39; MünchKomm-BGB/K. Schmidt, § 230 Rn. 228.
101 Roth/Altmeppen, GmbHG, § 2 Rn. 11; Scholz/Emmerich, GmbHG, § 2 Rn. 42.
102 OLG Schleswig, Beschl. v. 5.4.1993 – 9 W 26/93, n.v.; OLG Frankfurt, DNotZ 2003, 459, 461; LG Berlin, GmbHR 1996, 123; Bayer, in: Lutter/Hommelhoff, GmbHG, § 2 Rn. 17; Roth/Altmeppen, GmbHG, § 2 Rn. 28; Wachter, GmbHR 2003, 660.
103 Scholz/Emmerich, GmbHG, § 2 Rn. 43; Roth/Altmeppen, GmbHG, § 2 Rn. 11; für die AG siehe Hüffer, AktG, § 2 Rn. 6.
104 BGHZ 107, 23 = FamRZ 1989, 605 = Rpfleger 1989, 281 ff. = NJW 1989, 1926.
105 Soergel/Zimmermann, BGB, § 1822 Rn. 42; MünchKomm-BGB/Wagenitz, § 1822 Rn. 65; Baumbach/Hueck/Fastrich, GmbHG, § 2 Rn. 23; Weisbrodt, in: Schröder/Bergschneider, Familienvermögensrecht, Rn. 8.281; anders Pluskat, FamRZ 2004, 677, 681 f.
106 Vgl. Scholz/Emmerich, GmbHG, § 2 Rn. 43; Baumbach/Hueck/Fastrich, GmbHG, § 2 Rn. 23.
107 Abweichend Damrau, ZEV 2000, 209.
108 Scholz/Emmerich, GmbHG, § 2 Rn. 43; Baumbach/Hueck/Fastrich, GmbHG, § 2 Rn. 24; a.A.: Roth/Altmeppen, GmbHG, § 2 Rn. 11.

> **Hinweis:**
> Bei einer Mehrpersonengründung kann die erforderliche gerichtliche Genehmigung auch **nachträglich** erteilt werden (§ 1829 BGB). Demgegenüber muss bei einer Einpersonengründung die Genehmigung vor der Gründung eingeholt werden (§ 1831 BGB); im Fall eines Verstoßes hiergegen bleibt nur die Neuvornahme.[109]

III. Eintritt in eine bestehende Gesellschaft

1. Personengesellschaften

a) Allgemeines

Soll ein Dritter Gesellschafter in einer bereits bestehenden Personengesellschaft werden, bestehen hierfür rechtlich zwei Möglichkeiten:

- Der Dritte kann unter Bildung eines neuen Gesellschaftsanteils in die Gesellschaft eintreten (**originärer Anteilserwerb**).
- Ein Gesellschafter kann seine Gesellschaftsbeteiligung (teilweise) auf den neuen Gesellschafter übertragen (**derivativer Anteilserwerb**).

Die ältere Rspr. und Lit. schlossen zwar aus § 719 Abs. 1 BGB, dass die Mitgliedschaft in einer Personengesellschaft (auch ein Kommanditanteil) nicht übertragbar sei.[110] Diese Auffassung ist aber überholt. Die Übertragbarkeit der Mitgliedschaft als solcher ist heute allgemein anerkannt.[111]

b) Aufnahmevertrag

Der Eintritt eines weiteren Gesellschafters (**originärer Anteilserwerb**) erfordert einen Aufnahmevertrag, also einen **Gesellschaftsvertrag zwischen dem Beitretenden und den bisherigen Gesellschaftern**.[112] Für die gesetzliche Vertretung des Minderjährigen und die familien- bzw. vormundschaftsgerichtliche Genehmigung gelten daher die Ausführungen zur Gründung einer Personengesellschaft (Rn. 5 ff.) entsprechend.

c) Anteilsübertragung

aa) Gesetzliche Vertretung

(1) Anteilserwerb nicht lediglich rechtlich vorteilhaft

Die Beteiligung eines Minderjährigen an einer bestehenden Personengesellschaft durch Anteilsübertragung (**derivativer Anteilserwerb**) ist jedenfalls dann nicht lediglich rechtlich vorteilhaft, wenn es um den **Anteil eines unbeschränkt persönlich haftenden Gesellschafters** geht. Dies folgt schon daraus, dass der Minderjährige als Erwerber gemäß §§ 128, 130 HGB (im Fall der GbR in entsprechender Anwendung) für die Alt- und Neuverbindlichkeiten ebenfalls unbeschränkt persönlich haftet (siehe dazu bereits Rn. 19).[113]

Aber auch beim derivativen Erwerb eines **voll eingezahlten Kommanditanteils** verneint die h.M. einen lediglich rechtlichen Vorteil, da auch in diesem Fall mit dem Erwerb ein Bündel von Rechten und

---

109 Baumbach/Hueck/Fastrich, GmbHG, § 2 Rn. 21.
110 RGZ 83, 312, 314; 128, 172, 176.
111 RG, DNotZ 1944, 195; BGHZ 45, 221, 222; 81, 82, 84; Ebenroth/Boujong/Joost, HGB, § 173 Rn. 10; Piehler/Schulte, in: Münchener Handbuch des Gesellschaftsrechts, Bd. 2, § 35 Rn. 1 m.w.N.
112 Piehler/Schulte, in: Münchener Handbuch des Gesellschaftsrechts, Bd. 2, § 34 Rn. 2.
113 Siehe statt aller Piehler/Schulte, in: Münchener Handbuch des Gesellschaftsrechts, Bd. 1, § 10 Rn. 120 m.w.N.

Pflichten für den Minderjährigen begründet werde.[114] In der Lit. mehren sich allerdings die Stimmen, die den Erwerb eines voll eingezahlten Kommanditanteils als lediglich rechtlich vorteilhaft ansehen.[115] Im Interesse eines effektiven Minderjährigenschutzes ist der h.M. zu folgen. Denn mit dem Erwerb auch eines voll eingezahlten Kommanditanteils ist die **Gesellschafterstellung in einer Personengesellschaft** verbunden, aus der eine Vielzahl potenzieller Pflichten folgt. Man denke etwa nur an das Wiederaufleben der beschränkten Haftung gemäß § 172 Abs. 4 HGB oder an die aus der Gesellschafterstellung folgende gesellschaftsrechtliche Treuepflicht.[116]

> **Hinweis:**
> Nach dem derzeitigen Meinungsbild sollte man in der Praxis (vorsorglich) davon ausgehen, dass der Erwerb eines voll eingezahlten Kommanditanteils nicht lediglich rechtlich vorteilhaft ist.

54 Erhält der Minderjährige einen Kommanditanteil im Wege der **Schenkung**, ist als Folge des Trennungsprinzips die Schenkung als solche grds. auch dann lediglich rechtlich vorteilhaft i.S.d. § 107 BGB, wenn das Erfüllungsgeschäft mit rechtlichen Nachteilen verbunden ist. Der Vertrag über die **Schenkung eines Kommanditanteils** ist somit im Grundsatz auch dann lediglich rechtlich vorteilhaft, wenn man mit der vorstehend genannten h.M. in Rspr. und Lit. davon ausgeht, dass der Erwerb des Kommanditanteils selbst nicht lediglich rechtlich vorteilhaft ist.[117]

Bei einer Schenkung durch den gesetzlichen Vertreter selbst würde indes eine isolierte Beurteilung des Verpflichtungs- und des Erfüllungsgeschäftes dazu führen, dass auch das rechtlich nachteilige Erfüllungsgeschäft gemäß § 181 letzter Halbs. BGB ohne Beteiligung eines Pflegers und unter Umgehung des Schutzzwecks der §§ 107, 181 BGB geschlossen werden könnte (Erfüllung des zustimmungsfreien Schenkungsvertrages). Bei Schenkungen des gesetzlichen Vertreters wird daher nach der Rspr. des BGH aufgrund einer **Gesamtbetrachtung** des schuldrechtlichen und dinglichen Vertrages darüber entschieden, ob die Schenkung lediglich rechtlich vorteilhaft ist.[118] Einer solchen Gesamtbetrachtung bedarf es allerdings nicht, wenn schon die Schenkung bei isolierter Betrachtung nicht lediglich rechtlich vorteilhaft ist.[119]

55 Ist der derivative Erwerb eines Personengesellschaftsanteils für den Minderjährigen nicht lediglich rechtlich vorteilhaft, muss bei einer Übertragung von dem gesetzlichen Vertreter gemäß §§ 1629 Abs. 2 Satz 1, 1795 Abs. 2, 181, 1909 BGB ein **Ergänzungspfleger** bestellt werden (zum Verfahren siehe Rn. 28 ff.).

(2) Bestellung mehrerer Ergänzungspfleger

56 Will ein Gesellschafter seine Beteiligung ganz oder teilweise an mehrere seiner minderjährigen Kinder übertragen, stellt sich die Frage, ob für jedes Kind ein eigener Ergänzungspfleger gemäß § 1909 BGB bestellt werden muss (zur Rechtslage bei der Gründung siehe Rn. 8 f.).

> *Beispiel:*
> *An einer GmbH & Co. KG ist der Vater der drei minderjährigen Kinder K1, K2 und K3 beteiligt. Er will Teile seines voll eingezahlten Kommanditanteils unentgeltlich auf die Kinder übertragen.*

Die Mitwirkung mehrerer Ergänzungspfleger ist erforderlich, wenn **ein** Ergänzungspfleger an der Vertretung mehrerer Kinder durch § 181 BGB (i.V.m. §§ 1915 Abs. 1, 1795 Abs. 2 BGB) auch bei einem

---

114 Vgl. BGHZ 68, 225, 231 f.; LG Köln, Rpfleger 1970, 245; Piehler/Schulte, in: Münchener Handbuch des Gesellschaftsrechts, Bd. 2, § 35 Rn. 14; Röhricht/v. Westphalen/Gerkan, HGB, § 161 Rn. 9.
115 Staudinger/Peschel-Gutzeit, BGB, § 1629 Rn. 246, allerdings unter unrichtiger Berufung auf OLG Zweibrücken, FamRZ 2001, 181; Bamberger/Roth/Veit, BGB, § 1629 Rn. 25; Maier-Reimer/Marx, NJW 2005, 3025, 3026; Rust, DStR 2005, 1942, 1946.
116 Siehe dazu Weipert, in: Münchener Handbuch des Gesellschaftsrechts, Bd. 2, § 13.
117 Palandt/Heinrichs, BGB, § 107 Rn. 6.
118 BGHZ 78, 28.
119 BGH, NJW 2005, 415; Palandt/Heinrichs, BGB, § 107 Rn. 6.

derivativen Anteilserwerb gehindert wird. Hiervon gehen Teile der Rspr. und Lit. ohne nähere Begründung aus.[120] Dies überzeugt nicht.[121] Zur Übertragung eines Personengesellschaftsanteils bedarf es gemäß § 413 BGB eines **Verfügungsgeschäfts zwischen dem Veräußerer und dem Erwerber**. Im Gegensatz zum Austritt und Eintritt ist es gerade kein gesellschaftsrechtliches Rechtsgeschäft des Altgesellschafters mit sämtlichen Mitgesellschaftern bzw. des Neugesellschafters mit den vorhandenen Gesellschaftern.[122] Der Ergänzungspfleger steht also bei der Anteilsübertragung jeweils nur auf der Erwerberseite, während das Rechtsverhältnis zwischen den Erwerbern nicht geregelt wird. Dass sich die minderjährigen Erwerber nach Vollzug der Anteilsübertragungen als Gesellschafter gegenüberstehen, rechtfertigt keine abweichende Beurteilung. Denn hierbei handelt es sich lediglich um die gesetzliche Folge des Rechtsgeschäfts, nicht aber um dessen Gegenstand.

Auch aus dem Umstand, dass die Übertragung von Anteilen an einer Personengesellschaft wegen des damit verbundenen Eingriffs in die Rechtssphäre der übrigen Gesellschafter deren **Zustimmung** erfordert,[123] folgt nicht die Notwendigkeit, je einen eigenen Ergänzungspfleger für jedes minderjährige Kind zu bestellen. Dies ist eindeutig, wenn die Übertragung bereits **gesellschaftsvertraglich** zugelassen ist, gilt richtigerweise aber auch bei einer „Ad-hoc-Zustimmung". Durch die Zustimmung der Mitgesellschafter werden diese nicht Partner des Veräußerungsvertrages.[124] Im Übrigen wird § 181 BGB in der Rspr. auf die Zustimmung zur Anteilsübertragung nicht angewendet, so dass der gesetzliche Vertreter von Minderjährigen die Zustimmung gleichzeitig im eigenen Namen und in dem der von ihm vertretenen Kinder erklären kann.[125]

> **Hinweis:**
> Nach der neueren gesellschaftsrechtlichen Dogmatik zum derivativen Anteilserwerb ist die Notwendigkeit, für jeden erwerbenden Minderjährigen einen eigenen Ergänzungspfleger zu bestellen, zu verneinen. Bis zu einer gerichtlichen Klärung dieser Frage wird der vorsichtige Berater aber – nach der hier vertretenen Ansicht überflüssigerweise – auf die Bestellung je eines Ergänzungspflegers für jedes minderjährige Kind hinwirken.

bb) Familien- bzw. vormundschaftsgerichtliche Genehmigung

(1) Genehmigungsbedürftigkeit

Der **entgeltliche Erwerb** eines Personengesellschaftsanteils ist nach § 1822 Nr. 3 1. Alt. BGB genehmigungsbedürftig, sofern die Gesellschaft ein „Erwerbsgeschäft" (zum Begriff siehe Rn. 16 f.) betreibt. Der **unentgeltliche Erwerb** unterfällt nicht dem Wortlaut des § 1822 Nr. 3 BGB. Mit dem derivativen Erwerb eines Personengesellschaftsanteils ist an sich auch nicht der Abschluss eines Gesellschaftsvertrages verbunden (§ 1822 Nr. 3 3. Alt. BGB).[126] Gleichwohl geht die h.M. – aus Gründen des Minderjährigenschutzes zu Recht – in (analoger) Anwendung des § 1822 Nr. 3 BGB von der Genehmigungsbedürftigkeit

---

120 OLG Zweibrücken, FamRZ 2000, 117 = NJW-RR 1999, 1174 = NZG 1999, 717 für den Fall, dass mehrere minderjährige Kinder von Gesellschaftern einer BGB-Gesellschaft beitreten; Reimann, DNotZ 1999, 179, 190; Ebenroth/Boujong/Joost, HGB, § 105 Rn. 92; wohl auch Piehler/Schulte, in: Münchener Handbuch des Gesellschaftsrechts, Bd. 2, § 35 Rn. 14.

121 Siehe ausführlich: Ivo, ZEV 2005, 193; zustimmend: Maier-Reimer/Marx, NJW 2005, 3025, 3027; Rust, DStR 2005, 1942, 1946; Bürger, RNotZ 2006, 156, 163; Palandt/Diederichsen, BGB, § 1795 Rn. 16.

122 MünchKomm-BGB/K. Schmidt, § 105 Rn. 214; MünchKomm-BGB/Ulmer, § 719 Rn. 25; Erman/H.P. Westermann, BGB, § 719 Rn. 7.

123 Baumbach/Hopt/Hopt, HGB, § 105 Rn. 70; MünchKomm-BGB/K. Schmidt, § 105 Rn. 213.

124 H.M. siehe MünchKomm-BGB/Ulmer, § 719 Rn. 25; Piehler/Schulte, in: Münchener Handbuch des Gesellschaftsrechts, Bd. 2, § 35 Rn. 1 m.w.N.

125 BayObLGZ 1977, 76, 80; OLG Hamm, DB 1989, 169, 170; Baumbach/Hopt/Hopt, HGB, § 105 Rn. 70.

126 Damrau, ZEV 2000, 209, 210.

auch des unentgeltlichen derivativen Anteilserwerbs aus.[127] Darüber hinaus wird zunehmend eine Genehmigung nach § 1822 Nr. 10 BGB verlangt (siehe Rn. 19).

(2) Genehmigungsfähigkeit

58 Für die Genehmigungsfähigkeit des derivativen Anteilserwerbs gelten die Grundsätze zur Gesellschaftsgründung entsprechend (siehe Rn. 20 ff.).

59 Bei der Schenkung von Gesellschaftsbeteiligungen will sich der Schenker oft **Widerrufs- bzw. Rückforderungsrechte** vorbehalten. Hierbei sind die gesellschaftsrechtlichen Grenzen solcher Rechte noch nicht abschließend geklärt. Überwiegend wird auf die Rspr. zum Verbot der Hinauskündigung ohne sachlichen Grund abgestellt.[128] Ein unbefristetes freies Widerrufsrecht dürfte daher regelmäßig unzulässig sein. Möglich und gebräuchlich sind aber Widerrufsrechte, die an bestimmte Tatbestände anknüpfen, insb. an das Vorversterben des Erwerbers, dessen Ehescheidung, wenn der geschenkte Anteil nicht vom Zugewinnausgleich ausgenommen ist, die Veräußerung oder Belastung des Anteils ohne Zustimmung des Veräußerers und der Vermögensverfall des Erwerbers.[129] Die Vereinbarung solcher Widerrufsrechte steht der Genehmigungsfähigkeit der Schenkung nicht entgegen.[130]

2. Kapitalgesellschaften

a) Anteilserwerb im Zuge einer Kapitalerhöhung

aa) Gesetzliche Vertretung

(1) GmbH

60 Ein Minderjähriger kann einer bestehenden **GmbH** dadurch „beitreten", dass er im Zuge einer von der Gesellschaft beschlossenen Kapitalerhöhung eine neue Stammeinlage übernimmt. Hierfür ist ein **Übernahmevertrag** zwischen dem Minderjährigen und der Gesellschaft erforderlich, der auf Seiten der Gesellschaft von allen Gesellschaftern – und nicht durch den Geschäftsführer – geschlossen wird.[131] Dieser ist für den Minderjährigen wegen der Einlageverpflichtung **nicht lediglich rechtlich vorteilhaft**. Der beschränkt Geschäftsfähige muss daher gesetzlich vertreten werden.

61 Ist der **gesetzliche Vertreter selbst an der Gesellschaft beteiligt**, müsste er bei Abschluss des Übernahmevertrages sowohl als Vertreter der Gesellschaft (zusammen mit den anderen Gesellschaftern) als auch für den Minderjährigen handeln. Dieses Vorgehen verstößt gegen §§ 1629 Abs. 2 Satz 1, 1975, 181 BGB, so dass in diesem Fall richtigerweise stets ein **Ergänzungspfleger** bestellt werden muss.[132]

Teilweise wird danach unterschieden, ob außer dem gesetzlichen Vertreter weitere Gesellschafter an der Gesellschaft beteiligt sind oder nicht. Bejahendenfalls werde die Gesellschaft bei Abschluss des Übernahmevertrages – ebenso wie bei der Übernahme einer neuen Stammeinlage durch einen „Altgesellschafter"[133] – von den nicht gemäß § 181 BGB ausgeschlossenen Mitgesellschaftern vertreten; ein Ergänzungs-

---

127 Reimann, DNotZ 1999, 179, 190 f.; Piehler/Schulte, in: Münchener Handbuch des Gesellschaftsrechts, Bd. 2, § 35 Rn. 13; AnwK-BGB/Fritsche, 2005, § 1822 Rn. 19; a.A.: Damrau, ZEV 2000, 209, 210.
128 Vgl. Piehler/Schulte, in: Münchener Handbuch des Gesellschaftsrechts, Bd. 1, § 10 Rn. 29 ff.; Mayer, ZGR 1995, 93.
129 Vgl. die Formulierungsvorschläge von Kruse, RNotZ 2002, 69, 85 f., Blaum, in: Beck'sches Formularbuch Bürgerliches, Handels- und Wirtschaftsrecht, Form. VIII D. 23 und Mayer, ZGR 1995, 93, 109.
130 Vgl. LG München I, MittBayNot 2002, 404 f.
131 Scholz/Priester, GmbHG, § 55 Rn. 73 m.w.N.
132 Wegmann, in: Münchener Handbuch des Gesellschaftsrechts, Bd. 3, § 53 Rn. 26; Baumbach/Hueck/Zöllner, GmbHG, § 55 Rn. 36; a.A. – von der unrichtigen Prämisse ausgehend, dass die Gesellschafter nicht am Übernahmevertrag beteiligt sind – Rust, DStR 2005, 1942, 1947.
133 Scholz/Priester, GmbHG, § 55 Rn. 74; Michalski/Hermanns, GmbHG, § 55 Rn. 87; Roth/Altmeppen, GmbHG, § 55 Rn. 16.

pfleger müsse nicht mitwirken.[134] Gegen diese Ansicht spricht, dass die Gesellschafter bei Abschluss des Übernahmevertrages für die Gesellschaft nur Gesamtvertretungsmacht haben.[135] Auch der Vergleich mit der Übernahme einer Stammeinlage durch einen bereits an der Gesellschaft beteiligten Gesellschafter überzeugt letztlich nicht. Denn in diesem Fall können die Gesellschafter für den Abschluss des Übernahmevertrages auf Seiten der Gesellschaft Befreiung von den Beschränkungen des § 181 BGB erteilen. Bei einer Mehrfachvertretung durch den gesetzlichen Vertreter müsste zusätzlich die Befreiung auf Seiten des Minderjährigen hinzukommen, um einen Verstoß gegen § 181 BGB zu vermeiden. Eine solche Befreiung kann dem gesetzlichen Vertreter jedoch nicht erteilt werden.

Sollen **mehrere Minderjährige** Stammeinlagen übernehmen, kann für sie gleichwohl derselbe gesetzliche Vertreter handeln, da die Übernahmeverträge nur zwischen den Übernehmern und der Gesellschaft, nicht aber unter den Übernehmern geschlossen werden.[136]

(2) AG

Für den Beteiligungserwerb im Zuge einer Kapitalerhöhung einer AG gelten im Grundsatz die vorstehenden Ausführungen (Rn. 60 ff.) entsprechend. Gemäß § 185 AktG muss der Minderjährige die auszugebenden neuen Aktien zeichnen, wodurch ein **Zeichnungsvertrag** mit der AG zustande kommt.[137] Anders als bei der GmbH (Rn. 60) wird die AG aber bei Abschluss des Zeichnungsvertrages nicht durch die Aktionäre, sondern durch den Vorstand vertreten.[138] Der gesetzliche Vertreter des Minderjährigen ist daher bei Abschluss des Zeichnungsvertrages nur dann von der Vertretung gemäß §§ 1629 Abs. 2 Satz 1, 1795 Abs. 2, 181 BGB ausgeschlossen, wenn er zugleich für die AG als Vorstand handelt, nicht aber bei einer bloßen Beteiligung als Aktionär.

bb) Familien- bzw. vormundschaftsgerichtliche Genehmigung

(1) GmbH

Der Anteilserwerb im Zuge einer Kapitalerhöhung ist nach h.M. **nicht nach § 1822 Nr. 3 BGB** (Gesellschaftsvertrag zum Betrieb eines Erwerbsgeschäfts) **genehmigungsbedürftig**,[139] denn die Übernahme einer neuen Stammeinlage ist auch bei einem neu hinzutretenden Gesellschafter nicht als Abschluss eines Gesellschaftsvertrages zu verstehen. Insoweit ist auf die Rspr. des BGH zu verweisen, wonach die Übertragung eines GmbH-Anteils durch Schenkung nicht nach § 1822 Nr. 3 BGB genehmigungsbedürftig ist.[140] Das „Erwerbsgeschäft" wird von der juristischen Person, nicht aber von den Gesellschaftern betrieben. Etwas anderes soll gelten, wenn der Erwerb einer erheblichen Beteiligung nach den konkreten Umständen dem Erwerb eines Erwerbsgeschäfts gleichsteht, weil er sich nach Struktur und Art der Gesellschaft wirtschaftlich nicht mehr als reine Kapitalinvestition darstellt, den Minderjährigen also ein Unternehmerrisiko trifft.[141]

Dagegen wird **§ 1822 Nr. 10 BGB** auch auf die Kapitalerhöhung (zur Gründung siehe Rn. 50) angewandt. Bei Sacheinlagen wird die **Genehmigungsbedürftigkeit** nach dieser Vorschrift von der h.M. mit Blick auf die potenzielle Differenzhaftung gemäß §§ 56 Abs. 2, Abs. 9 GmbHG stets bejaht, bei Bareinlagen für den Fall, dass alte oder neue Stammeinlagen nicht voll eingezahlt sind bzw. werden.[142]

---

134 Michalski/Hermanns, GmbHG, § 55 Rn. 77.
135 Baumbach/Hueck/Zöllner, GmbHG, § 55 Rn. 36.
136 H.M.; siehe Scholz/Priester, GmbHG, § 55 Rn. 76 m.w.N.
137 Hüffer, AktG, § 185 Rn. 4.
138 MünchKomm-AktG/Pfeifer, § 185 Rn. 31.
139 Michalski/Hermanns, GmbHG, § 55 Rn. 78; Scholz/Priester, GmbHG, § 55 Rn. 105.
140 BGHZ 107, 24 mit Bespr. Winkler, ZGR 1990, 131 = NJW 1989, 1926 = DNotZ 1990, 303.
141 Vgl. MünchKomm-BGB/Wagenitz, § 1822 Rn. 17 m.w.N.
142 Michalski/Hermanns, GmbHG, § 55 Rn. 78; Scholz/Priester, GmbHG, § 55 Rn. 106; a.A.: Winkler, ZGR 1990, 131, 138.

> **Hinweis:**
> Wie bei der Gründung (siehe Rn. 50) sollte die gerichtliche Genehmigung vorsorglich stets eingeholt werden.

(2) AG

66 Bei der AG ist der Anwendungsbereich des **§ 1822 Nr. 10 BGB** nicht eröffnet. Denn anders als im GmbH-Recht gemäß §§ 16 Abs. 3, 24, 31 Abs. 3 GmbHG existieren im Aktienrecht keine Vorschriften, die eine Haftung für fremde Verbindlichkeiten bspw. wegen verbotener Einlagenrückgewähr anordnen. Eine solche besteht nur bei der Gründung der Gesellschaft nach § 46 AktG sowie bei einem Erwerb von Aktien nach § 65 AktG. Damit ist m.E. der Fall einer „normalen" Kapitalerhöhung nicht zu vergleichen.

67 Bei der AG ist daher allenfalls **§ 1822 Nr. 3 BGB** einschlägig. Wie bei der GmbH besteht bei der AG die Genehmigungsbedürftigkeit nach dieser Vorschrift nur dann, wenn der Erwerb der Aktien wirtschaftlich dem Erwerb des von der AG betriebenen Erwerbsgeschäfts gleichkommt.[143] Dies wird bei einer Kapitalerhöhung i.a.R. nicht der Fall sein. In den häufig auftretenden Fällen, in denen der Erwerb einzelner Aktien lediglich als Kapitalanlage bezweckt ist, gilt § 1822 Nr. 3 BGB nicht, sondern vielmehr die §§ 1811, 1807 BGB.[144]

b) Anteilsübertragung

aa) Gesetzliche Vertretung

68 Der **entgeltliche Erwerb** von GmbH-Geschäftsanteilen oder Aktien ist wegen der übernommenen Gegenleistung nicht lediglich rechtlich vorteilhaft.

Ob die **Schenkung eines** (voll eingezahlten) **GmbH-Geschäftsanteils** lediglich rechtlich vorteilhaft ist, wird unterschiedlich beurteilt. Mit Rücksicht auf die potenzielle Ausfallhaftung des Erwerbers gemäß §§ 24, 31 Abs. 3 GmbHG ist diese Frage zu verneinen und ein Ergänzungspfleger zu bestellen, wenn der gesetzliche Vertreter selbst der Schenker ist.[145] Bei der **Schenkung an mehrere minderjährige Kinder** des Gesellschafters genügt die Bestellung **eines** Ergänzungspflegers für alle Kinder, da sowohl die Schenkungs- als auch die Abtretungsverträge allein zwischen dem Gesellschafter und dem jeweils erwerbenden Kind geschlossen werden, ein Rechtsgeschäft zwischen den beschenkten Kinder also nicht vorliegt.[146]

69 Die **Schenkung voll eingezahlter Aktien** ist lediglich rechtlich vorteilhaft, da im Aktienrecht eine dem GmbH-Recht vergleichbare Ausfallhaftung nicht existiert (siehe dazu bereits Rn. 66).[147]

bb) Familien- bzw. vormundschaftsgerichtliche Genehmigung

70 Es gelten die Ausführungen unter Rn. 64 ff. entsprechend. Darüber hinaus wird der **Erwerb sämtlicher Anteile** (GmbH-Geschäftsanteile oder Aktien) wirtschaftlich als Übergang des „Erwerbsgeschäfts" angesehen mit der Folge der Genehmigungsbedürftigkeit nach § 1822 Nr. 3 1. Alt. BGB, falls die Anteile **entgeltlich** erworben werden. Bei **unentgeltlichem** Erwerb von GmbH-Geschäftsanteilen sollte wegen § 1822 Nr. 10 BGB vorsorglich die Genehmigung eingeholt werden.

---

143 Staudinger/Engler, BGB, § 1822 Rn. 45.
144 Staudinger/Engler, BGB, § 1822 Rn. 45.
145 So auch Maier-Reimer/Marx, NJW 2005, 3025 f. m.w.N. auch zur Gegenansicht; Rust, DStR 2005, 1942, 1947; Stürner, AcP 1973, 402, 436; Klamroth, BB 1975, 525, 577.
146 Maier-Reimer/Marx, NJW 2005, 3025, 3026 f.; Bürger, RNotZ 2006, 156, 163.
147 Maier-Reimer/Marx, NJW 2005, 3025.

C. Der Minderjährige in der Gesellschaft

I. Gesellschafterbeschlüsse

1. Gesetzliche Vertretung

a) Abgrenzung: Gewöhnliche Gesellschafterbeschlüsse – Grundlagenbeschlüsse

Bei der Beschlussfassung in Gesellschafterversammlungen muss für den Minderjährigen sein gesetzlicher Vertreter handeln. Probleme können hierbei mit Blick auf § 181 BGB entstehen, wenn der gesetzliche Vertreter selbst an der Gesellschaft beteiligt ist oder mehrere minderjährige Gesellschafter vertritt. Es stellt sich dann die Frage der Anwendbarkeit des § 181 BGB (i.V.m. §§ 1629 Abs. 2 Satz 1, 1795 BGB) auf Gesellschafterbeschlüsse. 71

Diese Frage wird heute im Grundsatz bejaht.[148] Anerkannt ist jedoch, dass § 181 BGB nicht unterschiedslos auf sämtliche Beschlüsse der Gesellschafter angewendet werden kann. Nach Ansicht des BGH sind für die Auslegung des § 181 BGB nicht allein formal-rechtliche oder konstruktive Überlegungen, sondern auch wertende Gesichtspunkte maßgebend.[149] § 181 BGB kann danach Anwendung finden, wenn sich zwei oder mehr Personen in der Rolle von Geschäftsgegnern gegenüber stehen und jeder zu Lasten des anderen versucht, seine eigene Rechtsposition zu verschieben oder zu stärken. Demgegenüber steht bei gewöhnlichen Gesellschafterbeschlüssen das Ziel der verbandsinternen Willensbildung nach dem gesetzlichen Leitbild des § 705 BGB und damit die Verfolgung des gemeinsamen Gesellschaftszwecks auf dem Boden der bestehenden Vertragsordnung im Vordergrund.[150] 72

Der BGH unterscheidet daher:

- Tatbestände, die aus dem Rahmen der Geschäftsführung und der laufenden gemeinsamen Gesellschaftsangelegenheiten herausfallen und die die **Grundlage des Gesellschaftsverhältnisses berühren** (z.B. Abschluss und Änderung des Gesellschaftsvertrages) und

- die **Geschäftsführung bzw. die laufenden gemeinsamen Gesellschaftsangelegenheiten**.

In der ersten Fallgruppe ist § 181 BGB anwendbar, während bei der zweiten Fallgruppe eine Anwendung des § 181 BGB im Allgemeinen ausscheidet.[151] Diese Unterscheidung hat sich heute in Rspr. und Lit. durchgesetzt.[152] Die Anwendung des § 181 BGB wird außerdem bejaht, wenn es um einen Beschluss geht, der die Rechtsverhältnisse des (gesetzlichen oder gewillkürten) Vertreters selbst betrifft.[153]

b) Einzelfälle

Die Abgrenzung zwischen „gewöhnlichen" Gesellschafterbeschlüssen (§ 181 BGB unanwendbar) und Beschlüssen über Gesellschaftsgrundlagen (§ 181 BGB anwendbar) bereitet mitunter Schwierigkeiten. In Zweifelsfällen sollte in der Praxis **vorsorglich ein Ergänzungspfleger** für den entsprechenden Beschluss bestellt werden, um dessen wirksames Zustandekommen nicht zu gefährden. 73

In folgenden Fällen wird die **Anwendbarkeit des § 181 BGB** bejaht: 74

- Satzungsänderungen,[154]

---

148 BGHZ 65, 93 ff.; MünchKomm-BGB/Ulmer, § 709 Rn. 50 ff.; Staudinger/Schilken, BGB, § 181 Rn. 23 ff.; Baetzgen, RNotZ 2005, 193, 221, 224.
149 BGHZ 65, 93, 97.
150 BGHZ 65, 93, 97 f.
151 BGHZ 65, 93, 95 ff.
152 Vgl. BayObLG, NJW-RR 1989, 807; Scholz/K. Schmidt, GmbHG, § 47 Rn. 178; Baumbach/Hueck/Zöllner, GmbHG, § 47 Rn. 60 ff.
153 BGHZ 112, 339; BayObLG, NZG 2001, 128; Baumbach/Hueck/Zöllner, GmbHG, § 47 Rn. 60.
154 BGHZ 95, 93, 95 f.; MünchKomm-BGB/Ulmer, § 709 Rn. 53; Baumbach/Hueck/Zöllner, GmbHG, § 47 Rn. 60.

Ivo

- Auflösungsbeschlüsse,[155]
- Bestellung des gesetzlichen Vertreters zum Geschäftsführer,[156]
- Bestellung eines Verwandten in gerader Linie des gesetzlichen Vertreters (z.B. seiner Mutter) zum Geschäftsführer (§ 1795 Abs. 1 Nr. 1 BGB),[157]
- Umwandlungsbeschlüsse, und zwar auch dann, wenn mit der Umwandlung keine Satzungsänderung verbunden ist,[158]
- Abschluss und Aufhebung von Unternehmensverträgen.[159]

Dagegen ist § 181 BGB z.B. auf folgende Beschlüsse **nicht anzuwenden**:
- Feststellung des Jahresabschlusses,[160]
- Beschluss über die Gewinnverwendung,[161]
- Entlastung des Geschäftsführers (für den Gesellschafter-Geschäftsführer gilt § 47 Abs. 4 GmbHG),[162]
- Beschlüsse über Geschäftsführungsmaßnahmen.[163]

c) Beschlussfassung in der Hauptversammlung einer AG

75 Besonderheiten gelten für die Beschlussfassung in der **Hauptversammlung einer AG**; § 181 BGB ist nach h.M. unanwendbar.[164] Zur Begründung wird auf § 135 AktG verwiesen. Diese Vorschrift regelt die Ausübung des Stimmrechts in der Hauptversammlung einer AG durch Kreditinstitute. Dabei geht das Gesetz ohne weiteres davon aus, dass ein Kreditinstitut grds. berechtigt ist, für verschiedene Aktionäre deren Stimmrecht nebeneinander in der Hauptversammlung auszuüben.

2. Ladung des Ergänzungspflegers zur Gesellschafterversammlung

76 Soll in einer Gesellschafterversammlung ein Beschluss gefasst werden, bei dem der gesetzliche Vertreter des Minderjährigen nach den vorstehenden Ausführungen von dessen Vertretung ausgeschlossen ist, wird der Ergänzungspfleger zu der Versammlung bereits einzuladen sein. Bei gesetzlich vertretenen Gesellschaftern geht die Einberufung der Versammlung an sie, vertreten durch den oder die gesetzlichen Vertreter; der gesetzliche Vertreter ist dann Postadressat der Einberufung und er wird zum Erscheinen aufgefordert.[165]

Die Ladung bezweckt u.a. den Schutz des mitgliedschaftlichen Rechts eines Gesellschafters auf Teilhabe an Information und Willensbildung, damit dieser nicht überrumpelt werden kann.[166] Dieser Schutz ist nur gewährleistet, wenn auch derjenige gesetzliche Vertreter zu der Gesellschafterversammlung eingeladen wird, der dort das Stimmrecht für den Minderjährigen ausübt. Daher muss auch schon die Einladung zu einer Gesellschafterversammlung gegenüber dem Ergänzungspfleger ausgesprochen werden, wenn dieser

---

155 Scholz/K. Schmidt, GmbHG, § 47 Rn. 180; Staudinger/Schilken, BGB, § 181 Rn. 25.
156 BGHZ 112, 339; OLG Düsseldorf, RNotZ 2006, 68; BayObLG, NZG 2001, 128; Baumbach/Hueck/Zöllner, GmbHG, § 47 Rn. 60; Scholz/Winter, GmbHG, § 15 Rn. 202.
157 OLG Düsseldorf, RNotZ 2006, 68.
158 Scholz/K. Schmidt, GmbHG, § 47 Rn. 180; Baumbach/Hueck/Zöllner, GmbHG, § 47 Rn. 60; Lutter/Winter, UmwG, § 50 Rn. 11.
159 Baumbach/Hueck/Zöllner, GmbHG, § 47 Rn. 60; Scholz/K. Schmidt, GmbHG, § 47 Rn. 180.
160 Hachenburg/Hüffer, GmbHG, § 47 Rn. 115.
161 MünchKomm-BGB/Ulmer, § 709 Rn. 59.
162 MünchKomm-BGB/Ulmer, § 709 Rn. 59.
163 Scholz/K. Schmidt, GmbHG, § 47 Rn. 180.
164 Staudinger/Schilken, BGB, § 181 Rn. 25; MünchKomm-BGB/Schramm, § 181 Rn. 19; Bamberger/Roth/Habermeier, BGB, § 181 Rn. 13; Erman/Palm, BGB, § 181 Rn. 12; a.A.: Soergel/Leptien, BGB, § 181 Rn. 21.
165 Für die GmbH siehe Scholz/K. Schmidt, GmbHG, § 51 Rn. 6; Baumbach/Hueck/Zöllner, GmbHG, § 51 Rn. 7.
166 Vgl. Hachenburg/Hüffer, GmbHG, § 51 Rn. 1; Michalski/Römermann, GmbHG, § 51 Rn. 4.

statt der ausgeschlossenen Eltern in der Gesellschafterversammlung das Stimmrecht für den Minderjährigen auszuüben hat.

Wird dagegen verstoßen, kann dieser Einberufungsmangel geheilt werden, indem der Ergänzungspfleger gleichwohl an der Gesellschafterversammlung teilnimmt und sein Einverständnis mit der Beschlussfassung erklärt.[167] Andernfalls dürfte ein dennoch gefasster Beschluss nichtig sein.[168]

3. Familien- bzw. vormundschaftsgerichtliche Genehmigung

a) Genehmigungsbedürftigkeit

Gesellschafterbeschlüsse können nach §§ 1643 Abs. 1, 1821, 1822 BGB im Einzelfall genehmigungsbedürftig sein. Insb. wird § 1822 Nr. 3 BGB häufig diskutiert. Auf folgende Maßnahmen und Beschlüsse sei besonders hingewiesen:

- **Änderung des Gesellschaftsvertrages einer Personengesellschaft**:

Ob sie nach § 1822 Nr. 3 BGB (Gesellschaftsvertrag) genehmigungsbedürftig ist, wird unterschiedlich beurteilt.[169] Teilweise wird dies auch dann verneint, wenn die Änderung in Rechte und Pflichten des Minderjährigen eingreift.[170] In diesem Sinne hat der BGH für den Fall des Ausscheidens bzw. des Eintritts eines anderen Gesellschafters entschieden.[171] Vor allem unter Hinweis auf das Schutzbedürfnis des Vertretenen und die Schwierigkeit der Unterscheidung zwischen Änderung und Neuabschluss vertritt allerdings eine starke Gegenansicht in der Lit., dass die Änderung von Gesellschaftsverträgen einer Personengesellschaft, an der ein Minderjähriger beteiligt ist, stets der Genehmigung nach § 1822 Nr. 3 BGB bedürfe.[172] Zu prüfen ist in jedem Fall, ob die Änderung solcher Gesellschaftsverträge der Genehmigung nach einer anderen Vorschrift bedarf, z.B. nach § 1822 Nr. 10 BGB bei der Umwandlung einer Kommanditistenstellung in die eines persönlich haftenden Gesellschafters.[173]

- **Satzungsänderung bei einer Kapitalgesellschaft**:

Bei ihr wird allgemein der Genehmigungstatbestand des § 1822 Nr. 3 BGB (Gesellschaftsvertrag) verneint.[174] Zu § 1822 Nr. 10 BGB bei der Übernahme einer neuen Stammeinlage im Zuge einer Kapitalerhöhung siehe Rn. 65.

- **Erteilung einer Prokura**:

Sie ist an sich gemäß § 1822 Nr. 11 BGB genehmigungsbedürftig. Dies beruht auf den sich an die Erteilung einer Prokura anknüpfenden erheblichen Rechtsfolgen.[175] Allerdings ist anerkannt, dass die Erteilung der Prokura nur dann genehmigungsbedürftig ist, wenn der Mündel selbst Inhaber des Handelsgeschäfts ist, also ein einzelkaufmännisches Unternehmen betreibt, nicht dagegen bei der Erteilung der Prokura für eine Handelsgesellschaft (OHG, KG) bzw. eine GmbH.[176]

---

167 Vgl. Baumbach/Hueck/Zöllner, GmbHG, § 51 Rn. 29 f.; Michalski/Römermann, GmbHG, § 51 Rn. 103 für die GmbH; Baumbach/Hopt/Hopt, HGB, § 119 Rn. 29 für die Personenhandelsgesellschaften.
168 Vgl. Scholz/K. Schmidt, GmbHG, § 51 Rn. 28; Baumbach/Hueck/Zöllner, GmbHG, § 51 Rn. 28.
169 Siehe dazu ausführlich Hilsmann, Minderjährigenschutz durch das Vormundschaftsgericht bei der Änderung von Gesellschaftsverträgen, S. 80 Rn. 31 ff.
170 Staudinger/Engler, BGB, § 1822 Rn. 68.
171 BGH, NJW 1961, 724 = NJW 1962, 2344; vgl. auch BGH, DB 1968, 932; zust. etwa Staudinger/Engler, BGB, § 1822 Rn. 68; Czeghuhn/Dickmann, FamRZ 2004, 1534, 1537.
172 MünchKomm-BGB/Wagenitz, § 1822 Rn. 28; Soergel/Zimmermann, BGB, § 1822 Rn. 26; AnwK-BGB/Fritsche, § 1822 Rn. 20.
173 Staudinger/Engler, BGB, § 1822 Rn. 68.
174 Scholz/Priester, GmbHG, § 53 Rn. 104; Baumbach/Hueck/Zöllner, GmbHG, § 53 Rn. 86; Lutter/Hommelhoff, GmbHG, § 53 Rn. 9; Reimann, DNotZ 1999, 179, 199.
175 Motive IV, S. 1145.
176 KG, OLGE 27, 369 = RJA 12, 237; Palandt/Diederichsen, BGB, § 1822 Rn. 24; MünchKomm-BGB/Wagenitz, § 1822 Rn. 68; Soergel/Zimmermann, BGB, Vor § 1821 Rn. 8, § 1822 Rn. 45.

- **Bestellung eines GmbH-Geschäftsführers**:

Sie ist nicht in (analoger) Anwendung des § 1822 Nr. 11 BGB genehmigungsbedürftig. Denn der Geschäftsführer vertritt nicht den minderjährigen Gesellschafter selbst, sondern die Gesellschaft (vgl. §§ 35 f. GmbHG). Das Handeln des Geschäftsführers kann daher auch nicht zu einer (unmittelbaren) Haftung des minderjährigen Gesellschafters, sondern nur der Gesellschaft führen. Aus diesem Grund bietet auch der Schutzzweck des § 1822 Nr. 11 BGB keinen Grund für eine analoge Anwendung dieser Vorschrift.[177]

- **Umwandlungen**:

Beschlüsse über Umwandlungsmaßnahmen nach dem UmwG können im Einzelfall die Genehmigungstatbestände des § 1822 Nr. 3 und 10 BGB auslösen.[178] Aufgrund bestehender Unklarheiten empfiehlt es sich, die Genehmigung in Zweifelsfällen vorsorglich einzuholen.[179]

b) Genehmigungsfähigkeit

79 Zur Genehmigungsfähigkeit wird auf die Ausführungen unter Rn. 20 verwiesen.

c) Nachträgliche Erteilung der gerichtlichen Genehmigung

80 Bedarf ein Gesellschafterbeschluss der familien- bzw. vormundschaftsgerichtlichen Genehmigung, kann diese gemäß **§ 1829 BGB** auch nachträglich eingeholt werden, wenn es um den Beschluss einer **Mehrpersonengesellschaft** geht. Ein solcher Beschluss ist als mehrseitiges Rechtsgeschäft als „Vertrag" i.S.d. § 1829 BGB anzusehen.

81 Eine nachträgliche gerichtliche Genehmigung ist aber aufgrund von **§ 1831 Satz 1 BGB** problematisch, wenn (ausnahmsweise) der Beschluss eines **minderjährigen Alleingesellschafters** genehmigungsbedürftig ist. Ein Verstoß gegen § 1831 Satz 1 BGB führt zur Nichtigkeit des Rechtsgeschäfts. Es kann also nur wiederholt, nicht aber die Unwirksamkeit geheilt werden.[180] Ob indes der Beschluss eines Alleingesellschafters unter § 1831 BGB fällt, ist zweifelhaft. Dagegen spricht der Normzweck. Diese Vorschrift verlangt eine vorherige Genehmigung, weil der von einem einseitigen Rechtsgeschäft betroffene Dritte Klarheit darüber haben muss, ob die Rechtswirkungen eintreten oder nicht.[181] Da nur eine Kapitalgesellschaft eine Einpersonengesellschaft sein kann und die in Rede stehenden (ausnahmsweise) genehmigungsbedürftigen Beschlüsse zu ihrer Wirksamkeit der Eintragung im Handelsregister bedürfen (§ 54 Abs. 3 GmbHG), besteht ohnehin ein Schwebezustand, weil diese Eintragung (die Genehmigungsbedürftigkeit unterstellt) erst nach Vorlage der Genehmigung vollzogen werden könnte. Auch die Beschlussfassung durch einen vollmachtlosen Vertreter wird im Übrigen bei der Ein-Mann-GmbH trotz § 180 Satz 1 BGB zugelassen.[182]

> **Hinweis**:
>
> Ist ausnahmsweise der Beschluss eines minderjährigen Alleingesellschafters genehmigungsbedürftig, empfiehlt es sich, mit Blick auf die insoweit ungeklärte Rechtslage vorsorglich eine vorherige Genehmigung des FamG bzw. Vormundschaftsgerichts einzuholen.

---

177 Im Ergebnis ebenso OLG Düsseldorf, RNotZ 2006, 68, 69.
178 DNotI (Hrsg.), Gutachten zum Umwandlungsrecht 1996/97, Nr. 4, S. 21, 27 f.; Lutter/Winter, UmwG, § 50 Rn. 11; Heckschen, in: Widmann/Mayer, Umwandlungsrecht, § 13 UmwG Rn. 140; Mayer, in: Widmann/Mayer, Umwandlungsrecht, § 50 UmwG Rn. 39.
179 Reimann, DNotZ 1999, 179, 199.
180 Palandt/Diederichsen, BGB, § 1831 Rn. 1.
181 Vgl. MünchKomm-BGB/Wagenitz, § 1831 Rn. 1.
182 OLG Frankfurt, DNotZ 2003, 459 = GmbHR 2003, 415, 416; zu diesem Ergebnis gelangt man auch dann, wenn man mit Teilen der Lit. den Ein-Mann-Beschluss nicht als einseitiges Rechtsgeschäft i.S.d. allgemeinen Rechtsgeschäftslehre begreift; vgl. Lindemann, Die Beschlussfassung in der Ein-Mann-GmbH, 1996, S. 143 ff., 212 f.

II. Veräußerung von Gesellschaftsgrundbesitz

1. Problemstellung

Gemäß §§ 1643 Abs. 1, 1821 Abs. 1 Nr. 1 BGB bedarf die **Verfügung über ein Grundstück** oder über ein Recht an einem Grundstück der familien- bzw. vormundschaftsgerichtlichen Genehmigung. Verfügung ist jede unmittelbare Einwirkung auf ein bestehendes Recht, sei es durch Übertragung, Belastung, Inhaltsänderung oder Aufgabe.[183] Genehmigungsbedürftig ist auch der schuldrechtliche Verpflichtungsvertrag (§ 1821 Abs. 1 Nr. 4 BGB).

82

Nicht selten werden Minderjährige an grundbesitzverwaltenden Gesellschaften beteiligt, und es stellt sich die Frage, ob bei einer Veräußerung von Gesellschaftsgrundbesitz die gerichtliche Genehmigung eingeholt werden muss.

2. Veräußerung durch eine Kapitalgesellschaft oder eine Personenhandelsgesellschaft

Der Genehmigungstatbestand des § 1821 BGB greift nur dann ein, wenn sich der Geschäftsgegenstand auf das **Vermögen des Minderjährigen** bezieht. Bei Verfügungen ist Voraussetzung, dass der Verfügungsgegenstand dem Vermögen des Minderjährigen angehört. Ausreichend ist hier auch eine **Bruchteils- oder Gesamthandsbeteiligung** des Minderjährigen.[184] Etwas anderes gilt, wenn vertretungsberechtigte Organe einer juristischen Person, an der der Vertretene beteiligt ist, Rechtsgeschäfte im Namen der juristischen Person abschließen. Hier wird nicht für den Minderjährigen, sondern für ein anderes Rechtssubjekt (e.V., AG, GmbH) gehandelt. Dies gilt selbst dann, wenn der Minderjährige Alleingesellschafter der juristischen Person ist.[185]

83

In Rspr. und Lit. ist anerkannt, dass es darüber hinaus an einem Bezug zum Mündelvermögen auch dann fehlt, wenn das Rechtsgeschäft das Vermögen einer **Personenhandelsgesellschaft (OHG und KG)** betrifft, an welcher der Minderjährige beteiligt ist, also nicht das Vermögen einer **juristischen Person** betroffen ist.[186] Begründet wird dies z.T. mit

84

- der vormundschafts- bzw. familiengerichtlichen Kontrolle über den Abschluss des Gesellschaftsvertrages gemäß § 1822 Nr. 3 BGB,[187]
- dem Gedanken der **Teilrechtsfähigkeit** dieser Gesellschaften[188] oder
- der Erwägung, dass sonst dem Vormundschaftsrichter in weitem Umfang die Entscheidung kaufmännischer Zweckmäßigkeitsfragen bei der Führung des Gesellschaftsunternehmens aufgebürdet würde, was als praktisch untragbar empfunden wird.[189]

3. Veräußerung durch eine BGB-Gesellschaft

Umstritten ist die Genehmigungsbedürftigkeit gemäß § 1821 Abs. 1 Nr. 1 BGB, wenn es um eine Verfügung über den Grundbesitz einer **BGB-Gesellschaft** geht, an welcher ein Minderjähriger beteiligt ist.

85

---

183 Soergel/Zimmermann, BGB, § 1821 Rn. 3; Palandt/Diederichsen, BGB, § 1821 Rn. 15.
184 MünchKomm-BGB/Wagenitz, § 1821 Rn. 7; Soergel/Zimmermann, BGB, Vor § 1821 Rn. 7; Palandt/Diederichsen, BGB, § 1821 Rn. 7, 13.
185 RGZ 133, 7, 10 f.; MünchKomm-BGB/Wagenitz, § 1821 Rn. 8; Soergel/Zimmermann, BGB, Vor § 1821 Rn. 8.
186 RGZ 125, 380; BGH, NJW 1971, 375; Soergel/Zimmermann, BGB, Vor § 1821 Rn. 8; MünchKomm-BGB/Wagenitz, § 1821 Rn. 9; Palandt/Diederichsen, BGB, § 1821 BGB Rn. 7.
187 Klüsener, Rpfleger 1981, 461, 464.
188 RGZ 54, 278.
189 BGH, NJW 1971, 375.

Das **OLG Hamburg** hat bereits im Jahr 1957[190] entschieden, dass die Rspr. zu den Personenhandelsgesellschaften auch auf die GbR übertragbar sei, wenn diese ein Erwerbsgeschäft betreibe, nicht dagegen, wenn es sich bei der GbR um eine bloße Vermögensverwaltungsgesellschaft handele. Begründet wurde dies im Wesentlichen damit, dass bei Erwerbsgesellschaften eine vormundschaftsgerichtliche Kontrolle der Gründung unter Beteiligung des Minderjährigen bzw. des Beitritts des Minderjährigen gemäß § 1822 Nr. 3 BGB gewährleistet sei, nicht aber bei bloßen Vermögensverwaltungsgesellschaften.[191]

Nach Ansicht des **OLG Schleswig** sind die für Personenhandelsgesellschaften angestellten Erwägungen für eine GbR **zumindest dann** einschlägig, wenn sie als **Erwerbsgesellschaft** betrieben wird.[192]

Für eine rein vermögensverwaltende GbR hat das **OLG Koblenz** indes entschieden, dass die Veräußerung von Grundstücken durch die GbR selbst dann der familiengerichtlichen Genehmigung gemäß § 1821 Abs. 1 Nr. 1 BGB bedürfe, wenn der Beitritt des Minderjährigen zu der Gesellschaft bereits vormundschaftsgerichtlich genehmigt worden war.[193] Das OLG Koblenz hat maßgeblich darauf abgestellt, dass – auch aufgrund besonderer Satzungsbestimmungen (die Umschichtung von Vermögenswerten sollte gegenüber der Fruchtziehung nur im konkreten Einzelfall und ausnahmsweise stattfinden; in der Präambel des Gesellschaftsvertrages wurde der Wunsch geäußert, das Vermögen solle möglichst zusammenbleiben) – „die Prüfung bei der Genehmigung des Beitritts zur Gesellschaft ... gerade nicht die mögliche Veräußerung von Teilen des Gesellschaftsvermögens durch den Geschäftsführungsbevollmächtigten (umfasste)."

Auch in der **Lit.** wird die Rechtslage **uneinheitlich** beurteilt. Vereinzelt wird noch für die Verfügung über ein Grundstück einer GbR, an der ein Minderjähriger beteiligt ist, stets und ohne Einschränkung die familien- bzw. vormundschaftsgerichtliche Genehmigung gefordert.[194] Mit Blick auf die durch den BGH nunmehr anerkannte grundsätzliche Rechtsfähigkeit der Außen-GbR wird dagegen teilweise vertreten, Verfügungen über das Vermögen einer Außen-GbR seien ebenso zu behandeln wie Verfügungen über das Vermögen juristischer Personen und seien daher schlechthin nicht genehmigungsbedürftig, und zwar unabhängig davon, ob die GbR ein Erwerbsgeschäft betreibe oder lediglich vermögensverwaltend tätig sei.[195] Die wohl **überwiegende Auffassung** in der Lit. stellt hingegen darauf ab, ob die GbR ein **Erwerbsgeschäft** i.S.d. § 1822 Nr. 3 BGB betreibt und der Beitritt des Minderjährigen zu der Gesellschaft daher nach dieser Vorschrift genehmigungsbedürftig war.[196]

86 Aufgrund der immer stärkeren Angleichung der BGB-Gesellschaft an die Personenhandelsgesellschaften überzeugt es nicht, die Veräußerung von Gesellschaftsgrundbesitz einer BGB-Gesellschaft stets dem Genehmigungstatbestand des § 1821 Abs. 1 Nr. 1 BGB zu unterwerfen. Aus **Gründen des Minderjährigenschutzes** spricht andererseits viel dafür, dass eine solche Verfügung nach dieser Vorschrift genehmigungsbedürftig ist, wenn es sich um eine rein vermögensverwaltende Gesellschaft handelt und der Beitritt des Minderjährigen (deshalb) nicht gerichtlich genehmigt wurde. Andernfalls könnte jede gerichtliche Kontrolle durch die Zwischenschaltung einer Gesellschaft ohne weiteres umgangen werden. Dem Minderjährigenschutz ist aber Genüge getan, wenn schon der Beitritt des Minderjährigen zu der Gesellschaft nach § 1822 Nr. 3 BGB genehmigt wurde, und zwar – entgegen der Meinung des OLG Koblenz – ohne Rücksicht darauf, ob die Gesellschaft tatsächlich (noch) ein Erwerbsgeschäft im Sinne dieser Vorschrift betreibt. Einer weiteren Genehmigung der Grundstücksveräußerung durch die Gesellschaft bedarf es dann nicht.

---

190 FamRZ 1958, 333, 334.
191 In diese Richtung auch LG Aschaffenburg, MittBayNot 1973, 377 und LG Wuppertal, NJW-RR 1995, 152.
192 OLG Schleswig, DNotZ 2002, 551 = FamRZ 2003, 55 = NotBZ 2002, 108 m. Anm. Schreiber.
193 OLG Koblenz, NJW 2003, 1401 = FamRZ 2003, 249 = FamRB 2003, 122.
194 Soergel/Zimmermann, BGB, Vor § 1821 Rn. 8.
195 Dümig, FamRZ 2003, 1, 2 f.
196 MünchKomm-BGB/Wagenitz, § 1821 Rn. 9 Fn. 18; Lautner, MittBayNot 2002, 256, 258 ff.; Schreiber, NotBZ 2002, 109, 110.

> **Hinweis:**
> Für die **Praxis** empfiehlt es sich, mit Rücksicht auf die Rspr. des OLG Koblenz, in den nach § 1822 Nr. 3 BGB zu genehmigenden Gesellschaftsvertrag (siehe dazu auch Rn. 15 ff.) ausdrücklich eine Regelung aufzunehmen, wonach die Veräußerung von Gesellschaftsgrundbesitz von der Geschäftsführungs- und Vertretungsbefugnis der geschäftsführenden Gesellschafter umfasst wird, da dann für derartige Veräußerungen auch nach der Entscheidung des OLG Koblenz eine gesonderte gerichtliche Genehmigung nicht mehr erforderlich ist.

D. Ausscheiden aus der Gesellschaft

I. Übersicht

Der Minderjährige kann auf verschiedene Weise aus der Gesellschaft ausscheiden. Er kann im Grundsatz **rechtsformunabhängig** 87

- seine Beteiligung veräußern,
- seine Mitgliedschaft kündigen,
- zusammen mit den anderen Gesellschaftern die Auflösung der Gesellschaft beschließen.

Bei Personengesellschaften kann der Minderjährige außerdem **durch Vereinbarung** mit den anderen Gesellschaftern aus der Gesellschaft **ausscheiden**. 88

II. Anteilsübertragung

1. Gesetzliche Vertretung

Die Veräußerung eines Gesellschaftsanteils ist für den Minderjährigen nicht lediglich rechtlich vorteilhaft, weshalb auch der beschränkt Geschäftsfähige gesetzlich vertreten werden muss. Soll der gesetzliche Vertreter selbst die Beteiligung erwerben, ist er gemäß §§ 1629 Abs. 2 Satz 1, 1795 Abs. 2, 181 BGB von der Vertretung ausgeschlossen, und es muss gemäß § 1909 BGB ein Ergänzungspfleger mitwirken. 89

2. Familien- bzw. vormundschaftsgerichtliche Genehmigung

a) Veräußerung eines Erwerbsgeschäfts (§ 1822 Nr. 3 BGB)

Nach §§ 1643 Abs. 1, 1822 Nr. 3, 2. Alt. BGB ist die familien- bzw. vormundschaftsgerichtliche Genehmigung zu einem Vertrag erforderlich, der auf die **Veräußerung eines Erwerbsgeschäfts** gerichtet ist. Auf die Entgeltlichkeit kommt es in dieser Variante des § 1822 Nr. 3 BGB nicht an. Unentgeltlich kann der gesetzliche Vertreter zulasten des Mündelvermögens grds. ohnehin nicht verfügen (§§ 1641, 1804 BGB). Ein Verstoß gegen das Schenkungsverbot führt nach allgemeiner Ansicht zur **Nichtigkeit**, die auch nicht durch eine etwa (zu Unrecht) erteilte familien- bzw. vormundschaftsgerichtliche Genehmigung geheilt wird.[197] 90

b) Abtretung eines Personengesellschaftsanteils

Auch die Veräußerung eines Teils eines Erwerbsgeschäfts ist nach § 1822 Nr. 3 2. Alt. BGB **genehmigungsbedürftig** und damit auch die Abtretung eines Personengesellschaftsanteils, soweit die Gesellschaft ein „Erwerbsgeschäft" (siehe dazu Rn. 16 f.) betreibt.[198] Dies gilt auch bei „Zwergbeteiligungen" an ei- 91

---

[197] Vgl. BayObLG, Rpfleger 1988, 22; BayObLGZ 1996, 118, 120 = MittBayNot 1996, 432 f.; BayObLG, NJWE-FER 1998, 81, 82 = FamRZ 1999, 47; NotBZ 2003, 273 f.; Palandt/Diederichsen, BGB, § 1804 Rn. 1; krit. Holzhauer, FamRZ 2000, 1063.

[198] BGHZ 17, 160, 164 f.; Piehler/Schulte, in: Münchener Handbuch des Gesellschaftsrechts, Bd. 2, § 35 Rn. 13; Soergel/Zimmermann, BGB, § 1822 Rn. 20; Winkler, ZGR 1973, 177, 202 f.

ner KG.[199] Nicht überzeugend ist es daher, wenn die Abtretung nur eines Teils der Beteiligung nicht als Veräußerung des Erwerbsgeschäfts, sondern lediglich als nicht genehmigungsbedürftige Änderung des Gesellschaftsvertrages angesehen wird.[200]

c) Abtretung von GmbH-Geschäftsanteilen oder Aktien

92 Soweit die Gesellschaft ein „Erwerbsgeschäft" betreibt (siehe dazu Rn. 16 f.), ist es der juristischen Person, nicht aber den Anteilsinhabern zuzurechnen. Die Veräußerung von GmbH-Geschäftsanteilen oder Aktien ist daher grds. nicht der Veräußerung eines Erwerbsgeschäfts gleichzustellen und daher genehmigungsfrei. Wie beim derivativen Erwerb (siehe Rn. 64) wird nach h.M. in Rspr. und Lit. von diesem Grundsatz eine Ausnahme gemacht, wenn sich die Beteiligung des Minderjährigen nach den konkreten Umständen, insb. nach Struktur und Art der Gesellschaft und dem Grad der Beteiligung, wirtschaftlich nicht mehr als reine Kapitalinvestition, sondern darüber hinausgehend als Beteiligung an dem von der Gesellschaft betriebenen Erwerbsgeschäft darstellt, wenn also den Minderjährigen ein Unternehmerrisiko trifft.[201] Dies wird insb. bei der Veräußerung einer **Mehrheitsbeteiligung** angenommen, ebenso dann, wenn an der Gesellschaft ausschließlich Minderjährige beteiligt sind und sie alle Anteile veräußern (ohne Rücksicht auf die Beteiligungsquote des Einzelnen).[202] Die Veräußerung einer untergeordneten Kapitalbeteiligung ist dagegen nicht als Veräußerung eines Erwerbsgeschäfts anzusehen.[203]

> **Hinweis:**
> In Zweifelsfällen empfiehlt es sich, einen Negativattest des Familien- bzw. Vormundschaftsgerichts einzuholen.[204]

III. Kündigung der Mitgliedschaft

1. Abgrenzung zur Kündigung der Gesellschaft

93 Die Kündigung einer **Personengesellschaft** (vgl. §§ 723 ff. BGB) führt grds. zu ihrer Auflösung. Die Gesellschaft bleibt dann als solche zunächst als Abwicklungsgesellschaft bestehen und ist erst mit Abschluss der Liquidation voll beendet. Häufig bestimmen die Gesellschaftsverträge indes, dass die Kündigung eines Gesellschafters nicht zur Auflösung der Gesellschaft, sondern „nur" zum Ausscheiden des Kündigenden führt (§ 736 BGB). Der Ausscheidende ist nach Maßgabe des Gesellschaftsvertrages abzufinden, und das Gesellschaftsvermögen wächst den verbleibenden Gesellschaftern an (§ 738 BGB).

---

199 OLG Karlsruhe, NJW 1973, 1977.
200 So aber wohl BGH, DB 1968, 932; Reimann, DNotZ 1999, 179, 205; zu Recht ablehnend Soergel/Zimmermann, BGB, § 1822 Rn. 20.
201 KG, NJW 1976, 1946; OLG Hamm, FamRZ 1984, 1036; OLG München, FamRZ 2003, 392; MünchKomm-BGB/Wagenitz, § 1822 Rn. 17; Staudinger/Engler, BGB, § 1822 Rn. 49.
202 BGH, ZEV 2003, 375 m. krit. Anm. Damrau = DNotZ 2004, 152: „Zwar ist der Kreis der nach § 1822 BGB genehmigungspflichtigen Geschäfte um der Rechtssicherheit willen formal und nicht nach den Umständen des Einzelfalles zu bestimmen (...). Dies steht der Berücksichtigung wirtschaftlicher Zusammenhänge aber dann nicht entgegen, wenn es um typische Sachverhalte geht. Zweck des § 1822 BGB ist es, den Minderjährigen vor potenziell nachteiligen Geschäften zu schützen (...). Die Veräußerung einer Mehrheitsbeteiligung an einer GmbH kann für einen Minderjährigen ebenso gefährlich sein wie die Veräußerung eines einzelkaufmännisch geführten Geschäfts oder einer Beteiligung an einer OHG. Dem berechtigten Bedürfnis nach Rechtssicherheit ist hinreichend genüge getan, solange es hinreichend konkrete Abgrenzungsmerkmale gibt. Hierfür bietet sich die Höhe der Beteiligung an. Jedenfalls dann, wenn die Beteiligung des Minderjährigen 50 % übersteigt, oder wenn, wie im Streitfall, nur Minderjährige an einer GmbH beteiligt sind und sie alle Anteile und damit das Unternehmen der GmbH insgesamt veräußern, spricht alles dafür, die Veräußerung dem Genehmigungserfordernis des § 1822 Nr. 3 BGB zu unterwerfen."
203 OLG München, FamRZ 2003, 392 für eine Beteiligung von 1/8.
204 Vgl. OLG München, FamRZ 2003, 392.

Bei der **GmbH** ist ein Kündigungsrecht nicht gesetzlich, aber häufig statutarisch vorgesehen. Auch hier ist zu unterscheiden, ob die Kündigung zu einer Auflösung der Gesellschaft mit anschließender Liquidation oder „nur" zu einem Ausscheiden des Kündigenden führt.[205] Im zweiten Fall scheidet der Kündigende – anders als bei einer Personengesellschaft – nicht „automatisch" aus der Gesellschaft (mit der Folge der Anwachsung) aus, sondern muss noch seinen Gesellschaftsanteil an die Mitgesellschafter, einen Dritten oder an die Gesellschaft selbst abtreten.[206]

94

Terminologisch ist daher zwischen der Kündigung (nur) der Mitgliedschaft und der Kündigung der Gesellschaft zu unterscheiden.

95

2. Gesetzliche Vertretung

Die Kündigung ist für den minderjährigen Gesellschafter nicht lediglich rechtlich vorteilhaft, so dass auch der beschränkt Geschäftsfähige hierbei gesetzlich vertreten werden muss. Ist der gesetzliche Vertreter als Mitgesellschafter oder Geschäftsführer zugleich Erklärungsgegner, muss gemäß §§ 1629 Abs. 2 Satz 1, 1795 Abs. 2, 181 BGB ein Ergänzungspfleger bestellt werden, da die Kündigung als Grundlagengeschäft einzuordnen ist (siehe Rn. 71 ff.).

96

3. Familien- bzw. vormundschaftsgerichtliche Genehmigung

Die **Kündigung der Gesellschaft** führt nicht zum Ausscheiden des Gesellschafters, sondern zu einer Änderung des Gesellschaftszwecks; die werbende Gesellschaft wird zur Abwicklungsgesellschaft. Die **Kündigung der Mitgliedschaft** (zur Abgrenzung siehe Rn. 93 ff.) hat dagegen bei der Personengesellschaft den unmittelbaren und bei der GmbH den mittelbaren Verlust der Beteiligung zur Folge.

97

Allerdings wird sowohl die Kündigung der Gesellschaft als auch die Kündigung der Mitgliedschaft unter **§ 1823 BGB** subsumiert, wonach der Vormund nicht ohne Genehmigung des Gerichts ein neues Erwerbsgeschäft im Namen des Mündels beginnen oder ein bestehendes Erwerbsgeschäft des Mündels auflösen soll. Als Auflösungsgeschäft ist auch die Kündigung anzusehen.[207] Die Vorschrift des § 1823 BGB ist jedoch im Bereich der **elterlichen Sorge** nicht anwendbar, da **§ 1645 BGB** gilt. § 1645 BGB erfasst jedoch die Auflösung eines bestehenden Erwerbsgeschäfts und damit auch die Kündigung von Gesellschaftsverträgen nicht. Aus den §§ 1823, 1645 BGB einerseits und dem „Wesensunterschied" zwischen Kündigung und Ausscheiden kraft Veräußerung der Beteiligung andererseits wird nun von der h.M. gefolgert, § 1822 Nr. 3 BGB sei auf die Fälle der Kündigung der Gesellschaft oder der Mitgliedschaft nicht anwendbar; eine gerichtliche Genehmigung der Kündigung sei daher nicht erforderlich.[208]

Der h.M. ist für den Fall der Kündigung der Gesellschaft zu folgen, da eine solche Kündigung nicht zum Verlust der Beteiligung führt und daher nicht als Veräußerung des Erwerbsgeschäfts angesehen werden kann. Anders liegt es bei der Kündigung der Mitgliedschaft. Es macht bei einer am Normzweck orientierten Auslegung des § 1822 Nr. 3 BGB keinen Unterschied, ob der Minderjährige seine Beteiligung an die Mitgesellschafter überträgt oder ihnen das Vermögen einer Personengesellschaft infolge der Kündigung der Mitgliedschaft anwächst. Richtigerweise ist daher die Kündigung der Mitgliedschaft in einer Personengesellschaft nach § 1822 Nr. 3 BGB genehmigungsbedürftig.[209] Bei der GmbH gilt dies unter Berücksichtigung der einschränkenden Grundsätze zur Anteilsübertragung (siehe Rn. 92) ebenfalls.

98

---

205 Zur Auslegung unklarer Satzungsklauseln siehe Weitbrecht, in: Münchener Handbuch des Gesellschaftsrechts, Bd. 3, § 62 Rn. 22.
206 Kort, in: Münchener Handbuch des Gesellschaftsrechts, Bd. 3, § 29 Rn. 22.
207 Soergel/Zimmermann, BGB, § 1823 Rn. 4; Erman/Holzhauer, BGB, § 1823 Rn. 1; Reimann, DNotZ 1999, 179, 205.
208 Soergel/Zimmermann, BGB, § 1822 Rn. 19; MünchKomm-BGB/Wagenitz, § 1822 Rn. 20; Reimann, DNotZ 1999, 179, 205; Winkler, ZGR 1973, 177, 204 f.
209 Wiedemann, Die Übertragung und Vererbung von Mitgliedschaftsrechten bei Personengesellschaften, 1965, S. 246 f.

4. Kündigungsrecht des volljährig gewordenen Gesellschafters

99 Bei der Beteiligung eines Minderjährigen an einer **Personengesellschaft** ist das Kündigungsrecht des volljährig gewordenen Gesellschafters gemäß § 723 Abs. 1 Satz 3 Nr. 2 BGB zu beachten. Dieses Sonderkündigungsrecht wurde im Rahmen des MHbeG vom 25.8.1998[210] in das Gesetz eingefügt. Zweck dieses Sonderkündigungsrechts ist nach der Gesetzesbegründung,[211] die mit dem Minderjährigenhaftungsbeschränkungsgesetz angestrebte Haftungszäsur, wie sie durch die Anordnung der Haftungsbeschränkung in § 1629a BGB n.F. primär bewirkt wird, zu verstärken. Das Kündigungsrecht ist **zwingend** und kann daher nicht gesellschaftsvertraglich ausgeschlossen werden. Denn gemäß § 723 Abs. 3 BGB ist eine Vereinbarung, durch welche das Kündigungsrecht ausgeschlossen oder beschränkt wird, nichtig.[212]

100 Das Kündigungsrecht des § 723 Abs. 1 Satz 3 Nr. 2 BGB gilt für die BGB-Gesellschaft und über § 105 Abs. 3 HGB nach h.M. auch für den **persönlich haftenden Gesellschafter** einer OHG oder KG.[213] Nicht abschließend geklärt ist, ob es auch für den volljährig gewordenen **Kommanditisten** gilt. Die Gesetzessystematik schließt dies nicht aus (§ 161 Abs. 2 HGB). Die überwiegende Lit. geht indes mit Blick auf den Normzweck zu Recht davon aus, dass das Sonderkündigungsrecht nur einem persönlich haftenden Gesellschafter, nicht aber einem Kommanditisten zusteht, jedenfalls dann, wenn seine Hafteinlage vollständig geleistet worden ist.[214]

IV. Auflösung

1. Gesetzliche Vertretung

101 Der Minderjährige muss bei der Beschlussfassung über die Auflösung gesetzlich vertreten werden. Ist der gesetzliche Vertreter Mitgesellschafter, ist er von der Vertretung des Minderjährigen gemäß §§ 1629 Abs. 2 Satz 1, 1795 Abs. 2, 181 BGB ausgeschlossen. Es muss gemäß § 1909 BGB ein Ergänzungspfleger bestellt werden, da der Auflösungsbeschluss zu den „Grundlagengeschäften" zu zählen ist (siehe Rn. 74).

2. Familien- bzw. vormundschaftsgerichtliche Genehmigung

102 Da der Auflösungsbeschluss nur zu einer Umwandlung der werbenden Gesellschaft in eine Abwicklungsgesellschaft führt, ist mit ihm keine Veräußerung des Erwerbsgeschäfts verbunden, weshalb eine gerichtliche Genehmigung nach § 1822 Nr. 3 BGB nicht erforderlich ist.[215]

V. Austrittsvereinbarung bei Personengesellschaften

1. Gesetzliche Vertretung

103 Aus einer Personengesellschaft kann der Minderjährige auch durch eine vertragliche Vereinbarung mit den Mitgesellschaftern, mit der Folge der Anwachsung gemäß § 738 BGB, ausscheiden. Ist der gesetzliche Vertreter Mitgesellschafter, muss gemäß §§ 1629 Abs. 2 Satz 1, 1795 Abs. 2, 181, 1909 BGB ein Ergänzungspfleger bestellt werden, da die Austrittsvereinbarung eine Änderung des Gesellschaftsvertrages darstellt (siehe Rn. 52 für den Aufnahme-Vertrag).

---

210 BGBl. I, S. 2487.
211 BT-Drucks. 13/5624, S. 10.
212 Siehe Palandt/Sprau, BGB, § 723 Rn. 7; Glöckner, ZEV 2001, 47.
213 Piehler/Schulte, in: Münchener Handbuch des Gesellschaftsrechts, Bd. 2, § 36 Rn. 24; Reimann, DNotZ 1999, 179, 206; anders: Baumbach/Hopt/Hopt, HGB, § 105 Rn. 16; Lorz, in: Ebenroth/Boujong/Joost, HGB, § 133 Rn. 18 ff., die auf die §§ 132 ff. HGB verweisen.
214 Vgl. Grunewald, ZIP 1999, 597, 599; Piehler/Schulte, in: Münchener Handbuch des Gesellschaftsrechts, Bd. 2, § 36 Rn. 24; Reimann, DNotZ 1999, 179, 206.
215 BGHZ 52, 316, 319 = NJW 1970, 33; MünchKomm-BGB/Wagenitz, § 1822 Rn. 20; Reimann, DNotZ 1999, 179, 205.

2. Familien- bzw. vormundschaftsgerichtliche Genehmigung

Wie die Kündigung der Mitgliedschaft (siehe Rn. 97 f.) führt die Austrittsvereinbarung zu einem Verlust der Beteiligung des Minderjährigen und ist daher nach § 1822 Nr. 3 BGB genehmigungsbedürftig, sofern die Gesellschaft ein Erwerbsgeschäft betreibt.[216]

104

---

[216] Piehler/Schulte, in: Münchener Handbuch des Gesellschaftsrechts, Bd. 1, § 10 Rn. 36.

2. Familien bzw. vormundschaftsgerichtlicher Genehmigung

Aus der Kundmachung der Dienstesbehörde Kap 9/2,19 führt die Anerkennen Ispannung zu einem Vorhaben bei Beteiligung der Minderjährigen aufgrund ist im Jahr nach § 182, Nr 3 BGB perspektivenübergreifend sofern die Gesellschaft ein Rest zu maximal Betracht.

12. Kapitel: Joint Ventures

Inhaltsverzeichnis

		Rn.
A.	**Grundlagen**	1
I.	Einführung	1
II.	Strukturierungsalternativen	4
III.	Sonderformen	6
IV.	Unternehmerische Ausrichtung des Joint Ventures	8
B.	**Joint-Venture-Gesellschaft**	9
I.	Rechtsformwahl	9
	1. Kriterien der Rechtsformwahl	10
	2. Typische Rechtsformen	11
II.	Beteiligungsverhältnisse im Joint Venture	17
C.	**Gründungsprozess**	20
I.	Vorbereitungsmaßnahmen	21
II.	Due Diligence	25
III.	Verhandlungen	27
IV.	Vertragsschluss und Vollzug	29
D.	**Vertragliche Grundlagen des Joint Ventures**	32
I.	Joint-Venture-Vertrag und Gesellschaftsvertrag	32
	1. Charakterisierung des Joint-Venture-Vertrages	32
	2. Form des Joint-Venture-Vertrages	34
	3. Abgrenzung zum Gesellschaftsvertrag	38
II.	Typische Regelungsgegenstände	40
	1. Vertragsstruktur und Parteien	40
	2. Beiträge der Partner (Finanzierung)	41
	3. Willensbildung im Joint Venture	44
	a) Paritätisches Joint Venture	45
	b) Mehrheits-Joint Venture	50
	4. Regelung der Geschäftsführung	52
	5. Vertretung der Partner im Joint Venture	54
	6. Wettbewerbsverbot	55
	7. Dauer des Joint Ventures	56
III.	Ergänzende Verträge	57
IV.	Muster: Joint-Venture-Vertrag	59
E.	**Beendigung des Joint Ventures**	60
I.	Liquidation	63
II.	Veräußerung und Veräußerungsbeschränkung	64
	1. Vorerwerbsrechte	66
	2. Mitverkaufsrecht (Tag Along) und Mitverkaufspflicht (Drag Along)	68
	3. Optionsrechte	71
	4. Russian Roulette und Texan Shoot-out	73
III.	Ausschluss eines Partners	77

		Rn.
IV.	Kündigung	78
F.	**Kartellrecht**	79
I.	Zusammenschlusskontrolle	80
	1. Zuständigkeit und Anmeldepflicht	81
	2. Materielles Fusionskontrollrecht	83
	3. Verfahren	85
II.	Kartellverbot	86
	1. Inhalt des Kartellverbotes	87
	2. Kartellverbot und Zusammenschlusskontrolle	89
G.	**Arbeitsrecht**	90
I.	Betriebsübergang (§ 613a BGB)	91
	1. Voraussetzungen	92
	2. Inhalt von Arbeitsverhältnissen	96
	a) Betriebsvereinbarungen	98
	b) Tarifverträge	100
II.	Betriebliche Mitbestimmung bei der Gründung des Joint Ventures	101
III.	Geltung von Konzernbetriebsvereinbarungen im Joint Venture	104
IV.	Mitbestimmung auf der Ebene der Joint-Venture-Partner	106
H.	**Rechnungslegung**	109
I.	Einzelabschluss des Joint-Venture-Partners	110
II.	Konzernabschluss des Joint-Venture-Partners	113
	1. Konzernabschluss nach deutschen Vorschriften (HGB)	114
	a) Vollkonsolidierung	115
	b) Quotenkonsolidierung	116
	c) At-Equity-Konsolidierung	117
	d) Keine Konsolidierung	118
	2. Konzernabschluss nach IFRS	119
I.	**Steuern**	121
I.	Gründung des Joint Ventures	122
	1. Einbringung in eine Kapitalgesellschaft (§ 20 UmwStG)	123
	2. Einbringung in eine Personengesellschaft nach § 24 UmwStG, § 6 Abs. 5 EStG	127
	3. Grunderwerbsteuer	129
	4. Umsatzsteuer	131
II.	Laufende Besteuerung der Joint-Venture-Gesellschaft	133

Kommentare und Gesamtdarstellungen:

Baumbach/Hopt, Handelsgesetzbuch, 32. Aufl. 2006; *Baumbach/Hueck*, Kommentar zum GmbH-Gesetz, 18. Aufl. 2006; *Beck'sches Handbuch der Personengesellschaften*, 2. Aufl. 2002; *Beck'schesr Bilanz-Kommentar*, 6. Aufl. 2006; *Erfurter Kommentar zum Arbeitsrecht*, 6. Aufl. 2006; *Fitting/Engels/Schmidt/Trebinger/Linsenmaier*, BetrVG, 23. Aufl. 2006; *Hewitt*, Joint Ventures, 3. Aufl. 2005; *Hüffer*, Kommentar zum Aktiengesetz, 7. Aufl. 2006; *Kittner/Zwanziger*, Arbeitsrecht, 3. Aufl. 2005; *Langen/Bunte*, Kommentar zum deutschen und europäischen Kartellrecht, Bd. 1 und Bd. 2, 10. Aufl. 2006; *Ley/Schulte*, Joint-Venture-Gesellschaften, 2003; *Lutter*, Der Letter of Intent, 3. Aufl. 1998; *ders.*, Kommentar zum Umwandlungsgesetz, 3. Aufl. 2004; *Lutter/Hommelhoff*, Kommentar zum GmbH-Gesetz, 16. Aufl. 2004; *Münchener Handbuch des Gesellschaftsrechts*, Bd. 1, 2. Aufl. 2004; *Münchener Kommentar zum Aktienrecht*, Bd. 3 (§§ 76 – 117 AktG, MitbestG, § 76 BetrVG 1952), 2. Aufl. 2004; *Münchener Kommentar zum Bürgerlichen Gesetzbuch*, Bd. 1 (§§ 1 – 240, AGBG), 4. Aufl. 2001; *Palandt*, Bürgerliches Gesetzbuch, 66. Aufl. 2006; *Raiser*, Mitbestimmungsgesetz, 4. Aufl. 2002; *Raiser/Veil*, Recht der Kapitalgesellschaften, 4. Aufl. 2007; *Roth/Altmeppen*, Kommentar zum GmbHG, 5. Aufl. 2005; *Schmidt*, EStG, 25. Aufl. 2006; *Schmitt/Hörtnagl/Stratz*, Umwandlungsgesetz, Umwandlungssteuergesetz: UmwG, UmwStG, 4. Aufl. 2006; *Schulte*, Handbuch Fusionskontrolle, 2005; *Sommer*, Die Gesellschaftsverträge der GmbH & Co. KG, 3. Aufl. 2005; *Sudhoff*, GmbH & Co. KG, 6. Aufl. 2005; *Wiedemann*, Gesellschaftsrecht Bd. II – Recht der Personengesellschaften, 2004.

Aufsätze und Rechtsprechungsübersichten:

Böttcher, Verpflichtung des Vorstands einer AG zur Durchführung einer Due Diligence, NZG 2005, 49; *Böttcher/Liekefett*, Mitbestimmung bei Gemeinschaftsunternehmen mit mehr als zwei Muttergesellschaften – Eine kautelarjuristische Betrachtung, NZG 2003, 701; *Fleischer/Körber*, Due diligence und Gewährleistung beim Unternehmenskauf, BB 2001, 847; *Görgemanns*, Tracking Stocks bei der Joint Venture GmbH, GmbHR 2004, 170; *Grunewald/Gehling/Redewig*, Gutgläubiger Erwerb von GmbH-Anteilen, ZIP 2006, 685; *Hoffmann-Becking*, Der Einfluss schuldrechtlicher Gesellschaftervereinbarungen auf die Rechtsbeziehungen in der Kapitalgesellschaft, ZGR 1994, 442; *Müller*, Einfluss der due diligence auf die Gewährleistungsrechte des Käufers, NJW 2004, 2196; *Schulte/Sieger*, „Russian Roulette" und „Texan Shoot Out" – Zur Gestaltung von radikalen Ausstiegsklauseln in Gesellschaftsverträgen von Joint-Venture-Gesellschaften (GmbH und GmbH & Co. KG), NZG 2005, 24; *Sieger/Hasselbach*, Notarielle Beurkundung von Joint-Venture-Verträgen, NZG 1999, 485; *Thüsing*, Deutsche Unternehmensmitbestimmung und europäische Niederlassungsfreiheit, ZIP 2004, 381.

A. Grundlagen

I. Einführung

1 Der Begriff „Joint Venture" bedeutet „gemeinsames Projekt" oder **„gemeinsame Unternehmung"**.[1] Er ist aus dem Englischen in die deutsche Rechtsprache übernommen worden, aber nicht klar definiert. Orientiert man sich an der englischen Bedeutung, beschreibt Joint Venture **Formen der projektbezogenen Unternehmenskooperation** von mindestens zwei Unternehmen (im Folgenden als Joint-Venture-Partner bezeichnet) auf der Grundlage von vertraglichen Absprachen.[2] Das Joint Venture ist gesetzlich nicht geregelt; es finden sich lediglich vereinzelte Bestimmungen, die an ein „Gemeinschaftsunternehmen" anknüpfen.[3]

2 Grundlage des Joint Ventures ist der **Joint-Venture-Vertrag**, der teilweise auch als Grundlagen-, Grundsatz- oder Kooperationsvereinbarung bezeichnet wird. In der Praxis begegnet man Joint Ventures in unterschiedlichen Formen und Gestaltungen. Ebenso unterschiedlich fallen die **Motive für seine Gründung** aus. In manchen Fällen finden sich die Joint-Venture-Partner aufgrund ihrer komplementären Fähigkeiten oder Erfahrungen zusammen, bei anderen Joint Ventures steht die Bündelung von Kapital, Produktionsstätten oder anderen Ressourcen im Vordergrund.

3 Ein Joint Venture ist unabhängig von seiner konkreten Ausgestaltung meist nur eine **„Ehe auf Zeit"**. Die bei seiner Gründung austarierte Balance von Rechten und Pflichten der Joint-Venture-Partner erweist sich in der Praxis vielfach als zu fragil, um die Partner dauerhaft aneinander zu binden. So werden viele Joint Venture innerhalb von wenigen Jahren wieder beendet. Für den Anwalt bedeutet dies, bereits am Anfang das Ende zu bedenken (hierzu ausführlich unter Rn. 60 ff.).

---

[1] Der Verfasser dankt Herrn Rechtsreferendar Tobias Teicke für wertvolle Vorarbeiten bei der Erstellung des Manuskriptes.
[2] Stengel, in: Beck'sches Handbuch Personengesellschaften, § 21 Rn. 1.
[3] Bspw. § 3 Abs. 4 FKVO, siehe unten Rn. 81 f.

II. Strukturierungsalternativen

Ein Joint Venture kann **auf zweierlei Weise strukturiert** werden. Führen die Joint-Venture-Partner das Joint Venture in Form einer selbständigen (Außen-)Gesellschaft, spricht man verbreitet von einem **Equity Joint Venture**; die Trägerin des Equity Joint Venture nennt man Gemeinschaftsunternehmen oder auch **Joint-Venture-Gesellschaft**. Arbeiten die Joint-Venture-Partner auf schuldrechtlicher Basis ohne selbständige Trägergesellschaft zusammen, spricht man von einem **Contractual Joint Venture**. Allerdings können auch beim Contractual Joint Venture gesellschaftsrechtliche Elemente hinzutreten, da die Partner in Verfolgung ihres gemeinsamen Zwecks häufig eine BGB-Innengesellschaft bilden, die weder am Rechtsverkehr teilnimmt noch Gesellschaftsvermögen bildet.

4

> **Hinweis:**
>
> Ein **Contractual Joint Venture** wird insb. dann gewählt, wenn die Partner nur in begrenztem Umfang oder für begrenzte Zeit zusammenarbeiten wollen; als Beispiel mögen Bauunternehmen dienen, die sich für ein konkretes Bauvorhaben zu einer sog. Arbeitsgemeinschaft zusammenschließen. Die Stärken des Contractual Joint Ventures liegen vor allem in dem weiten Gestaltungsspielraum sowie seiner unkomplizierten Aufnahme und Beendigung (die mangels Gesellschaftsvermögen keine Liquidation erfordert). Da kein Joint Venture existiert, das in das Handelsregister eingetragen werden muss, ist das Contractual Joint Venture besonders für eine vertrauliche Zusammenarbeit geeignet.[4] Demgegenüber bietet sich ein **Equity Joint Venture** an, wenn die Zusammenarbeit auf eine gewisse Dauer angelegt ist. Neben einem eigenständigen Marktauftritt des Joint Venture erlaubt es insb., die Haftung auf das Vermögen der Joint-Venture-Gesellschaft zu beschränken.[5]

Während sich die Vertragsstruktur des Contractual Joint Ventures im Joint-Venture-Vertrag erschöpft, treten beim Equity Joint Venture in aller Regel **weitere Vereinbarungen hinzu** (siehe unten Rn. 57 ff.). Dadurch gewinnt die Gestaltungsaufgabe beim Equity Joint Venture zusätzliche Komplexität. Das Equity Joint Venture wird in der Praxis auch häufiger als das Contractual Joint Venture vereinbart.[6] Entsprechend liegt der Schwerpunkt der folgenden Darstellung auf dem Equity Joint Venture.

5

III. Sonderformen

Die Zusammenarbeit in einer **strategischen Allianz** wird teilweise mit einem Joint Venture gleichgesetzt. Häufig beschreibt der Begriff aber lediglich eine lose Form der Zusammenarbeit, bei der sich die beteiligten Unternehmen zur Förderung eines gemeinsamen Ziels verpflichten.[7]

6

Banken und Versicherungen bilden häufig **Konsortien**, um die Risiken aus Finanzierungs- oder Versicherungsverträgen auf mehrere Unternehmen zu verteilen. Auch bei Forschungs- und Entwicklungsvorhaben trifft man auf Konsortien, in denen einzelne Forschungsaufgaben auf die beteiligten Unternehmen verteilt werden. Für beide Konstellationen ist typisch, dass die beteiligten Unternehmen ihr gemeinsames Ziel **ohne die Gründung einer separaten Außengesellschaft** verfolgen, sondern – wenn überhaupt – nur eine Innengesellschaft bilden. Insofern begründet der **Konsortialvertrag ein Contractual Joint Venture**. Es kommt aber stets auf die Umstände des Einzelfalls an, es gibt keine allgemeingültige Definition des Konsortiums.

Von einem **internationalen Joint Venture** ist die Rede, wenn die Partner aus verschiedenen Ländern stammen. In dieser Situation muss der Anwalt zunächst mit dem Mandanten erörtern, in welchem Land und nach welchem Recht das Joint Venture errichtet werden soll. Ein wichtiges Kriterium für die Stand-

7

---

[4] Es bleibt aber zu prüfen, ob z.B. kartellrechtliche Vorschriften eine Offenlegung erfordern, siehe unten Rn. 79 ff.
[5] Stengel, in: Beck'sches Handbuch Personengesellschaften, § 21 Rn. 14.
[6] Baumanns, in: Münchner Handbuch des Gesellschaftsrechts, Bd. 1, § 28 Rn. 2.
[7] Dazu Wiedemann, Gesellschaftsrecht, Bd. II, S. 617 f., § 7.

ortwahl ist häufig die **Besteuerung**.[8] Für einen internationalen Rechts- und Besteuerungsvergleich wird der Anwalt in aller Regel Kollegen hinzuziehen, die eine Zulassung für die erwogenen Rechtsordnungen haben. Gleiches gilt für den Fall, dass sich der Mandat dafür entscheidet, die Joint-Venture-Gesellschaft innerhalb[9] oder außerhalb Deutschlands in einer ausländischen Rechtsform zu errichten.

Eine Sonderform des internationalen Joint Ventures stellt die sog. **Dual-listed Company** dar.[10] Dabei verbinden sich zwei in verschiedenen Ländern ansässige Gesellschaften derart miteinander, dass sie **wirtschaftlich betrachtet ein einheitliches Unternehmen** bilden. Diese (seltene und komplexe) Struktur kommt für Unternehmenszusammenschlüsse in Betracht, wenn sich eine Übernahme des einen Unternehmens durch das andere aus psychologischen Gründen verbietet und stattdessen eine Gleichordnung mit beiderseits fortbestehender Börsennotierung gewünscht ist. Von einem regulären Joint Venture unterscheidet sich die Dual-listed Company dadurch, dass die beteiligten Unternehmen nicht nur auf ein bestimmtes Geschäftsfeld begrenzt zusammenarbeiten, sondern eine **umfassende Bindung eingehen**.

IV. Unternehmerische Ausrichtung des Joint Ventures

8 Die Joint-Venture-Gesellschaft kann **operativ** tätig oder als **Holdinggesellschaft** ausgestaltet sein. Auch Mischformen sind möglich.

Zudem kann man zwischen **Teilfunktions-Joint-Ventures** und **Vollfunktions-Joint-Ventures** unterscheiden. Ein Teilfunktions-Joint-Venture erbringt einzelne Leistungen für die Joint-Venture-Partner, nicht aber für Dritte. Das Vollfunktions-Joint-Venture hingegen tritt selbständig am Markt auf. Diese Unterscheidung ist insb. im Kartellrecht von Interesse (siehe unten Rn. 82).

Schließlich lässt sich zwischen **Horizontal-Joint-Ventures** und **Vertikal-Joint-Ventures** differenzieren. Im ersten Fall ist das Joint Venture auf derjenigen Produktions-, Handels- oder Dienstleistungsstufe aktiv, auf der die Joint-Venture-Partner vor Gründung des Joint Ventures selbst tätig waren.[11] Das Geschäftsfeld eines Vertikal-Joint-Ventures liegt dagegen **auf einer anderen (vorgelagerten oder nachgeordneten) Stufe** als dasjenige der Partner.

B. Joint-Venture-Gesellschaft

I. Rechtsformwahl

9 Ein zentraler Punkt bei der Strukturierung eines Equity Joint Ventures ist die **Wahl der Rechtform** für die Joint-Venture-Gesellschaft.

1. Kriterien der Rechtsformwahl

10 In die Rechtformwahl fließen **zahlreiche Aspekte** ein, die typischerweise nicht sämtlich für dieselbe Rechtsform sprechen, sondern **gegeneinander abzuwägen** sind. Bei den meisten Gründungen fließen mehrere oder alle der folgenden Gesichtspunkte in die Abwägung mit ein, ergänzt um Einzelfall-spezifische Faktoren (etwa gesetzliche Vorgaben für die Rechtsform der Joint-Venture-Gesellschaft aufgrund des geplanten Geschäftsgegenstandes):

- Haftungsbegrenzung für die Joint-Venture-Partner,
- Weisungsrecht der Joint-Venture-Partner gegenüber der Geschäftsführung der Joint-Venture-Gesellschaft,

---

8 Einen Überblick über die Standorte Belgien, Luxemburg und die Niederlande bietet Ley/Schulte, Joint-Venture-Gesellschaften, Rn. 14 ff.
9 Zu ausländischen Gesellschaften mit Verwaltungssitz in Deutschland siehe unten Rn. 13.
10 Siehe auch Hewitt, Joint Ventures, Rn. 3 – 31 ff. Bis Juli 2005 war Royal Dutch/Shell eine der weltweit bekanntesten Dual-listed Companies; inzwischen wurde die Struktur aufgelöst.
11 Baumanns, in: Münchner Handbuch des Gesellschaftsrechts, Bd. 1, § 28 Rn. 9.

- Spielraum bei der Gestaltung des Gesellschaftsvertrages der Joint-Venture-Gesellschaft,
- übersichtliche rechtliche Strukturen und unkomplizierte Verwaltung der Joint-Venture-Gesellschaft,
- (Vermeidung von) Publizität der Joint-Venture-Partner, des Gesellschaftsvertrages und der Jahresabschlüsse der Joint-Venture-Gesellschaft,
- „Image" der Rechtsform bei Kreditgebern, Kunden, Lieferanten und Führungskräften,
- Beschränkungen für die Gesellschafterfinanzierung der Joint-Venture-Gesellschaft,
- Kosten und Formzwang bei der Gründung der Joint-Venture-Gesellschaft,
- Kosten und Formzwang bei der Übertragung von Joint-Venture-Anteilen,
- Geltung der Unternehmensmitbestimmung (DrittelbG, MitbestG) für die jeweilige Rechtsform,
- Besteuerung der Gründung des Joint Ventures und
- laufende Besteuerung der Joint-Venture-Gesellschaft und ihrer Ausschüttungen an die Joint-Venture-Partner.

2. Typische Rechtsformen

Die **GmbH** ist neben der GmbH & Co. KG die häufigste Rechtsform einer Joint-Venture-Gesellschaft.[12] Die **GmbH ist geprägt** durch eine relative große Freiheit bei der Gestaltung der Satzung (vgl. § 45 Abs. 2 GmbHG), das Recht der Gesellschafter, der Geschäftsführung verbindliche Weisungen zu erteilen (§ 37 Abs. 1 GmbHG) und natürlich die Haftungsbeschränkung auf das Gesellschaftsvermögen (§ 13 Abs. 2 GmbHG). Ein **Nachteil der Rechtsform** liegt bspw. darin, dass GmbH-Geschäftsanteile nur in notarieller Form verkauft und übertragen werden können (vgl. § 15 Abs. 3, Abs. 4 GmbH). Zudem erlaubt das GmbHG (bislang) keinen gutgläubigen Erwerb von Geschäftsanteilen.[13]

11

Die **GmbH & Co. KG** teilt mit der GmbH die Vorzüge des (hier eher noch größeren) Gestaltungsspielraums, des Weisungsrechts und der Haftungsbeschränkung. **Anders als bei der GmbH** bedarf die Kapitalaufnahme sowie die Übertragung von Gesellschaftsanteilen aber keiner (kostenträchtigen) notariellen Beurkundung.

12

> **Hinweis:**
> Dieser Vorteil wird in der Praxis häufig dadurch relativiert, dass die Kommanditisten vereinbaren, dass ihre Beteiligung an der KG stets derjenigen an der (typischerweise nicht am Vermögen der KG partizipierenden) Komplementär-GmbH entsprechen muss.[14] Eine Veränderung bei den Kommanditisten erfordert dann notwendigerweise auch eine Anteilsübertragung bei der GmbH mit dem sich daraus ergebenden Formzwang.

Ein **weiterer Vorteil** der GmbH & Co. KG gegenüber der GmbH ist es, dass das DrittelbG auf diese Rechtsform keine Anwendung findet. Auch muss der Gesellschaftsvertrag der KG nicht zum Handelsregister gereicht werden.[15] Ein gewichtiger Nachteil der Rechtsform liegt in ihrem Charakter als **„Doppelgesellschaft" von KG und GmbH**. Vor allem für ausländische Mandanten ist diese Struktur zuweilen schwer nachvollziehbar. In der Praxis hängt die Entscheidung zwischen GmbH und GmbH & Co. KG häufig von steuerlichen Erwägungen ab.[16]

Seit den EuGH-Entscheidungen „Überseering" und „Inspire Art"[17] kommen in Deutschland vermehrt **ausländische Kapitalgesellschaften** mit tatsächlichem Verwaltungssitz in Deutschland zum Einsatz, sei

13

---

12 Baumanns, in: Münchner Handbuch des Gesellschaftsrechts, Bd. 1, § 28 Rn. 5.
13 Zu Reformüberlegungen siehe Grunewald/ Gehling/ Rodewig, ZIP 2006, 685.
14 Siehe unten Rn. 36.
15 Sommer, Gesellschaftsverträge der GmbH & Co. KG, S. 19.
16 Siehe hierzu unten Rn. 121 ff.
17 EuGH, NJW 2003, 3331; NJW 2002, 3614.

es als Unternehmensträger oder als Komplementärin einer KG. In den meisten Fällen greift man auf die englische **private company limited by shares** (Limited) zurück. Mit dem Rückgriff auf die Limited will man häufig die strengen Bestimmungen zur Kapitalaufbringung und -erhaltung im deutschen Kapitalgesellschaftsrecht sowie eine Unternehmensmitbestimmung nach DrittelbG und MitbestG vermeiden. Ob Letzteres tatsächlich gelingt, ist allerdings **umstritten**.[18] Zudem zahlt man den Preis der parallelen Geltung englischen (Binnen-) und deutschen (Außen-)Rechts.[19]

14   Ein Joint Venture in Gestalt einer **AG** ist selten. Dies dürfte in erster Linie der Satzungsstrenge (§ 23 Abs. 5 AktG) und der Unabhängigkeit des Vorstands (§ 76 AktG) geschuldet sein. Demgegenüber bietet die AG die **Vorteile einer leichten und rechtssicheren Anteilsübertragung**, der Börsenfähigkeit und das Renommee einer „großen" Kapitalgesellschaft gegenüber der „kleinen Schwester" GmbH.

15   Gemeinschaftsunternehmen werden **selten als reine Personengesellschaften** in Form von BGB-Gesellschaft, KG oder OHG gegründet, da bei ihnen mindestens eine natürliche Person unbeschränkt haftet. Die Joint-Venture-Partner bevorzugen daher eher die Mischform der GmbH & Co. KG. **Allerdings** ist die reine Personengesellschaft anders als die GmbH & Co. KG oder Kapitalgesellschaften nicht zur Offenlegung ihres Jahresabschlusses verpflichtet (§§ 264a, 325 ff. HGB).

16   **Seit Ende 2004** kann ein Joint Venture auf der Grundlage der Verordnung (EG) Nr. 2157/2001 des Rates v. 8.10.2001 über das Statut der Europäischen Gesellschaft (SE-VO) auch in der Form einer **Europäischen Gesellschaft (SE)** gegründet werden. Gemäß Art. 2 Abs. 3 SE-VO können Gesellschaften unterschiedlicher Mitgliedstaaten gemeinsam eine Tochter-SE gründen. Abgesehen von einzelnen spezifischen Regelungen wird eine SE mit Sitz in Deutschland weitgehend wie eine AG behandelt (vgl. Art. 3 Abs. 1, 9 Abs. 1 SE-VO[20]).

> **Hinweis:**
> Im Leben eines Joint Ventures kann die Bedeutung der Charakteristika einer Rechtsform zu- oder abnehmen. So bevorzugen die Joint-Venture-Partner bei der Gründung möglicherweise eine flexible Rechtsform wie die GmbH, möchten sich aber für einen späteren Zeitpunkt die Option eines Börsengangs offen halten, der nur der AG und der SE zur Verfügung steht. Für solche Situationen kann man im Joint-Venture-Vertrag vereinbaren, dass die Joint-Venture-Gesellschaft unter bestimmten Voraussetzungen in eine andere Rechtsform umgewandelt werden soll.

II.   Beteiligungsverhältnisse im Joint Venture

17   Für die **Beteiligung zweier Partner** an einer Joint-Venture-Gesellschaft gibt es zwei Alternativen: entweder ein Joint-Venture-Partner übernimmt die Mehrheit der Stimmrechte (und damit typischerweise auch der Anteile) an der Joint-Venture-Gesellschaft (**Mehrheits-Joint-Venture**) oder beide Partner beteiligen sich jeweils zu 50 % (**paritätisches Joint Venture**).

Die Unterschiede beider Beteiligungsvarianten zeigen sich vor allem bei der Willensbildung im Joint Venture: Bei einem Mehrheits-Joint-Venture steht der **Minderheitenschutz** im Vordergrund (zumindest aus Sicht des geringeren beteiligten Partners), beim paritätischen Joint Venture die **Vermeidung und Überwindung von Pattsituationen**.

18   In beiden Fällen handelt es sich um **Gestaltungsaufgaben**. Die gesetzlichen Regelungen zum Schutz des Minderheitsgesellschafters genügen den Vorstellungen und der Rolle eines Minderheitspartners im Joint Venture in aller Regel nicht. Bei der GmbH bspw. beschränken sie sich im Wesentlichen auf das Einsichts- und Auskunftsrecht (§ 51a GmbHG) sowie das Recht, eine Gesellschafterversammlung einzuberufen und die Tagesordnung ergänzen lassen zu können (§ 50 GmbHG). Darüber hinaus bedürfen Änderungen des

---

18   Gegen die Anwendbarkeit der deutschen Mitbestimmung Raiser, MitbestG, § 1 Rn. 13; a.A.: Thüsing, ZIP 2004, 381.

19   Ausführlich zu Auslandsgesellschaften siehe Teil 2: Gesellschaftsrecht, 8. Kapitel.

20   Zur Europäischen Gesellschaft siehe Teil 2: Gesellschaftsrecht, 2. Kapitel, § 1.

Gesellschaftsvertrages einer Dreiviertelmehrheit (§ 53 Abs. 2 GmbHG). Regelungen zur Auflösung einer Blockade zweier Gesellschafter mit gleichgroßen Beteiligungen kennt das Gesetz überhaupt nicht. (Einige Gestaltungsvorschläge sind unter Rn. 45 ff. und Rn. 50 f. zusammengestellt.)

Paritätische Joint Ventures sind recht konfliktträchtig. Sie kommen häufig dadurch zustande, dass beide Partner um die **unternehmerische Führung des Joint Ventures** ringen. Mit der paritätischen Beteiligung wird die Führungsfrage dann nicht entschieden, sondern nur vertagt. Für die Verteilung der Anteile an einem Joint Venture spielen verschiedene Faktoren eine Rolle.[21] **Ausgangspunkt** ist der Wert der jeweiligen wirtschaftlichen Beiträge der Partner (siehe dazu D.II.2). Dieser Wert ist aber (bspw. durch Zu- bzw. Ausgleichszahlungen) gestaltbar, sofern er zu einer Anteilsverteilung führt, die den strategischen Zielen der Partner zuwiderläuft. So wird **häufig der „sachnähere" Partner** die unternehmerische Führung des Joint Ventures übernehmen. 19

> **Hinweis:**
>
> In der Praxis werden Joint Ventures überwiegend zwischen zwei Partnern vereinbart. Mehrheits-Joint-Venture und paritätisches Joint Venture sind genauso bei der Beteiligung von mehr als zwei Joint-Venture-Partnern denkbar; allgemein sind die Grundsätze für die Gestaltung eines Joint Ventures von der Anzahl seiner Partner unabhängig. Allerdings können im **Mehr-Partner-Joint-Venture** noch zusätzliche Regelungen sinnvoll sein. Bspw. vereinbaren einzelne Partner nicht selten Stimmbindungen miteinander, um ihr Auftreten gegenüber den übrigen Partnern zu koordinieren.

C. Gründungsprozess

Joint Ventures können auf sehr unterschiedlichen Wegen zustande kommen. Insofern spiegelt der Gründungsprozess den **Variantenreichtum von Joint Ventures** hinsichtlich ihrer Struktur und Funktion wider. Die nachfolgend geschilderten Schritte sind daher nicht absolut zu setzen, sondern beschreiben lediglich einen typischen Gründungsverlauf bei einem Zwei-Partner-Joint-Venture. 20

I. Vorbereitungsmaßnahmen

Je gründlicher die Gründung des Joint Ventures geplant ist, desto eher ist gewährleistet, dass die **verschiedenen Interessen der Partner** angemessen im Vertragswerk Berücksichtigung finden. Dies ist im Hinblick auf das bereits erwähnte Konfliktpotenzial eines Joint Ventures von großer Bedeutung. 21

Als erster Schritt empfiehlt sich der Abschluss einer **Geheimhaltungserklärung** zwischen den beteiligten Partnern. Mit der Geheimhaltungserklärung wird zum einen der **Schutz sensibler Informationen** bezweckt, welche die Partner zu den von ihnen in das Joint Venture einzubringenden Unternehmen, Unternehmensteilen oder Vermögensgegenständen im Rahmen der Verhandlungen und insb. der Due Diligence (siehe dazu Rn. 25 f.) offen legen. Zum anderen wird üblicherweise der **Gegenstand der Verhandlungen selbst**, die Planung des Joint Ventures, der Geheimhaltung unterworfen.[22] 22

Die Geheimhaltungserklärung ist umso wichtiger, je intensiver die künftigen Partner miteinander im Wettbewerb stehen. **Konkurrieren die Joint-Venture-Partner auf denselben Märkten**, empfiehlt sich eine besonders strikte Gestaltung, ggf. mit der Androhung einer Vertragsstrafe im Fall der Vertragsverletzung, um die Gefahr eines Missbrauchs offen gelegter Informationen einzuschränken. **Allerdings** wird man sich in einem solchen Fall nicht auf den beschränkten Schutz einer Geheimhaltungserklärung verlassen wollen, sondern besonders wettbewerbssensitive Informationen, wie z.B. Einkaufspreise oder Kundenrabatte, einem separaten Verfahren unterwerfen. In Betracht kommt z.B., die Informationen bis kurz vor Abschluss des Joint-Venture-Vertrages zurückhalten oder sie einem Dritten zur Verfügung zu stellen, der

---

21 Siehe hierzu Görgemanns, GmbHR 2004, 170, 171.
22 Dies ist insb. für börsennotierte Gesellschaften im Zusammenhang mit der Pflicht zur ad-hoc-Berichterstattung (§ 15 WpHG) wesentlich.

verpflichtet ist, sie nur gefiltert weiterzugeben. Eine verschärfte Geheimhaltung kann **auch kartellrechtlich geboten sein**.

> **Hinweis:**
> Die Verpflichtung zur Geheimhaltung sollte im Joint-Venture-Vertrag (siehe unten Rn. 32 ff.) wiederholt werden. Nach Gründung des Joint Ventures geraten Geheimhaltungs- und andere Vorfeldvereinbarungen schnell in Vergessenheit. Außerdem können sie durch übliche Klauseln im Joint-Venture-Vertrag wie „Dieser Vertrag ersetzt sämtliche früheren schriftlichen oder mündlichen Vereinbarungen zu seinem Gegenstand" unerkannt aufgehoben werden.

23 Die Geheimhaltungsvereinbarung kann Gegenstand des sog. **Letter of Intent** (auch Absichtserklärung, Memorandum of Understanding oder Heads of Agreement genannt)[23] sein. Wird die Geheimhaltung separat geregelt, ist der Letter of Intent **typischerweise das nächste Dokument**, das die Partner miteinander vereinbaren. Es hat zum Ziel, das weitere Verfahren – Due Diligence und Verhandlungen (siehe unten Rn. 25 f. und 27 f.) – sowie die Eckpunkte für das angestrebte Joint Venture zu konkretisieren.

Grds. entfaltet der Letter of Intent seinem Inhalt nach **keine rechtliche, sondern nur eine „kaufmännische" Bindung**. Diejenige Partei, die sich im Verlauf der Verhandlungen von den Festlegungen des Letter of Intent entfernen will, trägt die Begründungslast, sofern die andere Seite denn überhaupt bereit ist, über eine solche Abweichung zu verhandeln. **Von dem geschilderten Grundsatz abweichend** werden üblicherweise einzelne Regelungen des Letter of Intent ausdrücklich als verbindlich vereinbart. Dies gilt bspw. zu Klauseln über Geheimhaltungspflichten, eine etwaige Exklusivität der Verhandlungen oder die Rechtswahl und den Gerichtsstand.

> **Hinweis:**
> Mandanten unterschätzen manchmal die faktische Bindungswirkung, die ein Letter of Intent entfaltet. Der Anwalt sollte jedenfalls darauf drängen, zu den Verhandlungen über den Letter of Intent hinzugezogen zu werden. Der Letter of Intent kann den Joint-Venture-Vertrag natürlich nicht vorwegnehmen. Sofern Punkte aber im Letter of Intent geregelt und nicht offen gelassen werden, sollte auf ihre Formulierung ähnliche Sorgfalt verwandt werden wie bei dem eigentlichen Vertrag.

24 Mit den Festlegungen des Letter of Intent besteht i.d.R. eine Basis, um einen konkreten **Zeit- und Maßnahmeplan** aufzustellen, der die notwendigen Schritte bis zur Verwirklichung des Joint Ventures beschreibt. Ein solcher Plan sollte idealerweise von den Joint-Venture-Partnern **gemeinsam** aufgestellt werden, um die beiderseitigen Erwartungen und Verantwortlichkeiten transparent zu machen (dies kann auch im Letter of Intent geschehen). Typischerweise obliegt es den beratenden Anwälten, den Zeit- und Maßnahmeplan aufzustellen. Für die Qualität des Plans ist es entscheidend, dass sämtliche **erforderlichen Schritte identifiziert** und mit realistischen Zeitfenstern versehen werden.

II. Due Diligence

25 Es ist bei bedeutenden Unternehmenstransaktionen zunehmend üblich geworden, die wirtschaftlichen, rechtlichen und steuerlichen Verhältnisse des Zielunternehmens vor Abschluss des Erwerbs im Rahmen einer sog. **Due-Diligence-Prüfung** zu untersuchen.[24] Je nach Konstellation wird die Prüfung häufig auf weitere Felder ausgedehnt, bspw. auf das Vorhandensein von Umweltbelastungen oder den Zustand der EDV-Systeme.

---

[23] Hierzu allgemein: Lutter, Der Letter of Intent; Palandt/Heinrichs, BGB, Vor § 145 Rn. 18; MünchKomm-BGB/Kramer, Vor § 145 Rn. 41.

[24] Der Ausdruck leitet sich aus der gebotenen Sorgfalt ab, mit der ein Käufer im anglo-amerikanischen Rechtskreis den Kaufgegenstand prüfen muss.

Ob sich die Üblichkeit der Due Diligence schon zu einer **Sorgfaltspflicht des Geschäftsführers oder Vorstands** verdichtet hat,[25] kann hier dahinstehen. Ein Unternehmensleiter wird selbstverständlich bemüht sein, vor einer bedeutenden Investition so viel wie möglich über deren wertbildende Faktoren zu erfahren. Umgekehrt muss er die **Kosten und den Zeitbedarf einer Due Diligence** berücksichtigen. Damit steht weniger das „Ob" einer Due Diligence in Frage, als vielmehr ihr Umfang und ihre Ausgestaltung.

Bei der Due Diligence treffen gegenläufige Interessen aufeinander: Im klassischen Fall des Unternehmenskaufes möchte der Käufer möglichst tief in das Unternehmen hineinleuchten, der Verkäufer unter Geheimhaltungsgesichtspunkten die Informationen dagegen auf das Unabweisbare beschränken, bevor der Verkauf nicht perfekt ist. **Bei einem Joint Venture** ist dies häufig anders, besonders bei Joint Ventures, deren Anteile paritätisch oder annähernd gleich auf die Partner verteilt sind. Wirtschaftlich betrachtet ist hier **jede Seite zugleich Käufer und Verkäufer**, eine unerkannte Überbewertung des von der Gegenseite in das Joint Venture eingebrachten Unternehmensteils oder Vermögensgegenstandes führt automatisch zu einer relativen Unterbewertung des eigenen Beitrags. Daher können sich die Partner in der Praxis häufig leichter auf Umfang und Ablauf der wechselseitigen Due Diligence verständigen. Allerdings kommen bei deren Durchführung nicht selten Unstimmigkeiten auf, indem eine Seite der anderen vorwirft, die abgestimmten Fragen nur zögerlich oder unvollständig zu beantworten.

26

> **Hinweis:**
> Dem begleitenden Anwalt ist zu raten, bei seinem eigenen Mandanten auf eine korrekte Abarbeitung des Fragenkatalogs zu drängen und Lücken in der Dokumentation der Gegenseite frühzeitig zu monieren. Für das Gelingen des Joint Ventures ist eine vertrauensvolle Zusammenarbeit der Partner unerlässlich. Mit ihrem Verhalten während der Due Diligence geben die Partner gleichsam ihre „Visitenkarte" ab. Sie können sich somit die weiteren Schritte zum Joint Venture erleichtern oder erschweren.

III. Verhandlungen

Bestätigt die Due Diligence die **wechselseitigen Erwartungen** bzw. fördert sie keine grundsätzlichen Hindernisse zu Tage, können die Verhandlungen der Joint-Venture-Partner beginnen. Besteht großer Zeitdruck, kann es auch erforderlich sein, die **Verhandlungen parallel zur Due Diligence zu führen**.

27

> **Hinweis:**
> Ein solches Vorgehen sollte aber die Ausnahme bleiben. Für eine optimale Auswertung der Due Diligence sollten dieselben Anwälte, welche die Due Diligence betreut haben, auch die Vertragsentwürfe ausarbeiten. Laufen beide Prozesse gleichzeitig ab, müssen diese Aufgaben oftmals auf verschiedene Anwälte verteilt werden. Zudem werden kostenbewusste Mandanten die Verhandlungen erst beginnen wollen, wenn die Due Diligence gezeigt hat, dass dem Joint Venture keine grundlegenden Hindernisse im Weg stehen.

Gegenstand der Verhandlungen sind vor allem die Verträge (vgl. unter Rn. 32 ff.).

Die Verhandlungen eines Joint Ventures unterscheiden sich von der Situation – bspw. bei einem Unternehmenskauf – in zweierlei Hinsicht: Zum einen strebt die bereits beschriebene Reziprozität der Rollen – die Partner treten zugleich als Käufer und Verkäufer auf – tendenziell eher zu einem **ausgewogenen** als zu einem klar „käuferfreundlichen" oder „verkäuferfreundlichen" Vertragswerk. Zum anderen ist bei einem Joint Venture nicht nur ein einmaliger Leistungsaustausch zu regeln, sondern die **Grundlagen einer dauerhaften Zusammenarbeit**. Dies gestaltet die Verhandlungen häufig recht komplex. Die Langfristperspektive legt zudem nahe, eher einen kooperativen, die gemeinsamen Interessen betonenden Ver-

28

---

25 Eine Rechtspflicht bejahend: MünchKomm-AktG/Hefermehl/ Spindler, § 93 Rn. 30; Böttcher, NZG 2005, 49, 54; anders jedoch aus gewährleistungsrechtlicher Sicht Müller, NJW 2004, 2196, 2197 f.; Fleischer/ Körber, BB 2001, 841, 847.

handlungsstil zu wählen, als die Stärke der eigenen Verhandlungsposition aggressiv auszuspielen. Denn wie bei der Due Diligence gilt auch für diesen Abschnitt des Gründungsprozesses, dass der Umgang miteinander das für das Joint Venture erforderliche **Vertrauensverhältnis der Partner** entscheidend fördern, aber auch entscheidend belasten kann.

IV. Vertragsschluss und Vollzug

29 Am Ende der (erfolgreichen) Verhandlungen steht der Vertragsschluss. Allerdings kann der Joint-Venture-Vertrag i.d.R. nicht sogleich vollzogen werden. Häufig müssen zunächst noch **Zustimmungen eingeholt** oder **sonstige Vorbereitungsmaßnahmen** getroffen werden, bevor das Joint Venture tatsächlich aktiv werden kann. In der auch in Deutschland verbreiteten, englischen Terminologie bezeichnet man den Vertragsschluss als **Signing**, den Vollzug als **Closing** (**oder Completion**).

30 Der Vollzug eines Joint Ventures kann von einer Vielzahl von **Zustimmungen** abhängig sein. Bereits bei der Planung ist zu überlegen, welche Zustimmungen relevant sind und wie viel Zeit für ihre Einholung einzukalkulieren ist. Die Einholung **interner Zustimmungen** – bspw. von Gesellschaftern oder Aufsichtsgremien – ist i.d.R. besser planbar als die Beschaffung **externer Zustimmungen**, also solcher, die von Behörden oder Vertragspartnern einzuholen sind. Behördliche Zustimmungserfordernisse können sich insb. aus der Fusionskontrolle ergeben (siehe dazu Rn. 80 ff.). Daneben bestehen Sonderregelungen für Unternehmen bestimmter Wirtschaftsbereiche (z.B. Banken, Versicherungen, Verteidigung).[26]

Zudem kann die Gründung des Joint Ventures **auch laufende Verträge** berühren. Überträgt ein Vertragspartner Vertragsverhältnisse im Wege der Einzelrechtsnachfolge auf die Joint-Venture-Gesellschaft, bedarf es für den darin liegenden Parteiwechsel der **Zustimmung der jeweiligen Vertragspartner**. Werden Verträge durch Umwandlungsmaßnahmen übertragen, ist deren Zustimmung dagegen grds. nicht erforderlich.[27] Die Übertragung von Wirtschaftsgütern kann der Zustimmung von Banken oder sonstigen Kapitalgebern des übertragenden Partners bedürfen.

Die Zustimmung von Vertragspartnern kann auch dann erforderlich sein, wenn für die Gründung des Joint Ventures nicht Wirtschaftsgüter und Vertragsverhältnisse (sog. **Asset Deal**), sondern Gesellschaftsanteile übertragen werden (sog. **Share Deal**). So enthalten manche Verträge sog. Change-of-Control-Klauseln. Diese knüpfen insb. Kündigungsrechte daran, dass sich die Beteiligungsverhältnisse einer Vertragspartei substanziell ändern.

Handelt es sich bei den Joint-Venture-Partnern um natürliche Personen, sind insb. **familienrechtliche Vorschriften** zu beachten (z.B. Zustimmungserfordernis nach § 1365 BGB).

31 Die **sonstigen Vollzugsbedingungen** hängen maßgeblich von der Strukturierung des Joint Ventures ab. Dies können u.a. die Gründung und Eintragung der Joint-Venture-Gesellschaft oder das Wirksamwerden der Ausgliederung eines Unternehmensteils sein. **In zeitlicher Hinsicht** ist bspw. die rechtzeitige Information des Betriebsrats bei Umwandlungsmaßnahmen zu berücksichtigen (vgl. §§ 5 Abs. 3, 125 UmwG – Zuleitung des Verschmelzungs- bzw. Spaltungsvertrages spätestens einen Monat vor Fassen des Verschmelzungsbeschlusses).[28]

> **Hinweis:**
> Der zeitlich verzögerte Vollzug soll keine der Parteien dazu einladen, die Verhandlungen über den Vertragsschluss hinaus fortzusetzen bzw. wieder aufzunehmen. Vertragstechnisch ist daher der wesentliche Inhalt aller Verträge und sonstigen Erklärungen, die erst zum Closing zu schließen bzw. abzugeben sind, in dem Joint-Venture-Vertrag festzulegen. Dazu werden die Erklärungen entweder

---

26 § 3 KWG; § 7 VAG; § 7 Abs. 2 Ziff. 5 AWG.
27 Ob dies bei Ausgliederung und Abspaltung auch dann gilt, wenn der fragliche Vertrag ein Abtretungsverbot enthält, ist umstritten; bejahend: Hörtnagel, in: Schmitt/Hörtnagel/Stratz, UmwG, § 132 Rn. 24; verneinend Teichmann, in: Lutter, UmwG, § 132 Rn. 5.
28 Zu den arbeitsrechtlichen Aspekten des Joint Ventures siehe unten Rn. 90 ff.

aufschiebend bedingt im Joint-Venture-Vertrag abgegeben oder (häufiger) dem Joint-Venture-Vertrag in Entwurfsform als Anlage beigefügt.

D. Vertragliche Grundlagen des Joint Ventures

I. Joint-Venture-Vertrag und Gesellschaftsvertrag

1. Charakterisierung des Joint-Venture-Vertrages

Der Joint-Venture-Vertrag ist – wie auch seine andere Bezeichnung als Grundlagenvereinbarung nahe legt – die **rechtliche Basis für das Joint Venture**. In ihm werden Gegenstand, Ziel und Modalitäten der Zusammenarbeit geregelt.[29] Beim Contractual Joint Venture bedarf es wesensgemäß **keiner weiteren Vereinbarungen**, der Joint-Venture-Vertrag trifft eine abschließende Regelung. Beim Equity Joint Venture tritt der **Gesellschaftsvertrag des Joint Ventures** hinzu; Joint-Venture-Vertrag und Gesellschaftsvertrag können aber auch in einem Dokument zusammenfallen. I.d.R. wird der Gesellschaftsvertrag aber durch den Joint-Venture-Vertrag als eine Form der Gesellschaftervereinbarung ergänzt.

32

Häufig erfordert ein **Equity Joint Venture** den Abschluss weiterer Vereinbarungen. Der Joint-Venture-Vertrag wirkt dann **wie eine Rahmenvereinbarung**,[30] dem die weiteren Verträge als Anlagen beigefügt werden. Ob sie unmittelbar nach dem Abschluss des Joint-Venture-Vertrages (bei Signing, siehe oben Rn. 29 ff.) oder erst nach Eintritt von im Joint-Venture-Vertrag definierten Bedingungen (bei Closing) unterzeichnet werden, hängt von den **Umständen des Einzelfalls** ab.

Der Joint-Venture-Vertrag und der Gesellschaftsvertrag der Joint-Venture-Gesellschaft sind **sorgfältig aufeinander abzustimmen**, Widersprüche sind zu vermeiden.[31] Für den Fall unbeabsichtigter Abweichungen sollte vereinbart werden, welchem Dokument der Vorrang zukommt. Typischerweise ist dies der Joint-Venture-Vertrag.[32] Folgerichtig sind die Partner dann im Joint-Venture-Vertrag zu verpflichten, den Gesellschaftsvertrag so anzupassen, dass etwaige Widersprüche beseitigt werden.[33]

33

2. Form des Joint-Venture-Vertrages

Für den Joint-Venture-Vertrag gelten **keine allgemeinen Formvorschriften**. Er kann demnach grds. formfrei – theoretisch sogar mündlich – geschlossen werden.

34

Allerdings können Formanforderungen **aufgrund der für das Joint Venture gewählten Rechtsform** zu beachten sein. Das ist namentlich bei der GmbH und der GmbH & Co. KG der Fall, den beiden für Equity Joint Ventures am häufigsten gewählten Gesellschaftsformen.

Verpflichten sich die Partner im Joint-Venture-Vertrag, eine **GmbH** zu errichten, unterliegt diese Verpflichtung denselben Formvorschriften wie der abzuschließende Gesellschaftsvertrag der GmbH mit der Folge, dass der Joint-Venture-Vertrag entsprechend § 2 Abs. 1 GmbHG **notariell zu beurkunden ist**.[34] Beurkundungsbedürftig ist der Vertrag auch dann, wenn die GmbH bereits existiert, sich ein Partner aber

35

---

[29] Baumanns, in: Münchner Handbuch des Gesellschaftsrechts, Bd. 1, § 28 Rn. 29.
[30] Verbreitet wird der Joint-Venture-Vertrag auch als eine BGB-Gesellschaft der Partner neben dem eigentlichen Joint Venture („Doppelgesellschaft") gedeutet, vgl. nur Stengel, in: Beck'sches Handbuch Personengesellschaften, § 21 Rn. 100.
[31] Allgemein zum Verhältnis zwischen Joint-Venture-Vertrag und Gesellschaftsvertrag Hoffmann-Becking, ZGR 1994, 442.
[32] So auch Ley/Schulte, Joint-Venture-Gesellschaften, Rn. 147.
[33] Ggf. als „unechte Bestandteile", vgl. Baumanns, in: Münchner Handbuch des Gesellschaftsrechts, Bd. 1, § 28 Rn. 39.
[34] Vgl. nur Bayer, in: Lutter/Hammelhoff, GmbHG, § 2 Rn. 25. Dasselbe gilt für die AG, vgl. BGH, WM 1988, 163, 164; Hüffer, AktG, § 23 Rn. 14. Allgemein zur notariellen Beurkundung von Joint-Venture-Verträgen Sieger/Hasselbach, NZG 1999, 485.

verpflichtet, **Anteile an ihr abzutreten oder zu erwerben** (§ 15 Abs. 4 GmbHG). Es genügt bereits eine bedingte Verpflichtung, wie sie bspw. bei Optionen oder Vorerwerbsrechten vorliegt (siehe unten Rn. 66 ff.). In der Praxis ist ein Joint-Venture-Vertrag fast immer beurkundungspflichtig, wenn die Joint-Venture-Gesellschaft eine GmbH ist. Dies gilt auch für **Änderungen des Vertrages**, solange noch nicht sämtliche (bedingte) Verpflichtungen zum Erwerb bzw. zur Abtretung von GmbH-Geschäftsanteilen erfüllt sind.[35]

36 Ähnlich liegt der Fall bei einer **GmbH & Co. KG**. Zwar unterliegen weder die Verpflichtung zur Gründung einer KG noch die Verpflichtung zur Übertragung von Komplementär- oder Kommanditanteilen einem Formzwang. Häufig enthält der Joint-Venture-Vertrag aber die **Verpflichtung zur Errichtung einer Komplementär-GmbH**. Ferner wird typischerweise vereinbart, dass die Partner stets in gleicher Höhe an der KG und ihrer Komplementär-GmbH beteiligt sein müssen, so dass wiederum § 15 Abs. 4 GmbHG im Raum steht.

> **Hinweis:**
> Der Gleichlauf der Beteiligungen soll einen „Organstreit" vermeiden, indem die KG und ihr geschäftsführender Gesellschafter stets von derselben Mehrheit beherrscht werden. Dasselbe Ergebnis lässt sich mit der sog. **Einheitsgesellschaft** erreichen, bei der die KG sämtliche Anteile an ihrer Komplementärin hält.[36] Verändert sich die Beteiligung der Kommanditisten, besteht dennoch kein Anpassungsbedarf bei der Komplementär-GmbH, so dass eine notarielle Beurkundung vermieden werden kann. In der Praxis wird die Einheitsgesellschaft aber eher selten eingesetzt, die Gestaltung wird verbreitet als zu kompliziert empfunden.

37 Der Joint-Venture-Vertrag kann aber auch **aus anderen Gründen als der Rechtsform** des Joint Ventures beurkundungspflichtig sein. Als Beispiel mag der Fall dienen, dass sich ein Partner im Joint-Venture-Vertrag verpflichtet, eine GmbH-Beteiligung oder ein Grundstück als Sacheinlage in die Joint-Venture-Gesellschaft einzubringen.[37] Auch die Verpflichtung zur Einbringung von Anteilen an ausländischen Gesellschaften kann **im Einzelfall beurkundungspflichtig** sein.[38]

3. Abgrenzung zum Gesellschaftsvertrag

38 Theoretisch könnte der Gesellschaftsvertrag auch die **materiellen Regelungen des Joint-Venture-Vertrages** als Bestandteile beinhalten.[39] Für die formellen Regelungen – wie etwa die Regelung der Vollzugsbedingungen und der zum Closing ggf. abzuschließenden Begleitvereinbarungen (siehe oben Rn. 31) – gilt dies nicht. Aber auch die Aufnahme der materiellen Regelungen des Joint-Venture-Vertrages kann untunlich sein.

Ist die Joint-Venture-Gesellschaft eine GmbH oder AG, ist die **Satzung beim Handelsregister für Jedermann einsehbar**. Für die Gesellschaftsverträge von Personengesellschaften (einschließlich der GmbH & Co. KG) gilt dies nicht.[40] Für vertrauliche Bestimmungen – bspw. zur strategischen Ausrichtung des Joint Ventures oder zur Bewertung der Anteile – verbietet sich in diesem Fall die Einbettung in den Gesellschaftsvertrag. Zudem bedürfen **Satzungsänderungen bei GmbH und AG** der notariellen Beurkundung und Eintragung im Handelsregister (§ 54 GmbHG, § 181 AktG). Der Joint-Venture-Vertrag erlaubt dagegen i.d.R. Änderungen in Schriftform und ist insofern flexibler.

---

35 Vgl. Fn. 41.
36 Hierzu allgemein Werner, DStR 2006, 706; siehe auch Rn. 12.
37 Ley/ Schulte, Joint-Venture-Gesellschaften, Rn. 157.
38 Vgl. zur polnischen Sp. z o.o. BGH, NZG 2005, 41, der im konkreten Fall eine Beurkundungspflicht verneint.
39 Baumanns, in: Münchner Handbuch des Gesellschaftsrechts, Bd. 1, § 28 Rn. 35.
40 Vgl. Sommer, Gesellschaftsverträge der GmbH & Co. KG, S. 19.

> **Hinweis:**
>
> Handelt es sich bei der Joint-Venture-Gesellschaft um eine GmbH oder eine GmbH & Co. KG und enthält das Joint Venture Optionen oder sonstige (bedingte), noch nicht vollständig erfüllte Verpflichtungen zur Übertragung von GmbH-Geschäftsanteilen, gilt der Formzwang gemäß § 15 Abs. 4 GmbH grds. auch für Änderungen und Ergänzungen des Vertrages, falls sie nicht lediglich klarstellende Funktion haben.[41] Wird die notarielle Form nicht beachtet, kann die Änderung unwirksam sein.

Umgekehrt sollte der Gesellschaftsvertrag des Joint Ventures aber auch nicht nur auf das notwendige Minimum reduziert sein. So wirken die Regelungen im Gesellschaftsvertrag „**dinglich**", d.h. sie haften dem Gesellschaftsanteil an. Sie gelten damit automatisch **auch für und gegen künftige Partner des Joint Ventures**, während es beim Joint-Venture-Vertrag hierfür eines Vertragsbeitritts bedarf. Zudem lassen sich im Gesellschaftsvertrag **Verfügungsbeschränkungen** so ausgestalten, dass eine **abredewidrige Übertragung unwirksam** ist. Dieselbe Beschränkung im Joint-Venture-Vertrag wirkt dagegen nur schuldrechtlich und steht der Wirksamkeit der Übertragung gemäß § 137 Satz 1 BGB nicht entgegen, bindet dagegen nur seine Parteien (einschließlich jener, die ihm im Nachhinein beitreten).

39

II. Typische Regelungsgegenstände

1. Vertragsstruktur und Parteien

Auch wenn die Praxis **mannigfaltige Gestaltungen** kennt, kann man doch bei vielen Joint Venture Verträgen eine ähnliche – hier als „Rahmenvertrag" beschriebene – **Grundstruktur** erkennen:

40

- Der Joint-Venture-Vertrag regelt den **sachlichen, räumlichen und zeitlichen Gegenstand der Zusammenarbeit**. Die Partner legen Rechtsform, Kapital- und Verwaltungsstruktur der Joint Venture Gesellschaft fest. Anlagen zum Vertrag können technische Beschreibungen oder Länderlisten sein, die Inhalt und Grenzen des Joint Ventures verdeutlichen.

- Der Joint-Venture-Vertrag regelt die **Voraussetzungen und Vollzugshandlungen für die Gründung** und Ausstattung der Joint-Venture-Gesellschaft. Die Partner bestimmen ihre Rechte und Pflichten als Gründer. Anlagen zum Vertrag sind häufig Gründungsdokumente, Einbringungsverträge oder Mitarbeiterlisten.

- Der Joint-Venture-Vertrag regelt die **gesellschaftsrechtlichen Beziehungen** innerhalb des Joint Ventures. Die Partner bestimmen ihre Rechte und Pflichten als Gesellschafter. Typische Vertragsanlage ist der Gesellschaftsvertrag.

- Der Joint-Venture-Vertrag regelt die **Leistungsbeziehungen** zwischen dem Joint Venture und seinen Partnern. Die Partner bestimmen ihre Rechte und Pflichten als Kunden bzw. Lieferanten. Typische Anlagen zum Vertrag sind **Einkaufs- oder Lieferbedingungen**.

- Schließlich enthält der Joint-Venture-Vertrag allgemeine bzw. übergreifende Regelungen zu **Vertraulichkeit, Formerfordernissen, Gerichtsständen** etc.

Parteien des Joint-Venture-Vertrages müssen die Partner des Joint Ventures sein. Wird das Joint Venture nicht erst gegründet, sondern existiert bereits, kann es auch selbst Partei des Joint-Venture-Vertrages sein.

2. Beiträge der Partner (Finanzierung)

Bei einem Equity Joint Venture regelt der Joint-Venture-Vertrag auch **Fragen der Finanzierung**. Festzulegen sind mindestens Form und Umfang.[42] Zahlreiche Finanzierungsformen stehen zur Auswahl. In aller Regel – bei Kapitalgesellschaften notwendigerweise – leisten die Partner einen Teil der Finanzierung als

41

---

41 OLG Hamm, GmbHR 1979, 59; auch BGH, WM 79, 1259; Baumbach/Hueck/Fastrich, GmbHG, § 15 Rn. 30.
42 Stengel, in: Beck'sches Handbuch Personengesellschaften, § 21 Rn. 106.

Eigenkapital. Sodann müssen sie überlegen, ob und in welchem Umfang sie weitere Mittel als **Fremdkapital** (Beispiel Gesellschafterdarlehen) oder in Mischformen (sog. hybride Finanzierungen, etwa Wandelanleihen oder Mezzanine-Kredite) zur Verfügung stellen oder ob das Joint Venture solche Finanzierungen bei Dritten aufnehmen soll.

> **Hinweis:**
>
> Bei der GmbH wird manchmal übersehen, dass Eigenkapital nicht nur als Stammeinlage, sondern auch als „**andere Zuzahlung in das Eigenkapital**" gemäß § 272 Abs. 2 Nr. 4 HGB erbracht werden kann. Die Leistung ist dann als Kapitalrücklage auszuweisen, deren Verwendung nicht den strengen Regeln der Kapitalerhaltung unterliegt. Der Rat kann allerdings nicht lauten, unbedingt immer alle Eigenmittel über das gesetzliche Mindeststammkapital hinaus in die Kapitalrücklage zu zahlen. Lieferanten und Kunden bewerten eine „geschäftsunangemessen" niedrige Stammkapitalziffer als Bonitätsrisiko.

42 Finanzierungsregelungen betreffen oft nur die **Anfangsphase**, da davon ausgegangen wird, dass sich die Joint-Venture-Gesellschaft bald durch eigene Gewinne finanziert.

> **Hinweis:**
>
> Um Finanzierungsengpässen bei einem weniger erfolgreichen Start des Joint Ventures vorzubeugen, sind Regelungen empfehlenswert, welche die Partner im Bedarfsfall zu einer weiteren – zeitlich und dem Betrag nach begrenzten – Unterstützung verpflichten.[43]

43 Wenn bis hierher von Finanzierung die Rede war, handelte es sich damit unausgesprochen um die **Gewährung von Barmitteln**. Joint Ventures erhalten aber häufig einen Großteil ihres Kapitals nicht durch Bar-, sondern durch **Sachleistungen**. Auch diese können dauerhaft als Eigenkapital – bspw. im Wege der Sacheinlage – oder auf Zeit und damit fremdkapitalähnlich zur Verfügung gestellt werden, bspw. durch Vermietung eines Betriebsgrundstückes oder durch Gewährung einer zeitlich beschränkten Lizenz gegen Entgelt.

Sachleistungen werden vor allem dann vereinbart, wenn das Joint Venture einen Geschäftszweig fortführen soll, den bislang ein Partner betrieben hat, also das Angebot eines bestimmten Produktes oder einer bestimmten Dienstleistung von dem Partner auf das Joint Venture ausgelagert wird.

Wie bei der Gründung von Gesellschaften bringt im Allgemeinen auch eine Sachleistung an ein Joint Venture **erhöhten Prüfungsbedarf** mit sich. Bei einer Kapitalgesellschaft sind vor allem die Sachgründungsvorschriften (u.a. §§ 27, 31, 32 Abs. 2 AktG, §§ 5 Abs. 4, 7 Abs. 2 und Abs. 3, 9 GmbHG), die Rspr. zur verdeckten Sacheinlage und bei der AG die Beschränkung der Nachgründung (§ 52 AktG) zu beachten. Auch unabhängig von den gesetzlichen Bestimmungen liegt es im Interesse der Joint-Venture-Partner sicherzustellen, dass die Beiträge des jeweils anderen Partners **nicht überbewertet werden** bzw. sich der andere Partner keine unangemessenen Vorteile aus Rechtsgeschäften mit dem Joint Venture zieht (etwa durch die Vermietung von Maschinen zu einer überhöhten Miete).[44]

> **Hinweis:**
>
> Die dingliche Übertragung von Wirtschaftsgütern (Maschinen, Verträge, Marken, Lizenzen etc.) auf das Joint Venture im Wege der Einzelrechtsnachfolge bedarf aufgrund des **sachenrechtlichen Bestimmtheitsgrundsatzes** besonderer Sorgfalt. Der Anwalt muss sicherstellen, dass jeder, der die Vereinbarungen der Partner kennt, ohne Heranziehung weiterer Umstände feststellen kann, auf welche Gegenstände sich die Übertragung bezieht.[45] Zudem sind die für die einzelnen Wirtschaftsgüter

---

43   Ley/ Schulte, Joint-Venture-Gesellschaften, Rn. 620.
44   Die zudem steuerlich als verdeckte Gewinnausschüttung gewertet werden könnte, zum Begriff siehe Winkeljohann, in: Beck'schesr Bilanz-Kommentar, § 278 HGB Rn. 101 ff.
45   Ständige Rspr. siehe nur BGH, NJW 1994, 133, 134.

geltenden Sonderregelungen zu beachten, die eine Übertragung beschränken (etwa durch Form- oder Genehmigungserfordernisse) oder sogar ausschließen (wie z.B. bei Urheberrechten, vgl. § 29 Abs. 1 UrhG).[46]

3. Willensbildung im Joint Venture

Ein Schwerpunkt der Vertragsgestaltung liegt auf der **Austarierung der Stimmrechte der Partner** im Joint Venture. Das gilt in erster Linie für die Gesellschafterebene, kann aber ebenso für die Geschäftsführung gelten, falls dort – wie üblich – beide Partner repräsentiert sind.

a) Paritätisches Joint Venture

Kernaufgabe bei der Gestaltung eines paritätischen Joint Ventures ist die Überwindung von **Pattsituationen**, in denen sich die mit gleichen Stimmen ausgestatteten Partner in einer Frage gegenseitig blockieren. Je nach Gewicht der streitigen Frage kann das Joint Venture in seiner Handlungsfähigkeit schwerwiegend beeinträchtigt sein. Die Praxis hat hierzu **unterschiedliche Lösungskonzepte** entwickelt, die sich z.T. auch kombinieren lassen.

Häufig können **strukturierte Verhandlungen** den Weg zu einer Einigung weisen. In vielen Fällen ist ein **Eskalationsverfahren** hilfreich. Können sich die Vertreter der Joint-Venture-Partner in der Gesellschafter- bzw. der Geschäftsführungsversammlung nicht einigen, wird die Frage innerhalb der Hierarchie der Partner **der nächsthöheren Ebene** und letztlich den jeweiligen Vorständen vorgelegt. Die Idee dahinter ist, dass das Problem von einer höheren Warte aus betrachtet „kleiner" werden und damit leichter zu lösen sein kann. Die Eskalation schafft zugleich einen Anreiz für die unmittelbar Verantwortlichen, den Konflikt ohne Zuhilfenahme ihrer Vorgesetzten zu lösen. Können sich die Partner auch nach der Eskalation nicht einigen, kann ein **Mediationsverfahren** hilfreich sein.

Alsdann gibt es mehrere Möglichkeiten, eine Entscheidung herbeizuführen. So kann einer Seite ein **Letztentscheidungsrecht** zugesprochen werden. Welche Seite dies ist, kann entweder durch Los bestimmt werden, oder es wechselt zwischen den Partnern nach Zeitabschnitten, Zuständigkeitsfeldern oder in der Form, dass einmal der eine und das nächste Mal der andere entscheidet.

> **Hinweis:**
> Die letzte Möglichkeit kann allerdings zur Manipulation einladen: Ein Partner blockiert willkürlich eine nachrangige Entscheidung, bei der dem anderen Partner das Letztentscheidungsrecht zusteht, um sich dieses Recht für eine anstehende Frage von grundsätzlicher Bedeutung zu sichern.

Ferner kann man die **Entscheidung externalisieren**, etwa indem man sie einem Schiedsrichter, Schlichter oder sonstigen neutralen Dritten zuweist. Diese Lösung liegt vor allem aus Juristensicht nah, hat aber auch Nachteile. Zum einen vergeht häufig viel Zeit, bis der Externe angerufen wird und dann schließlich auch entscheidet. Zum anderen kann der Prozess zu einer Vertiefung des Konflikts führen, weil er die Partner in Sieger und Verlierer teilt.

Als ultima ratio kann man die Blockade mit einer **Auflösung des Joint Ventures** verknüpfen, etwa indem ein Partner den anderen auskauft (z.B. auf der Grundlage von **Russian-Roulette- oder Texan-Shoot-out-Klauseln** (siehe dazu unter Rn. 73 ff. und 60 ff. insgesamt zu Beendigungsmechanismen). Die Klauseln sollen in erster Linie abschreckend wirken. Die Sorge, dass ein partieller Konflikt in einen **ergebnisoffenen Bieterprozess** mündet und damit eine erfolgreiche Zusammenarbeit grds. in Frage stellt, soll die Einigungsbereitschaft der Partner fördern. In der Radikalität der Lösung zeigt sich aber auch ihre Missbrauchsanfälligkeit. So könnte der wirtschaftlich stärkere Partner bspw. Entscheidungen bewusst blockieren, um eine Gelegenheit zu erhalten, dass Joint Venture komplett zu übernehmen.

---

46 Siehe ausführlich Ley/ Schulte, Joint-Venture-Gesellschaften, Rn. 194 ff. Zur Form siehe oben Rn. 34 ff.

> **Hinweis:**
>
> Für manche Punkte kann man **Kompromisslinien** bereits im Joint-Venture-Vertrag anlegen. Können sich die Partner nicht über das Budget für das kommende Geschäftsjahr einigen, kann der Vertrag vorsehen, dass das Budget des abgelaufenen Jahres fortgilt; besteht Uneinigkeit über die Gewinnverwendung, wird der Gewinn zur Hälfte ausgeschüttet und zur Hälfte thesauriert. Zudem kommt es entscheidend darauf an, wie ein Antrag lautet, der die Zustimmung beider Partner braucht. Müssen die Gesellschafter einer bestimmten Maßnahme zustimmen (also beide dafür sein, damit sie getroffen werden kann) oder können sie die Geschäftsführung lediglich überstimmen (was eine Einigkeit gegen die Maßnahme voraussetzt).

b) Mehrheits-Joint Venture

50 Das zentrale Thema beim Mehrheits-Joint-Venture ist der **Minderheitenschutz**. Die Partner müssen sich über einen Katalog von Entscheidungsgegenständen einigen, die nicht allein mit den Stimmen des Mehrheits-Partners entschieden werden können. Das sind zunächst **Grundlagengeschäfte**, die schon gesellschaftsrechtlich qualifizierte Mehrheiten oder sogar Einstimmigkeit vorsehen (bspw. Änderungen des Joint-Venture-Vertrages, Kapitalerhöhungen, Umwandlungsmaßnahmen, Nachfinanzierungen, Aufnahme weiterer Partner, Liquidation). Aber auch **„einfache" Gesellschafterbeschlüsse** können aufgrund ihrer Tragweite ein Vetorecht des Minderheits-Partners rechtfertigen. Welche das sind, lässt sich kaum verallgemeinern.

> **Hinweis:**
>
> In der Praxis fordert der Minderheitsgesellschafter ein Mitspracherecht häufig u.a. bei der Bestellung und Abberufung von Geschäftsführern, der Geschäftsordnung für die Geschäftsführung, der Feststellung des Jahresabschlusses, der Gewinnverwendung, der Auswahl des Abschlussprüfers und der Verabschiedung des Finanzplans der Joint-Venture-Gesellschaft.

51 Fordert der Joint-Venture-Vertrag in einer Frage eine **qualifizierte Mehrheit**, ergibt sich dieselbe Situation wie bei einem paritätischen Joint Venture: Die Partner sind gezwungen, sich zu einigen. Insofern gelten die Ausführungen zum paritätischen Joint Venture entsprechend (Rn. 45 ff.).

4. Regelung der Geschäftsführung

52 Zur Machtbalance im Joint Venture gehört auch das Austarieren der Kompetenzen von **Geschäftsführung und Gesellschafter**. Das aus dem Gesellschaftsrecht vertraute Instrument ist ein Katalog, der Maßnahmen auflistet, zu deren Vornahme die Geschäftsführung im Innenverhältnis der vorherigen Zustimmung der Gesellschafterversammlung bedarf. Dieser **Katalog** findet sich häufig im Gesellschaftsvertrag oder in der Geschäftsordnung für die Geschäftsführung. Er ist ein **Merkmal guter Corporate Governance**, steht aber insb. bei Konzern- oder sonstigen Ein-Mann-Gesellschaften typischerweise nicht im Zentrum von Interessenkonflikten. Bei einem Joint Venture kann dies anders sein. Der Katalog gewinnt vor allem dann an Bedeutung, wenn die Partner in der Geschäftsführung und auf Gesellschafterebene **unterschiedlich stark** an der Unternehmensführung beteiligt sind. Beispiel hierfür ist ein paritätisches Joint Venture, dessen einziger Geschäftsführer zeitweise von dem einen und zeitweise von dem anderen Partner gestellt wird.

Für gewöhnlich wird vereinbart, dass jeder Partner durch **mindestens ein Mitglied** in der Geschäftsführung repräsentiert ist. In einem Mehrheits-Joint Venture stellt der Partner mit dem größeren Anteil dann den „Vorsitzenden der Geschäftsführung", wenn er nicht sogar zusätzliche Geschäftsführer entsenden darf. Trotz des in der Mehrzahl der Gesellschaftsformen bestehenden Weisungsrechts der Gesellschafter an die Geschäftsführung[47] sind die Mehrheitsverhältnisse in der Geschäftsführung **von erheblicher Bedeutung**. Der Einfluss der nur sporadisch zusammentretenden Gesellschafter (bzw. Aufsichts- oder Beiräte) auf die operative Steuerung des Joint Ventures ist schon aus praktischen Gründen begrenzt. An-

---

[47] So nach § 37 Abs. 1 GmbHG bei GmbH, siehe oben Rn. 11; anders z.B. bei der AG (siehe oben Rn. 14).

dererseits kann es **bei Fragen von strategischer Bedeutung** dazu kommen, dass sich die Gesellschafter wechselseitig blockieren, so dass keine relevante Mehrheit für eine Weisung an die Geschäftsführung zustande kommt (siehe oben Rn. 45 ff.).

In der GmbH sollten **Entsendungsrechte** wegen § 45 Abs. 2 GmbH ausdrücklich im Gesellschaftsvertrag verankert werden. Alternativ kann auch ein **bloßes Vorschlagsrecht i.V.m. Stimmbindungsvereinbarungen** festgeschrieben werden. Typischerweise ist derjenige Partner, der einen Geschäftsführer benannt hat, auch berechtigt, ihn wieder abzuberufen und durch einen anderen Vertrauten zu ersetzen.[48]

5. Vertretung der Partner im Joint Venture

Die Praxis hat **zahlreiche Gremien** geschaffen, in denen die Partner ihren Einfluss auf das Joint Venture geltend machen können. Obligatorische Gremien sind die Gesellschafterversammlung und – bspw. bei AG und GmbH gemäß DrittelbG oder MitbestG – der Aufsichtsrat. Es steht den Partnern aber bei den meisten Gesellschaftsformen frei, weitere freiwillige Gremien zu schaffen wie **fakultative Aufsichtsräte** (vgl. § 52 GmbH), **Beiräte oder Gesellschafterausschüsse**. Ob man solche Gremien einrichtet und mit welchen Kompetenzen man sie ausstattet, ist im weiten Umfang eine Geschmackssache. Zu beachten ist allerdings, dass Gesellschafterrechte nicht beliebig delegierbar sind.[49]

6. Wettbewerbsverbot

Ein Wettbewerbsverbot verhindert, dass der wirtschaftliche Erfolg des Joint Ventures durch die Konkurrenztätigkeit eines seiner Partner beeinträchtigt wird. U.a. gilt gemäß § 112 HGB ein **gesetzliches Wettbewerbsverbot** für die Komplementäre einer GmbH. Bei der typischen Konstruktion einer GmbH & Co. KG spielt dieses Wettbewerbsverbot aber kaum eine Rolle. Im Vordergrund steht die Frage, ob die Kommanditisten oder die Gesellschafter einer GmbH einem **ungeschriebenen Wettbewerbsverbot** unterliegen. Dies wird von vielen bejaht, wenn der fragliche Gesellschafter **maßgeblichen Einfluss auf die Geschäftsführung** hat[50] – was bei einem Joint Venture zumindest bei einem Partner häufig der Fall sein wird. Die genauen Konturen dieses ungeschriebenen Wettbewerbsverbotes sind bislang aber nicht geklärt.

> **Hinweis:**
> Daher empfiehlt es sich aus Gründen der Rechtssicherheit, ein Wettbewerbsverbot und seine sachlichen und geographischen Grenzen ausdrücklich im Gesellschaftsvertrag oder dem Joint-Venture-Vertrag zu regeln. Bei der Gestaltung haben die Partner allerdings kartellrechtliche[51] (Art. 81 EG, § 1 GWB) und zivilrechtliche Einschränkungen (z.B. § 138 Abs. 1 BGB) zu beachten.

7. Dauer des Joint Ventures

In aller Regel wird ein Joint Venture auf unbestimmte Zeit vereinbart. Es endet dann entweder mit der Liquidation der Joint-Venture-Gesellschaft oder damit, dass einer der Partner als Gesellschafter ausscheidet (vgl. zu einigen der möglichen Beendigungsmechanismen unter Rn. 60 ff.).

III. Ergänzende Verträge

Parteien des Gesellschaftsvertrages sind sämtliche Partner des Equity Joint Ventures. Dasselbe gilt für den Joint-Venture-Vertrag, bei dem allerdings die Joint-Venture-Gesellschaft als Partei hinzutreten kann. Häufig werden die Vereinbarungen im Joint-Venture-Vertrag durch den **Abschluss weiterer Verträge** vollzogen, die bilateral zwischen einem Partner und der Joint-Venture-Gesellschaft geschlossen werden.

---

48 Kritisch Ley/ Schulte, Joint-Venture-Gesellschaften, Rn. 577.
49 Zur GmbH Baumbach/Hueck/Zöller, GmbHG, § 46 Rn. 72 ff., 94; zur GmbH & Co. Reichert, in: Sudhoff, GmbH & Co. KG, § 18 Rn. 47 ff.
50 Zur KG: BGHZ 89, 162, 165 ff.; zur GmbH Roth/ Altmeppen, GmbHG, § 13 Rn. 45 ff.
51 Siehe unten Rn. 86 ff.

Wenn sich der Inhalt dieser ergänzenden Verträge bei der Gründung des Joint Ventures bereits konkretisieren lässt, sollten dem Joint-Venture-Vertrag **ausformulierte Entwürfe dieser Verträge** beigefügt werden, die dann zum Zeitpunkt des Vollzuges zu unterzeichnen sind. Auf diese Weise werden etwaige Differenzen der Partner hinsichtlich der Vollzugsverträge rechtzeitig offenbar und können bei der Verhandlung des Joint Ventures **in eine Gesamteinigung einbezogen werden**. Falls die Joint-Venture-Gesellschaft nicht selbst Partei des Joint-Venture-Vertrages ist und daher darin nicht zum Abschluss von Vereinbarungen verpflichtet werden kann, übernehmen es normalerweise die Partner, auf die Joint-Venture-Gesellschaft i.S.d. Vertragsschlusses einzuwirken.[52]

58 **Typische Beispiele** für die beschriebenen Ausführungsvereinbarungen sind **Einbringungsverträge**. Gegenstand der Einbringungsverträge können ganze Unternehmen oder Unternehmensteile, Grundstücke, Beteiligungen, Patente, Lizenzen, Verträge, Know-how und dergleichen mehr sein. Die Formanforderungen richten sich vorrangig nach den einzubringenden Objekten.[53] Anstatt Eigenkapital im Wege der Einbringung bereitzustellen, können die Partner auch **Darlehens- oder ähnliche Finanzierungsverträge** mit der Joint-Venture-Gesellschaft schließen und dadurch Fremdkapital zur Verfügung stellen.[54]

In vielen Fällen schließen die Partner auch **Austauschverträge** mit der Joint-Venture-Gesellschaft. Diese Verträge haben etwa Werk- oder Dienstleistungen oder Lieferungen zum Gegenstand, wobei das Joint Venture je nach seiner Funktion als Anbieter oder als Nachfrager solcher Leistungen auftreten kann. Die Konditionen dieser Verträge sind für die **Geschäftschancen und die Profitabilität** des Joint Ventures **von wesentlicher Bedeutung**. Jeder Partner wird daher darauf achten, dass der andere Partner Gewinne des Joint Ventures nicht verdeckt über seine Leistungsbeziehungen abschöpft.[55]

> **Hinweis:**
> Wie bei der Verknüpfung von Gesellschaftsvertrag und Joint Venture ist auch zu den Austauschverträgen zu regeln, ob und wie sie fortzusetzen sind, wenn ein Partner aus dem Joint Venture ausscheidet. Umgekehrt muss geklärt werden, ob und innerhalb welcher Fristen ein Austauschvertrag während des Bestands des Joint Ventures beendet werden kann.

IV. Muster: Joint-Venture-Vertrag

59

Joint-Venture-Vertrag[56]

zwischen

1. A-GmbH, ... (nachfolgend „A"),

und

2. B-AG, ... (nachfolgend „B"),

– A und B nachfolgend gemeinsam die „**Parteien**" –.

Präambel

(1) A ist .... (Anm.: Beschreibung Unternehmen und Tätigkeit von A)

(2) B ist .... (Anm.: Beschreibung Unternehmen und Tätigkeit von B)

---

52 Baumanns, in: Münchner Handbuch des Gesellschaftsrechts, Bd. 1, Rn. 41.
53 Siehe dazu oben Rn. 37.
54 Siehe dazu oben Rn. 41 ff.
55 Siehe oben Fn. 44.
56 Der Vertrag ist notariell zu beurkunden.

(3) A und B beabsichtigen, ein Gemeinschaftsunternehmen (Joint Venture) zu errichten. Das Joint Venture soll in der Rechtsform einer Gesellschaft mit beschränkter Haftung errichtet werden (nachfolgend „JV") und .... (Beschreibung geplante Tätigkeit von JV).

(4) A und B sollen jeweils in Höhe der Hälfte des Stammkapitals an JV beteiligt sein. A soll den Geschäftsbereich ...., B soll den Geschäftsbereich .... in JV einbringen (Anm.: Beschreibung einzubringende Vermögensgegenstände). Darüber hinaus wird A ...., während B .... (Anm.: Beschreibung Leistungsbeziehungen mit JV).

Dies vorausgeschickt, vereinbaren die Parteien was folgt:

A.
Gründung des Joint Ventures

§ 1
Errichtung von JV

(1) A und B verpflichten sich, am Vollzugstag (siehe § 8 Abs. 1) JV als eine Gesellschaft mit beschränkter Haftung zu errichten. JV soll als „............" firmieren und ihren Sitz in .... haben. Das Stammkapital von JV soll bei Gründung .... € betragen. Der Gesellschaftsvertrag soll im Wesentlichen **Anlage 1.1** entsprechen.

(2) A und B verpflichten sich, am Vollzugstag jeweils Stammeinlagen i.H.v. .... € zu übernehmen und hierzu Sacheinlagen gemäß §§ 2, 3 in JV einzubringen.

(3) A und B verpflichten sich, ... und .... als erste Geschäftsführer von JV zu bestellen. Beide Geschäftsführer sollen jeweils einzeln zur Vertretung von JV berechtigt sein.

§ 2
Sacheinlage von A

(1) A verpflichtet sich, am Vollzugstag (siehe § 8 Abs. 1) sämtliche Vermögensgegenstände, Schulden, Verträge und sonstige Rechtspositionen auf JV zu übertragen, die zum Zeitpunkt des Vollzugstages ihren Geschäftsbereich .... bilden. Der Einbringungsvertrag soll durch die Eintragung des JV im Handelsregister aufschiebend bedingt sein und im Wesentlichen **Anlage 2.1** entsprechen.

(2) Die zum ..... (*Anm.: Letzten Tag des Vormonats*) den Geschäftsbereich .... von A bildenden Vermögensgegenstände, Schulden, Verträge und sonstigen Rechtspositionen sind zu Informationszwecken im **Anlagenkonvolut 2.2** aufgeführt.

§ 3
Sacheinlage von B

(1) B verpflichtet sich, am Vollzugstag (siehe § 8 Abs. 1) sämtliche Vermögensgegenstände, Schulden, Verträge und sonstige Rechtspositionen auf JV zu übertragen, die zum Zeitpunkt des Vollzugstages ihren Geschäftsbereich .... bilden. Der Einbringungsvertrag soll durch die Eintragung des JV im Handelsregister aufschiebend bedingt sein und im Wesentlichen **Anlage 3.1** entsprechen.

(2) Die zum ..... (*Anm.: letzten Tag des Vormonats*) den Geschäftsbereich .... von B bildenden Vermögensgegenstände, Schulden, Verträge und sonstige Rechtspositionen sind zu Informationszwecken im **Anlagenkonvolut 3.2** aufgeführt.

§ 4
Garantien zur Sacheinlage von A

A garantiert gegenüber B im Wege eines selbständigen Garantieversprechens (§ 311 Abs. 1 BGB), dass die nachfolgenden Aussagen am Vollzugstag (§ 8 Abs. 1) zutreffend sind:

(1) ....

(2) ....

Garantien zur Sacheinlage von B

B garantiert gegenüber A im Wege eines selbständigen Garantieversprechens (§ 311 Abs. 1 BGB), dass die nachfolgenden Aussagen am Vollzugstag (§ 8 Abs. 1) zutreffend sind:

(1) ....

(2) ....

§ 5
Rechtsfolgen bei Garantieverletzungen

(1) Sollte ein Garantieversprechen von A oder ein Garantieversprechen von B unzutreffend sein, wird die jeweilige Partei die andere Partei und/oder, nach deren Wahl, JV unverzüglich – spätestens aber innerhalb von vier Wochen nach einer entsprechenden Aufforderung – so stellen, wie diese stünden, wenn das betreffende Garantieversprechen zutreffend gewesen wäre. §§ 249 ff. BGB finden Anwendung.

(2) *(Anm.: Regelung zur Verjährung)*

(3) *(Anm.: Haftungshöchst- und Mindestbetrag)*

§ 7
Leistungsbeziehungen mit JV

(1) A verpflichtet sich, am Vollzugstag (§ 8 Abs. 1) mit JV einen ..... (*Liefervertrag*) zu schließen, der durch die Eintragung des JV im Handelsregister aufschiebend bedingt ist und im wesentlichen **Anlage 7.1** entspricht.

(2) B verpflichtet sich, am Vollzugstag mit JV einen ..... (*Lizenzvertrag*) zu schließen, der durch die Eintragung des JV im Handelsregister aufschiebend bedingt ist und im Wesentlichen **Anlage 7.2** entspricht.

§ 8
Vollzug

(1) A und B verpflichten sich, sich innerhalb von fünf Bankarbeitstagen in den Räumen von .... in .... zu treffen, nachdem sämtliche der nachstehenden Voraussetzungen (nachfolgend „**Vollzugsvoraussetzungen**") eingetreten sind (der Tag, an dem die Parteien sich treffen, wird in diesem Vertrag als „**Vollzugstag**" bezeichnet):

1. *(Anm.: zur Fusionskontrolle, vgl. Muster Unternehmenskauf)*

2. *(Anm.: Gremienvorbehalte bei A oder B einfügen)*

3. *(Anm.: Umstrukturierungen der einzubringenden Geschäftsbereiche einfügen)*

4. Die Wirtschaftsprüfungsgesellschaft .... hat eine Bescheinigung für die Werthaltigkeit der Sacheinlage von A vorgelegt, deren Ausfertigung durch .... nur noch von der Errichtung von JV und der Erstattung eines Sachgründungsbericht durch A und B abhängt.

5. Die Wirtschaftsprüfungsgesellschaft .... hat eine Bescheinigung für die Werthaltigkeit der Sacheinlage von B vorgelegt, deren Ausfertigung durch .... nur noch von der Errichtung von JV und der Erstattung eines Sachgründungsbericht durch A und B abhängt.

6. ....

(2) Eine der in Nr. .... aufgeführten Vollzugsvoraussetzungen gilt auch dann als eingetreten, wenn A auf ihren Eintritt durch schriftliche Erklärung gegenüber B verzichtet. Eine der in Nr. .... aufgeführten Vollzugsvoraussetzungen gilt auch dann als eingetreten, wenn B auf ihren Eintritt durch schriftliche Erklärung gegenüber A verzichtet.

(3) *(Anm.: Pflichten der Parteien, sich um den Eintritt bestimmter Vollzugsvoraussetzungen zu bemühen)*

(4) Sofern nicht sämtliche Vollzugsvoraussetzungen bis zum .... eingetreten sind, sind beide Parteien berechtigt, von diesem Vertrag durch schriftliche Erklärung zurückzutreten. In diesem Fall ist keine Partei an diesen Vertrag mehr gebunden; die in §§ 16, 19, 20 und 21 Abs. 2 geregelten Pflichten gelten jedoch fort.

(5) Am Vollzugstag sind von den Parteien die folgenden Erklärungen abzugeben und Handlungen vorzunehmen:

1. Die Parteien errichten JV mit der Satzung gemäß **Anlage 1.1** und bestellen .... und .... zu ersten Geschäftsführern mit der in § 1 Abs. 3 bestimmten Vertretungsmacht.
2. A bietet JV den Abschluss des Einbringungsvertrages gemäß **Anlage 2.1** an.
3. B bietet JV den Abschluss des Einbringungsvertrages gemäß **Anlage 3.1** an.
4. Die Parteien erstatten einen Sachgründungsbericht, der im Wesentlichen **Anlage 8.5d** entspricht.
5. Die Parteien verabschieden einen Geschäftsordnung für die Geschäftsführung, die im Wesentlichen **Anlage 8.5e** entspricht.
6. A bietet JV den Abschluss eines ...... (*Liefervertrages*) an, der im Wesentlichen **Anlage 7.1** entspricht.
7. B bietet JV den Abschluss eines ..... (*Lizenzvertrages*) an, der im Wesentlichen **Anlage 7.2** entspricht.
8. Die Parteien wirken im Rahmen des rechtlich Zulässigen auf die Geschäftsführer von JV ein, dass die Angebote gemäß § 8 Abs. 5 Nr. 2, Nr. 3, Nr. 6 und Nr. 7 angenommen und JV und seine Geschäftsführer zur Eintragung ins Handelsregister angemeldet werden.

(6) Sofern JV nicht bis zum .... im Handelsregister eingetragen ist, sind beide Parteien berechtigt, von diesem Vertrag durch schriftliche Erklärung zurückzutreten. In diesem Fall ist keine Partei an diesen Vertrag mehr gebunden; die in §§ 16, 19, 20 und 21 Abs. 2 geregelten Pflichten gelten jedoch fort.

B.
Durchführung des Joint Ventures
§ 9
Geschäftsführung

(1) Die Geschäftsführung von JV besteht aus zwei Geschäftsführern, von denen einer von A und einer von B benannt wird. Jede Partei ist berechtigt, den von ihr benannten Geschäftsführer jederzeit durch einen anderen Geschäftsführer ersetzen zu lassen. Die Parteien sind verpflichtet, in der Gesellschafterversammlung entsprechend der Bestimmung der berechtigen Partei abzustimmen.

(2) Die Geschäftsführer von JV sind einzelvertretungsberechtigt.

(3) Die Geschäftsverteilung innerhalb der Geschäftsführung von JV ist in der Geschäftsordnung für die Geschäftsführung (**Anlage 8.5e**) geregelt. Die Geschäftsordnung kann nur einvernehmlich von den Parteien geändert werden.

(4) Sofern sich die Geschäftsführer von JV über eine Geschäftsführungsmaßnahme nicht einigen können und die Angelegenheit den Gesellschaftern zur Entscheidung vorlegen, entscheiden die Parteien einvernehmlich. Solange die Parteien keine Einigung erzielt haben, unterbleibt die strittige Maßnahme. § 11 Abs. 2 gilt entsprechend.

§ 10
Jahresabschluss, Gewinnverwendung

(1) Die Vorgaben für die Aufstellung des Jahresabschlusses von JV sind in der Geschäftsordnung für die Geschäftsführung (**Anlage 8.5e**) geregelt.

(2) Der Jahresabschluss von JV ist durch die Wirtschaftsprüfungsgesellschaft .... oder eine andere Wirtschaftsprüfungsgesellschaft, die die Parteien einvernehmlich festlegen, zu prüfen. Die Parteien verpflichten sich, den Abschlussprüfer von JV in der Gesellschafterversammlung gemäß vorstehendem Satz zu wählen.

(3) Sofern keine Partei innerhalb von vier Wochen ab Zugang des geprüften Jahresabschlusses schriftlich und begründet gegenüber der anderen Partei geltend macht, dass der Jahresabschluss gegen die Grundsätze ordnungsmäßiger Buchführung oder gesetzliche Vorschriften verstößt, sind beide Parteien verpflichtet, den Jahresabschluss in der nächsten Gesellschafterversammlung in der Form festzustellen, in der er aufgestellt und mit dem uneingeschränkten Bestätigungsvermerk des Abschlussprüfers versehen wurde. Rügt eine Partei entsprechende Verstöße und können sich die Parteien nicht innerhalb von vier Wochen ab Zugang der Rüge über den Jahresabschluss einigen, sind die zwischen den Parteien strittigen Punkte von der Wirtschaftsprüfungsgesellschaft .... als Schiedsgutachterin durch schriftliches Gutachten zu entscheiden. Das Gutachten ist für die Parteien verbindlich. Die Kosten des Gutachtens sind entsprechend §§ 91 ff. ZPO von den Parteien zu tragen; auch hierüber entscheidet das Gutachten für die Parteien verbindlich.

(4) Über die Gewinnverwendung entscheiden die Parteien einvernehmlich. Sofern sich die Parteien nicht innerhalb von vier Wochen seit Feststellung des Jahresabschlusses über die Gewinnverwendung einigen können, ist eine Hälfte des Jahresüberschusses (abzüglich etwaiger Verlustvorträge) auszuschütten, die andere Hälfte den Gewinnrücklagen zuzuführen.

§ 11
Gesellschafterversammlung

(1) Für die Einberufung und die Durchführung einer Gesellschafterversammlung gelten die in der Satzung von JV (**Anlage 1.1**) enthaltenen Bestimmungen.

(2) Können die Parteien in einer Gesellschafterversammlung keine Einigkeit über einen Abstimmungsantrag erzielen, ist der betreffende Abstimmungsantrag auf einer weiteren Gesellschafterversammlung erneut zur Abstimmung zu stellen. Die erneute Abstimmung darf nicht früher als sechs Wochen und nicht später als zehn Wochen nach der ersten Abstimmung stattfinden. Die strittige Frage ist nach der ersten Abstimmung in dem in **Anlage 11.2** näher beschriebenen Verfahren den jeweils vorgesetzten Ebenen der Parteien zur Verhandlung und einvernehmlichen Entscheidung vorzulegen. Sofern sich auch die obersten Führungsebenen der Parteien nicht bis zur zweiten Abstimmung über die strittige Frage einigen können, entscheidet das Los. Die Parteien sind verpflichtet, gemäß dem Losentscheid in der Gesellschafterversammlung abzustimmen.

(3) Diejenige Partei, die beim Losentscheid unterliegt, ist berechtigt, diesen Vertrag mit einer Frist von sechs Monaten zum Ende eines Kalenderquartals zu kündigen. Im Fall der Kündigung ist § 13 anzuwenden.

§ 12
Laufzeit und Kündigung der Vereinbarung

(1) Dieser Vertrag läuft auf unbestimmte Zeit. Er kann mit einer Frist von zwölf Monaten zum Ende eines Kalenderjahres, frühestens jedoch zum .... gekündigt werden.

(2) Das Recht zur außerordentlichen Kündigung bleibt unberührt. Eine Partei ist insbesondere dann zur außerordentlichen Kündigung berechtigt, wenn einer ihrer Wettbewerber unmittelbar oder mittelbar eine Beteiligung von wenigstens 25 % an der anderen Partei erwirbt; im Fall der Kündigung gilt § 14.

(3) Die Kündigung bedarf der Schriftform.

§ 13
Erwerbsrechte bei einer ordentlichen Kündigung

(1) Kündigt eine Partei diesen Vertrag ordentlich, ist die andere Partei berechtigt, die Anteile der kündigenden Partei an JV zum Marktwert zu erwerben. Zur Ausübung dieses Rechts muss sie der kündigenden Partei innerhalb von vier Wochen ab Zugang de Kündigung ein notarielles Angebot unterbreiten, das im Wesentlichen der **Anlage 13.1** entspricht. Die kündigende Partei ist verpflichtet, dieses Angebot innerhalb von zwei Wochen ab Zugang des Angebots in notarieller Form anzunehmen.

(2) Übt die andere Partei ihr Erwerbsrecht nicht frist- und formgerecht aus, ist JV zum Zeitpunkt der Beendigung dieses Vertrages zu liquidieren. § 9 gilt für die Liquidatoren entsprechend.

§ 14
Erwerbsrechte bei einer außerordentlichen Kündigung

(1) Kündigt eine Partei diesen Vertrag aus einem wichtigen, von der anderen Partei zu vertretenden Grund, ist sie nach ihrer Wahl berechtigt, die Anteile der anderen Partei an JV zum Marktwert zu erwerben oder ihre eigenen Anteile an JV an die andere Partei zum Marktwert zu veräußern. Zur Ausübung dieses Rechts muss sie der anderen Partei innerhalb von vier Wochen ab Zugang der Kündigung ein notarielles Angebot unterbreiten, das im Wesentlichen der **Anlage 13.3a** bzw. der **Anlage 13.3b** entspricht. Die andere Partei ist verpflichtet, dieses Angebot innerhalb von zwei Wochen ab Zugang des Angebots in notarieller Form anzunehmen.

(2) Übt die kündigende Partei ihre Wahl nicht frist- und formgerecht aus, ist JV zum Ablauf der Vier-Wochen-Frist gemäß § 14 Abs. 1 Satz 2 zu liquidieren. § 9 gilt für die Liquidatoren entsprechend.

§ 15
Vinkulierung

(1) Die Parteien sind sich einig, dass JV nur dann erfolgreich arbeiten kann, wenn seine Gesellschafter eng und vertrauensvoll zusammenarbeiten. Daher steht es im freiem Ermessen jeder Partei, die Zustimmung zu einer Verfügung über Geschäftsanteile gemäß § .... der Satzung von JV (**Anlage 1.1**) zu erteilen oder zu verweigern.

(2) Abweichend vom vorstehenden Absatz ist die Zustimmung zu einer Geschäftsanteilsübertragung zu erteilen, wenn

1. die Übertragung zugunsten eines mit der übertragenden Partei verbundenen Unternehmens (§ 15 AktG) erfolgen soll,
2. die übertragende Partei gleichzeitig mit der Geschäftsanteilsübertragung diesen Vertrag auf den Übernehmer überträgt,
3. der Übernehmer gegenüber der zustimmenden Partei erklärt, in alle Rechte und Pflichten der übertragenden Partei einzutreten,
4. die übertragende Partei für die Erfüllung aller bestehenden und künftigen Verpflichtungen des Übernehmers aus diesem Vertrag gegenüber der zustimmenden Partei einsteht und
5. die Geschäftsanteilsübertragung für den Fall auflösend bedingt ist, dass der Übernehmer nicht länger mit der übertragenden Partei i.S.v. § 15 AktG verbunden ist.

C.
Allgemeine Bestimmungen

§ 16
Vertraulichkeit

(1) Die Parteien werden den Inhalt dieses Vertrages streng vertraulich behandeln. Über den Abschluss dieses Vertrages werden die Parteien die Öffentlichkeit mit einer Presseerklärung informieren, die im Wesentlichen **Anlage 16.1** entspricht.

(2) Die Parteien verpflichten sich wechselseitig, sämtliche nicht-öffentlichen Informationen streng vertraulich zu behandeln, die sie

1. anlässlich der Anbahnung oder Durchführung dieses Vertrages über die andere Partei oder
2. über JV erhalten haben bzw. erhalten.

(3) Nach diesem § 16 als vertraulich zu behandelnde Informationen dürfen von jeder Partei nur gegenüber Mitarbeitern oder Beratern, die jeweils gesondert zur Verschwiegenheit verpflichtet wurden oder von Berufs wegen zur Verschwiegenheit verpflichtet sind, und nur insoweit offengelegt werden, als die Empfänger die betreffenden Informationen zur Erfüllung ihrer Aufgaben benötigen.

(4) Eine Geheimhaltungspflicht nach diesem § 16 besteht nicht, soweit eine Partei aufgrund gesetzlicher Vorschriften oder Börsenregularien zur Offenlegung verpflichtet ist.

§ 17
Wettbewerbsverbot zugunsten von JV

(1) Während der Laufzeit dieses Vertrages darf keine Partei unmittelbar oder mittelbar zu JV in Wettbewerb treten. Als Wettbewerb im Sinne des vorstehenden Absatzes gilt ..... (*Anm.: Tätigkeit von JV*) in ..... (*Anm.: räumliche Abgrenzung*).

(2) Jede Partei steht dafür ein, dass auch die jeweils mit ihr verbundenen Unternehmen weder unmittelbar noch mittelbar in Wettbewerb zu JV treten. § 17 Abs. 1 Satz 2 gilt entsprechend.

§ 18
Abtretung, Vertragsübernahme

(1) Keine Partei ist berechtigt, Rechte oder Pflichten aus diesem Vertrag oder den Vertrag im Ganzen ohne vorherige schriftliche Zustimmung der anderen Partei auf einen Dritten zu übertragen.

(2) Abweichend vom vorstehenden Absatz ist im Fall des § 15 Abs. 2 jede Partei zur Übertragung dieses Vertrages auf ein mit ihr verbundenes Unternehmen (§ 15 AktG) berechtigt.

> **§ 19**
> **Kosten, Steuern**
>
> (1) Die im Zusammenhang mit dem Abschluss und der Durchführung dieses Vertrages entstehenden Notargebühren (*Anm.: weitere Kostenpositionen z.B. für Fusionskontrolle*) tragen die Parteien im Innenverhältnis je zur Hälfte. Im Übrigen trägt jede Partei ihre eigenen Kosten sowie die Honorare ihrer Berater.
>
> (2) (*Anm.: Verteilung Umsatz-, Grunderwerb-, sonstige relevante Steuern*)
>
> **§ 20**
> **Anwendbares Recht, Gerichtsstand**
>
> (1) Dieser Vertrag unterliegt deutschem Recht.
>
> (2) Zur Entscheidung aller Streitigkeiten aus oder im Zusammenhang mit diesem Vertrag ist das Landgericht ..... (*Anm.: Ort*) ausschließlich berufen. (*Anm.: Alternative: Schiedsgerichtsklausel*)
>
> **§ 21**
> **Schlussbestimmungen**
>
> (1) Dieser Vertrag ersetzt alle vorherigen schriftlichen oder mündlichen Vereinbarungen zu seinem Gegenstand. Nebenabreden bestehen nicht.
>
> (2) Dieser Vertrag (einschließlich dieser Klausel) kann nur schriftlich aufgehoben oder geändert werden. Gesetzliche Bestimmungen, die eine strengere Form (z.B. notarielle Beurkundung) vorschreiben, bleiben unberührt.
>
> (3) Sollten einzelne Bestimmungen dieses Vertrages ganz oder teilweise unwirksam oder undurchführbar sein oder werden, wird die Wirksamkeit und Durchführung der übrigen Bestimmungen hierdurch nicht berührt. Anstelle der unwirksamen oder undurchführbaren Bestimmung gilt diejenige wirksame und durchführbare Bestimmung als von Anfang an vereinbart, die der unwirksamen oder undurchführbaren wirtschaftlich am nächsten kommt. Dasselbe gilt im Fall einer Regelungslücke.

E. Beendigung des Joint Ventures

Es wurde bereits darauf hingewiesen, dass es sich bei einem Joint Venture i.d.R. um eine „Ehe auf Zeit" handelt. Die **Gründe für die Beendigung** der Zusammenarbeit sind vielfältig, sei es, dass das Joint Venture seine operativen Ziele nicht erreicht, sei es, dass sich die Partner über strategische Fragen entzweien. Die Wahrscheinlichkeit einer Beendigung des Joint Ventures legt es nahe, bereits bei seiner Gründung **Sorgfalt auf die Gestaltung der unterschiedlichen Beendigungsmechanismen** walten zu lassen. Bei einem Contractual Joint Venture ist hier im Wesentlichen an die Regelung von Kündigungsvoraussetzungen, -fristen und -folgen zu denken. Bei einem Equity Joint Venture besteht eine Reihe zusätzlicher Gestaltungsoptionen, von denen nachfolgend einige Grundmuster vorgestellt werden sollen. 60

Aus Sicht eines Partners führen grds. zwei Wege aus einem Joint Venture: Der eine betrifft die **Gesellschafterebene**, indem nämlich ein Partner seine Anteile an den anderen Partner[57] oder einen Dritten veräußert oder aber ein Partner aus der Gesellschaft ausgeschlossen wird. Das eigentliche Unternehmen bleibt in diesen Fällen jeweils unberührt. 61

Der zweite Weg ist die **Liquidation** (Auflösung) des Unternehmens. Auch hier sind wiederum zwei Varianten denkbar. Das Joint Venture veräußert entweder seinen Geschäftsbetrieb im Ganzen als sog. Going

---

[57] In dem Joint Venture zweier Partner führt dies zu einer Ein-Mann-Gesellschaft (bei der Kapitalgesellschaft) oder per Anwachsung zu einem Einzelunternehmen (in der Personengesellschaft).

Concern oder aber seine einzelnen Wirtschaftsgüter. In beiden Fällen erhalten die Partner den **Liquidationsüberschuss**, der nach Begleichung aller Schulden des Joint Ventures verbleibt.

So unterschiedlich die beiden geschilderten Wege auch sind, können sie doch zur **Erreichung ein und desselben Ziels** in Betracht kommen. Verkaufen die Partner eines Joint Ventures ihre Anteile bspw. gemeinsam an einen Dritten etwa aufgrund von Mitverkaufsrechten oder -pflichten (siehe unten Rn. 68 ff.), ergibt sich eine ähnliche Situation wie bei einem Verkauf des gesamten Geschäftsbetriebes durch die Joint-Venture-Gesellschaft mit nachfolgender Kaufpreisausschüttung und Liquidation. Ob der Share Deal (erster Fall) oder der Asset Deal (zweiter Fall) vorteilhafter ist, muss **im Einzelfall** ermittelt werden.[58]

62 Stets ist beim Equity Joint Venture auf die **Verknüpfung von Joint-Venture-Vertrag und Gesellschaftsvertrag** zu achten: Der Austritt aus der Gesellschaft muss grds. den Austritt aus dem Joint-Venture-Vertrag bedeuten und umgekehrt, ein neu eintretender Gesellschafter muss sich zugleich dem Joint-Venture-Vertrag unterwerfen. Überträgt ein Partner seine Anteile am Joint Venture **auf einen Dritten**, tritt der neue Partner i.d.R. in die Rechte und Pflichten des alten Partners ein. Wird das Joint Venture liquidiert, bleibt der Joint-Venture-Vertrag in Kraft, bis die Gesellschaft vollständig abgewickelt und der Liquidationserlös unter den Partnern verteilt ist. Die einzelnen Beendigungsmöglichkeiten werden nachfolgend dargestellt.

I. Liquidation

63 Der Regelungsbedarf hinsichtlich einer künftigen Liquidation ist überschaubar. Es ist festzulegen, **mit welcher Mehrheit** und ggf. unter welchen weiteren Voraussetzungen **über die Liquidation zu befinden ist**. Darüber hinaus kann man Vorgaben zur Auswahl der Liquidatoren machen. Anderenfalls sind die Geschäftsführer bei der GmbH (§ 66 Abs. 1 GmbHG) bzw. alle Gesellschafter, also auch die Kommanditisten, bei der GmbH & Co. KG „**geborene Liquidatoren**" (§§ 146 Abs. 1 Satz 1, 161 Abs. 2 HGB).[59] Schließlich sind Anordnungen zu treffen, falls der **Liquidationserlös** abweichend von dem laufenden Gewinn unter den Partnern verteilt werden soll.

II. Veräußerung und Veräußerungsbeschränkung

64 Joint Venture sind unabhängig von der gewählten Rechtsform **durchgängig „personalistisch"** strukturiert, d.h. die Identität der Partner tritt nicht hinter der bloßen gesellschaftsrechtlichen Beteiligung zurück. Daher verwehrt der Gesellschaftsvertrag den Partnern, ihren Anteil an der Joint-Venture-Gesellschaft auf einen Dritten zu übertragen, ohne dass der jeweils andere Partner dieser Übertragung zugestimmt hätte (sog. **Vinkulierung**).[60] Die Vinkulierung kennt zahlreiche Gestaltungsvarianten.

> **Hinweis:**
> Sofern die Joint-Venture-Partner keine natürlichen Personen sind, bietet die Vinkulierung der Anteile nur unvollkommenen Schutz. Zwar sichert sie die rechtliche, aber nicht die wirtschaftliche Identität der Partner. Diese steht in Frage, wenn die Gesellschafter eines Joint-Venture-Partners ausgetauscht werden.

Beispiel:
Der bisherige Gesellschafter war Lieferant des anderen Partners, der neue ist dessen Wettbewerber.

Vor solchen Veränderungen schützt eine sog. **Change-of-Control-Klausel**, die einem Joint-Venture-Partner Kündigungsrechte oder sonstige Sanktionsmöglichkeiten für den Fall eröffnet, dass sich die Mehrheitsverhältnisse bei dem anderen Partner ändern.

---

58 Siehe hierzu 2. Teil: Gesellschaftsrecht, 4. Kapitel.
59 BGH, DB 1982, 2562.
60 Typischerweise werden Übertragungen an verbundenen Unternehmen freigestellt.

Es ist nachvollziehbar, dass sich die Joint-Venture-Partner keinen Gesellschafter **aufzwingen lassen wollen**. Umgekehrt hängt der wirtschaftliche Wert eines Joint-Venture-Anteils wesentlich von seiner Veräußerlichkeit ab. Die Gestaltung der Veräußerungsrechte und ihrer Begrenzung ist daher ein wesentlicher Schwerpunkt bei der Beratung eines Joint Ventures.

65

1. Vorerwerbsrechte

Vorerwerbsrechte räumen einem Partner das Recht ein, den **Joint-Venture-Anteil des anderen Partners zu übernehmen**, falls dieser die Absicht hat, diesen Anteil auf einen Dritten zu übertragen.

66

Der klassische und in den §§ 463 ff. BGB (dispositiv) geregelte Fall ist die Vereinbarung eines **Vorkaufsrechts**. Übt der Begünstigte ein Vorkaufsrecht aus, kommt zwischen ihm und dem verkaufswilligen Partner ein Kaufvertrag zu denjenigen Bedingungen zustande, die dieser zuvor mit einem dritten Käufer ausgehandelt hat. **Günstiger** für den verbleibenden Partner ist i.d.R. eine **Andienungspflicht** des ausscheidenden Partners, bei welcher der Joint-Venture-Anteil erst dem verbleibenden Partner zum Verkauf anzubieten ist, **bevor mit Dritten Verhandlungen geführt werden dürfen**. Günstiger deswegen, weil der verbleibende Partner auf diese Weise Einfluss auf die Vertragskonditionen nehmen kann, zu denen er den Anteil des ausscheidenden Partners erwirbt.[61]

> **Hinweis:**
>
> Das Andienungsrecht muss Regelungen auch für den Fall vorsehen, dass sich die Partner in bestimmter Frist nicht über den Verkauf der angedienten Anteile einigen können. Die Veräußerung an einen Dritten muss dann Beschränkungen unterliegen, damit der veräußerungswillige Partner das Andienungsrecht nicht unterläuft. So kann man bspw. vorsehen, dass ein Verkauf an einen Dritten nur zu gleichen oder für den Käufer ungünstigeren Konditionen erfolgen darf. Alternativ kann dem Andienungsrecht auch ein Vorkaufsrecht nachgeschaltet werden.

Die **Wirkung von Vorerwerbsrechten** hängt wesentlich davon ab, in welcher Form sie mit der Vinkulierung der Joint-Venture-Anteile verknüpft sind. So kann man regeln, dass die Übertragung der Anteile an einen Dritten auch dann der Zustimmung des verbleibenden Partners bedarf, wenn dieser von seinem Vorerwerbsrecht keinen Gebrauch macht. Die Verhandlungsposition des verbleibenden Partners ist dann so stark, dass die ursprüngliche Ausgestaltung des Vorerwerbsrechts keine wesentliche Rolle spielt.

67

Alternativ kann vorgesehen sein, dass die Vinkulierung aufgehoben ist, sofern der veräußerungswillige Partner das Prozedere des Vorerwerbsrechts einhält. Der verbleibende Partner kann dann (außer durch eigenen Erwerb der Anteile) nicht mehr sicherstellen, dass ihm kein neuer Partner gegen seinen Willen aufgezwungen wird, wodurch wiederum die **Verhandlungsposition des ausscheidenden Partners** gestärkt wird.

> **Hinweis:**
>
> Vorerwerbsrechte werden typischerweise (auch) im Gesellschaftsvertrag des Joint Ventures vereinbart, damit sie für und gegen Dritte wirken. Um diese dingliche Wirkung klarzustellen, ist zu formulieren: „(...). kann ein Partner Anteile erst übertragen, nachdem er sie zuvor erfolglos den übrigen Gesellschaftern zum Kauf angeboten hat (...)" anstatt „(...) darf ein Partner Anteile (...)". Ist der Gesellschaftsvertrag publizitätspflichtig und erlaubt das Vorerwerbsrecht ausnahmsweise Rückschlüsse auf die Bewertung des Joint Ventures durch die Partner oder enthält es andere vertrauliche Informationen, wird es nur im Joint-Venture-Vertrag vereinbart. Die Vinkulierung der Anteile gehört in jedem Fall (auch) in den Gesellschaftsvertrag.

---

61 Ley/ Schulte, Joint-Venture-Gesellschaften, Rn. 777.

2. Mitverkaufsrecht (Tag Along) und Mitverkaufspflicht (Drag Along)

68 Das Mitverkaufsrecht (**auch als Tag Along Right bezeichnet**) und die Mitverkaufspflicht (Drag Along Right) knüpfen ebenso wie die Vorerwerbsrechte an die Veräußerung an einen Dritten an, jedoch erwirbt hier nicht der verbleibende Partner anstelle des Dritten weitere Joint-Venture-Anteile, sondern die jeweiligen Rollen sind vertauscht.

69 Bei dem Tag Along Right ist **der veräußernde Partner** verpflichtet, sicherzustellen, dass sein Partner (der „mitverkaufende" Partner) seinen Anteil zu den gleichen Konditionen wie der veräußernde Partner an dessen Erwerber abgeben kann. Ein Tag Along kommt in **zwei Grundvarianten** vor: Entweder der Erwerber erwirbt die Anteile des mitverkaufenden Partners zusätzlich oder das Volumen der veräußerten Anteile bleibt gleich, jedoch werden die Anteile von den Partnern im Verhältnis ihrer jeweiligen Beteiligung am Joint Venture geliefert.

> **Hinweis:**
> Der Anwalt sollte bei der Formulierung des Drag Along Rights auch mögliche Missbräuche bedenken. So sollte das Drag Along Right nur im Fall einer Veräußerung an einen außen stehenden Dritten (nicht an ein mit dem Verkäufer verbundenes Unternehmen) ausgelöst werden. Zudem kann man eine Mindestbewertung vorsehen, die erreicht sein muss, bevor ein Partner zum Mitverkauf verpflichtet ist.

70 Das Drag Along Right stellt die Umkehrung des Tag Along Rights dar. Der veräußernde Partner kann seinen Partner verpflichten, **seinen Anteil an den außenstehenden Erwerber abzugeben**, und zwar zu den zwischen veräußerndem Partner und Erwerber ausgehandelten Konditionen. Das Drag Along Right trägt dem Umstand Rechnung, dass es ungleich schwieriger ist, einen Käufer für eine Beteiligung als für sämtliche Anteile an einer Gesellschaft zu finden; im letzteren Fall fällt überdies in aller Regel die Bewertung höher aus. Ein Drag Along Right wird weitgehend **zu Gunsten des Mehrheitsgesellschafters** vereinbart.

> **Beispiel:**
> Partner A ist mit 60, Partner B mit 40 Anteilen am Kapital des Joint Ventures i.H.v. 100 beteiligt. A hat für seine Anteile C als Abnehmer gefunden, B übt sein Tag Along Right aus. In der ersten Variante erwirbt C alle 100 Anteile, in der zweiten Variante nur 60, von denen er 36 (= 60 % von 60) von A und 24 (= 40 % von 60) von B erhält.

3. Optionsrechte

71 Es kann vereinbart werden, dass die Partner bei Eintritt eines bestimmten Ereignisses berechtigt sind, ihre Joint-Venture-Anteile dem Partner zu verkaufen (sog. **Put Option**) bzw. dessen Anteile zu erwerben (sog. **Call Option**). Put Optionen und Call Optionen lassen sich auch miteinander kombinieren. In diesem Fall ist der Ausübungspreis für den Call häufig höher vereinbart als derjenige für den Put; der Preiszu- bzw. -abschlag stellt sozusagen die **Stillhalteprämie für den jeweiligen Optionsverpflichteten** dar.

Es gibt verschiedene Möglichkeiten, eine **Option zu strukturieren**. Es kann sich um ein **unwiderrufliches Angebot** handeln, das der Optionsberechtigte annehmen kann, oder um einen **aufschiebend bedingten Kaufvertrag** (ggf. Kauf- und Übertragungsvertrag), wobei der Bedingungseintritt (auch) von dem Willen des Berechtigten abhängt. Eine Option kann auch **unabhängig vom Eintritt eines bestimmten Ereignisses** vereinbart werden, was sich insb. dann anbietet, wenn für eine Seite das Joint Venture einen bloßen Zwischenschritt für den Gesamterwerb des Unternehmens darstellt.[62]

72 Ausführlicher Erörterung bedarf insb. die **Regelung des Optionskaufpreises**. Da die künftige Entwicklung des Joint Ventures bei Gründung noch nicht absehbar ist, lässt sich ein fester Preis häufig nicht bestimmen. Beliebter sind feste Multiplikatoren für bestimmte Finanzkennzahlen (sog. **Multiples**), etwa „der 10-fache Betrag des im vorangegangenen Wirtschaftsjahres erwirtschafteten Jahresüberschusses vor

---

62 Ley/ Schulte, Joint-Venture-Gesellschaften, Rn. 764.

Ertragssteuern". Da auch derartige Multiplikatoren im Konjunkturzyklus schwanken, bleibt die Bewertung häufig offen und die Parteien überlassen die Bestimmung des Optionspreises **einem gemeinsam bestellten Gutachter**. In diesem Fall sollte die Bewertungsmethodik so genau wie möglich festgeschrieben werden, um den stets vorhandenen Bewertungsspielraum einzuengen.

> **Hinweis:**
> Bei der Ausgestaltung der Option sollte man eine Regelung anstreben, bei welcher ein (fast unvermeidlicher) Streit zwischen den Partnern über die „richtige" Bewertung nicht zu einer Lähmung des Joint Ventures führt. So kann man vorsehen, dass die Anteile bereits mit Zahlung eines näher zu bestimmenden Schätzbetrages übergehen – z.B. der Optionspreis wird anhand eines Multiples zu einer Finanzkennzahl aus dem Vorjahr berechnet, die zwischen den Parteien abgestimmt wurde, bevor einer der Partner seine Option ausgeübt hat. Zudem sollte insb. ein Partner mit einer Minderheitsbeteiligung (bzw. derjenige Partner, der keinen entscheidenden Einfluss auf die Geschäftsführung des Joint Ventures hat) bei der Wahl eines Bewertungsparameters auf dessen Anfälligkeit für (kurzfristige) Manipulation achten. Langjährige Durchschnittswerte bieten besseren Schutz als reine Stichtagsbetrachtungen; an der Liquiditätsveränderung (Cash Flow) ausgerichtete Multiples sind „objektiver" als der Jahresüberschuss, in den u.a. Abschreibungen und Rückstellungen eingehen, die für Bilanzpolitik besonders anfällig sind.

4. Russian Roulette und Texan Shoot-out

Seit einiger Zeit haben auch in Deutschland **Ausstiegsklauseln** in die Vertragspraxis gefunden, die ursprünglich aus dem amerikanischen Rechtsraum stammen und etwas abenteuerlich anmutende Namen wie **Russian Roulette und Texan Shoot-out** tragen. Den Regelungen ist gemeinsam, dass ein Partner die Anteile seines Mitgesellschafters übernimmt, ohne dass langwierige und streitanfällige Verhandlungen oder eine Bewertung des Joint Ventures durch einen Gutachter erforderlich werden. **Das schnelle Schaffen klarer Verhältnisse** liegt im Interesse aller Beteiligten, da sich ein längerer Konflikt zwischen den Partnern häufig lähmend und damit wertmindernd auf das Joint Venture auswirkt. **Die Ausstiegsklauseln sollen** Verhandlungen bzw. externe Bewertungen dadurch ersparen, dass ein Partner bis zum Abschluss des Prozesses nicht sicher weiß, ob er zu den von ihm festgelegten Konditionen Anteile erwerben oder veräußern muss. Dies soll einen Anreiz dazu setzen, ein „faires" Angebot zu unterbreiten. Sowohl Russian-Roulette- als auch Texan-Shoot-out-Klauseln sind in verschiedenen Variationen und Kombinationen denkbar. Im Folgenden werden nur die Grundkonstellationen vorgestellt.

73

Beim Grundmodell der **Russian-Roulette-Klausel** unterbreitet Partner A, der die Zusammenarbeit beenden will, Partner B ein Verkaufs- und Abtretungsangebot hinsichtlich aller seiner Anteile. Der Joint-Venture-Vertrag bestimmt Voraussetzungen, die für die Abgabe eines solchen Angebots erfüllt sein müssen. Falls Partner B das Angebot nicht annimmt, ist er verpflichtet, alle seine Anteile zu dem Preis an A zu verkaufen, den dieser B ursprünglich angeboten hat.

74

> *Beispiel:*
> *Die Partner können sich über einen bestimmten Zeitraum hinweg nicht über eine Grundsatzentscheidung, wie die Bestellung eines Geschäftsführers oder das Budget des kommenden Jahres, einigen.*

Die **Texan-Shoot-out-Klausel** ist eine mehrstufige Variante des Russian Roulette.[63] Der an dem Ausstieg aus dem Joint Venture interessierte Partner A macht Partner B bzgl. aller von ihm gehaltenen Anteile ein Kauf- und Abtretungsangebot. Nimmt B das Angebot an, wird er Alleingesellschafter der Gesellschaft, lehnt er ab, ist er verpflichtet, A ein Kaufangebot zu unterbreiten, das über dem ursprünglichen Angebot von A liegt, worauf dann wiederum A reagieren kann etc. **Statt dieses potenziell mehrrundigen Verfahrens** kann man auch vorsehen, dass auf Wunsch eines Partners eine Auktion durchzuführen ist, bei der

75

---

63 Ley/ Schulte, Joint-Venture-Gesellschaften, Rn. 788.

Partner verdeckte Kaufangebote gegenüber einem Dritten abgeben.[64] Der Kaufvertrag kommt dann auf der Basis des höheren Kaufangebots zustande.

76 Die beschriebenen Ausstiegsklauseln sind wegen ihrer **„Alles-oder-Nichts"-Wirkung** mit Vorsicht zu genießen.[65] Sie führen nur dann zu einer interessengerechten Gestaltung, wenn die Rollen der Partner als Käufer oder Verkäufer nicht von vornherein feststehen. Sie sind daher **eher bei paritätischen Joint Ventures** in Erwägung zu ziehen, als wenn die Partner in unterschiedlicher Höhe an dem Joint Venture beteiligt sind. Zudem müssen beide Partner über die finanziellen Ressourcen verfügen, um das Joint Venture vollständig übernehmen zu können; weiß Partner A, dass Partner B einen Anteilskauf nicht finanzieren könnte und daher gezwungen ist, ein Kaufangebot anzunehmen, könnte er ihn aus dem Joint Venture herausdrängen, ggf. sogar zu einem Preis unterhalb des Marktwertes.[66]

> **Hinweis:**
> Russian Roulette und Texan Shoot-out haben zwar Eingang in die Beratungspraxis gefunden – daher sollte ein Anwalt mit ihrem Für und Wider vertraut sein -, tatsächlich vereinbart werden sie bislang aber eher selten. Entsprechend ist ihre Zulässigkeit in Deutschland – soweit ersichtlich – auch noch nicht Gegenstand einer gerichtlichen Prüfung gewesen. In ihrem Ergebnis können die Ausstiegsklauseln wie „Hinauskündigungsklauseln" wirken, die der BGH in Ermangelung eines wichtigen Grundes für unwirksam hält.[67] Daher sollte die Initiierung des Ausstiegsprozesses nicht in das Belieben eines Gesellschafters gestellt werden, sondern an definierte Konfliktsituationen, die eine Fortsetzung des Joint Ventures nicht sinnvoll erscheinen lassen.

III. Ausschluss eines Partners

77 Sämtliche Gesellschaftsformen eröffnen die Möglichkeit, einen Gesellschafter **bei Vorliegen eines wichtigen Grundes zu entfernen**. Die Rechtstechnik ist von Gesellschaftsform zu Gesellschaftsform unterschiedlich.

Bei den Kapitalgesellschaften können die Gesellschafter **Voraussetzungen in der Satzung definieren**, unter denen eine Zwangseinziehung von Anteilen zulässig sein soll (§ 34 GmbHG bzw. § 237 AG). Bei der Personengesellschaft kann der **Gesellschafter ausgeschlossen werden** (§ 737 BGB, § 140 HGB). In allen Fällen muss der ausscheidende Gesellschafter eine angemessene Abfindung erhalten. Die – z.T. umstrittenen – Details können hier nicht vertieft werden.

Es ist sinnvoll, den für die jeweilige Rechtsform der Joint-Venture-Gesellschaft eröffneten Gestaltungsrahmen zu nutzen und **die wichtigen Gründe, die den Ausschluss eines Partners erlauben** sollen, durch Regelbeispiele zu konkretisieren. Dasselbe gilt für das Verfahren, in dem über den Ausschluss zu befinden ist und für die Höhe und Fälligkeit der Abfindung.

> **Hinweis:**
> In der Praxis scheitert ein Ausschluss manchmal daran, dass die Joint-Venture-Gesellschaft nicht über die erforderliche Liquidität verfügt, um eine Abfindung an den auszuschließenden Partner zahlen zu können. Hier kann es hilfreich sein, die Abfindung nur in Raten über einen längeren Zeitraum fällig zu stellen und außerdem möglichst niedrig anzusetzen. Jedoch sind stets die durch die Rspr. definierten Mindestansprüche des Ausgeschlossenen zu achten.[68]

---

64 Schulte/ Sieger, NZG 2005, 24, 25; Hewitt, Joint Ventures, Rn. 10 – 25.
65 Sie werden deshalb von vielen als zu willkürlich kritisiert; vgl. Hewitt, Joint Ventures, Rn. 10 – 21.
66 Hewitt, Joint Ventures, Rn. 10 – 22.
67 BGH, NJW 2005, 3641 und 2005, 3644.
68 Zur Mindestabfindung in der GmbH siehe BGHZ 126, 226, 239; vgl. dazu Roth/ Altmeppen, GmbHG, § 34 Rn. 46 ff.; ausführlich für die GmbH & Co. KG Jäger, in: Sudhoff, GmbH & Co. KG, § 31 Rn. 1 ff.

IV. Kündigung

Als Beendigungsinstrument steht schließlich auch noch die Kündigung zur Verfügung. Ist die Personengesellschaft nicht ohnehin auf bestimmte Zeit geschlossen, kann die ordentliche Kündigung nicht dauerhaft ausgeschlossen werden (§ 723 Abs. 3 BGB).[69] Die Kündigung führt entweder zur **Auflösung der Gesellschaft** (so der gesetzliche Regelfall bei der BGB-Gesellschaft) oder zum **Ausscheiden des Kündigenden** (so die Regel bei OHG und KG, § 131 Abs. 3 HGB). Bei der Kapitalgesellschaft ist eine Kündigung gesetzlich nicht vorgesehen. Durch ein Recht eines Partners, die Liquidation der Gesellschaft zu erzwingen, bzw. durch die **Vereinbarung von Put Optionen** lassen sich aber vergleichbare Wirkungen erzielen. Auch hier gilt, dass Voraussetzungen und Rechtsfolgen möglichst umfassend vereinbart werden sollten. Wichtig ist, dass der andere Partner, der zur Kündigung keinen Anlass gegeben hat, nicht deshalb benachteiligt wird, **weil er nicht als erster gekündigt hat.**[70]

Im Falle eines wichtigen Grundes besteht ein außerordentliches Kündigungs- bzw. Austrittsrecht als allgemeiner Rechtsgrundsatz (analog § 626 BGB).[71] Wie beim Ausschluss eines Partners (siehe oben Rn. 77) kann empfehlenswert sein, Regelbeispiele für den wichtigen Grund zu vereinbaren.

F. Kartellrecht

Im Zusammenhang mit Joint Ventures werden regelmäßig **zwei kartellrechtliche Fragenkomplexe** relevant, die hier aus Raumgründen nur angerissen werden können: Vor allem Equity Joint Ventures können ein anmeldepflichtiges Zusammenschlussvorhaben darstellen. Darüber hinaus können nicht anmeldepflichtige Equity Joint Ventures und Contractual Joint Ventures wettbewerbsbeschränkende Wirkungen entfalten, die unter das Kartellverbot fallen.

I. Zusammenschlusskontrolle

In Deutschland richtet sich die Zusammenschlusskontrolle nach den §§ 35 ff. GWB. Für Zusammenschlüsse von gemeinschaftsweiter Bedeutung ist die **EG-Fusionskontrollverordnung**[72] (**FKVO**) einschlägig. Die Verfahren nach GWB und der FKVO schließen sich gegenseitig aus – eine Zuständigkeit von Bundeskartellamt und Europäischer Kommission besteht niemals gleichzeitig (vgl. § 35 Abs. 3 GWB). Ein Joint Venture kann aber zusätzlich in Staaten außerhalb der Europäischen Union sowie – falls nicht die Zuständigkeit der Kommission begründet ist – in weiteren EU-Mitgliedstaaten anzumelden sein.

1. Zuständigkeit und Anmeldepflicht

In den meisten Staaten der Welt richtet sich die Anmeldepflicht **nach den Umsätzen der beteiligten Unternehmen**. Gemäß § 35 GWB sind Zusammenschlüsse grds. anmeldepflichtig, wenn die beteiligten Unternehmen im letzten Geschäftsjahr vor dem Zusammenschluss insgesamt **weltweit Umsatzerlöse von mehr als 500 Mio. €** und mindestens ein beteiligtes Unternehmen im Inland **Umsatzerlöse von mehr als 25 Mio. €** erzielt haben.

> **Hinweis:**
> § 35 Abs. 2 GWB nennt allerdings zwei Fallgruppen, die von einer Anmeldung befreit sind. Ein Zusammenschluss ist von der Anmeldepflicht ausgenommen, soweit sich ein Unternehmen, das von anderen Unternehmen unabhängig ist und im letzten Geschäftsjahr weltweit Umsatzerlöse von weniger als 10 Mio. € erzielt hat, mit einem anderen Unternehmen zusammenschließt (Anschlussklausel) oder soweit ein Markt betroffen ist, auf dem seit mindestens fünf Jahren Waren oder gewerbliche

---

[69] Die Vorschrift gilt auch für OHG und KG, vgl. BGH, NJW 1954, 106 bzw. BGH, NJW 1973, 1602.
[70] Stengel, in: Beck'sches Handbuch Personengesellschaften, § 21 Rn. 141.
[71] Ley/ Schulte, Joint-Venture-Gesellschaften, Rn. 749; zum Austrittsrecht der GmbH-Gesellschafter aus wichtigem Grund Raiser/ Veil, Kapitalgesellschaften, § 30 Rn. 64 ff.
[72] VO Nr. 139/2004 v. 20.1.2004, ABl L 24/1, 29.1.2004.

> Leistungen angeboten werden und auf dem im letzten Kalenderjahr weniger als 15 Mio. € umgesetzt wurden (Bagatellmarktklausel).

Im Rahmen der Pressefusionskontrolle gelten Sonderregeln für die Berechnung der Umsatzerlöse. Neben den Umsatzschwellen ist anhand von § 37 GWB zu prüfen, ob das geplante Joint Venture auch einen Zusammenschluss i.S.d. Gesetzes darstellt.

82 Die FKVO sieht **zwei alternative Anmeldungsschwellen** vor: Entweder der weltweite Gesamtumsatz aller beteiligten Unternehmen beträgt zusammen mehr als 5 Mrd. € und der gemeinschaftsweite Gesamtumsatz von mindestens zwei beteiligten Unternehmen beträgt jeweils mehr als 250 Mio. € (Art. 1 Abs. 2 FKVO) oder der weltweite Gesamtumsatz aller beteiligten Unternehmen beträgt mehr als 2,5 Mrd. € und der Gesamtumsatz aller beteiligten Unternehmen in mindestens drei Mitgliedstaaten übersteigt jeweils 100 Mio. €, wobei der Gesamtumsatz von mindestens zwei beteiligten Unternehmen in jedem dieser drei Mitgliedstaaten jeweils mehr als 25 Mio. € und der gemeinschaftsweite Gesamtumsatz von mindestens zwei beteiligten Unternehmen jeweils mehr als 100 Mio. € betragen muss (Art. 1 Abs. 3 FKVO). In beiden Fällen ist die **Anwendung der Europäischen Fusionskontrolle ausgeschlossen**, wenn alle beteiligten Unternehmen zwei Drittel ihres gemeinschaftsweiten Gesamtumsatzes in demselben Mitgliedstaat erzielen.

Anders als das GWB ist die FKVO aber nicht auf jeden Zusammenschluss in Form eines Joint Ventures anwendbar. Gemäß § 3 Abs. 4 ist die FKVO nur auf sog. **Vollfunktionsgemeinschaftsunternehmen** anzuwenden, also solche Joint Ventures, die auf Dauer alle Funktionen einer selbständigen wirtschaftlichen Einheit erfüllen.[73] Bloße **Teilfunktionsgemeinschaftsunternehmen** fallen demnach auch dann unter das GWB, wenn die Umsatzschwellen der FKVO an sich überschritten sind.

Beispiel für Vollfunktionsgemeinschaftsunternehmen:

Das Joint Venture soll in Deutschland den gesamten Online-Verkauf der Produkte der Joint-Venture-Partner (Bücher, CDs und DVDs) übernehmen. Zu diesem Zweck statten die Partner das Joint Venture mit Kapital und Personal aus und übertragen Markenrechte und Know-how. Das Joint Venture darf auch für Dritte im Online-Verkauf tätig werden.

Beispiel für Teilfunktionsgemeinschaftsunternehmen:

Das Joint Venture soll ausschließlich einzelne Logistikdienstleistungen für die Joint-Venture-Partner erbringen, aber nicht für Dritte tätig werden und somit nicht als eigenständiger Anbieter am Markt auftreten.

2. Materielles Fusionskontrollrecht

83 Nach **deutschem Fusionskontrollrecht** ist ein Zusammenschluss zu untersagen, wenn zu erwarten ist, dass er eine **marktbeherrschende Stellung** begründet oder verstärkt, es sei denn, die beteiligten Unternehmen weisen nach, dass durch den Zusammenschluss auch **Verbesserungen der Wettbewerbsbedingungen** eintreten und dass diese Verbesserungen die Nachteile der Marktbeherrschung überwiegen (§ 36 Abs. 1 GWB). Der Begriff der marktbeherrschenden Stellung ist in § 19 GWB Abs. 2 definiert; Marktbeherrschung wird gemäß § 19 Abs. 3 Satz 1 GWB vermutet, wenn ein Unternehmen einen **Marktanteil von mindestens einem Drittel hat**.

84 Aus der Sicht des **europäischen Fusionskontrollrechts** ist die Marktbeherrschung ein wesentliches, aber nicht alleiniges Kriterium zur Beurteilung eines Zusammenschlusses. Die übergeordnete Frage lautet, ob der Zusammenschluss **wirksamen Wettbewerb im Gemeinsamen Markt** oder in einem wesentlichen Teil desselben erheblich **behindern würde** (§ 2 Abs. 2 und Abs. 3 FKVO). In den meisten Fällen führen

---

73 Ausführlich zum Begriff des Vollfunktionsgemeinschaftsunternehmens Bekanntmachung der Kommission, ABl. (EG) v. 2.3.1998 – C 66.

beide Prüfungsansätze aber zu demselben Ergebnis, weil auch künftig der Marktbeherrschungstest relevant bleibt.[74]

3. Verfahren

Überschreiten die Joint-Venture-Partner die maßgeblichen Umsatzschwellen und liegt ein Zusammenschluss vor, ist das Joint Venture bei der bzw. den zuständigen Behörde(n) **anzumelden**. Die Anmeldung erfolgt entweder auf der Grundlage des unterzeichneten Joint-Venture-Vertrages (d.h. nach dem Signing) oder – vor dessen Unterzeichnung – auf der Grundlage eines hinreichend konkreten Entwurfs.[75]

85

Nach deutschem und europäischem Fusionskontrollrecht gilt ein **Vollzugsverbot** (§ 41 GWB, Art. 7 Abs. 1 FKVO) bis die **wettbewerbliche Unbedenklichkeit** vom Bundeskartellamt bzw. der Kommission **festgestellt wurde** oder durch Ablauf der Prüfungsfristen gemäß § 40 GWB bzw. Art. 10 FKVO als festgestellt gilt. Das Vollzugsverbot gilt unabhängig davon, ob das konkrete Joint Venture die materiellen Voraussetzungen für eine Untersagung erfüllt. Unter Missachtung des Vollzugsverbotes geschlossene **Verträge sind nichtig**; zudem droht die Verhängung eines **Bußgeldes**.

> **Hinweis:**
>
> Stehen die Partner unter Zeitdruck, das Joint Venture schnell zu vollziehen, kann es sich wegen des Vollzugsverbotes anbieten, das Zusammenschlussvorhaben bereits vor dem Signing anzumelden. Dabei ist allerdings zu berücksichtigen, dass für das Freigabeverfahren **keine Vertraulichkeit** vereinbart werden kann. So publiziert das Bundeskartellamt sämtliche Zusammenschlussanmeldungen auf seiner Homepage.[76]

II. Kartellverbot

Neben der Zusammenschlusskontrolle ist bei der Gründung und Ausgestaltung des Joint Ventures auch das Kartellverbot zu beachten. Die Muttergesellschaften können über das Joint Venture den Einsatz ihrer zusammengelegten Ressourcen abstimmen und dies dazu nutzen, ihr **Wettbewerbsverhalten in unzulässiger Weise zu koordinieren**. Das Kartellverbot ist schließlich auch für typische Begleitabsprachen eines Joint Ventures wie etwa Wettbewerbsverbote, Lizenzvereinbarungen oder Bezugs- und Lieferverpflichtungen relevant. So sind etwa Wettbewerbsverbote zwischen den Gründerunternehmen und dem Joint Venture kartellrechtlich nur unbedenklich, wenn sie in sachlicher, räumlicher und zeitlicher Hinsicht auf das notwendige Maß beschränkt sind.[77]

86

1. Inhalt des Kartellverbotes

Das Kartellverbot verbietet alle **wettbewerbsbeschränkenden Vereinbarungen** oder Verhaltensweisen (Art. 81 Abs. 1 EG bzw. § 1 GWB[78]). Bei einem Joint Venture, das zugleich der Zusammenschlusskontrolle unterliegt, kommt es insb. darauf an, ob die Gründung des Joint Venture zu einer Koordinierung des Marktverhaltens der Joint-Venture-Partner führt (sog. **Gruppeneffekt**). Dies kann z.B. dann der Fall sein, wenn die Partner auf dem Markt des Joint Ventures in nennenswertem Umfang tätig sind.[79] Davon zu trennen ist die Frage sonstiger wettbewerbsbeschränkender begleitender Vereinbarungen (z.B. Wettbewerbs-

87

---

74   Langen/ Bunte/ Baron, Kommentar zum deutschen und europäischen Kartellrecht, FKVO Art. 2. Rn. 150.
75   Art. 4 FKVO; Schulte, Handbuch Fusionskontrolle, Rn. 1775.
76   Die entsprechende Internetadresse des Bundeskartellamts lautet: http://www.bundeskartellamt.de/wDeutsch/zusammenschluesse/zusammenschluesse.shtml.
77   Nebenabreden-Bekanntmachung der Kommission, ABl. (EG) v. 4.7.2001 – C 188, 5.
78   Es besteht ein weitgehender Gleichlauf zwischen dem deutschen und dem europäischen Kartellverbot. Ob § 1 GWB oder Art. 81 Abs. 1 EG Anwendung findet, richtet sich danach, ob die Vereinbarung zwischenstaatliche Auswirkungen hat. Ausführlich hierzu: Leitlinien der Kommission, ABl. (EG) v. 27.4.2004 – C 101, 81.
79   BGH, WuW/E DE-R 711 („Ost-Fleisch").

verbote). Ein Verstoß gegen das Kartellverbot kann zur **Nichtigkeit der Joint-Venture-Vereinbarung** führen; zudem können **Bußgelder** verhängt werden.

Erfasst werden allerdings nur **spürbare Wettbewerbsbeschränkungen**. Eine Vereinbarung zwischen Wettbewerbern beschränkt den Wettbewerb i.d.R. dann nicht spürbar, wenn ihre Marktanteile auf dem betroffenen Markt zusammengerechnet **10 % nicht überschreiten**. Bei Unternehmen, die nicht Wettbewerber sind, liegt die Marktanteilsschwelle bei 15 %. Sog. Hardcore-Vereinbarungen (bei Wettbewerbern z.B. Preisabsprachen)[80] beschränken den Wettbewerb jedoch stets spürbar, ohne dass es auf Marktanteile ankäme.

88 Eine wettbewerbsbeschränkende Vereinbarung kann **ausnahmsweise vom Kartellverbot freigestellt** sein (Art. 81 Abs. 3 EG bzw. §§ 2 und 3 GWB), insb. wenn sie Effizienzgewinne ermöglicht, an denen die Verbraucher angemessenen beteiligt werden. Die **Freistellung gilt kraft Gesetzes**, ohne dass es einer behördlichen Entscheidung bedarf. Die Parteien müssen selbst einschätzen, ob die Voraussetzungen für eine Freistellung erfüllt sind.

Für bestimmte häufig auftretende Formen der Zusammenarbeit wie z.B. Einkaufskooperationen, Vertriebs-Joint-Ventures oder Produktionsgemeinschaften hat die **EU-Kommission Leitlinien** veröffentlicht, die erläutern, in welchen Fällen die Zusammenarbeit zwischen Wettbewerbern kartellrechtlich zulässig ist.[81]

2. Kartellverbot und Zusammenschlusskontrolle

89 Ein Joint Venture ist ausschließlich anhand des Kartellverbotes zu beurteilen, wenn es nicht nach den §§ 35 ff. GWB oder der FKVO anmeldepflichtig ist.

Ist ein Joint Venture als Zusammenschluss beim **Bundeskartellamt** anzumelden, ist die Joint-Venture-Vereinbarung zusätzlich anhand des Kartellverbotes zu überprüfen (**Grundsatz der Doppelkontrolle**). Die Beteiligten müssen dennoch selbst prüfen, ob ein Verstoß gegen das Kartellverbot vorliegt. Die Freigabeentscheidung im Fusionskontrollverfahren schließt nämlich grds. **keine Unbedenklichkeitsbescheinigung hinsichtlich des Kartellverbotes** ein, sondern stellt nur fest, dass der Zusammenschluss eine marktbeherrschende Stellung nicht verstärkt oder entstehen lässt. Einen Verstoß gegen das Kartellverbot kann das Bundeskartellamt auch in einem separaten, späteren Verfahren prüfen.

Anders als bei einer Anmeldung beim Bundeskartellamt entscheidet die **Kommission** gleichzeitig über die Freigabe des Zusammenschlusses und über eine mögliche Wettbewerbsbeschränkung nach Art. 81 EG (vgl. Art. 2 Abs. 4 FKVO). Die Verfahrensfristen des Art. 10 FKVO gelten somit nicht nur für die Beurteilung des Zusammenschlussvorhabens durch die Kommission, sondern auch für die **endgültige Entscheidung über ein koordinierendes Verhalten** der Joint-Venture-Partner i.S.d. Art. 2 Abs. 4 und Abs. 5 FKVO i.V.m. Art. 81 EG.

G. Arbeitsrecht

90 Da von der Gründung eines Joint Ventures **fast immer Arbeitnehmer betroffen** sind, muss der Anwalt bei der Gestaltung eines Joint Ventures auch arbeitsrechtliche Aspekte im Blick behalten. Die im Einzelfall zu lösenden Fragen hängen dabei nicht nur von der Gestaltung des Joint Ventures, sondern auch von dem **konkreten Inhalt bestehender individual- und kollektivvertraglicher Vereinbarungen** sowie der Beschäftigungsstrukturen bei den Joint-Venture-Partnern ab. Daher kann hier nur ein grober Überblick über die relevanten Fragen gegeben werden.

---

80 De-minimis-Bekanntmachung der Kommission, ABl. (EG) v. 22.12.2001 – C 368/13.
81 Horizontale Leitlinien der Kommission, ABl. (EG) v. 6.1.2001 – C 3, 2.

> **Hinweis:**
>
> In der Praxis führt die Gründung eines Joint Ventures häufig zu einem **Betriebsübergang gemäß § 613a BGB** (dazu unten Rn. 91 ff.). Zudem sind bei der Gründung etwaige betriebliche Mitbestimmungsrechte zu beachten (dazu unten Rn. 101 ff.). Grds. gelten im Joint Venture keine besonderen Regelungen für die betriebliche Mitbestimmung; bei einer mehrfachen Konzernzugehörigkeit des Joint Ventures kann es allerdings dazu kommen, dass Konzernbetriebsvereinbarungen **miteinander kollidieren** (dazu unten Rn. 104 f.). Umgekehrt kann sich das Joint Venture auch auf die Mitbestimmung bei den Joint-Venture-Partnern auswirken (dazu unten Rn. 106 ff.).

I. Betriebsübergang (§ 613a BGB)

Geht ein Betrieb oder Betriebsteil durch Rechtsgeschäft auf einen anderen Inhaber – hier das Joint Venture – über, so tritt dieser in die **Rechte und Pflichten** aus den im Zeitpunkt des Übergangs bestehenden Arbeitsverhältnissen ein (§ 613a Abs. 1 Satz 1 BGB). 91

1. Voraussetzungen

Ein Betriebsübergang i.S.v. § 613a BGB liegt vor, wenn ein neuer Rechtsträger die **wirtschaftliche Einheit unter Wahrung ihrer Identität fortführt**.[82] Aus dem Erfordernis eines **Wechsels des Rechtsträgers** folgt zunächst, dass der Anwendungsbereich des Betriebsübergangs nicht berührt ist, wenn ein Joint-Venture-Partner lediglich eine Beteiligung an einer Gesellschaft in das Joint Venture einbringt. Für die Arbeitnehmer der eingebrachten Gesellschaft kommt es hier zu keinem Arbeitgeberwechsel. 92

Dagegen kann § 613a BGB einschlägig sein, wenn ein Partner **Betriebsmittel** (Anlagevermögen, Umlaufvermögen, Vertragsverhältnisse etc.) im Wege der Einzelrechtsnachfolge **auf das Joint Venture überträgt**. Dasselbe gilt aufgrund der gesetzlichen Anordnung des § 324 UmwG für **Umwandlungsmaßnahmen** (bei der Gründung eines Joint Ventures kommen insb. Verschmelzung, Abspaltung und Ausgliederung in Betracht).

Hinzutreten muss der (im Wesentlichen unveränderte) **Fortbestand des Betriebes** bei dem neuen Inhaber. Unter welchen Umständen einzelne Betriebsmittel einen Betrieb oder Betriebsteil i.S.d. § 613a BGB bilden, hängt von den Umständen des Einzelfalls ab. Hierzu haben EuGH und BAG eine verzweigte Kasuistik entwickelt. Zu den maßgeblichen Tatsachen zählen insb. 93

- die Art des betreffenden Betriebes,
- der Übergang der materiellen Betriebsmittel, wie Gebäude und bewegliche Güter sowie deren Wert und Bedeutung,
- die Übernahme der **immateriellen Betriebsmittel und der vorhandenen Organisation**, der Grad der Ähnlichkeit mit der Betriebstätigkeit des bisherigen Inhabers,
- in betriebsmittelarmen Betrieben die Weiterbeschäftigung der Hauptbelegschaft,
- der Übergang von Kundschaft und Lieferantenbeziehungen sowie
- die Dauer einer eventuellen Unterbrechung der Betriebstätigkeit.[83]

> **Hinweis:**
>
> Interessant ist die aktuelle Entscheidung des BAG, nach der ein Betrieb nur dann i.S.v. § 613a BGB übergeht, wenn er auch beim Erwerber im Wesentlichen unverändert als Betrieb oder Betriebsteil fortgeführt wird.[84] Wird der Betrieb(-steil) eines Partners in dem Joint Venture einer neuen Betriebsorganisation und -struktur unterworfen, könnte ein Betriebsübergang abzulehnen sein.

---

82 BAG, NZA 2006, 263, 264.
83 Ständige Rspr. BAG im Anschluss an EuGH, NJW 1997, 2093, siehe bspw. BAG, NZA 2006, 263, 264.
84 BAG, BB 2006, 2192 = NZA 2006, 1039.

94 Für den Fall eines Betriebsübergangs enthält § 613a Abs. 4 BGB ein **Kündigungsverbot**. Es ist unzulässig, das Arbeitsverhältnis wegen eines Betriebsübergangs zu kündigen. Damit sind aber keine **sachlich begründeten Kündigungen** anlässlich eines Betriebsübergangs ausgeschlossen. Führt bspw. der Betriebsübergang zu einem Überhang an Arbeitskräften, kann sowohl das Joint Venture als Betriebserwerber als auch – im Vorgriff auf das unternehmerische Konzept des Joint Ventures – der den Betrieb veräußernde Partner betriebsbedingt kündigen.

95 § 613a Abs. 5 und Abs. 6 BGB regeln die **Informations- und Widerspruchsrechte** der von einem Betriebsübergang betroffenen Arbeitnehmer. Sie sind vom bisherigen oder neuen Arbeitgeber noch vor dem Betriebsübergang über dessen wesentliche Umstände in Textform zu informieren. Die Rspr. hat **noch keine klaren Leitlinien formuliert**, wie detailreich diese Information zu erfolgen hat, insb. in welchem Umfang die rechtlichen und wirtschaftlichen Folgen und Risiken eines Betriebsübergangs zu umschreiben sind. Die Arbeitnehmer haben das Recht, innerhalb eines Monats nach Zugang der Unterrichtung dem **Betriebsübergang zu widersprechen**. Sie können damit den Übergang ihres Arbeitsverhältnisses verhindern.

> Hinweis:
>
> Auch wenn (oder gerade weil) § 613a BGB kraft Gesetzes eingreift, sind detaillierte vertragliche Vereinbarungen der Joint-Venture-Partner zum Betriebsübergang unerlässlich. Das beginnt bei der Festlegung, welche Partei für die korrekte Information der betroffenen Arbeitnehmer verantwortlich zeichnet. Zudem sollten die Partner die Konsequenzen klären, falls sich andere Arbeitnehmer eines Partners erfolgreich auf § 613a BGB berufen als bei der Gründung des Joint Ventures offen gelegt. Für den umgekehrten Fall von Arbeitnehmern, die ihrem Übergang widersprechen, ist festzulegen, wer die mit ihrer Beschäftigung bzw. Kündigung verbundenen Kosten trägt.

2. Inhalt von Arbeitsverhältnissen

96 Liegen die Tatbestandsvoraussetzungen eines Betriebsübergangs vor, geht das Arbeitsverhältnis **mit allen Rechten und Pflichten** auf das Joint Venture über. Das betrifft nicht nur den Inhalt des Arbeitsvertrages, sondern insb. auch Ansprüche, die **durch betriebliche Übung oder Gesamtzusage** des einbringenden Partners begründet wurden. Gemäß § 613a Abs. 2 BGB haftet der Veräußerer zudem im Außenverhältnis neben dem neuen Betriebsinhaber als Gesamtschuldner für solche **Verpflichtungen aus dem Arbeitsverhältnis**, die vor dem Zeitpunkt des Übergangs entstanden sind und vor Ablauf von einem Jahr fällig werden, jedoch begrenzt auf den Umfang, der dem im Zeitpunkt des Betriebsübergangs angelaufenen Teil ihres Bemessungszeitraums entspricht. Das Innenverhältnis zwischen Erwerber (dem Joint Venture) und dem Veräußerer (dem Joint-Venture-Partner) ist selbstverständlich frei gestaltbar.

97 Wurden Rechte und Pflichten im Arbeitsverhältnis durch **kollektivvertragliche Normen** (Betriebsvereinbarung oder Tarifvertrag) gestaltet, sind verschiedene Fälle zu unterscheiden:

- der Kollektivvertrag gilt fort,
- der Kollektivvertrag wird gemäß § 613a Abs. 1 Satz 3 BGB durch einen beim Betriebserwerber geltenden Kollektivvertrag abgelöst oder
- der Kollektivvertrag wird gemäß § 613a Abs. 1 Satz 2 BGB zum Inhalt des Arbeitsvertrages, gleichsam „individualisiert".

Im letzten Fall dürfen die kollektiv-vertraglichen Normen vor Ablauf eines Jahres nicht geändert werden. Die individualvertragliche Weitergeltung stellt jedoch nur eine Auffangvorschrift zu Gunsten der Arbeitnehmer dar, falls der neue Arbeitgeber kollektivvertraglich nicht gebunden ist.

a) Betriebsvereinbarungen

Einzelbetriebsvereinbarungen gelten bei einem Betriebsübergang kollektivvertraglich nur dann fort, wenn die Identität des Betriebes gewahrt bleibt.[85] Nur in diesen Fällen bleibt der gewählte Betriebsrat im Amt und damit der für den neuen Betriebsinhaber maßgebliche Ansprechpartner. Für ein Joint Venture bedeutet das:

- Werden zwei oder mehr Betriebe zu einem neuen einheitlichen Betrieb zusammengelegt, kommt es zu einem **Identitätsverlust der bisherigen Betriebe**. Die **Betriebsvereinbarungen enden** und werden bei Vorliegen eines Betriebsübergangs zum Inhalt der übergehenden Arbeitsverhältnisse.
- Wird ein Betrieb oder Betriebsteil **in einen Betrieb mit Betriebsrat** eingegliedert, bleibt dieser Betriebsrat im Amt. Die von ihm **abgeschlossenen Betriebsvereinbarungen gelten** auch für die neu hinzu gekommenen Arbeitnehmer. Die Betriebsvereinbarungen des übergegangenen Betriebes werden durch die Vereinbarungen des aufnehmenden Betriebes mit demselben Gegenstand ersetzt; gibt es solche nicht, gilt die Betriebsvereinbarung aus dem übergegangenen Betrieb künftig individualrechtlich.
- Wird ein Betrieb(-steil) in einen betriebsratslosen, aber betriebsratsfähigen Betrieb eingegliedert oder als selbständiger Betrieb fortgeführt, gilt die Auffangvorschrift des § 21a BetrVG, wonach der bisherige Betriebsrat für **„seine" Arbeitnehmer übergangsweise zuständig bleibt**. In der zweiten Alternative bejaht das BAG sogar eine kollektivrechtliche Fortgeltung der Einzelbetriebsvereinbarung.[86]

Eine kollektiv-rechtliche Fortgeltung von Gesamt- und Konzernbetriebsvereinbarungen wird in der Lit. überwiegend abgelehnt.[87] Demgegenüber nimmt das BAG an, dass zumindest eine **Gesamtbetriebsvereinbarung** in einem übertragenen Betrieb als Einzelbetriebsvereinbarung in Kraft bleibt, wenn die Identität dieses Betriebes (im Gegensatz zur Konzern- bzw. Unternehmensidentität) gewahrt ist.[88] Bei einer **Konzernbetriebsvereinbarung** stellt sich die Frage der Fortgeltung ohnehin nur, wenn das Joint Venture nicht dem Konzern des betriebsveräußernden Partners zuzurechnen ist.[89]

b) Tarifverträge

Fraglich ist, unter welchen Voraussetzungen ein Tarifvertrag bei dem Betriebsübernehmer weiterhin Geltung hat. Bei einem **Firmentarifvertrag** setzt dies eine Gesamtrechtsnachfolge (Beispiel Verschmelzung) voraus, der Betriebsübergang alleine genügt nicht.[90] Allerdings geht ein für das aufnehmende Unternehmen verbindlicher (Firmen- oder Verbands-)Tarifvertrag vor (§ 613a Abs. 1 Satz 3 BGB). Ein **Verbandstarifvertrag** gilt fort, wenn entweder das Joint Venture in dem vertragsschließenden Arbeitgeberverband Mitglied ist oder der Tarifvertrag für allgemeinverbindlich erklärt wurde.

Sowohl beim Firmen- als auch beim Verbandstarifvertrag ist für eine Fortgeltung stets erforderlich, dass der Vertrag auch nach dem Betriebsübergang **noch räumlich und fachlich einschlägig ist**. Fehlt eine der genannten Voraussetzungen, gelten die Tarifvertragsnormen nur noch individualrechtlich fort (§ 613a Abs. 1 Satz 2 BGB).

II. Betriebliche Mitbestimmung bei der Gründung des Joint Ventures

Geht die Gründung des Joint Venture mit einer Betriebsveräußerung einher, haben die Partner betriebliche Mitbestimmungsrechte zu beachten. So besteht die Pflicht zur rechtzeitigen und umfassenden **Unterrichtung des Wirtschaftsausschusses** (sofern der Betriebsrat einen bestellt hat) über die geplante Veräußerung eines Betriebes oder eines Betriebsteils (§ 106 Abs. 3 Nr. 10 BetrVG). Unabhängig von dem

---

[85] Insofern enger als die in Fn. 85 zitierte Entscheidung des BAG, nach welcher es genügt, dass ein Betriebsteil identitätswahrend fortgeführt wird.
[86] BAG, NZA 2003, 670, 675.
[87] Preis, in: Erfurter Kommentar zum Arbeitsrecht, § 613a BGB Rn. 111.
[88] BAG, NZA 2003, 670, 674.
[89] Zur Geltung von Konzernbetriebsvereinbarungen im Joint Venture siehe unten Rn. 104 f.
[90] BAG, NZA 2002, 517, 518.

Bestehen eines Wirtschaftsausschusses ist der Betriebsrat über eine geplante Betriebsveräußerung gemäß §§ 2 Abs. 1, 74 Abs. 1 BetrVG und ggf. gemäß §§ 80 Abs. 2, 92 BetrVG zu unterrichten.

102 Darüber hinaus kann der Betriebsübergang zu einer Betriebsänderung i.S.d. §§ 111, 112 BetrVG führen, so dass der die Änderung anstrebende Partner verpflichtet sein kann, über einen **Interessenausgleich** sowie einen **Sozialplan** zu verhandeln. Ein Betriebsübergang allein stellt jedoch keine Betriebsänderung i.S.d. § 111 BetrVG dar. Die Mitwirkungsrechte des Betriebsrats entstehen erst, wenn mit dem Übergang weitere Maßnahmen des Veräußerers oder Erwerbers verbunden sind, etwa ein dem Betriebsübergang folgender Zusammenschluss mehrerer Betriebe oder eine vorangehende Betriebsspaltung.

Unterrichtungs- und Verhandlungspflichten können auch die Joint-Venture-Gesellschaft als **Betriebserwerber** treffen, wenn bei ihr bereits ein Betriebsrat oder Wirtschaftsausschuss besteht.

103 Besteht bei den Joint-Venture-Partnern ein **Europäischer Betriebsrat**, sind auch dessen Beteiligungsrechte zu beachten. Ein Europäischer Betriebsrat kann gemäß § 3 EBRG gewählt werden, wenn ein Unternehmen bzw. eine Unternehmensgruppe **mindestens 1.000 Arbeitnehmer innerhalb der Gemeinschaft** und dabei in zwei oder mehr Mitgliedstaaten mindestens jeweils 150 Arbeitnehmer beschäftigt; bei einer Unternehmensgruppe ist zusätzlich vorausgesetzt, dass mindestens zwei ihrer Unternehmen ihren Sitz in verschiedenen Mitgliedstaaten haben.

III. Geltung von Konzernbetriebsvereinbarungen im Joint Venture

104 Ist die Joint-Venture-Gesellschaft in den Konzern eines der Partner (bzw. dessen Konzernobergesellschaft) einbezogen, gelten die dort bestehenden **Konzernbetriebsvereinbarungen** grds. auch für das Joint Venture, sofern die einzelne Vereinbarung keinen engeren Anwendungsbereich definiert.[91] Ob die Joint-Venture-Gesellschaft **betriebsverfassungsrechtlich einem Konzern zugehört**, ist anhand des § 18 AktG zu beurteilen (vgl. § 54 Abs. 1 BetrVG). Es wird vermutet, dass ein Konzernverhältnis zu demjenigen Partner besteht, der die Mehrheit der Anteile oder die Mehrheit der Stimmrechte an der Joint-Venture-Gesellschaft hält (§§ 18 Abs. 1 Satz 3, 17 Abs. 2, 16 Abs. 1 AktG).

105 Ein Joint Venture kann aber nicht nur einfach, sondern auch mehrfach konzernzugehörig sein (**Stichwort Mehrmütterkonzern**).[92] Dies setzt voraus, dass die Partner ihre Interessen hinsichtlich des Joint Ventures miteinander koordinieren und die Leitungsmacht tatsächlich gemeinsam ausüben. Eine solche Interessenkoordination liegt insb. bei einem paritätischen Joint Venture nahe (ist aber nicht zwingend).[93] Bei mehrfacher Konzernzugehörigkeit sind nach der Rspr.[94] die Konzernbetriebsräte beider Joint-Venture-Partner (bzw. deren Konzernobergesellschaften) für das Joint Venture zuständig mit der Folge, dass es zu Kollisionen zwischen den jeweiligen Konzernbetriebsvereinbarungen kommen kann. Zur Ermittlung der vorrangigen Vereinbarung werden zwei Lösungsmodelle diskutiert:[95] Nach Auffassung mancher Autoren sollen die Konzernbetriebsvereinbarungen des Konzerns mit der größeren Arbeitnehmerzahl gelten. Eine andere Meinung will die für den Arbeitnehmer jeweils günstigere Regelung anwenden.

IV. Mitbestimmung auf der Ebene der Joint-Venture-Partner

106 Gehört die Joint-Venture-Gesellschaft dem Konzern eines der Partner an, werden ihre Mitarbeiter bei der Prüfung, ob die Schwellen der paritätischen **Unternehmensmitbestimmung** von 2.000 Arbeitnehmern (§ 1 Abs. 1 Nr. 2 MitbestG) überschritten ist, gemäß § 5 Abs. 1 MitbestG mitgezählt.[96] Die Einbeziehung des Joint Ventures kann also dazu führen, dass ein Partner (bzw. dessen Unternehmensgruppe) **erstmalig**

---

91 So jedenfalls BAG, NZA 2002, 1224, 1227 (str.).
92 Hierzu Hüffer, AktG, § 18 Rn. 16, § 17 Rn. 13 ff.
93 Hüffer, AktG, § 17 Rn. 16.
94 Vgl. BAG, ZIP 1987, 1407, 1412 (str.).
95 Zum Streitstand siehe Kittner/Zwanziger, Arbeitsrecht, § 12 Rn. 108.
96 Zur Mitbestimmung bei Gemeinschaftsunternehmen mit mehr als zwei Joint-Venture-Partnern Böttcher/Liekefett, NZG 2003, 701.

unter das MitbestG fällt. Beim DrittelbG und seiner Mitbestimmungsschwelle von 500 Arbeitnehmern (§ 1 Abs. 1 Nr. 1 DrittelbG) gelten gemäß § 2 Abs. 2 DrittelbG Arbeitnehmer eines Konzernunternehmens nur dann als solche des herrschenden Unternehmens, wenn zwischen den Unternehmen ein **Beherrschungsvertrag** besteht oder das abhängige Unternehmen in das beherrschende Unternehmen des Partners eingegliedert wurde (§ 319 AktG). Das wird bei einem Joint Venture in der Praxis kaum jemals der Fall sein.

Auch im Hinblick auf die Unternehmensmitbestimmung nach dem MitbestG gelten die **allgemeinen konzernrechtlichen Regeln**, nach denen eine mehrfache Konzernzugehörigkeit möglich ist. Bei einer gemeinsamen Beherrschung werden die Arbeitnehmer der Joint-Venture-Gesellschaft daher bei den Mitarbeiterzahlen beider Partner berücksichtigt. 107

Im Hinblick auf die Einrichtung eines **Europäischen Betriebsrats** sind die Arbeitnehmer eines Joint Ventures dann einem gemeinschaftsweit tätigen Partner (bzw. seiner Unternehmensgruppe) zuzurechnen, wenn der Partner das Joint Venture gemäß § 6 EBRG **unmittelbar oder mittelbar „beherrscht"**, was der Fall ist, wenn er die Mehrheit der Organmitglieder des Joint Ventures bestellen kann oder ihm die Mehrheit der Stimmrechte oder der Anteile an dem Joint Venture zusteht. Nach diesen Grundsätzen ist eine Mehrfachzurechnung nicht möglich.[97] 108

H. Rechnungslegung

Bei der Gestaltung eines Joint Ventures können Fragen der Rechnungslegung eine wichtige Rolle spielen. Dies gilt zunächst für die **Bilanzierung bei der Joint-Venture-Gesellschaft** selbst. Hier haben die Partner regelmäßig ein erhebliches Interesse an Informationen aus der Rechnungslegung des Joint Ventures, so dass Art, Umfang und Zeitpunkt gesellschaftsvertraglich geregelt werden sollten, insb. dann, wenn für die gewählte Rechtsform andernfalls keine Bilanzierungspflicht bestünde. 109

> Hinweis:
>
> Im Mittelpunkt des Interesses stehen die **handelsrechtlichen Abschlüsse der Joint-Venture-Partner**. Zwar ist es nicht Aufgabe des Rechtsanwalts, die bilanziellen Auswirkungen eines Joint Ventures zu beurteilen. Er sollte aber in der Lage sein, die aus der Rechnungslegung folgenden Gestaltungsvorgaben mit dem Mandanten und ggf. seinem Wirtschaftsprüfer zu diskutieren. Hierzu soll der nachfolgende Überblick dienen, der sich auf Equity Joint Venture beschränkt.[98]

I. Einzelabschluss des Joint-Venture-Partners

Bilanzierungsobjekt im Einzelabschluss des Joint-Venture-Partners ist der Anteil am Equity Joint Venture als solcher, nicht dessen Vermögensgegenstände und Schulden. Darüber hinaus ist für die bilanzielle Behandlung beim Joint-Venture-Partner zunächst von Bedeutung, **auf welche Dauer** das Joint Venture angelegt ist. Ein auf unbestimmte Dauer angelegtes Equity Joint Venture – in der Praxis der Regelfall – ist **als Finanzanlage auszuweisen (§ 266 Abs. 2 A. III HGB)**. Soll das Joint Venture dagegen voraussichtlich nicht länger als über zwei Bilanzstichtage bestehen, ist der Joint-Venture-Anteil im Umlaufvermögen als **sonstiger Vermögensgegenstand (§ 266 Abs. 2 B. II. 4 HGB)** oder in Form eines **Sonderausweises gemäß § 265 Abs. 5 HGB** zu bilanzieren. Auswirkungen hat der Ausweis im Anlage- oder Umlaufvermögen vor allem auf die Bewertung des Joint-Venture-Anteils (§ 253 Abs. 2 und Abs. 3 sowie § 279 und 280 HGB). 110

---

97 Str., wie hier Fitting, BetrVG, Übersicht EBRG Rn. 20.
98 Die im Rahmen der deutschen Rechnungslegung maßgeblichen Grundsätze sind in der Stellungnahme des Hauptfachausschusses (HFA) 1/1993 des Instituts der Wirtschaftsprüfer (IDW) „Zur Bilanzierung von Joint Ventures" zusammengefasst, das auch zur Bilanzierung von (hier so genannten) Contractual Joint Ventures Stellung nimmt.

111 Bei einem auf Dauer angelegten Joint Venture wird für den Bilanzansatz ferner danach differenziert, ob es sich um ein **Unternehmen i.S.d. Bilanzrechts** handelt. Dies soll dann der Fall sein, wenn das Joint Venture zumindest teilweise gesamthänderisch gebundenes Vermögen[99] aufweist, erwerbswirtschaftliche Interessen verfolgt und organisatorisch und rechtlich nach außen in Erscheinung tritt.[100] Bei dem hier zugrunde gelegten Verständnis eines Equity Joint Ventures sind diese **Voraussetzungen per definitionem gegeben**. Entsprechend erfolgt der Ausweis als Anteil an verbundenen Unternehmen (§ 266 Abs. 2 A. III. 1 HGB) oder als Beteiligung (§ 266 Abs. 2 A. III. 3. HGB) und nicht unter sonstige Ausleihungen (§ 266 Abs. 2 A. III. 6. HGB) oder als Sonderausweis gemäß § 265 Abs. 2 HGB.

112 Die **Bewertung** der Anteile am Joint Venture folgt allgemeinen Grundsätzen, d.h. es sind die fortgeführten Anschaffungs- oder Herstellungskosten auszuweisen. Der Ausweis des Ergebnisses des Joint Ventures in der **Gewinn- und Verlustrechnung** folgt dem bilanziellen Ausweis der Anteile. Sofern diese als Finanzanlagen geführt werden, erfolgt der Ergebnisausweis im Finanzergebnis (§ 275 Abs. 2 Nr. 9 – 13 HGB).

II. Konzernabschluss des Joint-Venture-Partners

113 In der Kommunikation eines Unternehmens mit seinen Kapitalgebern genießt der Konzernabschluss wesentlich größere Aufmerksamkeit als der Einzelabschluss (§§ 242 ff. HGB). Konzernabschlüsse werden in Deutschland überwiegend **gemäß §§ 290 ff. HGB** oder auf der Grundlage der International Financial Reporting Standards (**IFRS**) aufgestellt,[101] weshalb hier auf beide Rechnungslegungssysteme eingegangen wird.

1. Konzernabschluss nach deutschen Vorschriften (HGB)

114 Ziel des Konzernabschlusses ist es, die Vermögens-, Finanz- und Ertragslage der einbezogenen Unternehmen so darzustellen, als ob diese Unternehmen insgesamt ein einziges Unternehmen wären (§ 297 Abs. 3 Satz 1 HGB). Die Auswirkungen eines Equity Joint Ventures auf die Konzernabschlüsse der Joint-Venture-Partner können sehr unterschiedlich sein. Es kommen je nach Gestaltung eine Vollkonsolidierung, eine Quotenkonsolidierung bzw. eine Konsolidierung „at equity" in Betracht.

a) Vollkonsolidierung

115 Wird ein Equity Joint Venture **bei einem Joint-Venture-Partner vollkonsolidiert**, werden seine sämtlichen Vermögensgegenstände und Schulden in die Konzernbilanz des Joint-Venture-Partners aufgenommen. Ein Gewinn oder Verlust des Joint Ventures erscheint in der Konzern-Gewinn- und Verlustrechnung („Konzern-GuV"), als wäre er von dem Joint-Venture-Partner selbst erwirtschaftet worden.[102] Der dem anderen Partner zuzurechnende Anteil am Eigenkapital des Joint Ventures ist mittels entsprechender Ausgleichsposten („Anteile anderer Gesellschafter") auszuweisen. Gleiches gilt für dessen Anteil an Gewinn bzw. Verlust des Joint Ventures (§ 307 Abs. 2 HGB).

Eine **Vollkonsolidierung ist dann geboten**, wenn das Joint Venture unter der einheitlichen Leitung des Partnerunternehmens steht (§ 290 Abs. 1 HGB) oder das sog. Control-Konzept (§ 290 Abs. 2 HGB) greift. Letzteres ist immer dann gegeben, wenn dem Partnerunternehmen die Mehrheit der Stimmrechte oder der Bestellungs- und Abberufungsrechte für Leitungs- und Aufsichtsorgane zustehen oder das Partnerunternehmen aufgrund von Beherrschungsvertrag oder Satzungsbestimmung beherrschenden Einfluss auf das Joint Venture ausüben kann.

Wird ein Equity Joint Venture bei einem Partner vollkonsolidiert, kann der andere Partner seine Beteiligung **entweder als assoziiertes Unternehmen oder – unkonsolidiert** – als Finanzanlagevermögen ausweisen (dazu siehe unten Rn. 118). Die Auffassung, dass ein Joint Venture unter bestimmten Um-

---

99 Die Frage der Vermögensbindung stellt sich nur bei Personengesellschaften, nicht bei Kapitalgesellschaften.
100 IDW HFA 1/1993 Abschnitt 1.
101 Kapitalmarktorientierte Mutterunternehmen sind gemäß § 315a HGB zur Anwendung von IFRS verpflichtet.
102 Dabei sind wechselseitige Rechte, Schulden etc. zu eliminieren, vgl. §§ 301 ff. HGB.

ständen von mehreren Partnern gleichzeitig vollkonsolidiert werden kann, wird von der h.M.[103] zu Recht abgelehnt.

b) Quotenkonsolidierung

Im Fall einer Quotenkonsolidierung werden Vermögensgegenstände, Schulden, Gewinn bzw. Verlust des Joint Ventures den Joint-Venture-Partnern mit denjenigen Anteilen zugerechnet, mit denen sie jeweils am Kapital des Equity Joint Ventures beteiligt sind (§ 310 HGB). Die Quotenkonsolidierung setzt die **gemeinschaftliche Führung des Joint Ventures** durch beide Partner voraus. Sie kommt nur dann in Frage, wenn eine Vollkonsolidierung nicht möglich ist, also keiner der Partner über mehr als 50 % der Anteile, Stimmrechte usw. verfügt. Es besteht nur das Recht, nicht aber die Pflicht zur Quotenkonsolidierung. Ist eine Quotenkonsolidierung nicht gewünscht, ist das Joint Venture **„at equity" zu bilanzieren**.

116

c) At-Equity-Konsolidierung

„At equity" werden sog. assoziierte Unternehmen konsolidiert, also Unternehmen, auf deren Geschäfts- und Finanzpolitik das Mutterunternehmen maßgeblichen Einfluss tatsächlich ausübt (vgl. § 311 Abs. 1 HGB). Eine solche Assoziierung wird (widerleglich) vermutet, wenn ein Joint-Venture-Partner mehr als 20 % der Stimmrechte innehat (§ 311 Abs. 1 Satz 2 HGB). Ein maßgeblicher Einfluss wird aber auch in folgenden Fällen angenommen:

117

- Mitgliedschaft im Verwaltungsorgan oder einem gleichwertigen Leitungsgremium,
- Mitwirkung an der Geschäftspolitik,
- Austausch von Führungskräften,
- wesentliche Geschäftsbeziehungen oder die Bereitstellung wichtiger fachlicher Informationen.[104]

Bei der Equity-Methode wird das Equity Joint Venture im Konzernabschluss unter einem entsprechend bezeichneten Posten **gesondert ausgewiesen** und mit dem auf den jeweiligen Joint-Venture-Partner entfallenden Anteil am bilanziellen Eigenkapital des Joint Ventures oder mit seinem Buchwert angesetzt. **Verändert sich das Eigenkapital des Joint Ventures** durch Gewinne, Verluste oder Ausschüttungen, wird der Bewertungsansatz im Konzernanschluss entsprechend angepasst. Das auf das assoziierte Unternehmen entfallende Ergebnis ist in der Konzern-GuV unter einem gesonderten Posten auszuweisen (§ 312 HGB).

d) Keine Konsolidierung

Kommen weder eine Voll- noch eine Quotenkonsolidierung in Betracht und übt der Joint-Venture-Partner auch keinen maßgeblichen Einfluss auf das Joint Venture aus, so wird sein Anteil am Joint Venture in der Konzernbilanz wie im Einzelabschluss bilanziert (siehe oben Rn. 110 ff.).

118

2. Konzernabschluss nach IFRS

Während bei den Vorschriften zum Einzelabschluss nach wie vor erhebliche grundsätzliche Unterschiede zwischen der deutschen und der internationalen Rechnungslegung bestehen, sind die im deutschen HGB niedergelegten Regelungen zur Konzernrechnungslegung in jüngster Zeit zunehmend **den internationalen Vorschriften angenähert** worden. Dennoch bestehen weiterhin vielfältige Unterschiede zwischen beiden Rechnungslegungssystemen sowohl **konzeptioneller Art als auch in Fragen der Methodik** sowie des Ansatzes und der Bewertung von Vermögensgegenständen, Schulden, Erträgen, Aufwendungen usw., die an dieser Stelle nicht dargestellt werden können.

119

Grds. ist auch der Konzernabschluss nach IFRS so darzustellen, als ob es sich um den Abschluss eines einzigen Unternehmens handeln würde. Das für die Einbeziehung von Tochterunternehmen nach IAS 27 einzig maßgebliche Control-Konzept sieht vor, dass Tochterunternehmen immer dann einzubezie-

---

103 Vgl. Winkeljohann, in: Beck'schesr Bilanz-Kommentar, § 310 HGB Rn. 5.
104 Deutscher Rechnungslegungsstandard DRS 8.3, Winkeljohann, in: Beck'schesr Bilanz-Kommentar, § 311 HGB Rn. 15.

hen sind, wenn die Mutter die Möglichkeit hat, die Finanz- und Geschäftspolitik eines Unternehmens zu bestimmen, um Nutzen aus der Aktivität des Tochterunternehmens zu ziehen.[105]

120 Allerdings nimmt **IFRS 3 (Business Combinations)** Unternehmen unter **gemeinsamer Beherrschung (Common Control)** von der Kapitalkonsolidierung und damit von der Methode der Vollkonsolidierung vollständig aus.[106] Die Darstellung von Anteilen an Joint Ventures erfolgt vielmehr regelmäßig gemäß IAS 31 (Anteile an Joint Ventures)[107] oder IAS 28 (Anteile an assoziierten Unternehmen). Die hierin enthaltenen Regelungen sind mit den §§ 310 HGB (Quotenkonsolidierung) bzw. §§ 311 ff. HGB („At-equity"-Konsolidierung) vergleichbar. **Wesentlicher Unterschied** zur deutschen Rechnungslegung ist, dass nach deutschem Recht höchstens die Anschaffungskosten angesetzt werden können, während nach IFRS/IAS auch höhere Werte möglich sind.

I. Steuern

121 Bei der Gestaltung eines Joint Ventures sind regelmäßig auch steuerliche Fragestellungen zu beachten. Insb. bei der Wahl der Rechtsform der Joint-Venture-Gesellschaft sind die **steuerlichen Rahmenbedingungen** zu berücksichtigen, da das deutsche Unternehmenssteuerrecht derzeit nicht rechtsformneutral ausgestaltet ist.

Je nach Lage des Einzelfalls können die zu betrachtenden steuerrechtlichen Fragestellungen einen z.T. **erheblichen Umfang** annehmen. Im Rahmen des nachfolgenden Überblicks können nur einige wichtige Überlegungen beleuchtet werden, die mit dem Mandanten und ggf. seinen steuerlichen Beratern besprochen werden müssen. Die Betrachtungen beschränken sich dabei auf Equity Joint Ventures in Form von Kapitalgesellschaften und (mitunternehmerischen) Personengesellschaften. Bei letzteren wird davon ausgegangen, dass sie **selbst operativ tätig sind** und nicht lediglich als Holdinggesellschaft für Kapitalgesellschaftsbeteiligungen fungieren.

I. Gründung des Joint Ventures

122 Ein wesentliches steuerliches Gestaltungsziel im Rahmen des Gründungsvorgangs besteht regelmäßig darin, die Einbringung von Vermögen der Joint-Venture-Partner in die Joint-Venture-Gesellschaft **steuerneutral**, d.h. ohne Aufdeckung stiller Reserven, zu ermöglichen. Hierbei sind je nach Rechtsform der Joint-Venture-Gesellschaft unterschiedliche Voraussetzungen zu erfüllen. Daneben sind regelmäßig **grunderwerbsteuerliche und umsatzsteuerliche Fragen** zu berücksichtigen.

1. Einbringung in eine Kapitalgesellschaft (§ 20 UmwStG)

123 Handelt es sich bei der Joint-Venture-Gesellschaft um eine **unbeschränkt steuerpflichtige Kapitalgesellschaft**, können die Partner unter den Voraussetzungen des § 20 UmwStG Vermögen zu Buchwerten einbringen. Die Gegenleistung muss zumindest z.T. in der Gewährung von neuen Anteilen an der Joint-Venture-Gesellschaft bestehen. **Gegenstand der Einbringung** können Betriebe, Teilbetriebe, Mitunternehmeranteile oder mehrheitsvermittelnde Anteile an einer unbeschränkt steuerpflichtigen Kapitalgesellschaft sein.

124 **In der Praxis** werden häufig betriebliche Teilbereiche eines Unternehmens in eine Joint-Venture-Gesellschaft eingebracht. Hier stellt sich regelmäßig die Frage, ob diese betrieblichen Teilbereiche einen **Teilbetrieb** i.S.d. § 20 UmwStG darstellen. Dies gilt nach h.M. für den mit einer gewissen Selbständigkeit ausgestatteten, organisch geschlossenen Teil des Gesamtbetriebes, der für sich allein lebensfähig ist.[108] Alle Wirtschaftsgüter, die **wesentliche Betriebsgrundlagen** des Teilbetriebes darstellen, müssen in die Kapitalgesellschaft eingebracht werden. Eine lediglich schuldrechtliche Überlassung wesentlicher Be-

---

105 IRS 27.4; Winkeljohann, in: Beck'schesr Bilanz-Kommentar, § 290 Rn. 151.
106 Winkeljohann, in: Beck'schesr Bilanz-Kommentar, § 301 Rn. 395 ff.
107 Baumbach/Hopt/Merkt, HGB, § 310 Rn. 3.
108 Z.B. BFH, GrS, BStBl. 2000 II, S. 123.

triebsgrundlagen erfüllt nach Auffassung der Finanzverwaltung die Voraussetzungen des § 20 UmwStG nicht.[109]

Handelt es sich bei dem einbringenden Joint-Venture-Partner um eine Personengesellschaft, sind ggf. auch Wirtschaftsgüter im **Sonderbetriebsvermögen** der Gesellschafter der Personengesellschaft einzubringen. Dies wird in der Praxis oftmals übersehen, da sich diese Wirtschaftsgüter zivilrechtlich nicht im Eigentum des Einbringenden, also der Personengesellschaft, sondern eines ihrer Gesellschafter befinden.

Bei der Einbringung von **Anteilen an Kapitalgesellschaften ist** § 20 UmwStG nur anzuwenden, wenn die Joint-Venture-Gesellschaft nach der Einbringung über die Mehrheit der Stimmrechte an der übertragenen Gesellschaft verfügt.

125

Sind die Voraussetzungen des § 20 Abs. 1 UmwStG erfüllt, kann das eingebrachte Betriebsvermögen zum **Buchwert**, **Teilwert** (Verkehrswert) oder mit einem **Zwischenwert** angesetzt werden. Die Ausübung des Wahlrechts erfolgt durch die Joint-Venture-Gesellschaft. Nach Auffassung der Finanzverwaltung ist in diesem Zusammenhang grds. das **Maßgeblichkeitsprinzip (§ 5 Abs. 1 Satz 2 EStG)** zu beachten, d.h. der handelsrechtliche Ansatz des Betriebsvermögens ist auch für steuerrechtliche Zwecke grds. maßgebend. Demgegenüber ist das Betriebsvermögen zwingend mit dem Teilwert zu bewerten, soweit der BRD bzgl. der als Gegenleistung gewährten Anteile an der Joint-Venture-Gesellschaft das Besteuerungsrecht nicht zusteht (vgl. § 20 Abs. 3 UmwStG). Werden die eingebrachten Wirtschaftsgüter zum Buchwert angesetzt, entsteht auf Ebene des einbringenden Partners kein Veräußerungsgewinn, die Einbringung ist damit insoweit grds. ertragsteuerneutral.

> **Hinweis:**
>
> Da die Bewertung durch die Joint-Venture-Gesellschaft Auswirkung auf die Besteuerung des einbringenden Partners hat, sollten im Joint-Venture-Vertrag klare Regelungen über die Ausübung des Ansatzwahlrechts getroffen werden.

Werden im Rahmen einer Einbringung nach § 20 UmwStG nicht sämtliche im eingebrachten Vermögen befindlichen stillen **Reserven aufgelöst und versteuert** (Wahl des Buch- oder eines Zwischenwertes), sind die im Gegenzug gewährten Anteile an der aufnehmenden Gesellschaft als sog. **einbringungsgeborene Anteile** grds. unabhängig von der Beteiligungshöhe und einer Haltedauer steuerverhaftet (§ 21 UmwStG).

126

2. Einbringung in eine Personengesellschaft nach § 24 UmwStG, § 6 Abs. 5 EStG

Handelt es sich bei der Joint-Venture-Gesellschaft um eine Personengesellschaft, kommt eine **erfolgsneutrale Einbringung** von Vermögen nach § 24 UmwStG in Betracht. Die Voraussetzungen des § 24 UmwStG ähneln denen des § 20 UmwStG. Unterschiede ergeben sich insbes. hinsichtlich folgender Punkte:

127

- § 24 UmwStG setzt voraus, dass der einbringende Partner steuerlich **Mitunternehmer** der Personengesellschaft wird; war er bereits Mitunternehmer, ist eine Erhöhung bestehender Gesellschafterrechte ausreichend.[110]
- Auch für die erfolgsneutrale Einbringung nach § 24 Abs. 1 UmwStG ist Voraussetzung, dass es sich bei dem eingebrachten Vermögen um einen **Betrieb**, **Teilbetrieb** oder einen **Mitunternehmeranteil** handelt. Im Gegensatz zu § 20 UmwStG ist die Einbringung von Kapitalgesellschaftsanteilen nach § 24 UmwStG nicht begünstigt. Nach h.M. stellt eine im Betriebsvermögen gehaltene 100 %-Beteiligung an einer Kapitalgesellschaft aber einen Teilbetrieb i.S.d. § 24 UmwStG dar, der erfolgsneutral eingebracht werden kann.[111]

---

109 Vgl. BMF v. 21.8.2001, BStBl. 2001 I, S. 268, Tz. 20.08.
110 BMF v. 25.3.1998, BStBl. I, S. 268, Tz. 24.02, 24.08.
111 Vgl. BMF v. 25.3.1998, BStBl. I, S. 268, Tz. 24.03.

- Nach § 24 Abs. 2 UmwStG hat die Joint-Venture-Gesellschaft das Wahlrecht, das eingebrachte Vermögen zu Buch-, Zwischen- oder Teilwerten anzusetzen. Eine Maßgeblichkeit der Handelsbilanz für das steuerliche Ansatzwahlrecht existiert im Rahmen des § 24 UmwStG nicht.

Unter – in der Praxis allerdings selten – gegebenen Voraussetzungen können gemäß § 6 Abs. 5 EStG auch **Einzelwirtschaftsgüter erfolgsneutral** in eine Personengesellschaft eingebracht werden.[112]

3. Grunderwerbsteuer

Werden in die Joint-Venture-Gesellschaft Grundstücke, grundstücksgleiche Rechte (z.B. Erbbaurechte) oder Gebäude auf fremdem Grund und Boden eingebracht, löst der Einbringungsvorgang **Grunderwerbsteuer** aus. Die Grunderwerbsteuer beträgt 3,5 % und ist bei gesellschaftsrechtlichen Einbringungsvorgängen nach § 8 Abs. 2 Nr. 2 GrEStG auf den sog. **Bedarfswert i.S.d. § 138 Abs. 2 BewG** zu berechnen.

Handelt es sich bei der Joint-Venture-Gesellschaft um eine **Personengesellschaft mit Gesamthandsvermögen**, kommt eine (teilweise) Befreiung der Einbringung von der Grunderwerbsteuer in Betracht. Nach § 5 Abs. 2 GrEStG wird beim Übergang eines Grundstückes von einem Alleineigentümer auf eine Gesamthand die Grunderwerbsteuer i.H.d. Anteils **nicht erhoben**, zu dem der Einbringende an der Gesamthand beteiligt ist. Zu beachten ist allerdings, dass die anteilige Steuerbefreiung rückwirkend entfällt, soweit sich innerhalb von fünf Jahren nach der Einbringung der Anteil des Einbringenden am Vermögen der Gesamthand (z.B. durch Neuaufnahme von Partnern oder Anteilsveräußerungen) verringert.

4. Umsatzsteuer

Umsatzsteuerlich ist im Rahmen der Begründung eines Joint Ventures danach zu unterscheiden, ob **Einzelwirtschaftsgüter oder betriebliche Gesamtheiten** eingebracht werden. In Abhängigkeit vom Einbringungsgegenstand kann es sich um umsatzsteuerbare oder nicht umsatzsteuerbare Vorgänge handeln. Im Fall der Umsatzsteuerbarkeit können ggf. Umsatzsteuerbefreiungen einschlägig sein.

Die Einbringung eines Unternehmens oder eines in der Gliederung eines Unternehmens gesondert geführten **Betriebes im Ganzen** in eine neue Gesellschaft ist als sog. Geschäftsveräußerung gemäß § 1 Abs. 1a UStG ein nicht umsatzsteuerbarer Vorgang. Ähnlich wie bei der Frage der Teilbetriebsdefinition im Rahmen der ertragsteuerneutralen Einbringung ist bei der Einbringung von Unternehmensteilen die Frage zu beantworten, ob ein in der Gliederung des Unternehmens gesondert geführter Betrieb vorliegt. Soweit **einkommensteuerrechtlich eine Teilbetriebsveräußerung** angenommen werden kann, ist diese Beurteilung nach Ansicht der Finanzverwaltung regelmäßig auch umsatzsteuerrechtlich zu übernehmen.[113]

Die Einbringung **sonstiger Wirtschaftsgüter** stellt umsatzsteuerrechtlich regelmäßig einen tauschähnlichen Umsatz dar. Da es sich beim einbringenden Gesellschafter i.d.R. um einen umsatzsteuerlichen Unternehmer handelt, unterliegt die Einbringung daher grds. der USt. Ggf. kann eine **Umsatzsteuerbefreiung nach § 4 UStG** eingreifen.

Die Erbringung von **Bareinlagen** durch einen Joint Venture Gesellschafter im Rahmen der Gründung der Joint-Venture-Gesellschaft ist nach der neueren Rspr. als nichtsteuerbarer Vorgang zu qualifizieren.[114]

II. Laufende Besteuerung der Joint-Venture-Gesellschaft

Die laufende Besteuerung der Joint-Venture-Gesellschaft wird insb. im Rahmen der Rechtsformwahl regelmäßig eine gewichtige Rolle bei der Entscheidungsfindung spielen. Zu den grundsätzlichen Unterschieden in der Besteuerung von Personen- und Kapitalgesellschaften sowie zu einem Rechtsformvergleich siehe 2. Teil: Gesellschaftsrecht, 15. Kapitel, § 2.

---

112 Siehe hierzu: Schmidt/Wacker, EStG, § 15 Rn. 664 ff.
113 Vgl. Abschn. 5 Abs. 3 UStR.
114 Vgl. BFH, UR 2004, 537.

# 13. Kapitel: Schiedsgerichtsbarkeit

Inhaltsverzeichnis

	Rn.
A. Einleitung	1
B. Schiedsverfahren im Wirtschaftsverkehr	3
I. Vor- und Nachteile eines Schiedsverfahrens	5
1. Vorteile	5
2. Nachteile	10
II. Institutionelle Schiedsverfahren und Schiedsverfahren ad hoc	13
III. Quellen des Schiedsverfahrensrechts	17
C. Schiedsvereinbarungen in nationalen und internationalen Verträgen	18
I. Bedeutung der Schiedsvereinbarung	19
1. Terminologie	19
2. Bedeutung	22
3. Autonomie und anwendbares Recht	23
II. Abschluss der Schiedsvereinbarung und Wirksamkeitsvoraussetzungen	25
1. Allgemeine Voraussetzungen	25
2. Besondere Wirksamkeitsvoraussetzungen	26
a) Schiedsfähigkeit	26
aa) Objektive Schiedsfähigkeit	27
(1) Vermögensrechtliche Ansprüche (§ 1030 Abs. 1 Satz 1 ZPO)	28
(2) Nichtvermögensrechtliche Ansprüche (§ 1030 Abs. 1 Satz 2 ZPO)	29
(3) Einschränkungen (§ 1030 Abs. 2 und 3 ZPO)	30
bb) Subjektive Schiedsfähigkeit	32
b) Schriftformerfordernis	33
c) Verbraucherbeteiligung	36
d) Inhaltskontrolle nach deutschem Recht	38
3. Inhalt der Schiedsvereinbarung	39
a) Notwendiger Inhalt	39
aa) Übertragung der Entscheidungszuständigkeit auf ein Schiedsgericht	39
bb) Musterklauseln	41
b) Zweckmäßige Zusatzvereinbarungen	47
c) Fehlervermeidung	50
4. Folgen von Unwirksamkeit und Erlöschen einer Schiedsvereinbarung	51
a) Streit über die Wirksamkeit einer Schiedsvereinbarung	51
b) Erlöschen der Schiedsvereinbarung	52
III. Besondere gesellschaftsrechtliche Problemstellungen	53
1. Bindung der Gesellschafter an die Schiedsklausel	54
a) Personengesellschaften	55
b) Kapitalgesellschaften	56
c) Reichweite der Schiedsklauseln	57
2. „Schiedsfähigkeit" gesellschaftsrechtlicher Streitigkeiten	58
a) Schiedsfähigkeit als vermögensrechtliche Streitigkeiten	59
b) „Schiedsfähigkeit" von Beschlussmängelstreitigkeiten	60
aa) Problematische Konstellationen	61
bb) Kriterien des BGH im Urteil v. 29.3.1996	62
cc) Auswirkungen des Urteils für die Klauselgestaltung	63
dd) Besondere Probleme der Beschlussmängelstreitigkeiten bei der AG	64
D. Verfahren vor dem Schiedsgericht	65
I. Überblick über den Ablauf des Schiedsverfahrens und die Verfahrensgrundsätze	66
1. Grundsatz: Keine unmittelbare Anwendung der ZPO	67
2. Gestaltung des Verfahrens durch die Parteien oder das Schiedsgericht	68
a) Grundsatz: Gestaltung des Verfahrens durch die Parteien	68
b) Weitgehendes Ermessen des Schiedsgerichts zur Gestaltung des Verfahrens	70
c) Grenze des zwingenden Schiedsverfahrensrechts	71
3. Verfahrensgrundsätze im Schiedsverfahren	72
a) Grundsatz: Keine Geltung allgemeiner Verfahrensgrundsätze	72
b) Grundsatz der Vertraulichkeit des Schiedsverfahrens	73
c) Dispositionsmaxime	76
d) Beschränkter Untersuchungsgrundsatz	77
e) Gleichbehandlung der Parteien	78
f) Grundsatz der Gewährung rechtlichen Gehörs	80
g) Kein Ausschluss der anwaltlichen Vertretung	83
4. Typischer Verfahrensablauf	84
a) Einreichung der Schiedsklage und Konstituierung des Schiedsgerichts	85
b) Klärung des weiteren Verfahrensablaufs	86
c) Austausch von Schriftsätzen, Beweisaufnahme und mündliche Verhandlung	87
d) Erörterung einer Beendung des Verfahrens durch Vergleich	89
e) Erlass eines Schiedsspruchs und Vollstreckbarerklärung	90
II. Einleitung des Schiedsverfahrens, Konstituierung des Schiedsgerichtes und weiterer Verfahrenslauf	91

1. Einleitung des Schiedsverfahrens 91
   a) Einleitung des Schiedsverfahrens nach den gesetzlichen Vorschriften 92
   b) Einleitung des Schiedsverfahrens bei Anwendung der DIS-SchO bzw. der ICC- Rules........................ 93
   c) Rechtsfolgen der Verfahrenseinleitung .. 94
2. Erhebung der Schiedsklage 97
   a) Anforderungen des Schiedsverfahrensrechts an Form und Inhalt 98
   b) Anforderungen der Schiedsordnungen .. 100
3. Konstituierung des Schiedsgerichts....... 103
   a) Ernennung der Schiedsrichter 104
      aa) Ablauf bei Anwendung des Schiedsverfahrensrechtes 104
      bb) Ablauf bei Anwendung der DIS-SchO........................ 105
      cc) Ablauf bei Anwendung der ICC-Rules........................ 110
      dd) Auswahl der Parteischiedsrichter ... 115
   b) Ablehnung eines von der Gegenseite benannten Schiedsrichters 118
      aa) Ablehnungsgründe und Ablehnungsverfahren bei Anwendung des Schiedsverfahrensrechtes 118
         (1) Ablehnungsgründe........... 119
         (2) Ablehnungsverfahren 122
      bb) Ablehnungsgründe und Ablehnungsverfahren bei Anwendung der DIS-SchO bzw. der ICC-Rules..... 123
   c) Konstituierung des Schiedsgerichts..... 124
   d) Schiedsrichtervertrag................ 125
4. Weiterer Verfahrensablauf: Klageerwiderung und weitere Schriftsätze, Verfügungen über den Streitgegenstand, Widerklage, Präklusion und Säumnis 127
   a) Klageerwiderung und weitere Schriftsätze der Parteien................... 127
   b) Widerklage, Klageänderung und Klagerücknahme...................... 131
      aa) Widerklage................... 131
      bb) Klageänderung................ 132
      cc) Klagerücknahme............... 134
   c) Präklusion und Säumnis 135
      aa) Folgen der Säumnis im Schiedsverfahren......................... 135
         (1) Säumnis bei Klageeinreichung und Klageerwiderung 136
         (2) Säumnis im Rahmen der Dokumentenvorlage und der mündlichen Verhandlung...... 138
         (3) Entschuldigung der Säumnis... 139
      bb) Präklusion im Schiedsverfahren.... 140
III. Mündliche Verhandlung und Beweisaufnahme 144
   1. Besonderheiten der Beweiserhebung im Schiedsverfahren 145
   2. Urkundsbeweis und Vorlage von Dokumenten 147
   3. Zeugenbeweis 151
      a) Zeugenbegriff im Schiedsverfahren..... 152
      b) Ladung der Zeugen durch das Schiedsgericht 153
      c) Durchführung der Zeugenbefragung.... 154
      d) Schriftliche Zeugenaussagen (witness statements) im Schiedsverfahren....... 156
   4. Andere Beweismittel: Augenschein, Sachverständige und Parteigutachter.......... 157
IV. Einstweiliger Rechtsschutz durch das Schiedsgericht 161
   1. Maßnahmen des einstweiligen Rechtsschutzes im Schiedsverfahren.......... 162
   2. Verfahren vor dem Schiedsgericht........ 163
   3. Hilfe und Kontrolle durch das staatliche Gericht........................... 165
   4. Aufhebung und Änderung der Maßnahme durch das Schiedsgericht 167
   5. Vollzugsschadensersatz 168
E. **Materielle Rechtsanwendung, Schiedsspruch und andere Möglichkeiten der Verfahrensbeendigung** 169
I. Kollisionsrecht........................ 170
   1. Bestimmung des anwendbaren Rechts 170
      a) Regelung des § 1051 ZPO........... 170
      b) DIS-SchO und ICC-Rules 173
   2. Anwendung transnationalen Rechts 174
   3. Ermächtigung zu Billigkeitsentscheidung... 175
II. Rechtsanwendung im Schiedsverfahren 176
III. Erlass des Schiedsspruchs 177
IV. Andere Möglichkeiten der Verfahrensbeendigung................................ 178
   1. Rücknahme der Schiedsklage 178
   2. Schiedsspruch mit vereinbartem Wortlaut.. 179
   3. Erledigungserklärung.................. 180
F. **Verfahren vor staatlichen Gerichten im Zusammenhang mit Schiedsverfahren** 182
I. Unterstützung und Kontrolle durch staatliche Gerichte 182
II. Unterstützungs- und Kontrollmaßnahmen während des laufenden Schiedsverfahrens 186
   1. Unterstützungsmaßnahmen 187
   2. Kontrollmaßnahmen 192
      a) Feststellung der Zulässigkeit oder Unzulässigkeit eines Schiedsverfahrens nach § 1032 Abs. 2 ZPO 193
      b) Überprüfung eines Zwischenbescheids des Schiedsgerichts zur Zuständigkeit nach § 1040 Abs. 3 Satz 2 ZPO........ 194
         aa) Vorläufige Entscheidung des Schiedsgerichts über die eigene Zuständigkeit (Kompetenz-Kompetenz) 194
         bb) Überprüfung der Entscheidung durch das OLG nach § 1040 Abs. 3 Satz 2 ZPO 195
         cc) Auswirkungen auf das laufende Schiedsverfahren 196

dd) Unabdingbarkeit der Vorschrift 197
c) Überprüfung einstweiliger Maßnahmen gemäß § 1041 Ab. 2 ZPO 199
III. Einstweiliger Rechtsschutz durch staatliche Gerichte während des laufenden Schiedsverfahrens 200
IV. Kontrolle des Schiedsspruchs durch staatliche Gerichte 202
  1. Keine Rechtsmittel im Schiedsverfahren. . . 203
  2. Aufhebungsverfahren gemäß § 1059 ZPO . 204
    a) Einleitung 204
    b) Statthaftigkeit 205
      aa) Vorliegen eines Schiedsspruchs 206
      bb) Von einem inländischen Schiedsgericht erlassen................... 208
    c) Aufhebungsgründe.................. 209
      aa) Ausnahmecharakter der Norm und enumerativer Katalog der Aufhebungsgründe 209
      bb) Gründe des § 1059 Abs. 2 Nr. 1 ZPO 210
        (1) Unwirksamkeit der Schiedsvereinbarung.................. 211
        (2) Besondere Gehörverstöße 213
        (3) Entscheidung des Schiedsgerichts ultra petita 214
        (4) Fehler im schiedsrichterlichen Verfahren.................. 215
      cc) Gründe des § 1059 Abs. 2 Nr. 2 ZPO 218
        (1) Fehlende objektive Schiedsfähigkeit 220
        (2) Ordre public................ 221
      dd) Darlegungs- und Beweislast....... 222
    d) Verfahrensfragen 223
      aa) Zuständigkeit 223
      bb) Form und Frist des Antrags 224
      cc) Verzicht auf die Aufhebung 225
    e) Entscheidung des Gerichts und Rechtsmittel 227
      aa) Aufhebungsantrag erfolgreich 227
      bb) Aufhebungsantrag erfolglos....... 230
      cc) Rechtsmittel gegen die Entscheidung 231
  3. Vollstreckbarerklärungsverfahren 232
    a) Einführung 233
    b) Verfahren bei inländischen Schiedssprüchen 234
    c) Verfahren bei ausländischen Schiedssprüchen............................. 238
  4. Sonstige Verteidigungsmöglichkeiten des Schuldners eines Schiedsspruchs......... 241
    a) Aufhebungsantrag nach § 826 BGB? . . . 242
    b) Feststellungsklage 243
    c) Erhebung einer Vollstreckungsklage 244

Kommentare und Gesamtdarstellungen:

Aden, Internationale Handelsschiedsgerichtsbarkeit, 2. Aufl. 2003; *Baumbach/Lauterbach/Albers/Hartmann*, Kommentar zur ZPO, 65. Aufl. 2007; *Bishop*, The art of advocacy in international arbitration, 2004; *Böckstiegel/Berger/Bredow*, Die Beteiligung Dritter an Schiedsverfahren, 2005; *Cato*, Arbitration Practice and Procedure, 1992; *Craig/Park/Paulsson*, International Chamber of Commerce Arbitration, 2000; *Derains/Schwartz*, Guide to the ICC Rules of Arbitration, 2. Aufl. 2005; *Geimler*, Internationales Zivilprozessrecht, 5. Aufl. 2004; *Henn*, Schiedsverfahrensrecht, 3. Aufl. 2000, *Kölbl*, Schiedsklauseln in Vereinssatzungen, 2004; *Kreindler*, Leitfaden zur Schiedsgerichtsbarkeit, 2005; *Lachmann*, Handbuch für die Schiedsgerichtspraxis, 2. Aufl. 2002; *Lew/Mistelis/Kröll*, Comparative International Commercial Arbitration, 2003; *Lionnet*, Handbuch der internationalen und nationalen Schiedsgerichtsbarkeit, 3. Aufl. 2005; *Lörcher/Lörcher*, Das Schiedsverfahren – national/international – nach deutschem Recht, 2. Aufl. 2001; *Musielak*, Kommentar zur Zivilprozessordnung, 5. Aufl. 2006; *Münchener Kommentar zur ZPO*, Bd. 3, §§ 803 – 1066, 2. Aufl. 2001; *Newmann*, The Leading Arbitrators' Guide to International Arbitration, 2004; *Redfern*, Law and Practice of International Commercial Arbitration, 4. Aufl. 2004; *Saenger*, ZPO, 2005; *Schafer*, ICC Arbitration in Practice, 2005; *Schiffer*, Mandatspraxis Schiedsverfahren und Mediation, 2. Aufl. 2005; *Schroeder*, Die lex mercatoria Arbitralis, 2007; *Schlosser*, Das Recht der internationalen privaten Schiedsgerichtsbarkeit, 2. Aufl. 1989; *Schütze*, Institutionelle Schiedsgerichtsbarkeit, 2006; *Schütze*, Schiedsgericht und Schiedsverfahren, 3. Aufl. 1999; *Schütze/Tscherning/Wais*, Handbuch des Schiedverfahrens, 2. Aufl. 1990; *Schwab/Walter*, Schiedsgerichtsbarkeit, 7. Aufl. 2005; *Stein/Jonas*, Kommentar zur ZPO, Bd. 9, §§ 916 – 1068 EGZPO, 22. Aufl. 2002; *Thomas/Putzo*, ZPO, 27. Aufl. 2005; *Weigand*, Practitioner's Handbook on International Arbitration, 2002; *Zöller*, ZPO, 25. Aufl. 2004.

Formularbücher und Mustersammlungen:

Hopt, Vertrags – und Formularhandbuch zum Handels-, Gesellschafts-, und Bankrecht, 3. Aufl. 2007;

Aufsätze und Rechtsprechungsübersichten:

Bagner, Confidentiality – A Fundamental Principle in International Commercial Arbitration, Jour. Int. Arb. 2001, S. 243ff; *Bayer*, Schiedsfähigkeit von GmbH-Streitigkeiten, ZIP 2003, 881; *Berger*, Das neue deutsche Schiedsverfahrensrecht, DZWIR 1998, 45; *Bender*, Schiedsklagen gegen Gesellschafterbeschlüsse im Recht der Kapitalgesellschaften nach der Neuregelung des Schiedsverfahrensrechts, DB 1998, 1900; *Borges*, Die Anerkennung und Vollstreckung von Schiedssprüchen nach dem neuen Schiedsverfahrensrecht, ZZP 111 (1998), 477; *Borris/Schmidt*, Vollstreckbarkeit von Schiedssprüchen und materiellrechtliche Einwendungen des Schiedsbeklagten, SchiedsVZ 2004, 273; *Collins*, Privacy and Confidentiality in Arbitration Proceedings, Arb. Int. 1991, 321 ff.; *Duve/Keller*, Privatisierung der Justiz – bleibt die Rechtsfortbildung auf der Strecke? – Ein Beitrag zur Auflösung des Spannungsverhältnisses von Privatautonomie und Rechtsfortbildung in der Schiedsgerichtsbarkeit, SchiedsVZ 2005, 169; *Ebbing*, Satzungsmäßige Schiedsklauseln, NZG 1999, 754; *Ebbing*, Schiedsfähigkeit eines Einziehungsbeschlusses im GmbH-Recht und Voraussetzungen der Einziehung, NZG 1999, 168; *Eilmansberger*, Die Bedeutung der Art. 81 und 82 EG für Schiedsverfahren, SchiedsVZ 2006, 5; *Elsing*, Internationale Schiedsgerichte als Mittler zwischen den prozessualen Rechtskulturen, BB 2002, IDR-Beilage, 19; *Elsing/Townsend*, Bridging the Common Law-Civil Law Divide in Arbitration, Arb. Int. 2002, 59; *Fortier*, The Occasionally Unwarranted Assumption of Confidentiality, Arb. Int. 1999, 131ff.; *Greger*, Zwischen Mediation und Inquisition – Neue Wege der Informationsbeschaffung im Zivilprozess, DStR 2005, 479; *Hanefeld/Wittinghöfer*, Schiedsklauseln in Allgemeinen Geschäftsbedingungen, SchiedsVZ 2005, 217, 222; *Huber*, Das Verhältnis von Schiedsgericht und staatlichen Gerichten bei der Entscheidung über die Zuständigkeit, SchiedsVZ 2003, 73; *Hunter*, Arbitration in Germany – A Common Law Perspective, SchiedsVZ 2003, 155; *Kouris*, Confidentiality: Is International Arbitration Losing One of ist Major Benefits?, Jour. Int. Arb. 2005, 127 ff.; *Kröll*, Die schiedsrechtliche Rechtsprechung 2004, SchiedsVZ 2005, 139, 142; *Kröll*, Schiedsrechtliche Rechtsprechung 2003, SchiedsVZ 2004, 113; *Kröll*, „Schiedsklauseln" in Satzungen – zur Abgrenzung von Vereinsgericht und Schiedsgericht, ZIP 2005, 13; *Lachmann/Lachmann*, Schiedsvereinbarungen im Praxistest, BB 2000, 1633; *Lörcher/Lörcher*, Organisation eines Ad-hoc-Schiedsverfahrens, SchiedsVZ 2005, 179; *Münch*, Zur Aufhebung eines Prozessschiedsspruchs, SchiedsVZ 2003, 41; *Neill*, Confidentiality in Arbitration, Arb. Int. 1996, 287 ff.; *Nicholas/Kasolowsky/Groehe*, Agent Benefits, Legal Week 22.9.2005, S. 30; *Prütting*, Vertraulichkeit in der Schiedsgerichtsbarkeit und in der Mediation, in: FS für Böckstiegel, S. 629; *Rosenberg*, Chronicles of the Bulbank Case, Jour. Int. Arb. 2002, 1 ff.; *K. Schmidt*, Statutarische Schiedsklauseln zwische prozessualer und verbandsrechtlicher Legitimation, JZ 1989, 1077; *Rawding/Seeger*, Aegis v. European Re and the Confidentiality of Arbitration Awards, Arb. Int. 2003, 483 ff.; *Sanders*, Cross-Border Arbitration – A View on the Future, in: Arbitration (1996), 168 ff.; *Schlosser*, Verfahrensrechtliche und berufsrechtliche Zulässigkeit der Zeugenvorbereitung, SchiedsVZ 2004, 225; *Schmidt-Diemitz*, Internationale Schiedsgerichtsbarkeit – eine empirische Untersuchung, DB 1999, 369; *Schroeder*, Zur Aufhebung von Scheinschiedssprüchen und anderen formellen Schiedssprüchen durch staatliche Gerichte – Ein Beitrag zur Auslegung des Begriffes „Schiedsspruch" in § 1059 ZPO, SchiedsVZ 2005, 244, 248 ff.; *Schroeder*, Mareva Injunctions and Freezing Orders in International Commercial Arbitration, SchiedsVZ 2004, 26; *Schroeder*, Die Anwendung der Sharia als materielles Recht im kanadischen Schiedsverfahrensrecht, IPRax 2006, 77; *Schroeder/Oppermann*, Anerkennung und Vollsteckung von Schiedssprüchen nach lex mercatoria in Deutschland, England und Frankreich, ZvglRWiss 1999 (2000), 410 ff.; *Schroeter*, Der Antrag auf Feststellung der Zulässigkeit eines schiedsrichterlichen Verfahrens gemäß § 1032 Abs. 2 ZPO, SchiedsVZ 2004, 288; *Schütze*, Qui elegit arbitrum tertium elegit processum – Der Einfluss der Besetzung eines internationalen Schiedsgerichts auf Verfahren und Rechtsfindung, in: FS für Großfeld, S. 1067; *Schütze*, Die Ermessensgrenzen des Schiedsgerichts bei der Bestimmung der Beweisregeln, SchiedsVZ 2006, 1 ff.; *Schütze*, Einstweiliger Rechtsschutz im Schiedsverfahren, BB 1998, 1650; *Schwab*, Mehrparteienschiedsgerichtsbarkeit und Streitgenossenschaft, in FS für Habscheid, S. 285; *Smit*, Case-note on Esso/BHP v. Plowman (Supreme Court of Victoria), Arb. Int. 1995, 337 ff.; *Trackman*, Confidality in International Commercial Arbitration, Arb. Int. 2002, 1 ff.; *Trittmann/Schroeder*, Der Einfluss der Reformen des Zivilprozesses auf die Schiedsgerichtsbarkeit in Deutschland, SchiedsVZ 2005, 71 ff.; *Trittmann*, Die Auswirkungen des Schiedsverfahrens-Neuregelungsgesetzes auf gesellschaftsrechtliche Streitigkeiten, ZGR 1999, 340; *Trittmann*, When should arbitrators issue interim or partial awards and/or procedural orders?, Jour. Int. Arb. 20 (2003), 255; *Weigand*, Die neue ICC-Schiedsgerichtsordnung 1998, NJW 1998, 2081; *Windthorst*, Die Wirkung des Antrags auf Feststellung der Zulässigkeit eines schiedsrichterlichen Verfahrens (§ 1032 Abs. 2 ZPO) auf die Verjährung, SchiedsVZ 2004, 250; *Wirth*, Ihr Zeuge, Herr Rechtsanwalt! – Weshalb Civil-Law-Schiedsrichter Common-Law-Verfahrensrecht anwenden, SchiedsVZ 2003, 9 ff.; *Wolf*, „Summarische Verfahren" im neuen Schiedsverfahrensrecht, DB 1999, 1101.

A. Einleitung

1 Im Wirtschaftsverkehr, insb. bei internationalen Geschäften, ist das Schiedsverfahren eine **weit verbreitete Streiterledigungsmethode**. Die Parteien schätzen hier vor allem die fehlende Verfahrensöffentlichkeit, die im Vergleich zu den Urteilen staatlicher Gerichte erhöhte internationale Verkehrsfähigkeit des Schiedsspruchs und die Möglichkeit, Spezialisten als Entscheider benennen und damit selbst zur Sicherung der Qualität der Streitentscheidung beitragen zu können.[1]

---

1 Siehe dazu näher unter der Internetadresse: www.iccwbo.org.

A. Einleitung

Gleichzeitig unterscheidet sich das Verfahren vor dem Schiedsgericht in wesentlichen Punkten von dem Verfahren vor staatlichen Gerichten. Es existieren nicht nur **Sonderregelungen für einzelne Verfahrensfragen**, die in rein staatlichen Verfahren nicht auftreten können – wie z.B. Regelungen zur Konstituierung des Schiedsgerichts oder Regeln zu Einholung von Unterstützungsmaßnahmen des staatlichen Gerichts in Bezug auf die Beweisaufnahme vor dem Schiedsgericht.[2] Darüber hinaus gelten die Regelungen der ZPO außerhalb des Zehnten Buches nicht automatisch auch für das Schiedsverfahren. Aus diesem Grund ist das Schiedsverfahrensrecht eine **eigenständige Materie**, nicht nur für den internationalen, sondern auch für den nationalen Rechtsverkehr.

> **Hinweis:**
>
> Wenn ein Rechtsanwalt also eine Partei in einem Schiedsverfahren vertreten oder bei der Abfassung einer Schiedsvereinbarung beraten will, benötigt er zwingend Grundkenntnisse des Schiedsverfahrensrechts der ZPO, der ggf. einschlägigen Schiedsordnung und der Schiedspraxis.

Die folgende Darstellung soll dem **Anwalt in der Rolle des Parteivertreters** in Wirtschaftsschiedsverfahren die erforderlichen Grundzüge vermitteln. Sie beschränkt sich inhaltlich auf ad-hoc-Verfahren nach dem deutschen Schiedsverfahrensrecht, sowie auf Verfahren, die in Deutschland nach den Regeln der beiden hierfür wichtigsten Institutionen – nämlich der **Deutschen Institution für Schiedsgerichtsbarkeit und der International Chamber of Commerce** – geführt werden. Inhaltlich orientiert sie sich an der Rspr. und an der Praxis, relevante und ungeklärte Streitfragen werden kenntlich gemacht. In diesem Zusammenhang ist auch die Gesetzgebungsgeschichte von besonderer Relevanz, da sich sowohl der deutsche Gesetzgeber bei der Reform der ZPO, als auch die genannten Institutionen bei der Überarbeitung ihrer Regeln an dem sog. UNCITRAL-Modellgesetz über die internationale Handelsschiedsgerichtsbarkeit orientiert haben. Das Regelwerk und seine Ziele haben deshalb **nachhaltige Auswirkungen auf die Schiedspraxis**.

2

Der erste Teil der Darstellung beschreibt die **Bedeutung der Schiedsgerichtsbarkeit im Wirtschaftsverkehr**. Dabei werden die Vor- und Nachteile des Schiedsverfahrens dargestellt, sowie die Unterschiede zwischen der institutionellen und der ad-hoc-Schiedsgerichtsbarkeit. Schließlich werden auch die für das Verfahrensrecht maßgeblichen Rechtsquellen kurz dargestellt.

Der zweite Teil befasst sich mit dem praktisch **sehr relevanten Bereich der Schiedsvereinbarung**. Mit der Schiedsvereinbarung treffen die Parteien eine wichtige Vorentscheidung für die Art und Weise der späteren Streitbeilegung. Fehler und Unklarheiten in diesem Stadium lassen sich regelmäßig nach Einleitung des Verfahrens nicht mehr korrigieren.

Der dritte Teil der Darstellung befasst sich mit dem **Verfahren vor dem Schiedsgericht**. Nach einem Überblick über die Verfahrensgrundsätze und dem Normalfall des Ablaufs eines Schiedsverfahrens werden die unterschiedlichen Phasen des Schiedsverfahrens – Einleitung, Konstituierung, Austausch von Schriftsätzen und mündliche Verhandlung im eigentlichen Sinn – näher dargestellt. Für die Praxis sind vor allem die Fragen bei der Konstituierung des Schiedsgerichts und der Gestaltung des Verfahrens im Grenzbereich zwischen dem Common Law und dem Civil Law relevant.

Der vierte Teil beschäftigt sich mit dem **Schiedsspruch und der Rechtsanwendung im Schiedsverfahren**. In diesem Kontext werden auch die Fragen der Beendigung des Schiedsverfahrens auf anderem Wege, z.B. durch Vergleich oder Klagerücknahme erörtert.

Der fünfte und letzte Teil schließlich befasst sich mit dem **Verfahren vor staatlichen Gerichten im Zusammenhang mit Schiedsverfahren**. Derartige staatliche Verfahren können sowohl der Unterstützung während des laufenden Verfahrens dienen als auch der Ausübung staatlicher Kontrolle über das Schiedsverfahren, insb. im Aufhebungsverfahren und im Verfahren der Anerkennung und Vollstreckung.

---

2 Siehe hierzu näher unter der Internetadresse: www.dis-arb.de.

B. Schiedsverfahren im Wirtschaftsverkehr

3 In der Lit. werden zahlreiche Vor- und Nachteile der Schiedsgerichtsbarkeit diskutiert.[3] Tatsächlich hat sich das Schiedsverfahren als Streitbeilegungsmethode **insb. in internationalen Vertragsbeziehungen** weitgehend durchgesetzt.[4] Auch im nationalen Rechtsverkehr vereinbaren die Parteien häufig ein Schiedsverfahren, um bestimmte Nachteile staatlicher Gerichtsverfahren zu vermeiden. Die Reform der ZPO aus dem Jahr 2002 und die von der Justizministerkonferenz im Jahr 2004 angeregte „große Justizreform" können zu einer Verstärkung des Trends führen.[5] Die genauere Entwicklung wird zu beobachten sein.

4 Die Entscheidung für ein Schiedsverfahren bzw. für einen anderen Streitbeilegungsmechanismus bedarf **gleichwohl einer eingehenden Prüfung**. Auch wenn in internationalen Verfahren häufig eine Schiedsklausel empfehlenswert sein dürfte, können in bestimmten Konstellationen die Nachteile der Schiedsgerichtsbarkeit die Entscheidung für ein staatliches Verfahren oder ein anderes Verfahren der alternativen Streitbeilegung nahe legen. Ähnliche Überlegungen gelten für die **Entscheidung für eine bestimmte Institution**, die Schiedsverfahren administriert, oder für ein sog. ad-hoc-Schiedsverfahren.

> **Hinweis:**
> Auch wenn die institutionelle Schiedsgerichtsbarkeit regelmäßig Vorzüge gegenüber ad-hoc-Schiedsverfahren aufweist, muss der Rechtsanwalt jeden Fall sorgfältig prüfen. Um seinen anwaltlichen Pflichten gegenüber dem Mandanten nachzukommen, hat der Anwalt auch im Hinblick auf die Modalitäten der Streitbeilegung umfassend und zweckmäßig zu beraten.

I. Vor- und Nachteile eines Schiedsverfahrens

1. Vorteile

5 Die Schiedsgerichtsbarkeit ermöglicht den Parteien, die Schiedsrichter nach sachlichen Gesichtspunkten im Hinblick auf ihre Qualifikation und Erfahrungen hinsichtlich des konkreten Streitgegenstandes auszuwählen. Durch die **Berufung von Spezialisten in das Schiedsgericht** tragen die Parteien damit aktiv zur Qualitätssicherung der schiedsrichterlichen Rspr. bei.[6] Diese Möglichkeit ist gerade in Streitigkeiten mit hohem Komplexitäts- und Spezialisierungsgrad ein Hauptvorteil des Schiedsverfahrens.

6 Ein weiterer, häufig genannter Vorteil des Schiedsverfahrens ist die **fehlende Verfahrensöffentlichkeit**. Gerade bei Projekten, die besondere öffentliche Aufmerksamkeit erregen könnten, kann es für die Parteien von Vorteil sein, wenn die Details der Vertragsbeziehung nicht an die Öffentlichkeit gelangen. Dadurch werden Geschäftsgeheimnisse geschützt und negative Auswirkungen des Verfahrensgegenstandes auf den Ruf des Unternehmens begrenzt.[7] Ob darüber hinaus **weitere Geheimhaltungspflichten im Schiedsverfahren** bestehen, ist umstritten und wird international uneinheitlich gehandhabt.[8]

7 International ist auch die **erhöhte Verkehrsfähigkeit des Schiedsspruchs** im Vergleich zu einem staatlichen Urteil ein wichtiger Vorteil der Schiedsgerichtsbarkeit. Schiedssprüche können international in den Mitgliedsstaaten der **New York Convention** von 1958 über die Anerkennung und Vollstreckung von Schiedssprüchen nach einem **für alle Vertragsstaaten einheitlichen Maßstab** vollstreckt werden. Der begrenzte Katalog der Vollstreckungshindernisse in dieser Konvention führte zu einem harmonisierten

---

[3] Vgl. nur Lionnet/Lionnet, Handbuch der internationalen und nationalen Schiedsgerichtsbarkeit, S. 76 ff.; Lachmann, Handbuch Schiedsgerichtspraxis, Rn. 90 ff.
[4] Vgl. nur Schmidt-Diemitz, DB 1999, 369.
[5] Trittmann/Schroeder, SchiedsVZ 2005, 71 ff.
[6] Trittmann/Schroeder, SchiedsVZ 2005, 71 ff.
[7] So ist bspw. das Projekt Toll Collect aus den aktuellen Schlagzeilen verschwunden. Dies liegt sicherlich auch daran, dass nicht in regelmäßigen Abständen gerichtliche Verhandlungs- und Verkündungstermine Aufmerksamkeit erregen.
[8] Siehe dazu unten Rn. 73.

Maßstab der gerichtlichen Überprüfung.[9] Im Ergebnis sind Schiedssprüche von Schiedsgerichten mit Sitz in einem der Mitgliedsstaaten der New York Convention daher international einfacher vollstreckbar als ein Urteil aus demselben Staat.

In internationalen Fällen kommt es den Parteien häufig auch darauf an, dass die Streitigkeit den **Gerichten der gegnerischen Partei entzogen wird**. Nach dem Sitzprinzip des internationalen Zivilprozessrechts sind regelmäßig die staatlichen Gerichte am Sitz der beklagten Partei international zuständig.[10] Die Parteien befürchten eine Voreingenommenheit dieser Gerichte zu Gunsten der lokal ansässigen Partei, sog. home town justice.[11]

8

Darüber hinaus werden in der Lit. auch die **Schnelligkeit und die geringeren Verfahrenskosten** eines Schiedsverfahrens diskutiert. Schiedsverfahren können in der Tat schneller und billiger als ein staatliches Gerichtsverfahren sein.[12] Dies liegt vor allem daran, dass der Rechtsstreit regelmäßig in einer Instanz beigelegt wird. Allerdings können **sich auch an ein Schiedsverfahren weitere Rechtsstreitigkeiten anschließen**, so kann der Schuldner des Schiedsspruchs ein Aufhebungsverfahren einleiten oder sich der Anerkennung und Vollstreckung des Schiedsspruchs widersetzen. Wenn der Schiedsspruch in diesen Fällen aufgehoben wird oder nicht durchsetzbar ist, muss ggf. ein weiteres Schiedsverfahren oder ein staatliches Gerichtsverfahren durchgeführt werden. In diesen Fällen ist die Streiterledigung insgesamt nicht billiger oder kostengünstiger, als wenn das Verfahren von vorne herein von staatlichen Gerichten durchgeführt worden wäre.

9

> **Hinweis:**
> Allerdings sollte dieses Risiko zwar gesehen, aber nicht überbewertet werden. Die meisten Schiedssprüche werden freiwillig erfüllt. Aufhebungsverfahren sind selten und erfolgreiche Aufhebungsverfahren noch seltener.

2. Nachteile

Einige der charakteristischen Elemente eines Schiedsverfahrens können unter Umständen auch Nachteile darstellen. Bereits angesprochen worden sind Geschwindigkeit und Kosten eines Schiedsverfahrens, falls ein Aufhebungsverfahren erfolgreich durchgeführt werden kann. Darüber hinaus empfindet die unterlegene Partei unter Umständen die Tatsache, dass eine Möglichkeit zur **Überprüfung der Tatsachenfeststellung und Rechtsanwendung** des Schiedsgerichts in einer zweiten Instanz nicht zur Verfügung steht, nachträglich möglicherweise als Nachteil des Schiedsverfahrens, weil sie ihren Rechtsstandpunkt nicht weiter verfolgen kann.

10

Darüber hinaus bedarf es einer vorausschauenden Planung bereits bei Abfassung der Schiedsvereinbarung, **falls Dritte in das Schiedsverfahren einbezogen werden sollen**. Eine Streitverkündung ist im Schiedsverfahren grds. nur mit der Zustimmung beider Parteien und des Dritten möglich, da sie eine Änderung der Schiedsvereinbarung darstellt.[13]

11

Weiterhin ist es im Schiedsverfahren schwieriger, ein **Grundsatzurteil zu erreichen**, da eine Rechtsfortbildung im Schiedsverfahren nur eingeschränkt möglich ist.[14] Schließlich rentieren sich die Kosten des Schiedsverfahrens grds. nur bei größeren Streitwerten.

12

---

9   Siehe dazu unten Rn. 182 ff.
10 Siehe z.B. Art. 2 EuGVVO.
11 Vgl. Craig/Park/Paulsson, International Chamber of Commerce Arbitration, S. 10.
12 Siehe den Kostenvergleich bei Lachmann, Handbuch Schiedsgerichtspraxis.
13 Siehe hierzu Rn. 53 ff. im Zusammenhang mit Gesellschaftsstreitigkeiten.
14 Vgl. Duve/Keller, SchiedsVZ 2005, 169.

II. Institutionelle Schiedsverfahren und Schiedsverfahren ad hoc

13 Die Grundform des Schiedsverfahrens ist die sog. ad-hoc-Schiedsgerichtsbarkeit. Hierbei einigen sich die Parteien auf die **Person eines neutralen Dritten**, der unabhängig von einer konkreten Institution ist. Häufig vereinbaren die Parteien in dieser Konstellation auch die Anwendung der UNCITRAL Schiedsregeln von 1976.[15]

14 In der Praxis werden zahlreiche Schiedsverfahren **unter Beteiligung einer Schiedsinstitution** durchgeführt.[16] In Deutschland ist die führende Institution die Deutsche Institution für Schiedsgerichtsbarkeit (DIS). In internationalen Verfahren werden häufig auch Schiedsvereinbarungen zu Gunsten der Zuständigkeit von Schiedsgerichten der International Chamber of Commerce (ICC) in Paris getroffen. Daneben existieren zahlreiche weitere lokale und internationale Institutionen.[17]

Diese spezialisierten Institutionen übernehmen die administrativen Aufgaben bei der Durchführung eines Schiedsverfahrens. Die Schiedsklage wird bei der Institution eingereicht. Ein **Gremium innerhalb der Institution** – bei der ICC das Sekretariat des ICC Court und bei dem ICDR ein sog. Case Manager – übernimmt dann das Verfahren und begleitet die Konstituierung des Schiedsgerichtes bis zur Übergabe des Vorganges an das Schiedsgericht. Die konkrete Ausgestaltung der Aufgaben der Institution hängen von den **Regeln der jeweiligen Institution** ab. So überprüft bspw. der ICC Court of Arbitration[18] gemäß Art. 27 ICC-Rules einen Schiedsspruch auf formale Fehler, bevor er den Parteien übermittelt wird. Diese Überprüfung sehen z.B. die Schiedsordnungen der DIS und des ICDR nicht vor.

15 **Ein Vorteil der institutionellen Schiedsgerichtsbarkeit** ist, dass eine vorgefertigte, erprobte und regelmäßig neuen Entwicklungen angepasste Verfahrensordnung vorliegt,[19] deren Anwendbarkeit durch die Bezugnahme auf die Institution grds. mitvereinbart wird. Die Institution ist auch mit Personal und Sachmitteln so ausgestattet, dass auch Großverfahren reibungslos durchgeführt werden können.[20] Darüber hinaus unterstützt die Institution die Parteien bei der Auswahl geeigneter Personen als Schiedsrichter.[21]

Für die Durchführung eines Schiedsverfahrens ad hoc spricht, dass hierdurch Kosten für die Institution – die bei institutionellen Schiedsverfahren neben den Schiedsrichterhonoraren anfallen – vermieden werden.[22] Allerdings eröffnet ein ad-hoc-Schiedsverfahren nicht nur weitere Gestaltungsspielräume,[23] sondern schafft auch **einen umfangreichen Regelungsbedarf**.[24] Der damit verbundene Aufwand bei der Gestaltung einer Verfahrensvereinbarung lässt sich deshalb vor allem bei Großprojekten rechtfertigen.

16 Wenn eine Schiedsvereinbarung zu Gunsten einer Institution getroffen werden soll, müssen sich die Parteien auf eine bestimmte Institution einigen. Es bietet sich an, die Auswahl der Institution **mit der Frage**

---

15 Vgl. Weigand, Practitioner's Handbook on International Arbitration, Rn. 12.
16 Überblick über die institutionelle Schiedsgerichtsbarkeit bei Schütze/Schütze, Institutionelle Schiedsgerichtsbarkeit, I. Kap. Rn. 1 ff.
17 So z.B. der London Court of International Arbitration (LCIA) in London, der International Center for Dispute Resolution (ICDR) mit Büros in den USA, Europa, Lateinamerika und Asien, die Stockholm Chamber of Commerce und die Swiss Chamber of Commerce.
18 Der ICC Court of Arbitration ist nicht zu verwechseln mit dem Schiedsgericht. Es handelt sich auch nicht um ein Gericht im herkömmlichen Sinne, sondern ein Verwaltungsgremium der ICC, vgl. Redfern/Hunter, Law and Practice of International Commercial Arbitration, Ch 1-114.
19 Redfern/Hunter, Law and Practice of International Commercial Arbitration, Ch 1-101.
20 Schütze/Schütze, Institutionelle Schiedsgerichtsbarkeit, I. Kap. Rn. 2.
21 Schütze/Schütze, Institutionelle Schiedsgerichtsbarkeit, I. Kap. Rn. 3.
22 Redfern/Hunter, Law and Practice of International Commercial Arbitration, Ch 1-103.
23 So Redfern/Hunter, Law and Practice of International Commercial Arbitration, Ch 1-105. Allerdings sind auch die Regeln einer Institution zu einem großen Teil dispositiv, so dass die Parteien auch im Anwendungsbereich einer institutionellen Schiedsordnung abweichende Verfahrensvereinbarungen treffen können.
24 Siehe zu den regelungsbedürftigen Fragen Lörcher/Lörcher, SchiedsVZ 2005, 179.

nach dem Schiedsort zu verknüpfen, um auch lokale Institutionen mit zu berücksichtigen. Darüber hinaus unterscheidet sich die Praxis der Schiedsgerichte der jeweiligen Institutionen in einzelnen Punkten.

> **Hinweis:**
>
> In die Auswahl und die Bezeichnung der Institution sollte daher einige Sorgfalt investiert werden. Nicht selten finden sich in der Praxis Schiedsvereinbarungen zu Institutionen, die überhaupt nicht existieren.[25]

Ein nicht zu unterschätzender Unterschied zwischen den Institutionen liegt **auch im Hinblick auf die anfallenden Kosten**. Wenn mehrere Institutionen zur Wahl stehen, empfiehlt sich eine Bestimmung der voraussichtlichen Kosten anhand der zu erwartenden Streitwerte. Auch wenn die meisten Schiedsinstitutionen mittlerweile eine degressive Tabelle eingeführt haben, bei der für höhere Streitwerte ein geringerer Prozentsatz an Gebühren fällig wird als für niedrigere, ergeben sich teilweise signifikante Unterschiede zwischen den Institutionen.[26]

> **Hinweis:**
>
> Sind besonders hohe Streitwerte zu erwarten, kann sich bei ad-hoc-Schiedsverfahren auch der Abschluss einer Honorarvereinbarung auf Stundenbasis anbieten, um exorbitant hohe Schiedsrichterhonorare zu vermeiden.

III. Quellen des Schiedsverfahrensrechts

Das Schiedsverfahren unterliegt regelmäßig **Normen unterschiedlicher Herkunft und Rangstelle**. Zunächst beansprucht das nationale Schiedsverfahrensrecht am Schiedsort grds. seine Geltung. In Deutschland folgt dieser Geltungsanspruch aus §§ 1025 Abs. 1, 1043 Abs. 1 ZPO. Gleichzeitig ist das Schiedsverfahrensrecht **weitgehend dispositiv** und lässt eine abweichende Verfahrensvereinbarung der Parteien regelmäßig zu, soweit zwingendes Recht am Schiedsort nicht entgegensteht. Dies ermöglicht den Parteien sowohl eine individuelle Verfahrensvereinbarung als auch die Vereinbarung der Anwendbarkeit einer vorgefertigten Verfahrensordnung. Bei institutionellen Schiedsverfahren ergibt sich die Anwendbarkeit der Schiedsordnung regelmäßig aus der Einigung über die Zuständigkeit der Institutionen. Zu beachten ist, dass selbstverständlich auch die Regelungen der institutionellen Schiedsordnungen nachgiebig sind und eine abweichende Parteivereinbarung zulassen.[27]

17

> **Hinweis:**
>
> In der Praxis ergibt sich deshalb eine **umgekehrte Normhierarchie**. Zur Klärung einer verfahrensrechtlichen Detailfrage ist daher zunächst zu prüfen, ob eine ausdrückliche Parteivereinbarung vorliegt. Wenn dies der Fall ist, ist diese Vereinbarung anzuwenden, soweit sie nicht gegen zwingendes Recht am Schiedsort verstößt. Liegt keine Parteivereinbarung vor, so ist in einem zweiten Schritt zu prüfen, ob eine eventuell anwendbare Verfahrensordnung eine Antwort auf dieses Problem enthält. Erst wenn dies auch nicht der Fall ist oder aber zwingendes Recht am Schiedsort existiert, ist das nationale Schiedsverfahrensrecht anzuwenden.[28]

Neben den genannten Normen existieren auch noch **verschiedene weitere Regelwerke** mit Bezug zum Schiedsverfahren, die überwiegend Vorbildcharakter haben. Die Schiedsgerichte können bei der Ausü-

---

25 Vgl. z.B. KG, BB 2000 Beilage Nr. 8, 13 (Vereinbarung der Verfahrensordnung der „German Chamber of Commerce").
26 Siehe den Vergleich für verschiedene Streitwerte bei Lachmann, Handbuch Schiedsgerichtspraxis, Rn. 2214 ff.
27 Die Parteiautonomie gilt allerdings wegen des Verbots eines Vertrags zulasten Dritter nicht für die Gebühren der Schiedsinstitution und der Schiedsrichterhonorare.
28 Zu der Frage, ob das nationale Zivilprozessrecht zur Füllung von Lücken des nationalen Schiedsverfahrensrechts herangezogen werden kann, siehe unten Rn. 67 ff.

bung ihres schiedsrichterlichen Ermessens auf derartige Regelwerke zurückgreifen, um ihre Entscheidung zu begründen. Hierzu gehören u.a. die IBA Rules on the taking of evidence oder der AAA code of ethics für Schiedsrichter. Diese Normen entfalten für Schiedsverfahren zwar keine rechtliche Geltung, stellen aber als Abbild einer **sog. best practice** eine Regelung mit Vorbildcharakter dar.

C. Schiedsvereinbarungen in nationalen und internationalen Verträgen

18 Checkliste: Schiedsvereinbarung ☑

- ☐ **Subjektive Schiedsfähigkeit beider Parteien gegeben?**
- ☐ **Objektive Schiedsfähigkeit des Streitgegenstandes?**
- ☐ **(P) Beschlussmängelstreitigkeiten**
- ☐ **Formerfordernisse**
  - Schriftformerfordernis
  - Gesteigertes Formerfordernis (gesonderte Urkunde) bei Verbraucherbeteiligung, (P) bei GbR und Existenzgründern
- ☐ Notwendiger Inhalt: Ausschluss der Zuständigkeit staatlicher Gerichte bei gleichzeitiger Begründung der Zuständigkeit des Schiedsgerichtes
  - Entscheidung über institutionelles Schiedsverfahren oder Schiedsverfahren ad hoc
  - Ggf. Auswahl der Institution
  - Anlehnung an Musterklausel prüfen (Musterklausel der Institution oder UNCITRAL Musterklausel)
- ☐ Zweckmäßige Zusatzvereinbarungen
  - Schiedsort
  - Verfahrenssprache
  - Anzahl der Schiedsrichter
  - Einbeziehung von Dritten und Rechtskrafterstreckung, insb. bei gesellschaftsrechtlichen Streitigkeiten.
- ☐ Weitere Verfahrensvereinbarungen ggf. erforderlich?
  - IBA Rules
  - Besondere Regelungen zur Durchführung der Beweiserhebung
- ☐ Abschlusskontrolle: Fehlervermeidung durch eindeutige Formulierungen

I. Bedeutung der Schiedsvereinbarung

1. Terminologie

19 Nach der 1998 reformierten ZPO ist die „**Schiedsvereinbarung**" der Oberbegriff für alle Verträge über die Durchführung eines Schiedsverfahrens. Nach § 1029 Abs. 1 ZPO ist die Schiedsvereinbarung eine Vereinbarung zwischen den Parteien, eine oder mehrere Streitigkeiten unter Ausschluss der Zuständigkeit staatlicher Gerichte durch ein Schiedsgericht entscheiden zu lassen. Diese Einigungen wurden in der a.F. der ZPO als „Schiedsvertrag" bezeichnet.

20 Rechtlich ist die Schiedsvereinbarung nach der Rspr. ein **materiell-rechtlicher Vertrag über prozessrechtliche Beziehungen**.[29] Relevant ist diese Einstufung in dogmatischer Hinsicht insoweit, als die

---

29 Zuletzt BGHZ 40, 320, 322; siehe auch MünchKomm-ZPO/Münch, § 1029 Rn. 6.

Schiedsvereinbarung neben der Begründung der Zuständigkeit des Schiedsgerichts auch noch Mitwirkungspflichten der Parteien begründet, insb. eine Verfahrensförderungspflicht.[30]

Neben der Schiedsvereinbarung kennt die ZPO auch noch die Unterfälle der **Schiedsabrede und der Schiedsklausel**. Gemäß § 1029 Abs. 2 ZPO spricht man von einer Schiedsabrede, wenn die Schiedsvereinbarung in einem selbständigen Vertrag abgeschlossen wird. Dagegen liegt eine Schiedsklausel vor, wenn die Schiedsvereinbarung lediglich ein unselbständiger Teil des Hauptvertrags ist. An der rechtlichen Einordnung der Schiedsvereinbarung ändert sich durch diese Besonderheiten ihrer Ausgestaltung nichts.

21

2. Bedeutung

Die Schiedsvereinbarung begründet zunächst die **Zuständigkeit des Schiedsgerichtes**.[31] Darüber hinaus eröffnet sie den Parteien die Möglichkeit, sich gegenüber einer Klage der Gegenpartei vor einem staatlichen Gericht mit der Einrede der Schiedsvereinbarung zu verteidigen (§ 1032 Abs. 1 ZPO). Das staatliche Gericht muss eine Klage mit Prozessurteil abweisen, wenn der Beklagte sich auf eine wirksame Schiedsvereinbarung beruft.

22

Die Schiedsvereinbarung ist darüber hinaus in der Praxis auch ein **Instrument zur Gestaltung des späteren Schiedsverfahrens**. Die Parteien haben im Rahmen des zwingenden Rechts die Möglichkeit, das Verfahren privatautonom zu gestalten.[32]

> **Hinweis:**
> Diese Möglichkeit besteht zwar grds. zu jedem Zeitpunkt auch während des laufenden Verfahrens fort. In der Praxis ist aber erfahrungsgemäß eine Einigung über Verfahrensfragen nach Entstehung der Streitigkeit höchst schwierig herbeizuführen. Wenn die Parteien eine Vereinbarung über die Details des Verfahrens treffen wollen, ist der Abschluss der Schiedsvereinbarung der geeignete Moment.

3. Autonomie und anwendbares Recht

Die **Schiedsvereinbarung ist autonom**, d.h. sie ist in ihrem Bestand auch dann nicht von dem Hauptvertrag abhängig, wenn sie als unselbständige Schiedsklausel in dem Vertragstext selbst enthalten ist.[33] D.h. in der Praxis, dass auch die Frage der Unwirksamkeit des Vertragsschlusses – z.B. wegen eines Gesetzesverstoßes bei Korruption u.Ä. – in einem Schiedsverfahren zu klären ist. Der Wille der Parteien, alle Rechtsstreitigkeiten in einem Schiedsverfahren und nicht vor staatlichen Gerichten auszutragen, erhält **hier Vorrang vor den Vorschriften des allgemeinen Zivilrechts**.[34]

23

Die Schiedsvereinbarung ist als rechtlich selbständiges, vom Hauptvertrag verschiedenes Rechtsgeschäft bei Auslandsbezug **grds. selbständig anzuknüpfen**.[35] Für die Bestimmung des anwendbaren Rechtes gelten nach h.M. die Art. 27 ff. EGBGB.[36] Die Parteien können daher eine **gesonderte Rechtswahl für die Schiedsvereinbarung treffen**. Fehlt eine solche ausdrückliche Rechtswahl, was in der Praxis den Regelfall darstellt, muss das anwendbare Recht nach den Grundsätzen des Internationalen Privatrechts festgestellt werden. Als Anknüpfungspunkte kann entweder das Statut des Hauptvertrags gewählt werden oder aber das am Schiedsort geltende Recht, die sog. lex loci arbitri.[37] Für die Anwendung der **lex loci**

24

---

30 Lachmann, Handbuch Schiedsgerichtspraxis, Rn. 193.
31 Baumbach/Lauterbach/Albers/Hartmann, ZPO, § 1029 Rn. 10; Zöller/Geimer, ZPO, § 1029 Rn. 11.
32 Vgl. Saenger, ZPO, § 1042 Rn. 14; Zöller/Geimer, ZPO, § 1042 Rn. 22.
33 Siehe § 1040 Abs. 1 Satz 2 ZPO.
34 Vgl. § 139 BGB.
35 Vgl. Lachmann, Handbuch Schiedsgerichtspraxis, Rn. 194.
36 Baumbach/Lauterbach/Albers/Hartmann, ZPO § 1029 Rn. 11; Lachmann, Handbuch Schiedsgerichtspraxis, Rn. 195; a.A.: MünchKomm-ZPO/Münch, § 1029 Rn. 14.
37 Vgl. dazu Baumbach/Lauterbach/Albers/Hartmann, ZPO, § 1029 Rn. 11.

arbitri spricht, dass ein Auseinanderfallen der Statute von Schiedsvereinbarung und Schiedsverfahren ein gewisses Konfliktpotenzial in sich birgt.[38] Die Schiedsvereinbarung hat vor allem Auswirkungen auf das Verfahren und kann Bedeutung für die Anwendung des Rechtes auf den materiellen Streitgegenstand haben. Eine Harmonisierung mit dem Verfahrensstatut erscheint aus diesem Grunde sachgerechter, als eine Harmonisierung mit der lex causae.

II. Abschluss der Schiedsvereinbarung und Wirksamkeitsvoraussetzungen

1. Allgemeine Voraussetzungen

25 Die **Wirksamkeit einer Schiedsvereinbarung** bestimmt sich nach dem auf sie anwendbaren Recht. Die allgemeinen Voraussetzungen für einen wirksamen Vertragsschluss, z.B. Vorliegen einer Willenserklärung und Vertretungsmacht, müssen ggf. gesondert angeknüpft werden.

Für das deutsche Recht gilt, dass eine **Prokura** für den Prokuristen **grds. die Vertretungsmacht zum Abschluss einer Schiedsvereinbarung umfasst**, wenn der Gegenstand des Verfahrens ein unternehmensbezogenes Geschäft ist.[39] Dagegen berechtigt eine Prozessvollmacht den Anwalt nicht zum Abschluss einer Schiedsvereinbarung.[40]

2. Besondere Wirksamkeitsvoraussetzungen

a) Schiedsfähigkeit

26 Die Wirksamkeit einer Schiedsvereinbarung setzt die **objektive und subjektive Schiedsfähigkeit** voraus.[41] Die von § 1030 ZPO geregelte objektive Schiedsfähigkeit liegt vor, wenn ein Streitgegenstand generell Gegenstand eines Schiedsverfahrens sein kann.[42] Daneben ist auch noch die subjektive Schiedsfähigkeit erforderlich, d.h. die Partei der Schiedsvereinbarung muss rechtlich zum Abschluss einer Schiedsvereinbarung in der Lage sein.[43]

aa) Objektive Schiedsfähigkeit

27 Bei der objektiven Schiedsfähigkeit ist innerhalb des § 1030 Abs. 1 ZPO zwischen **vermögensrechtlichen und nichtvermögensrechtlichen Ansprüchen** zu differenzieren. Weiterhin sind gesetzliche Einschränkungen der objektiven Schiedsfähigkeit nach Maßgabe des § 1030 Abs. 2 und 3 ZPO zu beachten.

(1) Vermögensrechtliche Ansprüche (§ 1030 Abs. 1 Satz 1 ZPO)

28 Grds. gilt, dass jeder vermögensrechtliche Anspruch schiedsfähig ist, soweit sich nicht der Staat zum Schutz besonderer Rechtsgüter das **Rechtsprechungsmonopol vorbehalten hat**.[44] Die Erhebung der objektiven Schiedsfähigkeit zum Regelfall in vermögensrechtlichen Streitigkeiten stellt eine Erweiterung der Schiedsfähigkeit im Vergleich zur Rechtslage vor 1998 dar,[45] die von dem Reformgesetzgeber ausdrücklich so gewollt war.[46]

---

38 Lachmann, Handbuch Schiedsgerichtspraxis, Rn. 196; Geimer, Internationales Zivilprozessrecht, Rn. 1760.
39 Vgl. MünchKomm-ZPO/Münch, § 1029 Rn. 9.
40 Lachmann, Handbuch Schiedsgerichtspraxis, Rn. 202; MünchKomm-ZPO/Münch, § 1029 Rn. 9.
41 Siehe hierzu MünchKomm-ZPO/Münch, § 1030 Rn. 7.
42 Saenger, ZPO, § 1030 Rn. 1.
43 MünchKomm-ZPO/Münch, § 1030 Rn. 7.
44 OLG Frankfurt, SchiedsVZ 2004, 97; Zöller/Geimer, ZPO, § 1030 Rn. 1; siehe auch MünchKomm-ZPO/Münch, § 1030 Rn. 8.
45 Trittmann, ZGR 1999, 340.
46 Begr. RegE, BT-Drucks. 13/5274, S. 34.

(2) Nichtvermögensrechtliche Ansprüche (§ 1030 Abs. 1 Satz 2 ZPO)

Nichtvermögensrechtliche Ansprüche sind objektiv schiedsfähig, wenn der Streitgegenstand vergleichsfähig ist (§ 1030 Abs. 2 ZPO). Damit ist ein Großteil der Ehesachen, ebenso wie Kindschafts-, Sorgerechts- und Betreuungssachen nicht schiedsfähig.[47] Schiedsfähig sind dagegen Streitigkeiten, die aus dem Namens- und Persönlichkeitsrecht abgeleitet werden.[48]

Die Abgrenzung zwischen vermögensrechtlichen und nichtvermögensrechtlichen Streitigkeiten erfolgt nach der h.M. im Zweifelsfall **anhand des Zweckes**, der mit dem geltend gemachten Anspruch verfolgt wird. Der Begriff des vermögensrechtlichen Anspruchs sei weit auszulegen.[49] So soll auch ein Widerrufs- oder Unterlassungsanspruch ein vermögensrechtlicher Anspruch i.S.d. § 1030 Abs. 1 Satz 1 ZPO sein, wenn er zum Schutz wirtschaftlicher Interessen geltend gemacht wird.[50] Damit dürften die hier interessierenden Streitgegenstände im Wirtschaftsverkehr **regelmäßig nach § 1030 Abs. 1 Satz 2 ZPO** als vermögensrechtliche Ansprüche schiedsfähig sein.

(3) Einschränkungen (§ 1030 Abs. 2 und 3 ZPO)

Eine **Einschränkung ergibt sich zunächst aus § 1030 Abs. 2 ZPO** für den im Unternehmensverkehr wenig bedeutsamen Vertrag über Wohnraum im Inland.

Darüber hinaus regelt aber § 1030 Abs. 3 ZPO, dass Beschränkungen der objektiven Schiedsfähigkeit aus anderen Gesetzen von der Vorschrift unberührt bleiben. **Nicht schiedsfähig** sind u.a.:[51]

- Arbeitssachen (§§ 101 ff. ArbGG),[52]
- Börsentermingeschäfte (§§ 61, 53 BörsenG)[53] und
- Anfechtungsklagen gegen Beschlüsse einer AG (§ 246 Abs. 3 Satz 1 AktG)[54].

Schiedsfähig sind dagegen nach der Aufhebung des § 91 GWB a.F. kartellrechtliche Streitigkeiten, sowie insolvenzrechtliche Streitigkeiten wie z.B. Ansprüche der Insolvenzschuldnerin nach Insolvenzanfechtung.[55]

Umstritten ist die **Schiedsfähigkeit von Patentnichtigkeitsklagen, Marken- und Geschmacksmusterlöschungsklagen** für die eine ausschließliche gerichtliche Zuständigkeit staatlicher Gerichte besteht.[56] Nach einer Auffassung sollen diese Zuständigkeitsvorschriften die Eröffnung des Rechtswegs zu den ordentlichen Gerichten voraussetzen, ohne eine Derogation auszuschließen.[57] Die Gegenauffassung hält dagegen – im Anschluss an die Gesetzesbegründung[58] – die Zuständigkeit staatlicher Gerichte aus Gründen der Sachnähe für zwingend und unabdingbar, da das Patentgericht zur Entscheidung dieser Streitigkeiten eingerichtet wurde und die Nichtigkeit von Patenten **nicht der Parteidisposition unterläge**.[59]

---

47 Baumbach/Lauterbach/Albers/Hartmann, ZPO, § 1030 Rn. 3.
48 Zöller/Geimer, ZPO, § 1030 Rn. 6.
49 Berger, DZWIR 1998, 45, 48.
50 Baumbach/Lauterbach/Albers/Hartmann, ZPO, § 1030 Rn. 2.
51 Siehe detailliert Baumbach/Lauterbach/Albers/Hartmann, ZPO, § 1030 Rn. 8.
52 BAG, NZA 1998, 220.
53 BGH, WM 1995, 101; BGH, NJW 1991, 2215.
54 BGH, NJW 1996, 1753 (streitig).
55 Musielak/Voit, ZPO, § 1030 Rn. 3.
56 §§ 81, 22 PatG, §§ 10c GeschmMG, §§ 49, 51, 55 MarkenG.
57 So Saenger, ZPO, § 1030 Rn. 3; Zöller/Geimer, ZPO, § 1030 Rn. 15; Schwab/Walter, Schiedsgerichtsbarkeit, Kap. 4 Rn. 11.
58 Begr. RegE, BT-Drucks. 13/5274, S. 34 f.
59 Vgl. etwa Lachmann, Handbuch Schiedsgerichtspraxis, Rn. 230; Musielak/Voit, ZPO, § 1030 Rn. 3.

In dieser Frage liegt noch keine gerichtliche Entscheidung vor. Für die erste Ansicht spricht die **generelle schiedsfreundliche Tendenz** des reformierten Schiedsverfahrensrechts, für die Gegenauffassung die **Motive des Reformgesetzes**.

> **Hinweis:**
> Da in dieser Frage nicht abzusehen ist, ob eine Schiedsvereinbarung von staatlichen Gerichten aufrechterhalten wird, sollte der Berater aus anwaltlicher Vorsicht von Schiedsvereinbarungen über derartige Streitgegenstände abraten.

Sonstige Ansprüche aus gewerblichen Schutzrechten, **die nicht die Nichtigkeit des Rechtes** betreffen, sind unabhängig von dieser – in ihrer praktischen Bedeutung untergeordneten – Streitfrage als vermögensrechtlicher Streitgegenstand uneingeschränkt objektiv schiedsfähig nach § 1030 Abs. 1 Satz 1 ZPO.[60]

bb) Subjektive Schiedsfähigkeit

32 Die subjektive Schiedsfähigkeit **stimmt mit der Geschäftsfähigkeit einer Partei überein** und liegt daher grds. vor.[61] Das materielle Recht sieht jedoch einzelne Beschränkungen im Hinblick auf bestimmte Streitgegenstände vor. Z.B. erlaubt § 37h WpHG nur Kaufleuten und juristischen Personen den Abschluss von Schiedsvereinbarungen bei Rechtsstreitigkeiten aus Wertpapierdienstleistungen, Wertpapiernebendienstleistungen oder Finanztermingeschäften.[62] Insoweit **vermischen sich** in der Schiedsfähigkeit wieder objektive und subjektive Gesichtspunkte.[63]

b) Schriftformerfordernis

33 Die Schiedsvereinbarung bedarf gemäß § 1031 Abs. 1 der Schriftform. Zweck dieses Formerfordernisses ist die **Beweisfunktion der schriftlichen Urkunde**.[64] Trotz der Bedeutung der Beweisfunktion – im Gegensatz zu anderen Schutzfunktionen des materiellen Rechts – handelt es sich um eine echte Formvorschrift und nicht lediglich um eine Beweiserleichterung.[65] Ist die Vorschrift verletzt, ist die Schiedsvereinbarung daher unwirksam und kann nur durch eine **rügelose Einlassung zur Hauptsache** geheilt werden (§ 1031 Abs. 6 ZPO).

34 Die **Schriftform wird gewahrt** durch:

- ein schriftliches, von den Parteien bzw. ihren Stellvertretern **unterzeichnetes Dokument** bzw. durch Schriftwechsel (§ 1031 Abs. 1 Alt. 1 und 2 ZPO),
- eine Verkörperung der Willenserklärungen **durch ein anderes Kommunikationsmittel**, das den Nachweis der Einigung ermöglicht, wie z.B. E-Mail[66] (§ 1031 Abs. 1 Alt. 3, 4 und 5 ZPO),
- ein **kaufmännisches Bestätigungsschreiben**[67] (§ 1031 Abs. 2 ZPO),
- die **Bezugnahme auf ein Dokument**, das eine Schiedsklausel enthält, wie z.B. Allgemeine Geschäftsbedingungen (§ 1031 Abs. 3 ZPO) oder
- Aufnahme in ein **Konnossement** (§ 1031 Abs. 4 ZPO).

---

60 Vgl. Lachmann, Handbuch Schiedsgerichtspraxis, Rn. 232; Baumbach/Lauterbach/Albers/Hartmann, ZPO, § 1030 Rn. 8.
61 Lachmann/Lachmann, BB 2000, 1633.
62 Saenger, ZPO, § 1029 Rn. 8.
63 Zum früheren Recht MünchKomm-ZPO/Münch, § 1030 Rn. 7: Vermengung von objektiver und subjektiver Schiedsfähigkeit über den Begriff der Vergleichsbefugnis.
64 Vgl. MünchKomm-ZPO/Münch, § 1031 Rn. 3.
65 Vgl. Baumbach/Lauterbach/Albers/Hartmann, ZPO, § 1031 Rn. 10; Saenger, ZPO, § 1031 Rn. 1 ff.
66 Zöller/Geimer, ZPO, § 1031 Rn. 7; Musielak/Voit, ZPO, § 1031 Rn. 4.
67 Zöller/Geimer, ZPO, § 1031 Rn. 8; Baumbach/Lauterbach/Albers/Hartmann, ZPO, § 1031 Rn. 7; BT-Drucks. 13/5274, S. 36.

Liegt ein Formverstoß vor, kann dieser durch rügelose Einlassung zur Hauptsache geheilt werden (§ 1031 Abs. 6 ZPO). **Die rügelose Einlassung** kann auch vor der mündlichen Verhandlung in einem Schriftsatz erfolgen; die bloße Beteiligung an dem Verfahren zur Konstituierung des Schiedsgerichtes gilt demgegenüber noch nicht als rügelose Einlassung.[68]

c) Verbraucherbeteiligung

Ist ein **Verbraucher an dem Geschäft beteiligt**, für das die Schiedsvereinbarung getroffen werden soll, muss die Schiedsvereinbarung in einer gesonderten, von den Parteien eigenhändig unterzeichneten Urkunde enthalten sein (§ 1031 Abs. 5 ZPO). Diese Urkunde darf zusätzliche Vereinbarungen nicht enthalten, es sei denn, sie ist von einem deutschen Notar beurkundet.[69] **Zweck dieser Formvorschrift** ist es, den Verbraucher durch die Herausstellung der Schiedsvereinbarung auf die Tragweite des Rechtsgeschäfts aufmerksam zu machen.[70] Gegenüber der Schriftform des § 1031 Abs. 1 – 4 ZPO ist das Formerfordernis des § 1031 Abs. 5 ZPO insoweit verschärft, als es allein durch die Schriftform des § 126 BGB gewahrt wird; die übrigen oben angesprochenen Varianten stellen einen **Formverstoß mit Unwirksamkeitsfolge** dar.

§ 1031 Abs. 5 ZPO ist anwendbar, sobald ein Verbraucher an dem Geschäft beteiligt ist.[71] Die **Abgrenzung zwischen der Verbraucher- und Unternehmereigenschaft** erfolgt nach dem Maßstab der §§ 13, 14 BGB.[72] Einzelne Fragen sind hier umstritten, z.B. ob ein Rechtsgeschäft, das die gewerbliche Tätigkeit vorbereitet, noch ein privates oder schon ein unternehmerisches Rechtsgeschäft ist.[73]

> **Hinweis:**
> Aus anwaltlicher Vorsicht ist daher den Parteien im Zweifel zu raten, die Schiedsvereinbarung in der strengeren Form des § 1031 Abs. 5 ZPO abzuschließen, sobald auch nur die Möglichkeit einer Verbraucherbeteiligung im Raume steht.

Auch ein Verstoß gegen die Form des § 1035 Abs. 5 ZPO wird durch eine rügelose Einlassung zur Hauptsache geheilt.

d) Inhaltskontrolle nach deutschem Recht

Schiedsvereinbarungen können **Allgemeine Geschäftsbedingungen (AGB) i.S.d. § 305 BGB** darstellen und, soweit auf sie deutsches Recht anwendbar ist, der Inhaltskontrolle nach den §§ 305 ff. BGB unterliegen. Im Unternehmensverkehr müssen sich derartige Klauseln, die z.B. durch Bezugnahme auf AGB im Einklang mit § 1031 Abs. 3 ZPO einbezogen werden sollen, vor allem an dem Maßstab des § 307 BGB messen lassen.[74]

Dabei gelten **folgende Grundsätze**: Eine Schiedsklausel in AGB benachteiligt den Vertragspartner nicht grds. Eine unangemessene Benachteiligung i.S.d. § 307 BGB kann sich aber aus im Einzelfall missbräuchlichen Bestimmungen zu Schiedsort, anwendbaren Recht und Verfahrenssprache oder aus einer diskriminierenden Verfahrensvereinbarung ergeben.[75]

---

68 Vgl. Baumbach/Lauterbach/Albers/Hartmann, ZPO, § 1031 Rn. 14.
69 § 1031 Abs. 5 Satz 3 ZPO. Die Beurkundung durch einen ausländischen Notar soll nach einer verbreiteten Meinung unter Verweis auf die Regierungsbegründung nicht ausreichen, da der ausländische Notar den Verbraucher nicht über das deutsche Recht belehren kann, vgl. Begr. RegE, BT-Drucks. 13/5274, S. 37; Lachmann, Handbuch Schiedsgerichtspraxis, Rn. 266; Schütze, Schiedsgericht und Schiedsverfahren, Rn. 105.
70 Saenger, ZPO, § 1031 Rn. 1 ff.
71 Vgl. Zöller/Geimer, ZPO, § 1031 Rn. 35; Saenger, ZPO, § 1031 Rn. 2.
72 Lachmann, Handbuch Schiedsgerichtspraxis, Rn. 242.
73 Vgl. Lachmann, Handbuch Schiedsgerichtspraxis, Rn. 245 m.w.N.
74 Siehe hierzu Hanefeld/Wittinghöfer, SchiedsVZ 2005, 217, 222.
75 Eine Übersicht zur Klauselgestaltung findet sich bei Hanefeld/Wittinghöfer, SchiedsVZ 2005, 217 227 f.

3. Inhalt der Schiedsvereinbarung

a) Notwendiger Inhalt

aa) Übertragung der Entscheidungszuständigkeit auf ein Schiedsgericht

39 Die Schiedsvereinbarung muss den **Willen der Parteien** zum Ausdruck bringen
- Streitigkeiten aus einem bestimmten Rechtsverhältnis
- unter Ausschluss des ordentlichen Rechtsweges
- abschließend durch ein Schiedsgericht
- entscheiden zu lassen.

40 Das **Bestimmtheitserfordernis**, also der Bezug auf eine bereits entstandene oder zukünftige Streitigkeit aus einem bestimmten Rechtsverhältnis, wird großzügig gehandhabt.[76] Bei Schiedsklauseln, also mit dem Hauptvertrag verbundenen Schiedsvereinbarungen, ergibt sich der Bezug zu dem Rechtsverhältnis bereits aus den Umständen.[77] In den Fällen selbständiger Schiedsabreden ist der Bezug **durch Auslegungen zu ermitteln**.

Die **definitive Übertragung der Entscheidung** auf das Schiedsgericht lässt ein Wahlrecht des Klägers zwischen der Klage vor dem Schiedsgericht und der Klage vor dem ordentlichen Gericht zu, nicht aber eine vollumfängliche Überprüfung des Schiedsspruches durch das staatliche Gericht im Sinne einer zweiten Tatsacheninstanz.[78] **Anders verhält es sich** bei ggf. vorgeschalteten Verfahren der alternativen Streitbeilegung, wie z.B. einem Mediationsverfahren. Derartige Klauseln sind zulässig und schaden der Wirksamkeit der Schiedsvereinbarung nicht.

Eine Schiedsvereinbarung setzt weiterhin voraus, dass es sich bei dem bezeichneten Spruchkörper auch **tatsächlich um ein Schiedsgericht handelt**. Besonders bei Vereinen und Verbänden können als „Schiedsgericht" bezeichnete Spruchkörper tatsächlich mangels Unabhängigkeit von dem Verband Vereins- bzw. Verbandsorgane sein, auf die das Zehnte Buch der ZPO nicht anwendbar ist.[79]

bb) Musterklauseln

41 **Jede Institution hat eine eigene Musterklausel**, welche die notwendigen Inhalte abdeckt. Wenn sich die Parteien auf eine Institution geeinigt haben, sollte der beratende Rechtsanwalt die jeweils empfohlene Musterklausel ermitteln[80] und ggf. um weitere Regelungsaspekte ergänzen (dazu sogleich).

42 **Formulierungsbeispiel: Musterklausel DIS**

> Alle Streitigkeiten, die sich im Zusammenhang mit dem Vertrag (... Bezeichnung des Vertrags ...) oder über seine Gültigkeit ergeben, werden nach der Schiedsgerichtsordnung der Deutschen Institution für Schiedsgerichtsbarkeit e.V. (DIS) unter Ausschluss des ordentlichen Rechtsweges endgültig entschieden.

---

76 Vgl. Saenger, ZPO, § 1029 Rn. 10; MünchKomm-ZPO/Münch, § 1029 Rn. 32.
77 Siehe OLG Hamburg, ZIP 1995, 1903.
78 Saenger, ZPO, § 1029 Rn. 10.
79 Vgl. Kröll, ZIP 2005, 13; Schroeder, SchiedsVZ 2005, 244, 248 ff.; siehe allgemein dazu Kölbl, Schiedsklauseln in Vereinssatzungen.
80 *Die Klauseln* zahlreicher Institutionen lassen sich finden bei Schütze, Institutionelle Schiedsgerichtsbarkeit, im Zusammenhang mit der jeweiligen Institution.

Formulierungsbeispiel: Musterklausel ICC

All disputes arising out of or in connection with the present contract shall be finally settled under the Rules of Arbitration of the International Chamber of Commerce by one or more arbitrators appointed in accordance with the said Rules.

Formulierungsbeispiel: Musterklausel ICC – deutsche Fassung

Alle aus oder in Zusammenhang mit dem gegenwärtigen Vertrag sich ergebenden Streitigkeiten werden nach der Schiedsgerichtsordnung der Internationalen Handelskammer von einem oder mehreren gemäß dieser Ordnung ernannten Schiedsrichtern endgültig entschieden.

Für die Durchführung eines ad-hoc-Schiedsverfahrens nach den UNCITRAL Schiedsregeln von 1976 wird folgende Musterklausel empfohlen:

Formulierungsbeispiel: Musterklausel UNCITRAL Schiedsregeln 1976

Any dispute, controversy or claim arising out of or relating to this contract, or the breach, termination or invalidity thereof, shall be settled by arbitration in accordance with the UNCITRAL Arbitration Rules as at present in force.

Formulierungsbeispiel: Musterklausel UNCITRAL Schiedsregeln 1976 – deutsche Fassung

Jede Streitigkeit, Meinungsverschiedenheit oder jeder Anspruch, die sich aus diesem Vertrag oder sich auf diesen Vertrag, seine Verletzung, seine Auflösung oder seine Nichtigkeit beziehen, sind durch ein Schiedsverfahren nach der UNCITRAL-Schiedsgerichtsordnung in ihrer derzeit geltenden Fassung zu regeln.

b) Zweckmäßige Zusatzvereinbarungen

Obwohl die oben genannten **Minimalvereinbarungen ausreichen**, um einen Rechtsstreit rechtswirksam der Entscheidung durch ein Schiedsgericht zuzuführen, empfehlen sich insb. in Verfahren mit internationalem Bezug zusätzliche Vereinbarungen.

> **Hinweis:**
> Zusätzliche Vereinbarungen empfehlen häufig auch die Schiedsinstitutionen. So empfiehlt die DIS ausdrücklich, Regelungen zu Schiedsort, Verfahrenssprache, der Zahl der Schiedsrichter und zum anwendbaren Recht zu treffen. Eine ähnliche Empfehlung spricht auch die ICC aus.

In internationalen Verfahren empfiehlt es sich zunächst, den **Schiedsort festzulegen**. Damit steht gleichzeitig fest, nach welchem Verfahrensrecht sich die Konstituierung des Schiedsgerichtes richtet (vgl. § 1025 ZPO).[81] Fehlt eine solche Vereinbarung, bestimmt das Schiedsgericht den Ort des Verfahrens (§ 1043 Abs. 1 Satz 2 ZPO). Dadurch kommt es in den früheren Verfahrensstadien zu vermeidbaren Unsicherheiten über das anwendbare Recht.

Aus ähnlichen Gründen ist die **Festlegung der Verfahrenssprache** zweckmäßig. Ansonsten kann es dazu führen, dass die Parteien über die Verfahrenssprache streiten und in der Zeit vor der Entscheidung durch das Schiedsgericht Schriftsätze in unterschiedlichen Sprachen austauschen. Hierdurch entsteht zunächst **unnötiger Übersetzungsaufwand**. Zudem müssen die Parteien die erforderlichen Sprachkenntnisse auch bei der Schiedsrichterauswahl berücksichtigen. Die Unsicherheit über die Verfahrenssprache beschränkt daher zwangsläufig die Zahl der in Betracht kommenden Schiedsrichter.

---

81 Vgl. Zöller/Geimer, ZPO, § 1025 Rn. 2 f.

Die **Anzahl der Schiedsrichter** sollte ebenfalls geregelt werden. Abhängig davon, ob der Rechtsstreit durch einen Einzelschiedsrichter oder durch ein Dreierschiedsgericht entschieden werden soll, unterscheidet sich das Verfahren zur Konstituierung des Schiedsgerichtes erheblich. Gleichzeitig hat die Anzahl der Schiedsrichter naturgemäß auch Auswirkungen auf die Gesamtkosten des Schiedsverfahrens.

49 Weiterhin empfiehlt es sich, zusätzliche Verfahrensvereinbarungen zu treffen, wenn die Struktur der Rechtsbeziehung zwischen den Vertragsparteien **besonderen Regelungsbedarf für ein späteres Schiedsverfahren** erkennen lässt. So kann es sich z.B. in Verfahren mit Parteien aus dem angloamerikanischen Rechtskreis anbieten, eine ausdrückliche Vereinbarung über die Durchführung der Beweisaufnahme (Stichworte discovery und cross examination) zu treffen, um spätere Streitigkeiten im Schiedsverfahren zu vermeiden. Derartiger Regelungsbedarf muss im Einzelfall antizipiert werden.

> **Hinweis:**
>
> Eine Regelung, auf die Parteien in derartigen Situationen zurückgreifen können, enthält Art. 9 der International Bar Association Rules on the Taking of Evidence in International Commercial Arbitration („IBA Rules"). Diese Regelung lässt dem Schiedsgericht einen weiten Ermessensspielraum und führt einen Vorlagemechanismus ein, der für Parteien mit Hintergrund in dem Common Law oder dem Civil Law akzeptabel ist.[82]

In internationalen Verfahren kann es sich auch anbieten, **Zustellungsbevollmächtigte** in dem Staat zu bestellen, in dem das Schiedsverfahren durchgeführt wird.[83] Damit können Komplikationen der internationalen Zustellung von Schriftsätzen bereits im Vorfeld vermieden werden.

c) Fehlervermeidung

50 Bei der Abfassung der Schiedsvereinbarung sollten die beratenden Rechtsanwälte unbedingt die **gleiche Sorgfalt anwenden**, wie bei der Verhandlung der Klauseln des Hauptvertrags. Viele Schiedsvereinbarungen leiden unter dem **sog. „Midnight Drafting"**. Solche Klauseln sind uneindeutig und schöpfen das Gestaltungspotenzial nicht aus. Zwar sind auch schon Klauseln wie „Arbitration: Hamburg" als wirksame Schiedsklauseln angesehen worden, weil sich der Wille zur Durchführung eines Schiedsverfahrens hinreichend deutlich aus den Umständen ergab.[84] Auf eine **großzügige Auslegung der Schiedsvereinbarung** durch Schiedsgerichte und staatliche Gerichte allein sollten sich die Parteien jedoch nicht verlassen.

> **Hinweis:**
>
> In jedem Fall erhöhen unklare Streitbeilegungsklauseln die Prozessrisiken. Die Erhebung einer unzulässigen (Schieds-)Klage verursacht im besten Fall vermeidbare Kosten. Im schlimmsten Fall führt die Verzögerung der Erhebung einer zulässigen Klage zum wirtschaftlichen Verlust des Anspruchs durch Insolvenz des Beklagten oder durch Versäumung von Ausschlussfristen. In jedem Fall aber begründet sie ein Haftungsrisiko für den Rechtsanwalt.

4. Folgen von Unwirksamkeit und Erlöschen einer Schiedsvereinbarung

a) Streit über die Wirksamkeit einer Schiedsvereinbarung

51 Hält eine Partei die Schiedsvereinbarung für unwirksam, ist wie folgt zu differenzieren:

Ist die **Schiedsklage bereits erhoben**, kann der Beklagte die Unzuständigkeit des Schiedsgerichtes im Schiedsverfahren in der Klageerwiderung vor der Einlassung zur Hauptsache geltend machen (§ 1042 Abs. 2 ZPO). Das Schiedsgericht entscheidet über seine Zuständigkeit nach § 1040 Abs. 1 ZPO selbst (**sog. Kompetenz-Kompetenz**). Bejaht es seine Zuständigkeit, kann es diese Entscheidung in einem Zwi-

---

[82] Die Erläuterung der IBA Working Party zu Art. 9 IBA Rules findet sich bei Weigand, Practitioner's Handbook on International Arbitration, S. 395 ff.
[83] Vgl. Nicholas/Kasolowsky/Groehe, Agent Benefits, Legal Week 22.9.2005, S. 30.
[84] OLG Hamburg, SchiedsVZ 2003, 284.

schenentscheid gemäß § 1040 Abs. 3 Satz 1 ZPO verkünden, gegen den der Rechtsweg zu den staatlichen Gerichten nach § 1062 Abs. 1 Nr. 2 ZPO eröffnet ist.[85] Hält sich das Schiedsgericht zu Unrecht für zuständig, kann die unterlegene Partei den Schiedsspruch gemäß § 1059 Abs. 2 Nr. 1 lit. a ZPO anfechten.

Verneint das Schiedsgericht die Zuständigkeit, kann es **keinen Zwischenentscheid erlassen**, sondern muss die Schiedsklage in einem Prozessschiedsspruch abweisen. Hiergegen ist der Aufhebungsantrag nach § 1059 ZPO statthaft.[86]

Alternativ können beide Parteien bis zur Konstituierung des Schiedsgerichtes bei dem staatlichen Gericht einen **Feststellungsantrag auf Zulässigkeit** oder Unzulässigkeit des schiedsrichterlichen Verfahrens stellen (§ 1032 Abs. 2 ZPO[87]). Die Entscheidung des staatlichen Gerichtes bindet das Schiedsgericht.[88] Der Feststellungsantrag hindert dagegen die Einleitung und Durchführung eines Schiedsverfahrens nicht (§ 1032 Abs. 3 ZPO).

b) Erlöschen der Schiedsvereinbarung

Im Unterschied zu den Streitigkeiten über die Wirksamkeit der Schiedsvereinbarung werden die staatlichen Gerichte **nach dem Erlöschen der Schiedsvereinbarung** ohne ein weiteres zwischengeschaltetes Verfahren für die Hauptsache zuständig.[89]

52

Folgende Gründe können zum Erlöschen der Schiedsvereinbarung führen:[90]

- Vertragliche Aufhebung durch die Parteien,
- Rücktritt nach § 326 BGB,
- Eintritt einer Auflösenden Bedingung,
- Anfechtung nach §§ 119, 123 BGB,
- Undurchführbarkeit der Schiedsvereinbarung wegen Vermögenslosigkeit der Gegenpartei (nach der Rspr. auch ohne vorherige Kündigung),[91]
- Ergehens eines Schiedsspruchs oder eines Urteils eines staatlichen Gerichtes in derselben Sache,[92]
- Abschluss eines Vergleiches.

III. Besondere gesellschaftsrechtliche Problemstellungen

Aus dem Blickwinkel des Gesellschaftsrechts erweisen sich **vor allem zwei Problemkreise** im Zusammenhang mit der Formulierung von Schiedsvereinbarungen für gesellschaftsrechtliche Streitigkeiten als regelungsbedürftig:

53

- Zum einen ist sicherzustellen, dass die Gesellschafter an eine Klausel im Gesellschaftsvertrag bzw. in der Satzung auch gebunden sind (vgl. Rn. 54 ff.).
- Zum anderen ist von vornherein mit in die Überlegungen einzubeziehen, inwieweit mögliche Streitigkeiten überhaupt schiedsfähig sind (vgl. Rn. 58 ff.).

---

85   Saenger, ZPO, § 1040 Rn. 15.
86   BGH, NJW 2002, 3032; Münch, SchiedsVZ 2003, 41; Huber, SchiedsVZ 2003, 74; Saenger, ZPO, § 1040 Rn. 15.
87   Siehe hierzu Schroeter, SchiedsVZ 2004, 288.
88   Saenger, ZPO, § 1032 Rn. 10, 16.
89   Baumbach/Lauterbach/Albers/Hartmann, ZPO, § 1029 Rn. 29.
90   Die Liste erhebt keinen Anspruch auf Vollständigkeit, siehe zu den Einzelheiten z.B. Stein/Jonas/Schlosser, ZPO, § 1029 Rn. 37 ff.
91   OLG Düsseldorf, ZIP 2004, 1956; dazu Kröll, SchiedsVZ 2005, 139, 142. Zur Undurchführbarkeit einer Schiedsvereinbarung wegen Vermögenslosigkeit siehe auch BGHZ 145, 116, 119 und 121 mit Anm. Schlosser, JZ 2001, 260.
92   Bei dem Schiedsspruch lebt die Schiedsvereinbarung allerdings wieder auf, wenn der Schiedsspruch nach § 1059 ZPO aufgehoben wird, vgl. Baumbach/Lauterbach/Albers/Hartmann, ZPO, § 1029 Rn. 27.

1. Bindung der Gesellschafter an die Schiedsklausel

54 Für die Frage, wie eine Bindung der Gesellschafter an eine Schiedsklausel im Gesellschaftsvertrag herzustellen ist, ist zunächst danach zu differenzieren, ob es sich um eine **Personen- oder Kapitalgesellschaft** handelt.

a) Personengesellschaften

55 Bei einer Personengesellschaft geht die Rspr. davon aus, dass eine Schiedsklausel im Gesellschaftsvertrag eine **Schiedsvereinbarung i.S.d. § 1029 Abs. 1 ZPO** darstellt.[93] Damit folgt die Bindung der Gesellschafter zunächst aus der Bindung an den Gesellschaftsvertrag. Soll eine Schiedsklausel nachträglich in den Gesellschaftsvertrag aufgenommen werden, muss das grds. **einstimmig** erfolgen.[94] Sofern eine Schiedsklausel mit Mehrheitsbeschluss nachträglich in den Gesellschaftsvertrag aufgenommen werden können soll, so muss die Möglichkeit der Vereinbarung einer solchen Klausel im Wege des Mehrheitsbeschlusses im Gesellschaftsvertrag vereinbart worden sein.[95] Im Fall eines Gesellschafterwechsels geht die im Gesellschaftsvertrag wirksam vereinbarte Schiedsklausel nach § 401 BGB analog auf den neuen Rechtsinhaber über.[96]

b) Kapitalgesellschaften

56 Bei einer Kapitalgesellschaft liegt nach der überwiegenden Auffassung in Rspr. und Lit. dagegen kein Fall von § 1029 ZPO vor. Vielmehr handelt es sich um eine **statutarische Schiedsklausel i.S.d. § 1066 ZPO**.[97] Als solche statutarische Schiedsklausel entfaltet sie Bindungswirkung für die Mitglieder einer juristischen Person allein infolge der Mitgliedschaft. Es handelt sich um eine Anordnung eines Schiedsgerichts in gesetzlich statthafter Weise „im Sinne des § 1066 ZPO".[98] Die **Aufnahme in eine Satzung** nach der erstmaligen Verabschiedung ist mit Zustimmung aller Gesellschafter möglich.[99]

c) Reichweite der Schiedsklauseln

57 Zu beachten ist, dass sich aus der unterschiedlichen rechtlichen Konstruktion der vertraglichen Schiedsklauseln einerseits und der statutarischen Schiedsklauseln anderseits auch **Konsequenzen für die Reichweite der Klauseln** ergeben: Nach ständiger Rspr. des BGH erfassen statutarische Schiedsklauseln **nur mitgliedschaftsrechtliche Streitigkeiten** im Zusammenhang mit der Gesellschaft.[100] Eine vertragliche Schiedsklausel i.S.d. § 1029 ZPO kann dagegen **individualrechtliche Ansprüche der Gesellschafter mitumfassen**.[101]

> **Hinweis:**
> Die Unterschiede sollten bei dem Entwurf einer Schiedsklausel beachtet werden und ggf. Anlass zum Abschluss einer ergänzenden Schiedsvereinbarung sein.

---

[93] Vgl. nur BGHZ 45, 282, 286. In der Lit. wird aber auch vertreten, dass es sich in diesen Fällen um eine statutarische Schiedsklausel i.S.v. § 1066 ZPO handelt. Vgl. dazu vor allem K. Schmidt, JZ 1989, 1077, 1087.
[94] Vgl. § 119 Abs. 1 HGB.
[95] Vgl. dazu BGHZ 66, 82, 85.
[96] Vgl. zuletzt BGH, NJW-RR 2002, 1462 (ständige Rspr.). Vgl. aber die aktuelle Entscheidung des OLG Oldenburg, NZG 2002, 931.
[97] Die in der Gesetzesbegründung zum neuen Schiedsverfahrensrecht geäußerte Gegenauffassung hat sich nicht durchsetzen können. Vgl. Begr. BT-Drucks. 13/5724, S. 66.
[98] Vgl. nur Zöller/Geimer, ZPO, § 1066, Rn. 4.
[99] Vgl. nur Bayer, ZIP 2003, 881, 890. Teilweise wird auch die Aufnahme durch qualifizierten Mehrheitsbeschluss für denkbar gehalten. Vgl. in diese Richtung Ebbing, NZG 1999, 754, 755. Siehe in diesem Zusammenhang aber die ablehnende Entscheidung des BGH, NJW 2000, 1713, für den Fall eines Vereins.
[100] Vgl. zuletzt BGHZ 48, 35, 43.
[101] Vgl. etwa MünchKomm-ZPO/Münch, § 1066 Rn. 9; BGHZ 38, 155, 161.

2. „Schiedsfähigkeit" gesellschaftsrechtlicher Streitigkeiten

Zu differenzieren ist bei der Frage der Schiedsfähigkeit von gesellschaftsrechtlichen Streitigkeiten zunächst zwischen **vermögensrechtlichen Streitigkeiten** im weiteren Sinne (vgl. Rn. 59) und zwischen **Beschlussmängelstreitigkeiten** (vgl. Rn. 60 ff.). 58

a) Schiedsfähigkeit als vermögensrechtliche Streitigkeiten

Mit Erlass des Schiedsverfahrens-Neuregelungsgesetzes hat der Gesetzgeber klargestellt, dass nunmehr grds. **alle vermögensrechtlichen Streitigkeiten schiedsfähig sein sollen**.[102] In diesem Zusammenhang soll auch der Begriff der vermögensrechtlichen Streitigkeit ausgelegt werden und alle Ansprüche zur Durchsetzung wirtschaftlicher Interessen erfassen.[103] Daraus folgt, dass gesellschaftsrechtliche Streitigkeiten, bei denen es sich wohl i.a.R. um vermögensrechtliche Ansprüche handeln dürfte, damit auch im Regelfall schiedsfähig sind.[104] 59

b) „Schiedsfähigkeit" von Beschlussmängelstreitigkeiten

Ein kontrovers diskutiertes Thema ist aber auch heute noch die Frage, inwieweit und unter welchen Voraussetzungen **Beschlussmängelstreitigkeiten bei der AG und der GmbH** der Schiedsgerichtsbarkeit unterworfen werden können:[105] 60

aa) Problematische Konstellationen

Es handelt sich dabei um die **Anfechtungsklage** nach § 246 AktG (analog) bzw. die **Nichtigkeitsklage** nach § 249 AktG (analog) und die sog. positiven Beschlussfeststellungsklagen gerichtet auf Feststellung des „tatsächlichen" Inhalts eines fehlerhaften Beschlusses.[106] In diesen problematischen Konstellationen ist die Klage jeweils gegen die Gesellschaft als Klagegegner gerichtet. 61

bb) Kriterien des BGH im Urteil v. 29.3.1996[107]

Seit einer Entscheidung des BGH im Jahre 1996 ist grds. geklärt, dass die Schiedsfähigkeit von Beschlussmängelstreitigkeiten **nicht mehr an der objektiven Schiedsfähigkeit** des Streitgegenstands scheitert.[108] Problematisch ist nach Auffassung des Gerichts aber noch immer, dass durch eine solche Schiedsklage die Wirksamkeit oder Unwirksamkeit eines Beschlusses auch mit Wirkung gegenüber dritten, nichtbeteiligten Gesellschaftern festgestellt werden würde. Schiedsgerichten fehle aber die Legitimation, **Streitigkeiten auch gegenüber Dritten bindend zu entscheiden**, die sich nicht im Voraus der Entscheidung des Schiedsgerichts unterworfen hätten.[109] In einem Verfahren vor ordentlichen Gerichten würde die Rechtskraft des Urteils über §§ 248 Abs. 1, 249 Abs. 1 Satz 1 AktG (analog) für und gegen alle Gesellschafter und Gesellschaftsorgane wirken. 62

Entscheidend für die Argumentation des BGH ist in weiterer Konsequenz, dass grds. alle vom Ausgang des Verfahrens Betroffenen **Einfluss auf die Auswahl der Schiedsrichter** haben sollten.[110]

---

102 Vgl. dazu bereits oben Rn. 28 ff. Zu den Auswirkungen der Neuregelung generell Trittmann, ZGR 1999, 340 ff.
103 Vgl. Begr. RegE 13/5274, 34.
104 In diese Richtung schon Trittmann, ZGR 1999, 339, 349 ff.; Bayer, ZIP 2003, 881, 884.
105 Unproblematisch sind dagegen Beschlussmängelstreitigkeiten bei Personengesellschaften sowie einfache Feststellungsklagen der Gesellschafter einer Kapitalgesellschaft untereinander, auch wenn diese die Wirksamkeit eines Gesellschafterbeschlusses zum Thema haben. Vgl. Trittmann, ZGR 1999, 339, 349 ff.; zu letzterer Konstellation auch BGH, NJW 1979, 2567.
106 §§ 246 ff. AktG sind im Recht der GmbH entsprechend anwendbar.
107 BGH, NJW 1996, 1753 ff.
108 Vgl. BGH, NJW 1996, 1753. Der Gesetzgeber hat die Frage bewusst offen gelassen und der Rspr. auch nach dem Schiedsverfahrens-Neuregelungsgesetz überlassen. Vgl. BT-Drucks. 13/9214, S. 44.
109 Vgl. BGH, NJW 1996, 1753, 1754.
110 Vgl. Trittmann, ZGR 1999, 339, 352.

cc) Auswirkungen des Urteils für die Klauselgestaltung

63 Über die Frage, ob mit dem Urteil generell **Beschlussmängelstreitigkeiten** der Entscheidung durch ein Schiedsgericht entzogen werden sollten oder vielmehr die Entscheidung durch ein Schiedsgericht bei Ausräumung der Bedenken des BGH möglich ist, besteht Uneinigkeit.[111]

> **Hinweis:**
> Sofern also beabsichtigt wird, Beschlussmängelstreitigkeiten der Schiedsgerichtsbarkeit zu unterwerfen, sollte den Bedenken des BGH im Rahmen der Formulierung einer Schiedsklausel Rechnung getragen werden.[112]

dd) Besondere Probleme der Beschlussmängelstreitigkeiten bei der AG

64 Sofern Beschlussmängelstreitigkeiten bei einer AG von einem Schiedsgericht entschieden werden sollen, ist zu bedenken, dass unklar ist, ob aus § 23 Abs. 5 AktG i.V.m. § 246 AktG eine **Garantie des gesetzlichen Rechtswegs folgt**.

> **Hinweis:**
> Falls ein Gericht dies so interpretieren sollte, besteht schon von vornherein keine Möglichkeit der wirksamen Vereinbarung einer entsprechenden Schiedsklausel. Die Frage ist bis heute noch nicht höchstrichterlich entschieden und wird in der Lit. ergebnisoffen diskutiert.[113] Das Risiko sollte bei der Formulierung einer entsprechenden Streitbeilegungsklausel berücksichtigt werden.

D. Verfahren vor dem Schiedsgericht

65 Das Verfahren vor dem Schiedsgericht ist in dem Zehnten Buch der ZPO nicht detailliert geregelt. Das Schiedsverfahren ist daher **vor allem durch die Praxis geprägt**. In diesem Teil wird zunächst im Überblick der Ablauf des Schiedsverfahrens und die dem Schiedsverfahren zu Grunde liegenden Verfahrensgrundsätze dargestellt (vgl. 66 ff.). Im Anschluss daran werden einzelne Verfahrensabschnitte detaillierter betrachtet, insb. die Einleitung des Schiedsverfahrens, die Konstituierung des Schiedsgerichts und die mündliche Verhandlung (vgl. Rn. 91 ff.).

I. Überblick über den Ablauf des Schiedsverfahrens und die Verfahrensgrundsätze

66 Im Schiedsverfahren gilt zunächst nur das **Zehnte Buch der ZPO**. Die übrigen Vorschriften der ZPO sind nicht unmittelbar anwendbar (vgl. Rn. 67). Das Schiedsverfahren wird daher durch die Parteien und das Schiedsgericht gemeinsam in den Grenzen des zwingenden nationalen Rechts ausgestaltet (vgl. Rn. 68 ff.). Im Anschluss daran werden zunächst die im Schiedsverfahren anwendbaren Verfahrensgrundsätze dargestellt (vgl. Rn. 72 ff.) bevor der typische Ablauf eines Schiedsverfahrens im Grundmodel erläutert wird (vgl. Rn. 84 ff.).

1. Grundsatz: Keine unmittelbare Anwendung der ZPO

67 Obwohl der Ablauf eines Schiedsverfahrens in groben Zügen dem Ablauf eines Prozesses vor ordentlichen Gerichten gleicht, gibt es doch einige erhebliche Besonderheiten. Zuvorderst ist zu beachten, dass

---

111 Vgl. nur Ebbing, NZG 1999, 169 ff.; OLG Dresden, NZG 2000, 429, 430; Borris, in: Böckstiegel/Berger/Bredow, Die Beteiligung Dritter an Schiedsverfahren, S. 109, 112; zuletzt vor allem die Anmerkung von Goette zu BGH, DStR 2005, 204, 206.

112 Formulierungsvorschläge finden sich z.B. bei Borris, in: Böckstiegel/Berger/Bredow, Die Beteiligung Dritter an Schiedsverfahren, S. 109, 127; Hopt/Trittmann, Handels-, Gesellschafts-, Bankrecht, S. 785 ff.

113 Vgl. aus der Diskussion etwa K. Schmidt, JZ 1989, 1077, 1083 f.; Bender, DB 1998, 1900, 1901.

die Regeln der ZPO auch bei Wahl von Deutschland als Schiedsort und Sitz des Schiedsgerichts grds. **keine unmittelbare Anwendung** finden. D.h. jedoch nicht, dass sich ein Schiedsgericht bei der Ausgestaltung des Schiedsverfahrens nicht an den Regeln der ZPO orientieren kann.

Im Zehnten Buch der ZPO, den Regelungen zum „Schiedsrichterlichen Verfahren", ist lediglich **ein grobes Gerüst aus im Wesentlichen dispositiven Vorschriften** niedergelegt. Die Ergänzung der nur in groben Zügen vorgegebenen Vorschriften für das Verfahren liegt in den Händen der Parteien und des Schiedsgerichts.

2. Gestaltung des Verfahrens durch die Parteien oder das Schiedsgericht

a) Grundsatz: Gestaltung des Verfahrens durch die Parteien

Die Parteien können durch Vereinbarungen vor oder auch während des Verfahrens den Verfahrensablauf **im Rahmen ihrer Parteiautonomie** weitestgehend selbst gestalten. So können sie insb. die Anwendung des dispositiven Schiedsverfahrensrechts ausschließen. Schließen die Parteien das dispositive Verfahrensrecht nicht aus, gilt dieses ergänzend zu den gewählten Verfahrensregelungen.

68

Sofern die Parteien allerdings keine Regelung vereinbaren, kann das Schiedsgericht den Verfahrensablauf **nach seinem Ermessen** bestimmen.[114]

69

> **Hinweis:**
>
> In der Praxis vereinbaren die Parteien häufig bereits in der Schiedsklausel, dass die Schiedsordnung einer bestimmten Institution anwendbar sein soll. Die wesentlichen Verfahrensschritte sind damit vorgegeben. Die weitere Gestaltung des Verfahrens liegt dann i.d.R. allein beim Schiedsgericht.[115] Die Parteien können aber in jeder Phase des Verfahrens weitere Vereinbarungen hinsichtlich des prozessualen Ablaufs treffen.

b) Weitgehendes Ermessen des Schiedsgerichts zur Gestaltung des Verfahrens

Das Schiedsgericht hat **weitreichendes Ermessen** bei der Bestimmung des Verfahrensablaufs. In der Ausübung des Ermessens durch das Schiedsgericht, i.d.R. zumeist durch den Vorsitzenden, kann auch ein Schiedsverfahren nach deutschem Schiedsverfahrensrecht Züge eines Prozesses im Common Law-Rechtskreis annehmen. Ebenso kann es aber sein, dass das Schiedsgericht sich hauptsächlich an den Regeln der ZPO oder einer anderen Verfahrensordnung aus dem Civil Law-Rechtskreis orientiert. Ausschlaggebend ist hier vor allem die **Präferenz des Schiedsgerichts**. In der Praxis wird es zumeist zu einer Kombination der Verfahrensstile kommen, die je nach Herkunft der Schiedsrichter mehr oder weniger stark von der Prozesskultur eines Rechtskreises geprägt ist.[116] Hier zeigt sich einmal mehr, welch große Bedeutung die sorgfältige Formulierung der Schiedsvereinbarung und die Auswahl der Schiedsrichter für Gestaltung und damit auch Ausgang des Verfahrens haben.

70

> **Hinweis:**
>
> Die Schiedsklausel kann als rechtliches Gestaltungsmittel erhebliche verfahrensgestaltende Wirkung haben. Die Auswahl der Schiedsrichter kann ihrerseits so starke Auswirkungen auf die konkrete Durchführung des Verfahrens haben.[117] Hier handelt es sich um faktische Gestaltung des Verfahrens durch die Wahl eines in seinem Verfahrensstil der vorschlagenden Partei genehmen Schiedsrichters.

---

114 Vgl. § 1042 Abs. 4 ZPO, § 24.1 der DIS-SchO; Art. 15.1 der ICC-Rules.
115 Entsprechende Regelungen finden sich in § 24.1 der DIS-SchO und Art. 15.1 der ICC-Rules.
116 Vgl. zum Verfahren vor Schiedsgerichten unter diesem Gesichtspunkt etwa Elsing/Townsend, Arb. Int. 2002, 59 ff.; Elsing, IDR 2002, BB-Beilage Nr. 7, 10 ff.; Hunter, SchiedsVZ 2003, 155 ff.; siehe auch Schroeder, Die lex mercatoria arbitralis, Abschnitt 3.
117 Vgl. Schütze, in: FS für Großfeld, S. 1067 ff.

c) Grenze des zwingenden Schiedsverfahrensrechts

71 Die Gestaltungsmöglichkeiten der Parteien – ebenso wie das Verfahrensermessen des Schiedsgerichts – sind allerdings durch das **zwingende Schiedsverfahrensrecht begrenzt**. Zwingende Verfahrensvorschriften finden sich etwa in §§ 1029 – 1031, 1046 Abs. 1, 1047 Abs. 2 und Abs. 3, 1048 Abs. 4 Satz 1, 1049 Abs. 3, 1066 ZPO.[118]

3. Verfahrensgrundsätze im Schiedsverfahren

a) Grundsatz: Keine Geltung allgemeiner Verfahrensgrundsätze

72 Aus den vorigen Ausführungen ergibt sich unmittelbar, dass im Schiedsverfahren – anders als bei Verfahren vor ordentlichen Gerichten – die **Verfahrensgrundsätze des Zivilprozessrechtes grds. keine Anwendung finden**.

So findet etwa der **Grundsatz der Mündlichkeit** keine Anwendung.[119] Ob eine mündliche Verhandlung durchgeführt wird bzw. ob das Verfahren öffentlich durchgeführt wird, entscheiden in erster Linie die Parteien, in zweiter Linie das Schiedsgericht. I.d.R. wird eine mündliche Verhandlung aber auch ohne Geltung des Grundsatzes der Mündlichkeit aus Effektivitätsgründen durchgeführt werden.

Im Schiedsverfahren gelten allerdings die folgend diskutierten, besonderen Verfahrensgrundsätze des Schiedsverfahrens und allgemeinen rechtsstaatlichen Prinzipien.

b) Grundsatz der Vertraulichkeit des Schiedsverfahrens

73 Anders als im staatlichen Zivilprozess ist das Verfahren vor einem Schiedsgericht der allgemeinen Öffentlichkeit nicht zugänglich. § 169 GVG findet keine Anwendung, das **Verfahren ist nur parteiöffentlich**.[120] Zwar könnten die Parteien die Öffentlichkeit des Verfahrens vereinbaren. Es ist aber absolut unüblich, Schiedsverfahren öffentlich durchzuführen. Gerade der Ausschluss der Öffentlichkeit, unter Umständen unterstützt von weiter gehenden Geheimhaltungsvereinbarungen, gilt als großer Vorteil der Schiedsgerichtsbarkeit.[121]

74 Lange Zeit war zudem jedenfalls für internationale Schiedsverfahren vorherrschend, dass darüber hinaus alle Aspekte des Schiedsverfahrens grds. **als vertraulich zu behandeln sind**. Sowohl die Parteien als auch die beteiligten Schiedsrichter würden demnach einer besonderen Geheimhaltungspflicht unterliegen. Diese Vorstellung wurde durch zwei Urteile 1995 und 2000 erschüttert.[122]

In **Esso Australia Resources and others v. Minister Plowman** stellte der australische High Court fest, dass eine stillschweigende Geheimhaltungsverpflichtung für Parteien und Schiedsrichter nicht bestehe.[123] Sogar wenn die Parteien eine Geheimhaltungspflicht vereinbart hätten, müsse diese außerdem hinter höherrangigen öffentlichen Interessen im Einzelfall zurücktreten.[124]

In der Entscheidung **Al Trade Finance Inc. v. Bulgarian Foreign Trade Bank Ltd.** entschied der Swedish Supreme Court inhaltlich ähnlich, dass eine konkludente, der Schiedsvereinbarung regelmäßig innewohnende Geheimhaltungspflicht nicht angenommen werden könne.[125] Das Bild ist damit jetzt in-

---

118 Vgl. Saenger, ZPO, § 1042 Rn. 14.
119 Vgl. Schwab/Walter, Schiedsgerichtsbarkeit, Kap. 16 Rn. 33; Lionnet/Lionnet, Handbuch der internationalen und nationalen Schiedsgerichtsbarkeit, S. 454 f.
120 Vgl. MünchKomm-ZPO/Münch, § 1042 Rn. 57; Lachmann, Handbuch Schiedsgerichtspraxis, Rn. 113 ff.
121 Vgl. dazu etwa Prütting, in: FS für Böckstiegel, S. 629, 632; zu den sich aus der Vertraulichkeit ergebenden Problemen für die Rechtsfortbildung Duve/Keller, SchiedsVZ 2005, 169 ff.
122 Mit den Urteilen wurde eine umfassende Diskussion des Themas entfacht, die bis heute anhält. Vgl. etwa Kouris, Jour. Int. Arb. 2005, 127 ff.; Trakman, Arb. Int. 2002, 1 ff.; Collins, Arb. Int. 1991, 321 ff.; Rawding/Seeger, Arb. Int 2003, 483 ff.; Fortier, Arb. Int. 1999, 131 ff.; Smit, Arb. Int. 1995, 337 ff.; Neill, Arb. Int. 1996, 287 ff.
123 Vgl. Esso Australia Resources and others v. Minister Plowman, Arb. Int. 1995, 235 ff.
124 Esso Australia Resources and others v. Minister Plowman, Arb. Int. 1995, 235, 241 ff.
125 Vgl. zum Gesamtverfahrenslauf Bagner, Jour. Int. Arb. 2001, 243 ff.; Rosenberg, Jour. Int. Arb. 2002, 1 ff.

ternational gespalten: Aus England und Frankreich sind Urteile bekannt, in der eine stillschweigende Geheimhaltungsverpflichtung bei Schiedsvereinbarungen generell angenommen wird.[126] In Australien und Schweden gibt es dagegen die gerade erwähnten anders lautenden Entscheidungen.

Für **Verfahren nach deutschem Recht** dürften die in den zuletzt genannten Urteilen entwickelten Grundsätze gelten. Eine stillschweigende, der Schiedsvereinbarung innewohnende Geheimhaltungspflicht der Parteien kennt das deutsche Recht nicht.[127] Es wird allerdings allgemein angenommen, dass die Schiedsrichter ebenso wie staatliche Richter zur Verschwiegenheit verpflichtet sind.[128] Als Rechtsgrundlage wird teilweise § 43 DRiG analog oder auch eine stillschweigende Vereinbarung im Rahmen des Schiedsrichtervertrags angenommen.[129]

75

> **Hinweis:**
>
> Um dem Interesse der Parteien an Geheimhaltung in der Praxis nachzukommen, sollte eine ausführliche und umfassende Geheimhaltungsvereinbarung zwischen den Parteien abgeschlossen werden, wenn ein besonderes Geheimhaltungsbedürfnis besteht. Zur Vermeidung von Missverständnissen empfiehlt es sich zudem, eine entsprechende Regelung auch in den Schiedsrichtervertrag aufzunehmen. Nur so kann der Gefahr, dass Informationen über das Verfahren in ungewollter Weise nach außen dringen, rechtlich wirkungsvoll begegnet werden.

Zu beachten ist ferner, dass auch Sachverständige ggf. durch eine **Klausel im Gutachtervertrag zur Geheimhaltung** verpflichtet werden sollten. Gleiches sollte für Zeugen versucht werden, die natürlich grds. nicht aus vertraglichen Geheimhaltungspflichten der Parteien verpflichtet sind.[130]

§ 43.1 der DIS-SchO enthält bereits eine weit reichende Geheimhaltungsvereinbarung für Parteien, Schiedsrichter und Schiedsinstitution. Sofern die Schiedsvereinbarung also die **Anwendung der DIS-SchO vorsieht**, ist eine (weiter gehende) vertragliche Geheimhaltungsvereinbarung nur notwendig, wenn die Parteien zusätzlich z.B. noch eine Vertragsstrafe für den Fall der Zuwiderhandlung vereinbaren wollen. Die ICC-Rules enthalten dagegen keine **Regelung von Geheimhaltungspflichten** der Parteien.[131] Allein die Geschäftsordnung des Schiedsgerichtshofes enthält den Grundsatz, dass die Arbeiten des Gerichtshofes vertraulich sind. Um die Geheimhaltung zwischen den Parteien abzusichern, kann bei Verfahren unter Anwendung der ICC-Rules der Abschluss einer Geheimhaltungsvereinbarung empfehlenswert sei.

c) Dispositionsmaxime

Ein grundlegender Verfahrensgrundsatz aus der ZPO, der auch und gerade im Schiedsverfahren Anwendung findet, ist die Dispositionsmaxime. Die Parteien können in jedem Stadium des Verfahrens **über den Streitgegenstand verfügen**.[132] Damit gilt zunächst der ne ultra petita-Grundsatz. Das Schiedsverfahren hat ferner Anerkenntnis, Verzicht und Klagerücknahme Beachtung zu schenken.[133]

76

---

126 Vgl. den Überblick bei Kühner, IHR 2003, 202, 203 und insb. aus England das jüngst ergangene Urteil City of Moscow v. Bankers Trust Company, (2004) EWCA Civ 314.
127 Vgl. so auch Prütting, in: FS für Böckstiegel, S. 629, 636.
128 Vgl. RGZ 129, 15, 17; BGH, NJW 1998, 3077, 3078; NJW 1957, 592; Lachmann, Handbuch Schiedsgerichtspraxis, Rn. 961; Lörcher/Lörcher, Das Schiedsverfahren, Rn. 21.
129 Vgl. etwa RGZ 129, 15, 17; Lionnet/Lionnet, Handbuch der internationalen und nationalen Schiedsgerichtsbarkeit, S. 456f.; Lachmann, Handbuch Schiedsgerichtspraxis, Rn, 1893 ff. für eine (stillschweigende) vertragliche Vereinbarung im Schiedsrichtervertrag als Rechtsgrundlage; dagegen Prütting, in: FS für Böckstiegel, S. 629, 636 für eine Analogie zu § 43 DRiG.
130 Lachmann, Handbuch Schiedsgerichtspraxis, Rn. 116, hält das i.d.R. für nicht möglich,
131 Vgl. aber Art. 20.7 der ICC-Rules, nach der das Schiedsgericht Maßnahmen zum Schutz von Geschäftsgeheimnissen und vertraulichen Informationen anordnen kann.
132 Vgl. die Regelungen in §§ 1044, 1053 Abs. 1 Satz 1, 1056 Abs. 2 ZPO.
133 Vgl. MünchKomm-ZPO/Münch, § 1042 Rn. 56.

d) Beschränkter Untersuchungsgrundsatz

77 Dagegen gilt im Schiedsverfahren, anders als im Zivilprozess, der **Beibringungsgrundsatz nur eingeschränkt**. Soweit die Parteien nichts anderes vereinbart haben, kann das Schiedsgericht auch von Amts wegen Beweis erheben.[134] Darüber hinaus wird weithin angenommen, dass das Schiedsgericht auch eine **Beweiserhebungspflicht trifft** (sog. eingeschränkter Untersuchungsgrundsatz).[135] Diese Beweiserhebungspflicht ist im deutschen Schiedsverfahrensrecht nicht (mehr) explizit niedergelegt. Ausdrückliche Regelungen finden sich aber in Art. 20.1 ICC-Rules und § 27.1 DIS-SchO.

e) Gleichbehandlung der Parteien

78 Ein wichtiger Grundsatz des Schiedsverfahrens ist der in § 1043 Abs. 1 Satz 1 ZPO niedergelegte **Grundsatz der Gleichbehandlung der Parteien**, der auch unter den Schlagworten der Waffengleichheit und des Willkürverbotes diskutiert wird.[136] Verstößt ein Schiedsgericht gegen diesen Grundsatz, kann der Verstoß einen Aufhebungsgrund nach § 1059 Abs. 2 Nr.1d ZPO darstellen.[137] Das Schiedsgericht muss demnach die **Chancengleichheit der Parteien** in jedem Stadium des Verfahrens, auch bei der Konstituierung des Schiedsgerichts, gewährleisten.[138] Besondere Bedeutung hat die Gleichbehandlung im Rahmen **sog. Mehrparteienschiedsverfahren**, d.h. bei Beteiligung von mehreren Schiedsklägern oder Schiedsbeklagten als Parteien. Im Anschluss an die sog. Dutco-Entscheidung des französischen Cour de Cassation[139] wird das Recht einen Schiedsrichter zu benennen, der das eigene Vertrauen besitzt, als prozessuales „Grundrecht" der Schiedsgerichtsbarkeit gesehen.[140]

Da die **Benennung eigener Schiedsrichter** in Mehrparteienverfahren aus Praktikabilitätsgründen nicht vollständig garantiert werden kann, wird heute angenommen, dass die Benennung der Schiedsrichter unter Wahrung des Grundsatzes der Gleichbehandlung erfolgen muss. Die meisten Verfahrensordnungen haben daher eine Regelung dahingehend aufgenommen, dass bei Parteienmehrheit sowohl die Kläger als auch die Beklagtenseite sich grds. bei der Auswahl „ihres" Schiedsrichters **einigen müssen**.[141] Kann eine Einigung nicht herbeigeführt werden, entscheidet ein neutraler Dritter (z.B. die Schiedsinstitution).

79 Das Gericht hat insb. den **identischen Informationsstand beider Parteien** zu gewährleisten und die Chancengleichheit auch bei der Bemessung von Schriftsatzfristen und dem Umfang der Beweiserhebung zu beachten.[142] Der Gleichbehandlungsgrundsatz beinhaltet damit ein **prozessuales Willkürverbot**.[143]

f) Grundsatz der Gewährung rechtlichen Gehörs

80 Neben das schiedsrechtliche Gleichbehandlungsgebot tritt als prozessuales Grundrecht[144] der **Grundsatz der Gewährung rechtlichen Gehörs** in § 1042 Abs. 1 Satz 2 ZPO.[145] Aus diesem Grundsatz folgt, dass

---

134 Vgl. Lachmann, Handbuch Schiedsgerichtspraxis, Rn. 664 ff.
135 Vgl. etwa MünchKomm-ZPO/Münch, § 1042 Rn. 62; Stein/Jonas/Schlosser, ZPO, § 1042 Rn. 8; Saenger, ZPO, § 1042 Rn. 16.
136 Darauf weist MünchKomm-ZPO/Münch, § 1042 Rn. 12, hin.
137 Vgl. dazu noch unten Rn. 215 ff.
138 Vgl. MünchKomm-ZPO/Münch, § 1042 Rn. 14;
139 Vgl. Beilage Nr. 15 zu BB 1992, 27 ff.
140 Vgl. Schwab, in: FS für Habscheid, S. 285, 290 f.
141 Vgl. etwa Art. 10 der ICC-Rules und § 13 der DIS-SchO.
142 Vgl. Zöller/Geimer, ZPO, § 1042 Rn. 2; Musielak/Voit, ZPO, § 1042 Rn. 2; Saenger, ZPO, § 1042 Rn. 3. Nach Auffassung von MünchKomm-ZPO/Münch, § 1042 Rn. 14 kann das Schiedsgericht allerdings bei der Frage der Einlassungsfristen, Beweiserhebung und möglichen Schriftsatznachlass gegenüber den Parteien weitgehend differenzierte Regelungen treffen.
143 Lachmann, Handbuch Schiedsgerichtspraxis, Rn. 672 f. deutet an, dass aus § 1042 Abs. 1 Satz 1 ZPO möglicherweise auch ein materielles Willkürverbot abgeleitet werden kann. Einigkeit besteht allerdings lediglich über die Verankerung des prozessualen Willkürverbots in § 1042 Abs. 1 Satz 1 ZPO.
144 Vgl. Art. 103 Abs. 1 GG.
145 „Grundpfeiler des heutigen Schiedsgerichtsverfahrens", vgl. BGHZ 3, 215, 219.

ein Schiedsgericht keine Entscheidung fällen darf, ohne den Parteien Gelegenheit zur Stellungnahme zu geben.[146] Den Parteien muss die Möglichkeit gewährt werden, zu allen Tatsachen, aber auch zu allen Beweismitteln Stellung nehmen.[147] Die Parteien haben daher das **Recht an der Beweisaufnahme teilzunehmen** und natürlich zu dem Ergebnis Stellung zu nehmen.[148]

Ferner fordert das Recht auf Gewährung rechtlichen Gehörs zwingend, dass die Parteien zunächst die **Möglichkeit zur Präsentation von Tatsachen und Rechtsauffassungen** in angemessener Zeit und Form bekommen. Darüber hinaus müssen sie auch die Möglichkeit haben, den Vortrag der anderen Partei zu kommentieren.[149] Plastisch formuliert haben die Parteien ein Recht zur Falldarlegung und ein Recht zur Kommentierung.[150] Mit dem Äußerungsrecht der Parteien korrespondiert die Pflicht des Schiedsgerichts, das Parteivorbringen auch bei der Entscheidungsfindung in Erwägung ziehen.[151] Im Übrigen trifft das Schiedsgericht auch die weiter gehende Pflicht, die Parteien über alle verfahrensleitenden Entscheidungen und Bestimmungen, ebenso wie auch offenkundige Tatsachen, **zu informieren**.[152]

Teilweise wird dem Grundrecht der Gewährung rechtlichen Gehörs auch entnommen, dass der **Grundsatz der Unmittelbarkeit** im Schiedsverfahren Anwendung findet.[153] Daraus folgt, dass die Verhandlung vor dem erkennenden Schiedsgericht stattfinden und dieses stets vollständig besetzt handeln und entscheiden muss.[154]

81

Die Bedeutung des Grundsatzes der Gewährung rechtlichen Gehörs wird durch die Tatsache unterstrichen, dass eine Verletzung des Grundsatzes **zur Aufhebung des Schiedsspruchs** nach § 1059 Abs. 1 Nr. 1b oder Nr. 2d ZPO führen kann.[155]

82

g) Kein Ausschluss der anwaltlichen Vertretung

Ein weiterer wesentlicher Punkt, der als allgemeine, zwingende Verfahrensregel[156] im Zehnten Buch der ZPO zu finden ist, ist das **Verbot des Ausschlusses der anwaltlichen Vertretung** nach § 1042 Abs. 2 ZPO. Demnach ist es unzulässig, inländische oder ausländische Rechtsanwälte von der Vertretung im Rahmen des Schiedsverfahren auszuschließen. Mit der Vorschrift ist andererseits aber kein Anwaltszwang bezweckt.[157] Die Parteien können allerdings natürlich die zwingende anwaltliche Vertretung als verfahrensgestaltende Regel vereinbaren.[158]

83

4. Typischer Verfahrensablauf

Der weite Spielraum, den die Parteien und das Schiedsgericht bei der Gestaltung des Verfahrens genießen, führt dazu, dass der Ablauf eines Schiedsverfahrens **äußerst unterschiedlich ausfallen kann**. Je nachdem, wie sich die Parteien und Schiedsrichter verhalten, können sich die einzelnen Verfahrensabschnitte

84

---

146 Vgl. Lachmann, Handbuch Schiedsgerichtspraxis, Rn. 677; MünchKomm-ZPO/Münch, § 1042 Rn. 17.
147 Vgl. BGH, NJW 1959, 2213, 2214.
148 Vgl. BGHZ 3, 215, 217 ff.
149 Vgl. Lachmann, Handbuch Schiedsgerichtspraxis, Rn. 704 ff.; MünchKomm-ZPO/Münch, § 1042 Rn. 21 ff.
150 Formulierung nach MünchKomm-ZPO/Münch, § 1042, Rn. 22, 23.
151 Vgl. etwa BGHZ 96, 40, 48.
152 Vgl. BGH, NJW 1959, 2213, 2214.; MünchKomm-ZPO/Münch, § 1042 Rn. 24, 25. Anders aber Saenger, ZPO, § 1042 Rn. 7.
153 Vgl. Henn, Schiedsverfahrensrecht, Rn. 320; Schwab/Walter, Schiedsgerichtsbarkeit, Kap. 16 Rn. 33. Dagegen aber MünchKomm-ZPO/Münch, § 1042 Rn. 57.
154 Vgl. Henn, Schiedsverfahrensrecht, Rn. 320; Schwab/Walter, Schiedsgerichtsbarkeit, Kap. 16 Rn. 33.
155 Dazu noch unten Rn. 204 ff.
156 Vgl. Saenger, ZPO, § 1042 Rn. 11, MünchKomm-ZPO/Münch, § 1042 Rn. 36.
157 MünchKomm-ZPO/Münch, § 1042 Rn. 36.
158 MünchKomm-ZPO/Münch, § 1042 Rn. 36 weist aber darauf hin, dass keine Zulassungs- oder Qualifikationserfordernisse aufgestellt werden sollten, da ansonsten ein Verstoß gegen § 1042 Abs. 2 ZPO vorläge. Dagegen aber Stein/Jonas/Schlosser, ZPO, § 1042 Rn. 16.

in der Praxis völlig anders gestalten. Der grobe Verlauf eines typischen Verfahrens kann wie folgt skizziert werden.

a) Einreichung der Schiedsklage und Konstituierung des Schiedsgerichts

85 Zunächst beginnt das Schiedsverfahren i.a.R. durch die **Einreichung der Schiedsklage** bei der gewählten Schiedsinstitution.[159]

In einer anschließenden Phase werden die Parteien in dem praktischen Regelfall des Dreierschiedsgerichts jeweils einen **Schiedsrichter benennen**, der von Institutionen ernannte werden muss. Der Vorsitzende wird dann üblicherweise entweder durch die Schiedsinstitution oder aber durch die beiden Parteischiedsrichter ernannt.[160] Da es möglich ist, den jeweils von der anderen Partei ernannten Schiedsrichter **aufgrund berechtigter Zweifel** hinsichtlich der Unabhängigkeit und Überparteilichkeit des Kandidaten abzulehnen, kann schon dieser Verfahrenspunkt in der Praxis unter Umständen erhebliche Zeit in Anspruch nehmen.

b) Klärung des weiteren Verfahrensablaufs

86 In einem nächsten Verfahrensschritt ist es denkbar, dass das Schiedsgericht den weiteren Verfahrensablauf festlegen und damit auch beschleunigen will. Eine Möglichkeit ist die Vereinbarung **sog. Terms of Reference**, wie es bei Verfahren auf Grundlage der ICC-Rules üblich ist. In Terms of Reference werden die wesentlichen sachlichen Streitfragen ebenso wie bedeutende Verfahrensfragen in einer umfassenden Verfahrensvereinbarung festgelegt.[161]

Eine Alternative zu den Terms of Reference, die in Schiedsverfahren unter der Ägide anderer Institutionen als der ICC große Popularität genießt, ist die Abhaltung einer **sog. Pre-Hearing Conference**.[162] In einer solchen Conference kommen Parteien und Schiedsgericht in einem sehr frühen Verfahrensstadium zusammen. Verfahrensdetails, die in der Schiedsvereinbarung nicht festgelegt wurde, können dann ebenso wie bereits erste Termine für den Fortgang des Verfahrens festgelegt werden. Insoweit dient dieser Termin der **Kanalisierung der Streitigkeit**.

c) Austausch von Schriftsätzen, Beweisaufnahme und mündliche Verhandlung

87 Sind die Verfahrensfragen geklärt, werden, sofern nicht schon geschehen, die ersten Schriftsätze ausgetauscht. Je nach weiterem Lauf des Verfahrens legt das Schiedsgericht dann einen **Termin für die Durchführung einer Beweisaufnahme** und eine „mündliche" Verhandlung fest. Es ist aber auch vorstellbar, dass überhaupt keine mündliche Verhandlung stattfindet (**documents-only arbitration**) bzw. das Schiedsgericht zunächst nur schriftlich verhandeln lässt, weil es eine mündliche Verhandlung erst zu einem weit fortgeschrittenen Zeitpunkt des Verfahrens für sinnvoll hält. Im Gegensatz zu Verfahren vor ordentlichen Gerichten ist es zumindest in internationalen Schiedsverfahren durchaus üblich, in der mündlichen Verhandlung den **gesamten Prozessstoff** noch einmal vor dem Schiedsgericht auszubreiten. Wesentlich häufiger als vor ordentlichen Gerichten kommt es auch zu Rechtsgesprächen zwischen Parteien, Prozessbevollmächtigten und Schiedsgericht.

88 Während des Verfahrens ist es möglich und üblich, dass das Schiedsgericht durch den **Erlass von Prozessverfügungen** (Procedural Orders) in den Verfahrenslauf eingreift. So kommt es in der Praxis z.B. immer wieder vor, dass die Vorlage von wichtigen Dokumenten durch die Parteien angeordnet wird.

---

159 Vgl. § 6.1. der DIS-SchO bzw. Art. 4.1 und 4.2 der ICC-Rules. Handelt es sich um ein ad-hoc-Schiedsverfahren legt § 1044 ZPO den Tag des Zugangs des Vorlegungsantrags beim Beklagten als Beginn des Schiedsverfahrens fest.

160 Für eine Ernennung durch die Institution, soweit nichts anderes vereinbart worden ist, vgl. Art. 8.4. ICC-Rules; für die Ernennung durch die Parteischiedsrichter vgl. § 12.2 DIS-SchO.

161 Vgl. dazu Weigand, NJW 1998, 2081, 2083.

162 Die Terminologie ist nicht einheitlich. Gebräuchlich sind auch die Bezeichnungen Preparatory Conference, Pre Trial Review, Administrative Conference oder Preliminary Hearing. Vgl. Lionnet/Lionnet, Handbuch der internationalen und nationalen Schiedsgerichtsbarkeit, S. 297 ff.

d) Erörterung einer Beendung des Verfahrens durch Vergleich

Je nach Verfahrensstil der Schiedsrichter wird das Schiedsgericht einen oder mehrere Versuche unternehmen, die Parteien bei der **Findung einer Vergleichslösung** zu unterstützen. Mit dem Schiedsspruch mit vereinbarten Wortlaut steht dem Schiedsgericht auch ein prozessuales Mittel zur Verfügung, den Parteien mittelbar trotz Vergleichsschlusses einen **vollstreckbaren Titel in die Hand zu geben**.[163]

89

e) Erlass eines Schiedsspruchs und Vollstreckbarerklärung

Sofern das Verfahren nicht vorzeitig beendet wird, wird das Schiedsgericht zu einem angemessenen Zeitpunkt anordnen, das **Verfahren zu schließen**. I.d.R. bekommen die Parteien dann noch einmal Gelegenheit zur abschließenden Stellungnahme. Mit dem Erlass des Schiedsspruchs ist dann das Schiedsverfahren beendet.

90

> **Hinweis:**
> Die Auseinandersetzung kann ihre Fortsetzung allerdings möglicherweise in einen weiteren Rechtsstreit vor dem zuständigen OLG finden. Die Verfahren vor dem staatlichen Gericht haben entweder die Anerkennung und Vollstreckbarkeitserklärung des Schiedsspruchs zum Gegenstand oder die Aufhebung des Schiedsspruches.[164]

II. Einleitung des Schiedsverfahrens, Konstituierung des Schiedsgerichtes und weiterer Verfahrenslauf

1. Einleitung des Schiedsverfahrens

Das **Verfahren zur Einleitung des Schiedsverfahrens** unterscheidet sich danach, ob das Schiedsverfahren nach den gesetzlichen Vorschriften des Zehnten Buches der ZPO (vgl. Rn. 92) oder aber nach den Regeln einer institutionellen Schiedsordnung (vgl. Rn. 93) eingeleitet werden soll. Die Rechtsfolge der Einleitung des Schiedsverfahrens ist die **Schiedshängigkeit**, deren Folgen weitgehend der Rechtshängigkeit im staatlichen Gerichtsverfahren entsprechen (vgl. Rn. 94).

91

a) Einleitung des Schiedsverfahrens nach den gesetzlichen Vorschriften

Sofern die Parteien keine Vereinbarung über die Anwendung einer Schiedsordnung getroffen haben, wird das Schiedsverfahren durch einen **Antrag auf Einleitung des Schiedsverfahrens** nach § 1044 ZPO eingeleitet. Der Zeitpunkt des Verfahrensbeginns ist der Zugang des Antrags bei dem Schiedsbeklagten. Der Antrag muss nach § 1044 Satz 2 ZPO die Bezeichnung der Parteien, den Streitgegenstand und einen Hinweis auf die Schiedsvereinbarung enthalten. Wenn die Parteien nichts anderes vereinbart haben, schließt sich die **Konstituierung des Schiedsgerichts nach § 1036 Abs. 3 ZPO** als nächster Verfahrensschritt an. Das Schiedsgericht wird dann, wieder vorbehaltlich einer gegenteiligen Parteivereinbarung eine Frist zur Einreichung der Klageschrift und für die Erwiderung des Beklagten bestimmen (vgl. § 1046 ZPO).

92

b) Einleitung des Schiedsverfahrens bei Anwendung der DIS-SchO bzw. der ICC-Rules

In der Praxis häufiger ist dagegen eine **Schiedsvereinbarung**, nach der die Schiedsordnung einer Schiedsinstitution den Verfahrenslauf bestimmen soll. Diese regeln die Einleitung des Schiedsverfahrens abweichend von den gesetzlichen Vorschriften. Sowohl bei Anwendung der DIS-SchO als auch der ICC-Rules ist die **Einreichung einer Schiedsklage** bei der Schiedsinstitution Voraussetzung für die Einleitung des Schiedsverfahrens. Bei der Einreichung der Klage ist auch ein Kostenvorschuss zu entrichten; ferner muss die Klage die Anforderungen der Schiedsinstitution erfüllen, um den Beginn des Schiedsverfahrens als Rechtsfolge zu bewirken.

93

---

163 § 1053 Abs. 1 Satz 2 ZPO.
164 Vgl. dazu noch unten unter Rn. 202 ff.

Maßgeblicher Zeitpunkt ist dann der **Zugang der Klage bei der Schiedsinstitution**. Die Konstituierung des Schiedsgerichts beginnt i.d.R. bereits mit der Einreichung der Schiedsklage durch die Benennung eines Parteischiedsrichters für ein Dreierschiedsgericht.

c) Rechtsfolgen der Verfahrenseinleitung

94 Bei einem Verfahren vor ordentlichen Gerichten begründet die Klageerhebung grds. die Rechtshängigkeit des Streitgegenstands. Die Rechtshängigkeit zieht nach § 261 Abs. 3 ZPO nach sich, dass der gleiche Streitgegenstand **nicht mehr anderweitig rechthängig gemacht werden kann** (sog. Rechtshängigkeitssperre).[165]

95 Da § 261 ZPO auf Schiedsverfahren nicht anwendbar ist, führt die Einleitung eines Schiedsverfahrens **nicht zur Rechtshängigkeit des Streitgegenstands**.[166] In einem Verfahren vor ordentlichen Gerichten können die Beteiligten aber die Einrede der **Schiedsvereinbarung nach § 1032 Abs. 1 ZPO** erheben und so die Durchführung des Verfahrens verhindern. Insoweit führt die Einreichung der Schiedsklage zu einem Ergebnis, das mit der Rechtshängigkeitssperre vergleichbar ist.

96 Die Einleitung eines Schiedsverfahrens führt weiterhin zur sog. **Schiedshängigkeit**.[167] Die Schiedshängigkeit des Streitgegenstands bewirkt die Rechtshängigkeit gegenüber anderen Schiedsverfahren mit identischem Streitgegenstand.[168] Mit der Schiedshängigkeit tritt zudem eine Vielzahl von Rechtsfolgen ein, **die üblicherweise an die Klageerhebung geknüpft sind**.[169] Dazu zählen u.a. die Verzinsung von Geldschulden mit Prozesszinsen nach § 291 BGB analog,[170] aber vor allem der Eintritt der Verjährungshemmung. Nach §§ 204 Abs. 1 Nr. 11, 209 BGB ist der Lauf von Verjährungsfristen für den geltend gemachten Streitgegenstand mit der Einleitung des Schiedsverfahrens gehemmt. Die Überprüfung der Zulässigkeit des schiedsrichterlichen Verfahrens durch einen Antrag nach § 1032 Abs. 2 ZPO vor ordentlichen Gerichten hindert die Anhängigkeit des Schiedsverfahrens und damit die verjährungshemmende Wirkung nicht.[171]

2. Erhebung der Schiedsklage

97 **Checkliste: Erhebung der Schiedsklage** ☑

> ☐ Antrag auf Einleitung eines Schiedsverfahrens nach § 1044 ZPO (kann mit der Schiedsklage verbunden werden)
>
> ☐ **Notwendiger Inhalt nach § 1044 und § 6 DIS-SchO**
> - Bezeichnung der Parteien
> - Bestimmter Antrag (§ 6.2 DIS-SchO bzw. Art. 4.3 ICC-Rules)
> - Schilderung der dem Anspruch zu Grunde liegenden Tatsachen
> - Wiedergabe der Schiedsvereinbarung (§ 6.2 DIS-SchO bzw. Art. 4.3 ICC-Rules)
> - Benennung eines Schiedsrichters bei Dreierschiedsgericht

---

165 Vgl. nur Saenger, ZPO, § 261 Rn. 16.
166 Vgl. Zöller/Geimer, ZPO, § 1044 Rn. 5.
167 Vgl. Schlosser, Schiedsgerichtsbarkeit, Rn. 626 ff.; Baumbach/Lauterbach/Albers/Hartmann, ZPO, § 1044 Rn. 3.
168 Vgl. Baumbach/Lauterbach/Albers/Hartmann, ZPO, § 1044, Rn. 3; Stein/Jonas/Schlosser, ZPO, § 1044 Rn. 4.
169 Vgl. Zöller/Geimer, ZPO, § 1044 Rn. 5.
170 Vgl. dazu Stein/Jonas/Schlosser, ZPO, § 1044 Rn. 4.; Lionnet/Lionnet, Handbuch der internationalen und nationalen Schiedsgerichtsbarkeit, S. 319.
171 Vgl. Lionnet/Lionnet, Handbuch der internationalen und nationalen Schiedsgerichtsbarkeit, S. 321. Für eine analoge Anwendung von § 204 Abs. 1 Nr. 11 BGB auf Fälle der Einleitung eines Verfahrens nach § 1032 Abs. 2 ZPO zuletzt Windhorst, SchiedsVZ 2004, 250 ff.

- Anwendbare Verfahrensregeln, Verfahrenssprache und Schiedsort bei ICC-Schiedsverfahren (Art. 4.3 f ICC-Rules)
☐ **Fakultative Angaben**
- Angabe zur Höhe des Streitwertes bei sonstigen Verfahren (§ 6.2 DIS-SchO)
- Vorschlag für einen Schiedsrichter bei Entscheidung durch Einzelschiedsrichter
☐ **Adressierung**
- Bei Verfahren ad hoc an Schiedsbeklagten
- Bei institutionellen Verfahren an die Institution
☐ Richtige Anzahl der Ausfertigungen beachten!

a) Anforderungen des Schiedsverfahrenrechts an Form und Inhalt

Für den Inhalt der Schiedsklage formulieren das Schiedsverfahrensrecht einerseits und die Schiedsordnungen der Institutionen andererseits **unterschiedliche Anforderungen**. 98

Nach § 1046 ZPO ist zunächst – soweit keine anders lautende Vereinbarung der Parteien vorliegt – erforderlich, dass die Schiedsklage die **Bezeichnung der Parteien** enthält.[172] Weiterhin muss die Klageschrift gemäß dem Wortlaut des § 1046 Abs. 1 ZPO Angaben zu dem vom Kläger geltend gemachten Anspruch und den unterstützenden Tatsachen enthalten. Anders als im Verfahren vor ordentlichen Gerichten besteht nach dem Schiedsverfahrensrecht **weder ein explizites Schriftformerfordernis**, noch die Notwendigkeit der Unterschrift nach § 130 Nr. 6 ZPO.[173] Ob damit die mündliche Klageerhebung bzw. die Klageerhebung ohne Unterschrift möglich sein soll, ist unklar.[174]

Nicht klar geregelt ist auch, ob der Kläger einen den Anforderungen des **§ 253 Abs. 2 Nr. 2 ZPO entsprechenden Antrag** formulieren muss.[175] Aus Sicht der Praxis ist die Frage nach der Schriftform unerheblich, da die Erhebung der Schiedsklage jedenfalls schriftlich erfolgt. Gleiches gilt für die Formulierung eines Antrags: Der Klageantrag sollte stets so präzise wie möglich schon in der Klageschrift formuliert werden. Alles andere ist unpraktikabel.[176] Für das Erfordernis eines bestimmten Anspruchs spricht weiterhin auch, dass ansonsten der **Umfang der Schiedshängigkeit nicht abgrenzbar** ist. Ein unbestimmter Antrag könnte auch zu einem nicht vollstreckungsfähigen Schiedsspruch führen, wenn das Schiedsgericht dem Antrag stattgibt. Daher muss sich die Schiedsklage in der Form und Bestimmtheit weitestgehend an der Form des § 253 Abs. 2 ZPO orientieren. 99

> **Hinweis:**
> Aus taktischen Gründen empfiehlt es sich darüber hinaus, die Schiedsklage knapp zu formulieren: So wird vermieden, dass der Gegner auf Schwachpunkte der eigenen Argumentation hingewiesen wird, die dieser womöglich gar nicht bemerkt hätte.

---

172 Vgl. Lionnet/Lionnet, Handbuch der internationalen und nationalen Schiedsgerichtsbarkeit, S. 337; Baumbach/Lauterbach/Albers/Hartmann, ZPO, § 1046 Rn. 2.
173 Vgl. Saenger, ZPO, § 1046 Rn. 3; Lachmann, Handbuch Schiedsgerichtspraxis, Rn. 760.
174 So Saenger, ZPO, § 1046 Rn. 3; dagegen: Lionnet/Lionnet, Handbuch der internationalen und nationalen Schiedsgerichtsbarkeit, S. 339; Stein/Jonas/Schlosser, ZPO, § 1046, Rn. 2.
175 So etwa Schwab/Walter, Schiedsgerichtsbarkeit, Kap. 16 Rn. 2; Lionnet/Lionnet, Handbuch der internationalen und nationalen Schiedsgerichtsbarkeit, S. 338; Lachmann, Handbuch Schiedsgerichtspraxis, Rn. 762; dagegen aber Stein/Jonas/Schlosser, ZPO, § 1046 Rn. 2; Saenger, ZPO, § 1046 Rn. 3.
176 Vgl. Schütze/Tscherning/Wais, Handbuch des Schiedsverfahrens, Rn. 373, der anregt, dass Schiedsgericht eine mündlich eingereichte Klage von vornherein nicht annehmen soll.

b) Anforderungen der Schiedsordnungen

100 Regelmäßig vereinbaren die Parteien schon in der Schiedsvereinbarung die Anwendung einer **Verfahrensordnung einer Schiedsinstitution**. Die dort niedergelegten Anforderungen haben daher ungleich größere praktische Bedeutungen als die Maßgaben des Schiedsverfahrensrechts.

Die Regelungen sowohl in der DIS-SchO als auch der ICC-Rules setzen dabei die Anforderungen des § 1046 ZPO voraus, erweitern sie aber deutlich. Nach § 6.2 der DIS-SchO und Art.4.3 der ICC-Rules ist ausdrücklich erforderlich, dass ein **bestimmter Antrag gestellt wird** und die Schiedsvereinbarung wiedergegeben wird. Bei Einreichung einer Klage unter Anwendung der ICC-Rules ist darüber hinaus auch die **Angabe des Streitwerts** notwendig, nach § 6.2 der DIS-SchO handelt es sich hingegen um eine reine Soll-Angabe.

Für den Fall, dass die Parteien nicht die Entscheidung durch einen Einzelschiedsrichter beabsichtigen, ist zudem nach beiden Schiedsordnungen die **Benennung eines Schiedsrichters schon in der Klageschrift** erforderlich.[177]

Die ICC-Rules bestimmen ferner ausdrücklich, dass die Klageschrift bereits **Ausführungen zu Schiedsort, Verfahrensregeln und -sprache** enthalten muss. Nach § 6.3 der DIS-SchO handelt es sich bei Verfahren nach der DIS-SchO hier lediglich um Soll-Angaben.

101 Die Vollständigkeit der Angaben ist von enormer Bedeutung: Sind die Angaben nicht vollständig, gilt das Schiedsverfahren **als nicht begonnen**. Das kann unter Umständen erhebliche Auswirkungen haben, da der Beginn der Verjährungshemmung mit dem Beginn des Schiedsverfahrens gekoppelt ist.

Die Schiedsordnungen verlangen jeweils die Einreichung der Klage mit **ausreichenden Ausfertigungen für jeden Schiedsrichter**, jede Partei und die Schiedsinstitution.[178] Ferner ist weitere Voraussetzung, dass ein **Kostenvorschuss** eingezahlt wird. Bei Anwendung der DIS-SchO setzt sich dieser aus einer Bearbeitungsgebühr sowie einem Vorschuss auf die Kosten der Schiedsrichter zusammen.[179]

102 Sollte der Kläger diesen Anforderungen nicht nachkommen, wird von Seiten der Schiedsinstitution eine **Frist zur Nachholung** gesetzt. Wird diese eingehalten, gilt das Verfahren als am Tag der erstmaligen Einreichung einer Schiedsklage begonnen. Werden hingegen auch nach Fristsetzung nicht ausreichend Exemplare eingereicht, endet das Verfahren.[180] Im Rahmen eines Verfahrens auf Grundlage der DIS-SchO gilt diese Regelung auch für den Fall, dass die Schiedsklage zwingend notwendige Angaben nicht enthält.[181]

3. Konstituierung des Schiedsgerichts

103 Die Konstituierung des Schiedsgerichts unterscheidet sich danach, ob der Rechtsstreit durch einen **Einzelschiedsrichter oder durch ein Dreierschiedsgericht** entschieden werden soll. Weiterhin ergeben sich unterschiedliche Verfahrensabläufe in Abhängigkeit davon, ob das Zehnte Buch der ZPO angewendet wird oder die Regeln der DIS-SchO bzw. die ICC-Rules.

Im Folgenden wird zunächst das Verfahren der Schiedsrichterernennung dargestellt (Rn. 104 ff.), bevor die Ablehnung von Schiedsrichtern im Detail untersucht wird (Rn. 118 ff.) Im Anschluss wird die eigentliche Konstituierung des Schiedsgerichts erörtert (Rn. 124) und kurz auf die Bedeutung des Schiedsrichtervertrags eingegangen (Rn. 125 ff.).

---

177 Vgl. § 6.2 (5) der DIS-SchO und Art. 4.3 e) der ICC-Rules.
178 Vgl. §§ 4, 6.4. DIS-SchO und Art. 3.1, 4.3 der ICC-Rules.
179 Vgl. § 7 der DIS-SchO. Auf der Homepage der DIS abrufbar unter der Internetadresse www.dis-arb.de findet sich ein Kostenrechner, mit dem die Höhe des Vorschusses nach dem Streitwert berechnet werden kann.
180 Vgl. § 6.4 der DIS-SchO und Art. 4.3 der ICC-Rules.
181 Vgl. § 6.4 der DIS-SchO.

a) Ernennung der Schiedsrichter

aa) Ablauf bei Anwendung des Schiedsverfahrensrechtes

Wenn die Parteien **keine andere Vereinbarung** getroffen haben, bestimmt sich die Ernennung der oder des Schiedsrichters nach dem Schiedsverfahrensrecht.

104

Haben die Parteien bestimmt, dass die Entscheidung durch einen Einzelschiedsrichter getroffen werden soll, so sollten sie sich im Idealfall **auf die Person des Einzelschiedsrichters einigen**. Sofern sie sich nicht einigen können, kann jede Partei die Bestellung eines Einzelschiedsrichters durch das OLG beantragen (vgl. § 1035 Abs. 3 Satz 1 ZPO).

Haben die Parteien keine Regelung für die Anzahl der Schiedsrichter getroffen, so entscheidet **nach § 1034 Abs. 1 Satz 2 ZPO ein Dreierschiedsgericht** über den Rechtsstreit. In dieser Situation benennen die Parteien nach § 1035 ZPO – jeweils nach Aufforderung durch die andere Partei innerhalb eines Monats – **jeweils einen Schiedsrichter**. Diese beiden Schiedsrichter einigen sich dann auf den Vorsitzenden. Sofern diese sich nicht einigen können oder nicht fristgemäß einen eigenen Schiedsrichter bestellen, entscheidet auf Antrag ebenfalls das OLG wie beim Einzelschiedsrichter.

bb) Ablauf bei Anwendung der DIS-SchO

Haben die Beteiligten die Anwendung der DIS-SchO vereinbart, gestaltet sich der **Verfahrensablauf ähnlich**. Haben die Parteien keine anderweitige Vereinbarung getroffen, entscheiden auch bei Geltung der DIS-SchO drei Schiedsrichter über den Konflikt.[182]

105

Bei Entscheidung durch einen Einzelschiedsrichter besteht für die Parteien zunächst die Möglichkeit, innerhalb von einer **Frist von 30 Tagen** einvernehmlich einen Schiedsrichter auszuwählen.[183] Können die Parteien sich nicht innerhalb dieser Frist einigen, kann jede Partei einen Antrag auf Ernennung des Einzelschiedsrichters durch den DIS-Ernennungsausschuss stellen.[184]

106

Sofern die Parteien nicht die Entscheidung des Konflikts durch einen Einzelschiedsrichter vereinbart haben, muss der Kläger bereits bei Einreichung der Schiedsklage bei der Geschäftsstelle der DIS einen **Schiedsrichter benennen**.[185] Der Beklagte wird dann entsprechend durch die DIS-Geschäftsstelle aufgefordert, einen Schiedsrichter innerhalb einer Frist von 30 Tagen zu benennen.[186] Benennt der Beklagte innerhalb dieser Frist keinen Schiedsrichter, kann der Kläger sich an den DIS-Ernennungsausschuss zur Ernennung des zweiten Schiedsrichters wenden.

107

> **Hinweis:**
> Zu beachten ist aber, dass die Benennung durch den Beklagten auch dann noch als fristgemäß gilt, wenn diese vor dem Antrag des Klägers auf Anrufung des DIS-Ernennungsausschusses aber nach Ablauf der 30-Tagesfrist in der DIS-Geschäftsstelle eingeht.

Die beiden benannten Schiedsrichter benennen dann – wie auch bei Anwendung des Schiedsverfahrensrechtes – **gemeinsam den Vorsitzenden des Schiedsgerichts**, wobei einvernehmliche Wünsche der Parteien berücksichtigt werden sollen.[187] Für die Einigung der Schiedsrichter auf einen Vorsitzenden und die anschließende Benennung gilt wieder eine 30-Tagesfrist. Nach Ablauf der Frist besteht für die Parteien die Möglichkeit, die Ernennung des Vorsitzenden auf Antrag durch den DIS-Ernennungsausschuss vornehmen zu lassen.[188]

108

---

182 Vgl. § 3 der DIS-SchO.
183 Vgl. § 14 der DIS-SchO.
184 Vgl. § 14 der DIS-SchO.
185 Vgl. § 6.2 der DIS-SchO.
186 Vgl. § 12.1 der DIS-SchO. Die Frist kann auf Antrag verlängert werden.
187 Vgl. § 12.2 der DIS-SchO.
188 Vgl. § 12.2 der DIS-SchO.

> **Hinweis:**
> Eine Benennung des Vorsitzenden durch die Schiedsrichter gilt aber auch dann noch als rechtzeitig, wenn die 30-Tagesfrist abgelaufen ist, bei der DIS-Geschäftsstelle aber noch kein Antrag der Parteien auf Anrufung des DIS-Ernennungsausschusses eingegangen ist.

109 Im Gegensatz zur ZPO enthält die DIS-SchO auch eine **Regelung für Mehrparteienschiedsverfahren**. Die DIS-SchO stellt allerdings ausdrücklich heraus, dass die Regelungen nur Anwendung finden, sofern die Parteien keine andere Übereinkunft getroffen haben. Nach der Vorschrift in § 13 der DIS-SchO haben **mehrere Kläger** grds. schon in der Schiedsklage einen (gemeinsamen) Schiedsrichter zu benennen. Sofern an dem Verfahren **mehrere Beklagte** beteiligt sein sollen, müssen diese innerhalb der üblichen 30-Tagesfrist ab Empfang der Schiedsklage einen gemeinsamen Schiedsrichter benennen.[189] Können sich die Beklagten nicht auf einen gemeinsamen Schiedsrichter einigen, ernennt der DIS-Ernennungsausschuss zwei Schiedsrichter. Diese Ernennung ersetzt auch die schon erfolgte Benennung durch die Klägerseite. Das weitere Verfahren zur Bildung des Schiedsgerichts läuft dann weiter wie bei einem normalen Zweiparteienverfahren.

cc) Ablauf bei Anwendung der ICC-Rules

110 Haben die Parteien die Anwendung der ICC-Rules vereinbart, sehen diese vor, dass der **Schiedsgerichtshof einen Einzelschiedsrichter ernennt**, sofern die Parteien keine entgegenstehende Übereinkunft getroffen haben.[190] Hält der Schiedsgerichtshof allerdings aufgrund der Bedeutung der Streitigkeit die Ernennung von drei Schiedsrichtern für gerechtfertigt, werden drei Schiedsrichter benannt.[191] In diesem Fall können Kläger und Beklagter innerhalb von 15 Tagen ab Zustellung der Entscheidung **jeweils einen Schiedsrichter benennen**. Der dritte Schiedsrichter wird durch den Schiedsgerichtshof ernannt.

111 Sofern die Parteien die Entscheidung durch einen Einzelschiedsrichter vorgesehen haben, müssen sie sich **innerhalb einer 30-Tagesfrist** ab Zustellung der Schiedsklage beim Beklagten auf einen Einzelschiedsrichter einigen.[192]

112 Haben die Parteien die Entscheidung durch ein Dreierschiedsgericht beabsichtigt, benennt jede Partei **jeweils einen Schiedsrichter in der Schiedsklage** bzw. der Antwort.[193] Sofern eine Partei keinen Schiedsrichter benennen sollte, erfolgt die Ernennung direkt durch den Schiedsgerichtshof. Für die Benennung durch die Beklagtenseite gilt hier ebenso wie im Rahmen der DIS-SchO eine 30-Tagesfrist, die sich aus der Frist zur Einreichung der Klageantwort nach Art. 5 der ICC-Rules ergibt.[194]

113 Auch für **Mehrparteienverfahren** ist in den ICC-Rules vorgesorgt. Nach Art. 10 ICC-Rules müssen sich mehrere Parteien auf Kläger- oder Beklagtenseite auf einen Schiedsrichter einigen. Benennen die Parteien keine gemeinsamen Schiedsrichter und können sie auch keine Einigung über ein Verfahren zur Bildung des Schiedsgerichts herbeiführen, erfolgt die Ernennung aller drei Schiedsrichter durch den Schiedsge-

---

189 Vgl. § 13.2 der DIS-SchO. Bei der Fristberechnung ist auf den Empfang der Schiedsklage durch den Beklagten abzustellen, der diese als letzter empfangen hat.
190 Vgl. Art. 8.2 der ICC-Rules.
191 Sofern der Streitwert ca. US-$ 1 Mio. überschritten wird i.d.R. ein Dreierschiedsgericht eingesetzt werden, vgl. Lachmann, Handbuch Schiedsgerichtspraxis, Rn. 1507; Craig/Park/Paulsson, International Chamber of Commerce Arbitration, S. 190 f. gehen davon aus, dass bei der Entscheidung über die Anzahl der Schiedsrichter die Grenze für die Benennung eines Dreierschiedsgerichtes von früher US-$ 1 Mio. heute teilweise in Richtung US-$ 1,5 Mio. überschritten wird.
192 Vgl. Art. 8.3 der ICC-Rules. Die Frist kann allerdings verlängert werden.
193 Vgl. Art. 8.4 der ICC-Rules.
194 Vgl. Art. 5.1 der ICC-Rules.

richthof. Dieser ernennt einen der Schiedsrichter zum Vorsitzenden.[195] Art. 10 ICC-Rules stellt ausdrücklich klar, dass die Parteien **auch ein anderes Verfahren vereinbaren können**.[196]

Das Schiedsrichterernennungsverfahren bei Anwendung der ICC-Rules weist darüber hinaus noch eine **wesentliche Besonderheit auf**. Die Entscheidung über die Besetzung des Schiedsgerichts trifft auf der Grundlage der ICC-Rules **allein der Schiedsgerichtshof**. Das gilt zum einen natürlich für die Ernennung von Schiedsrichtern, sofern dies nach den soeben dargelegten Regelungen notwendig ist. Darüber hinaus ist in Art. 9 ICC-Rules aber auch niedergelegt, dass die von den Parteien benannten Schiedsrichtern jeweils noch der **Bestätigung durch den Schiedsgerichtshof** bedürfen. Auf diesem Weg kontrolliert der Schiedsgerichtshof effektiv die Besetzung der Schiedsgerichte bei Anwendung der ICC-Rules. In Art. 9 der ICC-Rules ist das Verfahren detailliert beschrieben. Der Schiedsgerichtshof will so sicherstellen, dass das Schiedsgericht von neutralen und zur Durchführung des Schiedsverfahrens fähigen Personen besetzt ist.[197]

114

dd) Auswahl der Parteischiedsrichter

Schon die sehr detaillierten Regelungen der Schiedsverfahrensordnungen und des Schiedsverfahrensrechtes zur Bestellung und Ablehnung von Schiedsrichtern unterstreichen die **Bedeutung der Auswahl der Schiedsrichter** für ein Schiedsverfahren.

115

Die Möglichkeit der Parteien, „**ihr**" **Gericht in Maßanfertigung selbst zu gestalten**, wird als maßgeblicher Vorteil der Schiedsgerichtsbarkeit gegenüber Verfahren vor staatlichen Gerichten angesehen.[198] Dabei schwingt bei den beteiligten Parteien immer auch die Vorstellung und Hoffnung mit, dass der innerhalb eines Dreierschiedsgerichtes von ihnen vorgeschlagene Schiedsrichter sei letztlich „**ihr**" **Schiedsrichter**. Die Frage, inwieweit diese Vorstellung zutrifft und darüber hinaus ein Schiedsrichter trotz engerer Bindung an die Partei, die ihn vorgeschlagen hat, noch unabhängig und unparteiisch ist, gehört zu den am heftigsten diskutierten Fragen in Zusammenhang mit diesem Verfahrensabschnitt.[199]

Die Schiedsrichter müssen eine **Unabhängigkeitserklärung abgeben** und dabei alle Umstände offen legen, die gegen ihre Unparteilichkeit oder Unabhängigkeit sprechen. Hierdurch wird Transparenz hergestellt. Die Parteien werden frühzeitig über Ablehnungsgründe informiert, die in der Beziehung zwischen Schiedsrichter und Partei angelegt sind. Dadurch wird die **Neutralität des Schiedsverfahrens** bei Einsetzung eines Dreierschiedsgerichts gesichert.

116

Es kann festgehalten werden, dass die Parteien i.a.R. versuchen werden, einen Schiedsrichter auszuwählen, der **ihrer Position nicht offensichtlich ablehnend gegenübersteht**. Berücksichtigt werden bei der Schiedsrichterauswahl allerdings vorrangig die Erfahrungen mit Fällen in dem betroffenen Gebiet, sowohl in Bezug auf das praktische Wissen als auch in Bezug auf die Kenntnis des materiellen Rechts.[200] Immer wieder spielen bei Verfahren mit Parteien unterschiedlicher Nationalität Faktoren wie die **Herkunft und Nationalität**, sowie die **Sprachkenntnisse des Schiedsrichters** eine Rolle. Obwohl es keine festgeschriebene Anforderung in diese Richtung gibt, ist es üblich, dass als Schiedsrichter Juristen bestellt werden.[201]

117

---

195 Vgl. Art. 10.2 der ICC-Rules.
196 Vgl. Art. 10.2 der ICC-Rules.
197 Vgl. Craig/Park/Paulsson, International Chamber of Commerce Arbitration, S. 192 ff.
198 Vgl. so bereits Lachmann, Handbuch Schiedsgerichtspraxis, Rn. 96 ff.
199 Vgl. dazu nur Redfern/Hunter, Law and Practice of International Commercial Arbitration, Ch 4-54 ff.; Craig/Park/Paulsson, International Chamber of Commerce Arbitration, S. 194 ff.; Zöller/Geimer, ZPO, § 1036 Rn. 7 ff.; Lachmann, Handbuch Schiedsgerichtspraxis, Rn. 582 ff.
200 Vgl. dazu etwa Redfern/Hunter, Law and Practice of International Commercial Arbitration, Ch 4-39 ff.
201 Vgl. Lionnet/Lionnet, Handbuch der internationalen und nationalen Schiedsgerichtsbarkeit, S. 241.

b) Ablehnung eines von der Gegenseite benannten Schiedsrichters

aa) Ablehnungsgründe und Ablehnungsverfahren bei Anwendung des Schiedsverfahrensrechtes

118 Da die Auswahl der Schiedsrichter einer der entscheidenden Faktoren für den Ausgang eines Schiedsverfahrens ist, kommt es in der Praxis immer wieder zu **Auseinandersetzungen über die Eignung einer Person** für das Amt des Schiedsrichters. § 1036 ZPO normiert die gesetzlich anerkannten Gründe, die eine Partei zur Ablehnung des von der anderen Partei benannten Schiedsrichters berechtigen.

(1) Ablehnungsgründe

119 Nach § 1036 Abs. 2 ZPO kann ein Schiedsrichter demnach nur abgelehnt werden, wenn entweder von den Parteien vereinbarte Voraussetzungen nicht gegeben sind oder **Zweifel an seiner Unabhängigkeit und Unparteilichkeit** bestehen. In § 1036 Abs. 1 ZPO ist korrespondierend zu den Ablehnungsgründen festgelegt, dass die Kandidaten für das Schiedsrichteramt alle Umstände, die Zweifel erwecken könnte, offen legen müssen. Diese **Offenbarungspflicht** gilt im Fall einer Bestellung auch während der gesamten Dauer des Verfahrens weiter.

Maßgeblich bei der Beurteilung ist, ob zwischen dem Schiedsrichter und den Parteien bzw. ihren Prozessvertretern ein **Näheverhältnis besteht**, dass Zweifel an der Unabhängigkeit und Unparteilichkeit begründet erscheinen lässt.[202] Ein klarer Standard für die Beurteilung existiert nicht. Einzelfallentscheidungen geben aber eine grobe Leitlinie vor.

120 Damit mögliche Ablehnungsgründe transparent werden, müssen Schiedsrichter im ICC-Verfahren ein **Formblatt ausfüllen**, auf dem sie ihre Beziehungen zu den Parteien offen legen. Darüber hinaus haben die Schiedsrichter eine sog. „**Declaration of Independence**" abzugeben.

121 Die **Zugehörigkeit eines Schiedsrichters zu einer Anwaltssozietät**, die für eine Konzerngesellschaft als Partei früher rechtsberatend tätig gewesen ist, wurde gerichtlich bereits als Befangenheitsgrund angesehen.[203] Die reine Äußerung einer Rechtsauffassung als Bevollmächtigter der Gegenpartei der ihn ablehnenden Partei in anderen Verfahren soll dagegen keinen Ablehnungsgrund darstellen.[204]

(2) Ablehnungsverfahren

122 Die Parteien müssen gegenüber dem Schiedsgericht ihre Ablehnungsgründe nach § 1036 Abs. 2 ZPO **innerhalb einer Frist von zwei Wochen** nach Zusammensetzung des Schiedsgerichts erklären. Sofern der Schiedsrichter daraufhin nicht bereits von selbst zurücktritt oder die andere Partei der Ablehnung zustimmt, entscheidet das Schiedsgericht zunächst selbst über das Ablehnungsgesuch der Partei.

Bleibt das Ablehnungsverfahren vor dem Schiedsgericht erfolglos, hat die ablehnende Partei nach § 1036 Abs. 3 ZPO die Möglichkeit, innerhalb eines Monats nach Kenntnis von der Entscheidung des Schiedsgerichts eine **Entscheidung bei dem zuständigen OLG zu beantragen**. Die Parteien können vereinbaren, dass eine abweichende Frist gilt. Die im Gesetz vorgesehene Möglichkeit, eine Entscheidung des zuständigen OLG herbeizuführen, ist dagegen nicht abdingbar.[205]

bb) Ablehnungsgründe und Ablehnungsverfahren bei Anwendung der DIS-SchO bzw. der ICC-Rules

123 Auch wenn die Parteien die Anwendung der DIS-SchO oder der ICC-Rules vereinbart haben, ergeben sich **keine wesentlichen Änderungen** hinsichtlich der Ablehnungsgründe und des Ablehnungsverfahrens.

---

202 Vgl. Saenger, ZPO, § 1036 Rn. 10; MünchKomm-ZPO/Münch, § 1036 Rn. 16 ff.
203 Vgl. DIS, SchiedsVZ 2003, 94 ff.
204 Vgl. OLG Hamburg, SchiedsVZ 2003, 191 ff.
205 Vgl. den Wortlaut von § 1037 Abs. 3 ZPO; dazu auch Zöller/Geimer, ZPO, § 1037 Rn. 1.

Bei einem **Verfahren nach der DIS-SchO** sind die Ablehnungsgründe identisch mit den Ablehnungsgründen des deutschen Schiedsverfahrensrechtes. Lediglich der Beginn der Frist zur Darlegung der Ablehnungsgründe ist abweichend von den Regelungen der ZPO präziser gefasst: Maßgeblich für den Fristbeginn ist demnach der **Empfang einer Nachricht der DIS-Geschäftsstelle** über die Konstituierung des Schiedsgerichts bzw. die Kenntniserlangung des Ablehnungsgrundes.[206]

Sofern die Parteien die Durchführung eines Verfahrens auf Grundlage der **ICC-Rules** vereinbart haben, gilt eine Frist von 30 Tagen ab dem Erhalt der Mitteilung des Schiedsgerichtshofes über die Ernennung oder Bestätigung des Schiedsrichters bzw. ab Kenntniserlangung der eine Ablehnung begründenden Umstände.[207] Die Entscheidung trifft, anders als bei einem Verfahren nach der DIS-SchO, der internationale Schiedsgerichtshof und damit nicht das Schiedsgericht selbst.

c) Konstituierung des Schiedsgerichts

Mit der **Benennung der Schiedsrichter durch die Parteien** und dem endgültigen Abschluss eines möglicherweise angestrengten Ablehnungsverfahrens ist das Schiedsgericht konstituiert. Die DIS-SchO sieht entsprechend in § 17.3 vor, dass den Parteien eine entsprechende Mitteilung der DIS-Geschäftsstelle zugeht, obwohl eine solche Mitteilung rechtlich zur Konstituierung nicht notwendig ist.

124

d) Schiedsrichtervertrag

Im Zusammenhang mit der Bestellung der Schiedsrichter sollten die Parteien mit den Schiedsrichtern einen **ausführlichen Schiedsrichtervertrag zur Regelung der Rechtsverhältnisse untereinander** abschließen. Für den Schiedsrichtervertrag finden sich im Zehnten Buch der ZPO keine Sonderregelungen. Damit ist auf die allgemeinen Regeln des BGB abzustellen, da es sich bei der Tätigkeit des Schiedsrichters um eine bürgerlich-rechtliche, nicht etwa öffentlich-rechtliche Tätigkeit handelt.[208]

125

Sofern die Parteien das Schiedsverfahren unter Hinzuziehung einer Schiedsinstitution betreiben, wird die Schiedsinstitution i.a.R. **auch den Abschluss des Schiedsrichtervertrags organisieren**. In diesen Fällen wird die Schiedsgerichtsordnung zumeist als Vertragsbestandteil des Schiedsrichtervertrags vereinbart werden. Ist dies jedoch nicht der Fall, sollten die Parteien dennoch dafür Sorge tragen, dass ein sorgfältig ausgearbeiteter Schiedsrichtervertrag abgeschlossen wird.

126

Bei der DIS führt die Bestellung zum Abschluss des Schiedsrichtervertrags.[209] Erforderlich ist also die Annahme des Schiedsrichteramtes gegenüber der DIS-Geschäftsstelle. Der Vertrag besteht **zwischen den Parteien und dem jeweiligen Schiedsrichter**. Etwas anders ist die Situation bei der ICC. Hier schließt der Schiedsgerichtshof der ICC die Verträge mit den Schiedsrichtern im eigenen Namen.[210] Schuldner des Honorars ist daher die ICC, die aber die Beträge von den Parteien im Wege des Kostenvorschusses vorab aufbringen lässt.

> **Hinweis:**
>
> Bestandteil des Schiedsrichtervertrags sollte in jedem Fall die Schiedsvereinbarung der Parteien sowie darüber hinaus alle Vereinbarungen der Parteien zur Durchführung des Schiedsverfahrens sein. Weiterhin empfiehlt es sich, Regelungen zur Haftung des Schiedsrichters einerseits und zur zu zahlenden Vergütung andererseits in den Schiedsrichtervertrag mit aufzunehmen. Denkbar und hilfreich ist es auch, weitere Vorschriften, z.B. zu Verschwiegenheits- und Verfahrensförderungspflichten, in die Vereinbarung mit aufzunehmen.[211]

---

206 Vgl. § 18.2 der DIS-SchO.
207 Vgl. Art. 11 der ICC-Rules.
208 Vgl. nur BGH, NJW 1986, 3077; NJW 1953, 303; NJW 1965, 298.
209 Schütze/Theune, Institutionelle Schiedsgerichtsbarkeit, § 17 DIS-SchO Rn. 9.
210 Aden, Internationale Handelsschiedsgerichtsbarkeit, S. 90 f.
211 Vgl. insgesamt den Überblick bei Lachmann, Handbuch Schiedsgerichtspraxis, Rn. 1741 ff.

4. Weiterer Verfahrensablauf: Klageerwiderung und weitere Schriftsätze, Verfügungen über den Streitgegenstand, Widerklage, Präklusion und Säumnis

a) Klageerwiderung und weitere Schriftsätze der Parteien

127 Auf die Einreichung der Schiedsklage und das Verfahren der Konstituierung des Schiedsgerichts folgt als **nächster Verfahrensschritt** zumeist die Klageerwiderung des Schiedsbeklagten.

> **Hinweis:**
>
> **In der Praxis** passiert es allerdings gerade bei Schwierigkeiten in der Konstituierungsphase häufig, dass schon vor ihrem Abschluss weitere Schriftsätze ausgetauscht werden. Das ist insb. denkbar, wenn schon frühzeitig durch Behauptungen des Schiedsklägers Streitpunkte zwischen den Parteien offenbar werden.

128 Für die Einreichung der Klageerwiderung setzt das Schiedsgericht eine Frist, sofern die Parteien nicht schon eine Frist vereinbart haben.[212] Haben die Parteien die **Anwendung der ICC-Rules** vereinbart, gilt zunächst nach Art. 5.3 der ICC-Rules eine Frist von 30 Tagen ab Empfang der Schiedsklage durch das Sekretariat der ICC.[213] **Bei Anwendung der DIS-SchO** bleibt es nach § 9 der DIS-SchO dabei, dass die Frist nach der Konstituierung des Schiedsgericht durch dieses selbst gesetzt wird.[214] In der Praxis beträgt die Frist vier bis acht Wochen, je nach Komplexität des Sachverhalts. Auf begründeten Antrag wird üblicherweise eine Verlängerung der Frist durch das Schiedsgericht gewährt.[215]

129 Während sowohl in der ZPO als auch in der DIS-SchO hinsichtlich des Inhalts der Klageerwiderung keine besonderen Vorschriften aufgestellt werden,[216] finden sich **in den ICC-Rules detaillierte Vorgaben** für die in den ICC-Rules als Klageantwort bezeichnete Klageerwiderung.[217] Die Vorgaben orientieren sich inhaltlich eng an den Vorgaben zur Einreichung der Schiedsklage. Die Formvorschriften in den Schiedsordnungen der Schiedsinstitutionen sind für Schiedsklage und Klageantwort zudem identisch.[218]

Die Klageantwort muss neben der Stellungnahme zum Vortrag des Schiedsklägers weiterhin auch die **spiegelbildlich notwendigen Angaben zur Schiedsrichterbenennung** enthalten.

130 Auf Schiedsklage und Klageerwiderung folgen üblicherweise noch jeweils ein oder zwei weitere Schriftsätze, bevor es zu einer mündlichen Verhandlung kommt. **Nach der mündlichen Verhandlung** bekommen die Parteien regelmäßig in noch mindestens einem weiteren Schriftsatz Gelegenheit zur weiteren Stellungnahme. Es ist natürlich in komplexen Verfahren nicht ausgeschlossen, dass vor oder nach der mündlichen Verhandlung **mehr als die genannten Schriftsatzrunden** durchgeführt werden. Dies gilt insb., wenn vorab oder zwischendurch streitige Verfahrensfragen zu klären sind. Auch die Durchführung weiterer mündlicher Verhandlungen kann aus der Situation des Verfahrens heraus notwendig werden.

---

212 Vgl. § 1046 Abs. 1 Satz 1 ZPO.
213 Da bei einem Verfahren auf Grundlage der ICC-Rules die Konstituierung des Schiedsgerichts erst durch die wechselseitige Benennung in Klage und Klageantwort erfolgt, ist diese Regelung auch sinnvoll. Diese Problematik stellt sich etwa bei einem Verfahren nach der DIS-SchO nicht, da die Schiedsrichterbestellung nach § 12.1 der DIS-SchO nicht an die Klageerwiderung gekoppelt ist.
214 Vgl. dazu Schütze/Theune, Institutionelle Schiedsgerichtsbarkeit, § 9 DIS-SchO Rn. 1.
215 Vgl. Schütze/Theune, Institutionelle Schiedsgerichtsbarkeit, § 9 DIS-SchO Rn. 4.; Schütze/Reiner/Jahnel, Institutionelle Schiedsgerichtsbarkeit, Art. 5 ICC-Rules Rn. 4, wollen die Gewährung der Fristverlängerung davon abhängig machen, dass der Schiedsbeklagte den Verfahrensgang, d.h. die Konstituierung des Schiedsgerichts in diesem Zeitpunkt nicht verschleppt.
216 Vgl. § 1046 Abs. 1 Satz 1 ZPO, der nur bestimmt, dass der Beklagte zu dem in der Schiedsklage dargelegten Anspruch Stellung nehmen muss.
217 Vgl. Art. 5 der ICC-Rules.
218 Vgl. Art. 5.3 der ICC-Rules bzw. § 4 der DIS-SchO.

b) Widerklage, Klageänderung und Klagerücknahme

aa) Widerklage

Wie in einem Verfahren vor ordentlichen Gerichten hat der Schiedsbeklagte im Schiedsverfahren die Möglichkeit, mit der Klageerwiderung eine **Widerklage gegen den Schiedskläger** zu erheben. Der für die Widerklage erforderliche Zusammenhang mit der Schiedsklage ist gegeben, wenn die Widerklage einen Sachverhalt betrifft, der von der Schiedsvereinbarung der Parteien erfasst ist.[219] Damit ist auch schon angesprochen, dass auch für die Widerklage natürlich die **Zuständigkeit des Schiedsgerichts** gegeben sein muss.[220] Sofern der Schiedskläger der Zulässigkeit der Widerklage allerdings nicht widerspricht, liegt eine stillschweigende Erweiterung der Schiedsvereinbarung vor; die Widerklage ist damit zulässig.[221] Im Übrigen gelten für die Erhebung der Widerklage nach § 1046 Abs. 3 ZPO die gleichen Anforderungen wie für die Schiedsklage.

131

Die DIS-SchO enthält mit § 10 eine weitgehend entsprechende Regelung, so dass die dargestellte Rechtslage auch für Verfahren nach der DIS-SchO gilt. **In den ICC-Rules** ist die Erhebung von Widerklagen in Art. 5.5 geregelt. Demnach soll der Schiedsbeklagte eine Widerklage bereits in der Klageerwiderung erheben. Bereits aus der Formulierung der Vorschrift ist klar, dass es sich um eine reine Soll-Vorschrift handelt. Die Erhebung der Widerklage ist daher im ICC-Verfahren **auch später noch möglich**.[222] Der Kläger und Widerbeklagte hat dann nach Art. 5.6 der ICC-Rules innerhalb einer Frist von 30 Tagen zu der Widerklage Stellung zu nehmen.

bb) Klageänderung

Im weiteren Verfahren vor dem Schiedsgericht ist nach dem ausdrücklichen Wortlaut des § 1046 Abs. 2 ZPO auch eine **Klageänderung möglich**. Nach wohl überwiegender Auffassung sind die §§ 263 und 264 ZPO entsprechend anzuwenden, wobei allerdings das Kriterium der Sachdienlichkeit nach § 263 ZPO keine Anwendung finden soll.[223] Teilweise wird aber auch vorgebracht, dass die Änderung einer Schiedsklage nur dann unzulässig sei, wenn die Änderung **ohne genügende Entschuldigung verspätet erfolgt**.[224] Die Auseinandersetzung dürfte für die Praxis ohne Bedeutung sein, da nicht ersichtlich ist, an welchem Punkt die Ergebnisse differieren: Eine Änderung der Schiedsklage ist jedenfalls grds. immer dann zulässig, wenn sie nicht verspätet ist.[225] Ausweislich des Wortlauts von § 1046 Abs. 2 ZPO kommt es auf die Sachdienlichkeit nicht an.

132

Bei einem **Verfahren nach den ICC-Rules** ist zu beachten, dass Klageänderungen nach Art. 19 der ICC-Rules nur in den Grenzen der von Parteien, Schiedsgericht und ICC vereinbarten Terms of Reference zulässig ist.[226]

133

> **Hinweis:**
>
> Der Beklagte muss bei der Entscheidung über den Gegenangriff durch Widerklage, aber auch bei der Entscheidung über die Verteidigung durch Aufrechnung, die Auswirkungen auf den Streitwert berücksichtigen. Aufrechnung, Hilfsaufrechnung und Widerklage erhöhen den Streitwert und führen zu einer weiteren Anforderung eines Kostenvorschusses. Diese Konsequenz ist den Parteien vielfach nicht bewusst.

---

219 Vgl. Lionnet/Lionnet, Handbuch der internationalen und nationalen Schiedsgerichtsbarkeit, S. 344; Schwab/Walter, Schiedsgerichtsbarkeit, Kap. 16 Rn. 31.
220 Vgl. nur Baumbach/Lauterbach/Albers/Hartmann, ZPO, § 1046 Rn. 7; Zöller/Geimer, ZPO, § 1046 Rn. 4.
221 Vgl. Baumbach/Lauterbach/Albers/Hartmann, ZPO, § 1046 Rn. 7.
222 Ebenso Schütze/Reiner/Jahnel, Institutionelle Schiedsgerichtsbarkeit, Art. 5 ICC-Rules Rn. 8.
223 Vgl. Schwab/Walter, Schiedsgerichtsbarkeit, Kap. 16 Rn. 29.
224 Vgl. etwa Stein/Jonas/Schlosser, ZPO, § 1046 Rn. 4; Lionnet/Lionnet, Handbuch der internationalen und nationalen Schiedsgerichtsbarkeit, S. 339 f.
225 Vgl. Lionnet/Lionnet, Handbuch der internationalen und nationalen Schiedsgerichtsbarkeit, S. 340.
226 Vgl. dazu näher Schütze/Reiner/Jahnel, Institutionelle Schiedsgerichtsbarkeit, Art. 19 ICC-Rules Rn. 6 ff.

cc) Klagerücknahme

134 Die Rücknahme der Klage im Schiedsverfahren ist nach einer teilweise vertretenen Auffassung entgegen der Regelung in § 269 ZPO für das Verfahren vor den ordentlichen Gerichten **nur mit Zustimmung des Beklagten** möglich.[227] Dagegen spricht aber die Regelung in § 1056 Abs. 2 Nr. 1 b) ZPO. Demnach wird das Schiedsverfahren dadurch beendet, dass der Schiedskläger die Klage zurücknimmt, sofern der Beklagte nicht wiederspricht und das Schiedsgericht ein **berechtigtes Interesse** des Schiedsbeklagten an der endgültigen Beilegung der Streitigkeit anerkennt. Die Klagerücknahme ist also grds. möglich. Nur sofern der Schiedsbeklagte in berechtigtes Interesse an der endgültigen Entscheidung durch das Schiedsgericht hat und dieses das Interesse anerkennt, ist die Rücknahme davon abhängig, dass der Schiedsbeklagte nicht widerspricht.

Ein berechtigtes Interesse des Schiedsbeklagten soll immer dann anzuerkennen sein, wenn das Risiko besteht, dass der Schiedskläger ein **weiteres Schiedsverfahren** mit einem dann neu zu besetzendem Schiedsgericht einleitet.[228] Dieses Risiko soll nur durch einen vom Schiedskläger zu erklärenden Verzicht auszuräumen sein.[229] Andere nehmen an, dass bereits mit dem Beginn der mündlichen Verhandlung schlechthin von einem berechtigen Interesse des Schiedsbeklagten auszugehen sei.[230] Nach Annahme von Schlosser ist im Übrigen ein berechtigtes Interesse des Schiedsbeklagten dann anzuerkennen, wenn die Sachentscheidung des Schiedsgerichts zur Orientierung in ähnlich gelagerten Fällen von Bedeutung ist.[231] Die **DIS-SchO** enthält mit § 39.2 eine entsprechende Regelung der Klagerücknahme, so dass die hier dargelegten Grundsätze übertragen werden können.[232]

c) Präklusion und Säumnis

aa) Folgen der Säumnis im Schiedsverfahren

135 Die Konsequenzen der Säumnis einer Partei sind im Schiedsverfahren grds. milder als bei einem Verfahren vor ordentlichen Gerichten. Dennoch ist die Säumnis der Parteien auch im Schiedsverfahren nicht völlig folgenlos. In § 1048 ZPO sind einige **typische Säumnissituationen** geregelt, andere Fälle der Säumnis sollen nach den Vorschriften des Zehnten Buches der ZPO keine Konsequenzen zur Folge haben. § 30 der DIS-SchO enthält eine § 1048 ZPO entsprechende Regelung, so dass die hier geschilderten Grundsätze ohne weiteres auf das Verfahren nach den Regeln der DIS-SchO übertragen werden können.

(1) Säumnis bei Klageeinreichung und Klageerwiderung

136 Die Säumnis bei der Klageeinreichung, d.h. die **Versäumung der Einreichung der Klage** innerhalb einer vereinbarten oder vom Schiedsgericht festgelegten Frist führt nach § 1048 Abs. 2 und § 1056 Abs. 2 Nr. 1a ZPO zur Beendung des schiedsrichterlichen Verfahrens.

137 Für den Fall der **Säumnis des Beklagten** bei der Klageerwiderung kann das Schiedsgericht nach § 1048 Abs. 2 ZPO das Verfahren fortsetzen,[233] ohne die mangelnde Einlassung des Schiedsbeklagten als Zugeständnis der Behauptungen des Schiedsklägers aufzufassen. Es handelt sich gerade **nicht um eine zwingende Zugeständnisfiktion**.[234] Das Schiedsgericht kann aber umgekehrt das Schweigen des Schiedsbeklagten gerade in dieser Weise würdigen. § 1048 Abs. 2 ZPO soll lediglich sicherstellen, dass kein Stillstand des Verfahrens eintritt.[235]

---

227 Vgl. Baumbach/Lauterbach/Albers/Hartmann, ZPO, § 1042 Rn. 11; Saenger, ZPO, § 1042 Rn. 20.
228 Vgl. Lionnet/Lionnet, Handbuch der internationalen und nationalen Schiedsgerichtsbarkeit, S. 341.
229 Vgl. Schwab/Walter, Schiedsgerichtsbarkeit, Kap. 16 Rn. 30.
230 Vgl. Zöller/Geimer, ZPO, § 1056 Rn. 4.
231 Vgl. Stein/Jonas/Schlosser, ZPO, § 1056 Rn. 4.
232 Vgl. dazu Schütze/Theune, Institutionelle Schiedsgerichtsbarkeit, § 39 DIS-SchO Rn. 5.
233 Vgl. die ähnliche Regelung in Art. 5.2 der ICC-Rules.
234 Vgl. Zöller/Geimer, ZPO, § 1048 Rn.1; Saenger, ZPO, § 1048 Rn. 4.
235 Vgl. Saenger, ZPO, § 1048 Rn. 3.

(2) Säumnis im Rahmen der Dokumentenvorlage und der mündlichen Verhandlung

Ist eine Partei des Schiedsverfahrens in der mündlichen Verhandlung säumig, so kann das Schiedsgericht das Verfahren ohne weiteres fortsetzen und nach § 1048 Abs. 3 ZPO einen **Schiedsspruch auf der Grundlage des gesamten bisherigen Verhandlungsstoffes** erlassen. Gleiches gilt nach dem Wortlaut der Vorschrift auch, wenn eine Partei eine Frist zur Vorlage eines Dokuments versäumt. 138

(3) Entschuldigung der Säumnis

Allen hier geschilderten Säumnissituationen ist gemeinsam, dass das Schiedsgericht bei genügender Entschuldigung der Säumnis von den in § 1048 ZPO genannten Konsequenzen Abstand nimmt. Die Vorschrift ist eine der wenigen Regelungen des deutschen Schiedsverfahrensrechts, die von den Parteien **nicht abdingbar** ist.[236] Die besondere Bedeutung der Entschuldigungsmöglichkeit folgt aus dem gesetzlich geschützten Anspruch auf Gewährung rechtlichen Gehörs.[237] Unter diesem Gesichtspunkt ist auch klar, dass der Partei Gelegenheit gegeben werden muss, **zu ihrer Säumnis Stellung zu nehmen**.[238] 139

bb) Präklusion im Schiedsverfahren

Grds. kennt das deutsche Schiedsverfahrensrecht neben den im vorigen Abschnitt geregelten Konsequenzen für die Säumnis der Parteien **keinen Grundsatz einer Präklusion** des Vorbringens einer Partei. 140

Die Versäumung einer Frist zur Einreichung eines Schriftsatzes außerhalb der in § 1048 ZPO geregelten Fälle oder die Einführung neuer Beweismittel und neuem Tatsachenvortrags in einem späteren Verfahrensabschnitt bleiben daher **grds. folgenlos**. Sofern die Parteien nicht etwas anderes vereinbart haben, liegt die Beurteilung eines verspäteten Vorbringens ansonsten **allein im Verfahrensermessen des Schiedsgerichts**.[239] Eine Ausnahme enthält insoweit § 1040 Abs. 2 ZPO, der festlegt, dass die Rüge der Unzuständigkeit des Schiedsgerichts spätestens mit der Klageerwiderung vorzubringen ist.

Sowohl die Schiedsordnung der DIS, als auch die ICC-Rules sehen aber die Möglichkeit vor, dass das Schiedsgericht das **Schließen des Verfahrens** (ICC) bzw. die Beendigung des Erkenntnisverfahrens (DIS) anordnen kann.[240] 141

Das **Schließen des Verfahrens** auf Grundlage der ICC-Rules hat zur Folge, dass die Parteien weder neue Schriftsätze einreichen, noch überhaupt weitere Erklärungen abgegeben oder Beweise einbringen können. Üblich ist, dass das Schiedsgericht den Parteien eine **angemessene Vorwarnfrist** für die beabsichtigte Schließung des Verfahrens setzt.[241] 142

Die Beendigung des Erkenntnisverfahrens nach **§ 31 der DIS-SchO** sieht bereits im Wortlaut der Vorschrift vor, dass den Parteien eine Frist zu setzen ist, nach deren Ablauf **neuer Sachvortrag durch das Schiedsgericht zurückgewiesen werden kann**. Voraussetzung für die Anwendung von § 31 DIS-SchO durch das Schiedsgericht ist dabei nicht, dass der Streit schon entscheidungsreif ist. Denkbar ist auch, dass das Schiedsgericht nach Fristablauf im Rahmen einer Bestandsaufnahme prüft, inwieweit Tatsachen noch z.B. im Rahmen einer Beweisaufnahme zu ermitteln sind.[242] 143

---

236 Vgl. Saenger, ZPO, § 1048 Rn. 5.
237 Vgl. Musielak/Voit, ZPO, § 1048 Rn. 7.
238 Vgl. Lachmann, Handbuch Schiedsgerichtspraxis, Rn. 910.
239 Vgl. dazu Lachmann, Handbuch Schiedsgerichtspraxis, Rn. 722 der anzunehmen scheint, dass auf der Grundlage der in § 1048 ZPO geregelten Grundsätze auch die generelle Zurückweisung von Schriftsätzen als verspätet möglich ist.
240 Vgl. Art. 22 der ICC-Rules bzw. § 31 der DIS-SchO.
241 Vgl. dazu Schütze/Reiner/Jahnel, Institutionelle Schiedsgerichtsbarkeit, Art. 22 ICC-Rules Rn. 4.
242 Vgl. Schütze/Theune, Institutionelle Schiedsgerichtsbarkeit, § 31 DIS-SchO Rn. 3.

III. Mündliche Verhandlung und Beweisaufnahme

144 An die weiteren Schriftsätze im Schiedsverfahren schließt sich i.a.R. eine mündliche Verhandlung an, sofern die Parteien im Einzelfall nicht auf deren Durchführung verzichten (sog. Documents-only arbitration). Neben **umfassenden Plädoyers der Prozessbevollmächtigten**, die üblicherweise alle Kernpunkte der bisherigen Argumentation auf Sachverhalts- und Rechtsebene wiedergeben, und der Möglichkeit eines Rechtsgesprächs zwischen den Schiedsrichtern und den anderen Verfahrensbeteiligten liegt der Schwerpunkt der mündlichen Verhandlung regelmäßig in der **Beweisaufnahme**.

1. Besonderheiten der Beweiserhebung im Schiedsverfahren

145 Grds. steht die Ausgestaltung der Beweiserhebung auf der Grundlage von § 1042 Abs. 4 ZPO **im Ermessen des Schiedsgerichts**, sofern die Parteien keine Vereinbarungen für das Beweisverfahren abgeschlossen haben.

Nach dem sog. eingeschränkten Untersuchungsgrundsatz trifft das Schiedsgericht zudem die Pflicht, **dem Streit zu Grunde liegenden Sachverhalt zu ermitteln**.[243] Bei der Ermittlung des Sachverhaltes ist das Schiedsgericht grds. nicht an die Beweisanträge der Parteien oder an die gesetzlichen Beweismittel der ZPO gebunden.[244] Dieser in Deutschland aus § 1042 Abs. 4 ZPO folgende Grundsatz findet sich in Art. 20 der ICC-Rules bzw. § 27 der DIS-SchO dann auch in deutlicherer Formulierung wieder.

Das Beweisverfahren vor Schiedsgerichten ist also insgesamt **deutlich flexibler als vor ordentlichen Gerichten**. Darüber hinaus ist das Schiedsgericht auch in der Beweiswürdigung deutlich weniger festgelegt als staatliche Gerichte. Eine **Grenze findet das Ermessen des Schiedsgerichts** allein in wesentlichen Verfahrensgrundsätzen, wie etwa dem Anspruch auf rechtliches Gehör.[245]

Aus der Flexibilität der Ausgestaltung des Beweisverfahrens als erheblichen Verfahrensvorteil im Vergleich zu einem Verfahren vor staatlichen Gerichten folgt dann andererseits aber auch eine **gewisse Unsicherheit über die Ausgestaltung des Verfahrens**.

> **Hinweis:**
> Chance und Risiko für die Parteien ist dann auch die Tatsache, dass eine Präklusion von Beweisanträgen durch das Schiedsgericht nur in sehr engen Grenzen angenommen werden dürfte.

146 Die Ausgestaltung der Beweiserhebung in internationalen Schiedsverfahren ist in dabei erheblichem Maße **von den verschiedenen Verfahrenskonzepten des Common Law einerseits und des Civil Law** andererseits geprägt. Die Präferenzen und die Nationalität von Parteien und Schiedsrichtern kann zu Verfahren im Common Law-Stil mit umfangreicher Document Production führen. Es ist aber genauso denkbar, dass ein Verfahren mit Schiedsrichtern des romanisch-deutschen Rechtskreises, ohne Beteiligung von Parteien mit Common Law-Hintergrund, bei der praktischen Durchführung einem Zivilprozess in Deutschland stark ähnelt. Möglicherweise werden auch Vorschriften der ZPO, etwa § 138 ZPO, analog oder sinngemäß angewendet.

Die denkbare Bandbreite der Ausgestaltung des Beweisverfahrens ist also erheblich und **variiert je nach Zusammensetzung der Beteiligten** und Präferenz der Schiedsrichter. In diesem Zusammenhang spielen auch die **Rules on the Taking of Evidence in International Commercial Arbitration** der International Bar Association eine Rolle. Mit diesem Regelwerk wird Parteien eine Möglichkeit an die Hand gegeben, das Beweisverfahren in einem Kompromiss zwischen den Regeln der verschiedenen großen Rechtssysteme festzulegen. Natürlich steht es den Parteien frei, eigene Vorschriften für die Beweiserhebung zu

---

[243] Vgl. Zöller/Geimer, ZPO, § 1042 Rn. 30; MünchKomm-ZPO/Münch, § 1042 Rn. 61.
[244] Vgl. Saenger, ZPO, § 1042 Rn. 16.
[245] Vgl. Stein/Jonas/Schlosser, ZPO, § 1042 Rn. 9.

formulieren. In einem Verfahren auf Grundlage der ICC-Rules empfiehlt es sich, **derartige Regeln in den Terms of Reference zu vereinbaren**.[246]

2. Urkundsbeweis und Vorlage von Dokumenten

Der Urkundsbeweis ist **das wichtigste Beweismittel** in einem Schiedsverfahren. 147

Dabei ist zu beachten, dass das Schiedsgericht bei einem Verfahren auf Grundlage des deutschen Schiedsverfahrensrechts grds. die Vorlage von Dokumenten auch dann verlangen kann, wenn sie von den Parteien **nicht im Rahmen eines Beweisangebotes** in das Verfahren eingebracht worden sind.[247] Dies folgt unabhängig von § 142 ZPO schon aus dem Verfahrensermessen des Schiedsgerichts, sofern die Parteien keine anderweitige Vereinbarung getroffen haben. Entsprechende ausdrückliche Befugnisse sind in § 27.1 der DIS-SchO geregelt.[248] Da dem Schiedsgericht keine Zwangsmittel zur Durchsetzung einer Anordnung zur Verfügung stehen, spricht § 1048 Abs. 3 ZPO aus, dass die Schiedsrichter die ausbleibende Vorlage trotz Anordnung **in der Beweiswürdigung berücksichtigen können**.[249] Im Übrigen kann das Schiedsgericht auch ein ordentliches Gericht im Wege des Verfahrens nach § 1050 ZPO um Unterstützung bitten und auf diesem Wege die zwangsweise Durchsetzung einer Anordnung erreichen.

Damit besteht im Schiedsverfahren potenziell also grds. ein im Vergleich zu Verfahren vor ordentlichen Gerichten relativ **weitgehender Zugang zu Dokumenten der Gegenseite**, die für die Parteien Chance und Risiko zugleich sein kann.[250] Ausschlaggebend ist im Einzelfall, wie das Schiedsgericht sein Verfahrensermessen umsetzt. Während vor ordentlichen Gerichten die Anordnung der Dokumentenvorlage nach § 142 Abs. 1 Satz 1 ZPO ihre Grenze jedenfalls im Verbot des Ausforschungsbeweises einerseits und dem Erfordernis der Bezugnahme einer Partei andererseits findet,[251] sind diese im Schiedsverfahren **kein zwingendes Hindernis**. So ist vorstellbar, dass ein von Common Law-Schiedsrichtern geprägtes Schiedsgericht auch bei Geltung von deutschem Recht eine „weitgehender" Austausch von Dokumenten anordnet. Im Extremfall ist sogar denkbar, dass die wechselseitige Vorlage aller Dokumente mit Bezug zu dem Streitgegenstand zwischen den Parteien wechselseitig angeordnet wird. Üblich ist ein solches Verfahren vor Schiedsgerichten allerdings nicht.[252] 148

Schiedsgerichte neigen dazu, auch in diesem Bereich eine **Kombination von Common Law- und Civil Law-Verfahrensstil** anzuwenden. In einem Schiedsverfahren werden zunächst die Parteien, wie in einem Zivilprozess vor deutschen Gerichten, diejenigen Dokumente als Beweismittel einbringen, die ihre Argumentation stützen. Im Normalfall wird jede Partei bei der Vorlage der jeweils anderen Parteien aus eigener Sicht entscheidende Dokumente vermissen, die im Einflussbereich der Gegenpartei liegen. Die Folge ist dann, dass die Parteien Anträge auf Vorlage von Dokumenten an das Schiedsgericht richten werden (**sog. Request to Produce oder Document Request**). Das Schiedsgericht entscheidet dann im Rahmen seines Verfahrensermessens über den Antrag. 149

Die **Anträge** werden je nach dem Verfahrensverständnis der Prozessbevollmächtigten und des Schiedsgerichts mehr oder weniger **umfangreich** sein. Da die Gegenpartei im Regelfall versuchen wird, das Schiedsgericht davon zu überzeugen, den Antrag negativ zu bescheiden, können die Auseinandersetzungen über Anträge zur Dokumentenvorlage erheblichen Aufwand erfordern. Um langwierige Auseinandersetzungen zu vermeiden, kann es daher schon im Vorfeld angebracht sein, **klare Bedingungen** bzw. ein geregeltes Verfahren zur Behandlung von Anträgen zur Dokumentenvorlage zu vereinbaren. Die 150

---

246 Vgl. Art. 18.1 g) der ICC-Rules.
247 Vgl. Lachmann, Handbuch Schiedsgerichtspraxis, Rn. 871 unter Berufung auf § 1048 Abs. 3 ZPO.
248 In Verfahren auf Grundlage der ICC-Rules wird i.d.R. Art. 20.5 als Grundlage herangezogen.
249 Vgl. Stein/Jonas/Schlosser, ZPO, § 1048 Rn. 4.
250 Auch im Verfahren vor ordentlichen Gerichten ist mit der Einführung von § 142 Abs. 1 Satz 1 ZPO eine weiter gehende Möglichkeit zur Anordnung der Dokumentenvorlage eingeführt worden.
251 Vgl. dazu zuletzt Greger, DStR 2005, 479, 482 ff.
252 Vgl. nur Redfern/Hunter, Law and Practice of International Commercial Arbitration, Ch 6-71: „There is no tradition or practice of the wholesale (or „warehouse") production of documents."

IBA Rules geben in Art. 9.3 ein Beispiel dafür, wie ein solches Verfahren aussehen könnte. Denkbar ist z.B. auch die **Grundsätze des § 142 Abs. 1 Satz 1 ZPO** für anwendbar zu erklären und die prozessuale Durchführung genauer zu regeln.

3. Zeugenbeweis

151 Ein weiteres **wichtiges Beweismittel** im Schiedsverfahren ist der Zeugenbeweis.

a) Zeugenbegriff im Schiedsverfahren

152 Abweichungen im Vergleich zu einem Gerichtsverfahren vor deutschen Gerichten ergeben sich schon bei der Frage, **wer überhaupt Zeuge im Verfahren sein kann**. Während in staatlichen Gerichtsverfahren die Partei im Verfahren nicht als Zeuge fungieren kann, ist Ländern mit Common Law-Hintergrund eine solche Beschränkung weitgehend unbekannt. Das Schiedsgericht unterliegt keinen, dem Verfahren vor deutschen Gerichten vergleichbaren Beschränkungen.[253]

b) Ladung der Zeugen durch das Schiedsgericht

153 Weitere wichtige Besonderheit ist, dass das Schiedsgericht die Zeugen zwar laden kann, grds. aber **keine Zwangsmittel zur Verfügung hat**, um das Erscheinen vor dem Schiedsgericht auch durchzusetzen.[254]

c) Durchführung der Zeugenbefragung

154 Die **Art und Weise der Befragung der Zeugen** steht, wie der übrige Ablauf der Beweiserhebung, ebenfalls im Ermessen des Schiedsgerichts. Die Befragung kann daher etwa **im Common Law-Stil** im Wesentlichen den Parteien überlassen werden. In diesem Fall kann zunächst die Partei, die den Zeugen benannt und zur mündlichen Verhandlung mitgebracht hat, den Zeugen befragen, Anschließend bekommt die andere Partei Gelegenheit zum Kreuzverhör. Das Schiedsgericht kann in diesem Fall eine eher passive Rolle einnehmen, kann aber auch Zwischenfragen stellen bzw. nach der Befragung durch die Parteien noch einmal eigene Fragen an den Zeugen richten. Möglich ist umgekehrt aber auch, dass die Befragung **im Stile der deutschen ZPO** allein durch das Schiedsgericht durchgeführt wird.[255] Aus der Praxis wird – teilweise durchaus kritisch – berichtet, dass in internationalen Schiedsverfahren die Tendenz besteht, im Rahmen einer Mischung der Verfahrensstile verstärkt Elemente der Zeugenbefragung im Stil des Common Law zu integrieren.[256]

155 Eine andere Frage ist, ob die Zeugen durch die Prozessbevollmächtigten der Parteien auf ihre Aussage, z.B. durch einen Probelauf der erwarteten Befragung (**rehearsal**) vorbereitet werden dürfen (**sog. witness coaching**).[257] In internationalen Schiedsverfahren gehört eine solche Vorgehensweise heute zum Standard.[258] Ein Verbot der Zeugenvorbereitung ist auch dem deutschen Recht fremd.[259] Sofern die Grenzen der prozessualen Wahrheitspflicht eingehalten werden, bestehen ferner auch keine standesrechtlichen Bedenken gegen eine Vorbereitung des Zeugen.[260] Die Grenze ist überschritten, wenn Zeugen durch die Prozessbevollmächtigten oder Parteien zur Falschaussage veranlasst werden.

---

253 Vgl. etwa Lachmann, Handbuch Schiedsgerichtspraxis, Rn. 804; a.A.: aber MünchKomm-ZPO/Münch, § 1049 Rn. 26.
254 Vgl. MünchKomm-ZPO/Münch, § 1049 Rn. 28, der bildlich von einer Einladung spricht; Lionnet/Lionnet, Handbuch der internationalen und nationalen Schiedsgerichtsbarkeit, S. 362.
255 Vgl. dazu Lachmann, Handbuch Schiedsgerichtspraxis, Rn. 814 ff.
256 Vgl. Schütze, SchiedsVZ 2006, 1 ff.; Wirth, SchiedsVZ 2003, 9 ff.; Hunter, SchiedsVZ 2003, 155 ff.
257 Siehe dazu etwa Redfern/Hunter, Law and Practice of International Commercial Arbitration, Ch. 6-86; Wirth, SchiedsVZ 2003, 9, 13 f.
258 Vgl. Wirth, SchiedsVZ 2003, 9, 13. Entsprechend enthalten die IBA Rules in Art. 4.3 eine ausdrückliche Erklärung, dass dies zulässig ist.
259 Vgl. dazu auch Schlosser, SchiedsVZ 2004, 225, 228.
260 So im Ergebnis auch Schlosser, SchiedsVZ 2004, 225, 229.

d) Schriftliche Zeugenaussagen (witness statements) im Schiedsverfahren

In internationalen Schiedsverfahren ist es verbreitet, dass schon vor der mündlichen Verhandlung eine **schriftliche Zeugenaussage** (witness statement oder written statement) in das Verfahren eingeführt wird.[261] Das Verfahren soll zur Beschleunigung des Schiedsverfahrens dienen. Die Einbeziehung von **witness statements** in ein Schiedsverfahren kann durch Vereinbarung z.B. im Rahmen der Terms of Reference in einem ICC-Schiedsverfahren, durch Individualvereinbarung der Parteien oder durch eine prozessleitende Verfügung (procedural order) des Schiedsgerichts erfolgen. Teilweise wird als Voraussetzung dafür, dass ein Zeuge mit seiner Aussage gehört werden kann, vereinbart, dass zunächst ein witness statement vorgelegt werden muss. Die soll die mündliche Verhandlung straffen und Überraschungen verhindern. Umgekehrt sind auch Vereinbarungen dahingehend, dass witness statements unberücksichtigt bleiben sollen, wenn die Zeugen die Aussagen nicht in der Beweisaufnahme bestätigen, häufiger anzutreffen.

156

4. Andere Beweismittel: Augenschein, Sachverständige und Parteigutachter

Neben Urkunds- und Zeugenbeweis ist im Schiedsverfahren auch die **Beweiserhebung durch Inaugenscheinnahme** des Schiedsgerichts, einen durch das Schiedsgericht zu bestellenden Sachverständigen oder einen sachverständigen Zeugen denkbar.

157

Von besonderer praktischer Bedeutung ist der Sachverständigenbeweis. Hier eröffnen sich im Schiedsverfahren **grds. zwei Wege**: Zum einen kann das Schiedsgericht einen Sachverständigen bestellen, zum anderen besteht für die Parteien auch die Möglichkeit, ein Parteigutachten in das Verfahren einzuführen.

158

In deutschen Schiedsverfahren wird das Schiedsgericht dazu neigen, eher auf Grundlage von § 1049 Abs. 1 ZPO einen **geeigneten Sachverständigen zu bestellen**, sofern die Parteien keine abweichende Vereinbarung getroffen haben. Die Parteien können, sofern sie mit der Auswahl des Sachverständigen nicht einverstanden sind, **Ablehnungsgründe** wie im Rahmen der Schiedsrichterbestellung nach §§ 1036, 1037 ZPO geltend machen. Entsprechende Regelungen finden sich in §§ 27.2 bzw. 27.3 der DIS-SchO für Schiedsverfahren unter Anwendung der DIS-SchO.[262]

In der Praxis wird das Schiedsgericht ohnehin zunächst versuchen, eine **Einigung der Parteien über die Person des Sachverständigen** herbeizuführen, bevor es von sich aus einen Sachverständigen bestimmt. Bei der Auswahl der Schiedsrichter können die Beteiligten auf das Wissen der Schiedsinstitutionen zurückgreifen, die eine umfassende Liste mit Sachverständigen der verschiedensten Bereiche bereithalten.

Zu beachten ist, dass der vom Schiedsgericht bestellte Sachverständige anders als im Verfahren vor ordentlichen Gerichten **Vertragspartner der Parteien** sein dürfte.[263] Nach anderer Auffassung wird dagegen das Schiedsgericht Vertragspartner der Parteien.[264]

159

> **Hinweis:**
> Um späteren Problemen vorzubeugen, ist anzuraten, z.B. im Schiedsrichtervertrag klarzustellen, dass das Schiedsgericht „im Namen der Parteien" Verträge mit Sachverständigen abschließen kann.

Auch der **Parteigutachter** ist mittlerweile in der ZPO geregelt: Nach § 1049 Abs. 2 Satz 2 ZPO kann jede Partei eigene Sachverständige zu streitigen Punkten im Rahmen der Verhandlung aussagen lassen. Ob das **Parteigutachten** als substanziierter Parteivortrag oder als echtes Beweismittel zu betrachten ist, ist bis

160

---

261 Vgl. etwa Lionnet/Lionnet, Handbuch der internationalen und nationalen Schiedsgerichtsbarkeit, S. 363; Hunter, SchiedsVZ 2003, 155, 161f. Vgl dazu auch die detaillierten Regelungen in Art. 4.4 der IBA Rules. Zu den Vor- und Nachteilen von witness statements auch Lachmann, Handbuch Schiedsgerichtspraxis, Rn. 809 ff.; Redfern/Hunter, Law and Practice of International Commercial Arbitration, Ch. 6-85 ff.
262 Vgl. Art. 20.4 der ICC-Rules für Schiedsverfahren nach den Regeln der ICC.
263 Wie hier auch Musielak/Voit, ZPO, § 1049 Rn. 2; Schwab/Walter, Schiedsgerichtsbarkeit, Kap. 15 Rn. 13; Lachmann, Handbuch Schiedsgerichtspraxis, Rn. 843.
264 Vgl. MünchKomm-ZPO/Münch, § 1049 Rn. 11.

heute in Rechtswissenschaft und Rspr. noch ungeklärt.[265] Aufgrund des systematischen Zusammenhangs ist allerdings davon auszugehen, dass der Gesetzgeber den parteibestellten Sachverständigen zumindest in die Nähe eines Beweismittels stellen wollte.[266] Streitige Tatsachen, für die ein ergiebiges und schlüssiges Parteigutachten vorgelegt wurde, dürften insofern – jedenfalls in Ermangelung einer entsprechend substanziierten Kritik z.B. in Form eines Gegengutachtens – wohl **nicht mehr als streitig behandelt werden**.

IV. Einstweiliger Rechtsschutz durch das Schiedsgericht

161 Nach der Reglung des § 1041 ZPO hat das Schiedsgericht auch die Möglichkeit, **Maßnahmen des einstweiligen Rechtsschutzes** anzuordnen. Dieser Weg besteht grds. gleichrangig und parallel zu dem einstweiligen Verfahren vor den ordentlichen Gerichten nach § 1033 ZPO.[267] § 20 der DIS-SchO und Art. 23 der ICC-Rules enthalten ähnliche Ermächtigungen für das Schiedsgericht.

1. Maßnahmen des einstweiligen Rechtsschutzes im Schiedsverfahren

162 Das Schiedsgericht kann als Maßnahmen auf **Arrest und einstweilige Verfügung** aus dem Repertoire der ZPO zurückgreifen, aber auch andere Maßnahmen anordnen.[268] So hat das Schiedsgericht insb. auch die Option, Verfügungsverbote zu erlassen (**sog. freezing orders**).[269] Denkbar ist ferner auch ein selbständiges Beweisverfahren in Anwendung von § 1041 ZPO durchzuführen.[270] Diese Flexibilität stellt einen der Hauptvorteile des schiedsrichterlichen Verfahrens zur Gewährung einstweiligen Rechtsschutzes dar. Gleichzeitig hat der einstweilige Rechtsschutz durch Schiedsgerichte eine strukturelle Schwäche. Vor Einleitung des Hauptsachverfahrens ist das Schiedsgericht noch nicht konstituiert und kann daher auch keinen einstweiligen Rechtsschutz gewähren. Außerdem bedarf jede einstweilige Maßnahme eines Schiedsgerichtes der **Anerkennung und Vollstreckung durch staatliche Gerichte** bzw. Vollstreckungsorgane. Hiermit ist Zeitverlust verbunden.[271]

Im Gegensatz zu einem Verfahren vor ordentlichen Gerichten steht die Entscheidung, ob das Schiedsgericht eine Maßnahme erlässt, **im Ermessen des Schiedsgerichts**.[272] Im Übrigen wird verbreitet angenommen, dass das Schiedsgericht bei Anordnung einer einstweiligen Maßnahme die Zulässigkeit und Reichweite der §§ 916 ff. ZPO insb. unter Berücksichtigung der Vollziehbarkeit heranzuziehen hat.[273] Ferner hat das Schiedsgericht nach § 1041 Abs. 1 Satz 2 ZPO die Option, die Erbringung einer angemessenen Sicherheit für die Maßnahme zu verlangen. Denkbar ist etwa, dass das Schiedsgericht die Anordnung einer einstweiligen Maßnahme unter dem Vorbehalt vorheriger Sicherheitsleistung anordnet.

---

265 Vgl. Stein/Jonas/Schlosser, ZPO, § 1049 Rn. 1; MünchKomm-ZPO/Münch, § 1049 Rn. 18.
266 Vgl. Lachmann, Handbuch Schiedsgerichtspraxis, Rn. 854, der davon ausgeht, dass es sich um ein eigenständiges Beweismittel handelt, wobei die enge Beziehung zur beibringenden Partei in der Beweiswürdigung berücksichtigt werden soll.
267 Vgl. Saenger, ZPO, § 1041 Rn. 1; Schwab/Walter, Schiedsgerichtsbarkeit, Kap. 17a Rn. 24: „Konkurrenzverhältnis zwischen Staatsgericht und Schiedsgericht". Vgl. aber die Einschränkung in Art. 23.2 der ICC-Rules. Danach soll ein Antrag bei einem staatlichen Gericht nach Übergabe der Akten an das Schiedsgericht nur noch in geeigneten Fällen möglich sein.
268 Vgl. etwa MünchKomm-ZPO/Münch, § 1041 Rn. 12; Stein/Jonas/Schlosser, ZPO, § 1041 Rn. 2 spricht von einem „Fehlen eines numerus clausus der möglichen Maßnahmen."
269 Vgl. dazu Schroeder, SchiedsVZ 2004, 26 ff.; Stein/Jonas/Schlosser, ZPO, § 1041 Rn. 4.
270 Vgl. Hopt/Trittmann, Handels-, Gesellschafts-, Bankrecht, S. 88.
271 Vgl. MünchKomm-ZPO/Münch, § 1041 Rn. 2.
272 Vgl. Saenger, ZPO, § 1041 Rn. 2; Stein/Jonas/Schlosser, ZPO, § 1041 Rn. 2.
273 Vgl. Saenger, ZPO, § 1041 Rn. 2.

2. Verfahren vor dem Schiedsgericht

Kontrovers diskutiert wird die Frage, ob das Schiedsgericht einstweilige Maßnahmen i.S.d. Vorschrift **auch ohne Anhörung der Parteien** erlassen kann.[274] Aufgrund der Bedeutung des Grundsatzes der Gewährung rechtlichen Gehörs wird man davon ausgehen müssen, dass beide Parteien im Verfahren zu hören sind.[275] Eine mündliche Verhandlung dürfte allerdings nicht erforderlich sein.[276]

163

Diskutiert wird auch, ob das Schiedsgericht im Rahmen des § 1041 ZPO durch einen **Beschluss oder einen Schiedsspruch** tätig wird.[277] Richtigerweise wird man davon ausgehen müssen, dass die Wahl der prozessualen Handlungsform im Ermessen des Schiedsgerichts steht. Denkbar ist dann sowohl der Erlass eines Schiedsspruchs[278] als auch der Erlass eines Beschlusses.[279] Erlässt das Schiedsgericht einen Schiedsspruch richtet sich die Vollstreckung des Schiedsspruchs **nach den allgemeinen Vorschriften**. Das Verfahren nach § 1041 Abs. 2 ZPO, das nachstehend geschildert wird, findet dann keine Anwendung.

164

> **Hinweis:**
> Hauptproblem des einstweiligen Rechtsschutzes durch Schiedsgerichte ist der Umstand, dass einstweiliger Rechtsschutz **regelmäßig zu Beginn des Rechtsstreits** eingeholt werden muss, wenn das Schiedsgericht noch nicht konstituiert ist. Ein Schiedsgericht kann daher nur im laufenden Verfahren Rechtsschutz gewähren. Aus diesem Grund werden die Parteien trotz der Regelung des § 1041 ZPO häufig auf die staatlichen Gerichte zurückgreifen müssen.

3. Hilfe und Kontrolle durch das staatliche Gericht

Wesentlicher Nachteil des einstweiligen Rechtsschutzes durch das Schiedsgericht ist weiterhin, dass dem Schiedsgericht keine Möglichkeit der Durchsetzung der Maßnahmen im Wege der Vollstreckung zur Verfügung stehen.[280] In der Lit. wird erwogen, dass ein Schiedsgericht zunächst **sog. selbstvollziehende Maßnahmen** anordnen kann, die keiner staatlichen Vollzugshilfe bedürfen.[281] Darüber hinaus ermöglicht § 1041 Abs. 2 ZPO den Weg zu den ordentlichen Gerichten. Dort kann der Begünstigte der einstweiligen Maßnahme einen Antrag auf sog. Vollziehbarerklärung stellen.[282] Die Entscheidung über die Vollziehbarkeit steht im Ermessen des ordentlichen Gerichts („kann"); dieses hat auch die Möglichkeit nach § 1041 Abs. 2 Satz 2 ZPO auch den Inhalt der Maßnahme zu ändern.[283]

165

Neben dieser Möglichkeit, die Anordnung der Vollziehbarkeit der Maßnahme bei einem ordentlichen Gericht zu beantragen, bietet § 1041 Abs. 3 ZPO dann auch die Option, die Anordnung des Schiedsge-

166

---

274 Vgl. Zöller/Geimer, ZPO, § 1041 Rn. 1; der davon ausgeht, dass eine Anhörung nicht erforderlich ist. Dagegen geht Thomas/Putzo/Reichold, ZPO, § 1041 Rn. 2 davon aus, dass eine Anhörung stets notwendig ist.

275 Vgl. Hopt/Trittmann, Handels-, Gesellschafts-, Bankrecht, S. 88. Schwab/Walter, Schiedsgerichtsbarkeit, Kap. 17 Rn. 20, nimmt an, dass das rechtliche Gehör aufgrund der Dringlichkeit der Anordnung auch erst im Nachhinein gewährt werden kann.

276 Vgl. Hopt/Trittmann, Handels-, Gesellschafts-, Bankrecht, S. 88.

277 Vgl. z.B. Thomas/Putzo/Reichold, ZPO, § 1041 Rn. 2; Schwab/Walter, Schiedsgerichtsbarkeit, Kap. 17a Rn. 3, für einen Beschluss und Wolf, DB 1999, 1101 für einen vorläufigen Schiedsspruch.

278 Vgl. dazu das Muster bei Hopt/Trittmann, Handels-, Gesellschafts-, Bankrecht, S. 86. Siehe rechtsvergleichend Schroeder, Die lex mercatoria arbitralis, Abschnitt 3. B. III.

279 So auch Musielak/Voit, ZPO, § 1041 Rn. 3; In Art. 23.1 der ICC-Rules ist das explizit klar gestellt. Generell zur Frage der Auswahl der Handlungsform durch das Schiedsgericht, Trittmann, Jour. Int. Arb. 20 (3), 255. Dazu auch Schütze/Reiner/Jahnel, Institutionelle Schiedsgerichtsbarkeit, Art. 23 ICC-Rules, Rn. 6.

280 Vgl. Lachmann, Handbuch Schiedsgerichtspraxis, Rn. 1458, der auf das „Bestrafungsmonopol" des Staates verweist.

281 Vgl. Musielak/Voit, ZPO, § 1041 Rn. 4; Schwab/Walter, Schiedsgerichtsbarkeit, Kap. 17a Rn. 5; Schroeder, Die lex mercatoria arbitralis, Abschnitt 3. B. III.

282 Vgl. dazu MünchKomm-ZPO/Münch, § 1041 Rn. 19.

283 Vgl. im Übrigen Thomas/Putzo/Reichold, ZPO, § 1042, Rn. 3; Baumbach/Lauterbach/Albers/Hartmann, ZPO, § 1041 Rn. 4.

richts **durch die ordentlichen Gerichte überprüfen zu lassen**. Das Gericht kann die Maßnahme dann entweder ändern oder sogar aufheben.

4. Aufhebung und Änderung der Maßnahme durch das Schiedsgericht

167 Im Gegensatz zum Verfahren vor ordentlichen Gerichten findet im Übrigen aber **kein Widerspruchsverfahren** gegen die Anordnung durch das Schiedsgericht statt. Das OLG Jena und einige Stimmen in der Lit. gehen aber davon aus, dass das Schiedsgericht seine Entscheidung jederzeit ändern oder gar aufheben kann.[284] Dies gelte allerdings nicht für die Entscheidung eines ordentlichen Gerichts über die Vollziehbarkeit.[285] Sofern sich diese Auffassung durchsetzen kann, ist ein **Quasi-Widerspruchsverfahren** im Rahmen des Schiedsverfahrens denkbar.

5. Vollzugsschadensersatz

168 Stellt sich die Anordnung im Nachhinein als unberechtigt heraus, sieht § 1041 Abs. 4 ZPO zudem einen **Schadensersatzanspruch** in Anlehnung an § 945 Abs. 1 ZPO vor.

E. Materielle Rechtsanwendung, Schiedsspruch und andere Möglichkeiten der Verfahrensbeendigung

169 Im Folgenden sollen zunächst kollisionsrechtliche Probleme (vgl. Rn. 170 ff.) und allgemeine Fragen der Rechtsanwendungen durch die Schiedsgerichte (vgl. Rn. 176) dargestellt werden, bevor eher formale Fragen des Erlasses des Schiedsspruchs (vgl. Rn. 177) und der sonstigen Möglichkeiten der Beendigung des Schiedsverfahrens (vgl. Rn. 178) erörtert werden.

I. Kollisionsrecht

1. Bestimmung des anwendbaren Rechts

a) Regelung des § 1051 ZPO

170 Für das deutsche Schiedsverfahrensrecht der ZPO regelt § 1051 ZPO, welches Recht auf den materiellen Streitgegenstand **im internationalen Verfahren anzuwenden ist**. § 1051 Abs. 1 ZPO räumt der Parteivereinbarung den Vorrang ein. Eine Verweisung in einem Vertrag wird dabei als Sachrechtsverweisung aufgefasst (§ 1051 Abs. 1 Satz 2 ZPO). Das bedeutet, dass das Schiedsgericht ohne Anwendung des Kollisionsrechts der Rechtsordnung direkt auf das materielle Recht zugreifen kann.

Fehlt eine ausdrückliche Parteiwahl, hat das Schiedsgericht das Recht desjenigen Staates anzuwenden, zu dem der Streitgegenstand **die engsten Verbindungen aufweist** (§ 1051 Abs. 2 ZPO). Bei der Bestimmung der engsten Verbindung soll nach dem Willen des historischen Gesetzgebers der Kriterienkatalog des Art. 28 Abs. 2 bis 4 EGBGB berücksichtig werden.[286]

171 Das Schiedsgericht hat **grds. eine Rechtsentscheidung** zu treffen. Eine Entscheidung nach Billigkeit kommt nur infolge einer ausdrücklichen Ermächtigung durch die Partei in Betracht (§ 1051 Abs. 3 ZPO).

172 § 1051 Abs. 4 ZPO schließlich bestimmt, dass das Schiedsgericht die **Vertragsbestimmungen und die ggf. bestehenden Handelsbräuche beachten** muss. Aus dieser Regelung wird gefolgert, zwingende gesetzliche Regelungen auch bei der Rechtsanwendung durch das Schiedsgericht Vorrang vor abweichenden Vertragsbestimmungen haben sollen.[287]

---

284 Vgl. OLG Jena, Beilage 12 zu BB 2000, 22, 23; i.E. übereinstimmend: Lachmann, Handbuch Schiedsgerichtspraxis, Rn. 1453 ff.; Schütze, BB 1998, 1650, 1653; Schwab/Walter, Schiedsgerichtsbarkeit, Kap. 17a Rn. 39.
285 Vgl. OLG Jena, Beilage 12 zu BB 2000, 22, 23.
286 BT-Drucks. 13/5274, S. 53.
287 Musielak/Voigt, ZPO, § 1051 Rn. 8; Saenger, ZPO, § 1051 Rn. 6.

b) DIS-SchO und ICC-Rules

Ähnliche Kollisionsregeln wie § 1051 ZPO enthalten **§ 23 DIS-SchO und Art. 17 ICC-Rules**. Auch diese Regelwerke räumen der Parteiautonomie den Vorrang ein. Eine Besonderheit stellt Art. 17 (1) ICC-Rules dar, da diese Vorschrift dem Schiedsgericht gestattet, in Abwesenheit einer Parteivereinbarung dasjenige Recht anzuwenden, das es für angemessen („appropriate") hält. Diese Formulierung wird so verstanden, dass das Schiedsgericht eine **Kollisionsregel nach freiem Ermessen anwenden** und sogar eine eigene Kollisionsregel entwickeln kann.[288] In jedem Fall befreit diese liberale Regelung den Schiedsrichter nicht von der Pflicht, seine Entscheidung nachvollziehbar zu bekunden. Im Ergebnis wird der Schiedsrichter daher in der Praxis Argumentationsmuster verwenden, die denen der Bestimmung einer engsten Verbindung zumindest ähneln werden. Einen willkürlichen Zugriff auf eine Rechtsordnung ohne jeglichen Bezug zum Streitgegenstand erlaubt die Vorschrift nicht.

2. Anwendung transnationalen Rechts

Da § 1051 Abs. 1 ZPO und auch die Kollisionsnormen der institutionellen Schiedsordnungen im Anschluss an Art. 28 UNCITRAL-Modell-Gesetz nicht mehr das Wort Rechtsordnung (law) verwenden, sondern die Bezeichnung Rechtsregeln (rules of law), wird allgemein auch die Anwendung transnationalen Rechts im Schiedsverfahren für zulässig gehalten. Ein Beispiel für solches transnationales Recht ist die sog. lex mercatoria.[289] Darüber hinaus kann aber nicht nur transnationales Wirtschaftsrecht unter den Begriff der Rechtsregeln subsumiert werden, sondern z.B. auch Regeln des religiösen Rechts.[290]

3. Ermächtigung zu Billigkeitsentscheidung

Die Schiedsrichter sind grds. **zur Rechtsanwendung verpflichtet**. Eine Billigkeitsentscheidung dürften sie nur treffen, soweit sie von den Parteien hierzu **ausdrücklich ermächtigt worden** sind. Dies ergibt sich aus § 1051 Abs. 3 ZPO. Art. 27 Abs. 3 DIS-SchO und Art. 17 (3) ICC-Rules enthalten eine entsprechende Regelung.

> **Hinweis:**
>
> Aus anwaltlicher Sicht ist eine Billigkeitsentscheidung nicht empfehlenswert. Die Parteien bleiben im Schiedsverfahren über den Umfang ihrer Rechte weitgehend im Unklaren. Anders als bei einer Rechtsentscheidung durch das Schiedsgericht bleibt der Entscheidungsmaßstab des Schiedsgerichts zunächst im Unklaren. Beim Abfassen einer Rechtswahlklausel sollte der beratende Anwalt der vertretenden Partei daher unbedingt von der Ermächtigung des Schiedsgerichts zur Billigkeitsentscheidung abraten.

II. Rechtsanwendung im Schiedsverfahren

Bei der Rechtsanwendung im Schiedsverfahren kann der Schiedsrichter eine eigene Auslegung des anwendbaren Rechts vornehmen. Da **keine Überprüfung der Rechtsanwendung** auf Richtigkeit erfolgt, ist der Schiedsrichter auch nicht an die Rspr. der staatlichen Gerichte der anzuwendenden Rechtsordnung gebunden. Eine Entscheidung kann wegen ihres Inhaltes nur aufgehoben oder nicht für vollstreckbar erklärt werden, wenn der Inhalt gegen den ordre public verstößt. Da die Schwelle hierfür sehr hoch ist,[291] kann letztlich ein Schiedsspruch wegen der Rechtsanwendung **nur bei einer willkürlichen Entscheidung** des Schiedsgerichts aufgehoben werden. Eine vertretbare Auslegung des angewandten Rechts wird daher auch vor den staatlichen Gerichten Bestand haben. Eine Ausnahme hiervon ist die Anwendung des Rechts der EU. Eine unzutreffende Anwendung kann **im Zusammenhang mit der effet utile-Doktrin**

---

288 Derains/Schwartz, Guide to the ICC-Rules of Arbitration, 242.
289 Vgl. Schroeder/Oppermann, ZVglRWiss 1999 (2000), 410 ff.
290 Siehe z.B. zur Anwendung der Sharia in der Schiedsgerichtsbarkeit nach kanadischem Recht Schroeder, IPRax 2006, 77 ff.
291 Siehe dazu unten Rn. 221.

des EuGH zu einem Verstoß gegen den ordre public und damit auch zu der Aufhebung des Schiedsspruchs führen.[292]

III. Erlass des Schiedsspruchs

177 Der Erlass des Schiedsspruches erfolgt **bei einem Dreierschiedsgericht** nach einer Abstimmung über die entscheidungserheblichen Tatsachen- und Rechtsfragen.[293] Gemäß § 1052 Abs. 1 ZPO entscheidet ein Dreierschiedsgericht in jeder Frage **mit der Mehrheit der Stimmen der Mitglieder**. Wenn ein Schiedsrichter seine Teilnahme verweigert, können die übrigen Schiedsrichter gemäß § 1052 Abs. 2 Satz 1 ZPO ohne den sich weigernden Schiedsrichter abstimmen.

Der Schiedsspruch wird wirksam, **wenn er formgerecht erlassen wird**. Hierfür schreibt § 1054 Abs. 1 ZPO vor, dass der Schiedsspruch schriftlich abzufassen und durch den oder die Schiedsrichter zu unterzeichnen ist. § 1054 Abs. 2 ZPO sieht vor, dass der Schiedsspruch eine **Begründung enthalten muss**, soweit die Parteien hierauf nicht verzichtet haben oder ein Schiedsspruch mit vereinbartem Wortlaut vorliegt. Schließlich ist der Schiedsspruch auch den Parteien durch Übersendung bekannt zu machen (§ 1054 Abs. 4 ZPO).

IV. Andere Möglichkeiten der Verfahrensbeendigung

1. Rücknahme der Schiedsklage

178 Das Schiedsverfahren kann **durch Rücknahme der Schiedsklage** beendet werden, soweit nicht ein überwiegendes Interesse des Schiedsbeklagten entgegensteht.

2. Schiedsspruch mit vereinbartem Wortlaut

179 Ein Schiedsverfahren kann **auch durch Vergleich beendet werden**. In der Praxis wird in einem hohen Anteil der Schiedsverfahren ein Vergleich abgeschlossen. Dabei können sich die Parteien, wie im staatlichen Verfahren auch, außerhalb des Schiedsverfahrens oder aber in der mündlichen Verhandlung vor dem Schiedsgericht einigen.

Früher war es ein Problem der Verfahrenspraxis, dass ein Schiedsvergleich im Unterschied zum Prozessvergleich **kein Vollstreckungstitel i.S.d. § 794 Nr. 1 ZPO** sein konnte. Der Schiedsspruch mit vereinbartem Wortlaut nach §§ 1053 Abs. 2, 1054 ZPO gibt nun eine prozessuale Möglichkeit im Schiedsverfahren, einen Vergleich abzuschließen und doch einen vollstreckungsfähigen Titel über die Ansprüche aus dem Vergleich zu erhalten.

3. Erledigungserklärung

180 Das Verfahren vor dem Schiedsgericht kann **auch durch übereinstimmende Erledigungserklärungen beendet werden**. Bei dieser vereinbarten Beendigung des streitigen Schiedsverfahrens fasst das Schiedsgericht einen Beendigungsbeschluss nach § 1056 Abs. 2 Nr. 2 ZPO.[294]

181 Auch **eine einseitige Erledigungserklärung** durch den Kläger ist denkbar. Wie im staatlichen Prozess handelt es sich dabei um eine Klageänderung auf Feststellung der Kostentragungspflicht des Beklagten. Das Schiedsgericht entscheidet dann in einem Schiedsspruch lediglich über die Kosten.

---

292 EuGH, RsC-126/97, Slg. I 3055 (Eco Swiss); Eilmansberger, SchiedsVZ 2006, 5 ff.
293 Lachmann, Handbuch Schiedsgerichtspraxis, Rn. 946 ff.
294 Lachmann, Handbuch Schiedsgerichtspraxis, Rn. 1157.

F. Verfahren vor staatlichen Gerichten im Zusammenhang mit Schiedsverfahren

I. Unterstützung und Kontrolle durch staatliche Gerichte

Das Verhältnis zwischen der Zuständigkeit des Schiedsgerichtes und des staatlichen Gerichtes lässt sich durch zwei Begriffe beschreiben: **Maßnahmen der Unterstützung** (court assistance) auf der einen Seite und **Maßnahmen der Kontrolle** (court control) auf der anderen Seite.[295]

Zwar haben die Parteien die Entscheidungsbefugnis **hinsichtlich des materiellen Streitgegenstandes** durch die Schiedsvereinbarung allein und unter Ausschluss der staatlichen Zuständigkeiten dem Schiedsgericht zugewiesen. Dennoch sieht das deutsche Schiedsverfahrensrecht an zahlreichen Stellen **Zuständigkeiten der staatlichen Gerichte** vor.

Der Hintergrund des ausbalancierten Mechanismus der Unterstützungs- und Kontrollbefugnisse ist der **private Charakter der Schiedsgerichtsbarkeit**. Auch wenn die Schiedsgerichte Rechtsprechungsaufgaben übernehmen, verlieren sie dadurch nicht ihren privaten Charakter. Daher fehlen den Schiedsgerichten einerseits die staatlichen Zwangsmechanismen. Damit die Schiedsgerichtsbarkeit tatsächlich die Rechtsprechungsfunktion übernehmen kann, muss das staatliche Recht dem Schiedsgericht bzw. den Parteien Zugang zu **Unterstützungsmaßnahmen bei den staatlichen Gerichten** einräumen. Andererseits werden die Schiedsgerichte innerhalb des staatlichen Gewaltmonopols tätig. Deshalb steht die Übertragung von Rechtsprechungsaufgaben auf die Schiedsgerichte unter dem Vorbehalt, dass **rechtsstaatliche Mindestanforderungen eingehalten werden**. In diesem Sinne bedarf es einer gerichtlichen Kontrolle der schiedsrichterlichen Tätigkeit, bevor Schiedssprüche und andere Maßnahmen des Schiedsgerichts mit den Instrumentarien des Staates zwangsweise durchgesetzt werden.

Während des laufenden Verfahrens steht die **Unterstützung des Schiedsgerichts durch das staatliche Gericht** im Vordergrund, obwohl auch einzelne Kontrollbefugnisse bestehen (vgl. Rn. 186). Daneben ist auch die Gewährung einstweiligen Rechtsschutzes durch staatliche Gerichte in zahlreichen Fällen relevant (vgl. Rn. 200 f.). Ein weiterer wichtiger Bereich der Schiedspraxis ist die Kontrolle des Schiedsspruchs durch die staatlichen Gerichte nach dem Abschluss des Schiedsverfahrens (vgl. Rn. 202 ff.).

II. Unterstützungs- und Kontrollmaßnahmen während des laufenden Schiedsverfahrens

Während des laufenden Schiedsverfahrens räumt das Schiedsverfahrensrecht den staatlichen Gerichten überwiegend **Kompetenzen für Unterstützungsmaßnahmen** ein. Kontrollbefugnisse bestehen jedoch ebenfalls, auch wenn ihre praktische Bedeutung hinter den Unterstützungsmaßnahmen zurückbleibt. Während des andauernden Schiedsverfahrens soll das staatliche Gericht primär unterstützend tätig werden und den Parteien eine **effiziente Durchführung des Verfahrens ermöglichen**. Nach dem geltenden Recht findet eine Überprüfung des Verfahrens auf Richtigkeit erst nach Erlass des Schiedsspruchs im Rahmen eines Aufhebungs- oder Exequaturverfahrens statt.

1. Unterstützungsmaßnahmen

Der Zugang zu den staatlichen Gerichten während des laufenden Schiedsverfahrens wird den Parteien an mehreren Stellen eröffnet. So kann z.B. eine Partei im **Konstituierungsverfahren** das staatliche Gericht anrufen, wenn die Schiedsvereinbarung der Gegenpartei bei der Zusammensetzung des Schiedsgerichts ein Übergewicht gibt (§ 1034 Abs. 2 ZPO). Das staatliche Gericht kann dann entgegen der Schiedsvereinbarung **einen anderen Schiedsrichter bestellen**. Gemäß § 1034 Abs. 2 Satz 2 ZPO muss der Antrag

---

[295] Sanders, Arbitration, Cross-Border Arbitration, 168, 169. Court assistance in diesem Sinn wird vorgesehen in Deutschland von §§ 1034 Abs. 2, 1035 Abs. 3 und Abs. 4, 1038, 1050 ZPO und in England von Sections 12, 18, 24, 42, 43, 44, 45 Arbitration Act 1996.

innerhalb von zwei Wochen, nachdem der beschwerten Partei die Zusammensetzung des Schiedsgerichts bekannt gegeben worden ist, gestellt werden.

Soweit die Parteien in ihrer Schiedsvereinbarung überhaupt kein Verfahren zur Konstituierung des Schiedsgerichts vereinbart haben, wird gemäß § 1035 Abs. 3 ZPO das staatliche Gericht **auf Antrag einer Partei einen Einzelschiedsrichter bestellen**. Das staatliche Gericht unterstützt die Parteien auch bei der Konstituierung eines Dreierschiedsgerichts, wenn sich eine Partei nicht an dem Bestellungsverfahren beteiligt oder aber sich die parteibestellten Schiedsrichter nicht auf einen Vorsitzenden einigen können. In diesen Fällen eröffnet §§ 1035 Abs. 3, 1035 Abs. 4 ZPO die Möglichkeit, das **Bestellungsverfahren auf Antrag einer Partei** und mit Hilfe des zuständigen OLG abzuschließen.

188 Nach Konstituierung des Schiedsgerichtes kann eine Partei bei dem staatlichen Gericht beantragen, die **Beendigung des Amtes eines Schiedsrichters auszusprechen**, wenn der Schiedsrichter sein Amt aus tatsächlichen oder rechtlichen Gründen nicht ausüben kann oder nicht ausübt und trotzdem sein Amt nicht niederlegt. Die gerichtliche Entscheidung führt nur zum Ende des schiedsrichterlichen Mandats und beendet das Schiedsverfahren nicht. Im Anschluss daran ist deshalb ein Ersatzschiedsrichter gemäß § 1039 ZPO zu bestellen.[296]

189 Eine weitere Möglichkeit der Parteien, auf die staatlichen Gerichte zur Unterstützung des laufenden Schiedsverfahrens zurückzugreifen, bietet § 1050 ZPO. Diese Norm regelt die Unterstützung des Schiedsgerichts bei der Durchführung der Beweisaufnahme. An **folgende Fälle** ist hierbei zu denken:[297]

- Zwangsmaßnahmen gegen Zeugen und Sachverständige,
- Abnahme von Eiden gegenüber Zeugen, Sachverständigen und Parteien,
- Vermittlungen für Beweisaufnahmen im Ausland,
- Einholung von Aussagegenehmigungen für Beamte und andere Staatsbedienstete.

190 Bei den Maßnahmen nach § 1050 ZPO ist zu beachten, dass gemäß § 1062 Abs. 4 ZPO **das AG sachlich zuständig** ist und nicht das OLG.

191 Systematisch in den Zusammenhang der Unterstützung des Schiedsgerichts durch staatliche Gerichte im laufenden Schiedsverfahren gehört schließlich auch die bereits dargestellte **Vollzugszulassung von einstweiligen Anordnungen** des Schiedsgerichts nach § 1041 Abs. 2 ZPO.[298]

2. Kontrollmaßnahmen

192 Neben den soeben unter Rn. 187 ff. skizzierten Unterstützungsmaßnahmen, sind die staatlichen Gerichte auch für eine Reihe von **Kontrollmaßnahmen** gegenüber dem laufenden Schiedsverfahren zuständig.

a) Feststellung der Zulässigkeit oder Unzulässigkeit eines Schiedsverfahrens nach § 1032 Abs. 2 ZPO

193 Das staatliche Gericht kann auf Antrag einer Partei auch mit der **Überprüfung der Zulässigkeit** eines schiedsrichterlichen Verfahrens befasst werden. Diese Möglichkeit eröffnet § 1032 Abs. 2 ZPO bis zur Bildung des Schiedsgerichts. Gemäß § 1062 Abs. 1 Nr. 2 ZPO ist der **Antrag beim OLG am Schiedsort** zu stellen. Soweit sich der Sitz des Schiedsgerichts nicht innerhalb Deutschlands befindet, kann der Antrag auch bei dem OLG gestellt werden, in dessen Bezirk der Antragsgegner seinen Sitz, gewöhnlichen Aufenthalt oder Vermögen hat.[299] Nach Auffassung des OLG Köln soll subsidiär und hilfsweise für Schiedsverfahren im Ausland das KG zuständig sein.[300]

---

296 MünchKomm-ZPO/Münch, § 1038 Rn. 12.
297 Siehe im Detail MünchKomm-ZPO/Münch, § 1050 Rn. 4.
298 Siehe oben Rn. 165.
299 Schroeter, SchiedsVZ 2004, 288, 289.
300 OLG Köln, SchiedsVZ 2003, 238, 239.

> **Hinweis:**
> Aus Sicht des Schiedsklägers eröffnet die Vorschrift eine effektive Möglichkeit, der Gefahr einer späteren Aufhebung gemäß § 1059 Abs. 2 Nr. 1 lit. a ZPO zu begegnen, da die Entscheidung des OLG über die Zulässigkeit des Schiedsverfahrens – im Gegensatz zu der schiedsrichterlichen Entscheidung über die eigene Zuständigkeit nach § 1040 ZPO – auch im Aufhebungsverfahren bindend ist.[301]

b) Überprüfung eines Zwischenbescheids des Schiedsgerichts zur Zuständigkeit nach § 1040 Abs. 3 Satz 2 ZPO

aa) Vorläufige Entscheidung des Schiedsgerichts über die eigene Zuständigkeit (Kompetenz-Kompetenz)

§ 1040 Abs.2, Abs. 3 ZPO sieht vor, dass das Schiedsgericht auf Rüge einer Partei einen **Zwischenentscheid über die eigene Zuständigkeit** erlässt, sofern es sich selbst für zuständig hält (sog. Kompetenz-Kompetenz).[302] Zu beachten ist, dass die Entscheidung des Schiedsgerichts über die eigene Zuständigkeit nach § 1040 ZPO nur eine **vorläufige Entscheidung** ist. Der Zwischenentscheid unterliegt gemäß § 1040 Abs. 3 ZPO der Überprüfung durch das zuständige staatliche Gericht.   194

bb) Überprüfung der Entscheidung durch das OLG nach § 1040 Abs. 3 Satz 2 ZPO

Im Fall eines Zwischenentscheids kann jede Partei des Schiedsverfahrens nach § 1040 Abs. 3 Satz 2 ZPO eine **gerichtliche Entscheidung über die Zuständigkeit** des Schiedsgerichts herbeiführen. Zuständig ist entweder das OLG, welches in der Schiedsvereinbarung benannt worden ist, oder das OLG im Bezirk des Schiedsortes (vgl. § 1062 Abs. 1 Nr. 2 Alt. 2 ZPO). Der Antrag auf Entscheidung ist nach § 1040 Abs. 3 Satz 2 ZPO **innerhalb eines Monats nach der schriftlichen Entscheidung des Schiedsgerichts** zu stellen. Sofern keine Partei einen Antrag stellt, ist der Zwischenentscheid des Schiedsgerichts verbindlich. Wesentliche Folge ist nach der Rspr. des BGH, dass in einem eventuellen Aufhebungs- und Vollstreckungsverfahren nicht mehr vorgetragen werden kann, dass die Schiedsvereinbarung ungültig sei.[303] Das Verstreichenlassen der Antragsfrist hat also **präkludierende Wirkung**.   195

cc) Auswirkungen auf das laufende Schiedsverfahren

Wichtig ist, dass das Schiedsverfahren auch während der gerichtlichen Prüfung **grds. weiterläuft**. Das Schiedsgericht hat aber auch die Möglichkeit, das Verfahren bis zur Entscheidung des ordentlichen Gerichts auszusetzen.[304]   196

dd) Unabdingbarkeit der Vorschrift

Im Zusammenhang mit § 1040 Abs. 3 Satz 2 ZPO ist für die Praxis auch von besonderer Bedeutung, dass den Schiedsgerichten nur **eine rein vorläufige Zuständigkeit** für die Entscheidung über die eigene Zuständigkeit zukommt. Die endgültige Entscheidung obliegt – wie § 1040 Abs. 3 Satz 2 ZPO verdeutlicht – stets einem ordentlichen Gericht.   197

In einem zuletzt ergangenen Urteil hat der **BGH** darüber hinaus klargestellt, dass mit der Neufassung des deutschen Schiedsverfahrensrechtes 1998 keine Möglichkeit mehr besteht, die endgültige Zuständigkeit   198

---

301 Musielak/Voit, ZPO, § 1032 Rn. 14; Zöller/Geimer, ZPO, § 1059 Rn. 39; Schroeter, SchiedsVZ 2004, 288, 295.
302 Sofern das Schiedsgericht nicht von der eigenen Zuständigkeit überzeugt sein sollte, ergeht ein Prozessschiedsspruch, vgl. Baumbach/Lauterbach/Albers/Hartmann, ZPO, § 1040, Rn. 4; BGH, NJW 2002, 3031; Huber, SchiedsVZ 2003, 73, 75. Die Entscheidung ist nur im normalen Wege des Aufhebungsverfahrens nach §§ 1059 ff. ZPO angreifbar.
303 BGH, SchiedsVZ 2003, 133 ff.
304 Vgl. nur Saenger, ZPO, § 1041 Rn. 13.

des Schiedsgerichts für die Entscheidung über die eigene Zuständigkeit **vertraglich zu vereinbaren**.[305] § 1040 Abs. 3 Satz 3 ZPO ist also zwingendes Verfahrensrecht.

c) Überprüfung einstweiliger Maßnahmen gemäß § 1041 Ab. 2 ZPO

199 **Im Rahmen des Vollzugsverfahrens** hat das staatliche Gericht gemäß § 1041 Abs. 2 ZPO auch die Möglichkeit, die Anordnungen des Schiedsgerichts zum einstweiligen Rechtsschutz inhaltlich zu überprüfen und – falls es dies für erforderlich hält – inhaltlich abzuändern.

III. Einstweiliger Rechtsschutz durch staatliche Gerichte während des laufenden Schiedsverfahrens

200 Parallel zu dem einstweiligen Rechtsschutz durch das Schiedsgericht kann eine Partei auch einstweiligen Rechtsschutz in Bezug auf den Streitgegenstand des Schiedsverfahrens bei dem staatlichen Gericht beantragen. Nach dem Willen des Gesetzgebers handelt es sich um eine **originäre Zuständigkeit** des staatlichen Gerichts.[306] Zwischen den beiden Möglichkeiten zur Einholung einstweiligen Rechtsschutzes besteht eine **sog. „alternative Konkurrenz"**.[307] Ob der Rechtsweg zu den staatlichen Gerichten ausgeschlossen werden kann, ist in der Lit. streitig. Im Ergebnis sprechen die überwiegenden Argumente **gegen die Abdingbarkeit des § 1033 ZPO**, da sonst ein Schutzgefälle im Schiedsverfahren vorläge.[308] Denn ansonsten könnte durch einen Ausschluss des § 1033 ZPO effektiver Rechtsschutz insb. in dem Stadium vor der Konstituierung des Schiedsgerichtes praktisch ausgeschlossen werden.[309]

201 Weiterhin stellt § 1033 klar, dass die **Einrede der Schiedsvereinbarung** gemäß § 1032 Abs. 1 ZPO nicht gegenüber einem Antrags auf Gewährung einstweiligen Rechtsschutzes vor dem staatlichen Gericht erhoben werden kann. Einige Gerichte in den USA hatten entschieden, dass die Parteien einer Schiedsvereinbarung auch den Zugang zu den staatlichen Gerichten zur Gewährung einstweiligen Rechtsschutzes wirksam ausgeschlossen hat.[310] § 1033 ZPO stünde einer solchen Entwicklung der Rspr. in Deutschland zwingend entgegen.

IV. Kontrolle des Schiedsspruchs durch staatliche Gerichte

202 Der Schiedsspruch beendet die schiedsrichterliche Instanz endgültig, regelmäßig ist **kein Rechtsmittel statthaft**. Damit kann die unterlegene Partei die Rechtmäßigkeit von Tatsachenfeststellung und Rechtsanwendung durch das Schiedsgericht nicht überprüfen lassen (Rn. 203). Lediglich besonders schwere und **gesetzlich abschließend aufgezählte Fehler des Schiedsspruches** oder des schiedsrichterlichen Verfahrens können entweder in einem Aufhebungsverfahren nach § 1059 ZPO (Rn. 204 ff.) oder als Einrede in einem auf Anerkennung und Vollstreckbarerklärung gerichteten Verfahren (Rn. 232 ff.) geltend gemacht werden. Darüber hinaus können in engen Grenzen auch weitere Einwendungen gegen den Schiedsspruch erhoben werden (Rn. 241 ff.).

1. Keine Rechtsmittel im Schiedsverfahren

203 Grds. gibt es im Schiedsverfahren keine zweite Instanz. Ein Schiedsspruch hat gemäß § 1055 ZPO die Wirkung eines rechtskräftigen Urteils. Fälle, in denen ein **Oberschiedsgericht zur Überprüfung des**

---

305 Vgl. BGH, NJW 2005, 1125, 1126.
306 BT-Drucks. 13/5274, S. 38 f.
307 MünchKomm-ZPO/Münch, § 1033 Rn. 3.
308 MünchKomm-ZPO/Münch, § 1033 Rn. 14; Musielak/Voit, ZPO, § 1033 Rn. 3; siehe in diesem Zusammenhang auch LG München I, SpuRt 2000, 155 mit Anm. Adolphsen.
309 So auch Wolf, DB 1999, 1101, 1103.
310 Siehe hierzu z.B. die amerikanischen Entscheidungen McCreary Tire & Rubber Co. v. Ceat S.p.A. 501 F. 2d 1032 (3d Cir. 1974); Metropolitan World Tanker Corporation et. al. v. P.N. Pertambangan Minjakdangas Bumi Nasional, 427 F. Supp. 2 (US S.D.N.Y. 1975); Coastal States Trading Inc. v. Zenith Navigation S.A. and Sea King Corporation, 446 Fed. Supp. 330 (US S.D.N.Y. 1975).

Schiedsspruches in tatsächlicher und rechtlicher Hinsicht vereinbart wird, kommen in der Praxis nur höchst selten vor.[311] Die Verfahren zur Anerkennung- und Vollstreckung bzw. zur Aufhebung eines Schiedsspruchs sind keine Rechtsmittel gegen die Entscheidung. Sie haben einen anderen Streitgegenstand als das Schiedsverfahren und ermöglichen dem staatlichen Gericht auch **keine vollinhaltliche Überprüfung der Sachverhaltsfeststellung und der Rechtsanwendung** durch das Schiedsgericht. Das Gericht ist auf den Prüfungsmaßstab des § 1059 ZPO beschränkt.

> **Hinweis:**
> Die Streitbeilegung in einer Instanz führt zu einer **Konzentration des Schiedsverfahrens**. Sie eröffnet Chancen zur Beschleunigung der Streiterledigung, birgt aber auch das Risiko, dass die unterlegene Partei eine falsche Entscheidung nicht angreifen kann, da die Entscheidung keinen der in § 1059 ZPO genannten Tatbestände erfüllt.

2. Aufhebungsverfahren gemäß § 1059 ZPO

a) Einleitung

Der Antrag auf Aufhebung des Schiedsspruches ist ein **Notbehelf**,[312] durch den die staatlichen Gerichte die Kontrolle über das schiedsrichterliche Verfahren ausüben. Ziel dieser Gestaltungsklage ist die **rückwirkende Aufhebung des Schiedsspruchs**, genauer die Beseitigung seiner Rechtswirkungen insgesamt.[313] Der Anwalt der unterlegenen Partei kann den Aufhebungsantrag aber nur innerhalb einer Frist von drei Monaten stellen. Erfolg hat der Antrag nur, wenn einer der in § 1059 ZPO aufgeführten Aufhebungsgründe tatsächlich vorliegt, wofür der Antragsteller die Beweislast trägt. Die **tatsächlichen und rechtlichen Schranken sind dementsprechend hoch**. Damit wollte der Gesetzgeber einen Ausgleich zwischen den staatlichen Kontrollinteressen und den Interessen der Verfahrensbeteiligten an einer weitgehenden Unabhängigkeit der Schiedsgerichtsbarkeit von staatlicher Einflussnahme herstellen.

204

b) Statthaftigkeit

Der **Aufhebungsantrag ist statthaft**, wenn er sich gegen einen Schiedsspruch eines Schiedsgerichts mit Sitz im Inland richtet.

205

aa) Vorliegen eines Schiedsspruchs

Der Antrag nach § 1059 ZPO setzt zunächst voraus, dass ein Schiedsspruch vorliegt. Ein **Schiedsspruch ist** eine Entscheidung des Schiedsgerichts über den Streitgegenstand insgesamt oder einen Teil des Streitgegenstandes.[314] Der Schiedsspruch kann daher entweder den materiell-rechtlichen Streitgegenstand insgesamt oder **als Teilschiedsspruch** zum Teil erledigen. Daneben kann der Schiedsspruch als Prozessschiedsspruch auch die Schiedsklage als unzulässig abweisen. Schließlich ist auch noch der Schiedsspruch über die Kosten anerkannt.

206

Nach der **Rspr. des BGH** prüft das staatliche Gericht das **Vorliegen eines Schiedsspruches von Amts wegen** und unabhängig von der Bezeichnung durch das Schiedsgericht. In einer aktuellen Entscheidung des BGH aus dem Jahr 2004 hat der BGH den Antrag nach § 1059 ZPO als unstatthaft angesehen, weil die als „Schiedsspruch" bezeichnete Maßnahme von einem Verbandsorgan erlassen wurde, das **nicht als Schiedsgericht i.S.d. §§ 1025 ff. ZPO anzusehen war**.[315]

207

Gegen diese Rspr. bestehen Bedenken. Das **Prinzip der prozessualen Meistbegünstigung** spricht dafür, auch gegen derartige Scheinschiedssprüche – also lediglich als Schiedsspruch bezeichnete Maßnahmen –

---

311 Vgl. aber z.B. den der Entscheidung OLG Hamburg, NJW-RR 2000, 806 zu Grunde liegenden Fall.
312 MünchKomm-ZPO/Münch, § 1059 Rn. 1.
313 Borges, ZZP 111 (1998), 477, 488.
314 Lachmann, Handbuch Schiedsgerichtspraxis, Rn. 1178.
315 BGH, NJW 2004, 2226.

den Antrag nach § 1059 ZPO im Interesse des effektiven Rechtsschutzes der unterlegenen Partei zuzulassen.[316] Nicht statthaft ist dagegen der Antrag nach § 1059 ZPO gegen Maßnahmen des Schiedsgerichts im laufenden Verfahren, **die nicht als Schiedssprüche bezeichnet sind**. Derartige Verfahrensanordnungen (procedural orders) können nur gemeinsam mit dem Schiedsspruch angefochten werden, wenn die Verfahrensführung durch das Schiedsgericht einen Verfahrensfehler i.S.d. § 1059 Abs. 2 d ZPO darstellt.

bb) Von einem inländischen Schiedsgericht erlassen

208 Der Aufhebungsantrag nach § 1059 ZPO ist weiterhin **nur statthaft**, wenn ein Schiedsspruch eines inländischen Schiedsgerichts vorliegt. Der **Schiedsspruch eines ausländischen Schiedsgerichts** ist in Deutschland nicht angreifbar. Dies liegt daran, dass Schiedssprüche lediglich in dem Staat angegriffen werden können, in dem das Schiedsgericht seinen Sitz hat.[317]

c) Aufhebungsgründe

aa) Ausnahmecharakter der Norm und enumerativer Katalog der Aufhebungsgründe

209 Die Gründe, aus denen ein Schiedsspruch angefochten werden kann, sind **in § 1059 Abs. 2 und Abs. 3 ZPO abschließend aufgezählt**.[318] Eine Erweiterung dieses Katalogs ist daher nicht zulässig. Eine Inzidentprüfung der Tatsachenfeststellung und Rechtsanwendung des Schiedsgerichts durch das staatliche Gericht ist daher nicht statthaft. Das staatliche Gericht kann lediglich das schiedsrichterliche Verfahren überprüfen, nicht aber die Entscheidung in der Sache.[319]

bb) Gründe des § 1059 Abs. 2 Nr. 1 ZPO

210 Die Aufhebungsgründe des § 1059 Abs. 2 ZPO sind nach dem Wortlaut („wenn der Antragsteller begründet geltend macht") **nur auf Rüge hin** zu berücksichtigen. Folgende **Aufhebungstatbestände** können vom Antragsteller geltend gemacht werden:

- Unwirksamkeit der Schiedsvereinbarung,
- fehlende Kenntnis von der Bestellung eines Schiedsrichters oder von der Einleitung des schiedsrichterlichen Verfahrens,
- Entscheidung des Schiedsgerichts ultra petita,
- Fehler im schiedsrichterlichen Verfahren.

(1) Unwirksamkeit der Schiedsvereinbarung

211 Die Schiedsvereinbarung kann zunächst wegen der **fehlenden subjektiven Schiedsfähigkeit einer der Parteien** unwirksam sein (§ 1059 Abs. 2 Nr. 1 lit. a Alt. 1 ZPO). Die Schiedsfähigkeit ist als selbständige Vorfrage **in internationalen Streitigkeiten gesondert anzuknüpfen**. Bei deutschen Verfahren sind die Art. 7 Abs. 1, 12 EGBGB anzuwenden.[320]

212 Die Schiedsvereinbarung kann aber auch **aufgrund anderer gesetzlicher Vorschriften unwirksam sein** (§ 1059 Abs. 2 Nr. 1 lit. a Alt. 2 ZPO). Die Unwirksamkeit kann sich dabei aus einem Verstoß gegen das Recht, das nach der ausdrücklichen Parteiwahl auf die Schiedsvereinbarung anwendbar sein soll, ergeben oder hilfsweise aus einem Verstoß gegen deutsches Recht. Einschlägig sind nach deutschem Recht die oben diskutierten Unwirksamkeitsgründe.

---

316 Schroeder, SchiedsVZ 2005, 244.
317 Zöller/Geimer, ZPO, § 1059 Rn. 14 m.w.N..
318 MünchKomm-ZPO/Münch, § 1059 ZPO Rn. 2; siehe hierzu auch Begr. RegE BT-Drucks. 13/5274, 58 („numerus clausus" der Aufhebungsgründe).
319 Lachmann, Handbuch Schiedsgerichtspraxis, Rn. 1183.
320 Borges, ZZP 111 (1998), 487, 498; Musielak/Voit, ZPO, § 1059 Rn. 6; Lachmann, Handbuch Schiedsgerichtspraxis, Rn. 1188.

(2) Besondere Gehörverstöße

Die Vorschrift des § 1059 Abs. 2 Nr. 1 lit. b regelt drei Fälle des Verstoßes gegen das rechtliche Gehör. Ein Schiedsspruch ist aufzuheben, wenn

- eine Partei entweder von der Bestellung eines Schiedsrichters (Var. 1)
- oder von dem Schiedsverfahren nicht gehörig in Kenntnis gesetzt wurde (Var. 2)
- sowie in den Fällen, in denen eine Partei aus anderen Gründen Angriffs- oder Verteidigungsmittel nicht geltend machen konnte (Var. 3).

Der Aufhebungsgrund der fehlenden Gelegenheit zur Geltendmachung von Angriffs- und Verteidigungsmitteln ist unscharf formuliert, da er **nicht auf bestimmte Angriffs- und Verteidigungsmittel beschränkt ist**. Insoweit kann praktisch jeder Gehörverstoß diese Auswirkungen haben.

213

> **Hinweis:**
>
> Es ist daher aus anwaltlicher Sicht ratsam, auch bei der Geltendmachung anderer Aufhebungsgründe (insb. dem Aufhebungsgrund des Verfahrensfehlers nach § 1059 Abs. 2 Nr. 1 lit. d ZPO) zu prüfen, ob der Partei dadurch auch die Geltendmachung von Angriffs- und Verteidigungsmitteln verwehrt wird.

Die benachteiligte Partei muss einen **Gehörverstoß im laufenden Schiedsverfahren rügen**, da sie ansonsten gemäß § 1027 ZPO im Aufhebungsverfahren mit diesem Einwand präkludiert ist.[321] Insoweit obliegt dem Parteivertreter, bereits im Schiedsverfahren sorgfältig das Vorliegen eventueller Gehörsverstöße zu prüfen und ggf. zu rügen, um diese Präklusion zu vermeiden. Im Aufhebungsverfahren muss der Antragsteller dann darlegen, dass die Entscheidung in der Sache **ohne den Gehörverstoß anders ausgefallen wäre**.[322]

(3) Entscheidung des Schiedsgerichts ultra petita

Der Aufhebungsgrund des § 1059 Abs. 2 Nr. 1 lit. c ZPO umfasst die Fälle der Kompetenzüberschreitung. Eine Kompetenzüberschreitung liegt zunächst vor, wenn das Schiedsgericht eine Entscheidung getroffen hat, **die nicht von der Schiedsvereinbarung gedeckt ist**. Darüber hinaus soll aber ein Schiedsspruch auch dann wegen eines Verstoßes gegen den Grundsatz „ne ultra petita" aufzuheben sein, wenn das Schiedsgericht in seiner Entscheidung über den Antrag des Schiedsklägers hinausgeht.[323]

214

Unterfällt nur ein Teil des entschiedenen Streitgegenstandes nicht der Schiedsvereinbarung, so kann auch **nur dieser Teil** mit dem Aufhebungsantrag angegriffen werden.[324]

Wird eine Schiedsvereinbarung **zeitlich beschränkt**[325] und entscheidet das Schiedsgericht über einen nach dieser Frist erhobenen Anspruch, so liegt regelmäßig keine Entscheidung ultra petita vor, sondern eine **Entscheidung ohne wirksame Schiedsvereinbarung** i.S.d. § 1059 Abs. 2 Nr. 1 lit. a ZPO.[326]

(4) Fehler im schiedsrichterlichen Verfahren

Die **erste Alternative des § 1059 Abs. 2 lit. d ZPO** bezeichnet Mängel im Rahmen des Verfahrens zur Konstituierung des Schiedsgerichts.

215

---

321 Zöller/Geimer, ZPO, § 1059 Rn. 40.
322 Kröll, SchiedsVZ 2004, 113, 118.
323 Schwab/Walter, Schiedsgerichtsbarkeit, Kap. 24 Rn. 15.
324 Schwab/Walter, Schiedsgerichtsbarkeit, Kap. 24 Rn. 17.
325 Wie z.B. in dem Fall BGH, RIW/AWD 1976, 449, 450.
326 Siehe Schwab/Walter, Schiedsgerichtsbarkeit, Kap. 24 Rn. 16.

216 Die **zweite Alternative** des § 1059 Abs. 2 lit. d ZPO erfasst darüber hinaus **alle übrigen Verfahrensmängel**. Nur Fehler im eigentlichen Verfahrensablauf und nicht Fehler in der Rechtsanwendung können mit dieser Vorschrift gerügt werden.[327]

217 Ein Fehler im Schiedsverfahren kann dabei nach dem Wortlaut **auch in einem Verstoß gegen eine Verfahrensvereinbarung bestehen**. Soweit die Parteien die Anwendung einer institutionellen Schiedsordnung vereinbart haben, stellt die Nichteinhaltung dieser Verfahrensordnung einen Aufhebungsgrund i.S.d. Vorschrift dar.

Nach dem Willen des Gesetzgebers muss der Fehler aber seinen **Niederschlag in dem Schiedsspruch gefunden haben**.[328]

cc) Gründe des § 1059 Abs. 2 Nr. 2 ZPO

218 Die in § 1059 Abs. 2 Nr. 2 ZPO genannten Gründe erstrecken sich auf die fehlende objektive Schiedsfähigkeit des Streitgegenstandes (vgl. Rn. 220), sowie den Verstoß gegen den ordre public (vgl. Rn. 221).

219 Im Gegensatz zu den in § 1059 Abs. 2 Nr. 1 ZPO enthaltenen Tatbeständen sind diese Gründe **von Amts wegen zu berücksichtigen**[329] und zwar auch nach Ablauf der Antragsfrist des § 1059 Abs. 3 ZPO, da es sich um zwingende Aufhebungsgründe im öffentlichen Interesse handelt.[330]

(1) Fehlende objektive Schiedsfähigkeit

220 Wenn der Streitgegenstand **nach deutschem Recht nicht schiedsfähig** ist, muss der Schiedsspruch zwingend aufgehoben werden. Da in diesen Fällen eine dem deutschen Recht unterliegende Schiedsvereinbarung auch unwirksam ist,[331] erhält diese Vorschrift in **folgenden Konstellationen** eine eigenständige Bedeutung:

- Der Antragsteller rügt den Fehler der Schiedsvereinbarung nicht ausdrücklich, so dass das Gericht § 1059 Abs. 2 Nr. 1 lit. a ZPO nicht anwenden kann oder
- der Antragsteller hat die Antragsfrist von drei Monaten nach § 1059 Abs. 3 Satz 1 ZPO versäumt[332] oder
- die Schiedsvereinbarung unterliegt – z.B. kraft ausdrücklicher Parteiwahl – einem ausländischen Recht, nach dem der Streitgegenstand objektiv schiedsfähig war.[333] Eine Aufhebung nichtursächlicher Verfahrensfehler scheidet allerdings aus.[334]

(2) Ordre public

221 § 1059 Abs. 2 Nr. 2 b, ZPO enthält den **sog. allgemeinen Staatsvorbehalt**.[335] Die dogmatische Struktur des Vorbehalts des ordre public ist in den Einzelheiten umstritten.[336] Differenziert wird u.a. zwischen **nationalem und internationalem** ordre public sowie zwischen **verfahrensrechtlichem und materiellrechtlichem** ordre public.[337] Gegenstand der Kontrolle ist dabei nicht der Schiedsspruch, sondern das

---

327 Schwab/Walter, Schiedsgerichtsbarkeit, Kap. 24 Rn. 22: Differenzierung zwischen erfassten Fehlern in procedendo und nicht erfassten Fehlern in iudicando.
328 Begr. RegE BT-Drucks. 13/5274, S. 59.
329 Baumbach/Lauterbach/Albers/Hartmann, ZPO, § 1059 Rn. 10.
330 BGH, NJW 2001, 373.
331 Nämlich nach § 1059 Abs. 2 Nr. 1 lit. a ZPO i.V.m. § 1030 ZPO.
332 Vgl. Schwab/Walter, Schiedsgerichtsbarkeit, Kap. 24 Rn. 31.
333 Vgl. Baumbach/Lauterbach/Albers/Hartmann, ZPO, § 1059 Rn. 19.
334 MünchKomm-ZPO/Münch, § 1059 Rn. 18.
335 MünchKomm-ZPO/Münch, § 1059 Rn. 20.
336 Stein/Jonas/Schlosser, ZPO, Anhang § 1061 Rn. 134 ff.
337 MünchKomm-ZPO/Münch, § 1059 Rn. 22.

Resultat seiner Anerkennung und Vollstreckung im Inland.[338] Damit kann nicht allein die falsche Rechtsanwendung zur Aufhebung führen. Erforderlich ist vielmehr, dass die Umsetzung der Rechtsfolgenanordnung in dem Schiedsspruch zu einer **nach den Wertungsmaßstäben des Inlandes unerträglichen Situation** führt.[339]

Gegen die öffentliche Ordnung verstößt ein Schiedsspruch insb., wenn er **zu einer verbotenen Handlung verurteilt**.[340] Gleiches gilt, wenn ein Schiedsspruch zu einer strafbaren Handlung oder unmöglichen Leistung verurteilt.[341] Nach der Rspr. des EuGH gehört auch das EU-Kartellrecht zum ordre public der Mitgliedsstaaten der EU.[342] Inwieweit hierdurch jeder Verstoß gegen die Art. 81, 82 EUV einen Verstoß gegen den ordre public darstellt, ist bislang in der Rspr. noch ungeklärt. In diesem Zusammenhang hat das Schweizer Bundesgericht mit einer Entscheidung vom 8.3.2006 festgestellt, dass das Europäische Kartellrecht **zumindest in der Schweiz nicht zum ordre public gehört**.[343] Ob sich aus dieser Entscheidung auch für die anderen Mitgliedsstaaten eine restriktivere Rechtsprechungstendenz ergeben wird, ist derzeit noch nicht abzusehen.

dd) Darlegungs- und Beweislast

Die Darlegungs- und Beweislast trägt grds. **der Antragsteller, der den Aufhebungsgrund geltend macht**.[344] Anders verhält es sich bei den Aufhebungsgründen i.S.d. § 1059 Abs. 2 Nr. 2 ZPO, die im Interesse der öffentlichen Ordnung **von Amts wegen** zu berücksichtigen sind. Das Gericht hat auch ohne expliziten Tatsachenvortrag des Antragstellers das Vorliegen dieser Aufhebungsgründe zu prüfen. Die materielle Beweislast – i.S.d. Risikos des non liquet – für den Verstoß gegen den ordre public trägt derjenige, der sich auf den Einwand beruft.[345]

222

d) Verfahrensfragen

aa) Zuständigkeit

Das OLG, in dessen Bezirk das Schiedsgericht seinen Sitz i.S.d. § 1043 ZPO hatte, ist für den Antrag auf Aufhebung des Schiedsspruches zuständig (§ 1062 Abs. 1 Nr. 4 ZPO).

223

bb) Form und Frist des Antrags

Gemäß § 1059 Abs. 3 ist der Aufhebungsantrag **innerhalb von drei Monaten** ab dem Tag des Empfangs des Schiedsspruches bei dem zuständigen Gericht zu stellen. Liegt jedoch bereits eine rechtskräftige Entscheidung eines deutschen Gerichtes vor, mit der der angegriffene Schiedsspruch für vollstreckbar erklärt wird, ist der **Antrag auf Aufhebung nicht mehr zulässig** (§ 1059 Abs. 3 Satz 3 ZPO).

224

cc) Verzicht auf die Aufhebung

Auf den Aufhebungsantrag kann die beschwerte Partei **erst nach Erlass des Schiedsspruches verzichten**, da sie erst in diesem Moment Kenntnis von dem Aufhebungsgrund erhält, auf den sie verzichtet. Ein vorheriger, pauschaler Verzicht – z.B. bei Abschluss der Schiedsvereinbarung – ist dagegen nicht zulässig.[346]

225

---

338 Stein/Jonas/Schlosser, ZPO, Anhang § 1069 Rn. 138.
339 Siehe in diesem Zusammenhang zur Anerkennung und Vollstreckung eines Schiedsspruches auf der Basis der islamischen Sharia, Schroeder, IPRax 2006, 77, 80 ff.
340 RGZ 131, 182, 186.
341 Schwab/Walter, Schiedsgerichtsbarkeit, Kap. 24 Rn. 41.
342 EuGH, RsC-126/97, Slg. I 3055 (Eco Swiss).
343 Entscheidung des Schweizer Bundesgerichts vom 8.3.2006 – 4 P 278/2005 (bislang unveröffentlicht, aber abzurufen unter der Internetadresse: www.bger.ch).
344 Zöller/Geimer, ZPO, § 1059 Rn. 83.
345 MünchKomm-ZPO/Münch, § 1059 Rn. 26.
346 Schwab/Walter, Schiedsgerichtsbarkeit, Kap. 24 Rn. 53.

226 Unwirksam ist weiterhin der **Verzicht auf den Aufhebungsgrund nach § 1059 Abs. 2 Nr. 2 lit. b ZPO**, da der Vorbehalt des ordre public als allgemeiner Staatsvorbehalt nicht der Parteidisposition unterliegt.[347]

e) Entscheidung des Gerichts und Rechtsmittel

aa) Aufhebungsantrag erfolgreich

227 Wenn der Aufhebungsantrag erfolgreich ist, ist das OLG **nicht ermächtigt**, die Entscheidung des Schiedsgerichtes **abzuändern**.[348] Das Gericht muss den Schiedsspruch stattdessen aufheben. Es hat bei seiner Entscheidung in der Rechtsfolge allerdings zwei Alternativen.

228 Es kann den Schiedsspruch erstens mit der Folge aufheben, dass das **Mandat des Schiedsgerichtes endet** und die Schiedsvereinbarung wiederauflebt (§§ 1059 Abs. 5, 1056 Abs. 3 ZPO). In diesem Fall kann der Schiedskläger seinen Anspruch vor einem zweiten Schiedsgericht geltend machen.

229 Alternativ kann das Schiedsgericht zweitens „in geeigneten Fällen" und auf Antrag einer Partei den **Schiedsspruch aufheben** und die Sache gemäß § 1059 Abs 4 ZPO **an das erkennende Schiedsgericht zurückverweisen**, dessen Mandat dann gemäß § 1056 Abs. 3 Alt. 2 ZPO noch nicht beendet ist. Ob das Schiedsgericht auch dann einen „geeigneten Fall" annehmen kann, wenn eine Partei der Rückverweisung widerspricht[349] oder ob die Rückverweisung nur bei formalen Fehlern und bei fehlendem Widerspruch der Gegenpartei möglich ist,[350] ist in der Lit. umstritten. Die im Schiedsverfahren unterlegene Partei wird aber im Regelfall Einwände gegen die erneute Betrauung des Schiedsgerichtes mit der Sache haben, da sie eine **Voreingenommenheit befürchten dürfte**. Der beratende Anwalt sollte ihr daher empfehlen, einer Entscheidung nach § 1059 Abs. 4 ZPO bereits mit der Einreichung des Aufhebungsantrags zu widersprechen.

bb) Aufhebungsantrag erfolglos

230 In diesem Fall wird der Aufhebungsantrag abgewiesen. Erwächst die Entscheidung in Rechtskraft, erstreckt sie sich nach vorzugswürdiger Auffassung **nur auf die geltend gemachten Aufhebungsgründe**, da nur diese Streitgegenstand des Aufhebungsverfahrens waren.[351]

cc) Rechtsmittel gegen die Entscheidung

231 Rechtsmittel gegen die Entscheidung des OLG im Aufhebungsverfahren ist die Rechtsbeschwerde zum BGH (§ 1065 Abs. 1 ZPO).[352]

3. Vollstreckbarerklärungsverfahren

232 **Checkliste: Antrag auf Vollstreckbarerklärung eines inländischen Schiedsspruchs** ☑

> ☐ Zuständigkeit des OLG am Ort des schiedsrichterlichen Verfahrens nach § 1062 Abs. 1 Nr. 4 ZPO
>
> ☐ Beglaubigte Abschrift des Schiedsspruches beifügen (§ 1064 Abs. 1 Satz 1 ZPO)
>
> ☐ Postulationsfähigkeit vor dem OLG beachten (§ 78 Abs. 1 Satz 2 ZPO)
>
> ☐ Anerkennung nur möglich, wenn kein Aufhebungsgrund einschlägig (§§ 1060 Abs. 2, 1059 Abs. 2 ZPO)
>
> ☐ Beweislast für Aufhebungsgrund nach allgemeinen Regeln beim Antragsgegner.
>
> ☐ Ggf. Rechtsmittel: Rechtsbeschwerde zum BGH (§ 1065 ZPO)

---

347 Schwab/Walter, Schiedsgerichtsbarkeit, Kap. 24 Rn. 34.
348 Schwab/Walter, Schiedsgerichtsbarkeit, Kap. 25 Rn. 14.
349 So Zöller/Geimer, ZPO, § 1059 Rn. 88.
350 Schwab/Walter, Schiedsgerichtsbarkeit, Kap. 26 Rn. 20.
351 Schwab/Walter, Schiedsgerichtsbarkeit, Kap. 25 Rn. 16; Stein/Jonas/Schlosser, ZPO, § 1059 Rn. 26.
352 Siehe zur Rechtsbeschwerde Schwab/Walter, Schiedsgerichtsbarkeit, Kap. 31.

a) Einführung

Obwohl der Schiedsspruch das Verfahren beendet und gemäß § 1055 ZPO die Wirkungen eines rechtskräftigen Urteils hat, ist er aus sich heraus nicht vollstreckbar.[353] Ein inländischer Schiedsspruch bedarf der **Vollstreckbarerklärung** gemäß § 1060 ZPO. Ein ausländischer Schiedsspruch bedarf sowohl der Anerkennung, als auch der Vollstreckbarerklärung gemäß § 1061 ZPO. Der Zweck dieser Verfahren ist die Vorbereitung des eigentlichen Vollstreckungsverfahrens, das in der Hand der allgemeinen Vollstreckungsorgane liegt. 233

b) Verfahren bei inländischen Schiedssprüchen

Zuständig für den Antrag auf Vollstreckbarerklärung ist das **OLG gemäß § 1062 Abs. 1 Nr. 4 ZPO**. Dem Antrag muss eine beglaubigte Abschrift des Schiedsspruches beigefügt werden, § 1064 Abs. 1 Satz 1 ZPO. 234

Auch ein Schiedsspruch mit nicht vollstreckungsfähigem Inhalt – z.B. ein **Schiedsspruch mit feststellendem Tenor** – kann für vollstreckbar erklärt werden.[354] 235

Der Schiedsspruch ist nur anzuerkennen, wenn **keiner der in § 1059 Abs. 2 ZPO genannten Aufhebungsgründe vorliegt**. Dies ergibt sich aus § 1060 Abs. 2 ZPO. Die Ausführungen zu den Aufhebungsgründen gelten daher im Vollstreckbarerklärungsverfahren entsprechend. Die **Beweislast für das Vorliegen eines Aufhebungsgrundes** trifft hier den Antragsgegner. Dies folgt aus den allgemeinen Regeln. Die Beweislast trifft – unabhängig von der Parteirolle – jeweils die Partei, die sich auf den Einwand beruft.[355] 236

Das Gericht erklärt den Schiedsspruch **entweder für vollstreckbar** oder lehnt den Antrag auf Vollstreckbarerklärung unter Aufhebung des Schiedsspruches ab. Hebt das Gericht den Schiedsspruch in seinem ablehnenden Beschluss auf, so lebt die Schiedsvereinbarung – wie bei einem erfolgreichen Aufhebungsantrag – wieder auf.[356] Gegen die Entscheidung des Gerichtes ist die **Rechtsbeschwerde zum BGH** statthaft.[357] 237

c) Verfahren bei ausländischen Schiedssprüchen

Die **Anerkennung und Vollstreckbarerklärung von ausländischen Schiedssprüchen** richtet sich nach § 1061 ZPO, der in seinem ersten Absatz das New Yorker Übereinkommen vom 10.6.1958 über die Anerkennung und Vollstreckung von Schiedssprüchen für anwendbar erklärt. 238

Das Verfahren nach § 1061 ZPO ist **statthaft**, wenn ein ausländischer Schiedsspruch vorliegt. Ob tatsächlich ein Schiedsspruch vorliegt, **bestimmt sich nach deutschem Recht**. Schwierigkeiten ergeben sich insb. dann, wenn eine ausländische Rechtsordnung einen Spruchkörper als Schiedsgericht bezeichnet, der nach deutschem Verständnis kein Schiedsgericht darstellt.[358] 239

Die **New Yorker Konvention** sieht in ihrem Art. V einen Katalog von Versagungsgründen für die Anerkennung und Vollstreckung vor, die hier im Einzelnen nicht kommentiert werden sollen.[359] 240

> **Hinweis:**
> Zu berücksichtigen ist, dass selbst bei Vorliegen eines Versagungsgrundes die **Anerkennung und Vollstreckung trotzdem möglich ist**, wenn sich diese Möglichkeit aus vollstreckungsfreundlicherem nationalen Recht ergibt.[360] Im Ergebnis kann also ein Antrag auf Anerkennung und Voll-

---

[353] MünchKomm-ZPO/Münch, § 1055 Rn. 17.
[354] BayObLG, SchiedsVZ 2003, 142.
[355] Lachmann, Handbuch Schiedsgerichtspraxis, Rn. 1259; MünchKomm-ZPO/Münch, § 1059 Rn. 26.
[356] Musielak/Voit, ZPO, § 1060 Rn. 15.
[357] Lachmann, Handbuch Schiedsgerichtspraxis, Rn. 1301.
[358] Siehe hierzu z.B. BGH, NJW 1982, 1224, 1225.
[359] Siehe eingehend Weigand, Practitioner's Handbook on International Arbitration, S. 399 ff.
[360] BGH, NJW 2005, 3499.

> streckung sowohl auf die New Yorker Konvention gestützt werden, **als auch auf nationales Recht im Vollstreckungsstaat**. Dieser Meistbegünstigungsgrundsatz ist auf der Ebene der New Yorker Konventionen in Art. VII verankert.

Für das Verfahren auf Anerkennung und Vollstreckbarerklärung eines ausländischen Schiedsspruches ist das **OLG gemäß § 1062 Abs. 1 Nr. 4 ZPO zuständig**. Gegen die Entscheidung des OLG, die durch Beschluss ergeht, ist wiederum die Rechtsbeschwerde zum BGH statthaft.[361]

4. Sonstige Verteidigungsmöglichkeiten des Schuldners eines Schiedsspruchs

241 Neben den bereits dargestellten Verfahren zur Aufhebung sowie zur Anerkennung und Vollstreckbarkeitserklärung eines Schiedsspruches werden in Rspr. und Lit. auch noch weitere Verteidigungsmöglichkeiten des Schuldners eines Schiedsspruches diskutiert. Dazu gehören der Aufhebungsantrag nach § 826 BGB (vgl. Rn. 242), die Feststellungsklage auf Nichtigkeit eines Schiedsspruches (vgl. Rn. 243) und die Erhebung einer Vollstreckungsgegenklage gegen den im Schiedsspruch titulierten materiell-rechtlichen Anspruch (vgl. Rn. 244).

a) Aufhebungsantrag nach § 826 BGB?

242 Diskutiert wird zunächst, ob die **Grundsätze der Rspr. zur vorsätzlichen, sittenwidrigen Schädigung** des Beklagten durch Urteilserschleichung auf das Schiedsverfahren anzuwenden sind. Der BGH hat dies in einem Fall unter dem neuen Schiedsverfahrensrecht bejaht. Dabei ging es um die Vollstreckbarerklärung eines Schiedsspruches mit vereinbartem Wortlaut. Der BGH hat eine Erschleichung des Schiedsspruches wegen einer arglistigen Täuschung im vorliegenden Fall bejaht und analog zu den Aufhebungsgründen des § 1059 Abs. 2 ZPO dem Schuldner den **Einwand der vorsätzlichen, sittenwidrigen Schädigung** nach § 826 BGB zugesprochen.[362]

Diese Entscheidung des BGH überzeugt **wertungsmäßig im Ergebnis**. Es erschien unbillig, wenn eine Partei Rechte aus einem erschlichenen Schiedsspruch ableiten könnte. Gleichzeitig ist die Begründung der Entscheidung problematisch. Eine Analogie zu den Aufhebungsgründen des § 1059 Abs. 2 ZPO kann wegen **des abschließenden Charakters der Aufhebungsgründe** nicht überzeugen. In der Lit. wird auch vertreten, dass eine weiter gehende Eingriffsbefugnis der staatlichen Gerichte wegen der Beschränkung durch § 1026 ZPO nicht möglich ist.[363] Sachgerecht dürfte es sein, diese Fälle durch den **Vorbehalt des ordre public** zu behandeln. Allerdings griffe in diesem Fall nach dem Gesetzeswortlaut wiederum die Drei-Monats-Frist gemäß § 1059 Abs. 3 ZPO ein. Diese Frist, die Rechtssicherheit schaffen soll, darf sich nicht zu Gunsten des arglistig und sittenwidrig Handelnden auswirken. Es wäre daher zu überlegen, ob diese Vorschrift teleologisch zu reduzieren wäre. Dem steht auch der abschließende Katalog der Aufhebungsgründe nicht entgegen.

b) Feststellungsklage

243 Eine weitere Verteidigungsmöglichkeit könnte die **Feststellung auf Nichtigkeit eines Schiedsspruches** sein. Die Lit. verneint in diesem Zusammenhang jedoch zutreffend das Feststellungsinteresse bei Eröffnung der Aufhebungsklage.[364] Gegen nichtige Schiedssprüche ist nach der überwiegenden Auffassung in der Lit. der **Aufhebungsantrag nach § 1059 ZPO statthaft**. Dies ergibt sich aus dem prozessualen Prinzip der Meistbegünstigung.[365] Lediglich für den Fall, dass die Anfechtungsfrist bereits abgelaufen ist, kommt die Feststellungsklage auf Unwirksamkeit oder Nichtigkeit des Schiedsspruchs in Betracht.[366]

---

361 Lachmann, Handbuch Schiedsgerichtspraxis, Rn. 1338.
362 BGH, NJW 2001, 373 ff.
363 Lachmann, Handbuch Schiedsgerichtspraxis, Rn. 1242.
364 MünchKomm-ZPO/Münch, § 1059 Rn. 40.
365 Siehe Stein/Jonas/Schlosser, ZPO, § 1059 Rn. 8. Wie in diesem Zusammenhang zur Erstreckung des Antrags nach § 1059 ZPO auf alle anderen formellen Schiedssprüche auch Schroeder, SchiedsVZ 2005, 244 ff.
366 Siehe Stein/Jonas/Schlosser, ZPO, § 1059 Rn. 7.

c) Erhebung einer Vollstreckungsklage

Schließlich stellt sich auch die Frage, inwieweit **materielle Einwendungen**, die nach Erlass des Schiedsspruches entstanden sind, gegen den im Schiedsspruch titulierten Anspruch geltend gemacht werden können. Eine Auffassung lässt es zu, derartige materielle Einwendungen gegen den Schiedsspruch bereits im Vollstreckbarerklärungsverfahren einzuwenden.[367] Darüber hinaus können Einwendungen gegen den titulierten Anspruch jedenfalls auch nach dem Vollstreckbarerklärungsverfahren **im Rahmen einer Klage nach § 767 ZPO** erhoben werden.[368] Dabei gilt jedoch auch der in § 767 ZPO niedergelegte Grundsatz, dass nur solche Einwendungen geltend gemacht werden können, die nicht im Schiedsverfahren selbst hätten erhoben werden können.[369] Zuständig für die Vollstreckungsgegenklage ist nach zutreffender Auffassung das AG oder LG am Schiedsort.[370]

244

---

[367] OLG Hamm, NJW-RR 2001, 1362; Saenger, ZPO, § 1060 Rn. 8.
[368] OLG Stuttgart, MDR 2001, 595; BayObLG, MDR 2000, 968.
[369] Vgl. Borris/Schmidt, SchiedsVZ 2004, 273 f.
[370] Borris/Schmidt, SchiedsVZ 2004, 273, 279.

14. Kapitel: Beurkundungsfragen im Gesellschaftsrecht

Inhaltsverzeichnis

		Rn.
A.	Einführung	1
B.	Arten der Beurkundung	5
I.	Beurkundung von Willenserklärungen	6
II.	Sonstige Beurkundungen	7
III.	Unterschriftsbeglaubigung	9
C.	Form der Beurkundung	12
I.	Inhalt der Niederschrift	12
II.	Bezugsurkunden	16
III.	Anlagen	21
IV.	Stellvertretung	25
V.	Verbot des Insichgeschäfts nach § 181 BGB	28
1.	Praktische Bedeutung; Rechtsfolgen	28
2.	Hauptanwendungsfälle	29
3.	Befreiung	34
	a) Befreiung innerhalb einer GmbH	35
	b) Befreiung innerhalb eines Konzerns	36
	c) Anmeldung zum Handelsregister und Eintragung	37
VI.	Vorbefassungsverbot	38
VII.	Beurkundungen in ausländischer Sprache	39
VIII.	Besonderheiten bei Verfügungen von Todes wegen	40
D.	Beispiele für praktisch häufige beurkundungspflichtige Vorgänge	41
I.	Satzungen und Gesellschaftsverträge bei Kapitalgesellschaften	42
II.	Gründungsvollmacht	43
III.	Verkauf und Übertragung von GmbH-Geschäftsanteilen	45
1.	Beispielsfälle	45
2.	Vollständigkeitsgrundsatz	46
3.	Einheitlichkeit mehrerer Rechtsgeschäfte („Side Letter")	47
4.	Rechtsfolgen bei Nichtbeurkundung, Heilung	51
5.	Deutsche Beurkundung bei ausländischen Anteilen	54
	a) Verpflichtungsgeschäft	54
	b) Verfügungsgeschäft	55
IV.	Gesellschafterbeschlüsse einer GmbH	56

		Rn.
V.	Hauptversammlungen einer AG	57
VI.	Umwandlungsvorgänge	61
VII.	Übertragung des Vermögens im Ganzen (§ 311b Abs. 3 BGB und § 179a AktG)	62
VIII.	Eheverträge; Verpflichtung im Gesellschaftsvertrag zum Abschluss eines Ehevertrags	63
E.	Beispiele für praktisch häufige beglaubigungspflichtige Vorgänge	67
I.	Handelsregisteranmeldungen	68
II.	Übernahmeerklärungen	69
III.	Vollmachten	70
IV.	Sonstige Verzichtserklärungen	75
F.	Besonderheiten bei der GmbH & Co. KG	76
I.	Form des Gesellschaftsvertrags der GmbH & Co. KG	77
II.	Form der Anteilsübertragung	84
G.	Auslandsbeurkundung	88
I.	Grund für die Auslandsbeurkundung	88
II.	Ausgangspunkt: Art. 11 Abs. 1 EGBGB	89
III.	Anwendbarkeit der Ortsform	90
IV.	Wahrung der Geschäftsform: Gleichwertigkeit	94
V.	Praxisempfehlungen	100
1.	Anteilsverkäufe und -übertragungen	100
2.	Anteilsverpfändungen	102
3.	Statusrelevante Vorgänge	103
4.	Allgemeine Empfehlungen bei Beurkundungen in der Schweiz	105
H.	Anerkennung ausländischer Urkunden im Inland	106
I.	Anerkennung ausländischer öffentlicher Urkunden Legalisation	106
II.	Vereinfachte Legalisation „Apostille"	107
III.	Unmittelbare Anerkennung ausländischer Urkunden	109
I.	Kostenfragen	110
I.	Beurkundungskosten	110
II.	Grundbesitz (Verkauf im Ausland; nachfolgende Auflassung im Inland)	114
III.	Kapitalerhöhungsbeschluss und Übernahmeerklärung	116

Kommentare und Gesamtdarstellungen:

Baumbach/Hueck, Kommentar zum GmbH-Gesetz, 18. Aufl. 2006; *Beck'sches Notar-Handbuch*, 4. Aufl. 2005; *Beushausen/Küntzel/Kersten/Bühling*, KostO, 1965; *BGB-RGRK*, Bürgerliches Gesetzbuch mit besonderer Berücksichtigung der Rechtsprechung des Reichsgerichts und des Bundesgerichtshofes, 2. Aufl. 1975 – 1999; *Emmerich/Habersack*, Aktien- und GmbH-Konzernrecht, 4. Aufl. 2005; *Eylmann/Vaasen*, BNotO/BeurkG, 2. Aufl. 2004; *Gernhuber/Coester-Waltjen*, Lehrbuch des Familienrechts, 4. Aufl. 1994; *Goutier/Knopf/Tulloch*, Umwandlungsrecht, 1996; *Hachenburg*, GmbHG, 8. Aufl. 1997; *Hartmann*, Kostengesetze, 36. Aufl. 2006; *Heidel*, Anwaltkommentar – Aktienrecht, 2002; *Hölters/Deilmann/Buchta*, Die kleine Aktiengesellschaft, 2. Aufl. 2002; *Hüffer*, Aktiengesetz, 7. Aufl. 2006; *Huhn/v. Schuckmann*, Beurkundungsgesetz und Dienstordnung für Notare, 4. Aufl. 2004; *Knoche*, Notar und Rechtsgestaltung, 1998; *Korintenberg/Lappe/Bengel/Reimann*, Kostenordnung, 16. Aufl. 2005; *Lutter*, Umwandlungsgesetz, 3. Aufl. 2004; *Lutter/Hommelhoff*, GmbH-Gesetz, 16. Aufl. 2004; *Michalski*, GmbHG, 2002; *Mihm*, Berufsrechtliche Kollisionsprobleme beim Anwaltsnotar, 2000; *Münchener Kommentar zum Aktienrecht*, Bd. 4 (§§ 118 – 147 AktG), 2. Aufl. 2004; *Münchener Kommentar zum Bürgerlichen Gesetzbuch*, Bd. 1 (§§ 1 – 240, AGBG), 4. Aufl. 2001; *Münchener Vertragshandbuch*, Bd. 6, 5. Aufl. 2003; *Palandt*, Bürgerliches Gesetzbuch, 65. Aufl. 2006; *Rohs/Wedewer/Rohs*, Kostenordnung, Stand: Dezember 2006; *Roth/Altmeppen*, Kommentar zum GmbHG, 5. Aufl. 2005; *Rowedder*, GmbHG, 4. Aufl. 2002; *Semler/Stengel*, UmwG, 2003; *Scholz*, Kommentar zum GmbHG, 9. Aufl. 2002; *Staudinger*, Kommentar zum Bürgerlichen Gesetzbuch, Buch I, §§ 90 – 133; §§ 1 – 54, 63 (Beurkundungsgesetz), 2000; *Staudinger/Großfeld*, IntGesR, 1998; *Sudhoff*, GmbH & Co. KG, 6. Aufl. 2005; *Widmann/Mayer*, Umwandlungsrecht, Stand: September 2004; *Winkler*, Beurkundungsgesetz, 15. Aufl. 2003; *Ziche*, Die Verweisung des § 35 Abs. 4 GmbHG auf das Verbot der Vornahme von Insichgeschäften, 1990.

Aufsätze und Rechtsprechungsübersichten:

Altmeppen, Zum richtigen Verständnis der neuen §§ 293a – 293g AktG zu Bericht und Prüfung beim Unternehmensvertrag, ZIP 1998, 1853; *Bausback*, Der dingliche Erwerb inländischer Grundstücke durch ausländische Gesellschaften – Zusammenwirken von deutschem Kollisionsrecht, ausländischem materiellen Recht und dem formalisierten Beweisverfahren der GBO, dargestellt unter besonderer Berücksichtigung des US-amerikanischen Rechts, DNotZ 1996, 254; *Benecke*, Auslandsbeurkundung im GmbH-Recht: Anknüpfung und Substitution, RIW 2002, 280; *Binz/Mayer*, Beurkundungspflichten bei der GmbH & Co. KG, NJW 2002, 3054; *Blanke*, Praktische Erleichterungen für die Tätigkeit von Vorständen nicht börsennotierter Aktiengesellschaften, BB 1995, 681; *Bormann*, Formvorschriften im (Kapital)Gesellschaftsrecht – Ein aktueller Überblick, OLG-Report 2004, K 45; *Bormann*, Die Stellvertretung im Gesellschaftsrecht – Ein aktueller Überblick, NotBZ 2003, 405; *Brambring*, Das Gesetz zur Änderung und Ergänzung beurkundungsrechtlicher Vorschriften in der notariellen Praxis, DNotZ 1980, 296; *Brandes*, Die Rechtsprechung des Bundesgerichtshofs zur GmbH, WM 2000, 217; *Bredthauer*, Zur Wirksamkeit gesellschaftsrechtlicher Beurkundungen im Kanton Zürich, BB 1986, 1864; *Dignas*, Die Auslandsbeurkundung im deutschen GmbH-Recht, GmbHR 2005, 139; *Einsele*, Formerfordernisse bei mehraktigen Rechtsgeschäften, DNotZ 1996, 835; *R. Fischer*, Die unwiderrufliche Stimmrechtsvollmacht in der GmbH, GmbHR 1952, 114; *Filzek*, Der neue Höchstwert nach § 18 Abs. 1 S. 1 KostO – keine Geltung für nach § 44 Abs. 2 KostO zu ermittelnde Gesamtwerte, JurBüro 2004, 579; *Ganssen*, Zulässigkeit und Grenzen gesellschaftsrechtlich vereinbarter Pflichten zur Vornahme familien- und erbrechtlicher Vereinbarungen mit Dritten, RNotZ 2004, 423; *Gätsch/Schulte*, Notarielle Beurkundung bei im Ausland erfolgenden GmbH-Anteilsveräußerungen, ZIP 1999, 1954; *Görgemanns/Menke*, Müssen M & A-Verträge betreffend Geschäftsanteile „ausländischer GmbH's" beurkundet werden?, M & A 2005, 154; *Goette*, Auslandsbeurkundungen im Kapitalgesellschaftsrecht, DStR 1996, 709; *Götze*, „Selbstkontrahieren" bei der Geschäftsführerbestellung in der GmbH, DStR 2001, 217; *Haerendel*, Die Beurkundung gesellschaftsrechtlicher Akte im Ausland, DStR 2001, 1802; *Heidenhain*, Zum Umfang der notariellen Beurkundung bei der Veräußerung von Geschäftsanteilen, NJW 1999, 3073; *Heinz*, Beurkundung von Erklärungen zur Auflassung deutscher Grundstücke durch bestellte Notare im Ausland, RIW 2001, 928; *Hoffmann-Becking*, Gesetz zur „kleinen AG" – unwesentliche Randkorrekuren oder grundlegende Reform?, ZIP 1995, 1; *Kallmeyer*, Abtretungsverpflichtung aus formloser Erwerbstreuhand? Zugleich Besprechung der Entscheidung des III. Senats des BGH v. 4.11.2004 – III ZR 172/03, GmbHR 2006, 66; *Kindler*, Die Aktiengesellschaft für den Mittelstand – Das Gesetz für kleine Aktiengesellschaften und zur Deregulierung des Aktienrechts, NJW 1994, 3041; *Kempermann*, Die Formbedürftigkeit der Abtretung eines Beteiligten an einer GmbH & Co. KG, NJW 1991, 684; *Kirstgen*, Zur Anwendbarkeit des § 181 BGB auf Gesellschafterbeschlüsse in der GmbH, GmbHR 1989, 406; *Kröll*, Beurkundung gesellschaftsrechtlicher Vorgänge durch einen ausländischen Notar, ZGR 2000, 111; *Langhein*, Notarieller Rechtsverkehr mit englischen Gesellschaften, NZG 2001, 1123; *Lappe*, Anmerkung zum Beschluß des OLG Stuttgart vom 28.5.1990 – 8 W 415/89, DNotZ 1991, 413; *Loritz*, Rechtsfragen der notariellen Beurkundung bei Verkauf und Abtretung von GmbH-Geschäftsanteilen, DNotZ 2000, 90; *Lutter*, Das neue Gesetz für kleine Aktiengesellschaften und zur Deregulierung des Aktienrechts, AG 1994, 429; *Mann*, Die Urkunde ausländischer, insbesondere englischer Notare und der deutsche Rechtsverkehr, NJW 1955, 1177; *Menke*, Beurkundungspflicht von Verträgen über den Verkauf oder die Abtretung ausländischer GmbH-Geschäftsanteile?, BB 2004, 1807; *Merkt*, Vertragsform beim Kauf von Anteilen an einer ausländischen Gesellschaft, ZIP 1994, 1417; *Mertens*, Typische Probleme bei der Verpfändung von GmbH-Anteilen, ZIP 1998, 1787; *Pilger*, Die Unwirksamkeit der Beurkundung der Abtretung von Geschäftsanteilen in der Schweiz, BB 2005, 1285; *Priester*, Aufgaben und Funktionen des Notars in der Hauptversammlung, DNotZ 2001, 661; *v. Randenborgh/Kallmeyer*, Pro und Contra: Beurkundung gesellschaftsrechtlicher Rechtsgeschäfte durch ausländische Notare?, GmbHR 1996, 908; *Reichert/Weller*, Geschäftsanteilsübertragung mit Auslandsberührung, DStR 2005, 250, 292; *Reithmann*, Substitution bei Anwendung der Formvorschriften des GmbH-Gesetzes, NJW 2003, 385; *Reuter*, Keine Auslandsbeurkundung im Gesellschaftsrecht?, BB 1998, 116; *Röll*, Beglaubigungsvermerke in englischer Sprache, MittBayNot 1977, 107; *H. Roth*, Legalisation und Apostille im Grundbuchverfahren, IPRax 1994, 86; *Schaub*, Ausländische Handelsgesellschaften und deutsches Registerverfahren, NZG 2000, 953; *Schervier*, Beurkundung GmbH-rechtlicher Vorgänge im Ausland, NJW 1992, 593; *Schneider*, Die Vertretung der GmbH bei Rechtsgeschäften mit ihren Konzernunternehmen, BB 1986, 201; *Schlüter*, Veräußerung und Abtretung von GmbH-Geschäftsanteilen als Formproblem, FS für Bartholomeyczik, S. 359; *Schulz*, Zur Formbedürftigkeit von Vereinbarungs- und Erwerbstreuhand an GmbH-Geschäftsanteilen, GmbHR 2001, 282; *Sieger/Hasselbach*, Break Fee-Vereinbarung bei Unternehmenskäufen, BB 2000, 625; *Sigle/Maurer*, Umfang des Formzwangs beim Unternehmenskauf, NJW 1984, 2657; *Simon*, Die nur teilweise Befreiung vom Selbstkontrahierungsverbot und das Handelsregister, GmbHR 1999, 588; *Spindler*, Abschied vom Papier? Das Gesetz über elektronische Handelsregister und Genossenschaftsregister sowie das Unternehmensregister, WM 2006, 109; *Timm*, Mehrfachvertretung im Konzern – Überlegungen zum Binnenrecht der Unternehmensgruppe, AcP 193 (1993), 423; *Triebel/Otte*, 20 Vorschläge für eine GmbH-Reform: Welche Lektion kann der deutsche Gesetzgeber vom englischen lernen?, ZIP 2006, 311; *Ulmer/Löbbe*, Zur Anwendbarkeit des § 313 BGB im Personengesellschaftsrecht, DNotZ 1998, 711; *Walz/Fembacher*, Zweck und Umfang der Beurkundung nach § 15 GmbHG, NZG 2003, 1134; *Wiesbrock*, Formerfordernisse beim Unternehmenskauf, DB 2002, 2311; *Wrede*, Nochmals: Zur Beurkundungspflicht bei der Übertragung von Anteilen an einer ausländischen Kapitalgesellschaft, GmbHR 1995, 365.

A. Einführung[1]

Das Gesellschaftsrecht ist ein guter Freund der Beurkundungspraxis. **Zahlreiche gesellschaftsrechtliche Regelungen** bedürfen in Deutschland zu ihrer Wirksamkeit der Beurkundung oder Beglaubigung und damit der **Mitwirkung eines Notars**. Gesellschaftsrechtliche Regelungen müssen daher stets auch mit Blick auf bestehende Beurkundungserfordernisse geplant werden, angefangen bei der Reichweite des Formerfordernisses über Formalien wie die Verlesung von Anlagen zur Urkunde bis hin zu Kostenfragen.

Die Mitwirkung eines öffentlichen Amtsträgers ist im **internationalen Vergleich** keineswegs selbstverständlich. Der angelsächsische Rechtskreis kommt **weitgehend ohne notarielle Beurkundung** zurecht. So bedürfen bspw. der Verkauf und die Übertragung von Anteilen einer englischen oder US-amerikanischen Kapitalgesellschaft nicht der Beurkundung oder einer vergleichbaren Form,[2] und zwar selbst dann nicht, wenn dabei Milliardenvermögen bewegt werden. Die meisten kontinentaleuropäischen Rechtsordnungen orientieren sich dagegen am **Vorbild des lateinischen Notariats**,[3] das traditionell die Mitwirkung eines öffentlichen Amtsträgers bei bestimmten Rechtsgeschäften erfordert.

Die **Nichtbeachtung des Formerfordernisses** zieht im deutschen Recht gravierende Konsequenzen nach sich: Wird ein Rechtsgeschäft, für das die notarielle Form vorgeschrieben ist, ohne Beachtung dieser Form abgeschlossen, ist es **nichtig** (§ 125 BGB). Die Vertragsparteien wie auch Dritte (z.B. die Finanzbehörden[4]) können sich noch nach Jahren auf diese Nichtigkeit berufen. Bei börsennotierten Gesellschaften können nichtige Vorgänge zu erheblichen Konsequenzen führen, namentlich entsprechende Vorbehalte in einem Börsenprospekt.

> **Hinweis:**
> Aus der Sicht eines anwaltlichen Beraters ist daher bei der Beachtung von Formerfordernissen besondere Sorgfalt geboten, da das Fahrwasser zwischen den Klippen des Gesellschaftsrechts, des Steuerrechts und des Beurkundungsrechts eng ist und an jeder Felswand die Beraterhaftung lauert.

---

1 Frau Rechtsreferendarin Sabine Otte, LL.M., danke ich für ihre Mitarbeit bei der Vorbereitung dieser Veröffentlichung.
2 Vgl. Triebel/Otte, ZIP 2006, 311, 316; Langhein, NZG 2001, 1123, 1126.
3 Vgl. Staudinger/Hertel, BGB, Vorbem. zu §§ 127a, 128 Rn. 755.
4 Die Übertragung ist jedoch steuerrechtlich wirksam, wenn das „wirtschaftliche Eigentum" (§§ 39, 41 AO) an einem GmbH-Geschäftsanteil übergeht. Dies ist auch bei einer zivilrechtlich unwirksamen Übertragung der Fall, wenn dem Erwerber das Gewinnbezugsrecht und das Stimmrecht eingeräumt werden oder der zivilrechtliche Gesellschafter verpflichtet ist, bei der Ausübung des Stimmrechts die Interessen des Erwerbers wahrzunehmen, vorausgesetzt, die getroffenen Vereinbarungen werden in der Folgezeit tatsächlich vollzogen, vgl. BFH, GmbHR 2004, 904; Bormann, OLG-Report 2004, K 45, K 48.

> Kommt es zu einer Havarie, wird die Berufung auf eine Haftung des mitwirkenden Notars selten helfen, da die Haftungsvorschrift des Notars (§ 19 BNotO) jedenfalls bei fahrlässigen Pflichtverletzungen gegenüber der einer Haftung des beratenden Anwalts subsidiär ist (§ 19 Abs. 1 Satz 2 BNotO).

4 Die Pflicht zur Beurkundung bestimmter Rechtsgeschäfte im deutschen Recht dient nicht nur – wie andere gesetzliche Formvorschriften – dem Schutz des Erklärenden vor übereilter Bindung bei riskanten Geschäften (**Warnfunktion**) und der **Beweissicherung**,[5] sondern auch der Sicherung der äußeren Wirksamkeit des Rechtsgeschäfts (**Gültigkeitsgewähr**).[6] Darüber hinaus sollen die vom Gesetzgeber vorgeschriebene **Belehrung** über die rechtliche Tragweite des Geschäfts und die neutrale, unparteiliche Vertragsgestaltung des Notars eine innere Vertragsgerechtigkeit sicherstellen.

B. Arten der Beurkundung

5 Es lassen sich folgende praktisch bedeutsame Arten der Beurkundung unterscheiden:

I. Beurkundung von Willenserklärungen

6 Die Beurkundung von **Willenserklärungen** richtet sich nach §§ 8 ff. BeurkG. Hauptmerkmal der Beurkundung von Willenserklärungen ist die **Durchführung einer „Verhandlung"** (§ 13 BeurkG). Die Verhandlung besteht im Vorlesen der Niederschrift, die die Willenserklärungen der Beteiligten enthält und die mit ihrer Unterzeichnung durch **die Beteiligten und den Notar** abgeschlossen wird. Der Notar muss konsultativ mitwirken und die Parteien belehren, um eine Diskrepanz zwischen dem beabsichtigten rechtlichen Erfolg und der eintretenden Rechtsfolge zu vermeiden.[7] Diese Funktion reduziert sich allerdings in der Praxis, wenn Verträge von anwaltlichen Beratern verhandelt und vorbereitet wurden. Bei der Beurkundung von Willenserklärungen hat der Notar die **Vertretungsmacht der Beteiligten** gemäß § 17 BeurkG i.V.m. § 12 BeurkG zu prüfen; Vollmachten sind der Niederschrift in Urschrift oder in beglaubigter Abschrift beizufügen.[8]

II. Sonstige Beurkundungen

7 Für die Beurkundung **anderer Erklärungen als Willenserklärungen** sowie **sonstiger Tatsachen und Vorgänge** gilt anstelle der §§ 8 ff. BeurkG das vereinfachte Verfahren der §§ 36 ff. BeurkG. In diesem Fall wird von dem Notar eine Niederschrift aufgenommen, in welcher der Notar die von ihm wahrgenommenen Abläufe und Beschlussfassungen festhält. Ein Verlesen der Urkunde sowie eine Unterzeichnung durch die übrigen Beteiligten erfolgt – anders als bei der Beurkundung von Willenserklärungen – nicht.

Hauptanwendungsfall für Beurkundungen nach §§ 36 ff. BeurkG im Gesellschaftsrecht ist § 130 AktG für **Hauptversammlungen einer AG**.[9] Eine Beurkundung der Hauptversammlung ist lediglich dann entbehrlich, wenn es sich um eine „kleine" AG i.S.v. § 130 Abs. 1 Satz 3 AktG handelt. In diesen Fällen genügt es, wenn das Protokoll der Hauptversammlung privatschriftlich ausgefertigt und vom Vorsitzenden des Aufsichtsrats unterschrieben wird.

8 Die Form der Beurkundung von Willenserklärungen ist allerdings **auch bei Hauptversammlungsbeschlüssen erforderlich**, wenn neben Versammlungsbeschlüssen weitere rechtsgeschäftliche Erklärungen

---

5 Die Beweissicherung soll sowohl im fiskalischen als auch im Gläubigerinteresse liegen, vgl. Walz/Fembacher, NZG 2003, 1134, 1140; MünchKomm-BGB/Kanzleiter, § 311b Rn. 1.
6 Vgl. auch Bernhard, in: Beck'sches Notar-Handbuch, G. 16; Walz/Fembacher, NZG 2003, 1134, 1140.
7 Vgl. weitergehend zum Verfahren und zu einer Checkliste bei der Beurkundung von Willenserklärungen Bernhard, in: Beck'sches Notarhandbuch, G. 139 ff.
8 Vgl. ausführlicher zur Vertretungsmacht unten Rn. 25 ff.
9 Vgl. zur Beurkundung einer Hauptversammlung unten Rn. 57; dazu ausführlich Priester, DNotZ 2001, 661; Hüffer, AktG, § 130 Rn. 14c.

von Aktionären beurkundet werden sollen.[10] In diesen Fällen müssen ggf. zwei notarielle Urkunden erstellt werden.

Beispiel:

Verzichtserklärungen von Aktionären nach dem UmwG (§ 16 Abs. 3 UmwG), die auch bei einer kleinen AG nicht in dem (wegen des Erfordernisses einer satzungsändernden Mehrheit notariell zu beurkundenden) Protokoll der Hauptversammlung nach §§ 36ff. BeurkG, sondern in einer separaten, nach den Vorschriften über die Beurkundung von Willenserklärungen nach §§ 8 ff. BeurkG errichteten Urkunde enthalten sein müssen.

III. Unterschriftsbeglaubigung

Von der Beurkundung ist die **öffentliche Beglaubigung** zu unterscheiden. Mit einer Unterschriftsbeglaubigung bescheinigt der Notar lediglich, dass die Unterschrift einer Person von dieser (dem Notar persönlich bekannten oder ihm gegenüber ausgewiesenen) Person stammt und der Unterzeichnende seine Unterschrift **persönlich vor dem Notar vollzogen oder anerkannt** hat (vgl. § 40 BeurkG). Eine Aussage über den Text der Urkunde, der von der Unterschrift gedeckt wird, wird damit nicht getroffen. Sofern der Text **nicht erkennbar sittenwidrig ist oder einen Straftatbestand verwirklicht**, darf der Notar die Beglaubigung nicht verweigern. Meist handelt es sich bei der Unterschriftsbeglaubigung um den **Nachweis der Identität des Unterzeichnenden bei Verfahrenserklärungen** gegenüber Grundbuchamt und Registergericht (vgl. etwa § 29 GBO, § 12 HGB), aber auch um bestimmte formbedürftige Vollmachten oder die Übernahmeerklärung bei Kapitalerhöhungen einer GmbH. Daneben kann eine Unterschriftsbeglaubigung auch bei nicht formbedürftigen Rechtsgeschäften sinnvoll sein, wenn dadurch der Vertragsschluss und dessen Zeitpunkt (z.B. gegenüber den Finanzbehörden) nachgewiesen werden sollen. 9

Fehlt über der zu beglaubigenden Unterschrift ein Text oder ist dieser lückenhaft, rechtfertigt dies nicht generell, die Beglaubigung zu versagen, wenn dargelegt wird, dass die **Beglaubigung vor Festlegung des Urkundeninhalts** benötigt wird (§ 40 Abs. 5 Satz 1 BeurkG). Der Notar hat in diesem Fall in seinem Beglaubigungsvermerk zu erwähnen, dass die Unterschrift keinen vollständigen Text abdeckt. 10

Für die Beglaubigung genügt es, dass die Unterschrift vorher geleistet und vor dem Notar nur **anerkannt** wird. § 41 BeurkG, der die persönliche Unterschrift vor dem Notar vorsah für Unterschriften, die bei Gericht zu hinterlegen waren, hat keine praktische Bedeutung mehr, nachdem die Hinterlegung solcher Unterschriften mit Wirkung ab dem 1.1.2007 entfallen ist.[11] 11

C. Form der Beurkundung

I. Inhalt der Niederschrift

Bei der Beurkundung von Willenserklärungen ist eine Niederschrift über die Verhandlung aufzunehmen, die folgende Angaben zwingend enthalten **muss** (§§ 9 – 11, 13, 16, 17, 22 BeurkG):[12] 12

- die Bezeichnung des Notars und der Beteiligten (Vor- und Familienname, Geburtsname, Wohnort oder Geschäftsanschrift, Geburtsdatum),
- die Erklärungen der Beteiligten.

Die Urkunde muss **zwingend in Gegenwart des Notars vorgelesen**, von den Beteiligten genehmigt und von ihnen und dem Notar unterschrieben werden. Wer die Urkunde vorliest, sagt das Gesetz nicht. **Unproblematisch** ist das Vorlesen durch den Notar selbst. Möglich ist außerdem das Vorlesen durch einen nicht an der Vereinbarung beteiligten Dritten, solange dies in Anwesenheit aller Beteiligten und des Notars 13

---

10 Vgl. zur Beurkundung von Gesellschafterbeschlüssen unten Rn. 56.
11 Die Vorschriften über die Hinterlegung von Unterschriften der Vorstandsmitglieder, Geschäftsführer und Prokuristen wurden durch das Gesetz über elektronische Handelsregister und Genossenschaftsregister sowie das Unternehmensregister (EHUG) vom 10.11.2006 (BGBl I, S. 2553) aufgehoben.
12 Vgl. auch Bernhard, in: Beck'sches Notarhandbuch, G. 153.

erfolgt. Ob **auch einer der Beteiligten** die Urkunde verlesen darf, könnte dagegen zweifelhaft sein, da der Lesende sich möglicherweise nicht in gleicher Weise wie ein Zuhörer auf den Gesamtzusammenhang des Textes konzentrieren kann.

> **Hinweis:**
> Zwar gibt es keine ausdrückliche gesetzliche Bestimmung, die eine Verlesung durch Beteiligte ausdrücklich verbietet. Eine Verlesung durch einen der an der Beurkundung Beteiligten sollte jedoch **nach Möglichkeit vermieden werden**, um Wirksamkeitszweifel der Beurkundung zu vermeiden.

14   Wird die Urkunde samt Anlagen[13] nicht insgesamt vorgelesen, ist die Beurkundung **unwirksam**. Auf die Einhaltung dieses Erfordernisses ist daher stets zu achten.

15   Die Niederschrift **soll** außerdem **Folgendes enthalten**:
- die Angabe von Ort und Tag der Verhandlung,
- die genaue Bezeichnung der Beteiligten,
- die Feststellung von Zweifeln an der Geschäftsfähigkeit der Beteiligten,
- bei Verfügung von Todes wegen die Feststellung der Geschäftsfähigkeit,
- die Feststellung, dass die Urkunde vorgelesen, genehmigt und unterschrieben wurde,
- die Vorlegung der Niederschrift auf Verlangen,
- die Beifügung der Amtsbezeichnung zur Unterschrift des Notars.

II. Bezugsurkunden

16   In der Praxis erleichtern sog. Bezugsurkunden die Beurkundung größerer Vertragswerke erheblich. Bei einer Bezugsurkunde werden technische Regelungen eines Vertrags wie z.B. Inventarlisten, Bilanzen, Vertragsmuster und technische Beschreibungen vorab durch (vollmachtslose) Vertreter beurkundet. Anschließend wird der eigentliche Hauptvertrag (mit den Beteiligten selbst) beurkundet und die Bezugsurkunde durch eine bloße Verweisung in die Haupturkunde einbezogen. Zugleich werden die Erklärungen der Bezugsurkunde genehmigt. Die Bezugsurkunde braucht in der Beurkundung des Hauptvertrags **nicht erneut verlesen und beigefügt zu werden**. Die Beurkundung des Hauptvertrags kann so von technischen Regelungen entlastet und eine Konzentration auf den eigentlichen Vertragskern erreicht werden.

Rechtlicher Anknüpfungspunkt für die Bezugsurkunde ist § 13a BeurkG. Nach § 13a BeurkG kann eine vorangehende notarielle Urkunde durch bloße **Verweisung** zum Gegenstand der nachfolgenden Urkunde gemacht werden, ohne dass die vorangehende Urkunde bei der Beurkundung der nachfolgenden Urkunde erneut verlesen werden muss. Die Bezugsurkunde muss bei der Beurkundung der Haupturkunde allerdings **im Original oder in beglaubigter Abschrift** vorliegen. Hauptanwendungsfall im Gesellschaftsrecht sind Unternehmenskaufverträge oder Umstrukturierungen, bei denen Anlagen mit technischen Details zu den Hauptverträgen vorab durch Vertreter beurkundet werden. Bei Schiedsklauseln, die auf standardisierte Regelwerke[14] verweisen, werden diese Regelwerke häufig in Bezugsurkunden vorab beurkundet, um auch die Schiedsregeln selbst vorsorglich in die Urkunde einzubeziehen.

§ 13a BeurkG ermöglicht auch im übrigen, auf vorangehende notarielle Urkunden Bezug zu nehmen, ohne die Vorurkunde nochmals verlesen zu müssen. Wird bspw. ein notariell beurkundeter Vertrag später geändert, genügt die **Bezugnahme auf die frühere notarielle Urkunde**, um diese in die Änderungsurkunde einzubeziehen.

---

13   Zu den Ausnahmen vgl. unten Rn. 16 und Rn. 24.
14   Z.B. nach den Schiedsregeln der Deutschen Institution für Schiedsgerichtsbarkeit e.V. (DIS).

Formulierungsbeispiel: Verweisung auf andere notarielle Niederschrift

> Die vorgenannte notarielle Urkunde, auf die hiermit verwiesen wird, hat bei der Beurkundung in beglaubigter Abschrift vorgelegen. Ihr Inhalt ist den Erschienenen bekannt, auf eine Verlesung und Beifügung wird allseits verzichtet.
>
> *(Anm.: Es folgt ggf. noch die Genehmigung der Erklärungen in der Bezugsurkunde durch die Vertragsparteien der Haupturkunde).*

Voraussetzung für eine wirksame Verweisung nach § 13a BeurkG ist die **Bezugnahme** auf eine notarielle Niederschrift, die **nach den Vorschriften für die Beurkundung von Willenserklärungen** (§§ 8 ff. BeurkG) errichtet worden ist. Die Bezugsurkunde muss so genau bezeichnet werden, dass sie zumindest durch Auslegung bestimmbar ist. Zweckmäßigerweise geschieht dies durch Angabe des Urkundendatums, des beurkundenden Notars und der Urkundenrollen-Nummer. Nicht erforderlich ist, dass an der Bezugsurkunde dieselben Vertragsparteien beteiligt sind wie an der Haupturkunde.

Die Frage, ob dem Erfordernis der notariellen Niederschrift auch **Urkunden eines ausländischen Notars** genügen, wurde bislang – soweit ersichtlich – von der Rspr. nicht entschieden. Nach Auffassungen im notariellen Schrifttum sollen Urkunden ausländischer Notare nicht Gegenstand einer Verweisung nach § 13a BeurkG sein können. Dies soll auch dann gelten, wenn die ausländische Beurkundung selbst der deutschen Beurkundung gleichwertig ist.[15] Zur Begründung wird angeführt, § 13a BeurkG sei eine **gesetzliche Verfahrensregelung**, an die der ausländische Notar nicht gebunden sei. Die ausländische Urkunde erfülle deshalb nicht das verfahrensrechtliche Erfordernis einer „notariellen Niederschrift" i.S.v. § 13a BeurkG.

Diese Auffassung erscheint interessengeprägt und nicht recht verständlich. **Entscheidend ist nicht**, dass der ausländische Notar nicht an das deutsche BeurkG gebunden ist. Mit dieser Begründung könnte die Wirksamkeit der Auslandsbeurkundung in jedem Fall in Zweifel gezogen werden, weil naturgemäß kein ausländischer Notar dem deutschen BeurkG unterliegt. **Maßgebend ist vielmehr**, ob auch die ausländische Bezugsurkunde nach Sinn und Zweck von § 13a BeurkG geeignet ist, ohne erneute Verlesung zum Inhalt einer Haupturkunde zu werden. § 13a BeurkG will Verfahrenserschwernisse vermeiden, wenn die Bezugsurkunde als notarielle Urkunde, also durch Verlesen, Genehmigen und Unterschreiben, errichtet wurde. Darauf, ob dies im In- oder Ausland geschah, kommt es für den Zweck der Norm nicht an. Maßgeblich für die Anwendung der Vorschrift ist allein, ob es sich bei der ausländischen Urkunde um eine solche handelt, die in einer den deutschen Vorschriften über die Beurkundung von Willenserklärungen **vergleichbaren Form errichtet wurde**. Ist dies der Fall, besteht kein Unterschied zu einer inländischen Bezugsurkunde. Wenn bereits die ausländische Beurkundung selbst im Inland in vollem Umfang anzuerkennen ist,[16] muss dies im Wege des **Erst Recht-Schlusses** für die bloße Bezugnahme auf eine solche ausländische Urkunde gelten (argumentum a maiore ad minus).

Für eine Verweisung nach § 13a BeurkG ist ferner die Erklärung der Beteiligten erforderlich, dass ihnen die Bezugsurkunde bekannt ist („**Bekanntheitserklärung**") und auf das Vorlesen bzw. die Vorlage der Urkunde bei Karten, Zeichnungen und Abbildungen, § 13a Abs. 1 Satz 4 BeurkG, verzichtet wird. Die Beifügung der Bezugsurkunde ist ebenfalls entbehrlich, wenn die Beteiligten darauf verzichten. Ausreichend ist die Erklärung der Beteiligten, dass ihnen die Bezugsurkunde bekannt ist. Ob dies tatsächlich der Fall ist, ist für die Wirksamkeit der Verweisung und den Verzicht auf Verlesung und Beifügung unerheblich. Wird die Bezugsurkunde in einer ausländischen Sprache errichtet, kann sie deshalb auch durch eine Partei genehmigt werden, die die ausländische Sprache nicht beherrscht.[17] Erforderlich ist lediglich, dass

---

15 Vgl. Brambring, DNotZ 1980, 296; Winkler, BeurkG, § 13a Rn. 35; Huhn/von Schuckmann/Renner, BeurkG, § 13a Rn. 14; Eylmann/Vaasen/Limmer, BNotO/BeurkG, § 13a BeurkG Rn. 14; Staudinger/Hertel, BGB, Vorbem. zu §§ 127a, 128 Rn. 421.

16 Zur Möglichkeit der Auslandsbeurkundung eingehend unter Abschnitt G, Rn. 88 ff.

17 Eylmann/Vaasen/Limmer, BNotO/BeurkG, § 16 BeurkG Rn. 8; Huhn/von Schuckmann/Renner, BeurkG, § 16 Rn. 12.

die Erschienenen, die die Bezugsurkunde erstellen, der Sprache mächtig sind, in der die Bezugsurkunde errichtet wurde.

III. Anlagen

21 Grds. gilt für Anlagen, deren Inhalt nach dem Willen der Beteiligten Bestandteil des zu beurkundenden Rechtsgeschäfts sein soll, das **Verfahren nach § 9 Abs. 1 BeurkG**.[18] Davon abzugrenzen sind Anlagen, die nicht beurkundungsbedürftig sind und **zu bloßen Beweiszwecken** zur Urkunde geheftet werden, wie z.B. die beglaubigte Abschrift einer Vollmacht oder ein beigefügter Handelsregisterauszug.[19] Anlagen i.S.d. § 9 Abs. 1 Satz 2 BeurkG können Erklärungen der Beteiligten oder Dritter sein, wie etwa Baubeschreibungen, Verzeichnisse, Inventare, Bilanzen oder rechtsgeschäftliche Erklärungen. **Insb. GmbH-Satzungen** werden häufig als Anlage zum Gründungsvertrag nach § 9 Abs. 1 Satz 2 BeurkG beurkundet.

Für solche beurkundungsbedürftige Anlagen gilt: Auf diese ist in der Niederschrift (nicht nur in der Anlage selbst) zu verweisen.

22 **Formulierungsbeispiel: Verweisung auf Anlagen**

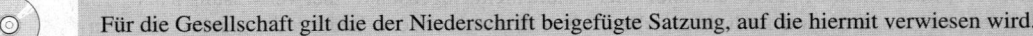

> Für die Gesellschaft gilt die der Niederschrift beigefügte Satzung, auf die hiermit verwiesen wird.

23 Die beurkundungsbedürftigen Anlagen sind vorzulesen und der Niederschrift beizufügen (§§ 13, 9 Abs. 1 Satz 2 BeurkG). Eine gesonderte Unterschrift auf der Anlage ist **nicht erforderlich**, wenn auch gelegentlich zu Beweiszwecken anzutreffen. Die Unterschrift unter die Niederschrift reicht aus.[20] Wird die Anlage in dieser Weise formwirksam mitbeurkundet, gilt sie als **Bestandteil der Niederschrift selbst** (§ 9 Abs. 1 Satz 2 BeurkG). Fehlt eine dieser Voraussetzungen, ist die Anlage nicht wirksam mitbeurkundet. Inwieweit die übrige Niederschrift dennoch formwirksam ist, bestimmt sich in diesem Fall nach § 139 BGB.

24 Ein Verzicht auf die Verlesung der Anlagen ist grds. nicht möglich.[21] **Eine Ausnahme enthält § 14 BeurkG**. Danach können die Parteien auf die Verlesung der Anlagen verzichten, wenn es sich um Bilanzen, Inventare, Nachlassverzeichnisse oder sonstige Bestandsverzeichnisse über Sachen, Rechte und Rechtsverhältnisse handelt. Dies sind beim Unternehmenskauf oder bei Spaltungsverträgen nach dem UmwG insb. Zahlenwerke und Inventarlisten.

> *Beispiel:*
>
> *Planbilanzen, Anlagenlisten, Gewinn- und Verlustrechnungen, Verzeichnisse der Forderungen und Verbindlichkeiten, der gewerblichen Schutzrechte, Arbeitnehmerlisten usw.*

Für das Verfahren nach § 14 BeurkG müssen die Beteiligten auf das Vorlesen verzichten und diesen **Verzicht in der Niederschrift feststellen**. Zudem muss die Niederschrift auf die Anlage verweisen. Die Anlagen selbst müssen von den Beteiligten auf jeder Seite unterschrieben werden. Eine Paraphe dürfte angesichts des Gesetzeswortlauts nicht ausreichen. Eine Unterschrift des Notars auf den Anlagen ist dagegen nicht erforderlich.

> **Hinweis:**
> Anlagen, die materielle Regelungen enthalten, werden grds. von der Verlesungspflicht nach § 13 BeurkG erfasst. Bei **sog. „gemischten" Anlagen**, die neben den in § 14 BeurkG genannten Schriftstücken auch materielle Regelungen enthalten, empfiehlt sich die Verlesung der gesamten Anlage, um das Risiko einer Unwirksamkeit der gesamten Niederschrift zu vermeiden. Gleiches gilt bei

---

18 Vgl. dazu oben Rn. 6.
19 Vgl. KG, NJW-RR 1997, 1259.
20 Vgl. RGZ 96, 181, 183.
21 Vgl. RGZ 71, 318; OLG Frankfurt, DNotZ 1964, 310.

> Jahresabschlüssen, da der Jahresabschluss über die bloße Bilanz hinausgehende Teile enthält (z.B. den Anhang), die nach § 14 BeurkG nicht von einer Verlesung freigestellt sind.

IV. Stellvertretung

Gesellschaftsrechtliche Rechtsgeschäfte, die der notariellen Beurkundung bedürfen, werden in der Praxis **häufig von Vertretern abgeschlossen**. Grds. ist auch im Gesellschaftsrecht die **mündliche Bevollmächtigung ausreichend**, da die Vollmacht nicht der Form bedarf, die für das Rechtsgeschäft selbst vorgeschrieben ist (§ 167 Abs. 2 BGB).[22] 25

Der Abschluss von Rechtsgeschäften durch Vertreter eröffnet **Gestaltungsmöglichkeiten für das Wirksamwerden dieser Verträge**: 26

- Wird der Vertrag durch einen Vertreter geschlossen, der dazu bereits **bevollmächtigt** ist, wird das Rechtsgeschäft mit der Beurkundung wirksam, soweit die Vertragsparteien nichts Abweichendes vereinbaren.

- Liegt eine **schriftliche Vollmacht** nicht vor, soll der Vertrag aber gleichwohl bereits mit seiner Beurkundung wirksam werden (z.B. weil dies aus steuerlichen Gründen notwendig ist), bietet sich an, dass der Vertreter aufgrund **mündlich erteilter Vollmacht** handelt mit dem Versprechen, eine schriftliche Vollmachtsbestätigung nachzureichen, die zu der Urkunde genommen wird. Diese Möglichkeit entfällt, wenn das Gesetz eine schriftliche oder beglaubigte/beurkundete Vollmacht vorschreibt (z.B. § 2 Abs. 2 GmbHG für GmbH-Gründungen).

- Soll das Rechtsgeschäft dagegen **nicht bereits mit der Beurkundung wirksam werden**, sondern von einer späteren Genehmigung durch den Vertretenen abhängen, muss der Vertreter ausdrücklich als **Vertreter ohne Vertretungsmacht** auftreten mit dem Vorbehalt einer Genehmigung durch den Vertretenen. In einem solchen Fall empfiehlt es sich, die persönliche Haftung des Vertreters für die Nichterteilung der Genehmigung in der notariellen Urkunde auszuschließen. Sofern der Vertreter bei Vertragsschluss ohne Vertretungsmacht gehandelt hat, wird der (zunächst schwebend unwirksame) Vertrag rückwirkend durch Genehmigung des Zustimmungsberechtigten wirksam, soweit nicht ein anderes bestimmt ist (§ 184 BGB).

Eine **Genehmigung** ist grds. ebenfalls formfrei (§ 182 Abs. 2 BGB), und zwar selbst dann, wenn eine Vollmacht ausnahmsweise formbedürftig gewesen wäre.[23] **In der Praxis** überwiegt aus Gründen des Nachweises die Schriftform auch dann, wenn die Genehmigung formfrei erteilt werden kann. Eine Ausnahme von der Formfreiheit besteht jedoch etwa für die Genehmigung der Feststellung der Satzung einer GmbH oder einer AG.[24] Spätere Änderungen der Satzung können dagegen formfrei genehmigt werden. 27

V. Verbot des Insichgeschäfts nach § 181 BGB

1. Praktische Bedeutung; Rechtsfolgen

Erhebliche Bedeutung hat in der Praxis die **Zulässigkeit von Insichgeschäften**, insb. wenn sich nicht vermeiden lässt, dass verschiedene Beteiligte durch dieselbe Person vertreten werden. Nach § 181 BGB kann ein (rechtsgeschäftlicher oder gesetzlicher) Vertreter keine Rechtsgeschäfte im Namen des Vertretenen mit sich im eigenen Namen (**Insichgeschäft**) oder als Vertreter eines Dritten (**Mehrvertretung**) vornehmen, soweit ihm dies nicht gestattet ist oder das Rechtsgeschäft ausschließlich in der Erfüllung einer Verbind- 28

---

22 Zu den praxisrelevanten Ausnahmen vgl. unten Rn. 43 ff.
23 BGHZ 125, 218, 222; Palandt/Heinrichs, BGB, § 182 Rn. 2; a.A.: MünchKomm-BGB/Einsele, § 125 Rn. 23; Einsele, DNotZ 1996, 835.
24 Vgl. OLG Köln, BB 1995, 2545; Lutter/Bayer, in: Lutter/Hommelhoff, GmbHG, § 2 Rn. 15; Hüffer, AktG, § 23 Rn. 12. Weitere Ausnahmen regeln §§ 1516 Abs. 2 Satz 3 BGB, 1517 Abs. 1 Satz 2 BGB, 1597 Abs. 1 BGB, 1750 BGB, 2120 BGB, § 71 ZVG.

lichkeit besteht. Die Vorschrift ist eine Spezialität des deutschen Rechts. Benachbarte Rechtsordnungen wie bspw. die Schweiz oder Frankreich kennen keinen vergleichbaren Tatbestand.

Wird § 181 BGB nicht beachtet, hat dies unter Umständen **gravierende Auswirkungen**. Ein unter Verstoß gegen § 181 BGB abgeschlossenes Rechtsgeschäft ist analog § 177 Abs. 1 BGB **schwebend unwirksam**. Der Vertragspartner hätte die Möglichkeit, sich einseitig von dem Vertrag zu lösen. Dritte wie bspw. die Finanzverwaltung könnten die Wirksamkeit geschlossener Vereinbarungen in Zweifel ziehen. Existiert der Vertretene nicht mehr (eine Gesellschaft wurde liquidiert, natürliche Personen sind verstorben), stellt sich die Frage nach der **Genehmigungsfähigkeit des Rechtsgeschäfts**. Dies gewinnt bspw. bei einer Kette von Anteilsübertragungen Bedeutung, wenn die Wirksamkeit nachfolgender Erwerbe von einem Rechtsgeschäft abhängt, das unter Verstoß gegen § 181 BGB zustande kam. In einer späteren Prüfung der Gesellschaft für einen Unternehmenskauf oder für Kapitalmaßnahmen (Due Diligence) könnte die Inhaberschaft an den Anteilen nicht nachgewiesen werden mit nachteiligen Folgen für den Erwerb oder den Börsenprospekt.

> **Hinweis:**
> Immer dann, wenn eine Person auf beiden Seiten einer Vereinbarung oder für mehrere Vertragsparteien handelt (dies ist nach Möglichkeit zu vermeiden), ist zwingend zu prüfen, ob ein Fall des § 181 BGB vorliegt und ob eine Befreiung wirksam erteilt wurde.

2. Hauptanwendungsfälle

29 Das Verbot des Insichgeschäfts gilt zunächst **für alle Verträge und rechtsgeschäftlichen Erklärungen**. Ob das Verbot von Insichgeschäften nach § 181 BGB auch für **Gesellschafterbeschlüsse** einer GmbH gilt, ist umstritten. Nach der älteren Auffassung wurde eine Anwendbarkeit von § 181 BGB in diesen Fällen mit der formalen Begründung abgelehnt, die Beschlüsse seien nicht als „Rechtsgeschäfte" der Gesellschafter untereinander, sondern als Sozialakte gegenüber der Gesellschaft anzusehen.[25] Nach heute h.M. ist § 181 BGB jedenfalls **auf satzungsändernde Beschlüsse** einschließlich aller Arten der Umwandlung, Abschluss und Aufhebung von Unternehmensverträgen auf Seiten abhängiger Gesellschaften sowie Auflösung der Gesellschaft anwendbar,[26] da die Beschlüsse der Sache nach Vertragsabschlüsse zwischen den Abstimmenden sind. Gleichfalls anwendbar ist § 181 BGB in dem praktisch bedeutsamen Fall, in dem der Geschäftsführer der Gesellschafterin einer (Tochter-)GmbH sich **selbst bei der Tochter-GmbH zum Geschäftsführer bestellt** und dazu die Muttergesellschaft in der Gesellschafterversammlung vertritt.[27] Der Geschäftsführer muss für eine solche „Selbstbestellung" von den Beschränkungen des § 181 BGB wirksam befreit sein.

30 Einen Sonderfall von § 181 BGB bildet **§ 112 AktG**. Da der Aufsichtsrat in einer AG die Gesellschaft gegenüber den Vorstandsmitgliedern (auch gegenüber ausgeschiedenen Vorstandsmitgliedern) vertritt, ist ein Insichgeschäft (Handeln im Namen der AG und im eigenen Namen) bei den Mitgliedern des Vorstands **gesetzlich ausgeschlossen**. Wohl aber kommt eine Mehrvertretung in Betracht, wenn ein Vorstandsmitglied für die AG und als Geschäftsführer einer Tochtergesellschaft dieser AG handelt. **Kein Fall des § 112 AktG**, sondern des § 47 Abs. 4 GmbHG ist die Bestellung eines Vorstandsmitglieds zum Geschäftsführer bei der Tochter-GmbH.[28] In diesen Fällen bedarf es allerdings einer Befreiung des Vorstandsmitglieds von den Beschränkungen der Mehrvertretung (§ 181, 2. Alt. BGB) durch den Aufsichtsrat.

---

25 BGHZ 33, 189, 191; 52, 316, 318; RGRK/Steffen, BGB, § 181 Rn. 5.
26 Vgl. BGH, NJW 1989, 168, 169; NJW 1976, 1539; Baumbach/Hueck/Zöllner, GmbHG, § 47 Rn. 60; Hachenburg/Hüffer, GmbHG, § 47 Rn. 113 ff.; Götze, GmbHR 2001, 217, 219.
27 BayObLG, DB 2001, 87; LG Berlin, NJW-RR 1997, 1534; Roth/Altmeppen, GmbHG, § 47 Rn. 30; Scholz/K. Schmidt, GmbHG, § 47 Rn. 181; a.A.: Anwendung des § 47 Abs. 4 GmbHG: Hachenburg/Hüffer, GmbHG, § 47 Rn. 111; Kirstgen, GmbHR 1989, 406, 410. Für die Anwendung beider Vorschriften in diesem Fall Götze, GmbHR 2001, 217 ff.
28 Bormann, NotBZ 2003, 405, 408.

> **Hinweis:**
>
> Sollen Vorstandsmitglieder von den Beschränkungen des § 181 BGB soweit wie möglich befreit werden, kommt wegen § 112 AktG nur eine Befreiung von dem Verbot der Mehrvertretung (§ 181, 2. Alt. BGB) in Frage. Aufsichtsratsbeschluss und Handelsregisteranmeldung sollten entsprechend gefasst werden, da das Registergericht eine „generelle Befreiung von den Beschränkungen des § 181 BGB" unter Hinweis auf § 112 AktG als unzulässig zurückweisen könnte. Für eine GmbH mit fakultativem Aufsichtsrat empfiehlt es sich, die Anwendbarkeit des § 112 AktG (über die Verweisung in § 52 Abs. 1 GmbHG) durch die GmbH-Satzung auszuschließen,[29] falls dies gewünscht wird.

Der **Geschäftsführer einer GmbH**, der mit sich selbst einen Vertrag schließt, unterliegt § 181 BGB. Bei konzerninternen Rechtsgeschäften wird ein Fall der Mehrvertretung angenommen, wenn ein Geschäftsführer personengleich für mehrere Gesellschaften handelt.[30] Kein Verstoß gegen § 181 BGB liegt vor, wenn ein Geschäftsführer einen Vertrag im eigenen Namen mit einem Prokuristen oder Handlungsbevollmächtigten seiner Gesellschaft abschließt, da dieser mit dem Geschäftsführer nicht personengleich ist. Ein solches Rechtsgeschäft ist aber jedenfalls dann unzulässig, **wenn der Geschäftsführer zugleich der alleinige Gesellschafter ist**, weil sich der Prokurist nicht an die Gesellschafterversammlung wenden kann und letztlich als Unterbevollmächtigter des Geschäftsführers tätig wird.[31]

Ohne gegen das Verbot des § 181 BGB zu verstoßen, kann einer von mehreren gesamtvertretungsberechtigten Geschäftsführern einen anderen Geschäftsführer zunächst **zur Alleinvertretung der Gesellschaft ermächtigen** (§ 78 Abs. 4 Satz 1 AktG analog) und dann mit diesem das Rechtsgeschäft abschließen.[32]

Ob Erklärungen für mehrere Vertragsparteien, die **parallel** gegenüber einer anderen Vertragspartei abgegeben werden, § 181 BGB unterliegen, ist nicht zweifelsfrei.

> *Beispiel:*
>
> *Drei Verkäufer werden gegenüber einem Käufer in einem Unternehmenskaufvertrag durch dieselbe Person vertreten. Die Erklärungen der Verkäufer werden parallel gegenüber dem Käufer abgegeben, so dass es sich auf den ersten Blick nicht um einen Fall des Insichgeschäfts handelt. Zweifel kommen aber auf, wenn die Verkäufer gegenüber dem Käufer eine gesamtschuldnerische Haftung übernehmen, da der Vertreter zumindest in diesem Fall durchaus Erklärungen auch der Verkäufer untereinander (mit möglicherweise entgegengesetzten Interessen bei der Vertragsdurchführung) abgibt. In diesen Fällen sollte sicherheitshalber auf eine Befreiung von den Beschränkungen des § 181 BGB Wert gelegt werden, um Wirksamkeitszweifel zu vermeiden.*

Von Gesetzes wegen sind Insichgeschäfte gestattet, wenn es sich lediglich um die **Erfüllung einer Verbindlichkeit** handelt. Hauptanwendungsfälle im Gesellschaftsrecht dürften Anteilsübertragungen sein, die in Vollzug eines vorher geschlossenen Kaufvertrags (z.B. nach Eintritt von Closing-Voraussetzungen) geschlossen werden. Allerdings dürfen mit der Anteilsübertragung keine weitergehenden Regelungen (wie sie mit dem Vollzug [„Closing"] größerer Unternehmenskaufverträge regelmäßig verbunden sind) einhergehen, da die Ausnahme in § 181 BGB insoweit nicht eingreift.

---

29 Dies ist nach der Rspr. des BGH zulässig, vgl. BGH, NZG 2004, 327; Bormann, NotBZ 2005, 203, 204.
30 H.M., vgl. Scholz/Schneider, GmbHG, § 35 Rn. 127; Schneider, BB 1986, 201, 205; Lutter/Hommelhoff, in: Lutter/Hommelhoff, GmbHG, § 35 Rn. 19; a.A.: Timm, AcP 193 (1993), 423, 435: keine Geltung des § 181 BGB bei einer Mehrvertretung im Vertragskonzern; so auch Staudinger/Schilken, BGB, § 181 Rn. 21.
31 BGHZ 91, 334; Scholz/Schneider, GmbHG, § 35 Rn. 91 ff.; Staudinger/Schilken, BGB, § 181 Rn. 37; a.A.: Rowedder/Koppensteiner, GmbHG, § 35 Rn. 28; Ziche, Die Verweisung des § 35 Abs. 4 GmbHG auf das Verbot der Vornahme von Insichgeschäften, S. 371.
32 BGHZ 64, 72; Scholz/Schneider, GmbHG, § 35 Rn. 94; Roth/Altmeppen, GmbHG, § 35 Rn. 69; a.A.: etwa Baumbach/Hueck/Zöllner, GmbHG, § 35 Rn. 135; Lutter/Hommelhoff, in: Lutter/Hommelhoff, GmbHG, § 35 Rn. 19; Hachenburg/Mertens, GmbHG, § 35 Rn. 68.

3. Befreiung

34 Von den Beschränkungen des § 181 BGB **kann der Vertretene den Vertreter befreien**. Im Gesellschaftsrecht muss diese Befreiung, wenn sie gegenüber den geschäftsführenden Organen erfolgt, durch das dafür zuständige Gesellschaftsorgan ausgesprochen werden. **Bei der AG** ist dies gegenüber dem Vorstand der Aufsichtsrat (in den Grenzen des § 112 AktG), **bei der GmbH oder Personengesellschaften** gegenüber der Geschäftsführung bzw. den geschäftsführenden Gesellschaftern grds. die Gesellschafterversammlung, es sei denn, es handelt sich um eine mitbestimmte GmbH. Folgende Besonderheiten sind zu beachten:

a) Befreiung innerhalb einer GmbH

35 Bei der GmbH ist § 181 BGB über § 35 Abs. 4 GmbHG auf Erklärungen der Geschäftsführer anzuwenden. Bei der **mehrgliedrigen** GmbH ist streitig, ob die Gesellschafterversammlung auch ohne Satzungsermächtigung den Geschäftsführer generell von den Beschränkungen des § 181 BGB befreien kann. Nach der Rspr. ist eine Gestattung durch das Bestellungsorgan nur zulässig, soweit dafür eine **Grundlage in der Satzung** besteht.[33] Daher ist die Praxis unter Vorsichtsgesichtspunkten gut beraten, generelle Befreiungen von § 181 BGB im Wege einer Satzungsänderung vorzunehmen oder jedenfalls die entsprechende Ermächtigung zur Befreiung durch Gesellschafterbeschluss in der Satzung zu verankern.[34] Bei der **Einpersonen-GmbH** ist unstreitig eine Ermächtigung im Gesellschaftsvertrag erforderlich, ein bloßer Gesellschafterbeschluss ohne Satzungsermächtigung genügt nicht. „Einpersonen-GmbH" im Sinne dieser Regelung ist nicht nur die GmbH, deren alleiniger Gesellschafter eine natürliche Person ist. Auch Konzerngesellschaften, deren Anteile von nur einer anderen Konzerngesellschaft (gleich welcher Rechtsform) gehalten werden, müssen eine **Ermächtigung zur Befreiung von den Beschränkungen des § 181 BGB** im Gesellschaftsvertrag aufweisen, wenn die Befreiung wirksam erteilt werden soll. Darauf sollte zweckmäßigerweise bereits bei Abfassung des Gesellschaftsvertrags geachtet werden. Gleiches gilt entsprechend für die Satzung einer AG.

> **Hinweis:**
> Ist im Gesellschaftsvertrag die Ermächtigung zur Befreiung nicht enthalten, müsste der Gesellschaftsvertrag zunächst geändert werden, wenn dem Geschäftsführer Befreiung von den Beschränkungen des § 181 BGB erteilt werden soll. Die Änderung wird erst mit Eintragung im Handelsregister wirksam (§ 54 Abs. 3 GmbHG). Eine kurzfristige Befreiung kommt dann im Regelfall nicht in Betracht. Zeitkritische Maßnahmen können unter Umständen nicht rechtzeitig durchgeführt werden. In der kautelarjuristischen Praxis werden deshalb Ermächtigungsklauseln zur Befreiung von den Beschränkungen des § 181 BGB von vornherein in den Gesellschaftsvertrag aufgenommen, um im Ernstfall kurzfristig handlungsfähig zu sein. Die Befreiung selbst kann dann durch einen Gesellschafterbeschluss jederzeit wirksam herbeigeführt werden, ohne dass es der Mitwirkung des Registergerichts bedarf.

b) Befreiung innerhalb eines Konzerns

36 Eine Sonderthematik ergibt sich bei **Befreiungen von den Beschränkungen des § 181 BGB im Konzern**. Beschließt der Geschäftsführer einer Tochter-GmbH in der Gesellschafterversammlung der Enkel-GmbH die Befreiung der Geschäftsführung der Enkel-GmbH von den Beschränkungen des § 181 BGB, muss der Geschäftsführer der Tochter-GmbH selbst ebenfalls wirksam von den Beschränkungen des § 181 BGB befreit sein.[35] Anderenfalls würde er weitergehende Rechte „weitergeben", als er selbst hat (nemo plus iuris transferre potest quam ipse habet). Handelt es sich bei der Konzernobergesellschaft um eine AG, wird eine Befreiung der Vorstandsmitglieder vom Verbot der Mehrvertretung in den seltensten

---

[33] BayObLG, DB 1984, 1517; MittBayNot 1980, 170; OLG Köln, GmbHR 1993, 37; OLG Celle, GmbHR 2000, 1098.
[34] So auch Bormann, NotBZ 2003, 405, 407.
[35] Vgl. Scholz/Schneider, GmbHG, § 35 Rn. 128; Roth/Altmeppen, GmbHG, § 35 Rn. 67.

Fällen vorliegen. In diesen Fällen müssen Insichgeschäfte oder Mehrvertretungen vermieden werden. Denn es ist nicht auszuschließen, dass keine Befreiung auf den nachgeordneten Konzernebenen wirksam erteilt werden konnte, weil die „Konzernspitze" selbst nicht von den Beschränkungen des § 181 BGB befreit war.

c) Anmeldung zum Handelsregister und Eintragung

Die generelle Gestattung des Selbstkontrahierens im Gesellschaftsvertrag ist **zum Handelsregister anzumelden und einzutragen**.[36] Dadurch soll sichergestellt werden, dass sich jeder Geschäftspartner durch Einsichtnahme in das Handelsregister Kenntnis über die Befugnis der mit der Vertretung betrauten Personen verschaffen kann. Die Befreiung eines Geschäftsführers durch Gesellschafterbeschluss aufgrund der Satzungsermächtigung ist gleichfalls eine eintragungspflichtige Tatsache, wenn sie unbeschränkt erfolgt. Ist die Befreiung dagegen auf bestimmte Gesellschaften oder auf einzelne Geschäfte beschränkt (was materiell-rechtlich durchaus möglich ist), bestehen Zweifel an der Eintragungsfähigkeit, weil die Reichweite der Befreiung aus dem Register nicht ersichtlich wäre. Dies gilt bei einer Begrenzung auf bestimmte Geschäfte und bei Begrenzung auf bestimmte Gesellschaften jedenfalls dann, wenn diese nicht aus sich heraus eindeutig identifizierbar sind. In diesen Fällen sollte die Befreiung nicht zum Handelsregister angemeldet werden. Die Eintragung der Befreiung ist in allen Fällen **nur deklaratorisch**. Die Wirksamkeit einer (auch teilweisen) Befreiung bleibt davon unberührt. Die Befreiung kann deshalb in jedem Fall auch durch den Gesellschaftsvertrag und ggf. einen entsprechenden Gesellschafterbeschluss nachgewiesen werden.

VI. Vorbefassungsverbot

Nach § 3 BeurkG bestehen bestimmte **Mitwirkungsverbote des Notars**. Der Notar darf an einer Beurkundung insb. dann nicht mitwirken, wenn er (oder einer seiner Sozien) zuvor in derselben Angelegenheit bereits außerhalb seiner notariellen Amtstätigkeit, insb. als Anwalt, tätig wurde, es sei denn, diese Tätigkeit wurde im Auftrag aller Personen ausgeübt, die an der Beurkundung beteiligt sein sollen (§ 3 Abs. 1 Satz 1 Nr. 7 BeurkG).[37] Dieses sog. „**Vorbefassungsverbot**" ist erst 1998 in das BeurkG aufgenommen worden,[38] allerdings auch in anderen Rechtsordnungen bekannt (vgl. z.B. § 233 Abs. 1 Nr. 4 EG-ZGB des Kantons Basel-Stadt/Schweiz).[39]

Die Vorschrift verhindert in der Praxis vor allem **Beurkundungen durch Anwaltsnotare**, wenn deren anwaltliche Sozien (auch an anderen Standorten ihrer Sozietät) in derselben Angelegenheit zuvor beraten haben. Relevant wird dies vor allem bei konzerninternen Umstrukturierungen, die vor Einfügung des Vorbelastungsverbots häufig auf diesem Wege „sozietätsintern" beurkundet wurden. **Bei Verträgen mit potenziell gegensätzlichen Interessen** der Vertragsparteien griff die Praxis dagegen bereits vor In-Kraft-Treten des Vorbelastungsverbots stets auf außenstehende Notare zurück, da bei einer Beurkundung durch Anwaltsnotare der eigenen Sozietät die gesamte Sozietät gehindert wäre, den Mandanten im Fall späterer Meinungsverschiedenheiten über den Vertrag zu vertreten.

---

36 BGHZ 87, 59, 61; 114, 167, 170; BGH, NZG 2000, 256, 257; OLG Frankfurt, GmbHR 1997, 349; vgl. hierzu auch Simon, GmbHR 1999, 588; a.A.: Roth/Altmeppen, GmbHG, § 35 Rn. 77.
37 Vgl. hierzu ausführlich Mihm, Berufsrechtliche Kollisionsprobleme beim Anwaltsnotar, 2000.
38 Drittes Gesetz zur Änderung der Bundesnotarordnung und anderer Gesetze vom 31.8.1998, BGBl I, S. 2585.
39 § 233 Abs. 1 Nr. 4 EG-ZGB des Kantons Basel-Stadt lautet: „Die öffentliche Urkundsperson kann als solche nicht tätig sein in Angelegenheiten, bei welchen sie oder ihr Gesellschafter für einen Beteiligten als Anwalt tätig war."

VII. Beurkundungen in ausländischer Sprache

39 **Urkundssprache** kann entweder die **deutsche Sprache** sein oder auf übereinstimmenden Wunsch der Beteiligten nach § 5 Abs. 2 BeurkG eine andere Sprache.[40] Auch **gemischte Beurkundungen** (Haupturkunde z.B. in Deutsch, Anlagen in Englisch) sind möglich. Dem Notar steht es frei, die Urkunde auf Wunsch der Beteiligten in der gewünschten Sprache zu errichten, wenn er ihrer hinreichend kundig ist. In der Praxis überwiegen fremdsprachige Beurkundungen in englischer sowie (in erheblich geringerem Umfang) in französischer Sprache. Sofern einer der Beteiligten der in der Niederschrift aufgenommenen Sprache nicht hinreichend kundig ist, ist dies **in der Niederschrift festzustellen**. Anstelle des Vorlesens tritt im Hinblick auf den Sprachunkundigen die Übersetzung, die i.d.R. mündlich ist (vgl. § 16 Abs. 2 Satz 1 BeurkG). Gegenstand der Übersetzung ist grds. die gesamte Niederschrift samt Anlagen. Bei mehreren Beteiligten mit unterschiedlichen Sprachkenntnissen müssen alle Fassungen verlesen werden. Ein Verstoß gegen die Übersetzungspflicht führt zur Unwirksamkeit der Beurkundung.[41]

> **Hinweis:**
> Sind nicht alle Beteiligten der Sprache hinreichend kundig, in der die Urkunde errichtet wird, empfiehlt es sich, einem Vertreter Vollmacht zu erteilen, der die Urkundensprache beherrscht. Die Beurkundung kann dann ohne Wirksamkeitszweifel in der gewünschten Urkundensprache vollzogen werden.

VIII. Besonderheiten bei Verfügungen von Todes wegen

40 Für Verfügungen von Todes wegen gelten die **allgemeinen Vorschriften** über die Beurkundung von Willenserklärungen, jedoch mit einigen Besonderheiten. Der Notar soll die Testamentsniederschrift in einen Umschlag nehmen und **mit dem Prägesiegel verschließen**. Das verschlossene Testament ist unverzüglich in **amtliche Verwahrung** zu bringen (§ 34 Abs. 1 Satz 4 BeurkG).[42] Ein Bezug dieser Beurkundungsform zum Gesellschaftsrecht besteht beim **Unternehmertestament**, mit dem auch der gesellschaftsrechtliche Berater in der Praxis gelegentlich konfrontiert wird. Die Kenntnis wenigstens der Grundformen dieser Beurkundungen ist daher auch für den Gesellschaftsrechtler wichtig.

> **Hinweis:**
> Um dem letzten Willen des Testierenden zum Erfolg zu verhelfen, kennt das Gesetz eine Reihe von Urkundsformen, die gegenüber anderen Beurkundungen atypisch sind. So kann bspw. ein Testament auch durch Übergabe einer verschlossenen oder offenen Schrift an den Notar errichtet werden (vgl. § 2232 BGB). Die Schrift muss nicht handschriftlich verfasst sein (§ 2232 Satz 2 BGB). Dies kann bei Unternehmertestamenten zweckmäßig sein, wenn das Testament bereits maschinenschriftlich vorliegt und besprochen wurde, aber – z.B. im plötzlichen Krankheitsfall des Erblassers – nicht mehr handschriftlich abgefasst oder umfassend verlesen werden kann.

D. Beispiele für praktisch häufige beurkundungspflichtige Vorgänge

41 In der Praxis sind insb. folgende Vorgänge mit einem Bezug zum Gesellschaftsrecht oder angrenzenden Rechtsgebieten **beurkundungspflichtig**:

---

40 Vgl. zu Beglaubigungsvermerken und Registerbescheinigungen in englischer Sprache Schervier, MittBayNot 1989, 198; Röll, MittBayNot 1977, 107; einheitliche Formulare für Vollmachten: Internationale Union des Lateinischen Notariats, Mailand, 1995.

41 BayObLG, MittRhNotK 2000, 178; OLG Köln, MittBayNot 1999, 59; Eylmann/Vaasen/Limmer, BNotO/BeurkG, § 16 BeurkG Rn. 8.

42 Grds. erfolgt die Verwahrung beim Amtssitz des Notars (§ 2258a Abs. 2 Satz 1 BGB), kann auf Verlangen aber auch beim AG des Wohnsitzes des Erblassers erfolgen (§ 2258a Abs. 3 BGB).

Gründung einer Kapitalgesellschaft	§ 2 GmbHG, § 23 AktG
Übertragung von GmbH-Anteilen	§ 15 Abs. 3, 4 GmbHG
Gesellschafterversammlungen einer GmbH (bestimmte Fälle)	§ 53 GmbHG
Hauptversammlungen einer AG (bestimmte Fälle)	§ 130 AktG
Umwandlungsvorgänge	§§ 6 UmwG, 13 Abs. 3 UmwG, 193 Abs. 3 UmwG
Verkauf und Übertragung von Grundbesitz	§ 311b Abs. 1 BGB
Gesamtvermögensübertragung	§ 311b Abs. 3 BGB und § 179a AktG
Verzichtserklärungen nach dem UmwG	z.B. § 8 Abs. 3 UmwG
Erbrecht: z.B. Verfügungen von Todes wegen, Schenkungsversprechen von Todes wegen, Erb- und Pflichtteilsverzicht, eidesstattliche Versicherung für Erbscheinsantrag. Erbschaftskauf und Erbteilsübertragung	z.B. §§ 2232 BGB, 2276 BGB, 2301 Abs. 1 BGB, 2348 BGB, 2356 Abs. 2 BGB, 2033 Abs. 1 Satz 2 BGB, 2371 BGB
Familienrecht: z.B. Ehevertrag und Scheidungsvereinbarung, Vaterschaftsanerkennung, Vorsorgevollmacht und Betreuungsverfügung	z.B. §§ 1410 BGB, 1597 BGB, 1626d BGB, 1750 BGB, 1752 BGB
Zwangsvollstreckungsunterwerfungen	§ 794 Abs. 1 Nr. 5 ZPO
Schenkungsversprechen	§ 518 Abs. 1 BGB

I. Satzungen und Gesellschaftsverträge bei Kapitalgesellschaften

Sämtliche **satzungsmäßigen Vereinbarungen** einer GmbH oder einer AG bedürfen der notariellen Beurkundung (§ 2 Abs. 1 Satz 1 GmbHG, § 23 Abs. 1 Satz 1 AktG). Das Beurkundungserfordernis umfasst nicht nur den notwendigen Inhalt der Satzung bzw. des Gesellschaftsvertrags,[43] sondern auch alle darüber hinausgehenden Regelungen zum fakultativen Satzungsinhalt.

42

Anders ist die Rechtslage im Recht der Personengesellschaften. Bei Personengesellschaften besteht **grds. kein Formzwang**. Gesellschaftsverträge können sogar konkludent abgeschlossen und Anteile an einer Personengesellschaft formlos übertragen werden. Ein Gesellschaftsvertrag zur Gründung einer Personengesellschaft bedarf allerdings ausnahmsweise der Beurkundung, wenn sich daraus die Verpflichtung zumindest eines Gesellschafters oder der Gesellschaft zu **Veräußerung oder Erwerb eines Grundstücks** ergibt.[44] Dies gilt auch, wenn das einzubringende Grundstück erst noch beschafft werden muss, das Grundstück als solches aber bereits bestimmt oder bestimmbar ist.[45] Gleiches gilt, wenn GmbH-Geschäftsanteile Gegenstand einer Einlageverpflichtung bilden (§ 15 GmbHG).

Schuldrechtliche Nebenabreden, die nur im Verhältnis der Gesellschafter untereinander wirken und künftige Gesellschafter nicht binden, sind hingegen auch bei Kapitalgesellschaften formfrei möglich.[46] Hauptanwendungsfall sind **Stimmbindungs- oder Poolverträge**, mit denen Gesellschafter oder Gesellschaftergruppen die Ausübung ihrer Gesellschafterrechte koordinieren (sofern darin keine Pflicht zur Übertragung von GmbH-Anteilen, z.B. bei Optionen, enthalten ist).

---

43 Vgl. dazu § 3 Abs. 1 GmbHG, § 23 Abs. 3 und 4 AktG.
44 BGH, WM 1955, 298; NJW 1972, 480; Ulmer/Löbbe, DNotZ 1998, 711.
45 Vgl. Binz/Mayer, NJW 2002, 3054, 3056.
46 Vgl. BGH, NJW 1977, 1151; Staudinger/Hertel, BGB, Vorbem. zu §§ 127a, 128 Rn. 199.

Ein bloßer Formmangel des Gesellschaftsvertrags selbst oder einer Vollmacht wird durch Eintragung in das Handelsregister geheilt.[47]

II. Gründungsvollmacht

43 Die **Vollmacht zur Gründung einer GmbH oder einer AG** bedarf der notariellen Beglaubigung (§ 2 Abs. 2 GmbHG, § 23 Abs. 1 Satz 2 AktG). Ist keine Vollmacht erteilt oder fehlt ihr die notwendige Form, ist der Gesellschafter bei der Gründung nicht wirksam vertreten, so dass das Registergericht gemäß § 9c Abs. 1 Satz 1 GmbHG die Eintragung der Gesellschaft ablehnen muss.

44 Bei einer **Mehrpersonengründung** ist der Gesellschaftsvertrag in einem solchen Fall gemäß § 177 Abs. 1 BGB **schwebend unwirksam**. Die Genehmigung bedarf nach h.M. der Form des § 2 Abs. 2 GmbHG.[48] Sofern der Vertretene die Genehmigung verweigert, ist der Geschäftsanteil des angeblich Vertretenen nicht entstanden, so dass das Beanstandungs- und Auflösungsverfahren nach § 144a Abs. 4 FGG eingreift.

Bei der **Einmanngründung** (also auch bei Gründung einer GmbH durch eine andere GmbH als alleinige Gesellschafterin) ist das einseitige Errichtungsgeschäft demgegenüber gemäß § 180 BGB **nichtig**.[49] Eine Genehmigung kommt nicht in Betracht. Wird die GmbH dennoch in das Handelsregister eingetragen, ist zweifelhaft, ob einer solchen Eintragung heilende Wirkung zukommt.

> **Hinweis:**
> Wegen dieser Rechtsfolge ist jedenfalls bei Einmanngesellschaften (auch Konzerngesellschaften mit nur einer Muttergesellschaft) **dringend davor zu warnen**, mit einem vollmachtlosen Vertreter eine Kapitalgesellschaft zu gründen. Anderenfalls könnte im Rahmen einer späteren Due Diligence die Unwirksamkeit der Gründung festgestellt und die Frage aufgeworfen werden, ob es sich um eine fehlerhafte Gesellschaft oder eine Scheingesellschaft handelt und wie die zwischenzeitlich eingegangenen Rechtsgeschäfte dieser Gesellschaft zu behandeln sind. Ausführungen darüber in einem Börsenzulassungsprospekt können den Börsengang oder die Kapitalerhöhung verhindern, wenn es sich um eine wesentliche operative Tochtergesellschaft oder gar um die börsennotierte Gesellschaft selbst handelt.

III. Verkauf und Übertragung von GmbH-Geschäftsanteilen

1. Beispielsfälle

45 Während Aktien einer AG ohne Beurkundung übertragen werden können, bedarf es nach § 15 Abs. 3 GmbHG zur **Übertragung** von GmbH-Geschäftsanteilen eines in notarieller Form geschlossenen Vertrags.[50] Eine notarielle Beurkundung ist gemäß § 15 Abs. 4 GmbHG auch für das **Verpflichtungsgeschäft** erforderlich. Auf die Rechtsnatur des Vertrags kommt es nicht an, so dass nicht nur der Kauf, sondern etwa auch die Vereinbarung eines Vorkaufs- oder Übernahmerechts (Option), ein Vergleich über die Übertragung von GmbH-Anteilen oder ein Gesellschaftsvertrag, soweit darin eine mindestens bedingte Verpflichtung zur Abtretung enthalten ist, formbedürftig sind.[51] Die Erklärung der **Ausübung eines Vorkaufs-**

---

47 Lutter/Bayer, in: Lutter/Hommelhoff, GmbHG, § 2 Rn. 23; Hachenburg/Ulmer, GmbHG, § 2 Rn. 26, 41; Scholz/Emmerich, GmbHG, § 2 Rn. 20, 32.
48 Vgl. OLG Köln, NJW-RR 1996, 550; Hachenburg/Ulmer, GmbHG, § 2 Rn. 27.
49 Vgl. LG Berlin, GmbHR 1996, 123.
50 Im Zuge der geplanten Reform des GmbH-Rechts wird eine Abschaffung des Beurkundungserfordernisses für die Übertragung von GmbH-Anteilen diskutiert, vgl. dazu Triebel/Otte, ZIP 2006, 311, 316. Den Befürwortern einer solchen Lösung stehen aber auch Stimmen gegenüber, die für eine Beibehaltung des Formerfordernisses plädieren. Vgl. etwa GK/Winter/Löbbe, GmbHG, § 15 Rn. 42 m.w.N.
51 Baumbach/Hueck/Hueck/Fastrich, GmbHG, § 15 Rn. 21.

oder **Übernahmerechts (Option)** ist dagegen im Unterschied zur Begründung des Rechts formfrei, also auch durch einfache schriftliche Erklärung möglich.[52]

- Regelungen, die eine **Vertragspartei unter bestimmten Umständen verpflichten, GmbH-Anteile zu übertragen**, unterliegen ebenfalls dem Formerfordernis des § 15 Abs. 4 GmbHG. Wichtige Anwendungsfälle in der Praxis sind Rechte eines Gesellschafters, von einem Mitgesellschafter im Verkaufsfall die Mitveräußerung seiner Anteile verkaufen zu können, um die Beteiligungen fungibel zu halten.[53]

- Eine **mittelbare Verpflichtung** zur Übertragung von GmbH-Geschäftsanteilen kann auch vorliegen, wenn in einem **letter of intent** die Zahlung einer Abstandssumme (sog. „**break-up fee**")[54] für den Fall versprochen wird, dass sich eine Seite ohne die Zustimmung der anderen Seite aus der Transaktion zurückzieht oder dass die Transaktion aus Gründen, die nur eine Seite zu vertreten hat, nicht durchgeführt werden kann.[55] Ob die Begründung einer solchen **mittelbaren Verpflichtung** aufgrund der wirtschaftlichen Verpflichtung formbedürftig ist, ist – soweit ersichtlich – nicht abschließend geklärt. In der Praxis empfiehlt sich für eine break-up fee-Abrede die notarielle Beurkundung jedenfalls dann, wenn die Vereinbarung in jedem Fall verbindlich sein und Wirksamkeitszweifel im Ansatz vermieden werden sollen.

- Weitere mittelbare Verpflichtungen zur Übertragung von GmbH-Anteilen betreffen „**Gleichlaufklauseln**" bei einer GmbH & Co. KG.[56]

- Beurkundungsbedürftig sind Verträge, die eine **schuldrechtliche Verpflichtung** zur Gründung oder Änderung des Gesellschaftsvertrags einer GmbH, namentlich einer Kapitalerhöhung begründen.[57]

- Die schuldrechtliche Vereinbarung einer **treuhänderischen Übertragung** sowie die Verpflichtung, als Treuhänder einen Gesellschaftsanteil für einen Dritten zu erwerben, unterliegen dem Formzwang des § 15 Abs. 4 GmbHG. Etwas anderes soll gelten, wenn ein beurkundeter Gesellschaftsvertrag der Gesellschaft, deren Anteile treuhänderisch übertragen werden sollen, noch nicht vorliegt.[58]

- Verträge über **Gemeinschaftsunternehmen (sog. Joint-Venture-Verträge)** bedürfen zwar grds. nicht der notariellen Beurkundung. Diese Verträge sind jedoch dann beurkundungspflichtig, wenn sie Erwerbsoptionen[59] oder sonstige (auch mittelbare) Verpflichtungen enthalten, GmbH-Anteile unter bestimmten Voraussetzungen (z.B. bei Patt-Situationen oder nach Ablauf bestimmter Haltefristen) zu übertragen.[60]

---

52 Vgl. BGH, NJW 1969, 2049; DStR 1998, 539; Baumbach/Hueck/Hueck/Fastrich, GmbHG, § 15 Rn. 31; Hachenburg/Zutt, GmbHG, § 15 Rn. 28 ff.
53 Sog. „Drag-Along-Klauseln" oder „Take-Along-Klauseln".
54 Vgl. ausführlich zu break-fee Vereinbarungen bei Unternehmenskäufen Sieger/Hasselbach, BB 2000, 625.
55 So etwa LG Paderborn, NZG 2000, 899 für die Formbedürftigkeit einer Verpflichtung zur Abstandszahlung für den Fall, dass die erforderlichen Beschlüsse für eine Verschmelzung nicht mitgetragen werden.
56 Vgl. dazu unten Rn. 79.
57 Vgl. Wiesbrock, DB 2002, 2311, 2315 (Dies gilt nicht für eine AG).
58 Vgl. BGH, NJW 1999, 2594, 2595; OLG Frankfurt, GmbHR 2005, 764 für den Fall der Vereinbarungstreuhand; Baumbach/Hueck/Hueck/Fastrich, GmbHG, § 15 Rn. 56; Rowedder/Schmidt-Leithoff/Bergmann, GmbHG, § 15 Rn. 57; Kallmeyer, GmbHR 2006, 66, 67. Der BGH erkennt im Ergebnis bei einem formlosen Vertrag über eine Erwerbstreuhand einen Abtretungsanspruch aus Geschäftsführung ohne Auftrag an, vgl. BGH, GmbHR 2005, 53; vgl. dazu Reichert/Weller, DStR 2005, 250; Kallmeyer, GmbHR 2006, 66.
59 Joint-Venture-Verträge enthalten oft das Recht, zu einem näher bestimmten oder auch beliebigen Zeitpunkt die formwechselnde Umwandlung etwa einer GmbH & Co. KG in eine GmbH zu verlangen (sog. Umwandlungsoption). In Rspr. und Lit. ist bislang noch unerklärt, ob neben dem eigentlichen Umwandlungsakt auch das Eingehen einer Verpflichtung zur Umwandlung nur in notarieller Form rechtswirksam erfolgen kann. Wenngleich der Normzweck des § 193 Abs. 3 UmwG eine Beurkundung nicht gebietet, empfiehlt sich eine solche jedoch in der Praxis, um Zweifeln an einer Wirksamkeit der Umwandlungsoption von vornherein zu begegnen.
60 Vgl. Sieger/Hasselbach, NZG 1999, 485.

2. Vollständigkeitsgrundsatz

46 Die Formpflicht umfasst stets das **gesamte Rechtsgeschäft mit allen Nebenabreden** (sog. Vollständigkeitsgrundsatz).[61] Wird beim Verkauf eines Geschäftsbetriebs neben zahlreichen Vermögensgegenständen auch ein GmbH-Geschäftsanteil verkauft, erfordert der Vollständigkeitsgrundsatz die Beurkundung des gesamten Vertrages, selbst wenn der mitverkaufte Geschäftsanteil wirtschaftlich von völlig untergeordneter Bedeutung ist.

3. Einheitlichkeit mehrerer Rechtsgeschäfte („Side Letter")

47 Ein Beurkundungserfordernis kann sich ferner **bei einem einheitlichen Rechtsgeschäft** ergeben. Ein einheitliches Rechtsgeschäft ist anzunehmen, wenn ersichtlich ist, dass die Parteien mehrere an sich selbständige Vereinbarungen „miteinander stehen und fallen" lassen wollen.[62] Werden in einem solchen Fall nicht sämtliche Abreden beurkundet, sind beide Vereinbarungen wegen des Grundsatzes der **Einheitlichkeit beider Rechtsgeschäfte** nichtig (§§ 125 Satz 1, 139 BGB).[63] Einer der Verträge ist nur ausnahmsweise dann formlos wirksam, wenn anzunehmen ist, dass die Vertragsparteien den Vertrag auch ohne den anderen Vertrag geschlossen hätten.[64]

48 Besondere Vorsicht ist hinsichtlich der Formbedürftigkeit von Nebenabreden (**sog. Side Letter**) geboten. Side Letter ergänzen in der Praxis mitunter Unternehmenskaufverträge oder sonstige beurkundungsbedürftige Vereinbarungen. Die Gründe dafür sind vielfältig. Häufig handelt es sich um **Aussagen oder Erläuterungen zum Verständnis** oder zur Auslegung bestimmter Regelungen des Unternehmenskaufvertrags, aber auch um inhaltliche Nebenabreden und Zusatzvereinbarungen.[65] Mitunter verbirgt sich hinter Side Lettern auch das Motiv einer Vertragspartei, bestimmte Regelungen ihrer Gesamtvereinbarung **Dritten gegenüber nicht zugänglich machen zu wollen**, ohne deshalb den Inhalt des Hauptvertrags zurückhalten zu müssen. Dass eine solche Handhabung mit Vorsicht zu genießen ist, liegt auf der Hand, weil Dritte (z.B. Behörden) einen **Anspruch auf Offenlegung** der vollständigen Vereinbarungen haben können, der dadurch unterlaufen wird. **Zwei Themenkreise** sind in der Praxis von Bedeutung:

- Zum einen das Beurkundungserfordernis für die Gesamtvereinbarung und
- zum anderen die Frage, ob bei einer derartigen Gestaltung beide Urkunden aufeinander Bezug nehmen müssen.

49 Bedarf der Kauf- und Übertragungsvertrag der notariellen Beurkundung, etwa nach § 15 Abs. 4 Satz 1 GmbHG, ist eine **notarielle Beurkundung auch des Side Letters** erforderlich, sofern dieser rechtlich bindende Regelungen wie Nebenabreden, Ergänzungen und Zusatzvereinbarungen enthält und diese Regelungen nicht nur klarstellende Bedeutung haben.[66] Wird ein solcher Side Letter bewusst oder unbewusst nicht mitbeurkundet, ist das gesamte obligatorische Rechtsgeschäft nichtig (§§ 125 Satz 1, 139 BGB).

> **Hinweis:**
> Sofern rechtlich verbindende Regelungen in einem Side Letter enthalten sind, empfiehlt sich die notarielle Beurkundung eines solchen Side Letters, um eine Unwirksamkeit des gesamten Vertragswerkes zu vermeiden.

50 **Weitaus kritischer** ist aus Sicht der Vertragsparteien, wie die Beurkundung bei einem Side Letter **technisch zu gestalten** ist, wenn die Haupturkunde (z.B. der Unternehmenskaufvertrag) gleichzeitig mit dem Side Letter errichtet wird. Unproblematisch ist i.d.R. eine **Bezugnahme im Side Letter** auf den Inhalt des

---

[61] H.M., vgl. etwa BGH, NJW 1969, 2642; NJW 1996, 3338, 3339; a.A.: Schlüter, in: FS für Bartholomeyczik, S. 359, 368; Loritz, DNotZ 2000, 90, 99.
[62] Vgl. BGH, DB 1976, 1497; NJW 2001, 226.
[63] Vgl. zu den Möglichkeiten einer Heilung unten Rn. 51.
[64] Vgl. BGH, DB 1986, 267.
[65] Vgl. Wiesbrock, DB 2002, 2311, 2314.
[66] Vgl. BGH, NJW-RR 1989, 291, 293; OLG Hamm, GmbHR 1979, 59.

vorangehenden Hauptvertrags (§ 13a BeurkG). Dem Ziel einer vertraulichen Behandlung des Side Letters liefe es allerdings zuwider, wenn auch die Haupturkunde eine Verweisung auf den (nachfolgend beurkundeten) Side Letter enthalten müsste, was umgekehrt aus der Sicht des Rechtsverkehrs wünschenswert ist, um eine vollständige Offenlegung einheitlicher Rechtsgeschäfte zu gewährleisten.

In Rspr. und Schrifttum wird dieser Fall, soweit ersichtlich, nicht ausdrücklich behandelt. In einzelnen Stellungnahmen heißt es, ein Rechtsgeschäft, das in mehreren Urkunden enthalten sei, müsse in beiden Urkunden eine **wechselseitige Bezugnahme** enthalten, wenn nicht eindeutig erkennbar sei, dass das andere Schriftstück eine bloße Anlage ist.[67] Die notarielle Praxis ist zu einem Großteil dazu übergegangen, die wechselseitige Bezugnahme **jedenfalls dann** zu verlangen, wenn die Urkunden vor demselben Notar zeitlich unmittelbar aufeinanderfolgend beurkundet werden.

4. Rechtsfolgen bei Nichtbeurkundung, Heilung

Ein Verstoß gegen die Formvorschrift des § 15 Abs. 3 GmbHG führt zur Nichtigkeit des Verpflichtungsvertrags nach § 125 Satz 1 BGB. 51

Ein **formnichtiges schuldrechtliches Geschäft** wird allerdings nach § 15 Abs. 4 Satz 2 GmbHG **geheilt**, sobald das dingliche Vollzugsgeschäft der Anteilsübertragung wirksam wird. Auch Änderungen des schuldrechtlichen Vertrags, die nach wirksam erfolgter Abtretung vorgenommen werden, bedürfen dann nicht mehr der notariellen Form des § 15 Abs. 4 GmbHG, es sei denn, dass sie ihrerseits eine **neuerliche Pflicht zur Übertragung oder Abtretung** begründen.[68] Wird das dingliche Rechtsgeschäft sofort wirksam, ist die Beurkundung des obligatorischen Rechtsgeschäfts und etwaiger Nebenabreden (Side Letter) entbehrlich. Dies kann im Einzelfall aber nicht möglich sein, wenn etwa vor dem dinglichen Vollzug des Geschäftsanteilskaufvertrags bestimmte Vollzugsvoraussetzungen (z.B. Freigabe des Zusammenschlussvorhabens durch die zuständigen Kartellbehörden, Zustimmung bestimmter Gesellschaftsorgane zum Vertragsschluss, Nachweise für die Finanzierung des Kaufpreises) erfüllt sein müssen.[69] Eine Heilung nach § 15 Abs. 4 Satz 2 GmbHG kann etwa auch dann ausscheiden, wenn bereits kurz nach Abschluss des Vertrags **Unstimmigkeiten unter den Vertragsparteien** auftreten und eine Übertragung der Geschäftsanteile daraufhin nicht mehr stattfindet. 52

Kritisch ist die Heilungswirkung **bei Optionen**, wenn zwar ein Teil der (formlos) eingegangenen Verpflichtungen zur Anteilsübertragung formgemäß erfüllt wird, aber weitere Verpflichtungen zur Übertragung bestehen, die nicht formgemäß abgeschlossen worden sind. In diesen Fällen wird man die Heilungswirkung des § 15 Abs. 4 GmbHG im Zweifel nicht auf die noch nicht erfüllten Teile des Verpflichtungsgeschäfts erstrecken können.

5. Deutsche Beurkundung bei ausländischen Anteilen

Die Frage, ob eine in Deutschland vorgenommene Veräußerung von Anteilen an einer (der GmbH vergleichbaren) **ausländischen Gesellschaft** beurkundungspflichtig ist, wird in Rspr. und Schrifttum wie folgt behandelt: 53

a) Verpflichtungsgeschäft

Der BGH musste diese Rechtsfrage noch nicht entscheiden. Er scheint jedoch der Auffassung zu sein, Art. 11 EGBGB erweiternd auszulegen mit der Folge, dass das Gesellschaftsstatut nicht nur auf die dingliche Übertragung eines Geschäftsanteils, sondern auch auf das der Übertragung zugrunde liegende **schuldrechtliche Verpflichtungsgeschäft** anwendbar ist.[70] Dies hätte zur Konsequenz, dass eine notarielle Beurkundung des Verpflichtungsgeschäfts in Deutschland nur erforderlich wäre, wenn dies auch **nach dem Recht des Staates vorgeschrieben ist**, dem die Gesellschaft selbst unterliegt. 54

---

67 Staudinger/Hertel, BGB, § 126 Rn. 118.
68 Loritz, DNotZ 2000, 90, 99; Scholz/Winter, GmbHG, § 15 Rn. 76.
69 Vgl. Menke, BB 2004, 1807, 1811; Heidenhain, NJW 1999, 3073, 3074.
70 Vgl. BGH, DStR 2004, 2205, 2207; GmbHR 2005, 53; vgl. auch Görgemanns/Menke, M & A 2005, 154, 155.

Nach einer anderen Ansicht ist § 15 Abs. 4 Satz 1 GmbHG auf einen schuldrechtlichen Kaufvertrag über Geschäftsanteile an einer ausländischen GmbH nach Art. 11 Abs. 1 EGBGB nur anwendbar, sofern der **Vertrag in Deutschland abgeschlossen wird** und für den Vertrag nach den Bestimmungen der Art. 27 ff. EGBGB deutsches Recht als Wirkungsstatut gilt.[71] Demnach wäre § 15 Abs. 4 Satz 1 GmbHG kollisionsrechtlich nicht anwendbar, wenn der Vertrag im Ausland geschlossen wird, und zwar selbst dann, wenn im Vertrag die **Anwendbarkeit deutschen Rechts vereinbart wird**. Sofern das ausländische Recht keine dem deutschen Recht entsprechenden Formvorschriften kennt, wäre dann ein privatschriftlicher Vertrag ausreichend.

Danach ist das Verpflichtungsgeschäft jedenfalls dann aus deutscher Sicht ohne Beurkundung wirksam, wenn der Vertrag im Ausland geschlossen wird und das ausländische Recht den Verkauf der Anteile formlos ermöglicht.

b) Verfügungsgeschäft

55 Das **Verfügungsgeschäft** unterliegt nach h.M. dem Gesellschaftsstatut der Gesellschaft, deren Anteile übertragen werden. Die Anteile müssen deshalb nach den Formvorschriften übertragen werden, die dafür nach dem Recht des Staates gelten, das für die Gesellschaft selbst maßgebend ist. § 15 Abs. 3 GmbHG ist auf diese Übertragungen nicht anzuwenden.[72]

> **Hinweis:**
> Die vorstehenden Ausführungen betreffen nur die Frage, ob Verkäufe und Übertragungen von **Anteilen an ausländischen Gesellschaften** in Deutschland beurkundungsbedürftig sind. Davon zu unterscheiden ist die Frage, ob **ausländische Beurkundungen** bei dem Verkauf und der Übertragung **deutscher GmbH-Anteile** wirksam sind (dazu unten unter Rn. 100 ff.).

IV. Gesellschafterbeschlüsse einer GmbH

56 Bei Gesellschafterversammlungen einer GmbH sind grds. nur die Beschlüsse beurkundungspflichtig, die **Grundlagengeschäfte** betreffen, also insb. Beschlüsse über Änderungen des Gesellschaftsvertrags (§ 53 Abs. 2 Satz 1 GmbHG), Kapitalmaßnahmen, Zustimmungsbeschlüsse bei der abhängigen Gesellschaft zu Unternehmensverträgen[73] und Umwandlungsbeschlüsse (vgl. §§ 13 Abs. 3, 193 Abs. 3 UmwG). **Beschlüsse über die Auflösung der GmbH** werden nur dann als Satzungsänderung und damit als beurkundungsbedürftig angesehen, wenn der Gesellschaftsvertrag ausnahmsweise die Zeitdauer bestimmt. Im Übrigen ist der Beschluss formlos möglich.[74]

V. Hauptversammlungen einer AG

57 Bei einer **börsennotierten AG** sind alle Beschlüsse der Hauptversammlung zu beurkunden, ferner verschiedene andere vom Gesetz ausdrücklich geregelte Vorgänge der Hauptversammlung (§ 130 Abs. 1 AktG).[75]

58 Bei einer **nichtbörsennotierten („kleinen")** AG genügt anstelle einer notariellen Niederschrift ein vom Aufsichtsratsvorsitzenden unterzeichnetes privatschriftliches Protokoll, wenn keine Grundlagenbeschlüsse gefasst werden, d.h. keine Beschlüsse, für die das Gesetz eine Dreiviertel- oder größere Mehrheit

---

71 Lutter/Bayer, in: Lutter/Hommelhoff, GmbHG, § 15 Rn. 22; Menke, BB 2004, 1807, 1808.
72 Menke, BB 2004, 1807, 1810; Merkt, ZIP 1994, 1417, 1419; Wrede, GmbHR 1995, 365, 366.
73 Vgl. BGHZ 105, 332; Baumbach/Hueck/Zöllner, GmbHG, Schlussanhang Konzernrecht Rn. 53.
74 BayObLG, BB 1995, 168; Hachenburg/Ulmer, GmbHG, § 60 Rn. 32; Michalski/Nerlich, GmbHG, § 60 Rn. 40.
75 Vgl. § 130 Abs. 2 AktG zum zwingenden Inhalt der Hauptversammlungsniederschrift und oben Rn. 6 und 10.

bestimmt (§ 130 Abs. 1 Satz 3 AktG).[76] **Ist kein Aufsichtsratsvorsitzender vorhanden**, z.B. weil dieser sein Amt niedergelegt hat und eine Neubestellung nicht kurzfristig erfolgen kann, empfiehlt sich die Beurkundung des Hauptversammlungsbeschlusses, wenn Wirksamkeitszweifel vermieden werden sollen.

Aus dem Gesetzeswortlaut des § 130 Abs. 1 Satz 3 AktG ergibt sich nicht eindeutig, ob das Gesetz auch dann eine **Dreiviertelmehrheit „bestimmt"**, wenn es eine solche Mehrheit **nur dispositiv vorsieht** und eine Herabsetzung des Mehrheitserfordernisses durch die Satzung zulässt (wie z.B. für die Abberufung von Aufsichtsräten nach § 103 Abs. 1 Satz 3 AktG oder für eine Satzungsänderung nach § 179 Abs. 2 AktG). Da das Gesetz in diesen Fällen grds. eine Dreiviertelmehrheit anordnet, wird man für derartige Beschlüsse nach § 130 Abs. 1 Satz 3 a.E. AktG ebenfalls eine notarielle Beurkundung verlangen müssen.[77] 59

Werden in einer gemischten Hauptversammlung einer solchen „kleinen" AG neben Grundlagenbeschlüssen **auch „einfache" Beschlüsse** gefasst, so ist die gesamte Hauptversammlung zu beurkunden.[78] 60

VI. Umwandlungsvorgänge

Im Umwandlungsrecht sind insb. der **Verschmelzungsvertrag (§ 6 UmwG) und der Spaltungsvertrag (§ 125 UmwG i.V.m. § 6 UmwG)** beurkundungsbedürftig. Zudem bedürfen die zustimmenden Beschlüsse, also sowohl die Verschmelzungsbeschlüsse (§ 13 Abs. 3 UmwG) als auch der Zustimmungsbeschluss zum Spaltungsvertrag oder Spaltungsplan (§ 125 UmwG i.V.m. § 13 Abs. 3 UmwG) und der Umwandlungsbeschluss beim Formwechsel (§ 193 Abs. 3 Satz 1 UmwG) der Beurkundung. Diese **Beurkundungserfordernisse** gelten auch für Umwandlungsvorgänge unter Beteiligung von Personengesellschaften, Partnerschaftsgesellschaften, Vereinen oder Genossenschaften.[79] 61

VII. Übertragung des Vermögens im Ganzen (§ 311b Abs. 3 BGB und § 179a AktG)

Verträge, durch die sich eine Gesellschaft zur **Übertragung ihres Vermögens im Ganzen** verpflichtet, bedürfen nach § 311b Abs. 3 BGB der notariellen Beurkundung. 62

Gleiches gilt, wenn der Vertrag zwar nicht das Vermögen im Ganzen betrifft, es sich aber um die Übertragung einzelner Vermögensgegenstände handelt, die **das gesamte oder nahezu gesamte Vermögen** der Gesellschaft ausmachen. Nach § 179a AktG bedarf ein Vertrag, durch den sich eine AG zur Übertragung des ganzen Gesellschaftsvermögens verpflichtet, ohne dass die Übertragung unter die Vorschriften des UmwG fällt, der **Zustimmung der Hauptversammlung**. Die Vorschrift gilt nach h.M. analog auch bei Vermögensübertragungen durch eine GmbH[80] und auch dann, wenn Einzelgegenstände übertragen werden, die nahezu das gesamte Vermögen ausmachen.[81]

Zwar enthält § 179a AktG selbst keinen Hinweis auf die Beurkundungspflicht. Der Gesetzgeber verweist jedoch für das Beurkundungserfordernis in seiner Begründung zu § 179a AktG **auf § 311 BGB a.F.** (nach der Schuldrechtsreform heute § 311b Abs. 3 BGB). Er geht damit erkennbar von einer Beurkundungsbedürftigkeit eines Vertrags nach § 179a AktG aus.[82] § 311b Abs. 3 BGB erfasst zwar – anders als

---

76　Zu Grundlagenbeschlüssen zählen auch die sog. „Holzmüller"-Beschlüsse, also Entscheidungen über Maßnahmen der Geschäftsführung, die mit einem wesentlichen Eingriff in die Mitgliedsrechte und die Vermögensinteressen der Aktionäre verbunden sind, vgl. Heckschen, in: Beck'sches Notarhandbuch, D III 68; a.A.: etwa Kindler, NJW 1994, 3041.
77　Hoffmann-Becking, ZIP 1995, 1, 8; Hölters/Deilmann/Buchta/Deilmann, Die kleine Aktiengesellschaft, S. 109.
78　Staudinger/Hertel, BGB, Vorbem. zu §§ 127a, 128 Rn. 210; Hüffer, AktG, § 130 Rn. 14c; MünchKomm-AktG/Kubis, § 130 Rn. 27; a.A.: Blanke, BB 1995, 681, 682; Lutter, AG 1994, 429, 440.
79　Vgl. Staudinger/Hertel, BGB, Vorbem. zu §§ 127a, 128, Rn. 85.
80　Vgl. BGHZ 50, 112, 114 für KG; AnwK-AktienR/Heidel/Wagner, § 179a Rn. 20.
81　Vgl. BGHZ 83, 122, 128; Hüffer, AktG, § 179a Rn. 5.
82　Vgl. Begr. BT-Drucks. 12/6699, S. 177.

§ 179a AktG und die Vorgängernorm § 361 Abs. 1 Satz 4 AktG a.F. – nur **Vermögensübertragungen im Ganzen**, nicht auch die Übertragung einzelner Vermögensgegenstände, die das gesamte oder annähernd gesamte Vermögen ausmachen. Da die Vorgängervorschrift zu § 179a AktG (§§ 361 Abs. 1 Satz 4, 341 Abs. 1 AktG a.F.) allerdings die notarielle Beurkundung auch solcher Verträge ausdrücklich vorsah und der Gesetzgeber von dieser Praxis nicht abweichen wollte, ist davon auszugehen, dass auch Verträge über einzelne Vermögensgegenstände **nach wie vor beurkundungsbedürftig sind**, wenn diese Vermögensgegenstände das gesamte oder nahezu gesamte Vermögen der Kapitalgesellschaft ausmachen. Die (irrige) Annahme des Gesetzgebers, das Beurkundungserfordernis ergebe sich in diesen Fällen bereits aus § 311b Abs. 3 BGB,[83] obwohl diese Vorschrift nur Übertragungen des Vermögens im Ganzen erfasst, ist als **Redaktionsversehen** anzusehen. Sie bietet jedenfalls keine hinreichende Rechtssicherheit, um auf eine Beurkundung in diesen Fällen zu verzichten.

VIII. Eheverträge; Verpflichtung im Gesellschaftsvertrag zum Abschluss eines Ehevertrags

63 Nach § 1410 BGB muss ein Ehevertrag **bei gleichzeitiger Anwesenheit beider Teile zur Niederschrift eines Notars** geschlossen werden. Dieses Formerfordernis erfasst auch einen auf Abschluss des Ehevertrages gerichteten Vorvertrag.[84]

64 Fraglich ist jedoch, ob die Beurkundungspflicht auch für die **gegenüber einem Dritten übernommene Verpflichtung** zum Abschluss eines Ehevertrags gilt.

Zu denken ist an den Fall, in dem die **Gesellschafter sich im Gesellschaftsvertrag verpflichten**, entweder mit ihrem jeweiligen Ehegatten durch Ehevertrag Gütertrennung zu vereinbaren oder durch notariellen Ehevertrag sicherzustellen, dass für den Fall der Scheidung der Ehe jedenfalls die Beteiligung an der Gesellschaft für die Ermittlung des ehelichen Zugewinnausgleichs außer Ansatz bleibt. Derartige Vereinbarungen sind weit verbreitet, zum einen um sicherzustellen, dass ein Gesellschafter **ohne Zustimmung seines Ehegatten** über den Gesellschaftsanteil verfügen kann (vgl. § 1365 BGB). Zum anderen aber – und dies ist noch wichtiger – droht einem Gesellschafter ansonsten im Fall der Ehescheidung ein **hoher Zugewinnausgleichsanspruch**, der umso höher ist, je erfolgreicher die Gesellschaft während der Dauer der Ehe gearbeitet hat. Ist der Gesellschafter nicht in der Lage, diesen Anspruch zu erfüllen, müsste die Beteiligung an der Gesellschaft selbst verpfändet oder veräußert werden. Dies kann den Charakter der Gesellschaft verändern, ihre Fortführung beeinträchtigen oder sogar gänzlich in Frage stellen.

65 Soweit ersichtlich, musste die Rspr. die Frage, ob der Gesellschaftsvertrag einer Personengesellschaft mit der **Verpflichtung zu einer entsprechenden güterrechtlichen Regelung** beurkundungspflichtig ist, bislang noch nicht entscheiden. In der Lit. wird die Auffassung vertreten, dass entsprechend dem Normzweck des § 1410 BGB (**Schutz vor Übereilung und Warnfunktion**) Verträge mit äquivalenter Bindung notariell zu beurkunden seien. Eine solche äquivalente Bindung bestehe insb., wenn ein Gesellschafter in einem Gesellschaftsvertrag zum Abschluss eines Ehevertrags bestimmten Inhalts verpflichtet werde.[85] Demnach wäre ein Gesellschaftsvertrag, der eine Verpflichtung zum Abschluss eines Ehevertrages enthält, **beurkundungsbedürftig**.

66 In der Praxis allerdings werden Gesellschaftsverträge von Personengesellschaften **regelmäßig nicht beurkundet**, auch wenn sie eine Klausel enthalten, die die Gesellschafter zum Nachweis (und zur Aufrechterhaltung) entsprechender güterrechtlicher Vereinbarungen verpflichtet. Dafür spricht, dass die Ehegatten durch den Gesellschaftsvertrag nicht gebunden werden, sondern ihnen nach wie vor die **Entscheidungsfreiheit über den Abschluss eines Ehevertrags** verbleibt. Die Beweis- und Übereilungsfunktion bleibt

---

83 So die Gesetzesbegründung zu § 179a AktG, vgl. Begr. BT-Drucks. 12/6699, S. 177.
84 BGH, FamRZ 1966, 492; Palandt/Brudermüller, BGB, § 1410 Rn. 1; Staudinger/Thiele, BGB, § 1410 Rn. 4.
85 Bamberger/Roth/Mayer, BGB, § 1410 Rn. 2; für eine Pflicht zur notariellen Beurkundung eines solchen Gesellschaftsvertrags auch: Riegger, in: Münchener Vertragshandbuch, Bd. 1, III. 4. Anm. 13; MünchKomm-BGB/Kanzleitner, § 1410 Rn. 3; Gernhuber/Coester-Waltjen, Familienrecht, § 32 II 1.

gewahrt, da die Ehegatten ohnehin einen notariell beurkundeten Ehevertrag abschließen müssen. Nach Sinn und Zweck von § 1410 BGB erscheint es deshalb nicht erforderlich, die Vorschrift auf den Gesellschaftsvertrag anzuwenden. Allerdings sehen die Gesellschaftsverträge i.d.R. auch **Sanktionen wie bspw. die Einziehung oder Anwachsung der Beteiligung** vor, wenn der Nachweis eines Ehevertrags nicht geführt wird. Jedenfalls in diesen Fällen lässt sich zumindest nicht ausschließen, dass eine Beurkundungspflicht dieser Vertragsklausel besteht.[86]

E. Beispiele für praktisch häufige beglaubigungspflichtige Vorgänge

Handelsregisteranmeldungen	§ 12 HGB
Übernahmeerklärungen	§ 55 Abs. 1 GmbHG
Vollmachten	§ 2 Abs. 2 GmbHG
Sonstige Verzichtserklärungen	§ 293a Abs. 3 AktG

I. Handelsregisteranmeldungen

Anmeldungen zur Eintragung ins Handelsregister und auch eine Vollmacht für eine solche Anmeldung sind **in öffentlich beglaubigter Form** einzureichen (§ 12 HGB). Der Gesetzgeber hat ab 1.1.2007 eine elektronische Antragstellung vorgesehen (§ 12 Abs. 2 HGB i.d.F. des Gesetzes über elektronische Handelsregister und Genossenschaftsregister sowie das Unternehmensregister – EHUG – vom 10.11.2006).[87] Die auch weiterhin erforderliche notarielle Beglaubigung erfolgt durch ein elektronisches Zeugnis des Notars nach § 39a BeurkG.

II. Übernahmeerklärungen

Bei Erklärungen zur Übernahme einer Stammeinlage bei der GmbH – anders als bei der AG – ist eine **Unterschriftsbeglaubigung** erforderlich (§ 55 Abs. 1 GmbHG). Aus kostenrechtlichen Gründen empfiehlt es sich, den Beschluss der Kapitalerhöhung und die Übernahmeerklärung in zwei Vorgänge zu trennen.[88]

III. Vollmachten

Die Vollmacht bedarf nach § 167 Abs. 2 BGB materiell-rechtlich **nicht der Form des Vertretergeschäfts**, soweit das Gesetz nicht ausnahmsweise etwas Abweichendes vorschreibt.

Wird der Vollmachtgeber bereits durch die Erteilung einer Vollmacht zum **Erwerb oder zur Veräußerung eines Grundstücks** rechtlich oder tatsächlich in gleicher Weise gebunden wie durch den späteren Abschluss des formbedürftigen Vertretergeschäfts, bedarf auch die Vollmachtserteilung der Form des § 311b Abs. 1 BGB, um die Belehrungs-, Beweis- und Warnfunktion der notariellen Beurkundung zu wahren.[89] Eine vorverlagerte rechtliche Bindung ergibt sich insb. aus einer **unwiderruflichen Vollmacht** zum Erwerb oder zur Übertragung von Grundstückseigentum.[90] Die Vollmacht zur **Veräußerung von GmbH-Anteilen** ist hingegen formfrei, selbst wenn sie unwiderruflich erteilt wird oder den Veräußerer wirtschaftlich ebenso wie eine Veräußerungsverpflichtung bindet.[91] Die Grundsätze zur Vollmacht bei § 311b Abs. 1 BGB sind wegen des abweichenden Gesetzeszwecks nicht übertragbar, da der Zweck des

---

[86] Vgl. allgemein zu den Grenzen gesellschaftsvertraglich vereinbarter Pflichten zur Vornahme erb- und familienrechtlicher Regelungen Ganssen, DNotZ 2004, 423 ff.
[87] BGBl. 2006 I, S. 2553 ff.; vgl. dazu Spindler, WM 2006, 109.
[88] Vgl. dazu unten Rn. 116.
[89] BGH, WM 1965, 1007; NJW 1979, 2306.
[90] BayObLG, DNotZ 1997, 312; BGH, DNotZ 1965, 549.
[91] RGZ 135, 70; Baumbach/Hueck/Hueck/Fastrich, GmbHG, § 15 Rn. 23; Roth/Altmeppen, GmbHG, § 15 Rn. 89; a.A.: R. Fischer, GmbHR 1952, 114.

Formzwangs nach § 15 Abs. 4 Satz 1 GmbHG nicht auf die Warnung der Beteiligten gerichtet ist. Diese Formvorschrift soll vielmehr einen **leichten und spekulativen Handel mit Geschäftsanteilen erschweren** und daneben den Beweis über die Veräußerung erleichtern. In der Praxis finden sich gleichwohl häufig beglaubigte Vollmachten, da auf diesem Wege (mit einer ergänzenden Vertretungsbescheinigung nach § 12 Satz 2 BeurkG i.V.m. § 21 BNotO) der Nachweis ordnungsgemäßer Bevollmächtigung einfach erbracht werden kann. Dies gilt **insb. bei Auslandsbeurkundungen**.

> **Hinweis:**
> Nach dem Beurkundungsrecht des Kantons Basel-Stadt (Schweiz) hat sich der Notar Gewissheit darüber zu verschaffen, dass vor ihm auftretende Vertreter ordnungsgemäß bevollmächtigt sind (vgl. § 236 Abs. 3 EG-ZGB). Bei Auslandsbeurkundungen in Basel werden deshalb aus beurkundungsrechtlichen Gründen regelmäßig notariell beglaubigte Vollmachten verlangt, die materiellrechtlich zur Wirksamkeit des Rechtsgeschäfts (auch nach schweizerischem Recht) nicht erforderlich sind.

72 Umstritten ist, ob Vollmachten, die zum **Verzicht auf umwandlungsrechtliche Prüfungen und Prüfungsberichte berechtigen**, wie die Verzichtserklärungen selbst der notariellen Beurkundung nach § 8 Abs. 3 UmwG bedürfen.[92] Wegen der grundsätzlichen Formfreiheit der Bevollmächtigung nach § 167 Abs. 2 BGB sprechen gute Gründe dafür, hier von einem Formerfordernis abzusehen. Mangels einschlägiger Rspr. ist aber hier bislang die Praxis der Registergerichte nicht vorhersehbar, so dass sich im Zweifel zumindest eine (nicht kostenintensive) Beglaubigung der Vollmachten empfiehlt.

73 **Registervollmachten**, die zu Anmeldungen bei den Handelsregistern berechtigen, bedürfen ebenfalls notarieller Beglaubigung. Dabei ist zu beachten, dass bestimmte Erklärungen nicht in Vollmacht abgegeben werden können (z.B. die Versicherung der Mitglieder des Vorstands einer AG oder der Geschäftsführer einer GmbH über die erfolgte Einzahlung des Kapitals bei Kapitalerhöhungen, vgl. §§ 188 Abs. 2 i.V.m. §§ 36, 36a AktG, § 57 Abs. 2 GmbHG).

74 Abweichend von § 167 Abs. 2 BGB kommt eine **mündliche Bevollmächtigung** nicht in Betracht, wenn das Gesetz Schriftform anordnet, wie z.B. für die Bevollmächtigung zur Ausübung des Stimmrechts eines Aktionärs oder GmbH-Gesellschafters (§ 134 Abs. 3 Satz 2 AktG, § 47 Abs. 3 GmbHG).

IV. Sonstige Verzichtserklärungen

75 Der öffentlichen Beglaubigung bedarf etwa auch der **Verzicht auf Prüfungen und Prüfungsberichte** aller Anteilsinhaber aller beteiligten Unternehmen über einen Unternehmensvertrag (§§ 293a Abs. 3, 293b Abs. 2 AktG). **Umstritten ist**, ob der Verzicht der Anteilsinhaber auf Vertragsbericht und Vertragsprüfung auch durch (notariell beurkundeten) einstimmigen Hauptversammlungsbeschluss erfolgen kann.[93]

> **Hinweis:**
> Wenngleich ein Verzicht durch einstimmigen Hauptversammlungsbeschluss dem Regelungszweck des § 293a Abs. 3 AktG, aus Kostengründen eine öffentlich beglaubigte Verzichtserklärung der Aktionäre zuzulassen, am nächsten käme, ist in der Praxis bei Hauptversammlungsbeschlüssen, die nach §§ 36 ff. BeurkG beurkundet wurden, zur Abgabe einer separaten öffentlich beglaubigten Verzichtserklärung zu raten. Bei der GmbH kann der Verzicht dagegen auch in einem notariellen Protokoll

---

92 Eine notarielle Form wird überwiegend für nicht erforderlich gehalten, vgl. Gehling, in: Semler/Stengel, UmwG, § 8 Rn. 71; Bermel, in: Goutier/Knopf/Tulloch, UmwG, § 8 Rn. 48; Mayer, in: Widmann/Mayer, Umwandlungsrecht, § 8 Rn. 58; a.A.: Drygala, in: Lutter, UmwG, § 8 Rn. 50.

93 So im Hinblick auf den Regelungszweck der Kostenersparnis Altmeppen, ZIP 1998, 1853, 1862; MünchKomm-AktG/Altmeppen, § 293a Rn. 57; Hüffer, AktG, § 293a Rn. 21; a.A. wegen der nach § 129 Abs. 1 Satz 1 BGB erforderlichen Unterschrift des Erklärenden Emmerich, in: Emmerich/Habersack, Aktien- und GmbH-Konzernrecht, S. 35.

des Gesellschafterbeschlusses enthalten sein, das nach §§ 8 ff. BeurkG errichtet wurde, weil auch nach §§ 8 ff. BeurkG die Unterschrift der Beteiligten unter der notariellen Urkunde erforderlich ist.

F. Besonderheiten bei der GmbH & Co. KG

Als Ausnahme von dem Grundsatz der Formfreiheit bei Personengesellschaften kann sich bei einer GmbH & Co. KG aufgrund der erforderlichen Verzahnung der Gesellschafterstellung bei der KG und deren Komplementär-GmbH eine Beurkundungspflicht ergeben.

I. Form des Gesellschaftsvertrags der GmbH & Co. KG

Eine Ausnahme von der grundsätzlichen Formfreiheit bei Personengesellschaften besteht bei einer GmbH & Co. KG **bei gleichzeitiger Errichtung der Komplementär-GmbH** und Abschluss des KG-Vertrags. Das Formerfordernis der GmbH-Satzung nach § 2 Abs. 1 Satz 1 GmbHG schlägt dann auf den Abschluss des KG-Vertrags durch, wenn der Wille der Beteiligten, das eine Gesellschaftsverhältnis nicht ohne das andere zu begründen, eindeutig hervortritt.[94]

> **Hinweis:**
> Aus diesem Grund, vor allem aber um das Risiko einer Vorbelastungs- und Verlustdeckungshaftung zu vermeiden, empfiehlt es sich, bei der Gründung einer GmbH & Co. KG die Errichtung der Komplementär-GmbH zeitlich vorzuziehen und die KG erst nach Gründung oder (besser noch) Eintragung der GmbH in das Handelsregister zu errichten.

Der Gesellschaftsvertrag der KG unterliegt ferner der Beurkundungspflicht, sofern Kommanditisten sich verpflichten, GmbH-Geschäftsanteile in das Gesamthandsvermögen einzubringen. Dies gilt auch, wenn sich die Einbringungsverpflichtung auf einen **erst künftig entstehenden Geschäftsanteil** bezieht.[95] Wenn hingegen der Gesellschaftsvertrag nur **allgemein auf den gesamthänderischen Erwerb** und/oder die Veräußerung von GmbH-Geschäftsanteilen gerichtet ist, ist eine Beurkundung nicht erforderlich. Anders als nach § 311b Abs. 1 Satz 1 BGB ist nach § 15 Abs. 4 Satz 1 GmbHG nur die Begründung einer Pflicht zur Übertragung **von bestimmten Geschäftsanteilen** beurkundungsbedürftig.

Häufig sind (wirtschaftlich sinnvolle) Regelungen in Gesellschaftsverträgen zu finden, die sicherstellen sollen, dass eine Veränderung in der Beteiligungsstruktur der GmbH & Co. KG zwingend mit einer Veränderung bei der Komplementär-GmbH verbunden ist (**Gleichlaufklauseln**).

> **Hinweis:**
> Es kann etwa gemäß § 34 GmbHG in der notariell zu beurkundenden Satzung der Komplementär-GmbH geregelt werden, dass Geschäftsanteile ganz bzw. teilweise eingezogen werden können. Bei Vereinbarung einer Abtretungsverpflichtung empfiehlt es sich, diese **in die Satzung der Komplementär-GmbH** und nicht in den Gesellschaftsvertrag der KG aufzunehmen, da dieser ansonsten dem Formzwang des § 15 Abs. 4 GmbHG unterliegt. Im KG-Gesellschaftsvertrag kann hingegen die Übertragung der Kommanditbeteiligung formfrei an die Übertragung des entsprechenden Anteils am Stammkapital der Komplementär-GmbH auf den Erwerber geknüpft werden.

Eine Vereinbarung im Gesellschaftsvertrag der GmbH & Co. KG darüber, wie zum Gesamthandsvermögen gehörende GmbH-Geschäftsanteile im Rahmen der Auseinandersetzung nach Auflösung der Gesellschaft **unter den Gesellschaftern verteilt werden**, ist beurkundungspflichtig, es sei denn, die Regelung entspricht vollständig den gesetzlichen Vorschriften nach § 731 Satz 2 BGB i.V.m. §§ 752, 753 BGB.[96]

---

94 Vgl. Ihrig, in: Sudhoff, GmbH & Co. KG, § 9 Rn. 20; Binz/Mayer, NJW 2002, 3054, 3055.
95 Vgl. BGHZ 21, 242, 245.
96 Vgl. Hachenburg/Zutt, GmbHG, § 15 Rn. 23.

81 Sofern sich etwa aus der Pflicht zur Abtretung von GmbH-Geschäftsanteilen als Einlage eine Beurkundungspflicht ergibt, umfasst diese nach dem Vollständigkeitsgrundsatz **den gesamten Gesellschaftsvertrag** der Personengesellschaft.[97]

82 **Spätere Änderungen** des Gesellschaftsvertrags sind beurkundungsbedürftig, wenn ein Formerfordernis **für den Inhalt der Änderung selbst** besteht. Sollte die Änderung auf die Abänderung eines ursprünglich nach § 15 Abs. 4 Satz 1 GmbHG formbedürftigen Gesellschaftsvertrags gerichtet sein, ist sie formfrei möglich, wenn im Zeitpunkt der Änderung die entsprechenden GmbH-Geschäftsanteile bereits abgetreten wurden;[98] anderenfalls ist eine Beurkundung erforderlich.

83 Besonderheiten ergeben sich bei der Vertretung einer GmbH & Co. KG. Bei Rechtsgeschäften zwischen zwei KG, deren Komplementär jeweils dieselbe GmbH ist, müssen sowohl deren Geschäftsführer (und/oder Prokuristen) als **auch die Komplementär-GmbH selbst** von beiden Seiten von den Beschränkungen des § 181 BGB befreit sein.[99]

II. Form der Anteilsübertragung

84 Die Übertragung von Anteilen an einer GmbH & Co. KG ist grds. auch dann formfrei, wenn **zum Gesamthandsvermögen GmbH-Anteile oder Grundbesitz gehören**, da Vertragsgegenstand nur die Gesellschaftsbeteiligung als solche, der Erwerb des Grundstücks bzw. GmbH-Geschäftsanteils hingegen lediglich Rechtsfolge dieses Erwerbs ist.[100] Bei der GmbH & Co. KG ist jedoch die Wahrung der Beteiligungsidentität bezüglich KG und Komplementär-GmbH von Bedeutung, so dass bei einer Anteilsveräußerung in der Praxis häufig die Kommanditbeteiligung **und der entsprechende Geschäftsanteil an der Komplementär-GmbH** an denselben Erwerber veräußert werden. Überträgt der Kommanditist seine Kommanditbeteiligung und gleichzeitig seine Geschäftsanteile an der Komplementär-GmbH, wird es sich i.a.R. rechtlich um einen einheitlichen Erwerb handeln mit der Folge, dass sich der Formzwang des § 15 Abs. 4 Satz 1 GmbHG **auch auf die Vereinbarung zur Übertragung des Kommanditanteils** erstreckt.[101] Umgekehrt erfasst dann auch die Heilungswirkung durch die Abtretung des GmbH-Geschäftsanteils nach § 15 Abs. 4 Satz 2 GmbHG die schuldrechtliche Vereinbarung zur Veräußerung der Kommanditbeteiligung.[102]

85 Fraglich ist, ob eine mittelbare Verpflichtung **aufgrund eines wirtschaftlichen Drucks** und damit eines faktischen Zwangs zur Beurkundungspflicht des Kaufvertrags über die Kommanditbeteiligung führen kann. Eine solche Konstellation liegt etwa vor, wenn in der Vereinbarung über die Veräußerung und Übertragung der Kommanditbeteiligung eine Regelung getroffen wird, nach der es für den veräußernden Kommanditisten mit einem **wirtschaftlichen Nachteil** verbunden ist, wenn er nicht zeitnah auch seine Beteiligung an der Komplementär-GmbH formwirksam veräußert und abtritt.

---

97 H.M., vgl. nur BGH, BB 1969, 1242, 1243; Roth/Altmeppen, GmbHG, § 15 Rn. 93; a.A.: im Hinblick auf den von § 311b Abs. 1 Satz 1 BGB abweichenden Normzweck des § 15 Abs. 4 Satz 1 GmbHG: Sigle/Maurer, NJW 1984, 2657, 2660; Schlüter, in: FS für Bartholomeycik, S. 359 ff.: nur Beurkundung der Pflicht zur Abtretung des GmbH-Geschäftsanteils erforderlich.

98 BGH, LM § 15 Nr. 5; Scholz/Winter, GmbHG, § 15 Rn. 69.

99 Vgl. BayObLG, DNotZ 1980, 88.

100 Vgl. BGHZ 86, 367; Palandt/Heinrichs, BGB, § 311b Rn. 5.

101 Vgl. Binz/Mayer, NJW 2002, 3054, 3059. Der Kaufvertrag über die Kommanditanteile ist ausnahmsweise nur dann formlos wirksam, wenn die Vertragsparteien den Kaufvertrag auch ohne die Verpflichtung des Verkäufers zur Übertragung der Geschäftsanteile an der Komplementär-GmbH geschlossen hätten, vgl. BGH, DB 1986, 267.

102 Vgl. BGH, DB 1994, 31; NJW-RR 1987, 807; a.A.: wegen § 139 BGB etwa Kempermann, NJW 1991, 684: zur Heilung müsse auch die Übertragung der KG-Anteile notariell beurkundet werden.

> **Hinweis:**
> Die gewünschte Verzahnung zwischen den Gesellschafterstellungen bei der Komplementär-GmbH und der KG lässt sich in der Praxis etwa dadurch erreichen, dass eine Minderung des Kaufpreises für die Kommanditbeteiligung für den Fall vereinbart wird, dass der Geschäftsanteil an der Komplementär-GmbH nicht auch zu gegebener Zeit in notariell beurkundeter Form dem verbleibenden Kommanditisten zum Kauf angeboten wird.

Bei einer Vereinbarung, die für den **Fall der Nichtveräußerung oder des Nichterwerbs von Grundbesitz** ins Gewicht fallende wirtschaftliche Nachteile, wie etwa eine Vertragsstrafe, vorsieht und so eine mittelbare Verpflichtung zur Veräußerung bzw. zum Erwerb von Grundbesitz begründet, wird der **Formzwang des § 311b Abs. 1 Satz 1 BGB bejaht**.[103] Die Frage, ob dies auch für die Begründung einer mittelbaren Pflicht zur Abtretung eines Geschäftsanteils durch die Vereinbarung eines wirtschaftlichen Nachteils gilt, ist – soweit ersichtlich – in der Rspr. bislang noch nicht entschieden worden.

Allerdings bestehen **erhebliche Zweifel an einer Übertragbarkeit der Rspr.** zur mittelbaren Pflicht zur Veräußerung bzw. zum Erwerb von Grundbesitz auf die hier in Rede stehende Abtretung von Geschäftsanteilen. Im Unterschied zu der Formvorschrift des § 311b Abs. 1 Satz 1 BGB ist es nicht Sinn und Zweck des Formzwangs des § 15 Abs. 3, Abs. 4 Satz 1 GmbHG, eine leichtfertige Veräußerung zu verhindern, sondern vielmehr, einen leichten und spekulativen Handel mit Geschäftsanteilen **im Interesse des Anlegerschutzes zu unterbinden** und den Beweis über die Veräußerung zu erleichtern.[104] Eine mittelbare Verpflichtung ist jedoch nicht geeignet, einen formlosen Handel mit Gesellschaftsanteilen zu fördern. Der wirtschaftliche Zwang zur Veräußerung und Abtretung der Geschäftsanteile dient vielmehr lediglich **dem individuellen Sicherungsbedürfnis einer Vertragspartei**. Die Formvorschrift des § 15 GmbHG ist deshalb über ihren Wortlaut hinaus nicht auf Fälle zu erstrecken, die von dem Sinn und Zweck des Formzwangs nicht erfasst werden.[105] Daher ist eine Pflicht zur Beurkundung des Kaufvertrags über die Kommanditbeteiligung nach § 15 Abs. 4 Satz 1 GmbHG bei der Begründung nur eines faktischen Zwangs zur Abtretung von Geschäftsanteilen mit der wohl herrschenden Auffassung im Schrifttum zu verneinen.[106] Dieses Ergebnis ist jedoch bislang nicht durch Rspr. abgesichert.

Sollen Beurkundungskosten bei der Übertragung von Kommanditanteilen vermieden werden, wird in der Praxis mitunter auf die Errichtung einer sog. **Einheitsgesellschaft** zurückgegriffen.[107] Dabei handelt es sich um eine GmbH & Co. KG, bei der die KG sämtliche Geschäftsanteile an ihrer eigenen Komplementär-GmbH hält.

> **Hinweis:**
> Bei der Gründung einer solchen Gesellschaft ist zur Vermeidung eines Beurkundungserfordernisses darauf zu achten, dass der KG-Gesellschaftsvertrag keine Pflicht zur Abtretung der Geschäftsanteile enthält. Hier bietet sich vielmehr zur Sicherstellung, dass die Gesellschafter der Komplementär-GmbH ihre Geschäftsanteile an die KG abtreten, etwa eine Regelung an, wonach ein Kommanditist ausscheidet, wenn er nicht zu gegebener Zeit der KG die Veräußerung seines Geschäftsanteils an der Komplementär-GmbH in notariell beurkundeter Form angeboten hat.

Werden Kommanditanteile einer solchen Einheits-KG veräußert, bedarf es keiner parallelen Übertragung der GmbH-Geschäftsanteile, um einen Beteiligungsgleichlauf herzustellen. Durch die Veräußerung der

---

103 Vgl. BGHZ 76, 46; BGH, NJW 1990, 391; Palandt/Heinrichs, BGB, § 311b Rn. 13.
104 Vgl. BGHZ 13, 49, 51; BGH, NJW 1996, 3338, 3339; Brandes, WM 2000, 217; Walz/Fembacher, NZG 2003, 1134, 1139.
105 Vgl. BGHZ 19, 69, 71; 75, 352, 355.
106 Binz/Mayer, NJW 2002, 3054, 3061; wohl auch Schulz, GmbHR 2001, 282, 284.
107 So auch Binz/Mayer, NJW 2002, 3061, 3064.

Kommanditbeteiligung werden die Geschäftsanteile an der Komplementär-GmbH mittelbar mitveräußert. Dies löst keine Beurkundungspflicht für die Veräußerung der Kommanditbeteiligung aus.

> **Hinweis:**
>
> Die „Einheitsgesellschaft" ermöglicht zwar eine kostengünstigere Übertragung der Beteiligungen, hat aber unter Umständen Nachteile bei späteren Umstrukturierungen, da das UmwG die Einheits-GmbH & Co. KG nicht kennt. Gegebenenfalls muss die Struktur vor Umwandlungen daher aufgehoben werden.

87 Entsprechend den Ausführungen zur GmbH & Co. KG ist die **Beurkundungsbedürftigkeit auch zu bejahen**, wenn GmbH-Anteile und stille Beteiligungen **gleichzeitig** übertragen werden. Bei einer AG & Co. KG stellt sich dagegen das Problem der Formnichtigkeit bei einem einheitlichen Vertrag nicht, da der Erwerb und die Übertragung der Aktien ebenso wenig formbedürftig sind wie der Verkauf und die Übertragung der Kommanditanteile.[108]

G. Auslandsbeurkundung

I. Grund für die Auslandsbeurkundung

88 Bei der Beurkundung eines Kaufvertrags über GmbH-Geschäftsanteile sowie der Abtretung von Geschäftsanteilen an einer GmbH richten sich die Notargebühren nach dem vereinbarten **Kaufpreis für den gesamten Geschäftsbetrieb**. Seit 1.7.2004 wurde zwar durch das Kostenrechtsmodernisierungsgesetz[109] eine allgemeine Geschäftswertobergrenze von 60 Mio. € für die Beurkundung von Verträgen eingeführt (§ 18 Abs. 1 Satz 2 KostO). Dennoch besteht nach wie vor bei hohen Geschäftswerten ein gewisser **Anreiz für eine Beurkundung im Ausland**. Die in der Schweiz anfallenden Notarkosten richten sich nach der vertraglichen Vereinbarung mit dem Notar. Sie werden nach der Bedeutung des Rechtsgeschäfts, Aufwand und Zeit bestimmt, so dass die Gebühren unterhalb der nach dem Gegenstandswert ausgerichteten Gebühren deutscher Notare liegen können.

> *Beispiel:*
>
> *Für die Beurkundung eines GmbH-Anteilskaufs über 169 Mio. € in Deutschland mit dem maximalen Geschäftswert von 60 Mio. € fällt gemäß §§ 36 Abs. 2, 141 KostO eine 20/10 Gebühr i.H.v. 52.274,00 € (zzgl. Auslagen und USt) an. Für eine getrennte Beurkundung der Anteilsübertragung (zum Closing) wird eine weitere 5/10 Gebühr erhoben, insgesamt also* **65.342,50 €** *zzgl. Auslagen und USt. Eine Beurkundung derselben Vorgänge in Basel (Anteilskaufvertrag, davon getrennte Anteilsübertragung, zwei Termine, Beurkundungszeit 14 Stunden) kann dagegen erfahrungsgemäß zu Gebühren von rd. 30.000 CHF (ca.* **19.500 €***) zzgl. Auslagen führen.*

> **Hinweis:**
>
> Da der Anwalt unter mehreren gleich sicheren Varianten die für den Mandanten kostengünstigste Lösung empfehlen muss, muss eine Beurkundung in der Schweiz dem Mandanten bei Anteilskäufen als Alternative zur Inlandsbeurkundung vorgestellt werden. Gleichwohl ist diese Auslandsbeurkundung wegen des unterschiedlichen Meinungsstandes in der Lit. und fehlender neuerer Rspr. des BGH mit einem **gewissen Restrisiko** verbunden. Auf dieses Restrisiko muss der Mandant im Rahmen der Beratung ebenfalls (schriftlich) aufmerksam gemacht werden.

---

108 Wiesbrock, DB 2002, 2311, 2314.
109 Gesetz vom 5.5.2004, BGBl. I, S. 718 ff.

Da Auslandsbeurkundungen in der Praxis ganz überwiegend in der Schweiz erfolgen, weil das Restrisiko bei Beurkundungen in anderen Ländern ungleich höher ist, wird im Folgenden nur die Rechtslage in Bezug auf schweizerische Beurkundungen dargestellt.[110]

II. Ausgangspunkt: Art. 11 Abs. 1 EGBGB

Den rechtlichen Ausgangspunkt für die Frage nach der **Wirksamkeit von Auslandsbeurkundungen** bildet Art. 11 Abs. 1 EGBGB. Danach ist ein Rechtsgeschäft formgültig, wenn es die Formerfordernisse des auf das Rechtsgeschäft anwendbaren Rechts („**Geschäftsform**" bzw. „**Wirkungsstatut**")[111] oder des Rechts des Staates erfüllt, in dem es vorgenommen wird („Ortsform"). Grds. besteht ein **Wahlrecht zwischen Geschäfts- und Ortsform**. Beide stehen gleichrangig nebeneinander.[112] Wenn allerdings das Recht des Vornahmeortes ein derartiges Rechtsgeschäft gar nicht kennt, also eine Ortsform nicht bereithält, ist allein das Geschäftsrecht maßgeblich (sog. „Formenleere").[113]

Für die Beurkundung gesellschaftsrechtlicher Vorgänge stellen sich insb. **zwei Fragen**:

- Zum einen ist umstritten, ob das in Art. 11 Abs. 1 EGBGB statuierte Wahlrecht überhaupt für die Beurkundung gesellschaftsrechtlicher Vorgänge gilt oder ob hier von vornherein nur die Geschäftsform – also i.d.R. deutsches Recht – maßgeblich ist.
- Zum anderen ist fraglich, ob die Geschäftsform im Wege der sog. „Substitution" auch durch eine Auslandsbeurkundung, insb. durch eine Beurkundung in der Schweiz gewahrt werden kann.

III. Anwendbarkeit der Ortsform

In Rspr. und Lit. ist **umstritten**, ob bzw. in welchem Umfang das Wahlrecht in Art. 11 Abs. 1 EGBGB auf die Beurkundung gesellschaftsrechtlicher Vorgänge anwendbar ist.

Im **Schrifttum** bestehen im Wesentlichen drei Auffassungen.

Nach der ersten Ansicht gilt Art. 11 Abs. 1 EGBGB uneingeschränkt auch im Gesellschaftsrecht,[114] da Art. 11 Abs. 4, 5 EGBGB seinem Wortlaut nach nur für schuldrechtliche Grundstücksverträge und sachenrechtliche Geschäfte, nicht aber für gesellschaftsrechtliche Rechtsgeschäfte eine Ausnahme vorsehe. Demnach wäre die **Einhaltung der Ortsform ausreichend**, solange keine „Formenleere" vorliegt. Dies ist für die auch im schweizerischen Recht bekannte Übertragung von GmbH-Anteilen nicht der Fall.[115]

---

110 Für Beurkundungen in den Niederlanden bestehen nur vereinzelte Urteile und keine Entscheidungen des BGH, vgl. etwa OLG Düsseldorf, NJW 1989, 2200.
111 Für die Geschäftsform ist das Gesellschaftsstatut maßgeblich. Daher ist Geschäftsform i.d.R. das deutsche Recht.
112 Palandt/Heldrich, BGB, Art. 11 EGBGB Rn. 2; MünchKomm-BGB/Spellenberg, Art. 11 EGBGB Rn. 32.
113 KG, FamRZ 1993, 1363; OLG Bamberg, FamRZ 2002, 1120; Palandt/Heldrich, BGB, Art. 11 EGBGB Rn. 11.
114 Kohlhammer/Kegel, BGB, Bd. 10, Art. 11 EGBGB Rn. 24; Michalski/Hoffmann, GmbHG, § 53 Rn. 82 ff.; MünchKomm-BGB/Spellenberg, Art. 11 EGBGB Rn. 92 ff.
115 Bislang war für die Abtretung von GmbH-Geschäftsanteilen nach Art. 791 Abs. 4 OR (schweizerisches Obligationenrecht) eine öffentliche Beurkundung erforderlich. Künftig wird die Abtretung von GmbH-Anteilen und die Verpflichtung zur Abtretung nur noch der Schriftform bedürfen. Vgl. Gesetzentwurf vom 16.12.2005, abrufbar im Internet unter www.parlament.ch/text/se-schlussabstimmung-01-082-1.pdf. Der Entwurf wurde inzwischen verabschiedet.

Nach einer anderen Auffassung soll das **Ortsrecht im Bereich des Gesellschaftsrechts nicht anwendbar** sein. Diese Ansicht stützt sich zur Begründung entweder auf eine Analogie zu Art. 11 Abs. 5 EGBGB[116] und/oder allgemein auf Aspekte der Rechtssicherheit und des Verkehrsschutzes.[117] Nach dieser Ansicht würde etwa für eine GmbH-Anteilsübertragung die Beachtung der im Schweizer Recht vorgesehenen Form nicht ausreichen, vielmehr wäre allein die gemäß § 15 Abs. 3 und 4 GmbHG erforderliche notarielle Beurkundung maßgeblich.

Eine **dritte Ansicht** differenziert zwischen **statusrelevanten Geschäften**, d.h. solchen, die die Verfassung der Gesellschaft betreffen, und nicht statusrelevanten. Die Geltung des Ortsstatuts soll nur bei nicht statusrelevanten Geschäften möglich sein.[118] Für diese Auffassung sprechen neben den Argumenten, die generell gegen eine Ortsformanknüpfung hervorgebracht werden, auch die Gesetzgebungsmaterialien,[119] aus denen sich ergibt, dass der Gesetzgeber in Art. 11 EGBGB gerade „nicht die Form von Vorgängen (regeln wollte), die sich auf die Verfassung von Gesellschaften und juristischen Personen beziehen."[120] Folgt man dieser Meinung, so stellt sich zunächst die Frage, ob es sich bei der geplanten Maßnahme um einen statusrelevanten Vorgang handelt. Dies ist bei einer Geschäftsanteilsübertragung nach überwiegender Ansicht nicht der Fall. Statusrelevante Vorgänge sind demgegenüber etwa die Gründung der Gesellschaft, Satzungsänderungen, Verschmelzungen, Spaltungen und sonstige Umwandlungen.[121]

92 In der **Rspr.** wird die Anwendbarkeit der Ortsform auf gesellschaftsrechtliche Vorgänge nicht einheitlich behandelt. **Höchstrichterliche Rspr.** zu dieser Frage existiert lediglich in Form eines Urteils des Reichsgerichts vom 22.3.1939, das von der Anwendbarkeit des Art. 11 Abs. 1 EGBGB auf die Übertragung von GmbH-Geschäftsanteilen ausging.[122] Dagegen hat sich der BGH – soweit ersichtlich – bislang noch nicht ausdrücklich zu dieser Frage geäußert. In einem Beschl. v. 16.2.1981 hat er lediglich beiläufig festgestellt, es spreche viel für die Richtigkeit der Ansicht, dass Art. 11 Abs. 1 EGBGB generell, also **auch für gesellschaftsrechtliche Vorgänge** gelte.[123]

93 Die **Instanzgerichte** lassen teilweise – zumindest bei Anteilsübertragungen – die Ortsform ausreichen;[124] andere halten die Ortsform in diesen Fällen nicht für ausreichend.[125] Eine h.M. hat sich bisher nicht gebildet. Allerdings hat noch **kein Gericht konkret** in Bezug auf den Verkauf und die Übertragung von

---

116 MünchKomm-BGB/Kindler, IntGesR Rn. 422 ff.; Schervier, NJW 1992, 593, 594 f. Nach Art. 11 Abs. 5 EGBGB gilt etwa für die Auflassung eines deutschen Grundstücks ausschließlich die vom deutschen Recht vorgeschriebene Form, d.h. § 925 BGB. Danach ist die Auflassung vor einem ausländischen Notar nicht wirksam, vgl. OLG Köln, OLGZ 72, 321; KG, DNotZ 1987, 44. Für die Verpflichtung zur Veräußerung eines inländischen Grundstücks hingegen genügt die Einhaltung der Ortsform, so dass im Ausland, wenn es das Recht des Abschlussortes zulässt, auch ein formloser Kaufvertrag über ein in Deutschland gelegenes Grundstück geschlossen werden kann, vgl. RGZ 121, 154.

117 Dignas, GmbHR 2005, 139, 140; Knoche, Notar und Rechtsgestaltung, S. 297, 302 ff.; Pilger, BB 2005, 1285, 1286; van Randenborgh, GmbHR 1996, 908, 909; Schervier, NJW 1992, 593 ff.

118 Bredthauer, BB 1986, 1864; Goette, DStR 1996, 709, 710; Haerendel, DStR 2001, 1802; Kröll, ZGR 2000, 111, 114.

119 BT-Drucks. 10/504, S. 49.

120 Goette, DStR 1996, 709, 710; Kröll, ZGR 2000, 111, 115.

121 Bredthauer, BB 1986, 1864, 1865; Gätsch/Schulte, ZIP 1999, 1954, 1956; Goette, DStR 1996, 709, 711; Haerendel, DStR 2001, 1802, 1803.

122 RGZ 160, 225.

123 BGH, NJW 1981, 1160.

124 BayObLG, NJW 1978, 500 (Übertragung von GmbH-Geschäftsanteilen); OLG Düsseldorf, NJW 1989, 2200 (Kapitalerhöhungsbeschluss); OLG Frankfurt, DNotZ 1982, 186 (Übertragung von GmbH-Geschäftsanteilen); OLG München, NJW-RR 1998, 758 (vertragliche Verpflichtung zur Übertragung von GmbH-Geschäftsanteilen).

125 LG Augsburg, NJW-RR 1997, 420 (Verschmelzungsvertrag); AG Fürth, GmbHR 1991, 24 (Verschmelzungsvertrag); OLG Hamm, NJW 1974, 1057 (Satzungsänderung); AG Köln, GmbHR 1990, 172 (Gewinnabführungsvertrag); LG Mannheim, IPRspr. 1999, Nr. 23 (Kapitalerhöhungsbeschluss).

GmbH-Geschäftsanteilen die **Anwendbarkeit der Ortsform verneint**. Die eine Auslandsbeurkundung ablehnenden Entscheidungen betreffen bisher nur sog. „statusrelevante" Maßnahmen.

> **Hinweis:**
>
> Die Frage, ob die Wahrung der ausländischen Ortsform für gesellschaftsrechtsrechtliche Vorgänge genügt, die nach deutschem Recht beurkundungspflichtig sind, ist im Schrifttum umstritten und gerichtlich nicht abschließend geklärt. **In der Praxis** sollte man daher nicht auf die Wirksamkeit solcher Rechtsgeschäfte vertrauen, wenn für diese nur die ausländische Ortsform gewahrt ist und keine notarielle Beurkundung erfolgte.

IV. Wahrung der Geschäftsform: Gleichwertigkeit

Unabhängig davon, ob man die Ortsform im Gesellschaftsrecht gemäß Art. 11 Abs. 1 EGBGB für ausreichend hält oder nicht, kann auch die Beurkundung durch einen ausländischen Notar **der nach deutschem Wirkungsstatut erforderlichen notariellen Beurkundung** (z.B. nach § 15 Abs. 3 und Abs. 4 GmbHG) genügen. Grds. können die Tatbestandsmerkmale einer deutschen Sachnorm auch im Ausland verwirklicht werden. Voraussetzung einer solchen „Substitution" ist, dass das ausländische Rechtsinstitut oder Rechtsgeschäft dem inländischen **gleichwertig** ist.[126] In Bezug auf eine nach deutschem Recht erforderliche notarielle Beurkundung ist Gleichwertigkeit nach der Rspr. des BGH gegeben, wenn die ausländische Urkundsperson 94

- nach Vorbildung und Stellung im Rechtsleben eine der Tätigkeit des deutschen Notars entsprechende Funktion ausübt und
- für die Errichtung der Urkunde ein Verfahrensrecht zu beachten hat, das den tragenden Grundsätzen des deutschen Beurkundungsrechts entspricht.[127]

Folglich muss die Gleichwertigkeit **hinsichtlich der Urkundsperson** selbst und **hinsichtlich des ausländischen Verfahrensrechts** bestehen.

Zu welchem Ergebnis die Anwendung dieser Kriterien **auf einen schweizerischen Notar** führt, ist wiederum umstritten. 95

Diejenigen Literaturstimmen, die bereits die Anwendbarkeit der Ortsform auf gesellschaftsrechtliche Vorgänge **generell bejahen**, stellen auch keine strengen Anforderungen an die Frage der Gleichwertigkeit.[128] Nur wesentliche, unverzichtbare Regeln des deutschen Beurkundungsverfahrens müssten im Ausland ein annäherndes Pendant finden, während etwa die **Belehrungspflicht nach § 17 Abs. 1 BeurkG verzichtbar** sei. Nach dieser Auffassung sind Beurkundungen durch Notare in den Kantonen Basel, Bern, Zürich, Zug und Luzern als gleichwertig anzusehen.[129]

Nach der Auffassung, die das Ortsstatut von vornherein ausschließt, sind strengere Anforderungen an die Gleichwertigkeit zu stellen. Teilweise werden Bedenken gegen die Vorbildung der schweizerischen Notare im Vergleich zu derjenigen der deutschen Notare erhoben.[130] Insb. wird aber das **Beurkundungsverfahren in der Schweiz kritisiert**, da das Verlesen der Urkunde nicht zwingend vorgeschrieben sei.[131] Zudem könne ein schweizerischer Notar, der zumindest keine weit reichenden Kenntnisse des deutschen

---

126 BGH, NJW 1981, 1160; ZIP 1989, 1052, 1054; Palandt/Heldrich, BGB, Art. 11 EGBGB Rn. 2.
127 BGH, NJW 1981, 1160.
128 So etwa Michalski/Hoffmann, GmbHG, § 53 Rn. 78; MünchKomm-BGB/Spellenberg, Art. 11 EGBGB Rn. 63.
129 Michalski/Hoffmann, GmbHG, § 53 Rn. 78; MünchKomm-BGB/Spellenberg, Art. 11 EGBGB Rn. 61.
130 Bredthauer, BB 1986, 1864, 1866; Pilger, BB 2005, 1285, 1287.
131 Bredthauer, BB 1986, 1864, 1867; Knoche, Notar und Rechtsgestaltung, S. 297, 313; Pilger, BB 2005, 1285, 1287.

Rechts habe, nicht der unverzichtbaren **Prüfungs- und Belehrungspflicht des § 17 BeurkG genügen**.[132] Weiterhin wird die Ungleichwertigkeit der Beurkundung durch einen schweizerischen Notar noch an dessen mangelnder Haftung festgemacht. Diese schlössen schweizerische Notare in Fällen der Auslandsbeurkundung nämlich regelmäßig aus, was deutschen Notaren verboten sei.[133] Mangels Gleichwertigkeit wäre nach dieser Ansicht die Beurkundung einer Anteilsabtretung durch einen schweizerischen Notar – gleich welchen Kantons – **unwirksam**.

Einzelne Vertreter der **vermittelnden Literaturmeinung** differenzieren auch hinsichtlich der Vergleichbarkeit **nach der Statusrelevanz des Rechtsgeschäfts**. Während bei nicht statusrelevanten Rechtsgeschäften, wie etwa Anteilsabtretungen, keine zu hohen Anforderungen an die Gleichwertigkeit gestellt werden, wird bei statusrelevanten Geschäften der Prüfungs- und Belehrungsfunktion des Notars große Bedeutung beigemessen und dementsprechend die Vergleichbarkeit verneint.[134]

96 Für die Praxis entscheidend ist letztlich bei Formfragen die einschlägige Rspr. Auch in der Rspr. wird die Gleichwertigkeit von Beurkundungen in der Schweiz uneinheitlich beurteilt.

In seinem Beschl. v. 16.2.1981 hat der **BGH** die von einem Zürcher Notar vorgenommene Beurkundung einer Satzungsänderung für **gleichwertig** erachtet. In Zürich liege das Beurkundungswesen in den Händen eines gut ausgebildeten Beamtennotariats, dessen Mitglieder nach Vorbildung und Stellung im Rechtsleben dem deutschen Notar gleichwertig seien. Auch das Beurkundungsverfahren entspreche in wesentlichen Punkten dem deutschen Recht. Die in § 17 BeurkG vorgesehene Prüfungs- und Belehrungsfunktion des Formerfordernisses stehe nicht entgegen; diese sei nicht Wirksamkeitsvoraussetzung der Beurkundung, sondern verzichtbar.[135]

Diese Auffassung hat der BGH in einem Urt. v. 22.5.1989 im Hinblick auf eine Abtretung von GmbH-Anteilen **bestätigt und auf sämtliche schweizerischen Notare ausgedehnt** – wenn auch nur durch einen knappen Verweis auf den Beschl. v. 16.2.1981.[136]

Mit Urt. v. 29.9.1999 hat der BGH die Wirksamkeit eines in der Schweiz beurkundeten GmbH-Anteilsübertragungsvertrags ohne nähere Ausführungen angenommen.[137]

97 Auch **verschiedene Instanzgerichte** haben notarielle Beurkundungen bestimmter Rechtsgeschäfte in bestimmten Schweizer Kantonen **als gleichwertig anerkannt**:

Notarielle Beurkundung einer Abtretung von GmbH-Anteilen in Zürich	OLG Frankfurt, Beschluss v. 10.4.1981,[138]
notarielle Beurkundung eines Verschmelzungsvertrags in Zürich	LG Köln, Beschluss v. 13.10.1989,[139]
notarielle Beurkundung eines Verschmelzungsvertrags in Basel	LG Nürnberg-Fürth, Beschluss v. 20.8.1991,[140]
notarielle Beurkundung eines Kaufvertrags über den Erwerb von GmbH-Geschäftsanteilen in Basel	OLG München, Urt. v. 19.11.1997,[141]
notarielle Beurkundung einer Treuhandvereinbarung über Geschäftsanteile an einer deutschen GmbH in Basel	OLG Frankfurt, Urt. v. 25.1.2005.[142]

---

132 Bredthauer, BB 1986, 1864, 1867; Dignas, GmbHR 2005, 139, 142; Pilger, BB 2005, 1285, 1287; van Randenborgh, GmbHR 1996, 908, 909; Schervier, NJW 1992, 593, 595.
133 Bredthauer, BB 1986, 1864, 1868; Lutter, UmwG, § 6 Rn. 8; Heckschen, DB 1990, 161, 164; Pilger, BB 2005, 1285, 1288; Schervier, NJW 1992, 593, 596.
134 Goette, DStR 1996, 709, 711; Haerendel, DStR 2001, 1802, 1804; Kröll, ZGR 2000, 111, 128; Zimmermann, in: Beck'sches Notarhandbuch, H. 192; Staudinger/Großfeld, IntGesR, Rn. 475; Reithmann, NJW 2003, 385, 388.
135 BGH, NJW 1981, 1160.
136 BGH, NJW-RR 1989, 1259, 1261.
137 BGH, NJW-RR 2000, 273.

Andere Instanzgerichte haben hingegen die **Gleichwertigkeit** von in der Schweiz vorgenommenen Beurkundungen **abgelehnt**, allerdings bisher – soweit ersichtlich – **ausschließlich bei sog. „Strukturmaßnahmen"**, nicht indes bei Anteilskauf- und Übertragungsverträgen:

98

Notarielle Beurkundung der Zustimmungserklärung zum Gewinnabführungsvertrag in Zürich	AG Köln, Beschluss v. 14.8.1989),[143]
notarielle Beurkundung eines Verschmelzungsvertrags in Zürich	LG Augsburg, Beschluss v. 4.6.1996),[144]
notarielle Beurkundung eines Kapitalerhöhungsbeschlusses in Basel	LG Mannheim, Beschluss v. 27.7.1998.).[145]

Eine **Stellungnahme des BGH** zur Beurkundung von Strukturmaßnahmen im Ausland liegt noch nicht vor. Selbst wenn der BGH insoweit der Rspr. der Instanzgerichte folgen wollte, die eine Gleichwertigkeit von Beurkundungen in der Schweiz abgelehnt haben,[146] würde dies nicht auch Beurkundungen von Anteilsverkäufen und -übertragungen betreffen. Es ist durchaus möglich, dass sich der BGH dann der vermittelnden Ansicht anschließt, wonach jedenfalls die Beurkundung nicht statusrelevanter Rechtsgeschäfte in der Schweiz zulässig ist. **Dies gilt umso mehr**, als sich der jetzige Vorsitzende des II. Zivilsenats in früheren Veröffentlichungen in diese Richtung geäußert und zwischen statusrelevanten Maßnahmen und Anteilsübertragungen differenziert hat.[147] In den letzten zehn Jahren wurden zahlreiche Kauf- und Übertragungsverträge aufgrund der bisherigen Rspr. des BGH in Basel beurkundet. Eine Änderung der Rspr. würde zwangsläufig die Frage nach der Wirksamkeit dieser Rechtsgeschäfte **mit zahlreichen Konsequenzen** (Wirksamkeit nachfolgender Erwerbe, Wirksamkeit zwischenzeitlicher Gesellschafterbeschlüsse, Jahresabschlüsse, Ergebnisverwendungen usw.) aufwerfen. Eine so weitgehende Abkehr von der bisherigen Rspr. mit den vorgenannten Konsequenzen erscheint aus der Sicht der Praxis eher unwahrscheinlich.

99

V. Praxisempfehlungen

1. Anteilsverkäufe und -übertragungen

Der dogmatische Meinungsstreit über die Wirksamkeit von Auslandsbeurkundungen wird dadurch überlagert, dass ein Teil der Auffassungen **nicht frei von berufsständischen Eigeninteressen** ist. Vor Einführung der Gegenstandswertobergrenze wurden praktisch sämtliche Anteilsverkäufe und -übertragungen mit größeren Werten in der Schweiz beurkundet. Der Versuch, über dogmatische Begründungen diese Beurkundungen aus wirtschaftlichen Gründen nach Deutschland zurückzuholen, erscheint verständlich. Er sollte jedoch bereits im Interesse der Rechtssicherheit nicht unternommen werden. Letztlich beruht der **„Beurkundungstourismus"** in das südliche Nachbarland darauf, dass das deutsche Recht keine deutlichere Kostenreduzierung oder Gebührenvereinbarung in den Fällen erlaubt, in denen Unternehmenskaufverträge von Anwälten ausgehandelt und vorbereitet wurden. Die **Einführung einer Gegenstandswertobergrenze** ist ein Schritt in die richtige Richtung. Er hätte dazu geführt, den Beurkundungstourismus vollständig zu beenden, wenn er beherzter in Richtung auf eine noch stärkere Senkung oder eine Verhandelbarkeit der Gebühren jedenfalls bei Unternehmenskaufverträgen geführt hätte.

100

---

138 OLG Frankfurt, DNotZ 1982, 186.
139 LG Köln, DB 1989, 2214.
140 LG Nürnberg-Fürth, NJW 1992, 633.
141 OLG München, NJW-RR 1998, 758.
142 OLG Frankfurt, DNotI-Report 9/2005, S. 78 = EWiR § 15 GmbHG 2/05, 727 m. Anm. Klein/Theusinger.
143 AG Köln, GmbHR 1990, 172.
144 LG Augsburg, NJW-RR 1997, 420.
145 LG Mannheim, IPRspr. 1999, Nr. 23.
146 Zweifelnd: Reuter, BB 1998, 116.
147 Goette, DStR 1996, 709, 711 ff.; ders., MittRhNotK 1997, 1.

101 Angesichts der bisherigen Rspr. des BGH besteht gegenwärtig kein Anlass, die **Wirksamkeit der Beurkundung von Anteilsverkäufen und -übertragungen** durch Notare in Basel und Zürich generell in Frage zu stellen. Die Entscheidungen einzelner Instanzgerichte, die eine Gleichwertigkeit der Beurkundung in der Schweiz abgelehnt haben, beziehen sich bisher nicht auf Anteilsverkäufe und -über-tragungen, sondern nur auf statusrelevante Maßnahmen.[148] Hinzu kommt, dass **der Gesetzgeber offenbar selbst** für die Übertragung von GmbH-Geschäftsanteilen von einer grundsätzlichen Wirksamkeit der Auslandsbeurkundung ausgeht.[149] Die Auffassung, die die schweizerische Beurkundung jedenfalls bei Anteilskauf- und -übertragungsverträgen für wirksam hält, ist deshalb zutreffend. Der Meinungsstand im Schrifttum zeigt allerdings, dass die Wirksamkeit der Auslandsbeurkundung auch bei Anteilsverkäufen und -übertragungen nicht völlig unumstritten ist.

> **Hinweis:**
>
> Es ist in jedem Fall **sorgfältig abzuwägen**, ob die geringeren Kosten einer Auslandsbeurkundung es rechtfertigen, ein – wenn auch geringes – Restrisiko hinsichtlich der Wirksamkeit dieser Beurkundungen einzugehen. Letztlich wird man die Entscheidung nach entsprechender Aufklärung dem Mandanten überlassen müssen. Angesichts der nach Einführung eines max. Gegenstandswerts geringeren Kostendifferenz kann sich eine Inlandsbeurkundung selbst bei im Vergleich zur Auslandsbeurkundung höheren Gebühren **empfehlen**, wenn die Wirksamkeit des Vertrags Gegenstand eines späteren Börsenprospekts oder einer Due Diligence der finanzierenden Banken wird und Zweifel, die zu entsprechenden Vorbehalten in Berichten oder Prospekten führen, von vornherein vermieden werden sollen.

2. Anteilsverpfändungen

102 Zur **Zulässigkeit von Anteilsverpfändungen** gibt es – soweit ersichtlich – bislang keine Entscheidungen. Es spricht jedoch viel dafür, dass für Anteilsverpfändungen dieselben Überlegungen gelten wie für Anteilsabtretungen.[150] Die Verpfändung erfolgt nach den Vorschriften, die für die Übertragung des Rechts gelten (§ 1274 Abs. 1 BGB), so dass die Verpfändung von GmbH-Anteilen nach § 15 Abs. 3 GmbHG **der notariellen Beurkundung bedarf**. Daher sprechen – ähnlich wie bei Geschäftsanteilsabtretungen – jedenfalls gegenwärtig keine entscheidenden Argumente gegen die Zulässigkeit der Beurkundung einer Verpfändung von Geschäftsanteilen in Basel.

3. Statusrelevante Vorgänge

103 Bei statusrelevanten Vorgängen, wie etwa Gründung, Satzungsänderungen, Verschmelzungsverträge (§ 6 UmwG), Spaltung (§§ 125, 6 UmwG), Vermögensübertragung (§§ 176 ff. UmwG) und formwechselnder Umwandlung (§ 193 Abs. 3 Satz 1 UmwG) bestehen **erhebliche Zweifel**, ob die Beurkundung durch einen schweizerischen Notar der Beurkundung durch einen deutschen Notar gleichwertig ist. Einige Instanzgerichte haben die Gleichwertigkeit von Auslandsbeurkundungen bei **derartigen Verfassungsakten** verneint. Auch die vermittelnde Literaturansicht hält die Beurkundung statusrelevanter Vorgänge durch einen ausländischen Notar regelmäßig für nicht wirksam.

> **Hinweis:**
>
> Aufgrund der bestehenden Rechtsunsicherheit ist zu empfehlen, **statusrelevante Vorgänge** nur von einem deutschen Notar beurkunden zu lassen. Von dieser Empfehlung könnte allenfalls dann abgewichen werden, wenn vorab mit dem Registergericht die Anerkennung der ausländischen Beurkundung abgestimmt worden ist und die Eintragung in das Handelsregister in jedem Fall eine etwaige

---

148 Vgl. auch Reuter, BB 1998, 116, 117.
149 Begründung RefE des Gesetzes zur Modernisierung des GmbH-Rechts und zur Bekämpfung von Missbräuchen (MoMiG), S. 48. Entwurf und Begründung sind im Internet abrufbar unter: http://www.bmj.bund.de/media/archive/1236.pdf.
150 Vgl. auch Mertens, ZIP 1998, 1787, 1788; Schervier, NJW 1992, 593, 598.

> unwirksame Beurkundung heilt. Einzelne Registergerichte haben allerdings bereits allgemein verlautet, derartige Beurkundungen nicht anzuerkennen, um Anfragen dieser Art von vornherein zu begegnen.[151]

Ob auch **Einbringungs- und Übertragungsverträge** zu den statusrelevanten Rechtsgeschäften zählen, ist nicht zweifelsfrei. Rspr. dazu liegt – soweit ersichtlich – nicht vor. Jedenfalls erscheint es nicht abwegig, derartige Verträge aufgrund ihrer Sachnähe zu Kapitalmaßnahmen als statusrelevant anzusehen und damit eine Auslandsbeurkundung dieser Verträge für nicht zulässig zu halten. Gleiches dürfte für **Nachgründungsverträge** bei AG (§ 52 AktG) gelten. Rechtssicherheit wird man daher bei diesen Verträgen nur erlangen können, wenn diese im Inland beurkundet werden.

4. Allgemeine Empfehlungen bei Beurkundungen in der Schweiz

Soll eine Beurkundung in der Schweiz durchgeführt werden, empfiehlt sich in jedem Fall die Beachtung folgender Verfahrensgrundsätze:

- Die Beurkundung sollte nur in bestimmten Kantonen vorgenommen werden. Insb. empfiehlt sich eine Beurkundung bei Notaren in Basel,[152] da es sich bei den Baseler Notaren um Anwaltsnotare handelt, die nach ihrer Ausbildung und Stellung im Rechtssystem deutschen Anwaltsnotaren vergleichbar sind.
- Die Urkunde muss stets verlesen werden.[153]
- Ein Haftungsausschluss des Schweizer Notars sollte vermieden werden.
- Nur solche Notare sollten mit der Beurkundung betraut werden, die mit derartigen Rechtsgeschäften bereits Erfahrung haben.
- Deutsche Juristen, die den Vertragstext vorbereitet haben, sollten bei der Beurkundung anwesend sein und dabei unter Hinweis auf ihre Sachkenntnis ausdrücklich auf die Belehrung verzichten.
- In rechtlichen Stellungnahmen (Legal Opinions) ist auf das bei Auslandsbeurkundungen bestehende Restrisiko hinzuweisen, wenngleich es bisher keine generell ablehnenden höchstrichterlichen Entscheidungen zur Wirksamkeit der Auslandsbeurkundung in der Schweiz bei Anteilskäufen und -übertragungen gibt.

H. Anerkennung ausländischer Urkunden im Inland

I. Anerkennung ausländischer öffentlicher Urkunden/Legalisation

Bei ausländischen öffentlichen Urkunden stellt sich neben der materiellen Wirksamkeit der Beurkundung auch die Frage, ob und unter welchen Voraussetzungen die ausländische öffentliche Urkunde **im Inland als „öffentliche Urkunde"** anzuerkennen ist. Dies wird insb. bei der Vorlage von Urkunden bei Behörden (z.B. Grundbuchamt und Handelsregister) relevant. Grds. wird der Nachweis des Bestehens einer öffentlichen Urkunde bei ausländischen Urkunden durch die **Legalisation** geführt (§ 438 Abs. 2 ZPO). Unter Legalisation versteht man die Bestätigung der Echtheit der Urkunde durch das Konsulat oder die Botschaft des Staates, in dem die Urkunde verwandt werden soll.[154] Bei der Verwendung ausländischer öffentlicher Urkunden im Inland ist also grds. Legalisation durch das deutsche Konsulat im Errichtungsstaat der Urkunde erforderlich.

---

151 So das AG Hamburg in einem Rundschreiben v. 9.2.2005 an den Präsidenten der Hamburgischen Notarkammer.
152 In der Praxis wird die Mehrzahl der Auslandsbeurkundungen in Basel vorgenommen, weil das Baseler Notariat hinsichtlich der fachlichen und persönlichen Qualifikation des Notars – anders als die Notare in Zürich – praktisch dem deutschen Anwaltsnotariat entspricht.
153 Vgl. Benecke, RIW 2002, 280, 285.
154 Schaub, NZG 2000, 953, 956; Zimmermann, in: Beck'sches Notar-Handbuch, H. 239.

Im **Regelfall der Legalisation** im engeren Sinne werden die Echtheit der Unterschrift und die amtliche Eigenschaft des Ausstellers sowie ggf. die Echtheit des Siegels oder Stempels, mit dem die Urkunde versehen ist, bestätigt (sog. Legalisation im engeren Sinne, vgl. § 13 Abs. 2 KonsularG). Bestehen Zweifel, ob es sich um eine öffentliche Urkunde handelt, bestätigt der deutsche Konsul auf Antrag auch, dass die Urkundsperson die für sie geltenden Zuständigkeits- und Formvorschriften eingehalten hat (sog. Legalisation im weiteren Sinne, vgl. § 13 Abs. 4 KonsularG).

Die Legalisation ist zum Beweis der Echtheit einer ausländischen amtlichen Urkunde ausreichend, aber nicht generell erforderlich (**kein genereller Legalisationszwang**). Das Registergericht darf eine nicht legalisierte amtliche ausländische Urkunde nicht ohne weiteres als Eintragungsgrundlage zurückweisen. Bei fehlender Legalisation ist grds. die Echtheit der Urkunde nach pflichtgemäßem Ermessen zu prüfen und auf allgemeine Erfahrungssätze zurückzugreifen.[155] Allerdings wird im Hinblick auf **die besonderen Ermittlungspflichten des Gerichts** in der freiwilligen Gerichtsbarkeit angenommen, dass die Legalisation nach pflichtgemäßem Ermessen verlangt werden kann.[156]

II. Vereinfachte Legalisation/„Apostille"

107 Die Legalisation ist mit Aufwand verbunden, da die zuständigen Konsulate im Ausland nicht an jedem Ort vorhanden sind. Die Legalisation wird deshalb **durch internationale Abkommen erleichtert**. Von besonderer Bedeutung ist das Haager Übereinkommen vom 5.10.1961 zur Befreiung ausländischer öffentlicher Urkunden von der Legalisation,[157] das von der Legalisation öffentlicher Urkunden befreit. An die Stelle der Legalisation tritt die sog. „**Apostille**", eine standardisierte vereinfachte Form der Echtheitsbestätigung. Die wesentliche Vereinfachung der Echtheitsprüfung gegenüber der Legalisation wird dadurch erreicht, dass die Urkunde mit dem Echtheitsvermerk nicht von der diplomatischen oder konsularischen Vertretung des Vorlegungsstaates, sondern **von der zuständigen Behörde des Errichtungsstaates** selbst versehen wird. In den Bundesstaaten der USA sind dies bspw. die Staatskanzleien (Secretary of State) in den jeweiligen Hauptstädten der Bundesstaaten. In England ist das Foreign and Commonwealth Office in London zuständig. In Deutschland obliegt die Zuständigkeit bei notariellen Urkunden dem Präsidenten des LG, in dessen Bezirk der Notar seinen Sitz hat.

108 Die wichtigsten Staaten, im Verhältnis zu denen das Haager Übereinkommen für die Bundesrepublik Deutschland gilt, sind:[158]

Staaten	Beitrittsdatum
Argentinien	18.2.1988
Australien	16.3.1995
Belarus-Weißrussland	31.5.1992
Belgien	9.12.1976
Bosnien-Herzegowina	6.3.1992
Finnland	26.8.1985
Frankreich	24.1.1965
Griechenland	18.5.1985
Israel	14.8.1978
Italien	11.2.1978
Japan	27.7.1970

---

155 BayObLG, MittBayNot 1989, 273, 275; Schaub, NZG 2000, 953, 956.
156 BayObLG, IPRax 1994, 122; H. Roth, IPRax 1994, 86.
157 BGBl. 1965 II, S. 875.
158 Vgl. zu den Mitgliedstaaten per 31.3.2005 Zimmermann, in: Beck'sches Notar-Handbuch, H. 249; diese sind auch im Internet abrufbar unter der Internetadresse www.hcch.net.

Kroatien	8.10.1991
Lettland	30.1.1996
Liechtenstein	7.9.1972
Litauen	19.7.1997
Luxemburg	3.6.1979
Mazedonien	17.9.1991
Mexiko	14.8.1995
Niederlande	8.10.1965
Norwegen	29.7.1983
Österreich	13.1.1968
Portugal	4.12.1969
Russische Föderation	31.5.1992
Schweiz	11.3.1973
Slowenien	25.6.1991
Spanien	25.9.1978
Türkei	26.9.1985
Ungarn	18.1.1973
Vereinigtes Königreich von Großbritannien und Nordirland	24.1.1965
Vereinigte Staaten von Amerika	15.10.1981

III. Unmittelbare Anerkennung ausländischer Urkunden

Noch weitergehender vereinfachen bestimmte **bilaterale Staatsverträge** die Verwendung ausländischer Urkunden. Bestimmte öffentliche Urkunden verschiedener Länder bedürfen aufgrund solcher bilateraler Abkommen überhaupt keiner Legalisation, sondern werden automatisch im Inland als öffentliche Urkunde anerkannt. Die zurzeit mit diesen Staaten bestehenden Verträge sehen eine **gänzliche Befreiung öffentlicher Urkunden von weiteren Formerfordernissen**, also auch von der Apostille oder einer sonstigen Echtheitsbescheinigung vor. Dabei handelt es sich um nachstehend aufgeführte Staaten (wobei stets zu prüfen ist, welche Arten von Urkunden von der Legalisation befreit sind, da die Befreiungen je nach Abkommen nicht für sämtliche Arten von Urkunden gelten):

109

Staat	Abkommen
Belgien	deutsch-belgisches Abkommen vom 13.5.1975[159]
Dänemark	deutsch-dänisches Beglaubigungsabkommen vom 17.6.1936
Frankreich	deutsch-französisches Abkommen vom 13.9.1971 über die Befreiung öffentlicher Urkunden von der Legalisation
Griechenland	deutsch-griechisches Abkommen über die gegenseitige Rechtshilfe in Angelegenheiten des bürgerlichen und Handelsrechts vom 11.5.1938[160]
Italien	deutsch-italienischer Vertrag über den Verzicht auf die Legalisation von Urkunden vom 7.6.1969
Österreich	deutsch-österreichischer Beglaubigungsvertrag vom 21.6.1923
Schweiz	deutsch-schweizerischer Vertrag über die Beglaubigung öffentlicher Urkunden vom 15.2.1907[161]

Im Fall der Schweiz erfasst der Verzicht auf die Legalisation nur Beglaubigungen, **nicht aber die im vorangehenden Kapitel behandelte Beurkundung**, für die im Verhältnis zu Deutschland weiterhin die Apostille erforderlich ist.

I. Kostenfragen

I. Beurkundungskosten

110 Aus dem umfangreichen Bereich des Kostenrechts können im folgenden nur einzelne Fragen aufgegriffen werden, die in der Praxis besonders bedeutsam sind.

Die Gebühr des Notars richtet sich **nicht nach dem Arbeitsaufwand des Notars**, sondern ist **nach dem Geschäftswert gestaffelt**. Der Geschäftswert kann entweder als bestimmter Geldbetrag in der Urkunde selbst zum Ausdruck kommen, etwa der Kaufpreis im Kaufvertrag oder das Stammkapital bei der Gründung einer GmbH. In den übrigen Fällen, z.B. bei der unentgeltlichen Übertragung von GmbH-Anteilen, muss der Geschäftswert ermittelt werden. Sofern eine Schätzung nicht möglich ist, ist der Regelwert von 3.000 € anzunehmen, von dem bis auf 500.000 € nach oben abgewichen werden kann (§ 30 Abs. 2 KostO).

> **Hinweis:**
> Bei komplexen Sachverhalten empfiehlt sich vor der Beurkundung eine Abstimmung mit dem Notar, um vor Überraschungen geschützt zu sein.

111 Die Mindestgebühr beträgt 10 €. Das Gesetz ordnet ausdrücklich **einige Höchstgebühren** an, wie z.B.
- 130 € für reine Unterschriftsbeglaubigungen nach § 45 KostO,
- 5.000 € für die Beurkundung von Beschlüssen von Gesellschaftsorganen nach § 47 KostO.

112 Teilweise wird die Gebühr auch mittelbar durch **maximale Geschäftswerte** begrenzt, so z.B.
- Begrenzung des Geschäftswerts für Handelsregisteranmeldungen auf 500.000 € (vgl. § 39 Abs. 4 KostO),
- Begrenzung des Geschäftswerts für die Beurkundung von Gesellschaftsverträgen, Satzungen und Verträgen nach dem UmwG auf 5 Mio. € (vgl. § 39 Abs. 4 KostO).

Seit 1.7.2004 besteht nach § 18 Abs. 1 Satz 2 KostO ein **allgemeiner Höchstwert** von 60 Mio. €.[162]

---

159 Dieses Abkommen wird von deutscher Seite als verbindlich angesehen; Belgien hält sich für nicht daran gebunden, weil das belgische Ratifikationsverfahren fehlerhaft gewesen sei. Vorsichtshalber sollte die Apostille eingeholt werden, vgl. Zimmermann, in: Beck'sches Notar-Handbuch, G. 241.

160 Hiernach bedürfen notarielle und amtsgerichtliche Urkunden nur der Beglaubigung durch den Landgerichtspräsidenten. Urkunden, die von einem LG oder einem Gericht höherer Ordnung ausgestellt oder beglaubigt sind, bedürfen weder der Zwischenbeglaubigung noch der Legalisation.

161 Befreit sind nur die von Gerichten aufgenommenen, ausgestellten oder beglaubigten Urkunden sowie Urkunden bestimmter Verwaltungsbehörden. Für alle übrigen Urkunden, insb. des Notars, gilt die Befreiung nicht; aufgrund des Haager Übereinkommens vom 5.11.1961 ist aber eine Erleichterung in Form der Apostille vorgesehen.

162 Vgl. dazu Filzek, JurBüro 2004, 579.

Folgende **Gebührensätze** spielen in der Praxis eine große Rolle:

1/4 Gebühr	Beglaubigung von Unterschriften, ohne dass der Notar den Entwurf gefertigt hat (§ 45 KostO), höchstens 130 €.
5/10 Gebühr	Vollmachten (§ 38 Abs. 2 Nr. 5 KostO); Anmeldungen zum Handelsregister (§ 38 Abs. 2 Nr. 7 KostO).
10/10 Gebühr	Einseitige Erklärungen, soweit keine Sonderregelung besteht, wie etwa Feststellung des Gesellschaftsvertrags bei Einpersonen-GmbH oder auch Errichtung einer Bezugsurkunde (§ 36 Abs. 1 KostO);[163] Tatsachenbescheinigungen (§ 50 Abs. 1 KostO).
20/10 Gebühr	Beurkundung von Verträgen (§ 36 Abs. 2 KostO, Geschäftswert allerdings auf 60 Mio. € begrenzt, § 18 Abs. 1 Satz 2 KostO), Beschlüsse von Gesellschaftsorganen (§ 47 KostO, aber Höchstgebühr 5.000 €).

Zwischen den Gebührensätzen besteht **keine Wahlfreiheit**. Dies gilt namentlich, wenn eine Beglaubigung von Unterschriften unter einem nicht formbedürftigen Rechtsgeschäft erfolgt.

Beispiel:

Werden Unterschriften unter einem privatschriftlich ausgefertigten Vertrag, der keiner Beurkundung bedarf, lediglich zu Beweiszwecken beglaubigt (wofür in der Praxis ein Bedürfnis besteht, um bspw. den späteren Einwand rückdatierter Verträge durch Behörden oder Dritte auszuschließen), entsteht keine Vertragsgebühr nach § 36 Abs. 2 KostO, sondern nur eine Beglaubigungsgebühr nach § 45 KostO mit der Wertobergrenze von 130 €. Dies gilt jedenfalls dann, wenn der Notar den Vertrag nicht selbst vorbereitet hat.

II. Grundbesitz (Verkauf im Ausland; nachfolgende Auflassung im Inland)

Da die Auflassung **zwingend vor einem deutschen Notar** beurkundet werden muss,[164] während für das schuldrechtliche Geschäft die obigen Grundsätze zur Auslandsbeurkundung gelten, werden Verträge über Grundbesitz mitunter in zwei Teile geteilt und **in verschiedenen Jurisdiktionen** beurkundet. Nach § 38 Abs. 2 Nr. 6a KostO ist für die gesonderte Auflassung anstelle der doppelten Vertragsgebühr von 20/10 (§ 36 Abs. 2 KostO) nach § 38 Abs. 2 Nr. 6a KostO nur eine halbe Gebühr i.H.v. 5/10 zu erheben. Ob dies auch bei einer **vorangehenden Auslandsbeurkundung des schuldrechtlichen Geschäfts** gilt, ist allerdings umstritten.

Nach Auffassung des **BayObLG** soll bei Beurkundung des schuldrechtlichen Grundgeschäfts im Ausland § 38 Abs. 2 KostO **nicht anwendbar** sein, da dies Sinne und Zweck der Vorschrift widerspreche.[165] Der Notar habe in einem solchen Fall weder eine geringere Mühe durch die bloße Beurkundung der Auflassung, noch sei die Erhebung der doppelten Gebühr unbillig. Vielmehr sei er mit der schwierigen Frage der Gleichwertigkeit ausländischer Urkunden und mit einer erschwerten Belehrung konfrontiert.

Nach der überwiegenden Auffassung fällt dagegen für die Beurkundung der Auflassung nach § 38 Abs. 2 Nr. 6a KostO auch dann nur eine halbe Gebühr an, wenn das zugrunde liegende Rechtsgeschäft im Ausland beurkundet wurde.[166] Diese Ansicht stützt sich zutreffenderweise auf den Gesetzeswortlaut

---

163 Vgl. auch jüngst BGH, ZIP 2006, 444.
164 So die Rspr., OLG Köln, OLGZ 72, 321; KG, DNotZ 1987, 44; LG Ellwangen, BWNotZ 2000, 45; vgl. auch Palandt/Heldrich, BGB, Art. 11 EGBGB Rn. 9; Bausback, DNotZ 1996, 254; a.A.: Mann, NJW 1955, 1177; Heinz, RIW 2001, 928.
165 BayObLG, DNotZ 1978, 58; ebenso Brambring, in: Beck'sches Notarhandbuch, A I 176; Korintenberg/Bengel, KostO, § 38 Rn. 50; Rohs/Wedewer, KostO, § 38 Rn. 44; Lappe, DNotZ 1991, 413.
166 OLG Düsseldorf, DB 1990, 730; OLG Stuttgart, DNotZ 1991, 411; KG, DNotZ 1938, 463; LG Bonn, DB 1971, 2405; OLG Zweibrücken, DNotZ 1997, 245; so auch Hartmann, KostG, § 38 KostO Rn. 24; Beushausen/Küntzel/Kersten/Bühling, KostO, S. 238.

des § 38 Abs. 2 KostO, der keine Differenzierung zwischen einer Beurkundung des Grundgeschäfts im In- oder Ausland vorsieht.

Jedenfalls bei Beurkundungen außerhalb Bayerns ist daher im Hinblick auf die dortigen instanzgerichtlichen Urteile davon auszugehen, dass für die Beurkundung der Auflassung auch dann **nur die Hälfte der vollen Gebühr erhoben wird**, wenn das schuldrechtliche Rechtsgeschäft von einem ausländischen Notar beurkundet wurde.

> **Hinweis:**
> Sicherheitshalber sollte die Gebührenhöhe mit dem jeweils beurkundenden Notar zuvor jedenfalls dann abgestimmt werden, wenn die Beurkundung an einem Ort erfolgt, zu der bisher keine oberlandesgerichtliche Rspr. existiert.

III. Kapitalerhöhungsbeschluss und Übernahmeerklärung

116 Die Kapitalerhöhung geht mit einem **beurkundungspflichtigen Gesellschafterbeschluss** einher. Da für diesen eine 20/10 Gebühr nach § 47 KostO[167] anfällt, während hingegen für die Übernahmeerklärung eine Beglaubigung ausreicht, für die ohne Entwurfsfertigung nach § 45 Abs. 1 KostO nur eine 1/4-Gebühr, höchstens 130 €, anfällt, empfiehlt es sich, den Beschluss der Kapitalerhöhung und die Übernahmeerklärung in zwei Vorgänge zu trennen, um die Entstehung der **höheren Beurkundungsgebühr für die Übernahmeerklärung zu vermeiden**.

---

167 Diese beträgt jedoch max. 5.000 €, vgl. § 47 Satz 2 KostO.

15. Kapitel: Bilanz- und Steuerrecht
§ 1 Rechnungslegung und Bilanzierung

Inhaltsverzeichnis

		Rn.
A.	**Vorbemerkung**	1
B.	**Bilanzrechtliche Grundlagen**	4
I.	Bilanzbegriff	4
II.	Bilanzielles Grundverständnis	7
	1. „Denken in Bilanzen"	7
	2. Erfolgsneutrale Geschäftsvorfälle	8
	3. Erfolgswirksame Geschäftsvorfälle	9
	4. Eigenkapitalrelevante Geschäftsvorfälle ohne Gewinnauswirkung	10
III.	Bilanzierungsanlässe	11
C.	**Querbezüge zum Gesellschaftsrecht**	18
I.	Jahresabschluss und Gesellschaftsrecht	18
	1. AG	18
	a) Mitgliedschaftlicher Bilanzgewinnanspruch	18
	b) Bilanzgewinn und Kapitalerhaltung	25
	c) Einberufungs- und Verlustanzeigepflicht	26
	d) Jahresabschluss und Verlustübernahmeverpflichtung	27
	2. GmbH	28
	a) Mitgliedschaftlicher Gewinnanspruch und Dividendenforderung	28
	b) Handelsbilanz und Kapitalerhaltung	30
	c) Exkurs: Kapitalaufbringung und sog. Vorbelastungsbilanz	35
	d) Einberufungs- und Verlustanzeigepflicht	38
	3. Personenhandelsgesellschaften	39
II.	Konzernabschluss und Gesellschaftsrecht	47
	1. AG	47
	2. GmbH	51
D.	**Handelsbilanzrecht und Rechtsordnung**	52
I.	Nationale Rechtsquellen	52
II.	Bedeutung der BFH-Rechtsprechung	55
III.	Europäische Rechtsgrundlagen und Rechtsprechung des EuGH	56
IV.	Deutsche Rechnungslegungsstandards	64
E.	**Handelsrechtlicher Jahresabschluss**	65
I.	Funktionen des Einzelabschlusses	65
II.	Systematik der §§ 238 ff. HGB	67
III.	Grundlegende Pflichten	69
	1. Buchführung und Inventar	69
	2. Aufstellungsverpflichtung	76
	3. Aufbewahrungspflichten und -fristen	81
	4. Sanktionen bei Buchführungsverstößen	82
IV.	Generalnormen des Jahresabschlusses	86
V.	Fundamentalprinzipien ordnungsgemäßer Bilanzerstellung	87

		Rn.
	1. Theoretische Grundlagen	87
	2. Kodifizierte GoB	88
	3. Nicht kodifizierte GoB	101
	a) Personelle Zurechnung von Vermögensgegenständen	102
	b) Schwebende Geschäfte	113
	c) Gewinnrealisierung	115
	4. GoB und umgekehrte Maßgeblichkeit	122
VI.	Vorschriften zum Bilanzansatz	123
	1. Vermögensgegenstand	123
	2. Immaterielle Vermögensgegenstände	126
	3. Aktive Rechnungsabgrenzungsposten	129
	4. Bilanzierungshilfen	132
	5. Geschäfts- bzw. Firmenwert	133
	6. Korrekturen zur Passiva	136
	7. Verbindlichkeiten	137
	8. Rückstellungen	143
	a) Systematik	143
	b) Rückstellungen mit Verbindlichkeitscharakter	145
	c) Drohende Verluste aus schwebenden Geschäften	150
	d) Aufwandsrückstellungen	153
	e) Exkurs: Haftungsverhältnisse	154
	9. Passive Rechnungsabgrenzung	156
	10. Exkurs: Steuerabgrenzungen (Latente Steuern)	157
	11. Eigenkapital	161
	a) Begriff	161
	b) Einzelkaufmann	162
	c) Personenhandelsgesellschaften	163
	d) Kapitalgesellschaften	167
	12. Sonderposten mit Rücklageanteil	173
VII.	Bewertung	175
	1. Bewertungsgrundsätze	175
	2. Anschaffungskosten	181
	3. Herstellungskosten	186
VIII.	Gewinn- und Verlustrechnung	190
IX.	Anhang	192
F.	**Lagebericht**	193
G.	**Konzernabschluss und Konzernlagebericht**	194
H.	**Externe Prüfung**	196
I.	**Offenlegung**	201
J.	**Querbezüge zum Steuerbilanzrecht**	202
I.	Maßgeblichkeit der Handelsbilanz	202
II.	Wirtschaftsgut	210
III.	Betriebsvermögen	211
IV.	Ergänzungsbilanzen	214

Kommentare und Gesamtdarstellungen:

Adler/Düring/Schmaltz, Rechnungslegung und Prüfung der Unternehmen, 6. Aufl. 1998; *Baumbach/Hopt*, Kommentar zum Handelsgesetzbuch, 32. Aufl. 2006; *Baumbach/Hueck*, Kommentar zum GmbH-Gesetz, 18. Aufl. 2006; *Baetge/Kirsch/Thiele*, Bilanzrecht, 16. EL Stand: Juni 2006; *IFRS-Handbuch*, 2. Aufl. 2006; *Beuthien*, Zweckerreichung und Zweckstörung im Schuldverhältnis, 1996; *Blümich*, EStG, Stand: Oktober 2006; *Budde/Förschle*, Sonderbilanzen, 3. Aufl. 2002; *Ebenroth/Boujong/Joost*, Kommentar zum Handelsgesetzbuch, 2001; *Ellrott/Förschle/Hoyos/Winkeljohann*, Bilanz-Kommentar: Handels- und Steuerbilanz, 6. Aufl. 2006; *Emmerich*, Recht der Leistungsstörungen, 4. Aufl. 1997; *Emmerich/Habersack*, Aktien- und GmbH-Konzernrecht, 4. Aufl. 2005; *Emmerich/Sonnenschein/Habersack*, Konzernrecht, 7. Aufl. 2001; *M. Fischer*, Die Unentgeltlichkeit im Zivilrecht, 2002; *ders.*, Sacheinlagen im Gesellschafts- und Steuerrecht der GmbH, 1998; *Gosch*, KStG, 2005; *Graf von Kanitz*, Bilanzkunde für Juristen, 2006; *Großfeld/Luttermann*, Bilanzrecht, 4. Aufl. 2005; *Hüffer*, Aktiengesetz, 7. Aufl. 2006; *Hirtz*, Die Vorstandspflichten bei Verlust, Zahlungsunfähigkeit und Überschuldung einer AG, 1966; *Icking*, Die Rechtsnatur des Handelsbilanzrechts, 2000; *Kirchhof*, EStG, 6. Aufl. 2006; *Kruse*, Grundsätze ordnungsmäßiger Buchführung, 3. Aufl. 1970/1978; *Leffson*, Die Grundsätze ordnungsmäßiger Buchführung, 7. Aufl. 1987; *Knobbe-Keuk*, Bilanz- und Unternehmenssteuerrecht, 9. Aufl. 1993; *Lutter/Hommelhoff*, Kommentar zum GmbH-Gesetz, 16. Aufl. 2004; *Medicus*, Bürgerliches Recht, 20. Aufl. 2004; *Michalski*, GmbHG, 2002; **Münchener Kommentar zum Aktienrecht**, Bd. 2 (§§ 53a – 75 AktG), 2. Aufl. 2003; **Münchener Kommentar zum Bürgerlichen Gesetzbuch**, Bd. 2 (§§ 433 – 610), 4. Aufl. 2004; *Palandt*, Bürgerliches Gesetzbuch, 66. Aufl. 2007; *Schmidt*, EStG, 25. Aufl. 2006; *Scholz*, GmbHG, 9. Aufl. 2000; *Schön*, Steuerliche Maßgeblichkeit in Deutschland und Europa, 2005; *Tiedtke*, Einkommen- und Bilanzsteuerrecht, 2. Aufl. 1995; *Thiel/Lüdtke-Handjery*, Bilanzrecht, 5. Aufl. 2005; *Weber-Grellet*, Steuerbilanzrecht, 1996, *Westermann*, Handbuch der Personengesellschaften, Stand: Oktober 2006; *Winnefeld*, Bilanz-Handbuch, 3. Aufl. 2002.

Formularbücher und Mustersammlungen:

Hopt/Kraft, Vertrags- und Formularhandbuch zum Handels-, Gesellschafts-, Bank- und Transportrecht, 2. Aufl. 2000.

Aufsätze und Rechtsprechungsübersichten:

Ahmann, Die Bilanzrichtlinie und die steuerliche Gewinnermittlung – Eine Zwangsehe?, FS für Schmidt, 1993, S. 269; *Ammelung/Pletschacher/Jarothe*, Die Teilwertabschreibungen auf GmbH-Beteiligungen, GmbHR 1997, 97; *Beisse*, Die paradigmatischen GoB, FS für W. Müller, 2001, S. 731; *ders.*, Wandlungen der Rechnungsabgrenzung, FS für Budde, 1995, S. 67; *Berndt*, FG-Urteil zu „BIAO": Heranziehung von IAS zur Auslegung der Jahresabschlussrichtlinie, BB 2004, 1220; *Bingel/Weidenkammer*, Ausweis des Eigenkapitals bei Personenhandelsgesellschaften im Handelsrecht, DStR 2006, 675; *Budde*, Grundsätze ordnungsmäßiger Rechenschaftslegung, FS für Semler, 1993, 789; *Budde/Steuber*, Globaler Kapitalmarkt und unternehmerische Rechenschaftslegung, FS für Peltzer, 2001, S. 39; *dies.*, Jahresabschluß – Was soll die Veranstaltung?, FS für Claussen, 1997, S. 583; *Böcking/Herold/Müßig*, IFRS für nicht kapitalmarktorientierte Unternehmen, Der Konzern 2004, 664; *Claussen*, Zum Stellenwert des Rechnungslegungsrechts, FS für Kropff, 1997, S. 431; *Clemm*, Zum Streit über die Bilanzierung des „derivativen negativen Geschäfts- oder Firmenwerts", FS für Claussen, 1997, S. 605; *Crezelius*, Die Bilanz als Rechtsinstitut, FS für Zimmerer, 1997, S. 509; *ders.*, Überschuldung und Bilanzierung, FS für Röhricht, 2005, S. 787; *ders.*, Objektive und subjektive Elemente bei Unterbilanzen, FS für Uhlenbruck, 2000, S. 619; *ders.*, Das Handelsbilanzrecht in der Rechtsprechung des Bundesfinanzhofs, ZGR 1987, 1; *ders.*, „Aktienrechtliches Eigentum", DB 1983, 2019; *ders.*, Das sogenannte schwebende Geschäft in Handels-, Gesellschafts- und Steuerrecht, FS für Döllerer, 1988, S. 81; *M. Fischer*, Zulässigkeit freiwilliger Zuschreibungen von Sonder-AfA in der Handelsbilanz, BB 2003, 411; *Hartung*, Negative Firmenwerte als Verlustrückstellungen, FS für Beisse, 1997, S. 235; *Helmreich*, Die Gewährung von Darlehen durch die GmbH in der Situation der Unterbilanz an ihre Gesellschafter nach der aktuellen Rechtsprechung des BGH, GmbHR 2004, 457; *Hennrichs*, Bilanzgestützte Kapitalerhaltung, HGB-Jahresabschluss und Maßgeblichkeitsprinzip – Dinosaurier der Rechtsgeschichte?, StuW 2005, 256; *ders.*, Unternehmensfinanzierung und IFRS im deutschen Mittelstand, ZHR 2006, 498; *Herzig*, Die rückstellungsbegrenzende Wirkung des Realisationsprinzips, FS für Schmidt, 1993, S. 209; *Herzig/Jensen-Nissen/Koch*, Bilanzierung von Emissionsberechtigungen gem. Treibhaus-Emissionshandelsgesetz (TEHG) nach Handels- und Steuerrecht, FR 2006, 109; *Hitz*, Fair value in der IFRS-Rechnungslegung, Wpg 2005, 1013; *Hüffer*, Bewertungsprobleme in der Überschuldungsbilanz, FS für Wiedemann, 2002, S. 1047; *v. Hulle*, „True and Fair View", im Sinne der 4. Richtlinie, FS für Budde, 1995, S. 313; *Kahlert/Rühland*, Die Auswirkungen des BMF-Schreibens v. 8.9.2006 auf Rangrücktrittsvereinbarungen, ZInsO 2006, 1009; *Kirsch*, Aktuelle Entwicklungen der IFRS-Rechnungslegung für kleine und mittlere Unternehmen, DStZ 2006, 768; *Kübler*, Institutioneller Gläubigerschutz oder Kapitalmarkttransparenz, ZHR 159 (1995), 550; *Kropff*, Der „Jahresabschluß": Ist er ein Jahresabschluß? – eine terminologische Betrachtung, FS für Peltzer, 2001, S. 219; *ders.*, Der Konzernabschluß – eine Randerscheinung im Gesellschaftsrecht?, FS für Claussen, 1997, S. 659; *Lang*, Gelöste und ungelöste Probleme des Rangrücktritts,

DStZ 2006, 789; *Moxter*, Zur Funktionsinadäquanz von Bilanzen, FS für Röhricht, 2005, S. 1007; *ders.*, Zum Passivierungszeitpunkt von Umweltschutzrückstellungen, FS für Forster, 1992, S. 427; *ders.*, Zum Verhältnis von Handelsbilanz und Steuerbilanz, BB 1997, 195; *Priester*, Stille Reserven und offene Rücklagen bei Personengesellschaften, FS für Quack, 1991, S. 373; *ders.*, Jahresabschlussfeststellung bei Personengesellschaften, DStR 2007, 28; *Prinz/Hick*, Der neue § 5 Abs. 1a EStG – Gelungene gesetzliche Verankerung der steuerbilanziellen Bildung von Bewertungseinheiten?, DStR 2006, 771; *Reuter*, Beteiligungsabschreibung trotz Mittelzuführung an die Tochtergesellschaft, BB 1982, 25; *Schiessl*, Unternehmensfinanzierung und Internationale Rechnungslegung im deutschen Mittelstand, ZHR 2006, 522; *Schön*, Kompetenzen der Gerichte zur Auslegung von IAS/IFRS, BB 2004, 763; *Schulze-Osterloh*, HGB-Reform: Der Einzelabschluß nicht kapitalmarktorientierter Unternehmen unter dem Einfluß von IAS/IFRS, BB 2004, 2567; *ders.*, Vorschläge für ein Bilanzrechtsmodernisierungsgesetz, ZIP 2004, 1128; *Schnorr*, Geschäftsleiterhaftung für fehlerhafte Buchführung, ZHR 170 (2006), 9; *Stobbe*, Neue Koordinaten des Steuerbilanzrechts?, FR 1997, 361; *Ulmer*, Die Mitwirkung des Kommanditisten an der Bilanzierung der KG, FS für Hefermehl, 1976, S. 207; *Weber-Grellet*, Rechtsprechung des BFH zum Bilanzsteuerrecht im Jahr 2005, BB 2006, 35.

A. Vorbemerkung

Die Bilanz ist ein Zahlenwerk. Sie bildet wirtschaftliche Sachverhalte als **Bilanzpositionen** ab. Sind am Bilanzstichtag nicht nur liquide Mittel vorhanden, müssen diese mit einem Geldbetrag bewertet werden. Das Bilanzrecht regelt, welche wirtschaftlichen Sachverhalte in der Rechnungslegung auszuweisen und wie sie zu bewerten sind. Großfeld/Luttermann[1] bezeichnen das Bilanzrecht als den **„Kern von Unternehmensrecht, Gesellschafts- und Kapitalmarktrecht"**. Der mit dem Bilanzrecht oftmals wenig vertraute Jurist wird sich fragen, worauf dieser anscheinend hohe Stellenwert begründet ist. Eine erste allgemeine Antwort lautet: Die Rechnungslegung soll im Interesse einzelner Kapitalgeber und Gläubiger in Bezug auf Dispositionsentscheidungen, im Interesse des Unternehmens selbst in Bezug auf Führungs- und Kontrollentscheidungen und im Interesse eines institutionellen Gläubigerschutzes **Auskunft und Rechenschaft** darüber geben, wo das Unternehmen steht. Diese Kenntnis bildet die Grundlage für eine verantwortungsbewusste Tätigkeit im Unternehmen sowie für eine eben solche Zusammenarbeit zwischen Kapitalgebern und Gläubigern mit dem Unternehmen.

1

Rechnungslegungsrecht ist Schutzrecht, d.h. der Gesetzgeber verfolgt mit bilanzrechtlichen Vorschriften **bestimmte Schutzfunktionen**. Daraus folgt zum einen, dass Rechnungslegungsrecht unabhängig von dem wenig zielführenden Streit um dessen Rechtsnatur[2] zwingendes Recht ist, soweit nicht in Form von Wahlrechten Einzelfragen zur Disposition gestellt sind. Zum anderen führt der Gesetzgeber in den Rechnungslegungsnormen einen **Interessenausgleich** durch, der sich darin äußert, dass die unterschiedlichen Interessen zu entsprechenden Differenzierungen in den Rechnungslegungsnormen führen.[3] Namentlich bedingen unterschiedliche Bilanzierungszwecke unterschiedliche Bewertungen, abgesehen davon, dass es einen objektiven, „wahren" Wert ohnehin nicht gibt.[4] Eine vorrangig an Informationszwecken ausgerichtete Rechungslegung (Anlegerschutz) wird zu anderen Ergebnissen (Werten) führen als eine an der Ausschüttungsbemessung ausgerichtete Rechnungslegung (Gläubigerschutz). Das deutsche Handelsbilanzrecht der §§ 238 ff. HGB ist traditionell vom **Vorsichtsprinzip** geprägt. Ein ordentlicher Kaufmann rechnet sich nach traditionellem Verständnis „eher ärmer als reicher".[5]

2

Auf den **internationalen Kapitalmärkten** geht es demgegenüber vorrangig um (international vergleichbare) marktwertorientierte Transparenz und Information der Kapitalanleger, aus Sicht des Unternehmens steht der effektive Zugang zu den internationalen Finanzmärkten (Börsen, Anleihemärkten) im Vorder-

3

---

1 Großfeld/Luttermann, Bilanzrecht, Rn. 1.
2 Claussen, in: FS für Kropff, S. 431, 437; Crezelius, in: FS für Zimmerer, S. 509, 512 f., eingehend: Icking, Die Rechtsnatur des Handelsbilanzrechts. Zugleich ein Beitrag zur Abgrenzung zwischen öffentlichem und privatem Recht.
3 Vgl. zur sog. Funktionsinadäquanz von Bilanzen z.B. Moxter, in: FS für Röhricht, S. 1007 ff.
4 Thiel/Lüdtke-Handjery, Bilanzrecht, Rn. 506.
5 Beisse, in: FS für W. Müller, S. 731, 742, spricht von einem „rechtsethischen" Prinzip.

grund.[6] Deswegen orientieren sich internationale Rechnungslegungsvorschriften nicht am Vorsichtsprinzip im Sinne eines Fundamentalprinzips, sondern an einer sog. fair presentation der Vermögens-, Finanz- und Ertragslage („**true and fair view**").[7] Das Ergebnis ist nicht nur eine rechtspolitische Diskussion über eine Änderung der geltenden Bilanzierungsvorschriften des Einzelabschlusses (§§ 238 ff. HGB) unter dem Schlagwort eines Übergangs vom institutionellen zum informationellen Gläubigerschutz[8] mit weit reichenden Konsequenzen im (Kapital-) Gesellschaftsrecht und der ertragsteuerrechtlichen Gewinnermittlung. Vielmehr wird auch de lege lata darum gerungen, einen Paradigmenwechsel vom Vorsichts- zum **Transparenzprinzip** vorzunehmen, indem aus § 264 Abs. 2 HGB ein vorrangiges Leitprinzip der Redlichkeit im Sinne angloamerikanischen Verständnisses („true and fair view") hergeleitet und die Norm als allgemeines Prinzip, d.h. als Grundsatz ordnungsmäßiger Buchführung, im Sinne einer Ausprägung des § 243 Abs. 1 HGB interpretiert wird.[9]

> **Hinweis:**
>
> Bei der gesamten Diskussion ist nicht zuletzt zu beachten, dass § 264 Abs. 2 HGB **richtlinienkonform ausgelegt** werden muss (dazu unten Rn. 86), so dass letztlich der EuGH die Frage entscheiden wird. Deshalb ist nicht auszuschließen, dass quasi „durch die Hintertür" das angelsächsische Verständnis Eingang in das deutsche Bilanzrecht der Kapitalgesellschaften findet.[10]

B. Bilanzrechtliche Grundlagen

I. Bilanzbegriff

4   Die Bilanz ist eine stichtagsbezogene **Gegenüberstellung der Vermögensgegenstände** (Aktiva bzw. Aktivposten) eines Unternehmens und der zur Finanzierung eingesetzten Mittel (Passiva bzw. Passivposten), Letztere getrennt nach der Mittelherkunft der Unternehmenseigentümer (Eigenkapital) und der Gläubiger (Fremdkapital bzw. Schulden). Für den formalen Aufbau wird üblicherweise die Kontoform verwendet. Das **Eigenkapital** ergibt sich aus der Differenz (Saldo) zwischen dem auf der Aktivseite ausgewiesenen Vermögen (Anlage- und Umlaufvermögen), welche die konkrete Investition des Vermögens widerspiegelt (Mittelverwendung) und dem auf der Passivseite ausgewiesenen Kapital (Mittelherkunft). Beide Seiten müssen **sich im rechnerischen Ergebnis entsprechen**. Daraus leitet sich der Begriff „Bilanz" her („bilanx", lateinisch: zwei Waagschalen hebend; „bilancio", italienisch: Waage, Gleichgewicht).

Beispiel:

Aktiva		Passiva	
Anlagevermögen		*Eigenkapital*	20
Immaterielle Vermögensgegenstände	10	(Reinvermögen)	
Sachanlagen	30	*Fremdkapital*	
Finanzanlagen	5	langfristige Verbindlichkeiten	40
Umlaufvermögen		kurzfristige Verbindlichkeiten	35
Vorräte	20	Rechnungsabgrenzungsposten	5
Forderungen	10		

---

6   Vgl. Budde/Steuber, in: FS für Peltzer, S. 39 f.; Großfeld/Luttermann, Bilanzrecht, Rn. 89 ff.
7   Bohl/Mangliers, in: JFRS-Handbuch, § 2 Rn. 7.
8   Kübler, ZHR 159 (1995), 550.
9   Ablehnend z.B. Ballwieser, in: Baetge/Kirsch/Thiele, Bilanzrecht, § 264 HGB Rn. 55 ff.; Beisse, in: FS für W. Müller, S. 731 ff. m.w.N.
10 Winkeljohann/Schellhorn, in: Ellrott/Förschle/Hoyos/Winkeljohann, Bilanz-Kommentar, § 264 HGB Rn. 24; vgl. auch van Hulle, in: FS für Budde, S. 313 ff.

Wertpapiere	15		
Zahlungsmittel	5		
Rechnungsabgrenzungsposten	5		
	100		100
Vermögen = Mittelverwendung		*Kapital = Mittelherkunft*	

Dem Anlagevermögen werden die Vermögensgegenstände zugerechnet, welche dem Betrieb auf eine längere Dauer dienen (z.B. Grund und Boden, Gebäude, Maschinen, Finanzanlagen). **Zum Umlaufvermögen** gehören diejenigen Wirtschaftsgüter, welche gewöhnlich innerhalb einer kürzeren Zeitspanne umgesetzt bzw. verarbeitet werden (z.B. Roh-, Hilfs- und Betriebsstoffe, Waren, Zahlungsmittel). **Unter Eigenkapital** versteht man die Summe aller zur Verfügung gestellten Mittel des Einzelunternehmers bzw. der Gesellschafter einer Personen- oder Kapitalgesellschaft. **Zum Fremdkapital** gehören diejenigen Mittel, welche dem Unternehmen von Gläubigern zur Verfügung gestellt werden (z.B. Lieferantenverbindlichkeiten, Bankverbindlichkeiten).

Die Bilanz zeigt damit zunächst auf einen Stichtag bezogen, **wie viel Eigenkapital in welcher konkreten Verwendungsform** in einem Unternehmen investiert ist. Darüber hinaus lässt sich aber auch der **Erfolg einer Periode** ermitteln, indem man das Eigenkapital am Ende und am Anfang eines Geschäftsjahres zueinander in Beziehung setzt.

Beispiel:

Bilanz 2004				*Bilanz 2005*			
Vermögen	120	Eigenkapital	50	Vermögen	120	Eigenkapital	80
		Schulden	70			Schulden	40
	120		120		120		120

Das Eigenkapital hat im Vergleich zwischen 2004 und 2005 um 30 (50 zu 80) zugenommen.

Soweit nicht externe, betriebsfremde Einflüsse (Einlagen, Entnahmen) das Eigenkapital beeinflusst haben, zeigt sich durch den Bilanzvergleich das **Ergebnis der Geschäftstätigkeit**. Erhöht sich das Eigenkapital, bedeutet dies einen Gewinn (bei Kapitalgesellschaften: Jahresüberschuss); sinkt das Eigenkapital, bedeutet dies einen Verlust bzw. bei Kapitalgesellschaften einen Jahresfehlbetrag.

Da sich das (Eigen-)Kapital aus dem Wert der Vermögensgegenstände abzgl. des Fremdkapitals (Schulden) ermittelt, kann das Eigenkapital **auch negativ werden**, wenn die Schulden größer sind als das Aktivvermögen. Das Eigenkapital erscheint dann auf der Aktivseite der Bilanz.

Beispiel:

		A-GmbH	
Aktiva	45.000	Schulden	52.000
Kapital	7.000		
	52.000		52.000

Im Beispielsfall liegt eine sog. **rechnerische Überschuldung** von 7.000 € vor. Würde es sich um eine ordentliche Jahresschlussbilanz i.S.d. §§ 242 ff., 264 ff. HGB handeln, folgt daraus aber nicht zwingend, dass die A-GmbH auch im insolvenzrechtlichen Sinne überschuldet ist und deshalb der Geschäftsführer gemäß § 64 Abs. 1 GmbHG die Eröffnung eines Insolvenzverfahrens beantragen muss. Vielmehr ist der sog. **Überschuldungsstatus als Vermögensstatus** nach eigenständigen Regeln zu erstellen.[11]

---

11 Näher: Baumbach/Hueck/Schulze-Osterloh, GmbHG, § 64 Rn. 12 ff.; Förschle/Hoffmann, in: Budde/Förschle, Sonderbilanzen, Rn. N 60 ff.

II. Bilanzielles Grundverständnis

1. „Denken in Bilanzen"

7   Da jeder Vorfall das Bilanzbild verändert, beruht das bilanzielle Grundverständnis darauf, unabhängig von der konkreten Buchführungstechnik „in Bilanzen zu denken". Zu unterscheiden sind Geschäftsvorfälle, die mangels Gewinnauswirkung das Eigenkapital nicht ändern, von denjenigen, die mit Gewinnauswirkung das Eigenkapital beeinflussen. Schichtet ein konkreter Geschäftsvorfall einzelne Bilanzpositionen nur um, so sind sie im Hinblick auf eine eventuelle Ergebnis- bzw. Eigenkapitalbeeinflussung **erfolgsneutral**. Ändern Geschäftsvorfälle das Eigenkapital, dann können sie entweder **erfolgswirksam** (Aufwendungen, Erträge) oder wiederum erfolgsneutral (Einlagen, Entnahmen) sein. Jeder einzelne Geschäftsvorfall ändert mindestens zwei Bilanzpositionen, und zwar entweder nur Positionen der Aktiv- oder nur der Passivseite oder Positionen beider Bilanzseiten.

2. Erfolgsneutrale Geschäftsvorfälle

8   Hinsichtlich der das Eigenkapital nicht ändernden, erfolgsneutralen Geschäftsvorfälle sind Aktivtausch, Passivtausch, Bilanzverlängerung und Bilanzverkürzung zu unterscheiden.

Beim **erfolgsneutralen Aktivtausch** ändern sich zwei Aktivkonten. Wurde z.B. der Kassenbestand auf ein Bankkonto eingezahlt, dann lautet der Buchungssatz (dazu unten Rn. 70): „**Bank an Kasse**". Es findet ein Zugang auf dem Konto „Bank" statt, der seine Gegenbuchung im Abgang auf dem Konto „Kasse" findet. Beim **Passivtausch** werden zwei Passivkonten berührt. Wenn z.B. ein Lieferant auf die kurzfristige Erfüllung eines Anspruchs verzichtet und dem Kunden dafür ein langfristiges Darlehen gewährt, so erhöht sich in der Bilanz des Kunden der Passivposten „Darlehensverbindlichkeiten", der Passivposten „Kurzfristige Verbindlichkeiten" vermindert sich in gleicher Höhe. Die Bilanzsumme ändert sich nicht, ebenso wenig das Eigenkapital. Der Vorgang ist erfolgsneutral. Erwirbt der Kaufmann einen Vermögensgegenstand „**auf Ziel**" (gegen Kreditierung/Stundung des Kaufpreises), führt dies zu einer **erfolgsneutralen Bilanzverlängerung**. Werden z.B. Vorräte eingekauft, lautet der Buchungssatz: „Vorräte an Verbindlichkeiten aus Lieferungen und Leistungen". Aktiv- und Passivseite der Bilanz steigen im gleichen Verhältnis, ohne das Eigenkapital zu berühren. Beim umgekehrten Fall einer **Bilanzverkürzung** vermindern sich Aktiv- und Passivseite der Bilanz gleichermaßen. Erfüllt bspw. ein Kaufmann eine Verbindlichkeit, indem er diese über das Geschäftskonto überweist, mindert sich die Passivposition „Verbindlichkeiten" und die Aktivposition „Bank" um den überwiesenen Betrag. Der Buchungssatz lautet: „**Verbindlichkeiten an Bank**". Hier verkürzt sich zwar die Bilanzsumme, doch ändert sich das Eigenkapital nicht. Der Vorgang ist ebenfalls erfolgsneutral.

3. Erfolgswirksame Geschäftsvorfälle

9   Haben Geschäftsvorfälle eine Gewinnauswirkung, führen sie zu einer **Änderung des Eigenkapitals** und sind damit in jedem Fall erfolgswirksam. Solche Vorgänge führen entweder zu Erträgen oder zu Aufwendungen. Hat bspw. ein Kaufmann einen Vermögensgegenstand des Betriebsvermögens vermietet und zahlt der Mieter den Mietzins auf das Bankkonto des Kaufmanns ein, nimmt die Aktivposition „Bank" zu, ohne dass sich eine andere Aktivposition mindert. Auch Fremdkapitalposten werden nicht berührt. Der Vorgang wirkt sich allein auf das Eigenkapital aus, welches sich in Höhe des erhaltenen Mietzinses erhöht. Mithin löst der Mietzins einen **Ertrag** aus. Zahlt der Kaufmann einem Arbeitnehmer dessen Gehalt in bar, so mindert sich zunächst in entsprechender Höhe der Kassenbestand. Da andere Positionen der Aktivseite und das Fremdkapital der Passivseite nicht betroffen sind, muss der bilanzielle Ausgleich durch Änderung der Position „Eigenkapital" vorgenommen werden. Die Gehaltszahlung ist also **Aufwendung** und mindert das Eigenkapital.

4. Eigenkapitalrelevante Geschäftsvorfälle ohne Gewinnauswirkung

10   **Privatentnahmen und Privateinlagen** (z.B. aus der Geschäftskasse) sind Geschäftsvorfälle, die zwar das Eigenkapital ändern, die aber außerbetrieblich veranlasst sind und deshalb keine Gewinnauswirkung

haben dürfen. Sie sind deshalb erfolgsneutral zu qualifizieren. Jede **Entnahme** mindert das Eigenkapital, jede **Einlage** führt zu seiner Erhöhung.

III. Bilanzierungsanlässe

Der Gesetzgeber qualifiziert verschiedene Gegebenheiten als Anlass für eine gesetzlich vorgeschriebene Bilanzierung. Im Mittelpunkt des Bilanzrechtes steht naturgemäß die ordentliche Jahresabschlussbilanz, doch gibt es eine Vielzahl weiterer gesetzlich vorgeschriebener Bilanzierungsanlässe (vgl. z.B. §§ 130a, 177a HGB, 92 Abs. 2 Satz 2 AktG, 64 Abs. 1 Satz 2 GmbHG, 98 GenG; §§ 17, 24 UmwG; §§ 57i GmbHG, 207 Abs. 3 AktG; § 153 Abs. 1 InsO; § 66 InsO; § 242 Abs. 1 Satz 1 HGB; §§ 154 HGB, 71 GmbHG, 270 AktG). Regelmäßig liegen den verschiedenen Bilanzierungsanlässen auch **unterschiedliche Bilanzierungszwecke** zugrunde, sodass sich allgemeingültige Bilanzierungsregeln in einem materiellen Sinn nicht entwickeln lassen.

11

Im Zusammenhang mit den unterschiedlichen Bilanzierungszwecken muss man sich vor Augen führen, dass der **materielle Aussagegehalt jeder Bilanz** von zwei Fragestellungen bestimmt wird. Es ist stets zu entscheiden,

12

- ob eine Position dem Grunde nach zu aktivieren oder zu passivieren und
- wie sie zu bewerten ist.

Bilanzrecht ist **Bewertungsrecht**,[12] unterschiedliche Bilanzierungszwecke bedingen unterschiedliche Werte, weswegen danach unterschieden werden muss, ob es um eine Bewertung zu Ausschüttungszwecken, zu Informationszwecken oder zur konkreten Sicherung von Gläubigeransprüchen geht.

13

Beispiel:

Je nach Bilanzierungszweck ist differenzierend zu entscheiden, ob eine ungeschützte (geheim gehaltene) selbst geschaffene Erfindung aktiviert werden darf.

Zunächst ist zu klären, ob eine ungeschützte Erfindung überhaupt dem Grunde nach einen (immateriellen) Vermögensgegenstand darstellt. Dies bejaht die ganz h.M..[13] Von dem konkreten Bilanzanlass (und den damit verbundenen Zwecken) hängt dann ab, ob ein immaterieller Vermögensgegenstand zu aktivieren ist und wie er zu bewerten ist.

In der ordentlichen Jahresabschlussbilanz gilt § 248 Abs. 2 HGB; danach ist zwischen entgeltlich erworbenen immateriellen Vermögensgegenständen des Anlagevermögens (Aktivierungspflicht) und nicht entgeltlich erworbenen (Aktivierungsverbot) zu unterscheiden. Geht es um die Konzernrechnungslegung nach IAS/IFRS (International Accounting Standards/International Financial Reporting Standards, dazu unten Rn. 15, 58), sind immaterielle Vermögensgegenstände zu aktivieren, wenn wahrscheinlich ist, dass dem Unternehmen der künftige wirtschaftliche Nutzen aus ihnen zufließen wird und die Anschaffungs- bzw. Herstellungskosten zuverlässig bemessen werden können (IAS 38).[14] Bei der Ermittlung des Überschuldungsstatus steht demgegenüber die Frage eines einzeln veräußerbaren und verwertbaren Vermögensgegenstandes im Vordergrund, der überdies vorsichtig zu bewerten ist, um dem Zweck einer tatsächlichen Gläubigerbefriedigung im Insolvenzfall genügen zu können.[15]

Den **gesetzlichen Fixpunkt des Bilanzrechts** bilden die §§ 238 ff. HGB. Nach § 242 Abs. 1 HGB ist jeder Kaufmann verpflichtet, „für den Schluss eines jeden Geschäftsjahres einen das Verhältnis seines Vermögens und seiner Schulden darstellenden Abschluss (Bilanz) aufzustellen". **Bei Gründung des Unternehmens** ist eine Eröffnungsbilanz aufzustellen (vgl. § 242 Abs. 1 Satz 1 HGB). Da die in Betreff der Kaufleute gegebenen Vorschriften auch auf **Handelsgesellschaften** Anwendung finden (vgl. § 6 Abs. 1 HGB), trifft diese Verpflichtung in gleicher Weise die Handelsgesellschaften (OHG; KG) sowie – unabhängig vom Gegenstand des Unternehmens – die AG (§ 3 Abs. 1 AktG), die KGaA (vgl. § 278 Abs. 3 AktG), die Europäische Gesellschaft (SE, Art. 1 Abs. 2 Satz 1 SE-VO, § 3 SEEG), die GmbH (vgl. § 13 Abs. 3 GmbHG) sowie die Genossenschaft (vgl. § 17 Abs. 2 GenG).

14

---

12 Großfeld/Luttermann, Bilanzrecht, Rn. 92.
13 Adler/Düring/Schmaltz, Rechnungsauslegung, § 246 HGB Rn. 40 m.w.N.
14 Näher: Steinpflug, in: JFRS-Handbuch, § 4 Rn. 1 ff.
15 Crezelius, in: FS für Röhricht, S. 787, 797 f.; Hüffer, in: FS für Wiedemann, S. 1047 ff.

15 Auf die ordentliche Jahresschlussbilanz bauen die Vorschriften **über die ordentliche Konzern- und Teilkonzernbilanz** auf (vgl. § 298 Abs. 1 HGB). Einen solchen konsolidierten Abschluss hat jede Unternehmensgruppe aufzustellen (vgl. § 290 HGB). Für den **Konzernabschluss kapitalmarktorientierter Unternehmen** schreibt die Europäische Verordnung über die Anwendung internationaler Rechnungslegungsstandards, sog. **1. EG-Bilanzrecht-VO**,[16] vor, dass diese Unternehmen für die am oder nach dem 1.1.2005 beginnenden Geschäftsjahre die in die Rechtsordnung übernommenen **IAS/IFRS** (International Accounting Standards/International Financial Reporting Standards) anzuwenden haben (vgl. Art. 4 1. EG-Bilanzrecht-VO). Nach Art. 249 Abs. 2 Satz 2 EGV gilt die Verordnung **unmittelbar in allen Mitgliedstaaten der Europäischen Union**.

Nicht kapitalmarktorientierten Unternehmen wird für den Konzernabschluss ein Wahlrecht zur Anwendung der IAS/IFRS eingeräumt. Diese Unternehmen dürfen ihren Konzernabschluss entweder nach HGB oder nach IAS/IFRS aufstellen. Zwar sieht die Rechtsverordnung auch ein entsprechendes Wahlrecht für den Einzelabschluss vor, doch bleibt es in Deutschland bei der **Maßgeblichkeit der handelsrechtlichen Vorschriften**.

16 Die Rechtsordnung kennt allerdings noch andere Bilanzierungsanlässe. Man spricht in diesem Zusammenhang auch von sog. **Sonderbilanzen**.[17] Sonderbilanzen verfolgen einen von der ordentlichen Jahresschlussbilanz abweichenden Zweck. Nichtsdestoweniger bestehen enge Querbeziehungen zur ordentlichen Jahresschlussbilanz mit der zentralen Buchführung (vgl. § 238 Abs. 1 HGB). Wird der Unternehmensträger (Personenhandelsgesellschaft, Kapitalgesellschaft) aufgelöst, ist dieser grds. abzuwickeln. Die Liquidatoren haben als Verwalter fremden Vermögens bei Beginn und bei Beendigung der **Liquidation** eine Bilanz aufzustellen (vgl. §§ 154 HGB, 71 GmbHG, 270 AktG).[18] Von besonderer Bedeutung ist für diejenigen Unternehmen, für die die Überschuldung neben der Zahlungsunfähigkeit einen eigenständigen Insolvenzgrund darstellt, die sog. **Überschuldungsbilanz** (vgl. §§ 130a, 177a HGB, § 92 Abs. 2 Satz 2 AktG, § 64 Abs. 1 Satz 2 GmbHG, § 98 GenG).[19]

17 **Weitere Bilanzierungsanlässe** sind Umwandlungen (vgl. §§ 17, 24 UmwG), bei Kapitalgesellschaften die nominelle Kapitalerhöhung (vgl. § 57i GmbHG, 207 Abs. 3 AktG). Des Weiteren gibt es insolvenzrechtliche Rechnungslegungspflichten (vgl. die Vermögensübersicht auf den Zeitpunkt der Eröffnung des Insolvenzverfahrens gemäß § 153 Abs. 1 InsO und die Schlussrechnung gemäß § 66 InsO). Keine gesetzliche Vorschrift findet sich hingegen für die Notwendigkeit einer **Sanierungseröffnungs- und Sanierungsschlussbilanz** vor Eröffnung eines Insolvenzverfahrens, mögen solche internen Sanierungsbilanzen auch aus Gründen der Übersichtlichkeit und zur vereinfachten Erfolgsmessung der ergriffenen Sanierungsmaßnahmen zweckmäßig sein.

C. Querbezüge zum Gesellschaftsrecht

I. Jahresabschluss und Gesellschaftsrecht

1. AG

a) Mitgliedschaftlicher Bilanzgewinnanspruch

18 Nach § 58 Abs. 4 AktG haben die Aktionäre Anspruch auf den **Bilanzgewinn**, soweit er nicht nach Gesetz oder Satzung, durch einen abweichenden Gewinnverwendungsbeschluss der Hauptversammlung oder als

---

16   1. EG-Bilanzrecht-VO (1606/2002) v. 19.7.2002, EU-Amtsblatt v. 11.9.2002, L 243.
17   Vgl. dazu insb. Förschle/Hoffmann, in: Budde/Förschle, Sonderbilanzen, Rn. N 60 ff.
18   Näher: Förschle/Deubert, in: Förschle/Budde, Sonderbilanzen, Q Rn. 1 ff. zur Personenhandelsgesellschaft; R Rn. 1 ff. zu Kapitalgesellschaften.
19   Näher: Baumbach/Hueck/Schulze-Osterloh, GmbHG, § 64 Rn. 12 ff.; Crezelius, in: FS für Röhricht, S. 787 ff.; Förschle/Hoffmann, in: Budde/Förschle, Sonderbilanzen, Rn. N 60 ff.; Hüffer, in: FS für Wiedemann, S. 1047 ff.

zusätzlicher Aufwand aufgrund des Gewinnverwendungsbeschlusses von der Verteilung unter die Aktionäre ausgeschlossen ist. Der Bilanzgewinn bzw. Bilanzverlust ist gemäß § 158 Abs. 1 AktG aus dem **Jahresüberschuss** zu entwickeln.

Der Jahresüberschuss bildet die Ausgangsgröße, die durch Gewinnvorträge und/oder Entnahmen aus der Kapitalrücklage oder aus Gewinnrücklagen erhöht bzw. durch Verlustvorträge und/oder Einstellungen in die Gewinnrücklagen vermindert wird. Jahresüberschuss ist der Betrag, der in der GuV-Rechnung (dazu unten Rn. 190 f.) gemäß § 275 Abs. 2 Nr. 20 HGB als Posten 20 (**Gesamtkostenverfahren**) bzw. gemäß § 275 Abs. 3 Nr. 19 HGB als Posten 19 (**Umsatzkostenverfahren**) auszuweisen ist und somit den **Saldo aller** in der GuV-Rechnung ausgewiesenen **Erträge und Aufwendungen** vor Steuern ausmacht (vgl. § 275 Abs. 2 und Abs. 3 HGB). Führt dies zu einem negativen Saldo, spricht man von einem Jahresfehlbetrag. 19

Der maßgebliche Jahresüberschuss ergibt sich aus dem **Jahresabschluss**,[20] der gemäß § 264 Abs. 1 HGB i.V.m. §§ 78 Abs. 1, 170 Abs. 1 AktG vom Vorstand der AG aufgestellt und im Regelfall vom Vorstand und Aufsichtsrat gemeinsam festgestellt wird (§ 172 Satz 1 1. Halbs. AktG). Unter **Aufstellung des Jahresabschlusses** wird die Übernahme der Zahlen aus der Buchhaltung unter Durchführung von Abschlussbuchungen verstanden, der mit einer (vorläufigen) Bilanz endet. Die Aufstellung beinhaltet Vorschläge zu bilanzpolitischen Entscheidungen wie die Auflösung von Bilanzierungs- und Bewertungswahlrechten oder die Bildung und Auflösung von Rücklagen.[21] Unter **Feststellung** versteht man die Billigung der Bilanz durch die Verwaltung mit der Folge der Verbindlichkeit für Gesellschaft und Aktionäre. Die Aufstellung des Jahresabschlusses ist somit Vorbereitungshandlung für die Feststellung als konstitutiver Akt. 20

Der **Aufsichtsrat hat den Jahresabschluss zu prüfen**. Im Ausnahmefall ist der Jahresabschluss durch die Jahreshauptversammlung festzustellen, soweit der Aufsichtsrat erklärt, er billige den Jahresabschluss nicht (§§ 171 Abs. 2 Satz 4, 173 Abs. 1 Satz 1 Alt. 2 AktG), oder soweit Vorstand und Aufsichtsrat – trotz Billigung – beschlossen haben, die Feststellung des Jahresabschlusses der Hauptversammlung zu überlassen (§§ 172 Satz 1 2. Halbs., 173 Abs. 1 Satz 1 1. Alt. AktG). **Für den Regelfall der gemeinsamen Feststellung** durch die Verwaltung (§ 172 AktG) können Vorstand und Aufsichtsrat ohne gesonderte Ermächtigung durch die Satzung bis zur Hälfte des Jahresüberschusses in andere **Gewinnrücklagen** einstellen (§ 58 Abs. 2 Satz 1 AktG), soweit die Satzung keine abweichende Regelung erlaubt (vgl. § 58 Abs. 2 Satz 2, 3 AktG). 21

§ 58 Abs. 4 AktG regelt den mitgliedschaftlichen Gewinnanspruch im Unterschied zum konkreten Zahlungsanspruch, der erst mit Wirksamwerden des auf Zahlung von Dividenden gerichteten Gewinnverwendungsbeschlusses entsteht. Der **mitgliedschaftliche Gewinnanspruch** des § 58 Abs. 4 AktG hat demgegenüber seine Rechtsgrundlage in der Mitgliedschaft des Aktionärs und entsteht bereits mit Feststellung des Jahresabschlusses, der einen Bilanzgewinn ausweist.[22] Die Aktionäre können in dem in der Hauptversammlung zu fassenden **Gewinnverwendungsbeschluss** entweder die Ausschüttung des Bilanzgewinnes als Regelfall oder auch weitere Zuweisungen in Gewinnrücklagen vornehmen bzw. den Gewinn vortragen (§ 58 Abs. 3 Satz 1 AktG). Dies hat zur Konsequenz, dass die Mehrheit der Hauptversammlung in den Grenzen des § 254 AktG Gewinnausschüttungen auch vollständig verhindern kann. 22

Die Feststellung des Jahresabschlusses ist **für die Aktionäre verbindlich** (§ 174 Abs. 1 Satz 2 AktG). Sie hat zur Folge, dass sowohl die vom Vorstand getroffenen finanzpolitischen Maßnahmen als auch die Rücklagenbildung bzw. -auflösung wirksam werden. Soweit die Verwaltung von ihrer gesetzlichen Ermächtigung Gebrauch macht, Teile des Jahresüberschusses begrenzt auf max. die Hälfte desselben in andere Gewinnrücklagen einzustellen, hat sie in eigener Verantwortung zu entscheiden.[23] 23

---

20 Zur unterschiedlichen Bedeutung des Begriffs in den einzelnen gesetzlichen Vorschriften vgl. Kropff, in: FS für Peltzer, S. 219 ff.
21 Priester, in: FS für Quack, S. 373, 379; Ulmer, in: FS für Hefermehl, S. 207, 210.
22 BGHZ 7, 263, 264; 124, 27, 31; Hüffer, AktG, § 58 Rn. 26.
23 MünchKomm-AktG/Bayer, § 58 Rn. 38 m.w.N.

24 Gemäß § 245 Nr. 1 AktG hat jeder Aktionär das Recht, Beschlüsse der Hauptversammlung, wozu neben dem Feststellungsbeschluss auch der Beschluss über die Verwendung des Bilanzgewinns gehört, **anzufechten**. Ein möglicher Anfechtungsgrund gründet sich im Hinblick auf die Ermittlung des ausschüttungsfähigen Gewinns auf die Rechnungslegungsvorschriften des HGB. Deshalb stehen dem Aktionär neben der **Einsichtsmöglichkeit** (§ 175 Abs. 2 AktG) in den Jahresabschluss auch **Auskunftsansprüche** in der Hauptversammlung zu (§ 131 Abs. 1, 3 Nr. 4, 4 AktG). Diese eröffnen dem Aktionär die Möglichkeit, Ermessensfehler bei der Ausübung bilanzieller Wahlrechte und die schlüssige Anwendung von Beurteilungsspielräumen durch die Verwaltung überprüfen zu können.

b) Bilanzgewinn und Kapitalerhaltung

25 Der aus dem Jahresabschluss und dessen festgestellten Jahresüberschuss entwickelte mitgliedschaftliche Anspruch der Aktionäre auf den **Bilanzgewinn** bildet die **Höchstgrenze für Zuwendungen**, die die AG an ihre Aktionäre außerhalb der neutralen Drittgeschäfte leisten darf (vgl. § 57 Abs. 3 AktG). Jede andere Form der Gewinnausschüttung, gleichgültig, ob offen oder verdeckt, ist gemäß § 57 Abs. 1 und Abs. 2 AktG verboten. Die Vorschrift bezweckt die **Erhaltung des Grundkapitals**. Deshalb ordnet § 62 Abs. 1 Satz 1 AktG für verbotswidrige Zuwendungen an die Aktionäre aktivierungspflichtige Rückgewährforderungen der AG an, wobei die Rückzahlungspflicht der Aktionäre einschränkend dann entfallen soll, wenn diese die Zuwendungen gutgläubig empfangen haben (§ 62 Abs. 1 Satz 2 AktG). Ergänzt wird der aktienrechtliche Grundsatz der Kapitalerhaltung durch das **Verbot überhöhter Vergütung** von Nebenleistungen (§ 61 AktG), das grds. Verbot des entgeltlichen Erwerbs eigener Aktien (§§ 71 ff. AktG) und das Gebot der Bildung gesetzlicher Rücklagen (§ 150 AktG).

c) Einberufungs- und Verlustanzeigepflicht

26 Auch wenn das Grundkapital nicht durch verbotswidrige Auszahlungen oder Gewinnausschüttungen an die Aktionäre verwendet wird, trifft den Vorstand eine **Verlustanzeigepflicht**, wenn durch Verluste aus der Geschäftstätigkeit die Hälfte des Grundkapitals aufgezehrt ist. § 92 Abs. 1 AktG verpflichtet den Vorstand, eine Hauptversammlung einzuberufen und eine entsprechende Verlustanzeige zu erstatten, wenn sich aus der ordentlichen Jahresabschlussbilanz oder auf andere Weise ergibt, dass das **Vermögen der Gesellschaft** nur noch höchstens die **Hälfte der Grundkapitalziffer** deckt. Die Regeln zur konkreten Entwicklung des Gesellschaftsvermögens sind umstritten. Dies betrifft zunächst die Grundsatzfrage der Relevanz einer Fortführungsprognose. Nach h.M. steht es **im pflichtgemäßen Ermessen des Vorstands**, je nach Situation des Unternehmens Fortführungs- oder Liquidationswerte anzusetzen.[24] Des Weiteren ist nicht abschließend geklärt, ob bei der Ermittlung der Vermögenssituation der Gesellschaft die stillen Reserven mit der Folge aufgelöst werden dürfen, dass dadurch die **Pflicht zur Einberufung der Hauptversammlung entfällt**. Entgegen einer vereinzelt gebliebenen älteren Entscheidung des BGH[25] lehnt die heute ganz h.M. die Auflösung stiller Reserven ab.[26]

d) Jahresabschluss und Verlustübernahmeverpflichtung

27 Ein weiterer Querbezug zwischen Jahresabschluss und Gesellschaftsrecht besteht **im Bereich des Konzernrechts**. Bei Bestehen eines Beherrschungs- oder Gewinnabführungsvertrags ist nach § 302 Abs. 1 AktG das herrschende Unternehmen verpflichtet, jeden während der Dauer der Vertragsdauer „sonst" bei der abhängigen Gesellschaft entstehenden Jahresfehlbetrag auszugleichen, soweit dieser nicht dadurch ausgeglichen werden kann, dass den anderen Gewinnrücklagen Beträge entnommen werden, die während der Vertragsdauer in sie eingestellt worden sind. Gemeint ist damit derjenige **(fiktive) Jahresfehlbetrag**, der sich in der GuV-Rechnung ohne die Berücksichtigung der Verlustausgleichspflicht des herrschenden

---

24 Hüffer, AktG, § 92 Rn. 4 m.w.N.
25 BGH, BB 1958, 1181; ebenso Hirtz, Die Vorstandspflichten bei Verlust, Zahlungsunfähigkeit und Überschuldung einer AG, S. 31 ff.
26 Hüffer, AktG, § 92 Rn. 4.

Unternehmens ergäbe (§ 275 Abs. 2 Nr. 20, Abs. 3 Nr. 19 HGB).[27] Der Betrag ist in einer **Vorbilanz** zu ermitteln und bildet damit das Gegenstück zu dem fiktiven Jahresüberschuss, auf den das Gesetz in § 300 Nr. 1 AktG und in § 301 Satz 1 AktG abstellt. Der Verlustausgleichsanspruch entsteht **mit Abschluss des Geschäftsjahres**, in dem der Jahresfehlbetrag eingetreten ist und wird auch zugleich fällig.[28] Auf die Bilanzfeststellung bei der abhängigen Gesellschaft kommt es demzufolge nicht an.

2. GmbH
a) Mitgliedschaftlicher Gewinnanspruch und Dividendenforderung

Ähnlich der Rechtslage bei der AG ergibt sich auch der **Gewinnanspruch der Gesellschafter einer GmbH** aus den Vorschriften des Handelsbilanzrechts und den sie ergänzenden bzw. modifizierenden Bestimmungen des Gesellschaftsvertrags. Gemäß § 29 Abs. 1 Satz 1 GmbHG steht den Gesellschaftern ein mitgliedschaftlicher **Gewinnanspruch in Höhe des Jahresüberschusses** zu, zzgl. eines Gewinnvortrages und abzgl. eines Verlustvortrages, soweit der sich ergebende Betrag nicht von der Verteilung ausgeschlossen ist. An die Stelle des Jahresüberschusses tritt der **Bilanzgewinn**, wenn die Bilanz gemäß § 268 Abs. 1 HGB bereits unter Berücksichtigung der teilweisen Verwendung des Jahresergebnisses aufgestellt ist oder wenn Rücklagen aufgelöst werden (§ 29 Abs. 1 Satz 2 GmbHG). Die **Aufstellung** des Jahresabschlusses erfolgt durch die Geschäftsführung, die Feststellung fällt in die Kompetenz der Gesellschafter, die darüber zu beschließen haben (sog. **Feststellungsbeschluss**), soweit der Gesellschaftsvertrag keine abweichende Bestimmung trifft (§§ 45, 46 Nr. 1 GmbHG). Gleiches gilt für die Verwendung des Ergebnisses, über die durch einen sog. **Gewinnverwendungsbeschluss** entschieden wird.

28

Der Geschäftsführer ist gegenüber den Gesellschaftern weisungsgebunden. Deswegen bleibt es den Gesellschaftern unbenommen, auf die **bilanzpolitischen Spielräume**, die das Gesetz in den §§ 238 ff. HGB bei der Aufstellung eröffnet, Einfluss zu nehmen. **Gesellschaftsrechtliche Probleme** können sich aber für einen Minderheitsgesellschafter bereits aus der von der Geschäftsführung gewählten Bilanzierung (Aktivierung, Passivierung, Bewertung) ergeben.

> *Beispiel:*
>
> *Der Geschäftsführer stellt in Abstimmung mit dem Mehrheitsgesellschafter die Handelsbilanz unter Berücksichtigung von steuerlichen Sonder-AfA und der extensiven Inanspruchnahme des Vereinfachungswahlrechts für sog. geringwertige Wirtschaftsgüter (bis 410 € Nettowert) auf. Dies setzt infolge der sog. umgekehrten Maßgeblichkeit nach § 5 Abs. 1 Satz 2 EStG (dazu unten Rn. 122) einen entsprechenden Ausweis in der Handelsbilanz voraus. Im Ergebnis weist die Handelsbilanz einen Verlust auf. Ohne Ausübung der steuerlichen Wahlrechte hätte der Jahresüberschuss 200.000 € betragen. Aus Sicht eines Minderheitsgesellschafters wäre es deshalb sinnvoll, dass die Ausübung handels- und steuerrechtlicher Wahlrechte dessen Zustimmung im Rahmen des Gewinnfeststellungsbeschlusses bedarf. Eine entsprechende Regelung kann in den Gesellschaftsvertrag aufgenommen werden.*[29]

Des Weiteren ist bei Minderheitsgesellschaftern die Gefahr des § 29 Abs. 2 GmbHG zu beachten. Danach können die Gesellschafter im Beschluss über die Verwendung des Ergebnisses, wenn der Gesellschaftsvertrag nichts anderes bestimmt, **Beträge in Gewinnrücklagen einstellen** oder Gewinn vortragen. Dies bedeutet, dass grds. die Mehrheit der Stimmrechte über die Ausschüttung bzw. Thesaurierung entscheidet. Ein Dividendenanspruch im Sinne eines Gläubigerrechts (Forderung) entsteht erst, wenn mit entsprechendem Mehrheitsbeschluss eine (teilweise) Ausschüttung beschlossen wird.

29

> **Hinweis:**
> Der Minderheitsgesellschafter kann sich vor dieser Gefahr schützen, indem er darauf drängt, dass in den Gesellschaftsvertrag eine ihn schützende abweichende Bestimmung (z.B. Voll- oder Teilausschüttungsgebot) aufgenommen wird.

---

27 Emmerich/Sonnenschein/Habersack, Konzernrecht, § 20 V 3 m.w.N.
28 BGHZ 142, 382, 385 f.
29 Zum Gestaltungsspielraum näher: Baumbach/Hueck/Schulze-Osterloh, GmbHG, § 42 Rn. 23 ff.

b) Handelsbilanz und Kapitalerhaltung

30 Für die GmbH ist der **Grundsatz der Kapitalerhaltung** nicht so streng ausgeprägt wie bei der AG. Nach § 30 Abs. 1 GmbHG unterliegt lediglich das zur Erhaltung des Stammkapitals erforderliche Gesellschaftsvermögen der strengen Kapitalbindung. Der Gesetzgeber hat sich also **gegen ein „Verbot der Einlagenrückgewähr"** entschieden, weil nur eine bestimmte Vermögensmasse nach §§ 30, 31 GmbHG in Höhe der Stammkapitalziffer gebunden ist. Wenn das Reinvermögen der Gesellschaft (Aktiva abzgl. Schulden) nicht mehr das Stammkapital deckt, entsteht eine sog. **Unterbilanz** und § 30 Abs. 1 GmbHG normiert ein Ausschüttungsverbot.

31 Im Zusammenhang mit der Feststellung einer Unterbilanz kommt den **Querbezügen zum Handelsbilanzrecht** eine entscheidende Bedeutung zu. Denn es geht darum, wie das zur Erhaltung des Stammkapitals erforderliche Vermögen der Gesellschaft zu ermitteln ist. Nach ständiger Rspr. des BGH hat die Berechnung, insb. Ansätze und Bewertung, nach den allgemeinen Bilanzierungsgrundsätzen für die Jahresbilanz unter **Fortführung der Buchwerte** zu erfolgen.[30] Dabei sind auch Rückstellungen für ungewisse Verbindlichkeiten zu berücksichtigen.[31] Es ist also kein echter Vermögensstatus unter Ansatz von Verkehrswerten bzw. Liquidationswerten zu erstellen, so dass stille Reserven keine Berücksichtigung finden, es sei denn, deren Auflösung entspricht den Grundsätzen ordnungsmäßiger Bilanzierung.

> **Hinweis:**
> Nicht ganz geklärt ist, ob aus der bilanziellen Betrachtungsweise für die Ermittlung des geschützten Vermögens auch folgt, dass eine **Zwischenbilanz auf den Auszahlungszeitpunkt** aufgestellt werden muss.[32] Aus Gründen der Beweisführung über die Zulässigkeit der Auszahlung scheint dies aber zumindest zweckmäßig zu sein.

32 Der für § 30 Abs. 1 GmbHG erforderliche Kapitalerhaltungsschutz ist allerdings nicht ausschließlich aufgrund einer bilanziellen Betrachtungsweise zu ermitteln. Es verhält sich vielmehr so, dass der Rückgriff auf die **handelsbilanziellen Buchwerte** ausschließlich **zum Vorteil der GmbH** zulässig und geboten ist, nicht aber zu deren Nachteil. Insb. dürfen die Gesellschafter nicht zum Buchwert Gegenstände erwerben, die einen höheren Verkehrswert haben, solange sich die Gesellschaft **in der Zone der Unterbilanz** befindet. Dies entspricht der heute ganz h.M.,[33] wenn auch der BGH in einer älteren, vereinzelt gebliebenen Entscheidung noch eine strikt bilanzielle Betrachtungsweise zugrunde gelegt hatte, indem er eine Erstattungspflicht eines Gesellschafters, dem eine der Gesellschaft zustehende Forderung im Widerspruch zu § 30 Abs. 1 GmbHG abgetreten worden war, nur in Höhe des Volumens bejaht hat, auf den die Forderung in der Gesellschaftsbilanz abgeschrieben worden war, nicht aber jedoch in Höhe des tatsächlich eingezogenen Betrags.[34]

33 Eine entsprechende Loslösung von der bilanziellen Sichtweise zu Gunsten der GmbH gilt in der Situation einer Unterbilanz für den Fall der **Darlehensgewährung der Gesellschaft** an den (solventen) Gesellschafter bei angemessener Verzinsung. Zwar ist der Vorgang bilanzrechtlich wegen der Vollwertigkeit des Rückzahlungsanspruchs der GmbH gegen den Gesellschafter als schlichter Aktivtausch erfolgsneutral, so dass sich die Unterbilanz nicht verändert. Ein **effektiver Schutz des Stammkapitals** setzt aber voraus, dass die liquide Haftungsmasse nicht durch eine (zeitlich hinausgeschobene) schuldrechtliche Forderung verschlechtert wird. Der BGH[35] hat demzufolge entschieden, dass Kreditgewährungen an Gesellschafter, die nicht aus Rücklagen oder Gewinnvorträgen, sondern zulasten des gebundenen Vermögens der GmbH erfolgen, auch bei Vollwertigkeit des Rückzahlungsanspruchs als verbotene Auszahlung i.S.d. § 30 Abs. 1

---

30 BGH, WM 1987, 1040; GmbHR 1989, 154; Crezelius, in: FS für Uhlenbruck, S. 619 ff. m.w.N.
31 BGH, GmbHR 2003, 1420, 1421.
32 Michalski/Heidinger, GmbHG, § 30 Rn. 29 m.w.N.
33 Baumbach/Hueck/Fastrich, GmbHG, § 30 Rn. 20; Michalski/Heidinger, GmbHG, § 30 Rn. 33 jeweils m.w.N.
34 BGH, NJW 1988, 139; vgl. aber auch BGHZ 122, 333, 338 f.
35 BGH, GmbHR 2004, 302; näher dazu: Helmreich, GmbHR 2004, 457 ff.

GmbHG zu werten sind. Ein Verstoß gegen § 30 Abs. 1 GmbHG führt nach § 31 Abs. 1 GmbHG zu einem **sofort fälligen Rückgewähranspruch der Gesellschaft**, für dessen Bilanzierung und Realisierung es keines weiteren Gesellschafterbeschlusses bedarf.

Insb. gilt § 46 Nr. 2 GmbHG nicht entsprechend.[36] Gegenüber dem Erstattungsanspruch darf – analog § 19 Abs. 2 Satz 2 GmbHG – nicht aufgerechnet werden.[37] Schließlich ist namentlich für die **Bilanzierungspraxis bei der ausgleichsberechtigten GmbH** von besonderer Bedeutung, dass der BGH inzwischen die Ansicht vertritt, ein einmal wegen Verstoßes gegen § 30 Abs. 1 GmbHG entstandener Erstattungsanspruch entfalle nicht mehr von Gesetzes wegen, wenn das Gesellschaftskapital zwischenzeitlich anderweitig bis zur Höhe der Stammkapitalziffer nachhaltig wiederhergestellt sei.[38] Der Rückerstattungsanspruch muss also nicht nur im Jahr der verbotenen Ausschüttung, sondern **auch in den folgenden Jahresabschlüssen erfasst werden**. Eine unterlassene, aber gebotene Aktivierung kann in besonders gelagerten Fällen sogar zur Nichtigkeit des Feststellungsbeschlusses führen.[39]

Die Haftung aus § 31 Abs. 1 GmbHG ist **keine Verschuldenshaftung**, da sie nur den Empfang gebundenen Kapitals voraussetzt (§ 31 Abs. 2 GmbHG). Andererseits haftet der **gutgläubige Empfänger** nur insoweit, als seine Haftung zur Gläubigerbefriedigung erforderlich ist (§ 31 Abs. 2 GmbHG). Das ist jedenfalls dann der Fall, wenn die GmbH nach den Grundsätzen einer Überschuldungsbilanz (bei Ansatz von Liquidationswerten) überschuldet ist.[40]

c) Exkurs: Kapitalaufbringung und sog. Vorbelastungsbilanz

Die Kapitalaufbringungs- und Kapitalerhaltungsvorschriften, besonders die §§ 19 und 30 GmbHG, sind nach ständiger Rspr. des BGH „das **Kernstück des GmbH-Rechts**", die „keine Aushöhlung" vertragen, „gleichviel in welcher Form".[41] Nur wenn das den Zugriff der Gesellschaftsgläubiger allein zur Verfügung stehende Vermögen vollständig und richtig aufgebracht ist, erscheint es gerechtfertigt, die Haftung der hinter der Kapitalgesellschaft stehenden und sich dieser Gesellschaftsform für ihre wirtschaftliche Betätigung bedienenden Personen zu beschränken. Aus diesem **Unversehrtheitsgrundsatz** hat der BGH u.a. ein sog. Vorbelastungsverbot entwickelt.[42] Soweit im Zeitpunkt der Entstehung der GmbH, also deren Eintragung in das Handelsregister,[43] das Reinvermögen die Stammkapitalziffer nicht deckt, liegt eine Unterbilanz vor. In Höhe der Unterbilanz besteht eine unbeschränkt anteilige (Binnen-)Haftung aller Gesellschafter gegenüber der entstandenen, die als sog. **Vorbelastungs- bzw. Unterbilanzhaftung** bezeichnet wird.[44]

Aufgrund des systematischen Zusammenhangs zwischen Kapitalaufbringung und Kapitalerhaltung würde es nahe liegen, das Vorliegen einer Unterbilanz nach den gleichen Regeln festzustellen. Überraschenderweise vertritt der BGH allerdings die Ansicht, dass im Bereich der Kapitalaufbringung das Vorliegen einer Unterbilanz von einem besonderen **Vermögensstatus** abgeleitet werden müsse. Die handelsrechtlichen Buchwerte der Eröffnungsbilanz der (Vor-)GmbH sind nach dieser Rspr. nicht zugrunde zu legen. Entsprechend dem Zweck der Vorbelastungshaftung sind in dieser Vermögensbilanz die Posten und Werte so anzusetzen, als ob das Gesellschaftsvermögen im Zeitpunkt der Eintragung als Sacheinlage in das Gesellschaftsvermögen eingebracht worden wäre.[45]

---

36 BGH, NJW 1987, 779.
37 BGH, DStR 2001, 408.
38 BGH, DStR 2000, 1234, 1235 f., unter Aufgabe von BGH, NJW 1988, 139.
39 Baumbach/Hueck/Schulze-Osterloh, GmbHG, § 42a Rn. 31 m.w.N.
40 BGH, GmbHR 2003, 1420, 1423.
41 BGHZ 51, 157, 162.
42 BGHZ 80, 129, 136 f.; 124, 282, 285; NJW 1998, 233.
43 BGH, ZIP 2003, 625, 627; Bayer, in: Lutter/Hommelhoff, GmbHG, § 11 Rn. 29.
44 BGH, DStR 2006, 711; Baumbach/Hueck/Fastrich, GmbHG, § 11 Rn. 61 ff. m.w.N.
45 BGHZ 124, 282, 285.

36 **Ansatz- und Bewertungsfragen** in der Vorbelastungsbilanz werden intensiv diskutiert.[46] Soweit **Gründungskosten** (Notar-, Gerichtskosten) analog § 26 Abs. 2 AktG in der Satzung als Gesamtbetrag gesondert festgelegt werden, dürfen diese in dem Vermögensstatus aktiviert werden.[47] Hinsichtlich der Aufwendungen, die unter die Bilanzierungshilfe des **§ 269 HGB** (dazu unten Rn. 132) fallen, kommt keine Aktivierung in Betracht.[48] Denn § 269 HGB ist allein im Interesse der Kapitalgesellschaft geschaffen (Bilanzierungshilfe), und im Übrigen würde ein Wahlrecht über die gesellschaftsrechtliche Haftung entscheiden. Fraglich ist auch, ob Ansprüche gegen Sacheinlageverpflichtete zu aktivieren sind und insoweit die Unterbilanzhaftung mindern.[49] Auf der Passivseite sind nach der Rspr. des BGH[50] jedenfalls bei Fehlen einer (qualifizierten) Rangrücktrittsvereinbarung **eigenkapitalersetzende Darlehen** eines Gesellschafters in der Differenzhaftungsbilanz als Verbindlichkeit anzusetzen.

37 Wenn die Gesellschaft im Zeitpunkt der Handelsregistereintragung **bereits ein Unternehmen betreibt**, sind die Bewertungsgrundsätze anzuwenden, die maßgebend sind, wenn ein Unternehmen als Sacheinlage in eine GmbH eingebracht wird. Dafür ist der Wert des Unternehmens nach den anerkannten Methoden der Unternehmensbewertung zu ermitteln.[51] Anzuwenden ist die **Ertragswertmethode**, die – vereinfachend formuliert – in einer Kapitalisierung der künftig zu erwartenden Überschüsse besteht. Einschränkend führt der BGH aus, dass die Bewertung der Ertragskraft eines Unternehmens **auf künftige Erfolgschancen** im Regelfall nur dann gestützt werden könne, wenn die Voraussetzungen für die Nutzung der Chancen am Stichtag bereits im Ansatz geschaffen sind.[52] Bei einem sog. **„Start-up"-Unternehmen** darf davon allerdings nur in engen Ausnahmefällen und erst dann ausgegangen werden, wenn das innovative Geschäftskonzept seine Bestätigung am Markt gefunden hat.[53] Im Falle einer negativen Fortführungsprognose für die Gesellschaft ist deren Vermögen in der Bilanz im Zeitpunkt der Eintragung nicht zu Fortführungs-, sondern zu **Veräußerungswerten** zu bilanzieren.[54]

> **Hinweis:**
> Die Aufstellung einer Unterbilanz wird zwar vom BGH nicht generell verlangt. Liegen jedoch konkrete Anhaltspunkte dafür vor, dass eine Unterbilanz im Zeitpunkt der Eintragung gegeben sein könnte, ist den Gesellschaftern zumindest aus Beweisgründen zu empfehlen, einen entsprechenden Vermögensstatus zu erstellen.[55]

d) Einberufungs- und Verlustanzeigepflicht

38 Ähnlich wie im Recht der AG besteht für den Geschäftsführer einer GmbH die **Verpflichtung**, die Gesellschafterversammlung einzuberufen und eine entsprechende Verlustanzeige zu erstatten, wenn sich aus der Jahresbilanz oder auf andere Weise ergibt, dass die **Hälfte des Stammkapitals** aufgezehrt ist (§ 49 Abs. 3 GmbHG). Auch hier geht die überwiegende Meinung davon aus, dass die Ermittlung des Gesellschaftsvermögens grds. unter Zugrundelegung von Fortführungswerten zu erfolgen hat und dass stille Reserven

---

46 Näher: Baumbach/Hueck/Fastrich, GmbHG, § 11 Rn. 64; Bayer, in: Lutter/Hommelhoff, GmbHG, § 11 Rn. 30 ff. jeweils m.w.N.
47 BGH, NJW 1998, 233.
48 Zum Meinungsstand Baumbach/Hueck/Schulze-Osterloh, GmbHG, § 41 Rn. 62; Bayer, in: Lutter/Hommelhoff, GmbHG, § 11 Rn. 30 jeweils m.w.N.
49 Näher: M. Fischer, Sacheinlagen im Gesellschafts- und Steuerrecht der GmbH, S. 69 ff.
50 BGHZ 124, 282, 284.
51 BGH, NJW 1999, 283.
52 Vgl. auch BGH, BB 2002, 959 – Der Geschäftswert ist anzusetzen.
53 BGH, DStR 2006, 711.
54 BGH, WM 1997, 2218, 2219.
55 Vgl. BGH, ZIP 2003, 625, 627; Bayer, in: Lutter/Hommelhoff, GmbHG, § 11 Rn. 33.

nicht aufgelöst werden dürfen.[56] Eigenkapitalersetzende Darlehen sind zu passivieren und zwar selbst dann, wenn zusätzlich ein (schuldrechtlicher) Rangrücktritt vereinbart wurde (vgl. unten Rn. 141 f.).

3. Personenhandelsgesellschaften

Bei Personenhandelsgesellschaften wird der **Gewinn oder der Verlust eines Geschäftsjahres** aufgrund der (Handels-)Bilanz ermittelt (§§ 120 Abs. 1, 167 Abs. 1 HGB). Obwohl sich für die genannten Gesellschaften anders als bei Kapitalgesellschaften keine ausdrückliche Regelung im HGB findet, ist auch bei deren Jahresabschluss zwischen dem Akt der Aufstellung und dem der Feststellung zu unterscheiden.[57] Vorbehaltlich einer anderweitigen gesellschaftsvertraglichen Regelung obliegt die **Aufstellung der Bilanz** als gewöhnliche **Geschäftsführungsmaßnahme** den geschäftsführenden Gesellschaftern. Sie haben damit auch die bilanzrechtlichen Wahlrechte auszuüben.

Im Grundsatz ist jeder geschäftsführende Gesellschafter allein zur Aufstellung des Jahresabschlusses **berechtigt und verpflichtet** (vgl. § 115 Abs. 1 1. Halbs. HGB), wobei zu beachten ist, dass Mitgeschäftsführer insofern Einfluss auf die Aufstellung des Jahresabschlusses nehmen können, als sie den Bilanzierungsentscheidungen widersprechen dürfen (vgl. § 115 Abs. 1 2. Halbs. HGB). Da die handelsrechtlichen Rechnungslegungsvorschriften allerdings bindend sind, darf der Widerspruch nicht dazu führen, dass **die Aufstellung des Jahresabschlusses gänzlich unterbleibt**. Deshalb darf sich der Widerspruch **nur gegen einzelne Positionen der Bilanz** und der GuV-Rechnung richten.

Nicht selten **regeln Gesellschaftsverträge einzelne Aufstellungsgrundsätze** etwa über die Gliederung des Jahresabschlusses sowie Ansatz und Bewertung. Dies ist in dem Rahmen zulässig, als nicht zwingenden gesetzlichen Vorgaben sowie den Grundsätzen ordnungsmäßiger Buchführung (GoB) widersprochen wird. Verbreitet ist die Bestimmung, dass der Jahresabschuss in Anlehnung an die handelsrechtlichen **Vorschriften über die Kapitalgesellschaften** (§§ 264 ff. HGB) aufzustellen ist. Das hat zur Folge, dass keine Ermessensabschreibungen und Aufwandsrückstellungen erfolgen dürfen (vgl. § 279 HGB). **Vor dem Hintergrund des Maßgeblichkeitsgrundsatzes** des § 5 Abs. 1 EStG, der zu einer engen Verknüpfung zwischen Handels- und Steuerbilanz führt, sehen Gesellschaftsverträge aus Vereinfachungsgründen z.T. vor, dass zur Vermeidung der Erstellung einer Handels- und einer Steuerbilanz lediglich eine Steuerbilanz als **Einheitsbilanz** erstellt werden soll.

> **Hinweis:**
> Es ist zu beachten, dass nach der Rspr.[58] eine entsprechende Klausel ohne einen Vorbehalt zu Gunsten des zwingenden Handelsbilanzrechts unzulässig ist, weil die Handelsbilanz nur insoweit der Steuerbilanz angepasst werden kann, als dem keine zwingenden handelsrechtlichen Umstände entgegenstehen. Um die (Teil-)Nichtigkeit der Klausel nach § 134 BGB zu vermeiden, empfiehlt sich die Annahme einer entsprechenden Formulierung:

Formulierungsbeispiel: Vorbehalt zu Gunsten des Handelsbilanzrechts

> Die Gesellschaft erstellt eine Handelsbilanz. Handelsrechtliche Wahlrechte sind in Übereinstimmung mit den steuerlichen Vorschriften auszuüben.[59]

Nach der Rspr. des BGH[60] ist die **Feststellung des Jahresabschlusses** ein **Grundlagengeschäft**,[61] welches vorbehaltlich einer abweichenden gesellschaftsvertraglichen Vereinbarung der Zustimmung aller Gesellschafter bedarf, auch wenn sie von der (gewöhnlichen) Geschäftsführung ausgeschlossen sind.

---

56 Michalski/Römermann, GmbHG, § 49 Rn. 106 ff. m.w.N.
57 Baumbach/Hopt/Hopt, HGB, § 120 Rn. 1; Priester, DStR 2007, 28.
58 BayObLG, NJW 1988, 916 ff.
59 Westermann, Handbuch der Personengesellschaften, I Rn. 604.
60 BGHZ 132, 263, 266.
61 Kritisch zum Begriff des Grundlagengeschäfts: Priester, DStR 2007, 28 f., 32.

Dies schließt bei der KG auch die Kommanditisten ein. Dabei ist zu beachten, dass sich deren Kompetenz auch auf Bilanzierungsentscheidungen erstreckt, die formal der Gewinnermittlung angehören, der Sache nach aber **Gewinnverwendungsfragen** sind (z.B. Aufwandsrückstellungen, Abschreibungen nach § 253 Abs. 4 HGB, Vornahme steuerlicher Sonder-AfA).[62]

Erst durch die Feststellung des Jahresabschlusses erhält dieser seine Verbindlichkeit im Verhältnis der Gesellschafter untereinander sowie im Verhältnis der Gesellschafter zu Dritten. Der festgestellte Jahresabschluss bildet zugleich die **Grundlage für die Berechnung der Gewinnansprüche** der Gesellschafter. Die Feststellung ist nach Ansicht des BGH ein Vertrag in der Form eines Grundlagengeschäftes der Gesellschafter untereinander.[63] Der Gewinn ist grds. zur **Ausschüttung** zu verwenden, wenn der Gesellschaftsvertrag nichts Abweichendes regelt.[64] Bezüglich der **Ergebnisverteilung** entspricht es der ganz herrschenden Praxis, von der dispositiven gesetzlichen Regelung in § 121 HGB abzuweichen. Üblicherweise erfolgt die Aufteilung nach festen Quoten dergestalt, dass der Gewinn auf der Grundlage aller oder einzelner (fester) Kapitalkonten verteilt wird.[65]

43 Bei Personenhandelsgesellschaften gibt es – anders als bei Kapitalgesellschaften – kein Garantiekapital und damit auch **keinen Kapitalerhaltungsschutz**. Deshalb lassen sich aus dem Jahresabschluss bzw. einem Jahresüberschuss **keine rechtlich verbindlichen Ausschüttungssperren** herleiten. Nichtsdestoweniger wird den Gesellschaftern der Personenhandelsgesellschaften durch das Jahresabschlussergebnis verdeutlicht, ab wann sie – wenn auch gesetzlich nicht reglementiert – beginnen, über den vorsichtig ermittelten Jahreserfolg hinaus Eigenkapital zu verringern und dadurch die bestehende betriebliche Haftungsmasse des Unternehmens herabzusetzen. Für diese (freiwillige) Kapitalerhaltung auf Grund von Informationen wird teilweise der Begriff der „**Kapitalverminderungskontrolle**" verwendet.[66]

44 Wenn es auch kein Ausschüttungsverbot bei Personenhandelsgesellschaften gibt, welches einen Rückzahlungsanspruch auslösen würde, so hat doch das Handelsbilanzergebnis unmittelbare gesellschaftsrechtliche Konsequenzen im Hinblick auf das **Wiederaufleben der Kommanditistenhaftung** nach § 172 Abs. 4 HGB. Nach § 172 Abs. 4 Satz 1 HGB gilt die Hafteinlage den Gläubigern gegenüber als nicht geleistet, soweit sie an den Kommanditisten zurückbezahlt worden ist. Gemäß § 172 Abs. 4 Satz 2 HGB gilt das gleiche, wenn ein Kommanditist **Gewinnanteile entnimmt**, während sein Kapitalanteil durch Verlust unter dem Betrag der Haftsumme herabgemindert ist oder durch die Entnahme unter diesen Betrag gemindert wird.

§ 172 Abs. 4 HGB knüpft systematisch an **§ 169 HGB** an, wonach der Kommanditist Anspruch auf Auszahlung des ihm zukommenden Gewinns hat und er diesen Gewinn auch in späteren Verlustjahren nicht zurückzuzahlen braucht (vgl. § 169 Abs. 1 Satz 2 1. Halbs., Abs. 2 HGB). **§ 172 Abs. 4 Satz 1 HGB** zieht daraus für das Außenverhältnis die haftungsrechtliche Konsequenz. Wird dem Kommanditisten ein **nicht bilanzierter „Gewinn"** ausgezahlt, kann dies unter den genannten Voraussetzungen zum Wiederaufleben der Kommanditistenhaftung führen. Auch wenn dem Kommanditisten ein Gewinn zugewiesen wird, darf er im Innenverhältnis gegenüber der KG keine Auszahlung verlangen, soweit sein Kapitalanteil durch einen Verlust in den früheren Geschäftsjahren unter den auf die bedungene (Pflicht-)Einlage geleisteten Betrags herabgemindert ist (vgl. § 169 Abs. 1 Satz 2 2. Halbs. HGB). In diesem Fall ist der Gewinnanteil vorrangig seinem Kapitalkonto gutzuschreiben. **§ 172 Abs. 4 Satz 2 HGB** bestimmt kosequenterweise, dass auch die Auszahlung dieses Gewinnanteils zum Wiederaufleben der Außenhaftung führen kann.

45 Allerdings ist nicht jeder Mittelabschluss (Rückzahlung) aus dem Gesellschaftsvermögen haftungsschädlich i.S.d. § 172 Abs. 4 HGB. Generell unberücksichtigt bleiben **Leistungsaustauschbeziehungen** zwi-

---

62 BGHZ 132, 263, 274 f.; Baumbach/Hopt, HGB, § 164 Rn. 3 m.w.N.
63 BGHZ 76, 338, 346; a.A.: Baumbach/Hopt, HGB, § 164 Rn. 3 (Organbeschluss) m.w.N.
64 Baumbach/Hopt/Hopt, HGB, § 120 Rn. 5 m.w.N. zur Frage einer Mindestrücklage zur Existenzsicherung der Gesellschaft.
65 Baumbach/Hopt/Hopt, HGB, § 122 Rn. 8 ff. m.w.N.
66 Leffson, GoB, S. 98 ff.

schen KG und Kommanditist, soweit die Gegenleistung der KG auf einer gesonderten schuldvertraglichen Vereinbarung beruht (z.B. Kaufvertrag, Dienstvertrag) und der Höhe nach angemessen ist.[67] Es fehlt an einer Entnahme. Den in der Praxis wichtigsten Fall bildet das **(gewinnunabhängige) Festgehalt**, welches einem Kommanditisten nach Maßgabe eines Dienstvertrags bezahlt wird.

Soweit sich die im Gesellschaftsvertrag vereinbarte Pflichteinlage und die im Handelsregister eingetragene Hafteinlage **der Höhe nach entsprechen**, kommt es darauf an, ob durch den Mittelabfluss die bedungene Pflichteinlage des Kommanditisten reduziert wird, die seinem **Kapitalkonto** gutgeschrieben worden ist (vgl. § 167 Abs. 2 HGB). Ist die Pflichteinlage ordnungsgemäß eingezahlt, d.h. erfüllt worden, sind künftige Gewinnanteile einem sog. **Privat- oder Verrechnungskonto** zuzuschreiben, auf dem – soweit nichts anderes vereinbart ist – sofort fällige, andererseits aber unverzinsliche (stehen gelassene) Gewinne geführt werden.[68] Entnahmen vom Privatkonto sind haftungsunschädlich, Entnahmen vom Kapitalkonto sind haftungsschädlich. Dies führt zu der weiteren Frage, ob das **Kapitalkonto unter Fortführung der handelsbilanziellen Buchwerte** oder durch Erstellung eines Vermögensstatus unter Einbeziehung der stillen Reserven zu ermitteln ist.

Beispiel:

Kommanditist K hat 2003 seine Pflichteinlage von 20.000 € voll einbezahlt. Im Folgejahr 2004 ist ihm ein Gewinnanteil von 5.000 € auf seinem Privatkonto gutgeschrieben worden, den er nicht entnommen hat. Für das Geschäftsjahr 2005 wird dem K ein Verlustanteil von 10.000 € zugerechnet, sein Kapitalkonto beträgt somit zum Bilanzstichtag am 31.12.2005 nur noch 10.000 €. Würde man das Kapitalkonto des K zum 31.12.2005 zu Verkehrswerten bewerten, wäre sie 50.000 € wert. In Abstimmung mit dem Komplementär entnimmt K Anfang 2006 für private Zwecke 30.000 €.

K durfte in jedem Fall eine haftungsunschädliche Entnahme aus dem Privatkonto tätigen. In Höhe der verbleibenden 25.000 € kommt ein Wiederaufleben der Kommanditistenhaftung gemäß § 172 Abs. 4 Satz 1 HGB in Betracht. Nominell ist das gesamte Kapitalkonto aufgezehrt und negativ geworden:

$$10.000\ € ./. 25.000\ € = ./. 15.000\ €$$

Legt man demgegenüber den Verkehrswert des Kapitalkontos zugrunde, wäre das Kapitalkonto nach Auszahlung noch mit 25.000 € zu bewerten.

$$50.000\ € ./. 25.000\ € = 25.000\ €$$

Der BGH[69] *hat entschieden, dass für die Bewertung des Kapitalkontos die handelsbilanziellen Buchwerte maßgebend sind. Stille Reserven, auch soweit sie wie in dem vom BGH zu beurteilenden Fall durch steuerliche Sonderabschreibungen gebildet worden sind, dürfen vergleichbar der Rechtslage bei § 30 GmbHG (vgl. oben Rn. 31) nur dann berücksichtigt werden, wenn sie in zulässiger Weise aufgelöst worden sind. Unter Gewinn i.S.d. § 172 Abs. 4 Satz 2 HGB ist also der in der Handelsbilanz ausgewiesene Jahresgewinn zu verstehen. Damit ist das Kapitalkonto im Beispielsfall negativ geworden. Die für § 172 Abs. 4 HGB maßgebliche Haftung ist allerdings auf die Haftsumme (im Fall: 20.000 €) begrenzt.*[70] *Nach der Sichtweise des BGH kommt es zu unterschiedlichen Bewertungsprinzipien der (Sach-)Einlageleistung zur Aufbringung der Haftsumme, bei der der Verkehrswert des Leistungsgegenstandes entscheidend ist,*[71] *und der Einlagenrückgewähr im Rahmen der §§ 171 Abs. 1 2. Halbs., 172 Abs. 4 Satz 1 HGB.*

Pflichteinlage und Haftsumme müssen weder inhaltlich noch dem Werte nach übereinstimmen. Als Pflichteinlage kommen auch Sacheinlagen in Betracht. Die Haftsumme lautet zwingend auf einen Euro-Betrag. Soweit die **(Pflicht-)Einlage höher als die Haftsumme** ist oder der Kommanditist ein auf seinem Kapitalkonto gebuchtes Aufgeld (Agio) gezahlt hat, kann er die Differenz bis zur Haftsumme ohne ein Wiederaufleben der persönlichen Haftung entnehmen.[72] Die Haftung des Kommanditisten **lebt also erst**

---

67 Ebenroth/Boujong/Joost/Strohn, HGB, § 172 Rn. 25 ff. m.w.N.
68 Ebenroth/Boujong/Joost/Weipert, HGB, § 167 Rn. 10.
69 BGHZ 109, 334, 337 ff.
70 BGHZ 60, 324, 327 f.; 110, 342, 356.
71 BGHZ 95, 195, 197; Baumbach/Hopt/Hopt, HGB, § 171 Rn. 6.
72 BGHZ 84, 383, 387; Ebenroth/Boujong/Joost/Strohn, HGB, § 172 Rn. 22 m.w.N.

dann wieder auf, wenn Gesellschaftsvermögen an ihn fließt und der Stand seines Kapitalkontos durch die Vermögensübertragung geringer wird oder bereits geringer ist als die Haftsumme.

II. Konzernabschluss und Gesellschaftsrecht

1. AG

47 Der Konzernabschluss hat im Gesellschaftsrecht lange Zeit ein Schattendasein geführt. Im Konzernabschluss ist die Vermögens-, Finanz- und Ertragslage der einbezogenen Unternehmen so darzustellen, als ob diese Unternehmen **ein einziges Unternehmen** wären. Rechtsfähig ist aber nicht die Unternehmenseinheit, sondern sind die **einzelnen Unternehmensträger**. Die Einheit ist eine Fiktion. Daraus hat die herrschende Auffassung lange Zeit gefolgert, dass der Konzernabschluss überhaupt keine Rechtswirkung entfalte, mithin rechtlich ein „Nullum" sei.[73]

48 Ein Konzernabschluss dient der **Information**. Für zentrale gesellschaftsrechtliche Beziehungen, insb. für die **Dividendenansprüche der Gesellschafter**, ist er irrelevant. Hier kommt es allein auf den Einzelabschluss an. Von einer materiell-rechtlichen Wirkung des Konzernabschlusses kann man zumindest insofern sprechen, als z.T. bei Bedienung von Genussrechten an das Ergebnis des Konzernabschlusses angeknüpft wird oder eine Tantiemeregelung für Vorstandsmitglieder nicht am Jahresüberschuss der Konzernobergesellschaft, sondern am Konzernüberschuss ausgerichtet wird. Schließlich ist auf die **Diskussion zu § 58 Abs. 2 AktG** hinzuweisen. Teile des Schrifttums wollen diese Bestimmung zum Schutz der Aktionäre „konzerndimensional" interpretieren, indem Vorstand und Aufsichtsrat bei der Ergebnisverwendung auf Ebene der Konzernobergesellschaft nur über die Hälfte des Konzernüberschusses verfügen dürfen, sich also die in Tochtergesellschaften gebildeten Rücklagen anrechnen lassen müssten.[74]

49 Mit dem **Transparenz- und Publizitätsgesetz** v. 19.7.2002[75] nimmt nunmehr auch das Gesellschaftsrecht ausdrücklich Kenntnis vom Konzernabschluss. Zunächst hat der **Aufsichtsrat** gemäß § 171 Abs. 1 Satz 1 AktG nicht nur den Jahresabschluss, den Lagebericht und den Vorschlag über die Verwendung des Bilanzgewinns zu prüfen, sondern bei Mutterunternehmen i.S.d. § 290 Abs. 1, 2 HGB auch den **Konzernabschluss und den Konzernlagebericht**. Billigt der Aufsichtsrat den Konzernabschluss nicht – was namentlich bei börsennotierten Gesellschaften die seltene Ausnahme ist – entscheidet über die Billigung die Hauptversammlung. § 171 Abs. 1 Satz 1 AktG erstreckt die **externe Prüfungspflicht** nach Änderung durch das Gesetz zur Kontrolle und Transparenz im Unternehmensbereich v. 27.4.1998[76] auch auf den Konzernabschluss (§ 297 HGB) und den Konzernlagebericht (§ 315 HGB). Folgerichtig hat auch der Abschlussprüfer an der Verhandlung über den Konzernabschluss teilzunehmen (§ 171 Abs. 1 Satz 2 AktG).

Durch das Transparenz- und Publizitätsgesetz ist § 171 Abs. 2 Satz 5 AktG angefügt worden. Das hat zur Folge, dass der Aufsichtsrat auch zum **Prüfungsergebnis** hinsichtlich des Konzernabschlusses Stellung zu nehmen hat (§ 171 Abs. 2 Satz 4 AktG) und sich in seiner Schlusserklärung darüber aussprechen muss, ob er den vom Vorstand aufgestellten Konzernabschluss billigt oder nicht (§ 171 Abs. 2 Satz 5 AktG). Erfolgt keine Billigung, hat darüber die Hauptversammlung zu beschließen (vgl. § 173 Abs. 1 Satz 2 AktG).

50 Der Konzernabschluss wird allerdings **nicht festgestellt**, weil es vergleichbarer Rechtswirkungen nicht bedarf,[77] denn es bleibt unverändert dabei, dass allein der Einzelabschluss die Grundlage der Gewinnverwendung bildet. Mangels Feststellungsbeschluss erübrigt sich auch die Frage der **Anfechtbarkeit** durch Aktionäre und der **Nichtigkeit** des Konzernabschlusses wegen schwerer inhaltlicher Mängel i.S.d. § 256 AktG.

---

73 Budde/Steuber, in: FS für Claussen, S. 583, 590 f.; Kropff, in: FS für Claussen, S. 659, 663.
74 Vgl. Kropff, in: FS für Claussen, S. 659, 664 f. m.w.N.
75 BGBl. 2002 I, S. 2681.
76 BGBl. 1998 I, S. 786.
77 Hüffer, AktG, § 171 Rn. 14a.

> **Hinweis:**
> Die Frage ist von nur eingeschränkter praktischer Bedeutung, da selbst die Nichtigkeit des Konzernabschlusses – anders als des Jahresabschlusses – nicht zur Nichtigkeit des Gewinnverwendungsbeschlusses führt.[78]

2. GmbH

Auch im GmbH-Recht wird inzwischen auf den Konzernabschluss Bezug genommen. § 42a Abs. 4 GmbHG ist ebenfalls durch das Transparenz- und Publizitätsgesetz v. 19.7.2002[79] eingefügt worden. Danach sind Konzernabschluss und Konzernlagebericht einschließlich des Prüfungsberichts des Abschlussprüfers und eines möglichen Aufsichtsrates in dem Verfahren nach § 42a Abs. 1 GmbHG den Gesellschaftern in ihrer Gesamtheit vorzulegen. Diese billigen in **entsprechender Anwendung des § 42a Abs. 2 GmbHG** den Konzernabschluss. Im Unterschied zur Hauptversammlung der AG sind die Gesellschafter an die Vorlage allerdings nicht gebunden. Sie können also einen **abweichenden Konzernabschluss** billigen.

D. Handelsbilanzrecht und Rechtsordnung

I. Nationale Rechtsquellen

Das Handelsbilanzrecht wird im Wesentlichen durch die Vorschriften des **Dritten Buchs des HGB** „Handelsbücher" geregelt (§§ 238 ff. HGB). Der **erste Abschnitt** (§§ 238 – 263 HGB) enthält „Vorschriften für alle Kaufleute" und ist damit rechtsformunabhängig an Einzelkaufleute, Personenhandels- und Kapitalgesellschaften adressiert. Im **zweiten Abschnitt** (§§ 264 – 335 HGB) sind allgemeine, aber bereits rechtsformspezifische Vorschriften für Kapitalgesellschaften und Personenhandelsgesellschaften ohne Vollhaftung einer natürlichen Person (insb. GmbH & Co. KG) geregelt. Der erste Unterabschnitt befasst sich mit dem Einzelabschluss der Kapitalgesellschaft und dem Lagebericht (§§ 264 – 289 HGB), der zweite Unterabschnitt mit dem Konzernabschluss und Konzernlagebericht (§§ 290 – 315 HGB), der dritte Unterabschnitt mit der Prüfung (§§ 316 – 324 HGB) und der vierte Unterabschnitt mit der Offenlegung (§§ 325 – 329 HGB). Der sechste Unterabschnitt schließt mit Strafgeld- und Bußgeldvorschriften sowie Zwangsgeldern (§§ 331 – 335b HGB). Im **dritten Abschnitt** finden sich ergänzende Vorschriften für eingetragene Genossenschaften (§§ 336 – 339 HGB). Im **vierten Abschnitt** folgen branchenspezifische Bilanzierungsvorschriften für Kreditinstitute und Versicherungsunternehmen (§§ 340 – 341o HGB). Schließlich sieht der **fünfte Abschnitt** Bestimmungen über die Zuweisung von Kompetenzen durch das BMJ an ein privates Rechnungslegungsgremium bzw. an einen Rechnungslegungsbeirat im Zusammenhang mit der Fortentwicklung der nationalen Rechnungslegungsvorschriften vor (§§ 342 – 342a HGB).

Außerhalb des HGB finden sich neben den bereits angesprochenen Querbezügen zum Gesellschaftsrecht der AG (§§ 58, 150 – 161, 170 – 174, 256 – 257 AktG), der KGaA (§ 286 AktG), der GmbH (§§ 29, 42, 42a GmbHG) und der Genossenschaft (§§ 33, 48, 53, 160 GenG) Sondervorschriften für Großunternehmen und branchenspezifische Vorschriften. Das **Publizitätsgesetz** von 1969 (PublG) erfasst den (seltenen) Fall, dass große Unternehmen von einem Einzelkaufmann bzw. einer Personenhandelsgesellschaft mit Vollhaftung mindestens einer natürlichen Person geführt werden und enthält Vorschriften zur Aufstellung der Bilanz und der GuV-Rechnung (§ 5 Abs. 1 PublG) sowie zur Prüfung und zur Offenlegung der Jahresabschlüsse und unter Umständen der Lageberichte (§§ 6 Abs. 1, 9 PublG).

Ein großes Unternehmen liegt dann vor, wenn jeweils zwei der drei **folgenden Schwellenwerte** überschritten sind:

- Bilanzsumme größer als 65 Mio. €,
- Umsatzerlöse größer als 130 Mio. €,

---

[78] MünchKomm-AktG/Kropff, § 172 Rn. 85 ff.
[79] BGBl. 2002 I, S. 2681.

- Zahl der Arbeitnehmer größer als 5.000 (§ 1 Abs. 1 PublG).

54 **Branchenspezifische Vorschriften außerhalb des HGB** gelten für Kreditinstitute in Ergänzung zu §§ 340 – 340o HGB in der Verordnung über die Rechnungslegung der Kreditinstitute und Finanzdienstleistungsinstitute (RechKredV) und in den §§ 25a – 31 KWG, für Versicherungsunternehmen ergänzend zu den §§ 341 – 341o HGB in der Verordnung über die Rechnungslegung von Versicherungsunternehmen (RechVersV) und dem Versicherungsaufsichtsgesetz (VAG). Schließlich ist auf die Spezialvorschriften für die Rechnungslegung von **kommunalen Eigenbetrieben** in den Eigenbetriebsverordnungen und Eigenbetriebsgesetzen der Länder sowie für die Rechnungslegung von **Krankenhäusern** im Krankenhausfinanzierungsgesetz (KHG), den Krankenhausgesetzen der Länder und in der Verordnung über die Abgrenzung und die durchschnittliche Nutzungsdauer von Wirtschaftsgütern in Krankenhäusern (AbgrV) hinzuweisen.

II. Bedeutung der BFH-Rechtsprechung

55 Im Handelsbilanzrecht spielt die Rspr. des BFH eine zentrale Rolle. Dies hängt damit zusammen, dass im Verhältnis zwischen Handelsbilanz und steuerlicher Gewinnermittlung das Steuerrecht über §§ 5 Abs. 1 EStG, 8 Abs. 1 KStG für Einzelkaufleute, Personenhandelsgesellschaften und Kapitalgesellschaften eine prinzipielle **Maßgeblichkeit der Handelsbilanz** für die Steuerbilanz vorschreibt (dazu unten Rn. 202 ff.). Deshalb sind in den Entscheidungen des BFH Auseinandersetzungen mit bilanzrechtlichen Vorfragen an der Tagesordnung, während sich die Zivilgerichte einschließlich des BGH mit bilanzrechtlichen Problemen nur relativ selten befassen.[80]

Da das **Steuerbilanzrecht** (dazu unten Rn. 202 ff.) allerdings sowohl bei der Bilanzierung dem Grunde nach als auch bei der Bewertung Sondervorschriften vorsieht, ist die Rspr. des BFH im konkreten Fall jeweils dahin zu überprüfen, ob die betreffende Entscheidung des BFH tatsächlich nur eine handelsrechtliche Vorfrage beurteilt hat oder ob es um die Anwendung einer eigenständigen Form des Bilanzsteuerrechts gegangen ist. Im ersten Fall ist die ordentliche Gerichtsbarkeit in dem Maße an die Auffassung des BFH gebunden, als sie bei beabsichtigter Abweichung von der Rspr. des BFH den Gemeinsamen Senat der obersten Gerichtshöfe des Bundes anrufen muss.

III. Europäische Rechtsgrundlagen und Rechtsprechung des EuGH

56 Das nationale Handelsbilanzrecht der Kapitalgesellschaften und Personenhandelsgesellschaften ohne natürliche Personen als Vollhafter (insb. GmbH & Co. KG) ist in weit reichendem Maße von einer europäischen **Harmonisierung durch Richtlinien** (vgl. Art. 249 Abs. 3 EGV) geprägt.

> **Hinweis:**
> Richtlinien gelten nicht unmittelbar, sondern sind innerhalb bestimmter Frist durch die nationalen Organe im Mitgliedstaat in das nationale Recht umzusetzen.

Für das Handelsbilanzrecht sind drei Richtlinien von ganz zentraler Bedeutung, die allesamt durch das **Bilanzrichtliniengesetz** v. 19.12.1985[81] umgesetzt worden sind. Es handelt sich um die 4. EG-Richtlinie (Jahresabschlussrichtlinie) v. 25.7.1978,[82] die 7. EG-Richtlinie (Konzernabschlussrichtlinie)[83] sowie die 8. EG-Richtlinie (Prüferbefähigungsrichtlinie) v. 10.4.1984.[84] Auch die branchenspezifische Rechnungs-

---

80 Crezelius, ZGR 1987, 1 ff. ausführlich zur Rspr. des BFH zum Handelsbilanzrecht.
81 BGBl. 1985 I, S. 2355.
82 Jahresabschlussrichtlinie 78/660/EWG, ABl. EG Nr. L 222 v. 14.8.1978, S. 11 ff.
83 Konzernabschlussrichtlinie 83/349/EWG, ABl. EG Nr. L 183 v. 18.7.1983, S. 1 ff.
84 Prüferbefähigungsrichtlinie 84/253/EWG, ABl. EG Nr. L 126 v. 12.5.1984, S. 20 ff.

legung für Kreditinstitute und Versicherungen beruht auf Richtlinien, nämlich der Bankrichtlinie, Bankbilanzrichtlinie[85] und der Versicherungsbilanzrichtlinie.[86]

Die **Jahresabschlussrichtlinie und Konzernabschlussrichtlinie** haben in der Zwischenzeit mehrfache Änderungen erfahren. Aus deutscher Sicht besonders bedeutsam ist die **GmbH & Co. KG-Richtlinie** v. 8.11.1990,[87] durch welche die Mitgliedstaaten verpflichtet wurden, bis zum 1.1.1993 die erforderlichen Rechtsvorschriften zur Einbeziehung bestimmter Personengesellschaften in dem Anwendungsbereich der Bilanzrichtlinie zu erfassen. Die **Umsetzungsfrist** hat die Bundesregierung um mehr als sieben Jahre überschritten. Sie ist erst umgesetzt worden, nachdem der EuGH in einem Vertragsverletzungsverfahren am 22.4.1999 die Verletzung des EU-Vertrags festgestellt hatte.[88] Diese Richtlinie und ihre (verspätete) Umsetzung stehen in engem Zusammenhang mit der **Mittelstandsrichtlinie** v. 8.11.1990.[89] Sie regelt als Kompensation für die erweiterte Publizitätspflicht nach der GmbH & Co. KG-Richtlinie Erleichterungen für kleine oder mittlere Gesellschaften bei Aufstellung und Veröffentlichung des Jahresabschlusses.

Weitere Ergänzung ist die sog. **Fair-value-Richtlinie** v. 27.9.2001,[90] die in die Jahresabschlussrichtlinie einen neuen Abschnitt „Bewertung zum Fair value" einfügt, mit dem erreicht werden soll, dass den Konzernen/Unternehmen vorgeschrieben oder gestattet wird, sämtliche Finanzinstrumente einschließlich der derivativen zum beizulegenden Zeitwert („fair value") zu bewerten.

Die **Modernisierungsrichtlinie** v. 18.6.2003[91] erlaubt den Mitgliedstaaten, die Gliederung der Bilanz und der GuV-Rechnung auch bei nicht kapitalmarktorientierten Unternehmen an die internationalen Standards anzupassen und beim Ausweis stärkeres Gewicht auf den „**wirtschaftlichen Gehalt**" zu legen. Obgleich die Richtlinie zu keinem umfassenden Paradigmenwechsel in der handelsrechtlichen Rechnungslegung führt, erlaubt sie doch auch Neubewertungen sowie weitere Bewertungen zum fair value ergänzend zu den Finanzinstrumenten. Eine weitere zentrale Vorgabe ist die Anpassung der Regelungen zum (Konzern-) Lagebericht dahingehend, dass in diesem mehr entscheidungsrelevante Informationen (z.B. wesentliche Managementziele und -strategien, künftige Entwicklung des Unternehmens/Konzerns unter Einbeziehung der wesentlichen Chancen und Risiken) aufzunehmen sind.

Schließlich ist neben der **Schwellenwertrichtlinie** v. 13.5.2003[92] vor allem auf die **Transparenzrichtlinie** v. 15.12.2004[93] hinzuweisen, welche die Informationsbedürfnisse von Anlegern am Kapitalmarkt verbessern soll. Danach haben kapitalmarktorientierte Unternehmen ihren Jahresabschluss **innerhalb von vier Monaten** zu veröffentlichen, ihre Halbjahresberichterstattung umfangreicher auszugestalten und das Management wird verpflichtet, zwischen dem Halbjahres- und Jahresabschluss in einem erläuternden Bericht über die finanzielle Lage und wesentliche Ereignisse zu berichten, soweit nicht ohnehin freiwillige Quartalsberichte erstellt werden.

Die **internationale Rechnungslegung** wird inzwischen auch durch europarechtliche Vorgaben bestimmt. Grundlage ist die europäische **Verordnung über die Anwendung internationaler Rechnungslegungsstandards**.[94] Die Verordnung gilt unmittelbar in jedem Mitgliedstaat der EU und ist für die Unternehmen in allen ihren Teilen verbindlich (vgl. Art. 11 IFRS-VO). Sog. kapitalmarktorientierte Unternehmen[95]

---

85 Bankbilanzrichtlinie 86/635/EWG, ABl. EG Nr. L 372 v. 31.12.1986, S. 1 ff.
86 Versicherungsbilanzrichtlinie 91/674/EWG, ABl. EG Nr. L 374 v. 31.12.1991, S. 7ff.
87 GmbH & Co. KG-Richtlinie 90/605/EWG, ABl. EG Nr. L 317 v. 16.10.1990, S. 60 ff.
88 EuGH, IStR 1999, 317.
89 Mittelstandsrichtlinie 90/604/EWG, ABl. I EG Nr. L 317 v. 16.11.1990, S. 57 ff.
90 Fair-value-Richtlinie, 2001/65/EG, ABl. EG Nr. L 283 v. 27.10.2001, S. 28 ff.
91 Modernisierungsrichtlinie 2003/51/EG, ABl. EG Nr. L 178 v. 17.7.2003, S. 16 ff.
92 Schwellenwertrichtlinie 2003/58/EG, ABl. EG Nr. L 120 v. 15.5.2003, S. 22 f.
93 Transparenzrichtlinie 2003, ABl. EG Nr. L 390 v. 31.12.2004, S. 38 ff.
94 1. EG-Bilanzrecht-VO 1606/02 v. 19.7.2002, ABl. EG Nr. L 243 v. 11.9.2002, S. 2 ff.
95 Zur aktuellen Entwicklung der IFRS-Rechnungslegung für kleine und mittlere Unternehmen näher: Hennrichs, ZHR 2006, 498; Kirsch, DStZ 2006, 768; Schiessl, ZHR 2006, 522.

werden ab dem 1.1.2005 verpflichtet, ihren **Konzernabschluss nach den IAS/IFRS** aufzustellen (Art. 4 IFRS-VO). Für nicht kapitalmarktorientierte Unternehmen sieht die Verordnung die Anwendung der IAS/IFRS als Option vor (Art. 5 IFRS-VO). Die Entscheidung über das anzuwendende Rechnungslegungssystem bleibt also dem nationalen Gesetzgeber vorbehalten. Der deutsche Gesetzgeber hat sich im Rahmen des **Bilanzrechtsreformgesetzes** v. 9.12.2004[96] dazu entschlossen, nicht kapitalmarktorientierten Unternehmen für den Konzernabschluss ein Wahlrecht zwischen dem Bilanzrecht des HGB und nach IRS/IFRS einzuräumen (vgl. § 315a Abs. 2 HGB).

Demgegenüber muss der **Einzelabschluss** auch der kapitalmarktorientierten Unternehmen weiterhin zwingend nach dem Bilanzrecht des HGB aufgestellt werden, weil dieser weiterhin den Maßstab für Gewinnausschüttungen und für die steuerliche Gewinnermittlung bildet. Den Unternehmen wird lediglich die Möglichkeit eröffnet, zum Zweck **der besseren Information von Kapitalanlegern und Kreditgebern** auf freiwilliger Basis einen IAS/IFRS-Einzelabschluss zu erstellen und statt des HGB-Abschlusses offen zu legen (vgl. § 325 Abs. 2a HGB). Im Bilanzrechtreformgesetz sind neben der Anpassung des nationalen Bilanzrechts an die IAS/IFRS-Verordnung auch die oben genannten drei Richtlinien (Fair-value-Richtlinie, Schwellenwertrichtlinie und Modernisierungsrichtlinie) in das Bilanzrecht umgesetzt worden.

59 Die Überlagerung des nationalen Handelsbilanzrechts durch EU-Richtlinien wirft eine Vielzahl von Problembereichen auf. Zunächst einmal muss klargestellt werden, dass Richtlinien i.S.d. Art. 249 Abs. 3 EGV **Rechtsangleichung** (Harmonisierung) bezwecken, also nicht zu einer **Rechtsvereinheitlichung** (Rechtsgleichheit) führen, wie dies bei Verordnungen der Fall ist, die in jedem Mitgliedstaat unmittelbar gelten (Art. 149 Abs. 2 EGV). Dies zeigt sich namentlich im Hinblick auf den Gestaltungsspielraum, der den Mitgliedstaaten durch Wahlrechte in den Bilanzrichtlinien eröffnet ist. Allein die Jahresabschlussrichtlinie enthält **über 40 Mitgliedstaatenwahlrechte**, die zu verschiedenen Ausgestaltungen des jeweils nationalen Rechts führen.

60 Soweit die Richtlinie allerdings eine konkrete Vorgabe setzt, wird eine (faktische) Zersplitterung des Gemeinschaftsrechts dadurch verhindert, dass im Rahmen des **sog. Vorabentscheidungsverfahrens** (Art. 234 EGV) die nationalen Gerichte berufen sind, zur **Wahrung der Rechtseinheit** Fragen zur Auslegung der Bilanzrichtlinien dem **EuGH** vorzulegen. Letztinstanzliche nationale Gerichte (etwa BGH und BFH) sind dazu verpflichtet. Divergieren nationales Handelsbilanzrecht und Gemeinschaftsrecht, geht das Gemeinschaftsrecht dem nationalen Recht vor. Als Beispiel sei auf die Frage der „**phasengleichen**" **Aktivierungen von Dividendenansprüchen** und deren Vereinbarkeit mit dem Realisationsprinzip (dazu unten Rn. 95) verwiesen, welches einerseits national in § 252 Abs. 1 Nr. 4 HGB geregelt ist, aber zugleich auf Art. 31 Abs. 1c aa der 4. EG-Bilanzrichtlinie (Jahresabschlussrichtlinie) beruht. Deshalb hatte der BGH[97] die Frage dem EuGH zur Entscheidung vorgelegt.[98]

61 Kontrovers diskutiert wird, ob die **Vorlageverpflichtung auch für den BFH** jedenfalls insoweit gilt, als bei Kapitalgesellschaften und Personenhandelsgesellschaften ohne eine natürliche Person als Vollhafter über den Maßgeblichkeitsgrundsatz des § 5 Abs. 1 EStG ein konkreter handelsrechtlicher Bilanzansatz dem Grunde nach streitig ist. **Z.T. wird die Auffassung vertreten**, der Maßgeblichkeitsgrundsatz des § 5 Abs. 1 Satz 1 EStG sei eine Norm des (nicht harmonisierten) Ertragsteuerrechts, der jeder gemeinschaftsrechtliche Bezug fehle. Man will in der Vorlage an den EuGH sogar die Einschaltung eines „ungesetzlichen" Richters erblicken, mit der Konsequenz, dass im Falle einer Sachentscheidung des EuGH das Urteil aufgrund einer entsprechenden Verfassungsbeschwerde wegen Entzugs des gesetzlichen Richters vom BVerfG aufgehoben werden müsste.[99]

Der EuGH sieht dies zumindest insofern anders, als er sich bei Vorlageersuchen der nationalen Gerichte **auch dann für zuständig hält**, wenn das Europäische Recht lediglich aufgrund einer nationalen Verwei-

---

96 BGBl. 2004 I, S. 3166.
97 BGH, DB 1996, 316.
98 Vgl. EuGHE I 1996, S. 3133.
99 Ahmann, in: FS für Schmidt, S. 269 ff.; Weber-Grellet, Steuerbilanzrecht, Rn. 19; a.A.: Beisse, in: FS für Budde, S. 67, 83.

sungsnorm für die Entscheidung des Rechtsstreits von Bedeutung ist.[100] Der BFH scheint sich inzwischen zu dem Standpunkt durchgerungen zu haben, in keinem Fall Vorlage verpflichtet zu sein,[101] und der EuGH scheint dem zumindest nicht zu widersprechen.

Schließlich enthält die 4. EG-Bilanzrichtlinie (Jahresabschlussrichtlinie) **Regelungslücken in praktisch wichtigen Bereichen**, wie etwa der Bilanzierung von Pensionsverpflichtungen, latenten Steuern, Fragen der Teilgewinnrealisierung und der Fremdwährungsumrechnung. Hier stellt sich die Diskussion um eine sog. **europarechtsfördernde autonome Auslegung**.[102] Methodologisch interessant ist in diesem Zusammenhang die Rspr. des EuGH und des FG Hamburg in der Rechtsache BIAO.[103]

62

Nach Vorstellung des EuGH soll das nationale Bilanzrecht ggf. unter Berücksichtigung der IAS/IFRS richtlinienkonform ausgelegt werden. **Das FG Hamburg** ist noch einen Schritt weiter gegangen und meint allgemein, in Ermangelung von Detailregelungen seien bei der Auslegung der Jahresabschlussrichtlinie die IAS/IFRS heranzuziehen. Da die handelsrechtlichen Grundsätze ordnungsmäßiger Buchführung (GoB) wiederum konform der 4. EG-Richtlinie (Jahresabschlussrichtlinie) auszulegen sind, würden nach Ansicht des FG Hamburg die IAS/IFRS gleichsam durch die Hintertür Einzug in das deutsche Steuerbilanzrecht erhalten. **Der BFH**[104] hat jedenfalls diesen Versuch des FG Hamburg im konkreten Fall zurückgewiesen. Nach dem bisherigen Meinungsstand gehören die Regeln der IAS/IFRS-VO und der auf ihr beruhenden Rechnungslegungsstandards nicht zu den GoB, auf die in § 5 Abs. 1 Satz 1 EStG Bezug genommen wird.[105]

63

IV. Deutsche Rechnungslegungsstandards

In Deutschland existiert seit 1998 ein privates Rechnungslegungsgremium, der **Deutsche Standardisierungsrat (DSR)**. Träger des DSR ist das Deutsche Rechnungslegungs Standards Committee e.V. (DRSC) mit Sitz in Berlin, zu dessen Mitgliedern 68 namhafte Unternehmen und 71 natürliche Personen gehören. Das DRSC beruht als privat getragene Organisation auf angelsächsischem Vorbild und ist gemäß § 342 HGB als **privates Gremium der Rechnungslegung** durch das BMJ anerkannt. Die Tätigkeit des DSR besteht neben der Beratung des BMJ bei Gesetzgebungsvorhaben und der Vertretung der BRD in internationalen Standardisierungsgremien vor allem in der **Entwicklung von Standards** (deutsche Rechnungslegungsstandards – DRS) zu wesentlichen Bilanzierungs- und Bewertungsfragen der Konzernrechnungslegung. Die Einbeziehung einer privaten Organisation in die Entwicklung von Rechnungsvorschriften wirft die Frage nach der **Legitimität** eines entsprechenden Gremiums auf.[106]

64

E. Handelsrechtlicher Jahresabschluss

I. Funktionen des Einzelabschlusses

Der Einzelabschluss dient der **Erfüllung mehrerer Zwecke**, die innerhalb des Zwecksystems zusammengeführt werden.[107] Wie die in § 238 Abs. 1 HGB kodifizierte Buchführungspflicht verdeutlicht, geht es dem Gesetzgeber zunächst um die **Dokumentation** im Sinne eines vollständigen, richtigen und syste-

65

---

100 EuGHE I 1997, S. 2471; EuGHE I 2003, S. 1.
101 Vgl. zur Entwicklung in der Rspr. des BFH Grotherr, IWB, Fach 11, Gruppe 2, S. 509 ff. m.w.N.
102 MüchKomm-AktG/Luttermann, Einf. BilanzR Rn. 252 ff. m.w.N.
103 EuGHE I 2003, S. 1; FG Hamburg, EFG 2004, 746; dagegen allerdings BFH, DStR 2005, 238 ff. m. (kritischer) Anm. Bärenz; dem BFH folgend Schulze-Osterloh, BB 2005, 488.
104 BFH, DStR 2005, 238 ff.
105 Schön, BB 2004, 763, 764; Schulze-Osterloh, BB 2004, 2567 ff.; vgl. auch Berndt, BB 2004, 1220; dagegen dem EuGH folgend Böcking/Herold/Müßig, Der Konzern 2004, 664, 666 f.
106 Vgl. MünchKomm-AktG/Luttermann, §§ 243, 342 HGB, Rn. 48 ff. m.w.N.
107 Näher zum Folgenden z.B.: Graf Kanitz, Bilanzkunde für Juristen, Rn. 137 ff.; Thiele/Stellbrink/Ziesemer, in: Baetge/Kirsch/Thiele, Bilanzrecht, Einf. Rn. 21 ff. m.w.N.

matischen Aufschreibens und Festhaltens der Güterbewegungen und Zahlungsvorgänge. Die Dokumentation eröffnet die Möglichkeit der Nachprüfbarkeit der Aufzeichnungen. Sie dient der **Beweisfunktion** und der **Prävention** im Hinblick auf rechtswidrige Handlungen durch Angehörige des Unternehmens. Eine weitere Funktion des Jahresabschlusses besteht in der **Rechenschaftslegung** gegenüber Gläubigern (Kapitalgebern) und Gesellschaftern.

Eine Rechenschaftspflicht gegenüber Gesellschaftern ist namentlich **im Bereich des Kapitalgesellschaftsrechts** erforderlich, weil dort nach dem Grundsatz der sog. Fremdorganschaft Dritte mit der Geschäftsführung der Gesellschaft betraut werden können. Rechenschaftspflichten finden sich im gesamten Zivilrecht, wenn entweder fremde Angelegenheiten besorgt werden oder der Berechtigte in entschuldbarer Weise über den Umfang seines Anspruchs im Ungewissen ist, während der Verpflichtete die anspruchsrelevanten Tatsachen kennt (§§ 259, 666, 675, 681 Abs. 2 i.V.m. § 242 BGB).[108]

66 Beim **Einzelunternehmen** wird der Kaufmann mit dem Jahresabschluss zu einer Rechenschaft gegenüber sich selbst genötigt, weil er sich damit einen Überblick über seine eigenen finanziellen Verhältnisse verschafft. Deshalb muss der Jahresabschluss klar und übersichtlich sein (vgl. § 243 Abs. 2 HGB). Das Anlage- und Umlaufvermögen, das Eigenkapital, die Schulden und die Rechnungsabgrenzungsposten müssen gesondert ausgewiesen und hinreichend aufgegliedert sein.

Weiterhin dient das Bilanzrecht der **Ermittlung des Gewinns**, der – von allen gesellschaftsrechtlichen Besonderheiten abgesehen (vgl. oben Rn. 18 ff., 28 ff., 39 ff.) – zur Ausschüttung an die Gesellschafter verwendet werden kann. Man spricht in diesem Zusammenhang auch von der sog. **Ausschüttungsbemessungsfunktion** des Jahresabschlusses. Schließlich dient der Jahresabschluss nach traditionellem deutschen Verständnis der **Kapitalerhaltung**.[109] Dies wird darin deutlich, dass nicht entgeltlich erworbene immaterielle Gegenstände des Anlagevermögens in der Bilanz nicht angesetzt werden dürfen (§ 248 Abs. 2 HGB), dass sowohl das **sog. Vorsichts- als auch das Imparitätsprinzip** gelten (§ 252 Abs. 1 Nr. 4 HGB), Anschaffungs- bzw. Herstellungskosten die Wertobergrenze für Vermögensgegenstände bilden (§ 253 Abs. 1 HGB) und für das Anlage- und Umlaufvermögen Niederstwertvorschriften zu beachten sind, die bei zwei in Betracht kommenden Werten zur Bewertung mit dem niedrigeren Wert führen (§ 253 Abs. 2, Abs. 3 HGB).

Bei Kapitalgesellschaften wird die Kapitalerhaltung dadurch sichergestellt, dass der Jahresabschluss die **Bemessungsgrundlage für die offenen Ausschüttungen** bzw. für eine **Ausschüttungssperre** bildet (vgl. §§ 58 Abs. 4 AktG, 30 Abs. 1 GmbHG). Bei der AG kommt dem Ergebnis des Jahresabschlusses (Bilanzgewinn) eine strenge Ausschüttungsbemessungsfunktion zu.

> **Hinweis:**
> Was die Bilanz allerdings **nur eingeschränkt** zu vermitteln vermag, ist ein dynamischer Einblick in die Vermögens-, Ertrags- und Finanzlage des Unternehmens zum Zweck der Information über die **wirtschaftliche Lage des Unternehmens**. Für Kapitalanleger ist nicht der Status, sondern sind die **künftigen Gewinnerwartungen** des Unternehmens entscheidend. Zukünftige Zielerreichungen (z.B. Forschungen, Entwicklungen) sind aus der Vermögenslage nicht erkennbar, die Ertragslage kann durch gewinnbringende Zukunftsinvestitionen verzerrt sein und die Finanzlage lässt sich verlässlich nur durch einen Finanzplan beurteilen.

II. Systematik der §§ 238 ff. HGB

67 §§ 238 ff. HGB verfolgen in formaler Hinsicht **drei Aufbauprinzipien**:

- **§§ 238 – 263 HGB** regeln die Rechnungslegung der Einzelkaufleute und der Personenhandelsgesellschaften, **§§ 264 – 289 HGB** diejenigen der (nicht konzernierten) Kapitalgesellschaft und derjenigen Personenhandelsgesellschaften, bei denen keine natürliche Person Vollhafter ist.

---

108 Budde, in: FS für Semler, S. 789, 790.
109 Hennrichs, StuW 2005, 256 ff.

- §§ 238 – 263 HGB stellen insofern einen allgemeinen Teil im Sinne **einer lex generalis** des Handelsbilanzrechts dar, als §§ 264 – 289 HGB nur ergänzende, spezielle Regelungen für die Rechnungslegung der Kapitalgesellschaften und (insb.) der GmbH & Co. KG enthalten.
- Schließlich ist der Gesetzesaufbau auf ein zeitliches Schema von Buchführung und Bilanzierung ausgerichtet; es beginnt mit der Buchführung (§§ 238 – 241 HGB) und endet mit der Offenlegung (§§ 325 – 329 HGB).

Soweit es um den Jahresabschluss für Kapitalgesellschaften und Personenhandelsgesellschaften ohne natürliche Person als Vollhafter geht, ist bei der Rechtsanwendung zunächst von den **Spezialregelungen für Kapitalgesellschaften** auszugehen. Nur soweit es an einer Spezialregelung fehlt, ist auf die Vorschriften der §§ 238 – 263 HGB zurückzugreifen. Im Ergebnis führt dieser Dualismus des Bilanzrechts zu einer regelmäßig **strengeren Anforderungen unterliegenden Rechnung** der Kapitalgesellschaften und (insb.) der GmbH & Co. KG.

68

Im Einzelnen bestehen in den §§ 264 ff. HGB gegenüber den allgemeinen Vorschriften für Einzelkaufleute und Personenhandelsgesellschaften folgende **Sondervorschriften**:

- Vermittlung eines dem tatsächlichen Verhältnis entsprechenden Bildes der Vermögens-, Finanz- und Ertragslage unter Beachtung der GoB (§ 264 Abs. 2 vs. § 243 Abs. 1 HGB),
- Erweiterung des Jahresabschlusses um einen Anhang und bei mittelgroßen und großen Gesellschaften um einen Lagebericht (§§ 264 Abs. 1, 289 vs. § 242 Abs. 3 HGB),
- feststehende Fristen für den Jahresabschluss (§ 264 Abs. 1 vs. § 243 Abs. 3 HGB),
- Aktivierungswahlrecht bei Aufwendungen für die Ingangsetzung und Erweiterung des Geschäftsbetriebs (§ 269 HGB),
- Aktivierungswahlrecht für latente Steuern (§ 274 Abs. 2 HGB),
- Sonderposten mit Rücklageanteil nur bei sog. umgekehrter Maßgeblichkeit (§ 273 Satz 1 vs. § 247 Abs. 3 HGB),
- Anschaffungs- und Herstellungskosten als Fixwerte (§ 279 Abs. 1 Satz 1 vs. § 253 Abs. 1, 4 HGB),
- Abwertungswahlrecht bei nicht dauerhafter Wertminderung nur für Finanzanlagen (§ 279 Abs. 1 Satz 1 vs. § 253 Abs. 2 Satz 3 HGB),
- Abwertungswahlrecht auf einen niedrigeren steuerrechtlichen Wert nur bei sog. umgekehrter Maßgeblichkeit (§ 279 Abs. 2 vs. § 254 HGB),
- Wertaufholungsgebot, soweit Rechtfertigung für niedrigere Bewertung entfällt (§ 280 Abs. 1 vs. §§ 254 Satz 2, 253 Abs. 5 HGB),
- Gliederungsvorgaben für Bilanz- und Gewinn- und Verlustrechnung (§§ 266, 275 HGB),
- gesonderte Angabe von Haftungsverhältnissen und Verpflichtungen gegenüber verbundenen Unternehmen (§ 268 Abs. 7 vs. § 251 Satz 1 HGB),
- Anlagespiegel in Bilanz oder Anhang (§ 268 Abs. 2 HGB),
- Erläuterung des Jahresabschlusses (§§ 284 – 288 HGB).

III. Grundlegende Pflichten

1. Buchführung und Inventar

Der Jahresabschluss (§§ 242 – 342e HGB) ist aus der Buchführung (§§ 238 – 241 HGB) zu entwickeln, wobei die **Grundsätze ordnungsmäßiger Buchführung** sowohl für die Buchführung (vgl. § 238 Abs. 1 Satz 1 HGB) als auch für den Jahresabschluss und Konzernabschluss gelten (§§ 243 Abs. 1, 297 Abs. 2 Satz 2 HGB). Die gesamte Buchführungstechnik bezweckt, einen unwirtschaftlichen Arbeitsaufwand zu vermeiden. Theoretisch ließe sich jeder Geschäftsvorfall auch unmittelbar in der Bilanz abbilden (vgl. oben Rn. 4). Der (Form-)Kaufmann könnte also nach jedem Geschäftsvorfall theoretisch auch eine

69

geänderte Bilanz aufstellen. Die Buchführung dient dazu, **alle Geschäftsvorfälle** zu belegen. Die entsprechenden Eintragungen in die Bücher und die sonst erforderlichen Aufzeichnungen müssen deshalb vollständig, richtig, zeitnah und geordnet vorgenommen werden (§ 239 Abs. 2 HGB). Insgesamt muss die Buchführung so beschaffen sein, dass sie einem verständigen Dritten innerhalb angemessener Zeit einen **Überblick über die Geschäftsvorfälle** und über die Lage des Unternehmens vermitteln kann (§ 238 Abs. 1 Satz 2 HGB).

70 Technisch wird die auf den Anfang des Geschäftsjahres aufzustellende **Eröffnungsbilanz** in **Konten** zerlegt, auf denen die einzelnen Geschäftsvorfälle dann erfasst werden. Der Buchführende richtet zunächst so viele Konten ein, wie Bilanzposten vorhanden sind. §§ 238 Abs. 1 Satz 3, 242 Abs. 3 HGB verlangen eine **doppelte Buchführung** dergestalt, dass jeder Geschäftsvorfall mindestens zwei Konten, und zwar einmal im Soll (linke Seite) und einmal größengleich im Haben (rechte Seite) berührt. Dadurch wird das Bilanzgleichgewicht gewahrt (Grundsatz: keine Buchung ohne Gegenbuchung).

Beispiel:

Geschäftsvorfall (GV): Kauf eines unbebauten Grundstücks und Zahlung des Kaufpreises i.H.v. 100.000 € per Banküberweisung.

Soll	**Grund + Boden**	Haben	Soll	**Bank**	Haben
GV 100.000 €					GV 100.000 €

Die Buchung wird durch einen **Buchungssatz** ausgedrückt, der den zugrunde liegenden Geschäftsvorfall bestimmt. Umgekehrt lässt sich auch vom Buchungssatz auf den Geschäftsfall schließen. Der Buchungssatz nennt zuerst die Soll-Buchung, dann die Haben-Buchung. Die Kurzformel lautet „Von Soll an Haben" (oder „Soll an Haben"). Im Beispielsfall lautet der Buchungssatz „Grund + Boden 100.000 € an Bank 100.000 €".

71 Man unterscheidet Bestands- und Erfolgskonten. In die **Bestandskonten** werden zunächst die Bestände der Eröffnungsbilanz übernommen. Sie werden folglich in **Aktivkonten**, welche die Aktiva (z.B. Maschinen, Waren, Kassenbestände) erfassen, und **Passivkonten**, welche die Passiva (z.B. Eigenkapital, Verbindlichkeiten, Rückstellungen) erfassen, unterteilt.

Beispiel:

Soll	**Aktivkonto**	Haben	Soll	**Passivkonto**	Haben
AB (Anfangsbestand)		Abgänge (-)	Abgänge (-)		AB
Zugänge (+)		EB (Endbestand)	EB		Zugänge (+)

72 **Erfolgskonten** weisen Erträge und Aufwendungen aus. Sie sind Unterkonten des Kapitalkontos, folgen daher den gleichen Regeln wie direkte Buchungen auf dem Kapitalkonto und gliedern sich in **Ertrags- und Aufwandskonten**. Erträge (Kapitalerhöhungen) werden rechts gebucht, Aufwendungen (Kapitalminderungen) links. Im Mittelpunkt steht das **Gewinn- und Verlustkonto** (GuV-Konto), welches auf der linken Seite im Soll die Aufwendungen den Erträgen auf der rechten Seite im Haben gegenüberstellt. **Zum Aufwand gehört** z.B. Lohnaufwand, Mietaufwand, Zinsaufwand; **zu den Erträgen gehören** z.B. Umsatzerlöse für eigene Erzeugnisse und andere eigene Leistungen oder für Waren und sonstige Umsatzerlöse sowie sonstige betriebliche Erträge (z.B. Erlöse aus Vermietung und Verpachtung). Die speziellen Aufwands- und Ertragskonten werden am Jahresende über das **GuV-Konto** abgeschlossen, nach-

dem vorher auf den einzelnen Konten der Saldo gezogen worden ist. Dies wird durch die Buchungssätze „GuV-Konto an andere Aufwandskonten" und „alle Ertragskonten an GuV-Konto" durchgeführt.

Weitere Unterkonten des Kapitalkontos sind die **Privatkonten** (Entnahme-/Einlagekonten), auf denen außerbetrieblich veranlasste Geschäftsvorfälle erfasst werden. Eine **außerbetrieblich veranlasste Minderung** des Betriebsvermögens wird durch die Entnahmebuchung ausgeglichen. Eine außerbetrieblich veranlasste Erhöhung des Betriebsvermögens wird durch die Einlage ausgeglichen, um sicherzustellen, dass diese Geschäftsvorfälle keinen Einfluss auf das Betriebsergebnis haben.

73

> **Hinweis:**
>
> Die Praxis bedient sich zur Erfassung und Bearbeitung des anfallenden Zahlenmaterials bestimmter **Kontenrahmen** (insb. Industriekontenrahmen[110] und Gemeinschaftskontenrahmen). Der Kontenrahmen enthält mit Ziffern versehene Kontenklassen (z.B. Klasse 6 = Betriebliche Aufwendung), die wiederum in mit Ziffern versehene Gruppen (z.B. Gruppe 62 = Löhne) unterteilt sind. Durch die Nummerierung lassen sich die Buchungssätze verkürzen und exakt bezeichnen. Dies erleichtert die elektronische Datenverarbeitung und dient der Übersichtlichkeit der Buchführung.

Die Schlussbilanz und die Gewinn- und Verlustrechnung werden aus der Buchführung und dem **Inventar** abgeleitet. Zunächst werden am Schluss des Geschäftsjahres die Soll- und Habenseiten der jeweiligen Konten im Rahmen der Abschlussbuchungen addiert und verrechnet. Zugleich hat nach § 240 Abs. 2 HGB jeder bilanzierungspflichtige Kaufmann für den Schluss eines jeden Geschäftsjahres ein Inventar aufzustellen. In das Inventar sind alle Vermögensgegenstände und alle Schulden aufzunehmen.

74

Die **Inventur** (vgl. §§ 240, 241 HGB) dient der mengen- und wertmäßigen Erfassung der aufzunehmenden Bestände. Das Inventar ist zugleich Kontrolle für die Richtigkeit der Buchführung, in der die Vermögensgegenstände zwar ebenfalls ausgewiesen sein müssten, die jedoch fehlerhaft sein kann. **Fehler in Bestand und Bewertung** der Vermögensgegenstände werden durch das Inventar aufgedeckt und korrigiert. Deshalb wird der Saldo der Bestandskonten durch entsprechende Buchungen den im Inventar aufgeführten tatsächlichen Werten angepasst. Ist etwa im Umlaufvermögen durch Verderb oder Diebstahl ein Mengenverlust eingetreten, führt dies zu einem niedrigeren Ausweis des jeweiligen Bestandskontos mit der Gegenbuchung als außerordentlicher Aufwand (Buchungssatz: außerordentlicher Aufwand an Bestandskonto). Die so ermittelten Seiten der Bestandskonten werden in die **Schlussbilanz** übernommen. Das am Ende des Wirtschaftsjahres vorhandene Betriebsvermögen ermittelt sich aus der Verrechnung der Aktiv- und Passivkonten.

Für die **Buchhaltung** sei vertiefend[111] darauf hingewiesen, dass die Inventur besonders bei Vorliegen sog. **gemischter Konten** wichtig ist. Bei gemischten Konten besteht die Besonderheit, dass der Saldo des Kontos immer einen Bestandsteil und einen Erfolgsteil enthält, so dass ein gemischtes Konto sowohl mit dem Schlussbilanzkonto als auch mit dem GuV-Konto korrespondiert. Als Beispiel für ein gemischtes Konto dient oftmals das **Warenkonto**. Beim Verkauf von Waren (und in vergleichbarer Weise bei Fertigungsbetrieben im Zusammenhang mit Veränderungen im Bestand an Halb- und Fertigerzeugnissen) wird der Gewinn **nicht aus dem einzelnen Geschäftsvorfall** erfasst. Vielmehr wird bei Warenumsätzen wie folgt verfahren:

75

Das Warenkonto kann als gemischtes (einheitliches, ungeteiltes) Konto ausgestaltet sein. Neben dem aus der Eröffnungsbilanz übernommenen Anfangsbestand werden auf der Soll-Seite **alle Zugänge zum Netto-Einkaufspreis erfasst**, auf der Haben-Seite **alle Warenverkäufe zum Netto-Verkaufspreis**. I.d.R. wird zwischen Ein- und Verkauf eine Werterhöhung vorliegen, so dass die Haben-Seite einen höheren Betrag aufweisen wird, der Saldo auf der Soll-Seite kann jedoch nicht den Warenendbestand darstellen.

---

110 Vgl. das Muster bei Hopt/Kraft, Vertrags- und Formularhandbuch zum Handels-, Gesellschafts-, Bank- und Transportrecht, Form III.A.1. (IKR des BDI) und Form III.A.2 – 4 (Kontenzuordnung zu Bilanz- und GuV-Gliederungsschema).

111 Vgl. etwa Tiedtke, Einkommensteuer- und Bilanzsteuerrecht, S. 286 ff.

Dieser ist vielmehr durch Inventur zu ermitteln. Der ermittelte Bestand wird wertmäßig **mit dem Bestand des Vorjahres verglichen** und nur der Differenzbetrag als Warenendbestand auf dem Waren- und Bestandskonto der Schlussbilanz übernommen sowie auf der Haben-Seite des einheitlichen Warenkontos gegengebucht. Der verbleibende Saldo (Warenumsatz) des einheitlichen Warenkontos wird je nachdem als Ertrag oder Aufwand über das GuV-Konto abgeschlossen.

Alternativ kann der Warenumsatz auch durch Auflösung des Warenbestandskontos in zwei getrennte Konten (Wareneinkaufkonto, Warenverkaufskonto) ermittelt werden. Zunächst werden auf dem **Wareneinkaufskonto** alle Zugänge zu Netto-Einkaufspreisen erfasst. Der Anfangsbestand wird aus der Eröffnungsbilanz des Warenbestandskontos übernommen. Im Folgenden wird der durch Inventur und Vergleich mit dem Anfangsbestand ermittelte Differenzbetrag auf dem Waren- und Bestandskonto der Schlussbilanz gebucht. Die Gegenbuchung erfolgt auf dem Wareneinkaufkonto. Der **verbleibende Saldo** spiegelt den Wareneinsatz zu Einkaufspreisen wider, wobei deutlich wird, dass es sich bei dem Wareneinkaufkonto um ein gemischtes Konto handelt. Auf dem **Warenverkaufskonto** (reines Erfolgskonto) werden die Umsätze zu Netto-Verkaufspreisen gesammelt. Die Salden der beiden Warenkonten werden schließlich auf das GuV-Konto übertragen (sog. **Bruttoabschluss**) oder zuvor miteinander abgeschlossen und nur der Rohgewinn auf das GuV-Konto übertragen (sog. **Nettoabschluss**).

2. Aufstellungsverpflichtung

76 Die **gesetzliche Buchführungspflicht** trifft neben dem (Einzel-)Kaufmann sämtliche Personenhandels- und Kapitalgesellschaften als sog. Formkaufleute (vgl. § 6 HGB). Die Eigenschaft als **Handelsgesellschaft** ergibt sich

- für die OHG aus § 105 HGB,
- für die KG aus § 161 HGB,
- für die GmbH aus § 13 Abs. 3 GmbHG,
- für die AG aus § 3 Abs. 1 AktG,
- für die KGaA aus § 278 Abs. 3 AktG,
- für die Europäische Gesellschaft (SE) aus Art. 1 Abs. 2 Satz 1, 61 SE-VO,
- für die Genossenschaft aus § 17 Abs. 2 GenG und
- für die Europäische wirtschaftliche Interessenvereinigung (EWIV) aus § 1 Abs. 2 EWIV-AusfG.

77 Von der gesetzlichen Bilanzierungspflicht zu unterscheiden ist bei Gesellschaften die Frage, welche **Personen** für die Aufstellung des Jahresabschlusses konkret **zuständig** sind. Bei Personenhandelsgesellschaften und der KGaA sind dies die voll haftenden Gesellschafter. Bei der GmbH, AG und EWIV obliegen die Buchführungs- und Bilanzierungspflichten **der Geschäftsführung bzw. dem Vorstand** (§§ 41 GmbHG, 91 Abs. 1 AktG, 6 EWIV-AusfG).[112] Dabei sind alle Mitglieder der Geschäftsführung und des Vorstandes zwingend für die ordnungsgemäße Buchführung und Bilanzierung verantwortlich. Das gilt in gleicher Weise für die Europäische Gesellschaft (SE), soweit sich deren Organisationsverfassung an der dualistisch strukturierten AG (Vorstand, Aufsichtsrat) orientiert. Beim monistischen System der Unternehmensleitung trägt zwar der Verwaltungsrat in Gesamtverantwortung im Außenverhältnis die Buchführungsverantwortung für die Europäische Gesellschaft (SE), doch fällt die Aufstellung des Jahresabschlusses im Verhältnis zur Europäischen Gesellschaft (SE) in den Verantwortungsbereich der geschäftsführenden Direktoren.[113]

78 Die **Aufstellungsfristen** hat der Gesetzgeber rechtsform-, größen- und branchenabhängig geregelt. Für Personenhandelsgesellschaften mit natürlichen Personen als Gesellschaftern beträgt sie im normalen Ge-

---

112 Zur Diskussion über deren Schutzgesetzcharakter i.S.d. § 823 Abs. 2 BGB als Grundlage einer Geschäftsleiteraußenhaftung näher: Schnorr, ZHR 170 (2006), 9 ff.
113 MünchKomm-AktG/M. Fischer, Art. 61 SE-VO Rn. 14 ff.; vgl. auch § 47 SEEG.

schäftsgang sechs bis neun Monate (§ 243 Abs. 3 HGB),[114] für kleine Kapitalgesellschaften und Personenhandelsgesellschaften ohne Vollhaftung einer natürlichen Person (vgl. § 264a HGB) beträgt sie im Normalfall sechs Monate (§ 264 Abs. 1 Satz 3 HGB) und für große und mittelgroße Kapitalgesellschaften einschließlich Personenhandelsgesellschaften ohne Vollhaftung einer natürlichen Person sowie Gesellschaften, die dem PublG unterliegen, drei Monate (§ 264 Abs. 1 Satz 2 HGB, § 5 Abs. 1 PublG). Schließlich sieht § 336 Abs. 1 Satz 2 HGB für Genossenschaften eine Aufstellungsfrist von fünf Monaten im Regelfall vor. Der Jahresabschluss ist dann unter Angabe des Datums von den für die Aufstellung verantwortlichen Personen höchstpersönlich zu unterzeichnen (vgl. § 245 HGB).

Die Buchführungspflicht **beginnt** bei Personenhandelsgesellschaften unabhängig von der Handelsregistereintragung in dem Zeitpunkt, in dem die Geschäftstätigkeit aufgenommen wird.[115] Bei Kapitalgesellschaften und Genossenschaften kommt es **nicht auf die Eintragung ins Handelsregister an**, obgleich zu diesem Zeitpunkt erst die Gesellschaften als juristische Personen entstehen. Denn die noch nicht im Handelsregister eingetragenen Gesellschaften sind ab dem Zeitpunkt der Errichtung (Abschluss des Gesellschaftsvertrags bzw. der Satzung) als sog. **Vorgesellschaft** gesellschaftsrechtlich der juristischen Person bereits angenähert. Deshalb sind z.B. bei der (echten) Vor-GmbH die Vorschriften des GmbHG insoweit entsprechend anzuwenden, als sie nicht die juristische Person voraussetzen. Diese Wertung ist für das Bilanzrecht zu übernehmen.[116] Deshalb beginnt die Buchführungspflicht bereits **mit dem ersten buchungspflichtigen Geschäftsvorfall** nach dem notariellen Abschluss des Gesellschaftsvertrags bzw. der Satzung. Da mit Abschluss des Gesellschaftsvertrags bzw. der Satzung die Ansprüche auf Leistung der Einlagen und Kostenverbindlichkeiten gegenüber dem Notar entstehen, ist im Ergebnis jede Vorgesellschaft buchführungspflichtig und hat eine **Eröffnungsbilanz** aufzustellen. 79

Mit **Eintragung** der Gesellschaften **in das Handelsregister** gehen die Buchführungsunterlagen automatisch auf den eingetragenen Rechtsträger über, weil eine Rechtskontinuität zwischen Vorgesellschaft und juristischer Person besteht. Es bedarf insb. nicht einer nochmaligen Eröffnungsbilanz auf den Zeitpunkt der Eintragung ins Handelsregister.

Die Buchführungspflicht **endet** mit Beendigung des Abwicklungsstadiums, die Löschung im Handelsregister ist irrelevant.[117] Sämtliche Handelsgesellschaften und eingetragenen Genossenschaften werden durch die **Auflösung** nicht beendet, sondern in Liquidationsgesellschaften überführt (vgl. §§ 145 HGB, 161 Abs. 2 HGB, 65 ff. GmbHG, 264 AktG, 289 AktG, 83 GenG), die das ihnen verbleibende Vermögen auseinandersetzen müssen (§§ 155 HGB, 161 Abs. 2 HGB, 72 GmbHG, 271 AktG, 289 AktG, 91 f. GenG). Erst wenn die **Liquidation abgeschlossen** ist, endet deswegen auch die Buchführungspflicht. 80

3. Aufbewahrungspflichten und -fristen

Nach § 257 Abs. 1 HGB **müssen die bilanzierungspflichtigen Unternehmen** Handelsbücher, Inventare, Eröffnungsbilanzen, Jahresabschlüsse, Lageberichte, Konzernabschlüsse, Konzernlageberichte einschließlich der zu ihrem Verständnis erforderlichen Arbeitsanweisungen und sonstigen Organisationsunterlagen, empfangene Handelsbriefe, Wiedergaben der abgesandten Handelsbriefe und Buchungsbelege **geordnet aufbewahren**. 81

Dabei müssen Eröffnungsbilanzen, Jahres- und Konzernabschlüsse wegen ihrer besonderen Bedeutung **im Original** aufbewahrt werden (§ 257 Abs. 3 Satz 1 HGB). Die genannten Unterlagen sind grds. **zehn Jahre** aufzubewahren. Für Handelsbriefe (Schriftstücke, welche die Vorbereitung, den Abschluss, die Durchführung oder die Rückgängigmachung eines Handelsgeschäfts betreffen) beträgt die Aufbewahrungsfrist **sechs Jahre** (§ 257 Abs. 4 HGB).

---

114 Vgl. BFH, DStR 2000, 1176: äußerstenfalls innerhalb eines Jahres nach dem Bilanzstichtag.
115 BGHZ 10, 91, 96; Winnefeld, Bilanz-Handbuch, A Rn. 202.
116 Scholz/Crezelius, GmbHG, Anh. § 42a Rn. 35 m.w.N.
117 Winkeljohann/Klein, in: Ellrott/Förschle/Hoyos/Winkeljohann, Bilanz-Kommentar, § 238 HGB Rn. 54 f.; Winnefeld, Bilanz-Handbuch, A Rn. 210.

4. Sanktionen bei Buchführungsverstößen

82 Bei Kapitalgesellschaften und Personenhandelsgesellschaften ohne Vollhaftung einer natürlichen Person kann das Registergericht auf Antrag **Zwangsgeld** bis zu **einem Höchstbetrag von 5.000 €** gegen Mitglieder eines geschäftsführenden Organs festsetzen, welche die Pflicht zur Aufstellung eines Jahresabschlusses oder eines Lageberichtes in formeller Hinsicht nicht befolgt haben (§ 335 Nr. 1 HGB), weil sie keine Unterlagen erstellt haben, die der Form nach als Jahresabschluss oder Lagebericht angesehen werden können.

83 **Strafbar** macht sich gemäß § 331 Abs. 1 Nr. 1 HGB, wer als Mitglied eines geschäftsführenden Organs oder des Aufsichtsrates die Verhältnisse der Gesellschaft in der Eröffnungsbilanz oder im Jahresabschluss vorsätzlich so darstellt, dass sie nicht mit der Wirklichkeit übereinstimmen (**unrichtige Wiedergabe**) oder zwar objektiv richtig darstellt, aber aufgrund geschickter Bilanzmanipulationen die Gefahr besteht, dass die wirtschaftliche Situation der Gesellschaft unzutreffend beurteilt wird (Verschleierung).

84 Schließlich handelt **ordnungswidrig**, wer als Mitglied eines geschäftsführenden Organs oder des Aufsichtsrates im Rahmen der Aufstellung des Jahresabschlusses den gesetzlichen Form- und Inhalts-, Bewertungs- oder Gliederungsvorschriften vorsätzlich zuwiderhandelt (§ 334 HGB).

85 Besondere **strafrechtliche Vorschriften** greifen für alle Gesellschaftsformen in der **Krise der Gesellschaft**; so werden die Unternehmensführung oder ihre Vertreter namentlich dann strafrechtlich belangt,

- wenn sie es unterlassen, Handelsbücher zu führen oder diese derart führen bzw. verändern, dass die Übersicht über den Vermögensstand erschwert wird (§§ 283 Abs. 1 Nr. 5, 283b Abs. 1 Nr. 1 StGB) oder

- vor Ablauf bestehender Aufbewahrungspflichten Handelsbücher bzw. sonstige Unterlagen beiseite geschafft oder verheimlicht, zerstört oder beschädigt werden (§§ 283 Abs. 1 Nr. 6 StGB, 283b Abs. 1 Nr. 2 StGB) bzw.

- es unterlassen, die Handelsbilanz in der vorgeschriebenen Zeit aufzustellen (§§ 283 Abs. 1 Nr. 7, 283b Abs. 1 Nr. 3b StGB).

Dies gilt **auch bei fahrlässiger Verhaltensweise** bzw. wenn die Verstöße außerhalb einer Krise schon begangen worden sind. In all den genannten Fällen setzt die Strafbarkeit allerdings eine **Unternehmensinsolvenz** (Zahlungsunfähigkeit oder Überschuldung) voraus.

IV. Generalnormen des Jahresabschlusses

86 Der Jahresabschluss ist gemäß § 243 Abs. 1 HGB nach den **Grundsätzen ordnungsmäßiger Buchführung (GoB)** aufzustellen. Wie § 238 Abs. 1 Satz 1 HGB deutlich macht, sind die GoB auf die gesamte Rechnungslegung bezogen. Dabei ist zwischen formellen GoB (Buchführungs- und Bilanzierungstechnik) und materiellen GoB (z.B. allgemeine Bilanzierungsgrundsätze, Gliederungs-, Ansatz-, Bewertungsregeln) zu unterscheiden.

Das System der GoB ist zunächst **rechtsform- und größenunabhängig** angelegt. Ergänzend schreibt § 264 Abs. 2 HGB für Kapitalgesellschaften und Personenhandelsgesellschaften ohne Vollhaftung einer natürlichen Person (§ 264a HGB) vor, dass deren Jahresabschluss unter Beachtung der Grundsätze ordnungsgemäßer Buchführung ein den tatsächlichen Verhältnissen entsprechendes **Bild der Vermögens-, Finanz- und Ertragslage** der Kapitalgesellschaft zu vermitteln habe. Mit § 264 Abs. 2 HGB hat der deutsche Gesetzgeber die durch die 4. EG-Richtlinie[118] gebotene Umsetzung des das angelsächsische Bilanzrecht bestimmenden „true-and-fair-view"-Prinzips in deutsches Recht vorgenommen. Insb. die ausdrückliche Beachtung der Grundsätze ordnungsmäßiger Buchführung im Wortlaut des § 264 Abs. 2 HGB hat eine intensive Erörterung des Verhältnisses von § 264 Abs. 2 HGB zu § 243 Abs. 1 HGB ausge-

---

118 Jahresabschlussrichtlinie 78/660/EWG, ABl. EG Nr. L 222 v. 14.8.1978, S. 11 ff.

löst.[119] In der Norm spiegelt sich das typisch europarechtliche **Problem der Angleichung verschiedener Rechtskreise** wider. Denn die deutsche Auffassung von GoB und das englische bzw. internationale, auf Einzelfallgerechtigkeit aufbauende true-and-fair-view-Prinzip, bei dem die Information des Kapitalanlegers im Vordergrund steht, müssen miteinander in Einklang gebracht werden.

Im Kern geht es um das methodische Problem, ob ein unter Beachtung der übrigen gesetzlichen Vorgaben zustande gekommener Jahresabschluss **durch § 264 Abs. 2 HGB zu korrigieren ist**. Dies wäre dann der Fall, wenn man die Generalklausel i.S.d. traditionellen britischen Auffassung als „**overriding principle**" im Sinne eines Vorrangprinzips verstünde. Die h.M. im deutschen Schrifttum folgt diesem Verständnis nicht. Vielmehr bildet § 243 Abs. 1 HGB die für alle Unternehmen geltende bilanzrechtliche Generalnorm. § 264 Abs. 2 Satz 1 HGB ist nur subsidiär zu berücksichtigen. Sollte ein nach den gesetzlichen Vorschriften und Grundsätzen ordnungsmäßiger Buchführung aufgestellter Jahresabschluss aufgrund besonderer Umstände nicht ein den tatsächlichen Verhältnissen entsprechendes Bild der Vermögens-, Bilanz- und Ertragslage abbilden, müssen die zusätzlichen Angaben **im Anhang** vorgenommen werden (vgl. § 264 Abs. 2 Satz 2 HGB).[120]

V. Fundamentalprinzipien ordnungsgemäßer Bilanzerstellung

1. Theoretische Grundlagen

Der Gesetzgeber verweist mit den GoB auf ein nicht mehr unmittelbar tatbestandsmäßig fixiertes Ordnungssystem. Der Rechtsanwender muss den unbestimmten Rechtsbegriff im konkreten Fall zur Subsumtionsreife führen. Dabei stellt sich das Problem, an Hand welcher Methode die GoB zu ermitteln sind. Die traditionelle Auffassung hat die GoB auf **induktive Art und Weise** aus der Anschauung und tatsächlichen Übung der Kaufleute über eine ordnungsmäßige Bilanzierung hergeleitet.[121] Die heute h.M. ermittelt die GoB **deduktiv aus dem Sinn und Zweck** der Rechnungslegungsvorschriften.[122] Damit wird sichergestellt, dass die Ausfüllung des Rechtsbegriffs „GoB" ein **normatives Verfahren der Rechtsanwendung** bleibt. Dies gilt umso mehr, als in den §§ 238 ff. HGB gesetzliche Wertungen festgeschrieben sind, die anhand des traditionellen Auslegungskanons angewendet werden können. Durch die kodifizierten GoB und die nicht kodifizierten, aber allgemein anerkannten GoB besteht ein weitgehendes **fixiertes** Regelungssystem. Nichtsdestoweniger wird mit der Bezugnahme auf die GoB zugleich ein **offenes System** begründet.

87

2. Kodifizierte GoB

Die Buchführung muss nach § 239 Abs. 2 HGB dokumentationstechnisch und inhaltlich richtig sein. Darin spiegelt sich der Grundsatz der **Bilanzwahrheit wider**. Gemeint ist nicht eine objektive Richtigkeit, da viele Normen vom Bilanzierenden ein bewusstes Abweichen von den tatsächlichen Verhältnissen gestatten. Entscheidend ist allein die **sachliche Übereinstimmung** mit dem Normsystem des Handelsbilanzrechts. Namentlich muss der Jahresabschluss gemäß § 246 Abs. 1 HGB sämtliche Aktiva und Passiva (unter Umständen mit einem Erinnerungswert) enthalten, soweit gesetzlich nicht etwas Abweichendes vorgeschrieben ist. Die Ausübung von Ansatz- und Bewertungswahlrechten entspricht damit dem **Grundsatz der Bilanzwahrheit**. Allerdings wird vor dem Hintergrund des § 264 Abs. 2 Satz 1 HGB die Ansicht vertreten, dass von den Wahlrechten nicht in einer Weise Gebrauch gemacht werden darf, die der dort formulierten Zielvorstellung zuwiderläuft.[123]

88

---

119 Vgl. z.B. Ballwieser, in: Baetge/Kirsch/Thiele, Bilanzrecht, § 264 HGB Rn. 55 ff.; Beisse, in: FS für W. Müller, S. 731 ff. jeweils m.w.N.
120 Winkeljohann/Schellhorn, in: Ellrott/Förschle/Hoyos/Winkeljohann, Bilanz-Kommentar, § 264 HGB Rn. 48 ff.; Scholz/Crezelius, GmbHG, Anh. § 42a Rn. 73.
121 Dazu Kruse, Grundsätze ordnungsmäßiger Buchführung, S. 52 ff. m.w.N.
122 BFH, BStBl. 1967 III, S. 607; Baumbach/Hopt/Merkt, HGB, § 238 Rn. 11.
123 Baumbach/Hueck/Schulze-Osterloh, GmbHG, § 42 Rn. 33 m.w.N.

89 §§ 238 Abs. 1 Satz 2, 243 Abs. 2 HGB normieren den Grundsatz der **Bilanzklarheit** für Buchführung und Jahresabschluss. Subjektiver Maßstab für die Verbindlichkeit ist der eines Bilanzkundigen.[124] Verhindert werden soll eine verschleiernde Darstellung. Ergänzende Vorschriften für die äußere Form und die Art der Darstellung der Bilanz und GoB enthalten die §§ 266, 268, 275 HGB.

90 Die **Bilanzkontinuität** ist ein unverzichtbares Element eines auf Ergebnisausweis angelegten Jahresabschlusses. In formeller Hinsicht verlangt dieser Grundsatz die Übereinstimmung von Eröffnungsbilanz eines Geschäftsjahres und Schlussbilanz des vorangegangenen Geschäftsjahres (§ 252 Abs. 1 Nr. 1 HGB). Materiell handelt es sich um dieselbe Bilanz, die **allein aus buchhalterischen Gründen** in Schluss- und Eröffnungsbilanz getrennt wird. Aus der formellen Bilanzkontinuität folgt die sog. **Zweischneidigkeit der Bilanz**.[125] Die jeweiligen Bilanzansätze werden automatisch mit gegenläufiger Ergebnisauswirkung in späteren Rechnungsperioden fortgeführt. Dies führt zu einem **automatischen Fehlerausgleich**. Damit wird sichergestellt, dass der Gesamtgewinn periodenübergreifend korrekt erfasst wird. Bei Kapitalgesellschaften und Personenhandelsgesellschaften ohne eine natürliche Person als Vollhafter normiert § 265 Abs. 1 HGB ergänzend die sog. **Darstellungsstetigkeit** dergestalt, dass die Form der Darstellung und die inhaltliche Abgrenzung der Posten in den aufeinander folgenden Jahresabschlüssen beizubehalten ist.

91 Für die Bewertung ordnet § 252 Abs. 1 Nr. 2 HGB den **Fortführungsgrundsatz** (going-concern) an. Danach ist von der Fortführung der Unternehmenstätigkeit auszugehen, sofern dem nicht tatsächliche oder rechtliche Gegebenheiten entgegenstehen. Solange davon auszugehen ist, dass das Unternehmen fortgeführt wird, dürfen deshalb Aktiva und Passiva **nicht mit Liquidationswerten** angesetzt werden. Eine periodische Ergebnisrechnung ist ohne das Fortführungsprinzip nicht möglich. Das Anschaffungswertprinzip des § 253 HGB mit der Aufwandsverteilung auf die voraussichtliche Nutzungsdauer des Vermögensgegenstandes ist nur bei unterstellter Fortführung des Unternehmens stimmig. Der Fortführungsgrundsatz findet dort seine Grenzen, wo unter Zugrundelegung einer objektiven Fortführungsprognose das Unternehmen nicht mehr fortgeführt werden darf (gesetzliche Auflösungsgründe, Insolvenz) oder kann.

92 Für die laufende Bilanzierung gilt das **Stichtagsprinzip**. Stichtag ist der Schluss des Geschäftsjahres (vgl. § 242 Abs. 1 Satz 1 HGB). Ebenso ist nach § 252 Abs. 1 Nr. 3 HGB für Zwecke der Bewertung auf die tatsächlichen Verhältnisse am Abschluss-Stichtag abzustellen. Damit sind grds. solche Geschäftsvorfälle nicht zu berücksichtigen, die vor oder nach der durch den Stichtag abgegrenzten Rechnungslegungsperiode stattgefunden haben. **Eine Ausnahme vom Stichtagsprinzip** enthält § 253 Abs. 3 Satz 3 HGB, um beim Umlaufvermögen Wertschwankungen zu verhindern. Werden nach dem Bilanzstichtag bessere Erkenntnisse gewonnen, stellt sich die Frage, ob diese noch verwendet werden können. Man unterscheidet dabei zwischen sog. Wert aufhellenden und Wert beeinflussenden Tatsachen.[126]

93 **Wert aufhellende Tatsachen** sind Tatsachen, die schon am Bilanzstichtag vorgelegen haben, von denen der Unternehmer aber erst zwischen Stichtag und Aufstellung Kenntnis erlangt (vgl. § 252 Abs. 1 Nr. 4 HGB). Sie sind grds. noch zu berücksichtigen (**sog. Wertaufhellungsprinzip**). Demgegenüber bleiben Umstände, welche die am Stichtag bestehende objektive Situation nicht ändern, weil sie erst nach dem Bilanzstichtag eintreten (z.B. Zerstörung von Waren durch Hochwasser oder „rechtsgestaltende" Ereignisse wie Vergleiche oder Gerichtsurteile) als sog. **Wert beeinflussende Tatsachen** unberücksichtigt. Sie sind als Geschäftsvorfall der neuen Rechnungsperiode einzustufen.[127]

Beispiel:

Die A-GmbH bildet zum 31.12.2005 eine Rückstellung, weil der Käufer im Februar 2006 von einem 2005 abgeschlossenen Kaufvertrag zurückgetreten ist. Des Weiteren schreibt sie eine ältere Forderung gegen einen auslän-

---

124 Leffson, GoB, S. 208 ff.
125 Vgl. BFH, BStBl. 1989 II, S. 407.
126 Winnefeld, Bilanz-Handbuch, E Rn. 240 ff. m.w.N.
127 BFH, BStBl. 1993 II, S. 446; BStBl. 1998 II, S. 375.

dischen Kunden ab, der die Bezahlung ernsthaft verweigert, nach Feststellung der Bilanz dann Mitte 2006 aber überraschend doch bezahlt.

Nach Ansicht des BFH[128] ist der Rücktritt eine Wert beeinflussende Tatsache, so dass eine Rückstellung auch bei Kenntnis der Mangelhaftigkeit zum Bilanzstichtag grds. nicht gebildet werden darf. Zivilrechtlich spricht für diese Sichtweise seit der Schuldrechtsreform zum 1.1.2002 der Grundsatz des Vorrangs der Nacherfüllung. Die (teilweise) Erfüllung der Forderung könnte aufgrund der Bezahlung „aus heiterem Himmel" Wert beeinflussend sein, doch scheint der BFH[129] eine Wert aufhellende Tatsache nicht auszuschließen. Jedenfalls darf spätestens ab der Bilanzfeststellung[130] keine Korrektur mehr erfolgen.

Das **Vorsichtsprinzip** ist in § 252 Abs. 1 Nr. 4 HGB als Bewertungsprinzip normiert. Es wird aber darüber hinaus als ein **grundlegendes Aktivierungs- und Passivierungsprinzip** verstanden.[131] Sinn des Vorsichtsprinzips ist der möglichst weitgehende Ausschluss von Risiken beim Bilanzansatz und bei den Wertbemessungen. Das Prinzip ist mit dem gesellschaftsrechtlichen System der Kapitalerhaltung eng verbunden und führt auf diese Weise zu einem **institutionellen (präventiven) Gläubigerschutz**.[132] Ausdruck des Vorsichtsprinzips ist, abgesehen von seinen Konkretisierungen in sog. Realisations- und Imparitätsprinzip (dazu unten Rn. 95, 97), das Aktivierungsverbot für Kosten der Gründung und Eigenkapitalbeschaffung (§ 248 Abs. 1 HGB), das Aktivierungsverbot für nicht entgeltlich erworbene immaterielle Vermögensgegenstände des Anlagevermögens (§ 248 Abs. 2 HGB) und des originären Geschäftswertes (§ 255 Abs. 4 HGB) sowie die Beschränkung der Rechnungsabgrenzungsposten auf sog. transitorische Posten im engeren Sinn (§ 250 Abs. 1, 2 HGB).

94

Beispiel:

Die A-GmbH behauptet, einen Schadensersatzanspruch aus unerlaubter Handlung gemäß § 823 Abs. 1 BGB gegen einen Dritten D zu haben. D bestreitet, für den Schaden verantwortlich zu sein. Er wird im März 2006 rechtskräftig verurteilt.

Hier verbietet das Vorsichtsprinzip nach Ansicht des BFH[133] eine Aktivierung der zivilrechtlich existenten, aber ernsthaft bestrittenen Forderung im Geschäftsjahr deren Entstehung bis zur rechtskräftigen Verurteilung. Deshalb darf auch zum 31.12.2005 keine Aktivierung erfolgen.

Das Vorsichtsprinzip ist in die **Kritik** geraten, weil es die **Bildung stiller Reserven** ermöglicht. Damit können nicht nur die Ausschüttungsinteressen der Gesellschafter beeinträchtigt werden, sondern es wird auch der Informationsgehalt über die Vermögenslage des Unternehmens verzerrt. Namentlich vor dem Hintergrund des § 264 Abs. 2 HGB wird deshalb eine **teleologische Reduktion des Vorsichtsprinzips** dergestalt vertreten, dass die bewusste und willkürliche Bildung stiller Reserven abzulehnen sei.[134] Dies kann sich allerdings nur auf Ansatz- und Bewertungswahlrechte beziehen. Ist das Vorsichtsprinzip im Sinne eines zwingenden GoB formuliert, muss dieser vorrangig beachtet werden, und es bleibt allein die Möglichkeit, im Anhang zu informieren.

Auf **Bewertungsebene** ist das **Realisationsprinzip** eine Konkretisierung des Vorsichtsprinzips. Nach § 252 Abs. 1 Nr. 4 2. Halbs. HGB dürfen am Abschluss-Stichtag nur realisierte Gewinne ausgewiesen werden. **Erst der Umsatz**, d.h. die Veräußerung eines Vermögensgegenstandes, führt zu einem Gewinnausweis in der Bilanz. Die Bewertungsregeln (vgl. § 253 Abs. 1 HGB) sichern das Realisationsprinzip, in dem ein höherer Wert als die Anschaffungs- und Herstellungskosten nicht angesetzt werden darf. Demgegenüber sind Aufwendungen, Verluste und Risiken bereits zu berücksichtigen, **sobald sie verursacht sind**. Es kommt also auf eine effektive Realisierung des Verlustes nicht an (§ 252 Abs. 1 Nr. 4 HGB).

95

---

128 BFH, BFH/NV 2000, 1156.
129 BFH, DStR 2003, 2060.
130 Vgl. Winnefeld, Bilanz-Handbuch, E Rn. 246 m.w.N.
131 Baumbach/Hopt/Merkt, HGB, § 252 Rn. 10; Winkeljohann/Geißler, in: Ellrott/Förschle/Hoyos/Winkeljohann, Bilanz-Kommentar, § 252 HGB Rn. 30.
132 BGH, NJW 1982, 2823, 2825; Winnefeld, Bilanz-Handbuch, E Rn. 73 f.
133 BFH, BStBl. 1991 II, S. 213.
134 Baumbach/Hueck/Schulze-Osterloh, GmbHG, § 42 Rn. 20 m.w.N.

Ausprägungen des **Imparitätsprinzips** sind das Niederstwertprinzip (§ 253 Abs. 2 Satz 3, Abs. 3 HGB), die Bildung von Rückstellungen im Allgemeinen und das Gebot, für drohende Verluste aus schwebenden Geschäften eine Rückstellung zu bilden, im Besonderen (vgl. § 249 Abs. 1 Satz 1 HGB).

96 Nach dem **Grundsatz der Periodenabgrenzung** sind Aufwendungen und Erträge ohne Rücksicht auf den Zeitpunkt ihrer Ausgabe bzw. Einnahme im Jahresabschluss zu berücksichtigen (§ 252 Abs. 1 Nr. 5 HGB). Es kommt also nicht auf Veränderungen im Bestand liquider Mittel (Kasse, Bankguthaben) an, sondern auf die Minderungen oder Erhöhungen des Vermögens im Zeitpunkt ihrer wirtschaftlichen Verursachung.[135] Die Aktivierung von Anschaffungs- bzw. Herstellungskosten und die daran anknüpfenden Abschreibungen zeigen, dass Aufwendungen auszuweisen sind, soweit sie durch realisierte Erträge verursacht sind.

97 Allerdings wird der Grundsatz der Periodenabgrenzung durch das Imparitätsprinzip überlagert. Es gibt **kein Realisationsprinzip auf der Passivseite** i.S.d. international angewandten sog. matching principle. Die z.T. abweichend vertretene Sichtweise[136] widerspricht den Grundsätzen ordnungsmäßiger Buchführung.[137] Eine **Verbindlichkeitsrückstellung** ist deshalb bereits dann zu passivieren, wenn die Verbindlichkeit in dem Geschäftsjahr **rechtlich entstanden** ist. Auf eine kumulativ wirtschaftlich notwendige Verursachung, wie sie im Schrifttum gefordert wird, kommt es nach der zutreffenden Rspr. des I. Senats des BFH nicht an.[138] Deshalb sind z.B. auch Rekultivierungs- und Entsorgungsverpflichtungen ausschließlich entsprechend ihrer rechtlichen Entstehung zu passivieren.[139] Eine anteilige Zuordnung zu den künftigen Erträgen entsprechend einer **sog. wirtschaftlichen Verursachung** verstößt gegen das Vollständigkeitsprinzip und gefährdet den Gläubigerschutz.[140] Anders sieht das der XI. Senat des BFH[141] in Übereinstimmung mit dem Senatsmitglied Weber-Grellet,[142] so dass nicht auszuschließen ist, dass der Große Senat des BFH angerufen werden muss.

98 § 252 Abs. 1 Nr. 3 HGB schreibt vor, dass Vermögensgegenstände und Schulden zum Abschluss-Stichtag **einzeln zu bewerten** sind. Verhindert werden soll eine Bewertungssaldierung zwischen Werterhöhungen und Wertminderungen einzelner Vermögensgegenstände und Schuldpositionen, um das Vorsichtsprinzip zu sichern. Allerdings lässt das Gesetz durch die Möglichkeit der Festbewertung (§ 240 Abs. 3 HGB), der Gruppenbewertung (§ 240 Abs. 4 HGB) sowie durch die Bewertungsvereinfachungsverfahren (§ 256 HGB) Abweichungen zu. Im Übrigen gestattet das Gesetz Abweichungen „**in begründeten Ausnahmefällen**" (§ 252 Abs. 2 HGB). Namentlich können Forderungen und Verbindlichkeiten durch **Kompensationsgeschäfte**, insb. im Fremdwährungsbereich oder bei der Wertpapierkurssicherung, zu einer **Bewertungseinheit** zusammengefasst werden.[143]

> *Beispiel:*
> *Die A-AG hat eine Warenverbindlichkeit i.H.v. 1.000 US $ am Tag der Warenlieferung mit 1.000 € passiviert. Um das Fremdwährungsgeschäft abzusichern, kauft die AG am selben Tag 1.000 US $. Am Bilanzstichtag sind die 1.000 US $ bewertet mit dem Tagesumrechnungskurs nur 900 € wert.*

---

135 Adler/Düring/Schmaltz, Rechnungslegung, § 252 HGB Rn. 97, Winkeljohann/Geißler, in: Ellrott/Förschle/Hoyos/Winkeljohann, Bilanz-Kommentar, § 252 HGB Rn. 51
136 Sog. Alimentationstheorie; z.B. Herzig, in: FS für L. Schmidt, S. 209, 219; Moxter, in: FS für Forster, S. 427, 432.
137 BFH, BStBl. 2003 II, S. 121, 123; MünchKomm-AktG/Hennrichs, § 249 HGB Rn. 29.
138 BFH, BFH/NV 2002, 1434; BStBl. 2005 II, S. 736; Baumbach/Hueck/Schulze-Osterloh, GmbHG, § 42 Rn. 237 m.w.N.
139 BFH, DStR 2005, 1485, 1486 m. Anm. Christiansen, unter Aufgabe von BFH, BStBl. 1975 II, S. 480, 482.
140 Baumbach/Hueck/Schulze-Osterloh, GmbHG, § 42 Rn. 247.
141 BFH, DStR 2006, 371, 373.
142 FR 2004, 279; BB 2006, 35, 36.
143 BFH, BStBl. 1984 II, S. 56; BStBl. 1997 II, S. 735; Winnefeld, Bilanz-Handbuch, Rn. E 46 ff.

Nach dem Einzelbewertungsgrundsatz des § 252 Abs. 1 Nr. 3 HGB in Kombination mit dem strengen Niederstwertprinzip gem. § 253 Abs. 3 HGB müsste der mit 1.000 € bewertete Bestand an US $ auf 900 € abgeschrieben werden. Andererseits würde das Realisationsprinzip einer Reduzierung der Verbindlichkeit auf 900 € entgegenstehen. Wenn es sich bei den beiden Posten allerdings um eine sog. geschlossene Position handelt, ist es ausgeschlossen, dass ein Verlust von 100 € tatsächlich eintreten wird. Deshalb hat die Abschreibung zu unterbleiben.[144]

Im Zusammenhang mit der Einzelbewertung ist das **Saldierungsverbot des § 246 Abs. 2 HGB** zu sehen. Es dient sowohl dem allgemeinen Gebot der Klarheit und Übersichtlichkeit als auch dem Vollständigkeitsgebot. Mit dinglichen Lasten belastete Grundstücke sind, wie § 246 Abs. 2 HGB klarstellt, nicht unter Abzug der dinglichen Lasten zu bilanzieren. Vielmehr ist der **Bruttowert des Grundstücks auf der Aktivseite** zu bilanzieren und die **dingliche Belastung zu passivieren**. Vom Saldierungsverbot von vornherein nicht betroffen sind Kontokorrentkonten, weil hier eine Forderung oder Verbindlichkeit von vornherein nur in Höhe des Abrechnungssaldos entsteht. Ausnahmen vom Saldierungsverbot lässt die h.M. bei **Gesamtschuldverhältnissen** zu, indem ein im Innenverhältnis bestehender Regressanspruch gegen einen Mitschuldner mit der im Außenverhältnis bestehenden Gesamtschuld verrechnet werden darf,[145] und bei Forderungen und Verbindlichkeiten, soweit sie sich aus Sicht des Bilanzierenden am Bilanzstichtag **aufrechenbar** gegenüberstehen.[146]

99

Schließlich müssen **Rückgriffsansprüche gegen Dritte**, die noch nicht aktiviert werden können, weil sie erst im Falle einer Inanspruchnahme des Bilanzierenden entstehen, bei der Rückstellungsbewertung unter bestimmten Voraussetzungen als Risiko mindernde Umstände kompensierend berücksichtigt werden. Ein Verstoß gegen das Saldierungsverbot ist darin nicht zu erblicken. Allerdings dürfen am Bilanzstichtag noch nicht entstandene Rückgriffsansprüche nur dann berücksichtigt werden, wenn die Rückgriffsforderungen der Entstehung oder Erfüllung der Verbindlichkeit zwangsläufig und spiegelbildlich nachfolgen und aufgrund zweifelsfreier Bonität des Rückgriffsschuldners vollwertig sind.[147]

100

Beispiel:

Bauunternehmer B hat sich bei der Errichtung eines Gebäudes eines Subunternehmers bedient. Bei der Abnahme des Gebäudes werden Mängel festgestellt, deren Beseitigung einen geschätzten Aufwand von 50.000 € auslöst. Für die Mängel ist ausschließlich im Innenverhältnis der Subunternehmer verantwortlich.

Bei der Bewertung der Garantierückstellung sind die Regressmöglichkeiten gegen den Subunternehmer zu berücksichtigen. Verhält es sich bspw. so, dass der Hauptunternehmer einen Teilbetrag des Werklohns für Garantiefälle einbehalten hat, sind diese in jedem Falle als Risiko mindernd und kompensierend zu berücksichtigen. Im Übrigen hängt es davon ab, inwieweit der Subunternehmer von zweifelsfreier Bonität ist. In diesem Fall dürfte überhaupt keine Garantierückstellung gebildet werden. Die dogmatische Grundlage für die Kompensation bildet § 253 Abs. 1 Satz 2 HGB, wonach Rückstellungen nur in Höhe des Betrages angesetzt werden dürfen, der „nach vernünftiger kaufmännischer Beurteilung" notwendig ist.

3. Nicht kodifizierte GoB

In den §§ 238 ff. HGB sind nicht alle GoB gesetzlich normiert bzw. im Sinne eines subsumtionsfähigen Obersatzes definiert worden. Es handelt sich um ein für die Rechtsfortbildung offenes System. Als nicht kodifizierte GoB gelten insb. personelle Zurechnungsprobleme etwa bei Treuhand- und Leasingverhältnissen, die Bilanzierung schwebender Geschäfte oder der Zeitpunkt der Gewinnrealisierung.

101

a) Personelle Zurechnung von Vermögensgegenständen

Der Jahresabschluss hat gemäß § 246 Abs. 1 Satz 1 HGB **sämtliche Vermögensgegenstände** zu enthalten. In engem systematischen Zusammenhang steht damit die personelle Zurechnung von Vermögensgegenständen. Es ist selbstverständlich, dass im Jahresabschluss nur diejenigen Vermögensgegenstände er-

102

---

[144] Näher: Prinz/Hick, DStR 2006, 771 einschließlich der Würdigung des § 5 Abs. 1a EStG (n.F.).
[145] Förschle/Kroner, in: Ellrott/Förschle/Hoyos/Winkeljohann, Bilanz-Kommentar, § 246 HGB Rn. 109.
[146] Förschle/Kroner, in: Ellrott/Förschle/Hoyos/Winkeljohann, Bilanz-Kommentar, § 246 HGB, Rn. 106 ff.
[147] BFH, BStBl. 2000 II, S. 139.

scheinen dürfen, die auch dem **Vermögen des Kaufmanns** zugeordnet werden können. Jeder Kaufmann darf nur „sein" Vermögen erfassen (vgl. §§ 238 Abs. 1, 240 Abs. 1, 242 Abs. 1 HGB). Gegenstände, die zivilrechtlich einem anderen Rechtssubjekt gehören, sind daher grds. nicht zu bilanzieren.

> **Hinweis:**
> Das dem Kaufmann zuzurechnende Vermögen kann ausnahmsweise über das zivilrechtliche Eigentum hinausgehen. Die personelle Zurechnung von sog. **wirtschaftlichem Eigentum** ist unbestritten, doch wird oft verkannt, dass sie nicht aufgrund einer wirtschaftlichen Betrachtungsweise begründet wird, sondern dass es stets **rechtliche Kriterien** sind, die über die bilanzrechtliche Zuordnung eines Gutes entscheiden müssen. Maßgebend ist die zivilrechtliche Analyse der (abgesicherten) Position des Bilanzierenden vor dem Hintergrund der Zweckbestimmung des Jahresabschlusses.[148]

103 Eine vom zivilrechtlichen Eigentum abweichende Erfassung wirtschaftlichen Eigentums ist anzunehmen, wenn der Bilanzierende über die Sache die **tatsächliche Herrschaft auf Dauer** derart ausüben kann, dass er wirtschaftlich über Substanz und Ertrag verfügen kann. Der BGH[149] verlangt überdies, dass der bilanzierende Unternehmer gegenüber dem zivilrechtlichen Eigentümer eine auch **rechtlich abgesicherte Position** innehat, die es ermöglicht, diesen dauerhaft derart von der Einwirkung auf die betreffenden Vermögensgegenstände auszuschließen, dass seinem Herausgabeanspruch bei typischem Verlauf zumindest tatsächlich keine nennenswerte praktische Bedeutung zukommt.

104 Demgegenüber scheint der **BFH**[150] einen **wirtschaftlichen Ausschluss** genügen zu lassen. Dieser liege nicht nur dann vor, wenn nach dem Gesamtbild der Verhältnisse kein zivilrechtlicher Herausgabeanspruch besteht, sondern auch dann, wenn der Herausgabeanspruch des zivilrechtlichen Eigentümers **keine wirtschaftliche Bedeutung mehr besitzt**. Dies gelte unabhängig davon, ob das Verfügungsrecht, insb. das Recht zur Belastung und Veräußerung, beim zivilrechtlichen Eigentümer verbleibe. Ausschlaggebend sei der wirtschaftliche Ausschluss des zivilrechtlichen Eigentümers von der Einwirkung auf die Sache.

105 Unproblematisch ist die Lösung des personellen Zurechnungsproblems bei unter **Eigentumsvorbehalt** gelieferten, bei **sicherungsübereigneten** sowie bei **treuhänderisch** gebundenen Vermögensgegenständen. Obwohl in diesen Konstellationen die formale Eigentumsposition (Eigentumsvorbehaltsverkäufer, Sicherungsnehmer, Treuhänder) bzw. die Rechtsmacht im Außen- und Innenverhältnis und die zivilrechtliche Nutzungsbefugnis (Eigentumsvorbehaltskäufer, Sicherungsgeber, Treugeber) auseinander fallen, bestehen keinerlei Bedenken, sicherungsweise oder treuhänderisch übereignete Vermögensgegenstände nicht in der Bilanz des formalen Eigentümers (Sicherungsnehmer, Treuhänder), sondern **in der des Sicherungsgebers bzw. Treugebers** und unter Eigentumsvorbehalt veräußerte Gegenstände in der Bilanz des **Eigentumsvorbehaltskäufers** zu erfassen. In den genannten Fällen werden bilanzrechtliche Konsequenzen nicht aus einer nebulösen wirtschaftlichen Betrachtungsweise, sondern aus der **zivilrechtlichen Bewertung der Interessenlage** gezogen.[151] Dahinter steht die zivilrechtliche Analyse der Rechtsstellung des Vorbehaltskäufers als Anwartschaftsberechtigtem bzw. der Gedanke der durch das Innenverhältnis gebundenen Außenmacht des Treuhänders bzw. Sicherungsnehmers.

106 Um einen (bilanzierenden) **Mieter als wirtschaftlichen Eigentümer** ansehen zu können, verlangt der BFH[152] grds., dass

- der Mieter nach dem Nutzungsvertrag verlangen kann, ihm den zur Nutzung überlassenen Vermögensgegenstand dinglich zu übertragen oder
- ihm das Mietobjekt unwiderruflich zu überlassen, welches nach dem Tod des Vermieters auf ihn übergehen soll,

---

148 BGH, WM 1996, 113, 114 f.; Scholz/Crezelius, GmbHG, Anh. § 42a Rn. 122 f. m.w.N.
149 BGH, WM 1996, 113 ff.
150 BFH, BFH/NV 2004, 306 zum Nacherben als wirtschaftlichem Eigentümer.
151 Crezelius, DB 1983, 2019, 2021 f. m.w.N.
152 BFH, BStBl. 2001 II, S. 440.

- der Mieter beim Immobilienleasing nach Ablauf der Grundmietzeit verlangen darf, dass das zivilrechtliche Eigentum ohne Zahlung eines zusätzlichen Entgeltes oder gegen Zahlung eines geringen Entgeltes übertragen wird, oder dass
- beim sog. Mietkauf[153] mit Abschluss des Mietvertrags ein künftiger Übernahmekaufpreis bestimmt wird und die Mietzahlungen auf diesen Preis in voller Höhe angerechnet werden.

Ein klassisches Zurechnungsproblem stellt sich im Zusammenhang mit **Leasingverträgen**. Leasingverträge sind Verträge, durch die einem Vertragspartner (Leasingnehmer) die Nutzung länger lebiger Gebrauchsgüter durch den anderen Vertragspartner (Leasinggeber) gewährt wird. Im Mittelpunkt des bilanzrechtlichen Interesses steht das sog. **Finanzierungs-Leasing**.[154] Es zeichnet sich zivilrechtlich dadurch aus, dass eine feste Grundmietzeit besteht, während der Vertrag unkündbar ist, der Leasingnehmer die Gefahr des zufälligen Untergangs, des vorzeitigen Verschleißes und der Beschädigung des Leasinggutes trägt, der Leasingnehmer sich verpflichtet, das Leasinggut in einem zum vertragsgemäßen Gebrauch geeigneten Zustand zu erhalten und durch die Kalkulation der Leasingraten einschließlich eines Veräußerungserlöses mindestens die Anschaffungskosten des Leasinggebers einschließlich dessen (Re-)Finanzierungskosten zzgl. eines Gewinnaufschlages gedeckt sind.

107

Ob die **Bilanzierung des verleasten Vermögensgegenstandes** beim Leasinggeber als dem zivilrechtlichen Eigentümer oder beim Leasingnehmer im Falle wirtschaftlichen Eigentums zu erfolgen hat, hängt von der konkreten Vertragsgestaltung ab und richtet sich **in der Praxis nach steuerrechtlichen Grundsätzen**.[155] Der geleaste Gegenstand ist beim Finanzierungsleasing dem Leasingnehmer dann zuzurechnen, wenn dieser ihn nahezu über die gesamte betriebsgewöhnliche Nutzungsdauer nutzen kann, wenn die Rückgabe nach Ablauf der Grundmietzeit wegen der Abnutzung des Gegenstandes wirtschaftlich sinnlos erscheint oder wenn Verlängerungs- oder Kaufoptionsmodalitäten bestehen, die eine Rückgabe nicht erwarten lassen.

Beispiel:

Bauunternehmer B benötigt einen neuen Lieferwagen. Er wählt beim Autohaus A ein geeignetes Modell für 60.000 € zzgl. USt aus und schließt mit der L-GmbH mit Wirkung ab dem 1. April 2006 einen Leasingvertrag mit einer Grundlaufzeit von 40 Monaten ab. Während dieser Zeit ist der Vertrag nicht ordentlich kündbar. Die monatliche Miete beträgt 3,25 % der Anschaffungskosten. Ergänzend wird Bauunternehmer B ein Optionsrecht eingeräumt, zu einem feststehenden Preis den LKW nach Ablauf der Grundmietzeit zu erwerben. Die betriebsgewöhnliche Nutzungsdauer beträgt sechs Jahre (72 Monate).

Bauunternehmer B wird daran interessiert sein, den Leasingvertrag bilanzrechtlich wie einen Mietvertrag behandeln zu können, mit der Folge, dass der Leasinggeber (L-GmbH) das Leasinggut in seiner Bilanz ausweist und B als Leasingnehmer die Leasingraten in voller Höhe als Betriebsaufwand absetzen kann. Grds. wird ein Leasingvertrag bilanzrechtlich wie ein Mietvertrag behandelt, wenn die Grundmietzeit nicht weniger als 40 % und nicht mehr als 90 % der betriebsgewöhnlichen Nutzungsdauer des Leasinggutes beträgt. Bei sog. Teilamortisationsverträgen, bei denen die Leasingraten während der Grundmietzeit die Anschaffungskosten, Finanzierungsaufwendungen und den Gewinn des Leasinggebers nur z.T. decken, ist ergänzend zu berücksichtigen, inwieweit der Leasingnehmer auf das Leasinggut nach Ablauf der Grundmietzeit zugreifen kann (Optionsrecht) bzw. an dem Erlös aus der Veräußerung des Leasinggutes beteiligt ist. Im konkreten Fall kommt es darauf an, ob der für den Fall der Ausübung der Option vorgesehene Kaufpreis entweder nicht niedriger als der unter Anwendung der linearen AfA nach der amtlichen AfA-Tabelle ermittelte Buchwert des Fahrzeuges oder nicht geringer als dessen niedriger gemeiner Wert im Zeitpunkt der Veräußerung ist. Nach 40 Monaten beträgt der Restbuchwert des Fahrzeuges bei einer betriebsgewöhnlichen Nutzungsdauer von 6 Jahren nur noch ca. 27.000 €:

$$60.000 \text{ €} ./. (^{40}/_{72} \times 60.000 \text{ €}) = {}^{32}/_{72} \times 60.000 \text{ €}.$$

---

[153] Winnefeld, Bilanz-Handbuch, D 220 ff. m.w.N.
[154] Näher: Winnefeld, Bilanz-Handbuch, D Rn. 230 ff. m.w.N.
[155] BFH, BStBl. 1970 II, S. 264; BStBl. 2001 II, S. 311; BMF, BStBl. 1971 I, S. 264.

Wenn der Kaufpreis bei Ausübung des Optionsrechtes darüber liegt, ist der Gegenstand beim Leasinggeber zu aktivieren.[156]

Für den Fall, dass das Leasinggut dem Leasingnehmer zuzurechnen ist, hat dieser den Vermögensgegenstand mit den **Anschaffungskosten zu aktivieren** und in gleicher Höhe eine **Verbindlichkeit gegenüber dem Leasinggeber** zu passivieren. Die einzelnen **Leasingraten** sind dann in einen Tilgungsanteil sowie in einen Zins- und Kostenanteil aufzugliedern. Der **Tilgungsanteil** ist erfolgsneutral auf dem Konto Verbindlichkeiten gegenzubuchen, während der **Zins- und Kostenanteil** zu sofort abzugsfähigem Aufwand führt.[157]

> **Hinweis:**
> Zur Ermittlung des Zins- und Kostenanteils nach der Zins-Staffelmethode gibt der BMF-Erlass vom 13.12.1973[158] Auskunft.

108 Zurechnungsprobleme stellen sich in der Praxis im Zusammenhang mit sog. **Pensionsgeschäften**. Ein Pensionsgeschäft liegt vor, wenn ein Verkäufer (Pensionsgeber) ihm gehörende Vermögensgegenstände – im Regelfall Wertpapiere – auf Zeit gegen Entgelt auf einen anderen (Pensionsnehmer) zivilrechtlich übereignet. Dabei ist vor bilanzrechtlichem Hintergrund zwischen sog. echten und sog. unechten Pensionsgeschäften zu differenzieren.

109 Von einem **echten Pensionsgeschäft** wird – vorwiegend in der Kreditwirtschaft – gesprochen, wenn der Pensionsnehmer den Gegenstand zu einem im Voraus bestimmten oder vom Pensionsgeber noch zu bestimmenden Zeitpunkt gegen Entrichtung eines bestimmten Betrages auf den Pensionsgeber rückübertragen muss. Wenn kein Rücknahmerecht des Pensionsgebers besteht, liegt ein **unechtes Pensionsgeschäft** vor.[159] Beim echten Pensionsgeschäft ist weiterhin beim Pensionsgeber zu bilanzieren, obwohl der Pensionsnehmer zivilrechtlicher Eigentümer des Pensionsgutes geworden ist. Dies ist jedenfalls für den Fall vollkommen unstreitig, bei dem das echte Pensionsgeschäft Sicherungscharakter hat.[160] Im Übrigen ließe sich diese Sichtweise mit dem Rechtsgedanken des § 340b Abs. 4 HGB begründen, soweit die Vorschrift nicht unmittelbar anwendbar ist. Beim unechten Pensionsgeschäft ist der übertragene Vermögensgegenstand übereinstimmend mit der sachenrechtlichen Rechtslage dem Pensionsnehmer zuzurechnen.

110 Eine differenzierte Zurechnung findet weiterhin beim sog. **Factoring** statt. Auch hier ist im Einklang mit der zivilrechtlichen Unterscheidung zwischen sog. echtem und unechtem Factoring bilanzrechtlich zu differenzieren. Verbleibt das Ausfallrisiko beim Forderungsverkäufer (**sog. unechtes Factoring**), so hat der Zedent (Kunde) die Forderung unter Berücksichtigung des Ausfallrisikos weiterhin zu bilanzieren, weil die abgetretene Forderung hier nur zu einer treuhandähnlichen Position führt.[161] Übernimmt dagegen der Forderungsaufkäufer das Ausfallrisiko (**sog. echtes Factoring**), dann ist die Forderung in der Bilanz des Käufers (Zessionar, Factor) zu aktivieren, wobei die Abreden[162] im Innenverhältnis (z.B. Sperrbeträge, Zinsen) und etwaige Verlustrisiken zu berücksichtigen sind.

111 **Anteile an Kapitalgesellschaften** sind beim Käufer bereits dann zu aktivieren, wenn dieser eine rechtlich geschützte, auf den Erwerb des Anteils gerichtete Position erworben hat, die ihm gegen seinen Willen nicht mehr entzogen werden kann und die mit den Anteilen verbundenen wesentlichen Rechte sowie das Risiko einer Wertminderung und die Chance einer Werterhöhung auf ihn übergegangen sind.[163]

---

156 Förschle/Kroner, in: Ellrott/Förschle/Hoyos/Winkeljohann, Bilanz-Kommentar, § 246 HGB Rn. 43.
157 Winnefeld, Bilanz-Handbuch, D Rn. 275.
158 StEK EStG Akt. Nr. 63.
159 Förschle/Kroner, in: Ellrott/Förschle/Hoyos/Winkeljohann, Bilanz-Kommentar, § 246 HGB Rn. 24 ff.
160 BFH, BStBl. 1984 II, S. 217; Scholz/Crezelius, GmbHG, Anh. § 42a Rn. 125.
161 Scholz/Crezelius, GmbHG, Anh. § 42a, Rn. 126a m.w.N.
162 BFH, BFH/NV 2003, 443.
163 BFH, BStBl. 1988 II, S. 832; BStBl. 2004 II, S. 651; DB 2005, 2668.

Bei der Bestellung eines **Nießbrauches** bleibt es grds. bei der Maßgeblichkeit des zivilrechtlichen Eigentums. Der mit dem Nießbrauch belastete Vermögensgegenstand ist **bilanzrechtlich dem Eigentümer zuzurechnen**. Etwas anderes kann nur dann gelten, wenn der Nießbraucher gegenüber dem Eigentümer eine Position innehat, die über die gesetzestypische Rechtsposition des Nießbrauches hinausgeht. Hierzu reicht allerdings im Falle eines sog. Vorbehaltsnießbrauches (dingliche Übereignung des Vermögensgegenstandes unter Vorbehalt eines Nießbrauchsrechts) die Vereinbarung eines schuldrechtlichen, durch Rückauflassungsvormerkung gesicherten Veräußerungsverbotes nicht aus.[164]

112

b) Schwebende Geschäfte

Forderungen sind klassische Gegenstände i.S.d. Bürgerlichen Rechts. Deshalb ist es an sich naheliegend, dass diese auch in der Bilanz ausgewiesen werden. Allerdings hat sich für die Behandlung **sog. synallagmatischer Forderungen** ein (ungeschriebener) GoB sog. schwebender Geschäfte entwickelt. Als **schwebendes Geschäft** bezeichnet man Geschäfte, bei denen zwar das gegenseitige Verpflichtungsgeschäft abgeschlossen ist, die **Erfüllungsgeschäfte** aber zumindest teilweise noch ausstehen. Aus der Überlegung, dass der gegenseitige Vertrag nicht statisch wirkt, sondern auf Abwicklung (Erfüllung) angelegt ist, zieht das Bilanzrecht die Konsequenz, das (vorläufige) **schwebende Geschäft nicht zur Kenntnis** zu nehmen. Es taucht in der Bilanz deshalb nicht auf, soweit es von keiner Seite erfüllt worden ist.

113

In **materieller Hinsicht** beruht dieser GoB auf dem Vorsichts- bzw. Realisationsprinzip. Während des Schwebezustandes ist der **Erfolg des Geschäftes mit Unwägbarkeiten** behaftet, so dass der durch die Forderung repräsentierte verwirklichte Gewinn des Sachleistenden (Verkäufers) erst später dargestellt werden soll. Wenn der zur Sachleistung Verpflichtete seine Hauptleistungspflicht erbracht hat, ist von einer hinreichend gesicherten Position auszugehen, so dass die Forderung auf die Gegenleistung (einschl. Gewinnrealisierung) zu diesem Zeitpunkt zu aktivieren ist (dazu unten Rn. 116). **Vorleistungen des Zahlungsverpflichteten** sind dergestalt zu neutralisieren, dass die Anzahlungen beim Leistenden zu aktivieren und in der Bilanz des Empfängers zu passivieren sind. Selbst wenn beide Seiten noch nicht mit der Erfüllung begonnen haben und deshalb an sich ein schwebendes Geschäft vorliegt, fordert das Imparitätsprinzip einen bilanziellen Ausweis für **drohende Verluste** aus schwebenden Geschäften, die als Rückstellung abzubilden sind (dazu unten Rn. 150 ff.).

114

c) Gewinnrealisierung

Aufgrund des Realisationsprinzips darf sich ein Gewinn in der Bilanz **erst dann widerspiegeln**, wenn er durch ein Umsatzgeschäft verwirklicht worden ist. Schwebende Geschäfte erscheinen nicht in der Bilanz (dazu oben Rn. 114). Das Gesetz lässt allerdings offen, wann ein Umsatzprozess bilanzrechtlich in Erscheinung getreten ist, damit der Grundsatz der Nichtbilanzierung schwebender Geschäfte aufgeben und die die Anschaffungs- und Herstellungskosten übersteigende Forderung Gewinn realisierend anzusetzen ist. Bei einem gestreckten Geschäftsvorfall sind in chronologischer Reihenfolge **vier Zeitpunkte** denkbar:

115

- Der Vertragsabschluss,
- die Zahlung durch den Schuldner,
- die Lieferung des Sachleistungsverpflichteten und
- die Rechnungserteilung.

Nach h.M. tritt Gewinnrealisierung nach den (ungeschriebenen) GoB in dem Zeitpunkt ein, in dem der **Sachleistungsverpflichtete** die vereinbarte Lieferung oder (Dienst-)Leistung **erbracht** hat, weil er sich von nun an, abgesehen von den üblichen Gewährleistungs- und Forderungsrisiken, seines Zahlungsanspruchs aufgrund des **Übergangs der Preisgefahr** sicher sein kann.[165] Von diesem Grundsatz ist auch dann auszugehen, wenn dem Käufer ein Rücktrittsrecht eingeräumt worden ist und dieses am Bilanzstich-

116

---

164 BFH, BFH/NV 2003, 443.
165 BFH, BStBl. 2001 II, S. 349; Baumbach/Hopt/Merkt, HGB, § 252 Rn. 14.

tag noch besteht.¹⁶⁶ In diesem Fall ist jedoch bei überwiegender Wahrscheinlichkeit der Ausübung des Rücktrittsrechts eine Neutralisierung des Gewinns durch die Bildung einer Rückstellung für ungewisse Verbindlichkeit in Form der Rückzahlung des Kaufpreises zu bilden.

Die zum 1.1.2002 in Kraft getretene **Schuldrechtsreform** ändert an der bisherigen Sichtweise der Realisierung von Forderungen aus Lieferungen und Leistungen wohl nichts. Zwar sieht § 433 Abs. 1 Satz 2 BGB (n.F.) nunmehr die Verpflichtung des Verkäufers vor, die Sache frei von Sach- und Rechtsmängeln zu verschaffen. Damit ist der frühere Streit zwischen Erfüllungs- und Gewährleistungstheorie überholt.¹⁶⁷ Deshalb könnte man den Standpunkt vertreten, dass erst mit Ablauf der Gewährleistungsfrist, die beim Verbrauchsgüterkauf zwei Jahre beträgt, Erfüllung eintritt. Nichtsdestoweniger ist davon auszugehen, dass der **Realisationszeitpunkt davon unberührt bleibt**. Der Verkäufer darf nämlich davon ausgehen, dass er mit einer aus seiner Sicht mängelfreien Sache erfüllt habe, solange der Käufer nicht Nacherfüllung verlangt. Das generell bestehende Gewährleistungsrisiko mag pauschal oder im Einzelfall durch Gewährleistungsrückstellungen abgedeckt werden.¹⁶⁸

117 Die Gewinnrealisierung tritt **bilanztechnisch** dadurch ein, dass die zu aktivierende Kaufpreisforderung mit ihrem Nennbetrag zu bewerten ist, während der veräußerte Vermögensgegenstand mit dem niedrigeren Buchwert ausgebucht wird. Denn bis zum Zeitpunkt der Gewinnrealisierung durfte der veräußerte Vermögensgegenstand höchstens mit den Anschaffungs- oder Herstellungskosten bewertet werden. Das Anschaffungswertprinzip bildet eine zwingende Bewertungsobergrenze (dazu unten Rn. 177, 181 ff.).

118 Bei **Veräußerung eines Grundstücks** ist der maßgebliche Realisationszeitpunkt für eine Aktivierung der Kaufpreisforderungen in voller Höhe gegeben, wenn Besitz, Nutzen und Lasten auf den Erwerber übergegangen sind.¹⁶⁹ Bei **Dauerschuldverhältnissen** ist von einer fortlaufenden Teilrealisierung „pro rata temporis" auszugehen.¹⁷⁰ Der Ertrag entsteht also zeitanteilig und nicht erst bei Beendigung des Vertragsverhältnisses.

> **Hinweis:**
> **Buchhalterisch** ist darauf hinzuweisen, dass beim Verkauf von Waren und in vergleichbarer Weise bei Fertigungsbetrieben im Zusammenhang mit Veränderungen im Bestand an Halb- und Fertigerzeugnissen der Gewinn **nicht aus dem einzelnen Geschäftsvorfall** erfasst wird (zur Ermittlung des Warenumsatzes oben Rn. 75).

Im Zusammenhang mit dem zutreffenden Zeitpunkt der **Realisierung eines Vermittlungsentgeltes** hat der I. Senat des BFH entschieden, dass auf den Zeitpunkt abzustellen sei, zu dem die wesentlichen wirtschaftlichen Ursachen für das Entstehen der Forderung gesetzt seien und der Kaufmann mit der künftigen Erfüllung des Anspruchs fest rechnen könne. Auch wenn eine Abrechnungsstelle zwischengeschaltet sei, komme es nicht auf den Abrechnungszeitpunkt an.¹⁷¹

119 Problematisch sind sog. **Mehrkomponentengeschäfte**.¹⁷² Das Vorsichtsprinzip gebietet grds., den Gewinn aus einer einheitlichen Leistung erst zu dem Zeitpunkt als realisiert zu betrachten, in dem der letzte Leistungsbestandteil erbracht worden ist. Deshalb ist bei einem Werkvertrag grds. auf die Abnahme des gesamten Werks abzustellen. Fraglich ist, ob davon abgewichen werden darf.

---

166 BFHE 180, 57.
167 MünchKomm-BGB/H.-P. Westermann, § 433 Rn. 59.
168 Ellrott/F. T. Ring, in: Ellrott/Förschle/Hoyos/Winkeljohann, Bilanz-Kommentar, § 247 HGB Rn. 80.
169 BFH, BStBl. 1986 II, S. 788; DStR 2000, 1176; Winnefeld, Bilanz-Handbuch, E Rn. 92.
170 BFH, BStBl. 1992 II, S. 904; BStBl. 2000 II, S. 25; Winkeljohann/Geißler, in: Ellrott/Förschle/Hoyos/Winkeljohann, Bilanz-Kommentar, § 252 HGB Rn. 47.
171 BFH, BStBl. 2006 II, S. 20.
172 Näher: Winkeljohann/Geißler, in: Ellrott/Förschle/Hoyos/Winkeljohann, Bilanz-Kommentar, § 252 HGB Rn. 45 m.w.N.

Beispiel:

Bauträger B hat ein Appartementhaus mit 34 Ferienwohnungen erstellt. Das Wohnungseigentum der errichteten Einheiten setzt sich aus dem Sondereigentum an einer Wohnung und dem Miteigentum am gemeinschaftlichen Eigentum des Komplexes zusammen. Hier stellt sich die Frage, zu welchem Zeitpunkt eine Gewinnrealisierung bezüglich des Gemeinschaftseigentums stattfindet.

Nach allgemeinen Grundsätzen müsste auf die vollständige Abnahme des Gemeinschaftseigentums, also aller 34 Ferienwohnungen, abgestellt werden. Demgegenüber hat der IV. Senat des BFH entschieden, dass die Gewinne aus der Errichtung des Gesamtobjektes in Höhe der von den Erwerbern geschuldeten Entgelte realisiert seien, wenn mehr als die Hälfte der Erwerber das Gemeinschaftseigentum ausdrücklich oder durch mindestens drei Monate lange rügelose Inanspruchnahme konkludent abgenommen haben.[173] Würde die Hälfte der Wohnungen erst im Folgejahr von den Erwerbern mängelfrei genutzt, entstünde der Gewinn aus der Erstellung des Gesamtobjektes auch erst im folgenden Geschäftsjahr. Da mit Abnahme des Bauwerks grds. Leistungs- und Preisgefahr auf den Besteller übergehen,[174] hat sich an der Beurteilung durch die Schuldrechtsreform zum 1.1.2002 nichts geändert.

Ein Umsatz muss nicht notwendigerweise auf einer Veräußerung gegen Zahlung beruhen. Dies zeigt der **Fall des Tausches**, bei dem sich zwei Sachleistungen kreuzen. Die Gewinnrealisierung hängt dem Grunde und der Höhe nach davon ab, ob die erlangte Gegenleistung mit dem Buchwert des hingegebenen Vermögensgegenstandes, mit dem Zeitwert des hingegebenen Gegenstandes oder mit dem Zeitwert des erlangten Gegenstandes zu aktivieren ist (dazu unten Rn. 184).

Ein Gewinnrealisierungsproblem stellt sich schließlich in Fällen **langfristiger Fertigung**, insb. bei Großbauten und Großanlagen. Hier wird von vielen im Schrifttum eine **(Teil-)Gewinnrealisierung** für erbrachte Teilleistungen unter Berufung auf einen (ungeschriebenen) GoB, auf § 252 Abs. 2 HGB, auf das Einblicksgebot des § 264 Abs. 2 Satz 1 HGB, unter Bezugnahme auf Art. 2 Abs. 5 der 4. EG-Richtlinie und unter dem Aspekt einer Bilanzierungshilfe analog § 269 HGB für erbrachte Teilleistungen gefordert, selbst wenn sie noch nicht abgerechnet sind.[175]

Regelmäßig wird zur Bestärkung dieser Ansicht auf die internationale Bilanzierungspraxis verwiesen, die bei langfristiger Fertigung („contraction") einen Gewinn grds. entsprechend der Fertigstellung („by reference to the stage of completion of the contract activity at the balance sheet date") ausweisen (IAS 11, 22).[176] **Gegen eine Teilgewinnrealisierung** wird zutreffend eingewandt, dass vor Abschluss der Arbeiten und ihrer Abnahme durch den Auftraggeber wegen der damit verbundenen hohen Risiken und der unvermeidbaren Schätzungsungenauigkeiten eine Teilgewinnrealisierung auszuschließen sei und zur Sicherstellung der Bilanzwahrheit im Einzelfall nach § 264 Abs. 2 Satz 2 HGB im **Anhang** zu berichten sei.[177] Eine Teilgewinnrealisierung ist nur dann möglich, wenn die Leistung vereinbarungsgemäß in selbständig abrechenbare und **abnahmefähige Teilleistungen** gegliedert wird und der Schwebezustand der Teillieferung damit beendet ist.

4. GoB und umgekehrte Maßgeblichkeit

Die sog. umgekehrte Maßgeblichkeit ist eine **Ableitung aus dem Grundsatz der Maßgeblichkeit** der Handelsbilanz für die Steuerbilanz (vgl. § 5 Abs. 1 Satz 2 EStG). Danach werden steuerrechtlich zulässige, aber nicht zwingend vorgeschriebene Wertansätze, namentlich Sonderabschreibungen, bei der steuerrechtlichen Gewinnermittlung nur dann anerkannt, soweit sie sich aus der Handelsbilanz ergeben (dazu unten Rn. 202 ff.). Dies führt dazu, dass steuerrechtliche Subventionstatbestände den Ausweis in der Handelsbilanz beeinflussen und das handelsrechtliche **Bilanzbild unter Verstoß gegen die GoB verfälscht** wird.[178] Nichtsdestoweniger hat der Handelsbilanzgesetzgeber in den §§ 247 Abs. 3, 254, 273,

---

173 BFH, BStBl. 2006 II, S. 26.
174 Palandt/Sprau, BGB, § 640 Rn. 11.
175 Vgl. Baumbach/Hueck/Schulze-Osterloh, GmbHG, § 42 Rn. 104 m.w.N.
176 Näher: Riese, in: IFRS-Handbuch, § 9 Rn. 51 ff.
177 Baumbach/Hueck/Schulze-Osterloh, GmbHG, § 42 Rn. 104; Scholz/Crezelius, GmbHG, Anh. § 42a, Rn. 130.
178 Schulze-Osterloh, ZIP 2004, 1128, 1134 f. m.w.N.

279 Abs. 2 HGB eine **Konkordanz von Handels- und Steuerbilanz** sichergestellt. Dies führt unter dem Gesichtspunkt der Kapitalerhaltung und Ausschüttungsbemessung zu einem bedenklichen Eingriff in die Rechtsposition der Gesellschafter und dient ebenso wenig den Informationszwecken der Kapitalanleger und Gläubiger. Rechtspolitisch sollte die umgekehrte Maßgeblichkeit schnellstmöglich aufgegeben werden, hat sie doch dem Ansehen des deutschen Bilanzrechts in der internationalen Diskussion erheblichen Schaden zugefügt.[179]

VI. Vorschriften zum Bilanzansatz

1. Vermögensgegenstand

123   Das HGB legt in den §§ 240 Abs. 1, 246 Abs. 1, 248 Abs. 2, 252 Abs. 1 HGB den Begriff des Vermögensgegenstandes zugrunde und zeigt damit, dass grds. nur **gegenständlich verdichtete Positionen aktivierbar sind**. Im Mittelpunkt der handelsrechtlichen Aktivierung steht dem Grunde nach damit die **Definition des Vermögensgegenstandes**. Hier haben entwicklungsgeschichtlich die Bilanztheorien (dynamische, organische, statische Bilanztheorie), die heute die Praxis des geltenden Rechts kaum mehr beeinflussen,[180] eine Rolle gespielt.

Die h.M. verlangt **keine geschützte Rechtsposition**, weshalb auch ungeschützte Erfindungen, Know-how usw. im bilanzrechtlichen Sinne Vermögensgegenstände sein können. Nichtsdestoweniger wird im Handelsbilanzrecht einschränkend die **selbständige Verkehrsfähigkeit** und die selbständige Bewertbarkeit des Postens vor dem Hintergrund des Vorsichtsprinzips verlangt.[181] Deshalb besteht keine vollständige Deckungsgleichheit mit dem steuerrechtlichen Begriff des Wirtschaftsgutes, der von der Rspr. des BFH so interpretiert wird, dass eine selbständige Bewertbarkeit des Postens genügt, wenn der Wert periodenübergreifend genutzt und zusammen mit dem Unternehmen übertragen werden kann.[182]

> **Hinweis:**
> Dies führt dazu, dass namentlich der **Geschäfts- bzw. Firmenwert** handelsrechtlich nicht als Vermögensgegenstand angesehen wird, während steuerrechtlich von einem Wirtschaftsgut auszugehen ist.

124   Die selbständige Bewertbarkeit ist auf der Grundlage der allgemeinen Verkehrsauffassung am Maßstab eines einheitlichen Nutzungs- und Funktionszusammenhangs zu ermitteln. Deshalb sind nach Maßgabe der Verkehrsauffassung **funktionale Bewertungseinheiten** zu bilden. So sind z.B. eine Maschine oder ein Kfz als Vermögensgegenstände zu aktivieren und nicht deren einzelne Bestandteile. Abweichend von der zivilrechtlichen Sichtweise bilden **Grund und Boden** sowie **Gebäude** eigenständige Vermögensgegenstände, weil nur das Gebäude einem Wertverzehr unterliegt, was sich bilanzrechtlich über entsprechende Absetzungen für Abnutzung (AfA) abbilden muss. Daraus folgt, dass der Kaufpreis für ein bebautes Grundstück nach dem Verhältnis der Verkehrswerte auf die beiden Vermögensgegenstände aufzuteilen ist (dazu unten Rn. 182 f.). Im Einzelfall lässt sich über die Abgrenzung nach **Maßgabe der Verkehrsauffassung** trefflich streiten.

Beispiel – Grund und Boden:
*Die Zuweisung der **Milchreferenzmenge** soll nach der Rspr. des BFH als Abspaltung der ursprünglich mit dem Grund und Boden verbundenen Befugnis zur Milcherzeugung und -vermarktung zu einem neuen Vermögensgegenstand führen.[183] Bei **Bodenschätzen** geht die Rspr. des BFH davon aus, dass ein unter der Erdoberfläche befindlicher Bodenschatz so lange kein selbständiger Vermögensgegenstand sei, wie der Eigentümer oder Nutzungsbe-*

---

179 Schulze-Osterloh, ZIP 2004, 1128, 1135 m.w.N.
180 Claussen, in: FS für Kropff, S. 431, 436; Winnefeld, Bilanz-Handbuch, Einf. Rn. 6.
181 Scholz/Crezelius, GmbHG, Anh. § 42a Rn. 114 m.w.N.
182 BFH, BStBl. 1975 II, S. 56; BStBl. 1988 II, S. 995.
183 BFH, BStBl. 2003 II, S. 61.

rechtigte den Bodenschatz nicht selbst nutzt oder durch einen anderen nutzen lässt. Als Gegenstand greifbar und damit zum eigenständigen Vermögensgegenstand wandle sich der Bodenschatz aber dann, wenn der Eigentümer über ihn verfüge. Dies sei z.B. der Fall, wenn das Grundstück unter gesonderter Berechnung eines Kaufpreises für den Bodenschatz einem Abbauunternehmer veräußert werde.[184]

Beispiel – Gebäude:

Aus dem einheitlichen Nutzungs- und Funktionszusammenhang folgt, dass auch die **unterschiedliche Nutzung eines Gebäudes** *zu mehreren selbständigen Vermögensgegenständen führt. Wird ein Gebäude z.B. teils zu eigenbetrieblichen, teils zu fremdbetrieblichen und teils zu Wohnzwecken genutzt, folgt aus den unterschiedlichen Verwendungszwecken, dass* **mehrere selbständige Vermögensgegenstände** *vorliegen. Einschränkend gilt der sog. Einheitlichkeitsgrundsatz,[185] d.h. mehrere Einheiten in einem Gebäude, die in demselben Nutzungs- und Funktionszusammenhang stehen, bilden wiederum einen Vermögensgegenstand. Ebenfalls als eigenständiger Vermögensgegenstand werden* **Betriebsvorrichtungen** *angesehen. Darunter versteht man die zu einer Betriebsanlage gehörenden maschinellen Anlagen, die zivilrechtlich zwar wesentliche Bestandteile des Grundstücks sind, bilanzrechtlich aber als selbständige Vermögensgegenstände behandelt werden, weil sie nicht der Nutzung des Grundstücks oder des Gebäudes dienen, sondern der Ausübung eines konkreten Gewerbebetriebs.[186] Hintergrund für die gesonderte Behandlung von Betriebsvorrichtungen ist, dass sie – obgleich unter technischem Aspekt als unbeweglich einzuordnen – bilanzrechtlich den* **beweglichen Wirtschaftsgütern** *zugeordnet werden, weil sie einem Wertverzehr unterliegen und damit abgeschrieben werden können. Im Einzelnen ist die Rspr. des BFH hier sehr kasuistisch. Als Betriebsvorrichtung anerkannt ist bspw. eine in ein als Friseursalon genutztes Gebäude eingebaute Be- und Entlüftungsanlage, die dem Schutz von Personal und Kunden vor gesundheitsgefährdenden Emissionen bei der Herstellung von Frisuren oder vor Überspannungen bei den benutzten Elektrogeräten dient.[187] Demgegenüber sollen in angemieteten Spielhallen installierte Alarmanlagen, deren Nutzungsdauer die voraussichtliche Mietdauer der Spielhallen nicht übersteigt, keine Betriebsvorrichtungen sein, weil sie nicht dazu dienen, den mit der Spielhalle verfolgten Betriebszweck, Spielautomaten zeitweise entgeltlich an Kunden zur Verfügung zu stellen, unmittelbar zu verwirklichen. Vielmehr wirken sie sich nur mittelbar vorteilhaft auf die gewerbliche Tätigkeit aus.[188]*

Die Frage des Bilanzansatzes wird entscheidend vom **Vorsichtsprinzip** geprägt. Das zeigt sich nicht nur bei der Abgrenzung sog. immaterieller Vermögensgegenstände (dazu unten Rn. 126 ff.), sondern auch bei der Frage des maßgeblichen **Aktivierungszeitpunktes** i.S.d. Realisationsprinzips (dazu oben Rn. 115 ff.). Außerhalb sog. schwebender Geschäfte (vgl. oben Rn. 113 f., 116) fehlt es an einem Umsatzakt, an dem der Zeitpunkt der Gewinnrealisierung festgemacht werden könnte. Für die Aktivierung einer entsprechenden Forderung (z.B. aus unerlaubter Handlung, Dividendenansprüchen, Ansprüchen auf Abschluss eines Vertrags) kommt es darauf an, wann diese als gesichert angesehen werden kann. Einerseits geht es darum, ob die Forderung im streng zivilrechtlichen Sinne existent sein muss, und andererseits darum, ob dies allein für die Annahme einer gesicherten Rechtsposition genügt. 125

Beispiel – bestrittene Forderung:

Der Baulieferant B ist durch ein fahrlässiges Verhalten eines Bauunternehmers im Jahre 2004 auf einer Baustelle verletzt worden. Für den geschätzten entgangenen Gewinn (vgl. § 252 BGB) wurde 2004 zunächst eine Teilentschädigung i.H.v. 10.000 € bezahlt, im Übrigen konnten sich die Parteien nicht einvernehmlich einigen. Im Rahmen eines Rechtsstreites kam es im Januar 2006 zu einem Vergleich und einer Restentschädigung von 30.000 €. Hier stellt sich die Frage, ob die Restentschädigung bereits in der Schlussbilanz vom 31.12.2004 oder 2005 aktiviert werden darf.

Abstrakt entstanden ist der Schadensersatzanspruch im Zeitpunkt des schädigenden Ereignisses, hier also in 2004. Allerdings reicht die zivilrechtliche Existenz für eine Aktivierung vor dem Hintergrund des Vorsichtsgedankens dann nicht aus, wenn es sich um eine sog. bestrittene Forderung handelt. Bestrittene Forderungen dürfen erst am Schluss der Periode angesetzt werden, in welcher der Schuldner den Anspruch entweder anerkannt hat oder der Anspruch dem Gläubiger durch ein rechtskräftiges Urteil zugesprochen worden ist.[189] Eine Anerkennung fand im Beispielsfall

---

184   BFH, BStBl. 1998 II, S. 657; vgl. auch den Vorlagebeschluss an den Großen Senat, BStBl. 2005 II, S. 278.
185   BFH, BStBl. 2005 II, S. 334.
186   BFH, BStBl. 1992 II, S. 278.
187   BFH, BStBl. 2002 II, S. 100.
188   BFH, BStBl. 2000 II, S. 150.
189   BFH, BStBl. 1991 II, S. 213.

erst im Rahmen des (gerichtlichen) Vergleichs im Jahre 2006 statt, so dass eine Aktivierung erst in der Schlussbilanz zum 31.12.2006 erfolgen darf.

Die Frage der Aktivierbarkeit **bestimmbarer künftiger Forderungen** (außerhalb gesicherter Rechtspositionen in Form eines Anwartschaftsrechts), die zwar noch nicht rechtlich entstanden, aber „so gut wie sicher" zu erwarten sind, ist im Zusammenhang mit der sog. **phasengleichen Bilanzierung von Dividendenansprüchen** intensiv erörtert worden. Im Rahmen der phasengleichen Bilanzierung von Dividendenansprüchen ist zweifelhaft, ob ein Gewinnanspruch, der einem Mutterunternehmen gegenüber einer Tochterkapitalgesellschaft zusteht, an der das Mutterunternehmen allein oder mit Mehrheit beteiligt ist, bilanzrechtlich bereits dann als hinreichend konkretisiert und damit aktivierungsfähig angesehen werden kann, wenn die Geschäftsjahre beider Unternehmen deckungsgleich sind und die Gesellschafter der Tochtergesellschaft über die Feststellungen des Jahresabschlusses und die Gewinnverwendung beschließen, bevor die Prüfung des Mutterunternehmens abgeschlossen ist. In der Sache „Tomberger" war der BGH zunächst der Meinung, dass eine phasengleiche Bilanzierung bei der Muttergesellschaft zu erfolgen habe, hatte allerdings die Befürchtung, dass diese Sichtweise gegen das Realisationsprinzip in Art. 31 Abs. 1 Buchst. c Doppelbuchst. aa der 4. Bilanzrichtlinie verstoßen könne und legte die Frage deshalb dem EuGH vor.[190] Die Gegenposition vertrat der Generalanwalt am EuGH in seinem Schlussantrag, in dem er sich für eine streng rechtliche Sicht des Bilanzrechts aussprach.[191] Der EuGH wiederum ist dem Schlussantrag nicht gefolgt und hat sich unter bestimmten Voraussetzungen für eine phasengleiche Aktivierung von Dividendenansprüchen ausgesprochen.[192] In diesem Sinn ist dann vom BGH entschieden worden.[193] Dies hat allerdings den Großen Senat des BFH nicht davon abgehalten, in einem vergleichbaren Fall steuerrechtlich anders zu entscheiden.[194] Der BFH sieht in der Dividendenanwartschaft am Bilanzstichtag des Jahres, in dem der Gewinn entstanden ist, i.d.R. noch kein Wirtschaftsgut. Dies führt zu dem überraschenden Ergebnis, dass der Begriff des Vermögensgegenstandes unter Berücksichtigung der Rspr. des EuGH weiter sein könnte als der des Wirtschaftsgutes im Bilanzsteuerrecht.

2. Immaterielle Vermögensgegenstände

126   Bereits abstrakt nicht aktivierungsfähig sind **Ausgaben an einen Dritten**, die nicht als Erwerb einer zumindest immateriellen Vermögensposition qualifiziert werden können. Da auch § 248 Abs. 2 HGB den entgeltlichen Erwerb eines Vermögensgegenstandes voraussetzt, reicht die an einen Dritten geleistete Ausgabe nicht aus. Deshalb sind Zahlungen an eine Werbeagentur für einen Reklamefeldzug nicht aktivierungsfähig.[195] Hier fehlt es bereits an einem Vermögensgegenstand. Für die **bilanzielle Entgeltlichkeit** ist erforderlich, dass die Aufwendungen Gegenleistung für einen betrieblichen Vorteil sind. Nötig ist ein Leistungsaustausch (Kauf, Tausch, gesellschaftsrechtlicher Vorgang). Deshalb scheiden **betriebliche Vorteile aufgrund einseitiger Erwartungen** des Leistenden aus dem Kreis der aktivierbaren Positionen aus.

> *Beispiel:*
>
> *Die A-GmbH unterhält einen Steinbruch. Für den Bau einer öffentlichen Straße leistet sie einen Zuschuss, um die Ortsdurchfahrt vom Schwerlastverkehr zu entlasten.*
>
> *Bei **Zuschüssen** kommt es darauf an, ob diese in einem schuldrechtlichen Zusammenhang mit einem entgeltlichen Leistungsaustausch stehen.[196] Hier führt die Benutzungsmöglichkeit der neu ausgebauten Straße zu keinem aktivierungsfähigen Vermögensgegenstand (Wirtschaftsgut), da die A-GmbH kein Sondernutzungsrecht erworben hat und es damit an einer konkreten (greifbaren) Gegenleistung, die über den allgemeinen Gemeingebrauch hinausgeht,*

---

190   BFH, DB 1994, 1868.
191   DB 1996, 316.
192   EuGHE I 1996, S. 3133.
193   BGH, DStR 1998, 383.
194   BFH, BStBl. 2000 II, S. 632; BFH/NV 2001, 854.
195   BFH, BStBl. 1964 III, S. 138; BStBl. 1977 II, S. 279; Winnefeld, Bilanz-Handbuch, D Rn. 641.
196   Näher: M. Fischer, Die Unentgeltlichkeit im Zivilrecht, S. 63 f.

fehlt.[197] *Demgegenüber ist ein entgeltlicher Leistungsaustausch z.B. dann anzunehmen, wenn dem Pächter einer Gaststätte von einer Brauerei ein Zuschuss für die Einrichtung gewährt wird und der Pächter sich im Gegenzug verpflichtet, die Gaststätte mit dem Bier der Brauerei in den nächsten Jahren beliefern zu lassen (sog. Bierlieferungsvertrag). Hier ist das Bierlieferungsrecht als ein entgeltlich erworbener immaterieller Vermögensgegenstand des Anlagevermögens bei der Brauerei zu erfassen.*

Wie § 248 Abs. 2 HGB zeigt, sind nicht alle Vermögensgegenstände bilanzrechtlich ipso iure aktivierungsfähig. Für immaterielle Vermögensgegenstände des Anlagevermögens statuiert die Vorschrift ein Aktivierungsverbot für **selbst geschaffene immaterielle Anlagewerte**, woraus dann im Zusammenspiel mit § 246 Abs. 1 HGB folgt, dass entgeltlich erworbene immaterielle Vermögensgegenstände aktiviert werden müssen. Zu den immateriellen Vermögensgegenständen (vgl. § 266 Abs. 2 A I HGB) gehören vor allem Konzessionen, gewerbliche Schutzrechte, ähnliche Rechte sowie Lizenzen an solchen Positionen. Demgegenüber sind selbstgeschaffene immaterielle Vermögensgegenstände des **Umlaufvermögens** (z.B. Gegenstände der Auftragsforschung oder zum Verkauf bestimmte EDV-Programme) handelsrechtlich generell aktivierungspflichtig. 127

Beispiel:

Ein auf Nano-Technologie spezialisiertes Unternehmen hat eine Erfindung gemacht und erfolgreich patentieren lassen. Die Forschungs- und Entwicklungsaufwendungen belaufen sich auf 500.000 €. Gemäß § 248 Abs. 2 HGB dürfen diese Aufwendungen, die dem Anlagevermögen zuzuordnen sind, nicht aktiviert werden. Zwar hängen bestimmte Aufwendungen (z.B. Löhne, Material) wirtschaftlich mit der Erfindung zusammen, sie sind allerdings nicht mit dem immateriellen Vermögensgegenstand selbst identisch. Erst wenn das Unternehmen das Patent entgeltlich veräußert, wird ein entsprechender Gewinn realisiert und der Erwerber hat das Patent als entgeltlich erworbenen Vermögensgegenstand mit den Anschaffungskosten zu aktivieren. Dagegen käme unter Zugrundelegung internationaler Rechnungslegungsstandards eine Aktivierung zum Zuge (vgl. IAS 38.51 ff.).[198]

§ 248 Abs. 2 HGB ist nach h.M. nicht einschlägig, wenn Gesellschafter in Personen- oder Kapitalgesellschaften immaterielle Vermögensgegenstände des Anlagevermögens im Wege der gesellschaftsrechtlichen **Sacheinlage gegen Gewährung von Gesellschaftsrechten** übertragen. Der Vorgang wird aus Sicht der erwerbenden Gesellschaft als **tauschähnliches Anschaffungsgeschäft** und damit als entgeltlicher Erwerb gewertet.[199] Werden keine Gesellschaftsrechte gewährt, fehlt es an einer Gegenleistung der Gesellschaft (**sog. verdeckte Einlage**). Hier ist § 248 Abs. 2 HGB zu beachten. Wird demgegenüber ein materieller Vermögensgegenstand verdeckt als Sacheinlage in eine Kapitalgesellschaft eingelegt, ist diese mit dem Zeitwert zu aktivieren. Die Erhöhung des Eigenkapitals ist in der Kapitalrücklage nach § 272 Abs. 2 Nr. 4 HGB auszuweisen. Die Einzelheiten sind umstritten, namentlich im Zusammenhang mit einem Forderungserlass, wenn die Forderung nicht (voll) werthaltig ist.[200] 128

3. Aktive Rechnungsabgrenzungsposten

Bei aktiven Rechnungsabgrenzungsposten (RAP) geht es darum, **Ausgaben**, die im aktuellen Wirtschaftsjahr **noch keinen Aufwand** darstellen, durch Aktivierung zu **neutralisieren**. Dies ist notwendig, wenn die Ausgaben nicht zu einem Vermögensgegenstand geführt haben. Die Anerkennung von RAP (zu sog. passiven RAP unten Rn. 156) ist Ausfluss einer dynamischen Bilanzauffassung, nach der sich die periodengerechte Gewinnabgrenzung nicht ausschließlich nach dem Begriff des Vermögensgegenstandes richten darf. Damit wird dem Zweck der Rechnungslegung, eine möglichst objektive **Ermittlung des Periodenergebnisses** zu schaffen, Rechnung getragen. Aufwendungen und Erträge sollen dem Wirtschaftsjahr ihrer Verursachung zugeordnet werden. 129

---

197 BFH, BStBl. 1990 II, S. 569.
198 Näher: Scheinpflug, in: IFRS-Handbuch, § 4 Rn. 21 ff.
199 BFH, BStBl. 2000 II, S. 230.
200 Näher: Winnefeld, Bilanz-Handbuch, C Rn. 452 ff.

Beispiel:

Die A-GmbH hat von V ein Ladenlokal für 48.000 € p.a. gemietet. Das Mietverhältnis hat am 1.10.2004 begonnen, wobei der Mietzins jährlich als im Voraus fällig vereinbart ist. Die Jahresmietzahlung erfolgt im Oktober. Die Ausgaben betragen im Beispielsfall 48.000 €, als Aufwand sind dem Geschäftsjahr 2004 allerdings nur die Mietzahlungen von Oktober bis Dezember zuzuordnen. Deshalb dürfen auch nur 12.000 € als Aufwand über die GuV-Rechnung berücksichtigt werden. Für die übrigen 36.000 € ist in der Schlussbilanz 2004 der A-GmbH ein aktiver RAP zu bilden.

130   Einschränkend ist zu beachten, dass sich das deutsche Recht bei den RAP auf sog. **transitorische Posten im engeren Sinne** beschränkt. Die Zeit, für die Ausgaben vor dem Abschluss-Stichtag Aufwand nach dem Schluss-Stichtag sind, muss „**bestimmt sein**". Deshalb gehören Ausgaben der abgelaufenen Rechnungsperiode, die irgendeinen künftigen Nutzen versprechen, nicht zu den Rechnungsabgrenzungsposten i.S.d. Handelsbilanzrechts und müssen als sofort abzugsfähiger Aufwand ausgewiesen werden.

Beispiel:

Die ABC-OHG möchte ein neues Produkt auf dem Markt einführen und betreibt im Geschäftsjahr 2004 einen hohen Werbeaufwand, der über den Abschluss-Stichtag hinaus nachwirkt. Die Zeit der Wirkung über den Abschluss-Stichtag hinaus ist nicht bestimmt.

Die von der OHG getätigten Aufwendungen führen mangels entgeltlichen Leistungsaustauschs zu keinem aktivierungsfähigen (immateriellen) Vermögensgegenstand (dazu oben Rn. 126). Auch ein aktiver RAP darf nicht gebildet werden, weil der Aufwand für die Zeit nach dem Anschluss-Stichtag nicht „bestimmt" ist.

131   § 250 Abs. 1 Satz 2 HGB erlaubt die Bildung weiterer RAP, um auf diese Weise Handels- und Steuerbilanz übereinstimmen zu lassen (vgl. § 5 Abs. 5 Satz 2 EStG). Die in § 5 Abs. 5 Satz 2 EStG vorgeschriebene Aktivierung der genannten **Zölle und Verbrauchsteuern** sowie der **USt** auf Anzahlungen ist handelsrechtlich verfehlt und dient nicht der Rechnungsabgrenzung. Ergänzend werden Zweifel an der Vereinbarkeit mit der 4. EG-Richtlinie geäußert. Deshalb wird vorgeschlagen, das Wahlrecht ersatzlos entfallen zu lassen.[201]

Bei dem von § 250 Abs. 3 HGB genannten **Disagio** (= Differenz zwischen Rückzahlungsbetrag einer Verbindlichkeit und niedrigerem Ausgabebetrag) liegt nach Ansicht des BFH der Sache nach ein entrichteter Zins und damit eine klassische Rechnungsabgrenzungskonstellation vor,[202] also eine Ausgabe vor dem Abschluss-Stichtag, die den Grundsätzen des § 250 Abs. 1 Satz 1 HGB entspricht. Legt man dieses Verständnis zugrunde,[203] ist der Sinn der Vorschrift[204] darin zu sehen, die Abgrenzung des Unterschiedsbetrags von der Aktivierungspflicht nach § 250 Abs. 1 Satz 1 HGB auszunehmen, indem wahlweise **das Disagio als Aufwand behandelt werden darf**.

4. Bilanzierungshilfen

132   **Aufwendungen** sind grds. nur dann aktivierbar, wenn sie sich zu einem Vermögensgegenstand verdichtet haben. Dieser Grundsatz wird durchbrochen, wenn der Gesetzgeber in genau definierten Ausnahmefällen (§§ 269, 274 Abs. 2 HGB) eine Bilanzierungshilfe gewährt. Damit sollen **einmalige Aufwendungen**, die weder als Vermögensgegenstände noch als RAP erfasst werden können, aktivierbar sein.

Vor allem für die **Ingangsetzung und Erweiterung des Geschäftsbetriebes** (vgl. § 269 HGB) kann bei Kapitalgesellschaften und Gesellschaften i.S.d. § 264a HGB eine Bilanzierungshilfe in Anspruch genommen werden. Die Bilanzierungshilfe des § 269 HGB ermöglicht die Aktivierung von Aufwendungen vor Erreichen einer geordneten Produktion in der Gründungsphase eines Unternehmens. Sie führt zu

---

201 Schulze-Osterloh, ZIP 2004, 1128, 1130.
202 BFH, BStBl. 1984 II, S. 713 f.
203 Wird das Disagio bei vorzeitiger Kündigung nicht rückerstattet, kommt auch die Einordnung als Bilanzierungshilfe in Betracht.
204 Kritisch z.B. Schulze-Osterloh, ZIP 2004, 1128, 1130: Verfälschung der periodengerechten Ergebnisermittlung.

einer „**Aufwandsglättung**", weil ohne Bilanzierungshilfen viele Gesellschaften gezwungen wären, ein negatives Eigenkapital oder einen Posten, „nicht durch Eigenkapital gedeckter Fehlbetrag" (§ 268 Abs. 3 HGB), auszuweisen. Wie sich aus § 248 Abs. 1 HGB ergibt, sind keine Aufwendungen i.S.d. 269 HGB allerdings Aufwendungen für die Gründung und die Beschaffung des Eigenkapitals. Zugleich verhindert die Ausschüttungssperre des § 269 Satz 2 HGB, dass der Kapitalgesellschaft zusätzlich zu den bereits abgeflossenen Aufwendungen weitere Liquidität im Wege der Ausschüttung entzogen wird. Im Zusammenhang mit der **effektiven Kapitalaufbringung** und der daran anknüpfenden Vorbelastungs- bzw. Unterbilanzhaftung dürfen Aufwendungen i.S.d. § 269 HGB nicht als Aktivposten angesehen werden (dazu oben Rn. 36). Im **Überschuldungsstatus** der Kapitalgesellschaft sind Bilanzierungshilfen ebenso wenig anzusetzen, da es sich nur um einen fiktiven Vermögensgegenstand handelt.[205]

5. Geschäfts- bzw. Firmenwert

Der Geschäftswert ist – vereinfacht ausgedrückt – die **Differenz** zwischen dem **Ertragswert** eines Unternehmens und dem **Substanzwert** (= Zeitwert sämtlicher Vermögensgegenstände nach Abzug der Schulden). Liegt ein **Mehrwert** (= positiver Geschäftswert) vor, spiegeln sich darin die nicht aktivierungsfähigen wirtschaftlichen Vorteile wider.

133

Beispiele:

Kundenstamm, Qualität der Mitarbeiter, Vertrauen in die Unternehmensleistung, Standortvorteile, Ansehen des Unternehmens oder Konkurrenzsituationen

Die genannten Wert bildenden Faktoren sind unwägbar, weshalb die **Aktivierung eines selbst geschaffenen (originären) Geschäftswertes** nicht erfolgen darf (vgl. §§ 255 Abs. 4, 248 Abs. 2 HGB). Anders ist die Situation, wenn ein Unternehmen veräußert wird. Der Käufer darf die entgeltlich erworbenen materiellen und immateriellen Vermögensgegenstände höchstens zu Zeitwerten und die (gewissen oder ungewissen) Schulden einschließlich Rechnungsabgrenzungsposten mit ihrem Zeitwert ansetzen. Ergibt sich danach eine positive Differenz zwischen vereinbartem Kaufpreis und dem Saldo der zu Zeitwerten angesetzten Aktiva und Passiva, stellen die verbleibenden Anschaffungskosten einen sog. **derivativen (entgeltlich erworbenen) positiven Geschäftswert** dar.

Nach **handelsbilanzrechtlichem Verständnis** ist der Geschäftswert – wie § 255 Abs. 4 Satz 1 HGB („Unterschiedsbetrag") zeigt – eine reine **Rechengröße** im Sinne eines technischen Differenzbetrages. Er wird deshalb nicht als Vermögensgegenstand eingeordnet. Die Steuerrechtsprechung geht von einem immateriellen Wirtschaftsgut aus.[206] Handelsrechtlich wird dem Erwerber ein **Aktivierungswahlrecht** eingeräumt, wobei der Betrag nach § 255 Abs. 4 Satz 2 HGB in jedem folgenden Geschäftsjahr um mindestens ein Viertel abzuschreiben ist. Wahlweise erlaubt § 255 Abs. 4 Satz 3 HGB – anders §§ 269, 282 HGB -, die Abschreibung auf die voraussichtliche „Nutzungsdauer" zu verteilen, um einen Gleichlauf von Handels- und Steuerbilanz zu ermöglichen. Denn steuerrechtlich muss der Geschäftswert nicht nur aktiviert werden, sondern er ist nach § 7 Abs. 1 Satz 3 EStG grds. auf 15 Jahre abzuschreiben.

Das Aktivierungswahlrecht des § 255 Abs. 4 Satz 1 HGB, einen Mehrerlös auch als sofort **ergebniswirksamen Aufwand** behandeln zu dürfen, führt zu einer Verzerrung einer periodengerechten Gewinnermittlung. Es lässt sich auch nicht mit dem Vorsichtsprinzip begründen, weil damit die Vermutung für eine Fehlinvestition des Erwerbers unterstellt würde. Deshalb wird de lege ferenda eine Aktivierungspflicht vorgeschlagen.[207] Kritisiert wird ferner das **Wahlrecht des § 255 Abs. 4 Satz 3 HGB**, weil dieses nicht dem Vorsichtsprinzip, sondern einer Anpassung der handels- an die steuerbilanzielle Gewinnermittlung dient.[208] Das Vorsichtsprinzip streitet hier für einen tendenziell **eher kürzeren als längeren Abschreibungszeitraum**. Namentlich lässt sich die für die internationale Konzernrechnungslegung nach IAS/IFRS

134

---

205 A.A.: Weber-Grellet, Bilanzsteuerrecht, § 9 Rn. 10.
206 BFH, BStBl. 1980 II, S. 690; BStBl. 1987 II, S. 455.
207 Schulze-Osterloh, ZIP 2004, 1128, 1131.
208 Schulze-Osterloh, ZIP 2004, 1128, 1131.

neuerdings vorgeschriebene Regelung (IFRS 3), wonach der entgeltlich erworbene Geschäftswert nicht mehr planmäßig abgeschrieben, sondern nur noch einem jährlichen Werthaltigkeitstest („impairment-only-approach") unterworfen wird,[209] mit dem traditionell am Vorsichtsgedanken orientierten deutschen Bilanzrecht nicht vereinbaren.

135 Theoretisch ist auch ein sog. **negativer Geschäftswert** denkbar, wenn nämlich der von dem Erwerber für das Unternehmen gezahlte Kaufpreis mangels ausreichender Rentabilität des Unternehmens unterhalb des Saldos der zum Zeitwert angesetzten Vermögensgegenstände nach Abzug der Schulden liegt. In der Praxis wird bislang ein sog. negativer Geschäftswert allerdings nicht anerkannt.[210]

6. Korrekturen zur Passiva

136 In der **Handelsbilanz der Kapitalgesellschaft** sind als Korrekturposten zu Passivposten auf der Aktivseite **folgende Sachverhalte** zu nennen:
- **Ausstehende Einlagen** auf das gezeichnete Kapital (§ 272 Abs. 1 HGB), wenn nicht der volle Betrag, den die Mitglieder der Kapitalgesellschaft erbringen müssen, an die Kapitalgesellschaft geflossen ist;
- der „nicht durch Kapital gedeckte **Fehlbetrag**" des § 268 Abs. 3 HGB, der dadurch entsteht, dass das Unternehmen rechnerisch überschuldet ist, weil die Aktiva die Schulden nicht decken. Es handelt sich um einen Differenzposten zur Aktivseite.

7. Verbindlichkeiten

137 Der Begriff des Vermögensgegenstandes umfasst **nicht Schulden** (vgl. §§ 240 Abs. 1, 246 Abs. 1 HGB). Aus § 247 Abs. 1 HGB ergibt sich die **Zusammensetzung der Passivseite** der Bilanz: Eigenkapital, Schulden und transitorische (passive) RAP (§ 250 Abs. 2 HGB). Schulden wiederum können Verbindlichkeiten und Rückstellungen sein.

138 Die **Verbindlichkeit** ist vom **Rückstellungsbegriff abzugrenzen**. Bei der Rückstellung ist die Verbindlichkeit dem Grunde und der Höhe nach noch ungewiss. Grds. erfordert eine zu passivierende Verbindlichkeit den **durchsetzbaren Anspruch eines Dritten**. Allerdings sind aus Vorsichtsgründen auch einredebehaftete Forderungen bei Erfüllungsbereitschaft sowie Verbindlichkeiten, bei denen nicht alle Elemente des durchsetzbaren Anspruchs vorliegen (z.B. fehlende Fälligkeit) zu passivieren.[211] Der Umfang der gesondert auszuweisenden Verbindlichkeiten ergibt sich für Kapitalgesellschaften und Personenhandelsgesellschaften i.S.d. § 264a HGB aus § 266 Abs. 3 C HGB:
- Anleihen,
- Verbindlichkeiten gegenüber Kreditinstituten,
- erhaltene Anzahlungen auf Bestellungen,
- Verbindlichkeiten aus Lieferungen und Leistungen,
- Verbindlichkeiten aus der Annahme gezogener Wechsel und aus der Ausstellung eigener Wechsel,
- Verbindlichkeiten gegenüber verbundenen Unternehmen,
- Verbindlichkeiten gegenüber Unternehmen, mit denen ein Beteiligungsverhältnis besteht und
- sonstige Verbindlichkeiten.

Bei kleinen Gesellschaften ist ein zusammengefasster Ausweis möglich (§ 266 Abs. 1 Satz 3 HGB).

Ist eine Verbindlichkeit zwar rechtlich entstanden, aber **noch nicht wirtschaftlich verursacht**, hat eine (vollständige) Passivierung auf den früheren Bilanzstichtag zu erfolgen. Eine Anwendung des Realisati-

---

209 Senger/Brune/Elprana, in: IFRS-Handbuch, § 33 Rn. 97 ff.
210 BFH, BStBl. 1998 II, S. 180; a.A.: Clemm, in: FS für Claussen, S. 605 ff.; Hartung, in: FS für Beisse, S. 235 ff. m.w.N.
211 Scholz/Crezelius, GmbHG, Anh. § 42a Rn. 144, 219 m.w.N.

onsprinzips auf die Passivseite in Form einer Periodisierung des Aufwandes ist nicht zulässig (vgl. oben Rn. 97).

Eigenkapitalersetzende Gesellschafterdarlehen sind im Jahresabschluss als Verbindlichkeiten zu passivieren. Dies gilt sowohl für die sog. Rechtsprechungs-Darlehen als auch für die im GmbHG geregelten Novellen-Darlehen.[212] Eine erfolgswirksame Ausbuchung würde zum einen die Ertragslage irreführend wiedergeben, zum anderen sind die Voraussetzungen des Eigenkapitalersatzes im Einzelfall alles andere als klar festzustellen. Die überwiegende Meinung lehnt auch einen gesonderten Ausweis mit entsprechender Bezeichnung ab.[213]

139

Besondere Probleme werfen **Rangrücktrittsvereinbarungen** und **Genussrechte mit sog. Eigenkapitalcharakter** auf. Im Ausgangspunkt entspricht es der h.M., dass Verbindlichkeiten, die erst aus **künftigen Gewinnen** zu bedienen sind (Genussrechte, Besserungsscheine), nicht (weiter) passiviert werden dürfen und auszubuchen sind, wenn die Gläubigerrechte entweder am Verlust in voller Höhe teilnehmen oder aufschiebend bedingt sind.[214] Hintergrund ist das Interesse einer periodengerechten Ergebnisermittlung, weshalb die Erwartung künftiger Gewinne für sich betrachtet eine Passivierungspflicht nicht zu begründen vermag. Werden **Genussrechte** ausschließlich erfolgsabhängig und mit Längerfristigkeit der Kapitalüberlassung einschließlich einer Nachrangigkeit in Insolvenz und Liquidation ausgestaltet, erfüllt das zugeführte Kapital handelsbilanzrechtlich die Funktion von Eigenkapital. Man spricht insoweit von **sog. hybriden Finanzierungen mit Eigenkapitalcharakter**.[215]

140

Soweit Drittgläubiger oder Gesellschafter, die ein eigenkapitalersetzendes Darlehen gegeben haben, ihre Forderung einer (schuldrechtlichen) **Rangrücktrittsvereinbarung** unterstellen, bleibt es **im Grundsatz** bei einer **Passivierung** der Verbindlichkeit bei der Gesellschaft. Denn bei dem Rangrücktritt handelt es sich lediglich um einen schuldändernden Vertrag i.S.d. § 311 Abs. 1 BGB, der den Bestand der Forderung unberührt lässt und bloß die Erfüllungsmodalitäten modifiziert. Namentlich gewährt die Vereinbarung dem Schuldner ein Leistungsverweigerungsrecht. Der Zweck des Rangrücktritts besteht darin, im insolvenzrechtlichen Überschuldungsstatus die Gläubigerforderung als Verbindlichkeit auszubuchen und dem Eigenkapital zuzurechnen, um damit die Überschuldung von Kapitalgesellschaften und von Gesellschaften, die unter §§ 130a, 177a HGB fallen, zu reduzieren bzw. zu beseitigen. Allerdings würde handelsbilanzrechtlich außerhalb der Insolvenz der Gesellschaft deren Kapitalsituation nicht korrekt wiedergegeben, wenn der Betrag der Verbindlichkeit ausgebucht und stattdessen ein Ertrag ausgewiesen würde.[216] Dieser Grundsatz gilt jedenfalls dann, wenn es sich um eine – regelmäßig anzunehmende – einfache schuldrechtliche Rangrücktrittsvereinbarung handelt. Vereinbaren die Parteien dem gegenüber einen **dinglichen Forderungserlass** i.S.d. § 397 BGB unter der aufschiebenden Bedingung einer Besserungsabrede („Besserungsschein"), wird erst künftiger Gewinn und damit nicht das aktuelle unternehmerische Vermögen belastet. In diesem Fall ist die Verbindlichkeit auszubuchen.[217]

141

> **Hinweis:**
> Die Ausbuchung muss nicht ertragswirksam erfolgen, sondern kann zumindest in Höhe der Werthaltigkeit der Forderung – nach hier vertretener Auffassung sogar in voller Höhe des Nominalwertes – zu einem Ausweis in der Kapitalrücklage (§ 272 Abs. 2 Nr. 4 HGB) führen.

---

212 BGHZ 124, 282, 284; BFH, BStBl. 1992 II, S. 532, 534 f.; Baumbach/Hueck/Schulze-Osterloh, GmbHG, § 42 Rn. 295 m.w.N.
213 BGHZ 124, 282, 285; a.A.: Baumbach/Hueck/Schulze-Osterloh, GmbHG, § 42 Rn. 296 m.w.N.
214 Scholz/Crezelius, GmbHG, Anh. § 42a Rn. 219 m.w.N.
215 Baumbach/Hueck/Schulze-Osterloh, GmbHG, § 42 Rn. 284 m.w.N. einschl. der umstrittenen Frage der zutreffenden Ausweistechnik.
216 BFH, BStBl. 1990 II, S. 71; Scholz/Crezelius, GmbHG, Anh. § 42a Rn. 220 m.w.N.
217 Scholz/Crezelius, GmbHG, Anh. § 42a Rn. 181 m.w.N.

142 Probleme hat in der jüngeren Vergangenheit die handelsbilanz- und steuerbilanzrechtliche Einordnung des sog. **qualifizierten** schuldrechtlichen Rangrücktritts bereitet. Im Anschluss an eine Entscheidung des BGH[218] zum insolvenzrechtlichen Überschuldungsstatus hatte sich die Meinung verfestigt, es bedürfe für die Umbuchung von Verbindlichkeiten in Eigenkapital eines sog. qualifizierten Rangrücktritts, nach dem der Drittgläubiger im Fall der Insolvenz wie Gesellschafter mit ihrer Einlage auf den letzten Rang i.S.d. § 199 Satz 2 InsO zurücktreten müssten. Inzwischen hat sich allerdings sowohl handelsrechtlich als auch im Hinblick auf § 5 Abs. 2a EStG die Ansicht durchgesetzt, dass zwischen dem einfachen und qualifizierten Rangrücktritt keine grundsätzliche Differenzierung geboten sei. Entscheidend sei, dass die Verbindlichkeit für den Fall der Besserung nicht ausschließlich aus künftigen Gewinnen, sondern auch aus dem Liquidationsüberschuss und dem die sonstigen Verbindlichkeiten übersteigenden (freien) Vermögen des Darlehensnehmers zu bedienen sei, um eine Auflösung der Verbindlichkeit in der Bilanz des Darlehensnehmers zu vermeiden.[219]

> *Beispiel:*
>
> *Die A-GmbH ist in Folge ungeschickter Einkaufspolitik in Liquiditätsschwierigkeiten geraten. Die finanzierende Hausbank lehnt eine Erhöhung der Kreditlinie ab. Stattdessen gibt der Gesellschafter G ein Darlehen von 500.000 €. G teilt dem GmbH-Geschäftsführer X mit, er werde im Zweifelsfall „selbstverständlich hinter allen Fremdgläubigern zurückstehen".*
>
> *Der IV. Senat des BFH[220] hat entschieden, dass eine Rangrücktrittsvereinbarung auch dann nicht gewinnerhöhend aufzulösen sei, wenn sie vorsehe, die Darlehensverbindlichkeit nur zulasten von künftigen Gewinnen zu bedienen, ohne dass insofern ausdrücklich auf einen künftigen Liquidationsüberschuss oder auf das die sonstigen Verbindlichkeiten des Darlehensnehmers übersteigende Vermögen ausdrücklich Bezug genommen wird. Begründet wird dies letztlich mit einer Auslegung der Vertragsvereinbarung. Ein nicht näher präzisierter Rangrücktritt sei dahingehend auszulegen, dass der Gläubiger für den Fall der Besserung nicht auf die Rückzahlung des Darlehens aus dem Liquidationsüberschuss oder aus dem die sonstigen Verbindlichkeiten übersteigenden Vermögen des Schuldners verzichte. Wird der Rangrücktritt demgegenüber ausdrücklich auf eine Rückzahlung lediglich aus künftigen Gewinnen beschränkt, wird der schuldrechtliche Rangrücktritt wie ein dinglicher Forderungsverzicht behandelt. Erfolgt allerdings keine Beschränkung der Rückerstattung ausschließlich zulasten künftiger Gewinne, so soll auch eine sog. qualifizierte Rangrücktrittsvereinbarung dergestalt, dass im Insolvenzfall das Darlehen den gleichen Rang wie Eigenkapital einnimmt (vgl. § 199 Satz 1 InsO), unschädlich sein. Das BMF[221] stimmt dieser Sichtweise im Grundsatz zu, hat allerdings die Auslegungsregel nicht übernommen. Deshalb muss in der Praxis darauf geachtet werden, ausdrücklich eine Tilgung der Verbindlichkeit aus dem Liquidationsüberschuss oder aus dem die sonstigen Verbindlichkeiten des Schuldners übersteigenden Vermögen in der Rangrücktrittsvereinbarung zu regeln.*

8. Rückstellungen

a) Systematik

143 Rückstellungen werden **zwischen Eigenkapital und Verbindlichkeiten eingeordnet** (vgl. § 266 Abs. 3 HGB). Ihr theoretisches Verständnis ist davon geprägt, ob man der statischen oder dynamischen Bilanzauffassung zuneigt.[222] Nach **statischer Auffassung** dienen Rückstellungen der zutreffenden Erfassung (rechtlicher) Verbindlichkeiten, während die **dynamische Auffassung** darauf abzielt, spätere Aufwendungen in die Periode ihrer Verursachung einzurechnen. Der unterschiedliche theoretische Ansatz hat Konsequenzen im Hinblick auf die Bedeutung einer wirtschaftlichen Verursachung für die Rückstellungsbildung (zur Anwendbarkeit des Realisationsprinzips oben Rn. 95, 97). Im Ausgangspunkt ist jedoch **vom Katalog des § 249 HGB auszugehen**, dessen kleinster gemeinsamer Nenner darin besteht, dass Passivposten zur Berücksichtigung künftig anfallender Aufwendungen gebildet werden müssen bzw.

---

218   BGHZ 146, 264.
219   BFH, BStBl. 2006 II, S. 618; im Grundsatz zustimmend BMF, BStBl. 2006 I, S. 497. Zu Ungereimtheiten näher: Kahlert/Rühland, ZInsO 2006, 1009; Lang, DStZ 2006, 789.
220   BFH, BStBl. 2006 II, S. 618.
221   BMF, BStBl. 2006 I, S. 497.
222   Adler/Düring/Schmalz, Rechnungslegung, § 249 HGB Rn. 20 ff.

können, obwohl Grund und/oder Höhe dieser Posten ungewiss sind. Materiell geht es demnach um eine Ausprägung des **Imparitätsprinzips**.

§ 249 HGB gibt folgende **Systematisierung verschiedener Rückstellungsarten** vor: 144

- Rückstellungen mit Verbindlichkeitscharakter,
- Rückstellungen für drohende Verluste aus schwebenden Geschäften,
- Rückstellungen ohne Verbindlichkeitscharakter (sog. Aufwandsrückstellungen).

b) Rückstellungen mit Verbindlichkeitscharakter

Rückstellungen mit Verbindlichkeitscharakter sind **Drittverpflichtungen**, die dem **Grunde und/oder der Höhe nach ungewiss** sind. Sie setzen eine Schuldner-Gläubiger-Beziehung voraus, so dass unternehmensinterner „Aufwand gegen sich selbst" mangels Schuldcharakter auszugrenzen ist. Im Einzelfall kann sich der Schuldcharakter einer am Bilanzstichtag bestehenden Belastung aus einem vertraglichen oder gesetzlichen **Schuldverhältnis** ergeben, wobei die Person des Gläubigers nicht bekannt sein muss (z.B. im Fall der Produzentenhaftung), oder aus **öffentlich-rechtlichen Verpflichtungen** (z.B. Steuern, Jahresabschlusskosten). 145

Ungereimtheiten herrschen im Hinblick auf die Notwendigkeit einer **Kenntnis des Gläubigers** bezüglich seines Anspruchs. Nach Ansicht des BFH ist bei Schadensersatz- und Beseitigungsansprüchen eine Inanspruchnahme des Schuldners erst dann **wahrscheinlich** und damit rückstellungsfähig, wenn die den Anspruch begründenden Tatsachen entdeckt und dem Geschädigten bekannt geworden sind oder dies doch unmittelbar bevorsteht.[223] **Für vertragliche Verbindlichkeiten** kommt demgegenüber der Kenntnis des Gläubigers keine eigenständige Bedeutung zu. Dies beruht wohl darauf, dass bei jenen davon auszugehen ist, dass der Vertragspartner seine Rechte kennt und zu gegebener Zeit davon Gebrauch machen wird.[224] 146

Noch enger sieht der **BFH** die Rückstellungsbildung im Zusammenhang mit **öffentlich-rechtlichen Verpflichtungen**, namentlich öffentlich-rechtlichen Lasten (z.B. Umweltschutzverpflichtungen). Eine Grundlage für die Bildung einer Rückstellung hält der BFH nur dann für gegeben, wenn ein **Gesetz oder eine Verfügung** (Verwaltungsakt) der zuständigen Behörde ein inhaltlich genau bestimmtes Handeln innerhalb eines bestimmten Zeitraumes vorschreibt und wenn an die Verletzung der öffentlich-rechtlichen Verpflichtung **Sanktionen geknüpft sind**, so dass sich das Unternehmen der Erfüllung der Verpflichtung tatsächlich nicht entziehen kann.[225] 147

Allerdings ist der Fragenkomplex nicht abschließend geklärt. So vertritt der **I. Senat des BFH** eine strikte Anbindung an das Vorsichtsprinzip und verlangt zwingend eine Rückstellungsbildung, wenn die Verwaltungsbehörde von einer Schadstoffbelastung Kenntnis hat und der polizeirechtliche Störer ernsthaft mit einer Inanspruchnahme aus seiner ihn treffenden öffentlich-rechtlichen Verpflichtung rechnen muss.[226] In einer weiteren aktuellen Entscheidung geht der I. Senat des BFH davon aus, dass sich eine Passivierung auch schon aus einer hinreichend konkretisierten Rechtsnorm ergeben könne.[227] Deshalb hat der BFH[228] die Rückstellung für eine Abbruchverpflichtung für den Fall bejaht, in dem ungewiss war, zu welchem Zeitpunkt das Nutzungsverhältnis enden werde.

Für die Bildung einer Verbindlichkeitsrückstellung kommt es nicht zwingend auf das Bestehen eines rechtlich durchsetzbaren und einklagbaren Anspruchs gegen den Bilanzierenden an. Entscheidend ist vielmehr, dass der Verpflichtete zum Bilanzstichtag **ernsthaft mit dem Bestehen oder Entstehen einer Schuld rechnen** muss, die durch die Geschäftsvorfälle des abgelaufenen Wirtschaftsjahres **verursacht** worden ist. Zu den Verbindlichkeiten i.S.d. § 249 Abs. 1 Satz 1 HGB werden auch **faktische** und **nicht** 148

---

223 BFH, BFH/NV 2002, 486.
224 BFH, DStR 2000, 1301.
225 BFH, BStBl. 1992 II, S. 1010; BStBl. 2003 II, S. 131; DStR 2004, 1247.
226 BFH, BFH/NV 2004, 271.
227 BFH, DStR 2005, 1485 m. Anm. Christiansen.
228 BFH, DStR 2000, 1301.

einklagbare Verpflichtungen gezählt, denen sich das Unternehmen nicht entziehen kann.[229] Einen Sonderfall der Fallgruppe „Faktische Verpflichtung" bilden die in § 249 Abs. 1 Satz 2 Nr. 2 HGB erwähnten Rückstellungen für Gewährleistungen ohne rechtliche Verpflichtung. Die Passivierungspflicht für **Kulanzleistungen** ist nicht frei von Bedenken, da es in der Regel um Kundenpflege oder ähnliches geht, die auf zukünftige Geschäftsbeziehungen ausgerichtet ist.

149 Die ungewisse Verbindlichkeit muss **am Bilanzstichtag wirtschaftlich verursacht** sein. Dies setzt voraus, dass die wirtschaftlich wesentlichen Tatbestandsmerkmale für das Entstehen der Verbindlichkeit bereits am Bilanzstichtag erfüllt sind und das wirtschaftliche Entstehen der Verbindlichkeit nur noch von wirtschaftlich unwesentlichen Tatbestandsmerkmalen abhängt. Des Weiteren muss die **Wahrscheinlichkeit** bestehen, dass der Bilanzierungspflichtige in Anspruch genommen wird. Das ist der Fall, wenn nach den Verhältnissen am Bilanzstichtag aus Sicht des Bilanzpflichtigen **mehr Gründe für als gegen** eine wahrscheinliche Inanspruchnahme sprechen (sog. 51 %-Argument).[230] Erforderlich ist eine Prognose aufgrund tatsächlicher Feststellungen unter Beachtung des Vorsichtsprinzips.

> *Beispiel:*
>
> *Die ABC-OHG, die ein Bauunternehmen betreibt, hat in den vergangenen Jahren die Erfahrung gemacht, dass sie bei ausgeführten Bauleistungen pro Jahr ca. 5 % des Vorjahresumsatzes für Gewährleistungsansprüche ihrer Kunden aufwenden muss.*
>
> *In diesem Fall geht es um* **Garantierückstellungen**, *mit denen das Risiko künftiger Erlösschmälerungen durch Nacherfüllung in Form von Nachbesserung oder Nachlieferung bzw. im Einzelfall durch Minderungen oder Schadensersatzleistungen erfasst werden sollen. Sie sind entweder als* **Einzelrückstellung** *für die bis zum Bilanzstichtag bzw. bis zur Aufstellung der Bilanz bekannt gewordenen einzelnen Garantiefälle oder als* **Pauschalrückstellung** *zu bilden. Letztere setzt voraus, dass das Unternehmen aufgrund der Erfahrung in der Vergangenheit mit einer gewissen Wahrscheinlichkeit mit der Inanspruchnahme wegen Gewährleistungen rechnen muss oder dass sich eine entsprechende Inanspruchnahme erfahrungsgemäß in der jeweiligen Branche ergibt. Die Bildung einer Pauschalrückstellung ist, wie der EuGH[231] bestätigt hat, mit der 4. EG-Richtlinie vereinbar. Allerdings darf eine Rückstellung nach § 253 Abs. 1 Satz 2 HGB „nur in Höhe des Betrages" angesetzt werden, „der nach vernünftiger, kaufmännischer Beurteilung notwendig ist". Dies erfolgt im Wege der Schätzung, wobei auf statistische Erfahrungswerte zurückgegriffen werden kann. Das Vorsichtsprinzip gebietet dabei nicht, der Bewertung bei mehreren Schätzungsalternativen die pessimistischste zugrunde zu legen.[232] Bei* **Haftpflichtverbindlichkeiten** *soll demgegenüber eine Rückstellungsbildung in* **pauschaler Form nicht zulässig** *sein, weil es hier an einer entsprechenden Erfahrung aus der Vergangenheit fehlt.[233] Deshalb lässt sich das Produkthaftpflichtrisiko nur dann als Rückstellung abbilden, wenn spätestens bis zum Tag der Bilanzaufstellung ein Schadensersatzanspruch gegenüber dem Bilanzierenden geltend gemacht wird oder wenigstens diesen Anspruch begründende Tatsachen bekannt geworden sind.*

c) Drohende Verluste aus schwebenden Geschäften

150 Nach § 249 Abs. 1 Satz 1 Fall 2 HGB müssen für Drohverluste aus einem schwebenden Geschäft Rückstellungen gebildet werden. Der Tatbestand knüpft an den Nichtausweis sog. schwebender Geschäfte (dazu oben Rn. 113 f.) an, bei denen eine **Gleichwertigkeitsvermutung** besteht. Bestehen konkrete Anhaltspunkte dafür, dass eine Gleichwertigkeit im konkreten Geschäft nicht (mehr) gegeben ist, gebietet das **Imparitätsprinzip**, den künftigen **Verpflichtungsüberschuss** als drohenden Verlust zu antizipieren. Abzustellen ist auf die Wertdifferenz des einzelnen Vertragsverhältnisses, die im Wege der **Einzelbewertung** zu ermitteln ist.[234] Allerdings grenzt der BFH den maßgeblichen Saldierungsbereich nicht nach dem vertraglichen Synallagma ab, sondern legt ein bilanzrechtliches (wirtschaftliches) Synallagma zugrunde,

---

229 BGH, DB 1991, 962; BStBl. 1963 III, S. 237.
230 BFH, BStBl. 2003 II, S. 279; BFH/NV 2003, 1313; Schön, Steuerliche Maßgeblichkeit in Deutschland und Europa, S. 87 f.; kritisch Graf Kanitz, Bilanzkunde für Juristen, Rn. 574 f. m.w.N.
231 EuGH, DStR 1999, 1645.
232 BFH, BFH/NV 2003, 1313.
233 In diesem Sinne wohl BFH, BStBl. 1984 II, S. 263, 265.
234 BFH, BStBl. 1984 II, S. 56.

in welches alle Nebenleistungen und sonstigen wirtschaftlichen Vorteile einzubeziehen sind, die nach dem Inhalt des Vertrags oder nach den Vorstellungen beider Vertragspartner die Geschäftsgrundlage bilden.[235]

Beispiel:

In dem Sachverhalt, der dem sog. Apothekerbeschluss des Großen Senats des BFH[236] zugrunde lag, hatte ein Apotheker in dem Gebäude, in dem er seine Apotheke betrieb, gewerblich nutzbare Räume langfristig angemietet, die er an einen Arzt untervermietete. Der Mietzins, den der Apotheker zu bezahlen hatte, lag höher als der Untermietzins, den der Arzt monatlich dem Apotheker schuldete. Deswegen war zu entscheiden, ob beim Apotheker für das Untermietverhältnis eine Drohverlustrückstellung zu bilden war.

Der Apotheker ist das verlustbringende Miet- und Untermietverhältnis nur deswegen eingegangen, weil er sich von der Patientenschaft des Arztes zusätzliche eigene Kundschaft für seine Apotheke versprach. Zwar konnte der Arzt nicht garantieren, dass seine Patienten als Kunden die Apotheke aufsuchen würden. Doch entsprach es dem beiderseitigen Parteiinteresse, dass diese Chance bei der Höhe des Untermietzinses berücksichtigt wurde. Das externe wirtschaftliche Motiv des Apothekers wurde **vertraglich „internalisiert"**, *indem es Eingang in die Bewertung des gegenseitigen Austauschverhältnisses fand. Eine rechtliche Würdigung der Interessenlage der Parteien führt hier zu dem Ergebnis, dass es sich um ein ausschließlich entgeltliches Untermietverhältnis handelte.[237] Der Arzt wollte erkennbar die mit seiner untermietrechtlichen Position verbundene Rechtsstellung nicht beeinträchtigt wissen, weswegen er die Chance auf Kundschaft für den Apotheker als beiderseitiges Vertragsrisiko mit übernahm. Sollte sich die Chance für den Apotheker nicht realisieren lassen, weil der Arzt etwa seine Tätigkeit in den Räumen wenig später einstellt oder eine andere Apotheke in unmittelbarer Nachbarschaft eröffnet, sind damit vertragliche Rechtsfolgen verbunden. Namentlich wäre hier wegen „Zweckvereitelung" eine Vertragsaufhebung oder Vertragsanpassung bezüglich der Höhe des Mietzinses in Betracht zu ziehen. Unter „Zweckvereitelung" wird hier verstanden, dass der für den Vertrag relevante weitere Zweck der einen Vertragspartei aus Gründen, die keiner Vertragspartei als ihr Risiko zuzurechnen sind, dauernd unerreichbar geworden ist, ohne dass deshalb die zwecklos gewordene Leistung als solche unmöglich geworden wäre.[238] Als Quintessenz folgt die für die Rückstellungsbildung entscheidende* **Gesamtbetrachtung**, *welche die wirtschaftlichen Vorteile des Apothekers mit einbezieht, nicht aus einer wirtschaftlichen Betrachtungsweise, sondern aus der zivilrechtlichen Wertung der Geschäftsgrundlage. Das bilanzrechtliche Synallagma geht deshalb nicht so weit, dass Verluste, die aus einem Dauerschuldverhältnis erzielt werden, mit zu erwartenden Gewinnen aus anderen gleichartigen Geschäften saldiert werden dürfen.[239] Es fehlt an einer verbindenden Geschäftsgrundlage.*

Nach h.M. geht es bei der Rückstellung für drohende Verluste aus schwebenden Geschäften um einen Sonderfall der Rückstellungen für ungewisse Verbindlichkeiten. Daraus folgt ein **Abgrenzungsproblem**, weil die Verbindlichkeitsrückstellung des § 249 Abs. 1 Satz 1 Fall 1 HGB gegenüber der Drohverlustrückstellung (Fall 2) vorrangig ist.[240] Dies hat vor allem bei der steuerlichen Gewinnermittlung eine zentrale Bedeutung. Denn § 5 Abs. 4a EStG normiert bei drohenden Verlusten ein Rückstellungsverbot. Der **Unterschied** zwischen § 249 Abs. 1 Satz 1 Fall 1 und Fall 2 besteht darin, dass bei der Verbindlichkeitsrückstellung die vergangenheitsbezogene gesamte Verpflichtung als Erfüllungsrückstand ausgewiesen wird, während die Drohverlustrückstellung nur den künftigen Verpflichtungsüberschuss, also den Saldo künftiger Aufwendungen gegenüber künftigen Erträgen betrifft.[241] Ein **Erfüllungsrückstand** liegt vor, wenn der Schuldner einer Verpflichtung nicht nachgekommen ist, die er im abgelaufenen Wirtschaftsjahr oder früher hätte erfüllen müssen.[242]

---

235 BFH (GrS), BStBl. 1997 II, S. 735; Winnefeld, Bilanz-Handbuch, D Rn. 1137 f.
236 BFH (GrS), BStBl. 1997 II, S. 735.
237 M. Fischer, Die Unentgeltlichkeit im Zivilrecht, S. 60 f.
238 Palandt/Grüneberg, BGB, § 313 Rn. 35 ff. (Zweckstörung). Dagegen wollen Beuthien, Zweckerreichung und Zweckstörung im Schuldverhältnis, S. 166 ff., Emmerich, Recht der Leistungsstörungen, § 25 II 5, 28 II 4 und Medicus, Bürgerliches Recht, Rn. 160 diese Fälle zumindest teilweise dem Unmöglichkeitsrecht unterstellen.
239 BFH, BStBl. 1998 II, S. 249.
240 BFH, BStBl. 1993 II, S. 855; Winnefeld, Bilanz-Handbuch, D Rn. 1107 ff.
241 BFH, BStBl. 1993 II, S. 855; Winnefeld, Bilanz-Handbuch, D Rn. 1107.
242 BFH, BStBl. 1993 II, S. 373; BStBl. 1998 II, S. 728.

Beispiel:

Unternehmer U hat an einem vermieteten Vermögensgegenstand Reparaturarbeiten unterlassen, auf deren Durchführung im vorangegangenen Geschäftsjahr der Mieter einen Anspruch hatte.

Hier geht es um eine Restverpflichtung aus einem Geschäft, welches U bezogen auf das vergangene Wirtschaftsjahr bereits erfüllt hatte. Es ist wegen des Erfüllungsrückstands und dessen ungewisser Höhe eine Verbindlichkeitsrückstellung (§ 249 Abs. 1 Satz 1 Fall 1 HGB) zu passivieren.

151 Bei der Bildung wird an **drei unterschiedliche Arten schwebender Geschäfte** angeknüpft:
- Beschaffungsgeschäfte,
- Absatzgeschäfte und
- Dauerschuldverhältnisse.[243]

Bei einem (schwebenden) **Beschaffungsgeschäft** ist die Differenz zwischen dem vertraglichen Entgelt und dem Zeitwert des anzuschaffenden Gegenstandes zurückzustellen. Geht es um die Rückstellungsbildung für drohende Verluste aus einem **Absatzgeschäft**, ist der Wert der eigenen Leistung des Bilanzierenden auf der Grundlage einer Vollkostenbasis unter Einbeziehung der durch den schwebenden Vertrag mit verursachten ungedeckten fixen Kosten (z.B. Abschreibungen auf Produktionsanlagen) zu ermitteln.[244]

Beispiel:

Die ABC-KG hat einen Bauvertrag zu einem Festpreis von 1 Mio. € abgeschlossen. Bei der Berechnung der Rückstellung sind neben den Herstellungskosten der unfertigen Arbeiten auch die anteiligen Fixkosten einzurechnen. Sind Gesamtkosten i.H.v. 1,1 Mio. € zu erwarten, ist eine Drohverlustrückstellung wegen der Sachleistungsverpflichtung i.H.v. 100.000 € zu bilden. Entsprechendes würde gelten, wenn eine weitere Rückstellung für die Kosten des Jahresabschlusses und die betrieblichen Steuererklärungen, die in der KG selbst erstellt werden, zu berechnen ist. Auch hier müssen konsequenterweise neben den Kosten für die Arbeitnehmer die anteiligen Fixkosten, wie etwa die anteilige Abschreibung auf das Bürogebäude, mit eingerechnet werden.[245]

152 Bei **Dauerschuldverhältnissen** ist in Abgrenzung zum Erfüllungsrückstand im Sinne einer Restwertbetrachtung auf den künftigen Saldo von Leistung und Gegenleistung abzustellen.[246] Allerdings scheint hier der BFH[247] das gesamte Vertragsverhältnis in die Betrachtung einzubeziehen, also auch die schon abgewickelten Perioden des Dauerschuldverhältnisses.

d) Aufwandsrückstellungen

153 Aufwandsrückstellungen (§ 249 Abs. 2 HGB) unterscheiden sich von den Verbindlichkeitsrückstellungen dadurch, dass ihnen eine Außenverpflichtung gegenüber einem Dritten fehlt. Sie finden ihren Grund in einem **zukünftigen innerbetrieblichen Aufwand**, weshalb es sich letztlich um ein Instrument der Selbstfinanzierung handelt. Sie sind deshalb aus gesellschaftsrechtlicher Sicht **mehr als problematisch**, da zulasten des zu verteilenden oder zu thesaurierenden Gewinns quasi an den Gesellschaftern vorbei Selbstfinanzierung betrieben werden kann. Dem wollte der BGH[248] (dazu oben Rn. 42) entgegenwirken, indem er die Kompetenz der Gesellschafter (Kommanditisten) bei der Feststellung des Jahresabschlusses u.a. auf die Bildung von Aufwandrückstellungen erweitert hat, weil es sich dabei nur formal um eine Frage der Gewinnermittlung, materiell aber bereits um eine Frage der Gewinnverwendung handelt.

---

243 Näher: Winnefeld, Bilanz-Handbuch, D Rn. 1151 ff. m.w.N.
244 BFH, BStBl. 1984 II, S. 56, 59; BStBl. 1988 II, S. 57, 59 f.; Baumbach/Hueck/Schulze-Osterloh, GmbHG, § 42 Rn. 253 m.w.N.
245 Hoyos/M. Ring, in: Ellrott/Förschle/Hoyos/Winkeljohann, Bilanz-Kommentar, § 249 Rn. 73; § 253 Rn. 159 m.w.N.; a.A.: BFH, BStBl. 1984 II, S. 301.
246 Hoyos/M. Ring, in: Ellrott/Förschle/Hoyos/Winkeljohann, Bilanz-Kommentar, § 249 Rn. 76 ff. m.w.N.
247 BFH, BStBl. 1998 II, S. 249; a.A.: Crezelius, in: FS für Döllerer, S. 81, 91 m.w.N.
248 BGHZ 132, 263, 275 f.

Grds. gewährt § 249 Abs. 2 HGB für Aufwandrückstellungen ein **Passivierungswahlrecht**. Nur Rückstellungen für unterlassene Aufwendungen für Instandhaltung und für Abraumbeseitigung, die fristgerecht nachgeholt werden, müssen passiviert werden (§ 249 Abs. 1 Satz 1 Nr. 1 HGB). Die vorrangige praktische Bedeutung des § 249 Abs. 2 HGB besteht für regelmäßig und in größerem zeitlichen Abstand anfallende **Generalüberholungen** und Großreparaturen.

Die Aufwandsrückstellung setzt voraus, dass die künftigen Aufwendungen dem **Geschäftsjahr oder einem früheren Geschäftsjahr** zugeordnet werden können. Dabei werden unterschiedliche Maßstäbe zugrunde gelegt. Z.T. wird verlangt, dass die künftigen Aufwendungen bereits realisierten Erträgen zugerechnet werden können. Maßstab ist das Realisationsprinzip. Die Gegenansicht versteht die Norm im Sinne einer „Erfolgsglättung" bzw. „Gewinnegalisierung", weshalb auch künftigen Erträgen zuzurechnende Aufwendungen passivierbar sein sollen.[249] **Künftige Aufwendungen** sind demnach insoweit dem Geschäftsjahr oder einem früheren Geschäftsjahr zuordenbar, als sie in einer Beziehung zu Aktivitäten in der Vergangenheit stehen und die Aufwandsverrechnung zu einer gleichmäßigen Belastung der Geschäftsjahre führt.[250]

Beispiel:

Die A-GmbH stellt Fahrräder her. Obwohl das Geschäftsjahr 2005 einigermaßen erfolgreich verlaufen ist, ergibt eine nähere Analyse, dass sich der in den Vorjahren übliche Auftragsbestand erheblich verringert hat. Als mögliche Gründe führt der Geschäftsführer an, dass man

1. im abgelaufenen Geschäftsjahr keine Werbung durchgeführt habe bzw.

2. seit Jahren notwendige Überholungen der Produktionsmaschinen unterblieben seien, was sich auf die Qualität der Fahrradproduktion ausgewirkt habe. Deshalb soll für eine Werbekampagne und eine Generalüberholung im 2. Halbjahr 2006 eine Aufwandsrückstellung in der Bilanz zum 31.12.2005 gebildet werden.

In der ersten Alternative des Beispiels ist die Zulässigkeit einer Aufwandsrückstellung zu verneinen. Die aufgeschobenen Werbemaßnahmen können weder dem abgelaufenen noch einem früheren Geschäftsjahr zugeordnet werden, da keine Beziehung zu den Aktivitäten in der Vergangenheit hergestellt werden kann. Etwas anderes soll nur dann gelten, wenn es um die gleichmäßige Verteilung der Aufwendungen für mehrjährige Marketingprojekte geht.[251]

In der zweiten Alternative scheidet zunächst eine Rückstellung wegen unterlassener Instandhaltung (§ 249 Abs. 1 Satz 3 HGB) aus, da die Unterlassung auch frühere Perioden betrifft, für die ein sog. Nachholverbot gilt.[252] Die allgemeine Aufwandsrückstellung nach § 249 Abs. 2 HGB könnte hier zulässig sein, soweit die einzelne Anlage sowie Art und Umfang der auszuführenden Arbeiten bekannt sind. Allerdings muss die Großreparatur, die zu keinem zu aktivierenden Herstellungsaufwand führen darf, am Abschluss-Stichtag auch wahrscheinlich oder sicher sein. Dies wird man nur bei regelmäßig anfallenden Erhaltungsaufwendungen bejahen können.[253] Im Ergebnis scheidet damit eine Aufwandsrückstellung auch in der zweiten Alternative aus.

e) Exkurs: Haftungsverhältnisse

Das Bilanzrecht schreibt in § 251 Satz 1 HGB vor, dass bestimmte Haftungsverhältnisse eines Kaufmannes, die nicht schon auf der Passivseite der Bilanz dargestellt werden, **unter der (Passivseite der) Bilanz** auszuweisen sind. Für die **handelsrechtliche Gewinnermittlung** ist § 251 HGB ohne Bedeutung. Damit spielt die Vorschrift auch ertragsteuerrechtlich keine Rolle (vgl. § 5 Abs. 1 EStG). Der Begriff „Haftungsverhältnisse" ist ein Oberbegriff, der sich bilanzrechtlich eigenständig aus der Aufzählung der **vier in § 251 HGB genannten Anwendungsfälle** erschließt:

- Verbindlichkeiten aus der Begebung und Übertragung von Wechseln;

---

249 Hoyos/M. Ring, in: Ellrott/Förschle/Hoyos/Winkeljohann, Bilanz-Kommentar, § 249 HGB, Rn. 306 m.w.N.
250 Adler/Düring/Schmaltz, Rechnungslegung, § 249 Anm. 206 f. m.w.N.; Graf Kanitz, Bilanzkunde für Juristen, Rn. 606.
251 Adler/Düring/Schmaltz, Rechnungslegung, § 249 Anm. 249 m.w.N.
252 Vgl. Hoyos/M. Ring, in: Ellrott/Förschle/Hoyos/Winkeljohann, Bilanz-Kommentar, § 249 HGB Rn. 106 m.w.N.
253 Hoyos/M. Ring, in: Ellrott/Förschle/Hoyos/Winkeljohann, Bilanz-Kommentar, § 249 HGB Rn. 320.

- Verbindlichkeiten aus Bürgschaften sowie aus Wechsel- und Scheckbürgschaften;
- Verbindlichkeiten aus Gewährleistungsverträgen sowie
- Haftungsverhältnisse aus der Bestellung von Sicherheiten für fremde Verbindlichkeiten.

Haftungsverhältnisse erreichen nicht selten 7 % bis 10 % der Bilanzsumme und erlangen damit **praktische Relevanz** bei der Kreditsicherung, der Refinanzierung aus Wechseln und bei Gewährleistungen besonderer Art.[254] § 251 HGB steht im systematischen Zusammenhang mit den §§ 268 Abs. 7, 285 Nr. 3, 285 Nr. 9c HGB. Für Kreditinstitute ist ergänzend auf § 340a Abs. 2 Satz 2 HGB i.V.m. der Verordnung über die Rechnungslegung der Kreditinstitute vom 10.2.1992 hinzuweisen.

155 Den in § 251 Satz 1 HGB geregelten Haftungsverhältnissen ist gemeinsam, dass eine Inanspruchnahme des Kaufmanns zwar rechtlich möglich, am Bilanzstichtag jedoch noch **nicht konkret zu erwarten** ist. Von den zu passivierenden Verbindlichkeiten oder Rückstellungen unterscheiden sich die vermerkpflichtigen Tatbestände durch den **Grad der Wahrscheinlichkeit der Inanspruchnahme**. Wenn der Eintritt der Belastung sicher oder wahrscheinlich erscheint, ist (ausschließlich) eine **Passivierung** geboten. Die Haftungsverhältnisse i.S.d. § 251 HGB umfassen daher nur diejenigen Risiken, die möglicherweise („eventuell") eine Belastung darstellen, mit deren Eintritt der Bilanzierende jedoch nicht rechnet.[255] Rechtliche Zweifel an der Wirksamkeit eines Haftungsverhältnisses berechtigen nicht zur Unterlassung eines Vermerkes. Bei unklarer Rechtslage ist im Zweifel eine rechtsgeschäftliche Verpflichtung anzunehmen.[256] Damit ergibt sich für die Erfassung der Haftungsverhältnisse im Bereich der Rechnungslegung folgende **abgestufte Reihenfolge**:

- Passivierung,
- Vermerk bzw. Vermerk- oder Angabepflicht gemäß §§ 251, 268 Abs. 7 HGB der Haftungsverhältnisse;
- Angabepflicht gemäß § 285 Nr. 3 HGB der „sonstigen Haftungsverhältnisse".

Die Angabepflicht von Haftungsverhältnissen ist für **Nicht-Kapitalgesellschaften** in § 251 HGB abschließend geregelt. Dort nicht genannte „sonstige Haftungsverhältnisse" sind nicht vermerkpflichtig; eine analoge Anwendung des § 285 Nr. 3 HGB auf Nicht-Kapitalgesellschaften kommt aufgrund der klaren gesetzlichen Vorgaben nicht in Betracht.[257]

Der Zweck der Vorschrift besteht folglich darin, den Bilanzleser über den Bestand spezieller (vertraglicher) Haftungsrisiken, aus denen eine Inanspruchnahme zwar möglich ist, mit deren Realisierung der Bilanzierende zum Abschluss-Stichtag jedoch nicht zu rechnen hat, zu informieren. Es geht also um eine **transparentere Darstellung der Vermögens- und Finanzlage**.[258]

> **Hinweis:**
> Die Inanspruchnahme aus entsprechenden Verpflichtungen kann zu einer erheblichen Vermögensbelastung führen.

9. Passive Rechnungsabgrenzung

156 Passive Rechnungsabgrenzungsposten (RAP) dienen gleichermaßen wie aktive Rechnungsabgrenzungsposten einer möglichst objektiven Ermittlung des Periodenergebnisses dergestalt, dass **Erträge** dem **Wirtschaftsjahr ihrer Verursachung** zugeordnet werden sollen. Deshalb sind nach § 250 Abs. 2 HGB

---

254 Winnefeld, Bilanz-Handbuch, D Rn. 2120.
255 Zum Begriff, zur Abgrenzung und zum Zweck der Eventualverbindlichkeiten näher: Adler/Düring/Schmaltz, Rechnungslegung, § 251 HGB Rn. 4 ff.
256 Ellrott, in: Ellrott/Förschle/Hoyos/Winkeljohann, Bilanz-Kommentar, § 251 HGB Rn. 4.
257 Baumbach/Hopt/Merkt, HGB, § 251 Rn. 2.
258 Karrenbrock, in: Baetge/Kirsch/Thiele, Bilanzrecht, § 251 HGB Rn. 4.

Einnahmen vor dem Abschluss-Stichtag, soweit sie erst einen Ertrag für eine bestimmte Zeit nach dem Abschluss-Stichtag darstellen, mittels eines passiven RAP zu neutralisieren.

Beispiel:

Die ABC-OHG hat an M ein Ladenlokal für 48.000 € p.a. vermietet. Das Mietverhältnis hat am 1.10.2005 begonnen. M hat – wie im Mietvertrag vereinbart – die gesamte Jahresmiete jeweils zum 1.10. zu überweisen und dies auch im Oktober 2005 getan.

Die OHG hat bereits im Jahre 2005 Einnahmen erzielt, doch ist der Ertrag zu 3/4 erst dem folgenden Geschäftsjahr 2006 zuzuordnen. Deshalb muss ein passiver RAP i.H.v. 36.000 € in der Bilanz 2005 gebildet werden.

Im Einzelfall kann ein bestimmter Geschäftsvorfall sowohl einen aktiven als auch passiven RAP auslösen.

Beispiel:

Die ABC-OHG hat von V ein Ladenlokal für 48.000 € p.a. gemietet. Das Mietverhältnis hat am 1.10.2005 begonnen. Die OHG überwies die Mieten Oktober bis Dezember (12.000 €) nicht bei Fälligkeit am 1.10.2005, sondern erst im Januar 2006.

Der Mietaufwand ist dem Geschäftsjahr 2005 zuzuordnen, doch sind die Ausgaben erst im Jahr 2006 erfolgt. Deshalb wäre das Periodenergebnis für das Geschäftsjahr 2005 zu hoch ausgewiesen und muss über einen passiven RAP gemindert werden. Umgekehrt sind die Ausgaben im Januar 2006 dem Geschäftsjahr 2005 als Aufwand zuzuordnen, so dass die gezahlten 12.000 € mittels eines aktiven RAP ausgeglichen werden müssen.

Passive RAP sind ebenso wie aktive auf sog. **transitorische Posten** im engeren Sinne beschränkt. Handelt es sich um Einnahmen, die teilweise als Ertrag auf die Zeit nach dem Abschluss-Stichtag entfallen, bei denen diese Zeit aber nicht eindeutig nach dem Kalender bestimmt werden kann, so muss der volle Betrag im Jahr der Vereinnahmung angesetzt werden. Einschränkend geht die Rspr. des BFH davon aus, dass für einmalige Entschädigungen für Unterlassungslasten oder Zuschüsse ein passiver RAP auch dann zu bilanzieren ist, wenn der Zeitraum nicht eindeutig kalendermäßig fixiert werden kann, sich aber aus der zugrunde liegenden schuldrechtlichen Vereinbarung ein Mindestzeitraum ergibt, dem die Zahlung als Ertrag zuzurechnen ist.[259]

Beispiel:

Die A-GmbH erhält von einem Energieversorgungsunternehmen eine Entschädigungszahlung i.H.v. 1 Mio. € dafür, dass es die Verlegung eines Kabels durch sein Betriebsgrundstück duldet.

Nach Ansicht des BFH[260] ist die einmalige Entschädigungszahlung für die immer währende und damit zeitlich an sich nicht begrenzte Nutzung eines Grundstücks als Kapitalwert einer ewigen Rente zu erfassen, die rechnerisch wie eine auf bestimmte Zeit gezahlte Rente zu behandeln und dementsprechend passiv abzugrenzen ist. Anders verhielte es sich nur dann, wenn feststünde, dass die Pflicht zur Nutzungsüberlassung in der Zukunft erlöschen würde, ohne dass allerdings genau festgestellt werden kann, nach welcher (Mindest-) Zeit dies der Fall sein könnte. In einem vergleichbaren Fall – nämlich der vereinnahmten Entschädigungszahlungen bei vorzeitiger Beendigung von Hausverwalterverträgen – hat das FG Berlin allerdings die Bildung eines passiven RAP nicht anerkannt.[261] Begründet wird dies damit, dass die Entschädigung nicht für die zukünftigen Unterlassungen gezahlt worden sei, sondern für den einmaligen Verzicht auf eine Rechtsposition oder die endgültige Aufgabe einer Rechtsposition.

10. Exkurs: Steuerabgrenzungen (Latente Steuern)

Der Maßgeblichkeitsgrundsatz des § 5 Abs. 1 EStG erfährt für die steuerbilanzrechtliche Gewinnermittlung eine **Vielzahl von Durchbrechungen** (dazu unten Rn. 204 ff.). Deshalb können die Bilanzansätze in der Handels- und Steuerbilanz voneinander abweichen, so dass das handelsrechtliche Ergebnis und der steuerrechtliche Gewinn unterschiedlich hoch ausfallen. Die Divergenzen gleichen sich aufgrund des

---

259 BFH, BStBl. 1981 II, S. 669; BStBl. 1984 II, S. 552.
260 BFH, BStBl. 1982 II, S. 643.
261 FG Berlin, EFG 2004, 999.

Bilanzzusammenhangs in den späteren Geschäftsjahren mit umgekehrter Gewinnauswirkung wieder aus. Die Steuerabgrenzung gemäß § 274 HGB dient demzufolge der **periodengerechten Erfolgsermittlung**. Vor dem Hintergrund der wesentlich weiterreichenden internationalen Standards wird neuerdings auch darauf hingewiesen, dass mit der Steuerabgrenzung ein **objektiverer Ausweis der Vermögenslage** verfolgt werden soll.[262] Im Ausgangspunkt ist zwischen einer sog. aktiven und passiven Steuerabgrenzung zu unterscheiden.

158 Bei der **passiven Steuerabgrenzung** geht es um Folgendes: Ist der dem Geschäftsjahr und früheren Geschäftsjahren zuzurechnende **Steueraufwand zu niedrig**, weil der nach Steuerrecht zu versteuernde Gewinn niedriger als das handelsrechtliche Ergebnis ist, und **gleicht sich** dieser niedrigere Steueraufwand des Geschäftsjahres und früherer Geschäftsjahre in späteren Geschäftsjahren voraussichtlich **wieder aus**, so ist gemäß § 274 Abs. 1 Satz 1 HGB für Kapitalgesellschaften und Personenhandelsgesellschaften i.S.d. § 264a HGB in Höhe der voraussichtlichen Steuerbelastung der folgenden Rechnungsperiode eine Rückstellung zu bilden und in der Bilanz oder im Anhang gesondert anzugeben.

> **Hinweis:**
> Regelmäßig wird bereits nach allgemeinen Grundsätzen eine Steuerrückstellung zu bilden sein. Um § 274 Abs. 1 HGB gegenüber § 249 Abs. 1 Satz 1 HGB einen eigenständigen Anwendungsbereich zu eröffnen und die Vorschrift nicht als schlichte Rechtsgrundverweisung zu interpretieren, soll eine passive Steuerabgrenzung auch dann vorzunehmen sein, wenn eine rückstellungsfähige Verbindlichkeit nicht zugleich entstanden ist.[263]

Beispiel:

Die A-GmbH weist ein handelsrechtliches Ergebnis vor Steuern von 300.000 € aus. Dabei sind Instandsetzungs- und Erweiterungsaufwendungen i.S.d. § 269 HGB i.H.v. 100.000 € als Bilanzierungshilfe aktiviert worden, die in die Steuerbilanz nicht übernommen werden dürfen. Dies führt dazu, dass der Steuerbilanzgewinn vorübergehend um 100.000 € niedriger auszuweisen ist als das Handelsbilanzergebnis. Unterstellt man eine Ertragsteuerbelastung von ca. 40 %, würde dies zu einer Steuerschuld von 80.000 € führen. Würde man das handelsrechtliche Ergebnis auch für steuerliche Zwecke zugrunde legen, betrüge die Steuerlast 120.000 €. Es besteht also eine latente Steuerlast i.H.v. 40.000 €. Soweit man § 274 Abs. 1 HGB als Rechtsfolgenverweisung versteht, ist eine Rückstellung i.H.v. 40.000 € in der Handelsbilanz zu bilden, die in den folgenden Geschäftsjahren unter Minderung des Steueraufwandes Gewinn erhöhend aufzulösen ist, sobald der Handelsbilanzgewinn durch die Abschreibungen auf die aktivierten Instandsetzungskosten niedriger als das Steuerbilanzergebnis ausfällt.

159 Die **aktive Steuerabgrenzung** betrifft den umgekehrten (regelmäßigen) Fall, dass das handelsrechtliche Ergebnis niedriger ausfällt als der Steuerbilanzgewinn. Hier darf als **Aktivierungswahlrecht** nach § 274 Abs. 2 Satz 1 HGB in Höhe der voraussichtlichen Steuerentlastung nachfolgender Geschäftsjahre ein **Abgrenzungsposten als Bilanzierungshilfe** aktiv ausgewiesen werden. Damit wird ein in der Handelsbilanz bereits entstandener Steueraufwand in ein späteres Geschäftsjahr verlagert, weshalb § 274 Abs. 2 Satz 3 HGB eine **Ausschüttungssperre** vorsieht.

Beispiel:

Die A-GmbH hat ein handelsrechtliches Ergebnis vor Steuern i.H.v. 200.000 € erwirtschaftet. Dabei ist eine Drohverlustrückstellung i.H.v. 100.000 € gebildet worden, die in die Steuerbilanz nicht übernommen werden darf (vgl. §§ 5 Abs. 4a EStG, 8 Abs. 1 KStG). Damit ist der steuerrechtlichen Gewinnermittlung ein Ergebnis von 300.000 € zugrunde zu legen, so dass der Steueraufwand 120.000 € beträgt. Der Steueraufwand ist bei isolierter Sichtweise des handelsrechtlichen Ergebnisses somit um 40.000 € zu hoch. Über den aktiven Steuerabgrenzungsposten darf dieser Mehraufwand von 40.000 € Ergebnis erhöhend ausgewiesen werden. Der Posten ist in den folgenden Geschäftsjahren Ergebnis mindernd aufzulösen, sobald die Drohverlustrückstellung wegfällt und den Handelsbilanzgewinn erhöht.

---

262 Hoyos/Fischer, in: Ellrott/Förschle/Hoyos/Winkeljohann, Bilanz-Kommentar, § 274 HGB Rn. 4 ff.
263 Baumbach/Hueck/Schulze-Osterloh, GmbHG, § 42 Rn. 268 m.w.N.

Vor dem Hintergrund internationaler Rechnungslegungsstandards (vgl. IAS 12.13)[264] wird neuerdings auch die Ansicht vertreten, dass eine Aktivierung des wirtschaftlichen Vorteils aus **steuerrechtlichen Verlustvorträgen** i.S.d. § 10d EStG auch im Einzelabschluss gemäß § 274 Abs. 2 HGB zulässig sein soll.[265] Hintergrund dessen ist, dass es für den Fall **künftiger steuerlicher Gewinne** wegen der Verrechnung mit den Verlustvorträgen zu einer Minderung der Steuerlast kommt. Dieser wirtschaftliche Vorteil soll in der Bilanz ausgewiesen werden, um die Vermögenslage i.S.d. § 264 Abs. 2 Satz 1 HGB zutreffend darzustellen. Nichtsdestoweniger handelt es sich um keinen Fall des § 274 Abs. 2 HGB, weil das handelsrechtliche Ergebnis nicht zunächst niedriger als das steuerrechtliche Ergebnis gewesen ist.

160

Der Wortlaut des § 274 HGB legt nahe, dass zwischen aktiven und passiven Posten der Steuerabgrenzung eine **Gesamtbetrachtung** vorgenommen werden muss, die zu einer entsprechenden Saldierung der Posten führt. Abzugrenzen ist demzufolge die „Abrechnungsspitze" aus den gesamten Steuerbe- und Steuerentlastungseffekten.[266] **Systematisch stimmig** ist es allerdings dann nicht, dass das Gesetz eine Passivierungspflicht nach § 274 Abs. 1 HGB mit einem Aktivierungswahlrecht nach § 274 Abs. 2 HGB kombiniert.[267]

11. Eigenkapital

a) Begriff

Rechtsformneutral gesprochen ist das **bilanzielle bzw. rechnerische Eigenkapital** die Differenz zwischen dem Wert der Vermögensgegenstände der Aktivseite der Bilanz und dem Wert der Schulden (Verbindlichkeiten, Rückstellungen) der Passivseite. Dabei repräsentiert die Residualgröße **nicht den wahren Unternehmenswert**. Geht man von einer substanzorientierten Betrachtungsweise aus, muss man das bilanzielle Eigenkapital um den Anteil der in den Vermögensgegenständen enthaltenen stillen Rücklagen erweitern, um **zum effektiven bzw. tatsächlichen Eigenkapital** des Unternehmens zu gelangen. Dabei soll zunächst einmal dahingestellt bleiben, dass nach der Theorie der Unternehmensbewertung eine Gesamtbewertungsmethode zugrunde gelegt wird, die auf den Ertragswert, d.h. die diskontierten erwarteten Zukunftsergebnisse, abstellt.

161

b) Einzelkaufmann

Der Einzelkaufmann hat im Jahresabschluss nur sein **Betriebsvermögen** zu erfassen. Das Betriebsvermögen (Handelsgeschäft) ist vom Privatvermögen des Kaufmanns abzugrenzen. Zwar haftet der Kaufmann für Schulden sowohl mit seinem Betriebs- als auch Privatvermögen, doch erklärt sich die Begrenzung auf den unternehmerischen Bereich daraus, dass die Handelsbilanz den **unternehmerischen Erfolg abbilden soll**. Das bilanzielle Eigenkapital ist der Saldo, um den die eine Bilanzseite betragsmäßig die Schuldposition der anderen Bilanzseite übersteigt.

162

Erfolgswirksame Geschäftsvorfälle ändern das Eigenkapital, so dass das Eigenkapital von Schlussbilanz zu Schlussbilanz variabel ist. **Entnahmen** in die private Vermögenssphäre und **Einlagen** aus der privaten Vermögenssphäre in die unternehmerische Sphäre wirken sich auf das Eigenkapital aus. Da es sich aber um außerbetriebliche Einflüsse auf das Eigenkapital handelt, werden sie **über das Privatkonto** (dazu oben Rn. 73) gebucht. Dieses enthält die nicht betrieblich veranlassten Veränderungen des Eigenkapitals. Das Betriebsergebnis des Einzelkaufmanns ergibt sich aus dem Endkapital abzgl. des Anfangskapitals zzgl. der Entnahmen und abzgl. der Einlagen.

c) Personenhandelsgesellschaften

Bei den Personenhandelsgesellschaften wird das Eigenkapital der Gesellschafter durch die Zusammenfassung der **Kapitalanteile der Gesellschafter** dargestellt (vgl. § 120 Abs. 2 HGB). Der Kapitalanteil

163

---

264 Näher: Schulz-Danso, in: IFRS-Handbuch, § 25 Rn. 56 ff.
265 Hoyos/Fischer, in: Ellrott/Förschle/Hoyos/Winkeljohann, Bilanz-Kommentar, § 274 HGB Rn. 18 ff. m.w.N.
266 Hoyos/Fischer, in: Ellrott/Förschle/Hoyos/Winkeljohann, Bilanz-Kommentar, § 274 HGB Rn. 10 m.w.N.
267 Baumbach/Hueck/Schulze-Osterloh, GmbHG, § 42 Rn. 190 m.w.N.

ist der **Anknüpfungspunkt für die vermögensrechtlichen Beziehungen der Gesellschafter** in ihrer gesellschaftsrechtlichen Verbundenheit zueinander.[268] Er ist nicht nur maßgeblich für die dispositive Gewinnverteilung nach § 121 Abs. 1 HGB, der eine Art „Vorzugsdividende" gewährt, sondern auch für das Entnahmerecht nach § 122 Abs. 1 HGB und die Berechnung des Auseinandersetzungsguthabens nach § 155 Abs. 1 HGB. Der Kapitalanteil spiegelt den Anteil des Gesellschafters **am bilanziell ausgewiesenen Kapital** der Gesellschaft wider. Damit gilt auch hier, dass der bilanzielle Kapitalanteil nicht den Verkehrswert der gesellschaftsrechtlichen Beteiligung abbildet.

Das Regelstatut des HGB geht in § 120 Abs. 2 HGB davon aus, dass die Kapitalanteile der Personengesellschafter einer ständigen Veränderung unterliegen (**sog. variabler Kapitalanteil**). Der Kapitalanteil eines Gesellschafters entsteht durch Einlagen und ändert sich durch die dem Gesellschafter zugewiesenen Gewinne, Verluste und Entnahmen. Der Kapitalanteil kann auch negativ werden. Es handelt sich dabei allerdings um eine **reine Rechnungsgröße**, so dass der Gesellschafter aus dem Kapitalanteil weder einen Anspruch ableiten kann noch ein negativer Kapitalanteil eine Schuld gegenüber der Gesellschaft ausdrückt.[269] Wie § 155 Abs. 1 HGB zeigt, führt der Kapitalanteil erst **zum Zeitpunkt des Ausscheidens des Gesellschafters** bzw. der Auflösung der Gesellschaft zu einem echten Anspruch.

164 Da die dispositive gesetzliche Regelung des Kapitalanteils den Erfordernissen der Praxis so gut wie nie gerecht wird, findet sich in fast allen schriftlichen Gesellschaftsverträgen eine Fixierung des Kapitalanteils in Form **fester Kapitalanteile**. Meist werden diese als festes Kapitalkonto oder als **Kapitalkonto I** bezeichnet. Damit wird das Beteiligungsverhältnis der Gesellschafter quotenmäßig festgelegt. Dieses bildet die **Grundlage für die Gewinnverteilung** und regelmäßig auch die Vermögensverteilung im Abfindungs- bzw. Liquidationsfall. Darüber hinaus dient das festgelegte Beteiligungsverhältnis oftmals auch als Maßstab für Mitgliedschaftsrechte, namentlich das Stimmrecht. Daneben wird ein **Kapitalkonto II** geführt, auf dem der über die auf dem Kapitalkonto I gebuchte Einlage hinausgehende Kapitalanteil, der sich durch Gewinne, Verluste, Entnahmen und ggf. weitere Einlagen verändert, erfasst wird.

Wollen die Gesellschafter darüber hinausgehend die Kapitalbasis der Gesellschaft stärken, indem sie einen Teil des Gewinns unverzinslich im Gesamthandsvermögen belassen wollen, ist dafür ein **separates Rücklagenkonto zu bilden**, das dann üblicherweise als Kapitalkonto II bezeichnet wird. In diesem Fall muss dann neben dem festen Kapitalkonto I und dem Rücklagenkonto II noch ein weiteres Konto geführt werden, auf dem der entnahmefähige Teil des Gewinns sowie Entnahmen gebucht werden. Es handelt sich um ein Forderungskonto des Gesellschafters gegen die Gesellschaft (**sog. Darlehenskonto**), wobei eine Verzinsung eine eindeutige Regelung voraussetzt. In der Praxis sind auch noch weitere Unterteilungen anzutreffen, etwa neben dem Kapitalkonto II Konten, auf denen sog. gesamthänderisch gebundene Kapitalrücklagen oder **sog. Verlustvortragskonten** ausgewiesen werden.

165 Für Personengesellschaften ohne eine natürliche Person als Vollhafter (vgl. § 264a HGB) schreibt § 264c Abs. 2 HGB anstelle § 266 Abs. 3 A HGB die **Gliederung des Eigenkapitals** in Kapitalanteile, Rücklagen, Gewinnvortrag/Verlustvortrag und Jahresüberschuss/Jahresfehlbetrag vor. Sie entspricht einem allgemeinen GoB für alle Personenhandelsgesellschaften.[270] Die Kapitalanteile von persönlich haftenden Gesellschaftern und von Kommanditisten sind **gesondert auszuweisen** (§ 264c Abs. 2 Satz 6 HGB). Maßgebend für den Kapitalanteil ist die bedungene Einlage, beim Kommanditisten also nicht die Hafteinlage, sondern die Pflichteinlage. Solange diese noch nicht eingezahlt worden ist, ist der fehlende Betrag als gesonderter Posten „**Ausstehende Einlagen**" vor dem Anlagevermögen auf der Aktivseite auszuweisen (vgl. sinngemäß § 272 Abs. 1 Satz 2 und 3 HGB). Wie die Aufteilung zwischen Kapitalanteil und Rücklagen im Übrigen vorzunehmen ist, richtet sich nach den **Vorgaben des Gesellschaftsvertrags**. Regelmäßig wird der Kapitalanteil dem Festkapitalkonto I entsprechen, so dass der Posten „Rücklagen" Kapitalrücklagen (z.B. Agio) und Gewinnrücklagen aus thesaurierten Gewinnen umfasst.

---

268 Vgl. auch die Hinweise der Bundessteuerberaterkammer zum Ausweis des Eigenkapitals bei Personenhandelsgesellschaften im Handelsrecht, DStR 2006, 668 ff.; dazu Bingel/Weidenkammer, DStR 2006, 675 ff.
269 Baumbach/Hopt/Merkt, HGB, § 120 Rn. 13.
270 Förschle/Hoffmann, in: Ellrott/Förschle/Hoyos/Winkeljohann, Bilanz-Kommentar, § 264c HGB Rn. 1.

Die Führung von festen Kapitalanteilen findet sich praktisch ausnahmslos bei **Kommanditgesellschaften**. Das Kapitalkonto I entspricht dabei üblicherweise der im Gesellschaftsvertrag festgelegten Pflichteinlage. Ist die bedungene Pflichteinlage erreicht, erhöht gemäß § 167 Abs. 2 HGB der Gewinnanteil nicht mehr den Kapitalanteil des Kommanditisten. Dieser ist dann auf dem Kapitalkonto II zu buchen.

166

Für Verluste gilt, dass nach § 167 Abs. 3 HGB der Kommanditist an einem Verlust nur insoweit teilnimmt, als sein Kapitalanteil zzgl. einer noch zu leistenden Pflichteinlage aufgezehrt ist. Allerdings schließt die Vorschrift nach ganz h.M. nicht aus, dass der Kapitalanteil des Kommanditisten auch negativ werden kann.[271] Der negative Kapitalanteil hat im Innenverhältnis zur Folge, dass eine **Entnahmesperre nach § 169 Abs. 1 Satz 2 HGB** eintritt. Gewinne kann der Kommanditist erst dann wieder entnehmen, wenn sowohl das negative Kapitalkonto als auch die bedungene Pflichteinlage durch künftige Gewinne wieder ausgeglichen worden ist. Allerdings handelt es sich bei einem negativen Kapitalkonto **nur um einen Buchverlust**; eine Nachschusspflicht wird weder im Fall der Liquidation noch der Insolvenz ausgelöst.[272]

> **Hinweis:**
> Um die Übersichtlichkeit namentlich im Hinblick auf das Wiederaufleben der Kommanditistenhaftung nach § 172 Abs. 4 HGB zu wahren, sehen Gesellschaftsverträge oftmals ein **sog. Verlustsonder- oder Verlustvortragskonto** vor. Damit wird regelmäßig bezweckt, dass Gewinne dem Verlustkonto gutgebracht werden müssen und erst ein ausgeglichenes Verlustvortragskonto wieder zur Entnahme von Gewinnen berechtigt.

d) Kapitalgesellschaften

Eigenkapital ist das Kapital, das der Kapitalgesellschaft von den Gesellschaftern in dieser Eigenschaft zur Verfügung gestellt wird. Es kann sich um Einlagen handeln, aber auch um im Unternehmen verbliebene Gewinne. Die genaue bilanzielle **Gliederung des Eigenkapitals** ergibt sich aus § 266 Abs. 3 A HGB, wobei kleine Gesellschaften die in § 266 Abs. 3 A III HGB vorgesehene Aufgliederung der Gewinnrücklagen nicht vorzunehmen brauchen (§ 266 Abs. 1 Satz 3 HGB).

167

Bei Kapitalgesellschaften haftet den Gläubigern im Außenverhältnis **grds. nur das Gesellschaftsvermögen** (vgl. §§ 1 Abs. 1 AktG, 13 Abs. 2 GmbHG). Das **gezeichnete Kapital** (§ 266 Abs. 3 A I HGB) ist der im Gesellschaftsvertrag bzw. in der Satzung bestimmte **Nennbetrag**, den die Gesellschafter gegenüber der Kapitalgesellschaft aufbringen müssen. Es ist bei der GmbH das **Stammkapital** (§§ 5, 42 Abs. 1 GmbHG), bei der AG das **Grundkapital** (§§ 6, 7, 152 Abs. 1 AktG). Maßgebend ist der Nennbetrag der Stammeinlagen bei der GmbH (§ 5 Abs. 3 Satz 3 GmbHG) und der Nennbetrag der ausgegebenen Aktien bei der AG (§§ 6, 9 AktG).

Das auf der Passivseite zum Nennbetrag ausgewiesene gezeichnete Kapital darf nur im Wege der **Kapitalerhöhung** (§§ 55 ff. GmbHG, §§ 182 ff. AktG) oder der **Kapitalherabsetzung** (§§ 58 ff. GmbHG, §§ 222 ff. AktG) entsprechend den gesetzlichen Vorgaben erhöht oder ermäßigt werden. Eine Kapitalerhöhung ist dann erst endgültig wirksam, wenn sie in das Handelsregister eingetragen worden ist. Nach § 272 Abs. 1 Satz 2 HGB sind **ausstehende Einlagen** auf der Aktivseite vor dem Anlagevermögen unter entsprechender Bezeichnung gesondert auszuweisen.

> **Hinweis:**
> Soweit die ausstehenden Einlagen **noch nicht eingefordert** worden sind, können sie auch auf der Passivseite von dem gezeichneten Kapital offen abgesetzt werden. Auf der Aktivseite erscheint dann das eingeforderte, aber noch nicht eingezahlte Kapital (§ 272 Abs. 1 Satz 3 HGB).

Neben der Kapitalaufbringung spiegelt sich auch die gesellschaftsrechtliche **Kapitalerhaltung** in der Handelsbilanz der Kapitalgesellschaft wider (dazu oben Rn. 25, 30 ff.). Soweit die Rückgewährung von

168

---

271 Baumbach/Hopt/Hopt, HGB, § 167 Rn. 5.
272 Baumbach/Hopt/Hopt, HGB, § 167 Rn. 4 f.

Einlagen unzulässig ist und einen entsprechenden Rückforderungsanspruch der Kapitalgesellschaft auslöst (vgl. §§ 31 Abs. 1 GmbHG, 62 Abs. 1 AktG), hat die Gesellschaft den **Rückforderungsanspruch** unabhängig von einem Gesellschafterbeschluss zu aktivieren. Da der BGH[273] bei der GmbH davon ausgeht, dass ein unter Verstoß gegen § 30 Abs. 1 GmbHG entstandener Rückforderungsanspruch nach § 31 Abs. 1 GmbHG nicht wieder dann entfällt, wenn durch künftige Gewinne die Stammkapitalziffer vollständig abgedeckt ist, führt die Nichtaktivierung des Anspruchs nicht nur in dem konkreten Jahr der unzulässigen Ausschüttung, sondern auch in den folgenden Geschäftsjahren **zu einer fehlerhaften** und im Einzelfall möglicherweise sogar **nichtig festgestellten Bilanz**.

169 Nach § 266 Abs. 3 A I – V HGB hat das Eigenkapital bei Kapitalgesellschaften folgende **Bestandteile**:
- gezeichnetes Kapital,
- Kapitalrücklage,
- Gewinnrücklagen,
- Gewinnvortrag/Verlustvortrag,
- Jahresüberschuss/Jahresfehlbetrag.

Die Auswirkungen von Jahresfehlbeträgen werden solange durch negative Posten auf der Passivseite berücksichtigt, bis das Eigenkapital verbraucht ist. **Erst dann** wird ein weiterer Fehlbetrag nach § 268 Abs. 3 HGB auf der Aktivseite ausgewiesen.

Bei Kapitalgesellschaften ist es regelmäßig nicht nötig, dass das Kapital in voller Höhe eingezahlt ist, nichtsdestoweniger ist nach § 272 Abs. 1 Satz 2 HGB das gezeichnete Kapital auf der Passivseite schon **in voller Höhe auszuweisen**. Erfolgt ein Bruttoausweis auf der Aktivseite, besitzt dieser eine Doppelfunktion: Die ausstehenden Einlagen sind gleichzeitig **Forderung und Korrekturposten**, der zeigt, welcher Betrag noch nicht auf das nominell ausgewiesene Kapital eingezahlt worden ist. Bei ausstehenden Einlagen, die noch nicht eingefordert worden sind, ist aber auch ein Nettoausweis auf der Passivseite der Bilanz zulässig (§ 272 Abs. 1 Satz 3 HGB).

170 **Rücklagen** verstärken neben dem Nominalkapital das Eigenkapital der Kapitalgesellschaften. Sie können sich entweder aus Einlagen der Gesellschafter ergeben (Kapitalrücklage) oder auch durch die Einbehaltung von Gewinnen entstehen (Gewinnrücklage). AG sind **gesetzlich zur Bildung einer Rücklage verpflichtet** (vgl. § 150 Abs. 1 AktG). Darüber hinaus können weitere Beträge aus dem Jahresüberschuss in die freien Rücklagen eingestellt werden (§ 58 Abs. 1 – 3 AktG). **Entstehen Verluste**, sind diese zunächst durch Auflösung freier oder gesetzlicher Rücklagen zu decken (§ 150 Abs. 3, 4 AktG). Wenn dabei bei der gesetzlichen Rücklage der vorgeschriebene Mindestbetrag unterschritten wird, muss dieser bei einer künftigen Gewinnsituation zunächst wieder aufgefüllt werden, bevor eine Ausschüttung an die Aktionäre erfolgen darf.

Bei der **GmbH** fehlt es – vom Sonderfall der Rücklagen für eigene Anteile nach § 272 Abs. 4 HGB abgesehen – an einer gesetzlich vorgeschriebenen Rücklage. Deshalb kommt es bei der GmbH zur Bildung von **Gewinnrücklagen** nur durch Satzungsbestimmung oder durch entsprechenden Mehrheitsbeschluss der Gesellschafter (vgl. § 29 GmbHG).

> **Hinweis:**
> Aus Sicht des Minderheitsgesellschafters ist zu beachten, dass im Falle des Fehlens einer entsprechenden Satzungsbestimmung die Gesellschafterversammlung mit einfacher Mehrheit über die Rücklagenbildung entscheiden kann (§§ 29 Abs. 2, 47 Abs. 1 GmbHG).

171 In die **Kapitalrücklage** sind alle Einlagen der Gesellschafter einzustellen, die nicht auf das gezeichnete Kapital geleistet werden. Beträge, die bei der Ausgabe von Anteilen, Bezugsanteilen usw. über den Nennbetrag hinausgehen (**sog. Agio bzw. Aufgeld**) sind der Kapitalrücklage nach § 272 Abs. 2 Nr. 1, 2 HGB

---

273 BGH, DStR 2000, 1234, unter Aufgabe von BGH, NJW 1988, 139.

zuzuführen. Der Zweck des § 272 Abs. 2 Nr. 3 HGB besteht darin, Zuzahlungen, die gegen **Gewährung eines Vorzugs** geleistet werden, nicht unmittelbar wieder zur Verteilung gelangen zu lassen. Schließlich erfasst § 272 Abs. 2 Nr. 4 HGB alle **anderen Zuzahlungen** in das Eigenkapital. Doch handelt es sich bei der Norm um keinen allgemeinen Auffangtatbestand, weil die überwiegende Meinung die Vorschrift in einem finalen Sinn versteht, dass der Gesellschafter eine Leistung in das Eigenkapital der Gesellschaft beabsichtigt haben muss.[274] Materiell geht es bei § 272 Abs. 2 Nr. 4 HGB um die Unterscheidung von **Kapital und Gewinn**. Insgesamt wirft die Norm eine Fülle von Problemen auf.[275]

Aus § 272 Abs. 3 HGB ergibt sich, dass es sich bei der **Gewinnrücklage** um Eigenkapital handelt, welches im Rahmen der Gewinnverwendung aus dem Jahresüberschuss gebildet wird.

§ 272 Abs. 4 HGB sieht bei der GmbH eine **Rücklage für eigene Anteile** vor. Die Vorschrift ist im Zusammenhang mit § 33 GmbHG zu sehen. Danach darf die Gesellschaft eigene Anteile, auf die die Einlagen vollständig geleistet sind, nur erwerben, wenn der Erwerb aus dem den Betrag des Stammkapitals übersteigenden Vermögen geschieht und die Gesellschaft die nach § 272 Abs. 4 HGB vorgeschriebene Rücklage bilden kann, ohne dass das Stammkapital oder eine nach Satzung zu bildende Rücklage gemindert wird. Dies ist **bereits bei Aufstellung des Jahresabschlusses** durch Umbuchung von Gewinn- bzw. Kapitalrücklagen durch die Geschäftsführung vorzunehmen.

Bei der AG richtet sich die **Auflösung der gesetzlichen Rücklage** nach § 150 Abs. 3, 4 AktG. Kapitalrücklage und (gesetzliche) Gewinnrücklage werden zusammengerechnet. Bei der GmbH können gebildete Rücklagen grds. durch einfachen Beschluss der Gesellschafter wieder aufgelöst werden, soweit die Satzung keine abweichenden Bestimmungen vorsieht.

Von der Gewinnrücklage ist der **Gewinnvortrag** zu unterscheiden. Der Gewinnvortrag (vgl. § 58 Abs. 3 AktG) geht im folgenden Geschäftsjahr ohne weiteres in den verteilungsfähigen Gewinn ein und muss nicht gesondert aufgelöst werden. Wird ein **Jahresfehlbetrag** nicht durch einen vorhandenen Gewinnvortrag oder durch die Auflösung von Rücklagen ausgeglichen, ist er in der Jahresbilanz als Verlustvortrag auszuweisen (vgl. § 266 Abs. 3 A IV HGB). 172

Anstelle eines Jahresüberschusses ist ein **Bilanzgewinn** auszuweisen, wenn entweder bei Bilanzaufstellung (vgl. § 29 Abs. 1 Satz 2 GmbHG) oder Bilanzfeststellung (vgl. § 58 AktG) bereits Beträge in die Rücklage eingestellt oder aus den Rücklagen ausgebucht worden sind (vgl. § 268 Abs. 1 Satz 2 HGB i.V.m. §§ 29 Abs. 1 Satz 2 GmbHG, 58 Abs. 3, 4 AktG). Der Bilanzgewinn zeigt, dass bereits eine (teilweise) **Verwendung des Jahresüberschusses** stattgefunden hat. Soweit bei einem Jahresfehlbetrag auch nach Auflösung von Rücklagen ein Bilanzverlust übrig bleibt, ist dieser unter dem Eigenkapital auf der Passivseite der Bilanz als negativer Betrag auszuweisen.

12. Sonderposten mit Rücklageanteil

Gewinnrücklagen, die aufgrund einer Gewinnverwendung gebildet worden sind, haben auf Ebene der Kapitalgesellschaft bereits der Ertragsbesteuerung (Körperschaft- und Gewerbesteuer) unterlegen. Ausnahmsweise erlaubt das Steuerrecht namentlich bei der Veräußerung von Wirtschaftsgütern, durch die stille Reserven aufgedeckt werden, die **Bildung einer steuerfreien Rücklage** (vgl. § 6b Abs. 3 EStG), wodurch eine Versteuerung des Veräußerungsgewinns (Veräußerungspreis des Wirtschaftsguts abzgl. Buchwert) zunächst vermieden wird. Regelmäßig verlangt der Grundsatz der umgekehrten Maßgeblichkeit (vgl. § 5 Abs. 1 Satz 2 EStG) eine entsprechende vorherige Passivierung des Sonderpostens mit Rücklageanteil in der Handelsbilanz. Der Sonderposten mit Rücklageanteil ist ein **Mischposten aus Eigenkapital und Fremdkapital**, weil er zugleich die Steuerbelastung abdeckt, die durch seine Bildung nur hinausgeschoben worden ist. 173

---

274 Förschle/Hoffmann, in: Ellrott/Förschle/Hoyos/Winkeljohann, Bilanz-Kommentar, § 272 HGB Rn. 67 m.w.N.
275 Scholz/Crezelius, GmbHG, Anh. § 42a Rn. 187 m.w.N.

Beispiel:

Die A-GmbH verlegt einen Teilbetrieb von Deutschland in das Ausland. Das bisherige Betriebsgrundstück wird nicht mehr benötigt und für 2 Mio. € veräußert. Der Buchwert in der Handels- und Steuerbilanz beträgt 500.000 €. In diesem Fall darf nach § 6b Abs. 3 EStG ein Sonderposten mit Rücklageanteil i.H.v. 1,5 Mio. € gebildet werden. Unterstellt man eine ca. 40 %ige Ertragsteuerbelastung, ist dieser Posten nur i.H.v. 60 % Eigenkapital und i.H.v. 40 % eine Steuerrückstellung. Dies zeigt sich besonders dann, wenn keine fristgerechte Ersatzbeschaffung erfolgt. Dann ist die steuerfreie Rücklage erfolgswirksam aufzulösen. Bezweckt wird allerdings, regelmäßig ein begünstigtes Ersatzwirtschaftsgut anzuschaffen, von dessen Anschaffungskosten dann die steuerfreie Rücklage abzuziehen ist.

174 Ist die Existenz der steuerrechtlichen Rücklage nicht von einer **kongruenten handelsbilanziellen Passivierung abhängig,** dann kommt aufgrund § 273 Satz 1 HGB die Bildung eines Sonderpostens mit Rücklageanteil bei den Kapitalgesellschaften nicht in Betracht. In diesem Fall ist eine Steuerrückstellung zu bilden (vgl. §§ 274 Abs. 1, 249 HGB), da der steuerliche Gewinn niedriger als das handelsbilanzrechtliche Ergebnis ist.

VII. Bewertung

1. Bewertungsgrundsätze

175 Der Jahresabschluss ist in € aufzustellen (§ 244 HGB). Bei der Bewertung geht es darum, dass jeder Bilanzposition sowohl auf der Aktiv- als auch auf der Passivseite eine bestimmte €-Größe zugeordnet werden muss, um das Ergebnis des Geschäftsjahres ermitteln zu können. Dabei ist zwischen der **erstmaligen Bewertung einer Bilanzposition** (Zugangsbewertung) und der **Fortführung dieses Bewertungsansatzes** (Folgebewertung) zu unterscheiden. Die **allgemeinen Bewertungsgrundsätze** sind in § 252 HGB normiert. Es gelten

- die Grundsätze des Bilanzzusammenhangs,
- die Grundsätze der Unternehmensfortführung,
- das Vorsichtsprinzip,
- das Realisationsprinzip,
- das Imparitätsprinzip,
- der Grundsatz der Einzelbewertung,
- der Grundsatz der Periodisierung und
- der Grundsatz der Bewertungsstetigkeit.

176 Aus dem **Grundsatz der Unternehmensfortführung** („going concern") folgt, dass in der Handelsbilanz keine Liquidationswerte (Zerschlagungswerte) angesetzt werden dürfen, sofern dem nicht tatsächliche oder rechtliche Gegebenheiten entgegenstehen (§ 252 Abs. 1 Nr. 2 HGB). Für die **Zugangsbewertung** sieht das HGB die Bewertung der Vermögensgegenstände auf der Grundlage der Anschaffungs- oder Herstellungskosten vor. Verbindlichkeiten sind zu ihrem Rückzahlungsbetrag zu bewerten. Auch wenn eine Zinsverpflichtung niedriger als der marktübliche Zins ist, kommt eine Abzinsung der Verbindlichkeit oder die Aktivierung eines RAP nicht in Frage, weil sonst künftige Erträge vorweg ausgewiesen würden. Die Sondervorschrift des § 6 Abs. 1 Nr. 3 EStG für zinslose Verbindlichkeiten gilt handelsrechtlich nicht. Rückstellungen sind in Höhe des Betrages anzusetzen, der **nach vernünftiger kaufmännischer Beurteilung** notwendig ist. Den Schätzmaßstab bildet der voraussichtliche Erfüllungsbetrag, weswegen entgegen der Ansicht des BFH[276] zu erwartende **künftige Preis- und Kostensteigerungen zu berücksichtigen sind.**[277] Ebenso wenig kommt das in § 6 Abs. 1 Nr. 3a lit. e EStG geregelte Abzinsungsgebot für Rückstellungen handelsrechtlich zur Anwendung. Eine Abzinsung kommt bei Rückstellungen gemäß § 253 Abs. 1

---

276 BFH, BStBl. 1987 II, S. 845, 847; BStBl. 1993 II, S. 446, 447.
277 Baumbach/Hueck/Schulze-Osterloh, GmbHG, § 42 Rn. 424 m.w.N.

Satz 2 2. Halbs. HGB nur dann in Betracht, wenn die ihnen zugrunde liegenden Verbindlichkeiten einen Zinsanteil enthalten und vertraglich begründet wurden.[278]

Von zentraler Bedeutung ist, dass das HGB ein geschlossenes Bewertungskonzept für die **Folgebewertung** vorgibt. Es geht mit dem ausschließlich zulässigen **Anschaffungskostenmodell** von einer gemeinsamen **Wertobergrenze** für alle bilanzierenden Kaufleute aus, legt aber – abweichend von den Regelungen für Nicht-Kapitalgesellschaften – bei Kapitalgesellschaften und Personenhandelsgesellschaften ohne natürliche Person als Vollhafter (vgl. § 264a HGB) **Wertuntergrenzen** fest. Damit bilden die Zugangswerte (Anschaffungs- bzw. Herstellungskosten der Vermögensgegenstände) die Obergrenze der Bewertung. Ein **Neubewertungsmodell**, wie es internationale Standards für bestimmte Vermögenswerte vorsehen, die in Folgezeiträumen zum beizulegenden Zeitwert („fair value"; IAS 39.9) zu bewerten sind,[279] ist dem HGB fremd und würde gegen das traditionelle deutsche Vorsichtsprinzip verstoßen. Bei der Folgebewertung ist zwischen abnutzbaren Vermögensgegenständen, die einem Wertverzehr unterliegen, und nicht abnutzbaren Vermögensgegenständen zu unterscheiden.

177

Liegt ein **abnutzbarer Vermögensgegenstand** des Anlagevermögens vor (z.B. Gebäude, Maschinen), wird der Wertminderung durch sog. **planmäßige Abschreibungen** auf der Basis der historischen Anschaffungs- bzw. Herstellungskosten Rechnung getragen (§ 253 Abs. 2 Satz 1 HGB). Die Nutzungsdauer wird durch das „voraussichtliche" Ende der Nutzung bestimmt, wobei die **allgemeinen steuerlichen AfA-Tabellen**, die sich vorrangig an der im Vergleich zur wirtschaftlichen Nutzungsdauer längeren technischen orientieren, nicht mehr generell übernommen werden können.[280] Eine **außerplanmäßige Abschreibung** muss bei Vermögensgegenständen des Umlaufvermögens im Falle einer Wertminderung aufgrund außergewöhnlicher Ereignisse (z.B. Zerstörung von Waren) vorgenommen werden (§ 253 Abs. 3 Satz 1 und Satz 2 HGB – **sog. Niederstwertprinzip**), bei Vermögensgegenständen des Anlagevermögens im Falle einer „voraussichtlich dauernden Wertminderung" (§ 253 Abs. 2 Satz 3 2. Halbs. HGB – sog. gemildertes Niederstwertprinzip).

178

Überdies sieht § 253 Abs. 3 Satz 3 HGB ein **Abwertungswahlrecht** nach vernünftiger kaufmännischer Beurteilung vor, um zu verhindern, dass in nächster Zukunft der Wertansatz aufgrund von Wertschwankungen geändert werden muss. Kapitalgesellschaften und Personenhandelsgesellschaften ohne natürliche Person als Vollhafter haben das Abwertungsvolumen in der GuV-Rechnung gesondert auszuweisen oder im Anhang anzugeben (§ 277 Abs. 3 Satz 1 HGB).

Nicht abnutzbare Vermögensgegenstände (z.B. Grund und Boden, Gesellschaftsbeteiligungen) unterliegen keinem natürlichen Wertverzehr. Deshalb kann bei diesen Vermögensgegenständen eine sog. **außerplanmäßige Abschreibung** nur erfolgen, wenn außergewöhnliche Umstände vorliegen. Dies ist z.B. bei notleidenden Forderungen oder Beteiligungen der Fall, wenn sich die Kapitalgesellschaft in einer existentiellen Krise befindet bzw. bereits über deren Vermögen das Insolvenzverfahren eröffnet worden ist.

179

Beispiel:

Die A-GmbH & Co. KG erwarb im Jahr 2004 eine Beteiligung i.H.v. 25 % an der krisengeschüttelten Z-GmbH, die über erhebliche Verlustvorträge verfügt. Zugleich gewährte sie der Z-GmbH ein Darlehen über 500.000 €, welches Eigenkapital ersetzenden Charakter besaß; ein außen stehender Dritter hätte ohne entsprechende Sicherheiten zu diesem Zeitpunkt keine Darlehen in dieser Höhe gewährt. Die Z-GmbH erzielte im Geschäftsjahr 2005 wieder ein leicht positives Ergebnis. Die KG möchte am Bilanzstichtag 2005 eine Gewinn mindernde außerplanmäßige Abschreibung (Teilwertabschreibung) auf ihr Gesellschafterdarlehen vornehmen, weil sich zu diesem Zeitpunkt in der Bilanz noch negative Eigenkapitalien ergeben.

---

278 Baumbach/Hueck/Schulze-Osterloh, GmbHG, § 42 Rn. 424, 427.
279 Näher: Wawrzinek, in: IFRS-Handbuch, § 3 Rn. 65 ff.; Hitz, Wpg 2005, 1013 ff.
280 Näher: Hoyos/Schramm/M. Ring, in: Ellrott/Förschle/Hoyos/Winkeljohann, Bilanz-Kommentar, § 253 HGB Rn. 229 ff.; zu den Abschreibungsmethoden (namentlich lineare und degressive Abschreibung) § 253 HGB Rn. 238 ff.

Der Fall betrifft die Frage der Wertberichtigung wegen voraussichtlich **dauernder Wertminderung einer Darlehensforderung**. Die Darlehensforderung ist als Vermögensgegenstand (Wirtschaftsgut) von der Beteiligung an den GmbH zu trennen. Nach der ständigen Rspr. des BFH gilt bei der (Teil-)Wertermittlung die Vermutung, dass der Zeitwert/Teilwert eines neu angeschafften Wirtschaftsgutes dessen Anschaffungskosten entspricht.[281] Die (Teil-)Wertvermutung kann bei **Beteiligungen** dadurch widerlegt werden, dass der Bilanzierende nachweist, die Anschaffung eines Vermögensgegenstandes/Wirtschaftsgutes sei von Anfang an eine **Fehlmaßnahme** gewesen.[282] Von den Verlusten aufgrund einer Fehlmaßnahme sind die sog. Anlaufverluste zu unterscheiden, die bei Neugründungen, nach Erwerb einer Beteiligung, nach einer Kapitalerhöhung sowie im laufenden Betrieb einer Kapitalgesellschaft entstehen. Letztere Grundsätze gelten insb. auch dann, wenn der Gesellschafter zur Beseitigung von Verlusten und zur Erreichung der künftigen Rentabilität der Gesellschaft erhebliche neue Mittel, etwa im Wege eines Forderungsverzichts oder einer Kapitalerhöhung, zuführt.[283]

Das FG Köln[284] meint, eine (Teil-)Wertabschreibung auf ein **Eigenkapital ersetzendes Darlehen**, das ein Gesellschafter seiner Kapitalgesellschaft gewährt, um deren wirtschaftliche Krise zu überwinden und deren künftige Rentabilität wieder herzustellen, sei erst dann möglich, wenn aufgrund weiterer Entwicklung erkennbar sei, dass der Belebungsmaßnahme der Erfolg versagt bleiben werde. Dies ist hier nicht der Fall. Nach der Prämisse des FG Köln müssen für eigenkapitalersetzende Darlehen bei der Frage der außerplanmäßigen Abschreibung, der ertragsteuerrechtlich die Teilwertabschreibung entspricht, bilanzrechtlich die gleichen Wertungen maßgebend sein, die auch für die **Abschreibungsfähigkeit von Beteiligungen** gelten. Sie müssten bei der Ermittlung des Zeitwerts/Teilwertes genauso zu behandeln sein wie etwa die Übernahme neuer Stammeinlagen im Rahmen einer Kapitalerhöhung, weil eine andere Wertung wirtschaftlich vergleichbare Finanzierungsmaßnahmen eines Gesellschafters unterschiedlich behandeln würde, obwohl im Hinblick auf den an wirtschaftlichen Überlegungen orientierten Teilwertbegriff keine entscheidungserheblichen Unterschiede gegeben wären. Die KG träte nicht als Fremdfinanzierer auf, dessen wirtschaftliches Interesse auf die Erzielung von Zinseinkünften gerichtet sei. Vielmehr wollte sie durch die Darlehensgewährung in der Krise der GmbH, an denen sie sich erst kurz zuvor beteiligt hatte, neue finanzielle Mittel zuführen und diese so wirtschaftlich beleben. Offen ist, ob das Sanierungsprivileg des § 32a Abs. 3 Satz 3 GmbHG, welches inzwischen von der Anwendung des gesamten Eigenkapitalrechts befreit,[285] an dieser Beurteilung etwas ändert.

180 Fällt der Grund für eine Wertminderung später wieder weg, darf (vgl. § 253 Abs. 5 HGB) bzw. muss bei Kapitalgesellschaften und Gesellschaften i.S.d. § 264a HGB (vgl. § 280 Abs. 1 HGB) eine **Zuschreibung** erfolgen, wobei auch hier die historischen Anschaffungs- bzw. Herstellungskosten die Obergrenze bilden. Die Folgebewertung geht von der **Nominalwertprämisse** aus, d.h. eine mögliche Geldentwertung wird bilanzrechtlich nicht berücksichtigt; Indexierungen sind unzulässig. Auch dies folgt letztlich aus dem Anschaffungskostenmodell als Obergrenze, weil eine korrekte Berücksichtigung der Geldentwertung ansonsten eine jährliche Neubewertung der Abschreibungen auf der Basis gestiegener Anschaffungs- bzw. Herstellungskosten notwendig machen würde.

Einzelkaufleute und Personengesellschaften können **Ermessensabschreibungen** vornehmen, d.h. im Rahmen vernünftiger kaufmännischer Beurteilung nach § 253 Abs. 4 HGB einen niedrigeren Wert als den Anschaffungswert ansetzen.

Hinweis:

Die Vorschrift ist nicht unproblematisch, führt sie doch zur Bildung stiller Reserven, die einen Einblick in die Vermögenslage erschweren. Für Kapitalgesellschaften und Personenhandelsgesellschaften ohne natürliche Person als Vollhafter (vgl. § 264a HGB) besteht aus Gründen des Schutzes der Gesellschafter diese Möglichkeit nicht (vgl. § 279 Abs. 1 Satz 1 HGB). Hier bleibt es beim Anschaffungswert als Regelwert.

---

281 BFH, BStBl. 1989 II, S. 274; BStBl. 1990 II, S. 117.
282 BFH, BStBl. 1991 II, S. 595; vgl. auch Winnefeld, Bilanz-Handbuch, M Rn. 676.
283 BFH, BStBl. 1965 III, S. 503; FG Köln, EFG 1999, 374.; differenzierend: Ammelung/Pletschacher/Jarothe, GmbHR 1997, 97, 103; Reuter, BB 1982, 25 ff.
284 FG Köln, EFG 1999, 374; ebenso BFH, BStBl. 2004 II, S. 416 und BFH, BFH/NV 2006, 406 betreffend Betriebsaufspaltungskonstellationen.
285 BGH, NZG 2006, 189.

2. Anschaffungskosten

Die **Definition** der Anschaffungskosten findet sich in § 255 Abs. 1 HGB. Danach sind Anschaffungskosten die Aufwendungen, die geleistet werden, um einen Vermögensgegenstand zu erwerben und ihn in einen betriebsfreien Zustand zu versetzen, soweit sie dem Vermögensgegenstand zugeordnet werden können. Zu den Anschaffungskosten gehören **auch Nebenkosten und nachträgliche Anschaffungskosten**. Anschaffungspreisminderungen sind zu berücksichtigen. Wertminderungen führen zu Abschreibungen nach §§ 253 Abs. 2, 254 Satz 1, 279 Abs. 1 Satz 2 HGB.

181

Der **Anschaffungspreis** ergibt sich in der Regel aus dem Kaufpreis. Ist im Kaufpreis USt enthalten und der Erwerber zum Vorsteuerabzug gemäß § 15 UStG berechtigt, gilt der Nettorechnungsbetrag. Zu den Anschaffungskosten gehören auch die Kosten zur **Erlangung der Betriebsbereitschaft** (z.B. Montagekosten), wobei der Zustand der Betriebsbereitschaft final aus der beabsichtigten Verwendung des Gegenstandes abzuleiten ist.[286]

Werden **mehrere Vermögensgegenstände** zu einem einheitlichen Preis erworben, müssen die Anschaffungskosten aufgeteilt werden. Den Hauptanwendungsfall bildet der entgeltliche **Erwerb eines bebauten Grundstücks** (Grund und Boden; Gebäude). Die Verkehrswertermittlung des Gebäudes hat dabei nach dem Sach- oder Ertragswertverfahren zu erfolgen; das Vergleichswertverfahren ist keine geeignete Schätzungsmethode.[287] Des Weiteren sind dingliche Belastungen des Grund und Bodens in der Bilanz des Erwerbers nicht gesondert auszuweisen. Vielmehr erwirbt der Erwerber **von vornherein ein wertgemindertes Grundstück**. Einschränkungen des Eigentums an einem Grundstück aufgrund dinglicher Lasten bilden gleichsam „negative Bestandteile" des Grundstücks.[288] Der Bilanzierende übernimmt daher bei einem mit einem Grundpfandrecht belasteten Grundstück nicht einerseits ein Grundstück und andererseits die Belastung, sondern führt seinem Betriebsvermögen ein um das fremde Nutzungsrecht bereits gemindertes Eigentum zu.

182

Anschaffungsnebenkosten sind die Kosten, die mit dem Erwerb verbunden sind.

183

Beispiel:

Die A-GmbH erwirbt ein bebautes Grundstück. Der Kaufpreis wird von der B-Bank finanziert, neben den Zinsen fällt für die Vermittlung des Darlehensvertrags eine Gebühr an. Des Weiteren muss die A-GmbH Notargebühren, Maklerkosten und Grunderwerbsteuer bezahlen.

Zunächst sind der Grund und Boden und das aufstehende Gebäude bilanzrechtlich zwei Vermögensgegenstände. Deshalb müssen die Anschaffungskosten und Anschaffungsnebenkosten im Verhältnis der Zeitwerte aufgeteilt werden. Nur das Gebäude unterliegt einem Wertverzehr und ist planmäßig abzuschreiben. Neben dem Kaufpreis sind als Nebenkosten die Notargebühren, Maklerkosten und Grunderwerbsteuer zu aktivieren. Dem gegenüber sind die Kreditzinsen einschließlich der Vermittlungsgebühr für den Darlehensvertrag keine Nebenkosten und führen zu einem sofort abzugsfähigen Aufwand.

Anschaffungsnebenkosten setzen begriffsnotwendig einen Anschaffungsvorgang und darüber hinaus einen **entgeltlichen** zur Bilanzierung von Anschaffungskosten führenden Erwerb voraus. Deshalb gibt es keine Anschaffungsnebenkosten ohne Anschaffungshauptkosten.[289]

Beispiel:

Aufgrund des Treibhausgas-Emissionshandelsgesetzes sind Emissionsberechtigungen kostenlos ausgegeben worden. Sie können mit Anschaffungskosten von 0 € bewertet werden.[290] Deshalb sind Aufwendungen, die im Zusammenhang mit dem kostenlosen Erwerb getätigt werden, sofort abzugsfähiger Aufwand.

---

286   BFH, BStBl. 2003 II, S. 569; BStBl. 2003 II, S. 574; BStBl. 2003 II, S. 585; BStBl. 2003 II, S. 596.
287   BFH, BStBl. 2001 II, S. 183; BFH/NV 2003, 769.
288   BFH, BFH/NV 2005, 440.
289   Ellrott/Brendt, in: Ellrott/Förschle/Hoyos/Winkeljohann, Bilanz-Kommentar, § 255 HGB Rn. 72.
290   Vgl. BMF, BStBl. 2005 I, S. 1047, Tz. 7; kritisch: Herzig/Jensen-Nissen/Koch, FR 2006, 115 ff.

Zu den **nachträglichen Anschaffungskosten** gehören namentlich nach einem Grundstückserwerb erhobene erstmalige kommunale Erschließungsbeiträge.

Beispiel:

Die ABC-OHG hat ein bereits erschlossenes Grundstück erworben, wurde aber von der Gemeinde zu Ergänzungsbeiträgen für die Wasserversorgung und das Abwasser i.H.v. ca. 150.000 € herangezogen. Der BFH[291] qualifiziert in ständiger Rspr. derartige Ergänzungsbeiträge nicht als Anschaffungskosten, weil ein bloßer kausaler oder zeitlicher Zusammenhang mit der Anschaffung insoweit nicht ausreichend sei. Vielmehr können (nachträgliche) Anschaffungskosten nur dann gegeben sein, wenn die entsprechenden Aufwendungen der Benutzbarkeit des Vermögensgegenstandes zugute kommen oder – unabhängig davon – zu einer Wertsteigerung führen. Deshalb konnten die kommunalen Beiträge als Aufwand gebucht werden.

184 Ein besonderes Bewertungsproblem stellt sich beim **Tausch von Vermögensgegenständen**. Während das Steuerrecht eine Auflösung der stillen Reserven im Zuge des Tausches vorschreibt (vgl. § 6 Abs. 6 Satz 1 EStG), geht das handelsbilanzrechtliche Schrifttum von einem **Bewertungswahlrecht** zwischen der Übernahme des Buchwertes und dem Ansatz des Zweitwertes des hingegebenen Vermögensgegenstandes aus.[292] Wenn man den Vorgang allerdings dogmatisch als **Beschaffungsgeschäft** und nicht als Absatzgeschäft einordnet, weil man den eingetauschten Gegenstand mit dem Zeitwert des hingegebenen bilanziert, sollte handelsrechtlich eine Gewinnrealisierung wegen des zusätzlichen Problems eines Umsatzaktes ohne Nennwertbasis generell abgelehnt werden.[293]

Beispiel:

Die A-GmbH tauscht Wertpapiere mit einem Buchwert von 100.000 € (Zeitwert 500.000 €) gegen gleichartige Wertpapiere. Handelsrechtlich sollte die Bewertung der erworbenen Wertpapiere grds. mit dem bisherigen Buchwert von 100.000 € erfolgen. Überlegenswert erscheint es, die ertragsteuerrechtliche Belastung i.H.v. 5 % des Gewinns (vgl. § 8b KStG) dem Buchwert zuzuschlagen.

185 **Erworbene Gegenstände des Umlaufvermögens** sind ebenfalls mit den Anschaffungskosten zu bewerten. Die Anschaffungskosten sind insb. beim Ansatz der Roh-, Hilfs- und Betriebsstoffe, fremdbezogener Waren und Wertpapieren von Bedeutung. Bei der Folgebewertung sind die Anschaffungskosten den Vergleichswerten des § 253 Abs. 3 HGB gegenüberzustellen. Sind diese Werte, insb. der **Börsen- oder Marktpreis**, niedriger, so sind diese zu bilanzieren. Hier geht das Niederstwertprinzip aus Vorsichtsgründen dem Anschaffungswertprinzip (dazu oben Rn. 177 f.) vor. Das **Niederstwertprinzip** führt im Ergebnis dazu, dass am Bilanzstichtag erkennbare, aber noch nicht realisierte Verluste schon in der abzuschließenden Periode berücksichtigt werden. Die maßgeblichen Vergleichswerte richten sich für Roh-, Hilfs- und Betriebsstoffe sowie für unfertige und fertige Erzeugnisse, soweit ein Fremdbezug möglich ist, **nach den Verhältnissen am Beschaffungsmarkt**. Die Verhältnisse am Absatzmarkt sind maßgebend für andere unfertige und fertige Erzeugnisse, Überstände an Roh-, Hilfs- und Betriebsstoffen sowie Wertpapieren.[294]

3. Herstellungskosten

186 Der **Begriff der Herstellungskosten** ist in § 255 Abs. 2, 3 HGB detailliert geregelt. Er bildet den Bewertungsmaßstab für **im Unternehmen selbst hergestellte Gegenstände** und gilt gleichermaßen für das Anlage- und Umlaufvermögen bei Einzelunternehmen, Personengesellschaft und Kapitalgesellschaft. Gegenstand der Herstellungskosten sind nicht kalkulatorische Kosten, sondern **Aufwendungen** i.S.d. Handelsrechts. Bei den verschiedenen, potenziell zu Herstellungskosten führenden Aufwendungen ist einerseits zwischen direkt zurechenbaren Einzelkosten und Gemeinkosten sowie andererseits zwischen variablen und fixen Kosten zu unterscheiden.

---

291 BFH, BFH/NV 2006, 399.
292 Ellrott/Brendt, in: Ellrott/Förschle/Hoyos/Winkeljohann, Bilanz-Kommentar, § 255 HGB Rn. 131 m.w.N.
293 Scholz/Crezelius, GmbHG, Anh. § 42a Rn. 147.
294 Scholz/Crezelius, GmbHG, Anh. § 42a Rn. 157 m.w.N.

Nach § 255 Abs. 2 Satz 1 und Satz 2 HGB liegt die **Untergrenze** der Herstellungskosten bei den **Einzelkosten** (Materialeinzelkosten, Fertigungseinzelkosten, Sonderkosten der Fertigung). Dazu gehören die Aufwendungen für Fertigungsmaterial, Fertigungslöhne und Sonderkosten der Fertigung (z.B. Kosten für Entwürfe). Über die genannten Einzelkosten hinaus dürfen nach **§ 255 Abs. 2 Satz 3 HGB** angemessene Teile der notwendigen Material- und Fertigungsgemeinkosten sowie die fertigungsbedingten Abschreibungen aktiviert werden. Zu den Materialgemeinkosten gehören z.B. die Kosten der Lagerhaltung, zu den Fertigungsgemeinkosten z.B. Raumkosten, Energiekosten, und zu den fertigungsbedingten Abschreibungen die Abschreibungen auf die Fertigungsanlagen. Nach **§ 255 Abs. 2 Satz 4 HGB** dürfen auch Verwaltungsgemeinkosten (z.B. Kosten der Geschäftsleitung, des Personalbüros, des Rechnungswesens, des Werkschutzes) sowie Aufwendungen für soziale Einrichtungen des Betriebs, für freiwillige soziale Leistungen und für betriebliche Altersversorgung in die Herstellungskosten eingerechnet werden.

187

Das Wahlrecht des § 255 Abs. 2 Satz 4 HGB bedeutet die **Obergrenze** der Herstellungskosten. Gemeinkosten können nur insoweit in die Herstellungskosten einbezogen werden, als sie auf den Zeitraum der Herstellung entfallen (§ 255 Abs. 2 Satz 5 HGB). Die Aktivierung von **Finanzierungskosten** ist grds. nicht statthaft, doch sieht § 255 Abs. 3 Satz 2 HGB eine Bewertungshilfe vor, um Fremdkapitalzinsen in die Herstellungskosten einzurechnen, soweit sie

- auf Kapital, das unmittelbar zur Herstellung eines Vermögensgegenstandes führt, und
- auf den Herstellungszeitraum entfallen.

Vertriebskosten gehören generell nicht, also auch dann nicht, wenn sie sich als Einzelkosten direkt zurechnen ließen, zu den Herstellungskosten (§ 255 Abs. 2 Satz 6 HGB). Dies hat seinen Grund darin, dass zum einen der Produktionsvorgang bereits beendet ist und zum anderen die Vertriebskosten den Wert des fertigen Erzeugnisses nicht weiter erhöhen. Aufwendungen, die im Zusammenhang mit der **Planung und Entwicklung** eines (neuen) Produktes entstanden sind, können wegen § 248 Abs. 2 HGB nicht in die Herstellungskosten eingerechnet werden.

188

Herstellungskosten sind nicht nur die Aufwendungen für die Herstellung eines Vermögensgegenstandes, sondern auch Aufwendungen, die der **Erweiterung** oder der **wesentlichen Verbesserung** eines (angeschafften oder hergestellten) Vermögensgegenstandes dienen (§ 255 Abs. 2 Satz 1 HGB). Herstellungsaufwand ist zu aktivieren und demzufolge erfolgsneutral, während sog. **Erhaltungsaufwand** nicht aktiviert wird und sich damit als Aufwand erfolgswirksam auswirkt. Die Vorschrift hat ihren Hauptanwendungsbereich im Zusammenhang mit der Veränderung von Gebäuden. Wird etwa ein Anbau errichtet, ein Dachgeschoss ausgebaut und damit die nutzbare Fläche vergrößert oder die Substanz vermehrt (z.B. Einbau einer Alarmanlage), liegt eine **Erweiterung** vor. Ohne eine Gebäudeerweiterung kommen Herstellungskosten in Betracht, wenn der Gebrauchswert eines Gebäudes als Ganzes durch Hebung des Standards wesentlich erhöht wird.[295] Eine Sonderbehandlung von Aufwendungen im zeitlichen Zusammenhang mit der Gebäudeanschaffung (**sog. anschaffungsnahe Aufwendungen**) hat der BFH für das Handelsrecht aufgegeben.[296]

189

> **Hinweis:**
>
> Für steuerliche Zwecke ist die Sondervorschrift des § 6 Abs. 1a Satz 1 EStG zu beachten, die die frühere Praxis des BFH zum anschaffungsnahen Aufwand inzwischen gesetzlich festgeschrieben hat.

VIII. Gewinn- und Verlustrechnung

Der Jahresabschluss besteht aus der Bilanz und der Gewinn- und Verlustrechnung (§ 242 Abs. 3 HGB). Die Bilanz ist eine **stichtagsbezogene Zeitpunktrechnung**, in der auf den Bilanzstichtag das Vermögen einerseits und das Eigen- und Fremdkapital andererseits einander gegenüber gestellt werden. Deshalb

190

---

295 BFH, BStBl. 2003 II, S. 569.
296 BFH, BStBl. 2003 II, S. 569, 574.

lässt sich an der Veränderung des Eigenkapitals **nur summarisch** der positive oder negative Erfolg der jeweiligen Rechnungsperiode im Vergleich zur Schlussbilanz des Vorjahres ablesen. Demgegenüber ist die Gewinn- und Verlustrechnung (GuV-Rechnung) eine **Zeitraumrechnung**. Aus ihr lässt sich entnehmen, auf welche Art und Weise sich Gewinn oder Verlust im Einzelnen ergeben haben. Damit ermöglicht sie einen Einblick in die Ertragslage des Unternehmens. Bilanz und GuV-Rechnung sind **über das System der doppelten Buchführung** miteinander verbunden, weshalb sich die Vorschriften zum Bilanzansatz und zur Bewertung auch unmittelbar auf den Inhalt der GuV-Rechnung auswirken.

> *Beispiel:*
> *Nicht entgeltlich erworbene immaterielle Vermögensgegenstände des Anlagevermögens dürfen gemäß § 248 Abs. 2 HGB nicht aktiviert werden. Aufwendungen, die der Schaffung solcher Güter dienen, müssen in der Periode erfolgsmindernd in der GuV-Rechnung angesetzt werden, in der sie entstanden sind.*

191 Für Kapitalgesellschaften und Personenhandelsgesellschaften ohne Vollhaftung einer natürlichen Person verlangt § 275 Abs. 2, 3 HGB eine **Mindestgliederung** der GuV-Rechnung, soweit sich nicht aus branchenspezifischen Vorschriften eine abweichende Gliederung ergibt (Banken, Versicherungen) oder von der Verkürzungsmöglichkeit des § 276 HGB Gebrauch gemacht wird. Einzelkaufleute und die übrigen Personengesellschaften sind an die Gliederungsschemata des § 275 HGB nicht gebunden.

Die GuV-Rechnung der Kapitalgesellschaften und Personengesellschaften ohne Vollhaftung einer natürliche Person ist in **Staffelform** nach dem Gesamtkostenverfahren oder nach dem Umsatzkostenverfahren aufzustellen (§ 275 Abs. 1 Satz 1 HGB). Einzelkaufleute und die übrigen Personengesellschaften können zwischen Staffelform oder Kontoform wählen.

Die deutschen GuV-Rechnungen werden traditionellerweise nach dem Gesamtkostenverfahren als Produktionserfolg zur Rechnung gegliedert. Beim **Gesamtkostenverfahren** werden allen in der Rechnungsperiode angefallenen Erträgen die Gesamtkosten gegenübergestellt, die bei Erbringung der Betriebsleistung angefallen sind. Es werden also anders als im **Umsatzkostenverfahren** nicht nur die Umsatzerlöse und die Herstellungskosten der zur Erzielung der Umsatzerlöse erbrachten Leistungen in Bezug gesetzt, sondern es werden auch die Bestandsveränderungen an Halb- und Fertigfabrikaten und die anderen aktivierten Eigenleistungen gesondert berücksichtigt (§ 275 Abs. 2 Nr. 2, 3 HGB). Da im Gesamtkostenverfahren **nach einzelnen Ertragsarten und Aufwandsarten** gegliedert wird, ist erkennbar, durch welche Produktionsfaktoren der Aufwand verursacht worden ist.

Demgegenüber wird beim Umsatzkostenverfahren **nicht nach Aufwandsarten unterschieden** und die Aufwendungen ausschließlich auf die gewinnrealisierten Umsatzerlöse bezogen. Das Umsatzkostenverfahren gibt damit **Einblick in die Kalkulationsstruktur des Unternehmens** und zeigt die Erfolgsbeiträge der einzelnen Kostenbereiche auf. Da beim Umsatzkostenverfahren den Umsatzerlösen (ohne Erfassung der Bestandsveränderung) lediglich die Selbstkosten der abgesetzten Betriebsleistung gegenübergestellt werden, müssen Material- und Personalaufwand sowie die außerplanmäßigen Abschreibungen und steuerlichen Sonderabschreibungen im **Anhang** gesondert angegeben werden (§ 281 Satz 1 Nr. 8 HGB).

IX. Anhang

192 **Bei Kapitalgesellschaften und Personenhandelsgesellschaften** ohne voll haftende natürliche Person (§ 264a HGB) gehört zum Jahresabschluss auch ein Anhang (§§ 264 Abs. 1 Satz 1, 284 ff. HGB). Der Jahresabschluss ist einerseits ein reines Zahlenwerk und dient zum anderen auch unterschiedlichen und im Einzelfall nicht miteinander in Einklang zu bringenden Interessen. Nach traditionellem deutschen Verständnis **genießt das Vorsichtsprinzip Vorrang** vor dem Prinzip des § 264 Abs. 2 Satz 1 HGB, der eine möglichst zutreffende Darstellung der Vermögens-, Finanz- und Ertragslage verlangt (dazu oben Rn. 94). Insofern übernimmt der Anhang (§§ 284 ff. HGB) eine **Korrekturfunktion**, indem er Bilanz und GuV-Rechnung verbal erläutert und den Informationsgehalt ergänzt. Der Pflichtangabenkatalog ist in §§ 284, 285 HGB umschrieben, die nachfolgenden §§ 286 – 288 HGB behandeln einige Ausnahmetatbestände. § 288 HGB stellt kleine Kapitalgesellschaften und diesen gleichgestellte Personengesellschaften von der

Aufnahme bestimmter Angaben frei. Mittlere Kapitalgesellschaften können einen Anhang ohne diese Angaben zum Handelsregister einreichen.

Der **Pflichtangabenkatalog** schreibt etwa vor, dass Wahlrechte und Bewertungsmethoden offen gelegt werden (§ 284 Abs. 2 Nr. 1 HGB), Angaben zur Fristigkeit von Verbindlichkeiten gemacht werden müssen (§ 285 Satz 1 Nr. 2 HGB) oder das Ausmaß der Ergebnisbeeinflussung durch das Steuerrecht angegeben werden muss (§ 285 Satz 1 Nr. 5 HGB). § 285 Satz 1 Nr. 3 HGB steht im Zusammenhang mit § 251 HGB. Danach muss im Anhang der **Gesamtbetrag der sonstigen finanziellen Verpflichtungen** aufgenommen werden, die weder in der Bilanz erscheinen noch in den Haftungsverhältnissen unter dem Strich i.S.d. § 251 HGB, soweit die Angaben für die Beurteilung der Finanzlage von Bedeutung sind. Zu nennen sind z.B. die sich aus nicht bilanzierten schwebenden Geschäften ergebenden langfristigen Verpflichtungen (Miete, Leasing) und die Verpflichtungen aus begonnenen Investitionsvorhaben und künftigen Großreparaturen. Durch manche Angaben wird die **Transparenz der Bilanzposten erhöht**, etwa für Umsatzerlöse nach Tätigkeitsbereichen nach § 285 Satz 1 Nr. 4 HGB oder für Geschäftsführerbezüge nach § 285 Satz 1 Nr. 9 HGB.

F. Lagebericht

§ 289 HGB schreibt für große und mittelgroße Kapitalgesellschaften und für Personenhandelsgesellschaften ohne natürliche Person als Vollhafter vor, dass diese einen **Lagebericht aufzustellen haben** (§§ 264 Abs. 1 Satz 1, 264a, 289 HGB). Der Lagebericht ist, ebenso wie der Anhang, ein **erläuternder Bestandteil** der Rechnungslegung, allerdings kein Bestandteil des Jahresabschlusses im formalen Sinn, sondern ein **zusätzliches Informationsmittel**. Im Unterschied zum Anhang ist er nicht an die vergangenheitsorientierten Rechenwerke der Bilanz und GuV-Rechnung gebunden. Er löst sich von der positionsbezogenen Sicht des Anhangs und beschreibt sowohl den Verlauf des abgelaufenen Geschäftsjahres als auch die **Risiken und Chancen der künftigen Entwicklung** (§ 289 Abs. 1 HGB). Im Mittelpunkt steht die Darstellung und Beurteilung der für das Unternehmen relevanten wirtschaftlichen Zusammenhänge. Dies macht insb. § 289 Abs. 2 Nr. 3 HGB deutlich.

> **Hinweis:**
> Bilanz, GuV-Rechnung und Anhang allein können über Forschung und Entwicklung wenig aussagen. Letztere können aber für die langfristige Wettbewerbsfähigkeit des Unternehmens von entscheidender Bedeutung sein. Andererseits ist dieser Bereich auch besonders wettbewerbssensibel, so dass die Berichterstattung wohl dort ihre Grenze hat, wo der Wettbewerber das Unternehmen schädigende Informationen erlangen kann.

G. Konzernabschluss und Konzernlagebericht

Die Unternehmenslandschaft ist in weiten Teilen durch Unternehmenszusammenschlüsse dergestalt geprägt, dass rechtlich selbständige Unternehmen (Tochterunternehmen, Enkelunternehmen usw.) unter der **einheitlichen Leitung** eines Mutterunternehmens zu einer wirtschaftlichen Einheit (Konzern) zusammengefasst werden. **Das Mutterunternehmen** hat wegen seiner beherrschenden Stellung eine Vielzahl von Möglichkeiten, das Ergebnis der abhängigen Unternehmen (legal) zu beeinflussen. Wird etwa ein Betriebsteil aus dem Mutterunternehmen in eine Tochtergesellschaft ausgegliedert, lässt sich der Erfolg der Tochtergesellschaft aus dem Zahlenwerk des Mutterunternehmens nur sehr eingeschränkt ablesen.

Des Weiteren verhält es sich so, dass anknüpfend an die zivilrechtliche Selbständigkeit der einzelnen Rechtsträger auch **bilanzrechtlich in den Einzelabschlüssen** die Konsequenz gezogen wird, dass konzerninterne Beziehungen zur Gewinnrealisierung führen. Der Konzernabschluss soll hier Abhilfe schaffen, indem alle darin einbezogenen Unternehmen so dargestellt werden, als ob der **Konzern fiktiv ein Unternehmen** wäre. Im Wege der sog. **Einheitstheorie** (§ 297 Abs. 3 HGB) werden die Jahresabschlüsse sämtlicher Konzernunternehmen (der Tochtergesellschaften, Enkelgesellschaften usw. und des Mutterunternehmens) zusammengefasst und dabei die konzerninternen Beziehungen wie Kapitalbeteiligungen, Forderungen, Verbindlichkeiten, Umsatzerlöse und Zwischengewinne eliminiert. Das **konsolidierte Ergebnis** zeigt allein die Geschäftsvorfälle mit außerhalb des Konzerns stehenden Dritten auf. Damit gibt der Konzernabschluss für Informationszwecke einen umfassenden Einblick in die Vermögens-, Finanz- und Ertragslage des Konzerns. Für Konzerne, denen keine börsennotierten Gesellschaften angehören, sieht das Gesetz **größenabhängige Befreiungen** vor. Werden die gesetzlichen Schwellen unterschritten, muss kein Konzernabschluss aufgestellt werden (§ 293 HGB).

Der Konzernabschluss hat folgende **Bestandteile**:

- Konzernbilanz,
- Konzern-GuV,
- Konzernanhang,
- Kapitalflussrechnung und
- Eigenkapitalspiegel (vgl. § 297 Abs. 1 Satz 1 HGB).

Ergänzt wird der Konzernabschluss um einen **Konzernlagebericht** (§ 290 Abs. 1 HGB). Des Weiteren kann freiwillig eine **Segmentberichterstattung** erfolgen (§ 297 Abs. 1 Satz 2 HGB).

195 Nach dem sog. **Weltabschlussprinzip** sind grds. alle Unternehmen unabhängig von ihrem Sitz in die Konsolidierung einzubeziehen (§ 294 Abs. 1 HGB), soweit das Gesetz nicht Ausnahmen zulässt (vgl. § 296 HGB). Der Konzernabschluss dient ausschließlich der Information. Er hat **keine Bedeutung** für die **Ausschüttung** an die Anteilseigner des Mutterunternehmens und die **Ertragsbesteuerung** der einzelnen Konzernunternehmen. Deshalb findet auch keine Feststellung des Konzernabschlusses statt, und dieser kann auch nicht von Aktionären angefochten werden.

Nach dem **Konzept der einheitlichen Leitung** (§ 290 Abs. 1 HGB) sind alle Mutterunternehmen mit Sitz im Inland verpflichtet, einen Konzernabschluss aufzustellen. Nach dem **Kontrollkonzept** des § 290 Abs. 2 HGB spielt es keine Rolle, wie die Beherrschung im Einzelnen ausgeübt wird (Anteilsmehrheit, Stimmenmehrheit, Beherrschungsvertrag oder Recht zur Berufung bzw. Abberufung von Personen in Leitungsorganen). In mehrstufig gestaffelten Konzernen würde § 290 Abs. 1 HGB dazu führen, dass auf jeder Konzernstufe **Teilkonzernabschlüsse** aufgestellt werden müssen. Dafür besteht grds. kein Bedürfnis, solange die Konzernspitze einen **sog. befreienden Konzernabschluss** aufstellt, der die Informationen des Konzernabschlusses des untergeordneten Mutterunternehmens mit umfasst (§§ 291, 292 HGB). Die Befreiung **kann nicht in Anspruch genommen werden**, wenn das zu befreiende Mutterunternehmen eine AG ist, deren Anteile im amtlichen Handel notiert sind (§ 291 Abs. 3 Nr. 1 HGB). Des Weiteren können bestimmte Quoten von Gesellschaftern die Erstellung eines Teilkonzernabschlusses beantragen (§ 291 Abs. 3 Nr. 2 Satz 1 HGB). Wenn dem übergeordneten Mutterunternehmen allerdings mindestens 90 % der Aktien gehören, muss die Mehrheit der Minderheitsgesellschafter der Befreiung zustimmen (§ 291 Abs. 3 Nr. 2 Satz 2 HGB).

Von zentraler Bedeutung ist, dass alle Unternehmen, die in einem Mitgliedstaat der EU zum Handel an einem geregelten Markt zugelassen sind oder bis zu einem Bilanzstichtag die Zulassung eines Wertpapiers zum Handel an einem organisierten Markt beantragt haben (§ 315a Abs. 2 HGB), ihren **Konzernabschluss nach IAS/IFRS**, soweit diese durch Verordnung übernommen wurden, zu erstellen haben (Art. 4 IFRS-VO). Ein Konzernabschluss nach HGB entfällt. Für alle übrigen Unternehmen, die konzernrechnungslegungspflichtig sind, ist weiterhin ein Konzernabschluss nach den §§ 294 ff. HGB aufzustellen. Doch ist diesen ein **Wahlrecht** eingeräumt, ihren Konzernabschluss stattdessen ebenfalls nach IFRS zu erstellen (§ 315a Abs. 3 HGB). Welche Mutterunternehmen einen Konzernabschluss aufzustellen haben, richtet sich allerdings auch weiterhin nach den §§ 290–293 HGB.

H. Externe Prüfung

Der Gesetzgeber verlangt, dass in bestimmten Fällen außen stehende sachverständige Dritte, namentlich **Wirtschaftsprüfer und Wirtschaftsprüfungsgesellschaften**, die Rechnungslegung überprüfen. Im Mittelpunkt steht die **Jahresabschlussprüfung**, bei der Bilanz, GuV-Rechnung, Anhang und ggf. Lagebericht einer externen Prüfung zu unterziehen sind. Dabei ist die Einhaltung der bilanzrechtlichen Vorschriften, vor allem der §§ 238 – 342a HGB, und der im Gesellschaftsvertrag bzw. in der Satzung ergänzend aufgeführten Bestimmungen zu prüfen. Die Prüfung ist in ihrem Ablauf und in den einzelnen Prüfungsphasen so anzulegen, dass Unrichtigkeiten und Verstöße, die sich auf die Darstellung der Vermögens-, Finanz- und Ertragslage wesentlich auswirken, **bei gewissenhafter Berufsausübung** erkannt werden (§ 317 Abs. 1 HGB). Dies schließt auch eine verfahrensorientierte Prüfung (Systemprüfung) zur Erkennung von Kontrollrisiken und aussagebezogenen Prüfungshandlungen ein (**sog. risikoorientierter Prüfungsansatz**).

196

Jahresabschlussprüfungen sind für mittelgroße und große Kapitalgesellschaften einschließlich gleichgestellter Personenhandelsgesellschaften ohne Vollhaftung einer natürlichen Person (vgl. § 264a HGB) **zwingend vorgeschrieben** (§ 316 Abs. 1 HGB). Fehlt es an einer Prüfung, kann der Jahresabschluss **nicht festgestellt** werden. Im Übrigen kann sich für große Personengesellschaften eine gesetzliche Prüfungspflicht nach dem Publizitätsgesetz ergeben. Anderen Gesellschaften steht es offen, den Jahresabschluss auf freiwilliger Basis prüfen zu lassen. Dies kann etwa durch Gesellschaftsvertrag oder Satzung vorgeschrieben sein.

197

Darüber hinaus sind Prüfungen auch in anderen **Sonderfällen** gesetzlich vorgeschrieben, etwa bei der AG bei einer **Kapitalerhöhung** gegen Sacheinlagen (§ 183 Abs. 3 AktG) oder bei der Kapitalerhöhung aus Gesellschaftsmitteln (§§ 57c GmbHG, 207 AktG). Im Fall der **Liquidation** müssen mittelgroße und große Kapitalgesellschaften ergänzend die Liquidationseröffnungsbilanz einschließlich des erläuternden Berichts, die Liquidationsjahresabschlüsse und -lageberichte und die Liquidationsschlussbilanz mit GuV-Rechnung und Anhang ergänzend überprüfen lassen (§§ 71 Abs. 1 GmbHG, 270 Abs. 1 AktG), soweit keine gerichtliche Befreiung vorliegt (§§ 71 Abs. 3 GmbHG, 270 Abs. 3 AktG). Für den Fall der **Gründung** einer AG bzw. KGaA ist auf die externe Prüfung nach § 33 AktG hinzuweisen, die im Einzelfall durch eine **Nachgründungsprüfung** (§ 52 AktG) zu ergänzen ist. Schließlich ist in **Umwandlungsfällen** etwa bei der Verschmelzung der Verschmelzungsvertrag oder sein Entwurf durch einen oder mehrere sachverständige Prüfer zu prüfen (§ 9 Abs. 1 UmwG). Eine vergleichbare Spaltungsprüfung findet bei Aufspaltung und Abspaltung statt.

Die Aufgaben der gesetzlichen Jahresabschlussprüfung lassen sich dahingehend näher präzisieren, dass neben der im Vordergrund stehenden **Kontroll- und Korrekturfunktion** die Prüfung auch der **Information** und **Beglaubigung** dient. Allerdings wird der **Prüfungsbericht** lediglich den gesetzlichen Vertretern bzw. den Aufsichtsorganen des geprüften Unternehmens vorgelegt und gelangt nicht unmittelbar in die Öffentlichkeit. Schließlich hat die gesetzlich vorgeschriebene Prüfung eine **Präventivfunktion** dergestalt, dass sie zu einer Fehlervermeidung bzw. Fehlerverhütung führt. Daran orientieren sich die gesetzlich vorgeschriebenen und durch das Bilanzrechtsreformgesetz vom 9.12.2004[297] nochmals verschärften **Ausschlussgründe** (vgl. § 319 HGB), deren Nichtbeachtung dazu führt, dass ein erteilter Prüfungsauftrag wegen Verstoßes gegen ein gesetzliches Verbot i.S.d. § 134 BGB nichtig ist.[298] Der zentrale Grundsatz besteht darin, dass ein Abschlussprüfer grds. dann ausgeschlossen ist, wenn Umstände, insb. geschäftliche, finanzielle oder persönliche Beziehungen, vorliegen, die die **Besorgnis der Befangenheit** begründen (§ 319 Abs. 2 HGB).

198

Die Bestellung des Abschlussprüfers erfolgt in **drei Phasen**. Zunächst ist der Abschlussprüfer auszuwählen, wobei diesen bei der AG bzw. KGaA die Hauptversammlung auf Vorschlag des Aufsichtsrates wählt (vgl. § 119 Abs. 1 Nr. 4 AktG, 124 Abs. 3 AktG). Bei der GmbH und Personenhandelsgesellschaften sind

199

---

297 BGBl. 2004 I, S. 3166.
298 BGH, BB 1992, 1392.

die Gesellschafter zuständig, soweit vertraglich nichts anderes vereinbart worden ist (§ 318 Abs. 1 Satz 1, 2 HGB). **In einem zweiten Schritt** wird der Abschlussprüfer durch einen schriftlichen Vertrag mit der Prüfung beauftragt. Dies hat bei der AG bzw. KGaA durch den Aufsichtsrat zu erfolgen (§ 111 Abs. 2 AktG). Schließlich muss **in einem dritten Schritt** der Prüfer den Prüfungsauftrag entweder annehmen oder ablehnen.

Das Ergebnis der Prüfung wird im **Prüfungsvermerk** zusammengefasst und durch einen Prüfungsbericht ergänzt. Im Mittelpunkt steht der Prüfungsvermerk, der entweder in Form eines Bestätigungs- oder Versagungsvermerks abgegeben wird. Der Abschlussprüfer hat dieses Prüfungsurteil aufgrund pflichtgemäßer Prüfung (§ 322 Abs. 2 HGB) zu treffen. Im Falle einer positiven Gesamtaussage wird ein sog. **uneingeschränkter Bestätigungsvermerk** erteilt. Stellt der Abschlussprüfer Verstöße fest, z.B. weil die Risiken der künftigen Entwicklung im Lagebericht nicht zutreffend dargestellt sind, ist ein **eingeschränkter Bestätigungsvermerk** zu erteilen. Wenn der Abschlussprüfer zu wesentlichen Beanstandungen gelangt, hat er eine negative Gesamtaussage im Rahmen eines **Versagungsvermerks** zu treffen.

200 Für Jahres- und Konzernabschlüsse **kapitalmarktorientierter Unternehmen** ist durch das Bilanzkontrollgesetz v. 15.12.2004[299] eine neue unabhängige Stelle eingerichtet worden, die ergänzend zu der Prüfung durch Abschlussprüfer eine eigenständige Prüfung vornehmen soll. Anlass der Vorschrift sind einige außergewöhnliche Bilanzmanipulationsskandale der jüngsten Vergangenheit gewesen. Mit der angestrebten Überwachung von Unternehmensberichten – neudeutsch: „**Enforcement**" – soll Unregelmäßigkeiten bei der Erstellung von Unternehmensabschlüssen und Unternehmensberichten präventiv entgegengewirkt werden und im Falle festgestellter Unregelmäßigkeiten sollen diese aufgedeckt und der Kapitalmarkt darüber informiert werden. Es handelt sich für in- und ausländische Investoren um eine **vertrauensbildende Maßnahme** im Sinne einer Funktionstüchtigkeit des Kapitalmarktes.

Rechtsgrundlage sind die §§ 342b – 342e HGB. Vorgeschrieben ist ein **zweistufiges Prüfungssystem**. Zunächst wird auf der ersten Stufe durch eine privatrechtliche Kontrollinstanz (**Prüfstelle**) auf der Ebene der Gleichordnung im Rahmen freiwilliger Kooperation der Unternehmen geprüft. Sollte dies nicht zum Erfolg führen, kann die **Bundesanstalt für Finanzdienstleistungsaufsicht** gemäß § 37p Abs. 1 WpHG eine Prüfung anordnen, wenn ein Unternehmen seine Mitwirkung bei der Prüfung durch die Prüfstelle verweigert, ein Unternehmen mit dem Ergebnis der Prüfung durch die Prüfstelle nicht einverstanden ist oder erhebliche Zweifel an der Richtigkeit des Prüfungsergebnisses der Prüfstelle oder an der ordnungsmäßigen Durchführung der Prüfung durch die Prüfstelle bestehen. Eine Fehlerhaftigkeit der Rechnungslegung wird **durch Verwaltungsakt** festgestellt (§ 37q Abs. 1 WpHG). Zugleich wird der festgestellte Fehler einschließlich der wesentlichen Teile der Begründung durch das geprüfte Unternehmen bekannt gemacht, es sei denn, es besteht ausnahmsweise kein öffentliches Interesse (§ 37q Abs. 2 WpHG).

I. Offenlegung

201 Kapitalgesellschaften und Personenhandelsgesellschaften ohne Vollhaftung einer natürlichen Person unterliegen einer **gesetzlichen Pflicht** zur Offenlegung, Veröffentlichung und Vervielfältigung von Jahresabschluss und Lagebericht sowie von Konzernabschluss und Konzernlagebericht (§§ 325 – 329 HGB). Dies gilt entsprechend für Unternehmen, die den Vorschriften des Publizitätsgesetzes unterliegen (§§ 9, 15 PublG), für Genossenschaften (§ 339 HGB), für Kreditinstitute (§ 340i HGB), für Versicherungsunternehmen (§ 341j HGB) und für inländische Zweigniederlassungen von Kapitalgesellschaften mit Sitz im Ausland (§ 325a HGB). **Umfang und Art** der gesetzlichen Pflicht sind abhängig von der Größe der Gesellschaft in dem Geschäftsjahr, auf das sich die offenlegungspflichtigen Unterlagen beziehen. Bezüglich des Umfangs werden kleinen und mittelgroßen Gesellschaften Erleichterungen gewährt (§ 325 Abs. 1 Satz 1 HGB i.V.m. §§ 326 ff. HGB). Für die **Durchführung** der Offenlegung sind bei der AG die Vorstandsmitglieder, bei der GmbH die Geschäftsführer und bei der KGaA die persönlich haftenden Gesellschafter verantwortlich. Bei den einbezogenen Personenhandelsgesellschaften gelten die Mitglieder

---

299 BGBl. 2004 I, S. 3408.

des vertretungsberechtigten Organs der vertretungsberechtigten Gesellschaft als gesetzliche Vertreter (§ 264a Abs. 2 HGB). **Das Registergericht** unterzieht die eingereichten Unterlagen einer ausschließlich auf formelle Richtigkeit bezogenen Prüfung (§ 329 Abs. 1 HGB). Die Unterlagen sind unverzüglich nach Vorlage an die Gesellschafter, spätestens nach Ablauf des Geschäftsjahres innerhalb von zwölf Monaten, zum Handelsregister einzureichen (§ 325 Abs. 1 Satz 1 HGB).

J. Querbezüge zum Steuerbilanzrecht

I. Maßgeblichkeit der Handelsbilanz

Der **Maßgeblichkeitsgrundsatz des § 5 Abs. 1 Satz 1 EStG** bestimmt, dass Gewerbetreibende bei der steuerrechtlichen Gewinnermittlung das Betriebsvermögen anzusetzen haben, das nach den handelsrechtlichen Grundsätzen ordnungsmäßiger Buchführung anzusetzen ist. Die Vorschrift gilt nicht nur für **Einzelkaufleute** und bei der Gewinnermittlung von **Personenhandelsgesellschaften**, sondern über § 8 Abs. 1 KStG auch für **Kapitalgesellschaften**. Der Maßgeblichkeitsgrundsatz bezweckt nicht nur eine möglichst einfache Gewinnermittlung, sondern hat auch einen **materiellen Gehalt**. Nach der Wertentscheidung des Steuergesetzgebers ist die Handelsbilanz zumindest im Ausgangspunkt prinzipiell geeignet, das für die Steuerzahlung disponible Einkommen festzulegen. 202

Die **Kritik**, die von Teilen des steuerrechtlichen Schrifttums an dem Maßgeblichkeitsgrundsatz de lege ferenda geäußert wird, ist zurückzuweisen.[300] Denn das Ergebnis ist eine steuersystematisch zutreffende **Maßgröße steuerlicher Leistungsfähigkeit**.[301] Das gilt vor allem, weil die Grundidee des geltenden Steuerrechts einem marktwirtschaftlichen System verhaftet bleibt, weshalb das Steuerrecht erst auf einer sekundären Besteuerungsebene an den Güterverteilungsprozess durch Erhebung von Steuern anknüpft. Vor diesem Hintergrund erweist es sich als sachgerecht, dass der Steuerstaat – gleichsam als Kostgänger der Steuerbürger – als „stiller Teilhaber" am Gewinn des Unternehmens teilnimmt und sich nicht besser stellt als der Inhaber oder die Anteilseigner des Unternehmens. 203

Was die **Reichweite des Maßgeblichkeitsgrundsatzes** anlangt, ergibt sich aus § 5 Abs. 1 Satz 1 EStG zunächst, dass die Frage nach dem „ob" einer Bilanzierung, also dem **Bilanzansatz**, grds. nach Handelsbilanzrecht (§§ 238 ff. HGB) zu entscheiden ist. Dabei ist der Grundsatz nicht auf das Ergebnis der Handelsbilanz bezogen, sondern betrifft **sämtliche Bilanzpositionen**. Wird ein Posten in der Handelsbilanz zutreffend aktiviert oder passiviert und greift korrigierend keine steuerrechtliche Sonderregelung ein, muss dieser Posten in die Steuerbilanz übernommen werden. Dabei gelten alle Grundsätze ordnungsmäßiger Buchführung; eine Begrenzung auf die „Grundsätze" in einem allgemeineren Sinn ist weder vom Gesetzgeber gewollt noch mit dem eben dargestellten Zweck der Gewinnermittlung legitimierbar.[302] Für den Bilanzansatz sehen § 5 Abs. 2a – Abs. 4b EStG Sondervorschriften vor, die darauf gerichtet sind, steuerrechtlich ein höheres Ergebnis auszuweisen als dies handelsrechtlich zulässig wäre. 204

Beispiel:

*Nach § 5 Abs. 4a EStG dürfen in der Steuerbilanz **Rückstellungen für drohende Verluste** aus schwebenden Geschäften generell nicht (mehr) gebildet werden. Hiervon abweichend müssen nach § 249 Abs. 1 Satz 1 Fall 2 HGB Drohverluste aus einem schwebenden Geschäft als Rückstellung abgebildet werden, weil sie aufgrund des Imparitätsgrundsatzes zu antizipieren sind. Die Vorschrift des § 5 Abs. 4a EStG ist letztlich rein fiskalisch motiviert und lässt sich auch mit dem Leistungsfähigkeitsgedanken nicht begründen. Im Extremfall kann eine Kapitalgesellschaft insolvenzreif, weil überschuldet, sein und weist aufgrund der Vorschrift trotzdem noch einen „Gewinn" für steuerliche Zwecke aus.*

---

300 Dazu umfassend näher: Schön, Steuerliche Maßgeblichkeit in Deutschland und Europa, S. 8 ff.
301 Kirchhof/Crezelius, EStG, § 5 Rn. 10; Knobbe-Keuk, Bilanz- und Unternehmenssteuerrecht, § 2 II 3 e; Moxter, BB 1997, 195; Stobbe, FR 1997, 361; a.A.: Blümich/Schreiber, EStG, § 5 Rn. 30; Schmidt/Weber-Grellet, EStG, § 5 Rn. 27.
302 Vgl. Kirchhof/Crezelius, EStG, § 5 Rn. 32 m.w.N.

205 Einschränkend muss bei der steuerrechtlichen Gewinnermittlung beachtet werden, dass trotz § 5 Abs. 2 EStG **verdeckte Einlagen** in eine Kapitalgesellschaft auch bei **immateriellen Vermögensgegenständen** des Anlagevermögens mit dem Teilwert anzusetzen sind (vgl. auch § 6 Abs. 6 Satz 2 EStG).[303] Dies wird mit einem Vorrang der Vorschriften über die Abgrenzung des außerbetrieblichen (gesellschaftsrechtlichen) und des betrieblichen Bereichs vor dem Aktivierungsverbot begründet.

Der Maßgeblichkeitsgrundsatz erfährt aufgrund einer Grundsatzentscheidung des Großen Senats des BFH vom 3.2.1969[304] eine prinzipielle **teleologische Einschränkung** aus Gründen der Gleichmäßigkeit der Besteuerung. Der Große Senat hat entschieden, dass es keine strikte Bindung des Bilanzsteuerrechts an die Handelsbilanz gebe, soweit das Handelsrecht GoB-konforme Aktivierungs- und Passivierungswahlrechte gewähre. Ein **Aktivierungswahlrecht** in der Handelsbilanz führe steuerrechtlich zu einem Aktivierungsgebot und umgekehrt folge aus einem **Passivierungswahlrecht** steuerrechtlich ein Passivierungsverbot.

Beispiel:

Die A-GmbH hat ein Darlehen i.H.v. 100.000 € mit einem Disagio von 20.000 € aufgenommen. Hier besteht handelsrechtlich nach § 250 Abs. 3 HGB ein Aktivierungswahlrecht für das Disagio; steuerrechtlich muss in diesem Fällen aktiviert werden. Hat die A-GmbH umgekehrt die Instandhaltung von Produktionsanlagen in der Mitte des folgenden Geschäftsjahres geplant, gewährt § 249 Abs. 1 Satz 3 HGB ein Rückstellungswahlrecht, welches das handelsrechtliche Ergebnis im Falle seiner Inanspruchnahme vermindert. Steuerrechtlich besteht hier allerdings ein Passivierungsverbot. Insgesamt wird also ein jeweils höherer steuerlicher Gewinn ausgewiesen.

206 Umstritten ist, ob der Maßgeblichkeitsgrundsatz des § 5 Abs. 1 Satz 1 EStG auch für die **Bewertung** gilt.[305] Aus der Bezugnahme in § 5 Abs. 6 EStG im systematischen Zusammenspiel mit §§ 6, 7 EStG ist auch eine Bindung an die handelsrechtlichen Bewertungsvorgaben zu folgern, soweit sich nicht aus den steuerrechtlichen Sondervorschriften etwas Abweichendes ergibt. Insb. soweit es um die **Folgebewertung** geht, kommt es zu einer **Vielzahl von Abweichungen** z.B. bei der unterschiedlichen Abschreibungsdauer in § 255 Abs. 4 HGB und § 7 Abs. 1 Satz 3 EStG für den Geschäftswert. Weiter gilt etwa steuerrechtlich abweichend von § 253 Abs. 1 Satz 2 HGB für die **Bewertung von Rückstellungen**, dass diese gemäß § 6 Abs. 1 Nr. 3a a) – e) EStG

- unter Berücksichtigung der Erfahrungen der Vergangenheit zu bilden sind (lit. a),
- ungewisse Sachleistungsverpflichtungen mit den Einzelkosten und den angemessenen Teilen der notwendigen Gemeinkosten zu bewerten sind (lit. b),
- künftige Vorteile zu saldieren sind (lit. c),
- Ansammlungsrückstellungen zu bilden sind (lit. d) und
- Geld- und Sachleistungsverpflichtungen mit einem Zinssatz von 5,5 % abzuzinsen sind (lit. e).

In § 6 Abs. 1 Nr. 3 EStG ist ein entsprechendes Abzinsungsgebot analog den Regelungen für Rückstellungen bei **Verbindlichkeiten** vorgesehen. Dies gilt wiederum nicht für Verbindlichkeiten, deren Restlaufzeit am Bilanzstichtag weniger als zwölf Monate beträgt, die verzinslich sind oder auf einer Anzahlung bzw. Vorausleistung beruhen (§ 6 Abs. 1 Nr. 3 Satz 2 EStG). Schließlich ist eine weitere Besonderheit, dass § 6 Abs. 1 Nr. 1 Satz 4 Nr. 2 und Nr. 3 EStG eine allgemeine und strikte steuerliche Pflicht zur auch teilweisen **Wertaufholung** (Zuschreibung) vorschreiben, die sich mit den handelsbilanzrechtlichen Vorschriften nicht deckt. Für die Folgebewertung findet sich in § 7 EStG die steuerrechtlich grundlegende Norm für die Regelabschreibung.

207 Aufgrund des **Bewertungsvorbehaltes** des § 5 Abs. 6 EStG steht fest, dass die bewertungsrechtliche Generalnorm des § 6 EStG handelsrechtlichen Bewertungsprinzipien vorgeht. Soweit § 6 EStG allerdings **keine Spezialregelung** trifft bzw. lückenhaft ist (z.B. hinsichtlich der Definition der Anschaffungs- bzw.

---

303 BFH, BStBl. 1998 II, S. 307; BFH/NV 2002, 677.
304 BFH (GrS), BStBl. 1969 II, S. 291, S. 293.
305 Näher dazu: Kirchhof/Crezelius, EStG, § 5 Rn. 36 m.w.N.

Herstellungskosten), gelten kraft des Maßgeblichkeitsgrundsatzes die entsprechenden Grundsätze ordnungsmäßiger Bewertung.

Der **Anschaffungs- und Herstellungskostenbegriff** des HGB ist grds. auch in die steuerliche Gewinnermittlung zu übernehmen, weil § 6 EStG keine eigenständige Definition vorsieht. Im Zusammenhang mit den Herstellungskosten gibt § 255 Abs. 2 HGB einen Mindest- und Maximalumfang der Herstellungskosten im Sinne einer Teilkostenrechnung bzw. Volkostenrechnung vor. Auch hier vertritt der BFH für steuerliche Zwecke die Auffassung, dass sich das Aktivierungswahlrecht des § 255 Abs. 2 Satz 3 EStG auf die Handelsbilanz beschränke und steuerlich aktiviert werden müsse.[306] Bei der steuerlichen Gewinnermittlung müssen demgegenüber alle Aufwendungen, **die „ihrer Art nach" Herstellungskosten** sind, zwingend aktiviert werden. Die Frage ist damit für die **Gemeinkosten i.S.d. § 255 Abs. 2 Satz 3 HGB** entschieden. Bislang werden die in § 255 Abs. 2 Satz 4 HGB aufgeführten **Kosten der allgemeinen Verwaltung** (z.B. Aufwendungen für die Geschäftsleitung oder das Rechnungswesen, den Werkschutz oder Aufwendungen für freiwillige soziale Leistungen) einschließlich der Zinsen für Fremdkapital nicht als zwingend aktivierungspflichtig angesehen.[307]

208

Durch die Verankerung der sog. **umgekehrten Maßgeblichkeit** (dazu oben Rn. 122) in § 5 Abs. 1 Satz 2 EStG hat sich der Gesetzgeber **ausdrücklich für eine umfassende formelle Maßgeblichkeit** ausgesprochen. Die umgekehrte Maßgeblichkeit hat zur Folge, dass Steuervergünstigungen, die den GoB widersprechen (z.B. subventionelle Sonder-AfA), zwingend in die Handelsbilanz übernommen werden müssen, um Einfluss auf die steuerrechtliche Gewinnermittlung zu haben. Das Handelsbilanzrecht ermöglicht seinerseits den Ansatz der steuerrechtlich bedingten Werte, um den Gleichlauf von Handels- und Steuerbilanz zu sichern (vgl. §§ 247 Abs. 3, 254, 273, 279 Abs. 2 HGB).

209

Beispiel:

Die A-GmbH hat in den Jahren 1992 bis 1998 Sonder-AfA nach dem Fördergebietsgesetz i.H.v. 15 Mio. € in Anspruch genommen. Da sie über einen steuerrechtlichen Verlustvortrag i.H.v. 20 Mio. € verfügt, möchte sie die Sonder-AfA „rückgängig" machen.

Die A-GmbH konnte ursprünglich die Sonderabschreibungen mit steuerrechtlicher Wirkung nur dann vornehmen, wenn diese auch in der Handelsbilanz durchgeführt wurden. Im vorliegenden Fall stellt sich das daran anknüpfende Problem, ob das Zuschreibungswahlrecht analog § 280 Abs. 1 HGB zulässig ist oder gegen das Stetigkeitsgebot des § 252 Abs. 1 Nr. 6 HGB verstößt bzw. gemäß § 252 Abs. 2 HGB („begründete Ausnahme") davon abgewichen werden darf.[308] Ist die Zuschreibung handelsrechtlich zulässig, muss sie auch steuerrechtlich nachvollzogen werden.

II. Wirtschaftsgut

In terminologischer Unterscheidung zum Vermögensgegenstand des Handelsbilanzrechtes bildet bilanzsteuerrechtlich das Wirtschaftsgut die Grundeinheit. Der Begriff des Vermögensgegenstandes **ist von den Schulden zu unterscheiden** (dazu oben Rn. 137). Steuerlich sind Schulden dagegen sog. negative Wirtschaftsgüter. Im Übrigen vertritt der BFH in ständiger Rspr. den Standpunkt, dass sich der Begriff des Vermögensgegenstandes und der des (aktiven) Wirtschaftsgutes begrifflich decken,[309] doch lässt es der BFH namentlich im Hinblick auf den Geschäftswert als Wirtschaftsgut genügen, dass der längerfristige und einer selbständigen Bewertung zugängliche Nutzungsvorteil zumindest zusammen **mit dem Betrieb übertragbar** ist.[310] Für die Annahme eines Vermögensgegenstandes im Handelsrecht genügt dies nicht, wenn man der h.M. zu § 255 HGB folgt (vgl. oben Rn. 133).

210

---

306 BFH, BStBl. 1994 II, S. 176.
307 Kirchhof/P. Fischer, EStG, § 6 Rn. 74 m.w.N.
308 Näher: M. Fischer, BB 2003, 411 ff. m.w.N.
309 BFH, BStBl. 1988 II, S. 348, 352.
310 BFH, BStBl. 1992 II, S. 383; Kirchhof/Crezelius, EStG, § 5 Rn. 63.

III. Betriebsvermögen

211 Ein weiteres Problem besteht darin, dass das Betriebsvermögen im handelsbilanzrechtlichen und im ertragsteuerrechtlichen Sinn nicht zwingend übereinstimmen muss. Eine **vollständige Deckungsgleichheit** besteht lediglich bei **Kapitalgesellschaften**, weil diese ausnahmslos gewerbliche Einkünfte erzielen (vgl. § 8 Abs. 2 KStG), mit der Konsequenz, dass die dazu eingesetzten Wirtschaftsgüter zum notwendigen Betriebsvermögen gehören müssen. Etwas anderes würde nur dann gelten, wenn man dogmatisch eine außerbetriebliche Sphäre der Kapitalgesellschaft annähme. Doch lehnt dies die Rspr. des BFH ab.[311] Privat veranlasste Aufwendungen sind außerbilanziell durch sog. **verdeckte Gewinnausschüttungen** zu korrigieren.[312]

212 Komplizierter ist die Rechtslage **bei Personengesellschaften**. Handelsrechtlich verhält es sich so, dass das gesamte **Gesamthandseigentum** Betriebsvermögen ist. Ertragsteuerrechtlich vertritt der BFH die Ansicht, dass auch auf Gesamthandsebene eine Unterscheidung zwischen **außerbetrieblicher und betrieblicher** Sphäre zu erfolgen habe. Soweit es bei den von der Gesellschaft erworbenen Wirtschaftsgütern an einer betrieblichen Veranlassung fehle, seien sie steuerrechtlich als Privatvermögen zu qualifizieren[313] (z.B. betreffend eine Lebensversicherungsforderung zur Abfindung der Hinterbliebenen eines verstorbenen Gesellschafters). Des Weiteren kann **durch eine dauerhafte private Widmung** eines Wirtschaftsgutes des Gesamthandsvermögens eine Entnahme des Gegenstands aus dem Betriebsvermögen in das Privatvermögen stattfinden (z.B. bei Bebauung eines Grundstücks der Gesellschaft für Wohnzwecke eines Gesellschafters).[314] Nach der Rspr. des BFH fehlt es schließlich an der Betriebsvermögenseigenschaft, wenn der Erwerb von (aktiven und passiven) Wirtschaftsgütern nicht der gemeinsamen Einkünfteerzielung, sondern **der Verlustverlagerung** in den gesamthänderischen Bereich dient. Denn die steuerrechtlich irrelevante sog. Liebhaberei wird nicht nur auf Einheiten wie einen Betrieb oder zumindest einen Teilbetrieb bezogen, sondern auch auf unselbständige Teilbereiche (sog. Segmentierung).[315] Bei all den genannten Fällen wird der Maßgeblichkeitsgrundsatz für den Umfang des Betriebsvermögens bei Personengesellschaften durchbrochen.

Umgekehrt muss beachtet werden, dass ertragsteuerrechtlich **zum Betriebsvermögen der Personengesellschaft/Mitunternehmerschaft** nicht nur diejenigen Wirtschaftsgüter gehören, die sich im Gesamthandsvermögen der Personengesellschaft befinden, sondern auch solche, die im zivilrechtlichen oder wirtschaftlichen Eigentum eines oder mehrerer Gesellschafter stehen und dem Bereich der betrieblichen Betätigung des Gesellschafters im Rahmen der Mitunternehmerschaft zuzurechnen sind (**sog. Sonderbetriebsvermögen**). Die Untergliederung des Betriebsvermögens einer Personengesellschaft in Gesamthandsvermögen und Sonderbetriebsvermögen ist keine neue Erkenntnis der Rspr., sondern stimmt mit den Ergebnissen der Rspr. zur früheren **Bilanzbündeltheorie** überein.[316] Nach deren Aufgabe wird die Existenz von Sonderbetriebsvermögen von der Rspr. des BFH über **§ 15 Abs. 1 Satz 1 Nr. 2 Satz 1 2. Halbs. EStG** gerechtfertigt, wobei der BFH von der Prämisse ausgeht, dass die zur Erzielung von Sondervergütungen eingesetzten Wirtschaftsgüter ebenso betrieblicher/gewerblicher Natur sein müssten.[317]

213 Aus der Existenz des Sonderbetriebsvermögens folgt, dass die entsprechend qualifizierten Wirtschaftsgüter in einer **Sonderbilanz** der einzelnen Mitunternehmer zu erfassen sind. Bei der Sonderbilanz handelt es sich um ein technisches Mittel, um die Wertentscheidung des Gesetzgebers in § 15 Abs. 1 Satz 1 Nr. 2 Satz 1 2. Halbs. EStG mit der umfassenden Qualifizierung von Einkünften als mitunternehmerische nach-

---

311 BFHE 182, 123; 186, 540; BFH, DStR 2001, 2023.
312 BFHE 186, 540; BFH, BFH/NV 2004, 1482; Gosch, KStG, § 8 Rn. 69.
313 BFH, BStBl. 1992 II, S. 653.
314 BFH, BStBl. 1988 II, 418; kritisch: Knobbe-Keuk, Bilanz- und Unternehmenssteuerrecht, § 10 I.
315 BFH, BStBl. 1997 II, S. 202: Hubschraubervermietung im Rahmen einer Baugerätevermietung; BFH/NV 1999, 1081: Motorbootvermietung; BStBl. 1999 II, 466: Devisenterminhandel.
316 Grundlegend: RFH, RStBl. 1932, S. 388.
317 BFH, BStBl. 1977 II, S. 357; BStBl. 1994 II, S. 444; näher: Westermann, Handbuch der Personengesellschaften, Rn. II 284 ff.

zuvollziehen. Die Handelsbilanz der Gesellschaft selbst kann **nur den Bereich des Gesamthandsvermögens** umfassen. Einnahmen des Gesellschafters aufgrund allgemein-schuldrechtlicher Beziehungen zur Personengesellschaft können dort nicht berücksichtigt werden.

> **Hinweis:**
>
> Gäbe es keine Sonderbilanzen, würde dies bedeuten, dass für jede Rechnungsperiode nicht nur der handelsrechtliche Abschluss zu erstellen wäre, sondern zusätzlich eine von der Handelsbilanz abweichende Steuerbilanz entwickelt werden müsste.

Beispiel:

A ist Gesellschafter der AB-OHG. Er erwirbt im Wege der Fremdfinanzierung ein unbebautes Betriebsgrundstück i.H.v. 500.000 €, welches er ohne gesondertes Entgelt der AB-OHG für betriebliche Zwecke überlässt. Für den von ihm aufgenommenen Kredit zahlt er 10 % Zinsen p.a. aus privaten Mitteln. A hat das Grundstück und das Darlehen in einer Sonderbilanz zu aktivieren. Die von ihm gezahlten Zinsen sind in einer Sonder-GuV auszuweisen:

Sonderbilanz Gesellschafter A

Aktiva		Passiva	
Grund + Boden	500.000 €	Verbindlichkeiten	500.000 €
	500.000 €		500.000 €

Sonder-GuV Gesellschafter A

Aufwendungen		Erträge	
Zinsen	50.000 €	Verlust	50.000 €
	50.000 €		50.000 €

IV. Ergänzungsbilanzen

Schließlich kennt das Ertragsteuerrecht im Zusammenhang mit der Besteuerung von Mitunternehmerschaften noch sog. **Ergänzungsbilanzen,** die von den Sonderbilanzen der Gesellschafter zu unterscheiden sind. Ergänzungsbilanzen werden erforderlich, soweit handelsrechtlich eine Übernahme der „neuen" steuerlichen Werte in der Handelsbilanz der Gesellschaft nach GoB nicht zulässig oder – wenn nicht zwingend – nicht erwünscht ist.[318] Zu den **typischen Anwendungsfällen** gehören neben den Einbringungen i.S.d. § 24 UmwStG namentlich der entgeltliche Erwerb eines Mitunternehmeranteils, die Übertragung von Wirtschaftsgütern nach § 6 Abs. 5 Satz 3 EStG sowie die Fälle der Inanspruchnahme personenbezogener Steuervergünstigungen (z.B. § 6b EStG) durch einzelne Gesellschafter.

214

Dabei unterscheidet man zwischen sog. positiven und sog. negativen Ergänzungsbilanzen. In **sog. positiven Ergänzungsbilanzen** werden Mehrwerte hinsichtlich des Kapitalkontos in der Gesamthandsbilanz erfasst. Die Aktivseite der Ergänzungsbilanz weist in diesem Fall die positiven Wertdifferenzen quotal verteilt auf die einzelnen Wirtschaftsgüter der Gesellschaftsbilanz aus, während sich auf der Passivseite das Mehr(eigen-)kapital des Mitunternehmers wiederfindet. Liegen demgegenüber die Anschaffungskosten unter dem ihm zugewiesenen Kapitalanteil in der Gesamthandsbilanz, ist eine **sog. negative Ergänzungsbilanz** zu bilden.

Beispiel:

An der AB-OHG sind A und B zu je 50 % beteiligt. Der Buchwert der Aktiva der AB-OHG beträgt 500.000 €, deren Teilwert 700.000 €; es bestehen keine Schulden. Käufer K erwirbt die Beteiligung des Altgesellschafters A für 350.000 €. Die Handels- und die Steuerbilanz der AG-OHG bleiben unverändert, an die Stelle des Kapitalkontos des A tritt das Kapitalkonto von K.

---

318 Näher: Westermann, Handbuch der Personengesellschaften, Rn. II 244 ff. m.w.N.

Steuerbilanz AB-OHG

Aktiva	500.000	Kapital A (=K)	250.000
		Kapital B	250.000
	500.000		500.000

Die Ergänzungsbilanz des K sieht wie folgt aus:

Positive Ergänzungsbilanz Erwerber K

Geschäfts- und Firmenwert	50.000	Mehrkapital K	100.000
Buchwert der Aktiva	50.000		
	100.000		100.000

Das Gesamtkapital des K beträgt 350.000 € (250.000 € laut Steuerbilanz plus 100.000 € laut Ergänzungsbilanz), das entspricht dem Kaufpreis, also seinen Anschaffungskosten. Die stillen Reserven der Aktiva werden nur zu 50 % aufgedeckt, da K nur einen Anteil von 50 % am Kapital der Gesellschaft hat.[319]

---

319 Näher: Westermann, Handbuch der Personengesellschaften, Rn. II 248 ff. m.w.N.

§ 2 Besteuerung der einzelnen Gesellschaften und Rechtsformenvergleich

Inhaltsverzeichnis

	Rn.
A. Ertragsteuerliche Modelle der Unternehmensbesteuerung	1
I. Konzept der Teilhabersteuer	2
II. Konzepte einer Betriebssteuer	4
B. Rechtsformabhängige Besteuerung	8
I. Duales System	8
II. Optionsmodelle	13
III. Sondertarifierung für einbehaltene Gewinne	17
IV. Jüngere Reformdiskussionen	19
1. Modell der Stiftung Marktwirtschaft	19
a) Einheitliche Unternehmenssteuer	19
b) Gewinnermittlung und Gruppenbesteuerung	21
c) Nachversteuerungsregelung und transparente Entnahmeregelung	22
d) Kleinunternehmerregelung	26
2. Modell des Sachverständigenrats	27
3. T-Modell	29
4. Referentenentwurf zur Unternehmenssteuerreform 2008	31
C. Besteuerung der Mitunternehmerschaften	35
I. Gesellschaft als Subjekt der Einkünfteerzielung im Einkommensteuerrecht	35
1. Transparenzprinzip	36
2. „Einheit der Gesellschaft" und „Vielheit der Gesellschafter" bei der Personengesellschaft	38
3. Einkünfteerzielungsabsicht auf der Ebene der Gesellschaft und der Gesellschafter	42
4. Zurechnung der Einkünfte an Mitunternehmer	45
a) Bedeutung der Mitunternehmerstellung	45
b) Voraussetzungen der Mitunternehmerstellung	46
aa) Mitunternehmerrisiko und Mitunternehmerinitiative	46
bb) Einzelfragen zur Mitunternehmerstellung von Kommanditisten	47
cc) Anerkennung der Mitunternehmerstellung in der Familiengesellschaft	52
c) Mitunternehmerstellung von Nichtgesellschaftern	59
aa) Wirtschaftliches Eigentum an einem Mitunternehmeranteil	59
bb) Verdeckte Mitunternehmer	60
cc) Nur-Geschäftsführer einer Komplementär-GmbH in der GmbH & Co. KG als verdeckter Mitunternehmer	63
d) Mittelbare Beteiligungen	67
aa) Beteiligung über eine Personengesellschaft	68
bb) Beteiligung über eine Kapitalgesellschaft	69
II. Technik der zweistufigen Gewinnermittlung von Mitunternehmereinkünften	70
1. Behandlung des Gewinnanteils und von Leistungsvergütungen	70
2. Ergänzungs- und Sonderbilanzen	72
a) Ergänzungsbilanzen	72
b) Sonderbilanzen	73
aa) § 15 EStG als Zurechnungsnorm oder Qualifikationsnorm?	73
bb) Bestandteile des Sonderbetriebsvermögens	75
3. Steuerliche Behandlung des handelsrechtlichen Gewinnanteils und der Sondervergütungen	78
4. Sonderbetriebseinnahmen und -ausgaben der Mitunternehmer	79
a) Einnahmen und Ausgaben im Zusammenhang mit Sonderbetriebsvermögen	79
b) Vergütungen/Aufwendungen für die Überlassung eines Vermögensgegenstandes	82
5. Besteuerungsgrundsätze bei vermögensverwaltenden Personengesellschaften	83
6. Behandlung von Verlusten	85
a) Horizontaler und vertikaler Verlustausgleich	85
b) Verlustverrechnungsbeschränkungen gemäß § 15a EStG und § 15 Abs. 4 Satz 6 ff. EStG	88
7. Besteuerung der Personenunternehmen bei der Gewerbesteuer	89
a) Steuerschuldnerschaft der Personenunternehmung	89
b) Ermittlung des Gewerbeertrags	91
c) Freibetrag und Staffeltarif	92
d) Verlustvorträge nach § 10a GewStG	93
aa) Voraussetzungen des § 10a GewStG	93
bb) Gewerbesteuerliche Mindestbesteuerung	94
III. Unentgeltliche Übertragung und Veräußerung von Mitunternehmeranteilen, Betrieben und Teilbetrieben	95

1. Unentgeltliche Übertragung von Mitunternehmeranteilen, Betrieben und Teilbetrieben 95
   a) Grundlagen 95
   b) Neuere „Synchronrechtsprechung" des BFH............................ 96
2. Veräußerung eines Mitunternehmeranteils, Betriebs oder Teilbetriebs 98
   a) Veräußerungstatbestände............ 98
   b) Einkommensteuerliche Begünstigungsmöglichkeiten und Gewerbesteuer 100
3. Gesamtplanrechtsprechung 101
   a) Unentgeltliche Übertragungen........ 103
   b) Übertragungen vor der Veräußerung eines Mitunternehmeranteils, Betriebs oder Teilbetriebs 105
IV. Übertragung von Einzelwirtschaftsgütern und Sachgesamtheiten in das Betriebsvermögen einer Mitunternehmerschaft. 106
   1. Steuerliche Folgen der Bar- und Sachgründung mit Einzelwirtschaftsgütern 106
      a) Übertragung von Wirtschaftsgütern aus einem Betriebsvermögen des Einbringenden 107
      b) Einbringung gegen die Gewährung von Gesellschaftsrechten nach § 6 Abs. 5 Satz 3 EStG 108
         aa) „Gewährung von Gesellschaftsrechten" in § 6 Abs. 5 Satz 3 EStG.. 108
         bb) Steuerliche Qualifizierung von Gesellschafterkonten 109
         cc) Rechtsfolgen 110
         dd) Mischentgelte und Schuldübernahmen 112
         ee) Besonderheiten bei Mitunternehmer-Kapitalgesellschaften 115
         ff) Behaltefristen 116
      c) Verdeckte Einlagen in eine Mitunternehmerschaft...................... 117
   2. Einlagen aus einem Privatvermögen 120
      a) Gewährung von Gesellschafterrechten und anderen Gegenleistungen 120
      b) Verdeckte Einlagen 121
V. Einbringung von Betrieben in eine Mitunternehmerschaft, Aufnahme von Gesellschaftern in ein Einzelunternehmen und Beitritt zu einer Personengesellschaft 122
   1. Anwendungsbereich des § 24 UmwStG ... 122
   2. Wahlrecht nach § 24 UmwStG bei der Einbringung eines Einzelunternehmens ... 123
   3. Besonderheiten bei der Aufnahme eines Angehörigen in ein Einzelunternehmen gegen eine Zuzahlung 127
      a) Einbringungen zum Buchwert........ 127
      b) Einbringungen zum Teilwert......... 129
   4. Besonderheiten beim Beitritt zu einer Personengesellschaft 132

VI. Steuerermäßigung gemäß § 35 EStG und Tarifermäßigung nach § 32c EStG n.F........ 138
   1. Steuerliche Rahmenbedingungen 138
      a) Bedeutung der Gewerbesteuer für die ertragsteuerliche Gesamtbelastung von Personenunternehmen 138
      b) Steuerwirkung der Gewerbesteueranrechnung 140
   2. Strukturelle Elemente der Steuerermäßigung 142
      a) Begriff des Anrechnungsüberhangs.... 142
      b) Tatbestandliche Elemente der Regelung . 145
         aa) Überblick 145
         bb) Grundstruktur des Entlastungsmechanismus..................... 146
         cc) Ermittlung des gewerbesteuerlichen „Anrechnungsvolumens" 148
            (1) Anbindung an den festgesetzten Gewerbesteuermessbetrag und Erhebungszeitraum 148
            (2) Berechnung des Anrechnungsvolumens bei mehreren Betrieben................. 149
            (3) Auswirkung gewerbesteuerlicher Verlustvorträge 150
         dd) Ermittlung des einkommensteuerlichen Ermäßigungshöchstbetrags .. 151
            (1) Definition der „enthaltenen gewerblichen Einkünfte"...... 151
            (2) Kürzung der gewerblichen Einkünfte aufgrund anderer negativer Einkünfte aus Gewerbebetrieb 156
         ee) Absoluter und relativer Ermäßigungshöchstbetrag 158
            (1) Absoluter Ermäßigungshöchstbetrag........................ 159
            (2) Relativer Ermäßigungshöchstbetrag........................ 160
   3. Anwendung des § 35 EStG bei Mitunternehmern............................. 162
      a) Auseinanderfallen von Gewerbesteuerschuldner und Anrechnungsberechtigtem 162
      b) Aufteilung des Ermäßigungspotenzials zwischen den Mitunternehmern 163
         aa) Maßgeblichkeit des allgemeinen Gewinnverteilungsschlüssels 163
         bb) Auslegung des § 35 Abs. 2 Satz 3 EStG 164
            (1) „Allgemeiner Gewinnverteilungsschlüssel" 164
            (2) Begriff des „Vorabgewinns" ... 165
            (3) Kapitalgesellschaften als Gesellschafter.................... 167
      c) Verfahrensrecht 168
   4. Die Tarifbegünstigung nach § 32c EStG im VZ 2007-02-22 169

VII. Kautelarjuristischer Regelungsbedarf bei Mitunternehmerschaften aufgrund des Steuerrechts 173
  1. Entnahmerechte für Steuerzahlungen bei Thesaurierung und für anrechenbare Steuern 173
     a) Thesaurierte Unternehmensgewinne 173
     b) Anrechenbare Steuern 174
  2. Verursachungsgerechte Verteilung des Gewerbesteueraufwands bei der laufenden Gewinnverteilung 175
  3. Regelungsbedarf aufgrund § 35 EStG 176
     a) Komplizierung durch § 35 EStG 176
     b) Veräußerung von Mitunternehmeranteilen 178
        aa) Gewerbesteuerpflichtige Veräußerungen eines Mitunternehmeranteils 178
        bb) Veräußerungen von Teil-Mitunternehmeranteilen durch natürliche Personen 179
        cc) Veräußerung durch Kapitalgesellschaft 180
D. **Besteuerung der Kapitalgesellschaften und deren Anteilseigner** 181
I. Trennungsprinzip 181
  1. Einkommens- und Gewerbesteuermessertragsermittlung 183
  2. Behandlung von Verlusten 185
     a) Mindestbesteuerung 185
     b) Untergang von Verlusten nach § 8 Abs. 4 KStG 186
        aa) Tatbestand 186
        bb) Rechtsfolge 189
II. Halbeinkünfteverfahren 190
  1. Hälftige Dividenden- und Veräußerungsgewinnbefreiung beim Anteilseigner für Zwecke der Einkommensteuer/Körperschaftsteuer 190
  2. Gewerbesteuer 193
  3. Behandlung von Ausschüttungen während der Übergangszeit vom Anrechnungs- zum Halbeinkünfteverfahren 196
     a) Übergang vom Anrechnungs- zum Halbeinkünfteverfahren 196
     b) Moratorium und Begrenzung der Körperschaftsteuer-Minderung 198
     c) Auszahlung des KSt-Guthabens gemäß § 37 Abs. 2a i.d.F. des SEStEG 199
  4. Behandlung von Aufwendungen im Zusammenhang mit Dividenden und Veräußerungsgewinnen 200
  5. Verdeckte Gewinnausschüttungen und Gesellschafterfremdfinanzierung gemäß § 8a KStG 202
     a) Voraussetzungen und Rechtsfolgen der verdeckten Gewinnausschüttung 202
     b) Steuerwirkungen 206
     c) Gesellschafterfremdfinanzierung gemäß § 8a KStG 207
        aa) Überblick 207
        bb) Voraussetzungen des § 8a KStG 209
        cc) Wirkungen des § 8a KStG 210
        dd) Einführung einer Zinsschranke ab dem VZ 2008 211
  6. Behandlung der Veräußerungsgewinne bei privaten Anteilseignern 212
     a) Rechtsgrundlagen 212
     b) Nachträgliche Anschaffungskosten 214
III. Besteuerung von Mischformen 215
  1. Besteuerung der GmbH & Still 215
     a) Typische und atypisch stille Gesellschaft 215
     b) Besteuerungsfolgen bei der GmbH & typisch Still 216
     c) Besteuerungsfolgen bei der GmbH & atypisch Still 217
     d) Steuerwirkungen der GmbH & atypisch Still 219
  2. Besteuerung der KGaA und der GmbH & Co. KGaA 220
     a) Steuerliche Behandlung der KGaA 221
     b) Gewerbesteuer 222
     c) Steuerliche Behandlung der Kommanditaktionäre 223
     d) Sonderfragen der GmbH & Co. KGaA .. 224
        aa) Zivilrechtliche Zulässigkeit 224
        bb) Steuerliche Anerkennung der GmbH & Co. KGaA 225
        cc) Steuerliche Behandlung der Komplementär-GmbH & Co. KG oder -GmbH 227
  3. Besteuerung der GmbH & Co. KG 230
     a) Typen der GmbH & Co. KG 230
     b) Voraussetzungen der gewerblichen Prägung 231
     c) Umfang des Betriebsvermögens und Gewinnermittlungsgrundsätze bei gewerblichen und geprägten GmbH & Co. KG 235
     d) Umsatzsteuerliche Besonderheiten 236
        aa) Aktuelle Rechtsprechungsänderung 236
        bb) Selbständige Leistungserbringung erforderlich 237
        cc) Gegenleistung in Form eines Sonderentgelts erforderlich 241
        dd) Rechtsfolgen 242
E. **Steuerbelastungsvergleich zwischen Mitunternehmerschaften und Kapitalgesellschaften** 243
I. Änderungen für Kapitalgesellschaften 243
II. Änderungen für Personengesellschaften 244
III. Bedeutung der Steuerbelastung für die Rechtsformwahl 245
  1. Besteuerungsunterschiede bei Thesaurierung, Ausschüttung und Leistungsvergütungen 245

2. Belastung des Personenunternehmens..... 249
3. Empfehlung nach Größenklassen 250
IV. Mögliche Veränderungen der steuerlichen Rahmenbedingungen im Gewinnfall durch die Unternehmenssteuerreform 2008 254
   1. Veränderung der steuerlichen Rahmenbedingungen 254
   2. Belastungsvergleich auf der Unternehmensebene 255
   3. Belastungsvergleich unter Berücksichtigung der Anteilseignerebene/Mitunternehmerebene ohne SolZ und KiSt ab 2009 256
F. **Umstrukturierungen** 257
I. Formwechsel und Verschmelzung einer Kapitalgesellschaft auf eine Mitunternehmerschaft oder natürliche Person nach der Rechtslage vor dem SEStEG 258
   1. Formwechsel 258
      a) Behandlung des Formwechsels bei der Kapitalgesellschaft 261
         aa) Steuerliche Übertragungsbilanz beim Formwechsel 261
         bb) Vollausschüttung des steuerlichen Eigenkapitals 265
      b) Ebene der aufnehmenden natürlichen Person oder Mitunternehmerschaft 267
      c) Ebene des Anteilseigners............. 268
         aa) Ermittlung des Übernahmeergebnisses 268
         bb) Einlagefiktion und Ermittlung des Übernahmeergebnisses.......... 269
         cc) Nicht wesentlich beteiligte Gesellschafter i.S.d. § 17 EStG 273
   2. Verschmelzung..................... 274
   3. Steuerwirkungen 276
II. Umwandlung von Personen- in Kapitalgesellschaften 278
   1. Überblick zu § 20 UmwStG 279
   2. Anwendungsfragen 281
      a) Einbringungsobjekt 281
      b) Behandlung von Sonderbetriebsvermögen................................ 282
      c) Umwandlungsvoraussetzungen bei der Personengesellschaft 285

      d) Wertansätze bei der übernehmenden Kapitalgesellschaft 286
         aa) Handelsrecht................... 286
         bb) Steuerrecht 290
           (1) Bewertungswahlrecht nach § 20 UmwStG 290
           (2) Durchbrechungen des Bewertungswahlrechts............. 294
         cc) Weitere steuerliche Rechtsfolgen bei der übernehmenden Kapitalgesellschaft 295
   3. Steuerfolgen für die Mitunternehmer 296
III. Umwandlungen zwischen Körperschaften 297
IV. Realteilung von Mitunternehmerschaften..... 298
   1. Überblick 298
   2. Voraussetzungen der Realteilung....... 300
   3. Rechtsfolgen der Realteilung.......... 301
V. Änderungen des UmwStG durch das SEStEG . 303
   1. Überblick.......................... 304
   2. Änderungen bei einzelnen Regelungskomplexen............................. 305
      a) Umwandlung einer Kapitalgesellschaft auf eine Personengesellschaft und eine natürliche Person nach §§ 3 ff. UmwStG 306
      b) Spaltung und Verschmelzung zwischen Körperschaften..................... 307
      c) Einbringungstatbestände 308
G. **Organschaft** 309
I. Jüngere Entwicklung der Voraussetzungen der Organschaft im Ertragsteuerrecht 309
II. Zusammenfassung der Organschaftsvoraussetzungen (§§ 14 Abs. 1, 17, 18 KStG) 310
   1. Anforderungen an die Organgesellschaft .. 310
   2. Anforderungen an den Organträger...... 311
   3. Rechtsfolgen der ertragsteuerlichen Organschaft 312
III. Umsatzsteuerliche Organschaft (§ 2 Abs. 2 Nr. 2 UStG) 313
   1. Voraussetzungen 313
   2. Rechtsfolgen 314
IV. Grunderwerbsteuerliche Organschaft 315
   1. Erwerbstatbestände 315
   2. Organschaftsvoraussetzungen 317

Kommentare und Gesamtdarstellungen:

Beck'sches Handbuch der Personengesellschaften, 2. Aufl. 2002; *Binz*, Die GmbH & Co. KG im Gesellschafts- und Steuerrecht, 10. Aufl. 2005; *Blümich*, EStG, KStG, GewStG, 89. EL 2006; *Engels/Stützel*, Teilhabersteuer, 1968; *Fichtelmann*, Die GmbH & Co. KG im Steuerrecht, 8. Aufl. 1999; *Gebel*, Betriebsvermögensnachfolge, 2. Aufl. 2002; *Gosch*, Körperschaftsteuer, 2005; *Graß*, Unternehmensformneutrale Besteuerung, 1992; *Haritz/Benkert*, Umwandlungssteuergesetz, 2. Aufl. 2005; *Hermann/Heuer/Raupach*, EStG/KStG, Stand: November 2006; *Hesselmann/Tillmann*, GmbH & Co. KG, 19. Aufl. 2005; *Schmitt/Hörtnagl/Stratz*, Umwandlungssteuergesetz, 2. Aufl. 2000; *Fastrich*, GmbHG, 18. Aufl. 2006; *Kallmeyer*, UmwG, 3. Aufl. 2006; *Levedag*, Die Begünstigung der gewerblichen Einkünfte, 2000; *Münchener Handbuch des Gesellschaftsrechts*, Bd. 2, 2. Aufl. 2004.; *Schmidt*, EStG, 26. Aufl.; *Schmitt/Hörtnagl/Stratz*, Umwandlungsgesetz, Umwandlungssteuergesetz, UmwG, UmwStG, 4. Aufl. 2005; *Sudhoff*

GmbH & Co. KG, 6. Aufl. 2005; *Teufel*, Steuerliche Rechtsformoptimierung, 2002; *Tipke*, Die Steuerrechtsordnung, Bd. II, 2. Aufl. 2003; *Widmann/Mayer*, Umwandlungsrecht, Kommentar seit 1970; *Winnefeld*, Bilanz-Handbuch, 4. Aufl. 2006; *Zimmermann/Hottmann/Hübner/Schaeberle/Völkel*, Die Personengesellschaft im Steuerrecht, 9. Aufl. 2007.

Aufsätze und Rechtsprechungsübersichten:

Bechler/Schröder, Gewerbesteuerliche Belastungen bei der Veräußerung von Mitunternehmeranteilen durch Kapitalgesellschaften, DStR 2003, 869; *Blaurock*, Die GmbH & Still im Steuerrecht, BB 1992, 1969; *Boettcher*, Vergleichende Darstellung der drei Betriebssteuerentwürfe, StuW 1949, 1011; *Bogenschütz/Hierl*, Steueroptimierter Unternehmensverkauf: Veräußerung von Einzelunternehmen und Personengesellschaften, DStR 2003, 1097; *Brandenberg*, Personengesellschaftsbesteuerung nach dem Unternehmenssteuerfortentwicklungsgesetz (1-3), DStZ 2002, 511 ff., 551 ff., 594 ff;; *Brinkmann/Schmidtmann*, Gewerbesteuerliche Belastungen bei der Veräußerung von Mitunternehmeranteilen durch Kapitalgesellschaften, DStR 2003, 93; *Brodersen/Littan*, Realisierung des Körperschaftsteuerguthabens durch Umwandlung einer Kapital- in eine Personengesellschaft, GmbHR 2003, 678; *Carlé/Halm*, Entwicklungen des Sondersteuerrechts der Familienpersonengesellschaften, KÖSDI 2000, 12383 ff.; *Crezelius*, Das Argumentationsmuster des sog. Gesamtplans, FR 2003, 537; *Düll/Fuhrmann/Eberhard*, Übertragung eines Mitunternehmer(teil-)anteils bei Vorhandensein von Sonderbetriebsvermögen, DStR 2001, 1773; *Englisch*, Rechtsformneutralität der Unternehmensbesteuerung bei Ertragsteuern, DStZ 1997, 782 ff.; *Flume*, Die Betriebsertragssteuer als Möglichkeit der Steuerreform, DB 1971, 691 ff.; *Frenz*, Unternehmenssteuerkonzeptionen im Lichte des Eigentumsgrundrechts und des Leistungsfähigkeitsprinzips, StuW 1997, 127; *Gratz*, Der neue § 8a KStG – eine Sonderlast für die mittelständische Kapitalgesellschaft, FR 2004, 257; *Gschwendtner*, Die atypische stille Gesellschaft als beschränkt rechtsfähiges Steuersubjekt im Einkommensteuerrecht, DStZ 1998, 335 ff.; *Haas*, Die Gewerbesteuerpflicht für Dividenden aus Streubeteiligungen und ihre Auswirkungen auf 100%-Beteiligungen an Kapitalgesellschaften, DB 2002, 549 ff.; *Halasz/Kloster/Kloster*, Die GmbH & Co. KGaA – Eine Rechtsformalternative zur GmbH & Co. KG, GmbHR 2002, 91 ff.; *Herzig*, Diagonale Maßgeblichkeit bei Umwandlungsvorgängen, FR 2000, 123 ff.; *Herzig/Kessler*, Die begrenzte Steuerrechtsfähigkeit von Personenmehrheiten nach dem Beschluss des GrS vom 25.6.1984 (Teil I und II), DB 1985, 2476 ff., 2528 ff.; *dies.*, Tatbestandsmerkmale und Anwendungsbereich des Gepräge-Gesetzes, DStR 1986, 455 ff.; *Hoffmann*, Unentgeltliche Übertragung eines (Teil-)Betriebs oder Mitunternehmeranteils nach § 6 Abs. 3 EStG i.d.F. des UntStFG, GmbHR 2002, 236; *Kempermann*, Mitunternehmerschaft und Mitunternehmeranteil – steuerrechtliche Probleme der Personengesellschaft aus der Sicht des BFH, GmbHR 2002, 200 ff.; *Kessler/W. Schmidt*, Steuersenkungsgesetz: Umwandlung von Kapital- in Personengesellschaften, DB 2000, 2032 ff, 2088 ff.; *Klumpp*, Teilanteilsveräußerung unter Zurückbehaltung wesentlicher Betriebsgrundlagen, ZEV 2001, 55 ff.; *Knobbe-Keuk*, Möglichkeiten und Grenzen einer Unternehmenssteuerreform, DB 1989, 1303; *Knop/Küting*, Anschaffungskosten im Umwandlungsrecht, BB 1995, 1023; *Korezkij*, Steuerermäßigung bei Einkünften aus Gewerbebetrieb – Die Brennpunkte des Anwendungsschreibens zu § 35 EStG, BB 2002, 2099; *Kraft*, Entwicklungstendenzen in der Besteuerungskonzeption für Personengesellschaften, DStR 1995, 921; *Lang*, DB 2001, 2110; *ders.*, GmbHR 2000, 453, 457; *ders.*, Reform der Unternehmensbesteuerung, StuW 1999, 3 ff.; *Lieber/Morgenweck*, Grunderwerbsteuerliche Organschaft, UVR 2006, 125;; *Neu*, Unternehmenssteuerreform 2001: Die pauschalierte Gewerbesteueranrechnung nach § 35 EStG, DStR 2000, 1933 ff.; *Neumann*, Einkünfteermittlung und Bilanzierung in Personengesellschaften, GmbHR 1997, 621 ff.; *Neumann/Stimpel*, Zweifelsfragen zu den Steuerfolgen des § 8a KStG n.F. bei Personen- und Kapitalgesellschaften im Inland, GmbHR 2004, 392; *Olbing*, Das neue Umwandlungssteuerrecht: Überblick und erste Gestaltungsmassnahmen, GmbH-StB 2006, 168; *Ott*, Umwandlung einer Kapital- in eine Personengesellschaft, INF 1996, 173 ff., 205 ff.; *Paus*, Die neuen Ergänzungsbilanzen bei der Übertragung einzelner Wirtschaftsgüter zwischen Personengesellschaft und Gesellschafter, FR 2003, 59; *Reiß*, Rechtsformabhängigkeit der Unternehmensbesteuerung, DStJG (1994), 3; *Ritzer/Stangl*, Das Anwendungsschreiben zu § 35 EStG, grundlegende Aussagen und Anwendung auf Einzelunternehmen, DStR 2002, 1068; *Ritzer/Stangl*, Das Anwendungsschreiben zu § 35 EStG, Besonderheiten bei Mitunternehmerschaften und Organschaften, DStR 2002, 1785; *Rödder/Schumacher*, Der Regierungsentwurf eines Gesetzes zur Fortentwicklung des Unternehmenssteuerrechts (Teil 1), DStR 2001, 1636 ff.; *dies.*, Das Steuervergünstigungsabbaugesetz DStR 2003, 805; *Rogal/Stangll*, Die Realteilung einer Personengesellschaft, Anmerkungen zum BMF-Schreiben vom 26.8.2006, FR 2006, 345; *Roser*, Anrechenbare Körperschaftsteuern im Jahresabschluss einer Holding-Personengesellschaft, DB 1992, 850 ff.; *Salzmann*, Gewerbesteuerliche Optimierung mit Hilfe der Abschirmwirkung von Kapitalgesellschaften, DStR 2000, 1329 ff.; *Sauter/Heurung/Babel*, Stille Reserven und Verlustvorträge bei der Verschmelzung von Kapitalgesellschaften auf eine Personengesellschaft, DB 2002, 1177; *Schmidt/Levedag*, Die KGaA nach dem BGH-Beschluss vom 24.2.1997, INF 1997, 749 ff.; *Schön*, Von der Einheit zur Vielheit, StuW 1996, 275 ff.; *Schulze zur Wiesche*, DB 1999, 350; *Schwedhelm/Ehnert*, Auswirkungen des neuen § 8a KStG auf den Mittelstand, FR 2004, 249; *Seer*, Rechtsformabhängige Unternehmensbesteuerung, StuW 1993, 114 ff.; *Stegemann*, Gesellschafter-Fremdfinanzierung nach § 8a KStG, Auswirkungen auf den Mittelstand (Teil 1 und 2), INF 2004, 107 ff, 147 ff.; *Stegner/Heinz*, GmbHR 2001, 54; *Thiel*, Unternehmenssteuerreform: Auswirkungen auf das Umweandlungssteuerrecht, FR 2000, 4934; *Was-*

sermeyer, Verdeckte Gewinnausschüttungen bei einer GmbH & Co. KG, GmbHR 1999, 18 ff.; ***Watrin***, Rechtsformneutrale Unternehmensbesteuerung, DStZ 1999, 238 ff.; ***Weber-Grellet***, Die Unmaßgeblichkeit der Maßgeblichkeit im Umwandlungsteuerrecht, BB 1997, 653; ***Wehrheim***, Die Einkünftequalifikation der Gesellschafter einer GmbH & Co. KGaA, DB 2001, 947 ff.; ***Welling/Richter***, Tagungsbericht 18. Berliner Steuergespräch: Personengesellschaften im Unternehmenssteuerrecht – neue Perspektiven?, FR 2006, 613; ***Wendt***, Teilanteilsübertragung und Aufnahme eines Gesellschafters in ein Einzelunternehmen, FR 2002, 127; ***Wilk***, Rechtsformneutralität der Unternehmensbesteuerung, Reformvorschläge der Stiftung Marktwirtschaft in der Sackgasse, DStZ 2006, 290.

A. Ertragsteuerliche Modelle der Unternehmensbesteuerung

1 Bevor das **Konzept der rechtsformabhängigen Besteuerung** des geltenden Rechts in den Einzelheiten vorgestellt wird (siehe Rn. 8), soll ein Blick auf die theoretischen Ausgestaltungsmöglichkeiten einer Unternehmensbesteuerung und die immer wieder intensiv diskutierten Reformbemühungen im Unternehmenssteuerrecht geworfen werden.

I. Konzept der Teilhabersteuer[1]

2 Das Konzept der sog. **Teilhabersteuer** ordnet den Einkommensanteil des Teilhabers in Form seines Gewinns und Verlusts unmittelbar dem Einzelunternehmer oder den Gesellschaftern einer Kapital- oder Personengesellschaft zu.[2] Im Unternehmen werden ausgeschüttete und einbehaltene Gewinne mit einem Steuersatz besteuert, der dem persönlichen Einkommensteuersatz entspricht. Den Gesellschaftern wird als Gewinn der Ausschüttungs- bzw. Entnahmebetrag und die darauf entrichtete Steuer zugerechnet, wobei die vom Unternehmen entrichtete Steuer auf die Einkommensteuerschuld des Gesellschafters angerechnet werden kann (Vorauszahlung).[3]

Die Teilhabersteuer **negiert** damit den **Unterschied zwischen thesauriertem und ausgeschüttetem Gewinn**. Bei der Kapitalgesellschaft gelten quasi die Grundsätze der existierenden Mitunternehmerbesteuerung. Verluste werden nicht bei der Gesellschaft abgeschirmt, sondern auch bei nur beschränkter Haftung des Gesellschafters voll zugerechnet.[4]

3 Die Befürworter der Teilhabersteuer verneinen eine **Legitimation der Körperschaftsteuer** und wollen Rechtsformneutralität auf der Ebene der Gesellschafter schaffen.[5] Die Kritiker wenden gegen dieses Modell ein, dass dies gerade das Leistungsfähigkeitsprinzip verletze, indem fiktive Ausschüttungen trotz Thesaurierung bei der Kapitalgesellschaft vom Anteilseigner versteuert werden müssten,[6] sowie dass die unbeschränkte Verlustverrechnungsmöglichkeit beschränkt haftender Gesellschafter die Leistungsfähig-

---

1 Hierzu Engels/Stützel, Teilhabersteuer, S. 9; Schneider, StuW 1975, 97, 108 ff. Die Steuerreformkommission 1971, welche ein System finden sollte, das die Doppelbelastung von Anteilseignern aus Körperschaftsteuer und Einkommensteuer beseitigen sollte, setzte sich in ihrem Gutachten 1971 umfassend mit dem Modell der Teilhabersteuer auseinander und verwarf es als Alternative zum Vollanrechnungsverfahren, vgl. Gutachten der Steuerreformkommission 1971, Teil IV, Rn. 104 – 115 und 135 ff.
2 Gutachten der Steuerreformkommission 1971, Teil IV, Rn. 104 ff.
3 Gutachten der Steuerreformkommission 1971, Teil IV, Rn. 105.
4 Engels/Stützel, Teilhabersteuer, S. 4 ff.; Gutachten der Steuerreformkommission 1971, Teil IV, Rn. 136. Nach heutiger Rechtslage werden diese Probleme durch § 15a EStG und die Abschirmwirkung der Kapitalgesellschaft vermieden.
5 Walz, Gutachten zum 53. DJT, S. F66 m.w.N.
6 Englisch, DStZ 1997, 782; Die Teilhaberbesteuerung unterstelle immer die Verfügbarkeit des gesamten Gewinnanteils, was zu einer fiktiven Leistungsfähigkeit führe.

keit unzureichend erfasse.⁷ Es fielen zudem Verlustentstehung beim Unternehmen und Steuerentlastung beim Gesellschafter auseinander, was zu Liquiditätsengpässen der Unternehmen führen könne, wenn die Gesellschafter ihre Steuerentlastung nicht wieder in die Gesellschaft einlegten.⁸

Schließlich habe das Konzept der Teilhabersteuer ihre Legitimation mit Einführung des Vollanrechnungssystems z.T. verloren, da dieses System die **Vorzüge des Anküpfens an die Rechtsformen** und **der steuerlichen Gleichstellung** der Anteilseigner kombiniere.⁹

II. Konzepte einer Betriebssteuer¹⁰

Dem Konzept der Teilhabersteuer genau entgegengesetzt sind die **Konzepte der Betriebssteuern**, welche vordringlich an die Unternehmen als Steuersubjekte anknüpfen.

Nach dem **theoretischen Grundgedanken der Betriebssteuermodelle** sind weder die Rechtsform noch die dahinter stehenden Personen für die Besteuerung von Bedeutung, so dass die Betriebssteuer als allgemeine Unternehmenssteuer charakterisiert werden kann.¹¹ Entscheidendes Anliegen der Verfechter dieses Modells ist, alle rechtsformabhängigen Besteuerungsunterschiede zu beseitigen und das rechtsformabhängige System durch ein wettbewerbsneutrales Steuersystem zu ersetzen.¹²

Es existieren in der Lit. verschiedene Betriebssteuerkonzepte, die jeweils in Teilaspekten verschiedene Unterformen darstellen.¹³ Nach dem Zweiten Weltkrieg wurde ein „Betriebssteuerausschuss" gebildet, der drei verschiedene Modelle mit Gesetzesentwürfen vorschlug, welche nicht realisiert wurden.¹⁴

Nach den **klassischen Betriebssteuerkonzepten** verfügt das Unternehmen über eine eigene Leistungsfähigkeit, an die die Besteuerung anknüpft und die von der einkommensteuerlich zu erfassenden individuellen Leistungsfähigkeit des Unternehmers zu unterscheiden sei.¹⁵ Soweit Gewinne nicht entnommen würden, seien sie der Unternehmung und nicht dem Unternehmer zuzurechnen, so dass der im Unternehmen erwirtschaftete Gewinn mit einem einheitlichen und grds. auch abgeltenden einheitlichen Betriebssteuersatz belastet werden solle.¹⁶ Ob die auf der Unternehmensebene gezahlte Steuer angerechnet wer-

---

7   Englisch, DStZ 1997, 782, Gutachten der Steuerreformkommission 1971, Teil IV, Rn. 145: Die Kommission sieht es als verwaltungstechnisch nicht durchführbar an, die Verlustanteile an der Gesellschaft bei jedem Gesellschafter zu erfassen, was auf der Ebene der Gesellschaft zu einem Wegfall des Verlustvortrags führen müsste. Damit würden Anteilseigner, die keine Einkommensteuer zahlten, benachteiligt, da sie nicht in der Lage wären, den Teilhaberverlust mit steuerlicher Wirkung geltend zu machen. Die Gesellschaften würden benachteiligt, wenn sie trotz solcher Verluste spätere Gewinne voll versteuern müssten. Die Teilhabersteuer setze daher eine personenbezogene Unternehmung voraus und sei für die Publikumsgesellschaft ungeeignet.
8   Gutachten der Steuerreformkommission 1971, Teil IV, Rn. 110.
9   Gutachten der Steuerreformkommission 1971, Teil IV, Rn. 154 f., 159 ff.
10 Die Darstellung orientiert sich weitgehend an der Darstellung von Breuninger/Prinz, in: JbFSt 1999, 367 ff. sowie an den Ausführungen von Englisch, DStZ 1997, 783 ff.
11 Boettcher, StuW 1949, 1011 – 1067; Englisch, DStZ 1997, 778 – 787; Flume, DB 1971, 693 – 697; Flume, StbJb 1973/74, 59 (73; Knobbe-Keuk, DB 1989, 1303 ff., Lang, StuW 1989, 3 ff.; ders., StuW 1990, 107 ff.; Watrin, DStZ 1999, 238 – 242; Wendt, StuW 1992, 66 ff.; Schulze zur Wiesche, DB 1999, 350 – 351.
12 Vgl. hierzu insb. Tipke, StRO II, S. 1025 ff.; Watrin, DStZ 1999, 238; Schulze zur Wiesche, DB 1999, 350; die Analyse von Seer, StuW 1993, 114 ff. sowie Reiß, in: DStG 17 (1994), 3 ff.
13 Einen Überblick gibt Raupach, in: GS für Knobbe-Keuk, S. 675, 713.
14 Vgl. Boettcher, StuW 1949, Sp. 929 (1068.
15 Flume, DB 1971, 691; Knobbe-Keuk, DB 1989, 1303; Diese Theorie wird auch als Rechtfertigungsgrund für die geltende Körperschaftsbesteuerung angesehen, vgl. hierzu Tipke, StRO II, S. 1025 ff. sowie Pezzer, in: DStJG 20 (997), 5 ff. Abgelehnt wird eine solche eigene Leistungsfähigkeit von Unternehmen von Stolterfoht, in: FS für L. Schmidt, S. 515 und im Gutachten der Steuerreformkommission 1971, Teil IV, Rn. 49 (60, welche in Körperschaften nur Subjekte zur Einkunftserzielung von natürlichen Personen sehen und die Körperschaftsteuer als reine Quellensteuer begreifen.
16 Flume, DB 1971, 691; Knobbe-Keuk, DB 1989, 1306: Die Gewinnverwendung zu privaten Zwecken, als Entnahme oder Ausschüttung oder vGA, führt zu Einkünften aus Kapitalvermögen.

de oder die Doppelbesteuerung anders vermieden bzw. gemildert werde, könne verschieden ausgestaltet werden.[17]

6 Neben dem gerade beschriebenen klassischen Betriebssteuerkonzept mit einer proportionalen Betriebssteuer[18] für die gewerblichen Einkünfte wird auch der Denkansatz **einer Betriebssteuer auf alle reinvestierbaren Einkünfte** vertreten (sog. Investitionseinkommensteuer), verbunden mit einer progressiven Konsumeinkommensteuer.[19] Ein wichtiges Unterscheidungskriterium zu den klassischen Betriebssteuermodellen ist die Reichweite des Konzeptes, da die „modernen" Betriebssteuerkonzepte nicht nur die gewerblichen Einkünfte fördern wollen, sondern auf investiertes Einkommen aller Einkunftsarten niedriger besteuern wollen.[20] Auch wollen die neueren Betriebssteuermodelle die Vorbelastung auf der Unternehmensebene zumeist vollständig abbauen.[21] Sie sind in der Konzeption damit breiter angelegt als die klassischen Modelle.

7 **Gegen die Betriebssteuer werden verschiedene Einwände** erhoben[22]:
- Zunächst soll die Negation der zivilrechtlichen Rechtsformen den Gleichheitssatz verletzen, da Ungleiches gleich behandelt werde.[23] Das Steuerrecht würde ferner einen erheblichen Anpassungsdruck auf das Zivilrecht haben, da es zu einem Verschwinden der Personengesellschaften führen könne.[24] Dies folge daraus, dass das Steuerrecht sich vollkommen vom Zivilrecht löse und bei jeder wirtschaftlichen Betätigung ein verselbständigtes Betriebsvermögen fingiere.[25] Leistungsbeziehungen zwischen Unternehmen und Unternehmen müssten steuerlich anerkannt werden, wo sie zivilrechtlich gar nicht existieren könnten, wie z.B. beim Einzelunternehmer mit Selbstkontrahierungsverbot nach § 181 BGB.[26]
- Die Betriebssteuer verletze das Gebot der Allokations- und Verwendungsneutralität, da Gewinne im Unternehmen eingesperrt würden (sog. **„Lock-In"-Effekt**).[27] Das Steuerrecht dürfe keinen solchen Einfluss auf die Gewinnverwendung nehmen, da die Betriebssteuer eine strukturelle Entmutigung für Ausschüttungen bedeute.[28] Die Missbrauchsanfälligkeit sei gegeben, wenn keine klaren Abgrenzungskriterien zwischen Privat- und Vermögenssphäre existierten.[29]
- Aus der verfassungsrechtlichen Perspektive wird vorgebracht, dass die Betriebssteuer in mehrfacher Hinsicht gegen Art. 3 Abs. 1 GG verstoße. Die Begünstigung unternehmerischer Gewinne sei ein

---

17 Vgl. den Überblick bei Graß, Unternehmensformneutrale Besteuerung, S. 130 ff. Es wird unterschieden zwischen Modellen, die eine Mehrfachbelastung der ausgeschütteten und entnommenen Gewinne vorsehen (Boettcher, StuW 1947, Sp. 67; Betriebssteuerausschuß, StuW 1949, Sp. 930, 1053 ff.; Flume, DB 1971, 692) und solchen, die eine Mehrfachbelastung vermeiden (Betriebssteuerausschuß, StuW 1949, Sp. 930, 1021).
18 Vgl. Flume, DB 1971, 692 ff.; ders., in: StbJb 1971/72, 31 ff., 1973/74, 53 ff.; Knobbe-Keuk, DB 1989, 1303 ff.
19 Lang, StuW 1989, 3 ff.; ders., StuW 1990, 107; Graß, Unternehmensformneutrale Besteuerung, S. 130 ff.
20 So ausdrücklich Graß, Unternehmensformneutrale Besteuerung, S. 136 – 138; Lang, StuW 1989, 10 ff.
21 Gestritten wird hierbei allerdings um die technische Umsetzung in Form eines Anrechnungs- oder Abzugsverfahrens, vgl. Graß, Unternehmensformneutrale Besteuerung, S. 164 f.
22 Vgl. hierzu Frenz, StuW 1997, 117 ff.; Englisch, DStZ 1997, 779 ff.; Watrin, DStZ 1999, 238 ff.
23 Der 53. DJT hat sich mit der Empfehlung zur Einführung einer Betriebssteuer beschäftigt.
24 Weber, Grundgesetz, Gesellschaftsrecht und die Besteuerung der selbständigen Unternehmen, S. 79.
25 Weber, Grundgesetz, Gesellschaftsrecht und die Besteuerung der selbständigen Unternehmen, S. 79.
26 Dieser Gesichtspunkt wird von Jachmann, in: DStJG betont. Weber, Grundgesetz, Gesellschaftsrecht und die Besteuerung der selbständigen Unternehmen, S. 85 ff., sieht in einer einseitig vom Zivilrecht losgelösten steuerlichen Dogmatik das Systemprinzip der Bindung des Steuerrechts an das Zivilrecht als verletzt an.
27 Diesen Gesichtspunkt betont Watrin, DStZ 1999, 239 und weist darauf hin, dass eine steuerliche Begünstigung, die allein daran anknüpfe, dass Gewinne nicht ausgeschüttet würden, aus ökonomischer Sicht unsinnig sei. Es sei nicht gesichert, dass einbehaltene Gewinne tatsächlich auch investiert würden.
28 Frenz, StuW 1997, 127 ff.; Watrin, DStZ 1999, 238 ff.: Zudem sei die einseitige Begünstigung der Selbstfinanzierung angesichts funktionierender Kapitalmärkte nicht mehr notwendig. Der Verlustausgleich und die Organschaft wären ebenso zu verändern, da die Verluste im Unternehmen abgeschirmt würden.
29 Gutachten der Steuerreformkommission 1971, Teil IV, Rn. 98.

Rückfall in das Schedulensteuersystem, da eine Einkunftsart einseitig begünstigt werde (Verstoß gegen das Prinzip der gleichmäßigen Besteuerung nach der Leistungsfähigkeit).[30] Dies sei eine ungerechtfertigte Steuervergünstigung, da die niedrigere Besteuerung einbehaltener Gewinne nicht sicher zu einer Stärkung der Investitionstätigkeit führe.[31] Gegen die modernen Betriebssteuermodelle wird ebenfalls vorgebracht, dass sie das Prinzip der gleichmäßigen Besteuerung nach der Leistungsfähigkeit in der Einkommensteuer verletzten, da es kaum möglich sei, alle Einkunftsarten gleichmäßig einzubeziehen und investierbare Gewinne die steuerliche Leistungsfähigkeit ebenso erhöhten wie konsumierbare Gewinne.[32] Zudem verstoße die Betriebssteuer gegen die Gebote der Wettbewerbsneutralität und der Einheit der Rechtsordnung.[33] Die Ausgangslage der Publikumskapitalgesellschaft sei eine andere als die des Ein-Mann-GmbH-Gesellschafters oder des Kommanditisten, da sich das Unternehmensinteresse mit zunehmender Größe vom Gesellschafter verselbständige.[34] Ein gleich hoher Betriebsertrag sei daher kein Indikator für die gleiche steuerliche Leistungsfähigkeit der Gesellschaft und des Anteilseigners.[35]

B. Rechtsformabhängige Besteuerung[36]

I. Duales System

Das **geltende deutsche Steuerrecht** betrachtet Unternehmen (Betriebe) nicht als Steuersubjekte. Dies lässt sich an zwei Indikatoren erkennen: Zum einen ist die Besteuerung der unternehmerischen Tätigkeit in ein Steuerartensystem eingebunden, welches mit verschiedenen Steuergegenständen und Bemessungsgrundlagen ausgestattet ist, ohne dass ein Unternehmenssteuergesetz existiert. Zum anderen bildet die zivilrechtliche Rechtsfähigkeit mit der Unterscheidung von Personen- und Kapitalgesellschaften einen Eckpfeiler für die normierten Steuern (Einkommensteuer und Körperschaftsteuer), welche auch vom Grundgesetz als bestehend vorausgesetzt werden (Art. 106 Abs. 3 Satz 1 GG). Eine autonome Qualifikation von Unternehmen durch das Steuerrecht erfolgt nicht.[37]

8

Die Eckpunkte der zivilrechtlichen Rechtsfähigkeit bilden Einzelunternehmer und Kapitalgesellschaften. Aufgrund fehlender zivilrechtlicher Verselbständigung eines Einzelunternehmers knüpft die Besteuerung unmittelbar beim **Einzelunternehmer** an, Leistungsvergütungen kann dieser weder zivil- noch steuerrechtlich mit sich vereinbaren (**Einheitsprinzip**). Im Gegensatz dazu ist bei einer **Kapitalgesellschaft** die Ebene der Gesellschaft von der Ebene der Gesellschafter zu unterscheiden, Verträge zwischen Anteilseigner und Kapitalgesellschaft werden steuerlich und zivilrechtlich anerkannt (**Trennungsprinzip**). Die **Personengesellschaften** stehen aufgrund ihres zivilrechtlichen Sonderstatus zwischen diesen Extremen, so dass zivilrechtlich Verträge mit den Gesellschaftern möglich sind. Der Gesetzgeber hat allerdings im Steuerrecht die Verhältnisse des Personengesellschafters denen des Einzelunternehmers gleichgestellt, mit der Konsequenz, dass derartige Verträge nicht anerkannt werden.

9

Die Anknüpfungsmerkmale der verschiedenen Steuergegenstände und der zivilrechtlichen Rechtsfähigkeit stehen in einem Wechselspiel:

10

---

30 Diese Kritik wird im Gutachten der Steuerreformkommission 1971, Teil IV, Rn. 98 an den klassischen Betriebssteuermodellen geübt.
31 Watrin, DStZ 1999, 239.
32 Vgl. hierzu Frenz, StuW 1997, 127 ff.; Englisch, DStZ 1997, 785 ff.
33 Walz, Gutachten zum 53. DJT, S. F72.
34 Walz, Gutachten zum 53. DJT, S. F72.
35 Walz, Gutachten zum 53. DJT, S. F72.
36 Vgl. zu den Grundlagen des dualen Systems nur Jacobs, Unternehmensbesteuerung und Rechtsform, S. 70 ff. Eine kritische Analyse der rechtsformabhängigen Besteuerung findet sich bei Seer, StuW 1993, 114 ff. sowie Reiß, in: DStG 17 (1994), 3 ff.
37 Vgl. den Beschl. des GrS des BFH, BStBl. II, S. 751 zur Einordnung der Publikums-KG.

- Steuergegenstände sind entweder das **Einkommen** der natürlichen oder juristischen Person bei den sog. Personensteuern: Einkommensteuer, Körperschaftsteuer, Erbschaft- und Schenkungsteuer oder der **Betrieb** bzw. **Grundvermögen** bei den Objektsteuern (Gewerbesteuer und Grundsteuer) oder die **Verkehrsvorgänge** wie Lieferungen und Leistungen (Umsatz- und Grunderwerbsteuer). Den **Personensteuern** ist gemein, dass sie auf alle beim Steuersubjekt zufließenden Einkunftsquellen anfallen, unabhängig von der Herkunft aus dem unternehmerischen wie nichtunternehmerischen Bereich. Dies gilt nur bedingt für die Kapitalgesellschaft, da § 8 Abs. 2 KStG als Qualifikationsnorm deren gesamte Einkünfte zu gewerblichen Einkünften macht. Bei den **Objektsteuern** ist der Steuergegenstand von persönlichen Merkmalen weitgehend unabhängig, wie bei der Gewerbesteuer, deren Steuergegenstand der Gewerbebetrieb ist.

- Das **Anknüpfen an zivilrechtliche Wertungen** macht die **Rechtsform** für das Steuerrecht bedeutsam, da die Rechtsfähigkeit im Grundsatz über die eigenständige Steuerpflicht des Unternehmensträgers entscheidet. Dieses Nebeneinander von natürlichen und juristischen Personen als Steuersubjekten wird als **duales System** bezeichnet. Es existieren bei fast allen Steuerarten rechtsformabhängige Belastungsdifferenzen, die auf dieses duale System zurückzuführen sind. Durchbrochen wird die Anknüpfung an die Rechtsfähigkeit bei den rechtlich verselbständigten Personengesellschaften und Personenhandelsgesellschaften, die steuerlich bei der Einkommensteuer **nicht** zur subjektiven Steuerpflicht der Gesellschaft führt.

11 Der Körperschaftsteuersatz liegt seit 1990 unter dem Einkommensteuerspitzensatz, so dass **thesaurierte Gewinne** der Kapitalgesellschaften steuerlich begünstigt werden (sog. Tarifspreizung).[38] Um auch die Personenunternehmen zu entlasten, wurden immer wieder in der Einkommensteuer verschiedene Begünstigungsmodelle gewählt. **Begünstigungen für Personenunternehmen** zur Wahrung der Wettbewerbsneutralität der Besteuerung sind vor dem Hintergrund der deutschen Sonderkultur, dass rund 85 % der deutschen Unternehmen Personenunternehmen sind, unumgänglich.[39]

- Begünstigungen für gewerbliche Gewinne der Personenunternehmen innerhalb des dualen Systems müssen entweder durch die Abschaffung von Sonderbelastungen wie der Gewerbeertragsteuer oder innerhalb der einzelnen Steuergesetze vorgenommen werden.[40] Das **Abschaffen der Gewerbesteuer** ist aufgrund deren Finanzierungsfunktion für die Kommunen seit Jahrzehnten ergebnislos diskutiert worden, so dass Entlastungsmodelle stets auf der Ebene der Einkommensteuer angesetzt haben.

- Die Vorschrift des § 32c EStG a.F. schaffte ab dem VZ 1994 bis zum VZ 2000 für Einzelunternehmer und Personengesellschafter mit Einkünften aus Gewerbebetrieb einen Sondertarif für diese Gewinne bei der Einkommensteuer, um die Vorbelastung dieser Einkünfte mit der Gewerbesteuer zu berücksichtigen. Die Tarifkappung wurde dem damaligen Thesaurierungssatz für Kapitalgesellschaften angenähert, der der Gesetzgeber davon ausging, dass dies zu einer Begünstigung von Investitionen führen würde, denn **bei der Personengesellschaft werden entnommene und nicht entnommene Gewinne einkommensteuerlich gleichbehandelt**.[41] Gegen die Gewährung dieses Sondertarifs für die gewerblichen Einkünfte sind verfassungsrechtliche Bedenken trotz der Zusatzbelastung dieser Einkünfte mit Gewerbesteuer vorgebracht worden.[42] Das hierzu anhängige Verfahren ist vom BVerfG noch zu entscheiden.

---

38 Giloy, DStZ 1989, 548; in der Steuerreform 1990 wurde der Körperschaftsteuer-Satz auf 50 % abgesenkt, der Spitzensteuersatz der Einkommensteuer jedoch nur von 55 % auf 53 %.

39 Nach Wilk, DStZ 2006, 290, 292) existieren in Deutschland 3,3 Mio. Unternehmen, von denen 2,8 Mio. Personenunternehmen sind, davon 2,4 Mio. Einzelunternehmen.

40 Vgl. die Modelle der Brühler Empfehlungen der Steuerreformkommission vom 30.4.1999, die nicht zu einer Betriebssteuer kamen, sondern sich formal im dualen System bewegen.

41 Die Spreizung der ertragsteuerlichen Spitzensteuersätze wird unter dem Gebot der Rechtsformneutralität der Besteuerung als Verstoß gegen Art. 3 Abs. 1 GG angesehen, vgl. Wendt, in: FS für Friauf, S. 859 ff.

42 Vgl. nur den Vorlagebeschluss des BFH, BStBl. II, S. 450 ff.

- Bei der Einkommensteuer wird **seit dem VZ 2001** die Vorbelastung mit Gewerbesteuer über die pauschalierte Anrechnung eines Betrags in Form einer Steuerermäßigung gemäß § 35 EStG berücksichtigt. Zudem ist die Gewerbesteuer als Betriebsausgabe gemäß § 4 Abs. 4 EStG bei der Gewinnermittlung abziehbar (vgl. unten Rn. 142 ff.).

Ein neues Begünstigungsmodell enthält das **Steueränderungsgesetz 2007** in Gestalt eines neuen § 32c EStG. Für die nichtgewerblichen Einkünfte wird die sog. „**Reichensteuer**" eingeführt (nur für den VZ 2007), die eine Zusatzbelastung aller Einkünfte **außerhalb der gewerblichen Einkünfte** auf 45 % beinhaltet, soweit diese 250.000 € bei Ledigen und 500.000 € bei zusammenveranlagten Ehegatten übersteigen. Für „Gewinneinkünfte" im Sinne des § 32c EStG bleibt es beim bisherigen Belastungsniveau mit einem Spitzensatz von 42 %.

12

II. Optionsmodelle

Optionsmodelle halten sich im Rahmen des dualen Systems und setzen ein weiterbestehendes rechtsformabhängiges System der Besteuerung als Ausgangspunkt voraus.[43] Der Personengesellschaft wird die Möglichkeit gegeben, für eine **Besteuerung nach den Regeln der Kapitalgesellschaftsbesteuerung zu optieren**.[44] Im Optionsfall würden die Ermittlung der Bemessungsgrundlage und die Behandlung der Verluste nach den Regeln des KStG erfolgen.[45] Auch die sog. Brühler Empfehlungen enthielten ein Optionsmodell.[46]

13

Die **Folgen eines Optionsrechts** sind exemplarisch von Hahn anhand eines Vergleichs mit dem französischen Recht aufgezeigt worden[47]: Das Ausüben des Optionsrechts löse im einzelnen Folgen des Umwandlungssteuerrechts aus, so dass bspw. bei der Option einer OHG einbringungsgeborene Anteile entstehen.[48] Es kommt zu einem Nebeneinander zwischen einer zivilrechtlichen Personengesellschaft und einer steuerlichen Behandlung dieser Gesellschaft als Kapitalgesellschaft. Die Option muss aus Gründen der Rechtsklarheit für einen längeren Zeitraum (mindestens fünf Jahre) erfolgen und von den Gesellschaftern einheitlich erklärt werden.[49] In Deutschland würden voraussichtlich die großen ertragsstarken Personengesellschaften optieren, da durch den geringeren Körperschaftsteuer-Thesaurierungssatz Investionen geringer besteuert würden; die kleinere Personengesellschaft würde eher für die bestehende Einkommensbesteuerung der Mitunternehmer optieren.[50]

14

---

43 Hahn, DStR 1999, 833, der das Anknüpfen an die zivilrechtlichen Rechtsformen aus Gründen der Rechtssicherheit für unverzichtbar hält. Auch die Reformkommission der Bundesregierung hat ein Optionsmodell vorgeschlagen, vgl. Bericht der Brühler Kommission, S. 73 ff.
44 Hahn, DStR 1999, 837: Auch für die Substanzsteuern wäre eine solche Option bindend.
45 Verluste wären abgeschirmt vom Gesellschafter, da sie nicht „entnahmefähig" sind. Für den einzelnen Gesellschafter kann dies zu Problemen führen, wenn sie auf der Unternehmensebene die übrigen Einkünfte nicht mindern und die Steuerlast nach der progressiven Einkommensteuerlast anfällt. Im umgekehrten Fall müssen auf der Unternehmensebene Steuern gezahlt werden, die nicht mit negativen privaten Einkünften verrechnet werden können. Die Ausübung der Option seitens kleinerer Personengesellschaften und ihrer Gesellschafter kann damit zu erheblichen Liquiditätsverlusten führen, falls die Gesellschafter die Situation der zukünftigen Erträge falsch einschätzen. Es bestehen des Weiteren Probleme, den Einzelunternehmer in dieses System einzuordnen. Dieser kann wegen § 181 BGB keine Leistungsvergütungen mit sich vereinbaren. Er müsste damit für die Einkünfteermittlung einen Betriebsausgabenabzug für einen kalkulatorischen Unternehmerlohn und für Leitungsvergütungen eingeräumt bekommen.
46 Vgl. dem Bericht der Brühler Kommission, S. 73 ff.
47 Hahn, DStR 1999, 837.
48 Diese Konsequenz sah auch der Vorschlag der Brühler Kommission vor, vgl. Bericht der Brühler Kommission, S. 74.
49 Die Ausübung der Option wäre nach der gesellschaftsrechtlichen Sicht wohl ein Grundlagengeschäft und damit nach dem jeweiligen Gesellschaftsvertrag einstimmig oder mit Mehrheit zu treffen.
50 Hahn, DStR 1999, 837 ff. sowie Bericht der Brühler Kommission, S. 73 ff.

15 Es hat seit dem 1.1.1949 einen **§ 32a EStG** gegeben, der eine Angleichung der Steuertarifsätze von Einkommensteuer/Körperschaftsteuer enthielt und schon im Jahr 1951 wieder gestrichen wurde, da er nicht praktikabel war. Ein ihn ersetzender § 32b EStG mit Optionsmodell wurde im Jahr 1953 wieder gestrichen.[51]

16 Die **Hauptkritik am Optionsmodell** liegt in der schwierigen Handhabbarkeit bei der Veranlagung: Zusätzlichen Verwaltungsaufwand bringe die Kontrolle aller Leistungsvergütungen auf ihre Angemessenheit hin, um verdeckte Gewinnausschüttungen auszuschließen.[52] Bei den Einlagen und Privatentnahmen würden zusätzliche Schwierigkeiten auftreten, da verschiedene Töpfe für steuerfreie Rückzahlungen von Einlagen und steuerpflichtige Privatentnahmen zu bilden wären. Hier bestünde bei nicht genauer Erfassung die Gefahr von Umgehungen, indem Einlagen zugeführt werden und nach dem Bilanzstichtag wieder entnommen werden könnten.[53] Des Weiteren sind Schwierigkeiten hinsichtlich des Sonderbetriebsvermögens zu erwarten, wenn eine Personengesellschaft wieder rückoptiert.

Im Übrigen erhebt Tipke grds. **verfassungsrechtliche Bedenken** gegen Rechtsfolgen-Wahlrechte, da zwei Steuerpflichtige bei unterschiedlicher Ausübung der Wahlrechte im Ergebnis unterschiedlich belastet würden, obwohl das Leistungsfähigkeitsprinzip die steuerliche Gleichbehandlung gleicher wirtschaftlicher Sachverhalte erfasse.[54]

III. Sondertarifierung für einbehaltene Gewinne

17 Nach den Ausführungen des Programms „Zukunft 2000" plante die Bundesregierung, aufbauend auf den „**Brühler Empfehlungen**" vom 30.4.1999,[55] eine Sondertarifierung für einbehaltene Gewinne von Personenunternehmen ab dem 1.1.2001 einzuführen oder aber den Personenunternehmen die Möglichkeit zur Option zur Körperschaftsteuer zu geben. Die rechtsformabhängige Besteuerung sollte dabei nach den Plänen der Kommission erhalten bleiben, indem die Körperschaftsteuer durch Einführung des Halbeinkünfteverfahrens geändert und parallel dazu geeignete Maßnahmen zur Entlastung der Personengesellschaften gesucht werden sollten.[56]

Das Modell wurde nicht umgesetzt, sondern als Entlastungsmaßnahme für Personengesellschaften die Anrechnung der Gewerbesteuer auf die Einkommensteuer gemäß § 35 EStG eingeführt.

18 In Gestalt **des sog. T-Modells** ist eine niedrigere Besteuerung einbehaltener Gewinne im Hinblick auf die **Unternehmenssteuerreform 2008** wieder im Gespräch.[57] Grundgedanke dieses neueren Modells ist die Besteuerung nicht entnommener Gewinne ganz oder teilweise mit einem Einkommensteuersatz, der dem jeweils geltenden Körperschaftsteuersatz entspricht (vgl. unten Rn. 29 ff.). Der Referentenentwurf zur Unternehmenssteuerreform 2008 sieht ein solches Modell in § 34a EStG-E vor.

---

51 Vgl. hierzu Mühl, in: Institut für Finanzen und Steuern, Heft Nr. 292, 1990, S. 36 ff.
52 Dies wird auch von der Brühler Kommission als Nachteil angesehen, vgl. Bericht der Brühler Kommission, S. 78.
53 Vgl. hierzu Mühl, in: Institut für Finanzen und Steuern, Heft Nr. 292, 1990, S. 36 ff.
54 Tipke, StRO I, S. 507.
55 Bericht der Brühler Kommission, FR 1999, 580 ff.
56 Bericht der Brühler Kommission, S. 85 ff.
57 Wissenschaftlicher Beirat Ernst & Young, BB 2005, 1653 ff.

IV. Jüngere Reformdiskussionen

1. Modell der Stiftung Marktwirtschaft[58]

a) Einheitliche Unternehmenssteuer

Bei diesem sehr weitgehenden Reformansatz aus drei Modulen[59] steht der Gedanke der Rechtsformneutralität der Besteuerung im Vordergrund. Es soll ähnlich den Betriebssteuermodellen eine **„allgemeine Unternehmenssteuer"** eingeführt werden, die Personenunternehmen (auch den Einzelunternehmer) und Kapitalgesellschaften als Unternehmensträger eigenständig besteuert. Es käme zu einer flächendeckenden Anwendung des Trennungsprinzips. Unternehmen i.S.d. Konzepts wären nicht nur solche Personenunternehmen, die Einkünfte aus Gewerbebetrieb erzielen, sondern auch die **Bezieher der anderen Gewinneinkunftsarten im jetzigen EStG**, d.h. auch Freiberufler und Landwirte. Hinzutritt eine **kommunale Unternehmenssteuer** als Ersatz für die Gewerbesteuer, die ebenfalls auf der Unternehmensebene erhoben wird. Diese beruht auf derselben Bemessungsgrundlage, d.h. Kürzungen und Hinzurechnungen werden nicht mehr vorgenommen.

Gewinne auf der Unternehmensebene unterliegen nach diesem Konzept einem abgeltenden Steuersatz in der Höhe des jetzigen Körperschaftsteuersatzes und unter Einbeziehung der kommunalen Unternehmenssteuer von 30 %. Das Konzept lässt sich daher als eine neu aufgelegte Form der **Betriebssteuer** begreifen und geht vom Grundgedanken aus, dass die auf der Unternehmensebene verbleibenden und reinvestierbaren Gewinne zunächst steuerlich geringer belastet werden sollen.

Eine Umsetzung des Konzepts würde für die **Personenunternehmen** zu einer **tiefgreifenden Umwälzung der Besteuerungsregeln** führen. Neben der Abschaffung des Transparenzprinzips würde das Rechtsinstitut des **Sonderbetriebsvermögens** bei Leistungsbeziehungen zwischen Gesellschafter und Personengesellschaft **obsolet**, eine **Verlustverrechnung** unternehmerischer Verluste mit positiven anderen Einkünften – bis auf im Konzept vorgesehene eng umrissene Ausnahmen von Anlauf- und Liquidationsverlusten – **nicht mehr möglich**. Auch für die **gesellschaftsvertragliche Gestaltungspraxis** hätte das Konzept Auswirkungen, da das gesetzliche Vollausschüttungsgebot zu Nachteilen führen würde, so dass **Thesaurierungsklauseln** in die Gesellschaftsverträge aufzunehmen wären.[60]

b) Gewinnermittlung und Gruppenbesteuerung

Flankierend zu der einheitlichen Unternehmensbesteuerung sollen eigenständige **steuerliche Gewinnermittlungsregelungen** kodifiziert werden, die das bisherige Konzept der Maßgeblichkeit der Handels- für die Steuerbilanz ablösen.

Das **Konzept der Organschaft** wird abgelöst durch ein Konzept einer Gruppenbesteuerung. Gruppenmitglieder sind Unternehmen i.S.d. Unternehmenssteuergesetzes und deren Mutter-Unternehmen mit einer mindestens 75 %igen Beteiligung, zwischen denen ein „Steuerumlagevertrag" geschlossen wird. Zudem soll ein **Antrag** mit einer mindestens fünfjährigen Bindung erforderlich sein. Innerhalb der Gruppe werden die Ergebnisse vertikal bis zur Konzernspitze zugerechnet.

c) Nachversteuerungsregelung und transparente Entnahmeregelung

Werden Gewinne aus der Unternehmensebene in die Ebene des Anteilseigners ausgeschüttet/entnommen oder beim Einzelunternehmer in die Privatsphäre überführt, kommt es zu einer **Nachversteuerung** nach den Regeln des (ebenfalls modifizierten) Halbeinkünfteverfahrens bei den einkommensteuerpflichtigen Personen. Die Weiterentwicklung des Halbeinkünfteverfahrens vermeidet die im geltenden Recht z.T. auftretende Belastung der ausgeschütteten Gewinne oberhalb des Einkommensteuerspitzensatzes.

---

58 Stiftung Marktwirtschaft, Kommission „Steuergesetzbuch", Steuerpolitisches Programm, Berlin 31.1.2006.
59 Modul I: einheitliche Unternehmenssteuer; Modul II: Neuordnung der Kommunalfinanzen; Modul III: Neues EStG; kritisch zum Ganzen: Wilk, DStZ 2006, 290 ff.; Steckmeister, Stbg 2006, 161.
60 Vgl. Welling/Richter, FR 2006, 613 ff.

23 Bei **Kapitalgesellschaften** als Anteilseignern soll keine Nachversteuerung erfolgen, diese tritt erst ein, wenn eine Ausschüttung von der Konzernspitze an natürliche Personen als deren Anteilseigner erfolgt. Das Konzept verlangt aufgrund der Unterscheidung von thesauriertem und ausgeschüttetem Gewinn für alle Unternehmen (Personenunternehmen und Kapitalgesellschaften) zur Abgrenzung von steuerpflichtigen Ausschüttungen und steuerfreier Einlagenrückgewähr eine Fortschreibung und Erfassung der Ausschüttungen und Einlagen und Regelungen zur Verwendungsreihenfolge der Bestandteile des steuerlichen Eigenkapitals nach dem Vorbild des abgeschafften Anrechnungsverfahrens.

24 Das Konzept enthält Regelungen zu einer wirtschaftlichen **Freistellung transparenter Entnahmen bei Personenunternehmen**, um eine Übermaßbesteuerung im Progressionsbereich der Einkommensteuer sicherzustellen. **Entnahmen des laufenden steuerlichen Gewinns** von Personenunternehmen können bis zu einem Betrag von 120.000 € je Gesellschafter oder Einzelunternehmer auf der Unternehmensebene **wie Betriebsausgaben** abgezogen werden, wenn diese von einer natürlichen Person getätigt werden und hierdurch kein Verlust entsteht.

25 Bei **Veräußerung und Liquidation** des Unternehmens erzielte Veräußerungs- und Liquidationsgewinne sind einkommensteuerpflichtig und sollen nach dem jetzigen Konzept des Halbeinkünfteverfahrens aufgrund der Vorbelastung der stillen Reserven mit der Unternehmenssteuer bei der Einkommensteuer ermäßigt besteuert werden.

d) Kleinunternehmerregelung

26 Durch die **definitive Unternehmenssteuer** würden Kleinunternehmer höher als bisher belastet. Personenunternehmen, deren Gewinn nachhaltig 120.000 € unterschreitet, werden daher in das Konzept der allgemeinen Unternehmenssteuer nicht einbezogen. Für sie soll es bei dem Konzept der bisherigen Mitunternehmerbesteuerung (Transparenzprinzip) der Einkommensteuer verbleiben. Hierin liegt der **Hauptnachteil des Konzepts der Stiftung Marktwirtschaft**: Der ganz überwiegende Teil der deutschen Personengesellschaften fiele unter die Kleinunternehmerregelung, d.h. der Ausnahmesachverhalt würde den praktischen Regelfall bilden.

Die weiteren Module zur Neuordnung des EStG, des Verfahrensrechts und der kommunalen Finanzen werden hier nicht betrachtet.

2. Modell des Sachverständigenrats[61]

27 Der Sachverständigenrat schlägt eine **Duale Einkommensbesteuerung** vor. Das Konzept will **Kapitaleinkommen**[62] einem ermäßigten und einheitlichen Steuersatz von 25 % und sog. **Erwerbseinkommen** einem linear-progressiven Steuersatz unterwerfen. Diese Unterscheidung ist **Kernelement** des Konzepts und wird auf alle Einkunftsarten übertragen. Die steuerliche Bevorzugung des Kapitaleinkommens liegt in der Absicht begründet, Anreize für Investitionen zu schaffen, die Abwanderung des Kapitals zu vermeiden und Finanzierungsneutralität für Investitionen sicherzustellen.

28 Bezogen auf die **Unternehmensbesteuerung** hält sich das Konzept **im bisherigen rechtsformabhängigen System** der unterschiedlichen Besteuerung von Kapitalgesellschaften durch die Körperschaftsteuer einerseits und Personenunternehmen durch die Einkommensteuer andererseits. Es wird die **Abschaffung der Gewerbesteuer** in Einklang mit dem Konzept der Stiftung Marktwirtschaft befürwortet, bei deren Fortgeltung soll diese bei den Personenunternehmen angerechnet werden.

Im Einzelnen enthält das Konzept die folgenden Schwerpunkte:

---

61 Sachverständigenrat zur Begutachtung der gesamtwirtschaftlichen Entwicklung beim BMF, ZEW und des Max-Planck-Instituts für Geistiges Eigentum und Steuerrecht, vgl. Schön/Schreiber/Spengel/Wiegand, Stbg 2006, 103 ff.

62 Der Begriff des Kapitaleinkommens darf nicht mit dem steuerlichen Begriff der Kapitaleinkünfte verwechselt werden. Es geht im Konzept der dualen Einkommensbesteuerung darum, die Einkommensbestandteile, die als Folge der typischen Kapitalverzinsung anzusehen sind, ermäßigt zu besteuern.

- **Besteuerung der Kapitalgesellschaften und deren Anteilseigner**: Die **Gewinne** der Kapitalgesellschaften werden mit dem bisherigen **Satz von 25 %** belastet. Damit wird der Tatsache Rechnung getragen, dass diese Gewinne auf dem Einsatz des in der Kapitalgesellschaft eingesetzten Kapitals beruhen und somit Kapitaleinkommen i.S.d. Konzepts sind. **Ausschüttungen** aus Kapitalgesellschaften und **Veräußerungsgewinne** aus Anteilen an Kapitalgesellschaften werden bei der Einkommensteuer mit 25 % **abgeltend** besteuert, soweit sie eine typische Eigenkapitalverzinsung (z.B. 6 % jährlich) übersteigen, so dass die Gesamtbelastung aus Körperschaftsteuer und Einkommensteuer dann 43,75 % (= 25 + 75 × 25 %) beträgt.

- **Besteuerung der Personenunternehmen**: Der **Gewinn** wird weiterhin dem **Transparenzprinzip in der Einkommensbesteuerung** unterworfen, d.h. es erfolgt keine abgekoppelte Besteuerung des Betriebsergebnisses nach dem Vorbild der allgemeinen Unternehmenssteuer. Der Teil des Gewinns, der als Folge des Kapitaleinsatzes des im Unternehmen gebundenen Kapitals aus Eigen- und Fremdkapital anzusehen ist, soll aber **als Kapitaleinkommen des Einzel- oder Mitunternehmers mit 25 %** ermäßigt besteuert werden. Der Gewinnanteil, der Erwerbseinkommen ist, wird nach dem linear-progressiven Tarif besteuert. Zur Abgrenzung des Gewinnbestandteils, der Kapitaleinkommen ist und des **Gewinnbestandteils, der höher zu besteuerndes Erwerbseinkommen** ist, wird auf das gebundene Kapital ein Zinssatz angewandt, der einer typischen Eigenkapitalverzinsung entspricht (z.B. 6 %). Eine Form der **Nachversteuerung ist nicht erforderlich**, da das im Gewinn enthaltene Kapitaleinkommen des Personenunternehmers am Ende des VZ wie im geltenden Recht unabhängig von der tatsächlichen Entnahme als zugeflossen anzusehen ist und mit anderen Einkünften in die Summe der Einkünfte eingeht. **Unerheblich** ist auch, ob das niedrig besteuerte Einkommen im Unternehmen reinvestiert oder konsumiert wird.

- **Besteuerung anderer Einkunftsarten**: **Zinseinkünfte** werden als Kapitaleinkommen abgeltend mit einem Steuersatz von 25 % besteuert. Einkünfte aus der **Veräußerung von Immobilien** werden stets als Erwerbseinkommen besteuert, da sie auf dem Einsatz von Kapital beruhen. Einkünfte aus selbständiger und nichtselbständiger Arbeit sind höher besteuertes Erwerbseinkommen.

- Würde sich das Konzept des Sachverständigenrats durchsetzen, käme in Zukunft bei den Personenunternehmen der **Erhöhung des Kapitaleinsatzes** durch eine erhöhte Fremdfinanzierung oder die Erhöhung des Eigenkapitals im Unternehmen erhöhte Bedeutung zu. Da die Abgrenzung des niedrig besteuerten Kapitaleinkommens durch Anwendung eines gesetzlich festgeschriebenen Zinssatzes auf die Bezugsgröße Kapitaleinsatz erfolgt, jedoch der Zinssatz nicht beeinflussbar ist, müssten Gestaltungen gefunden werden, die die Bezugsgröße Kapitaleinsatz erhöhen.

3. T-Modell

Das T-Modell des Wissenschaftlichen Beirats bei Ernst & Young[63] beinhaltet eine punktuelle einkommensteuerliche Entlastung der Personenunternehmen für nicht entnommene Gewinne. Es umfasst als **Kernelemente** eine **Tarifregelung** im EStG, die für nicht entnommene Gewinne der Personenunternehmen eine niedrigere Besteuerung in Höhe des Körperschaftsteuersatzes vorsieht und eine **Nachbelastungsregelung** nach dem Vorbild des Halbeinkünfteverfahrens bei späterer Entnahme der zunächst begünstigt besteuerten nicht entnommenen Gewinne zum Konsum. Es soll als Tarifregelung nicht auf der Ebene der Gewinnermittlung ansetzen und daher **nicht den Gewerbeertrag für Zwecke der Gewerbesteuer** mindern. Für die Nachversteuerung der niedriger belasteten Einkünfte soll die Steuerermäßigung nach § 35 EStG nicht gewährt werden.

Nach dem Modell ist **im Einkommensteuerbescheid** des Einzel- oder Mitunternehmers neben der Einkommensteuerschuld für die vollbelasteten Einkünfte eine Steuerschuld für die niedriger belasteten thesaurierten Gewinnanteile auszuweisen. Die niedriger belasteten Einkünfte – der nachzuversteuernde Betrag – sind am Ende jedes VZ **gesondert festzustellen und fortzuschreiben**.

---

63 BB 2005, 1653 ff.

Das Konzept nimmt damit die Idee einer **Sondertarifierung bestimmter Einkünfte** auf, ohne die Besteuerungsgrundsätze innerhalb des rechtsformabhängigen Systems zu ändern.

4. Referentenentwurf zur Unternehmenssteuerreform 2008

31 Seit dem 5.2.2007 liegt der erste Entwurf des **Gesetzes zur Unternehmenssteuerreform** vor.

Bei der **Gewerbesteuer** findet entgegen den Erwartungen keine Fortentwicklung der Gewerbesteuer zu einer kommunalen Unternehmenssteuer statt, was unter Rückgriff auf die Vorschläge der Stiftung Marktwirtschaft bislang erwartet worden war. Dies bedeutet, dass Freiberufler weiter **nicht** in den Kreis der Steuerpflichtigen aufgenommen werden sollten. Der Entwurf ordnet im Wesentlichen das Recht der Hinzurechnungen und Kürzungen neu, indem ab einer Entgelthöhe von 100.000 € pauschal 1/4 bzw. 3/4 der Entgelte für Dauerschulden, Renten, Gewinnanteile des stillen Gesellschafters, Miet-/Pachtzinsen für bewegliche, unbewegliche und immaterielle Wirtschaftsgüter erfolgen. Die korrespondierenden Kürzungen beim Verpächter werden beseitigt. Die Steuermesszahl soll zukünftig einheitlich ohne Staffelfreibetrag 3,5 % für Personenunternehmen und Kapitalgesellschaften betragen.

32 Bei der **Körperschaftsteuer** ist am spektakulärsten die Abschaffung des § 8a KStG und dessen Ersatz durch eine sog. **Zinsschranke**, die als steuerliches **Betriebsausgabenabzugsverbot für Zinsaufwendungen** ausgestaltet ist. Geplant ist eine Neuregelung zum Verlustabzug bei Anteilsübergang (§ 8c KStG-E) an einer Kapitalgesellschaft, die ab einem mittelbaren oder unmittelbaren Anteilsübergang **von 25 %** anwendbar sein soll (§ 8c KStG-E). Wie erwartet, soll der Körperschaftsteuer-Satz auf 15 % gesenkt und zur Gegenfinanzierung ein Betriebsausgabenabzugsverbot in den Fällen der Wertpapierleihe geschaffen (§ 8b Abs. 10 KStG-E) werden.

Weitere **Gegenfinanzierungsmaßnahmen** werden für Auslandsbeziehungen in § 1 AStG-E verankert eingeführt. Einerseits wird § 1 Abs. 1 AStG-E neu gefasst. Diese Neuregelung zielt auf eine gesetzliche Festschreibung des Vorrangs der Korrektur nach § 1 AStG vor den Korrekturen nach anderen Regelungen (vGA/verdeckte Einlage). Tatbestandlich soll in § 1 Abs. 1 AStG-E eine Korrektur der Einkünfteermittlung erfolgen, wenn „andere Bedingungen" (insb. Preise) bei der Geschäftsbeziehung zu nahestehenden Personen im Ausland vereinbart werden, die dem – jetzt legaldefinierten – Fremdvergleichsmaßstab nicht standhalten. § 1 Abs. 3 AStG-E enthält eine gesetzliche Vorgabe für die zutreffende Einkünfteermittlung, indem gesetzlich die Preisvergleichsmethode als Methode der Wahl definiert und die Reihenfolge der anzuwendenden Methoden bei Leerlaufen der Preisvergleichsmethode vorgegeben werden. Ein neuer „Regelungsmoloch" ist in § 1 Abs. 3 Sätze 5 ff. AStG-E mit den erstmals geregelten Vorgaben zur Einkünfteermittlung bei der Funktionsverlagerung entstanden.

33 Kernpunkt des Entwurfs sind die Neuregelungen des **Einkommensteuerrechts**:

Die **Zinsschranke** wird auch in § 4h EStG-E eingeführt. Zinsaufwendungen, die die Zinserträge des Wirtschaftsjahres um mindestens 1 Mio. € übersteigen, sind nur noch gestaffelt abzugsfähig, (primär) in Höhe des Zinsertrags des Wirtschaftsjahres, darüber hinaus (sekundär) nur i.H.v. 30 vH des um die Zinserträge erhöhten und um die Zinsbeträge verminderten Gewinns. Nicht abzugsfähige Zinsen sind vortragbar und der vortragsfähige Betrag ist gesondert festzustellen. Der Zinsvortrag geht bei Umwandlungen (§ 4 Abs. 2 Satz 2 UmwStG-E) und Einbringungen nicht über, erlischt im Fall der Betriebsaufgabe und ist mitunternehmerbezogen. Zinsen als Sonderbetriebsausgaben sind nicht in die Berechnung des Schrankenbetrags einzubeziehen (§ 4h Abs. 3 Satz 2 EStG-E). Bereichsausnahmen existieren für konzernungebundene Unternehmen und Konzernunternehmen mit einer dem Konzern entsprechenden Eigenkapitalquote.

Die Dividendenfreistellung im Halbeinkünfteverfahren wird auf 40 % gekürzt und korrespondierend in § 3c EStGE, der Betriebsausgaben-/Werbungskostenabzugsverbot auf 60 % der entsprechenden Aufwendungen begrenzt.

Der Betriebsausgabenabzug für die Gewerbesteuer (§ 4 Abs. 5b EStG-E) wird versagt und eine Kompensation nur noch über § 35 EStG-E mit einem auf das 3,8fache der **gezahlten** Gewerbesteuer gedeckelten

Anrechungsvolumen erreicht. Dies wird wegen der zahlreichen Verzerrungswirkungen der Vorschrift und deren Auslegungsproblemen in vielen Einzelfällen zu Mehrbelastungen führen.

Die degressive AfA wird abgeschafft durch Streichung von § 7 Abs. 2 und 3 EStG. 34

Für **kleinere und mittlere Betriebe wird die Rücklagenbildung nach § 7g EStG-E** neu geregelt. Die Sonder-Bildungsvoraussetzungen für Existenzgründer und die Verzinsung bei Nichtinvestition entfallen. Die Grundkonzeption der Vorschrift wird geändert, indem als gesetzlicher Regelfall bei Vorliegen der maßgeblichen Größenanforderungen und der übrigen Bildungsvoraussetzungen ein **Investitionsabzugsbetrag** als Betriebsausgabe abgezogen werden kann. Im Fall der später getätigten Investition werden 40 % der konkreten Anschaffungs- und Herstellungskosten des WG gekürzt mit den entsprechenden AfA-Folgen, anschließend wird der Abzugsbetrag den Anschaffungs- und Herstellungskosten des WG gewinnerhöhend zugerechnet. Erfolgt keine Investition, ist rückwirkend im VZ des Abzugsjahres die Gewinnerhöhung vorzunehmen. Letzteres vermeidet die bislang erforderlichen Überwachungen mehrerer VZ durch die FA. § 7g EStG-E ist betriebsbezogen.

Für **größere Personenunternehmer** wird zukünftig der nicht entnommene laufende Gewinn aus einem Personenunternehmen (§ 34a EStG-E) mit Gewinneinkünften auf der Ebene des Unternehmers/Mitunternehmers (10 %-Mindestbeteiligung) begünstigt, indem der Steuersatz für diese Einkünfte auf 28,25 % begrenzt wird. Werden später Entnahmen getätigt, erfolgt eine Nachversteuerung mit 25 %. Sind nicht entnommene Einkünfte im zvE enthalten, werden sie mit Antragstellung gesondert und pauschal abgeltend besteuert. Nachversteuerungen werden auch auf Antrag, durch Einbringungen, Betriebsaufgaben und beim Übergang zur Einnahme-Überschussrechnung ausgelöst. Dieses Modell lehnt sich an das bereits beschriebene T-Modell an.

Ab 2009 wird eine **Abgeltungssteuer** in § 32d EStG-E eingeführt. Kapitaleinkünfte – ohne Abzug von Werbungskosten (i.S.d. Vorschrift (§ 20 EStG-E) unterliegen einem endgültigen Steuersatz von 25 % und gehen nicht in die Summe der Einkünfte ein. Flankierend wird in der Abgabenordnung die Ausforschung von Konten des Steuerpflichtigen ausgeschlossen, wenn die Steuerpflicht mit der Abgeltungssteuer getilgt wird (§ 93 Abs. 7 Nr. 1 AO-E). **Die Veräußerung von Anteilen an Körperschaften wird generell steuerpflichtig und unterliegt der Abgeltungssteuer**. Nicht hierunter fallen nach der derzeitigen Entwurfsfassung m.E. ohnehin steuerpflichtige Anteilsveräußerungen von wesentlichen Beteiligungen nach § 17 EStG, da die Subsidiaritätsklausel des derzeitigen § 20 Abs. 3 EStG als § 20 Abs. 8 EStG-E für Einkünfte aus Gewerbebetrieb erhalten bleibt.

C. Besteuerung der Mitunternehmerschaften

I. Gesellschaft als Subjekt der Einkünfteerzielung im Einkommensteuerrecht

Für die Personengesellschaften, die **Gewinneinkünfte** erzielen, gilt das sog. Mitunternehmerregime, das 35 nachfolgend dargestellt wird. Die Ausführungen konzentrieren sich auf Mitunternehmerschaften, die Einkünfte aus Gewerbebetrieb gemäß § 15 Abs. 2 EStG erzielen. Sie entfalten jedoch ebenso Geltung für freiberufliche Mitunternehmerschaften und Mitunternehmerschaften mit Einkünften aus Land- und Forstwirtschaft. Auf die Besteuerungsgrundsätze der vermögensverwaltenden Personengesellschaften wird im Anschluss (siehe Rn. 83 ff.) eingegangen.

1. Transparenzprinzip

Im Steuerrecht ist die **Personengesellschaft kein eigenständiges Steuersubjekt.** Sie ist nicht Schuld- 36 nerin der Einkommensteuer. Dies sind nur die hinter der Gesellschaft stehenden Gesellschafter nach § 1 Abs. 1 EStG (sog. **Transparenzprinzip**). Der Gesetzgeber hat in § 15 Abs. 1 Satz 1 Nr. 2 EStG nur die Mitunternehmer als Subjekte der Einkunftserzielung genannt. Jedoch bedeutet dies nicht, dass die Gesellschaft für steuerliche Zwecke vollkommen negiert wird. Ihr kommt eine zentrale Rolle bei der Einkünfteermittlung zu. Gesprochen wird von einer „begrenzten Steuerrechtssubjektivität" der Gesellschaft. Die

Personengesellschaft ist also **Subjekt der Gewinnerzielung und Gewinnermittlung**, der Gesellschafter ist Subjekt und Schuldner der Einkommensteuer bzw. Körperschaftsteuer.[64] Die zivilrechtliche (Teil-) Verselbständigung des Gesamthandsvermögens gegenüber dem übrigen Vermögen der Gesellschafter stellt steuerlich „kein Hindernis dar, den Gesellschaftern das Gesellschaftsvermögen und den Gesellschaftsgewinn anteilig als ihr Vermögen und ihren gewerblichen Gewinn zuzurechnen".[65]

37 Dies führt bei Personengesellschaften zu **verschiedenen Möglichkeiten** der Einkünfteerzielung durch die Gesellschaft und ihre Gesellschafter. Mit Ausnahme der Einkünfte aus nichtselbständiger Tätigkeit, die den natürlichen Personen vorbehalten sind, kann die Gesellschaft Einkünfte mehrerer der in § 2 EStG abschließend aufgezählten Einkunftsarten erzielen. Von der Qualifizierung der gemeinschaftlich auf der Ebene der Mitunternehmerschaften erzielten **Einkunftsarten** hängen die Form der **Einkünfteermittlung** sowie deren **steuerliche Weiterbehandlung auf der Ebene der Gesellschafter** ab. Relevant sind in der Praxis die **gewerblichen, freiberuflichen und land- und forstwirtschaftlichen Einkünfte**, die durch Mitunternehmerschaften erzielt werden und bei den sog. **Überschusseinkunftsarten die Einkünfte** aus Kapitalvermögen sowie aus Vermietung und Verpachtung, die vermögensverwaltende Personengesellschaften erzielen.[66]

2. „Einheit der Gesellschaft" und „Vielheit der Gesellschafter" bei der Personengesellschaft

38 Bei der Anwendung materieller Steuertatbestände wie des § 15 Abs. 1 Nr. 2 EStG ist lange umstritten gewesen, ob es auf die Verhältnisse der Gesellschaft oder der einzelnen Gesellschafter ankommt, wenn unter steuerliche Normen zu subsumieren ist. Die verschiedenen Lösungsansätze lassen sich mit den Gegenpolen „**Einheit der Gesellschaft**" und „**Vielheit der Gesellschafter**" kennzeichnen.

39 Zunächst soll auf den **Ansatz der „Vielheit"** eingegangen werden. Für diese Sichtweise steht die jahrelang vom BFH vertretene „**Bilanzbündeltheorie**".[67] Nach dieser Theorie war die gesellschaftsrechtliche Verbindung der Gesellschafter weitgehend irrelevant. Das Steuerrecht sollte die Gesellschaft als Personenmehrheit betrachten. Als Folge daraus war die Gesellschaft nichts anderes als eine Summe von Einzelunternehmen der Mitunternehmer, die zivilrechtlich verbunden waren. Es wurde nicht zwischen dem Betriebsvermögen der Gesamthand und dem zur Nutzung überlassenen Betriebsvermögen im Eigentum der Gesellschafter unterschieden. Für jeden Gesellschafter musste eine Bilanz für dessen Gewerbebetrieb aufgestellt und die einzelnen Wirtschaftsgüter des Betriebsvermögens anteilig verteilt werden. Die Steuerbilanz der Gesellschaft war eine Bündelung der einzelnen Gesellschafter-Bilanzen. Der BFH nahm Mitte der 70er-Jahre Abschied von dieser Theorie.[68]

40 Die Bilanzbündeltheorie wurde von einer Auffassung ersetzt, die sich als „**Einheitstheorie**" bezeichnen lässt.[69] Nach dieser Auffassung hat die Personengesellschaft insofern eine Stellung als Steuerrechtssubjekt, als sie in der Einheit der Gesellschafter Merkmale eines Besteuerungstatbestandes verwirklicht werden, die den Gesellschaftern für die Besteuerung zuzurechnen sind.[70] Die Gesellschaft wird als **Subjekt der Gewinnermittlung** behandelt, ohne Steuerschuldner der Einkommensteuer zu sein.

---

64 Vgl. Kempermann, DStZ 1995, 225, 227; Kraft, DStR 1995, 921, 924; Neumann, GmbHR 1997, 621, 623 ff.; Schön, StuW 1996, 275, 281 ff.
65 Reiß, in: DStJG, Bd. 17 (1994), 3, 10 f.
66 Überschusseinkunftsarten werden z.B. von nicht gewerblich tätigen oder geprägten GmbH & Co. KG als Publikums-KG als geschlossene Fonds erzielt, vgl. dazu ausführlich: Levedag, in: Münchener Handbuch des Gesellschaftsrechts, Bd. 2, § 71.
67 Vgl. Meßmer, in: StbJb 1972/73, 127.
68 Vgl. BFH, BStBl. 1975 II, S. 437.
69 Vgl. hierzu Herzig/Kessler, DB 1985, 2476, 2528; Erle, in: Beck'sches in: Handbuch der Personengesellschaften, § 6 Rn. 1.
70 Vgl. BFH, BStBl. II 1984, S. 751, 761.

Nach neuerer Rspr. wird **ein Dualismus** zwischen Einheits- und Vielheitsbetrachtung praktiziert.[71] Beispielhaft sei die Entscheidung des Großen Senats des BFH zum gewerblichen Grundstückshandel vom 3.7.1995 angeführt.[72] Die Rspr. verwendet bekanntlich als Indiz für eine von Beginn an bestehende bedingte Veräußerungsabsicht zur Abgrenzung zwischen gewerblicher Tätigkeit und privater Vermögensverwaltung, dass der Steuerpflichtige innerhalb von fünf Jahren mehr als drei Objekte veräußert.[73] Der BFH erkennt in dieser Entscheidung zwar die steuerlich zu beachtende grds. bestehende Steuerrechtssubjektivität der Gesellschaft an, betont aber, dass die Grundentscheidung des § 1 Abs. 1 EStG davon nicht berührt werde, wonach allein die Gesellschafter Steuerschuldner der Einkommensteuer sind.[74] Danach seien zwar im Grundsatz dem Gesellschafter nicht einzelne Geschäftsvorgänge wie die Veräußerung eines Grundstücks durch die Gesellschaft zuzurechnen, sondern nur sein anteiliges Geschäftsergebnis. Dies schließe aber nicht aus, dass es sachlich richtig sein könne, **ihm auch einzelne Geschäftsvorfälle zuzurechnen**, um bspw. im konkreten Fall die Zusammenrechnung von Veräußerungen durch die Gesellschaft und den Gesellschafter zu erreichen.[75] Im Ergebnis ist damit die Rspr. des BFH schwankend und pendelt zwischen den Extremen der „Einheit der Personengesellschaft" und der „Vielheit der Gesellschafter", ohne dass dies vom BFH zugegeben würde.[76] Die Praxis leidet unter dieser Rechtsunsicherheit, da nicht vorauszusehen ist, ob die Rspr. bei einzelnen Besteuerungstatbeständen eher den Gedanken der „Einheit" oder „Vielheit" betont.[77]

41

3. Einkünfteerzielungsabsicht auf der Ebene der Gesellschaft und der Gesellschafter

Damit Einkünfte einer der **sechs Einkunftsarten erzielt werden können**, muss sowohl auf der **Ebene der Gesellschaft** als auch auf der **Ebene der Gesellschafter** Einkünfteerzielungsabsicht vorliegen. Das Tatbestandsmerkmal der Einkünfteerzielungsabsicht hat dabei den Zweck, einkommensteuerrechtlich relevante Tatbestände von den irrelevanten Tatbeständen der **Liebhaberei** abzugrenzen,[78] wobei insb. der erstrebte wirtschaftliche Vorteil im Sinne einer Minderung der Steuerbelastung des Gesellschafters nicht für die Einkünfteerzielungsabsicht ausreicht.[79]

42

Im Bereich der **Gewinneinkunftsarten** bei den **Mitunternehmerschaften** erfordert dies, die Absicht einer Vermögensmehrung in Form eines sog. Totalgewinns zu verfolgen, die reine Kostendeckung reicht insofern nicht aus.[80] Bei den **vermögensverwaltenden Personengesellschaften, die Überschusseinkünfte erzielen**, kommt es auf ein positives steuerliches Gesamtergebnis innerhalb der sog. Totalperiode an, wobei grds. Veräußerungsgewinne, die nicht unter die steuerpflichtigen privaten Veräußerungsgeschäfte i.S.v. § 23 EStG fallen, außer Betracht bleiben.

43

Die **Beweislast** für das Vorliegen einer Einkünfteerzielungsabsicht trägt jeweils der Steuerpflichtige.[81] Kann eine Einkünfteerzielungsabsicht nicht nachgewiesen werden, so kann es sich um steuerlich unbeachtliche Liebhaberei handeln. In diesem Fall sind weder Gewinne noch Verluste steuerlich relevant, wobei in der Praxis regelmäßig verlustbringende Tätigkeiten aus privaten Neigungen als Liebhaberei qualifiziert werden, mit der Folge, dass eine Verlustverrechnung seitens der Finanzverwaltung versagt wird.

44

---

71 Vgl. die Rechtsprechungsübersichten bei Schön, StuW 1986, 275 ff.; Neumann, GmbHR 1997, 621 ff.
72 Vgl. BFH, BStBl. II 1995, S. 617 ff.
73 Vgl. BFH, BStBl. 1992 II, S. 1007 ff.
74 Vgl. Neumann, GmbHR 1997, 621, 622.
75 Vgl. Neumann, GmbHR 1997, 621, 623.
76 Vgl. Schön, StuW 1996, 275, 280.
77 Vgl. Neumann, GmbHR 1997, 621, 623. Ein weiteres Beispiel ist die Rspr. zur sog. Subsidiaritätstheorie bei § 15 EStG und die Bilanzierungskonkurrenz zwischen Schwestergesellschaften.
78 Vgl. Schmid/Schmidt, EStG, § 15 Rn. 25 f.
79 Vgl. BFH, BStBl. 1984 II, S. 751, 766; Erle, in: Beck'sches Handbuch der Personengesellschaften, § 6 Rn. 3.
80 Vgl. z.B. BFH, BStBl. 1985 II, S. 61; Erle, in: Beck'sches Handbuch der Personengesellschaften, § 6 Rn. 3.
81 Vgl. BFH, BStBl. 1986 II, S. 289.

4. Zurechnung der Einkünfte an Mitunternehmer

a) Bedeutung der Mitunternehmerstellung

45 Einkünfte aus Gewerbebetrieb, freiberufliche oder land- und forstwirtschaftliche Einkünfte erzielen nach §§ 15 Abs. 1 Satz 1 Nr. 2, 18 Abs. 3 oder § 13 EStG Gesellschafter einer Gesellschaft, bei der die einzelnen Gesellschafter als Mitunternehmer anzusehen sind und deren Betätigung als gewerblich oder freiberuflich oder land- und forstwirtschaftlich zu qualifizieren ist. Für die Zurechnung der Einkünfte müssen die **Gesellschafter als Mitunternehmer** anzusehen sein.[82] Nur unter dieser Voraussetzung sind sie in die steuerliche Gewinnverteilung einzubeziehen. Erzielt eine Gesellschaft zwar gewerbliche Einkünfte, ist die betreffende Person aber nicht Mitunternehmer, so kommt für sie nur die Besteuerung der Einkünfte bei den nichtgewerblichen Einkunftsarten oder die Zurechnung der Einkünfte bei den Gesellschaftern, die als Mitunternehmer anzusehen sind, in Betracht.

b) Voraussetzungen der Mitunternehmerstellung

aa) Mitunternehmerrisiko und Mitunternehmerinitiative

46 Der Begriff des Mitunternehmers ist im Gesetz nicht legaldefiniert und muss daher ausgelegt werden. Als **Typusbegriff** umfasst der Mitunternehmerbegriff eine Vielzahl von Anzeichen und Merkmalen, die in ihrer Gesamtheit dazu führen müssen, dass der Gesellschafter **Mitunternehmerinitiative** entfalten kann und ein **Mitunternehmerrisiko** trägt. Dabei müssen nicht beide Merkmale gleichermaßen ausgeprägt vorhanden sein, vielmehr lässt sich das eine Merkmal durch besondere Ausprägung des anderen Merkmals weitestgehend kompensieren, es darf aber nicht nur ein Merkmal erfüllt sein.[83]

- Nach Auffassung des BFH ist eine ausreichende **Mitunternehmerinitiative** gegeben, wenn dem einzelnen Gesellschafter wenigstens solche Rechte zustehen, die den Stimm-, Kontroll- und Widerspruchsrechten eines **Kommanditisten** oder den gesellschaftsrechtlichen Kontrollrechten eines Gesellschafters einer GbR nach § 716 Abs. 1 BGB entsprechen.[84]

- Bezüglich des **Mitunternehmerrisikos** wird seitens des BFH in streitiger Rspr. die gesellschaftsrechtliche oder wirtschaftlich vergleichbare Teilnahme am Erfolg der Gesellschaft gefordert, d.h. die Beteiligung an laufenden Gewinnen und Verlusten sowie auch an den stillen Reserven und dem Firmenwert, d.h. am potenziellen Liquidationserlös.[85]

bb) Einzelfragen zur Mitunternehmerstellung von Kommanditisten

47 Die Streitpunkte zur Mitunternehmerstellung des Kommanditisten haben ihren Ausgangspunkt in der **Interpretation des § 15 Abs. 1 Nr. 2 Satz 1 EStG.** Nach einer verbreiteten Ansicht in der Lit. soll sich der Halbsatz, „bei der der Gesellschafter als Mitunternehmer anzusehen ist" lediglich auf die Gewinnanteile eines Gesellschafters an „einer anderen Gesellschaft" beziehen.[86] Danach wäre der Kommanditist per se aufgrund der gesellschaftsrechtlichen Stellung immer auch ein Mitunternehmer aus steuerlicher Sicht. Die **h.M.** geht jedoch nicht von der Maßgeblichkeit der Gesellschafterstellung aus, sondern sieht diese als notwendiges, aber nicht als hinreichendes Kriterium an.[87] Als **Problemfälle** sind sog. Arbeitnehmer-Kommanditisten,[88] Treugeber-Kommanditisten in Publikums-KG und Kinder sowie Ehegatten in Familiengesellschaften (vgl. unten Rn. 52 ff.) anzusehen.

Nach dem **gesetzlichen Leitbild** führt die Stellung als Kommanditist **folglich nicht automatisch** zur Stellung als Mitunternehmer. Einigkeit besteht aber dahingehend, dass die Stellung eines Kommanditisten

---

82 Vgl. Düll, in: Sudhoff, GmbH & Co. KG, § 4 Rn. 4 ff.
83 Vgl. BFH, BStBl. 1984 II, S. 751 ff.
84 Vgl. BFH, BStBl. 1994 II, S. 635.
85 Vgl. BFH, BStBl. 1984 II, S. 751 ff.; Düll, in: Sudhoff, GmbH & Co. KG, § 4 Rn. 4 ff.
86 Vgl. stellvertretend: Carlé/Halm, KÖSDI 2000, 12.383, 12.389.
87 Vgl. Schmidt/Schmidt, EStG, § 15 Rn. 259 ff.
88 Vgl. Schmidt/Schmidt, EStG, § 15 Rn. 259 ff.

mit einer Rechtsposition, die den dispositiven Regeln des HGB für Kommanditisten entspricht, auch zur Stellung als Mitunternehmer führt.[89]

Eine **Mitunternehmerstellung ist immer dann zu verneinen**, wenn ein Kommanditist im Innenverhältnis einem typisch stillen Gesellschafter (weitgehende Versagung der mitgliedschaftlichen Beteiligungsrechte) gleichgestellt ist.[90] Werden somit die gesetzlich gering ausgeprägten gesellschaftsrechtlichen Mitwirkungsrechte der §§ 164, 166 HGB beschnitten, besteht das Risiko, nicht als Mitunternehmer angesehen zu werden.[91]

48

> *Beispiele für die fehlende Mitunternehmerstellung des Kommanditisten:*
> - *Ausschluss des Widerspruchrechts nach § 164 HGB,[92]*
> - *Ausschluss von der Stimmabgabe in der Gesellschafterversammlung oder*
> - *Vereinbarung des Mehrheitsprinzips auch bei Grundlagengeschäften ohne Vetorecht.[93]*

Im Hinblick auf das erforderliche Mitunternehmerrisiko ist es schädlich, wenn der **Gesellschaftsvertrag** das Ausscheiden vor der erwarteten Gewinnphase vorsieht und bis zum Ausscheiden auch nicht mit nennenswerten stillen Reserven gerechnet werden kann.[94]

49

In einer **jüngeren Entscheidung hat der BFH** bekräftigt, dass **Mitunternehmerinitiative ohne Mitunternehmerrisiko nicht ausreicht**, um den Typusbegriff des Mitunternehmers auszufüllen: Ein Kommanditist, der weder am laufenden Gewinn noch am Gesamtgewinn der KG beteiligt ist, ist laut BFH auch dann nicht Mitunternehmer, wenn seine gesellschaftsrechtlichen Rechte denjenigen eines Kommanditisten entsprechen.[95] Bemerkenswert ist an der Entscheidung ferner, dass eine **Mitunternehmerinitiative aus der direkten Beteiligung** als Kommanditist nach der Begründung des BFH **nicht in Kombination mit einer mittelbaren Gewinnbeteiligung** über eine an der Personengesellschaft beteiligte Kapitalgesellschaft zu einer Mitunternehmerstellung führen konnte. In engem zeitlichem Zusammenhang zum vorgenannten Urteil hat der BFH ferner entschieden, dass bei einer **fremdnützigen Treuhand** der Treuhandkommanditist (auch bei der Unterbeteiligung an einem anderen Kommanditanteil) nicht selbst Mitunternehmer ist.[96]

50

Sind Kommanditisten **als fremde Dritte nicht als Mitunternehmer an der KG anzusehen**, werden Gewinnanteile der nicht mitunternehmerischen Gesellschafter bei betrieblicher Veranlassung als Betriebsausgaben oder bei privater Veranlassung als nicht abziehbare Zuwendungen der anderen Gesellschafter (z.B. Unterhaltszahlungen)[97] und **beim Empfänger** als Einkünfte aus Kapitalvermögen, z.B. als Zinsen aus einer Darlehensvergabe (der zivilrechtlichen Gesellschaftereinlage) oder aus einer stillen Beteiligung qualifiziert.

51

cc) Anerkennung der Mitunternehmerstellung in der Familiengesellschaft

Regelmäßig werden in der Praxis **Familiengesellschaften** in der Rechtsform einer GmbH & Co. KG geführt, um Einkünfte von vornherein auf die Schultern sämtlicher Familienmitglieder zu verteilen und so einkommensteuerliche Progressionsvorteile zu nutzen. Die Eltern nehmen in derartigen Fällen häufig

52

---

89 Vgl. Zimmermann/Hottmann/Hübner/Schaeberle/Völkel, Die Personengesellschaft im Steuerrecht, B 1.1.9.3 Rn., 86; BFH, BStBl. 1984 II, S. 751, 769.
90 Vgl. BFH, BStBl. 1996 II, S. 269, 272; Schmidt/Schmidt, EStG, § 15 Rn. 267.
91 Vgl. FG Hamburg, EFG 2002, S. 260 ff. zu einer Familienpersonengesellschaft.
92 Vgl. Zimmermann/Hottmann/Hübner/Schaeberle/Völkel, Die Personengesellschaft im Steuerrecht, B 1.1.9.3 Rn., 86.
93 Vgl. BFH, BStBl. 1989 II, S. 762.
94 Vgl. BFH, BStBl. 1978 II, S. 15.
95 Vgl. BFH, BStBl. 2000 II, S. 183 mit Anm. Binz, GmbHR 2000, 241 ff.; Kempermann, FR 2000, 254 ff.
96 Vgl. BFH/NV 2000, 427; abweichend: FG Saarland, GmbHR 1999, 48 ff.: In diesen Fällen ging es um die Abwehr einer verdeckten Mitunternehmerstellung, vgl. dazu unten Rn. 81 ff.
97 Vgl. Schmidt/Schmidt, EStG, § 15 Rn. 274.

eine beherrschende Stellung ein, während die Rechte der als Kommanditisten – häufig schenkweise – beteiligten Kinder deutlich eingeschränkt sind.[98]

53 Die vertraglichen Gestaltungen in Familiengesellschaften werden unter dem Gesichtspunkt der **Verlagerung von Einkunftsquellen** von der Rspr. eingeschränkt und erhöhten Anforderungen für die Anerkennung der Mitunternehmerstellung unterworfen. Begründet wird **der erhöhte Prüfungsmaßstab** damit, dass es innerhalb einer Familie an dem natürlichen Interessengegensatz unter fremden Dritten fehle, so dass regelmäßig die gesellschaftsvertraglichen Verbindung nicht der gemeinschaftlichen Einkünfteerzielung wie unter fremden Dritten diene, sondern als privat veranlasste Einkommensverwendung („getarnte Unterhaltszahlungen nach § 12 Nr. 2 EStG") anzusehen sei.[99]

54 Die steuerliche Anerkennung des Gesellschaftsverhältnisses als Vorbedingung der Mitunternehmerstellung dem Grunde nach setzt die **zivilrechtlich wirksame Errichtung** des Gesellschaftsverhältnisses voraus.[100] Auf die Erforderlichkeit eines Ergänzungspflegers bei der schenkweisen Überlassung des Gesellschaftsanteils, die Zustimmung des Vormundschaftsgerichts und die Einhaltung etwaiger Formvorschriften wird an dieser Stelle hingewiesen. Bei zivilrechtlich fehlerhaften Gesellschaftsverhältnissen wird § 41 AO auf Familiengesellschaften nur sehr zurückhaltend angewendet.[101] Weiteres entscheidendes Kriterium ist die **tatsächliche Durchführung** des Gesellschaftsverhältnisses. Problematisch in diesem Bereich ist, ob z.B. die Einlagen der Kinder tatsächlich geleistet werden und wie die Verwendung entnommener Gewinnanteile zum Kindesunterhalt zu bewerten ist.[102]

Die sogleich dargestellten strengen **steuerlichen** Anforderungen (siehe Rn. 55) gelten allerdings nicht, wenn ein Familienmitglied den Gesellschaftsanteil aus eigenen Mitteln **entgeltlich erwirbt** und die Gewinnzuweisungen angemessen sind.[103]

55 **Zur Prüfung der Mitunternehmerstellung** der aufgenommenen Familienmitglieder wird ein **Fremdvergleich** nach den Grundsätzen, die zwischen fremden Dritten in einer Mitunternehmerschaft bestehen, in Bezug **auf die Einlagepflicht** vorgenommen. Als „**schädlich**" können folgende Fallgestaltungen angenommen werden[104]:

- **Gegen** die Mitunternehmerstellung spricht die Leistung **der Einlage erst aus zukünftigen Gewinnen**.[105]
- Ebenso wird eine Mitunternehmerschaft nicht begründet, wenn die **Einlage aus einem Darlehen** der Eltern an das Kind geleistet wird, wenn gleichzeitig die Verpflichtung besteht, das Darlehen aus den ersten Unternehmensgewinnen zurückzuzahlen[106] oder die Darlehenskonditionen nicht fremdüblich sind.[107]

---

98 Vgl. Fichtelmann, GmbH & Co. KG, Rn. 183 f.; Binz/Sorg, GmbH & Co. KG, § 18 Rn. 80 – 123.
99 Vgl. Meyer-Koppitz, DStZ 1996, 265, 266; BFH, BStBl. 1973 II, S. 5 ff.; BFH, BStBl. 1994 II, S. 635, BStBl. 1995 II, S. 449.
100 Meyer-Koppitz, DStZ 1996, 265, 266; Jülicher, ErbBstg 2001, S. 77; Carlé/Halm, KÖSDI 2001, 12.383, 12.386 m.w.N. zur Rechtsprechung.
101 Carlé/Halm, KÖSDI 2000, 12.383, 12.387 m.w.N. zur Rechtsprechung.
102 Vgl. Meyer-Koppitz, DStZ 1996, 265, 270; Carlé/Halm, KÖSDI 2000, 12.383, 12.387.
103 Vgl. Schmidt/Schmidt, EStG, § 15 Rn. 785; Binz/Sorg, GmbH & Co. KG, § 18 Rn. 103 – 111.
104 Vgl. die Checkliste schädlicher Klauseln bei Jülicher, ErbBStg 2001, 77, 82 sowie Carlé/Halm, KÖSDI 2000, 12.383, 12.389.
105 Vgl. BFH, BStBl. 1973 II, S. 221.
106 Vgl. BFH, BStBl. 1973 II, S. 526; in einer neueren Entscheidung hat der BFH seine Rspr. zur auf einem Gesamtplan beruhenden schenkweisen Überlassung von Geldmitteln aus einer Personengesellschaft an Angehörige und deren Rückgabe als Darlehen in die Gesellschaft unter dem Gesichtspunkt des Zinsabzugs bei der Gesellschaft geändert, vgl. BFH, DStR 2002, 716.
107 Vgl. BFH, BStBl. 1979 II, S. 670.

- Eine gesellschaftsvertragliche **Entnahmebeschränkung** und eine unangemessene Verzinsung der stehengelassenen Gewinnanteile des Kommanditisten führen ebenfalls regelmäßig zu einer Verneinung der Mitunternehmerstellung.[108]
- Wenn **Entnahmen** bis zum Tod des – elterlichen – Komplementärs bzw. Alleingesellschafters der Komplementär-GmbH **nur mit dessen Zustimmung**[109] oder wenn Entnahmen nur in einem seitens der Eltern **gestatteten Rahmen** vorgenommen werden dürfen,[110] ist dies ebenfalls problematisch. Z.T. lässt die Rspr. die Beschränkung auf einen Mindestbetrag zu, wenn weiter gehende Entnahmen nach Zustimmung des Komplementärs möglich sind und die stehengelassenen Gewinnanteile angemessen verzinst werden.[111]
- Ferner stehen ein einseitiges **Kündigungsrecht** der Eltern und eine befristete Gesellschafterstellung einer Mitunternehmerschaft entgegen, wenn die Abfindung des ausscheidenden Kommanditisten zum Buchwert erfolgen kann.[112] Auch ein von vornherein **befristetes Gesellschaftsverhältnis** während der Ausbildungszeit des unterhaltsberechtigten Kommanditisten mit Buchwertabfindungsklausel führt nicht zu einer Mitunternehmerstellung.[113]
- Die **Schenkung der Einlage** steht der Übernahme von Mitunternehmerrisiko nicht grds. entgegen. **Rückfallklauseln**, um geschenkte Beteiligungen nicht in familienfremde Hände fallen zu lassen oder um eine Schenkung im Falle des Undanks des Beschenkten widerrufen zu können, führen nicht zwingend zur Verneinung der Mitunternehmerschaft, wenn sie nur unter eng begrenzten Voraussetzungen zum Rückfall der Beteiligung führen (**Undankklauseln**), insb., wenn lediglich die Rechtsfolgen aus §§ 527, 530 BGB gesellschaftsvertraglich geregelt werden.[114]
- Behalten sich die Eltern die **Verwaltung der Anteile des Kindes** weit über dessen Eintritt in die Volljährigkeit vor, kann dies zur Verneinung der Mitunternehmerstellung führen.[115]

Bei der Mitunternehmerstellung von **Ehefrauen** war nach früherer Rspr. bei einer **Scheidungsklausel** im Gesellschaftsvertrag (Ausschlussrecht im Fall der Scheidung) der Ehemann als **wirtschaftlicher Eigentümer** des Kommanditanteils der Ehefrau anzusehen.[116] Davon ist die neuere Rspr. des BFH abgewichen, nach der eine solche Klausel nur noch eine Indizwirkung hat.[117]

Zusätzlich zur steuerlichen Anerkennung der Mitunternehmerstellung dem Grunde nach ist **auf der zweiten Stufe** die **Angemessenheit der Gewinnverteilung** in der Gesellschaft zu prüfen. In einer GmbH & Co. KG ist diese Prüfung auch dann vorzunehmen, wenn das „Familienoberhaupt" nur Gesellschafter-Geschäftsführer der Komplementär-GmbH, nicht aber Kommanditist ist.[118] In der **h.M.** besteht Übereinstimmung, dass der vereinbarte Gewinnverteilungsschlüssel zu einer Rendite von nicht mehr als **15 %** führen darf. **Bezugsgröße** für die Berechnung ist nicht die Einlage, sondern der tatsächliche **Wert der Beteiligung**,[119] wie er sich aus den zum Zeitpunkt der Gewinnverteilungsabrede bekannten Umstän-

---

108 Vgl. BFH, BStBl. 1989 II, S. 758; BStBl. 1989 II, S. 720.
109 Vgl. BFH, BStBl. 1979 II, S. 405.
110 Vgl. BFH, BStBl. 1972 II, S. 10.
111 Vgl. BFH, BStBl. 1976 II, S. 678.
112 Vgl. BFH, BStBl. 1986 II, S. 798; BFH/NV 1990, 92; BStBl. 1976 II, S. 324 und BStBl. 1976 II, S. 678.
113 Vgl. H 138 a Abs. 1 „Mitunternehmerrisiko" EStH.
114 Vgl. BFH, BStBl. 1994 II, S. 635; H 138 a Abs. 2 EStH.
115 Vgl. BFH, BStBl. 1981 II, S. 779.
116 Vgl. BFH, BStBl. 1994 II, S. 645.
117 Vgl. BFH, BStBl. 1998 II, S. 542.
118 Vgl. Meyer-Koppitz, DStZ 1996, 265, 276.
119 Vgl. Meyer-Koppitz, DStZ 1996, 265, 276; Jülicher, ErbBStg 2001, 77, 82; Binz/Sorg, GmbH & Co. KG, § 18 Rn. 160 – 180.

den für die Zukunft ergibt. Hierbei sind die durchschnittlichen Renditen der Bewertung des Anteils zugrunde zu legen. Der Vergleichszeitraum umfasst **die letzten fünf Jahre** vor dem Vergleichsstichtag.[120]

58 **Rechtsfolge einer unangemessenen Gewinnverteilungsabrede** ist die Zurechnung der übersteigenden Beträge bei den anderen Gesellschaftern bzw. i.a.R. bei dem früheren Anteilsinhaber und Schenker der Beteiligung.[121] Ist der Schenker **nicht Mitunternehmer** der KG, so sind die überhöhten Gewinnanteile ggf. der Komplementär-GmbH zuzurechnen.[122]

c) Mitunternehmerstellung von Nichtgesellschaftern

aa) Wirtschaftliches Eigentum an einem Mitunternehmeranteil

59 Der Anteil eines Gesellschafters ist unter bestimmten Umständen einem anderen als **wirtschaftlichem Eigentümer** zuzurechnen. Diese Problematik stellt sich vor allem bei Ehegattenanteilen in Familienpersonengesellschaften (vgl. Rn. 63 ff.).

bb) Verdeckte Mitunternehmer

60 In Ausnahmefällen können neben den zivilrechtlichen Gesellschaftern einer KG nach Auffassung des BFH[123] sowie der **Finanzverwaltung**[124] auch **Nicht-Gesellschafter als Mitunternehmer** anzusehen sein, wenn diese trotz fehlender zivilrechtlicher Gesellschafterstellung ein ausreichendes Maß an Mitunternehmerinitiative und Mitunternehmerrisiko entfalten konnten (sog. **faktische Mitunternehmerschaft**).[125]

61 Zumeist werden **schuldrechtliche Austauschverträge** zur Nutzungsüberlassung von Wirtschaftsgütern oder zur Erbringung von Dienstleistungen in ein Gesellschaftsverhältnis umqualifiziert.[126] Der Begriff der faktischen Mitunternehmerschaft wurde in der Rspr. mittlerweile weitestgehend durch den Begriff der **verdeckten Mitunternehmerschaft** ersetzt[127] : Mit dem Wechsel der Terminologie ist nach Auffassung der Senate des BFH verbunden, dass das Vorliegen von **Mitunternehmerinitiative** und **Mitunternehmerrisiko** die – widerlegbare – Vermutung des Vorliegens eines verdeckten Gesellschaftsverhältnisses für Steuerzwecke nach sich zieht.[128]

62 Die **Identifikation eines Gesellschaftsverhältnisses für Steuerzwecke anstelle eines schuldrechtlichen Austauschverhältnisses** wird von der Rspr. nach dem Kriterium der **Fremdüblichkeit** vorgenommen: Solange sich Leistung und Gegenleistung entsprechen, unternehmerischer Einfluss und Vergütungsrisiko also aus Vertragsbeziehungen resultieren, die unter fremden Dritten üblich sind, wird keine verdeckte Mitunternehmerschaft angenommen.[129] Die Kriterien des – verdeckten – Vertragsver-hältnisses sind dabei mit den Kriterien für das Vorliegen von Mitunternehmerinitiative und Mitunternehmerrisiko weitestgehend identisch.[130] Da für die Qualifikation als Mitunternehmer immer auch ein **Gesellschaftsverhältnis** oder ein **wirtschaftlich vergleichbares Gemeinschaftsverhältnis** bestehen muss, wird im Ausgangspunkt immer der abgeschlossene Austauschvertrag zwischen Nicht-Gesellschafter und der Gesellschaft in ein solches Rechtsverhältnisse umgedeutet.[131] Die **reine Bündelung** von Austauschverträgen (Abschluss von

---

120 Vgl. H 138 a Abs. 3 EStH.
121 Vgl. Meyer-Koppitz, DStZ 1996, 265, 277.
122 Vgl. Schmidt/Schmidt, EStG, § 15 Rn. 783.
123 Vgl. BFH, BStBl. 1976 II, S. 332.
124 Gemeinsame Verfügung der OFD Freiburg, Karlsruhe und Stuttgart v. 1.12.1983, ESt-Kartei § 15 Nr. 21; Verfügung der OFD Münster, BB 1986, 2253.
125 Vgl. BFH, BStBl. 1996 II, S. 66.
126 Vgl. Hesselmann/Tillmann, GmbH & Co. KG, Rn. 898.
127 Vgl. Hesselmann/Tillmann, GmbH & Co. KG, Rn. 897 m.w.N.
128 Vgl. Düll, in: Sudhoff, GmbH & Co. KG, § 4 Rn. 21 ff.
129 Vgl. BFH, BStBl. 1996 II, S. 66.
130 Vgl. Hesselmann/Tillmann, GmbH & Co. KG, Rn. 898.
131 Hauptpunkt der Kritik an der Rspr. ist die zivilrechtliche Verbiegung des Sachverhalts, vgl. Fischer, FR 1998, 813, 814.

Miet- und Pachtverträgen neben Arbeitsverträgen u.Ä.) mit einem Nichtgesellschafter führt nicht a priori zu dessen Qualifikation als Mitunternehmer, solange angemessene Entgelte vereinbart worden sind.[132]

cc) Nur-Geschäftsführer einer Komplementär-GmbH in der GmbH & Co. KG als verdeckter Mitunternehmer

Die Frage, wann der an einer GmbH & Co. KG **nicht beteiligte Geschäftsführer der Komplementär-GmbH** verdeckter Mitunternehmer ist, ist bereits mehrfach entschieden worden.[133] Grds. entfaltet die GmbH, zu der das Geschäftsführer-Anstellungsverhältnis besteht, Abschirmwirkung[134] gegenüber der Einstufung als Mitunternehmer bei der KG. 63

Für die Mitunternehmerstellung eines an der KG nicht beteiligten Geschäftsführers der Komplementär-GmbH deutet aber eine **überhöhte Geschäftsführervergütung** auf ein verdecktes Gesellschaftsverhältnis hin.[135] Es liegt **keine verdeckte Mitunternehmerschaft** vor, wenn der angestellte Geschäftsführer einer Komplementär-GmbH das Anlagevermögen seines eigenen Betriebs an die GmbH & Co. KG verpachtet und das Umlaufvermögen an die GmbH & Co. KG veräußert.[136] **Nicht** zu einer Mitunternehmerschaft führte nach Auffassung des BFH eine Vertragsgestaltung, bei der der angestellte Geschäftsführer und alleinige Gesellschafter der Komplementär-GmbH ohne Kommanditistenstellung 30 % des Jahresgewinns der GmbH & Co. KG als garantierte Tantieme erhielt, weil er kein ausreichendes Mitunternehmerrisiko zu tragen habe.[137] **Unschädlich** war auch eine Gestaltung, bei der allein die Ehefrauen Gesellschafterinnen der Komplementär-GmbH und auch Kommanditistinnen waren, die Ehemänner aber Gesellschafter und Geschäftsführer von GmbH & Co. KG sowie von GbR, die den Gesellschaften der Ehefrauen grundpfandrechtlich gesicherte Darlehen überließen.[138] 64

Kritischer sind wohl insgesamt Gestaltungen zu sehen, in denen versucht wird, **nach einer Einbringung/Veräußerung** eines früheren Betriebs eines Ehegatten an eine GmbH & Co. KG den **nicht veräußernden Ehegatten** zum Alleingesellschafter der Komplementär-GmbH und zum Kommanditisten zu machen. Der **frühere gewerblich tätige Ehegatte** wird in solchen Konstellationen allgemein eine Anstellung als Geschäftsführer der Komplementär-GmbH mit erfolgsabhängigen Vergütungen erhalten, was in seiner Person zu einer Umqualifizierung früherer Einkünfte aus Gewerbebetrieb in Einkünfte aus nichtselbständiger Tätigkeit oder aus Vermietung und Verpachtung führen kann.[139] In diesen Konstellationen wird z.T. **auch die Bündelung** der Austauschverhältnisse für die Begründung der verdeckten Mitunternehmerschaft herangezogen.[140] Die **ungewöhnliche Höhe der Erfolgsbeteiligung** führt regelmäßig zur Annahme der Mitunternehmerstellung des Geschäftsführers der Komplementär-GmbH, wobei als kritische Grenze **50 % des Gewinns** (der „überwiegende Teil des Gewinns") anzusehen sind.[141] Auch **das Auftreten als Gesellschafter** im Innenverhältnis trotz der zivilrechtlichen Stellung als Angestellter, z.B. durch Tätigung von Entnahmen oberhalb der arbeitsvertraglichen Tätigkeitsvergütung, wird als Indiz herangezogen.[142] Stets als Mitunternehmer gilt dagegen der sog. **„angestellte Komplementär"**, der im 65

---

132 Vgl. Fischer, FR 1998, 813, 816 mit Hinweis auf BFH, BStBl. 1998 II, S. 480.
133 Vgl. Hesselmann/Tillmann, GmbH & Co. KG, Rn. 900 – 908 m.w.N. zur Rspr.
134 Vgl. Schulze zur Wiesche, StBp 1997, 221, 223.
135 Vgl. BFH, BStBl. 1985 II, S. 363, 364; BStBl. 1996 II, S. 66.
136 Vgl. BFH, BStBl. 1985 II, S. 363.
137 Vgl. BFH, BStBl. 1986 II, S. 599; BFH/NV 1993, S. 14.
138 Vgl. BFH, BStBl. 1989 II, S. 902.
139 Vgl. BFH, BStBl. 1994 II, S. 282; BB 1997, 452; BStBl. 1996 II, S. 66; BStBl. 1998 II, S. 480; BStBl. 1976 II, S. 332.
140 Vgl. BFH, GmbHR 1998, 710; GmbHR 1997, 267 mit dem Hinweis, dass anstelle einer verdeckten Mitunternehmerschaft auch eine atypisch stille Gesellschaft gegeben sein könne.
141 BFH, BStBl. 1996 II, S. 66; vgl. auch Hesselmann/Tillmann, GmbH & Co. KG, Rn. 905 f. m.w.N.; BFH, DStRE 1999, 586; BB 1998, 2143.
142 Vgl. BFH, BStBl. 1998 II, S. 480.

Innenverhältnis als angestellter Geschäftsführer der Komplementär-GmbH gegenüber den Kommanditisten gebunden ist.[143]

66 **Rechtsfolge einer Qualifizierung als verdeckter Mitunternehmer** ist die Umqualifizierung der Einkünfte des verdeckten Mitunternehmers in **gewerbliche Einkünfte**. Sie gehen damit bei gewerblicher Tätigkeit der GmbH & Co. KG in die Bemessungsgrundlage für die **Gewerbeertragsteuer** ein. Die Stellung als verdeckter Mitunternehmer kann ferner dazu führen, dass seitens des Geschäftsführers der GmbH & Co. KG zur Nutzung überlassene Vermögensgegenstände in **Sonderbetriebsvermögen** umqualifiziert werden mit der Folge, dass stille Reserven steuerverhaftet werden.[144]

d) Mittelbare Beteiligungen

67 Aufgrund der weitreichenden steuerlichen Folgen bei einer Stellung als Mitunternehmer wird in der Praxis oft versucht, über zwischengeschaltete Personengesellschaften oder Kapitalgesellschaften **die Mitunternehmerstellung zu vermeiden.** Diesen Gestaltungen liegt entweder das Ziel zugrunde, die steuerliche Verstrickung der Anteile an der Komplementär-GmbH als Sonderbetriebsvermögen II zu umgehen oder Entgelte für Dienstleistungen, welche an sich als Sondervergütungen den steuerlichen Gesamtgewinn der Mitunternehmerschaft nicht mindern dürfen, in nichtgewerbliche Einkünfte beim Empfänger und abzugsfähige Betriebsausgaben bei der KG umzuqualifizieren.

aa) Beteiligung über eine Personengesellschaft

68 Für diesen Fall besteht eine **gesetzliche Regelung** in § 15 Abs. 1 Nr. 2 Satz 2 EStG, nach der der mittelbar über eine oder mehrere Personengesellschaften beteiligte Gesellschafter **dem unmittelbar Beteiligten gleichsteht**, wenn er und die vermittelnde Gesellschaft als Mitunternehmer der Untergesellschaft anzusehen sind (**sog. doppelstöckige Personengesellschaft**). Als Resultat dieser Regelung weisen Personengesellschaften also – im Vergleich zu Kapitalgesellschaften – nur eine **beschränkte steuerliche Durchgriffsfestigkeit** auf. Dies war nach der Rspr. des BFH ursprünglich anders. Für eine Abschirmwirkung der Personengesellschaft trat der Große Senat in seinem Beschluss vom 25.2.1991 ein, als er für die doppelstöckige Personengesellschaft entschied, § 15 Abs. 1 Satz 1 Nr. 2 EStG in der streiterheblichen Fassung sei auf Tätigkeitsvergütungen, die ein Gesellschafter der Obergesellschaft für eine Tätigkeit bei der Untergesellschaft erhalte, nicht anwendbar.[145] Den Durchgriff durch eine zwischengeschaltete Personengesellschaft lehnte der Große Senat insb. mit dem Argument ab, mittelbare Beteiligungen seien wegen der zivilrechtlichen Verselbständigung der Personengesellschaft unmittelbaren Beteiligungen nicht gleichzusetzen, solange sich die Gleichstellung nicht eindeutig aus einer gesetzlichen Vorschrift ergebe.[146] Als Reaktion erweiterte der Gesetzgeber im Rahmen des Steueränderungsgesetzes 1992[147] den § 15 Abs. 1 Satz 1 Nr. 2 EStG um den Satz 2. Der mittelbar über eine Personengesellschaft Beteiligte wird seitdem einem unmittelbar Beteiligten gleichgestellt, was dazu führt, dass an den hinter der Rechtskonstruktion stehenden Unternehmer geleistete Vergütungen der Untergesellschaft dem Gesamtgewinn der Untergesellschaft wieder hinzuzurechnen sind.[148]

bb) Beteiligung über eine Kapitalgesellschaft

69 Aus dem bei Kapitalgesellschaften geltenden Trennungsprinzip folgt, dass der BFH den Kapitalgesellschaften **steuerrechtlich grds. Abschirmwirkung** mit der Folge des Durchgriffsverbots zubilligt. Die Tätigkeit einer Kapitalgesellschaft kann den an ihr beteiligten Gesellschaftern nur aufgrund einer aus-

---

143 Vgl. BGH, BGHZ 77, 233; BFH, BStBl. 1987 II, S. 33; H 138 Abs. 1 EStH.
144 Vgl. Düll, in: Sudhoff, GmbH & Co. KG, § 4 Rn. 26.
145 Vgl. BFH, BStBl. 1991 II, S. 691, 692.
146 Vgl. BFH, BStBl. 1991 II, S. 691, 700, vgl. hierzu bereits BFH, BStBl. 1967 III, S. 32, 33; BStBl. 1974 II, S. 645, 645 f.
147 StÄndG 1992 v. 25.2.1992, BStBl. 1992 I, S. 146.
148 Vgl. Schulze zur Wiesche, StBp 1992, 248, 251.

drücklichen gesetzlichen Regelung zugerechnet werden.[149] Der steuerrechtliche Begriff des „Durchgriffsverbots" geht zurück auf das Urteil des I. Senats des BVerfG vom 24.1.1962.[150] Darin führt der I. Senat aus, es gehöre zum Wesen juristischer Personen wie der GmbH und der AG, dass diese Kapitalgesellschaften mit ihrer Verselbständigung gegen „Durchgriffe" auf Tatbestände im Kreis oder in der Person ihrer Gesellschafter grds. abgeschirmt seien. Entsprechend kann der über eine Kapitalgesellschaft an einer Personengesellschaft mittelbar beteiligte Gesellschafter nicht als Mitunternehmer der Personengesellschaft angesehen werden.

II. Technik der zweistufigen Gewinnermittlung von Mitunternehmereinkünften

1. Behandlung des Gewinnanteils und von Leistungsvergütungen

Für die steuerliche Gewinnermittlung auf Ebene der Personengesellschaft gelten die **allgemeinen Grundsätze** der zweistufigen Gewinnermittlung[151] :

70

Aus § 15 Abs. 1 Satz 1 Nr. 2 EStG folgt, dass der Gewinn des Mitunternehmers einer Mitunternehmerschaft sich aus seinem **Gewinnanteil** an der Gesellschaft und aus den bezogenen **Sondervergütungen** zusammensetzt. Aus Sinn und Zweck dieser Regelung folgt, dass mit „Gewinnanteil" der Anteil am Steuerbilanzwert der Gesellschaft gemeint ist und der Begriff der Sondervergütungen Zahlungen erfasst, die aufgrund schuldrechtlicher Vereinbarungen zwischen den Gesellschaftern und der Gesellschaft fließen, diese bei der Gesellschaft aber als Ausgaben abgezogen worden sind.[152]

Das Steuerrecht erkennt in Form des § 15 Abs. 1 Satz 1 Nr. 2 EStG an, dass **handelsrechtlich** durch Vereinbarungen zwischen den Gesellschaftern und der Gesellschaft der Handelsbilanzgewinn der Gesellschaft infolge Abziehbarkeit solcher Aufwendungen gemindert wird. Der nach handelsrechtlichen Vorschriften ermittelte Gewinn ist über das **Maßgeblichkeitsprinzip** auch für die Steuerbilanz verbindlich.[153]

Um jedoch die Mitunternehmer dem **Einzelunternehmer gleichzustellen**,[154] der mit sich selbst wegen § 181 BGB nicht kontrahieren kann, werden die gezahlten Betriebsausgaben aber über § 15 Abs. 1 Satz 1 Nr. 1 2. Halbs. EStG in **einen Gewinnvorab umqualifiziert**, was in einem separaten Schritt außerhalb der Handelsbilanz in einer Sonderbilanz für jeden Gesellschafter erfolgt. Die Sonderbilanzen der Gesellschafter sind **reine Steuerbilanzen**, da es im Handelsrecht keine Bilanzierungspflichten für einzelne Gesellschafter in dieser Form gibt.[155]

---

149 Vgl. BFH, BStBl. 1999 II, 168, 171.
150 BVerfG, BStBl. 1962 I, S. 500, 502; Levedag, Die Begünstigung der gewerblichen Einkünfte, S. 108 ff.
151 Vgl. hierzu zusammenfassend: Winnefeld, Bilanz-Hb., Kap. L Rn. 665 – 784.
152 Vgl. Erle, in: Beck'sches Handbuch der Personengesellschaften, § 6 Rn. 41; Düll, in: Sudhoff, GmbH & Co. KG, § 5 Rn. 1 ff.
153 Vgl. Erle, in: Beck'sches Handbuch der Personengesellschaften, § 6 Rn. 43.
154 Vgl. BFH, BStBl. 1980 II, S. 275.
155 Vgl. Erle, in: Beck'sches Handbuch der Personengesellschaften, § 6 Rn. 42; Düll, in: Sudhoff, GmbH & Co. KG, § 5 Rn. 24.

71 Es lässt sich somit feststellen, dass die Gewinnermittlung für einen Mitunternehmer auf der Ebene der Gesellschaft grds. in **zwei Schritten** erfolgt:[156]

---

1. Stufe: Steuerbilanz

1. Aufstellung der **Handelsbilanz** der Personengesellschaft: Ausweisung von Betriebsvermögen nur, soweit es im Gesamthandseigentum steht; Abzug von Entgelten, die steuerlich als Sondervergütungen bewertet werden sowie einheitliches Ausüben von Bilanzierungs- und Bewertungswahlrechten durch alle Gesellschafter.

2. Aufstellung und Einbeziehung etwaiger **Ergänzungsbilanzen** der Gesellschafter

3. Aufstellung der „**Steuerbilanz**" der Gesellschaft nach Maßgabe der §§ 4 – 7 EStG: Übernahme der handelsbilanziellen Bilanzansätze, soweit nicht das Steuerrecht eine abweichende Bewertung vorschreibt. Verteilung dieses steuerlichen Gewinnanteils auf die Gesellschafter nach dem gesellschaftsvertraglichen Gewinnverteilungsschlüssel gemäß **§ 15 Abs. 1 Satz 1 Nr. 1 1. Halbs. EStG.**

---

2. Stufe: Steuerbilanz

Aufstellen der **Sonderbilanzen** für die Gesellschafter, in denen das Sonderbetriebsvermögen der Gesellschafter zu aktivieren und zu passivieren ist. Umfasst sind:

- Vergütungen nach § 15 Abs. 1 Abs. 1 Nr. 2 EStG, die aufgrund schuldrechtlicher Vereinbarungen an die Gesellschafter gezahlt wurden und als Betriebsausgaben der Gesellschaft abgezogen wurden.
- Aufwendungen und Erträge der Wirtschaftsgüter, die als Sonderbetriebsvermögen qualifiziert werden.
- Sonderbetriebseinnahmen und -ausgaben, die ein Mitunternehmer erzielt.

= Gewinnanteile nach **§ 15 Abs. 1 Satz 1 Nr. 2 2. Halbs. EStG.**

= **Gesamtbilanz oder Additionsmethode**

---

2. Ergänzungs- und Sonderbilanzen

a) Ergänzungsbilanzen

72 **Ergänzungsbilanzen** entstehen zumeist aufgrund des entgeltlichen Erwerbs eines Mitunternehmeranteils sowie bei Einbringungs- und Umwandlungsvorgängen (früheres Step-Up-Modell[157]) und aufgrund persönlicher Steuervergünstigungen sowie bei Übertragungen von Einzelwirtschaftsgütern nach § 6 Abs. 5 EStG.

b) Sonderbilanzen

aa) § 15 EStG als Zurechnungsnorm oder Qualifikationsnorm?

73 Der Umfang des Sonderbetriebsvermögens wird in § 15 Abs. 1 EStG nicht ausdrücklich geregelt. Aus einer Interpretation des § 15 Abs. 1 EStG als **Zurechnungsnorm** folgt, dass Vermögensgegenstände, die der Erzielung von Sonderbetriebseinnahmen dienen, zwingend dem Sonderbetriebsvermögen zuzurech-

---

156 Vgl. Erle, in: Beck'sches Handbuch der Personengesellschaft, § 6 Rn. 42; Düll, in: Sudhoff, GmbH & Co. KG, § 5 Rn. 4 ff.; Winnefeld, Bilanz-Hb., Kap. L Rn. 791.

157 Vgl. Hesselmann/Tillmann, GmbH & Co. KG, Rn. 928b.

nen sind. Bei Interpretation des § 15 Abs. 1 EStG als **Qualifikationsnorm** kommt eine Qualifikation von Vermögensgegenständen als Sonderbetriebsvermögen dagegen nur dann in Betracht, wenn diese nicht bereits steuerliches Betriebsvermögen in einem Eigenbetrieb des Überlassenden sind (**sog. Subsidiaritätsthese**), also der Betriebsvermögensstatus des Wirtschaftsguts durch die Überlassung erst begründet wird.[158]

Von der Rspr. wird derzeit die Auffassung vertreten, dass grds. der **Status als Sonderbetriebsvermögen (Zurechnungsnorm) Vorrang** vor dem Status der erstmaligen Erfassung als Betriebsvermögen und damit der Subsidiaritätsthese hat.[159] Im Falle einer **Nutzungsüberlassung zwischen Schwesterpersonengesellschaften** und bei der **mitunternehmerischen Betriebsaufspaltung** kommt die Rspr. zwar zu einem Vorrang der steuerlichen Erfassung der Wirtschaftsgüter im Eigenbetrieb der überlassenden Gesellschaft (Ergebnis wie bei der Subsidiaritätstheorie).[160] Dennoch halten BFH, Finanzverwaltung und h.M. außerhalb der obigen Fallgruppen weiterhin grds. an der **Ablehnung der Subsidiaritätsthese** fest, wie der BFH in einem aktuellen Urteil ausdrücklich klarstellte.[161]

bb) Bestandteile des Sonderbetriebsvermögens

Bei der Qualifikation des Sonderbetriebsvermögens wird zwischen **Sonderbetriebsvermögen I** und **Sonderbetriebsvermögen II** unterschieden:

- Handelt es sich um Vermögensgegenstände, die unmittelbar dem Betrieb der Personengesellschaft dienen, so handelt es sich um Sonderbetriebsvermögen I.
- Zum Sonderbetriebsvermögen II des Gesellschafters gehören dagegen diejenigen Vermögensgegenstände, die unmittelbar zur Begründung oder Stärkung der Beteiligung an der KG eingesetzt werden.[162] Bei diesen Wirtschaftsgütern handelt es sich zudem um sog. **notwendiges Sonderbetriebsvermögen.**

Gewillkürtes Sonderbetriebsvermögen kann gebildet werden, wenn die jeweiligen Wirtschaftsgüter **objektiv geeignet** sind, dem Betrieb der Personengesellschaft selbst zu dienen oder die Beteiligung des Gesellschafters zu fördern. Erfüllt ein Wirtschaftsgut diese Voraussetzungen, so muss der Gesellschafter die **Widmung** des Wirtschaftsguts als gewillkürtes Betriebsvermögen eindeutig zum Ausdruck bringen. Dies geschieht regelmäßig durch einen **entsprechenden Ausweis in der Sonderbilanz** des Gesellschafters bei der Mitunternehmerschaft.[163]

Die Grundsätze des Sonderbetriebsvermögens gelten **nicht** in der umgekehrten Richtung, wenn also die Mitunternehmerschaft ihren Gesellschaftern Wirtschaftsgüter zur Nutzung überlässt. Eine Forderung der Gesellschaft gegen den Gesellschafter oder die Überlassung eines Wirtschaftsguts führen nicht zu negativen Sonderbetriebseinnahmen oder negativem Sonderbetriebsvermögen.[164]

3. Steuerliche Behandlung des handelsrechtlichen Gewinnanteils und der Sondervergütungen

Hinsichtlich des **handelsrechtlich ermittelten und gesellschaftsvertraglich verteilten Gewinnanteils** einschließlich des Gewinnvorabs der Gesellschafter gibt es keine Besonderheiten.

Steuerlich ist nach § 15 Abs. 1 Satz 1 Nr. 2 EStG **bei allen Mitunternehmern** der GmbH & Co. KG der handelsrechtliche Gewinnanteil in die einheitliche und gesonderte Feststellung nach § 180 Abs. 2 Nr. 2a

---

158   Vgl. Düll, in: Sudhoff, GmbH & Co. KG, § 5 Rn. 21 f.; Winnefeld, Bilanz-Hb., Kap. L Rn. 764–766.
159   Vgl. BFH, BStBl. 1998 II, S. 254; BMF-Schreiben v. 18.1.1996, BStBl. 1996 I, S. 583.
160   Vgl. Winnefeld, Bilanz-Hb., Kap. L Rn. 765.
161   Vgl. BFH, BStBl. 2000 II, S. 399.
162   Vgl. BFH, BStBl. 1980 II, S. 40 m.w.N.; BFH, BStBl. 1986 II, S. 17; BFH, BStBl. 1988 II, S. 667; BFH, BStBl. 1988 II, S. 679; Düll, in: Sudhoff, GmbH & Co. KG, § 5 Rn. 20.
163   Vgl. BFH, BStBl. 1991 II, S. 786.
164   Vgl. Düll, in: Sudhoff, GmbH &. Co. KG, § 5 Rn. 36; Zimmermann/Hottmann/Hübner/Schaeberle/Völkel, Personengesellschaft im Steuerrecht, B 1.7.7 Rn. 297.

AO einzubeziehen und bei den Einkünften aus Gewerbebetrieb festzustellen. Relevanter **steuerlicher Zurechnungszeitpunkt** ist das Ende des jeweiligen Geschäftsjahres, unabhängig davon, ob der Gewinnanteil für den Gesellschafter zivilrechtlich entnahmefähig ist, wann die Gewinnausschüttung durch die Gesellschafter beschlossen wird und wann der Gewinnanteil tatsächlich zufließt.[165] Fließt der Gewinnanteil tatsächlich zu, liegt eine Entnahme vor; dies gilt für Zwecke des § 4 Abs. 4a EStG sowohl für **Sondervergütungen** als auch für den **handelsrechtlich zugewiesenen Gewinnanteil**.[166]

4. Sonderbetriebseinnahmen und -ausgaben der Mitunternehmer

a) Einnahmen und Ausgaben im Zusammenhang mit Sonderbetriebsvermögen

79 **Sondervergütungen** sind alle Entgelte, die als Geld- oder Sachwerte geleistet werden, regelmäßig auf einer schuldrechtlichen Grundlage geschuldet sind und für die in § 15 Abs. 1 Satz 1 Nr. 2 2. Halbs. EStG genannten Tätigkeiten gezahlt werden.[167] Diese Zahlungen mindern den steuerlichen Gewinn der Mitunternehmerschaft als Aufwand, werden jedoch korrespondierend in einer Sonderbilanz des Mitunternehmers erfasst und erhöhen damit den steuerlichen Gesamtgewinn der Mitunternehmerschaft. Der BFH umfasst mit dem Begriff der Sondervergütungen auch solche Leistungen, die **in einem Gesellschaftsvertrag vereinbart und als Gesellschafterbeitrag erbracht**, auf der Ebene der Personengesellschaft aber **als Aufwand** zulasten des Gewinnverteilungsschlüssels aller Gesellschafter behandelt worden sind.[168] Liegen hiernach Sondervergütungen vor, sind diese zeit- und betragsgleich neben der Aufwandsbuchung bei der Personengesellschaft ergebniserhöhend in **einer Sonder-GuV** des einzelnen Gesellschafters zu erfassen (**sog. Prinzip der korrespondierenden Bilanzierung**).[169]

80 **Sonderbetriebseinnahmen und Sonderbetriebsausgaben** sind darüber hinausgehend Einnahmen und Ausgaben, soweit sie durch die Mitunternehmerstellung veranlasst sind.[170] Damit gehen alle Vorgänge im Sonderbetriebsvermögen in das steuerliche Gesamtergebnis bei der KG ein und unterliegen nach der Zurechnung bei den Gesellschaftern der **Einkommen-**, bei der Komplementär-GmbH der **Körperschaftsteuer** sowie bei der KG der **Gewerbesteuer**.[171]

Dies kann zu **fremdbestimmten Steuerwirkungen** unter den Gesellschaftern führen, da die Gewerbesteuer von der KG nach dem allgemeinen Gewinnverteilungsschlüssel der Gesellschafter zu tragen ist und die Erhöhung von Gewerbesteuer (Mehrkosten) durch die Sondervergütungen eines Gesellschafters das handelsrechtlich verteilbare Ergebnis beeinflusst.

Für den **betroffenen Gesellschafter und Empfänger der Sondervergütung** findet eine **Umqualifizierung von Einkünften** von einer Überschussermittlungseinkunftsart in Einkünfte aus Gewerbebetrieb statt. **Rechtsfolge** in der Vergangenheit war bis Ende 2000 zur Kompensation der Gewerbesteuerbelastung die Anwendung der Tarifbegrenzung nach § 32c EStG; seit dem VZ 2001 unterliegen die Einkünfte der Steuerermäßigung in § 35 EStG.

---

165 Vgl. Winnefeld, Bilanz-Hb., Kap. L Rn. 651.
166 Vgl. BFH/NV 2002, S. 908; Schmidt/Schmidt, EStG, § 15 Rn. 430.
167 Vgl. allgemein zum Zweck und zur sog. Positiv- und Negativformel Schmidt/Schmidt, EStG, § 15 Rn. 560 ff.
168 Vgl. BFH, BStBl. 1999 II, S. 284 = DStR 1999, 104, 105. Mit der Entscheidung stellt der BFH klar, dass aus einem früheren Urteil (BFH, BStBl. 1994 II, S. 282) nicht zu folgern ist, dass Leistungen eines Gesellschafters zur Geschäftsführung nicht stets als Gewinnvorab anzusehen sind, sondern auch auf einer schuldrechtlichen Grundlage geschuldet werden können.
169 Vgl. BFH, BStBl. 2000 II, S. 612 ff.
170 Vgl. Winnefeld, Bilanz-Hb., Kap. L Rn. 775 – 779. Die Komplementär-GmbH kann demnach auch eigene Aufwendungen haben, die nicht durch die Mitunternehmerstellung veranlasst sind, wie z.B. Jahresabschlusskosten und IHK-Beiträge. Diese sind nicht als Sonderbetriebsausgaben bei der KG zu erfassen, vgl. Cremer, BBK, Fach 14, S. 1361, 1362.
171 Für Darlehenszinsen kommt es gewerbesteuerlich auf der Ebene der GmbH & Co. KG nicht zu einer Hinzurechnung von Dauerschuldzinsen, wenn die von der Mitunternehmerschaft gezahlten Zinsen bereits als Sonderbetriebseinnahmen eines Gesellschafters zu erfassen sind.

Da die Leistungsvergütungen unterjährig bereits an den Mitunternehmer abgeflossen sind, stellen sie steuerlich **Entnahmen** dar. Im Zusammenhang mit der Gewinnverwendung können Zahlungen an einen Kommanditisten (oder eine diesem nahestehende Person), der zugleich Gesellschafter der Komplementär-GmbH ist, in eine **Entnahme und eine verdeckte Gewinnausschüttung aufzuteilen** sein.[172] Zwar dürfen weder die Entnahme noch die vGA den Gewinn mindern. Jedoch lag vor dem Systemwechsel bei der Körperschaftsteuer ein **Unterschied** darin, dass bei der Körperschaftsteuer verdeckte Gewinnausschüttungen und das darauf entfallende Anrechnungsguthaben als Sonderbetriebseinnahmen der Einkommensteuer und der Gewerbesteuer unterlagen und die Herstellung der Ausschüttungsbelastung auf der Ebene der GmbH weitere Steuerwirkungen auslösen konnte.[173]

81

b) Vergütungen/Aufwendungen für die Überlassung eines Vermögensgegenstandes

Entgelte für die Überlassung eines materiellen oder immateriellen Vermögensgegenstandes des Sonderbetriebsvermögens I sind als **Sondervergütungen**, Aufwendungen im Zusammenhang mit der Überlassung des Wirtschaftsguts als **Sonderbetriebsausgaben**[174] zu qualifizieren. **Gewerbesteuerlich wird die Vergütung der** Überlassung von Wirtschaftsgütern durch verschiedene Vorschriften erfasst:

82

- Wird ein **Grundstück** von einem Mitunternehmer entgeltlich an die GmbH & Co. KG überlassen, wird die Vergütung **einkommensteuerlich** als **Sondervergütung** des Gesellschafters in den Gesamtgewinn der Personengesellschaft und damit auch in den steuerpflichtigen Gewerbeertrag der Gesellschaft einbezogen. In diesem Fall stellt sich die Frage, ob eine **Kürzung** nach § 9 Nr. 1 Satz 1 oder die erweiterte Kürzung nach § 9 Nr. 1 Satz 2 GewStG in Anspruch genommen werden kann. Unter dem Hinweis auf die neuere Rspr. zu **§ 9 Nr. 1 Satz 2 und Satz 5 GewStG** wird bei Grundstücksunternehmen in der Rechtsform der GmbH & Co. KG befürwortet, nur Kapitalgesellschaften zu Gesellschaftern der KG zu machen und dem Grundstücksunternehmen durch den Gesellschafter-Geschäftsführer der Komplementär- und Kommandit-GmbH Grundbesitz zu überlassen.[175]

- Wird **Anlagevermögen** überlassen, welches **nicht in Grundbesitz** besteht, erfolgt eine hälftige Hinzurechnung der Miet- und Pachtzinsen, soweit nicht die Ausnahmetatbestände in § 8 Nr. 7 Satz 2 GewStG eingreifen. Für Pachtzinsen, die an einen Mitunternehmer gezahlt werden, kommt eine Hinzurechnung nicht in Betracht, wenn die Miet- und Pachtzinsen als Sonderbetriebseinnahmen erfasst wurden. Hat der Mitunternehmer die überlassenen Wirtschaftsgüter selbst gemietet oder gepachtet, entstehen bei ihm **Aufwendungen (Sonderbetriebsausgaben)**, die die Möglichkeit einer Hinzurechnung eröffnen.[176]

5. Besteuerungsgrundsätze bei vermögensverwaltenden Personengesellschaften

Bei den **vermögensverwaltenden Personengesellschaften**, die Überschusseinkünfte erzielen, ist die Personengesellschaft ebenfalls Subjekt der Einkünfteerzielung, so dass auf Ebene der Personengesellschaft die gemeinschaftlich erzielten Einkünfte einheitlich und gesondert festzustellen sind (§ 180 Abs. 1 Nr. 2a AO i.V.m. § 180 Abs. 2 AO). Auch hier erfolgt die Zurechnung der Einkünfte anhand des Gewinnverteilungsschlüssels.

83

Die vermögensverwaltende Personengesellschaft ist ertrag- und erbschaftsteuerlich[177] **jedoch vollständig transparent**:

84

---

172 Vgl. Wassermeyer, GmbHR 1999, 18, 19; Schmidt/Schmidt, EStG, § 15 Rn. 721 ff.
173 Vgl. Wassermeyer, GmbHR 1999, 18, 19.
174 Vgl. zu Beispielen Zimmermann/Hottmann/Hübner/Schaeberle/Völkel, Die Personengesellschaft im Steuerrecht, B 1.7.10. Rn. 302 ff.
175 Vgl. Salzmann, DStR 2000, 1329, 1332 unter Hinweis auf BFH, BStBl. 1999 II, S. 532 und die Verfügungen der OFD Düsseldorf bzw. OFD Kiel, DB 1999, 1981 und DStR 2000, 877.
176 Vgl. Hofmeister, in: Blümich, GewStG, § 8 Rn. 183.
177 Vgl. § 10 Abs. 1 Satz 2 ErbStG, der in diesen Fällen abweichend vom zivilrechtlichen Nachlassgegenstand, dem Gesellschaftsanteil, steuerlich die ideellen Anteile des Erblassers an den Wirtschaftsgütern im Gesamthandsvermögen der Personengesellllschaft als Nachlassgegenstände ansieht.

- Ist eine **vermögensverwaltende Personengesellschaft** an einer gewerblichen Unter-Personengesellschaft beteiligt, führt der Mitunternehmeranteil nicht mehr zu einer Infektion der nicht gewerblichen Einkünfte gemäß § 15 Abs. 3 Nr. 1 EStG.[178] Die vermögensverwaltende Personengesellschaft wird in dieser doppelstöckigen Struktur trotz ihrer zivilrechtlichen Gesellschafterstellung auch **nicht in ihrer Gesamtheit als Mitunternehmerin**[179] an der Unter-Personengesellschaft angesehen, sondern nur die Gesellschafter der vermögensverwaltenden Personengesellschaft sind steuerlich Mitunternehmer der Unter-Personengesellschaft. Wirtschaftsgüter, die von der vermögensverwaltenden Personengesellschaft an die Unter-Personengesellschaft zur Nutzung überlassen werden, sind **im Sonderbetriebsvermögen der Gesellschafter** bei der Unter-Personengesellschaft steuerlich zu erfassen.[180] Durch das Jahressteuergesetz 2007 ist nunmehr die frühere Rechtsauffassung des BFH gesetzlich in § 15 Abs. 3 Nr. 1 EStG festgeschrieben worden.

- Ist an einer vermögensverwaltenden Personengesellschaft mit Überschusseinkünften ein Gesellschafter beteiligt, der Einkünfte aus Gewerbebetrieb erzielt (z.B. eine Kapitalgesellschaft), so sind die Einkünfte auf Ebene der Personengesellschaft (z.B. Mieteinkünfte) beim Gesellschafter in gewerbliche Einkünfte umzuqualifizieren. Diese Gesellschaften werden **Zebragesellschaften** genannt.[181]

- **Einbringungen** von Wirtschaftsgütern **des Privatvermögens** gegen Gewährung von Gesellschaftsrechten in das Gesamthandsvermögen einer vermögensverwaltenden Personengesellschaft **lösen dann keine Besteuerung aus privaten Veräußerungsgeschäften** aus, wenn der Wert des Wirtschaftsguts dem Einbringenden auf dessen Kapitalkonto vollständig gutgebracht wird. In diesen Fällen liegt zwar eine Gegenleistung vor, die bei den §§ 17, 23 EStG grds. zur Besteuerung führt. Es liegt aber gemäß § 39 Abs. 2 Nr. 1 AO eine Veräußerung des Einbringenden an sich selbst vor, so dass steuerlich kein Rechtsträgerwechsel stattfindet.

- Beim **gewerblichen Grundstückshandel** sollen für die Bestimmung der Zählobjekte Veräußerungen eines Gesellschafters mit den Veräußerungen zusammengerechnet werden, die eine vermögensverwaltende Personengesellschaft durchführt.[182]

6. Behandlung von Verlusten

a) Horizontaler und vertikaler Verlustausgleich

85 Seit dem VZ 2004 können Verluste nur noch in den neu geregelten Grenzen der **Mindestbesteuerung** abgezogen werden.

Beim Einzelunternehmer werden diesem die negativen Einkünfte aus Gewerbebetrieb zugerechnet, bei der Personengesellschaft erfolgt die Zurechnung anhand des Gewinnverteilungsschlüssels auf die einzelnen Gesellschafter.

86 Im **Verlustentstehungsjahr** können negative Einkünfte aus Gewerbebetrieb mit anderen positiven Einkünften aus Gewerbebetrieb ohne Beschränkungen verrechnet werden (**sog. horizontaler Verlustausgleich**). Mit positiven Einkünften anderer Einkunftsarten ist der Verlustausgleich ebenfalls ohne Beschränkung möglich (**vertikaler Verlustausgleich**).

---

178 BFH, BStBl. 2005 II, S. 383 mit Nichtanwendungserlass des BMF v. 18.5.2005, BStBl. 2005 I, S. 698.
179 Eine gewerbliche Mitunternehmerschaft als Obergesellschaft wäre als solche Mitunternehmerin der Untergesellschaft, d.h. die Obergesellschaft entfaltet grds. Abschirmwirkung für die Gesellschafter der Obergesellschaft. Die Regelung des § 15 Abs. 1 Nr. 2 Satz 2 EStG stellt eine gesetzlich geregelte Durchbrechung dieser Abschirmwirkung dar.
180 Dasselbe gilt bei vermögensverwaltenden Schwesterpersonengesellschaften, die Wirtschaftsgüter an eine gewerbliche Mitunternehmerschaft zur Nutzung überlassen.
181 Vgl. zur verfahrensrechtlichen Abwicklung die Rechtsprechungsänderung durch den Beschluss des Großen Senats BFH, BStBl. 2005 II, S. 679.
182 Vgl. Rn. 7, 14 des BMF-Schreibens v. 26.3.2004, BStBl. 2004 I, S. 434.

Im **Verlustvortragsjahr** kann nach § 10d Abs. 2 EStG ein Verlustabzug nur in den Grenzen der Mindestbesteuerung erfolgen. Hierbei kann vom Gesamtbetrag der Einkünfte des Einzel- oder Mitunternehmers ein **Sockelbetrag von 1.000.000 €** (bei **Ehegatten** 2.000.000 €) abgezogen werden. Ist der Verlustvortrag noch nicht verbraucht, kann ein weiterer Betrag bis zu 60 % des verbleibenden Gesamtbetrags der Einkünfte abgezogen werden. Ein weiter gehender Verlust kann **zeitlich unbegrenzt vorgetragen** werden.

> **Hinweis:**
>
> Der **Verlustrücktrag** ist gemäß § 10d Abs. 1 EStG nur **für ein Jahr** (den dem Verlustentstehungsjahr unmittelbar vorangehenden VZ) vom Gesamtbetrag der Einkünfte des Rücktragsjahres möglich. **Wichtig ist**, dass der Verlustrücktrag automatisch erfolgt und es zur teilweisen oder ganzen Nichtdurchführung eines **Antrags** bedarf. Als **Mindestbesteuerungskomponente** ist der maximal rücktragbare Verlust auf 511.500 € (bei Ledigen 1.023.000 €) begrenzt. Ein nicht rücktragbarer Verlust ist vortragbar.

b) Verlustverrechnungsbeschränkungen gemäß § 15a EStG und § 15 Abs. 4 Satz 6 ff. EStG

Die Möglichkeit des vertikalen und horizontalen **Verlustausgleichs** negativer Einkünfte aus Gewerbebetrieb mit positiven anderen Einkünften im Verlustentstehungsjahr wird durch besondere Verlustverrechnungsbeschränkungen eingeschränkt:

- In **§ 15a EStG** werden negative Einkünfte, die Entstehen, ohne dass der Gesellschafter diese wirtschaftlich zu tragen hat, in einen besonderen Verrechnungskreislauf überführt. **Hauptanwendungsfall** ist das Entstehen eines **negativen Kapitalkontos** bei einem Kommanditisten, dessen Außenhaftung aufgrund einer erbrachten Kommanditeinlage nicht mehr eingreifen kann. Kommt es im Verlustentstehungsjahr aufgrund der dem Kommandisten zugewiesenen Verluste zur Bildung eines negativen Kapitalkontos, handelt es sich bis zur Höhe des Kapitalkontos um einen **ausgleichsfähigen Verlust**, für den übersteigenden Teil um einen lediglich **verrechenbaren Verlust** (§ 15a Abs. 4 EStG). Diese Verluste können nur mit späteren positiven Einkünften aus derselben Einkunftsquelle ausgeglichen werden (§ 15a Abs. 2 EStG). Die verrechenbaren Verluste werden einheitlich und gesondert festgestellt. Die Regelung ist im Übrigen komplex und kann hier nicht besprochen werden.

- In **§ 15 Abs. 4 Satz 6 ff. EStG** ist eine besondere neue Form der Verlustverrechnungsbeschränkung für Einkünfte aus typischen Beteiligungen und atypischen stillen Beteiligungen an einer Kapitalgesellschaft geschaffen worden. Auch hier entsteht ein **besonderer Verrechnungskreislauf**, da diese Einkünfte weder im Wege des horizontalen und vertikalen Verlustausgleichs noch im Wege des Verlustvortrags abgezogen werden können. Sie dürfen allein **unter Berücksichtigung der Beschränkungen der Mindestbesteuerung** (Sockelbetrag und 60 % Verrechnungsgrenze) **in den Folgejahren von positiven Einkünften** aus **derselben** stillen oder atypischen Beteiligung abgezogen werden.

7. Besteuerung der Personenunternehmen bei der Gewerbesteuer

a) Steuerschuldnerschaft der Personenunternehmung

Die **Betriebe** des Einzelunternehmers und – anders als bei der Einkommensteuer – der Personengesellschaft als solche unterliegen der Gewerbesteuer, wenn die Einkünfte einkommensteuerlich als Einkünfte aus Gewerbebetrieb gemäß § 15 EStG zu qualifizieren sind. **Freiberufliche Betriebe sowie Betriebe der Land- und Forstwirtschaft** werden nicht mit der Gewerbesteuer belegt.

Die Gewerbesteuer ist eine **Objektsteuer**, die an einen stehenden Gewerbebetrieb im Inland anknüpft (§ 2 Abs. 1 GewStG) und deren Aufkommen den Kommunen zusteht. Sie wird mit dem **Äquivalenzgedanken** gerechtfertigt, nach dem der Betrieb die Steuer aufgrund der genutzten Infrastrukturmöglich-

90 Die **Personengesellschaft** ist Inhaltsadressat des Gewerbesteuermessbescheids und kraft Gesetzes **Steuerschuldnerin** der Gewerbesteuer (§ 5 Abs. 1 GewStG). Dies gilt, obwohl nach dem Beschluss des Großen Senats vom 3.5.1993[183] die **Gesellschafter** und nicht die Gesellschaft als Träger des Unternehmens anzusehen sind.

b) Ermittlung des Gewerbeertrags

91 Der Gewerbeertrag nach § 7 Satz 1 GewStG ist aus dem einkommensteuerlichen **Gewinn aus Gewerbebetrieb** nach § 15 EStG als Ausgangsgröße zu ermitteln. Hinzu kommen ertragsunabhängige **Hinzurechnungen** gemäß § 8 GewStG, z.B. für Dauerschuldzinsen und Miet- und Pachtentgelte sowie mindernd bestimmte Kürzungen gemäß § 9 GewStG.

Bei der **Personengesellschaft** ist zu beachten, dass der gesamte **einkommensteuerliche Gewinn aus Gewerbebetrieb**, d.h. unter Einbeziehung der Sonderbetriebsausgaben und -einnahmen, auch in den steuerpflichtigen Gewerbeertrag eingeht. Werden Wirtschaftsgüter oder Darlehen von einem Gesellschafter an die Personengesellschaft im Rahmen des **Sonderbetriebsvermögens** überlassen, sind **keine Hinzurechnungen** gemäß § 8 GewStG vorzunehmen, da durch die korrespondierende Erfassung von Aufwand auf der Ebene der Gesamthand und Sonderbetriebseinnahme auf der Ebene des Gesellschafters ertrag- und gewerbesteuerlich überhaupt keine Aufwandswirkung eintreten kann. Hinzurechnungen für Dauerschulden gemäß § 8 Nr. 1 GewStG sind aber bei Vorliegen der Voraussetzungen dann anzusetzen, wenn ein Mitunternehmeranteil **refinanziert** wird und dies bei der Personengesellschaft zu Sonderbetriebsausgaben führt.

c) Freibetrag und Staffeltarif

92 Gewerblich tätige Personenunternehmen schulden gemäß § 11 GewStG, der der Personenunternehmung einen **Freibetrag** i.H.v. 24.500 € sowie den **Staffeltarif** gewährt, im Ergebnis häufig keine Gewerbesteuer. Der Staffeltarif kann (bei entsprechend hohem Gewerbeertrag) wie ein weiterer Freibetrag i.H.v. 24.000 € wirken, d.h. der max. von der Gewerbeertragsteuer freigestellte Gewerbeertrag beträgt im Ergebnis 48.500 €.

d) Verlustvorträge nach § 10a GewStG

aa) Voraussetzungen des § 10a GewStG

93 Nach **§ 10a Satz 1 GewStG** wird der Gewerbeertrag eines VZ um Verlustvorträge aus früheren VZ gekürzt, die nach den Regeln der §§ 7 ??– 10 GewStG ermittelt worden sind. Zu unterscheiden sind damit das **Verlustentstehungsjahr**, in dem ein negativer Gewerbesteuermessbetrag vorliegen muss und das **Verlustabzugsjahr**, in dem der Verlust nach § 10a GewStG abgezogen werden kann.

Voraussetzung für einen Verlustabzug ist, dass im Jahr des Abzugs zwischen dem Unternehmen, in dem der Verlust entstanden ist und dem Unternehmen, bei dem der Verlust abgezogen werden soll, nach dem Gesamtbild der Verhältnisses eine **Unternehmensidentität** besteht. Außerdem ist die **Unternehmeridentität** notwendig, d.h. die Rechtsträger des Unternehmens, in dem der Verlust entstanden ist und diejenigen des Unternehmens, in dem der Verlust abgezogen werden soll, müssen identisch sein.

> **Hinweis:**
> Eine Saldierung der Gewerbeerträge zwischen verschiedenen Betrieben eines Unternehmers ist nur möglich, wenn eine **gewerbesteuerliche Organschaft** besteht. Einen **Verlustrücktrag** sieht das GewStG nicht vor.

---

183 BFH, BStBl. 1993 II, S. 616.

bb) Gewerbesteuerliche Mindestbesteuerung

Die Regelungen zur **Mindestbesteuerung** werden auch bei der Gewerbesteuer angewandt. Dies bedeutet, dass **seit dem VZ 2004** ein **Sockelbetrag** von 1.000.000 € ohne Begrenzung vom Gewerbertrag des Verlustvortragsjahres abgezogen werden kann. Von einem danach noch vorhandenen Verlustvortrag kann ein weiterer Betrag bis zur Höhe **von 60 %** des verbleibenden positiven Gewerbeertrags abgezogen werden. Ist der Verlustvortrag dann noch nicht verbraucht, wird er in den nächsten VZ vorgetragen.

III. Unentgeltliche Übertragung und Veräußerung von Mitunternehmeranteilen, Betrieben und Teilbetrieben

1. Unentgeltliche Übertragung von Mitunternehmeranteilen, Betrieben und Teilbetrieben

a) Grundlagen

Im Rahmen des Erbgangs und der vorweggenommenen Erbfolge können **einkommensteuerliche Rechtsfolgen** ausgelöst werden, wenn **Realisationstatbestände** (in Gestalt der Entnahme von Wirtschaftsgütern des Sonderbetriebsvermögens in das Privatvermögen) verwirklicht werden. Stille Reserven in Wirtschaftsgütern sind grds. betriebs- und subjektverhaftet, d.h. ein Wechsel des Wirtschaftsguts führt ohne einen gesetzlichen Ausnahmetatbestand zur Aufdeckung stiller Reserven, selbst wenn das Wirtschaftsgut in ein anderes Betriebsvermögen übergeht. Solche Ausnahmeregelungen stellen §§ 6 Abs. 2, 3 und 5 EStG dar. Bei der Nachfolge in Personengesellschaften wird die Situation hier maßgeblich dadurch verkompliziert, dass der zivilrechtliche Gegenstand des Nachlasses oder der Sondererbfolge (der Kommanditanteil) und die einkommensteuerliche Bezugsgröße **Mitunternehmeranteil** (Anteil des Mitunternehmers am Reinvermögen der Personengesellschaft und das ihm zuzuordnende Sonderbetriebsvermögen) **uneinheitlich** sind.[184] Es droht damit immer die Gefahr einer Entnahme der **Wirtschaftsgüter des Sonderbetriebsvermögens** und nach **neuerer Rspr. des BFH** auch die Aufdeckung von **stillen Reserven** im Gesellschaftsanteil.

b) Neuere „Synchronrechtsprechung" des BFH

Traditionell legte der BFH den Begriff des **Mitunternehmeranteils** in § 6 Abs. 3 EStG und § 16 EStG identisch aus, was aufgrund der funktionalen Betrachtungsweise des BFH für Wirtschaftsgüter des Sonderbetriebsvermögens im Rahmen des § 6 Abs. 3 EStG dazu führte, dass **auch bei unentgeltlicher Übertragung** wesentliche Betriebsgrundlagen des Sonderbetriebsvermögens als ein Bestandteil des Mitunternehmeranteils anzusehen sind.[185] Hiervon ausgehend entsprach es der **älteren Rspr.**, im Fall der Zurückbehaltung von wesentlichen Betriebsgrundlagen in Form des Sonderbetriebsvermögens anlässlich einer Veräußerung eine tarifbegünstigte Aufgabe des gesamten Mitunternehmeranteils (Gesellschaftsanteil und Sonderbetriebsvermögen) nach § 16 Abs. 3 EStG anzunehmen.[186] Gegenstand der **neueren Synchronrechtsprechung** des BFH ist die noch striktere Verknüpfung von Mitunternehmeranteil und Sonderbetriebsvermögen, deren Ausfluss das **Gebot einer kongruenten (quotenentsprechenden) Übertragung von Mitunternehmeranteil und dazugehörigem Sonderbetriebsvermögen ist**, wenn die Tarifbegünstigung nach §§ 16, 34 EStG (sog. „halber Steuersatz" oder die sog. Fünftelregelung) bei der entgeltlichen Übertragung eines Mitunternehmeranteils in Anspruch genommen werden sollen.[187]

Basierend auf dieser Ausgangslage besteht weitgehend Einigkeit in der **Lit.**,[188] dass die neuere Rspr. des BFH auch für die **unentgeltliche Übertragung** von Teil- und ganzen Mitunternehmeranteilen nach § 6

---

184 Vgl. Gebel, Betriebsvermögensnachfolge, Rn. 735.
185 Vgl. BFH, BStBl. 1995 II, S. 890.
186 Vgl. Klumpp, ZEV 2001, 55, 57 m.w.N.
187 Vgl. BFH, BStBl. 2001 II, S. 26; BFH, FR 2000, 1210; BFH/NV 2001, S. 548.
188 Vgl. u.a. Brandenberg, NWB Fach 3, S. 11813, 11817; Wendt, FR 2002, 128, 130; Kröller/Fischer/Dürr, BB 2001, 1707, 1709; Müller, Beck'sches Handbuch der Personengesellschaften, § 8 Rn. 230 – 237.

Abs. 3 EStG Bedeutung entfaltet. Damit gilt die sog. **Quotenrechtsprechung** bzw. **Synchronrechtsprechung** auch für den Übergang von Vermögen im Erbgang und bei vorweggenommener Erbfolge, was die erhebliche Gefahr einer Aufdeckung stiller Reserven bei Vorgängen der vorweggenommenen Erbfolge heraufbeschwor. Gerade das Bedürfnis der Praxis für eine disquotale Übertragung des Sonderbetriebsvermögens bei vorweggenommenen Erbfolgen führte zu heftigen Reaktionen auf das Urteil des BFH v. 24.8.2000,[189] da es vor der Rechtsprechungsänderung möglich war, bei der Übergabe von Teil-Mitunternehmeranteilen zurückbehaltenes Sonderbetriebsvermögen allein dem vom Übergeber behaltenem Rest-Mitunternehmeranteil zuzuordnen.[190] Der Gesetzgeber reagierte auf die Änderung der Rspr. und fügte durch das UntStFG[191] in § 6 Abs. 3 Satz 1 EStG einen Halbsatz ein, mit dem ausdrücklich klargestellt wurde, dass **auch die unentgeltliche Übertragung** eines Teil-Mitunternehmeranteils zur Buchwertfortführung führt und regelte in Satz 2 der Vorschrift, dass Sonderbetriebsvermögen **unter Beachtung einer fünfjährigen Behaltefrist** auch zurückbehalten werden kann.[192] Auf dieser Grundlage hat das BMF mit erheblicher Verzögerung ein grundlegendes **BMF-Schreiben v. 3.3.2005** erlassen.[193] Es gelten hiernach im Hinblick auf vorweggenommene Erbfolgen die folgenden Grundsätze:

- Es ist zwischen dem Übergang **des gesamten Mitunternehmeranteils** und **des Teil-Mitunternehmeranteils** zu unterscheiden. Die **Buchwertfortführung** kann demnach **nur dann zur Anwendung kommen**, wenn auch nach den Parametern der neuen Rspr. ein „Mitunternehmeranteil" i.S.d. Vorschrift übertragen wird.

- Beim Übergang **eines gesamten Mitunternehmeranteils** kann Sonderbetriebsvermögen nach § 6 Abs. 3 Satz 2 EStG (ganz oder anteilig) zurückbehalten werden; es wird dadurch aber eine fünfjährige **Behaltefrist** ausgelöst. Die quotale Übertragung des gesamten Sonderbetriebsvermögens und des gesamten Mitunternehmeranteils vermeidet eine Sperrfrist.

- Kommt es zu einem Auseinanderfallen von Mitunternehmeranteil und Sonderbetriebsvermögen **im Erbfall**, werden die Rechtsfolgen der Aufgabe des gesamten Mitunternehmeranteils aufgrund einer **Billigkeitsregelung** im BMF-Schreiben v. 30.3.2005 (Rn. 23) nicht gezogen: **Nur das Sonderbetriebsvermögen** gilt als entnommen und die daran haftenden stillen Reserven sind zu versteuern, obwohl dieses Ergebnis mit der neueren Synchronrechtsprechung nicht vereinbar ist. Der BFH hat in einem Urteil v. 15.3.2000 jedoch ausgeführt, dass bei **qualifizierter Nachfolgeklausel** eine Entnahme von Sonderbetriebsvermögen **im Erbgang nur zu einem laufenden Entnahmegewinn des Erblassers für das Sonderbetriebsvermögen** und zu einem unentgeltlichen Übergang des Rest-Mitunternehmeranteils nach § 6 Abs. 3 EStG führe.[194] **Hingegen** hat der BFH für die **Schenkung** eines Mitunternehmeranteils unter Zurückbehaltung von Sonderbetriebsvermögen entschieden, dass eine (tarifbegünstigte) **Aufgabe des gesamten Mitunternehmeranteils mit Gewinnrealisierung** eintritt.[195]

- Beim Übergang von **Teil-Mitunternehmeranteilen ohne vorhandenes Sonderbetriebsvermögen** gilt nunmehr durch die **Klarstellung**[196] des § 6 Abs. 3 Satz 1 EStG, dass die Buchwertfortführung gesichert ist.

- Bei der **Übertragung von Teil-Mitunternehmeranteilen und vorhandenem Sonderbetriebsvermögen** ist **zwischen quotalen und disquotalen Übertragungen** zu unterscheiden. **Unterquotale** Übertragungen fallen unter § 6 Abs. 3 Satz 2 EStG und lösen einer Sperrfrist aus. **Überquotale** Übertragungen sind in einen Vorgang nach § 6 Abs. 3 Satz 1 EStG (im Hinblick auf die Quote) und eine Übertragung

---

189 Vgl. BFH, DStR 2000, 1768; Kempermann, GmbHR 2002, 200, 203 m.w.N.
190 Müller, Beck'sches Handbuch der Personengesellschaften, § 8 Rn. 232.
191 Vgl. zu Rückwirkungsproblemen Wendt, FR 2002, 127, 132.
192 Dies entsprach schon der Auffassung vor der Änderung des § 6 Abs. 3 EStG, wurde vom BFH in der Entscheidung vom 24.8.2000 jedoch offen gelassen, vgl. Brandenberg, NWB, Fach 3, S. 11813, 11815.
193 Vgl. BMF-Schreiben v. 3.3.2005, DB 2005, 527.
194 Vgl. BFH, BStBl. 2000 II, S. 316 mit Verweis auf BStBl. 1994 II, S. 625.
195 Vgl. BFH, BStBl. 1995 II, S. 890.
196 Vgl. Gebel, Betriebsvermögensnachfolge, Rn. 864.

nach § 6 Abs. 5 Satz 3 EStG aufzuspalten. Hierdurch wird die Sperrfrist des § 6 Abs. 5 Satz 4 EStG für den übersteigenden Teil ausgelöst.

> **Hinweis:**
>
> Wichtig ist, dass die zuvor beschriebenen Rechtsfolgen **nur** bei der Übertragung **von wesentlichem Sonderbetriebsvermögen**[197] eintreten. Um die mit der Synchronrechtsprechung verbundenen Probleme zu umgehen, ist es somit ebenfalls wünschenswert, Sonderbetriebsvermögen und Mitunternehmeranteil steuerneutral zu trennen. Hier droht aber die Anwendung der **Gesamtplanrechtsprechung** (vgl. Tz. 7 des BMF-Schreibens v. 3.3.2005). Die Gesamtplanrechtsprechung soll auch bei der Übertragung von Sonderbetriebsvermögen vor der Übertragung eines Teil-Mitunternehmeranteils zur Anwendung kommen.[198]

2. Veräußerung eines Mitunternehmeranteils, Betriebs oder Teilbetriebs

a) Veräußerungstatbestände

Eine Veräußerung des **ganzen Betriebs** nach § 16 Abs. 1 Nr. 1 EStG liegt vor, wenn der Betrieb mit seinen **wesentlichen Grundlagen** gegen Entgelt auf einen Erwerber übertragen wird. Dieselben Kriterien gelten für **Teilbetriebe**. Der infolge der Veräußerung entstandene Gewinn ist nur dann nach den nachstehenden Begünstigungsmöglichkeiten begünstigt, wenn **alle** im Betrieb vorhandenen **stillen Reserven** durch die Veräußerung **zusammengeballt aufgedeckt werden**. Behält der bisherige Betriebsinhaber **Wirtschaftsgüter** des Betriebsvermögens, die zu den **wesentlichen Betriebsgrundlagen** gehören, **zurück**, liegt eine steuerbegünstigte Betriebsveräußerung nicht vor; ein etwaiger Veräußerungsgewinn ist in einem solchen Fall als laufender Gewinn zu erfassen.

98

Begünstigt ist auch der Gewinn aus der Veräußerung eines **Mitunternehmeranteils**. Die zusammengeballte Aufdeckung aller stillen Reserven bei der Veräußerung eines Mitunternehmeranteils verlangt nach der **Synchronrechtsprechung** (siehe Rn. 96 f.), dass die stillen Reserven in den Wirtschaftsgütern des **Sonderbetriebsvermögens** ebenfalls aufzudecken sind.

99

b) Einkommensteuerliche Begünstigungsmöglichkeiten und Gewerbesteuer

Mit der Gewährung eines Freibetrags werden **Veräußerungsgewinne** steuerlich entlastet und damit die Versorgung des Veräußerers erleichtert. Der Freibetrag kann in Anspruch genommen werden, wenn der Betriebsveräußerer das **55. Lebensjahr vollendet** hat oder im sozialversicherungsrechtlichen Sinn **dauernd erwerbsunfähig** ist (§ 16 Abs. 4 EStG). Der Freibetrag entfällt jedoch bereits ganz ab einem Veräußerungsgewinn von 181.000 € (**Freibetragsgrenze**).

100

Zudem kann der Veräußerungsgewinn **mit dem halben Durchschnittssteuersatz** gemäß **§ 34 Abs. 3 EStG** versteuert werden, wenn die oben genannten Freibetragsvoraussetzungen vorliegen und die Gewinne **5 Mio €** nicht übersteigen. Diese Begünstigung kann nur einmal im Leben in Anspruch genommen werden.

3. Gesamtplanrechtsprechung

Die Gewinne, die bei der Veräußerung von Gewerbebetrieben **natürlicher Personen** oder Mitunternehmeranteilen erzielt werden, gehören **nicht zum Gewerbeertrag i.S.d. § 7 GewStG**. Gegenstand der Besteuerung nach dem Gewerbesteuergesetz ist nur der „laufende" Gewinn; dazu gehört der von einem Einzelunternehmer oder einer Personengesellschaft erzielte Veräußerungsgewinn nicht.

101

Naheliegend ist aufgrund der Gestaltungsprobleme, die das Sonderbetriebsvermögen aufwirft, das **Sonderbetriebsvermögen vor der ganzen oder anteiligen Übertragung des Mitunternehmeranteils** durch Überführung in ein anderes Betriebsvermögen vom Mitunternehmeranteil **zu trennen**.

102

---

197 Siehe Brandenberg, DStZ 2002, 515, 518.
198 Vgl. Kai, DB 2005, 794, 799.

Nach dem Urteil des BFH v. **6.9.2000** ist aber der Gewinn aus der Veräußerung eines Mitunternehmeranteils nicht tarifbegünstigt nach § 34 EStG, wenn aufgrund einheitlicher Planung und in engem zeitlichem Zusammenhang mit der **Anteilsveräußerung** wesentliche Betriebsgrundlagen einer Personengesellschaft zum Buchwert aus dem Betriebsvermögen der Gesellschaft ausgegliedert werden.[199] Diese sog. **Gesamtplanrechtsprechung** führt in der Praxis zu Gestaltungsproblemen und Rechtsunsicherheit über ihre tatbestandlichen Voraussetzungen und die dogmatische Rechtfertigung.[200]

a) Unentgeltliche Übertragungen

103   Dogmatisch lässt sich die Frage einer Trennung des Sonderbetriebsvermögens vom Mitunternehmeranteil mit einer Kollision der Gestaltungsmöglichkeiten nach § 6 Abs. 5 Satz 3 EStG einerseits und § 6 Abs. 3 EStG andererseits beschreiben. **Entscheidende Frage** ist, ob die Gestaltungsmöglichkeiten aus § 6 Abs. 5 Satz 3 EStG genutzt werden dürfen, wenn Sonderbetriebsvermögen anlässlich der unentgeltlichen Übertragung eines Mitunternehmeranteils „abgetrennt" werden soll.

Das **Kollisionsproblem** taucht bei den Wirtschaftsgütern des Sonderbetriebsvermögens auf: Hier stellt sich die Frage, ob bei der Übertragung eines (Teil-)Mitunternehmeranteils (vorwiegend bei der vorweggenommen Erbfolge) für Zwecke des § 6 Abs. 3 EStG eine schädliche Zurückbehaltung von Einzelwirtschaftsgütern des Sonderbetriebsvermögens anzunehmen ist, wenn diese Wirtschaftsgüter **im Vorfeld der Übertragung** des Mitunternehmeranteils auf eine Schwesterpersonengesellschaft überführt[201] oder andere Ausweichgestaltungen gewählt werden.[202] Dieses Verhältnis zwischen **§ 6 Abs. 3 EStG und § 6 Abs. 5 Satz 3 EStG** ist noch ungeklärt.[203] Nach ihrem Wortlaut betreffen beide Vorschriften unterschiedliche Konstellationen, da § 6 Abs. 3 EStG die Übertragung von **Sachgesamtheiten** zum Inhalt hat und § 6 Abs. 5 Satz 3 EStG auf die Übertragung **einzelner Wirtschaftsgüter** abstellt. Nach bestrittener Auffassung ist § 6 Abs. 3 EStG generell vorrangig vor § 6 Abs. 5 EStG.[204] Konsequenz wäre, dass im Zusammenhang mit der **Gesamtplanrechtsprechung** des BFH auch vor der Vermögensübergabe „abgespaltenes" Sonderbetriebsvermögen für Zwecke des § 6 Abs. 3 EStG mitzuübertragen wäre.

Maßgeblich für die Entscheidung dieser Frage ist m.E., ob die Neufassung des § 6 Abs. 3 Satz 2 EStG die BFH-Synchronrechtsprechung wertungsmäßig für unentgeltliche Übertragungen dergestalt „suspendieren" will, dass bei der gesicherten weiteren steuerlichen Verstrickung des Sonderbetriebsvermögens in einem Betriebsvermögen dem Fortbestand des Betriebs der Vorrang vor den Wertungen der Synchronrechtsprechung zukommen soll. Bei einer **einschränkenden Betrachtung** hingegen enthält § 6 Abs. 3 Satz 2 EStG nur eine bereichsspezifische gesetzliche Ausnahmeregelung für die vorweggenommene Erbfolge in einen Teil-Mitunternehmeranteil. Erste bestrittene **Stellungnahmen aus der Richterschaft** des BFH bejahen die Möglichkeiten eines Paradigmenwechsels,[205] jedoch sollte die Rechtslage hier weiter als offen angesehen werden.

104   Für die unentgeltliche Übertragung von Mitunternehmeranteilen wird die **Geltung der Gesamtplanrechtsprechung dem Grunde nach** bestritten,[206] da Gegenstand der zitierten BFH-Entscheidung vom 6.9.2000 eine nachfolgende Veräußerung des Mitunternehmeranteils war. Begründet wird dies zum einen damit, dass die dogmatische Herleitung der Gesamtplanrechtsprechung auf einer teleologischen Reduk-

---

199 Vgl. BFH, BStBl. 2001 II, S. 229.

200 Vgl. Crezelius, FR 2003, 537 ff.

201 Die direkte Überführung eines Wirtschaftsguts aus dem Sonderbetriebsvermögen in das Gesamthandsvermögen einer Schwesterpersonengesellschaft desselben Mitunternehmers ist ein direkter Anwendungsfall des § 6 Abs. 5 Satz 3 Nr. 2 EStG, vgl. Bogenschütz/Hierl, DStR 2003, 1097, 1098.

202 S. Paus, INF 2001, 109, 111; M. Schmitt/Franz, BB 2001, 1278, 1285.

203 Nicht erörtert werden soll an dieser Stelle das Konkurrenzverhältnis zu § 24 UmwStG, der nach h. M. nicht zur Anwendung kommen dürfte.

204 Vgl. Brandenberg, DStZ 2002, 511, 516; a.A.: Hoffmann, GmbHR 2002, 236, 239.

205 Vgl. Wendt, FR 2002, 127, 133; Kempermann, GmbHR 2002, 200, 204 mit abweichenden Begründungen; a.A.: Gebel, Betriebsvermögensnachfolge, Rn. 864.

206 Vgl. Bogenschütz/Hierl, DStR 2003, 1097, 1099 f.; Wendt, FR 2002, 127, 133.

tion des § 34 EStG beruhe, der bei unentgeltlicher Übertragung eines (Teil-)Mitunternehmeranteils nicht zur Anwendung kommt. Zudem hat der Gesetzgeber mit Änderung des § 6 Abs. 3 Satz 2 EStG einen Paradigmenwechsel vollzogen, nach dem bei der unentgeltlichen Übertragung eines (Teil-)Mitunternehmeranteils die Ausgliederung von Sonderbetriebsvermögen gestattet ist, wenn die Versteuerung der stillen Reserven in den Wirtschaftsgütern des Sonderbetriebsvermögens und der Fortbestand des Betriebs gesichert sind. Jedoch wird man dies einstweilen **gegen die Finanzverwaltung** gerichtlich durchsetzen müssen, die nach Rn. 7 des BMF-Schreibens v. 3.3.2005 von der Anwendung der Gesamtplanrechtsprechung auch bei unentgeltlichen Übertragungen ausgeht.

b) Übertragungen vor der Veräußerung eines Mitunternehmeranteils, Betriebs oder Teilbetriebs

Der eigentliche **Anwendungsbereich der Gesamtplanrechtsprechung** liegt darin, bei der Abtrennung von Sonderbetriebsvermögen vor einem Veräußerungsvorgang (sog. **Ausgliederungsmodell**), **Fallgestaltungen** zu definieren, in denen das Gebot der zusammengeballten Aufdeckung stiller Reserven in § 34 Abs. 3 EStG umgangen wird. Gefährdet sind daher Übertragungen des Sonderbetriebsvermögens im Vorgriff von Veräußerungs- und Einbringungsfällen.

105

Probleme werfen die **Tatbestandsmerkmale** auf, die einen schädlichen Gesamtplan ausmachen sollen.[207] Ein **Gesamtplan** setzt die Verfolgung eines Gesamtziels in Teilschritten **und** einen engen zeitlichen Zusammenhang zwischen den Teilschritten voraus. Dabei ist völlig ungeklärt, welcher zeitliche Abstand noch ausreichen soll, um einen Gesamtplan anzunehmen. Es werden in der Lit. Zeiträume **bis zu fünf Jahren** für möglich gehalten.

IV. Übertragung von Einzelwirtschaftsgütern und Sachgesamtheiten in das Betriebsvermögen einer Mitunternehmerschaft

1. Steuerliche Folgen der Bar- und Sachgründung mit Einzelwirtschaftsgütern

Sacheinlagen einzelner Wirtschaftsgüter im Rahmen der Gründung einer Mitunternehmerschaft können je nach Einbringungstatbestand und Einbringendem zu steuerpflichtigen **Entnahme-** oder **Veräußerungsvorgängen** führen.

106

a) Übertragung von Wirtschaftsgütern aus einem Betriebsvermögen des Einbringenden

Einzelne Wirtschaftsgüter können **aus einem Betriebsvermögen** des Einbringenden (des Mitunternehmers) entweder gegen Gewährung von Gesellschaftsrechten, gegen Gewährung von Gesellschaftsrechten und anderen Gegenleistungen (Mischentgelte) oder unentgeltlich auf eine Mitunternehmerschaft bei Gründung übertragen werden. Dabei sollen die Tatbestände der **Überführung** (Verschiebung eines Wirtschaftsguts zwischen verschiedenen Vermögenssphären ohne Rechtsträgerwechsel) von einzelnen Wirtschaftsgütern zwischen verschiedenen Betriebs- und/oder Sonderbetriebsvermögen desselben Steuerpflichtigen, deren Rechtsfolgen in § 6 Abs. 5 Satz 2 EStG geregelt sind, nicht weiter betrachtet werden.

107

Bei der entgeltlichen oder unentgeltlichen **Übertragung von einzelnen Wirtschaftsgütern** des Gesellschafters in das Gesamthandsvermögen der zu gründenden Mitunternehmerschaft handelt es sich um Vorgänge, bei denen zwingend ein **Rechtsträgerwechsel** stattfindet.

---

207 Vgl. z.B. Strahl, FR 2004, 929, 934 ff.; Spindler, DStR 2005, 1 ff.

b) Einbringung gegen die Gewährung von Gesellschaftsrechten nach § 6 Abs. 5 Satz 3 EStG

aa) „Gewährung von Gesellschaftsrechten" in § 6 Abs. 5 Satz 3 EStG

108 Nach der überkommenen Definition im **Mitunternehmererlass**[208] lag eine Gewährung von Gesellschaftsrechten vor, wenn die durch die Übertragung eintretende Erhöhung des Vermögens der Gesellschaft **dem Kapitalkonto** des einbringenden Gesellschafters gutgeschrieben wird, **das für seine Beteiligung am Gesellschaftsvermögen maßgebend** ist. In der **Lit.** wird das neue gesetzliche Tatbestandsmerkmal ebenfalls i.S.d. des Mitunternehmererlasses vom 20.12.1977 ausgelegt.[209] Dies bedeutet, dass die Gutschrift des Gegenwertes des eingebrachten Wirtschaftsguts auf einem Gesellschafterkonto erfolgen muss, das auch steuerlich als Kapitalkonto anzusehen ist.

bb) Steuerliche Qualifizierung von Gesellschafterkonten

109 Nach **zwei jüngeren BFH-Urteilen** ist auch steuerlich grds. an die zivilrechtliche Ausgestaltung der Gesellschafterkonten bei der Mitunternehmerschaft anzuknüpfen und zu prüfen, ob die verbuchten Zu- und Abgänge gesellschafts- oder schuldrechtlicher Natur sind.[210] Die Bezeichnung der Konten ist nicht verbindlich für die steuerliche Klassifizierung.

Der **BFH geht steuerlich** bei der Abgrenzung der Kapitalkonten in Forderungs- oder Kapitalkonten der Gesellschafter dann **von einem Kapitalkonto** aus, **wenn** auf dem Konto Verlustanteile des Gesellschafters verbucht werden, da mit dem Begriff des Darlehens eine Verlustbeteiligung nicht vereinbar sei. Dementsprechend ist nach dem BFH auch dann von einem Kapitalkonto auszugehen, wenn ein positiver Saldo auf dem Konto **im Fall des Ausscheidens des Gesellschafters oder der Liquidation der Gesellschaft** in die Ermittlung des Abfindungsguthabens des Gesellschafters eingeht. Bei einem Darlehenskonto käme allenfalls die Verrechnung mit einem Abfindungsguthaben in Betracht. Für die Qualifizierung als Kapitalkonto spricht nach dem BFH außerdem, wenn auf dem Konto **Entnahmen und Einlagen** zu verbuchen sind. Von Bedeutung kann schließlich sein, ob für die Kapitalüberlassung Höchstbeträge festgelegt, Sicherheiten gestellt und Tilgungsvereinbarungen getroffen worden sind. Entsprechend der genannten Abgrenzungskriterien sind die für die Gesellschafter bei der GmbH & Co. KG im Einzelnen existierenden **Konten im Zwei-, Drei- oder Vierkontensystem jeweils für steuerliche Zwecke** zu klassifizieren.

Nach **wohl überwiegender Auffassung** sind das sog. Kapitalkonto I und Kapitalkonto II (verstanden als Rücklagenkonto) steuerliche Kapitalkonten.[211]

cc) Rechtsfolgen

110 Bei der Einbringung von einzelnen Wirtschaftsgütern aus einem Betriebsvermögen **gegen Gewährung von Gesellschaftsrechten** richten sich die Rechtsfolgen nunmehr nach § 6 Abs. 5 Satz 3 EStG i.d.F. des UntStFG.[212] Die Regelung entfaltet erstmals für **Übertragungsvorgänge nach dem 31.12.2000** (vgl. § 52 Abs. 16a EStG) Wirkung.

---

208 Siehe Rn. 24 des Mitunternehmererlasses = BMF v. 20.12.1977, BStBl. 1978 I, S. 8.
209 Vgl. Carlé/Bauschatz, FR 2002, 1153, 1162.
210 Vgl. Carlé/Bauschatz, FR 2002, 1153, 1161; Ley, KÖSDI 2002, 13. 459, 13. 462; BFH, BStBl. 2001 II, S. 171 ff.; BFH, BStBl. 1997 II, S. 36 ff.
211 Vgl. Schulze zur Wiesche, DStZ 2002, 740, 743; Brandenberg, DStZ 2002, 551, 556; BMF-Schreiben v. 29.3.2000, BStBl. 2000 I, S. 462.
212 Vgl. hierzu Rödder/Schumacher, DStR 2001, 1636 ff. Bis zum 31.12.1998 beurteilte sich die Rechtslage nach dem Mitunternehmererlass und zwischen dem 1.1.1999 und 31.12.2000 nach der verschärften Fassung durch das StEntlG 1999/2000/2002. Die zwischenzeitlichen Änderungen durch das StSenkG sind im Ergebnis unbeachtlich geblieben, da die interimistische Fassung des § 6 Abs. 5 Satz 3 EStG zu viele Zweifelsfragen offen ließ. Die Finanzverwaltung vertrat schon zu § 6 Abs. 5 Satz 3 EStG i.d.F. des StSenkG die Auffassung, dass auch Übertragungen gegen Gesellschaftsrechte erfasst seien, vgl. BMF-Schreiben v. 6.7.2001, BStBl. 2002 I, S. 367. Hier soll nur auf Fragen der aktuellen Fassung des § 6 Abs. 5 Satz 3 EStG eingegangen werden.

Mit der Gutschrift auf einem steuerlichen Kapitalkonto führt die Einbringung gleichzeitig zu einem **entgeltlichen Rechtsgeschäft**, da die Gewährung von Gesellschaftsrechten vom BFH **als tauschähnlicher Vorgang** angesehen wird,[213] so dass trotz der Entgeltlichkeit kraft Gesetzes zwingend die Buchwerte fortzuführen sind. Entsprechend hat **§ 6 Abs. 5 Satz 3 EStG Vorrang** vor der Regelung in § 6 Abs. 6 Satz 1 EStG (vgl. § 6 Abs. 6 Satz 3 EStG), die beim Tausch zwingend eine Gewinnrealisierung anordnet.

Nach **allgemeinen Grundsätzen** würde der entgeltliche Abgang im Herkunfts-BV als steuerpflichtige Veräußerung des einzelnen Wirtschaftsguts unter Aufdeckung der stillen Reserven zu behandeln sein.[214] Hiervon macht § 6 Abs. 5 Satz 3 EStG eine **Ausnahme**,[215] indem das Wirtschaftsgut **zwingend** bei der aufnehmenden Mitunternehmerschaft **mit dem Buchwert** anzusetzen ist, **wenn** der Einbringende **als Gegenleistung Gesellschafterrechte** erhält. Als Herkunfts-BV kommen ein Sonderbetriebsvermögen des Gesellschafters bei der aufnehmenden Mitunternehmerschaft (vgl. § 6 Abs. 5 Satz 3 Nr. 2 EStG) oder das Betriebsvermögen eines Einzelunternehmens (vgl. § 6 Abs. 5 Satz 3 Nr. 1 EStG), des Einbringenden, **nicht aber** das **Gesamthandsvermögen einer Schwestergesellschaft**[216] in Betracht.

111

dd) Mischentgelte und Schuldübernahmen

Problematisch sind Fälle, in denen **neben der Einräumung von Gesellschaftsrechten andere Gegenleistungen** von der aufnehmenden GmbH & Co. KG erbracht werden. In Betracht kommen hier **bare Zuzahlungen an den Einbringenden, Darlehensgewährungen und die Übernahme von Verbindlichkeiten, die im Zusammenhang mit dem Wirtschaftsgut stehen.** Im Einzelnen gilt Folgendes:

112

Die **Übernahme von Verbindlichkeiten, die in wirtschaftlichem Zusammenhang mit dem eingebrachten Wirtschaftsgut stehen**, neben der Gewährung von Gesellschaftsrechten durch die GmbH & Co. KG anlässlich der Einbringung wird von Vertretern der Finanzverwaltung aufgrund der sog. **Trennungstheorie** als teilentgeltlicher Vorgang betrachtet, der zur anteiligen Gewinnrealisierung zwingt, welche sich über **§ 6b EStG** neutralisieren lässt.[217] **Hiergegen** wird zu Recht argumentiert, dass der Gesellschafter nach der Neufassung des § 6 Abs. 5 Satz 3 EStG den Vorgang auch in eine Übertragung des aktiven Wirtschaftsguts zum Buchwert gegen Gewährung von Gesellschaftsrechten und die anschließende Übertragung der Verbindlichkeit gegen die Minderung von Gesellschaftsrechten aufspalten könne, was insgesamt steuerneutral durchführbar sei.[218] Abweichend hiervon wird ebenso vorgeschlagen, die Schulden zurückzubehalten, welche dann automatisch Sonderbetriebsvermögen bilden sollen, so dass der Schuldzinsenabzug erhalten bleibe.[219] Für **Verbindlichkeiten, die nicht mit dem eingebrachten Wirtschaftsgut in einem wirtschaftlichen Zusammenhang** stehen, kommen beide Ansichten gleichermaßen zu einem teilentgeltlichen Veräußerungsvorgang.

113

Bei **Gewährung von baren Ausgleichszahlungen und anderen Gegenleistungen** liegt ein teilentgeltlicher Vorgang vor, der zur anteiligen Gewinnrealisierung zwingt. Nach dem **Urteil des BFH v. 11.12.2001** ist bei Einbringung von Wirtschaftsgütern gegen **Mischentgelte** die Einbringung nur insoweit zum Buchwert möglich, als die Gegenleistung in Form der Gewährung von Gesellschaftsrechten besteht.[220] **Abweichend** von den zuvor beschriebenen Auffassungen wird vertreten, eine Übertragung zum Buchwert sei

114

---

213 Vgl. Brandenberg, DStZ 2002, 551, 559 mit Verweis auf BFH, DStZ 2002, 222.
214 Vgl. Schmidt/Schmidt, EStG, § 15 Rn. 661.
215 Seine Rechtfertigung findet dies im Beitragsgedanken, da der Mitunternehmer sein unternehmerisches Engagement statt in einem Einzel- oder Sonderbetriebsvermögen nur umformt und nunmehr über eine Gesamthand fortsetzt, vgl. BFH, BStBl. 1976 II, S. 748; BFH, DStZ 2002, 222.
216 Vgl. hierzu Schulze zur Wiesche, DStZ 2002, 740, 744; Schmidt/Glanegger, EStG, § 6 Rn. 531 zur notwendigen zweistufigen Vorgehensweise.
217 Vgl. Brandenberg, DStZ 2002, 551, 559; BMF-Schreiben v. 7.6.2001, BStBl. 2001 I, S. 367; BMF-Schreiben v. 28.4.1998, BStBl. 1998 I, S. 583 Rn. 5a.
218 Vgl. Schulze zur Wiesche, DStZ 2002, 740, 745; Brandenberg, DStZ 2002, 551, 558; M. Schmitt, Stbg 2003, 1, 4, 12 ff.
219 Vgl. M. Schmitt, Stbg 2003, S. 1, 4, 12 ff.
220 Vgl. Brandenberg, DStZ 2002, 551, 559; Schulze zur Wiesche, DStZ 2002, 740, 746; BFH v. DStZ 2002, 222.

in Analogie zu § 24 UmwStG auch bei nur teilweiser Gutschrift auf einem Kapitalkonto und teilweiser Gutschrift auf einem anderen Konto des Gesellschafters möglich, soweit die Leistung bei der Gesellschaft zum Sonderbetriebsvermögen des Einbringenden gehöre.[221]

ee) Besonderheiten bei Mitunternehmer-Kapitalgesellschaften

115 Als **Missbrauchstatbestand** ist Satz 5 des § 6 Abs. 5 EStG im Zusammenhang mit dem späteren Beitritt neuer Gesellschafter oder einer Komplementär-GmbH zu beachten: Der Teilwert ist rückwirkend für die Einbringung anzusetzen, soweit in den Fällen des Satzes 3 der Anteil einer Körperschaft an dem Wirtschaftsgut unmittelbar oder mittelbar begründet wird oder dieser sich erhöht. Diese sog. **Kapitalgesellschaftsklausel** findet keine Anwendung, soweit die Kapitalgesellschaft vermögensmäßig nicht an der Mitunternehmerschaft beteiligt ist.[222]

ff) Behaltefristen

116 Einzelwirtschaftsgüter können nach § 6 Abs. 5 Satz 3 EStG nur dann zu Buchwerten auf eine andere Mitunternehmerschaft übertragen werden, wenn die Übertragung **nicht zum Zweck der Vorbereitung einer nachfolgenden Veräußerung oder Entnahme** erfolgt. Daher sieht § 6 Abs. 5 Satz 4 EStG die **Aufdeckung der stillen Reserven**[223] vor, wenn das übertragene Wirtschaftsgut innerhalb einer **dreijährigen Sperrfrist** veräußert oder entnommen wird.[224] Sie endet drei Jahre **nach Abgabe der Steuererklärung** des Übertragenden für den Veranlagungszeitraum, in dem die Übertragung des Einzelwirtschaftsguts erfolgt ist (§ 6 Abs. 5 Satz 4 2. Halbs. EStG).

c) Verdeckte Einlagen in eine Mitunternehmerschaft

117 Auch die unentgeltliche Übertragung, also die Übertragung eines Wirtschaftsguts ohne Gewährung von Gesellschafterrechten und anderen Gegenleistungen in das Gesamthandsvermögen, kann nach § 6 Abs. 5 Satz 3 Nr. 2 EStG zum Buchwert erfolgen. Dazu muss die Gutschrift auf einem Konto erfolgen, das steuerlich **keinen Eigenkapitalcharakter** hat.

118 Sind an der aufnehmenden Mitunternehmerschaft **noch andere Gesellschafter als der Einbringende vermögensmäßig beteiligt** und kommt die Einlage disquotal auch diesen zugute, liegt eine anteilige Gewinnrealisierung vor.[225]

119 Problematisch ist auch hier die **Übernahme einer Verbindlichkeit**, die im wirtschaftlichen Zusammenhang mit dem übertragenen Wirtschaftsgut steht. Die **Finanzverwaltung** geht nach der **Trennungstheorie** (Aufspaltung in unentgeltlichen und entgeltlichen Teil) auch in diesen Fällen von einer **teilentgeltlichen Übertragung mit Gewinnrealisierung** aus und zwar auch in Fällen, in denen der Wert der übernommenen Verbindlichkeit geringer als der Buchwert des übertragenen Wirtschaftsguts ausfällt.[226]

2. Einlagen aus einem Privatvermögen

a) Gewährung von Gesellschafterrechten und anderen Gegenleistungen

120 Nach einer **Änderung der Rspr.**[227] hat sich die Rechtslage für die Einbringung von **Wirtschaftsgütern des Privatvermögens** grundlegend verändert: Erfolgt der Übergang eines einzelnen Wirtschaftsguts aus

---

[221] Vgl. Carlé/Bauschatz, FR 2002, 1153, 1162.
[222] Vgl. Brandenberg, DStZ 2002, 551, 558; Binz/Sorg, GmbH & Co. KG, § 16 Rn. 312.
[223] Verfahrensrechtlich liegt ein rückwirkendes Ereignis i.S.d. § 175 Abs. 1 Satz 1 Nr. 2 AO vor, so dass die Bewertung des eingebrachten Wirtschaftsguts zum Teilwert beim Übertragenden im Jahr der Einbringung vorzunehmen ist.
[224] Vgl. Paus, FR 2003, 59 ff. zur Möglichkeit, den rückwirkenden Teilwertansatz durch Ansatz einer Ergänzungsbilanz zu vermeiden.
[225] Vgl. Schmidt/Schmidt, EStG, § 15 Rn. 665.
[226] Vgl. Brandenberg, DStZ 2002, 551, 558; M. Schmitt, Stbg 2003, 1, 5, 12 ff.
[227] Vgl. BFH, BStBl. 2000 II, S. 230; BMF-Schreiben v. 29.3.2000, BStBl. 2000 I, S. 462 ff.

dem Privatvermögen gegen **Gewährung von Gesellschaftsrechten in das Gesamthandsvermögen** der Mitunternehmerschaft, liegt nach dem BFH **nunmehr ein tauschähnliches Geschäft** vor, da der Einbringende die Sacheinlage mit der Einlageforderung der Gesellschaft verrechne. Entscheidend ist aber m.E. nicht bereits eine etwaige falsche Verbuchung, sondern ob nach dem der Sacheinlage zugrundeliegenden Lebenssachverhalt eine Gegenleistung in Form von Gesellschaftsrechten gewährt werden sollte. Eine Gewährung von Gesellschafterrechten liegt bei Gutschrift auf einem Kapitalkonto, nicht aber auf einem Darlehenskonto vor.[228] Dies konnte in der Vergangenheit zu einem privaten Veräußerungsgeschäft gemäß §§ 17, 23 EStG führen.[229] Bei **teilentgeltlichen Vorgängen** ist nach den gleichen Grundsätzen wie beim Betriebsvermögen der Vorgang in einen tauschähnlichen Vorgang und eine Einlage aufzuspalten.

b) Verdeckte Einlagen

Wird ein Wirtschaftsgut in das **Gesamthandsvermögen** oder in das **Sonderbetriebsvermögen ohne Gewährung von Gesellschaftsrechten** im Wege der verdeckten Einlage durchgeführt, liegt **kein tauschähnlicher Vorgang** vor, sondern eine **Einlage** nach § 6 Abs. 1 Satz 5 EStG.[230] Diese Rechtslage führt zu einem **Wertungswiderspruch** zu § 6 Abs. 5 Satz 3 EStG i.d.F. des UntStFG, welcher beim Übergang von Wirtschaftsgütern eines Betriebsvermögens mit oder ohne Gewährung von Gesellschaftsrechten von der Realisierung der stillen Reserven absieht.[231] Zu beachten ist hier **§ 23 Abs. 1 Satz 5 Nr. 1 EStG**, wenn die Einlage nach dem 31.12.1999 vorgenommen wurde und anschließend das Wirtschaftsgut aus dem Betriebsvermögen heraus veräußert wird.[232]

V. Einbringung von Betrieben in eine Mitunternehmerschaft, Aufnahme von Gesellschaftern in ein Einzelunternehmen und Beitritt zu einer Personengesellschaft

1. Anwendungsbereich des § 24 UmwStG

Die steuerlichen Regelungen zur Einbringung eines Betriebs, Teilbetriebs und eines Mitunternehmeranteils in § 24 UmwStG decken die verschiedensten Sachverhalte ab:

- **Sachgründung**: Zur Förderung des Zwecks einer neu entstehenden Personengesellschaft haben sich im Regelfall alle vermögensmäßig beteiligten Gesellschafter **zu einer Einlage** in die Gesellschaft vertraglich verpflichtet, die auch durch die Sacheinlage eines Unternehmens erfüllt werden kann. Der Eintretende hat verschiedene Möglichkeiten der Einlage, nämlich die Leistung einer wertgleichen Bar- oder **Sacheinlage**, die Vereinbarung einer höheren Gewinnbeteiligung für den Einzelunternehmer oder einer Ausgleichszahlung in das Privatvermögen des Einzelunternehmers. Im Fall der Einbringung eines Betriebs kann dies nach § 24 UmwStG zum Buchwert erfolgen.

- Bei der **Aufnahme eines Gesellschafters in ein bisheriges Einzelunternehmen**, dadurch zur Personengesellschaft wird, liegt steuerlich in der Person des früheren Einzelunternehmers die Einbringung eines Betriebs in die entstehende Personengesellschaft nach § 24 UmwStG vor.

- Nach **Rn. 24.01 des Umwandlungssteuererlasses** v. 25.3.1998[233] liegt bei Eintritt eines weiteren Gesellschafters in eine bestehende Personengesellschaft **gegen Geldeinlage** oder Einlage anderer Wirtschaftsgüter ein Anwendungsfall des § 24 UmwStG vor. Die **bisherigen Gesellschafter** der Personen-

---

228 Vgl. BMF-Schreiben v. 29.3.2000, BStBl. 2000 I, S. 462 Rn. 1a.
229 Vgl. BMF-Schreiben v. 29.3.2000, BStBl. 2000 I, S. 462 Rn. 1; J. Schmitt, in: Schmitt/Hörtnagl/Stratz, UmwG, § 24 UmwStG Rn. 50.
230 Vgl. J. Schmitt, in: Schmitt/Hörtnagl/Stratz, UmwG, § 24 UmwStG Rn. 50.
231 Vgl. Schmitt/Franz, BB 2001, 1278, 1282.
232 Vgl. BMF-Schreiben v. 29.3.2000, BStBl. 2000 I, S. 462, das eine Übergangsfrist zur Vermeidung eines Veräußerungsgeschäfts bis zum 1.7.2000 einräumte, die so entstandenen Einlagen aber der späteren Besteuerung aus § 23 Abs. 1 Satz 5 Nr. 1 EStG unterstellt.
233 Vgl. BMF-Schreiben vom 25.3.1998, BStBl. 1998 I, S. 268.

gesellschaft bringen in diesem Fall – aus Sicht des § 24 UmwStG – ihre Mitunternehmeranteile an der bisherigen Personengesellschaft in eine neue, durch den neu hinzutretenden Gesellschafter vergrößerte Personengesellschaft ein.

2. Wahlrecht nach § 24 UmwStG bei der Einbringung eines Einzelunternehmens

123 Das **Steuerrecht** geht bei der Einbringung eines Einzelunternehmens in eine Mitunternehmerschaft stets davon aus, dass das zuvor bestehende Einzelunternehmen endet und eine neue Gesellschaft gegründet wird, was nach allgemeinen Grundsätzen zu einer Besteuerung etwaiger Veräußerungsgewinne nach §§ 16, 34 EStG für den Einzelunternehmer führt. Die Einbringung wird unabhängig davon, ob im Gegenzug für die Einbringung des Betriebs des Einzelunternehmens **Gesellschaftsrechte oder ein Mischentgelt** von der Gesellschaft gewährt werden, als **vollentgeltlicher Vorgang** i.S.d. § 16 EStG angesehen.[234]

Für den **Grundfall** findet **§ 24 UmwStG als Sondervorschrift zu § 16 EStG** Anwendung. § 24 UmwStG i.d.F. des SEStEG vermittelt dem Einbringenden ein **Wahlrecht**, die Einbringung zum Buch-, einem Zwischen- oder gemeinen Wert vorzunehmen, wenn er eine **Sachgesamtheit** (Betrieb, Teilbetrieb oder Mitunternehmeranteil) einbringt und dafür **Mitunternehmer** in der aufnehmenden Gesellschaft wird. In zeitlicher Hinsicht ist § 24 UmwStG auch anwendbar, wenn die aufnehmende Personengesellschaft im Zuge der Einbringung erst entsteht.[235]

124 Um in den Genuss des Wahlrechts zu gelangen, muss der **Einbringende** zunächst seinen **Betrieb** oder einen **Teilbetrieb** im Wege der **Einzelrechtsnachfolge** einbringen, d.h. alle wesentlichen Betriebsgrundlagen (Vermögensgegenstände und Schulden)[236] in das **Betriebsvermögen** der Mitunternehmerschaft übertragen. Die Voraussetzungen einer Einbringung liegen demnach nur vor, wenn die Wirtschaftsgüter in das Gesamthands- und das Sonderbetriebsvermögen der aufnehmenden GmbH & Co. KG gelangen.[237] Allerdings ist keine Einbringung i.S.d. § 24 UmwStG mehr gegeben, wenn die Wirtschaftsgüter **ausschließlich in das Sonderbetriebsvermögen** bei der aufnehmenden Personengesellschaft gelangen, da dies dem Einbringenden nicht die notwendige Stellung als Mitunternehmer einräumt.[238] Für den Einbringenden entsteht auch dann kein Veräußerungsgewinn, wenn der eingebrachte Betrieb ein **steuerliches Negativkapital** aufweist.[239]

125 Weitere Voraussetzung ist, dass der Einbringende **Mitunternehmer** wird. Damit wird nach **allgemeiner Auffassung** die Einräumung einer zivilrechtlichen Gesellschafterstellung mit ausreichender Mitunternehmerinitiative und -risiko und teilweiser Gutschrift des Einlagewertes auf einem steuerlichen Kapitalkonto verstanden,[240] allerdings besteht **Einigkeit**, dass keine Mindestbeteiligungshöhe bei dieser vermögensmäßigen Beteiligung notwendig ist.[241]

126 Werden die oben beschriebenen Anforderungen erfüllt, kann die **Personengesellschaft** das Wahlrecht aus § 24 Abs. 2 UmwStG ausüben, die eingebrachten Wirtschaftsgüter zum Buchwert, einem Zwischenwert oder zum Teilwert anzusetzen. Die **Ausübung dieses Wahlrechts** findet einheitlich durch die Personengesellschaft bei Abgabe der Steuererklärung statt, da es sich um ein rein steuerliches Wahlrecht

---

234 Vgl. BFH, BStBl. 1994 II, S. 856.
235 Vgl. Schlößer, in: Haritz/Benkert, UmwStG, § 24 Rn. 45.
236 Vgl. zum Betriebsbegriff J. Schmitt, in: Schmitt/Hörtnagl/Stratz, UmwG, § 24 UmwStG Rn. 61 ff. Hier gilt die sog. Einheitstheorie, nach der die Übernahme von Schulden des Betriebs kein Entgelt darstellt, sondern Aktiva und Passiva zu saldieren sind.
237 Vgl. BMF-Schreiben v. 25.3.1998, BStBl. 1998 I, S. 268 Rn. 24.06; J. Schmitt, in: Schmitt/Hörtnagl/Stratz, UmwG, § 24 UmwStG Rn. 42 ff.; Schlößer, in: Haritz/Benkert, UmwStG, § 24 Rn. 10.
238 Vgl. J. Schmitt, in: Schmitt/Hörtnagl/Stratz, UmwG, § 24 UmwStG Rn. 108 ff.
239 Vgl. J. Schmitt, in: Schmitt/Hörtnagl/Stratz, UmwG, § 24 UmwStG Rn. 143.
240 Vgl. BMF-Schreiben v. 25.3.1998, BStBl. 1998 I, S. 268 Rn. 24.08.
241 Vgl. J. Schmitt, in: Schmitt/Hörtnagl/Stratz, UmwG, § 24 UmwStG Rn. 12 ff.; Schlößer, in: Haritz/Benkert, UmwStG, § 24 Rn. 60.

handelt.²⁴² Nach h.M. ist die Personengesellschaft bei der Einbringung eines Betriebes in der Ausübung des Wahlrechts **nicht an die Wertansätze in der Handelsbilanz** gebunden (keine Maßgeblichkeit), da aus Sicht der Handelsbilanz eine Verrechnung der Einlageforderung der Gesellschaft mit der Sacheinlage stattfindet, was den Ansatz der aufgenommenen Wirtschaftsgüter **zum** gemeinen Wert nach sich zieht.²⁴³ Demgegenüber ist ein Wertansatz nach § 24 Abs. 1 und Abs. 2 UmwStG als **zwingender Wertansatz** nach § 5 Abs. 6 EStG anzusehen.

Entscheidet sich die Personengesellschaft steuerlich für den **Buchwertansatz**, wird der handelsrechtliche höhere Ansatz der eingebrachten Wirtschaftsgüter in der Gesamthandsbilanz durch eine negative Ergänzungsbilanz nach der Brutto- oder Nettomethode kompensiert.²⁴⁴ Die **sonstigen Auswirkungen** der Einbringung der Wirtschaftgüter bei der Personengesellschaft regelt § 24 Abs. 2 UmwStG.

Für den **Einbringenden** bestimmt der Wertansatz der Wirtschaftsgüter bei der Personengesellschaft nach § 24 Abs. 2 UmwStG, welcher Veräußerungspreis anzusetzen ist. Kommt es zu einem **Einbringungsgewinn**, unterliegt dieser der **Einkommensteuer**, nicht aber der Gewerbesteuer; auch der **Verlustvortrag nach § 10a GewStG** bleibt erhalten, soweit der frühere Betrieb im Rahmen der Geschäftstätigkeit der Personengesellschaft in wirtschaftlicher, organisatorischer und finanzieller Hinsicht in der Mitunternehmerschaft fortgesetzt wird und der frühere Einzelunternehmer am Gewinn der Personengesellschaft beteiligt bleibt.²⁴⁵

3. Besonderheiten bei der Aufnahme eines Angehörigen in ein Einzelunternehmen gegen eine Zuzahlung

a) Einbringungen zum Buchwert

Nach dem Wortlaut des § 24 Abs. 2 UmwStG reicht neben der Antragstellung für die Buchwertfortführung aus, dass ein Betrieb in die Personengesellschaft eingebracht wird und der Einbringende Mitunternehmer wird, was schon bei einer Einbringung zum Buchwert gegeben ist.

127

Problematisch ist, wenn der aufzunehmende Gesellschafter eine **Ausgleichszahlung** in das Privatvermögen des Einzelunternehmers erbringt (sog. Zuzahlungsmodell).

Der **BFH** hat in einer **Entscheidung aus dem Jahr 1994** klargestellt, dass aus Sicht des Eintretenden bei Ausgleichszahlungen in das Privatvermögen ein Veräußerungsvorgang nach § 16 EStG („mittelbare Anteilsveräußerung") mit einem Einbringungsvorgang nach § 24 UmwStG verbunden werde²⁴⁶ : Nur soweit die Einbringung als Vorgang für eigene Rechnung des Einbringenden anzusehen sei, könne von einer Anwendung des Wahlrechts nach § 24 UmwStG ausgegangen werden. **In Höhe der Ausgleichszahlung** in das Privatvermögen ist nach dem BFH-Urteil eine Veräußerung nach allgemeinen Grundsätzen gemäß § 16 EStG anzunehmen, wobei der entstehende Veräußerungsgewinn nicht durch eine negative Ergänzungsbilanz vermieden werden kann. Aus Sicht des Eintretenden werden die erworbenen Wirtschaftsgüter für dessen eigene Rechnung vom Einzelunternehmer in die Personengesellschaft eingebracht. Auf der Ebene der Gesellschaft darf für diese Einlage auch das Bewertungswahlrecht aus § 24 Abs. 2 UmwStG ausgeübt werden; der eintretende Gesellschafter realisiert einen Einbringungsgewinn, wenn der Einbringungswert über seinen Anschaffungskosten liegt.

128

---

242 Vgl. zu den Einzelheiten J. Schmitt, in: Schmitt/Hörtnagl/Stratz, UmwG, § 24 UmwStG Rn. 159 – 172; Schlößer, in: Haritz/Benkert, UmwStG, § 24 Rn. 82 ff.
243 Vgl. zu den Einzelheiten J. Schmitt, in: Schmitt/Hörtnagl/Stratz, UmwG, § 24 UmwstG Rn. 147 ff.; Schlößer, in: Haritz/Benkert, UmwStG, § 24 Rn. 92.
244 Vgl. zu den Formen von Ergänzungsbilanzen, in: diesem Zusammenhang Schlößer, in: Haritz/Benkert, UmwStG, § 24 Rn. 98 – 101, 113 ff. mit Beispielen.
245 Vgl. J. Schmitt, in: Schmitt/Hörtnagl/Stratz, UmwG, § 24 UmwStG Rn. 267, 274.
246 Vgl. BFH, BStBl. 1995 II, S. 599.

b) Einbringungen zum Teilwert

129 Beim Ansatz zum **Teilwert** ist nach dem **Urteil des BFH v. 21.9.2000**[247] die Tarifbegünstigung nach §§ 16, 34 EStG i.V.m. § 24 Abs. 3 UmwStG anwendbar, auch wenn die Gegenleistung nicht ausschließlich in der Gewährung von Gesellschaftsrechten besteht, sondern in einer **Zuzahlung in das Privatvermögen**. Entscheidend ist hiernach lediglich, ob alle stillen Reserven aufgedeckt werden. Der BFH begründet seine Entscheidung maßgeblich damit, dass bei Einbringung zu Teilwerten **zeitlich ein logischer Vorrang der Einbringung** vor der Herabsetzung des Kapitalanteils des Einbringenden (= Veräußerung der ideellen Anteile am Betriebsvermögen bzw. des Mitunternehmerteilanteils) gelte und somit der Veräußerungsvorgang im Einbringungsvorgang aufgehe. Zu beachten ist, dass die Tarifbegünstigung nach § 34 EStG auf den Einbringungsgewinn nach **§ 24 Abs. 3 Satz 3 UmwStG i.V.m. § 16 Abs. 2 Satz 3 EStG aufgrund eines teilweise laufenden Gewinns** in der Höhe versagt wird, in der der Einzelunternehmer an der entstehenden Personengesellschaft beteiligt ist. Dieser Weg wird sich daher nicht anbieten, wenn der Einbringende noch in signifikanter Höhe beteiligt bleiben möchte.

130 Bei **Einbringungen in das Sonderbetriebsvermögen** zum Teilwert anlässlich der Aufnahme in ein Einzelunternehmen ist zudem eine Änderung der Rspr. zu beachten: Der BFH tendiert im Urteil v. 21.9.2000 zu einer **gesellschafterbezogenen Betrachtungsweise** und stellt hierbei nicht auf die Gewinnverteilungsquote ab, sondern darauf, in welcher Höhe der Einbringende am gesamten steuerlichen Betriebsvermögen der Personengesellschaft beteiligt bleibt. Entstehen Einbringungsgewinne im Sonderbetriebsvermögen, sind diese als „vollumfängliche Veräußerungen des Einbringenden an sich selbst" nicht tarifbegünstigt.[248]

131 **Schließlich** ist trotz der gewollten gleichen Besteuerung von entgeltlicher Veräußerung eines Teil-Mitunternehmeranteils und entgeltlicher Aufnahme in ein Einzelunternehmen **noch folgender Unterschied zu beachten:** Letztere ist insofern steuerlich besser gestellt, als in Höhe der Zuzahlung in das Privatvermögen grds. die Tarifbegünstigung nach §§ 16, 34 EStG Anwendung finden kann und gemäß § 24 Abs. 3 Satz 2 EStG i.V.m. § 16 Abs. 2 Satz 3 EStG nur in der Höhe versagt wird, in der der Einzelunternehmer an der Personengesellschaft beteiligt bleibt. Die Veräußerung eines Teil-Mitunternehmeranteils ist immer in voller Höhe laufender Gewinn aus Gewerbebetrieb und nicht mehr nach § 34 EStG begünstigungsfähig.

4. Besonderheiten beim Beitritt zu einer Personengesellschaft

132 Nach **Rn. 24.01 des Umwandlungssteuererlasses** v. 25.3.1998 (Rn. 125) liegt bei Eintritt eines weiteren Gesellschafters in eine bestehende Personengesellschaft **gegen Geldeinlage** oder Einlage anderer Wirtschaftsgüter ein Anwendungsfall des § 24 UmwStG vor. Die **bisherigen Gesellschafter** der Personengesellschaft bringen in diesem Fall ihre Mitunternehmeranteile an der bisherigen Personengesellschaft in eine neue, durch den neu hinzutretenden Gesellschafter vergrößerte Personengesellschaft, ein.

Sie haben gemäß § 24 Abs. 2 UmwStG nicht nur **das Recht, die Buchwertfortführung zu wählen**, sondern auch das Recht, das bisherige Gesellschaftsvermögen mit dem gemeinen oder einem Zwischenwert anzusetzen.

133 Der **bloße Gesellschafterwechsel** bei einer bestehenden Personengesellschaft – ein Gesellschafter scheidet aus, ein anderer erwirbt seine Anteile und tritt an seine Stelle – fällt hingegen nicht unter § 24 UmwStG.

134 § 24 UmwStG ist auch anzuwenden, wenn ein Mitunternehmer der entstehenden Personengesellschaft einen Mitunternehmeranteil an einer anderen Personengesellschaft einbringt. Die **Anwachsung** ist daher ein weiterer Anwendungsfall des § 24 UmwStG, vgl. Tz. 24.01 des Umwandlungsteuererlasses (Rn. 125).

135 Damit hat die Personengesellschaft grds. das **Wahlrecht**, nach dem Eintritt die eingebrachten Wirtschaftsgüter zum gemeinen Wert, Zwischenwert oder zum Buchwert nach § 24 Abs. 2 UmwStG anzusetzen, was für den Einbringenden nach § 24 Abs. 3 UmwStG ggf. zu einem Einbringungsgewinn führen kann.

---

247 Vgl. BFH, BStBl. 2001 II, S. 178.
248 Vgl. BFH, BStBl. 2001 II, S. 1, 178.

Nach § 24 Abs. 3 Satz 3 UmwStG ist **beim Teilwertansatz** der Einbringungsgewinn in der Höhe nicht tarifbegünstigt (nach § 34 EStG) in der der Altgesellschafter an der aufnehmenden Personengesellschaft beteiligt ist.

Eine **Veräußerung** eines Teils des eingebrachten Mitunternehmeranteils nach § 16 EStG wird grds. angenommen, wenn der oder die Altgesellschafter eine **Zuzahlung in das Privatvermögen** vom Eintretenden erhalten. Aus Sicht der Altgesellschafter liegt in der Einbringung eine Veräußerung eines Teil-Mitunternehmeranteils nach § 16 EStG und zugleich eine Einbringung ihres Rest-Mitunternehmeranteils nach § 24 UmwStG, soweit für eigene Rechnung eingebracht wird. Der (erworbene) Mitunternehmeranteil des Neugesellschafters wird von diesem für dessen Rechnung nach § 24 UmwStG eingebracht (vgl. Tz. 24.08 ff. des Umwandlungssteuererlasses). 136

Seit dem **UntStFG** ist der entgeltliche Eintritt in eine Personengesellschaft gegen Zuzahlung nach § 16 Abs. 1 Satz 2 EStG **zwingend** als ein nicht tarifbegünstigter laufender Vorgang für die Altgesellschafter anzusehen, soweit der Mitunternehmeranteil als veräußert angesehen wird, welcher seit dem 1.1.2002 auch der **Gewerbesteuerpflicht** unterliegt. Dies gilt nach § 24 Abs. 3 Satz 4 UmwStG auch für Einbringungen eines Mitunternehmerteilanteils. 137

VI. Steuerermäßigung gemäß § 35 EStG und Tarifermäßigung nach § 32c EStG n.F.

1. Steuerliche Rahmenbedingungen

a) Bedeutung der Gewerbesteuer für die ertragsteuerliche Gesamtbelastung von Personenunternehmen

Die pauschalierte Anrechnungsmöglichkeit der Gewerbesteuer auf die Einkommensteuer nach § 35 EStG soll die steuerliche **Entlastung der Personenunternehmen** im Rahmen der durch das StSenkG vom 23.10.2000 begonnenen Unternehmenssteuerreform herbeiführen. Angesichts der umfassenden konzeptionellen Reform der Kapitalgesellschaftsbesteuerung durch Einführung des Halbeinkünfteverfahrens und Absenkung des Körperschaftsteuersatzes auf 25 % (weitere Absenkung auf 15 % durch ein „Gesetz zur Unternehmenssteuerreform" kündigt sich bereits an) waren und bleiben Entlastungsmaßnahmen dringend erforderlich, um die Personenunternehmen von ihrer ertragsteuerlichen Gesamtbelastung aus Einkommensteuer und Gewerbesteuer zu entlasten, damit faktisch die „Rechtsformneutralität bei der Besteuerung" gewahrt bleibt. 138

§ 35 EStG ist nach § 52 Abs. 50a EStG i.d.F. des **StÄndG** vom 20.12.2001[249] erstmals für den VZ 2001 anzuwenden. Zwischenzeitlich ist die Regelung durch das UntStFG, das StVergAbG und jüngst durch das DBA-NL-G seit ihrem In-Kraft-Treten mehrfach geändert worden. Eine weitere Änderung ist durch das Gesetz zur Unternehmenssteuerreform ab 2008 zu erwarten.

Anlass der Regelung ist **die Existenz der Gewerbesteuer**, die zu einer Sonderbelastung der Bezieher von Einkünften aus Gewerbebetrieb nach § 15 EStG führt und sich in der jüngeren Vergangenheit aufgrund der Ertragshoheit der Kommunen in Art. 106 Abs. 6 GG und deren angespannter Haushaltslage zu einer „nicht abschaffbaren Steuer" entwickelt hat. Durch die Absenkung des einkommensteuerlichen Spitzensteuersatzes auf nunmehr 42 % hat die Gewerbesteuer bei den Personenunternehmen **an relativer Bedeutung für die ertragsteuerliche Gesamtbelastung gewonnen**, da einerseits die Einkommensteuerschuld mit sinkenden Steuersätzen abnimmt, die Gewerbesteuerbelastung aber weitgehend unverändert geblieben ist. **Steuergestaltungen zur Vermeidung und Verminderung der Gewerbesteuerbelastung** gewinnen folglich weiterhin an Bedeutung. 139

---

249 StÄndG 2001 v. 20.12.2001, BGBl. I, S. 3794.

b) Steuerwirkung der Gewerbesteueranrechnung

140 Selbst dann, wenn die Steuerermäßigung aus § 35 EStG zur Anwendung kommt, **verbleibt eine Mehrbelastung** der Bezieher von Einkünften nach § 15 EStG im Vergleich zu den Beziehern nicht gewerblicher Einkünfte.[250] Zu berücksichtigen ist ferner, dass gemäß § 51a Abs. 2 Satz 1 EStG die Steuerermäßigung für die Kirchensteuer keine Wirkung entfaltet.

141 Es muss **daher elementares Interesse der Steuerplanung** sein, das Anrechnungspotenzial aus § 35 EStG optimal auszunutzen, um die Gewerbesteuerbelastung zu minimieren. Gegenwärtig kommt es **ab dem VZ 2005 bei einem Hebesatz von 341 %**[251] im Idealfall zu einer vollen Entlastung von der Gewerbesteuer. Bei einem niedrigerem Hebesatz tritt eine Über- und bei einem höheren Hebesatz eine Unterkompensation auf. Die Steuerwirkungen werden zusammengefasst aus der **folgenden Tabelle** deutlich[252] :

	ohne GewSt	mit Gewerbesteuer Hebesatz		
		0 %	341 %	400 %
Gesellschaft				
Gewinn vor Steuern	100,00	100,00	100,00	100,00
Gewerbesteuer-Messbetrag		5,00	4,27	4,17
– Gewerbesteuer (400 %)		0,00	– 14,57	– 16,67
Gewinn nach Gewerbesteuer	100,00	100,00	85,43	83,33
Gesellschafter				
zu versteuerndes Einkommen	100,00	100,00	85,43	83,33
tarifliche Einkommensteuer (42 %)	– 42,00	– 42,00	– 35,88	– 35,00
Steuerermäßigung (§ 35 EStG)		9,00	7,69	7,50
– Einkommensteuerschuld	– 42,00	– 33,00	– 28,19	– 27,50
– Solidaritätszuschlag	– 2,31	– 1,82	– 1,55	– 1,51
Gesamtbelastung	**44,31**	**34,82**	**44,31**	**45,68**
Differenz zu nicht-gewerblichen Einkünften		**– 9,50**	**0,00**	**+ 1,37**

2. Strukturelle Elemente der Steuerermäßigung

a) Begriff des Anrechnungsüberhangs

142 Im Rahmen des § 35 EStG kommt es wegen der regelmäßig in Deutschland anzutreffenden hohen Hebesätze zu „**Anrechnungsüberhängen**" von nicht anrechenbaren Steuerermäßigungsbeträgen.[253] Der in einem VZ nicht auf die Einkommensteuer anrechenbare Betrag kann weder vor- noch zurückgetragen noch erstattet werden, so dass die Gewerbesteuerbelastung in diesem Fall **definitiv** wird. § 35 EStG gewährt nur eine Steuerbetragsermäßigung und **keine Anrechnung der Gewerbesteuer** i.S.d. § 36 Abs. 2 Nr. 2 EStG, obwohl die Vorschrift immer als „pauschalierte Gewerbesteueranrechnung" bezeichnet wird. Ein nach § 35 EStG ermittelter Steuerermäßigungsbetrag ist von der tariflichen Einkommensteuer nach

---

250 Vgl. die Berechnungen von Korezkij, StB 2004, 171, 173; Schiffers, in: Korn, EStG, § 35 Rn. 47 ff.
251 Vgl. Steiner/Jachmann, in: Lademann, EStG, § 35 Rn. 85; Korezkij, StB 2004, 171 ff. Werden die Maßnahmen des „Gesetzes zu Verbesserung der steuerlichen Standortbedingungen" (= Erhöhung des anrechenbaren Gewerbesteuermessbetrags vom Faktor 1,8 auf den Faktor 2,0 in § 35 Abs. 1 Satz 1 EStG) doch noch umgesetzt, soll im Idealfall bis zu einem Hebesatz von 379 % eine vollständige Entlastung von der Gewerbesteuer erreicht werden können, vgl. zu den Belastungsauswirkungen nach dem Entwurf im Einzelnen Knief, DB 2005, 1013.
252 Tabelle nach Teufel, Steuerliche Rechtsformoptimierung, S. 46, ohne Einbeziehung des Staffeltarifs nach § 11 GewStG.
253 Zur Prägung dieses Begriffs Herzig/Lochmann, DB 2000, 1192.

§ 2 Abs. 5 EStG abzuziehen. Nach Abzug des Steuerermäßigungsbetrages ergibt sich die festzusetzende Einkommensteuer nach § 2 Abs. 6 EStG. Um eine **Steuerentlastungswirkung** entfalten zu können, setzt § 35 EStG im Gegensatz zu einer anzurechnenden Steuer nach § 36 Abs. 2 Nr. 2 EStG (die ggf. zu erstatten wäre) daher voraus, dass überhaupt eine **tarifliche Einkommensteuer** nach den individuellen Verhältnissen des Steuerpflichtigen festzusetzen ist. Die Entlastungswirkung verpufft, wenn die festzusetzende tarifliche Einkommensteuer vor Abzug des Steuerermäßigungsbetrages niedriger als der Steuerermäßigungsbetrag ist.

Neben den (über den zuvor beschriebenen „idealen" Hebesätzen) anzutreffenden höheren Hebesätzen können weitere **Ursachen** für Anrechnungsüberhänge z.B. sein: 143

- die Saldierung von positiven Einkünften aus einem Betrieb mit negativen Einkünften aus einem anderen Betrieb im Rahmen des § 15 EStG für Einkommensteuerzwecke einerseits sowie die getrennte Festsetzung der Gewerbesteuermessbeträge mehrerer Betriebe für Gewerbesteuerzwecke andererseits;
- die sinkenden Einkommensteuersätze (der anrechenbaren Gewerbesteuer steht eine geringere tarifliche Einkommensteuerschuld für die anteiligen „gewerblichen Einkünfte" i.S.d. § 35 EStG gegenüber), auf die Gewerbesteuer angerechnet werden kann;
- die Abziehbarkeit der Gewerbesteuer als Betriebsausgabe für Einkommensteuerzwecke: Da die Entlastung von der Gewerbesteuer zusätzlich durch die Abziehbarkeit der Gewerbesteuer als Betriebsausgabe für Einkommensteuerzwecke bewirkt wird, trägt die Gewerbesteuer sogar ihrerseits selbst dazu bei, dass weniger „gewerbliche Einkünfte" im „zu versteuernden Einkommen" enthalten sind und beeinflusst damit den Entlastungsmechanismus des § 35 EStG. Dieser Effekt wird voraussichtlich ab 2008 entfallen, da die Gewerbesteuer dann als nicht abziehbare Betriebsausgabe behandelt werden soll.

Auch negative Einkünfte aus anderen Einkunftsarten können aufgrund der h.M. zu Anrechnungsüberhängen führen.

Dem Entlastungsmechanismus des § 35 EStG, der an das „zu versteuernde Einkommen" i.S.d. Vorschrift anknüpft, haften damit **Verzerrungswirkungen durch persönliche Verhältnisse der Steuerpflichtigen** und damit eine **„Streubreite" der Entlastungswirkung innerhalb der Gruppe der Gewerbetreibenden** an. Trotz einer gleichen Belastung mit Gewerbesteuer (bei einem festgesetzten Gewerbesteuermessbetrag in gleicher Höhe für alle Gewerbetreibenden der Vergleichsgruppe) kommen manche Gewerbetreibende in den Genuss der vollen Steuerermäßigung, bei anderen tritt eine Überkompensation ein und bei anderen geht die Entlastung ganz oder teilweise ins Leere. 144

b) Tatbestandliche Elemente der Regelung

aa) Überblick

Da über die Auslegung jedes der Tatbestandsmerkmale des § 35 EStG Streit besteht, können die im Einzelnen vertretenen Auslegungsvarianten im Rahmen dieses Beitrags nicht abschließend erörtert werden. Die Finanzverwaltung hat in **BMF-Schreiben v. 15.5.2002**[254] und **vom 12.1.2007**[255] zu vielen Zweifelsfragen Stellung genommen. Die Darstellung folgt den vom BMF gewählten Bezeichnungen für die strukturellen Bestandteile des § 35 EStG in Gestalt des **Anrechnungsvolumens**, der **gewerblichen Einkünfte** und des (relativen und absoluten) **Ermäßigungshöchstbetrages**.[256] 145

bb) Grundstruktur des Entlastungsmechanismus

Die im EStG verankerte Anrechnungsmöglichkeit nach § 35 EStG steht **nur natürlichen Personen** offen, die Einkünfte aus § 15 EStG beziehen. Sie gilt für unbeschränkt und beschränkt Steuerpflichtige. 146

---

254 Vgl. BMF-Schreiben v. 15.5.2002, BStBl. I, S. 533 ff.
255 BMF-Schreiben v. 12.1.2007, abzurufen unter: www.bundesfinanzministerium.de.
256 Vgl. zur Begriffsvielfalt Korezkij, BB 2002, 2099, 2100.

In seiner **Grundstruktur** ist § 35 EStG dem früheren § 32c EStG a.F. ähnlich: Zur Ermittlung der max. einkommensteuerlichen Ermäßigung (des „**Ermäßigungshöchstbetrages**") werden „**gewerbliche Einkünfte i.S.d. § 35 EStG**" (die weder deckungsgleich mit den Einkünften aus Gewerbebetrieb nach § 15 EStG noch dem Gewerbeertrag aus § 7 GewStG sind) in einer Verhältnisrechnung ins Verhältnis zum „**zu versteuernden Einkommen**" gesetzt, um den Anteil der tariflichen Einkommensteuer zu ermitteln, welcher auf diese „gewerblichen Einkünfte" entfällt. Sowohl die verwendeten Bezugsgrößen der „tariflichen Einkommensteuer" als auch das „zu versteuernde Einkommen" haben **einen normspezifischen Begriffsinhalt** für Zwecke des § 35 EStG. Im Einzelnen werden zu jedem der Tatbestandsmerkmale differenzierte Auffassungen vertreten. Die max. anrechenbare Gewerbesteuer (das „**Anrechnungsvolumen**") kann bis zur Höhe des einkommensteuerlichen **Ermäßigungshöchstbetrages** auf die **tarifliche Einkommensteuer** i.S.d § 35 EStG bei den natürlichen Personen angerechnet werden.

Die Technik zur Ermittlung des Steuerermäßigungsbetrags und die Bezugsgrößen **nach dem Gesetzeswortlaut** lassen sich in der **folgenden Formel** zusammenfassen:

$$\text{Ermäßigungshöchstbetrag} = \frac{\text{gewerbliche Einkünfte}}{\text{zu versteuerndes Einkommen}} \times \text{tarifliche ESt i.S.d. § 35 EStG}$$

147 Wegen der strikten Anbindung der einkommensteuerlichen Entlastung an den Gewerbesteuermessbetrag hat der Gewerbesteuermessbescheid nach § 35 Abs. 1 Nr. 1 2. Halbs. i.V.m. § 35 Abs. 3 Satz 3 EStG **Grundlagenwirkung** für die Ermittlung der Steuerermäßigung (§ 175 Abs. 1 Nr. 1 AO). Wird der Gewerbesteuermessbetrag zeitlich nach dem Einkommensteuerbescheid festgesetzt, dürfte es m.E. nach §§ 155 Abs. 2, 162 Abs. 5 AO auf Basis der Gewerbesteuererklärung zulässig sein, das Anrechnungsvolumen zu schätzen und der Einkommensteuerveranlagung zugrunde zu legen. Auch ein falscher (zu hoher) Gewerbesteuermessbetrag muss bei Bestandskraft des Bescheids im Wege der Auswertung des Folgebescheids für Einkommensteuerzwecke übernommen werden.

cc) Ermittlung des gewerbesteuerlichen „Anrechnungsvolumens"
(1) Anbindung an den festgesetzten Gewerbesteuermessbetrag und Erhebungszeitraum

148 Das Anrechnungsvolumen beschreibt die beim Steuerpflichtigen max. zu berücksichtigende und anzurechnende Gewerbesteuer eines Erhebungszeitraumes. Es beträgt das **1,8fache des festgesetzten Gewerbesteuermessbetrags nach § 14 GewStG**[257] und ist damit ausschließlich gewerbesteuerlich determiniert. Damit wird (anders als noch bei § 32c EStG a.F) die einkommensteuerliche Entlastung mit der konkreten gewerbesteuerlichen Belastung des Steuerpflichtigen in Form des festgesetzen Steuermessbetrags verbunden. Es reicht also zukünftig für die Entlastung nicht mehr aus, dass die gewerblichen Einkünfte nur abstrakt der Gewerbesteuerpflicht dem Grunde nach unterliegen.[258] Unerheblich ist aber, ob und wann von der Gemeinde tatsächlich Gewerbesteuer festgesetzt oder diese gezahlt wird.[259] In zeitlicher Hinsicht müssen sich nach § 35 Abs. 1 Satz 1 EStG Veranlagungszeitraum und Erhebungszeitraum decken. Das BMF-Schreiben v. 15.5.2005 enthält in Rn. 4 eine Regelung für abweichende Wirtschaftsjahre.

Das **Anrechnungsvolumen** wird aus dem Gewerbesteuermessbetrag ohne eine Aufspaltung des zugrunde liegenden Gewerbeertrags nach § 7 GewStG in dessen Bestandteile (Einkünfte nach § 15 EStG und Hinzurechnungen nach § 9 GewStG) ermittelt. **Irrelevant ist**, ob in den Gewerbesteuermessbetrag nach § 7 GewStG Beträge einfließen, die einkommensteuerlich keine begünstigten „gewerblichen Einkünfte" i.S.d. § 35 EStG darstellen (siehe dazu unten Rn. 151) oder aus einer Hinzurechnung nach § 9 GewStG stammen und damit unter Umständen nicht einkommensteuerpflichtig sind.[260]

---

[257] Um die wegfallende Abzugsfähigkeit der GewSt als Betriebsausgabe aufzufangen, soll der Anrechnungsfaktor ab dem VZ 2008 auf 3,8 erhöht werden.
[258] Schiffers, in: Korn, EStG, § 35 Rn. 16.
[259] Ab 2008 soll § 35 nach dem derzeitigen Referentenentwurf des Gesetzes zur Unternehmenssteuerreform aber dergestalt geändert werden, dass an die gezahlte GewSt als Begrenzungsfaktor angeknüpft wird.
[260] Vgl. Rödder, DStR 2002, 939, 941; Ritzer/Stangl, DStR 2002, 1068, 1071.

(2) Berechnung des Anrechnungsvolumens bei mehreren Betrieben

Die Ermittlung des Anrechnungsvolumens ist aufgrund der strikten Anwendung gewerbesteuerlicher Verhältnisse betriebsbezogen und für jeden Betrieb einzeln zu ermitteln. **Negative Gewerbesteuermessbeträge** aus einem Gewerbebetrieb des Steuerpflichtigen oder der Beteiligung an einer Mitunternehmerschaft neben positiven Gewerbesteuermessbeträgen aus einem anderen Betrieb werden bei der Ermittlung des Anrechnungsvolumens **nicht saldiert**. Anders ist dies **einkommensteuerlich**, da im Wege des **horizontalen Verlustausgleichs** positive und negative Einkünfte aus Gewerbebetrieb zusammengefasst werden, so dass negative Einkünfte die Bezugsgröße der „gewerblichen Einkünfte" mindern. Im Ergebnis wirken sich negative Gewerbesteuermessbeträge damit nicht auf das Anrechnungsvolumen, sondern nur auf den Ermäßigungshöchstbetrag aus.[261] Erst nach Ermittlung aller berücksichtigungsfähigen positiven Gewerbesteuermessbeträge werden diese addiert und mit dem Faktor 1,8 multipliziert. Die Anrechnungsvolumina **zusammen veranlagter Ehegatten** sind zu addieren.

(3) Auswirkung gewerbesteuerlicher Verlustvorträge

Besteht ein **Verlustvortrag nach § 10a GewStG**, mindert der Verlustvortrag die zukünftigen positiven Gewerbeerträge im Verlustabzugsjahr und führt zu einem verminderten Gewerbesteuermessbetrag, der zu einem **verminderten Anrechnungsvolumen** führt.[262] **Einkommensteuerlich** kann entgegengesetzt im Verlustabzugsjahr anteilige tarifliche Einkommensteuer auf die positiven Einkünfte aus Gewerbebetrieb entfallen (soweit sich einkommensteuerlicher und gewerbesteuerlicher Verlustabzug nicht entsprechen), die dann nicht gemäß § 35 EStG von der tariflichen Einkommensteuer abgezogen werden kann, weil das Anrechnungsvolumen niedriger als der Ermäßigungshöchstbetrag ist. In diesen Fällen wird von einem „**Ermäßigungsüberhang**" gesprochen.

dd) Ermittlung des einkommensteuerlichen Ermäßigungshöchstbetrags

(1) Definition der „enthaltenen gewerblichen Einkünfte"

Zu den umstrittensten Fragen bei der Auslegung des § 35 EStG gehört das Verständnis des Tatbestandmerkmals der „**gewerblichen Einkünfte**". Hier kursiert eine Bandbreite von Meinungen.[263] Aus dem Gesetz ergibt sich nur eindeutig, dass gewerbliche Einkünfte, die nicht in der Bemessungsgrundlage „zu versteuerndes Einkommen" **enthalten** sind, nicht in die gewerblichen Einkünfte einbezogen werden dürfen. Damit sind einkommensteuerbefreite Einkünfte aus Gewerbebetrieb (z.B. aufgrund eines DBA) nicht in die Ermittlung des Steuerermäßigungsbetrages einzubeziehen.

Zur Vermeidung von Anrechnungsüberhängen wären im **Idealfall** die Merkmale „gewerblichen Einkünfte" und die „Einkünfte aus Gewerbebetrieb nach § 2 Abs. 1 Nr. 2 EStG" inhaltsgleich auszulegen. Dieses „optimierende Verständnis" des Begriffs der gewerblichen Einkünfte wird in der Lit. auch vertreten.[264] Im **Ergebnis** bedeutete dies, dass unabhängig davon, ob bestimmte Einkünfte aus Gewerbebetrieb nach §§ 15 – 17 EStG auch im Gewerbeertrag nach § 7 GewStG enthalten sind, sei es, dass sie dem Grunde nach nicht gewerbesteuerpflichtig oder Gegenstand einer Kürzung nach § 9 GewStG sind, als gewerbliche Einkünfte den einkommensteuerlichen Ermäßigungshöchstbetrag erhöhen könnten.

Nach einer vielfach vertretenen Ansicht in der Lit. soll der Begriff der „gewerblichen Einkünfte" **i.S.d. laufenden „Einkünften aus Gewerbebetrieb" nach § 15 EStG ausgelegt werden**.[265] Einkünfte aus Gewerbebetrieb, welche dem Grunde nach gemäß Abschnitt 39 Abs. 1 GewStR nicht gewerbesteuerpflichtig sind (z.B. Einkünfte aus der Aufgabe und Veräußerung des Betriebs nach § 16 EStG und Einkünfte nach 17 EStG), bleiben danach aus der Ermittlung des Ermäßigungshöchstbetrags ausgegrenzt. Weiter ein-

---

261 Vgl. BMF-Schreiben v. 15.5.2002, BStBl. I, S. 533 Rn. 6; Rödder, DStR 2002, 939, 941; Ritzer/Stangl, DStR 2002, 1068, 1071.
262 Vgl. z.B. Schiffers, Stbg 2001, 404, 412.
263 Vgl. zusammenfassend: Ritzer/Stangl, DStR 2002, 1068, 1072 m.w.N.
264 Vgl. u.a. Korezkij, DStR 2001, 1642, 1642.
265 Vgl. Cattelaens, WPg 2000, 1180, 1184.

schränkend fordern einige Vertreter in der Lit., dass die „gewerblichen Einkünfte" in einer **Nebenrechnung** um solche Einkünfte gekürzt werden sollen, die im Gewerbeertrag nach § 7 GewStG nicht erfasst sind, jedoch Einkünfte aus Gewerbebetrieb nach § 15 EStG bilden,[266] bevor der Ermäßigungshöchstbetrag berechnet wird.

153 Die Finanzverwaltung folgt grds. der Auffassung, dass **nur** Einkünfte aus Gewerbebetrieb nach **§ 15 EStG**, also laufende Einkünfte, welche auch dem Grunde nach gewerbesteuerpflichtig sind, in die Berechnung des Ermäßigungshöchstbetrages einzubeziehen sind.[267] **Erweiternd** werden auch manche Einkünfte aus § 16 EStG, die **dem Grunde nach gewerbesteuerpflichtig** sind, in die „gewerblichen Einkünfte" einbezogen. Im Einzelnen sind dies:

- Veräußerungsgewinne nach § 7 Satz 2 GewStG i.d.F. des UntStFG,
- Veräußerungsgewinne aus dem Verkauf einer 100 %-Beteiligung an einer Kapitalgesellschaft,
- Veräußerungsgewinne aus der Veräußerung von Teilen eines Mitunternehmeranteils nach § 16 Abs. 1 Satz 2 EStG i.V.m. § 52 Abs. 43 Satz 1 EStG i.d.F. des UntStFG.

154 Unstreitig ist schließlich, dass **außerordentliche** Einkünfte i.S.d. § 34 EStG zu den gewerblichen Einkünften gehören. **Steuerfreie Einkünfte**, die ohne die Steuerbefreiung bei den Einkünften nach § 15 EStG zu erfassen wären, sind keine „gewerblichen Einkünfte nach § 35 EStG".

155 Nach dem BMF-Schreiben ist bei Vorliegen „ausgeschlossener Einkünfte" eine **Nebenrechnung** vorzunehmen, mit der die Einkünfte aus Gewerbebetrieb nach § 15 EStG in „begünstigte gewerbliche Einkünfte" und nicht begünstigte Einkünfte für Zwecke des § 35 EStG aufzuteilen sind.

Eine erste Entscheidung der Finanzgerichte liegt in Gestalt des Urteils des **FG Düsseldorf vom 7.5.2004**[268] vor. Zum Begriff der „gewerblichen Einkünfte" vertritt das FG Düsseldorf, dass dies „jedenfalls die **Einkünfte i.S.d. § 15 EStG [sind], die der Gewerbesteuer nach § 7 Satz 1 GewStG unterliegen**". Die Frage, ob Einkünfte nach §§ 16, 17 EStG einzubeziehen sind, wird bewusst offengelassen, da sie im Streitfall nicht entscheidungserheblich war. Das FG Düsseldorf begründet das gefundene Ergebnis mit einer Anknüpfung an die Vorgängervorschrift des § 32c Abs. 2 Satz 1 EStG a.F, die den Terminus der „gewerblichen Einkünfte" in dem o.g. Sinn legaldefinierte. Da § 35 EStG die vorgenannte Regelung ersetzt habe und seinerseits keine eigene Definition der „gewerblichen Einkünfte" enthalte, liege eine einheitliche Auslegung des Begriffs der gewerblichen Einkünfte nahe. Mit dieser Auslegung nähert sich das FG Düsseldorf in der Grundaussage der oben dargestellten Auffassung an, **die eine Vorbelastung** der begünstigten „gewerblichen Einkünfte" mit Gewerbesteuer **dem Grunde nach** verlangt. Zutreffend wird m.E. in der Lit. aber aus dem Urteil „herausgelesen", dass sich das FG nicht festlegen wollte (und im Streitfall auch nicht musste, da nur laufende Einkünfte aus § 15 EStG vorlagen), welchem dogmatischen Grundverständnis zu folgen ist.[269]

(2) Kürzung der gewerblichen Einkünfte aufgrund anderer negativer Einkünfte aus Gewerbebetrieb

156 Treten positive Einkünfte und negative Einkünfte aus Gewerbebetrieb nebeneinander auf, hat dies – wie bereits oben unter Rn. 150 erwähnt – keinen Einfluss auf die Höhe des **gewerbesteuerlichen Anrechnungsvolumens**, d.h. die negativen Gewerbeerträge aus einem Betrieb des Steuerpflichtigen mindern nicht die positiven Gewerbeerträge aus anderen Betrieben. **Einkommensteuerlich** sind die **Ergebnisse aller Gewerbebetriebe** eines Steuerpflichtigen für die Ermittlung der Einkünfte aus Gewerbebetrieb gemäß § 15 EStG im Wege des **horizontalen Verlustausgleichs** zusammenzufassen.

---

266 Vgl. Wendt, FR 2000, 1173, 1179; Jachmann, in: Lademann, EStG, § 35 Rn. 36.
267 BMF-Schreiben v. 15.2.2002, Rn. 10.
268 18 K 5084/03 E, EFG 2004, 1438 ff.
269 Vgl. Korezkij, BB 2005, 26, 27; Ritzer/Stangl, DStR 2005, 11, 13.

Problematisch und nicht eindeutig geregelt ist der Fall, ob und in welcher Weise negative Einkünfte aus Gewerbebetrieb **auch die Höhe der begünstigten „gewerblichen Einkünfte"** i.S.d. § 35 EStG beeinflussen. Werden die „gewerblichen Einkünfte" durch eine Verteilung von Verlusten gekürzt, sinkt der Quotient aus gewerblichen Einkünften zur Summe der Einkünfte und damit das Ermäßigungspotential. Für die Rechtslage bis Ende 2003 (alte Mindestbesteuerung) ging die h.M. nach dem früheren BMF-Schreiben v. 15.5.2002 davon aus, dass negative Einkünfte aus Gewerbebetrieb (§§ 15, 16 EStG) vorrangig auf die begünstigungsfähigen gewerblichen Einkünfte (aus § 15 EStG und bestimmte Einkünfte aus § 16 EStG) und die nicht begünstigungsfähigen gewerblichen Einkünfte (§§ 16, 17 EStG) zu verteilen und zu saldieren waren. Anschließend minderten auch negative Einkünfte aus anderen Einkunftsarten die gewerblichen Einkünfte. Für die Rechtslage ab dem VZ 2004 vertritt das BMF in Tz. 13 – 15 des neuen BMF-Schreibens vom 12.1.2007 eine großzügigere Sichtweise für die Auswirkung von Verlusten auf die „gewerblichen Einkünfte". Ausführungen zur Behandlung der negativen Einkünfte aus § 15 EStG fehlen, d.h. m.E. geht das BMF davon aus, dass im ersten Schritt das Saldo aus begünstigungsfähigen positiven gewerblichen Einkünften (siehe zuvor Rn. 142 ff.) und negativen Einkünften aus § 15 EStG und negativen begünstigungsfähigen Einkünften nach § 16 EStG gebildet werden muss. Die Verteilung von nicht begünstigungsfähigen negativen Einkünften aus §§ 16, 17 EStG **soll nicht einseitig zu Lasten** der gewerblichen Einkünfte erfolgen (kein sog. vorrangiger horizontaler Verlustausgleich), sondern anteilig im Verhältnis aller positiven Einkünfte aus allen Einkunftsarten verteilt werden. Diese anteilige Verlustverrechnung soll auch für negative Einkünfte aus anderen Einkunftsarten gelten.

157

ee) Absoluter und relativer Ermäßigungshöchstbetrag

Die Begriffe des absoluten und relativen Ermäßigungshöchstbetrags umschreiben die „äußeren Grenzen" des Ermäßigungsbetrags, wie sie sich aus der Regelung des § 35 EStG selbst ergeben.

158

(1) Absoluter Ermäßigungshöchstbetrag

§ 35 EStG gewährt einen **Abzugsbetrag von der tariflichen Einkommensteuer**. Die Steuerermäßigung setzt daher voraus, dass **überhaupt tarifliche Einkommensteuer geschuldet** wird, sonst läuft die Entlastung ins Leere, auch wenn Gewerbesteuer gezahlt wird. Innerhalb der **Rangfolge von abzugsfähigen Steuerermäßigungen** von der Einkommensteuerschuld sind **vorrangig ausländische Steuern** nach § 34c EStG und § 12 AStG abzuziehen, so dass auch insofern Anrechnungspotenzial vernichtet werden kann (**sog. gekürzte tarifliche Einkommensteuer**[270]). Diese sog. gekürzte tarifliche Einkommensteuer, auf die der Ermäßigungsbetrag nach § 35 EStG angerechnet werden kann, bildet den max. Ermäßigungshöchstbetrag. Ein darüber hinausgehender Ermäßigungshöchstbetrag verfällt und geht ins Leere.

159

(2) Relativer Ermäßigungshöchstbetrag

Nach § 35 EStG soll **nur die gekürzte tarifliche Einkommensteuer**, welche „**anteilig** auf die im zu versteuernden Einkommen **enthaltenen** gewerblichen Einkünfte" entfällt, durch die Steuerermäßigung vermindert werden. Dies wird durch eine Verhältnisrechnung erreicht. Der Quotient wird als **relativer Ermäßigungshöchstbetrag** bezeichnet,[271] da er den Bruchteil der gekürzten tariflichen Einkommensteuer bestimmt, auf den der Ermäßigungsbetrag max. anrechenbar ist.

160

Es wird in Anlehnung an die frühere Verhältnisrechnung in § 32c Abs. 3 EStG a.F. **entgegen dem eigentlich unmissverständlichen Gesetzeswortlaut** für sachgerechter gehalten, den Höchstbetrag **aus dem Verhältnis der gewerblichen Einkünfte zur Summe der Einkünfte abzuleiten**.[272] Setzt man die **gewerblichen Einkünfte ins Verhältnis zum zu versteuernden Einkommen**, entspricht dies einer Zuordnung aller von der Summe der Einkünfte vorzunehmenden Abzüge zu den nichtgewerblichen Einkünften. Bestimmt man den Anteil nach dem Verhältnis der **gewerblichen Einkünfte zur Summe der Einkünfte, gehen Abzüge wie Sonderausgaben und der Verlustabzug etc. zulasten aller Einkunftsarten. Mit**

---

270 Vgl. Ritzer/Stangl, in: Frotscher, EStG, § 35 Rn. 34.
271 Vgl. Rödder, DStR 2002, 939, 942.
272 Vgl. Glanegger, FR 2001, 949 ff.

anderen Worten: Multipliziert man die tarifliche Einkommensteuer mit dem Verhältnis der gewerblichen Einkünfte zum zu versteuernden Einkommen, steigt die auf die gewerblichen Einkünfte entfallende tarifliche Einkommensteuerlast an, so dass ein größeres Ermäßigungspotenzial besteht.

161 Das **BMF-Schreiben v. 15.5.2002 folgt in Rn. 15** jedoch der restriktiven Auffassung und setzt als Divisor ebenfalls die „Summe der Einkünfte" an. Hierdurch finden sachfremd die privaten Verhältnisse des Steuerpflichtigen Eingang in die Berechnung der Höhe der Steuerermäßigung. Zutreffend wird darauf hingewiesen, dass die Finanzverwaltung eine Größe einführt, welche auch der „Summe der Einkünfte" i.S.d. § 2 Abs. 3 EStG nicht entspricht, da lt. Rn. 15 des BMF-Schreibens nur die Summe der Einkünfte nach Durchführung des Verlustausgleichs gemäß § 2 Abs. 3 EStG anzusetzen ist.[273] Auch das BMF-Schreiben v. 12.1.2007 folgt für die Rechtslage ab dem VZ 2004 in Tz. 16 dieser Auslegung.

3. Anwendung des § 35 EStG bei Mitunternehmern

a) Auseinanderfallen von Gewerbesteuerschuldner und Anrechnungsberechtigtem

162 § 35 Abs. 1 Nr. 2 EStG sieht vor, dass eine Anrechnung des 1,8-fachen **anteiligen Gewerbesteuermessbetrags** einer Mitunternehmerschaft auch für den einzelnen Mitunternehmer stattfindet. Aus der vorbeschriebenen Funktion der Personengesellschaft als **Gewinnermittlungssubjekt**, das nicht selbst einkommensteuerpflichtig ist, folgt, dass Anrechnungsberechtigter (der einzelne Mitunternehmer als natürliche Person) und Gewerbesteuerschuldner (Personengesellschaft) auseinander fallen. Grds. ist daher nach den bereits aufgezeigten Anwendungsgrundsätzen des § 35 EStG für jeden Mitunternehmer im Rahmen **seiner persönlichen Einkommensteuerveranlagung** ein **Ermäßigungshöchstbetrag** zu bestimmen und § 35 EStG auf dieser Stufe anzuwenden.

b) Aufteilung des Ermäßigungspotenzials zwischen den Mitunternehmern

aa) Maßgeblichkeit des allgemeinen Gewinnverteilungsschlüssels

163 Wie beim Einzelunternehmer bestimmt sich der Höchstbetrag anrechenbarer Gewerbesteuer (Anrechnungsvolumen) ausschließlich nach der Höhe des festgesetzten Gewerbesteuermessbetrags gegen die Mitunternehmerschaft. Zur Aufteilung des Gewerbesteuermessbetrags bestimmt § 35 Abs. 2 Satz 2 1. Halbs. EStG, dass das gewerbesteuerliche Anrechnungsvolumen als Anteil am Gewerbesteuermessbetrag, welches dem einzelnen Mitunternehmer zusteht, sich **nach seinem Anteil am Gewinn der Mitunternehmerschaft nach Maßgabe des allgemeinen Gewinnverteilungsschlüssels** richtet. **Vorabgewinnanteile** sind nach dem ausdrücklichen Wortlaut des Gesetzes in § 35 Abs. 2 Satz 2 2. Halbs. EStG nicht zu berücksichtigen.

bb) Auslegung des § 35 Abs. 2 Satz 3 EStG

(1) „Allgemeiner Gewinnverteilungsschlüssel"

164 Enthält der **Gesellschaftsvertrag eine Gewinnverteilungsabrede**, ist diese auch für Zwecke des § 35 EStG maßgeblich, was in der Praxis im Regelfall gegeben sein wird. Eine **spezifisch steuerliche Auslegung** erfährt der Begriff des „handelsrechtlichen Gewinnverteilungs- oder des allgemeinen Gewinnverteilungsschlüssels" dadurch, dass nur solche handelsrechtlichen Abreden akzeptiert werden, die nicht steuerlichen Korrekturen wegen besonderer Umstände (z.B. bei Familiengesellschaften und bei steuerlich nicht anzuerkennenden Rückwirkungen von Gewinnverteilungsabreden) unterliegen.[274] Diese steuerliche Korrektur des handelsrechtlichen Gewinnverteilungsschlüssels wird in der Lit. nicht kritisiert.[275] Für die Behandlung **mehrstöckiger Mitunternehmerschaften** wird auf die einschlägige Lit. verwiesen.[276]

---

273 Vgl. Ritzer/Stangl, DStR 2002, 1068, 1077.
274 Vgl. BMF-Schreiben v. 15.5.2002, BStBl. I, S. 533 Rn. 18 – 20; BMF-Schreiben v. 12.1.2007, abzurufen unter: @hervorhebung@www.bundesfinanzministerium.de@/hervorhebung@, Tz. 20.
275 Vgl. Ritzer/Stangl, DStR 2002, 1785, 1786; Korn, KÖSDI 2002, 13.422, 13.425.
276 Vgl. Wendt, FR 2000, 1173, 1179; Kollruss, Stbg 2000, 559, 565; Catteelans, Wpg 2000, 1180, 1188.

(2) Begriff des „Vorabgewinns"

Umstritten ist, was unter dem Begriff des „Vorabgewinnanteils" in § 35 Abs. 3 EStG zu verstehen ist. Nach **zivilrechtlichem Verständnis** sind Vorabgewinne Vergütungen, die dem Gesellschafter aufgrund des Gesellschaftsvertrags für einen Gesellschafter-Beitrag als Erfolgsbeitrag aus dem Steuerbilanzgewinn der Gesellschaft vorweg zu gewähren sind und die den Steuerbilanzgewinn der Personengesellschaft nicht mindern.[277]

165

Zivilrechtliche Vorabgewinne können **aus der Sicht des Steuerrechts** unter § 15 Abs. 1 Satz 1 Nr. 2 Satz 1 1. Halbs. EStG als Bestandteil des steuerlichen „Gewinnanteils" zu erfassen sein, wenn die Mitunternehmerschaft als Gewinnerzielungssubjekt die Vergütung handelsrechtlich nicht als Betriebsausgabe behandelt.[278] Handelt es sich hingegen um Vergütungen, die **zwar im Gesellschaftsvertrag vereinbart werden**, aber bei der Personengesellschaft zu handelsrechtlichem Aufwand führen, werden diese auf dem Gesellschaftsvertrag basierenden Vergütungen nach § 15 Abs. 1 Satz 1 Nr. 2 Satz 1 2. Halbs. EStG als Sondervergütungen zeit- und betragskonform in der Sonderbilanz des empfangenden Gesellschafters als Ertrag angesetzt.

Der **spezifische Begriff des Vorabgewinnanteils** nach § 35 Abs. 2 EStG umfasst dem Grunde nach nicht nur solche Zahlungen, die „Gewinnanteile" nach § 15 Abs. 1 Nr. 2 Satz 1 1. Halbs. EStG sind, sondern auch Sondervergütungen und die Ergebnisse aus positiven und negativen Ergänzungsbilanzen.

Die **Finanzverwaltung** legt nunmehr § 35 Abs. 2 Satz 2 2. Halbs. EStG, nach dem Vorabgewinnanteile bei der Bestimmung des anteiligen Gewerbesteuer-Messbetrags **nicht** zu berücksichtigen sind, so aus, dass **gewinnabhängige Vorabgewinnanteile** (Gewinnanteile und auch Sondervergütungen) als Bestandteil des allgemeinen Gewinnverteilungsschlüssels gelten.[279] **Gewinnunabhängige Vorabgewinnanteile** (Gewinnanteile und Sondervergütungen) werden in Übereinstimmung mit der h.M. nicht in den allgemeinen Gewinnverteilungsschlüssel mit aufgenommen.[280] Eine solche Differenzierung nach dem Kriterium der „Gewinnabhängigkeit" ist vor dem BMF-Schreiben v. 15.5.2002 in der Lit. – soweit ersichtlich – von niemandem vertreten worden.[281] Sie wird in der Lit. teilweise für sachgerecht[282] gehalten. Abweichend wird diese Gesetzesauslegung auch wegen des unscharfen Abgrenzungskriteriums der „Gewinnabhängigkeit" kritisiert.[283]

166

Es geht bei der „**Gewinnabhängigkeit**" i.S.d. Rn. 21 des BMF-Schreibens nicht um die Frage, ob bestimmte Vergütungen auf der Ebene der Personengesellschaft handelsrechtlich zu Betriebsausgaben und steuerlich zu Sondervergütungen oder Erträgen aus einer Ergänzungsbilanz geführt haben. Vielmehr ist entscheidend, **ob und in welcher Höhe** eine bestimmte Zahlung zu leisten ist, wenn die Gesellschaft einen Gewinn erwirtschaftet. Demzufolge können diese Zahlungen aus ertragsteuerlicher Sicht als Gewinnanteile i.S.d. § 15 Abs. 1 Satz 1 Nr. 2 Satz 1 2. Halbs. EStG oder als Sondervergütungen nach dem 2. Halbs. der Vorschrift zu werten sein, je nachdem, ob sie von der Gesellschaft **als Betriebsausgabe oder als Gewinnvoraus** behandelt worden sind.

Nach Ansicht des BMF und der zustimmenden Stimmen in der Lit.[284] sollen durch diese Auslegung diejenigen Gesellschafter eine höhere Beteiligung am Anrechnungsvolumen erhalten, die wirtschaftlich eine höhere Gewerbesteuerbelastung tragen und die jeweiligen Gewinnanteile einkommensteuerlich versteuern

---

277 Vgl. Brandenberg, in: JbFSt 2001/2002, 313, 319.
278 Vgl. Schmidt/Schmidt, EStG, § 15 Rn. 440.
279 Vgl. BMF-Schreiben v. 15.5.2002, BStBl. I, S. 533 Rn. 21; BMF-Schreiben v. 12.1.2007, abzurufen unter: @hervorhebung@www.bundesfinanzministerium.de@/hervorhebung@, Tz. 21 ff.
280 Vgl. BMF-Schreiben v. 15.5.2002, BStBl. I, S. 533 Rn. 21; BMF-Schreiben v. 12.1.2007, abzurufen unter: @hervorhebung@www.bundesfinanzministerium.de@/hervorhebung@, Tz. 21 ff.
281 Vgl. Neu, DStR 2002, 1078, 1079.
282 Vgl. Ritzer/Stangl, DStR 2002, 1785, 1787; Korezkij, BB 2002, S. 2099, 2102.
283 Vgl. Neu, DStR 2002, 1078, 1079.
284 Vgl. Ritzer/Stangl, DStR 2002, 1785, 1787; Korezkij, BB 2002, 2099, 2102.

müssen. Da die Gewerbesteuer der Gesellschaft aber entsprechend dem allgemeinen Gewinnverteilungsschlüssel **von allen Gesellschaftern** und damit wirtschaftlich **aus dem Restgewinn** getragen wird,[285] die **gewinnunabhängigen Vorabgewinnanteile** stets mit ihrem absoluten Betrag an die berechtigten Gesellschafter auszuzahlen sind, und dabei den Restgewinn vermindern, wird die Gewerbesteuer anteilig von allen Gesellschaftern und nicht in erhöhtem Maße von den Empfängern der **gewinnunabhängigen Vorabgewinne** getragen. Hingegen mindern die **gewinnabhängigen Vorabgewinnanteile** den **verteilbaren Restgewinn** nur dann, wenn sich ein entsprechender Gewinn im Profitcenter des Gesellschafters oder für das gesamte Unternehmen in der vereinbarten Höhe einstellt. In diesem Sinne verstanden werden die **gewinnabhängigen Gewinnvorauszahlungen** und **vom Gewinn abhängige Sondervergütungen** von der h.M. als zusätzliche Vereinbarungen des auf den Kapitalkonten der Gesellschafter beruhenden allgemeinen Gewinnverteilungsschlüssels angesehen und als Korrektiv zur Zuteilung von zusätzlichem Anrechnungsvolumen eingesetzt. Der **Verteilungsmodus** des BMF-Schreibens v. 12.5.2002 in Tz. 23 = Tz. 21 des BMF-Schreibens v. 12.1.2007 wird dahingehend kritisiert, dass nach den Aussagen des BMF eine Sondervergütung bereits dann als „gewinnabhängig" gelte, wenn sie nur im Gewinnfall anfalle, selbst wenn sie vom Gewinn zu berechnen sei. Zudem seien aufgrund des ausdrücklichen Wortlauts nach § 35 Abs. 2 Satz 2 EStG **alle Formen** von Vorabgewinnanteilen bei der Verteilung des Anrechnungsvolumens nicht zu berücksichtigen, so dass die Differenzierung des BMF in Rn. 23 des BMF-Schreibens nicht vom Wortlaut des Gesetzes gedeckt sei.[286]

(3) Kapitalgesellschaften als Gesellschafter

167 Die Kapitalgesellschaften als Körperschaftsteuersubjekte haben keinen Anspruch auf eine Ermäßigung ihrer Körperschaftsteuerschuld nach § 35 EStG. Es **ist allerdings zu beachten**, dass in **Rn. 25** des BMF-Schreibens v. 15.5.2002 = Tz. 25 des BMF-Schreibens vom 12.1.2007 ausdrücklich angeordnet wird, **auch Kapitalgesellschaften** im Gesellschafterkreis, die die Ermäßigung nach § 35 EStG aufgrund des persönlichen Anwendungsbereichs nicht nutzen können, **in die Verteilung des Anrechnungsvolumens einzubeziehen, wenn diese am allgemeinen Gewinnverteilungsschlüssel partizipieren.**[287]

c) Verfahrensrecht

168 § 35 Abs. 4 EStG sieht in **verfahrensrechtlicher Hinsicht** eine gesonderte Feststellung durch das für die gesonderte und einheitliche Gewinnfeststellung zuständigen Betriebsfinanzamts vor. Für die Ermittlung der Steuerermäßigung nach Abs. 1 bei der Veranlagung des einzelnen Mitunternehmers sind die Festsetzung des Gewerbesteuer-Messbetrags und die Feststellung des anteiligen Vom-Hundert-Satzes nach § 35 Abs. 3 Satz 3 EStG **Grundlagenbescheide.** Für den neu eingeführten einheitlichen und gesonderten Feststellungsbescheid zur Ermittlung des anteiligen Gewerbesteuer-Messbetrags eines Mitunternehmers ist der Gewerbesteuermessbescheid der Mitunternehmerschaft ebenfalls **Grundlagenbescheid** gemäß § 35 Abs. 4 Satz 4 EStG.

4. Die Tarifbegünstigung nach § 32c EStG im VZ 2007-02-22

169 Ab dem VZ 2007 und **nur mit Wirkung für den VZ 2007** wird durch Art. 1 des StändG 2007 ein Entlastungsbetrag für Gewinneinkünfte nach § 2 Abs. 1 Nr. 1 – 3 EStG eingeführt (§ 52 Abs. 44 EStG n.F.). Die Regelung ist im Zusammenhang mit § 32a EStG i.d.F. des StÄndG 2007 zu sehen, der den Spitzensteuersatz auf 45 % ab einem zvE von 250.000 € für Ledige/500.000 € für Verheiratete anhebt (sog. „Reichensteuer"). Die Neuregelung in § 32c EStG soll sicherstellen, dass für Gewinneinkünfte das bisherige Spitzen-Belastungsniveau erhalten bleibt, indem ein Entlastungsbetrag von max. 3 vH von der erhöhten tariflichen Einkommensteuer abzuziehen ist. Die Genese des Gesetzes war schwierig, denn der Gesetzgeber hat die durch das StÄndG 2007 eingeführte Vorschrift noch vor ihrem In-Kraft-Treten durch das JStG

---

285 Zur Ermittlung des Restgewinns wird zunächst die Gewerbesteuer als letzter steuerlich abziehbarer Aufwandsposten auf alle Gesellschafter verteilt.

286 Vgl. Neu, DStR 2002, 1078 ff.; ders., in: StbJb 2002/2003, S. 145, 152; ders., DStR 2003, 1062 ff.

287 Vgl. für die typische GmbH & Co. KG mit der vermögensmäßig nicht beteiligten Komplementär-GmbH Levedag, in: Münchener Handbuch des Gesellschaftsrecht, Bd. 2, § 58 Rn. 77 ff.

2007 nachgebessert. Sie findet für Gewinneinkünfte Anwendung, die aus Wirtschaftsjahren stammen, die im VZ 2007 enden. Besonderheiten gelten nach § 4a Abs. 2 EStG nur bei Einkünften aus Land- und Forstwirtschaft. **Ab dem VZ 2008** beträgt nach dem nun vorliegenden Referentenentwurf des Gesetzes zur Unternehmenssteuerreform vom 5.2.2007 der Steuersatz für thesaurierte Gewinne 28,25 % und für laufende Gewinne 45 %.

Der Entlastungsbetrag wird technisch von der tariflichen Einkommensteuer abgezogen, ist aber keine Steuerermäßigung, sondern eine **Steuersatzermäßigung** (Tarifkappungsregelung), die für die Gewinneinkünfte eine Belastung mit einem ermäßigten Spitzensatz von 42 % sicherstellen soll. Dies lässt sich unmittelbar aus ihrer Zuordnung zu den Tarifregelungen im IV. Abschnitt folgern. Der Entlastungsbetrag ist damit für die Einkünfte aus Gewerbebetrieb nach § 15 EStG vorrangig vor § 35 EStG anzuwenden.

170

Die Technik zur Ermittlung des Entlastungsbetrags ähnelt der in § 35 Abs. 1 EStG. Die nach § 32a Abs. 1 EStG anfallende „Mehrsteuer" von 3 vH zwischen dem Höchststeuersatz für Gewinneinkünfte (42 vH) und dem Spitzensteuersatz (45 vH) wird auf die „Gewinneinkünfte" und die (Überschuss)Einkünfte nach § 2 Abs. 1 Nr. 4 – 7 EStG verteilt, in dem die Gewinneinkünfte **im zvE enthalten sind**, d.h. im Verhältnis zur Summe der Einkünfte stehen (§ 32c Abs. 1 Satz 2 EStG n.F.). Das sich ergebende Verhältnis (der Anteilssatz) kann nach § 32c Abs. 1 Satz 3 EStG max. 100 vH betragen, wenn die Höhe der Gewinneinkünfte der Summe der Einkünfte entspricht. Der Anteilssatz ist anschließend nach § 32c Abs. 2 Satz 1 EStG n.F. sowohl mit dem Betrag zu multiplizieren, der 250.000 € übersteigt, als auch mit dem Faktor 3 vH (§ 32a Abs. 2 Satz 3 EStG). Bei Ehegatten wird der Entlastungsbetrag verdoppelt (§ 32c Abs. 3 EStG), die Gewinneinkünfte der Ehegatten sind zu addieren und ins Verhältnis zur Summe der Einkünfte der Ehegatten zu setzen (§ 32c Abs. 3 Satz 2 EStG).

„**Gewinneinkünfte**" sind Einkünfte aus Land- und Forstwirtschaft, Gewerbebetrieb und selbständiger Tätigkeit, vermindert um die in ihnen enthaltenen außerordentlichen Einkünfte nach §§ 34, 34b EStG (§ 32c Abs. 1 Satz 4 EStG). Dieser Ausschluss vermeidet eine Doppelbegünstigung. Da die Steuer auf außerordentliche Einkünfte isoliert von der Steuer auf die anderen Einkünfte nach § 32a EStG zu ermitteln und erst bei Berechnung der festzusetzenden Einkommensteuer zum Steuerbetrag aus § 32a EStG zu addieren ist (R 2 Abs. 2 EStR 2005), wären ansonsten diese Einkünfte tariflich ermäßigt besteuert, würden aber zusätzlich das Verhältnis der Gewinneinkünfte zur Summe der Einkünfte und mithin mittelbar den Anteilssatz erhöhen. Allerdings hat die generelle Verweisung des Gesetzes auf § 34 EStG zur Folge, dass Betriebsaufgabe- und Veräußerungsgewinne nach § 16 EStG selbst dann, wenn die sog. Fünftel-Regelung zur Anwendung kommt, dem erhöhten Einkommensteuer-Spitzensteuersatz unterliegen. Bemerkenswert ist, dass zu den Gewinneinkünften auch die (im Halbeinkünfteverfahren hälftig belasteten) Veräußerungsgewinne aus § 17 EStG zählen.[288]

171

Bei **Verlusten** sind die begünstigungsfähigen Gewinneinkünfte m.E. zunächst mit negativen Gewinneinkünften derselben Einkunftsart (Verlustausgleich), bei mehreren Arten von Gewinneinkünften im Wege eines vertikalen Verlustausgleichs innerhalb der begünstigten Gewinneinkünfte miteinander zu verrechnen. Ein vertikaler Verlustausgleich mit negativen Einkünften aus § 2 Abs. 1 Nr. 4 (7 EStG findet nach dem „Meistbegünstigungsprinzip" erst statt, nachdem diese untereinander mit positiven und negativen Überschusseinkünften verrechnet worden sind. Dies folgt m.E. aus der übertragbaren Rspr. zu § 34 EStG.[289] Negative Einkünfte in Gestalt eines Veräußerungsverlustes aus § 17 Abs. 2 EStG mindern daher die übrigen begünstigungsfähigen Gewinneinkünfte hälftig. Alles in allem ist die einjährige Tarifbegünstigung in sich unstimmig, was die unterschiedliche Besteuerung der Einkünfte aus § 16 EStG einerseits und § 17 EStG andererseits anbetrifft.

172

---

288 Vgl. Seitz, StBg 2006, 527, 531.
289 Vgl. dazu BFH, DStR 2004, 549; BFH/NV 2004, 1643, Ritzer/Stangl, FR 2004, 74, 749.

VII. Kautelarjuristischer Regelungsbedarf bei Mitunternehmerschaften aufgrund des Steuerrechts

1. Entnahmerechte für Steuerzahlungen bei Thesaurierung und für anrechenbare Steuern

a) Thesaurierte Unternehmensgewinne

173 Bei Personenunternehmen unterliegen die Gewinne eines Wirtschaftsjahres in voller Höhe der individuellen ESt der Gesellschafter. Der Personenunternehmer hat seinen Gewinn aus Gewerbebetrieb nach § 4a Abs. 2 Nr. 2 EStG in dem Jahr der Einkommensbesteuerung zu unterwerfen, in dem das Wirtschaftsjahr endet. Für den Gesellschafter einer Personengesellschaft spielt es zudem gemäß § 15 Abs. 1 Nr. 2 Satz 1 EStG **keine Rolle, ob ihm seine Gewinnanteile zufließen** bzw. ob sie handelsrechtlich überhaupt entnommen werden dürfen.[290] Daraus folgt, dass **die Gewinnverwendung bei Personenunternehmen grds. keine steuerlichen Auswirkungen** hat. Ob der erwirtschaftete Gewinn nach Steuern reinvestiert oder konsumiert, thesauriert oder ausgeschüttet, als Entnahme oder als Leistungs- bzw. Nutzungsvergütung ausgezahlt wird, ist bislang steuerlich irrelevant.[291] Allerdings soll ab dem VZ 2008 für thesaurierte Gewinne nach § 34d EStG-E nach dem Referentenentwurf des Gesetzes zur Unternehmenssteuerreform vom 5.2.2007 ein Sondersteuersatz i.H.v. 28,25 % gelten.

> **Hinweis:**
> Entsprechend muss der Personengesellschafter gesellschaftsvertraglich ein Entnahmerecht erhalten, um seine Einkommensteuer auf die thesaurierten Gewinne bezahlen zu können.

b) Anrechenbare Steuern

174 In einer Entscheidung vom 30.1.1995 vertrat der **BGH** und ihm folgend der BFH die Ansicht, dass, sofern die Beteiligung an einer Kapitalgesellschaft durch eine Personengesellschaft gehalten wird, zwischen den verschiedenen Steuerabzugsbeträgen differenziert werden müsse: Die **Kapitalertragsteuer**, welche von der Dividende des Anteilseigners als Vorauszahlung auf die persönliche Einkommensteuer einbehalten werde, sei ein **Teil des Beteiligungsertrages der Personengesellschaft**. Folglich handele es sich um eine **Einnahme der Gesellschaft** und **gleichzeitige Entnahme des Gesellschafters**,[292] bei der eventuelle gesellschaftsvertragliche Entnahmebeschränkungen und das Wiederaufleben der Kommanditistenhaftung nach §§ 171 Abs. 1, 172 Abs. 4 HGB beachtet werden müssten.[293]

> **Hinweis:**
> Es bedarf daher einer **klarstellenden gesellschaftsvertraglichen Regelung**, inwieweit auf der Ebene des Gesellschafters anrechenbare Steuern, die als Teil der Bruttodividende von der Personengesellschaft vereinnahmt werden, zwischen den Gesellschaftern im Hinblick auf Entnahmebeschränkungen behandelt werden sollen.

2. Verursachungsgerechte Verteilung des Gewerbesteueraufwands bei der laufenden Gewinnverteilung

175 Aufgrund der **zweistufigen Gewinnermittlung** bei der Mitunternehmerschaft fließen die Ergebnisse aus Ergänzungs- und Sonderbilanzen in vollem Umfang in den Gewerbeertrag der Mitunternehmerschaft ein.

---

290 Vgl. BFH, BStBl. 1975 II, S. 603, 603; Groh, WPg 1977, 81, 88.
291 Im Entnahmefall gilt dies jedenfalls, sofern Entnahmen auf den Gewinn nach Gewerbesteuer beschränkt sind und somit § 4 Abs. 4 a EStG nicht eingreifen kann.
292 Vgl. Beispiel bei Winnefeld, Bilanz-Hb., Kapitel M, Rn. 745: Der Buchungssatz lautet „per Bank, Barausschüttung und Entnahme KapESt an Beteiligungserträge".
293 Vgl. hierzu ablehnend: Roser, DB 1992, 850, 851.

Gewerbesteuerlich wird für die einzelnen Mitunternehmer aber **kein anteiliger GewSt-Messbetrag ermittelt**, da die Mitunternehmerschaft selbst gewerbesteuerpflichtig ist. **Einkommensteuerlich** kommt es jedoch zu einer **individuellen Aufteilung** der Erträge aus Ergänzungs- und Sonderbilanzen auf den jeweiligen Mitunternehmer im Rahmen der einheitlichen und gesonderten Gewinnfeststellung nach § 180 Abs. 1 Nr. 2a AO.

Auf Ebene der Gesellschaft wird die festgesetzte und von der Gesellschaft entrichtete Gewerbesteuer als Aufwandsposten von den Gesellschaftern entsprechend des allgemeinen Gewinnverteilungsschlüssels getragen. Hieraus folgt, dass die Gewerbesteuer zu einer anderen Belastung der Gesellschafter führt, als der allgemeine Gewinnverteilungsschlüssel wiedergibt. Mit anderen Worten: Die auf den jeweiligen Gewinnanteilen der Mitunterunternehmer lastende Gewerbesteuer entspricht oft nicht dem einkommensteuerlichen Anteil am Gesamtgewinn der Mitunternehmerschaft.

> *Beispiel:*
> *Der Gesellschafter, der hohe Sondervergütungen empfängt und hierdurch die Gewerbesteuerbelastung der Gesellschaft erhöht, soll diese Mehr-Belastung auch tragen.*

Es existieren somit regelmäßig **gesellschaftsvertragliche Auffangklauseln**, die den **Gewerbesteueraufwand verursachungsgerecht auf die einzelnen Gesellschafter verteilen sollen**, da die Gewerbesteuer sich zwar auf der Ebene der Gesellschaft als Betriebsausgabe zulasten des allgemeinen Gewinnverteilungsschlüssels auswirkt, im Innenverhältnis der Gesellschafter aber oft durch deren Ergebnisse aus Sonderbilanzen und Ergebnisabführungsverträgen hervorgerufen wird.

3. Regelungsbedarf aufgrund § 35 EStG

a) Komplizierung durch § 35 EStG

Die vorbeschriebenen Ausgleichsklauseln in Bezug auf die Gewerbesteuerbelastung reichen seit der Einführung von § 35 EStG aber nicht mehr aus. Es gilt nunmehr auch Abreden dafür zu finden, das Anrechnungsvolumen zutreffend zu verteilen. Denn der Gesellschafter, der einen höheren Gewerbesteuermessbetrag aufgrund individueller Umstände verursacht und den daraus resultierenden Mehr-Aufwand entsprechend der in Rn. 175 dargestellten Klauseln zu tragen hat, wird das aus dem höheren Gewerbesteuer-Messbetrag ihm zustehende Ermäßigungspotenzial für sich einfordern.

Nach dem Gesetz tritt aber eine **„Sozialisierung" von Anrechnungsvolumen** durch § 35 Abs. 2 Satz 2 2. Halbs. EStG hinsichtlich der anteiligen Gewerbesteuer-Messbeträge auf, da das gewerbesteuerliche Anrechnungsvolumen nach dem handelsrechtlichen Gewinnverteilungsschlüssel **quotal** auf alle Gesellschafter verteilt wird, ohne Rücksicht darauf, ob ein Gesellschafter durch Sondervergütungen oder Ergebnisse einer Ergänzungsbilanz zur „Erhöhung" des Anrechnungsvolumens und damit des anrechenbaren Potenzials beigetragen hat.[294] Dies kann bei den Gesellschaftern, die z.B. keine Sondervergütungen und damit niedrigere Einkünfte aus § 15 EStG erzielen, zu **Anrechnungsüberhängen** führen. Es kommt ohne eine Gestaltung sowohl zu einer nicht verursachungsgerechten Verteilung als auch zu einer Verschwendung von Ermäßigungspotenzial.

Das BMF arbeitet zur Abmilderung dieses Effekts mit **fiktiven Gewinnverteilungsabreden:**[295] Die **gewinnabhängigen Vorabgewinnanteile**, also **gewinnabhängige** Sondervergütungen und gewinnabhängige Vorabgewinnanteile, sollen ergänzend in den „allgemeinen Gewinnverteilungsschlüssel" einbezogen werden, um die Verteilung des Anrechnungsvolumens aus dem Gewerbesteuer-Messbetrag mit der wirtschaftlichen Belastung mit Gewerbesteuer für den entsprechenden Gesellschafter zu harmonisieren.[296] Auch wenn diese Auslegung nicht vom Gesetzeswortlaut gedeckt sein könnte, hilft sie doch, Anrechnungsüberhänge zu vermeiden.

---

294 Vgl. Ritzer/Stangl, DStR 2002, 1785, 1786; Wendt, FR 200, 1173, 1180.
295 BMF-Schreiben v. 15.5.2002, Rn. 23.
296 Vgl. Korezkij, BB 2002, 2099, 2102; Ritzer/Stangl, DStR 2002, 1785, 1787.

> **Hinweis:**
> **Bisherige gesellschaftsvertragliche Abreden mit dem Inhalt**, dass jeder Gesellschafter die auf ihn entfallende Gewerbesteuer (etwa die anteilig auf seine Sondervergütungen entfallende Gewerbesteuer) selbst zu tragen hat, sind **isoliert unvollständig**. Es sind **ergänzende** vertragliche Abreden dahingehend geboten, **auch** diejenigen **einkommensteuerlichen Vorteile auszugleichen**, die einzelne Mitunternehmer durch Berücksichtigung des höheren Ermäßigungsbetrags in Anspruch nehmen können, weil ihnen aufgrund des maßgeblichen allgemeinen Gewinnverteilungsschlüssels in höheres Anrechnungsvolumen zulasten eines Mitgesellschafters mit z.B. hohen Sonderbetriebseinnahmen zugewiesen wird.

177 Der vorbeschriebene **Weg des BMF** zur Lösung des Problems, den Begriff des „allgemeinen Gewinnverteilungsschlüssels" im Sinne einer fiktiven Gewinnverteilungsabrede auszulegen, führt nicht vollständig zum Ziel. Im **Ergebnis** bewirken nämlich die real existierenden Gewerbesteuerklauseln, die den Gewerbesteueraufwand verursachungsgerecht aufteilen und die **fiktiven Gewinnverteilungsabreden nach** Rn. 22 des BMF-Schreibens v. 15.05.2002 = Tz. 22 des BMF-Schreibens v. 12.1.2007 **keine Kongruenz** von zugeteiltem Anrechnungsvolumen und Gewerbesteuerbelastung des Gesellschafters.[297]

Es wäre sachgerechter, **bestehende Gewerbesteuerklauseln** zu berücksichtigen und den Begriff des „allgemeinen Gewinnverteilungsschlüssels" für Zwecke des § 35 EStG so auszulegen, dass **bei existierenden Gewerbesteuerklauseln** das anteilige Anrechnungsvolumen eines Gesellschafters **seinem Anteil am steuerlichen Gesamtgewinn** folgt. Diese erweiternde Auslegung der Abrede zur Verteilung der Gewerbesteuerlast wäre steuerlich als eine **zusätzliche und spezifische Abrede zur Auslegung der gesellschaftsvertraglichen Regelung** des allgemeinen Gewinnverteilungsschlüssels anzusehen. Sie würde zu einer punktgenauen Verteilung des Anrechnungsvolumens führen, da § 35 Abs. 2 Satz 2 EStG ja vorrangig an die existierenden Regelungen der Gewinnverteilung anknüpft. Anhaltspunkte für eine solche Auslegung wären gegeben, da die Vereinbarung zur verursachungsgerechten Tragung des Gewerbesteueraufwands Anhaltspunkt ist, alle gewerbebedingten Verteilungsprobleme verursachungsgerecht zu lösen. In jedem Fall sollte nachträglich eine Regelung dieses Problems erfolgen.

> **Hinweis:**
> In Gesellschaftsverträgen, die **keine Klauseln** zur Tragung der Gewerbesteuerlast enthalten, könnte die Vorgehensweise des BMF in Rn. 23 zur Anwendung kommen.
>
> In der **Praxis** wird vorgeschlagen, die Problematik durch eine **kombinierte** unternehmens-/mitunternehmerbezogene Klausel zu lösen und **Anrechnungsüberhänge**, die nicht durch private Verhältnisse des Gesellschafters bedingt sind, **durch Vorabgewinne** auszugleichen.[298] Allerdings ist insoweit noch ungeklärt, ob solche Vorabgewinne nicht selbst wieder als gewinnabhängige Vorabgewinne i.S.d. § 35 EStG anzusehen sind.

b) Veräußerung von Mitunternehmeranteilen

aa) Gewerbesteuerpflichtige Veräußerungen eines Mitunternehmeranteils

178 Werden Mitunternehmeranteile oder Teile davon gemäß § 16 Abs. 1 Satz 2 EStG i.V.m. § 7 Satz 1 GewerbesteuerG oder gemäß § 7 Satz 2 GewerbesteuerG durch Kapitalgesellschaften gewerbesteuerpflichtig veräußert, bestimmt **Rn. 24 des BMF-Schreibens v. 15.5.2002 = Rn. 29 des BMF-Schreibens v. 12.1.2007**, dass die hieraus auf der Ebene der Mitunternehmerschaft resultierenden Erträge aus der Veräußerung des Gewerbesteuer-Messbetrags bei der Verteilung des Anrechnungsvolumens ebenfalls nach dem **allgemeinen Gewinnverteilungsschlüssel** auf alle Gesellschafter zu verteilen sind.

---

[297] Vgl. Neu, DStR 2000, 1933, 1936; Ottersbach, DStR 2002, 2023 ff.
[298] Vgl. Neu, DStR 2000, 1933, 1936 ff.; Ottersbach, DStR 2002, 2023.

bb) Veräußerungen von Teil-Mitunternehmeranteilen durch natürliche Personen

Eine gewerbesteuerpflichtige **Teil-Mitunternehmeranteilsveräußerung** löst bei der **Mitunternehmerschaft** als Schuldnerin **zum Ende des Erhebungszeitraums Gewerbesteuer** aus. Hierzu erläutert Rn. 29 Satz 2 des BMF-Schreibens v. 15.5.2002 = Rn. 29 des BMF-Schreibens v. 12.1.2007, dass ein Veräußerungs- und Aufgabegewinn eines ausscheidenden Gesellschafters den allgemeinen Gewinnverteilungsschlüssel als Aufteilungsmaßstab für die Verteilung des Anrechnungsvolumens nicht beeinflusst. **Das bedeutet, dass auch der Teil des Gewerbesteuermessbetrages, der auf den Veräußerungsgewinn entfällt, grds. nicht voll dem Veräußerer zur Erhöhung seines anteiligen Anrechnungsvolumens zugerechnet werden darf**, obwohl dieser bei ihm zu gewerblichen Einkünften i.S.d. § 35 EStG führt. Die Regelung in Rn. 29 Satz 2 der BMF-Schreiben wird **kritisiert**,[299] da nicht einzusehen sei, warum **Anrechnungsvolumen aus laufenden Einkünften** durch Abreden anlässlich des Ausscheidens verteilt werden dürfe, jedoch der Veräußerungsgewinn nicht dem Veräußerer zugewiesen werden könne, wenn dieser die anteilige Gewerbesteuer hieraus übernehme.

179

> **Hinweis:**
> Bei der **Vertragsgestaltung** wird man daher die Gefahr von Anrechnungsüberhängen beim Veräußerer einerseits und der Nutzung von erhöhtem Anrechnungsvolumen durch den Erwerber **bei der Kaufpreisfindung andererseits** zu Gunsten des Veräußerers zu berücksichtigen haben.[300]

cc) Veräußerung durch Kapitalgesellschaft

Veräußert eine Kapitalgesellschaft ihren gesamten Mitunternehmeranteil, fällt nach § 7 Satz 2 GewSstG und bei Veräußerung eines Teil-Mitunternehmeranteils gemäß § 16 Abs. 1 Satz 2 EStG i.V.m. § 7 Satz 1 GewStG auf der Ebene der Mitunternehmerschaft Gewerbesteuer an. Bei einem **gemischten Gesellschafterkreis in einer Mitunternehmerschaft** aus kapitalmäßig beteiligten Kapitalgesellschaften und natürlichen Personen können daher die folgenden zu beachtenden Effekte[301] auftreten:

180

- Die Veräußerung des Anteils oder Teil-Anteils der Kapitalgesellschaft führt zu erhöhtem Anrechnungsvolumen, von dem auch die natürlichen Personen bei der Verteilung des Anrechnungsvolumens profitieren können, da dieses nach dem allgemeinen Gewinnverteilungsschlüssel zu verteilen ist (vgl. Rn. 29 Satz 2 des BMF-Schreibens v. 15.5.2002 = Rn. 29 des BMF-Schreibens v. 12.1.2007).

- Die höhere Gewerbesteuerbelastung aus der Veräußerung kann bei einer Verteilung nach dem allgemeinen Gewinnverteilungsschlüssel auf alle Gesellschafter allerdings zur Vernichtung von Anrechnungsvolumen führen, wenn aus Sicht eines Gesellschafters die Gewerbesteuer dessen Anteil an laufenden Einkünften übersteigt.

In der Lit.[302] wird auch für diesen Fall festgestellt, dass **Rn. 24, 29 Satz 2** des BMF-Schreibens v. 15.5.2002 = Rn. 29 des BMF-Schreibens v. 12.1.2007 eine verursachungsgerechte Zuordnung von Anrechnungsvolumen und Gewerbesteuerbelastung durch vertragliche Gestaltungen verhindern. Auch hier wird wie bei der Veräußerung von Teil-Mitunternehmeranteilen durch natürliche Personen allein die Bemessung des Kaufpreises für einen Ausgleich sorgen können.

---

299 Vgl. Ritzer/Stangl, DStR 2002, 1785, 1789; Rödder, DStR 2002, 939, 934.
300 Vgl. Korezkij, BB 2002, 2099, 2102.
301 Vgl. die Berechnungsbeispiele bei Brinkmann/Schmidtmann, DStR 2003, 93 ff. mit Replik von Bechler/Schröder, DStR 2003, 869.
302 Vgl. Brinkmann/Schmidtmann, DStR 2003, 93, 95; Bechler/Schröder, DStR 2003, 869.

D. Besteuerung der Kapitalgesellschaften und deren Anteilseigner

I. Trennungsprinzip

181 In Anlehnung an die zivilrechtliche Rechtslage ist das Trennungsprinzip das Grundkonzept der Kapitalgesellschaftsbesteuerung.[303] Auf dem Trennungsprinzip beruht die Körperschaftsteuer als spezielle, für Kapitalgesellschaften geltende Steuerart. Rechtlich ist die Körperschaftsteuer die „Einkommensteuer der juristischen Person" und nicht lediglich Vorauszahlung auf die Einkommensteuer der Anteilseigner.[304] Folglich ist die **Kapitalgesellschaft Steuerschuldnerin der** Körperschaftsteuer (vgl. § 1 Abs. 1 KStG und § 2 KStG) **und der GewSt** (§§ 2 Abs. 2, 5 Abs. 1 KStG).

182 Aus Sicht der hinter der Kapitalgesellschaft stehenden natürlichen Person folgt daraus das **Problem der wirtschaftlichen Doppelbelastung** der in der Kapitalgesellschaft erwirtschafteten Gewinne, wenn diese an sie ausgeschüttet werden. „Klassische" Körperschaftsteuersysteme beseitigen diese Doppelbelastung grds. nicht. Das von 1977 bis zur Unternehmenssteuerreform 2001 geltende **Körperschaftsteueranrechnungsverfahren** vermied demgegenüber die Doppelbelastung, indem wirtschaftlich die Körperschaftsteuer wie eine Vorauszahlung auf die Einkommensteuerschuld für die Anteilseigner wirkte und Gesellschaft und Gesellschafter als Einheit betrachtete.[305]

Die Unternehmenssteuerreform 2001 brachte die Rückkehr zu einem, wenn auch modifizierten, klassischen System.[306] Kapitalgesellschaft und Anteilseigner sind hiernach auch wirtschaftlich zwei unterschiedliche Steuersubjekte. Die Unternehmenssteuerreform bestätigt und **verstärkt also das Trennungsprinzip** als das maßgebliche, für Kapitalgesellschaften geltende Besteuerungskonzept.

Weiter ergeben sich aus dem Trennungsprinzip insb. Konsequenzen für die steuerliche Behandlung der Gewinnthesaurierung, die steuerliche Anerkennung schuldrechtlicher Vereinbarungen zwischen Gesellschaft und Gesellschafter sowie die Verlustverrechnung zwischen Gesellschafts- und Gesellschafterebene.

1. Einkommens- und Gewerbesteuermessertragsermittlung

183 Das **körperschaftsteuerliche Einkommen** ist gemäß § 7 Abs. 1 und 2 KStG Bemessungsgrundlage für die Körperschaftsteuer. Ausgangspunkt der Ermittlung gemäß § 8 Abs. 1 KStG sind die Einkünfte der Kapitalgesellschaft i.S.d. EStG, die bei der Kapitalgesellschaft kraft Gesetzes ausschließlich Einkünfte aus Gewerbebetrieb (§ 8 Abs. 2 KStG) sind. **Ausgangspunkt** ist bei der Kapitalgesellschaft als Kaufmann zunächst der aus der Handelsbilanz unter Beachtung des Maßgeblichkeitsprinzips in § 5 Abs. 1 EStG und der steuerlichen Gewinnermittlungsregelungen in der Steuerbilanz ermittelte **Gewinn**. Darüber hinaus sind die **außerbilanziellen Einkommenskorrekturen** der §§ 8 Abs. 3, 8a, 8b, 9 und 10 KStG anzuwenden.

184 Bei der **Gewerbesteuer** unterhalten Kapitalgesellschaften unabhängig von ihrer Betätigung einen Gewerbebetrieb (§ 2 Abs. 2 KStG).[307] Der **Gewerbeertrag** wird aus dem **Gewinn aus Gewerbebetrieb** – modifiziert durch die Hinzurechnungen und Kürzungen der §§ 8, 9 GewStG – ermittelt. Die Kapitalgesellschaft kann **weder den Freibetrag noch den Staffeltarif nach § 11 KStG nutzen**, so dass ihre Gewerbesteuermesszahl immer 5 % beträgt. Damit trägt das GewStG der Tatsache Rechnung, dass bei der Kapitalgesellschaft der Gewinn aufgrund der abziehbaren Vergütungen für schuldrechtliche Austausch-

---

303 Grundlegend: BVerfG, BStBl. 1962 II, S. 500, 502. Vgl. zur Bedeutung des Trennungsprinzips im Steuerrecht Reiß, in: DStJG (1994), 3, 21; Seer, StuW 1993, 114, 115 f.

304 Vgl. BFH, BStBl. 1982 II, S. 401, 402.

305 Ausdrücklich: BFH, BStBl. 1999 II, S. 450, 461, vgl. auch BStBl. 1998 II, S. 90, 91; Seer, StuW 1993, 114, 117.

306 Vgl. hierzu Lang, GmbHR 2000, 453, 457.

307 Eine Kapitalgesellschaft, die ausschließlich Mieteinkünfte erzielt, ist daher mit diesen Einkünften sowohl körperschaftsteuer- als auch gewerbesteuerpflichtig, die vermögensverwaltende Personengesellschaft kann dagegen die Belastung mit Gewerbesteuer vermeiden.

verträge mit den Gesellschaftern regelmäßig niedriger ist als bei der Personengesellschaft. Durch die Unternehmensteuerreform 2008 wird die Messzahl voraussichtlich auf 3,5 % sinken.

2. Behandlung von Verlusten

a) Mindestbesteuerung

Auf Ebene der Kapitalgesellschaft sind die Vorschriften zur Mindestbesteuerung wie bei der Personengesellschaft anzuwenden. Der Verlustabzug der Kapitalgesellschaft wird auf einen Sockelbetrag und einen verrechenbaren Betrag beschränkt. Dies gilt auch bei der Gewerbesteuer in § 10a GewStG.

b) Untergang von Verlusten nach § 8 Abs. 4 KStG

aa) Tatbestand

Vor der Einführung des § 8 Abs. 4 KStG war auch **ertragsteuerlich** – ähnlich dem Konzept der Unternehmens- und Unternehmeridentität bei § 10a GewStG – die wirtschaftliche Identität der den Verlustabzug begehrenden Kapitalgesellschaft mit der Kapitalgesellschaft notwendig, bei der der Verlust entstanden war. Der Gesetzgeber führte nach einer zwischenzeitlichen Rechtsprechungsänderung[308] die Regelung in § 8 Abs. 4 KStG ein, nach der **keine wirtschaftliche Identität** zwischen der verlusterwirtschaftenden und verlustabziehenden Gesellschaft vorliegt, wenn

- mehr als 50 % der Anteile an der Gesellschaft übertragen werden und
- die Gesellschaft danach ihren Betrieb mit überwiegend neuem Betriebsvermögen fortführt oder wieder aufnimmt.

Auch **andere Sachverhalte** können zum Verlust der wirtschaftlichen Identität führen, da der Gesetzgeber mit dem Tatbestandsmerkmal „insbesonders" angedeutet hat, dass die kumulative Anteilsübertragung mit der Zuführung/Aufnahme von Betriebsvermögen nur ein **Regelbeispiel** darstellt. So können **anstelle der Anteilsübertragung** wirtschaftlich vergleichbare Sachverhalte in Gestalt der Verschmelzung einer Kapitalgesellschaft auf die Verlustgesellschaft und bei Einbringungen in eine Kapitalgesellschaft sowie bei der Kapitalerhöhung eintreten, wenn die Anteile an der verlusterwirtschaftenden Kapitalgesellschaft zu mindestens 50 % auf vorher nicht beteiligte Gesellschafter übergehen.

Bei der **Zuführung „neuen Betriebsvermögens"** ist unter Betriebsvermögen das **Aktivvermögen**, also das auf der Aktivseite der Bilanz ausgewiesene Vermögen zu verstehen. Abzustellen ist auf das Betriebsvermögen, das **nach dem schädlichen Anteilswechsel** zugeführt wurde. **Ausnahmen** bestehen, wenn die Zuführung überwiegend neuen Betriebsvermögens **allein der Sanierung** dient und der Betrieb **fünf Jahre lang** unverändert fortgeführt wird (§ 8 Abs. 4 Satz 3 KStG).

Die Regelung wirft viele Streitpunkte auf. Für die Praxis ist das **BMF-Schreiben v. 16.4.1999**[309] zu beachten.

Der Gesetzgeber plant eine Überarbeitung der Regelung in Form eines neuen § 8c KStG als Gegenfinanzierungsmassnahme im Rahmen der Unternehmenssteuerreform.

bb) Rechtsfolge

Die Rechtsfolge des Verlustes der wirtschaftlichen Identität ist, dass die entstandenen Verluste der verlusterwirtschaftenden „Altgesellschaft" **nur bis zum Zeitpunkt des Untergangs** der wirtschaftlichen Identität[310] zum Verlustabzug im Wege des Verlustrück- und Verlustvortrags nach § 10d EStG i.V.m. § 8 Abs. 1 KStG verwendet werden können. Nach dem Untergang der wirtschaftlichen Identität können die **neu entstandenen Verluste** in folgenden VZ zum Verlustabzug verwendet werden. Nach § 8 Abs. 4 Satz 4

---

308 BFH, BStBl. 1987 II, S. 308 und 310.
309 BMF-Schreiben v. 16.4.1999, BStBl. I, S. 455.
310 Dieser Zeitpunkt tritt ein, wenn Anteilsübertragung und Zuführung des neuen Betriebsvermögens kumulativ eingetreten sind.

KStG erfasst die Regelung auch den **Verlustausgleich**, wenn eine schädliche Anteilsübertragung mit der Zuführung von neuem Betriebsvermögen **unterjährig** eintritt. In diesen Fällen ist der bis zum Verlust der wirtschaftlichen Identität entstandene Verlust gemäß Rn. 33 des BMF-Schreibens v. 16.4.1999 nur noch im Wege des Verlustrücktrags nutzbar.

II. Halbeinkünfteverfahren

1. Hälftige Dividenden- und Veräußerungsgewinnbefreiung beim Anteilseigner für Zwecke der Einkommensteuer/Körperschaftsteuer

190 Kern der Unternehmenssteuerreform 2001 war die Neuordnung der deutschen Kapitalgesellschaftsbesteuerung, d.h. die Ersetzung des seit 1977 geltenden Körperschaftsteueranrechnungsverfahrens durch ein modifiziertes klassisches Körperschaftsteuersystem mit Anteilseignerentlastung, das **sog. Halbeinkünfteverfahren**.[311] Die **Kapitalgesellschaft** zahlt nunmehr mit ihrer Körperschaftsteuer einen einheitlichen „Abgeltungssteuersatz" **von 25 % (§ 23 Abs. 1 KStG)**. Von besonderem Interesse für rechtsformabhängige Gestaltungen ist die damit verbundene deutliche Absenkung des Thesaurierungssteuersatzes von 40 % auf 25 %.

191 Auf der **Ebene des Anteilseigners** tritt an die Stelle der Körperschaftsteueranrechnung die **Freistellung von 50 % der Dividenden** (sofern der Anteilseigner eine natürliche Person oder eine Personengesellschaft ist, § 3 Nr. 40 EStG[312]) **bzw. 100 % der Dividenden** (sofern es sich bei dem Anteilseigner um eine andere Kapitalgesellschaft handelt, § 8b Abs. 1 KStG).[313] Der **Sitz der Tochter-Kapitalgesellschaft** ist **unerheblich**. Es gelten bei Kapitalgesellschaften aber **5 % der Bruttodividende oder des Veräußerungsgewinns** als nicht abziehbare Betriebsausgabe, so dass die Steuerfreiheit effektiv 95 % beträgt.

192 Die Steuerbefreiungen des Halbeinkünfteverfahrens gelten nach § 3 Nr. 40a und c EStG auch für **Veräußerungsgewinne**, unabhängig davon, ob die Beteiligung bei natürlichen Personen gemäß § 17 EStG im Privat- oder einem Betriebsvermögen gehalten wird. Bei **Kapitalgesellschaften** sind die **Veräußerungsgewinne** nach § 8b Abs. 2 KStG steuerbefreit. Dies gilt **nach § 8b Abs. 6 KStG** auch dann, wenn die Anteile über eine gewerbliche Personengesellschaft gehalten werden.

2. Gewerbesteuer

193 Bei der Gewerbesteuer werden die **Dividenden** aus Beteiligungen i.H.v. mindestens 10 % aus dem Gewerbeertrag gekürzt (§ 9 Nr. 2a und Nr. 7 GewStG). Die **tatbestandliche Voraussetzung** in § 9 Nr. 2a und § 9 Nr. 7 für eine gewerbesteuerliche Kürzung, dass „die Gewinnanteile bei der Ermittlung (§ 7) angesetzt worden sind" kann wegen der vorhergehenden Reduzierung des Gewerbeertrags in § 7 GewStG um die Bezüge i.S.d. § 3 Nr. 40 EStG und § 8b Abs. 1 KStG niemals erfüllt sein. Nach allgemeiner Meinung ist die Rechtsgrundverweisung auf die Tatbestandsvoraussetzungen in § 9 Nr. 2a und 9 Nr. 7 GewStG daher teleologisch dahingehend zu reduzieren, dass es auf ein „Enthaltensein" der Bezüge im Gewerbeertrag nicht ankommt.[314] Dividenden, die eine Körperschaft als Mitunternehmerin **über eine gewerbliche Personengesellschaft** bezieht, sind auch bei der gewerblichen Mitunternehmerschaft aus dem Gewerbeertrag zu eliminieren (**§ 7 Satz 4 GewStG**).

194 Für Beteiligungen **unter 10 %** sieht das Gewerbesteuerrecht in § 8 Nr. 5 GewStG eine Hinzurechnung der Bruttodividendenbeträge – unter Abzug der mit den Einnahmen in Zusammenhang stehenden Aufwen-

---

311 Vgl. Lang, GmbHR 2000, 453, 457.
312 Die Freistellung wird voraussichtlich im Rahmen der Unternehmenssteuerreform 2008 auf 40 % beschränkt.
313 Während der Entlastungsmechanismus des Anrechnungsverfahrens die Entlastung von der Körperschaftsteuer genau dem persönlichen Einkommensteuertarif anpasste, bleibt es nunmehr auch bei einem Steuersatz des Anteilseigners von 0 % bei der Vorbelastung mit Körperschaftsteuer. Die neue Körperschaftsteuer hat damit den Charakter einer Definitivsteuer, vgl. die Brühler Empfehlungen, S. 49; Bareis, StuW 2000, 133, 142; Lang, GmbHR 2000, 453, 457.
314 Vgl. Prinz/Simon, DStR 2002, 149, 151.

dungen – vor. **Systematischer Ausgangspunkt** ist nach allgemeiner Meinung, dass § 3 Nr. 40 EStG und § 8b Abs. 1 KStG als **Gewinnermittlungsvorschriften** anzusehen sind, welche grds. auch auf die Gewerbesteuer „durchschlagen".[315] § 8 Nr. 5 Satz 1 GewStG sieht nun grds. für gewerbesteuerliche Zwecke eine **Hinzurechnung** von „Gewinnanteilen" und gleichgestellten Bezügen für Zwecke der Gewerbesteuer vor, wenn **nicht** die Voraussetzungen der § 9 Nr. 2a oder Nr. 7 GewStG erfüllt sind. Damit wird die auch für Zwecke der Gewerbesteuer zunächst gewährte hälftige Freistellung nach § 3 Nr. 40 EStG oder vollständige Freistellung nach § 8b Abs. 1 KStG für alle genannten Bezüge **grds. vollständig beseitigt**, wenn die Bezüge nicht unter die genannten gewerbesteuerlichen Kürzungsvorschriften zu subsumieren sind. Im Ergebnis ist es daher auch möglich, dass vor dem Hintergrund des **Stichtagsprinzips** in § 9 Nr. 2a und Nr. 7 GewStG (= die Beteiligung muss zu Beginn des Erhebungszeitraums bestanden haben) auch **Schachteldividenden** bei einer Beteiligung oberhalb von 10 % gewerbesteuerpflichtig werden können.[316]

Veräußerungsgewinne aus der Beteiligung **an einer Kapitalgesellschaft**, die auf der Ebene einer gewerblichen Personengesellschaft oder eines Einzelunternehmens erzielt werden, sind aufgrund der durchschlagenden hälftigen Steuerbefreiung in § 3 Nr. 40 EStG generell auch **gewerbesteuerbefreit**, da das Gewerbesteuergesetz in diesen Fällen keine Hinzurechnung vorsieht. **Veräußerungsgewinne einer Mutter-Kapitalgesellschaft** sind nach § 8b Abs. 2 KStG zu 95 % (wegen der fiktiven nicht abziehbaren Betriebsausgabe i.H.v. 5 % der Bruttodividende) steuerbefreit und unterliegen in dieser Höhe ebenfalls nicht der Gewerbesteuer.

195

3. Behandlung von Ausschüttungen während der Übergangszeit vom Anrechnungs- zum Halbeinkünfteverfahren

a) Übergang vom Anrechnungs- zum Halbeinkünfteverfahren

Nach § 36 Abs. 3 KStG n.F. war bei Körperschaften mit kalendergleichem Wirtschaftsjahr auf den 31.12.2000, bei Körperschaften mit abweichendem Wirtschaftsjahr auf das Ende des in 2001 endenden Wirtschaftsjahres zunächst mit einem Körperschaftsteuer-Guthaben verbundene thesaurierte Alt-Gewinne (sog. EK 45) in sog. EK 40 umzugliedern, wodurch Anrechnungsguthaben verloren gehen konnte. Daneben waren nach § 36 Abs. 1 KStG n.F. auch die Endbestände des insgesamt für Ausschüttungen verwendbaren Eigenkapitals = sog. vEK (unter Berücksichtigung von Ausschüttungen für abgelaufene Wirtschaftsjahre, in denen noch das Anrechnungsguthaben galt) auf die genannten Stichtage festzustellen. Ein positiver Endbestand an Stammkapital und nachträglich eingelegten Gesellschaftermitteln (**sog. EK 04**) war nach § 39 Abs. 1 KStG n.F. als Anfangsbestand des steuerlichen Einlagenkontos anzusehen. Verfügte die übertragende Körperschaft über Altbestände an thesaurierten Mitteln, die nicht aus versteuerten Gewinnen gebildet worden waren (**sog. EK 02**) ist während des Übergangszeitraums gemäß § 38 Abs. 1 KStG der Endbestand auch zum Schluss jedes folgenden Wirtschaftsjahres bis zum Ende des Übergangszeitraums fortzuschreiben und gesondert festzustellen. Soweit altes EK 02 für Ausschüttungen als verwendet gilt, erhöht sich die KSt-Schuld und verringert sich der Bestand an EK 02, indem aus diesem „Topf" 7/10 für die Ausschüttung als verwendet gelten und **3/10** mit der Körperschaftsteuer-Erhöhung verrechnet werden müssen.

196

Die **letztmalig festgestellten Endbestände** von positivem EK 40 werden durch Multiplikation **mit 1/6** des von der Körperschaft nutzbaren KSt-Guthabens zum 31.12.2000 oder auf das Ende des ersten in 2001 endenden Wirtschaftsjahres ermittelt (§ 37 Abs. 1 KStG n.F.) und für den Schluss des darauf folgenden Wirtschaftsjahres bis zum Ende des Übergangszeitraums festgestellt (§ 37 Abs. 2 Satz 3 KStG).

197

Während des Übergangszeitraums minderte das Körperschaftsteuer-Guthaben die Körperschaftsteuer-Schuld der ausschüttenden Gesellschaft gemäß § 37 Abs. 2 KStG **bei offenen Ausschüttungen i.H.d. Betrags 1/6 × Bruttodividende- und bei Vorabausschüttungen** (nicht bei sonstigen Ausschüttungen/vGA!).[317]

---

315 Vgl. a.A.: BMF-Schreiben v. 28.4.2003, DStR 2003, 881 Rn. 57.
316 Vgl. Haas, DB 2002, 549, 550.
317 Vgl. Lang, DB 2001, 2110, 2114.

b) Moratorium und Begrenzung der Körperschaftsteuer-Minderung

198 Im Rahmen des **Steuervergünstigungsabbaugesetzes** wurde für die Jahre 2003 bis 2005 ein **Moratorium** beschlossen, wonach bei Ausschüttungen, die nach dem 11.4.2003 und vor dem 1.1.2006 beschlossen wurden, die Minderung von 1/6 des Ausschüttungsbetrages aus dem Körperschaftsteuerguthaben in diesen drei Jahren nicht gewährt wurde (§ 37 Abs. 2 und Abs. 2a KStG). Das Moratorium war eine Reaktion des Gesetzgebers auf die breite Inanspruchnahme des KSt-Guthabens nach dem Systemwechsel, welche zeitweise zu einer KSt-Erstattung führte.

Ab dem Jahr 2006 ist die Inanspruchnahme der Körperschaftsteuer-Minderung nur betragsmäßig begrenzt möglich. Die Körperschaftsteuer-Minderung kann weiterhin max. i.H.v. 1/6 des Ausschüttungsbetrages genutzt werden, jedoch wird dieser max. Betrag der Höhe nach gedeckelt. Die **Obergrenze** der Körperschaftsteuer-Minderung ermittelt sich aus dem Betrag, der sich bei gleichmäßiger Verteilung des gesamten Körperschaftsteuer-Guthabens auf den Restzeitraum der Übergangsfrist ergibt.[318] Der **Übergangszeitraum** wurde bis 2018 verlängert.

c) Auszahlung des KSt-Guthabens gemäß § 37 Abs. 2a i.d.F. des SEStEG[319]

199 Für die Behandlung des KSt-Guthabens in den VZ 2008 bis 2017 hat der Gesetzgeber abermals einen Paradigmenwechsel vollzogen. Nunmehr gewährt der Gesetzgeber einen ausschüttungsunabhängigen Auszahlungsanspruch. Dieser kommt den Gesellschaften zugute, die mangels Gewinnen nicht in der Lage waren, ihre KSt-Guthaben zu mobilisieren. Letztmalig wird nunmehr das noch vorhandene KSt-Guthaben auf den 31.12.2006 ermittelt und innerhalb der VZ 2008 bis 2017 ratierlich ausgezahlt (§ 37 Abs. 5 KStG n.F.). Der Auszahlungsanspruch ist bei kalenderjahrgleichem Geschäftsjahr zum 31.12.2006, bei abweichendem Wirtschaftsjahr zum Ende des Geschäftsjahres 2006/2007 mit dem Barwert zu aktivieren. Außerbilanziell ist der Ertrag aus der Aktivierung zu kürzen (§ 37 Abs. 7 KStG). Die vereinnahmten Auszahlungsbeträge stellen keine Einkünfte dar.

4. Behandlung von Aufwendungen im Zusammenhang mit Dividenden und Veräußerungsgewinnen

200 Anteilseigner, die der Einkommensteuer unterliegen, können aufgrund der hälftigen Dividendenbesteuerung Aufwendungen, die **in wirtschaftlichem Zusammenhang** mit den Dividendeneinkünften stehen, gemäß § 3c Abs. 2 EStG **zur Hälfte nicht abziehen**.[320] Ihnen steht aber für Dividendeneinkünfte der Sparerfreibetrag und Werbungskostenabzug im Fall des Haltens der Beteiligung außerhalb eines Betriebsvermögens ungekürzt zu. Dies betrifft maßgeblich Refinanzierungsaufwendungen für die Anschaffung der Beteiligung. Bei Veräußerungsgewinnen werden sowohl der Veräußerungspreis als auch die gegenzurechnenden Anschaffungskosten nur hälftig angesetzt.

201 Bei **Mutterkapitalgesellschaften** enthält § 8b Abs. 5 KStG die bereits angesprochene Umqualifizierung von 5 % der **Bruttodividende** in eine nicht abziehbare Betriebsausgabe. Höhere tatsächliche Betriebsausgaben können abgezogen werden. Bei Veräußerungsgewinnen werden ebenfalls 5 % des Betrags als nicht abziehbare Veräußerungskosten fingiert, die tatsächlichen höheren Veräußerungskosten können abgezogen werden. **Gewinnminderungen**, die im Zusammenhang mit dem steuerfrei veräußerbaren Anteil an einer Kapitalgesellschaft stehen, dürfen insgesamt nicht abgezogen werden. Hier besteht derzeit eine intensive Diskussion, ob die steuerwirksame Teilwertabschreibung auf eigenkapitalersetzenden Darlehensforderungen durch diese Regelung eingeschränkt wird.[321]

---

318 Eine Ausschüttung im VZ 2006 kann daher max. 1/14 des Körperschaftsteuer-Guthabens betragen, wenn dieser Betrag niedriger als die Körperschaftsteuer-Minderung aus 1/6 × des Betrags der Bruttodividende ist.
319 Vgl. Förster/Felchner, DStR 2007, 280 ff.
320 Durch das Gesetz zur Unternehmenssteuerreform wird voraussichtlich entsprechend der nur noch 40 %igen Dividendenfreistellung ein Betrag von 60 % der Aufwendungen abzugsfähig werden.
321 Vgl. dazu Teil 2: Gesellschaftsrecht, 7. Kapitel Rn. 241.

5. Verdeckte Gewinnausschüttungen und Gesellschafterfremdfinanzierung gemäß § 8a KStG

a) Voraussetzungen und Rechtsfolgen der verdeckten Gewinnausschüttung

Die verdeckte Gewinnausschüttung (vGA) durch Kapitalgesellschaften ist gesetzlich nicht definiert. Das KStG enthält lediglich in § 8 Abs. 3 KStG die Bestimmung, dass auch vGA das Einkommen nicht mindern. Der BFH[322] definiert die Tatbestandsmerkmale einer vGA als: 202

- eine Vermögensminderung oder verhinderte Vermögensmehrung,
- die durch das Gesellschaftsverhältnis veranlasst ist,
- sich auf die Höhe des Unterschiedsbetrags gemäß § 4 Abs. 1 Satz 1 EStG i.V.m. § 8 Abs. 1 KStG auswirkt und
- in keinem Zusammenhang mit einer offenen Ausschüttung steht.

Ist der begünstigte Gesellschafter ein **beherrschender Gesellschafter**, so liegt die Veranlassung im Gesellschaftsverhältnis auch dann vor, wenn die GmbH eine Leistung erbringt, für die es an einer klaren und im Voraus getroffenen, zivilrechtlich wirksamen und tatsächlich durchgeführten Vereinbarung fehlt (**sog. Rückwirkungs- bzw. Nachzahlungsverbot**) und welche im Übrigen dem Drittvergleich standhalten würde. Für die Beherrschung ist im Regelfall eine Beteiligung am Stamm- oder Grundkapital **von mehr als 50 % erforderlich (Mehrheit der Stimmrechte)**. Der Gesellschafter kann somit entscheidenden Einfluss ausüben,[323] weil er mit dieser Mehrheit Gesellschafterbeschlüsse erzwingen kann, da § 47 Abs. 1 GmbHG das Mehrheitsprinzip vorsieht. 203

Ist eine vGA festgestellt, so ist in Höhe der vGA entsprechend § 8 Abs. 3 KStG das Einkommen der Betriebsgesellschaft zu erhöhen und dieses erhöhte Einkommen der Körperschaftsteuer und Gewerbesteuer zu unterwerfen. Nach einhelliger Ansicht sind die erforderlichen Korrekturen **außerhalb der Bilanz bei der Einkommensermittlung** vorzunehmen.[324]

VGA sind beim Gesellschafter grds. Einkünfte aus Kapitalvermögen nach § 20 Abs. 1 Nr. 1 EStG. Für die Einkünfteermittlung des **Dividendenempfängers** (Alleingesellschafter als natürliche Person, Mitunternehmerschaft oder Kapitalgesellschaft) ist zu beachten, dass die die vGA begründenden Entgelte bereits als gewerbliche Einkünfte oder private Einkünfte, z.B. nach § 19 EStG, erfasst worden sein können. 204

Die Feststellung der vGA führt auf der Gesellschafterebene je nach der Eigenschaft des Gesellschafters zu folgenden Auswirkungen: 205

- Alleingesellschafter als natürliche Person oder Mitunternehmer: Die Einkünfte unterliegen nach der Umqualifizierung in Dividendeneinkünfte dem Halbeinkünfteverfahren (sowohl bei gewerblichen wie bei privaten Einkünften), so dass sie für den Gesellschafter zu einer Steuererstattung führen. Refinanzierungsaufwendungen unterliegen jedoch dann dem hälftigen Abzugsverbot aus § 3c Abs. 2 EStG. Gewerbesteuerlich werden im Fall gewerblicher Einkünfte die gewerblichen Dividenden nach § 9 Nr. 2a GewStG aus der Bemessungsgrundlage des Besitzunternehmens gekürzt. Die Umsetzung dieser Begünstigung ist aber verfahrensrechtlich nicht gesichert, wenn die vGA erst zu einem Zeitpunkt bei der Betriebsgesellschaft erkannt wird, zu dem die Veranlagung der beherrschenden Gesellschafter oder der einheitliche und gesonderte Festestellungsbescheid bereits bestandskräftig sind.
- Mutterkapitalgesellschaft: Ist der von einer vGA begünstigte Gesellschafter seinerseits ebenfalls eine Kapitalgesellschaft, so wird die vGA wie eine offene Gewinnausschüttung gemäß § 8b KStG nicht besteuert. Der Bezug ist daher steuerfrei. 5 % des Bezugs sind allerdings als nichtabzugsfähige Betriebsausgaben zu erfassen (§ 8b Abs. 5 KStG). Folge ist damit aus wirtschaftlicher Sicht eine Steuerfreiheit von 95 % des Bezugs.

---

322 BFH, BStBl. 1989 II, S. 475; BStBl. 1989 II, S. 631 und BFH/NV 2003, S. 1666.
323 BFH/NV 1997 S. 808; BStBl. 1990 II, S. 454; BStBl. 1982 II, S. 139.
324 BMF, BStBl. 2002 I, S. 603, Rn. 3; BFH, BStBl. II 2002, 366; BStBl. II 2002, 367.

- Errichtung einer Organschaft: Bei Errichtung einer Organschaft wird das Ergebnis der Betriebsgesellschaft (Organgesellschaft) dem Besitzunternehmen (Organträger) für steuerliche Zwecke zugerechnet. Zudem findet die 5 %-Hinzurechnung nach § 8b Abs. 5 KStG keine Anwendung. Die Organschaft erlaubt also eine vollkommene Planungssicherheit gegenüber nachträglich festgestellten vGA. Für natürliche Personen als Anteilseigner und jetzt auch Mitunternehmerschaften steht dieser Weg ebenfalls offen, da Rn. 16 des BMF-Schreibens v. 10.11.2005[325] auch die Besitzgesellschaften als Organträger qualifiziert, wenn diese nach Rn. 13 desselben BMF-Schreibens die Mehrheit der Anteile im Gesamthandsvermögen halten. Nachteilig bei der Organschaft ist für natürliche Personen oder Mitunternehmerschaften, dass durch den nach § 14 KStG zwingend erforderlichen Ergebnisabführungsvertrag eine fünfjährige Bindung und eine zivilrechtliche Verpflichtung zu einem Verlustausgleich bestehen.

b) Steuerwirkungen

206 Die Steuerwirkungen einer unangemessenen Vergütung an Gesellschafter, die in Gestalt einer vGA festgestellt wird, führen zu einer Gewinnerhöhung bei der GmbH, die mit der definitiven Belastung aus Gewerbe- und Körperschaftsteuer belastet ist. Beim Anteilseigner kommt es zu einer Steuerminderung, wenn er nunmehr statt vollständig in der einkommensteuerlichen Bemessungsgrundlage zu erfassender Einkünfte die Dividenden nur noch hälftig anzusetzen hat. Verfahrensrechtlich wurde zwischenzeitlich durch Einführung eines § 32a KStG durch das JStG 2007 sichergestellt, dass beim Gesellschafter die zutreffenden steuerlichen Konsequenzen gezogen werden können. Diese gegenläufigen Effekte führen zu den nachstehend berechneten Steuerwirkungen[326] im Vergleich zu einer offenen Gewinnausschüttung:

	oGA	vGA	
		aufgedeckt	nicht aufgedeckt
KapG			
Gewinn	100,00	100,00	80,00
– Gewerbesteuer (400 %)	– 16,67	– 16,67	– 13,33
Gewinn nach Gewerbesteuer	83,33	83,33	66,67
– Körperschaftsteuer (25 %)	– 20,83	– 20,83	– 16,67
– Solidaritätszuschlag	– 1,15	– 1,15	– 0,92
Gewinn nach Steuern	61,35	61,35	49,08
Vermögen nach Steuern	0,00	– 7,73	0,00
Gesellschafter			
Einnahmen aus oGA	61,35	49,08	49,08
Einnahmen aus vGA		20,00	
Einnahmen i.S.d. § 20 EStG	61,35	69,08	49,08
– steuerfrei 50 % (§ 3 Nr. 40 EStG)	– 30,68	– 34,54	– 24,54
Einnahmen, z.B. i.S.d. § 19 EStG			20,00
zu versteuerndes Einkommen	30,68	34,54	44,54
– Einkommensteuer (42 %)	– 12,88	– 14,51	– 18,71
– Solidaritätszuschlag	– 0,71	– 0,80	– 1,03
Vermögen nach Steuern	47,76	53,78	49,35
Gesamtvermögen	47,76	46,05	49,35
Gesamtsteuerbelastung	52,24	53,95	50,65
Mehr-/Minderbelastungspotential		+ 0,0856	– 0,0793

---

325 BMF-Schreiben v. 10.11.2005, BStBl. 2005 I, S. 1038.
326 Vgl. Teufel, Steuerliche Rechtsformoptimierung, S. 105.

c) Gesellschafterfremdfinanzierung gemäß § 8a KStG[327]

aa) Überblick

Die Neuregelung des § 8a KStG, die ab dem VZ 2004 auch für Inlandsfälle anzuwenden ist, kann von Bedeutung werden in allen Fällen, in denen der Darlehensnehmer eine Kapitalgesellschaft ist. Nach dem Regelungskonzept der Vorschrift sind Vergütungen für Fremdkapital, die einem **Anteilseigner** zufließen, der zu einem Zeitpunkt im Wirtschaftsjahr **wesentlich (= zu mehr als einem Viertel)** am Grund- oder Stammkapital beteiligt war, vGA, wenn die Vergütungen **insgesamt mehr als 250.000 € (Freigrenze)** betragen haben und entweder

- eine nicht in einem Bruchteil des Kapitals bemessene Vergütung vereinbart ist oder
- selbst bei einer solchen Vergütungsform das Fremdkapital zu einem Zeitpunkt des Wirtschaftsjahres das Eineinhalbfache des anteiligen Eigenkapitals des Anteilseigners übersteigt.

Bei letzterer Finanzierungsform kann die Rechtsfolge der vGA abgewendet werden, wenn der **Drittvergleich** gelingt, also nachgewiesen werden kann, dass das Fremdkapital auch unter gleichen Umständen wie vom Anteilseigner von einem fremden Dritten gegeben worden wäre. Wichtig ist, dass die Regelung der vGa in § 8 Abs. 3 Satz 2 KStG nachrangig ist, d.h. sie nur Wirkung für **angemessene Fremdkapitalvergütungen** entfaltet.[328]

Um Umgehungstatbestände zu erfassen, sind neben diesem Grundkonzept auch Finanzierungen erfasst, die von einer dem Anteilseigner **nahe stehenden Person i.S.d. § 1 Abs. 2 SstG** ausgereicht werden oder von einem **fremden Dritten** gewährt werden, der entweder auf den Anteilseigner oder die nahestehende Person zurückgreifen kann.

> **Hinweis:**
> Die **Thematik** hat seit Einführung zu einer kaum noch zu überblickenden Diskussion im Schrifttum geführt. Die **Finanzverwaltung** hat im **Erlasswege** für die praktische Arbeit bedeutsame BMF-Schreiben veröffentlicht, die bei der täglichen Arbeit unbedingt beachtet werden sollten. Im Einzelnen sind dies der in Teilen weiter geltende Erlass vom 15.12.1994[329] und das umfangreiche BMF-Schreiben v. 15.7.2004[330] mit Ergänzungen v. 19.9.2006[331] und v. 22.7.2005.[332]

bb) Voraussetzungen des § 8a KStG

§ 8a enthält im Einzelnen **folgende Voraussetzungen**:

- **Wesentlich beteiligter Anteilseigner**: Wesentlich beteiligter Anteilseigner gemäß § 8a Abs. 3 Satz 1 KStG ist der **unmittelbare Anteilseigner**, der zivilrechtlich am Stammkapital wesentlich beteiligt ist (vgl. Rn. 8 des BMF-Schreibens v. 15.7.2004).[333]
- **Vergütungen für Fremdkapital**: Nicht betroffen von § 8a KStG sind Pachtengelte und Vergütungen für Sachwertdarlehen, z.B. für überlassenes Umlaufvermögen. § 8a KStG ist nur für Vergütungen anwendbar, die als Entgelt **für eine Kapitalzuführung in Geld** gezahlt werden.[334] Betroffen sind also **nur die Darlehensbeziehungen**. Das Fremdkapital darf i.S.d. § 8 Nr. 1 GewStG nicht nur kurzfristig überlassen worden sein.

---

327 Vgl. Schwedhelm/Ehnert, FR 2004, 249 ff.; Gratz, FR 2004, 257; Neumann/Stimpel, GmbHR 2004, 392 ff.; Stegemann, INF 2004, 107 ff., 147.
328 Gosch, KStG, § 8a Rn. 46.
329 BMF-Schreiben v. 15.12.1994, BStBl. 1995, I, S. 25 und S. 176.
330 BMF-Schreiben v. 15.7.2004, BStBl. 2004, I, S. 593.
331 BMF-Schreiben v. 19.9.2006, BStBl. 2006, I, S. 559.
332 BMF-Schreiben v. 22.7.2005, BStBl. 2005, I, S. 829.
333 Zustimmend: Schwedhelm/Ehnert, FR 2004, 249, 250; a.A.: Gosch, KStG, § 8a Rn. 97.
334 Gosch, KStG, § 8a Rn. 59; Stegemann, INF 2004, 107, 108.

- **Nahestehende Personen**: Die vGA gemäß § 8a KStG führt zu einem Dividendenzufluss beim Anteilseigner (siehe unten) und der Einkommenskorrektur bei der Kapitalgesellschaft. **Zusätzlich** soll der nahestehende Dritte als Empfänger einer Zinszahlung diese der Besteuerung nach allgemeinen Regeln zu unterwerfen haben.[335]

- **Safe Haven**: Bei den „normalen" Zinszahlungen tritt die Wirkung des § 8a KStG erst bei Überschreiten des Safe Haven ein.

- **Dritte mit Rückgriffsrecht**: Vergütungen für Fremdkapital, die die Kapitalgesellschaft **an einen Dritten** zahlt (der nicht nahestehende Person sein kann), sind unter den Voraussetzungen der §§ 8 Abs. 3 Satz 2, 8a KStG vGA, soweit der Dritte (z.B. als Sicherungsnehmer) auf den wesentlich beteiligten Anteilseigner oder eine diesem nahestehende Person zurückgreifen kann, weil **ein rechtlicher Anspruch** (z.B. aufgrund einer Garantieerklärung, Patronatserklärung oder einer Bürgschaft) oder eine dingliche Sicherheit (z.B. Sicherungseigentum, Grundschuld) besteht. Erfasst sind damit Finanzierungen, bei denen die Kapitalgesellschaft direkt von einer kreditgebenden Bank ein Darlehen erhält, die gegen einen wesentlichen Anteilseigner Rückgriffsrechte hat. Die Wirkung kann ausgeschlossen werden, wenn der **im BMF-Schreiben v. 15.7.2004 in Rn. 21** im Erlassweg geschaffene **Gegenbeweis** geführt werden kann.

- **Freigrenze**: Die Freigrenze des § 8a Abs. 1 Satz 1 KStG i.H.v. 250.000 € bezieht sich nach **Rn. 28 – 30 des BMF-Schreibens v. 15.7.2004** auf die **insgesamt** im Veranlagungszeitraum an die wesentlich beteiligten Anteilseigner der Kapitalgesellschaft oder Personen zu entrichtenden schädlichen Vergütungen (**gesellschafts- und veranlagungszeitraumbezogene Freigrenze**). Vergütungen für nur kurzfristig überlassenes Fremdkapital bleiben unberücksichtigt. Bei Überschreiten der Freigrenze ist die gesamte Vergütung den Rechtsfolgen des § 8a KStG unterworfen, nicht nur der übersteigende Betrag. Bei der Prüfung der Freigrenze sind auch **Vergütungen auf das zulässige Fremdkapital und Vergütungen auf Fremdkapital, für das der Drittvergleich gelingt**, einzubeziehen. Vergütungen an einen rückgriffsberechtigten Dritten sind nur zu berücksichtigen, soweit kein Gegenbeweis geführt werden kann. Im Ergebnis ist diese Freigrenze für mittelständische Strukturen als zu gering anzusehen, um viele Fälle aus dem Anwendungsbereich herauszuhalten.

cc) Wirkungen des § 8a KStG

210 Soweit die Vergütung für Fremdkapital nach §§ 8 Abs. 3 Satz 2, 8a KStG eine vGA darstellt, wird sie bei der leistenden Betriebs-GmbH dem Steuerbilanzgewinn im Rahmen der Ermittlung des Einkommens **außerhalb der Steuerbilanz** hinzugerechnet. Das auf diese Weise erhöhte Einkommen der Kapitalgesellschaft gilt auch als Gewinn i.S.d. § 7 Satz 1 GewStG und **erhöht den Gewerbeertrag**. Dies führt zu einer **vollständigen Nichtabziehbarkeit der Zinsaufwendungen**, die ansonsten bei Annahme einer Dauerschuld nach § 8 Nr. 1 GewStG den Gewinn nur hälftig erhöht hätten. Die vGA stellt außerdem eine **sonstige Leistung** dar und erfolgt mit Abfluss der Vergütung bei der Kapitalgesellschaft.

Zu den Dividendeneinkünften des Anteilseigners wird auf die Ausführungen bei der vGA unter Rn. 204 verwiesen.

dd) Einführung einer Zinsschranke ab dem VZ 2008

211 Dem Anschein nach wird der Gesetzgeber im Rahmen der Unternehmenssteuerreform § 8a KStG durch das Modell einer sog. **Zinsschranke** ersetzen. Diese soll die Minderung der inländischen Bemessungsgrundlage durch Zinsaufwendungen in Form eines steuerlichen Betriebsausgabenabzugsverbots erreichen, wenn die Zinsaufwendungen einer inländischen Kapitalgesellschaft nach Verrechnung mit den Zinserträgen der Periode den Betrag von 1.000.000 € übersteigt. Die mit § 8a KStG verbundenen Wirkungen der Umqualifizierung von Zins- in Dividendeneinkünfte entfällt.

---

335 Vgl. zur Diskussion Prinz, in: Hermann/Heuer/Raupach, KStG, § 8a Anm. J 03-20.

6. Behandlung der Veräußerungsgewinne bei privaten Anteilseignern

a) Rechtsgrundlagen

Gewinne oder Verluste aus der Veräußerung von Anteilen an Kapitalgesellschaften von privaten Anteilseignern gemäß § 17 EStG sind ebenfalls nach dem Halbeinkünfteverfahren zu besteuern (§ 3 Nr. 40c EStG), also nur zur Hälfte bei der Einkommensteuer zu erfassen. Mit der Einführung des Halbeinkünfteverfahrens hat der Gesetzgeber die Beteiligungsgrenze für die Annahme einer **„wesentlichen" Beteiligung** von mindestens 10 % auf mindestens **1 % am Nennkapital** der Gesellschaft **innerhalb der letzten fünf Jahre** vor dem Veräußerungsvorgang herabgesetzt. Die Voraussetzungen der Regelung können hier nicht im Einzelnen dargestellt werden. 212

Die Veräußerung von Anteilen **innerhalb eines Jahres nach der Anschaffung** ist gemäß § 23 Abs. 1 Nr. 2 i.V.m. Abs. 2 EStG vor der Regelung des § 17 EStG ebenfalls vorrangig, d.h. es kommt in diesen Fällen auf die Höhe der Beteiligung am Nennkapital **nicht** an. Auch hier gilt allerdings das Halbeinkünfteverfahren. 213

Ferner ist die Veräußerung sog. **einbringungsgeborener Anteile** gemäß § 21 UmwStG (z.B. aus dem Formwechsel einer Personen- in eine Kapitalgesellschaft zum Buchwert) unabhängig von der Höhe der Beteiligung steuerpflichtig. Die Veräußerung ist nach dem Halbeinkünfteverfahren gemäß § 3 Nr. 40 Satz 4 EStG nur zur Hälfte steuerpflichtig, wenn sie später als sieben Jahre nach der Einbringung erfolgt; anderenfalls ist sie in voller Höhe steuerpflichtig.

b) Nachträgliche Anschaffungskosten

Der BFH geht in seiner ständigen Rspr. von einem **normspezifischen Anschaffungskostenbegriff bei § 17 EStG** aus.[336] Dies führt dazu, dass sich die Anschaffungskosten auf die Beteiligung nachträglich erhöhen, wenn ein Gesellschafter seiner Kapitalgesellschaft z.B. ein Darlehen gewährt, das den **zivilrechtlichen Bindungen des Eigenkapitalersatzrechts** unterliegt und mit diesem Anteil ausfällt. Auf der Grundlage dieser Rspr. wird zwischen Krisendarlehen, krisenbestimmten Darlehen, stehengelassenen Darlehen und Finanzplandarlehen unterschieden.[337] Im Fall der Liquidation der Kapitalgesellschaft führen die nachträglich erhöhten Anschaffungskosten zu einem Liquidationsverlust, der hälftig mit anderen positiven Einkünften verrechnet werden kann. 214

III. Besteuerung von Mischformen

1. Besteuerung der GmbH & Still

a) Typische und atypisch stille Gesellschaft

Eine stille Gesellschaft ist eine sog. **Innengesellschaft**, bei der sich der stille Gesellschafter am Handelsgewerbe eines anderen mit einer Vermögenseinlage beteiligt.[338] Sofern im Gesellschaftsvertrag nichts Besonderes vereinbart ist, ist der stille Gesellschafter an Gewinnen und ggf. an Verlusten der tätigen Gesellschaft beteiligt, nicht jedoch an den stillen Reserven; in diesem Fall handelt es sich um eine **typische stille Gesellschaft**.[339] Werden die Rechte des stillen Gesellschafters um die Beteiligung an den stillen Reserven oder um besondere Mitspracherechte bei der Geschäftsführung erweitert, so handelt es sich um eine **atypisch stille Gesellschaft**.[340] 215

---

336   Vgl. BFH, BStBl. 1993 II, S. 340; BStBl. 1999 II, S. 817.
337   Vgl. BMF-Schreiben v. 8.6.1999, BStBl. 1999 I, S. 545.
338   Vgl. Blaurock, BB 1992, 1969 ff.
339   Zur Abgrenzung zwischen typischer stiller Gesellschaft und partiarischem Darlehen vgl. BFH, BStBl. 1983 II, S. 563, 565.
340   Blaurock, BB 1992, 1969, 1971.

b) Besteuerungsfolgen bei der GmbH & typisch Still

216 Die **Gewinnbeteiligung des typisch stillen Gesellschafters** stellt auf der Ebene des Handelsgewerbes bei der GmbH eine abzugsfähige Betriebsausgabe dar. Auf der Ebene des stillen Gesellschafters handelt es sich um Einkünfte aus Kapitalvermögen i.S.v. § 20 Abs. 1 Nr. 4 EStG, wenn nicht die Beteiligung zu einem Betriebsvermögen gehört. Eine Verlustzuweisung an den typisch stillen Gesellschafter stellt grds. für diesen Aufwand dar, der bei den Einkünften aus Kapitalvermögen als Werbungskosten abgezogen werden kann. Auch bei dem typisch stillen Gesellschafter gilt allerdings durch den Verweis in § 20 Abs. 1 Nr. 4 Satz 2 EStG die Beschränkung nach § 15a EStG, d.h. Verluste sind nur bis zur Höhe der Beteiligung abzugsfähig. Wird die stille Beteiligung bei bilanzierenden Steuerpflichtigen im Betriebsvermögen gehalten, ist seine Beteiligung in den Bilanzen als Aktivvermögen auszuweisen. Der Anspruch auf den ihm zustehenden **Gewinnanteil** entsteht jeweils mit dem Ende des Wirtschaftsjahres des Unternehmens. Ist der stille Gesellschafter auch am **Verlust beteiligt**, sind seine Verluste als Betriebsausgaben bei der Ermittlung seiner Einkünfte aus Gewerbebetrieb in gleichem Umfang zu berücksichtigen, wie sie bei einem typischen stillen Gesellschafter, der seine Beteiligung im Privatvermögen hält, als Werbungskosten zu berücksichtigen wären

c) Besteuerungsfolgen bei der GmbH & atypisch Still

217 Die überwiegende Auffassung geht davon aus, dass z.B. die **Identität von Gesellschafter-Geschäftsführer und Stillem** „im Regelfall" zur Mitunternehmerschaft von GmbH und atypisch still Beteiligtem führt.[341] Dies bestätigt die neuere Rspr. des BFH,[342] die von dem Grundgedanken ausgeht, die Stellung des alleinigen Geschäftsführers stelle eine so starke Ausprägung der Mitunternehmerinitiative dar, dass das Defizit beim Mitunternehmerrisiko ausgeglichen werde.[343] Die Ausgestaltung als typisch stille Beteiligung ohne Beteiligung an den stillen Reserven und am Geschäftswert schützt in diesem Fall nicht vor der Qualifizierung als atypisch stille Gesellschaft.[344]

Im Falle einer **atypisch stillen Gesellschaft** erzielt der stille Gesellschafter als Mitunternehmer gewerbliche Einkünfte i.S.v. § 15 Abs. 1 Nr. 2 EStG.[345] Die **GmbH & atypisch Still** ist als Mitunternehmerschaft seit einigen Jahren nach st. Rspr. **selbst Subjekt der Gewinnerzielung**, Gewinnermittlung und Einkünftequalifikation.[346]

Zwischenzeitlich wurde die Verrechnung von Verlusten aus atypisch stillen Beteiligungen **nach § 15 Abs. 4 Satz 6 – Satz 8 EStG** auf die Verrechnung von Verlusten auf Gewinne aus **derselben** atypisch stillen Beteiligung begrenzt.[347] Ein weiterer Nachteil ist die steuerliche Verstrickung der Anteile an der GmbH im Sonderbetriebsvermögen II des atypisch Stillen.[348]

218 In der Lit. immer noch umstritten ist das **Sonderproblem**, inwieweit durch die atypisch stille Beteiligung an einer **rein vermögensverwaltenden GmbH**, die ihrerseits gewerbliche Einkünfte kraft Rechtsform nach § 8 Abs. 2 KStG erzielt, die Einkünfte der atypisch stillen Gesellschaft als gewerbliche Einkünfte zu qualifizieren sind.[349] In jedem Fall kommt die Qualifikation der Einkünfte der GmbH & atypisch Still

---

341 Vgl. Blaurock, BB 1992, 1969, 1972.
342 Vgl. BFHE 163, 336, insb. 339; BFHE 163, 346, insb. 350; BStBl. 1994 II, S. 702, 704; BFH, BStBl. 1999 II, S. 286, 288.
343 Vgl. BFHE 163, 336, 339; BFHE 163, 346, 350.
344 Vgl. BFH, BStBl. 1999 II, S. 286, 288.
345 Vgl. zu den Einzelheiten Schmidt/Schmidt, EStG, § 15 Rn. 340 – 362.
346 Vgl. z.B. BFH, BStBl. 1998 II, S. 328; a.A.: BStBl. 1986 II, S. 311, 312, wonach der GmbH & atypisch Still noch eine partielle Steuerrechtsfähigkeit abgesprochen wurde.
347 Vgl. zur bisherigen Rechtslage bei Anwendung des § 15a EStG auf den atypisch stillen Gesellschafter, Schmidt/Schmidt, EStG, § 15a Rn. 199 und nunmehr Schulze zur Wiesche, BB 2003, 713 ff.
348 Vgl. BFH, BStBl. 1999 II, S. 286 ff.
349 Ablehnend: Gschwendtner, DStZ 1998, 335, 340; bejahend: BMF, BStBl. 1987 I, S. 765.

als gewerbliche Einkünfte über die gewerbliche Prägung nach § 15 Abs. 3 Nr. 2 EStG in Betracht.[350] In diesem Fall ist aber nach wohl einhelliger Meinung in der Lit. die **Einkünfteerzielungsabsicht** beim atypisch stillen Gesellschafter Grundvoraussetzung für die Relevanz der Einkünfte,[351] obwohl der BFH mit Urteil v. 4.12.1996[352] festgestellt hatte, dass eine Kapitalgesellschaft keine Privatsphäre haben und damit für die Kapitalgesellschaft selbst das Vorliegen einer steuerrechtlich irrelevanten Liebhaberei ausgeschlossen werden kann.

Gewerbesteuerlich ist allerdings zwischen subjektiver und objektiver Gewerbesteuerpflicht zu unterscheiden. Die atypisch stille Gesellschaft ist zwar nach der Rspr. des BFH nicht subjektiv gewerbesteuerpflichtig,[353] weshalb Schuldner der Gewerbesteuer auch ausschließlich der Inhaber des Handelsgeschäftes, die GmbH, ist.[354]

d) Steuerwirkungen der GmbH & atypisch Still

Die Verlagerung von Gewinnanteilen mit Hilfe einer atypisch stillen Beteiligung kann zu Steuervorteilen führen. Durch die über das Mitunternehmerregime zu besteuernden Gewinnanteile aus der atypisch stillen Gesellschaft kann das zum Konsum benötigte Einkommen entnommen und das übrige Kapital steuergünstig thesauriert werden. Die nachfolgende Berechnung zeigt den Vorteil, der sich im Vergleich zu einer Vollausschüttung nach den Regeln des Halbeinkünfteverfahrens erzielen lässt[355] :

	reine KapG	KapG + atyp. stille Beteil.
StB-Gewinn gesamt		100,00
Anteil des Stillen vor Steuern		20,00
Gewerbesteuerlast (vgl. unten)		16,67
Anteil des Stillen an der GewSt-Last		3,33
Anteil des Stillen nach Steuern		16,67
Anteil des Geschäftsinhabers		83,33
Kapitalgesellschaft (Geschäftsinhaber)		
HB/StB-Gewinn KapG	100,00	83,33
– Gewerbesteuer (400 %)	– 16,67	– 16,67
Gewinn nach Gewerbesteuer	83,33	66,67
– Körperschaftsteuer (25 %)	– 20,83	– 16,67
– Solidaritätszuschlag	– 1,15	– 0,92
Gewinn nach Steuern	61,35	49,08
Gesellschafter (atypisch Stiller)		
Gewinnanteile aus stiller Gesellschaft		16,67
Dividendeneinnahmen	61,35	49,08
– steuerfrei 50 % (§ 3 Nr. 40 EStG)	– 30,68	– 24,54
zu versteuerndes Einkommen	30,68	41,21
tarifliche Einkommensteuer (42 %)	– 12,88	– 17,31

---

350 Vgl. BFH, BStBl. 1998 II, S. 328; BStBl. 1999 II, S. 286; BFH/NV 1999, S. 169; Gschwendtner, DStZ 1998, 335, 343; Schmidt/Schmidt, EStG, § 15 Rn. 228, 359.
351 Vgl. Brandenberg/Sarrazin/Schmidt/Raupach, in: JbFSt 1998/99, S. 312, 316 f.
352 Vgl. BFH/NV 1997, S. 190.
353 Vgl. BFH, BStBl. 1986 II, S. 311, 313.
354 Vgl. A 35 Abs. 2 GewStR.
355 Berechnung von Teufel, Steuerliche Rechtsformoptimierung, S. 163.

Steuerermäßigung (§ 35 EStG):		
Anteiliger GewSt-Messbetrag		0,83
1,8 facher GewSt-Messbetrag		1,50
– Einkommensteuer	– 12,88	– 15,81
– Solidaritätszuschlag	– 0,71	– 0,87
Gesamtsteuerbelastung	**52,24**	**50,93**
Optimierungspotential		**– 0,0656**

2. Besteuerung der KGaA und der GmbH & Co. KGaA

220 Die **KGaA** ist eine vom Gesetzgeber geschaffene hybride Gesellschaftsform, bei der die Geldgeber und die Unternehmensführer unterschiedlichen zivilrechtlichen Regelungen unterworfen sein sollen (**duale Rechtsstruktur**).[356] Sie beinhaltet daher im Grundmodell **zwei Gruppen von Gesellschaftern**: die persönlich haftenden **Komplementäre** mit Geschäftsführungs- und Vertretungsbefugnis, welche weitgehend den Vorschriften wie bei der KG unterliegen und die (am in Aktien zerlegten) Grundkapital beteiligten **Kommanditaktionäre** ohne persönliche Haftung und Geschäftsführungs- und Vertretungsbefugnis.

a) Steuerliche Behandlung der KGaA

221 Die KGaA ist als Kapitalgesellschaft **Vollkaufmann** i.S.d. HGB und unterfällt der generellen Buchführungspflicht in § 238 HGB sowie der Verpflichtung, nach den ergänzenden Vorschriften der §§ 264 ff. HGB den Jahresabschluss aufzustellen. Nach § 1 Abs. 1 KStG und § 2 Abs. 2 Satz 1 GewStG ist die KGaA **eigenständiges Steuersubjekt für die Körperschaftsteuer und die Gewerbesteuer.** Damit besteht die Gefahr einer Doppelerfassung von Erträgen sowohl bei der KGaA als auch beim Komplementär.

Auf der Ebene der KGaA werden daher bei der Ermittlung des zu versteuernden Einkommens für Körperschaftsteuerzwecke gemäß § 9 Abs. 1 Nr. 1 KStG die nicht auf das Grundkapital entfallenden Gewinnanteile sowie die Geschäftsführungsvergütung des Komplementärs als Betriebsausgaben abgezogen. Mit der gesetzlichen Formulierung, dass nur Gewinnanteile gemeint sind, die „**nicht auf das Grundkapital entfallende Gewinnanteile**" sind, ist klargestellt, dass Dividendeneinkünfte des Komplementärs aus Kommanditaktien für Zwecke des § 9 Abs. 1 Nr. 1 KStG außer Betracht bleiben. Entgelte, die für die Hingabe von Darlehen und für die Überlassung von Wirtschaftsgütern von der KGaA gezahlt werden, mindern den körperschaftsteuerlichen Gewinn der KGaA als „normale" Betriebsausgaben.[357]

b) Gewerbesteuer

222 Für Zwecke der **Gewerbesteuer** sind bei einer KGaA sowohl die Komplementäre (nur im Fall der GmbH oder GmbH & Co. KG) als persönlich haftende Gesellschafter als auch die KGaA **kraft ihrer Rechtsform** selbst gewerbesteuerpflichtig.[358] In diesem Fall werden die in § 8 Nr. 4 GewStG genannten Gewinnbestandteile (als Betriebsausgaben von der körperschaftsteuerlichen Bemessungsgrundlage bei der KGaA abgezogene Gewinnanteile und Vergütungen für die Geschäftsführung nach § 9 Abs. 1 Nr. 1 KStG) dem Gewerbeertrag der KGaA wieder hinzugerechnet, obwohl diese auch über § 15 Abs. 1 Nr. 3 EStG und § 7 GewStG im einkommensteuerlichen Gewinn und Gewerbeertrag z.B. der Komplementär-GmbH & Co. KG enthalten sind. Die Doppelbesteuerung dieser Beträge wird über § 9 Nr. 2b GewStG vermieden, was jedoch nur für die Gewinnanteile und Geschäftsführervergütungen gilt. Bei **Miet- und Pachtvergütungen** besteht auf der Ebene der KGaA eine Hinzurechnungspflicht nach § 8 Nr. 7 GewStG, die Komplementär-Gesellschaft kann aber in diesem Fall gemäß § 9 Nr. 4 GewStG ihren Gewerbeertrag durch eine korrespondierende Kürzung verringern. Für **Dauerschuldzinsen**, die nach § 8 Nr. 1 GewStG der KGaA hinzu-

---

356 Vgl. umfassend: Schaumburg, DStZ 1998, 525, 525; Halasz/Kloster/Kloster, GmbHR 2002, 77 ff.
357 Vgl. Halasz/Kloster/Kloster, GmbHR 2002, 77, 88.
358 Eine natürliche Person als Komplementär ist nur einkommensteuer- aber nicht gewerbesteuerpflichtig, vgl. Schmidt/Levedag, INF 1997, 749, 751; a.A.: Wehrheim, DB 2001, 947, 948 für eine Sonderkonstellation.

gerechnet werden und welche bereits bei der Komplementärgesellschaft als Betriebseinnahmen erfasst worden sind, besteht keine gewerbesteuerliche Kürzung auf der Ebene der Komplementärgesellschaft, so dass im Ergebnis eine 150 %ige Belastung mit Gewerbesteuer für die Dauerschuldzinsen entsteht.[359] Zu beachten ist, dass die Veräußerung eines Komplementäranteils durch eine Kapitalgesellschaft nunmehr **nach § 7 Satz 2 Nr. 3 GewStG** der Gewerbesteuer unterliegt.

c) Steuerliche Behandlung der Kommanditaktionäre

Die Kommanditaktionäre versteuern nach § 20 Abs. 1 Nr. 1 und Nr. 3 EStG die auf die Kommanditaktien ausgeschütteten Dividenden als Einkünfte aus Kapitalvermögen.

223

d) Sonderfragen der GmbH & Co. KGaA

aa) Zivilrechtliche Zulässigkeit

Der **BGH** hat in einem **Beschluss vom 24.2.1997**[360] die Zulässigkeit einer KGaA ohne natürliche Person als Komplementär (also von GmbH oder GmbH & Co. KG) anerkannt und damit einen langjährigen Literaturstreit sowie die durch frühere Gerichtsentscheidungen ausgelöste Rechtsunsicherheit beendet. Die Entscheidung hat gleichsam zur Wiederbelebung bzw. **Renaissance der KGaA** geführt, die nunmehr von vielen Vertretern in der Lit. als ideale Rechtsform für familiengesteuerte mittelständische Unternehmen mit Ambitionen für ein Börsengang angesehen wird.[361] Zivilrechtlich hat die Entscheidung des BGH zu der aktuellen Unterscheidung zwischen der sog. **kapitalistischen KGaA**, bei der persönlich haftende Gesellschafterin eine GmbH oder GmbH & Co. KG ist und der **klassischen KGaA**, bei der die Komplementärstellung von natürlichen Personen eingenommen wird, geführt. Für die zivilrechtlichen Perspektiven des Einsatzes der kapitalistischen KGaA und die im Anschluss an den Beschluss des BGH auftauchenden noch ungeklärten Fragen wird auf die einschlägige Lit. verwiesen.[362]

224

bb) Steuerliche Anerkennung der GmbH & Co. KGaA

In **steuerlicher Hinsicht** ist die Unterscheidung zwischen der kapitalistischen und der klassischen KGaA für die Anwendung der einschlägigen Vorschriften unbeachtlich. Beide Formen unterliegen denselben steuerlichen Vorschriften. In der Lit. wird zwar für Gestaltungszwecke der **Typus der atypischen Familien-KGaA** von anderen Ausprägungen der KGaA unterschieden.[363] Diese Unterart der KGaA führt jedoch ebenfalls **nicht zu einer Anwendung anderer steuerlicher Vorschriften**. Mit dem Begriff wird eine KGaA umschrieben, bei der als persönlich haftende Gesellschafterin eine Komplementär-GmbH & Co. KG auftritt. Die **Atypik** wird bei dieser Gestaltung darin gesehen, dass das finanzielle Engagement des die Nachfolge ordnenden Familienoberhaupts nicht in Form von Kommanditaktien, sondern in Form einer Vermögenseinlage („Komplementärkapital" bzw. Inhaberschaft aller Anteile an der Komplementär-GmbH & Co. KG) in Erscheinung tritt.[364]

225

Ziel dieser Gestaltung ist, die Vermögensnachfolge zu gestalten, indem die Anteile an der Komplementär-GmbH in der Komplementär-GmbH & Co. KG sowie die Kommanditanteile innerhalb der Komplementär-GmbH & Co. KG auf die potenziellen Erben verteilt werden. Bei dieser Gestaltung können die Vorteile der zivilrechtlichen Haftungsbeschränkung, der erbschaft- und schenkungsteuerlichen Privilegierung bei der Übergabe von Betriebsvermögen bei Personengesellschaften und das unternehmerische Ziel, die operativ tätige Gesellschaft als AG zu gestalten, kombiniert werden. Insb. wird daher für Familienge-

226

---

359 Vgl. Schmidt/Levedag, INF 1997, 749, 751.
360 Vgl. BGHZ 134, 392 ff.
361 Vgl. Niedner/Kusterer, DB 1997, 2010 ff.; Schaumburg, DStZ 1998, 525 ff.; Halasz/Kloster/Kloster, GmbHR 2002, 77 ff.
362 Vgl. Wichert, AG 2000, 268 ff.; Haase, GmbHR 1997, 917 ff.; Ladwig/Motte, DStR 1997, 1539 ff.; Schaumburg, DStZ 1998, 525 ff.
363 Vgl. Niedner/Kusterer, DB 1997, 2010 ff.; Kusterer, GStB 2001, 200 ff.
364 Vgl. Niedner/Kusterer, DB 1997, 2010 f.

sellschaften überlegt, wie der Weg aus der GmbH & Co. KG in die GmbH & Co. KGaA zu bewältigen ist.[365] Ebenso wird der Einsatz der GmbH & Co. KGaA im Rahmen **grenzüberschreitender Strukturen** befürwortet.[366]

cc) Steuerliche Behandlung der Komplementär-GmbH & Co. KG oder -GmbH

227 Als zu unterscheidendes Steuersubjekt besteht die KGaA selbst, die gemäß § 1 Abs. 1 Nr. 1 KStG der Körperschaftsteuer unterliegt. Daneben versteuert der Komplementär nach § 15 Abs. 1 Nr. 3 EStG die ihm zugewiesenen Gewinnanteile aus der KGaA als Einkünfte aus Gewerbebetrieb. Es sind daher die **Regeln des Körperschaftsteuergesetzes neben dem steuerlichen Regime der Mitunternehmerschaft** anzuwenden. Die steuerliche Behandlung der KGaA und der Kommanditaktionäre folgt den bereits unter Rn. 221 f. bei der KGaA dargelegten Grundsätzen.

Nach § 15 Abs. 1 Nr. 3 EStG werden die von der KGaA gezahlten Gewinnanteile und Vergütungen nach § 15 Abs. 1 Nr. 3 EStG im Rahmen **einer einheitlichen und gesonderten Gewinnfeststellung** der Komplementärgesellschaft zugerechnet. Die entsprechenden Beträge unterliegen ebenfalls grds. der Gewerbesteuer.

Zwischen der Besteuerung des Komplementärs und der Besteuerung der KGaA besteht ertrag- und gewerbesteuerlich eine **Korrespondenz**, indem die nach § 15 Abs. 1 Nr. 3 EStG beim Komplementär zu erfassenden Betriebseinnahmen auf der Ebene der KGaA als normale Betriebsausgaben (Entgelte für Darlehen und für die Überlassung von Wirtschaftsgütern) oder gemäß § 9 Abs. 1 Nr. 1 KStG (Gewinnanteile und Geschäftsführervergütungen) abgezogen werden können. Im Fall der Überlassung von Wirtschaftsgütern oder Darlehen durch die Komplementärin sind diese im Sonderbetriebsvermögen der Komplementärin bei der KGaA zu bilanzieren.[367]

228 Für **natürliche Personen als Gesellschafter der Komplementär-GmbH & Co. KG** der KGaA findet nach der Unternehmenssteuerreform **die Steuerermäßigung des § 35 EStG** nach § 35 Abs. 1 Nr. 3 EStG Anwendung.

229 Die **Kommanditaktien des Komplementärs** an der KGaA gehören nicht zum steuerlichen Sonderbetriebsvermögen II, da eine Verstärkung der Komplementärstellung durch zusätzliche Kommanditaktien den gesellschaftsrechtlichen Einfluss des Komplementärs in der Gesellschaft nicht mehr erhöhen kann. In der **Lit.** wird jedoch neuerdings vertreten, dass ein Gesellschafter-Geschäftsführer einer Komplementär-GmbH in der GmbH & Co. KGaA, der daneben auch Kommanditaktionär ist, die Anteile an der Komplementär-GmbH primär deshalb hält, um seine Position in der KGaA zu stärken: Aus dieser Sicht heraus sollen die Anteile an der Komplementär-GmbH doch als Sonderbetriebsvermögen II anzusehen sein.[368]

3. Besteuerung der GmbH & Co. KG

a) Typen der GmbH & Co. KG

230 Die GmbH & Co. KG ist das Lieblingskind der steuerlichen Gestaltungspraktiker. Sie wird **als Personengesellschaft** steuerlich eingestuft.[369] In der Praxis existieren aus steuerlicher Sicht die folgenden Gestaltungstypen:[370]

- Gewerblich geprägte GmbH & Co. KG:

---

365 Vgl. dazu Levedag, in: Münchener Handbuch des Gesellschaftsrechts, Bd. 2, § 58 Rn. 431 ff.
366 Vgl. Schaumburg, DStZ 1998, 525, 537; Schmidt/Levedag, INF 1997, 749, 753; Halasz/Kloster/Kloster, GmbHR 2002, 77, 91.
367 Vgl. Halasz/Kloster/Kloster, GmbHR 2002, 77, 88; relativierend: Wehrheim, DB 2001, 947, 948.
368 Vgl. Wehrheim, DB 2001, 947, 948.
369 Vgl. BFH, BStBl. 1984 II, S. 751.
370 Vgl. umfassend zur Besteuerung der GmbH & Co. KG Levedag, in: Münchener Handbuch des Gesellschaftsrechts, Bd. 2, §§ 58 – 60 Rn. 71.

= KG mit Komplementär-GmbH als ausschließlichem Geschäftsführer (§ 15 Abs. 3 Nr. 2 EStG), diese Ausgestaltung bietet noch die Möglichkeit zu einer Reihe von Einsatzformen von der Objekt-Gesellschaft mit Betriebsvermögen bis zur vermögensverwaltenden Familiengesellschaft, um erbschaftsteuerliche Vorteile zu nutzen. Allerdings sollen durch einen nunmehr vorgelegten Entwurf eines Gesetzes zur Neuregelung der Unternehmensnachfolge die erbschaftsteuerlichen Vorteile der lediglich gewerblich geprägten GmbH & Co. KG beseitigt werden, indem nur noch sog. produktives Vermögen begünstigungsfähig ist.

- Gewerblich tätige GmbH & Co. KG:

= Die typische operativ tätige KG mit einem Gewerbebetrieb gemäß § 15 Abs. 2 KStG; in der „typischen" GmbH & Co. KG ist die Komplementär-GmbH vermögensmäßig nicht beteiligt und die Kommanditisten sind mit den Anteilseignern der GmbH identisch.

- Vermögensverwaltende GmbH & Co. KG:

= Personengesellschaft, deren gewerbliche Prägung oder Infektion (§ 15 Abs. 3 Nr. 1 EStG) vermieden wird; regelmäßig die Rechtsform der geschlossenen Fonds. Ist die Komplementär-GmbH kapitalmäßig beteiligt, liegt eine Zebragesellschaft vor.

b) Voraussetzungen der gewerblichen Prägung

Liegen gewerbliche Einkünfte weder aufgrund der Tätigkeit der Gesellschaft noch aufgrund der vorrangig zu prüfenden Abfärbetheorie vor, kann nach § 15 Abs. 3 Nr. 2 EStG die **gewerbliche Prägung** zu einer Qualifikation der Einkünfte aus Gewerbebetrieb auf der Ebene der Gesellschaft führen. Die gewerblich geprägte GmbH & Co. KG wird über die **Fiktion** des Vorliegens gewerblicher Einkünfte aufgrund ihrer gesellschaftsrechtlichen Struktur zu einem „**Gewerbebetrieb kraft Rechtsform**". Auch **gewerbesteuerlich** wird diese Fiktion beachtet (§ 2 Abs. 1 Satz 2 GewStG).

231

Die **Voraussetzungen** des § 15 Abs. 3 Nr. 2 EStG für eine gewerbliche Prägung bei der GmbH & Co. KG sind

232

- die ausschließliche Geschäftsführungsbefugnis in der Gesellschaft durch Kapitalgesellschaften oder Personen, die nicht Gesellschafter der Personengesellschaft sind **und**

- dass ausschließlich Kapitalgesellschaften persönlich haftende Gesellschafter sind.

Erste Voraussetzung für die gewerbliche Prägung der GmbH & Co. KG ist, dass die Geschäftsführung **ausschließlich bei der Komplementär-GmbH oder bei Nicht-Gesellschaftern** liegt. Gemeint ist hiermit nach überwiegender Ansicht der Begriff der **organschaftlichen Geschäftsführungsbefugnis in der KG**, die auf das Innenverhältnis ausgerichtet ist, also die gesellschaftsrechtliche Geschäftsführungsbefugnis i.S.d. §§ 114 ff. HGB[371] und **nicht die Vertretungsbefugnis** im Außenverhältnis.[372] Über dieses Tatbestandsmerkmal wird die Herbeiführung der gewerblichen Prägung zu einem **faktischen Wahlrecht**.[373] Soll die gewerbliche Prägung verhindert werden, reicht es aus, im Gesellschaftsvertrag z.B. einem Kommanditisten neben oder anstelle der Komplementär-GmbH eine eigene Geschäftsführungsbefugnis **in der KG** einzuräumen.[374]

233

Die Tatbestandsalternative, über die Einräumung der Geschäftsführungsbefugnis für einen **Nichtgesellschafter** die gewerbliche Prägung zu erreichen, ist vor dem Hintergrund des zivilrechtlichen Verbots der

---

371 Vgl. Watermeyer, in: Beck'sches Handbuch der Personengesellschaften, § 12 Rn. 82; BFH, BStBl. 1996 II, S. 523 zur grundsätzlichen gesellschaftsrechtlichen Interpretation des Tatbestandsmerkmals.

372 Dies wurde vor dem Urteil des BFH, BStBl. 1996 II, S. 523, teilweise anders beurteilt, vgl. Blinzler/Buchbinder, DB 1987, 503; Stadie, FR 1987, 485.

373 Herzig/Kessler, DStR 1986, 455, 456; Watermeyer, in: Beck'sches Handbuch der Personengesellschaften, § 12 Rn. 80.

374 Vgl. Watermeyer, in: Beck'sches Handbuch der Personengesellschaften, § 12 Rn. 80; Düll, in: Sudhoff, GmbH & Co. KG, § 4 Rn. 27.

Fremdorganschaft auszulegen.³⁷⁵ Da auch in zivilrechtlicher Hinsicht die GmbH & Co. KG als echte Personenhandelsgesellschaft anzusehen ist, gilt auch bei dieser Rechtsform das **Verbot der sog. Fremdorganschaft**. Im Wege einer teleologischen Reduktion ist § 15 Abs. 3 Nr. 2 EStG daher so zu verstehen, dass eine gewerbliche Prägung auch dann vorliegt, wenn **neben** der Komplementär-GmbH **Nichtgesellschafter** im Gesellschaftsvertrag zur Geschäftsführung berufen werden.³⁷⁶ Damit läuft das Tatbestandsmerkmal weitgehend leer.

234 Zweite Voraussetzung in § 15 Abs. 3 Nr. 2 EStG ist, dass die Kapitalgesellschaft **als Komplementärin** die organschaftliche Stellung bei der KG wahrnimmt und aufgrund dieser Stellung unbeschränkt für die Verbindlichkeiten der KG haftet. Die gewerbliche Prägung kann daher nicht dadurch vermieden werden, dass die Kommanditisten einer KG im Innenverhältnis zur GmbH eine unbeschränkte Haftung übernehmen oder aber für Verbindlichkeiten der KG aufgrund einer Bürgschaft oder des § 176 HGB unbeschränkt haften.³⁷⁷

c) Umfang des Betriebsvermögens und Gewinnermittlungsgrundsätze bei gewerblichen und geprägten GmbH & Co. KG

235 Auf die GmbH & Co. KG mit Einkünften aus Gewerbebetrieb finden die Grundsätze über die steuerliche Behandlung von **Mitunternehmerschaften** Anwendung. Es bestehen die folgenden Besonderheiten:

- **Überlassung durch die Komplementär-GmbH**: Bei der Überlassung von Wirtschaftsgütern durch die Komplementär-GmbH gehen diese Wirtschaftsgüter über die Sonderbilanz der GmbH als **Sonderbetriebsvermögen I bei der KG** in die Gesamtbilanz der KG ein, obwohl sie handelsrechtlich in der Handelsbilanz der GmbH auszuweisen sind. In diesem Fall hat der Ausweis des Wirtschaftsgutes in der steuerlichen Gesamtbilanz der KG Vorrang vor dem Ausweis in der Handelsbilanz der GmbH,³⁷⁸ da § 15 Abs. 1 Satz 1 EStG als **Zurechnungsnorm** wirkt.

- **Anteile an der Komplementär-GmbH als Sonderbetriebsvermögen**: Den wohl wichtigsten Praxisfall für **Sonderbetriebsvermögen II** bilden die **Geschäftsanteile der Kommanditisten** einer GmbH & Co. KG **an der Komplementär-GmbH**.³⁷⁹ Voraussetzung ist, dass **keine Einheits-GmbH & Co. KG** vorliegt, bei der die Anteile bereits im Gesamthandsvermögen zu erfassen sind. Während die frühere Rspr. des BFH die Geschäftsanteile an der Komplementär-GmbH **stets** als Sonderbetriebsvermögen II der Kommanditisten behandelte,³⁸⁰ zeichnet sich in den jüngeren Urteilen eine **wesentliche Einschränkung** ab. Im **Bewertungsrecht** zählen die Geschäftsanteile nur dann zum Sonderbetriebsvermögen II, wenn sich die Komplementär-GmbH auf die Geschäftsführung in der KG beschränkt oder wenn ein daneben bestehender eigener **Geschäftsbetrieb von ganz untergeordneter Bedeutung** ist.³⁸¹ Diese Einschränkung wird nun auch von den Ertragsteuersenaten des BFH akzeptiert.³⁸² Die **Finanzverwaltung** hat sich in einer aktuellen Verfügung³⁸³ dieser Sichtweise des BFH angeschlossen.

- **Behandlung der Haftungsvergütung der Geschäftsführungsvergütung**: Ist die Komplementär-GmbH **vermögensmäßig nicht** an der KG beteiligt, so stehen ihr im Regelfall eine angemessene Vergütung für die Übernahme der Geschäftsführung und ein Anspruch auf Ersatz der dadurch verursachten Aufwendungen und für die Übernahme der Haftung zu. **Handelsrechtlich**³⁸⁴ sind diese Zahlungen

---

375 Vgl. Düll, in: Sudhoff, GmbH & Co. KG, § 4 Rn. 34.
376 Vgl. Fichtelmann, GmbH & Co. KG, Rn. 887.
377 Vgl. Düll, in: Sudhoff, GmbH & Co. KG, § 4 Rn. 32.
378 Vgl. Schmidt/Schmidt, EStG, § 15 Rn. 712.
379 Vgl. BFH, BStBl. 1980 II, S. 119; BStBl. 1983 II, S. 771; Düll, in: Sudhoff, GmbH & Co. KG, § 5 Rn. 23; Wassermeyer, in: Beck'sches Handbuch der Personengesellschaften, § 12 Rn. 23.
380 Vgl. BFH, BStBl. 1968 II, S. 152.
381 Vgl. BFH, BStBl. 1985 II, S. 241; BStBl. 1986 II, S. 615; BStBl. 1988 II, S. 23; BStBl. 1991, S. 510.
382 Vgl. BFH, BStBl. 1986 II, S. 55, 57.
383 Vgl. OFD München, GmbHR 2001, 684.
384 Vgl. Düll, in: Sudhoff, GmbH & Co. KG, § 22 Rn. 12; Winnefeld, Bilanz-Hb., Kap. L Rn. 866.

bei der **Behandlung als Gewinnvorab** als Erträge aus Beteiligungen bei der GmbH zu behandeln. Im **Steuerrecht** grenzt der BFH nach **neuerer Rspr.** nunmehr bei Vergütungen für die Geschäftsführung, die in einem Gesellschaftsvertrag vereinbart und damit als Gesellschafterbeitrag erbracht werden, zwischen Gewinnvorab und Sondervergütung nach dem Gesichtspunkt der Behandlung der Zahlungen auf der Ebene der GmbH & Co. KG ab.[385]

- **Behandlung des Aufwandsersatzes für die Komplementär-GmbH**: Regelmäßig werden der Komplementär-GmbH im Gesellschaftsvertrag auch die aus der Übernahme der Geschäftsführung resultierenden **Aufwendungen** erstattet. Aus **steuerlicher** Sicht ist nach einem **Urteil des BFH v. 7.2.2002** auch hinsichtlich des Aufwendungsersatzanspruchs nach der beim vorigen Stichwort dargestellten Abgrenzung zwischen Gewinnvorab und Sondervergütung vorzugehen.[386] Liegt eine **Sondervergütung** vor, ist der Betriebsausgabenabzug bei der KG durch die Aktivierung des Anspruchs in der Sonderbilanz der Komplementär-GmbH zu neutralisieren. Für die **Komplementär-GmbH** stellen die Zahlungen, die die Komplementär-GmbH an ihren Geschäftsführer leistet, um die Geschäftsführung bei der KG leisten zu können, zudem **stets Sonderbetriebsausgaben** bei der KG dar.[387]

- **Geschäftsführung durch Kommanditisten/Geschäftsführer der Komplementär-GmbH**: Die für die Geschäftsführung der KG von einem zum Geschäftsführer der KG bestellten **Kommanditisten** bezogenen Vergütungen sind als **Sonderbetriebseinnahmen** anzusehen.[388]

- **Dividenden der Komplementär-GmbH**: Werden die Anteile eines Kommanditisten an der Komplementär-GmbH als Sonderbetriebsvermögen II qualifiziert, gehören auch die **Gewinnausschüttungen** bei diesen Kommanditisten zu den **Sonderbetriebseinnahmen**. Diese sind einkommensteuerlich nach § 3 Nr. 40a EStG zur Häfte steuerbefreit. Aufwendungen, die mit diesen Einnahmen im Zusammenhang stehen, zählen zu den **Sonderbetriebsausgaben**. **Gewerbesteuerlich** ist der Gewerbeertrag der KG nach § 9 Nr. 2 a GewStG um die Ausschüttungen auf die im Sonderbetriebsvermögen II gehaltenen Anteile der Kommanditisten an der Komplementär-GmbH zu kürzen.

d) Umsatzsteuerliche Besonderheiten

aa) Aktuelle Rechtsprechungsänderung

Zur umsatzsteuerrechtlichen Behandlung der Geschäftsführungs- und Vertretungsleistungen eines Gesellschafters an die Gesellschaft gegen Entgelt hat der BFH mit Urteil v. 6.6.2002[389] seine frühere Rspr. aufgegeben,[390] nach der die Ausübung der Mitgliedschaftsrechte nicht als Leistung eines Gesellschafters an die Gesellschaft zu beurteilen ist. Bezogen auf Geschäftsführungs- und Vertretungsleistungen für eine Personengesellschaft durch einen Gesellschafter gegen Vergütung **setzt ein Leistungsaustausch** lediglich voraus, dass ein Leistender und ein Leistungsempfänger vorhanden sind und der Leistung eine Gegenleistung gegenübersteht, also ein unmittelbarer Zusammenhang zwischen Leistung und Gegenleistung besteht. Die **Finanzverwaltung** wendet die neue Rspr. des BFH an.[391] Für **die GmbH & Co. KG** hat diese Rspr. **besondere Bedeutung**.

236

---

385 Vgl. BFH, DStR 1999, 104, 104; Watermeyer, in: Beck'sches Handbuch der Personengesellschaften, § 12 Rn. 91.
386 Vgl. BFH, DStR 2002, 1082, 1083.
387 Vgl. Watermeyer, in: Beck'sches Handbuch der Personengesellschaften, § 12 Rn. 91.
388 St. Rspr., vgl. BFH, BStBl. 1960 III, S. 408; BStBl. 1967 III, S. 303; BStBl. 1968 II, S. 579; BStBl. 1977 II, S. 504; BStBl. 1979 II, S. 284; BStBl. 1993 II, S. 792; BStBl. 1991 II, S. 691.
389 BFH, BStBl. 2003 II, S. 36.
390 BFH, BStBl. 1980 II, S. 622.
391 BMF-Schreiben v. 23.12.2003, BStBl. 2004 I, S. 240 und BMF-Schreiben v. 21.9.2005, BStBl. II, S. 936.

bb) Selbständige Leistungserbringung erforderlich

237 Die Voraussetzung einer selbständigen Leistungserbringung ist **bei natürlichen Person** regelmäßig gegeben, wenn der Gesellschafter **Leistungen an eine Personengesellschaft** erbringt.[392] **Natürliche Personen** als Gesellschafter, die Geschäftsführungs- und Vertretungsleistungen **an eine Kapitalgesellschaft** erbringen, sind unter den Voraussetzungen des § 2 Abs. 2 Nr. 1 UStG **nicht selbständig** tätig. Dies gilt vor allem dann, wenn sie für diese Tätigkeit **Einkünfte aus nichtselbständiger Arbeit** nach § 19 EStG erzielen.

238 Der BFH hat in einer **Nachfolgeentscheidung** vom **10.3.2005**[393] in Fortführung seiner geänderten Rspr. entschieden, dass die Tätigkeit **eines GmbH-Geschäftsführers** als selbständige Leistungserbringung zu beurteilen sein kann. Das FG hatte allein deswegen, weil der GmbH-Geschäftsführer **Organ der GmbH** war und als solcher den Weisungen der Gesellschafterversammlung unterlag (vgl. § 37 Nr. 1 GmbHG), die Annahme einer selbständigen Tätigkeit verneint. Die **Organstellung des Geschäftsführers** steht der Möglichkeit einer selbständigen Leistungserbringung – so der BFH im Urteil v. 10.3.2005 – nicht entgegen.

239 Nach Ansicht der Finanzverwaltung im BMF-Schreiben v. 21.9.2005 tätigt aber ein bei einer Komplementär-GmbH **angestellter Geschäftsführer**, der gleichzeitig Kommanditist der GmbH & Co. KG ist, nicht allein deswegen selbständige Geschäftsführungs- und Vertretungsleistungen gegenüber der GmbH, obwohl aus ertragsteuerlicher Sicht sein Gehalt in eine Sondervergütung und damit in gewerbliche Einkünfte umqualifiziert wird. Die Voraussetzungen für eine selbständige Leistungserbringung sind nach dem Gesamtbild der Voraussetzungen im Bezug auf die Weisungsgebundenheit gegenüber der Kapitalgesellschaft zu prüfen.

240 **Juristische Personen als Gesellschafter**, die Geschäftsführungs- und Vertretungsleistungen an die Gesellschaft erbringen, **werden grds. selbstständig tätig**: Die Komplementär-GmbH erbringt Geschäftsführungs- und Vertretungsleistungen gegen Sonderentgelt an die KG. Der Kommanditist dieser KG ist gleichzeitig Geschäftsführer der Komplementär-GmbH. Die Komplementär-GmbH ist mit ihren Geschäftsführungs- und Vertretungsleistungen selbstständig tätig. Diese werden von der Komplementär-GmbH an die KG im Rahmen eines umsatzsteuerbaren Leistungsaustausches erbracht, auch wenn z.B. die Vergütung unmittelbar an den Geschäftsführer der Komplementär-GmbH gezahlt wird.

cc) Gegenleistung in Form eines Sonderentgelts erforderlich

241 Die umsatzsteuerrechtliche Behandlung dieser Leistungen richtet sich **zudem danach**, ob es sich um Leistungen handelt, die als **Gesellschafterbeitrag** durch die Beteiligung am Gewinn oder Verlust der Gesellschaft abgegolten werden, oder um Leistungen, die gegen Sonderentgelt ausgeführt werden und damit auf einen Leistungsaustausch gerichtet sind (**Sondervergütungen**). Entscheidend ist die tatsächliche Ausführung des Leistungsaustausches und nicht allein die gesellschaftsrechtliche Verpflichtung. **Umsatzsteuerrechtlich** maßgebend für das Vorliegen eines Leistungsaustausches ist, dass ein Leistender und ein Leistungsempfänger vorhanden sind und der Leistung eine Gegenleistung gegenübersteht. Die Steuerbarkeit der Geschäftsführungs- und Vertretungsleistungen setzt das Bestehen eines unmittelbaren Zusammenhangs zwischen der erbrachten Leistung und dem empfangenen Sonderentgelt voraus. Auf die Bezeichnung der Gegenleistung (z.B. als Aufwendungsersatz, als Umsatzbeteiligung, als Kostenerstattung o.Ä.) kommt es nicht an. Wird im Rahmen der Ergebnisverwendung **ein Gewinnvorab** aus dem Bilanzgewinn verteilt (z.B. an den geschäftsführenden Gesellschafter), ist dieser Gewinnvorab **kein Sonderentgelt**.

---

392 Vgl. das Beispiel aus dem BMF-Schreiben v. 23.12.2003: Der Komplementär einer aus natürlichen Personen bestehenden KG erhält von dieser eine Tätigkeitsvergütung für seine Geschäftsführungsleistung gegenüber der KG. Der Komplementär ist selbständig tätig.

393 BFH, BStBl. 2005 II, S. 730 = GmbHR 2005, 794.

dd) Rechtsfolgen

Bei der **beteiligungstypischen GmbH & Co. KG** scheidet nach h.M. eine **Organschaft** zwischen der Komplementär-GmbH und der KG aus.[394] Allerdings kann die umsatzsteuerlich für die Organschaft erforderliche finanzielle Eingliederung der Komplementär-GmbH in die KG erreicht werden, wenn eine Einheits-KG gebildet wird und die Komplementär-GmbH wirtschaftlich und organisatorisch ebenfalls als in die KG eingegliedert gilt.[395]

Liegt keine Organschaft vor, sind die Umsätze zwischen der Komplementär-GmbH und der KG sowie zwischen Kommanditist und KG auf der Grundlage von Austauschverträgen steuerpflichtige Ausgangsumsätze, aus denen der Vorsteuerabzug beansprucht werden kann.

Die **Rechtsprechungsänderung** (vgl. Rn. 236) ermöglicht der Komplementär-GmbH in der typischen GmbH & Co. KG, steuerpflichtige Ausgangsumsätze zu erbringen. **Vorsteuern** aus den Gründungskosten der GmbH können somit abgezogen werden.

E. Steuerbelastungsvergleich zwischen Mitunternehmerschaften und Kapitalgesellschaften

I. Änderungen für Kapitalgesellschaften

Für die **Kapitalgesellschaften** war die Unternehmenssteuerreform durch den Übergang vom Anrechnungs- zum **Halbeinkünfteverfahren** als Rückkehr zu einem „klassischen System" mit typisierender Entlastung der Anteilseigner durch das Halbeinkünfteverfahren gekennzeichnet.

Ausschüttungen an die Anteilseigner werden in das **Halbeinkünfteverfahren** einbezogen, unabhängig davon, ob die Anteile im (Sonder-)Betriebsvermögen oder Privatvermögen gehalten werden. **Andere Zahlungsströme** zwischen Kapitalgesellschaft und Anteilseigner, etwa aufgrund **schuldrechtlicher Austauschverträge**, werden **nicht in das Halbeinkünfteverfahren** einbezogen und unterliegen in voller Höhe der Besteuerung nach dem individuellen Einkommensteuersatz des Anteilseigners.

II. Änderungen für Personengesellschaften

Die **Hauptentlastungsmaßnahme für Personenunternehmen** durch die Unternehmenssteuerreform war in der Einführung der **Steuerermäßigung in § 35 EStG für die Einkommensteuer** zu sehen. Angesichts sinkender Einkommensteuer- und Körperschaftsteuersätze steigt **die relative Bedeutung der Gewerbesteuer** im Verhältnis zu den anderen Ertragsteuern der Unternehmung nach der Unternehmenssteuerreform bei der Gesamtsteuerbelastung durch das StSenkG und das UntStFG an. Für die **Personenunternehmen** ist somit **eine steueroptimale Gestaltung** grds. dadurch gekennzeichnet, das durch die Gewerbesteuerbelastung **vermittelte einkommensteuerliche Steuerermäßigungspotenzial vollständig** zu nutzen. Dies setzt wiederum voraus, dass auch nach Abzug der Gewerbesteuer als Betriebsausgabe die Einkünfte aus Gewerbebetrieb zu einer tariflichen Einkommensteuer führen, von der der 1,8-fache Gewerbesteuer-Messbetrag abgezogen werden kann (**Vermeidung von Anrechnungsüberhängen**).

III. Bedeutung der Steuerbelastung für die Rechtsformwahl

1. Besteuerungsunterschiede bei Thesaurierung, Ausschüttung und Leistungsvergütungen

Die **Rechtsformwahl für mittelständische Unternehmen** mündet meist in die Frage einer Entscheidung zwischen der Rechtsform der GmbH oder der GmbH & Co. KG. Die Betriebsaufspaltung soll an dieser

---

394 BFH, BStBl. 1979 II, S. 288; A 21 Abs. 2 Satz 4 UStR.
395 Watermeyer, in: Beck'sches Handbuch der Personengesellschaften, § 12 Rn. 100; Zimermann u.a., Personengesellschaft im Steuerrecht, R 10, Rn. 98

Stelle nicht weiter betrachtet werden (vgl. dazu Teil 2: Gesellschaftsrecht, 7. Kapitel). **Zusammenfassend** kann man die Aspekte einer steuerlichen Entscheidung zwischen der Rechtsform der GmbH und der GmbH & Co. KG wie folgt darstellen:

246 Der **Vorteil der GmbH** liegt nach der Unternehmenssteuerreform durch das StSenkG und UntStFG **im Gewinnfall** bei der niedrigen Steuerbelastung **thesaurierter Gewinne** für Investitionszwecke. Dies wird aus der folgenden Tabelle deutlich:

	PersU	KapG
Gesellschaft		
Gewinn vor Steuern	100,00	100,00
– Gewerbesteuer (400 %)	– 16,67	– 16,67
Gewinn nach GewSt	83,33	83,33
– Körperschaftsteuer (25 %)		– 20,83
– Solidaritätszuschlag		– 1,15
Gewinn nach Steuern		61,35
Gesellschafter		
Bardividende		0,00
– steuerfrei 50 %		0,00
zu versteuerndes Einkommen	83,33	0,00
tarifliche Einkommensteuer	– 35,00	0,00
Steuerermäßigung (§ 35 EStG)	7,50	0,00
– Einkommensteuerschuld	– 27,50	0,00
– Solidaritätszuschlag	– 1,51	0,00
Gesamtbelastung	**45,68**	**38,65**
Differenz zur PersU		**– 7,03**

247 **Ausschüttungen**, welche in das Halbeinkünfteverfahren einbezogen sind, können bei einer Addition der Steuerbelastung auf der Ebene der Körperschaft und der Ebene des Anteilseigners zu einer höheren Steuerbelastung führen, als Entnahmen bei einem Mitunternehmer in einer wirtschaftlich vergleichbaren Konstellation. Verallgemeinernd kann festgestellt werden, dass die **Auskehr von Gewinnen** aus der Kapitalgesellschaft für Konsumzwecke tendenziell höher belastet wird als der Gewinnanteil eines Personenunternehmers. **Verluste** sind nur auf der Ebene der GmbH nutzbar.

	PersU	KapG
Gesellschaft		
Gewinn vor Steuern	100,00	100,00
– Gewerbesteuer (400 %)	– 16,67	– 16,67
Gewinn nach GewSt	83,33	83,33
– Körperschaftsteuer (25 %)		– 20,83
– Solidaritätszuschlag		– 1,15
Gewinn nach Steuern		61,35
Gesellschafter		
Bardividende		61,35
– steuerfrei 50 %		– 30,68
zu versteuerndes Einkommen	83,33	30,68
tarifliche Einkommensteuer (42 %)	– 35,00	– 12,88
Steuerermäßigung (§ 35 EStG)	7,50	
– Einkommensteuerschuld	– 27,50	– 12,88

– Solidaritätszuschlag	– 1,51	– 0,71
Gesamtbelastung	**45,68**	**52,24**
Differenz zur PersU		**+ 6,56**

Nicht mehr so relevant ist der frühere Vorteil der Kapitalgesellschaft, durch angemessene **Leistungsvergütungen** (z.B. das Geschäftsführergehalt) die körperschaftsteuerliche und gewerbesteuerliche Bemessungsgrundlage der Kapitalgesellschaft zu mindern, da diese Zahlungsströme **nicht dem Halbeinkünfteverfahren** unterliegen. Es verbleibt aber dennoch bei einer Mischung von Gehalt und Dividende ein Steuervorteil im Vergleich zur Vollausschüttung:

	reine KapG	KapG+ Gehalt
KapG		
Gewinn vor Gehalt	100,00	100,00
– Gehalt		– 20,00
Gewerbeertrag	100,00	80,00
– Gewerbesteuer (400 %)	– 16,67	– 13,33
Gewinn nach Gewerbesteuer	83,33	66,67
– Körperschaftsteuer (25 %)	– 20,83	– 16,67
– Solidaritätszuschlag	– 1,15	– 0,92
Gewinn nach Steuern	61,35	49,08
Gesellschafter		
Einkünfte aus nichtselbstständ. Arbeit		20,00
Dividendeneinnahmen	61,35	49,08
– 50 % steuerfrei (§ 3 Nr. 40 EStG)	– 30,68	– 24,54
zu versteuerndes Einkommen	30,68	44,54
– Einkommensteuer (42 %)	– 12,88	– 18,71
– Solidaritätszuschlag	– 0,71	– 1,03
Gesamtbelastung	**52,24**	**50,65**
Optimierungspotential		**– 0,0793**

Durch die Bildung angemessener Pensionszusagen lässt sich dieser Vorteil weiter ausbauen.

2. Belastung des Personenunternehmens

Das Personenunternehmen hat nach der Unternehmenssteuerreform tendenziell die **höhere gewerbesteuerliche Belastung**, da alle Zahlungsströme zwischen Gesellschaft und Gesellschafter über das Institut des Sonderbetriebsvermögens der Einkommensteuer und Gewerbesteuer unterliegen.

Doch darf die Auswirkung einer optimalen Nutzung des hierdurch vermittelten gewerbesteuerlichen Ermäßigungspotenzials nach § 35 EStG für die Einkommensteuer nicht unterschätzt werden. Die **Gesamtsteuerbelastung** kann damit niedriger als bei einer ausschüttenden Kapitalgesellschaft sein. Dies gilt auch dann, wenn die Kapitalgesellschaft versucht, ihre Steuerbelastung auf der Körperschafts- und Anteilseignerebene zu minimieren, indem eine Mischung aus Thesaurierung und Ausschüttung gewählt wird.

3. Empfehlung nach Größenklassen

Bei **Großbetrieben in der Rechtsform der Personenunternehmung** mit hohen Gewinnen vor Steuern hat die Gewerbesteuer im Vergleich zur Kapitalgesellschaft schon jetzt keine nennenswerte Mehrbelastung der Kapitalgesellschaft zur Folge. Folglich ist in diesem Bereich die Spreizung zwischen Einkommensteuer- und Körperschaftsteuersatz von besonderer Bedeutung. Bei **vollständiger Thesaurierung** ist in diesem Bereich die reine GmbH klar im Vorteil, **bei regelmäßigen Ausschüttungen** ist die Personenunternehmung die bessere Wahl.

251 Für **mittlere Betriebe** mit **Gewinnen oberhalb der Grenzen für die Anwendung des einkommensteuerlichen Spitzensteuersatzes** hat die unterschiedliche Ermittlung der Gewerbesteuer bei Personenunternehmen und Kapitalgesellschaften und die daraus resultierende gewerbesteuerliche Belastung eine erhebliche Bedeutung. In diesem Bereich bietet es sich weiterhin an, die Vorteile der GmbH über die Abzugsfähigkeit von Leistungsvergütungen zu nutzen.

252 **Kleinbetriebe** mit **Gewinnen unterhalb des Einkommensteuer-Spitzensatzes** haben Durchschnittsteuersätze unterhalb des proportionalen Körperschaftsteuersatzes und zusätzlich die Möglichkeit der Gewerbesteueranrechnung. Hier ist die Rechtsform der Personengesellschaft im Vorteil.

253 Für den **Verlustfall** lässt sich generell sagen, dass die grds. mögliche Verrechenbarkeit von Verlusten eines Personenunternehmers zu deutlichen Liquiditäts- und Zinsvorteilen der Personengesellschaft im Vergleich zur Kapitalgesellschaft führen kann.

IV. Mögliche Veränderungen der steuerlichen Rahmenbedingungen im Gewinnfall durch die Unternehmenssteuerreform 2008

1. Veränderung der steuerlichen Rahmenbedingungen

254 Unter Berücksichtigung des Referentenentwurfs vom 5.2.2007 des Gesetzes zur Unternehmenssteuerreform werden die ertragsteuerlichen Rahmenbedingungen der Besteuerung von Kapital- und Personengesellschaften verändert:

- Der KSt-Satz sinkt auf 15 %, die Gewerbesteuermesszahl wird für Personenunternehmen und Kapitalgesellschaften vereinheitlicht. Der Anrechnungsdaktor in § 35 wird auf den Faktor 3,8 erhöht.
- Die Steuerfreistellung aus dem Halbeinkünfteverfahren sinkt für Dividenden und Veräußerungsgewinne natürlicher Personen auf 40 %. Für im Privatvermögen erzielte Dividendeneinkünfte und Veräußerungsgewinne außerhalb des § 17 EStG gilt ab dem VZ 2009 ein Abgeltungssteuersatz von 25 % (ohne SolZ).
- Thesaurierte Gewinne aus Personenunternehmen unterliegen ab 2008 einem Sondersteuersatz von 28,25 %. Bei Entnahme der Gewinnanteile erfolgt eine Nachversteuerung bis zum Spitzensteuersatz von 45 %.

2. Belastungsvergleich auf der Unternehmensebene

255

	KapGes Thesaurierung	KapGes Vollausschüttung	Personenunternehmen Thesaurierung	Personenunternehmen Entnahme
Gewinn vor Steuern	100,00	100,00	100,00	100,00
GewSt (HS 400%)	- 14,00	- 14,00	- 14,00	- 14,00
KSt (15%)	- 12,90	- 12,90	–	–
Gewinn nach Steuern	**73,10**	**73,10**	**86,00**	**86,00**

3. **Belastungsvergleich unter Berücksichtigung der Anteilseignerebene/Mitunternehmerebene ohne SolZ und KiSt ab 2009**

	KapGes Thesaurierung	KapGes Vollausschüttung	Personenunternehmen Thesaurierung	Personenunternehmen Entnahme
Ausschüttung/Entnahme	73,10	73,10	86,00	86,00
Privatanleger (Abgeltungssteuer)	0,00	18,275		
Nat. Person/BV	0,00	19,737		
Mitunternehmer			24,295[396]	38,70[397]
GewSt-Anrechnung			- 13,30	- 13,30
Gesamtbelastung	**26,90**	**45,175[398]** **46,673[399]**	**24,995**	**39,40**

F. Umstrukturierungen

Es ist an dieser Stelle nicht möglich, das komplette Spektrum des Umwandlungsteuerrechts darzustellen. Die Darstellung wird daher beschränkt auf die Umwandlungen von Kapital- in Personengesellschaften und umgekehrt.

I. Formwechsel und Verschmelzung einer Kapitalgesellschaft auf eine Mitunternehmerschaft oder natürliche Person nach der Rechtslage vor dem SEStEG

1. Formwechsel

Die steuerlichen Folgen des Formwechsels sind in § 14 UmwStG geregelt, der auf §§ 3 – 8 UmwStG und § 10 UmwStG verweist. **Steuerlich** wird differenziert zwischen

- der Behandlung auf der Ebene der übertragenden Kapitalgesellschaft (§ 3 UmwStG),
- der Behandlung auf der Ebene der übernehmenden Personengesellschaft (§ 14 UmwStG) und der Gesellschafter (§§ 4 – 8 UmwStG) sowie
- der gewerbesteuerlichen Behandlung (§ 18 UmwStG).

Das **Steuerrecht** vollzieht die zivilrechtliche Sichtweise **des Formwechsels** als Wechsel des Rechtskleides ohne Vermögensübertragung **nicht mit.** Aufgrund der unterschiedlichen Besteuerungsregime der Kapitalgesellschaft und ihrer Anteilseigner einerseits und der Mitunternehmer andererseits wird eine Vermögensübertragung mit Vollbeendigung der übertragenden Kapitalgesellschaft fingiert und der Vorgang weitgehend **den Regeln der Verschmelzung auf eine Personengesellschaft** unterworfen (§ 14 Satz 1 UmwStG i.V.m. §§ 3 – 8, 10 UmwStG und § 18 UmwStG).

---

396 Annahme: 28,25 % Sondersteuersatz auf thesaurierte Gewinne zuzüglich GewSt und abzüglich der Steuerermäßigung aus § 35 (= 3,8 × 3,5 GewStMessbetrag).

397 Annahme: ESt-Spitzensteuersatz 45 % auf Entnahme von 86,00 zuzüglich GewSt und abzüglich der Steuerermäßigung aus § 35 (= 3,8 × 3,5 GewStMessbetrag).

398 Annahme: Abgeltungssteuersatz ab 2009: 25 % auf 73,10 + Belastung auf der Unternehmensebene (26,90).

399 Annahme: Halbeinkünfteverfahren mit Freistellung 40 % und ESt-Spitzensteuersatz 45 % + Belastung auf der Unternehmensebene.

260 Der Formwechsel und die Verschmelzung können mit **steuerlicher Rückwirkung** auf einen Stichtag höchstens acht Monate vor der Anmeldung zum **Handelsregister zurückbezogen** werden (§§ 1 Abs. 2, 2 Abs. 1, 14 Satz 3 UmwStG, § 17 Abs. 2 UmwG). § 14 Satz 3 UmwStG konstituiert für steuerliche Zwecke die Fiktion der steuerlichen Existenz der formgewechselten Personengesellschaft völlig unabhängig von den gesellschaftsrechtlichen Wirksamkeitsvorausetzungen.

Wegen der zeitlichen Differenz zwischen der zivilrechtlichen Wirksamkeit der Umwandlung erst ab Eintragung und dem vorgelagerten steuerlichen Übertragungsstichtag entsteht der sog. **Rückwirkungszeitraum**, in dem der formgewechselte Rechtsträger für Rechnung des übernehmenden Rechtsträgers agiert.

a) Behandlung des Formwechsels bei der Kapitalgesellschaft

aa) Steuerliche Übertragungsbilanz beim Formwechsel

261 **Handelsrechtlich** findet beim Formwechsel kein Vermögensübergang von der Kapitalgesellschaft auf die Personengesellschaft gegen Gewährung von Gesellschaftsrechten statt. Die formwechselnde Kapitalgesellschaft braucht daher nur eine Vermögensaufstellung zu erstellen und keine Schlussbilanz aufzustellen.[400] Das **Steuerrecht** verlangt wegen der abweichenden Beurteilung des Vorgangs als Vermögensübertragung von der Kapitalgesellschaft auf die Mitunternehmerschaft eine Übertragungsbilanz der GmbH auf den Umwandlungsstichtag (§ 14 Satz 2, 3 UmwStG). Diese steuerliche Übertragungsbilanz darf auf einen beliebigen Stichtag aufgestellt werden, der höchstens acht Monate vor der Anmeldung des Formwechsels zur Eintragung in das Handelsregister liegt. **Handelsrechtlich** hat die steuerliche Rückwirkung mangels eines Umwandlungsstichtages somit keine Entsprechung.

262 Die **Wertansätze in der steuerlichen Übertragungsbilanz** sind für die Rechtslage vor dem In-Kraft-Treten des UmwStG i.d.F. des SEStEG Gegenstand der Diskussion zwischen der Lit. und der Finanzverwaltung. Hier soll nur der Fall betrachtet werden, dass die Wirtschaftsgüter bei der übernehmenden Mitunternehmerschaft Bestandteil eines Betriebsvermögens werden. **§ 3 UmwStG** gewährt grds. ein Wahlrecht, die Wirtschaftsgüter zum Buchwert, Teilwert oder zu einem Zwischenwert anzusetzen und sichert damit den **steuerfreien Übergang** der in den Wirtschaftsgütern verhafteten **stillen Reserven.** Damit wird dem eigentlichen Hauptanliegen der Umwandlung, der Steuerneutralität, Rechnung getragen. Über diesen Grundsatz besteht in der Diskussion Einigkeit.

263 **Umstritten ist**, inwieweit das Wahlrecht des § 3 UmwStG mit dem Ansatz eines Teil- oder Zwischenwertes tatsächlich ausgeübt werden kann. Die **Finanzverwaltung** beharrt auf einer Anwendung des Maßgeblichkeitsgrundsatzes aus der letzten handelsrechtlichen Schlussbilanz der übertragenden Kapitalgesellschaft und hält nur den Buchwertansatz für möglich, es sei denn eine vorher vorgenommene außerplanmäßige Abschreibung wird rückgängig gemacht.[401] Die **überwiegende Auffassung in der Lit.** hält eine Aufstockung und damit den Ansatz von Teil- und Zwischenwerten für möglich und lehnt die Verbindlichkeit des Maßgeblichkeitsprinzips bei der Umwandlung strikt ab.[402]

Beim Formwechsel laufe das Maßgeblichkeitsprinzip ohnehin ins Leere, weil handelsrechtlich gar keine Schlussbilanz der GmbH zu erstellen sei, die für steuerliche Wertansätze eine Bindungswirkung entfalten könnten. Der **BFH hat mit Urteil v. 19.10.2005**[403] für den umgekehrten Fall des Formwechsels einer Personen- in eine Kapitalgesellschaft entschieden, dass die Auffassung der Finanzverwaltung nicht zutrifft, so dass nunmehr unter Berufung auf diese Rspr. auch hier Buchwerte, Zwischen- oder Teilwerte angesetzt werden können. Eine Äußerung der Finanzverwaltung zu den §§ 3 ff. UmwStG bestreitet dies jedoch nach wie vor.[404]

---

400 J. Schmitt, in: Schmitt/Hörtnagl/Stratz, UmwG, § 14 UmwStG, Rn. 8.
401 Vgl. Tz. 14.02 des BMF-Schreibens v. 25.3.1998, BStBl. I 1998, S. 268. (sog. Umwandlungssteuererlass).
402 J. Schmitt, in: Schmitt/Hörtnagl/Stratz, UmwG, § 14 UmwStG, Rn. 1.
403 BFH, BStBl. II 2006, 568.
404 Nach Auffassung der OFD München v. 28.8.2006, DB 2006, 1928 hat das zu § 20 UmwStG ergangene BFH-Urteil v. 19.10.2005 keine Auswirkungen auf die derzeitige Rechtslage.

Wegen der Rechtsunsicherheit ist **problematisch**, ob körperschaftsteuerliche und gewerbesteuerliche **Verlustvorträge der GmbH** beim Formwechsel im Wege der Teil- und Zwischenwertaufstockung genutzt werden können, da diese Verlustvorträge nach § 4 Abs. 2 Satz 2 UmwStG i.V.m. § 14 Satz 1, § 18 Abs. 1 Satz 1 UmwStG nicht auf die Personengesellschaft übergehen können.[405] Die restriktive Auffassung der Finanzverwaltung hat zur Konsequenz, dass körperschaftsteuerliche und gewerbesteuerliche Verluste verloren gehen. In der **Lit.** wird statt des Formwechsels in diesen Fällen die vorgeschaltete Veräußerung von Einzelwirtschaftsgütern mit anschließendem Ansatz des Buchwerts beim Formwechsel empfohlen.[406]

Ein **Übertragungsgewinn** der Kapitalgesellschaft unterliegt als letzter laufender Gewinn der Körperschaft- und Gewerbesteuer auf den steuerlichen Übertragungsstichtag.

bb) Vollausschüttung des steuerlichen Eigenkapitals

Das **Steuersenkungsgesetz** mit dem Systemwechsel vom Anrechnungsverfahren zum Halbeinkünfteverfahren hat auch Auswirkungen auf die Umwandlung von Kapital- in Personengesellschaften. Beim Formwechsel handelt es sich um einen liquidationsähnlichen **Vorgang mit Vollausschüttungscharakter**.

Für den **15-jährigen Übergangszeitraum** des Wechsels vom Anrechnungs- in das Halbeinkünfteverfahren ist notwendig, so dass das in den offenen Rücklagen vermittelte Körperschaftsteuer-Guthaben nach §§ 37, 38 KStG n.F. bei der Umwandlung Berücksichtigung findet.[407] Dies ist **systematisch zwingend geboten**, da die **offenen Rücklagen** sich aus Erträgen zusammensetzen, die der Belastung mit Körperschaftsteuer unterlegen haben. Wie bei der regulären Ausschüttung muss folglich die im **jeweils geltenden Körperschaftsteuersystem** anzuwendende Entlastungsmaßnahme für den Gesellschafter auch bei der Umwandlung zum Tragen kommen. Allerdings muss der Paradigmenwechsel des Körperschaftsteuer-Rechts auch bei Umwandlungen nachvollzogen werden, da das frühere Anrechnungsguthaben **nicht mehr den Gesellschaftern** zugute kommt, sondern allein auf der Ebene der umgewandelten Körperschaft Wirkung entfaltet: **Während des Übergangszeitraums** führt die Gewährung des Körperschaftsteuer-Guthabens von 1/6 der im EK 40 gebundenen Rücklagen zum Abzug von der Körperschaftsteuer-Schuld der GmbH. **Nach dem Übergangszeitraum** wird die steuerliche Vorbelastung der Gewinne mit Körperschaftsteuer bei der Körperschaft nur noch über die Freistellung des Übernahmeergebnisses bei Körperschaften (§ 4 Abs. 7 Satz 2 UmwStG n.F. i.V.m. § 8b Abs. 2 KStG) und die hälftigen Entlastung des Übernahmegewinns bei natürlichen Personen (§ 4 Abs. 7 Satz 2 UmwStG n.F. i.V.m. § 3 Nr. 40 EStG) erreicht.

Weiter wurde **§ 10 UmwStG** an den Systemwechsel angepasst: Für den 15-jährigen Übergangszeitraum wird gemäß § 37 Abs. 1 KStG **1/6** des früheren EK 40 (siehe oben Rn. 196) bei Ausschüttungen zur Minderung der Körperschaftsteuer-Schuld der übertragenden Körperschaft berücksichtigt. Durch die Umwandlung der Kapitalgesellschaft in eine Personengesellschaft kommt es zur **Auskehr des gesamten Körperschaftsteuerminderungspotenzials („Quasi-Vollausschüttung")** und zur systemgerechten Nutzung des Körperschaftminderungsguthabens **bei der übertragenden Kapitalgesellschaft**.[408] Nach der Kompromisslösung des Vermittlungsausschusses zum **StVergAbG** v. 10.4.2003 wurde in § 10 UmwStG ein Satz 2 angefügt, in dem klargestellt wurde, dass die Maßnahmen zur körperschaftsteuerlichen Mindestbesteuerung in § 37 Abs. 2 KStG i.d.F. des StVergAbG (Moratorium des Körperschaftsteuer-Guthabens und Begrenzung des nutzbaren Körperschaftsteuer-Guthabens der Höhe nach) **nicht anzuwenden sind**. Die Rechtslage nach dem UntStFG bleibt damit in diesem Bereich unverändert.[409] Der **Körperschaftsteuer-Minderungsanspruch oder Körperschaftsteuer-Erstattungsanspruch ist somit in der**

---

405 Bodden, FR 2007, 66, 68.
406 J. Schmitt, in: Schmitt/Hörtnagl/Stratz, UmwG, § 3 UmwStG, Rn. 60.
407 Vgl. Hey, GmbHR 2001, 993, 994; Thiel, FR 2000, 493, 497.
408 Vgl. Kessler/W. Schmidt, DB 2000, 2032, 2035.
409 Siehe zu Gestaltungsmöglichkeiten: Brodersen/Littan, GmbHR 2003, 678.

Schlussbilanz der übertragenden Körperschaft zu aktivieren und erhöht deren Reinvermögen.[410] Dadurch erhöht das **Körperschaftsteuerguthaben mittelbar das Übernahmeergebnis** bzw. die **Einkünfte** nach § 7 UmwStG.

Verfügt die übertragende Körperschaft über **Altbestände an EK 02** sind diese als **Körperschaftsteuererhöhungspotenzial** (§ 38 KStG) zu qualifizieren. Durch das **UntStFG** war der Wortlaut des **§ 10 UmwStG** nochmals verändert worden. Der Gesetzgeber wollte klarer zum Ausdruck bringen, dass es zur Nachbelastung von früheren EK 02-Beständen kommt.[411] Im Rahmen der Ermittlung des Übernahmeergebnisses tritt in diesem Fall bei der übertragenden Kapitalgesellschaft eine Vermögensminderung durch die erhöhte Körperschaftsteuer-Rückstellung der übertragenden Körperschaft ein.[412]

b) Ebene der aufnehmenden natürlichen Person oder Mitunternehmerschaft

267 **Handelsrechtlich** muss die übernehmende Personengesellschaft oder natürliche Person die **Buchwerte** der Vermögensgegenstände fortführen, **§ 24 UmwG** ist mangels eines zivilrechtlichen Vermögensübergangs auch nicht analog anwendbar.[413] **Steuerlich** statuiert § 4 Abs. 1 Satz 1 UmwStG eine Bindung an die steuerliche Schlussbilanz der übertragenden Kapitalgesellschaft.

Bewertungsmodalitäten, AfA-Methoden bei Aufstockung der Buchwerte und Vorbesitzzeiten für § 6b EStG werden weitergeführt, steuerliche Verlustvorträge gehen nach ausdrücklicher gesetzlicher Bestimmung nicht über (§ 4 Abs. 2 Satz 2 UmwStG). Auch ein **gewerbesteuerlicher Verlustvortrag nach § 10a GewStG** der formwechselnden Kapitalgesellschaft darf nach § 18 Abs. 1 Satz 2 UmwStG den Gewerbeertrag der übernehmenden natürlichen Person oder Mitunternehmerschaft nicht mindern. Ein **gravierender Nachteil** des Formwechsels im Vergleich zur Verschmelzung liegt somit darin, dass die bei der GmbH bestehenden Verlustvorträge nach Ansicht der Finanzverwaltung nicht durch eine Aufdeckung der stillen Reserven der übergehenden Wirtschaftsgüter in der Übertragungsbilanz neutralisiert oder vermindert werden können.[414]

c) Ebene des Anteilseigners

aa) Ermittlung des Übernahmeergebnisses

268 Nach §§ 4 Abs. 4 – 6, 10, 18 UmwStG ist ein sog. **Übernahmeergebnis** zu ermitteln, da beim Übergang von der Anteilseignerstellung zur Mitunternehmerstellung aus Sicht der Gesellschafter eine **Besteuerungsebene** wegfällt. Folglich liegt aus **Sicht der Gesellschafter** eine „**Quasi-Veräußerung**" ihrer Kapitalgesellschaftsanteile vor, für die steuerlich das Übernahmeergebnis als Differenz aus übergehenden Wirtschaftsgütern und den Buchwerten der untergehenden Kapitalgesellschaftsbeteiligungen anstelle eines Veräußerungsgewinns ermittelt wird. Das UmwStG normiert unterschiedliche Rechtsfolgen für steuerverstrickte Anteile (§ 4 UmwStG und Anteile nach § 7 UmwStG), je nachdem, ob die Anteile eines Gesellschafters an der Ermittlung des Übernahmeergebnisses beteiligt sind.

---

410 Vgl. Thiel, FR 2000, 493, 497. Mit Schreiben v. 16.5.2002 hat das BMF zum Zeitpunkt der Aktivierung des Körperschaftsteuer-Guthabens in der Handelsbilanz für Gewinnausschüttungen außerhalb von Umwandlungen Stellung genommen, die ab dem Jahr 2002 oder nach Ablauf eines abweichenden Wirtschaftsjahres in 2003 auftreten. Das Körperschaftsteuer-Guthaben mindert erst die Körperschaftsteuer-Schuld der Gesellschaft im Jahr der Ausschüttung und nicht in dem Wirtschaftsjahr, für das ausgeschüttet wird. Die Minderung der Körperschaftsteuer-Schuld wirkt sich erst in diesem Wirtschaftsjahr in der Handelsbilanz der ausschüttenden Körperschaft aus, vgl. BMF-Schreiben v. 16.5.2002, DStR 2002, 1048.
411 Vgl. zur Kritik an der Vorgängerversion Förster/van Lishaut, FR 2000, 1189, 1192), in der Umwandlung liege keine Leistung der Körperschaft an die Anteilseigner, so dass eine Körperschaftsteuererhöhung nach dem unklaren Wortlaut des § 10 UmwStG in der Fassung des StSenkG zweifelhaft war.
412 Vgl. Förster/van Lishaut, FR 2000, 1189, 1192: Bei der Umwandlung wird eine fiktive Ausschüttungsbelastung i.H.v. 3/10 des Bestandes an EK 02 nach den Regeln des Anrechnungsverfahrens gebildet.
413 J. Schmitt, in: Schmitt/Hörtnagl/Stratz, UmwG, § 14 UmwStG, Rn. 24.
414 Vgl. Tz. 14.03 des BMF-Schreibens v. 25.3.1998, BStBl. I 1998, S. 268. (sog. Umwandlungssteuererlass).

bb) Einlagefiktion und Ermittlung des Übernahmeergebnisses

Die **Ermittlung des Übernahmeergebnisses** hängt maßgeblich von der steuerlichen Klassifizierung der Anteile ab. Der Gesetzgeber normiert im UmwStG eher **einen Ausnahmefall als gesetzliches Regelungsmodell**, indem § 4 UmwStG davon ausgeht, die Anteile an der umgewandelten Kapitalgesellschaft seien vor der Umwandlung Bestandteil des Betriebsvermögens der aufnehmenden Gesellschaft. Im Fall des Formwechsels kann **keine solche Beteiligung** gegeben sein, so dass stets die **Einlagefiktion** des § 5 UmwStG zur Anwendung kommt. Von dieser sind die folgenden Anteilseignergruppen erfasst:

- Anteile, die ein späterer Gesellschafter des Rechtsträgers neuer Rechtsform zwischen Umwandlungsstichtag und Eintragung des Formwechsels erwirbt, soweit die Anteile als Betriebsvermögen oder als wesentliche Beteiligung anzusehen sind (§ 5 Abs. 1 UmwStG);
- Anteile, die der Rechtsträger neuer Rechtsform von gegen Barabfindung ausscheidenden Gesellschaftern erwirbt (§ 5 Abs. 1 UmwStG);
- wesentliche Beteiligungen am Umwandlungsstichtag, ausgenommen Beteiligungen i.S.d. § 17 Abs. 2 Satz 4 EStG (§ 5 Abs. 2 UmwStG);
- Anteile, die am Umwandlungsstichtag zum inländischen Betriebsvermögen eines späteren Gesellschafters des Rechtsträgers neuer Rechtsform gehören (§ 5 Abs. 3 UmwStG) und
- einbringungsgeborene Anteile und verschmelzungsgeborene Anteile (§ 5 Abs. 4 UmwStG).

Das **Übernahmeergebnis** ist für die nach § 4 Abs. 4 UmwStG und nach § 5 UmwStG fiktiv eingelegten Anteile wie folgt zu **ermitteln**:

> Wert, mit dem die fiktiv übergegangenen Wirtschaftsgüter zu übernehmen sind (§ 4 Abs. 4 Satz 1 UmwStG)
> ./. Buchwert der (fortgeführten) Anschaffungskosten der Anteile an dem formwechselnden Rechtsträger)

= Übernahmeergebnis 1. Stufe nach § 4 Abs. 4 Satz 1 UmwStG

> \+ Übernahmeverlust, soweit er auf einem negativen Wert des übergegangenen Vermögens beruht (§ 4 Abs. 5 Satz 1 UmwStG)
> \+ Sperrbetrag nach § 50c EStG (§ 4 Abs. 5 Satz 2 EStG)

= Übernahmeergebnis 2. Stufe

Das Übernahmeergebnis 2. Stufe wird für **jeden Gesellschafter getrennt** ermittelt und gehört zu den laufenden Einkünften aus Gewerbebetrieb. Die **Steuer entsteht** mit Ablauf des Jahres, in das der steuerliche Übertragungsstichtag i.S.d. § 14 Satz 3 UmwStG für die GmbH fällt.

Gemäß der „Vollausschüttungsfiktion" unterliegt ein **Übernahmegewinn** als Quasi-Liquidationsgewinn denselben Regelungen wie **eine Anteilsveräußerung**,[415] was zu einer Steuerfreistellung des positiven Übernahmeergebnisses bei Körperschaften nach § 8b Abs. 2 KStG (unter Berücksichtigung des 5 %-Betriebsausgabenabzugsverbots gemäß § 8b Abs. 5 KStG) und dem Einbezug des Übernahmeergebnisses in das Halbeinkünfteverfahren bei natürlichen Personen nach § 3 Nr. 40 EStG führt.

Ein **Übernahmeverlust** entsteht, wenn der Buchwert der untergehenden Anteile höher ist, als die Werte der übergehenden Wirtschaftsgüter, d.h. die stillen Reserven in den Anteilen offen gelegt wurden. Ein Übernahmeverlust 2. Stufe war in der Vergangenheit (seit dem 1.1.1999 ohne gewerbesteuerliche Wirkung) durch einen sog. „**Step-Up**" nach § 4 Abs. 6 UmwStG zu neutralisieren, indem die übergehenden Wirtschaftsgüter bis zu den jeweiligen Teilwerten aufzustocken waren.[416] Eine **Folgewirkung** aus der steuerlichen Befreiung des Übernahmegewinns oder dessen nur hälftiger Erfassung ist, dass ein **Über-**

---
415 Vgl. Hey, GmbHR 2001, 993, 994; Thiel, FR 2000, 493, 494; Förster/van Lishaut, FR 2000, 1189 ff.
416 Vgl. zur Aufstockungstechnik nach der Stufentheorie Haritz/Bärwaldt, in: Beck'sches Handbuch der Personengesellschaften, § 9 Rn. 143 ff.

nahmeverlust 2. Stufe nach § 4 Abs. 6 UmwStG n.F. steuerlich unbeachtlich wird. Er kann weder zu einem sog. Step-Up (Aufstockung der AfA-Bemessungsgrundlagen) führen[417] noch bei natürlichen Personen gegen andere positive Einkünfte zumindest hälftig verrechnet werden.[418]

cc) Nicht wesentlich beteiligte Gesellschafter i.S.d. § 17 EStG

273   Bei nicht wesentlichen Beteiligungen gemäß § 17 EStG gilt eine besondere Form der Ermittlung des Übernahmeergebnisses **gemäß § 7 UmwStG**. Diese unterfallen nicht der Einlagefiktion des § 5 UmwStG, so dass für diese eine eigene Regelung zu schaffen war. § 7 UmwStG bestimmt, dass den Gesellschaftern als Übernahmeergebnis das steuerliche Eigenkapital abzgl. des gezeichneten Kapitals und des steuerlichen Einlagekontos als ausgeschüttete Dividende **hälftig bei den Einkünften aus Kapitalvermögen** zuzurechnen ist.[419] Das Halbeinkünfteverfahren und die sonstigen Einkünfteermittlungsregeln nach § 20 EStG finden Anwendung.[420]

Angesichts der abgesunkenen Beteiligungsgrenzen für § 17 EStG in der Vergangenheit ist bei der formwechselnden Umwandlung auf die Wesentlichkeitsgrenze abzustellen, die in dem Veranlagungszeitraum gilt, in dem die Umwandlung **zivilrechtlich wirksam** wird.[421] Damit sind zeitlich vorgelagerte steuerliche Übertragungsstichtage unbeachtlich, z.B. unterfielen Übertragungen im Jahr 2001 auch dann der neuen Beteiligungsgrenze von 1 % nach § 17 EStG, § 5 Abs. 2 UmwStG, wenn ein steuerlicher Übertragungsstichtag vor dem 1.1.2001 vereinbart wurde. Dies ergibt sich daraus, dass die Übergangsvorschrift für Veräußerungen in § 17 EStG (§ 52 Abs. 34 EStG), welche an die Anwendbarkeit des neuen Körperschaftsteuerrechts geknüpft ist, nicht auf § 5 Abs. 2 UmwStG angewendet werden kann.[422]

2. Verschmelzung

274   Für die **steuerliche Behandlung der Verschmelzung** einer Kapitalgesellschaft auf eine Personengesellschaft gelten im Prinzip die gleichen Grundsätze wie für den Formwechsel.

Handelsrechtlich ergeben sich **Abweichungen** im Vergleich zum Formwechsel. Bei der Verschmelzung findet § 17 Abs. 2 Satz 2 UmwG bei der übertragenden Kapitalgesellschaft Anwendung, der verlangt, dass der Anmeldung zur Eintragung der Verschmelzung eine den handelsrechtlichen Vorschriften (**Anknüpfung an die Buchwerte**) entsprechende **Schlussbilanz** der Kapitalgesellschaft beizufügen ist, während beim Formwechsel nur eine **Vermögensaufstellung** zu erstellen ist. Für das **Steuerrecht** gewährt § 3 UmwStG ein Wahlrecht, in der Übertragungsbilanz Buch-, Zwischen- oder Teilwerte anzusetzen. Auch hier vertritt die Finanzverwaltung wie beim Formwechsel die These der Maßgeblichkeit, die jedoch nach dem Urteil des BFH v. 19.10.2005 nicht mehr lang Bestand haben dürfte.[423]

Der **Übernehmer oder die übernehmende Personengesellschaft** hat handelsrechtlich das **Bewertungswahlrecht**, die übernommenen Wirtschaftsgüter nach **§ 24 UmwG** anzusetzen, das beim Formwechsel mangels Vermögensübertragung nicht gewährt wird. Hiernach dürfen die Wirtschaftsgüter bis zum Teilwert aufgestockt werden (Durchbrechung des Anschaffungskostenprinzips).[424]

---

417   Vgl. Hey, GmbHR 2001, 993, 996; Thiel, FR 2000, 493, 496.
418   Vgl. Förster/van Lishaut, FR 2000, 1189, 1190.
419   Vgl. Thiel, FR 2000, 493, 497.
420   Vgl. Kessler/W. Schmidt, DB 2000, 2032, 2035 Fn. 30: Nach § 7 UmwStG i.d.F. des UntStFG werden dem nicht wesentlich Beteiligten seine anteiligen offenen Rücklagen nicht mehr als Einkünfte, sondern als „Bezüge aus Kapitalvermögen", einschließlich des Sonderausweises nach § 28 KStG zugerechnet. Damit ist gewährleistet, dass die Bezüge nach Anwendung des Halbeinkünfteverfahrens um die damit im Zusammenhang stehenden Werbungskosten und ggf. den Sparerfreibetrag zu kürzen sind.
421   Vgl. Verfügung der OFD Magdeburg GmbH-StB 2001, 47.
422   Vgl. im Einzelnen Pung, DB 2000, 1835 f.
423   BFH, BStBl. 2006 II, S. 568. Nach Auffassung der OFD München v. 28.8.2006, DB 2006, 1928 hat das zu § 20 UmwStG keine Auswirkungen auf die derzeitige Rechtslage.
424   Vgl. Winnefeld, Bilanz-Hb., Kap. N, Rn. 270 ff. zu den Einzelheiten der Buchwert- und Neubewertungsmethode; Haritz/Bärwaldt, in: Beck'sches Handbuch der Personengesellschaften, § 9 Rn. 324 f.

Steuerlich besteht nach § 4 Abs. 1 UmwStG eine Bindung an die Werte in der steuerlichen Übertragungsbilanz der Kapitalgesellschaft. Die **Finanzverwaltung** vertritt die Auffassung, dass der Maßgeblichkeitsgrundsatz an dem der Umwandlung folgenden Bilanzstichtag zu beachten ist: Hat die Übernehmerin in der Übernahmebilanz handelsrechtlich nach § 24 UmwG höhere Werte als in der steuerlichen Schlussbilanz der Überträgerin angesetzt, seien die Buchwerte in der folgenden Schlussbilanz der Übernehmerin erfolgswirksam aufzustocken (**phasenverschobene Wertaufholung**).[425] Diese Auffassung wird in der Lit. abgelehnt.[426]

3. Steuerwirkungen

Für die Beurteilung **der steuerlichen Wirkungen** nach dem Steuersenkungsgesetz[427] sind steuerlicher Status der Anteile der an der Umwandlung beteiligten Gesellschafter und die Zusammensetzung der offenen Rücklagen der übertragenden Kapitalgesellschaft zu betrachten. Hier soll nur die Umwandlung der Kapitalgesellschaft durch deren **Gründer** eine Rolle spielen.

Im **Gründerfall** sind bei wirtschaftlich gesunden Kapitalgesellschaften die offenen Rücklagen (thesaurierte Gewinne) und stille Reserven auf der Ebene der Kapitalgesellschaft in dem Zeitraum gebildet worden, in dem der an der Umwandlung beteiligte Gesellschafter Inhaber der Anteile war[428] : Nach der Rechtslage durch das **StSenkG** und das **UntStFG** bekommt die auf den offenen Gewinnrücklagen lastende **Körperschaftsteuer Definitivcharakter**, da sie dem Anteilseigner kein Anrechnungsguthaben mehr vermittelt. Das **Anrechnungsguthaben** aus belasteten offenen Rücklagen findet bei der Ermittlung des Übernahmeergebnisses keine Berücksichtigung mehr. Stattdessen führt **in der Übergangszeit** das Körperschaftsteuer-Guthaben nach § 37 KStG n.F. zu einem höheren Übernahmeergebnis (Aktivierung des Minderungsanspruchs oder des Erstattungsanspruchs), das Körperschaftsteuer-Erhöhungspotenzial nach § 38 KStG zu einem niedrigeren Übernahmeergebnis (Erhöhung der Körperschaftsteuer-Schuld) für den Gesellschafter. Das **Körperschaftsteuer-Guthaben** kann gegen die Körperschaftsteuer-Schuld der übertragenden Körperschaft aufgerechnet werden und zu einer Erstattung führen, die von der übernehmenden Mitunternehmerschaft geltend zu machen ist. **Im Regelfall führt** beim Gründerfall die frühere Gewinnthesaurierung in der Umwandlung zu einem **Übernahmegewinn 2. Stufe**, welcher zu den Einkünften aus Gewerbebetrieb zählt und bei Körperschaften der **Befreiung des § 8b Abs. 2 KStG** und bei natürlichen Personen dem **Halbeinkünfteverfahren** nach § 3 Nr. 40 EStG unterliegt. An der **Gewerbesteuerfreiheit** nach § 18 Abs. 2 UmwStG ändert sich nichts. Für unbeschränkt steuerpflichtige natürliche Personen ist die Rechtsform der Kapitalgesellschaft eine „**Einbahnstraße**"[429] : Die Gesellschafter können im Zuge der Umwandlung **eine Besteuerung nur vermeiden**, wenn der Buchwert ihrer Anteile an der umgewandelten Kapitalgesellschaft der Summe aus gezeichnetem Kapital, den Einlagen, den offenen Rücklagen und dem von der Gesellschaft nutzbaren Körperschaftsteuer-Guthaben nach § 37 KStG n.F. entspricht. **Nach dem 15-jährigen Übergangszeitraum** ändert sich daran nichts, eine Körperschaftsteuer-Erstattung oder Ermäßigung bei der übertragenden Körperschaft nach § 10 UmwStG tritt dann jedoch nicht mehr ein. **Vorteile** bringt das neue System während des Übergangszeitraums für **beschränkt steuerpflichtige Anteilseigner**, die nunmehr ebenfalls in den Genuss des Halbeinkünfteverfahrens und somit zu einer

---

425   Vgl. Sauter/Heurung/Babel, DB 2002, 1177, 1179; BMF-Schreiben v. 25.3.1998, BStBl. I, S. 262 Rn. 03.02.
426   Vgl. Brinkhaus, in: Haritz/Benkert, UmwStG, § 3 Rn. 62; Sauter/Heurung/Babel, DB 2002, S. 1177, 1179, die darauf hinweisen, dass die phasenverschobene Wertaufholung im Gesetz keine Stütze findet, da § 6 Abs. 1 Nr. 1 Satz 4 EStG und Nr. 2 Satz 3 EStG i.d.F. des StEntlG 1999/2000/2002 keine Zuschreibung über die historischen Anschaffungskosten zulassen; Weber-Grellet, DStR 1997, 653 ff.; Herzig, FR 2000, 123 ff.
427   Zu den Änderungen durch das Gesetz zur Fortsetzung der Unterenehmenssteuerreform v. 29.10.1997 und durch das StEntlG 1999/2000/2002 v. 24.3.1999; J. Hey, GmbHR 2001, 993, 996.
428   Vgl. Scheffler, StuW 2001, 293, 296.
429   Vgl. Stegner/Heinz, GmbHR 2001, 54 ff., die für natürliche Personen von einer verfassungswidrigen Mehrfachbesteuerung auf der Ebene der Kapitalgesellschaft und der hälftigen Besteuerung beim Gesellschafter durch die Unbeachtlichkeit des Übernahmeverlustes ausgehen.

277 Im **Sanierungsfall** (Kapitalgesellschaft mit Verlusten und aufgezehrtem Eigenkapital) tritt nach der Rechtslage durch **StSenkG und UntStFG** eine wesentliche **Verschlechterung** für den Gründer ein, wenn der Übernahmeverlust durch den Wert der Anschaffungskosten des Anteils, der den Wert der übergehenden Vermögensgegenstände übersteigt, verursacht wird. **§ 4 Abs. 6 UmwStG n.F. schließt jegliche Berücksichtigung eines Übernahmeverlustes 2. Stufe aus.** Zivilrechtlich haften die Gesellschafter der aufnehmenden oder formgewechselten Personengesellschaft für die Verbindlichkeiten der Kapitalgesellschaft. Im Ergebnis tritt damit eine Schlechterstellung für die Gesellschafter ein, da die **Mehr-AfA** infolge des Übernahmeverlustes **nach alter Rechtslage** (Step-Up) zu einer Minderung der späteren Einkünfte aus Gewerbebetrieb geführt hätte.[431] Als Gestaltungsmaßnahme kommt in Betracht, die steuerlichen Verlustvorträge vor der Umwandlung durch den Verkauf von Einzelwirtschaftsgütern außerhalb der Umwandlung an die aufnehmende Personengesellschaft zu vermindern.[432] Die Lit. sieht in den gegenwärtigen Steuerkonsequenzen einen Verstoß gegen das **Prinzip der Besteuerung nach der Leistungsfähigkeit**,[433] da der Gesellschafter im Fall der Liquidation der Kapitalgesellschaft ohne Umwandlung nach § 17 EStG im Ergebnis den Verlust aus dem Untergang seines Anteils (bewertet mit nachträglichen Anschaffungskosten aus den eigenkapitalersetzenden Darlehen und den ursprünglichen Anschaffungskosten) mit anderen Einkünften verrechnen könnte.

II. Umwandlung von Personen- in Kapitalgesellschaften

278 In diesen Fallgestaltungen, die zivilrechtlich durch eine Anwachsung auf eine Kapitalgesellschaft (etwa bei der GmbH & Co. KG durch Einbringung der Kommanditanteile in die GmbH), einen Formwechsel oder eine Verschmelzung auf eine Kapitalgesellschaft durchgeführt sind, richten sich die steuerlichen Rechtsfolgen nach § 20 UmwStG.

1. Überblick zu § 20 UmwStG

279 § 20 UmwStG enthält folgende **tatbestandlichen Anforderungen**:

- **Numerus clausus von Einbringungsobjekten:** Betrieb, Teilbetrieb, Mitunternehmeranteil oder Beteiligung an einer Kapitalgesellschaft mit „Mehrheitsvermittlung" und

- Einbringung eines tauglichen Einbringungsobjekts in eine **Kapitalgesellschaft gegen Gewährung von Gesellschaftsrechten**.

280 **Rechtsfolgen** entfaltet § 20 UmwStG für die **aufnehmende Kapitalgesellschaft** und für den **Einbringenden**:

- Sind die tatbestandlichen Voraussetzungen erfüllt, gewährt § 20 Abs. 2 UmwStG der **aufnehmenden Kapitalgesellschaft** ein Wahlrecht, die übernommenen Wirtschaftsgüter zum Buchwert, einem Zwischenwert oder zum Teilwert anzusetzen.

- Für den **Einbringenden** bestimmt der Ansatz der Wirtschaftsgüter bei der aufnehmenden Kapitalgesellschaft den Veräußerungspreis und den Ansatz der Anschaffungskosten der übernommenen Gesellschaftsanteile.

---

430 Vgl. Kessler/W. Schmidt, DB 1997, 2032, 2035: Wären die Rücklagen als Dividenden ausgeschüttet worden, hätten diese Gesellschafter kein Anrechnungsguthaben nutzen können.
431 Vgl. J. Schmitt, in: Schmitt/Hörtnagl/Stratz, UmwG, § 4 UmwStG Rn. 159 f.
432 Vgl. Förster/van Lishaut, FR 2002, 1189, 1194.
433 Vgl. J. Schmitt, in: Schmitt/Hörtnagl/Stratz, UmwG, § 4 UmwStG Rn. 147 f.; Kessler/W. Schmidt, DB 2000, 2032, 2037.

2. Anwendungsfragen

a) Einbringungsobjekt

Für alle Vorgänge, auf die § 20 Abs. 1 UmwStG Anwendung finden soll, ist erforderlich, dass das **Einbringungsobjekt** ein Betrieb, Teilbetrieb oder Mitunternehmeranteil oder eine nach § 20 Abs. 1 Satz 2 UmwStG gleichgestellte Beteiligung an einer Kapitalgesellschaft ist.[434] Nach **der h.M.** bestimmt sich die Frage nach dem jeweils maßgeblichen Einbringungsobjekt von der Person des Einbringenden her. Einbringender kann je nach Gestaltung die Personengesellschaft selbst oder der einzelne Gesellschafter sein.[435] Das BMF sieht als Einbringenden **immer den einzelnen Mitunternehmer** an.[436] Allgemein akzeptiert ist, dass die steuerlichen Folgen der Anknüpfung in §§ 20 ff. UmwStG an die Mitunternehmerschaft oder den einzelnen Mitunternehmer sich **nicht nach der zivilrechtlichen Gestaltung** des Vorgangs richten. Vielmehr entspricht es der **h.M.**, das Tatbestandsmerkmal des Einbringenden nach Sinn und Zweck der einzelnen Regelungen auszulegen, in denen der Begriff des Einbringenden verwendet wird:[437]

281

- Beim (**erweiterten**) **Anwachsungsmodell** setzt die Durchführung zwingend die Einlage aller Personengesellschaftsanteile und damit **der Mitunternehmeranteile** als Einbringungsobjekte in die Kapitalgesellschaft gegen Gewährung von Gesellschaftsrechten voraus. Bestandteil des Mitunternehmeranteils ist in diesem Fall auch das **Sonderbetriebsvermögen eines Gesellschafters**, sofern es sich um eine wesentliche Betriebsgrundlage handelt.[438]
- Für den **Formwechsel** verweist § 25 UmwStG auf die §§ 20 ff. UmwStG. Nach der **überwiegenden Auffassung** ist hier grds. von einer **Tatbestandsverweisung** auszugehen. Folge hiervon ist, dass auch im Rahmen des § 25 die Tatbestandsvoraussetzungen des § 20 erfüllt sein müssen. Nur das Tatbestandsmerkmal der „Einbringung" wird im Rahmen des § 25 durch das Merkmal des „Formwechsels" ersetzt.[439] Beim Formwechsel wird **als Einbringungsobjekt die gleichzeitige Einbringung** aller Mitunternehmeranteile in die Kapitalgesellschaft angenommen.[440]
- Bei der **Verschmelzung** ist die Situation weniger eindeutig. Hier lässt sich der Vorgang sowohl als Übergang des Betriebs der Personengesellschaft mit der Mitunternehmerschaft als Einbringendem oder auch als Einbringung aller Mitunternehmeranteile durch die Mitunternehmer selbst begreifen.[441] Knüpft man an den Mitunternehmeranteil als Einbringungsobjekt an, sind die Rechtsprechungsänderungen zur Kongruenz von Sonderbetriebsvermögen und Mitunternehmeranteil (sog. **Synchronrechtsprechung**) strikt zu beachten, da die Einbringung eines Mitunternehmeranteils eine Veräußerung ist.[442]

b) Behandlung von Sonderbetriebsvermögen

Unbestritten ist, dass sowohl beim erweiterten Anwachsungsmodell, beim Formwechsel als auch bei der Verschmelzung das **Wahlrecht** zum Wertansatz der übernommenen Wirtschaftsgüter in § 20 UmwStG

282

---

[434] Auch der Teil-Mitunternehmeranteil kann noch Einbringungsobjekt nach § 20 UmwStG sein, jedoch soll dies hier nicht näher betrachtet werden, vgl. Brandenberg, DStZ 2002, 551, 554.
[435] Vgl. Friedrichs, in: Haritz/Benkert, UmwStG, § 20 Rn. 14.
[436] Vgl. BMF-Schreiben v. 25.3.1998, BStBl. I, S. 268 Tz. 20.05. Für den Formwechsel bejahend: Breuninger, in: FS für Widmann, S. 203, 216.
[437] Vgl. Friedrichs, in: Haritz/Benkert, UmwStG, § 20 Rn. 16; Binz/Sorg, GmbH & Co. KG, § 28 Rn. 6, 7 mit der Differenzierung danach, ob die Mitunternehmerschaft im Zuge der Umwandlung erlischt.
[438] Vgl. Düll, in: Sudhoff, GmbH & Co. KG, § 52 Rn. 77.
[439] Vgl. Friedrichs, in: Haritz/Benkert, UmwStG, § 25 Rn. 9.
[440] Vgl. BFH, BStBl. 1996 II, S. 342, 344; Breuninger, in: FS für Widmann, S. 203, 216.
[441] Nach J. Schmitt, in: Schmitt/Hörtnagl/Stratz, UmwG, § 20 UmwStG Rn. 191 lässt sich dem gerade zitierten BFH-Urteil im BStBl. 1996 II, S. 342 ff. entnehmen, dass beim Übergang des gesamten Vermögens einer Personengesellschaft, also auch bei der Verschmelzung einer Personengesellschaft auf ein GmbH, stets die gleichzeitige Einbringung aller Mitunternehmeranteile vorliegt; a.A.: Binz/Sorg, GmbH & Co. KG, § 28 Rn. 25 mit Verweis auf Rn. 20.02 des Umwandlungssteuererlasses.
[442] Vgl. Brandenberg, DStZ 2002, 554 ff.; Düll/Fuhrmann/Eberhard, DStR 2002, 1773 ff.

nur dann anwendbar ist, wenn alle wesentlichen Betriebsgrundlagen eines Betriebs oder Teilbetriebs auf die Kapitalgesellschaft übergehen. Werden folglich **wesentliche Betriebsgrundlagen** im Sonderbetriebsvermögen zurückgehalten und nicht in die Kapitalgesellschaft eingebracht, sind § 20 UmwStG und das damit verbundene Wahlrecht nicht anwendbar. Dies führt bei Durchführung der Umwandlung zu einer steuerpflichtigen Aufdeckung aller stillen Reserven bei der untergehenden Mitunternehmerschaft.

283 Für die Abgrenzung, ob Wirtschaftsgüter im Sonderbetriebsvermögen zu den wesentlichen Betriebsgrundlagen eines Mitunternehmeranteils gehören, wird zumeist auf die **Unterscheidung zwischen den Wirtschaftsgütern des Sonderbetriebsvermögens I und denen des Sonderbetriebsvermögens II** abgestellt. Sonderbetriebsvermögen I gehört im Zweifel zu den wesentlichen Betriebsgrundlagen. Das Sonderbetriebsvermögen II hingegen dient im Regelfall nur der Beteiligung des Gesellschafters an der Personenhandelsgesellschaft, ohne unmittelbar den Betrieb der Personenhandelsgesellschaft zu fördern.

Die **Finanzverwaltung** folgt nach einem BMF-Schreiben v. 16.8.2000[443] nunmehr ausschließlich **der funktionalen Betrachtungsweise.** Entscheidend ist damit nur noch, ob ein einzelnes Wirtschaftsgut für die Fortführung des betroffenen Betriebes im Einzelfall funktionell bedeutsam ist. Dies sind jedenfalls Wirtschaftsgüter, die **dem Betrieb das Gepräge geben** und nicht gleichzeitig am Markt ersetzbar sind. Das von der Finanzverwaltung vorher vertretene **quantitative Verständnis** der wesentlichen Betriebsgrundlage wurde durch das erwähnte BMF-Schreiben v. 16.8.2000 weitgehend aufgegeben. Hiernach wurde ein Wirtschaftsgut im Grundsatz den wesentlichen Betriebsgrundlagen allein deshalb zugerechnet, wenn in ihm erhebliche stille Reserven enthalten waren.

Sonderbetriebsvermögen, das **keine wesentliche Betriebsgrundlage** darstellt und das **nicht in die Kapitalgesellschaft** überführt wird, hindert nicht die Anwendung von § 20 UmwStG. Die einzelnen Wirtschaftsgüter werden aber bei Zurückbehaltung unter Realisierung der stillen Reserven als in das Privatvermögen entnommen angesehen.

284 Soweit **Einigkeit** darüber besteht, das Wirtschaftsgüter des Sonderbetriebsvermögens als wesentliche Betriebsgrundlagen in die Kapitalgesellschaft eingebracht werden mussten, um das Wahlrecht des § 20 Abs. 1 UmwStG nutzen zu können, **bestand früher eine Kontroverse darüber**, ob die Wirtschaftsgüter des Sonderbetriebsvermögens durch separate zivilrechtliche Übereignungsakte in das Vermögen der Kapitalgesellschaft übertragen werden mussten oder ob es ausreichte, **Nutzungsverhältnisse zwischen dem Gesellschafter und der Kapitalgesellschaft zu begründen.** Die h.M. vertritt hierzu inzwischen, dass die Begründung von Nutzungsrechten für die Kapitalgesellschaft **nicht ausreichend ist**, die Wirtschaftsgüter also in das Eigentum der Kapitalgesellschaft zu übertragen sind.[444]

c) Umwandlungsvoraussetzungen bei der Personengesellschaft

285 Für die übertragende Personengesellschaft regelt § 17 Abs. 2 Satz 1 UmwG, dass **handelsrechtlich** der Anmeldung zur Eintragung einer **Verschmelzung** eine **Übertragungsbilanz** beizufügen ist, die nach den allgemeinen Grundsätzen der handelsrechtlichen Jahresschlussbilanz aufzustellen ist. Damit sind die **Buchwerte** fortzuführen.

Für den **Formwechsel** gilt dies nach § 192 UmwG wegen des Identitätskonzepts nicht. Wegen der zivilrechtlichen Identität der formgewechselten Personengesellschaft mit der Kapitalgesellschaft braucht der Anmeldung zur Eintragung des Formwechsels im Handelsregister nur eine **Vermögensaufstellung** der Vermögensgegenstände der Gesellschaft zu Zeitwerten beigegeben werden.

Für das **erweiterte Anwachsungsmodell** als Vorgang außerhalb des Umwandlungsgesetzes sind derlei Verpflichtungen nicht zu beachten.

---

443 Siehe BMF-Schreiben v. 16.8.2000, BStBl. 2000 I, S. 1253.
444 Vgl. Haritz/Bärwaldt, in: Beck'sches Handbuch der Personengesellschaften, § 9 Rn. 213; Friedrichs, in: Haritz/Benkert, UmwStG, § 20 Rn. 111; J. Schmitt, in: Schmitt/Hörtnagl/Stratz, UmwG, § 20 UmwStG Rn. 118.

Steuerlich hat **nur im Fall des Formwechsels** bei der Umwandlung die übertragende Personengesellschaft eine Steuerbilanz aufzustellen (§ 25 Satz 2 UmwStG), in der die fortgeführten **Buchwerte** anzusetzen sind. Für die Verschmelzung und das Anwachsungsmodell gilt dieses Erfordernis nicht.

d) Wertansätze bei der übernehmenden Kapitalgesellschaft

aa) Handelsrecht

Da die aufnehmende Kapitalgesellschaft in den Fällen der Verschmelzung und des Anwachsungsmodells Anteile als Gegenleistung für die übernommenen Wirtschaftsgüter ausgibt, stellt sich die Frage der Anschaffungskosten und AfA-Bemessungsgrundlage für die übergehenden Wirtschaftsgüter. Bei der Übernehmerin ist die **handelsrechtliche Rechtslage**, bezogen auf die Anwendbarkeit des Wahlrechts **in § 24 UmwG** für Anwachsung, Formwechsel und Verschmelzung **uneinheitlich**.

Bei der Einbringung von Mitunternehmeranteilen (Anwachsungsmodell) oder eines Betriebsvermögens in eine bereits bestehende Kapitalgesellschaft im Rahmen einer Sachkapitalerhöhung nach §§ 55 ff. GmbHG wird die **Einbringung als laufender Geschäftsvorfall** behandelt. In diesem Fall zeigt die GmbH die Anschaffungskosten der übernommenen Wirtschaftsgüter erstmals in der auf die Einbringung folgenden **Jahresschlussbilanz**.[445] Wird die GmbH im Zuge der Umwandlung gegründet, sind die Anschaffungskosten in der **Eröffnungsbilanz** zu zeigen, zu deren Aufstellung die GmbH als Kaufmann i.S.d. HGB verpflichtet ist.[446]

Für dem UmwG unterliegende Umwandlungsvorgänge **enthält § 24 UmwG** eine **eigene Bewertungsvorschrift**. Diese bestimmt, dass in den Jahresbilanzen des übernehmenden Rechtsträgers die Anschaffungskosten i.S.d. § 253 Abs. 1 HGB auch in Höhe der Anschaffungskosten in der Schlussbilanz des übertragenden Rechtsträgers angesetzt werden **können**. Handelsrechtlich wird somit eine **Verknüpfung zwischen der Schlussbilanz des übertragenden Rechtsträgers gemäß § 17 Abs. 2 UmwG und der Eröffnungs- oder ersten Schlussbilanz des übernehmenden Rechtsträgers hergestellt.** Während jedoch in der Schlussbilanz der übertragenden Personengesellschaft nach § 17 Abs. 2 Satz 2 UmwG **zwingend die Buchwerte** anzusetzen sind, gewährt § 24 UmwG das **Wahlrecht**, die in der Schlussbilanz des übertragenden Rechtsträgers ausgewiesenen Buchwerte entweder aufgrund der Gesamtrechtsnachfolge zu übernehmen (**Buchwertansatz**) oder nach dem Anschaffungswertprinzip die Anschaffungskosten der übernommenen Wirtschaftsgüter auf Basis der von der übernehmenden Gesellschaft entrichteten Gegenleistung/Anteile (**Neubewertungsansatz**) neu festzusetzen.[447] Nach **h.M.** wird das in § 24 UmwG verankerte Wahlrecht nicht nur bei einer Verschmelzung zur Neugründung oder zur Aufnahme (§ 24 UmwG i.V.m. § 36 Abs. 1 UmwG), sondern **auch in analoger Anwendung für das erweiterte Anwachsungsmodell** gewährt.[448]

Unbestritten ist, dass das handelsrechtliche Wahlrecht in § 24 UmwG **nicht in Fällen des Formwechsels** gelten kann, da in diesem Fall kein Austauschgeschäft zwischen übertragender und übernehmender Gesellschaft gegeben ist.[449] Im Fall des **Formwechsels** müssen handelsrechtlich somit **zwingend die Buchwerte bei der GmbH** fortgeführt werden.

Die **Anwendung** von § 24 UmwG findet **im Kontext der allgemeinen Bewertungsregeln von Sacheinlagen** statt[450]: Trifft die Umwandlung der Personengesellschaft in eine GmbH mit einer Kapitalerhöhung bei der aufnehmenden GmbH zusammen, sind zusätzlich die handelsrechtlichen **Kriterien für die Be-**

---

445 Vgl. Widmann/Mayer, Umwandlungsrecht, § 20 UmwStG 1977, Rn. 7330; Patt/Rasche, DStR 1994, 841, 842.
446 Vgl. Patt/Rasche, DStR 1994, 841, 842.
447 Vgl. Knop/Küting, BB 1995, 1023, 1024.
448 Vgl. Knop/Küting, BB 1995, 1023, 1025.
449 Vgl. Stellungnahme des IDW, HFA 1/1996, WPg 1996, 507, 508.
450 Der Begriff der Sacheinlage soll hier sowohl die Sacheinlage als auch die Sachübernahme erfassen, d.h. Übernahme von Vermögensgegenständen durch die Gesellschaft gegen Gewährung von Anteilen unter Anrechnung auf die Stammeinlage, vgl. Baumbach/HueckHueck/Fastrich, GmbHG, § 5 Rn. 16.

wertung von Sacheinlagen maßgeblich. Die **handelsrechtliche Bewertung der Anschaffungskosten bei Sacheinlagen** richtet sich nicht nach § 242 Abs. 1 i.V.m. §§ 253, 255 HGB, da Sacheinlagen keine Anschaffungsvorgänge, sondern gesellschaftsrechtliche Verpflichtungsgeschäfte sui generis darstellen.[451] Die **herrschende Auffassung** nimmt für die Bewertung der Sacheinlage **handelsrechtlich** ein **Wahlrecht** zwischen der Fortführung des Buchwertes der übernommenen Wirtschaftsgüter (zwingende Untergrenze) und dem Ansatz des **Zeitwertes** der übernommenen Wirtschaftsgüter als Obergrenze (unter Einstellung eines den Nennwert übersteigenden Betrages in die Kapitalrücklage) an.[452] Zudem wird die absolute **Untergrenze, welche das übergehende Vermögen aufweisen muss**, durch das gesetzlich vorgeschriebene Mindestnennkapital der GmbH und das Verbot der Unterpariemission markiert. **§ 24 UmwG** geht diesen allgemeinen Grundsätzen vor, als er ausdrücklich die Wahl von Zwischenwerten zur handelsrechtlich erfolgsneutralen Durchführung der Umwandlung zulässt, andererseits führt das allgemeine Verbot der Unterpariemission bei Sacheinlagen zu einer Beschränkung des Wahlrechts aus § 24 UmwG.[453]

Handelsrechtlich ist somit aufgrund des Wahlrechts aus § 24 UmwG gewährleistet, dass im Verschmelzungsvertrag **ein Einlagewert** in Form des Ausgabetrages der hingegebenen Anteile bestimmt werden kann, der für die Bewertung des übernommenen Vermögens bindend ist.[454] Die **Anschaffungskosten** der übernommenen Vermögensgegenstände **sind dann in ihrer Obergrenze** jeweils durch den Ausgabebetrag der Anteile oder das Aggregat aus einer Nominalkapitalerhöhung und der Rücklagenzuführung bestimmt. Eine Aktivierung muss aber jedenfalls in Höhe des ausgereichten Nominalkapitals erfolgen, ein bilanzieller Verlust darf nicht willkürlich geschaffen werden.[455]

288 Nach der **h.M.** gelten bei der **Neubewertungsmethode** zusammengefasst die folgenden **Bewertungsgrundsätze**[456]:

- Die Sacheinlage kann mit einem Betrag bewertet werden, der dem **Nennwert** der zu gewährenden Anteile entspricht und damit **unterhalb des Zeitwertes** der übernommenen Wirtschaftsgüter liegt. Der Wertansatz enthält dann zulässigerweise auch bei der Kapitalgesellschaft stille Reserven; eine Dotierung der Kapitalrücklage in Höhe dieser stillen Reserven unterbleibt.

- Die Sacheinlage kann mit dem **Zeitwert** der übertragenen Vermögensgegenstände angesetzt werden, der aufgrund der Vorschriften zur Kapitalaufbringung (§ 19 Abs. 2 i.V.m. §§ 5 Abs. 4, 9 Abs. 1, 9c GmbH) nicht unter dem Nennwert der zu gewährenden Anteile liegen darf. Ein über den Nennwert der zu gewährenden Anteile hinaus gehender Betrag ist in die Kapitalrücklage einzustellen.

- Werden die Anteile mit einem **Aufgeld bzw. einem über den Nennwert liegenden Ausgabebetrag** ausgegeben, muss die Sacheinlage mindestens in Höhe des Ausgabebetrags angesetzt werden; der über den Nennwert der zu gewährenden Anteile hinausgehende Betrag der übernommenen Wirtschaftsgüter ist wiederum in die Kapitalrücklage einzustellen.

Der nach den vorstehenden Grundsätzen ermittelte **Anschaffungskostenbetrag** ist auf die übertragenen Vermögensgegenstände, Schulden und Rechnungsabgrenzungsposten nach einem sachgerechten Verfahren **zu verteilen**, wobei die **Zeitwerte** der einzelnen aktivierten Vermögensgegenstände **nicht überschritten**, die der Schulden und der Rückstellungen nicht unterschritten werden dürfen.[457] Überschreiten die Anschaffungskosten den Zeitwert des Saldos aus Vermögensgegenständen und Schulden, kann der

---

451 Vgl. Patt/Rasche, DStR 1994, 841, 842.
452 Vgl. Patt/Rasche, DStR 1994, 841, 842.
453 Vgl. W. Müller, in: Kallmeyer, UmwG, § 24 Rn. 45.
454 Vgl. W. Müller, in: Kallmeyer, UmwG, § 24 Rn. 22.
455 Vgl. W. Müller, in: Kallmeyer, UmwG, § 24 Rn. 23.
456 Vgl. Knop/Küting, BB 1995, 1024, 1025; Winnefeld, Bilanz-Hb., Kap. N Rn. 243 ff.; a.A.: Hörtnagl, in: Schmitt/Hörtnagl/Stratz, UmwG, § 24 UmwStG Rn. 30 ff., der zwingend die Bewertung zu Zeitwerten der eingebrachten Wirtschaftsgüter vertritt.
457 Vgl. W. Müller, in: Kallmeyer, UmwG, § 24 Rn. 32: Bei der GmbH als Kapitalgesellschaft ist das Verteilungsverfahren nach § 284 Abs. 2 Nr. 1 HGB im Anhang zu erläutern; Winnefeld, Bilanz-Hb., Kap N Rn. 245 ff.

Differenzbetrag wahlweise sofort als Ertrag verbucht oder als Geschäfts-Firmenwert nach § 254 Abs. 4 HGB aktiviert und planmäßig abgeschrieben werden.[458]

Wird das **Wahlrecht in § 24 UmwG i.S.d. Buchwertverknüpfung** ausgeübt, sind die fortgeführten Buchwerte aus der Schlussbilanz des übertragenden Rechtsträgers in der Eröffnungsbilanz der neu gegründeten oder am Ende des Geschäftsjahres der übernehmenden GmbH fortzuführen. Der übernehmende Rechtsträger ist an alle in der Schlussbilanz getroffenen Bilanzansätze der übertragenden Gesellschaft gebunden.[459] Wird die Buchwertfortführung gewählt und ist das übergehende Reinvermögen zu Buchwerten höher als der Ausgabebetrag der Kapitalanteile, ist der Differenzbetrag (**Verschmelzungsgewinn**) in die Kapitalrücklage gemäß § 272 Abs. 2 Nr. 1 HGB einzustellen.[460] Eine Buchwertverknüpfung ist handelsrechtlich ausgeschlossen, wenn zwar der Zeitwert des übernommenen Vermögens wegen hoher stiller Reserven, aber nicht der Buchwert des übernommenen Vermögens den Nennbetrag der neuen Anteile deckt.[461] Ist § 24 UmwG wie im Fall des Formwechsels **nicht anwendbar**, ist die Vermögensaufstellung zu Zeitwerten im Zusammenhang mit gerade dargestellten Regeln maßgeblich. 289

bb) Steuerrecht

(1) Bewertungswahlrecht nach § 20 UmwStG

Für das Steuerrecht enthält § 20 Abs. 1 i.V.m. § 20 Abs. 2 UmwStG die maßgeblichen Vorschriften. Im Grundsatz gewährt § 20 Abs. 2 Satz 1 UmwStG der Kapitalgesellschaft ein dem Handelsrecht bei Bewertung nach § 24 UmwG korrespondierendes **Wahlrecht**, das eingebrachte Betriebsvermögen mit seinem steuerlichen Buchwert oder mit einem höheren Wert anzusetzen. **Buchwert** für Zwecke des Steuerrechts ist nach § 20 Abs. 2 Satz 3 UmwStG der Wert, mit dem der Einbringende das eingebrachte Betriebsvermögen im Zeitpunkt der Sacheinlage nach den steuerrechtlichen Vorschriften über die Gewinnermittlung anzusetzen hat (**steuerliche Wertuntergrenze**). Wird statt des Buchwertes ein höherer Wertansatz beabsichtigt, bestimmt § 20 Abs. 2 Satz 6 UmwStG, dass die **Teilwerte** der einzelnen Wirtschaftsgüter nicht überschritten werden dürfen (**steuerliche Wertobergrenze**). 290

Der **Umfang des steuerlichen Wahlrechts in § 20 Abs. 2 Satz 1 UmwStG** ist jedoch umstritten. Entscheidende Frage ist, ob die aufnehmende Kapitalgesellschaft in ihrer Steuerbilanz aufgrund des **Maßgeblichkeitsgrundsatzes** nach § 5 Abs. 1 EStG an einen handelsrechtlichen Buchwertansatz der übernehmenden Kapitalgesellschaft gebunden ist. Hierzu ist zwischen den Auffassungen der Finanzverwaltung und der Lit. und den einzelnen Einbringungsvorgängen im Anwendungsbereich des § 20 UmwStG zu unterscheiden. 291

Für den **Formwechsel vertritt die Finanzverwaltung** die Auffassung, dass § 24 UmwG im Fall des Formwechsels keine Anwendung finden könne, da zivilrechtlich keine Vermögensübertragung gegeben sei.[462] Diese handelsrechtliche Auffassung wird auch vom zivilrechtlichen Schrifttum einhellig geteilt.[463] Für das Steuerrecht folgert die Finanzverwaltung daher, dass wegen des handelsrechtlichen Zwangs zur Buchwertfortführung über das Maßgeblichkeitsprinzip in § 5 Abs. 1 EStG auch das Wahlrecht in § 20 Abs. 2 Satz 1 UmwStG leerlaufe. Mit anderen Worten: In Fällen des Formwechsels von einer Personengesellschaft in eine Kapitalgesellschaft **sollen auch steuerlich zwingend die Buchwerte** fortzuführen sein. Diese Auffassung hat der BFH in einem **Urt. v. 19.10.2005** ausdrücklich abgelehnt.[464] 292

---

458 Vgl. W. Müller, in: Kallmeyer, UmwG, § 24 Rn. 32.
459 Vgl. W. Müller, in: Kallmeyer, UmwG, § 24 Rn. 37.
460 Vgl. W. Müller, in: Kallmeyer, UmwG, § 24 Rn. 40; Winnefeld, Bilanz-Hb., Kap. N Rn. 241; Stellungnahme des IDW, HFA 2/1997, WPg 1997, 240. Hiernach ist auch ein ergebniswirksamer Verschmelzungsverlust möglich.
461 Vgl. W. Müller, in: Kallmeyer, UmwG, § 24 Rn. 45.
462 BMF-Schreiben v. 25.3.1998, BStBl. 1998 I, S. 268, Tz. 20.30.
463 Vgl. Stellungnahme des IDW, HFA 2/1997, WPg 1997, S. 240; Binz/Sorg, GmbH & Co. KG, § 28 Rn. 21.
464 BFH, BFH/NV 2006, 692 = EStB 2006, 83.

293 Die Problematik stellt sich in vergleichbarer Weise für die **Verschmelzung** und das erweiterte **Anwachsungsmodell**, für die § 24 UmwG direkt oder zumindest analoge Anwendung entfaltet. Auch hier stellt sich grds. die Frage, ob **bei Verzicht auf das handelsrechtliche Neubewertungswahlrecht** auch steuerlich über den allgemeinen Maßgeblichkeitsgrundsatz das Wahlrecht in § 20 Abs. 2 Satz 1 UmwStG faktisch nicht ausgeübt werden kann. Im Gegensatz zum Formwechsel handelt es sich bei den zuletzt genannten Umwandlungsformen um **Austauschgeschäfte. Die Finanzverwaltung geht** davon aus, dass auch für diese Fälle der Maßgeblichkeitsgrundsatz des § 5 Abs. 1 EStG zu beachten ist.[465] Danach soll das steuerliche Bewertungswahlrecht in § 20 Abs. 2 Satz 1 UmwStG zwingend in Übereinstimmung mit der handelsrechtlichen Jahresbilanz der übernehmenden Kapitalgesellschaft auszuüben sein. Mithin sei der Wert, mit dem das eingebrachte Betriebsvermögen in der Handelsbilanz der Kapitalgesellschaft angesetzt wird, grds. auch für den Wertansatz in der Steuerbilanz der Kapitalgesellschaft bindend. Ausnahmen von diesem Grundsatz sollen nur in den gesetzlich vorgeschriebenen Fällen des § 20 Abs. 2 Satz 2 – Satz 5 UmwStG und bei einem Verstoß dieser Wertansätze gegen andere gesetzliche Vorschriften zugelassen werden. Die **überwiegende Meinung** in der Lit. und wohl auch in der Finanzgerichtsbarkeit[466] wendet sich gegen diese Auffassung der Finanzverwaltung.[467] Nach dem Urteil des BFH v. 19.10.2005 wird die frühere Auffassung von der Finanzverwaltung nicht angewendet.[468]

(2) Durchbrechungen des Bewertungswahlrechts

294 Das UmwStG selbst nennt **drei spezifische steuerliche Bewertungsvorschriften** für Sonderkonstellationen, in denen das Steuerrecht ggf. vom Handelsrecht abweichen muss.

- Nach **§ 20 Abs. 2 Satz 2 UmwStG** ist ein Ansatz mit den bisherigen steuerlichen Buchwerten ausdrücklich **selbst dann zulässig**, wenn in der Handelsbilanz das eingebrachte Betriebsvermögen nach den handelsrechtlichen Vorschriften mit einem **höheren Wert** angesetzt werden **muss**. Die Differenz ist dann in einem steuerlichen Ausgleichsposten „steuerliches Minderkapital" auf der Aktivseite einzustellen.[469] Dieser Ausgleichsposten ist kein Bestandteil des Betriebsvermögens nach § 4 Abs. 1 Satz 1 EStG; er nimmt am Betriebsvermögensvergleich nicht teil („**Luftposten**").[470] Eine Auflösung oder Abschreibung dieses Postens findet nicht statt. Der Umwandlungsteuererlass bestimmt weiter, dass, falls sich die durch den Ausgleichsposten gedeckte Differenz zwischen der Aktiv- und der Passivseite der Bilanz, insb. durch die Aufdeckung stiller Reserven später vermindert, der Ausgleichsposten in entsprechender Höhe erfolgsneutral wegfällt.[471] Beispiel für solch eine Konstellation ist, dass das eingebrachte Betriebsvermögen bereits zum Zeitpunkt der Einbringung in die Steuerbilanz des Einbringenden zulässigerweise mit einem niedrigeren Wert ausgewiesen ist als in seiner Handelsbilanz. **Ein solcher steuerlicher Wertansatz darf dann fortgeführt werden.**

- Der **Fall des sog. steuerlichen Mehrkapitals** wird von § 20 Abs. 2 Satz 4 UmwStG abgedeckt. Die Vorschrift bestimmt, dass ein negatives steuerliches Betriebsvermögen durch eine anteilige Aufstockung der Buchwerte bis zu den Teilwerten der einzelnen Wirtschaftsgüter auszugleichen ist. Es handelt sich

---

465 Vgl. BMF-Schreiben v. 25.3.1998, BStBl. 1998 I, S. 268, Tz. 20.26.
466 Vgl. FG München, Beschl. v. 5.10.2000, GmbHR 2001, 41 zum Formwechsel.
467 Vgl. zusammenfassend: J. Schmitt, in: Schmitt/Hörtnagl/Stratz, UmwG, § 20 UmwStG Rn. 239 ff.; Breuninger, in: FS für Widmann, S. 203, 212; Binz/Sorg, GmbH & Co. KG, § 28 Rn. 22.
468 Vgl. jetzt BMF-Schreiben v. 4.7.2006, BStBl. I 2006, 445.
469 Vgl. BMF-Schreiben v. 25.3.1998, BStBl. I, S. 262, UmwStE Rn. 20.27. Für die Finanzverwaltung hat § 20 Abs. 2 UmwStG einen anderen Anwendungsbereich als für die h. M. Dies folgt aus dem Maßgeblichkeitsprinzip: Ist der steuerliche Wertansatz vorrangig in Übereinstimmung mit dem handelsbilanziellen Ansatz nach § 20 Abs. 2 Satz 1 UmwStG vorzunehmen, ist § 20 Abs. 2 Satz 2 UmwStG als Ausnahmetatbestand anzusehen, der die abweichende Buchwertfortführung für Steuerzwecke bei handelsrechtlicher Aufstockung nur in besonderen Situationen, z.B. der handelsrechtlichen zutreffenden Darstellung der Beteiligungsverhältnisse und bei Unterschreiten des gesetzlichen Mindestkapitals zulässt.
470 Vgl. J. Schmitt, in: Schmitt/Hörtnagl/Stratz, UmwG, § 20 UmwStG Rn. 256 ff.
471 Vgl. BMF-Schreiben v. 25.3.1998, BStBl. I, S. 262 Rn. 20.27; J. Schmitt, in: Schmitt/Hörtnagl/Stratz, UmwG, § 20 UmwStG Rn. 259 ff.

bei diesem steuerlichen Gebot um ein gewerbe- und körperschaftsteuerlich wirksames **Zuschreibungsgebot**, das selbst für den Formwechsel Wirkung entfaltet.[472] Bei der GmbH & Co. KG etwa kann ein negatives steuerliches Betriebsvermögen vor allem durch negative Kapitalkonten der Mitunternehmer vorhanden sein. Ein Mitunternehmeranteil gilt dann als negativ, wenn das Kapitalkonto des Mitunternehmers einschließlich seiner Ergänzungs- und Sonderbilanz negativ ist.[473] Im Ergebnis bedeutet dies, dass der **Mindestwert des steuerlichen Betriebsvermögens bei der Kapitalgesellschaft** nicht negativ sein darf. Ist schon das auf Buchwerten beruhende handelsrechtliche Reinvermögen negativ, mithin die GmbH & Co. KG überschuldet, müssen die handelsrechtlichen Buchwerte aufgestockt werden, um das für die Gründung einer GmbH notwendige Mindeststammkapital zu erreichen (§ 197 UmwG i.V.m. § 220 UmwG).[474]

- Schließlich **enthält § 20 Abs. 3 UmwStG** eine steuerlich zwingende Verpflichtung zum Teilwertansatz bei der übernehmenden Kapitalgesellschaft, wenn das Besteuerungsrecht der Bundesrepublik Deutschland hinsichtlich des Gewinns aus einer Veräußerung der dem Einbringenden gewährten einbringungsgeborenen Gesellschaftsanteilen im **Zeitpunkt der Einbringung** ausgeschlossen ist. Dies ist im Regelfall in den meisten Abkommen zur Vermeidung der Doppelbesteuerung, welche von der Bundesrepublik abgeschlossen worden sind, der Fall. Das Besteuerungsrecht ist im Regelfall dem Sitzstaat des Veräußerers der Beteiligung zugewiesen.[475]

cc) **Weitere steuerliche Rechtsfolgen bei der übernehmenden Kapitalgesellschaft**

Die GmbH tritt gemäß § 22 Abs. 1 UmwStG i.V.m. § 12 Abs. 3 UmwStG in die Rechtsstellung der Mitunternehmerschaft bezüglich der Besitzzeiten bei der Rücklage gemäß § 6b EStG, der AfA und der bei der Mitunternehmerschaft ausgeübten Bilanzierungsrechte ein, wenn der Buchwertansatz auf der Ebene der übernehmenden Kapitalgesellschaft gewählt wird. Werden die übernommenen Wirtschaftsgüter **zum Teilwert oder einem Zwischenwert** angesetzt, gelten diese Grundsätze nur eingeschränkt.[476]

Soweit die umwandelnden Gesellschafter die **Kosten aus der Einbringung** zu tragen haben (Notar-, Gerichts- oder Beratungskosten) sind diese Kosten nicht als Anschaffungsnebenkosten für die GmbH-Anteile anzusehen, sondern führen zu einem sofort abziehbaren Veräußerungsverlust.[477]

3. Steuerfolgen für die Mitunternehmer

§ 20 Abs. 4 Satz 1 UmwStG bestimmt, dass der Wert, mit dem die Kapitalgesellschaft das eingebrachte Betriebsvermögen ansetzt, für den **Einbringenden als Veräußerungspreis** gilt. Dies führt zu den folgenden **steuerlichen Konsequenzen**:

- Die **Einbringung** von Betrieben, ganzen und Teil-Mitunternehmeranteilen zum **Buchwert** führt **nicht** zum Entstehen eines Veräußerungsgewinns nach § 16 EStG. Es entstehen steuerverhaftete GmbH-Anteile (**einbringungsgeborene Anteile nach § 21 UmwStG**), die zum Privat- oder Betriebsvermögen gehören. Die im Sonderbetriebsvermögen befindlichen Anteile an der aufnehmenden Komplementär-GmbH brauchen nicht eingebracht zu werden, sondern gelten **auch** als einbringungsgeborene Anteile.[478]

---

472 Vgl. das Fallbeispiel bei Ott, INF 1996, 205, 210.
473 Im Einzelnen kommt es hier für die Aufstockung auf die Unterscheidung an, ob eine Einbringung des Betriebs seitens der Mitunternehmerschaft oder die Einbringung eines Mitunternehmeranteils durch die einzelnen Mitunternehmer anzunehmen ist, vgl. J. Schmitt, in: Schmitt/Hörtnagl/Stratz, UmwG, § 20 UmwStG Rn. 274 ff.
474 Siehe für den Formwechsel Timmermanns, DB 1999, 948, 949.
475 Vgl. in diesem Zusammenhang differenzierend J. Schmitt, in: Schmitt/Hörtnagl/Stratz, UmwG, § 20 UmwStG Rn. 292 ff.
476 Vgl. Zimmerman/Hottmann/Hübner/Schaeberle/Völkl, Die Personengesellschaft im Steuerrecht, L 3.3 – 3.5 Fallbeispiel bei Ott, INF 1996, 205, 207 ff.
477 Vgl. Zimmerman/Hottmann/Hübner/Schaeberle/Völkl, Die Personengesellschaft im Steuerrecht, L, 3.3 – 3.5
478 Vgl. Ott, INF 1996, 205, 210.

- Die **Einbringung von Betrieben, Teil- und ganzen Mitunternehmeranteilen zum Teilwert** führt zum Entstehen eines Veräußerungsgewinns gemäß § 16 EStG, § 34 EStG findet bei natürlichen Personen gemäß § 20 Abs. 5 UmwStG i.d.F. des UntStFG nur noch Anwendung, wenn ein Betrieb oder ganzer Mitunternehmeranteil eingebracht werden. Das Halbeinkünfteverfahren nach § 3 Nr. 40 EStG und § 8b KStG findet Anwendung, soweit im übergehenden Vermögen Beteiligungen an Kapitalgesellschaften enthalten sind; gewerbesteuerlich gilt dies nach Rn. 55, 56 des BMF-Schreibens v. 28.4.2003 jedoch nicht.
- Die Einbringung **zu einem Zwischenwert** führt zu einem Veräußerungsgewinn. Der Freibetrag gemäß § 16 Abs. 4 EStG wird nicht gewährt.[479] Auch in diesem Fall entstehen einbringungsgeborene Anteile gemäß § 21 Abs. 1 Satz 1 UmwStG. Durch das **UntStFG** wurde § **20 Abs. 5 UmwStG** dahingehend verändert, dass nur noch Einbringungen **von Betrieben und ganzen Mitunternehmeranteilen** zum **Teilwert** zu den begünstigten Veräußerungen gehören. Die Änderung erklärt sich aus der Herausnahme der Veräußerung eines Teil-Mitunternehmerteilanteils aus der Begünstigung des § 34 EStG.[480]

III. Umwandlungen zwischen Körperschaften

297

Beteiligte Personen	Rechtsfolgen
Schlussbilanz der übertragenden Körperschaft	• **Wertansatz** der übergehenden Wirtschaftsgüter mit Buch-, Zwischen- oder Teilwerten nach **Wahlrecht** des Steuerpflichtigen. • Bei Aufdeckung der stillen Reserven ist ein **Übertragungsgewinn** zu versteuern.
Wertansatz bei der übernehmenden Körperschaft	• **Buchwertverknüpfung** bei Ansatz der Buchwerte. • Bei Entstehen eines **Übertragungsgewinns** ist dieser steuerbefreit. • **Fußstapfentheorie**: die übernehmende Gesellschaft tritt in die Rechtspositionen der übertragenden Gesellschaft ein. • **Übergang eines Verlustvortrags** unter Berücksichtigung der Beschränkungen in § 8 Abs. 4 KStG.
Besteuerung der Anteilseigner	Anschaffungs- und Veräußerungsgeschäfte der Anteilseigner nach § 13 UmwStG; die Steuerfolgen richten sich je nach dem Status der Anteile als Anteile in einem Betriebsvermögen, Privatvermögen, einbringungsgeborene Anteile und dem Status des Anteilseigners als natürliche Person oder Kapitalgesellschaft.

IV. Realteilung von Mitunternehmerschaften

1. Überblick

298 § 16 Abs. 3 Satz 2 – 4 EStG sehen vor, dass bei der Realteilung einer Mitunternehmerschaft **nach dem 31.12.2000**.

- gemäß § 16 Abs. 3 Satz 2 EStG zwingend die **Buchwerte** anzusetzen sind, wenn bei einer Realteilung Wirtschaftsgüter **in** das jeweilige **Betriebsvermögen** der einzelnen Mitunternehmer **übertragen** werden, vorausgesetzt, die Besteuerung der stillen Reserven ist sichergestellt; das gilt unabhängig davon, ob im Zuge der Realteilung Teilbetriebe, Mitunternehmeranteile oder einzelne Wirtschaftsgüter übertragen werden,

---

479 Vgl. Brandenberg, DStZ 2002, 551, 554.
480 Vgl. Rödder/Schumacher, DStR 2001, 1685, 1688.

- **rückwirkend der gemeine Wert** anzusetzen ist, soweit bei einer Realteilung, bei der **einzelne Wirtschaftsgüter** übertragen worden sind, zum Buchwert übertragener Grund und Boden, übertragene Gebäude oder andere übertragene wesentliche Betriebsgrundlagen innerhalb einer **Sperrfrist** nach der Übertragung veräußert oder entnommen werden,
- eine **Buchwertfortführung** bei Zuteilung von **einzelnen Wirtschaftsgütern** nicht zulässig ist, soweit die Wirtschaftsgüter unmittelbar oder mittelbar auf eine Körperschaft, Personenvereinigung oder Vermögensmasse übertragen werden; in diesem Fall ist bei der Übertragung der gemeine Wert anzusetzen (sog. **Kapitalgesellschaftsklausel**).

> **Hinweis:**
> Für die praktische Arbeit ist das kürzlich erschienene **BMF-Schreiben v. 28.2.2006**[481] zu beachten, dass zu einigen Streitfragen Stellung nimmt. Bei **Erbengemeinschaften** ist das speziellere BMF-Schreiben v. 14.3.2006 heranzuziehen.[482]

Die **Realteilungsregelungen** sind vorrangig anwendbar auf **Erbauseinandersetzungen**[483] von Erbengemeinschaften, in deren Gesamthandsvermögen Betriebsvermögen vorhanden ist sowie auf die zivilrechtlichen Spaltungsvorgänge zwischen Personengesellschaften. Bei den Vorgängen, die unter die Realteilungsgrundsätze fallen, liegen regelmäßig ohne die Regeln zur Realteilung gewinnrealisierende Betriebsaufgaben oder Aufgaben von Mitunternehmeranteilen gemäß § 16 Abs. 3 Satz 1 EStG vor, bei der Übertragung der Einzelwirtschaftsgüter können die stillen Reserven in diesen Wirtschaftsgütern teilweise auch gemäß § 6 Abs. 5 EStG zu Buchwerten übertragen werden. Die Regelungen zur Realteilung gewährleisten daher für viele Fallgestaltungen die steuerneutrale Trennung der Mitunternehmer.

2. Voraussetzungen der Realteilung

Die Voraussetzungen können wir folgt zusammengefasst werden:

- **Numerus clausus von übertragbaren Gegenständen**: Übertragbar sind Betriebe, Teilbetrieb und Mitunternehmeranteil sowie Einzelwirtschaftsgüter (Letztere aus dem Gesamthands- oder Sonderbetriebsvermögen).
- **Realteilung der Mitunternehmerschaft**: Zwingende **Betriebsaufgabe** ist auf Ebene der Mitunternehmerschaft erforderlich. Daher **ist eine Sachwertabfindung** für das Ausscheiden aus einer Mitunternehmerschaft bei Fortbestehen dieser Mitunternehmerschaft keine Realteilung, und zwar **selbst dann nicht**, wenn ein Mitunternehmer **aus einer zweigliedrigen Mitunternehmerschaft** gegen Sachwertabfindung ausscheidet, die hierdurch zum Einzelunternehmer wird.[484]
- **Übertragung des Realteilungsgegenstandes in ein Betriebsvermögen der Mitunternehmer**: Bei einer Realteilung können die Mitunternehmer nur dann eine Buchwertfortführung erreichen, wenn sie die Wirtschaftsgüter in ein Betriebsvermögen übertragen. Dabei kann das aufnehmende Betriebsvermögen auch ein Sonderbetriebsvermögen sein. Nach Auffassung des BMF können Einzelwirtschaftsgüter aus dem Gesamthandsvermögen der realgeteilten Mitunternehmerschaft **nicht in das Gesamthandsvermögen** einer aufnehmenden Mitunternehmerschaft (z.B. einer personenidentischen Schwesterpersonengesellschaft) übertragen werden.
- **Sicherstellung des deutschen Besteuerungsrechts** für die übertragenen Wirtschaftsgüter.

---

481 BMF-Schreiben v. 28.2.2006, BStBl. 2006 I, S. 228.
482 BMF-Schreiben v. 14.3.2006, BStBl. 2006 I, S. 253.
483 Den Regelungen in § 16 Abs. 3 Satz 2 – 4 EStG soll Vorrang vor der Anwendung des § 6 Abs. 3 und Abs. 5 EStG zukommen, vgl. BMF-Schreiben v. 28.2.2006 unter I.
484 Die Ausführungen im BMF-Schreiben v. 28.2.2006 zum Ausscheiden aus einer zweigliedrigen Personengesellschaft werden kritisiert, vgl. Rogall, FR 2006, 345, 349 ff.

3. Rechtsfolgen der Realteilung

301 Die Realteilung entfaltet folgende Rechtsfolgen:

- **Buchwertansatz** der übergehenden Wirtschaftsgüter in der steuerlichen Realteilungsbilanz der Mitunternehmerschaft.
- **Buchwertansatz** der übergehenden Wirtschaftsgüter in den Fortführungs- und Eröffnungsbilanzen der Mitunternehmer. Dabei ist **bei Differenz** der steuerlichen Buchwerte der übernommenen Wirtschaftsgüter mit dem Kapitalkonto des übernehmenden Mitunternehmers in der Schlussbilanz der realgeteilten Mitunternehmerschaft eine gewinneutrale **Anpassung des Kapitalkontos** nach der **Kapitalkontenanpassungsmethode** vorzunehmen (Aufstockung oder Abstockung).
- **Zahlung eines Spitzenausgleichs**: Bei Überführung der zugeteilten Wirtschaftsgüter in ein Betriebsvermögen ist die Buchwertfortführung auch dann zwingend, wenn ein Spitzenausgleich gezahlt wird. Bei Zahlung eines Spitzenausgleichs kommt es allerdings **im Verhältnis des Spitzenausgleichs zum Wert des übernommenen Betriebsvermögens** zu einer teilweisen Versteuerung von stillen Reserven. Der Spitzenausgleich führt in Höhe des Spitzenausgleichs (ohne Gegenrechnung eines anteiligen Buchwertes) zu einem **laufenden Gewinn**, der aber bei natürlichen Personen nicht gewerbesteuerpflichtig ist.

302 **Folgen einer Sperrfristverletzung**: Rückwirkend ist **punktuell für die betroffenen Wirtschaftsgüter der gemeine Wert in der Schlussbilanz** der realgeteilten Mitunternehmerschaft anzusetzen, soweit bei einer Realteilung, bei der **einzelne Wirtschaftsgüter** übertragen worden sind, zum Buchwert übertragener Grund und Boden, übertragene Gebäude oder andere übertragene wesentliche Betriebsgrundlagen innerhalb einer **Sperrfrist** nach der Übertragung veräußert oder entnommen werden. **Schädliche Veräußerungen** i.S.d. Sperrfrist sind nach dem BMF-Schreiben v. 28.2.2006 auch Einbringungen nach §§ 20, 24 UmwStG zum Buchwert, der Formwechsel gemäß § 25 UmwStG und die Übertragung der Einzelwirtschaftsgüter nach § 6 Abs. 5 EStG zum Buchwert gegen Gewährung von Gesellschaftsrechten auf einen Dritten. Die **Sperrfrist beginnt** im Zeitpunkt der Realteilung und endet **drei Jahre nach Abgabe** der Feststellungserklärung der realgeteilten Mitunternehmerschaft für den VZ der Realteilung.

V. Änderungen des UmwStG durch das SEStEG[485]

303 **Ziel der Neuordnung des UmwStG durch das SEStEG** ist eine Internationalisierung des UmwStG, die Hemmnisse bei der grenzüberschreitenden Umstrukturierung von Unternehmen beseitigen soll. Das Gesetz geht allerdings über das Pflichtprogramm der Umsetzung einiger europäischer Richtlinien hinaus und enthält wichtige Neuregelungen für rein nationale Sachverhalte. Das SEStEG ist am 12.12.2006 im BGBl. verkündet worden.[486] Nach § 27 Abs. 1 UmwStG gilt das neue Recht für Umwandlungen und Einbringungen, bei denen die maßgebliche Anmeldung zum Register nach dem Tag der Verkündung, d.h. nach dem 12.12.2006 erfolgt.

1. Überblick

304 Das Gesetz enthält die folgenden **Kernelemente**[487]:

- Einführung einer allgemeinen Entstrickungsklausel beim Verlust des deutschen Besteuerungsrechts für ein Einzelwirtschaftsgut unter Aufdeckung der stillen Reserven im ESt- und Körperschaftsteuerrecht,
- Einlagefiktion bei Verstrickung eines Einzelwirtschaftsgutes oder einer wesentlichen Beteiligung in die deutsche Besteuerungshoheit im ESt- und Körperschaftsteuerrecht,
- Neufassung der Wegzugsbesteuerung in § 6 AStG mit einer Stundungsmöglichkeit,

---

485 Gesetz über steuerliche Begleitmaßnahmen zur Einführung der Europäischen Gesellschaft und zur Änderung weiterer steuerlicher Vorschriften.
486 BGBl. 2006 I, S. 2782.
487 Vgl. die Kurzzusammenfassungen von Strunk, Stbg 2006, 266; Olbing, GmbH-StB 2006, 168; Bodden, FR 2007, 66; Dötsch/Pung, DB 2006, 2074; Ley, FR 2007, 109; Töben/Reckwardt, Fr 2007, 159 ff.

- Neuregelung der Vorschriften zur Umwandlung einer Kapitalgesellschaft auf eine Personengesellschaft und eine natürliche Person,
- Neuregelung der Vorschriften zur Spaltung und Verschmelzung von Körperschaften,
- Neuregelungen der Vorschriften zur Einbringung in Kapital- und Personengesellschaften mit Neuregelungen zum Anteilstausch,
- Die Öffnung des Umwandlungsteuerrechts für grenzüberschreitende Umstrukturierungen ist dadurch ersichtlich, dass nunmehr an allen Vorgängen ausländische Rechtsträger beteiligt sein können.

2. Änderungen bei einzelnen Regelungskomplexen

Für Zwecke dieser **Zusammenfassung** werden im Folgenden die grenzüberschreitenden Vorgänge außer Acht gelassen und nur einzelne Änderungen hervorgehoben, die für nationale Umwandlungen Wirkung entfalten.

a) Umwandlung einer Kapitalgesellschaft auf eine Personengesellschaft und eine natürliche Person nach §§ 3 ff. UmwStG

Formwechsel und Verschmelzung:

- Schlussbilanz der übertragenden Kapitalgesellschaft: **Buchwertansatz nur noch auf Antrag**, wenn die Besteuerung der stillen Reserven im Inland sichergestellt ist und keine Gegenleistung oder nur Gesellschaftsrechte gewährt werden. Gesetzliche Grundregel ist der Ansatz der Wirtschaftsgüter zum gemeinen Wert. Ein Ansatz zum Zwischenwert ist unter diesen Voraussetzung weiterhin möglich. Eine Maßgeblichkeit der Handelsbilanz gibt es nicht mehr.
- Minderung und Erhöhung der Körperschaftsteuer-Schuld gemäß § 10 UmwStG: Hier gibt es keine Neuregelungen, jedoch ist durch die Neufassung des § 37 Abs. 2a KStG mit der Umstellung auf eine ratierliche Auszahlung des Körperschaftsteuer-Guthabens der Auszahlungsanspruch mit dem Barwert zu aktivieren und eine Verbindlichkeit aus einer Körperschaftsteuer-Erhöhung zu passivieren.[488]
- Übernahmebilanz der Personengesellschaft/natürlichen Person: Wertverknüpfung mit Schlussbilanz der übertragenden Kapitalgesellschaft; kein Übergang steuerlicher Verlustvorträge.
- Übernahmeergebnis: Es wird eine Vollausschüttung der offenen Reserven nach § 7 UmwStG in der jetzigen Fassung **für alle Fälle** angenommen. Die ausgeschütteten Rücklagen unterliegen als Bezüge aus Kapitalvermögen der Kapitalertragsteuer und dem Halbeinkünfteverfahren. In die Ermittlung des Übernahmeergebnisses als Komponente der Quasi-Liquidation werden nur noch die übergehenden Wirtschaftsgüter ohne die Rücklagen einbezogen und von diesen die Buchwerte der untergehenden Anteile abgezogen. In der Konsequenz werden **die Übernahmeverluste** zunehmen, die bis zur Höhe der Bezüge aus Kapitalvermögen zu einer Verrechnung mit den Einkünften aus Kapitalvermögen führen. Die Umwandlungskosten können in Zukunft bei der Ermittlung des Übernahmeergebnisses mindernd berücksichtigt werden.

b) Spaltung und Verschmelzung zwischen Körperschaften

Neuerungen für Inlandsfälle:

- Schlussbilanz der übertragenden Kapitalgesellschaft: Ansatz mit dem gemeinen Wert als Regelwert und mit dem Buchwert auf Antrag, wenn die Besteuerung der stillen Reserven sichergestellt ist; der Ansatz eines Zwischenwertes ist weiter möglich.
- Gesetzliche Regelung des Down-Stream-Mergers in § 11 UmwStG; Ansatz eines Beteiligungskorrekturgewinns beim Up-Stream-Merger, wenn in der Vergangenheit die Beteiligung an der Tochtergesellschaft steuerwirksam teilwertberichtigt wurde.
- Ausschluss des Übergangs von Verlustvorträgen: Streichung des § 12 Abs. 3 Satz 2 UmwStG i.V.m. § 4 Abs. 2 UmwStG: bei der Verschmelzung auf eine Gesellschaft mit Verlustvorträgen droht die An-

---

[488] Bodden, FR 2007, 66, 69.

wendung von § 8 Abs. 4 KStG. Wird der gemeine Wert angesetzt, um die Erträge aus den aufgedeckten stillen Reserven mit einem bestehenden Verlustvortrag zu verrechnen, droht aufgrund der Regelungen zur Mindestbesteuerung ein Untergang nicht genutzten Verlustpotenzials.

- Anwendung des 5 %igen Betriebsausgabenabzugsverbots auf Übernahmegewinne beim Up-stream-merger.

c) Einbringungstatbestände

308 Neuerungen für Inlandsfälle in den §§ 20, 22, 24 UmwStG:

- **Ansatz der gemeinen Werte** mit Antragsrecht, die eingebrachten Wirtschaftsgüter zum Buchwert anzusetzen, wenn die Besteuerung der stillen Reserven sichergestellt ist; Wegfall des Maßgeblichkeitsprinzips,

- Einführung eines eigenen Tatbestands für den Anteilstausch in § 22 UmwStG und einer Regelung für die Sacheinlage in § 20 UmwStG,

- Neuregelung der Besteuerung des Anteilseigners in §§ 20, 22 UmwStG: Wegfall des Instituts der einbringungsgeborenen Anteile: Werden die als Gegenleistung ausgegebenen Anteile im Fall der Buchwerteinbringung innerhalb von sieben Jahren nach dem Einbringungszeitpunkt veräußert, ist ein rückwirkender **Einbringungsgewinn I** zu ermitteln, der ein Veräußerungsgewinn gemäß § 16 EStG ist und zu Anschaffungskosten auf die ausgegebenen Anteile führt (bei Einbringungen in Kapitalgesellschaften). Der auf den Einbringungszeitpunkt rückwirkend anzusetzende Einbringungsgewinn ist um 1/7 für jedes Jahr zu vermindern, das seit dem Einbringungszeitpunkt verstrichen ist, um den Einbringungsgewinn I zu ermitteln. Im Veräußerungszeitpunkt sind somit der Veräußerungsgewinn (Differenz zwischen Veräußerungspreis und den Anschaffungskosten der Anteile, erhöht um den Einbringungsgewinn I als nachträglichen Anschaffungskosten) und der Einbringungsgewinn I zu versteuern. Ein Einbringungsgewinn II ist zu versteuern, wenn im Rahmen einer Sacheinlage Anteile eingebracht und von der aufnehmenden Kapitalgesellschaft innerhalb von sieben Jahren nach der Einbringung veräußert werden.

G. Organschaft

I. Jüngere Entwicklung der Voraussetzungen der Organschaft im Ertragsteuerrecht

309 Wird eine Organschaft zu einer inländischen Tochterkapitalgesellschaft angestrebt, ist die weitreichende **Veränderung der Organschaftsvoraussetzungen** durch den Gesetzgeber in der jüngeren Vergangenheit zu berücksichtigen. Bis 2002 war zur Begründung eines Organschaftsverhältnisses nach § 14 KStG **die finanzielle, wirtschaftliche und organisatorische Eingliederung einer Organgesellschaft in den Organträger notwendig.**

Nach der Unternehmenssteuerreform durch das StSenkG und UntStFG entfallen die Voraussetzungen der wirtschaftlichen und organisatorischen Eingliederung für die Körperschaftsteuer. Die **körperschaftsteuerliche Organschaft** kann seit dem UntStFG damit **über den Abschluss eines Ergebnisabführungsvertrags** herbeigeführt werden. Nach dem UntStFG kann seit 2002 auch eine gewerbesteuerliche Organschaft allein durch den Abschluss eines Ergebnisabführungsvertrags und die finanzielle Eingliederung hergestellt werden. Durch das **StVergAbG** wurden die Organschaftsvoraussetzungen wiederum verschärft. Die Anteile an der Organgesellschaft müssen seitdem bei Mitunternehmerschaften als Organträgern **im Gesamthandsvermögen** und **nicht nur im Sonderbetriebsvermögen gehalten** werden, die Mitunternehmerschaft muss **originär gewerblich tätig sein (§ 14 Abs. 1 Nr. 2 Satz 2 KStG)** und der **Ergebnisabführungsvertrag** muss nunmehr bis zum Ende des Wirtschaftsjahres eingetragen werden, für das die Organschaftsfolgen erstmals eintreten sollen.[489] Das Institut der Mehrmütterorganschaft wurde durch das StVergAbG insgesamt und mit Rückwirkung für 2003 beseitigt.

II. Zusammenfassung der Organschaftsvoraussetzungen (§§ 14 Abs. 1, 17, 18 KStG)

1. Anforderungen an die Organgesellschaft

Rechtsform	Kapitalgesellschaften (AG, KGaA, GmbH), nicht aber Lebens- und Krankenversicherungsunternehmen gemäß § 14 Abs. 2 KStG
Sitz und Geschäftsleitung	Geschäftsleitung **und** Sitz im Inland
Ergebnisabführungsvertrag	Zwingender Abschluss eines Ergebnisabführungsvertrags gemäß § 291 AktG und dessen Wirksamwerden bis zum Ende des Wirtschaftsjahres der Organgesellschaft, für das die Organschaft erstmals bestehen soll
Mindestinhalt	• Verpflichtung zur Abführung des gesamten Gewinns an Organträger und zur Verlustübernahme durch den Organträger (§ 302 AktG) • Abschluss für mindestens fünf Jahre • Durchführung während der gesamten Dauer

2. Anforderungen an den Organträger

Rechtsform	• Unbeschränkt steuerpflichtige **natürliche Person** • Nicht steuerbefreite **Körperschaft**, Personenvereinigung oder Vermögensmasse **gemäß § 1 KStG** • **Personengesellschaft** mit gewerblicher Betätigung gemäß § 15 Abs. 2 EStG sowie Geschäftsleitung im Inland und Anteilen an der Organgesellschaft im Gesamthandsvermögen
Sitz und Geschäftsleitung	Sitz **oder** Geschäftsleitung im Inland
Finanzielle Eingliederung	Ab Beginn des Wirtschaftsjahres der **Organgesellschaft** muss dem Organträger die Mehrheit der **Stimmrechte** an der Organgesellschaft **unmittelbar oder mittelbar** zustehen

---

[489] Vgl. zum Ganzen: Rödder/Schumacher, DStR 2003, 805, 806 ff.; ausführlich: Löwenheim/Meier/Lohrmann, DStR-Beihefter 4/2003, S. 1 ff.; BMF-Schreiben v. 10.11.2005, BStBl. 2005 I, S. 1038.

3. Rechtsfolgen der ertragsteuerlichen Organschaft

312

Geltungsbereich	Geltung für Zwecke der GewSt und KSt
Handelsrecht	**Gewinnabführung** der Organgesellschaft vermindert das handelsrechtliche Ergebnis; **Verlustausgleich** durch Organträger erhöht das handelsrechtliche Ergebnis
Einkommensermittlung bei der Organgesellschaft	• Separate Einkommens- und Gewerbeertragsermittlung der Organgesellschaft, **danach Zurechnung** des Einkommens und Gewerbeertrags an den Organträger • Handelsrechtliche **Gewinnabführung** wird steuerlich bei der Einkommensermittlung als Einkommensverwendung wieder hinzugerechnet • **Verlustausgleich** durch Organträger führt zur Kürzung des handelsrechtlichen Ergebnisses bei der Organgesellschaft • **Bruttomethode**: Anwendung der Regelungen des Halbeinkünfteverfahrens erst auf der Ebene des Organträgers • **Ausgleichszahlungen** (§ 16 KStG) an Minderheitsgesellschafter: Versteuerung des Einkommensanteils, der für Ausgleichszahlungen verwendet wird, durch die Organgesellschaft
Gewerbeertragsermittlung bei der Organgesellschaft	• **Eigenständige** Ermittlung des Gewerbeertrags der Organgesellschaft • **Organschaftsbedingte Korrekturen** nach § 2 Abs. 2 Satz 2 GewStG, d.h. z.B. Eleminierung von Hinzurechnungen, die bereits im Gewerbeertrag des Organträgers oder der Organgesellschaft enthalten sind sowie gesonderte Ermittlung des Veräußerungsgewinns aus der Organbeteiligung (A 41 Abs. 1 Satz 7 GewStR)
Einkommensermittlung beim Organträger	• **Eigenständige** Ermittlung des Einkommens des Organträgers • **Gewinnabführung** an den Organträger ist handelsrechtlicher Ertrag und wird steuerlich bei der Einkommensermittlung vor der Zurechnung gekürzt • **Verlustausgleich** ist handelsrechtlicher Aufwand, der bei der Einkommensermittlung wieder hinzugerechnet wird • **Bruttomethode**: Anwendung der Regelungen des Halbeinkünfteverfahrens auf die zugerechneten Einkommensbestandteile der Organgesellschaft, die Dividende oder Veräußerungsgewinne sind • Erfassung eines Zugangs bei **Minderabführungen** im steuerlichen Einlagekonto und eines Abgangs im steuerlichen Einlagekonto bei **Mehrabführungen** • Bildung von Ausgleichsposten (A 63 KStR 2004)
Refinanzierungskosten für die Organbeteiligung	**Voller Abzug** für die Refinanzierungs-kosten auf die Organbeteiligung, da Gewinnabführung durch die Organ-gesellschaft **keine steuerfreie Einnahme** gemäß § 3c EStG ist
Verfahrensrecht und Steuerschuldnerschaft	**Organträger** ist Adressat des ESt-/KSt-Bescheids und des Gewerbesteuermessbescheids für den Organkreis sowie Schuldner der festgesetzten Steuer für die zugerechneten Einkommensteile und Gewerbeerträge der Organgesellschaft

III. Umsatzsteuerliche Organschaft (§ 2 Abs. 2 Nr. 2 UStG)
1. Voraussetzungen

Organträger	Jeder Unternehmer	313
Organgesellschaft	Kapitalgesellschaften (AG, KGaA, GmbH)	

Eingliederungsvoraussetzungen	• Finanzielle, wirtschaftliche und organisatorische Eingliederung erforderlich
	  – **Finanzielle Eingliederung**: ab Beginn des Wirtschaftsjahres der **Organgesellschaft** muss dem Organträger die Mehrheit der Anteile an der Organgesellschaft **unmittelbar oder mittelbar** zustehen
	  – **Wirtschaftliche** Eingliederung: Organgesellschaft muss im engen wirtschaftlichen Zusammenhang mit dem Organträger nach dessen Willen tätig sein und das Gesamtunternehmen hierdurch fördern und ergänzen
	  – **Organisatorische** Eingliederung: Das herrschende Unternehmen kann durch organisatorische Maßnahmen seinen Willen in der Organgesellschaft durchsetzen
	• **Ergebnisabführungsvertrag**: nicht erforderlich	

2. Rechtsfolgen

Zwingende Rechtsfolge	Organschaft tritt bei Vorliegen der Eingliederungsvoraussetzungen kraft Gesetzes ein	314
Umsätze und Vorsteuerabzug der Organgesellschaft	Ermittlung des Vorsteuerabzugs und der Ausgangsumsätze der Organgesellschaft nach allgemeinen Regeln bei der Ermittlung des Ergebnisses des Organträgers	
Umsätze und Vorsteuerabzug des Organträgers	• Ermittlung des Vorsteuerabzugs und der Ausgangsumsätze des Organträgers nach allgemeinen Regeln • Vorsteuerabzug kann sowohl aus Rechnungen an den Organträger als auch an die Organgesellschaft erfolgen	
Umsätze zwischen Organgesellschaft und Organträger	• Nichtsteuerbare Innenumsätze, da ein einheitliches Unternehmen vorliegt • Kein Vorsteuerabzug aus wechselseitigen Rechnungen • Keine Haftung aus § 14 Abs. 3 UStG a.F.	
Verfahrensrecht und Steuerschuldnerschaft	• Abgabe **von USt-Voranmeldungen und der Jahressteuererklärung** und Führung der Aufzeichnungen nach § 22 UStG durch Organträger • **Adressat** des Umsatzsteuerbescheids für den Organkreis ist der Organträger • **USt-Schuldner** ist nur der Organträger (§ 13 Abs. 2 UStG)	

IV. Grunderwerbsteuerliche Organschaft

1. Erwerbstatbestände

315 Nach **§ 1 Abs. 3 Nr. 1 GrEStG** liegt bei der unmittelbaren oder mittelbaren Vereinigung von 95 % der Anteile an einer grundstücksbesitzenden Gesellschaft in der Hand des Erwerbers ein **Erwerbstatbestand** vor, der den Tatbestand des § 1 Abs. 1 Nr. 1 GrEStG ergänzt.[490] **Erweiternd** ist nach § 1 Abs. 3 Nr. 2 GrEStG von einem steuerpflichtigen Erwerb auszugehen, wenn die Anteilsvereinigung ohne ein Rechtsgeschäft, z.B. bei einer Verschmelzung, erfolgt.

316 Die **mittelbare Anteilsvereinigung** kann bei den Tatbeständen in § 1 Abs. 3 Nr. 1 und Nr. 2 GrEStG auch durch eine **Anteilsvereinigung im Organkreis** erfolgen (§ 1 Abs. 4 Nr. 2b GrEStG), wenn sich die Anteile in der Hand von herrschenden und abhängigen Unternehmen **oder** in der Hand von abhängigen Unternehmen allein vereinigen.[491]

2. Organschaftsvoraussetzungen

317 Abhängige Unternehmen können nur **Kapitalgesellschaften** sein. **Herrschendes** Unternehmen kann eine natürliche Person, eine juristische Person oder eine Personenvereinigung sein.

Die Eigenschaft **als „abhängiges Unternehmen"** hat eine Kapitalgesellschaft, wenn sie nach den Kriterien der umsatzsteuerlichen Organschaft finanziell, organisatorisch und wirtschaftlich **in das herrschende Unternehmen** eingegliedert ist.

318 **Steuerschuldner** ist bei einem steuerpflichtigen Erwerb im Organkreis nach § 13 Nr. 5b GrEStG der gesamte Organkreis.

---

[490] Es soll hierdurch verhindert werden, dass der Erwerber statt ein Grundstück unmittelbar steuerpflichtig nach § 1 Abs. 1 Nr. 1 GrEStG zu erwerben nur die Anteile an einer Gesellschaft erwirbt, der das Grundstück zuzurechnen ist.

[491] Vgl. hierzu die Verfügung der OFD Münster, UVR 2001, 366 sowie das Grundsatz-Urteil des BFH v. 20.7.2005, BStBl. II, S. 839 mit Anm. von Forst/Ruppel, EStB 2006, 223; Lieber/Morgenweck, UVR 2006, 125 ff.

16. Kapitel: Unternehmensfinanzierung

Inhaltsverzeichnis

		Rn.
A.	Einleitung	1
B.	**Betriebswirtschaftliche Grundlagen**	3
I.	Finanzierungsbegriff	3
II.	Abgrenzung zwischen Eigenfinanzierung und Fremdfinanzierung	5
III.	Abgrenzung zwischen Außen- und Innenfinanzierung	8
IV.	Finanzierung aus Sicht des Investors	11
C.	**Bonität und Sicherungsbedürfnis**	13
I.	Grundsätze	13
II.	Bonitätsbewertung	17
1.	Basel II	18
2.	Rating	23
a)	Bankinternes Rating	27
b)	Externes Rating	28
D.	**Finanzierungsinstrumente**	36
I.	Klassische Finanzierungsinstrumente	36
1.	Eigenfinanzierung	36
a)	Eigenkapitalausstattung der verschiedenen Rechtsformen	37
aa)	Einzelunternehmen	37
bb)	Personengesellschaften	42
cc)	GmbH	46
dd)	AG	52
(1)	Grundkapital	52
(2)	Aktienarten	57
(3)	Aktiengattungen	61
ee)	Steuerliche Unterschiede	66
b)	Gründung	69
aa)	Überblick	69
bb)	Gründung der GmbH	72
cc)	Gründung der AG	75
c)	Kapitalerhöhung	81
aa)	Überblick	81
bb)	Personengesellschaft/Einzelunternehmen	83
cc)	GmbH	85
(1)	Ordentliche Kapitalerhöhung	86
(2)	Kapitalerhöhung aus Gesellschaftsmitteln	88
dd)	AG	90
(1)	Ordentliche Kapitalerhöhung	91
(2)	Bedingte Kapitalerhöhung	99
(3)	Genehmigtes Kapital	101
(4)	Kapitalerhöhung aus Gesellschaftsmitteln	103
d)	Kapitalherabsetzung	107
aa)	Überblick	107
bb)	Kapitalherabsetzung bei der AG	109
(1)	Ordentliche Kapitalherabsetzung	110
(2)	Vereinfachte Kapitalherabsetzung	113
(3)	Kapitalherabsetzung durch Einziehung von Aktien	117
cc)	Kapitalherabsetzung bei der GmbH	124
e)	Umwandlungsvorgänge	132
2.	Fremdfinanzierung	135
a)	Langfristige Fremdfinanzierung	137
aa)	Langfristige Darlehen	138
bb)	Schuldscheindarlehen	144
cc)	Industrieobligationen	150
dd)	Wandelschuldverschreibungen	158
(1)	Erscheinungsformen	159
(2)	Begebungsvoraussetzungen	161
(3)	Sicherstellung des Erfüllungsanspruches	163
(4)	Bezugsrechtsausschluss	164
(5)	Anleihebedingungen	165
b)	Kurzfristige Fremdfinanzierung	177
aa)	Kontokorrentkredit	178
bb)	Lieferantenkredit	180
cc)	Kundenanzahlungen	181
dd)	Wechselkredit	184
c)	Kreditsicherheiten	186
aa)	Personensicherheit	187
(1)	Bürgschaft	188
(2)	Garantie	193
(3)	Schuldbeitritt	194
(4)	Kreditauftrag	195
bb)	Sachsicherheiten	196
(1)	Eigentumsvorbehalt	197
(2)	Pfandrecht	202
(3)	Sicherungsübereignung	206
(4)	Sicherungsabtretung (Zession)	209
(5)	Grundpfandrechte	211
(a)	Hypothek	211
(b)	Grundschuld	214
cc)	Kreditversicherungen	217
II.	Alternative Finanzierungsmöglichkeiten	221
1.	Private Equity	221
a)	Begriff des Private Equity	221
b)	Formen der Private-Equity-Finanzierung	222
c)	Art der Beteiligung	224
d)	Beteiligung auf Zeit	226
e)	Beteiligungsgesellschaften in Deutschland	228
2.	Leasing	230
3.	Factoring	235
4.	Asset Backed Securities	246
a)	Einsatzbereich	247

b) Grundstruktur 249
   aa) Auswahl der Vermögenswerte 253
   bb) Forderungsankauf 256
   cc) Forderungsabtretung............. 257
c) Conduit-Programme 259
5. Projektfinanzierung 261
   a) Einsatzbereich 262
   b) Grundlagen 263
   c) Wesentliche Rechtsgrundlagen 268
      aa) Vereinbarungen zum Innenverhältnis der Projektsponsoren 269
      bb) Errichtung der Projektgesellschaft .. 270
      cc) Konzession 271
      dd) Vereinbarungen zur Projekterrichtung 272
      ee) Vereinbarung mit einem Betreiber (Operator)..................... 273
      ff) Vereinbarungen mit Abnehmern 274
      gg) Vereinbarungen mit den Kreditgebern 275
6. Akquisitionsfinanzierung............... 278
   a) Grundlagen 278
   b) Ablauf 284
      aa) Arrangement.................... 285
      bb) Vorbereitung der Kreditentscheidung 286
      cc) Strukturierungsvorschlag 287
      dd) Bieterwettbewerb 288
      ee) Vertragliche Dokumentation....... 289
      ff) Syndizierung.................... 290
      gg) Darlehensauszahlung 291
7. Mezzanine-Finanzierungen 292
   a) Einsatzbereich 293
   b) Gestaltungsformen und Einflussfaktoren 297
      aa) Nachrangdarlehen............... 300
         (1) Eigenkapitalfunktion 302

   (2) Bilanzierung 305
   (3) Vergütung 306
      (a) Allgemeine Grundsätze... 306
      (b) Exkurs: Kicker-Vereinbarungen 308
   (4) Mitsprache................ 310
   (5) Besteuerung............... 312
bb) Wandel- und Optionsanleihen 314
   (1) Eigenkapitalfunktion......... 315
   (2) Bilanzierung 316
   (3) Vergütung 317
   (4) Mitsprache................ 319
   (5) Besteuerung............... 320
cc) Genussrechte 322
   (1) Eigenkapitalfunktion......... 323
   (2) Bilanzierung 324
      (a) HGB 325
      (b) IFRS/IAS 326
      (c) US-GAAP............. 327
   (3) Vergütung 328
   (4) Mitsprache................ 329
   (5) Besteuerung............... 330
dd) Stille Gesellschaft............. 331
   (1) Typisch stille Gesellschaft..... 332
      (a) Eigenkapitalfunktion..... 333
      (b) Bilanzierung 334
      (c) Vergütung 335
      (d) Mitsprache 338
      (e) Besteuerung 339
   (2) Atypisch stille Gesellschaft.... 341
      (a) Eigenkapitalfunktion..... 342
      (b) Bilanzierung 343
      (c) Vergütung 345
      (d) Mitsprache 348
      (e) Besteuerung 349

Kommentare und Gesamtdarstellungen:
Achleitner, Handbuch Investment Banking, 2002; *Achleitner/von Einem/von Schröder*, Private Debt – Alternative Finanzierung für den Mittelstand, 2004; *Assmann/Schütze/Otto*, Handbuch des Kapitalanlagerechts, 2006; *Backhaus*, Projektfinanzierung: wirtschaftliche und rechtliche Aspekte einer Finanzierungsmethode für Großprojekte, 2. Aufl. 2003; *Bamberger/Knops/Maier-Reimer*, Recht der Sanierungsfinanzierung, 2005; *Baumbach/Hopt*, Kommentar zum Handelsgesetzbuch, 32. Aufl. 2006; *Baums/Cahn*, Die Reform des Schuldverschreibungsrechts, 2004; *Brezski/Böge/Lübbehüsen/Rhode/Tomat*, Mezzanine-Kapital für den Mittelstand: Finanzierungsinstrumente, Prozesse, Rating, Bilanzierung, Recht, 2006; *Büschgen*, Praxishandbuch Leasing, 1998; *Diem*, Akquisitionsfinanzierungen, 2005; *Drukarczyk*, Finanzierung, 8. Aufl. 1999; *Ernst/Schneider/Thielen*, Unternehmensbewertungen erstellen und verstehen, 2. Aufl. 2006; *Friel*, Wandelanleihen mit Pflichtwandlung, 2000; *Greuter*, Die staatliche Exportkreditversicherung: Risiken minimieren bei Auslandsgeschäften, 2000; *Grunow/Figgener*, Handbuch Moderne Unternehmensfinanzierung: Strategien zur Kapitalbeschaffung und Bilanzoptimierung, 2006; *Happ*, Aktienrecht, 2. Aufl. 2004; *Häberle*, Handbuch der Außenhandelsfinanzierung: das große Buch der internationalen Zahlungs-, Sicherungs- und Finanzierungsinstrumente, 3. Aufl. 2002; *Habersack/Mülbert/Schlitt*, Unternehmensfinanzierung am Kapitalmarkt, 2005; *Häger/Elkemann-Reusch*, Mezzanine Finanzierungsinstrumente, 2004; *Heussen/Korf/Schröder/Weber*, Unternehmer-Handbuch, 2005; *Hirschmann*, Kreditversicherungen, 2005; *Holzapfel/Pöllath*, Unternehmenskauf in Recht und Praxis, 2003; *Huber*, Vermögensanteil, Kapitalanteil und Gesellschaftsanteil an Personengesellschaften des Handelsrechts, 1970; *Kastl/Rödl*, Going Global: der Gang der mittelständischen Unternehmen an den Weltmarkt, 2000; *Kerber*, Eigenkapitalverwandte Finanzierungsinstrumente, 2002; *Kienbaum/Börner*, Neue Finanzierungswege für den

Mittelstand, 2003; ***Krumnow/Gramlich/Lange/Dewner***, Gabler Bankrechtslexikon, 2000; ***Lübke***, Alternative Finanzierungsinstrumente für mittelständische Unternehmen: vor dem Hintergrund von Basel II, 2004; ***Lutter/Hommelhoff***, Kommentar zum GmbH-Gesetz, 16. Aufl. 2004; ***Lutter/Scheffler/Schneider***, Handbuch der Konzernfinanzierung, 1998; ***Lwowski***, Das Recht der Kreditsicherung, 8. Aufl. 2000; ***Mevissen***, Mittelstandsfinanzierung mit Factoring und Asset Backed Securities: Grundlagen, Praxis, Bewertung, 2005; ***Meyer***, Die Kreditversicherung, 1997; ***Münchener Handbuch des Gesellschaftsrechts***, Bd. 3, 2. Aufl. 2003; Bd. 4, 2. Aufl. 1999; ***Münchener Vertragshandbuch***, Bd. 1, 6. Aufl. 2005; Bd. 3, 5. Aufl. 2004; ***Ottersbach***, Praxishandbuch Unternehmensbeteiligung, 2003; ***Perridon/Steiner***, Finanzwirtschaft der Unternehmung, 13. Aufl. 2004; ***Peters***, Die Haftung und die Regulierung von Rating-Agenturen, 2001; ***Schimanski/Bunte/Lwowski***, Bankrechtshandbuch, 2. Aufl. 2001; ***Schmeisser/Schmeisser***, Auswirkungen von Basel II für den Mittelstand: Kreditvergabe und Bepreisung von Krediten, DStR 2005, 344; ***K. Schmidt***, Gesellschaftsrecht, 4. Aufl. 2002; ***Schmidt***, Kommentar zum EStG, 25. Aufl. 2006; ***Schneck***, Finanzierung, 2. Aufl. 2004; ***Scholz***, Kommentar zum GmbHG, 9. Aufl. 2002; ***Siebel***, Rechtsfragen internationaler Anleihen, 1997; ***Siebel/Baumann(Hrsg.)***, Projekte und Projektfinanzierung: Handbuch der Vertragsgestaltung und Risikoabsicherung bei deutschen und internationalen Projekten, 2001; ***Smerdka***, Die Finanzierung mit mezzaninem Haftkapital, 2002; ***Streck(Hrsg.)***, Körperschaftsteuergesetz-Kommentar, 6. Aufl. 2003; ***Wehrhahn***, Finanzierungsinstrumente mit Aktienerwerbsrechten: die gesellschaftsrechtlichen Grundlagen von Convertible Securities und wandelbaren Wertpapieren in Deutschland und in den USA, 2004; ***Weitnauer***, Management Buy-Out, 2003; ***Widmann/Mayer***, Umwandlungsrecht, Stand: Januar 2006; ***Wöhe/Billstein***, Grundzüge der Unternehmensfinanzierung, 9. Aufl. 2001.

Formularbücher und Mustersammlungen:
Hopt, Vertrags- und Formularhandbuch, 31. Aufl. 2000.

Aufsätze und Rechtsprechungsübersichten:
Achleitner/Achleitner, Planung, Finanzierung und Kontrolle im Familienunternehmen, in: Die Finanzierung von Familienunternehmen durch Beteiligungsgesellschaften, FS für Brun-Hagen, 2004, S. 127 ff.; ***Achleitner/Wahl***, Private Debt: Neue Finanzierungsalternative für den größeren Mittelstand, BB 2004, 1323; ***Becker/Brackschulze/Müller***, Basel II und Kreditkonditionen für den Mittelstand – Die kritische Hürde, DStR 2004, 740; ***Brösel/Matschke***, Einflüsse von „Basel-II" auf den Wert kleiner und mittelgroßer Unternehmen – Eine Analyse aus Sicht des präsumtiven Verkäufers (Teil I und II), DStR 2003, 2176 und 224; ***Däubler***, Unternehmensrating – ein Rechtsproblem?, BB 2003, 429; ***Ehlers***, Basel II: Aufgaben für Wirtschaftsjuristen, NJW 2005, 3256; ***Eichholz/Nelgen***, Asset Backed Securities – ein Finanzierungsinstrument auch für den deutschen Markt?, DB 1992, 793; ***Ekkenga***, Kapitalmarktrechtliche Aspekte des Bezugsrechts und Bezugsrechtsausschlusses, AG 1994, 59; ***Fiala/Kohrs/Leuschner***, Die Haftung des „Experten" für anlagebeeinflussende Äußerungen an Beispiel der Haftung für Versicherungsratings, VersR 2005, 742; ***Füser/Rödel***, Basel II – Internes Rating mittels (quantitativer und) qualitativer Kriterien, DStR 2002, 275; ***Früh***, Asset Backed Securities/Securitization am Finanzplatz Deutschland, BB 1995, 105; ***Gerdes***, Auswirkungen von Mezzanine-Kapital auf das Rating – Anforderungen und Kriterien zur Klassifizierung von Mezzanine-Kapital als wirtschaftliches Eigenkapital, BC 2006, 57; ***Grönwoldt***, Basel II – Versteckte Ressourcen der Kreditsicherheiten zielgenau und effizient nutzen, DStR 2005, 845; ***Hille***, Basel II und das Verhältnis zwischen Bank und Unternehmen, BC 2004, 70; ***Hirte***, Genußscheine mit Eigenkapitalcharakter in der Aktiengesellschaft, ZIP 1988, 477; ***Hitschler***, Leveraged(Management-)Buy-outs, BB 1990, 1877; ***Hofert/Arends***, Intelligente rechtliche Gestaltung von Mezzanine-Finanzierungen, ZIP 2005, 1297 ff.; ***dies.***, Mezzanine-Finanzierung der GmbH, GmbHR 2005, 1381 ff.; ***Hopt/Mülbert***, Die Darlehenskündigung nach § 609a BGB, WM 1990, Sonderbeilage Nr. 3, 3; ***Kübler/Mendelsohn/Mundheim***, Die Kosten des Bezugsrechts, AG 1990, 46 1; ***Kudraß/Schäfer***, Rating in der Bankenpraxis – Worauf Unternehmen achten sollten, BC 2003, 35; ***Leopold/Reichling***, Alternative Finanzierungsformen: Mezzanine-Finanzierung für die Masse?, DStR 2004, 1360; ***Lutter/Wahlers***, Der Buyout – Amerikanische Fälle und die Regeln des deutschen Rechts, AG 1989, 1; ***Martens***, Der Ausschluss des Bezugsrechts, ZIP 1992, 1677; ***Mackenthun***, Datenschutzrechtliche Voraussetzungen der verarbeitung von Kundendaten beim zentralen Rating und Scoring im Bank-Konzern, WM 2004, 1713; ***Meeh/Sattler***, Basel II: Entwarnung für Kreditgeber, gleichzeitig neue Herausforderungen! (Teil I und II), DStR 2005, 1545 und 1504; ***Otto***, Fremdfinanzierte Übernahmen – Gesellschafts- und steuerrechtliche Kriterien des Leveraged Buy-Out, DB 1989, 1389; ***Pape***, Alternative Finanzierungsformen für den Mittelstand – Mittelstandsfonds als erfolgversprechende Lösung, DStR 2003, 950; ***Pfingsten***, Stichwort: Rating, BKR 2001, 139; ***Reuter***, Kreditgewährung und Kreditsicherheiten in Gesellschafts- und Zivilrecht – Der Stand der Rechtsprechung und die Folgen für Holding-, Akquisitions-, leveraged loan- und Projektfinanzierung, NZI 2001, 393; ***Rieg***, Rating – objektive Urteile oder rituelle Orakelsprüche, BC 2004, 57; ***Rozijn***, ZBB 1998, 77; ***Schaber/Kuhn/Eichhorn***, Eigenkapitalcharakter von Genussrechten in der Rechnungslegung nach HGB und IFRS, BB 2004, 315; ***Schlitt/Löschner***, BKR 2002, 150; ***Schlitt/Seiler/Singhof***, AG 2003, 254; ***Schmeisser/Schmeisser***, Auswirkungen von Basel II für den Mittelstand: Kreditvergabe und Bepreisung von Krediten, DStR 2005, 344; ***Schmeisser/Thiermeier/Greulich***, Zur Problematik der Factoringfähigkeit und des Nutzens des Factoring von mittleren Unternehmen, DStR 2005, 1199; ***Schrell/Kirchner***, Mezzanine Finanzierungsstrategien, BKR

2003, 13; **Terberger**, Basel II: Keine direkte Benachteiligung des Mittelstands, BB 2002, 12; **Thiermeier/Greulich**, Zur Problematik der Factoringfähigkeit und des Nutzens des Factoring von mittleren Unternehmen, DStR 2005, 1199; **Timm**, Der Bezugsrechtsausschluß beim genehmigten Kapital, DB 1982, 211; **Ulmer/Ihrig**, Ein neuer Anleihetyp – Zero-Bonds, ZIP 1985, 1169; **Volk**, Mezzanine Capital: Neue Finanzierungsmöglichkeit für den Mittelstand? BB 2003, 1224; **Waschbusch**, Asset Backed Securities – eine moderne Form der Unternehmensfinanzierung, ZBB 1998, 408; **Wiese/Dammer**, Zusammengesetzte Finanzinstrumente der AG, DStR 1999, 867; **Winkeljohann/Sofrian**, Basel II: Neue Herausforderungen für den Mittelstand und seine Berater, DStR 2003, 88.

A. Einleitung

1 Die Unternehmensfinanzierung in Deutschland steht im Zeichen des Umbruchs. Insb. die Finanzierung des Mittelstandes gehört gegenwärtig zu den großen Herausforderungen der deutschen Kreditwirtschaft.[1] Zwar soll der klassische Kredit die Basis für die Finanzierung mittelständischer Unternehmen bleiben, gleichzeitig befindet sich die Unternehmensfinanzierung aber in einem **Wandel**, weil der Ausstattung mit Eigenkapital eine ständig steigende Bedeutung zukommt.[2] Ziel ist die Vergabe von Krediten zu risikoadäquaten, stärker individuell ermittelten Konditionen. Für Unternehmen mit guter Bonität kann dies eine spürbare Entlastung bedeuten, da sie nicht mehr gezwungen sind, ihre schwächeren Konkurrenten indirekt quer zu subventionieren. Für Unternehmen mit einem ungünstigen Rating führt dies jedoch zu einer Verschlechterung der Konditionen.[3] Zur Verbesserung ihrer eigenen Bonität ist für die meisten mittelständischen Unternehmen eine teilweise deutliche Steigerung der Eigenkapitalquote erforderlich.[4] Umso mehr gewinnen daher alternative Ergänzungen zur Kreditfinanzierung wie Beteiligungskapital oder Mezzanine-Finanzierungen an Bedeutung.

2 Der nachfolgende **Beitrag** gibt zunächst eine kurze Einführung in die betriebswirtschaftlichen Grundlagen der Finanzierung (siehe Rn. 3 ff.). Im Anschluss daran wird der Zusammenhang zwischen dem Sicherungsbedürfnis der Kapitalgeber, den Ratings der finanzierenden Unternehmen und den Konditionen der Finanzierung (siehe Rn. 13 ff.) erläutert. Im Hauptteil des Kapitels werden dann sowohl die klassischen Finanzierungsinstrumente der Eigen- und der Fremdfinanzierung als auch die alternativen (modernen) Finanzierungsinstrumente (siehe Rn. 36 ff. und 221 ff.) ausführlich dargestellt und beschrieben.

Die Unternehmensfinanzierung ist somit eines der zentralen Gebiete, auf denen zunehmend Expertise und fachkundige Beratung durch den **Fachanwalt für Handels- und Gesellschaftsrecht** erwartet wird.

B. Betriebswirtschaftliche Grundlagen

I. Finanzierungsbegriff

3 In der juristischen und betriebswirtschaftlichen Lit. sowie in der Praxis existiert kein einheitlicher Finanzierungsbegriff. Grds. wird zwischen einem engen und einem weiten Finanzierungsbegriff unterschieden. Der enge Finanzierungsbegriff bezieht sich nur auf die Vorgänge der Kapitalbeschaffung, während **Finanzierung im weiteren Sinne** neben der Kapitalbeschaffung auch andere Kapitaldispositionen wie bspw. Kapitalrückzahlungen und Kapitalumschichtungen im Bereich der Passiva erfasst.[5]

4 In diesem Kapitel wird der Begriff der Finanzierung als Kapitalbeschaffung im weitesten Sinne verstanden. Finanzierung ist hierbei die Bereitstellung von finanziellen Mitteln jeder Art, sowohl durch **Eigenkapital** als auch durch **Fremdkapital** im Wege der **Innenfinanzierung** und der **Außenfinanzierung**. Da die Beschaffung externer Mittel (Außenfinanzierung) zwingend den Abschluss von Rechtsgeschäften

---

1 Vgl. Pape, DStR 2003, 950.
2 Pape, DStR 2003, 950; Rieg, BC 2004, 57; Schmeisser/Schmeisser, DStR 2005, 344.
3 Nach Schmeisser/Schmeisser, DStR 2005, 344 hat die Mehrzahl der deutschen mittelständischen Unternehmen mit einer Verschlechterung der Kreditkosten zu rechnen.
4 Achleitner/Wahl, BB 2004, 1323.
5 Ausführlich hierzu: Perridon/Steiner, Finanzwirtschaft der Unternehmung, S. 359 ff.; Wöhe/Billstein, Grundzüge der Unternehmensfinanzierung, S. 2 ff.

zwischen dem Unternehmen und außenstehenden Dritten wie Gesellschaftern, Gläubigern, Sicherungsnehmern etc. erfordert, wird in diesem Kapitel die Außenfinanzierung den Schwerpunkt der Erörterungen bilden. Die interne Kapitalaufbringung (Innenfinanzierung) durch Gewinne, Mittelfreisetzungen, Bildung von Rückstellungen sowie Abschreibungen wird als innergesellschaftlicher Vorgang hingegen nur der Vollständigkeit halber aufgeführt (siehe Rn. 9), nicht jedoch ausführlich erörtert, da diese Vorgänge weitestgehend unternehmensintern ablaufen.

II. Abgrenzung zwischen Eigenfinanzierung und Fremdfinanzierung

Bei der **Eigenfinanzierung** wird dem Unternehmen zusätzliches **Eigenkapital** zur Verfügung gestellt. Dies kann im Wege der **Außenfinanzierung** durch neues Eigenkapital erfolgen, welches zum einen die **Altgesellschafter** des Unternehmens oder zum anderen **neu eintretende dritte Gesellschafter** zur Verfügung stellen. Die Außeneigenfinanzierung erfolgt zunächst bei der Gründung des Unternehmens. Später können sowohl die Altgesellschafter ihre Beteiligung erhöhen, als auch zusätzliche Gesellschafter der Unternehmung beitreten. Die Erhöhung des Eigenkapitals kann jedoch nicht nur im Wege der Aufnahme neuen externen Eigenkapitals erfolgen, sondern ebenso im Wege der **Innenfinanzierung** durch die Erzielung von **Gewinnen** durch die Unternehmung.

Bei der **Fremdfinanzierung** wird der Unternehmung entweder **Kapital durch Dritte** (Nichtgesellschafter) im Wege der **Außenfinanzierung** zur Verfügung gestellt oder es erfolgt eine **Innenfinanzierung**, bei der die Gesellschaft aufgrund von **Abschreibungen** oder der Bildung von **Rückstellungen** tatsächlich zugeflossene Einnahmen als Aufwendungen ergebnismindernd berücksichtigen kann. Im zweiten Fall erzielt das Unternehmen daher keine Gewinne (Eigeninnenfinanzierung), sondern hat zwar einen tatsächlichen Zufluss von Geldmitteln, der jedoch Fremdfinanzierung darstellt, da er entweder auf vorherigen Aufwendungen (Abschreibungen) oder aber künftigen Aufwendungen (Rückstellungen) basiert.

Die **Unterscheidung** zwischen Eigenfinanzierung und Fremdfinanzierung erfolgt grds. nach der **Rechtstellung des Kapitalgebers**. Bei der Eigenfinanzierung, der Finanzierung durch Eigenkapital, wird das (Eigen-)Kapital durch die Anteilseigner und/oder Gewinne der Gesellschaft zugeführt, während das Kapital bei der Fremdfinanzierung, der Beschaffung von Fremdkapital, durch Dritte (Gläubiger) zur Verfügung gestellt wird. Eine **Zwischenform** zwischen der Fremdfinanzierung und Eigenfinanzierung stellt die sog. **Mezzanine-Finanzierung** dar (siehe hierzu Rn. 292 ff.). Die nachfolgende Tabelle zeigt in vereinfachender Darstellung die wesentlichen Unterschiede zwischen Eigenkapital und Fremdkapital:

Kriterien	Eigenkapital	Fremdkapital
Haftung	volle Haftung, mind. in Höhe der Einlage (Pufferfunktion bei Verlusten)	i.d.R. keine weitergehende Haftung des Gläubigers (aber: Ausfallrisiko)
Vergütung	regelmäßig vollständige Teilnahme an Gewinn und Verlust	i.d.R. fester Zinsanspruch
Rückzahlungsanspruch	nachrangige Auszahlung des anteiligen Anspruches am Liquidationserlös nach Befriedigung sämtlicher Gläubiger	i.d.R. Rückzahlungsanspruch in Höhe des nominell zur Verfügung gestellten Forderungsbetrages
Mitsprache- und Kontrollbefugnisse	sehr weitgehende Mitsprache- und Kontrollbefugnisse (Inhaberschaft)	i.d.R. lediglich Informationsrechte
Verfügbarkeit	i.d.R. unbegrenzt	i.d.R. terminiert
Besteuerung	erzielter Gewinn wird besteuert mit Körperschaftsteuer, Gewerbesteuer und/oder Einkommensteuer (rechtsformabhängig)	Zinsen beim Unternehmen steuerlich absetzbare Betriebsausgabe (Einschränkung bei der Gewerbesteuer)
Bilanzierung	Bilanzierung als Eigenkapital nach HGB, IAS und US-GAAP	Bilanzierung als Fremdkapital nach HGB, IAS und US-GAAP

III. Abgrenzung zwischen Außen- und Innenfinanzierung

8   Nach dem Kriterium der Mittelherkunft (aus der Sicht der Unternehmung) wird zwischen Außen- und Innenfinanzierung unterschieden. Bei der **Außenfinanzierung** erfolgt eine Zuführung finanzieller Mittel durch Einlagen der **Anteilseigner** oder durch Zuführung von Kreditkapital durch **Gläubiger**. Zur Außenfinanzierung zählt auch die Finanzierung über staatliche und sonstige Subventionen.

9   Die **Innenfinanzierung** des Unternehmens basiert dagegen auf der Erzielung von Umsatzerlösen. Differenziert werden muss hierbei zwischen der zusätzlichen Kapitalbildung (Bilanzverlängerung) und der Schaffung von verfügbarem Kapital durch Vermögensumschichtungen (Aktivtausch). Erfolgt eine Finanzierung aus einbehaltenen **Gewinnen**, so spricht man von Selbstfinanzierung. Hierbei wird zusätzliches Kapital geschaffen. Des Weiteren ist eine Finanzierung durch Zurückhaltung von Aufwandsgegenwerten, die in der betreffenden Periode nicht zu Auszahlungen führen, möglich. Beispiele für eine derartige Finanzierung sind die Finanzierung aus **Abschreibungen** und die Finanzierung aus **Rückstellungen**. Schließlich kann eine Kapitalfreisetzung auch durch eine Beschleunigung der Kapitalumschlagsgeschwindigkeit (z.B. durch Modernisierungsmaßnahmen) erfolgen.

10 Die nachfolgenden Schaubilder stellen die verschiedenen Finanzierungsformen der Außen- und Innenfinanzierung sowie der Eigen- und Fremdfinanzierung vereinfachend und übersichtlich dar.

Schaubild 1 – Finanzierungsformen der Innen- und Außenfinanzierung

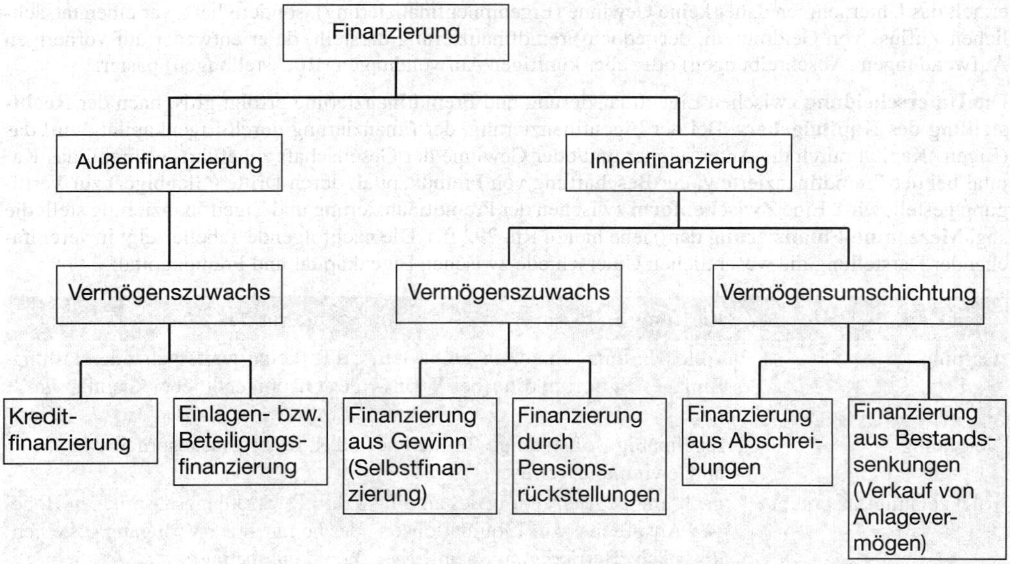

```
                           Finanzierung
                                |
              ┌─────────────────┴─────────────────┐
       Außenfinanzierung                   Innenfinanzierung
              |                                   |
       Vermögenszuwachs              ┌────────────┴────────────┐
              |                Vermögenszuwachs        Vermögensumschichtung
      ┌───────┴───────┐               |                        |
  Kredit-        Einlagen- bzw.   ┌───┴───┐              ┌─────┴─────┐
  finanzierung   Beteiligungs-  Finanz.  Finanz.    Finanz. aus    Finanz. aus
                 finanzierung   aus      durch      Abschrei-      Bestands-
                                Gewinn   Pensions-  bungen         senkungen
                                (Selbst- rückstel-                 (Verkauf von
                                finan-   lungen                    Anlagever-
                                zierung)                           mögen)
```

Schaubild 2 – Finanzierungsformen der Eigen- und Fremdfinanzierung sowie Innen- und Außenfinanzierung

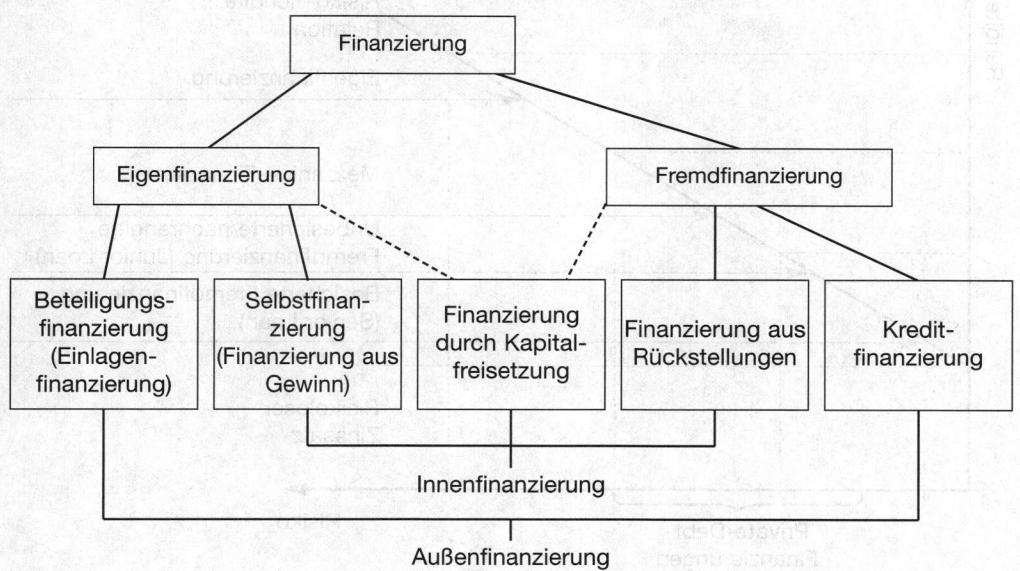

IV. Finanzierung aus Sicht des Investors

Während aus Sicht der Unternehmung die Kapital- bzw. Liquiditätsbeschaffung sowie die Kosten der Kapitalbeschaffung (einschließlich der steuerlichen Behandlung) im Vordergrund stehen, stellt sich die Finanzierung aus Sicht des Investors anders dar. Der **Investor** ist bereit, ein bestimmtes **Risiko** einzugehen, und erwartet als Ausgleich hierfür eine bestimmte **Rendite** bzw. Beteiligung an den Chancen der Unternehmung. Je geringer das Risiko des Investors für die Zurverfügungstellung des Kapitals ist, desto geringer ist auch seine (erwartete) Rendite. Beispiele für ein Finanzinvestment mit geringem Risiko und auch entsprechend geringer Rendite sind Bundesobligationen und Staatsanleihen westeuropäischer Länder. In der nächsten Stufe folgen dinglich besicherte Bankkredite (auch Senior Loans genannt). Mit steigendem Risiko, wie bspw. nur schlecht oder nicht besicherten oder gar nachrangigen Darlehen, steigt sowohl das Risiko des Investors als auch seine Renditeerwartung. Stellt der Investor der Unternehmung Eigenkapital zur Verfügung, so ist er einerseits bereit, das höchste Risiko einzugehen, andererseits erwartet er aber auch die höchste Rendite, die sowohl durch Gewinnausschüttungen als auch durch eine Steigerung des Unternehmenswertes (und anschließende Veräußerung der Beteiligung) erzielt werden kann.

Das nachfolgende Schaubild stellt das typische Rendite-/Risikoprofil aus Sicht eines (Finanz-) Investors dar.

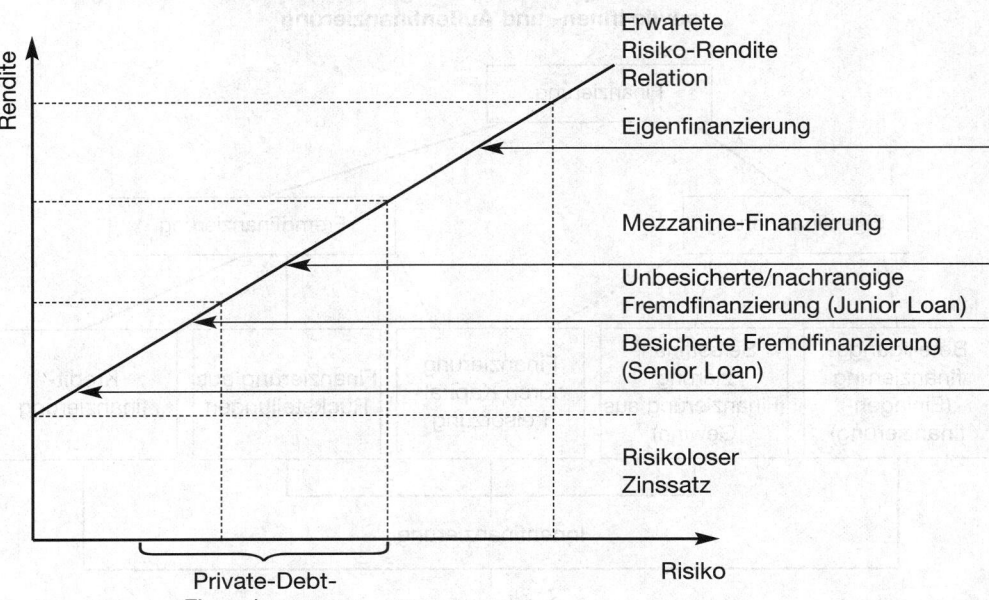

C. Bonität und Sicherungsbedürfnis

I. Grundsätze

13 Dem Wunsch des Unternehmens nach einer möglichst unkomplizierten, schnellen und preiswerten Ausstattung mit Kapital steht das Bedürfnis des Kapitalgebers gegenüber, die eingesetzten Mittel so gut wie möglich zu sichern. **Eigenkapitalgeber** werden daher dafür sorgen, dass sie in ausreichendem Maße Einfluss auf die Entscheidungen des Unternehmens haben, indem sie sich **Mitsprache- und Kontrollrechte** in mehr oder weniger stark ausgeprägter Form sichern. Auf diese Weise können sie die Verwendung der von ihnen eingebrachten Finanzierungsmittel selbst mitsteuern und haben damit selbst Anteil an der Risikobeherrschung.

Weniger stark ausgeprägt, jedoch deutlich auf dem Vormarsch, ist die direkte Einflussnahme auf die Entscheidungen des Unternehmens zur **Risikobeherrschung bei Fremdkapitalgebern**. Gleichwohl kommt es auch hier vor, dass sich bspw. Darlehensgeber Zustimmungsvorbehalte für solche Fragen einräumen lassen, die nach ihrer Auffassung für das von ihnen eingebrachte Fremdkapital von besonderer Bedeutung sind. Weiter ist es zunehmend üblich, dem Unternehmen bestimmte Verhaltenspflichten, bis hin zur Einhaltung von bestimmten Unternehmenskennzahlen (Financial Covenants) aufzuerlegen, bei deren Nichteinhaltung bestimmte Sanktionen bis hin zur Kündigung und Fälligstellung des Kredites drohen.

14 Ergänzend oder alternativ zur Möglichkeit der aktiven Risikosteuerung stehen zudem auch als **eher passiv zu charakterisierende Instrumente** zur Verfügung, um dem Sicherungsbedürfnis des Kapitalgebers Rechnung zu tragen. Dabei kann zwischen den „klassischen Sicherungsinstrumenten", den Realsicherheiten und Personalsicherheiten auf der einen Seite und solchen Möglichkeiten zur Sicherung des eingesetzten Kapitals, die eher struktureller Natur sind, auf der anderen Seite unterschieden werden.

Bei den **Realsicherheiten** erhält der Sicherungsgeber das Recht, sich aus einem bestimmten Vermögensgegenstand zu befriedigen. Hierzu zählen das Pfandrecht, die Sicherungsübereignung, die Sicherungsabtretung, der Eigentumsvorbehalt, die Hypothek, die Grundschuld und auch die Rentenschuld. Bei den **Personalsicherheiten** haftet neben dem Kreditnehmer eine dritte Person, etwa durch Bürgschaft, Garantie, Schuldmitübernahme, Kreditauftrag, Patronatserklärung, Negativklausel oder Wechselhaftung.

Eine eher **strukturelle Absicherung** von Krediten erfolgt dagegen **durch antizipierte Kontrolle** und **Einflussnahme**. So übernehmen die Kreditgeber besonders bei strukturierten Finanzierungen, wie z.B. Asset Backed Securities, Transaktionen oder Projektfinanzierungen, bereits bei der Planung und Strukturierung der Transaktion eine aktive Rolle, um so die rechtlichen und wirtschaftlichen Rahmenbedingungen in einer Weise selbst mit festzulegen, die ihrer Ansicht nach eine größtmögliche Wahrscheinlichkeit für die pünktliche Zahlung von Zins und Tilgung gewährleisten. Dabei kann sich diese antizipierte Einflussnahme auf verschiedenste Faktoren beziehen, angefangen von der Auswahl von Vertragspartnern bis hin zur Festlegung von (hinreichend konservativen) Annahmen in Vorschaurechnungen.

Ob und in welchem Maße von den verschiedenen Möglichkeiten zur Kreditsicherung Gebrauch gemacht wird, hängt maßgeblich von der **Bonität des zu finanzierenden Unternehmens** ab. Hinzu kommt, dass die Finanzierungskosten des Unternehmens, namentlich der zu zahlende Zins, von dem vom Kapitalgeber einzugehenden Risiko und den zur Verfügung stehenden Möglichkeiten seiner Beherrschung durch aktive und/oder passive Kreditsicherungsinstrumente direkt abhängig sind. Kann ein Unternehmen für das abzusichernde Kreditrisiko nur wenig belastbare Sicherheiten bieten, so wird der Kapitalgeber i.d.R. einen Zinsaufschlag zur Kompensation des damit verbundenen und von ihm zu tragenden erhöhten Risikos verlangen. Stehen umgekehrt ausreichend attraktive Sicherheiten zur Verfügung, wird das Unternehmen hingegen in der Lage sein, günstige Konditionen auszuhandeln.

II. Bonitätsbewertung

Von zentraler Bedeutung für die Finanzierung ist daher die **Bonitätsbewertung des Unternehmens**.[6] Dabei befürchten gegenwärtig viele kleine und mittlere Unternehmen, dass sich ihre Finanzierungsbedingungen im Lichte eines gegenwärtig in der Finanzierungslandschaft deutlich bemerkbaren Wandels verschlechtern. Neue Informations- und Kommunikationstechniken machen die Finanzmärkte transparenter, was zu einer stärkeren Integration der Märkte und zu einem intensiveren Wettbewerb weltweit führt. Gleichzeitig stehen die Kreditinstitute aber auch in stärkerem Maße unter Druck, ihre Aktivitäten unter Renditegesichtspunkten zu optimieren. Aufgrund der vielfach unbefriedigenden Rendite im Firmenkreditgeschäft sehen sich einige Kreditinstitute veranlasst, Geschäftsbeziehungen mit Firmenkunden zu überprüfen. Schließlich wird der Wandel der Unternehmensfinanzierung durch die Verabschiedung des dritten und abschließenden Konsultationspapiers zur neuen Baseler Eigenkapitalvereinbarung (Basel II) durch den Baseler Ausschuss für Bankenaufsicht noch zusätzlich beschleunigt.

1. Basel II

Unter dem Stichwort „Basel II" wird die **Neugestaltung der Eigenkapitalvorschriften für Kreditinstitute** diskutiert. Ausgangspunkt der Diskussion war die Vorlage eines Konsultationspapiers durch den Baseler Ausschuss für Bankenaufsicht im Juni 1999. Ziel war es, die Stabilität des internationalen Finanzsystems zu erhöhen. Dazu sollten die Risiken im Kreditgeschäft besser erfasst und die Eigenkapitalvorsorge der Kreditinstitute risikoadäquater ausgestaltet werden. Während vor **Basel II** die Bonität der Unternehmen, an die ein Kreditinstitut Fremdmittel vergibt, in den aufsichtsrechtlichen Eigenkapitalregeln keine Rolle spielte, führt Basel II im Kern dazu, dass Kreditinstitute zukünftig umso mehr Eigenkapital vorhalten müssen, je höher das Risiko ihres Kreditnehmers ist. Zuvor mussten Banken und Sparkassen jeden Firmenkredit unabhängig vom damit verbundenen individuellen Risiko mit einem einheitlichen Satz von 8 % ihres Eigenkapitals hinterlegen.

---

[6] Ein Praxisleitfaden für Unternehmensbewertungen ist bspw. Ernst/Schneider/Thielen, Unternehmensbewertungen erstellen und verstehen.

Unmittelbar betrifft Basel II zunächst selbstverständlich nur die Eigenkapitalvorschriften für die Kreditinstitute. Es leuchtet jedoch ohne Weiteres ein, dass mittelbar auch deren mittelständische Firmenkunden von den Veränderungen betroffen sind.[7] Zum einen hängt die erforderliche Eigenkapitalunterlage eines Kreditinstitutes direkt mit dem Risiko des entsprechenden Kreditnehmers zusammen, das die Kreditinstitute zu berücksichtigen haben. Zum anderen führt genau diese Notwendigkeit der Berücksichtigung des Risikos des Kreditnehmers zu einer stärkeren, im Rahmen der Unternehmensfinanzierung in Deutschland bisher eher ungewohnten **Überprüfung des Kreditnehmers**.

19 Während Basel II für viele kleine und mittelständische Unternehmen im Ergebnis sicherlich eine Verschärfung der Finanzierungsbedingungen bedeutet, kann eine aktive Auseinandersetzung mit Fragen der Finanzierung sicherlich dazu führen, bei Verhandlungen um Konditionen in Zukunft möglicherweise sogar besser abzuschneiden. Unternehmen, die bei Entscheidungen über Investitionen und Finanzierung auch die Auswirkungen auf die Bonität konsequent im Auge behalten, sichern sich damit günstigere **Finanzierungskonditionen**.

20 Das Regelwerk von Basel II unterscheidet grds. zwischen drei verschiedenen **Verfahren zur Ermittlung der Bonität von Kreditkunden** von Banken und Sparkassen, dem sog. Standardansatz und zwei bankinternen Verfahren (Internal Ratings Based Approach), dem IRB-Basisansatz und dem fortgeschrittenen IRB-Ansatz:

- Beim **Standardansatz** werden, wie bisher, Risikogewichtungssätze für bestimmte Arten von Kreditforderungen vorgegeben. Die Risikobewertung in den einzelnen Risikogruppen (Staaten, Banken und Nichtbanken) hängt dabei wesentlich von sog. Ratings externer Bonitätsbeurteilungsinstitute ab.

- Die **IRB-Ansätze** bauen dagegen auf bereits bewährten eigenen Kreditsteuerungstechniken der Banken auf und verlassen sich nicht auf die Angaben der externen Rating-Agenturen. Hierbei nehmen die Banken eigene Schätzungen vor, auf deren Grundlage sie einen potenziellen zukünftigen Verlust ermitteln, welcher wiederum die Basis für die Berechnung des Eigenkapitalerfordernisses ist. Die Unterscheidung der beiden bankinternen Bewertungsverfahren ist abhängig davon, ob die Bank nur die Ausfallwahrscheinlichkeit eines Kreditnehmers (IRB-Basisansatz) oder auch andere Parameter der Kreditrisikoberechnung selbst feststellen darf (fortgeschrittener IRB-Ansatz). Im Verhältnis zum Standardansatz sind die IRB-Ansätze durch höhere Anforderungen an die Banken hinsichtlich der Quantität als auch der Qualität der Informationen, aber auch durch umfangreichere Berichtspflichten gekennzeichnet. Dabei bestehen aber trotz erheblicher Bemühungen, Basel II schnell mit Inhalt zu füllen, derzeit noch erhebliche Unsicherheiten im Umgang, mit Auslegung und Handhabung der Vorschriften von Basel II.[8] Angestrebtes Ziel des Baseler Ausschusses ist ein Wechsel der Banken vom Standardansatz zu einem der internen Bewertungsverfahren.

21 Basel II wird ab **Jahresbeginn 2007** für die Kreditinstitute verbindlich, und zwar gestaffelt nach dem zur Anwendung kommenden Ansatz. Kreditinstitute, die den sog. Standardansatz sowie den IRB-Basisansatz verwenden wollen, fallen ab dem 31.12.2006 unter die neuen Regeln. Ende 2007 folgen dann diejenigen Kreditinstitute, die die Bonität ihrer Kreditkunden nach dem fortgeschrittenen IRB-Ansatz bewerten möchten.

22 Die **Europäische Kommission** hat auf der Grundlage von Basel II im Jahre 2004 einen korrespondierenden **Richtlinienentwurf** vorgelegt, welcher durch das Europäische Parlament nach zahlreichen Abände-

---

7   Vgl. dazu statt vieler Becker/Brackschulze/Müller, DStR 2004, 740; Brösel/Matschke, DStR 2003, 2176 und 224; Ehlers, NJW 2005 3256; Füser/Rödel, DStR 2002, 275; Grönwoldt, DStR 2005 845; Hille, BC 2004, 70; Lübke, Alternative Finanzierungsinstrumente für mittelständische Unternehmen: vor dem Hintergrund von Basel II; Meeh/Sattler, DStR 2005, 1545 und 1504; Schmeisser/Schmeisser, DStR 2005, 344; Terberger, BB 2002, 12; Winkeljohann/Sofrian, DStR 2003, 88.

8   So befasst sich bspw. die Working Party on Legal Risk der International Bar Association bereits seit dem Jahre 2003 mit der Frage was unter „Rechtsrisiken" als Ausprägung des in Teilziff. 644 von Basel II erwähnten „operationellen Risikos" zu verstehen ist und wie sie zu behandeln sind.

rungen im September 2005 gebilligt wurde.[9] Zur Umsetzung dieser Richtlinie hat die Bundesregierung bereits im Februar 2006 einen entsprechenden Gesetzentwurf verabschiedet.[10]

2. Rating

Unter einem „Rating" versteht man die **Bewertung der Kreditwürdigkeit von Schuldnern** innerhalb einer bestimmten Skala.[11] Ein gutes Rating erhält ein Unternehmen, bei dem der Investor sicher sein kann, dass er Zinsen und Tilgung rechtzeitig erhält; ein schlechtes Rating erhält dagegen dasjenige Unternehmen, bei dem diesbezüglich Unsicherheiten bestehen.[12]

23

Für den Kapitalgeber eines Unternehmens ist ein solches Zeugnis ein wichtiges Instrument, um den **Preis für Fremdkapital**, d.h. den Zins für den Kreditnehmer, bestimmen zu können. Bei guter Kreditwürdigkeit ist die Wahrscheinlichkeit gering, dass es bei der Rückzahlung der Verbindlichkeit zu Schwierigkeiten kommt. Der Zins ist dann entsprechend niedriger. Unternehmen mit einer schlechten Bonität müssen dagegen einen höheren Zins in Kauf nehmen, der einen sog. Risikoaufschlag beinhaltet.

Bis vor wenigen Jahren erfolgte die Prüfung der Kreditwürdigkeit der meisten Unternehmen in Deutschland fast ausschließlich durch die kreditgebenden Kreditinstitute selbst, sog. bankinternes Rating. Im Ausland, und insb. im anglo-amerikanischen Raum, spielte daneben seit jeher die Bewertung der Bonität eines Unternehmens durch bankenunabhängige Finanzdienstleister, sog. **Rating-Agenturen**, eine wesentliche Rolle. Bereits seit Ende der 90er Jahre bieten in zunehmendem Maße auch in Deutschland verschiedene Rating-Agenturen dieses sog. externe Rating an.

24

Ratings bedeuten für das zu bewertende Unternehmen abhängig von seiner Größe einen finanziellen **Aufwand**. Die Kosten setzen sich aus dem Preis für das Ratingverfahren selbst und den Aufwendungen des Unternehmens während des Verfahrens zusammen. Im Ergebnis kann ein Rating für ein Unternehmen allerdings sowohl zu besseren Fremdfinanzierungskonditionen als auch zu einer Verbesserung des Images des Unternehmens führen.

25

Zunächst kann ein Rating helfen, die Fremdfinanzierungskosten zu senken und/oder neue Finanzierungsquellen zu erschließen. Besonders solche Unternehmen, die die Konditionen für Kredite ihrer Hausbank für nicht angemessen halten, können mit einem Rating ihre Verhandlungsposition deutlich verbessern. Verfügen sie über ein Zeugnis ihrer Kreditwürdigkeit entweder einer anderen Bank oder einer externen Rating-Agentur, können sie die Bonitätsbeurteilung durch die Hausbank in Frage stellen. Eine **Verbesserung der Verhandlungsposition** ergibt sich auch daraus, dass ein Wechsel zu einer anderen Bank leichter möglich wird, wenn bei Stellung eines Kreditantrages ein Rating vorliegt. Selbst dann, wenn die Bank das Rating nicht als Ersatz für die eigene Kreditwürdigkeitsprüfung ansehen wird, wird sie gleichwohl eher geneigt sein, den Aufwand für die Prüfung eines Kreditantrages in Kauf zu nehmen, wenn sie bereits einen Hinweis auf eine gute Kreditwürdigkeit eines kreditnachfragenden Unternehmens hat.

Ein Rating kann aber auch im Hinblick auf andere Finanzierungsquellen von Nutzen sein. So können sich die **Finanzierungskonditionen** gegenüber Lieferanten, Versicherungen oder öffentlichen Förderinstitutionen verbessern. Darüber hinaus besteht ggf. die Möglichkeit, private Investoren zu finden, die Private Equity und/oder Mezzanine-Kapital[13] zur Verfügung stellen. Nicht zuletzt sind Aktien- und Anleihenmärkte nicht länger nur für Großunternehmen eine interessante Finanzierungsquelle, da sich immer mehr Märkte auch für kleinere Unternehmen öffnen. Das Rating trägt in diesem Zusammenhang dazu bei, dass

---

9   Vorschlag für Richtlinien des Europäischen Parlaments und des Rates zur Neufassung der Richtlinie 2000/12/EG des Europäischen Parlaments und des Rates v. 20.3.2000 über die Aufnahme und Ausübung der Tätigkeit der Kreditinstitute und der Richtlinie 93/6/EWG des Rates v. 15.3.1993 über die angemessene Eigenkapitalausstattung von Wertpapierfirmen und Kreditinstituten, 18.10.2005.

10 Entwurf eines Gesetzes zur Umsetzung der neu gefassten Bankenrichtlinie und der neu gefassten Kapitaladäquanzrichtlinie, beschlossen in der Kabinettssitzung v.15.2.2006.

11 Zu den Gefahren von Ratings vgl. Däubler, BB 2003, 429; Rieg, BC 2004, 57.

12 Pfingsten, BKR 2001, 139.

13 Zu den Auswirkungen von Mezzanine-Kapital auf das Rating Gerdes, BC 2006, 57.

das zu finanzierende Unternehmen den auf diesen Märkten herrschenden höheren Anforderungen an die Transparenz des Unternehmens gerecht wird.

26
> **Hinweis:**
>
> Aus Sicht des im Handels- und Gesellschaftsrecht beratenden Anwalts sind die Auswirkungen eines Ratings auf die **Außendarstellung eines Unternehmens** nicht zu unterschätzen. Ein gutes Rating ist zum einen ein prägnantes Gütesiegel, das auch ohne die Analyse umfangreicher Unternehmensinformationen einen positiven Eindruck von dem betreffenden Unternehmen vermittelt. Zum anderen wirkt es positiv auf Kunden, Geschäftspartner und Mitarbeiter, wenn sich ein Unternehmen einem Beurteilungsverfahren durch externe unabhängige Prüfer unterzieht und damit Selbstbewusstsein demonstriert.
>
> Insb. bei der **Anbahnung neuer Geschäftsbeziehungen** und den damit verbundenen Verhandlungen kann ein Rating daher mitunter den entscheidenden Unterschied gegenüber einem Mitbewerber ausmachen. So schafft es Vertrauen und Vorteile in Verhandlungen, wenn ein Unternehmen seine finanzielle Verlässlichkeit und Beständigkeit durch ein gutes Rating belegen kann.

a) Bankinternes Rating

27 Die hinreichende Kreditwürdigkeit des kreditnachfragenden Unternehmens ist bereits heute Voraussetzung für eine Kreditvergabe durch Banken oder Sparkassen.[14] Dabei verändert sich die Praxis des bankinternen Ratings vor dem Hintergrund von Basel II grundlegend. Im Lichte der Risikoorientierung der aufsichtsrechtlichen Eigenkapitalregeln verändert sich auch das Verfahren zur Bonitätsprüfung, da das bankinterne Rating der Kreditinstitute kurzfristig bestimmten Anforderungen genügen muss, die bislang nicht von allen Kreditinstituten erfüllt wurden oder werden. Aufgrund der Anknüpfung der erforderlichen Eigenkapitalunterlegung an das Risiko des Kreditnehmers, müssen Unternehmen sich darauf einstellen, **Informationen über ihr Unternehmen und ihre geschäftlichen Aktivitäten** in weitaus größerem Umfang und mit größerer Aktualität zu präsentieren als noch vor Kurzem.

Die Prüfung der Kreditwürdigkeit eines Unternehmens muss bei Kreditinstituten i.d.R. nicht direkt bezahlt werden. Allerdings spiegeln sich die **Kosten der Bonitätsprüfung** meist in den Finanzierungskonditionen für einen Kredit wieder.

b) Externes Rating

28 Bislang wurden Ratings in Deutschland von einigen großen internationalen Agenturen angeboten. Zu den großen international tätigen und bekannten Rating-Agenturen zählen z.B. Moody's, Standard & Poor's oder Fitch. Kunden dieser Agenturen sind vor allem staatliche Emittenten und Großunternehmen, die ihren Finanzierungsbedarf an den nationalen und internationalen Kapitalmärkten decken wollen. Zunehmend formieren sich in Deutschland jedoch auch weitere **Rating-Agenturen**, die sich mit ihrem Angebot gezielt an den Mittelstand wenden.

29 Die Rating-Agenturen verwenden **mathematische und/oder statistische Verfahren**, um Ausfallwahrscheinlichkeiten anhand von Ausfallmerkmalen zu errechnen. Diese werden dann mit einem Ergebnis bewertet. Dabei steht „AAA" („Triple A") für höchste Bonität, während „C" oder sogar „D" eine schlechte bis sehr schlechte Bonität zum Ausdruck bringen. Die einzelnen Kategoriebezeichnungen unterscheiden sich von Agentur zu Agentur, wobei die wichtigsten in der nachfolgenden **Skala** dargestellt sind.

---

14 Zum Rating in der bisherigen Bankenpraxis Kudraß/Schäfer, BC 2003, 35.

Moody's	Standard & Poor's	Fitch	Bedeutung
Aaa	AAA	AAA	sehr gut: höchste Bonität, praktisch kein Ausfallrisiko
Aa1 Aa2 Aa3	AA+ AA AA-	AA+ AA AA-	sehr gut bis gut: hohe Zahlungswahrscheinlichkeit
A1 A2 A3	A+ A A-	A+ A A-	gut bis befriedigend: angemessene Deckung von Zins und Tilgung, viele gute Investmentattribute, aber auch Elemente, die sich bei einer Veränderung der wirtschaftlichen Lage negativ auswirken können
Baa1 Baa2 Baa3	BBB+ BBB BBB-	BBB+ BBB BBB-	befriedigend: angemessene Deckung von Zins und Tilgung, aber auch spekulative Charakteristika oder mangelnder Schutz gegen wirtschaftliche Veränderungen
Ba1 Ba2 Ba3	BB+ BB BB-	BB+ BB BB-	ausreichend: sehr mäßige Deckung von Zins und Tilgung, auch in gutem wirtschaftlichen Umfeld
B1 B2 B3	B+ B B-	B+ B B-	mangelhaft: geringe Sicherung von Zins und Tilgung
Caa (1 – 3) Ca	CCC CC	CCC CC C	ungenügend: niedrigste Qualität, geringster Anlegerschutz, akute Gefahr eines Zahlungsverzuges
C	SD/D	DDD DD D	zahlungsunfähig: in Zahlungsverzug (bei Fitch mit unterschiedlichen Erwartungen für Rückzahlungsquoten)

Abhängig vom Rating unterscheidet man bei **Anleihen** zwischen solchen hoher Kreditqualität (Investment Grade) und spekulativen Anleihen (Non-Investment-Grade, High Yield oder Junk Bonds). Für Investment-Grade-Anleihen vergeben Standard & Poor's und Fitch die Noten „AAA" bis „BBB", bei Moody's lauten die Noten „Aaa" bis „Baa". Insb. Unternehmen, die sich alternative Finanzierungsquellen erschließen wollen, sollten sich dessen bewusst sein, dass viele institutionelle Anleger, wie z.B. Banken oder Pensionskassen, per Gesetz oder durch ihre eigenen Statuten verpflichtet sind, nur Anleihen von Schuldnern zu kaufen, die durch eine externe Rating-Agentur mindestens mit **Investment Grade** bewertet sind. Fällt ein Schuldner dabei in seinem Rating unterhalb von „Investment Grade" so kommt es meist zu gravierenden Kursabschlägen auf seine Anleihen. Nicht übersehen werden sollte allerdings, dass es für ein Unternehmen, das seine Möglichkeiten zur Kapitalaufnahme erweitern möchte, meist besser ist, ein schlechtes Rating zu haben, als gar keins, da eine Reihe von ausländischen Investoren Schuldner ohne Rating von vornherein ignorieren. Besonders in den USA, wo das Rating schon eine lange Tradition hat, ist es so gut wie unmöglich, ohne Rating Kapital aufzunehmen. Aus diesem Grunde sind mittlerweile auch die meisten namhaften europäischen Unternehmen mit einem Rating versehen.

Als vorteilhaft für das zu finanzierende Unternehmen erweist sich beim externen Rating auch die Tatsache, dass – anders als bei einer Kreditwürdigkeitsprüfung durch eine Bank – von den während des Rating-Verfahrens gewonnenen Informationen über das Unternehmen profitiert werden kann. So erhält das Unternehmen detailliert Auskunft über die zutage tretenden Defizite und gewinnt ggf. wichtige **Ansätze für Verbesserungen**.

Die **Kosten des Ratings** sind von dem zu beurteilenden Unternehmen zu tragen. Dabei kann ein kontinuierliches externes Rating für ein Unternehmen einen erheblichen finanziellen Aufwand bedeuten, zumal die Aussagefähigkeit eines Ratings i.d.R. auf ein Jahr begrenzt ist. Entscheidend für die Kosten ist insb.

die Größe des Unternehmens. Nicht zu vernachlässigen sind außerdem die Aufwendungen des Unternehmens während des Rating-Verfahrens. I.d.R. erfordert die Prüfung der Bonität durch eine Rating-Agentur weitaus mehr als die Übermittlung bestimmter Unterlagen. So können je nach Komplexität des Geschäfts und des Geschäftsbetriebes sowie der Größe des Unternehmens zahlreiche weitere Maßnahmen bis hin zu Gesprächen mit der Geschäftsleitung notwendig sein, um zu einem aussagekräftigen Ergebnis kommen zu können.

33 Ein unzutreffend schlechtes Rating bzw. eine Rückstufung kann für das betroffene Unternehmen leicht einen erheblichen finanziellen Schaden insb. in Form höherer Kapitalbeschaffungskosten bedeuten. Mit zunehmender Bedeutung externer Ratings stellt sich daher selbstverständlich auch die Frage nach der **Haftung bei Fehlbeurteilungen**.[15]

Bei der Haftung für Ratings sind **Rechtsverhältnisse** zwischen drei Personen zu betrachten: zwischen dem zu Beurteilenden und dem Berurteilenden (der Rating-Agentur) und zwischen dem Berurteilenden und dem Nutzer des Ratings.

34 Regelmäßig wird zwischen der **Rating-Agentur und dem zu Beurteilenden** ein **Vertrag mit werkvertraglichem Charakter** bestehen, der zu einer ausreichenden, umfassenden, d.h. vollständigen und richtigen Darstellung, zur Nutzung vorhandener Erkenntnismöglichkeiten, und vor allem zur Darstellung einer Antwort auf die Frage nach dem Grad an Unsicherheit des Ergebnisses der eigenen Begutachtung, verpflichtet. Darüber hinaus besteht die Pflicht der Rating-Agenturen zur strikten Geheimhaltung der ihnen zur Kenntnis gelangten, regelmäßig auch vertraulichen, Informationen.

Ein vertraglicher **Haftungsausschluss** ist jedenfalls für Vorsatz und grobe Fahrlässigkeit unzulässig, soweit er sich aus dem von den Rating-Agenturen verwendeten Standardvertrag ergibt. Zwar gilt § 309 Nr. 7 BGB nicht für Rechtsgeschäfte zwischen Kaufleuten, doch kommt die inzwischen h.M. unter Rückgriff auf die Generalklausel des § 307 BGB zum selben Ergebnis.[16] Häufig verwendete Klauseln, wie „Haftungsansprüche gegen die Rating-Agentur sind grds. ausgeschlossen", sind daher regelmäßig unwirksam.

Darüber hinaus kommt eine **deliktische Haftung** der Rating-Agentur gegenüber dem zu Beurteilenden in Betracht. So sind negative Tatsachenbehauptungen ein Anwendungsfall des § 824 Abs. 1 BGB. Bei Werturteilen, die in unzulässiger Weise zustande kamen, liegt darüber hinaus eine rechtswidrige und i.d.R. auch schuldhafte Verletzung des Rechtes am eingerichteten und ausgeübten Gewerbebetrieb nach § 823 Abs. 1 BGB vor.[17] Verlangt werden kann die Rücknahme des Rating-Urteils, die Unterlassung einer entsprechenden zukünftigen Behauptung sowie der Ersatz des materiellen Schadens.

35 Eine **Haftung gegenüber Nutzern von Ratings** ist zunächst aufgrund eines Vertrages denkbar. So schließen die Rating-Agenturen mit ihrer überwiegend aus institutionellen Anlegern bestehenden Klientel i.d.R. **Abonnementverträge**, die den Charakter eines gemischten Vertrages mit kauf- und dienstvertraglichen Elementen haben und die sie gegen Zahlung des vereinbarten Entgeltes zur Übergabe und Übereignung ihrer Publikationen sowie zur fachkundigen Erstellung der Ratings verpflichten.[18]

Ohne ein Rating-Abonnement kommt eine Haftung der Rating-Agentur gegenüber dem Nutzer nach den Grundsätzen des „**Vertrages mit Schutzwirkung zu Gunsten Dritter**" in Betracht. Der BGH bejaht eine solche Haftung immer dann, wenn die Auskunft oder der Rat für den Dritten aus der Sicht der Vertragspartner erkennbar von erheblicher Bedeutung war und der Dritte sie zur Grundlage seiner Ent-

---

15 Zur Haftung des „Experten" für anlagebeeinflussende Äußerungen bei Versicherungsratings Fiala/Kohrs/Leuschner, VersR 2005, 742; zu den datenschutzrechtlichen Voraussetzungen der Verarbeitung von Kundendaten beim zentralen Rating und Scoring im Bank-Konzern Mackenthun, WM 2004, 1713.
16 Palandt/Heinrichs, BGB, § 307 Rn. 45 f.
17 Däubler, BB 2003, 429, 433 mit Verweis auf die Rspr. zum Warentest, BGHZ 65, 325, 328.
18 Peters, Die Haftung und die Regulierung von Rating-Agenturen, S. 97 ff.

scheidung gemacht hat.[19] Dabei gilt der Dritte als in den Schutzbereich des Auskunfts- oder Beratungsvertrages einbezogen, wenn nach der den beiden Vertragspartnern bekannten Absicht des Gläubigers die Auskunft auch für den Dritten bestimmt ist, wobei es die Rspr. genügen lässt, dass der Dritte „der Sache nach" schutzbedürftig ist. Bei den üblichen Ratings wird dies regelmäßig der Fall sein, denn diese stellen ausdrücklich auf den Kunden ab. Die Rating-Agentur als Schuldner (von Auskunft, Beratung, Gutachten) muss nur wissen, dass ihr Rating vom Nutzer zur Grundlage wesentlicher Entscheidungen gemacht werden soll. Ein Mitverschulden des Nutzers scheidet regelmäßig aufgrund der besonderen Fach- und Sachkunde der Rating-Agentur aus.

D. Finanzierungsinstrumente

I. Klassische Finanzierungsinstrumente

1. Eigenfinanzierung

Die Eigenkapitalbeschaffung hängt entscheidend davon ab, in welchem Umfang die Eigenkapitalgeber für die Verbindlichkeiten des Unternehmens haften. Die **Rechtsform des Unternehmens** hat hierbei entscheidende Bedeutung. Daher soll nachfolgend ein Überblick über die unterschiedlichen Auswirkungen der einzelnen Unternehmensrechtsformen auf die Eigenkapitalbeschaffung gegeben werden. 36

a) Eigenkapitalausstattung der verschiedenen Rechtsformen

aa) Einzelunternehmen

Eine Einzelunternehmung liegt vor, wenn ein Kaufmann seinen Betrieb **ohne andere Gesellschafter** oder nur mit einem **stillen Gesellschafter** unterhält. Kaufmann i.S.d. HGB ist der Einzelunternehmer dann, wenn er ein Handelsgewerbe betreibt (Istkaufmann; § 1 Abs. 1 HGB). Ein Handelsgewerbe liegt gemäß § 1 Abs. 2 HGB vor, wenn das Unternehmen nach Art und Umfang einen in kaufmännischer Weise eingerichteten Geschäftsbetrieb erfordert. Ist das gewerbliche Unternehmen nicht schon nach § 1 HGB ein Handelsgewerbe, so gilt es als solches, wenn die Firma des Unternehmens in das Handelsregister eingetragen ist (Kannkaufmann, § 2 Satz 1 HGB) (zum Kaufmannsbegriff siehe Teil 1: Handelsrecht, 1. Kapitel, Rn. 6 ff.). Dabei ist unter Firma der Einzelunternehmung der Name zu verstehen, unter dem der Einzelunternehmer sein Geschäft betreibt und seine Unterschrift abgibt (§ 17 Abs. 1 HGB; zum Firmenrecht siehe Teil 1: Handelsrecht, 3. Kapitel, Rn. 13 ff.). Gemäß § 19 Abs. 1 Nr. 1 HGB muss die Firma bei Einzelkaufleuten die Bezeichnung „eingetragener Kaufmann", „eingetragene Kauffrau" oder eine allgemein verständliche Abkürzung dieser Bezeichnung insb. „e. K.", „e. Kfm." oder „e. Kfr." enthalten. Der Kaufmann kann gemäß § 17 Abs. 2 HGB unter seiner Firma klagen oder verklagt werden, auch wenn nur er selbst und nicht die Firma Träger von Rechten und Pflichten ist. 37

Für Verbindlichkeiten des Unternehmens haftet der Einzelunternehmer allein und unbeschränkt. Bei ihm liegen alle Entscheidungsbefugnisse. Auch der Gewinn steht ihm allein zu.

Die **Eigenkapitalbasis** der Einzelunternehmung ist durch das Vermögen des Einzelunternehmers begrenzt. Es existiert **keine gesetzlich vorgeschriebene Mindesthöhe des Haftungskapitals**. Weil der Einzelunternehmer mit seinem gesamten Privatvermögen haftet, kann das eingebrachte Kapital jederzeit wieder entnommen werden. Eine Kapitalerweiterung kann er durch **Zuführung weiteren Privatvermögens**, durch Nichtentnahme erzielter Gewinne (**Selbstfinanzierung**) oder durch Aufnahme eines **stillen Gesellschafters** erreichen. 38

Die **stille Gesellschaft** ist eine **reine Innengesellschaft** und keine Gesamthandsgemeinschaft wie die KG, da die Einlage des stillen Gesellschafters in das Vermögen des Inhabers des Handelsgeschäfts übergeht 39

---

[19] Ständige Rspr. zu Gutachterverträgen/Expertenhaftung BGHZ 127, 378; BGH, NJW 1984, 356; NJW 1987, 1758; NJW 1997, 1235; ZIP 2004, 1810; für eine entsprechende Anwendung auf Ratings Peters, Die Haftung und die Regulierung von Rating-Agenturen, S. 112 ff.

(§ 230 Abs. 1 HGB; zur GbR siehe Teil 2: Gesellschaftsrecht, 1. Kapitel, § 1). Geschäftsführungsbefugnisse und Vertretungsbefugnisse verbleiben grds. beim Inhaber des Unternehmens (§ 230 Abs. 2 HGB). Der stille Gesellschafter wird jedoch am Gewinn beteiligt (§ 231 Abs. 1 HGB).

> **Hinweis:**
> Da das HGB keine Regelung über die genaue Gewinnverteilung enthält und nur von einem „den Umständen nach angemessenen Anteil" spricht (§ 231 Abs. 1 HGB), ist dringend zu empfehlen, eine ausdrückliche Regelung zur Gewinnverteilung in den Vertrag mit dem stillen Gesellschafter aufzunehmen. Die Verlustbeteiligung des stillen Gesellschafters kann gemäß § 231 Abs. 2 HGB ausgeschlossen werden.

40 Bei der **typischen stillen Gesellschaft** wird der stille Gesellschafter nicht an den stillen Reserven des Unternehmens beteiligt. Um eine übermäßige Bildung stiller Reserven zum Nachteil des stillen Gesellschafters zu vermeiden, kann ggf. eine Einbeziehung der stillen Reserven bei der Ermittlung des zu verteilenden Gewinns vertraglich vereinbart werden.

41 Bei der **unechten bzw. atypischen stillen Gesellschaft** wird der stille Gesellschafter hingegen nicht nur am Gewinn und Verlust beteiligt, sondern durch Vertrag auch an den Vermögenswerten des Unternehmens, wie den stillen Reserven und/oder dem Firmenwert. Auch die Übernahme unternehmerischer Funktionen durch den stillen Gesellschafter ist bei der atypischen stillen Gesellschaft möglich. Derartige Vereinbarungen gelten jedoch nur im Innenverhältnis, d.h. zwischen dem Geschäftsinhaber und dem stillem Gesellschafter. Die Geschäftsführung und die Vertretung der Gesellschaft verbleiben weiter allein beim Geschäftsinhaber.

bb) Personengesellschaften

42 Bei der OHG und der KG erfolgt eine Eigenkapitalbeschaffung primär durch **Kapitaleinlagen** der Gesellschafter (allgemein zur OHG und KG siehe Teil 2: Gesellschaftsrecht, 1. Kapitel, § 2 und § 3). Eine Begrenzung der Eigenkapitalbasis durch das Privatvermögen der Gesellschafter besteht nicht. Aufgrund der beschränkten Haftung der Kommanditisten auf ihre Kapitaleinlage ist es **für die KG regelmäßig leichter**, Kapitalgeber zu finden, als für die OHG. Hinzu kommt, dass die Kommanditisten i.d.R. nicht zur Geschäftsführung verpflichtet bzw. berechtigt sind.

43 Auch OHG und KG können ihre Eigenkapitalbasis durch die Aufnahme von **stillen Gesellschaftern** erweitern (zur Stillen Gesellschaft siehe Teil 2: Gesellschaftsrecht, 3. Kapitel, § 2). Eine weitere Möglichkeit der Eigenfinanzierung von Gesellschaftsanteilen besteht mit der sog. **Unterbeteiligung**, d.h. der Beteiligung an dem Gesellschaftsanteil einer anderen Person und nicht unmittelbar an der Gesellschaft (Beteiligung an der Beteiligung, siehe dazu Teil 2: Gesellschaftsrecht, 3. Kapitel, § 2). Die Unterbeteiligung kann zum einen der Finanzierung der Hauptbeteiligung dienen oder aber durch Geheimhaltungsinteressen motiviert sein. Spezielle gesetzliche Regelungen hierfür existieren nicht. Regelmäßig wird zwischen dem Unterbeteiligten und dem Hauptbeteiligten aber eine **GbR** bestehen (zur GbR siehe Teil 2: Gesellschaftsrecht, 1. Kapitel, § 1). Die vom Unterbeteiligten gezahlte Einlage fließt dem Vermögen des Hauptbeteiligten zu. Der Hauptbeteiligte nimmt die Geschäfte der Innengesellschaft im eigenen Namen vor, so dass zwischen dem Unterbeteiligten und den anderen Gesellschaftern keine rechtliche Beziehung entsteht.

44 In der Buchführung der Personengesellschaft werden die Kapitalanteile der Gesellschafter auf jeweils eigenen **Kapitalkonten** festgehalten. Gemäß § 719 Abs. 1 BGB steht das Gesellschaftsvermögen einer Personengesellschaft den Gesellschaftern **gesamthänderisch** zu. Nach dem Gesetz ist zur Verfügung über einen Gesellschaftsanteil an einer Personengesellschaft grds. die Mitwirkung bzw. Beteiligung aller Gesellschafter erforderlich.[20] Abweichend hiervon kann der Gesellschaftsvertrag aber auch zulassen, dass ein Gesellschafter seinen Gesellschaftsanteil auch ohne die Zustimmung der anderen Gesellschafter an

---

20 BGHZ 44, 228, 231; 81, 82, 84.

einen Dritten übertragen kann. Die Gutschrift auf dem Kapitalkonto ist zunächst nur ein buchhalterischer Posten, der den Ausgleich von Aktiv- und Passivseite bewirkt. Darüber hinaus bildet der Kapitalanteil der Gesellschafter grds. den Maßstab für die **Verteilung des Gewinns** der Gesellschaft (§§ 121 Abs. 1, 168 Abs. 1 HGB), für die **Entnahmen** aus der Gesellschaftskasse (§ 122 Abs. 1 HGB) und für die **Verteilung des Gesellschaftsvermögens unter den Liquidatoren** (§ 155 Abs. 1 HGB, siehe dazu Teil 2: Gesellschaftsrecht, 1. Kapitel, § 2 und § 3). Der **Kapitalanteil** setzt sich zusammen aus der geleisteten Einlage sowie weiteren Einlagen und Gewinnen der Gesellschaft. Er unterliegt somit grds. **Schwankungen**. Der jeweilige Kapitalanteil eines Gesellschafters entspricht somit dessen Anteil am Buchvermögen der Gesellschaft. Der Stand des Kapitalanteils ergibt sich aus dem Saldo.[21]

Was die Kapitalkonten der **Komplementäre** von OHG und KG anbetrifft, so bestehen zwischen beiden Unternehmensformen keine Unterschiede. Da die Haftung der Kommanditisten auf deren Einlage beschränkt ist (§ 161 Abs. 1 HGB), muss bei der KG jedoch die Zahl der **Kommanditisten** und die Gesamthöhe der Einlagen gemäß § 162 Abs. 1 Satz 1 HGB ins Handelsregister eingetragen werden (siehe Teil 2: Gesellschaftsrecht, 1. Kapitel, § 3). Haben die Kommanditisten ihre Einlagen vollumfänglich geleistet und sind diese nicht durch Verluste vermindert, so werden die auf die Kommanditisten entfallenden Gewinnanteile einem besonderen Konto gutgeschrieben. Da das Gesetz für die Kommanditisten einen nach oben begrenzten, festen Kapitalanteil vorsieht, wird vermutet, dass Gewinne, die diesen Anteil übersteigen, Forderungen gegen die Gesellschaft darstellen.[22] Den Kommanditisten steht mithin ein Anspruch auf Auszahlung dieser Gewinnanteile gegen die Gesellschaft nach § 169 Abs. 1 HGB zu. Haben die Kommanditisten ihre Einlage noch nicht vollumfänglich geleistet, so wird die Einlage auf der Passivseite bilanziert und durch einen Gegenposten auf der Aktivseite ausgeglichen, etwa mit „Ausstehende Einlagen". Wenn Verluste eintreten, gilt dasselbe. Gewinne werden den jeweiligen Gewinnkonten der Kommanditisten gutgeschrieben.

45

cc) GmbH

Die GmbH als **Kapitalgesellschaft** haftet gemäß § 13 Abs. 2 GmbHG nur mit ihrem Gesellschaftsvermögen (allgemein zur GmbH Teil 2: Gesellschaftsrecht, 2. Kapitel, § 1). Daher ist ihre Eigenkapitalausstattung für die Gläubiger von besonderer Bedeutung. Anders als bei der OHG oder hinsichtlich der Komplementäre der KG haftet das Privatvermögen der Gesellschafter bei der GmbH grds. nicht, sondern allein das Gesellschaftsvermögen der GmbH. Der Gesetzgeber hat daher Folgendes berücksichtigt[23]:

46

- Es besteht ein tendenziell **höheres Gläubigerrisiko** durch Haftungsbeschränkung,
- **Schutzvorkehrungen** für den Gläubiger sind zu treffen; gleichzeitig soll der Gläubiger aber auch selbst angehalten sein, sich zu schützen,
- Gläubiger sind dadurch zu begünstigen, dass ihre Zahlungsansprüche bei fortzuführenden als auch bei zu liquidierenden Unternehmen vor denen der Eigentümer zu berücksichtigen sind (**Rangordnung der Gläubiger/Gesellschafter**),
- da nur das Gesellschaftsvermögen haftet, bedeutet jede Ausschüttung (Gewinnentnahme) und jede Kapitalrückzahlung an die Gesellschafter eine Kürzung der Haftungsmasse; deshalb muss eine **genaue Trennung zwischen dem Vermögen** der Gesellschafter und dem Gesellschaftsvermögen erfolgen; sowohl die Mindesteinzahlungen der Gesellschafter als auch die erlaubten Entnahmen sind dementsprechend gesetzlich geregelt.

Gesetzlich vorgeschrieben ist gemäß § 5 Abs. 1 GmbH ein **Mindeststammkapital von 25.000 €**. Die Höhe des Stammkapitals ist gemäß § 3 Abs. 1 Nr. 3 GmbHG zwingend im Gesellschaftsvertrag festzusetzen, und im Handelsregister einzutragen (§ 10 Abs. 1 GmbHG). Nachträgliche Änderungen erfordern eine Satzungsänderung durch Beschluss der Gesellschafterversammlung mit einer **Dreiviertelmehrheit**

47

---

21 Vgl. BGH, BB 1986, 91.
22 Huber, Vermögensanteil, Kapitalanteil und Gesellschaftsanteil an Personalgesellschaften des Handelsrechts, S. 250 f., 255.
23 Vgl. Drukarczyk, Finanzierung, S. 213 f.

48 Die **Stammeinlage** (Anteil am Stammkapital, den der Gesellschafter übernimmt) muss einen Umfang von mindestens **100 €** haben (§ 5 Abs. 1 GmbHG). Sie kann zwischen den einzelnen Gesellschaftern variieren (§ 5 Abs. 3 Satz 1 GmbHG), muss aber jeweils **durch fünfzig teilbar** sein (§ 5 Abs. 3 Satz 2 GmbHG).

49 Gemäß § 266 Abs. 3 HGB sind bei Kapitalgesellschaften, wie der GmbH, neben dem gezeichneten Kapital weitere Eigenkapitalkonten zu führen, die ein etwaig zusätzlich gezahltes Agio (**Kapitalrücklagen**) und reinvestierte Gewinne (**Gewinnrücklagen**) ausweisen. Die **Ausweisung des Eigenkapitals** der GmbH erfolgt also in verschiedenen Bilanzpositionen. Während das Stammkapital unveränderlich als „Gezeichnetes Kapital" in der Bilanz bleibt, sind Schwankungen beim Eigenkapital an den Veränderungen bei den Rücklagen erkennbar. Ist das Eigenkapital durch Verluste aufgebraucht und ergibt sich ein Überschuss der Passiv- über die Aktivposten, muss der jeweilige Betrag gemäß § 268 Abs. 3 HGB am Schluss der Bilanz auf der Aktivseite gesondert unter der Bezeichnung „nicht durch Eigenkapital gedeckter Fehlbetrag" ausgewiesen werden.

50 Für die **Anmeldung** der GmbH **im Handelsregister** ist erforderlich, dass mindestens ein **Viertel** des Stammkapitals, mindestens aber die **Hälfte des Mindeststammkapitals**, eingezahlt wurde (§ 7 Abs. 2 Satz 1, Satz 2 GmbHG). Bei Sacheinlagen gelten noch strengere Vorschriften (§ 7 Abs. 3 GmbHG). Wird die Gesellschaft nur durch eine Person errichtet (Einpersonen-GmbH), darf die Anmeldung erst erfolgen, wenn der Gründer außerdem für den übrigen Teil der Geldeinlage eine Sicherheit geleistet hat (§ 7 Abs. 2 Satz 3 GmbHG). Vereinigen sich innerhalb von drei Jahren nach der Eintragung der Gesellschaft in das Handelsregister alle Geschäftsanteile in einer Hand, hat der Gesellschafter innerhalb von drei Monaten seit der Vereinigung der Geschäftsanteile alle Geldeinlagen voll einzuzahlen oder der Gesellschaft für die Zahlung der noch ausstehenden Beträge eine Sicherheit zu bestellen oder einen Teil der Geschäftsanteile an einen Dritten zu übertragen (§ 19 Abs. 4 GmbHG). Leisten die Gesellschafter ihre Einlagen nicht rechtzeitig, sind sie zur Entrichtung von Verzugszinsen verpflichtet (§ 20 GmbHG). Im Fall verzögerter Einzahlung kann dem jeweiligen Gesellschafter mit der erneuten Aufforderung zur Leistung der eingeforderten Einlage innerhalb einer bestimmten Nachfrist auch der Ausschluss mit dem Verlust des Geschäftsanteils und dem Verlust der bisher geleisteten Einlagen (**Kaduzierung**) gedroht werden (§ 21 Abs. 1 Satz 1 GmbHG). Nach einer Kaduzierung kann der Geschäftsanteil des jeweiligen Gesellschafters **versteigert** werden (§ 23 Satz 1 GmbHG). Kann die Stammeinlage weder durch den zahlungspflichtigen Gesellschafter, noch durch Verkauf des Geschäftsanteils gedeckt werden, müssen die übrigen Gesellschafter den Fehlbetrag nach dem Verhältnis ihrer Geschäftsanteile aufbringen (§ 24 GmbHG).

51 Der Gesellschaftsvertrag kann eine **Nachschusspflicht** vorsehen; die Gesellschafter können also beschließen, dass weitere Einzahlungen über den Betrag der Stammeinlagen hinaus eingefordert werden können (§ 26 Abs. 1 GmbHG). Dabei unterscheidet das Gesetz zwischen **unbeschränkter** und **beschränkter** Nachschusspflicht (§§ 27 f. GmbHG). Bei der unbeschränkten Nachschusspflicht kann sich jeder Gesellschafter von der Zahlungsverpflichtung dadurch befreien, dass er innerhalb eines Monats nach Zahlungsaufforderung der Gesellschaft seinen Geschäftsanteil zur Verfügung stellt (Abandonrecht, Preisgaberecht, § 27 Abs. 1 Satz 1 GmbHG). Die Gesellschaft hat den Geschäftsanteil innerhalb eines Monats im Wege der öffentlichen Versteigerung zu verkaufen (§ 27 Abs. 2 Satz 1 GmbHG). Ist die Nachschusspflicht dagegen auf einen bestimmten Betrag beschränkt, dann muss der Gesellschafter auf Anforderung leisten, sonst kommt es zur Kaduzierung nach §§ 21 ff. GmbHG (vgl. § 28 Abs. 1 GmbHG).

dd) AG

(1) Grundkapital

52 Die AG haftet gegenüber ihren Gläubigern mit dem Gesellschaftsvermögen (§ 1 Abs. 1 AktG; allgemein zur AG Teil 2: Gesellschaftsrecht, 2. Kapitel, § 2). Eine Haftung der Aktionäre mit ihrem Privatvermögen ist grds. ausgeschlossen. Das **Grundkapital** der AG ist gemäß § 1 Abs. 2 AktG in Aktien zerlegt; jede Aktie stellt einen nach der Gesamtzahl der ausgegebenen Aktien berechneten Bruchteil des Grundkapitals

dar. Als Aktie bezeichnet man ein auf einen bestimmten Nennwert lautendes oder mit einem rechnerischen Anteil am Grundkapital versehenes Wertpapier (vgl. § 8 AktG).

Folgende **Charakteristika** prägen die AG:[24]

- die Beschaffung großer Kapitalbeträge mit langfristiger Bindung als Haftkapital durch einen großen und wechselnden Kreis von Anteilseignern („**Kapitalsammelbecken**"); Aktienkapital kann seitens der Anteilseigner i.d.R. **nicht gekündigt**, sondern nur, bspw. über die Börse, veräußert werden;
- dem Anleger wird (im Fall einer börsennotierten AG) das jederzeitige Handeln von Aktien an Börsen und deren formlose Übertragung ermöglicht; das Interesse des Anlegers an individuellen Zeiträumen für das Halten von Aktien wird mit dem Interesse der AG an langfristigem Eigenkapital in Einklang gebracht;
- Eigentum (der Aktionäre) und Verfügungsmacht (Vorstand) sind getrennt; die Geschäftsführung wird von angestellten Managern übernommen.

Wegen der beschränkten Haftung auf das Gesellschaftsvermögen der AG und des hierdurch tendenziell höheren Gläubigerrisikos bestehen u.a. folgende Regelungen zum **Schutz der Gläubiger**:[25]

- Das Grundkapital[26] der AG muss auf einen **Nennbetrag in Euro** lauten (§ 6 AktG), und mindestens eine Höhe von **50.000 €** haben (§ 7 AktG). Nach § 23 Abs. 3 Nr. 3 AktG ist die Höhe des Grundkapitals zwingend in der Satzung festzusetzen.
- Gemäß § 8 Abs. 2, 3 AktG beträgt der **Mindestnennbetrag** einer Aktie oder der mindestens auf eine Stückaktie entfallende Betrag **1 €**. Anders als GmbH-Anteile sind Aktien nicht teilbar (§ 8 Abs. 5 AktG). Eine Ausgabe einer Aktie unter ihrem Nennbetrag (sog. **Unterpari-Emission**) ist unzulässig (§ 9 Abs. 1 AktG); eine Ausgabe über dem Nennwert oder dem auf die einzelne Stückaktie entfallenden Anteil am Grundkapital ist jedoch möglich (sog. **Überpari-Emission**). Der Mehrbetrag wird dann als Agio bezeichnet und gehört dann zum Eigenkapital der AG; er muss der Kapitalrücklage zugeführt werden (§ 272 Abs. 2 Nr. 1 HGB, § 150 AktG).
- **Einlagen** dürfen den Aktionären nicht (von der AG) zurückgewährt werden (§ 57 Abs. 1 AktG).
- Aktionäre haben einen Anspruch auf den **Bilanzgewinn**, falls eine Verteilung nicht ausgeschlossen wurde (§ 58 Abs. 4 AktG).
- Bei **Kapitalherabsetzungen** dürfen Zahlungen an die Aktionäre nur geleistet werden, wenn bestimmte Gläubigerschutzvorschriften beachten werden (§§ 222 ff. AktG).
- Bei einem **Verlust des Grundkapitals** i.H.v. 50 % hat der Vorstand unverzüglich eine Hauptversammlung einzuberufen und ihr den Verlust anzuzeigen (§ 92 Abs. 1 AktG).
- Deckt das Vermögen der AG nicht die Schulden oder ist die AG zahlungsunfähig, dann hat der Vorstand die Eröffnung des Insolvenzverfahrens ohne schuldhaftes Verzögern zu beantragen (§ 92 Abs. 2 Satz 1 AktG).

Für die **Anmeldung** der Gesellschaft **zur Eintragung ins Handelsregister** (§ 36 AktG) ist bei Bargründungen mindestens **ein Viertel** des „geringsten Ausgabebetrages", also des Nennwertes bzw. des Anteils der ausgegebenen Aktie am Grundkapital einzuzahlen (§ 36a Abs. 1 AktG). Sacheinlagen sind vollständig zu leisten (§ 36a Abs. 2 Satz 1 AktG). Nach Aufforderung durch den Vorstand haben die Aktionäre die Einlagen vollständig einzuzahlen (§ 63 Abs. 1 Satz 1 AktG). Ebenso wie das GmbHG sieht das AktG bei der Verletzung dieser Pflicht des Aktionärs Sanktionen vor: Werden eingeforderte Beträge nicht rechtzeitig geleistet, so sind **Verzugszinsen** i.H.v. 5 % zu entrichten (§ 63 Abs. 2 Satz 1 AktG). Die Geltendmachung **weiterer Schäden** bleibt gemäß § 63 Abs. 2 Satz 2 AktG unberührt. Gemäß § 64 Abs. 1 AktG kann der in Verzug geratene Aktionär nach Ablauf einer Nachfrist im Wege der **Kaduzierung** aus der Gesell-

---

24 Drukarczyk, Finanzierung, S. 216.
25 Drukarczyk, Finanzierung, S. 219 f.
26 Der bilanzrechtliche Begriff „gezeichnetes Kapital" in § 266 Abs. 3 lit. A. I. HGB ist mit dem Begriff des Grundkapitals der AG identisch, § 152 Abs. 1 Satz 1 AktG.

schaft ausgeschlossen werden. Nach dem Ausschluss ist der im Aktienregister verzeichnete **Vormann** des säumigen Aktionärs, aber nur zwei Jahre lang, zur Zahlung verpflichtet (§ 65 Abs. 1 Satz 1, Abs. 2 Satz 1 AktG). Wenn der Betrag vom Vormann nicht zu erlangen ist, werden die Aktien zum Börsenpreis oder bei Fehlen eines Börsenpreises durch öffentliche Versteigerung verkauft (§ 65 Abs. 3 Satz 1 AktG).

56 Vom Grundkapital zu unterscheiden ist das **Gesellschaftsvermögen**. Dieses umfasst sämtliche Sachen, Rechte und sonstigen Vermögensgegenstände der AG. Anders als das Grundkapital ist der Umfang des Gesellschaftsvermögens Schwankungen unterworfen. Der Schutz der Gläubiger der AG mit Hilfe entsprechender Vorschriften im AktG zur Kapitalaufbringung und Kapitalerhaltung erstreckt sich auf das gesamte Gesellschaftsvermögen und nicht nur auf das Grundkapital.[27] Er geht damit über den Schutz der Gläubiger bei der GmbH hinaus.

Das **Eigenkapital** ist ebenfalls vom Grundkapital abzugrenzen. Es muss auf der Passivseite der Bilanz gemäß § 266 Abs. 3 HGB ausgewiesen werden (unter Gliederungspunkt A, untergliedert in: gezeichnetes Kapital, Kapitalrücklage, Gewinnrücklagen, Gewinnvortrag/Verlustvortrag und Jahresüberschuss/Jahresfehlbetrag).

(2) Aktienarten

57 Lauten Aktien auf einen in Geld ausgedrückten Nennwert, werden sie als **Nennwertaktien** bezeichnet, (§ 8 Abs. 1, Abs. 2 AktG). Die Summe der Nennwerte ergibt das Grundkapital. **Stückaktien** sind nennwertlose Aktien. Auch sie verkörpern einen Anteil am Grundkapital; der „fiktive Nennbetrag" errechnet sich, indem das Grundkapital durch die Anzahl der Aktien geteilt wird. Die nicht in Deutschland aber den USA zulässige Quotenaktie lautet auf einen Bruchteil am Reinvermögen. Die deutsche AG muss wählen, ob ihre Aktien einen Nennbetrag haben oder Stückaktien sein sollen, vgl. § 8 Abs. 1 AktG: „entweder ... oder".

58 Des Weiteren sind **Inhaber-** und **Namensaktien** zu unterscheiden (§ 10 Abs. 1 AktG). Die Satzung der AG legt fest, ob Aktien auf den Inhaber oder den Namen ausgestellt werden (§ 23 Abs. 3 Nr. 5 AktG). In der Vergangenheit wurden in Deutschland Aktien überwiegend als **Inhaberaktien** ausgegeben. Diese Aktien werden durch Einigung und Übergabe (§ 929 BGB) übertragen, also wie Inhaberpapiere.

59 **Namensaktien** waren früher für Gesellschaften mit wenigen Aktionären und nahezu ausschließlich bei Versicherungsgesellschaften zu finden. Die Bedeutung der Namensaktie als Instrument der Unternehmensfinanzierung hat sich jedoch nach der Schaffung des Namensaktiengesetzes (NaStaG) im Jahr 2001 gewandelt. Zunächst war sie bei Familiengesellschaften häufig anzutreffen, um die Übertragung auf Fremde zu verhindern, aber auch bei Versicherungsgesellschaften. Mit der Globalisierung der Kapitalmärkte gewann die Namensaktie jedoch an großer Attraktivität, da sie insb. international handelbar ist. Aber auch für Gesellschaften, die nicht international operieren, ist die durch Namensaktie gegebene Möglichkeit, mittels des elektronischen Aktienregisters eine Verbesserung der Investor-Relations zu erreichen, ein weiteres Argument für die Namensaktie.[28] Da sie auf den Namen des Aktionärs lauten, ist dieser somit der AG – anders als bei der Inhaberaktie – bekannt. Der Name des Aktionärs muss in das **Aktienregister** der Gesellschaft eingetragen werden (§ 67 Abs. 1 AktG). Zwingend vorgeschrieben sind Namensaktien gemäß § 10 Abs. 2 AktG, wenn die Aktien vor der vollen Leistung des Ausgabebetrages ausgegeben werden sollen. Ist nach der Satzung die Ausgabe von Inhaberaktien vorgeschrieben, dürfen diese erst nach vollständiger Zahlung der Einlage ausgegeben werden.

Zur **Übertragung** der Namensaktie hat eine Umschreibung im Aktienregister zu erfolgen (§ 67 Abs. 3 AktG). Im Verhältnis zur Gesellschaft gilt als Aktionär nur, wer als solcher in das Aktienregister eingetragen ist (§ 67 Abs. 2 AktG). Die Gesellschaftssatzung kann die Übertragung der Namensaktie an die Zustimmung der Gesellschaft binden (**Vinkulierung**, § 68 Abs. 2 Satz 1 AktG). Die Vinkulierung ist eine Durchbrechung des Grundsatzes von der freien Übertragbarkeit der Mitgliedschaft bei Kapitalgesell-

---

27 Vgl. etwa § 57 Abs. 1 AktG, der sich entgegen dem Wortlaut nicht nur auf Einlagen i.S.v. § 54 AktG bezieht, vgl. Hüffer, AktG, § 57 Rn. 3.
28 Vgl. dazu Happ, in: Happ, Aktienrecht, 4.05 Rn. 1.

schaften. Mit Hilfe der Vinkulierung vermag die Gesellschaft auf den Kreis der Anteilseigner Einfluss zu nehmen. Zwingend vorgeschrieben sind vinkulierte Namensaktien z.B. bei Kapitalanlagegesellschaften (§ 1 Abs. 3 und Abs. 4 KAGG), börsennotierten Luftfahrtunternehmen (§ 2 Abs. 1 LuftNaSiG), bei Wirtschafts-, Buchprüfungs- und Steuerberatungsgesellschaften (§§ 28 Abs. 5 Satz 1 und Satz 2, 130 Abs. 2 WPO, § 50 Abs. 5 Satz 1 und Satz 2 StBerG) und bei Medienunternehmen (§§ 21 Abs. 1 Nr. 6, Abs. 6, Abs. 7, 29 Rundfunkstaatsvertrag).

Als **Vorratsaktien** (auch **Verwaltungsaktien** oder **Verwertungsaktien**) werden Aktien bezeichnet, die aufgrund eines eingeräumten Umtausch- oder Bezugsrechtes im Zuge einer Neuausgabe von Aktien durch einen Dritten (Kreditinstitut, Vermögensverwalter) für Rechnung der AG übernommen werden und bis zu einer gegenteiligen Entscheidung durch die AG nicht auf den Markt gelangen. Vorratsaktien können bspw. **Belegschaftsaktien** sein. Der Dritte haftet für die volle Einlage. Rechte aus den Aktien kann der Dritte allerdings erst dann geltend machen, wenn er sie für eigene Rechnung übernommen hat (§ 56 Abs. 3 AktG). 60

(3) Aktiengattungen

Gemäß § 11 Satz 1 AktG können Aktien verschiedene Rechte gewähren, namentlich bei der Verteilung des Gewinns und bei der Verteilung des Gesellschaftsvermögens. Dabei bilden Aktien mit den **gleichen Rechten** eine Gattung (§ 11 Satz 2 AktG). Bestehen mehrere Aktiengattungen, so muss die Satzung der Gesellschaft die Gattung der Aktien und deren jeweilige Anzahl bestimmen (§ 23 Abs. 3 Nr. 4 AktG). 61

Stammaktien verbriefen die gewöhnlichen Aktionärsrechte, etwa gleiches Stimmrecht in der Hauptversammlung, gleichen Anspruch auf Dividende (§ 58 Abs. 4 AktG), gleichen Anteil am Liquidationserlös (§ 271 AktG) und ein gesetzliches Bezugsrecht auf junge Aktien (§ 186 AktG). 62

Eine besondere Gattung stellen dagegen **Vorzugsaktien** dar, die den Aktionären gegenüber den Aktionären von Stammaktien Vorrechte bei der Gewinnverteilung, bei den Stimmrechten oder bei der Verteilung des Liquidationserlöses einräumen. 63

Für Aktien, die mit einem **nachzuzahlenden Vorzug** bei der Verteilung des Gewinns ausgestattet sind, kann das Stimmrecht ausgeschlossen werden (**Vorzugsaktien ohne Stimmrecht**, § 139 Abs. 1 AktG). Die Ausgabe dieser Aktien soll Eigenkapital beschaffen, ohne dass sich die Stimmverhältnisse unter den Aktionären verändern, etwa bei Familienunternehmen oder Gesellschaften, die sich in der Hand eines Großaktionärs befinden. Der Aktionär erhält als Ausgleich einen erhöhten Dividendenanspruch.

Eine **Gewährung des Dividendenvorzugs** kann in unterschiedlicher Form erfolgen: 64
- Beim sog. **prioritätischen Dividendenanspruch** ist bei der Gewinnverteilung den Vorzugsaktionären eine Vorzugsdividende auszuschütten, bevor an die Stammaktionäre eine Dividende ausgezahlt wird.
- Beim sog. **prioritätischen Dividendenanspruch mit Überdividende** wird den Vorzugsaktionären zunächst eine Mindestdividende reserviert und dann der überschießende Betrag gleichmäßig an alle Aktionäre verteilt.
- Bei der sog. **limitierten Vorzugsaktie** wird die Vorzugsdividende auf einen bestimmten Höchstbetrag festgesetzt und der verbleibende Gewinn an die Stammaktionäre verteilt. Dies ist nur dann für die Vorzugsaktionäre von Vorteil, wenn die Gewinne gering sind. In der Praxis deutscher börsennotierter Unternehmen findet sich diese Aktiengattung jedoch bereits seit Jahren nicht mehr.[29]
- Bei sog. **kumulativen Vorzugsaktien** besteht ein Anspruch auf Vorzugsdividende auch in Jahren mit Verlusten. Im nachfolgenden Jahr mit Gewinnen erfolgt dann eine Nachzahlung (§ 139 Abs. 1 AktG). Handelte es sich um eine Vorzugsaktie ohne Stimmrecht, so erhält der Aktionär das Stimmrecht, wenn in einem Jahr der Vorzugsbetrag nicht oder nicht ganz ausgeschüttet wurde und im Folgejahr eine Nachzahlung nicht oder nur zum Teil erfolgen kann (§ 140 Abs. 2 Satz 1 AktG).

---

29 Hierzu Semler, in: Münchener Handbuch des Gesellschaftsrechts, Bd. 4, § 38 Rn. 19 m.w.N.

65 Vorzugsaktien ohne Stimmrecht dürfen nur **bis zur Hälfte des Grundkapitals** ausgegeben werden (§ 139 Abs. 2 AktG). Beschlüsse der Stammaktionäre, durch die der Vorzug aufgehoben oder beschränkt wird, bedürfen nach § 141 Abs. 1 AktG der Zustimmung der Vorzugsaktionäre.

ee) Steuerliche Unterschiede

66 Bei der Besteuerung besteht der entscheidende Unterschied zwischen Kapitalgesellschaften und Personengesellschaften bzw. Einzelunternehmen hinsichtlich der **zu besteuernden Subjekte**:

- Die **Personengesellschaft** wird – mit Ausnahme der Gewerbesteuer – bei der Ertragssteuer transparent behandelt (**Transparenzprinzip**). Die Einkommensteuerpflicht entsteht beim Gesellschafter der Personengesellschaft (**Einzelbesteuerung der Gesellschafter**). Die Personengesellschaft wird insoweit wie ein Einzelunternehmer behandelt. Der von der Gesellschaft erzielte Gewinn/Verlust wird den Gesellschaftern entsprechend ihrer Beteiligung am Gewinn/Verlust zugewiesen. Gemäß § 180 Abs. 1 Nr. 2 AO erfolgt diese Zuweisung durch eine sog. „**einheitliche und gesonderte Feststellung**" der Besteuerungsgrundlagen. Die von einem Einzelunternehmer bzw. die von den Gesellschaftern der Personengesellschaften aus dem Unternehmen erzielten Einkünfte, gelten als **Einkünfte aus dem Gewerbebetrieb** (§ 15 Abs. 1 EStG). Die steuerrechtlichen Merkmale eines Gewerbebetriebes sind gemäß § 15 Abs. 2 EStG: Selbständigkeit, Nachhaltigkeit, Gewinnerzielungsabsicht und Beteiligung am allgemeinen wirtschaftlichen Verkehr, keine Land- und Forstwirtschaft, keine selbständige Tätigkeit i.S.d. Einkommensteuergesetzes, keine private Vermögensverwaltung. Gewinne sind als Einkünfte zu versteuern, sobald sie entstanden sind. Es ist nicht erforderlich, dass die Gesellschafter der Personengesellschaft ihre Gewinne entnommen haben. An die Gesellschafter gezahlte Aufwendungen, wie etwa das Gehalt oder Pensionsrückstellungen für geschäftsführende Gesellschafter, sind steuerlich nicht abzugsfähig.

- Bei der **Kapitalgesellschaft** werden Gesellschaft und Gesellschafter bei der Besteuerung strikt getrennt (**Trennungsprinzip**). Die Gesellschaft ist als juristische Person **selbständiges Steuersubjekt** (§ 1 Abs. 1 KStG). Schüttet die Kapitalgesellschaft Gewinne an ihre Gesellschafter aus, so kommt es zu einer Doppelbesteuerung: der Gewinn der Kapitalgesellschaft wird mit der **Körperschaftsteuer** (**inkl. Solidaritätszuschlag**) belastet und die an eine natürliche Person als Gesellschafter ausgeschüttete Dividende unterliegt wiederum der **Einkommensteuer**. Wenn es sich beim Gesellschafter um eine natürliche Person handelt, die in Deutschland steuerpflichtig ist, so wird zur Minderung dieser Doppelbesteuerung das sog. **Halbeinkünfteverfahren** angewendet (§ 3 Nr. 40 lit. d) EStG i.V.m. § 20 Abs. 1 Nr. 1 EStG). Ist eine (deutsche) Kapitalgesellschaft an der Kapitalgesellschaft beteiligt, kommt es im Wesentlichen zu keiner Doppelbesteuerung, da in diesem Fall die von der Gesellschaft erhaltenen Dividenden weitestgehend steuerfrei bleiben (§ 8b Abs. 1 Satz 1, Abs. 5 KStG i.V.m. § 20 Abs. 1 EStG). Aufgrund der Trennung der Ebenen Gesellschaft und Gesellschafter sind Betriebsausgaben der Kapitalgesellschaft an ihre Gesellschafter, wie z.B. Miete, Gehälter, Darlehenszinsen etc. im Rahmen des Verkehrsüblichen steuerlich abzugsfähig.

67 Bei der **Gewerbesteuer**, also der Besteuerung des Gewerbeertrages (§ 7 Satz 1 GewStG) sind sowohl Kapitalgesellschaften als auch Personengesellschaften selbst **Steuerpflichtige** (§ 5 Abs. 1 Satz 1 GewStG). Der **Gewerbeertrag** wird aus dem Gewinn des Gewerbebetriebes ermittelt, korrigiert durch Hinzurechnungsbeträge, Kürzungsbeträge und steuerlichen Verlustvortrag (§§ 8, 9, 10a GewStG). Bei der Kapitalgesellschaft können Vergütungen an Gesellschafter steuermindernd geltend gemacht werden, bei der Personengesellschaft nicht. Damit die Gesellschafter von Personengesellschaften entlastet werden, wurde eine Anrechnung der Gewerbesteuer auf die Einkommensteuerschuld eingeführt (§ 35 Abs. 1 Nr. 1 EStG).

68 Bei der **Umsatzsteuer** ist die Personengesellschaft, wie die Kapitalgesellschaft, ein eigenständiges Rechtssubjekt, sofern sie Unternehmer i.S.d. Umsatzsteuerrechtes ist (§ 2 Abs. 1 UStG). Das ist der Fall bei jeder gewerblichen Tätigkeit mit Außenwirkung und der Absicht zum Erzielen von Einnahmen. Die Personengesellschaft hat dann die Rechte und Pflichten eines Unternehmers, wie z.B. zur Erteilung von Rechnungen und zur Abgabe der entsprechenden Steuererklärungen.

b) Gründung

aa) Überblick

Bei der Gründung eines Unternehmens erfolgt nahezu zwingend fast immer – jedenfalls eine teilweise – Eigenfinanzierung. Der Gesamtkapitalbedarf, Eigenfinanzierungs- und Fremdfinanzierungsbedarf ist abhängig vom Unternehmensgegenstand, dem Umfang der geplanten Geschäftsaktivitäten und der Rechtsform des zu gründenden Unternehmens.

Eine Unternehmensgründung kann durch Bar- oder Sachgründung vorgenommen werden.

- Eine **Bargründung** liegt vor bei Einlage von Geldmitteln (Personengesellschaften) oder beim Erwerb von Anteilen an der Gesellschaft gegen Geld (Kapitalgesellschaft).
- Bei der **Sachgründung** werden einzelne Vermögensgegenstände, wie Grundstücke, Maschinen, Beteiligungen, Rechte, Wertpapiere, oder ganze Unternehmen, Betriebe oder Teilbetriebe eingebracht.

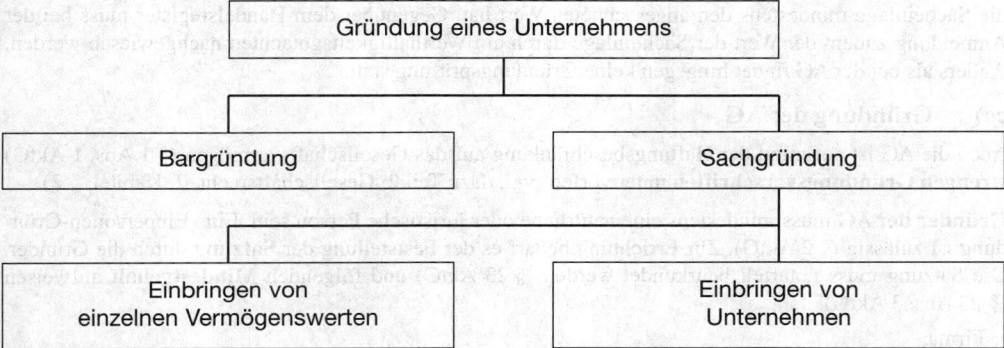

Der Umfang gesetzlich zwingend vorgeschriebener **Formerfordernisse** (Eintragung ins Handelsregister, Gesellschaftsvertrag, notarielle Beurkundung desselben) ist abhängig von der jeweiligen Unternehmensform. Unterschiede bestehen hinsichtlich der notwendigen Anzahl der Gründer. Zudem ist bei Kapitalgesellschaften ein unterschiedliches Mindestnennkapital vorgeschrieben. Stark gesetzlich reguliert ist die Gründung der GmbH und der AG, daher im Folgenden ein Überblick zu den jeweiligen Vorschriften.

bb) Gründung der GmbH

Aufgrund der auf das Gesellschaftsvermögen beschränkten Haftung der GmbH nach § 13 Abs. 1 GmbHG gelten im GmbH-Recht strenge Vorschriften zur Kapitalaufbringung und -erhaltung (vgl. dazu Teil 2: Gesellschaftsrecht, 2. Kapitel, § 1 Rn. 87 ff. und 352 ff.). Teil der Vorschriften zur Kapitalaufbringung sind die für die Gründung geltenden Vorschriften des GmbHG.

Die Errichtung der GmbH bedarf des Abschlusses eines **Gesellschaftsvertrages** in notarieller Form (§ 2 GmbHG). Der Gesellschaftsvertrag muss gemäß § 3 GmbHG folgenden **Mindestinhalt** haben:

- Firma,
- Sitz,
- Unternehmensgegenstand,
- Betrag des Stammkapitals,
- Einlagen der Gesellschafter.

Bei der Sachgründung muss auch der Gegenstand der Sacheinlage und der Betrag der Stammeinlage, auf den sich die Sacheinlage bezieht (§ 5 Abs. 4 GmbHG), aufgeführt werden.

Mindestens eine natürliche oder juristische Person muss Gründer der GmbH sein. Es muss mindestens ein **Geschäftsführer** bestellt werden.

73 Mit der notariellen Beurkundung des Gesellschaftsvertrages ist die GmbH errichtet aber noch nicht entstanden. Sie existiert in der Form einer sog. **Vor-GmbH** (vgl. dazu auch Teil 2: Gesellschaftsrecht, 2. Kapitel, § 1 Rn. 4 ff.). Werden in diesem Stadium bereits Geschäfte getätigt, so haften die Handelnden hierfür persönlich und solidarisch (§ 11 Abs. 2 GmbHG).

74 Zur wirksamen Entstehung muss die GmbH noch in das **Handelsregister** eingetragen werden (konstitutive Eintragung, § 11 Abs. 1 GmbHG). Die Geschäftsführer müssen die Gesellschaft hierzu beim Registergericht anmelden (§§ 7 Abs. 1, 9c, 78 GmbHG). Die Anmeldung darf bei einer **Bargründung** außerdem nur erfolgen, wenn bereits auf jede Stammeinlage ein Viertel, mindestens insgesamt aber 12.500 € eingezahlt sind (§§ 7 Abs. 2, 8 Abs. 2 GmbHG). Bei der **Sachgründung** ist die Einlage vollumfänglich zu entrichten, so dass sie endgültig zur freien Verfügung der Geschäftsführer steht (§ 7 Abs. 3 GmbHG). Die Gründer haben einen sog. Sachgründungsbericht zu erstatten, in dem sie plausibel darlegen, warum die Sacheinlage mindestens den angerechneten Wert hat. Gegenüber dem Handelsregister muss bei der Anmeldung zudem der Wert der Sacheinlage durch ein Werthaltigkeitsgutachten nachgewiesen werden. Anders als bei der AG findet hingegen keine Gründungsprüfung statt.

cc) Gründung der AG

75 Auch die AG ist aufgrund der Haftungsbeschränkung auf das Gesellschaftsvermögen (§ 1 Abs. 1 AktG) **strengen Gründungsvorschriften** unterworfen (vgl. dazu Teil 2: Gesellschaftsrecht, 2. Kapitel, § 2).

Gründer der AG muss mindestens eine natürliche oder juristische Person sein. Eine Einpersonen-Gründung ist zulässig (§ 2 AktG). Zur Errichtung bedarf es der Feststellung der **Satzung** durch die Gründer. Die Satzung muss notariell beurkundet werden (§ 23 AktG) und folgenden **Mindestgehalt** aufweisen (§ 23 Abs. 3 AktG):

- Firma,
- Sitz,
- Unternehmensgegenstand,
- Höhe des Grundkapitals,
- Nennbetrags-/Stückaktien,
- Inhaber-/Namensaktien,
- Anzahl der Vorstandsmitglieder usw.

Zudem enthält die Satzung **Sondervorteile** einzelner Aktionäre, wie Gewinnvorteile, Bezugsrechte, Gründungsaufwand, die zulasten der Gesellschaft an Aktionäre oder an andere Personen im Zusammenhang mit der Gründung gewährt werden (§ 26 Abs. 2 AktG). Erfolgt eine Sachgründung, so sind der Gegenstand der Sacheinlage und der Nennbetrag der dem Aktionär hierfür zu gewährenden Aktien oder die bei einer Sachübernahme durch die Gesellschaft zu gewährende Vergütung festzuhalten (§ 27 Abs. 1 AktG). Der Inhalt der Satzung darf – anders als bei der GmbH – nur dann von den Regelungen des AktG abweichen, wenn dies im AktG ausdrücklich vorgesehen ist (§ 23 Abs. 5 AktG).

Nach Feststellung der Satzung erfolgt die Aufbringung des Grundkapitals durch **Übernahme sämtlicher Aktien** durch die Gründer (**Einheits- oder Simultangründung**, § 29 AktG). Sind die Gründer zur Übernahme nicht in der Lage, müssen sie eine Bank in ihren Kreis aufnehmen, die die Aktien dann später dem Publikum anbietet.

Die Gründer bestellen den ersten **Aufsichtsrat** der Gesellschaft und den **Abschlussprüfer** für das erste Voll- oder Rumpfgeschäftsjahr (§ 30 Abs. 1 AktG). Der Aufsichtsrat bestellt dann den ersten Vorstand (§ 30 Abs. 4 AktG), der das Aktienkapital einfordert.

Mit der notariellen Beurkundung des Gesellschaftsvertrages und nach Übernahme der Anteile entsteht die Gesellschaft in der Form einer **Vor-AG**. Mit ihrer Eintragung im Handelsregister entsteht die AG (§ 41 Abs. 1 Satz 1 AktG). Für Geschäfte, die vor Eintragung getätigt werden, haften die **Handelnden persönlich** und solidarisch (§ 41 Abs. 1 Satz 2 AktG).

Bei der **Bargründung** müssen bis zur Anmeldung der AG ins Handelsregister mindestens ein Viertel des Grundkapitals sowie das vereinbarte Agio angezahlt werden. Für die Zahlung kommen nur Barzahlung und bargeldgleiche Zahlung an die Gesellschaft in Betracht (§ 54 Abs. 2 AktG). Nach Einzahlung des Grundkapitals erfolgt durch alle Gründer und Mitglieder des Aufsichtsrates und des Vorstandes die **Anmeldung** zur Eintragung in das Handelsregister. Der Anmeldung sind die Satzung, die Urkunden über die Satzungsfeststellung, die Aktienübernahme und die Bestellung von Aufsichtsrat und Vorstand, der Gründungsbericht und der Prüfungsbericht beizufügen. Die Eintragung hat – wie auch bei der GmbH – konstitutive Wirkung. Bei der AG ist stets ein schriftlicher **Gründungsbericht** durch die Gründer zu verfassen (§§ 28, 32 AktG). Die Gründung ist durch den Vorstand und den Aufsichtsrat zu prüfen (§ 33 AktG). Sind Organe und Gründer identisch, so erfolgt die Prüfung im Fall der Sachgründung durch eine weitere Prüfung der sog. Gründungsprüfer, regelmäßig Wirtschaftsprüfer (§§ 33, 34 AktG). Gemäß dem Transparenz- und Publizitätsgesetz von 2002 gilt hier nun eine Vereinfachung, denn bei der **Bargründung** muss eine Prüfung durch einen Gründungsprüfer nicht mehr erfolgen. Ausreichend ist danach, dass der Notar die Einzahlung des Grundkapitals überprüft und bestätigt (§ 33 Abs. 3 Satz 1 AktG). Hierdurch werden Zeit und Kosten gespart.

Ebenso wie bei der GmbH ist bei einer **Sacheinlage** zum Nachweis der Werthaltigkeit die Vorlage eines Wertgutachtens beim Registergericht erforderlich. Bei der Sachgründung spricht man von einer qualifizierten Gründung wegen der verschärften Prüfungsanforderungen zur Verhinderung von Manipulationen bei der Bewertung einzelner Sacheinlagen von Aktionären zum Nachteil anderer und zum Gläubigerschutz.

Ein besonderes Problem bei der AG ist die sog. **Nachgründung**. Sie liegt vor, wenn eine AG in den ersten zwei Jahren nach Eintragung in das Handelsregister Verträge mit den Gründern oder mit mehr als 10 % beteiligten Anteilseignern schließt, aufgrund derer die AG Anlagen oder Vermögensgegenstände für eine mehr als 10 % des Grundkapitals übersteigende Vergütung erwerben soll. Zur Wirksamkeit solcher Verträge ist die Zustimmung der Hauptversammlung und die Eintragung in das Handelsregister erforderlich (§ 53 AktG). Der Beschluss der Hauptverhandlung bedarf der Dreiviertelmehrheit. Die Verträge sind zudem vom Aufsichtsrat und Gründungsprüfer zu prüfen. Durch diese Vorschriften sollen **Schein-Bargründungen** erschwert werden. Erfolgt der Erwerb der Vermögensgegenstände dagegen im Rahmen der laufenden Geschäfte, in der Zwangsvollstreckung oder an der Börse, gelten die Bestimmungen zur Nachgründung nicht (§ 52 Abs. 9 AktG).

Aufgrund der zahlreichen formellen Voraussetzungen sind die **Kosten der Gründung** der AG (Notarkosten, Gerichtskosten, Prüfungsgebühren, Druckkosten für Aktien und Interimsscheine, Kosten für Pflichtveröffentlichungen in Zeitungen) recht hoch. Eine Verrechnung mit dem Agio ist nicht gestattet; das Agio ist ungekürzt in die Kapitalrücklagen einzustellen (§ 272 Abs. 1 Nr. 1 HGB). Eine Verwendung dieser Kapitalrücklagen darf nur gemäß § 150 Abs. 3 AktG erfolgen.

c) Kapitalerhöhung

aa) Überblick

Unter Kapitalerhöhung im engeren Sinne versteht man die Finanzierung eines Unternehmens durch die Eigentümer im Wege der Erhöhung des Eigenkapitals (**Einlagen- bzw. Beteiligungsfinanzierung**). Es handelt sich um eine Eigenfinanzierung in Gestalt der Außenfinanzierung.

Die Kapitalerhöhung kann – ebenso wie die Gründung – durch die Erbringung von **Bar- oder Sacheinlagen** durchgeführt werden. Dabei können entweder die bisherigen Gesellschafter ihre Anteile an der Eigenkapitalbasis des Unternehmens erhöhen oder neue Gesellschafter in die Gesellschaft eintreten. Anlass für eine Sachkapitalerhöhung kann bspw. der Erwerb eines anderen Unternehmens sein (**Akquisition**), wenn der Kaufpreis in Form von Aktien entrichtet wird. Eine Kapitalerhöhung kann auch aus Anlass einer **Fusion** durch Aufnahme eines Unternehmens erfolgen, indem die akquirierende Gesellschaft das Vermögen einer Gesellschaft aufnimmt und dafür Gesellschaftsrechte gewährt.

82 Neben Bar- und Sacheinlagen kann die Kapitalerhöhung auch durch Umformung von offenen Rücklagen einer Kapitalgesellschaft in Nominalkapital, also aus Gesellschaftsmitteln, stattfinden (**nominelle Kapitalerhöhung**).

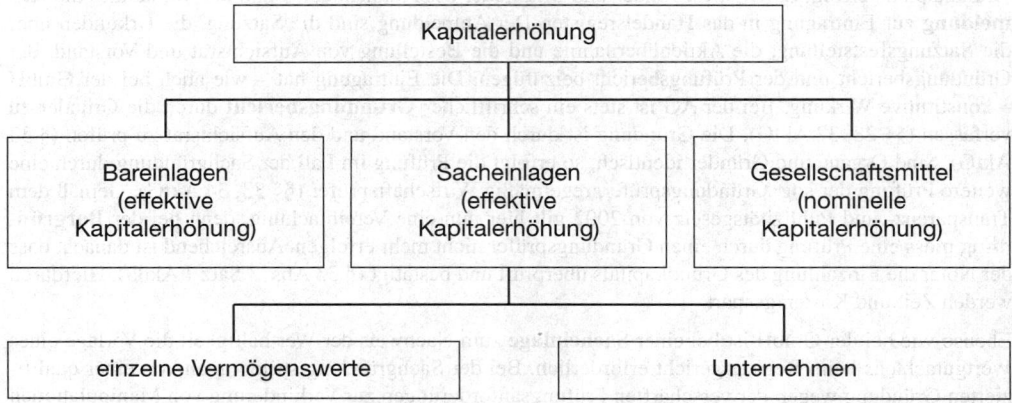

bb) Personengesellschaft/Einzelunternehmen

83 Bei **Einzelunternehmungen** erfolgt eine Eigenkapitalerhöhung durch Nichtentnahme erzielter Gewinne (Selbstfinanzierung), durch Einbringen von weiterem Privatvermögen des Einzelunternehmers oder durch Aufnahme eines stillen Gesellschafters.

84 Eine Eigenkapitalerhöhung kann bei **Personengesellschaften** durch weitere Einlagen der bisherigen Gesellschafter (Beteiligungsfinanzierung) oder durch die Aufnahme weiterer Gesellschafter erfolgen. Diese Formen der Eigenkapitalerhöhung bringen mitunter weitreichende Konsequenzen mit sich:

- Bei der **Beteiligungsfinanzierung** wird eine Verschiebung der einzelnen Anteile der Gesellschafter am Gesellschaftskapital eintreten, wenn nicht alle Gesellschafter ihren Anteil im gleichen Verhältnis aufstocken. Bei einer **Gewinnverteilung** nach der gesetzlichen Regelung gemäß § 121 Abs. 1 Satz 1 HGB durch eine feste Gewährung eines Anteils i.H.v. 4 % Zinsen auf die jeweilige Einlage hat eine Verschiebung der Anteile zwar lediglich Einfluss auf die feste Verzinsung, nicht aber auf die Verteilung des Restgewinns. Üblicherweise wird in der Praxis jedoch eine hiervon abweichende Gewinnverteilung vereinbart, so dass die Höhe der Beteiligung oftmals einen direkten Einfluss auf die Gewinnverteilung hat. Zudem wird der Liquidationserlös bei Liquidation der Gesellschaft oder beim Ausscheiden eines Gesellschafters regelmäßig nach dem Verhältnis der Kapitalanteile errechnet. Hat das Unternehmen bis zur Kapitalerhöhung im großen Umfang stille Rücklagen gebildet, werden hiervon diejenigen Gesellschafter profitieren, die bei der Kapitalerhöhung ihren Anteil am Kapitalanteil erhöht haben.
- Bei einer Kapitalerhöhung durch **Aufnahme weiterer Gesellschafter** ist entscheidend, ob es sich bei den neuen Gesellschaftern um – voll haftende – Komplementäre handelt, oder um – beschränkt haftende – Kommanditisten. Danach wird sich richten, in welchem Maße die Gesellschafter an den Gewinnen beteiligt werden, und welchen Einfluss sie auf die Unternehmenspolitik erhalten. Regelmäßig stellen sich bei der Aufnahme neuer Gesellschafter dann **folgende Fragen**:[30]
  – Wie ist der „Eintrittspreis" für den neuen Gesellschafter zu bestimmen?

---

30 Vgl. Drukarczyk, Finanzierung, S. 271.

- Wie ist der „Eintrittspreis" auf den Kapitalanteil des Gesellschafters (danach richtet sich dann der Gewinnverteilungsanspruch) und auf den nicht gewinnberechtigten Restbetrag aufzuteilen?
- Welche neuen Regelungen sind in den Gesellschaftsvertrag aufzunehmen, etwa hinsichtlich der Geschäftsführung, der Kontrollrechte, der Gewinnermittlung und -verteilung, Kündigungen etc.?

cc) GmbH

Das Kapital einer GmbH kann im Wege der **ordentlichen Kapitalerhöhung** (effektive Kapitalerhöhung) oder aber durch Kapitalerhöhung aus **Gesellschaftsmitteln** (nominelle Kapitalerhöhung) erhöht werden (siehe Teil 2: Gesellschaftsrecht, 2. Kapitel, § 1 Rn. 283 ff.). 85

(1) Ordentliche Kapitalerhöhung

Bei der ordentlichen Kapitalerhöhung (**§§ 53 – 57 GmbHG**), wird der GmbH neues Eigenkapital in Form von Stammeinlagen zugeführt (§ 55 Abs. 3 GmbHG). 86

Die Kapitalerhöhung erfolgt in **sechs Schritten**: 87

- Erster Schritt ist der **Kapitalerhöhungsbeschluss** durch die Gesellschafter. Hierdurch wird die Satzung der GmbH geändert, weswegen ausschließlich die Gesamtheit der Gesellschafter für die Vornahme dieses Beschlusses zuständig ist. Eine Übertragung der Kompetenz auf einzelne Gesellschafter oder Dritte ist nicht möglich; § 53 Abs. 1 GmbH ist zwingend.[31] Der Beschluss muss den Betrag aufführen, um den das Stammkapital erhöht werden soll. Hierbei können die Gesellschafter entweder beschließen, dass das Stammkapital bis zu einem festen Betrag erhöht wird und bestimmen, dass der Betrag der endgültigen Kapitalerhöhung davon abhängt, in welcher Höhe neue Stammeinlagen übernommen werden.[32] Soweit ein fester Erhöhungsbetrag beschlossen wurde, muss das erhöhte Kapital vollständig gezeichnet sein. Im Fall der Festlegung eines Höchstbetrages bedarf es einer Fristsetzung zur Übernahme des erhöhten Kapitals.[33] Erfolgt die Kapitalerhöhung durch Sacheinlagen bedarf es weitergehender Angaben über den Gegenstand der Sacheinlage, den Betrag der Stammeinlage, auf die sich die Sacheinlage bezieht, und die Person des Sacheinlegers im Gesellschafterbeschluss. Der Beschluss erfordert die satzungsändernde Mehrheit der Gesellschafter und die notarielle Beurkundung (§ 53 Abs. 2 Satz 1 GmbHG). Eine Änderung oder Aufhebung des Kapitalerhöhungsbeschlusses ist vor dessen Eintragung nach den allgemeinen Bestimmungen möglich.[34]

- Als nächstes erfolgt der sog. **Zulassungsbeschluss** durch die Gesellschafterversammlung, der die Übernehmer und die jeweilig zu übernehmende neue Stammeinlage bestimmt.[35] Übernehmer können sowohl natürliche oder juristische Personen als auch Gesamthandsgemeinschaften, insb. OHG, KG, GbR oder Erbengemeinschaft, sein. Der Zulassungsbeschluss bedarf nicht der notariellen Beurkundung. Er wird aber üblicherweise in der gleichen notariellen Urkunde wie der Kapitalerhöhungsbeschluss aufgenommen.

- Obwohl § 55 GmbHG nur von einer Erklärung des Übernehmers spricht, ist anerkannt, dass der Übernahme ein korporativer Vertrag zwischen der Gesellschaft und dem Übernehmer zugrunde liegt (**Übernahmevereinbarung**). Mit der Übernahmevereinbarung – dem dritten Schritt der ordentlichen Kapitalerhöhung – verpflichtet sich der Übernehmer gegenüber der Gesellschaft zum Erwerb des Geschäftsanteils und zur Leistung der hierauf entfallenen Einlagen.[36] Diese Vereinbarung muss die

---

[31] BGHZ 43, 261, 264; OLG Köln, DB 1996, 466; Wegmann, in: Münchener Handbuch des Gesellschaftsrechts, Bd. 3, § 53 Rn. 4.
[32] Wegmann, in: Münchener Handbuch des Gesellschaftsrechts, Bd. 3, § 53 Rn. 5.
[33] Vgl. Wegmann, in: Münchener Handbuch des Gesellschaftsrechts, Bd. 3, § 53 Rn. 5 m.w.N.
[34] Lutter/Hommelhoff, GmbHG, § 53 Rn. 40; Wegmann, Münchener Handbuch des Gesellschaftsrechts, Bd. 3, § 53 Rn. 14; a.A.: Scholz/Priester, GmbHG, § 53 Rn. 193 und § 55 Rn. 35.
[35] Wegmann, in: Münchener Handbuch des Gesellschaftsrechts, Bd. 3, § 53 Rn. 15; a.A.: Scholz/Priester, GmbHG, § 55 Rn. 40; Lutter/Hommelhoff, GmbHG, § 53 Rn. 20 ff., 25 f.; K. Schmidt, Gesellschaftsrecht, S. 971.
[36] BGHZ 49, 117, 119.

Pflichten aus dem Kapitalerhöhungsbeschluss sowie eventuelle Pflichten aus der Satzung enthalten, dabei genügt eine Bezugnahme. Die Übernahmeerklärung des Übernehmers muss entweder notariell beurkundet werden oder zumindest notariell beglaubigt sein (§ 55 Abs. 1 GmbHG). Zur Annahme dieser Übernahmeerklärung ist grds. die Gesellschafterversammlung zuständig,[37] die ihre Kompetenz aber z.B. auf den Geschäftsführer übertragen kann.[38]

- In einem vierten Schritt erfolgt die **Kapitalaufbringung.** Es wird entweder eine Bar- oder eine Sacheinlage geleistet. Von besonderer Relevanz ist die Umwandlung von Fremdkapital in Eigenkapital, indem Gesellschafterdarlehen oder Darlehen von Dritten als Einlagen erbracht werden. Dies geschieht im Wege der Sacheinlage.[39] Voraussetzung für die Anmeldung der Kapitalerhöhung zum Handelsregister ist bei einer Bareinlage, dass hierauf mindestens ein Viertel der übernommenen Stammeinlage einbezahlt worden ist und zur freien Verfügung der Geschäftsführer steht. Die Sacheinlage muss hingegen vollständig erbracht worden sein und endgültig in der freien Verfügung der Gesellschaft stehen.

- Die **Anmeldung** der Kapitalerhöhung zum Handelsregister – fünfter Schritt – hat nach § 78 GmbHG durch sämtliche Geschäftsführer zu erfolgen. Die Geschäftsführer können sich bei der Anmeldung nicht vertreten lassen, da sie bei der Anmeldung eine nach § 82 Abs. 1 Nr. 4 GmbHG strafbewehrte Versicherung abgeben müssen (§ 57 Abs. 2 GmbHG).[40] Die Anmeldung hat in notariell beglaubigter Form zu erfolgen (§ 12 Abs. 1 HGB). Der Anmeldung sind das notarielle Protokoll über die Kapitalerhöhungsbeschlussfassung, die vollständige Neufassung des Satzungswortlautes, die Übernahmeerklärungen, eine Liste der Übernehmer, eine neue Gesellschafterliste sowie die Verträge mit den Sacheinlegern beizufügen.

- Nach der Anmeldung folgt, als sechster Schritt, die **Eintragung und Bekanntmachung** der Kapitalerhöhung. Nachdem das Registergericht die Ordnungsmäßigkeit der Kapitalerhöhung geprüft hat (§ 57a GmbHG i.V.m. § 9c GmbHG), werden die konkrete Änderung des Stammkapitals sowie die Daten der Beschlussfassung und der Eintragung in das Handelsregister in selbiges eingetragen. Bekannt gemacht wird gemäß § 57b GmbHG die Tatsache der Erhöhung sowie der neue Betrag des Stammkapitals. Soweit die Kapitalerhöhung im Wege der Sacheinlagen erfolgte, muss dieses ebenfalls bekannt gemacht werden.

(2) Kapitalerhöhung aus Gesellschaftsmitteln

88 Die Kapitalerhöhung aus Gesellschaftsmitteln (nominelle Kapitalerhöhung) ist seit dem Gesetz zur Bereinigung des Umwandlungsrechtes (UmwBerG) von 1994 in §§ 57c – 57o GmbHG geregelt. Bei einer Kapitalerhöhung aus Gesellschaftsmitteln werden freie Rücklagen (§ 272 Abs. 2 und Abs. 3 HGB), die der Dispositionsbefugnis der Gesellschafter unterliegen, in Stammkapital umgewidmet. Hieraus folgt, dass auf diesem Wege das Eigenkapital der Gesellschaft nicht effektiv erhöht wird.

Diese Form der Kapitalerhöhung bedarf eines **notariell beurkundeten Gesellschafterbeschlusses** (§ 57c Abs. 4 GmbHG), aus dem ein fester Erhöhungsbetrag zu entnehmen ist sowie die Tatsache, dass die Kapitalerhöhung durch Umwandlung von Rücklagen erfolgt. Hierfür sind Angaben über die zugrunde gelegte Bilanz und die Rücklagen, zu deren Lasten die Umwandlung stattfinden soll, erforderlich. Es kann auf die Jahresbilanz zurückgegriffen werden. Diese muss allerdings geprüft und testiert und im Zeitpunkt des Eingangs der Anmeldung beim Registergericht nicht älter als acht Monate sein (§ 57e Abs. 1 GmbHG). Soweit diese Frist nicht eingehalten werden kann, bedarf es einer Zwischenbilanz.

89 Die Kapitalerhöhung aus Gesellschaftsmitteln kann durch Bildung neuer Geschäftsanteile oder durch Erhöhung der schon bestehenden Geschäftsanteile ausgeführt werden. Dabei ist nach der h.M. auch eine

---

37 BGHZ 49, 117, 119 f.
38 BGHZ 49, 117, 120.
39 Ständige Rspr., vgl. BGHZ 15, 52, 57; BGH, NJW 1991, 1754, 1755; Nachweise aus der Lit. bei Wegmann, in: Münchener Handbuch des Gesellschaftsrechts, Bd. 3, § 53 Rn. 33.
40 Wegmann, in: Münchener Handbuch des Gesellschaftsrechts, Bd. 3, § 53 Rn. 48 m.w.N.

Kombination beider Durchführungsarten möglich.[41] Die Anmeldung der Kapitalerhöhung zur Eintragung in das Handelsregister hat durch sämtliche Geschäftsführer zu erfolgen.

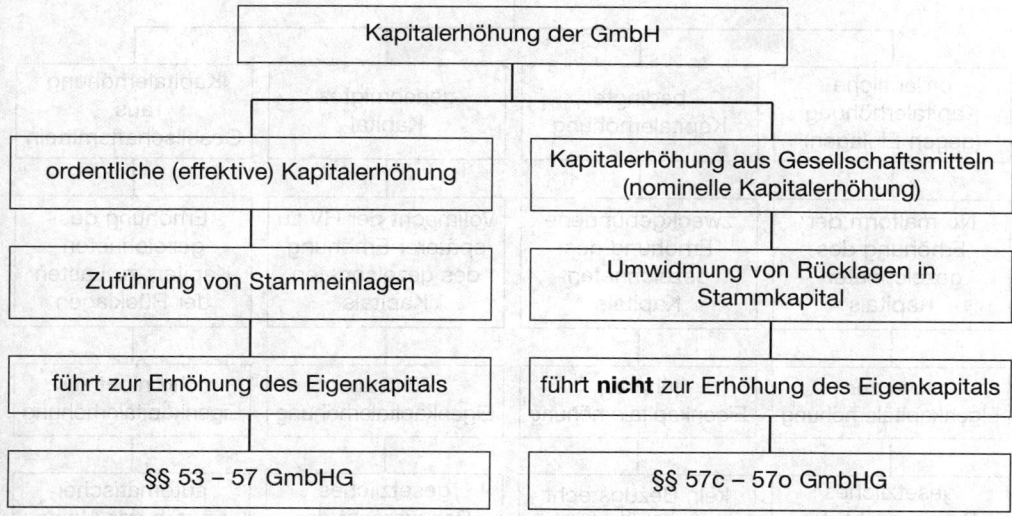

dd) AG

Zur Beschaffung neuen Eigenkapitals durch Zuführung von Geldmitteln unterscheidet das AktG drei Formen (siehe Teil 2: Gesellschaftsrecht, 2. Kapitel, § 2 Rn. 110 ff. und 410 ff.).

- die **ordentliche (reguläre) Kapitalerhöhung**, Kapitalerhöhung gegen Einlagen[42] (§§ 182 – 191 AktG),
- die **bedingte Kapitalerhöhung** (§§ 192 – 201 AktG),
- das **genehmigte Kapital** (§§ 202 – 206 AktG).

Daneben kann auch bei der AG eine **Kapitalerhöhung aus Gesellschaftsmitteln** erfolgen (§§ 207 – 220 AktG).

90

---

41 Lutter/Hommelhoff, GmbHG, § 57h Rn. 1 und 5; Wegmann, in: Münchener Handbuch des Gesellschaftsrechts, Bd. 3, § 53 Rn. 80; Scholz/Priester, GmbHG, § 57h Rn. 7.

42 Das Gesetz spricht von „Erhöhung des Grundkapitals gegen Einlagen", vgl. § 182 Abs. 1 Satz 1 AktG. Es sind aber verschiedene andere Begriffe gebräuchlich, vgl. etwa Happ, in: Happ, Aktienrecht, 12.01 („reguläre Kapitalerhöhung"); Krieger, in: Münchener Handbuch des Gesellschaftsrechts, Bd. 4, § 55 Rn. 2; Drukarczyk, Finanzierung, S. 309 („Kapitalerhöhung gegen Einlagen"); Wöhe/Bilstein, Grundzüge der Unternehmensfinanzierung, S. 84 („ordentliche Kapitalerhöhung").

(1) Ordentliche Kapitalerhöhung

91 Die ordentliche Kapitalerhöhung ist die regulär durchgeführte Erhöhung des gezeichneten Kapitals; sie erfolgt durch die **Ausgabe neuer Aktien**. Die Rechtswirksamkeit der ordentlichen Kapitalerhöhung ist an folgende **Voraussetzungen** geknüpft:

- **Beschluss der Hauptversammlung** mit Dreiviertelmehrheit des bei der Beschlussfassung anwesenden Grundkapitals (§ 182 Abs. 1 Satz 1 AktG), es sei denn, die Satzung bestimmt eine andere Mehrheit, die für die Ausgabe von Vorzugsaktien ohne Stimmrecht jedoch nur über einer Dreiviertelmehrheit liegen kann (§ 181 Abs. 1 Satz 2 AktG). Sind mehrere Aktiengattungen (§ 11 AktG) vorhanden, dann muss diese Mehrheit für jede Gattung errungen werden (§ 182 Abs. 2 AktG).

- Eine Erhöhung des Kapitals darf grds. nicht erfolgen, solange **noch Einlagen** auf das bisherige gezeichnete Kapital **ausstehen** und noch erlangt werden können (§ 182 Abs. 4 Satz 1 AktG). Dies gilt sowohl für Bar- als auch für Sacheinlagen. Liegt ein Verstoß gegen diese Voraussetzung vor, muss das Registergericht die Kapitalerhöhung ablehnen.[43]

- Der **Kapitalerhöhungsbeschluss** ist durch den Vorstand und den Aufsichtsratsvorsitzenden zur Eintragung beim Handelsregister **anzumelden** (§ 184 Abs. 1 Satz 1 AktG). Die Anmeldung muss in öffentlich beglaubigter Form (§ 12 HGB, § 129 BGB) beim zuständigen Registergericht eingereicht werden. Mit

---

43 H.M., vgl. Krieger, in: Münchener Handbuch des Gesellschaftsrechts, Bd. 4, § 56 Rn. 6 m.w.N.

der Eintragung wird der Kapitalerhöhungsbeschluss bindend. Zuvor prüft das Registergericht neben der Ordnungsmäßigkeit der Anmeldung, ob die gesetzlichen und die satzungsmäßigen Voraussetzungen für die Kapitalerhöhung – formell und materiell – vorliegen.

- Von der Anmeldung des Kapitalerhöhungsbeschlusses ist die Anmeldung der **Durchführung der Kapitalerhöhung** (§ 188 AktG) beim Handelsregister zu unterscheiden. Die Kapitalerhöhung wird mit der Eintragung ihrer Durchführung wirksam (§ 189 AktG). Die Anmeldung der Kapitalerhöhung und die Anmeldung der Durchführung der Kapitalerhöhung können miteinander verbunden werden.

Von erheblicher wirtschaftlicher und rechtlicher Bedeutung bei der ordentlichen Kapitalerhöhung ist die Normierung des **Bezugsrechtes** der bisherigen Aktionäre. Gemäß § 186 Abs. 1 Satz 1 AktG muss jedem Aktionär auf sein Verlangen ein seinem Anteil an dem bisherigem Grundkapital entsprechender Teil der neuen Aktien zugeteilt werden. Zur Ausübung des Bezugsrechtes ist eine Frist von mindestens zwei Wochen zu bestimmen (§ 186 Abs. 1 Satz 2 AktG). Dieses – zwingende – Recht verhindert, dass dem Aktionär automatisch mit einer ordentlichen Kapitalerhöhung seine **Beteiligungs- und Stimmrechtsquote** beschnitten wird.   92

Ein Bezugsrecht besteht nicht bei der Kapitalerhöhung anlässlich einer Fusion oder Spaltung (§§ 69 Abs. 1, 142 Abs. 1 UmwG).

Gemäß § 186 Abs. 3 Satz 1 AktG kann das Bezugsrecht zudem **durch Beschluss der Hauptversammlung ausgeschlossen** werden. Weil nach h.M. in Rspr. und Lit. durch den Ausschluss der Bezugsrechte ein besonders **gravierender Eingriff** in die Mitgliedschaftsrechte der Aktionäre erfolgt, muss der Bezugsrechtsausschluss grds. verhältnismäßig sein. Zunächst erachtete die Rspr. einen Ausschluss nur als verhältnismäßig, wenn der Bezugsrechtsausschluss das angemessene und am besten geeignete Mittel zur Verfolgung **überwiegender Gesellschaftsinteressen** war.[44] Ein Bezugsrechtsausschluss sollte die Ausnahme bleiben. Inzwischen hat die Rspr. ihre Anforderungen gelockert, um die Flexibilität der AG hinreichend zu berücksichtigen.[45] Mittlerweile wird dementsprechend darauf abgestellt, ob das Gesellschaftsinteresse höher zu bewerten ist als das Interesse der betroffenen Aktionäre am Erhalt ihrer Rechtsposition.[46] Folgende **Fälle** kommen für einen Bezugsrechtsausschluss in Betracht: 93

- **Ausgleich von Spitzenbeträgen**,[47]
- Bedienung von **Wandel- und Optionsanleihen**,[48]
- Ausgabe von **Belegschaftsaktien**,[49]
- beabsichtigte **Zusammenarbeit mit einem anderen Unternehmen**, dass die Zusammenarbeit von einer Beteiligung abhängig macht,[50]
- zur **Börseneinführung**,[51]
- **besondere Situation auf dem Kapitalmarkt** und **besonders dringender Finanzbedarf** (z.B. wenn dem Kapitalmarkt nach eine Kapitalerhöhung mit Bezugsrecht wahrscheinlich scheitern würde).[52]

---

[44] BGHZ 83, 319, 321 (Holzmann); 125, 239, 244 (Deutsche Bank); vgl. dazu Krieger, in: Münchener Handbuch des Gesellschaftsrechts, Bd. 4, § 56 Rn. 70.
[45] BGHZ 136, 133 (Siemens/Nold); 125, 239 (Deutsche Bank); vgl. hierzu Krieger, in: Münchener Handbuch des Gesellschaftsrechts, Bd. 4, § 56 Rn. 71.
[46] Hüffer, AktG, § 186 Rn. 28 m.w.N.
[47] BGHZ 83, 319, 323 (Holzmann).
[48] BGHZ 83, 319, 323 (Holzmann).
[49] Hüffer, AktG, § 186 Rn. 29; Krieger, in: Münchener Handbuch des Gesellschaftsrechts, Bd. 4, § 56 Rn. 71.
[50] BGHZ 83, 319, 323 (Holzmann); Hüffer, AktG, § 186 Rn. 31.
[51] Hüffer, AktG, § 186 Rn. 31; Krieger, in: Münchener Handbuch des Gesellschaftsrechts, Bd. 4, § 56 Rn. 72.
[52] Krieger, in: Münchener Handbuch des Gesellschaftsrechts, Bd. 4, § 56 Rn. 73; Timm, DB 1982, 211, 215.

> **Hinweis:**
> Zu bedenken ist schließlich, dass Bezugsrechte für Unternehmen einen erheblichen Risiko- und Kostenfaktor bedeuten[53] und dass, solange keine Minderheitsquoten gefährdet sind und der Ausgabepreis der Aktien nahe am Aktienkurs liegt, Nachteile für die Aktionäre kaum erheblich sein dürften.[54]

94 Eine **erleichterte Möglichkeit des Bezugsrechtsausschlusses** bietet das Gesetz nach § 186 Abs. 3 Satz 4 AktG, wenn eine Kapitalerhöhung gegen Bareinlagen **10 % des Grundkapitals** nicht übersteigt und der Ausgabebetrag den Börsenbetrag nicht wesentlich unterschreitet. Bei einem Abschlag von 3 % – max. 5 % auf den Ausgabebetrag wird davon ausgegangen, dass der Börsenpreis noch nicht wesentlich unterschritten ist.[55] Durch Einführung dieser Vorschrift im Jahr 1994[56] sollte die Finanzierung durch Eigenkapitalaufnahme erleichtert und den Wettbewerbsnachteilen deutscher Unternehmen bei der Finanzierung entgegengewirkt werden.[57] Der Gesetzgeber ging davon aus, dass bei einer Kapitalerhöhung in diesem geringen Umfang „stets ein Nachkauf zur Erhaltung der relativen Beteiligung über die Börse möglich" sei, damit der Aktionär den eventuell verlorenen Einfluss wieder kompensieren könne.[58]

95 Eine weitere Aufgabe des Bezugsrechtes ist es, **Vermögensnachteile bisheriger Aktionäre** auszugleichen, wenn etwa – wie das häufig der Fall ist – neue Aktien unter dem Bilanzkurs oder Aktienkurs ausgegeben werden. Wurden neue Aktien zu einem Kurs unter dem Aktienkurs ausgegeben, so bildet sich nach der Kapitalerhöhung ein Mittelkurs, d.h. ein Aktienkurs, der unter dem alten aber über dem Emissionskurs der neuen Aktien liegt. Damit erzielt der Inhaber der neuen Aktien einen Kursgewinn, der Inhaber der alten Aktien muss hingegen einen Kursverlust hinnehmen.

96 Wenn ein Aktionär einer börsennotierten Gesellschaft sein Bezugsrecht nicht selbst ausüben will, kann er es an der Börse veräußern. Möchte jemand eine neue Aktie kaufen, so muss er zunächst das für die Aktie notwendige Bezugsrecht erwerben, um dann die Aktie zum Bezugskurs zu kaufen. Der **rechnerische Wert des Bezugsrechtes** ist die Differenz zwischen dem Kurs der alten Aktie und dem Mittelkurs. Zu seiner Errechnung wird folgende Formel verwendet:

$$B = \frac{K_a - K_n}{\frac{a}{n} + 1}$$

B = Bezugsrecht
K_a = Kurs der alten Aktien (**Börsenkurs**)
K_n = Kurs der neuen Aktien (**Bezugskurs**)
a = Anzahl der alten Aktien
n = Anzahl der neuen Aktien

---

53 Kübler/Mendelson/Mundheim, AG 1990, 461; Ekkenga, AG 1994, 59.
54 Martens, ZIP 1992, 1677, 1690 ff.; ebenso Krieger, in: Münchener Handbuch des Gesellschaftsrechts, Bd. 4, § 56 Rn. 71.
55 Ausschussbericht, BT-Drucks. 12/7848, S. 16.
56 Gesetz für kleine Aktiengesellschaften und zur Deregulierung des Aktienrechts vom 2.8.1994, BGBl. I, S. 1961.
57 So BegrRegE, BT-Drucks. 12/6721, S. 10 f.; Beschlussempfehlung des Rechtsausschusses, BT-Drucks. 12/7848, S. 16.
58 BegrRegE, BT-Drucks. 12/6721, S. 10 f.

Beispiel:

Das bisherige Grundkapital beträgt 4.000.000 €. Es ist aufgeteilt auf 80.000 Aktien mit einem Nennwert von 50 €/St. Das Grundkapital wird um 1.000.000 € erhöht, ebenfalls in 50 €-Aktien. Der Börsenkurs der alten Aktien beträgt 120 €/Stück. Der Bezugskurs der neuen Aktien beträgt 90 €/Stück.

$$B = \frac{120-90}{\left(\frac{80.000}{\frac{1.000.000}{50}}\right)+1}$$

$$B = \frac{30}{\frac{4}{1}+1} = 6 \text{ €/Aktie}$$

Wenn die neuen Aktien nicht im vollen Umfang an der Dividende des laufenden Geschäftsjahres teilhaben, ist dieser **Dividendennachteil der neuen Aktien** bei der Ermittlung des Bezugskurses als Zuschlag des Bezugskurses der neuen Aktien zu berücksichtigen. Hierfür ergibt sich folgende Formel:

$$B = \frac{K_a - (K_n + d)}{\frac{a}{n}+1}$$

d = Dividendennachteil = Voraussichtliche Dividende × $\left(1 - \frac{\text{Dividendenberechtigungszeitraum der neuen Aktie}}{\text{Dividendenberechtigungszeitraum der alten Aktie}}\right)$

Beispiel:

Die neuen Aktien (siehe obiges Beispiel) sind nur für fünf Monate des Geschäftsjahres dividendenberechtigt. Bei einer angenommenen Dividende von 20 €/Aktie ergibt sich:

$$\text{Dividendennachteil} = 20 \times \left(1 - \frac{5}{12}\right) = 11{,}66$$

$$\text{Bezugsrecht} = \frac{120 - (90 + 11{,}66)}{\frac{4}{1}+1} = 3{,}67 \text{ €/Aktie}$$

Vom rechnerischen Wert ist der **tatsächliche Wert des Bezugsrechtes** einer Aktie zu unterscheiden, der – regelmäßig abweichend vom rechnerischen Wert – erst an der **Börse** aus Angebot und Nachfrage entsteht.

(2) Bedingte Kapitalerhöhung

Eine bedingte Kapitalerhöhung (§§ 192 – 201 AktG) ist im Vergleich zu der ordentlichen Kapitalerhöhung einfacher vorzunehmen. Sie dient besonderen, in § 192 Abs. 2 AktG abschließend aufgeführten Zwecken:

- Gewährung **von Umtausch- oder Bezugsrechten auf Aktien** bei der Ausgabe von Wandelschuldverschreibungen,

- Vorbereitung von **Unternehmenszusammenschlüssen**,
- Schaffung von **Aktienoptionen** und **Arbeitnehmeraktien**.

Die Kapitalerhöhung steht unter der Bedingung, dass sie nur insoweit durchgeführt wird, als von den eingeräumten Bezugs- und Umtauschrechten Gebrauch gemacht wird. Ob und wann diese Rechte ausgeübt werden, ist nicht festgelegt. Besondere praktische Bedeutung kommt der bedingten Kapitalerhöhung zu als Bedingung von **Wandel- und Optionsanleihen** und **Genussrechten**, bei der Bereitstellung von Aktien als Abfindung bei Beherrschungs- und Gewinnabführungsverträgen sowie für stock-options-Programme.[59]

100 Die bedingte Kapitalerhöhung ist – anders als die ordentliche Kapitalerhöhung – bereits **vor vollständiger Einzahlung der bisherigen Einlagen** zulässig. Zu den weiteren Voraussetzungen:

- Ob die **Erforderlichkeit** und **Angemessenheit** im Interesse der Gesellschaft Voraussetzung der bedingten Kapitalerhöhung ist, darüber besteht Uneinigkeit. Die Rspr. hat eine Anwendung dieses Grundsatzes erwogen, da bei der bedingten Kapitalerhöhung ein gesetzliches Bezugsrecht nicht besteht, ein Eingriff in die Position der Minderheit aber ggf. einer besonderen Rechtfertigung bedarf.[60]
- Der Nennbetrag des bedingten Kapitals darf **höchstens die Hälfte des Grundkapitals** betragen (§ 192 Abs. 3 Satz 1, 2. Alt. AktG), der Nennbetrag eines bedingten Kapitals nach § 192 Abs. 2 Nr. 3 AktG höchstens 10 % des Grundkapitals (§ 192 Abs. 3 Satz 1, 2. Alt. AktG).
- Die bedingte Kapitalerhöhung ist eine Satzungsänderung und bedarf einer **Dreiviertelmehrheit** des bei der Beschlussfassung der Hauptversammlung vertretenen Grundkapitals (§ 193 Abs. 1 Satz 1 AktG). Der Beschluss muss folgende Angaben enthalten (§ 193 Abs. 2 AktG): den Zweck der bedingten Kapitalerhöhung, den Kreis der Bezugsberechtigten und den Ausgabebetrag oder die Grundlagen für dessen Berechnung. Bei Beschlüssen nach § 192 Abs. 2 Nr. 3 AktG muss zudem die Aufteilung der Bezugsrechte auf die Mitglieder der Geschäftsführungen und Arbeitnehmer genannt werden.
- Der Vorstand und der Vorsitzende des Aufsichtsrats haben den Beschluss über die bedingte Kapitalerhöhung zur **Eintragung in das Handelsregister anzumelden** (§ 195 Abs. 1 AktG).
- Das **Registergericht prüft**, ob die gesetzlichen und satzungsmäßigen Voraussetzungen für die Kapitalerhöhung erfüllt sind. Ist dies der Fall, wird der Kapitalerhöhungsbeschluss eingetragen und mit den in § 196 AktG vorgeschriebenen Angaben in den Gesellschaftsblättern (§ 25 AktG) bekannt gemacht.
- Bisherige Aktionäre haben **kein gesetzliches Bezugsrecht**. Wer bezugsberechtigt sein soll, ergibt sich aus dem im Kapitalerhöhungsbeschluss festgesetzten Zweck. Die Bezugsrechte werden durch **Vereinbarung** zwischen dem Bezugsberechtigten und der Gesellschaft begründet.[61] Ein Bezugsrecht kann frühestens jedoch mit Eintragung des Kapitalerhöhungsbeschlusses entstehen (§ 197 Satz 2 AktG).
- Die **Ausgabe der Aktien** kann frühestens nach der Eintragung des Kapitalerhöhungsbeschlusses in das Handelsregister erfolgen (§ 197 Satz 1 AktG). Vorher ausgegebene Aktien sind nichtig (§ 197 Satz 3 AktG). Die Aktienausgabe darf nicht ohne ordnungsgemäße Bezugserklärung erfolgen. Die Gesellschaft darf die Bezugsaktien nur zu dem im Kapitalerhöhungsbeschluss aufgeführten Zweck ausgeben (§ 199 Abs. 1 Satz 1 AktG). Der Bezugsberechtigte muss vor der Ausgabe an ihn die volle Leistung des Gegenwertes erbringen (§ 199 Abs. 1 Satz 1 AktG).
- Mit Ausgabe der Bezugsaktien wird die **Kapitalerhöhung wirksam** (§ 200 AktG).
- Nach Ablauf des Geschäftsjahres ist durch den Vorstand innerhalb eines Monats beim Handelsregister **anzumelden**, in welchem **Umfang** im abgelaufenen Geschäftsjahr Bezugsaktien ausgegeben worden

---

59 Krieger, in: Münchener Handbuch des Gesellschaftsrechts, Bd. 4, § 57 Rn. 1.
60 BGHZ 71, 40 (Kali & Salz); 83, 319 (Holzmann); 120, 141; 125, 239; vgl. dazu Krieger, in: Münchener Handbuch des Gesellschaftsrechts, Bd. 4, § 57 Rn. 9.
61 Hüffer, AktG, § 197 Rn. 5; Krieger, in: Münchener Handbuch des Gesellschaftsrechts, Bd. 4, § 57 Rn. 27 m.w.N.

sind (§ 201 Abs. 1 AktG). Die Eintragung ist im Bundesanzeiger und in einem weiteren Blatt bekannt zu machen (§ 10 HGB).

Zu bilanzieren ist das bedingte Kapital mit seinem Nennbetrag beim gezeichneten Kapital (Grundkapital, § 152 Abs. 1 Satz 1 AktG).

(3) Genehmigtes Kapital

Diese Kapitalerhöhung durch genehmigtes Kapital (§§ 202 – 206 AktG) knüpft an **keinen aktuellen Finanzierungsanlass** an. Diese Form der Kapitalerhöhung ermöglicht, dass ein zu einem späteren Zeitpunkt gegebener Kapitalbedarf durch Ausgabe neuer Aktien schnellstens gedeckt werden kann, ohne eine aufwendige Durchführung der Hauptversammlung. So kann bei Unternehmensfusionen oder bei einem günstigen Kapitalmarkt flexibel und schnell reagiert werden. Gegenüber dem bedingten Kapital besteht der Vorteil, dass der konkrete Zweck der Kapitalerhöhung im Zeitpunkt der Beschlussfassung noch nicht bekannt zu sein braucht. Der Ausgabekurs muss außerdem nicht von der Hauptversammlung festgelegt werden. Insgesamt wird also ein größerer Handlungsspielraum eröffnet. Sog. Vorratsaktien sind hierdurch nahezu verdrängt worden.[62] Genehmigtes Kapital ist noch **kein Grundkapital**. In der Praxis bestehen häufig mehrere genehmigte Kapitale nebeneinander (genehmigtes Kapital I, II usw.).

101

Die Kapitalerhöhung aufgrund genehmigten Kapitals weist große Parallelen zu der ordentlichen Kapitalerhöhung auf:

102

- Zunächst wird der Vorstand durch eine **Dreiviertelmehrheit** des vertretenen Grundkapitals auf der Hauptversammlung zur Kapitalerhöhung **ermächtigt** (§ 202 Abs. 2 Satz 2 AktG). Diese Ermächtigung kann bereits in der Satzung enthalten sein (§ 202 Abs. 1 AktG), aber auch später durch Satzungsänderung erfolgen (§ 202 Abs. 2 Satz 1 AktG). Die Ermächtigung muss den Nennbetrag des genehmigten Kapitals festlegen (§ 202 Abs. 1 AktG). Dieser darf die **Hälfte des Grundkapitals**, das zurzeit der Ermächtigung vorhanden ist, nicht überschreiten (§ 202 Abs. 3 Satz 1 AktG). Dabei ist bereits genehmigtes Kapital mit einzurechnen. Soll der Vorstand ermächtigt werden, das gesetzliche Bezugsrecht der Aktionäre auszuschließen, muss dies ebenfalls besonders festgelegt werden (§ 203 Abs. 2 AktG). Die Ermächtigung darf für **höchstens fünf Jahre** erteilt werden (§ 202 Abs. 1 AktG).
- Die durch eine Satzungsänderung erteilte Ermächtigung wird gemäß § 181 AktG beim **Handelsregister** angemeldet.
- Ob und wann der **Vorstand** von der Ermächtigung zur Kapitalerhöhung Gebrauch macht und die Ausgabe neuer Aktien beschließt, **entscheidet** er nach pflichtgemäßem Ermessen. In welchen Umfang (ganz oder teilweise) das genehmigte Kapital genutzt wird, bestimmt ebenfalls der Vorstand.[63]
- Die neuen Aktien sollen nur mit **Zustimmung des Aufsichtsrates** ausgegeben werden (§ 202 Abs. 3 Satz 2 AktG). Solange noch **Einlagen** auf das Grundkapital ausstehen, soll das genehmigte Kapital nicht ausgegeben werden (§ 203 Abs. 3 AktG).[64]
- Für die **Zeichnung** gelten die Regelungen über die ordentliche Kapitalerhöhung entsprechend (§§ 203 Abs. 1, 185 AktG).
- Die Durchführung der Kapitalerhöhung ist vom Vorstand gemeinsam mit dem Vorsitzenden des Aufsichtsrates zur **Eintragung in das Handelsregister** anzumelden (§§ 203 Abs. 1, 188 AktG). Mit Eintragung wird die Kapitalerhöhung wirksam (§§ 203 Abs. 1, 189 AktG). Danach können die Aktienurkunden ausgegeben werden (§§ 203 Abs. 1, 191 AktG).

---

62 Wöhe/Bilstein, Grundzüge der Unternehmensfinanzierung, S. 92.
63 Hüffer, AktG, § 202 Rn. 20.
64 Ausnahmen hierzu bestehen bei Versicherungsgesellschaften (§ 203 Abs. 3 AktG), bei Arbeitnehmeraktien (§ 203 Abs. 4 AktG) und bei Fusionen und Spaltungen (§§ 69 Abs. 1 Satz 2 und Satz 3, 125 Satz 1 UmwG).

(4) Kapitalerhöhung aus Gesellschaftsmitteln

103 Bei der Kapitalerhöhung aus Gesellschaftsmitteln (§§ 207 – 220 AktG) fließt der AG – im Unterschied zu den vorgenannten Kapitalerhöhungen – **kein zusätzliches Kapital** zu. Es erfolgt lediglich eine Umschichtung des bilanzierten Eigenkapitals, also buchmäßig ein Tausch auf der Passivseite.

Es ändert sich die Zusammensetzung des Eigenkapitals hinsichtlich des **gezeichneten Kapitals** und der **Gewinnrücklagen**. Die Bilanz wird jedoch nicht verlängert.

Bilanz vor der Kapitalerhöhung aus Gesellschaftsmitteln

Aktiva		Passiva	
Anlagevermögen	10.000.000	Gezeichnetes Kapital	7.500.000
Umlaufvermögen	5.000.000	Kapitalrückgabe	700.000
		Gewinnrücklagen	1.000.000
		Verbindlichkeiten	5.800.000
	15.000.000		15.000.000

Bilanz nach der Kapitalerhöhung aus Gesellschaftsmitteln

Aktiva		Passiva	
Anlagevermögen	10.000.000	Gezeichnetes Kapital	**8.200.000**
Umlaufvermögen	5.000.000	Kapitalrückgabe	700.000
		Gewinnrücklagen	**300.000**
		Verbindlichkeiten	5.800.000
	15.000.000		15.000.000

104 Durch diese Form der Kapitalerhöhung wird eine Stärkung der Gesellschaft bewirkt, denn das Grundkapital wird wesentlich strenger gebunden als bei Rücklagen. Hierdurch werden Zuwendungen für Aktionäre ohne einen Liquiditätsverlust ermöglicht (sog. **Stock Dividend**) und der Börsenkurs der Aktie lässt sich reduzieren, um die Aktie marktgängiger zu machen.[65]

Bei einer Kapitalerhöhung aus Gesellschaftsmitteln stehen den Aktionären im Verhältnis ihrer Anteile **Zusatzaktien** bzw. **Gratisaktien** zu. Durch den kostenlosen Erhalt dieser Aktien haben die Aktionäre **keinen finanziellen Vorteil**, denn die umgewandelten Rücklagen sind letztlich nicht ausgeschüttete Gewinne.

105 Für die Kapitalerhöhung aus Gesellschaftsmitteln können genutzt werden:

- die **Kapitalrücklagen** und **gesetzliche Rücklagen** (§ 266 Abs. 3 lit. A. III. 1 HGB), soweit sie zusammen **10 %** oder ein durch Satzung bestimmter höherer Anteil des bisherigen Grundkapitals übersteigen (§ 208 Abs. 1 Satz 2 AktG);
- **andere Gewinnrücklagen** (§ 266 Abs. 3 lit. A. III. 4 HGB) und Zuführungen zu diesen **in voller Höhe**, soweit sie die anderen Gewinnrücklagen bzw. dem Zweck entsprechende satzungsmäßige Rücklagen sind (§ 208 Abs. 1 Satz 2 AktG).

Rücklagen und deren Zuführungen dürfen jedoch dann nicht umgewandelt werden, wenn die zugrunde gelegte Bilanz einen **Verlust**, einschließlich eines Verlustvortrags, aufweist (§ 208 Abs. 2 Satz 1 AktG).

---

[65] Hüffer, AktG, § 207 Rn. 4; Krieger, in: Münchener Handbuch des Gesellschaftsrechts, Bd. 4, § 59 Rn. 1.

Zweckbestimmte Rücklagen und deren Zuführungen dürfen nur umgewandelt werden, soweit dies mit ihrer Zweckbestimmung vereinbar ist (§ 208 Abs. 2 Satz 2 AktG). Sonderrücklagen nach § 218 Satz 2 AktG sind ebenfalls nicht umwandlungsfähig.

Folgende Schritte sind bei der Kapitalerhöhung aus Gesellschaftsmitteln zu beachten: 106

- Die Hauptversammlung fasst einen **Beschluss zur Kapitalerhöhung** aus Gesellschaftsmitteln mit einer **Dreiviertelmehrheit** des vertretenen Grundkapitals (§§ 207 Abs. 2, 182 Abs. 1 Satz 1 und Satz 2 AktG). Der Kapitalerhöhungsbeschluss muss insb. den genauen Erhöhungsbetrag enthalten, bezeichnen, welche Rücklagen umgewandelt werden sollen. Des Weiteren muss die Bilanz, die der Kapitalerhöhung zugrunde liegen soll, enthalten sein und die Art der Erhöhung des Grundkapitals (Ausgabe neuer Aktien, Erhöhung des Nennbetrages, bloße Erhöhung des Grundkapitals) benannt werden. Der Beschluss kann erst gefasst werden, wenn der Jahresabschluss für das letzte vor der Beschlussfassung abgelaufene Geschäftsjahr nach §§ 172, 173 AktG festgestellt ist (§ 207 Abs. 3 AktG). Dem Beschluss muss eine Bilanz zugrundegelegt werden (§ 207 Abs. 3 AktG), deren Stichtag höchstens acht Monate vor dem Tage der Anmeldung des Kapitalerhöhungsbeschlusses zur Eintragung in das Handelsregister liegt (§ 209 AktG).
- Der Vorstand und der Vorsitzende des Aufsichtsrates **melden** den Kapitalerhöhungsbeschluss gemeinsam zur **Eintragung ins Handelsregister** an (§§ 207 Abs. 2, 184 Abs. 1 Satz 1 AktG).
- Das **Registergericht** prüft die Einhaltung der gesetzlichen und satzungsmäßigen Voraussetzungen. Ob die Bilanzen den gesetzlichen Vorschriften entsprechen, braucht das Gericht nicht zu prüfen (§ 210 Abs. 3 AktG). Bei der Eintragung ist ausdrücklich anzugeben, dass es sich um eine Kapitalerhöhung aus Gesellschaftsmitteln handelt (§ 210 Abs. 4 AktG). Die Eintragung ist durch das Registergericht **bekanntzumachen**.

d) Kapitalherabsetzung

aa) Überblick

Mit einer Kapitalherabsetzung kann eine **Unterbilanz** – also der Fall, dass das Eigenkapital geringer ist 107
als das Grundkapital – beseitigt werden (**nominelle Kapitalherabsetzung**). Hierbei wird das Grundkapital buchmäßig herabgesetzt; ein Abfluss liquider Mittel findet nicht statt.

Ist die Bilanz ausgeglichen, kann eine Kapitalherabsetzung aber auch Gesellschaftsvermögen aus den strengen Kapitalbindungsregeln befreien, um es z.B. für **Gewinnrücklagen** zu verwenden, **Ausschüttungen** an Aktionäre vorzunehmen, **Sacheinlagen zurückzugeben** oder die Aktionäre von noch ausstehenden **Einlageverpflichtungen** zu entbinden[66] (**effektive Kapitalherabsetzung**). Diese Kapitalherabsetzung ist mit der Ausschüttung liquider Mittel an die Aktionäre verbunden.

Es gibt drei Formen der Kapitalherabsetzung (siehe Teil 2: Gesellschaftsrecht, 2. Kapitel, § 1 Rn. 324 108
ff.):

- die **ordentliche Kapitalherabsetzung** gemäß § 222 AktG (siehe Rn. 110 ff.) bzw. § 58 GmbHG (siehe Rn. 126),
- die **vereinfachte Kapitalherabsetzung** in den §§ 229 – 236 AktG (siehe Rn. 113) und für die GmbH in § 58a GmbHG (siehe Rn. 128) geregelt,
- die **Kapitalherabsetzung durch Einziehung von Aktien** (§§ 237 – 239 AktG; siehe Rn. 117 ff.).

---

66 Beispiele bei Krieger, in: Münchener Handbuch des Gesellschaftsrechts, Bd. 4, § 60 Rn. 1.

bb) Kapitalherabsetzung bei der AG

109 Einen Überblick über die Kapitalherabsetzungskosten bei der AG schafft das folgende Schaubild:

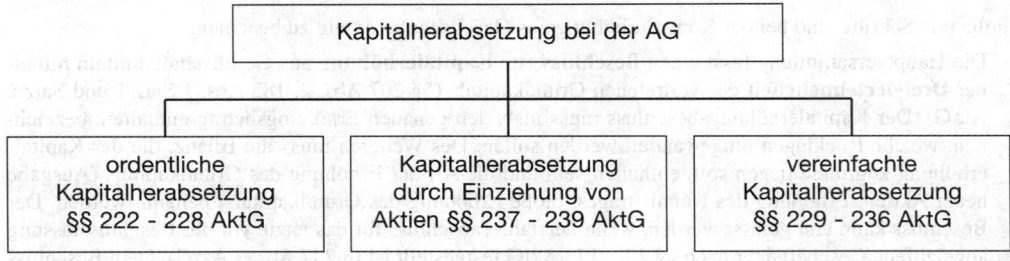

(1) Ordentliche Kapitalherabsetzung

110 Bei der **ordentlichen Kapitalherabsetzung** (§§ 222 – 228 AktG) soll vorhandenes Gesellschaftsvermögen ausgeschüttet oder ausschüttungsfähig gestellt werden. Die Kapitalherabsetzung kann sowohl **nominell** als auch **effektiv** durchgeführt werden:

- Entschließt sich das Unternehmen zur **nominellen Kapitalherabsetzung** wird der ursprüngliche **Nennwert** eines Anteils herabgesetzt, indem das Grundkapital z.B. durch „heruntergestempeln"[67] der Aktie von 100 € auf 50 € halbiert wird. Bei **Stückaktien** wird die Grundkapitalziffer reduziert.

- Bei der **effektiven Kapitalherabsetzung** werden mehrere alte Aktien zu einer geringeren Zahl neuer Aktien zusammengelegt (z.B. im Verhältnis 10:1, d.h. aus zehn alten Stückaktien wird eine neue Stückaktie). Sie kann bei Nennbetrags- und Stückaktien erfolgen. Das Zusammenlegen von Aktien ist nur **subsidiär** zulässig, soweit bei der Herabsetzung des Nennbetrages der Mindestnennbetrag von 1 € oder bei der Stückaktie der für die einzelne Aktie mindestens erforderliche anteilige Betrag des Grundkapitals von 1 € nicht eingehalten werden kann (§ 222 Abs. 4 Satz 2 AktG).

111 Die Durchführung einer ordentlichen Kapitalherabsetzung vollzieht sich in folgenden Schritten:

- Die Hauptversammlung beschließt die Kapitalherabsetzung mit einer Dreiviertelmehrheit (§ 222 Abs. 1 Satz 1 AkG). Zwingender Inhalt des **Kapitalherabsetzungsbeschlusses** ist die Höhe des Herabsetzungsbetrages, der Zweck der Kapitalherabsetzung (§ 222 Abs. 3 AktG) und die Art der Durchführung (§ 222 Abs. 4 Satz 3 AktG).

- Der Kapitalherabsetzungsbeschluss wird durch den Vorstand und den Vorsitzenden des Aufsichtsrates zur Eintragung in das Handelsregister **angemeldet** (§ 223 AktG). Mit der **Eintragung** des Herabsetzungsbeschlusses wird die Kapitalherabsetzung wirksam (§ 224 AktG). Mit der Eintragung ist das Grundkapital herabgesetzt. Dient die Kapitalherabsetzung der Rückzahlung von Teilen des Grundkapitals an die Aktionäre oder dem Erlass rückständiger Einlageverpflichtungen, so erwerben die Aktionäre mit der Eintragung bereits den jeweiligen Anspruch gegen die Gesellschaft.[68] Die **Mitgliedschaftsrechte** der einzelnen Aktionäre werden mit dem Wirksamwerden der Kapitalherabsetzung vermindert; dies erfordert nicht den Umtausch oder die Berichtigung der alten Aktienurkunden.

- Das **Registergericht prüft** die Einhaltung der satzungsmäßigen und gesetzlichen Vorschriften der Kapitalherabsetzung.

- Nach der **Durchführung** der Kapitalherabsetzung ist diese gemäß § 227 AktG ebenfalls zur Eintragung beim Handelsregister anzumelden.

112 Da die ordentliche Kapitalherabsetzung zu jedem wirtschaftlichen Zweck, d.h. auch zur Rückzahlung von Kapital oder zur Einstellung von Grundkapital in Gewinnrücklagen möglich ist, sind die **Interessen von**

---

[67] So Schneck, Finanzierung, S. 70.
[68] Krieger, in: Münchener Handbuch des Gesellschaftsrechts, Bd. 4, § 60 Rn. 28 m.w.N.

Gläubigern der Gesellschaft bedroht, denn diesen dient das Grundkapital als Haftungsgrundlage. Der Gesetzgeber hat daher **Schutzvorschriften** zu Gunsten des Gläubigers normiert.

- Die Gläubiger besitzen einen klagbaren Anspruch gegenüber der Gesellschaft auf **Sicherheitsleistung** (§ 225 Abs. 1 AktG).

   Hierauf ist bei der Bekanntmachung der Eintragung des Kapitalherabsetzungsbeschlusses besonders **hinzuweisen** (§ 225 Abs. 1 Satz 2 AktG).

- Geschützt sind **schuldrechtliche Forderungen** aller Art, jedoch keine dinglichen Rechte.[69]

   Die Forderung muss vor Bekanntmachung der Eintragung des Kapitalherabsetzungsbeschlusses „**begründet**" sein (§ 225 Abs. 1 Satz 1 AktG). Gläubiger fälliger Forderungen haben keinen Anspruch auf Sicherheitsleistung, sondern einen Anspruch auf Befriedigung ihrer Forderung durch die Gesellschaft.

- Eine ausreichende Sicherheit i.S.d. § 225 AktG ist bei einer Sicherheitsleistung nach **§§ 232 ff. BGB** anzunehmen.[70]

- Der Sicherheitsanspruch verfällt **sechs Monate** nach Bekanntmachung der Eintragung des Kapitalherabsetzungsbeschlusses (§ 225 Abs. 1 Satz 1 AktG).

(2) Vereinfachte Kapitalherabsetzung

Die **vereinfachte Kapitalherabsetzung** (§§ 229 – 236 AktG) ist die häufigste Form der Kapitalherabsetzung in der Praxis. Sie ist nur für die folgenden Zwecke zulässig (§ 229 Abs. 1 Satz 1 AktG): 113

- **Ausgleich von Wertminderungen**,
- **Deckung sonstiger Verluste**,
- **Einstellung von Beträgen in die Kapitalrücklage**.

Die vereinfachte Kapitalherabsetzung ist auf den **Sanierungsfall** beschränkt. Die genannten Zwecke führen nur zu Umbuchungsvorgängen und haben keinen Kapitalabfluss zur Folge.

Die **Gläubigerschutzregeln** der ordentlichen Kapitalherabsetzung sind daher nicht notwendig. Es liegt vielmehr auch im Interesse des Gläubigers, dass Verluste förmlich ausgeglichen werden. Daher sieht das Gesetz nur folgende Einschränkungen vor: 114

- Die bei der Kapitalherabsetzung **gewonnenen Beträge** dürfen nicht an die Aktionäre ausgeschüttet werden (§ 230 Satz 1 AktG). Der Buchgewinn darf nur für die in § 229 Abs. 1 AktG genannten Zwecke verwandt werden (§ 230 Satz 2 AktG).
- Die **Ausschüttung** des Buchgewinns, der sich daraus ergibt, dass sich die ursprünglich angenommenen Verluste später als tatsächlich geringer erweisen, ist unzulässig. Dieser Unterschiedsbetrag ist in die Kapitalrücklage einzustellen (§ 232 AktG).
- Verboten ist darüber hinaus jede Gewinnausschüttung, solange die gesetzliche Rücklage nicht mindestens **10 % des herabgesetzten Grundkapitals** beträgt (§ 233 Abs. 1 Satz 1 AktG).
- Die **Höhe der Gewinnausschüttung** ist grds. auf **4 % des Grundkapitals** für das Jahr der Kapitalherabsetzung und für die beiden folgenden Jahre begrenzt (§ 233 Abs. 2 Satz 1 AktG). Dies gilt auch bei ausreichender Höhe der gesetzlichen Rücklage.

Eine Erleichterung bei der vereinfachten Kapitalherabsetzung besteht darin, dass sie mit **Rückbeziehung auf den letzten Jahresabschluss** erfolgen kann (§ 235 AktG). Dies erklärt sich aus dem Zweck der vereinfachten Kapitalherabsetzung, die Sanierung. Ein **Rückbeziehen** ist auf das letzte vor der Beschlussfassung über die Kapitalherabsetzung **abgelaufene Geschäftsjahr** zulässig (§ 234 Abs. 1 AktG). Auf diese Weise kann umgangen werden, dass durch die Kapitalherabsetzung beseitigte Verluste in der Bilanz ausgewiesen werden. Die Rückbeziehung erfolgt durch Feststellung des letzten Jahresabschlusses unter Zugrundelegung des Umfangs des Kapitals und der Rücklagen, in welchem die Kapitalherabset- 115

---

69   Krieger, in: Münchener Handbuch des Gesellschaftsrechts, Bd. 4, § 60 Rn. 36; Hüffer, AktG, § 225 Rn. 2.
70   Krieger, in: Münchener Handbuch des Gesellschaftsrechts, Bd. 4, § 60 Rn. 40; Hüffer, AktG, § 225 Rn. 13.

zung erfolgen soll. Die Feststellung trifft die **Hauptversammlung** (§ 234 Abs. 2 Satz 1 AktG). Die Beschlüsse über Kapitalherabsetzung und Rückwirkung sollen **zugleich** gefasst werden (§ 234 Abs. 2 Satz 2 AktG). Die Frist zur Eintragung des Kapitalherabsetzungsbeschlusses in das Handelsregister beträgt **drei Monate** (§ 234 Abs. 3 Satz 1 AktG). Bei Versäumnis sind beide Beschlüsse nichtig. Die rückwirkende Kapitalherabsetzung ist auch mit einer **gleichzeitigen Kapitalerhöhung** zulässig. Die Zulässigkeitsvoraussetzungen hierfür richten sich nach § 235 AktG.

116 Die vereinfachte Kapitalherabsetzung wird wie folgt vollzogen:
- Zur Durchführung ist ein Beschluss der Hauptversammlung mit einer **Dreiviertelmehrheit** des in ihr vertretenen Grundkapitals erforderlich (§§ 229 Abs. 3, 222 Abs. 1 und 2 AktG). Sowohl Art und Weise als auch der Zweck der Herabsetzung müssen im Beschluss angegeben werden (§§ 229 Abs. 1 Satz 2 und Abs. 3, 222 Abs. 4 AktG).
- Gemäß § 229 Abs. 2 AktG sind zunächst alle **Gewinnrücklagen** einschließlich eines Gewinnvortrages, die gesetzliche Rücklage und die Kapitalrücklage, soweit sie zusammen 10 % des herabgesetzten Grundkapitals übersteigen, aufzulösen.
- Im Übrigen sind dieselben Verfahrensschritte zu beachten **wie bei der ordentlichen Kapitalherabsetzung** (§ 229 Abs. 3 AktG, siehe Rn. 110 ff.).

(3) Kapitalherabsetzung durch Einziehung von Aktien

117 Die **Kapitalherabsetzung durch Einziehung** von Aktien (§§ 237 – 239 AktG) führt zum Untergang einzelner Aktien und zur Verringerung des Grundkapitals um den Anteil der eingezogenen Aktien. Durch diese Form der Kapitaleinziehung können Verluste beseitigt, einzelne Aktionäre ausgeschlossen oder bestimmte Aktien beseitigt werden.[71]

118 Das Gesetz kennt zwei Arten der Einziehung:
- die **Zwangseinziehung** eigener Aktien und
- den **Rückerwerb** eigener Aktien.

Das **zwangsweise Einziehen** eigener Aktien ist an entsprechende Satzungsvorschriften gebunden, die bereits bei Zeichnung oder Übernahme bestanden haben müssen (§ 237 Abs. 1 Satz 2 AktG). Die **Zwangseinziehung** ist zulässig, wenn sie in der ursprünglichen Satzung oder durch eine bewirkte Änderung der Satzung **angeordnet** oder **gestattet** ist (§ 237 Abs. 1 Satz 2 AktG).

119 Bei der **angeordneten Zwangseinziehung** muss die Satzung die Umstände der Einziehung so genau bestimmen, dass für den Vorstand **kein Ermessensspielraum** bleibt. Die Voraussetzungen unter denen eine Zwangseinziehung angeordnet werden soll, kann die Satzung relativ frei bestimmen.[72] Eine besondere sachliche Rechtfertigung im Interesse der Gesellschaft ist nach herrschender Auffassung nicht erforderlich, denn die Mitgliedschaftsrechte des Aktionärs sind wegen der Anordnung in der Satzung von vornherein eingeschränkt.[73] Bei der **gestatteten Zwangseinziehung** kann die Satzung die Voraussetzungen und die Art und Weise der Aktieneinziehung in das **Ermessen der Hauptversammlung** stellen oder selbst regeln.[74] Die lediglich gestattete Zwangseinziehung muss aber im Interesse der Gesellschaft **sachlich gerechtfertigt** sein, denn sie beseitigt Mitgliedschaftsrechte und bedeutet daher einen schwerwiegenden Eingriff.[75]

---

71 Vgl. Krieger, in: Münchener Handbuch des Gesellschaftsrechts, Bd. 4, § 62 Rn. 1.
72 Z.B.: Einziehung aller Aktien einer Gattung zu einem bestimmten Zeitpunkt, Einziehung einer bestimmten Menge von Aktien nach Auslosung, Einziehung auf Verlangen von Aktionären, Einziehung bei einer Pfändung oder bei Eröffnung des Insolvenzverfahrens über das Vermögen des Aktionärs, vgl. Krieger, in: Münchener Handbuch des Gesellschaftsrechts, Bd. 4, § 62 Rn. 8.
73 Hüffer, AktG, § 237 Rn. 11; Krieger, in: Münchener Handbuch des Gesellschaftsrechts, Bd. 4, § 62 Rn. 10.
74 Hüffer, AktG, § 237 Rn. 15; Krieger, in: Münchener Handbuch des Gesellschaftsrechts, Bd. 4, § 62 Rn. 10.
75 Vgl. BGHZ 71, 40 (Kali & Salz); 83, 319 (Holzmann).

Vorschriften über ein **Einziehungsentgelt** für die Aktien finden sich im AktG nicht. Nach überwiegender Auffassung muss die Zahlung einer Abfindung aber bei der angeordneten Zwangseinziehung in der **Satzung** geregelt sein.[76] Bei der gestatteten Zwangseinziehung werden Regelungen hierzu in der Satzung als zulässig, aber nicht als zwingend erachtet.[77] Enthält die Satzung keine Bestimmung über ein Einziehungsentgelt, so ist die Einziehung nur bei **angemessener Abfindung** zulässig.[78] Hierbei sollten die Grundsätze aus § 305 Abs. 3 Satz 2 AktG zugrunde gelegt werden, was grds. zu einer Orientierung am Ertragswert der Aktie führt. Der Börsenkurs kann allenfalls als Untergrenze dienen.[79] Will eine Satzung vom Grundsatz der angemessenen Abfindung abweichen, muss sie die Höhe des Entgeltes selbst bestimmen und darf diese **nicht in das freie Ermessen der Hauptversammlung** stellen.[80]

120

Die Einziehung von Aktien nach einem **Erwerb durch die Gesellschaft** kann jederzeit, und ohne dass es einer besonderen Zulassung in der Satzung bedarf, erfolgen (§ 237 Abs. 1 AktG). Die Gesellschaft muss **dinglicher Rechtsinhaber** der Aktien sein, bevor sie diese einzieht. Die Hauptversammlung kann die Kapitalherabsetzung durch Einziehung aber schon für erst noch zu erwerbende Aktien beschließen. Der Beschluss ist dann durch den Erwerb der Aktien bedingt. Eine Einziehung ist auch möglich, wenn gegen die in § 71 AktG für den Erwerb eigener Aktien genannten Restriktionen verstoßen wurde und die schuldrechtlichen Erwerbsgeschäfte daher unwirksam sind, da das dingliche Geschäft hiervon unberührt bleibt (§ 71 Abs. 4 Satz 1 AktG). In diesem Fall ist die Gesellschaft sogar gemäß § 71c Abs. 3 AktG verpflichtet, die Aktien nach § 237 AktG einzuziehen, wenn diese nicht innerhalb eines Jahres nach deren rechtswidrigem Erwerb veräußert wurden. § 71 Abs. 1 Nr. 6 AktG erlaubt den **Erwerb von eigenen Aktien** durch die Gesellschaft eigens zum Zweck der Einziehung.

121

Beispiel:

Wegen hoher Verluste und schlechter Gewinnerwartungen ist die 50-€-Aktie der X-AG zurzeit bei 25 € notiert. Die Gesellschaft entschließt sich, Sachvermögen für 5 Mio. € zu veräußern und das Unternehmen zu sanieren. Mit den Mitteln aus dieser Veräußerung erwirbt die X-AG ihre eigenen Aktien mit einem Nennwert von 10 Mio. €. In der Bilanz werden die Aktien zum Anschaffungspreis bilanziert. Nach dem Aktienerwerb werden diese eingezogen. Das Grundkapital vermindert sich dadurch um den Nennbetrag der eigenen Aktien i.H.v. 10 Mio €. Dies hat den Effekt, dass der Verlust aus der Bilanz verschwindet.[81]

---

76 Hüffer, AktG, § 237 Rn. 17; Krieger, in: Münchener Handbuch des Gesellschaftsrechts, Bd. 4, § 62 Rn. 12.
77 Krieger, in: Münchener Handbuch des Gesellschaftsrechts, Bd. 4, § 62 Rn. 12 m.w.N.
78 Hüffer, AktG, § 237 Rn. 18; Krieger, in: Münchener Handbuch des Gesellschaftsrechts, Bd. 4, § 62 Rn. 12 m.w.N.
79 Hüffer, AktG, § 237 Rn. 18.
80 Hüffer, AktG, § 237 Rn. 18; Krieger, in: Münchener Handbuch des Gesellschaftsrechts, Bd. 4, § 62 Rn. 12 m.w.N.
81 Beispiel in Anlehnung an Schneck, Finanzierung, S. 71 f.

Bilanz vor dem Aktienerwerb

Aktiva		Passiva	
Vermögen	75.000.000	Gezeichnetes Kapital	30.000.000
Verlustvortrag	5.000.000	Gesetzliche Rücklagen	3.000.000
		Fremdkapital	47.000.000
	80.000.000		80.000.000

Bilanz nach dem Aktienerwerb

Aktiva		Passiva	
Vermögen	70.000.000	Gezeichnetes Kapital	30.000.000
Eigene Aktien	5.000.000	Gesetzliche Rücklagen	3.000.000
Verlustvortrag	5.000.000	Fremdkapital	47.000.000
	80.000.000		80.000.000

Bilanz nach der Einziehung

Aktiva		Passiva	
Vermögen	70.000.000	Gezeichnetes Kapital	**20.000.000**
		Gesetzliche Rücklagen	3.000.000
		Fremdkapital	47.000.000
	70.000.000		70.000.000

122 Für beide Einziehungsarten gibt es zwei Einziehungsverfahren:

- das **ordentliche Einziehungsverfahren** und
- das **vereinfachte** Einziehungsverfahren,

wobei das **ordentliche Einziehungsverfahren** den Regeln über die **ordentliche Kapitalherabsetzung** folgt (§ 237 Abs. 2 Satz 1 AktG), diese Regeln bei der einfachen Einziehung jedoch nicht beachtet zu werden brauchen (§ 237 Abs. 3 AktG). Die **einfache Einziehung** setzt voraus, dass die Aktien, auf welche der Ausgabebetrag voll geleistet ist, der Gesellschaft unentgeltlich zur Verfügung gestellt werden; oder aber sie werden zulasten des Bilanzgewinns oder einer anderen Gewinnrücklage, soweit sie zu diesem Zweck verwandt werden können, eingezogen. Für **Stückaktien** sieht § 237 Abs. 3 Nr. 3 AktG Erleichterungen vor.

Das Einziehungsverfahren vollzieht sich wie folgt:

- Es bedarf eines **Einziehungsbeschlusses** der Hauptversammlung bzw. einer **Einziehungsentscheidung des Vorstandes** im Fall des § 71 Abs. 1 Nr. 8 Satz 6 AktG und im Fall der angeordneten Zwangseinziehung.
- Im Fall des Einziehungsbeschlusses der Hauptversammlung erfolgt dessen **Anmeldung** und **Eintragung** in das Handelsregister.
- Die Einziehung bedarf einer **Einziehungshandlung** der Gesellschaft gemäß § 238 Satz 3 AktG, d.h. einer Wissenserklärung der Gesellschaft gegenüber dem Inhaber der einzuziehenden Aktien.
- Mit Eintragung des Einziehungsbeschlusses und Vornahme der Einziehungshandlung wird die Kapitalherabsetzung **wirksam** (§ 238 Satz 1 AktG). Eine Rückbeziehung der Kapitalherabsetzung ist – anders als bei der vereinfachten Kapitalherabsetzung – nicht möglich.[82]
- Der Vorstand hat die Durchführung der Kapitalherabsetzung zur Eintragung in das Handelsregister anzumelden (§ 239 Abs. 1 AktG).

cc) Kapitalherabsetzung bei der GmbH

Verglichen mit den Regelungen im Aktienrecht ist die Normierung der Kapitalherabsetzung im GmbHG rudimentär. Die Kapitalherabsetzung wird danach im Wesentlichen wie jede andere Satzungsänderung behandelt (siehe dazu Teil 2: Gesellschaftsrecht, 2. Kapitel, § 1 Rn. 326). Gesonderte Regelungen zur Einziehung von Gesellschaftsanteilen, wie im Aktienrecht, existieren nicht.

Auch bei der Kapitalherabsetzung der GmbH wird unterschieden zwischen

- **effektiver Kapitalherabsetzung** und
- **nomineller Kapitalherabsetzung**.

Die **effektive Kapitalherabsetzung** dient der Freisetzung von bspw. gemäß § 30 GmbHG gebundenen Vermögen. Von der in der Praxis weitaus wichtigeren **nominellen Kapitalherabsetzung** spricht man dagegen, wenn eine **Anpassung des Stammkapitals** bei Verlusten vorgenommen, also eine Unterbilanz beseitigt wird.[83] Das Stammkapital ist hierbei schon in Höhe des herabzusetzenden Betrages aufgebraucht; die Herabsetzung passt die Ziff. des Nennkapitals nun nur noch dem tatsächlichen Betrag an.

Für beide Formen der Kapitalherabsetzung steht das **ordentliche Verfahren** nach § 58 GmbHG zur Verfügung. In der Praxis erfolgt die nominelle Kapitalherabsetzung jedoch regelmäßig nach dem **vereinfachten** Verfahren gemäß § 58a GmbHG, das seit einigen Jahren zulässig ist.[84]

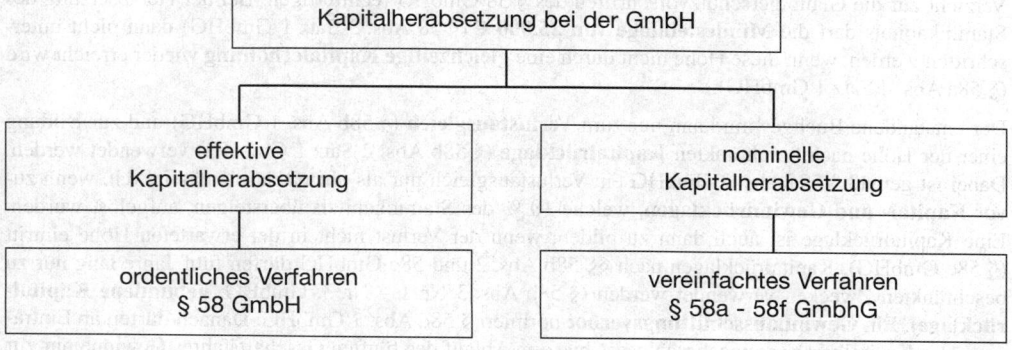

---

82 Hüffer, AktG, § 237 Rn. 6; Krieger, in: Münchener Handbuch des Gesellschaftsrechts, Band 4, § 62 Rn. 26.
83 Scholz/Priester, GmbHG, Vor § 58a Rn. 1.
84 § 58a wurde eingefügt durch Art. 48 EGInsO v. 5.10.1994, BGBl. I, S. 2911.

127 Das ordentliche Verfahren für die **effektive Kapitalherabsetzung** vollzieht sich wie folgt:
- Bei der Herabsetzung des Stammkapitals darf die **Mindesteinlage von 25.000 €** nicht unterschritten werden (§ 58 Abs. 2 Satz 1 GmbHG).
- Die Kapitalherabsetzung muss nach § 58 Abs. 1 GmbHG durch Beschluss erfolgen. Der **Beschluss muss mit einer Dreiviertelmehrheit** der abgegebenen Stimmen gefasst werden (§ 53 Abs. 1 Satz 2 GmbHG), soweit die Satzung keine höhere Mehrheit vorsieht.
- Gemäß § 58 Abs. 1 Nr. 1 GmbHG muss der Beschluss in den **Gesellschaftsblättern** zu drei verschiedenen Malen **bekannt gegeben** werden.
- Die der Gesellschaft bekannten **Gläubiger** müssen zusätzlich **unterrichtet** und **gesondert aufgefordert** werden. Die Pflicht zur besonderen Mitteilung ist eine Schutzpflicht, deren Verletzung zu einem Schadensersatz nach § 823 Abs. 2 BGB führen kann.[85]
- Gemäß § 58 Abs. 1 Nr. 2 GmbHG sind **Gläubiger**, die sich bei der Gesellschaft melden und der Herabsetzung nicht zustimmen, wegen der erhobenen Ansprüche **zu befriedigen** oder es ist **Sicherheit zu leisten**.
- Die Kapitalherabsetzung ist beim Registergericht durch sämtliche Geschäftsführer **anzumelden**, jedoch nicht vor Ablauf eines Jahres seit der dritten Aufforderung der Gläubiger (**Sperrjahr**, § 58 Abs. 1 Nr. 3 GmbH).
- Nach der Überprüfung der gesetzlichen und satzungsmäßigen Rechtmäßigkeit der Kapitalherabsetzung durch das Registergericht erfolgt die **Eintragung** der Kapitalherabsetzung (§ 54 GmbHG). Mit der Eintragung in das Handelsregister ist die Kapitalherabsetzung wirksam. Hierdurch werden die **Nennbeträge** der betroffenen Geschäftsanteile und das **Stammkapital** der Gesellschaft herabgesetzt.
- Anschließend sind ggf. erforderliche **Ausführungshandlungen** vorzunehmen: Sollten durch die Kapitalherabsetzung Einlagen zurückgezahlt werden, entsteht gegen die GmbH bei Eintragung in das Handelsregister ein **Rückzahlungsanspruch**. War bezweckt, die bei der Kapitalherabsetzung frei werdenden Beträge in die Rücklagen einzustellen, so ist dies im folgenden Jahresabschluss demgemäß **zu passivieren**. Ging es bei der Kapitalherabsetzung um den Erlass von Einlagen, sind entsprechende **Erlassverträge** abzuschließen. Sollten Gesellschaftsanteile eingezogen werden, ist die **Einziehung zu beschließen**, wenn dies nicht bereits – aufschiebend bedingt – im Kapitalherabsetzungsbeschluss erfolgt war. Hatte die Kapitalherabsetzung eine **Abfindung** von Gesellschaftern zum Ziel, dann sind nun entsprechende Handlungen vorzunehmen.[86]

128 Die **vereinfachte Kapitalherabsetzung** ist einzig zum **Verlustausgleich** zulässig. Nur so lässt sich der Verzicht auf die Gläubigerschutzvorschriften des § 58 GmbHG rechtfertigen. Bei der Herabsetzung des Stammkapitals darf die **Mindesteinlage von 25.000 €** (§ 58 Abs. 2 Satz 1 GmbHG) dann nicht unterschritten werden, wenn diese Höhe nicht durch eine **gleichzeitige Kapitalerhöhung** wieder erreicht wird (§ 58a Abs. 4 Satz 1 GmbHG).

Der entstandene Buchgewinn kann nur zum **Verlustausgleich** (§ 58b Abs. 1 GmbHG) und zur Bildung einer der Höhe nach beschränkten **Kapitalrücklage** (§ 58b Abs. 2 Satz 1 GmbHG) verwendet werden. Dabei ist gemäß § 58a Abs. 2 GmbHG ein Verlustausgleich nur als ultima ratio zulässig, d.h. wenn zuvor **Kapital- und Gewinnrücklagen**, welche 10 % des Stammkapitals übersteigen, aufgelöst wurden. Eine Kapitalrücklage ist auch dann zu bilden, wenn der Verlust nicht in der erwarteten Höhe eintritt (§ 58c GmbHG). Kapitalrücklagen nach §§ 58b Abs. 2 und 58c GmbHG dürfen fünf Jahre lang nur zu beschränkten Zwecken verwendet werden (§ 58b Abs. 3 Nr. 1 – Nr. 3. GmbHG: **gebundene Kapitalrücklage**). Ein **Gewinnausschüttungsverbot** normiert § 58d Abs. 1 GmbHG. Danach dürfen ab Eintragung des Kapitalherabsetzungsbeschlusses bis zum Ablauf des fünften Geschäftsjahres Gewinne nur zur Bildung von **Kapitalrücklagen** oder **Gewinnrücklagen** verwendet werden, bis sie zusammen 10 % des herabgesetzten Stammkapitals erreichen. Nach § 58d Abs. 2 GmbHG können drei Geschäftsjahre lang

---

85 BayObLG, BB 1974, 1363; Wegmann, in: Münchener Handbuch des Gesellschaftsrechts, Bd. 3, § 54 Rn. 14.
86 Siehe Wegmann, in: Münchener Handbuch des Gesellschaftsrechts, Bd. 3, § 54 Rn. 27 m.w.N.

höchstens 4 % des herabgesetzten Kapitals als Gewinn ausgeschüttet werden. § 58e GmbHG ermöglicht die bilanzielle **Rückwirkung** der Kapitalherabsetzung.

Da auch die nominelle Kapitalherabsetzung eine Satzungsänderung darstellt, müssen – wie bei der effektiven Kapitalherabsetzung auch – gemäß § 58a Abs. 5 GmbHG die **Vorschriften über die Satzungsänderung (§§ 53 und 54 GmbHG)**, beachtet werden: 129

- Es ist also ein **Kapitalherabsetzungsbeschluss** zu fassen. Im Vergleich zum Herabsetzungsbeschluss im ordentlichen Verfahren muss dieser Beschluss jedoch zusätzlichen Anforderungen genügen. So muss er deutlich machen, dass eine **vereinfachte Kapitalherabsetzung** vorgenommen werden soll,[87] den **Kapitalherabsetzungsbetrag**[88] und den **Zweck** der Kapitalherabsetzung[89] und gemäß § 58a Abs. 3 GmbHG die **beteiligungsproportionale Herabsetzung des Nennbetrages** der Geschäftsanteile angeben.

- Der Beschluss muss beim Handelsregister **angemeldet** werden; nach der **Prüfung durch das Registergericht** ist die Kapitalherabsetzung in das Handelsregister **einzutragen**.

Da es sich bei der nominellen Kapitalherabsetzung um eine **bloße Buchsanierung** handelt, wird sie zur erfolgreichen Sanierung nicht genügen. Eine rückwirkende Kapitalherabsetzung nach § 58e GmbHG, welche mit einer gleichzeitig rückwirkenden Kapitalerhöhung nach § 58f GmbHG gekoppelt ist, bietet eine optimale Sanierungsmöglichkeit.[90] Wenn Kapitalherabsetzung und Kapitalerhöhung um den gleichen Betrag vorgenommen werden, kann im Jahr vor der Beschlussfassung, im Jahr der Beschlussfassung selbst und in den Folgejahren der Betrag des Stammkapitals in der **Bilanz** gleich hoch dargestellt werden.[91] 130

Die gleichzeitige Kapitalerhöhung wird durch die Vorschriften zum vereinfachten Kapitalerhöhungsverfahren **erleichtert**: 131

- So darf nach § 58a Abs. 4 GmbHG das Stammkapital bei einer gleichzeitigen Kapitalerhöhung **unter den Mindestbetrag von 25.000 €** herabgesetzt werden.

- Durch § 58f GmbHG wird gestattet, dass **zugleich** mit der rückwirkenden Kapitalherabsetzung auch die rückwirkende Kapitalerhöhung **beschlossen** wird. Der Beschluss ist **zwingend** in derselben Gesellschafterversammlung zu fassen wie der Beschluss über die rückwirkende Kapitalherabsetzung.[92]

- Gemäß § 58f Abs. 2 GmbHG muss sowohl der Beschluss über die Kapitalherabsetzung als auch der über die Kapitalerhöhung innerhalb einer Frist von **drei Monaten** in das Handelsregister **eingetragen** worden sein. Anderenfalls sind sämtliche Beschlüsse nichtig.

e) Umwandlungsvorgänge

Erweist sich die gewählte Unternehmensform nicht mehr als zweckmäßig, kommt eine **Umwandlung**[93] in Betracht (siehe dazu Teil 2: Gesellschaftsrecht, 6. Kapitel, § 1), so etwa: 132

- bei veränderten gesetzlichen Rahmenbedingungen,
- bei Änderungen der Wirtschaftslage,
- bei Änderung des wirtschaftspolitischen Kurses,

---

[87] Lutter/Hommelhoff, GmbHG, § 58a Rn.16; Scholz/Priester, GmbHG, § 58a Rn. 14.; Wegmann, in: Münchener Handbuch des Gesellschaftsrechts, Bd. 3, § 54 Rn. 35.

[88] Wohl h.A.: Lutter/Hommelhoff, GmbHG, § 58a Rn.17; Scholz/Priester, GmbHG, § 58a Rn. 15; Wegmann, in: Münchener Handbuch des Gesellschaftsrechts, Bd. 3, § 54 Rn. 36

[89] Lutter/Hommelhoff, GmbHG, § 58a Rn. 18; Scholz/Priester, GmbHG, § 58a Rn. 17; Wegmann, in: Münchener Handbuch des Gesellschaftsrechts, Bd. 3, § 54 Rn. 37.

[90] Vgl. Lutter/Hommelhoff, GmbHG, § 58 Rn. 4; Scholz/Priester, GmbHG, Vor § 58a Rn. 2 f.; Wegmann, in: Münchener Handbuch des Gesellschaftsrechts, Bd. 3, § 54 Rn. 64.

[91] Wegmann, in: Münchener Handbuch des Gesellschaftsrechts, Bd. 3, § 54 Rn. 64.

[92] Scholz/Priester, GmbHG, § 58f Rn. 4; Wegmann, in: Münchener Handbuch des Gesellschaftsrechts, Bd. 3, § 54 Rn. 65.

[93] Zum Umwandlungsrecht umfassend Widmann/Mayer, Umwandlungsrecht, S. 7.

- bei Zu- bzw. Abnahme der Unternehmenstätigkeit,
- bei Tod eines Unternehmers,
- bei Übergang des Unternehmens auf eine Erbengemeinschaft,
- bei Anstreben einer Haftungsbeschränkung,
- zur Kapitalbeschaffung.

Wegen der Abhängigkeit zwischen Kapitalbeschaffung und Rechtsform des Unternehmens kommt eine Umwandlung also auch **zur Unternehmensfinanzierung** in Betracht.

133 **Umwandlung im weiteren Sinne** bedeutet die Überführung eines Unternehmens von einer Rechtsform in eine andere.

Hierbei ist zu unterscheiden zwischen der
- **Umwandlung im engen Sinne**, also einer Umwandlung, die **ohne die Liquidation** der Rechtsform entweder durch **Gesamtrechtsnachfolge** oder ohne Vermögensübertragung im Wege der **Satzungsänderung** durchgeführt werden kann, und der
- **Umgründung**, bei der eine **Liquidation** der Rechtsform durch **Einzelübertragung** der Vermögensteile auf eine andere Rechtsform erfolgt.

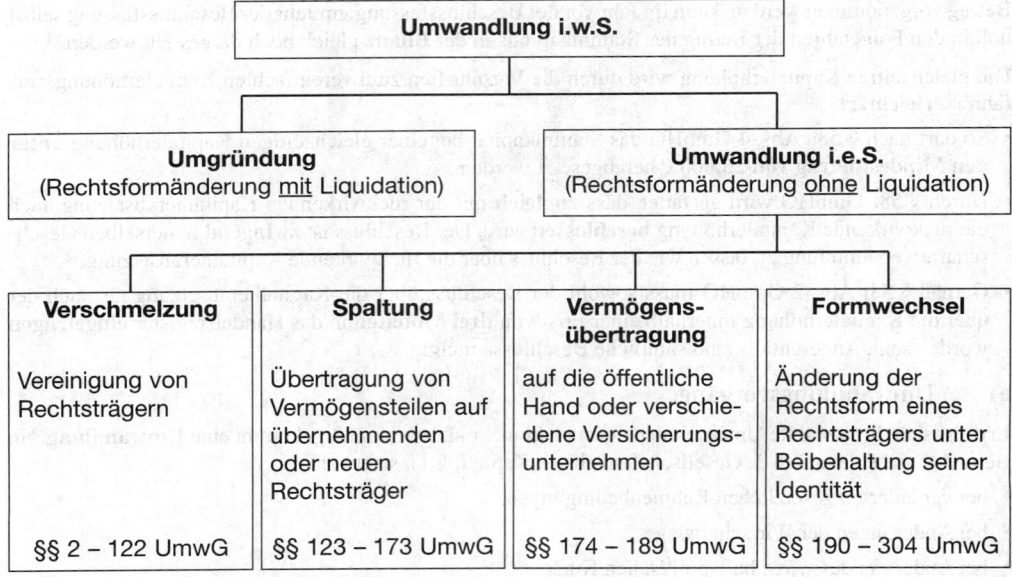

134 Handelsrechtlich und steuerrechtlich normiert wird die Umwandlung im engeren Sinne im **Umwandlungsgesetz** (UmwG) und **Umwandlungssteuergesetz** (UmwStG). Das Umwandlungsrecht umfasst dabei nicht nur den Wechsel von einer Rechtsform in die andere, sondern auch die **vier Arten der Umstrukturierung** (§ 1 Abs. 1 Nr. 1 – Nr. 4 UmwG):

- Inländische Unternehmen (Rechtsträger) können durch **Verschmelzung** (§§ 2 – 122 UmwG) umgewandelt werden. Gemäß § 2 UmwG kann eine Verschmelzung auf zweierlei Arten erfolgen:
  - im Wege der **Aufnahme** durch Übertragung des Vermögens eines Rechtsträgers oder mehrerer Rechtsträger (übertragende Rechtsträger) als Ganzes auf einen anderen bestehenden Rechtsträger (übernehmender Rechtsträger, § 2 Nr. 1 UmwG) oder

– im Wege der **Neugründung** durch Übertragung der Vermögen zweier oder mehrerer Rechtsträger (übertragende Rechtsträger) jeweils als Ganzes auf einen neuen, von ihnen dadurch gegründeten Rechtsträger (§ 2 Nr. 2 UmwG)

jeweils gegen Gewährung von Anteilen oder Mitgliedschaften des übernehmenden oder neuen Rechtsträgers an die Anteilsinhaber (Gesellschafter, Partner, Aktionäre, Genossen oder Mitglieder) der übertragenden Rechtsträger.

- Bei der **Spaltung** (§§ 123 – 173 UmwG) wird zwischen drei Arten unterschieden:
  - Bei der **Aufspaltung** (§ 123 Abs. 1 UmwG) überträgt ein Rechtsträger (übertragender Rechtsträger) **alle** seine Vermögensteile unter Auflösung ohne Abwicklung jeweils als Gesamtheit auf mindestens zwei andere bestehende oder von ihm dadurch neu gegründete übernehmende Rechtsträger gegen Gewährung von Anteilen oder Mitgliedschaften dieser Rechtsträger an die **Anteilsinhaber** des übertragenden Rechtsträgers.
  - Bei der **Abspaltung** (§ 123 Abs. 2 UmwG) überträgt ein Rechtsträger (übertragender Rechtsträger) einen Teil oder mehrere **Teile** seines Vermögens jeweils als Gesamtheit auf einen oder mehrere bestehende bzw. neu gegründete Rechträger gegen Gewährung von Anteilen oder Mitgliedschaften dieses Rechtsträgers an die **Anteilsinhaber** des übertragenden Rechtsträgers.
  - Bei der **Ausgliederung** (§ 123 Abs. 3 UmwG) überträgt ein Rechtsträger (übertragender Rechtsträger) einen Teil oder mehrere **Teile** seines Vermögens jeweils als Gesamtheit auf einen oder mehrere bestehende oder neu gegründete Rechtsträger. Insoweit ist sie mit der Abspaltung strukturell vergleichbar. Jedoch werden die hierfür gewährten Anteile oder Mitgliedschaften dieses Rechtsträgers oder dieser Rechtsträger an den **übertragenden Rechtsträger** gewährt und nicht an die Anteilsinhaber des übertragenden Rechtsträgers, wie bei der Aufspaltung und Abspaltung.
- Bei der **Vermögensübertragung** (§§ 174 – 189 UmwG) geht es – wie auch bei der Verschmelzung oder Spaltung – um den Übergang des gesamten Vermögens eines Rechtsträgers im Wege der Gesamtrechtsnachfolge unter Auflösung ohne Abwicklung auf einen anderen Rechtsträger. Den Anteilseignern des übertragenden Rechtsträgers wird hierbei jedoch keine Beteiligung an dem übernehmenden Rechtsträger gewährt, sondern eine andere Form der Gegenleistung, wie etwa ein Entgelt. Eine Vermögensübertragung ist nach der abschließenden Regelung des § 175 UmwG nur möglich:
  - von einer Kapitalgesellschaft auf die Öffentliche Hand (§ 175 Nr. 1 UmwG) und
  - von Versicherungs-AGs, Versicherungsvereinen auf Gegenseitigkeit und auf öffentlich-rechtliche Versicherungsunternehmen untereinander (§ 175 Nr. 2 UmwG).
- Beim **Formwechsel** (§§ 190 – 304 UmwG) erfolgt keine Vermögensübertragung, sondern nur eine Änderung der Rechtsform des Unternehmens (§ 190 Abs. 1 UmwG). Dies geschieht durch den Umwandlungsbeschluss der Anteilseigner des formwechselnden Rechtsträgers (§ 193 UmwG). Das Unternehmen erhält eine neue Rechtsform, ohne dass sich seine Identität ändert.

2. Fremdfinanzierung

Bei der Fremdfinanzierung als Form der Außenfinanzierung ist allgemein zwischen langfristiger und kurzfristiger Fremdfinanzierung zu unterscheiden. Die Differenzierung erfolgt nach der Länge der **Laufzeit**. Die wesentlichen für die jeweilige Finanzierungsart zur Verfügung stehenden Instrumente sind im folgenden Schaubild im Überblick dargestellt. Ihre Absicherung erfolgt durch verschiedene Kreditsicherheiten, deren Einsatz und Eignung zur Kreditsicherung von der Wahl eines bestimmten Finanzierungsinstrumentes abhängig ist.

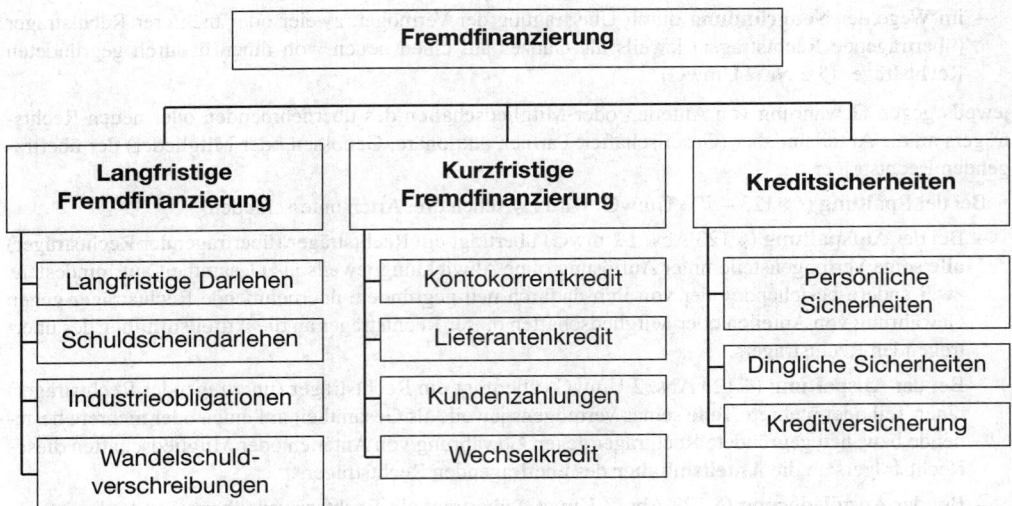

136 Möglich ist auch eine Differenzierung der verschiedenen Fremdfinanzierungsinstrumente nicht nach der Laufzeit, sondern nach der **Person des Kreditgebers**, wie in der folgenden Abbildung dargestellt.

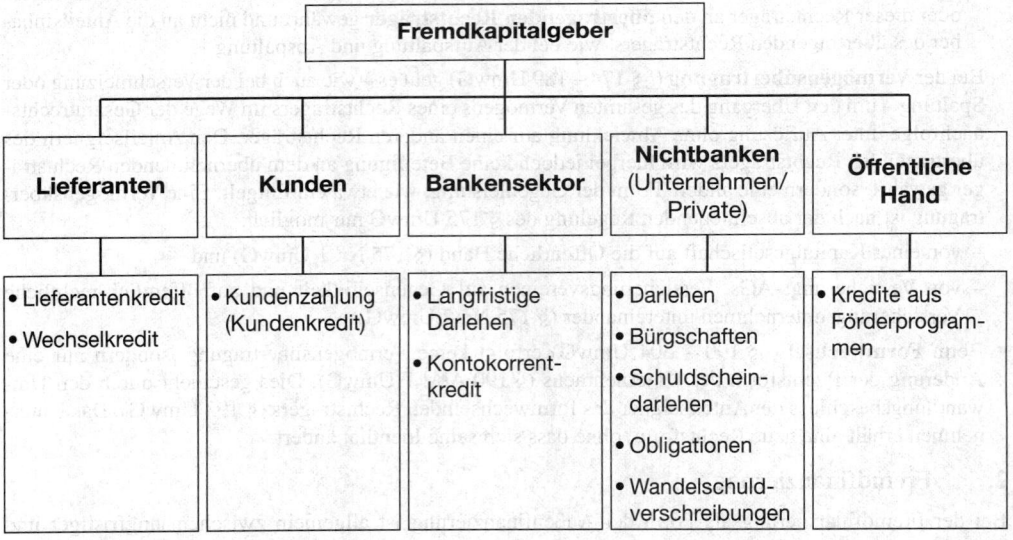

a) Langfristige Fremdfinanzierung

137 Als Mittel der langfristigen Fremdfinanzierung werden gemeinhin solche Instrumente eingeordnet, deren Laufzeit mehr als ein Jahr beträgt.

aa) Langfristige Darlehen

138 Langfristige Darlehen dienen i.d.R. zur Finanzierung von **Investitionen**, also der Anschaffung langfristig zu haltender Vermögensgegenstände des **Anlagevermögens**. Da die Finanzierungskosten langfristiger Finanzierungsmittel im Verhältnis zu kurzfristigen Finanzierungsmitteln (siehe Rn. 177 ff.) – relativ gesehen – regelmäßig geringer sind, können langfristige Darlehen jedoch auch dazu eingesetzt werden,

D. Finanzierungsinstrumente

Gegenstände des Umlaufvermögens, wie die Beschaffung von **Vorräten**, zu finanzieren, wenn diese z.B. langfristig vorfinanziert werden müssen. Die Finanzierung durch Darlehen stellt eine Fremdfinanzierung und – ebenso wie die Einlagen- bzw. Beteiligungsfinanzierung – eine Form der Außenfinanzierung dar. Dem Unternehmen wird von außen Fremdkapital für eine bestimmte Zeit überlassen.

Für **Gelddarlehen** gelten seit der Schuldrechtsreform die Vorschriften der **§§ 488 ff. BGB**. Der seltene Fall des Sachdarlehens ist dagegen in §§ 607 ff. BGB geregelt. Gemäß § 488 Abs. 1 Satz 1 BGB wird der Darlehensgeber durch den Darlehensvertrag verpflichtet, dem Darlehensnehmer einen Geldbetrag in der vereinbarten Höhe zur Verfügung zu stellen. Der Darlehensnehmer ist danach verpflichtet, einen geschuldeten Zins zu zahlen und bei Fälligkeit das zur Verfügung gestellte Darlehen zurückzuerstatten (§ 488 Abs. 1 Satz 2 BGB). Der Darlehensvertrag ist somit nunmehr als **Verpflichtungsvertrag** und nicht mehr als Realvertrag anzusehen.[94] Für **Unternehmerdarlehen** gelten allein die §§ 488 – 490 BGB. Die Vorschriften zum Verbraucherdarlehen nach §§ 491 – 498 BGB finden unter Unternehmern hingegen keine Anwendung.

139

Für die Vergabe langfristiger Darlehen an Unternehmen kommen **Hypothekenbanken**[95] und **Sparkassen, Kreditinstitute mit Sonderaufgaben, Kapitalsammelstellen** aber auch **Privatpersonen** in Betracht:

140

- Zur Finanzierung von mittelständischen Unternehmen bedient sich die öffentliche Hand sog. **Kreditinstitute mit Sonderaufgaben**. In Zeiten geringer Bereitschaft der Geschäftsbanken bei der Kreditvergabe, fördern diese langfristig ausgewählte Wirtschaftsbereiche. Beispiele für solche Kreditinstitute sind etwa die Ausführ-Kredit-Gesellschaft mbH, die Kreditanstalt für Wiederaufbau, die Deutsche Ausgleichsbank, Industriekreditbank AG, das European Recovery Program und die Landwirtschaftliche Ausgleichsbank.[96] Dabei werden die Darlehen regelmäßig nicht direkt von diesen Kreditinstituten ausgegeben, sondern von der jeweiligen (Haus-)Bank des Unternehmens, mit der das Institut zusammenarbeitet.

- Als Finanzierung durch eine **Kapitalsammelstelle** kommen vor allem Versicherungen in Betracht, die jedoch rigiden gesetzlichen Bestimmungen unterliegen[97] und die Darlehen regelmäßig nur als Schuldscheindarlehen anbieten können.

- Darlehen von **Privatpersonen** sind häufig Gesellschafterdarlehen. Bei der GmbH dienen sie häufig als Eigenkapitalersatz, d.h. sie werden anstelle der eigentlich gebotenen Eigenmittel der GmbH zugeführt. Diese Form der Finanzierung nimmt immer mehr an Bedeutung zu, denn sie ist schnell, unkompliziert und publizitätsfrei zu handhaben. Zugleich kann sie jedoch eine Gläubigergefährdung darstellen, insb. dann, wenn der das Darlehen gewährende Gesellschafter im Insolvenzfall insoweit zum konkurrierenden Insolvenzgläubiger wird.[98] Um dies zu vermeiden, hat die Rspr. und später auch der Gesetzgeber die Regelungen zum Eigenkapitalersatzrecht geschaffen (siehe dazu Teil 2: Gesellschaftsrecht, 2. Kapitel, § 1 Rn. 361 und 363 ff.).

- **Kreditbanken** kommen für langfristige Darlehen weniger in Betracht. Sie sind i.d.R. auf kurz- und mittelfristige Darlehen spezialisiert, denn sie refinanzieren sich meist durch kurzfristige Kundeneinlagen.

---

94 Vgl. hierzu Palandt/Putzo, BGB, Vor § 488 Rn. 1.
95 Hypothekenbankgesetz, 9.9.1998, BGBl. I, S. 2674. Gemäß § 1 HBG sind Hypothekenbanken privatrechtliche Kreditinstitute, deren Geschäftsbetrieb darauf gerichtet ist, **inländische Grundstücke** zu beleihen und aufgrund der erworbenen Hypotheken Schuldverschreibungen (Hypothekenpfandbriefe) auszugeben, Darlehen an inländische Körperschaften und Anstalten des öffentlichen Rechtes oder gegen Übernahme der vollen Gewährleistung durch eine solche Körperschaft oder Anstalt zu gewähren (Kommunaldarlehen) und aufgrund der erworbenen Forderungen Schuldverschreibungen (Kommunalschuldverschreibungen) auszugeben.
96 Vgl. dazu Schneck, Finanzierung, S. 97; Wöhe/Bilstein, Grundzüge der Unternehmensfinanzierung, S. 210.
97 Versicherungsaufsichtsgesetz (VAG), 17.12.1992, BGBl. 1993 I, S. 2.
98 Scholz/K. Schmidt, GmbHG, §§ 32a, 32b Rn. 2.

141 Bei langfristigen Darlehen fällt die Kreditwürdigkeitsprüfung der Kreditinstitute besonders umfangreich aus. Den Kreditinstituten stellt sich die Abwicklung der Fremdfinanzierung wie folgt dar:

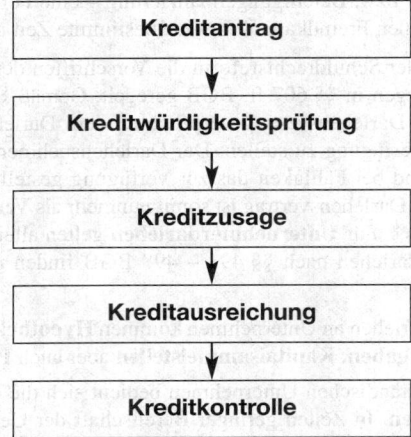

142 Bei der **Kreditwürdigkeitsprüfung** prüfen die Kreditgeber die rechtlichen, persönlichen und wirtschaftlichen Verhältnisse.
- Im Zuge der Prüfung der **persönlichen Kreditwürdigkeit** kommt es auf die persönliche Vertrauenswürdigkeit derjenigen Person an, die einen Darlehensvertrag im eigenen oder im Namen des Unternehmens abschließt. Dabei spielen regelmäßig Werdegang, familiäre Verhältnisse, Erfahrungen und Lebensstil eine Rolle. Als wichtiger Hilfe bedienen sich die Kreditinstitute regelmäßig der **SCHUFA** (Schutzgemeinschaft für allgemeine Kreditsicherung) oder etwa der **Creditreform**.
- Im Rahmen der **wirtschaftlichen Kreditwürdigkeitsprüfung** sammelt das Kreditinstitut Informationen über die wirtschaftlichen Verhältnisse der Unternehmung, um die Fähigkeit zur Rückzahlung des Darlehens und der Zinsen abschätzen zu können.

143 Wesentlich für die Entscheidung über eine Kreditzusage wirken sich aber auch die Möglichkeiten zur **Absicherung des Kredits** aus. Relevant können hierbei sein:
- die Begrenzung des Risikos im Wege einer Risikostreuung, z.B. durch die Bildung eines Bankenkonsortiums,
- der Umfang der Gegenleistungen für das Darlehen (Höhe der Zinsen, Mitbestimmungsrechte),
- klassische Kreditsicherungsinstrumente (persönliche Sicherheiten, dingliche Sicherheiten).

bb) Schuldscheindarlehen

144 Eine weitere Form der Fremdfinanzierung ist das Schuldscheindarlehen.[99] Hierbei handelt es sich um ein langfristiges **Großdarlehen**, das Industrieunternehmen, öffentliche Stellen oder bestimmte Kreditinstitute mit Sonderaufgaben (direkt oder indirekt über eine Bank) in erster Linie bei Kapitalsammelstellen aufnehmen, und über das zu Zwecken der Beweissicherung ein **Schuldschein** ausgestellt wird.[100]

Der Schuldschein ist eine Urkunde, in der der Schuldner zur Beweiserleichterung das Bestehen einer Schuld bestätigt. Schuldscheindarlehen werden typischerweise von Versicherungsunternehmen, auch von Trägern der Sozialversicherung und anderen Kapitalsammelstellen, gewährt und erhielten ihren Namen von der früher üblichen Unterlegung langfristiger Darlehen durch einen Schuldschein. Der Schuldschein

---

99 Siehe hierzu auch Perridon/Steiner, Finanzwirtschaft der Unternehmung, S. 423 ff.
100 Zu den Motiven des Kapitalgebers siehe auch Grunow/Figgener, Handbuch Moderne Unternehmensfinanzierung, S. 170.

ist aber kein verbrieftes Darlehen, keine Schuldverschreibung und kein Wertpapier, sondern dient lediglich der Beweissicherung.

Die Bonitätsanforderungen, die von den Versicherungsunternehmen an die sog. Deckungsstockfähigkeit einer Anlage gestellt werden, sind ausschlaggebend dafür, ob ein Unternehmen schuldscheinfähig ist oder nicht. 145

Versicherungen brauchen nur einen kleinen Teil ihrer Prämieneinnahmen für die laufende Risikoabdeckung. Der weitaus größere Teil kann deshalb als Sparbestandteil der langfristigen Vermögensanlage dienen. Solche Vermögensanlagen sind einem für die langfristigen Ansprüche der Versicherten reservierten Sondervermögen, dem sog. **Deckungsstock** (Prämienreservefonds), zuzuführen.

Schuldscheindarlehen werden nur in Ausnahmefällen direkt und selbst vermittelt. In der Praxis kommen die Verträge über Schuldscheindarlehen meist indirekt über eine dazwischengeschaltete Bank zustande, wobei diese nur als reiner Vermittler auftreten kann.[101] Oft nimmt sie aber nicht nur die Rolle des Maklers ein, sondern geht selbst eine Gläubiger-Schuldner-Beziehung mit den kreditsuchenden Unternehmen ein. Anhand dieser unterschiedlichen Möglichkeiten werden die **Varianten** des indirekten Schuldscheindarlehens folgendermaßen bezeichnet: 146

- Bei einem **Schuldscheindarlehen auf Zessionsbasis** ist die Bank nur vorübergehend primärer Darlehensgeber, denn sie behält sich das Recht vor, die Forderung an Dritte abzutreten (Zession). Im Anschluss daran platziert die Bank das Darlehen durch Teilabtretungen ihrer Darlehensforderung bei anderen Kapitalsammelstellen. Dazu macht das Kreditinstitut den Versicherungsunternehmen ein Angebot zur Übernahme des gesamten Darlehens oder von Teilbeträgen.
- Gewährt ein Versicherer einer Bank ein Schuldscheindarlehen mit der Bedingung, es an bestimmte Enddarlehensnehmer weiterzureichen, so spricht man von einem **Refinanzierungsdarlehen**. Letztendlich kommt es dann zu zwei fast gleich lautenden, rechtlich aber voneinander unabhängigen Verträgen. Zum einen wird ein Darlehensvertrag zwischen dem Versicherer und der Bank geschlossen und zum anderen einer zwischen der Bank und dem endgültigen Darlehensnehmer. Die Zwischenschaltung der Bank ermöglicht mittelständischen Unternehmen den Zugang zu Schuldscheindarlehen. Direkt wäre dies nicht möglich, da die Emissionen von Schuldtiteln solcher Unternehmen i.d.R. nicht deckungsstockfähig sind.
- Bei einem **Globaldarlehen** legt der Versicherer langfristig Geld bei einer Bank fest. Diese kann dann Enddarlehensnehmern, die zurzeit der Schuldscheindarlehensvergabe durch den Versicherer noch nicht feststanden, Schuldscheine geben.

Eine weitere Unterscheidung der Schuldscheindarlehen kann nach der **Art der Mittelaufbringung** erfolgen: 147

- Beim **Einzelschuldscheindarlehen** bringt ein einziger Versicherer das Darlehen auf.
- Beim **Konsortialdarlehen** wird das Darlehen von mehreren Versicherern aufgebracht, um das damit verbundene Risiko auf mehrere Schultern zu verteilen. Oft werden dafür Banken oder andere Finanzmakler als Vermittler dazwischengeschaltet.

Schließlich ergeben sich noch Unterschiede bei der **Abstimmung auf den Finanzmittelbedarf** des Darlehensnehmers: 148

- Bei der **laufzeitkonformen Platzierung** stellt der Darlehensgeber das Kapital genau mit der Laufzeit zur Verfügung, für die der Kapitalnehmer Kapital sucht.
- Bei der **laufzeitinkonformen Platzierung** benötigt der Darlehensnehmer das Kapital für einen längeren Zeitraum als die Darlehensgeber bereit sind, es zur Verfügung zu stellen. Wenn die Bereitstellung von langfristigem Kapital dennoch funktionieren soll, so ist dies nur durch eine Fristentransformation möglich. In diesem Fall verlängern die Darlehensgeber entweder ihre Mittel jeweils nach Ablauf der

---

101 Zur Rolle der Bank Lwowski, in: Schimanski/Bunte/Lwowski, Bankrechtshandbuch, Bd. 1, § 75 Rn. 20.

Frist (Prolongation) oder es müssen neue Kapitalgeber gefunden werden, die die nicht prolongierten Beträge ersetzen (Substitution).

149 Eine **vorzeitige Tilgung** eines Schuldscheindarlehens ist i.d.R. nicht möglich. Ab einem gewissen Finanzierungsvolumen übersteigen die höheren Zinskosten des Schuldscheindarlehens i.d.R. die mit der Emission von Industrieobligationen verbundenen Emissionskosten und laufenden **Kosten** wie Kuponeinlösungsprovisionen, Auslosungs- und Kurspflegekosten.[102]

cc) Industrieobligationen

150 Industrieobligationen sind verzinsliche Schuldverschreibungen, die am Kapitalmarkt platziert werden. Es handelt sich um Wertpapiere, die in Serie zu gleichen Bedingungen ausgegeben werden, und in denen das Unternehmen den Kapitalgebern Rückzahlung und Verzinsung einer bestimmten Geldsumme zu im Voraus festgelegten Bedingungen verspricht. Wirtschaftlich ist eine Industrieobligation ein in Teilbeträge aufgeteiltes langfristiges **Großdarlehen** auf einheitlicher Grundlage.[103]

Durch die Ausgabe der Obligation (Anleihe) tritt ein Unternehmen als Anleihenehmer in Rechtsbeziehung zu einer Vielzahl von Geldgebern. Die Einzelheiten sind in den **Anleihebedingungen** geregelt. Dabei sind die einzelnen Forderungsrechte der Gläubiger hinsichtlich ihres Bestandes und in ihrer Ausübung grds. voneinander unabhängig, können also jeweils für sich allein ohne Mitwirkung der übrigen Gläubiger geltend gemacht werden. Nur in Einzelfällen sieht das Gesetz kollektives Handeln der Gläubiger vor.

151 Industrieobligationen werden entweder öffentlich zur Zeichnung angeboten oder auf dem Wege der Privatplatzierung einem ausgewählten Investorenkreis offeriert. Oft tritt eine mit der **Emission** einhergehende oder nachgelagerte Börsenzulassung hinzu.

Die Verbriefung der Forderung des Anleihegläubigers erfolgt in einem **Wertpapier**. Dabei kann zwischen Inhaber- und Namensschuldverschreibungen unterschieden werden. Die Inhaberschuldverschreibungen sind in den §§ 793 ff. BGB gesetzlich geregelt und stellen den Regelfall dar. Sie sind einfach zu übertragen und werden daher in der Praxis präferiert.

152 Traditionell am häufigsten werden Industrieobligationen als **fest verzinsliche Anleihen** (Straight Bonds, Fixed Rate Bonds) begeben. Bei einer festgelegten max. Laufzeit wird ein fester Nominalzinssatz (Kuponrate) gewährt, bis die Rückzahlung des Anleihebetrages in Höhe des Nominalwertes ansteht.

153 Als Alternative zu den klassischen fest verzinslichen Anleihen werden **variabel verzinsliche Anleihen** emittiert. Sie sind dadurch charakterisiert, dass der Zinssatz nicht für die gesamte Laufzeit der Anleihen festgelegt ist, sondern in regelmäßigen Abständen an die jeweiligen Marktkonditionen angepasst wird.

154 Bei **Nullkuponanleihen** (Zero Bonds) wird überhaupt keine regelmäßig wiederkehrende Verzinsung gewährt. Der Zinseffekt entsteht allein durch den Unterschied zwischen dem Ausgabe- und dem Rückzahlungskurs. In der Praxis haben sich besonders zwei Arten der Nullkuponanleihe herausgebildet. Die einen werden zu einem Preis ausgegeben, der wesentlich unter dem Nennwert liegt. Zum Ende der Laufzeit erfolgt dann die Rückzahlung zum Nennwert. In einer anderen Variante wird die Anleihe zum Nennwert ausgegeben und zu einem höheren Kurs zurückgezahlt. Nullkuponanleihen haben für den Emittenten u.a. den Vorteil, dass er während der gesamten Laufzeit der Anleihe keine Liquidität für Zinszahlungen bereitstellen muss.

155 Industrieobligationen sind normalerweise bis zum Ende der Laufzeit nicht kündbar. Möglich ist aber auch die Festlegung eines **ordentlichen Kündigungsrechtes** für den Emittenten (Call Option). Es muss allerdings ausdrücklich in den Anleihebedingungen vereinbart sein. In diesem Zusammenhang ist umstritten, inwieweit § 489 BGB auf die Industrieobligationen als Schuldverschreibung anwendbar ist. Von der h.M.

---

[102] Zu den Vor- und Nachteilen des Schuldscheindarlehens Grunow/Figgener, Handbuch Moderne Unternehmensfinanzierung, S. 173 f.; eine vergleichende Übersicht zu Schuldscheindarlehen und Industrieobligationen findet sich bei Perridon/Steiner, Finanzwirtschaft der Unternehmung, S. 425 f.

[103] Vgl. Perridon/Steiner, Finanzwirtschaft der Unternehmung, S. 405 ff.

wird eine Anwendbarkeit des § 489 BGB abgelehnt, da Schuldverschreibungen regelmäßig ein abstraktes Schuldversprechen und nicht eine Darlehensforderung verkörpern.[104]

Für die **Rückzahlung** kommt die Tilgung der Schuldverschreibung in einem einzigen Betrag, in gleichen Raten über die Laufzeit sowie in Form von Annuitäten mit variierendem Zins- und Tilgungsanteil in Frage. Werden die Anleihen nicht am Ende der Laufzeit zurückgezahlt, sondern entsprechend einem im Zeitpunkt der Ausgabe festzulegenden Tilgungsplan, kann vorgesehen werden, dass eine in Serien zerlegte Industrieobligation nach vertraglich festgelegten tilgungsfreien Zeiten in einer durch Los bestimmten Reihenfolge zurückbezahlt wird. Das Unternehmen kann auch Rückkäufe am Markt in Höhe der entsprechenden Tilgungsbeträge tätigen. 156

Bei der Ausgabe von Industrieobligationen kann abhängig von der Bonität und dem Rating des Emittenten **Bedarf für die Besicherung** bestehen. Neben der Verwendung der traditionellen Sicherungsinstrumente der Personal- und Realsicherheiten lässt sich dabei auch der Einsatz von Abreden mit Sicherungsfunktionen, also Berichts- und Verhaltenspflichten, feststellen. Eine Verletzung dieser Zusicherungen führt i.d.R. zu einem **außerordentlichen Kündigungsrecht** der Gläubiger der Industrieobligationen. Häufig anzutreffen ist auch eine sog. **Negativerklärung** (Negative Pledge), in der sich der Emittent verpflichtet, während der Laufzeit der Industrieobligation keine anderen, der Anleihe gleich- oder nachrangigen Verbindlichkeiten zu besichern oder deren Besicherung zu dulden bzw. für diese nur ganz genau umschriebene Sicherheiten zu bestellen. 157

dd) Wandelschuldverschreibungen[105]

Die Wandel- und die Optionsanleihe sind in § 221 Abs. 1 Satz 1 AktG unscharf gemeinsam unter dem Oberbegriff „Wandelschuldverschreibung" als Schuldverschreibung, bei denen den Gläubigern ein **Umtausch- oder Bezugsrecht auf Aktien** eingeräumt wird, definiert.[106] Wandel- und Optionsanleihe sind jedoch klar zu unterscheiden. Der Gesetzeswortlaut ist insoweit missverständlich.[107] Obwohl nur im AktG ausdrücklich geregelt, sind beide Instrumente mit einem etwas höheren Aufwand auch bei der Gesellschaft mit beschränkter Haftung implementierbar.[108] 158

(1) Erscheinungsformen

Als **Wandelanleihe** bezeichnet man eine Schuldverschreibung, die mit einem Wandlungsrecht ausgestattet ist, aufgrund dessen der Gläubiger seinen Anspruch auf Rückzahlung des gewährten Darlehens sowie ggf. der aufgelaufenen Zinsen zu einem vorher festgelegten Wandlungsverhältnis in Aktien bzw. andere Gesellschaftsanteile tauschen kann.[109] Die Rückzahlung des Darlehensbetrages entfällt im Fall der Ausübung und der Anleihegläubiger wird durch die Ausübung des Wandlungsrechtes unmittelbar Aktionär bzw. Gesellschafter. 159

Eine **Optionsanleihe** gewährt kein Umtauschrecht, sondern ein Bezugsrecht auf junge Aktien bzw. andere Gesellschaftsanteile des Unternehmens neben dem Rück- und ggf. Zinszahlungsanspruch.[110] Dem Gläubiger steht weiterhin der Rückzahlungsanspruch gegen die Gesellschaft zu. Zusätzlich hat er das 160

---

104 MünchKomm-BGB/Berger, § 489 Rn. 8; Siebel, Rechtsfragen internationaler Anleihen, S. 624; Maier-Reimer, in: Baums/Cahn, Die Reform des Schuldverschreibungsrechts, S. 129, 135; a.A.: Häuser/Welter, NJW 1987, 12, 21; zum Meinungsstand vgl. auch Hopt/Mülbert, WM 1990, Sonderbeilage Nr. 3, 3.
105 Zur Wandelschuldverschreibung in der Unternehmensfinanzierung: Kerber, Eigenkapitalverwandte Finanzierungsinstrumente.
106 Hüffer, AktG, § 221 Rn. 3; Krieger, in: Münchener Handbuch des Gesellschaftsrechts, Bd. 4, § 63 Rn. 4.
107 Hüffer, AktG, § 221 Rn. 3.
108 Achleitner/von Einem/von Schröder, Private Debt – Alternative Finanzierung für den Mittelstand, S. 159; kritisch: Lutter/Hommelhoff, GmbHG, § 55 Rn. 42.
109 Hüffer, AktG, § 221 Rn. 4; Krieger, in: Münchener Handbuch des Gesellschaftsrechts, Bd. 4, § 63 Rn. 4; Wiese/Dammer, DStR 1999, 867.
110 Hüffer, AktG, § 221 Rn. 6; Krieger, in: Münchener Handbuch des Gesellschaftsrechts, Bd. 4, § 63 Rn. 4; Wiese/Dammer, DStR 1999, 868.

Optionsrecht, Anteile zu einem bestimmten Preis zu erwerben. Oftmals werden die Optionsrechte als sog. „naked warrants" auch getrennt von der Anleihe verbrieft, damit sie unabhängig von ihr gehandelt werden können.

(2) Begebungsvoraussetzungen

161 Wandelschuldverschreibungen einer AG dürfen gemäß § 221 Abs. 1 Satz 1 AktG nur auf der Grundlage eines Beschlusses ihrer Hauptversammlung ausgegeben werden. Der Beschluss ist mit einer Mehrheit von drei Vierteln des vertretenen Grundkapitals zu fassen, sofern in der Satzung nichts Abweichendes geregelt ist (§ 221 Abs. 1 Satz 2, Satz 3 AktG). I.d.R. beschließt die Hauptversammlung allerdings nicht direkt die Ausgabe von Wandelschuldverschreibungen, sondern ermächtigt den Vorstand zu ihrer Ausgabe. Die **Ermächtigung** kann für die Dauer von höchstens fünf Jahren erteilt werden (§ 221 Abs. 2 Satz 1 AktG).

Die **Zustimmung des Aufsichtsrates** ist grds. nicht erforderlich. Ein Zustimmungserfordernis ergibt sich aber häufig aus der Geschäftsordnung des Vorstandes bzw. der Geschäftsführung oder weil der Aufsichtsrat die Begebung ad hoc von seiner Zustimmung abhängig gemacht hat.

162 Die Ausgabe einer Wandelschuldverschreibung stellt i.d.R. eine kursrelevante Tatsache dar. Die Gesellschaft ist daher verpflichtet, die notwendigen **Ad-hoc-Meldungen** gemäß § 15 WpHG vorzunehmen.

(3) Sicherstellung des Erfüllungsanspruches

163 Das Unternehmen, das die Wandelschuldverschreibungen begibt, hat sicherzustellen, dass im Fall der Wandlung oder der Ausübung des Optionsrechtes die geschuldete Anzahl von Aktien an die Inhaber der Wandelschuldverschreibungen ausgegeben werden können.

Dazu wird i.d.R. ein **bedingtes Kapital** (vgl. § 192 Abs. 2 Nr. 1 AktG) geschaffen. Die Durchführung einer bedingten Kapitalerhöhung ist allerdings nur insoweit notwendig, als nicht auf eigene Aktien zurückgegriffen werden kann.

Zur Absicherung der Verpflichtungen aus Wandelschuldverschreibungen kann auch ein **genehmigtes Kapital** nach den §§ 202 ff. AktG genutzt werden. Die Schaffung genehmigten Kapitals ist jedoch schwerer zu handhaben und aufwändiger. In der Praxis wird genehmigtes Kapital daher nur in Ausnahmefällen, in denen das bedingte Kapital erst noch geschaffen werden muss oder nicht ausreicht, verwendet.[111]

Zulässig ist auch die Bedienung von Wandlungsrechten aus eigenen Aktien der Gesellschaft.[112] Dies gilt jedenfalls immer dann, wenn der Ermächtigungsbeschluss über die Ausgabe von Wandelschuldverschreibungen die **Bedienung aus dem Bestand eigener Aktien** ausdrücklich vorsieht.

(4) Bezugsrechtsausschluss

164 Sollen die Wandelschuldverschreibungen im Wege der **Privatplatzierung** an den Kapitalmarkt gebracht werden, macht dies den Ausschluss des Bezugsrechtes der Altaktionäre erforderlich. Der Ausschluss des Bezugsrechtes bedarf eines Beschlusses der Hauptversammlung (§ 221 Abs. 4 Satz 2 AktG i.V.m. § 186 Abs. 3, Abs. 4 AktG), der einer Mehrheit von mindestens drei Vierteln des bei der Beschlussfassung vertretenen Grundkapitals bedarf, sofern die Satzung nichts anderes vorsieht. Der Bezugsrechtsausschluss kann bereits im Beschluss über die Ermächtigung des Vorstandes zur Ausgabe der Wandelschuldverschreibungen enthalten sein oder der Vorstand kann zum Ausschluss des Bezugsrechtes ermächtigt werden.

---

111 Schlitt/Hemeling, in: Habersack/Mülbert/Schlitt, Unternehmensfinanzierung am Kapitalmarkt, § 9 Rn. 31.
112 Krieger, in: Münchener Handbuch des Gesellschaftsrechts, Bd. 4, § 63 Rn. 18; Schäfer, ZGR 2000, Sonderheft Nr. 16, 62, 71; Hirte, ZGR 2000, Sonderheft Nr. 16, 1, 18; Schlitt/Löschner, BKR 2002, 150, 152; Schlitt/Hemeling, in: Habersack/Mülbert/Schlitt, Unternehmensfinanzierung am Kapitalmarkt, § 9 Rn. 32; Schlitt/Seiler/Singhof, AG 2003, 254, 256 f.

(5) Anleihebedingungen

In den Anleihebedingungen werden die Einzelheiten der mit der Wandelschuldverschreibung verbundenen Rechte und Pflichten festgelegt. Einige ausgewählte Klauseln werden im Folgenden näher erläutert.

Zunächst enthalten die Anleihebedingungen regelmäßig Bestimmungen zum Wandlungszeitpunkt oder zum Zeitpunkt der Optionsausübung. Sie können auch vorsehen, dass das Wandlungs- bzw. Optionsrecht nur innerhalb eines bestimmten Zeitraumes ausgeübt werden darf (**Wandlungs- bzw. Optionsfrist**). Zusätzlich enthalten die Bedingungen oft noch Ausschlusszeiträume, während derer die Ausübung nicht möglich ist.

Formulierungsbeispiel: Typische Klausel zu Wandlungs- und Optionsfristen

Die Ausübung von Wandlungsrechten ist nur innerhalb von vier Ausübungszeiträumen pro Geschäftsjahr („**Ausübungszeiträume**") zulässig, deren Beginn und Dauer sich nach folgenden Regelungen bestimmt:

a) Die Ausübungszeiträume beginnen grds. jeweils am ersten Werktag eines jeden Geschäftsjahresquartals. Fällt der Beginn eines Ausübungszeitraumes in einen ausübungsfreien Zeitraum gemäß lit. c), so beginnt der betreffende Ausübungszeitraum am ersten Werktag nach dem Ende des ausübungsfreien Zeitraums.

b) Jeder Ausübungszeitraum hat eine Dauer von zwanzig Werktagen, die sich um die Anzahl der Werktage verlängert, während derer die Ausübung von Wandlungsrechten gemäß lit. c) nicht zulässig ist.

c) Die Ausübung der Wandlungsrechte ist unzulässig in den Zeiträumen

   aa) zwischen dem letzten Hinterlegungstag für die Aktien oder, wenn eine Hinterlegung nicht erfolgt, dem siebten Werktag vor jeder Hauptversammlung der Gesellschaft und dem dritten Werktag nach der jeweiligen Hauptversammlung und

   bb) zwischen dem Tag, an dem die Gesellschaft ein Angebot zum Bezug von neuen Aktien oder Wandel- oder Optionsschuldverschreibungen durch Anschreiben an alle Aktionäre oder durch Veröffentlichung in einem Gesellschaftsblatt der Gesellschaft bekannt gibt, und dem Tage, an dem die Bezugsfrist endet;

   cc) ab dem zwölften Werktag vor dem Ende des Geschäftsjahres der Gesellschaft bis zu dem ersten Werktag des neuen Geschäftsjahres.

Die Möglichkeit der Ausübung des Wandlungs- oder Optionsrechts kann zudem an den Eintritt einer **aufschiebenden Bedingung** i.S.d. § 158 Abs. 1 BGB geknüpft werden. Praktisch bedeutsamstes Beispiel dieser Gestaltungsform ist die Going-Public-Anleihe, bei der die Ausübung des Wandlungs- bzw. Optionsrechtes vom Börsengang der emittierenden Gesellschaft abhängig gemacht wird.

Die Anleihebedingungen können zur Erhöhung der Planungssicherheit des emittierenden Unternehmens auch eine **Pflicht zur Ausübung des Wandlungs- bzw. Optionsrechtes** begründen. Unter Umständen kann das mit Hilfe der Wandelschuldverschreibung aufgebrachte Kapital dann bereits vor dem Tausch in Aktien wie Eigenkapital der Gesellschaft behandelt werden.[113]

Weiter ist in den Anleihebedingungen das **Wandlungs- bzw. Bezugsverhältnis** festzulegen. Dabei besteht ein hohes Maß an Flexibilität. So kann z.B. das Verhältnis an die Entwicklung des Aktienkurses geknüpft werden. Erwogen wird auch die Möglichkeit, das Wandlungsverhältnis zu Gunsten der Anleihegläubiger anzupassen, wenn die Dividendenausschüttung den Durchschnitt der beiden letzten Jahre vor Begebung der Wandelschuldverschreibung übersteigt.

---

[113] Friel, Wandelanleihen mit Pflichtwandlung, S. 129; Rozijn, ZBB 1998, 77, 82; Schlitt/Hemeling, in: Habersack/Mülbert/Schlitt, Unternehmensfinanzierung am Kapitalmarkt, § 9 Rn. 52.

171 **Formulierungsbeispiel: Typische Klausel zum Wandlungsverhältnis**

> Im Erwerbszeitpunkt berechtigt eine Anleihe im Nominalwert von ... € zum Bezug von ... Aktien; Entsprechendes gilt für die aufgelaufenen Zinsen. Dieses Verhältnis („**Wandlungsverhältnis**") bleibt vorbehaltlich nachfolgender Regelungen bis zur Ausübung des Wandlungsrechtes unverändert. Soweit aufgrund einer Anpassung des Wandlungsverhältnisses gemäß den nachfolgenden Absätzen eine Anleihe zum Bezug von Bruchteilen von Aktien berechtigt, wird die Anzahl aller zu gewährenden Aktien auf die nächstniedrigere ganze Zahl abgerundet.
>
> Im Fall einer Kapitalerhöhung aus Gesellschaftsmitteln wird ein bestehendes bedingtes Kapital gemäß § 218 AktG im gleichen Verhältnis wie das Grundkapital erhöht. Im gleichen Verhältnis erhöht sich das Wandlungsverhältnis.
>
> Im Fall einer ordentlichen Kapitalherabsetzung gemäß § 222 AktG oder einer Kapitalherabsetzung durch Einziehung von Aktien gemäß § 237 AktG ist das Wandlungsverhältnis entsprechend nach unten anzupassen.

172 Die meisten Wandelschuldverschreibungen sind mit einer festen **Verzinsung** versehen. Möglich und zulässig ist aber auch eine variable Verzinsung.[114] Die Verzinsung kann sich auch an der Dividende orientieren, die die Gesellschaft ihren Anteilseignern ausschüttet. Als Nullkupon-Anleihe wird eine solche Wandelschuldverschreibung bezeichnet, bei denen sich die Rendite allein aus der Differenz zwischen dem Nennbetrag und dem regelmäßig erheblich darüber liegenden Ausgabekurs ergibt (vgl. dazu Teil 2: Gesellschaftsrecht, 2. Kapitel, § 2 Rn. 545).[115]

173 **Formulierungsbeispiel: Klausel zur festen Verzinsung**

> Das Wandeldarlehen ist bis zum Ende seiner Laufzeit mit ... % p.a. zu verzinsen.
>
> Die Zinsen sind mit der Rückzahlung des Wandeldarlehens bzw. mit Ausübung des Wandlungsrechtes fällig. Für eine zeitanteilige Berechnung von Zinsen wird von einem Jahr mit 360 Tagen und mit 12 Monaten zu je 30 Tagen ausgegangen.

174 Häufig sehen Anleihebedingungen auch ein Recht der die Wandelschuldverschreibung begebenden Gesellschaft zur **Rückzahlung vor dem Laufzeitende** vor.

175 Schließlich kann sich der Anleiheschuldner auch vorbehalten, den Anleihegläubiger bei Geltendmachung seines Umtausch- oder Optionsrechtes durch Zahlung eines Barausgleichsbetrages zu befriedigen anstatt Aktien an ihn auszugeben. Man spricht dann auch von **Cash Settlement**.

176 **Formulierungsbeispiel: Typische Cash-Settlement-Klausel**

> Fällige Wandlungsansprüche sind durch die Verschaffung von nennwertlosen Stammaktien aus dem hierfür geschaffenen bedingten Kapital der Gesellschaft zu erfüllen.
>
> Nach Unterzeichnung der Bezugserklärung gemäß § 198 AktG hat die Gesellschaft die entsprechende Anzahl von Aktien an den Anleiheinhaber auszugeben. Die jungen Aktien nehmen vom Beginn des Geschäftsjahres, in dem sie entstehen, am Gewinn teil.
>
> Die Gesellschaft behält sich vor, den Anleihegläubiger statt durch Verschaffung nennwertloser Stammaktien in Geld zu befriedigen.

---

114 Schlitt/Hemeling, in: Habersack/Mülbert/Schlitt, Unternehmensfinanzierung am Kapitalmarkt, § 9 Rn. 47.
115 Zu Nullkupon-Anleihen vgl. Ulmer/Ihrig, ZIP 1985, 1169.

b) Kurzfristige Fremdfinanzierung

Im Bereich der kurzfristigen Fremdfinanzierung kann von **Kreditgewährung mit Laufzeit bis zu einem Jahr** ausgegangen werden. Wesentliche Instrumente sind der Kontokorrentkredit, der Lieferantenkredit, Kundenanzahlungen sowie der Wechselkredit.

aa) Kontokorrentkredit

Durch einen Kontokorrentkredit wird dem Unternehmen ein **Spielraum zur Überziehung** seines Kontos eingeräumt. Der Kredit entsteht bei der Abwicklung des Zahlungsverkehrs.

Die Bank, i.d.R. die Hausbank des Unternehmens, räumt diesem einen Kredit bis zu einer bestimmten Höhe ein, d.h. das Unternehmen kann sein Konto bis zu einem vereinbarten Maximalbetrag (Kreditlinie) überziehen. So entsteht ein Kontokorrent i.S.d. §§ 355 ff. HGB, d.h. eine laufende Rechnung, die ein wechselseitiges Schuld- und Guthabenverhältnis darstellt. Der Kontokorrent dient zwar der kurzfristigen Finanzierung, das Kontokorrentverhältnis ist aber, obwohl es, wenn der Vertrag nichts anderes vorsieht, jederzeit gekündigt werden kann (§ 355 Abs. 3 HGB), de facto langfristig.

Da die Inanspruchnahme eines Kontokorrentkredites durch das Unternehmen kurzfristig jederzeit und in unterschiedlicher Höhe erfolgen kann, sind die für ihn verlangten Zinsen in aller Regel relativ ungünstig.[116] Er eignet sich im Rahmen der Unternehmensfinanzierung daher im Allgemeinen nur zur Überbrückung kurzfristiger Liquiditätsengpässe.

bb) Lieferantenkredit

Beim Lieferantenkredit handelt es sich um einen Kredit, den der Lieferant dem Unternehmen durch **Gewährung eines Zahlungsziels**, also durch eine hinausgeschobene Bestimmung der Leistungszeit für seine Forderung i.S.d. § 271 BGB, einräumt. Der Lieferantenkredit ist eine übliche Form der Finanzierung des Warenumschlags und wird meist für 30–90 Tage gewährt. Zahlt der Kunde vor Ablauf des Zahlungsziels, so kann er meist ein nach Zeitspannen gestaffeltes Skonto abziehen. Zur Sicherung des Lieferantenkredits bedient sich der Lieferant meist des Eigentumsvorbehaltes. Berücksichtigt man die Kurzfristigkeit dieses Kredits und die Möglichkeit, bei sofortiger Zahlung ein Skonto zu erhalten, ist auch dieser Kredit aus Sicht des Unternehmens eine relativ teure Form der Kapitalbeschaffung.[117]

cc) Kundenanzahlungen

Kundenanzahlungen (auch Abnehmerkredit, Anzahlung oder Vorauszahlungskredit genannt) stellen einen Kredit des Auftraggebers an seinen Lieferanten und somit eine spezielle Form des Handelskredits dar. Der Auftraggeber leistet **Zahlungen von Teilbeträgen vor Erbringung der vertraglich vereinbarten Leistung** zu bestimmten Terminen, die zumeist vom Fortschritt mit der zu erbringenden Leistung abhängig sind, vor. Die Höhe und Frequenz der Zahlungen hängen von den Usancen der jeweiligen Branche und der konjunkturellen Situation ab (Auslastungsgrad und Auftragslage). Der Kredit wird zinslos gewährt und kommt durch eine **Vorleistung** i.S.d. § 320 Abs. 1 Satz 1, 2. Halbs. BGB zustande.

Die Ursache für die Kreditinanspruchnahme liegt letztlich in der langen Kapitalbindungsdauer, die mit der Planung, Vorbereitung und Erstellung insb. von größeren Projekten verbunden ist. Die Kundenanzahlung führt, dem Umfang sowie Zeitraum seiner Gewährung entsprechend, zu einer **Senkung der Zwischenfinanzierungskosten** des auftragnehmenden Unternehmens. Auch wird in einem gewissen Maße das Risiko der Nichtabnahme durch den Besteller reduziert. Der Auftraggeber ist dann an einer Einräumung einer Kundenanzahlung interessiert, wenn er dadurch günstigere Lieferzeiten oder Preiszugeständnisse erhalten kann.

---

[116] Zu den Kosten des Kontokorrentkredits vgl. Perridon/Steiner, Finanzwirtschaft der Unternehmung, S. 438 f.; Wöhe/Bilstein, Grundzüge der Unternehmensfinanzierung, S. 311 ff.

[117] Eingehend zu den Kosten des Lieferantenkredits Perridon/Steiner, Finanzwirtschaft der Unternehmung, S. 437; Wöhe/Bilstein, Grundzüge der Unternehmensfinanzierung, S. 298 ff.

183 Kundenanzahlungen kommen vor allem im **Großanlagengeschäft** (Herstellung von schlüsselfertigen Anlagen, wie Kraftwerke, Fabriken etc.), im Schiffs- und Flugzeugbau, in der Bauindustrie, in der Maschinenbauindustrie (Herstellung von Spezialmaschinen, Industrierobotern etc.) sowie im Zusammenhang mit der Erstellung von umfangreichen Sachverständigengutachten vor.

dd) Wechselkredit

184 Bei einem Wechsel handelt es sich um ein Wertpapier, das eine unbedingte Zahlungsanweisung des Gläubigers an den Schuldner verbrieft.[118] Die gesetzlichen Grundlagen des Instruments finden sich im Wechselgesetz (WG). Der Wechsel ist eine Urkunde und ein geborenes Orderpapier. Er kann daher nur mittels Indossament übertragen werden. Das Recht aus einem Wechsel kann nur durch Vorlage des Wechsels geltend gemacht werden. Das Wechselversprechen ist ein **abstraktes Schuldversprechen** i.S.d. § 780 BGB. Die Verpflichtungen aus einem Wechsel sind daher losgelöst vom Grundgeschäft. Das bedeutet, dass eine Wechselforderung auch dann besteht, wenn das Grundgeschäft, für welches der Wechsel ausgestellt wurde, nicht wirksam ist.

185 Die Bedeutung des Wechsels im täglichen Geschäft deutscher Unternehmen schwindet seit Jahren. Auch im Außenhandel ist der Wechsel sog. Bank-to-Bank-Transaktionen deutlich unterlegen. Der Grund für den **Bedeutungsverlust** des Wechsels als ehemals zentralem Element der Mittelstandsfinanzierung ist darin zu sehen, dass es den beteiligten Verkehrskreisen im Zusammenwirken mit dem Gesetzgeber nicht gelungen ist, das Instrument des Wechsels maschinenfähig zu machen. Aufgrund seiner Urkundenstruktur lässt sich der Wechsel nur durch hohen Personaleinsatz und -aufwand abwickeln.

Aufgrund der zurückgehenden Bedeutung des Wechsels spielt auch der Wechselkredit in der Unternehmensfinanzierung kaum noch eine Rolle. Bei der Zahlung mit einem Wechsel entsteht ein kurzfristiger Kredit. Der Warenverkäufer (Wechselaussteller) räumt dem kaufenden Unternehmen (Bezogener) für die Laufzeit des Wechsels (gewöhnlich bis zu drei Monaten) ein **Zahlungsziel** ein. Nachteilig im Vergleich zum Lieferantenkredit ist dabei, dass das kaufende Unternehmen die Vergünstigung des Skontoabzugs verliert. Deshalb ist dieser Kredit vor allem für Unternehmen von Bedeutung, deren Liquidität gering ist und die nicht genügend Sicherheiten besitzen, um Bankkredite beanspruchen zu können.

c) Kreditsicherheiten

186 Kreditsicherungsinstrumente dienen im Rahmen der Unternehmensfinanzierung zur Absicherung der Ansprüche der Kreditgeber gegenüber dem zu finanzierenden Unternehmen. Beim Recht der Kreditsicherung handelt es sich um eine **komplexe Rechtsmaterie**, die sich in den vergangenen Jahren zu einem kaum noch überschaubaren Rechtsgebiet entwickelt hat. Umfangreiche Rspr. und zahlreiche Gesetzesänderungen haben zu einer erheblichen Rechtsunsicherheit aber auch zu Rechtsanpassungen in der Praxis geführt. Die nachfolgende Darstellung kann sich daher naturgemäß nicht mit den Einzelheiten der verschiedenen Kreditsicherungsinstrumente befassen, sondern soll sich darauf beschränken, die wichtigsten Kreditsicherheiten kurz vorzustellen.

aa) Personensicherheit

187 Als Personensicherheit (auch Personalsicherheit oder persönliche Sicherheit genannt) kennzeichnet sich eine Sicherheit dann, wenn sich das Sicherungsrecht als ein **persönlicher** (schuldrechtlicher, obligatorischer) **Anspruch des Sicherungsnehmers gegen den Sicherungsgeber** darstellt. Haupterscheinungsformen sind:

- Bürgschaft,
- Garantie,
- Schuldbeitritt und
- Kreditauftrag.

---

118 Eingehend zum Wechselkredit Peters, in: Schimanski/Bunte/Lwowski, Bankrechtshandbuch, Bd. I, § 65.

(1) Bürgschaft

Die Bürgschaft ist ein Vertrag, durch den sich der Bürge gegenüber dem Gläubiger eines Dritten (des sog. Hauptschuldners) verpflichtet, für die Erfüllung der Verbindlichkeiten des Dritten einzustehen.[119] Der Gläubiger will sich durch die Bürgschaft im Fall einer Zahlungsunfähigkeit seines Schuldners absichern. Die Bürgschaft sichert damit als **eigene Leistungsverpflichtung des Bürgen gegenüber dem Gläubiger** die Schuld des Dritten (Hauptschuld).

Die Grundlage für die Bürgschaft bildet das Bestehen eines Schuldverhältnisses zwischen dem Gläubiger und dem Hauptschuldner (Hauptverbindlichkeit). Aus dem Bürgschaftsverhältnis ergibt sich eine weitere Verbindlichkeit, nämlich die des Bürgen gegenüber dem Gläubiger (Bürgschaftsschuld). **Wesen des Bürgschaftsverhältnisses** ist daher ein doppelter Anspruch auf Erfüllung, zum einen gegen den Hauptschuldner, zum anderen gegen den Bürgen.

Die Bürgschaft ist ein **einseitig verpflichtender Vertrag**, der seine gesetzlichen Grundlagen in den §§ 765 ff. BGB findet. Der Gläubiger und Bürgschaftsnehmer wird berechtigt, der Bürge verpflichtet.

Für die **Verpflichtung des Bürgen** ist der jeweilige Bestand der Hauptverbindlichkeit maßgebend (**Akzessorietätsprinzip**). Grds. hat der Gläubiger zunächst gegen den Hauptschuldner gerichtlich vorzugehen (indem er die Zwangsvollstreckung versucht), bevor er auf den Bürgen zugreift. Dies wird durch die Einrede der Vorausklage im Prozess sichergestellt (§ 771 BGB). Bei Übernahme einer sog. selbstschuldnerischen Bürgschaft verzichtet der Bürge auf diese Einrede.

Dem Verhältnis zwischen dem Hauptschuldner und dem Bürgen liegt meist ein Auftrag oder eine entgeltliche Geschäftsbesorgung zu Grunde. Leistet der Bürge an den Gläubiger, geht die Forderung des Gläubigers gegen den Hauptschuldner auf ihn – den Bürgen – über. Wichtige Begleiterscheinung dieses **gesetzlichen Forderungsüberganges** ist der Erwerb sämtlicher im Übrigen noch bestehender akzessorischer Sicherungsrechte an der Forderung (§§ 774 Abs. 1 Satz 1, 401 Abs. 1 BGB). Aufgrund dieses gesetzlichen Forderungsüberganges (cessio legis) und der ggf. damit verbundenen Sicherungsrechte oder aus dem Geschäftsbesorgungsvertrag kann der Bürge dann Ersatz des Geleisteten vom Hauptschuldner bzw. die Duldung der Verwertung der der Sicherung dienenden Gegenstände verlangen. Nichtakzessorische Sicherungsrechte gehen nicht gemäß §§ 774 Abs. 1 Satz 1, 401 Abs. 1 BGB auf den Bürgen über. Es besteht jedoch nach der Rspr. ein schuldrechtlicher Anspruch des Bürgen auf Übertragung dieser Rechte.[120]

Zur Wirksamkeit der Bürgschaft ist eine schriftliche Erklärung des Bürgen erforderlich (§ 766 Satz 1 BGB). Diese hat alle wesentlichen Merkmale einer Bürgschaft – Benennung der verbürgten Schuld, Bezeichnung des Gläubigers etc. – zu enthalten.[121] Die **Formvorschriften** gelten nicht für die Bürgschaft eines Vollkaufmanns (§ 350 HGB). Ein **Vollkaufmann** kann auch mündlich bürgen, wenn die Bürgschaft für ihn ein Handelsgeschäft ist (zum Kaufmannsbegriff vgl. dazu Teil 1: Handelsrecht, 1. Kapitel, Rn. 6 ff.). Die Bürgschaft des Kaufmanns ist stets selbstschuldnerisch (§ 349 HGB).

---

[119] Eingehend zur Bürgschaft als Kreditsicherungsinstrument Schmitz, in: Schimanski/Bunte/Lwowski, Bankrechtshandbuch, Bd. I, § 91; siehe auch Lwowski, Das Recht der Kreditsicherung, Rn. 341 ff.
[120] BGHZ 110, 41; BGH, NJW 1999, 1182.
[121] BGHZ 132, 119.

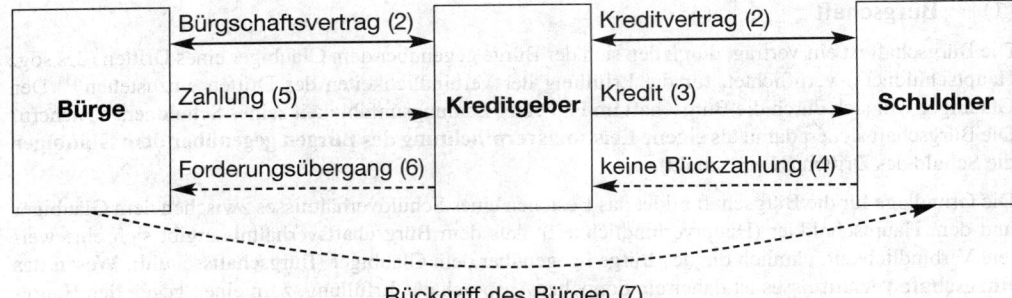

192 Neben der Grundform der Bürgschaft existieren zahlreiche besondere Ausprägungen. Im Wesentlichen sind die folgenden in der Praxis relevanten **Sonderformen** zu unterscheiden.

- **Selbstschuldnerische Bürgschaft**: Der Bürge hat gemäß § 773 Abs. 1 Nr. 1 BGB auf die Einrede der Vorausklage (§ 771 BGB) verzichtet. Das bedeutet, dass der Sicherungsnehmer auf den Bürgen zugreifen kann, ohne zunächst die Zwangsvollstreckung gegen den Hauptschuldner versuchen zu müssen. Aufgrund der Vorschrift des § 349 HGB ist diese Bürgschaftsform unter Kaufleuten der gesetzliche Regelfall.
- **Bürgschaft auf erstes Anfordern**:[122] Der Bürge kann zunächst keine Einwendungen gegen die Hauptschuld geltend machen, sondern ist zur Zahlung auf Anforderung verpflichtet. Hatte der Sicherungsnehmer aber kein materielles Recht, auf den Bürgen zuzugreifen, kann dieser in einem Zweitprozess (sog. Rückforderungsprozess) den gezahlten Betrag zurückverlangen.[123] Nach der Rspr. bleibt die Beweislast für das Bestehen der Bürgschaft beim Sicherungsnehmer. Die Übernahme dieser Form der Bürgschaft bleibt – soweit für den Bürgschaftsvertrag die §§ 305 ff. BGB gelten – Kreditinstituten und Unternehmern vorbehalten, zu deren Geschäftsbereich derartige Bürgschaften gehören.[124]
- **Ausfallbürgschaft**:[125] Der Bürge haftet nur, wenn der Sicherungsnehmer trotz Beachtung der erforderlichen Sorgfalt keine Befriedigung vom Hauptschuldner erlangen kann (§ 771 BGB).
- **Modifizierte Ausfallbürgschaft**: Bei der modifizierten Ausfallbürgschaft wird im Vertrag genau geregelt, wann der Ausfall als eingetreten gilt (z.B. bereits dann, wenn der Hauptschuldner/Kreditnehmer seinen Zahlungsverpflichtungen nicht mehr nachkommt). Das bedeutet, dass der Kreditgeber bei der modifizierten Ausfallbürgschaft insofern besser gestellt ist, als er nicht erst in das Vermögen des Hauptschuldners vollstrecken muss.
- **Höchstbetragsbürgschaft**: Der Bürge kann nur bis zu einem bestimmten Betrag in Anspruch genommen werden.
- **Zeitbürgschaft**: Der Bürge haftet nur bis zum Ablauf einer bestimmten Frist (§ 777 BGB).
- **Nachbürgschaft**: Der Nachbürge haftet gegenüber dem Sicherungsnehmer dafür, dass der Vorbürge (auch Hauptbürge genannt) seiner Verpflichtung nachkommt. Es besteht eine Akzessorietät der Nachbürgschaft zur Hauptbürgschaft.
- **Rückbürgschaft**: Der Rückbürge haftet gegenüber dem Hauptbürgen für die Rückgriffsansprüche gegen den Schuldner.
- **Mitbürgschaft**: Verbürgen sich mehrere für dieselbe Verbindlichkeit, so haften sie als Gesamtschuldner, auch wenn sie die Bürgschaft nicht gemeinschaftlich übernehmen (§ 769 BGB).

---

122 Dazu Schmitz, in: Schimanski/Bunte/Lwowski, Bankrechtshandbuch, Bd. I, § 91 Rn. 127 ff.
123 BGH, NJW 1999, 2361; NJW 2003, 2231.
124 BGH, NJW-RR 1990, 1265 ff.; OLG Köln, MDR 2004, 1308.
125 Schmitz, in: Schimanski/Bunte/Lwowski, Bankrechtshandbuch, Bd. I, § 91 Rn. 124 ff.

(2) Garantie

Der Garantievertrag ist im Gesetz nicht ausdrücklich geregelt, jedoch als solcher wegen der im Schuldrecht bestehenden Vertragsfreiheit (§ 305 BGB) allgemein anerkannt.[126] Durch den Garantievertrag verpflichtet sich ein Dritter (Garant), unabhängig von dem Bestehen einer Verbindlichkeit, für einen bestimmten Erfolg einzustehen oder die Gewähr für einen künftigen, noch nicht entstandenen Schaden zu übernehmen. Der **garantierte Erfolg** kann dabei auch darin bestehen, dass der Gläubiger einer Kreditforderung den kreditierten Betrag vom Schuldner zurückerhält. Vereinbart wird der Kreditvertrag zwischen dem Gläubiger und dem Garanten. Einer besonderen Form bedarf es grds. nicht.

(3) Schuldbeitritt

Beim Schuldbeitritt handelt es sich um eine personelle Änderung des Schuldverhältnisses, für die das kumulative **Hinzutreten eines weiteren Schuldners** zum bisherigen Schuldner kennzeichnend ist.[127] Der hinzugetretene Schuldner haftet neben dem bisherigen Schuldner als Gesamtschuldner i.S.d. § 421 BGB. Der Schuldbeitritt ist in zahlreichen gesetzlichen Vorschriften vorgesehen (§§ 546 Abs. 2, 604 Abs. 4, 2382 BGB, §§ 25, 28, 130 HGB, § 28 WG). Der rechtsgeschäftliche Schuldbeitritt ist nicht gesetzlich geregelt, jedoch als reiner Verpflichtungsvertrag nach § 311 Abs. 1 BGB zulässig.[128]

(4) Kreditauftrag

Der in § 778 BGB geregelte Kreditauftrag ist mit der Bürgschaft verwandt.[129] Danach haftet derjenige, der einen anderen beauftragt, im eigenen Namen und auf eigene Rechnung einem Dritten Kredit zu gewähren, wie ein Bürge. Die Bestimmungen für die Bürgschaft finden entsprechende Anwendung.

bb) Sachsicherheiten

Als Sachsicherheiten werden solche Sicherheiten bezeichnet, die ein **dingliches Recht des Sicherungsnehmers** am Sicherungsmittel an einer beweglichen Sache, einer unbeweglichen Sache oder an einem Recht zum Gegenstand haben.[130] Der Sicherungsnehmer erwirbt durch die Sicherheitenbestellung eine dingliche, jedermann gegenüber wirkende und von jedermann zu respektierende Rechtsstellung. Damit einher geht das Recht auf bevorzugte Befriedigung aus dem Sicherungsmittel. Einen Überblick über die zur Verfügung stehenden Sicherheiten gibt die folgende Übersicht.

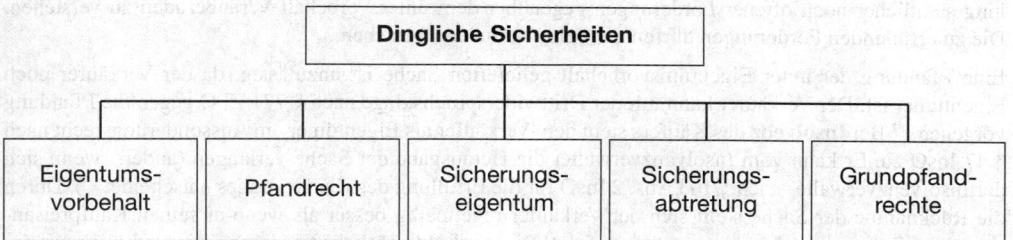

(1) Eigentumsvorbehalt

Der Eigentumsvorbehalt ist die **Übereignung einer beweglichen Sache unter der aufschiebenden Bedingung** der vollständigen Zahlung des Kaufpreises nach §§ 929, 158 Abs. 1 BGB.[131] Der Eigentumsvor-

---

126 RGZ 90, 415; BGH, BB 1964, 1360; zur Garantie als Kreditsicherungsinstrument: Lwowski, Das Recht der Kreditsicherung, Rn. 424 ff.
127 Zum Schuldbeitritt als Kreditsicherungsinstrument: Lwowski, Das Recht der Kreditsicherung, Rn. 423.
128 Palandt/Grüneberg, BGB, § 414 Rn. 2.
129 Zum Kreditauftrag als Kreditsicherungsinstrument: Lwowski, Das Recht der Kreditsicherung, Rn. 439; Schmitz, in: Schimanski/Bunte/Lwowski, Bankrechtshandbuch, Bd. I, § 92 Rn. 19 ff.
130 Vgl. Lwowski, Das Recht der Kreditsicherung, Rn. 84 ff.
131 Palandt/Bassenge, BGB, § 929 Rn. 27.

behalt an unbeweglichen Sachen ist wegen der Frist- und Bedingungsfeindlichkeit der Auflassung nicht möglich.

Der Eigentumsvorbehalt wird durch das **Abstraktionsprinzip** möglich, da nicht schon das schuldrechtliche Verpflichtungsgeschäft, sondern erst das sachenrechtliche Verfügungsgeschäft (die vom Kauf zu unterscheidende Übereignung) den Eigentumswechsel bewirkt. Durch den Eigentumsvorbehalt wird die Wirksamkeit der dinglichen Rechtsübertragung an die Erfüllung schuldrechtlicher Pflichten gebunden.

Mit dem Eigentumsvorbehalt sichert sich der Verkäufer einer Ware das Eigentum an der Sache bis zur vollständigen Erfüllung der Kaufpreisforderung. Der Käufer der Sache erwirbt durch die Lieferung der Sache noch nicht das Eigentum, aber ein **Anwartschaftsrecht**. Es ist ein wesensgleiches Minus gegenüber dem Eigentum und berechtigt zum Besitz der Sache. Ist der Kaufpreis vollständig entrichtet, erstarkt das Anwartschaftsrecht automatisch zum Eigentum. Anderenfalls erlischt auch das Anwartschaftsrecht.

198 Der Eigentumsvorbehalt ist Mittel der Kreditsicherung vor allem beim **Lieferantenkredit**. Der Verkäufer gewährt dem Käufer einen Kredit dadurch, dass er auf die sofortige Zahlung des Kaufpreises verzichtet. Gleichwohl übergibt er die Ware schon an den Käufer, allerdings unter Eigentumsvorbehalt. Wenn der Käufer die noch ausstehende restliche Kaufpreisforderung nicht wie vereinbart bezahlt, kann der Verkäufer, der noch immer Eigentümer der Ware ist, die Ware zurückverlangen. Problematisch wird der (einfache) Eigentumsvorbehalt aus Sicht des Verkäufers immer dann, wenn der Käufer die erworbene Ware weiter an einen gutgläubigen Dritten veräußert oder weiterverarbeitet. In diesem Fall erlischt das Eigentumsrecht des Verkäufers. Hiergegen versucht sich der Verkäufer mit dem sog. verlängerten Eigentumsvorbehalt zu schützen.

199 Durch den **verlängerten Eigentumsvorbehalt** versucht der Verkäufer seine Eigentumsposition an der verkauften Ware auch nach einem Weiterverkauf oder nach einer Verarbeitung der Ware durch den Käufer weiterhin aufrechtzuerhalten. Der Verkäufer vereinbart mit dem Käufer die Sicherungsabtretung der künftigen Kaufpreisforderungen aus dem Weiterkauf der Ware sowie ggf. die Sicherungsübereignung der Sache mit der die Ware verarbeitet wurde. Dabei können Konflikte mit einer sicherungshalber vorgenommenen Abtretung sämtlicher Forderungen eines Unternehmers an ein Kreditinstitut (Globalzession) entstehen.

200 Als Kontokorrentvorbehalt oder **erweiterter Eigentumsvorbehalt** ist die unter der Bedingung der Erfüllung sämtlicher noch offener Forderungen gegenüber dem unter Vorbehalt Veräußernden zu verstehen. Die zu erfüllenden Forderungen dürfen nur beim Veräußerer bestehen.

201 Eine Pfändung der unter Eigentumsvorbehalt gelieferten Sache ist unzulässig, da der Verkäufer noch Eigentümer ist. Der Verkäufer kann mit der Drittwiderspruchsklage nach § 771 ZPO gegen die Pfändung vorgehen.[132] Bei **Insolvenz** des Käufers steht dem Verkäufer als Eigentümer ein Aussonderungsrecht nach § 47 InsO zu. Er kann vom Insolvenzverwalter die Herausgabe der Sache verlangen (anders, wenn sich der Insolvenzverwalter nach § 103 Abs. 2 InsO für die Erfüllung des Kaufvertrages entscheidet[133]). Durch die Rücknahme der Sache stellt sich der Verkäufer regelmäßig besser als wenn er seinen Kaufpreisanspruch im Rahmen der Insolvenz weiterverfolgt. Diese schuldrechtliche Forderung wird lediglich mit der Insolvenzquote berücksichtigt.

(2) Pfandrecht

202 Das Pfandrecht ist die zur Sicherung einer Forderung bestimmte **Belastung einer beweglichen Sache**, welche den Gläubiger der gesicherten Forderung berechtigt, seine Befriedigung aus der Sache zu suchen

---

132 Zöller/Herget, ZPO, § 771 Rn. 14.
133 Vgl. dazu Palandt/Bassenge, BGB, § 929 Rn. 56.

(§ 1204 BGB). Das Pfandrecht ist (wie die Hypothek bei Immobilien) streng akzessorisch ausgestaltet, also vom Bestand einer zu sichernden persönlichen Forderung abhängig (§ 1252 BGB).[134]

Die Bestellung eines rechtsgeschäftlichen Pfandrechtes erfolgt grds. durch Einigung und Übergabe der Sache (§ 1205 Abs. 1 Satz 1 BGB). Das deutsche Recht kennt **kein besitzloses Pfandrecht** an Sachen. Ohne die Verschaffung unmittelbaren Besitzes kann ein Pfandrecht an beweglichen Sachen rechtsgeschäftlich nicht begründet werden. Deshalb beschränkt sich der Anwendungsbereich des Pfandrechtes in der Praxis auf Kleinkredite, die von Pfandleihern gewährt werden, und auf die Verpfändung von beim Darlehensgeber verwahrten Wertpapieren. Soll der Besitz der beweglichen Sache beim Kreditnehmer verbleiben, wird i.d.R. auf die Sicherungsübereignung ausgewichen.

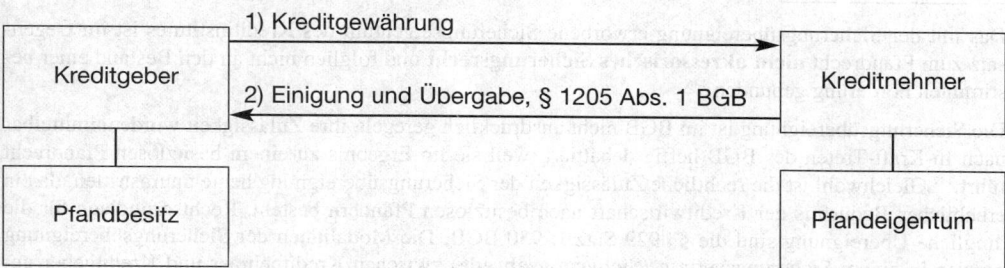

Neben der rechtsgeschäftlichen Bestellung eines Pfandrechtes gibt es zahlreiche Fälle, in denen das Gesetz das Entstehen von Pfandrechten anordnet. Dabei handelt es sich um Fälle, in denen eine Vertragspartei (wie etwa der Vermieter, der Werkunternehmer oder der Spediteur) typische Vorausleistungen erbringt. Dem Sicherungsbedürfnis des Vorleistenden wird durch ein **gesetzliches Pfandrecht** an den eingebrachten Sachen des Mieters, an der zu bearbeitenden Sache oder den beförderten Sachen Rechnung getragen.

Das Pfandrecht **erlischt** mit der Erfüllung der Forderung, für die es besteht (§ 1252 BGB), durch Freigabe des Pfandes durch den Gläubiger (§ 1255 BGB) oder durch freiwillige Rückgabe der Sache (§ 1253 BGB).

(3) Sicherungsübereignung

Die Sicherungsübereignung ist das in der Praxis wohl **am häufigsten eingesetzte Kreditsicherungsmittel** der Kreditinstitute.[135]

Bei der Sicherungsübereignung überträgt der Kreditnehmer das Eigentum an einer beweglichen Sache an den Kreditgeber. Die Übereignung erfolgt durch Einigung (§ 929 Satz 1 BGB) über den Eigentumsübergang und Vereinbarung eines Besitzkonstituts (§ 930 BGB), z.B. Leihe oder Verwahrung. Der Kreditnehmer bleibt unmittelbarer Besitzer der Sache, während der Kreditgeber **mittelbarer Besitzer** wird. Gegenüber dem Kreditnehmer ist der Kreditgeber nur treuhänderischer Eigentümer. Er darf das Eigentum nur bei Verstoß gegen den Sicherungsvertrag (Eintritt des Sicherungsfalles) verwerten.

---

[134] Ohne Forderung kann ein Pfandrecht nicht entstehen, BGH, VIZ 1998, 389, 393. Die Forderung kann auch nicht ausgewechselt werden. Es ist dann eine Neubestellung des Pfandrechtes erforderlich, die zum Rangverlust führt (§ 1209 BGB), siehe dazu Palandt/Bassenge, BGB, § 1204 Rn. 10.

[135] Vgl. dazu Lwowski, Das Recht der Kreditsicherung, S. 452, Fn. 1 und Rn. 529.

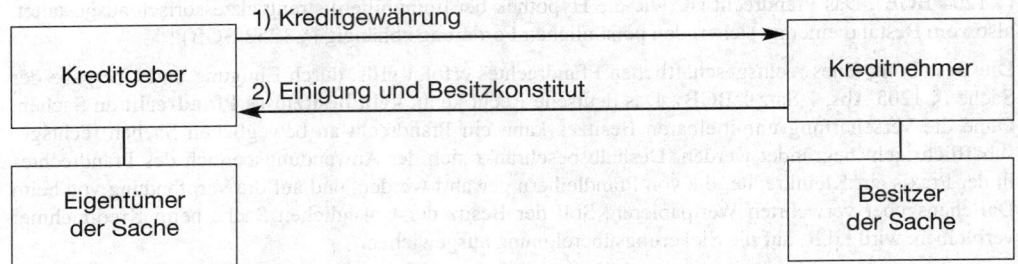

207 Das mit der Sicherungsübereignung erworbene Sicherungseigentum des Kreditinstitutes ist im Gegensatz zum Pfandrecht **nicht akzessorisches Sicherungsrecht** und folglich nicht an den Bestand einer bestimmten Forderung gebunden.[136]

208 Die Sicherungsübereignung ist im BGB nicht ausdrücklich geregelt, ihre Zulässigkeit wurde unmittelbar nach In-Kraft-Treten des BGB heftig debattiert, weil sie im Ergebnis zu einem besitzlosen Pfandrecht führt.[137] Gleichwohl ist die rechtliche Zulässigkeit der Sicherungsübereignung heute unumstritten, da ein erhebliches Bedürfnis der Kreditwirtschaft nach besitzlosen Pfändern besteht. Rechtsgrundlage für die dingliche Übereignung sind die §§ 929 Satz 1, 930 BGB. Die Modalitäten der Sicherungsübereignung werden in einem Sicherungsvertrag (**Sicherungsabrede**) zwischen Kreditnehmer und Kreditgeber geregelt, der etwa bestimmt, wann die Verwertung zulässig ist, und welche Forderungen die übereignete Sache sichern soll.

(4) Sicherungsabtretung (Zession)

209 Handelt es sich bei dem zu verwendenden Sicherungsmittel um ein **Recht** und nicht um eine bewegliche Sache, so ist anstelle der Sicherungsübereignung eine Sicherungsabtretung vorzunehmen.

Auch die **Abtretung zukünftig entstehender Forderungen** ist grds. wirksam. Notwendig ist lediglich die Möglichkeit der Entstehung einer solchen Forderung und die bestimmte oder bestimmbare Bezeichnung von Schuldner und Forderung.

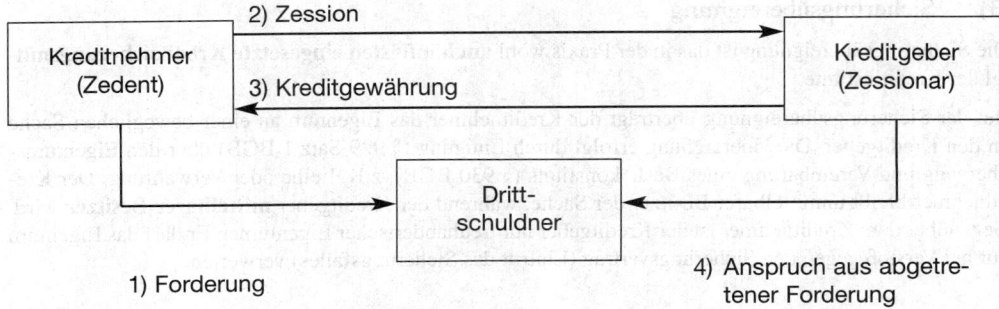

210 Die zwei häufigsten Anwendungsfälle der Sicherungsabtretung sind der verlängerte Eigentumsvorbehalt, also die Absicherung von Lieferantenkrediten durch Abtretung der Kaufpreisforderungen aus der Weiterveräußerung von Waren,[138] und die von Kreditinstituten zur Sicherung von Krediten vorgenommene

---

136 Palandt/Bassenge, BGB, § 930 Rn. 19.
137 Dazu Lwowski, Das Recht der Kreditsicherung, Rn. 528.
138 Serick, Eigentumsvorbehalt und Sicherungsübertragung, Bd. 2, § 24 I 4.

Globalzession.[139] In beiden Fällen erfolgt die Abtretung i.d.R. im Wege der **stillen Zession**. Es wird also vereinbart, dass der Sicherungsnehmer die Abtretung gegenüber den Dritten erst dann offen legt, wenn der Käufer seinen Verpflichtungen gegenüber dem Verkäufer bzw. dem Kreditinstitut nicht nachkommt. Bis dahin hat er eine Einziehungsermächtigung i.S.v. § 185 BGB und ist ermächtigt, die Forderungen für den Verkäufer bis zum Eintritt der Bedingung im eigenen Namen einzuziehen. Erhält der Schuldner von der Abtretung Nachricht (**offene Zession**), so muss er an den neuen Rechtsinhaber leisten. In der Praxis kommt es oftmals zu einem Konflikt der beiden Sicherungen, dem verlängerten Eigentumsvorbehalt und der Globalzession.[140]

(5) Grundpfandrechte

(a) Hypothek

Die Hypothek ist ein Grundpfandrecht i.S.d. Sachenrechtes und in den §§ 1113–1190 BGB geregelt. Ihre **Bedeutung** als Kreditsicherheit tritt in der Praxis zu Gunsten der Grundschuld immer weiter zurück.[141]

Eine Hypothek kann am Eigentum an einem Grundstück, am Erbbaurecht, am Wohnungseigentum oder am Gebäudeeigentum begründet werden.[142] Der Inhaber der Hypothek ist berechtigt, die Zahlung einer bestimmten Geldsumme aus dem Grundstück zu fordern. D.h., der Hypothekengläubiger darf Substanz und Nutzungen des Grundstücks durch Zwangsvollstreckung (§ 1147 BGB) nutzen, um die festgelegte Geldsumme zu erhalten. Dies kann der Schuldner durch Zahlung an den Gläubiger verhindern (§ 1142 BGB). Durch die Hypothek ist das Grundstück dem Gläubiger verpfändet. Im Gegensatz zur Grundschuld ist die Hypothek am Grundstück **akzessorisch** zu der mit ihr gesicherten persönlichen Forderung gegen den Schuldner.

Die Hypothek entsteht durch Einigung zwischen dem Eigentümer und dem Gläubiger der Forderung und Eintragung (§§ 873, 1115 Abs. 1 BGB) der Hypothek in das Grundbuch. Bei der **Briefhypothek**, die nach dem Gesetz den Regelfall darstellen soll, wird die Hypothek in einem besonderen Hypothekenbrief verbrieft (§ 1116 BGB). Dadurch wird erreicht, dass die Hypothek ohne Eintragung im Grundbuch durch Abtretung der Forderung und Übergabe des Briefes übertragen werden kann, was ihre Verkehrsfähigkeit erhöht. Im Fall der Briefhypothek ist zur Entstehung der Hypothek neben Einigung und Eintragung zusätzlich die Übergabe des Hypothekenbriefs erforderlich (§ 1117 BGB). Vor der Briefübergabe handelt es sich um eine Eigentümergrundschuld (§§ 1163 Abs. 2, 1177 BGB).

---

139 Vgl. hierzu Ganter, in: Schimanski/Bunte/Lwowski, Bankrechtshandbuch, Bd. II, § 96 Rn. 13; Lwowski, Das Recht der Kreditsicherung, Rn. 759 ff.
140 Siehe hierzu: Lwowski, Das Recht der Kreditsicherung, Rn. 762 m.w.N.
141 Merkel, in: Schimanski/Bunte/Lwowski, Bankrechtshandbuch, Bd. II, § 94 Rn. 2.
142 Palandt/Bassenge, BGB, § 1113 Rn. 6.

213 Die **Haftung des Grundstücks für die Hypothek** erstreckt sich auf die wesentlichen und nicht wesentlichen Bestandteile einschließlich der Erzeugnisse, auf das Zubehör des Grundstücks, die Miet- und Pachtforderungen und auf die Versicherungsforderungen aus der Versicherung von Gegenständen, die zur Haftungsmasse gehören.

(b) Grundschuld

214 Zu den Grundpfandrechten zählt auch die Grundschuld, die ebenfalls als dingliches Recht in das Grundbuch eingetragen wird. Sie ist in den §§ 1191 – 1198 BGB geregelt.[143]

Im Gegensatz zu Hypotheken sind Grundschulden **nicht akzessorisch**, sondern abstrakt, d.h. sie sind nicht an den Bestand einer bestimmten Forderung gebunden und können für sich allein übertragen werden (siehe § 1192 Abs. 1 BGB). Daher können Grundschulden nicht nur für einzelne Forderungen, sondern auch für mehrere, auch zukünftige Verbindlichkeiten als Sicherung dienen. Neben dem eigentlichen Grundschuldbetrag werden meist die dinglichen Zinsen und die Nebenleistungen eingetragen.

215 Üblich im Zusammenhang mit einer Grundschuldbestellung ist die **Unterwerfung** des jeweiligen Eigentümers des Grundstückes unter die sofortige Zwangsvollstreckung in das Grundstück gemäß § 800 ZPO. Somit ist die Zwangsvollstreckung in das Grundstück möglich, ohne dass zuvor ein rechtskräftiger Titel vorliegt.

216 Wegen der rechtlichen Unabhängigkeit der Grundschuld als dinglichem Recht von einem persönlichen Anspruch werden in der Praxis der Kreditvergabe meist Grundschulden zur Besicherung von Darlehen und Krediten eingesetzt. Grundschuld und Darlehen sind dann durch die **Sicherungsabrede** verbunden. Nach der Rückzahlung aller durch die Grundschuld besicherten Darlehen entsteht aus der Sicherungsabrede ein Rückgewähranspruch. Dieser Anspruch ist das Recht auf Rückabtretung der Grundschuld, das Recht auf Verzicht durch den Gläubiger sowie das Recht auf Löschungsbewilligung. In der Praxis wird dieser Anspruch von den Kreditgebern meist auf einen Anspruch zur Erteilung einer Löschungsbewilligung beschränkt.

Der Art nach kann zwischen **Buchgrundschuld** und **Briefgrundschuld** differenziert werden. Die Buchgrundschuld entsteht durch Einigung und Eintragung im Grundbuch (§ 873 Abs. 1 BGB). Handelt es sich um eine Briefgrundschuld, bedarf es ferner der Übergabe des Briefes (§§ 1192 Abs. 1, 1117 BGB). Die Einigung über die Buchgrundschuld beinhaltet die Einigung über den Briefausschluss, der der Eintragung im Grundbuch bedarf (§§ 1192 Abs. 1, 1116 BGB).

cc) Kreditversicherungen

217 Bei den Kreditversicherungen ist grds. zwischen sog. **Kreditausfallversicherungen** und **Forderungsausfallversicherungen** zu differenzieren.[144] Bei Ersteren werden Kredite im eigentlichen Sinne (vornehmlich Darlehen) gegen das Risiko mangelnder Rückzahlung des gewährten Kapitals oder des noch ausstehenden Teils versichert. Sie werden daher auch Restschuldversicherung genannt. Bei Forderungsausfallversicherungen ist hingegen das Delkredere-Risiko, also der Ausfall von Forderungen bei Warenlieferungen oder Dienstleistungen, Gegenstand des Versicherungsschutzes.

218 **Kreditausfallversicherungen** werden i.d.R. vom Kreditnehmer abgeschlossen und sichern den ausstehenden Kreditsaldo bei Eintritt bestimmter Ereignisse. Angeboten wird aber auch die Versicherung insb. von Portfolios von Konsumentenkrediten von Banken und Sparkassen. Kreditausfallversicherungen werden im Wesentlichen im privaten Bereich verwendet und spielen als Sicherungsinstrument im Rahmen der Unternehmensfinanzierung eine untergeordnete Rolle.

---

[143] Eingehend zur Grundschuld als Kreditsicherungsmittel Merkel, in: Schimanski/Bunte/Lwowski, Bankrechtshandbuch Bd. II, § 94 Rn. 29 ff.

[144] Vgl. insgesamt zu den Einzelheiten des Kreditversicherungsgeschäfts Hirschmann, Kreditversicherungen; Meyer, Die Kreditversicherung.

Forderungsausfallversicherungen versichern Forderungsausfälle aus Warenlieferungen oder Dienst- und Werkleistungen, die dadurch entstehen, dass Kunden des Versicherungsnehmers während der Laufzeit des Versicherungsvertrages zahlungsunfähig werden. Die Forderungen müssen rechtlich begründet und in Rechnung gestellt sein. Unterschieden wird zwischen unbenannten Forderungen und benannten Forderungen. Bei Letztgenannten wird vor Gewährung von Versicherungsschutz die Bonität des Kunden überprüft. Häufig wird auch der sog. „Nichtzahlungstatbestand" versichert. Geleistet wird in diesem Fall nicht erst bei Insolvenz des Schuldners, sondern schon zu einem bestimmten Zeitpunkt nach dem ursprünglichen Fälligkeitstermin.

219

Eine im Außenwirtschaftsverkehr für Unternehmen bedeutsame Sonderform der Forderungsausfallversicherung ist die staatliche **Exportkreditversicherung**.[145] Sie schützt Unternehmen vor dem Risiko des Forderungsausfalls bei Ausfuhrgeschäften. Gedeckt sind insb. politisch, aber teilweise auch wirtschaftlich bedingte Zahlungsausfälle. Politische Ursachen können neben der Devisenknappheit des Bestellerlandes z.B. auch kriegerische Ereignisse, Unruhen oder Zahlungsverbote sein. Wirtschaftliche Ursachen sind die Nichtzahlung des Kunden oder bspw. dessen Insolvenz.

220

Ziel der Exportkreditversicherung ist es, den Export als Wachstumsmotor der deutschen Wirtschaft zu unterstützen, Arbeitsplätze in der Bundesrepublik zu sichern und zur **Wettbewerbsfähigkeit** der deutschen Exportwirtschaft beizutragen. Die Bundesregierung trägt die haushaltsrechtliche Verantwortung. Mit der Durchführung des Förderinstruments hat sie ein Mandatarkonsortium beauftragt.[146] Zum Einsatz kommt sie häufig bei der Beteiligung deutscher Unternehmen an internationalen Projektfinanzierungen.[147]

II. Alternative Finanzierungsmöglichkeiten

1. Private Equity

a) Begriff des Private Equity

Der angelsächsische Begriff des **Private Equity** entspricht dem deutschen Begriff des **Beteiligungskapitals**. Private Equity ist der Oberbegriff für eine Anlageklasse, zu der Beteiligungsformen wie Venture Capital, Leveraged-Buy-Outs, aber auch Mezzanine-Finanzierungen wie stille Beteiligungen gehören. Die Private-Equity-Beteiligung ist eine **Eigenkapitalbeteiligung**, die i.d.R. nicht dauerhaft angelegt ist, sondern **auf Zeit**. Der Private-Equity-Investor stellt dem Zielunternehmen Eigenkapital auf Zeit zur Verfügung. Ergänzt wird dies oftmals durch eine Managementberatung und -betreuung sowie die Verschaffung von Kontakten aus dem Netzwerk des Private-Equity-Investors. Während börsennotierte Gesellschaften ihren Eigenkapitalbedarf i.d.R. über den Kapitalmarkt bzw. die Börse stillen, stellt Private Equity für nicht börsennotierte, insb. kleine und mittelständische Unternehmen, eine interessante alternative Möglichkeit der Eigenkapitalbeschaffung dar.

221

Private Equity bietet dem finanzierten Unternehmen die Möglichkeit, ihre **Eigenkapitalausstattung zu verbessern**.[148] Das Beteiligungskapital wird dem Unternehmen ohne bankübliche Sicherheiten auf Zeit zur Verfügung gestellt. Der Private-Equity-Investor trägt entsprechend des Umfangs seines Engagements das volle unternehmerische Risiko. Regelmäßig verfolgt der Private-Equity-Investor das Ziel, seinen An-

---

145 Einzelheiten zur Exportkreditversicherung bei Greuter, Die staatliche Exportkreditversicherung: Risiken minimieren bei Auslandsgeschäften.
146 Die Bundesregierung hat bereits 1949 zwei private Unternehmen – die heutige Euler Hermes Kreditversicherungs-AG und die heutige PwC Deutsche Revision AG – mandatarisch mit dem Management der Ausfuhrgewährleistungen beauftragt. Da Euler Hermes in diesem Mandaturkonsortium federführend ist, hat sich in der Wirtschaft der Begriff „Hermesdeckungen" etabliert.
147 Zur Prüfung der mit der Deckung verbundenen Risiken wird vom Exporteur i.d.R. ein Tragfähigkeitsgutachten für das Projekt verlangt. Es beleuchtet die wirtschaftlichen und rechtlichen Aspekte des Projektes und wurde in der Vergangenheit regelmäßig von der PwC Deutsche Revision AG erstellt. Neuerdings bieten aber auch andere große Wirtschaftsprüfungsgesellschaften, wie z.B. Ernst & Young, die Erstellung solcher Gutachten an.
148 Siehe hierzu etwa Weise, in: Kienbaum/Börner, Neue Finanzierungswege für den Mittelstand, S. 361 ff.

teil an dem finanzierten Unternehmen nach Ablauf eines bestimmten Zeitraumes mit Gewinn wiederzuverkaufen.

b) Formen der Private-Equity-Finanzierung

222 Private-Equity-Investoren beteiligen sich an Unternehmen in unterschiedlichen Entwicklungsphasen. Investiert wird – je nach **Spezialisierung** der konkreten Private-Equity-Gesellschaft – in **verschiedene Zielunternehmen und Vorhaben**. Beteiligungsgesellschaften stellen Unternehmen bspw. Eigenkapital für die folgenden Vorhaben zur Verfügung:

- Die Ausreifung und Umsetzung von innovativen Ideen in verwertbare Resultate (bis hin zum Prototyp), auf deren Basis ein Geschäftskonzept erstellt wird (Seed-Finanzierung),
- die Gründungsphase, d.h. das betreffende Unternehmen befindet sich im Aufbau oder ist erst seit kurzem im Geschäft und hat seine Produkte noch nicht oder nicht im größeren Umfang vermarktet (Start-Up-Finanzierung),
- die Erweiterung von Produktionskapazitäten, die Produktdiversifikation oder die Erschließung neuer Märkte (Expansionsfinanzierung),
- die Finanzierung von Turnaround-Situationen,
- die Finanzierung von Unternehmensübernahmen (Akquisitionsfinanzierung),
- die Vorbereitung des Börsengangs, vor allem mit dem Ziel der Verbesserung der Eigenkapitalquote (Bridge-Finanzierung),
- die Durchführung von Management-Buy-Outs (MBO) und/oder Management-Buy-Ins (MBI), also Unternehmensübernahmen, bei der das bestehende Management beteiligt wird (MBO) oder ein externes Management sich in das Unternehmen einkauft (MBI).

223 Typischerweise werden die verschiedenen, vorstehend genannten Finanzierungsvorhaben nicht von allen Beteiligungsgesellschaften gleichermaßen unterstützt. Vielmehr gibt es unter den diversen Beteiligungsgesellschaften Spezialisierungen, d.h. bestimmte Beteiligungsgesellschaften investieren bspw. verstärkt in der Frühphase oder in Start Ups, andere wiederum investieren ausschließlich in die Übernahme bereits seit längerer Zeit bestehender Unternehmen im Wege von MBOs (Management-Buy-Outs) etc. Eine Liste der in Deutschland tätigen Beteiligungsgesellschaften und ihrer Spezialisierungen findet sich auf der Internetseite des **Bundesverbandes Deutscher Kapitalbeteiligungsgesellschaften e.V.** (BVK): www.bvk-ev.de.[149]

c) Art der Beteiligung

224 Wie bei der klassischen Eigenfinanzierung (siehe Rn. 36 ff.) gibt es auch bei dem Private-Equity-Investment verschiedene **Möglichkeiten der Beteiligung** des Private-Equity-Investors.[150] Das Engagement des Private-Equity-Investors kann entweder bereits in der **Gründungsphase** erfolgen oder der Investor beteiligt sich in einer späteren Phase, indem er entweder Gesellschaftsanteile der **Altgesellschafter** erwirbt oder aber neue Gesellschaftsanteile aufgrund einer **Kapitalerhöhung** übernimmt. Oftmals erfolgt auch eine Mischform aus den verschiedenen Beteiligungsformen (Erwerb einiger Anteile von den Altgesellschaftern und Übernahme weiterer Gesellschaftsanteile im Wege einer Kapitalerhöhung).

225 Die verschiedenen Rechte und Pflichten des Private-Equity-Investors, des Unternehmens und auch der anderen Gesellschafter werden üblicherweise sowohl im Gesellschaftsvertrag des Unternehmens als auch in einem gesonderten **Beteiligungsvertrag** geregelt. Neben Regelungen zu bestimmten **Informations- und Kontrollrechten** des Private-Equity-Investors, z.B. Entsenderechte für Aufsichtsratsmitglieder, monatliche oder quartalsweise Berichterstattung des Managements des Zielunternehmens etc. ist Gegenstand des

---

[149] Zu Private Private Equity „made in Germany", siehe Festschrift zum 15-jährigen Bestehen des Bundesverbandes Deutscher Kapitalbeteiligungsgesellschaften – German Private Equity and Venture Capital Association e.V. (BVK), 2004.
[150] Siehe zum Ganzen Plessentum, in: Ottersbach, Praxishandbuch Unternehmensbeteiligung, Rn. 571 ff.

Beteiligungsvertrages, insb. auch der spätere **Ausstieg (Exit)** des Private-Equity-Investors. Häufig finden sich daher im Beteiligungsvertrag Regelungen zur **Vinkulierung** (Zustimmungsvorbehalte zur Veräußerung von Gesellschaftsanteilen) sowie zu **Mitveräußerungspflichten** und **Mitveräußerungsrechten** (sog. Tag-Along- und Drag-Along-Regelungen). Während Mitverkaufspflichten sämtliche Gesellschafter dazu verpflichten, ihre Anteile an einen Dritten zu verkaufen sobald ein Gesellschafter, der einen Anteil in einer bestimmten Höhe an dem Unternehmen hält, zu einem bestimmten Preis verkaufen will, dienen Mitverkaufsrechte dazu, jeden Gesellschafter in die Lage zu versetzen, seine Anteile im Fall des Verkaufs zum gleichen Preis mitverkaufen zu dürfen. Weitere Regelungen im Beteiligungsvertrag können insb. Regelungen zu einem späteren **Börsengang** oder zu weiteren **Finanzierungsrunden** sein.

d) Beteiligung auf Zeit

Private-Equity-Gesellschaften tragen im Umfang ihrer Beteiligung am Gesellschaftskapital das vollständige unternehmerische Risiko. Im Fall einer Insolvenz werden sie, wie sämtliche anderen Gesellschafter, regelmäßig erst nachrangig hinter den Fremdkapitalgebern befriedigt. Entsprechend ihres Risikos wollen Private-Equity-Investoren an der **Unternehmensentwicklung teilhaben**. Hierzu streben Private-Equity-Investoren von Beginn ihrer Beteiligung an die **Veräußerung dieser Beteiligung** innerhalb eines bestimmten Zeitraumes, regelmäßig nach drei bis sieben Jahren, an. 226

Der **Ausstieg des Private-Equity-Investors** kann zum einen dadurch erfolgen, dass die anderen Gesellschafter den Private-Equity-Investor herauskaufen. Üblicherweise erfolgt der Exit jedoch dadurch, dass entweder das Unternehmen oder jedenfalls der von dem Private-Equity-Investor gehaltene Anteil an dem Unternehmen an einen Dritten, entweder einen Finanzinvestor oder einen strategischen Investor, veräußert wird (**Trade Sale**) oder alternativ, je nach Börsenlage, ein **Börsengang** des Unternehmens realisiert wird. 227

e) Beteiligungsgesellschaften in Deutschland

Nach Angaben des Bundesverbandes Deutscher Kapitalbeteiligungsgesellschaften e.V. (BVK) gibt es gegenwärtig ca. **250 aktive Beteiligungsgesellschaften** in Deutschland. Hiervon sind 80 % Mitglied im BVK. 228

Zum Jahresende 2005 waren deutsche Private-Equity-Gesellschaften mit insgesamt € 21,5 Mrd. an mehr als **5.500** meist kleinen und mittleren **Unternehmen** beteiligt.[151] Diese Unternehmen erwirtschafteten mit 797.000 Beschäftigten Jahresumsätze i.H.v. 170 Mrd. €.[152]

Die vorstehenden Zahlen zeigen, welche immense volkswirtschaftliche Bedeutung die Private-Equity-Finanzierung mittlerweile in Deutschland hat. Ihre internationale Bedeutung, insb. in den USA und England, geht zudem weit darüber hinaus. Viele zukunftsweisende Technologien, wie Computer, Mobiltelefone, Software, Internet und/oder Biotechnologie, wären ohne die Bereitschaft von Private-Equity-Investoren, diesen riskanten Unternehmungen Eigenkapital zur Verfügung zu stellen, nicht möglich gewesen. 229

2. Leasing

Ein Leasingvertrag liegt vor, wenn der Leasinggeber eine Sache oder Sachgesamtheit[153] dem Leasingnehmer gegen ein in Raten gezahltes Entgelt **zum Gebrauch** überlässt, wobei die Gefahr oder Haftung für 230

---

[151] Zur Finanzierung von Familienunternehmen durch Beteiligungsgesellschaften siehe Achleitner/Achleitner, in: FS für Brun-Hagen, S. 127 ff.
[152] Quelle: www.bvk-ev.de.
[153] Bundesverband Deutscher Leasing-Unternehmen (Hrsg.), BDL-Leasing-News Dezember 2005, S. 2: die beliebtesten Leasing-Objekte sind Straßenfahrzeuge. PKW, LKW, Anhänger, Busse haben mit 55,9 % (Neugeschäft im Jahr 2005) den größten Anteil. Es folgen Produktionsmaschinen (10,1 %), Nachrichten- und Signaltechnik (9,1 %), Büromaschinen und EDV (8 %), Handelsobjekte, Geschäfts- und Bürogebäude (6,9 %) sowie Produktionsgebäude und Lagerhallen (6,1 %).

Instandhaltung, Sachmängel, Untergang und Beschädigung der Sache allein den Leasingnehmer trifft.[154] Der Leasinggeber überträgt dafür seine Ansprüche hieraus gegen Dritte auf den Leasingnehmer.[155]

231 Leasing wurde in den USA bereits im 19. Jahrhundert praktiziert. In Deutschland setzte es sich zunächst nur langsam durch. In den letzten Jahren allerdings ist der Leasingmarkt erheblich gewachsen.[156] Zunehmend werden die Vorteile von Leasing auch von kleinen und mittelständischen Unternehmen genutzt.[157] So kann Leasing die Liquidität erhöhen, denn nur die Nutzung und ggf. der Service werden bezahlt, nicht die Anschaffung teurer Gegenstände. Produkte mit dem neuesten technischen Stand können genutzt werden.

232 Nach überwiegender Auffassung ist der Leasingvertrag, jedenfalls beim Operating-Leasing, wegen der entgeltlichen Gebrauchsüberlassung als – wenn auch atypischer – **Mietvertrag** nach § 535 BGB zu qualifizieren.[158] Zwischen dem Händler und dem Leasinggeber besteht hingegen ein **Kaufvertrag** nach § 433 BGB. Jedoch kann der Leasinggeber gegenüber dem Händler keine Mängelrechte nach §§ 434 ff. BGB geltend machen, da er diese an den Leasingnehmer abgetreten hat.

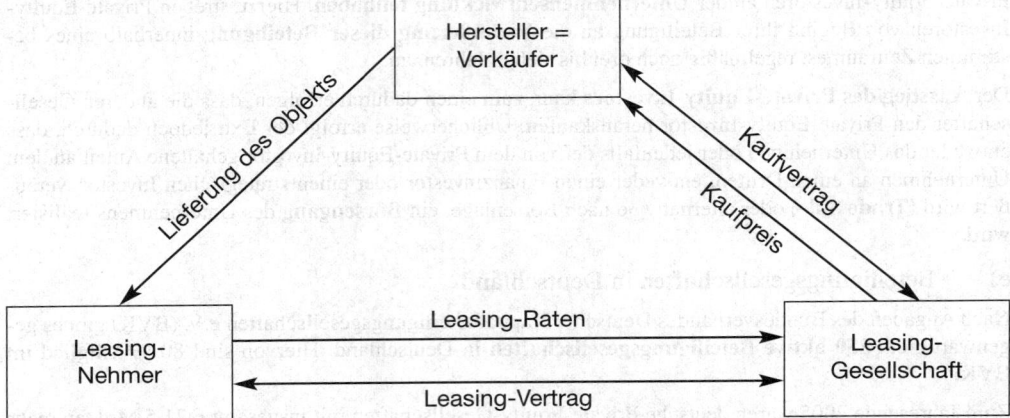

233 Leasingverträge lassen sich nach verschiedenen Kriterien unterscheiden:
- nach Art des Leasinggegenstandes:
  - **Konsumgüterleasing**,[159]
  - **Investitionsgüterleasing**,
  - **Mobilien-/Immobilienleasing**,[160]
  - **Spezialleasing** (speziell auf die Bedürfnisse eines Leasingnehmers zugeschnitten, z.B. bei Spezialmaschinen);

---

154 BGH, NJW 1998, 1637 m.w.N.
155 Palandt/Weidenkaff, BGB, Vor § 535 Rn. 37.
156 Bundesverband Deutscher Leasing-Unternehmen (Hrsg.), BDL-Leasing-News Dezember 2005, S. 2: Danach ist der Leasingmarkt allein im Jahr 2005 um 8,7 % gewachsen und hat ein Neugeschäftsvolumen von über 50 Mrd. € erreicht.
157 Zur Mittelstandsfinanzierung durch Leasing in Deutschland vgl. Helfrich, in: Kienbaum/Börner, Neue Finanzierungswege für den Mittelstand, S. 229 ff.
158 BGH, NJW 1990, 1113 m.w.N. Beim Finanzierungsleasing handelt es sich hingegen regelmäßig um einen gemischten Vertrag, der sowohl mietrechtliche und kaufrechtliche Teile als auch Darlehenselemente enthält.
159 Zum Fahrzeugleasing eingehend Berningshaus, in: Büschgen, Praxishandbuch Leasing, S. 393 ff. zum Computerleasing Beckmann, in: Büschgen, Praxishandbuch Leasing, S. 407 ff.
160 Dazu Büschgen, in: Büschgen, Praxishandbuch Leasing, S. 35 ff., 48 ff.

- danach, ob einzelne **Gegenstände oder ganze Systeme** geleast werden:
  - **Equipmentleasing**,
  - **Plantleasing**,
- nach der **wirtschaftlichen Stellung des Leasinggebers**:
  - **direktes Leasing, bzw. Herstellerleasing** (Hersteller des Leasinggutes ist auch Leasinggeber, daher kein Dreiecksverhältnis),
  - **indirektes Leasing** (Leasinggeber ist nicht Verkäufer des Leasinggutes),
- **Sonderformen**:
  - **Sale-and-lease-back** (Eigentümer des Leasinggutes ist i.d.R. der Leasingnehmer, der es an den Leasinggeber verkauft und übereignet, um es von ihm zurückzuleasen),[161]
  - **Maintenance-Leasing** (Wartungsvertrag inklusive),
  - mit oder ohne **Optionsrechte** (für Kauf oder Mietverlängerung),
- nach der **Laufzeit**:
  - **Operatingleasing** (kurze Laufzeit),
  - **Finanzierungsleasing** (lange Laufzeit).

Die beiden letztgenannten Formen stellen die beiden **Grundtypen** des Leasings dar und werden im Folgenden genauer betrachtet.

- Beim **Operating-Leasing** will der Leasinggeber die **Vollamortisation** durch mehrfaches Überlassen des Leasinggegenstandes an verschiedene Leasingnehmer erreichen. Der Leasingnehmer will sich für kurze Zeit die Nutzung eines Gegenstandes sichern, wobei die Risiken, die mit dem Eigentum verbunden sind, beim Leasinggeber verbleiben sollen. Die Mietdauer ist dementsprechend **kurz**; es bestehen **kurzfristige Kündigungsmöglichkeiten**. Die Miete wird unabhängig von der Laufzeit des Vertrages vereinbart. Das **Investitionsrisiko** und die **Reparatur- und Wartungskosten** werden vom Leasinggeber übernommen. Nach Ablauf des Vertrages bestehen **keine Optionsrechte** des Leasingnehmers. Liegt eine derart beschriebene Form des Leasings vor, wird das Leasingobjekt beim **Leasinggeber** bilanziert, da das Leasingobjekt überwiegend vom Leasinggeber genutzt wird.[162] Für den Leasingnehmer sind die Leasingraten als **Betriebsausgabe** steuerlich absetzbar. Mehrjährige Verpflichtungen aus solchen Leasingverträgen sind im Anhang zum Jahresabschluss anzugeben, „sofern diese Angabe für die Beurteilung der Finanzlage von Bedeutung ist" (§ 285 Nr. 3 HGB).

- Beim **Finanzierungsleasing** hat der Leasingnehmer für die Vollamortisation der vom Leasinggeber für die Anschaffung des Leasinggutes gemachten Aufwendungen und Kosten einzustehen.[163] Der Leasingnehmer trägt das **volle Investitionsrisiko**. Dieser Leasingvertrag ist zudem dadurch gekennzeichnet, dass er **während einer bestimmten Grundmietzeit nicht kündbar** ist. Für die Frage der Bilanzierung ist entscheidend, ob nach Ablauf der Grundmietzeit eine Verlängerungsoption bzw. eine Kaufoption besteht.

3. Factoring

Unter Factoring versteht man den gewerbsmäßigen **Ankauf** und die Geltendmachung von **Forderungen** eines Unternehmens aus Warenlieferungen oder Dienstleistungen durch einen Dritten (Factor) vor oder bei Fälligkeit. Der Begriff des **Factoring** entstammt dem angloamerikanischen Wirtschaftsraum und hat sich im 19. Jahrhundert durch steigende wirtschaftliche Beziehungen europäischer Hersteller mit den USA auch in Europa verbreitet. In Deutschland war das Factoring-Finanzierungssystem bisher vergleichsweise

---

161 Berninghaus, in: Büschgen, Praxishandbuch Leasing, S. 455 ff.
162 Eingehend zu den steuerrechtlichen Fragen des Leasing: Perridon/Steiner, Finanzwirtschaft der Unternehmung, S. 461 ff.
163 Vgl. zum Finanzierungsleasing ausführliche Darstellung bei Büschgen, in: Büschgen, Praxishandbuch Leasing, S. 65 ff.

wenig verbreitet. Aufgrund der „restriktiveren Kreditvergabepolitik vieler Banken"[164] erfährt die Branche jedoch seit einigen Jahren einen Aufschwung.[165]

Factoring-Umsatz des Deutschen Factoring-Verbandes e.V. (in Mrd. €)[166]

(jeweils 1. Halbjahr)

	2001	2002	2003	**Veränderung**
Inland	11.042	11.193	13.129	+ 17,3%
International	2.646	2.957	3.380	+ 14,3%
Gesamt	13.688	14.150	16.509	+ 16,7%

236 Benötigt ein Unternehmen liquide Mittel, kann es einen Forderungsbestand, z.B. aus Lieferungen an Kunden, an eine Factoring-Gesellschaft verkaufen. Den erhaltenen Kaufpreis kann das Unternehmen dann zur Steuerung seiner Liquidität verwenden; das Factoring stellt somit eine weitere Form der Unternehmensfinanzierung dar.[167]

237 Regelmäßig besteht beim Factoring ein **Dreiecksverhältnis**: Das Unternehmen (Factoring-Geber) überträgt Forderungen, die aus der laufenden Geschäftstätigkeit gegen die Debitoren (Drittschuldner) entstehen, auf den Factor, der nunmehr als neuer Gläubiger das Eintreiben der Forderungen von den Debitoren übernimmt. Factoring-Institute erwerben keine einzelnen Forderungen, sondern vielmehr Forderungsgesamtheiten, damit im Fall der Übernahme des Delkredererisikos durch den Factor der Factoring-Geber nicht nur die risikobehafteten Forderungen abtritt.

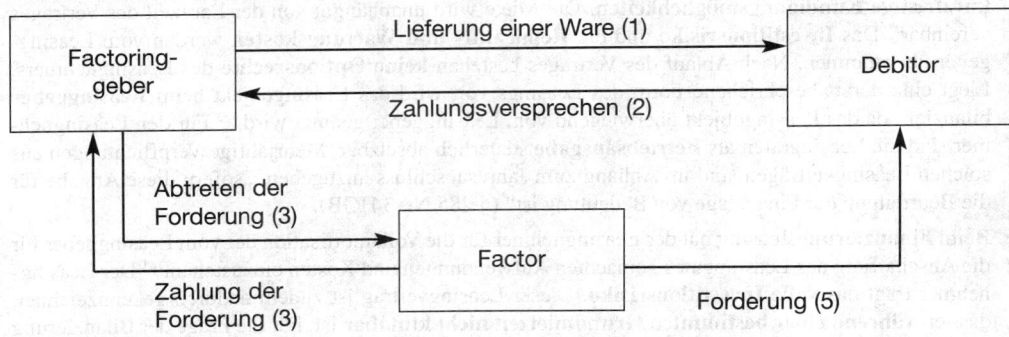

238 Zwei Formen, das echte und das unechte Factoring, werden unterschieden: Beim **echten Factoring** nimmt der Factor gegenüber dem Factoring-Geber im Wesentlichen drei Funktionen war:

- **Finanzierungsfunktion**: Im Wege des Ankaufs der Forderungen durch den Factor wird sofortige Liquidität vor Fälligkeit der Forderung seitens des Factoring-Gebers hergestellt. Der Factoring-Geber

---

164 So Lubitz, Vorstandssprecher des Deutschen Factoring-Verbandes und Sprecher der Geschäftsführung der Deutschen Factoring Bank, vor der Presse in Frankfurt, Pressemitteilung vom 2.9.2003.
165 Zu aktuellen Entwicklungen und Hintergründen vgl. Wieland, in: Kienbaum/Börner, Neue Finanzierungswege für den Mittelstand, S. 215 ff.; ein Fallbeispiel findet sich bei Dick/Schmitt-Freise, in: Kniebaum/Börner, Neue Finanzierungswege für den Mittelstand, S. 201 ff.
166 Quelle: Deutscher Factoring-Verband e.V.
167 Zur Problematik der Factoringfähigkeit und des Nutzens des Factoring von mittleren Unternehmen Mevissen, Mittelstandsfinanzierung mit Factoring und Asset Backed Securities, S. 45 ff.; Schmeiser/Thiermeier/Greulich, DStR 2005, 1199.

erlangt eine sofortige Valutierung seiner Forderungen und vermeidet dadurch Liquiditätsengpässe insb. bei verlängerten Zahlungszielen.

- **Dienstleistungsfunktion**: Der Factor übernimmt die Debitorenbuchhaltung (Rechnungsstellung, Forderungseintreibung, ggf. Solvenzüberwachung, Beratungsleistungen in Absatz- und Investitionsfragen).
- **Delkrederefunktion**: Übernahme des vollen Kreditrisikos (Delkrederisiko) durch den Factor. Beim echten Factoring trägt der Factor, nach vorangegangener Kreditwürdigkeitsprüfung des Debitors, das Risiko der Bonität der übertragenen Forderung. Der Factoring-Geber haftet allein für die Verität der Forderung, also den Bestand. Ein Regress des Factors im Fall der Zahlungsunfähigkeit oder -unwilligkeit des Debitors ist ausgeschlossen.

Der einer Forderungsübertragung zugrunde liegende schuldrechtliche Vertrag wird beim echten Factoring nach ganz h.M. als **Kaufvertrag** nach § 453 Abs. 1 i.V.m. § 433 Abs. 1 BGB (Rechtskauf) qualifiziert. Der Factoring-Geber ist dem Factor zur Übertragung der Forderung verpflichtet, d.h. zur Verschaffung der Forderungsinhaberschaft in der Person des Factors als neuem Gläubiger durch einen dinglichen Abtretungsvertrag nach § 398 BGB. Der Factor ist zur Zahlung des vereinbarten Kaufpreises gemäß § 433 Abs. 2 BGB verpflichtet. Die Rechtsfolgen bei Verstoß gegen die Verschaffungspflicht ergeben sich aus §§ 453 Abs. 1, 437, 439, 440 BGB. Ggf. sind §§ 377, 378 HGB zu berücksichtigen.

Folgende **Vorteile** für die Factoring-Geber sind beim echten Factoring hervorzuheben:[168]

- **Liquiditätsgewinne** durch Skontierungsfähigkeit gegenüber den Lieferanten, Barzahlerpreise, Sonderkonditionen,
- **Einsparung von Kosten** bei der Debitorenbuchhaltung, der Kreditwürdigkeitsprüfung und dem Mahnwesen,
- **Gebührenersparnis** bei der Informationsbeschaffung,
- **Wegfall der Kosten** für das Beitreiben der Forderungen,
- **keine Verluste** aus der Insolvenz der Debitoren,
- **Kapitalfreisetzung** durch Abbau der Außenstände,
- ggf. **Gewerbesteuereinsparung** bei Reduzierung von Dauerschuldverhältnissen,
- **Verbesserung der Bilanzoptik** durch Forderungs- und Verbindlichkeitsabbau,
- ggf. **Ausweitung des Umsatzes**, wenn zuvor ein Kreditengpass bestand.

Der wesentliche Unterschied zwischen echtem und **unechtem Factoring** ist, dass der Factor beim unechten Factoring das **Delkrederisiko nicht übernimmt**. Der Factor nimmt hier lediglich die Finanzierungs- und die Dienstleistungsfunktion war:

- Bei der **Finanzierungsfunktion** ergeben sich einige Abweichungen zum echten Factoring. So wird der Factoring-Geber bei Uneinbringlichkeit der abgetretenen Forderung durch den Factor rückbelastet. Regelmäßig bestimmt eine Fristenregelung, wann der Debitor die übertragene Forderung an den Factor zu leisten hat. Erfolgt eine solche Leistung nicht, ist der an den Factoring-Geber ausbezahlte Geldbetrag an den Factor zurückzuübertragen.
- Auch hinsichtlich der **Dienstleistungsfunktion** ergeben sich gegenüber dem echten Factoring Unterschiede. Dadurch, dass der Factoring-Geber das Bonitätsrisiko selbst zu tragen hat, ist er auch gehalten, die Überwachung der Solvenz der Debitoren selbst vorzunehmen sowie die hierfür erforderlichen Aufwendungen selbst zu tragen. Der Factor wiederum überwacht die Bonität und Solvenz des Factoring-Gebers.

---

168 So Perridon/Steiner, Finanzwirtschaft der Unternehmung, S. 454.

242 Der der Forderungsübertragung zugrunde liegende schuldrechtliche Vertrag wird also beim unechten Factoring von der ganz h.M. als **Darlehensvertrag** nach § 488 BGB qualifiziert.[169] Der durch den Factor zunächst valutierte Betrag stellt sich mithin nicht als Entgelt für die abgetretene Forderung dar, sondern nur als **Darlehen** gemäß § 488 BGB. Der Rückerstattungsanspruch des Factors nach § 488 Abs. 1 Satz 2 BGB gegen den Factoring-Geber wird durch die erfüllungshalber abgetretene Forderung des Factoring-Gebers gegen die Debitoren gesichert. Die Parteien treffen eine Sicherungsabrede dahingehend, dass der Factor Befriedigung für seinen Rückzahlungsanspruch gemäß § 488 Abs. 1 Satz 2 BGB aus der abgetretenen Forderung erhält und der Factoring-Geber nur subsidiär in Anspruch zu nehmen ist. Der Darlehensvertrag ist insoweit atypisch, als die Rückzahlungsverpflichtung nicht primär den Darlehensnehmer (Factoring-Geber) trifft.

243 Auch wenn nach h.M. beim unechten Factoring wirtschaftlich betrachtet ein Darlehen vorliegt, zählt das Factoring-Geschäft in Deutschland **nicht zu den genehmigungspflichtigen Bankgeschäften** i.S.v. § 1 KWG. Factor-Institute unterliegen daher nicht der Bankenaufsicht, es sei denn, sie haben zugleich auch die Zulassung als Kreditinstitut beantragt.

244 Das Factoring-System lässt sich auch danach unterteilen, ob die Zession der Forderungen offen oder still erfolgt ist.

- So erhalten die Debitoren beim **offenen (bzw. notifizierten) Factoring** eine Mitteilung des Factoring-Gebers, dass sie mit befreiender Wirkung nur noch an den Factor leisten können. Auf diese Weise wird der Schutz des § 407 Abs. 1 BGB ausgeschlossen. In der Praxis wird echtes Factoring i.d.R. als offenes Factoring betrieben.

- Beim **stillen (nichtnotifizierten) Factoring** wird der Debitor hingegen nicht von der Zession unterrichtet. Daher kann er nach § 407 Abs. 1 BGB auch befreiend an den Factoring-Geber leisten, der die Zahlung an den Factor weiterleitet. Beim **halboffenen Verfahren** zeigt der Factoring-Geber durch einen Zahlungsvermerk auf der Rechnung die Zusammenarbeit mit dem Factor an, verzichtet aber auf eine ausdrückliche Abtretungsanzeige. Auch in diesem Fall kann der Debitor weiter gemäß § 407 Abs. 1 BGB mit befreiender Wirkung an den Factoring-Geber leisten.

245 Eine gewisse Ähnlichkeit zum echten Factoring weist die **Forfaitierung**[170] auf. So wird im Bereich der Außenhandelsfinanzierung der **Verkauf** von mittel- bis langfristigen **Exportforderungen** bezeichnet. Wie beim Export-Factoring kauft der Forfaiteur Forderungen eines Exporteurs i.d.R. ohne Regressmöglichkeit auf. Der Forfaiteur übernimmt, ebenso wie beim echten Factoring, das **Delkredererisiko**. Im Unterschied zum Factoring werden jedoch **keine Dienstleistungsfunktionen** übernommen. Die Laufzeiten der der Fortfaitierung zugrunde liegenden Forderungen betragen mindestens sechs Monate, durchschnittlich fünf und höchstens zehn Jahre, im Gegensatz zu den ein- bis viermonatigen Laufzeiten beim Factoring. Die Einzelforderungen erreichen regelmäßig sehr hohe Beträge. Forfaitierungsgeschäfte werden daher **zusätzlich besichert**, etwa durch Wechsel, Bürgschaften, Garantien von Banken oder den betroffenen Importländern. Der der Forfaitierung zugrunde liegende schuldrechtliche Vertrag ist nach herrschender Auffassung, ebenso wie beim echten Factoring, ein Kaufvertrag nach § 453 BGB (Rechtskauf).[171] Bis auf die Dienstleistungsfunktion sind die Funktionen des echten Factoring (Finanzierungsfunktion und Delkrederefunktion) im Wesentlichen identisch. Was die Delkrederefunktion angeht, so kommen bei Exportforderungen noch die Weitergabe des Risikos **schwankender Wechselkurse** und des häufig unkalkulierbaren **Länderrisikos** an den Forfaiteur hinzu. Gerade für auch im Außenhandel tätige mittelständische Unternehmen gewinnt auch Forfaitierung als Finanzierungsmöglichkeit an Bedeutung, da die Fremdfinanzierung über Bankkredite infolge des verschärften internationalen Wettbewerbes und durch die neuen Baseler Eigenkapitalvereinbarungen zunehmend schwieriger wird.

---

169 BGH, NJW 1972, 1715; 1978, 1521; 1982, 164; Canaris, NJW 1981, 249, 250; Serick, NJW 1981, 794, 795; dazu Palandt/Grüneberg, BGB, § 398 Rn. 37.
170 Verkauf á forfait, d.h. Verkauf „in Bausch und Bogen".
171 BGH, NJW 1994, 2483, 2484.

D. Finanzierungsinstrumente

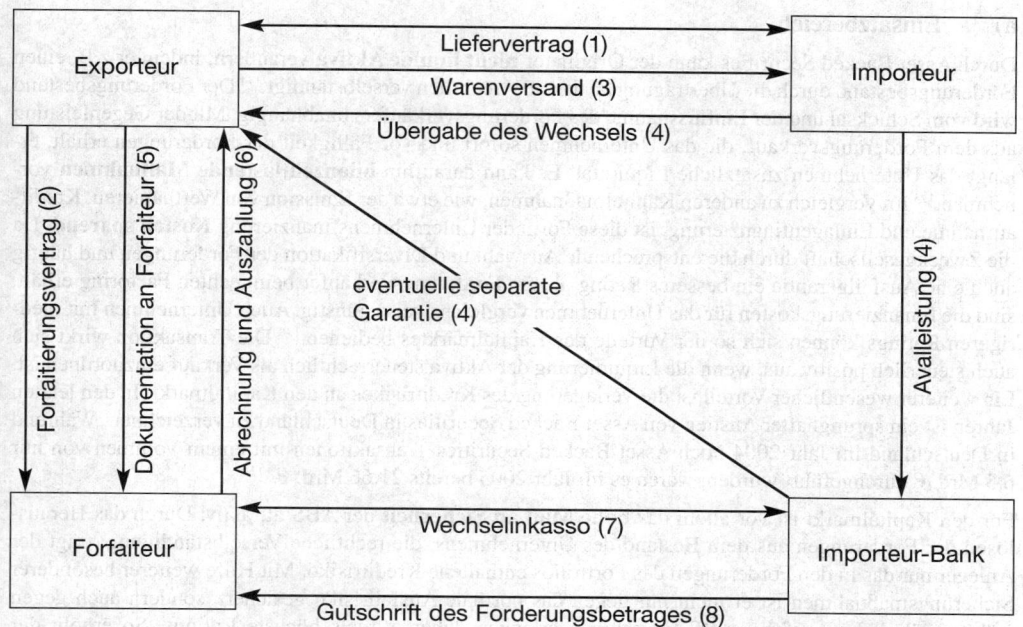

Erläuterung zur Grafik:

1. Abschluss des Liefervertrages zwischen Exporteur und Importeur mit Vereinbarung über das Zahlungsziel und die Besicherung.
2. Abschluss eines Forfaitierungsvertrages zwischen Forfaiteur und Exporteur, in der Regel bestehend aus Festangebot und Annahme.
3. Versand der Ware durch den Exporteur
4. Avalleistung durch die Importeur- Bank und Versand der avalierten Wechsel an den Importeur bzw. Exporteur oder Versand einer separaten Garantie an den Exporteur.
5. Einreichung der im Forfaitierungsvertrag vereinbarten Dokumentation beim Forfaiteur.
6. Abrechnung und Auszahlung des Forfaitierungserlöses an den Exporteur.
7. Wechselinkasso durch den Forfaiteur.
8. Gutschrift des Forderungsbetrages auf das Konto des Forfaiteurs bei Fälligkeit.

4. Asset Backed Securities

Asset Backed Securities können zur Unternehmensfinanzierung eingesetzt werden, indem ein Unternehmen (Originator) einen Teil seiner Aktiva zur Deckung einer Kapitalmarktfinanzierung einsetzt. Bei Asset Backed Securities (ABS) handelt es sich um Wertpapiere oder Schuldscheine, die Zahlungsansprüche gegen eine ausschließlich zum Zweck der ABS-Transaktion gegründete Gesellschaft (Special Purpose Vehicle, „SPV") zum Gegenstand haben.[172] Sie sind durch Vermögenswerte (assets) gedeckt (backed). Man spricht daher mit deutschen Begriffen auch von der **Verbriefung von Vermögenswerten** und von durch Aktiva gedeckten Wertpapieren.[173]

---

172 Waschbusch, ZBB 1998, 408, 409; Früh, BB 1995, 105; Eichholz/Nelgen, DB 1992, 793.
173 Geiger, in: Habersack/Mülbert/Schlitt, Unternehmensfinanzierung am Kapitalmarkt, § 16 Rn. 1.

a) Einsatzbereich

247 Durch Asset Backed Securities kann der Originator **nicht liquide Aktiva** veräußern, indem er z.B. einen Forderungsbestand durch die Übertragung an das SPV rechtlich verselbständigt.[174] Der Forderungsbestand wird vom Schicksal und der Einflussnahme des Forderungsverkäufers unabhängig. Mit der Gegenleistung aus dem Forderungsverkauf, die das Unternehmen sofort und vor Fälligkeit der Forderungen erhält, erlangt das Unternehmen zusätzliche Liquidität. Es kann daraufhin **bilanzentlastende Maßnahmen** vornehmen.[175] Im Vergleich zu anderen Kapitalmaßnahmen, wie etwa der Emission von Wertpapieren, Kreditaufnahme und Einlagenfinanzierung, ist diese Form der Unternehmensfinanzierung **Kosten sparend**. Da die Zweckgesellschaft durch die entsprechende Auswahl und Diversifikation der Forderungen und häufig auch eine Ausfallgarantie ein besseres Rating als ein Forderungsverkäufer beim echten Factoring erhält, sind die Finanzierungskosten für das Unternehmen vergleichsweise günstig. Auch Unternehmen mit niedrigeren Ratings können sich so der Vorteile des Kapitalmarktes bedienen.[176] Die Transaktion wirkt sich auch steuerlich positiv aus, wenn die Liquidierung der Aktiva steuerrechtlich als Verkauf einzuordnen ist. Ein weiterer wesentlicher Vorteil ist die Verlagerung des Kreditrisikos an den Kapitalmarkt. In den letzten Jahren ist ein sprunghafter Anstieg von Asset Backed Securities in Deutschland zu verzeichnen. Während in Deutschland im Jahr 2004 noch Asset Backed Securities Transaktionen mit einem Volumen von nur 6,5 Mrd. € durchgeführt wurden, waren es im Jahr 2005 bereits 21,66 Mrd. €.[177]

248 Für den Kapitalmarkt ist vor allem das **hohe Maß an Sicherheit** der ABS attraktiv. Durch das Herauslösen der Forderungen aus dem Bestand des Unternehmens, die rechtliche Verselbständigung, trägt der Anleger nur das in den Forderungen des Portfolios enthaltene Kreditrisiko. Mit Hilfe weiterer besonderer Sicherungsmaßnahmen ist er nicht nur gegen das normale Ausfallrisiko gesichert, sondern auch gegen außergewöhnliche Ausfälle. ABS-Emissionen erlangen daher oftmals höchste Ratings. So erhöht der Originator die Bonität des Forderungsbestandes häufig z.B. durch eine Übersicherung, ein zusätzliches nachrangiges Darlehen, durch Barreserven oder Versicherungen zur Deckung eventueller Forderungsausfälle. Auf diese Weise lassen sich bspw. auch Pools von „faulen" Krediten oder Forderungen mit hohem Ausfallrisiko verbriefen.

b) Grundstruktur

249 Die eigens für den Forderungserwerb gegründete Zweckgesellschaft **kauft** von dem Vermögenswerte verbriefenden Unternehmen einen bestimmten Bestand an Vermögenswerten, meist Forderungen, an, der ihr sodann abgetreten wird. Die Zweckgesellschaft sollte keine gesellschaftsrechtliche Verbindung zum Originator besitzen. Sie ist insolvenzfest zu strukturieren, damit sie vom Kapitalmarkt als Emittent akzeptiert wird. Dies wird insb. dadurch erreicht, dass alle Transaktionsbeteiligten sich verpflichten müssen, keinen Insolvenzantrag zu stellen (non-petition) und nur auf die jeweils bei der Zweckgesellschaft vorhandenen Vermögenswerte zur Befriedigung ihrer Ansprüche zuzugreifen (limited recourse).[178]

Nach dem Ankauf und der Abtretung werden die Ansprüche an diesem Forderungspool verbrieft (**Securitization**) und als handelbare Wertpapiere (Asset Backed Securities) in erster Linie an institutionelle Anleger veräußert. Das SPV refinanziert damit den Kaufpreis für die Forderungen über die Ausgabe einer Anleihe am Kapitalmarkt.

250 Die auf die abgetretenen Vermögenswerte eingehenden Zahlungen werden auf Grundlage eines Vertrages zwischen dem Originator und dem SPV (**Servicing Agreement**) weiterhin vom Unternehmen eingezo-

---

174 Zur Refinanzierung mittelständischer Leasinggesellschaften durch ABS siehe Ergenzinger, in: Kienbaum/Börner, Neue Finanzierungswege für den Mittelstand, S. 305 ff.; zur Finanzierungsgesellschaft EuReFin (European Receivables Financing), die spezielle ABS für den europäischen Mittelstand anbietet siehe Mortag/Coenen, in: Kniebaum/Börner, Neue Finanzierungswege für den Mittelstand, S. 329 ff.
175 Waschbusch, ZBB 1998, 408, 415.
176 Vgl. Perridon/Steiner, Finanzwirtschaft der Unternehmung, S. 457.
177 Vgl. European Securitisation Forum, Data Report, Winter 2006.
178 Geiger, in: Habersack/Mülbert/Schlitt, Unternehmensfinanzierung am Kapitalmarkt, § 16 Rn. 2.

gen und an das SPV weitergeleitet. Die zur Einziehung verwendeten Konten des Originators werden zur Sicherstellung der Weiterleitung zu Gunsten des SPV verpfändet. Typischerweise enthält das Servicing Agreement die Verpflichtung des Originators, das Forderungsinkasso und die Forderungsverwaltung im Namen der Zweckgesellschaft fortzuführen, regelmäßig über die eingezogenen Forderungen zu informieren und die eingegangenen Zahlungen weiterzuleiten.

Die dem Originator durch das Servicing Agreement erteilte **Einziehungsermächtigung** wird nur dann wieder entzogen, wenn das Unternehmen dafür Anlass bietet.

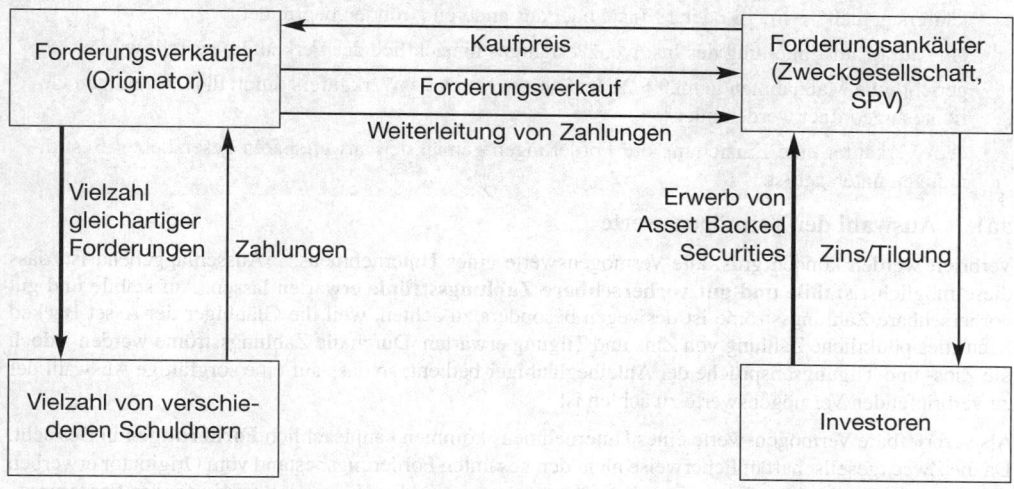

Hinweis:

Aus Sicht des im Handels- und Gesellschaftsrecht beratenden Anwalts ist das Servicing Agreement von zentraler Bedeutung, da es in Bezug auf den verbrieften Forderungspool den Geschäftsalltag des Unternehmens auch nach der Übertragung an das SPV maßgeblich beeinflusst.

251

Formulierungsbeispiel: Typische Servicing-Vereinbarung

252

Der Verkäufer ist verpflichtet, das Portfolio seiner jeweils angekauften Forderungen im Namen des Käufers einzuziehen und zu verwalten. Der Käufer ermächtigt den Verkäufer hiermit, die jeweils angekauften Forderungen nebst den dazugehörigen Nebenrechten, dazugehörigen Sicherheiten, Sicherheiten und sonstigen Sicherungsrechten im eigenen Namen unter Beachtung der Bestimmungen dieses Vertrages einzuziehen, zu verwalten, auszuüben und zu verwerten („**Forderungseinzugsberechtigung**"). Diese Forderungseinzugsberechtigung enthält die Berechtigung des Verkäufers, die erforderlichen rechtlichen Maßnahmen (insb. gerichtliche Mahn- und Klageverfahren – nachstehend die „**Gerichtsverfahren**" genannt) bezüglich der hierunter angekauften Forderungen, der dazugehörigen Sicherheiten, Sicherheiten und sonstigen Sicherungsrechte zu ergreifen.

Der Käufer hat das Recht, die dem Verkäufer erteilte Forderungseinzugsberechtigung aus wichtigem Grund zu widerrufen, wenn er dieses Vorgehen zur Wahrung seiner Interessen für erforderlich hält. Das Vorliegen eines wichtigen Grundes wird insb. vermutet, wenn der Käufer das Recht hat, diesen Vertrag aus wichtigem Grund zu kündigen. Vor dem Widerruf wird der Käufer den betreffenden Verkäufer unter Angabe des wichtigen Grundes schriftlich mahnen und ihm eine Frist von zehn Bankgeschäftstagen („**Nachfrist**") zur Abhilfe setzen, jedoch mit der Maßgabe, dass der Käufer zum Setzen der Nachfrist nicht verpflichtet ist, soweit er nach billigem Ermessen feststellt, dass das Setzen einer Nachfrist zum Schutz seiner Rechte ungeeignet ist. Die Forderungseinzugsberechtigung wird verlängert, wenn das Kündigungsrecht aus wichtigem Grund i.S.d. Vertrages erloschen ist. Die Forderungseinzugsberechtigung wird nicht widerrufen, wenn der Verkäufer dem Käufer eine Barsicherheit in Höhe der ausstehenden Forderungen oder eine andere dem Käufer ausreichende Sicherheit stellt.

Ungeachtet der allgemeinen Natur der vorstehenden Regelung erlischt die Forderungseinzugsberechtigung im Verhältnis zum Verkäufer automatisch, wenn

- ein Sachverhalt vorliegt, der die Einleitung eines Insolvenzverfahrens über das Vermögen des Verkäufers gemäß §§ 17, 18 oder 19 InsO oder aus anderen Gründen begründet,
- ein Antrag auf Einleitung des Insolvenzverfahrens hinsichtlich des Verkäufers gestellt wurde,
- gerichtliche Maßnahmen gemäß § 21 InsO hinsichtlich des Verkäufers durch die zuständigen Gerichte angeordnet werden oder
- dem Verkäufer eine Einziehung der Forderungen gemäß den anwendbaren gesetzlichen Bestimmungen untersagt ist.

aa) Auswahl der Vermögenswerte

253 Verbrieft werden können grds. alle Vermögenswerte eines Unternehmens.[179] Ausschlaggebend ist, dass diese möglichst **stabile und gut vorhersehbare Zahlungsströme** erwarten lassen. Auf stabile und gut vorhersehbare Zahlungsströme ist deswegen besonders zu achten, weil die Gläubiger der Asset Backed Securities pünktliche Zahlung von Zins und Tilgung erwarten. Durch die Zahlungsströme werden jedoch die Zins- und Tilgungsansprüche der Anleihegläubiger bedient, so dass auf eine sorgfältige Auswahl der zu verbriefenden Vermögenswerte zu achten ist.

254 Als verbriefbare Vermögenswerte eines Unternehmens kommen hauptsächlich **Forderungen** in Betracht. Da die Zweckgesellschaft üblicherweise nicht den gesamten Forderungsbestand vom Originator erwerben will, ist zunächst der betreffende Forderungsbestand auszuwählen. Für ein zu verkaufendes Forderungsportfolio sind Forderungen geeignet, die

- nach § 398 BGB abtretbar sind,
- gegenüber einem möglichst **großen, heterogenen Schuldnerkreis** bestehen,
- eine große **Homogenität** aufweisen,
- konstant **niedrige Ausfallraten** haben sowie
- eine geringe Quote nicht termingenau eingehender Zins- und Tilgungszahlungen aufweisen.[180]

Nur ein derart strukturiertes Forderungsportfolio ermöglicht die Umwandlung in verkehrsfähige Wertpapiere. Um eine breite Platzierung unter den Anlegern zu erreichen, bedarf der Forderungspool zudem der günstigen Beurteilung durch mindestens eine international anerkannte Rating-Agentur (siehe Rn. 28 ff.).

255 Folgende **Forderungsarten** kommen für Asset-Backed-Securities-Transaktionen in besonderem Maße in Betracht:

- Leasingforderungen,
- Automobilteilzahlungsforderungen,
- Forderungen aus Konsumentendarlehen,
- Firmenkundendarlehen,
- Mitarbeiterdarlehen,
- grundschuldgesicherte Darlehen,
- Kreditkartenforderungen,

---

179 Geiger, in: Habersack/Mülbert/Schlitt, Unternehmensfinanzierung am Kapitalmarkt, § 16 Rn. 7.
180 Deutsche Bundesbank, Asset Backed Securities in Deutschland: Die Veräußerung und Verbriefung von Kreditforderungen durch deutsche Kreditinstitute, Monatsbericht Juli 1997, S. 57, 58.

- Forderungen aus Lagerbestandsfinanzierung,
- Forderungen aus Franchiseverträgen,
- Gebührenforderungen aus Lizenz- und Patentverträgen.[181]

bb) Forderungsankauf

Zwischen dem Originator und der Zweckgesellschaft (Special Purpose Vehicle) wird ein **Kaufvertrag** gemäß § 453 Abs. 1 BGB i.V.m. § 433 Abs. 1 BGB (Rechtskauf) geschlossen, in dem sich der Originator verpflichtet, Forderungen an die Zweckgesellschaft zu übertragen. Die Zweckgesellschaft verpflichtet sich im Gegenzug zur Zahlung des Kaufpreises (§ 433 Abs. 2 BGB). Der Kaufpreis entspricht regelmäßig dem Barwert der Forderungen und wird aus dem Erlös für die platzierten Wertpapiere erlangt. Bei einer periodisch strukturierten ABS-Transaktion (**revolvierende ABS-Transaktion**) ist die Zweckgesellschaft verpflichtet, die angebotenen Forderungen bis zu einer bestimmten Summe von Barwerten regresslos, jeweils auf einen bestimmten Stichtag hin, anzukaufen. Der Originator ist verpflichtet, periodisch jeweils neue vertragsgemäße Forderungen zum Kauf anzubieten.

256

cc) Forderungsabtretung

Die **Abtretung der Forderungen** nach § 398 BGB muss unbedingt erfolgen, damit der Sicherungszweck erfüllt werden kann. Die Forderungen müssen bestimmt bzw. bestimmbar sein. Bei einer Forderungsmehrheit genügt es nach der Rspr. für die **Bestimmbarkeit**, dass alle Forderungen aus einem bestimmten Geschäftsbereich, aus einer bestimmten Art von Rechtsgeschäften oder aus einem bestimmten Zeitraum stammen.[182] Die Forderungen können im Wege der Globalzession oder in Form der Mantelzession mit nachfolgenden Einzelzessionen erfolgen.

257

- Bei der **Globalzession** werden durch ein einziges Verfügungsgeschäft des Originators alle zukünftigen Forderungen an die Zweckgesellschaft abgetreten.
- Bei der **Mantelzession** handelt es sich dagegen um einen Rahmenvertrag, der beim Entstehen der Forderungen durch Einzelzessionen ausgefüllt wird. Diese Form der Abtretung wird meist bei der revolvierenden ABS-Transaktion gewählt.

Sofern es sich bei den zu verbriefenden Vermögenswerten des Originators um Forderungen handelt, werden diese i.d.R. im Rahmen einer stillen Zession abgetreten. Es ist sicherzustellen, dass die Zweckgesellschaft die Forderungen **tatsächlich und unanfechtbar** erwirbt. Da es keinen gutgläubigen Forderungserwerb gibt, muss der Originator Inhaber der abzutretenden Forderungen sein. Damit sichergestellt ist, dass die Zahlungsströme ohne Abzug und ohne zeitliche Verzögerung für die Asset Backed Securities verwendet werden können, muss dafür Sorge getragen werden, dass die Forderungen „**frei von Belastungen**" sind, d.h. nicht bereits anderweitig abgetreten oder verpfändet sind. Es ist zudem darauf zu achten, dass die Schuldner der Forderungen **keine Leistungsverweigerungsrechte** gegenüber der Zweckgesellschaft gemäß § 404 BGB geltend machen können, etwa weil es zu einer Leistungsstörung kommt und der Schuldner die Einrede nach § 320 BGB geltend machen kann oder weil die Forderung bereits gemäß § 362 BGB erloschen ist.

258

c) Conduit-Programme

Der für die Strukturierung einer ABS-Transaktion zu betreibende Aufwand ist relativ hoch. Die Platzierung einer eigenen Anleihe am Kapitalmarkt nur für die Forderungen eines bestimmten Unternehmens mit Finanzierungsbedarf lohnt sich daher angesichts der anfallenden Transaktionskosten erst ab einem bestimmten Volumen. Dabei kann von einem Mindestanleihebetrag von rd. 250 – 300 Mio. € ausgegangen werden. Als Alternative für kleinere Forderungsportfolios werden daher sog. **Conduit-Programme**

259

---

181 Bsp. nach Wöhe/Bilstein, Grundzüge der Unternehmensfinanzierung, S. 307.
182 Palandt/Heinrichs, BGB, § 398 Rn. 15.

angeboten, die zumeist von Banken aufgesetzt und verwaltet werden, um ihre eigenen Vermögenswerte, aber auch die Aktiva ihrer Kunden, zu verbriefen.[183]

260 Werden Vermögenswerte im Rahmen eines Conduit-Programmes verbrieft, ergeben sich die nachfolgend dargestellten **Modifikationen der Grundstruktur**, die je nach Conduit-Programm leicht variieren. Typischerweise verkauft der Originator seine Vermögenswerte an eine Zweckgesellschaft (SPV), welche als reine Ankaufsgesellschaft fungiert. Die Ankaufsgesellschaft refinanziert sich über ein weiteres SPV, mit dem es über einen Auftragsvertrag verbunden ist. Das weitere SPV tritt als Emittent von Wertpapieren am Kapitalmarkt auf und übernimmt diese Aufgabe i.d.R. für eine Vielzahl von Ankaufsgesellschaften, mit denen jeweils Auftragsverhältnisse bestehen. Es ist meist mit den Ankaufsgesellschaften konzernrechtlich verbunden. Die vom emittierenden SPV ausgegebenen Wertpapiere („Commercial Papers" oder auch „CP's")[184] haben i.d.R. eine relativ kurze Laufzeit von unter einem Jahr. Da der Erwerber der emittierten **Commercial Papers** im Fall der Conduit-Lösung nicht weiß, welches Unternehmen die Vermögenswerte an die Ankaufsgesellschaft übertragen hat, die durch die ausgegebenen Vermögenswerte refinanziert werden, sind ergänzende Maßnahmen zur Risikobegrenzung erforderlich, um die Akzeptanz der Commercial Papers am Kapitalmarkt sicherzustellen. Typischerweise erhalten Commercial Papers daher ein Rating von mindestens zwei international angesehenen Ratingagenturen (zum Rating siehe Rn. 23 ff.). Außerdem sehen die Conduit-Strukturen regelmäßig **Bonitätshilfen** zur Verbesserung der Kreditqualität (z.B. Barreserven oder Forderungsausfallversicherungen) des verbrieften Portfolios und eine Liquiditätsfazilität (Back-Up-Line) vor. Letztere soll dazu dienen, die Refinanzierung auch dann sicherzustellen, wenn dies am Kapitalmarkt aufgrund einer Marktstörung kurzfristig nicht möglich ist.

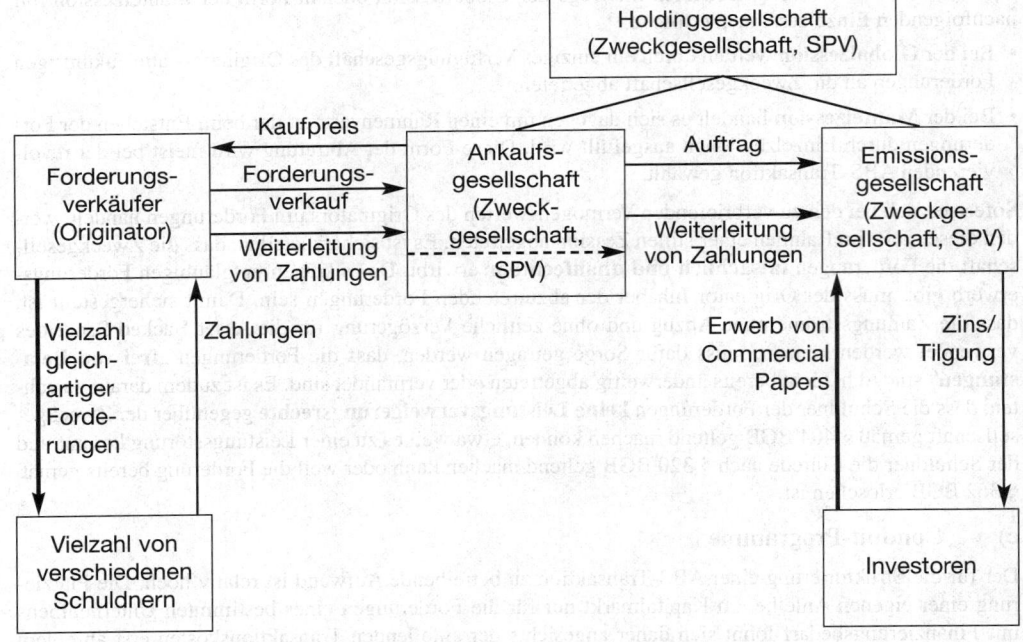

183 Conduit-Programme haben meist klangvolle Namen und werden von nahezu allen größeren im deutschen Markt tätigen Banken angeboten, z.B.: „Rhein-Main" (Deutsche Bank), „Silver Tower" (Dresdner Bank), „Salome" (HypoVereinsbank), „Compass" (WestLB), „Kaiserplatz" (Commerzbank), „Giro Lion" (Bayerische Landesbank), „Lake Constance" (Landesbank Baden-Württemberg), „Coral Capital" (DZ Bank), „Tulip" (ABN Amro), „Rhineland" (IKB Deutsche Kreditbank), „Baltic Star" (HSH Nordbank).
184 Als CP wird ein Geldmarktpapier mit kurzer Laufzeit (i.d.R. 30 Tage) bezeichnet, siehe Krumnow/Gramlich/Lange/Dewner, Gabler Bankrechtslexikon, Stichwort „Commercial Paper (CP)".

5. Projektfinanzierung

Projektfinanzierung ist eine **spezielle Form der Darlehensfinanzierung**, die vor allem bei der Realisierung kapitalintensiver Großinvestitionen zum Einsatz kommt.[185] Wegen des hohen Finanzbedarfes einer Projektfinanzierung werden derartige Vorhaben meist im Rahmen eines Konsortiums aus mehreren Investoren realisiert.

a) Einsatzbereich

Die Projektfinanzierung eignet sich insb. für **Großprojekte**, bei denen die Projektträger nicht die volle Haftung für Risiken und die gesamten Kosten übernehmen können oder wollen. Für mittelständische Unternehmen eignet sich die Projektfinanzierung regelmäßig nicht, da die Untergrenze der Investitionsvolumina bei etwa 30 – 50 Mio. € liegt.[186] Ursprünglich wurde diese Finanzierungstechnik für Projekte wie Pipelines und Raffinerien, Elektrizitätsanlagen und Wasserkraftwerke eingesetzt.

Die Projektfinanzierung entwickelt sich zunehmend zur bevorzugten Form der Finanzierung von Infrastrukturprojekten der öffentlichen Hand, die auf diese Weise den Privatsektor in die Finanzierung einbinden kann. Oft wird dann auch wegen der gedanklich im Vordergrund stehenden Zusammenarbeit der öffentlichen Hand mit Privaten von **Public Private Partnerships** (PPP) gesprochen.

Aufgrund der komplexen Struktur von Projektfinanzierungen führen diese häufig zu hohen **Transaktionskosten**.

b) Grundlagen

Charakteristisch für diese Finanzierungsform ist die **Beleihung des Cash Flow**, den das Projekt voraussichtlich in Zukunft erwirtschaftet. Von der klassischen Fremdfinanzierung unterscheidet sich die Projektfinanzierung also insb. dadurch, dass Grundlage für die Kreditwürdigkeitsprüfung das Projekt bzw. die künftigen Erträge des Projektes und nicht die Bonität des Kreditnehmers ist.

Es werden daher dem Grundsatz nach keine externen, d.h. außerhalb der Vermögensgegenstände des Projektes liegenden, Sicherheiten benötigt. Dennoch bestehen die Kreditgeber des Projektes i.d.R. darauf, dass die Initiatoren des Projektes (Projektsponsoren) zumindest bis zur Betriebsbereitschaft des Projektes in mehr oder weniger stark ausgeprägter Form mit eigenen Vermögenswerten des Unternehmens haften, da das Risiko des Scheiterns des Projektes in der Phase bis zur Betriebsbereitschaft besonders groß ist und die Kreditgeber kaum wirksame Möglichkeiten zur direkten Risikosteuerung und -begrenzung haben. Üblich ist daher die Stellung sog. **Fertigstellungsgarantien** (Completion Guarantees) durch die Projektsponsoren. Von ihren Verpflichtungen hierunter werden sie erst entbunden, wenn das Projekt einen vertraglich festgelegten Fertigstellungstest (Completion Test) bestanden hat.

Spätestens mit Bestehen des Fertigstellungstestes zeichnet sich die Projektfinanzierung dann durch **risk sharing** aus. Die bei einem komplexen Großprojekt regelmäßig schwer überschaubaren oder schwer kontrollierbaren Projektrisiken werden vertraglich auf mehrere Schultern verteilt, namentlich auf die kreditgebenden Banken, die Projektsponsoren und die übrigen Projektbeteiligten. Ein Rückgriff der finanzierenden Banken auf die Projektgesellschaft oder die Projektsponsoren wird vertraglich begrenzt (**limited recourse**) oder sogar vollständig ausgeschlossen (**non recourse**). Die Risiken der Fremdkapitalgeber sind mithin höher als bei traditionellen Kreditgeschäften. Zum Ausgleich bieten Projektfinanzierungen aber auch eine höhere Rendite als klassische Fremdkapitalengagements.

Die Projektverbindlichkeiten schlagen sich nicht oder nur in Höhe übernommener Garantien in den Bilanzen der Projektsponsoren nieder und werden nach Möglichkeit komplett auf die Projektgesellschaft

---

[185] Siehe zum Ganzen etwa Backhaus, Projektfinanzierung: wirtschaftliche und rechtliche Aspekte einer Finanzierungsmethode für Großprojekte; Siebel/Baumann, Projekte und Projektfinanzierung: Handbuch der Vertragsgestaltung und Risikoabsicherung bei deutschen und internationalen Projekten.

[186] Zur Projektfinanzierung für den Mittelstand siehe Hillmann, in: Kienbaum/Börner, Neue Finanzierungswege für den Mittelstand, S. 275 ff.

verlagert. Damit ist eine bilanzneutrale Gestaltung der Finanzierung (**Off Balance Sheet Financing**) möglich.

266 Eine wesentliche Rolle bei der Strukturierung einer Projektfinanzierung spielen auch **steuerliche Aspekte**. Je nach Belegenheit und Art des Projektes ergeben sich hier vielfältige Möglichkeiten zu einer steueroptimierten Gestaltung.

267 Die Projektfinanzierung ist nicht nur juristisch **interdisziplinär**. In rechtlicher Hinsicht erfordert sie Beratung im Handels- und Gesellschaftsrecht, im öffentlichen Wirtschaftsrecht, Haushaltsrecht und Planungsrecht, Vergaberecht, Steuerrecht, Finanzrecht und regelmäßig im Recht des Anlagenbaus. Darüber hinaus ist aufgrund der Tatsache, dass Cash-Flows beliehen werden, eine besonders enge Zusammenarbeit der beratenden Anwälte mit Wirtschaftsprüfern, Unternehmensberatern und Investmentbanken[187] erforderlich.

c) Wesentliche Rechtsgrundlagen

268 Die Finanzierung von Vorhaben mittelständischer Unternehmen im Alleingang im Wege der Projektfinanzierung wird wegen des hohen Strukturierungsaufwandes höchstwahrscheinlich auch in Zukunft eher die Ausnahme bleiben. Nicht mehr so fern liegend ist jedoch die **Beteiligung eines Unternehmens an einer Projektfinanzierung** in der einen oder anderen Form, sei es als Auftragnehmer der Projektgesellschaft, als Abnehmer oder gar als Betreiber des Projektes. Hier ist der im Handels- und Gesellschaftsrecht beratende Anwalt gefordert, die spezielle Situation vollständig zu erfassen und festzustellen, ob sich daraus Besonderheiten für die Beratung des Unternehmens ergeben.

Die wesentlichen **Rechtsgrundlagen und -beziehungen einer Projektfinanzierung** werden daher im Folgenden überblicksartig dargestellt.

aa) Vereinbarungen zum Innenverhältnis der Projektsponsoren

269 Soll die Realisierung des Projektes durch mehrere Projektsponsoren erfolgen, ist die Kooperation in einem gesonderten **Konsortial- oder Kooperationsvertrag** zu regeln (Participants' Agreement). Der Vertrag wird die wesentlichen Merkmale des Projektes und die einzelnen Beiträge der Projektsponsoren bestimmen. Ihm kommt meist die Funktion eines Grundlagenvertrages zu. Da sich die Projektsponsoren regelmäßig auch an der zu gründenden Projektgesellschaft beteiligen werden, trägt das Participants' Agreement oft selbst Züge einer Gesellschaftervereinbarung oder wird durch eine solche ergänzt.

bb) Errichtung der Projektgesellschaft

270 Um das Projekt der Finanzierung und dessen finanzielle Ausstattung aus der Bilanz der Projektsponsoren auszugrenzen, ist eine **rechtlich selbständige Projektgesellschaft** zu gründen. Diese fungiert als Rechtsträger für das Projekt, d.h. sie ist Eigentümer des Projektvermögens und Vertragspartner gegenüber Dritten. Als Alternative zur Gründung eines selbständigen Rechtsträgers besteht auch die Möglichkeit einer **Innengesellschaft** bzw. eines vertraglichen **Joint Ventures** zwischen den Projektsponsoren.

cc) Konzession

271 Vor allem bei staatlichen Infrastrukturprojekten ist oftmals eine **Konzession oder Lizenz** zu Gunsten der Projektgesellschaft zur Realisierung und zum Betrieb des Projektes erforderlich. Dies ist regelmäßig dann der Fall, wenn originär hoheitliche Aufgaben in die Hände einer privaten Projektgesellschaft gelegt werden sollen, wie z.B. bei Mautstraßen. Daneben kann eine Konzession oder Lizenz aber auch in anderen staatlich regulierten Bereichen, wie z.B. der Telekommunikation, Voraussetzung für den Projektbetrieb sein.

---

[187] Zu Projektfinanzierung aus Sicht der Banken: Janus, in: Schimanski/Bunte/Lwowski, Bankrechtshandbuch. Bd. I, § 122 Rn. 67 f.

dd) Vereinbarungen zur Projekterrichtung

Die Planung und Errichtung der für den Projektbetrieb benötigten Anlagen wird mit Hilfe von Planungs- und Konstruktionsverträgen auf im betreffenden Gebiet erfahrene und leistungsfähige Vertragspartner übertragen. Diese wiederum binden Zulieferer von Material sowie ggf. Subunternehmer ein. Üblich ist die Vergabe eines **Generalunternehmervertrages**, der eine schlüsselfertige Ablieferung des Projektes zu einem bestimmten, auf die Cash-Flow-Planung abgestimmten Zeitpunkt vorsieht (Turn-Key Agreements). Dabei kommen der Vereinbarung eines verbindlichen Fertigstellungstermines und den Abnahmevorschriften besondere Bedeutung zu, da die Projektsponsoren ihrerseits regelmäßig aus den von ihnen gegenüber den Kreditgebern gewährten Fertigstellungsgarantien nur entlassen werden, wenn sie die termingerechte und ordnungsgemäße Betriebsbereitschaft des Projektes nachweisen können. Kann der vereinbarte Termin nicht eingehalten werden oder liegt Schlechterfüllung vor, drohen daher regelmäßig hohe Vertragsstrafen und Schadensersatzansprüche.

272

ee) Vereinbarung mit einem Betreiber (Operator)

Maßgeblich für den Erfolg eines jeden Projektes ist dessen Betrieb durch einen erfahrenen, fachkundigen und leistungsstarken Betreiber. Da es sich bei der Projektgesellschaft vielfach um eine neu zu gründende Zweckgesellschaft handelt, wird sie daher, zumindest zu Projektbeginn, oftmals nicht selbst in der Lage sein. Diese Aufgabe wird daher regelmäßig von einem der Projektsponsoren im Rahmen eines Betreibervertrages mit dem Projekt übernommen. Gibt es nur einen Projektsponsor, ist mit diesem ein entsprechender Vertrag über die **Führung der Geschäfte** zu schließen. Bei mehreren Projektsponsoren wird der Betrieb regelmäßig einem Projektsponsor übertragen. Denkbar und möglich ist aber auch der Betrieb durch einen von den Projektsponsoren vollständig unabhängigen Dritten mit entsprechender Expertise. Solche Gestaltungen bilden allerdings eher die Ausnahme.

273

ff) Vereinbarungen mit Abnehmern

Um einen nachhaltigen und sicheren Erfolg des Projektes zu garantieren muss von vornherein feststehen, dass ausreichend Abnehmer der vom Projekt zu liefernden Waren oder Dienstleistungen bereitstehen bzw. dass die geschaffene Infrastruktur ausreichend genutzt wird. Erforderlich ist daher i.d.R. der Abschluss **langfristiger Abnahmeverträge** bereits im Vorfeld des Projektes, die eine ausreichend große Nachfrage sicherstellen, um die benötigten Cash Flows zu generieren.

274

gg) Vereinbarungen mit den Kreditgebern

Mit den Kreditgebern des Projektes sind die entsprechenden **Finanzierungsvereinbarungen** zu schließen. In ihnen werden zunächst Umfang und Art und Weise der Bereitstellung von Finanzmitteln geregelt. Üblich ist die gestaffelte Auszahlung von Mitteln nach Projektfortschritt, geknüpft an von der Projektgesellschaft nachzuweisende Auszahlungsvoraussetzungen.

275

Zur Absicherung der Kreditgeber werden zudem – soweit möglich und der Projektstruktur nach vorgesehen – **Kreditsicherheiten** bestellt. Als Realsicherheiten dienen dabei im Wesentlichen die im Laufe der Projekterrichtung entstehenden Vermögenswerte der Projektgesellschaft, namentlich Anlagen und Rohmaterialien sowie die im Rahmen des Projektbetriebes entstehenden Forderungen gegenüber Abnehmern. Als Personalsicherheiten fungieren bis zur Fertigstellung des Projektes oftmals die bereits angesprochenen Fertigstellungsgarantien der Projektsponsoren. Darüber hinaus sind zusätzliche Personalsicherheiten im Rahmen von Projektfinanzierungen eher unüblich.

276

Schließlich erlegen die Kreditgeber der Projektgesellschaft regelmäßig bestimmte **Berichts- und Verhaltenspflichten** auf und sichern sich **Einfluss- und Kontrollrechte**. Die Verhaltenspflichten beinhalten meist die Einhaltung bestimmter Finanzkennzahlen (Financial Covenants) sowie anderer auf das Projekt individuell zugeschnittener Vorgaben (Operational Covenants), bei deren Nichteinhaltung (Event of Default) die Kreditgeber das Recht haben, in den Projektbetrieb einzugreifen (Step-In-Rights) und/oder die Kredite fällig zu stellen.

277

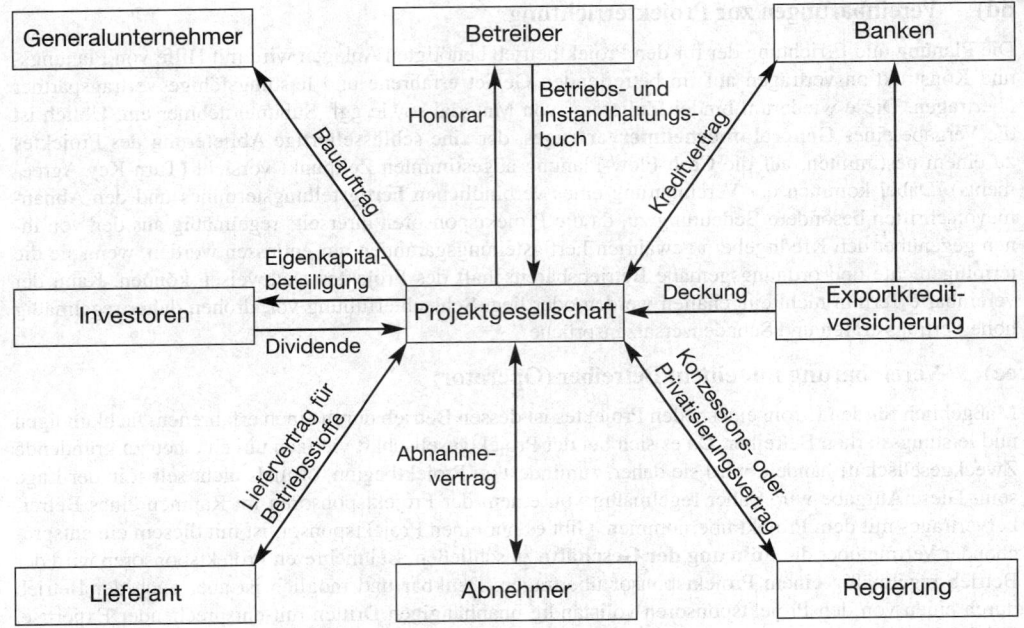

6. Akquisitionsfinanzierung

a) Grundlagen

278 Als Akquisitionsfinanzierung wird die Finanzierung des Erwerbs von Anteilen und/oder Vermögensgegenständen einer Zielgesellschaft durch einen **Investor** – meist durch die Zwischenschaltung einer Zweckgesellschaft[188] – verstanden. Zur Unternehmensfinanzierung kann sie also immer dann eingesetzt werden, wenn Wachstumskapital zur Ausweitung der operativen Möglichkeiten des Unternehmens oder zur Erschließung neuer Geschäftsbereiche oder Abnehmerkreise gefragt ist.

In der Praxis zeichnet sich die Finanzierung und Transaktionsgestaltung einer Akquisition durch speziell auf die wirtschaftliche Situation des **Zielunternehmens** und des Erwerbers abgestimmte Konzepte aus.

279 Ein Erwerber kann den Kaufpreis einer Akquisition grds. aus drei verschiedenen Quellen finanzieren:[189]

- aus freiem **Cash Flow** der erwerbenden Gesellschaft,
- aus **Eigen- oder Fremdkapital** über die Bilanz der **erwerbenden Gesellschaft**,
- aus **Eigen- oder Fremdkapital** über die Bilanz der **Zielgesellschaft**.

280 Wird das **Fremdkapital** durch hochverzinsliche Anleihen (High Yield Bonds) am Kapitalmarkt aufgenommen oder durch Kredite zur Verfügung gestellt, spricht man von einem **Leveraged Buy-Out (LBO)**.[190] Die Begriffe Akquisitionsfinanzierung und LBO werden häufig synonym gebraucht. Da im Folgenden die Unternehmensakquisition durch Fremdkapital im Vordergrund steht, geschieht dies auch hier.

Wird das Management der Zielgesellschaft an diesem beteiligt, so spricht man auch von einem **Management Buy-Out (MBO)**. Erwerben hingegen externe Führungskräfte ein Unternehmen oder werden sie zumindest an diesem beteiligt, so spricht man von **Management Buy-In (MBI)**.

---

[188] Neben den Begriffen Zweckgesellschaft, Special Purpose Vehicle und HoldCo wird diese Gesellschaft in der Lit. vor allem als NewCo bezeichnet. Dazu Weitnauer, Management Buy-Out, S. 170.
[189] Achleitner, Handbuch Investment Banking, S. 198.
[190] Lutter/Wahlers, AG 1989, 1.

Zur Strukturierung der Transaktion gründen die Investoren regelmäßig eigens eine Gesellschaft für den Erwerb der Zielgesellschaft (Zweckgesellschaft). Dazu wird in der deutschen Praxis bislang eine **Kapitalgesellschaft**, meist eine GmbH, verwendet.[191] Die Risiken der Transaktion sollen so allein in dieser Zweckgesellschaft konzentriert werden. Die Zweckgesellschaft schließt dann mit der finanzierenden Bank einen **Darlehensvertrag** und übernimmt die Gesellschaftsanteile der Zielgesellschaft. Der Unternehmenskauf durch die Erwerbergruppe erfolgt indirekt. Bei einem LBO erhalten die Banken von den Investoren typischerweise keine Sicherheiten. Die Zweckgesellschaft verfügt regelmäßig über keine weiteren Aktiva neben der Beteiligung an der Zielgesellschaft. Für die Finanzierung steht neben dem begrenzten Eigenkapitalanteil ausschließlich das **Vermögen der Zielgesellschaft** zur Verfügung. Dabei sind zwei Optionen der Bestellung von Sicherheiten denkbar:

281

- Verpfändung der Gesellschaftsanteile an der Zielgesellschaft durch die Zweckgesellschaft,
- die Zielgesellschaft kann Sicherheiten ihrer Aktiva für das finanzierende Kreditinstitut stellen (**Upstream Guarantees**).[192]

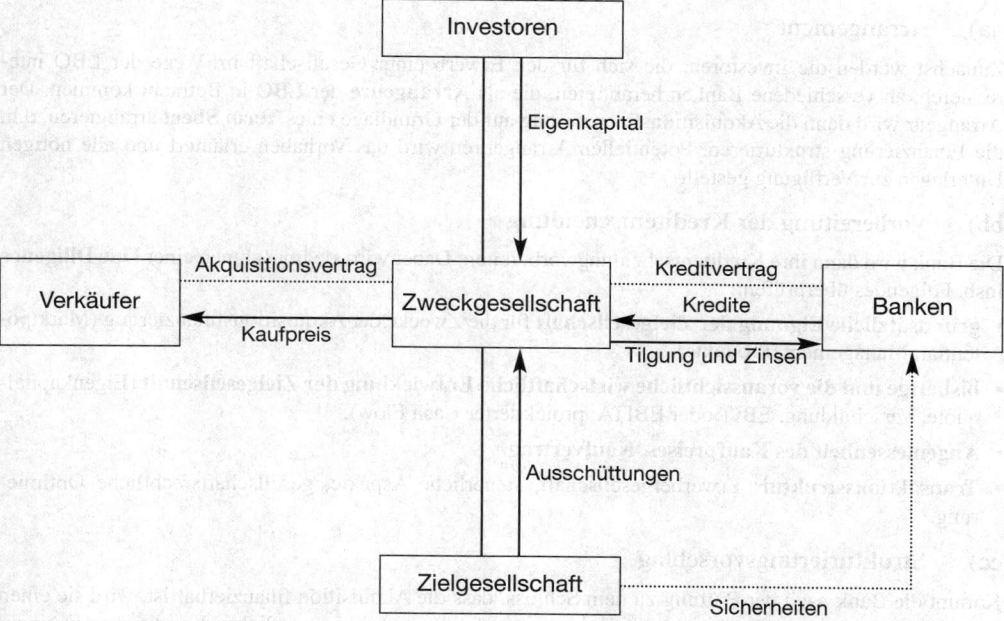

Für eine Akquisitionsfinanzierung sind grds. Zielunternehmen mit den nachfolgenden **Eigenschaften** besonders geeignet:[193]

282

- gute Eigenkapitalbasis, niedrige Verschuldung,
- ausreichend unbelastetes Vermögen steht als Sicherheit zur Verfügung,
- qualifiziertes und erfahrenes Management, welches nach der Übernahme im Unternehmen verbleibt,
- gutes Marktpotential der Produkte und
- der zu erwartende Cash Flow während der Laufzeit des Darlehens ist ausreichend.

---

191 Assmann/Schütze/Otto, Handbuch des Kapitalanlagerechts, § 26 Rn. 28.
192 Merkel, in: Lutter/Scheffler/Schneider, Handbuch der Konzernfinanzierung, S. 529, 543.
193 Vgl. Hitschler, BB 1990, 1877 ff.; Otto, DB 1989, 1389 f.; Diem, Akquisitionsfinanzierungen, S. 6.

283 Aus Sicht des erwerbenden Unternehmens hat Unternehmenswachstum mit Hilfe einer Akquisitionsfinanzierung insb. folgende **Vorteile**:
- Über den **Leverage-Effekt** (Hebelwirkung) des Fremdkapitals kann das Unternehmen seine Eigenkapitalrendite erhöhen.[194]
- Die Finanzierungsform besitzt aufgrund der Mischung der verschiedenen Kapitalformen (unterschiedliche Arten von Fremd- und Eigenkapital) ein **hohes Maß an Flexibilität**. Sie kann daher individuell auf die Bedürfnisse des erwerbenden Unternehmens abgestimmt werden.[195]
- Das vom Unternehmen einzugehende **Risiko ist begrenzt**, da alle Risiken der Transaktion in einer Zweckgesellschaft konzentriert werden können und das Unternehmen typischerweise selbst keine Sicherheiten stellt. Es droht mithin im schlimmsten Fall nur der Verlust des eingesetzten Eigenkapitals.

b) Ablauf

284 Eine Akquisitionsfinanzierung selbst hat typischerweise folgenden **Ablauf**:[196]

aa) Arrangement

285 Zunächst werden die Investoren, die sich für den Erwerb einer Gesellschaft im Wege der LBO interessieren, an verschiedene Banken herantreten, die als **Arrangeure** der LBO in Betracht kommen. Der Arrangeur wird dann die Akquisitionsfinanzierung auf der Grundlage eines **Term Sheet** arrangieren, d.h. die Finanzierung strukturieren. Potentiellen Arrangeuren wird das Vorhaben erläutert und alle nötigen Unterlagen zur Verfügung gestellt.

bb) Vorbereitung der Kreditentscheidung

286 Die Bank wird dann ihre Kreditentscheidung vorbereiten. Dabei wird sie im Rahmen einer **Due Diligence** insb. Folgendes überprüfen:
- **grundsätzliche Eignung der Zielgesellschaft** für die Zwecke der Akquisitionsfinanzierung (Marktpotential, Management, Produkte),
- **bisherige und die voraussichtliche wirtschaftliche Entwicklung der Zielgesellschaft** (Eigenkapitalquote, Verschuldung, EBIT oder EBITA, projektierter Cash Flow),
- **Angemessenheit des Kaufpreises, Kaufvertrag**,
- **Transaktionsstruktur**: Erwerbergesellschaft, steuerliche Aspekte, gesellschaftsrechtliche Optimierung.

cc) Strukturierungsvorschlag

287 Kommt die Bank nach der Prüfung zu dem Schluss, dass die Akquisition finanzierbar ist, wird sie einen **Vorschlag zur Strukturierung** der Finanzierung erarbeiten und die wesentlichen Konditionen in einem **Term Sheet** festhalten. Der Inhalt dieses Term Sheets wird zwischen dem Investor und der Bank verhandelt und schließlich von beiden unterschrieben.

dd) Bieterwettbewerb

288 Oftmals werden Unternehmensverkäufe in der Form von Auktionen vorgenommen. Bei der Abgabe von sog. „verbindlichen Angeboten" der verschiedenen Kaufinteressenten, Erklärungen, das Unternehmen zu einem bestimmten Preis erwerben zu wollen, ist es üblich, um dem Verkäufer eine gewisse Sicherheit der Transaktion darzustellen, eine Finanzierungszusage der Bank beizufügen, welche die Akquisition finanziert. Da die Bank jedoch nur dann zur endgültigen Auszahlung des Darlehens bereit ist, wenn alle Auszahlungsvoraussetzungen erfüllt sind und dies hinreichend geprüft wurde, erteilt die Bank zum Zeit-

---

[194] Assmann/Schütze/Otto, Handbuch des Kapitalanlagerechts, § 26 Rn. 2; Holzapfel/Pöllath, Unternehmenskauf in Recht und Praxis, Rn. 328.
[195] Diem, Akquisitionsfinanzierungen, S. 4, Rn. 16.
[196] Vgl. Diem, Akquisitionsfinanzierungen, S. 5 ff.

punkt der Abgabe der „verbindlichen Angebote" daher lediglich einen sog. **Commitment Letter** (eine mehr oder minder Vorbehalten unterliegende Finanzierungszusage), der dem Nachweis der Sicherung der Zahlung des Kaufpreises dient.

ee) Vertragliche Dokumentation

Im Folgenden werden die Rechtsanwälte der Bank die **Vertragsdokumentation** entwerfen. Hierin sind regelmäßig der Senior-Kreditvertrag, der Mezzanine-Kreditvertrag, eine Gläubigervereinbarung, ein Sicherheiten-Treuhandvertrag sowie Sicherheitenverträge enthalten. 289

ff) Syndizierung

Noch vor der Unterzeichnung der Kredite wird der Arrangeur die **Syndizierbarkeit der Kredite**, die Aufteilbarkeit in mehrere Tranchen unter verschiedenen Kreditgebern testen. Der Arrangeur will erreichen, dass ihm eine Vielzahl von Kreditgebern beitritt, damit das Risiko aufgeteilt ist. Potentielle weitere Kreditgeber werden durch einen „Bookrunner" zu einer oder mehreren Syndikationsrunden eingeladen. Diejenigen Banken, die dem Arrangeur ihr Interesse an der Übernahme einer Tranche mitgeteilt haben, erhalten vom Kreditnehmer ein **Information Memorandum**. Dann werden die interessierten Banken ein Angebot gegenüber dem Arrangeur abgeben, der wiederum die **Quoten der Konsortialanteile** vergibt. 290

gg) Darlehensauszahlung

Die **Auszahlung** der für die Finanzierung des Kaufpreises notwendigen Darlehenssumme erfolgt regelmäßig unmittelbar vor der Übertragung der erworbenen Unternehmensanteile an den Käufer. Bis dahin müssen alle Auszahlungsbedingungen, insb. die Bestellung von Sicherheiten, erfüllt sein. 291

7. Mezzanine-Finanzierungen

Ein weiterer **Baustein der Unternehmensfinanzierung mit wachsender Bedeutung** ist die Mezzanine-Finanzierung. Der Begriff stammt aus dem Italienischen (mezzanino = Zwischengeschoss). Wirtschaftlich betrachtet bietet Mezzanine-Kapital eine Zwischenform von Eigen- und Fremdkapital.[197] Es wird daher häufig auch von hybrider Finanzierung gesprochen.[198] Durch entsprechende vertragliche Gestaltung lässt sich Eigenkapital schaffen, das wirtschaftliche Elemente besitzt, die für Fremdkapital typisch sind, wie z.B. feste Zinsen, ein fester Rückzahlungsbetrag oder eine Laufzeitbegrenzung. Genauso kann Fremdkapital mit den wirtschaftlichen Merkmalen von Eigenkapital, insb. den typischen Kontroll- und Entscheidungsbefugnissen eines Gesellschafters sowie mit gewinnabhängigen Auszahlungen, versehen werden. 292

a) Einsatzbereich

Mezzanine-Finanzierungen eignen sich besonders, wenn das Unternehmen mit Kapitalbedarf sein Eigenkapital nicht weiter belasten kann und die Aufnahme zusätzlichen Fremdkapitals wegen einer zu **geringen Eigenkapitalquote** ausgeschlossen ist. 293

Mit einer intelligent gestalteten Mezzanine-Finanzierung kann das zu finanzierende Unternehmen erreichen, dass das Mezzanine-Kapital bei der Beurteilung seiner Bilanz als wirtschaftliches Eigenkapital gewertet wird. Das erhöht die Bonität des Unternehmens und kann bei der Aufnahme weiteren Fremdkapitals hilfreich sein. Als **Hauptvorteile** einer Mezzanine-Finanzierung sind daher die Liquiditätssteigerung ohne weitere Absicherung, eine verbesserte Bonität, ein größerer Kreditspielraum und die grundsätzliche Abzugsfähigkeit der Finanzierungskosten als Betriebsausgaben zu nennen.

Auf der Kehrseite sind Mezzanine-Finanzierungen grds. **teurer als die klassische Fremdkapitalaufnahme**. Bei einer Mezzanine-Finanzierung hat der Kapitalgeber einen nachrangigen Anspruch auf Rückzah-

---

[197] Achleitner/von Einem/von Schröder, Private Debt – Alternative Finanzierung für den Mittelstand, S. 24; Schrell/Kirchner, BKR 2003, 13, 14; Smerdka, Die Finanzierung mit mezzaninem Haftkapital, S. 1; Volk, BB 2003, 1224, 1225 f.

[198] Achleitner/von Einem/von Schröder, Private Debt – Alternative Finanzierung für den Mittelstand, 2004, S. 24; Smerdka, Die Finanzierung mit mezzaninem Haftkapital, S. 1; Volk, BB 2003, 1224.

lung, falls es zu einer Insolvenz kommt. Damit ist sein Risiko deutlich größer, was sich in den Finanzierungskosten niederschlägt. Der Zinssatz für mezzanine Kapitalbeschaffung liegt daher i.d.R. zwischen dem für klassische Kredite und der erwarteten Rendite für Eigenkapital.

294 Bei der Mezzanine-Finanzierung steht die **Qualität des Unternehmens** im Vordergrund. Für sie werden keine Sicherheiten, sondern vielmehr eine **gute Ertragslage** benötigt. Notwendig sind daher detaillierte Angaben über das Geschäftskonzept und die aktuelle Unternehmensentwicklung.

295 Mezzanine-Finanzierungen bieten einen **weiten Spielraum bei der rechtlichen Ausgestaltung**. Es ist daher möglich, und auch anzuraten, Mezzanine-Finanzierungen jeweils auf die konkreten Bedürfnisse des zu finanzierenden Unternehmens individuell zuzuschneiden. In letzter Zeit ist allerdings ein starker Trend zur Bündelung und **Standardisierung** mezzaniner Finanzierungsprodukte zu beobachten.[199] Große deutsche Kreditinstitute bieten insb. mittelständischen Unternehmen verstärkt standardisierte Genussrechtsprogramme an, in denen sie den Kapitalbedarf mehrerer Unternehmen bündeln, um sich dann selbst am Kapitalmarkt zu refinanzieren. Diese Conduit-Lösungen bieten für mittelständische Unternehmen einen einfachen Zugang zum Kapitalmarkt zu attraktiven Konditionen und für Tranchen schon ab 1 Mio. €. Aufgrund ihres hohen Grades an Standardisierung können diese Genussscheinprogramme den besonderen Bedürfnissen der mittelständischen Unternehmen jedoch nicht immer hinreichend Rechnung tragen.

296 > **Hinweis:**
>
> Der im Handels- und Gesellschaftsrecht beratende Anwalt ist daher gefordert, sich einen genauen Überblick über die verschiedenen Gestaltungsmöglichkeiten im Zusammenhang mit Mezzanine-Finanzierungen zu verschaffen und die konkrete Situation des zu finanzierenden Unternehmens sorgfältig zu analysieren, um dann eine **maßgeschneiderte Lösung** zu entwickeln oder zumindest auf die Auswahl des am besten geeigneten Standardproduktes hinzuwirken.

b) Gestaltungsformen und Einflussfaktoren

297 In der Praxis sind verschiedene Gestaltungsformen mit mehr oder weniger deutlicher Ausrichtung zu **Eigen- oder Fremdkapital sowie Mischformen** (hybride Formen) zu beobachten. Zu den gängigsten gehören an Fremdkapital angenäherte Finanzierungen durch Nachrangdarlehen, Wandel- und Optionsanleihen und typisch stille Beteiligungen, Genussrechte als hybride Finanzierungsform sowie die eigenkapitalähnliche atypisch stille Gesellschaft.[200]

298 Zur Bestimmung des für die individuelle Finanzierungssituation eines Unternehmens geeigneten mezzaninen Finanzierungsinstruments ist eine genaue Kenntnis der bestimmenden Einflussfaktoren und von deren Interdependenzen erforderlich. Als Anhaltspunkt mag das sog. „**Magische Fünfeck**" dienen, das in der Lit. bereits vor einiger Zeit auf der Suche nach dem idealtypischen Mezzanine-Finanzierungsinstrument formuliert wurde.[201] Danach erlaubt das ideale Mezzanine-Kapital eine Pufferfunktion als Haftkapital aufgrund der Nachrangigkeit, eine Steigerung der handelsbilanziellen Eigenkapitalquote, eine ergebnisabhängige Verzinsung und die steuerliche Abzugsfähigkeit der Ausschüttung als Betriebsausgaben, während keine oder nur eingeschränkte unternehmerische Mitsprache der Kapitalgeber besteht.[202]

---

199 Vgl. hierzu eine Übersicht verschiedener Genussscheinprogramme im Finance-Magazin, Ausgabe Juli/August 2005, S. 60 f.
200 Achleitner/von Einem/von Schröder, Private Debt – Alternative Finanzierung für den Mittelstand, S. 49 f.; Schrell/Kirchner, BKR 2003, 13, 17 ff.; Smerdka, Die Finanzierung mit mezzaninem Haftkapital, S. 1.
201 Häger/Elkemann-Reusch, Mezzanine Finanzierungsinstrumente, Rn. 545 m.w.N.; siehe auch Hofert/Arends, ZIP 2005, 1297 ff.
202 Häger/Elkemann-Reusch, Mezzanine Finanzierungsinstrumente, Rn. 706.

D. Finanzierungsinstrumente

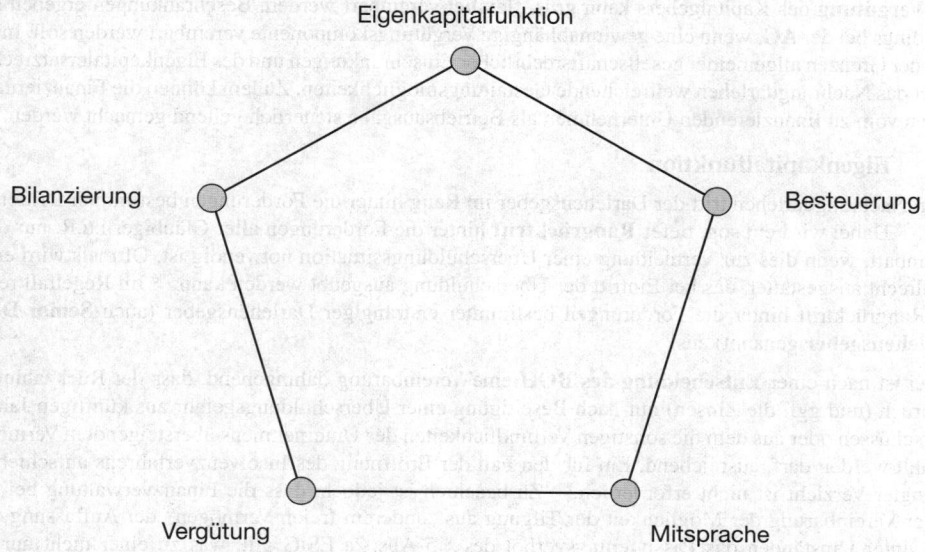

Es mag dahinstehen, ob ein mit all diesen Aspekten ausgestattetes Mezzanine-Finanzierungsinstrument tatsächlich einen „Idealzustand" verkörpert. Nach Auffassung des Verfassers wird es diesem Anspruch höchstens bei Zugrundelegung der aus Sicht des Kapitalnehmers betrachteten typischen **Interessenlage** gerecht. Professionelle Investoren werden bspw. i.d.R. einen Ausschluss oder eine Begrenzung der Mitspracherechte als deutlichen Nachteil empfinden. Genauso dürften die steuerlichen Auswirkungen des gewählten Instruments auch für den Kapitalgeber regelmäßig eine maßgebliche Rolle spielen.

Nicht übersehen werden sollte jedoch, dass das Magische Fünfeck die bei jeder Mezzanine-Finanzierung mehr oder weniger stark zu berücksichtigenden **Einflussfaktoren und ihre Interdependenzen** anschaulich verkörpert. Es bietet daher eine gute Orientierungshilfe bei der Strukturierung von Mezzanine-Finanzierungen. Es soll daher auch bei der nachfolgenden Darstellung einzelner Gestaltungsformen zugrunde gelegt werden.

aa) Nachrangdarlehen

Das Nachrangdarlehen ist ein Finanzierungsinstrument mit dem Fremdkapital von Kreditinstituten, Gesellschaften oder sonstigen institutionellen Anlegern zur Verfügung gestellt wird.[203] Prägend ist nicht die für gesellschaftsrechtliche Beziehungen typische Verfolgung eines gemeinsamen Zweckes. Rechtlich handelt es sich vielmehr um einen **Austauschvertrag** zur Wahrnehmung jeweils eigener Interessen von Darlehensgeber und Darlehensnehmer.[204]

Das Nachrangdarlehen stellt die **häufigste Form der Mezzanine-Finanzierung** dar. Es bietet ein klassisches, relativ einfach zu handhabendes Instrument, das vor allem zur Vermeidung oder Abwendung von Verschuldungssituationen, aber auch zur Wachstumsfinanzierung bei entsprechend guter wirtschaftlicher Situation des zu finanzierenden Unternehmens eingesetzt wird.

In wirtschaftlicher Hinsicht kann das Nachrangdarlehen uneingeschränkt als Kapital mit **eigenkapitalähnlicher Funktion** ausgestaltet werden. Eine Bilanzierung als echtes Eigenkapital ist hingegen nicht möglich.

---

203 Häger/Elkemann-Reusch, Mezzanine Finanzierungsinstrumente, Rn. 452.; Hofert/Arends, ZIP 2005, 1297, 1298; dies., GmbHR 2005, 1381; Schrell/Kirchner, BKR 2004, 212 ff.
204 BGHZ 127, 176, 177 f.

Die **Vergütung** des Kapitalgebers kann grds. **flexibel** vereinbart werden. Beschränkungen ergeben sich allerdings bei der **AG**, wenn eine gewinnabhängige Vergütungskomponente vereinbart werden soll. Innerhalb der Grenzen allgemeiner gesellschaftsrechtlicher Einschränkungen und des Eigenkapitalersatzrechtes bietet das Nachrangdarlehen weitreichende Gestaltungsmöglichkeiten. Zudem können die Finanzierungskosten vom zu finanzierenden Unternehmen als Betriebsausgabe steuerlich geltend gemacht werden.

(1) Eigenkapitalfunktion

302 Beim Nachrangdarlehen tritt der Darlehensgeber im Rang hinter die Forderungen bestimmter Dritter zurück.[205] Dabei wird ein sog. tiefer **Rangrücktritt** hinter die Forderungen aller Gläubiger i.d.R. nur dann vereinbart, wenn dies zur Vermeidung einer Überschuldungssituation notwendig ist. Oftmals wird er als Wahlrecht ausgestattet, das bei Eintritt der Überschuldung ausgeübt werden kann.[206] Im Regelfall reicht der Rangrücktritt hinter die Forderungen bestimmter erstrangiger Darlehensgeber (auch **Senior-Debt-Darlehensgeber** genannt) aus.

Dabei ist nach einer **Entscheidung des BGH** eine Vereinbarung dahingehend, dass der Rückzahlungsanspruch (und ggf. die Zinsen) nur nach Beseitigung einer Überschuldungsgefahr aus künftigen Jahresüberschüssen oder aus dem die sonstigen Verbindlichkeiten des Unternehmens übersteigendem Vermögen gezahlt werden darf, ausreichend. Ein für den Fall der Eröffnung des Insolvenzverfahrens aufschiebend bedingter Verzicht ist nicht erforderlich.[207] Zu beachten ist jedoch, dass die Finanzverwaltung bei fehlender Vereinbarung der Möglichkeit der Tilgung aus „anderem freien Vermögen" der Auffassung war, dass unter Umständen das Passivierungsverbot des § 5 Abs. 2a EStG gilt, was zu einer nicht nur unerwünschten, sondern den Zweck des Rangrücktrittes konterkarierenden Gewinnerhöhung beim zu finanzierenden Unternehmen führte.[208] Der BFH hat daher kürzlich auch klarstellend entschieden, dass eine Rangrücktrittsvereinbarung nicht schon dann zur Anwendung des § 5 Abs. 2a EStG führt, wenn eine ausdrückliche Bezugnahme der Rangrücktrittsklausel auf die Möglichkeit der Tilgung aus einem Liquidationsüberschuss oder aus sonstigem freien Vermögen fehlt.[209]

303 Sicherheiten werden für ein Nachrangdarlehen regelmäßig nicht vereinbart. Unter Umständen ist es nachrangig über die gleichen Vermögensgegenstände besichert, die auch die Darlehen der Senior-Debt-Darlehensgeber besichern.[210] Häufig sieht die Rangrücktrittsklausel auch die **Unterbindung von Zinszahlungen auf das Nachrangdarlehen** bei Eintritt von Kündigungsgründen unter dem Senior Debt vor.[211]

304 Formulierungsbeispiel: Typische Rangrücktrittsklausel

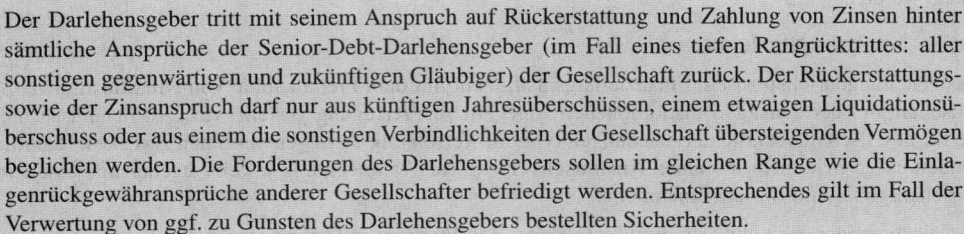

> Der Darlehensgeber tritt mit seinem Anspruch auf Rückerstattung und Zahlung von Zinsen hinter sämtliche Ansprüche der Senior-Debt-Darlehensgeber (im Fall eines tiefen Rangrücktrittes: aller sonstigen gegenwärtigen und zukünftigen Gläubiger) der Gesellschaft zurück. Der Rückerstattungssowie der Zinsanspruch darf nur aus künftigen Jahresüberschüssen, einem etwaigen Liquidationsüberschuss oder aus einem die sonstigen Verbindlichkeiten der Gesellschaft übersteigenden Vermögen beglichen werden. Die Forderungen des Darlehensgebers sollen im gleichen Range wie die Einlagenrückgewähransprüche anderer Gesellschafter befriedigt werden. Entsprechendes gilt im Fall der Verwertung von ggf. zu Gunsten des Darlehensgebers bestellten Sicherheiten.

Je nach Gestaltung kann das Nachrangdarlehen daher wirtschaftlich eigenkapitalähnliche Funktionen in mehr oder weniger starker Ausprägung übernehmen.

---

205 Häger/Elkemann-Reusch, Mezzanine Finanzierungsinstrumente, Rn. 458; Schrell/Kirchner, BKR 2004, 212.
206 Achleitner/von Einem/von Schröder, Private Debt – Alternative Finanzierung für den Mittelstand, S. 197.
207 BGH, NJW 2001, 1280; missverständlich insoweit die Regierungsbegründung zur InsO.
208 Vgl. BMF-Schreiben v. 18.8.2004; BFH, NZG 2006, 197.
209 BFH, NZG 2006, 197, 199 f.
210 Leopold/Reichling, DStR 2004, 1360, 1361.
211 Häger/Elkemann-Reusch, Mezzanine Finanzierungsinstrumente, Rn. 460.

(2) Bilanzierung

In bilanzieller Hinsicht überwiegen beim Nachrangdarlehen **Fremdkapitalmerkmale**, weshalb es nach allen drei gängigen Rechnungslegungssystemen (HGB, IFRS/IAS, US-GAAP) als langfristige Verbindlichkeit auszuweisen ist.[212] Etwas Abweichendes gilt nur im Fall der Aufstellung einer nach besonderen Grundsätzen aufzustellenden Überschuldungsbilanz, wenn und soweit der vereinbarte Rangrücktritt wirksam ist.[213] Im Regelfall nimmt der Nachrangdarlehensgeber nicht am laufenden Verlust teil. Zudem ist er von der Befugnis, das Unternehmen zu leiten, weitgehend ausgeschlossen. Er erhält bei befristeter Kapitalüberlassung und einem nominalen Rückzahlungsanspruch i.d.R. eine feste Verzinsung. Eine Ausnahme besteht insoweit, als dass fast immer auch ein erfolgsabhängiger Zinsanspruch vereinbart wird. Das Nachrangdarlehen trägt damit die idealtypischen Merkmale von Fremdkapital in mehr oder weniger stark ausgeprägter Form.[214]

305

(3) Vergütung

(a) Allgemeine Grundsätze

Die Vergütung des Nachrangdarlehensgebers besteht häufig aus einer **laufend zu zahlenden Zinskomponente** und einem anderen Teil von Zinsen, der kapitalisiert und am Ende der Laufzeit ausgezahlt wird. Sinn und Zweck einer solchen Vereinbarung ist die Schonung der Liquidität des Unternehmens während der Finanzierungsphase, während gleichzeitig eine insgesamt angemessene und vor allem risikoadäquate Vergütung des Kapitalgebers ermöglicht wird. Möglich sind auch gewinnabhängige Vergütungskomponenten. Letztere können ggf. im Interesse des zu finanzierenden Unternehmens nach oben hin begrenzt werden.

306

Bei der **AG** ist die Vereinbarung einer gewinnabhängigen Vergütung kombiniert mit einer Mindestvergütung nicht möglich, da die Vereinbarung einer gewinnabhängigen Vergütungskomponente regelmäßig als **Teilgewinnabführungsvertrag** i.S.d. § 292 Abs. 1 Nr. 2 AktG zu qualifizieren sein wird.[215] Damit läge mit der Vereinbarung einer Mindestvergütung in Jahren, in denen die AG einen Verlust erwirtschaftet, allerdings ein Verstoß gegen das Verbot des § 301 AktG vor. Gemäß der Vorschrift darf eine AG, gleichgültig welche Vereinbarung über die Berechnung des abzuführenden Gewinns getroffen worden ist, als ihren Gewinn höchstens den ohne die Gewinnabführung entstehenden Jahresüberschuss, vermindert um einen Verlustvortrag aus dem Vorjahr, und um den Betrag, der nach § 300 AktG in die gesetzliche Rücklage einzustellen ist, abführen. Die Mindestverzinsung führte daher in Verlustjahren dazu, dass unter Verstoß gegen § 301 AktG eine unzulässige „Gewinnabführung" in Höhe dieser Mindestvergütung erfolgte.[216]

307

(b) Exkurs: Kicker-Vereinbarungen

Zusätzlich zu anderen Vergütungskomponenten sind bei sämtlichen mezzaninen Finanzierungsinstrumenten sog. Kicker-Vereinbarungen möglich. Sie sollen eine geringere, feste und relativ sichere Zinskomponente durch eine überproportional höhere, variable, relativ unsichere **Kicker-Komponente** kompensieren.

308

Zu **unterscheiden** ist im Wesentlichen zwischen dem sog. Equity-Kicker und dem sog. Non-Equity-Kicker. Ersterer vermittelt das Recht, zu einem bestimmten Zeitpunkt Gesellschaftsanteile zu erwerben, während der Non-Equity-Kicker eine Beteiligung nur an der Wertsteigerung des Unternehmens, nicht aber am Unternehmen selbst, bietet.[217] Der **Sprachgebrauch** in der Praxis ist allerdings oft uneinheitlich

309

---

212 Leopold/Reichling, DStR 2004, 1360, 1362.
213 Stodolkwitz, in: Schimansky/Bunte/Lwowski, Bankrechtshandbuch, Bd. II, § 84 Rn. 103.
214 Häger/Elkemann-Reusch, Mezzanine Finanzierungsinstrumente, Rn. 509.
215 Krieger, in: Münchener Handbuch des Gesellschaftsrechts, Bd. 4, § 72 Rn. 15.
216 Krieger, in: Münchener Handbuch des Gesellschaftsrechts, Bd. 4, § 72 Rn. 21.
217 Leopold/Reichling, DStR 2004, 1360, 1362.

und unscharf. So wird oft pauschal auch dann von einem Equity-Kicker gesprochen, wenn eigentlich ein Non-Equity-Kicker im Rechtssinne gemeint ist.

- Der **Equity-Kicker** kommt meist als Optionsrecht oder Optionsanleihe daher. Möglich ist auch die Ausgestaltung als Wandlungsrecht oder Wandelanleihe. Während bei Ausübung der Rechte im ersteren Fall der Erwerb der Anteile zu einem festgelegten Bezugspreis erfolgt, erlischt im zweiten Fall der Rückzahlungsanspruch des Kapitalgebers für das gewährte Kapital gegen unmittelbare Gewährung von Gesellschaftsanteilen.[218]
- Im Fall des **Non-Equity-Kickers** kommt es i.d.R. zu einer Einmalzahlung an den Kapitalgeber zum Ende der Laufzeit der Finanzierung (sog. **Back-End-Fee**). Eine Variante des Non-Equity-Kickers ist der sog. virtuelle Equity-Kicker, bei dem die Höhe der Einmalzahlung aufgrund einer fiktiven Optionsausübung auf Basis des hierdurch fiktiv erzielten Gewinns des Kapitalgebers festgelegt wird.[219]

(4) Mitsprache

310 Allgemeine gesetzliche Regelungen zu Einfluss- und Kontrollrechten von Nachrangdarlehensgebern existieren nicht. Ohne genaue vertragliche Festlegung besteht daher nur ein **Minimalschutz** aufgrund allgemeiner Rechtsgrundsätze.[220] Damit kommt regelmäßig ein Anspruch auf Rechnungslegung sowie ein allgemeiner Auskunftsanspruch nach den §§ 242, 259, 315, 810 BGB in Betracht.

311 Bei der **vertraglichen Festlegung** von Einfluss- und Kontrollrechten des Nachrangdarlehensgebers ist der allgemeine gesellschaftsrechtliche Grundsatz, dass die autonome Verbandsführung nicht beeinträchtigt werden darf (Verbandssouveränität), zu beachten.[221] Außerdem kann die Einräumung von sehr weitgehenden Mitsprache- und Kontrollrechten dazu führen, dass die Position des Nachrangdarlehensgebers als Stellung „gleich einem Gesellschafter" zu qualifizieren ist. Dies führt bei den Kapitalgesellschaften und ähnlichen Gesellschaftsformen (insb. der GmbH & Co. KG) zum Eingreifen der Regelungen über Eigenkapitalersatz.[222]

Die in den §§ 30, 31, 32a und 32b GmbHG gesetzlich normierten Rechtsfolgen des **Eigenkapitalersatzrechtes** sind damit grds. zu beachten. So kann, zusätzlich zu einer persönlichen Haftung der Geschäftsführer der Gesellschaft, ein Rückzahlungsanspruch der Gesellschaft gegen den Kapitalgeber für bereits an ihn ausgeschüttete Beträge sowie – subsidiär – auch gegenüber den (anderen) Gesellschaftern bestehen. Praktische Auswirkungen hat diese Beschränkung insb. auf die Formulierung von Auflagen im Zusammenhang mit der Kreditgewährung (**Covenants** und **Undertakings**). Vermitteln diese in atypischer Weise weitreichende Befugnisse zur Einflussnahme auf die Geschäftsführung und die Gestaltung der Gesellschaft, liegt nach der Rspr. eine gesellschafterähnliche Stellung vor.[223]

(5) Besteuerung

312 Zinsaufwendungen für das Nachrangdarlehen kann das zu finanzierende Unternehmen aufgrund des Fremdkapitalcharakters des Nachrangdarlehens als **Betriebsausgabe** geltend machen. In gewerbesteuerlicher Hinsicht erfolgt eine Gewinnreduzierung nur um die Hälfte, da es sich regelmäßig um eine langfristige Verbindlichkeit i.S.d. § 8 Nr. 1 GewStG handelt. Darüber hinaus hat das Unternehmen für den Darlehensgeber Kapitalertragsteuer zzgl. Solidaritätszuschlag als Quellensteuer abzuführen.

Der Darlehensgeber versteuert **Einkünfte aus Kapitalvermögen** oder aus Gewerbebetrieb gemäß § 20 Abs. 1, Abs. 3 EStG. Eine für den Darlehensgeber steuerwirksame Teilwertabschreibung des Darlehens ist nur bei nachhaltigem Wertverfall des Rückzahlungsanspruches möglich.[224]

---

218 Krieger, in: Münchener Handbuch des Gesellschaftsrechts, Bd. 4, § 63 Rn. 4.
219 Häger/Elkemann-Reusch, Mezzanine Finanzierungsinstrumente, Rn. 116.
220 Leopold/Reichling, DStR 2004, 1360, 1362.
221 K. Schmidt, Gesellschaftsrecht, § 5 I. 3. b).
222 Häger/Elkemann-Reusch, Mezzanine Finanzierungsinstrumente, Rn. 471 ff.; Reuter, NZI 2001, 393, 398.
223 Vgl. Lutter/Hommelhoff, GmbHG, §§ 32a/b Rn. 74.; Scholz/K. Schmidt, GmbHG, §§ 32a, 32b Rn. 183.
224 Häger/Elkemann-Reusch, Mezzanine Finanzierungsinstrumente, Rn. 503.

Beim Zusammenfallen von wesentlichen Beteiligungen als Gesellschafter und der Stellung als Mezzanine-Kapitalgeber sind zudem die **Grundsätze des § 8a KStG** zu beachten, wenn die Abzugsfähigkeit als Betriebsausgabe beim Darlehensnehmer sichergestellt werden soll.[225]

bb) Wandel- und Optionsanleihen

Als Mezzanine-Finanzierungsinstrumente in Frage kommen auch Wandel- und Optionsanleihen.[226] Sieht man von der Bilanzierung des für das Wandlungsrecht oder die Option erlangten Entgeltes in der Kapitalrücklage ab, übernehmen die Wandel- und die Optionsanleihen in ihrer nicht nachrangigen Gestaltung allerdings **keine wirtschaftliche Eigenkapitalfunktion**. Da gerade diese wirtschaftliche Eigenkapitalfunktion jedoch bei vielen Mezzanine-Finanzierungen angestrebt wird, zeigt sich hier eine deutliche Schwäche dieser Finanzierungsinstrumente.

Als **vorteilhaft** erweist sich hingegen die Möglichkeit, die Vergütungsvereinbarung mit dem Kapitalgeber flexibel zu gestalten und dabei auch bei der AG nicht mit der Problematik des Teilgewinnabführungsvertrages konfrontiert zu sein. Auch die Einräumung von Mitsprache- und Kontrollrechten zu Gunsten des Kapitalgebers bereitet bei Beachtung der allgemeinen gesellschaftsrechtlichen Einschränkungen und des Eigenkapitalersatzrechtes keine Schwierigkeiten. Die Finanzierungskosten können als Betriebsausgabe steuerlich geltend gemacht werden. Insgesamt bestehen aber im Hinblick auf die Besteuerung von Wandel- und Optionsanleihen einige Unklarheiten, die sich als Hindernis erweisen können.

(1) Eigenkapitalfunktion

Wandel- und Optionsanleihen sind Ausprägungen einer Schuldverschreibung, was ihnen **Fremdkapitalcharakter** verleiht.[227] Eine wirtschaftlich eigenkapitalähnliche Funktion kann mit Hilfe von Wandel- und Optionsanleihen gewährtes Kapital daher regelmäßig nicht übernehmen. Denkbar ist allerdings, eine Wandel- oder Optionsanleihe mit einem **Rangrücktritt** zu verbinden, um zu einer wirtschaftlichen Eigenkapitalfunktion zu gelangen. In der Praxis findet sich jedoch eine solche Gestaltung kaum, da in diesem Fall meist genauso gut die Ausgestaltung als Nachrangdarlehen, ggf. in Kombination mit Optionsrechten, gewählt werden kann.

(2) Bilanzierung

Die bilanzielle Behandlung von Wandel- und Optionsanleihen ist grds. gleich.[228] Während der Anleiheanteil in der Bilanz als **Fremdkapital** ausgewiesen werden muss, ist der Erlös, der für das Wandlungs- oder Optionsrecht erzielt wird, gemäß § 272 Abs. 2 Nr. 2 HGB als erfolgsneutrales Eigenkapital in der **Kapitalrücklage** auszuweisen.[229] **Handelsrechtlich** bleibt diese Kapitalrücklage unverändert bestehen, auch wenn später von dem Wandlungs- oder Optionsrecht kein Gebrauch gemacht wird. Bei der AG ist diese Rücklage gemäß § 150 Abs. 3 und Abs. 4 AktG hinsichtlich ihrer Verwendung gebunden.

Nach **IFRS/IAS** und **US-GAAP** hat der bilanzielle Ausweis grds. vollständig als **Fremdkapital** zu erfolgen.[230] Nur für den Fall, dass der Kapitalgeber keine Möglichkeit hat, das Darlehen fällig zu stellen bzw. von dem Unternehmen zurückzuverlangen, kann es nach IFRS/IAS und US-GAAP als Eigenkapital bilanziert werden.

(3) Vergütung

Im Hinblick auf die Vergütung bieten die Wandel- und Optionsanleihen grds. zwei Möglichkeiten, die auch miteinander kombiniert werden können. Zum einen kann eine **Verzinsung** des gewährten Kapitals

---

225 Vgl. hierzu Schwedhelm, in: Streck, KStG, § 8a Rn. 1 ff.
226 Dazu Hofert/Arends, ZIP 2005, 1297, 1300 ff.; dies., GmbHR 2005, 1381, 1383.
227 Krieger, in: Münchener Handbuch des Gesellschaftsrechts, Bd. 4, § 63 Rn. 2; Hofert/Arends, ZIP 2005, 1297, 1300.
228 Achleitner/von Einem/von Schröder, Private Debt – Alternative Finanzierung für den Mittelstand, S. 212.
229 Wiese/Dammer, DStR 1999, 867, 869.
230 Vgl. Schaber/Kuhn/Eichhorn, BB 2004, 315, 318.

vorgesehen werden. Zum anderen erfolgt die Vergütung des Kapitalgebers aber auch durch die Festlegung des **Wandlungsverhältnisses** oder des **Optionspreises**.

Bei der Verzinsung ist eine laufende oder thesaurierende Verzinsung oder die Kombination beider Formen denkbar. Ebenso ist eine feste Verzinsung, eine gewinnabhängige Verzinsung oder wiederum eine **Kombination** beider Komponenten möglich. In der Praxis auch anzutreffen ist bei thesaurierender Verzinsung außerdem eine Einbeziehung in das Wandlungsverhältnis oder in den Optionspreis. Dadurch kann eine deutliche Entlastung der Liquidität des Kapitalnehmers sowohl während der Finanzierungsphase als auch im Zeitpunkt der Ausübung des Wandlungs- oder Optionsrechtes erreicht werden.[231] Auch Kicker-Komponenten (siehe Rn. 308 ff.) können durch Festlegung des Wandlungsverhältnisses oder des Optionspreises berücksichtigt werden.

318 Schließlich besteht aufgrund der ausdrücklichen Regelung der Wandel- und Optionsanleihen in § 221 AktG die im Zusammenhang mit dem Nachrangdarlehen bereits beschriebene Problematik des **Teilgewinnabführungsvertrages** bei der AG nicht.[232]

(4) Mitsprache

319 Auch für Wandel- und Optionsanleihen fehlen detaillierte gesetzliche Regelungen zu Einfluss- und Kontrollrechten der Kapitalgeber. Ohne genaue vertragliche Festlegung besteht damit auch hier nur ein **Minimalschutz** aufgrund allgemeiner Rechtsgrundsätze im Rahmen der §§ 242, 259, 315, 810 BGB. Die Grenzen der **Vertragsgestaltung** finden sich wiederum im Grundsatz der Verbandssouveränität und in den Vorschriften des Eigenkapitalersatzrechtes. Im Übrigen gelten die zum Nachrangdarlehen gemachten Ausführungen entsprechend (siehe Rn. 310).

(5) Besteuerung

320 Die Besteuerung von Wandel- und Optionsanleihen ist insgesamt umstritten.[233] Die damit verbundene **Rechtsunsicherheit** dürfte sich in vielen Fällen als Hindernis bei der Verwendung als mezzanines Finanzierungsinstrument erweisen. Unstreitig ist, dass der Kapitalnehmer die Zinsaufwendungen als Betriebsausgaben absetzen kann.[234] Gewerbesteuerlich erfolgt eine Gewinnreduzierung nur um die Hälfte, da eine langfristige Verbindlichkeit i.S.d. § 8 Nr. 1 GewStG vorliegt. Das zu finanzierende Unternehmen hat Kapitalertragsteuer zzgl. Solidaritätszuschlag als Quellensteuer für den Kapitalgeber abzuführen. Nach h.M. wird darüber hinaus das für das Wandlungs- und Optionsrecht erlangte Entgelt zunächst erfolgsneutral behandelt, bis die entsprechenden Rechte ausgeübt werden oder verfallen.[235] Bei Ausübung des Wandlungsrechtes bzw. der Option wird die gezahlte Wandlungsprämie bzw. der Optionspreis als Einlage behandelt. Verfällt die Option oder wird nicht gewandelt, handelt es sich um eine steuerpflichtige Betriebseinnahme des zu finanzierenden Unternehmens.[236]

321 Wie auch beim Nachrangdarlehen versteuert der Kapitalgeber **Einkünfte aus Kapitalvermögen bzw. aus Gewerbebetrieb** gemäß § 20 Abs. 1, Abs. 3 EStG. Eine steuerwirksame **Teilwertabschreibung** kommt auch hier nur bei nachhaltigem Wertverfall des Rückzahlungsanspruches in Betracht. Beim Zusammenfallen von wesentlichen Beteiligungen als Gesellschafter und der Stellung als Mezzanine-Kapitalgeber sind wiederum die Grundsätze des § 8a KStG zu beachten (siehe Rn. 314).

---

231 Hofert/Arends, ZIP 2005, 1297, 1300.
232 Hirte, ZIP 1988, 477, 485; Krieger, in: Münchener Handbuch des Gesellschaftsrechts, Bd. 4, § 63 Rn. 55.
233 Achleitner/von Einem/von Schröder, Private Debt – Alternative Finanzierung für den Mittelstand, S. 209.
234 Achleitner/von Einem/von Schröder, Private Debt – Alternative Finanzierung für den Mittelstand, S. 209; Schrell/Kirchner, BKR 2003, 13, 19; Wiese/Dammer, DStR 1999, 867, 870.
235 BFH, NZG 2003, 739 ff.
236 OFD Düsseldorf, Verfügung vom 23.3.2001 – S 2136 A – St 11, DB 2001, 1337 f.

cc) Genussrechte

Genussrechte sind im Gesetz nicht definiert. Sie werden allerdings in einer Reihe von Gesetzesnormen erwähnt, so insb. in § 221 Abs. 3 AktG, sowie in diversen Vorschriften des KWG, VAG, EStG und KStG. Sie sind grds. rechtsformneutral und ihrer Rechtsnatur nach ein Dauerschuldverhältnis sui generis.[237] Aufgrund dieser Rahmenbedingungen ergeben sich weitreichende Gestaltungsmöglichkeiten, die eine **echte hybride Rechtsnatur zwischen Eigen- und Fremdkapital** ermöglichen.[238] Zusätzlich kann eine hohe Fungibilität durch die Möglichkeit der Ausgabe von Genussscheinen erreicht werden.

Besonders hervorzuheben ist der große bilanzielle Gestaltungsspielraum, der dem Unternehmen u.a. bei Bilanzierung nach HGB eine Qualifizierung des Mezzanine-Kapitals als **echtes Eigenkapital** erlaubt. Die Ausgestaltung der Vergütungsvereinbarung mit dem Kapitalgeber wird auch bei der **AG** nicht durch die Problematik des Teilgewinnabführungsvertrages begrenzt. Bei obligationsähnlich ausgestalteten Genussrechten ist zudem die Möglichkeit des Abzuges der Finanzierungskosten als Betriebsausgabe für das Unternehmen steuerlich günstig.

(1) Eigenkapitalfunktion

Bei Genussrechten wird i.d.R. eine Beteiligung des Kapitalgebers am Gewinn und/oder eine Beteiligung am Liquidationserlös nachrangig zu den Gesellschaftern vorgesehen. Zudem kann sowohl eine Beteiligung am Verlust als auch eine Nachzahlungspflicht vereinbart werden. Eine **wirtschaftlich eigenkapitalähnliche Funktion** des Genussrechtskapitals kann damit bei entsprechender Gestaltung ohne weiteres erreicht werden.

(2) Bilanzierung

Die bilanzielle Behandlung von Genussrechten ist abhängig von ihrer konkreten Ausgestaltung sowie von dem **Rechnungslegungssystem**, das vom zu finanzierenden Unternehmen verwandt wird.[239]

(a) HGB

Bei Bilanzierung nach HGB besteht die Möglichkeit **handelsbilanzielles Eigenkapital** zu schaffen, das steuerlich Fremdkapital darstellt.[240] Das beruht darauf, dass die handels- und steuerrechtlichen Voraussetzungen für den Eigenkapitalausweis nicht gleich sind. Steuerlich handelt es sich nur dann um Eigenkapital, wenn eine **Beteiligung am Gewinn und** eine Beteiligung **am Liquidationserlös** vereinbart sind (sog. beteiligungsähnliches Genussrecht).[241] Wo dies nicht der Fall ist, handelt es sich um ein sog. obligationsartiges Genussrecht.

Eine handelsrechtliche **Qualifikation als Eigenkapital** kommt nach der Stellungnahme des Hauptfachausschusses des Instituts der Wirtschaftsprüfer (IdW) 1/1994 dann in Betracht, wenn das gewährte Kapital nachrangig und die für die Kapitalgewährung vereinbarte Vergütung erfolgsabhängig ist, eine Verlustteilnahme in voller Höhe stattfindet und das Kapital „längerfristig" überlassen wird.[242] „Längerfristigkeit" soll dann gegeben sein, wenn eine Mindestlaufzeit von fünf Jahren und eine Mindestkündigungsfrist von zwei Jahren eingehalten werden.[243] Sind diese Voraussetzungen erfüllt und wird gleichzeitig auf eine

---

237 BGHZ 119, 305, 309; Hüffer, AktG, § 221 Rn. 23 ff.; Krieger, in: Münchener Handbuch des Gesellschaftsrechts, Bd. 4, § 63 Rn. 48; Schaber/Kuhn/Eichhorn, BB 2004, 315.
238 Krieger, in: Münchener Handbuch des Gesellschaftsrechts, Bd. 4, § 63 Rn. 49; Schaber/Kuhn/Eichhorn, BB 2004, 315.
239 Dazu bereits Hofert/Arends, ZIP 2005, 1297, 1301 f.
240 Krieger, in: Münchener Handbuch des Gesellschaftsrechts, Bd. 4, § 63 Rn. 50; Schaber/Kuhn/Eichhorn, BB 2004, 315, 319; Schrell/Kirchner, BKR 2003, 13, 18.
241 Häger/Elkemann-Reusch, Mezzanine Finanzierungsinstrumente, Rn. 710 m.w.N.
242 HFA-Stellungnahme 1/1994, WPg 1994, 419, 420; Krieger, in: Münchener Handbuch des Gesellschaftsrechts, Bd. 4, § 63 Rn. 50.
243 HFA des Instituts der Wirtschaftsprüfer, IdW Fachnachrichten 1994, 269, 270.

Beteiligung am Liquidationserlös verzichtet, kann handelsbilanziell ein Ausweis im Eigenkapital erreicht werden, obwohl steuerlich Fremdkapital gegeben ist. Allerdings ist eine Umgliederung vorzunehmen, wenn sich während der Laufzeit die Haftungsqualität und somit aus Sicht des Gläubigers die Funktion des Genussrechtskapitals ändert. Das ist dann der Fall, wenn aufgrund entsprechender Kündigungsregelungen eine Rückzahlung vor Ablauf des auf den Abschlussstichtag folgenden Geschäftsjahres zu erfolgen hat oder wenn nach Zeitablauf bspw. durch Kündigung eine sofortige Auszahlung möglich ist.[244]

(b) IFRS/IAS

326 Nach IFRS/IAS kommt ein Ausweis als Eigenkapital nur bei unbefristeter Kapitalüberlassung und bei gleichzeitiger Ausgestaltung des Rückzahlungsanspruches als Residualanspruch nach Abzug aller dazugehörigen Schulden in Betracht.[245] Zusätzlich darf der Kapitalgeber keine Möglichkeit haben, die Rückzahlung des Kapitals zu verlangen.[246] Es liegt auf der Hand, dass diese Voraussetzungen in den allermeisten Fällen der Mezzanine-Finanzierung nicht zu erfüllen sein werden. Insofern kommt i.d.R. ein Ausweis als Eigenkapital nach IFRS/IAS nicht in Betracht. Das Rechnungslegungssystem bietet unter bestimmten Umständen aber die Möglichkeit, den Ausweis des Genussrechtkapitals auch im Fremdkapital als **gesonderten Posten** vorzunehmen.[247] Das hat für das Unternehmen im Hinblick auf die wirtschaftlich eigenkapitalähnliche Funktion zumindest den Vorteil, dass das Mezzanine-Kapital bei einer Bilanzanalyse ohne weiteres sofort zu erkennen ist.

(c) US-GAAP

327 Bei der Bilanzierung nach US-GAAP verhält es sich ähnlich wie bei der nach IFRS/IAS. Eine Eigenkapitalqualifikation kommt nur dann in Frage, wenn die Rückzahlung des Kapitals im Ermessen der bilanzierenden Gesellschaft liegt.[248] Auch hier kann jedoch ein Ausweis in einer **gesonderten Position** der Verbindlichkeiten erfolgen.

(3) Vergütung

328 Entsprechend den bei der Wandel- und Optionsanleihe bestehenden Möglichkeiten kann auch bei den Genussrechten die **Vergütungsabrede** mit dem Kapitalgeber **flexibel** ausgestaltet werden. Wie bei den Wandel- und Optionsanleihen besteht aufgrund der ausdrücklichen Erwähnung der Genussrechte in § 221 AktG keine Problematik des Teilgewinnabführungsvertrages für die **AG**. Des Weiteren können auch hier eventuelle Kicker-Vereinbarungen entweder direkt in das Genussrecht integriert oder zusätzlich vereinbart werden.

(4) Mitsprache

329 Bereits aus der mangelnden gesetzlichen Regelung des Genussrechtes selbst folgt, dass gesetzliche Regelungen in Bezug auf Einfluss- und Kontrollrechte der Kapitalgeber nicht normiert sind. Ohne genaue vertragliche Festlegung besteht damit auch hier nur ein Minimalschutz aufgrund allgemeiner Rechtsgrundsätze im Rahmen der §§ 242, 259, 315, 810 BGB. Die Grenzen der **Vertragsgestaltung** finden sich wiederum im Grundsatz der Verbandssouveränität und in den Vorschriften des Eigenkapitalersatzrechtes. Im Übrigen gelten auch hier die zum Nachrangdarlehen gemachten Ausführungen entsprechend (siehe Rn. 310 ff.).

---

244 HFA des Instituts der Wirtschaftsprüfer, IdW Fachnachrichten 1994, 269, 271.
245 Häger/Elkemann-Reusch, Mezzanine Finanzierungsinstrumente, Rn. 769.
246 Schaber/Kuhn/Eichhorn, BB 2004, 315, 318.
247 Häger/Elkemann-Reusch, Mezzanine Finanzierungsinstrumente, Rn. 772.
248 Häger/Elkemann-Reusch, Mezzanine Finanzierungsinstrumente, Rn. 799.

(5) Besteuerung

Bei der Besteuerung ist eine **Differenzierung** zwischen obligationsartigen Genussrechten, die steuerlich Fremdkapital darstellen, und beteiligungsähnlichen Genussrechten, die steuerlich Eigenkapital darstellen, notwendig.

- Bei **obligationsartigen Genussrechten** sind die Finanzierungskosten für den Kapitalnehmer als **Betriebsausgabe** abzugsfähig.[249] Dazu darf entweder keine Beteiligung am Gewinn eingeräumt werden (dann kann allerdings auch keine handelsrechtliche Bilanzierung als Eigenkapital erfolgen) oder es darf – wie im Regelfall – keine Beteiligung am Liquidationserlös gewährt werden.[250]

Gewerbesteuerlich ergibt sich wiederum nur eine Gewinnreduzierung um die Hälfte, da eine langfristige Verbindlichkeit i.S.d. § 8 Nr. 1 GewStG vorliegt.[251] Das Unternehmen hat ferner für den Kapitalgeber Kapitalertragsteuer zzgl. Solidaritätszuschlag als Quellensteuer abzuführen.

Der Kapitalgeber erzielt **Einkünfte aus Kapitalvermögen** bzw. aus Gewerbebetrieb gemäß § 20 Abs. 1, Abs. 3 EStG.[252] Eine steuerwirksame **Teilwertabschreibung** ist nur bei nachhaltigem Wertverfall des Rückzahlungsanspruches möglich. Darüber hinaus sind ggf. auch hier die Grundsätze des § 8a KStG zu beachten (siehe Rn. 313).

- Die Besteuerung von **beteiligungsähnlichen Genussrechten** ist vergleichbar mit der Besteuerung einer Dividendenausschüttung.[253] Für den Kapitalnehmer stellen die Ausschüttungen an den Kapitalgeber eine **Gewinnverwendung** dar. Sie sind daher nicht als Betriebsausgaben abzugsfähig. Das Unternehmen hat Kapitalertragsteuer zzgl. Solidaritätszuschlag für den Kapitalgeber abzuführen.

Handelt es sich beim Kapitalgeber um eine juristische Person, so findet § 8b Abs. 1 KStG Anwendung, so dass die Ausschüttungen weitgehend steuerfrei bleiben. Erfolgt die Ausschüttung an eine natürliche Person, so sind nach dem **Halbeinkünfteverfahren** gemäß § 3 Nr. 40 EStG 50 % der Einkünfte zu versteuern.

dd) Stille Gesellschaft

Nach dem Nachrangdarlehen ist die stille Gesellschaft als Mezzanine-Finanzierungsform **am weitesten verbreitet**.[254] Ihre gesetzlichen Grundlagen finden sich in den §§ 230 ff. HGB.

Grds. ist zwischen der **typisch stillen Gesellschaft** und der **atypisch stillen Gesellschaft** zu unterscheiden. Handels- und gesellschaftsrechtlich korrekt erfolgt die **Abgrenzung** dabei danach, ob eine Abweichung vom gesetzlichen Leitbild der §§ 230 ff. HGB festzustellen ist (dann liegt eine atypisch stille Gesellschaft vor) oder nicht.[255] Die handels- und gesellschaftsrechtliche Abgrenzung hat jedoch kaum praktische Bedeutung.

Für die Praxis weitaus relevanter ist die **Unterscheidung anhand des steuerlichen Kriteriums** der sog. Mitunternehmerschaft.[256] Sie soll daher auch für die folgenden Ausführungen zugrunde gelegt werden. Ist Mitunternehmerschaft im steuerrechtlichen Sinne gegeben, handelt es sich um eine atypisch stille Gesellschaft, während ansonsten von einer typisch stillen Gesellschaft ausgegangen wird.

---

249 BFH, BStBl. 1996 II, S. 77; BMF-Schreiben v. 27.12.1995, BStBl. 1996 I, S. 49; Schrell/Kirchner, BKR 2003, 13, 18.
250 Krieger, in: Münchener Handbuch des Gesellschaftsrechts, Bd. 4, § 63 Rn. 50.
251 Häger/Elkemann-Reusch, Mezzanine Finanzierungsinstrumente, Rn. 732 ff.
252 Häger/Elkemann-Reusch, Mezzanine Finanzierungsinstrumente, Rn. 732 ff.; Wiese/Dammer, DStR 1999, 871.
253 Achleitner/von Einem/von Schröder, Private Debt – Alternative Finanzierung für den Mittelstand, S. 205.
254 Bezzenberger/Keul, in: Münchener Handbuch des Gesellschaftsrechts, Bd. 2, § 72 Rn. 23; Hofert/Arends, ZIP 2005, 1297, 1302 ff.; dies., GmbHR 2005, 1381, 1384 ff.
255 Baumbach/Hopt/Hopt, HGB, § 230 Rn. 3; Bezzenberger/Keul, in: Münchener Handbuch des Gesellschaftsrechts, Bd. 2, StG, § 73 Rn. 28.
256 Bezzenberger/Keul, in: Münchener Handbuch des Gesellschaftsrechts, Bd. 2, § 73 Rn. 44.

Die **Mitunternehmerschaft** setzt sich aus zwei Elementen, der Mitunternehmerinitiative und dem Mitunternehmerrisiko, zusammen.[257] Die Voraussetzungen an das Vorliegen einer Mitunternehmerschaft sind im Einzelnen streitig.[258] Vereinfachend betrachtet liegt **Mitunternehmerinitiative** jedenfalls immer dann vor, wenn Gesellschafterrechte ausgeübt werden können, die mit denen eines Kommanditisten vergleichbar sind.[259] **Mitunternehmerrisiko** ist gegeben, wenn der Betroffene sowohl eine Beteiligung am Gewinn und Verlust als auch an den stillen Reserven, einschließlich des Geschäftswertes der Gesellschaft, innehat.[260]

(1) Typisch stille Gesellschaft

332 Die typisch stille Gesellschaft kann als **darlehensähnlich** bezeichnet werden. Das HGB normiert für sie beschränkte gesetzliche Kontroll- und Informationsrechte, die durch vertragliche Vereinbarung jedoch angemessen erweitert werden können. Vereinbarungen mit dem Kapitalgeber zur Vergütung lassen sich einigermaßen flexibel treffen, wobei insgesamt die Grenze zur Mitunternehmerschaft nicht überschritten werden darf, wenn nicht eine atypisch stille Gesellschaft entstehen soll.

(a) Eigenkapitalfunktion

333 Gemäß § 232 Abs. 2 HGB nimmt der stille Gesellschafter einer typisch stillen Gesellschaft am Verlust der Gesellschaft nur bis zum Betrag seiner eingezahlten oder rückständigen Einlage teil. Zu Nachschüssen ist er also nicht verpflichtet. Auch muss er den bezogenen Gewinn nicht wegen späterer Verluste zurückzahlen. Es besteht ein schuldrechtlicher Anspruch auf das Auseinandersetzungsguthaben bei Beendigung der stillen Gesellschaft, im Insolvenzfall und in der Liquidation. Damit gibt es **keinerlei Privilegierung anderer Gesellschaftsgläubiger** gegenüber dem stillen Gesellschafter. Da genau dies jedoch Voraussetzung für die Schaffung von Kapital mit wirtschaftlich eigenkapitalähnlicher Funktion ist, scheidet die typisch stille Gesellschaft zu Zwecken der mezzaninen Finanzierung immer dann aus, wenn bilanzverbessernde Maßnahmen aus Sicht des zu finanzierenden Unternehmens notwendig sind.

(b) Bilanzierung

334 Da bereits eine wirtschaftlich eigenkapitalähnliche Funktion nicht herbeigeführt werden kann, liegt es auf der Hand, dass die typisch stille Beteiligung in allen gängigen Rechnungslegungssystemen (HGB, IFRS/IAS und US-GAAP) als **Fremdkapital** auszuweisen ist.

(c) Vergütung

335 Die Vergütungsabrede mit dem typisch stillen Gesellschafter muss gemäß § 231 Abs. 2 2. Halbs. HGB **zwingend** eine **gewinnabhängige Komponente** aufweisen.[261] Ein Ausschluss der Verlustbeteiligung ist hingegen gemäß § 231 Abs. 2, 1. Halbs. HGB ohne weiteres möglich. Meist wird daher eine feste Verzinsung in Kombination mit einer gewinnabhängigen Komponente vereinbart. Möglich und üblich sind wiederum zusätzliche Kicker-Vereinbarungen.[262]

336 Zu beachten ist, dass durch bestimmte Gestaltungen der Vergütungsabrede Mitunternehmerrisiko des Kapitalgebers entstehen kann. Dies ist jedoch zu vermeiden, solange keine atypisch stille Gesellschaft

---

257 BFH, NJW-RR 1994, 423; Bezzenberger/Keul, in: Münchener Handbuch des Gesellschaftsrechts, Bd. 2, § 73 Rn. 46; Schmidt, EStG, § 15 Rn. 160 ff. m.w.N. und Rn. 262 ff.; Schrell/Kirchner, BKR 2003, 13, 18.

258 Zu den Einzelheiten der Mitunternehmerschaft bei der atypisch stillen Gesellschaft: Schmidt, EStG, § 15 Rn. 343 ff.

259 Schmidt, EStG, § 15 Rn. 263.

260 BFH, NJW-RR 1994, 423; Schmidt, EStG, § 15 Rn. 264 m.w.N.

261 Baumbach/Hopt/Hopt, HGB, § 231 Rn. 2; Bezzenberger/Keul, in: Münchener Handbuch des Gesellschaftsrechts, Bd. 2, § 86 Rn. 39; Smerdka, Die Finanzierung mit mezzaninem Haftkapital, S. 24.

262 Da die gesetzlichen Regelungen zur Gewinnverteilung in §§ 231, 232 HGB unzureichend sind, sollte die Gewinnbeteiligung des stillen Gesellschafters dringend vertraglich geregelt werden.

entstehen soll. Erreicht werden kann dies i.d.R. durch den **Ausschluss einer Beteiligung am Verlust** oder aber auch durch den Ausschluss einer Beteiligung **an den stillen Reserven**.

Auch bei einer stillen Gesellschaft mit einer AG führt die Vereinbarung einer gewinnabhängigen Vergütungskomponente zur Qualifizierung der Abrede als **Teilgewinnabführungsvertrag** i.S.d. § 292 Abs. 1 Nr. 2 AktG.[263] Die bereits beim Nachrangdarlehen beschriebene Problematik besteht damit auch hier. Die Vereinbarung einer festen Verzinsung als gewinnunabhängige Mindestvergütung ist daher in Kombination mit einer gewinnabhängigen Vergütungskomponente wegen eines Verstoßes gegen § 301 AktG nicht möglich.

337

> **Hinweis:**
> Zu beachten sind bei der Vereinbarung einer stillen Gesellschaft an einer AG zudem die Vorschriften für Unternehmensverträge gemäß §§ 293 ff. AktG, also insb. das Erfordernis eines Hauptversammlungsbeschlusses (§ 293 AktG) und der Eintragung des Vertrages im Handelsregister (§ 294 AktG).

(d) Mitsprache

Dem stillen Gesellschafter stehen **gesetzlich normierte Kontroll- und Informationsrechte** im begrenzten Umfang nach Maßgabe des § 233 HGB zu. Insb. ist er berechtigt, Einsicht in den Jahresabschluss und die Bücher der Gesellschaft zu nehmen.[264]

338

§ 230 HGB spricht von einem „Handelsgewerbe, das ein anderer betreibt". Daraus ergibt sich, dass der stille Gesellschafter i.d.R. von der Geschäftsführung ausgeschlossen ist. **Zustimmungs-** und ggf. **Kündigungsrechte** des stillen Gesellschafters können jedoch bei grundlegenden Änderungen wie z.B. bei Verschmelzungen des Geschäftsinhabers, Veräußerungen des Geschäftsbetriebes und ähnlichen Ereignissen gegeben sein.[265]

> **Hinweis:**
> Die **Mitsprache- und Kontrollrechte** des stillen Gesellschafters können grds. **abweichend vereinbart** werden. Dabei muss der beratende Anwalt jedoch beachten, dass eine zu starke Ausgestaltung der Mitsprache- und Kontrollrechte zu Mitunternehmerinitiative führen und damit den Übergang in eine andere Gestaltungsform, namentlich die atypisch stille Gesellschaft, auslösen kann. Auch hier gelten im Hinblick auf die Gestaltungsfreiheit die allgemeinen gesellschaftsrechtlichen **Beschränkungen** wie die Verbandssouveränität und das Eigenkapitalersatzrecht.

(e) Besteuerung

Bei der typisch stillen Gesellschaft sind für das zu finanzierende Unternehmen die Zinsaufwendungen als **Betriebsausgaben** absetzbar. Ihre Besteuerung folgt im Wesentlichen der des Nachrangdarlehens. Im Gegensatz zu den meisten anderen Mezzaninen-Finanzierungsinstrumenten findet bei der typisch stillen Gesellschaft in gewerbesteuerlicher Hinsicht keine Gewinnreduzierung, also auch nicht um die Hälfte, statt, es sei denn, der Empfänger selbst ist ebenfalls gewerbesteuerpflichtig.[266] In diesem Fall hat der Empfänger die Gewerbesteuer zu tragen. Das zu finanzierende Unternehmen hat Kapitalertragsteuer zzgl. Solidaritätszuschlag als Quellensteuer für den Kapitalgeber abzuführen.

339

Der typisch stille Gesellschafter erzielt **Einkünfte aus Kapitalvermögen bzw. aus Gewerbebetrieb** gemäß § 20 Abs. 1 Ziff. 4, Abs. 3 EStG. Eine steuerwirksame Teilwertabschreibung erfolgt nur bei nach-

340

---

263 Krieger, in: Münchener Handbuch des Gesellschaftsrechts, Bd. 4, § 72 Rn. 17.
264 Bezzenberger/Keul, in: Münchener Handbuch des Gesellschaftsrechts, Bd. 2, § 81 Rn. 1; Smerdka, Die Finanzierung mit mezzaninem Haftkapital, S. 28.
265 Vgl. BGH, NJW 1992, 2696, 2698.
266 Häger/Elkemann-Reusch, Mezzanine Finanzierungsinstrumente, Rn. 325.

haltigem Wertverfall des Rückzahlungsanspruches. Auch hier sind ggf. die Grundsätze des § 8a KStG zu beachten (siehe Rn. 313).

(2) Atypisch stille Gesellschaft

341 Die atypisch stille Gesellschaft bietet eine ausgesprochen **große Bandbreite zwischen Fremd- und Eigenkapitalausrichtung**. So eröffnet sie denn auch als einziges Mezzanines Finanzierungsinstrument neben dem Genussrecht, die Möglichkeit des echten handelsbilanziellen Eigenkapitalausweises, ohne jedoch gleichzeitig die Abzugsfähigkeit der Zinsaufwendungen als Betriebsausgabe zu bieten. In steuerlicher Hinsicht ist die atypisch stille Gesellschaft nämlich am ehesten mit der Beteiligung eines Kommanditisten an einer KG vergleichbar, so dass ein Abzug der Zinsaufwendungen als Betriebsausgabe nicht in Frage kommt.

Üblicherweise ist eine wirtschaftliche Eigenkapitalfunktion bei der atypisch stillen Gesellschaft gegeben und abgesehen von Einschränkungen bei der AG aufgrund der Teilgewinnabführungsproblematik besteht ein insgesamt **großer Gestaltungsspielraum**, insb. bei der Vereinbarung von Vergütung und der Mitsprache- und Kontrollrechte für den Kapitalgeber. Diesen kann der beratende Anwalt nutzen, um auf die individuelle Situation des Mandanten zugeschnittene Lösungen zu entwickeln.

(a) Eigenkapitalfunktion

342 Bei der atypisch stillen Gesellschaft lässt sich die wirtschaftliche Eigenkapitalfunktion dadurch erreichen, dass die Einlage des stillen Gesellschafters mit einem **Nachrang** ausgestattet wird. Gemäß § 232 Abs. 2 HGB besteht grds. keine Nachschusspflicht und keine Verpflichtung zur Rückzahlung von empfangenen Gewinnen. Regelmäßig wird bei Mezzanine-Finanzierungen durch vertragliche Vereinbarung eine Beteiligung am Verlust nur im Fall der Insolvenz vorgesehen.

(b) Bilanzierung

343 Ob die Einlage eines atypisch stillen Gesellschafters nach den Bilanzierungsvorschriften des **HGB** als Eigen- oder Fremdkapital zu qualifizieren ist, hängt vom **wirtschaftlichen Gehalt der Einlage** ab.[267] Soll sie als Eigenkapital gelten, muss sie zunächst längerfristig überlassen worden sein, wobei die Längerfristigkeit in Anlehnung an die vom Hauptfachausschuss des Institutes der Wirtschaftsprüfer für Genussrechte entwickelten Grundsätze (siehe Rn. 322 ff.) bestimmt wird.[268] Die Einlage hat nachrangig zu sein und es muss eine **Beteiligung am Gewinn und am Verlust** vereinbart sein. Eine gewinnunabhängige Grundverzinsung ist auszuschließen. Liegen diese Voraussetzungen nicht sämtlich vor, kommt ein Ausweis nur im Fremdkapital in Frage.

344 Nach **IFRS/IAS** und **US-GAAP** ist ein Ausweis als Eigenkapital nur dann möglich, wenn der Kapitalgeber die Rückzahlung des Kapitals nicht verlangen kann.[269] Eine atypisch stille Beteiligung wird insoweit also regelmäßig als **Fremdkapital** auszuweisen sein, weil es kaum in Frage kommen dürfte, dass der Kapitalgeber auf seinen Rückforderungsanspruch verzichtet. Wie auch bei den Genussrechten kann aber die Bildung eines gesondertern Postens innerhalb des Fremdkapitals in Frage kommen.

(c) Vergütung

345 Mit Rücksicht auf § 231 Abs. 2, 2. Halbs. HGB muss die Vergütungsabrede auch bei der atypisch stillen Gesellschaft eine **gewinnabhängige Komponente** aufweisen. Die Einzelheiten der gewinnabhängigen Vergütung sind dabei frei vereinbar. Die Vereinbarung eines festen Zinses oder einer Umsatzbeteiligung stellt keine Gewinnbeteiligung i.S.d. § 231 Abs. 2, 2. Halbs. HGB dar.[270] Soll eine atypisch stille Gesellschaft strukturiert werden, können beide Elemente daher nur in Kombination mit anderen Vergütungs-

---

267 Bezzenberger/Keul, in: Münchener Handbuch des Gesellschaftsrechts, Bd. 2, § 84 Rn. 7.
268 Achleitner/von Einem/von Schröder, Private Debt – Alternative Finanzierung für den Mittelstand, S. 189.
269 Häger/Elkemann-Reusch, Mezzanine Finanzierungsinstrumente, Rn. 416.
270 RGZ 122, 387, 390; Baumbach/Hopt/Hopt, HGB, § 231 Rn. 2.

komponenten vereinbart werden, die Gewinnabhängigkeit aufweisen. Oft wird deswegen eine feste Verzinsung neben einer gewinnabhängigen Komponente vereinbart. Dann ist allerdings keine Bilanzierung im Eigenkapital mehr möglich. Möglich und üblich ist zudem die gesonderte Vereinbarung von Kicker-Komponenten.

Bei der atypisch stillen Gesellschaft mit einer **AG** kann keine gewinnunabhängige Mindestvergütung (z.B. Festzins) vereinbart werden, weil die bei der atypisch stillen Gesellschaft zwingend zu vereinbarende gewinnabhängige Vergütungskomponente auch die Qualifizierung der Abrede als **Teilgewinnabführungsvertrag** i.S.d. § 292 Abs. 1 Nr. 2 AktG nach sich zieht. Insofern steht der Vereinbarung einer festen, gewinnunabhängigen Vergütung § 301 AktG entgegen. Auch hier gelten die Vorschriften der §§ 292 ff. AktG. 346

Auch bei der atypisch stillen Gesellschaft kann die **Verlustbeteiligung** gemäß § 231 Abs. 2 HGB ausgeschlossen werden 347

(d) Mitsprache

Der Einsatz der atypisch stillen Gesellschaft als mezzanines Finanzierungsinstrument der Wahl bedeutet eine bewusste Entscheidung für eine Mitunternehmerschaft und gegen eine steuerliche Abzugsfähigkeit der Zinsaufwendungen als Betriebsausgabe. Als Ausgleich eröffnet sich in Bezug auf Mitsprache- und Kontrollrechte ein ausgesprochen **weiter Gestaltungsspielraum**. Zu weitgehende Mitspracherechte führen allerdings auch hier bei den Kapitalgesellschaften und ähnlichen Gesellschaftsformen zur Qualifizierung der Einlage als eigenkapitalersetzendes Darlehen mit den bereits beschriebenen Rechtsfolgen. Bei der **AG** ist besondere Vorsicht bei der Ausgestaltung etwaiger Zustimmungskataloge geboten, da die Geschäftsführungskompetenz und Unabhängigkeit des Vorstandes nicht verletzt werden darf. 348

(e) Besteuerung

Die Qualifizierung der atypisch stillen Gesellschaft als steuerliche Mitunternehmerschaft führt dazu, dass die Ausschüttungen an den Kapitalgeber für den Kapitalnehmer Gewinnverwendung darstellen und **nicht als Betriebsausgabe abzugsfähig** sind.[271] Der atypisch stille Gesellschafter erzielt Einkünfte aus Gewerbebetrieb gemäß § 15 Abs. 1 Nr. 2 EstG. Die Abzugsfähigkeit von Verlusten ist gemäß § 15a EstG auf die Höhe der Einlage bzw. der Haftung des stillen Gesellschafters beschränkt. Bei Beteiligungen von Kapitalgesellschaften als stiller Gesellschafter an anderen Kapitalgesellschaften ist die Verlustverrechnungsmöglichkeit mit anderen Einkünften gemäß § 15 Abs. 4 Satz 6 EstG ausgeschlossen. 349

---

271 Achleitner/von Einem/von Schröder, Private Debt – Alternative Finanzierung für den Mittelstand, S. 194.

17. Kapitel: Mitbestimmungs- und Arbeitsrecht

Inhaltsverzeichnis

	Rn.
A. Einleitung	1
B. Wichtige arbeitsrechtliche Fachbegriffe von A bis Z	2
C. Betriebsbedingte Kündigung als wichtigster Fall einer Kündigung	3
I. Befristete und unbefristete Arbeitsverhältnisse	4
II. Voraussetzungen für eine sozial gerechtfertigte betriebsbedingte Kündigung	9
1. Anwendungsbereich des KSchG	9
2. Wegfall des Beschäftigungsbedarfs	10
3. Keine anderweitigen Beschäftigungsmöglichkeiten	15
a) Freie Arbeitsplätze im Unternehmen bzw. im selben Verwaltungszweig	16
b) Grds. kein konzernweiter Kündigungsschutz	18
4. Sozialauswahl	19
a) Vergleichbarkeit	20
b) Bewertung der Sozialdaten	21
c) „Spezialisten-Ausnahme"	22
III. Abschließende Hinweise	23
1. Form der Kündigung	23
2. Betriebsratsanhörung	24
D. Grundlagen des Betriebsübergangs	25
I. Tatbestand eines Betriebsübergangs gemäß § 613a BGB	28
1. Betriebsinhaberwechsel	29
a) Fortführung einer wirtschaftlichen Einheit	30
b) Übergang eines Betriebsteils	32
2. Übergang „durch Rechtsgeschäft"	33
3. Negativ: Kein Widerspruch (§ 613a Abs. 6 BGB)	34
a) Voraussetzungen des Widerspruchsrechts	35
b) Berücksichtigung des Widerspruchs im Rahmen der Sozialauswahl	37
II. Rechtsfolgen eines Betriebsübergangs	38
1. Übergang der Arbeitsverhältnisse	39
2. Besonderheiten für Betriebsvereinbarungen und Tarifverträge	40
a) Betriebsvereinbarungen	42
b) Tarifverträge	43
c) Beim Betriebserwerber vorhandene kollektivrechtliche Regelungen	44
d) Besonderheit bei sog. Bezugnahmeklauseln	45
III. Zuordnung der Arbeitnehmer	48
IV. Haftungsfragen	49
V. Besonderheiten bei betrieblicher Altersversorgung	50
VI. Information der Mitarbeiter	51
VII. Ausschluss betriebsbedingter Kündigungen	53
E. Wichtige Mitbestimmungsrechte des Betriebsrats in wirtschaftlichen Angelegenheiten	54
I. Rechte des Wirtschaftsausschusses	55
1. Unternehmens- oder betriebsbezogene Unterrichtung?	59
2. Inhalt der Vorlagepflicht von Unterlagen an den Wirtschaftsausschuss	62
3. Zuständigkeit der Einigungsstelle	65
II. Betriebsänderungen (§§ 111 ff. BetrVG)	66
1. Vorliegen einer „Betriebsänderung"	68
2. Betriebsübergang	70
III. Interessenausgleichsverhandlungen	71
1. Inhalt und Verhandlungen	72
2. Folgen des Scheiterns der Verhandlungen	77
IV. Sozialplanverhandlungen	83
1. Verhandlungsverfahren	87
2. Personeller und zeitlicher Geltungsbereich eines Sozialplans	92
3. Grundsätze für Sozialplanabfindungen	96
4. Andere finanzielle Zuwendungen und Leistungen sowie sonstige Vergünstigungen	113
5. Gültigkeitsdauer und Beendigung eines Sozialplans	123
6. Wirkung des Sozialplans	131
7. Haftungsfragen	136
F. Mitbestimmung im Aufsichtsrat, insb. Drittelbeteiligungsgesetz	137
I. Gesetze zur Mitbestimmung in Unternehmen	138
II. Drittelbeteiligungsgesetz	139
1. Anwendungsbereich	140
2. Zahl der Aufsichtsratsmitglieder und Zusammensetzung	142
3. Wahl der Arbeitnehmervertreter	144
4. Besonderheiten im Konzern	150
a) Besonderheiten bei der Aufsichtsratswahl (§ 2 Abs. 1 DrittelbG)	150
b) Zurechnung von in Konzernunternehmen beschäftigten Arbeitnehmern (§ 2 Abs. 2 DrittelbG)	152

Kommentare und Gesamtdarstellungen:

Bauer, Arbeitsrechtliche Aufhebungsverträge, 7. Aufl. 2004; *ders.*, Betriebsänderungen, 1992; *Bauer/Krieger*, Kündigungsrecht – Reformen 2004, 2004; *Erfurter Kommentar zum Arbeitsrecht*, 7. Aufl. 2007; *Fitting*, Betriebsverfassungsgesetz, 23. Aufl. 2006; *Fuchs/Köstler*, Handbuch zur Aufsichtsratswahl, 3. Aufl. 2005; *Gemeinschaftskommentar zum Betriebsverfassungsgesetz*, 7. Auflage 2002; *Henssler/Willemsen/Kalb*, Arbeitsrecht Kommentar, 2. Aufl. 2006; *v. Hoyningen-Huene/Linck*, Kündigungsschutzgesetz, Kommentar, 13. Aufl. 2002; *Jaeger /Röder/Heckelmann*, Praxishandbuch Betriebsverfassungsrecht, 2003; *Kolmhuber/Schreiner*, Antidiskriminierung und Arbeitsrecht, 2006; *Münchener Handbuch zum Arbeitsrecht*, Band 3: Kollektives Arbeitsrecht; 2. Aufl. 2000; *Ohl*, Der Sozialplan, 1977; *Pünnel/Isenhardt*, Die Einigungsstelle des BetrVG 1972, 4. Aufl. 1997; *Richardi*, Betriebsverfassungsgesetz, 10. Aufl. 2006; *Rumpff/Boewer*, Mitbestimmung in wirtschaftlichen Angelegenheiten, 4. Aufl. 2005; *Staudinger*, Kommentar zum Bürgerlichen Gesetzbuch, §§ 611 – 615, Neubearbeitung 2005; *Willemsen/Hohenstatt/Schweibert/Seibt*, Umstrukturierung und Übertragung von Unternehmen, 2. Aufl. 2003.

Aufsätze und Rechtsprechungsübersichten:

Bauer, Aktuelle Probleme des Personalabbaus im Rahmen von Betriebsänderungen, DB 1994, 217; *ders.*, Einigungsstellen – Ein ständiges Ärgernis, NZA 1992, 433; *ders.*, Schnellere Einigungsstelle – Gesetzesreform nötig!, ZIP 1996, 117; *Bauer/Haußmann*, Schöne Bescherung: Abschied von der Gleichstellungsabrede!, DB 2005, 2815; *Beuthien*, Interessenausgleich und Sozialplan im Konkurs, RdA 1976, 147; *ders.*, Der Sozialauftrag des Sozialplans, ZfA 1982, 181; *Busch*, Abfindungen nur bei Klageverzicht jetzt auch in Sozialplänen?, BB 2004, 267; *Däubler*, Nachträgliche Kürzung von Sozialplanansprüchen?, NZA 1985, 545; *Dolde/Bauer*, Problem der Stillegung von Betrieben und Betriebsteilen, BB 1978, 1675; *Fischer*, Sozialauswahl nach Widerspruch gegen Betriebsübergang – Neue Rechtslage durch § 1 Abs. 3 S. 1 KSchG, FA 2004, 230; *Göpfert/Krieger*, Wann ist die Anrufung der Einigungsstelle bei Interessenausgleichs- und Sozialplanverhandlungen zulässig?, NZA 2005, 254; *Hanau*, Intensitätsstufen arbeits- und sozialrechtlicher Beschäftigungsförderung, DB 1999, 45; *Hartung*, Die Risiken vorsorglicher Sozialpläne, DB 1976, 2064; *Heinze*, Der Sozialplan in Konkurs und Vergleich, DB 1974, 1815; *ders.*, Sozialplanleistungen und Kündigungsschutz, NZA 1984, 17; *Henssler*, Umstrukturierung von mitbestimmten Unternehmen, ZfA 2000, 241; *Hohenstatt*, Der Interessenausgleich in einem veränderten rechtlichen Umfeld, NZA 1998, 846; *Joost*, Wirtschaftliche Angelegenheiten als Kompetenzbereich des Wirtschaftsausschusses, FS für Otto Rudolf Kissel, S. 433; *Löwisch*, Der arbeitsrechtliche Teil des sogenannten Korrekturgesetzes, BB 1999, 102; *Matthes*, Rechtsfragen zum Interessenausgleich, FS für Wlotzke, S. 393; *Meyer*, Die Dauersozialpläne als neuartige Regelungsform des Sozialplans, NZA 1996, 239; *Richardi*, Der Anspruch auf den Sozialplan bei Betriebsänderungen, NZA 1984, 177; *Willemsen/Hohenstatt*, Zur umstrittenen Bindungs- und Normwirkung des Interessenausgleichs, NZA 1997, 345.

A. Einleitung

1   Das Ziel dieses Kapitels ist es, neben einem **Kurzüberblick** über die wichtigsten arbeitsrechtlichen Begriffe (sogleich Rn. 2) diejenigen arbeitsrechtlichen Fragestellungen anzusprechen, mit denen ein **gesellschaftsrechtlich tätiger Jurist** am ehesten konfrontiert sein wird. Es ist dabei nicht möglich, diese arbeitsrechtlichen Fragen überall im Detail zu vertiefen. Vielmehr sollen jeweils Grundlagen vermittelt werden für den praktisch wichtigsten Fall einer Arbeitgeberkündigung, die betriebsbedingte Kündigung (unten Rn. 3 ff.), für den Tatbestand und die Rechtsfolgen eines Betriebsübergangs nach § 613a BGB (unten Rn. 25 ff.) und für die wichtigsten Mitbestimmungsrechte des Betriebsrats bzw. der Arbeitnehmervertreter im Aufsichtsrat in wirtschaftlichen Angelegenheiten (unten Rn. 54 ff. und Rn. 137 ff.).

B. Wichtige arbeitsrechtliche Fachbegriffe von A bis Z

2   Nachfolgend werden zunächst einmal die wichtigsten arbeitsrechtlichen Fachbegriffe erläutert, die zum „Grundhandwerkszeug" eines gesellschaftsrechtlich tätigen Juristen gehören.

■ **Arbeitsrecht**

Der Begriff Arbeitsrecht bezeichnet das besondere Recht der abhängigen Arbeit, d.h. der Arbeit, die ein Arbeitnehmer dem Arbeitgeber im Rahmen eines Arbeitsverhältnisses gegen Entgelt leistet (§ 611 BGB). Das Arbeitsrecht kann privatrechtlicher Natur sein, soweit es die Rechtsbeziehungen zwischen Arbeitgeber und Arbeitnehmer als Teilnehmer des privaten Rechtsverkehrs umfasst. Es kann öffentlich-rechtlicher Natur sein, soweit es die Rechtsbeziehungen des Arbeitgebers zum Arbeitnehmer als Teilnehmer am öffentlich-rechtlichen Rechtsverkehr umfasst.

Arbeitsverhältnis

Damit ist das aufgrund eines rechtswirksamen Arbeitsvertrags entstehende Rechtsverhältnis gemeint. Ist der Arbeitsvertrag rechtsunwirksam und hat der Arbeitnehmer trotzdem gearbeitet, spricht man vom faktischen Arbeitsverhältnis (siehe auch Arbeitsvertrag).

Arbeitnehmer

Personen, die aufgrund privatrechtlichen Vertrags im Dienst eines anderen zur Arbeit verpflichtet sind. Entscheidendes Differenzierungskriterium zu sonstigen selbständigen Dienstverpflichteten (Rechtsanwalt, Architekt) ist die persönliche Abhängigkeit durch die Eingliederung in einen fremden Organisationsbereich. Indizien sind die zeitliche und örtliche Bindung und die Weisungsbefugnis.

Arbeitnehmerähnliche Personen

Solche Personen, die ohne Arbeitnehmer zu sein, für andere in wirtschaftlich abhängiger Stellung Arbeit leisten (bspw. nicht angestellte Künstler, freie Mitarbeiter des Rundfunks) und nach ihrer sozialen Stellung von der Verkehrsanschauung als abhängig angesehen werden (Legaldefinition in § 12 Abs. 1 Nr. 1 TVG).

Arbeitgeber

Derjenige, der die Arbeitsleistung des Arbeitnehmers kraft Arbeitsvertrags fordern kann und dessen Arbeitsentgelt schuldet. Die Arbeitgeberstellung wird maßgeblich vom Direktionsrecht geprägt, kraft dessen der Arbeitgeber die konkrete Leistungspflicht des Arbeitnehmers hinsichtlich Art, Ort und Zeit näher bestimmen kann (§ 106 GewO). Der Arbeitgeber kann eine natürliche Person oder eine juristische Person des privaten (AG, GmbH, rechtsfähiger Verein) oder des öffentlichen Rechts sein, ebenso aber auch ein nicht rechtsfähiger Personenverband wie die BGB-Gesellschaft, die OHG und KG.

Arbeitsgericht

Regelmäßig das Gericht erster Instanz, im eigenständigen, von der Zivilgerichtsbarkeit unabhängigen Rechtsweg der Arbeitsgerichtsbarkeit. Die ArbG sind zuständig in allen bürgerlich-rechtlichen Streitigkeiten zwischen Arbeitnehmer und Arbeitgeber sowie für die Streitigkeiten zwischen den Tarifvertragsparteien. Die Zuständigkeit ergibt sich aus §§ 2, 2a ArbGG.

Arbeitskampf

Dieser Begriff bezeichnet die Auseinandersetzungen zwischen Arbeitnehmern und Arbeitgebern zur Überwindung von Interessengegensätzen bei der Verhandlung von Löhnen und anderen Arbeitsbedingungen. Der Streik ist das zentrale Arbeitskampfmittel der Arbeitnehmerseite. Er wird definiert als vorübergehende, planmäßige Arbeitsniederlegung einer größeren Zahl von Arbeitnehmern zur Erreichung eines gemeinschaftlichen Ziels. Ein Streik muss, damit er rechtmäßig ist, um eine gesetzlich zulässige Tarifregelung geführt werden. Er muss von einer Gewerkschaft organisiert und geführt werden. Das zentrale Arbeitskampfmittel der Arbeitgeberseite ist die Aussperrung. Hierunter versteht man die von einem oder mehreren Arbeitgebern planmäßig vorgenommene Arbeitsausschließung mehrerer Arbeitnehmer unter Verweigerung der Lohnfortzahlung.

Arbeitsvertrag

Privatrechtlicher gegenseitiger Vertrag, durch den sich der Arbeitnehmer zur Leistung von Arbeit unter Leitung und nach Weisung des Arbeitgebers und der Arbeitgeber zur Zahlung der vereinbarten Vergütung verpflichtet. Der Abschluss des Arbeitsvertrags führt zum Entstehen des Arbeitsverhältnisses zwischen Arbeitnehmer und Arbeitgeber. Er ist ein Unterfall des Dienstvertrags (§ 611 BGB).

Befristeter Arbeitsvertrag

Ein solcher Vertrag beendet das Arbeitsverhältnis, ohne dass der Ausspruch einer Kündigung erforderlich ist. Auf Arbeitsverträge, die auf bestimmte Zeit abgeschlossen werden, findet das Gesetz über Teilzeitarbeit und befristete Arbeitsverträge Anwendung (Teilzeitbefristungsgesetz, TzBfG).

Zu unterscheiden ist zwischen Zeit- und Zweckbefristung. Bei der Zeitbefristung (§ 3 Abs. 1 Satz 2 1. Alt. TzBfG) wird das Arbeitsverhältnis für eine bestimmte Dauer oder zumindest für einen kalendermäßig bestimmten Zeitraum geschlossen (bspw. für eine Woche, bis zum 31.3.). Bei der Zweckbefristung (§ 3 Abs. 1 Satz 2 2. Alt. TzBfG) ist die Dauer des Arbeitsverhältnisses nicht kalendermäßig bestimmbar, sondern von vornherein von dem Eintritt eines bestimmten Ereignisses abhängig gemacht. Von wesentlicher Bedeutung ist § 14 Abs. 2 TzBfG, wonach die Befristung eines Arbeitsvertrags bis zur Dauer von zwei Jahren ohne Vorliegen eines sachlichen Grundes zulässig ist. Innerhalb dieser Frist ist höchstens eine dreimalige Verlängerung eines befristeten Arbeitsvertrags zulässig. Die Befristung muss ausdrücklich und schriftlich vereinbart werden, ansonsten wird das Arbeitsverhältnis auf unbestimmte Zeit geschlossen.

- **Benachteiligung**

Oberbegriff der im Allgemeinen Gleichbehandlungsgesetz (AGG) verbotenen Verhaltensweisen. § 3 AGG enthält Legaldefinitionen für die einzelnen Fälle einer Benachteiligung i.S.d. AGG.

§ 3 Abs. 1 AGG regelt den Fall einer unmittelbaren Benachteiligung: eine unmittelbare Benachteiligung liegt vor, wenn eine Person aus Gründen der Rasse oder der ethnischen Herkunft, des Geschlechts, der Religion oder Weltanschauung, einer Behinderung, des Alters oder der sexuellen Identität (§ 1 AGG) eine schlechtere Behandlung erfährt als eine andere Person in einer vergleichbaren Situation.

§ 3 Abs. 2 AGG definiert den Begriff einer mittelbaren Benachteiligung. Eine solche setzt voraus, dass dem Anschein nach neutrale Vorschriften, Kriterien oder Verfahren Personen aus Gründen der Rasse oder der ethnischen Herkunft, des Geschlechts, der Religion oder Weltanschauung, einer Behinderung, des Alters oder der sexuellen Identität (§ 1 AGG) eine andere Personen in besonderer Weise benachteiligen können.

In § 3 Abs. 3 AGG befindet sich die Begriffsbestimmung für eine Belästigung. Unter einer Belästigung versteht diese Vorschrift unerwünschte Verhaltensweisen, die mit einem der Gründe der Rasse oder der ethnischen Herkunft, des Geschlechts, der Religion oder Weltanschauung, einer Behinderung, des Alters oder der sexuellen Identität (§ 1 AGG) in Zusammenhang stehen. Belästigendes Verhalten kann sowohl verbaler als auch nonverbaler Art sein.

Beispiele:

Verleumdungen, Beleidigungen und abwertende Äußerungen, Anfeindungen, Drohungen und körperliche Übergriffe, die im Zusammenhang mit einem der in § 1 AGG genannten Gründe stehen.

- **Betriebsrat**

Das gesetzliche Organ zur Vertretung der Arbeitnehmerinteressen und zur Wahrung der betrieblichen Mitbestimmung gegenüber dem Arbeitgeber. Die betriebliche Mitbestimmung durch den Betriebsrat ist abzugrenzen von der Unternehmensmitbestimmung durch Arbeitnehmervertreter in Aufsichtsräten der Kapitalgesellschaften. Der Betriebsrat wird gewählt in Betrieben mit i.d.R. mindestens fünf ständigen wahlberechtigten Arbeitnehmern, von denen drei wählbar sind (§ 1 BetrVG).

- **Betriebliche Übung**

Die regelmäßige Wiederholung bestimmter Verhaltensweisen des Arbeitgebers, aus der die Arbeitnehmer schließen können, dass ihnen die aufgrund dieser Verhaltensweise gewährten Leistungen oder Vergünstigungen auch künftig auf Dauer gewährt werden sollen. Dem tatsächlichen Verhalten des Arbeitgebers wird anspruchserzeugende Wirkung beigemessen. Abzugrenzen ist die betriebliche Übung von der Gesamtzusage. Bei dieser liegt ein ausdrücklicher Erklärungstatbestand vor.

Beispiel:

Der Arbeitgeber sagt den Arbeitnehmern generell eine bestimmte Leistung bei Vorliegen bestimmter Leistungsvoraussetzungen bspw. durch Aushang am schwarzen Brett zu.

Die Rechtsnatur der betrieblichen Übung ist seit jeher umstritten. Das Verhalten des Arbeitgebers wird als konkludente Willenserklärung angesehen, die von den Arbeitnehmern ebenfalls durch schlüssiges Verhalten angenommen wird.

- **Betriebsübergang**

Kennzeichen ist der Wechsel des Inhabers eines Betriebs oder Betriebsteils durch eine rechtsgeschäftliche Vereinbarung. Er ist in § 613a BGB geregelt. Sinn und Zweck dieser Vorschrift ist es zunächst, den sozialen Besitzstand der Arbeitnehmer zu erhalten und einen lückenlosen Bestandschutz zu gewähren, den Bestand des Betriebsrats und seiner Mitbestimmungsrechte zu garantieren, die Funktionsfähigkeit und Kontinuität des Betriebs zu sichern durch Fortbestand der eingearbeiteten Belegschaft sowie Haftungsregelungen für Arbeitnehmeransprüche gegen alten und neuen Betriebsinhaber zur Verfügung zu stellen. Mit den zuletzt eingefügten Abs. 5 und Abs. 6 in § 613a BGB sollen den betroffenen Arbeitnehmern eine Entscheidungsgrundlage für die Ausübung des Widerspruchsrechts und dem Arbeitgeber Planungssicherheit für die personelle Abwicklung des Betriebsübergangs gegeben werden. Anwendbar ist § 613a BGB auf alle im Zeitpunkt des Betriebsübergangs bestehenden Arbeitsverhältnisse. Für die Frage, ob ein Betriebsübergang vorliegt, ist entscheidend, ob die Identität der wirtschaftlichen Einheit des Betriebs auf den neuen Betriebsinhaber übergeht.

- **Betriebsvereinbarung**

Vertrag zwischen Arbeitgeber und Betriebsrat, der sowohl Rechte und Pflichten dieser Betriebsparteien begründet als auch verbindliche Normen für alle Arbeitnehmer eines Betriebs formuliert. Der Begriff der Betriebsvereinbarung wird im Gesetz nicht definiert. Das BetrVG setzt diesen als Rechtsinstitut voraus. Es ordnet in § 77 Abs. 4 Satz 1 BetrVG die unmittelbare und zwingende Wirkung der Betriebsvereinbarung zu Gunsten der Arbeitnehmer eines Betriebs an.

- **Entgeltfortzahlung**

Vergütungsfortzahlung im Krankheitsfall und an Feiertagen für alle Arbeitnehmergruppen. Sie ist im am 1.6.1994 in Kraft getretenen Entgeltfortzahlungsgesetz (EFZG) geregelt. Die Entgeltfortzahlung im Krankheitsfall wird für die Dauer der Erkrankung vom ersten Krankheitstag an, maximal für sechs Wochen geleistet (§ 3 Abs. 1 EFZG). Dauert die Erkrankung länger als sechs Wochen, zahlt ab der siebten Krankheitswoche die Krankenkasse Krankengeld. Die Entgeltfortzahlung gilt nur für Arbeitnehmer, nicht für arbeitnehmerähnliche Personen.

- **Freie Mitarbeit**

Die selbständige (§ 84 Abs. 1 Satz 2 HGB) unternehmerische Tätigkeit einer natürlichen Person für ein fremdes Unternehmen auf dienst- oder werkvertraglicher Grundlage. Der freie Mitarbeiter unterscheidet sich vom Arbeitnehmer durch das Merkmal der selbständigen (unternehmerischen) Tätigkeit. Arbeitnehmer leisten demgegenüber fremdbestimmte Arbeit, sie sind weisungsgebunden.

Wird der freie Mitarbeiter in einem fremden Betrieb tätig, kommt es bei der Abgrenzung zum Arbeitsverhältnis darauf an, ob er derart in die Arbeitsorganisation des fremden Betriebs eingegliedert ist, dass der Betriebsinhaber oder die für ihn verantwortlich tätigen Personen die für ein Arbeitsverhältnis typischen Entscheidungen über seinen Einsatz nach Zeit und Ort treffen und damit die Personalhoheit haben. Ein Schein(freier Mitarbeiter)vertrag liegt vor, wenn der Vertrag nach seiner Bezeichnung als freier Mitarbeits-, Dienst- oder Werkvertrag ausgewiesen ist, in Wahrheit aber wie ein Arbeitsvertrag durchgeführt werden soll oder sich in der praktischen Durchführung als solcher herausstellt (siehe auch Scheinselbständigkeit). Werden wegen einer unzutreffenden Behandlung als freier Mitarbeiter vom Arbeitgeber keine Sozialversicherungsbeiträge abgeführt, so bleibt der Arbeitgeber Schuldner des Gesamtsozialversicherungsbeitrags (§ 28e SGB IV). Die Beiträge muss der Arbeitgeber nachträglich entrichten. Der Anspruch des Arbeitgebers auf Erstattung des vom Arbeitnehmer zu tragenden Teils des Sozialversicherungsbeitrags wird dadurch begrenzt, dass er regelmäßig nur bei den nächsten drei Lohn- oder Gehaltszahlungen nachgeholt werden darf.

Firmentarifvertrag/Haustarifvertrag

Tarifvertrag (siehe auch Tarifvertrag), der zwischen einer Gewerkschaft und einem einzelnen Unternehmen abgeschlossen wird. In Deutschland spielen Firmentarifverträge eine untergeordnete Rolle.

Gleichbehandlungsgrundsatz

Der Gleichbehandlungsgrundsatz ist inhaltlich bestimmt durch den allgemeinen Gleichheitssatz des Art. 3 Abs. 1 GG, wonach jedem Einzelnen ein subjektives öffentliches Recht gegen den Staat auf Rechtsgleichheit gegeben wird. Von dem allgemeinen Gleichheitssatz ist der in Art. 3 Abs. 2 GG niedergelegte Gleichberechtigungssatz zu unterscheiden, der den allgemeinen Gleichheitssatz dahingehend konkretisiert, dass Männer und Frauen gleichberechtigt sind. In arbeitsrechtlicher Hinsicht hat der allgemeine Gleichbehandlungsgrundsatz eine gesetzliche Ausgestaltung im AGG. Das BAG geht darüber hinausgehend von einem überbetrieblichen unternehmensbezogenen Gleichbehandlungsgrundsatz aus. Der betroffene Arbeitnehmer soll vor einer willkürlichen Schlechterstellung geschützt werden.

Gleichbehandlungsgesetz

Das AGG basiert auf vier Richtlinien der EG, die den Schutz vor Diskriminierung regeln. Ziel des Gesetzes ist es, Benachteiligungen aus Gründen der Rasse oder wegen der ethnischen Herkunft, des Geschlechts, der Religion oder Weltanschauung, einer Behinderung, des Alters oder der sexuellen Identität zu verhindern oder zu beseitigen (§ 1 AGG). Um Benachteiligungen in Beschäftigung und Beruf wirksam begegnen zu können, wird ein Benachteiligungsverbot normiert, das alle in § 1 AGG aufgezählten Diskriminierungsmerkmale berücksichtigt. Die bisherigen Vorschriften über die Gleichbehandlung wegen des Geschlechts, die das Arbeitsrecht im BGB betreffen, insb. §§ 611a und 611b BGB a.F., wurden in das AGG übernommen.

Beschäftigte, die von einer Diskriminierung betroffen sind, haben folgende Rechte: Sie können sich bei den zuständigen Stellen (bspw. Arbeitgeber, einem Vorgesetzten oder der Arbeitnehmervertretung) beschweren. Benachteiligte haben Anspruch auf Ersatz des ihnen entstandenen materiellen und immateriellen Schadens. Alle Rechte können notfalls vor dem ArbG eingeklagt werden.

> **Hinweis:**
> Wesentlich für die anwaltliche Praxis ist § 12 AGG, wonach der Arbeitgeber verpflichtet ist, die erforderlichen Maßnahmen zum Schutz vor Benachteiligungen zu treffen. Dieser Schutz umfasst auch vorbeugende Maßnahmen.

Gewerkschaft

In einer solchen Vereinigung sind Arbeitnehmer in einem Interessenverband organisiert, der Tarifverträge abschließt. Die größten Gewerkschaften in Deutschland sind im deutschen Gewerkschaftsbund (DGB) zusammengeschlossen. Dieser vereint einen großen Anteil aller Gewerkschaftsmitglieder als Dachverband: Bundesweiter Zusammenschluss von unabhängigen Industriegewerkschaften, wie der IG Metall, der IG Bergbau, Chemie, Energie sowie der Vereinten Dienstleistungsgewerkschaft ver.di. Die Gewerkschaften sind i.d.R. aus historischen Gründen nicht rechtsfähige Vereine (§ 54 BGB). Die Mitgliedschaft in der Gewerkschaft beginnt bzw. endet mit Ein- bzw. Austritt.

Kündigungsschutzklage

Diese Klage dient dazu, eine gegenüber dem Arbeitnehmer erklärte ordentliche oder außerordentliche Kündigung oder eine Änderungskündigung anzugreifen. Sie ist darauf gerichtet festzustellen, dass das Arbeitsverhältnis durch die Kündigung nicht aufgelöst oder die Änderung der Arbeitsbedingungen sozial ungerechtfertigt ist (§ 4 KSchG). Sie muss innerhalb einer Frist von drei Wochen seit Zugang der Kündigung beim ArbG erhoben werden. Wird die Klagefrist versäumt, so gilt die Kündigung als von Anfang an wirksam (§ 7 KSchG). Die Klage ist als unbegründet abzuweisen.

Kündigungsschutz

Dieser Schutz soll verhindern, dass der Arbeitsvertrag beendet wird, ohne dass hierfür ein hinreichender Grund vorhanden ist. Was unter dem „hinreichenden Grund" zu verstehen ist und wann die Kündigung von Arbeitsverhältnissen nicht möglich ist, ergibt sich aus dem GG, dem BGB, dem KSchG und einer Reihe von spezialgesetzlichen Regelungen, mit denen einzelne Personengruppen besonders gegen Kündigungen geschützt werden. Der „allgemeine Kündigungsschutz" betrifft den Schutz aller Arbeitnehmer nach dem KSchG, vom „besonderen Kündigungsschutz" sprechen wir, wenn der darüber hinausgehende Schutz einzelner Gruppen gekennzeichnet werden soll.

Beispiele:

Mütter, Betriebsräte, Schwerbehinderte.

Kündigung, betriebsbedingt

Nach § 1 Abs. 2 KSchG ist eine Kündigung u.a. sozial gerechtfertigt, wenn sie durch dringende betriebliche Erfordernisse bedingt ist, die einer Weiterbeschäftigung des Arbeitnehmers in diesem Betrieb entgegenstehen. Die betriebsbedingte Kündigung führt zum Verlust des Arbeitsplatzes, obwohl der Arbeitnehmer weder durch sein Verhalten noch in seiner Person einen Kündigungsgrund gegeben hat. Betriebliche Erfordernisse, die zur Kündigung führen, können sich aus inner- oder außerbetrieblichen Umständen ergeben.

Beispiele:

Aus der Umstellung oder Einschränkung bzw. Einstellung der Produktion, der Entscheidung für „lean production" und ganz allgemeinen Rationalisierungsmaßnahmen, welche sich in einer Organisationsänderung, Vergabe von Arbeiten an Fremdfirmen oder in der Anschaffung neuer Maschinen niederschlagen können.

Die betrieblichen Erfordernisse müssen zu einer Unternehmerentscheidung führen, aufgrund derer der Arbeitsplatz des Arbeitnehmers wegfällt. Wie bei allen Kündigungen ist weiterhin im Rahmen der ultima ratio die Möglichkeit einer Beschäftigung auf einem anderen Arbeitsplatz im Unternehmen zu prüfen.

Kündigung, verhaltensbedingt

Nach § 1 Abs. 2 KSchG ist eine Kündigung u.a. sozial gerechtfertigt, wenn sie durch das Verhalten des Arbeitnehmers bedingt ist. Das Verhalten muss bei verständiger Würdigung und Abwägung der beiderseitigen Interessen der Vertragsparteien die Kündigung als billigenswert und angemessen erscheinen lassen. Als Kündigungsgründe kommen in Betracht:

- Leistungsstörungen (Schlechtleistung, unentschuldigtes Fehlen und sonstige Verstöße gegen die Arbeitspflicht),
- Störungen der betrieblichen Ordnung (Beleidigung von Arbeitskollegen, Verstöße gegen Verhaltenspflichten wie Rauchverbot),
- Störungen im Vertrauensbereich (unerlaubte Handlungen, Straftaten) und Verletzung von Nebenpflichten (verspätete Krankmeldung).

Im Unterschied zur personenbedingten Kündigung muss der Arbeitsvertragsverstoß vorwerfbar sein. I.d.R. muss der Arbeitgeber den Arbeitnehmer abmahnen (Rüge- und Warnfunktion).

Kündigung, personenbedingt

Nach § 1 Abs. 2 KSchG ist eine Kündigung sozial gerechtfertigt, wenn sie durch Gründe bedingt ist, die in der Person des Arbeitnehmers liegen. Die Rspr. versteht darunter solche Umstände, die auf einer in der Sphäre des Arbeitnehmers liegenden „Störquelle" beruhen. Der Arbeitnehmer muss seine Fähigkeiten oder seine Eignung verloren haben, die geschuldete Arbeitsleistung ganz oder z.T. zu erbringen. Auf ein Verschulden kommt es nicht an.

> **Hinweis:**
> Im Unterschied zur verhaltensbedingten Kündigung erfordert die personenbedingte Kündigung deshalb keine Abmahnung.

- **Kündigung, außerordentlich**

Die außerordentliche Kündigung nach § 626 BGB beendet das Arbeitsverhältnis mit sofortiger Wirkung, d.h. der Arbeitgeber muss keine Kündigungsfrist einhalten. Der für die außerordentliche Kündigung erforderliche „wichtige Grund" ist gegeben, wenn Tatsachen vorliegen, aufgrund derer dem Kündigenden unter Berücksichtigung aller Umstände des Einzelfalles und unter Abwägung der Interessen beider Vertragsteile nicht zugemutet werden kann, das Arbeitsverhältnis bis zum Ablauf der Kündigungsfrist oder bis zur vereinbarten Beendigung, zumindest aber für einen bestimmten Zeitraum fortzusetzen. Nach § 626 Abs. 2 BGB kann die außerordentliche Kündigung nur innerhalb einer Frist von zwei Wochen erfolgen, nachdem der Kündigende von den für die Kündigung maßgebenden Tatsachen Kenntnis erlangt hat.

- **Scheinselbständigkeit**

Liegt vor, wenn eine erwerbstätige Person als selbständiger Unternehmer auftritt, obwohl sie von der Art ihrer Tätigkeit zu den abhängig Beschäftigten, also zu den Arbeitnehmern, zählt. Scheinselbständigkeit löst die Versicherungspflicht in der gesetzlichen Rentenversicherung aus. Sozialversicherungsrechtlich gelten diese Personen als Arbeitnehmer (siehe auch freie Mitarbeit).

- **Tarifbindung**

Die Tarifbindung ist im TVG geregelt. Grds. gelten die Rechtsnormen des Tarifvertrags nur zwischen beiderseitig tarifgebundenen Arbeitsvertragspartnern. Die wichtigste Form der Tarifbindung ist deshalb nach § 3 Abs. 1 TVG die beiderseitige Verbandsmitgliedschaft. Dies bedeutet, dass ein Tarifvertrag anwendbar ist, wenn der Arbeitgeber Mitglied des tarifschließenden Arbeitgeberverbandes und der Arbeitnehmer Mitglied der tarifschließenden Gewerkschaft ist. Beide Arbeitsvertragsparteien müssen jeweils Mitglied der Verbände sein, die den Tarifvertrag geschlossen haben.

Bei betrieblichen und betriebsverfassungsrechtlichen Fragen reicht nach § 3 Abs. 2 TVG die Tarifbindung des Arbeitgebers allein aus. Dies bedeutet, dass die Tarifwirkungen bei diesen Fragen auf Außenseiter, also auf nicht organisierte Arbeitnehmer erstreckt werden. Die Tarifbindung kann bei nicht gebundenen Arbeitsvertragsparteien nach § 5 TVG dadurch hergestellt werden, dass der Tarifvertrag durch den Bundesminister für Wirtschaft und Arbeit bzw. die entsprechenden obersten Landesbehörden für allgemeinverbindlich erklärt wird. Soweit Tarifbindung besteht, gilt der Tarifvertrag für das Arbeitsverhältnis nach § 4 Abs. 1 TVG unmittelbar und zwingend. Ein Abweichen von den Normen ist dann nur zu Gunsten des Arbeitnehmers (Günstigkeitsprinzip) möglich. Liegt keine Tarifbindung vor, so können Tarifnormen gleichwohl auf das Arbeitsverhältnis anwendbar sein, wenn sie wirksam in das Arbeitsverhältnis einbezogen worden sind.

- **Tarifvertrag**

Schriftlicher Vertrag zwischen einem oder mehreren Arbeitgebern oder Arbeitgeberverbänden einerseits und einer oder mehreren Gewerkschaften andererseits zur Regelung von arbeitsrechtlichen Rechten und Pflichten der Tarifvertragsparteien (schuldrechtlicher Teil) und zur Festsetzung von Rechtsnormen über Inhalt, Abschluss und Beendigung von Arbeitsverhältnissen sowie über betriebliche und betriebsverfassungsrechtliche Fragen und gemeinsame Einrichtung der Tarifvertragsparteien (normativer Teil), § 1 Abs. 1 TVG). Der Tarifvertrag ist in seinem schuldrechtlichen Teil ein privater, schuldrechtlicher Vertrag, in seinem normativen Teil ein für Dritte rechtsverbindlicher, zweiseitiger, kooperativer Normenvertrag, der objektives Recht erzeugt.

Teilzeitbeschäftigung

Gesetzlich erstmals mit dem Beschäftigungsförderungsgesetz vom 26.4.1985 geregelt. Teilzeitbeschäftigt ist ein Arbeitnehmer, dessen regelmäßige Wochenarbeitszeit kürzer ist als die eines vergleichbaren vollbeschäftigten Arbeitnehmers. Nach § 4 Abs. 1 Satz 1 TzBfG darf ein teilzeitbeschäftigter Arbeitnehmer wegen der verringerten Arbeitszeit nicht schlechter behandelt werden als ein vergleichbarer vollzeitbeschäftigter Arbeitnehmer. Eine Ausnahme gilt nur dann, wenn sachliche Gründe eine unterschiedliche Behandlung rechtfertigen. Der Umfang der Arbeitszeit scheidet damit als Differenzierungsmerkmal aus. Wegen des hohen Frauenanteils an der Gruppe der Teilzeitbeschäftigten ist bei ungleicher Behandlung zusätzlich das Verbot der sog. mittelbaren Diskriminierung zu beachten.

Urlaub

Der Begriff Urlaub ist im Arbeitsrecht gleich bedeutend mit Erholungsurlaub. Erholungsurlaub ist die zeitweise Freistellung des Arbeitnehmers von der ihm nach dem Arbeitsvertrag obliegenden Arbeitspflicht durch den Arbeitgeber unter Fortzahlung der Vergütung, um ihm Gelegenheit zur selbst bestimmten Erholung zu geben.

Ein gesetzlicher Anspruch auf Mindesturlaub (24 Werktage) wird durch das BUrlG geregelt. Im Urlaub darf der Arbeitnehmer gemäß § 8 BUrlG keine dem Urlaubszweck widersprechende Erwerbstätigkeit leisten. Die Höhe des Entgelts für die Urlaubszeit (Urlaubsentgelt) ist nach dem Durchschnittsverdienst in den letzten dreizehn Wochen vor Beginn des Urlaubs zu messen (§ 11 Abs. 1 Satz 1 BUrlG).

Von dem Urlaubsentgelt zu unterscheiden ist das Urlaubsgeld. Ein Anspruch auf dieses besteht nur aufgrund besonderer Vereinbarung, also aufgrund Tarifvertrag, Betriebsvereinbarung oder Einzelarbeitsvertrag. Es handelt sich dabei um zusätzliche, über das Urlaubsentgelt hinaus für die Dauer des Urlaubs gezahlte Vergütung.

Die zeitliche Festlegung des Urlaubs geschieht durch Erklärung des Arbeitgebers gegenüber dem Arbeitnehmer. Die Urlaubswünsche des Arbeitnehmers sind zu berücksichtigen.

Weisungsrecht

Nach § 106 GewO das Recht des Arbeitgebers, die im Arbeitsvertrag nur rahmenmäßig umschriebene Leistungspflicht des Arbeitnehmers einseitig durch Weisungen konkretisieren zu können. Die dadurch entstehende Weisungsabhängigkeit des Arbeitnehmers ist das charakteristische Merkmal des Arbeitsverhältnisses. Der Arbeitsvertrag bildet eine Grenze für die Ausübung des Direktionsrechts. Der Spielraum für die Ausübung des Weisungsrechts ist umso kleiner, je konkreter die Arbeitsaufgabe im Arbeitsvertrag umschrieben ist. Auf jede Weisung ist § 315 BGB anwendbar, da es sich bei der Ausübung des Weisungsrechts um eine Leistungsbestimmung durch den Gläubiger handelt. Jede Weisung ist deshalb nach billigem Ermessen, d.h. unter Abwägung der Interessen des Arbeitnehmers einerseits und der betrieblichen Interessen andererseits vorzunehmen.

Widerspruchsrecht

Gestaltungsrecht des Arbeitnehmers, das durch eine einseitige, empfangsbedürftige Willenserklärung ausgeübt wird und den Übergang des Arbeitsverhältnisses gemäß § 613a BGB (siehe auch Betriebsübergang; § 613a Abs. 6 BGB) verhindert. Der Widerspruch unterliegt der Schriftform und kann nicht konkludent (bspw. durch Weiterarbeit bei dem Betriebsveräußerer) ausgeübt werden. Mögliche Adressaten des Widerspruchs sind sowohl der bisherige als auch der neue Arbeitgeber. Der Widerspruch bedarf keiner Begründung. Der Widerspruchsgrund hat aber nach der bisherigen Rspr. des BAG im Rahmen der Sozialauswahl bei einer betriebsbedingten Kündigung des widersprechenden Arbeitnehmers durch den Betriebsveräußerer entscheidende Bedeutung. Bei einem völlig grundlosen Widerspruch kann sich der widersprechende Arbeitnehmer später nicht auf die Sozialauswahl berufen.

Wirtschaftsausschuss

Zur Förderung einer vertrauensvollen Zusammenarbeit zwischen Betriebsrat und Unternehmer wird in allen Unternehmen mit i.d.R. mehr als hundert ständigen Arbeitnehmern ein Wirtschaftsausschuss gebildet (§ 106 BetrVG). Dieser besteht aus drei bis sieben Mitgliedern, die dem Unternehmen angehören müssen, davon mindestens ein Betriebsratsmitglied (§ 107 BetrVG). Die Amtszeit der Wirtschaftsausschussmitglieder ist mit derjenigen des Betriebsrats verknüpft. Der Wirtschaftsausschuss ist ein Gremium mit Doppelfunktion: Einerseits obliegt ihm die Beratung mit dem Arbeitgeber, andererseits soll er dem Betriebsrat über die wirtschaftliche Situation des Unternehmens unterrichten und diesem so eine Entscheidungsgrundlage für die betreffenden Einzelentscheidungen liefern. Der Wirtschaftsausschuss hat keine eigenen Mitbestimmungsrechte, er dient nur der Beratung und dem Informationsaustausch. In § 106 Abs. 3 Nr. 1 – Nr. 10 BetrVG sowie in § 108 Abs. 5 BetrVG werden in einer beispielhaften, nicht abschließenden Aufzählung die wichtigsten Aufgaben des Wirtschaftsausschusses vom Gesetz genannt.

C. Betriebsbedingte Kündigung als wichtigster Fall einer Kündigung

3 Der **wichtigste Fall** einer Kündigung ist die betriebsbedingte Kündigung. Hierbei setzt der Arbeitgeber eine unternehmerische Entscheidung durch, und zwar mit dem hierfür letzten Mittel – der einseitigen Beendigung eines Arbeitsverhältnisses.

I. Befristete und unbefristete Arbeitsverhältnisse

4 **Arbeitsverträge** können grds. unbefristet oder befristet geschlossen werden. Während ein **unbefristeter** Arbeitsvertrag i.d.R. unter Einhaltung einer Kündigungsfrist ordentlich gekündigt werden kann (wenn nichts Abweichendes geregelt ist, gilt die gesetzliche Kündigungsfrist nach § 622 BGB), kann ein **befristeter** Vertrag nur dann während seiner Laufzeit ordentlich gekündigt werden, wenn der befristete Vertrag dies ausdrücklich vorsieht.

5 **Kündigungen** unterliegen im Anwendungsbereich des KSchG einer Prüfung dahin, ob sie **sozial gerechtfertigt** sind (§§ 1 KSchG, 23 KSchG). **Befristungen** unterliegen demgegenüber der **Befristungskontrolle** nach dem TzBfG. Danach ist derzeit eine Befristung im Falle der Ersteinstellung für die Dauer von bis zu zwei Jahren, i.Ü. nur bei Vorliegen eines Befristungsgrundes (§ 14 Abs. 1 Satz 2 Nr. 1 – Nr. 8 TzBfG) zulässig.

6 Sowohl der unbefristete wie der befristete Arbeitsvertrag können jederzeit ohne Einhaltung einer Kündigungsfrist **außerordentlich** gekündigt werden, wenn ein **wichtiger Grund** vorliegt und die Kündigung innerhalb von **zwei Wochen** nach Kenntnis des Kündigungsgrundes ausgesprochen wird (§ 626 BGB). Das Recht zur außerordentlichen Kündigung kann nicht vertraglich abbedungen werden. Wird also bei einem befristeten Vertrag die ordentliche Kündigung nicht ausdrücklich geregelt, kann ein befristeter Vertrag während seiner Laufzeit nur aus wichtigem Grund gekündigt werden.

> **Hinweis:**
> Die meisten Arbeitsverträge werden nach wie vor unbefristet geschlossen und können daher ordentlich oder außerordentlich gekündigt werden.

7 Die ordentliche Kündigung bedarf, jedenfalls nach Ablauf einer sechsmonatigen Wartezeit und bei Vorliegen der übrigen Voraussetzungen des KSchG (§ 23 KSchG) einer **sozialen Rechtfertigung**. Das Fehlen der sozialen Rechtfertigung oder die Unwirksamkeit der Kündigung aus anderen Gründen muss der Arbeitnehmer binnen einer Ausschlussfrist von **drei Wochen** nach Zugang der Kündigung durch **Kündigungsschutzklage** beim ArbG geltend machen. Erhebt der Arbeitnehmer die Kündigungsschutzklage nicht oder nicht rechtzeitig, gilt die Kündigung als sozial gerechtfertigt.

8 Eine Kündigung ist dann sozial gerechtfertigt, wenn sie entweder **betriebsbedingt**, **verhaltensbedingt** oder **personenbedingt** gerechtfertigt ist.

Verhaltensbedingt gerechtfertigt ist eine Kündigung dann, wenn der Arbeitnehmer schuldhaft gegen seine Pflichten aus dem Arbeitsvertrag verstoßen hat, wobei i.d.R. eine vorherige Abmahnung erforderlich ist.

Eine **Abmahnung** liegt im Gegensatz zu der kündigungsschutzrechtlich insoweit nicht verwertbaren Ermahnung nur dann vor, wenn der Arbeitnehmer bei einem früheren, vergleichbaren Vorfall durch den Arbeitgeber eindeutig gewarnt wurde, dass im Wiederholungsfall auch mit einer Kündigung zu rechnen ist. Nach neuerer Rspr. muss bei mehreren Abmahnungen die letzte Abmahnung sogar als „letzte Abmahnung" gekennzeichnet werden.

Eine **personenbedingte Kündigung** setzt demgegenüber voraus, dass dem Arbeitnehmer aus einem in seiner Person liegenden Grund die Erfüllung seiner arbeitsvertraglichen Pflichten nicht mehr oder nicht mehr ausreichend möglich ist (bspw. Krankheit) und eine Kündigung unter Abwägung aller Umstände das letzte Mittel ist.

Im Gegensatz dazu setzt die **betriebsbedingte Kündigung** daran an, dass der Arbeitgeber nach der Wertordnung des GG (Art. 12, 14 GG) frei ist, eine unternehmerische Entscheidung auch dann umzusetzen, wenn diese zum Wegfall des Arbeitsplatzes eines konkreten Mitarbeiters führt. In diesem Fall muss der Arbeitgeber allerdings neben der Unternehmerentscheidung und dem Wegfall des Arbeitsplatzes auch darlegen, dass er bei mehreren in Betracht kommenden Arbeitnehmern („vergleichbare Arbeitnehmer") eine sog. **Sozialauswahl** durchgeführt, also denjenigen Arbeitnehmer gekündigt hat, der die günstigsten Sozialdaten hat (vgl. dazu die ausführliche Erörterung unter Rn. 19 ff.).

II. Voraussetzungen für eine sozial gerechtfertigte betriebsbedingte Kündigung

1. Anwendungsbereich des KSchG

Im Anwendungsbereich des KSchG ist eine Kündigung seitens des Arbeitgebers nur wirksam, wenn sie **sozial gerechtfertigt** ist (§ 1 Abs. 1 und Abs. 2 KSchG). Die Bestimmungen der §§ 1 ff. KSchG gelten für Betriebe und Verwaltungen des privaten und öffentlichen Rechts (§ 23 Abs. 1 Satz 1 KSchG), sofern diese mehr als **zehn Arbeitnehmer** beschäftigen (vgl. § 23 Abs. 1 Satz 2 und 3 KSchG). Das Arbeitsverhältnis des betroffenen Arbeitnehmers muss zudem länger als **sechs Monate** bestanden haben (§ 1 Abs. 1 KSchG).

9

2. Wegfall des Beschäftigungsbedarfs

Eine Kündigung ist gemäß § 1 Abs. 2 KSchG u.a. sozial gerechtfertigt, wenn sie durch **dringende betriebliche Erfordernisse** bedingt ist. Nach st. Rspr. des BAG können sich dringende betriebliche Erfordernisse aus außerbetrieblichen Gründen (bspw. Auftragsmangel) oder innerbetrieblichen Umständen ergeben.

10

Als **innerbetriebliche Gründe** kommen insb. sog. Unternehmerentscheidungen in Betracht, die zum Wegfall von Beschäftigungsmöglichkeiten führen. Die **Unternehmerentscheidung** unterliegt nach st. Rspr. des BAG nur einer eingeschränkten **Missbrauchskontrolle**. Sie ist nicht auf ihre sachliche Rechtfertigung oder Zweckmäßigkeit zu überprüfen, sondern nur darauf, ob sie offenbar unsachlich, unvernünftig oder willkürlich ist.[1]

11

Offenbar unsachlich können Unternehmerentscheidungen nach der Rspr. bspw. dann sein, wenn sie gegen Gesetze oder Verträge verstoßen oder nur unter Verstoß gegen Gesetze oder Tarifrecht umgesetzt werden können.

Eine **missbräuchliche Unternehmerentscheidung** kann bspw. dann vorliegen, wenn sie lediglich dem Zweck dient, sich von missliebig gewordenen Arbeitnehmern zu trennen.[2]

Unternehmerische Entscheidungen des Arbeitgebers sind also von den ArbG im Grundsatz hinzunehmen. Sie haben lediglich zu prüfen, ob die behauptete Unternehmerentscheidung tatsächlich getroffen und um-

12

---

1 Siehe nur BAG, AP Nr. 42 zu § 1 KSchG 1969 Betriebsbedingte Kündigung; AP Nr. 102 zu § 1 KSchG 1969 Betriebsbedingte Kündigung; NZA 2001, 495, 497.

2 Vgl. BAG, AP Nr. 42 zu § 1 KSchG 1969 Betriebsbedingte Kündigung.

gesetzt wurde und ob sie zum Wegfall von Beschäftigungsmöglichkeiten geführt hat. Ob die Maßnahme sinnvoll oder zweckmäßig war, unterliegt dagegen nicht der gerichtlichen Prüfung.

13 Die Entscheidung des Arbeitgebers, bestimmte, bisher durch eigene Arbeitnehmer durchgeführte Arbeiten zur **selbständigen Durchführung** an ein anderes Unternehmen zu vergeben, ist nach st. Rspr. eine die ArbG grds. bindende Unternehmerentscheidung.[3]

> **Hinweis:**
> Allerdings wird von den Instanzgerichten teilweise im Rahmen der gebotenen **Plausibilitätskontrolle** gefordert, dass die erwarteten Kosteneinsparungen aufgrund einer betriebswirtschaftlich fundierten **Prognose** dargelegt werden können.[4]

14 Das **BAG** hat entschieden, dass eine missbräuchliche und damit kündigungsrechtlich unbeachtliche Unternehmerentscheidung bei der konzerninternen Verlagerung von Tätigkeiten in eine abhängige Tochtergesellschaft vorliegen kann.[5] In der zitierten Entscheidung bestätigt das BAG zunächst den Grundsatz, dass unternehmerische Entscheidungen des Arbeitgebers nicht auf ihre Notwendigkeit und Zweckmäßigkeit zu überprüfen sind. Es betont, dass es zur verfassungsrechtlich garantierten unternehmerischen Freiheit des Arbeitgebers gehört, festzulegen, ob bestimmte Arbeiten weiter im eigenen Betrieb ausgeführt oder an Subunternehmer vergeben werden sollen. Im Rahmen der gebotenen Missbrauchskontrolle sei die unternehmerische Entscheidung jedoch daraufhin zu überprüfen, ob sie **offensichtlich unsachlich, unvernünftig oder willkürlich** ist.

In diesem Zusammenhang führt das BAG aus:

„Es ist rechtsmissbräuchlich, wenn die Beklagte (...) ein unternehmerisches Konzept zur Kostenreduzierung gewählt hat, das faktisch nicht zu Änderungen in den betrieblichen Abläufen, jedoch bei allen Arbeitnehmern der betroffenen Abteilungen erklärtermaßen zum Verlust ihres Arbeitsplatzes führen sollte, obwohl nach wie vor ein (...) Beschäftigungsbedarf bestand. Die Gründung einer im Sinne von § 2 Abs. 2 Nr. 2 UStG finanziell, wirtschaftlich und organisatorisch in das Unternehmen der Beklagten eingegliederten Organgesellschaft (GmbH) und die Übertragung der Arbeiten der betroffenen Abteilungen auf diese GmbH war zwar rechtlich zulässig. Sie war jedoch in der hier praktizierten Ausgestaltung rechtsmissbräuchlich und damit kündigungsrechtlich unbeachtlich, denn die Wahl dieser Organisationsform konnte in erster Linie nur dem Zweck dienen, den Arbeitnehmern der betroffenen Bereiche ihren Kündigungsschutz zu nehmen und sich von ihnen ‚frei' zu trennen, damit die Arbeit in Zukunft von anderen, schlechter bezahlten Arbeitnehmern verrichtet wurde."[6]

3. Keine anderweitigen Beschäftigungsmöglichkeiten

15 Fällt die bisherige Einsatzmöglichkeit eines Arbeitnehmers weg, so ist eine betriebsbedingte Kündigung nur dann sozial gerechtfertigt, wenn dem Arbeitgeber eine **andere Beschäftigung nicht möglich** oder nicht zumutbar ist.[7]

a) Freie Arbeitsplätze im Unternehmen bzw. im selben Verwaltungszweig

16 Als **anderweitige Beschäftigungsmöglichkeiten**, die den Arbeitnehmern zur Vermeidung einer Kündigung angeboten werden müssen, kommen grds. nur freie Arbeitsplätze in demselben Unternehmen in Betracht. Demnach wäre eine betriebsbedingte Kündigung gegenüber einem Arbeitnehmer nicht sozial gerechtfertigt, wenn im Unternehmen ein freier Arbeitsplatz vorhanden wäre, auf dem der betreffende

---

3 BAG, AP Nr. 42 zu § 1 KSchG 1969 Betriebsbedingte Kündigung; BAG, AP Nr. 102 zu § 1 KSchG 1969 Betriebsbedingte Kündigung; NZA 2001, 495, 497.
4 So LAG Düsseldorf, NZA-RR 2002, 352, 353.
5 BAG, AP Nr. 124 zu § 1 KSchG 1969 Betriebsbedingte Kündigung.
6 BAG, AP Nr. 124 zu § 1 KSchG 1969 Betriebsbedingte Kündigung.
7 St. Rspr., vgl. nur BAG, AP Nr. 42 zu § 1 KSchG 1969 Betriebsbedingte Kündigung.

Arbeitnehmer in zumutbarer Weise weiterbeschäftigt werden könnte. Der Arbeitgeber muss also prüfen, ob eine Weiterbeschäftigungsmöglichkeit an einem anderen freien Arbeitsplatz, ggf. auch zu schlechteren Arbeitsbedingungen, in Betracht kommt. Ist dies der Fall, ist der Arbeitnehmer dorthin zu versetzen oder – sofern die Tätigkeit an dem anderen Arbeitsplatz nicht von der arbeitsvertraglichen Regelung erfasst ist – ist eine **Änderungskündigung** auszusprechen.

Die Rspr. des BAG[8] begründet an dieser Stelle ein **zusätzliches Erschwernis** für die Wirksamkeit der Kündigung. Das BAG geht davon aus, dass der Arbeitnehmer selbst entscheiden muss, ob er Einbußen und Nachteile akzeptiert, die mit einer neuen Stelle verbunden sind. Dem Arbeitnehmer sind demnach nicht nur Arbeitsplätze anzubieten, für die er nach der Einschätzung des Arbeitgebers geeignet ist. Vielmehr kann eine Änderungskündigung nur in **Extremfällen** unterbleiben, nämlich dann, wenn das Angebot beleidigenden Charakter hätte. So muss dem bisherigen Personalchef die Pförtnerstelle nicht angeboten werden, aber wohl die Tätigkeit als Personalreferent. Die **Reduzierung des monatlichen Gehalts** um 50 % steht der Annahme der Beschäftigung auf einem anderen Arbeitsplatz nicht entgegen. Wird ein Arbeitsplatz, auf dem der Arbeitnehmer weiterbeschäftigt werden könnte, erst nach Ausspruch der Kündigung, jedoch noch vor Ablauf der Kündigungsfrist frei, so wird die Kündigung hierdurch nicht unwirksam. Nach der Rspr. des BAG hat der Arbeitnehmer jedoch auch in diesem Fall einen **Anspruch auf Wiedereinstellung**, wenn er erfolgreich geltend macht, dass er für den freien Arbeitsplatz geeignet und qualifiziert gewesen wäre.

17

b) Grds. kein konzernweiter Kündigungsschutz

Nur in seltenen Ausnahmefällen sind Weiterbeschäftigungsmöglichkeiten **nicht unternehmensbezogen**, sondern konzernbezogen zu prüfen. Nach der Rspr. des BAG hat der Arbeitgeber einem Arbeitnehmer, dessen bisherige Einsatzmöglichkeit im Unternehmen entfallen ist, unter Umständen freie Arbeitsplätze **in anderen Konzernunternehmen** anzubieten, wenn für den Wegfall des Arbeitsplatzes konzerninterne Gründe (bspw. Verlagerung von Tätigkeiten auf andere Konzernunternehmen) ursächlich sind und der bisherige Arbeitgeber die Möglichkeit hat, dem Arbeitnehmer – etwa aufgrund von Einflussmöglichkeiten auf das Konzernunternehmen, auf das die Tätigkeiten verlagert wurden – den freien Arbeitsplatz in einem anderen Konzernunternehmen zu verschaffen.[9]

18

4. Sozialauswahl

Auch wenn der Arbeitsplatz weggefallen ist und keine Möglichkeit der Weiterbeschäftigung besteht, ist die Kündigung nur dann sozial gerechtfertigt, wenn der Arbeitgeber bei der Auswahl des Arbeitnehmers **soziale Gesichtspunkte ausreichend berücksichtigt** hat (§ 1 Abs. 3 KSchG). Die Sozialauswahl hat in **drei Prüfungsstufen** zu erfolgen:

19

---

1. Schritt
Festlegung des **Kreises** der in die Sozialauswahl einzubeziehenden Arbeitnehmer.

↓

2. Schritt
Bestimmung der **sozialen Schutzwürdigkeit** nach sozialen Gesichtspunkten.

↓

3. Schritt
Bestimmung, ob besondere berechtigte **betriebliche Bedürfnisse** die Weiterbeschäftigung eines oder mehrerer Arbeitnehmer bedingen und damit der Sozialauswahl entgegenstehen.

---

[8] BAG, BB 2005, 2691, 2693.
[9] Vgl. BAG, AP Nr. 1 zu § 1 KSchG 1969 Konzern; NZA 2002, 1416 m.w.N.; zum öffentlichen Dienst vgl. RzK I 5 d Nr. 56.

a) Vergleichbarkeit

20 Der Arbeitgeber hat eine Sozialauswahl unter **allen vergleichbaren Arbeitnehmern** vorzunehmen. Die Vergleichbarkeit der in die Sozialauswahl einzubeziehenden Arbeitnehmer richtet sich in erster Linie nach objektiven, d.h. **arbeitsplatzbezogenen Merkmalen**. Vergleichbar sind Arbeitnehmer dann, wenn der Arbeitgeber sie unter Berücksichtigung ihrer Kenntnisse und Fähigkeiten sowie der vertraglichen Vereinbarungen (insb. arbeitsvertraglicher Versetzungsklauseln) einseitig auf den Arbeitsplatz eines anderen, sozial weniger schutzbedürftigen Arbeitnehmers versetzen könnte.[10]

Dabei geht das **BAG** folgendermaßen vor: Zunächst ist festzustellen, ob und ggf. welche Arbeitsplätze entfallen. Nach Ermittlung dieser ist zu untersuchen, ob im Betrieb Arbeitsplätze mit identischen oder vergleichbaren Aufgabenbereichen vorhanden sind. Dies ist dann zu bejahen, wenn der Arbeitnehmer, dessen Arbeitsplatz wegfällt, sofort oder nach zumutbarer Einarbeitungszeit (i.d.R. keine drei Monate) einen anderen Arbeitsplatz ausfüllen kann. Soweit dies zu bejahen ist, sind die betroffenen Arbeitnehmer vergleichbar.

Der Kreis der in die Sozialauswahl einzubeziehenden Arbeitnehmer erstreckt sich auf den **ganzen Betrieb**, nicht nur auf eine Betriebsabteilung. Dies gilt selbst für Massenentlassungen in Großbetrieben mit großen Betriebsabteilungen,[11] selbst wenn dadurch der Vergleich Hunderter von Arbeitnehmern notwendig wird. Unterhalten mehrere Unternehmen einen **einheitlichen Betrieb**, so erstreckt sich die Sozialauswahl auf alle vergleichbaren Arbeitnehmer des einheitlichen Betriebes.[12] Die Sozialauswahl erstreckt sich dagegen nicht auf andere Betriebe des Unternehmens. Die sog. „**betriebsübergreifende Sozialauswahl**" ist nach § 1 Abs. 3 Satz 1 KSchG gerade nicht vorgesehen und wird von der st. Rspr. des BAG auch abgelehnt.[13]

b) Bewertung der Sozialdaten

21 Aus dem Kreis der in die Sozialauswahl einbezogenen Arbeitnehmer muss derjenige zuerst gekündigt werden, den die Kündigung vergleichsweise **am wenigsten hart** trifft. Der sozial Stärkere ist vor dem sozial Schwächeren zu entlassen. Mit Wirkung zum 1.1.2004 wurde die Regelung zur Sozialauswahl in § 1 Abs. 3 KSchG geändert. Während früher allgemein die Berücksichtigung „sozialer Gesichtspunkte" gefordert wurde, wurden die für die Auswahl relevanten Sozialdaten jetzt ausdrücklich auf die

- Dauer der Betriebszugehörigkeit,
- das Lebensalter,
- bestehende Unterhaltspflichten sowie
- die Schwerbehinderung des Arbeitnehmers beschränkt.

Das Gesetz bietet keine Anhaltspunkte für die **Bewertung** der Daten. Die Rspr. ist bisher davon ausgegangen, dass vor allem die Dauer der Betriebszugehörigkeit, dann das Lebensalter und daneben die Unterhaltspflichten einzubeziehen seien.[14] Neuerdings hat sich das BAG auf den Standpunkt gestellt, **keines** der vier Auswahlkriterien habe **herausragende Bedeutung**. Da der Arbeitgeber gesetzlich nur zu einer „ausreichenden" Sozialauswahl verpflichtet sei, stehe ihm auch bei der Gewichtung der Auswahlkriterien ein Wertungsspielraum zu.[15] Damit steht die Betriebszugehörigkeit nicht mehr im Mittelpunkt.

c) „Spezialisten-Ausnahme"

22 Gemäß § 1 Abs. 3 Satz 2 KSchG kann der Arbeitgeber die Arbeitnehmer nicht in die Sozialauswahl einbeziehen, deren Weiterbeschäftigung insb. wegen ihrer Kenntnisse, Fähigkeiten und Leistungen oder zur Sicherung einer ausgewogenen Personalstruktur des Betriebes im **berechtigten betrieblichen Interesse**

---

10 Vgl. v. Hoyningen-Huene/Linck, KSchG, § 1 Rn. 451 m.w.N.
11 BAG, NZA 1986, 64, 65.
12 BAG, NZA 1986, 600; NZA 1994, 1023.
13 Vgl. nur BAG, AP Nr. 76 zu § 1 KSchG 1969 Soziale Auswahl.
14 BAG, NZA 1985, 423, 425.
15 BAG, NJW 2006, 315, 318.

liegt. Reine Nützlichkeitserwägungen im Interesse des Arbeitgebers genügen jedoch nicht. Solch besondere Kenntnisse oder Fähigkeiten sind bspw. besondere Sprachkenntnisse, besondere Ausbildungen usw., die andere Arbeitnehmer nicht haben und auf die der Arbeitgeber nicht verzichten kann.

III. Abschließende Hinweise

1. Form der Kündigung

Die Kündigung muss dem Arbeitnehmer form- und fristgerecht zugestellt werden. Nach § 623 BGB muss jede Kündigung **schriftlich** ausgesprochen werden, d.h. die Kündigung muss dem Arbeitnehmer im Original schriftlich zugehen. Eine Zustellung per Telefax genügt nicht. Das Schriftformerfordernis des § 623 BGB ist auch nicht durch **Arbeits- oder Tarifvertrag** abdingbar.

Die Kündigung muss von **personalverantwortlichen Vertretern** des Unternehmens unterschrieben sein. Unterschriftsberechtigt sind in jedem Fall die Organe und die Prokuristen, da deren Vollmacht im Handelsregister eingetragen ist. Zuständig sind auch sonstige Mitarbeiter, wie bspw. Personalleiter usw., die zur Einstellung und Entlassung berechtigt sind. Entscheidend ist, dass der Arbeitnehmer weiß, dass derjenige, der die Kündigung unterschrieben hat, hierzu auch berechtigt ist. Anderenfalls kann der Arbeitnehmer die Kündigung nach § 174 BGB mangels Vorlage einer Originalvollmacht zurückweisen.

2. Betriebsratsanhörung

Der Betriebsrat ist **vor Ausspruch der Kündigung** ordnungsgemäß nach § 102 BetrVG anzuhören. Hierzu müssen dem Betriebsrat zunächst die notwendigen **Sozialdaten** des zu kündigenden Mitarbeiters mitgeteilt werden. Dies sind insb. Alter, Familienstand, Betriebszugehörigkeit und Unterhaltsverpflichtungen. Ist eine Sozialauswahl durchgeführt worden, müssen dem Betriebsrat auch die **Daten der vergleichbaren Arbeitnehmer** mitgeteilt werden. Der Betriebsrat muss die Möglichkeit haben, die Sozialauswahl zu überprüfen.

Des Weiteren muss dem Betriebsrat mitgeteilt werden, **wie** der Kreis der vergleichbaren Mitarbeiter bestimmt wurde. Dem Betriebsrat muss die Kündigungsart (ordentliche oder außerordentliche Kündigung) sowie der Kündigungstermin und die Kündigungsfrist mitgeteilt werden. Die **Kündigungsgründe** müssen dem Betriebsrat konkret angegeben werden. Hierzu muss der Arbeitgeber den von ihm für erheblich gehaltenen Sachverhalt substantiiert schildern. Eine pauschale, schlagwort- oder stichwortartige Bezeichnung der Kündigungsgründe oder bloße Werturteile genügen nicht. Der maßgebende Kündigungssachverhalt ist so konkret zu beschreiben, dass der Betriebsrat ohne zusätzliche eigene Nachforschungen in die Lage versetzt wird, die **Stichhaltigkeit der Kündigungsgründe** zu prüfen, über eine Stellungnahme zu entscheiden und substantiiert Bedenken zu erheben.

Dem Betriebsrat muss deshalb mitgeteilt werden, aus welchen Gründen der Arbeitsplatz des betroffenen Mitarbeiters konkret entfallen ist. Diese Begründung muss **nachvollziehbar und detailliert** sein. Allein der Hinweis auf einen Umsatzrückgang genügt bspw. nicht. Dem Betriebsrat muss vielmehr die konkrete unternehmerische Entscheidung mitgeteilt werden. Ihm muss dargelegt werden, warum und weshalb sich aufgrund dieser unternehmerischen Entscheidung die Notwendigkeit zum Ausspruch der Kündigung ergibt, d.h. der Arbeitsplatz des Klägers entfallen ist. Diese **Kausalitätskette** muss für den Betriebsrat nachvollziehbar sein. Allerdings muss der Arbeitgeber auch nur diejenigen Kündigungsgründe mitteilen, die für seine Kündigungsentscheidung maßgeblich sind (**Grundsatz der subjektiven Determinierung**). Er muss also nicht dem Betriebsrat alle objektiv kündigungsrechtlich erheblichen Tatsachen mitteilen, sondern wirklich nur die Umstände, die er für die Kündigung für ausschlaggebend hält.[16]

---

16 BAG, AP Nr. 57 zu § 102 BetrVG 1972.

D. Grundlagen des Betriebsübergangs

25 Ein weiterer zentraler Bereich des Arbeitsrechts sind die Regelungen, die Anwendung finden, wenn der Arbeitgeber einen Betrieb oder Betriebsteil an einen **neuen Inhaber veräußert**.

26 Grds. sind bei Unternehmensumstrukturierungen **folgende Möglichkeiten** denkbar:

- Die Geschäftsanteile eines Unternehmens werden veräußert („**share deal**"). Das ist kein Fall des Betriebsübergangs, da die Arbeitsverhältnisse ohnehin mit dem so veräußerten Rechtsträger verbunden sind.
- Die Geschäftsanteile eines Unternehmens werden nicht veräußert, aber der Gesellschafter wechselt. Auch hier werden die Arbeitsverhältnisse nicht berührt. Im Einzelfall liegt aber eine „**sonstige wirtschaftliche Angelegenheit**" der Gesellschaft vor, die zu Mitbestimmungsrechten des Wirtschaftsausschusses führen kann (siehe unten Rn. 55 ff.).
- Das Unternehmen wird ganz oder teilweise einem Vorgang nach dem **Umwandlungsrecht** unterworfen, bspw. Verschmelzung, Ausgliederung usw. § 324 UmwG enthält eine Rechtsgrundverweisung. Das bedeutet, dass die Voraussetzungen des Betriebsübergangs bei einer Verschmelzung, Spaltung oder Vermögensübertragung selbständig zu prüfen sind. Jedenfalls verweisen die umwandlungsrechtlichen Vorschriften insoweit auf § 613a BGB. Hier liegt im Regelfall ein Betriebsübergang vor.
- Schließlich ist der Fall der Einzelrechtsübertragung („**asset deal**") der häufigste Anwendungsfall der Regelungen über den Betriebsübergang.
- Umstritten und im Einzelfall schwierig abgrenzbar ist auch, ob Fälle der sog. **Funktionsnachfolge** (bspw. beim „Auftragnehmerwechsel" oder „Lizenznehmerwechsel") auch in den Schutzbereich des § 613a BGB fallen sollen.

Zentral für das Verständnis des Nachfolgenden ist es, sich immer den **Schutzzweck** der Regelung des § 613a BGB vor Augen zu halten. Der Arbeitgeber soll sich durch Veräußerung von Einzelvermögensgegenständen, die insgesamt einen Betrieb oder Betriebsteil bilden, gerade nicht den damit verbundenen Arbeitsverhältnissen entziehen können, denn wenn es keinen § 613a BGB gäbe, könnte er sonst wegen Wegfall der Arbeitplätze betriebsbedingt kündigen. Vielmehr gehen die **Arbeitsverhältnisse kraft Gesetzes auf den neuen Inhaber** des Betriebs oder Betriebsteils über. Das gilt nur dann nicht, wenn ein Arbeitnehmer dem Betriebsübergang **widerspricht**. Entscheidet sich der Arbeitnehmer so gegen den neuen Arbeitgeber – was letztlich Ausdruck seines Selbstbestimmungsrechtes ist – verbleibt das Arbeitsverhältnis beim früheren Betriebsinhaber, dort aber mit dem **Risiko einer betriebsbedingten Kündigung** wegen Wegfall des Arbeitsplatzes.

27 Geht „das Arbeitsverhältnis" dagegen über, weil der Arbeitnehmer nicht widerspricht, ist der neue Inhaber an die Rechte und Pflichten aus dem Arbeitsverhältnis gebunden. Das gilt jedoch nur, wenn auch der Tatbestand eines Betriebsübergangs erfüllt ist.

> **Hinweis:**
> In der Praxis „stürzen" sich Juristen häufig auf die Rechtsfolgen eines Betriebsübergangs, ohne zunächst sorgfältig zu prüfen, ob nach dem zugrunde liegenden Sachverhalt überhaupt ein Betriebsübergang vorliegt.

Daher also zunächst zum Tatbestand (sogleich Rn. 28 ff.) und dann erst zu den Rechtsfolgen des Betriebsübergangs (unten Rn. 38 ff.). Das Widerspruchsrecht wird dabei im Zusammenhang mit dem Tatbestand erörtert, quasi als „**negative**" **Voraussetzung** dafür, dass im Einzelfall überhaupt die Rechtsfolgen des § 613a BGB eintreten können.

I. Tatbestand eines Betriebsübergangs gemäß § 613a BGB

28 Geht ein Betrieb oder Betriebsteil durch Rechtsgeschäft auf einen anderen Inhaber über, so tritt dieser gemäß § 613a Abs. 1 Satz 1 BGB in die **Rechte und Pflichten** aus den vom Übergang betroffenen Arbeitsverhältnissen ein.

1. Betriebsinhaberwechsel

Die erste Voraussetzung ist der **Wechsel des Betriebsinhabers**, d.h. es muss eine Änderung in der Person desjenigen erfolgen, der über die arbeitsrechtliche **Organisations- und Leitungsmacht** verfügt.[17] Diese Voraussetzung wird nicht erfüllt durch bloße Veränderungen in der Rechtsform eines Betriebsinhabers oder bei Wechsel von Gesellschaftern.

29

Ein Betriebsinhaberwechsel liegt auch im Fall des **Pächterwechsels** vor[18] sowie bei der **Betriebsaufspaltung** in Besitz- und Betriebsgesellschaft oder der Verschmelzung von Gesellschaften.[19] Die Anwendbarkeit des § 613a BGB bei Verschmelzung, Spaltung oder Vermögensübertragung ist in **§ 324 UmwG** gesetzlich normiert.

a) Fortführung einer wirtschaftlichen Einheit

Nach st. Rspr. des BAG liegt ein Betriebsübergang i.S.d. § 613a BGB vor, wenn ein neuer Rechtsträger eine **wirtschaftliche Einheit unter Wahrung ihrer Identität** fortführt. Der Begriff der wirtschaftlichen Einheit bezieht sich auf eine organisierte Gesamtheit von Personen und Sachen zur Ausübung einer wirtschaftlichen Tätigkeit mit eigener Zielsetzung.[20]

30

Der **EuGH** und das **BAG** betonen dabei in st. Rspr., dass die im Wesentlichen unveränderte Fortführung der organisierten Einheit „Betrieb" bei dem neuen Inhaber unter Berücksichtigung **sämtlicher Umstände des konkreten Falls** zu entscheiden ist. In seiner aktuellsten Entscheidung v. 15.12.2005 hat der EuGH nochmals klargestellt, dass die nationalen Gerichte eine Gesamtbewertung vorzunehmen haben und nach der konkret ausgeübten Tätigkeit und nach den Betriebsmethoden zu gewichten haben, die in dem betreffenden Unternehmen, Betrieb oder Betriebsteil angewendet werden.[21]

Der EuGH und das BAG legen der **Prüfung**, ob eine ihre Identität wahrende wirtschaftliche Einheit übergegangen ist, zumindest folgende **sieben Kriterien** zu Grunde:[22]

31

- Art des betreffenden Betriebs oder Unternehmens,
- Übergang der materiellen Betriebsmittel, wie etwa Gebäude und bewegliche Güter sowie deren Wert und Bedeutung,
- Übernahme der immateriellen Betriebsmittel und der vorhandenen Organisation,
- Grad der Ähnlichkeit mit der Betriebstätigkeit des bisherigen Inhabers,
- Weiterbeschäftigung der Hauptbelegschaft durch den Erwerber,
- Übergang von Kundschaft und Lieferantenbeziehungen,
- Dauer einer eventuellen Unterbrechung der Betriebstätigkeit.

Je nach der ausgeübten Tätigkeiten kann den genannten Indizien **unterschiedliches Gewicht** zukommen. So kann es in Branchen, in denen es im Wesentlichen auf die menschliche Arbeitskraft ankommt, genügen, wenn ein nach Zahl und Sachkunde wesentlicher Teil des Personals übernommen wird. Dagegen stellt die bloße Fortführung der Tätigkeit durch einen Auftragnehmer (sog. **Funktionsnachfolge**) als solche keinen Betriebsübergang dar.[23]

---

17 BAG, DB 1985, 2411.
18 BAG, DB 1987, 991.
19 BAG, AP Nr. 70 zu § 613a BGB.
20 EuGH, NZA 2006, 29, 30 (Güney); NZA 2003, 1385, 1386 (Abler); BAG, NZA 2006, 31, 32.
21 EuGH, NZA 2006, 29, 30 (Güney).
22 EuGH, NZA 2006, 29, 30 (Güney); NZA 2006, 31, 32; AP Nr. 245 zu § 613a BGB; AP Nr. 165 zu § 613a BGB; AP Nr. 253 zu § 613a BGB; AP Nr. 261 zu § 613a BGB.
23 BAG, AP Nr. 261 zu § 613a BGB.

b) Übergang eines Betriebsteils

32 Dem Betriebsübergang stellt § 613a Abs. 1 Satz 1 BGB den **Übergang eines Betriebsteils** gleich. Auch beim Übergang eines Betriebsteils ist erforderlich, dass die wirtschaftliche Einheit ihre Identität bewahrt.[24]

Bei den übertragenen sächlichen und immateriellen Betriebsmitteln muss es sich danach um eine **organisatorische Untergliederung** handeln, mit der innerhalb des betrieblichen Gesamtzwecks ein Teilzweck verfolgt wird, auch wenn es sich nur um eine untergeordnete Hilfsfunktion handelt. Daher setzt § 613a BGB für einen Betriebsteilübergang voraus, dass die übernommenen Betriebsmittel bereits beim früheren Betriebsinhaber die Qualität eines Betriebsteils hatten. Es muss sich beim Veräußerer um eine **selbständig abtrennbare organisatorische Einheit** gehandelt haben.[25] Eine solche selbständige Einheit liegt nur vor, wenn sie beim bisherigen Betriebsinhaber gegenüber den übrigen Betriebsteilen eigenständig organisiert war, bspw. durch eine für diesen Betriebsteil eingerichtete Arbeitsorganisation und eine separate Führung der in diesem Betriebsteil beschäftigten Mitarbeiter.[26]

2. Übergang „durch Rechtsgeschäft"

33 Der Übergang des Betriebs oder Betriebsteils auf einen anderen Inhaber muss nach § 613a Abs. 1 Satz 1 BGB „**durch Rechtsgeschäft**" erfolgen. Dies kann bspw. die Veräußerung der wesentlichen Betriebsmittel, aber auch bspw. ein Vertrag über deren Verpachtung sein. An die Erfüllung des Merkmals „durch Rechtsgeschäft" werden **keine hohen Anforderungen** gestellt. Es genügt, wenn sich der Übergang im Rahmen vertraglicher Beziehungen vollzieht.[27] Ausgeschlossen werden dadurch Übergänge, die auf Gesetz oder sonstigem Hoheitsakt beruhen.[28] Nicht unter § 613a BGB fällt bspw. die Ausgliederung von Teilen öffentlicher Rechtsträger, wie Anstalten des öffentlichen Rechts, im Zuge der Privatisierung durch ein Gesetz.[29]

Liegt ein **Rechtsgeschäft** vor, ist die Rechtsnatur des Vertrags unerheblich. In Betracht kommen eine Veräußerung, Verpachtung, Nießbrauch, Schenkung, Leihe und sonstige Überlassung zur Nutzung. Einer Einordnung als Rechtsgeschäft i.S.d. § 613a BGB steht es nicht entgegen, wenn die Übertragung einen **öffentlich-rechtlichen Hintergrund** hat. Entscheidend ist lediglich, dass der eigentliche Übergang rechtsgeschäftlichen Charakter aufweist.[30]

3. Negativ: Kein Widerspruch (§ 613a Abs. 6 BGB)

34 Jeder vom Betriebsübergang betroffene Arbeitnehmer hat das Recht, dem Übergang seines Arbeitsverhältnisses zu widersprechen. Sein Arbeitsverhältnis geht dann nicht auf den neuen Betriebsinhaber über. Der Widerspruch muss **schriftlich** innerhalb **eines Monats** nach Zugang des Unterrichtungsschreibens erklärt werden (siehe unten Rn. 34 ff. zu § 613a Abs. 6 BGB). Folge des Widerspruchs ist, dass das Arbeitsverhältnis des widersprechenden Arbeitnehmers nicht auf den neuen Betriebsinhaber übergeht, sondern beim bisherigen Arbeitgeber verbleibt.

---

24 Vgl. BAG, EzA § 613a BGB Nr. 209; AP Nr. 196 zu § 613a BGB; AP Nr. 253 zu § 613a BGB; NZA 2003, 315, 317.
25 BAG, AP Nr. 253 zu § 613a BGB; NZA 2003, 315, 317; ErfK/Preis, ArbR, § 613a BGB Rn. 7.
26 BAG, AP Nr. 253 zu § 613a BGB.
27 Vgl. EuGH, AP Nr. 107 zu § 613a BGB.
28 ErfK/Preis, ArbR, § 613a BGB Rn. 58; Staudinger/Annuß, BGB, § 613a Rn. 122.
29 Willemsen in: Willemsen/Hohenstatt/Schweibert/Seibt, Umstrukturierung und Übertragung von Unternehmen, G Rn. 42.
30 ErfK/Preis, ArbR, § 613a BGB Rn. 62.

a) Voraussetzungen des Widerspruchsrechts

Ob der einzelne Arbeitnehmer dem Übergang seines Arbeitsverhältnisses widerspricht, liegt in seiner freien Entscheidung. Der Widerspruch bedarf **keines sachlichen Grundes**.[31] Ein Widerspruch der Arbeitnehmer gegen den Übergang ihres Arbeitsverhältnisses ist für die Arbeitnehmer häufig mit dem Risiko verbunden, dass der bisherige Arbeitgeber das Arbeitsverhältnis aus betriebsbedingten Gründen kündigt, weil er nach der Übertragung des Betriebs oder Betriebsteils keine Beschäftigungsmöglichkeit mehr hat. 35

In der Praxis kommt es gelegentlich vor, dass alle oder ein großer Teil der von einem Betriebsübergang betroffenen Arbeitnehmer dem Übergang ihres Arbeitsverhältnisses – ggf. auch in einer abgestimmten Vorgehensweise – widersprechen. Gerade in Bereichen, in denen das Personal eine wichtige Rolle für die Fortführung der Geschäftstätigkeit hat und nicht ohne weiteres ersetzt werden kann, kann eine solche **kollektive Weigerung** der Arbeitnehmer, zum neuen Betriebsinhaber zu wechseln, die Transaktion als Ganzes gefährden. Ob und unter welchen Voraussetzungen ein kollektiver Widerspruch der Arbeitnehmer zulässig ist, ist in der Lit. im Einzelnen umstritten. 36

Das **BAG** hält die kollektive Ausübung des Widerspruchsrechts grds. für **zulässig**.[32] Sie unterliege lediglich den allgemeinen gesetzlichen Schranken der Rechtsordnung und damit insb. der Kontrolle des Rechtsmissbrauchs gemäß § 242 BGB. Dabei könne allein aus dem Umstand, dass mehrere Arbeitnehmer zeitgleich von ihrem Widerspruchsrecht Gebrauch machen, nicht auf die Unzulässigkeit des Widerspruchs geschlossen werden. Auch wenn die Arbeitnehmer kollektiv von ihrem Widerspruchsrecht Gebrauch machten, sei dafür kein sachlicher Grund erforderlich. Der Widerspruch dürfe aber nicht der **Erreichung unzulässiger Ziele** dienen. Ein Rechtsmissbrauch liege vor, wenn die Zweckrichtung des kollektiven Widerspruchs schwerpunktmäßig nicht die Verhinderung des Arbeitgeberwechsels sei, sondern bspw. darauf abziele, den Betriebsübergang als solchen zu verhindern oder aber Vergünstigungen zu erreichen, auf die die Arbeitnehmer keinen Rechtsanspruch haben. Denn die Verhinderung des Betriebsübergangs würde die grundgesetzlich geschützte unternehmerische Entscheidungsfreiheit des Arbeitgebers beeinträchtigen. Daher hält das BAG den **Arbeitgeber** hinsichtlich der rechtsmissbräuchlichen Motive der Arbeitnehmer für **darlegungs- und beweisbelastet**.[33]

b) Berücksichtigung des Widerspruchs im Rahmen der Sozialauswahl

Sehr umstritten ist, ob und inwieweit im Rahmen der Sozialauswahl der Umstand berücksichtigt werden kann, dass der Arbeitnehmer dem Übergang seines Arbeitsverhältnisses im Wege des Betriebsübergangs gemäß § 613a BGB widersprochen und somit eine **Beschäftigungsmöglichkeit aufgegeben** hat. Eine Sozialauswahl scheidet zunächst dann aus, wenn der gesamte Betrieb übertragen wurde. Das gilt auch dann, wenn der Veräußerer noch über andere Betriebe verfügt, denn die Sozialauswahl ist (anders als die anderweitige Beschäftigungsmöglichkeit, siehe oben Rn. 16 ff.) betriebsbezogen. Denkbar ist die Sozialauswahl jedoch dann, wenn nur ein Betriebsteil übertragen wurde, also bei dem ehemaligen Betriebsinhaber noch ein **Restbetrieb** besteht. 37

Nach der **Rspr. des BAG** sind in diesem Fall im Rahmen der Sozialauswahl auch die Gründe für den Widerspruch des Arbeitnehmers gegen den Betriebsübergang von Bedeutung. Habe der Arbeitnehmer ohne sachlichen Grund dem Übergang seines Arbeitsverhältnisses widersprochen, so könne er nicht verlangen, dass an seiner Stelle einem anderen, sozial weniger schutzbedürftiger Arbeitnehmer gekündigt werde.[34]

Je geringer die **Unterschiede in der sozialen Schutzwürdigkeit** der Arbeitnehmer seien, desto gewichtiger müssten die Gründe für den Widerspruch des Arbeitnehmers sein, damit er eine unzutreffende Sozialauswahl rügen könne.[35] Eine Sozialauswahl rein nach sozialen Kriterien und **ohne Berücksichtigung**

---

31   BAG, AP Nr. 262 zu § 613a BGB; NZA 2005, 43, 46.
32   BAG, NZA 2005, 43, 46 f.
33   BAG, NZA 2005, 43, 48.
34   Vgl. BAG, EzA § 1 KSchG Soziale Auswahl Nr. 50; EzA § 1 KSchG Soziale Auswahl Nr. 40.
35   So BAG, EzA § 1 KSchG Soziale Auswahl Nr. 40.

des **Widerspruchs** sei allerdings geboten, wenn der Widerspruch darauf beruht, dass der Arbeitnehmer nach dem Betriebsübergang beim neuen Betriebsinhaber mit einer **wesentlichen Verschlechterung seiner Arbeitsbedingungen** rechnen musste.[36]

In der **Lit.** wird bezweifelt, ob diese Rspr. nach der Änderung der Regelung zur Sozialauswahl in § 1 Abs. 3 KSchG (siehe oben Rn. 21), weiterhin Geltung beanspruchen kann. Es wird nun die Auffassung vertreten, aufgrund der Beschränkung der Auswahlkriterien auf vier Kriterien sei die Berücksichtigung anderer, im Gesetz nicht ausdrücklich genannter Umstände nicht mehr zulässig. Demnach dürfe auch nicht berücksichtigt werden, dass ein Arbeitnehmer einem Betriebsübergang widersprochen und aus welchen Gründen er dies getan habe.[37]

II. Rechtsfolgen eines Betriebsübergangs

38 Liegt danach ein Betriebsübergang vor, hat das folgende **Konsequenzen**:

1. Übergang der Arbeitsverhältnisse

39 Gemäß § 613a Abs. 1 Satz 1 BGB gehen bei einem Betriebs(teil)übergang die Arbeitsverhältnisse der betroffenen Arbeitnehmer grds. kraft Gesetzes mit **allen bestehenden Rechten und Pflichten** auf den neuen Betriebsinhaber über. Der Betriebserwerber tritt also in die **Arbeitgeberstellung** ein, ohne dass es dazu eines formalen Akts (bspw. der Unterzeichnung neuer Arbeitsverträge) bedürfte. Die arbeitsvertraglichen Vereinbarungen behalten bei dem neuen Arbeitgeber ihre Geltung.

2. Besonderheiten für Betriebsvereinbarungen und Tarifverträge

40 Nach § 613a Abs. 1 Satz 2 BGB findet durch den Betriebsübergang eine **Transformation** von Regelungen in Tarifverträgen und Betriebsvereinbarungen auf die Ebene des Einzelarbeitsverhältnisses statt mit einer gleichzeitigen einjährigen Veränderungssperre zum Nachteil des Arbeitnehmers. Kollektivvertragliche Regelungen verlieren also ihre Rechtsnatur als Betriebsvereinbarungen und als Tarifverträge und damit ihre unmittelbare und zwingende Wirkung (§ 4 Abs. 1 TVG, § 77 Abs. 4 Satz 1 BetrVG). Sie gelten beim Erwerber nur noch wie **individualvertragliche Regelungen**[38] und gehen mit dem Inhalt in die Arbeitsverträge ein, den sie im Zeitpunkt des Betriebsübergangs hatten.

Nach **Ablauf** der einjährigen Veränderungssperre können die transformierten Regelungen im Wege der individualvertraglichen Änderungskündigung geändert werden. Für eine **Änderungskündigung** bestehen jedoch sehr hohe Wirksamkeitsanforderungen. Die Veränderungssperre gilt allerdings nicht gegenüber der Neuregelung der Arbeitsbedingungen durch Betriebsvereinbarungen.

41 Es gibt **zwei Fallkonstellationen**, in denen es trotz der gesetzlichen Regelung des § 613a Abs. 1 Satz 2 BGB zu einer kollektivrechtlichen Fortgeltung kommt:

a) Betriebsvereinbarungen

42 Für den Bereich des Betriebsverfassungsrechts ist anerkannt, dass Betriebsvereinbarungen nach einem Betriebsübergang beim neuen Betriebsinhaber als Betriebsvereinbarungen, d.h. auf kollektiver Grundlage, weiter gelten (vgl. § 77 Abs. 4 Satz 1 BetrVG), wenn durch den Betriebsübergang die **Identität des Betriebs nicht verändert** wird.[39] Dementsprechend gelten Betriebsvereinbarungen kollektiv weiter, wenn der gesamte Betrieb mit seiner **bisherigen Organisationsstruktur** übertragen wird.

---

36 BAG, AP Nr. 47 zu § 1 KSchG 1969 Soziale Auswahl.
37 So Fischer, FA 2004, 230, 231 f. m.w.N.
38 BAG v. 15.12.1999 – 10 AZR 877/98, n.v.
39 BAG, AP Nr. 89 zu § 613a BGB; NZA 1995, 222, 224; AP Nr. 7 zu § 77 BetrVG 1972 Betriebsvereinbarung.

Nach der neueren **Rspr. des BAG** soll eine kollektivrechtliche Fortgeltung von Betriebsvereinbarungen auch dann in Betracht kommen, wenn nicht ein gesamter Betrieb übernommen wird, sondern der Betrieb **aufgespalten** und nur einzelne Teile des Betriebs übertragen werden.[40]

Nach dem Urteil des BAG v. 18.9.2002[41] gelten in einem durch Betriebsübergang übertragenen Betriebsteil, der beim Erwerber als selbständiger Betrieb fortgeführt wird, die im ursprünglichen Betrieb bestehenden Einzel- und Gesamtbetriebsvereinbarungen normativ, d.h. als Betriebsvereinbarungen, weiter.

Das BAG führt dazu aus:

„Die Arbeitgeberin hat die von ihr aus den Betrieben O und F übernommenen Teile nach dem Betriebsübergang als **je eigenständige Betriebe** fortgeführt. In einem solchen Fall gelten in den veräußerten Betriebsteilen die Betriebsvereinbarungen, die vor dem Betriebsübergang im ursprünglichen Betrieb galten, mit normativer Wirkung weiter. Der Betrieb wurde lediglich aufgespalten, ohne dass die veräußerten Teile in eine andere betriebliche Organisation eingegliedert und darin aufgegangen wären. Die Betriebsvereinbarungen gelten weiterhin nur für Belegschaften, für die sie auch zuvor schon galten; sie behalten auf diese Weise ihre demokratische Legitimation. Im Übrigen bleibt wegen § 21a BetrVG auch der Betriebsrat im Amt und führt die Geschäfte für die ihm bislang zugeordneten Betriebsteile weiter, soweit diese nach § 1 Abs. 1 Satz 1 BetrVG betriebsratsfähig sind. Zumindest im Hinblick auf Einzelbetriebsvereinbarungen wäre es da nicht folgerichtig, den Betriebsrat zwar mit dem Übergangsmandat nach **§ 21a BetrVG** auszustatten, die Fortgeltung der von ihm selbst auch für den veräußerten Betriebsteil geschlossenen Betriebsvereinbarungen aber zu verneinen. Gelten die für den ursprünglichen Betrieb abgeschlossenen Einzelbetriebsvereinbarungen im veräußerten und als selbständiger Betrieb weitergeführten Betriebsteil fort, gilt dies für Gesamtbetriebsvereinbarungen, die sich auf den ursprünglichen Betrieb erstrecken, in gleicher Weise."

b) Tarifverträge

Zu einer kollektivrechtlichen Fortgeltung von Tarifnormen kommt es, soweit **Betriebserwerber und Arbeitnehmer nach § 3 TVG tarifgebunden sind**.[42] Wichtigste Voraussetzung dafür ist die Mitgliedschaft des Übernehmers im Arbeitgeberverband, der den Tarifvertrag abgeschlossen hat. Weiterhin gilt ein nach § 5 TVG allgemeinverbindlicher Tarifvertrag unabhängig von der Tarifgebundenheit fort, sofern nicht der Betriebserwerber durch Änderung des Betriebszwecks aus dem fachlichen Geltungsbereich des Tarifvertrags oder aus der Zuständigkeit der bisher maßgeblichen Tarifparteien heraus fällt.

43

c) Beim Betriebserwerber vorhandene kollektivrechtliche Regelungen

Ausgeschlossen ist die Weitergeltung i.S.d. § 613a Abs. 1 Satz 2 BGB gemäß Satz 3, wenn die Materie beim Betriebserwerber **bereits geregelt** ist. Dies gilt auch für den Fall, dass die tariflichen Arbeitsbedingungen lediglich aufgrund **arbeitsvertraglicher Inbezugnahme** gelten.[43] Hintergrund dieser Rspr. ist der Gedanke, dass dem Betriebserwerber die Möglichkeit zur Anpassung der Arbeitsbedingungen der übernommenen Arbeitsverhältnisse an bestehende kollektive Regelungen gegeben werden soll. Erforderlich ist, dass sowohl beim Betriebsveräußerer als auch beim -erwerber inhaltlich bezogen auf dieselbe Materie Regelungen bestehen.[44]

44

d) Besonderheit bei sog. Bezugnahmeklauseln

Das BAG legt arbeitsvertragliche Bezugnahmeklauseln, die auf den für den Arbeitgeber geltenden Tarifvertrag verweisen, nach bisheriger Rspr. grds. als sog. „**Gleichstellungsabreden**" aus.[45]

45

---

40 BAG, AP Nr. 7 zu § 77 BetrVG 1972, Betriebsvereinbarung.
41 NZA 2003, 670, 675.
42 BAG, NZA 2001, 510, 511; NZA 2001, 1318.
43 LAG Schleswig-Holstein, NZA-RR 1999, 249, 251.
44 BAG, AP Nr. 242 zu § 613a BGB.
45 Vgl. BAG, AP Nr. 5 zu § 1 TVG Bezugnahme auf Tarifvertrag; AP Nr. 5 zu § 3 TVG Betriebsnormen.

Dem liegt der folgende **Gedanke** zugrunde: Der Arbeitgeber weiß nicht, welche seiner Mitarbeiter Mitglieder der zuständigen Gewerkschaft sind. Ist er selbst Mitglied im Arbeitgeberverband, muss er in den Arbeitsverhältnissen der Gewerkschaftsmitglieder die Tarifverträge anwenden. Er will die gewerkschaftlich nicht organisierten Arbeitnehmer nicht anders behandeln als die Gewerkschaftsmitglieder. Die Gleichstellungsabreden (Bezugnahme auf den Tarifvertrag) haben also den **Zweck**, jeden Arbeitnehmer so zu behandeln, als wäre er Gewerkschaftsmitglied. Bisher wirkte sich ein Betriebsübergang auf diese Bezugnahmeklauseln wie folgt aus:

46 Übertrug der Arbeitgeber den Betrieb oder einem Betriebsteil auf einen nicht-tarifgebundenen Arbeitgeber, galten künftige Tarifabschlüsse in den Arbeitsverhältnissen der Gewerkschaftsmitglieder nicht mehr. Die **bisherigen tariflichen Arbeitsbedingungen** wurden „**eingefroren**". Nichts anderes sollte auch bei den nicht organisierten Arbeitnehmern gelten. Auch bei diesen wurden die tariflichen Arbeitsbedingungen, die kraft Bezugnahme galten, eingefroren.[46]

47 Mit seiner Entscheidung vom 14.12.2005[47] kündigte das BAG an, Gleichstellungsabreden künftig „beim Wort" zu nehmen. Über die Unklarheitenregelung des § 305c BGB kommt das BAG zu dem Ergebnis, dass ein Arbeitnehmer den Verweis in seinem Arbeitsvertrag auf bestimmte Tarifverträge „in ihrer jeweils gültigen Fassung" so verstehen dürfe, dass für ihn auch künftig die jeweils aktuellen Tarifverträge gelten, auch wenn der Grund für die Bezugnahme, bspw. durch Betriebsübergang auf einen nicht-tarifgebundenen Arbeitgeber, entfallen ist.

III. Zuordnung der Arbeitnehmer

48 Bei der Übertragung von Betriebsteilen stellt sich häufig die Frage der Zuordnung von Arbeitnehmern zum übertragenen Betriebsteil oder zum verbleibenden Betrieb. Die Zuordnung kann bspw. bei „**Springern**" Probleme bereiten, die in verschiedenen Abteilungen eingesetzt werden, aber auch bei Arbeitnehmern mit **übergreifenden Leitungs- oder Querschnittsfunktionen** (bspw. in der Buchhaltung oder Personalverwaltung). Nach h.M. gehen die Arbeitsverhältnisse von Arbeitnehmern in Stabs- oder Querschnittsfunktionen beim Betriebsteilübergang nicht schon deshalb auf den Erwerber über, weil sie teilweise auch für den übergehenden Betriebsteil zuständig sind. Ihre Arbeitsverhältnisse werden vielmehr nur dann übertragen, wenn auch diejenige Abteilung übernommen wird, in die sie eingebunden sind.[48]

> *Beispiel:*
>
> *So geht das Arbeitsverhältnis eines Personalsachbearbeiters gemäß § 613a BGB nicht schon dann über, wenn ein bislang von ihm betreuter Betriebsteil veräußert wird, sondern nur dann, wenn auch die Personalabteilung Gegenstand der Transaktion ist.*

Bei „Springern" die in unterschiedlichen Betriebsteilen eingesetzt werden, wird auf den nach dem Zeitaufwand zu bestimmenden **Schwerpunkt des Arbeitsverhältnisses** abgestellt.[49]

IV. Haftungsfragen

49 Bei einem Betriebsübergang tritt der neue Betriebsinhaber in vollem Umfang in die Arbeitgeberstellung ein. Er übernimmt das Arbeitsverhältnis mit **sämtlichen Rechten und Pflichten**. Er haftet deshalb gegenüber dem Arbeitnehmer für sämtliche, auch rückständige Ansprüche aus dem übergegangenen Arbeitsverhältnis. Daneben **haftet** gemäß § 613a Abs. 2 Satz 1 BGB der bisherige Arbeitgeber für Verpflichtungen aus den übergegangenen Arbeitsverhältnissen, soweit sie **vor dem Zeitpunkt des Betriebsübergangs entstanden** sind und **vor Ablauf eines Jahres** nach diesem Zeitpunkt fällig werden. Insoweit haften bisheriger und neuer Arbeitgeber als **Gesamtschuldner**. Werden solche Verpflichtungen erst nach dem Zeit-

---

46   Vgl. zu diesem Thema ausführlich Bauer/Haußmann, DB 2005, 2815.
47   BAG, NZA 2006, 607, 609.
48   Vgl. Willemsen, in: Willemsen/Hohenstatt/Schweibert/Seibt, Umstrukturierung und Übertragung von Unternehmen, G Rn. 158 m.w.N.
49   So BAG, AP Nr. 31 zu § 613a BGB.

punkt des Betriebsübergangs fällig, haftet der bisherige Arbeitgeber jedoch nur anteilig in dem Umfang, der dem Zeitraum bis zum Zeitpunkt des Betriebsübergangs entspricht (§ 613a Abs. 2 Satz 2 BGB).

V. Besonderheiten bei betrieblicher Altersversorgung

Die dargestellten Haftungsregeln gelten auch für **Versorgungszusagen aus betrieblicher Altersversorgung**. Der neue Betriebsinhaber tritt also in die Versorgungszusagen ein, die der Betriebsveräußerer den übergehenden Mitarbeitern erteilt hat. Er hat diese im Versorgungsfall zu erfüllen und ab dem Zeitpunkt des Betriebsübergangs die Beiträge für die Versorgung aufzubringen. Häufig wird deshalb bei einem Betriebsübergang zwischen altem und neuem Betriebsinhaber vertraglich vereinbart, dass der ehemalige den neuen Arbeitgeber insoweit von Versorgungsansprüchen der Arbeitnehmer **freistellt** bzw. ihm die entsprechenden Beträge **erstattet**, die noch vor dem Übergang in einem Arbeitsverhältnis beim früheren Arbeitgeber erdient wurden. Zu beachten ist, dass nur die Arbeitsverhältnisse der zum Zeitpunkt des Betriebsübergangs im übertragenen Bereich beschäftigten Arbeitnehmer auf den Erwerber übergehen. Arbeitnehmer, die bereits vor dem Betriebsübergang aus dem Arbeitsverhältnis mit dem Veräußerer ausgeschieden sind, gehen nicht auf den neuen Betriebsinhaber über.

50

VI. Information der Mitarbeiter

Die vom Betriebsübergang betroffenen Arbeitnehmer sind gemäß § 613a Abs. 5 BGB vor dem Übergang über den (geplanten) Zeitpunkt des Übergangs, den Grund für den Übergang, die **rechtlichen, wirtschaftlichen und sozialen Folgen** des Übergangs für sie und die hinsichtlich der Arbeitnehmer in Aussicht genommenen Maßnahmen zu unterrichten.

51

Zum **Inhalt** der Unterrichtung gehören u.a. die Folgen des Betriebsübergangs für die bislang geltenden Tarifverträge und Betriebsvereinbarungen sowie für die betriebliche Altersversorgung.

Die Unterrichtung hat in **Textform** – also schriftlich fixiert, jedoch nicht zwingend handschriftlich unterzeichnet, vgl. § 126b BGB – zu erfolgen. Die Informationspflicht trifft **sowohl den alten als auch den neuen** Arbeitgeber.

> **Hinweis:**
> In der Praxis wird das Unterrichtungsschreiben häufig zwischen Erwerber und Veräußerer abgestimmt.

Unterbleibt die Unterrichtung der Arbeitnehmer oder wird sie fehlerhaft oder unvollständig vorgenommen, so wird die **Frist zur Ausübung des Widerspruchsrechts** der Arbeitnehmer nicht ausgelöst. Die Arbeitnehmer können dann – bis zur Grenze der Verwirkung (§ 242 BGB) – grds. **zeitlich unbegrenzt** dem Übergang ihres Arbeitsverhältnisses widersprechen.

52

VII. Ausschluss betriebsbedingter Kündigungen

§ 613a Abs. 4 Satz 1 BGB bestimmt, dass die Kündigung eines Arbeitsverhältnisses wegen eines Betriebs- oder Betriebsteilübergangs unwirksam ist. Dieses **Kündigungsverbot** steht jedoch nur Kündigungen entgegen, deren **tragender Beweggrund der Betriebsübergang** ist. Das Recht zur Kündigung aus anderen Gründen bleibt dagegen unberührt (§ 613a Abs. 4 Satz 2 BGB).[50] Demnach kann auch im Zusammenhang mit einem Betriebsübergang das Arbeitsverhältnis gekündigt werden, wenn Kündigungsgründe i.S.d. § 1 Abs. 2 KSchG bestehen. Anerkanntermaßen ist in diesem Zusammenhang auch die Kündigung eines Arbeitsverhältnisses **aus betriebsbedingten Gründen** grds. zulässig, wenn der Arbeitnehmer dem Übergang seines Arbeitsverhältnisses auf einen anderen Arbeitgeber gemäß § 613a Abs. 6 BGB widersprochen hat und der Arbeitgeber aufgrund der Übertragung des Betriebs oder Betriebsteils für ihn keine Beschäftigungsmöglichkeit mehr hat.

53

---

50 St. Rspr., vgl. nur BAG, AP Nr. 40 zu § 613a BGB; AP Nr. 47 zu § 613a BGB; AP Nr. 169 zu § 613a BGB.

E. Wichtige Mitbestimmungsrechte des Betriebsrats in wirtschaftlichen Angelegenheiten

54 An dieser Stelle wird davon abgesehen, einen allgemeinen und daher notgedrungen unvollständigen Überblick über die Mitbestimmung auf betrieblicher Ebene und im Aufsichtsrat zu geben. Vielmehr werden die Mitbestimmungsbereiche erläutert, die in **wirtschaftlichen Angelegenheiten** zum Tragen kommen. Zunächst also die Rechte eines Wirtschaftsausschusses (sogleich Rn. 55 ff.) und dann die Rechte des Betriebsrats bei interessenausgleichspflichtigen Maßnahmen (siehe unten Rn. 66 ff.).

I. Rechte des Wirtschaftsausschusses

55 Das BetrVG (BetrVG 1972) bestimmt, dass in Unternehmen mit **mehr als 100 ständig beschäftigten Arbeitnehmern** ein Wirtschaftsausschuss zu bilden ist (§ 106 BetrVG).

56 Die Mitglieder des Wirtschaftsausschusses werden vom Betriebsrat bzw. vom Gesamtbetriebsrat für die Dauer seiner Amtszeit bestellt und können von ihm auch jederzeit wieder abberufen werden (§ 107 Abs. 2 BetrVG). Der Wirtschaftsausschuss ist rechtlich **unselbständig** und hat **keine eigenen Entscheidungsbefugnisse**. Bei Meinungsverschiedenheiten über Rechte und Pflichten des Wirtschaftsausschusses kann dieser seine Rechte nicht selbst wahrnehmen und durchsetzen; nach § 109 Satz 1 BetrVG obliegt dem Betriebsrat die Wahrnehmungszuständigkeit. Im Anschluss an die Beratung der wirtschaftlichen Angelegenheiten mit dem Unternehmer hat er den Betriebsrat von dem Ergebnis seiner Verhandlungen unverzüglich und vollständig zu unterrichten (§§ 106 Abs. 1 Satz 2, 108 Abs. 4 BetrVG). Der Betriebsrat kann dem Wirtschaftsausschuss schließlich seine Aufgaben entziehen und diese ausweislich § 107 Abs. 3 BetrVG auf einen Betriebsausschuss übertragen.

57 Der Wirtschaftsausschuss ist also ein **„Hilfsorgan" des Betriebsrats**.[51] Er ist der Sache nach ein Ausschuss des Betriebsrats, dessen Mitglieder besondere fachliche und persönliche Eignung in Wirtschaftsfragen haben sollen. In wirtschaftlichen Angelegenheiten ist er darüber hinaus ein **Bindeglied** zwischen Unternehmer und Betriebsrat mit dem Ziel, die wirtschaftliche Unternehmenspolitik mitzugestalten und wirtschaftliche Entscheidungen des Unternehmers beratend mit vorzubereiten.[52]

58 Da der Wirtschaftsausschuss die wirtschaftlichen Entscheidungen des Unternehmens nur dann mit vorbereiten und auf sie Einfluss nehmen kann, wenn er über die gleichen **Informationen** wie der Unternehmer verfügt, müssen die ihm gegenüber abgegebenen Informationen **umfassend, glaubwürdig und verständlich** sein.[53] Aufgrund der Informationen des Unternehmens soll er zu sachgemäßer Beratung und zu Abgabe eigener Vorschläge in der Lage sein und auch von sich aus Anregungen zu Alternativen geben können.

Zeitlich ist der Wirtschaftsausschuss daher einzuschalten, bevor das Unternehmen konkrete Pläne entworfen und bevor die Unterrichtung und Beratung mit dem Betriebsrat eingesetzt hat. Nur auf diese Weise können die einzelnen Betriebsräte erkennen, ob und in welchem Umfang sich die beabsichtigte Maßnahme betrieblich auswirkt und ggf. ein Mitbestimmungsrecht auf Betriebsebene auslöst.

1. Unternehmens- oder betriebsbezogene Unterrichtung?

59 Die Frage, ob das Unternehmen den Wirtschaftsausschuss ausschließlich über unternehmensbezogene wirtschaftliche Angelegenheiten unterrichten muss, oder ob sich die Unterrichtungspflicht auch auf betriebsbezogene Daten bezieht, kann nicht abstrakt beantwortet werden. Ihre Beantwortung richtet sich nach den konkreten Umständen des Einzelfalls. Fest steht lediglich, dass die Unterrichtungspflicht nicht ausnahmslos unternehmensbezogen ist und dass sie sich im Gegensatz dazu auch nicht stets auf alle betriebsbezogenen Daten bezieht.

---

51 Vgl. auch BAG, AP Nr. 2 zu § 108 BetrVG 1972; Richardi/Annuß, BetrVG, Vorbem. § 106 Rn. 3.
52 Joost, in: Münchener Handbuch zum Arbeitsrecht, Bd. 3, § 319 Rn. 37.
53 Fitting, BetrVG, § 106 Rn 23ff.; Richardi/Annuß, BetrVG, § 106 Rn. 23 ff.

Die **wörtliche und historische Auslegung** der §§ 106 ff. BetrVG könnte zunächst für eine ausschließlich unternehmensbezogene Informationspflicht sprechen. Nach § 106 Abs. 2 BetrVG hat der Unternehmer den Wirtschaftsausschuss über die „wirtschaftlichen Angelegenheiten des Unternehmens" zu unterrichten. Da das BetrVG in Abs. 2 und Abs. 3 des § 106 BetrVG ausdrücklich zwischen den Begriffen Betrieb und Unternehmen differenziert, könnte man sich auf den Standpunkt stellen, der Gesetzgeber habe aufgrund des eindeutigen Wortlauts von § 106 Abs. 2 BetrVG ausdrücklich gegen eine betriebsbezogene Unterrichtungspflicht votiert. Zur Stützung dieses Ergebnisses ließe sich auch die Entstehungsgeschichte der §§ 106 ff. BetrVG heranziehen. Den Vorstellungen der Verfasser des Regierungsentwurfs zum BetrVG 1952 zufolge sollte der Wirtschaftsausschuss ursprünglich auf betrieblicher Ebene errichtet werden.[54]

Obwohl sich diese Auffassung also mit guten Argumenten vertreten lässt, hat der Wirtschaftsausschuss in **Einzelfällen** dennoch ein Recht auf **betriebsbezogene Unterrichtung**. Das gilt zunächst dann, wenn in dem Unternehmen nur ein einziger Betrieb vorhanden ist. Hier beziehen sich die Kompetenzen des Wirtschaftsausschusses notwendig allein auf diesen Betrieb mit der Maßgabe, dass dem Wirtschaftsausschuss ein ausschließlich betriebsbezogener Funktionsbereich zugewiesen ist.

Neben diesen Fällen hat das BAG in seinem Beschl. v. 17.9.1991[55] eine **betriebsbezogene Ausrichtung** der Unterrichtungspflicht gegenüber dem Wirtschaftsausschuss in den Fällen des **§ 106 Abs. 3 Nr. 6 und Nr. 7 BetrVG** bejaht. Danach kann das Betriebsergebnis eines oder mehrerer Einzelbetriebe eines Unternehmens Grundlage einer Einschränkungs-, Stilllegungs- oder Verlegungsentscheidung von Betrieben oder Betriebsteilen sein. Erwägt der Unternehmer eine solche Maßnahme, kann es durchaus erforderlich sein, die Erfolgsrechnungen der betreffenden Betriebe dem Wirtschaftsausschuss vorzulegen. Ob die Unternehmensleitung darüber hinaus die Erfolgsrechnungen bzw. die wirtschaftlichen Daten der einzelnen Betriebe dem Wirtschaftsausschuss laufend für jeden Monat und unaufgefordert vorlegen muss, hat das BAG in der angeführten Entscheidung ausdrücklich offen gelassen und die Entscheidungsbefugnis über diese Frage der Einigungsstelle und nicht den ArbG zugewiesen. Ist die wirtschaftliche Lage einzelner Betriebe Beratungsgegenstand einer Wirtschaftsausschusssitzung, hat das Unternehmen den Wirtschaftsausschuss zweifelsohne über die entsprechenden wirtschaftlichen Daten der Betriebe zu unterrichten.

Eine darüber hinausgehende **laufende Informationspflicht** über betriebsbezogene Daten lässt sich weder mit dem Wortlaut des § 106 BetrVG noch mit der gesetzlichen Systematik und dem Sinn und Zweck der Errichtung des Wirtschaftsausschusses vereinbaren: Zwar meint Joost[56] allein aufgrund der Errichtung des Wirtschaftsausschusses auf Unternehmensebene könne dem Wirtschaftsausschuss nicht die Zuständigkeit für wirtschaftliche Angelegenheiten eines Betriebs abgesprochen werden. Aus dieser Äußerung lässt sich jedoch nicht zwingend schlussfolgern, dass er auch der Auffassung ist, der Wirtschaftsausschuss habe ein Recht auf laufende Unterrichtung über alle wirtschaftlichen Angelegenheiten der Betriebe eines Unternehmens. Die grds. Unterrichtung des Wirtschaftsausschusses über alle wirtschaftlichen und finanziellen Angelegenheiten der einzelnen Betriebe dient in keiner Weise dem **Zweck des Wirtschaftsausschusses**, nämlich der Einflussnahme auf die Gesamtplanung des Unternehmens und auf die Planung einzelner Vorhaben. Hätte der Gesetzgeber eine umfassende Unterrichtung des Wirtschaftsausschusses auch über die wirtschaftliche und finanzielle Lage der Betriebe des Unternehmens gewollt, wäre die **explizite Nennung** der einzelnen betriebsbezogenen Informationstatbestände in § 106 Abs. 3 Nr. 6 – Nr. 9 BetrVG überflüssig. Diese Daten wären dann ohnehin Gegenstand der Unterrichtung.

2. Inhalt der Vorlagepflicht von Unterlagen an den Wirtschaftsausschuss

Die Unternehmensleitung muss den Wirtschaftsausschuss nach § 106 Abs. 2 über die wirtschaftlichen Unternehmensangelegenheiten nicht nur rechtzeitig und umfassend unterrichten, er ist vielmehr auch verpflichtet, ihm die **erforderlichen Unterlagen vorzulegen**. Die Informations- und Vorlagepflicht durch den Unternehmer dient der Vorbereitung des Wirtschaftsausschusses auf die nach § 106 Abs. 1 Satz 2

---

54 BT-Drucks. I/970, S. 12.
55 AP Nr. 13 zu § 106 BetrVG 1972.
56 Joost, in: FS für Kissel, S. 433, 437.

BetrVG durchzuführenden Beratungen. Durch die Unterrichtung und die Vorlage der erforderlichen Unterlagen soll der Wirtschaftsausschuss derartig umfassend von den zu behandelnden wirtschaftlichen Angelegenheiten in Kenntnis gesetzt zu werden, dass er zu einer **fachkundigen Diskussion** in der Lage ist.[57]

Soll die gesetzlich angeordnete Beratung nicht von vornherein eine Farce sein, hat die Unternehmensleitung den Wirtschaftsausschuss insb. bei komplexen Themen bereits **vor der Sitzung** zu unterrichten und ihm auch vorher die dafür notwendigen Unterlagen vorzulegen. Von der Vorlagepflicht erfasst sind jedoch nur **bereits vorhandene Unterlagen**. Die Unternehmensleitung ist nicht verpflichtet, eigens Unterlagen zum Zwecke der Information des Wirtschaftsausschusses zu erstellen.

63 Der **Begriff** „Vorlage von Unterlagen" kann weit (Übergabe von Unterlagen unter Umständen für mehrere Tage) oder eng (Verschaffung der Möglichkeit der Einsichtnahme) ausgelegt werden. Unstreitig müssen die vorlagepflichtigen Unterlagen den Mitgliedern des Wirtschaftsausschusses derart zugänglich gemacht werden, dass es allein von ihrem Willen abhängt, ob sie von dem Inhalt der Unterlagen **Kenntnis nehmen** wollen oder nicht. Welche Art der Vorlage im Einzelfall in Betracht kommt bzw. notwendig ist, hängt von dem Gegenstand der Beratung ab.

Im Einzelnen gilt **Folgendes**:

64 Handelt es sich um einen Unterrichtungsgegenstand von **geringer Bedeutung** und unerheblichem Umfang, ist die Unterrichtung **während** einer Wirtschaftsausschusssitzung unter Vorlage der Unterlagen ausreichend.[58]

Bei **umfangreichen Unterlagen** bzw. komplexen Beratungsinhalten hat der Unternehmer nach Auffassung des BAG[59] dem Wirtschaftsausschuss die erforderlichen Unterlagen bereits **vor der Sitzung** in Fotokopie zu übergeben oder ihm diese ggf. im Original für kurze Zeit auszuhändigen. Das BAG begründet seine Auffassung damit, dass bei umfangreichem Zahlenmaterial eine Auswertung und sofortige Beratung den zeitlichen Rahmen einer Wirtschaftsausschusssitzung sprengen würden. In diesen Fällen genüge es nicht, den Wirtschaftsausschussmitgliedern nur die Möglichkeit der Einsichtnahme in Gegenwart der Unternehmensleitung zu gewähren.[60] Allerdings müssen die vorübergehend überlassenen Unterlagen dann jedoch spätestens bei Beendigung der Wirtschaftsausschusssitzung zurückgegeben werden.[61] Ohne Zustimmung des Unternehmens dürfen die Mitglieder des Wirtschaftsausschusses keine Fotokopien oder Abschriften fertigen. Sie haben jedoch das Recht, ohne den Unternehmer zu einer vorbereitenden Sitzung zusammenzukommen[62] und sich **Notizen** zu machen.

3. Zuständigkeit der Einigungsstelle

65 Können Unternehmensleitung und Wirtschaftsausschuss über Inhalt und Umfang der Unterrichtungs- und Vorlagepflicht **kein Einvernehmen** herstellen, besteht die Möglichkeit, die Einigung auf Antrag einer Seite durch **Spruch der Einigungsstelle ersetzen** zu lassen (§ 109 BetrVG). Die Zuständigkeit der Einigungsstelle erstreckt sich auf alle Meinungsverschiedenheiten zwischen Wirtschaftsausschuss und Unternehmensleitung, die Regelungsfragen über ein konkretes Auskunftsverlangen zum Inhalt haben.

Stehen **Rechtsfragen** in Streit, ist nicht die Einigungsstelle, sondern das **ArbG** anzurufen. Streitigkeiten zwischen Wirtschaftsausschuss und Unternehmensleitung darüber, ob ein Auskunftsverlangen wirtschaftliche Angelegenheiten i.S.d. §§ 106 ff. BetrVG betrifft und damit zur Zuständigkeit des Wirtschaftsausschusses gehört, werden als Rechtsfrage von den ArbG im Beschlussverfahren entschieden.[63] Die

---

57 GK/Fabricius/Oetker, BetrVG, § 106 Rn. 83; Fitting, BetrVG, § 106 Rn. 23 ff.
58 GK/Fabricius/Oetker, BetrVG, § 106 Rn. 78.
59 AP Nr. 3 zu § 106 BetrVG 1972.
60 Vgl. auch Richardi/Annuß, BetrVG, § 106 Rn. 30; Fitting, BetrVG, § 106 Rn. 27.
61 BAG, AP Nr. 3 zu § 106 BetrVG 1972.
62 BAG, AP Nr. 3 zu § 108 BetrVG 1972.
63 Fitting, BetrVG, § 109 Rn. 2.

Einigungsstelle muss aber als Vorfrage prüfen, ob sich die verlangte Auskunft auf eine wirtschaftliche Angelegenheit bezieht und kann eine Entscheidung nur treffen, wenn sie diese Frage bejaht. Hält sie entgegen der Rechtsauffassung des Unternehmens ein Auskunftsverlangen des Wirtschaftsausschusses für statthaft, braucht sie das Verfahren nicht auszusetzen, bis das ArbG die Streitfrage im Beschlussverfahren geklärt hat. Vielmehr können **Beschlussverfahren und Einigungsstellenverfahren parallel** betrieben werden.[64]

II. Betriebsänderungen (§§ 111 ff. BetrVG)

Liegt danach eine wirtschaftliche Angelegenheit vor, prüft der Betriebsrat, ob sich hieraus **Beteiligungsrechte nach §§ 111 – 113 BetrVG** ergeben. Ist das der Fall, führen Unternehmer und Betriebsrat Interessenausgleichs- und Sozialplanverhandlungen. Diese Verhandlungen werden nachfolgend eingehend erläutert. 66

Die §§ 111 – 113 BetrVG regeln die Mitwirkungs- und Mitbestimmungsrechte des Betriebsrates bei Betriebsänderungen, die **wesentliche Nachteile für die Belegschaft** oder einen erheblichen Teil der Belegschaft zur Folge haben können. 67

Der **Interessenausgleich** regelt das „Ob", den Zeitpunkt und den Umfang der wirtschaftlichen Maßnahme. Dagegen soll der **Sozialplan** die **wirtschaftlichen Nachteile**, die den Arbeitnehmern aufgrund der Betriebsänderung entstehen, **ausgleichen oder mildern**.

> **Hinweis:**
> In der Praxis werden die Verhandlungsgegenstände von Interessenausgleich und Sozialplan häufig nicht korrekt voneinander getrennt. So enthalten Sozialpläne vielfach Regelungen, die nicht dem Ausgleich oder der Milderung entstehender wirtschaftlicher Nachteile dienen, sondern die Vermeidung solcher Nachteile zum Inhalt haben, indem Kündigungsverbote normiert, Versetzungs- oder Umschulungspflichten begründet oder ähnliche Maßnahmen vorgeschrieben werden. Das BAG[65] geht zutreffend davon aus, dass das so lange unschädlich ist, wie sich die Betriebspartner auf einen solchen „Sozialplan" freiwillig einigen. Der „Sozialplan" enthält dann unabhängig von seiner Bezeichnung und unabhängig davon, ob sich die Betriebspartner dessen bewusst sind, Teile eines einvernehmlichen Interessenausgleichs. Entscheidet jedoch die Einigungsstelle verbindlich über den Sozialplan, können solche Regelungen nicht Gegenstand ihres Spruches sein.[66]

1. Vorliegen einer „Betriebsänderung"

Die **gesetzlich geregelten Fälle** einer Betriebsänderung sind: 68

- **Nr. 1: Einschränkung bzw. Stilllegung des ganzen Betriebs oder von wesentlichen Betriebsteilen**
  Eine Betriebsstilllegung liegt vor, wenn die **Weiterverfolgung des bisherigen Betriebszwecks** dauernd oder jedenfalls für eine ihrer Dauer nach unbestimmte, wirtschaftlich nicht erhebliche Zeitspanne **eingestellt** wird.[67] Eine Betriebseinschränkung liegt vor, wenn der Betriebszweck zwar weiter verfolgt wird, dies jedoch unter einer nicht nur vorübergehenden **Herabsetzung der Betriebsleistung** geschieht (Personalabbau).[68] Ob ein wesentlicher Betriebsteil betroffen ist, richtet sich wiederum nach den Zahlenwerten des § 17 KSchG.[69]

- **Nr. 2: Die Verlegung des ganzen Betriebs oder von wesentlichen Betriebsteilen** Verlegung ist jede wesentliche Veränderung der **örtlichen Lage** des Betriebs bzw. von wesentlichen Betriebsteilen. Die

---

64 BAG, AP Nr. 13 zu § 106 BetrVG 1972.
65 DB 1992, 229.
66 BAG, DB 1992, 229.
67 BAG, NZA 2002, 212, 214.
68 Fitting, BetrVG, § 111 Rn. 71 ff.
69 BAG, DB 1989, 883.

Anforderungen sind gering; die Rspr. hat schon bei einem Umzug von 4,3 km vom Zentrum an den Stadtrand eine Verlegung bejaht.[70]

- **Nr. 3: Der Zusammenschluss mit anderen Betrieben oder Spaltung von Betrieben** Die Zusammenfassung zweier bislang selbständiger Betriebe kann entweder durch die **Aufnahme eines Betriebs** in die bestehende betriebliche Organisation oder durch die **Bildung einer gänzlichen neuen Betriebseinheit** erfolgen. Im Zusammenhang mit der Neuregelung des Umwandlungsrechts vom 1.1.1995 ist das Merkmal der Spaltung von Betrieben in den Tatbestand aufgenommen worden.

- **Nr. 4: Die grundlegende Änderung der Betriebsorganisation, des Betriebszwecks oder der Betriebsanlagen**

  Grundlegend ist jede Änderung, die nicht nur einer laufenden Verbesserung entspricht, sondern **maßgebliche Auswirkungen** auf den Betriebsablauf hat. Es muss eine erhebliche Bedeutung für das betriebliche **Gesamtgeschehen** erkennbar sein.[71]

- **Nr. 5: Die Einführung grundlegend neuer Arbeitsmethoden und Fertigungsverfahren.**

69 Betriebsverfassungsrechtliche Relevanz haben Betriebsänderungen nur in Unternehmen mit i.d.R. **mehr als 20 wahlberechtigten Arbeitnehmern**. Weitere zwingende Voraussetzung ist das Bestehen eines Betriebsrats des von der Maßnahme betroffenen Betriebs. Es muss sich um eine geplante Betriebsänderung handeln. Der Begriff der Planung ist allein in zeitlicher Hinsicht zu verstehen.

Durch die Betriebsänderung müssen **wesentliche Nachteile** für zumindest erhebliche Teile der Belegschaft entstehen. Dieses Tatbestandsmerkmal ist durch die Rspr. des BAG nahezu bedeutungslos geworden. Das BAG geht davon aus, dass jedenfalls hinsichtlich der in § 111 Satz 3 BetrVG aufgeführten Betriebsänderungen ein wesentlicher Nachteil **fingiert** wird.[72]

Von der Betriebsänderung müssen entweder die gesamte Belegschaft des Betriebs oder zumindest erhebliche Teile betroffen sein. Das BAG greift auf die Zahlenangaben des **§ 17 KSchG** zurück.[73] Bei Betrieben zwischen **21 und 59** Arbeitnehmern müssen also mindestens **sechs** Arbeitnehmer, in Betrieben zwischen **60 und 499** Arbeitnehmern **10 %** bzw. mindestens **26** Arbeitnehmer sowie in Betrieben mit mehr als **500** Arbeitnehmern mindestens **30** Arbeitnehmer betroffen sein. Zusätzlich müssen mindestens **5 % der Belegschaft** betroffen sein.

2. Betriebsübergang

70 Der **Betriebsübergang** ist grds. kein Fall einer Betriebsänderung i.S.d. § 111 BetrVG.[74] Die Rechte der Arbeitnehmer werden umfassend durch § 613a BGB gesichert. Allerdings können aus Anlass des Betriebsübergangs Mitwirkungsrechte des Betriebsrats nach § 111 BetrVG entstehen.

Beispiel:

Der Veräußerer nimmt eine erhebliche Personalreduzierung vor.

III. Interessenausgleichsverhandlungen

71 Im Fall einer Betriebsänderung muss mit dem Betriebsrat über einen Interessenausgleich „im Geiste" **vertrauensvoller Zusammenarbeit** verhandelt werden (§ 112 Abs. 1 BetrVG i.V.m. §§ 2 Abs. 1, 74 Abs. 1 BetrVG).

---

70 BAG, DB 1983, 344.
71 BAG, DB 1983, 1766, 1767 f.
72 BAG, DB 1983, 344, 345.
73 BAG, DB 1978, 1650.
74 BAG, NZA 1999, 949, 951.

1. Inhalt und Verhandlungen

Der Interessenausgleich soll klären, **ob, wann und in welcher Weise** die vorgesehene Maßnahme durchgeführt werden soll. Ein Unternehmer, der Ansprüche auf Nachteilsausgleich (§ 113 BetrVG) vermeiden will, muss das für den Versuch einer Einigung über den Interessenausgleich vorgesehene Verfahren voll ausschöpfen. Falls dies erfolglos bleibt, muss er sodann die **Einigungsstelle** anrufen, um etwaige Nachteilsausgleichzahlungen gemäß § 113 Abs. 3 BetrVG zu vermeiden.[75]

72

Teilweise wird vertreten, dass die geplanten Betriebsänderungen und die dazugehörenden Maßnahmen, insb. Kündigungen, vor vollständigem Durchlaufen des Einigungsstellenverfahren nicht durchgeführt werden dürften und daher durch **einstweilige Verfügung** (vorläufig) untersagt werden könnten.[76]

Nach richtiger Auffassung sind die Nachteilsausgleichsansprüche nach § 113 BetrVG allerdings die spezielle und damit **ausschließliche Sanktion**, so dass einstweilige Verfügungen nicht in Betracht kommen.[77]

Im Unterschied zum Sozialplan handelt es sich beim Interessenausgleich nicht um einen vollstreckbaren Titel, sondern um eine **kollektive Vereinbarung besonderer Art**,[78] die keinen Anspruch des Betriebsrats auf deren Einhaltung erzeugt. Es handelt sich gegenüber dem Betriebsrat nur um eine Naturalobligation.[79] Deshalb kann der Unternehmer auch jederzeit davon Abstand nehmen, eine in Form eines Interessenausgleichs mit dem Betriebsrat vereinbarte Betriebsänderung überhaupt durchzuführen.

73

Gegenstand der Verhandlungen über einen Interessenausgleich sind grds. nicht einzelne Kündigungen, sondern die Betriebsänderung als solche.[80] Insb. kommen **folgende Gegenstände** in Betracht:

74

- Zeitpunkt der völligen oder stufenweisen Produktionseinschränkung und der damit verbundene Personalabbau,
- Erklärung des Betriebsrats, erforderlichen Anzeigen an Behörden nicht zu widersprechen,
- Unterbleiben der Betriebsänderung überhaupt,
- neue Produktion zur Vermeidung von Entlassungen und entsprechende Umschulungsmaßnahmen der Arbeitnehmer,
- Maßnahmen zur Fortbildung der Arbeitnehmer,
- Maßnahmen der Arbeitsgestaltung und
- Einführung einer transparenten Personalplanung.[81]

> **Hinweis:**
> Sollten die Betriebspartner allerdings die gemäß § 102 BetrVG zwingend vorgeschriebene Anhörung des Betriebsrats in den Interessenausgleich einbeziehen wollen, müssen die von der Kündigung betroffenen Arbeitnehmer konkret benannt werden.[82]

Ferner kann auch eine **Namensliste** der betroffenen Arbeitnehmer mit besonderen kündigungsschutzrechtlichen Rechtsfolgen vereinbart werden (§ 1 Abs. 5 KSchG). Dadurch wird der Kündigungsschutz der

75

---

75 BAG, DB 1985, 1293;, DB 1986, 279, 280; NZA 2005, 237, 238.
76 LAG Berlin, NZA 1996, 1284, 1287; LAG Frankfurt, DB 1983, 613; DB 1985, 178, 179; LAG Hamburg, DB 1983, 2369; LAG Hamm, NZA-RR 2004, 80, 81.
77 BAG, NZA 1992, 41; LAG Baden-Württemberg, DB 1986, 805; LAG Düsseldorf, DB 1984, 51 1; LAG Rheinland-Pfalz, LAGE § 111 BetrVG 1972 Nr. 10; LAG Hamm, NZA-RR 1997, 343; LAG München, NZA-RR 2004, 536.
78 GK/Fabricius/Oetker, BetrVG §§ 112, 112a, Rn. 48.
79 BAG, NZA 1992, 41, 42; Willemsen/Hohenstatt, NZA 1997, 345; a.A.: Matthes, in: FS für Wlotzke, S. 393, 396.
80 Fitting, BetrVG, §§ 112, 112a Rn 12.
81 Vgl. auch Fitting, BetrVG, §§ 112, 112a Rn. 20.
82 Pünnel/Isenhardt, Die Einigungsstelle des BetrVG 1972, Rn. 406; Fitting, BetrVG, §§ 112, 112a Rn. 21f.

zu kündigenden Arbeitnehmer gravierend eingeschränkt: Zum einen wird **vermutet**, dass die Kündigung durch dringende betriebliche Erfordernisse i.S.d. § 1 Abs. 2 KSchG bedingt ist, zum anderen ist die soziale Auswahl nach § 1 Abs. 5 Satz 2 KSchG nur auf **grobe Fehlerhaftigkeit** zu prüfen. Die zwingende Anhörung nach § 102 BetrVG entfällt durch eine solche Namensliste allerdings noch nicht,[83] unter Umständen entfällt jedoch die Pflicht des Arbeitgebers zur erneuten Information.[84]

76 Der Interessenausgleich bedarf zu seiner Wirksamkeit der **Schriftform und Unterzeichnung** durch den Unternehmer und den Betriebsrat.[85] Aus einem bloßen Schweigen des Betriebsrats innerhalb angemessener Frist kann nicht auf die Zustimmung des Betriebsrats zu einer Betriebsänderung geschlossen werden.[86]

2. Folgen des Scheiterns der Verhandlungen

77 Kommt der Interessenausgleich nicht zu Stande, kann der Vorstand der **Bundesagentur für Arbeit** um Vermittlung ersucht werden (§ 112 Abs. 2 Satz 1 BetrVG). Überwiegend wird die Meinung vertreten, dass der Vorstand der Bundesagentur für Arbeit von beiden Parteien auch von vornherein ermächtigt werden kann, eine verbindliche Entscheidung zu treffen.[87] Jedenfalls ist die Einschaltung des Vorstands der Bundesagentur für Arbeit **fakultativ**.[88] Ihr Unterbleiben hat keine Rechtsfolgen nach § 113 BetrVG.[89]

78 Wird der Vorstand der Bundesagentur für Arbeit nicht um Vermittlung ersucht oder bleibt der Vermittlungsversuch ergebnislos, können Unternehmer oder Betriebsrat die **Einigungsstelle** anrufen (§ 112 Abs. 2 Satz 2 BetrVG). Zwar ergibt sich aus dem Gesetz keine Verpflichtung zur Anrufung der Einigungsstelle. Jedoch ist die Obliegenheit zur Verhandlung des Interessenausgleichs vor der Einigungsstelle seit der Entscheidung des BAG v. 18.12.1984[90] gefestigter Stand von Rspr. und Lit..[91] Die Gerichte gehen seit dieser Entscheidung davon aus, dass der zur Vermeidung von Nachteilsausgleichsansprüchen erforderliche Versuch eines Interessenausgleichs nach § 113 Abs. 3 BetrVG auch das Verfahren vor der Einigungsstelle einschließt. **Ausnahmen** von der Verpflichtung des Arbeitgebers, notfalls die Einigungsstelle anzurufen, kommen nach der Rspr. des BAG nur dann in Betracht, wenn der Betriebsrat seine **Tätigkeit gänzlich eingestellt** hat oder der Betriebsratsvorsitzende trotz eines ordnungsgemäßen Betriebsratsbeschlusses über die Zustimmung zur Betriebsänderung dem Verlangen des Arbeitgebers nach schriftlicher Niederlegung nicht nachkommt.[92]

79 Abgesehen von dieser Ausnahme kann der Arbeitgeber die Interessenausgleichsverhandlungen **jederzeit** – auch vor Einschaltung der Einigungsstelle – **abbrechen**, wenn er die Nachteilsausgleichsansprüche (§ 113 BetrVG) in Kauf nimmt. Er läuft allerdings Gefahr, dass der Betriebsrat versuchen könnte, die Durchführung der Betriebsänderung zu blockieren, indem er einen **Unterlassungsanspruch** im Wege der einstweiligen Verfügung geltend macht. Ob dem Betriebsrat bei Verletzung seiner Beteiligungsrechte nach §§ 111 ff. BetrVG und damit auch bei einem verfrühten Abbruch der Interessenausgleichsverhandlungen ein solcher Anspruch zusteht oder ob sich die Sanktionen auf das Bestehen von Nachteilsausgleichsansprüchen beschränken, ist in der Lit. und in der Rspr. der Instanzgerichte seit Jahren **umstritten**.[93]

---

83 BAG, AP Nr. 4 zu § 1 KSchG 1969 Namensliste.
84 BAG, AP Nr. 1 zu § 112 BetrVG 1972 Namensliste: „reine Förmelei".
85 BAG, DB 1986, 279; NZA 2005, 237, 238.
86 LAG Düsseldorf, ZIP 1982, 1120, 1121.
87 GK/Fabricius/Oetker, BetrVG, §§ 112, 112a Rn. 204; Richardi/Annuß, BetrVG, § 112 Rn. 222.
88 Dolde/Bauer, BB 1978, 1675, 1678.
89 Fitting, BetrVG, §§ 112, 112a Rn. 31; vgl. auch Richardi/Annuß, BetrVG, § 112 Rn. 219 f.
90 AP Nr. 11 zu § 113 BetrVG 1972.
91 Vgl. hierzu umfassend Göpfert/Krieger, NZA 2005, 254 ff.
92 BAG, NZA 2005, 237, 239.
93 LAG Berlin, NZA 1996, 1284, 1286; LAG Hamburg, DB 1983, 2369; Bauer, DB 1994, 217, 224; Hohenstatt, NZA 1998, 846, 850.

Die Furcht vor einer Unterlassungsverfügung ist jedoch für viele Arbeitgeber Antrieb genug, das Interessenausgleichsverfahren durchzuführen.[94]

Die Einigungsstelle hat auf eine Einigung hinzuwirken, die, wenn sie zu Stande kommt, **schriftlich niederzulegen** und von den Parteien und dem Vorsitzenden zu unterschreiben ist (§ 112 Abs. 3 Satz 2 und Satz 3 BetrVG). Die Einigungsstelle[95] besteht gemäß § 76 BetrVG aus einer gleichen Zahl von Beisitzern, die von den Betriebspartnern bestellt werden und einem unparteiischen Vorsitzenden. Grds. „müssen" (besser „sollen") sich die Betriebspartner einigen. Wird zwischen ihnen über die Person des Vorsitzenden und/oder die Zahl der Beisitzer jedoch keine Einigung erzielt, so entscheidet das ArbG im Beschlussverfahren (§ 76 Abs. 2 Satz 2 und Satz 3 BetrVG). Bei seiner Entscheidung hat der Vorsitzende des Gerichts insb. auf die **Unparteilichkeit** des zu bestellenden Vorsitzenden der Einigungsstelle sowie darauf zu achten, dass er das **Vertrauen** beider Parteien genießt.[96] Der Beschluss des Gerichts soll den Beteiligten innerhalb von zwei Wochen nach Eingang des Antrags zugestellt werden (§ 98 Abs. 1 Satz 6 ArbGG). 80

Will der Unternehmer die Zahlung von Nachteilsausgleichsansprüchen an die von der geplanten Betriebsänderung betroffenen Arbeitnehmer vermeiden, muss er einen **„Versuch eines Interessenausgleichs"** unternehmen (siehe oben Rn. 77 ff.). Nach der Rspr. des BAG soll dem „Versuch eines Interessenausgleichs" erst Genüge getan sein, wenn auch vor der Einigungsstelle über einen Interessenausgleich verhandelt worden ist. Solange müsse der Unternehmer mit der Durchführung der Betriebsänderung abwarten.[97] 81

Unternehmer und Betriebsrat sollen der Einigungsstelle **Vorschläge zur Beilegung der Meinungsverschiedenheiten** über den Interessenausgleich und den Sozialplan machen. Die Einigungsstelle hat eine Einigung der Parteien zu versuchen (§ 112 Abs. 3 BetrVG). Die Vorschläge der Betriebspartner können, vor allem auch auf Wunsch des Einigungsstellenvorsitzenden, selbstverständlich schriftsätzlich erfolgen. Es genügt aber auch, dass sich beide Betriebspartner während des Einigungsstellenverfahrens **mündlich** äußern. Dabei ist jeder Betriebspartner verpflichtet, seinen Standpunkt **begründet** darzulegen. Bei reiner Kritik oder nur unsinnigen Alternativvorschlägen ist das Verfahren unverzüglich einzustellen.[98] Zu weit geht es wohl, wenn Pünnel in diesem Zusammenhang früher meinte, die Einigungsstelle solle – gerade weil es sich um kein erzwingbares Einigungsstellenverfahren handelt – mehr noch als in anderen Verfahren auf eine gütliche Einigung der Betriebspartner hinwirken und „hierbei weder Mühe noch Zeit scheuen".[99] Zuzustimmen ist aber jedenfalls der Ansicht, dass die Einigungsstelle in einem solchen Fall möglichst in die **Verhandlung des Sozialplans überzuleiten** versuchen solle.[100] Das Einigungsstellenverfahren darf sich überdies nicht zu lange hinziehen. Vielmehr ist es einzustellen, wenn ersichtlich ist, dass keine Einigung zu erzielen ist.[101] 82

IV. Sozialplanverhandlungen

In Unternehmen mit i.d.R. mehr als 20 Arbeitnehmern besteht bei Betriebsänderungen i.S.d. § 111 BetrVG grds. ein **erzwingbares Mitbestimmungsrecht** des Betriebsrats zur Aufstellung eines Sozialplans. Dies gilt unabhängig davon, ob ein Interessenausgleich zwischen Unternehmer und Betriebsrat zu Stande gekommen ist. Zu beachten sind lediglich die Einschränkungen des **§ 112a BetrVG**. Die Leistungen aus einem Sozialplan stellen einerseits **Entschädigungen** für die Einbuße des Arbeitsplatzes und den Verlust erworbener Vorteile infolge einer von den Arbeitnehmern hinzunehmenden Betriebsän- 83

---

94 Göpfert/Krieger, NZA 2005, 254, 255.
95 Vgl. Bauer, NZA 1992, 433; ders., ZIP 1996, 117.
96 Vgl. LAG Frankfurt, DB 1986, 756.
97 BAG, NZA 1985, 400, 401; DB 2002, 950, 951; NZA 2005, 237, 238.
98 Pünnel/Isenhardt, Die Einigungsstelle des BetrVG 1972, Rn. 402, 410.
99 Das Interessenausgleichverfahren ist nicht geeignet, den Unternehmer definitiv von seiner Planung abzubringen. Es handelt sich eben um keine erzwingbare Mitbestimmung.
100 Pünnel/Isenhardt, Die Einigungsstelle des BetrVG 1972, Rn. 410.
101 Hanau, DB 1999, 45, 46; ähnlich auch Löwisch, BB 1999, 102, 106, der eine durchschnittliche Höchstdauer von zwei bis drei Monaten konstatiert.

derung dar, andererseits kommt ihnen eine **Fürsorge- und Vorsorgefunktion**[102] bzw. **Überbrückungsfunktion**[103] zu. Damit kommt dem Sozialplan hinsichtlich der vom Unternehmer geplanten und letztlich frei durchführbaren Betriebsänderung aber auch eine Art **Steuerungsfunktion** zu, indem die unternehmerische Entscheidung zur Betriebsänderung mit finanziellen Lasten verbunden wird, die den Unternehmer tendenziell anhalten sollen, von einer Betriebsänderung abzusehen oder sie so durchzuführen, dass möglichst geringe wirtschaftliche Nachteile für die betroffenen Arbeitnehmer entstehen.[104] Deshalb ist es auch zulässig, Entschädigungen für **typischerweise zu erwartende wirtschaftliche Nachteile** mehr oder weniger differenziert zu **pauschalieren** und dabei auf den Zeitpunkt abzustellen, zu dem nach dem Willen des Gesetzgebers der Sozialplan grds. zu vereinbaren ist, also vor Durchführung der Betriebsänderung.[105] Diese Sichtweise soll wegen der Steuerungsfunktion des Sozialplans auch dann maßgebend sein, wenn dieser nicht vor der Betriebsänderung, sondern erst später, bspw. durch Spruch der Einigungsstelle, aufgestellt wird.[106]

84 Interessenausgleich und Sozialplan unterscheiden sich durch **Verfahrensablauf, Inhalt** und **rechtliche Wirkung**. Zwischen ihnen besteht aber ein enger Sachzusammenhang. Einigungsstellenverfahren erstrecken sich häufig auf beide Komplexe. Interessenausgleich und Sozialplan werden in der Praxis meist **zeitgleich** abgeschlossen, was aber nicht immer der Fall sein muss.

85 Der **Zweck** des Sozialplans besteht im Ausgleich oder in der Milderung wirtschaftlicher Nachteile für die von einer Betriebsänderung betroffenen Arbeitnehmer. Aus den Worten „geplante Betriebsänderung" in § 112 Abs. 1 BetrVG ergibt sich, dass ein Sozialplan (soweit er erzwingbar ist) **grds. vor der Durchführung** einer Betriebsänderung aufzustellen ist. Aus der sozialen Schutzfunktion des Sozialplans folgt aber, dass seine Aufstellung auch noch verlangt werden kann, wenn der Unternehmer die geplante Betriebsänderung bereits durchgeführt hat.[107] Dies gilt auch, wenn der Unternehmer einen Interessenausgleich überhaupt nicht versucht hat, also auch die weiteren Rechtsfolgen nach § 113 BetrVG eintreten können.[108] Der Unternehmer hat damit **kein „Wahlrecht"** zwischen Sozialplan und Nachteilsausgleich.

86 Die betriebliche Praxis kennt auch sog. **Rahmensozialpläne** (Dauersozialpläne; vorsorgliche Sozialpläne[109]). Solche Sozialpläne legen ähnlich wie tarifliche Rationalisierungsschutzabkommen **im Voraus** fest, welche Leistungen den Arbeitnehmern im Falle einer Betriebsänderung zukommen sollen. Sie entbinden den Arbeitgeber nicht von seiner Pflicht, bei später von ihm geplanten Betriebsänderungen jeweils einen Interessenausgleich mit dem Betriebsrat zu versuchen.[110] Das BAG schien bisher davon auszugehen, dass ein bestehender Rahmensozialplan nicht die Mitbestimmung des Betriebsrats hinsichtlich der Aufstellung des Sozialplans für die konkrete Betriebsänderung substituiert.[111] Da Rahmensozialpläne nur die Betriebspartner betreffen sollen, entstehen daraus grds. **keine unmittelbaren Ansprüche für die Arbeitnehmer**. Für deren Rechtsposition ist der im konkreten Fall abgeschlossene Sozialplan maßgebend.[112]

---

102 BAG GS, AP Nr. 6 zu § 112 BetrVG 1972; vgl. auch Heinze, DB 1974, 1815, 1817.
103 BAG, DB 1993, 591.
104 Sog. „Steuerungstheorie"; vgl. Beuthien, RdA 1976, 147, 155; ders., ZfA 1982, 181, 193; Rumpff/Boewer, Mitbestimmung in wirtschaftlichen Angelegenheiten, I. Rn. 64 f.
105 Vgl. BAG, AP Nr. 26 zu § 112 BetrVG 1972; Rumpff/Boewer, Mitbestimmung in wirtschaftlichen Angelegenheiten, I. Rn. 65.
106 Rumpff/Boewer, Mitbestimmung in wirtschaftlichen Angelegenheiten, I. Rn. 65.
107 BAG, AP Nr. 5 zu § 111 BetrVG 1972; GK/Fabricius/Oetker, BetrVG, §§ 112, 112a Rn. 104.
108 Fitting, BetrVG, §§ 112, 112a Rn. 79; LAG Hamm, AP Nr. 1 zu § 112 BetrVG 1972.
109 Vgl. dazu Meyer, NZA 1996, 239 ff.; Jaeger/Röder/Heckelmann/Röder/Baeck, Praxishandbuch Betriebsverfassungsrecht, Kap. 28 Rn. 234.
110 BAG, DB 1984, 724.
111 So auch Rumpff/Boewer, Mitbestimmung in wirtschaftlichen Angelegenheiten, I. Rn. 78; Ohl, Der Sozialplan, S. 64; Däubler, NZA 1985, 545, 546; a.A.: Hartung, DB 1976, 2064.
112 Rumpff/Boewer, Mitbestimmung in wirtschaftlichen Angelegenheiten, I. Rn. 79.

In seiner Entscheidung v. 26.8.1997[113] hat das BAG aber nunmehr klargestellt, dass die Betriebspartner für noch nicht geplante, aber in groben Umrissen schon abschätzbare Betriebsänderungen einen Sozialplan in Form einer freiwilligen Betriebsvereinbarung aufstellen können. Darin liege noch kein (unzulässiger) Verzicht auf künftige Mitbestimmungsrechte. Das Mitbestimmungsrecht des Betriebsrats nach § 112 BetrVG soll verbraucht sein, falls eine entsprechende Betriebsänderung später tatsächlich vorgenommen wird. Für den Interessenausgleich gelten dagegen strengere Anforderungen; mit dem Betriebsrat muss über konkret geplante Maßnahmen verhandelt werden.[114]

1. Verhandlungsverfahren

Auch bei der Aufstellung eines Sozialplans sollen Unternehmer und Betriebsrat zunächst eine Einigung über den Inhalt des Sozialplans anstreben. Kommt **keine Einigung** zu Stande, kann der Vorstand der Bundesagentur für Arbeit um Vermittlung ersucht oder sofort die Einigungsstelle angerufen werden. Einigen sich die Betriebspartner vor der Einigungsstelle nicht, so entscheidet die Einigungsstelle über die Aufstellung eines Sozialplans. Sie hat dabei sowohl die sozialen Belange der betroffenen Arbeitnehmer zu berücksichtigen, als auch auf die wirtschaftliche Vertretbarkeit ihrer Entscheidung für das Unternehmen zu achten. 87

> **Hinweis:**
> Unternehmer und Betriebsrat haben bei der Aufstellung eines Sozialplans einen **weiten Gestaltungsspielraum**. Sie sind dabei an die Grenzen von Recht und Billigkeit gebunden (§ 75 BetrVG).

Die in einem Sozialplan getroffenen Regelungen dürfen nicht den **Gleichbehandlungsgrundsatz** verletzen (vgl. im Einzelnen dazu Rn. 96 ff. und Rn. 113 ff.). Es ist aber zu beachten, dass den Betriebspartnern ein **weiter Gestaltungsraum** zusteht. Dementsprechend ist die generelle Angemessenheit finanzieller Leistungen nach dem Sozialplan nicht anhand des Gleichbehandlungsgrundsatzes überprüfbar. 88

Eine Regelung in einem Sozialplan, die etwa gegen **zwingendes Kündigungsrecht** verstößt, ist unzulässig. So kann die Zahlung von Abfindungen nicht davon abhängig gemacht werden, dass Arbeitnehmer gegen ihre Kündigungen keine gerichtlichen Schritte einleiten.[115] Daran ändert auch die seit 1.1.2004 geltende Abfindungsregelung nach **§ 1a KSchG** nichts.[116] Eine Klausel in einem Sozialplan, nach der den Arbeitnehmern in Anwendung des § 1a KSchG nur dann eine Abfindung zu zahlen ist, wenn diese keine Kündigungsschutzklage erheben, ist mit dem Sinn und Zweck des Sozialplans als Regelung zum Ausgleich wirtschaftlicher Nachteile wohl nicht zu vereinbaren. 89

Die Grenzen des weiten Spielraums sind auch nicht überschritten, wenn bei der Bemessung einer Sozialplanabfindung **Zeiten der Teilzeit- und der Vollzeitbeschäftigung** anteilig berücksichtigt werden.[117] Gegen die Grundsätze von Recht und Billigkeit soll es allerdings verstoßen, wenn die Betriebsparteien in einem Sozialplan für die Höhe der Abfindung auch auf die Dauer der Beschäftigung abstellen, aber **Zeiten der Elternzeit ausnehmen**.[118] Dies soll sich aus Art. 6 Abs. 1 und Abs. 2 GG („Schutz der Familie") ergeben.

Da Sozialplanansprüche Ansprüche aus einer Betriebsvereinbarung sind, kann auf diese nur mit Zustimmung des Betriebsrats **verzichtet** werden (§ 77 Abs. 4 Satz 2 BetrVG). Dies gilt auch für den Spruch 90

---

113 BGA, NZA 1998, 216.
114 BAG, NZA 1999, 949, 950.
115 Vgl. BAG, NZA 1984, 53.
116 BAG, NZA 2005, 997, 998 zur „Turboprämie"; Bauer/Krieger, Kündigungsrecht – Reformen 2004, Rn. 91; Fitting, BetrVG, §§ 112, 112a Rn. 169; a.A. wohl Busch, BB 2004, 267.
117 BAG, NZA 2002, 451, 452.
118 BAG, NZA 2003, 1287, 1288.

der Einigungsstelle, der gemäß § 112 Abs. 4 Satz 2 BetrVG die Einigung zwischen den Betriebspartnern ersetzt.[119]

91 Bereits **entstandene und fällige** Ansprüche der Arbeitnehmer können durch den Sozialplan nicht entzogen werden.[120] Ebenso dürfen Leistungen aus einem Sozialplan nicht davon abhängig gemacht werden, dass Arbeitnehmer auf ihre Individualrechte verzichten.

2. Personeller und zeitlicher Geltungsbereich eines Sozialplans

92 Von dem Geltungsbereich eines Sozialplans werden **alle Arbeitnehmer** erfasst, die infolge einer Betriebsänderung wirtschaftliche Nachteile erleiden. Dabei genügt bereits die **Möglichkeit eines Nachteils**.[121]

Ein solcher Nachteil ist bei Arbeitnehmern zu verneinen, die eine **wirtschaftlich gleichwertige Anschlusstätigkeit** gefunden haben.[122] In eine ähnliche Richtung geht die Entscheidung des BAG v. 19.6.1996;[123] danach kann ein Sozialplan vorsehen, dass Arbeitnehmer keine Abfindung erhalten, wenn sie durch **„Vermittlung" des Arbeitgebers** einen neuen Arbeitsplatz erhalten. Unter „Vermittlung" kann im Sozialplan jeder Beitrag des Arbeitgebers verstanden werden, der das neue Arbeitsverhältnis erst möglich machte.[124]

93 Von einem Sozialplan werden auch erst kurzzeitig im Betrieb beschäftigte Arbeitnehmer erfasst. § 112 BetrVG enthält **keine** der **Wartezeit** des § 1 Abs. 1 KSchG entsprechende Bestimmung, wobei in der Praxis für diesen Personenkreis zulässigerweise regelmäßig gerade keine Abfindungen vorgesehen werden. Nicht unter einen Sozialplan fallen auch Arbeitnehmer, deren Arbeitsverhältnis bereits **beendet** ist. Dies gilt wiederum aber nicht, wenn das Ausscheiden auf einer Betriebsänderung beruht.

94 **Leitende Angestellte** werden von einem Sozialplan nicht erfasst. Zulässig ist es auch, den Arbeitnehmern keine Sozialplanleistungen zukommen zu lassen, deren Arbeitsverhältnisse aufgrund wirksamer Befristung zum vorgesehenen Zeitpunkt enden.

95 Schließen die Arbeitsvertragsparteien im Hinblick auf eine geplante Betriebsänderung einen **Aufhebungsvertrag unter Zahlung einer Abfindung** und vereinbaren sie, dass der Arbeitnehmer Leistungen aus einem noch abzuschließenden Sozialplan bekommen soll, falls dieser günstiger sei, so hat eine solche **Nachbesserungsklausel** regelmäßig den Sinn, dem Arbeitnehmer einen Anspruch auf Sozialplanleistungen gerade für den Fall einzuräumen, dass der Arbeitnehmer vom zeitlichen Geltungsbereich des Sozialplans wegen seines frühzeitigen Ausscheidens nicht mehr erfasst wird.[125] Wird der Arbeitnehmer vom zeitlichen Geltungsbereich des Sozialplans noch erfasst, läuft die Nachbesserungsklausel leer. Der Arbeitnehmer hat nach § 77 Abs. 4 BetrVG einen unmittelbaren und unabdingbaren Anspruch auf die – ggf. höheren – Leistungen aus dem Sozialplan.[126]

3. Grundsätze für Sozialplanabfindungen

96 Im Mittelpunkt der meisten Sozialpläne stehen **Abfindungsregelungen**. Abfindungen sind auch zulässig, wenn der Arbeitnehmer alsbald an einem gleichwertigen Arbeitsplatz weiterbeschäftigt werden kann, weil jedenfalls der Bestandsschutz des bisherigen Arbeitsverhältnisses und daraus abgeleitete Anwartschaften verloren gehen.[127]

97 Für die Entscheidung der Einigungsstelle ist aber § 112 Abs. 5 Nr. 2 BetrVG zu berücksichtigen, wonach die Einigungsstelle die **Aussichten** der betroffenen Arbeitnehmer auf dem Arbeitsmarkt zu prüfen hat.

---

119 GK/Fabricius/Oetker, BetrVG, §§ 112, 112a Rn. 223 ff; Richardi/Annuß, BetrVG, § 112 Rn. 240.
120 Vgl. LAG Baden-Württemberg, DB 1977, 1706.
121 Fitting, BetrVG, §§ 112, 112a Rn. 120.
122 LAG Hamm, DB 1978, 1504.
123 DB 1996, 2083, 2084.
124 BAG, DB 1996, 2083, 2084; vgl. auch BAG, NZA 2005, 831.
125 BAG, NZA 1998, 155, 156.
126 BAG, NZA 1998, 155, 156.
127 Richardi, NZA 1984, 177, 182.

Damit muss häufig eine **Prognose** getroffen werden, da bei Aufstellung des Sozialplans regelmäßig noch nicht feststeht, ob und wie lange ein betroffener Arbeitnehmer arbeitslos ist.

Auch das BAG[128] erkennt in Anlehnung an die sog. **Steuerungstheorie** (vgl. oben Rn. 83) an, dass von einem zukunftsorientierten Anknüpfungspunkt auszugehen ist. Denkbar ist, dass von den Betriebspartnern bzw. der Einigungsstelle nach Arbeitnehmer-Gruppen unterschieden wird.

Beispiele:

Unterscheidung nach fachlicher Qualifikation, aber auch nach Schwierigkeiten bei der Vermittlung auf dem Arbeitsmarkt wegen Alters, Behinderung, Ausländereigenschaft.[129]

> **Hinweis:**
> Als Maßstab für die Festlegung von Abfindungen dienen in der Praxis Merkmale der **sozialen Stellung** des Arbeitnehmers, nämlich Alter, Dauer der Betriebszugehörigkeit, Höhe der bisherigen Vergütung und Familienstand.[130]

Grds. sind die Betriebspartner bei Abschluss eines Sozialplans frei, darüber zu entscheiden, **welche Nachteile**, die der Verlust eines Arbeitsplatzes mit sich bringt, durch eine Abfindung ausgeglichen werden sollen.[131] Das ausschließliche Abstellen auf die Betriebszugehörigkeit ist allerdings nur dann unbedenklich, wenn sich die übrigen sozialplanrelevanten Faktoren, wie etwa Lebensalter und Unterhaltspflichten, nicht wesentlich unterscheiden.[132]   98

Die Betriebspartner haben deshalb einen **weiten Ermessensspielraum**; sie dürfen nach der Schwere der möglichen Nachteile und deren Vermeidbarkeit differenzieren.   99

Der Sozialplan kann auch **Sonderzuschläge** für Schwerbehinderte und Mitarbeiter mit unterhaltsberechtigten Kindern vorsehen.   100

Es ist grds. zulässig, dass Sozialpläne **pauschaliert** Abfindungen für den Verlust des Arbeitsplatzes beinhalten.[133] Auf der anderen Seite ist auch eine Regelung denkbar, wonach Arbeitnehmer **keine oder nur eine geringere Abfindung** erhalten,   101

- die Rente aus der gesetzlichen Rentenversicherung beziehen oder
- denen mit Wirkung bis zum Ende des Beschäftigungsverhältnisses eine solche Rente bewilligt wird[134] oder
- die vorgezogenes Altersruhegeld in Anspruch nehmen können.[135]

Arbeitnehmer, die einen ihnen angebotenen zumutbaren Arbeitsplatz ablehnen, ist im Regelfall durch § 112 Abs. 5 Satz 2 Nr. 2 BetrVG die Zuerkennung von **Abfindungsansprüchen** durch die Einigungsstelle **versagt**.[136] Eine entsprechende von den Betriebspartnern unmittelbar vereinbarte Klausel ist daher wirksam.[137] Ebenfalls wirksam ist der von den Betriebspartnern vereinbarte Ausschluss von Abfindungsansprüchen für den Fall, dass der Arbeitnehmer auf Vermittlung des Arbeitgebers einen **gleichwertigen Arbeitsplatz** bei einem befreundeten Unternehmen erhält. Gleichwertig ist ein solcher Arbeitsplatz auch

---

128 BAG, AP Nr. 159 zu § 112 BetrVG 1972.
129 Fitting, BetrVG, §§ 112, 112a Rn. 153 ff.
130 Vgl. BAG, AP Nr. 159 zu § 112 BetrVG 1972; Fitting, BetrVG, §§ 112, 112a Rn. 124.
131 BAG, NZA 1989, 25.
132 BAG, AP Nr. 159 zu § 112 BetrVG 1972.
133 BAG, AP Nr. 6 zu § 112 BetrVG 1972.
134 BAG, DB 1989, 587.
135 BAG, AP Nr. 45 zu § 112 BetrVG 1972.
136 BAG, DB 1989, 48.
137 BAG, NZA 1997, 562, 563.

dann, wenn keine Anrechnung der bisherigen Betriebszugehörigkeit beim neuen Arbeitgeber stattfindet.[138]

102 Nimmt ein Sozialplan von seinem Geltungsbereich solche Mitarbeiter aus, die einen angebotenen **zumutbaren Arbeitsplatz ablehnen**, so gilt dies auch für den Fall, dass Arbeitnehmer dem Übergang ihres Arbeitsverhältnisses im Wege eines Betriebsübergangs nach § 613a BGB widersprechen. Die Weiterarbeit beim Betriebserwerber nach einem Betriebsübergang ist dem Arbeitnehmer i.d.R. zumutbar.[139]

103 § 112 BetrVG enthält keine **Regelung über Höchstgrenzen** von Abfindungen. Das BAG lehnt es ab, § 113 Abs. 1 oder Abs. 3 BetrVG mit den Höchstgrenzen des § 10 KSchG entsprechend und damit zwingend anzuwenden.[140] Andererseits ist es aber ohne weiteres zulässig, wenn der Sozialplan **Höchstbegrenzungsklauseln** für die Abfindungen vorsieht, was vor allem bei der Berechnung nach einem **Punktesystem** in Betracht kommen kann.[141] Bei Festlegung der Abfindungen sind die **sozialen Belange** der Arbeitnehmer, aber auch die **wirtschaftliche Vertretbarkeit** für das betroffene Unternehmen zu berücksichtigen.[142] Sehr zweifelhaft ist es jedoch, wenn das BAG in seiner jüngsten Rspr. auch bei einem wirtschaftlich wenig leistungsstarken Unternehmen finanzielle Belastungen bis an den „**Rand der Bestandsgefährdung**" für zulässig erachtet.[143]

104 Eine **Untergrenze** von Abfindungen lässt sich § 112 BetrVG nicht entnehmen. Zwar ist die Einigungsstelle mit ihrer Ermessensausübung insoweit eingeschränkt, als der Sozialplan i.d.R. mindestens Leistungen vorsehen muss, die noch als **substanzielle, spürbare Milderung** der wirtschaftlichen Nachteile angesehen werden können. Jedoch kann auch die Einigungsstelle von einer substanziellen Milderung der wirtschaftlichen Nachteile ganz absehen, wenn es die **wirtschaftlichen Verhältnisse des Unternehmens** gebieten.[144] Daher spricht m.E. nichts dagegen, dass die Betriebspartner in einem solchen seltenen Fall außerhalb des Einigungsstellenverfahrens auf die Aufstellung eines Sozialplans ganz verzichten oder jedenfalls keine Abfindung vereinbaren. Die Klage eines einzelnen Arbeitnehmers gegen die unterbliebene Dotierung eines Sozialplans ist ausgeschlossen.

105 Darüber hinaus sollen die wirtschaftlichen Verhältnisse des Unternehmens allein dann nicht maßgebend sein, wenn ein sog. **Berechnungsdurchgriff** auf eine Konzernobergesellschaft geboten ist.[145] Ob dies der Fall ist, haben die Gerichte nur zu prüfen, wenn das von der Einigungsstelle beschlossene Gesamtvolumen des Sozialplans größer ist als die wirtschaftlichen Verhältnisse des Unternehmens gestatten oder wenn es mit Rücksicht auf diese Verhältnisse geringer ist als für eine substanzielle Milderung der Nachteile der Arbeitnehmer nötig.[146]

106 Inzwischen hat das BAG auch eine relativ klare Linie zur Frage gefunden, inwieweit Sozialplanleistungen, insb. Abfindungen, bei **Eigenkündigungen** oder **Aufhebungsverträgen reduziert oder sogar ausgeschlossen** werden können. Nach Entscheidung des BAG v. 24.1.1996,[147] verstößt es nicht gegen § 75 BetrVG, wenn ein Sozialplan Arbeitnehmer von seinem Geltungsbereich ausnimmt, die im Zeitpunkt des In-Kraft-Tretens des Sozialplans, der in einem zeitlich nahen Zusammenhang zum Abschluss des Interessenausgleichs steht, ihr Arbeitsverhältnis im Hinblick auf eine vom Arbeitgeber angekündigte Betriebsstilllegung selbst beendet haben. Nach BAG[148] ist eine Eigenkündigung des Arbeitnehmers oder

---

138 BAG, NZA 2005, 831, 832.
139 BAG, BB 1997, 2167, 2168.
140 BAG, DB 1988, 558; NZA 2004, 108, 111.
141 BAG, AP Nr. 46 zu § 112 BetrVG 1972, m. zust. Anm. Löwisch.
142 BAG, NJW 1980, 83, 86; AP Nr. 87 zu § 112 BetrVG 1972; LAG Hamm, DB 1986, 438.
143 BAG, NZA 2004, 108, 112.
144 BAG, NZA 2005, 302, 305.
145 BAG, NZA 2005, 302, 305.
146 BAG, NZA 2005, 302, 306.
147 BAG, NZA 1996, 834, 835.
148 BAG, NZA 2004, 64.

ein Aufhebungsvertrag allerdings dann **vom Arbeitgeber veranlasst**, wenn dieser dem Arbeitnehmer zuvor mitgeteilt hat, er habe für ihn nach Durchführung der Betriebsänderung keine Beschäftigungsmöglichkeit mehr.

In einem einvernehmlich zu Stande gekommenen Sozialplan können die Betriebsparteien die Klärung der Frage, ob die Eigenkündigung eines Arbeitnehmers vom Arbeitgeber veranlasst war, dadurch herbeiführen, dass der Arbeitgeber der Eigenkündigung des Arbeitnehmers innerhalb einer bestimmten Frist **widersprechen** und die **Fortsetzung des Arbeitsverhältnisses** anbieten kann.[149]

Wird die **Fälligkeit** einer vereinbarten Abfindung in einem Sozialplan oder Aufhebungsvertrag nicht geregelt, tritt Fälligkeit mit dem **rechtlichen Ende** des Arbeitsverhältnisses ein.[150] Der Fälligkeitszeitpunkt sollte dennoch aus Gründen der Rechtssicherheit im Sozialplan oder Aufhebungsvertrag **ausdrücklich klargestellt** werden. Die Klausel könnte so lauten:

Formulierungsbeispiel: Fälligkeit Abfindung

> Die Abfindungen werden mit der rechtlichen Beendigung der Arbeitsverhältnisse fällig.[151]

Zulässig ist eine Regelung in einem Sozialplan, nach der die Fälligkeit der Abfindung auf den Zeitpunkt des rechtskräftigen Abschlusses eines Kündigungsrechtsstreits hinausgeschoben wird.[152]

Sozialplanabfindungen (auch von der Einigungsstelle festgesetzte) unterliegen nach § 195 BGB der **regelmäßigen Verjährung** von drei Jahren. Der frühere Streit, ob die 30-jährige Verjährungsfrist des § 195 BGB a.F. oder die kurzen Verjährungsfristen des § 196 Abs. 1 Nr. 8 oder 9 BGB a.F. Anwendung finden, hat sich damit erledigt.[153]

Dagegen ist die **Verwirkung von Arbeitnehmerrechten** aus Betriebsvereinbarungen nach § 77 Abs. 4 Satz 3 BetrVG ausgeschlossen. Die Geltendmachung eines Sozialplananspruchs aus einer Betriebsvereinbarung kann aber aus anderen Gründen eine unzulässige Rechtsausübung sein.[154]

Erfasst eine tarifliche Ausschlussfrist **allgemein Ansprüche** aus dem Arbeitsverhältnis, so gilt sie **auch** für einen Anspruch auf Zahlung einer einmaligen **Abfindung** aus einem Sozialplan anlässlich der Beendigung des Arbeitsverhältnisses.[155] Bestimmt eine **zweistufige** tarifliche Ausschlussklausel, dass ein Anspruch **zwei Monate nach Fälligkeit bzw. nach Beendigung** des Arbeitsverhältnisses schriftlich geltend zu machen ist, so kann die Geltendmachung rechtswirksam auch schon **vor** diesen Ereignissen erfolgen.[156] Bei vorzeitiger schriftlicher Geltendmachung beginnt die Frist für eine tariflich geregelte 14-tägige Bedenkzeit des Arbeitgebers und für die sich daran anschließende gerichtliche Geltendmachung nicht ab dem Zeitpunkt der schriftlichen Geltendmachung, sondern erst ab der Fälligkeit des Anspruchs zu laufen.[157]

Im Fall eines Betriebsübergangs nach § 613a BGB scheidet der **bisherige Arbeitgeber** aus dem Arbeitsverhältnis aus; eine tarifliche Ausschlussfrist für Ansprüche gegen den bisherigen Betriebsinhaber, die an

---

149 BAG, NZA 2003, 449, 451.
150 Zutreffend: LAG München v. 11.10.2001 – 2 Ta 326/01, n.v.; LAG Niedersachsen, NZA-RR 2004, 478, 479; LAG Köln, DB 1984, 568; Bauer, Arbeitsrechtliche Aufhebungsverträge, IV. Rn. 341; a.A.: LAG Hamm, LAGE § 9 KSchG Nr. 21; vgl auch BAG, NJW 1984, 1650 zur Abfindung nach § 113 Abs. 3 BetrVG.
151 Vgl. auch Bauer, Arbeitsrechtliche Aufhebungsverträge, S. 76.
152 BAG, DB 1985, 2357, 2358; Heinze, NZA 1984, 17, 19.
153 Vgl. dazu noch BAG, AP Nr. 145 zu § 112 BetrVG 1972.
154 Fitting, BetrVG, § 77 Rn. 137.
155 BAG, NZA 1995, 643, 644; NZA 2004, 667, 669.
156 BAG, BB 1996, 2302, 2303.
157 BAG, BB 1996, 2302, 2303.

das Ausscheiden aus dem Arbeitsverhältnis anknüpft, beginnt daher mit dem **Zeitpunkt des Übergangs des Betriebs** zu laufen.[158]

4. Andere finanzielle Zuwendungen und Leistungen sowie sonstige Vergünstigungen

113 Betriebsänderungen können für Arbeitnehmer verschiedenartige **wirtschaftliche Nachteile** haben. Entsprechend vielfältig sind – neben Abfindungen – die Möglichkeiten finanzieller Zuwendungen.

114 Bei **Versetzungen** kommt vor allem Folgendes in Betracht:
- Ausgleich von Vergütungseinbußen,
- Finanzierung von Umschulungs- und von Fortbildungsmaßnahmen,
- Trennungsentschädigungen,
- Mietbeihilfen,
- Fahrtkostenzuschüsse.

> **Hinweis:**
> Im Übrigen ist zu beachten, dass § 112 Abs. 5 Satz 2 Nr. 2 BetrVG i.d.R. die Zuerkennung von Abfindungsansprüchen durch einen Spruch der Einigungsstelle an Arbeitnehmer **verbietet**, die einen **angebotenen zumutbaren Arbeitsplatz ablehnen**; diese Vorschrift bestimmt aber nicht, dass Arbeitnehmern eine Abfindung zuerkannt werden muss, wenn sie einen angebotenen anderen, ihnen unzumutbaren Arbeitsplatz ablehnen.[159]

115 Es ist vom Regelungsermessen der Betriebspartner und auch der Einigungsstelle gedeckt, wenn **abschließend geregelt** wird, unter welchen **persönlichen Voraussetzungen** Arbeitnehmer einen nach Art der Tätigkeit entsprechenden und in der Vergütung möglichst gleichwertigen Arbeitsplatz ablehnen können, ohne den Anspruch auf eine Abfindung zu verlieren. Die Einigungsstelle ist nicht gehalten, die Voraussetzungen für die Ablehnung eines Arbeitsplatzangebotes als unzumutbar generalklauselartig zu umschreiben.

116 Die Betriebspartner sind nicht befugt, **unverfallbar gewordene Versorgungsanwartschaften** im Rahmen eines Sozialplans aus Anlass einer Betriebsstilllegung zu beseitigen.[160] Das hat seinen Grund darin, dass den Betriebspartnern die Kompetenz fehlt, in **entstandene** Rechte und einzelvertragliche Ansprüche von Arbeitnehmern einzugreifen.[161]

117 Zulässig ist es dagegen, den Verlust **verfallbarer Anwartschaften** einer betrieblichen Altersversorgung finanziell im Rahmen eines Sozialplans auszugleichen. Anwartschaften können auch **für unverfallbar erklärt** werden, obwohl die Kriterien des § 1 Abs. 1 Satz 1 BetrAVG noch nicht erfüllt sind. Es handelt sich dabei jedoch lediglich um eine **vertragliche, nicht um eine gesetzliche** Unverfallbarkeit. Dies hat zur Folge, dass diese vertraglichen Anwartschaften solange dem **Insolvenzrisiko** ausgesetzt sind, bis die gesetzlichen Unverfallbarkeitsvoraussetzungen erfüllt sind. Ob solche Regelungen allerdings opportun sind, ist häufig fraglich, weil sich immer wieder das Problem ergibt, wo die Grenze zu ziehen ist. Deshalb dürfte sich regelmäßig anbieten, die gesetzlichen Stichtagsregelungen des § 1 BetrAVG nicht zu verändern.

118 Ein Sozialplan, der den betroffenen Arbeitnehmern eine Abfindung oder eine vorgezogene Pensionierung zur Wahl anbietet, kann von Regelungen einer **bestehenden Versorgungsordnung** abweichen, um Wertungswidersprüche zu vermeiden. So ist es nicht zu beanstanden, wenn für diejenigen Arbeitnehmer, die sich für die Abfindungslösung entscheiden und gleichzeitig die flexible Altersgrenze in Anspruch

---

158 BAG, BB 1995, 521.
159 BAG, BB 1989, 498, 499.
160 BAG, DB 1981, 699; vgl. auch BAG, DB 1975, 1991.
161 GK/Fabricius/Oetker, BetrVG, §§ 112, 112a Rn. 117; LAG München, LAGE § 112 BetrVG 1972 Nr. 10.

nehmen,[162] ein **versicherungsmathematischer Abschlag** eingeführt wird, obwohl die bestehende Versorgungsordnung einen solchen nicht vorsieht.[163]

Viele Sozialpläne enthalten **Überbrückungszahlungen** bei Arbeitslosigkeit oder bis zum Bezug von Altersruhegeld aus der Rentenversicherung. 119

Zu erwähnen sind weiter Regelungen über Arbeitgeberdarlehen, Jubiläumszuwendungen, tarifliche Sonderzahlungen, Weihnachtsgelder, 13. Monatsgehalt und vermögenswirksame Leistungen. 120

Häufig wird in Sozialplänen ein **Härtefonds** gebildet, aus dem für solche Arbeitnehmer ergänzende Leistungen gewährt werden, die durch die Betriebsänderung besondere (nicht voraussehbare) wirtschaftliche Nachteile erleiden. Der Härtefonds stellt eine Sozialeinrichtung i.S.v. § 87 Abs. 1 Nr. 8 BetrVG dar. Deshalb besteht bei Verwaltung des Fonds ein Mitbestimmungsrecht des Betriebsrats. 121

Wird ein solcher Härtefonds nicht oder nicht vollständig **ausgeschöpft**, haben die vom Sozialplan erfassten Arbeitnehmer nicht ohne weiteres einen Anspruch darauf, dass dieser Härtefonds entsprechend den übrigen Regelungen des Sozialplans unter ihnen aufgeteilt wird.[164] Zu Unrecht übergangene Arbeitnehmer können aber nach **§ 315 BGB** gegen den Arbeitgeber auf Leistungen aus dem Härtefonds nach billigem Ermessen klagen.[165]

Als **Ausgleich** für die den Arbeitnehmern durch eine Betriebsänderung entstehenden Nachteile kommen auch in Betracht: 122

- Erleichterungen im Hinblick auf den Arbeitnehmern auferlegten Wettbewerbsverboten,
- Abänderungen bei Arbeitgeberdarlehen,
- weiterhin bestehendes Wohnrecht in Werkswohnungen,
- Warenrabatte,
- zusätzliche Urlaubsgewährung und
- Urlaubsgeld.

5. Gültigkeitsdauer und Beendigung eines Sozialplans

Zur Klarstellung ist es zweckmäßig, die **Gültigkeitsdauer** des Sozialplans festzulegen. Dabei kann als Termin auf den Zeitpunkt abgestellt werden, bis zu dem die geplanten personellen Maßnahmen abzuschließen sind. 123

In dem Sozialplan selbst kann die **Dauer** des Sozialplans bestimmt werden. Ferner kann der Sozialplan eine **Kündigungsmöglichkeit** vorsehen. Ansonsten ist eine **außerordentliche Kündigung** bei Dauerregelungen denkbar, soweit Einzelansprüche der Arbeitnehmer noch nicht entstanden sind.[166] 124

Gemäß § 77 Abs. 6 BetrVG **wirkt** der Sozialplan bis zu einer anderweitigen Regelung **nach**, soweit es sich um einen **erzwingbaren Sozialplan** handelt.[167] 125

Die Betriebspartner können einen Sozialplan auch durch eine **ablösende Neuregelung** zu Ungunsten der Arbeitnehmer ersetzen, jedenfalls soweit er Dauerregelungen für fortbestehende Arbeitsverhältnisse enthält und fortlaufende, zeitlich unbegrenzte Leistungsansprüche begründet.[168]

---

162 § 6 BetrAVG.
163 BAG, DB 1987, 53, 54.
164 LAG Bremen, BB 1990, 2119.
165 BAG, BB 1990, 489.
166 Vgl. LAG Saarland, DB 1986, 48; Richardi/Annuß, BetrVG, § 112 Rn. 186; Fitting, BetrVG, §§ 112, 112a Rn. 207.
167 Vgl. BAG, AP Nr. 86 zu § 112 BetrVG 1972; Richardi/Annuß, BetrVG, § 112 Rn. 184.
168 Vgl. BAG, NJW 1982, 70; NZA 1995, 314, 316.

Beispiel:

Würde etwa aus Anlass einer Betriebsverlegung, die nach § 111 Satz 3 Nr. 2 BetrVG als eine sozialplanpflichtige Betriebsänderung gilt, ein Sozialplan aufgestellt und darin vereinbart, dass die dadurch bedingten längeren Wegezeiten besonders vergütet und zusätzlich entstehende Fahrtkosten erstattet werden, so könnten die Betriebspartner später diese von ihnen vereinbarte Sozialplanregelung einvernehmlich – in den Grenzen der Billigkeit – auch wieder ändern und sogar ersatzlos aufheben.

126 Dieses Verfahren versagt in den Fällen, in denen infolge der Betriebsänderung der bisherige Betrieb **aufhört zu bestehen** und damit auch der Betriebsrat, mit dem der Sozialplan vereinbart worden ist, nicht mehr existiert. Das ist bei der Betriebsänderung in der Form der Betriebsstilllegung nach § 111 Satz 3 Nr. 1 BetrVG der Fall. Hier hilft auch das Restmandat nach § 21b BetrVG nicht weiter, wenn mit der Stilllegung des Betriebs alle damit zusammenhängenden Fragen von den Betriebspartnern geregelt worden sind.

127 Bleiben die von der Stilllegung betroffenen Arbeitnehmer **in den Diensten des bisherigen Arbeitgebers** – allerdings in einem anderen Betrieb –, verlieren die Regelungen des Sozialplans nicht ihren kollektivrechtlichen Charakter. Sie werden **Bestandteil** der **kollektiven Normenordnung** des neuen Betriebs, mit der Folge, dass dessen Betriebsrat nunmehr für eine etwaige ablösende Betriebsvereinbarung zuständig ist.[169]

128 Eine ablösende Betriebsvereinbarung kann im Übrigen aber **keine Wirkung** gegenüber solchen Arbeitnehmern entfalten, denen aufgrund einer Betriebsänderung **gekündigt** worden ist und die deshalb aus dem Unternehmen ausgeschieden sind oder ausscheiden werden. Für diese Arbeitnehmer kann hinsichtlich der Sozialplanabfindung nur der Sozialplan maßgeblich sein, der **zum Zeitpunkt des Zugangs der Kündigung** galt, es sei denn, eine spätere ablösende Betriebsvereinbarung würde zu Erhöhungen der Abfindungen führen. Eine Verschlechterung (vollständiger Wegfall oder Reduzierung der Abfindung) ist für diesen Personenkreis nur denkbar, wenn der Sozialplan aufgrund eines Einigungsstellen-Spruchs zu Stande gekommen ist und dieser Spruch wegen Ermessens- und/oder Rechtsfehlern rechtskräftig von den Gerichten für Arbeitssachen aufgehoben wird.

Ein für eine bestimmte Betriebsänderung vereinbarter Sozialplan kann im Übrigen, soweit nichts Gegenteiliges vereinbart ist, **nicht ordentlich gekündigt** werden. Anderes kann für **Dauerregelungen** in einem Sozialplan gelten, wobei Dauerregelungen nur solche Bestimmungen sind, nach denen ein bestimmter wirtschaftlicher Nachteil durch eine bestimmte oder unbestimmte Zeit laufende Leistung ausgeglichen oder gemildert werden soll.[170] Ob ein Sozialplan insgesamt oder hinsichtlich seiner Dauerregelungen außerordentlich gekündigt werden kann, hat das BAG bisher offen gelassen.[171]

129 Im Fall einer zulässigen ordentlichen und ggf. auch außerordentlichen Kündigung eines Sozialplans **wirken seine Regelungen nach**, bis sie durch eine neue Regelung ersetzt werden. Die ersetzende Regelung kann Ansprüche der Arbeitnehmer, die vor dem Wirksamwerden der Kündigung entstanden sind, **nicht zu Ungunsten** der Arbeitnehmer abändern. Das gilt auch dann, wenn die Arbeitnehmer auf Grund bestimmter Umstände nicht mehr auf den unveränderten Fortbestand des Sozialplans vertrauen konnten.[172]

130 Ist die **Geschäftsgrundlage** eines Sozialplans weggefallen und ist einem Betriebspartner das Festhalten am Sozialplan mit dem bisherigen Inhalt nach Treu und Glauben **nicht mehr zuzumuten**, so können die Betriebspartner die Regelungen des Sozialplans den geänderten tatsächlichen Umständen **anpassen**. Verweigert der andere Betriebspartner die Anpassung, entscheidet die Einigungsstelle verbindlich. Die anpassende Regelung kann aufgrund des anzupassenden Sozialplans schon entstandene Ansprüche der Arbeitnehmer auch zu deren Ungunsten abändern. Insoweit genießen die Arbeitnehmer **keinen Vertrau-**

---

169 BAG, NJW 1982, 70, 71.
170 BAG, NZA 1995, 314, 316.
171 BAG, NZA 1995, 314, 316.
172 BAG, NZA 1995, 314, 316.

ensschutz.[173] Die Geschäftsgrundlage des für die Betriebstilllegung vereinbarten Sozialplans entfällt z.B., wenn der Arbeitgeber mit der Durchführung einer geplanten Betriebstilllegung durch Kündigung aller Arbeitsverhältnisse begonnen hat **und** der Betrieb nach Ausspruch der Kündigungen von einem Dritten übernommen wird, der sich bereit erklärt, alle Arbeitsverhältnisse zu den bisherigen Bedingungen fortzuführen. In einem solchen Fall ist der Sozialplan, der allein für den Verlust der Arbeitsplätze Abfindungen vorsah, den veränderten Umständen anzupassen.[174] Bis zur erfolgten Anpassung ist ein Rechtsstreit über eine Abfindung aus dem zunächst vereinbarten Sozialplan in entsprechender Anwendung von **§ 148 ZPO** auszusetzen.[175]

6. Wirkung des Sozialplans

Sozialpläne sind Betriebsvereinbarungen besonderer Art (§ 112 Abs. 1 Satz 3 BetrVG).[176] Sie sind nach den für die Tarifauslegung geltenden Grundsätzen auszulegen.[177] Bei der Auslegung ist der **Zweck** des Sozialplans (Ausgleich wirtschaftlicher Nachteile infolge der Betriebsänderung) mit zu berücksichtigen.[178]

131

Der Tarifvorbehalt des **§ 77 Abs. 3 BetrVG** gilt gemäß § 112 Abs. 1 Satz 4 BetrVG **nicht**. Allerdings kann der Sozialplan eine **tarifliche Regelung nicht unterschreiten**.[179] Verweist ein Sozialplan wegen der Voraussetzungen eines Anspruchs auf „tarifvertragliche Bestimmungen", ohne diese näher zu bezeichnen, so ist im Zweifel von den jeweiligen einschlägigen Bestimmungen auszugehen, auch soweit sie nach dem Abschluss des Sozialplans geändert werden.[180] Dies hat vor allem für Deputate Bedeutung, bei denen es auch sachgerecht ist, **ausgeschiedene Arbeitnehmer nicht besser zu stellen als aktive**. Werden deshalb durch einen nachfolgenden Tarifvertrag die Deputate – aus welchen Gründen auch immer aufgehoben, so gilt dies nach der erwähnten Klausel auch für die Arbeitnehmer, die infolge der Betriebsänderung ausgeschieden sind.

132

Der Sozialplan begründet für die einzelnen Arbeitnehmer **unmittelbare Rechtsansprüche**. Dies gilt auch für Arbeitnehmer, die **vor Abschluss** des Sozialplans nach dem festgelegten Stichtag aus dem Betrieb ausgeschieden sind.[181] Ein Sozialplan kann aber nicht die Kündigungen der Arbeitsverhältnisse ersetzen.[182] Auch werden die Leistungen aus einem Sozialplan unabhängig von der sozialen Rechtfertigung der Kündigungen gewährt.

133

Leistungen aus einem Sozialplan sind **kein Arbeitsentgelt**. Daher ruht der Anspruch auf Arbeitslosengeld nicht gemäß **§ 143 SGB III**,[183] es sei denn, es handelt sich um Abfindungen bei vorzeitiger Beendigung von Arbeitsverhältnissen, die zu einem Ruhen des Anspruchs auf Arbeitslosengeld nach § 143a Abs. 1 Satz 1 SGB III bis zu dem Tag, an dem das Arbeitsverhältnis bei Einhaltung der Kündigungsfrist geendet hätte, führt.[184]

134

Entschließt sich der Unternehmer, eine an und für sich beschlossene Betriebsänderung trotz Vorliegens eines Interessenausgleichs und eines Sozialplans nicht durchzuführen, so haben nur die Arbeitnehmer **Anspruch auf Sozialplanleistungen** (insb. Abfindungen), denen vor Bekanntmachung des Sinneswandels gegenüber dem Betriebsrat gekündigt worden ist und die infolge dieser Kündigungen tatsächlich aus dem Unternehmen ausscheiden, also die **Kündigungen akzeptieren**.

135

---

173 BAG, NZA 1995, 314, 318.
174 BAG, NZA 1997, 109, 110.
175 BAG, NZA 1997, 109, 111.
176 Vgl. BAG, DB 1975, 2188.
177 BAG, DB 1975, 2188; AP Nr. 48 zu § 112 BetrVG 1972.
178 BAG, DB 1980, 502, 503.
179 Richardi/Annuß, BetrVG, § 112 Rn. 178 ff.; Fitting, BetrVG, §§ 112, 112a Rn. 178 f.
180 BAG, DB 1980, 502 zum Anspruch der Berginvaliden auf „Hausbrand".
181 Vgl. LAG Hamm, AP Nr. 1 zu § 112 BetrVG 1972.
182 BAG, AP Nr. 3 zu § 80 ArbGG.
183 BSG, AP Nr. 2 zu § 117 AFG.
184 Fitting, BetrVG, §§ 112, 112a Rn. 199.

7. Haftungsfragen

136 Eine **natürliche Person** kann auch dann Unternehmer im konzernrechtlichen Sinn sein, wenn sie ihre unternehmerischen Aktivitäten nur als Mehrheitsgesellschafter in anderen Gesellschaften ausübt. Der eine GmbH beherrschende Unternehmensgesellschafter kann von den Arbeitnehmern der GmbH nach den Grundsätzen der Haftung im qualifiziert faktischen Konzern auf Zahlung rückständigen Arbeitsentgelts und auf Ausgleich von Sozialplanansprüchen in Anspruch genommen werden.[185]

> **Hinweis:**
> Eine solche Haftung im qualifiziert faktischen Konzern setzt voraus, dass die Konzernleitungsmacht in einer Weise ausgeübt wird, die **keine Rücksicht** auf die Belange der abhängigen Gesellschaft nimmt, ohne dass sich die dadurch zugefügten Nachteile durch andere Maßnahmen kompensieren ließen.[186]

F. Mitbestimmung im Aufsichtsrat, insb. Drittelbeteiligungsgesetz

137 Neben der im BetrVG geregelten Mitbestimmung der Arbeitnehmer wirken Arbeitnehmer bei Kapitalgesellschaften und Genossenschaften mit mindestens 500 Arbeitnehmern auch auf Unternehmensebene im Aufsichtsrat mit. Die Mitbestimmung in Unternehmensorganen gibt es nur in **Kapitalgesellschaften** und **Genossenschaften**, nicht in Unternehmen, deren Träger ein Einzelkaufmann, eine Personengesellschaft, eine Stiftung oder ein Verein ist. Der Grund dafür ist u.a., dass Personengesellschaften, BGB-Gesellschaften und Einzelkaufleute auf der persönlichen Mitarbeit und der vollen persönlichen Haftung zumindest eines Teils der Gesellschafter aufgebaut sind und dass sich damit Mitbestimmungsrechte, die in die Unternehmensleitung eingreifen, kaum vereinbaren lassen.

I. Gesetze zur Mitbestimmung in Unternehmen

138 Die Mitbestimmung ist unterschiedlich ausgestaltet in mittleren und größeren Kapitalgesellschaften, in Montanunternehmen und in ehemaligen Montanunternehmen. Die Gesetze unterscheiden sich voneinander vor allem nach der Intensität der Mitbestimmung und nach dem Gewerkschaftseinfluss. Die Mitbestimmung wird bei Unternehmen mit mehr als 2.000 Arbeitnehmern durch das **MitbestG** geregelt, bei Unternehmen der Montanindustrie mit mehr als 1.000 Arbeitnehmern durch das **Montanmitbestimmungsgesetz** (Montan-MitbestG), bei herrschenden Unternehmen, die nicht unter das Montanmitbestimmungsgesetz fallen, sofern der Konzernzweck durch montanmitbestimmte Unternehmen gekennzeichnet ist, durch das **Montanmitbestimmungsergänzungsgesetz** (Montan-MitbestimmungsErgG), und bei Unternehmen mit mehr als 500 Arbeitnehmern durch das DrittelbG. Die größte Bedeutung hat dabei das DrittelbG, weshalb im Folgenden nur auf dieses eingegangen wird.

II. Drittelbeteiligungsgesetz

139 Das DrittelbG ist am 1.7.2004 in Kraft getreten und ersetzt das BetrVG 1952. Wie der Name bereits sagt, regelt es die **drittelparitätische Mitbestimmung von Arbeitnehmervertretern** im Aufsichtsrat, d.h. bei den vom DrittelbG erfassten Unternehmen besteht der zu bildende Aufsichtsrat zu einem Drittel aus Arbeitnehmervertretern (§ 4 Abs. 1 DrittelbG).

Der Gesetzgeber verfolgte bei der Einführung des DrittelbG **mehrere Ziele**:[187]

- Primär sollte eine **redaktionelle Neufassung** zur Systematisierung des unübersichtlichen Regelungsgeflechts des BetrVG 1952 erreicht werden.
- Daneben sollte auch gerade das **Wahlverfahren modernisiert und vereinfacht** werden.

---

185 BAG, NZA 1994, 931, 932.
186 BAG, NZA 1994, 931, 932 im Anschluss an BGH, NJW 1994, 446.
187 ErfK/Oetker, ArbR, Einführung DrittelbG Rn. 2.

1. Anwendungsbereich

Ein Aufsichtsrat mit Drittelbeteiligung der Arbeitnehmer ist gemäß § 1 Abs. 1 DrittelbG grds. in allen Unternehmen in der Rechtsform einer **AG, KGaA, GmbH, VVaG oder Erwerbs- und Wirtschaftsgenossenschaft** zu bilden, die i.d.R. **mehr als 500** Arbeitnehmer beschäftigen und nicht als Tendenzunternehmen[188] zu charakterisieren sind.

Ausgenommen sind hiervon allerdings Unternehmen, für die das MitbestG, das Montan-MitbestG oder das Montan-MitbestimmungsergG einschlägig ist (§ 1 Abs. 2 Satz 1 Nr. 1 DrittelbG).

Für **Alt-Gesellschaften** in der Form einer AG oder KGaA, d.h. Gesellschaften die vor dem 10.8.1994 in das Handelsregister eingetragen worden sind, gilt gemäß § 1 Abs. Nr. 1 und 2 DrittelbG die Mindestbeschäftigungsschwelle von 501 Arbeitnehmern nicht. Vielmehr sind unabhängig von der Arbeitnehmerzahl ein Drittel des Aufsichtsrats mit Arbeitnehmervertretern zu besetzen, es sei denn, es handelt sich um eine Familiengesellschaft.[189]

AG und KGaA, die trotz der Beschäftigung von **weniger als 500** Arbeitnehmern als Alt-Gesellschaften unter das DrittelbG fallen, sind also weiterhin zur Vermeidung der drittelparitätischen Unternehmensmitbestimmung darauf verwiesen, ihre Rechtsform bspw. in diejenige einer GmbH nach den Bestimmungen der §§ 190ff. UmwG **formzuwechseln**; ein späterer Rück-Formwechsel in die Rechtsform der AG oder KGaA ließe die Unternehmensmitbestimmung **nicht wiederaufleben**.[190]

2. Zahl der Aufsichtsratsmitglieder und Zusammensetzung

Nach § 4 Abs. 1 DrittelbG muss der Aufsichtsrat eines der in § 1 DrittelbG bezeichneten Unternehmen zu **einem Drittel aus Arbeitnehmervertretern** bestehen. Daraus ergibt sich, dass die Gesamtzahl der Mitglieder des Aufsichtsrates immer durch drei teilbar sein muss. Im Übrigen steht die Gesamtgröße des Aufsichtsrates im Ermessen des Satzungsorgans, sofern keine gesellschaftsrechtlichen Schranken gegeben sind.[191]

> **Hinweis:**
>
> Für die **Zusammensetzung des Aufsichtsrates** ist § 4 Abs. 2 DrittelbG zu beachten: Besteht der Aufsichtsrat aus drei oder sechs Mitgliedern, müssen die Arbeitnehmervertreter als Arbeitnehmer im Unternehmen beschäftigt sein. Bei einem **größeren Aufsichtsrat** dagegen können auch Personen, die dem Unternehmen nicht als Arbeitnehmer angehören, dem Aufsichtsrat angehören, solange daneben mindestens zwei Arbeitnehmervertreter auch als Arbeitnehmer im Unternehmen beschäftigt sind.

Zusätzlich ist zu berücksichtigen, dass nach § 4 Abs. 4 DrittelbG unter den Arbeitnehmervertretern im Aufsichtsrat **Frauen und Männer** entsprechend ihrem zahlenmäßigen Verhältnis im Unternehmen vertreten sein sollen. Dabei handelt es sich allerdings nur um eine Sollvorschrift, so dass eine Verletzung der **Geschlechterproportionalität** nicht zur Anfechtbarkeit der Wahl führt.[192]

---

188 Tendenzunternehmen sind Unternehmen, die unmittelbar und überwiegend politischen, koalitionspolitischen, konfessionellen, karitativen, erzieherischen, wissenschaftlichen oder künstlerischen Bestimmungen oder Zwecken der Berichterstattung oder Meinungsäußerung, auf die Art. 5 Abs. 1 Satz 2 des GG anzuwenden sind, dienen sowie Religionsgemeinschaften und ihre karitativen und erzieherischen Einrichtungen, unbeschadet deren Rechtsform (§ 1 Abs. 2 Satz 1 Nr. 2 und Satz 2 DrittelbG).
189 Der Begriff der Familiengesellschaft ist legaldefiniert in § 1 Abs. 1 Nr. 1 DrittelbG.
190 Seibt, in: Henssler/Willemsen/Kalb, ArbR, § 1 DrittelbG Rn. 13; ders., in: Willemsen/Hohenstatt/Schweibert/Seibt, Umstrukturierung und Übertragung von Unternehmen, F Rn. 68a; Henssler, ZfA 2000, 241, 259.
191 Bei AG, KGaA und GmbH ergibt sich aus § 95 Satz 4 AktG eine Höchstgrenze von 21 Mitgliedern; dieselbe Grenze folgt für VVaG aus § 35 Abs. 1 Satz 4 VAG.
192 ErfK/Oetker, ArbR, § 4 DrittelbG Rn. 14.

3. Wahl der Arbeitnehmervertreter

144 Die Wahl der Arbeitnehmervertreter muss nach § 5 Abs. 1 DrittelbG nach den Grundsätzen der **Mehrheitswahl** in allgemeiner, geheimer, gleicher und unmittelbarer Wahl erfolgen.

145 Die Durchführung der Wahl regelt als **Wahlordnung** die Verordnung zum Zweiten Gesetz zur Vereinfachung der Wahl der Arbeitnehmervertreter in den Aufsichtsrat v. 23.6.2004.[193]

146 Die **Kosten** der Wahlen trägt das Unternehmen (§ 10 Abs. 3 Satz 1 DrittelbG).

147 **Aktiv wahlberechtigt** sind gemäß § 5 Abs. 2 Satz 1 DrittelbG die Arbeitnehmer des Unternehmens, die das 18. Lebensjahr vollendet haben. Für den Begriff des „Arbeitnehmers" verweist § 3 Abs. 1 DrittelbG auf die Regelung des § 5 Abs. 1 BetrVG und nimmt die **leitenden Angestellten** nach § 5 Abs. 3 BetrVG vom Arbeitnehmerbegriff aus. Leitende Angestellte sind damit bei der Wahl der Arbeitnehmervertreter zum Aufsichtsrat nach dem DrittelbG nicht wahlberechtigt.

148 Für die **passive Wählbarkeit** von Arbeitnehmervertretern ist nach § 4 Abs. 3 DrittelbG zu berücksichtigen, dass diese ebenfalls das 18. Lebensjahr vollendet haben und ein Jahr dem Unternehmen angehören müssen sowie die Voraussetzungen des § 8 Abs. 1 BetrVG erfüllen.

Für die passive Wahlberechtigung der **leitenden Angestellten** als Arbeitnehmervertreter ist zu unterscheiden, ob mehr als zwei Arbeitnehmervertreter zu wählen sind: Ist **nur ein** Aufsichtsratsmitglied der Arbeitnehmer oder sind **zwei Aufsichtsratsmitglieder** der Arbeitnehmer zu wählen, können gemäß § 4 Abs. 2 Satz 1 DrittelbG hier keine leitenden Angestellten gewählt werden, da auch hier auf den in § 3 Abs. 1 BetrVG definierten Arbeitnehmerbegriff Bezug genommen wird. Sind dagegen **mehr als zwei** Arbeitnehmervertreter in den Aufsichtsrat zu wählen, besitzen gemäß § 4 Abs. 2 Satz 2 DrittelbG auch leitende Angestellte das passive Wahlrecht; dabei müssen nur mindestens zwei der Arbeitnehmervertreter Arbeitnehmer i.S.d. § 3 Abs. 1 DrittelbG und im Unternehmen beschäftigt, dürfen also keine leitenden Angestellten sein.

149 § 11 DrittelbG regelt die **Anfechtbarkeit** der Wahl von Arbeitnehmervertretern: Danach kann die Wahl von Aufsichtsratsmitgliedern der Arbeitnehmer angefochten werden, wenn gegen wesentliche Vorschriften über das Wahlrecht, die Wählbarkeit oder das Wahlverfahren verstoßen wurde und eine Berichtigung nicht erfolgt ist, es sei denn, dass das Wahlergebnis durch den Verstoß nicht geändert oder beeinflusst werden konnte.

4. Besonderheiten im Konzern

a) Besonderheiten bei der Aufsichtsratswahl (§ 2 Abs. 1 DrittelbG)

150 § 2 Abs. 1 DrittelbG gibt Auskunft zu der Frage, ob Arbeitnehmer eines abhängigen Konzernunternehmens berechtigt sind, an der **Wahl zum Aufsichtsrat des herrschenden Unternehmens** teilzunehmen. Vorrangig ist also zu prüfen, ob für das herrschende Unternehmen die Voraussetzungen für die Bildung eines mitbestimmten Aufsichtsrates vorliegen, wobei für den Schwellenwert von 501 Arbeitnehmern gemäß § 2 Abs. 2 DrittelbG die Arbeitnehmer des abhängigen Unternehmens mitzurechnen sind.

151 Für den **Begriff des Konzerns** verweist das DrittelbG auf **§ 18 AktG**, wonach es sich um ein oder mehrere abhängige Unternehmen handeln muss, die das herrschende Unternehmen unter seiner einheitlichen Leitung zusammenfasst. Vermutet wird dies nach § 18 Abs. 1 Satz 2 AktG, wenn zwischen den Unternehmen ein Beherrschungsvertrag geschlossen ist.

Anders als im Rahmen des § 76 Abs. 4 BetrVG 1952 reicht damit für die Wahlberechtigung nach dem DrittelbG nunmehr auch ein **faktischer Konzern** aus.[194]

---

193 BGBl. 2004 I, S. 1393 ff.
194 ErfK/Oetker, ArbR, § 2 DrittelbG Rn. 8.

b) Zurechnung von in Konzernunternehmen beschäftigten Arbeitnehmern (§ 2 Abs. 2 DrittelbG)

Wie oben dargelegt, hängt die **Anwendbarkeit** des DrittelbG nicht allein von der Rechtsform des Unternehmens ab, sondern darüber hinaus auch von der Anzahl der beschäftigten Arbeitnehmer. Dabei werden gemäß § 2 Abs. 2 DrittelbG Arbeitnehmer von Konzernunternehmen ausschließlich dann zur herrschenden Konzernobergesellschaft **zugerechnet**, wenn

- entweder zwischen den Unternehmen ein **Beherrschungsvertrag** besteht,[195] oder
- das abhängige Unternehmen in das herrschende Unternehmen **eingegliedert** ist. Hierbei ist zu beachten, dass nach § 319 AktG eine Eingliederung nur zwischen AG möglich ist.[196]
- Das bedeutet im **Umkehrschluss**, dass Arbeitnehmer eines nur faktisch oder aufgrund anderer als Beherrschungsverträgen abhängigen Unternehmens nicht dem herrschenden Unternehmen für die Erreichung der Arbeitnehmerzahl zugerechnet werden können.[197]

152

---

[195] Legaldefiniert wird der Beherrschungsvertrage in § 291 Abs. 1 Satz 1 AktG als Unternehmensvertrag, durch den eine AG oder eine KGaA die Leitung ihrer Gesellschaft einem anderen Unternehmen unterstellt.
[196] BayObLG, ZIP 1993, 263, 264; OLG Düsseldorf, ZIP 1997, 546, 548; Fuchs/Köstler, Aufsichtsratswahl, Rn. 143.
[197] ErfK/Oetker, ArbR, § 2 DrittelbG Rn. 18.

b) **Anhörung von Konzernmitarbeitern beschäftigter Arbeitnehmer (§ 6 Abs. 2 DrittelbG)**

Wie oben erwähnt, bezieht sich auch die Ausnahmebestimmung des DrittelbG nach ihrem Recht auf das Unternehmen selbst, sondern bezieht auch von der Arbeit der beschäftigten Arbeitnehmer Daten von den gemäß § 2 Abs. 2 DrittelbG „Arbeitnehmer von Konzernunternehmen" als solche eben zur Betrachtung hergezogen werden, wenn

– das in Anhang zu Unternehmen in der Konzernebene Unternehmen eingegliedert ist. Hierbei ist zu beachten, das nach § 18 AktG eine Eingliederung nur zwischen AG Geltung hat.

– das gesamte Unternehmen des Arbeitnehmers einen mittelbaren oder unmittelbaren Beherrschungsvertrag einschließen kann nach § 291 nicht dem herrschenden Unternehmen für die Errichtung der Arbeitnehmervertretungen wegen kommen.

: Kartellrecht

Inhaltsverzeichnis

	Rn.
A. Kartellverbot – Art. 81 EG, §§ 1 – 3 GWB	1
I. Allgemeines	1
1. Ziel des Verbots	1
2. Verhältnis EG-Vertrag – GWB	2
a) Verhältnis von Art. 81 EG zu § 1 GWB	2
b) Zuständige Behörden	6
II. Tatbestand	9
1. Adressaten	10
a) Unternehmen	10
b) Unternehmensvereinigungen	15
2. Erfasstes Verhalten	16
a) Vereinbarungen	16
b) Abgestimmte Verhaltensweisen	19
c) Beschlüsse	20
3. Wettbewerbsbeschränkung	21
4. Spürbarkeit	27
5. Wettbewerbsbeschränkung als Zweck oder Wirkung	30
6. Beispielskatalog des Art. 81 Abs. 1 lit. a – e EG	32
7. Freistellung	33
a) Gruppenfreistellung	38
(1) Vertikale Vertriebsvereinbarungen	42
(2) Vertikale Vereinbarungen im KFZ-Sektor	44
(3) Spezialisierungsvereinbarungen	45
(4) Forschungs- und Entwicklungsvereinbarungen	46
(5) Technologietransfervereinbarungen	49
b) Einzelfreistellung	50
c) Freistellung für Mittelstandskartelle nach § 3 Abs. 1 GWB	51
III. Folgen eines Verstoßes	52
1. Zivilrechtliche Folgen	53
a) Wirksamkeit einer Vereinbarung	53
b) Schadensersatz- und Unterlassungsansprüche Dritter	58
2. Untersagungsverfügung und Vorteilsabschöpfung	65
3. Ordnungswidrigkeit und Strafbarkeit	70
a) Grundzüge des Bußgeldverfahrens	70
b) Strafrechtsähnlicher Charakter des Bußgeldverfahrens	78
c) Strafbarkeit	80
IV. Verfahren	81
1. Ermittlungsbefugnisse	81
a) Kommission	81
b) Nationale Kartellbehörden	85
2. Verteidigungsrechte	88
a) Verfahren vor der Kommission	88
b) Verfahren vor nationalen Kartellbehörden	92
V. Rechtsschutz	93
B. Fusionskontrolle	95
I. Einleitung	95
II. EG-Fusionskontrolle	99
1. Allgemeines	99
2. Begriff des „Zusammenschlusses"	101
a) Fusion	102
b) Kontrollerwerb	103
(1) Verschiedene Formen der Kontrolle	106
(2) Alleinkontrolle	107
(3) Gemeinsame Kontrolle	110
(4) Vollfunktionscharakter des Gemeinschaftsunternehmens	113
(5) Veränderungen in der Struktur der Kontrolle	114
c) „Bankenklausel"	115
3. Spürbare Inlandsauswirkung	116
4. Umsatzschwellen	117
a) Erste Schwelle: Art. 1 Abs. 2 FKVO	119
b) Zweite Schwelle: Art. 1 Abs. 3 FKVO	120
c) Begriff des „Gesamtumsatzes"	121
d) Begriff der „beteiligten Unternehmen"	126
(1) Sonderfall: Gemeinsamer Erwerb zum Zwecke der sofortigen Aufteilung	130
(2) Sonderfall: Kontrollerwerb durch Gemeinschaftsunternehmen	131
5. Verweisung von Zusammenschlüssen ohne gemeinschaftsweite Bedeutung an die Kommission	132
a) Verweisung auf Antrag der beteiligten Unternehmen	133
b) Verweisung auf Antrag einzelner Mitgliedstaaten	135
6. Verweisung von Zusammenschlüssen mit gemeinschaftsweiter Bedeutung an die Mitgliedstaaten	136
a) Verweisung auf Antrag der beteiligten Unternehmen	137
b) Verweisung auf Anregung der Mitgliedstaaten	138
7. Vollzugsverbot	139
8. Grundzüge des EG-Fusionskontrollverfahrens	146
a) Anmeldezeitpunkt	147
b) Anmeldende Unternehmen	148
c) Inhalt der Anmeldung	149
d) Informelle Vorklärung	150

e) Die „erste Phase"................. 151
   f) Die „zweite Phase"................ 152
   g) Zusagen, Auflagen und Bedingungen ... 153
   h) Anmeldegebühr.................... 157
   i) Rechtsmittel...................... 158
   j) Materielle Fusionskontrolle........... 161
9. Zulässigkeit von wettbewerbsbeschränkenden „Nebenabreden"................. 165
   a) Erwerb eines Unternehmens bzw. Unter-
      nehmensteils 167
      (1) Wettbewerbsverbote zulasten des
          Veräußerers................... 168
      (2) Wettbewerbsverbote zulasten des
          Erwerbers.................... 174
   b) Gründung eines Gemeinschaftsunterneh-
      mens............................ 175
   c) Vereinbarung „überschießender" Neben-
      abreden 177
III. Deutsche Fusionskontrolle 180
  1. Allgemeines......................... 180
  2. Subsidiarität gegenüber der EG-Fusions-
     kontrolle............................ 182
  3. Begriff des „Zusammenschlusses" 184
     a) Vermögenserwerb 186
        (1) Erwerb des Vermögens im Ganzen.. 189
        (2) Erwerb des Vermögens zu einem
            wesentlichen Teil 190
     b) Kontrollerwerb................... 193
        (1) Alleinkontrolle 194
        (2) Gemeinsame Kontrolle.......... 195
     c) Anteilserwerb 197
     d) Erwerb eines „wettbewerblich erheb-
        lichen Einflusses" 206
     e) Verhältnis der einzelnen Zusammen-
        schlusstatbestände zueinander......... 210
     f) Konzerninterne Umstrukturierungen.... 211
     g) „Bankenklausel" 212
  4. Spürbare Inlandsauswirkung 214
  5. Umsatzschwellen..................... 215
     a) Umsatzschwellen des § 35 Abs. 1 GWB . 216
     b) Ausnahmen gemäß § 35 Abs. 2 GWB... 222
  6. Vollzugsverbot....................... 225
  7. Grundzüge des deutschen Fusionskontroll-
     verfahrens........................... 231
     a) Anmeldezeitpunkt 232
     b) Anmeldende Unternehmen 233
     c) Inhalt der Anmeldung 234
     d) Zuständige Kartellbehörde 236
     e) Die „erste Phase"................. 238
     f) Die „zweite Phase"................ 239
     g) Zusagen, Bedingungen und Auflagen ... 240
     h) Anmeldegebühr................... 241
     i) Vollzugsanzeige................... 242
     j) Rechtsmittel/Ministererlaubnis 243
  8. Materielle Fusionskontrolle............. 245
  9. Zulässigkeit von wettbewerbsbeschränken-
     den „Nebenabreden" 248

Kommentare und Gesamtdarstellungen:

Bechtold, GWB, 4. Aufl. 2006; *Bechtold/Bosch/Brinker/Hirsbrunner*, EG-Kartellrecht, 2005; *de Bronett*, Kommentar zum europäischen Kartellverfahrensrecht, 2005; *Frankfurter Kommentar zum Kartellrecht*, 59. EL, Stand: Mai 2006; *Hootz*, Gesetz gegen Wettbewerbsbeschränkungen und Europäisches Kartellrecht, 5. Aufl., 1. Lieferung – § 1 GWB (1999); *Immenga/Mestmäcker*, GWB, 3. Aufl. 2001; *dies.*, EG-Wettbewerbsrecht, 1997 – 2001; *Jaeger/Pohlmann/Rieger/Schroeder*, Frankfurter Kommentar zum Kartellrecht; *Klees*, Europäisches Kartellverfahrensrecht, 2005; *Langen/Bunte*, Kommentar zum deutschen und europäischen Kartellrecht, 10. Aufl. 2006; *Loewenheim/Meesen/Riesenkampff*, Kartellrecht, Bd. 1: Europäisches Recht, 2005; Bd. 2: Gesetz gegen Wettbewerbsbeschränkungen (GWB), 2006; *Streinz*, EUV/EGV, 2003; *Schröter/Jakob/Mederer*, Kommentar zum Europäischen Wettbewerbsrecht, 2003; *Schulte*, Handbuch Fusionskontrolle, 2005; *von der Groeben/Schwarze*, Vertrag über die Europäische Union und zur Gründung der Europäischen Gemeinschaft, 6. Aufl. 2003 f.

Aufsätze und Rechtsprechungsübersichten:

Bechtold/Buntscheck, Die 7. GWB-Novelle und die Entwicklung des deutschen Kartellrechts 2003 bis 2005, NJW 2005, 2966; *Karl/Reichelt*, Die Änderungen des Gesetzes gegen Wettbewerbsbeschränkungen durch die 7. GWB-Novelle, DB 2005, 1436; *Staebe/Denzel*, Die neue Europäische Fusionskontrollverordnung, EWS 2004, 194; *Weitbrecht*, Das neue EG-Kartellverfahrensrecht, EuZW 2003, 69.

A. Kartellverbot – Art. 81 EG, §§ 1 – 3 GWB

I. Allgemeines

1. Ziel des Verbots

1 Das Kartellverbot – bzw. das Verbot wettbewerbsbeschränkender Vereinbarungen, Beschlüsse oder aufeinander abgestimmter Verhaltensweisen – bezweckt den Schutz des Wettbewerbs. Zwar ist der Begriff des

Wettbewerbs nicht gesetzlich definiert. Zu den Grundelementen des Wettbewerbs – sei es als Anbieter-, sei es als Nachfragerwettbewerb – gehört aber in jedem Fall ein Marktgeschehen, bei dem Anbieter oder Nachfrager am Markt **um Kunden bzw. Lieferanten konkurrieren**, z.B. indem sie Waren oder Dienstleistungen verbessern, ihre Preise anpassen oder andere Vertragsbedingungen verändern. Kartelle zielen darauf ab, diesen Wettbewerbsdruck zu reduzieren und dadurch den unternehmerischen Erfolg sicherzustellen. Typische und besonders wettbewerbsschädliche Kartelle[1] liegen daher z.B. vor, wenn Preise abgesprochen, die Produktion einvernehmlich gedrosselt oder Märkte aufgeteilt werden. Die negativen Auswirkungen solcher Praktiken auf die Marktgegenseite – z.B. auf den Verbraucher in Form von höheren Preisen oder geringer Angebotsvielfalt – sollen durch das Kartellverbot verhindert werden.[2]

2. Verhältnis EG-Vertrag – GWB

a) Verhältnis von Art. 81 EG zu § 1 GWB

Im deutschen Recht findet sich das Kartellverbot in **§ 1 GWB**,[3] im Gemeinschaftsrecht in **Art. 81 Abs. 1 EG**. Demnach sind Vereinbarungen zwischen Unternehmen, Beschlüsse von Unternehmensvereinigungen und aufeinander abgestimmte Verhaltensweisen, die eine Verhinderung, Einschränkung oder Verfälschung des Wettbewerbs bezwecken oder bewirken, verboten.

Art. 81 EG verlangt darüber hinaus noch, dass das jeweilige Verhalten geeignet ist, den **Handel zwischen den Mitgliedstaaten der Gemeinschaft zu beeinträchtigen**. Dieses Tatbestandsmerkmal bestimmt auch das Verhältnis von § 1 GWB und Art. 81 EG: Handelt es sich um ein Kartell ohne diesen Zwischenstaatlichkeitsbezug, ist nur das GWB anwendbar. Liegt der Zwischenstaatlichkeitsbezug hingegen vor, müssen die nationalen Behörden und Gerichte zwingend auch Art. 81 EG anwenden (vgl. § 22 Abs. 1 Satz 2 GWB, Art. 3 Abs. 1 Satz 1 VO 1/2003).[4]

In Kollisionsfällen, in denen das nationale Recht ein Verhalten verbietet, das Gemeinschaftsrecht es hingegen zulässt, geht Letzteres bereits nach dem allgemeinen Grundsatz vom **Vorrang des Gemeinschaftsrechts** vor. Dies ist in Art. 3 Abs. 2 VO 2003/1 und § 22 Abs. 2 GWB nunmehr auch ausdrücklich geregelt. Auch im umgekehrten Fall, in dem das Verhalten nach Gemeinschaftsrecht verboten, nach nationalem Recht aber erlaubt ist, greift der Grundsatz vom Vorrang des Gemeinschaftsrechts ein (vgl. § 22 Abs. 2 Satz 3 GWB).[5]

Eine Vereinbarung bzw. eine Verhaltensweise **beeinträchtigt den zwischenstaatlichen Handel**, wenn sich anhand einer Gesamtheit objektiver rechtlicher oder tatsächlicher Umstände mit hinreichender Wahrscheinlichkeit voraussehen lässt, dass sie den Warenverkehr zwischen Mitgliedstaaten unmittelbar oder mittelbar, tatsächlich oder potenziell in einem der Erreichung der Ziele eines einheitlichen zwischenstaatlichen Marktes nachteiligen Sinne beeinflussen kann.[6] Auch wenn eine Absprache nur die Vermarktung von Produkten in einem einzigen Mitgliedstaat bezweckt, kann eine Beeinträchtigung des zwischenstaatlichen Handels vorliegen. Dies liegt daran, dass auf einem für Einfuhren durchlässigen Markt die Teilnehmer an einer nationalen Preisabsprache ihren Marktanteil nur wahren können, wenn sie sich gegen

---

1 „Hard-Core-Kartelle", Langen/Bunte/Bunte, Kartellrecht, Bd. 1, § 1 GWB Rn. 8.
2 Vgl. EuGH, Urt. v. 7.1.2004 – Rs. C-204/00 P, C-205/00 P, C-211/00 P, C-213/00 P, C-217/00 P und C-219/00 P, Slg. 2004, I-123 Tz. 53 f. – Aalborg Portland/Kommission.
3 Zur Geschichte dieser Vorschrift siehe Langen/Bunte/Bunte, Kartellrecht, Bd. 1, § 1 GWB Rn. 1 ff.; zur Geschichte des GWB allgemein vgl. Langen/Bunte/Bunte, Kartellrecht, Bd. 1, Einführung zum GWB Rn. 1 ff.
4 Verordnung (EG) Nr. 1/2003 des Rates vom 16.12.2002 zur Durchführung der in den Art. 81 und 82 des Vertrags niedergelegten Wettbewerbsregeln, ABl. EG 2003 L 1/1.
5 So auch de Bronett, Europäisches Kartellverfahrensrecht, Art. 3 Rn. 4; Langen/Bunte/Schneider, Kartellrecht, Band 1, § 22 GWB Rn. 21.
6 Vgl. auch Leitlinien der Kommission über den Begriff der Beeinträchtigung des zwischenstaatlichen Handels in den Art. 81 und 82 des Vertrags, ABl. EG 2004 C 101/81. Diese Leitlinien binden die nationalen Behörden und Gerichte zwar nicht, sie bieten aber einen Anhaltspunkt.

ausländische Konkurrenz schützen und somit gerade zwischenstaatlichen Handel verhindern.[7] Da eine **potenzielle Beeinflussung** ausreicht, muss nicht nachgewiesen werden, dass der Handel tatsächlich beeinträchtigt wurde.

5   Die tatsächliche oder potenzielle Beeinträchtigung darf nicht nur geringfügig, sondern muss spürbar sein.[8] Die Kommission geht in ihren „Leitlinien über den Begriff der Beeinträchtigung des zwischenstaatlichen Handels in den Artikeln 81 und 82 des Vertrags"[9] davon aus, dass Vereinbarungen grds. nicht geeignet sind, den Handel zwischen Mitgliedstaaten spürbar zu beeinträchtigen, wenn der gemeinsame Marktanteil der Beteiligten auf keinem von der Vereinbarung betroffenen relevanten Markt innerhalb der Gemeinschaft 5 % überschreitet und im Falle horizontaler Vereinbarungen der gesamte Jahresumsatz der beteiligten Unternehmen innerhalb der Gemeinschaft mit den von der Vereinbarung erfassten Waren nicht den Betrag von 40 Mio. € überschreitet. Im Falle vertikaler Vereinbarungen darf der Jahresumsatz des Lieferanten mit den von der Vereinbarung erfassten Waren in der Gemeinschaft nicht den Betrag von 40 Mio. € überschreiten.[10]

b) Zuständige Behörden

6   Zwischen den nationalen Wettbewerbsbehörden – in Deutschland das Bundeskartellamt und die Landeskartellämter[11] – und der Kommission besteht eine **konkurrierende Zuständigkeit** zur Anwendung des Art. 81 EG (vgl. Art. 4 und 5 VO 1/2003).[12]

Gemäß Art. 5 VO 1/2003 sind die **Wettbewerbsbehörden der Mitgliedstaaten** für die Anwendung des Art. 81 EG in Einzelfällen zuständig. Sie können hierzu von Amts wegen oder aufgrund einer Beschwerde Entscheidungen erlassen, mit denen die Abstellung von Zuwiderhandlungen angeordnet wird, einstweilige Maßnahmen angeordnet, Verpflichtungszusagen angenommen oder Geldbußen, Zwangsgelder oder sonstige im innerstaatlichen Recht vorgesehene Sanktionen verhängt werden. Darüber hinaus können sie, wenn die Voraussetzungen für ein Verbot nicht gegeben sind, entscheiden, dass für sie kein Anlass besteht, tätig zu werden.

Entsprechende **Befugnisse der Kommission** finden sich in den Art. 7 bis 10 sowie Art. 23 und 24 VO 1/2003. Entscheidet sich die Kommission, aufgrund der Befugnisse der Art. 7 bis 10 ein Verfahren einzuleiten,[13] entfällt damit die Zuständigkeit der Wettbewerbsbehörden der Mitgliedstaaten (Art. 11 Abs. 6 VO 1/2003). Gründe für die Einleitung des Verfahrens durch die Kommission sind z.B., dass parallel tätige Behörden der Mitgliedstaaten widerstreitende Entscheidungen im selben Fall beabsichtigen oder nationale Behörden das Verfahren unangemessen in die Länge ziehen.[14]

7   Art. 16 VO 1/2003 bestimmt zusätzlich, dass mitgliedstaatliche Gerichte oder Behörden bei der Anwendung von Art. 81 EG auf ein Verhalten, das **bereits Gegenstand einer Entscheidung der Kommission war**, keine Entscheidung treffen dürfen, die der Kommissionsentscheidung zuwiderliefe.

---

[7] EuGH, Urt. v. 29.4.2004 – Rs. C-359/01 P, Slg. 2004, I-4933 Tz. 27 f. – British Sugar plc/Kommission; Urt. v. 8.7.2004, Rs. T-67/00, T-68/00, T-71/00 und T-78/00, Slg. 2004, II-2501 Tz. 392 – JFE Engineering Corp./Kommission.

[8] EuGH, Urt. v. 8.7.2004 – Rs. T-67/00, T-68/00, T-71/00 und T-78/00, Slg. 2004, II-2501 Tz. 392 – JFE Engineering Corp./Kommission; Urt. v. 8.7.2004 – Rs. T-50/00, Slg. 2004, II-2395 Tz. 124 – Dalmine SpA/Kommission.

[9] ABl. EG 2004 C 101/81, Nr. 53. Siehe dort auch zu weiteren Einzelheiten.

[10] Zum Begriff der horizontalen bzw. vertikalen Vereinbarung siehe unten Rn. 42 ff.

[11] Vgl. §§ 48 ff. GWB.

[12] Langen/Bunte/Bunte, Kartellrecht, Bd. 1, Einführung zum GWB Rn. 87.

[13] Die Nichterwähnung der anderen Befugnisse wird als Redaktionsversehen betrachtet, so dass z.B. auch bei Einleitung eines Bußgeldverfahrens die Zuständigkeit der mitgliedstaatlichen Behörden entfallen würde, vgl. de Bronett, Europäisches Kartellverfahrensrecht, Art. 11 Rn. 7.

[14] Vgl. zu Einzelheiten der Zuständigkeitsverteilung Bekanntmachung der Kommission über die Zusammenarbeit innerhalb des Netzes der Wettbewerbsbehörden, ABl. EG 2004 C 101/43.

Ist eine **deutsche Behörde** zuständig, richtet sich die interne Zuständigkeitsverteilung zwischen Bundeskartellamt und Landeskartellämtern nach § 48 GWB (im Bußgeldverfahren i.V.m. § 81 Abs. 10 GWB). Demnach ist das Bundeskartellamt zuständig, wenn die Wirkung des wettbewerbsbeschränkenden Verhaltens über das Gebiet eines Bundeslandes hinausgeht. 8

II. Tatbestand

Die Regelungen der §§ 1 bis 3 GWB und des Art. 81 EG folgen dem gleichen Muster: Zunächst wird ein **allgemeines Kartellverbot statuiert**, von dem anschließend (in Art. 81 Abs. 3 EG und §§ 2, 3 GWB) wiederum Ausnahmen (sog. Freistellungen) zugelassen werden. 9

1. Adressaten

a) Unternehmen

Ein **Unternehmen i.S.d. Wettbewerbsrechts** ist jede eine wirtschaftliche Tätigkeit ausübende Einheit unabhängig von ihrer Rechtsform und der Art ihrer Finanzierung.[15] 10

Nicht erfasst ist die Nachfrage und Erzeugung der privaten Haushalte.[16] Auch Arbeitnehmer besitzen nicht die Unternehmereigenschaft.[17] Freiberufler sind hingegen grds. i.S.d. Wettbewerbsrechts unternehmerisch tätig, soweit sie mit ihren Leistungen am Wirtschaftsleben teilnehmen und untereinander oder mit Dritten in Wettbewerb treten.[18] 11

Hinsichtlich **der öffentlichen Hand** ist zu unterscheiden: Nehmen Körperschaften oder Anstalten des öffentlichen Rechts unternehmensähnlich am wirtschaftlichen Verkehr teil, können sie als Unternehmen behandelt werden. Nimmt die öffentliche Hand hingegen rein soziale Aufgaben wahr, z.B. im Bereich der sozialen Sicherheit, kann eine wirtschaftliche Tätigkeit zu verneinen sein. 12

So hat der EuGH entschieden, dass bestimmte Einrichtungen, die mit der Verwaltung gesetzlicher Kranken- und Rentenversicherungssysteme betraut sind, einen rein sozialen Zweck verfolgen und **keine wirtschaftliche Tätigkeit ausüben**. Dies sei der Fall bei Krankenkassen, die nur die Gesetze anwenden und keine Möglichkeit haben, auf die Höhe der Beiträge, die Verwendung der Mittel und die Bestimmung des Leistungsumfangs Einfluss zu nehmen, sogar bei Kassenverbänden, die Festbeträge für Medikamente festsetzen. Allein das Fehlen von Gewinnerzielungsabsicht reiche jedoch nicht zur Verneinung der Unternehmenseigenschaft aus.[19]

Der BGH hingegen nimmt auch im Bereich der gesetzlichen Krankenversicherung die Unternehmenseigenschaft der Träger der gesetzlichen Krankenversicherung an.[20] Wie sich diese Rspr. weiter entwickeln wird, ist derzeit unklar.

Uneinheitlich ist auch die Lage beim **Kauf von Gütern durch die öffentliche Hand**: Nach deutscher Rspr. ist die gesamte Nachfragetätigkeit der öffentlichen Hand vom Unternehmensbegriff umfasst.[21] Das EuG hat hingegen entschieden, dass hier wiederum zu differenzieren sei: Diene der Kauf von Gütern 13

---

15 EuGH, Urt. v. 16.3.2004 – Rs. C-264/01, C-306/01, C-354/01 und C-355/01, Slg. 2004, I-2493 Tz. 46 – AOK Bundesverband.
16 Hootz, GWB und Europäisches Kartellrecht, § 1 GWB Rn. 35; van der Groeben/Schwarze/Schröter, EU- und EG-Vertrag, Vor. zu Art. 81 – 85 EG Rn. 25.
17 Bechtold/Bosch/Brinker/Hirsbrunner, EG-Kartellrecht, Art. 81 EG Rn. 14 f. m.w.N.; v.d.Groeben/Schwarze-Schröter, EU- und EG-Vertrag, Vor. zu Art. 81 – 85 EG Rn. 24 m.w.N.; Immenga/Mestmäcker/Zimmer, GWB, § 1 Rn. 37.
18 Bechtold, GWB, § 1 Rn. 6 m.w.N.; Langen/Bunte/Bunte, Kartellrecht, Bd. 1, § 1 GWB Rn. 23 m.w.N.; Hootz, GWB und Europäisches Kartellrecht, § 1 GWB Rn. 19.
19 Vgl. Darstellung in EuGH, Urt. v. 16.3.2004 – Rs. C-264/01, C-306/01, C-354/01 und C-355/01, Slg. 2004, I-2493 Tz. 47 ff. – AOK Bundesverband.
20 Vgl. BGH, Urt. v. 11.12.2001 – KZR 5/00, WuW/E DE-R 839, 841 – Privater Pflegedienst.
21 Langen/Bunte/Bunte, Kartellrecht, Bd. 1, § 1 GWB Rn. 22; Bechtold, GWB, § 1 Rn. 5.

dazu, später Güter oder Dienstleistungen am Markt anzubieten, handle es sich um eine unternehmerische Tätigkeit. Würden die Güter hingegen zu anderen – z.B. rein sozialen – Zwecken gekauft, so liege keine unternehmerische Tätigkeit vor.[22]

14 Art. 81 EG findet keine Anwendung, wenn es sich um **Vereinbarungen oder Verhaltensweisen von Beteiligten** handelt, die eine **wirtschaftliche Einheit bilden**. Diese wirtschaftliche Einheit wird vielmehr als das relevante Unternehmen i.S.v. Art. 81 EG angesehen. Dies ist insb. der Fall bei Unternehmen, die als Mutter- bzw. Tochtergesellschaft einem Konzern angehören, sofern die Tochtergesellschaft ihr Vorgehen auf dem Markt nicht selbständig bestimmen kann.[23] Unter diesen Voraussetzungen findet Art. 81 EG keine Anwendung auf konzerninterne Wettbewerbsbeschränkungen.

Um eine wirtschaftliche Einheit in diesem Sinne handelt es sich darüber hinaus auch bei mehreren Unternehmen, die von ein und derselben natürlichen Person kontrolliert werden, vorausgesetzt, die Unternehmen können nicht selbst über ihre Markstrategie entscheiden.[24] Insofern bilden auch Unternehmen und die für sie tätigen Handelsvertreter eine wirtschaftliche Einheit, sofern diese als in das Unternehmen eingegliederte weisungsabhängige Hilfsorgane zu betrachten sind, die keine autonome Geschäftstätigkeit ausüben.[25] Hierfür kommt es ganz entscheidend darauf an, ob der Handelsvertreter aus wirtschaftlicher Sicht einem Eigenhändler vergleichbar ist, ob er also die finanziellen Risiken des Absatzes oder der Abwicklung der mit Dritten geschlossenen Verträge zu tragen hat.[26] Auch wenn die Frage, welche Risiken der Handelsvertreter tatsächlich selbst zu tragen hat, im Einzelfall beantwortet werden muss, sprechen der Kommission zufolge einige Indizien grds. gegen eine Risikotragung durch den Handelsvertreter und damit gegen eine Anwendbarkeit von Art. 81 Abs. 1 EG.[27]

Beispiel:

Eine Risikotragung durch einen Handelsvertreter im Bereich des Automobilverkaufs liegt nicht vor, wenn sich der Vertreter darauf beschränkt, Bestellungen möglicher Kunden einzuholen und an den Automobilhersteller weiterzuleiten, ohne jedoch selbst direkte Verkäufe zu tätigen, und der Vertreter keine Preisnachlässe für die Rechnung des Automobilherstellers gewähren kann. Allein daraus, dass der Vertreter aber Preisnachlässe zulasten seiner eigenen Provision gewähren kann, ergibt sich jedoch kein Preisrisiko für diesen. Anders wäre dies nur dann, wenn er gezwungen wäre, Neuwagen auf Lager zu halten, da er dann das Risiko einer Unverkäuflichkeit der auf Lager gehaltenen PKW tragen würde.[28]

b) Unternehmensvereinigungen

15 Der Begriff der Unternehmensvereinigung[29] erweitert den Anwendungsbereich des Kartellverbots. Soweit die Vereinigung selbst am Wirtschaftsleben teilnimmt, handelt es sich bereits um ein „Unternehmen". Einen eigenen Anwendungsbereich hat der Begriff der Unternehmensvereinigung daher nur dort, wo eine Vereinigung ohne eigenen wirtschaftlichen Geschäftsbetrieb fremde unternehmerische Tätigkeit beeinflusst.[30]

---

22 EuGH, Urt. v. 4.3.2003 – Rs. T-319/99, Slg. 2003, II-357 Tz. 36 f. – FENIN/Kommission.
23 EuGH, Urt. v. 24.10.1996 – Rs. C-73/95 P, Slg. 1996, I-5457 Tz. 15-17 – Viho/Kommission.
24 EuGH, Urt. v. 12.7.1984 – Rs. 170/83, Slg. 1984, 2999 Tz. 10-12 – Hydrotherm/Compact; Loewenheim/Meesen/Riesenkampff, Kartellrecht, Bd. 1, Art. 81 Rn. 55.
25 EuGH, Urt. v. 15.9.2005 – Rs. T-325/01, Tz. 85 ff. – DaimlerChrysler/Kommission.
26 EuGH, Urt. v. 15.9.2005 – Rs. T-325/01, Tz. 87 – DaimlerChrysler/Kommission; so bereits Leitlinien der Kommission für vertikale Beschränkungen, ABl. EG 2000 C 291/1, Nr. 12 ff.
27 Vgl. Leitlinien der Kommission für vertikale Beschränkungen, ABl. EG 2000 C 291/1, Nr. 16 f.
28 Vgl. EuGH, Urt. v. 15.9.2005 – Rs. T-325/01, Tz. 92-101 – DaimlerChrysler/Kommission.
29 Vgl. hierzu z.B. EuGH, Urt. v. 26.1.2005 – Rs. T-193/02, Slg. 2005, II-209 Tz. 73 ff. – Laurent Piau.
30 Immenga/Mestmäcker/Zimmer, GWB, § 1 Rn. 74; Langen/Bunte/Bunte, Kartellrecht, Bd. 1, § 1 GWB, Rn. 30.

Beispiel:

Der Deutsche Fußballbund handelt als Unternehmensvereinigung, wenn er durch seine Organe Beschlüsse fasst und durchführt, die die wirtschaftliche Betätigung der Lizenzligavereine beeinflussen.[31]

2. Erfasstes Verhalten

a) Vereinbarungen

Eine Vereinbarung i.S.d. Kartellrechts liegt nach ständiger Rechtsprechung schon dann vor, wenn die betreffenden Unternehmen ihren **gemeinsamen Willen zum Ausdruck gebracht haben**, sich auf dem Markt in einer bestimmten Weise zu verhalten.[32] Die Form, in der der gemeinsame Wille zum Ausdruck gebracht wird, ist nicht relevant.[33] Dies hat Bedeutung bei der Abgrenzung von Vereinbarungen zu einseitigen Handlungsweisen. Besonders relevant ist dies z.B. bei der Verwendung von AGB oder bei einseitigen Anweisungen eines Vertragspartners. Hier ist danach zu unterscheiden, ob durch das einseitige Handeln ein gemeinsamer Wille zum Ausdruck gebracht wird oder ob es sich lediglich um einen Ausdruck der einseitigen Politik einer Vertragsseite handelt, die ohne Unterstützung oder ein entsprechendes Verhalten der anderen Seite durchgeführt werden kann.[34] 16

Beispiel:

Unternehmen X sendet seinen Abnehmern systematisch Rechnungen mit dem Aufdruck „Export verboten". Halten sich die Abnehmer an dieses Verbot, kann von stillschweigender Zustimmung ausgegangen werden.[35]

Irrelevant ist der **rechtliche Status der Vereinbarung**; auch das Bewusstsein der fehlenden rechtlichen Bindung ändert nichts an der Bewertung als Vereinbarung (sog. „Gentlemen's Agreement"). Seit der 7. GWB-Novelle umfasst auch das deutsche Kartellverbot – ebenso wie bereits zuvor das Gemeinschaftsrecht – vertikale und horizontale Vereinbarungen. Damit sind sowohl Vereinbarungen zwischen Unternehmen auf gleicher Wirtschaftsstufe als auch Vereinbarungen zwischen Unternehmen auf verschiedenen Ebenen der Wertschöpfungskette erfasst. 17

Wenn ein Unternehmen sich an einer Absprache beteiligt, **später aber davon abweicht**, ändert dies nichts am Vorliegen einer Vereinbarung.[36] Ein Unternehmen, das an Treffen von Unternehmen mit wettbewerbswidrigem Zweck teilnimmt und sich nicht offen vom Inhalt dieser Treffen distanziert, ist als Beteiligter einer Absprache anzusehen.[37] 18

b) Abgestimmte Verhaltensweisen

Bei abgestimmten Verhaltensweisen handelt es sich um eine Form der **Koordinierung zwischen Unternehmen**, die zwar noch nicht bis zum Abschluss eines Vertrags im eigentlichen Sinn gediehen ist, jedoch bewusst eine praktische Zusammenarbeit zwischen ihnen an die Stelle des mit Risiken verbundenen Wettbewerbs treten lässt.[38] Die Kriterien der Koordinierung und der Zusammenarbeit sind i.S.d. Grundgedankens der Wettbewerbsvorschriften des Vertrags zu verstehen, wonach jeder Wirtschaftsteil- 19

---

31 BGH, Beschl. v. 11.12.1997 – KVR 7/96, WuW/E DE-R 17, 19 – Europapokalheimspiele.
32 EuGH, Urt. v. 11.12.2003 – Rs. T-61/99, Slg. 2003, II-5349 Tz. 88 – Adriatica di Navigazione SpA/Kommission; Urt. v. 14.10.2004 – Rs. T-61/02, Tz. 53 m.w.N. – Commerzbank AG/Kommission.
33 EuGH, Urt. v. 14.10.2004 – Rs. T-61/02, Tz. 54 f. – Commerzbank AG/Kommission.
34 Vgl. EuGH, Urt. v. 6.1.2004 – Rs. C-2/01 P und C-3/01, Slg. 2004, I-23 Tz. 96 ff. – Bundesverband der Arzneimittel-Importeure/Kommission.
35 Vgl. EuGH, Urt. v. 11.1.1990 – Rs. C 277/87, Slg. 1990 I-45 – Sandoz/Kommisssion.
36 EuGH, Urt. v. 11.12.2003 – Rs. T-61/99, Slg. 2003, II-5349 Tz. 91 – Adriatica di Navigazione SpA/Kommission.
37 EuGH, Urt. v. 8.7.2004 – Rs. T-50/00, Slg. 2004, II-2395 Tz. 130 m.w.N. – Dalmine SpA/Kommission.
38 EuGH, Urt. v. 16.12.2003 – Rs. T-5/00 und T-6/00, Slg. 2000, II-4121 Tz. 284 – Nederlandse Federatieve Vereniging voor de Groothandel op Elektrotechnisch Gebied/Kommission und Technische Unie BV/ Kommission.

nehmer selbständig zu bestimmen hat, welche Politik er auf dem Markt zu betreiben gedenkt.[39] An dieser Selbständigkeit fehlt es nicht, wenn ein Unternehmen lediglich das Verhalten eines anderen nachahmt, ohne dass das zweite Unternehmen bewusst an der Willensbildung des nachahmenden Unternehmens mitgewirkt hat. Eine Abstimmung ist folglich in einem solchen Fall zu verneinen.[40]

> **Hinweis:**
>
> In der Praxis liegen meist nur Indizien für ein abgestimmtes Verhalten vor.[41]

c) Beschlüsse

20 Bei Beschlüssen von Unternehmensvereinigungen ist es im Unterschied zur Vereinbarung möglich, dass das Unternehmen sich durch eine Entscheidung gebunden fühlt, der es nicht zugestimmt hat (**Möglichkeit der Mehrheitsentscheidung**). Ob der Beschluss tatsächlich rechtlich verbindlich ist, ist nicht entscheidend.[42]

Nicht erfasst vom Beschlussbegriff werden Abstimmungen, die nur die Meinungsbildung der Vereinigung über ihre eigene Tätigkeit und interne Vorgänge betreffen.[43]

3. Wettbewerbsbeschränkung

21 Vereinbarungen oder abgestimmte Verhaltensweisen sind nur dann verboten, wenn sie eine Wettbewerbsbeschränkung bezwecken oder bewirken. Wie erwähnt definieren weder Art. 81 EG noch § 1 GWB den Begriff des Wettbewerbs. Als Grundsatz kann davon ausgegangen werden, dass eine Wettbewerbsbeschränkung vorliegt, wenn wirtschaftliche Handlungsfreiheit beschränkt wird.[44]

Wesentliches Element der wirtschaftlichen Handlungsfreiheit ist die **Selbständigkeit des unternehmerischen Handelns**.[45] Dieses Selbständigkeitspostulat bedeutet nicht, dass sich ein Unternehmen nicht dem festgestellten oder erwarteten Verhalten seiner Mitbewerber anpassen kann; es steht jedoch streng jeder unmittelbaren oder mittelbaren Fühlungnahme zwischen Unternehmen entgegen, die bezweckt oder bewirkt, entweder das Marktverhalten eines gegenwärtigen oder potenziellen Mitbewerbers zu beeinflussen oder einen solchen Mitbewerber über das Marktverhalten ins Bild zu setzen, zu dem man sich selbst entschlossen hat oder das man in Erwägung zieht.[46]

Der letzte Teil der Definition verdeutlicht, dass auch der Geheimwettbewerb geschützt ist.[47] Dies bedeutet, dass bereits die **Weitergabe von bestimmten Informationen** den Tatbestand der Wettbewerbsbeschränkung erfüllen kann. Sog. **Marktinformationssysteme** sind daher kartellrechtlich lediglich dann unbedenklich, wenn sie sich auf die Mitteilung von Durchschnittspreisen und -werten beschränken und Rückschlüsse auf einzelne Geschäfte und/oder Kunden bzw. Lieferanten ausgeschlossen sind.[48] Der

---

39 EuGH, Urt. v. 16.12.2003 – Rs. T-5/00 und T-6/00, Slg. 2000, II-4121 Tz. 285 – Nederlandse Federatieve Vereniging voor de Groothandel op Elektrotechnisch Gebied/Kommission und Technische Unie BV/ Kommission.
40 Langen/Bunte/Bunte, Kartellrecht, Bd. 1, § 1 GWB Rn. 64; Bechtold, GWB, § 1 Rn. 16.
41 EuGH, Urt. v. 7.1.2004 – Rs. C-204/00 P, C-205/00 P, C-211/00 P, C-213/00 P, C-217/00 P und C-219/00 P, Slg. 2004, I-123 Tz. 55 ff. – Aalborg Portland/Kommission.
42 Van der Groeben/Schwarze/Schröter, EU- und EG-Vertrag, Art. 81 EG Rn. 66; Langen/Bunte/Bunte, Kartellrecht, Bd. 1, § 1 GWB Rn. 56.
43 Langen/Bunte/Bunte, Kartellrecht, Bd. 1, § 1 GWB Rn. 53; Hootz, GWB und Europäisches Kartellrecht, § 1 GWB Rn. 71.
44 Immenga/Mestmäcker/Zimmer, GWB, § 1 Rn. 194; Bechtold, GWB, § 1 Rn. 31.
45 Bechtold/Bosch/Brinker/Hirsbrunner, EG-Kartellrecht, Art. 81 EG Rn. 57.
46 EuGH, Urt. v. 11.12.2003 – Rs. T-61/99, Slg. 2003, II-5349 Tz. 89 – Adriatica di Navigazione SpA/Kommission.
47 Vgl. Hootz, GWB und Europäisches Kartellrecht, § 1 GWB Rn. 92.
48 Bechtold/Bosch/Brinker/Hirsbrunner, EG-Kartellrecht, Art. 81 EG Rn. 187; Langen/Bunte/Bunte, Kartellrecht, Bd. 1, § 1 GWB Rn. 165.

Rückschluss auf diese Informationen darf auch nicht mittelbar möglich sein.[49] Unzulässig ist ein Informationsaustausch in jedem Fall, wenn er zur Verstärkung und Kontrolle eines unzulässigen Kartells dient.[50]

Verboten sind sowohl **horizontale**[51] **Wettbewerbsbeschränkungen**, bei denen der Wettbewerb zwischen Unternehmen beschränkt wird, die auf einer Wirtschaftsstufe miteinander konkurrieren, als auch **vertikale**[52] **Wettbewerbsbeschränkungen**. Letztere sind dadurch gekennzeichnet, dass die Vereinbarungen sich nicht auf den zwischen den Beteiligten bestehenden Wettbewerb beziehen, sondern die wettbewerbliche Handlungsfreiheit der beteiligten Unternehmen im Verhältnis zu Dritten beschränkt wird.[53]

> *Beispiele:*
>
> *Die Lieferanten L, M, N und O vereinbaren, ein bestimmtes Gut künftig zu einem bestimmten Preis zu verkaufen und diesen nicht zu unterschreiten. Damit wird der Wettbewerb zwischen den Lieferanten um mögliche Abnehmer eingeschränkt (**horizontale Wettbewerbsbeschränkung**).*
>
> *Lieferant L vereinbart mit Abnehmer A, dass dieser nur von L Waren bezieht, nicht von den anderen Lieferanten K, M und N. Somit wird durch die Vereinbarung zwischen A und L der Wettbewerb zwischen L, K, M und N um Abnehmer A beschränkt (**vertikale Wettbewerbsbeschränkung**).*

Neben diesem Beispiel der Ausschließlichkeitsbindungen sind die wichtigsten Beispiele für vertikale Wettbewerbsbeschränkungen die sog. **Vertriebsbindungen**. Bei ihnen wird die Freiheit eines Vertragsbeteiligten beschränkt, die gelieferten Waren an Dritte abzugeben. Hierbei handelt es sich z.B. um die Verpflichtung von Großhändlern, Waren nur an Fachhändler weiterzuverkaufen, das Verbot, Unternehmen der gleichen Wirtschaftsstufe zu beliefern oder eine Wirtschaftsstufe zu überspringen, sowie um den sog. selektiven Vertrieb. Dieser zeichnet sich dadurch aus, dass der Hersteller seine Erzeugnisse auf den einzelnen Handelsstufen nur über ausgewählte Wiederverkäufer absetzt.

Keine Wettbewerbsbeschränkung liegt vor, wenn sich zur Erbringung einer Leistung Unternehmen zusammenschließen, die die **betreffende Leistung einzeln nicht erbringen könnten**. Bei solchen „Arbeitsgemeinschaften" wird durch die Zusammenarbeit kein Wettbewerb zwischen den beteiligten Unternehmen beschränkt, denn sie wären allein gar nicht in der Lage, miteinander zu konkurrieren. Stattdessen nimmt durch die Zusammenarbeit ein zusätzlicher Wettbewerber am Marktgeschehen teil. Gründe dafür, dass die Unternehmen nicht einzeln auftreten könnten, können z.B. mangelnde Kapazitäten oder mangelndes Know-how sein. Ebenso erfasst ist der Fall, dass die Abgabe eines selbständigen Angebots wirtschaftlich nicht zweckmäßig und kaufmännisch nicht vernünftig wäre (sog. wirtschaftliche Unmöglichkeit).[54]

> *Beispiel:*
>
> *Die Kooperation von Wettbewerbern bei der Errichtung eines weltweiten Dienstes für die satellitengestützte persönliche Kommunikation, welcher voraussetzt, dass mindestens 66 Satelliten in die Umlaufbahn gebracht werden, ist bei geschätzten Kosten von 5 Mrd. € und einem hohen Risiko eines technischen oder wirtschaftlichen Rückschlags als Arbeitsgemeinschaft anzusehen.*[55]

Aus ähnlichen Gründen erfüllen vertikale Vereinbarungen nicht die Voraussetzungen einer Wettbewerbsbeschränkung, wenn sie **unerlässlich sind, um ein Produkt auf einem bestimmten Markt anzubieten**.

---

49 EuGH, Urt. v. 8.7.2004, Rs. T-48/00, Slg. 2004, II-2325 Tz. 50 ff. – Corus UK Ltd./Kommission. Siehe hierzu auch instruktiv OLG Düsseldorf, Beschluss v. 26.7.2002, KART 37/01 (V) – Transportbeton Sachsen.

50 EuGH, Urt. v. 7.1.2004 – Rs. C-204/00 P, C-205/00 P, C-211/00 P, C-213/00 P, C-217/00 P und C-219/00 P, Slg. 2004, I-123 Tz. 281 – Aalborg Portland/Kommission.

51 Vgl. Leitlinien der Kommission zur Anwendbarkeit von Artikel 81 EG-Vertrag auf Vereinbarungen über horizontale Zusammenarbeit, ABl. EG 2001 C 3/2.

52 Vgl. zu Einzelheiten Leitlinien der Kommission für vertikale Beschränkungen, ABl. EG 2000 C 291/1.

53 Langen/Bunte/Bunte, Kartellrecht, Bd. 1, § 1 GWB Rn. 110, 130.

54 BGH, Urt. v. 13.12.1983 – KRB 3/83, WuW/E BGH 2050, 2051 – Bauvorhaben Schramberg; BGH, Urt. v. 5.2.2002 – KRZ 3/01, NJW 2002, 2176, 2178 – Jugendnachtfahrten.

55 Vgl. Kommission, ABl. EG 1997 L 16/87, Nr. 40 – Iridium.

In diesen Fällen dient die Vereinbarung – z.B. eine Alleinvertriebsvereinbarung – der Markterschließung; ohne sie wäre das betreffende Produkt überhaupt nicht am Markt vertreten.[56]

Beispiel:
Dies ist der Fall, wenn das Produkt besonders beratungsintensiv ist oder es bei beliebigem Vertrieb das Image der Exklusivität verlieren würde. In diesem Fall ist kein Verstoß gegen das Kartellverbot anzunehmen, wenn die vorgesehenen Selektionskriterien für alle in Betracht kommenden Händler einheitlich festgelegt und ohne Diskriminierung angewendet werden.[57]

26 Ebenfalls nicht unter das Kartellverbot fallen Vereinbarungen im Rahmen anderer, **kartellrechtsneutraler Verträge**, wenn sie aus dem Rechtsverhältnis notwendigerweise folgen, diesem also immanent sind („**Immanenztheorie**"). Dieser Grundsatz spielt eine wichtige Rolle z.B. bei Wettbewerbsverboten in Unternehmenskaufverträgen. Ein Wettbewerbsverbot ist in diesem Fall kartellrechtlich zulässig, wenn es sachlich erforderlich ist, um die Übertragung des Unternehmens mitsamt seinen Kundenbeziehungen auf den Erwerber zu gewährleisten und es nach Zeit, Ort und Gegenstand nicht über das hierfür erforderliche Maß hinausgeht.[58] Ein unzulässiger „Abkauf von Wettbewerb" liegt hingegen vor, wenn ein Wettbewerbsverbot über das für das Austauschverhältnis erforderliche Maß hinausgeht.[59]

4. Spürbarkeit

27 Als **ungeschriebenes Tatbestandsmerkmal** setzt das Kartellverbot weiterhin voraus, dass die Wettbewerbsbeschränkung **spürbar** ist. Wann diese Spürbarkeit gegeben ist, wurde bisher nicht einheitlich beurteilt.

28 Nach der Rechtsprechung des EuGH ist eine Wettbewerbsbeschränkung nicht spürbar, wenn die addierten Marktanteile weniger als 1 % betragen. Hingegen soll Spürbarkeit bei Marktanteilen von über 5 % i.d.R. gegeben sein.[60] Die Kommission geht in ihrer **Bagatellbekanntmachung** von Grenzen in Höhe von 10 % für horizontale und 15 % für vertikale Vereinbarungen aus.[61]

Diese Marktanteile sollen jedoch nicht relevant sein, wenn eine sog. **Kernbeschränkung** vorliegt, d.h. wenn im Fall einer horizontalen Vereinbarung die Festsetzung von Preisen, die Beschränkung der Produktion und des Absatzes oder die Aufteilung von Märkten oder Kunden bezweckt wird.

Bei vertikalen Vereinbarungen ist die Anwendung der Bagatellbekanntmachung ausgeschlossen, wenn **Fest- oder Mindestverkaufspreise festgelegt werden** sollen oder Beschränkungen des Gebietes oder des Kundenkreises – wobei Ausnahmen zugelassen sind – bezweckt werden. Weiterhin darf es sich nicht

- um Beschränkungen des aktiven oder passiven Verkaufs an Endverbraucher,
- Beschränkungen von Querlieferungen zwischen Händlern innerhalb eines selektiven Vertriebssystems oder
- Vereinbarungen handeln, die einen Lieferanten daran hindern, Produkte, die der Käufer als Bestandteil in seine Waren einfügt, an Endverbraucher, Reparaturwerkstätten oder andere Dienstleistungserbringer zu verkaufen.[62]

---

56 Langen/Bunte/Bunte, Kartellrecht, Bd. 1, § 1 GWB Rn. 126, 230; van der Groeben/Schwarze/Schröter, EU- und EG-Vertrag, Art. 81 EG Rn. 88.
57 Langen/Bunte/Bunte, Kartellrecht, Bd. 1, § 1 GWB Rn. 209.
58 Vgl. BGH, NJW 1994, 384 , 384 f. m.w.N. Vgl auch Bekanntmachung der Kommission über Einschränkungen des Wettbewerbs, die mit der Durchführung von Unternehmenszusammenschlüssen unmittelbar verbunden und für diese notwendig sind, ABl. EG 2005 C 56/24.
59 Langen/Bunte/Bunte, Kartellrecht, Bd. 1, § 1 GWB Rn. 137; vgl. auch Hootz, GWB und Europäisches Kartellrecht, § 1 GWB Rn. 133 – 135.
60 EuGH, Urt. v. 25.10.1983 – Rs. 107/82, Slg. 1983, 3151, 3201, Tz. 58 – AEG/Telefunken.
61 Bekanntmachung der Kommission über Vereinbarungen von geringer Bedeutung, die den Wettbewerb gemäß Art. 81 Abs. 1 des Vertrags zur Gründung der Europäischen Gemeinschaft nicht spürbar beschränken (de minimis), ABl. EG 2001 C 368/13.
62 Ebenda, Nr. 11 (1).

Das **Bundeskartellamt** ging ursprünglich in seiner Bagatellbekanntmachung aus dem Jahr 1980 von einer Grenze von 5 % bei horizontalen Vereinbarungen kleinerer und mittlerer Unternehmen aus. Auch der **BGH** nahm bisher Grenzen von 5 % und weniger an.[63]

29

> **Hinweis:**
> Im Hinblick auf die Harmonisierung zwischen § 1 GWB und Art. 81 EG befindet sich die Bagatellbekanntmachung des Bundeskartellamtes derzeit in Überarbeitung.

5. Wettbewerbsbeschränkung als Zweck oder Wirkung

Die Wettbewerbsbeschränkung muss bezweckt bzw. bewirkt werden. Ein **Bezwecken** liegt vor, wenn die Vereinbarung schon ihrer Art nach zu negativen Auswirkungen auf dem Markt führen wird, ohne dass diese noch gesondert geprüft werden müssten. Dies ist i.a.R. der Fall bei den sog. **Kernbeschränkungen**.[64] Hierbei handelt es sich auf horizontaler Ebene z.B. um Preisabsprachen, Begrenzungen der Produktionsmengen, Aufteilung von Märkten oder Kunden sowie auf vertikaler Ebene um Preisbindungen, Festlegung von Mindestpreisen und Vereinbarungen, die zu einem absoluten Gebietsschutz führen.[65] Die tatsächlichen Auswirkungen der Vereinbarung brauchen in diesem Fall nicht weiter geprüft zu werden.[66]

30

Ist die Vereinbarung ihrem Inhalt nach nicht auf eine Wettbewerbsbeschränkung gerichtet, kann sie bei ihrer Umsetzung gleichwohl zu einer Wettbewerbsbeschränkung führen. In diesem Fall handelt es sich um **eine bewirkte Wettbewerbsbeschränkung**. Hierbei müssen im Einzelfall negative Marktauswirkungen zu erwarten sein. Auch hier muss die Wettbewerbsbeschränkung also nicht bereits eingetreten sein. Die Vereinbarung muss den gegenwärtigen oder potenziellen Wettbewerb in einem solchen Ausmaß beeinträchtigen können, dass im Einzelfall mit hinreichender Wahrscheinlichkeit negative Auswirkungen auf Preise, Produktionsmengen, Innovationen oder Vielfalt bzw. Qualität von Waren und Dienstleistungen erwartet werden können.[67] Als Vergleichsmaßstab ist auf den Wettbewerb abzustellen, wie er ohne die streitige Vereinbarung bestehen würde.[68]

31

6. Beispielskatalog des Art. 81 Abs. 1 lit. a – e EG

Art. 81 EG enthält nicht nur die allgemeine Definition des Kartellverbots, sondern zählt Vereinbarungen bzw. Verhaltensweisen auf, die „insbesondere" verboten sind. Die Aufzählung ist nicht abschließend, es handelt sich lediglich um Regelbeispiele.[69] Insb. verboten sind demnach

32

- die unmittelbare oder mittelbare Festsetzung der An- oder Verkaufspreise oder sonstiger Geschäftsbedingungen;

Beispiele:

Die Unternehmensvereinigung X setzt für bestimmte Dienstleistungen seiner Mitgliedsunternehmen Mindest- und Höchstpreise fest, von denen nicht abgewichen werden darf.[70]

---

63 Vgl. Langen/Bunte/Bunte, Kartellrecht, Bd. 1, § 1 GWB Rn. 236.
64 Vgl. hierzu auch Leitlinien der Kommission zur Anwendbarkeit von Art. 81 EG-Vertrag auf Vereinbarungen über horizontale Zusammenarbeit, ABl. EG 2001 C 3/2; Leitlinien der Kommission für vertikale Beschränkungen, ABl. EG 2000 C 291/1.
65 Leitlinien der Kommission zur Anwendbarkeit von Art. 81 EG-Vertrag auf Vereinbarungen über horizontale Zusammenarbeit, ABl. EG 2001 C 3/2, Nr. 90; Leitlinien der Kommission für vertikale Beschränkungen, ABl. EG 2000 C 291/1, Nr. 47 ff.
66 EuGH, Urt. v. 11.12.2003 – Rs. T-59/99, Slg. 2003, II-5257 Tz. 53 m.w.N. – Ventouris Group Enterprises SA/Kommission.
67 Kommission, Leitlinien zur Anwendung von Art. 81 Abs. 3 EG-Vertrag, ABl. EG 2004 C 101/97, Nr. 24.
68 EuGH, Urt. v. 2.5.2006 – Rs. T-328/03, Tz. 68 – O2 (Germany) GmbH & Co. OHG /Kommission.
69 Immenga/Mestmäcker/Emmerich, EG-Wettbewerbsrecht, Art. 85 EGV – Fallgruppen Rn. 4.
70 Vgl. Kommission, ABl. EWG 1993 L 203/27 Rn. 45 – CNSD.

Die Unternehmensvereinigung Y trifft einen Beschluss, demzufolge die Mitglieder ihren Abnehmern nur einen Preisnachlass von maximal 25 % des Bruttoverkaufspreises gewähren dürfen.[71]

- die Einschränkung oder Kontrolle der Erzeugung, des Absatzes, der technischen Entwicklung oder der Investitionen;

Beispiele:

Die Mitglieder einer Unternehmensvereinigung vereinbaren eine Einschränkung ihrer Zinkproduktion.[72]

Mehrere Hersteller von Betonstahlmatten vereinbaren feste Quoten für den Import ihrer Erzeugnisse nach Frankreich.[73]

- Mehrere Unternehmen verständigen sich darauf, zukünftig nur noch ihre gegenwärtigen Kunden zu beliefern und sich nicht um Aufträge von Kunden anderer Wettbewerber zu bemühen.[74]
- die Aufteilung der Märkte oder Versorgungsquellen;

Beispiel:

Unternehmen aus mehreren Mitgliedstaaten legen untereinander fest, dass jeder Hersteller nur an die Endverbraucher in den Staaten verkauft, in denen er selbst über Produktionsanlagen verfügt.[75]

- die Anwendung unterschiedlicher Bedingungen bei gleichwertigen Leistungen gegenüber Handelspartnern, wodurch diese im Wettbewerb benachteiligt werden;

Beispiel:

Die Vereinigung der niederländischen Tabakwarenhersteller und –importeure hatte ein Bonussystem eingerichtet, an dem jedoch nur Fachgeschäfte, welche bestimmte, von der Unternehmensvereinigung aufgestellte Voraussetzungen erfüllten, teilnehmen konnten. Hinsichtlich der sonstigen Abnehmergruppen, bspw. der Lebensmittelgeschäfte stellte sich dies als eine Diskriminierung i.S.v. Art. 81 Abs. 1 lit. d dar.[76]

- die an den Abschluss von Verträgen geknüpfte Bedingung, dass die Vertragspartner zusätzliche Leistungen annehmen, die weder sachlich noch nach Handelsbrauch in Beziehung zum Vertragsgegenstand stehen.

7. Freistellung

33 Der Ausdruck „Freistellung" bezeichnet den Fall, dass eine Vereinbarung bzw. ein Verhalten zwar grds. unter das Kartellverbot des § 1 GWB bzw. des Art. 81 Abs. 1 EG fällt, es **ausnahmsweise aber zulässig** ist. Die Freistellung richtet sich nach Art. 81 Abs. 3 EG bzw. § 2 GWB. Sie kann sich zum einen aus einer Verordnung für ganze Gruppen von Vereinbarungen bzw. Verhaltensweisen (**Gruppenfreistellung**) ergeben, zum anderen aus einer Einzelfallbetrachtung (**Einzelfreistellung**).

Bei der Freistellung handelt es sich um eine Legalausnahme, d.h. es ist **keine behördliche Entscheidung** darüber nötig und demgemäß auch nicht vorgesehen. Dies ergibt sich für § 2 GWB bereits aus dem Gesetzeswortlaut, für Art. 81 Abs. 3 EG ist das Prinzip der Legalausnahme in Art. 1 Abs. 2 VO 1/2003 geregelt. Für die beteiligten Unternehmen führt dies zu Rechtsunsicherheit, denn sie müssen **in eigener Verantwortung** einschätzen, ob ihr Verhalten die Voraussetzungen für eine Freistellung erfüllt, und tragen hierbei das Irrtumsrisiko.

---

71 Vgl. Kommission, ABl. EWG 1983 L 200/44 Rn. 35 – Vimpoltu.
72 Vgl. Kommission, ABl. EWG 1984 L 220/27 Rn. 36 – Zinc Producer Group.
73 Vgl. Kommission, ABl. EWG 1989 L 260 (1 Rn. 159 – Betonstahlmatten.
74 Vgl. Kommission, ABl. EWG 1986 L 232/15 Rn. 51 f. – Dach- und Dichtungsbahnen.
75 Vgl. Kommission, ABl. EWG 1985 L 35/1 Rn. 10 – Peroxyd.
76 Vgl. Kommission, ABl. EWG 1982 L 232/1 Rn. 99 – S.S.I.

> **Hinweis:**
>
> In Zweifelsfällen empfiehlt es sich, informell Kontakt zur zuständigen Behörde aufzunehmen.[77] Die Kommission hat für Fälle, in denen ernsthafte Rechtsunsicherheit entsteht, weil neue oder ungelöste Fragen in Bezug auf die Anwendung des Art. 81 EG auftauchen, die schriftliche Äußerung auf Anfragen von Unternehmen (Beratungsschreiben) für möglich erachtet, sofern sie dies für angebracht hält und es sich mit ihren Prioritäten bei der Durchsetzung des EG-Wettbewerbsrechts vereinbaren lässt.[78] Ein Beratungsschreiben hindert die Kommission später nicht daran, Vereinbarungen oder Verhaltensweisen, die die Grundlage eines Beratungsschreibens bildeten, in einem Verfahren nach der Verordnung 1/2003 zu prüfen, sie wird aber in diesem Fall einem früheren Beratungsschreiben Rechnung tragen. Die mitgliedstaatlichen Behörden und Gerichte sind nicht an das Beratungsschreiben gebunden, können es jedoch entsprechend berücksichtigen.

Darüber hinaus kann die Kommission von Amts wegen **durch Entscheidung** feststellen, dass ein Verhalten keinen Verstoß gegen Art. 81 EG darstellt, weil die Voraussetzungen des Abs. 1 nicht vorliegen bzw. die Voraussetzungen für eine Freistellung gegeben sind, falls dies aus Gründen des öffentlichen Interesses der Gemeinschaft erforderlich ist (Art. 10 VO 1/2003). 34

Gegenüber der deutschen Kartellbehörde kommt auch der **Antrag auf eine Entscheidung** gemäß § 32c GWB in Betracht, in der die Behörde feststellt, dass kein Anlass besteht, tätig zu werden. Ob sie eine derartige Entscheidung trifft, steht jedoch im pflichtgemäßen **Ermessen der Behörde**. Ein Anspruch besteht nicht.[79] Beamte des Bundeskartellamts haben erklärt, im Rahmen des § 32c GWB lediglich ein System von Leitentscheidungen errichten zu wollen.[80] Die Entscheidung führt im Fall ihres Erlasses zu einer Selbstbindung der Behörde. 35

Gemäß Art. 2 VO 1/2003 obliegt die **Beweislast** für das Vorliegen eines Verstoßes gegen Art. 81 Abs. 1 EG der Behörde.[81] Ist jedoch bewiesen, dass ein Unternehmen an offenkundig wettbewerbswidrigen Zusammenkünften teilgenommen hat, obliegt es diesem, anhand von Indizien nachzuweisen, dass es an diesen Zusammenkünften ohne irgendwelche wettbewerbswidrigen Absichten teilgenommen hat, und zu beweisen, dass es seine Wettbewerber auf seine andere Zielsetzung hingewiesen hat.[82] 36

Für das Vorliegen der Freistellungsvoraussetzungen hingegen trägt das Unternehmen, das sich darauf beruft, die Beweislast.[83] Dieser Grundsatz, der der Beweislastverteilung im (deutschen) Zivilverfahren entspricht, kollidiert jedoch mit dem Amtsermittlungsgrundsatz im (deutschen) Verwaltungsverfahren sowie dem gemeinschaftsrechtlichen Grundsatz der guten Verwaltung. Dies wird in Erwägungsgrund 5 der VO 1/2003 auch anerkannt. Danach berührt die VO 1/2003 weder die nationalen Rechtsvorschriften über das Beweismaß noch die Verpflichtung der Wettbewerbsbehörden und Gerichte der Mitgliedstaaten, zur Aufklärung rechtserheblicher Sachverhalte beizutragen, sofern diese Rechtsvorschriften und Anforderungen im Einklang mit den allgemeinen Grundsätzen des Gemeinschaftsrechts stehen.

Es besteht daher Übereinstimmung, dass aufgrund des **Amtsermittlungsgrundsatzes** eine Verpflichtung der Wettbewerbsbehörden und der mitgliedstaatlichen Gerichte besteht, zur Aufklärung rechtserheb- 37

---

77 Vgl. Erwägungsgrund 38 VO 1/2003.
78 Zu Einzelheiten vgl. Bekanntmachung der Kommission über informelle Beratung bei neuartigen Fragen zu den Art. 81 und 82 des Vertrags, die in Einzelfällen auftreten (Beratungsschreiben), ABl. EG 2004 C 101/ 78.
79 Regierungsbegründung zur 7. GWB-Novelle, BT-Drucks. 15/3640, S. 34.
80 Vgl. Karl/Reichelt, DB 2005, 1436, 1439.
81 Vgl. aus der Rspr.: EuGH, Urt. v. 17.12.1998 – Rs. C-185/95P, Slg. 1998, I-8417 Tz. 58 – Baustahlgewebe/Kommission.
82 EuGH, Urt. v. 11.12.2003 – Rs. T-61/99, Slg. 2003, II-5349 Tz. 91 – Adriatica di Navigazione SpA/Kommission.
83 Vgl. auch EuGH, Urt. v. 13.1.2004 – Rs. T-67/01, Slg. 2004, II-49 – JCB Service/Kommission; vgl. auch Kommission, Leitlinien zur Anwendung von Art. 81 Abs. 3 EG-Vertrag, ABl. EG 2004 C 101/97, Nr. 35.

licher Sachverhalte beizutragen. Daher muss z.B. auch die Kommission im Verwaltungsverfahren den ihr vorliegenden Sachverhalt daraufhin überprüfen, ob die Voraussetzungen für eine Freistellung nach Art. 81 Abs. 3 EG vorliegen. Nur wenn sich aus dem vorliegenden Sachverhalt keine Anhaltspunkte für eine mögliche Freistellung ergeben, obliegt es den betroffenen Unternehmen bzw. Unternehmensvereinigungen, den Nachweis zu erbringen, dass die Voraussetzungen für die Freistellung erfüllt sind.[84] Art. 2 Satz 2 VO 1/2003 führt aber dazu, dass die betroffenen Unternehmen das Risiko der Nichtaufklärbarkeit von Tatsachen im Rahmen der Freistellungsvoraussetzungen tragen.[85]

a) Gruppenfreistellung

38   Art. 81 Abs. 3 EG sieht die Möglichkeit vor, **ganze Gruppen von Vereinbarungen, Beschlüssen oder abgestimmten Verhaltensweisen** von dem Verbot des Art. 81 Abs. 1 EG freizustellen. Dies geschieht durch Verordnung des Rates – oder, wenn der Rat seine Kompetenz an die Kommission delegiert hat – durch Verordnung der Kommission (Gruppenfreistellungsverordnung = GVO). § 2 GWB selbst enthält keine derartige Regelung. In § 2 Abs. 2 GWB werden jedoch die gemeinschaftsrechtlichen GVO für entsprechend anwendbar erklärt. Dies gilt gemäß § 2 Abs. 2 Satz 2 GWB auch dann, wenn das betroffene Verhalten nicht geeignet ist, den Handel zwischen den Mitgliedstaaten zu beeinträchtigen, in Fällen also, in denen lediglich das nationale Recht anwendbar ist. Dies soll die Einheitlichkeit des Kartellrechts sicherstellen.

39   Hinsichtlich der GVO kann man zwischen **allgemeinen GVO** (z.B. vertikale Vereinbarungen generell) und **sektorspezifischen GVO** (z.B. Verkehr, Forschung und Entwicklung, Versicherungen etc.) unterscheiden. Im Einzelnen handelt es sich um die Gruppenfreistellungsverordnungen für

- vertikale Vertriebsvereinbarungen,[86]
- vertikale Vereinbarungen im KFZ-Sektor,[87]
- Spezialisierungsvereinbarungen,[88]
- Forschungs- und Entwicklungsvereinbarungen,[89]
- Technologietransfer-Vereinbarungen[90] sowie um
- die GVO für den Versicherungssektor.[91]

Sie sind – u.a. abhängig von ihrer Entstehungszeit – unterschiedlich aufgebaut. Jede GVO enthält aber zumindest eine Bestimmung, welche Verhaltensweisen auf keinen Fall von der Gruppenfreistellung erfasst sind („Schwarze Klauseln"). Bei diesen verbotenen Vereinbarungen handelt es sich i.a.R. um sog. Kernbeschränkungen wie z.B. Preisabsprachen.[92] Im Folgenden findet sich eine eingehendere, wenngleich überblicksartige Behandlung dieser GVO. Es wurde jedoch von einer näheren Darstellung der GVO für den Versicherungssektor aufgrund ihrer Spezialität abgesehen.[93]

40   Ursprünglich hatten – unter dem früher geltenden System der Administrativausnahme – die GVO **konstitutive Wirkung**. Ob dies auch im System der Legalausnahme noch der Fall ist, oder ob die GVO nur noch

---

84   Langen/Bunte/Bunte, Kartellrecht, Bd. 1, § 2 GWB Rn. 28; Weitbrecht, EuZW 2003, 69, 72.
85   Langen/Bunte/Sura, Kartellrecht, Bd. 2, Art. 2 VO 1/2003 Rn. 5; Loewenheim/Meesen/Riesenkampff-Zuber, Kartellrecht, Bd. 1, Art. 2 VO 1/2003 Rn. 15.
86   VO (EG) 2790/1999, ABl. EG 1999, L 336/21.
87   VO (EG) 1400/2002, ABl. EG 2002, L 203/30.
88   VO (EG) 2658/2000, ABl. EG 2000, L 304/3.
89   VO (EG) 2659/2000, ABl. EG 2000, L 304/7.
90   VO (EG) 772/2004, ABl. EG 2004, L 123/11.
91   VO (EG) 358/2003, ABl. EG 2003, L 53/8.
92   Für Einzelheiten zur Regelungstechnik vgl. z.B. Langen/Bunte/Nolte, Kartellrecht, Bd. 2, Art. 81 EGV Rn. 197 ff.; Loewenheim/Meesen/Riesenkampff, Kartellrecht, Bd. 1, GVO-Allg. Rn. 20 ff.
93   Vgl. insofern aber die Darstellung bei Loewenheim/Meesen/Riesenkampff, Kartellrecht, Bd. 1, GVO-VersW.

deklaratorische Wirkung haben, ist umstritten.[94] In jedem Fall aber enthalten die GVO i.d.R. konkretere Freistellungsvoraussetzungen als die generalklauselartigen Bestimmungen des Art. 81 Abs. 3 EG bzw. § 2 Abs. 1 GWB, so dass für die beteiligten Unternehmen bei Eingreifen der GVO mehr Rechtssicherheit besteht. Liegen die Voraussetzungen der GVO vor, kommen Unternehmen auch dann in den Genuss der Freistellung, wenn im Einzelfall die Voraussetzungen des Art. 81 Abs. 3 EG bzw. des § 2 Abs. 1 GWB nicht erfüllt sind.

Greift eine GVO nicht ein, heißt dies noch nicht, dass das fragliche Verhalten rechtswidrig ist. Es kann immer noch nach Art. 81 Abs. 3 EG bzw. § 2 Abs. 1 GWB zulässig sein. Das **Nichteingreifen einer GVO** enthält auch keine Vermutung für die Rechtswidrigkeit der Vereinbarung bzw. des abgestimmten Verhaltens. Allerdings wird in Fällen, in denen eine durch die GVO verbotene Kernbeschränkung vorliegt, eine Einzelfreistellung nach Art. 81 Abs. 3 EG bzw. § 2 Abs. 1 GWB i.a.R. nicht in Betracht kommen.[95] 41

> **Hinweis:**
> Die in Kraft befindlichen GVO treten beinahe alle im Laufe des Jahres 2010 außer Kraft. Lediglich die Technologietransfer-GVO gilt bis zum 30.4.2014. Eine automatische Verlängerung sehen die GVO insofern nicht vor.

(1) Vertikale Vertriebsvereinbarungen

Auf **vertikale Vereinbarungen**, d.h. auf Vereinbarungen oder aufeinander abgestimmte Verhaltensweisen zwischen zwei oder mehr Unternehmen, von denen jedes zwecks Durchführung der Vereinbarung auf einer unterschiedlichen Produktions- oder Vertriebsstufe tätig ist, und welche die Bedingungen betreffen, zu denen die Parteien bestimmte Waren oder Dienstleistungen beziehen, verkaufen oder weiterverkaufen können, ist die GVO 2790/1999 anwendbar.[96] Vom Anwendungsbereich dieser GVO **ausgeschlossen sind allerdings Lizenzvereinbarungen über gewerbliche Schutzrechte**, zumindest sofern es sich hierbei um den Hauptgegenstand der Vereinbarung handelt,[97] und Vertikalvereinbarungen im KFZ-Sektor.[98] Für den zuletzt genannten Bereich besteht insofern eine eigenständige – unten noch näher anzusprechende – GVO. 42

Die Freistellung gilt schließlich auch nicht für vertikale **Vereinbarungen zwischen Wettbewerbern**. Eine Ausnahme hiervon besteht nur für nichtwechselseitige vertikale Vereinbarungen, sofern

- der Käufer nicht einen jährlichen Gesamtumsatz von über 100 Mio. € auf sich vereint, oder
- der Lieferant zugleich Hersteller und Händler, der Käufer dagegen lediglich Händler von Waren ist oder
- der Lieferant auf mehreren Wirtschaftsstufen als Dienstleistungserbringer tätig ist und der Käufer auf der Wirtschaftsstufe, auf der er die Vertragsdienstleistungen bezieht, keine mit diesen im Wettbewerb stehenden Dienstleistungen erbringt.[99]

Sofern die in dieser Verordnung aufgestellten Voraussetzungen erfüllt sind, ist Art. 81 Abs. 1 EG auf diese vertikalen Vereinbarungen nicht anwendbar. Die GVO setzt zunächst voraus, dass der Marktanteil des Lieferanten nicht mehr als 30 % beträgt.[100] Im Falle von Alleinbelieferungsverpflichtungen dagegen darf 43

---

94 Langen/Bunte/Bunte, Kartellrecht, Bd. 1, § 2 GWB, Art. 81 EGV Rn. 195 ff.; Loewenheim/Meesen/Riesenkampff, Kartellrecht, Bd. 2, § 2 GWB Rn. 158.
95 Kommission, Leitlinien zur Anwendung von Art. 81 Abs. 3 EG-Vertrag, ABl. EG 2004 C 101/97, Nr. 46.
96 Art. 2 Abs. 1 VO (EG) 2790/1999, ABl. EG 1999, L 336/21; vgl. näher hierzu Bechtold/Bosch/Brinker/Hirsbrunner, EG-Kartellrecht, VO 2790/1999; Loewenheim/Meesen/Riesenkampff, Kartellrecht, Bd. 1, GVO-Vertikal.
97 Art. 2 Abs. 3 VO (EG) 2790/1999, ABl. EG 1999, L 336/21.
98 Art. 2 Abs. 5 VO (EG) 2790/1999, ABl. EG 1999, L 336/21.
99 Art. 2 Abs. 4 VO (EG) 2790/1999, ABl. EG 1999, L 336/21.
100 Art. 3 Abs. 1 VO (EG) 2790/1999, ABl. EG 1999, L 336/21.

der entsprechende Marktanteil des Käufers die 30 %-Schwelle nicht überschreiten.[101] Des Weiteren darf es sich nicht um bestimmte, in der GVO näher aufgezählte Hardcore-Beschränkungen handeln, welche die Anwendbarkeit der GVO insgesamt ausschließen. Bei diesen Kernbeschränkungen geht es um

- Preisbindungen,
- Gebiets- oder Kundenkreisbeschränkungen,
- Lieferbeschränkungen an Endverbraucher in selektiven Vertriebssystemen,
- Querlieferungsbeschränkungen in selektiven Vertriebssystemen und um
- Lieferbeschränkungen für Ersatzteile.[102]

Neben diesen „schwarzen Klauseln" enthält die GVO auch eine Aufzählung einiger sonstiger Beschränkungen, insb. verschiedene Wettbewerbsverbote, die zwar nicht freigestellt sind, aber die Anwendbarkeit der GVO im Übrigen unberührt lassen, sog. „graue Klauseln".[103]

(2) Vertikale Vereinbarungen im KFZ-Sektor

44 Vertikale Vereinbarungen im KFZ-Sektor, welche die Bedingungen betreffen, zu denen die Parteien neue KFZ, KFZ-Ersatzteile oder Wartungs- und Instandsetzungsdienstleistungen für KFZ beziehen, verkaufen oder weiterverkaufen können, können nach der GVO 1400/2002 freigestellt sein.[104] Wie nach der GVO für vertikale Vertriebsvereinbarungen sind allerdings Lizenzvereinbarungen über gewerbliche Schutzrechte sowie vertikale Vereinbarungen zwischen Wettbewerbern, abgesehen von gewissen nicht wechselseitigen Vereinbarungen, nicht erfasst.[105]

Grds. darf der Marktanteil des Lieferanten 30 %, im Falle von Vereinbarungen über **quantitative selektive Vertriebssysteme** zum Verkauf neuer KFZ 40 % nicht übersteigen.[106] Bei Vereinbarungen über **qualitative selektive Vertriebssysteme** gelten diese Marktanteilsschwellen jedoch nicht. Sofern es sich um **Alleinbelieferungsverpflichtungen** handelt, kommt es dagegen wiederum auf den Marktanteil des Käufers an, der dann nicht mehr als 30 % betragen darf.[107] Des Weiteren müssen die fraglichen vertikalen Vereinbarungen auch bestimmte Vertragsübertragungs- und Kündigungsregelungen enthalten sowie die Anrufung eines unabhängigen Sachverständigen oder Schiedsrichters bei Meinungsverschiedenheiten ermöglichen.[108] Schließlich enthält auch diese GVO „schwarze" und „graue Klauseln".[109] Insgesamt ist festzustellen, dass diese GVO äußerst detailliert ist, womit viele Auslegungsprobleme einhergehen.[110]

(3) Spezialisierungsvereinbarungen

45 Die GVO 2658/2000 enthält eine Freistellung **für Vereinbarungen zwischen zwei oder mehr Unternehmen**, welche die Bedingungen betreffen, unter denen sich die Vertragsparteien auf die Herstellung von Produkten spezialisieren. Hinsichtlich solcher Spezialisierungsvereinbarungen unterscheidet die GVO zwischen einseitiger und gegenseitiger Spezialisierung sowie gemeinsamer Produktion.[111] Freigestellt sind insofern zum einen die Vereinbarungen, welche die Spezialisierung unmittelbar bewirken, und

---

101 Art. 3 Abs. 2 VO (EG) 2790/1999, ABl. EG 1999, L 336/21.
102 Art. 4 VO (EG) 2790/1999, ABl. EG 1999, L 336/21.
103 Art. 5 VO (EG) 2790/1999, ABl. EG 1999, L 336/21.
104 Art. 2 Abs. 1 VO (EG) 1400/2002, ABl. EG 2002, L 203/30; vgl. näher hierzu Bechtold/ Bosch/Brinker/Hirsbrunner, EG-Kartellrecht, VO 1400/2002; Loewenheim/Meesen/Riesenkampff, Kartellrecht, Bd. 1, GVO-KFZ.
105 Art. 2 Abs. 2 und 3 VO (EG) 1400/2002, ABl. EG 2002, L 203/30.
106 Art. 3 Abs. 1 VO (EG) 1400/2002, ABl. EG 2002, L 203/30.
107 Art. 3 Abs. 2 VO (EG) 1400/2002, ABl. EG 2002, L 203/30.
108 Art. 3 Abs. 3 – 6 VO (EG) 1400/2002, ABl. EG 2002, L 203/30.
109 Art. 4 und 5 VO (EG) 1400/2002, ABl. EG 2002, L 203/30.
110 Bechtold/Bosch/Brinker/Hirsbrunner, EG-Kartellrecht, VO 1400/2002 Einf. Rn. 6.
111 Art. 1 Abs. 1 VO (EG) 2658/2000, ABl. EG 2000, L 304/3; vgl. näher hierzu Bechtold/Bosch/Brinker/Hirsbrunner, EG-Kartellrecht, VO 2658/2000.

zum anderen die mit der Spezialisierung unmittelbar verbundenen und für diese notwendigen Vereinbarungen.[112] Voraussetzung einer Freistellung ist jedoch, dass der gemeinsame Marktanteil der beteiligten Unternehmen 20 % nicht überschreitet.[113] Des Weiteren darf die Vereinbarung keine der in der GVO aufgezählten „schwarzen Klauseln" enthalten.[114]

(4) Forschungs- und Entwicklungsvereinbarungen

Eine Freistellung für sog. **Forschungs- und Entwicklungsvereinbarungen** enthält die VO 2659/2000. Hiernach sind Vereinbarungen zwischen zwei oder mehr Unternehmen, welche 46

- die Bedingungen betreffen, unter denen die Vertragsparteien entweder die gemeinsame Forschung und Entwicklung von Produkten oder Verfahren einschließlich der gemeinsamen Verwertung der dabei erzielten Ergebnisse,
- die gemeinsame Verwertung der Ergebnisse von Forschung- und Entwicklung in Bezug auf Produkte oder Verfahren, die von denselben Vertragsparteien aufgrund einer früheren Vereinbarung durchgeführt worden sind oder
- die gemeinsame Forschung und Entwicklung von Produkten oder Verfahren ohne die gemeinsame Verwertung der Ergebnisse verfolgen,

freigestellt.[115] Freigestellt sind nicht nur die Bestimmungen, die unmittelbar eine Forschungs- und Entwicklungszusammenarbeit begründen, sondern auch die mit deren Durchführung unmittelbar verbundenen und hierfür notwendigen Bestimmungen.[116]

Die GVO enthält aber auch eine Aufzählung bestimmter Voraussetzungen, welche die fragliche Vereinbarung erfüllen muss, um in den Genuss der Freistellung zu kommen. So müssen grds. sämtliche Vertragsparteien Zugang zu den Ergebnissen der gemeinsamen Forschungs- und Entwicklungsarbeiten haben.[117] Sofern sich die Vertragsparteien auf eine gemeinsame Forschung und Entwicklung beschränken und keine gemeinsame Verwertung der Ergebnisse vorgesehen ist, muss jeder Vertragspartei das Recht **zur selbständigen Verwertung der Ergebnisse** und des vorher bestehenden, für die Verwertung erforderlichen Know-hows zustehen.[118] Im Falle einer vorgesehenen gemeinsamen Verwertung dagegen muss diese Ergebnisse betreffen, die durch Rechte am geistigen Eigentum – also gewerbliche Schutzrechte, Urheberrechte, usw. – geschützt sind oder die Know-how darstellen, das wesentlich zum technischen oder wirtschaftlichen Fortschritt beiträgt.[119] 47

Die Freistellung gilt **nur für die Dauer der Durchführung der Forschungs- und Entwicklungsarbeiten**, im Falle gemeinsamer Verwertung der Ergebnisse gilt die Freistellung für weitere sieben Jahre ab dem ersten Inverkehrbringen der Vertragsprodukte im gemeinsamen Markt.[120] Wenn die beteiligten Unternehmen keine Konkurrenten sind, besteht insofern keine Marktanteilsschwelle. Sofern zwei oder mehr beteiligte Unternehmen jedoch miteinander konkurrieren, greift die Freistellung nur dann ein, wenn der gemeinsame Marktanteil der beteiligten Unternehmen zum Zeitpunkt des Abschlusses der Vereinbarung nicht mehr als 25 % beträgt.[121] Sowohl für konkurrierende als auch für nicht konkurrierende Unternehmen verlängert sich die Freistellung nach Ablauf des zuvor genannten Zeitraums unbefristet, solange der 48

---

112 Vgl. Art. 1 Abs. 2 VO (EG) 2658/2000, ABl. EG 2000, L 304/3.
113 Art. 4 VO (EG) 2658/2000, ABl. EG 2000, L 304/3.
114 Vgl. Art. 5 VO (EG) 2658/2000, ABl. EG 2000, L 304/3.
115 Art. 1 Abs. 1 VO (EG) 2659/2000, ABl. EG 2000 L 304/7; vgl. näher hierzu Bechtold/Bosch/Brinker/Hirsbrunner, EG-Kartellrecht, VO 2659/2000; Loewenheim/Meesen/Riesenkampff, Kartellrecht, Bd. 1, GVO-FuE.
116 Art. 1 Abs. 2 VO (EG) 2659/2000, ABl. EG 2000 L 304/7.
117 Art. 3 Abs. 2 VO (EG) 2659/2000, ABl. EG 2000 L 304/7.
118 Art. 3 Abs. 3 VO (EG) 2659/2000, ABl. EG 2000 L 304/7.
119 Art. 3 Abs. 3 VO (EG) 2659/2000, ABl. EG 2000 L 304/7.
120 Art. 4 Abs. 1 VO (EG) 2659/2000, ABl. EG 2000 L 304/7.
121 Art. 4 Abs. 2 VO (EG) 2659/2000, ABl. EG 2000 L 304/7.

gemeinsame Marktanteil die Schwelle von 25 % nicht überschreitet.[122] Die Freistellung entfällt jedoch insgesamt, wenn die Vereinbarung eine der in der GVO aufgezählten „schwarzen Klauseln" enthält.[123]

(5) Technologietransfervereinbarungen

49 Die GVO 772/2004 stellt Technologietransfervereinbarungen zwischen zwei Unternehmen, die die Produktion der Vertragsprodukte ermöglichen, vom Verbot des Art. 81 Abs. 1 EG frei.[124] Diese Freistellung gilt allerdings nur solange die Rechte an der lizenzierten Technologie **nicht abgelaufen, erloschen oder für ungültig erklärt worden** sind, bzw. im Falle lizenzierten Know-hows solange dieses geheim bleibt.[125] Sofern es sich bei den Vertragsparteien um miteinander in Wettbewerb stehende Unternehmen handelt, darf ihr gemeinsamer Marktanteil nicht mehr als 20 % betragen.[126] Bei nicht konkurrierenden Unternehmen setzt die Freistellung dagegen voraus, dass der individuelle Marktanteil auf dem Technologie- und Produktmarkt 30 % nicht überschreitet.[127] Des Weiteren darf die fragliche Vereinbarung auch nicht unter die in der GVO enthaltenen „schwarzen" bzw. „grauen Klauseln" fallen.[128] Mit dieser GVO hat die Kommission den bereits in den anderen GVO verfolgten wirtschaftlichen Ansatz auch auf den Bereich der geschützten Rechte ausgedehnt.[129] Insofern ist in diesem Bereich jetzt mehr denn je eine kartellrechtliche Beratung erforderlich. Allein die Konsultierung eines Patentanwaltes dürfte jedenfalls nicht ausreichend sein.

b) Einzelfreistellung

50 Liegen die Voraussetzungen einer GVO nicht vor, kann das fragliche Verhalten immer noch unmittelbar gemäß Art. 81 Abs. 3 EG bzw. § 2 Abs. 1 GWB zulässig sein. Hierfür müssen allerdings vier Voraussetzungen erfüllt sein:[130]

- Die fragliche Vereinbarung oder Verhaltensweise muss **zur Verbesserung der Warenerzeugung oder -verteilung beitragen** bzw. den technischen oder wirtschaftlichen Fortschritt fördern.

  Zur Erfüllung dieses Tatbestandsmerkmals sind **spürbare objektive Vorteile** in Form von Effizienzgewinnen erforderlich. Hierzu zählen Kosteneinsparungen und qualitative Effizienzgewinne, die einen Mehrwert in Form neuer oder verbesserter Produkte, größerer Produktvielfalt usw. erbringen.

  Nicht ausreichend sind Kosteneinsparungen, die aufgrund des reduzierten Wettbewerbs eintreten wie z.B. geringere Werbeausgaben.

  Der Eintritt der Vorteile muss nicht vollkommen sicher sein, es genügt die **hinreichende Wahrscheinlichkeit**. Das Vorbringen des sich auf die Freistellung berufenden Unternehmens muss auch hinreichend substanziiert sein.

- Die Verbraucher müssen in **angemessener Weise** an dem entstehenden Gewinn beteiligt werden.

  Der Begriff „angemessene Beteiligung" bedeutet, dass die Weitergabe der Vorteile die tatsächlichen oder voraussichtlichen negativen Auswirkungen mindestens ausgleichen muss, die den Verbrauchern durch die Wettbewerbsbeschränkung entstehen. Die „Nettowirkung" muss daher **wenigstens neutral** sein. Je größer die Wettbewerbsbeschränkung ist, umso bedeutender müssen die Effizienzgewinne und

---

122 Art. 4 Abs. 3 VO (EG) 2659/2000, ABl. EG 2000 L 304/7.
123 Vgl. Art. 5 VO (EG) 2659/2000, ABl. EG 2000 L 304/7.
124 Vgl. näher hierzu Bechtold/Bosch/Brinker/Hirsbrunner, EG-Kartellrecht, VO 772/2004; Loewenheim/Meesen/ Riesenkampff /Schmaltz, Kartellrecht, Bd. 1, GVO-Technologie.
125 Art. 2 VO (EG) 772/2004, ABl. EG 2004, L 123/11.
126 Art. 3 Abs. 1 VO (EG) 772/2004, ABl. EG 2004, L 123/11.
127 Art. 3 Abs. 2 VO (EG) 772/2004, ABl. EG 2004, L 123/11.
128 Vgl. Art. 4 und 5 VO (EG) 772/2004, ABl. EG 2004, L 123/11.
129 Loewenheim/Meesen/Riesenkampff-von Falck/Schmaltz, Kartellrecht, Bd. 1, GVO-Technologie Rn. 3.
130 Vgl. zum Folgenden Leitlinien der Kommission zur Anwendung von Art. 81 Abs. 3 EG-Vertrag, ABl. EG 2004 C 101/97 sowie von der Groeben/Schwarze/Schröter, EU- und EG-Vertrag, Art. 81 EG Rn. 304 ff.

deren Weitergabe an die Verbraucher sein. Dabei ist anzunehmen, dass die Weitergabe der Vorteile umso wahrscheinlicher ist, je größer das verbleibende Ausmaß des Wettbewerbs ist, denn in diesem Fall werden die Unternehmen z.B. Kosteneinsparungen weitergeben, um ihren Umsatz zu erhöhen.

- Es dürfen keine Beschränkungen auferlegt werden, die **nicht unerlässlich** sind

Diese dritte Voraussetzung verlangt eine **zweistufige Prüfung**.

---

1. Schritt

Die Vereinbarung muss insgesamt vernünftigerweise notwendig sein, um die Effizienzgewinne zu erzielen.

---

2. Schritt

Es müssen auch die einzelnen, sich aus der Vereinbarung ergebenden Wettbewerbsbeschränkungen hierfür vernünftigerweise notwendig sein.

Der erste Aspekt erfordert, dass sich die Effizienzgewinne **nur durch die Vereinbarung erzielen lassen**, weil es keine andere wirtschaftlich machbare und weniger wettbewerbsbeschränkende Möglichkeit gibt, die Effizienzgewinne zu erzielen. Hinsichtlich des zweiten Aspekts ist zu überprüfen, ob **die einzelnen Beschränkungen erforderlich sind**, um die Effizienzgewinne zu erzielen. Die beteiligten Unternehmen müssen die von ihnen behaupteten Effizienzgewinne hinsichtlich der Art und des Ausmaßes der Beschränkung substanziieren.

Eine Wettbewerbsbeschränkung ist unerlässlich, wenn ohne sie **die sich aus der Vereinbarung ergebenden Effizienzgewinne beseitigt oder erheblich geschmälert würden** oder die Wahrscheinlichkeit zurückgehen würde, dass sich diese Effizienzgewinne realisieren. Außerdem darf kein Missverhältnis zwischen dem Eingriff in die Wettbewerbsfreiheit und den erreichbaren Vorteilen bestehen. Je ausgeprägter die Wettbewerbsbeschränkungen, um so strenger fällt die Prüfung aus. In manchen Fällen kann eine Wettbewerbsbeschränkung lediglich für einen befristeten Zeitraum unerlässlich sein; in diesem Fall gilt die Ausnahmeregelung von Art. 81 Abs. 3 EG lediglich für diesen Zeitraum.

- Es darf keine Ausschaltung des Wettbewerbs für einen wesentlichen Teil der betreffenden Waren erfolgen.

Diese Voraussetzung soll gewährleisten, dass weiterhin trotz der Wettbewerbsbeschränkung ein wirksamer Wettbewerb bestehen bleibt. Bei der Frage, ob die Vereinbarung den Wettbewerb ausschaltet, sind der Marktanteil der betreffenden Unternehmen, die Marktstruktur sowie das Marktverhalten im konkreten Einzelfall heranzuziehen. Pauschale Marktschwellen können daher nicht bestimmt werden. Das Merkmal des Ausschaltens des Wettbewerbs ist **nicht gleichbedeutend mit der Erlangung einer marktbeherrschenden Stellung** i.S.d. Art. 82 EG: Der Wettbewerb kann für einen wesentlichen Teil der Waren bereits ausgeschaltet sein, auch wenn eine marktbeherrschende Stellung noch nicht vorliegt. Andererseits wird bei Erlangung einer marktbeherrschenden Stellung der Wettbewerb i.a.R. ausgeschaltet sein.

c) Freistellung für Mittelstandskartelle nach § 3 Abs. 1 GWB

Über das europäische Kartellrecht hinausgehend enthält § 3 Abs. 1 GWB eine weitere **Legalausnahme vom Kartellverbot** in § 1 GWB für Mittelstandskartelle. Diese Vorschrift stellt damit im Wesentlichen eine Fortführung der bereits vor der 7. GWB-Novelle in § 4 GWB a.F. enthaltenen Ausnahmeregelung für solche Mittelstandskartelle dar. Unter den Voraussetzungen dieser alten Vorschrift, dass nämlich keine wesentliche Wettbewerbsbeeinträchtigung gegeben ist und hierdurch die Wettbewerbsfähigkeit kleiner oder mittlerer Unternehmen verbessert wird, werden horizontale Vereinbarungen bzw. Beschlüsse von

51

Unternehmensvereinigungen, welche die Rationalisierung wirtschaftlicher Vorgänge durch eine zwischenbetriebliche Zusammenarbeit zum Gegenstand haben, freigestellt.[131] Rechtstechnisch geschieht dies dadurch, dass in diesem Falle die Erfüllung der Freistellungsvoraussetzungen des § 2 Abs. 1 GWB fingiert wird. Dieser Regelung kommt allerdings nur dann neben § 2 Abs. 1 GWB eine eigenständige Bedeutung zu, wenn durch das fragliche Kartell nicht der zwischenstaatliche Handel beeinträchtigt ist und Art. 81 Abs. 1 EG somit keine Anwendung findet. Sofern das Kartell nämlich gegen Art. 81 Abs. 1 EG verstößt und nicht die allgemeinen Voraussetzungen des Art. 81 Abs. 3 EG erfüllt, kann das deutsche Recht – wie oben bereits dargelegt – dieses ohnehin nicht rechtfertigen bzw. erlauben.[132]

III. Folgen eines Verstoßes

52 Unterfällt das fragliche Verhalten dem Verbot des Art. 81 Abs. 1 EG bzw. § 1 GWB und ist es nicht gemäß Art. 81 Abs. 3 EG, §§ 2, 3 GWB freigestellt (als Einzel- oder als Gruppenfreistellung), liegt ein kartellrechtlicher Verstoß vor. Als Rechtsfolgen eines Verstoßes kommen zivilrechtliche, strafrechtliche sowie ordnungsrechtliche (Bußgeld) Folgen in Betracht.

1. Zivilrechtliche Folgen

a) Wirksamkeit einer Vereinbarung

53 Gemäß Art. 81 Abs. 2 EG bzw. § 1 GWB i.V.m. § 134 BGB sind Vereinbarungen, die gegen das Kartellverbot verstoßen, **nichtig**. Diese Rechtsfolge tritt sofort ein, die Entscheidung einer Kartellbehörde ist hierfür nicht erforderlich. Dies ist die Konsequenz des Prinzips der Legalausnahme (siehe oben Rn. 33). Kommt es zu einer gerichtlichen Auseinandersetzung über die Wirksamkeit einer Vereinbarung, trägt gemäß Art. 2 VO 1/2003, die Partei, die sich auf den Verstoß gegen das Kartellverbot beruft, die Beweislast dafür. Die andere Partei trägt hingegen die Beweislast dafür, dass die Voraussetzungen für eine Freistellung vorliegen. Diese Beweislastverteilung entspricht auch allgemeinen deutschen zivilprozessualen Grundsätzen.

54 Die Wirksamkeit der Teile einer Vereinbarung, die nicht wettbewerbsbeschränkend sind und vom kartellrechtswidrigen Teil getrennt werden können, richtet sich nach nationalem Recht,[133] somit nach § 139 BGB. Demnach ist **Gesamtnichtigkeit** anzunehmen, wenn nicht davon auszugehen ist, dass das Rechtsgeschäft nach dem Willen der Parteien auch ohne den nichtigen Teil vorgenommen sein würde. Die Rückabwicklung etwaiger Leistungen richtet sich nach Bereicherungsrecht, wobei besonders § 817 BGB zu beachten ist.

> **Hinweis:**
> In der Praxis vereinbaren die Parteien häufig salvatorische Klauseln, um sich gegen das Risiko der Gesamtnichtigkeit abzusichern.

55 **Formulierungsbeispiel: Salvatorische Klausel**

> Sollte eine Bestimmung dieses Vertrags ganz oder teilweise nichtig, unwirksam oder nicht durchsetzbar sein oder werden, wird die Wirksamkeit und Durchsetzbarkeit aller übrigen verbleibenden Bestimmungen davon nicht berührt. Die nichtige, unwirksame oder nicht durchsetzbare Bestimmung ist als durch diejenige wirksame und durchsetzbare Bestimmung ersetzt anzusehen, die dem mit der nichtigen, unwirksamen oder nicht durchsetzbaren Bestimmung verfolgten wirtschaftlichen Zweck nach Gegenstand, Maß, Zeit, Ort und Geltungsbereich am nächsten kommt. Entsprechendes gilt für die Füllung etwaiger Lücken in diesem Vertrag.

---

131 Vgl. näher zu diesen Voraussetzungen Loewenheim/Meesen/Riesenkampff, Kartellrecht, Bd. 2, § 3 GWB Rn. 11 – 66.
132 Vgl. auch Bechtold/Buntscheck, NJW 2005, 2966, 2967; Langen/Bunte/Schneider, Kartellrecht, Bd. 1, § 3 GWB Rn. 3 und 14 f.
133 Vgl. Kommission, Leitlinien zur Anwendung von Art. 81 Abs. 3, ABl. EG 2004 C 101/97, Nr. 41.

Nach Auffassung des BGH enthält eine derartige Klausel eine **Bestimmung über die Darlegungs- und Beweislastverteilung** im Rahmen des § 139 BGB. Aufgrund der salvatorischen Klausel sei die Partei, die sich auf die Gesamtnichtigkeit berufe, hierfür darlegungs- und beweispflichtig.[134]

Handelt es sich um einen **„quantitativen" Verstoß** gegen das Kartellverbot, z.B. weil ein überlanges Wettbewerbsverbot vereinbart wurde, ist nach dem BGH eine geltungserhaltende Reduktion möglich, bei der das Wettbewerbsverbot mit einer kürzeren, zulässigen Dauer aufrechterhalten bleibt.[135]

56

Grds. ist die Berufung jeder Partei auf die Nichtigkeit ohne Verstoß gegen Treu und Glauben möglich. Die **Berufung auf die Gesamtnichtigkeit** gemäß § 139 BGB kann aber nach Treu und Glauben ausgeschlossen sein, wenn sich dies als **unzulässige Rechtsausübung** darstellen würde, z.B. wenn ein Vertragspartner sich hierdurch einer an sich nicht zu beanstandenden Zahlungspflicht entziehen will.[136]

57

b) Schadensersatz- und Unterlassungsansprüche Dritter[137]

Gemäß § 33 Abs. 1 Satz 1 GWB ist, wer gegen § 1 GWB oder Art. 81 EG verstößt, dem Betroffenen zur **Beseitigung** und bei Wiederholungsgefahr zur **Unterlassung** verpflichtet. Betroffen ist, wer als Mitbewerber oder sonstiger Marktbeteiligter durch den Verstoß beeinträchtigt ist.

58

Die **bloße Beeinträchtigung reicht demnach aus**, nicht erforderlich ist daher, dass sich die Kartellabsprache direkt gegen den Anspruchsteller richtet.

Gemäß § 33 Abs. 3 GWB ist zum **Schadensersatz** verpflichtet, wer einen Verstoß nach Abs. 1 **vorsätzlich oder fahrlässig** begeht. Die Geltendmachung eines Schadens ist nicht deshalb ausgeschlossen, weil die zu einem überteuerten Preis bezogene Ware bzw. Dienstleistung weiterveräußert wurde. Der erzielte Preis ist im Rahmen der Vorteilsausgleichung zu berücksichtigen. Eine Anrechnung kommt aber nur in Betracht, wenn diese dem Zweck des Schadensersatzes entspricht und den Schädiger nicht unbillig entlastet. Dies wird i.d.R. nicht anzunehmen sein.

59

Nach Auffassung des Bundeskartellamts **kommt eine Vorteilsausgleichung im Einzelfall in Betracht**, wenn der Schaden tatsächlich weitergegeben wurde, hierdurch kein Umsatzrückgang entstanden ist und dies für den Geschädigten weder ein Risiko darstellte noch mit unzumutbarem Aufwand verbunden war. Zu denken sei etwa an Fälle, in denen der Wiederverkaufspreis dergestalt an den Einstandspreis gekoppelt sei, dass er vollständig unter Addition einer im Voraus vereinbarten eigenen Gewinnmarge an die nächste Marktstufe weitergegeben wird.[138]

60

Sollte eine Vorteilsausgleichung ausnahmsweise in Betracht kommen, trägt der Schädiger die **Darlegungs- und Beweislast für die Schadensminderung**.[139]

In Zusammenhang mit der Frage der Vorteilsausgleichung steht auch die Frage, ob neben den direkten Abnehmern auch **weiteren, mittelbaren Abnehmern** (indirect purchaser) ein Schadensersatzanspruch zustehen soll. Dies könnte zu einer Mehrfachhaftung des Schädigers führen. Rechtsprechung zur Rechtslage nach der 7. GWB-Reform liegt noch nicht vor. Auch das Bundeskartellamt hat die Frage bisher offengelassen.[140]

Im Prozess problematisch ist die **Darlegung und der Beweis des konkreten Schadens**. Die Beweislast dafür, dass überhaupt ein Schaden entstanden ist, trägt der Anspruchsteller. Allerdings wird hierbei der

61

---

134 BGH, NJW 2003, 347 f.
135 BGH, NJW 1994, 384, 386.
136 Langen/Bunte/Bunte, Kartellrecht, Bd. 1, § 1 Rn. 291; Immenga/Mestmäcker/Zimmer, GWB, § 1 GWB Rn. 330.
137 Vgl. hierzu BKartA, Private Kartellrechtsdurchsetzung – Stand, Probleme, Perspektiven, 2005, http://www.bundeskartellamt.de/wDeutsch/download/pdf/Diskussionsbeitraege/05_Proftag.pdf.
138 BKartA, Private Kartellrechtsdurchsetzung – Stand, Probleme, Perspektiven, 2005, S. 12, a.a.O.
139 Loewenheim/Meesen/Riesenkampff, Kartellrecht, Bd. 2, § 33 GWB Rn. 47.
140 Vgl. BKartA, Private Kartellrechtsdurchsetzung – Stand, Probleme, Perspektiven, 2005, S. 8 f., a.a.O.

Erfahrungssatz vertreten, nach dem es nach der Lebenserfahrung nahe liegt, dass die im Rahmen des Kartells erzielten Preise höher liegen als die im Wettbewerb erreichbaren Marktpreise.[141] Dies aber ist zu pauschal und bedarf der Prüfung im Einzelfall. Hinsichtlich der Schadenshöhe kommt eine Schätzung gemäß § 287 ZPO in Betracht. Bei dieser Entscheidung kann gemäß § 33 Abs. 3 Satz 3 GWB insb. der anteilige Gewinn, den das Unternehmen durch den Verstoß erlangt hat, berücksichtigt werden.

62 Gemäß § 33 Abs. 4 GWB ist ein Gericht insoweit **an die Feststellung des Verstoßes** gebunden, wie sie in einer bestandskräftigen Entscheidung der Kartellbehörde, der Kommission oder der Wettbewerbsbehörde oder des als solche handelnden Gerichts in einem anderen Mitgliedstaat getroffen wurde.

63 Gemäß Art. 33 Abs. 2 GWB ist **auch eine Verbandsklage möglich**. Zu den erfassten Vereinigungen zählen allerdings keine Verbraucherverbände.

64 § 33 GWB schließt **andere zivilrechtliche Schadensersatzansprüche** nicht aus, ist aber lex specialis zu § 823 Abs. 2 BGB i.V.m. Art. 81 EG als Schutzgesetz und § 823 Abs. 1 i.V.m. dem Recht am eingerichteten und ausgeübten Gewerbebetrieb. § 826 ist hingegen neben § 33 GWB anwendbar.[142]

2. Untersagungsverfügung und Vorteilsabschöpfung

65 Gemäß § 32 GWB kann die Kartellbehörde den Abschluss oder die Durchführung eines nach § 1 GWB bzw. Art. 81 EG verbotenen Vertrags oder Beschlusses untersagen. Die **Untersagung** richtet sich gegen den Abschluss des Vertrags und spricht für die Zukunft die Pflicht aus, die Durchführung zu unterlassen.

66 Nach § 34 GWB kann die Kartellbehörde die **Abschöpfung des wirtschaftlichen Vorteils** anordnen und dem Unternehmen die Zahlung eines entsprechenden Geldbetrags auferlegen. Damit soll verhindert werden, dass die wirtschaftlichen Vorteile des Kartellverstoßes bei den Kartellanten verbleiben. § 34 GWB ist demgemäß nicht anwendbar, wenn der wirtschaftliche Vorteil durch Schadensersatzleistungen oder durch die Verhängung der Geldbuße oder die Anordnung des Verfalls abgeschöpft ist (§ 34 Abs. 2 GWB).

67 § 34a GWB sieht darüber hinaus die **Vorteilsabschöpfung durch Verbände und Einrichtungen zu Gunsten des Bundeshaushalts** vor.

68 Ebenso kann die Kommission, wenn sie eine Zuwiderhandlung gegen Art. 81 EG feststellt, die beteiligten Unternehmen oder Unternehmensvereinigungen durch Entscheidung verpflichten, die festgestellte Zuwiderhandlung abzustellen. Sie kann ihnen hierzu alle erforderlichen Abhilfemaßnahmen verhaltensorientierter oder struktureller Art vorschreiben, die gegenüber der festgestellten Zuwiderhandlung verhältnismäßig und für eine wirksame Abstellung der Zuwiderhandlung erforderlich sind (Art. 7 VO 1/2003).

69 Gemäß Art. 24 Abs. 1 VO 1/2003 kann sie zudem gegen Unternehmen und Unternehmensvereinigungen durch Entscheidung Zwangsgelder bis zu einem Höchstbetrag von 5 % des im vorausgegangenen Geschäftsjahr erzielten durchschnittlichen Tagesumsatzes für jeden Tag des Verzugs von dem in ihrer Entscheidung bestimmten Zeitpunkt an festsetzen, um sie zu zwingen, eine Zuwiderhandlung gegen Art. 81 EG abzustellen.

3. Ordnungswidrigkeit und Strafbarkeit

a) Grundzüge des Bußgeldverfahrens

70 Gemäß § 81 Abs. 1 Nr. 1 bzw. Abs. 2 Nr. 1 GWB handelt ordnungswidrig, wer **vorsätzlich oder fahrlässig** entgegen Art. 81 Abs. 1 EG bzw. § 1 GWB eine Vereinbarung trifft, einen Beschluss fasst oder Verhaltensweisen aufeinander abstimmt.

Gemäß § 81 Abs. 4 GWB kann diese Ordnungswidrigkeit mit einer **Geldbuße bis zu 1 Mio. €** geahndet werden. Richtet sich die Geldbuße gegen Unternehmen oder Unternehmensvereinigungen, kann über diesen Betrag hinaus die Geldbuße auch höher festgesetzt werden. Sie darf dann aber für jedes an der

---

[141] Langen/Bunte/Bunte, Kartellrecht, Bd. 1, § 1 GWB Rn. 310.
[142] Loewenheim/Meesen/Riesenkampff, Kartellrecht, Bd. 2, § 33 GWB Rn. 62; FK-Roth, Kartellrecht, § 33 GWB 1999 Rn. 195–197.

Zuwiderhandlung beteiligte Unternehmen oder jede beteiligte Unternehmensvereinigung 10 % seines bzw. ihres jeweiligen im vorausgegangenen Geschäftsjahr erzielten Gesamtumsatzes nicht übersteigen. Der wirtschaftliche Vorteil, der aus der Ordnungswidrigkeit gezogen wurde, kann durch die Geldbuße abgeschöpft werden. Dient die Geldbuße allein der Ahndung, ist dies bei der Zumessung entsprechend zu berücksichtigen.

Die **Verjährung** beträgt gemäß § 81 Abs. 8 Satz 2 GWB fünf Jahre. 71

Auch das Gemeinschaftsrecht sieht ein Bußgeldverfahren vor. Gemäß Art. 23 Abs. 1 VO 1/2003 kann die Kommission gegen Unternehmen und Unternehmensvereinigungen durch Entscheidung Geldbußen verhängen, wenn sie vorsätzlich oder fahrlässig gegen Art. 81 EG verstoßen. Die Geldbuße für jedes an der Zuwiderhandlung beteiligte Unternehmen oder jede beteiligte Unternehmensvereinigung darf **10 % seines bzw. ihres jeweiligen im vorausgegangenen Geschäftsjahr erzielten Gesamtumsatzes** nicht übersteigen. Steht die Zuwiderhandlung einer Unternehmensvereinigung mit der Tätigkeit ihrer Mitglieder im Zusammenhang, darf die Geldbuße 10 % der Summe der Gesamtumsätze derjenigen Mitglieder, die auf dem Markt tätig waren, auf dem sich die Zuwiderhandlung der Vereinigung auswirkte, nicht übersteigen. 72

Gemäß Art. 23 Abs. 3 VO 1/2003 sind bei der Festsetzung der Höhe der Geldbuße die **Schwere und die Dauer der Zuwiderhandlung** zu berücksichtigen. Nach der Rechtsprechung sind bei der Beurteilung der Schwere der Zuwiderhandlung für die Bemessung der Geldbuße insb. die Art der Wettbewerbsbeschränkungen, die Anzahl und die Bedeutung der beteiligten Unternehmen, der von ihnen in der Gemeinschaft jeweils kontrollierte Marktanteil sowie die Marktlage zurzeit der Begehung der Zuwiderhandlung zu berücksichtigen. Ferner muss die Kommission, wenn eine Zuwiderhandlung von mehreren Unternehmen begangen wurde, die Rolle berücksichtigen, die jedes Unternehmen bei der Zuwiderhandlung gespielt hat.[143] Bei der Bestimmung der Dauer und Schwere wird überdies angenommen, dass ein Verstoß gegen Art. 81 Abs. 1 EG sich nicht nur aus einer isolierten Handlung, sondern auch aus einer Reihe von Handlungen oder einem fortgesetzten Verhalten ergeben kann. Fügen sich die verschiedenen Handlungen wegen ihres identischen Zweckes der Verfälschung des Wettbewerbs innerhalb des Gemeinsamen Marktes in einen „Gesamtplan" ein, kann die Verantwortung für diese Handlungen anhand der Beteiligung an der Zuwiderhandlung als Ganzes auferlegt werden.[144]

Im Juni 2006 hat die Kommission **neue Leitlinien zur Bußgeldbemessung** veröffentlicht. Sie sehen u.a. vor, dass Geldbußen grds. auf bis zu 30 % des Jahresumsatzes des Unternehmens festgesetzt werden, der von der Zuwiderhandlung betroffen ist, multipliziert mit der Anzahl der Jahre, in denen das Unternehmen an der Zuwiderhandlung beteiligt war. Darüber hinaus kann ein Betrag zwischen 15 % und 25 % des betroffenen Umsatzes unabhängig von der Dauer der Zuwiderhandlung verhängt werden („Eintrittsgebühr"). Für Wiederholungstäter gelten höhere Geldbußen als bisher.[145] 73

Hinweis:
Es ist zu beachten, dass die Gesamtgeldbuße nicht die oben bereits angesprochene Grenze von 10 % des im vorausgegangenen Geschäftsjahr erzielten Gesamtumsatzes überschreiten darf. Da auch das GWB in Art. 81 Abs. 4 Satz 4 – ebenso wie Art. 23 Abs. 3 der VO 1/2003 – für die Festsetzung der Geldbuße die Berücksichtigung der Schwere und Dauer der Zuwiderhandlung festschreibt, können insofern die Leitlinien der Kommission im Wege einer teleologischen Auslegung auch vor dem BKartA relevant werden, ohne jedoch eine Bindungswirkung zu entfalten.[146]

---

143 EuGH, Urt. v. 11.12.2003 – Rs. T-59/99, Slg. 2003, II-5257 Tz. 199 f. – Ventouris Group Enterprises SA/Kommission.
144 EuGH, Urt. v. 5.4.2006 – Rs. T-279/02, Tz. 155 – Degussa AG/Kommission.
145 Vgl. Press Release IP/06/857, 28.06.2006: Competition: Commission revises Guidelines for setting fines in antitrust cases; Leitlinien noch nicht im Amtsblatt veröffentlicht.
146 Vgl. Regierungsbegründung zur 7. GWB-Novelle, BT-Drucks. 15/5049, S. 50.

74 Nach den Leitlinien der Kommission über den Erlass und die Ermäßigung von Geldbußen in Kartellsachen[147] kann sich jedoch eine Zusammenarbeit der beteiligten Unternehmen mit der Kommission unter bestimmten Umständen **bußgeldmindernd** auswirken oder sogar dazu führen, dass von der Verhängung eines Bußgeldes vollständig abgesehen wird. Hiernach gewährt die Kommission einen vollständigen Erlass der Geldbuße dem ersten Unternehmen, das der Kommission Informationen und Beweismittel vorlegt, die es der Kommission ihrer Auffassung nach ermöglichen, entweder gezielte Nachprüfungen im Zusammenhang mit dem mutmaßlichen Kartell durchzuführen oder im Zusammenhang mit dem mutmaßlichen Kartell eine Zuwiderhandlung gegen Art. 81 EG-Vertrag festzustellen, wenn die Kommission bereits über Informationen zur Einleitung von Ermittlungen verfügt, das Kartell aber nicht nachweisen kann.

Die Geldbuße gegenüber anderen Unternehmen kann bis zu 50 % ermäßigt werden, wenn das fragliche Unternehmen der Kommission **Beweismittel für die Zuwiderhandlung** vorlegt, die gegenüber den bereits im Besitz der Kommission befindlichen Beweismitteln einen erheblichen Mehrwert darstellen. Diesem Ansatz folgt nunmehr weitgehend auch das Bundeskartellamt mit seiner im März 2006 neu gefassten Bonusregelung.[148]

75 Die Geldbuße setzt Vorsatz oder Fahrlässigkeit voraus. Der **gemeinschaftsrechtliche Vorsatzbegriff** wird sehr weit ausgelegt. Ein Unternehmen handelt demnach vorsätzlich, wenn es die Wettbewerbsbeschränkung erkannt hat oder sich nicht in Unkenntnis darüber befinden konnte, dass das Verhalten eine Wettbewerbsbeschränkung bezweckte oder bewirkte.[149] **Fahrlässigkeit liegt dann vor**, wenn das Unternehmen die Zuwiderhandlung hätte erkennen müssen. Da beide Verschuldensformen gleichwertig sind, wird in der Rechtsprechung häufig offengelassen, welche Verschuldensform vorliegt.[150]

76 Anders als im deutschen Recht richtet sich Art. 23 VO 1/2003 **nur gegen Unternehmen bzw. Unternehmensvereinigungen**, nicht gegen natürliche Personen. Die Kommission hat bei ihrer Entscheidung ein Auswahl- und Entschließungsermessen, kann also von der Verhängung einer Geldbuße auch ganz absehen. Die Änderung der Rechtsform und des Namens eines Unternehmens hat nicht zwingend zur Folge, dass ein neues, von der Haftung für wettbewerbswidrige Handlungen seines Vorgängers befreites Unternehmen entsteht, sofern die beiden Unternehmen wirtschaftlich gesehen identisch sind.[151]

77 Die **Verfolgungsverjährung** im Bußgeldverfahren wegen Verstoßes gegen Art. 81 EG beträgt gemäß Art. 25 Abs. 1 lit b) VO 1/2003 fünf Jahre, die **Vollstreckungsverjährung** gemäß Art. 26 Abs. 1 VO 1/2003 ebenfalls fünf Jahre.

b)   Strafrechtsähnlicher Charakter des Bußgeldverfahrens

78 Art. 23 Abs. 5 VO 1/2003 erklärt, dass die Bußgeldentscheidungen keinen strafrechtlichen Charakter haben. Trotzdem wird überwiegend angenommen, dass das Bußgeldverfahren strafrechtsähnlichen Charakter hat und daher auch **strafrechtliche Grundsätze wie das Rückwirkungsverbot und das Analogieverbot** gelten.[152]

79 Der strafrechtsähnliche Charakter des Bußgeldverfahrens führt auch zu **Konsequenzen für die Beweislastverteilung**. Gemäß Art. 2 VO 1/2003 obliegt die Beweislast für das Vorliegen eines Verstoßes gegen Art. 81 Abs. 1 EG der Behörde. Für das Vorliegen der Freistellungsvoraussetzungen hingegen trägt das Unternehmen, das sich darauf beruft, die Beweislast. Wie bereits für das Verwaltungsverfahren beschrieben, ist diese Regel auch im Ordnungswidrigkeitsverfahren nicht uneingeschränkt anwendbar. Dies ergibt

---

147   ABl. EG 2006 C 298/11.
148   Vgl. BKartA, Bekanntmachung Nr. 9/2006 über den Erlass und die Reduktion von Geldbußen in Kartellsachen – Bonusregelung.
149   EuGH, Urt. v. 11.12.2003 – Rs. T-59/99, Slg. 2003, II-5257 – Ventouris Group Enterprises SA/Kommission.
150   Klees, Europäisches Kartellverfahrensrecht, § 10 Rn. 108.
151   EuGH, Urt. v. 7.1.2004 – Rs. C-204/00 P, C-205/00 P, C-211/00 P, C-213/00 P, C-217/00 P und C-219/00 P, Slg. 2004, I-123 Tz. 59 – Aalborg Portland/Kommission.
152   Langen/Bunte/Sura, Kartellrecht, Bd. 2, Art. 23 VO 1/2003 Rn. 6; de Bronett, Europäisches Kartellverfahrensrecht, Art. 23 VO 1/2003 Rn. 4.

sich zum einen – wie im Verwaltungsverfahren – aus dem auch im Ordnungswidrigkeitsverfahren bestehenden Amtsermittlungsgrundsatz der Gerichte und Behörden, zum anderen aus der Unschuldsvermutung im Ordnungswidrigkeitsverfahren.

Die **Unschuldvermutung** ist in Deutschland eine Verfahrensgarantie von Verfassungsrang. Sie ist im Übrigen auch in der Europäischen Menschenrechtskonvention (Art. 6 Abs. 2) verankert und somit gemäß Art. 6 EU von der Union zu achten. Darüber hinaus ist die Unschuldsvermutung auch Teil der Charta der Grundrechte (Art. 48 Abs. 1), die gemäß Erwägung 37 der VO 1/2003 bei ihrer Auslegung und Anwendung zu beachten ist. Damit müssen Zweifel hinsichtlich des Vorliegens der Freistellungsvoraussetzungen im Bußgeldverfahren zu Gunsten der betroffenen Unternehmen gehen. Die Kommission trägt also die volle Beweislast für die Rechtsverletzung.[153]

c) Strafbarkeit

Abgesehen vom Bußgeldverfahren **kommen auch strafrechtliche Folgen in Betracht**. Submissionsabsprachen können den Tatbestand des Betrugs gemäß § 263 StGB erfüllen. Darüber hinaus sind gemäß § 298 StGB wettbewerbsbeschränkende Absprachen bei Ausschreibungen unabhängig von einem Schaden strafbar. 80

IV. Verfahren

1. Ermittlungsbefugnisse

a) Kommission

Die Ermittlungsbefugnisse der Kommission in einem konkreten Verfahren richten sich nach Art. 18 – 22 VO 1/2003.[154] Demnach kann die Kommission durch **einfaches Auskunftsverlangen oder durch Entscheidung** von Unternehmen und Unternehmensvereinigungen verlangen, dass sie **alle erforderlichen Auskünfte erteilen** (Art. 18 Abs. 1 VO 1/2003). Ferner erteilen Regierungen und Wettbewerbsbehörden der Mitgliedstaaten der Kommission auf Verlangen alle Auskünfte, die sie zur Erfüllung der ihr mit dieser Verordnung übertragenen Aufgaben benötigt (Art. 18 Abs. 5 VO 1/2003). Weiterhin kann die Kommission alle natürlichen und juristischen Personen befragen, die der Befragung zum Zweck der Einholung von Informationen, die sich auf den Gegenstand einer Untersuchung beziehen, zustimmen (Art. 19 Abs. 1 VO 1/2003). 81

Gemäß Art. 20 VO 1/2003 kann die Kommission als besonders wichtiges Ermittlungsmittel **sog. Nachprüfungen** vornehmen. Die mit den Nachprüfungen beauftragten Bediensteten der Kommission und die anderen von ihr ermächtigten Begleitpersonen sind dabei befugt, alle Räumlichkeiten, Grundstücke und Transportmittel von Unternehmen und Unternehmensvereinigungen zu betreten. Sie dürfen die Bücher und sonstigen Geschäftsunterlagen prüfen, Kopien oder Auszüge aus diesen Büchern und Unterlagen anfertigen oder erlangen, betriebliche Räumlichkeiten und Bücher oder Unterlagen für die Dauer und in dem Ausmaß versiegeln, wie es für die Nachprüfung erforderlich ist sowie von allen Vertretern oder Mitgliedern der Belegschaft des Unternehmens oder der Unternehmensvereinigung Erläuterungen zu Tatsachen oder Unterlagen verlangen, die mit Gegenstand und Zweck der Nachprüfung in Zusammenhang stehen, und ihre Antworten zu Protokoll nehmen (Art. 20 Abs. 2 VO 1/2003). Die Unternehmen und Unternehmensvereinigungen sind verpflichtet, die Nachprüfungen zu dulden, die die Kommission durch Entscheidung angeordnet hat (Art. 20 Abs. 4 Satz 1 VO 1/2003). 82

Besteht ein **begründeter Verdacht**, dass Bücher oder sonstige Geschäftsunterlagen, die sich auf den Gegenstand der Nachprüfung beziehen und die als Beweismittel für einen schweren Verstoß gegen Art. 81 EG von Bedeutung sein könnten, in anderen Räumlichkeiten, auf anderen Grundstücken oder in anderen

---

153 Bechtold/Bosch/Brinker/Hirsbrunner, EG-Kartellrecht, Art. 2 VO 1/2003 Rn. 24.
154 Vgl. zum Verfahren auch VO 773/2004 der Kommission vom 7.4.2004 über die Durchführung von Verfahren auf der Grundlage der Art. 81 und 82 EG-Vertrag durch die Kommission, ABl. EG 2004 L 123/18. Siehe hierzu auch Niggemann, in: Streinz, EUV/EGV, EGV nach Art. 83 KartVO Rn. 31 – 43.

Transportmitteln – darunter auch die Wohnungen von Unternehmensleitern und Mitgliedern der Aufsichts- und Leitungsorgane sowie sonstigen Mitarbeitern – aufbewahrt werden, so kann die Kommission durch Entscheidung eine Nachprüfung in diesen anderen Räumlichkeiten, auf diesen anderen Grundstücken oder in diesen anderen Transportmitteln anordnen (Art. 21 Abs. 1 VO 1/2003).

83 Gegen eine Ermittlungshandlung ist, soweit sie als Entscheidung ergeht, die **Nichtigkeitsklage gemäß Art. 230 EG** möglich. Diese hat allerdings gemäß Art. 242 Satz 1 EG keine aufschiebende Wirkung, so dass ein Antrag auf einstweiligen Rechtsschutz gemäß Art. 242, 243 EG geboten sein kann.

84 Materiell werden wegen ihrer Grundrechtsrelevanz die Ermittlungsbefugnisse der Kommission durch die **allgemeinen Grundsätze des Gemeinschaftsrechts** begrenzt, zu denen in erster Linie die Erforderlichkeit und Verhältnismäßigkeit der Ermittlungshandlung gehören. Auch die Beachtung der Verteidigungsrechte ist für ein rechtmäßiges Verfahren erforderlich (siehe unten Rn.).

b) Nationale Kartellbehörden

85 Gemäß § 57 GWB kann die Kartellbehörde alle Ermittlungen führen und alle Beweise erheben, die erforderlich sind. Dies ist Ausdruck des **Amtsermittlungsgrundsatzes**. Für den Beweis durch Zeugen, Augenschein und Sachverständige sind die Vorschriften der ZPO sinngemäß anzuwenden. Hieraus ergeben sich auch etwaige Auskunftsverweigerungsrechte. Die Kartellbehörde darf daher formlos bei Behörden, Unternehmen und Privatpersonen ermitteln, soweit sie dadurch deren Rechte nicht verletzt.[155] Gegen Verfügungen im Beweisverfahren ist die Beschwerde gemäß §§ 63 ff. GWB statthaft. Gemäß § 58 GWB kann die Kartellbehörde Beweismittel beschlagnahmen. Die Beschlagnahme ist ohne vorherige richterliche Entscheidung zulässig; falls weder der Betroffene noch ein erwachsener Angehöriger bei der Beschlagnahme anwesend war bzw. wenn eine dieser Personen der Beschlagnahme widersprochen hat, muss die Beschlagnahme innerhalb von drei Tagen richterlich bestätigt werden. Anderenfalls erlischt sie. Der Betroffene kann beim AG, in dessen Bezirk die Beschlagnahme stattgefunden hat, um richterliche Entscheidung über die Beschlagnahme nachsuchen. Hiergegen ist wiederum die Beschwerde – nicht gemäß §§ 63 ff. GWB, sondern nach §§ 306 ff. StPO – zulässig. Im Rahmen der Beschlagnahme ist § 97 StPO entsprechend anzuwenden.[156]

86 Darüber hinaus kann die Kartellbehörde Auskünfte sowie die Herausgabe von Unterlagen über ihre wirtschaftlichen Verhältnisse von den betroffenen Unternehmen verlangen, die Unterlagen innerhalb der üblichen Geschäftszeiten einsehen und prüfen und dazu die Räume der Unternehmen betreten. **Durchsuchungen** dürfen nur nach richterlicher Anordnung oder bei Gefahr im Verzug durchgeführt werden (§ 59 GWB). Bei Gefahr der Selbstbelastung gilt ein Auskunftsverweigerungsrecht (§ 59 Abs. 5 GWB). Darüber hinaus ist im Rahmen aller Ermittlungshandlungen das Übermaßverbot zu beachten. Auskunftsersuchen und Prüfungsanordnungen können mit der Beschwerde gemäß §§ 63 ff. GWB angegriffen werden. Für die Anfechtung der Durchsuchung gelten die Vorschriften der StPO (vgl. § 59 Abs. 4 GWB).

87 Diese Befugnisse gelten nur im Verwaltungsverfahren. **Im Bußgeldverfahren** richten sich die Befugnisse der Kartellbehörde gemäß § 46 OWiG nach den Gesetzen über das Strafverfahren. Grds. hat die Kartellbehörde damit die gleichen Rechte und Pflichten wie die Staatsanwaltschaft (§ 46 Abs. 2 OWiG). Anstaltsunterbringung, Verhaftung und vorläufige Festnahme, Beschlagnahme von Postsendungen und Telegrammen sowie Auskunftsersuchen über Umstände, die dem Post- und Fernmeldegeheimnis unterliegen, sind allerdings unzulässig (§ 46 Abs. 3 OWiG).

---

155 Langen/Bunte/Kiecker, Kartellrecht, Bd. 1, § 57 GWB Rn. 3; Loewenheim/Meesen/Riesenkampff, Kartellrecht, Bd. 2, § 57 GWB Rn. 3.
156 Immenga/Mestmäcker/Schmidt, GWB, § 58 Rn. 6.

2. Verteidigungsrechte

a) Verfahren vor der Kommission

Nach Art. 27 Abs. 1 VO 1/2003 muss die Kommission den Unternehmen bzw. Unternehmensvereinigungen, gegen die sich das Verfahren richtet, vor der Feststellung einer Zuwiderhandlung, einer einstweiligen Maßnahme oder einer Bußgeld- oder Zwangsgeldentscheidung Gelegenheit geben, sich zu den von ihr in Betracht gezogenen Beschwerdepunkten zu äußern. Denn die Kommission darf ihre Entscheidung nur auf Beschwerdepunkte stützen, zu denen die Unternehmen Gelegenheit hatten, sich zu äußern.[157]

88

Die **Mitteilung der Beschwerdepunkte** verlangt die Darstellung des von der Kommission festgestellten Sachverhalts, dessen rechtliche Würdigung durch die Kommission sowie das Ergebnis dieser Würdigung. Sie muss so klar abgefasst sein, dass die betroffenen Unternehmen ersehen können, in welchem konkreten Verhalten die Kommission die Zuwiderhandlung sieht. Auch die herangezogenen Beweismittel sowie die Maßnahmen zur Beseitigung der Zuwiderhandlung und gegen wen sich diese richten sollen, müssen angegeben werden. Fasst die Kommission die Verhängung einer Geldbuße ins Auge, so muss sie dies ebenfalls mitteilen.[158]

89

Art. 27 Abs. 2 VO 1/2003 bestimmt, dass die Verteidigungsrechte der Parteien während des Verfahrens in vollem Umfang gewahrt werden müssen. Die Parteien haben das Recht auf **Einsicht in die Akten der Kommission**, vorbehaltlich des berechtigten Interesses von Unternehmen an der Wahrung ihrer Geschäftsgeheimnisse. Kein Recht auf Akteneinsicht besteht bei vertraulichen Informationen sowie internen Schriftstücken der Kommission und der Wettbewerbsbehörden der Mitgliedstaaten. Insb. ist die Korrespondenz zwischen der Kommission und den Wettbewerbsbehörden der Mitgliedstaaten oder zwischen den mitgliedstaatlichen Behörden untereinander von der Akteneinsicht ausgenommen.[159] Neben diesem ausdrücklich geregelten Akteneinsichtsrecht gehören zu den Verteidigungsrechten auch das Recht auf Hinzuziehung eines Anwalts, die Wahrung der Vertraulichkeit des anwaltlichen Schriftverkehrs, sowie das Auskunftsverweigerungsrecht im Fall der Selbstbelastung (nemo tenetur-Grundsatz).[160]

90

Bei Verstoß gegen Art. 27 VO 1/2003 liegt ein **Verfahrensfehler** vor, der regelmäßig die Rechtswidrigkeit der Kommissionsentscheidung insoweit zur Folge hat, als dies Auswirkungen auf den Verfahrensablauf oder die getroffene Entscheidung haben könnte. Die Entscheidung ist damit aber nicht automatisch nichtig; vielmehr erfolgt die Aufhebung der Entscheidung nur dann, wenn ohne die Angaben bzw. die Beweismittel, bzgl. derer den Unternehmen die geordnete Ausübung ihrer Verteidigungsrechte unmöglich gemacht wurde, der von der Kommission in der Entscheidung erhobene Vorwurf nicht haltbar ist. Wenn das Recht auf Akteneinsicht rechtswidrig verweigert wurde, sind die Verteidigungsrechte verletzt, wenn die vorenthaltenen Unterlagen auch konkret geeignet gewesen wären, einen Beitrag zur Verteidigung zu leisten. Dies ist bereits dann der Fall, wenn eine – auch nur entfernte – Möglichkeit besteht, dass das Verwaltungsverfahren bei Akteneinsicht zu einem anderen Ergebnis geführt hätte.[161]

91

b) Verfahren vor nationalen Kartellbehörden

Gemäß § 56 GWB hat die Kartellbehörde den Beteiligten Gelegenheit zur Stellungnahme zu geben. Das Recht auf Akteneinsicht ist im GWB nicht geregelt; insofern ist auf §§ 29, 30 VwVfG zurückzugreifen.

92

---

157 Zu Einzelheiten vgl. Art. 10 und 11 der VO 773/2004 der Kommission vom 7.4.2004 über die Durchführung von Verfahren auf der Grundlage der Art. 81 und 82 EG-Vertrag durch die Kommission, ABl. EG 2004 L 123/18.
158 De Bronett, Europäisches Kartellverfahrensrecht, Art. 27 VO 1/2003 Rn. 9 ff.
159 Vgl. Mitteilung der Kommission über die Regeln für die Einsicht in Kommissionsakten, ABl. EG 2005 C 325/7; vgl. zur Akteneinsicht auch Art. 15 und 16 der VO 773/2004 der Kommission vom 7.4.2004 über die Durchführung von Verfahren auf der Grundlage der Art. 81 und 82 EG-Vertrag durch die Kommission, ABl. EG 2004 L 123/18.
160 Langen/Bunte/Sura, Kartellrecht, Bd. 2, Art. 27 VO 1/2003 Rn. 2.
161 Klees, Europäisches Kartellverfahrensrecht, § 5 Rn. 68.

Bei Verletzung dieser Rechte ist die **Entscheidung rechtswidrig**. Gemäß § 56 Abs. 4 GWB sind jedoch die §§ 45, 46 VwVfG anzuwenden. Gemäß § 45 Abs. 1 Nr. 3 VwVfG kann eine unterlassene Anhörung nachgeholt und der Verfahrensfehler geheilt werden. Nach § 46 VwVfG ist die Aufhebung der Entscheidung wegen einer Verletzung der Verfahrensvorschriften dann ausgeschlossen, wenn keine andere Entscheidung hätte ergehen können, was jedoch bei Ermessensentscheidungen ohne Anhörung nicht der Fall ist.

V. Rechtsschutz

93   Gegen **Entscheidungen der Kommission** kommt die **Nichtigkeitsklage** gemäß Art. 230 Abs. 4 EG in Betracht. Hierbei überprüft der Gerichtshof i.d.R. lediglich die Rechtmäßigkeit der Entscheidung.[162] Das Ermessen der Kommission ist damit i.d.R. nur auf Ermessensfehler hin überprüfbar. Allerdings hat der Gerichtshof bei Klagen gegen Bußgeld- oder Zwangsgeldentscheidungen die Befugnis zu unbeschränkter Nachprüfung der Entscheidung. Er kann die festgesetzte Geldbuße oder das festgesetzte Zwangsgeld aufheben, herabsetzen oder erhöhen (Art. 31 VO 1/2003).

Die Bußgeldentscheidung der Kommission ist **vollstreckbarer Titel gemäß Art. 256 Abs. 1 EG**, der gemäß Art. 256 Abs. 2 EG nach dem jeweiligen nationalen Zwangsvollstreckungsrecht vollstreckt wird. Die Vollstreckung kann gemäß Art. 256 Abs. 4 Satz 1 EG durch eine Entscheidung des EuG ausgesetzt werden. Die Prüfung der Ordnungsgemäßheit der Vollstreckungsmaßnahmen obliegt gemäß Art. 256 Abs. 4 Satz 2 EG den mitgliedstaatlichen Gerichten. Daneben kann die Vollstreckung durch vorläufige Zahlung des Geldbußenbetrags bzw. durch Stellung einer unwiderruflichen Bankbürgschaft regelmäßig bis zum Abschluss des Rechtsmittelverfahrens abgewendet werden.

94   Gegen **Verfügungen der nationalen Kartellbehörde** im Verwaltungsverfahren ist die **Beschwerde gemäß § 63 GWB** statthaft. Zuständiges Gericht ist das OLG, das für den Sitz der Kartellbehörde zuständig ist (§ 63 Abs. 4 GWB).

Hat die nationale Kartellbehörde hingegen einen Bußgeldbescheid erlassen, so ist hiergegen der **Einspruch statthaft**. Der Einspruch gegen den Bußgeldbescheid ist gemäß § 67 Abs. 1 OWiG innerhalb von zwei Wochen bei der Kartellbehörde, die ihn erlassen hat, einzulegen. Hebt die Kartellbehörde den Bußgeldbescheid nicht auf, ist der Rechtsweg zum OLG eröffnet (§ 83 GWB).

B. Fusionskontrolle

I. Einleitung

95   Unter dem Sammelbegriff „Fusionskontrolle" werden üblicherweise diejenigen gesetzlichen Regelungen zusammengefasst, die der staatlichen Kontrolle von Unternehmenszusammenschlüssen dienen und – zumindest in erster Linie – **wettbewerbliche Zwecke** verfolgen. Davon zu unterscheiden sind Regelungen, die nicht die Entstehung übermäßiger Marktmacht verhindern sollen, sondern anderen, wettbewerbsfremden Zwecken dienen, wie z.B. Vorschriften zur Kontrolle von Beteiligungen ausländischer Investoren an inländischen Unternehmen (z.B. gemäß § 7 AWG).

96   Selbst ein vergleichsweise „kleiner" Unternehmenskauf kann in der Praxis die **Durchführung einer Vielzahl unterschiedlicher Fusionskontrollverfahren** erforderlich machen. In den letzten zehn bis 15 Jahren haben mehr und mehr Staaten ihre eigenen, nationalen Fusionskontrollordnungen erlassen. Deren Anwendbarkeit setzt i.a.R. nicht voraus, dass ein inländisches Unternehmen an dem Zusammenschluss beteiligt ist oder über Tochtergesellschaften im Inland verfügt. Meist reicht es für die grds. Anwendbarkeit einer nationalen Fusionskontrollordnung schon aus, dass ein Zusammenschluss sich im Inland in irgendeiner Weise auswirkt. In Zeiten anhaltender Globalisierung werden derartige Inlandsauswirkung

---

162 Vgl. EuGH, Urt. v. 8.7.2004 – Rs. T-67/00, T-68/00, T-71/00 und T-78/00, Slg. 2004, II-2501 – JFE Engineering Corp./Kommission.

aber häufig auch bei Zusammenschlüssen vorliegen, die auf den ersten Blick keine Verbindung zu dem betreffenden Staat haben.

Beispiel:

Unternehmen A möchte 100 % der Anteile an Unternehmen B erwerben. Beide Unternehmen haben ihren Sitz in Brasilien. Der Unternehmenskaufvertrag unterliegt brasilianischem Recht. Keines der beiden Unternehmen ist in Europa mit eigenen Tochtergesellschaften vertreten. Unternehmen B hat im letzten Geschäftsjahr allerdings Exportumsätze mit deutschen Kunden erzielt. Schon dieser Bezug zum deutschen Markt kann unter Umständen ausreichen, um die Anwendbarkeit der deutschen Fusionskontrolle zu begründen.

Die Vorbereitung und Durchführung mehrerer paralleler Fusionskontrollverfahren kann für die beteiligten Unternehmen im Einzelfall **mit erheblichen Kosten verbunden** sein und – in der Praxis besonders ärgerlich – den **Vollzug des Unternehmenskaufes erheblich verzögern**. Probleme können sich insb. dann ergeben, wenn mögliche fusionskontrollrechtliche Implikationen bei den Vertragsverhandlungen nicht oder erst in einem sehr späten Stadium berücksichtigt wurden. 97

Für die umsichtige Strukturierung und Planung eines Unternehmenskaufes ist es nicht erforderlich, dass die mit den Vertragsverhandlungen befassten internen oder externen Berater selbst über detaillierte fusionskontrollrechtliche Kenntnisse verfügen. Angesichts der zum Teil erheblichen Unterschiede, die die verschiedenen nationalen Fusionskontrollordnungen aufweisen, lassen sich generalisierende Aussagen über „die" Fusionskontrolle ohnehin nicht machen. Entscheidend ist allerdings die **Entwicklung eines Gespürs für mögliche fusionskontrollrechtliche Problemfelder**, die durch rechtzeitige Prüfung und Berücksichtigung bei den Vertragsverhandlungen vermieden oder doch entschärft werden können. **Ziel der folgenden Ausführungen** zur Fusionskontrolle ist es, dem im Gesellschaftsrecht tätigen, mit der Strukturierung, Planung und Begleitung von Unternehmenskäufen befassten Berater dieses Gespür zu vermitteln. Aus diesem Grund liegt der Schwerpunkt der Ausführungen weniger auf der materiellen Fusionskontrolle (d.h. der Darstellung der materiellen Untersagungskriterien), als auf der Darstellung der formellen Fusionskontrolle, insb.: 98

- der Anmeldevoraussetzungen

  (Wann ist eine fusionskontrollrechtliche Anmeldung erforderlich?),

- dem fusionskontrollrechtlichen Vollzugsverbot

  (Welche Vollzugsmaßnahmen sind im Vorfeld einer Freigabe durch die zuständige Kartellbehörde verboten?) und

- dem typischen Verfahrensablauf

  (Mit welchem (insb. zeitlichen) Aufwand ist die Durchführung eines Fusionskontrollverfahrens verbunden?).

> **Hinweis:**
>
> Auch wenn sich die Darstellung an dieser Stelle auf die deutsche und die EG-Fusionskontrolle beschränken muss, ist die Kenntnis der wesentlichen Grundzüge dieser beiden wichtigen Fusionskontrollordnungen i.a.R. ausreichend, um jedenfalls ein Gespür für mögliche fusionskontrollrechtliche Problemfelder auch in anderen Jurisdiktionen zu entwickeln.

II. EG-Fusionskontrolle

1. Allgemeines

Eine eigene Fusionskontrolle gibt es im EG-Recht erst seit 1990. Sie ist heute im Wesentlichen in der **Fusionskontrollverordnung Nr. 139/2004 („FKVO")**.[163] geregelt. Wichtige Einzelheiten – insb. zum 99

---

163 ABl. EG 2004 L 24/1.

Verfahren – sind auch in der **Durchführungs-Verordnung Nr. 802/2004 („Durchführungs-VO")** geregelt.[164] Im Anhang zur Durchführungs-VO sind insb. die Formblätter veröffentlicht, die bei der Anmeldung eines Zusammenschlusses, der Stellung von Verweisungsanträgen etc. beachtet werden müssen.

> **Hinweis:**
> Eine Zusammenstellung der wichtigsten Regelungen zur EG-Fusionskontrolle findet sich u.a. auf der **Homepage der Generaldirektion Wettbewerb der Kommission**.[165] Zur Zeit arbeitet die Kommission insb. an einer Neufassung der verschiedenen im vorliegenden Kapitel zitierten Mitteilungen. Mit der Bekanntmachung ist noch im Jahr 2007 zu rechnen.

100 Die EG-Fusionskontrolle ist gemäß Art. 1 Abs. 1 FKVO anwendbar auf „alle Zusammenschlüsse von gemeinschaftsweiter Bedeutung".

Die Anwendbarkeit der EG-Fusionskontrolle setzt danach zweierlei voraus:

- das Vorliegen eines **Zusammenschlusses** und
- die **gemeinschaftsweite Bedeutung** dieses Zusammenschlusses.

Die EG-Fusionskontrolle geht den nationalen Fusionskontrollordnungen der einzelnen EG-Mitgliedstaaten vor. Unterliegt ein Zusammenschluss der EG-Fusionskontrolle, dürfen die Mitgliedstaaten gemäß Art. 23 Abs. 3 FKVO ihre nationalen Wettbewerbsrechte auf diesen Zusammenschluss nicht anwenden.

> **Hinweis:**
> Für die Praxis bedeutet das, dass zunächst immer die Anwendbarkeit der EG-Fusionskontrolle geprüft werden sollte. Eine Prüfung nach nationalem Recht der einzelnen Mitgliedstaaten wird erst erforderlich, wenn die Anwendung der EG-Fusionskontrolle ausscheidet.

2. Begriff des „Zusammenschlusses"

101 Die EG-Fusionskontrolle findet nur auf „Zusammenschlüsse" i.S.v. Art. 3 FKVO Anwendung.

Art. 3 Abs. 1 FKVO unterscheidet **zwei Zusammenschlusstatbestände**:

- Fusion und
- Kontrollerwerb

Wichtige **Hinweise auf die Auslegung** des Zusammenschlussbegriffs durch die Kommission finden sich in ihrer Mitteilung über den Begriff des Zusammenschlusses aus dem Jahr 1998.[166]

a) Fusion

102 Der Begriff der „Fusion" umfasst jeden Vorgang, bei dem aus mehreren selbständigen Unternehmen eine neue wirtschaftliche Einheit, d.h. ein neues Unternehmen, entsteht. Als Beispiele für eine „Fusion" nennt die Kommission die **Verschmelzung** sowie die **Gründung eines vertraglichen Gleichordnungskonzerns**.[167]

Konzerninterne Umstrukturierungen werden nicht erfasst. Art. 3 Abs. 1 FKVO verlangt eine Fusion „bisher voneinander unabhängiger Unternehmen".

> **Hinweis:**
> Der Zusammenschlusstatbestand der „Fusion" spielt in der Praxis nur eine untergeordnete Rolle.

---

164 ABl. EG 2004 L 133/1.
165 http://ec.europa.eu/comm/competition/index_de.html
166 ABl. EG 1998 C 66/5.
167 Mitteilung über den Begriff des Zusammenschlusses, ABl. EG 1998 C 66/5, Tz. 6 und 7.

b) Kontrollerwerb

„Kontrolle" wird in Art. 3 Abs. 2 FKVO definiert als die „Möglichkeit, einen **bestimmenden Einfluss** auf die Tätigkeit eines Unternehmens auszuüben". 103

Es ist **nicht erforderlich**, dass dieser Einfluss **tatsächlich ausgeübt** wird. Die Möglichkeit dazu reicht aus, um Kontrolle i.S.v. Art. 3 Abs. 2 FKVO zu begründen.

Ebenfalls **nicht erforderlich** ist, dass die Kontrolle **gesellschaftsrechtlich vermittelt** ist. Sie kann gemäß Art. 3 Abs. 1 lit. b FKVO durch den Erwerb von Anteilsrechten oder Vermögenswerten, aber auch durch Vertrag oder „in sonstiger Weise" vermittelt werden.

Der Begriff der „Kontrolle" setzt aber eine **gewisse Dauerhaftigkeit** voraus. Daran kann es z.B. fehlen, wenn die Einflussmöglichkeiten nicht gesellschaftsrechtlich vermittelt sind, sondern auf Austauschverträgen, personellen Verbindungen oder anderen, tatsächlichen Umständen beruhen. Eine nur vorübergehende Kontrollmöglichkeit ist keine „Kontrolle" i.S.d. EG-Fusionskontrolle.

Der **Erwerb einer Option**, die zum Kauf oder zur Umwandlung von Anteilen berechtigt, vermittelt im Normalfall noch keine Kontrolle. Etwas anderes kann allenfalls dann gelten, wenn die Option aufgrund einer rechtlich verbindlichen Absprache in naher Zukunft ausgeübt wird.[168] 104

Ein Kontrollerwerb liegt nur vor, wenn die Kontrolle in andere Hände übergeht. **Konzerninterne Umstrukturierungen** werden nicht erfasst.[169] 105

Auch der Kontrollerwerb durch eine natürliche Person, die selbst nicht unternehmerisch tätig ist, kann unter Art. 3 Abs. 1 lit. b FKVO fallen, sofern diese Person mindestens ein (anderes) Unternehmen kontrolliert.

(1) Verschiedene Formen der Kontrolle

Die Möglichkeit zur Ausübung eines bestimmenden Einflusses kann entweder ein Unternehmen alleine haben. Dann liegt ein Fall der „Alleinkontrolle" vor. Ein Zusammenschluss liegt aber auch vor, wenn mehrere Unternehmen gemeinsam einen bestimmenden Einfluss über ein anderes Unternehmen erwerben. Dann spricht man von „gemeinsamer Kontrolle". 106

(2) Alleinkontrolle

Alleinkontrolle liegt vor, wenn ein Unternehmen alleine, d.h. unter Ausschluss Dritter, einen bestimmenden Einfluss auf ein anderes Unternehmen ausüben kann. Wichtigster Anwendungsfall ist der Erwerb der **Stimmrechtsmehrheit** in einem anderen Unternehmen, sofern die anderen Gesellschafter keine besonderen Veto-Rechte haben. 107

Alleinkontrolle kann ausnahmsweise auch in Fällen einer **„qualifizierten Minderheitsbeteiligung"** bestehen.[170] Die Kommission unterscheidet die folgenden Fallgruppen: 108

- Die Minderheitsbeteiligung ist mit besonderen Rechten ausgestattet, die im Ergebnis auf eine Stimmrechtsmehrheit hinauslaufen.
- Der Minderheitsgesellschafter verfügt – auf der Grundlage der Hauptversammlungspräsenz in den vergangenen Jahren – über eine gesicherte Hauptversammlungsmehrheit, z.B. weil sich die restlichen Anteile in Streubesitz befinden.
- Der Minderheitsgesellschafter hat das Recht, das Unternehmen zu leiten und die Geschäftspolitik zu bestimmen.

---

168 Mitteilung über den Begriff des Zusammenschlusses, ABl. EG 1998 C 66/5, Tz. 15.
169 Mitteilung über den Begriff des Zusammenschlusses, ABl. EG 1998 C 66/5, Tz. 8.
170 Mitteilung über den Begriff des Zusammenschlusses, ABl. EG 1998 C 66/5, Tz. 14.

109 **Nicht ausreichend** ist der Erwerb einer bloßen **Kapitalmehrheit** an einem anderen Unternehmen, sofern damit nicht auch eine Stimmrechtsmehrheit verbunden ist.[171]

(3) Gemeinsame Kontrolle

110 Gemeinsame Kontrolle liegt vor, wenn zwei oder mehr Unternehmen die Möglichkeit haben, einen bestimmenden Einfluss auf die Tätigkeit eines anderen Unternehmens auszuüben.

„Bestimmender Einfluss" meint insb. die **Möglichkeit, Aktionen blockieren zu können**, die das strategische Wirtschaftsverhalten eines anderen Unternehmens bestimmen. Darin liegt der wesentliche Unterschied zur Alleinkontrolle. Alleinkontrolle ist nur anzunehmen, wenn ein Unternehmen die strategischen Entscheidungen eines anderen Unternehmens aktiv bestimmen kann. Für die Annahme einer gemeinsamen Kontrolle ist dagegen typisch, dass Pattsituationen entstehen können, weil zwei oder mehr der beherrschenden Unternehmen die Möglichkeit haben, strategische Entscheidungen des gemeinsam kontrollierten Unternehmens zu blockieren. Dementsprechend liegt kein Fall der (alleinigen oder gemeinsamen) Kontrolle vor, wenn **wechselnde Mehrheiten** möglich sind.[172]

111 Führt ein Vorhaben **nur für eine Anlaufzeit** (höchstens drei Jahre) zu einer gemeinsamen Kontrolle, wird dann aber aufgrund einer rechtsverbindlichen Vereinbarung in eine Alleinkontrolle eines Gesellschafters umgewandelt, geht die Kommission davon aus, dass es sich von Beginn an um den Erwerb der Alleinkontrolle durch diesen Gesellschafter handelt.[173]

112 Die Kommission unterscheidet die **folgenden Fallgruppen**, in denen gemeinsame Kontrolle vorliegt:
- Ein Unternehmen hat nur zwei Gesellschafter, die beide das gleiche Stimmrecht haben.[174]
- Ein Unternehmen hat – rechtlich oder faktisch – die Möglichkeit, Entscheidungen, die für das strategische Wirtschaftsverhalten eines anderen Unternehmens wesentlich sind, zu blockieren.[175] Solche „Vetorechte" müssen über die normalen Rechte eines Minderheitsgesellschafters hinausgehen, die ihnen normalerweise eingeräumt werden, um ihre finanziellen Interessen als Kapitalgeber zu schützen.

  Vetorechte, die eine gemeinsame Kontrolle begründen, betreffen i.d.R. die folgenden Bereiche:
  - Besetzung der Unternehmensleitung,
  - Finanzplanung,
  - Geschäftsplan,
  - Investitionen.

  Daneben können im Einzelfall auch andere, marktspezifische Rechte zur Annahme einer gemeinsamen Kontrolle führen. Entscheidend ist eine **Gesamtschau**.[176] Unter Umständen kann schon das Bestehen eines einzigen Vetorechts zur Annahme einer gemeinsamen Kontrolle führen.[177]
- Zwei oder mehr Unternehmen haben gemeinsam eine Stimmrechtsmehrheit in einem anderen Unternehmen und üben ihre Stimmrechte gemeinsam aus. Das ist z.B. der Fall, wenn zwischen den Minderheitsgesellschaftern in einem **Konsortial- oder Stimmbindungsvertrag** die gemeinsame Stimmrechtsausübung festgeschrieben ist. In seltenen Fällen kann eine gemeinsame Kontrolle auch de facto bestehen, wenn **starke gemeinsame Interessen** der Minderheitsgesellschafter bewirken, dass sie bei der Ausübung ihrer Stimmrechte nicht gegeneinander handeln. Nach Ansicht der Kommission kann insb. die Tatsache, dass die Gesellschafter ihre (Minderheits-)Beteiligungen gleichzeitig, „in einem

---

[171] Mitteilung über den Begriff des Zusammenschlusses, ABl. EG 1998 C 66/5, Tz. 13.
[172] Mitteilung über den Begriff des Zusammenschlusses, ABl. EG 1998 C 66/5, Tz. 35.
[173] Mitteilung über den Begriff des Zusammenschlusses, ABl. EG 1998 C 66/5, Tz. 37.
[174] Mitteilung über den Begriff des Zusammenschlusses, ABl. EG 1998 C 66/5, Tz. 20.
[175] Mitteilung über den Begriff des Zusammenschlusses, ABl. EG 1998 C 66/5, Tz. 21 – 29.
[176] Mitteilung über den Begriff des Zusammenschlusses, ABl. EG 1998 C 66/5, Tz. 29.
[177] Mitteilung über den Begriff des Zusammenschlusses, ABl. EG 1998 C 66/5, Tz. 24.

aufeinander abgestimmten Vorgehen" erworben haben, ein Indiz für das Vorliegen eines gemeinsamen Interesses sein.[178]

- Auch **ein einzelner Gesellschafter** kann die „**gemeinsame Kontrolle**" über ein anderes Unternehmen haben. Das ist der Fall, wenn (nur) er über Vetorechte verfügt, mit denen er strategische Entscheidungen in dem anderen Unternehmen verhindern kann, ohne aber die für die Annahme von Alleinkontrolle erforderliche Möglichkeit zu haben, solche Entscheidungen aktiv durchzusetzen.[179]

(4) Vollfunktionscharakter des Gemeinschaftsunternehmens

Anders als der Erwerb der Alleinkontrolle ist die Gründung eines Gemeinschaftsunternehmens, d.h. der Erwerb der gemeinsamen Kontrolle über ein anderes Unternehmen, gemäß Art. 3 Abs. 4 FKVO, nur dann ein Zusammenschluss, wenn dieses andere Unternehmen ein „Vollfunktions-Gemeinschaftsunternehmen" ist, das **auf Dauer alle Funktionen einer selbständigen wirtschaftlichen Einheit erfüllt**. Die Gründung eines Gemeinschaftsunternehmens, das keinen Vollfunktionscharakter hat, unterliegt nicht der EG-Fusionskontrolle. Sie kann aber im Einzelfall der nationalen Fusionskontrolle der EG-Mitgliedstaaten, insb. der deutschen Fusionskontrolle, unterliegen.

113

Wichtige **Hinweise für die Auslegung** des Merkmals des „Vollfunktionscharakters" gibt die Kommission in ihrer Mitteilung über den Begriff des Vollfunktionsgemeinschaftsunternehmens aus dem Jahr 1998.[180] Entscheidend für den Vollfunktionscharakter eines Gemeinschaftsunternehmens ist danach, dass das Unternehmen auf einem Markt alle Funktionen ausübt, die auch von anderen Unternehmen in diesem Markt wahrgenommen werden. Zu diesem Zweck muss das Gemeinschaftsunternehmen insb. über **ein sich dem Tagesgeschäft widmendes Management** und **ausreichend finanzielle Mittel, Personal und Vermögenswerte** verfügen, um langfristig seine Tätigkeit ausüben zu können. Kein Vollfunktions-Gemeinschaftsunternehmen liegt vor, wenn das Gemeinschaftsunternehmen nur eine bestimmte Funktion innerhalb der Geschäftstätigkeit seiner Muttergesellschaften übernimmt, z.B. bei reinen Produktions-, F&E- oder Vertriebsgesellschaften.[181]

(5) Veränderungen in der Struktur der Kontrolle

Veränderungen in der Kontrollstruktur eines Unternehmen können ebenfalls einen Zusammenschlusstatbestand erfüllen. Das gilt bspw. für den **Wechsel von gemeinsamer Kontrolle zur Alleinkontrolle**, aber auch für den umgekehrten **Wechsel von Alleinkontrolle hin zur gemeinsamen Kontrolle**.[182] Auch der Austausch oder das Hinzukommen eines zusätzlichen mitkontrollierenden Gesellschafters kann einen Zusammenschlusstatbestand verwirklichen. Dagegen soll die **Herabsetzung der Anzahl** der mitkontrollierenden Unternehmen nach Auffassung der Kommission **keinen** Zusammenschluss darstellen, sofern damit kein Übergang von gemeinsamer Kontrolle zur Alleinkontrolle verbunden ist.[183]

114

c) „Bankenklausel"

Art. 3 Abs. 5 FKVO nimmt unter bestimmten Voraussetzungen **Anteilserwerbe durch Banken und Versicherungen** sowie **Kontrollerwerbe durch Träger eines öffentlichen Mandats** bzw. – unter engen Voraussetzungen – **durch Beteiligungsgesellschaften im Insolvenzverfahren** von der Anwendbarkeit der EG-Fusionskontrolle aus. Der in der Praxis wichtigste Anwendungsfall ist die „Bankenklausel" des Art. 3 Abs. 5 lit. a FKVO.

115

---

178 Mitteilung über den Begriff des Zusammenschlusses, ABl. EG 1998 C 66/5, Tz. 33.
179 Mitteilung über den Begriff des Zusammenschlusses, ABl. EG 1998 C 66/5, Tz. 39.
180 ABl. EG 1998 C 66/1.
181 Mitteilung über den Begriff des Vollfunktionsgemeinschaftsunternehmens, ABl. EG 1998 C 66/1, Tz. 13.
182 Mitteilung über den Begriff des Zusammenschlusses, ABl. EG 1998 C 66/5, Tz. 16, 40.
183 Mitteilung über den Begriff der beteiligten Unternehmen, ABl. EG 1998 C 66/14, Tz. 38 f.

Nach Art. 3 Abs. 5 lit. a FKVO gilt der nur vorübergehende Anteilserwerb durch Kreditinstitute, sonstige Finanzinstitute und Versicherungsgesellschaften zum Zwecke der Weiterveräußerung **nicht als Zusammenschluss**,

- sofern die Erwerber das **Stimmrecht** aus den Anteilen nicht ausüben, um das Wettbewerbsverhalten des Zielunternehmens zu bestimmen, oder sofern sie das Stimmrecht nur ausüben, um die Veräußerung der Gesamtheit oder von Teilen des Zielunternehmens, seiner Vermögenswerte oder ihrer Anteile am Zielunternehmen vorzubereiten, und
- sofern die **Weiterveräußerung innerhalb eines Jahres** erfolgt.

Sobald die Stimmrechte ausgeübt werden, um das Wettbewerbsverhalten des Zielunternehmens zu bestimmen, oder die Anteile nicht innerhalb der Jahresfrist weiterveräußert werden, liegt (**mit Wirkung „ex nunc"**) ein Zusammenschluss vor, der dann unter Umständen der EG-Fusionskontrolle unterliegt. Die Jahresfrist für die Weiterveräußerung kann gemäß Art. 3 Abs. 5 lit. a FKVO auf Antrag verlängert werden, wenn die Veräußerung binnen Jahresfrist nicht möglich war.

Um einen Verstoß gegen das Vollzugsverbot zu vermeiden, muss der Zusammenschluss mit Ablauf der Jahresfrist bzw. vor Ausübung der Stimmrechte zu wettbewerblichen Zwecken bei der Kommission angemeldet werden.[184] Vor einer Freigabe dürfen die Stimmrechte nicht ausgeübt werden, um das Wettbewerbsverhalten des Zielunternehmens zu bestimmen.

3. Spürbare Inlandsauswirkung

116 Die EG-Fusionskontrolle ist aus völkerrechtlichen Gründen nur anwendbar, wenn ein Zusammenschluss eine vorhersehbare, unmittelbare und wesentliche Auswirkung im Bereich der Gemeinschaft hat.[185] Die Kommission geht allerdings davon aus, dass eine solche „Inlandsauswirkung" i.d.R. vorliegt, wenn die Umsatzschwellen des Art. 1 FKVO (dazu unten Rn. 117 ff.) erfüllt sind.

4. Umsatzschwellen

117 Der EG-Fusionskontrolle unterliegen gemäß Art. 1 Abs. 1 FKVO nur Zusammenschlüsse mit „gemeinschaftsweiter Bedeutung".

118 Wann ein Zusammenschluss gemeinschaftsweite Bedeutung hat, wird abschließend in den **beiden – alternativen – Umsatzschwellen** der Art. 1 Abs. 2 FKVO und Art. 1 Abs. 3 FKVO definiert.

a) Erste Schwelle: Art. 1 Abs. 2 FKVO

119 Art. 1 Abs. 2 FKVO knüpft das Vorliegen einer gemeinschaftsweiten Bedeutung an **drei Voraussetzungen**, von denen zwei positiv und eine negativ formuliert sind.

Danach ist die EG-Fusionskontrolle anwendbar, wenn

- der weltweite Gesamtumsatz aller beteiligten Unternehmen zusammen mehr als 5 Mrd. € beträgt und
- mindestens zwei beteiligte Unternehmen einen gemeinschaftsweiten Gesamtumsatz von jeweils mehr als 250 Mio. € haben, es sei denn,
- alle beteiligten Unternehmen haben jeweils mehr als 2/3 ihres gemeinschaftsweiten Gesamtumsatzes in ein und demselben Mitgliedstaat erzielt.

Beispiel:

Unternehmen A möchte die alleinige Kontrolle über Unternehmen B erwerben. Unternehmen A und Unternehmen B haben die folgenden Umsätze erzielt:

---

184 Bechtold/Bosch/Brinker/Hirsbrunner, EG-Kartellrecht, Art. 3 FKVO Rn. 29.
185 EuGH, Urt. v. 25.3.1999 – Rs. T-102/96, Slg. 1999 II-753, 785, Tz. 90 – Gencor/Kommission.

	Unternehmen A (€)	Unternehmen B (€)
Weltweit	4,0 Mrd.	1,5 Mrd.
EU-weit	2,5 Mrd.	1,0 Mrd.
Deutschland	2,4 Mrd.	200 Mio.
Frankreich	0	700 Mio.

Der Zusammenschluss unterliegt der EG-Fusionskontrolle. Die Umsatzschwellen des Art. 1 Abs. 2 FKVO sind erfüllt. Zwar haben sowohl Unternehmen A (in Deutschland) als auch Unternehmen B (in Frankreich) mehr als 2/3 ihres jeweiligen EU-weiten Umsatzes in einem einzigen Mitgliedstaat erzielt. Die Anwendbarkeit der EG-Fusionskontrolle würde aber nur entfallen, wenn beide Unternehmen mehr als 2/3 ihres jeweiligen EU-weiten Umsatzes in ein und demselben Mitgliedstaat erzielt hätten. Das ist hier nicht der Fall.

b) Zweite Schwelle: Art. 1 Abs. 3 FKVO

Art. 1 Abs. 3 FKVO ist komplizierter als Art. 1 Abs. 2 FKVO. Er knüpft das Vorliegen einer gemeinschaftsweiten Bedeutung an **fünf Voraussetzungen**, von denen vier positiv und eine negativ formuliert sind.

Danach ist die EG-Fusionskontrolle anwendbar, wenn

- der weltweite Gesamtumsatz aller beteiligten Unternehmen zusammen mehr als 2,5 Mrd. € beträgt und
- mindestens zwei beteiligte Unternehmen einen gemeinschaftsweiten Gesamtumsatz von jeweils mehr als 100 Mio. € haben und
- der Gesamtumsatz aller beteiligten Unternehmen zusammen in mindestens drei Mitgliedstaaten jeweils 100 Mio. € übersteigt und
- mindestens zwei beteiligte Unternehmen in jedem von mindestens drei dieser Mitgliedstaaten einen Gesamtumsatz von jeweils mehr als 25 Mio. € haben, es sei denn,
- alle beteiligten Unternehmen haben jeweils mehr als 2/3 ihres gemeinschaftsweiten Gesamtumsatzes in ein und demselben Mitgliedstaat erzielt.

Beispiel:

Unternehmen A und Unternehmen B möchten jeweils 50 % der Stimmrechtsanteile und damit die gemeinsame Kontrolle über das Unternehmen B erwerben. Die beteiligten Unternehmen haben die folgenden Umsätze erzielt:

	Unternehmen A (€)	Unternehmen B (€)	Unternehmen C (€)
Weltweit	1,2 Mrd.	1,0 Mrd.	800 Mio.
EU-weit	50 Mio.	200 Mio.	300 Mio.
Deutschland	50 Mio.	20 Mio.	10 Mio.
Frankreich	0	30 Mio.	100 Mio.
Italien	0	50 Mio.	60 Mio.
Spanien	0	80 Mio.	80 Mio.

Der Zusammenschluss unterliegt der EG-Fusionskontrolle. Die Umsatzschwelle des Art. 1 Abs. 2 FKVO ist hier zwar nicht erfüllt. Dafür ist die Umsatzschwelle des Art. 1 Abs. 3 FKVO erfüllt. Die Unternehmen A, B und C haben gemeinsam einen weltweiten Umsatz von mehr als 2,5 Mrd. € erzielt. Der EU-weite Umsatz von Unternehmen A, B und C betrug zusammen mehr als 100 Mio. €. Darüber hinaus haben Unternehmen B und Unternehmen C – also zwei beteiligte Unternehmen – in den Mitgliedstaaten Frankreich, Italien und Spanien jeweils mehr als 25 Mio. €

Umsatz erzielt. Der gemeinsame Umsatz von Unternehmen A, B und C in diesen Mitgliedstaaten lag jeweils über 100 Mio. €. Die Voraussetzungen der 2/3-Ausnahme sind nicht gegeben.

c) Begriff des „Gesamtumsatzes"

121 Art. 5 FKVO enthält detaillierte Vorgaben für die **Berechnung des Gesamtumsatzes** eines Unternehmens. **Weitere Auslegungshilfen** gibt die Kommission in ihrer **Mitteilung über die Berechnung des Umsatzes** aus dem Jahr 1998.[186]

„Gesamtumsatz" ist gemäß Art. 5 Abs. 1 FKVO die Summe aller Umsätze, die ein beteiligtes Unternehmen **im letzten Geschäftsjahr** mit Waren und Dienstleistungen erzielt hat und die dem normalen geschäftlichen Tätigkeitsbereich des Unternehmens zuzuordnen sind, unter Abzug von Erlösschmälerungen, der Mehrwertsteuer und anderer unmittelbar auf den Umsatz bezogener Steuern. Der Umsatzbegriff der EG-Fusionskontrolle entspricht damit weitgehend den „Umsätzen" bzw. „Umsatzerlösen", wie sie in der **Gewinn- und Verlustrechnung** eines Unternehmens (z.B. aufgrund von § 277 HGB) ausgewiesen werden.

> **Hinweis:**
> In der Praxis schwierig – und für die Bestimmung der Anwendbarkeit der EG-Fusionskontrolle mitunter entscheidend – kann die **geographische Zuordnung der Umsätze** sein. Wertvolle Hinweise dazu gibt die Kommission in ihrer Mitteilung über die Berechnung des Umsatzes.[187] Danach kommt es für die geographische Zuordnung des Umsatzes grds. auf den **Standort des Kunden** an.

122 Für **Banken und Versicherungen** enthält Art. 5 Abs. 3 FKVO eine Sonderregelung. Danach kommt es bei Banken (definiert als Kredit- und sonstige Finanzinstitute) anstelle des Umsatzes auf die betrieblichen Erträge an, bei Versicherungsunternehmen auf die Bruttoprämien.

123 Gehört ein am Zusammenschluss beteiligtes Unternehmen zu einer Gruppe miteinander verbundener Unternehmen, kommt es auf den **Gesamtumsatz der gesamten Unternehmensgruppe** an (Art. 5 Abs. 4 FKVO).

Zusammenzurechnen ist danach der Umsatz:

- des am Zusammenschluss unmittelbar beteiligten Unternehmens selbst,
- seiner Tochtergesellschaften,

  definiert als Unternehmen, in denen das beteiligte Unternehmen unmittelbar oder mittelbar entweder
  – mehr als die Hälfte des Kapitals oder des Betriebsvermögens besitzt, oder
  – über mehr als die Hälfte der Stimmrechte verfügt, oder
  – mehr als die Hälfte der Mitglieder des Aufsichtsrats, des Verwaltungsrats oder der zur gesetzlichen Vertretung berufenen Organe bestellen kann, oder
  – das Recht hat, die Geschäfte des Unternehmens zu führen,

- seiner Muttergesellschaft,

  definiert als Unternehmen, die in dem beteiligten Unternehmen die oben genannten Rechte oder Einflussmöglichkeiten haben,

- der anderen Tochtergesellschaften der Muttergesellschaft,

  definiert als Unternehmen, in denen eine der Muttergesellschaften die oben genannten Rechte oder Einflussmöglichkeiten hat, und

- anderer von der Unternehmensgruppe kontrollierter Unternehmen,

  definiert als Unternehmen, in denen mehrere der vorstehend definierten Unternehmen gemeinsam die oben genannten Rechte oder Einflussmöglichkeiten haben.

---

[186] ABl. EG 1998 C 66/25.
[187] ABl. EG 1998 C 66/25, Tz. 45 – 50.

Entgegen dem Wortlaut des Art. 5 Abs. 4 FKVO will die Kommission – zumindest **anteilig**[188] – auch den Umsatz von Unternehmen mit einbeziehen, an denen die Unternehmensgruppe, zu der das am Zusammenschluss unmittelbar beteiligte Unternehmen gehört, eine mitkontrollierende Beteiligung hält, ohne mehrheitlich beteiligt zu sein (d.h. **Gemeinschaftsunternehmen mit konzernfremden Mitgesellschaftern**).[189]

124

Konzerninterne Umsätze werden bei der Umsatzermittlung nicht berücksichtigt (Art. 5 Abs. 1 Satz 2 FKVO).

125

Auf Veräußererseite werden nur die Umsätze berücksichtigt, die auf den veräußerten Unternehmensteil entfallen, Art. 5 Abs. 2 FKVO.

d) Begriff der „beteiligten Unternehmen"

„Beteiligte Unternehmen" sind nur die **direkten Teilnehmer** an der Fusion bzw. dem Kontrollerwerb, auch wenn sie zu einer Gruppe miteinander verbundener Unternehmen gehören. Detaillierte Hinweise für die Bestimmung der beteiligten Unternehmen bei den unterschiedlichen Transaktionsarten gibt die Kommission in ihrer **Mitteilung über den Begriff der beteiligten Unternehmen** aus dem Jahr 1998.[190]

126

Bei der Fusion sind beteiligte Unternehmen die fusionierenden Unternehmen.

127

Beim Erwerb der Alleinkontrolle sind beteiligte Unternehmen das übernehmende Unternehmen (Erwerber) und das zu übernehmende Unternehmen (Zielunternehmen). Wird die Alleinkontrolle nur über einen Teil eines anderen Unternehmens erworben (z.B. über eine Tochtergesellschaft, einen Geschäftsbereich etc.), sind beteiligte Unternehmen der Erwerber und der zu übernehmende Teil des Veräußerers.

128

Beim Erwerb der gemeinsamen Kontrolle ist zu differenzieren. Erwerben mehrere Unternehmen die gemeinsame Kontrolle über ein neu gegründetes Unternehmen (Gründung eines Gemeinschaftsunternehmens), sind nur die Erwerber beteiligte Unternehmen, nicht aber das zu gründende Gemeinschaftsunternehmen. Im Falle des Erwerbs der gemeinsamen Kontrolle über ein bereits bestehendes Unternehmen ist sowohl dieses Unternehmen als auch jedes (mit-) kontrollierende Unternehmen beteiligtes Unternehmen i.S.d. EG-Fusionskontrolle.

129

(1) Sonderfall: Gemeinsamer Erwerb zum Zwecke der sofortigen Aufteilung

Erwerben mehrere Unternehmen die gemeinsame Kontrolle über ein anderes Unternehmen zu dem Zweck, dieses Unternehmen in Übereinstimmung mit einem vorher vereinbarten Plan **unmittelbar nach Durchführung des Erwerbs untereinander aufzuteilen**, liegt kein Zusammenschluss zwischen dem Zielunternehmen und den beteiligten Erwerbern vor. Die Kommission geht in solchen Fällen von getrennten Zusammenschlüssen aus, durch die jeder Erwerber die Alleinkontrolle über den ihm zugedachten Teil des Zielunternehmens erwirbt.[191]

130

(2) Sonderfall: Kontrollerwerb durch Gemeinschaftsunternehmen

Erwirbt ein Gemeinschaftsunternehmen, das von mehreren Gesellschaftern kontrolliert wird, die Kontrolle über ein anderes Unternehmen, werden normalerweise das Gemeinschaftsunternehmen und das Zielunternehmen, nicht aber die Mütter des erwerbenden Gemeinschaftsunternehmens als beteiligte Unternehmen angesehen. Das gilt jedenfalls dann, wenn das Gemeinschaftsunternehmen ein voll funktionsfähiges Unternehmen ist. Ist das Gemeinschaftsunternehmen dagegen **nur ein Vehikel für den Erwerb**, sind beteiligte Unternehmen das Zielunternehmen und jede der (mit-)kontrollierenden Gesellschafter des

131

---

188 Hier liegt ein wesentlicher Unterschied zur deutschen Fusionskontrolle. In der deutschen Fusionskontrolle gilt nach § 36 Abs. 2 Satz 2 GWB ein „Alles oder Nichts"-Prinzip. Die Umsätze von Gemeinschaftsunternehmen, an denen Mitkontrolle besteht, werden voll in die Umsatzberechnung einbezogen.
189 Vgl. Mitteilung über die Berechnung des Umsatzes, ABl. EG 1998 C 66/25, Tz. 40.
190 ABl. EG 1998 C 66/14.
191 Mitteilung über den Begriff der beteiligten Unternehmen, ABl. EG 1998 C 66/14, Tz. 24.

Gemeinschaftsunternehmens. In solchen Fällen wird also ausnahmsweise nicht auf das unmittelbar am Zusammenschluss beteiligte Gemeinschaftsunternehmen, sondern auf seine Gesellschafter abgestellt.[192]

5. Verweisung von Zusammenschlüssen ohne gemeinschaftsweite Bedeutung an die Kommission

132 Auf Antrag der beteiligten Unternehmen oder einzelner Mitgliedstaaten können ausnahmsweise auch **Zusammenschlüsse ohne gemeinschaftsweite Bedeutung** der EG-Fusionskontrolle unterliegen und dementsprechend von der Kommmission geprüft werden.

a) Verweisung auf Antrag der beteiligten Unternehmen

133 Die beteiligten Unternehmen können gemäß Art. 4 Abs. 5 FKVO beantragen, dass auch ein Zusammenschluss ohne gemeinschaftsweite Bedeutung von der Kommission – und nicht von den eigentlich zuständigen, nationalen Kartellbehörden – geprüft wird. Voraussetzung ist, dass der Zusammenschluss **nach dem Wettbewerbsrecht mindestens dreier EG-Mitgliedstaaten geprüft werden könnte**. Für die Stellung eines solchen Verweisungsantrags müssen sich die beteiligten Unternehmen an dem von der Kommission für solche Fälle vorgesehenen **Formblatt RS** orientieren.[193]

> **Hinweis:**
> Die Stellung eines solchen Verweisungsantrags kann unter Umständen sinnvoll sein, wenn ansonsten zahlreiche parallele, nationale Fusionskontrollverfahren durchgeführt werden müssten, was in der Praxis mit erheblichem Aufwand verbunden sein kann. Auch aus taktischen Gründen kann sich die Stellung eines solchen Antrags empfehlen.

134 Jeder Mitgliedstaat, der nach seinem nationalen Recht für die Prüfung des Zusammenschlusses zuständig wäre, kann dem Verweisungsantrag innerhalb einer Frist von 15 Arbeitstagen **widersprechen**. Widerspricht nur einer der „eigentlich zuständigen" Mitgliedstaaten, bleibt es bei der Zuständigkeit der nationalen Kartellbehörden. Ansonsten wird die gemeinschaftsweite Bedeutung des Zusammenschlusses nach Ablauf der Widerspruchsfrist vermutet. Der Zusammenschluss ist dann bei der Kommission anzumelden.

b) Verweisung auf Antrag einzelner Mitgliedstaaten

135 Nach Art. 22 FKVO (sog. „**holländische Klausel**") können auch einzelne Mitgliedstaaten beantragen, dass ein Zusammenschluss ohne gemeinschaftsweite Bedeutung von der Kommission geprüft wird. Der Antrag muss binnen 15 Arbeitstagen nach Eingang der Anmeldung bei dem betreffenden Mitgliedstaat oder – falls eine Anmeldung bei ihm nicht erforderlich ist – ab dem Zeitpunkt gestellt werden, in dem der Zusammenschluss dem betreffenden Mitgliedstaat anderweitig zur Kenntnis gebracht worden ist. In der Praxis haben derartige Verweisungsanträge von Mitgliedstaaten bislang nur eine untergeordnete Rolle gespielt.

6. Verweisung von Zusammenschlüssen mit gemeinschaftsweiter Bedeutung an die Mitgliedstaaten

136 Umgekehrt können auch Zusammenschlüsse mit gemeinschaftsweiter Bedeutung, die eigentlich der EG-Fusionskontrolle unterliegen, ganz oder teilweise zur Prüfung an die Mitgliedstaaten verwiesen werden.

a) Verweisung auf Antrag der beteiligten Unternehmen

137 Die beteiligten Unternehmen können unter den Voraussetzungen des Art. 4 Abs. 4 FKVO die Verweisung eines an sich der EG-Fusionskontrolle unterliegenden Zusammenschlusses an die Kartellbehörde eines Mitgliedstaates beantragen. Von diesem Recht wird in der Praxis nur selten Gebrauch gemacht. Der

---

[192] Mitteilung über den Begriff der beteiligten Unternehmen, ABl. EG 1998 C 66/14, Tz. 28.
[193] Abgedruckt als Anlage III zur Durchführungs-VO, ABl. EG 2004 L 133/31.

Antrag muss nämlich damit **begründet werden**, dass „der Zusammenschluss den Wettbewerb in einem Markt innerhalb eines Mitgliedstaates, der alle Merkmale eines gesonderten Marktes aufweist, erheblich beeinträchtigen könnte". Eine solche Begründung kann unter Umständen dazu führen, dass der Fall unnötig problematisiert wird.

b) Verweisung auf Anregung der Mitgliedstaaten

Art. 9 FKVO (sog. „**deutsche Klausel**") gibt der Kommission die Möglichkeit, einen bei ihr angemeldeten Zusammenschluss mit gemeinschaftsweiter Bedeutung nach Konsultation mit den Mitgliedstaaten ganz oder teilweise zur Entscheidung an diese zu verweisen, wenn die Prüfung durch den Mitgliedstaat sachnäher erscheint. 138

7. Vollzugsverbot

Ein Zusammenschluss, der der EG-Fusionskontrolle unterliegt, **darf gemäß Art. 7 Abs. 1 FKVO nicht vollzogen werden, bevor er von der Kommission freigegeben wurde**. Dieses „Vollzugsverbot", das es in ähnlicher Form auch in den meisten nationalen Fusionskontrollordnungen gibt, ist für die zeitliche Planung eines Unternehmenskaufs von erheblicher Bedeutung, weil es den Vollzug (z.B. das „Closing") eines anmeldepflichtigen Zusammenschlusses vom Vorliegen der Freigabe abhängig macht. 139

Das Vollzugsverbot **erfasst alle Handlungen, die für die Umsetzung des Zusammenschlusses konstitutiv sind**. Verboten ist danach z.B. die sachenrechtliche Übertragung von Geschäftsanteilen, die Einflussnahme auf die Geschäftsführung des Zielunternehmens oder die Vornahme von Registereintragungen. Zulässig sind **bloße Vorbereitungshandlungen**, wie z.B. der Abschluss obligatorischer Vereinbarungen. Auch die Vereinbarung bestimmter Berichtspflichten und Grundregeln für die Führung des Zielunternehmens in der Übergangszeit zwischen Vertragsschluss und Vollzug ist i.d.R. zulässig, solange diese Regelungen ausschließlich dem Werterhalt dienen. 140

In der Praxis wird meist auch die **Zahlung des Kaufpreises** vor Freigabe als zulässig angesehen. Etwas anderes könnte allenfalls dann gelten, wenn nach den Gesamtumständen davon auszugehen ist, dass der Erwerber durch Zahlung des Kaufpreises faktisch bereits einen kontrollierenden Einfluss über das Zielunternehmen erwirbt, während der Veräußerer nur noch die Funktion eines „Treuhänders" hat. 141

Vom Vollzugsverbot ausgenommen sind nach Art. 7 Abs. 2 FKVO **öffentliche Übernahmeangebote** und sog. „schleichende Übernahmen" (Kontrollerwerb durch eine Reihe von Wertpapiergeschäften), wenn sie unverzüglich bei der Kommission angemeldet werden und der Erwerber die mit den erworbenen Anteilen verbundenen Stimmrechte nicht ausübt. Auf Antrag kann die Kommission dem Erwerber in solchen Fällen gestatten, seine Stimmrechte zum Zwecke des Werterhalts seiner Investition auszuüben. 142

In Ausnahmefällen kann die Kommission auf Antrag gemäß Art. 7 Abs. 3 FKVO eine **Befreiung vom Vollzugsverbot** erteilen, insb. wenn dadurch schwerer Schaden von einem der beteiligten Unternehmen abgewendet wird. In der Praxis ist die Kommission bei der Erteilung solcher Befreiungen sehr zurückhaltend und gewährt eine Befreiung – wenn überhaupt – nur nach eingehender Prüfung und häufig nur gegen weitgehende Auflagen. 143

Der Verstoß gegen das Vollzugsverbot führt zur **(schwebenden) Unwirksamkeit der Vollzugsakte**. Etwas anderes gilt gemäß Art. 7 Abs. 4 FKVO nur für bestimmte Wertpapiergeschäfte. Abgesehen von diesen zivilrechtlichen Folgen kann die Kommission für einen vorsätzlichen oder fahrlässigen Verstoß gegen das Vollzugsverbot gemäß Art. 14 Abs. 2 lit. b FKVO **Geldbußen** i.H.v. bis zu 10 % des von den beteiligten Unternehmen erzielten Gesamtumsatzes verhängen. 144

> **Hinweis:**
> In der Praxis wird dem fusionskontrollrechtlichen Vollzugsverbot meist mit der **Aufnahme von „Kartellvorbehalten" in den Unternehmenskaufvertrag** Rechnung getragen. Mit diesen Klauseln wird der Vollzug des Unternehmenskaufs (z.B. die Anteilsübertragung) unter die **aufschiebende Bedingung** gestellt, dass die Freigabe durch die Kommission (und ggf. andere zuständige

Kartellbehörden) vorliegt. Alternativ kann auch die Durchführung des vertraglich vorgesehenen „Closing" an die Voraussetzung geknüpft werden, dass die erforderlichen fusionskontrollrechtlichen Genehmigungen vorliegen.

145 **Formulierungsbeispiel: Kartellvorbehalt Unternehmenskauf unter EG-Fusionskontrolle**

Der Erwerb wird erst wirksam (aufschiebende Bedingung), wenn

- die Kommission in Bezug auf diesen Erwerb gemäß Art. 7 Abs. 3 VO 139/2004 eine Freistellung vom Vollzugsverbot erteilt hat,
- der Erwerb von der Kommission gemäß Art. 6 Abs. 1 lit. b VO 139/2004 für mit dem Gemeinsamen Markt vereinbar erklärt wurde,
- der Erwerb von der Kommission gemäß Art. 8 Abs. 1 oder Art. 8 Abs. 2 VO 139/2004 für mit dem Gemeinsamen Markt vereinbar erklärt wurde oder
- die Vereinbarkeitsfiktion gemäß Art. 10 Abs. 6 VO 139/2004 (Fristablauf) eingetreten ist.

8. Grundzüge des EG-Fusionskontrollverfahrens

146 Das EG-Fusionskontrollverfahren ist sehr formal ausgestaltet.

a) Anmeldezeitpunkt

147 Gemäß Art. 4 Abs. 1 FKVO sind anmeldepflichtige Zusammenschlüsse „nach Vertragsschluss, Veröffentlichung des Übernahmeangebots oder Erwerb einer die Kontrolle begründenden Beteiligung und vor ihrem Vollzug" anzumelden. **Eine Anmeldefrist gibt es nicht.**

Ein Zusammenschlussvorhaben ist auch dann **anmeldefähig**, wenn die beteiligten Unternehmen der Kommission gegenüber glaubhaft machen, dass sie gewillt sind, einen Vertrag zu schließen, oder im Falle eines Übernahmeangebots öffentlich ihre Absicht zur Abgabe eines solchen Angebots bekundet haben.

b) Anmeldende Unternehmen

148 Zusammenschlüsse in Form einer Fusion oder eines Erwerbs der gemeinsamen Kontrolle sind gemäß Art. 4 Abs. 2 FKVO von allen an der Fusion oder dem Erwerb der gemeinsamen Kontrolle beteiligten Unternehmen gemeinsam anzumelden. In allen anderen Fällen ist die Anmeldung (nur) **vom Erwerber** vorzunehmen.

c) Inhalt der Anmeldung

149 Die Anmeldung muss den Vorgaben des **Formblattes CO** bzw. des **Vereinfachten Formblattes CO** entsprechen.[194] Beide Formblätter verlangen umfangreiche Auskünfte über die am Zusammenschluss beteiligten Unternehmen, den Inhalt und Hintergrund des geplanten Zusammenschlusses sowie die möglicherweise von dem Zusammenschluss betroffenen Märkte (z.B. detaillierte Angaben zu Marktanteilen, Wettbewerbern, Kunden und Lieferanten). Die Anmeldung kann in jeder Amtssprache der Europäischen Gemeinschaft verfasst werden. Zusätzlich zum Original der Anmeldung müssen **35 Kopien (einschließlich aller Anlagen)**[195] bei der Kommission eingereicht werden, die dann u.a. an die Mitgliedstaaten weitergeleitet werden.

d) Informelle Vorklärung

150 Es ist üblich – und wird von der Kommission auch erwartet –, dass vor Einreichung der förmlichen Anmeldung stets eine **informelle Vorklärung** erfolgt.

---

194 Art. 1 – 5 der DurchführungsVO 802/2004, ABl. EG 2004 L 133/1.
195 Fünf Papierkopien und 30 elektronische Kopien auf CD- oder DVD-ROM.

Das geschieht zweckmäßigerweise dadurch, dass der Kommission eine – im Prinzip vollständige – Anmeldung im Entwurf geschickt wird, verbunden mit der Bitte, die **Anmeldung in dieser Form einreichen zu können**. In schwierigen Fällen kann es empfehlenswert sein, schon zu diesem frühen Zeitpunkt um eine erste Besprechung zu bitten, um das Zusammenschlussvorhaben und die beteiligten Unternehmen in einem persönlichen Gespräch vorstellen zu können und mit der Kommission das weitere Verfahren zu besprechen.

> **Hinweis:**
>
> In offensichtlich unproblematischen Fällen kann die informelle Vorklärung **in wenigen Wochen** abgeschlossen sein. **Bei schwierigeren Fällen** können zwischen dem ersten, informellen Kontakt mit der Kommission und der förmlichen Einreichung der Anmeldung durchaus **mehrere Monate** vergehen. Aus diesem Grund sollte – insb. in nicht offensichtlich unproblematischen Fällen – möglichst frühzeitig mit der Vorbereitung eines Anmeldungsentwurfs begonnen werden.

e) Die „erste Phase"

Nach Eingang der vollständigen Anmeldung hat die Kommission gemäß Art. 10 Abs. 1 FKVO insgesamt **25 Arbeitstage** Zeit, um zu prüfen, ob der Zusammenschluss Anlass zu ernsthaften Bedenken gibt (sog. „erste Phase"). 151

Diese Frist **verlängert sich auf insgesamt 35 Arbeitstage**, wenn ein Mitgliedstaat einen Verweisungsantrag stellt oder wenn die beteiligten Unternehmen der Kommission schon in der „ersten Phase" Zusagen anbieten, um etwaige Bedenken der Kommission zu zerstreuen.

Gibt der Zusammenschluss Anlass zu ernsthaften Bedenken, trifft die Kommission die Entscheidung, das Verfahren einzuleiten (Beginn der sog. „zweiten Phase"). Bestehen keine solchen Bedenken, erklärt die Kommission den Zusammenschluss für mit dem Gemeinsamen Markt vereinbar, d.h. sie gibt ihn – ggf. unter Bedingungen und/oder Auflagen – frei.

f) Die „zweite Phase"

Nach Einleitung des Verfahrens, d.h. nach Beginn der „zweiten Phase", hat die Kommission gemäß Art. 10 Abs. 3 FKVO **weitere 90 Arbeitstage** Zeit, um über den Zusammenschluss zu entscheiden. 152

Diese Frist **verlängert sich auf insgesamt 105 Arbeitstage**, wenn die beteiligten Unternehmen erst in einem späten Stadium der „zweiten Phase" (55 Arbeitstage oder mehr nach Einleitung des Verfahrens) Zusagen anbieten, um die Bedenken der Kommission zu zerstreuen. Eine **weitere Verlängerung um höchstens 20 Arbeitstage** kann (i) auf rechtzeitigen Antrag der Anmelder oder (ii) von der Kommission mit Zustimmung der Anmelder erfolgen.

In schwierigen Fällen kann sich ein Fusionskontrollverfahren vor der Kommission – einschließlich des informellen Vorverfahrens – also durchaus über mehr als sechs Monate hinziehen.

g) Zusagen, Auflagen und Bedingungen

Die am Zusammenschluss beteiligten Unternehmen können ein angemeldetes Zusammenschlussvorhaben sowohl in der „ersten Phase" als auch in der „zweiten Phase" des Fusionskontrollverfahrens **abändern**, um von der Kommission geäußerte Bedenken in Bezug auf die Freigabefähigkeit auszuräumen. 153

> **Hinweis:**
>
> In der Praxis ist es Sache der am Zusammenschluss beteiligten Unternehmen, der Kommission geeignete Zusagen anzubieten. Dabei kann es sich um **Veräußerungszusagen** (z.B. Veräußerung eines Geschäftsbereichs, einer Tochtergesellschaft etc.), aber auch um **andere geeignete Abhilfemaßnahmen** (Verkauf von Schlüsseltechnologien, Vergabe von Lizenzen etc.) handeln. Anders als im Bereich der deutschen Fusionskontrolle können in der EG-Fusionskontrolle grds. auch Zusagen nicht-struktureller Art angeboten werden.

> **Anhaltspunkte für die Arten von Abhilfemaßnahmen**, die die Kommission akzeptiert, finden sich in ihrer Mitteilung über zulässige Abhilfemaßnahmen aus dem Jahr 2001.[196]

154 Es ist **Sache der beteiligten Unternehmen, den Beweis zu erbringen**, dass die angebotenen Abhilfemaßnahmen die von der Kommission festgestellte Wettbewerbsbehinderung beseitigen würden. So müssen die beteiligten Unternehmen beim Angebot von Veräußerungszusagen bspw. nachweisen, dass ein „lebensfähiges Geschäft" veräußert werden soll, das „in den Händen eines fähigen Käufers wirksam und auf Dauer mit dem durch die Fusion entstandenen Unternehmen konkurrieren kann".[197]

155 In der „ersten Phase" des Fusionskontrollverfahrens werden Zusagen von der Kommission i.a.R. nur akzeptiert, wenn sie **die identifizierten Wettbewerbsprobleme zweifelsfrei ausräumen**. Aufgrund des engen Zeitfensters, das der Kommission in der „ersten Phase" zur Verfügung steht, kann die Geeignetheit von Zusagen nämlich nicht ausführlich, z.B. durch die Versendung entsprechender Auskunftsverlangen an Wettbewerber, Kunden etc., im Markt „getestet" werden. Mitunter kann das dazu führen, dass der Kommission für eine Freigabe in der „ersten Phase" weiterreichende Zusagen angeboten werden müssen, als dies für eine Freigabe in der „zweiten Phase" möglicherweise der Fall gewesen wäre.

156 Die Kommission wird die Freigabe des Zusammenschlusses – wenn sie die angebotenen Zusagen als ausreichend ansieht – von der Erfüllung dieser Zusagen abhängig machen, indem sie die **Freigabe mit entsprechenden Bedingungen und/oder Auflagen versieht**. Bei Veräußerungszusagen wird sie u.a. anordnen, dass der zu veräußernde Unternehmensteil **innerhalb einer bestimmten Frist an einen geeigneten Erwerber veräußert** wird, der seinerseits wieder von der Kommission gebilligt werden muss. Darüber hinaus besteht die Kommission bei Veräußerungszusagen i.a.R. darauf, dass das zu veräußernde Geschäft bis zum Zeitpunkt der tatsächlichen Veräußerung **getrennt geführt** werden muss, was i.d.R. durch Einschaltung eines Treuhänders überwacht wird („Monitoring-Trustee"). Gelingt es den beteiligten Unternehmen nicht, den Unternehmensteil fristgemäß an einen geeigneten Dritten zu veräußern, wird ein Treuhänder mit der Veräußerung beauftragt („Divestiture Trustee").

Die Kommission hat auf ihrer Homepage mittlerweile **Mustertexte für Veräußerungszusagen und die Beauftragung von Treuhändern** veröffentlicht, von denen die beteiligten Unternehmen in der Praxis nur unter engen Voraussetzungen abweichen können.

> **Hinweis:**
>
> Unter Umständen empfiehlt es sich, bei der Verhandlung des Unternehmenskaufvertrags auch Regelungen für den Fall zu treffen, dass die Kommission (oder eine andere zuständige Kartellbehörde) Einwände gegen den Zusammenschluss erhebt und z.B. nur eine Freigabe unter Auflagen und/oder Bedingungen in Betracht kommt. Eine detaillierte Regelung dieser Frage wird i.a.R. aber schon daran scheitern, dass sich mögliche Bedenken der Kartellbehörde(n), und dementsprechend der Umfang geeigneter Abhilfemaßnahmen, im Vorfeld nur schwer vorhersehen lassen. Von einer allzu detaillierten vertraglichen Regelung ist auch aus taktischen Gründen abzuraten. Immerhin sind der Kommission im Fusionskontrollverfahren vollständige Kopien aller Verträge vorzulegen. Eine detaillierte Regelung möglicher Abhilfemaßnahmen könnte aus Sicht der Kommission darauf hindeuten, dass die beteiligten Unternehmen selbst ernsthafte fusionskontrollrechtliche Risiken gesehen haben.

h) Anmeldegebühr

157 Die Durchführung des EG-Fusionskontrollverfahrens ist – anders als die meisten nationalen Fusionskontrollverfahren – **kostenfrei**.

---

196 ABl. EG 2001 C 68/3.
197 Mitteilung über zulässige Abhilfemaßnahmen, ABl. EG 2001 C 68/3, Tz. 14.

i) Rechtsmittel

Wird ein Zusammenschluss von der Kommission untersagt, können die Adressaten der Untersagungsentscheidung dagegen gemäß Art. 230 Abs. 4 EG **Nichtigkeitsklage** zum Gericht erster Instanz (EuG) erheben. Gegen das Urteil des Gerichts erster Instanz kann ggf. noch ein Rechtsmittel zum Europäischen Gerichtshof (EuGH) eingelegt werden.

Seit einigen Jahren steht den Zusammenschlussbeteiligten in Fusionsfällen neben dem normalen Rechtsmittelverfahren (und der daneben bestehenden, in der Praxis allerdings sehr restriktiv gehandhabten Möglichkeit der Erlangung einstweiligen Rechtsschutzes) auch ein sog. **„beschleunigtes Verfahren"** zur Verfügung, in dem besonders dringliche Fälle vorrangig und in einem abgekürzten Verfahren entschieden werden können. Die gesetzliche Grundlage für dieses beschleunigte Verfahren findet sich in den Verfahrensordnungen von EuG und EuGH.[198]

Nicht nur Untersagungsentscheidungen, **auch Freigabeentscheidungen** können grds. (z.B. durch Wettbewerber, Kunden etc.) gemäß Art. 230 Abs. 4 EG mit der Nichtigkeitsklage angegriffen werden. Die erforderliche Klagebefugnis besitzt allerdings nur, wer durch die angefochtene Freigabeentscheidung „individuell und unmittelbar betroffen" ist. Das setzt nach der Rechtsprechung u.a. voraus, dass sich der Kläger aktiv am vorangegangenen Fusionskontrollverfahren beteiligt hat und die Freigabeentscheidung seine Marktposition spürbar beeinträchtigt.

j) Materielle Fusionskontrolle

Der Maßstab für die materielle Prüfung eines Zusammenschlussvorhabens in der EG-Fusionskontrolle ergibt sich aus Art. 2 Abs. 2 und Abs. 3 FKVO.

Nach Art. 2 Abs. 2 FKVO ist ein Zusammenschluss freizugeben („für mit dem Gemeinsamen Markt vereinbar zu erklären"), wenn durch ihn „wirksamer Wettbewerb im Gemeinsamen Markt oder in einem wesentlichen Teil desselben nicht erheblich behindert würde, insbesondere durch Begründung oder Verstärkung einer beherrschenden Stellung."

Andernfalls ist der Zusammenschluss gemäß Art. 2 Abs. 3 FKVO zu untersagen.

Der in der Praxis wichtigste Grund für eine Untersagung ist die **Begründung oder Verstärkung einer marktbeherrschenden Stellung** durch den Zusammenschluss.

Die Beurteilung, ob die Begründung oder Verstärkung einer marktbeherrschenden Stellung zu befürchten ist, setzt i.d.R. eine eingehende Untersuchung und Bewertung der Marktverhältnisse voraus. Zu diesem Zweck müssen insb. die **relevanten Märkte** bestimmt werden, auf denen der Zusammenschluss Auswirkungen haben kann. Wichtige Hinweise für die Abgrenzung der relevanten Märkte gibt die Kommission in ihrer Bekanntmachung über die Definition des relevanten Marktes aus dem Jahr 1997.[199]

Ein Zusammenschluss kann insb. dann zur Entstehung oder Verstärkung einer marktbeherrschenden Stellung führen, wenn die beteiligten Unternehmen als Wettbewerber auf den gleichen Märkten tätig sind und der Zusammenschluss zu Marktanteilsadditionen führen würde („**horizontale Zusammenschlüsse**"). Die Kommission hat mittlerweile Leitlinien zur Bewertung horizontaler Zusammenschlüsse veröffentlicht, in denen sie wertvolle Hinweise für die voraussichtliche Bewertung derartiger Zusammenschlüsse gibt.[200]

Ein wichtiges Indiz für eine marktbeherrschende Stellung ist ein **hoher Marktanteil**. Als „Faustregel" kann gelten, dass ein Zusammenschluss zwischen Wettbewerbern, der zu einem gemeinsamen Marktanteil von unter 40 % führt, normalerweise unproblematisch ist. Ein gemeinsamer Marktanteil von mehr als 50 % wird dagegen im Regelfall problematisch sein. Dabei handelt es sich allerdings nur um grobe Richtwerte. Es ist durchaus denkbar, dass schon ein gemeinsamer Marktanteil von nur 20 % oder weniger für die Annahme einer marktbeherrschenden Stellung ausreicht, z.B. bei zersplitterten Märkten, in denen

---

198   Vgl. Art. 76a VerfO EuG und Art. 62a VerfO EuGH.
199   ABl. EG 1997 C 372/5.
200   ABl. EG 2004 C 31/5.

die Marktanteile der nächst größeren Wettbewerber deutlich niedriger liegen, oder auf oligopolistischen Märkten, in denen mehrere Anbieter den Markt gemeinsam beherrschen. Umgekehrt kann auch ein gemeinsamer Marktanteil von über 50 % im Einzelfall unproblematisch sein, wenn z.B. die Kunden über eine besonders große Nachfragemacht verfügen und deswegen selbst ein hoher Marktanteil keine Marktmacht vermittelt.

164 Nicht nur horizontale Zusammenschlüsse zwischen Wettbewerbern können zur Entstehung oder Verstärkung einer marktbeherrschenden Stellung führen. Auch Zusammenschlüsse, die z.B. die vertikale Integration der Zusammenschlussbeteiligten erhöhen („**vertikale Effekte**") oder andere, z.B. „**konglomerate Effekte**" haben, können eine Untersagung rechtfertigen.

9. Zulässigkeit von wettbewerbsbeschränkenden „Nebenabreden"

165 Im Rahmen von Unternehmenszusammenschlüssen dürfen auch „Nebenabreden" wie z.B. Wettbewerbs- oder Abwerbeverbote, Vertraulichkeitsverpflichtungen, Lizenzverträge, Liefer- und/oder Bezugsverpflichtungen getroffen werden, die aufgrund ihres wettbewerbsbeschränkenden Charakters unter normalen Umständen gegen das Kartellverbot der Art. 81 EG bzw. § 1 GWB verstoßen würden. Solche Nebenabreden sind aber nur privilegiert, wenn sie (i) **mit der Durchführung des Zusammenschlusses (wirtschaftlich) unmittelbar verbunden** und (ii) **für die Durchführung notwendig** sind.

Wichtige Hinweise für die Beurteilung typischer Nebenabreden gibt die Kommission in ihrer Bekanntmachung über zulässige Nebenabreden („Bekanntmachung über Einschränkungen des Wettbewerbs, die mit der Durchführung von Unternehmenszusammenschlüssen unmittelbar verbunden und für diese notwendig sind") aus dem Jahr 2005.[201]

166 Ein besonders praxisrelevantes Beispiel für Nebenabreden im Rahmen von Unternehmenszusammenschlüssen ist die Vereinbarung von **Wettbewerbsverboten**.[202]

a) Erwerb eines Unternehmens bzw. Unternehmensteils

167 Die Kommission unterscheidet zwischen Wettbewerbsverboten, die dem Veräußerer auferlegt werden und solchen, die dem Erwerber auferlegt werden.

(1) Wettbewerbsverbote zulasten des Veräußerers

168 Wettbewerbsverbote zulasten des Veräußerers werden von der Kommission als unbedenklich angesehen, wenn sie erforderlich sind, um den vollen Wert der übertragenen Vermögenswerte zu erhalten und die Übertragung auf den Erwerber sicherzustellen. Das Wettbewerbsverbot darf aber weder in zeitlicher, noch in räumlicher oder sachlicher Hinsicht über das erforderliche Maß hinausgehen.[203]

169 **In zeitlicher Hinsicht** akzeptiert die Kommission Wettbewerbsverbote

- bis zu einer Dauer von drei Jahren, wenn zusammen mit dem Unternehmen sowohl der Geschäftswert als auch Know-how übertragen wird;
- bis zu einer Dauer von zwei Jahren, wenn nur der Geschäftswert (ohne Know-how) übertragen wird;
- überhaupt nicht, wenn nur materielle Vermögenswerte (Grundstücke, Gebäude, Maschinen etc.) und/oder ausschließliche gewerbliche Schutzrechte übertragen werden.

170 **In räumlicher Hinsicht** muss das Wettbewerbsverbot auf das Gebiet beschränkt werden, in dem der Veräußerer die betreffenden Waren oder Dienstleistungen bereits vor der Unternehmensübertragung angeboten hat.

---

201 ABl. EG 2005 C 56/24.
202 Zur Zulässigkeit von Lizenzvereinbarungen und von Bezugs- und Lieferpflichten vgl. Bekanntmachung der Kommission über zulässige Nebenabreden, ABl. EG 2005 C 56/24, Tz. 27 – 35 und Tz. 42 – 44.
203 Bekanntmachung der Kommission über zulässige Nebenabreden, ABl. EG 2005 C 56/24, Tz. 19.

In sachlicher Hinsicht muss das Wettbewerbsverbot auf die Waren oder Dienstleistungen beschränkt werden, die den Geschäftsgegenstand des übertragenen Unternehmens bilden. 171

Das Wettbewerbsverbot darf nur dem Veräußerer, seinen Tochtergesellschaften oder Handelsvertretern auferlegt werden, **nicht aber Dritten**. 172

Unter den gleichen Voraussetzungen unbedenklich sind nach Meinung der Kommission **Abwerbeverbote**, **Vertraulichkeitsklauseln** und **Beteiligungsverbote** in Bezug auf Unternehmen, die mit dem übertragenen Unternehmen bzw. Unternehmensteil in Wettbewerb stehen (soweit es sich nicht um bloße Beteiligungen zu Investitionszwecken handelt).[204] 173

(2) Wettbewerbsverbote zulasten des Erwerbers

Wettbewerbsverbote zulasten des Erwerbers werden von der Kommission deutlich strenger beurteilt. Sie sind nur ausnahmsweise unbedenklich.[205] 174

b) Gründung eines Gemeinschaftsunternehmens

Wettbewerbsverbote **im Verhältnis der Gründerunternehmen zum Gemeinschaftsunternehmen** sind nach Auffassung der Kommission dann unbedenklich, wenn sie sich 175

- **in sachlicher Hinsicht** auf die Waren und Dienstleistungen beschränken, die den Geschäftsgegenstand des Gemeinschaftsunternehmens bilden oder nach der Gründungsvereinbarung bzw. entsprechender Nebenvereinbarungen bilden sollen;
- **in räumlicher Hinsicht** auf das Gebiet beschränken, in dem die Gründer die betreffenden Waren oder Dienstleistungen vor Gründung des Gemeinschaftsunternehmens abgesetzt bzw. erbracht haben oder – wenn das Gemeinschaftsunternehmen zur Erschließung neuer Märkte gegründet wird – auf denen das Gemeinschaftsunternehmen nach der Gründungsvereinbarung bzw. entsprechender Nebenvereinbarungen tätig werden soll.

Derartige Wettbewerbsverbote können **für die gesamte Dauer des Gemeinschaftsunternehmens** vereinbart werden.[206] 176

c) Vereinbarung „überschießender" Nebenabreden

Die Vereinbarung „überschießender" Nebenabreden führt nicht automatisch zur Unwirksamkeit dieser Abreden. Sie können im Einzelfall – sofern sie überhaupt gegen Art. 81 Abs. 1 EG bzw. § 1 GWB verstoßen – gemäß Art. 81 Abs. 3 EG bzw. § 2 GWB **freigestellt sein**, was aber – insb. bei überschießenden Wettbewerbsverboten – häufig nicht der Fall sein wird. 177

Liegt ein Kartellverstoß vor, ohne dass eine Freistellung in Betracht kommt, ist die entsprechende Nebenabrede **nichtig**, Art. 81 Abs. 2 EG bzw. § 134 BGB. Das **Schicksal der Vereinbarung bzw. des Unternehmenskaufvertrags im Übrigen** richtet sich nach dem im Einzelfall anwendbaren nationalen Zivilrecht, bei einer Anwendbarkeit deutschen Rechts insb. nach § 139 BGB. 178

Darüber hinaus stellt sich die Frage, ob auch eine **geltungserhaltende Reduktion** der unzulässigen Nebenabrede auf das gerade noch zulässige Maß möglich ist. Im deutschen Recht wird eine solche geltungserhaltende Reduktion im Falle überschießender Wettbewerbsverbote in entsprechender Anwendung von § 139 BGB für zulässig gehalten, wenn das Wettbewerbsverbot ausschließlich in zeitlicher Hinsicht zu beanstanden ist.[207] Geht es dagegen auch in sachlicher und/oder räumlicher Hinsicht über das erforderliche Maß hinaus, soll eine geltungserhaltende Reduktion nicht möglich sein.[208] 179

---

[204] Bekanntmachung der Kommission über zulässige Nebenabreden, ABl. EG 2005 C 56/24, Tz. 25 f.
[205] Bekanntmachung der Kommission über zulässige Nebenabreden, ABl. EG 2005 C 56/24, Tz. 17.
[206] Bekanntmachung der Kommission über zulässige Nebenabreden, ABl. EG 2005 C 56/24, Tz. 36.
[207] Zuletzt allerdings zweifelnd BGH, Urt. v. 10.2.2004 – KZR 39/02, WuW/E DE-R 1305, 1306 – Restkaufpreis.
[208] Das entspricht der Rspr. zu § 138 BGB; dazu Palandt/Heinrichs, BGB, § 138 Rn. 104 m.w.N.

III. Deutsche Fusionskontrolle

1. Allgemeines

180 Die wesentlichen Regelungen der deutschen Fusionskontrolle finden sich in den §§ 35 – 43 GWB. Sie werden ergänzt durch die allgemeinen, auch für die Fusionskontrolle geltenden Regelungen des GWB und des allgemeinen Verwaltungsrechts, so z.B. die Regelungen der §§ 54 ff. GWB über das Verwaltungs-, Beschwerde- und Rechtsbeschwerdeverfahren.

> **Hinweis:**
> **Aktuelle Merkblätter des Bundeskartellamts** (z.B. Merkblatt zur deutschen Fusionskontrolle, Auslegungsgrundsätze zur Prüfung von Marktbeherrschung in der deutschen Fusionskontrolle, Kurzanleitung für die Anmeldung eines Zusammenschlussvorhabens, Merkblatt zur Inlandsauswirkung) und andere Informationen zur deutschen Fusionskontrolle sind auf der **Homepage des Bundeskartellamts** zu finden.[209]

181 Die deutsche Fusionskontrolle ist anwendbar, wenn folgende Voraussetzungen vorliegen:
- keine Anwendbarkeit der EG-Fusionskontrolle,
- Vorliegen eines Zusammenschlusses,
- spürbare Inlandsauswirkungen,
- Überschreiten der Aufgreifschwellen.

Fehlt es an einem einzigen dieser vier Kriterien, kommt eine Anwendung der deutschen Fusionskontrolle nicht in Betracht.

2. Subsidiarität gegenüber der EG-Fusionskontrolle

182 Die deutsche Fusionskontrolle ist gegenüber den Regelungen der EG-Fusionskontrolle **subsidiär**. Gemäß § 35 Abs. 3 GWB i.V.m. Art. 21 Abs. 3 FKVO ist sie nicht anwendbar, soweit ein Sachverhalt der EG-Fusionskontrolle unterliegt.

> **Hinweis:**
> Für die Praxis bedeutet das, dass zunächst immer die Anwendbarkeit der EG-Fusionskontrolle geprüft und ausgeschlossen werden sollte, bevor die Voraussetzungen der deutschen Fusionskontrolle weiter geprüft werden.

183 I.d.R. bereitet die Abgrenzung zwischen deutscher und EG-Fusionskontrolle keine Schwierigkeiten.

Probleme können allenfalls bei der **geographischen Zuordnung der Umsatzerlöse** auftreten. Wertvolle Hinweise gibt die Kommission in ihrer Mitteilung über die Berechnung des Umsatzes aus dem Jahr 1998.[210]

3. Begriff des „Zusammenschlusses"

184 Die deutsche Fusionskontrolle findet nur auf „Zusammenschlüsse" i.S.v. § 37 GWB Anwendung.

§ 37 GWB unterscheidet **vier Zusammenschlusstatbestände**:
- Erwerb des Vermögens eines anderen Unternehmens ganz oder zu einem wesentlichen Teil (§ 37 Abs. 1 Nr. 1 GWB – sog. „**Vermögenserwerb**"),
- Erwerb der (unmittelbaren oder mittelbaren) Kontrolle über ein anderes Unternehmen durch ein oder mehrere Unternehmen (§ 37 Abs. 1 Nr. 2 GWB – sog. „**Kontrollerwerb**"),

---

[209] Abrufbar unter der Internetadresse: http://www.bundeskartellamt.de.
[210] ABl. EG 1998 C 66/25, Tz. 45 – 50.

- Erwerb von Stimmrechts- und/oder Kapitalanteilen, der zu einer Beteiligung von insgesamt 25 % bzw. 50 % an einem anderen Unternehmen führt (§ 37 Abs. 1 Nr. 3 GWB – sog. „**Anteilserwerb**").

- **Erwerb eines „wettbewerblich erheblichen Einflusses"** auf ein anderes Unternehmen (§ 37 Abs. 1 Nr. 4 GWB).

Allen Zusammenschlusstatbeständen gemeinsam ist, dass sowohl Erwerber als auch Erwerbsobjekt „**Unternehmen" im kartellrechtlichen Sinne** sein müssen. Die Unternehmenseigenschaft kann insb. bei natürlichen Personen fraglich sein, wenn sie nicht selbst unternehmerisch tätig sind. Gemäß § 36 Abs. 3 GWB gelten Personen und Personenvereinigungen aber auch dann als „Unternehmen", wenn sie eine Mehrheitsbeteiligung an einem Unternehmen halten (sog. „Flick-Klausel"). 185

a) Vermögenserwerb

Der Begriff des „Vermögens" ist **umfassend** zu verstehen. Er umfasst alle geldwerten Güter eines Unternehmens ohne Rücksicht auf Art, Verwendung oder Verwertbarkeit. Zum Vermögen gehören auch tatsächliche Werte wie Kundenkreis, Goodwill, Betriebsgeheimnisse, Rezepturen oder Absatzorganisation, soweit sie als Gegenstand des Geschäftsverkehrs in Betracht kommen und für sie üblicherweise ein Entgelt bezahlt wird.[211] 186

Vermögenserwerb i.S.v. § 37 Abs. 1 Nr. 1 GWB ist **nur der Vollrechtserwerb**. Der Erwerb obligatorischer oder beschränkt dinglicher Rechte (Lizenzen, Pfandrechte etc.) fällt nicht darunter. Der Erwerb solcher Rechte kann aber unter Umständen als Kontrollerwerb anzusehen sein und den Zusammenschlusstatbestand des § 37 Abs. 1 Nr. 2 GWB erfüllen. 187

Die **Gründe für den Vermögenserwerb** sind für § 37 Abs. 1 Nr. 1 GWB nicht relevant. Auch der Vermögenserwerb von Todes wegen ist Zusammenschluss i.S.v. § 37 Abs. 1 Nr. 1 GWB und kann als solcher der deutschen Fusionskontrolle unterliegen. 188

(1) Erwerb des Vermögens im Ganzen

Erwerb des Vermögens eines anderen Unternehmens im Ganzen kann z.B. die Übernahme des rechtlich unselbständigen Unternehmens einer natürlichen oder juristischen Person sein, die als solche nicht notwendig Unternehmen ist. Auch Fälle, in denen der Rechtsträger des erworbenen Unternehmens voll im Erwerber aufgeht, wie z.B. bei der **wirtschaftlichen und rechtlichen (Voll-)Fusion**, sind als Vermögenserwerb im Ganzen anzusehen. Kein Vermögenserwerb ist der bloße Formwechsel i.S.v. § 190 UmwG, weil sich die Identität der Gesellschaft in diesem Fall nicht ändert.[212] 189

(2) Erwerb des Vermögens zu einem wesentlichen Teil

Auch der Erwerb des Vermögens eines Unternehmens „zu einem wesentlichen Teil" ist ein Zusammenschluss. 190

Die **Wesentlichkeit des Vermögensteils** kann sich aus quantitativen wie aus qualitativen Gesichtspunkten ergeben. Sind die erworbenen Vermögenswerte im Verhältnis zum Gesamtvermögen des Veräußerers **quantitativ** ausreichend hoch, liegt ein Zusammenschluss vor. Ist das nicht der Fall, kann der Vermögensteil trotzdem **in qualitativer Hinsicht** „wesentlich" sein. Das ist nach der Rechtsprechung der Fall, wenn der erworbene Vermögensteil (1) tragende Grundlage (Substrat) der Stellung des Veräußerers auf dem relevanten Markt ist, und (2) die Übertragung dazu geeignet ist, die Stellung des Erwerbers auf dem Markt spürbar zu stärken.[213] Davon ist insb. dann auszugehen, wenn der Erwerb dazu geeignet ist, die **Marktstellung des Veräußerers** zumindest teilweise **auf den Erwerber zu übertragen**. 191

---

[211] Langen/Bunte/Ruppelt, Kartellrecht, Bd. 1, § 37 GWB Rn. 7; vgl. dazu auch KG, Beschl. v. 15.1.1988 – Kart I/86, WuW/E OLG 4095, 4102 – W+i Verlag/Weiss-Druck.

[212] Zur fusionskontrollrechtlichen Beurteilung der anderen Formen der Umwandlung vgl. Langen/Bunte/Ruppelt, Kartellrecht, Bd. 1, § 37 GWB Rn. 13 f.

[213] BGH, Beschl. v. 7.7.1992 – KVR 14/91, WuW/E 2783, 2786 f. – Warenzeichenerwerb.

Das wurde in der Praxis z.B. beim Erwerb von Betriebsstätten, Geschäftsbereichen, Warenzeichen oder Verlags- und Titelrechten von Zeitungen angenommen.

192 Umstritten ist, ob alleine die **Auswirkung des Erwerbs auf die Marktstellung des Erwerbers** ausreichen kann, um einen Vermögensteil als „wesentlich" i.S.v. § 37 Abs. 1 Nr. 1 GWB zu qualifizieren. Diese Frage kann z.B. in „Outsourcing"-Fällen relevant werden, in denen das übertragene Vermögen nicht die Grundlage der Marktstellung des Veräußerers war, der Erwerb aber durchaus die Marktstellung des Erwerbers beeinflussen kann. Nach Auffassung des Bundeskartellamts liegt auch in solchen Fällen ein Vermögenserwerb i.S.v. § 37 Abs. 1 Nr. 1 GWB vor.[214]

b) Kontrollerwerb

193 Der Zusammenschlusstatbestand des Kontrollerwerbs ist in der Praxis **der wichtigste Zusammenschlusstatbestand**. Er umfasst – wie der entsprechende Begriff der EG-Fusionskontrolle – sowohl den Erwerb der Alleinkontrolle als auch den Erwerb der gemeinsamen Kontrolle.

(1) Alleinkontrolle

194 Der Begriff der Alleinkontrolle i.S.v. § 37 Abs. 1 Nr. 2 GWB ist im Wesentlichen deckungsgleich mit der entsprechenden Regelung in der EG-Fusionskontrolle in Art. 3 Abs. 1 lit. b FKVO (siehe oben Rn. 107 ff.).

(2) Gemeinsame Kontrolle

195 Nach § 37 Abs. 1 Nr. 2 GWB ist auch der Erwerb der Kontrolle „durch mehrere Unternehmen" ein Zusammenschluss. Der Begriff der gemeinsamen Kontrolle i.S.v. § 37 Abs. 1 Nr. 2 GWB ist im Wesentlichen deckungsgleich mit der entsprechenden Regelung in der EG-Fusionskontrolle in Art. 3 Abs. 1 lit. b FKVO (siehe oben Rn. 110 ff.).

Ebenso wie in der EG-Fusionskontrolle kann auch die Umwandlung von gemeinsamer in Alleinkontrolle sowie die Umwandlung von Alleinkontrolle in gemeinsame Kontrolle ein Zusammenschluss i.S.v. § 37 Abs. 1 Nr. 2 GWB sein.

196 Einen **Unterschied zum EG-Recht** gibt es im Falle der **Reduzierung der Anzahl der gemeinsam kontrollierenden Unternehmen**. Nach Auffassung des Bundeskartellamts ist der Übergang von der gemeinsamen Kontrolle durch drei Unternehmen zu einer gemeinsamen Kontrolle durch zwei Unternehmen als „Kontrollerwerb" i.S.v. § 37 Abs. 1 Nr. 2 GWB anzusehen.[215] Die Kommission nimmt in einem solchen Fall dagegen keinen Zusammenschluss an, sofern sich die Beschaffenheit der Kontrolle durch die Reduzierung „nicht wesentlich verändert".[216]

Ein **weiterer Unterschied zur EG-Fusionskontrolle** liegt darin, dass § 37 Abs. 1 Nr. 2 GWB nicht voraussetzt, dass das gegründete Gemeinschaftsunternehmen „Vollfunktionscharakter" hat. Die deutsche Fusionskontrolle findet daher auch auf die **Gründung von „Teilfunktions-Gemeinschaftsunternehmen"** Anwendung. In der Praxis kann das dazu führen, dass der Erwerb der gemeinsamen Kontrolle über ein (Teilfunktions-)Gemeinschaftsunternehmen nur der deutschen, nicht aber der EG-Fusionskontrolle unterliegt, obwohl die Umsatzschwellen der EG-Fusionskontrolle überschritten sind.

c) Anteilserwerb

197 Nach § 37 Abs. 1 Nr. 3 GWB kann auch der Erwerb von Anteilen an einem anderen Unternehmen ein Zusammenschluss sein. Insoweit wird nicht zwischen Anteilen an **Personengesellschaften** und **Kapitalgesellschaften** unterschieden. Es können daher grds. auch „Anteile" an einer OHG, einer KG oder einer GbR erworben werden.

---

214 Kritisch dazu Monopolkommission, 10. Hauptgutachten, BT-Drucks. 12/8323, Tz. 543 ff.

215 Merkblatt des Bundeskartellamts zur deutschen Fusionskontrolle (Stand: Juli 2005), S. 12 (www.bundeskartellamt.de); dazu Bechtold, GWB, § 37 Rn. 15.

216 Mitteilung über den Begriff der beteiligten Unternehmen, ABl. EG 1998 C 66/14, Tz. 38 f.

Kapitalanteile und **Stimmbeteiligungen** werden gleich behandelt. „Anteilserwerb" i.S.v. § 37 Abs. 1 Nr. 3 GWB kann daher sowohl der Stimmrechtserwerb (ggf. ohne Kapitalbeteiligung) als auch der Erwerb einer Kapitalbeteiligung (ggf. ohne Stimmrecht) sein.

Ein Zusammenschluss i.S.v. § 37 Abs. 1 Nr. 3 GWB liegt vor, wenn die erworbenen Anteile zusammen mit ggf. schon dem Erwerber gehörenden Anteilen am Zielunternehmen 50 % oder 25 % erreichen. Zu den Anteilen, die dem Erwerber gehören, gehören gemäß § 37 Abs. 1 Nr. 3 GWB auch die Anteile, die für seine Rechnung von einem anderen gehalten werden, z.B. im Rahmen von Treuhandverhältnissen.

> *Beispiel:*
>
> *Die A-GmbH erwirbt eine Beteiligung von 10 % an der B-GmbH, an der sie zuvor schon zu 20 % beteiligt war. Die Aufstockung der Beteiligung auf insgesamt 30 % erfüllt den Zusammenschlusstatbestand des § 37 Abs. 1 Nr. 3 Satz 1 lit. b GWB (Erwerb einer 25 %-igen Beteiligung).*

Das **Erreichen jeder der beiden Beteiligungsstufen** von 25 % bzw. 50 % stellt einen **selbständigen Zusammenschluss** dar.

> *Beispiel:*
>
> *Die A-GmbH erwirbt eine Beteiligung von 30 % an der B-GmbH. Das ist ein Zusammenschluss in Form des Anteilserwerbs gemäß § 37 Abs. 1 Nr. 3 Satz 1 lit. b GWB (Erwerb einer mindestens 25 %-igen Beteiligung).*
>
> *Später erwirbt die A-GmbH eine weitere Beteiligung von 10 % an der B-GmbH. Dadurch wird kein Zusammenschlusstatbestand erfüllt, sofern mit der Aufstockung der Beteiligung kein Kontrollerwerb verbunden ist.*
>
> *Schließlich erwirbt die A-GmbH eine weitere Beteiligung von 20 % an der B-GmbH. Darin liegt ein Zusammenschluss in Form des Anteilserwerbs nach § 37 Abs. 1 Nr. 3 Satz 1 lit. a GWB (Erwerb einer 50 %-igen Beteiligung).*

Die Beteiligungsgrenzen des § 37 Abs. 1 Nr. 3 GWB gelten gleichermaßen für **Kapital- und Stimmrechtsanteile**. Wird die Beteiligungsschwelle von 25 % bzw. 50 % einmal erreicht, kann durch das Nachziehen des anderen Parameters aber nicht noch einmal ein Anteilserwerb i.S.v. § 37 Abs. 1 Nr. 3 GWB erfüllt werden.[217]

Die Beteiligungsgrenzen von 25 % bzw. 50 % sind **formal** zu verstehen. So ist z.B. die Aufstockung einer Beteiligung von 49,99 % auf 50 % auch dann ein Zusammenschluss, wenn sich durch sie nichts an den Einflussmöglichkeiten des Erwerbers auf das Zielunternehmen ändert.

Eine beim ersten Lesen **nur schwer verständliche Besonderheit** ist in § 37 Abs. 1 Nr. 3 Satz 3 GWB geregelt. Erwerben danach mehrere Unternehmen gleichzeitig oder nacheinander Anteile i.H.v. 25 % bzw. 50 % an einem anderen Unternehmen, gilt dies zugleich als Zusammenschluss zwischen diesen Anteilseignern auf den Märkten, auf denen das Zielunternehmen tätig ist. Der Sache nach handelt es sich um die **Fiktion eines Zusammenschlusses der Gesellschafter untereinander**.

> *Beispiel:*
>
> *Die A-GmbH erwirbt eine Beteiligung von 30 % an der C-GmbH. Die B-GmbH ist bereits zu 40 % an der C-GmbH beteiligt. Der Erwerb der 30 %-igen Beteiligung durch die A-GmbH gilt als Zusammenschluss zwischen der A-GmbH und der C-GmbH, gleichzeitig aber auch als Zusammenschluss zwischen der A-GmbH und der B-GmbH.*

Diese Zusammenschlussfiktion kann dazu führen, dass die Umsatzschwellen des § 35 GWB erfüllt sind und der Anteilserwerb damit der deutschen Fusionskontrolle unterliegt, obwohl die Umsatzschwellen durch den unmittelbar am Anteilserwerb beteiligten Erwerber und das Zielunternehmen nicht erreicht worden wären.

---

217 Bechtold, GWB, § 37 Rn. 26; Langen/Bunte/Ruppelt, Kartellrecht, Bd. 1, § 37 GWB Rn. 39.

205 Die Zusammenschlussfiktion des § 37 Abs. 1 Nr. 3 Satz 3 GWB gilt, trotz ihrer etwas unglücklichen Formulierung, **nur für die formelle Fusionskontrolle**.[218] Im Bereich der materiellen Fusionskontrolle können die am Zielunternehmen zu 25 % oder mehr beteiligten Gesellschafter nicht ohne weiteres als wettbewerbliche Einheit angesehen werden.

d) Erwerb eines „wettbewerblich erheblichen Einflusses"

206 Nach § 37 Abs. 1 Nr. 4 GWB ist auch „jede sonstige Verbindung von Unternehmen, aufgrund deren ein oder mehrere Unternehmen unmittelbar oder mittelbar einen wettbewerblich erheblichen Einfluss auf ein anderes Unternehmen ausüben können", ein Zusammenschluss i.S.d. deutschen Fusionskontrolle.

§ 37 Abs. 1 Nr. 4 GWB ist ein **Auffangtatbestand**. Er soll alle Unternehmensverbindungen erfassen, die zu Veränderungen der Marktstruktur führen bzw. führen können, ohne dass ein anderer Zusammenschlusstatbestand i.S.v. § 37 Abs. 1 Nr. 1 bis 3 GWB erfüllt würde.

207 **Voraussetzung** für ein Eingreifen von § 37 Abs. 1 Nr. 4 GWB ist, dass ein „wettbewerblich erheblicher Einfluss" auf ein anderes Unternehmen ausgeübt werden kann. Das **setzt zweierlei voraus**. Es muss zunächst überhaupt eine Einflussmöglichkeit bestehen. Diese Einflussmöglichkeit muss darüber hinaus „wettbewerblich erheblich" sein.

208 Wettbewerbsrechtliche Erheblichkeit kann im Regelfall nur anhand einer **umfassenden Würdigung der Gesamtumstände** festgestellt werden. Der in der Praxis wichtigste Anwendungsfall des § 37 Abs. 1 Nr. 4 GWB ist der **Erwerb von Minderheitsbeteiligungen unter 25 %**. Eine feste Untergrenze gibt es insoweit nicht, sodass schon der Erwerb einer Beteiligung von 1 % an einem anderen Unternehmen den Tatbestand des § 37 Abs. 1 Nr. 4 GWB erfüllen kann. Voraussetzung ist, dass zu der Minderheitsbeteiligung und den dadurch vermittelten Rechten **sog. „Plusfaktoren"** hinzutreten, wie z.B. zusätzliche Informations-, Mitsprache- oder Kontrollmöglichkeiten. Die „wettbewerbliche Erheblichkeit" des Einflusses wird umso eher anzunehmen sein, je mehr Berührungspunkte die Tätigkeitsfelder von Erwerber und Zielunternehmen aufweisen.

> **Hinweis:**
> In der Praxis hat der Tatbestand des § 37 Abs. 1 Nr. 4 GWB bislang vor allem in der **leitungsgebundenen Energiewirtschaft** (z.B. beim Erwerb von Minderheitsbeteiligungen an Stadtwerken durch Verbundunternehmen) und im **Verlagswesen** eine Rolle gespielt.

209 § 37 Abs. 1 Nr. 4 GWB kann auch **durch mehrere Unternehmen gemeinsam** verwirklicht werden. Für die „Gemeinsamkeit" des wettbewerblich erheblichen Einflusses gelten im Wesentlichen die gleichen Grundsätze wie bei der gemeinsamen Kontrolle.

e) Verhältnis der einzelnen Zusammenschlusstatbestände zueinander

210 Ein wirtschaftlich **einheitlicher Vorgang kann mehrere Zusammenschlusstatbestände gleichzeitig erfüllen**. So kann bspw. der Erwerb einer 60 %-igen Beteiligung an einem anderen Unternehmen zugleich Anteils- und Kontrollerwerb sein. Die Zusammenschlusstatbestände des § 37 Abs. 1 GWB stehen grds. gleichberechtigt nebeneinander. Einzig § 37 Abs. 1 Nr. 4 GWB ist als Auffangtatbestand konzipiert, der nur dann zur Anwendung kommt, wenn kein anderer Zusammenschlusstatbestand eingreift.

f) Konzerninterne Umstrukturierungen

211 Auch in der deutschen Fusionskontrolle gilt der Grundsatz, dass **konzerninterne Umstrukturierungen**, wie z.B. das „Umhängen" einer Gesellschaft im Konzernverbund, fusionskontrollfrei sind.

Nach § 37 Abs. 2 GWB kann es zwar auch zwischen Unternehmen, die bereits zusammengeschlossen sind, zu weiteren (ggf. anmeldepflichtigen) Zusammenschlüssen kommen.

---

218 Bechtold, GWB, § 37 Rn. 34.

Beispiel:

Die A-GmbH ist zu 30 % an der B-GmbH beteiligt. Beide Unternehmen sind also gemäß § 37 Abs. 1 Nr. 3 Satz 1 lit. b GWB (Minderheitsbeteiligung von 25 %) zusammengeschlossen. Die A-GmbH erwirbt eine weitere Beteiligung von 40 % an der B-GmbH. Diese Aufstockung erfüllt sowohl den Tatbestand des § 37 Abs. 1 Nr. 2 GWB (Kontrollerwerb) als auch den Tatbestand des § 37 Abs. 1 Nr. 3 Satz 1 lit. a GWB (Anteilserwerb).

Allerdings liegt in solchen Fällen gemäß § 37 Abs. 2 GWB kein erneuter Zusammenschluss vor, wenn es nicht zu einer **"wesentlichen Verstärkung der bestehenden Unternehmensverbindung"** kommt.

g) „Bankenklausel"

Anteilserwerbe durch Kreditinstitute, Finanzinstitute oder Versicherungsunternehmen zum Zwecke der Weiterveräußerung gelten gemäß § 37 Abs. 3 Satz 1 GWB **nicht** als Zusammenschluss,

- solange die Erwerber das **Stimmrecht** aus den Anteilen **nicht ausüben**, und
- sofern die **Weiterveräußerung der Anteile innerhalb eines Jahres** erfolgt.

Sind diese Voraussetzungen nicht gegeben, liegt (mit Wirkung „ex nunc") ein Zusammenschluss vor, der dann unter Umständen der deutschen Fusionskontrolle unterliegt. Die Jahresfrist für die Weiterveräußerung kann gemäß § 37 Abs. 3 Satz 2 GWB auf Antrag verlängert werden.

Um einen Verstoß gegen das Vollzugsverbot zu vermeiden, muss der Zusammenschluss **mit Ablauf der Jahresfrist** bzw. vor Ausübung der Stimmrechte beim Bundeskartellamt angemeldet werden.[219] Vor einer Freigabe dürfen die Stimmrechte nicht ausgeübt werden.

4. Spürbare Inlandsauswirkung

Die deutsche Fusionskontrolle findet nur Anwendung, wenn sich der Zusammenschluss in Deutschland (spürbar) auswirkt. Dieses „Auswirkungsprinzip" ist in § 130 Abs. 2 GWB verankert.

In der Praxis werden **keine hohen Anforderungen** an die Spürbarkeit gestellt.[220] So wird eine spürbare Inlandsauswirkung regelmäßig anzunehmen sein, wenn

- der Zusammenschluss in Deutschland vollzogen wird,
- das übernommene Unternehmen seinen Sitz in Deutschland hat oder
- die Umsatzschwelle des § 35 Abs. 1 Nr. 2 GWB (Inlandsumsatz von mehr als 25 Mio. €) durch das erworbene Unternehmen erfüllt wird.

Aber auch bei **„reinen Auslandszusammenschlüssen"**, bei denen die beteiligten Unternehmen ihren Sitz außerhalb Deutschlands haben, der Zusammenschluss im Ausland vollzogen wird und das erworbene Unternehmen verhältnismäßig geringe Inlandsumsätze erzielt hat, kann eine spürbare Inlandsauswirkung vorliegen. Dazu reichen nach der Rechtsprechung z.B. schon Inlands-Marktanteile des erworbenen Unternehmens von weniger als 0,2 % aus.[221] Das Bundeskartellamt hat sogar in Fällen, in denen das erworbene, ausländische Unternehmen keinerlei Umsätze in Deutschland erzielt hat, eine spürbare Inlandsauswirkung angenommen, z.B. weil der Erwerber durch den Zusammenschluss Effizienzgewinne erzielen konnte, die sich dann mittelbar auf seine Marktstellung in Deutschland hätten auswirken können.

5. Umsatzschwellen

Zusammenschlüsse, die sich in Deutschland spürbar auswirken, unterliegen nur dann der deutschen Fusionskontrolle, wenn sie bestimmte Umsatzschwellen überschreiten. Diese sind in § 35 GWB geregelt.

§ 35 Abs. 1 GWB enthält **zwei Umsatzschwellen**, die beide überschritten sein müssen, damit ein Zusammenschluss der deutschen Fusionskontrolle unterliegt.

---

219 Bechtold, GWB, § 37 Rn. 53.
220 Ausführlich dazu Bechtold, GWB, § 130 Rn. 19 – 22.
221 BGH, Beschl. v. 29.5.1979 – KZR 2/78, WuW/E BGH 1613, 1615 – Organische Pigmente.

Sind die Schwellen des § 35 Abs. 1 GWB erfüllt, unterliegt der Zusammenschluss ausnahmsweise nicht der deutschen Fusionskontrolle, wenn eine der beiden in § 35 Abs. 2 GWB geregelten Ausnahmen eingreift.

a) Umsatzschwellen des § 35 Abs. 1 GWB

216 Nach § 35 Abs. 1 GWB ist die deutsche Fusionskontrolle anwendbar, wenn

- die beteiligten Unternehmen insgesamt **weltweit Umsatzerlöse** von mehr als 500 Mio. € erzielt haben, und zusätzlich
- mindestens ein beteiligtes Unternehmen **in Deutschland** Umsatzerlöse von mehr als 25 Mio. € erzielt hat.

217 „**Beteiligte Unternehmen**" für die Zwecke der Umsatzberechnung sind i.d.R. Erwerber und erworbenes Unternehmen (bzw. der erworbene Unternehmensteil), nicht aber der Veräußerer. Insoweit gelten ähnliche Grundsätze wie in der EG-Fusionskontrolle (vgl. dazu oben Rn. 126 ff.). Auf die Umsätze des Veräußerers kommt es nur an, wenn er zu mindestens 25 % am erworbenen Unternehmen beteiligt bleibt[222] oder einen (mit-)kontrollierenden Einfluss auf das erworbene Unternehmen behält.

218 Die **Umsatzerlöse** der beteiligten Unternehmen sind für das jeweils letzte abgeschlossene Geschäftsjahr zu ermitteln. Für ihre Berechnung verweist § 38 Abs. 1 Satz 1 GWB auf § 277 Abs. 1 HGB. Danach ist grds. – wie auch im Rahmen der EG-Fusionskontrolle – auf die Erlöse aus der gewöhnlichen Geschäftstätigkeit eines Unternehmens abzustellen, abzgl. Erlösschmälerungen, Umsatzsteuer und etwaiger Verbrauchsteuern.

219 Ähnlich wie in der EG-Fusionskontrolle sind **miteinander verbundene Unternehmen als Einheit** zu behandeln. Das ergibt sich aus § 36 Abs. 2 GWB, der auf §§ 17, 18 AktG verweist. Im Unterschied zur EG-Fusionskontrolle werden gemäß § 36 Abs. 2 Satz 2 GWB Umsätze von **Gemeinschaftsunternehmen mit konzernfremden Dritten** (also Unternehmen, an denen das beteiligte Unternehmen unmittelbar oder mittelbar nur eine Mitkontrolle besitzt) vollständig, d.h. nicht nur anteilig, mitberücksichtigt. Für die Umsatzberechnung bleiben die „Innenumsätze" zwischen den so verbundenen Unternehmen allerdings außer Betracht (§ 38 Abs. 1 Satz 2 GWB).

220 Auch in der deutschen Fusionskontrolle gibt es bei der Umsatzberechnung **Sonderregeln für Banken und Versicherungen**. Nach § 38 Abs. 4 GWB kommt es bei Banken (definiert als Kreditinstitute, Finanzinstitute und Bausparkassen) nicht auf die Umsatzerlöse, sondern auf die Netto-Erträge an, bei Versicherungsunternehmen auf die Prämieneinnahmen.

221 Anders als im Bereich der EG-Fusionskontrolle gelten in der deutschen Fusionskontrolle darüber hinaus auch besondere Regelungen für die **Berechnung von Handels-, Presse- und Rundfunkumsätzen**. Gemäß § 38 Abs. 2 GWB sind Umsatzerlöse, die mit dem Handel von Waren erzielt werden („Handelsumsätze"), nur **mit drei Viertel** in Ansatz zu bringen. Umsatzerlöse, die mit dem Verlag, der Herstellung und dem Vertrieb von Zeitungen, Zeitschriften und deren Bestandteilen („Presseumsätze") oder der Herstellung, dem Vertrieb und der Veranstaltung von Rundfunkprogrammen und dem Absatz von Rundfunkwerbezeiten („Rundfunkumsätze") erzielt werden, sind dagegen **mit dem Faktor 20** anzusetzen (§ 38 Abs. 3 GWB).

b) Ausnahmen gemäß § 35 Abs. 2 GWB

222 Ausnahmsweise ist die deutsche Fusionskontrolle **nicht anwendbar**,

- soweit sich ein „nicht im Sinne des § 36 Abs. 2 GWB abhängiges" Unternehmen, das im letzten Geschäftsjahr weltweit Umsatzerlöse von weniger als 10 Mio. € erzielt hat, mit einem anderen Unternehmen zusammenschließt (§ 35 Abs. 2 Satz 1 Nr. 1 GWB), oder
- soweit ein Markt betroffen ist, auf dem seit mindestens fünf Jahren Waren oder gewerbliche Leistungen angeboten werden und auf dem im letzten Kalenderjahr weniger als 15 Mio. € umgesetzt wurden (§ 35 Abs. 2 Satz 1 Nr. 2 GWB).

---

222 Dann liegt wegen der Fiktion des § 37 Abs. 1 Nr. 3 Satz 3 GWB auch ein Zusammenschluss zwischen den Gesellschaftern vor.

Die sog. **„Anschlussklausel"** des § 35 Abs. 2 Satz 1 Nr. 1 GWB ist trotz ihrer verunglückten Formulierung auch anwendbar, wenn das erworbene Unternehmen zwar ein „verbundenes Unternehmen" i.S.v. § 36 Abs. 2 GWB ist, aber die gesamte Unternehmensgruppe, zu der es vor dem Zusammenschluss gehörte, einen weltweiten Umsatz von weniger als 10 Mio. € erzielt hat. In diesem Zusammenhang kann es also ausnahmsweise auf den Umsatz des Veräußerers ankommen.

223

Die sog. **„Bagatellmarktklausel"** des § 35 Abs. 2 Satz 1 Nr. 2 GWB findet keine Anwendung auf Zusammenschlüsse im Pressebereich (§ 35 Abs. 2 Satz 2 GWB).

224

6. Vollzugsverbot

In der deutschen Fusionskontrolle gilt – ebenso wie im EG-Recht – ein Vollzugsverbot. Anmeldepflichtige Zusammenschlüsse dürfen gemäß § 41 Abs. 1 Satz 1 GWB nicht vollzogen werden, bevor sie vom Bundeskartellamt frei gegeben wurden oder die gesetzlichen Untersagungsfristen abgelaufen sind. Die **inhaltliche Reichweite des Vollzugsverbots** entspricht im Wesentlichen der Regelung in der EG-Fusionskontrolle (vgl. dazu oben Rn. 140 f.).

225

In Ausnahmefällen kann das Bundeskartellamt auf Antrag gemäß § 41 Abs. 2 GWB eine **Befreiung vom Vollzugsverbot** erteilen, insb. wenn dadurch schwerer Schaden von einem der beteiligten Unternehmen abgewendet wird. In der Praxis ist das Bundeskartellamt bei der Erteilung solcher Befreiungen sehr zurückhaltend und gewährt eine Befreiung – wenn überhaupt – nur nach eingehender Prüfung und häufig nur gegen weitgehende Auflagen.

226

Eine Ausnahme vom Vollzugsverbot für **öffentliche Übernahmeangebote** gibt es – anders als in der EG-Fusionskontrolle – **nicht**.

227

Rechtsgeschäfte, die gegen das Vollzugsverbot verstoßen, sind gemäß § 41 Abs. 1 Satz 2 GWB **(schwebend) unwirksam**. Eine Ausnahme gilt gemäß § 41 Abs. 1 Satz 3 GWB nur für Grundstücksgeschäfte und Unternehmensverträge, wenn sie durch Eintragung in das Grundbuch bzw. das zuständige Register rechtswirksam geworden sind.

228

Der vorsätzliche oder fahrlässige Verstoß gegen das Vollzugsverbot ist gemäß § 81 Abs. 2 Nr. 1 GWB eine **Ordnungswidrigkeit**, die mit Geldbußen bis zu einem Betrag von 1 Mio. € sowie darüber hinaus bis zu 10 % des jährlichen Gesamtumsatzes des beteiligten Unternehmens geahndet werden kann (§ 81 Abs. 4 GWB).

229

In der Praxis wird dem fusionskontrollrechtlichen Vollzugsverbot meist mit der **Aufnahme von „Kartellvorbehalten"** in den Unternehmenskaufvertrag Rechnung getragen.

Formulierungsbeispiel: Kartellvorbehalt Unternehmenskauf unter deutscher Fusionskontrolle

230

> Der Erwerb wird erst wirksam (aufschiebende Bedingung), wenn
>
> - das Bundeskartellamt in Bezug auf diesen Erwerb gemäß § 41 Abs. 2 GWB eine Befreiung vom Vollzugsverbot erteilt hat,
> - die Frist des § 40 Abs. 1 Satz 1 GWB (Monatsfrist) seit Eingang der vollständigen Anmeldung beim Bundeskartellamt verstrichen ist, ohne dass das Bundeskartellamt gemäß § 40 Abs. 1 Satz 1 GWB mitgeteilt hat, dass es das Hauptprüfverfahren eingeleitet hat,
> - die Frist des § 40 Abs. 2 Satz 2 GWB (Viermonatsfrist) – ggf. i.V.m. § 40 Abs. 2 Satz 4 Nr. 1 GWB (verlängerte Frist) – seit Eingang der vollständigen Anmeldung beim Bundeskartellamt verstrichen ist, ohne dass das Bundeskartellamt den Erwerb untersagt hat, oder
> - das Bundeskartellamt dem anmeldenden Unternehmen schriftlich mitgeteilt hat, dass der Erwerb nicht die Untersagungsvoraussetzungen des § 36 Abs. 1 GWB erfüllt und vollzogen werden kann (Freigabe).

7. Grundzüge des deutschen Fusionskontrollverfahrens

231 Das deutsche Fusionskontrollverfahren ist weniger formal ausgestaltet als das EG-Verfahren.

a) Anmeldezeitpunkt

232 In der deutschen Fusionskontrolle gibt es **keine Anmeldefrist**. Eine Anmeldung kann erfolgen, sobald das Zusammenschlussvorhaben „**anmeldefähig**" ist. Dafür ist nicht erforderlich, dass bereits unterschriebene Verträge etc. vorliegen. Ein Zusammenschlussvorhaben ist vielmehr anmeldefähig, sobald eine „hinreichend konkrete Absicht" besteht, das Zusammenschlussvorhaben durchzuführen. Darüber hinaus muss der **Vollzug des Zusammenschlusses** in absehbarer Zeit, jedenfalls aber **innerhalb des sog. „Prognosezeitraums"** vorgesehen sein. Die Dauer des Prognosezeitraums kann variieren, je nachdem, ob die betroffenen Märkten sich dynamisch entwickeln oder eher statischen Charakter haben. I.d.R. wird der Prognosezeitraum bei höchstens drei bis fünf Jahren liegen.[223] Reine „Vorratsanmeldungen" sind daher nicht zulässig.

b) Anmeldende Unternehmen

233 Zur Anmeldung verpflichtet sind gemäß § 39 Abs. 2 GWB die „am Zusammenschluss beteiligten Unternehmen", in den Fällen des § 37 Abs. 1 Nr. 1 und 3 GWB (Vermögenserwerb und Anteilserwerb) „auch der Veräußerer".

> **Hinweis:**
>
> **In der Praxis** reicht es aus, wenn **eines dieser Unternehmen** das Zusammenschlussvorhaben beim Bundeskartellamt anmeldet. Regelmäßig wird das der Erwerber sein, der dann auch die Kosten des Verfahrens trägt. Wird der Zusammenschluss auf Anmeldung des Erwerbers hin frei gegeben, ist das Vollzugsverbot des § 41 Abs. 1 GWB erloschen; der Zusammenschluss kann vollzogen werden.

c) Inhalt der Anmeldung

234 Die Anmeldung eines Zusammenschlusses erfolgt **formlos durch einfachen Brief** an das Bundeskartellamt. Ein Formblatt wie in der EG-Fusionskontrolle (und den meisten anderen nationalen Fusionskontrollordnungen) gibt es nicht.

235 Die Anmeldung muss gemäß § 39 Abs. 3 GWB **gewisse Mindestangaben** enthalten, um vollständig zu sein. Dazu gehört die Angabe der Form des Zusammenschlusses sowie für jedes beteiligte Unternehmen die folgenden Informationen:

- Firma bzw. sonstige Bezeichnung und Sitz bzw. Ort der Niederlassung,
- Art des Geschäftsbetriebs,
- Umsatzerlöse im letzten abgeschlossenen Geschäftsjahr weltweit, innerhalb der Europäischen Union und in Deutschland,
- Inlandsmarktanteile sowie die Grundlage für ihre Berechnung, sofern sie für alle beteiligten Unternehmen zusammen mindestens 20 % betragen,
- beim Anteilserwerb die Höhe der erworbenen und der insgesamt am Zielunternehmen gehaltenen Anteile,
- eine zustellungsbevollmächtigte Person in Deutschland, sofern das beteiligte Unternehmen seinen Sitz außerhalb Deutschlands hat.

---

[223] KG, Beschl. v. 21.7.1995 – Kart 19/94, WuW/E OLG 5495, 5496 – Vorratsanmeldung; vgl. auch Bechtold, GWB, § 39 Rn. 7.

d) Zuständige Kartellbehörde

Zuständige Behörde im Bereich der deutschen Fusionskontrolle ist grds. das **Bundeskartellamt**. Das ergibt sich unmittelbar aus den Regelungen der §§ 35 ff. GWB. Die Landeskartellbehörden haben im Bereich der Fusionskontrolle keine Zuständigkeit. Ihnen muss das Bundeskartellamt vor Erlass einer Untersagungsverfügung lediglich Gelegenheit zur Stellungnahme geben (§ 40 Abs. 4 GWB).

236

Ausnahmsweise ist gemäß § 42 GWB – im Rahmen der sog. „Ministererlaubnis" – auch der **Bundeswirtschaftsminister** in Fusionskontrollfragen zuständig.

237

e) Die „erste Phase"

Das Fusionskontrollverfahren beginnt mit **Eingang der vollständigen Anmeldung beim Bundeskartellamt**.

238

Das Bundeskartellamt veröffentlicht auf seiner Homepage (www.bundeskartellamt.de) regelmäßig eine Liste der neu angemeldeten Zusammenschlussvorhaben. In dieser Liste werden die Namen der beteiligten Unternehmen, das Datum der Anmeldung sowie die von dem Zusammenschluss voraussichtlich betroffenen Märkte angegeben. Einzelheiten der Anmeldung werden nicht veröffentlicht.

Nach Eingang der vollständigen Anmeldung hat das Bundeskartellamt gemäß § 40 Abs. 1 Satz 1 GWB **einen Monat** Zeit zu entscheiden, ob es in eine vertiefte Prüfung des Zusammenschlusses (sog. „Hauptprüfverfahren") eintreten möchte. Tritt das Bundeskartellamt innerhalb dieser Frist nicht in das Hauptprüfverfahren ein, gilt der Zusammenschluss als freigegeben. In der Praxis kommt dieser Fall praktisch nie vor. Das Bundeskartellamt wird das anmeldende Unternehmen üblicherweise mit formlosem Schreiben („**Freigabebescheid**") darüber informieren, dass der angemeldete Zusammenschluss nicht die Untersagungsvoraussetzungen des § 36 Abs. 2 GWB erfüllt und vollzogen werden kann.

f) Die „zweite Phase"

Der Eintritt in das Hauptprüfverfahren wird dem anmeldenden Unternehmen ebenfalls formlos durch Übersendung des sog. „**Monatsbriefs**" mitgeteilt. Die Prüffrist verlängert sich dann gemäß § 40 Abs. 2 Satz 2 GWB auf insgesamt **vier Monate seit Eingang der vollständigen Anmeldung**. Mit Zustimmung des anmeldenden Unternehmens kann diese Frist jederzeit verlängert werden (§ 40 Abs. 2 Satz 4 Nr. 1 GWB). Versäumt es das Bundeskartellamt, den Zusammenschluss im Hauptprüfverfahren innerhalb von vier Monaten (zzgl. etwaiger Fristverlängerungen) nach Eingang der vollständigen Anmeldung zu untersagen, gilt der Zusammenschluss als freigegeben und darf vollzogen werden. Auch dieser Fall spielt in der Praxis keine Rolle.

239

Untersagungs- bzw. Freigabeverfügungen, die im förmlichen Hauptprüfverfahren ergehen, werden vom Bundeskartellamt im Wortlaut – ggf. nach Bereinigung um Geschäftsgeheimnisse – auf der Homepage veröffentlicht und sind gemäß § 43 GWB im Bundesanzeiger oder im elektronischen Bundesanzeiger bekanntzumachen.

g) Zusagen, Bedingungen und Auflagen

Wenn das Bundeskartellamt Bedenken gegen die Freigabe eines Zusammenschlusses hat, kann es die Freigabe gemäß § 40 Abs. 3 GWB mit **Bedingungen und Auflagen** verbinden. Die Bedingungen und Auflagen dürfen allerdings – anders als im Bereich der EG-Fusionskontrolle – nicht dazu führen, dass die beteiligten Unternehmen einer laufenden Verhaltenskontrolle unterstellt werden, d.h. sie müssen „**struktureller Art**" sein.

240

In der Praxis ist es regelmäßig Aufgabe der Zusammenschlussbeteiligten, dem Bundeskartellamt geeignete Bedingungen und Auflagen anzubieten, die die vom Bundeskartellamt geäußerten Bedenken ausräumen können. Das Verfahren ist insoweit weniger formalisiert als im Bereich der EG-Fusionskontrolle.

> **Hinweis:**
>
> Unter Umständen empfiehlt es sich, bei der Verhandlung des Unternehmenskaufvertrags auch Regelungen für den Fall zu treffen, dass das Bundeskartellamt (oder eine andere zuständige Kartellbehörde) Einwände gegen den Zusammenschluss erhebt und z.B. nur eine Freigabe unter Auflagen und/oder Bedingungen in Betracht kommt. Eine detaillierte Regelung dieser Frage wird i.a.R. aber schon daran scheitern, dass sich mögliche Bedenken der Kartellbehörde(n), und dementsprechend der Umfang geeigneter Abhilfemaßnahmen, im Vorfeld nur schwer vorhersehen lassen. Von einer allzu detaillierten vertraglichen Regelung ist auch aus taktischen Gründen abzuraten. Zwar müssen dem Bundeskartellamt mit der Anmeldung – anders als im EG-Fusionskontrollverfahren – normalerweise keine Kopien der Verträge überlassen werden. Es ist aber auch im deutschen Fusionskontrollverfahren nicht ausgeschlossen, dass das Bundeskartellamt eine Übersendung der Verträge verlangt. Eine detaillierte Regelung möglicher Abhilfemaßnahmen könnte aus Sicht des Bundeskartellamts darauf hindeuten, dass die beteiligten Unternehmen selbst ernsthafte fusionskontrollrechtliche Risiken gesehen haben.

h) Anmeldegebühr

241 Die Anmeldung eines Zusammenschlusses ist **gebührenpflichtig** (§ 80 Abs. 1 Satz 2 Nr. 1 GWB). Die Höhe der Anmeldegebühr bemisst sich nach dem personellen und sachlichen Aufwand des Bundeskartellamts unter Berücksichtigung der wirtschaftlichen Bedeutung des Zusammenschlusses. Dabei gilt gemäß § 80 Abs. 2 Satz 2 Nr. 1 GWB eine Obergrenze von 50.000 €, die bei außergewöhnlich schwierigen Fällen bis auf 100.000 € erhöht werden kann.

> **Hinweis:**
>
> In der Praxis liegt die Anmeldegebühr in unproblematischen Fällen zumeist im Bereich **zwischen 5.000 € und 15.000 €**. Wird ein Zusammenschluss erst nach Abschluss des Hauptprüfverfahrens abgeschlossen, fallen deutlich höhere Gebühren an. Die Anmeldegebühr wird vom Bundeskartellamt nach Abschluss des Fusionskontrollverfahrens festgesetzt. Sie muss also nicht vorab eingezahlt werden.

i) Vollzugsanzeige

242 Nach § 39 Abs. 6 GWB müssen die am Zusammenschluss beteiligten Unternehmen dem Bundeskartellamt auch den Vollzug des Zusammenschlusses unverzüglich anzeigen. Diese Vollzugsanzeige kann in der Praxis **durch ein knappes, formloses Schreiben** erfolgen.

j) Rechtsmittel/Ministererlaubnis

243 Gegen eine im Hauptprüfverfahren ergangene Verfügung des Bundeskartellamts ist gemäß § 63 Abs. 1 GWB die **Beschwerde** zum OLG Düsseldorf möglich. Beschwerdeberechtigt sind zum einen die Zusammenschlussbeteiligten, die durch eine Entscheidung des Bundeskartellamts belastet werden (z.B. im Falle einer Untersagung), zum anderen die gemäß § 54 Abs. 2 Nr. 3 GWB förmlich zum Verwaltungsverfahren beigeladenen Dritten (z.B. im Falle einer Freigabeverfügung). Gegen Entscheidungen des OLG Düsseldorf ist gemäß § 74 GWB die **Rechtsbeschwerde** zum BGH statthaft, wenn sie vom OLG Düsseldorf zugelassen wurde. Daneben gibt es wie in der EG-Fusionskontrolle auch im deutschen Recht gemäß §§ 64, 65 GWB die Möglichkeit, **einstweiligen Rechtsschutz** zu erlangen.

244 Im Falle der Untersagung eines Zusammenschlusses durch das Bundeskartellamt können die beteiligten Unternehmen auch einen **Antrag auf Ministererlaubnis** durch den Bundeswirtschaftsminister stellen (§ 42 GWB). Eine Ministererlaubnis kann erteilt werden, wenn im Einzelfall die Wettbewerbsbeschränkung von gesamtwirtschaftlichen Vorteilen des Zusammenschlusses aufgewogen wird oder der Zusammenschluss durch ein überragendes Interesse der Allgemeinheit gerechtfertigt ist. Ministererlaubnisse wurden in der Vergangenheit nur selten erteilt.

8. Materielle Fusionskontrolle

Das Bundeskartellamt prüft einen Zusammenschluss ausschließlich unter wettbewerblichen Gesichtspunkten. Der Prüfungsmaßstab ergibt sich aus § 36 Abs. 1 GWB. Ein Zusammenschluss, von dem zu erwarten ist, dass er eine **marktbeherrschende Stellung begründet oder verstärkt**, ist gemäß § 36 Abs. 1 GWB zu untersagen. Etwas anderes gilt ausnahmsweise dann, wenn die beteiligten Unternehmen nachweisen, dass durch den Zusammenschluss auch Verbesserungen der Wettbewerbsbedingungen eintreten, und dass diese Verbesserungen die Nachteile der Marktbeherrschung überwiegen (sog. **„Abwägungsklausel"**). 245

Nach § 19 Abs. 2 GWB ist ein Unternehmen **marktbeherrschend**, wenn es als Anbieter oder Nachfrager einer bestimmten Art von Waren oder gewerblichen Leistungen entweder ohne Wettbewerber bzw. keinem wesentlichen Wettbewerb ausgesetzt ist oder eine im Verhältnis zu seinen Wettbewerbern überragende Marktstellung hat. Haben zwei oder mehr Unternehmen gemeinsam eine solche Marktstellung und besteht zwischen ihnen kein wesentlicher Wettbewerb, sind sie ebenfalls marktbeherrschend. 246

Eine Besonderheit des deutschen Kartellrechts sind die **gesetzlichen Marktbeherrschungsvermutungen**: 247

Bei Unternehmen, die einen Marktanteil von mindestens 1/3 haben, wird gemäß § 19 Abs. 3 Satz 1 GWB vermutet, dass sie marktbeherrschend sind (sog. **„Einzelmarktbeherrschung"**). Diese Vermutung kann von den betroffenen Unternehmen widerlegt werden.

Mehrere Unternehmen gelten gemäß § 19 Abs. 3 Satz 2 GWB als marktbeherrschend, wenn sie

- aus drei oder weniger Unternehmen bestehen und zusammen einen Marktanteil von 50 % erreichen, oder
- aus fünf oder weniger Unternehmen bestehen und zusammen einen Marktanteil von 2/3 erreichen,

es sei denn, sie weisen nach, dass die Wettbewerbsbedingungen zwischen ihnen wesentlichen Wettbewerb erwarten lassen oder die Gesamtheit der Unternehmen im Verhältnis zu den übrigen Wettbewerbern keine überragende Marktstellung hat (sog. **„oligopolistische Marktbeherrschung"**).

Das Bundeskartellamt kann aber auch in Fällen, in denen die gesetzlichen Marktbeherrschungsvermutungen nicht erfüllt sind, zu dem Ergebnis kommen, dass durch den Zusammenschluss eine marktbeherrschende Stellung entsteht oder verstärkt wird.

9. Zulässigkeit von wettbewerbsbeschränkenden „Nebenabreden"

Hinsichtlich der Zulässigkeit wettbewerbsbeschränkender Nebenabreden gelten die gleichen Grundsätze wie in der EG-Fusionskontrolle (vgl. dazu oben Rn. 165 ff.). 248

19. Kapitel: Kapitalmarktrecht

Inhaltsverzeichnis

	Rn.
A. Einleitung	1
B. Wertpapierhandelsgesetz (WpHG)	8
I. Insiderrecht	8
1. Einleitung	8
a) Herkunft der §§ 12 ff. WpHG und Rechtsrahmen	8
b) Funktion des Insiderrechts	9
2. Insiderpapiere	10
3. Insiderinformation	14
a) Konkrete Information	15
b) Nicht öffentlich bekannt	17
c) Umstände, die sich auf den Emittenten oder das Insiderpapier selbst beziehen	18
d) Eignung zur erheblichen Kursbeeinflussung	19
e) Regelbeispiele für Insiderinformationen	21
4. Verbot von Insidergeschäften	22
a) Erwerb oder Veräußerung von Insiderpapieren	23
b) Unbefugte Weitergabe oder Zugänglich-Machen von Insiderinformationen	25
c) Empfehlung oder Verleitung zum Erwerb oder zur Veräußerung von Insiderpapieren	26
d) Ausnahmetatbestand für Erwerb eigener Aktien und Stabilisierungsmaßnahmen	27
5. Rechtsfolgen von Insiderverstößen	28
a) Unterscheidung zwischen Primär- und Sekundärinsidern	28
b) Ahndung als Straftat oder Ordnungswidrigkeit	30
6. Führung von Insiderverzeichnissen	34
a) Verpflichtung zur Führung eines Insiderverzeichnisses	34
b) Inhalt eines Insiderverzeichnisses	37
c) Aufbau des Insiderverzeichnisses	39
d) Muster für Insiderverzeichnisse	40
aa) Muster für ein Regelinsiderverzeichnis	40
bb) Muster für ein projektbezogenes Insiderverzeichnis	41
II. Ad-hoc-Publizität	42
1. Einleitung	42
a) Herkunft des § 15 WpHG und Rechtsrahmen	42
b) Funktion der Ad-hoc-Publizität	43
2. Voraussetzungen der Verpflichtung zur Ad-hoc-Publizität	44
a) Adressaten der Verpflichtung	45
b) Vorliegen einer Insiderinformation, die den Emittenten unmittelbar betrifft	47
3. Inhalt und Aufbau einer Ad-hoc-Mitteilung	50
4. Veröffentlichung der Ad-hoc-Mitteilung	52
5. Selbstbefreiung des Emittenten	57
a) Schutz berechtigter Interessen des Emittenten	58
aa) Beeinträchtigung laufender Verhandlungen	59
bb) Gremienvorbehalt	60
b) Keine Irreführung der Öffentlichkeit	62
c) Gewährleistung der Vertraulichkeit	63
d) Entfallen der Voraussetzungen der Selbstbefreiung	64
e) Mitteilung der Gründe für die Selbstbefreiung gegenüber der BaFin	65
6. Rechtsfolgen bei Verletzung der Verpflichtung zur Ad-hoc-Publizität	67
a) Ahndung als Ordnungswidrigkeit	67
b) Schadensersatz	68
aa) Haftung des Emittenten gemäß §§ 37b, 37c WpHG	71
bb) Haftung des Emittenten bzw. seiner Organmitglieder nach § 826 BGB	74
III. Mitteilungs- und Veröffentlichungspflichten bei Geschäften von Führungspersonen	77
1. Einleitung	77
a) Herkunft des § 15a WpHG und Rechtsrahmen	77
b) Funktion der Mitteilungspflicht	78
2. Mitteilungspflichtige Tatbestände	79
a) Persönlicher Anwendungsbereich – Mitteilungspflichtige Personen	79
aa) Personen mit Führungsaufgaben	79
bb) Personen in enger Beziehung zu einer Person mit Führungsaufgaben	81
(1) Natürliche Personen	82
(2) Juristische Personen und sonstige Einrichtungen	84
b) Sachlicher Anwendungsbereich – Mitteilungspflichtige Geschäfte	87
aa) Erfasste Finanzinstrumente	88
bb) Erfasste Geschäftsarten	89
cc) Behandlung von Aktienoptionsprogrammen	90
(1) Herkömmliche Aktienoptionsprogramme	91
(2) Virtuelle Aktienoptionsprogramme	92
c) Ausnahmen von der Mitteilungspflicht	94
3. Form und Frist sowie Inhalt der Mitteilung	96
a) Form und Frist der Mitteilung	97

b) Inhalt der Mitteilung 100
4. Veröffentlichung der Mitteilung durch den Emittenten 101
   a) Art der Veröffentlichung 102
   b) Inhalt der Veröffentlichung 104
5. Rechtsfolgen bei Verletzung der Mitteilungs- bzw. Veröffentlichungspflichten 105
   a) Ahndung als Ordnungswidrigkeit 105
   b) Schadensersatz.................... 106
IV. Verbot der Marktmanipulation 107
1. Einleitung.......................... 107
   a) Herkunft des § 20a WpHG und Rechtsrahmen 107
   b) Funktion des Verbots der Marktmanipulation 108
2. Tatbestandliche Voraussetzungen des Verbots der Marktmanipulation........... 109
   a) Anwendungsbereich des § 20a WpHG .. 109
   b) § 20a Abs. 1 Satz 1 Nr. 1 WpHG...... 111
   c) § 20a Abs. 1 Satz 1 Nr. 2 WpHG...... 118
   d) § 20a Abs. 1 Satz 1 Nr. 3 WpHG...... 119
3. Ausnahmetatbestände 121
   a) Safe Harbours (§ 20a Abs. 3 WpHG) ... 121
   b) Zulässige Marktpraxis (§ 20a Abs. 2 WpHG) 122
4. Rechtsfolgen eines Verstoßes gegen das Verbot der Marktmanipulation.......... 123
   a) Ahndung als Straftat oder Ordnungswidrigkeit......................... 123
   b) Schadensersatz.................... 124
V. Mitteilungs- und Veröffentlichungspflichten bei Veränderungen des Stimmrechtsanteils an börsennotierten Gesellschaften 125
1. Einleitung.......................... 125
   a) Herkunft der §§ 21 ff. WpHG und Rechtsrahmen 125
   b) Funktion der Mitteilungspflicht........ 126
   c) Verhältnis zu anderen Vorschriften 127
2. Mitteilungspflichtige Tatbestände 128
   a) Anwendungsbereich der §§ 21 ff. WpHG......................... 128
   b) Grundtatbestand des § 21 Abs. 1 WpHG 131
      aa) Meldepflichtiger................ 132
      bb) Schwellenwerte bzw. Stimmrechtsquote...................... 134
      cc) Verwirklichung des tatbestandlichen Vorgangs....................... 138
   c) Zurechnung von Stimmrechten gemäß § 22 WpHG...................... 140
      aa) Normzweck und Systematik....... 140
      bb) Die einzelnen Zurechnungstatbestände des § 22 Abs. 1 Satz 1 WpHG......................... 143
         (1) § 22 Abs. 1 Satz 1 Nr. 1 WpHG 144
         (2) § 22 Abs. 1 Satz 1 Nr. 2 WpHG 145
         (3) § 22 Abs. 1 Satz 1 Nr. 3 WpHG 146
         (4) § 22 Abs. 1 Satz 1 Nr. 4 WpHG 147
         (5) § 22 Abs. 1 Satz 1 Nr. 5 WpHG 148

(6) § 22 Abs. 1 Satz 1 Nr. 6 WpHG 149
cc) Abgestimmtes Verhalten (§ 22 Abs. 2 WpHG) 150
d) Nichtberücksichtigung von Stimmrechten gemäß § 23 WpHG........... 152
3. Inhalt, Form und Frist der Mitteilung 153
   a) Inhalt der Mitteilung 153
   b) Form und Frist der Mitteilung......... 154
4. Veröffentlichungspflicht des Emittenten ... 156
   a) Veröffentlichung von Mitteilungen nach § 21 WpHG 156
   b) Veröffentlichungspflicht bei Erwerb und Veräußerung eigener Aktien 159
5. Rechtsfolgen bei Verletzung der Mitteilungs- bzw. Veröffentlichungspflichten 160
   a) Rechtsverlust gemäß § 28 Satz 1 WpHG 160
   b) Sonstige Rechtsfolgen 163
C. **Wertpapiererwerbs- und Übernahmegesetz (WpÜG)** 164
I. Einleitung 164
II. WpÜG und Übernahmerichtlinie 166
1. Anwendungsbereich des WpÜG 168
   a) Angebotsarten 168
   b) Internationaler Anwendungsbereich 169
      aa) Ausländische Gesellschaft mit inländischer Börsennotierung...... 169
      bb) Inländische Gesellschaft mit ausländischer Börsennotierung.......... 170
2. Allgemeine Grundsätze 171
III. Vorbereitungsphase 172
IV. Angebote zum Erwerb von Wertpapieren (Erwerbsangebote)..................... 178
1. Veröffentlichung der Entscheidung zur Abgabe eines Angebots (§ 10 WpÜG).... 179
2. Angebotsunterlage 181
   a) Ablauf des Gestattungsverfahrens bei der BaFin 183
   b) Formelle und inhaltliche Anforderungen an die Angebotsunterlage..... 186
      aa) Formelle Anforderungen......... 186
      bb) Inhaltliche Anforderungen 187
3. Art und Höhe der Gegenleistung 192
4. Bedingungen, kein Rücktritts- oder Widerrufsvorbehalt (§ 18 WpÜG) 193
5. Haftung für die Angebotsunterlage (§ 12 WpÜG) 199
   a) Anfängliche Fehlerhaftigkeit der Angebotsunterlage 200
   b) Nachträgliche Fehlerhaftigkeit der Angebotsunterlage 203
   c) Weitere Anspruchsvoraussetzungen.... 205
      aa) Anspruchsberechtigter 205
      bb) Haftungsbegründende Kausalität .. 206
      cc) Verschulden................... 207
      dd) Ersatzfähiger Schaden........... 208
      ee) Verjährung 209
      ff) Konkurrenzen 210
6. Finanzierung des Angebots (§ 13 WpÜG) 211

        a) Sicherstellung bei Geldleistung 212
          aa) Eigenkapitalfinanzierung 213
          bb) Fremdkapitalfinanzierung........ 216
          cc) Ansprüche gegen den Aussteller
             der Finanzierungsbestätigung..... 217
        b) Sicherstellung bei Sachleistung 218
        c) Umfang der Sicherstellung.......... 220
        d) Zeitpunkt der Sicherstellung 221
    7. Annahmefristen (§ 16 WpÜG)........... 222
    8. Änderung des Angebots (§ 21 WpÜG) ... 224
    9. Laufende Veröffentlichungspflichten (§ 23
       WpÜG)............................ 229
   10. Stellungnahme des Vorstands und des
       Aufsichtsrats der Zielgesellschaft (§ 27
       WpÜG)............................ 233
        a) Regelungsinhalt.................. 233
        b) Veröffentlichung der Stellungnahme... 235
        c) Weiterleitung der Stellungnahme an den
          Betriebsrat....................... 237
        d) Parallelität der Stellungnahmen von
          Vorstand und Aufsichtsrat........... 238
        e) Zuständigkeit.................... 239
        f) Beurteilungsgrundlage.............. 240
        g) Haftung......................... 242
V. Übernahmeangebote (§§ 29 – 34 WpÜG)..... 243
    1. Einleitung........................... 243
    2. Begriffsbestimmung................... 244
    3. Gegenleistung bei Übernahmeangeboten
       (§ 31 WpÜG)........................ 246
        a) Grundsatz der Angemessenheit....... 247
        b) Obligatorische Geldleistung 250
        c) Nachbesserung bei Parallel- und Nacher-
          werben.......................... 252
        d) Sanktionen bei unzulässiger Gegenleis-
          stung 254
    4. Unzulässigkeit von Teilangeboten (§ 32
       WpÜG)............................ 255
    5. Handlungen des Vorstands der Zielgesell-
       schaft (§ 33 WpÜG).................. 258
        a) Grundsatz des Verhinderungsverbots.... 258
        b) Ausnahmen von der Neutralitätspflicht.. 262
          aa) Gesetzliche Ausnahmen......... 262
          bb) Hauptversammlungsermächtigung.. 263
        c) Änderungen durch Umsetzung der Über-
          nahmerichtlinie 264
          aa) Regelungsrahmen der Übernahme-
             richtlinie 264
          bb) Opt-out durch den deutschen Ge-
             setzgeber.................... 266
          cc) Opt-in durch die Gesellschaften.... 267
          dd) Vorbehalt der Gegenseitigkeit 269
VI. Pflichtangebote......................... 270
    1. Einleitung........................... 270

    2. Veröffentlichungs- und Angebotspflicht bei
       Kontrollerwerb....................... 271
        a) Direktes Halten von 30 % der Stimm-
          rechte 273
        b) Kontrollerwerb durch Zurechnung von
          Stimmrechten..................... 275
          aa) Verhältnis von § 22 WpHG und § 30
             WpÜG 276
          bb) Zurechnung von Stimmrechten nach
             § 30 Abs. 1 WpÜG............. 279
          cc) Zurechnung von Stimmrechten
             nach § 30 Abs. 2 WpÜG (acting in
             concert).................... 281
            (1) Ausdrückliche Vereinbarung
               über gemeinsame Stimmrechts-
               ausübung 283
            (2) Wahl von Aufsichtsratsmitglie-
               dern 285
            (3) Gemeinsamer Erwerb 286
            (4) Abstimmung über sonstiges
               Verhalten.................. 287
        c) Rechtsfolgen bei Verstoß gegen die
          Veröffentlichungs- oder Angebotspflicht 288
    3. Nichtberücksichtigung von Stimmrechten
       (§ 36 WpÜG)........................ 289
    4. Befreiung von der Veröffentlichungs- und
       Angebotspflicht 293
        a) Befreiung aufgrund Gesetzes (§ 35
          Abs. 3 WpÜG).................... 293
        b) Befreiung auf Antrag des Bieters durch
          die BaFin (§ 37 WpÜG) 297
    5. Anwendbarkeit der Vorschriften für
       Erwerbsangebote und Übernahmeangebote
       (§ 39 WpÜG)........................ 302
VII. Rechtsschutz 303
    1. Widerspruchsverfahren 304
    2. Beschwerde 308
    3. Widerspruch und Beschwerde durch
       Dritte?............................. 311
        a) Wella-Verfahren.................. 312
        b) ProSiebenSat. 1-Verfahren.......... 314
VIII. Übernahmerechtlicher Squeeze-out und Sell-
     out 316
    1. Gesellschaftsrechtlicher Squeeze-out 316
    2. Übernahmerechtlicher Squeeze-out...... 318
        a) Erforderliche Beteiligungsquote 319
        b) Art der Abfindung 323
        c) Verhältnis zum gesellschaftsrechtlichen
          Squeeze-out...................... 325
    3. Übernahmerechtlicher Sell-out 327
IX. Grafische Darstellung zum Ablauf eines Über-
     nahmeangebots 329

Kommentare und Gesamtdarstellungen:

Assmann/Pötzsch/Schneider, Wertpapiererwerbs- und Übernahmegesetz, 2005; *Assmann/Schneider*, Wertpapierhandelsgesetz, 4. Aufl. 2006; *Baums/Thoma*, WpÜG, Loseblatt, 2004 ff. (Stand: Mai 2004); **von Bülow/Hirte**, Kölner Kommentar zum WpÜG, 2003; *Ehricke/Ekkenga/Oechsler*, Wertpapiererwerbs- und Übernahmegesetz, 2003; *Geibel/Süßmann*, Wertpapiererwerbs- und Übernahmegesetz (WpÜG) – Kommentar, 2002; *Haarmann/Schüppen*, Frankfurter Kommentar zum WpÜG, 2. Aufl. 2005; *Heidel*, Anwaltskommentar Aktienrecht (mit WpÜG-Kommentierung), 2002; *Heiring*, Das neue Anlegerschutzverbesserungsgesetz – AnSVG, 2005; *Hirte*, Wertpapiererwerbs- und Übernahmegesetz – Gesetzestexte, Quellen, Materialien, 2002; *Hölters*, Handbuch des Unternehmens- und Beteiligungskaufs, 6. Aufl. 2005, Teil X Erwerb börsennotierter Unternehmen; *Hüffer*, Aktiengesetz, 7. Aufl. 2006; *Kümpel/Veil*, Wertpapierhandelsgesetz, 2. Aufl. 2005; *Marsch-Barner/Schäfer*, Handbuch börsennotierte AG, 2005; *Münchener Kommentar zum Aktiengesetz*, Band 9/1 (mit WpÜG-Kommentierung), 2. Aufl. 2004; *Schäfer/Hamann*, Kapitalmarktgesetze, 2. Aufl. 2006 (Loseblatt); *Schwark*, Kapitalmarktrechts-Kommentar, 3. Aufl. 2004; *Schwark*, Kapitalmarktrechts-Kommentar (mit WpÜG-Kommentierung), 2004; *Semler/Volhard*, Arbeitshandbuch für Unternehmensübernahmen, Band 1: 2001; Band 2: 2003; *Steinmeyer/Häger*, Kommentar zum Wertpapiererwerbs- und Übernahmegesetz mit Erläuterungen zum Minderheitenausschluss nach §§ 327a ff. AktG, 2002; *Thaeter/Brandi*, Öffentliche Übernahmen – Recht und Praxis der Übernahme börsennotierter Unternehmen, 2003; *Wolfram*, WpHG-Praxis für Investor Relations, DIRK Forschungsreihe, Band 5, 2005; *Zschoke/Schuster*, Bad Homburger Handbuch zum Übernahmerecht, 2003.

Aufsätze:

Austmann/Mennicke, Übernahmerechtlicher Squeeze-out und Sell-out, NZG 2004, 846; *Bednarz*, Pflichten des Emittenten bei einer unterlassenen Mitteilung von Directors' Dealings, AG 2005, 835; *Behnke*, Erste praktische Erfahrungen mit dem Ausschluss ausländischer Anteilsinhaber nach § 24 WpÜG, WM 2002, 2229; *Beiersdorf/Buchheim*, Entwurf des Gesetzes zur Umsetzung der EU-Transparenzrichtlinie: Ausweitung der Publizitätspflichten, BB 2006, 1674; *Berger*, Problem oder Lösung? Die Auswirkungen des Anlegerschutzverbesserungsgesetzes auf Unternehmen, Finance 2005, 72; *Bergmann/Drees*, Das neue Insiderstrafrecht des WpHG und seine Durchsetzbarkeit in der Praxis, StraFo 2005, 364; *Bisson/Kunz*, Die Kurs- und Marktpreismanipulation nach In-Kraft-Treten des Gesetzes zur Verbesserung des Anlegerschutzes vom 28.10.2004 und der Verordnung zur Konkretisierung des Verbots der Marktmanipulation vom 1.3.2005, BKR 2005, 186; *Bosse*, Wesentliche Neuregelungen ab 2007 aufgrund des Transparenzrichtlinie-Umsetzungsgesetzes für börsennotierte Unternehmen, DB 2007, 39; *Brandi/Süßmann*, Neue Insiderregeln und Ad-hoc-Publizität – Folgen für Ablauf und Gestaltung von M&A-Transaktionen, AG 2004, 642; *Bürgers*, Das Anlegerschutzverbesserungsgesetz, BKR 2004, 424; *Cahn*, Das neue Insiderrecht, Der Konzern 2005, 5; *Claussen/Florian*, Der Emittentenleitfaden, AG 2005, 745; *Diekmann*, Änderungen im Wertpapiererwerbs- und Übernahmegesetz anlässlich der Umsetzung der EU-Übernahmerichtlinie in das deutsche Recht, NJW 2007, 17; *Diekmann/Sustmann*, Gesetz zur Verbesserung des Anlegerschutzes (Anlegerschutzverbesserungsgesetz – AnSVG), NZG 2004, 929; *Dreyling*, Die Umsetzung der Marktmissbrauchs-Richtlinie über Insider-Geschäfte und Marktmanipulation, Der Konzern 2005, 1; *ders.*, Ein Jahr Anlegerschutzverbesserungsgesetz – Erste Erfahrungen, Der Konzern 2006, 1; *Erkens*, Directors' Dealings nach neuem WpHG, Der Konzern 2005, 29; *Fabritius*, Erfahrungen aus der Praxis, VGR, Gesellschaftsrecht in der Diskussion 2003; *Fromm-Russenschuck/Banerjea*, Die Zulässigkeit des Handels mit Insiderpapieren nach Durchführung einer Due Diligence-Prüfung, BB 2004, 2425; *Glade/Haak/Hellich*, Die Umsetzung der Übernahmerichtlinie in das deutsche Recht, Der Konzern 2004, 455 (Teil I), 515 (Teil II); *Grundmann*, Die rechtliche Verfassung des Marktes für Unternehmenskontrolle nach Verabschiedung der Übernahmerichtlinie, NZG 2005, 122; *Hammen*, Pakethandel und Insiderhandelsverbot, WM 2004, 1753; *Harbarth*, Ad-hoc-Publizität beim Unternehmenskauf, ZIP 2005, 1898; *Hasselbach*, Die Weitergabe von Insiderinformationen bei M&A-Transaktionen mit börsennotierten AG, NZG 2004, 1087; *Heidel/Lochner*, Der übernahmerechtliche Squeeze- and Sell-out gemäß §§ 39a ff. WpÜG, Der Konzern 2006, 653; *Holzborn/Israel*, Das Anlegerschutzverbesserungsgesetz – Die Veränderung im WpHG, VerkProspG und BörsG und ihre Auswirkungen in der Praxis, WM 2004, 1948; *Hopt*, Grundsatz- und Praxisprobleme nach dem Wertpapiererwerbs- und Übernahmegesetz, ZHR 166 (2002), 383; *Hopt/Mülbert/Kumpan*, Reformbedarf im Übernahmerecht, AG 2005, 109; *Kirschhöfer*, Führung von Insiderverzeichnissen bei Emittenten und externen Dienstleistern, Der Konzern 2005, 22; *Klasen*, Insiderrechtliche Fragen zu aktienorientierten Vergütungsmodellen, AG 2006, 24; *Koch*, Neuerungen im Insiderrecht und der Ad-hoc-Publizität, DB 2005, 267; *Krause*, Die EU-Übernahmerichtlinie – Anpassungsbedarf im Wertpapiererwerbs- und Übernahmegesetz, BB 2004, 113; *ders.*, Zwei Jahre Praxis mit dem Wertpapiererwerbs- und Übernahmegesetz, NJW 2004, 3681; *Kuthe*, Änderungen des Kapitalmarktrechts durch das Anlegerschutzverbesserungsgesetz, ZIP 2004, 883; *Lenz*, Das Wertpapiererwerbs- und Übernahmegesetz in der Praxis der Bundesanstalt für Finanzdienstleistungsaufsicht, NJW 2003, 2073; *Lenz/Behnke*, Das WpÜG im Praxistest, BKR 2003, 43; *Lenz/Linke*, Die Handhabung des WpÜG in der aufsichtsrechtlichen Praxis, AG 2002, 361; *dies.*, Rückkauf eigener Aktien nach dem Wertpapiererwerbs- und Übernahmegesetz, AG 2002, 420; *Leppert/Stürwald*, Aktienrückkauf und Kursstabilisierung – Die Safe-Harbour-Regelungen der Verordnung (EG) Nr. 2273/2003 und der KuMaKV, ZBB 2004, 302; *Leuering*, Die Ad-hoc-Pflicht aufgrund der Weitergabe von Insiderinformationen (§ 15 I 3 WpHG), NZG 2005, 12; *Liebscher/Scharff*, Das Gesetz über elektronische Handelsregister und Genossenschaftsregister sowie das Unternehmensregister, NJW 2006, 3745; *Maul*, Die EU-Übernahmerichtlinie – ausgewählte Fragen,

NZG 2005, 151; *Maul/Muffat-Jeandet*, Die EU-Übernahmerichtlinie – Inhalt und Umsetzung in nationales Recht, AG 2004, 221 (Teil I), 306 (Teil II); *Meixner*, Das Anlegerschutzverbesserungsgesetz im Überblick, ZAP 2004, Fach 8, 5.397; *Merkner/Sustmann*, Insiderrecht und Ad-hoc-Publizität – Das Anlegerschutzverbesserungsgesetz „i.d.F. durch den Emittentenleitfaden der BaFin", NZG 2005, 729; *Merkt/Binder*, Änderungen im Übernahmerecht nach Umsetzung der EG-Übernahmerichtlinie: Das deutsche Umsetzungsgesetz und verbleibende Problemfelder, BB 2006, 1285; *Messerschmidt*, Die neue Ad-hoc-Publizitätspflicht bei mehrstufigen Entscheidungsprozessen – Ist der Aufsichtsrat damit überflüssig?, BB 2004, 2538; *Meyding/Bödeker*, Gesetzentwurf über elektronische Handelsregister und Genossenschaftsregister sowie das Unternehmensregister (EHUG-E) – Willkommen im Online-Zeitalter, BB 2006, 1009; *Meyer*, Änderungen im WpÜG durch Umsetzung der EU-Übernahmerichtlinie, WM 2006, 1135; *Möllers*, Insiderinformation und Befreiung von der Ad-hoc-Publizität nach § 15 Abs. 3 WpHG – Zur Neubeurteilung von mehrstufigen Entscheidungsprozessen durch das Anlegerschutzverbesserungsgesetz, WM 2005, 1393; *Mülbert*, Umsetzungsfragen der Übernahmerichtlinie – ein erheblicher Änderungsbedarf bei den heutigen Vorschriften des WpÜG, NZG 2004, 633; *Nietsch*, Schadensersatzhaftung wegen Verstoßes gegen Ad-hoc-Publizitätspflichten nach dem Anlegerschutzverbesserungsgesetz, BB 2005, 785; *Noack*, Das EHUG ist beschlossen – elektronische Handels- und Unternehmensregister ab 2007, NZG 2006, 801; *Pirner/Lebherz*, Wie nach dem Transparenzrichtlinie-Umsetzungsgesetz publiziert werden muss, AG 2007, 19; *Pluskat*, Die durch das Anlegerschutzverbesserungsgesetz geänderte Regelung der Directors' Dealings vor dem Hintergrund der Richtlinie zur Durchführung der Marktmissbrauchsrichtlinie, BKR 2004, 467; *dies.*, Die Neuregelung der Directors' Dealings i.d.F. des Anlegerschutzverbesserungsgesetzes, DB 2005, 1097; *dies.*, Rückerwerb eigener Aktien nach WpÜG – auch offiziell kein Anwendungsfall mehr, NZG 2006, 731; *Rodewald/ Tüxen*, Neuregelung des Insiderrechts nach dem Anlegerschutzverbesserungsgesetz (AnSVG) – Neue Organisationsanforderungen für Emittenten und ihre Berater, BB 2004, 2249; *Rodewald/Unger*, Zusätzliche Transparenz für die europäischen Kapitalmärkte – die Umsetzung der EU-Transparenzrichtlinie in Deutschland, BB 2006, 1917 *Rössner/ Bolkart*, BMF stellt Entwurf eines „Anlegerschutzverbesserungsgesetzes vor, AG 2004, R182; *Rühland*, Der übernahmerechtliche Squeeze-out im Regierungsentwurf des Übernahmerichtlinie-Umsetzungsgesetzes, NZG 2006, 401; *Schlotter*, Das EHUG ist in Kraft getreten: Das Recht der Unternehmenspublizität hat eine neue Grundlage, NJW 2007, 1; *Schneider*, Unternehmenserwerb mit Informationen aus einer Due Diligence kein strafbarer Insiderhandel, DB 2005, 2678; *ders.*, Die Weitergabe von Insiderinformationen, NZG 2005, 702; *ders.*, Selbstbefreiung von der Pflicht zur Ad-hoc-Publizität, BB 2005, 897; *Schneider/Gilfrich*, Die Entscheidung des Emittenten über die Befreiung von der Ad-hoc-Publizitätspflicht, BB 2007, 53; *Schneider/von Buttlar*, Die Führung von Insider-Verzeichnissen: Neue Compliance-Pflichten für Emittenten, ZIP 2004, 1621; *Schwintek*, Die Anzeigepflicht bei Verdacht von Insidergeschäften und Marktmanipulation nach § 10 WpHG, WM 2005, 861; *Seibt/Heiser*, Analyse der EU-Übernahmerichtlinie und Hinweise für eine Reform des deutschen Übernahmerechts, ZGR 2005, 200; *Simon*, Die neue Ad-hoc-Publizität, Der Konzern 2005, 13; *Spindler*, Kapitalmarktreform in Permanenz – Das Anlegerschutzverbesserungsgesetz, NJW 2004, 3449; *Spindler/Speier*, Die neue Ad-hoc-Publizität im Konzern, BB 2005, 2031; *Steck/Schmitz*, Das Kapitalmarktrecht nach dem Anlegerschutzverbesserungsgesetz, FB 2005, 187; *Steidle/Waldeck*, Die Pflicht zur Führung von Insiderverzeichnissen unter dem Blickwinkel der informationellen Selbstbestimmung, WM 2005, 868; *Strunk/Behnke*, Die Aufsichtstätigkeit der BaFin nach dem WpÜG im Jahr 2003, in VGR, Gesellschaftsrecht in der Diskussion 2003, S. 81; *Strunk/Linke*, Erfahrungen mit dem Übernahmerecht aus Sicht der Bundesanstalt für Finanzdienstleistungsaufsicht, in Veil/Drinkuth, Reformbedarf im Übernahmerecht, 2005, S. 1; *Tollkühn*, Die Ad-hoc-Publizität nach dem Anlegerschutzverbesserungsgesetz, ZIP 2004, 2215; *Veith*, Die Befreiung von der Ad-hoc-Publizitätspflicht nach § 15 III WpHG, NZG 2005, 254; *von Falkenhausen/Widder*, Die befugte Weitergabe von Insiderinformationen nach dem AnSVG, BB 2005, 225; *Widder/Gallert*, Ad-hoc-Publizität infolge der Weitergabe von Insiderinformationen – Sinn und Unsinn von § 15 I 3 WpHG, NZG 2006, 451; *Wiesner*, Die neue Übernahmerichtlinie und die Folgen, ZIP 2004, 343; *Ziemons*, Neuerungen im Insiderrecht und bei der Ad-hoc-Publizität durch die Marktmissbrauchslinie und das Gesetz zur Verbesserung des Anlegerschutzes, NZG 2004, 537.

Verlautbarungen der BaFin zum Wertpapierhandelsgesetz:

Emittentenleitfaden der BaFin vom 15.7.2005, veröffentlicht unter http://www.bafin.de/schreiben/89_2005/emittentenleitfaden.pdf; Allgemeinverfügung zu § 15 WpHG vom 13.7.2005 (Gz.: WA 22 – W 2320 – 2005/0007), veröffentlicht unter http://www.bafin.de/bekanntmachungen/050713_2.htm; Allgemeinverfügung zu § 15a WpHG vom 13.7.2005 (Gz.: WA 22 – W 2320 – 2005/0007), veröffentlicht unter http://www.bafin.de/bekanntmachungen/050713.htm; Mitteilungsformular für Geschäfte von Führungspersonen nach § 15a WpHG vom 24.3.2005, veröffentlicht unter http://www.bafin.de/formular/melde_wphg.doc; Erläuterungen zum Mitteilungsformular für Geschäfte von Führungspersonen nach § 15a WpHG vom 24.3.2005, veröffentlicht unter http://www.bafin.de/formular/melde_wphg_erl.htm; Aufklärungsbogen nach § 15b Abs. 1 Satz 3 WpHG vom 30.10.2004, veröffentlicht unter http://www.bafin.de/merkblaetter/aufklaerungsbogen.doc; Muster einer Mitteilung und Veröffentlichung gemäß §§ 21 ff. WpHG vom 11.11.2005, veröffentlicht unter http://www.bafin.de/sonstiges/040519.htm; Hinweise zu den Mitteilungs- und Veröffentlichungspflichten gemäß §§ 21 ff. WpHG vom 11.11.2005, veröffentlicht unter http://www.bafin.de/sonstiges/040519_h.htm; Merkblatt zu § 10 WpPG – Jährliches Dokument, veröffentlicht unter http://www.bafin.de/fag/fag_10wppg.htm.

A. Einleitung

1 „Die internationale Wettbewerbsfähigkeit einer Volkswirtschaft hängt in entscheidendem Maße von der Funktionsfähigkeit ihrer Finanzmärkte ab. (...) Für die Funktionsfähigkeit der Finanzmärkte ist das Vertrauen der Anleger von entscheidender Bedeutung. Zur Sicherung dieses Vertrauens muss der Staat durch seine Stabilitäts- und Ordnungspolitik die notwendigen Voraussetzungen schaffen."

Das vorstehende Zitat aus der **Gesetzesbegründung zum Zweiten Finanzmarktförderungsgesetz**[1] aus dem Jahre 1994, mit dem der Gesetzgeber einleitend die Zielsetzung für die Kodifikation des Wertpapierhandelsgesetzes (WpHG) beschreibt, enthält zugleich zwei Begriffe, die für die Abgrenzung des Kapitalmarktrechts gegenüber dem klassischen Gesellschaftsrecht von zentraler Bedeutung sind: Zum einen die **Funktionsfähigkeit des Kapitalmarkts** als im öffentlichen Interesse liegendes Schutzgut des Kapitalmarktrechts[2] und zum anderen – als Vorbedingung hierfür – das **Anlegervertrauen**. Das Schutzgut „Funktionsfähigkeit des Kapitalmarkts" führt dazu, dass das privatrechtliche Aktienrecht durch kapitalmarktrechtliche Regelungen im öffentlichen Interesse teilweise überlagert wird. Der Schutz des „Vertrauens der Anleger" hat zur Konsequenz, dass im Kapitalmarktrecht gesteigerte Transparenzanforderungen im Vergleich zum allgemeinen Aktienrecht bestehen.

2 Das Kapitalmarktrecht hat in Deutschland keine einheitliche Kodifizierung erfahren. Regelungen, die an die Börsennotierung einer Gesellschaft oder an sonstige Berührungen einer Gesellschaft oder Person mit dem Finanz- und Kapitalmarkt anknüpfen, finden sich über eine Vielzahl von Gesetzen verstreut. Gleichwohl kann das WpHG aufgrund der Zusammenführung wesentlicher kapitalmarktbezogener Regelungsmaterien als das **Grundgesetz des deutschen Kapitalmarktrechts** bezeichnet werden.[3] Ein weiterer Meilenstein des deutschen Kapitalmarktrechts ist das am 1.1.2002 in Kraft getretene **Wertpapiererwerbs- und Übernahmegesetz (WpÜG)**, durch das in Deutschland erstmals das öffentliche Übernahmerecht gesetzlich kodifiziert wurde. Schließlich ist in diesem Zusammenhang das **Wertpapierprospektgesetz (WpPG)** zu nennen, welches zur Umsetzung der EU-Prospektrichtlinie[4] am 1.7.2005 in Kraft trat und zu einer Vereinheitlichung der Regelungen für das öffentliche Angebot von Wertpapieren und die Zulassung von Wertpapieren zum Handel führte.

3 Die vorliegende Darstellung versteht sich als Einführung in die Bereiche des WpHG und WpÜG, die aufgrund ihrer Berührung mit dem allgemeinen Aktienrecht in der gesellschaftsrechtlichen Beratung des Anwalts eine zentrale Rolle spielen. Im WpHG sind dies vor allem das **Insiderrecht** (§§ 12 ff. WpHG) und die **Verpflichtung zur Ad-hoc-Publizität** (§ 15 WpHG) sowie die **Mitteilungs- und Veröffentlichungspflichten** bei Veränderungen von Stimmrechtsanteilen an einer börsennotierten Gesellschaft (§§ 21 ff. WpHG) und bei Eigengeschäften von Führungspersonen (§ 15a WpHG). Bei der Beratung und Strukturierung des Erwerbs oder der Veräußerung von Beteiligungen an börsennotierten Aktiengesellschaften sind aus anwaltlicher Sicht stets die Bestimmungen des WpÜG im Auge zu behalten, dessen Grundzüge unter Rn. 164 ff. dargestellt werden. Demgegenüber blendet die folgende Darstellung das WpPG vollständig aus. Der Zugang zum Kapitalmarkt im Wege eines Börsengangs (Initial Public Offering – IPO) ist ein rein kapitalmarktrechtliches Thema, das kaum Berührungspunkte mit der anwaltlichen Tätigkeit im allgemeinen Gesellschaftsrecht aufweist.

---

1 BT-Drucks. 12/6679, S. 33.
2 Vgl. Kümpel/Veil, Wertpapierhandelsgesetz, 2. Teil Rn. 4.
3 So Hopt, ZHR 159 (1995), 135, 163; ebenso aus heutiger Sicht Kümpel/Veil, Wertpapierhandelsgesetz, 1. Teil Rn. 6.
4 RL 2003/71/EG des Europäischen Parlaments und des Rates vom 4.11.2003 betreffend den Prospekt, der beim öffentlichen Angebot von Wertpapieren oder bei deren Zulassung zum Handel zu veröffentlichen ist, und zur Änderung der Richtlinie 2001/34/EG (ABl. EG Nr. L 345 v. 31.12.2003, S. 64).

Das oben angesprochene **Ziel des Anlegerschutzes** als Vorbedingung für die Gewährleistung der Funktionsfähigkeit des Kapitalmarkts sucht der Gesetzgeber insb. durch zwei Grundsätze zu erreichen, die sich wie rote Fäden durch das WpHG und das WpÜG ziehen: Transparenz und Gleichbehandlung. Während das WpHG diese beiden Grundsätze für das tägliche Kapitalmarktgeschäft festschreibt, ist es das Anliegen des WpÜG, Transparenz und Gleichbehandlung in der nicht alltäglichen Kapitalmarktsituation eines öffentlichen Übernahmeangebots sicherzustellen.

Im Rahmen der Gesetzesbegründung zum WpHG hat der Gesetzgeber ausgeführt, dass das Vertrauen der Anleger auf der Zusicherung beruhe, gleichberechtigten Zugang zu Informationen zu haben und gegen die unrechtmäßige Verwendung von Informationen geschützt zu sein.[5] Diesem Ziel dienen die Bestimmungen zum Insiderrecht und zur Ad-hoc-Publizität, die für den Emittenten eine Verpflichtung zur Information des Kapitalmarkts neben der Regelpublizität durch die Veröffentlichung von Jahres- und Zwischenabschlüssen begründen. Des Weiteren sollen die gesellschaftsrechtlichen Verhältnisse für den Anleger transparent sein. Er soll sich ein Bild von der Aktionärsstruktur bei einer börsennotierten Gesellschaft machen können und darüber informiert werden, wenn Mitglieder des Vorstands und des Aufsichtsrats Geschäfte in Aktien des eigenen Unternehmens tätigen. Vor diesem Hintergrund sind die Mitteilungs- und Veröffentlichungspflichten der §§ 21 ff. WpHG und des § 15a WpHG zu sehen.

Diese gegenüber dem allgemeinen Aktienrecht **deutlich angehobenen Transparenzanforderungen** und Veröffentlichungspflichten sollen es dem Anleger ermöglichen, Investitions- und Deinvestitionsentscheidungen auf informierter Grundlage treffen zu können. Das ist auch deshalb nötig, weil der Anleger, wenn er Wertpapiere über die Börse erwirbt, seinen Vertragspartner nicht kennt und ihm keine Gewährleistungen oder Garantien im Hinblick auf die Geschäftstätigkeit des betreffenden Unternehmens abverlangen kann. Aus Sicht des veräußernden Anlegers stellt sich die Situation umgekehrt so dar, dass ihm nicht zugemutet werden kann, solche Gewährleistungen oder Garantien abzugeben, da es auch ihm an den erforderlichen Einblicksmöglichkeiten in das betreffende Unternehmen regelmäßig fehlt. Das Kapitalmarktrecht löst dieses Dilemma auf, indem es den Emittenten, die den Kapitalmarkt zur Beschaffung von Eigenkapital in Anspruch nehmen, u.a. die vorstehend angesprochenen gesteigerten Veröffentlichungs- und Informationspflichten auferlegt. Der Anleger, der Wertpapiere erwirbt, erlangt auf diese Weise einen Schutz, den er ansonsten annäherungsweise nur über die Abgabe von Gewährleistungen durch den Verkäufer erlangen könnte und der Anleger, der Wertpapiere veräußert, kann dieses Geschäft vornehmen, ohne dem Risiko einer Inanspruchnahme durch den Käufer ausgesetzt zu sein.

Die **Verbesserung der Information und Transparenz für Aktionäre**, die von einem öffentlichen Übernahmeangebot betroffen sind und daher eine Deinvestitionsentscheidung treffen müssen, ist auch das erklärte gesetzgeberische Ziel in der Gesetzesbegründung zum WpÜG.[6] Informationspflichten treffen vor diesem Hintergrund zum einen den Bieter, der sich zur Abgabe eines öffentlichen Angebots entschließt oder hierzu kraft Gesetzes verpflichtet ist, und zum anderen die Verwaltung der Zielgesellschaft, die am besten in der Lage ist, die Vorteil- oder Nachteilhaftigkeit eines solchen Angebots für die Aktionäre zu beurteilen. Des Weiteren ist auch im Übernahmerecht der **Gleichbehandlungsgrundsatz** von elementarer Bedeutung, denn Anlegervertrauen kann sich nur bilden, wenn die Aktionäre der Zielgesellschaft darauf vertrauen können, dass nicht einzelne Aktionäre die Möglichkeit haben, ihre Wertpapiere im zeitlichen Zusammenhang mit dem Übernahmeangebot zu günstigeren Konditionen zu verkaufen als sie selbst. Diesem Anliegen tragen die Mindestpreisvorgaben des WpÜG im Fall eines öffentlichen Übernahmeangebots oder Pflichtangebots Rechnung.

Den oben beschriebenen Zielsetzungen wird dadurch Rechnung getragen, dass die Bestimmungen des WpHG und WpÜG als **zwingendes Recht** ausgestaltet sind. Auch wenn dieser zwingende Charakter typisch für das im öffentlichen Interesse stehende Kapitalmarktrecht ist, so ist er doch bereits im allgemeinen Aktienrecht angelegt. Der **aktienrechtliche Grundsatz der Satzungsstrenge** (§ 23 Abs. 5 AktG), wonach Abweichungen von den Regelungen des AktG in der Satzung der AG nur möglich sind, wenn

---

5   BT-Drucks. 12/6679, S. 33.
6   BT-Drucks. 14/7034, S. 28 f.

das Gesetz sie ausdrücklich zulässt, schafft bereits den Boden für die Fungibilität und Handelbarkeit von Aktien auf dem Kapitalmarkt.[7] Der unterschiedlichen inhaltlichen Ausgestaltung von Aktien und den aus der Mitgliedschaft resultierenden Rechten sind auf diese Weise von vornherein Grenzen gesetzt.

7 Im Unterschied zum allgemeinen Aktienrecht erfährt der zwingende Charakter der Bestimmungen des WpHG und WpÜG im Kapitalmarktrecht eine **institutionelle Absicherung** dadurch, dass die Einhaltung der Bestimmungen durch die Bundesanstalt für Finanzdienstleistungsaufsicht (BaFin) kontrolliert wird.[8] Sowohl im WpHG als auch im WpÜG steht der BaFin als Aufsichtsbehörde neben speziellen Eingriffsermächtigungen jeweils die Kompetenz für eine allgemeine Missstandsaufsicht zu, um die Einhaltung der jeweiligen Verbote und Gebote zu überwachen und die in diesem Zusammenhang erforderlichen Anordnungen zu treffen.[9] Der Staat hat – das kommt auch in dem einleitenden Zitat zum Ausdruck – die Pflicht, die im öffentlichen Interesse liegende Funktionsfähigkeit des Kapitalmarkts sicherzustellen, und kann insofern nicht darauf vertrauen, dass die Marktteilnehmer für die Einhaltung der gesetzlichen Verbote und Gebote sorgen und sich der Markt auf diese Weise selbst reguliert.

B. Wertpapierhandelsgesetz (WpHG)

I. Insiderrecht

1. Einleitung

a) Herkunft der §§ 12 ff. WpHG und Rechtsrahmen

8 Mit In-Kraft-Treten des WpHG als Bestandteil des Zweiten Finanzmarktförderungsgesetzes[10] am 1.8.1994/1.1.1995 wurde das Insiderrecht in Deutschland erstmals kodifiziert. Die §§ 12 ff. WpHG in ihrer ursprünglichen Fassung gehen auf die **Insiderrichtlinie**[11] aus dem Jahr 1989 zurück. In der Folgezeit waren die Bestimmungen des WpHG Gegenstand verschiedener Gesetzesänderungen.[12] Weitreichende Änderungen haben die Regelungen zum Insiderrecht und zur Ad-hoc-Publizität durch das Gesetz zur Verbesserung des Anlegerschutzes (Anlegerschutzverbesserungsgesetz – AnSVG) vom 28.10.2004[13] zur Umsetzung der Marktmissbrauchsrichtlinie[14] erfahren. Die geänderten Bestimmungen werden auf nationaler Ebene insb. durch die Wertpapierhandelsanzeige- und Insiderverzeichnisverordnung (WpAIV) vom 13.12.2004[15] konkretisiert.

---

7 Vgl. Kümpel/Veil, Wertpapierhandelsgesetz, 2. Teil Rn. 5.
8 Vgl. Kümpel/Veil, Wertpapierhandelsgesetz, 2. Teil Rn. 6; Fleischer, ZIP 2006, 451, 452 f.
9 Vgl. § 4 Abs. 2 WpHG und § 4 Abs. 1 WpÜG.
10 BGBl. 1994 I, S. 1749.
11 RL 89/592/EWG des Rates der Europäischen Gemeinschaften vom 13.11.1989 zur Koordinierung der Vorschriften betreffend Insidergeschäfte (ABl. EG Nr. L 334 v. 18.11.1989, S. 30).
12 Vgl. hierzu die Darstellungen bei Assmann, in: Assmann/Schneider, Wertpapierhandelsgesetz, Einl. Rn. 20 ff. Schwark, in: Schwark, Kapitalmarktrechts-Kommentar, Einl. WpHG Rn. 2 ff.
13 BGBl. 2004 I, S. 2630.
14 RL 2003/6/EG des Europäischen Parlaments und des Rates v. 28.1.2003 über Insider-Geschäfte und Marktmanipulation (Marktmissbrauch) (ABl. EG Nr. L 96 v. 12.4.2003, S. 16). Die Bestimmungen der Marktmissbrauchsrichtlinie werden präzisiert durch die Durchführungsrichtlinien der Kommission 2003/124/EG v. 22.12.2003 (ABl. EG Nr. L 339 v. 24.12.2003, S. 70), 2003/125/EG vom 22.12.2003 (ABl. EG Nr. L 339 v. 24.12.2003, S. 73) und 2004/72/EG v. 29.4.2004 (ABl. EG Nr. L 162 v. 30.4.2004, S. 70). Die Verordnung (EG) Nr. 2273/2003 der Kommission v. 22.12.2003 (ABl. EG Nr. L 336 v. 23.12.2003, S. 33) enthält darüber hinaus Ausnahmeregelungen für Rückkaufprogramme und Kursstabilisierungsmaßnahmen.
15 Verordnung zur Konkretisierung von Anzeige-, Mitteilungs- und Veröffentlichungspflichten sowie der Pflicht zur Führung von Insiderverzeichnissen nach dem WpHG (Wertpapierhandelsanzeige- und Insiderverzeichnisverordnung – WpAIV) v. 13.12.2004 (BGBl. 2004 I, S. 3376).

Da die wesentlichen Vorschriften des AnSVG am Tag nach der Verkündung in Kraft traten, war die Verunsicherung bei den Emittenten, die ihre Kapitalmarktkommunikation quasi ad hoc auf die geänderten Vorschriften des WpHG einstellen mussten, zunächst groß. Die BaFin sah sich aus diesem Grund veranlasst, den Emittenten bei der Auslegung und Anwendung der Bestimmungen eine Hilfestellung in Gestalt eines Emittentenleitfadens zu geben.[16]

> **Hinweis:**
> Die folgende Darstellung zum Insiderrecht, zur Ad-hoc-Publizität, zu den Mitteilungspflichten bei directors' dealings und zum Verbot der Marktmanipulation orientiert sich an den für die Praxis bedeutsamen Ausführungen der BaFin in dem Emittentenleitfaden.

b) Funktion des Insiderrechts

Bereits ausweislich der Gesetzesbegründung zum Zweiten Finanzmarktförderungsgesetz soll bei dem erstmals kodifizierten Insiderrecht als Schutzzweck der **Funktionenschutz** im Vordergrund stehen,[17] d.h. die §§ 12 ff. WpHG verfolgen primär das Ziel, durch die Bekämpfung von Insidergeschäften die Integrität und Effizienz des Finanzmarkts zu stärken.[18] Auf der anderen Seite ist nicht zu verkennen, dass dieser Funktionenschutz untrennbar mit den Interessen der Anleger verbunden ist, denn die Funktionsfähigkeit organisierter Wertpapiermärkte basiert auf dem Vertrauen der Anleger,[19] die erwarten, informationell gleich behandelt zu werden und von einer unrechtmäßigen Verwendung von Insiderinformationen geschützt zu sein.[20] Im Hinblick auf § 823 Abs. 2 BGB lehnt die h.M. die Schutzgesetzeigenschaft von § 14 WpHG allerdings bislang ab.[21]

9

2. Insiderpapiere

Insiderpapiere sind gemäß § 12 WpHG Finanzinstrumente,

10

- die an einer inländischen Börse zum Handel zugelassen oder in den geregelten Markt oder in den Freiverkehr[22] einbezogen sind,

---

16 Der Emittentenleitfaden ist auf der Internetseite der BaFin unter http://www.bafin.de/schreiben/89_2005/emittentenleitfaden.pdf veröffentlicht. Im Dezember 2004 hatte die BaFin Vertretern der Wirtschaft und der Anleger zunächst einen Entwurf des Emittentenleitfadens zugesandt. Nach einer Anhörung am 31.1.2005 und Auswertung der bei ihr eingegangenen Stellungnahmen hat die BaFin am 15.7.2005 den derzeit gültigen Emittentenleitfaden veröffentlicht und dabei zahlreiche Aspekte der konsultierten Interessengruppen aufgenommen. Auch bei dem nunmehr veröffentlichten Leitfaden handelt es sich aber nicht um ein „endgültiges" Werk. Die BaFin plant vielmehr, künftige Erkenntnisse aus der Verwaltungspraxis und Rspr. zu nutzen, um den Leitfaden bei Bedarf zu aktualisieren (vgl. Emittentenleitfaden der BaFin, Ziff. I). Ausführlich zum Emittentenleitfaden Claussen/Florian, AG 2005, 745; Merkner/Sustmann, NZG 2005, 729.
17 BT-Drucks. 12/6679, S. 45.
18 Ausführlich zum Schutzzweck der §§ 12 ff. WpHG Assmann, in: Assmann/Schneider, Wertpapierhandelsgesetz, Vor § 12 Rn. 45 ff.; Schäfer, in: Schäfer/Hamann, Kapitalmarktgesetze, Vor § 12 WpHG, Rn. 7 ff.; Schwark, in: Schwark, Kapitalmarktrechts-Kommentar, Vor § 12 WpHG Rn. 8 f.; Kümpel/Veil, Wertpapierhandelsgesetz, 3. Teil Rn. 6 ff.
19 Vgl. auch Erwägungsgrund 12 der Marktmissbrauchsrichtlinie.
20 Schwark, in: Schwark, Kapitalmarktrechts-Kommentar, Vor § 12 WpHG Rn. 8.
21 Vgl. zum Meinungsstand Assmann, in: Assmann/Schneider, Wertpapierhandelsgesetz, Vor § 12 Rn. 49 und § 14 Rn. 208 ff.; Schäfer, in: Schäfer/Hamann, Kapitalmarktgesetze, § 14 WpHG Rn. 97; Schwark, in: Schwark, Kapitalmarktrechts-Kommentar, § 14 WpHG Rn. 4; Schäfer, in: Marsch-Barner/Schäfer, Handbuch börsennotierte AG, § 13 Rn. 104; Kümpel/Veil, Wertpapierhandelsgesetz, 3. Teil Rn. 66.
22 Mit der Erstreckung des Insiderrechts auf den Freiverkehr ist der deutsche Gesetzgeber über die Vorgaben der Insiderrichtlinie aus dem Jahr 1989 und der Marktmissbrauchsrichtlinie aus dem Jahr 2003 (vgl. Fn. 14) hinausgegangen. Vgl. Schäfer, in: Schäfer/Hamann, Kapitalmarktgesetze, § 12 WpHG Rn. 8.

- die in einem anderen Mitgliedstaat der EU oder des Europäischen Wirtschaftsraums (EWR) zum Handel an einem organisierten Markt[23] zugelassen sind oder
- deren Preis unmittelbar oder mittelbar von vorstehend genannten Finanzinstrumenten abhängt.

11 Der **Begriff des Finanzinstruments** ist durch das AnSVG neu in das WpHG eingeführt worden. Als Finanzinstrumente sind nach § 2 Abs. 2b WpHG anzusehen:

- **Wertpapiere**, d.h. an einem Markt handelbare Aktien, Zertifikate, Schuldverschreibungen, Genussscheine, Optionsscheine und andere Wertpapiere, die mit Aktien oder Schuldverschreibungen vergleichbar sind (vgl. § 2 Abs. 1 Satz 1 WpHG), sowie Anteile an Investmentvermögen, die von einer Kapitalanlagegesellschaft oder einer ausländischen Investmentgesellschaft ausgegeben wurden (vgl. § 2 Abs. 1 Satz 2 WpHG),
- **Geldmarktinstrumente**, d.h. Forderungen, die keine Wertpapiere i.S.v. § 2 Abs. 1 WpHG sind und üblicherweise auf dem Geldmarkt gehandelt werden (vgl. § 2 Abs. 1a WpHG),
- **Derivate**, d.h. als Festgeschäfte oder Optionsgeschäfte ausgestaltete Termingeschäfte, deren Preis unmittelbar oder mittelbar abhängt von (i) dem Börsen- oder Marktpreis von Wertpapieren, Geldmarktinstrumenten, Waren oder Edelmetallen, (ii) Zinssätzen oder anderen Erträgen oder (iii) dem Preis von Devisen (vgl. § 2 Abs. 2 WpHG),
- **Rechte auf Zeichnung von Wertpapieren** sowie
- **sonstige Instrumente**, die zum Handel an einem organisierten Markt im Inland oder in einem anderen Mitgliedstaat der EU zugelassen sind oder für die eine solche Zulassung beantragt worden ist.

12 Der Zulassung zum Handel an einem organisierten Markt oder der Einbeziehung in den geregelten Markt oder in den Freiverkehr stellt § 12 Satz 2 WpHG den Fall gleich, dass der Antrag auf Zulassung oder Einbeziehung gestellt oder öffentlich angekündigt worden ist. Eine öffentliche Ankündigung in diesem Sinne liegt vor, wenn der Emittent oder ein anderweitiger Anbieter der Finanzinstrumente in einer an einen unbestimmten Personenkreis gerichteten und entsprechend publizierten Erklärung darauf hinweist, dass die Notierung der Papiere in einem bestimmten Marktsegment beabsichtigt ist.[24]

13 Der **Anwendungsbereich des Insiderrechts** ist durch das AnSVG ausgeweitet worden, indem § 12 Satz 1 Nr. 3 WpHG nun auch Finanzinstrumente erfasst, deren Preis unmittelbar oder mittelbar von den zuvor genannten Finanzinstrumenten abhängt, ohne dass es darauf ankommt, ob das in Rede stehende Instrument selbst an einer Börse gehandelt werden kann. Diese Ausweitung hat insb. Bedeutung für Optionsprogramme für Führungskräfte und Mitarbeiterbeteiligungsprogramme, die nunmehr in den Regelungsbereich der §§ 12 ff. WpHG fallen, auch wenn die Optionen – was regelmäßig der Fall ist – nicht börslich zugelassen oder in den Freiverkehr einbezogen sind. Voraussetzung ist lediglich, dass sich die Optionen auf börsennotierte Aktien beziehen.[25]

---

23 Die organisierten Märkte der EU und des Europäischen Wirtschaftsraums (EWR) sind in der Übersicht über die geregelten Märkte und einzelstaatliche Rechtsvorschriften zur Umsetzung der entsprechenden Anforderungen der Wertpapierdienstleistungsrichtlinie von 1993 (RL 93/22/EWG des Rates, mit Wirkung zum 30.4.2006 aufgehoben durch Art. 69 RL 2004/39/EG – Richtlinie über Märkte für Finanzinstrumente) aufgeführt. Diese Übersicht ist unter http://europa.eu.int/comm/internal_market/securities/isd/index_de.htm abrufbar.
24 Emittentenleitfaden der BaFin, Ziff. III.1.2; Assmann, in: Assmann/Schneider, Wertpapierhandelsgesetz, § 12 Rn. 8.
25 Emittentenleitfaden der BaFin, Ziff. III.1.3; Assmann, in: Assmann/Schneider, Wertpapierhandelsgesetz, § 12 Rn. 13; Schäfer, in: Schäfer/Hamann, Kapitalmarktgesetze, § 12 WpHG Rn. 14. Davon zu trennen ist allerdings die Frage, ob bei Ausübung der gewährten Optionen überhaupt von einem „Verwenden von Insiderinformationen" i.S.d. § 14 Abs. 1 Nr. 1 WpHG gesprochen werden kann. Das ist nach Auffassung der BaFin jedenfalls dann zu verneinen, wenn dem Mitarbeiter die Aktien bei Ablauf des Programms automatisch zugeteilt werden, da sich eine etwaige Kenntnis von Insiderinformationen in diesem Fall gar nicht auswirken kann (vgl. Emittentenleitfaden der BaFin, Ziff. III.2.2.1.3). Zu insiderrechtlichen Fragestellungen bei aktienorientierten Vergütungsmodellen auch Schäfer, in: Marsch-Barner/Schäfer, Handbuch börsennotierte AG, § 13 Rn. 69 ff.; Klasen, AG 2006, 24.

> **Hinweis:**
> Virtuelle Aktienoptionsprogramme, bei denen die Begünstigten lediglich einen am Börsenkurs eines Finanzinstruments orientierten Barausgleich erhalten (sog. Wertsteigerungsrechte, stock appreciation rights oder phantom stocks), stellen dagegen keine Insiderpapiere dar, da es sich insofern nicht um Finanzinstrumente handelt.[26]

3. Insiderinformation

Eine der **wesentlichen Änderungen**, die das AnSVG in den §§ 12 ff. WpHG mit sich brachte, ist die Ersetzung des Merkmals der Insidertatsache durch den nunmehr zentralen Begriff der Insiderinformation. § 13 Abs. 1 Satz 1 WpHG definiert als Insiderinformation eine

- konkrete (präzise) Information,
- über nicht öffentlich bekannte Umstände,
- die sich direkt oder indirekt auf einen oder mehrere Emittenten oder auf Insiderpapiere selbst bezieht und
- die im Fall ihres öffentlichen Bekanntwerdens geeignet ist, den Börsen- oder Marktpreis der Insiderpapiere erheblich zu beeinflussen.

14

Maßstab für die Frage, ob eine Insiderinformation vorliegt, insb. das erforderliche Kursbeeinflussungspotenzial, ist gemäß § 13 Abs. 1 Satz 2 WpHG die Sicht eines verständigen Anlegers.

> **Hinweis:**
> § 13 Abs. 2 WpHG stellt klar, dass eine Bewertung, die ausschließlich aufgrund öffentlich bekannter Umstände erstellt wird, keine Insiderinformation darstellt, selbst wenn sie den Kurs von Insiderpapieren erheblich beeinflussen kann. Gemeint sind damit vor allem Analysen von Journalisten und Finanzanalysten, die von Anlegern im Rahmen ihrer Anlageentscheidung regelmäßig berücksichtigt werden.

a) Konkrete Information

Eine Information ist konkret, wenn die **betreffenden Umstände bereits vorliegen** oder eingetreten sind, aber auch dann, wenn mit hinreichender Wahrscheinlichkeit davon ausgegangen werden kann, dass sie in Zukunft eintreten werden (vgl. § 13 Abs. 1 Satz 3 WpHG). Dies deckt sich mit dem in der Marktmissbrauchsrichtlinie verwandten Terminus der „präzisen Informationen",[27] worunter Umstände oder Ereignisse zu verstehen sind, die bereits existieren bzw. eingetreten sind oder bei denen man vernünftigerweise davon ausgehen kann, dass sie in Zukunft existieren bzw. eintreten werden.[28]

15

Insiderinformationen sind daher sowohl der äußeren Wahrnehmung zugängliche Geschehnisse und Zustände der Außenwelt sowie Umstände des menschlichen Innenlebens. Auch **überprüfbare Prognosen und Werturteile, Planungen, Konzepte, Einschätzungen und Absichten** können daher Insiderinforma-

---

26 Emittentenleitfaden der BaFin, Ziff. III.1.3 (anders allerdings die BaFin noch in dem Entwurf des Emittentenleitfadens vom 22.12.2004, Ziff. VI.2.1 – dort allerdings im Hinblick auf eine Mitteilungspflicht nach § 15a WpHG, vgl. insofern die Ausführungen unter Rn. 92 f.); Assmann, in: Assmann/Schneider, Wertpapierhandelsgesetz, § 12 Rn. 16; Schäfer, in: Schäfer/Hamann, Kapitalmarktgesetze, § 12 WpGH Rn. 14.
27 Art. 1 Abs. 1 der RL 2003/6/EG (vgl. Fn. 14); Assmann, in: Assmann/Schneider, Wertpapierhandelsgesetz, § 12 Rn. 6 f.
28 Art. 1 Abs. 1 der RL 2003/124/EG der Kommission vom 22.12.2004.

tionen darstellen.[29] In allen Fällen liegt eine Insiderinformation aber nur dann vor, wenn sie so bestimmt ist, dass sie eine hinreichende Grundlage für eine Einschätzung über den zukünftigen Verlauf des Börsenkurses der Aktie bilden kann.[30]

Bei **sog. mehrstufigen Entscheidungsprozessen**[31] (z.B. Verhandlung von M&A-Transaktionen, Unternehmensübernahmen oder Fusionen) ist diese Frage auf der Grundlage einer Gesamtschau aller bisherigen Entscheidungsstufen zu beantworten. Bei dieser Gesamtwürdigung kann nach Auffassung der BaFin insb. zwei Umständen Indizwirkung zukommen: Zum einen der Abschluss der Due Diligence mit Ergebnissen, die für beide Seiten zufrieden stellend sind und auf deren Grundlage die Verhandlungen weitergeführt werden,[32] und zum anderen die Gewährung von Exklusivität gegenüber einem potenziellen Interessenten,[33] denn die Wahrscheinlichkeit des Zustandekommens einer Transaktion wird hierdurch erhöht. Von entscheidender Bedeutung dürfte daneben im Fall einer M&A Transaktion – sowohl aus Käufer- als auch aus Verkäufersicht – sein, ob hinreichende Sicherheit im Hinblick auf die Finanzierung der Transaktion durch Eigen- und/oder Fremdkapitalgeber besteht. Besteht diese hinreichende Sicherheit nicht, liegt noch keine Insiderinformation vor. Zusammengefasst ist für eine Insiderinformation daher zu fordern, dass

- die Eckpunkte der Transaktion, d.h. die Vertragspartner (Stichwort: Exklusivität) und die Beschaffenheit des Vertragsgegenstands (Stichwort: Abschluss der Due Diligence) feststehen und
- die Erbringung der Gegenleistung (Stichwort: Finanzierung) sichergestellt ist.

Demgegenüber handelt es sich insb. bei der internen Entscheidung des Bieters, Übernahmeverhandlungen mit einer potenziellen Zielgesellschaft aufzunehmen, der Beauftragung von Beratern (Rechtsanwälten, Banken, Unternehmensberatern etc.), der Abgabe eines nicht bindenden Angebots und dem Abschluss einer Vertraulichkeitsvereinbarung regelmäßig um **reine Vorbereitungsmaßnahmen**, denen – mangels hinreichender Eintrittswahrscheinlichkeit der angedachten Transaktion – noch nicht die Qualität einer Insiderinformation zukommt.[34]

---

29   Gestützt auf die bereits in der Regierungsbegründung enthaltene Aussage, dass der Begriff des „Umstands" über den bisherigen Begriff der „Tatsache" hinausgehe und auch überprüfbare Werturteile oder Prognosen umfasse (BT-Drucks. 15/3174, S. 33), ist vielfach der Schluss gezogen worden, dass der Anwendungsbereich des Insiderrechts durch das AnSVG erheblich ausgeweitet worden sei. Ob diese Einschätzung tatsächlich zutrifft, ist fraglich. Insb. war auch unter altem Recht anerkannt, dass Werturteilen oder Prognosen unter bestimmten Umständen Tatsachenqualität zukommen konnte. Dabei spielten die Umstände, unter denen Werturteile geäußert oder Prognosen abgegeben wurden, sowie die Personen, denen sie zugeschrieben werden konnten, eine bedeutende Rolle (vgl. Assmann, in: Assmann/Schneider, Wertpapierhandelsgesetz, § 13 Rn. 13 und 15; Schäfer, in: Schäfer/Hamann, Kapitalmarktgesetze, § 13 WpGH Rn. 10, 14 und 18). Die ausdrückliche Erwähnung zukünftiger Umstände in § 13 Abs. 1 Satz 3 WpHG stellt ebenfalls keine Erweiterung des Tatbestands dar, denn auch bislang wurden Absichten, Pläne und Vorhaben zum Teil als Insidertatsachen angesehen, sofern ihnen im Fall ihres Bekanntwerdens Kursbeeinflussungspotenzial zukam (vgl. Assmann, in: Assmann/Schneider, Wertpapierhandelsgesetz, § 13 Rn. 20).

30   Emittentenleitfaden der BaFin, Ziff. III.2.1.1 (mit Verweis auf Art. 1 Abs. 1 der RL 2003/124/EG der Kommission vom 22.12.2004); Assmann, in: Assmann/Schneider, Wertpapierhandelsgesetz, § 13 Rn. 8; Schäfer, in: Marsch-Barner/Schäfer, Handbuch börsennotierte AG, § 13 Rn. 30; Kümpel/Veil, Wertpapierhandelsgesetz, 3. Teil Rn. 21. Bei einem solchen Verständnis kann der Eignung zur Kursbeeinflussung eine doppelte Funktion zukommen. Zum einen ist sie schon ausweislich des Gesetzeswortlauts Tatbestandsvoraussetzung für das Vorliegen einer Insiderinformation. Zum anderen ist sie in besonderer Weise zu würdigen, wenn es darum geht, ob bei einem in der Zukunft mit hinreichender Wahrscheinlichkeit eintretenden Umstand bereits eine konkrete (in der Terminologie der Marktmissbrauchsrichtlinie: präzise) Information vorliegt (kritisch hierzu Schäfer, in: Schäfer/Hamann, Kapitalmarktgesetze, § 13 WpHG Rn. 12).

31   Vgl. zu dieser Problematik den Emittentenleitfaden der BaFin, Ziff. III.2.1.1. und Ziff. IV.2.2.14 sowie Assmann, in: Assmann/Schneider, Wertpapierhandelsgesetz, § 13 Rn. 28 ff.; Kümpel/Veil, Wertpapierhandelsgesetz, 3. Teil Rn. 24 ff.; Harbarth, ZIP 2005, 1898; Merkner/Sustmann, NZG 2005, 729, 735 f.

32   Emittentenleitfaden der BaFin, Ziff. III.2.1.1.

33   Emittentenleitfaden der BaFin, Ziff. IV.2.2.14.

34   Emittentenleitfaden der BaFin, Ziff. IV.2.2.14.

Ebenso schwierig ist im Einzelfall die Frage zu beantworten, unter welchen Voraussetzungen ein **Gerücht** als Insiderinformation einzustufen sein kann. Im Einklang mit der Gesetzesbegründung[35] ist zunächst davon auszugehen, dass bloße Gerüchte die oben genannten Kriterien grds. nicht erfüllen, da es an der Genauigkeit des Inhalts und der Zuverlässigkeit der Information und damit an dem erforderlichen Konkretisierungsgrad für eine Insiderinformation fehlt. Stützen kann man dieses Ergebnis auch auf § 13 Abs. 1 Satz 2 WpHG, wenn man annimmt, dass ein verständiger, also nicht spekulativ handelnder Anleger bloße Gerüchte bei seiner Anlageentscheidung gerade nicht berücksichtigen würde. Nach Auffassung der BaFin können Gerüchte aber im Einzelfall Insiderinformationen darstellen, wenn sie einen Tatsachenkern enthalten, d.h. ihnen nachprüfbare Fakten zugrunde liegen.[36] Daneben sollen die Quelle des Gerüchts sowie die Verfassung der Märkte im Allgemeinen und des Segments der betroffenen Firma im Besonderen zu berücksichtigen sein.

16

b) Nicht öffentlich bekannt

Eine Information gilt als nicht öffentlich bekannt, solange sie nicht einem **breiten Anlegerpublikum** und damit einer unbestimmten Anzahl von Personen zugänglich gemacht wurde. Unerheblich ist, wer die Insiderinformation öffentlich bekannt gemacht hat. Ausreichend, aber auch erforderlich ist, dass jeder interessierte Marktteilnehmer die Möglichkeit hat, von der Insiderinformation Kenntnis zu erlangen (Sicherstellung der sog. Bereichsöffentlichkeit). Eine Veröffentlichung von Insiderinformationen in nur bei bestimmten Kreisen einschlägigen Börseninformationsdiensten, anlässlich einer Pressekonferenz oder auf der Hauptversammlung der Gesellschaft (selbst wenn diese live im Internet übertragen würde) genügt hierfür nicht,[37] denn in allen diesen Fällen wird die Insiderinformation nicht einer unbestimmten Zahl von Personen zugänglich gemacht. Die informationelle Chancengleichheit wäre nicht gewahrt.

17

c) Umstände, die sich auf den Emittenten oder das Insiderpapier selbst beziehen

Die Insiderinformation muss sich auf einen oder mehrere Emittenten oder die Insiderpapiere selbst beziehen. Damit wird nicht gefordert, dass der in Rede stehende Umstand im Tätigkeitsbereich des Emittenten eingetreten ist. Vielmehr können auch Umstände, die den Emittenten nur mittelbar betreffen, Insiderinformationen sein, wenn sie geeignet sind, den Preis der Aktie zu beeinflussen. Zu denken ist an dieser Stelle an **Marktdaten** oder **Marktinformationen**, d.h. Informationen über die Rahmenbedingungen von Märkten oder über Märkte selbst, die auch die Verhältnisse des Emittenten berühren können.[38]

18

d) Eignung zur erheblichen Kursbeeinflussung

Für die Eignung zur erheblichen Kursbeeinflussung kommt es gemäß § 13 Abs. 1 Satz 2 WpHG darauf an, ob ein verständiger Anleger die fragliche Information bei seiner Anlageentscheidung berücksichtigen würde, wenn sie ihm bekannt wäre. Das **Merkmal der Erheblichkeit** stellt dabei sicher, dass nicht jeder Umstand, der zu einer geringfügigen Preisbewegung führen kann, als Insiderinformation einzustufen ist.

19

---

35 BT-Drucks. 15/3174, S. 34; zustimmend: Assmann, in: Assmann/Schneider, Wertpapierhandelsgesetz, § 13 Rn. 17.

36 Emittentenleitfaden der BaFin, Ziff. III.2.1.1.2; ebenso: Schäfer, in: Schäfer/Hamann, Kapitalmarktgesetze, WpHG, § 13 Rn. 16 f.; Kümpel/Veil, Wertpapierhandelsgesetz, 3. Teil Rn. 23; kritisch zu der Auffassung der BaFin Assmann, in: Assmann/Schneider, Wertpapierhandelsgesetz, § 13 Rn. 18. Ähnlich aber VGH Hessen, AG 1998, 436, 438 f., der ebenfalls maßgeblich auf den überprüfbaren Tatsachenkern eines Gerüchts abstellt. Zum Umgang mit Gerüchten am Markt auch Wolfram, WpHG-Praxis für Investor Relations, Rn. 3.3.5. Zu den Auswirkungen des Auftretens eines Gerüchts auf die Voraussetzungen für eine Selbstbefreiung nach § 15 Abs. 3 WpHG vgl. unter Rn. 63.

37 Emittentenleitfaden der BaFin, Ziff. III.2.1.2. Vgl. auch Assmann, in: Assmann/Schneider, Wertpapierhandelsgesetz, § 13 Rn. 39 f.; Schäfer, in: Schäfer/Hamann, Kapitalmarktgesetze, § 13 WpHG Rn. 36 ff.; Schwark, in: Schwark, Kapitalmarktrechts-Kommentar, § 13 WpHG Rn. 36 ff.

38 Emittentenleitfaden der BaFin, Ziff. III.2.1.3. Als Beispiele werden dort genannt: Zinsbeschlüsse von Notenbanken, Devisenkurse, Rohstoffpreise, branchenspezifische statistische Daten sowie Daten und Informationen, die den Wertpapierhandel des jeweiligen Insiderpapiers betreffen.

Aus der Sicht eines verständigen Anlegers ist vielmehr zu prüfen, ob die Kenntnis des in Rede stehenden Umstands i.S.e. Kauf- oder Verkaufsanreizes lohnend ist und einen wirtschaftlichen Vorteil verspricht.[39]

Maßgeblich für die Eignung zur erheblichen Kursbeeinflussung ist der **Zeitpunkt der möglichen Insiderhandlung**, insofern kommt es auf eine spätere tatsächliche Kursbewegung nicht an. Vielmehr reicht es aus, dass es aus der Perspektive eines vernünftigen Anlegers, der zum Zeitpunkt seines Handelns alle verfügbaren Informationen kennt, wahrscheinlich erscheint, dass es zu einer erheblichen Preisbeeinflussung kommen kann. Allerdings können nach Bekanntwerden der Insiderinformation tatsächlich eingetretene Kursveränderungen als Indiz für ein bereits zuvor gegebenes Kursbeeinflussungspotenzial herangezogen werden.[40]

> **Hinweis:**
> Nachträglich eingetretene Kursveränderungen veranlassen die BaFin in der Praxis regelmäßig zu Untersuchungen, ob der Emittent seiner gesetzlichen Verpflichtung zur unverzüglichen Veröffentlichung von Insiderinformationen im Wege der Ad-hoc-Publizität pflichtgemäß nachgekommen ist.

20 Die **BaFin empfiehlt** zur Beurteilung des Kursbeeinflussungspotenzials eine **zweistufige Prüfung**[41]:

In einem **ersten Schritt** ist zu fragen, ob der Umstand für sich allein betrachtet im Zeitpunkt des Handelns des Insiders (ex ante) nach allgemeiner Erfahrung ein erhebliches Preisbeeinflussungspotenzial haben kann.

In einem **zweiten Schritt** sind dann im Zeitpunkt des Handelns vorliegende oder absehbare konkrete Umstände zu berücksichtigen, die das Preisbeeinflussungspotenzial erhöhen oder mindern können.

So kann bspw. bei einer erheblichen Gewinnsteigerung von 50 % das Preisbeeinflussungspotenzial gleichwohl zu verneinen sein, wenn der Vorstand des Emittenten während des laufenden Geschäftsjahres kontinuierlich über das zu erwartende Ergebnis berichtet und der Markt diese Information aufgenommen hat.

e) Regelbeispiele für Insiderinformationen

21 § 13 Abs. 1 Satz 4 WpHG enthält schließlich zwei **Regelbeispiele** für Insiderinformationen. Hiernach ist eine Insiderinformation auch eine Information über nicht öffentlich bekannte Umstände, die sich

- auf Aufträge von anderen Personen über den Kauf oder Verkauf von Finanzinstrumenten bezieht oder
- auf Derivate bezieht, deren Preis unmittelbar oder mittelbar von dem Börsen- oder Marktpreis von Waren oder Edelmetallen abhängt und bei der die Marktteilnehmer erwarten würden, dass sie die Informationen in Übereinstimmung mit der zulässigen Praxis an den betreffenden Märkten erhalten würden.[42]

---

39 Emittentenleitfaden der BaFin, Ziff. III.2.1.4; zustimmend: Kümpel/Veil, Wertpapierhandelsgesetz, 3. Teil Rn. 32. Die BaFin vermeidet an dieser Stelle die Angabe von festen Schwellenwerten. Zu der Ermittlung des Kursbeeinflussungspotenzials anhand von festen Schwellenwerten oder ohne eine solche Fixierung i.S.d. oben angedeuteten „Anreiztheorie" Assmann, in: Assmann/Schneider, Wertpapierhandelsgesetz, § 13 Rn. 62 ff.; Schäfer, in: Schäfer/Hamann, Kapitalmarktgesetze, § 13 WpHG Rn. 54 ff.; Schäfer, in: Marsch-Barner/Schäfer, Handbuch börsennotierte AG, § 13 Rn. 23 ff.

40 Emittentenleitfaden der BaFin, Ziff. III.2.1.4; Kümpel/Veil, Wertpapierhandelsgesetz, 3. Teil Rn. 31.

41 Emittentenleitfaden der BaFin, Ziff. III.2.1.4; zustimmend: Kümpel/Veil, Wertpapierhandelsgesetz, 3. Teil Rn. 33 f.; instruktiv zur Ermittlung des erheblichen Kursbeeinflussungspotenzials aus Sicht der Praxis Wolfram, WpHG-Praxis für Investor Relations, Rn. 3.3.2.

42 Vgl. zu § 13 Abs. 1 Satz 4 Nr. 2 WpHG Art. 4 der Durchführungsrichtlinie 2004/72/EG der Kommission v. 29.4.2004 sowie den Emittentenleitfaden, Ziff. III.2.1.5 und Kümpel/Veil, Wertpapierhandelsgesetz, 3. Teil Rn. 37.

§ 13 Abs. 1 Satz 4 Nr. 1 WpHG stellt damit klar, dass Eigengeschäfte von Wertpapierdienstleistungsunternehmen mit Finanzinstrumenten unter Ausnutzung der Kenntnis von Kundenaufträgen (sog. frontrunning) einen Verstoß gegen das Verbot des Insiderhandels darstellen.[43]

4. Verbot von Insidergeschäften

Bei dem Verbot von Insidergeschäften unterscheidet § 14 WpHG i.d.F. durch das AnSVG nicht mehr zwischen **Primär- und Sekundärinsidern**. Die in dieser Bestimmung ausgesprochenen Verbote gelten vielmehr für jedermann. Die Unterscheidung zwischen Primär- und Sekundäranzeigern ist aber nach wie vor von Bedeutung, da sie auf der Rechtsfolgenseite für die Frage entscheidend ist, ob der Insiderverstoß als Straftat oder Ordnungswidrigkeit geahndet werden kann.[44]

Ein **verbotenes Insidergeschäft** liegt gemäß § 14 Abs. 1 WpHG vor, wenn ein Insider

- unter Verwendung einer Insiderinformation Insiderpapiere für eigene oder fremde Rechnung oder für einen anderen erwirbt oder veräußert,
- einem anderen eine Insiderinformation unbefugt mitteilt oder zugänglich macht oder
- einem anderen auf der Grundlage einer Insiderinformation den Erwerb oder die Veräußerung von Insiderpapieren empfiehlt oder einen anderen auf sonstige Weise dazu verleitet.

a) Erwerb oder Veräußerung von Insiderpapieren

§ 14 Abs. 1 Nr. 1 WpHG verbietet den Erwerb oder die Veräußerung von Insiderpapieren unter Verwendung einer Insiderinformation. Maßgebend ist in diesem Zusammenhang nicht der dingliche Erwerb der Insiderpapiere bzw. das Erlangen der Verfügungsmacht über diese, sondern der **Abschluss des schuldrechtlichen Geschäfts**, sofern der Insider hierdurch den möglichen Gewinn vertraglich abgesichert hat.[45]

Durch das AnSVG ist im Rahmen des § 14 Abs. 1 Nr. 1 WpHG das Merkmal „unter Ausnutzung der Kenntnis von einer Insidertatsache" durch die Formulierung „unter Verwendung einer Insiderinformation" ersetzt worden. Ein **Verwenden** in diesem Sinne liegt nach der Regierungsbegründung vor, wenn die betreffende Person in Kenntnis der Information handelt und dabei die Information in ihr Handeln einfließen lässt.[46] Daraus folgt, dass ein Insiderverstoß nicht vorliegt, wenn sich der Insider bereits **vor Kenntnis** der in Rede stehenden Insiderinformation zu dem Erwerb oder der Veräußerung verpflichtet hat, denn dann kann die Insiderinformation den Abschluss des Geschäfts nicht beeinflusst haben. Ebenso sollte ein Verwenden i.S.d. Bestimmung in den Fällen verneint werden, in denen die Kenntnis der Insiderinformation das Handeln praktisch nicht beeinflusst, wenn also der Insider bspw. in Kenntnis einer negativen Insiderinformation (gleichwohl) Insiderpapiere erwirbt.[47] Mit anderen Worten: Es ist zwar kein „Ausnutzen" mehr erforderlich, wohl aber ein Ursachenzusammenhang.[48]

---

43 Nach alter Rechtslage war das frontrunning nicht ausdrücklich als Insidergeschäft gekennzeichnet. Nach ganz h.M. handelte es sich aber um ein verbotenes Insidergeschäft i.S.v. § 14 Abs. 1 Nr. 1 WpHG a.F. (vgl. Schäfer, in: Schäfer/Hamann, Kapitalmarktgesetze, § 13 WpHG Rn. 26; Schwark, in: Schwark, Kapitalmarktrechts-Kommentar, § 14 WpHG Rn. 24). Das Regelbeispiel des § 13 Abs. 1 Satz 4 Nr. 1 WpHG erfasst allerdings nicht lediglich Verstöße von Mitarbeiten von Wertpapierdienstleistungsunternehmen, sondern betrifft jede Person, die – auf welche Weise auch immer – Kenntnis von Kundenaufträgen hat (vgl. Assmann, in: Assmann/Schneider, Wertpapierhandelsgesetz, § 13 Rn. 72).

44 Vgl. hierzu unter Rn. 30 ff.

45 Vgl. Emittentenleitfaden der BaFin, Ziff. III.2.2.1.1; Assmann, in: Assmann/Schneider, Wertpapierhandelsgesetz, § 14 Rn. 12 ff.; Schäfer, in: Schäfer/Hamann, Kapitalmarktgesetze, § 14 WpHG Rn. 12; Kümpel/Veil, Wertpapierhandelsgesetz, 3. Teil Rn. 40.

46 BT-Drucks. 15/3174, S. 34.

47 Ebenso Koch, DB 2005, 267, 269; ähnlich: Klasen, AG 2006, 24, 30.

48 Vgl. Assmann, in: Assmann/Schneider, Wertpapierhandelsgesetz, § 14 Rn. 23 ff.; Schäfer, in: Schäfer/Hamann, Kapitalmarktgesetze, § 14 WpHG Rn. 6 f.; Kümpel/Veil, Wertpapierhandelsgesetz, 3. Teil Rn. 41 sowie die Stellungnahme des Handelsrechtsausschusses des DAV zum AnSVG, NZG 703, 704 und Cahn, Der Konzern 2005, 5, 8 f.

Wie nach bisherigem Recht fehlt es an der Verwendung einer Insiderinformation auch dann, wenn eine Person ihren – ohne Verwendung einer Insiderinformation zustande gekommenen – Entschluss, eine bestimmte Transaktion in Insiderpapieren durchzuführen, verwirklicht.[49] Demgegenüber hat die Neufassung der Bestimmung im Schrifttum und in der Praxis zu einer lebhaften Diskussion darüber geführt, ob ein Investor, der aufgrund einer **Due Diligence-Prüfung** Insiderinformationen erlangt, „unter Verwendung" derselben handelt, wenn er anschließend in Umsetzung zuvor getroffener unternehmerischer Entscheidungen und Pläne Insiderpapiere im Wege eines Paketerwerbs oder im Rahmen eines Übernahmeangebots erwirbt. Insofern war nach alter Rechtslage anerkannt, dass es am „Ausnutzen" seiner Kenntnis von einer Insidertatsache fehlte, weil Motiv für den Erwerb nicht die Insiderinformation, sondern die zuvor getroffene Kaufentscheidung war.[50] Während die BaFin noch im Entwurf des Emittentenleitfadens die Auffassung vertreten hatte, ein **Paketerwerb** unterhalb der Kontrollschwelle sei nach Durchführung einer Due Diligence-Prüfung durch den Erwerber als verbotenes Insidergeschäft anzusehen[51] und damit zugleich eine teleologische Reduktion des § 14 Abs. 1 Nr. 1 WpHG in diesen Fällen abgelehnt hatte, hält sie einen Paketerwerb nunmehr grds. für zulässig.[52] Für den Fall eines öffentlichen Übernahmeangebots im Anschluss an eine Due Diligence schließt sich die BaFin den zahlreichen Stimmen aus dem Schrifttum an und rekurriert auf den Erwägungsgrund 29 der Marktmissbrauchsrichtlinie, wonach bei einer Verwendung von Insiderinformationen bei einem öffentlichen Übernahmeangebot grds. kein verbotenes Insidergeschäft vorliegen soll.[53] Allerdings sei die Abgabe eines öffentlichen Übernahmeangebots, in welchem der Bieter eine Insiderinformation aus der Due Diligence verwende – so die BaFin –, erst dann möglich, wenn der Emittent eine entsprechende Ad-hoc-Mitteilung nach § 15 WpHG veröffentlicht habe.[54]

b) Unbefugte Weitergabe oder Zugänglich-Machen von Insiderinformationen

25 Gemäß § 14 Abs. 1 Nr. 2 WpHG ist es verboten, einem anderen Insiderinformationen unbefugt mitzuteilen oder zugänglich zu machen. Eine unbefugte Weitergabe von Insiderinformationen liegt in jedem Fall vor, wenn sie nicht im üblichen Rahmen bei Ausübung der Arbeit oder des Berufs oder in Erfüllung der Aufgaben für den Emittenten geschieht. Dies gilt unabhängig davon, ob die Insiderinformation in-

---

49 Vgl. Assmann, in: Assmann/Schneider, Wertpapierhandelsgesetz, § 14 Rn. 31; Schäfer, in: Schäfer/Hamann, Kapitalmarktgesetze, § 14 WpHG Rn. 6.

50 Vgl. Assmann/Cramer, in: Assmann/Schneider, Wertpapierhandelsgesetz, § 14 Rn. 27a ff.; Schäfer in: Schäfer, WpHG, § 14 Rn. 62; Schwark, in: Schwark, Kapitalmarktrechts-Kommentar, § 14 WpHG Rn. 16.

51 Entwurf des Emittentenleitfadens der BaFin vom 22.12.2004, Ziff. II.2.1.4.1: Im Schrifttum bestand dagegen von Anfang an überwiegend Konsens, dass ein solches Verständnis der Vorschrift an den Bedürfnissen der Praxis im Hinblick auf die Durchführung einer Due Diligence-Prüfung vorbeigehen würde. Aus diesem Grund wird – mit unterschiedlicher Begründung im Detail – eine einschränkende Auslegung des § 14 Abs. 1 Nr. 1 WpHG in dieser Konstellation ganz überwiegend befürwortet (vgl. Kümpel/Veil, Wertpapierhandelsgesetz, 3. Teil Rn. 43; Brandi/Süßmann, AG 2004, 642, 645; Diekmann/Sustmann, NZG 2004, 929, 931; Fromm-Russenschuck/Banerjea, BB 2004, 2425 ff.; Hammen, WM 2004, 1753, 1760; Hasselbach, NZG 2004, 1087, 1091; Schneider, DB 2005, 2678 ff.; Ziemons, NZG 2004, 537, 539 f.).

52 Emittentenleitfaden der BaFin, Ziff. III.2.2.1.4.2: Ein Verstoß gegen das Insiderhandelsverbot des § 14 Abs. 1 Nr. 1 WpHG soll hiernach insb. bei sog. face-to-face-Geschäften ausscheiden, bei denen Verkäufer und Käufer gleichermaßen Kenntnis von den Insiderinformationen haben. Allerdings gelte dies nur dann, wenn der Erwerber das bereits vor Durchführung der Prüfung geplante Paket und nicht über seine zuvor gefassten Plan hinaus zusätzliche Wertpapiere erwerbe (sog. alongside purchases). Zu den sich daraus für die Praxis ergebenden Konsequenzen Merkner/Sustmann, NZG 2005, 729, 732. Ebenso Assmann, in: Assmann/Schneider, Wertpapierhandelsgesetz, § 14 Rn. 42, 45 und 164 f.; Schäfer, in: Schäfer/Hamann, Kapitalmarktgesetze, § 14 WpHG Rn. 9, 69 und 71 f.

53 Erwägungsgrund 29 der Marktmissbrauchsrichtlinie (vgl. Fn. 14) lautet: „Der Zugang zu Insiderinformationen über eine andere Gesellschaft und die Verwendung dieser Informationen bei einem öffentlichen Übernahmeangebot mit dem Ziel, die Kontrolle über dieses Unternehmen zu erwerben oder einen Zusammenschluss mit ihm vorzuschlagen, sollte als solches nicht als Insidergeschäft gelten."

54 Emittentenleitfaden der BaFin, Ziff. III.2.2.1.4.3; kritisch hierzu Merkner/Sustmann, NZG 2005, 729, 732 f.

nerhalb des Unternehmens oder an externe Personen weitergegeben wird.[55] Auch eine Weitergabe von Insiderinformationen an Mitarbeiter des Unternehmens, die diese Informationen nicht zur Erfüllung ihrer Aufgaben benötigen, stellt daher einen Insiderverstoß dar. Umgekehrt ist eine Weitergabe – auch an unternehmensexterne Berater – zulässig, wenn die Person die Information zur Erfüllung der ihr übertragenen Aufgabe benötigt. Dabei spielt es keine Rolle, ob die betreffende Person einer besonderen gesetzlichen Verschwiegenheitsverpflichtung unterliegt (z.B. Rechtsanwälte oder Steuerberater) oder eine Verschwiegenheitsverpflichtung ausdrücklich auf vertraglicher Basis (durch Abschluss einer Vertraulichkeitsvereinbarung) begründet wurde.[56] Denn die **Verpflichtung zur Verschwiegenheit** ergibt sich in all diesen Fällen bereits aus dem Umstand, dass die Person durch die bestimmungsgemäße Erlangung der Insiderinformation selbst zum Insider wird und damit automatisch den gesetzlichen Insiderregelungen des WpHG unterliegt.[57] Gleichwohl ist der Abschluss einer Vertraulichkeitsvereinbarung in der Praxis üblich, um die Verschwiegenheitspflicht zu dokumentieren.

Spiegelbildlich zu den obigen Ausführungen zu § 14 Abs. 1 Nr. 1 WpHG liegt **keine unbefugte Weitergabe** von Insiderinformationen vor, wenn im Rahmen einer Due Diligence-Prüfung Insiderinformationen weitergegeben werden, sofern dies zur Absicherung einer konkreten Erwerbsabsicht bei einem Paket- oder Kontrollerwerb erforderlich ist und im wirtschaftlichen Interesse des Emittenten liegt.[58] Voraussetzung ist aber in jedem Fall der Abschluss einer Vertraulichkeitsvereinbarung.

> **Hinweis:**
> Außerdem sollte die Due Diligence-Prüfung regelmäßig in einem abgestuften Verfahren erfolgen, bei dem die Anzahl der potenziellen Investoren, das Stadium der geführten Gespräche, die Sensibilität der zur Verfügung gestellten Informationen sowie die Personen, von denen diese Informationen eingesehen werden können, berücksichtigt werden.[59]

c) Empfehlung oder Verleitung zum Erwerb oder zur Veräußerung von Insiderpapieren

Der Verbotstatbestand des § 14 Abs. 1 Nr. 3 WpHG wurde durch AnSVG um die **Handlungsvariante „Verleiten"** ergänzt. Zum Erwerb oder zur Veräußerung verleitet, wer den Willen des anderen durch beliebige Mittel beeinflusst. Der Verbotstatbestand ist bereits erfüllt, wenn der Insider einem Dritten den Kauf oder Verkauf von Insiderpapieren indirekt nahe legt. Nicht erforderlich ist, dass dabei die Insiderinformation offen gelegt wird.[60] Da ein Verleiten auch durch eine Empfehlung erfolgen kann, ist die Emp-

26

---

55 Emittentenleitfaden der BaFin, Ziff. III.2.2.2.1; Kümpel/Veil, Wertpapierhandelsgesetz, 3. Teil Rn. 46 – Für eine Unterscheidung zwischen unternehmensinterner und unternehmensexterner Weitergabe aber Schäfer, in: Marsch-Barner/Schäfer, Handbuch börsennotierte AG, § 13 Rn. 61 ff. Zu beachten ist in diesem Zusammenhang die Entscheidung des EuGH vom 22.11.2005, NZG 2006, 60. Der EuGH führt dort aus, dass die mitgliedstaatlichen Gerichte bei der Anwendung ihrer nationalen Bestimmungen folgende Aspekte berücksichtigen müssten: den Umstand, dass die Ausnahme vom Verbot der Weitergabe von Insiderinformationen eng auszulegen sei, den Umstand, dass jede zusätzliche Weitergabe die Gefahr vergrößern könne, dass die Insiderinformation mit einem der Insiderrichtlinie aus dem Jahr 1989 zuwiderlaufenden Ziel ausgenutzt werde, sowie die Sensibilität der Insiderinformation.

56 Emittentenleitfaden der BaFin, Ziff. III.2.2.2.1; Assmann, in: Assmann/Schneider, Wertpapierhandelsgesetz, § 14 Rn. 75; Schäfer, in: Schäfer/Hamann, Kapitalmarktgesetze, § 14 WpHG Rn. 27.

57 Assmann, in: Assmann/Schneider, Wertpapierhandelsgesetz, § 14 Rn. 75.

58 Emittentenleitfaden der BaFin, Ziff. III.2.2.2.1; Assmann, in: Assmann/Schneider, Wertpapierhandelsgesetz, § 14 Rn. 113 und 154; Schäfer, in: Schäfer/Hamann, Kapitalmarktgesetze, § 14 WpHG Rn. 76 f.; Kümpel/Veil, Wertpapierhandelsgesetz, 3. Teil Rn. 47. Vgl. zu dieser Frage auch Hasselbach, NZG 2004, 1087.

59 Allgemein zur Frage der Zulässigkeit der Weitergabe von Unternehmensinformationen durch die Zielgesellschaft im Rahmen einer Due Diligence Körber, NZG 2002, 263; Linker/Zinger, NZG 2002, 497; Müller, NJW 2000, 3452; Rittmeister, NZG 2002, 1032; Stoffels, ZHR 165 (2001), 362; Zumbansen/Lachner, BB 2006, 613.

60 Emittentenleitfaden der BaFin, Ziff. III.2.2.2.2; Kümpel/Veil, Wertpapierhandelsgesetz, 3. Teil Rn. 49.

fehlung ein spezieller Unterfall des Verleitens als Mittel der Willensbeeinflussung. Dogmatisch handelt es sich bei der Alternative des Verleitens um einen besonders geregelten Fall einer mittelbaren Täterschaft.

d) Ausnahmetatbestand für Erwerb eigener Aktien und Stabilisierungsmaßnahmen

27 Der Handel mit eigenen Aktien bei Rückkaufprogrammen und Kursstabilisierungsmaßnahmen soll nach den Vorstellungen des europäischen Gesetzesgebers unter bestimmten Voraussetzungen **nicht vom Insiderhandelsverbot erfasst** sein. Die Anforderungen an einen in jedem Fall zulässigen Handel mit eigenen Aktien im Rahmen von Rückkaufprogrammen und an in jedem Fall zulässige Maßnahmen zur Stabilisierung des Preises von Finanzinstrumenten sind in der Verordnung (EG) Nr. 2273/2003 der Kommission vom 22.12.2003 zur Durchführung der Richtlinie 2003/6/EG des Europäischen Parlaments und des Rates – Ausnahmeregelungen für Rückkaufprogramme und Kursstabilisierungsmaßnahmen[61] niedergelegt. Insofern kann sich § 14 Abs. 2 WpHG auf einen Verweis auf die Bestimmungen der unmittelbar anwendbaren Durchführungsverordnung beschränken.[62]

> **Hinweis:**
> Der Safe Harbour der Durchführungsverordnung steht bei Aktienrückkäufen von vornherein nur dann zur Verfügung, wenn diese ausschließlich zu dem Zweck erfolgen, das Kapital des Emittenten herabzusetzen, Rechte aus Wandel- oder Optionsschuldverschreibungen zu bedienen oder Ansprüche aus Mitarbeiterbeteiligungsprogrammen des Emittenten zu erfüllen.[63]

5. Rechtsfolgen von Insiderverstößen

a) Unterscheidung zwischen Primär- und Sekundärinsidern

28 Wie oben bereits erwähnt, spielt die Unterscheidung zwischen Primär- und Sekundärinsidern nunmehr lediglich auf der **Rechtsfolgenseite** eine Rolle. Die vormals in § 13 Abs. 1 WpHG a.F. enthaltene Definition des Primärinsiders hat daher Eingang in § 38 Abs. 1 Nr. 2 WpHG gefunden und ist entsprechend den Vorgaben der Marktmissbrauchsrichtlinie um eine vierte Personengruppe erweitert worden. **Primärinsider** ist danach, wer

- als Mitglied des Geschäftsführungs- oder Aufsichtsorgans oder als persönlich haftender Gesellschafter des Emittenten oder eines mit ihm verbundenen Unternehmens,
- aufgrund seiner Beteiligung am Kapital des Emittenten oder eines mit ihm verbundenen Unternehmens,
- aufgrund seines Berufs oder seiner Tätigkeit oder seiner Aufgaben bestimmungsgemäß oder
- aufgrund der Vorbereitung oder Begehung einer Straftat

über eine Insiderinformation verfügt.

> **Hinweise:**
> - Die Beteiligung am Kapital des Emittenten muss für die Erlangung der Kenntnis von der Insiderinformation ursächlich gewesen sein („aufgrund"), d.h. der Insider dürfte die Information ohne die kapitalmäßige Beteiligung nicht erlangt haben.[64]

---

61 ABl. EG Nr. L 336 v. 23.12.2003, S. 33.
62 Die Regelungen der Durchführungsverordnung können an dieser Stelle nicht vertieft werden. Vgl. hierzu Geber/zur Megede, BB 2005, 1861; Leppert/Stürwald, ZBB 2004, 302; Singhof/Weber, AG 2005, 549.
63 Zur Vereinbarkeit von Aktienrückkäufen aus sonstigen Gründen mit dem Insiderhandelsverbot des § 14 Abs. 1 Nr. 1 WpHG vgl. den Emittentenleitfaden der BaFin, Ziff. III.2.2.1.5.2.
64 Vgl. Emittentenleitfaden der BaFin, Ziff. III.2.3.2.2; Vogel, in: Assmann/Schneider, Wertpapierhandelsgesetz, § 38 Rn. 8; Schwark, in: Schwark, Kapitalmarktrechts-Kommentar, § 13 WpHG Rn. 12.

- Das Merkmal der bestimmungsgemäßen Kenntniserlangung setzt zunächst ebenfalls einen Ursachenzusammenhang voraus und ist in einem weiteren Schritt gegenüber einer Kenntniserlangung abzugrenzen, die nur zufällig oder „bei Gelegenheit" erfolgt.[65] Sämtliche Personen, die bestimmungsgemäß Zugang zu Insiderinformationen haben, müssen von dem Emittenten gemäß § 15b WpHG in einem Insiderverzeichnis erfasst werden.[66]

Alle sonstigen Personen, die – aus welchen Gründen auch immer – Kenntnis von einer Insiderinformation erlangen, sind **Sekundärinsider**.

b) Ahndung als Straftat oder Ordnungswidrigkeit

Sowohl der **Primär- als auch der Sekundärinsider** machen sich gemäß § 38 Abs. 1 Nr. 1 WpHG strafbar (Freiheitsstrafe bis zu fünf Jahre oder Geldstrafe), wenn sie unter Verwendung einer Insiderinformation Insiderpapiere für eigene oder fremde Rechnung oder für einen anderen erwerben oder veräußern und damit den Verbotstatbestand des § 14 Abs. 1 Nr. 1 WpHG erfüllen. Insoweit haben sich auf der Rechtsfolgenseite keine Änderungen durch das AnSVG ergeben.

Ebenfalls strafbar macht sich ein **Primärinsider**, der eine Insiderinformation mitteilt oder zugänglich macht oder auf Grundlage einer Insiderinformation den Erwerb oder die Veräußerung eines Insiderpapiers empfiehlt oder auf sonstige Weise dazu verleitet (§ 38 Abs. 1 Nr. 2 WpHG). Diese beiden Handlungsalternativen des § 14 Abs. 1 Nr. 2 und 3 WpHG stellen für den Sekundärinsider wegen des geringeren Unrechtsgehalts lediglich eine Ordnungswidrigkeit dar (§ 39 Abs. 2 Nr. 3 und 4 WpHG), die mit einem Bußgeld von bis zu 200.000 € geahndet werden kann (§ 39 Abs. 4 WpHG).

Der **Versuch** der in § 38 Abs. 1 WpHG unter Strafe gestellten Insiderverstöße ist nach § 38 Abs. 3 WpHG ebenfalls strafbar.

Primär- oder Sekundärinsider, die nicht vorsätzlich, sondern **leichtfertig** unter Verwendung einer Insiderinformation Insiderpapiere für eigene oder fremde Rechnung oder für einen anderen erwerben oder veräußern, können gemäß § 38 Abs. 4 WpHG mit Freiheitsstrafe bis zu einem Jahr oder mit Geldstrafe bestraft werden. Dagegen stellen leichtfertige Verstöße gegen die Verbote aus § 14 Abs. 1 Nr. 2 und 3 WpHG auch für den Primärinsider lediglich eine Ordnungswidrigkeit dar (§ 39 Abs. 2 Nr. 3 und 4 WpHG).

Die Ahndung von Insiderverstößen als Straftat oder Ordnungswidrigkeit ist abschließend noch einmal in der **nachfolgenden Übersicht** dargestellt:

Tatbestand	Primärinsider	Sekundärinsider
Erwerb oder Veräußerung von Insiderpapieren (§ 14 Abs. 1 Nr. 1 WpHG)	• Vorsatz oder Leichtfertigkeit: Straftat • Versuch strafbar	
Mitteilen oder Zugänglichmachen von Insiderinformationen (§ 14 Abs. 1 Nr. 2 WpHG)	• Vorsatz: Straftat • Leichtfertigkeit: Ordnungswidrigkeit	• Vorsatz oder Leichtfertigkeit: Ordnungswidrigkeit • Versuch sanktionslos
Empfehlung oder Verleitung eines anderen zum Erwerb oder zur Veräußerung von Insiderpapieren (§ 14 Abs. 1 Nr. 3 WpHG)	• Versuch strafbar	

---

65 Vgl. Emittentenleitfaden der BaFin, Ziff. III.2.3.2.3; Vogel, in: Assmann/Schneider, Wertpapierhandelsgesetz, § 38 Rn. 8. Zur umfangreichen Kasuistik in diesem Zusammenhang auch Schäfer, in: Schäfer/Hamann, Kapitalmarktgesetze, § 15b WpHG Rn. 35 ff.; Schwark, in: Schwark, Kapitalmarktrechts-Kommentar, § 13 WpHG Rn. 15 ff.
66 Hierzu ausführlich unter Rn. 34 ff.

33 > **Hinweis:**
>
> Um eine bessere Ahndung von Verstößen gegen das Insiderhandelsverbot zu ermöglichen, wurde durch das AnSVG erstmals eine **Anzeigepflicht** für Personen begründet, die beruflich am Finanzmarkt tätig sind. Gemäß § 10 WpHG sind Wertpapierdienstleistungsunternehmen, andere Kreditinstitute und Betreiber von außerbörslichen Märkten, an denen Finanzinstrumente gehandelt werden, verpflichtet, eine Mitteilung gegenüber der BaFin zu machen, wenn sie Tatsachen feststellen, die den Verdacht eines Verstoßes gegen die insiderrechtlichen Verbote des § 14 WpHG oder das Verbot der Marktmanipulation des § 20a WpHG begründen.[67]

6. Führung von Insiderverzeichnissen

a) Verpflichtung zur Führung eines Insiderverzeichnisses

34 Neu eingeführt durch das AnSVG wurde die Verpflichtung zur Führung von Insiderverzeichnissen gemäß § 15b WpHG.[68] Mit dieser Maßnahme soll zunächst eine grds. **Sensibilisierung im Umgang mit Insiderinformationen** erreicht werden. Zum einen wird der Emittent auf diese Weise in verstärktem Maße angehalten, den Fluss einer Insiderinformation und den Zugang zu dieser zu überwachen. Zum anderen sind die Personen, die in das Insiderverzeichnis aufgenommen werden, gemäß § 15b Abs. 1 Satz 3 WpHG über ihre Pflichten, die sich aus dem Zugang zu Insiderinformationen ergeben, zu belehren und über die möglichen Rechtsfolgen von Verstößen aufzuklären.[69] Schließlich soll die Führung von Insiderverzeichnissen der BaFin die Überwachung von Insidergeschäften erleichtern, indem der Kreis der Insider in einem konkreten Verdachtsfall anhand des von dem Emittenten vorzulegenden Insiderverzeichnisses schneller ermittelt werden kann.[70]

Neben dem Emittenten selbst sind auch Personen, die im Auftrag oder für Rechnung des Emittenten handeln, verpflichtet, Insiderverzeichnisse zu führen. Damit sind Personen gemeint, die Interessen des Emittenten wahrnehmen, in beratenden Berufen für den Emittenten tätig sind oder die im Rahmen ihrer Tätigkeit für den Emittenten typischerweise mit Insiderinformationen in Berührung kommen.

Beispiele:

Rechtsanwälte, Unternehmensberater, Steuerberater, Investor-Relations-Agenturen, externe Buchhalter.[71]

Ausgenommen von dieser Verpflichtung ist nach § 15b Abs. 1 Satz 3 WpHG i.V.m. § 323 Abs. 1 Satz 1 HGB lediglich der Abschlussprüfer des Emittenten. Keine Dienstleister i.S.d. § 15b Abs. 1 Satz 1 WpHG sind – aufgrund des fehlenden Gleichlaufs mit den Interessen des Emittenten – insb. Behörden, Gerichte, Staatsanwaltschaft, Polizei, Lieferanten, Tochter- oder Mutterunternehmen eines Emittenten sowie Groß- oder Mehrheitsaktionäre.[72]

---

67 Zu den Voraussetzungen und Rechtsfolgen der Anzeigepflicht in Verdachtsfällen gemäß § 10 WpHG Schwintek, WM 2005, 861; Inhalt und Form einer Anzeige nach § 10 WpHG richten sich nach §§ 2, 3 WpAIV.
68 Hierzu Kirschhöfer, Der Konzern 2005, 22; Rodewald/Tüxen, BB 2004, 2249; Schneider/von Buttlar, ZIP 2004, 1621; Steidle/Waldeck, WM 2005, 868; vgl. im Übrigen zum Compliance Management auch Wolfram, WpHG-Praxis für Investor Relations, Rn. 2.
69 Auf der Internetseite der BaFin ist ein entsprechender Aufklärungsbogen abrufbar (http://www.bafin.de/merkblaetter/aufklärungsbogen.doc).
70 Emittentenleitfaden der BaFin, Ziff. VII.1.
71 Emittentenleitfaden der BaFin, Ziff. VII.2.2; Sethe, in: Assmann/Schneider, Wertpapierhandelsgesetz, § 15b Rn. 18 ff.; Eckhold, in: Schäfer/Hamann, Kapitalmarktgesetze, § 15b WpHG Rn. 18 und 31.
72 Emittentenleitfaden der BaFin, Ziff. VII.2.3.2; Sethe, in: Assmann/Schneider, Wertpapierhandelsgesetz, § 15b Rn. 23; Eckhold, in: Schäfer/Hamann, Kapitalmarktgesetze, § 15b WpHG Rn. 20 f.

> **Hinweis:**
> Berater müssen für jeden Emittenten ein eigenes Insiderverzeichnis führen. Dies ergibt sich bereits daraus, dass es sich bei § 15b WpHG um eine von dem jeweiligen Emittenten abgeleitete Verpflichtung handelt; insofern ist das Insiderverzeichnis stets emittentenbezogen.

Die in einem Insiderverzeichnis erfassten Daten sind gemäß § 16 WpAIV für einen Zeitraum von sechs Jahren **aufzubewahren** und nach Ablauf dieser Frist zu vernichten. 35

Der **Verstoß** gegen die Verpflichtung aus § 15b Abs. 1 Satz 1 WpHG, ein Insiderverzeichnis zu führen, stellt gemäß § 39 Abs. 2 Nr. 8 WpHG eine Ordnungswidrigkeit dar, die gemäß § 39 Abs. 4 WpHG mit einer Geldbuße i.H.v. bis zu 50.000 € geahndet werden kann. 36

b) Inhalt eines Insiderverzeichnisses

In dem Insiderverzeichnis sind diejenigen Personen zu erfassen, die für den Emittenten tätig sind und bestimmungsgemäß Zugang zu Insiderinformationen haben. Erfasst sind damit sowohl Personen, die bei dem Emittenten angestellt sind, als auch außerhalb des Unternehmens stehende Personen, die aufgrund vertraglicher Vereinbarung oder aus sonstigen Gründen für den Emittenten tätig werden.[73] 37

> **Hinweis:**
> Bindet der Emittent einen Dienstleister ein, so genügt es, wenn der Emittent in dem von ihm geführten Insiderverzeichnis den Firmennamen des Dienstleisters sowie einen Ansprechpartner mit Telefonnummer aufnimmt.[74]

Der **bestimmungsgemäße Zugang** zu Insiderinformationen erfordert nicht, dass die betreffende Person bereits Zugang zu Insiderinformationen gehabt hat. Vielmehr reicht es aus, wenn die Aufgabenbeschreibung der Person eine potenzielle Befassung mit Insiderinformationen vorsieht. Im Interesse der Aussagekraft des Insiderverzeichnisses sollte auf der anderen Seite nicht jede Person, die möglicherweise zu irgendeinem Zeitpunkt Zugang zu Insiderinformationen haben könnte, vorsorglich in das Verzeichnis aufgenommen werden.

Der **gesetzlich zwingende Inhalt** eines Insiderverzeichnisses ergibt sich im Übrigen aus § 14 WpAIV. Hiernach hat das Insiderverzeichnis zu enthalten: 38

- die Überschrift „Insiderverzeichnis nach § 15b WpHG",
- den Namen des gesetzlich zur Führung des Insiderverzeichnisses Verpflichteten sowie der Person, der die Führung in tatsächlicher Hinsicht obliegt (Compliance Officer),
- die aufzunehmenden Personen mit Vor- und Familiennamen, Geburtstag und -ort sowie Privat- und Geschäftsanschrift,
- den Grund für die Erfassung der Personen in dem Insiderverzeichnis,
- das Datum, seit dem die aufgenommenen Personen Zugang zu Insiderinformationen haben, und ggf. das Datum, seit dem der Zugang nicht mehr besteht, und
- das Datum der Erstellung und ggf. der letzten Aktualisierung des Insiderverzeichnisses.

Das einmal angelegte Insiderverzeichnis ist **unverzüglich zu aktualisieren**, wenn darin enthaltene Angaben unrichtig oder weitere Angaben, insb. weitere Personen, aufzunehmen sind, vgl. § 15b Abs. 1 Satz 2 WpHG und § 15 WpAIV.

---

[73] Emittentenleitfaden der BaFin, Ziff. VII.3.1. Vgl. zum Begriff des „bestimmungsgemäßen" Zugangs auch Sethe, in: Assmann/Schneider, Wertpapierhandelsgesetz, § 15b Rn. 37 ff.; Eckhold, in: Schäfer/Hamann, Kapitalmarktgesetze, § 15b WpHG Rn. 35 ff.; Schwark, in: Schwark, Kapitalmarktrechts-Kommentar, § 13 WpHG Rn. 15 ff.

[74] Emittentenleitfaden der BaFin, Ziff. VII.2.2.

c) Aufbau des Insiderverzeichnisses

39 Über die **inhaltlichen Mindestanforderungen** des § 14 WpAIV hinaus enthalten weder das WpHG noch die WpAIV Vorgaben im Hinblick auf den Aufbau des Insiderverzeichnisses. In der Praxis haben sich zwei **Arten** von Insiderverzeichnissen herausgebildet:

- sog. Regelinsiderverzeichnis nach Funktions- oder Vertraulichkeitsbereichen[75] und
- sog. anlass- oder projektbezogenes Insiderverzeichnis.[76]

Für den Emittenten bietet es sich zunächst an, ein **Regelinsiderverzeichnis** nach Funktionsbereichen zu erstellen, in denen Insiderinformationen typischerweise vorkommen. Solche Bereiche können bspw. sein: Vorstand, Aufsichtsrat, Rechtsabteilung, Bereich M&A, Controlling und Finanzen, Investor Relations sowie die Compliance-Abteilung selbst. Bei einem Aufbau des Insiderverzeichnisses nach den verschiedenen Funktionsbereichen muss die Insiderinformation nicht genannt werden; allerdings müssen die Bereiche so konkret bezeichnet werden, dass ihnen Informationen unproblematisch zugeordnet werden können und die Personen, die Zugriff auf diese Informationen besitzen, jederzeit identifizierbar sind.[77]

> **Hinweis:**
> Der Emittent darf in dem Insiderverzeichnis nicht einfach alle Personen erfassen, die für ihn tätig sind, da ein solches Insiderverzeichnis in keiner Weise aussagefähig wäre und der Sinn und Zweck des § 15b WpHG damit verfehlt würde.

Daneben kommt eine Erstellung von **projekt- oder anlassbezogenen Insiderverzeichnissen** in Betracht. Dies bietet sich für den Emittenten in Konstellationen an, in denen es um die Realisierung eines Projekts von besonderer Bedeutung geht, das aus der täglichen Arbeit des Emittenten herausragt, bspw. die geplante Übernahme einer anderen Gesellschaft. Die Führung eines separaten Insiderverzeichnisses ermöglicht es dem Emittenten, die Weitergabe der Insiderinformation besser zu kontrollieren und die Einhaltung der Vertraulichkeit sicherzustellen. Dienstleister des Emittenten, die nach § 15b Abs. 1 Satz 1 WpHG selbst verpflichtet sind, Insiderverzeichnisse zu führen, werden regelmäßig solche projekt- oder anlassbezogenen Insiderverzeichnisse erstellen.

> **Hinweis:**
> Ein projektbezogenes Insiderverzeichnis wird in der Praxis nicht erst dann angelegt, wenn das verfolgte Projekt tatsächlich den für eine Insiderinformation erforderlichen Konkretisierungsgrad erreicht hat. Aufgrund des präventiven Schutzcharakters des § 15b WpHG sollte ein Insiderverzeichnis bereits dann angelegt werden, wenn der Emittent oder Dienstleister zu dem Schluss gelangt, dass sich der in Rede stehende Sachverhalt im Fall einer Weiterverfolgung des Projekts zu einer Insiderinformation entwickeln kann. Die BaFin hat aus diesem Grund ausdrücklich darauf hingewiesen, dass sie allein aus dem Umstand der Erstellung eines projektbezogenen Insiderverzeichnisses keine Rückschlüsse auf das Vorliegen einer Insiderinformation ziehen wird.[78]

---

75 Hierzu Emittentenleitfaden der BaFin, Ziff. VII.4.1.2; Sethe, in: Assmann/Schneider, Wertpapierhandelsgesetz, § 15b Rn. 29 f.; Eckhold, in: Schäfer/Hamann, Kapitalmarktgesetze, § 15b WpHG Rn. 42.

76 Hierzu Emittentenleitfaden der BaFin, Ziff. VII.4.1.1; Sethe, in: Assmann/Schneider, Wertpapierhandelsgesetz, § 15b Rn. 28; Eckhold, in: Schäfer/Hamann, Kapitalmarktgesetze, § 15b WpHG Rn. 41.

77 Weitere Hinweise zur Erfassung der Funktionsbereiche enthält der Emittentenleitfaden der BaFin, Ziff. VII.4.1.2. Mittlerweile bieten verschiedene Dienstleister eine spezielle Software zur Führung von Insiderverzeichnissen an, bspw. die Deutsche Gesellschaft für Ad-hoc-Publizität mbH zusammen mit der cometis AG (Informationen unter http://www.compliance-officer.de) und die altares GmbH & Co. KG (Informationen unter http://www.altares.de). Zu Aufbau und Administration von Insiderverzeichnissen auch Wolfram, WpHG-Praxis für Investor Relations, Rn. 2.4 und 4.4.

78 Emittentenleitfaden der BaFin, Ziff. VII.4.1.1.

d) Muster für Insiderverzeichnisse
aa) Muster für ein Regelinsiderverzeichnis

Insiderverzeichnis gemäß § 15b Abs. 1 WpHG
[Name und Anschrift des Emittenten]
[Name der Person, die vom Emittenten zur Führung des Insiderverzeichnisses beauftragt ist]

Datum der Erstellung:
Datum der letzten Aktualisierung:

Das Verzeichnis wird aus Gründen der rechtlichen Vorsorge geführt und erfasst daher sämtliche Personen, die in dem genannten Geschäfts-/Funktionsbereich typischerweise Zugang zu Insiderinformationen haben können. Die Aufnahme der genannten Peronen besagt nicht, dass diese während des gesamten Zeitraums ihrer Zuordnung zu dem Geschäfts-/Funktionsbereich ununterbrochen im Besitz von Insiderinformationen sind.

Nr.	Vorname	Nachname	Geburts-datum[1]	Geburts-ort[1]	Privatanschrift[1]			Geschäftsanschrift[1]				Grund für die Erfassung im Insiderverzeichnis	Datum, seit dem die Person Zugriff auf Insiderinformationen hat	Datum, seit dem die Person keinen Zugriff auf Insiderinformationen hat	Datum der Belehrung[2]	Sonstige Angaben
					Adresse	PLZ	Ort	Unternehmen	Adresse	PLZ	Ort					

[1] Die Angaben zu Geburtsdatum, Geburtsort sowie Privat- und Geschäftsanschrift können durch eine Bezugnahme auf ein anderes Verzeichnis, das diese Angaben enthält, ersetzt werden, soweit sie jederzeit unverzüglich im Insiderverzeichnis ergänzt werden können (§ 14 Satz 2 und 3 WpAIV). Wird das Insiderverzeichnis auf Anforderung an die BaFin übermittelt, muss es diese Angaben enthalten.

[2] Die Angabe gehört nicht zum zwingend erforderlichen Inhalt eines Insiderverzeichnisses gemäß § 14 WpAIV. Sie empfiehlt sich aber im Hinblick auf die Belehrungspflichten des Emittenten gegenüber den in dem Insiderverzeichnis geführten Personen gemäß § 15b Abs. 1 Satz 3 WpHG.

bb) **Muster für ein projektbezogenes Insiderverzeichnis**

41

Insiderverzeichnis gemäß § 15b Abs. 1 WpHG
[Name und Anschrift des Emittenten]
[Name der Person, die vom Emittenten zur Führung des Insiderverzeichnisses beauftragt ist]
[Projektname]

Datum der Erstellung:
Datum der letzten Aktualisierung:

Das Verzeichnis wird aus Gründen der rechtlichen Vorsorge ab dem Zeitpunkt geführt, ab dem die betreffenden Personen Kenntnis von Vorgängen haben, die möglicherweise Insiderinformationen sind oder sein können. Eine rechtliche Bewertung, ob es sich bei diesen Vorgängen um Insiderinformationen handelt, ist damit nicht verbunden.

Nr.	Vorname	Nachname	Geburts-datum[1]	Geburts-ort[1]	Privatanschrift[1]			Geschäftsanschrift[1]				Grund für die Erfassung im Insiderverzeichnis	Datum, seit dem die Person Zugriff auf Insiderinformationen hat	Datum, seit dem die Person keinen Zugriff auf Insiderinformationen hat	Datum der Belehrung[2]	Sonstige Angaben
					Adresse	PLZ	Ort	Unternehmen	Adresse	PLZ	Ort					

[1] Die Angaben zu Geburtsdatum, Geburtsort sowie Privat- und Geschäftsanschrift können durch eine Bezugnahme auf ein anderes Verzeichnis, das diese Angaben enthält, ersetzt werden, soweit sie jederzeit unverzüglich im Insiderverzeichnis ergänzt werden können (§ 14 Satz 2 und 3 WpAIV). Wird das Insiderverzeichnis auf Anforderung an die BaFin übermittelt, muss es diese Angaben enthalten.

[2] Die Angabe gehört nicht zum zwingend erforderlichen Inhalt eines Insiderverzeichnisses gemäß § 14 WpAIV. Sie empfiehlt sich aber im Hinblick auf die Belehrungspflichten des Emittenten gegenüber den in dem Insiderverzeichnis geführten Personen gemäß § 15b Abs. 1 Satz 3 WpHG.

II. Ad-hoc-Publizität

1. Einleitung

a) Herkunft des § 15 WpHG und Rechtsrahmen

Vor In-Kraft-Treten des WpHG als Bestandteil des Zweiten Finanzmarktförderungsgesetzes[79] am 1.8.1994/1.1.1995 war der gesetzliche Tatbestand der Ad-hoc-Publizität in § 44a Abs. 1 Satz 1 BörsG a.F.[80] geregelt. Mit der Kodifizierung der Ad-hoc-Publizitätspflicht in § 15 WpHG hat der Gesetzgeber die Offenlegungspflicht in den Kontext der Insiderüberwachung gestellt, um damit die Funktion als insiderrechtliche Präventivmaßnahme zu betonen. In der Folgezeit war § 15 WpHG Gegenstand verschiedener Gesetzesänderungen.[81] Durch das Vierte Finanzmarktförderungsgesetz vom 21.6.2002[82] wurden in Gestalt der §§ 37b, 37c WpHG erstmals Schadensersatzansprüche der Anleger für die Fälle kodifiziert, in denen ein Emittent seinen Verpflichtungen aus § 15 WpHG nicht nachkommt, indem er die Veröffentlichung einer Ad-hoc-Mitteilung unterlässt oder eine unrichtige Veröffentlichung vornimmt. Für die Praxis bedeutsame Änderungen haben sich im Bereich der Ad-hoc-Publizität – wie bereits erwähnt – durch das AnSVG vom 28.10.2004[83] ergeben, worauf die **BaFin** im Juli 2005 mit der Veröffentlichung eines **Emittentenleitfadens** als Hilfestellung für die Emittenten reagiert hat.[84]

42

> **Hinweis:**
>
> Änderungen haben die Bestimmungen über die Ad-hoc-Publizität schließlich aufgrund der Transparenzrichtlinie II[85] erfahren, deren Umsetzung in nationales Recht mit In-Kraft-Treten des Transparenzrichtlinie-Umsetzungsgesetzes[86] fristgerecht zum 20.1.2007 erfolgt ist. Was die Ad-hoc-Publizität angeht, so betreffen die Änderungen nicht deren materielle Voraussetzungen, sondern lediglich den Adressatenkreis und die Art und Weise der Veröffentlichung von Ad-hoc-Mitteilungen.

b) Funktion der Ad-hoc-Publizität

Die Ad-hoc-Publizität dient der **Ergänzung der Regelpublizität** durch die Veröffentlichung von Geschäftszahlen im Jahresabschluss oder in Zwischenberichten und soll gewährleisten, dass der Kapitalmarkt und die Anleger schnell und gleichmäßig über wichtige Umstände, die den Emittenten betreffen und für das Investment in das Unternehmen von Bedeutung sind, unterrichtet werden. Auf diese Weise soll sichergestellt werden, dass sich aufgrund fehlerhafter, unvollständiger oder verspäteter Information des Kapitalmarkts keine unangemessenen Börsen- oder Marktpreise bilden. Zugleich stellt die

43

---

79 BGBl. 1994 I, S. 1749.
80 Die Bestimmung diente der Umsetzung der entsprechenden Vorgaben aus der EG-Börsenzulassungsrichtlinie vom 5.3.1979 (ABl. EG Nr. L 66 v. 16.3.1979, S. 21).
81 Vgl. hierzu die Darstellungen bei Assmann, in: Assmann/Schneider, Wertpapierhandelsgesetz, § 15 Rn. 8; Zimmer, in: Schwark, Kapitalmarktrechts-Kommentar, § 15 WpHG Rn. 5 ff.
82 BGBl. 2002 I, S. 2010.
83 BGBl. 2004 I, S. 2630.
84 Vgl. hierzu die Ausführungen unter Rn. 8.
85 Richtlinie 2004/109/EG des Europäischen Parlaments und des Rates vom 15.12.2004 zur Harmonisierung der Transparenzanforderungen in Bezug auf Informationen über Emittenten, deren Wertpapiere zum Handel auf einem geregelten Markt zugelassen sind, und zur Änderung der Richtlinie 2001/34/EG (ABl. EG Nr. L 390 v. 31.12.2004, S. 38).
86 Gesetz zur Umsetzung der Richtlinie 2004/109/EG des Europäischen Parlaments und des Rates vom 15.12.2004 zur Harmonisierung der Transparenzanforderungen in Bezug auf Informationen über Emittenten, deren Wertpapiere zum Handel auf einem geregelten Markt zugelassen sind, und zur Änderung der Richtlinie 2001/34/EG (Transparenzrichtlinie-Umsetzungsgesetz – TUG); BGBl. 2007 I, S. 10. Der Gesetzentwurf der Bundesregierung aus Juni 2006 ist abgedruckt in BT-Drucks. 16/2498. Zum TUG Beiersdorf/Buchheim, BB 2006, 1674; Rodewald, BB 2006, 1917; Bosse, DB 2007, 39; Pirner/Lebherz, AG 2007, 19.

Verpflichtung zur Ad-hoc-Publizität eine Präventivmaßnahme gegen den Missbrauch von Insiderinformationen dar.[87]

2. Voraussetzungen der Verpflichtung zur Ad-hoc-Publizität

44 Durch das AnSVG haben sich grundlegende Änderungen im Hinblick auf die Voraussetzungen der Ad-hoc-Publizität ergeben. Bislang unterschied das Gesetz in den § 13 WpHG a.F. einerseits und § 15 WpHG a.F. andererseits zwischen Insidertatsachen und solchen Tatsachen, die der Ad-hoc-Publizitätspflicht unterlagen. Nunmehr knüpft auch § 15 Abs. 1 WpHG – entsprechend den Vorgaben der Marktmissbrauchsrichtlinie – an den Begriff der Insiderinformation an. Damit ist allerdings nicht jede Insiderinformation ad-hoc-publizitätspflichtig. Eingegrenzt wird die Veröffentlichungspflicht des Emittenten durch das in § 15 Abs. 1 WpHG enthaltene **Unmittelbarkeitskriterium**[88] und die in § 15 Abs. 3 WpHG neu eingeführte **Möglichkeit der Selbstbefreiung**,[89] die allerdings nur zu einem Aufschub der Veröffentlichungspflicht führt.

a) Adressaten der Verpflichtung

45 Der Verpflichtung zur Ad-hoc-Publizität unterlagen gemäß § 15 WpHG a.F. **Emittenten von Finanzinstrumenten**,[90] die zum Handel an einem inländischen organisierten Markt zugelassen sind oder für die eine solche Zulassung beantragt ist. Zu den inländischen organisierten Märkten gehören der amtliche Markt (§§ 30 ff. BörsG) und der geregelte Markt (§§ 49 ff. BörsG) der deutschen Wertpapierbörsen.

> **Hinweis:**
>
> Der Adressatenkreis der Ad-hoc-Publizitätspflicht hat sich durch das Transparenzrichtlinie-Umsetzungsgesetz geändert. Im Gegensatz zur alten Regelung ist für die Anwendung der deutschen Veröffentlichungsvorschriften und ihrer Beaufsichtigung durch die BaFin nicht mehr in erster Linie die Zulassung des Emittenten an einer inländischen Börse, sondern – vorbehaltlich einiger Durchbrechungen – dessen Sitz in Deutschland maßgebend. Insofern ist in § 2 Abs. 6 WpHG zunächst das sog. Herkunftsstaatsprinzip verankert. Die Veröffentlichungspflicht des § 15 WpHG knüpft dabei allerdings nicht unmittelbar an den Emittenten mit Herkunftsstaat BRD (i.S.v. § 2 Abs. 6 WpHG) an, sondern an den in § 2 Abs. 7 WpHG definierten Inlandsemittenten. Die Adressaten der Publikationspflicht werden zwar durch den Verweis auf § 2 Abs. 6 WpHG auch hier wiederum im Wesentlichen durch das Herkunftsstaatsprinzip bestimmt, dieses erfährt jedoch einige Modifikationen.
>
> - Einbezogen werden auch Emittenten, für die die BRD nicht der Herkunftsstaat ist, etwa weil ihr Sitz in einem anderen Mitgliedstaat der EU oder des Europäischen Wirtschaftsraums (EWR) liegt, deren Wertpapiere aber ausschließlich im Inland zum Handel an einem organisierten Markt zugelassen sind. Sie unterfallen ausnahmsweise den Veröffentlichungsregeln Deutschlands als Aufnahmestaat und diesbezüglich auch der Aufsicht durch die BaFin (§ 2 Abs. 7 Nr. 2 WpHG).
> - Spiegelbildlich ist ein Emittent mit Sitz in Deutschland, dessen Wertpapiere nicht im Inland, sondern nur in einem anderen Staat der EU oder des EWR zum Handel an einem organisierten Markt zugelassen sind, nicht den Veröffentlichungspflichten und der diesbezüglichen Aufsicht in der BRD, sondern in dem betreffenden anderen Mitgliedstaat unterworfen (§ 2 Abs. 7 Nr. 1 WpHG).
>
> Diese komplexe Regelung soll verhindern, dass grenzüberschreitend agierende Emittenten die gleichen Transparenzpflichten in mehreren Mitgliedstaaten erfüllen müssen. Zugleich kann aber für den Regelfall eines im Inland an einer Börse notierten Emittenten mit Sitz in Deutschland festgehalten werden, dass sich durch die neuen Definitionen „Emittent mit Herkunftsstaat Bundesrepublik Deutschland" und „Inlandsemittent" in der Sache keine Änderungen ergeben haben.

---

87 Emittentenleitfaden der BaFin, Ziff. IV.1. Ausführlich zum Schutzzweck der Ad-hoc-Publizität Assmann, in: Assmann/Schneider, Wertpapierhandelsgesetz, § 15 Rn. 27 ff.; Zimmer, in: Schwark, Kapitalmarktrechts-Kommentar, § 15 WpHG Rn. 8 ff.; Kümpel/Veil, Wertpapierhandelsgesetz, 4. Teil Rn. 5 ff.
88 Vgl. die Ausführungen unter Rn. 47 ff.
89 Vgl. die Ausführungen unter Rn. 57 ff.
90 Vgl. zu der durch das AnSVG in § 2 Abs. 2b WpHG neu eingeführten Definition des Finanzinstruments Rn. 11.

Finanzinstrumente, die lediglich auf Antrag eines Handelsteilnehmers in den geregelten Markt (§ 56 BörsG) oder in den Freiverkehr (§ 57 BörsG) einbezogen sind, sind zwar gemäß § 12 Satz 1 WpHG Insiderpapiere, es besteht aber **keine Veröffentlichungspflicht** im Hinblick auf Insiderinformationen gemäß § 15 WpHG.[91] Hieran hat sich auch durch das In-Kraft-Treten des Transparenzrichtlinie-Umsetzungsgesetzes nichts geändert.

46

Durch das AnSVG wurde der Anwendungsbereich des § 15 WpHG insofern erweitert, als nunmehr bereits die **Stellung des Antrags** auf Zulassung von Finanzinstrumenten zum Handel an einem inländischen organisierten Markt zu einer Verpflichtung des Emittenten in spe führt, Insiderinformationen ad hoc zu veröffentlichen.[92]

b) Vorliegen einer Insiderinformation, die den Emittenten unmittelbar betrifft

Während ein Emittent vor In-Kraft-Treten des AnSVG nach § 15 WpHG a.F. Tatsachen veröffentlichen musste, die in seinem Tätigkeitsbereich eingetreten und nicht öffentlich bekannt waren, wenn sie wegen der Auswirkungen auf die Vermögens- oder Finanzlage oder auf den allgemeinen Geschäftsverlauf des Emittenten geeignet waren, den Börsenpreis der zugelassenen Wertpapiere erheblich zu beeinflussen, steht die Verpflichtung des Emittenten zur Ad-hoc-Publizität nunmehr lediglich unter der Voraussetzung, dass ihn die Insiderinformation unmittelbar betrifft.[93] I.S.e. Regelwirkung knüpft § 15 Abs. 1 Satz 2 WpHG an das alte Recht an und bestimmt, dass eine Insiderinformation den Emittenten insb. dann unmittelbar betrifft, wenn sie sich auf Umstände bezieht, die in seinem Tätigkeitsbereich eingetreten sind.

47

Damit können nunmehr auch Insiderinformationen publizitätspflichtig sein, die außerhalb des Tätigkeitsbereichs des Emittenten eintreten oder keine Auswirkungen auf die Vermögens- oder Finanzlage oder den allgemeinen Geschäftsverlauf des Emittenten haben. Erste Erfahrungen bei der Anwendung der neuen Bestimmung haben allerdings gezeigt, dass der Anwendungsbereich der Ad-hoc-Publizität durch den Wegfall der genannten Tatbestandsmerkmale nicht wesentlich ausgedehnt worden ist, da nur wenige von außen kommende Umstände den Emittenten unmittelbar betreffen. Als Beispiele sind in diesem Zusammenhang die Mitteilung der Abgabe eines Übernahmeangebots gegenüber der Zielgesellschaft oder die Initiierung eines Squeeze-out durch den Hauptaktionär zu nennen.[94]

48

---

91 Emittenten, die die Einbeziehung ihrer Aktien in den Teilbereich des Freiverkehrs (Entry Standard) beantragt haben, sind lediglich verpflichtet, in ihrem Tätigkeitsbereich eingetretene Tatsachen unverzüglich auf ihrer Internetseite zu veröffentlichen, wenn diese Tatsachen wegen ihrer Auswirkungen auf die Vermögens- oder Finanzlage oder auf den allgemeinen Geschäftsverlauf des Emittenten geeignet sind, den Börsenpreis der in den Teilbereich des Freiverkehrs (Entry Standard) einbezogenen Aktien des Emittenten erheblich zu beeinflussen (vgl. § 12 Abs. 2 lit. a) der Richtlinien für den Freiverkehr an der Frankfurter Wertpapierbörse, abrufbar unter http://www.boerse-frankfurt.com).

92 Angesichts der Tatsache, dass der Zulassungsantrag bereits ca. sieben bis acht Wochen vor der Zulassung der Aktien im amtlichen oder geregelten Markt gestellt wird, d.h. zu einem Zeitpunkt, zu dem die Öffentlichkeit ggf. noch gar nicht über die konkreten Börsenpläne des Emittenten unterrichtet ist, ist die Erfüllung der gesetzlichen Veröffentlichungspflicht problematisch. Da der Emittent ein berechtigtes Interesse daran hat, den Investoren ein möglichst vollständiges Bild über seine Vermögens-, Finanz- und Ertragslage sowie seine Geschäftstätigkeit zu vermitteln, und ihn zu diesem Zweck auch gerade die gesetzliche Verpflichtung trifft, einen Verkaufsprospekt zu veröffentlichen, der alle wesentlichen Informationen über den Emittenten enthält, sollte der Emittent in der Phase der Vorbereitung des Börsengangs regelmäßig als berechtigt angesehen werden, sich gemäß § 15 Abs. 3 WpHG vorübergehend – bis zur Veröffentlichung des Verkaufsprospekts – von der Pflicht zur Ad-hoc-Publizität zu befreien. Vgl. insofern Merkner/Sustmann, NZG 2005, 729, 734. Die BaFin hat sich in dem Emittentenleitfaden zu dieser Frage nicht ausdrücklich geäußert, sondern in diesem Zusammenhang lediglich ausgeführt, dass sich bei Fragen der Ad-hoc-Publizität in dieser Konstellation im Einzelfall Besonderheiten ergeben können (vgl. die Ziff. IV.2.1.2 und IV.2.2.3).

93 Ausführlich zum Unmittelbarkeitserfordernis des § 15 Abs. 1 WpHG Simon, Der Konzern 2005, 13, 14 ff.

94 Emittentenleitfaden der BaFin, Ziff. IV.2.2.1; Assmann, in: Assmann/Schneider, Wertpapierhandelsgesetz, § 15 Rn. 77 ff. Auf der Grundlage des alten Rechts konnte eine Ad-hoc-Pflicht in beiden Konstellationen jeweils mit der Begründung abgelehnt werden, dass nicht der Geschäftsbereich des Emittenten, sondern lediglich die Zusammensetzung des Aktionärskreises betroffen sei.

49 Entscheidend für eine Veröffentlichungspflicht des Emittenten nach § 15 WpHG ist daher die Frage, ob die betreffende Insiderinformation ihn mittelbar oder unmittelbar betrifft. Durch dieses **Unmittelbarkeitskriterium** wird klargestellt, dass der Emittent nicht verpflichtet ist, allgemeine Informationen im Rahmen der Ad-hoc-Publizität zu veröffentlichen.[95] Auf der anderen Seite lässt sich ein allgemeinverbindlicher und vollständiger Katalog publizitätspflichtiger Insiderinformationen nicht aufstellen. Die an dieser Stelle vorzunehmende Untersuchung deckt sich weitgehend mit der **zweistufigen Prüfung**, die bei der Frage des für eine Insiderinformation erforderlichen Kursbeeinflussungspotenzials vorgeschlagen wurde[96]:

- In einem ersten Schritt ist zu fragen, ob der betreffende Sachverhalt als solcher aufgrund seiner rechtlichen oder wirtschaftlichen Relevanz geeignet ist, den Börsen- oder Marktpreis von Insiderpapieren erheblich zu beeinflussen.[97]
- In einem zweiten Schritt ist zu untersuchen, ob dieser Sachverhalt vor dem Hintergrund der weiteren konkreten Umstände des Einzelfalls (Größe und Struktur des Unternehmens, Branche, Wettbewerbs-

---

[95] Emittentenleitfaden der BaFin, Ziff. IV.2.2.2: Unter Berücksichtigung der Empfehlungen des Komitees der europäischen Aufsichtsbehörden (CESR) ist die BaFin der Auffassung, dass folgende Informationen, Umstände oder Ereignisse einen Emittenten nur mittelbar betreffen (wobei die Aufzählung nur beispielhaft zu verstehen ist): Allgemeine Marktstatistiken; zukünftig zu veröffentlichende Ratingergebnisse, Research-Studien, Empfehlungen oder Vorschläge, die den Wert der börsennotierten Finanzinstrumente betreffen; allgemeine Zinssatzentwicklungen, Zinssatzentscheidungen; Entscheidungen der Regierungsbehörden bezüglich der Besteuerung, der Regulierung, des Schuldenmanagements; Entscheidungen über Regeln zu Marktaufsicht; wichtige Verfügungen durch Behörden oder andere öffentliche Institutionen (z.B. löst die Information, die Aufsicht habe Untersuchungen in Aktien des Emittenten wegen des Verdachts der Verletzung wertpapierhandelsrechtlicher Vorschriften aufgenommen, keine Ad-hoc-Publizitätspflicht aus); Entscheidungen über die Regeln der Indexzusammensetzung und -berechnung; Entscheidungen der Börsen, der Betreiber außerbörslicher Handelsplattformen und von Behörden zur jeweiligen Marktregulierung; Entscheidungen der Wettbewerbs- und Marktüberwachungsbehörden hinsichtlich börsennotierter Unternehmen; Kauf- und Verkaufsverträge in den Finanzinstrumenten des Emittenten; Veränderung in den Handelsbedingungen (u.a. Wechsel des Zulassungs- oder Handelssegments, Wechsel des Handelsmodells z.B. vom fortlaufenden Handel in das Einzelauktionsmodell, Wechsel des Market Makers); Informationen über allgemeine Wirtschaftsdaten, politische Ereignisse, Arbeitslosenzahlen, Naturereignisse oder z.B. die Ölpreisentwicklung; Information über eine für den Emittenten relevante Veränderung der Situation des Konkurrenten (z.B. bevorstehende Insolvenz eines Konkurrenten); Informationen, die nur das Finanzinstrument selbst betreffen, z.B. Erwerb oder Veräußerung eines größeren Aktienpaketes durch eine Investmentgesellschaft aus Anlagegesichtspunkten; Aktiensplits.

[96] Vgl. die Ausführungen unter Rn. 20.

[97] Nach Auffassung der BaFin (Emittentenleitfaden, Ziff. IV.2.2.4) ist die Frage einer Veröffentlichungspflicht insb. in folgenden Fallkonstellationen zu prüfen (wobei auch diese Aufzählung nur beispielhaft zu verstehen ist): Veräußerung von Kerngeschäftsfeldern, Rückzug aus oder Aufnahme von neuen Geschäftsfeldern; Verschmelzungsverträge, Eingliederungen, Ausgliederungen, Umwandlungen, Spaltungen sowie andere wesentliche Strukturmaßnahmen; Beherrschungs- und/oder Gewinnabführungsverträge; Erwerb oder Veräußerung von wesentlichen Beteiligungen; Übernahme- und Abfindungs-/Kaufangebote; Kapitalmaßnahmen (inkl. Kapitalberichtigung); wesentliche Änderung der Ergebnisse der Jahresabschlüsse oder Zwischenberichte gegenüber früheren Ergebnissen oder Marktprognosen; Änderung des Dividendensatzes; bevorstehende Zahlungseinstellung/Überschuldung, Verlust nach § 92 AktG, kurzfristige Kündigung wesentlicher Kreditlinien; Verdacht auf Bilanzmanipulation, Ankündigung der Verweigerung des Jahresabschlusstestats durch den Wirtschaftsprüfer; erhebliche außerordentliche Aufwendungen (z.B. nach Großschäden oder Aufdeckung krimineller Machenschaften) oder erhebliche außerordentliche Erträge; Ausfall wesentlicher Schuldner; Abschluss, Änderung oder Kündigung besonders bedeutender Vertragsverhältnisse (einschließlich Kooperationsabkommen); Restrukturierungsmaßnahmen mit erheblichen Auswirkungen auf die künftige Geschäftstätigkeit; bedeutende Erfindungen, Erteilung bedeutender Patente und Gewährung wichtiger (aktiver/passiver) Lizenzen; maßgebliche Produkthaftungs- oder Umweltschadensfälle; Rechtsstreitigkeiten von besonderer Bedeutung; überraschende Veränderung in Schlüsselpositionen des Unternehmens (z.B. Vorstandsvorsitzender, Aufsichtsratsvorsitzender, überraschender Ausstieg des Unternehmensgründers); überraschender Wechsel des Wirtschaftsprüfers; Antrag des Emittenten auf Widerruf der Zulassung zum amtlichen oder geregelten Markt, wenn nicht noch an einem anderen inländischen organisierten Markt eine Zulassung aufrecht erhalten wird; Lohnsenkungen oder Lohnerhöhungen; Beschlussfassung des Vorstands, von der Ermächtigung der Hauptversammlung zur Durchführung eines Rückkaufprogramms Gebrauch zu machen.

situation, Markterwartungen etc.) aufgrund seiner rechtlichen oder wirtschaftlichen Bedeutung gerade für den Emittenten geeignet ist, den Börsen- oder Marktpreis der von ihm begebenen Insiderpapiere erheblich zu beeinflussen.

3. Inhalt und Aufbau einer Ad-hoc-Mitteilung

Die Vorgaben im Hinblick auf den Inhalt und Aufbau einer Ad-hoc-Mitteilung sind im Einzelnen in **§ 4 Abs. 1 WpAIV** niedergelegt. In der Veröffentlichung ist die Insiderinformation – und nur diese (vgl. § 15 Abs. 2 Satz 1 WpHG) – kurz und präzise zu beschreiben; nach Auffassung der BaFin sollte die Ad-hoc-Mitteilung nicht aus mehr als zehn bis zwanzig Zeilen bestehen.[98] Gemäß § 15 Abs. 1 Satz 5 WpHG müssen die im Rahmen einer Ad-hoc-Mitteilung angegebenen Kennzahlen im Geschäftsverkehr üblich sein und einen Vergleich mit den zuletzt kommunizierten Kennzahlen ermöglichen.[99]

50

> **Hinweis:**
>
> Die Ad-hoc-Mitteilung dient ausschließlich der gesetzlich gebotenen Veröffentlichung der Insiderinformation und darf daher nur diejenigen Informationen enthalten, die zum Verständnis der Insiderinformation unerlässlich sind. Die Ad-hoc-Mitteilung ist insb. kein Marketinginstrument. Zitate von Organmitgliedern oder Vertragspartnern gehören daher nicht in die Ad-hoc-Mitteilung, sondern in die Presseerklärung, die von dem Emittenten unmittelbar nach Veröffentlichung der Ad-hoc-Mitteilung, aber keinesfalls zuvor herausgegeben werden kann.

Sofern wegen einer erheblichen Veränderung einer bereits veröffentlichten Insiderinformation eine **erneute Veröffentlichung** nach § 15 Abs. 1 WpHG erforderlich wird, handelt es sich um eine sog. **Ad-hoc-Aktualisierung**. Spezielle Vorgaben im Hinblick auf Aufbau und Inhalt einer solchen Ad-hoc-Aktualisierung enthält § 4 Abs. 2 WpAIV.[100] Sofern der Emittent im Rahmen einer Ad-hoc-Mitteilung – ggf. unwissentlich – unwahre Informationen veröffentlicht hat, ist er gemäß § 15 Abs. 2 Satz 2 WpHG verpflichtet, diese im Rahmen einer Ad-hoc-Mitteilung richtig zu stellen, selbst wenn die falsche Information als solche und für sich genommen ggf. gar keine Insiderinformation i.S.d. § 13 Abs. 1 WpHG darstellt. Aufbau und Inhalt einer solchen Ad-hoc-Berichtigung richten sich nach § 4 Abs. 3 WpAIV.[101]

51

4. Veröffentlichung der Ad-hoc-Mitteilung

Die Veröffentlichung der Ad-hoc-Mitteilung hat gemäß § 5 Satz 1 WpAIV – unbeschadet der allgemeinen Anforderungen der §§ 3a, 3b WpAIV[102] – über ein **elektronisches Informationsverbreitungssystem** zu erfolgen, das bei Kreditinstituten, Versicherungsunternehmen und anderen inländischen börsennotierten Unternehmen weit verbreitet ist.[103] Außerdem ist die Ad-hoc-Mitteilung für die Dauer von mindestens einem Monat auf der **Internetseite des Emittenten** zu veröffentlichen, wobei die Einstellung der Ad-hoc-

52

---

98   Emittentenleitfaden der BaFin, Ziff. IV.4.2.
99   Zur Konkretisierung dieser Bestimmung enthält der Emittentenleitfaden unter Ziff. IV.2.2.10 einen – nicht abschließenden – Katalog von Kennzahlen, die nach Auffassung der BaFin jedenfalls als üblich angesehen werden können: Umsatz (Umsatzerlöse, sales, revenues), Ergebnis pro Aktie (EPS – earnings per share), Jahresüberschuss (net profit), Cashflow, Ergebnis vor Zinsen und Steuern (EBIT – earnings before interest and taxes), Ergebnis vor Steuern (EBT – earnings before taxes), Dividende pro Aktie (dividends per share), Ergebnis vor Steuern, Zinsen und Abschreibungen (EBITDA – earnings before interest, taxes, depreciation and amortization), Ergebnismarge (in Prozent der Umsätze), Eigenkapitalquote, Ergebnis der gewöhnlichen Geschäftstätigkeit, betriebliches Ergebnis, operatives Ergebnis vor Sondereinflüssen.
100 Hierzu Emittentenleitfaden der BaFin, Ziff. IV.4.4.
101 Hierzu Emittentenleitfaden der BaFin, Ziff. IV.4.5.
102 Zu den Anforderungen von § 3a WpAIV vgl. die Ausführungen unter Rn. 102: Diese sind durch Veröffentlichung der Ad-hoc-Mitteilung nach Maßgabe von § 5 WpAIV nicht ohne Weiteres erfüllt.
103 In der Praxis sind dies insb.: Deutsche Gesellschaft für Ad-hoc-Publizität mbH (http://www.dgap.de) und news aktuell GmbH (http://ots.euroadhoc.com).

Mitteilung ins Internet gemäß § 5 Satz 2 WpAIV nicht vor der Veröffentlichung durch das elektronische Informationsverbreitungssystem erfolgen darf.

> **Hinweis:**
> Die BaFin weist in diesem Zusammenhang darauf hin, dass die Internetseite von der Hauptseite des Emittenten leicht auffindbar und die Datei unter einer aussagekräftigen, inhaltlich einschlägigen Rubrik wie z.B. „Investor Relations" eingeordnet sein muss.[104]

53 Die Veröffentlichung der Ad-hoc-Mitteilung hat gemäß § 3b Abs. 2 Satz 1 WpAIV in **deutscher Sprache** zu erfolgen, sofern die Aktien des Inlandsemittenten lediglich zum Handel an einer inländischen Börse zugelassen sind. Bei gleichzeitiger Börsenzulassung in einem anderen Mitgliedstaat der EU oder einem anderen Vertragsstaat des EWR kann die Veröffentlichung grds. auf deutsch oder englisch erfolgen.[105]

> **Hinweis:**
> Eine gleichzeitige Veröffentlichung der Ad-hoc-Mitteilung in englischer Sprache ist zulässig. Die Erstellung der englischen Übersetzung darf nicht zu einer Verzögerung der Veröffentlichung der deutschen Fassung der Ad-hoc-Mitteilung führen. Notfalls ist die englische Fassung der Ad-hoc-Mitteilung nachträglich zu veröffentlichen. Sofern dies innerhalb von 24 Stunden geschieht, darf die englische Mitteilung noch als Ad-hoc-Mitteilung überschrieben werden, obwohl die Insiderinformation zu diesem Zeitpunkt bereits öffentlich bekannt ist.[106]

54 Vor Veröffentlichung der Ad-hoc-Mitteilung hat gemäß § 15 Abs. 4 WpHG eine **Vorabinformation** gegenüber der BaFin und gegenüber den Geschäftsführungen der inländischen Börsen, an denen die von dem Unternehmen emittierten Finanzinstrumente zugelassen sind oder Derivate gehandelt werden, zu erfolgen. Den Geschäftsführungen der Börsen soll auf diese Weise Gelegenheit gegeben werden, über die Aussetzung der Preisfeststellung zu entscheiden und sich untereinander abzustimmen. In der Praxis wird diese Vorabinformation der BaFin und der Geschäftführungen der Börsen durch den für die Veröffentlichung der Ad-hoc-Mitteilung eingeschalteten Dienstleister vorgenommen.[107]

55 Aufgrund des am 1.7.2005 zur Umsetzung der EU-Prospektrichtlinie[108] in Kraft getretenen **Wertpapierprospektgesetzes (WpPG)**[109] sind Emittenten von Wertpapieren verpflichtet, einmal jährlich ein sog. jährliches Dokument zu veröffentlichen, in dem die für den Kapitalmarkt relevanten Veröffentlichungen des vorangegangenen Geschäftsjahres zusammengestellt sind. Gemäß § 10 Abs. 1 Satz 1 WpPG zählen hierzu Ad-hoc-Mitteilungen nach § 15 WpHG, Mitteilungen über Geschäfte von Führungspersonen nach § 15a WpHG, Veröffentlichungen der Gesellschaft nach § 26 WpHG sowie Veröffentlichungen auf der Grundlage der Börsenzulassungs-Verordnung oder einschlägiger Börsenordnungen.[110]

---

104 Emittentenleitfaden der BaFin, Ziff. IV.4.1.
105 Vgl. zu den Vorgaben im Hinblick auf die Sprache der Veröffentlichung im Einzelnen § 3b WpAIV.
106 Emittentenleitfaden der BaFin, Ziff. IV.6.3.
107 Die im Rahmen einer Vorabmitteilung erforderlichen Angaben ergeben sich aus § 8 Abs. 1 WpAIV.
108 RL 2003/71/EG des Europäischen Parlaments und des Rates vom 4.11.2003 betreffend den Prospekt, der beim öffentlichen Angebot von Wertpapieren oder bei deren Zulassung zum Handel zu veröffentlichen ist, und zur Änderung der Richtlinie 2001/34/EG (ABl. EG Nr. L 345 v. 31.12.2003, S. 64).
109 Das Gesetz über die Erstellung, Billigung und Veröffentlichung des Prospekts, der beim öffentlichen Angebot von Wertpapieren oder bei der Zulassung von Wertpapieren zum Handel an einem organisierten Markt zu veröffentlichen ist (Wertpapierprospektgesetz – WpPG) ist das Herzstück des Prospektrichtlinie-Umsetzungsgesetzes vom 22.6.2005 (BGBl. 2005 I, S. 1698).
110 Vgl. zu den Anforderungen des jährlichen Dokuments das Merkblatt der BaFin „§ 10 WpPG – Jährliches Dokument" (abrufbar http://www.bafin.de).

> **Hinweis:**
>
> Die Transparenzrichtlinie II schreibt ein **neues Regime zur Publikation von Kapitalmarktinformationen** vor. Zu den Kapitalmarktinformationen i.S.d. Richtlinie gehören Insiderinformationen, Mitteilungen über Geschäfte von Personen mit Führungsaufgaben (directors' dealings), Stimmrechtsanteilsänderungen, Finanzberichte und Angaben über jede Änderung der mit den Wertpapieren verbundenen Rechte.
>
> Die Publikation der Informationen ruht **auf zwei Säulen**: Emittenten müssen diese Informationen zum einen in Form einer aktiven Verbreitung in der gesamten EU und im Übrigen Europäischen Wirtschaftsraum (EWR) über Medien bekannt geben. Zum anderen haben sie die Informationen einem amtlich bestellten System zur zentralen Speicherung zuzuleiten, das künftig mit Speicherungsmedien anderer Mitgliedstaaten und Vertragsstaaten des EWR zu einem europäischen Datennetzwerk ausgebaut werden soll.
>
> Im Hinblick auf die generelle Art und Weise der Veröffentlichung zur europaweiten Verbreitung sind die konkreten Vorgaben nunmehr in § 3a WpAIV zu finden.[111] Danach ist die Information solchen Medien zur Veröffentlichung zuzuleiten, bei denen davon auszugehen ist, dass sie die Information in der gesamten EU und in den übrigen Vertragsstaaten des EWR verbreiten. § 3b WpAIV enthält eine umfassende Sprachenregelung. Im Hinblick auf die Veröffentlichung von Insiderinformationen im Wege der Ad-hoc-Publizität enthält § 5 WpAIV wie bisher weitergehende Vorgaben, da der Emittent nach der Transparenzrichtlinie II insoweit nicht lediglich verpflichtet ist, die Insiderinformation Medien mit europaweiter Verbreitung zur Verfügung zu stellen, sondern gewährleisten muss, dass die Insiderinformation auch tatsächlich öffentlich wird.
>
> Die zweite Säule des Publikationsregimes der Transparenzrichtlinie II ist nicht durch das Transparenzrichtlinie-Umsetzungsgesetz, sondern durch das **Gesetz über elektronische Handelsregister und Genossenschaftsregister sowie das Unternehmensregister (EHUG)**[112] umgesetzt worden. Mit der Errichtung eines Unternehmensregisters wird das von der Transparenzrichtlinie II geforderte amtlich bestellte System zur zentralen Speicherung vorgeschriebener Informationen geschaffen. Unter der Internetadresse www.unternehmensregister.de sollen neben anderen Daten die nach der Transparenzrichtlinie II vorgeschriebenen Kapitalmarktinformationen für die Anleger jederzeit verfügbar sein. Die genaue Auflistung der über die Internetseite des Unternehmensregisters abrufbaren Informationen soll in § 8b HGB verankert werden. Auf diese Weise werden bislang verstreute Informationen der Emittenten auf einer Plattform zusammengeführt, wo sie für Investoren leicht zugänglich sind.
>
> Im Hinblick auf Ad-hoc-Mitteilungen schreibt § 15 Abs. 1 Satz 1 WpHG daher vor, dass die Insiderinformation unverzüglich, jedoch nicht vor ihrer Veröffentlichung dem Unternehmensregister i.S.d. § 8b HGB zur Speicherung zu übermitteln ist.

5. Selbstbefreiung des Emittenten

Die Neufassung des § 15 WpHG im Rahmen des AnSVG hat dazu geführt, dass der Emittent an sich jede Insiderinformation i.S.d. § 13 Abs. 1 WpHG, die ihn unmittelbar betrifft, unverzüglich veröffentlichen muss. Schutzwürdigen Belangen des Emittenten, eine solche Veröffentlichung hinauszuschieben, wird durch die neu geschaffene Möglichkeit der Selbstbefreiung nach § 15 Abs. 3 WpHG Rechnung getra-

---

111 Vgl. hierzu Pirner/Lebherz, AG 2007, 19, 21 ff.
112 BGBl. 2006 I, S. 2553; Gesetzentwurf der Bundesregierung, BT-Drucks. 16/960; zum EHUG Meyding/Bödeker, BB 2006, 1009; Noack, NZG 2006, 801; Liebscher/Scharff, NJW 2006, 3745; Schlotter, BB 2007, 1.

gen.[113] Hiernach ist der Emittent von Gesetzes wegen solange von der Veröffentlichungspflicht befreit, wie

- es der Schutz seiner berechtigten Interessen erfordert,
- keine Irreführung der Öffentlichkeit zu befürchten ist und
- der Emittent die Vertraulichkeit gewährleisten kann.

Diese Voraussetzungen müssen **kumulativ** vorliegen. Während des Selbstbefreiungszeitraums ist fortlaufend zu prüfen, ob die Gründe für den Aufschub noch vorliegen (vgl. § 8 Abs. 5 Nr. 2a WpAIV); entfällt nur eine der oben genannten Voraussetzungen, ist der Emittent verpflichtet, unverzüglich die Veröffentlichung der Ad-hoc-Mitteilung zu veranlassen (vgl. § 15 Abs. 3 Satz 2 WpHG).

> **Hinweis:**
> Um umgehend auf eine Veröffentlichungspflicht während des Selbstbefreiungszeitraums reagieren zu können, sollte der Emittent also stets aktuelle Entwürfe der Ad-hoc-Mitteilung (sog. „Notfall-Ad-hoc") und der Begründung für die bislang erfolgte Inanspruchnahme der Selbstbefreiung vorhalten (sog. „Schubladenlösung"). Diese Aufgabe sowie die Dokumentation der Umstände und Ereignisse, die sich möglicherweise zu einer Insiderinformation entwickeln können, werden in der Praxis vom Vorstand regelmäßig an ein bei dem Emittenten eingerichtetes sog. Ad-hoc-Gremium oder an einen sog. Ad-hoc-Ausschuss delegiert.[114] Selbstverständlich kann der Vorstand diese Aufgabe jederzeit wieder an sich ziehen.

a) Schutz berechtigter Interessen des Emittenten

58 Berechtigte Interessen, die gemäß § 15 Abs. 3 WpHG eine Befreiung von der Pflicht zur sofortigen Veröffentlichung der Insiderinformation rechtfertigen können, liegen nach § 6 Satz 1 WpAIV vor, wenn die Interessen des Emittenten an der Geheimhaltung der Information die Interessen des Kapitalmarkts an einer vollständigen und zeitnahen Veröffentlichung überwiegen. Dieser allgemeinen Definition schließen sich in § 6 Satz 2 WpAIV zwei **Regelbeispiele** an. Solche berechtigten Interessen sollen insb. gegeben sein, wenn

- das Ergebnis oder der Gang laufender Verhandlungen über Geschäftsinhalte, die geeignet wären, im Fall ihres öffentlichen Bekanntwerdens den Börsen- oder Marktpreis erheblich zu beeinflussen, von der Veröffentlichung wahrscheinlich erheblich beeinträchtigt würden und eine Veröffentlichung die Interessen der Anleger ernsthaft gefährden würde oder
- durch das Geschäftsführungsorgan des Emittenten abgeschlossene Verträge oder andere getroffene Entscheidungen zusammen mit der Ankündigung bekannt gegeben werden müssten, dass die für die Wirksamkeit der Maßnahme erforderliche Zustimmung eines anderen Organs des Emittenten noch aussteht, und dies die sachgerechte Bewertung der Information durch das Publikum gefährden würde.

aa) Beeinträchtigung laufender Verhandlungen

59 Bei dem Regelbeispiel der Beeinträchtigung laufender Verhandlungen (§ 6 Satz 2 Nr. 1 WpAIV) stellt sich regelmäßig die nicht leicht zu beantwortende Frage, ab welchem Zeitpunkt überhaupt der für eine Insiderinformation i.S.d. § 13 Abs. 1 WpHG erforderliche Konkretisierungsgrad vorliegt und der Emittent daher von Rechts wegen zum Institut der Selbstbefreiung nach § 15 Abs. 3 WpHG greifen muss, um seinen gesetzlichen Veröffentlichungspflichten nachzukommen.[115]

---

113 Vgl. zu § 15 Abs. 3 WpHG Möllers, WM 2005, 1393; Schneider, BB 2005, 897; Veith, NZG 2005, 254; Schneider/Gilfrich, BB 2007, 53.
114 Vgl. zu Einrichtung, Zusammensetzung und Aufgaben eines solchen Ausschusses Wolfram, WpHG-Praxis für Investor Relations, Rn. 2.6.
115 Vgl. hierzu die Ausführungen unter Rn. 15 f. Zu den Dokumentationspflichten des Emittenten siehe unter Rn. 65 f.

Dagegen lässt sich der **Grund** für die Inanspruchnahme der Selbstbefreiung in dieser Konstellation zumeist damit nachweisen, dass es noch nicht abgeschlossenen geschäftlichen Verhandlungen in den allermeisten Fällen abträglich ist, wenn sie unter Beobachtung der Öffentlichkeit geführt werden müssen. Bei **öffentlichen Angeboten** nach dem WpÜG steht zudem als weiteres Argument zur Verfügung, dass der Bieter stets ein legitimes Interesse daran hat, dass der Börsenkurs der Aktie der Zielgesellschaft, der für ihn im Rahmen der Mindestpreisvorgaben des WpÜG zu beachten ist,[116] nicht durch Spekulationen in die Höhe getrieben wird und sich das Angebot für ihn unverhältnismäßig verteuert bzw. mangels Finanzierbarkeit im Ergebnis vielleicht sogar scheitert.[117]

bb) Gremienvorbehalt

Die Neufassung von § 15 WpHG im Rahmen des AnSVG hat dazu geführt, dass bei **mehrstufigen Entscheidungsprozessen** – anders als nach altem Recht – spätestens mit der Entscheidung des Vorstands eine Insiderinformation i.S.d. § 13 Abs. 1 WpHG vorliegt, deren Veröffentlichung nicht lediglich unter Verweis auf die noch ausstehende Zustimmung eines anderen Gesellschaftsorgans des Emittenten (in der Praxis regelmäßig des Aufsichtsrats) unterbleiben kann. Vielmehr hat der Emittent – wie sich aus § 6 Satz 2 Nr. 2 WpAIV zweifelsfrei ergibt – den Weg über die Selbstbefreiung des § 15 Abs. 3 WpHG zu beschreiten. 60

Die Rechtfertigung für das Zurückhalten der Information gegenüber dem Kapitalmarkt ergibt sich in dieser Konstellation aus einem anderenfalls eintretenden Konflikt mit der aktienrechtlichen Kompetenzverteilung. Die frühzeitige Veröffentlichung einer Insiderinformation – wenn auch unter Hinweis auf eine noch ausstehende Zustimmung des Aufsichtsrats – würde die Gefahr mit sich bringen, dass sich der Aufsichtsrat vor vollendete Tatsachen gestellt sieht und seiner Kontroll- und Prüfungspflicht nicht angemessen nachkommen kann.[118] Auch die BaFin betont, dass eine Selbstbefreiung in diesen Fällen regelmäßig zulässig sei, da eine Prüfung von Entscheidungen des Vorstands mit erheblichem Kursbeeinflussungspotenzial durch den Aufsichtsrat unter dem Gesichtspunkt guter Corporate Governance gerade wünschenswert sei und eine Schwächung der Funktion des Aufsichtsrats insofern nicht im Interesse der Kapitalmarktteilnehmer liege.[119]

Von großer praktischer Bedeutung ist die Möglichkeit der Selbstbefreiung auch bei der **Veröffentlichung von Geschäftsergebnissen**. Zu prüfen ist insofern allerdings zunächst, ob bereits einzelne Geschäftszahlen Insiderinformationen darstellen oder ob sich das erhebliche Preisbeeinflussungspotenzial bei der Aufstellung des Jahresabschlusses erst aus der Summe verschiedener Informationen ergibt, so dass erst 61

---

116 Vgl. hierzu die Ausführungen unter Rn. 246 ff.
117 In diesem Zusammenhang stellt sich auch die Frage nach dem Verhältnis von § 15 WpHG und § 10 Abs. 1 Satz 1 WpÜG, wonach der Bieter seine Entscheidung zur Abgabe eines öffentlichen Angebots unverzüglich zu veröffentlichen hat. Gemäß § 10 Abs. 6 WpÜG, der zwar unmittelbar zunächst nur den Bieter betrifft, gilt § 15 WpHG nicht für die Entscheidung zur Abgabe eines öffentlichen Angebots. Um den durch das WpÜG vorgegebenen Ablauf des Übernahmeverfahrens und die nach dem WpÜG vorgesehene Preisfindung nicht zu durchkreuzen, bietet es sich an, § 10 Abs. 6 WpÜG die Wertung zu entnehmen, dass eine Befreiungsmöglichkeit nach § 15 Abs. 3 WpHG für Bieter und Zielgesellschaft solange in Betracht kommen muss, wie der Bieter seine Entscheidung zur Abgabe eines Angebots noch nicht nach § 10 Abs. 1 Satz 1 WpÜG veröffentlicht hat; vgl. zu dieser Frage auch Assmann, in: Assmann/Schneider, Wertpapierhandelsgesetz, § 15 Rn. 77 und 154; Brandi/Süßmann, AG 2004, 642, 651 ff.; Merkner/Sustmann, NZG 2005, 729, 736.
118 Vgl. Messerschmidt, BB 2004, 2538, 2539; Möllers, WM 2005, 1393, 1398; Schneider, BB 2005, 897, 899; Veith, NZG 2005, 254, 256; a.A.: bzw. zweifelnd: Kümpel/Veil, Wertpapierhandelsgesetz, 4. Teil Rn. 24.
119 Emittentenleitfaden der BaFin Ziff. IV.2.2.7 und IV.3.1; Assmann, in: Assmann/Schneider, Wertpapierhandelsgesetz, § 15 Rn. 143 ff. Gleichwohl soll nach Auffassung der BaFin im Rahmen der Darlegung der Gründe für die Selbstbefreiung gemäß § 15 Abs. 3 Satz 4 WpHG ein pauschaler Verweis auf einen bestehenden Gremienvorbehalt nicht ausreichend sein (Emittentenleitfaden, Ziff. IV.3). Kritisch hierzu Merkner/Sustmann, NZG 2005, 729, 737; gegen eine „regelmäßige" Zulässigkeit der Selbstbefreiung bei bestehendem Aufsichtsratsvorbehalt und für eine Überprüfung der berechtigten Interessen des Emittenten im Einzelfall aber Kümpel/Veil, Wertpapierhandelsgesetz, 4. Teil Rn. 24.

das Ergebnis die veröffentlichungspflichtige Insiderinformation darstellt.[120] Der Emittent kann sich in dieser Konstellation von der Verpflichtung zur Ad-hoc-Publizität gemäß § 15 Abs. 3 WpHG befreien, sofern neben dem Vorstand ein weiteres Organ oder Gremium (Aufsichtsrat oder Prüfungsausschuss) in die endgültige Bewertung der Geschäftszahlen eingebunden ist.[121]

> **Hinweis:**
>
> Im Voraus festgelegte und kommunizierte Veröffentlichungstermine sowie anberaumte Presse- oder Analystenkonferenzen rechtfertigen keinen Aufschub der Veröffentlichung einer Ad-hoc-Mitteilung.

b) Keine Irreführung der Öffentlichkeit

62 Die Selbstbefreiung ist nur solange möglich, wie eine Irreführung der Öffentlichkeit nicht zu befürchten ist. Das Informationsungleichgewicht, welches naturgemäß aus dem Aufschub der Ad-hoc-Mitteilung resultiert, stellt für sich genommen keine Irreführung des Kapitalmarkts dar. Allerdings darf der Emittent während des Selbstbefreiungszeitraums aktiv keine Signale setzen, die zu der noch nicht veröffentlichten Insiderinformation in Widerspruch stehen.[122] Ein Emittent, der sich mit Übernahmeplänen trägt und insofern bereits Gespräche führt, darf daher im Fall von Anfragen lediglich mit einer „no-comment-policy" reagieren, nicht aber mit einem Dementi.

c) Gewährleistung der Vertraulichkeit

63 Ein Aufschub der Veröffentlichung setzt weiter voraus, dass die **Vertraulichkeit der Insiderinformation** gewährleistet ist. Zu diesem Zweck hat der Emittent gemäß § 7 WpAIV wirksame Vorkehrungen dafür zu treffen, dass

- andere Personen als solche, deren Zugang zu Insiderinformationen für die Wahrnehmung ihrer Aufgaben beim Emittenten unerlässlich ist, keinen Zugang zu dieser Information erlangen und
- er die Information unverzüglich bekannt geben kann, wenn er nicht länger in der Lage ist, die Vertraulichkeit der Insiderinformation zu gewährleisten.

Sofern es nach einer Entscheidung über die Selbstbefreiung zu einer **Vertraulichkeitslücke** kommt und die Insiderinformation aufgrund des Fehlverhaltens eines Mitarbeiters des Emittenten an die Öffentlichkeit dringt, ist der Emittent verpflichtet, die Insiderinformation unverzüglich im Wege einer Ad-hoc-Mitteilung zu veröffentlichen. Insb. kann sich der Emittent in solchen Fällen gegenüber Anfragen aus der Öffentlichkeit nicht mehr darauf beschränken, den betreffenden Vorgang nicht kommentieren zu wollen (no-comment-policy). Ist das Auftreten eines Gerüchts dagegen nicht auf eine Vertraulichkeitslücke beim Emittenten zurückzuführen, ist das Kriterium der Gewährleistung der Vertraulichkeit noch nicht entfallen und der Emittent kann die Veröffentlichung der Ad-hoc-Mitteilung weiter nach § 15 Abs. 3 WpHG aufschieben.[123]

d) Entfallen der Voraussetzungen der Selbstbefreiung

64 Der vorübergehende Zustand der Selbstbefreiung nach § 15 Abs. 3 WpHG kann sein Ende auf **zweierlei Weise** finden.

- Zum einen – und das ist der vom Gesetz unterstellte Regelfall (vgl. § 15 Abs. 3 Satz 2 WpHG) – endet der Zeitraum der Selbstbefreiung mit der Veröffentlichung der entsprechenden Ad-hoc-Mitteilung, die grds. unverzüglich zu erfolgen hat, sobald nur eine der Voraussetzungen des § 15 Abs. 3 Satz 1 WpHG

---

120 Emittentenleitfaden der BaFin, Ziff. IV.2.2.9.1.
121 Emittentenleitfaden der BaFin, Ziff. IV.2.2.9.1.
122 Emittentenleitfaden der BaFin, Ziff. IV.3.2; Kümpel/Veil, Wertpapierhandelsgesetz, 4. Teil Rn. 28.
123 Emittentenleitfaden der BaFin, Ziff. IV.3.3; Assmann, in: Assmann/Schneider, Wertpapierhandelsgesetz, § 15 Rn. 168; zu den Anforderungen an die Beweislast in diesem Zusammenhang Merkner/Sustmann, NZG 2005, 729, 731.

für die Zulässigkeit der Selbstbefreiung entfällt. Im Rahmen der Ad-hoc-Mitteilung ist stets der aktuelle Sachverhalt (z.B. Unterzeichnung einer Transaktion) und nicht etwa der ursprüngliche Sachverhalt (z.B. Unterzeichnung eines Term Sheet für die später abgeschlossene Transaktion) mitzuteilen.[124] Der ursprüngliche Sachverhalt und die Entwicklung einer Insiderinformation sind lediglich für die Darlegung der Gründe für die Selbstbefreiung in der Mitteilung gegenüber der BaFin gemäß § 15 Abs. 3 Satz 4 WpHG von Bedeutung.[125]

- Zum anderen ist aber denkbar – auch wenn das Gesetz diesen Fall nicht explizit regelt –, dass während des Befreiungszeitraums die Insiderinformation selbst wegfällt.

Beispiel:

Es kommt nicht zur Unterzeichnung einer Transaktion. Die hinreichende Wahrscheinlichkeit, die § 13 Abs. 1 Satz 3 WpHG für das Vorliegen einer Insiderinformation in Gestalt eines zukünftigen Umstands fordert, hat sich – aus welchen Gründen auch immer – eben nicht realisiert. In diesem Fall bedarf es weder einer Ad-hoc-Mitteilung (im Hinblick auf die überholte Insiderinformation) noch einer nachträglichen Information der BaFin gemäß § 15 Abs. 3 Satz 4 WpHG.[126]

e) Mitteilung der Gründe für die Selbstbefreiung gegenüber der BaFin

Bei der **späteren Veröffentlichung** der Ad-hoc-Mitteilung ist der Emittent verpflichtet, der BaFin die Gründe für das Zurückhalten der Informationen anzugeben (§ 15 Abs. 3 Satz 4 WpHG). In der Praxis erfolgt die Mitteilung der Gründe für die Selbstbefreiung gegenüber der BaFin ebenfalls regelmäßig durch den für die Veröffentlichung der Ad-hoc-Mitteilung eingeschalteten Dienstleister. Die inhaltlichen Mindestvorgaben für die Begründung der Selbstbefreiung sind im Einzelnen in § 8 Abs. 5 WpAIV niedergelegt.

Der gesamte **Geschehensablauf** über die Entstehung der Insiderinformation bis hin zu einer etwaigen Entscheidung über den Aufschub der Veröffentlichung und den Fortbestand dieses Aufschubs sollte – über die Verpflichtung nach § 15b WpHG hinaus, ein Insiderverzeichnis zu führen – aus Gründen der rechtlichen Vorsorge **dokumentiert** werden. Nur so kann gegenüber der BaFin ohne größeren Aufwand der Nachweis erbracht werden, zu welchem Zeitpunkt der in Rede stehende Umstand die Qualität einer Insiderinformation i.S.d. § 13 Abs. 1 Satz 1 WpHG erreicht hatte und ob und wie lange der Emittent zulässigerweise von seinem Recht auf Selbstbefreiung Gebrauch machen durfte.

Am Beispiel einer beabsichtigten Übernahme einer anderen Gesellschaft sollten in die Darstellung des Geschehensablaufs **folgende Informationen** aufgenommen werden:

- Kurze und präzise Darstellung der wesentlichen Ereignisse (z.B. erste – telefonische – Kontakte zwischen den Beteiligten, Einbeziehung des Aufsichtsrats, Abschluss von Vertraulichkeitsvereinbarungen, Treffen mit der Gegenseite sowie mit wesentlichen Beratern, Treffen mit Hauptaktionären, Austausch wesentlicher Dokumente wie Planzahlen, Erhalt von und Reaktionen auf Angebotsschreiben, Ablauf der Due Diligence, Verhandlungen über wesentliche Verträge etc.);
- Auflistung der Teilnehmer an Telefonkonferenzen und persönlichen Treffen;
- Verweise auf die relevante Dokumentation (Abschluss von Vereinbarungen, Austausch von Unterlagen, Schreiben etc.), die in Kopie direkt als Anlage zu der Übersicht genommen werden sollten.

---

124 Emittentenleitfaden der BaFin, Ziff. IV.3; ebenso Assmann, in: Assmann/Schneider, Wertpapierhandelsgesetz, § 15 Rn. 172; Kümpel/Veil, Wertpapierhandelsgesetz, 4. Teil Rn. 29; Schneider, BB 2005, 897, 901; Simon, Der Konzern 2005, 13, 22; Veith, NZG 2005, 254, 258; a.A.: Holzborn/Israel, WM 2004, 1948, 1952.
125 Emittentenleitfaden der BaFin, Ziff. IV.4.2.
126 Emittentenleitfaden der BaFin, Ziff. IV.3; ebenso Assmann, in: Assmann/Schneider, Wertpapierhandelsgesetz, § 15 Rn. 173; Diekmann/Sustmann, NZG 2004, 929, 935; Schneider, BB 2005, 897, 901.

6. Rechtsfolgen bei Verletzung der Verpflichtung zur Ad-hoc-Publizität

a) Ahndung als Ordnungswidrigkeit

67 Nach § 39 Abs. 2 Nr. 5 lit. a) WpHG liegt eine **Ordnungswidrigkeit** vor, wenn eine Ad-hoc-Mitteilung nicht, nicht richtig, nicht vollständig, nicht in der vorgeschriebenen Weise, nicht rechtzeitig vorgenommen oder nicht rechtzeitig nachgeholt wird. Nach § 39 Abs. 4 WpHG kann in einem solchen Fall ein Bußgeld i.H.v. bis zu 1 Mio. € verhängt werden. Die unterlassene oder nicht rechtzeitige Übermittlung der Veröffentlichung an das Unternehmensregister stellt nach § 39 Abs. 2 Nr. 6 WpHG ebenfalls eine Ordnungswidrigkeit dar. Eine Ahndung von Ordnungswidrigkeiten ist über § 30 OWiG sowohl gegenüber dem Emittenten selbst als auch über § 9 Abs. 1 OWiG gegenüber den verantwortlichen Vorstandsmitgliedern möglich.[127]

b) Schadensersatz

68 Die Frage, ob – und wenn ja, unter welchen Voraussetzungen und in welchem Umfang – der Emittent und/oder dessen Organmitglieder einem Anleger zum **Schadensersatz** verpflichtet sind, wenn der Emittent seiner Veröffentlichungspflicht nach § 15 WpHG nicht nachkommt, hat den Gesetzgeber, die Gerichte und das Schrifttum in den letzten Jahren stark beschäftigt.

69 Durch das Vierte Finanzmarktförderungsgesetz vom 21.6.2002[128] wurden in Gestalt der §§ 37b, 37c WpHG erstmals **Schadensersatzansprüche der Anleger gegen den Emittenten** kodifiziert.[129] Im Oktober 2004 veröffentlichte das BMF den Diskussionsentwurf eines Gesetzes zur Verbesserung der Haftung für falsche Kapitalmarktinformationen (Kapitalmarktinformationshaftungsgesetz – KapInHaG),[130] dessen Verabschiedung zu einer gesamtschuldnerischen Haftung der für die Fehlinformation des Kapitalmarkts verantwortlichen Mitglieder des Vorstands oder des Aufsichtsrats neben dem Emittenten geführt hätte. Aufgrund der vehementen Kritik von Unternehmen und Verbänden aus der Wirtschaft wurde das Gesetzesvorhaben allerdings im November 2004 zunächst aufgeschoben, was zur Folge hatte, dass bei der Frage der Haftung von Organmitgliedern des Emittenten nach wie vor die Erörterung der deliktischen Haftung aus § 826 BGB im Vordergrund steht. Schließlich ist in diesem Zusammenhang das Gesetz über Musterverfahren in kapitalmarktrechtlichen Streitigkeiten (Kapitalanleger-Musterverfahrensgesetz – KapMuG)[131] zu nennen, das am 1.11.2005 – zunächst probeweise für fünf Jahre – in Kraft trat. Das KapMuG ermöglicht erstmals, u.a. in Fällen, in denen eine Schadensersatzpflicht des Emittenten nach §§ 37b, 37c WpHG gegenüber einer Vielzahl von Anlegern in Rede steht, das Vorliegen oder Nichtvorliegen anspruchsbegründender oder anspruchsausschließender Voraussetzungen oder Rechtsfragen in einem

---

127 Vgl. Assmann, in: Assmann/Schneider, Wertpapierhandelsgesetz, § 15 Rn. 299 ff.; Zimmer, in: Schwark, Kapitalmarktrechts-Kommentar, § 15 WpHG Rn. 169.

128 BGBl. 2002 I, S. 2010.

129 Durch das AnSVG wurden die §§ 37b, 37c WpHG lediglich redaktionell geändert; kritisch hierzu angesichts der zahlreichen offenen Fragen der Handelsrechtsausschuss des DAV in seiner Stellungnahme zum AnSVG, NZG 2004, 703, 706 f.; zu Auswirkungen des AnSVG auf die Haftung nach §§ 37b, 37c WpHG Nietsch, BB 2005, 785.

130 Der DiskE vom 7.10.2004 ist abgedruckt in NZG 2004, 1042, dazu Sethe, in: Assmann/Schneider, Wertpapierhandelsgesetz, §§ 37b, 37c Rn. 26; Casper, BKR 2005, 83; Duve/Basak, BB 2005, 2645; Möllers, JZ 2005, 75, 79 ff.; Sauer, ZBB 2005, 24, Schäfer, NZG 2005, 985; Semler/Gittermann, NZG 2004, 108; Sünner, DB 2004, 2460; Veil, BKR 2005, 91, sowie Handelsrechtsausschuss des DAV, ZIP 2004, 2348; zur Haftung für fehlerhafte Informationen des Kapitalmarkts de lege lata und de lege ferenda vgl. im Übrigen Casper, Der Konzern 2006, 32; Gottschalk, Der Konzern 2005, 274; Schäfer, NZG 2005, 985; Spindler, WM 2004, 2089.

131 Art. 1 des Gesetzes zur Einführung von Kapitalanleger-Musterverfahren vom 18.8.2005 (BGBl. 2005 I, S. 2437).

vor dem OLG zu führenden Musterverfahren mit verbindlicher Wirkung für sämtliche anhängigen Verfahren zu diesem Sachverhalt klären zu lassen.[132]

Was die Beschäftigung der Zivil- und teilweise auch Strafgerichte zu diesem Thema in den letzten Jahren angeht, so sind die maßgeblichen Entscheidungen bzw. Schlagworte, unter denen die Diskussion nunmehr geführt wird: „Infomatec",[133] „EM.TV"[134] und „Comroad".[135] 70

aa) Haftung des Emittenten gemäß §§ 37b, 37c WpHG

§ 37b WpHG normiert den Schadensersatzanspruch des Anlegers gegen den Emittenten wegen **unterlassener unverzüglicher Veröffentlichung** von Insiderinformationen, § 37c WpHG die Haftung des Emittenten für die **Veröffentlichung unwahrer Insiderinformationen**. In beiden Fällen handelt es sich um eine gesetzliche Vertrauenshaftung, da die Anleger bei Vornahme von Investitions- und Deinvestitionsentscheidungen auf dem Kapitalmarkt darauf vertrauen sollen, dass Insiderinformationen vom Emittenten unverzüglich und inhaltlich zutreffend veröffentlicht werden.[136] 71

Die Schadensersatzpflicht nach § 37b Abs. 1 WpHG besteht sowohl im Fall der **Unterlassung positiver als auch negativer Veröffentlichungen**. § 37b Abs. 1 Nr. 1 WpHG betrifft dabei den Fall, dass der Anleger die Finanzinstrumente unter Berücksichtigung der von dem Emittenten unterlassenen Ad-hoc-Mitteilung (mit negativem Inhalt) „zu teuer" kauft, während § 37b Abs. 1 Nr. 2 WpHG dem Anleger Schadensersatz gewährt, der bereits zuvor gehaltene Finanzinstrumente unter Berücksichtigung der vom Emittenten unterlassenen Ad-hoc-Mitteilung (mit positivem Inhalt) „zu billig" verkauft. Ebenso verhält es sich bei § 37c WpHG: Nach Abs. 1 Nr. 1 erhält derjenige Anleger Schadensersatz, der unter Berücksichtigung der vom Emittenten veröffentlichten unwahren Ad-hoc-Mitteilung (mit positivem Inhalt) „zu teuer" kauft, während Abs. 1 Nr. 2 WpHG wiederum den Fall erfasst, dass ein Anleger bereits zuvor gehaltene Finanzinstrumente unter Berücksichtigung der vom Emittenten veröffentlichten unwahren Ad-hoc-Mitteilung (mit negativem Inhalt) „zu billig" verkauft.[137]

Hinsichtlich des **Verschuldens** verlangen §§ 37b Abs. 2, 37c Abs. 2 WpHG Vorsatz oder grobe Fahrlässigkeit, wobei das Gesetz dem geschädigten Anleger mit einer Beweislastumkehr entgegen kommt. Der Emittent muss den Beweis für das fehlende Verschulden erbringen, da alle möglichen Beweismittel regelmäßig in seiner Sphäre liegen. Des Weiteren setzen die §§ 37b, 37c WpHG dem Wortlaut nach voraus, dass der Anleger aufgrund der veröffentlichten bzw. nicht veröffentlichten Insiderinformation Finanzinstrumente des Emittenten erworben oder veräußert hat. In diesem Zusammenhang ist fraglich, welche Anforderungen an den Nachweis des Klägers für den Kausalzusammenhang zwischen der unterlassenen 72

---

132 Zum KapMuG Braun/Rotter, BKR 2004, 296; Duve/Pfitzner, BB 2005, 673; Hess, WM 2004, 2329; ders., ZIP 2005, 1713; Hess/Michailidou, ZIP 2004, 1381; Keller/Kolling, BKR 2005, 399; Kranz, MDR 2005, 1021; Maier-Reimer/Wilsing, ZGR 2006, 79; Meier, DStR 2005, 1860; Möllers/Weichert, NJW 2005, 2737; Plaßmeier, NZG 2005, 609; Reuschle, WM 2004, 2334; ders., NZG 2004, 590; Schneider, BB 2005, 2249; Sessler, WM 2004, 2344.

133 BGHZ 160, 134 = DB 2004, 1928; BGHZ 160, 149 = DB 2004, 1931; BGH, ZIP 2004, 1604; OLG München, NZG 2005, 404. Hierzu Edelmann, BB 2004, 2031; Fleischer, DB 2004, 2031; Leisch, ZIP 2004, 1573; Kort, AG 2005, 21.

134 BGH (1. Strafsenat), ZIP 2005, 78; BGH (II. Zivilsenat), BB 2005, 1644; hierzu Duve/Basak, BB 2005, 2645; Fleischer, ZIP 2005, 1805; Hutter/Stürwald, NJW 2005, 2428; Kort, NZG 2005, 708; Möllers, BB 2005, 1637. Außerdem OLG Frankfurt, AG 2006, 162, sowie OLG Stuttgart, ZIP 2006, 511.

135 OLG Frankfurt, AG 2005, 401 (gegen LG Frankfurt, ZIP 2003, 1092 f.); OLG München, BB 2005, 1651. Hierzu Kort, NZG 2005, 496; Möllers, BB 2005, 1637.

136 Zur Rechtsnatur bzw. Schutzrichtung der §§ 37b, 37c WpHG Sethe, in: Assmann/Schneider, Wertpapierhandelsgesetz, §§ 37b, 37c Rn. 9 ff.; Zimmer, in: Schwark, Kapitalmarktrechts-Kommentar, §§ 37b, 37c WpHG Rn. 5; Kümpel/Veil, Wertpapierhandelsgesetz, 9. Teil Rn. 5.

137 So bereits die Ausführungen in der Gesetzesbegründung, BT-Drucks. 14/8017, S. 93 f.; vgl. auch die Darstellungen bei Sethe, in: Assmann/Schneider, Wertpapierhandelsgesetz, §§ 37b, 37c Rn. 48 und 51; Zimmer, in: Schwark, Kapitalmarktrechts-Kommentar, §§ 37b, 37c WpHG Rn. 28 und 34; Kümpel/Veil, Wertpapierhandelsgesetz, 9. Teil Rn. 3 f.

oder unwahren Ad-hoc-Mitteilung und der Anlage- bzw. Deinvestitionsentscheidung zu stellen sind. Im Rahmen der Erörterung der deliktischen Haftung haben die Gerichte Beweiserleichterungen in Anlehnung an die börsenrechtliche Prospekthaftung (Zubilligung eines Anscheinsbeweises aufgrund einer sog. Anlagestimmung) bislang abgelehnt.[138] Inwieweit Gleiches für Schadensersatzansprüche von Anlegern gilt, die auf §§ 37b, 37c WpHG gestützt werden, ist fraglich. In der Lit. wird zunehmend vertreten, dass der Anleger im Rahmen der §§ 37b, 37c WpHG eine konkrete haftungsbegründende Kausalität zwischen der Pflichtverletzung des Emittenten und der Anlageentscheidung nicht nachweisen müsse, da die Kausalität durch den verfälschten Marktpreis vermittelt werde (fraud on the market) und aus diesem Grund jedenfalls die Grundsätze über den Anscheinsbeweis im Einzelfall Anwendung finden müssten.[139]

Z.T. wird dieser Aspekt auch im Zusammenhang mit der – ebenfalls streitigen – Frage des **Umfangs** des nach §§ 37b, 37c WpHG zu leistenden Schadensersatzes diskutiert. Hier besteht im Ausgangspunkt zwar Einigkeit darüber, dass der Anspruchsinhaber nur das negative Interesse ersetzt verlangen kann, d.h. so zu stellen ist, als ob der Emittent seine Veröffentlichungspflichten ordnungsgemäß erfüllt hätte.[140] Insofern schließt sich dann aber die Frage an, ob als Ersatz des negativen Interesses auch die Rückgängigmachung des Wertpapiergeschäfts (Erstattung des Kaufpreises gegen Übertragung der Finanzinstrumente) verlangt werden kann[141] oder nur der Kursdifferenzschaden, also die Differenz zwischen dem Kurswert, zu dem der Anleger die Finanzinstrumente erworben bzw. verkauft hat, und dem Kurswert, der bei ordnungsgemäßer Information bestanden hätte.[142] Für Letzteres spricht, dass dem Emittenten anderenfalls das allgemeine Kursrisiko des Anlegers für die dem Geschäft nachfolgende Zeit aufgebürdet würde. Im Übrigen ist der Emittent nicht Vertragspartner des Anlegers gewesen. Auch dies spricht gegen einen Anspruch des Anlegers auf Rückgängigmachung des Wertpapiergeschäfts.

73 Gemäß §§ 37b Abs. 4, 37c Abs. 4 WpHG ist der Schadensersatzanspruch jeweils **ausgeschlossen**, sofern der Dritte die nicht veröffentlichte Insiderinformation bzw. die Unrichtigkeit der veröffentlichten Insiderinformation im Fall des Abs. 1 Nr. 1 bei dem Erwerb oder im Fall des Abs. 1 Nr. 2 bei der Veräußerung

---

138 BGH, DB 2004, 1928, 1930 f.; OLG Frankfurt, AG 2005, 401, 402; OLG München, BB 2005, 1651. Hierzu unter Rn. 74 ff.

139 In diesem Sinn – bei unterschiedlichen Begründungsansätzen im Detail – Sethe, in: Assmann/Schneider, Wertpapierhandelsgesetz, §§ 37b, 37c Rn. 83 f.; Zimmer, in: Schwark, Kapitalmarktrechts-Kommentar, §§ 37b, 37c WpHG Rn. 90; Schäfer, in: Marsch-Barner/Schäfer, Handbuch börsennotierte AG, § 16 Rn. 29 f.; Kümpel/Veil, Wertpapierhandelsgesetz, 9. Teil Rn. 8; Zimmer, WM 2004, 9, 17; Baums, ZHR 167 (2003), 139, 180 ff.; Casper, Der Konzern 2006, 32, 34; Fleischer, NJW 2002, 2977, 2980; Maier-Reimer/Webering, WM 2002, 1857, 1860; Möllers, JZ 2005, 75, 78; Möllers/Leisch, BKR 2002, 1071, 1077 und 1079; Rössner/Bolkart, ZIP 2002, 1471, 1476. Für eine Klarstellung in diesem Sinn durch den Gesetzgeber auch der Handelsrechtsausschuss des DAV in seiner Stellungnahme zum AnSVG, NZG 2004, 703, 706 f.; grds. für einen Nachweis konkreter Kausalität durch den Anleger demgegenüber: Duve/Basak, BB 2005, 2645, 2650; Hutter/Stürwald, NJW 2005, 2428, 2430; Kiethe, DStR 2003, 1982, 1984 f.; Mülbert/Steup, WM 2005, 1633, 1636 f.; Rützel, AG 2003, 69, 78 f.; Veil, ZHR 167 (2003), 365, 370.

140 So bereits die Gesetzesbegründung, BT-Drucks. 14/8017, S. 93.

141 Für ein solches Wahlrecht des Anlegers Escher-Weingart/Lägeler/Eppinger, WM 2004, 1845, 1847 ff.; Leisch, ZIP 2004, 1573, 1578 f.; Möllers, JZ 2005, 75, 78; Möllers/Leisch, BKR 2002, 1071, 1076; Rössner/Bolkart, ZIP 2002, 1471, 1475.

142 Dafür sprechen auch die Ausführungen in der Gesetzesbegründung (BT-Drucks. 14/8017, S. 93 f.), wo es heißt, die Anleger müssten davor geschützt werden, Wertpapiere „zu teuer" zu kaufen und „zu billig" zu verkaufen. Für Ersatz des Kursdifferenzschadens im Übrigen Sethe, in: Assmann/Schneider, Wertpapierhandelsgesetz, §§ 37b, 37c Rn. 73 ff.; Zimmer, in: Schwark, Kapitalmarktrechts-Kommentar, §§ 37b, 37c WpHG Rn. 89 und 91; Schäfer, in: Marsch-Barner/Schäfer, Handbuch börsennotierte AG, § 16 Rn. 26; Kümpel/Veil, WpHG, 9. Teil Rn. 9; Baums, ZHR 167 (2003), 139, 186 ff.; Casper, Der Konzern 2006, 32, 34; Duve/Basak, BB 2005, 2645, 2648; Fleischer, ZIP 2005, 1805, 1809; ders., NJW 2002, 2977, 2980 f.; ders., BB 2002, 1869, 1872; Hutter/Stürwald, NJW 2005, 2428, 2430; Maier-Reimer/Webering, WM 2002, 1857, 1860; Mülbert/Steup, WM 2005, 1633, 1635 ff.; Rützel, AG 2003, 69, 79; Zimmer, WM 2004, 9, 17. Für eine Klarstellung in diesem Sinn durch den Gesetzgeber schließlich auch der Handelsrechtsausschuss des DAV in seiner Stellungnahme zum AnSVG, NZG 2004, 703, 706 f.

kannte. Gemäß §§ 37b Abs. 5, 37c Abs. 5 WpHG verjährt der Schadensersatzanspruch in einem Jahr ab dem Zeitpunkt, zu dem der Dritte Kenntnis von der Unterlassung der Ad-hoc-Mitteilung bzw. der Unrichtigkeit der ad hoc veröffentlichen Insiderinformation erlangt, spätestens jedoch in drei Jahren.

bb) Haftung des Emittenten bzw. seiner Organmitglieder nach § 826 BGB

Gemäß §§ 37b Abs. 5, 37c Abs. 5 WpHG bleibt eine weitergehende Haftung des Emittenten jeweils unberührt, so dass dieser ggf. vertraglich oder insb. deliktisch haften kann. Die Diskussion kreist in diesem Zusammenhang vor allem um § 826 BGB,[143] der als Anspruchsgrundlage sowohl gegenüber den handelnden Organmitgliedern des Emittenten als auch über die Zurechungsnorm des § 31 BGB gegenüber der Gesellschaft in Betracht kommt.[144] Richtungsweisend im Hinblick auf eine Haftung nach § 826 BGB waren die Entscheidungen des BGH in Sachen „Infomatec"[145] und „EM.TV"[146] sowie des OLG Frankfurt[147] und OLG München[148] jeweils in Sachen „Comroad". Die Rspr. hat in diesen Entscheidungen eine deliktische Haftung der handelnden Organmitglieder bzw. über § 31 BGB der Gesellschaft gemäß § 826 BGB bejaht, da die vorsätzliche unlautere Beeinflussung des Kapitalmarkts durch die Veröffentlichung bewusst unwahrer Ad-hoc-Mitteilungen als verwerflich und sittenwidrig anzusehen sei, so dass ein Ausgleich der auf diese Weise bei den einzelnen Marktteilnehmern verursachten Vermögensschäden geboten erscheine. Für den Vorsatz der handelnden Personen genügt dabei ein Eventualvorsatz;[149] eine Schädigungsabsicht ist mithin nicht erforderlich.

Hinsichtlich der **Kausalität** kommen dem Kläger nach der einschlägigen Rspr. keine Beweiserleichterungen zugute, da sich die zur Prospekthaftung entwickelten Grundsätze über den Anscheinsbeweis bei Vorliegen einer Anlagestimmung nicht ohne Weiteres auf eine Deliktshaftung nach § 826 BGB für falsche Ad-hoc-Mitteilungen übertragen ließen.[150] Nach der Rspr. existieren bei der Veröffentlichung von Ad-hoc-Mitteilungen keine verlässlichen und verallgemeinerungsfähigen Erfahrungssätze über die Dauer einer – grds. auch bei positiven Ad-hoc-Mitteilungen denkbaren – Anlagestimmung, so dass die Beweislast insofern beim Kläger verbleibt.[151]

Der zu ersetzende Schaden beschränkt sich dagegen – anders als nach §§ 37b, 37c WpHG – nicht auf den Kursdifferenzschaden, sondern umfasst nach Wahl des Anlegers auch die **Rückerstattung des Kauf-**

---

143 Vgl. zu den sonstigen in diesem Zusammenhang diskutierten Anspruchsgrundlagen BGH, DB 2004, 1928, 1929 f.; OLG Frankfurt, AG 2006, 162, 164 f.; Zimmer, in: Schwark, Kapitalmarktrechts-Kommentar, §§ 37b, 37c WpHG Rn. 105 ff.
144 Vgl. im Hinblick auf die Zurechnung nach § 31 BGB BGH, BB 2005, 1644, 1645; OLG München, BB 2005, 1651, 1652; OLG Frankfurt, AG 2005, 401, 403.
145 BGH, BB 2004, 1812; BGH, BB 2004, 1816.
146 BGH, BB 2005, 1644. Neben § 826 BGB wurde in dieser Entscheidung auch eine Haftung gemäß § 823 Abs. 2 BGB i.V.m. § 400 AktG bejaht, da § 400 Abs. 1 Nr. 1 AktG dem Schutz des Vertrauens potenzieller und gegenwärtiger Aktionäre in die Richtigkeit und Vollständigkeit der Angaben über die Gesellschaftsverhältnisse diene.
147 OLG Frankfurt, AG 2005, 401.
148 OLG München, BB 2005, 1651.
149 BGH, DB 2004, 1931, 1933; OLG Frankfurt, AG 2005, 401, 402; OLG München, BB 2005, 1651.
150 BGH, DB 2004, 1928, 1930 f.; OLG Frankfurt, AG 2005, 401, 402; OLG München, BB 2005, 1651; OLG Stuttgart, ZIP 2006, 511, 512 f. Zustimmend: Sethe, in: Assmann/Schneider, Wertpapierhandelsgesetz, §§ 37b, 37c Rn. 119 ff. (wenn auch nicht in der Begründung, so doch im Ergebnis); Casper, Der Konzern 2006, 32, 34; Duve/Basak, BB 2005, 2645, 2649; Kort, AG 2005, 21, 26; ders., NZG 2005, 496, 497 f.; ders., NZG 2005, 708, 709; ablehnend: Kümpel/Veil, Wertpapierhandelsgesetz, 4. Teil Rn. 44; kritisch auch Fleischer, DB 2004, 2031, 2034.
151 Ebenfalls in Sachen Infomatec hat das OLG München allerdings entschieden, dass die haftungsbegründende Kausalität auch noch bei einem Zeitraum von elf Monaten zwischen der fehlerhaften Ad-hoc-Mitteilung und dem Aktienkauf gegeben sein könne, und darauf hingewiesen, dass die fehlerhafte Ad-hoc-Mitteilung nicht die einzige Ursache für die Anlageentscheidung gewesen sein müsse (OLG München, NZG 2005, 404 f.).

preises gegen Rückgabe der Wertpapiere oder gegen Anrechnung des Verkaufserlöses.[152] Die Überbürdung des allgemeinen Kursrisikos auf den Emittenten lässt sich hier mit der fehlenden Schutzbedürftigkeit rechtfertigen, da dem Emittenten der Vorwurf einer vorsätzlichen sittenwidrigen Schädigung zu machen ist und dem Anleger – was im Rahmen von § 826 BGB größtenteils auf Zustimmung stößt – zudem der Nachweis der haftungsbegründenden Kausalität obliegt.

Im Hinblick auf die Haftung des Emittenten ist von Bedeutung, dass der Schadensersatzanspruch der Anleger **Vorrang** vor den Grundsätzen der Kapitalerhaltung der §§ 57 Abs. 1, 71 ff. AktG genießt.[153]

III. Mitteilungs- und Veröffentlichungspflichten bei Geschäften von Führungspersonen

1. Einleitung

a) Herkunft des § 15a WpHG und Rechtsrahmen

77 Seit In-Kraft-Treten des Vierten Finanzmarktförderungsgesetzes[154] am 1.7.2002 sind Mitglieder des Vorstands und des Aufsichtsrats einer börsennotierten AG gemäß § 15a WpHG verpflichtet, von ihnen vorgenommene Wertpapiergeschäfte, die sich auf Aktien der eigenen Gesellschaft beziehen, der Gesellschaft und der BaFin mitzuteilen. Eine solche **Mitteilungspflicht**, die international unter dem Schlagwort „directors' dealings" läuft,[155] hat in Deutschland nur außergesetzliche Vorläufer im Regelwerk Neuer Markt[156] und in dem von der Regierungskommission Deutscher Corporate Governance Kodex am 26.2.2002 verabschiedeten Deutschen Corporate Governance Kodex.[157]

Durch das am 30.10.2004 in Kraft getretene AnSVG[158] ist § 15a WpHG komplett neu gefasst und in vielen Punkten überarbeitet worden, um den europäischen Vorgaben zu directors' dealings aus der Marktmiss-

---

152 BGH, BB 2005, 1644, 1645; OLG Frankfurt, AG 2005, 401 f.; OLG München, BB 2005, 1651: OLG Frankfurt, AG 2006, 162, 166; zustimmend (bzw. im Rahmen von § 826 BGB jedenfalls akzeptierend) Sethe, in: Assmann/Schneider, Wertpapierhandelsgesetz, §§ 37b, 37c Rn. 123 f.; Zimmer, in: Schwark, Kapitalmarktrechts-Kommentar, §§ 37b, 37c WpHG Rn. 89; Casper, Der Konzern 2006, 32, 34; Duve/Basak, BB 2005, 2645, 2648; Edelmann, BB 2004, 2031, 2033; Fleischer, DB 2004, 2031, 2035; ders., ZIP 2005, 1805, 1809; Hutter/Leppert, NJW 2005, 2428, 2430; Kort, AG 2005, 21, 24; ders., NZG 2005, 496, 497; ders., NZG 2005, 708; Leisch, ZIP 2004, 1573, 1578 f.; Möllers, BB 2005, 1637, 1638; Mülbert/Steup, WM 2005, 1633, 1637.

153 BGH, BB 2005, 1644, 1646; OLG Frankfurt, AG 2005, 401; 403; OLG München, BB 2005, 1651, 1652; zustimmend: Kort, NZG 2005, 496, 498; Fleischer, ZIP 2005, 1805, 1810 f.; Möllers, BB 2005, 1637; Schäfer, NZG 2005, 985, 989.

154 BGBl. 2002 I, S. 2010.

155 Ausweislich der Gesetzesbegründung zum Vierten Finanzmarktförderungsgesetz hat sich der deutsche Gesetzgeber auch von ausländischen Vorbildern leiten lassen. Insb. wird in diesem Zusammenhang auf die Regelung der directors' dealings in Section 16 des US Securities Exchange Act von 1934 verwiesen (BT-Drucks. 14/8017, S. 88).

156 Ziff. 7.2 des Regelwerks Neuer Markt verpflichtete den Emittenten, der Deutsche Börse AG unverzüglich jedes Geschäft mitzuteilen, das der Emittent und seine einzelnen Vorstands- und Aufsichtsratsmitglieder in Aktien des Emittenten oder Derivaten, deren Preis unmittelbar oder mittelbar vom Börsen- oder Marktpreis der Aktien des Emittenten abhing, vorgenommen hatten.

157 Der Deutsche Corporate Governance Kodex vom 26.2.2002 enthielt in Ziff. 6.6 zunächst die Empfehlung, dass Kauf und Verkauf von Aktien der Gesellschaft sowie ihrer Konzernunternehmen, von Optionen sowie sonstigen Derivaten auf diese durch Vorstands- und Aufsichtsratsmitglieder nach Vollzug unverzüglich der Gesellschaft bekannt gegeben werden sollen. Seit der ersten Überarbeitung des Deutschen Corporate Governance Kodex vom 7.11.2002 wird der gesetzlichen Bestimmung des § 15a WpHG dadurch Rechnung getragen, dass die Mitteilungspflicht nicht mehr als Empfehlung formuliert ist, auf die sich die gesetzliche Verpflichtung zur Offenlegung von Abweichungen im Rahmen der Entsprechenserklärung nach § 161 AktG bezieht, sondern als Wiedergabe ohnehin zwingenden Gesetzesrechts.

158 BGBl. 2004 I, S. 2630.

brauchsrichtlinie[159] Rechnung zu tragen.[160] Die geänderte Bestimmung wird auf nationaler Ebene durch die Wertpapierhandelsanzeige- und Insiderverzeichnisverordnung (WpAIV) vom 13.12.2004[161] konkretisiert. Redaktionelle Änderungen hat § 15a WpHG schließlich durch das Gesetz zur Neuordnung des Pfandbriefrechts vom 22.5.2005[162] erfahren.

> **Hinweis:**
> Auch § 15a WpHG hat Änderungen aufgrund der Transparenzrichtlinie II[163] erfahren, deren Umsetzung in nationales Recht zum 20.1.2007 durch das Transparenzrichtlinie-Umsetzungsgesetzes erfolgt ist.[164] Wie bei der Ad-hoc-Publizität betreffen die Änderungen aber nicht die materiellen Voraussetzungen der Mitteilungspflicht, sondern lediglich den Kreis der veröffentlichungspflichtigen Emittenten und die Art und Weise der Veröffentlichung.

b) Funktion der Mitteilungspflicht

Im Zuge der erstmaligen gesetzlichen Statuierung einer Mitteilungspflicht bei directors' dealings hat der deutsche Gesetzgeber im Hinblick auf den Regelungsgrund ausgeführt, dass Geschäfte von Vorstands- und Aufsichtsratsmitgliedern mit Wertpapieren des eigenen Unternehmens problematisch seien, da sie dem Einwand der Ausnutzung eines Informationsvorsprungs ausgesetzt seien und ihnen aus diesem Grund auch Indikatorwirkung zugesprochen werde. Auf der anderen Seite hat auch der Gesetzgeber gesehen, dass eine Beteiligung von Führungskräften am Unternehmen – bspw. über Aktienoptionsprogramme – aufgrund des Motivationseffekts gerade erwünscht ist. Da der Gesetzgeber davon ausging, dass ein an Organmitglieder von börsennotierten Gesellschaften gerichtetes Verbot des Handels in Wertpapieren des eigenen Unternehmens unverhältnismäßig wäre, ist die Lösung des Konflikts in einer Offenlegungspflicht gesehen worden, die den Informationsvorsprung der Organmitglieder gegenüber dem Kapitalmarkt in gewissem Umfang ausgleichen soll (Stichwort „Kapitalmarkttransparenz").[165] Vor diesem Hintergrund hat der Gesetzgeber die Mitteilungspflicht für directors' dealings zutreffend in den Kontext der Vorschriften über den Insiderhandel gestellt. Als Gegenstück zu dem Verbot von Insidergeschäften nach § 14 WpHG, von dessen Einhaltung die Mitteilungspflicht selbstverständlich nicht suspendiert, enthält § 15a WpHG nun quasi eine Regelung für Konstellationen eines „zulässigen Insiderhandels".

78

---

159 Vgl. Fn. 14.
160 Zu den Änderungen des § 15a WpHG durch das AnSVG Pluskat, DB 2005, 1097; dies., BKR 2004, 467; Erkens, Der Konzern 2005, 29. Die Neufassung des Deutschen Corporate Governance Kodex vom 2.6.2005 berücksichtigt in Ziff. 6.6 nunmehr ebenfalls die durch das AnSVG geänderte Fassung des § 15a WpHG. Vgl. auch Sethe, in: Assmann/Schneider, Wertpapierhandelsgesetz, § 15a Rn. 126 ff.
161 Vgl. Fn. 15.
162 BGBl. 2005 I, S. 1373.
163 Vgl. Fn. 85.
164 Vgl. Fn. 86.
165 BT-Drucks. 14/8017, S. 87 f. Die Einschätzung des europäischen Gesetzgebers geht in die gleiche Richtung: Zu den directors' dealings wird in Erwägungsgrund 26 der Marktmissbrauchsrichtlinie (vgl. Fn. 14) ausgeführt, dass eine größere Transparenz der Geschäfte von Personen, die bei einem Emittenten Führungsaufgaben wahrnehmen, und ggf. der in enger Beziehung zu ihnen stehenden Personen eine Maßnahme zur Verhütung von Marktmissbrauch darstelle und dass die Bekanntgabe zumindest einzelner dieser Geschäfte eine wertvolle Information für die Anleger darstellen könne. Zur Funktion der Mitteilungspflicht bei directors' dealings vgl. auch Sethe, in: Assmann/Schneider, Wertpapierhandelsgesetz, § 15a Rn. 5 ff.; Zimmer, in: Schwark, Kapitalmarktrechts-Kommentar, § 15a WpHG Rn. 5 ff.; Schäfer, in: Marsch-Barner/Schäfer, Handbuch börsennotierte AG, § 15 Rn. 2; Kümpel/Veil, Wertpapierhandelsgesetz, 5. Teil Rn. 4.

2. Mitteilungspflichtige Tatbestände
a) Persönlicher Anwendungsbereich – Mitteilungspflichtige Personen
aa) Personen mit Führungsaufgaben

79 Die Mitteilungspflicht des § 15a Abs. 1 Satz 1 WpHG richtet sich zunächst an Personen, die bei einem Emittenten von Aktien **Führungsaufgaben** wahrnehmen.

Das Merkmal des Emittenten, bei dem die Personen mit Führungsaufgaben beschäftigt sein müssen, ist erfüllt, wenn

- die Aktien der Gesellschaft zum Handel an einem organisierten Markt im Inland, in der EU oder im Europäischen Wirtschaftsraum (EWR)[166] – in den letzten beiden Fällen aber nur bei Sitz der Gesellschaft im Inland[167] – zugelassen sind (vgl. § 15a Abs. 1 Satz 3 Nr. 1 und 2 WpHG),
- ein Antrag auf Zulassung der Aktien der Gesellschaft zum Handel an einem organisierten Markt im Inland, in der EU oder im EWR – in den letzten beiden Fällen aber nur bei Sitz der Gesellschaft im Inland – gestellt oder öffentlich angekündigt[168] worden ist (vgl. § 15a Abs. 1 Satz 4 WpHG).

> **Hinweis:**
>
> Die bloße Einbeziehung von Wertpapieren auf Antrag eines Handelsteilnehmers gemäß §§ 49 Abs. 1 Satz 1 2. Alt., 56 BörsG in den geregelten Markt oder gemäß § 57 BörsG in den Freiverkehr führt nicht zur Anwendbarkeit von § 15a WpHG. Insofern unterscheidet sich der Anwendungsbereich von § 15a WpHG von dem Verbot von Insidergeschäften nach § 14 WpHG und dem Verbot der Marktmanipulation nach § 20a WpHG.

80 Anders als § 15a WpHG a.F., der die Mitglieder des Vorstands und des Aufsichtsrats eines Emittenten einer Mitteilungspflicht unterwarf, ist der Kreis der Meldepflichtigen nunmehr mit „**Personen mit Führungsaufgaben**" umschrieben. Die **Definition** dieses Begriffs enthält § 15a Abs. 2 WpHG. Personen mit Führungsaufgaben sind hiernach persönlich haftende Gesellschafter oder Mitglieder eines Leitungs-, Verwaltungs- oder Aufsichtsorgans des Emittenten sowie sonstige Personen, die regelmäßig Zugang zu Insiderinformationen haben und zu wesentlichen unternehmerischen Entscheidungen ermächtigt sind.

Nicht anders als § 15a WpHG in seiner ursprünglichen Fassung betrifft die neugefasste Vorschrift damit vornehmlich Mitglieder des Vorstands und Aufsichtsrats einer AG, auf die die obige Emittentendefinition zutrifft. Was den Kreis der sonstigen Führungspersonen angeht, so steckt dahinter die Überlegung, die sog. top executives zu erfassen,[169] auch wenn sie – aufgrund unterschiedlicher Corporate Governance Strukturen in den verschiedenen Mitgliedstaaten der EU – nicht Mitglieder eines Organs des Emittenten sind. Die BaFin hat in ihrem Emittentenleitfaden zur Auslegung dieses Merkmals darauf hingewiesen,

---

166 Organisierte Märkte im Inland sind der amtliche und geregelte Markt der jeweiligen Wertpapierbörsen. Zu den organisierten Märkten der EU und des Europäischen Wirtschaftsraums (EWR) vgl. Fn. 23.
167 Emittentenleitfaden der BaFin, Ziff. V.1.1; Sethe, in: Assmann/Schneider, Wertpapierhandelsgesetz, § 15a Rn. 25. Soweit der Emittent seinen Sitz außerhalb der EU oder des EWR hat, seine Aktien aber an einem organisierten Markt in der EU oder dem EWR zugelassen sind, besteht die Meldepflicht gegenüber der BaFin nur, wenn bei der BaFin das jährliche Dokument gemäß § 10 WpPG hinterlegt wird (vgl. Emittentenleitfaden der BaFin, Ziff. V.1.1; Sethe, in: Assmann/Schneider, Wertpapierhandelsgesetz, § 15a Rn. 26).
168 Zum Merkmal der öffentlichen Ankündigung vgl. die Ausführungen unter Rn. 12.
169 Vgl. Sethe, in: Assmann/Schneider, Wertpapierhandelsgesetz, § 15a Rn. 27; Schäfer, in: Marsch-Barner/Schäfer, Handbuch börsennotierte AG, § 15 Rn. 5; Diekmann/Sustmann, NZG 2004, 929, 936 – jeweils unter Hinweis auf die entsprechende Empfehlung der Commission of European Securities Regulators (CESR): CESR's advice on the second level 2 implementing measures for the market abuse directive, abrufbar unter http://www.cesr-eu.org.

dass eine pauschale Bestimmung des erfassten Personenkreises nicht möglich sei.[170] Jedenfalls sei aber erforderlich, dass die betreffende Person unternehmerische Entscheidungen über zukünftige Entwicklungen und Geschäftsperspektiven des Emittenten treffen könne. Eine Mitteilungspflicht entstehe erst dann, wenn die betreffende Person strategische Entscheidungen für das Gesamtunternehmen treffen könne, ohne zuvor die Zustimmung des Vorstands einzuholen.[171] Vor diesem Hintergrund ist davon auszugehen, dass bei deutschen Aktiengesellschaften nur sehr wenige Personen von dieser Regelung betroffen sein werden;[172] zu denken ist insofern an Generalbevollmächtigte eines Emittenten oder Mitglieder eines sog. erweiterten Vorstands.

Auch Personen, die **Führungsaufgaben bei Tochter- oder Mutterunternehmen** des Emittenten wahrnehmen, fallen nicht in die Kategorie der sonstigen Führungspersonen, denn § 15a WpHG stellt gerade darauf ab, dass die Funktionen bei dem Emittenten selbst wahrgenommen werden.[173]

> **Hinweis:**
> Allein die Tatsache, dass eine sonstige Führungskraft in das von dem Emittenten gemäß § 15b WpHG zu führende Insiderverzeichnis aufgenommen ist, begründet noch keine Mitteilungspflicht dieser Person gemäß § 15a WpHG.[174]

bb) Personen in enger Beziehung zu einer Person mit Führungsaufgaben

In persönlicher Hinsicht erweitert wird die Mitteilungspflicht durch § 15a Abs. 1 Satz 2 WpHG, der bestimmt, dass meldepflichtig auch Personen sind, die mit einer Person mit Führungsaufgaben in einer engen Beziehung stehen.[175] Der Gesetzgeber will auf diese Weise verhindern, dass Wertpapiertransaktionen zur Vermeidung der Mitteilungspflicht über Personen vorgenommen werden, die dem originär Meldepflichtigen nahe stehen oder die er beeinflussen kann. Zu beachten ist, dass die Mitteilungspflicht die in enger Beziehung zu dem Meldepflichtigen stehenden Personen selbst und nicht etwa – im Wege der Zurechnung – die Führungsperson als originär Meldepflichtigen trifft. Die **Definition** der „**Person in enger Beziehung**" enthält § 15a Abs. 3 WpHG und erfasst sowohl natürliche Personen, zu denen die Führungsperson in einer familienrechtlichen Beziehung steht, als auch juristische Personen, Gesellschaften oder Einrichtungen, auf die die Führungsperson Einfluss ausüben kann.

81

(1) Natürliche Personen

Während § 15a WpHG a.F. Ehepartner, eingetragene Lebenspartner und Verwandte ersten Grades von Organmitgliedern einer Mitteilungspflicht unterwarf, wird der **Kreis der Familienangehörigen in § 15a Abs. 3 Satz 1 WpHG** nun wie folgt gefasst:

82

---

170 Emittentenleitfaden der BaFin, Ziff. V.1.2.1. Zustimmend: Kümpel/Veil, Wertpapierhandelsgesetz, 5. Teil Rn. 7.
171 Maßgeblich dürfte in diesem Zusammenhang nicht die Vertretungsmacht im Außenverhältnis, sondern die tatsächliche Kompetenz innerhalb des Unternehmens sein, die mit einem Wissensvorsprung – vergleichbar dem der Organmitglieder – verbunden ist. In diesem Sinn Spindler, NJW 2004, 3449, 3452; ähnlich: Kümpel/Veil, Wertpapierhandelsgesetz, 5. Teil Rn. 7.
172 Emittentenleitfaden der BaFin, Ziff. V.1.2.1; Sethe, in: Assmann/Schneider, Wertpapierhandelsgesetz, § 15a Rn. 27.
173 Emittentenleitfaden der BaFin, Ziff. V.1.2.1. Insofern ist der Kreis der mitteilungspflichtigen Personen durch das AnSVG gegenüber der ursprünglichen Fassung des § 15a WpHG auch in einem Punkt eingeschränkt worden: Organmitglieder von Mutterunternehmen des Emittenten sind nicht mehr erfasst, da ein solcher konzernweiter persönlicher Anwendungsbereich von der Marktmissbrauchsrichtlinie (vgl. Fn. 14) nicht gedeckt gewesen wäre.
174 Emittentenleitfaden der BaFin, Ziff. V.1.2.1; Sethe, in: Assmann/Schneider, Wertpapierhandelsgesetz, § 15a Rn. 34.
175 Zur Vornahme von Wertpapiergeschäften über Stellvertreter oder Vermögensverwalter ausführlich Sethe, in: Assmann/Schneider, Wertpapierhandelsgesetz, § 15a Rn. 73 ff.

- Ehepartner und eingetragene Lebenspartner,[176]
- unterhaltsberechtigte Kinder[177] und
- andere Verwandte, die mit der Person mit Führungsaufgaben zum Zeitpunkt des Abschlusses des meldepflichtigen Geschäfts seit mindestens einem Jahr in demselben Haushalt leben.[178]

Soweit Ehepartner, eingetragene Lebenspartner und unterhaltsberechtigte Kinder von der Regelung betroffen sind, ist es unerheblich, ob die familienrechtliche Beziehung „tatsächlich gelebt" wird. Bis zur Scheidung sind auch getrennt lebende Ehegatten erfasst, und im Verhältnis zu den Kindern kommt es lediglich darauf an, ob eine Unterhaltsverpflichtung nach dem Gesetz (in Deutschland gemäß den §§ 1601 ff. BGB) besteht, nicht aber darauf, ob tatsächlich Unterhalt geleistet wird. Auch spielt es keine Rolle, ob das Kind im Haushalt der Führungsperson lebt oder nicht.[179]

83 Anders verhält es sich bei den **„anderen Verwandten"**. Für diese wird eine Meldepflicht nur dann begründet, wenn sich das familienrechtliche Band in einem gemeinsamen Haushalt (i.S.e. Wohn- und Wirtschaftsgemeinschaft) seit einem Jahr manifestiert. Auf den Grad der Verwandtschaft kommt es dann nicht an.[180]

(2) Juristische Personen und sonstige Einrichtungen

84 § 15a WpHG a.F. enthielt keine Regelung für die Vornahme von Wertpapiergeschäften über eine Gesellschaft, d.h. bspw. schon ein Erwerb oder eine Veräußerung von Wertpapieren des Emittenten über eine GmbH, deren alleiniger Gesellschafter und Geschäftsführer ein Organmitglied des Emittenten war, war nach § 15a Abs. 1 WpHG a.F. **kein meldepflichtiger Tatbestand**.[181]

Mit der Neufassung des § 15a WpHG besteht diese Umgehungsgefahr nicht mehr. Nach § 15a Abs. 3 Satz 2 und 3 WpHG[182] trifft eine (abgeleitete) **Meldepflicht** nunmehr auch eine juristische Person, Gesellschaft oder Einrichtung,

- bei der eine Führungsperson oder ein Familienangehöriger (i.S.v. § 15a Abs. 3 Satz 1 WpHG) Führungsaufgaben wahrnimmt,

---

176 Hierzu Sethe, in: Assmann/Schneider, Wertpapierhandelsgesetz, § 15a Rn. 39 ff.
177 Hierzu Sethe, in: Assmann/Schneider, Wertpapierhandelsgesetz, § 15a Rn. 42.
178 Hierzu Sethe, in: Assmann/Schneider, Wertpapierhandelsgesetz, § 15a Rn. 43.
179 Emittentenleitfaden der BaFin, Ziff. V.1.2.1; Sethe, in: Assmann/Schneider, Wertpapierhandelsgesetz, § 15a Rn. 42.
180 Emittentenleitfaden der BaFin, Ziff. V.1.2.1 – Im Gegensatz zu § 15a WpHG a.F., der Verwandte ersten Grades generell einer Mitteilungspflicht unterwarf, sind die Eltern einer Person mit Führungsaufgaben und nicht unterhaltsberechtigte Kinder nach neuem Recht nicht mehr per se mitteilungspflichtig. Allerdings kann es sich bei ihnen um „andere Verwandte" i.S.d. § 15a Abs. 3 Satz 1 WpHG handeln. Eine Mitteilungspflicht wird daher ausgelöst, wenn Eltern oder nicht unterhaltsberechtigte Kinder mit der Person mit Führungsaufgaben seit über einem Jahr in demselben Haushalt leben.
181 Die BaFin hatte daher in ihrem RundSchreiben v. 5.9.2002 zu den Mitteilungs- und Veröffentlichungspflichten gemäß § 15a WpHG (Geschäftszeichen WA 22 – W 2320 – 1/2002) ausdrücklich klargestellt, dass Geschäfte eines Dritten auch dann nicht mitteilungspflichtig seien, wenn der Dritte wirtschaftlich für Rechnung der mitteilungspflichtigen Person handele oder die mitteilungspflichtige Person faktisch wirtschaftlichen Einfluss auf die Geschäfte des Dritten habe. Demgegenüber wurde im Schrifttum zum Teil vertreten, dass die Vorschrift jedenfalls in evidenten Umgehungsfällen zur Anwendung gelangen müsse. Vgl. Sethe, in: Assmann/Schneider, Wertpapierhandelsgesetz, § 15a Rn. 42.
182 Der Wortlaut der beiden Sätze wurde durch das Gesetz zur Neuordnung des Pfandbriefrechts vom 22.5.2005 (BGBl. 2005 I, S. 1373) redaktionell überarbeitet, da § 15a WpHG in der Fassung durch das AnSVG aufgrund der an dieser Stelle enthaltenen Verweise und verwandten Begriffe missverständlich war; vgl. Escher-Weingart/Hannich, NZG 2005, 922.

- die direkt oder indirekt von einer Führungsperson oder einem Familienangehörigen (i.S.v. § 15a Abs. 3 Satz 1 WpHG) kontrolliert wird,[183]
- die zu Gunsten einer Führungsperson oder einem Familienangehörigen (i.S.v. § 15a Abs. 3 Satz 1 WpHG) gegründet wurde oder
- deren wirtschaftliche Interessen weitgehend denen einer Führungsperson oder eines Familienangehörigen (i.S.v. § 15a Abs. 3 Satz 1 WpHG) entsprechen.

Allerdings ist der **Anwendungsbereich des § 15a WpHG** aufgrund der Neufassung **sehr weit** geraten, da bei einer streng wortlautgetreuen Anwendung der Vorschrift Fälle von § 15a WpHG erfasst wären, bei denen es offensichtlich keinen Sinn ergeben würde, eine Meldepflicht anzunehmen. Aus diesem Grund hat die BaFin bereits in dem Emittentenleitfaden zu erkennen gegeben, dass eine **teleologische Auslegung** der Bestimmung erforderlich sei, um eine unverhältnismäßige Ausweitung der Mitteilungspflicht zu verhindern und lediglich die Sachverhalte zu erfassen, die aufgrund der europarechtlichen Vorgaben erfasst werden sollen.[184]

Bspw. ließe sich unter § 15a Abs. 3 Satz 2 WpHG auch der Emittent selbst subsumieren, wenn er eigene Aktien erwirbt, denn der Vorstand nimmt bei der Gesellschaft, bei der er angestellt ist, selbstredend Führungsaufgaben wahr. Da ein solches Verständnis aber auf einen Zirkelschluss hinausliefe, hat die BaFin klargestellt, dass der Emittent selbst im Rahmen von § 15a WpHG als Meldepflichtiger nicht in Betracht komme.[185]

Im Übrigen ist bei der Vornahme von Geschäften durch Gesellschaften zu fragen, ob die Führungsperson oder die natürliche Person, die zu der Führungsperson in enger Beziehung steht, selbst **durch den Erwerb von Finanzinstrumenten** seitens dieser Gesellschaft **profitieren** kann und damit eine Umgehungsmöglichkeit besteht. Dahinter steckt die Überlegung, dass nach dem Sinn und Zweck der Vorschrift nur Geschäfte solcher Gesellschaften erfasst werden sollen, bei denen die natürliche Person die Möglichkeit hat, sich einen wirtschaftlichen Vorteil zu sichern. In den hier in Rede stehenden Konstellationen ist daher über die gesetzlichen Voraussetzungen der genannten Fallgruppen[186] hinaus zu prüfen, ob die Führungsperson oder die natürliche Person, die zu der Führungsperson in enger Beziehung steht, wirtschaftlich in nennenswerter Weise „Anteil" an der Gesellschaft nimmt. Nach Auffassung der BaFin kann dies der Fall sein, wenn die betreffende Person an der Gesellschaft mit mindestens 50 % beteiligt ist, ihr mindestens 50 % der Stimmrechte zustehen oder mindestens 50 % der Gewinne zugerechnet werden.[187]

b) Sachlicher Anwendungsbereich – Mitteilungspflichtige Geschäfte

Mitteilungspflichtig sind nach der **Neufassung des § 15a WpHG** durch das AnSVG „eigene Geschäfte mit Aktien des Emittenten oder sich darauf beziehende Finanzinstrumente, insb. Derivate".

---

[183] Direkte oder indirekte Kontrolle ist regelmäßig zu bejahen, wenn die Mehrheit der Stimmrechte oder Geschäftsanteile gehalten wird oder ein Beherrschungs- und Gewinnabführungsvertrag besteht. Insofern können die Begriffsbestimmungen von Mutter- und Tochterunternehmen aus § 290 Abs. 2 HGB herangezogen werden (vgl. auch den Verweis in § 22 Abs. 3 WpHG).

[184] Emittentenleitfaden der BaFin, Ziff. V.1.2.3 bis V.1.2.7; zustimmend: Sethe, in: Assmann/Schneider, Wertpapierhandelsgesetz, § 15a Rn. 48 f.

[185] Emittentenleitfaden der BaFin, Ziff. V.1.2.4; Sethe, in: Assmann/Schneider, Wertpapierhandelsgesetz, § 15a Rn. 47.

[186] Vgl. oben: Wahrnehmung von Führungsaufgaben in der Gesellschaft durch die Führungsperson (bzw. eine Person in enger Beziehung), direkte oder indirekte Kontrolle der Gesellschaft durch die Führungsperson (bzw. eine Person in enger Beziehung), Gründung der Gesellschaft zugunsten der Führungsperson (bzw. einer Person in enger Beziehung) oder Gleichlauf der Interessen mit denen der Führungsperson (bzw. einer Person in enger Beziehung).

[187] Emittentenleitfaden der BaFin, Ziff. V.1.2.6 mit Beispielen unter Ziff. V.1.2.7; zustimmend: Sethe, in: Assmann/Schneider, Wertpapierhandelsgesetz, § 15a Rn. 48 f.; gegen die von der BaFin vorgenommene restriktive Auslegung Kümpel/Veil, Wertpapierhandelsgesetz, 5. Teil Rn. 12; für eine einschränkende Auslegung der Bestimmung bei Doppelmandaten dagegen auch Erkens, Der Konzern 2005, 29, 34.

aa) Erfasste Finanzinstrumente

88 Der Anwendungsbereich der Vorschrift ist zunächst bei Geschäften mit Aktien des Emittenten eröffnet. Erfasst sind dabei alle vom Emittenten ausgegebenen Aktien, ohne dass es darauf ankommt, ob die Aktien zum Börsenhandel zugelassen sind oder nicht.[188] In der zweiten Alternative stellt § 15a Abs. 1 Satz 1 WpHG auf Geschäfte mit Finanzinstrumenten ab. Der **Begriff des Finanzinstruments** ist durch das AnSVG neu in das WpHG eingeführt worden und in § 2 Abs. 2b WpHG **legaldefiniert**.[189]

Anders als nach § 15a Abs. 1 Satz 1 Nr. 2 WpHG a.F. ist für die Einbeziehung von Derivaten nicht mehr erforderlich, dass der Preis des Finanzinstruments unmittelbar vom Börsenpreis der Aktie des Emittenten abhängt. Auch ein mittelbarer Bezug ist ausreichend. Um den Anwendungsbereich der Vorschrift an dieser Stelle aber nicht zu überdehnen, hat die BaFin in dem Emittentenleitfaden ausgeführt, dass der Preis zumindest überwiegend von dem der Aktie des Emittenten abhängen müsse. Als maßgeblich will die BaFin an dieser Stelle eine Schwelle von 50 % ansehen, d.h. der Erwerb einer Option oder eines Zertifikates auf einen Basket, in dem die Aktie des Emittenten ein Gewicht von mehr als 50 % hat, wäre im Rahmen von § 15a WpHG mitteilungspflichtig.[190]

bb) Erfasste Geschäftsarten

89 Im Gegensatz zu § 15a Abs. 1 Satz 1 Nr. 1 WpHG a.F., der auf den Erwerb oder die Veräußerung von Aktien des Emittenten, von anderen Wertpapieren oder sonstigen Rechten mit Umtausch- oder Optionsrechten (jeweils bezogen auf Aktien des Emittenten) abstellte, wird die **Art des Geschäfts nun nicht mehr näher konkretisiert**. Mitteilungspflichtig sind damit alle Geschäfte, die auf eine rechtsgeschäftliche Verfügung hinauslaufen, wobei allerdings Schenkungen vom Sinn und Zweck der Regelung – und im Einklang mit der Auffassung der BaFin[191] – ausgenommen werden müssen. Ein Erwerb von Finanzinstrumenten im Weg des Erbgangs begründet ebenfalls keine Mitteilungspflicht, da es hier an der Vornahme eines Geschäfts durch den Erben fehlt.[192]

Was den **Zeitpunkt der Mitteilungspflicht** angeht, so war auf der Grundlage von § 15a WpHG a.F. umstritten, ob mit Erwerb und Veräußerung das dingliche Vollzugsgeschäft gemeint war oder ob die Begriffe auf das schuldrechtliche Verpflichtungsgeschäft abstellten.[193] Nach Sinn und Zweck der Mitteilungspflicht bei directors' dealings, eine frühest mögliche Information des Kapitalmarkts zu erreichen, sprachen bereits nach altem Recht die besseren Argumente dafür, das schuldrechtliche Verpflichtungsgeschäft als maßgeblich zu erachten. Das entsprach auch dem Verständnis der BaFin.[194] Hieran hat sich durch die Neufassung des § 15a WpHG nichts geändert: Die Frist von fünf Werktagen für die Mitteilung von eigenen Geschäften gegenüber dem Emittenten und der BaFin wird durch den Abschluss des Verpflichtungsgeschäfts in Lauf gesetzt.[195] Bei Vornahme des dinglichen Erfüllungsgeschäfts zu einem späteren Zeitpunkt bedarf es dann keiner weiteren Mitteilung.

---

188 Emittentenleitfaden der BaFin, Ziff. V.2.1; Sethe, in: Assmann/Schneider, Wertpapierhandelsgesetz, § 15a Rn. 53.
189 Vgl. hierzu oben unter Rn. 11.
190 Emittentenleitfaden der BaFin, Ziff. V.2.1; zustimmend: Sethe, in: Assmann/Schneider, Wertpapierhandelsgesetz, § 15a Rn. 57.
191 Emittentenleitfaden der BaFin, Ziff. V.2.2; a.A.: demgegenüber Sethe, in: Assmann/Schneider, Wertpapierhandelsgesetz, § 15a Rn. 65 f.
192 Emittentenleitfaden der BaFin, Ziff. V.2.2; Sethe, in: Assmann/Schneider, Wertpapierhandelsgesetz, § 15a Rn. 67.
193 Vgl. zum Meinungsstand Sethe, in: Assmann/Schneider, Wertpapierhandelsgesetz, § 15a Rn. 58; Zimmer, in: Schwark, Kapitalmarktrechts-Kommentar, § 15a WpHG Rn. 25.
194 Vgl. das Rundschreiben der BaFin vom 5.9.2002 zu den Mitteilungs- und Veröffentlichungspflichten gemäß § 15a WpHG (Geschäftszeichen WA 22 – W 2320 – 1/2002).
195 Emittentenleitfaden der BaFin, Ziff. V.2.7.; ebenso Kümpel/Veil, Wertpapierhandelsgesetz, 5. Teil Rn. 16.

cc) Behandlung von Aktienoptionsprogrammen

Seit In-Kraft-Treten des § 15a WpHG ist die **Behandlung der Gewährung von Aktienoptionen und deren Ausübung** im Rahmen von Aktienoptionsprogrammen für Führungskräfte umstritten gewesen. Dabei wurden in diesem Zusammenhang vor allem zwei Fragen diskutiert. Zum einen stellte sich die Frage, zu welchem Zeitpunkt – Gewährung der Option, Aktienerwerb infolge Ausübung der Option, Veräußerung der erworbenen Aktien – ggf. eine Mitteilungspflicht bestand.[196] Zum anderen bestand Streit, ob der Anwendungsbereich des § 15a WpHG auch bei virtuellen Aktienoptionen, sog. stock appreciation rights oder phantom stocks, eröffnet ist.[197] Obwohl § 15a WpHG in der Neufassung durch das AnSVG zu beiden Fragen keine eindeutigen Antworten enthält, hat sich für die Praxis eine weitgehende Klärung dadurch ergeben, dass die BaFin beide Aspekte in ihrem Emittentenleitfaden aufgegriffen hat.

90

(1) Herkömmliche Aktienoptionsprogramme

Gestützt auf Erwägungsgrund 26 der Marktmissbrauchsrichtlinie, gelangt die BaFin zu dem Ergebnis, dass sowohl der Erwerb bzw. die Gewährung als auch die Ausübung von Finanzinstrumenten auf arbeitsvertraglicher Grundlage oder als Vergütungsbestandteil von der Mitteilungspflicht des § 15a WpHG ausgenommen seien, da es sich – aufgrund der außerbörslichen und zumeist langfristig festgelegten Vereinbarung zwischen Emittent und Führungskraft – um keinen Sachverhalt handele, der ein marktmissbräuchliches Verhalten begründen könne.[198] Dieses Verständnis ist ausdrücklich zu begrüßen. Zum einen wird auf diese Weise verhindert, dass ein einheitlicher Sachverhalt – Gewährung und Ausübung von Aktienoptionen auf arbeitsvertraglicher Grundlage oder als Vergütungsbestandteil – auseinander gerissen wird. Zum anderen erfolgt die Ausübung der Option und damit der Aktienerwerb nach Maßgabe der Optionsbedingungen regelmäßig zu einem bestimmten Zeitpunkt oder innerhalb eines bestimmten Zeitfensters, ohne dass der Berechtigte hierauf Einfluss hat. Schon aus diesem Grund kann der Ausübung der Option eine Indikatorwirkung, die eine Mitteilungspflicht nach Sinn und Zweck des § 15a WpHG rechtfertigen würde, nicht zugesprochen werden.[199]

91

> **Hinweis:**
> Eine Mitteilungspflicht besteht dagegen uneingeschränkt, wenn eine Führungsperson Aktien, die sie auf arbeitsvertraglicher Grundlage oder als Vergütungsbestandteil erworben hat, wieder veräußert.[200]

---

196 Vgl. zum Meinungsstand Sethe, in: Assmann/Schneider, Wertpapierhandelsgesetz, § 15a Rn. 71; Zimmer, in: Schwark, Kapitalmarktrechts-Kommentar, § 15a WpHG Rn. 29.

197 Vgl. zum Meinungsstand Sethe, in: Assmann/Schneider, Wertpapierhandelsgesetz, § 15a Rn. 72.

198 Emittentenleitfaden der BaFin, Ziff. V.2.2; zustimmend: Sethe, in: Assmann/Schneider, Wertpapierhandelsgesetz, § 15a Rn. 70. Nach § 15a Abs. 1 Satz 3 WpHG a.F. bestand eine Mitteilungspflicht nicht, wenn der Erwerb auf arbeitsvertraglicher Grundlage oder als Vergütungsbestandteil erfolgte. Anknüpfend an eine Aussage in dem Bericht des Finanzausschusses vom 21.3.2002 (BT-Drucks. 14/8601, S. 19) hatte die BaFin in ihrem Rundschreiben v. 5.9.2002 zu den Mitteilungs- und Veröffentlichungspflichten gemäß § 15a WpHG (Geschäftszeichen WA 22 – W 2320 – 1/2002) im Hinblick auf die Reichweite dieses Ausnahmetatbestands die Auffassung vertreten, dass lediglich der Erwerb der Aktienoption, nicht aber der nachfolgende Aktienerwerb infolge der Ausübung der Option auf arbeitsvertraglicher Grundlage erfolge, so dass nur der Erwerb der Aktienoption, nicht aber deren Ausübung von der Mitteilungspflicht freigestellt sei (kritisch hierzu statt vieler Sethe, in: Assmann/Schneider, Wertpapierhandelsgesetz, § 15a Rn. 71). Der Vergleich von alter und neuer Rechtslage mutet insofern etwas paradox an. Obwohl der vormals gesetzlich ausdrücklich geregelte Ausnahmetatbestand „Erwerb auf arbeitsvertraglicher Grundlage" entfallen ist, stellt sich die jetzige Rechtslage für die Praxis aufgrund der von der BaFin vorgenommenen teleologischen Auslegung der Bestimmung weniger reglementiert dar als auf der Grundlage von § 15 Abs. 1 Satz 3 WpHG a.F.

199 Aus diesem Grund geht die BaFin im Hinblick auf das Insiderhandelsverbot des § 14 Abs. 1 Nr. 1 WpHG davon aus, dass es jedenfalls bei einer automatischen Zuteilung von Aktien nach Ablauf des Programms, selbst wenn der Begünstigte zu diesem Zeitpunkt über eine Insiderinformation verfügt, an einem „Verwenden" dieser Insiderinformation i.S.d. Bestimmung fehlt, vgl. Emittentenleitfaden der BaFin, Ziff. III.2.2.1.3.

200 Emittentenleitfaden der BaFin, Ziff. V.2.2; Sethe, in: Assmann/Schneider, Wertpapierhandelsgesetz, § 15a Rn. 70. Hierüber bestand auch nach § 15a WpHG a.F. kein Streit.

> Eine solche Veräußerung hat keine arbeitsvertragliche Grundlage mehr, so dass keine Veranlassung besteht, von einer Offenlegung der Transaktion gegenüber dem Kapitalmarkt abzusehen.

(2) Virtuelle Aktienoptionsprogramme

92 Aufgrund der Einbeziehung von Derivaten, deren Preis unmittelbar oder mittelbar von dem Börsenpreis von Wertpapieren abhängt (vgl. § 15a Abs. 1 Satz 1 WpHG i.V.m. § 2 Abs. 2 WpHG), ist umstritten, ob in den Anwendungsbereich der Mitteilungspflicht bei directors' dealings auch Optionen einbezogen werden müssen, bei denen der Begünstigte ausschließlich eine Barzahlung erhält. Dieser Auffassung hatte die BaFin zunächst zugeneigt und in dem im Dezember 2004 veröffentlichten Entwurf des Emittentenleitfadens noch die Auffassung vertreten, dass auch im Rahmen von Bonusprogrammen gewährte Wertsteigerungsrechte (sog. stock appreciation rights – SAR) oder Phantom-Aktien (phantom stocks) von der Mitteilungspflicht erfasst seien.[201]

Solche virtuellen Aktienoptionsprogramme gewähren in ihrer einfachsten Form das Recht auf den Differenzausgleich in Geld zwischen dem Aktienkurs im Zeitpunkt ihrer Einräumung und dem Aktienkurs im Zeitpunkt der Ausübung. Anders als Aktienoptionen berechtigen sie nicht zum Bezug von Mitgliedschaftsrechten, sondern stellen lediglich schuldrechtliche Nachbildungen von Optionsrechten dar. Der Sache nach handelt es sich damit um eine **börsenkursorientierte Tantieme**. Vor diesem Hintergrund war die Einbeziehung solcher cash-basierter Wertsteigerungsrechte in den Anwendungsbereich des § 15a WpHG in der Praxis kritisiert worden. Es wurde darauf hingewiesen, dass es sich bei solchen Bonusprogrammen um Geschäfte ausschließlich im Verhältnis zwischen der Gesellschaft (vertreten durch den Aufsichtsrat) und dem Vorstand bzw. zwischen der Gesellschaft (vertreten durch den Vorstand) und Mitarbeitern der Gesellschaft ohne Außenwirkung auf den Markt handele und die Gewährung von Wertsteigerungsrechten oder Phantom-Aktien außerdem auf der Grundlage des bestehenden Anstellungsvertrags oder aufgrund einzelvertraglicher Vereinbarung zwischen dem Unternehmen und dem Begünstigten erfolge. Aus diesem Grund sei der Schutzzweck des § 15a WpHG nicht tangiert, da dem in Rede stehenden Geschäft eine Indikatorwirkung überhaupt nicht beigemessen werden könne.

93 Die auf diese Weise im Rahmen von zahlreichen Stellungnahmen zu dem Entwurf des Emittentenleitfadens zu Recht geäußerte Kritik hat bei der BaFin offenbar Gehör gefunden. In dem im Juli 2005 veröffentlichten Emittentenleitfaden ist nicht mehr die Rede davon, dass auch virtuelle Aktienoptionen in den Anwendungsbereich des § 15a WpHG fallen könnten. Ebenso stellen Wertsteigerungsrechte, stock appreciation rights und phantom stocks nach Auffassung der BaFin **keine Insiderpapiere** gemäß § 12 WpHG dar, da sie nicht den Finanzinstrumenten zuzurechnen seien.[202]

c) Ausnahmen von der Mitteilungspflicht

94 Nach § 15a Abs. 1 Satz 5 WpHG besteht keine Mitteilungspflicht, solange die Gesamtsumme der Geschäfte einer Person mit Führungsaufgaben und der mit dieser Person in einer engen Beziehung stehenden Person insgesamt einen Betrag von 5.000 € bis zum Ende des Kalenderjahres nicht erreicht.[203] Für die Frage, ob die Befreiung von der Mitteilungspflicht (noch) in Anspruch genommen werden kann, sind daher nach dem oben Gesagten die Geschäfte von vier Personenkreisen im Auge zu behalten:

---

201 Entwurf des Emittentenleitfadens der BaFin vom 22.12.2004, Ziff. VI.2.1.

202 Emittentenleitfaden der BaFin, Ziff. III.1.3 – Demgegenüber geht Sethe, in: Assmann/Schneider, Wertpapierhandelsgesetz, § 15a Rn. 56 und 71 davon aus, dass es sich bei stock appreciation rights um Derivate i.S.d. § 12 WpHG handele, mit der Folge, dass zwar nicht der Erwerb auf arbeitsvertraglicher Grundlage, wohl aber die Ausübung mitteilungspflichtig sei, da die Erklärung gegenüber dem Emittenten, den Barausgleich zu verlangen, den Verkauf der virtuellen Aktien darstelle.

203 Die Reichweite der Bagatellgrenze ist im Rahmen der Neufassung des § 15a WpHG durch das AnSVG erheblich eingeschränkt worden. Nach § 15a Abs. 1 Satz 4 WpHG a.F. bestand keine Mitteilungspflicht für den Fall, dass die Gesamtzahl der von dem Meldepflichtigen innerhalb von 30 Tagen getätigten Geschäfte 25.000 € nicht überstieg.

- die von der Person mit Führungsaufgaben selbst vorgenommenen Geschäfte,
- die Geschäfte von natürlichen Personen in enger Beziehung zur Person mit Führungsaufgaben (§ 15a Abs. 3 Satz 1 WpHG),
- die Geschäfte von juristischen Personen, Gesellschaften oder Einrichtungen, bei denen die Person mit Führungsaufgaben oder eine zu ihr in enger Beziehung stehende natürliche Person Führungsaufgaben wahrnimmt (§ 15a Abs. 3 Satz 2 WpHG) und
- die Geschäfte von juristischen Personen, Gesellschaften oder Einrichtungen, die direkt oder indirekt von einer solchen Person kontrolliert werden, die zu Gunsten einer solchen Person gegründet wurden oder deren wirtschaftliche Interessen weitgehend einer solchen Person entsprechen (§ 15a Abs. 3 Satz 3 WpHG).

Das Abstellen auf die Gesamtsumme der von den vorgenannten Personen getätigten Geschäfte hat zur Folge, dass alle Geschäfte **nachträglich gemeldet** werden müssen, sobald die **Bagatellgrenze** innerhalb eines Kalenderjahres durch eine Person überschritten wird.

> **Hinweis:**
>
> Nach Auffassung der BaFin bestehen keine Bedenken, wenn von vornherein Geschäfte mitgeteilt werden, die unterhalb der Bagatellgrenze von 5.000 € liegen.[204] Auf diese Weise kann vermieden werden, dass etwaige Kommunikationsprobleme zwischen den Personen, die vom Gesetz wirtschaftlich zu einem Meldepflichtigen verschmolzen werden, zu einer unberechtigten Inanspruchnahme der Bagatellgrenze und damit zu einem bußgeldbewehrten Verstoß gegen die Meldepflicht nach § 15a WpHG führen.[205]

3. Form und Frist sowie Inhalt der Mitteilung

Inhalt und Form der Mitteilung des Meldepflichtigen – sowie im Übrigen Inhalt und Art der von dem Emittenten vorzunehmenden Veröffentlichung – sind in den §§ 10 – 13a WpAIV näher konkretisiert worden.

a) Form und Frist der Mitteilung

Nach § 15a Abs. 1 Satz 1 WpHG hat die Mitteilung über die Vornahme eines Geschäfts mit Finanzinstrumenten des Emittenten gegenüber dem Emittenten und der BaFin innerhalb von **fünf Werktagen** zu erfolgen. Maßgebend ist – wie oben ausgeführt – der Abschluss des schuldrechtlichen Verpflichtungsgeschäfts.

Bei **bedingten Geschäften** ist zwischen auflösenden und aufschiebenden Bedingungen zu unterscheiden. Geschäfte, die unter einer auflösenden Bedingung geschlossen werden, sind zunächst wie bedingungslose zu behandeln und daher mitzuteilen. Tritt die auflösende Bedingung ein, ist eine erneute Mitteilung gegenüber dem Emittenten und der BaFin erforderlich und der Emittent hat die bereits erfolgte Veröffentlichung zu korrigieren.[206] Erfolgt der Abschluss des Geschäfts unter einer aufschiebenden Bedingung, kommt es für den Zeitpunkt der Mitteilungspflicht darauf an, von wem der Bedingungseintritt herbeigeführt werden kann. Nur wenn der Eintritt der aufschiebenden Bedingung ausschließlich in der Hand des Mitteilungspflichtigen liegt, entsteht die Mitteilungspflicht bereits mit Abschluss des Geschäfts, in allen

---

204 Emittentenleitfaden der BaFin, Ziff. V.2.3.
205 Kritisch zur Neuregelung der Bagatellgrenze Sethe, in: Assmann/Schneider, Wertpapierhandelsgesetz, § 15a Rn. 82; Erkens, Der Konzern 2005, 29, 35.
206 Emittentenleitfaden der BaFin, Ziff. V.3.6.7.1; demgegenüber differenzierend – je nach dem, ob eine Potestativbedingung vorliegt – Sethe, in: Assmann/Schneider, Wertpapierhandelsgesetz, § 15a Rn. 61.

99 Auf der **Internetseite der BaFin** ist ein Vordruck für Mitteilungen über Geschäfte von Führungspersonen nach § 15a WpHG abrufbar.[208] Eine Übersendung der Mitteilung an die BaFin per Telefax ist ausreichend.[209] Lediglich auf Verlangen der BaFin ist eine eigenhändig unterschriebene Anzeige auf dem Postweg nachzureichen (vgl. § 11 Abs. 1 Satz 2 WpAIV).

Zu Beginn: anderen Fällen erst zum Zeitpunkt des Eintritts der Bedingung, der dann auch als Datum des Geschäftsabschlusses anzugeben ist.[207]

b) Inhalt der Mitteilung

100 Der genaue Inhalt der Mitteilung ist in § 10 WpAIV konkretisiert worden und spiegelt sich in dem von der BaFin zur Verfügung gestellten Formular einschließlich der Anlage, in der Angaben zur Transaktion zu machen sind, wider.[210] Lediglich mit Blick auf die nach § 10 Nr. 6 lit. c) WpAIV erforderliche **Angabe des Preises** ist auf zwei Sonderfälle hinzuweisen:

- In einigen Fällen erscheint es möglich, dass der Preis nicht in einem aussagefähigen Euro-Betrag angegeben werden kann, z.B. bei der Übertragung von Finanzinstrumenten an eine Gesellschaft gegen Gewährung von Gesellschaftsanteilen der Fall sein. Die BaFin lässt insofern zu, dass der Preis mit „nicht bezifferbar" angegeben wird, sofern die Mitteilung um eine zusätzliche Erläuterung ergänzt wird.[211]
- Im Fall eines Tauschgeschäfts sind die von dem Mitteilungspflichtigen gewährten Aktien als Gegenleistung anzugeben, d.h. bei einem Aktientausch von Aktien des Emittenten A gegen Aktien des Emittenten B im Verhältnis 1:2 wäre entweder der Kauf von zwei Aktien des Emittenten B oder der Verkauf von 0,5 Aktien des Emittenten A mitzuteilen, wobei es sich bei der Aktienanzahl um den Preis und bei der Aktie an sich um die Währung handeln würde. Darüber hinaus sollte die Transaktion kurz erläutert werden.[212]

4. Veröffentlichung der Mitteilung durch den Emittenten

101 Gemäß § 15a Abs. 4 Satz 1 WpHG ist der Inlandsemittent verpflichtet, Mitteilungen nach § 15a Abs. 1 WpHG **unverzüglich** zu veröffentlichen, der BaFin die Veröffentlichung mitzuteilen und die Veröffentlichung dem Unternehmensregister i.S.d. § 8b HGB zur Speicherung zu übermitteln.[213]

> **Hinweis:**
> Um zu verhindern, dass grenzüberschreitend agierende Emittenten die gleichen Transparenzpflichten in mehreren Mitgliedstaaten erfüllen müssen, knüpft auch die Veröffentlichungspflicht des § 15a Abs. 4 Satz 1 WpHG aufgrund des Transparenzrichtlinie-Umsetzungsgesetzes nunmehr an die Eigenschaft als Inlandsemittent i.S.v. § 2 Abs. 7 WpHG an.[214]

Ausweislich des Gesetzeswortlauts besteht eine Veröffentlichungspflicht damit nur, wenn der Gesellschaft zuvor eine entsprechende Mitteilung einer mitteilungspflichtigen Person zugeht. Erfährt die Gesellschaft auf andere Weise von einer Wertpapiertransaktion i.S.d. § 15a WpHG besteht im Umkehrschluss keine Veröffentlichungspflicht.[215] Die Veröffentlichung einer Mitteilung nach § 15a WpHG ist von dem Emit-

---

207 Emittentenleitfaden der BaFin, Ziff. V.3.6.7.2; für die Vornahme der Mitteilung stets bei Abschluss des fraglichen Geschäfts demgegenüber Sethe, in: Assmann/Schneider, Wertpapierhandelsgesetz, § 15a Rn. 60.
208 Http://www.bafin.de/formular/melde_wphg.doc. – Erläuterungen zu dem Mitteilungsformular finden sich unter: http://www.bafin.de/formular/melde_wphg_erl.htm. Weitere Informationen und Auslegungshinweise enthält der Emittentenleitfaden der BaFin, Ziff. V.2.6.
209 Die zu diesem Zweck von der BaFin eigens eingerichtete Fax-Nummer lautet: 0228/4108-62963.
210 Vgl. zum erforderlichen Inhalt der Mitteilung auch Emittentenleitfaden der BaFin, Ziff. V.2.6.
211 Emittentenleitfaden der BaFin, Ziff. V.3.6.5.1.
212 Emittentenleitfaden der BaFin, Ziff. V.3.6.5.2.
213 Vgl. hierzu Rn. 45.
214 Vgl. hierzu Rn. 54.
215 Sethe, in: Assmann/Schneider, Wertpapierhandelsgesetz, § 15a Rn. 97; Bednarz, AG 2005, 835.

tenten unverzüglich vorzunehmen, was nach Auffassung der BaFin bedeutet, dass die Veröffentlichung im Regelfall spätestens ab dem auf die Mitteilung folgenden Arbeitstag auf der Internetseite verfügbar sein sollte.[216]

> **Hinweis:**
>
> Sämtliche Veröffentlichungen der Gesellschaft nach § 15a WpHG sind vom Emittenten in das gemäß § 10 WpPG nach Ablauf des Geschäftsjahres zu veröffentlichende, sog. jährliche Dokument aufzunehmen.

a) Art der Veröffentlichung

Nach § 13 WpAIV a.F. sollte die Veröffentlichung der Mitteilung im Regelfall im Internet auf der **Homepage des Emittenten** erfolgen und dort für die Dauer von **mindestens einem Monat** abrufbar sein. Auf der Startseite der Homepage sollte ein deutlich erkennbarer Hinweis zu der Veröffentlichung führen. Die BaFin empfahl in diesem Zusammenhang die Einrichtung einer Rubrik „directors' dealings".[217]

102

> **Hinweis:**
>
> Die Veröffentlichung der Mitteilung bestimmt sich nunmehr nach den allgemeinen Vorgaben, die nach Umsetzung der Transparenzrichtlinie II für die Veröffentlichung von Kapitalmarktinformationen in den §§ 3a, 3b WpAIV vorgesehen sind.[218] § 13 WpAIV bestimmt insofern lediglich, dass die BaFin zusätzlich eine Veröffentlichung auf ihrer Internetseite vornehmen kann. Gemäß § 3a Abs. 1 WpAIV sind Informationen solchen Medien zur Veröffentlichung zuzuleiten, bei denen davon auszugehen ist, dass sie die Information in der gesamten EU und in den übrigen Vertragsstaaten des EWR verbreiten. Aus der Begründung des Regierungsentwurfs zu dieser Vorschrift folgt, dass der Emittent dazu ein Bündel unterschiedlicher Medien nutzen muss. Die Zahl der unterschiedlichen Medienarten und der eingesetzten Medien einer Medienart soll sich nach den Besonderheiten des Einzelfalls richten, zu denen insb. die Aktionärsstruktur des Emittenten sowie Zahl und Ort seiner Börsenzulassungen gehören. Regelmäßig – so die Gesetzesbegründung – gehören zu einem solchen Medienkanal mindestens ein elektronisch betriebenes Informationsverbreitungssystem, das bei Kreditinstituten, nach § 53 Abs. 1 Satz 1 KWG tätigen Unternehmen, anderen Unternehmen, die ihren Sitz im Inland haben und an einer inländischen Börse zur Teilnahme am Handel zugelassen sind, und Versicherungsunternehmen weit verbreitet ist, weiterhin News Provider, Nachrichtenagenturen, die jeweils wichtigsten Printmedien auf nationaler und europäischer Ebene sowie entsprechende Internetseiten für den Finanzmarkt. Gemäß § 3a Abs. 2 Nr. 1 WpAIV ist bei der Veröffentlichung der Information durch Medien zu gewährleisten, dass die Information von Medien empfangen wird, zu den auch solche gehören müssen, die die Information so rasch und so zeitlich wie möglich in allen Mitgliedstaaten der EU und in den übrigen Vertragsstaaten des EWR aktiv verbreiten können. Zur Erfüllung dieser Pflichten kann sich der Emittent der Hilfe professioneller Dienstleister wie zum Beispiel der DGAP Deutsche Gesellschaft für Ad-hoc-Publizität mbH bedienen, die ihr Leistungsspektrum bereits den neuen gesetzlichen Vorgaben angepasst haben.
>
> Sofern die Aktien des Inlandsemittenten lediglich im Inland zum Börsenhandel zugelassen sind, ist der Emittent nach § 3b Abs. 2 WpAIV verpflichtet, die Mitteilung in deutscher Sprache zu veröffentlichen. Bei gleichzeitiger Börsenzulassung in einem anderen Mitgliedstaat der EU oder in einem anderen Vertragsstaat des EWR kann die Veröffentlichung grds. auf deutsch oder englisch erfolgen.

---

216 Emittentenleitfaden der BaFin, Ziff. V.3.1.
217 Emittentenleitfaden der BaFin, Ziff. V.3.1 – Sofern der Emittent über keinen Internetauftritt verfügte, war die Veröffentlichung gemäß § 13 Abs. 1 Satz 3 WpAIV a.F. in einem überregionalen Börsenpflichtblatt vorzunehmen.
218 Hierzu Pirner/Lebherz, AG 2007, 19, 21 ff.

103 Gemäß § 15a Abs. 4 Satz 2 WpHG a.F. war der BaFin unverzüglich ein **Beleg** über die erfolgte Veröffentlichung zu übersenden.

> **Hinweis:**
> Die Verpflichtung zur Übersendung der Veröffentlichung ist mit der Umsetzung der Transparenzrichtlinie II entfallen. Vielmehr hat der Inlandsemittent – wie oben bereits erwähnt – der BaFin lediglich die Veröffentlichung nach Maßgabe von §§ 13, 13c WpAIV mitzuteilen.

b) Inhalt der Veröffentlichung

104 Der Inhalt der von dem Emittenten vorzunehmenden Veröffentlichung ist in § 12 WpAIV konkretisiert. Die Veröffentlichung muss nicht alle Daten der Mitteilung enthalten, da dort auch sensible personenbezogene Daten enthalten sind.[219]

5. Rechtsfolgen bei Verletzung der Mitteilungs- bzw. Veröffentlichungspflichten

a) Ahndung als Ordnungswidrigkeit

105 Vorsätzliche oder leichtfertige Verstöße gegen die von § 15a WpHG auferlegten Pflichten stellen Ordnungswidrigkeiten dar, die mit einem **Bußgeld** geahndet werden können.

Gemäß § 39 Abs. 2 Nr. 2 lit. d) WpHG liegt eine Pflichtverletzung vor, wenn eine Mitteilung nach § 15a WpHG nicht, nicht richtig, nicht vollständig, nicht in der vorgeschriebenen Weise oder nicht rechtzeitig erfolgt. Das Bußgeld kann in diesem Fall bis zu 100.000 € betragen. Gleiches gilt nach § 39 Abs. 2 Nr. 5 lit. b) WpHG, wenn die Veröffentlichung durch den Emittenten nicht, nicht richtig, nicht vollständig, nicht in der vorgeschriebenen Weise oder nicht rechtzeitig erfolgt. Die unterlassene oder nicht rechtzeitige Übermittlung der Veröffentlichung an das Unternehmensregister durch den Emittenten stellt nach § 39 Abs. 2 Nr. 6 WpHG ebenfalls eine Ordnungswidrigkeit dar.

b) Schadensersatz

106 Zivilrechtliche Schadensersatzansprüche für den Fall einer Verletzung der Mitteilungs- und Veröffentlichungspflichten des § 15a WpHG erscheinen nur unter den Voraussetzungen des § 826 BGB (vorsätzlich sittenwidrige Schädigung) denkbar. Demgegenüber scheidet § 823 Abs. 2 BGB als Anspruchsgrundlage aus, da keine Anhaltspunkte dafür bestehen, dass die Offenlegungspflicht bei directors' dealings zugleich individualschützenden Charakter haben soll.[220]

IV. Verbot der Marktmanipulation

1. Einleitung

a) Herkunft des § 20a WpHG und Rechtsrahmen

107 Das **Verbot der Marktmanipulation** hat Eingang in das WpHG durch das Vierte Finanzmarktförderungsgesetz vom 21.6.2002[221] gefunden und ist an die Stelle des vormals in § 88 BörsG geregelten Kursbetrugs getreten. Anders als ihre Vorgängervorschrift ist § 20a WpHG selbst nicht als Straf-, sondern als öffentlich-rechtliche Verbotsvorschrift konzipiert. Die Rechtsfolgen eines Verstoßes ergeben sich vielmehr aus §§ 38 Abs. 2, 39 Abs. 1 WpHG, wonach ein Verstoß gegen das Verbot der Marktmanipulation entweder eine Straftat oder eine Ordnungswidrigkeit darstellt.[222]

---

219 Emittentenleitfaden der BaFin, Ziff. V.3.2.
220 Vgl. Sethe, in: Assmann/Schneider, Wertpapierhandelsgesetz, § 15a Rn. 114; Zimmer, in: Schwark, Kapitalmarktrechts-Kommentar, § 15a WpHG Rn. 47; Schäfer, in: Marsch-Barner/Schäfer, Handbuch börsennotierte AG, § 15 Rn. 22 f.; Kümpel/Veil, Wertpapierhandelsgesetz, 5. Teil Rn. 26.
221 BGBl. 2002 I, S. 2010.
222 Dazu unter Rn. 123.

Änderungen hat § 20a WpHG durch das AnSVG vom 28.10.2004[223] erfahren, da der deutsche Gesetzgeber die **Vorgaben der Marktmissbrauchsrichtlinie**[224] umzusetzen hatte.[225] Auf der Grundlage der Verordnungsermächtigung in § 20a Abs. 5 WpHG werden die in § 20a WpHG z.T. enthaltenen unbestimmten Rechtsbegriffe durch die Bestimmungen der Marktmanipulations-Konkretisierungsverordnung (MaKonV)[226] präzisiert.

b) Funktion des Verbots der Marktmanipulation

Ausweislich der Gesetzesbegründung dient das Verbot der Marktmanipulation der Wahrung der Zuverlässigkeit und Wahrheit der Börsen- und Marktpreisbildung und damit insgesamt der **Funktionsfähigkeit der überwachten Wertpapiermärkte**.[227] Denn Handlungen, die darauf abzielen, den Börsen- oder Marktpreis eines Finanzinstruments künstlich in die eine oder andere Richtung zu treiben und damit zu manipulieren, greifen in die freie Preisfindung des Markts ein und sind geeignet, das Vertrauen der Anleger in die Integrität des Markts zu zerstören. Ob dem Verbot der Marktmanipulation neben diesem überindividuellen Schutzzweck auch individualschützender Charakter zukommt, ist seit Ablösung des Kursbetrugs nach § 88 BörsG durch § 20a WpHG zunehmend streitig, nach hier vertretener Ansicht aber nach wie vor abzulehnen, da sich der Schutz individueller Vermögensinteressen der Anleger lediglich als Rechtsreflex ergibt.[228]

108

> **Hinweis:**
> Für Emittenten von Finanzinstrumenten tritt das – für jedermann geltende – Verbot der Marktmanipulation neben etwaige Mitteilungs- bzw. Veröffentlichungspflichten nach den oben erörterten §§ 15, 15a und 21 ff. WpHG. Die gesamte Kommunikation eines Emittenten, d.h. die Frage, ob und ggf. wie er Informationen weitergibt, muss daher stets auch dem Aspekt Rechnung tragen, Marktmanipulationen zu vermeiden.[229]

2. Tatbestandliche Voraussetzungen des Verbots der Marktmanipulation

a) Anwendungsbereich des § 20a WpHG

Der **Anwendungsbereich des Verbots der Marktmanipulation** wird seit In-Kraft-Treten des AnSVG im Einklang mit den Regelungen des Insiderrechts, der Ad-hoc-Publizität und der directors' dealings durch den Begriff des Finanzinstruments (vgl. § 2 Abs. 2b WpHG)[230] bestimmt. Im Vergleich zur Ad-hoc-Publizität ist der Anwendungsbereich des § 20a WpHG allerdings weiter, denn das Verbot der Marktmanipulation greift – wie das Verbot von Insidergeschäften – nicht nur bezogen auf Finanzinstrumente, die zum Handel an einem organisierten Markt im Inland, in der EU oder im Europäischen Wirtschaftsraum (EWR) zugelassen sind, sondern auch bezogen auf solche Finanzinstrumente, die im Inland lediglich in den geregelten Markt oder in den Freiverkehr einbezogen sind.[231]

109

---

223 BGBl. 2004 I, S. 2630.
224 Vgl. Fn. 14.
225 Zu den Änderungen des § 20a WpHG durch das AnSVG Bisson/Kunz, BKR 2005, 186.
226 Verordnung zur Konkretisierung des Verbots der Marktmanipulation vom 1.3.2005 (BGBl. 2005 I, S. 515). Die MaKonV löst die Verordnung zur Konkretisierung des Verbotes der Kurs- und Marktpreismanipulation (KuMakV) vom 18.11.2003 (BGBl. 2003 I, S. 2300) ab.
227 BT-Drucks. 14/8017, S. 89.
228 Vgl. zum Meinungsstand jeweils m.w.N. Vogel, in: Assmann/Schneider, Wertpapierhandelsgesetz, § 20a Rn. 17 ff.; Schwark, in: Schwark, Kapitalmarktrechts-Kommentar, § 20a WpHG Rn. 5. Zur Frage einer zivilrechtlichen Schadensersatzhaftung auch Rn. 124.
229 Emittentenleitfaden der BaFin, Ziff. VI.1.
230 Vgl. hierzu die Ausführungen unter Rn. 11.
231 § 20a Abs. 1 Satz 3 WpHG wiederum stellt der Zulassung zum Handel an einem organisierten Markt oder der Einbeziehung in einen geregelten Markt oder in den Freiverkehr die Stellung oder öffentliche Ankündigung des Antrags auf Zulassung oder Einbeziehung gleich.

Das Verbot der Marktmanipulation richtet sich grds. an **jedermann** („Es ist verboten, ..."), d.h. Adressaten sind sowohl natürliche als auch juristische Personen, wobei sich nach § 38 Abs. 2 WpHG selbstverständlich nur natürliche Personen strafbar machen können. Als potenzielle Täter kommen insb. in Betracht: Organmitglieder und Mitarbeiter von börsennotierten Unternehmen, Mitarbeiter von Wertpapierdienstleistungsunternehmen, Kurs- und Börsenmakler sowie Analysten und Journalisten.[232]

110 Nach Art der Manipulation unterscheidet § 20a Abs. 1 Satz 1 WpHG i.d.F. durch das AnSVG nunmehr **drei Tatbestandsvarianten**:

- Manipulation durch unrichtige oder irreführende Information (sog. **informationsgestützte Manipulationen** (information based), § 20a Abs. 1 Satz 1 Nr. 1 WpHG),
- Manipulation durch vorgetäuschte Handelsaktivitäten (sog. **handelsgestützte Manipulationen** (trade based), § 20a Abs. 1 Satz 1 Nr. 2 WpHG) und
- Manipulation durch Vornahme sonstiger Täuschungshandlungen (sog. **handlungsgestützte Manipulationen** (action based), § 20a Abs. 1 Satz 1 Nr. 3 WpHG).

b) § 20a Abs. 1 Satz 1 Nr. 1 WpHG

111 Nach § 20a Abs. 1 Satz 1 Nr. 1 WpHG ist es verboten,

- unrichtige oder irreführende Angaben über bewertungserhebliche Umstände zu machen oder
- bewertungserhebliche Umstände entgegen bestehenden Rechtsvorschriften zu verschweigen,

wenn die Angaben oder das Verschweigen geeignet sind, auf den Börsen- oder Marktpreis des Finanzinstruments einzuwirken.

112 Für Organmitglieder und Mitarbeiter von börsennotierten Unternehmen ist vor allem dieses Verbot informationsgestützter Manipulation von den drei Tatbestandsvarianten des § 20a Abs. 1 Satz 1 WpHG für die tägliche Kommunikationsarbeit von besonderer Bedeutung.[233] Der informationsgestützte Manipulationstatbestand enthält wiederum zwei Begehungsalternativen: Die erste wird durch **positives Tun** verwirklicht, die zweite **durch Unterlassen**.

113 Die Verwirklichung des Tatbestands durch **positives Tun** erfordert nicht, dass Erklärungen öffentlich verbreitet oder gegenüber einem großen Personenkreis abgegeben werden. Vielmehr reicht es aus, dass die Erklärung nach außen dringt und eine weitere Person davon Kenntnis nehmen kann. Unerheblich ist auch, ob die Information auf der Grundlage gesetzlicher Publizitätspflichten – bspw. als Ad-hoc-Mitteilung – erfolgt oder freiwillig, z.B. im Rahmen von Pressekonferenzen oder Analystenveranstaltungen.[234]

114 Die auf diese Weise gemachten Angaben müssen **unrichtig oder irreführend** sein.

- Unrichtig sind Angaben, wenn sie nicht den tatsächlichen, objektiven Gegebenheiten entsprechen. Bei Tatsachen ist dies der Fall, wenn sie objektiv unwahr sind, bei Werturteilen, Meinungsäußerungen, Einschätzungen und Prognosen, wenn entweder der zugrunde liegende Tatsachenkern objektiv unwahr ist oder aber die aus einem zutreffenden Tatsachenkern abgeleiteten Schlussfolgerungen schlechterdings unvertretbar sind.[235]
- Irreführend sind Angaben, wenn sie zwar inhaltlich richtig sind, jedoch die Art der Darstellung – insb. aufgrund des Gesamtzusammenhangs und unter Berücksichtigung der Verkehrsanschauung – geeignet ist, beim Empfänger der Information eine falsche Vorstellung über den betreffenden Sachverhalt zu bewirken.[236]

---

232 Vgl. Vogel, in: Assmann/Schneider, Wertpapierhandelsgesetz, § 20a Rn. 39.
233 Aus diesem Grund behandelt der Emittentenleitfaden der BaFin unter Ziff. VI lediglich diese erste Begehungsvariante und nicht das Verbot handels- und handlungsgestützter Manipulationen.
234 Emittentenleitfaden der BaFin, Ziff. VI.3.2.1.1. Vgl. auch Kümpel/Veil, Wertpapierhandelsgesetz, 6. Teil Rn. 14.
235 Emittentenleitfaden der BaFin, Ziff. VI.3.2.1.3, vgl. auch Vogel, in: Assmann/Schneider, Wertpapierhandelsgesetz, § 20a Rn. 43; Kümpel/Veil, Wertpapierhandelsgesetz, 6. Teil Rn. 14.
236 Emittentenleitfaden der BaFin, Ziff. VI.3.2.1.4.

Die Angaben müssen sich auf **bewertungserhebliche Umstände** beziehen. Eine Präzisierung dieses Begriffs findet sich auf der Grundlage von § 20a Abs. 5 Satz 1 Nr. 1 WpHG in § 2 MaKonV. § 2 Abs. 1 MaKonV enthält zunächst eine allgemeine Definition i.S.e. Generalklausel, die in Anlehnung an die gesetzliche Definition der Insiderinformation in § 13 Abs. 1 WpHG an den verständigen Anleger anknüpft und insofern als Maßstab darauf abstellt, ob ein solcher die in Rede stehenden Tatsachen oder Werturteile bei seiner Anlageentscheidung berücksichtigen würde. Wie bei einer Insiderinformation kann es sich auch um zukünftige Umstände handeln. § 2 Abs. 2 MaKonV enthält die Klarstellung, dass Insiderinformationen, die ad hoc veröffentlicht wurden, sowie Entscheidungen nach §§ 10 und 35 WpÜG stets als bewertungserhebliche Umstände anzusehen sind. In § 2 Abs. 3 und 4 MaKonV werden schließlich in Ergänzung zu der Generalklausel des Abs. 1 Regelbeispiele für bewertungserhebliche Umstände aufgeführt.

115

Das **Verschweigen** bewertungserheblicher Umstände stellt nur dann eine verbotene Marktmanipulation dar, wenn eine **gesetzliche Offenbarungspflicht** besteht. Solche gesetzlichen Offenbarungspflichten ergeben sich u.a. aus den kapitalmarktrechtlichen Publizitätspflichten (insb. aus den oben erörterten §§ 15, 15a, 21 ff. WpHG oder Veröffentlichungspflichten nach der BörsZulVO), den bilanzrechtlichen Publizitätspflichten (insb. §§ 325 ff. HGB i.V.m. §§ 264 ff. HGB) und Offenlegungspflichten gegenüber dem Handelsregister.[237] Ein Verschweigen liegt zunächst immer vor, wenn der zu offenbarende, bewertungserhebliche Umstand gegenüber niemandem aufgedeckt wird. Ausreichend ist allerdings auch, dass die Offenlegung nicht gegenüber allen Personen erfolgt, denen gegenüber sie von Gesetzes wegen erfolgen müsste. Schließlich kann eine verspätete Offenlegung des bewertungserheblichen Umstands ein Verschweigen i.S.d. § 20a Abs. 1 Satz 1 Nr. 1 WpHG darstellen, bspw. wenn sich ein Emittent von der Verpflichtung zur Ad-hoc-Publizität selbst befreit, ohne dass die Voraussetzungen des § 15 Abs. 3 WpHG in Wahrheit vorliegen.[238]

116

Die Verwirklichung des informationsgestützten Manipulationstatbestands erfordert in beiden Begehungsalternativen, dass die Angaben oder das Verschweigen geeignet sind, auf den **Börsen- oder Marktpreis des Finanzinstruments einzuwirken**. Anders als bei der Definition der Insiderinformation in § 13 Abs. 1 WpHG muss diese Einwirkung (dort heißt es allerdings Beeinflussung) nicht erheblich sein. Für die Eignung zur Preiseinwirkung bei dem Manipulationsverbot reicht es schon aus, dass die Angaben oder das Verschweigen vor dem Hintergrund der konkreten Umstände und der Marktverhältnisse generell tauglich sind, auf den Preis einzuwirken. Für die Feststellung der Eignung zur Preiseinwirkung, die im Weg einer nachträglichen, objektiven (d.h. aus der Sicht eines verständigen Anlegers) Prognose erfolgt,[239] muss daher nicht notwendigerweise ein Kauf- oder Verkaufsanreiz vorliegen.[240] Vor diesem Hintergrund weist die BaFin in ihrem Emittentenleitfaden zu Recht darauf hin, dass mit dem Merkmal der Eignung zur Preiseinwirkung bei Angaben, die vom Emittenten selbst gemacht werden, keine erhebliche Einschränkung des Tatbestands verbunden ist.

117

> **Hinweis:**
> Journalisten kann ggf. das Journalistenprivileg des § 20a Abs. 6 WpHG zugute kommen, wonach die Frage eines Verstoßes gegen § 20a Abs. 1 Satz 1 Nr. 1 WpHG unter Berücksichtigung ihrer berufsständischen Regelungen zu beurteilen ist.

---

[237] Emittentenleitfaden der BaFin, Ziff. VI.3.2.4.3. Vgl. Vogel, in: Assmann/Schneider, Wertpapierhandelsgesetz, § 20a Rn. 87.

[238] Emittentenleitfaden der BaFin, Ziff. VI.3.2.4.1.

[239] Emittentenleitfaden der BaFin, Ziff. VI.3.2.5; hierzu auch Vogel, in: Assmann/Schneider, Wertpapierhandelsgesetz, § 20a Rn. 93.

[240] Emittentenleitfaden der BaFin, Ziff. VI.3.2.5, bei Kümpel/Veil, Wertpapierhandelsgesetz, 6. Teil Rn. 18, wird in diesem Zusammenhang auch darauf hingewiesen, dass diesem Merkmal keine eigenständige Bedeutung zukomme.

c) § 20a Abs. 1 Satz 1 Nr. 2 WpHG

118 Nach § 20 Abs. 1 Satz 1 Nr. 2 WpHG ist es verboten, Geschäfte vorzunehmen oder Kauf- oder Verkaufaufträge zu erteilen, die geeignet sind, falsche oder irreführende Signale für das Angebot, die Nachfrage oder den Börsen- oder Marktpreis von Finanzinstrumenten zu geben oder ein künstliches Preisniveau herbeizuführen. Dieser handelsgestützte Manipulationstatbestand wurde im Rahmen der Neufassung des § 20a WpHG durch das AnSVG eingefügt bzw. als selbständige Fallgruppe aus dem Auffangtatbestand der sonstigen Täuschungshandlungen (vormals § 20a Abs. 1 Satz 1 Nr. 2 WpHG a.F., nunmehr § 20a Abs. 1 Satz 1 Nr. 3 WpHG) herausgelöst.

Konkretisierungen dieses Tatbestands finden sich in § 3 MaKonV, der einen Katalog von Regelbeispielen für **Anzeichen für falsche oder irreführende Signale** oder die **Herbeiführung eines künstlichen Preisniveaus** enthält. Hinzuweisen ist an dieser Stelle darauf, dass der handelsgestützte Manipulationstatbestand sowohl durch fiktive als auch durch effektive Transaktionen verwirklicht werden kann.[241] Ein klassisches Beispiel für die erstgenannte Fallgruppe ist die Vornahme von Scheingeschäften, bei denen wirtschaftlich kein Eigentümerwechsel stattfinden soll (sog. wash sales, vgl. nunmehr § 3 Abs. 1 Nr. 3 MaKonV) oder bei denen deckungsgleiche Kompensationsgeschäfte abgeschlossen werden (sog. matched orders, vgl. nunmehr § 3 Abs. 2 Nr. 2 MaKonV). Ein Beispiel für effektive Transaktionen, die eine verbotene Kursmanipulation darstellen können, ist die Erteilung von Aufträgen größeren Volumens gegen Ende des börslichen Handelstags, um gezielt die Schlussnotierung des Tags zu beeinflussen, um auf diese Weise ggf. Marktteilnehmer in die Irre zu führen, die auf der Grundlage des Schlusskurses im außerbörslichen Handel mit dem betreffenden Finanzinstrument (weiter) handeln (making the close, vgl. nunmehr § 3 Abs. 1 Nr. 1 lit. e) MaKonV).[242] Schließlich gehört hierher auch die Vornahme von Leerverkäufen.

d) § 20a Abs. 1 Satz 1 Nr. 3 WpHG

119 Nach § 20a Abs. 1 Satz 1 Nr. 3 WpHG ist es schließlich verboten, sonstige Täuschungshandlungen vorzunehmen, die geeignet sind, auf den Börsen- oder Marktpreis eines Finanzinstruments einzuwirken. Diese dritte Variante stellt einen **Auffangtatbestand** dar, der in einem weiten Sinn zu verstehen ist und sämtliche Fälle eines manipulativen Verhaltens erfassen soll, die nicht bereits als informations- oder handelsgestützte Manipulationen begriffen werden können. Im Rahmen der Neufassung des Auffangtatbestands durch das AnSVG wurde das oftmals schwer nachweisbare subjektive Element der Einwirkungsabsicht – entsprechend der Regelung in § 20a Abs. 1 Satz 1 Nr. 1 WpHG (a.F. und n.F.) – durch das objektive Merkmal der Eignung zur Preiseinwirkung ersetzt.

Der Begriff der sonstigen Täuschungshandlungen wird ebenfalls in der MaKonV präzisiert. § 4 Abs. 1 MaKonV enthält wiederum eine allgemeine, generalklauselartige Definition, die als Maßstab den verständigen Anleger heranzieht, gefolgt von Regelbeispielen in § 4 Abs. 2 und 3 MaKonV.

120 Mit Blick auf den Auffangtatbestand des § 20a Abs. 1 Satz 1 Nr. 3 WpHG zu erwähnen ist das **sog. Scalping**, dessen rechtliche Einordnung in der Vergangenheit umstritten war.[243] Beim Scalping erwirbt der Täter Finanzinstrumente in der Absicht, ihren Preis durch gezielte Anlageempfehlungen in die Höhe zu treiben, um die Papiere dann selbst mit Gewinn zu verkaufen. Der BGH hat im Jahre 2003 entschieden, dass ein solches Vorgehen ohne Offenlegung des bestehenden Interessenkonflikts – aufgrund des Ausnutzens einer selbst geschaffenen Insidertatsache – kein Verstoß gegen das Insiderhandelsverbot darstelle,

---

241 So bereits die Gesetzesbegründung zum Vierten Finanzmarktförderungsgesetz, vgl. BT-Drucks. 14/8017, S. 89; vgl. auch Kümpel/Veil, Wertpapierhandelsgesetz, 6. Teil Rn. 22 ff.; Vogel, in: Assmann/Schneider, Wertpapierhandelsgesetz, § 20a Rn. 113; sowie zu den vormals unter dem Auffangtatbestand des § 20a Abs. 1 Satz 1 Nr. 2 WpHG a.F. diskutierten Fallgruppen Schwark, in: Schwark, Kapitalmarktrechts-Kommentar, § 20a WpHG Rn. 24 ff.

242 Schwark, in Schwark, Kapitalmarktrechts-Kommentar, § 20a WpHG Rn. 31.

243 Vgl. zum Meinungsstand jeweils m.w.N. Assmann, in: Assmann/Schneider, Wertpapierhandelsgesetz, § 14 Rn. 48; Vogel, in: Assmann/Schneider, Wertpapierhandelsgesetz, § 20a Rn. 190 f.; Schwark, in: Schwark, Kapitalmarktrechts-Kommentar, § 20a WpHG Rn. 33.

sondern vielmehr als Marktmanipulation anzusehen sei.[244] Im Einklang mit dieser Rspr. ist das Scalping nunmehr als Regelbeispiel in § 4 Abs. 3 Nr. 2 MaKonV abgebildet.

3. Ausnahmetatbestände

a) Safe Harbours (§ 20a Abs. 3 WpHG)

Bereits § 20a Abs. 2 Satz 1 Nr. 3 WpHG a.F. sah vor, dass durch Rechtsverordnung Handlungen und Unterlassungen bestimmt werden konnten, die in keinem Fall einen Verstoß gegen das Verbot der Marktmanipulation darstellten (sog. Safe Harbours). In den §§ 6 ff. und § 13 KuMakV fanden sich aus diesem Grund Regelungen für die Durchführung von Maßnahmen zur Kursstabilisierung und zum Erwerb eigener Aktien.

Die Anforderungen an einen zulässigen Handel mit eigenen Aktien im Rahmen von Rückkaufprogrammen und an zulässige Maßnahmen zur Stabilisierung des Preises von Finanzinstrumenten sind nunmehr in der Verordnung (EG) Nr. 2273/2003 der Kommission vom 22.12.2003 zur Durchführung der Richtlinie 2003/6/EG des Europäischen Parlaments und des Rates – Ausnahmeregelungen für Rückkaufprogramme und Kursstabilisierungsmaßnahmen[245] niedergelegt. Insofern können sich § 20a Abs. 3 WpHG und § 5 MaKonV auf einen Verweis auf die Bestimmungen der unmittelbar anwendbaren Durchführungsverordnung beschränken.[246]

> **Hinweis:**
> Der Safe Harbour der Durchführungsverordnung steht bei Aktienrückkäufen von vornherein nur dann zur Verfügung, wenn diese ausschließlich zu dem Zweck erfolgen, das Kapital des Emittenten herabzusetzen, Rechte aus Wandel- oder Optionsschuldverschreibungen zu bedienen oder Ansprüche aus Mitarbeiterbeteiligungsprogrammen des Emittenten zu erfüllen. Die Zulässigkeit sonstiger Aktienrückkäufe richtet sich nach den allgemeinen Bestimmungen, die Gesellschaft kann sich dann nur eben nicht auf einen Safe Harbour berufen.

b) Zulässige Marktpraxis (§ 20a Abs. 2 WpHG)

Ein Verstoß gegen das Verbot handelsgestützter Manipulation (§ 20a Abs. 1 Satz 1 Nr. 2 WpHG) liegt zudem nicht vor, wenn die Handlung mit der zulässigen Marktpraxis auf dem betreffenden organisierten Markt oder in dem betreffenden Freiverkehr vereinbar ist und der Handelnde hierfür legitime Gründe hat. Voraussetzung ist allerdings, dass es sich hierbei um Gepflogenheiten handelt, die auf dem jeweiligen Markt nach vernünftigem Ermessen erwartet werden können und von der BaFin als zulässige Marktpraxis anerkannt worden sind, wobei eine solche Anerkennung auch im Nachhinein erfolgen kann.[247]

Die Kriterien für die **Anerkennung einer zulässigen Marktpraxis** werden in § 8 MaKonV präzisiert, das zu durchlaufende Verfahren ist in den §§ 7, 9 und 10 MaKonV niedergelegt. Die Anerkennung einer zulässigen Marktpraxis wird von der BaFin durch Veröffentlichung im elektronischen Bundesanzeiger und auf der Internetseite der BaFin bekannt gemacht. Zu einer solchen Anerkennung einer zulässigen Marktpraxis durch die BaFin ist es bislang allerdings noch nicht gekommen.

---

244 BGH, ZIP 2003, 2354, hierzu Assmann, in: Assmann/Schneider, Wertpapierhandelsgesetz, § 14 Rn. 49; Kümpel/Veil, Wertpapierhandelsgesetz, 6. Teil Rn. 40; Fleischer, DB 2004, 51; Widder, BB 2004, 15.
245 ABl. EG Nr. L 336 v. 23.12.2003, S. 33.
246 Die Regelungen der Durchführungsverordnung können an dieser Stelle nicht vertieft werden, vgl. hierzu Geber/zur Megede, BB 2005, 1861; Leppert/Stürwald, ZBB 2004, 302; Singhof/Weber, AG 2005, 549.
247 Kritisch zu der Regelung Kümpel/Veil, Wertpapierhandelsgesetz, 6. Teil Rn. 31.

4. Rechtsfolgen eines Verstoßes gegen das Verbot der Marktmanipulation

a) Ahndung als Straftat oder Ordnungswidrigkeit

123 Wie einleitend erwähnt, stellt § 20a WpHG lediglich die materiell-rechtliche Verbotsnorm auf, während die Rechtsfolgen eines Verstoßes in §§ 38, 39 WpHG geregelt sind. Ob eine Ordnungswidrigkeit oder eine Straftat vorliegt, hängt zum einen davon ab, ob durch die Tathandlung tatsächlich auf den Börsen- oder Marktpreis eingewirkt worden ist, und zum anderen, ob dem Handelnden vorsätzliches oder nur leichtfertiges Handeln vorzuwerfen ist.

Sofern **vorsätzliches Handeln** gegeben ist und es tatsächlich zu einer **Einwirkung** auf den Börsen- oder Marktpreis kommt, liegt gemäß § 38 Abs. 2 WpHG eine Straftat vor. Der BGH hat in diesem Zusammenhang ausgeführt, dass an den Nachweis der Preiseinwirkung angesichts der Vielzahl der – neben der Tathandlung – regelmäßig an der Preiswirkung mitwirkenden Faktoren keine überspannten Anforderungen gestellt werden dürften. Insofern können Vergleiche von bisherigem Kursverlauf und Umsatz, die Kurs- und Umsatzentwicklung des betreffenden Papiers am konkreten Tag sowie die Ordergröße eine Kurseinwirkung ggf. bereits hinreichend belegen.[248]

Ist dem Handelnden dagegen bloß **leichtfertiges Handeln** vorzuwerfen oder kommt es nicht zu dem Einwirkungserfolg (selbst wenn der Täter insoweit vorsätzlich handelt), liegt eine Ordnungswidrigkeit gemäß § 39 Abs. 1 Nr. 1, Nr. 2 oder Abs. 2 Nr. 11 WpHG vor, die gemäß § 39 Abs. 4 WpHG mit einer Geldbuße von bis zu 1 Mio. € geahndet werden kann. Die Ahndung eines Verstoßes gegen das Verbot der Marktmanipulation als Ordnungswidrigkeit kommt auch in Betracht, wenn sich nicht abschließend klären lässt, ob der Täter vorsätzlich oder bloß leichtfertig gehandelt hat. Insofern kommt dem Ordnungswidrigkeitentatbestand eine Auffangfunktion zu.[249]

b) Schadensersatz

124 Inwieweit bei einem Verstoß gegen § 20a WpHG **zivilrechtliche Schadensersatzansprüche** in Betracht kommen, das Verbot der Marktmanipulation also als Schutzgesetz i.S.d. § 823 Abs. 2 BGB anzusehen ist, ist umstritten.[250] Wie oben ausgeführt, wird in der Gesetzesbegründung eindeutig der überindividuelle Schutzzweck der Gewährleistung der Funktionsfähigkeit der überwachten Wertpapiermärkte in den Vordergrund gestellt. Insofern sprechen de lege lata die besseren Argumente dafür, den Schutzgesetzcharakter von § 20a WpHG zu verneinen und zivilrechtliche Schadensersatzansprüche nur dann zu bejahen, wenn das in Rede stehende Verhalten zugleich den Tatbestand der §§ 37a, 37b WpHG erfüllt oder die Voraussetzungen des strafrechtlichen Betrugs nach § 263 StGB oder Kapitalanlagebetrugs nach § 264a StGB vorliegen.

V. Mitteilungs- und Veröffentlichungspflichten bei Veränderungen des Stimmrechtsanteils an börsennotierten Gesellschaften

1. Einleitung

a) Herkunft der §§ 21 ff. WpHG und Rechtsrahmen

125 Die durch die §§ 21 ff. WpHG statuierten Mitteilungspflichten bezüglich der Veränderung von Stimmrechtsanteilen an börsennotierten Gesellschaften sind europarechtlichen Ursprungs. Sie traten als Bestandteil des Zweiten Finanzmarktförderungsgesetzes[251] am 1.1.1995 – und damit mit vierjähriger Verspätung

---

[248] BGH, ZIP 2003, 2354, 2358; Emittentenleitfaden der BaFin, Ziff. VI.3.2.9.1.
[249] Emittentenleitfaden der BaFin, Ziff. VI.3.2.12.
[250] Vgl. zum Meinungsstand Vogel, in: Assmann/Schneider, Wertpapierhandelsgesetz, § 20a Rn. 19; Schwark, in: Schwark, Kapitalmarktrechts-Kommentar, § 20a WpHG Rn. 5; Kümpel/Veil, Wertpapierhandelsgesetz, 6. Teil Rn. 53, die allerdings allesamt den Schutzgesetzcharakter des § 20a WpHG im Ergebnis verneinen.
[251] BGBl. 1994 I, S. 1749.

– zur Umsetzung der sog. **Transparenzrichtlinie**[252] in Kraft. Über die Vorgaben der Transparenzrichtlinie hinausgehend, hat der deutsche Gesetzgeber die Mitteilungspflicht bereits bei einer Schwelle von 5 % und nicht erst 10 % der Stimmrechte einsetzen lassen.

In der Folgezeit wurden die §§ 21 ff. WpHG mehrfach geändert. Unter inhaltlichen Gesichtspunkten ist an dieser Stelle das Gesetz zur Regelung von öffentlichen Angeboten zum Erwerb von Wertpapieren und von Unternehmensübernahmen vom 20.12.2001[253] hervorzuheben, dessen Art. 1 in Deutschland erstmals das Übernahmerecht in Gestalt des Wertpapiererwerbs- und Übernahmegesetzes (WpÜG) kodifizierte und dessen Art. 2 einen Gleichlauf der Zurechnungstatbestände in § 22 WpHG mit denen des neu geschaffenen § 30 WpÜG herstellte.

> **Hinweis:**
>
> Erhebliche Änderungen haben die Mitteilungspflichten der §§ 21 ff. WpHG aufgrund der Transparenzrichtlinie II[254] erfahren, deren Umsetzung in nationales Recht zum 20.1.2007 durch das Transparenzrichtlinie-Umsetzungsgesetzes[255] erfolgt ist.

b) Funktion der Mitteilungspflicht

Im Einklang mit dem Anliegen des europäischen Richtliniengebers verfolgt der deutsche Gesetzgeber mit der Statuierung der Mitteilungspflichten in den §§ 21 ff. WpHG das Ziel, die **Transparenz der Beteiligungsverhältnisse an börsennotierten Aktiengesellschaften zum Schutz der Anleger zu erhöhen**, dem Missbrauch von Insiderinformationen entgegenzuwirken und auf diese Weise insgesamt das Vertrauen der Anleger in den Kapitalmarkt und damit dessen Funktionstüchtigkeit zu stärken.[256] Der Anleger soll auf der Grundlage der nach §§ 21 ff. WpHG zu veröffentlichenden Mitteilungen in die Lage versetzt werden, sich ein Bild von der Struktur des Aktionärskreises und damit von den Beteiligungs- und Kontrollverhältnissen bei der Gesellschaft zu verschaffen. Insofern müssen die Bestimmungen als erster Schritt zu einer „Konzerneingangskontrolle" gesehen werden, wie sie in einem weiteren Schritt durch die Verpflichtung zur Abgabe eines Pflichtangebots gemäß § 35 WpÜG verwirklicht wird, sofern eine Person die Kontrolle über eine börsennotierte AG erlangt, d.h. erstmals die Schwelle von 30 % der Stimmrechte (vgl. § 29 Abs. 2 WpÜG) erreicht oder überschreitet.[257]

126

c) Verhältnis zu anderen Vorschriften

Die Mitteilungspflichten nach §§ 21 f. WpHG **verdrängen nach § 20 Abs. 8 AktG** die aktienrechtlichen Mitteilungspflichten bei Überschreiten einer Beteiligung von mehr als 25 % (§ 20 Abs. 1 AktG) und bei Erwerb einer Mehrheitsbeteiligung (vgl. § 20 Abs. 4 AktG).[258]

127

---

252 Richtlinie 88/627/EWG des Rates der Europäischen Gemeinschaften vom 12.12.1988 über die bei Erwerb und Veräußerung einer bedeutenden Beteiligung an einer börsennotierten Gesellschaft zu veröffentlichenden Informationen (ABl. EG Nr. L 348 v. 17.12.1988, S. 62).
253 BGBl. 2001 I, S. 3822; zu den sonstigen Gesetzesänderungen der §§ 21 ff. vgl. Schneider, in: Assmann/Schneider, Wertpapierhandelsgesetz, Vor § 21 Rn. 4b.
254 Vgl. Fn. 85.
255 Vgl. Fn. 86.
256 BT-Drucks. 12/6679, S. 52.
257 Zum Pflichtangebot gemäß § 35 WpÜG Rn. 270 ff.
258 Der Gesetzgeber hat den Anwendungsbereich der aktien- und wertpapierhandelsrechtlichen Mitteilungspflichten auf diese Weise eindeutig voneinander abgegrenzt. Gleichwohl verbleiben einige Ungereimtheiten, die aus der fehlenden Harmonisierung der Bestimmungen resultieren. Indem die §§ 21 f. WpHG auf Stimmrechte und nicht auf Kapitalanteile abstellen, besteht z.B. bei börsennotierten Vorzugsaktien weder eine Mitteilungspflicht nach § 21 WpHG noch nach § 20 AktG. Des Weiteren bestehen Unterschiede bei der Zurechnung, vgl. die Tatbestände des § 22 WpHG einerseits und des § 20 Abs. 1 Satz 2 AktG i.V.m. §§ 16 Abs. 4, 20 Abs. 2 AktG andererseits. Zu dem Verhältnis und zu den Unterschieden der §§ 21 ff. WpHG und § 20 AktG vgl. im Übrigen Schneider, in: Assmann/Schneider, Wertpapierhandelsgesetz, Vor § 21 Rn. 38 ff.

Anzeige- und Offenlegungspflichten im Hinblick auf Beteiligungsverhältnisse, die sich aus einzelnen Bestimmungen des Bilanz-, Börsen-, Kartell-, Bank-, Versicherungs- oder Übernahmerechts ergeben, erfüllen demgegenüber regelmäßig andere Funktionen und bleiben von den §§ 21 f. WpHG daher **unberührt**.[259] Ebenso verhält es sich mit der Verpflichtung zur Ad-hoc-Publizität. Die §§ 21 ff. WpHG sind weder leges speciales gegenüber § 15 WpHG, noch entbindet die Veröffentlichung einer Ad-hoc-Mitteilung, die eine Veränderung der Stimmrechtsverhältnisse an einer börsennotierten Gesellschaft betrifft, den Emittenten davon, eine förmliche Mitteilung nach § 21 WpHG gegenüber der Gesellschaft und der BaFin abzugeben.[260]

2. Mitteilungspflichtige Tatbestände

a) Anwendungsbereich der §§ 21 ff. WpHG

128 Der Anwendungsbereich der §§ 21 ff. WpHG a.F. war eröffnet, sofern es um die Beteiligung an einer **börsennotierten Gesellschaft** ging. Die Definition dieses Begriffs enthielt § 21 Abs. 2 WpHG a.F.: Börsennotierte Gesellschaften waren danach Gesellschaften mit Sitz im Inland, deren Aktien zum Handel an einem organisierten Markt in einem Mitgliedstaat der EU oder in einem anderen Vertragsstaat des Europäischen Wirtschaftsraums (EWR) zugelassen waren.[261]

> **Hinweis:**
> Waren und sind die Aktien der Gesellschaft dagegen lediglich gemäß § 56 BörsG in den geregelten Markt oder gemäß § 57 BörsG in den Freiverkehr einbezogen, bestanden und bestehen keine Mitteilungspflichten gemäß §§ 21 ff. WpHG.

129 Neben der AG ist damit von der Rechtsform her auch die **KG a.A. (KGaA)** gemäß § 278 AktG erfasst.

> **Hinweis:**
> Seit In-Kraft-Treten des Transparenzrichtlinie-Umsetzungsgesetzes[262] bezieht sich die Mitteilungspflicht in § 21 Abs. 1 WpHG auf Emittenten, für die die BRD Herkunftsstaat ist. Nach der in § 2 Abs. 6 WpHG enthaltenen Definition dieses neuen Begriffs können hierzu unter bestimmten Voraussetzungen auch Gesellschaften zählen, deren Sitz weder in einem Mitgliedstaat der EU noch in einem anderen Vertragsstaat des Europäischen Wirtschaftsraums (EWR) liegt. Voraussetzung bleibt aber auch nach der Neufassung von § 21 Abs. 2 WpHG, dass die Aktien des Emittenten zum Handel an einem organisierten Markt zugelassen sind.

130 Im Fall der **erstmaligen Zulassung** der Aktien zum Handel an einem organisierten Markt in einem Mitgliedstaat der EU oder in einem anderen Vertragsstaat des Europäischen Wirtschaftsraums (EWR) ergibt sich eine Mitteilungspflicht auf der Grundlage von § 21 Abs. 1a WpHG: Mitteilungspflichtig ist danach, wem zu diesem Zeitpunkt 5 % (seit In-Kraft-Treten des Transparenzrichtlinie-Umsetzungsgesetzes 3 %) oder mehr der Stimmrechte an dieser Gesellschaft zustehen. Der Gesetzgeber hat durch nachträgliche Einführung dieser Bestimmung durch das Dritte Finanzmarktförderungsgesetz[263] dem Umstand Rechnung getragen, dass bei einer späteren Börsenzulassung von Aktien von einer „Veränderung des Stimmrechtsanteils" begrifflich nicht gesprochen werden kann und der Tatbestand des § 21 Abs. 1 WpHG damit dem Wortlaut nach nicht erfüllt ist, obwohl der Gedanke der Transparenz gegenüber dem Kapitalmarkt in dieser Konstellation in gleichem Maße Geltung beansprucht.

---

259 Vgl. im Einzelnen Schneider, in: Assmann/Schneider, Wertpapierhandelsgesetz, Vor § 21 Rn. 61 ff.
260 Vgl. Schneider, in: Assmann/Schneider, Wertpapierhandelsgesetz, Vor § 21 Rn. 34 ff.
261 Im Inland sind damit der amtliche Markt i.S.d. §§ 30 ff. BörsG und der geregelte Markt i.S.d. §§ 49 ff. BörsG erfasst. Zu den organisierten Märkten der EU und des Europäischen Wirtschaftsraums (EWR) vgl. Fn. 23.
262 Vgl. Fn. 86.
263 BGBl. 1998 I, S. 529.

b) Grundtatbestand des § 21 Abs. 1 WpHG

§ 21 Abs. 1 WpHG enthält den **Grundtatbestand der Mitteilungspflichten** und verlangt die Abgabe einer Mitteilung gegenüber dem Emittenten und der BaFin von demjenigen, der durch Erwerb, Veräußerung oder auf sonstige Weise die Schwellen von 3 %, 5 %, 10 %, 15 %, 20 %, 25 %, 30 %, 50 % und 75 % der Stimmrechte erreicht, überschreitet oder unterschreitet. Die betreffende Person definiert das Gesetz als Meldepflichtigen.

aa) Meldepflichtiger

Meldepflichtig kann nach § 21 Abs. 1 Satz 1 WpHG jedermann („Wer ...") werden. Die Vorschrift findet damit auf natürliche und auf juristische Personen gleichermaßen Anwendung, ohne dass es auf die Unternehmenseigenschaft des Aktionärs i.S.d. §§ 20 ff. AktG ankäme. Auch **private Aktionäre** sind damit – ohne Einschränkung – mitteilungspflichtig.

Normadressaten der §§ 21 ff. WpHG sind darüber hinaus auch die **OHG** und die **KG**, deren rechtliche Selbständigkeit sich aus §§ 124 Abs. 1, 161 Abs. 2 HGB ergibt, sowie der **nicht rechtsfähige Verein** (§ 54 BGB). Auch die **GbR** ist, vertreten durch ihren vertretungsberechtigten Gesellschafter, selbst meldepflichtig, sofern die Aktien des Emittenten zum Gesamthandsvermögen gehören und nicht lediglich eine reine Innengesellschaft vorliegt.[264]

Die Mitteilungspflichten der §§ 21 ff. WpHG betreffen inländische und ausländische Aktionäre in gleicher Weise. Insofern ist der Anwendungsbereich der Mitteilungspflichten exterritorial. Gleiches gilt auch für die Zurechungstatbestände in § 22 WpHG, wobei hier zu beachten ist, dass die rechtlichen Beziehungen, die die Zurechnung begründen, ausländischem Recht unterliegen können, bspw. dem nach deutschem Kollisionsrecht anwendbaren ausländischen Vertrags- oder Gesellschaftsstatut.[265]

bb) Schwellenwerte bzw. Stimmrechtsquote

Vor In-Kraft-Treten des Transparenzrichtlinie-Umsetzungsgesetzes am 20.1.2007 lagen die maßgeblichen Schwellenwerte bei 5 %, 10 %, 25 %, 50 % und 75 %.

> **Hinweis:**
> Durch das Transparenzrichtlinie-Umsetzungsgesetz sind entsprechend den Vorgaben der Transparenzrichtlinie II als weitere Schwellen 15 %, 20 % und 30 % hinzugekommen. Insofern sieht die Übergangsvorschrift in § 41 Abs. 4a WpHG vor, dass entsprechende Mitteilungen von Personen, die Stimmrechte an einem Emittenten in diesem Umfang halten, gegenüber dem Emittenten bis zum 20.3.2007 abzugeben sind. Außerdem wurde die Eingangsschwelle – unter Beibehaltung der 5 %-Schwelle – auf 3 % herabgesetzt. Der deutsche Gesetzgeber hielt diese von der Transparenzrichtlinie II nicht geforderte, aber auch nicht verbotene Herabsetzung angesichts der Erfahrungen im Fall Deutsche Börse AG für erforderlich, um die Transparenz der Beteiligungen weiter zu verbessern und ein unbemerktes „Anschleichen" an Emittenten zu erschweren.

Maßgebend für die Berechnung sind die **Stimmrechte**, die dem Meldepflichtigen zustehen, nicht dessen Beteiligung am Kapital der Gesellschaft. Aufgrund von § 12 Abs. 1 Satz 1 AktG, wonach jede Aktie das gleiche Stimmrecht gewährt, hat die Unterscheidung allerdings beinahe ausschließlich in den Fällen prak-

---

[264] Vgl. Schneider, in: Assmann/Schneider, Wertpapierhandelsgesetz, § 21 Rn. 8; Opitz, in: Schäfer/Hamann, Kapitalmarktgesetze, § 21 WpHG Rn. 7 f.; Schwark, in: Schwark, Kapitalmarktrechts-Kommentar, WpHG, § 21 Rn. 3. Grundlegend zur Anerkennung der Rechtsfähigkeit der (Außen-)GbR BGHZ 146, 341 = NJW 2001, 1056.

[265] Vgl. Schneider in Assmann/Schneider, Wertpapierhandelsgesetz, § 21 Rn. 11b.

tische Bedeutung, in denen eine börsennotierte Gesellschaft stimmberechtigte Stammaktien und stimmrechtslose Vorzugsaktien ausgegeben hat.[266]

135 Rechnerisch ergibt sich der **Stimmrechtsanteil** des ggf. Meldepflichtigen aus der Division der von ihm gehaltenen bzw. ihm nach § 22 WpHG zuzurechnenden Stimmrechte durch die Gesamtzahl der von der Gesellschaft ausgegebenen stimmberechtigten Aktien. Kapitalerhöhungen oder -herabsetzungen wirken sich auf diese Weise automatisch aus, so dass eine Meldepflicht des Aktionärs nach den §§ 21 ff. WpHG auch ohne sein Zutun ausgelöst werden kann. So kann bspw. die Nichtausübung des Bezugsrechts im Rahmen einer Kapitalerhöhung zu einer Verringerung der Beteiligung und damit zum Unterschreiten eines Schwellenwerts führen, wie auch eine Kapitalherabsetzung eine Erhöhung und damit ein Erreichen oder Überschreiten eines Schwellenwerts zur Folge haben kann.[267]

136 **Stimmrechtslose Vorzugsaktien** bleiben bei der Berechnung des Schwellenwerts grds. sowohl im Zähler als auch im Nenner außer Betracht. Etwas anderes gilt lediglich, wenn das Stimmrecht unter den Voraussetzungen des § 140 Abs. 2 AktG wegen eines Rückstands mit der Zahlung des Vorzugs auflebt.[268] Die Vorzugsaktien sind in diesem Fall den stimmberechtigten Stammaktien gleichzustellen, so dass der Tatbestand des § 21 Abs. 1 WpHG auch in diesem Fall ohne Zutun des Aktionärs verwirklicht und eine Mitteilungspflicht ausgelöst werden kann.

137 Nicht unumstritten ist demgegenüber die Behandlung von **eigenen Aktien der Gesellschaft**, aus denen gemäß § 71b AktG Stimmrechte nicht ausgeübt werden können. Nach ganz überwiegender Ansicht bleiben eigene Aktien bei der Berechnung des Grundkapitals außer Betracht, d.h. werden im Nenner nicht in Abzug gebracht,[269] da jeder Aktionär anderenfalls zur Erfüllung der ihm obliegenden Mitteilungspflichten gezwungen wäre, sich bei der Gesellschaft zu erkundigen, ob diese eigene Aktien erworben oder veräußert hat.

> **Hinweis:**
> Mit In-Kraft-Treten des Transparenzrichtlinie-Umsetzungsgesetzes dürfte sich dieser Streit erledigt haben, denn § 17 Abs. 1 Nr. 5 WpAIV bestimmt, dass die Mitteilung in Bezug auf die Gesamtmenge der Stimmrechte des Emittenten zu erfolgen habe, auch wenn die Ausübung dieser Stimmrechte ausgesetzt ist. Etwaige Stimmverbote nach § 136 AktG sind für die Berechnung des Stimmrechtsanteils ebenfalls ohne Bedeutung.[270]

---

266 Höchststimmrechte sind gemäß § 5 Abs. 7 EGAktG zum 1.6.2000 erloschen. Mehrstimmrechte sind nach § 12 Abs. 2 AktG ebenfalls unzulässig; lediglich Mehrstimmrechte, die bereits vor dem 1.5.1998 bestanden, bestehen ab dem 1.6.2003 unter den besonderen Voraussetzungen des § 5 Abs. 1 EGAktG fort.
267 Vgl. Schneider, in: Assmann/Schneider, Wertpapierhandelsgesetz, § 21 Rn. 24 ff.; Opitz, in: Schäfer/Hamann, Kapitalmarktgesetze, § 21 WpHG Rn. 23.
268 Unstreitig, vgl. Ziff. I.2 des Schreibens der BaFin „Hinweise zu den Mitteilungs- und Veröffentlichungspflichten gemäß §§ 21 ff. WpHG" vom 11.11.2005 (abrufbar unter http://www.bafin.de); Schneider, in: Assmann/Schneider, Wertpapierhandelsgesetz, § 21 Rn. 28 ff.; Opitz, in: Schäfer/Hamann, Kapitalmarktgesetze, § 21 WpHG Rn. 16; Schwark, in: Schwark, Kapitalmarktrechts-Kommentar, § 21 WpHG Rn. 8; Schäfer, in: Marsch-Barner/Schäfer, Handbuch börsennotierte AG, § 17 Rn. 10; Kümpel/Veil, Wertpapierhandelsgesetz, 7. Teil Rn. 12; Hüffer, AktG, Anh § 22, § 21 WpHG Rn. 6.
269 Vgl. Ziff. II.2 des Schreibens der BaFin „Hinweise zu den Mitteilungs- und Veröffentlichungspflichten gemäß §§ 21 ff. WpHG" vom 11.11.2005 (abrufbar unter http://www.bafin.de); Schneider, in: Assmann/Schneider, Wertpapierhandelsgesetz, § 21 Rn. 32 ff.; Opitz, in: Schäfer/Hamann, Kapitalmarktgesetze, § 21 WpHG Rn. 18; Schäfer, in: Marsch-Barner/Schäfer, Handbuch börsennotierte AG, § 17 Rn. 11; Hüffer, AktG, Anh § 22, § 21 WpHG Rn. 8; a.A.: Schwark, in: Schwark, Kapitalmarktrechts-Kommentar, § 21 WpHG Rn. 9. Zur Veröffentlichungspflicht des Emittenten bei Erwerb und Veräußerung eigener Aktien vgl. unten Rn. 159.
270 Vgl. Schneider, in: Assmann/Schneider, Wertpapierhandelsgesetz, § 21 Rn. 38; Opitz, in: Schäfer/Hamann, Kapitalmarktgesetze, § 21 WpHG Rn. 18.

cc) Verwirklichung des tatbestandlichen Vorgangs

Der tatbestandliche Vorgang, der die Mitteilungspflicht auslöst, ist mit „Erwerb, Veräußerung oder auf sonstige Weise" sehr weit gefasst. Allein aufgrund des Gesetzeswortlauts lässt sich allerdings nicht eindeutig beantworten, ob mit den Verben **„erwerben"** und **„veräußern"** das schuldrechtliche Verpflichtungsgeschäft oder das dingliche Verfügungsgeschäft gemeint sein soll. Da die Rechte aus Aktien und damit auch das Stimmrecht nur vom Eigentümer ausgeübt werden können, besteht nunmehr aber Einvernehmen, dass maßgeblich im Rahmen des § 21 Abs. 1 WpHG der **dingliche Erwerb der Aktie** ist (§§ 929 ff., 413, 398 BGB, §§ 18 Abs. 3, 24 Abs. 2 DepotG).[271]

138

Bei dem Merkmal **„auf sonstige Weise"** handelt es sich um einen Auffangtatbestand, der sämtliche Fälle des – unmittelbaren (ansonsten ggf. § 22 WpHG) – Berührens der genannten Schwellenwerte erfassen soll, die begrifflich nicht als Erwerb oder Veräußerung verstanden werden können. Erfasst sind damit insb. sämtliche Fälle der Gesamtrechtsnachfolge, wie z.B. der Erbfall nach § 1922 BGB oder die Vermögensübergänge bei Umwandlungsmaßnahmen (§ 20 Abs. 1 Nr. 1 UmwG bei der Verschmelzung oder § 131 Abs. 1 Nr. 1 UmwG bei der Spaltung). Außerdem unterfallen dem Auffangtatbestand all diejenigen Fälle, in denen sich die Stimmrechtsverhältnisse bei der Gesellschaft – wie oben ausgeführt bspw. als Folge von Kapitalmaßnahmen – ohne Zutun des Aktionärs verändern.

Bloße Umschichtungen, die lediglich zu einer Veränderung des Zurechnungstatbestands führen, ohne eine neue Meldeschwelle erstmalig zu berühren, lösen demgegenüber nach vorzugswürdiger Ansicht keine Meldepflicht aus.[272] Überträgt bspw. ein Mutterunternehmen Aktien einer börsennotierten Gesellschaft auf ein Tochterunternehmen, wird eine Meldepflicht lediglich bei der Tochtergesellschaft ausgelöst, die infolge der Umschichtung erstmals eine der in § 21 Abs. 1 Satz 1 WpHG genannten Meldeschwellen überschreitet. Bei dem Mutterunternehmen tritt an die Stelle des unmittelbaren Haltens von Stimmrechten gemäß § 21 Abs. 1 Satz 1 WpHG lediglich deren Zurechnung nach § 22 Abs. 1 Satz 1 Nr. 1 WpHG. Da die Kontrollsituation insofern unverändert ist, besteht für das Mutterunternehmen keine Mitteilungspflicht.

139

c) Zurechnung von Stimmrechten gemäß § 22 WpHG
aa) Normzweck und Systematik

§ 22 WpHG regelt die Voraussetzungen, unter denen sich ein Meldepflichtiger Aktien, die ihm nicht selbst gehören, wie eigene zurechnen lassen muss. Dahinter steckt die Überlegung, dass eine transparente Information des Kapitalmarkts in zahlreichen Fällen nicht lediglich eine Offenlegung von direkt gehaltenen Stimmrechten erfordert, sondern auch Konstellationen erfassen muss, in denen eine Person auf die Stimmrechtsausübung eines anderen typischerweise Einfluss nehmen kann. Damit dienen die Zurechnungstatbestände des § 22 WpHG zugleich dem **Umgehungsschutz**. Wenn einer der in § 22 WpHG geregelten Sachverhalte vorliegt, entsteht die Mitteilungspflicht nach § 21 Abs. 1 oder Abs. 1a WpHG, sofern durch die Zusammenrechnung mit den direkt gehaltenen Aktien oder durch die zugerechneten Aktien allein die Schwellenwerte berührt werden. Die Zurechnung von Stimmrechten gemäß § 22 WpHG ändert nichts daran, dass die Person, die die Aktien unmittelbar hält, selbst nach § 21 Abs. 1 WpHG meldepflichtig bleibt. In vielen Fällen (insb. bei Konzernsachverhalten) werden dieselben Stimmrechte daher

140

---

[271] Vgl. Ziff. I.4 des Schreibens der BaFin „Hinweise zu den Mitteilungs- und Veröffentlichungspflichten gemäß §§ 21 ff. WpHG" vom 11.11.2005 (abrufbar unter http://www.bafin.de); Schneider, in: Assmann/Schneider, Wertpapierhandelsgesetz, § 21 Rn. 41k ff.; Opitz, in: Schäfer/Hamann, Kapitalmarktgesetze, § 21 WpHG Rn. 20; Schwark, in: Schwark, Kapitalmarktrechts-Kommentar, § 21 WpHG Rn. 12; Schäfer, in: Marsch-Barner/Schäfer, Handbuch börsennotierte AG, § 17 Rn. 12; Kümpel/Veil, Wertpapierhandelsgesetz, 7. Teil Rn. 14; Hüffer, AktG, Anh § 22, § 21 WpHG Rn. 8.

[272] So Schneider, in: Assmann/Schneider, Wertpapierhandelsgesetz, § 21 Rn. 44; a.A.: Opitz, in: Schäfer/Hamann, Kapitalmarktgesetze, § 22 WpHG Rn. 99.

mehrfach gemeldet, **sog. Grundsatz der doppelten Meldepflicht.** Es findet keine Absorption statt.[273] In Konzernsachverhalten kann das Mutterunternehmen die Mitteilungspflichten unter den Voraussetzungen des § 24 WpHG für das Tochterunternehmen erfüllen.

141 Eine besondere Bedeutung im Rahmen von § 22 WpHG hat der Begriff des **Tochterunternehmens.** § 22 Abs. 3 WpHG enthält die für die Mitteilungspflichten maßgebliche Legaldefinition, die in ihrer ersten Alternative ihrerseits an die Definition in § 290 Abs. 2 HGB anknüpft und in ihrer zweiten Alternative sonstige Fälle auffangen will, in denen ein beherrschender Einfluss ausgeübt werden kann (**sog. Kontrollprinzip**).[274] Die Stimmrechte eines Tochterunternehmens bilden zunächst den in der Praxis bedeutsamen Zurechnungstatbestand des § 22 Abs. 1 Satz 1 Nr. 1 WpHG. Darüber hinaus greifen die Tatbestände des § 22 Abs. 1 Satz 1 Nr. 2 – 5 WpHG gemäß § 22 Abs. 1 Satz 2 WpHG und des § 22 Abs. 2 WpHG in den Fällen, in denen der jeweilige Sachverhalt im Hinblick auf ein Tochterunternehmen des Meldepflichtigen verwirklicht wird, was zu den verschiedensten Verkettungsmöglichkeiten führt.[275] Schließlich bestimmt § 22 Abs. 1 Satz 3 WpHG, dass dem Meldepflichtigen Stimmrechte eines Tochterunternehmens stets in voller Höhe zuzurechnen sind.

> *Beispiel:*
>
> *Ist der Meldepflichtige an dem Tochterunternehmen zu 75 % beteiligt und hält das Tochterunternehmen wiederum 10 % an dem Emittenten, hat das Mutterunternehmen die kompletten 10 % der Stimmrechte an den Emittenten und nicht etwa entsprechend der Beteiligung lediglich 7,5 % zu melden.*

142 Durch das Gesetz zur Regelung von öffentlichen Angeboten zum Erwerb von Wertpapieren und von Unternehmensübernahmen vom 20.12.2001 wurden die Zurechnungstatbestände des § 22 WpHG denen des neu geschaffenen § 30 WpÜG angepasst. Der Gesetzgeber wollte auf diese Weise Irritationen vermeiden, die anderenfalls bei Verwendung unterschiedlicher Zurechnungsregeln hätten auftreten können.[276] Auch bei den Zurechnungstatbeständen des § 22 WpHG haben sich durch die Umsetzung der Transparenzrichtlinie II Änderungen ergeben.

bb) Die einzelnen Zurechnungstatbestände des § 22 Abs. 1 Satz 1 WpHG

143 Die Zurechnungstatbestände des § 22 Abs. 1 Satz 1 WpHG werfen in der praktischen Anwendung zahlreiche Detail-, Auslegungs- und Abgrenzungsfragen auf. Die folgenden Ausführungen verstehen sich lediglich als ein erster Überblick, bei dem keinesfalls sämtliche Probleme angesprochen werden können.

(1) § 22 Abs. 1 Satz 1 Nr. 1 WpHG

144 Nach dieser Bestimmung erfolgt eine Zurechnung von Stimmrechten aus Aktien, die einem Tochterunternehmen des Meldepflichtigen „gehören", d.h. in seinem Eigentum stehen. Das Tochterunternehmen bleibt damit als Aktionär zwar meldepflichtig nach § 21 Abs. 1 WpHG, die daneben erforderliche Mitteilung

---

273 Vgl. Schneider, in: Assmann/Schneider, Wertpapierhandelsgesetz, § 22 Rn. 14; Schwark, in: Schwark, Kapitalmarktrechts-Kommentar, § 22 WpHG Rn. 32. Durchbrochen wird der Grundsatz der doppelten Meldepflicht lediglich in § 22 Abs. 1 Satz 1 Nr. 3 WpHG, vgl. Rn. 146.

274 Die Definition in § 22 Abs. 3 WpHG entspricht derjenigen in § 2 Abs. 6 WpÜG und § 1 Abs. 7 Satz 1 KWG. Zu der zweiten Alternative der Definition vgl. Opitz, in: Schäfer/Hamann, Kapitalmarktgesetze, § 22 Rn. 18 ff.; Schwark, in: Schwark, Kapitalmarktrechts-Kommentar, § 22 WpHG Rn. 31.

275 Sinn und Zweck der einzelnen Zurechnungstatbestände können es gebieten, über die gesetzlich geregelten Fälle der Kettenzurechnung hinaus eine Kettenzurechnung anzunehmen, soweit der Meldepflichtige – was für jeden Tatbestand gesondert zu prüfen ist – Einfluss auf die Ausübung der Stimmrechte hat, vgl. Schneider, in: Assmann/Schneider, Wertpapierhandelsgesetz, § 22 Rn. 20 f.; Schwark, in: Schwark, Kapitalmarktrechts-Kommentar, § 22 WpHG Rn. 33.

276 BT-Drucks. 14/7034, S. 70. Ob die Bestimmungen in § 22 WpHG und § 30 WpÜG daher zwingend gleich auszulegen sind oder eine unterschiedliche Auslegung angesichts der unterschiedlichen Schutzrichtung und Rechtsfolgen möglich ist, ist umstritten. Vgl. zu dieser Frage Opitz, in: Schäfer/Hamann, Kapitalmarktgesetze, § 22 WpHG Rn. 1 und 101; Schneider, in: Assmann/Schneider, Wertpapierhandelsgesetz, § 22 Rn. 12; Schäfer, in: Marsch-Barner/Schäfer, Handbuch börsennotierte AG, § 17 Rn. 17, näher hierzu unter Rn. 276 ff.

des Mutterunternehmens rechtfertigt sich aber vor dem Hintergrund der konzernrechtlichen Einflussnahmemöglichkeit. Obwohl § 22 Abs. 1 Satz 1 Nr. 1 WpHG diesen Fall nicht ausdrücklich erwähnt, ist entsprechend § 36 Abs. 2 Satz 2 GWB auch bei den Mitteilungspflichten des WpHG Raum für die Annahme einer **mehrfachen Abhängigkeit**.[277] In einem solchen Fall sind beide Gesellschaften als herrschend anzusehen, mit der Folge, dass die in Rede stehende Beteiligung des Tochterunternehmens an dem Emittenten von beiden Mutterunternehmen in vollem Umfang zu melden ist.

(2) § 22 Abs. 1 Satz 1 Nr. 2 WpHG

Nach dieser Bestimmung erfolgt eine Zurechnung von Stimmrechten aus Aktien, die von einem Dritten für Rechnung des Meldepflichtigen gehalten werden. Dies ist der Fall, wenn der Meldepflichtige im (Innen-)Verhältnis zu dem Dritten die wirtschaftlichen Chancen und Risiken aus den Aktien trägt und formale und wirtschaftliche Eigentümerstellung damit auseinanderfallen.[278] Klassische Anwendungsfälle sind **Treuhandverhältnisse** und die **mittelbare Stellvertretung**. § 22 Abs. 1 Satz 1 Nr. 2 WpHG erfasst aber nur die **Verwaltungstreuhand**,[279] bei der es im Hinblick auf die Aktie zur Vollrechtsübertragung kommt, nicht dagegen die Vollmachtstreuhand, da der die Vollmacht Erteilende als Treugeber selbst nach § 21 Abs. 1 WpHG meldepflichtig bleibt. Für den Treuhänder bei der Vollmachtstreuhand kann eine Mitteilungspflicht allerdings ggf. unter den Voraussetzungen des § 22 Abs. 1 Satz 1 Nr. 6 WpHG bestehen. Ein wichtiger Anwendungsbereich des § 22 Abs. 1 Satz 1 Nr. 2 WpHG besteht bei **Vermögensverwaltungsgesellschaften** (sog. Vorschaltgesellschaften), die als Verwaltungstreuhand ausgestaltet sind. Den Gesellschaftern einer solchen Vorschaltgesellschaft werden die Stimmrechte aus den von dieser gehaltenen Aktien nach h.M. lediglich quotal, also entsprechend ihrer Beteiligung zugerechnet.[280]

(3) § 22 Abs. 1 Satz 1 Nr. 3 WpHG

Nach dieser Bestimmung erfolgt eine Zurechnung von Stimmrechten aus Aktien, die der Meldepflichtige **zur Sicherheit übereignet** hat. Anders als bei einer Verpfändung wird der Sicherungsnehmer zwar Eigentümer der Aktien, allerdings bleibt der Sicherungsgeber wirtschaftlicher Eigentümer und kann regelmäßig Weisungen für die Stimmrechtsausübung erteilen.[281] Die Zurechnung greift allerdings nicht, wenn der Sicherungsnehmer zur Ausübung der Stimmrechte aus den Aktien befugt ist und die Absicht bekundet, die Stimmrechte unabhängig von den Weisungen des Meldepflichtigen auszuüben. Nach überwiegender Ansicht stellt § 22 Abs. 1 Satz 1 Nr. 3 WpHG eine Ausnahme von dem Grundsatz der doppelten Meldepflicht dar und begründet eine **alternative Zurechnung**,[282] d.h. im Regelfall ist der Sicherungsgeber nach § 22 Abs. 1 Satz 1 Nr. 3 WpHG mitteilungspflichtig, während der Sicherungsnehmer trotz Erwerb der dinglichen Eigentümerstellung nicht nach § 21 Abs. 1 WpHG mitteilungspflichtig wird, sondern erst und nur dann, wenn die als Ausnahme formulierten Voraussetzungen des § 22 Abs. 1 Satz 1 Nr. 3 WpHG vorliegen, womit wiederum die Zurechnung an den Sicherungsgeber entfällt.

---

277 OLG München, ZIP 2005, 615, 616; Schneider, in: Assmann/Schneider, Wertpapierhandelsgesetz, § 22 Rn. 35.
278 Schneider, in: Assmann/Schneider, Wertpapierhandelsgesetz, § 22 Rn. 45; Opitz, in: Schäfer/Hamann, Kapitalmarktgesetze, § 22 WpHG Rn. 29; Schwark, in: Schwark, Kapitalmarktrechts-Kommentar, § 22 WpHG Rn. 4; Kümpel/Veil, Wertpapierhandelsgesetz, 7. Teil Rn. 30.
279 Schneider, in: Assmann/Schneider, Wertpapierhandelsgesetz, § 22 Rn. 52; Opitz, in: Schäfer/Hamann, Kapitalmarktgesetze, § 22 WpHG Rn. 31; Schwark, in: Schwark, Kapitalmarktrechts-Kommentar, § 22 WpHG Rn. 5; Kümpel/Veil, Wertpapierhandelsgesetz, 7. Teil Rn. 31.
280 Vgl. Schneider, in: Assmann/Schneider, Wertpapierhandelsgesetz, § 22 Rn. 66; Opitz, in: Schäfer/Hamann, Kapitalmarktgesetze, § 22 WpHG Rn. 32; Schwark, in: Schwark, Kapitalmarktrechts-Kommentar, § 22 WpHG Rn. 5; Kümpel/Veil, Wertpapierhandelsgesetz, 7. Teil Rn. 31; a.A.: Falkenhagen, WM 1995, 1005, 1007.
281 Schwark, in: Schwark, Kapitalmarktrechts-Kommentar, § 22 WpHG Rn. 7.
282 Vgl. Schneider, in: Assmann/Schneider, Wertpapierhandelsgesetz, § 22 Rn. 76 ff.; Opitz, in: Schäfer/Hamann, Kapitalmarktgesetze, § 22 WpHG Rn. 50; (wohl auch) Schäfer, in: Marsch-Barner/Schäfer, Handbuch börsennotierte AG, § 17 Rn. 25; Kümpel/Veil, Wertpapierhandelsgesetz, 7. Teil Rn. 33; Hüffer, AktG, Anh § 22, § 22 WpHG Rn. 4.

(4) § 22 Abs. 1 Satz 1 Nr. 4 WpHG

147 Nach dieser Bestimmung erfolgt eine Zurechnung von Stimmrechten aus Aktien, an denen zu Gunsten des Meldepflichtigen ein **Nießbrauch** bestellt ist. Der Nießbraucher wird damit wie ein Inhaber des Stimmrechts behandelt, obwohl dieses nach h.M. bei dem Besteller des Nießbrauchs verbleibt.[283]

(5) § 22 Abs. 1 Satz 1 Nr. 5 WpHG

148 Nach dieser Bestimmung erfolgt eine Zurechnung von Stimmrechten aus Aktien, die der Meldepflichtige durch eine **Willenserklärung** erwerben kann. Unstreitig erfasst sind damit **dingliche Rückübertragungsofferten** oder Optionen, aufgrund derer der Meldepflichtige durch bloße Annahmeerklärung Eigentümer der Aktien wird.[284] Inwieweit schuldrechtliche Verträge, die einen Anspruch auf Übereignung beinhalten, unter § 22 Abs. 1 Satz 1 Nr. 5 WpÜG fallen, ist umstritten. Nach In-Kraft-Treten des WpÜG geht die wohl überwiegende Ansicht allerdings davon aus, dass für eine erweiternde, auch schuldrechtliche Übereignungsverpflichtungen umfassende Auslegung des Zurechnungstatbestands kein Raum mehr ist.[285] Stützen lässt sich dies darauf, dass das WpÜG an den Stellen, an denen es schuldrechtliche Übereignungsverpflichtungen einem Erwerb gleichstellen wollte, dies ausdrücklich getan hat,[286] während bei § 30 Abs. 1 Satz 1 Nr. 5 WpÜG, der § 22 Abs. 1 Satz 1 Nr. 5 WpHG entspricht, eine solche Gleichstellung gerade unterblieben ist. Diese Auffassung verdient im Übrigen deshalb Zustimmung, weil allein der Abschluss eines schuldrechtlichen Kaufvertrags dem Käufer regelmäßig noch keine Einflussnahme auf die Ausübung der Stimmrechte ermöglicht, die eine Zurechnung rechtfertigen würde. Bei M&A-Transaktionen kommt hinzu, dass der Vollzug des Kaufvertrags regelmäßig von verschiedenen aufschiebenden Bedingungen abhängig ist, deren Eintritt die Parteien nicht ausschließlich selbst herbeiführen können (z.B. Vorliegen behördlicher Genehmigungen, Nicht-Vorliegen eines material adverse change). Der Vollzug des Kaufvertrags ist daher in vielen Fällen noch ungewiss, so dass der Kapitalmarkt durch frühzeitige Mitteilungen im Hinblick auf die Veränderung von Stimmrechtsverhältnissen eher in die Irre geführt würde, als dass durch eine solche Transparenz etwas gewonnen wäre.

> **Hinweis:**
>
> Dass § 22 Abs. 1 Satz 1 Nr. 5 WpHG lediglich dinglich ausgestaltete Optionen erfassen soll, ergibt sich auch aus der Begründung zum Regierungsentwurf des Transparenzrichtlinie-Umsetzungsgesetzes.[287] In Umsetzung von Art. 13 der Transparenzrichtlinie II ist in § 25 WpHG nunmehr eine Mitteilungspflicht von Inhabern von Finanzinstrumenten vorgesehen, die das Recht verleihen, einseitig im Rahmen einer rechtlich bindenden Vereinbarung mit Stimmrechten verbundene und bereits ausgegebene, an einem organisierten Markt zugelassene Aktien eines Emittenten zu erwerben. Solche Finanzinstrumente betreffen insb. als Kauf, Tausch oder durch anderweitigen Bezug auf den Basiswert ausgestaltete Festgeschäfte oder Optionsgeschäfte, die zeitlich verzögert zu erfüllen sind und deren Wert sich unmittelbar oder mittelbar vom Preis oder Maß des Basiswertes ableitet (Termingeschäfte), mit Aktien als Basiswert. Entscheidend ist, dass der Erwerb der zugrunde liegenden Aktien nicht von äußeren Umständen (bspw. der Preisentwicklung), sondern nur vom Ermessen des Inhabers des Finanzinstruments abhängt. Die Eingangsschwelle liegt bei diesem neuen Meldetatbe-

---

283 Vgl. Opitz, in: Schäfer/Hamann, Kapitalmarktgesetze, § 22 WpHG Rn. 56; Schäfer, in: Marsch-Barner/Schäfer, Handbuch börsennotierte AG, § 17 Rn. 26; Hüffer, AktG, § 16 Rn. 7.

284 Schwark, in: Schwark, Kapitalmarktrechts-Kommentar, § 22 WpHG Rn. 9; Schäfer, in: Marsch-Barner/Schäfer, Handbuch börsennotierte AG, § 17 Rn. 27; Kümpel/Veil, Wertpapierhandelsgesetz, 7. Teil Rn. 36.

285 Vgl. Opitz, in: Schäfer/Hamann, Kapitalmarktgesetze, § 22 WpHG Rn. 59; Schwark, in: Schwark, Kapitalmarktrechts-Kommentar, § 22 WpHG Rn. 10; Schäfer, in: Marsch-Barner/Schäfer, Handbuch börsennotierte AG, § 17 Rn. 27; Kümpel/Veil, Wertpapierhandelsgesetz, 7. Teil Rn. 37; Hüffer, AktG, Anh § 22, § 22 WpHG Rn. 5; a.A.: Schneider, in: Assmann/Schneider, Wertpapierhandelsgesetz, § 22 Rn. 92 ff.

286 Vgl. §§ 31 Abs. 6, 23 Abs. 1 Satz 2 und Abs. 2 Satz 2 WpÜG.

287 Vgl. die Begründung zu § 25 WpHG n.F., BT-Drucks. 16/2498, S. 37.

stand allerdings erst bei 5 % und nicht – wie in § 21 Abs. 1 WpHG n.F. – bei 3 %. Eine Zusammenrechnung mit den nach §§ 21, 22 WpHG zu meldenden Beteiligungen findet nicht statt.

(6) § 22 Abs. 1 Satz 1 Nr. 6 WpHG

Nach dieser Bestimmung erfolgt eine Zurechnung von Stimmrechten aus Aktien, die dem Meldepflichtigen **anvertraut** sind oder aus denen er die Stimmrechte als Bevollmächtigter ausüben kann, sofern er die Stimmrechte aus diesen Aktien nach eigenem Ermessen ausüben kann, wenn keine besonderen Weisungen des Aktionärs vorliegen. Erfasst werden damit sowohl **schuldrechtliche** als auch **gesetzliche Verwahrverhältnisse** aufgrund elterlichen Sorgerechts, Testamentsvollstreckung, Insolvenzverwaltung etc.[288] Des Weiteren kann der Zurechnungstatbestand bei der **Vollmachtstreuhand** greifen, die nicht bereits unter § 22 Abs. 1 Satz 1 Nr. 2 WpHG fällt. Nicht einschlägig ist die Norm dagegen bei der Stimmrechtsvollmacht der Kreditinstitute nach § 135 AktG.[289] Denn selbst wenn keine Weisungen des Aktionärs vorliegen, sind die Kreditinstitute gemäß § 135 Abs. 5 AktG grds. an ihre eigenen, den Aktionären nach § 128 Abs. 2 AktG mitgeteilten Vorschläge zu den einzelnen Gegenständen der Tagesordnung gebunden.

149

> **Hinweis:**
>
> Hieran hat sich auch durch die Erweiterung des Tatbestands um die Alternative der Bevollmächtigung mit In-Kraft-Treten des Transparenzrichtlinie-Umsetzungsgesetzes nichts geändert, denn auch insoweit ist Voraussetzung für eine Zurechnung, dass der Bevollmächtigte bei der Ausübung der Stimmrechte nach eigenem Ermessen handeln kann.[290] Um den Mitteilungsaufwand bei einer Bevollmächtigung nach § 22 Abs. 1 Satz 1 Nr. 6 WpHG so gering wie möglich zu halten, sieht § 22 Abs. 4 WpHG vor, dass die Mitteilung lediglich bei Abgabe der Vollmacht abzugeben ist, wenn sich diese lediglich auf die Stimmrechtsausübung in einer einzigen Hauptversammlung bezieht.

cc) Abgestimmtes Verhalten (§ 22 Abs. 2 WpHG)

Nach § 22 Abs. 2 Satz 1 WpHG werden dem Meldepflichtigen auch Aktien eines Dritten zugerechnet, mit dem dieser sein Verhalten in Bezug auf die börsennotierte Gesellschaft aufgrund einer Vereinbarung oder in sonstiger Weise abstimmt, es sei denn, es handelt sich um eine Vereinbarung über die Ausübung von Stimmrechten in einem Einzelfall. Damit ist ein Sachverhalt umschrieben, der international unter dem Schlagwort „acting in concert" diskutiert wird.

150

Aufgrund der Neufassung der Vorschrift mit In-Kraft-Treten des WpÜG, die ausdrücklich auch eine Verhaltensabstimmung „in sonstiger Weise" erfasst, ist nunmehr eindeutig, dass der Zurechnungstatbestand das Vorliegen einer rechtlich bindenden Vereinbarung nicht voraussetzt. Erfasst ist nach dem Gesetzeswortlaut vielmehr jedes **abgestimmte Verhalten** in Bezug auf den Emittenten, auch wenn **Stimmrechtsvereinbarungen** und sog. **Poolvereinbarungen** nach wie vor den Hauptanwendungsfall der Bestimmung darstellen.

Die Auslegung des Auffangtatbestands in § 22 Abs. 2 WpHG und in der gleichlautenden Bestimmung des § 30 Abs. 2 WpÜG hat in der Praxis und im Schrifttum zu erheblichen Kontroversen geführt, zumal sich regelmäßig auch beweisrechtliche Fragen und Unsicherheiten ergeben. Von der Rechtsfolgenseite kommt bei § 30 Abs. 2 WpÜG hinzu, dass über den an der Verhaltensabstimmung beteiligten Personen als Damokles-Schwert stets die Verpflichtung zur Unterbreitung eines Pflichtangebots an alle außenstehenden

151

---

288 Schneider, in: Assmann/Schneider, Wertpapierhandelsgesetz, § 22 Rn. 114; Schwark, in: Schwark, Kapitalmarktrechts-Kommentar, § 22 WpHG Rn. 13; Kümpel/Veil, Wertpapierhandelsgesetz, 7. Teil Rn. 38.
289 So im Einklang mit der Gesetzesbegründung (BT-Drucks. 12/6679, S. 54) die h.M., vgl. Opitz, in: Schäfer/Hamann, Kapitalmarktgesetze, § 22 WpHG Rn. 69 ff.; Schwark, in: Schwark, Kapitalmarktrechts-Kommentar, § 22 WpHG Rn. 15; Schäfer, in: Marsch-Barner/Schäfer, Handbuch börsennotierte AG, § 17 Rn. 30; Kümpel/Veil, Wertpapierhandelsgesetz, 7. Teil Rn. 39; Hüffer, AktG, Anh § 22, § 22 WpHG Rn. 6; kritisch: Schneider, in: Assmann/Schneider, Wertpapierhandelsgesetz, § 22 Rn. 123 ff.
290 Vgl. die Begründung zu § 22 Abs. 1 Satz 1 Nr. 6 WpHG n.F., BT-Drucks. 16/2498, S. 35.

Aktionäre der Zielgesellschaft schwebt.[291] Als Tendenz hat sich in der Rspr. jedenfalls herausgebildet, dass der Tatbestand des § 22 Abs. 2 WpHG bzw. § 30 Abs. 2 WpÜG nicht bereits bei einem gleichförmigen Abstimmungsverhalten gegeben ist, sondern eine Abstimmung des Verhaltens zur **nachhaltigen Einflussnahme** auf die Geschäfts- und Aufsichtsorgane der Gesellschaft und zur Verwirklichung einer gemeinsamen unternehmerischen Strategie voraussetzt.[292] Gleichwohl wird das acting in concert – ob im Rahmen des § 22 Abs. 2 WpHG oder des § 30 Abs. 2 WpÜG – stets Auslegungs- und Abgrenzungs- sowie Beweisschwierigkeiten mit sich bringen. Eine vielfältige Kasuistik ist insofern vorprogrammiert.

d) Nichtberücksichtigung von Stimmrechten gemäß § 23 WpHG

152 Eine Nichtberücksichtigung von Stimmrechten war vor In-Kraft-Treten des Transparenzrichtlinie-Umsetzungsgesetzes **auf schriftlichen Antrag** bei der BaFin möglich, wenn die von dem Meldepflichtigen gehaltenen Aktien einer börsennotierten Gesellschaft Teil eines Handelsbestands (§ 23 Abs. 1 WpHG a.F.) oder Spekulationsbestands (§ 23 Abs. 2 WpHG a.F.) waren. Die Einräumung dieser Befreiungsmöglichkeit ist vor dem Hintergrund zu sehen, dass die Aktien in diesen Fällen nicht einer dauerhaften Anlage dienen sollen und eine Einflussnahme auf die Gesellschaft von dem Meldepflichtigen regelmäßig nicht beabsichtigt ist. Im Übrigen soll auf diese Weise bei der börsennotierten Gesellschaft und der BaFin (als Folge der ständigen Schwankungen des Handels- bzw. Spekulationsbestands) unnötiger Verwaltungsaufwand vermieden werden.

> **Hinweis:**
> Auch diese Bestimmungen sind durch das Transparenzrichtlinie-Umsetzungsgesetz komplett neu gefasst worden, um den Vorgaben der Transparenzrichtlinie II gerecht zu werden. Während für den Handelsbestand in § 23 Abs. 1 WpHG eine Begrenzung auf 5 % eingeführt wurde, wurde der § 23 Abs. 2 WpHG a.F. aufgehoben. An seine Stelle ist eine Befreiungsmöglichkeit getreten, wenn die Aktien ausschließlich zum Zwecke der Abrechnung und Abwicklung oder zur Verwahrung für einen kurzen Zeitraum gehalten werden. Zum Abbau bürokratischer Hürden ist das Erfordernis eines Antrags für eine Freistellung bei der BaFin entfallen.

3. Inhalt, Form und Frist der Mitteilung

a) Inhalt der Mitteilung

153 Die Mitteilung nach § 21 Abs. 1 Satz 1 WpHG gegenüber dem Emittenten und der BaFin **muss gemäß § 17 Abs. 1 WpAIV enthalten**:
- die deutlich hervorgehobene Überschrift „Stimmrechtsmitteilung",
- den Namen und die Anschrift des Mitteilungspflichtigen,[293]
- den Namen und die Anschrift des Emittenten,
- die Schwelle, die berührt wurde, sowie die Angabe, ob die Schwelle überschritten, unterschritten oder erreicht wurde,

---

291 Aus diesem Grund findet sich eine vertieftere Darstellung des acting in concert auch unter Rn. 281 ff.
292 Vgl. zu § 22 Abs. 2 WpHG OLG München, ZIP 2005, 615 und OLG Stuttgart, AG 2005, 125 sowie zu § 30 Abs. 2 WpÜG BGH, BB 2006, 2432 (Vorinstanz OLG München, DB 2005, 1264) und OLG Frankfurt, ZIP 2004, 1309 (Pixelpark), vgl. auch die Darstellung bei Kümpel/Veil, Wertpapierhandelsgesetz, 7. Teil Rn. 41 f., vgl. zu den kritischen Fällen auch Opitz, in: Schäfer/Hamann, Kapitalmarktgesetze, § 22 WpHG Rn. 91.
293 Erfüllt ein Mutterunternehmen nach § 24 WpHG die Mitteilungspflichten für seine Tochterunternehmen, muss die Mitteilung gleichwohl die entsprechenden Angaben im Hinblick auf das Tochterunternehmen enthalten.

- die Höhe des nunmehr gehaltenen Stimmrechtsanteils[294] in Bezug auf die Gesamtmenge der Stimmrechte des Emittenten, auch wenn die Ausübung dieser Stimmrechte ausgesetzt ist, und in Bezug auf alle mit Stimmrechten versehenen Aktien ein und derselben Gattung und
- das Datum des Überschreitens, Unterschreitens oder Erreichens der Schwelle.

Gemäß § 17 Abs. 2 WpAIV hat die Mitteilung im Fall der Zurechnung von Stimmrechten nach § 22 Abs. 1 und 2 WpHG **zusätzlich zu den vorstehenden Angaben** zu enthalten:

- den Namen des Dritten, aus dessen Aktien dem Mitteilungspflichtigen Stimmrechte zugerechnet werden, wenn dessen zugerechneter Stimmrechtsanteil jeweils 3 % oder mehr beträgt,
- ggf. die Namen der kontrollierten Unternehmen, über die die Stimmrechte tatsächlich gehalten werden, wenn deren zugerechneter Stimmrechtsanteil jeweils 3 % oder mehr beträgt.

> **Hinweis:**
>
> § 17 Abs. 3 WpAIV enthält schließlich die konkreten inhaltlichen Vorgaben für die in § 25 WpHG neu eingeführte Mitteilungspflicht beim Halten von sonstigen Finanzinstrumenten.
>
> Die BaFin hat außerdem angekündigt, dass sie auf der Grundlage europäischer Vorgaben ein standardisiertes Mitteilungsformular erarbeiten wird, um den betroffenen Kapitalmarktteilnehmern die Vornahme der Mitteilungen zu erleichtern und auf diese Weise zugleich die hohe Anzahl fehlerhafter Mitteilungen in der Vergangenheit zu reduzieren.

b) Form und Frist der Mitteilung

§ 18 WpAIV bestimmt, dass Mitteilungen nach §§ 21 Abs. 1 Satz 1, Abs. 1a und 25 Abs. 1 Satz 1 WpHG schriftlich oder mittels Telefax in deutscher oder englischer Sprache an den Emittenten und an die BaFin zu übersenden sind.

Die Mitteilung muss **unverzüglich**, spätestens innerhalb von **vier Handelstagen**, abgegeben werden.

> **Hinweis:**
>
> Durch das Transparenzrichtlinie-Umsetzungsgesetz wurde die Mitteilungsfrist von sieben Kalendertagen auf vier Handelstage (Definition dieses Begriffs zukünftig in § 30 WpHG) verkürzt.

Für den Beginn der Frist ist die Kenntnis bzw. das Kennenmüssen der Umstände maßgebend, die die Mitteilungspflicht auslösen. Unkenntnis, die auf Fahrlässigkeit beruht, ist damit schädlich. Umstritten ist, ob für die Einhaltung der Frist auf den Zugang der Mitteilung bei der Gesellschaft und der BaFin[295] oder deren Absendung durch den Meldepflichtigen[296] abzustellen ist. Auch wenn es sich bei der Mitteilung nach § 21 WpHG nicht um eine Willenserklärung handelt, erscheint eine analoge Anwendung von § 130 Abs. 1 Satz 1 BGB sinnvoll, so dass der Meldepflichtige innerhalb der Vier-Tages-Frist den **Zugang** der Mitteilung bei der Gesellschaft und der BaFin bewirken muss.

> **Hinweis:**
>
> Um Doppelmeldungen zu vermeiden, kann das Mutterunternehmen gemäß § 24 WpHG die Mitteilungspflichten nach § 21 Abs. 1 WpHG mit befreiender Wirkung für seine Tochterunternehmen erfüllen.

---

[294] Der Stimmrechtsanteil ist auf zwei Nachkommastellen kaufmännisch zu runden. In Fällen, in denen die Transparenz anderenfalls nicht gewährleistet wäre, empfiehlt die BaFin zusätzlich die Zahl der Stimmrechte anzugeben (z.B. 50 % plus eine Aktie), vgl. die Erläuterung in dem Muster einer Mitteilung und Veröffentlichung der BaFin vom 11.11.2005 (abrufbar unter http://www.bafin.de).

[295] So Schneider, in: Assmann/Schneider, Wertpapierhandelsgesetz, § 21 Rn. 86.

[296] Schwark, in: Schwark, Kapitalmarktrechts-Kommentar, § 21 WpHG Rn. 23.

4. Veröffentlichungspflicht des Emittenten
a) Veröffentlichung von Mitteilungen nach § 21 WpHG

156 Gemäß § 25 Abs. 1 Satz 1 WpHG a.F. war die börsennotierte Gesellschaft verpflichtet, ihr zugegangene Mitteilungen nach § 21 Abs. 1 WpHG **unverzüglich**, spätestens innerhalb von **neun Kalendertagen**, in einem **überregionalen Börsenpflichtblatt**[297] zu veröffentlichen[298] und der BaFin unverzüglich einen Beleg über die Veröffentlichung zu übermitteln (vgl. § 25 Abs. 3 WpHG a.F.).

> **Hinweis:**
>
> Die Veröffentlichungspflicht des Emittenten findet sich seit In-Kraft-Treten des Transparenzrichtlinie-Umsetzungsgesetzes in § 26 WpHG. Während sich die Mitteilungspflicht nach §§ 21, 22 WpHG n.F. auf Beteiligungen an einem Emittenten mit Herkunftsstaat BRD (i.S.v. § 2 Abs. 6 WpHG) bezieht, knüpft die Veröffentlichungspflicht – wie auch bei §§ 15, 15a WpHG – an die Definition des Inlandsemittenten (i.S.v. § 2 Abs. 7 WpHG) an.[299] Die Frist für die Veröffentlichung ist auf drei Handelstage (Definition dieses Begriffs zukünftig in § 30 WpHG) reduziert worden. An die Stelle der Übersendung eines Belegs über die Veröffentlichung an die BaFin ist gemäß § 26 Abs. 2 WpHG eine bloße Mitteilungspflicht nach Maßgabe von §§ 21, 3c WpAIV getreten. Außerdem ist der Inlandsemittent verpflichtet, die Veröffentlichung unverzüglich an das Unternehmensregister i.S.v. § 8b HGB[300] zur Speicherung zu übermitteln. Schließlich sieht § 26a WpHG vor, dass der Inlandsemittent verpflichtet ist, die Gesamtzahl der Stimmrechte am Ende eines jeden Kalendermonats, in dem es zu einer Zu- oder Abnahme von Stimmrechten gekommen ist, zu veröffentlichen, die Veröffentlichung der BaFin mitzuteilen und dem Unternehmensregister zur Speicherung zu übermitteln. Auf diese Weise soll dem Meldepflichtigen die Berechnung seines Stimmanteils zukünftig erleichtert werden.

Sofern die Gesellschaft auf andere Weise als durch Mitteilung gemäß § 21 WpHG von einer Veränderung von Stimmrechtsverhältnissen erfährt, besteht keine Veröffentlichungspflicht.[301]

157 § 19 WpAIV bestimmt, dass die Veröffentlichung nach § 26 Abs. 1 Satz 1 WpHG die Angaben der Mitteilung[302] enthalten muss; der Mitteilungspflichtige ist mit vollständigem Namen, Sitz und Staat, in dem sich sein Wohnort befindet, anzugeben.

Gemäß § 20 WpAIV richtet sich die Art und Sprache der Veröffentlichung nach den §§ 3a, 3b WpAIV. Abweichend hiervon kann der Emittent die Mitteilung in jedem Fall in englischer Sprache veröffentlichen, wenn er die Mitteilung in englischer Sprache erhalten hat.

> **Hinweis:**
>
> Im Hinblick auf die Art und Weise der Veröffentlichung gelten die durch die Transparenzrichtlinie II allgemein in §§ 3a, 3b WpAIV eingeführten Vorgaben.[303]

158 Inhaltliche oder redaktionelle Änderungen dürfen von der Gesellschaft nicht vorgenommen werden. Bei unvollständigen oder missverständlichen Mitteilungen ist die Gesellschaft aufgrund ihrer Informations-

---

297 Überregionale Börsenpflichtblätter sind zurzeit: Börsen-Zeitung, Die Welt, Financial Times Deutschland, Frankfurter Allgemeine Zeitung, Frankfurter Rundschau, Handelsblatt, Süddeutsche Zeitung.
298 Eine Befreiung von dieser Verpflichtung besteht lediglich unter den Voraussetzungen des § 25 Abs. 4 WpHG. Hierzu Schneider, in: Assmann/Schneider, Wertpapierhandelsgesetz, § 25 Rn. 40 ff.; Schwark, in: Schwark, Kapitalmarktrechts-Kommentar, § 25 WpHG Rn. 11 ff.
299 Vgl. hierzu Rn. 45.
300 Vgl. hierzu Rn. 54.
301 Schwark, Kapitalmarktrechts-Kommentar, § 25 WpHG Rn. 5; Janert, BB 2004, 169, 172.
302 Vgl. oben Rn. 153.
303 Vgl. hierzu Rn. 102.

pflichten gegenüber dem Kapitalmarkt verpflichtet, den Meldepflichtigen zu einer Ergänzung oder Korrektur der abgegebenen Mitteilung anzuhalten.[304]

> **Hinweis:**
> Sämtliche Veröffentlichungen der Gesellschaft nach § 26 WpHG sind vom Emittenten in das nach § 10 WpPG nach Ablauf des Geschäftsjahres zu veröffentlichende **sog. jährliche Dokument** aufzunehmen.

b) Veröffentlichungspflicht bei Erwerb und Veräußerung eigener Aktien

Erwirbt oder veräußert eine Gesellschaft eigene Aktien, hat dies Einfluss auf die Stimmrechtsverhältnisse, da der Gesellschaft aus diesen eigenen Aktien keine Rechte zustehen (§ 71b AktG). Der Kapitalmarkt hat daher ein Interesse daran, über maßgebliche **Aktienrückkäufe** der Gesellschaft informiert zu werden. Aus diesem Grund statuiert § 26 Abs. 1 Satz 2 WpHG für Inlandsemittenten eine selbständige Veröffentlichungspflicht, die denknotwendig nicht an eine vorangegangene Mitteilung anknüpfen kann, wenn bei Erwerb oder Veräußerung eigener Aktien oder auf sonstige Weise (bspw. durch Einziehung) die Meldeschwellen von 5 % und 10 % (bei Emittenten mit Herkunftsstaat BRD auch von 3 %) berührt werden.[305] Die Mitteilung hat innerhalb von vier Handelstagen zu erfolgen.

159

5. Rechtsfolgen bei Verletzung der Mitteilungs- bzw. Veröffentlichungspflichten

a) Rechtsverlust gemäß § 28 Satz 1 WpHG

Gemäß § 28 Satz 1 WpHG bestehen keine Rechte aus Aktien, solange die Mitteilungspflicht nach § 21 WpHG nicht erfüllt wird.[306] **Erfasst sind damit**:

160

- Stimmrechte,
- sonstige Mitverwaltungsrechte (Teilnahme an der Hauptversammlung, Rede- und Fragerecht, Anfechtungsbefugnis),
- Vermögensrechte (Anspruch auf den anteiligen Bilanzgewinn nach § 58 Abs. 4 AktG und den Liquidationserlös nach § 271 AktG – allerdings nur bei vorsätzlicher Unterlassung der Mitteilung, vgl. § 28 Satz 2 WpHG).

Werden Stimmrechte in der Hauptversammlung trotz **unterlassener Mitteilung** ausgeübt, sind die gefassten Beschlüsse nicht nach § 241 Nr. 3 AktG nichtig, sondern lediglich **anfechtbar**. Zum Erfolg führt eine Anfechtungsklage zudem nur, wenn die Berücksichtigung der (ungültigen) Stimmen für das festgestellte Abstimmungsergebnis kausal war.[307] Weiter ist in diesem Zusammenhang zu beachten, dass für die Frage des Rechtsverlusts lediglich der Zugang der Mitteilung gegenüber der Gesellschaft und der BaFin, nicht aber die Veröffentlichung der Mitteilung durch die Gesellschaft maßgebend ist.[308]

161

---

304 Vgl. Schneider, in: Assmann/Schneider, Wertpapierhandelsgesetz, § 25 Rn. 18 f.; Schwark, in: Schwark, Kapitalmarktrechts-Kommentar, § 25 WpHG Rn. 6.
305 Auch nach alter Rechtslage bestand nach Auffassung der BaFin im Falle der Einziehung eine Mitteilungspflicht der Gesellschaft, da die Einziehung einer Veräußerung gleichzustellen war, vgl. Ziff. II.2 des Schreibens der BaFin „Hinweise zu den Mitteilungs- und Veröffentlichungspflichten gemäß §§ 21 ff. WpHG" vom 11.11.2005 (abrufbar unter http://www.bafin.de).
306 Zu Reichweite und Konsequenzen von § 28 WpHG vgl. auch Schneider/Schneider, ZIP 2006, 493.
307 Unstreitig: vgl. Schneider, in: Assmann/Schneider, Wertpapierhandelsgesetz, § 28 Rn. 28; Schwark, Kapitalmarktrechts-Kommentar, WpHG, § 28 Rn. 11; Schäfer, in: Marsch-Barner/Schäfer, Handbuch börsennotierte AG, § 17 Rn. 52; Kümpel/Veil, Wertpapierhandelsgesetz, 7. Teil Rn. 50.
308 Schwark, in: Schwark, Kapitalmarktrechts-Kommentar, § 28 WpHG Rn. 4.

> **Hinweis:**
>
> Die Mitteilung gegenüber der Gesellschaft und der BaFin kann noch während der Hauptversammlung erfolgen. Für die Berücksichtigung der Stimmrechte beim Abstimmungsergebnis ist dann unerheblich, ob die Mitteilung des Meldepflichtigen ggf. verspätet erfolgt ist.[309]

162 Für den Fall der **Zurechnung von Stimmrechten** nach § 22 WpHG ordnet § 28 WpHG einen Rechtsverlust nur für die ersten beiden Zurechnungstatbestände an, also wenn die Aktien einem Tochterunternehmen des Meldepflichtigen gehören oder von einem Dritten für Rechnung des Meldepflichtigen gehalten werden. Der Rechtsverlust tritt in diesen Fällen bereits ein, wenn nur einer der Beteiligten (also Mutterunternehmen oder Tochterunternehmen, Treuhänder oder Treugeber) seiner Mitteilungspflicht nicht nachkommt.[310] In den sonstigen Fällen des § 22 Abs. 1 und Abs. 2 WpHG kommt es nicht zu einem Rechtsverlust. Insb. verliert bei einem abgestimmten Verhalten immer nur der Aktionär seine Rechte, der seine Mitteilungspflicht verletzt, nicht betroffen sind demgegenüber die Rechte aus den Aktien der übrigen Aktionäre.[311] Mit anderen Worten: Es kommt bei einem abgestimmten Verhalten zu keiner „Zurechnung des Rechtsverlustes".

b) Sonstige Rechtsfolgen

163 Ein Verstoß gegen die Mitteilungspflicht des § 21 WpHG stellt gemäß § 39 Abs. 2 Nr. 2 lit. e) WpHG eine **Ordnungswidrigkeit** dar, die mit einer Geldbuße i.H.v. bis zu 200.000 € geahndet werden kann. Verstößt die Gesellschaft gegen ihre Veröffentlichungspflicht nach § 26 WpHG, liegt nach § 39 Abs. 2 Nr. 5 lit. c) WpHG ebenfalls eine Ordnungswidrigkeit vor; die Geldbuße beträgt in diesem Fall max. 50.000 €. Schließlich stellt auch die unterlassene oder nicht rechtzeitige Übermittlung der Veröffentlichung an das Unternehmensregister nach § 39 Abs. 2 Nr. 6 WpHG eine Ordnungswidrigkeit dar.

Ob § 21 WpHG ein Schutzgesetz i.S.d. § 823 Abs. 2 BGB darstellt, mit der Folge, dass bei einer Verletzung der Mitteilungspflicht auch **zivilrechtliche Schadensersatzansprüche** denkbar sind, ist umstritten.[312]

C. Wertpapiererwerbs- und Übernahmegesetz (WpÜG)

I. Einleitung

164 Das Aufgabenfeld des im Handels- und Gesellschaftsrecht tätigen Rechtsanwalts umfasst auch die Beratung bei sog. **M&A-Transaktionen**. Die Abkürzung M&A steht für Mergers & Acquisitions (Unternehmenszusammenschlüsse und Unternehmenserwerbe). Soweit es um den Erwerb von Wertpapieren geht, die von einer AG oder KGaA ausgegebenen wurden und die zum Handel an einem organisierten Markt zugelassen sind, kommt nicht lediglich ein Abschluss von Aktienkaufverträgen mit namentlich bekannten Aktionären in Betracht, sondern besteht eine weitere Möglichkeit des Erwerbs in der Abgabe eines öffentlichen Angebots an die Wertpapierinhaber nach dem Wertpapiererwerbs- und Übernahmegesetz (WpÜG). Häufig sind aber auch Kombinationen zwischen einem öffentlichen Angebot und dem – meist parallel durchgeführten – Erwerb eines Aktienpakets von einem Gesellschafter. In beiden Fällen handelt es sich um einen **sog. share deal**; dieser wiederum ist abzugrenzen vom **sog. asset deal**, einem zwischen einem Erwerber und der Gesellschaft selbst vereinbarten Erwerb von Vermögenswerten der Gesellschaft.

---

309 Vgl. Schneider, in: Assmann/Schneider, Wertpapierhandelsgesetz, § 28 Rn. 22; Opitz, in: Schäfer/Hamann, Kapitalmarktgesetze, § 28 WpHG Rn. 25.

310 Vgl. Schneider, in: Assmann/Schneider, Wertpapierhandelsgesetz, § 28 Rn. 43 ff. und 49.

311 Vgl. Schneider, in: Assmann/Schneider, Wertpapierhandelsgesetz, § 28 Rn. 56; Schäfer, in: Marsch-Barner/Schäfer, Handbuch börsennotierte AG, § 17 Rn. 50.

312 Dafür: Schneider, in: Assmann/Schneider, Wertpapierhandelsgesetz, § 28 Rn. 79 ff.; dagegen: Opitz, in: Schäfer/Hamann, Kapitalmarktgesetze, § 21 WpHG Rn. 43; Schwark, in: Schwark, Kapitalmarktrechts-Kommentar, § 28 WpÜG Rn. 14; Kümpel/Veil, Wertpapierhandelsgesetz, 7. Teil Rn. 52.

Daneben ist der Erwerb von Anteilen einer Gesellschaft durch **umwandlungsrechtliche Maßnahmen**, wie z.B. eine Verschmelzung, denkbar. Jede dieser Maßnahmen hat eine Reihe von Vor- und Nachteilen, die sorgfältig abzuwägen sind. Die im Zusammenhang mit der Abgabe eines Angebots nach dem WpÜG zu beachtenden Gesichtspunkte sind Gegenstand der folgenden Ausführungen.

II. WpÜG und Übernahmerichtlinie

In Deutschland gab es im Gegensatz zu anderen führenden Finanzmärkten bis zum 1.1.2002 keine gesetzliche Regelung von öffentlichen Angeboten zum Erwerb von Wertpapieren und von Unternehmensübernahmen. Da die parallel zum deutschen Gesetzgebungsverfahren verlaufenden Bemühungen zur Verabschiedung einer Übernahmerichtlinie bis zum In-Kraft-Treten des WpÜG nicht erfolgreich verliefen,[313] sah sich der deutsche Gesetzgeber angesichts der Anzahl und wachsenden Bedeutung öffentlicher Angebote veranlasst, auf nationaler Ebene einen verlässlichen Rechtsrahmen zu schaffen.

> **Hinweis:**
> Zwar war am 1.10.1995 der freiwillige Übernahmekodex der Börsensachverständigenkommission beim BMF in Kraft getreten, der sich in der praktischen Anwendung grds. bewährt hatte. Eine große Anzahl börsennotierter Gesellschaften war aber nicht bereit, ihr Verhalten am Kapitalmarkt den Regeln des Kodex zu unterwerfen. Eine flächendeckende Anwendung hat der Übernahmekodex daher nicht gefunden.[314]

Inzwischen ist die sog. **Übernahmerichtlinie** in Kraft getreten,[315] die bis zum 20.5.2006 in nationales Recht umzusetzen war. Mit der Übernahmerichtlinie soll gemeinschaftsweit Klarheit und Transparenz bei der Abwicklung von Übernahmeangeboten geschaffen werden.[316] Da das WpÜG auf der Grundlage eines Gemeinsamen Standpunkts des Ministerrats für eine „Dreizehnte Richtlinie auf dem Gebiet des Gesellschaftsrechts betreffend Übernahmeangebote" als vorweggenommene Umsetzung einer Übernahmerichtlinie konzipiert war, entspricht das WpÜG bereits weitgehend den Anforderungen der Übernahmerichtlinie.[317]

Durch das Übernahmerichtlinie-Umsetzungsgesetz[318] wurden die bestehenden Regeln daher nur geändert, soweit dies zur ordnungsgemäßen Umsetzung der Übernahmerichtlinie erforderlich war. Änderungs- und Ergänzungsbedarf bestand im Wesentlichen in folgenden Punkten:

- Erweiterung des Geltungsbereichs des WpÜG durch die Umsetzung der (komplexen) Regelung zum anwendbaren Recht bei **Übernahmen mit grenzüberschreitendem Bezug** (Art. 4 der Übernahmerichtlinie).[319]

- **Umsetzung des europäischen Verhinderungsverbots** und der **europäischen Durchbrechungsregel** (Art. 9, 11 und 12 der Übernahmerichtlinie). Damit ist die bei Verhandlung der Übernahmerichtlinie höchst kontrovers diskutierte Frage angesprochen, inwieweit Abwehrmaßnahmen der Leitungsorgane der Zielgesellschaft sowie satzungsmäßige und vertragliche Abwehrrechte in einem Übernahmeverfahren zulässig sein sollen.[320]

---

313 Vgl. zu den Entwicklungen auf EU-Ebene bis zur Verabschiedung der Übernahmerichtlinie Schüppen, in: Haarmann/Schüppen, WpÜG, Einl. Rn. 14 ff.
314 Vgl. Begr. RegE zum WpÜG, BT-Drucks. 14/7034, S. 27.
315 RL 2004/25/EG des Europäischen Parlaments und des Rates betreffend Übernahmeangebote v. 21.4.2004 (Übernahmerichtlinie), ABl. EG Nr. L 142 v. 30.4.2004, S. 12 ff., abgedruckt in NZG 2004, 651 ff.
316 Erwägungsgrund 3 der Übernahmerichtlinie (Fn. 315).
317 Vgl. die Begr. RegE für ein Übernahmerichtlinie-Umsetzungsgesetz, BR-Drucks. 154/06, S. 20.
318 Gesetz zur Umsetzung der Richtlinie 2004/25/EG des Europäischen Parlaments und des Rates vom 21.4.2004 betreffend Übernahmeangebote (Übernahmerichtlinie-Umsetzungsgesetz), BGBl. 2006 I, S. 1426.
319 Siehe unten Rn. 169 f.
320 Siehe unten Rn. 264 ff.

- Einführung eines übernahmerechtlichen Ausschlusses von Minderheitsaktionären (**Squeeze-out**) und eines Andienungsrechts (**Sell-out**) für die Minderheitsaktionäre (Art. 15 und 16 der Übernahmerichtlinie).[321]

Diese und weitere Änderungen des WpÜG durch das Übernahmerichtlinie-Umsetzungsgesetz werden nachfolgend im jeweiligen Sachzusammenhang erläutert.

Da das WpÜG inzwischen seit mehr als vier Jahren in Kraft ist, konnten in der Praxis bereits umfangreiche Erfahrungen mit dem Gesetz gesammelt werden.[322]

> **Hinweis:**
> Sämtliche bislang nach dem WpÜG veröffentlichten 187 Angebote (Stand: 31.12.2006)[323] können auf der Internetseite der BaFin unter http://www.bafin.de in dem Menüpunkt „Datenbanken/veröffentlichte Angebote nach § 14 WpÜG" abgerufen werden, so dass eine ständig aktuelle „Mustersammlung" zur Verfügung steht.

1. Anwendungsbereich des WpÜG

a) Angebotsarten

168   Das WpÜG regelt nach § 2 Abs. 1 öffentliche Kauf- oder Tauschangebote zum Erwerb von Wertpapieren einer Zielgesellschaft. Dabei ist zwischen drei verschiedenen Arten von Angeboten zu unterscheiden:

- Angebote zum Erwerb von Wertpapieren, häufig auch als Erwerbsangebot bezeichnet,
- Übernahmeangebote und
- Pflichtangebote.

Übernahmeangebote sind gemäß § 29 Abs. 1 WpÜG Angebote, die auf den Erwerb der Kontrolle gerichtet sind. Die Kontrolle erlangt nach § 29 Abs. 2 WpÜG, wer mindestens 30 % der Stimmrechte an der Zielgesellschaft hält.

> **Hinweis:**
> Es gibt keinen europaweit einheitlichen Begriff der Kontrolle, da sich der prozentuale Anteil der Stimmrechte, der eine Kontrolle begründet, und die Art der Berechnung dieses Anteils gemäß Art. 5 Abs. 3 der Übernahmerichtlinie[324] nach dem Recht des jeweiligen Mitgliedstaats richtet.

Diese Grenze orientiert sich an Regelungen in anderen europäischen Staaten und trägt darüber hinaus den (geringen) Präsenzen in deutschen Hauptversammlungen Rechnung.[325]

Wer die Kontrolle in anderer Weise als durch ein Übernahmeangebot erlangt (z.B. durch einen Paketerwerb) muss ein **Pflichtangebot** abgeben. Durch das Pflichtangebot wird den Minderheitsaktionären der Zielgesellschaft ermöglicht, ihre Beteiligung an dem Unternehmen zu einem gesetzlichen Mindestpreis zu veräußern.

Alle sonstigen Angebote, die die Kontrollschwelle nicht tangieren (z.B. ein Angebot zum Erwerb einer Beteiligung von weniger als 30 % oder ein Aufstockungsangebot bei einer bereits bestehenden Beteiligung von mindestens 30 %), sind **(einfache) Erwerbsangebote**.

---

321   Siehe unten Rn. 318 ff. und Rn. 327 f.
322   Für einen Überblick über die Entwicklungen des WpÜG siehe Lenz/Linke, AG 2002, 361; Lenz/Behnke, BKR 2003, 43; Krause, NJW 2004, 3681.
323   Davon 34 Angebote im Jahr 2002, 45 Angebote im Jahr 2003, 32 Angebote im Jahr 2004, 38 Angebote im Jahr 2005 und 38 Angebote im Jahr 2006.
324   Vgl. Fn. 315.
325   Begr. RegE zum WpÜG, BT-Drucks. 14/7034, S. 53, abgedruckt in ZIP 2001, 1262, 1281.

> **Hinweis:**
>
> Im Zuge der Umsetzung des Übernahmerichtlinie-Umsetzungsgesetzes hat die BaFin ihre Verwaltungspraxis zur Anwendbarkeit des WpÜG auf den Rückerwerb eigener Aktien dahingehend geändert, dass das WpÜG bei einem öffentlichen Angebot der Zielgesellschaft zum Rückerwerb eigener Aktien keine Anwendung findet. Das Merkblatt der BaFin vom 5.7.2005 zum Rückerwerb eigener Aktien nach dem WpÜG hat damit seine Gültigkeit verloren.

b) Internationaler Anwendungsbereich

aa) Ausländische Gesellschaft mit inländischer Börsennotierung

Bislang regelte das WpÜG nach § 1 i.V.m. § 2 Abs. 3 nur Angebote zum Erwerb von Wertpapieren, die von einer AG oder KGaA mit Sitz im Inland ausgegeben und zum Handel an einem organisierten Markt zugelassen waren.

169

> **Hinweis:**
>
> Nach § 2 Abs. 7 WpÜG ist unter dem **Begriff „organisierter Markt"** der amtliche Markt oder geregelte Markt an einer Börse im Inland und der geregelte Markt i.S.d. Art. 4 Abs. 1 Nr. 14 der Richtlinie 2004/39/EG des Europäischen Parlaments und des Rates vom 21.4.2004 über Märkte für Finanzinstrumente[326] zu verstehen.

Mit der Umsetzung von Art. 4 der Übernahmerichtlinie wird der Anwendungsbereich des Gesetzes erheblich erweitert, da zukünftig neben Aktiengesellschaften und Kommanditgesellschaften auf Aktien mit Sitz im Inland **auch Gesellschaften in einem anderen Staat des Europäischen Wirtschaftsraums (EWR)** in die Definition des Begriffs „Zielgesellschaft" einbezogen werden, sofern die Wertpapiere der betreffenden Gesellschaft zum Handel an einem organisierten Markt zugelassen sind. Damit erfasst das WpÜG zukünftig bspw. ein Angebot an die Aktionäre einer Public Limited Company mit Sitz in Irland, deren Aktien ausschließlich zum Handel an der Frankfurter Wertpapierbörse zugelassen sind.[327] Das WpÜG ist in einem solchen Fall gemäß § 1 Abs. 3 Satz 2 WpÜG aber nur anzuwenden, soweit es Fragen der Gegenleistung, des Inhalts der Angebotsunterlage und des Angebotsverfahrens regelt.[328]

bb) Inländische Gesellschaft mit ausländischer Börsennotierung

Denkbar ist auch der umgekehrte Fall, dass die Aktien einer Aktiengesellschaft oder Kommaditgesellschaft auf Aktien mit Sitz in Deutschland nicht im Inland, sondern **in einem anderen Staat des Europäischen Wirtschaftsraums (EWR)** zum Handel an einem organisierten Markt zugelassen sind. In diesem Fall ist das WpÜG auf Übernahme- und Pflichtangebote zum Erwerb der Aktien dieser Gesellschaft im Gegensatz zur bisherigen Rechtslage[329] gemäß § 1 Abs. 2 WpÜG nur eingeschränkt anwendbar.[330] Hervorzuheben ist, dass sich die Frage des Kontrollerwerbs auch in einem solchen Fall weiterhin nach § 29 Abs. 2 WpÜG bestimmt. Selbst wenn also der Staat der Börsennotierung einen Kontrollerwerb erst bei

170

---

326 ABl. EG Nr. L 145 v. 30.4.2004, S. 1 ff.

327 § 1 Abs. 3 WpÜG – Die Vorschrift des Abs. 2 setzt Art. 4 Abs. 2 lit. e) i.V.m. lit. b) der Übernahmerichtlinie um.

328 Welche materiellen Vorschriften des WpÜG in einem solchen Fall im Einzelnen anzuwenden sind, ergibt sich aus § 2 WpÜG-Anwendbarkeitsverordnung.

329 Bislang galt das WpÜG für sämtliche Angebotsarten (Erwerbs-, Übernahme- und Pflichtangebot) in solchen Fällen uneingeschränkt. Nach neuer Rechtslage gilt das WpÜG ohne Einschränkungen nur noch für Erwerbsangebote (siehe die Begründung des RegE für ein Übernahmerichtlinie-Umsetzungsgesetz, BR-Drucks. 154/06, S. 27).

330 § 1 Abs. 2 WpÜG setzt Art. 4 Abs. 2 lit. e) i.V.m. lit. b) der Übernahmerichtlinie um. Die im Einzelnen anwendbaren Bestimmungen ergeben sich in diesem Fall aus § 1 WpÜG-Anwendbarkeitsverordnung. Hier können sich schwierige Abgrenzungsfragen stellen.

einem Erwerb von bspw. 50 % der Stimmrechte annehmen sollte, bliebe dennoch weiterhin die 30 %-Schwelle des WpÜG anwendbar.

2. Allgemeine Grundsätze

171 Das WpÜG dient dem Ziel **eines fairen und geordneten Verfahrens bei öffentlichen Angeboten**. Um dieses Ziel zu erreichen, stellt das WpÜG bestimmte Grundsätze auf. Die wichtigsten sind:
- die Verpflichtung des Bieters, Aktionäre unter gleichen Bedingungen gleich zu behandeln,[331]
- die Verpflichtung des Bieters zur umfassenden Information der Aktionäre,[332]
- die Verpflichtung von Vorstand und Aufsichtsrat, im Interesse der Zielgesellschaft zu handeln,[333]
- das Gebot, die Zielgesellschaft in ihrer Geschäftstätigkeit nicht über einen angemessenen Zeitraum hinaus durch ein Übernahmeangebot zu behindern,[334]
- die Vermeidung von Marktverzerrungen beim Handel mit Wertpapieren der Zielgesellschaft, der Bietergesellschaft oder anderer durch das Angebot betroffener Gesellschaften,[335]
- die Verpflichtung des Bieters, die Finanzierung des Angebots sicherzustellen.[336]

III. Vorbereitungsphase

172 Dem eigentlichen Angebot an die Aktionäre der Zielgesellschaft geht eine **Vorbereitungsphase** voraus, die letztlich in der Entscheidung des Bieters mündet, den Aktionären der Zielgesellschaft ein öffentliches Angebot zum Erwerb der von ihnen gehaltenen Wertpapiere zu unterbreiten.

173 I.d.R. beginnt die Vorbereitungsphase damit, dass der Bieter die **Verkaufsbereitschaft etwaiger Großaktionäre** auslotet und Kontakt mit dem Vorstand der Zielgesellschaft aufnimmt, um zu erkunden, wie sich dieser im Fall eines etwaigen Angebots verhalten würde.[337] Von einer solchen Kontaktaufnahme wird der Bieter nur dann absehen, wenn er von vornherein mit einer ablehnenden Haltung des Vorstands rechnet. Im Fall eines dann vermeintlich feindlichen Angebots wäre es für den Bieter ungünstig, wenn die Zielgesellschaft frühzeitig von der Übernahmeabsicht erführe, da der Vorstand dann noch geeignete Abwehrmaßnahmen treffen könnte, ohne dem Verhinderungsverbot des § 33 Abs. 1 WpÜG zu unterliegen.[338] Feindliche Übernahmeangebote sind in der deutschen Praxis allerdings bislang die Ausnahme.[339]

174 Ist der Vorstand der Zielgesellschaft hingegen nach entsprechender Prüfung – zu der er als ordentlicher und gewissenhafter Geschäftsleiter nach § 93 Abs. 1 Satz 1 AktG verpflichtet ist – grds. bereit, ein etwaiges Angebot in Erwägung zu ziehen, **gestaltet sich das weitere Verfahren** üblicherweise wie folgt:

Der Bieter hat zunächst ein Interesse daran, möglichst viel über die Zielgesellschaft zu erfahren, bevor er sich zur Abgabe des Angebots entscheidet. Der Weitergabe öffentlich nicht zugänglicher und damit i.d.R. vertraulicher Informationen durch den Vorstand der Zielgesellschaft an den Bieter steht jedoch grds. die aktienrechtliche Verschwiegenheitspflicht entgegen. Nach § 93 Abs. 1 Satz 3 AktG ist über vertrauliche

---

331 Siehe § 3 Abs. 1 WpÜG sowie Art. 3 Abs. 1 lit. a) der Übernahmerichtlinie (vgl. Fn. 315).
332 Siehe § 3 Abs. 2 WpÜG sowie Art. 3 Abs. 1 lit. b) der Übernahmerichtlinie (vgl. Fn. 315).
333 Siehe § 3 Abs. 3 WpÜG sowie Art. 3 Abs. 1 lit. c) der Übernahmerichtlinie (vgl. Fn. 315).
334 Siehe § 3 Abs. 4 WpÜG sowie Art. 3 Abs. 1 lit. f) der Übernahmerichtlinie (vgl. Fn. 315).
335 Siehe § 3 Abs. 5 WpÜG sowie Art. 3 Abs. 1 lit. d) der Übernahmerichtlinie (vgl. Fn. 315).
336 Siehe Art. 3 Abs. 1 lit. e) der Übernahmerichtlinie (vgl. Fn. 315).
337 Eine gute Beschreibung, wie die Vorbereitungsphase verlaufen kann, findet sich in der Angebotsunterlage zum Angebot der BCP Crystal Acquisition GmbH & Co. KG an die Aktionäre der Celanese AG vom 30.1.2004, abrufbar unter http://www.bafin.de.
338 Siehe unten Rn. 258 ff.
339 Vgl. zuletzt das angekündigte, aber kurze Zeit später zurückgezogene Übernahmeangebot der Merck KGaA an die Aktionäre der Schering AG (siehe unten Rn. 258).

Angaben und Geheimnisse der Gesellschaft, namentlich Betriebs- und Geschäftsgeheimnisse Stillschweigen zu bewahren.

Eine **Due Diligence** Prüfung des Bieters ist aber ausnahmsweise dann zulässig, wenn aus Sicht des Vorstands der Zielgesellschaft ein **überwiegendes Gesellschaftsinteresse** an der Zulassung einer solchen Prüfung besteht und sich der potenzielle Bieter **zur Vertraulichkeit verpflichtet**. Die dabei vom Vorstand der Zielgesellschaft vorzunehmende Interessenabwägung setzt voraus, dass er sich ein Bild über die Absichten des Bieters machen kann. Zu diesem Zweck wird er den Bieter auffordern müssen, ihm ein indikatives Angebot vorzulegen, in dem nicht nur die ungefähren Preisvorstellungen des Bieters, sondern auch die mit dem Angebot verfolgten strategischen Ziele beschrieben werden. Hat sich der Vorstand der Zielgesellschaft von der Ernsthaftigkeit des geäußerten Interesses und der Vorteilhaftigkeit eines möglichen Angebots für die Gesellschaft und ihre Aktionäre überzeugt, darf er eine Due Diligence Prüfung des Bieters zulassen. 175

> **Hinweis:**
> Dabei sollte bereits in der zuvor abzuschließenden Vertraulichkeitsvereinbarung ein gestuftes Verfahren festgelegt werden, nach dem besonders sensible Unternehmensdaten erst gegen Ende der Due Diligence Prüfung offen gelegt werden, wenn sich konkret abzeichnet, dass der potenzielle Bieter tatsächlich ein Angebot abgeben wird.

Aus Sicht des Bieters ist es außerdem wichtig, schon während der Vorbereitungsphase **Gespräche mit Banken** aufzunehmen, um bei Bedarf die notwendige Finanzierung des Angebots rechtzeitig sicherstellen zu können.[340] Daneben kann es geboten sein, bereits einzelne Großaktionäre zu kontaktieren, um sich deren Unterstützung zu sichern und so auch gegenüber der Ziehgesellschaft die Ernsthaftigkeit des eigenen Erwerbsinteresses darlegen zu können. Zu diesem Zweck werden oftmals **sog. irrevocable undertakings** unterzeichnet, in denen sich ein oder mehrere Großaktionäre verpflichten, die von ihnen gehaltenen Aktien der Zielgesellschaft im Rahmen des Angebots an den Bieter zu veräußern, wenn das Angebot zu einem vereinbarten Mindestpreis abgegeben wird.[341] Handelt der Bieter nicht alleine, sondern gemeinsam mit anderen Personen, die ggf. schon über Aktien der Zielgesellschaft verfügen, muss er allerdings darauf achten, dass ihm die Stimmrechte aus diesen Aktien nicht aufgrund getroffener Vereinbarungen unbeabsichtigt mit der Folge zugerechnet werden, dass ein Pflichtangebot nach § 35 WpÜG abzugeben ist.[342] 176

Schließlich dient die Vorbereitungsphase auch dazu, die im Laufe des eigentlichen Angebotsverfahrens bei der BaFin einzureichende **Angebotsunterlage im Entwurf vorzubereiten**. 177

> **Hinweis:**
> Bereits in der Vorbereitungsphase sollte sich der Bieter einen **Überblick über die Aktionärsstruktur der Zielgesellschaft** verschaffen. Dies ist deshalb wichtig, weil das Angebot – abhängig von der Zusammensetzung des Aktionärskreises – ggf. auch ausländische Rechtsvorschriften beachten muss. So sind etwa US-rechtliche Bestimmungen zum Übernahmerecht einzuhalten, wenn ein Teil der Aktionäre seinen Wohnsitz in den USA hat.[343] Da die US-rechtlichen Bestimmungen nicht immer im Einklang mit den Regelungen des WpÜG stehen, müssen dann ggf. Befreiungen bei der US Securities and Exchange Commission (SEC) beantragt werden. Dies kann im Einzelfall zeitaufwendig sein und sollte bei der Planung berücksichtigt werden.

IV. Angebote zum Erwerb von Wertpapieren (Erwerbsangebote)

Das WpÜG unterscheidet **zwischen drei Angebotsformen**, nämlich 178

---

340 Siehe unten Rn. 211 ff.
341 Näher dazu von Riegen, ZHR 2003, 703.
342 Siehe zu Fragen der Stimmrechtszurechnung unten Rn. 281 ff.
343 Vgl. Aha, AG 2002, 313, 317; Holzborn, BKR 2002, 67, 73.

- dem (einfachen) Erwerbsangebot,
- dem Übernahmeangebot und
- dem Pflichtangebot.

Nachfolgend werden zunächst die für Erwerbsangebote geltenden Regeln dargestellt, da sie mit leichten Modifikationen für sämtliche Angebotsformen gelten. Im Anschluss daran werden die für Übernahme- und Pflichtangebote geltenden Sonderregeln erläutert. Soweit dies aus Gründen des Sachzusammenhangs zweckmäßig ist, wird auf einzelne dieser Sonderregeln bereits bei der Darstellung der für Erwerbsangebote geltenden Bestimmungen hingewiesen.

1. Veröffentlichung der Entscheidung zur Abgabe eines Angebots (§ 10 WpÜG)

179 Nachdem die Vorbereitungsphase abgeschlossen ist, beginnt das eigentliche Angebotsverfahren mit der **Veröffentlichung des Bieters** nach § 10 Abs. 1 Satz 1 WpÜG. Mit dieser Veröffentlichung gibt der Bieter seine Entscheidung zur Abgabe eines Angebots bekannt. Die Veröffentlichung hat unverzüglich zu erfolgen, nachdem sich der Bieter zur Abgabe des Angebots entschieden hat. Im Anschluss an die Veröffentlichung ist der Vorstand der Zielgesellschaft nach § 10 Abs. 5 Satz 1 WpÜG schriftlich zu unterrichten. Außerdem hat der Bieter gemäß § 10 Abs. 5 Satz 3 WpÜG seine Arbeitnehmer zu informieren.

Die Vorschrift ist § 15 WpHG (Ad-hoc-Publizität) nachgebildet und soll wie diese dazu beitragen, dass die Öffentlichkeit frühzeitig über marktrelevante Daten informiert wird, um damit die Verwendung von Sonderwissen zu verhindern[344] und so verbotenem Insiderhandel (§ 14 WpHG) vorzubeugen. Sie dient damit der **Transparenz und der Funktionsfähigkeit der Kapitalmärkte**.[345]

> **Hinweis:**
> Für die Veröffentlichung nach § 10 Abs. 1 Satz 1 WpHG besteht inhaltlich nur die Vorgabe, dass die **Entscheidung zur Abgabe eines Angebots bekannt zu geben ist**. Der Bieter ist daher nicht verpflichtet, bereits den konkreten Inhalt des Angebots, insb. die Art und die Höhe der Gegenleistung in die Veröffentlichung aufzunehmen.[346] In der Praxis ist es jedoch üblich, neben der Entscheidung zusätzlich die Art der Gegenleistung und den Angebotspreis oder zumindest eine Preisspanne zu nennen, um Spekulationen über einen möglichen Angebotspreis von vornherein zu verhindern.

Nicht möglich ist es, eine **bedingte Entscheidung** zu veröffentlichen. Solange die Entscheidung von weiteren Umständen abhängt, ist sie noch nicht gefallen. In der Veröffentlichung kann lediglich mitgeteilt werden, dass das Angebot unter einer Bedingung stehen wird.[347]

180 Wie sich aus § 10 Abs. 6 WpÜG ergibt, enthält § 10 WpÜG gegenüber der Ad-hoc-Mitteilungspflicht nach § 15 WpHG eine **abschließende Sonderregelung**.

Allerdings kann sich im Einzelfall die Frage stellen, ob ein börsennotierter Bieter neben der Veröffentlichung der Übernahmeabsicht nach § 10 Abs. 1 Satz 1 WpÜG **zusätzlich eine Ad-hoc-Mitteilung nach § 15 Abs. 1 Satz 1 WpHG** veröffentlichen muss. Eine solche parallele Ad-hoc-Mitteilung kann etwa dann erforderlich sein, wenn der Bieter neben einem Übernahmeangebot weitere Maßnahmen plant, die – wie z.B. eine im Zusammenhang mit dem Übernahmeangebot geplante Verschmelzung der Zielgesellschaft auf den Bieter – für sich genommen die Qualität einer Insiderinformation haben.

---

344 Begr. RegE zum WpÜG, BT-Drucks. 14/7034, S. 39, abgedruckt in ZIP 2001, 1262, 1267.
345 Walz (Riehmer), in: Haarmann/Schüppen, WpÜG, § 10 Rn. 1; Geibel, in: Geibel/Süßmann, WpÜG, § 10 Rn. 3; Assmann, in: Assmann/Pötzsch/Schneider, WpÜG, § 10 Rn. 6; MünchKomm-AktG/Wackerbarth, § 10 WpÜG Rn. 1; KölnerKomm-WpÜG/Hirte, § 10 Rn. 2; Thoma/Stöcker, in: Baums/Thoma, WpÜG, § 10 Rn. 7.
346 Begr. RegE zum WpÜG, BT-Drucks. 14/7034, S. 39, abgedruckt in ZIP 2001, 1262, 1268.
347 Assmann, in: Assmann/Pötzsch/Schneider, WpÜG, § 10 Rn. 12 und Rn. 48; Oechsler, in: Ehricke/Ekkenga/Oechsler, WpÜG, § 10 Rn. 14; KölnerKomm-WpÜG/Hirte, § 10 Rn. 28 ff. Siehe auch Rn. 195 zu den in einem Angebot zulässigen Bedingungen.

Beispiel:

Bei der am 5.8.2005 veröffentlichten Ankündigung der Axel Springer AG zur Abgabe eines freiwilligen öffentlichen Übernahmeangebots an die Aktionäre der ProSiebenSat.1 Media AG nach § 10 Abs. 1 WpÜG sowie der am gleichen Tag veröffentlichten Ad-hoc-Mitteilung zur Übernahme der Mehrheit an der ProSiebenSat.1 Media AG, veröffentlicht jeweils unter http://www.dgap.de, handelt es sich um einen solchen Fall. Das Angebot war im Ergebnis nicht erfolgreich.

Eine nachträgliche Ad-hoc-Mitteilungspflicht kann aber auch dann bestehen, wenn zum Zeitpunkt der Veröffentlichung nach § 10 Abs. 1 Satz 1 WpÜG die **Eckpunkte des Angebots noch nicht feststehen**. In diesem Fall bleibt ein börsennotierter Bieter verpflichtet, diese nachträglich im Wege einer Ad-hoc-Mitteilung zu publizieren, wenn sie die Qualität einer Insiderinformation i.S.d. § 13 Abs. 1 WpHG haben.[348] In der Praxis wird dieser Fall jedoch kaum vorkommen, da die Entscheidung zur Abgabe eines Angebots i.d.R. erst dann fällt, wenn Klarheit über die Eckpunkte des Angebots besteht.

> **Hinweis:**
> Unterliegen der Bieter und die mit ihm gemeinsam handelnden Personen i.S.d. § 2 Abs. 5 WpÜG selbst nicht der Ad-hoc-Mitteilungspflicht, besteht das vorstehend dargestellte Konkurrenzproblem nicht. In einem solchen Fall stellt sich lediglich die Frage nach einer evtl. bestehenden Ad-hoc-Mitteilungspflicht der Zielgesellschaft.[349]

2. Angebotsunterlage

Im Anschluss an die Veröffentlichung nach § 10 Abs. 1 Satz 1 WpÜG hat der Bieter eine **Angebotsunterlage zu erstellen**, die der BaFin nach § 14 Abs. 1 Satz 1 WpÜG innerhalb von vier Wochen zur Prüfung zu übermitteln ist.

181

> **Hinweis:**
> Ist dem Bieter die Einhaltung der Frist aufgrund der besonderen Schwierigkeiten eines grenzüberschreitenden Angebots oder erforderlicher Kapitalmaßnahmen nicht möglich, kann die BaFin die Frist nach § 14 Abs. 1 Satz 3 WpÜG auf Antrag um bis zu vier Wochen verlängern. Die Fristberechnung erfolgt nach § 31 Abs. 1 VwVfG i.V.m. §§ 187 Abs. 1, 188 Abs. 2 BGB.[350]

Sinn und Zweck der Angebotsunterlage ist es, die Wertpapierinhaber der Zielgesellschaft und deren Arbeitnehmer (stakeholder) über **den genauen Inhalt des Angebots** und über **die mit dem Angebot verfolgten Ziele** zu unterrichten. Insb. die Wertpapierinhaber der Zielgesellschaft sollen eine hinreichende Grundlage für ihre Entscheidung über die Annahme des Angebots erhalten (§ 11 Abs. 1 Satz 2 WpÜG).

182

> **Hinweis:**
> Durch das Übernahmerichtlinie-Umsetzungsgesetz ist ein neuer § 11a (Europäischer Pass) in das WpÜG eingefügt worden. Danach ist in Umsetzung von Art. 6 Abs. 2 der Übernahmerichtlinie eine von der zuständigen Aufsichtsbehörde eines anderen Staates des Europäischen Wirtschaftsraums (EWR) genehmigte Angebotsunterlage im Inland anzuerkennen. Dies kann im Einzelfall eine erhebliche Erleichterung bedeuten, da der Bieter den Inhalt der Angebotsunterlage und deren Veröffentlichung nur mit einer Aufsichtsbehörde abstimmen muss.

---

[348] Begr. RegE zum WpÜG, BT-Drucks. 14/7034, S. 39 und 40 f., abgedruckt in ZIP 2001, 1262, 1267 f.; Brandi/Süßmann, AG 2004, 642, 651.
[349] Siehe zur Ad-hoc-Mitteilungspflicht der Zielgesellschaft oben Rn. 48 und Rn. 59.
[350] Vgl. im Einzelnen Scholz, in: Haarmann/Schüppen, WpÜG, § 14 Rn. 27; Thoma, in: Baums/Thoma, WpÜG, § 14 Rn. 16 ff.; Geibel, in: Geibel/Süßmann, WpÜG, § 14 Rn. 8; KölnerKomm-WpÜG/Seydel, § 14 Rn. 24; MünchKomm-AktG/Wackerbarth, § 14 WpÜG Rn. 7; Assmann, in: Assmann/Pötzsch/Schneider, WpÜG, § 14 Rn. 7.

a) Ablauf des Gestattungsverfahrens bei der BaFin

183 Vorabprüfungen der Angebotsunterlage durch die BaFin finden nicht statt. Jedoch ist die Aufsichtsbehörde zu Vorgesprächen über Zweifelsfragen – etwa im Hinblick auf die Zulässigkeit und Formulierung einzelner Angebotsbedingungen – im Interesse der Gewährleistung eines zügigen Angebotsverfahrens grds. bereit. In diesem Rahmen gibt sie auch Hinweise i.S.d. § 25 VwVfG.[351]

Die BaFin **bestätigt** dem Bieter nach § 14 Abs. 1 Satz 2 WpÜG den **Tag des Eingangs der Angebotsunterlage**.[352] Mit dem Eingang der Angebotsunterlage beginnt eine erste **Prüfungsfrist von zehn Werktagen**.

> **Hinweis:**
> Die Fristberechnung erfolgt nach § 31 Abs. 1 VwVfG i.V.m. §§ 187 Abs. 1, 188 Abs. 1 BGB.[353] Bei der Fristberechnung gilt der Samstag als Werktag.

Innerhalb dieser Prüfungsfrist kann die BaFin das **Angebot ausdrücklich gestatten oder aber die Frist verstreichen lassen**, ohne das Angebot zu untersagen. In beiden Fällen wäre die Angebotsunterlage nach § 14 Abs. 2 Satz 1 WpÜG unverzüglich zu veröffentlichen. In der Praxis spricht die BaFin eine ausdrückliche Gestattung aus.

184 Die BaFin hat darüber hinaus die Möglichkeit, die Prüfungsfrist **um bis zu fünf Werktage zu verlängern**, wenn die Angebotsunterlage nach ihrer Auffassung nicht den rechtlichen Vorgaben entspricht. In diesem Fall leitet die BaFin dem Bieter eine Verfügung zu, in der sie üblicherweise die Untersagung des Angebots androht, falls die in der Verfügung genannten Mängel nicht innerhalb der verlängerten Prüfungsfrist beseitigt werden. Die korrigierte Angebotsunterlage ist sodann erneut der BaFin zu übermitteln, die ihre Veröffentlichung durch eine weitere Verfügung gestattet, wenn die von der Aufsichtsbehörde benannten Mängel beseitigt wurden. Die Angebotsunterlage ist unverzüglich nach der Gestattung zu veröffentlichen. Die Modalitäten der Veröffentlichung ergeben sich aus § 14 Abs. 3 WpÜG.

185 Erfüllt die Angebotsunterlage **nicht die gesetzlichen Anforderungen**, untersagt die BaFin das Angebot nach § 15 Abs. 1 Nr. 1 bzw. Nr. 2 WpÜG. Darüber hinaus untersagt die BaFin das Angebot, wenn der Bieter der BaFin entgegen § 14 Abs. 1 Satz 1 WpÜG **keine Angebotsunterlage übermittelt** (§ 15 Abs. 1 Nr. 3 WpÜG) oder er die Angebotsunterlage entgegen § 14 Abs. 2 Satz 1 WpÜG **nicht veröffentlicht** (§ 15 Abs. 1 Nr. 3 WpÜG). Schließlich kann die Aufsichtsbehörde das Angebot nach § 15 Abs. 2 WpÜG untersagen, wenn der Bieter die Angebotsunterlage **nicht in der vorgeschriebenen Form** veröffentlicht. Hat die BaFin ein Angebot nach § 15 Abs. 1 oder 2 WpÜG untersagt, ist ein erneutes Angebot des Bieters vor Ablauf eines Jahres unzulässig.

b) Formelle und inhaltliche Anforderungen an die Angebotsunterlage

aa) Formelle Anforderungen

186 Im Interesse der Wertpapierinhaber der (deutschen) Zielgesellschaft und ihrer Arbeitnehmer ist die Angebotsunterlage **in deutscher Sprache** abzufassen (§ 11 Abs. 1 Satz 4 WpÜG). Nicht selten ist daneben eine englische Fassung der Angebotsunterlage anzufertigen, etwa wenn die Zielgesellschaft über einen

---

351 Scholz, in: Haarmann/Schüppen, WpÜG, § 14 Rn. 34; Assmann, in: Assmann/Pötzsch/Schneider, WpÜG, § 14 Rn. 21; KölnerKomm-WpÜG/Seydel, § 14 Rn. 42; Thoma, in: Baums/Thoma, WpÜG, § 14 Rn. 23; Lenz/Behnke, BKR 2003, 43, 45.

352 Die BaFin verfügt an ihrem Sitz in Frankfurt über einen Nachtbriefkasten, so dass die Einreichung der Angebotsunterlage bis 24:00 Uhr möglich ist.

353 Vgl. im Einzelnen Scholz, in: Haarmann/Schüppen, WpÜG, § 14 Rn. 27; Thoma, in: Baums/Thoma, WpÜG, § 14 Rn. 16 ff.; Geibel, in: Geibel/Süßmann, WpÜG, § 14 Rn. 8; KölnerKomm-WpÜG/Seydel, § 14 Rn. 24; MünchKomm-AktG/Wackerbarth, § 14 WpÜG Rn. 7; Assmann, in: Assmann/Pötzsch/Schneider, WpÜG, § 14 Rn. 7.

bedeutenden Anteil von Aktionären mit Sitz in den USA verfügt oder es sich um eine Zielgesellschaft mit Sitz im Ausland handelt, die ausschließlich an der Frankfurter Wertpapierbörse notiert ist.

Eine Öffnungsklausel für fremde Sprachen (wie z.B. in § 19 Abs. 1 Satz 2 WpPG) hat der Gesetzgeber allerdings auch nach In-Kraft-Treten des Übernahmerichtlinie-Umsetzungsgesetzes nicht vorgesehen, obwohl sich das Angebot – anders als bislang – nicht mehr nur ausschließlich an Zielgesellschaften mit Sitz im Inland richten kann.

bb) Inhaltliche Anforderungen

Der **Inhalt der Angebotsunterlage** bestimmt sich im Einzelnen nach § 11 Abs. 2 WpÜG i.V.m. § 2 WpÜG-AngebotsVO, die auf der Grundlage von § 11 Abs. 4 WpÜG erlassen wurde. Nach § 11 Abs. 2 Satz 1 WpÜG hat die Angebotsunterlage den Inhalt des Angebots und ergänzende Angaben zu enthalten. 187

Angaben über den Inhalt des Angebots sind nach § 11 Abs. 2 Satz 2 WpÜG: 188

- Name oder Firma und Anschrift oder Sitz sowie, wenn es sich um eine Gesellschaft handelt, die Rechtsform des Bieters (Nr. 1),
- Firma, Sitz und Rechtsform der Zielgesellschaft (Nr. 2),
- die Wertpapiere, die Gegenstand des Angebots sind (Nr. 3),
- Art und Höhe der für die Wertpapiere der Zielgesellschaft gebotenen Gegenleistung (Nr. 4),
- die Bedingungen, von denen die Wirksamkeit des Angebots abhängt (Nr. 5),
- der Beginn und das Ende der Annahmefrist (Nr. 6).

Ergänzende Angaben sind nach § 11 Abs. 2 Satz 3 WpÜG: 189

- Angaben zu den notwendigen Maßnahmen, die sicherstellen, dass dem Bieter die zur vollständigen Erfüllung des Angebots notwendigen Mittel zur Verfügung stehen, und zu den erwarteten Auswirkungen eines erfolgreichen Angebots auf die Vermögens-, Finanz- und Ertragslage des Bieters (Nr. 1),
- Angaben über die Absichten des Bieters im Hinblick auf die künftige Geschäftstätigkeit der Zielgesellschaft sowie, soweit von dem Angebot betroffen, des Bieters, insb. den Sitz und den Standort wesentlicher Unternehmensteile, die Verwendung des Vermögens, künftige Verpflichtungen, die Arbeitnehmer und deren Vertretungen, die Mitglieder der Geschäftsführungsorgane und wesentliche Änderungen der Beschäftigungsbedingungen einschließlich der insoweit vorgesehenen Maßnahmen (Nr. 2),
- Angaben über Geldleistungen oder andere geldwerte Vorteile, die Vorstands- oder Aufsichtsratsmitgliedern der Zielgesellschaft gewährt oder in Aussicht gestellt werden (Nr. 3),
- die Bestätigung nach § 13 Abs. 1 Satz 2 WpÜG unter Angabe von Firma, Sitz und Rechtsform des Wertpapierdienstleistungsunternehmens (Nr. 4).

Nach dem durch das Übernahmerichtlinie-Umsetzungsgesetz neu eingefügten § 11 Abs. 2 Satz 2 Nr. 4a) WpÜG sind zusätzliche Angaben über die Höhe der für den Entzug von Rechten gebotenen Entschädigung nach § 33b Abs. 4 WpÜG zu machen.[354] Darüber hinaus sind die nach § 11 Abs. 2 Satz 3 Nr. 2 WpÜG a.F. bislang nur für die Zielgesellschaft geforderten Angaben nunmehr auch für den Bieter zu machen, soweit Geschäftsabsichten des Bieters durch das Angebot betroffen sind.[355] 190

> **Hinweis:**
> Bei der von § 11 Abs. 2 Satz 3 Nr. 1 WpÜG geforderten Darstellung der Auswirkungen eines erfolgreichen Angebots auf die Vermögens-, Finanz- und Ertragslage des Bieters sind wesentliche Finanzkennzahlen des Bieters und der Zielgesellschaft aus den Konzernabschlüssen und den Einzelabschlüssen der beteiligten Unternehmen (Bilanzen und Gewinn- und Verlustrechnung) für das

---

354 Diese Regelung steht im Zusammenhang mit der Umsetzung des europäischen Verhinderungsverbots und der europäischen Durchbrechungsregel (Art. 9, 11 und 12 der Übernahmerichtlinie); siehe unten Rn. 264.
355 Die Änderung dient der Umsetzung von Art. 6 Abs. 3 lit. i) der Übernahmerichtlinie (vgl. Fn. 315).

> abgelaufene Geschäftsjahr und aus dem letzten verfügbaren Zwischenabschluss darzustellen. In diesem Zusammenhang ist es bei einem Übernahmeangebot erforderlich, die **Auswirkungen des Angebots auf die zukünftige Bilanz** und die zukünftige Gewinn- und Verlustrechnung des Bieters zu erläutern und auf der Grundlage einer Annahmequote von 100 % eine Pro forma-Konzernbilanz und eine Pro forma-Konzern-GuV der „zusammengeführten" Unternehmen zu erstellen. Diese Pro forma-Zahlen werden allerdings regelmäßig nicht bezogen auf einen zukünftigen Stichtag erstellt, zu dem der Zusammenschluss voraussichtlich wirksam sein wird, sondern i.S.e. „als ob"-Betrachtung bezogen auf den letzten Stichtag, zu dem verlässliche Ist-Zahlen beider Unternehmen vorliegen. Mit der Vorbereitung der entsprechenden Zahlenwerke sollte rechtzeitig begonnen werden, da auch die BaFin besonderen Wert auf eine nachvollziehbare Darstellung der Auswirkungen auf die Vermögens-, Finanz- und Ertragslage legt.

191 Über die von § 11 Abs. 2 WpÜG unmittelbar geforderten Angaben hinaus sind die von § 2 WpÜG-AngebotsVO geforderten **ergänzende Angaben** in die Angebotsunterlage aufzunehmen. Neben einigen eher technischen Angaben für die Durchführung des Angebots sind nach dieser Vorschrift u.a. Angaben zu Personen zu machen, die als gemeinsam mit dem Bieter handelnde Personen i.S.d. § 2 Abs. 5 WpÜG gelten oder deren Stimmrechte dem Bieter nach § 30 WpÜG zuzurechnen sind (Nr. 1).[356] Für Tauschangebote, bei denen (auch) Wertpapiere als Gegenleistung angeboten werden, ist neben dem WpÜG zusätzlich auch das Wertpapierprospektgesetz (WpPG) zu beachten (Nr. 2).

Verfügt die Zielgesellschaft über einen bedeutenden Anteil von Aktionären mit Sitz in den USA können darüber hinaus weitere **Angaben nach kapitalmarktrechtlichen Bestimmungen der USA** erforderlich sein.

3. Art und Höhe der Gegenleistung

192 Bei einem Erwerbsangebot unterliegt der Bieter hinsichtlich Art und Höhe der Gegenleistung nahezu **keinen Beschränkungen**. Vorbehaltlich allgemeiner zivilrechtlicher Schranken ist er bei der Wahl der Gegenleistung frei.[357] Dagegen bestehen bei Übernahme- und Pflichtangeboten konkrete gesetzliche Vorgaben sowohl für die Art als auch für die Mindesthöhe der anzubietenden Gegenleistung.[358]

4. Bedingungen, kein Rücktritts- oder Widerrufsvorbehalt (§ 18 WpÜG)

193 Der Bieter soll **grds. an sein Angebot gebunden** sein. Bedingte Angebote sind daher gemäß § 18 Abs. 1 WpÜG nur unter engen Voraussetzungen zulässig.[359]

Nach dieser Vorschrift darf ein Angebot nicht von einer Bedingung abhängig gemacht werden, deren Eintritt der Bieter, mit ihm gemeinsam handelnde Personen oder Tochterunternehmen oder im Zusammenhang mit dem Angebot für diese Personen oder Unternehmen tätige Berater ausschließlich **selbst herbeiführen können** (Potestativbedingung).[360] Schließlich ist auch ein Angebot, das unter dem Vorbehalt des Widerrufs oder des Rücktritts abgegeben wird, unzulässig (§ 18 Abs. 2 WpÜG).[361]

---

356 Siehe unten Rn. 279 ff.
357 Renner, in: Haarmann/Schüppen, WpÜG, § 11 Rn. 49; KölnerKomm-WpÜG/Seydel, § 11 Rn. 52; Thoma, in: Baums/Thoma, WpÜG, § 11 Rn. 47; Bosch/Meyer, in: Assmann/Pötzsch/Schneider, WpÜG, § 11 Rn. 80; Geibel, in: Geibel/Süßmann, WpÜG, § 11 Rn. 13.
358 Siehe unten Rn. 246 ff.
359 Aus dem gleichen Grund ist nach § 17 WpÜG auch ein als invitatio ad offerendum ausgestaltetes Angebot unzulässig.
360 Soweit gefordert wird, § 18 Abs. 1 WpÜG auf Erwerbsangebote nicht anzuwenden (so Scholz, in: Haarmann/Schüppen, WpÜG, § 18 Rn. 72), widerspricht dies eindeutig den gesetzlichen Vorgaben; vgl. auch Krause, in: Assmann/Pötzsch/Schneider, WpÜG, § 18 Rn. 4; Thoma/Stöcker, in: Baums/Thoma, WpÜG, § 18 Rn. 3; Strunk/Linke, in: Veil/Drinkuth, Reformbedarf im Übernahmerecht, S. 25.
361 Zur Frage eines Widerrufs oder Rücktritts von einer Angebotsankündigung siehe Stöcker NZG 2003, 993.

Durch diese Regelungen soll vermieden werden, dass der Bieter im Laufe des Angebotsverfahrens seine **ursprüngliche Erwerbsabsicht aufgibt** und sich nachträglich von dem Angebot löst. Dies ist u.a. vor dem Hintergrund der Regelung in § 3 Abs. 4 Satz 2 WpÜG zu sehen, wonach die Zielgesellschaft durch die Abgabe eines Angebots nicht über einen angemessenen Zeitraum hinaus in ihrer Geschäftstätigkeit behindert werden soll. Zulässig sind daher alle Arten von aufschiebenden oder auflösenden Bedingungen, auf deren Eintritt der Bieter keinen Einfluss hat.

Darüber hinaus müssen Bedingungen so **präzise formuliert** sein, dass die Aktionäre der Zielgesellschaft zweifelsfrei feststellen können, ob eine Bedingung eingetreten ist oder nicht (Bestimmtheitsgebot).[362] Ein Beurteilungs- oder Ermessensspielraum darf dem Bieter nicht zustehen. Daher sind unbestimmte Rechtsbegriffe oder generalklauselartige Formulierungen im Wortlaut der Bedingung zu vermeiden.[363] Die Bedingungen, mit denen der Bieter sein Angebot absichern möchte, stellen einen Schwerpunkt der BaFin bei der Prüfung der Angebotsunterlage dar.[364] Die BaFin prüft, ob die Bedingungen gegen § 18 Abs. 1 WpÜG verstoßen und ob sie entsprechend § 11 Abs. 1 WpÜG hinreichend bestimmt sind.[365]

194

> **Hinweis:**
>
> Ein Rücktrittsrecht des Bieters darf auch nicht durch die „Hintertür" vereinbart werden. Dies könnte etwa geschehen, wenn der Bieter 25,5 % der Aktien der Zielgesellschaft im Rahmen eines aufschiebend bedingten (außerbörslichen) Paketerwerbs erwirbt. Stellt er sein Angebot nach dem WpÜG dann unter die aufschiebende Bedingung, dass er nach Abschluss des Angebots über mindestens 75 % der Aktien der Zielgesellschaft verfügt, kann diese Mindestannahmequote nur erreicht werden, wenn auch der Paketerwerb durchgeführt wird. Die Verknüpfung von Paketerwerb und Angebot kann ebenso dadurch erfolgen, dass das Angebot von der Durchführung des Paketerwerbs abhängig gemacht wird (siehe unten). In beiden Fällen müssen die in dem Paketkaufvertrag enthaltenen Bedingungen den Anforderungen des § 18 Abs. 1 WpÜG genügen, denn anderenfalls hätte es der Bieter faktisch in der Hand, sich durch die Aufnahme einer Potestativbedingung im Paketkaufvertrag ein unbeschränktes Rücktrittsrecht für das Angebot vorzubehalten. Die BaFin lässt sich in solchen Konstellationen den Paketkaufvertrag vorlegen und verlangt, dass alle Bedingungen des Paketkaufvertrags in der Angebotsunterlage dargestellt werden.[366]

Grds. zulässig sind bspw. folgende Arten von Bedingungen:

195

- **Erreichen einer Mindestannahmequote**:[367] Als geeignete Schwellenwerte kommen in Betracht die einfache Mehrheit, wenn es dem Bieter auf die Sicherstellung der unternehmerischen Kontrolle ankommt, 75 % der Stimmrechte, wenn der Bieter einen Beherrschungs- und Gewinnabführungsvertrag nach § 291 Abs. 1 AktG oder umwandlungsrechtliche Maßnahmen implementieren möchte, oder 95 % des Grundkapitals, wenn er einen Squeeze-out der Minderheitsaktionäre nach den §§ 327a ff. AktG an-

---

362 Krause, in: Assmann/Pötzsch/Schneider, WpÜG, § 18 Rn. 31; KölnerKomm-WpÜG/Hasselbach, § 18 Rn. 20; Thoma/Stöcker, in: Baums/Thoma, WpÜG, § 18 Rn. 54; Strunk/Linke, in: Veil/Drinkuth, Reformbedarf im Übernahmerecht, S. 26.
363 Krause, in: Assmann/Pötzsch/Schneider, WpÜG, § 18 Rn. 31; KölnerKomm-WpÜG/Hasselbach, § 18 Rn. 20; Thoma/Stöcker, in: Baums/Thoma, WpÜG, § 18 Rn. 54; Oechsler, in: Ehricke/Ekkenga/Oechsler, WpÜG, § 18 Rn. 2.
364 Strunk/Linke, in: Veil/Drinkuth, Reformbedarf im Übernahmerecht, S. 25.
365 Strunk/Linke, in: Veil/Drinkuth, Reformbedarf im Übernahmerecht, S. 26.
366 Strunk/Linke, in: Veil/Drinkuth, Reformbedarf im Übernahmerecht, S. 27.
367 Krause, in: Assmann/Pötzsch/Schneider, WpÜG, § 18 Rn. 34 ff.; Geibel, in: Geibel/Süßmann, WpÜG, § 18 Rn. 21; KölnerKomm-WpÜG/Hasselbach, § 18 Rn. 23; Thoma/Stöcker, in: Baums/Thoma, WpÜG, § 18 Rn. 75; MünchKomm-AktG/Wackerbarth, § 18 WpÜG Rn. 40; Busch, AG 2002, 145, 146.

strebt. Höhere Schwellenwerte als 95 % sind demgegenüber problematisch.[368] Die Schwelle muss nach § 16 Abs. 2 Satz 2 WpÜG innerhalb der Annahmefrist und nicht erst innerhalb der bei einem (erfolgreichen) Übernahmeangebot vorgeschriebenen weiteren Annahmefrist nach § 16 Abs. 1 Satz 1 WpÜG erreicht werden. In der Praxis hat sich gezeigt, dass zahlreiche Aktionäre, insb. aber institutionelle Anleger, ihre Aktien erst kurz vor Ende der Annahmefrist einreichen, so dass erst sehr spät feststeht, ob die Mindestannahmequote erreicht wird oder nicht. Wird die ggf. nach § 21 Abs. 1 Nr. 3 WpÜG reduzierte Mindestannahmequote innerhalb der Annahmefrist nicht erreicht und verzichtet der Bieter nicht nach § 21 Abs. 1 Nr. 4 WpÜG auf diese Bedingung, ist ein erneutes Angebot vor Ablauf eines Jahres nach dem Ablauf der Annahmefrist unzulässig (§ 26 Abs. 1 Satz 2 WpÜG).[369]

- **Erteilung kartellrechtlicher Genehmigungen**:[370] Die Aufnahme eines Kartellvorbehalts ist bei Bestehen eines kartellrechtlichen Vollzugsverbots (z.B. § 41 Abs. 1 Satz 1 GWB) zwingend erforderlich. Der Kartellvorbehalt setzt aber im Regelfall voraus, dass die Fusionskontrollanmeldung bei Veröffentlichung der Angebotsunterlage bei der zuständigen Kartellbehörde eingereicht wurde.[371] Dies ist auch ohne weiteres möglich, da ein Zusammenschlussvorhaben mit der Entscheidung zur Abgabe des Angebots nach § 10 Abs. 1 Satz 1 WpÜG grds. anmeldefähig ist.[372]
- **Erteilung sonstiger behördlicher Genehmigungen**:[373] Handelt es sich bei der Zielgesellschaft um ein Kredit- oder Finanzdienstleistungsinstitut oder um ein Versicherungsunternehmen sind die entsprechenden aufsichtsrechtlichen Beschränkungen zu beachten (§ 1 Abs. 9 KWG, § 104 Abs. 1a Satz 1 KWG). Ist der Bieter ein Erstversicherungsunternehmen, ist § 82 VAG einschlägig. Danach kann die BaFin die Beteiligung an einem Nichtversicherungsunternehmen untersagen. Daneben können weitere Vorschriften des öffentlichen Wirtschaftsrechts zu beachten sein.[374]
- **Unterlassen bestimmter Maßnahmen durch die Zielgesellschaft**:[375] Der Bieter hat ein Interesse daran, dass die Zielgesellschaft bestimmte Maßnahmen unterlässt, die im Ergebnis zu einer Änderung der Annahmen führen, unter denen der Bieter das Angebot abgegeben hat. Dazu gehören etwa Kapitalmaßnahmen, die Veräußerung wesentlicher Vermögensgegenstände oder Unternehmensteile oder aber die Veränderung der Finanzierungsstruktur der Zielgesellschaft. Zu beachten ist, dass der Vorstand einer Zielgesellschaft durch das in § 33 Abs. 1 WpÜG für Übernahmeangebote angeordnete Verhinderungsverbot[376] ohnehin stark in seinem Handlungsspielraum eingeengt ist.

---

368 Krause, in: Assmann/Pötzsch/Schneider, WpÜG, § 18 Rn. 36; KölnerKomm-WpÜG/Hasselbach, § 18 Rn. 23, 67; Thoma/Stöcker, in: Baums/Thoma, WpÜG, § 18 Rn. 82; Strunk/Linke, in: Veil/Drinkuth, Reformbedarf im Übernahmerecht, S. 26, a.A.: wohl Geibel, in: Geibel/Süßmann, WpÜG, § 18 Rn. 21: Mindestschwelle kann vom Bieter „beliebig festgesetzt werden" und MünchKomm-AktG/Wackerbarth, § 18 WpÜG Rn. 40.

369 Die BaFin kann den Bieter nach § 26 Abs. 2 WpÜG mit Zustimmung der Zielgesellschaft von diesem Verbot befreien.

370 Krause, in: Assmann/Pötzsch/Schneider, WpÜG, § 18 Rn. 39 ff.; Thoma/Stöcker, in: Baums/Thoma, WpÜG, § 18 Rn. 57 ff.; KölnerKomm-WpÜG/Hasselbach, § 18 Rn. 25 ff.; Scholz, in: Haarmann/Schüppen, WpÜG, § 18 Rn. 32 f.; MünchKomm-AktG/Wackerbarth, § 18 WpÜG Rn. 49.

371 Krause, in: Assmann/Pötzsch/Schneider, WpÜG, § 18 Rn. 44; Thoma/Stöcker, in: Baums/Thoma, WpÜG, § 18 Rn. 62; siehe auch Meyer-Lindemann, in: Baums/Thoma, WpÜG, Einl. Rn. 4.93.

372 Krause, in: Assmann/Pötzsch/Schneider, WpÜG, § 18 Rn. 45, 46; Thoma/Stöcker, in: Baums/Thoma, WpÜG, § 18 Rn. 62; siehe auch Meyer-Lindemann, in: Baums/Thoma, WpÜG, Einl. Rn. 4.93.

373 Krause, in: Assmann/Pötzsch/Schneider, WpÜG, § 18 Rn. 51 ff.; Geibel, in: Geibel/Süßmann, WpÜG, § 18 Rn. 25; Thoma/Stöcker, in: Baums/Thoma, WpÜG, § 18 Rn. 72; KölnerKomm-WpÜG/Hasselbach, § 18 Rn. 28; MünchKomm-AktG/Wackerbarth, § 18 WpÜG Rn. 48; Scholz, in: Haarmann/Schüppen, WpÜG, § 18 Rn. 34.

374 Vgl. KölnerKomm-WpÜG/Hasselbach, § 18 Rn. 34 ff.

375 Krause, in: Assmann/Pötzsch/Schneider, WpÜG, § 18 Rn. 81 ff.; Scholz, in: Haarmann/Schüppen, WpÜG, § 18 Rn. 42 ff.; Geibel, in: Geibel/Süßmann, WpÜG, § 18 Rn. 26; Thoma/Stöcker, in: Baums/Thoma, WpÜG, § 18 Rn. 84 ff.; MünchKomm-AktG/Wackerbarth, § 18 WpÜG Rn. 43 ff.; Noack, in: Schwark, Kapitalmarktrechts-Kommentar, § 18 WpÜG Rn. 15 ff.; Oechsler, in: Ehricke/Ekkenga/Oechsler, WpÜG, § 18 Rn. 8; Begr. RegE zum WpÜG, BT-Drucks. 14/7034, S. 47 f., abgedruckt in ZIP 2001, 1262, 1276.

376 Siehe unten Rn. 258 ff.

- **Keine wesentlichen Verschlechterungen (material adverse change):**[377] Material Adverse Change-Klauseln (MAC-Klauseln) sind nach Auffassung der BaFin zulässig, wenn sie den Anforderungen des übernahmerechtlichen Bestimmtheitsgrundsatzes genügen.[378] Mit einer MAC-Klausel sichert sich der Bieter gegen wesentliche negative Veränderungen in der Vermögens-, Finanz- und Ertragslage oder der Geschäftstätigkeit der Zielgesellschaft ab (sog. Business MAC). Zulässig sind daneben auch MAC-Klauseln, die sich – z.B. durch Anknüpfung an die nachteilige Veränderung eines Aktienindex – auf Veränderungen des Marktes (sog. Market MAC) beziehen. Eine Variante der MAC-Klausel ist die Bedingung des Nichteintritts eines bankenrechtlichen Moratoriums nach § 47 Abs. 1 Nr. 2 oder 3 KWG (Schließung von Kreditinstituten oder Börsen).
- **Keine Insolvenz der Zielgesellschaft:**[379] Die Insolvenz der Zielgesellschaft ist ein Unterfall der wesentlichen Verschlechterung der finanziellen Lage der Zielgesellschaft (Business MAC).
- **Wirksamkeit anderer Transaktionen:**[380] Der Bieter kann z.B. ein Interesse daran haben, dass sein Angebot nur dann wirksam wird, wenn zugleich eine mit der strategischen Zielsetzung des Angebots im Zusammenhang stehende Transaktion kartellrechtlich freigegeben wird. Eine solche Bedingung ist zulässig, solange nicht die Wirksamkeit der anderen Transaktion ausschließlich vom Bieter oder dem in § 18 Abs. 1 WpÜG bezeichneten Personenkreis selbst herbeigeführt werden kann.
- **Zustimmender Gesellschafterbeschluss des Bieters:**[381] Gibt der Bieter das Angebot unter der Bedingung eines Beschlusses seiner Gesellschafterversammlung ab, muss dieser Beschluss nach § 25 WpÜG spätestens fünf Werktage vor Ablauf der Annahmefrist herbeigeführt werden. Unzulässig ist eine solche Angebotsbedingung, wenn sie rechtsmissbräuchlich verwendet werden soll.[382] Dies kann etwa der Fall sein, wenn der (eigentliche) Bieter eine Erwerbsgesellschaft gründet und als deren Alleingesellschafter das Zustandekommen des Gesellschafterbeschlusses kontrolliert. Keinen Einfluss auf die Wirksamkeit des Angebots hat es, wenn die Gesellschafterversammlung des Bieters dem Angebot zugestimmt hat, der Beschluss aber wirksam angefochten wird. Maßgeblich ist, dass zum Zeitpunkt des Ablaufs der Annahmefrist ein wirksamer Gesellschafterbeschluss vorliegt, denn das Angebot darf nicht mit Zweifeln an der Wirksamkeit des Gesellschafterbeschlusses belastet werden.[383]
- **Zustimmender Hauptversammlungsbeschluss der Zielgesellschaft:**[384] Im Einzelfall ist es möglich, dass das mit dem Angebot bezweckte Zusammenschlussvorhaben kartellrechtlich nur dann freigegeben wird, wenn die Zielgesellschaft wesentliche Unternehmensteile veräußert. Hierzu kann nach den

---

[377] Krause, in: Assmann/Pötzsch/Schneider, WpÜG, § 18 Rn 88 ff.; Thoma/Stöcker, in: Baums/Thoma, WpÜG, § 18 Rn. 113 ff.; KölnerKomm-WpÜG/Hasselbach, § 18 Rn. 42. Einen guten Überblick über die Verwendung von MAC-Klauseln in Angeboten nach dem WpÜG geben Hasselbach/Wirtz, BB 2005, 842 und Berger/Filgut, WM 2005, 253.

[378] Strunk/Linke, in: Veil/Drinkuth, Reformbedarf im Übernahmerecht, S. 27 f.

[379] Krause, in: Assmann/Pötzsch/Schneider, WpÜG, § 18 Rn. 94 ff.; Noack, in: Schwark, Kapitalmarktrechts-Kommentar, § 18 WpÜG Rn. 20; Oechsler, in: Ehricke/Ekkenga/Oechsler, WpÜG, § 18 Rn. 7; Geibel, in: Geibel/Süßmann, WpÜG, § 18 Rn. 33; KölnerKomm-WpÜG/Hasselbach, § 18 Rn. 43; Scholz, in: Haarmann/Schüppen, WpÜG, § 18 Rn. 56; Thoma/Stöcker, in: Baums/Thoma, WpÜG, § 18 Rn. 121.

[380] Krause, in: Assmann/Pötzsch/Schneider, WpÜG, § 18 Rn 104.

[381] KölnerKomm-WpÜG/Hasselbach, § 18 Rn. 53; Scholz, in: Haarmann/Schüppen, WpÜG, § 18 Rn. 37 ff.; MünchKomm-AktG/Wackerbarth, § 18 WpÜG Rn. 28; Krause, in: Assmann/Pötzsch/Schneider, WpÜG, § 18 Rn 58 ff.; Thoma/Stöcker, in: Baums/Thoma, WpÜG, § 18 Rn. 45 ff.; Noack, in: Schwark, Kapitalmarktrechts-Kommentar, § 18 WpÜG Rn. 12 ff.

[382] Umgehungstatbestände kann die BaFin auf der Grundlage der allgemeinen Missbrauchsaufsicht nach § 4 Abs. 1 Satz 3 WpÜG aufgreifen; vgl. Begr. RegE zum WpÜG, BT-Drucks. 14/7034, S. 48, abgedruckt in ZIP 2001, 1262, 1276.

[383] Schröder, in: Haarmann/Schüppen, WpÜG, § 25 Rn. 7; Schneider, in: Assmann/Pötzsch/Schneider, WpÜG, § 25 Rn. 11; Diekmann, in: Baums/Thoma, WpÜG, § 25 Rn. 9; KölnerKomm-WpÜG/Hasselbach, § 25 Rn. 15; Racky, in: Geibel/Süßmann, WpÜG, § 25 Rn. 13.

[384] Thoma/Stöcker, in: Baums/Thoma, WpÜG, § 18 Rn. 92; Krause, in: Assmann/Pötzsch/Schneider, WpÜG, § 18 Rn 105; KölnerKomm-WpÜG/Hasselbach, § 18 Rn. 60; Scholz, in: Haarmann/Schüppen, WpÜG, § 18 Rn. 54.

Grundsätzen der „Holzmüller-"[385] und „Gelatine"-Rspr.[386] des BGH eine Zustimmung der Hauptversammlung der Zielgesellschaft erforderlich sein, von welcher der Bieter sein Angebot abhängig machen darf.

- **Kein konkurrierendes Angebot**:[387] In der Praxis ist die Bedingung des Ausbleibens konkurrierender Angebote bislang nicht üblich; der erforderliche Schutz des Bieters wird i.d.R. durch die Festlegung einer Mindestannahmequote gewährleistet.
- **Zustimmung zur Übertragung vinkulierter Namensaktien**:[388] Zu beachten ist in diesem Zusammenhang die Durchbrechungsregel des § 33b Abs. 2 WpÜG.[389]

196 Unzulässig ist bspw. eine Bedingung, nach der das Angebot **von einer positiven Stellungnahme der Zielgesellschaft abhängt**.[390] Nach Auffassung der BaFin ist eine solche Bedingung nicht zulässig, da die Entscheidung über den Erfolg des Angebots nach der Konzeption des WpÜG bei den Aktionären liegen soll und der Vorstand der Zielgesellschaft durch eine solche Bedingung erheblichen Einfluss auf den Erfolg des Angebots gewinnen würde.[391]

197 Grds. muss eine aufschiebende Bedingung **bis zum Ablauf der Annahmefrist** nach § 16 Abs. 1 WpÜG eingetreten bzw. eine auflösende Bedingung bis zu diesem Zeitpunkt ausgefallen sein.[392] Von diesem Grundsatz macht die BaFin nur dann eine **Ausnahme**, wenn behördliche Genehmigungsverfahren – insb. Kartellverfahren mit Vollzugsverbot – nicht bis zum Ablauf der Annahmefrist abgeschlossen werden können.[393]

Beispiel:

Bei dem (gescheiterten) Angebot der Axel Springer AG an die Aktionäre der ProSiebenSat.1 Media AG vom 13.9.2005 hatte die BaFin eine entsprechende Ausnahme für die Bestätigung der Unbedenklichkeit des Zusammenschlusses zwischen der Axel Springer AG und der ProSiebenSat.1 Media AG im Hinblick auf die anwendbaren medienaufsichtsrechtlichen Gesetze durch die Kommission zur Ermittlung der Konzentration im Medienbereich (KEK) bzw. die Konferenz der Direktoren der Landesmedienanstalten (KDLM) zugelassen. Ähnlich hatte die BaFin bei dem Erwerbsangebot der RAG Projektgesellschaft mbH an die Aktionäre der Degussa AG den Eintritt erforderlicher behördlicher Genehmigungen durch die BRD und das Land NRW nach Ende der Annahmefrist zugelassen.

Allerdings verlangt die Aufsichtsbehörde auch in einem solchen Fall die Festlegung eines Endtermins, an dem das Angebot unwirksam wird, wenn die behördliche Genehmigung nicht bis zu diesem Zeitpunkt erteilt wurde. Im Regelfall dürfte eine Frist von sechs Monaten nach Ende der Annahmefrist aus Sicht der BaFin angemessen sein, wobei es immer auf den Einzelfall ankommt.[394]

---

385 BGHZ 83, 122 ff. = NJW 1982, 1703.
386 BGHZ 159, 30 = NJW 2004, 1860.
387 Geibel, in: Geibel/Süßmann, WpÜG, § 18 Rn. 35; Krause, in: Assmann/Pötzsch/Schneider, WpÜG, § 18 Rn 106 f; Scholz, in: Haarmann/Schüppen, WpÜG, § 18 Rn. 49; Thoma/Stöcker, in: Baums/Thoma, WpÜG, § 18 Rn. 91; KölnerKomm-WpÜG/Hasselbach, § 18 Rn. 52.
388 Thoma/Stöcker, in: Baums/Thoma, WpÜG, § 18 Rn. 74; Krause, in: Assmann/Pötzsch/Schneider, WpÜG, § 18 Rn 85 ff.; Scholz, in: Haarmann/Schüppen, WpÜG, § 18 Rn. 52; Noack, in: Schwark, Kapitalmarktrechts-Kommentar, § 18 WpÜG Rn. 20.
389 Siehe unten Rn. 264.
390 Krause, in: Assmann/Pötzsch/Schneider, WpÜG, § 18 Rn. 77 ff.; a.A.: Thoma/Stöcker, in: Baums/Thoma, WpÜG, § 18 Rn. 110; KölnerKomm-WpÜG/Hasselbach, WpÜG, § 18 Rn. 51; Scholz, in: Haarmann/Schüppen, WpÜG, § 18 Rn. 53.
391 Strunk/Linke, in: Veil/Drinkuth, Reformbedarf im Übernahmerecht, S. 29.
392 Geibel, in: Geibel/Süßmann, WpÜG, § 18 Rn. 39; Krause, in: Assmann/Pötzsch/Schneider, WpÜG, § 18 Rn. 108; KölnerKomm-WpÜG/Hasselbach, § 18 Rn. 68; Thoma/Stöcker, in: Baums/Thoma, WpÜG, § 18 Rn. 135; differenzierend: MünchKomm-AktG/Wackerbarth, § 18 WpÜG Rn. 16.
393 Strunk/Linke, in: Veil/Drinkuth, Reformbedarf im Übernahmerecht, S. 29.
394 Strunk/Linke, in: Veil/Drinkuth, Reformbedarf im Übernahmerecht, S. 29.

> **Hinweis:**
> Für kartell- und medienaufsichtsrechtliche Verfahren hat die BaFin diese Frist bei dem (gescheiterten) Übernahmeangebot der Axel Springer AG an die Aktionäre der ProSiebenSat.1 Media AG auf rd. neun Monate nach Ende der Annahmefrist ausgedehnt (vgl. Ziff. 6.3 und 6.4.1 der Angebotsunterlage).

Um die Nachteile für diejenigen Aktionäre auszugleichen, die das Angebot angenommen haben, wird üblicherweise vorgesehen, dass die zum Verkauf eingereichten Aktien unter einer separaten Wertpapier-Kenn-Nummer gehandelt werden können. Nur im Ausnahmefall verlangt die BaFin darüber hinaus die Einräumung eines über das Ende der Annahmefrist hinausgehenden Rücktrittsrechts.[395]

Eine nachträgliche Änderung von Bedingungen ist nur in den Grenzen des § 21 Abs. 1 WpÜG **bis zu einem Werktag vor Ablauf der Annahmefrist** des § 16 Abs. 1 WpÜG – nicht der weiteren Annahmefrist des § 16 Abs. 2 WpÜG – zulässig.

Danach kann der Bieter:

- die festgesetzte Mindestannahmequote verringern oder
- auf Bedingungen insgesamt verzichten.

> **Hinweis:**
> Das WpÜG enthält keine ausdrückliche Verpflichtung des Bieters, den Eintritt bzw. Ausfall von Bedingungen zu veröffentlichen. Die Information ist für die Wertpapierinhaber der Zielgesellschaft jedoch von erheblicher Bedeutung. Vor dem Hintergrund des allgemeinen Informationsgebots in § 3 Abs. 2 WpÜG wird daher eine planwidrige Regelungslücke angenommen, die durch Analogie zu den sonstigen Informations- und Veröffentlichungspflichten des Gesetzes auszufüllen ist. Der Bedingungseintritt bzw. der Ausfall der Bedingung ist daher in der Form des § 14 Abs. 3 Satz 1 WpÜG unverzüglich zu veröffentlichen.[396]

5. Haftung für die Angebotsunterlage (§ 12 WpÜG)

Eines der wesentlichen Ziele des WpÜG ist die **Schaffung von Transparenz** für die Adressaten des Angebots, um den Wertpapierinhabern der Zielgesellschaft die Möglichkeit zu geben, in Kenntnis der Sachlage über das Angebot entscheiden zu können. Diesem Ziel trägt in erster Linie die vom Bieter zu erstellende und zu veröffentlichende Angebotsunterlage Rechnung, deren Angaben nach § 11 Abs. 1 Satz 3 WpÜG richtig und vollständig sein müssen.

a) Anfängliche Fehlerhaftigkeit der Angebotsunterlage

Für die **Richtigkeit und Vollständigkeit** der Angebotsunterlage zum Zeitpunkt ihrer Veröffentlichung haften nach § 12 Abs. 1 WpÜG als Gesamtschuldner

- derjenige, der für die Angebotsunterlage die Verantwortung übernommen hat (§ 11 Abs. 3 WpÜG),[397] und

---

[395] So bei dem (gescheiterten) Angebot der Axel Springer AG an die Aktionäre der ProSiebenSat.1 Media AG vom 13.9.2005, wobei das Erfordernis eines Rücktrittsrechts auf Vorgaben der US Securities and Exchange Commission beruhte.

[396] Krause, in: Assmann/Pötzsch/Schneider, WpÜG, § 18 Rn. 112; im Ergebnis ebenso Thoma/Stöcker, in: Baums/Thoma, WpÜG, § 18 Rn. 139; Oechsler, in: Ehricke/Ekkenga/Oechsler, WpÜG, § 18 Rn. 14; KölnerKomm-WpÜG/Hasselbach, § 18 Rn. 70; Geibel, in: Geibel/Süßmann, WpÜG, § 18 Rn. 41.

[397] Dies ist im Regelfall der Bieter, der die Angebotsunterlage nach § 11 Abs. 1 Satz 5 WpÜG zu unterzeichnen hat. Eine darüber hinausgehende Verpflichtung weiterer Personen, nach § 11 Abs. 3 WpÜG die Haftung zu übernehmen, besteht nicht.

- derjenige, von dem der Erlass der Angebotsunterlage ausgeht.[398]

201 Eine Haftung setzt voraus, dass für die Beurteilung des Angebots **wesentliche Angaben** unrichtig oder unvollständig sind. Wesentlich sind in Anlehnung an § 13 Abs. 1 Satz 2 WpHG solche Angaben, die ein verständiger Anleger bei seiner Entscheidung, ob er das Angebot annimmt oder nicht, berücksichtigen würde.[399]

> **Hinweis:**
> Auch eine Angebotsunterlage, die alle nach § 11 WpÜG i.V.m. § 2 WpÜG-AngebotsVO erforderlichen Angaben enthält, kann unvollständig sein, wenn sie anderweitige Informationen verschweigt, die ein verständiger Anleger bei seiner Anlageentscheidung berücksichtigen würde.[400] Die Angebotsunterlage enthält dann nicht – wie von § 11 Abs. 1 Satz 2 WpÜG gefordert – alle Angaben, die notwendig sind, um in Kenntnis der Sachlage über das Angebot entscheiden zu können. Der Umstand, dass die BaFin die Angebotsunterlage gebilligt hat, steht einer Haftung nicht entgegen.[401] Anderenfalls liefe die Haftung nach § 12 WpÜG stets leer.

202 Eine Haftung für eine im Zeitpunkt der Veröffentlichung unrichtige oder unvollständige Angebotsunterlage entfällt u.a. dann, wenn vor der Annahme des Angebots in einer Ad-hoc-Mitteilung nach § 15 WpHG oder einer vergleichbaren Bekanntmachung eine deutlich gestaltete Berichtigung der unrichtigen oder unvollständigen Angaben vorgenommen wurde (§ 12 Abs. 3 Nr. 3 WpHG). Im Fall der Berichtigung einer anfänglich fehlerhaften Angebotsunterlage haben dann nur die Anleger Anspruch auf Schadensersatz, die das Angebot angenommen haben, bevor die Berichtigung veröffentlicht wurde.[402] Um den Kreis der Anspruchsberechtigten möglichst klein zu halten, ist daher eine sofortige Veröffentlichung geboten, sobald der Fehler entdeckt wurde.

b) Nachträgliche Fehlerhaftigkeit der Angebotsunterlage

203 Werden wesentliche Angaben der Angebotsunterlage nach ihrer Veröffentlichung unrichtig oder unvollständig, trifft den Bieter nach h.M. bis zum Ablauf der (ggf. weiteren) Annahmefrist[403] eine **Pflicht zur Aktualisierung**, wenngleich dem WpÜG hierzu keine klare Aussage zu entnehmen ist.[404] Folglich sieht das WpÜG auch keine Billigung eines etwaigen Nachtrags durch die BaFin vor. Gleichwohl empfiehlt es sich, sowohl die Berichtigung einer anfänglich fehlerhaften Angebotsunterlage als auch einen erforder-

---

398 Gemeint sind die für das Angebot maßgeblichen „Hintermänner", vgl. Assmann, AG 2002, 153, 157; Oechsler, in: Ehricke/Ekkenga/Oechsler, WpÜG, § 12 Rn. 9; Thoma, in: Baums/Thoma, WpÜG, § 12 Rn. 41.

399 Ähnlich: Assmann, in: Assmann/Pötzsch/Schneider, WpÜG, § 12 Rn. 11 mit einer Auflistung der als wesentlich anzusehenden Angaben in Rn. 13 ff.; weitere Formulierungen zum Begriff der „wesentlichen Angaben" in Oechsler, in: Ehricke/Ekkenga/Oechsler, WpÜG, § 12 Rn. 3; MünchKomm-AktG/Wackerbarth, § 12 WpÜG Rn. 6; Schwennicke, in: Geibel/Süßmann, WpÜG, § 12 Rn. 9; Thoma, in: Baums/Thoma, WpÜG, § 12 Rn. 16.

400 Assmann, in: Assmann/Pötzsch/Schneider, WpÜG, § 12 Rn. 26; Thoma, in: Baums/Thoma, WpÜG, § 12 Rn. 21; KölnerKomm-WpÜG/Möllers, § 12 Rn. 39; Noack, in: Schwark, Kapitalmarktrechts-Kommentar, § 12 WpÜG Rn. 10.

401 Begr. RegE zum WpÜG, BT-Drucks. 14/7034, S. 42, abgedruckt in ZIP 2001, 1262, 1270.

402 Begr. RegE zum WpÜG, BT-Drucks. 14/7034, S. 43, abgedruckt in ZIP 2001, 1262, 1271.

403 Assmann, in: Assmann/Pötzsch/Schneider, WpÜG, § 12 Rn. 33; Thoma, in: Baums/Thoma, WpÜG, § 12 Rn. 34; KölnerKomm-WpÜG/Möllers, § 12 Rn. 50 ff.; Noack, in: Schwark, Kapitalmarktrechts-Kommentar, § 12 WpÜG Rn. 13; differenzierend: Renner, in: Haarmann/Schüppen, WpÜG, § 12 Rn. 32 ff.

404 Vgl. Assmann, in: Assmann/Pötzsch/Schneider, WpÜG, § 12 Rn. 30, der i.S.e. klaren und rechtseinheitlichen Lösung für eine analoge Anwendung des § 11 VerkProspG plädiert. Ebenso KölnerKomm-WpÜG/Hasselbach, § 21 Rn. 28; Thoma, in: Baums/Thoma, WpÜG, § 12 Rn. 30; einer Analogie zu § 12 Abs. 3 Nr. 3 den Vorzug gebend Oechsler, in: Ehricke/Ekkenga/Oechsler, WpÜG, § 12 Rn. 13; kritisch: Stephan, AG 2003, 551.

lichen Nachtrag zu einer nachträglich fehlerhaft gewordenen Angebotsunterlage mit der BaFin abzustimmen. Auch die Berichtigung unterliegt in beiden Fällen der Haftung des § 12 WpÜG.[405]

Für die **Veröffentlichung des Nachtrags** sind die Vorschriften über die Veröffentlichung der Angebotsunterlage in § 14 Abs. 3 und 4 WpÜG entsprechend anzuwenden.[406]

Anleger, die das Angebot auf der Grundlage einer im Annahmezeitpunkt (noch) zutreffenden Angebotsunterlage angenommen haben, können sich mangels Ursächlichkeit der nachträglichen Fehlerhaftigkeit für die konkrete Entscheidung zur Annahme des Angebots nicht auf die später eingetretene Fehlerhaftigkeit berufen. Allerdings steht diesen Anlegern entsprechend § 21 Abs. 4 WpÜG ein **Rücktrittsrecht** zu, wenn wesentliche Angaben der Angebotsunterlage nach ihrer Veröffentlichung unrichtig oder unvollständig werden. Unterlässt der Bieter eine erforderliche Berichtigung der Angebotsunterlage, wird das Rücktrittsrecht des Anlegers vereitelt. Eine Haftung des Bieters nach § 12 WpÜG kann sich dann wegen Vereitelung des Rücktrittsrechts ergeben.[407]

204

c) Weitere Anspruchsvoraussetzungen

aa) Anspruchsberechtigter

Anspruchsberechtigt ist derjenige, der das Angebot angenommen hat. In der Praxis werden die im Rahmen des Angebots zum Verkauf eingereichten Aktien unter einer separaten **Wertpapier-Kenn-Nummer** gehandelt. Der Erwerber „eingereichter Aktien" erwirbt nicht den Anspruch auf Schadensersatz nach § 12 WpÜG desjenigen, der das Angebot ursprünglich angenommen hat. Dieser Anspruch entsteht bei dem das Angebot Annehmenden und verbleibt bei diesem.[408]

205

bb) Haftungsbegründende Kausalität

Ein Anspruch nach § 12 Abs. 1 WpÜG setzt weiter voraus, dass die Annahme des Angebots aufgrund der Angebotsunterlage erfolgt ist (§ 12 Abs. 3 Nr. 1 WpÜG). Die **haftungsbegründende Kausalität**, d.h. die Ursächlichkeit der Angebotsunterlage für die Anlageentscheidung, wird jedoch vermutet.[409] Die Anspruchsgegner müssen daher darlegen und beweisen, dass die Deinvestitionsentscheidung nicht auf der Angebotsunterlage beruhte, was nur selten möglich sein dürfte.

206

cc) Verschulden

Das Verschulden des Anspruchsgegners wird vermutet. Eine Haftung entfällt nach § 12 Abs. 2 WpÜG nur dann, wenn dem in Anspruch Genommenen der Nachweis gelingt, dass er die Unvollständigkeit der Angebotsunterlage nicht kannte und die Unkenntnis nicht auf grober Fahrlässigkeit beruhte.

207

dd) Ersatzfähiger Schaden

Nach § 12 Abs. 1 WpÜG kann der Anspruchsberechtigte den Schaden ersetzt verlangen, der ihm durch die Annahme des Angebots entstanden ist. Er ist daher **so zu stellen, als hätte er die wahre Sachlage**

208

---

[405] Assmann, in: Assmann/Pötzsch/Schneider, WpÜG, § 12 Rn. 32, 47; KölnerKomm-WpÜG/Möllers, § 12 Rn. 129.

[406] Assmann, in: Assmann/Pötzsch/Schneider, WpÜG, § 12 Rn. 33 – nach a.A.: soll § 12 Abs. 3 Nr. 3 WpÜG i.V.m. § 15 Abs. 3 WpHG entsprechend anzuwenden sein, wobei „vorsichtshalber" zusätzlich die Einhaltung der Form des § 14 Abs. 3 Satz 1 WpÜG empfohlen wird, vgl. Thoma, in: Baums/Thoma, WpÜG, § 12 Rn. 32; Oechsler, in: Ehricke/Ekkenga/Oechsler, WpÜG, § 12 Rn. 14; KölnerKomm-WpÜG/Möllers, § 12 Rn. 66.

[407] Vgl. Assmann, in: Assmann/Pötzsch/Schneider, WpÜG, § 12 Rn. 34, der allerdings nicht davon ausgeht, dass die nachträgliche Unrichtigkeit der Angebotsunterlage, die eine Pflicht zur Berichtigung nach sich zieht, per se zu einem Rücktrittsrecht des Anlegers in entsprechender Anwendung von § 21 Abs. 4 WpÜG führt. Dazu auch Thoma, in: Baums/Thoma, WpÜG, § 12 Rn. 34 Fn. 68.

[408] Assmann, in: Assmann/Pötzsch/Schneider, WpÜG, § 12 Rn. 44.

[409] Thoma, in: Baums/Thoma, WpÜG, § 12 Rn. 50; Renner, in: Haarmann/Schüppen, WpÜG, § 12 Rn. 55; Schwennicke, in: Geibel/Süßmann, WpÜG, § 12 Rn. 11; Assmann, in: Assmann/Pötzsch/Schneider, WpÜG, § 12 Rn. 45; KölnerKomm-WpÜG/Möllers, § 12 Rn. 84; MünchKomm-AktG/Wackerbarth, § 12 WpÜG Rn. 11.

gekannt.[410] Da der Anleger das Angebot in Kenntnis der wahren Sachlage meist nicht angenommen hätte, kann er fordern, dass ihm die übertragenen Wertpapiere Zug-um-Zug gegen Erstattung der von dem Bieter erbrachten Gegenleistung zurückgewährt werden. Dies entspricht dem Grundsatz der Naturalrestitution des § 249 Satz 1 BGB. Für die Geltendmachung eines darüber hinaus gehenden Schadens gelten die allgemeinen Regeln des Schadensersatzrechts (§§ 249 ff. BGB).[411]

ee) Verjährung

209 Der Anspruch verjährt nach § 12 Abs. 4 WpÜG **in einem Jahr** seit dem Zeitpunkt, zu dem derjenige, der das Angebot angenommen hat, von der Unrichtigkeit oder Unvollständigkeit der Angaben der Angebotsunterlage Kenntnis erlangt hat, spätestens jedoch in drei Jahren seit der Veröffentlichung der Angebotsunterlage.

ff) Konkurrenzen

210 **Weitergehende Ansprüche**, die nach den Vorschriften des bürgerlichen Rechts aufgrund von Verträgen oder vorsätzlichen unerlaubten Handlungen geltend gemacht werden können, bleiben nach § 12 Abs. 6 WpÜG unberührt.

> **Hinweis:**
> Ansprüche nach § 12 Abs. 1 WpÜG fallen in den Anwendungsbereich des Kapitalanleger-Musterverfahrensgesetzes (KapMuG), das am 1.11.2005 in Kraft getreten ist (vgl. § 1 Abs. 1 Satz 1 Nr. 1 KapMuG). Das KapMuG eröffnet die Möglichkeit einzelne Anspruchsvoraussetzungen und auch Rechtsfragen für eine Vielzahl von Verfahren verbindlich im Rahmen eines Musterverfahrens zu klären. Das Gesetz gilt zunächst für einen Zeitraum von fünf Jahren. Der Gesetzgeber wird nach dieser „Testphase" entscheiden, ob sich das Gesetz bewährt hat und weiterhin gelten soll.

6. Finanzierung des Angebots (§ 13 WpÜG)

211 Nach § 13 Abs. 1 WpÜG hat der Bieter vor der Veröffentlichung der Angebotsunterlage **die notwendigen Maßnahmen** zu treffen, um sicherzustellen, dass ihm die zur vollständigen Erfüllung des Angebots notwendigen Mittel zum Zeitpunkt der Fälligkeit des Anspruchs auf die Gegenleistung zur Verfügung stehen. Zweck der Vorschrift ist es, unseriöse Angebote zu verhindern und damit die Integrität des Kapitalmarkts sowie mittelbar die Interessen der Aktionäre der Zielgesellschaft und der Zielgesellschaft selbst zu schützen.[412] Der Begriff der Sicherstellung meint nicht 100 %ige Sicherheit. Er ist daher nicht **i.S.e. Sicherheitsleistung** nach §§ 232 ff. BGB zu verstehen. Ausreichend ist es, wenn der Bieter zum maßgeblichen Zeitpunkt (siehe unten) die Maßnahmen ergriffen hat, die bei ungestörtem Geschehensablauf in die Bereitstellung der Gegenleistung bei Fälligkeit münden.[413]

a) Sicherstellung bei Geldleistung

212 Sieht das Angebot als Gegenleistung die **Zahlung einer Geldleistung** vor, ist nach § 13 Abs. 1 Satz 2 WpÜG die **schriftliche Bestätigung** eines vom Bieter unabhängigen **Wertpapierdienstleistungsunter-**

---

410 Begr. RegE zum WpÜG, BT-Drucks. 14/7034, S. 43, abgedruckt in ZIP 2001, 1262, 1271.
411 Zu weiteren Einzelheiten siehe Assmann, in: Assmann/Pötzsch/Schneider, WpÜG, § 12 Rn. 60 ff., Thoma, in: Baums/Thoma, WpÜG, § 12 Rn. 70; KölnerKomm-WpÜG/Möllers, § 12 Rn. 131; Steinmeyer/Häger, WpÜG § 12 Rn. 27; Renner, in: Haarmann/Schüppen, WpÜG, § 12 Rn. 68; MünchKomm-AktG/Wackerbarth, § 12 WpÜG Rn. 38.
412 Steinmeyer/Häger, WpÜG § 13 Rn. 2; MünchKomm-AktG/Wackerbarth, § 13 WpÜG Rn. 1; KölnerKomm-WpÜG/Möllers, § 13 Rn. 1; Vogel, in: Haarmann/Schüppen, WpÜG, § 13 Rn. 1; Marsch-Barner, in: Baums/Thoma, WpÜG, § 13 Rn. 1; Krause, in: Assmann/Pötzsch/Schneider, WpÜG, § 13 Rn. 3.
413 Marsch-Barner, in: Baums/Thoma, WpÜG, § 13 Rn. 14; Vogel, in: Haarmann/Schüppen, WpÜG, § 13 Rn. 76; Krause, in: Assmann/Pötzsch/Schneider, WpÜG, § 13 Rn. 35; MünchKomm-AktG/Wackerbarth, § 13 WpÜG Rn. 8.

nehmens einzuholen. Dieses hat zu bestätigen, dass der Bieter die notwendigen Maßnahmen getroffen hat, um sicherzustellen, dass die zur vollständigen Erfüllung des Angebots notwendigen Mittel zum Zeitpunkt der Fälligkeit des Anspruchs auf die Geldleistung zur Verfügung stehen.[414]

Der Bieter kann die Geldleistung **durch Eigenkapital**[415] oder durch **Aufnahme von Fremdkapital** finanzieren.

aa) Eigenkapitalfinanzierung

Für den Fall der Angebotsfinanzierung durch eine reguläre Kapitalerhöhung war in der Lit. umstritten, ob die Eintragung **der Durchführung der Kapitalerhöhung** vor der Veröffentlichung der Angebotsunterlage sichergestellt sein musste.[416] Nach einer – bislang allerdings noch vereinzelt gebliebenen – Entscheidung der BaFin ist dies nicht der Fall. So hat die BaFin die Veröffentlichung der Angebotsunterlage bei dem Übernahmeangebot (Umtauschangebot) der Delta Beteiligungen AG an die Aktionäre der Beta Systems Software AG genehmigt, obwohl die Eintragung der zur Finanzierung des Angebots erforderlichen Sachkapitalerhöhung (einschließlich ihrer Durchführung) in das Handelsregister noch ausstand. 213

Um die Finanzierung des Angebots sicherzustellen, gestattete es die BaFin zudem, dass der Bieter sein Angebot unter die **aufschiebende Bedingung der Eintragung der Kapitalerhöhung** und ihrer Durchführung in das Handelsregister stellte. Allerdings verlangte die BaFin die Festlegung eines (nach Ablauf der Annahmefrist liegenden) Endtermins, bis zu dem die Eintragung spätestens erfolgt sein musste.[417] Es bleibt abzuwarten, ob sich hieraus eine über den Einzelfall hinausgehende Praxis entwickeln wird. 214

Soll die Finanzierung über eine **reguläre Kapitalerhöhung** dargestellt werden, ist zudem zu bedenken, dass selbst unter Berücksichtigung des nunmehr auch bei Anfechtung von Kapitalmaßnahmen zur Verfügung stehenden Freigabeverfahrens nach § 246a AktG ein Risiko verbleibt, dass die Durchführung der Kapitalerhöhung nicht rechtzeitig vor dem gesetzten Endtermin erfolgt. Auch in diesem Fall dürfte sich daher die Aufnahme einer entsprechenden Bedingung in das Angebot empfehlen. 215

Im Fall einer regulären Barkapitalerhöhung zur Finanzierung des Angebots kommt hinzu, dass das **Platzierungsrisiko** vor Veröffentlichung der Angebotsunterlage **grds. eliminiert sein muss**, um den erforderlichen Barmittelzufluss sicherzustellen.[418]

bb) Fremdkapitalfinanzierung

Finanziert der Bieter den Erwerb der Wertpapiere (auch) durch Fremdkapital, muss er vor Veröffentlichung der Angebotsunterlage einen Kreditvertrag abgeschlossen haben oder aber zumindest über eine verbindliche Kreditzusage verfügen, auf deren Grundlage er die Auszahlung der benötigten Geldleistung verlangen kann.[419] Das Recht zur ordentlichen Kündigung der finanzierenden Bank muss bis zur vollständigen Abwicklung des Angebots ausgeschlossen sein (sog. certain funds Konzept). Dagegen dürfen Kündigungsrechte aus wichtigem Grund für bestimmte Fälle vorgesehen werden. So ist es z.B. grds. 216

---

414 Ausführlich zur Finanzierungsbestätigung nach § 13 WpÜG Berrar, ZBB 2002, 174.
415 Siehe zu den möglichen Problemen, wenn der Bieter die Eigenmittel mit einer Kapitalerhöhung finanzieren möchte Krause, in: Assmann/Pötzsch/Schneider, WpÜG, § 13 Rn. 40 ff.
416 Marsch-Barner, in: Baums/Thoma, WpÜG, § 13 Rn. 29; zustimmend: Vogel, in: Haarmann/Schüppen, WpÜG, § 13 Rn. 82; a.A.: Krause, in: Assmann/Pötzsch/Schneider, WpÜG, § 13 Rn. 44, 46; KölnerKomm-WpÜG/Hasselbach, § 18 Rn. 65.
417 Siehe Ziff. 5.7 des Übernahmeangebots der Delta Beteiligungen AG an die Aktionäre der Beta Systems Software AG vom 21.2.2006, abrufbar unter http://www.bafin.de.
418 Krause, in: Assmann/Pötzsch/Schneider, WpÜG, § 13 Rn. 49; Marsch-Barner, in: Baums/Thoma, WpÜG, § 13 Rn. 29; Vogel, in: Haarmann/Schüppen, WpÜG, § 13 Rn. 82.
419 Krause, in: Assmann/Pötzsch/Schneider, WpÜG, § 13 Rn. 35, 51 ff. mit weiteren Einzelheiten zu der Frage, welche inhaltlichen Anforderungen an die zu treffenden Vereinbarungen mit Blick auf § 57 AktG (Verbot der Einlagenrückgewähr) und § 71a AktG (Verbot der financial assistance) zu stellen sind. Siehe auch Marsch-Barner, in: Baums/Thoma, WpÜG, § 13 Rn. 33 ff.; Süßmann, in: Geibel/Süßmann, WpÜG, § 13 Rn. 17; Vogel, in: Haarmann/Schüppen, WpÜG, § 13 Rn. 85; KölnerKomm-WpÜG/Möllers, § 13 Rn. 56.

mit § 13 Abs. 1 WpÜG vereinbar, wenn sich der Kreditgeber ein außerordentliches Kündigungsrecht für den Fall der wesentlichen Verschlechterung der Vermögensverhältnisse des Bieters/Kreditnehmers (§ 490 BGB) vorbehält.

Welche **außerordentlichen Kündigungsrechte** und damit einhergehenden Auszahlungsverbote bei Akquisitionsfinanzierungen darüber hinaus vorgesehen werden dürfen, lässt sich allgemeingültig nicht sagen.[420] In jedem Fall aber sollten die vereinbarten Auszahlungsverbote in der Angebotsunterlage genannt werden (§ 11 Abs. 2 Satz 3 WpÜG), um falschen Erwartungen der Wertpapierinhaber der Zielgesellschaft vorzubeugen.[421]

Darüber hinaus ist die Finanzierungsbestätigung nach § 13 Abs. 1 Satz 2 WpÜG als ergänzende Angabe der Angebotsunterlage beizufügen (§ 11 Abs. 2 Satz 3 Nr. 4 WpÜG); sie unterliegt damit auch der Prüfung durch die BaFin.

cc) Ansprüche gegen den Aussteller der Finanzierungsbestätigung

217 Trifft der Bieter die nach § 13 Abs. 1 Satz 2 WpÜG notwendigen Maßnahmen nicht und stehen ihm zum Zeitpunkt der Fälligkeit des Anspruchs auf die Geldleistung aus diesem Grunde die notwendigen Mittel nicht zur Verfügung, so **haftet der Aussteller der Finanzierungsbestätigung auf Schadensersatz**. Der geschädigte Anleger ist so zu stellen, als hätte der Bieter die erforderlichen Maßnahmen ordnungsgemäß getroffen. Der Anspruch steht neben einem möglichen Anspruch nach § 12 Abs. 1 WpÜG gegen die für die Angebotsunterlage Verantwortlichen und erweitert somit den Kreis der Haftenden.[422]

b) Sicherstellung bei Sachleistung

218 Der Bieter kann als Gegenleistung – neben oder an Stelle der Geldleistung – sonstige Vermögensgegenstände, insb. **Aktien des Bieters oder eines Dritten** anbieten. Werden Aktien als Gegenleistung angeboten, gelten im Hinblick auf die Sicherstellung der Gegenleistung einige Besonderheiten, die nur in Grundzügen dargestellt werden können.

219 Will der Bieter Aktien als Gegenleistung anbieten, kann er sich folgender Quellen bedienen:

- **Vorhandene eigene Aktien (§ 71 AktG):** Die Gegenleistung ist sichergestellt, wenn die als Gegenleistung benötigte Anzahl eigener Aktien zur Verfügung steht und die Hauptversammlungsermächtigung eine entsprechende Verwendung der eigenen Aktien gestattet. Die Anzahl der zur Verfügung stehenden eigenen Aktien ist bei Bietern aus der EU jedoch grds. auf 10 % des Grundkapitals begrenzt (§ 71 Abs. 2 Satz 1 AktG).[423]

- **Reguläre Kapitalerhöhung gegen Sacheinlage (§§ 182 ff. AktG):** Die Gegenleistung muss nach Auffassung der BaFin nicht bereits bei Veröffentlichung der Angebotsunterlage in dem Sinne sichergestellt sein, dass keinerlei Anfechtungsrisiken mehr bestehen. Ausreichend ist es, dass der Kapitalerhöhungsbeschluss bei Veröffentlichung der Angebotsunterlage gefasst ist.[424] Der Vorteil der regulären Kapitalerhöhung ist, dass sie der Höhe nach nicht begrenzt ist. Handelt es sich bei dem Bieter um eine

---

420 Krause, in: Assmann/Pötzsch/Schneider, WpÜG, § 13 Rn. 55 ff.; Vogel, in: Haarmann/Schüppen, WpÜG, § 13 Rn. 85; Marsch-Barner, in: Baums/Thoma, WpÜG, § 13 Rn. 33 ff.

421 Marsch-Barner, in: Baums/Thoma, WpÜG, § 13 Rn. 34; Krause, in: Assmann/Pötzsch/Schneider, WpÜG, § 13 Rn. 62.

422 Begr. RegE zum WpÜG, BT-Drucks. 14/7034, S. 44, abgedruckt in ZIP 2001, 1262, 1272; näher zu den Voraussetzungen einer solchen Haftung Pfüller/Detweiler, BKR 2004, 383; Vogel, ZIP 2002, 1421.

423 Die Regelung beruht auf Art. 19 Abs. 1 lit. b) der Richtlinie 77/91/EWG des Rates zum Kapitalschutz v. 13.12.1976, ABl. EG Nr. L 26 v. 31.1.1977, S. 1 ff.

424 Siehe Ziff. 5.7 des Übernahmeangebots der Delta Beteiligungen AG an die Aktionäre der Beta Systems Software AG vom 21.2.2006, abrufbar unter http://www.bafin.de sowie in der Lit. Krause, in: Assmann/Pötzsch/Schneider, WpÜG, § 13 Rn. 68; KölnerKomm-WpÜG/Hasselbach, § 18 Rn. 65; a.A.: Marsch-Barner, in: Baums/Thoma, WpÜG, § 13 Rn. 38; Vogel, in: Haarmann/Schüppen, WpÜG, § 13 Rn. 82.

börsennotierte AG, sind jedoch trotz des Freigabeverfahrens nach § 246a AktG die bestehenden Anfechtungsrisiken zu bedenken.

- **Genehmigtes Kapital (§§ 202 ff. AktG):** Handelt es sich bei dem Bieter um eine AG können die als Gegenleistung benötigten Aktien aus genehmigtem Kapital bereitgestellt werden, sofern eine entsprechende Ermächtigung besteht. Die Gegenleistung ist sichergestellt, wenn das zur Verfügung stehende Kapital ausreichend bemessen und eine Kapitalerhöhung gegen Sacheinlage unter Ausschluss des Bezugsrechts zugelassen ist. Das genehmigte Kapital ist der Höhe nach auf die Hälfte des bestehenden Grundkapitals begrenzt (§ 202 Abs. 3 Satz 1 AktG).
- **Bedingtes Kapital (§§ 192 ff. AktG):** Handelt es sich bei dem Bieter um eine AG, können die als Gegenleistung benötigten Aktien auch aus bedingtem Kapital (zur Vorbereitung eines Unternehmenszusammenschlusses i.S.d. § 192 Abs. 2 Nr. 2 AktG) bereitgestellt werden, sofern eine entsprechende Ermächtigung besteht.[425] Die Gegenleistung ist sichergestellt, wenn das bedingte Kapital ausreichend bemessen ist und die Ausgabe der Bezugsaktien den im Hauptversammlungsbeschluss festgesetzten Zweck erfüllt. Das bedingte Kapital ist – ebenso wie das genehmigte Kapital – der Höhe nach auf die Hälfte des bestehenden Grundkapitals begrenzt (§ 192 Abs. 3 Satz 1 AktG).
- **Wertpapierleihe:** Bei der Wertpapierleihe handelt es sich der Sache nach um einen Sachdarlehensvertrag i.S.d. § 607 BGB. Die Gegenleistung ist sichergestellt, wenn die erforderliche Anzahl der Leihaktien bei Fälligkeit der Gegenleistung zur Verfügung steht. Leiht sich der Bieter eigene Aktien, sind die Beschränkungen des § 71 Abs. 2 Satz 1 AktG zu beachten.[426]
- **Wertpapiere eines Dritten:** Die Gegenleistung ist sichergestellt, wenn die als Gegenleistung benötigte Anzahl der Aktien des Dritten bei Fälligkeit der Gegenleistung zur Verfügung steht. Muss sich der Bieter die Aktien des Dritten noch beschaffen, sei es im Rahmen einer Kapitalerhöhung des Dritten oder durch Wertpapierleihe, gelten die vorstehenden Ausführungen entsprechend.

> **Hinweis:**
> Werden bei Übernahme- und Pflichtangeboten Aktien als Gegenleistung angeboten, müssen diese nach § 31 Abs. 2 WpÜG **liquide und zum Handel an einem organisierten Markt zugelassen sein**. Die Erfüllung des Angebots ist bei Übernahme- und Pflichtangeboten nur dann i.S.d. § 13 Abs. 1 WpÜG sichergestellt, wenn auch diese Merkmale der Gegenleistung sichergestellt sind. Es ist allerdings ausreichend, wenn die Handelsliquidität und die Börsenzulassung der gewährten Aktien in dem Zeitpunkt gewährleistet ist, in dem die Aktien den Wertpapierinhabern der Zielgesellschaft übereignet werden.[427]

c) Umfang der Sicherstellung

Der Bieter muss nach § 13 Abs. 1 Satz 1 WpÜG sicherstellen, dass ihm die „**zur vollständigen Erfüllung des Angebots notwendigen Mittel**" zur Verfügung stehen. Dabei ist (vorbehaltlich eines Teilangebots[428]) zu unterstellen, dass sämtliche Adressaten das Angebot annehmen. Lediglich in dem Umfang, in dem der Bieter selbst oder eines seiner Tochterunternehmen i.S.d. § 2 Abs. 6 WpÜG Aktien der Zielgesellschaft halten, erübrigt sich eine Sicherstellung. Übernimmt der Bieter freiwillig – wie dies üblich ist – bestimmte

220

---

[425] Einzelheiten sind str., vgl. Krause, in: Assmann/Pötzsch/Schneider, WpÜG, § 13 Rn. 72; Vogel, in: Haarmann/Schüppen, WpÜG, § 13 Rn. 28; Marsch-Barner, in: Baums/Thoma, WpÜG, § 13 Rn. 39.

[426] Weitere Einzelheiten bei Süßmann, in: Geibel/Süßmann, WpÜG, § 13 Rn. 8; Krause, in: Assmann/Pötzsch/Schneider, WpÜG, § 13 Rn. 75 f.

[427] Marsch-Barner, in: Baums/Thoma, WpÜG, § 13 Rn. 43; Vogel, in: Haarmann/Schüppen, WpÜG, § 13 Rn. 50; Krause, in: Assmann/Pötzsch/Schneider, WpÜG, § 13 Rn. 79.

[428] Ein einfaches Erwerbsangebot kann auch in der Form eines Teilangebots abgegeben werden. Bei einem Übernahmeangebot ist ein Teilangebot hingegen nach § 32 WpÜG unzulässig. Siehe unten Rn. 255 ff.

Transaktionskosten der Wertpapierinhaber der Zielgesellschaft, muss die Zahlung dieser Transaktionskosten ebenfalls sichergestellt werden.[429]

Können von der Zielgesellschaft ausgegebene Aktienoptionen **innerhalb der Annahmefrist ausgeübt werden**, sind auch die möglicherweise neu entstehenden Aktien zu berücksichtigen. Im Übrigen sind Kapitalmaßnahmen der Zielgesellschaft bei der Berechnung der zur vollständigen Erfüllung des Angebots notwendigen Mittel nur einzubeziehen, wenn der Bieter mit der Ausgabe von Wertpapieren der Zielgesellschaft bis zum Ablauf der (weiteren) Annahmefrist rechnen muss.[430]

> **Hinweis:**
> Nach ständiger Praxis verlangt die BaFin eine Sicherstellung auch insoweit, als sich einzelne Aktionäre der Zielgesellschaft gegenüber dem Bieter in einem sog. irrevocable undertaking dazu verpflichtet haben, das Angebot nicht anzunehmen. Dies gilt ebenso für etwaige von der Zielgesellschaft gehaltene eigene Aktien. Nach Auffassung der BaFin reichen derartige schuldrechtliche Vereinbarungen nicht aus, um den erforderlichen Umfang der Sicherstellung einzuschränken.

Beispiel:
Hält der Bieter 25 % der Aktien der Zielgesellschaft und hat der Großaktionär A, der über 15 % der Aktien verfügt, unwiderruflich erklärt, dass er das Angebot nicht annehmen werde, muss sich die Finanzierungsbestätigung dennoch auf 75 % des Grundkapitals erstrecken. Das irrevocable undertaking entfaltet dann ausschließlich im Innenverhältnis zwischen dem Bieter und dem unabhängigen Wertpapierdienstleistungsunternehmen Wirkung, da sich der Fremdfinanzierungsbedarf und die damit im Zusammenhang stehenden Kosten entsprechend verringern.

d) Zeitpunkt der Sicherstellung

221 Nach § 13 Abs. 1 Satz 1 WpÜG hat der Bieter die notwendigen Maßnahmen „**vor der Veröffentlichung der Angebotsunterlage**" zu treffen.

Sieht das Angebot als Gegenleistung die **Zahlung einer Geldleistung** vor, muss die Finanzierungsbestätigung spätestens vorliegen, wenn die Angebotsunterlage der BaFin nach § 14 Abs. 1 Satz 1 WpÜG zur Prüfung übermittelt wird, da die BaFin in ständiger Praxis fordert, dass die Angebotsunterlage zusammen mit einem unterschriebenen Original der Finanzierungsbestätigung eingereicht wird.[431]

Sieht das Angebot hingegen als Gegenleistung (auch) die **Gewährung einer Sachleistung** – insb. in Form von Aktien – vor, müssen vor der Veröffentlichung der Angebotsunterlage die jeweils erforderlichen Maßnahmen getroffen sein, um die Lieferung der angebotenen Aktien bei Fälligkeit der Gegenleistung sicherzustellen.

7. Annahmefristen (§ 16 WpÜG)

222 In der Angebotsunterlage ist den Wertpapierinhabern der Zielgesellschaft eine Frist für die Annahme des Angebots einzuräumen. Diese Annahmefrist muss **mindestens vier und darf höchstens zehn Wochen** betragen. Der Bieter kann die Dauer der Annahmefrist innerhalb dieser Vorgaben grds. frei bestimmen. Wird allerdings im Zusammenhang mit dem Angebot nach Veröffentlichung der Angebotsunterlage eine Hauptversammlung einberufen, beträgt die Frist **zwingend zehn Wochen** (§ 16 Abs. 3 WpÜG). Die Frist beginnt mit der Veröffentlichung der Angebotsunterlage (§ 16 Abs. 1 WpÜG). Die Frist von zehn Wochen kann sich im Einzelfall sogar noch verlängern, falls der Bieter sein Angebot ändert (§ 21 Abs. 5 WpÜG) oder ein konkurrierendes Angebot abgegeben wird, dessen Annahmefrist länger ist als die Annahmefrist für das ursprüngliche Angebot (§ 22 Abs. 2 WpÜG).

---

[429] Krause, in: Assmann/Pötzsch/Schneider, WpÜG, § 13 Rn. 19; Marsch-Barner, in: Baums/Thoma, WpÜG, § 13 Rn. 17; Vogel, in: Haarmann/Schüppen, WpÜG, § 13 Rn. 73.

[430] Krause, in: Assmann/Pötzsch/Schneider, WpÜG, § 13 Rn. 27; Marsch-Barner, in: Baums/Thoma, WpÜG, § 13 Rn. 23.

[431] Krause, in: Assmann/Pötzsch/Schneider, WpÜG, § 13 Rn. 37.

Für Übernahmeangebote enthält § 16 Abs. 2 WpÜG eine Sonderregelung (sog. **„Zaunkönigregelung"**). Sie trägt den besonderen Interessen der Minderheitsaktionäre Rechnung, denen ein koordiniertes Verhalten bei der Entscheidung über das Übernahmeangebot faktisch nicht möglich ist. Sie räumt denjenigen Aktionären der Zielgesellschaft, die sich innerhalb der Annahmefrist nicht zur Annahme des Angebots entschließen konnten, eine weitere Annahmefrist von zwei Wochen ein. Durch diese Regelung können insb. Aktionäre, die dem Angebot kritisch gegenüberstehen und ursprünglich an ihrer Aktie festhalten oder zunächst den Verlauf des Verfahrens abwarten wollten, in Kenntnis des nun sicher bevorstehenden Kontrollwechsels bzw. der Entstehung einer Kontrollsituation ihre Anteile dem Bieter verkaufen. Der Bieter erhält durch diese Nachfrist zudem die Möglichkeit, seine Beteiligung am Zielunternehmen nach erfolgreichem Kontrollerwerb weiter zu erhöhen.[432]

223

Die weitere Annahmefrist ist nicht für den Fall vorgesehen, dass der Bieter von vornherein die Wirksamkeit seines Angebots vom Erwerb eines bestimmten Mindestanteils der Aktien der Zielgesellschaft abhängig gemacht hat und bei Ablauf der ursprünglichen Annahmefrist dieser Mindestanteil nicht erreicht wurde. Da das Übernahmeangebot dann nicht erfolgreich war, ist es nicht notwendig, den Aktionären eine über das ursprüngliche Angebot hinausgehende Annahmemöglichkeit zu gewähren.[433]

8. Änderung des Angebots (§ 21 WpÜG)

Nach § 21 WpÜG kann der Bieter sein **Angebot unter bestimmten Voraussetzungen** – ggf. auch mehrfach – **ändern**. Eine Änderung des Angebots führt nicht dazu, dass das Angebotsverfahren erneut von Anfang an durchlaufen werden muss. Allerdings verlängert sich die Annahmefrist für das Angebot infolge einer Änderung um zwei Wochen, sofern die Änderung innerhalb der letzten zwei Wochen vor Ablauf der Annahmefrist erfolgt (§ 21 Abs. 5 WpÜG).

224

Folgende Änderungen sind nach § 21 Abs. 1 WpÜG **zulässig**:

225

- Erhöhung der Gegenleistung,
- wahlweises Angebot einer anderen Gegenleistung (z.B. zusätzlich Aktien),
- Verringerung des Mindestanteils oder der Mindestzahl der Wertpapiere oder des Mindestanteils der Stimmrechte, von dessen Erwerb der Bieter die Wirksamkeit seines Angebots abhängig gemacht hat, oder
- Verzicht auf Bedingungen.

Die vorstehend genannten Änderungen sind nur **bis zu einem Werktag vor Ablauf der Annahmefrist** zulässig.[434] Macht der Bieter von der Möglichkeit zur Änderung des Angebots Gebrauch, ist die Änderung unverzüglich in gleicher Weise wie die Angebotsunterlage zu veröffentlichen (§ 21 Abs. 2 WpÜG i.V.m. § 14 Abs. 3 Satz 1 WpÜG). Da sich durch die Änderung die „Geschäftsgrundlage" ändert, aufgrund derer die Wertpapierinhaber der Zielgesellschaft das Angebot angenommen haben, steht ihnen – soweit sie das Angebot vor der Veröffentlichung der Änderung angenommen haben – bis zum Ablauf der Annahmefrist ein Rücktrittsrecht zu (§ 21 Abs. 4 WpÜG). Auf dieses Rücktrittsrecht ist in der Veröffentlichung der Angebotsänderung hinzuweisen.

226

> **Hinweis:**
> Neben den in §§ 21 Abs. 4, 22 Abs. 3 WpÜG gesetzlich vorgesehenen Rücktrittsrechten, kann den Wertpapierinhabern der Zielgesellschaft auf freiwilliger Basis ein Rücktrittsrecht eingeräumt werden, das bis zum Ablauf der Annahmefrist (ggf. auch bis zum Vollzug des Angebots) ohne Angabe von Gründen ausgeübt werden kann.

---

432 Begr. RegE zum WpÜG, BT-Drucks. 14/7034, S. 46, abgedruckt in ZIP 2001, 1262, 1274.
433 Begr. RegE zum WpÜG, BT-Drucks. 14/7034, S. 46, abgedruckt in ZIP 2001, 1262, 1275.
434 Zur Frage, wie die Frist von einem Werktag zu berechnen ist, Busch, ZIP 2003, 102.

227 Da die Änderung das Angebot modifiziert, gelten für sie nach § 21 Abs. 3 WpÜG die Regelungen für Angebote (§ 11 Abs. 1 Satz 2 – 5, Abs. 3 WpÜG) entsprechend. Insb. muss die Änderung – wie das Angebot – **in deutscher Sprache und in einer verständlichen Form** abgefasst sein. Die **Haftungsregeln für unrichtige Angebotsunterlagen** nach § 12 WpÜG und das **Finanzierungserfordernis** nach § 13 WpÜG finden, falls die Änderung eine Erhöhung der Gegenleistung vorsieht, **entsprechend Anwendung**. Die BaFin hat die Änderung nach § 15 Abs. 1 Nr. 2 WpÜG zu untersagen, falls sie offensichtlich gegen Vorschriften des WpÜG verstößt.

228 Um zu vermeiden, dass die in § 21 Abs. 5 WpÜG angeordnete Verlängerung der Annahmefrist um zwei Wochen vom Bieter gezielt als Mittel eingesetzt wird, um durch mehrfache Änderungen des Angebots die Zielgesellschaft über einen angemessenen Zeitraum hinaus in ihrer Geschäftstätigkeit zu behindern, sind **erneute Änderungen des Angebots** während der zweiwöchigen Verlängerung der Annahmefrist **unzulässig** (§ 21 Abs. 6 WpÜG). Zugleich wird hierdurch sichergestellt, dass den Wertpapierinhabern für ihre Entscheidung über das Angebot in jedem Fall zwei Wochen nach der letzten Änderung des Bieters verbleiben.

> **Hinweis:**
> Will der Bieter bei einem Übernahmeangebot die Gegenleistung innerhalb der zweiwöchigen Verlängerung der Annahmefrist nochmals erhöhen, kann er dies ohne Angebotsänderung **mittelbar** dadurch erreichen, dass er eine Aktie der Zielgesellschaft außerhalb des Angebots zu einem höheren Preis als dem Angebotspreis erwirbt. In diesem Fall erhöht sich die Gegenleistung für alle Angebotsempfänger aufgrund gesetzlicher Anordnung in § 31 Abs. 4 WpÜG wertmäßig um den Unterschiedsbetrag. Zu beachten ist allerdings, dass diese Handlungsoption grds. nicht zur Verfügung steht, wenn das Angebot zugleich den US-amerikanischen Bestimmungen für Übernahmeangebote unterliegt, da es einem Bieter nach der aufgrund des Securities Exchange Act von 1934 erlassenen Rule 14e-5 verboten ist, während der Annahmefrist Wertpapiere außerhalb des Angebots zu erwerben.[435]

9. Laufende Veröffentlichungspflichten (§ 23 WpÜG)

229 Nach Beginn der Annahmefrist ist der Bieter verpflichtet, die aktuelle Höhe des Wertpapier- und Stimmrechtsbestands an der Zielgesellschaft **in bestimmten Zeitabständen der BaFin mitzuteilen und zu veröffentlichen** (sog. Wasserstandsmeldungen). Durch die zu Beginn der Annahmefrist wöchentlichen und in der letzten Woche vor Ablauf der Annahmefrist täglichen Veröffentlichungen (§ 23 Abs. 1 Satz 1 Nr. 1 WpÜG) sollen die Aktionäre der Zielgesellschaft über die Akzeptanz des Angebots sowie die bereits vom Bieter gehaltenen Wertpapiere der Zielgesellschaft unterrichtet werden. Die Regelung dient damit ebenfalls der Transparenz. Die Praxis hat gezeigt, dass die überwiegende Zahl der Aktien erst ganz am Ende der Annahmefrist im Rahmen des Angebots zum Verkauf eingereicht wird. Die täglichen Veröffentlichungen in der letzten Woche vor Ablauf der Annahmefrist sind daher besonders wichtig.

230 Unverzüglich nach Ablauf der Annahmefrist ist die Öffentlichkeit **über den Ausgang des Angebotsverfahrens zu informieren** (§ 23 Abs. 1 Satz 1 Nr. 2 WpÜG). I.d.R. dauert es aufgrund der erforderlichen Buchungsvorgänge ein bis zwei Werktage, bis die Annahmequote feststeht und veröffentlich werden kann.

> **Hinweis:**
> Wertpapiere der Zielgesellschaft, die im Rahmen des Angebots zum Verkauf eingereicht werden, werden in der Praxis in eine gesonderte Wertpapier-Kenn-Nummer (WKN) umgebucht. Mit der

---

435 Etwas anderes gilt nur dann, wenn die SEC eine Befreiung von Rule 14e-5 erteilt hat (siehe z.B. Ziff. 19 des Übernahmeangebots der Axel Springer AG an die Aktionäre der ProSiebenSat.1 Media AG vom 13.9.2005 sowie Ziff. 17.2 des Übernahmeangebots der Bayer AG an die Aktionäre der Schering AG vom 12.4.2006, beide abrufbar unter http://www.bafin.de).

> **Umbuchung in die gesonderte WKN** ist noch kein Eigentumsübergang auf den Bieter, sondern lediglich eine Separierung der zum Verkauf eingereichten Aktien verbunden. Auf diese Weise kann auch für die zum Verkauf eingereichten Wertpapiere ein Börsenhandel eröffnet werden. Der Erwerber der umgebuchten Wertpapiere erwirbt diese mit sämtlichen Rechten und Pflichten, wie sie sich aus der Annahme des Angebots ergeben. Hingegen verbleibt ein etwaiger Schadensersatzanspruch nach § 12 WpÜG (Haftung wegen unrichtiger Angebotsunterlage) grds. bei dem Wertpapierinhaber, der das Angebot ursprünglich angenommen hat. Die dingliche Übertragung der zum Verkauf eingereichten Wertpapiere erfolgt erst nach Ablauf der Annahmefrist durch Einbuchung in das Depot des Bieters.

Bei erfolgreichen Übernahmeangeboten werden die Aktionäre der Zielgesellschaft, durch die Veröffentlichung nach § 23 Abs. 1 Satz 1 Nr. 2 WpÜG zugleich darüber informiert, dass nunmehr die **Möglichkeit einer erneuten Annahme** innerhalb der weiteren Annahmefrist nach § 16 Abs. 2 WpÜG besteht. Nach Ablauf dieser nur bei Übernahmeangeboten vorgesehenen weiteren Annahmefrist ist dann das endgültige Angebotsergebnis zu veröffentlichen (§ 23 Abs. 1 Satz 1 Nr. 3 WpÜG). Auch hier ist wieder mit ein bis zwei Werktagen nach Ablauf der weiteren Annahmefrist zu rechnen, bis das endgültige Angebotsergebnis feststeht. 231

In Ergänzung dazu ordnet § 23 Abs. 2 WpÜG bei erfolgreichen Übernahmeangeboten und bei Pflichtangeboten **zusätzliche Mitteilungs- und Veröffentlichungspflichten für den Bieter** an. Die Informationspflichten betreffen Transaktionen des Bieters und mit diesem gemeinsam handelnder Personen „außerhalb des Angebotsverfahrens". Gemeint sind hiermit zum einen Erwerbsvorgänge, die während des Übernahmeverfahrens, aber nicht auf Grundlage des Übernahmeangebots des Bieters erfolgen, und zum anderen solche außerbörslichen[436] Erwerbsvorgänge, die innerhalb eines Jahres nach Veröffentlichung des Ergebnisses nach § 23 Abs. 1 Satz 1 Nr. 2 WpÜG stattfinden. Die in § 23 Abs. 2 WpÜG geforderten Informationen sind für die von einer Übernahme betroffenen Aktionäre im Hinblick auf die in § 31 Abs. 4 und 5 WpÜG enthaltenen Nachbesserungsansprüche[437] von Bedeutung. Die Aktionäre sollen darüber informiert werden, dass ihnen solche ggf. zustehen. 232

> **Hinweis:**
> Durch das Übernahmerichtlinie-Umsetzungsgesetz wurde § 23 Abs. 1 WpÜG um eine neue Nr. 4 ergänzt. Danach besteht für den Bieter eine weitere Veröffentlichungspflicht, sobald er die für einen übernahmerechtlichen Squeeze-out erforderliche Beteiligungshöhe von 95 % des stimmberechtigten Grundkapitals erreicht (§ 39a WpÜG). Damit wird gewährleistet, dass in der Zielgesellschaft verbliebene Aktionäre die notwendigen Informationen erhalten, um ihr Andienungsrecht (Sell-out) nach § 39c WpÜG ausüben zu können.

10. Stellungnahme des Vorstands und des Aufsichtsrats der Zielgesellschaft (§ 27 WpÜG)

a) Regelungsinhalt

Der Vorstand und der Aufsichtsrat der Zielgesellschaft sind verpflichtet, eine begründete **Stellungnahme zum Angebot sowie zu jeder seiner Änderungen** abzugeben. Auch diese Verpflichtung trägt wiederum dem Gedanken größtmöglicher Transparenz Rechnung. 233

---

[436] Nach dem Wortlaut des § 23 Abs. 2 WpÜG ist es unerheblich, ob der Erwerb von Aktien der Zielgesellschaft börslich oder außerbörslich erfolgt. Nachbesserungsansprüche können nach § 31 Abs. 5 WpÜG allerdings nur infolge eines Erwerbs außerhalb der Börse entstehen, so dass für eine Veröffentlichungs- und Mitteilungspflicht auch nur bei einem solchen außerbörslichen Erwerb Bedarf besteht. § 23 Abs. 2 WpÜG ist daher entsprechend teleologisch zu reduzieren, vgl. Diekmann, in: Baums/Thoma, WpÜG, § 23 Rn. 61; Assmann, in: Assmann/Pötzsch/Schneider, WpÜG, § 23 Rn. 37.

[437] Siehe unten Rn. 252 f.

Die **Stellungnahme** muss nach § 27 Abs. 1 WpÜG insb. eingehen auf

- die Art und Höhe der angebotenen Gegenleistung (Nr. 1),
- die Folgen eines erfolgreichen Angebots für die Zielgesellschaft, die Arbeitnehmer und ihre Vertretungen, die Beschäftigungsbedingungen und die Standorte der Zielgesellschaft (Nr. 2),
- die vom Bieter mit dem Angebot verfolgten Ziele (Nr. 3) sowie
- die Absicht der Mitglieder des Vorstands und des Aufsichtsrats, soweit sie Wertpapierinhaber der Zielgesellschaft sind, das Angebot anzunehmen (Nr. 4).

234 Die Stellungnahme des Vorstands bzw. des Aufsichtsrats hat grds. eine **Handlungsempfehlung** zu enthalten und kann zustimmenden oder ablehnenden Charakter haben; nur im Einzelfall ist eine Stellungnahme zulässig, die sich einer konkreten Handlungsempfehlung an die Aktionäre enthält.[438]

In jedem Fall aber sind in der Stellungnahme die **Gründe anzugeben**, zu gewichten und gegeneinander abzuwägen, die den Vorstand bzw. den Aufsichtsrat zu der Empfehlung bzw. neutralen Stellungnahme veranlasst haben.[439] Nur so wird die notwendige Transparenz geschaffen, die es den Wertpapierinhabern der Zielgesellschaft ermöglicht, auf informierter Grundlage über die Annahme oder Ablehnung des Angebots zu entscheiden. Allerdings ist die Abwägung nicht ausschließlich an den Aktionärsinteressen auszurichten, sondern hat auch Belange der Arbeitnehmer zu berücksichtigen.[440]

b) Veröffentlichung der Stellungnahme

235 Gemäß § 27 Abs. 3 Satz 1 WpÜG ist die Stellungnahme **unverzüglich, d.h. ohne schuldhaftes Zögern**, nach Übermittlung der Angebotsunterlage an die Zielgesellschaft zu veröffentlichen.

Sie ist folglich zu dem frühestmöglichen Zeitpunkt zu veröffentlichen, zu dem Vorstand und Aufsichtsrat in der Lage sind, eine mit der erforderlichen Sorgfalt erstellte begründete Stellungnahme zu dem Angebot abzugeben. Das WpÜG legt somit keine starre Frist für die Veröffentlichung der Stellungnahme fest. Zu berücksichtigen sind daher die **Umstände des Einzelfalls**. Angesichts des für das Übernahmeverfahren geltenden Beschleunigungsgrundsatzes des § 3 Abs. 4 WpÜG sollte jedenfalls im Regelfall eine Frist von zwei Wochen nicht überschritten werden. In Fällen, welche einfach gelagert oder besonders eilbedürftig sind, kommt auch eine kürzere Zeitspanne in Betracht.

236 Die Veröffentlichung der Stellungnahme erst **mehr als zwei Wochen nach Übermittlung der Angebotsunterlage** wird angesichts des gebotenen Interessenausgleichs und der notwendigen Beschleunigung i.a.R. nicht mehr unverzüglich sein und kann nur in seltenen Ausnahmefällen bei Vorliegen ganz besonderer Umstände und Erschwernisse in Betracht kommen.[441] Nicht ausgeschlossen ist, dass die Veröffentlichung der Stellungnahme zeitgleich mit der Veröffentlichung der Angebotsunterlage durch den Bieter erfolgt. Dies ist insb. dann denkbar, wenn Verhandlungen zwischen dem Bieter und der Zielgesellschaft vorausgegangen sind und der Vorstand der Zielgesellschaft seinen Wertpapierinhabern die Annahme des Angebots empfehlen will.[442]

---

438 Begr. RegE zum WpÜG, BT-Drucks. 14/7034, S. 52, abgedruckt in ZIP 2001, 1262, 1280.
439 Röh, in: Haarmann/Schüppen, WpÜG, § 27 Rn. 49; Krause/Pötzsch, in: Assmann/Pötzsch/Schneider, WpÜG, § 27 Rn. 91; Harbarth, in: Baums/Thoma, WpÜG, § 27 Rn. 83; KölnerKomm-WpÜG/Hirte, § 27 Rn. 50; MünchKomm-AktG/Wackerbarth, § 27 WpÜG Rn. 10.
440 Röh, in: Haarmann/Schüppen, WpÜG, § 27 Rn. 49; Krause/Pötzsch, in: Assmann/Pötzsch/Schneider, WpÜG, § 27 Rn. 92; Harbarth, in: Baums/Thoma, WpÜG, § 27 Rn. 85; KölnerKomm-WpÜG/Hirte, § 27 Rn. 43; Begr. RegE zum WpÜG, BT-Drucks. 14/7034, S. 52, abgedruckt in ZIP 2001, 1262, 1280.
441 Siehe OLG Frankfurt, ZIP 2006, 428, 429 sowie Röh, in: Haarmann/Schüppen, WpÜG, § 27 Rn. 77; Ekkenga, in: Ehricke/Ekkenga/Oechsler, WpÜG, § 27 Rn. 38; Harbarth, in: Baums/Thoma, WpÜG, § 27 Rn. 121; KölnerKomm-WpÜG/Hirte, § 27 Rn. 67; Noack, in: Schwark, Kapitalmarktrechts-Kommentar, § 27 WpÜG Rn. 27.
442 Begr. RegE zum WpÜG, BT-Drucks. 14/7034, S. 52, abgedruckt in ZIP 2001, 1262, 1281.

Anders als die Angebotsunterlage ist die Stellungnahme **nicht durch die BaFin zu billigen**. Die Form der Veröffentlichung ist hingegen identisch mit der Veröffentlichung der Angebotsunterlage durch den Bieter.

c) Weiterleitung der Stellungnahme an den Betriebsrat

Zeitgleich mit der Veröffentlichung der Stellungnahme haben Vorstand und Aufsichtsrat gemäß § 27 Abs. 3 Satz 2 WpÜG diese dem **zuständigen Betriebsrat**[443] oder, sofern ein solcher nicht besteht, **unmittelbar den Arbeitnehmern** zu übermitteln. Geben diese ihrerseits eine Stellungnahme zu dem Angebot ab, ist diese nach § 27 Abs. 2 WpÜG der Stellungnahme des Vorstands beizufügen.

237

d) Parallelität der Stellungnahmen von Vorstand und Aufsichtsrat

§ 27 WpÜG sieht grds. jeweils eigene, voneinander unabhängige Stellungnahmepflichten von Vorstand und Aufsichtsrat vor. Es ist jedoch möglich, **beide Stellungnahmen in einem gemeinsamen Dokument zusammenzufassen**, wenn Vorstand und Aufsichtsrat zu einer übereinstimmenden Bewertung des Angebots kommen.[444]

238

Im Einzelfall **kann es aber geboten sein, getrennte Stellungnahmen abzugeben**. So gewinnt etwa die Stellungnahme des Aufsichtsrats dann besondere Bedeutung, wenn der Vorstand im Rahmen des Angebots auch eigene Interessen verfolgt.

> *Beispiel:*
>
> *Übernahme einer Zielgesellschaft durch einen Private Equity-Investor, der dem Vorstand – wie dies häufig geschieht – nach erfolgreicher Durchführung des Angebots eine Beteiligung an der Erwerbsgesellschaft (und damit mittelbar an der Zielgesellschaft) in Aussicht stellt.[445] Obwohl solche in Aussicht gestellten Vorteile nach § 11 Abs. 2 Satz 3 Nr. 3 WpÜG in der Angebotsunterlage offen zu legen sind, begründen sie potenzielle Interessenkonflikte, so dass eine eigenständige Stellungnahme des Aufsichtsrats in solchen Fällen geboten ist.*

e) Zuständigkeit

Nach dem Wortlaut von § 27 Abs. 1 WpÜG sind nicht die einzelnen Mitglieder von Vorstand und Aufsichtsrat, sondern Vorstand und Aufsichtsrat als Kollektivorgane für die Abgabe der Stellungnahme zuständig.[446] Voraussetzung ist demnach die Herbeiführung je eines **Beschlusses von Vorstand und Aufsichtsrat**. Der Vorstandsbeschluss muss – vorbehaltlich abweichender Regelung in der Satzung oder der Geschäftsordnung für den Vorstand – einstimmig gefasst werden (§ 77 Abs. 1 AktG).[447] Auf Aufsichtsratsebene reicht hingegen die einfache Mehrheit der abgegebenen Stimmen (§ 108 Abs. 1 AktG).[448] Sondervoten einzelner, überstimmter Vorstands- und Aufsichtsratsmitglieder können in der Stellungnahme

239

---

443 Die Zuständigkeit des Betriebsrats richtet sich nach allgemeinen Vorschriften des BertrVG und der gesellschaftsrechtlichen Struktur der Zielgesellschaft. Dazu Thoma/Stöcker, in: Baums/Thoma, WpÜG, § 10 Rn. 142 m.w.N.

444 Beschlussempfehlung und Bericht des Finanzausschusses zu § 27 WpÜG, BT-Drucks. 14/7477, S. 73; Röh, in: Haarmann/Schüppen, WpÜG, § 27 Rn. 60.

445 Ebenso für einen Management-Buy-Out Krause/Pötzsch, in: Assmann/Pötzsch/Schneider, WpÜG, § 27 Rn. 41.

446 Röh, in: Haarmann/Schüppen, WpÜG, § 27 Rn. 24; Krause/Pötzsch, in: Assmann/Pötzsch/Schneider, WpÜG, § 27 Rn. 35; Harbarth, in: Baums/Thoma, WpÜG, § 27 Rn. 22; KölnerKomm-WpÜG/Hirte, § 27 Rn. 20.

447 Röh, in: Haarmann/Schüppen, WpÜG, § 27 Rn. 25; Krause/Pötzsch, in: Assmann/Pötzsch/Schneider, WpÜG, § 27 Rn. 36; Ekkenga, in: Ehricke/Ekkenga/Oechsler, WpÜG, § 27 Rn. 9; Harbarth, in: Baums/Thoma, WpÜG, § 27 Rn. 23; KölnerKomm-WpÜG/Hirte, § 27 Rn. 20; Noack, in: Schwark, Kapitalmarktrechts-Kommentar, § 27 WpÜG Rn. 13.

448 Röh, in: Haarmann/Schüppen, WpÜG, § 27 Rn. 62; Krause/Pötzsch, in: Assmann/Pötzsch/Schneider, WpÜG, § 27 Rn. 36; Harbarth, in: Baums/Thoma, WpÜG, § 27 Rn. 30; KölnerKomm-WpÜG/Hirte, § 27 Rn. 20.

veröffentlicht werden. Voraussetzung ist jedoch, dass der jeweilige Beschluss dies gestattet und insofern von der prinzipiell geltenden Verschwiegenheitspflicht dispensiert.[449]

Die Verpflichtung zur Abgabe der Stellungnahme durch den Aufsichtsrat kann **auf einen Aufsichtsratsausschuss delegiert** werden. Das Verbot des § 107 Abs. 3 AktG, das abschließend bestimmte Aufgaben einer Entscheidung des Gesamtaufsichtsrats vorbehält, ist nicht einschlägig.[450] Auch wenn für die Zusammensetzung eines Aufsichtsratsausschusses kein Paritätsgebot gilt, dürfte es im Hinblick auf die gesetzgeberische Intention regelmäßig erforderlich sein, mindestens einen Arbeitnehmervertreter in den für die Stellungnahme zuständigen Ausschuss zu berufen.[451]

f) Beurteilungsgrundlage

240 Grundlage für die Stellungnahmen von Vorstand und Aufsichtsrat sind in erster Linie die **Angaben des Bieters in der Angebotsunterlage**.[452] Inwieweit den Vorstand und den Aufsichtsrat darüber hinausgehende Informationsbeschaffungspflichten treffen, ist umstritten. Richtigerweise haben beide Organe ihre allgemeinen aktienrechtlichen Sorgfaltspflichten zu beachten (§§ 93, 116 AktG) und die Angaben des Bieters genau zu prüfen. Im Einzelfall kann eine darüber hinausgehende Pflicht zur Informationsbeschaffung bestehen, wenn eine begründete Stellungnahme ohne diese zusätzlichen Informationen nicht möglich ist.[453]

Von besonderer Bedeutung ist für die Aktionäre der Zielgesellschaft die Stellungnahme von Vorstand und Aufsichtsrat **zu Art und Höhe der angebotenen Gegenleistung** (§ 27 Abs. 1 Nr. 1 WpÜG). Insb. der Vorstand der Zielgesellschaft hat von allen Beteiligten den tiefsten Einblick in das Unternehmen. Er kann daher den Wert des Unternehmens am besten einschätzen und ist somit grds. ohne Hinzuziehung sachverständigen Rats in der Lage, die Angemessenheit (fairness) der angebotenen Gegenleistung zu beurteilen.

241 Das WpÜG sieht daher **keine allgemeine Pflicht zur Beiziehung von Sachverständigen**, bspw. eines Wirtschaftsprüfers, einer Investmentbank oder eines Rechtsanwalts vor. Etwas anderes gilt nur dann, wenn Vorstand und Aufsichtsrat ohne externe Beratung nicht in der Lage sind, ihrer Stellungnahmepflicht ordnungsgemäß nachzukommen. In diesem Fall gebietet es eine ordentliche und gewissenhafte Geschäftsführung, sachverständigen Rat einzuholen und bspw. zur Höhe der angebotenen Gegenleistung eine fairness opinion in Auftrag zu geben. Deren wesentlichen Ergebnisse sind dann in der begründeten Stellungnahme mitzuteilen.[454]

> **Hinweis:**
> Im Hinblick auf die regelmäßig schwierigen Bewertungsfragen ist es in der Praxis häufig geboten, den sachverständigen Rat eines Wirtschaftsprüfers oder einer Investmentbank einzuholen, um eine Haftung der zur Stellungnahme Verpflichteten zu vermeiden. Dies bedeutet allerdings nicht, dass ein förmliches Ertragswertgutachten nach dem Standard IDW S1 des Instituts der Wirtschaftsprüfer zu erstellen wäre.

---

449 MünchKomm-AktG/Wackerbarth, § 27 WpÜG Rn. 12; Röh, in: Haarmann/Schüppen, WpÜG, § 27 Rn. 26; Krause/Pötzsch, in: Assmann/Pötzsch/Schneider, WpÜG, § 27 Rn. 38; KölnerKomm-WpÜG/Hirte, § 27 Rn. 20; weitergehend: Harbarth, in: Baums/Thoma, WpÜG, § 27 Rn. 25 f.: generelle Pflicht zur Angabe der Position der überstimmten Vorstandsmitglieder unabhängig von einem Beschluss des Gesamtvorstands.

450 Röh, in: Haarmann/Schüppen, WpÜG, § 27 Rn. 62; Harbarth, in: Baums/Thoma, WpÜG, § 27 Rn. 32; KölnerKomm-WpÜG/Hirte, § 27 Rn. 21.

451 Röh, in: Haarmann/Schüppen, WpÜG, § 27 Rn. 62; Harbarth, in: Baums/Thoma, WpÜG, § 27 Rn. 32; KölnerKomm-WpÜG/Hirte, § 27 Rn. 21.

452 Begr. RegE zum WpÜG, BT-Drucks. 14/7034, S. 52, abgedruckt in ZIP 2001, 1262, 1280.

453 MünchKomm-AktG/Wackerbarth, § 27 WpÜG Rn. 12; KölnerKomm-WpÜG/Hirte, § 27 Rn. 17; Krause/Pötzsch, in: Assmann/Pötzsch/Schneider, WpÜG, § 27 Rn. 47.

454 MünchKomm-AktG/Wackerbarth, § 27 WpÜG Rn. 13; Krause/Pötzsch, in: Assmann/Pötzsch/Schneider, WpÜG, § 27 Rn. 49; KölnerKomm-WpÜG/Hirte, § 27 Rn. 33; Harbarth, in: Baums/Thoma, WpÜG, § 27 Rn. 37; ders. ZIP 2004, 3.

g) Haftung

Anders als § 12 WpÜG für die Angebotsunterlage enthält § 27 WpÜG **keine Bestimmung**, die die Haftung der Zielgesellschaft sowie von Vorstand und Aufsichtsrat **für eine fehlerhafte Stellungnahme** regelt. Die Haftung ist deswegen keineswegs ausgeschlossen, sondern bestimmt sich nach allgemeinen Grundsätzen.[455]

242

V. Übernahmeangebote (§§ 29 – 34 WpÜG)

1. Einleitung

Die §§ 29 – 33 WpÜG enthalten **Sonderregelungen für Übernahmeangebote**,[456] die die allgemeinen Vorschriften über Erwerbsangebote ergänzen (§ 34 WpÜG). Die Vorschriften dienen zum einen dem Schutz der Aktionäre der Zielgesellschaft, denen bei einer Unternehmensübernahme eine – ggf. wirtschaftlich nachteilige – Minderheitenposition droht.[457] Zum anderen tragen sie der Tatsache Rechnung, dass – vor allem bei sog. feindlichen Übernahmen – erhebliche Interessengegensätze zwischen dem Bieter und den Leitungsorganen der Zielgesellschaft bestehen können.[458]

243

2. Begriffsbestimmung

Übernahmeangebote sind gemäß § 29 Abs. 1 WpÜG Angebote, **die auf den Erwerb der Kontrolle an der Zielgesellschaft gerichtet sind**. Der Begriff „Kontrolle" wird in § 29 Abs. 2 WpÜG definiert als das Halten von mindestens 30 % der Stimmrechte an der Zielgesellschaft.

244

Ein Übernahmeangebot muss auf den Erwerb der Kontrolle gerichtet sein. **Aufstockungsangebote**, mit denen eine Gesellschaft eine bereits bestehende Kontrollbeteiligung ausbauen will, **fallen nicht unter § 29 WpÜG**.[459] Hinsichtlich der Ausrichtung des Angebots auf den Kontrollerwerb ist ein objektiver Maßstab zugrunde zulegen. Es genügt, dass das Angebot bei vollständiger Annahme zum Kontrollerwerb des Bieters führen würde.[460] Beabsichtigt der Bieter kein Übernahmeangebot, muss er dies ausdrücklich durch Kennzeichnung seines Angebots als Teilangebot deutlich machen.[461]

245

3. Gegenleistung bei Übernahmeangeboten (§ 31 WpÜG)

Ein entscheidender **Unterschied zwischen einem Erwerbsangebot und einem Übernahmeangebot** ist, dass das Gesetz hinsichtlich der Art und Höhe der Gegenleistung konkrete Vorgaben macht, von denen nicht abgewichen werden darf.

246

a) Grundsatz der Angemessenheit

Nach § 31 Abs. 1 WpÜG hat der Bieter den Aktionären der Zielgesellschaft eine angemessene Gegenleistung anzubieten. Dabei sind der **durchschnittliche Börsenkurs** der Aktien der Zielgesellschaft und

247

---

455 Vgl. im Einzelnen Röh, in: Haarmann/Schüppen, WpÜG, § 27 Rn. 82 ff.; Krause/Pötzsch, in: Assmann/Pötzsch/Schneider, WpÜG, § 27 Rn. 139 ff.; Harbarth, in: Baums/Thoma, WpÜG, § 27 Rn. 132 ff.; Friedl, NZG 2004, 448.

456 Einen halbjährlichen Überblick über durchgeführte öffentliche Übernahmen börsennotierter Unternehmen geben Blättchen/Götz, zuletzt in Finanz Betrieb 2005, 687

457 Oechsler, in: Ehricke/Ekkenga/Oechsler, WpÜG, § 29 Rn. 1.

458 Verwiesen sei hier nur auf die vielbeachtete Vodafone/Mannesmann-Transaktion, vgl. auch Haarmann, in: Haarmann/Schüppen, WpÜG, Vor §§ 29 – 34 Rn. 8 f.

459 Noack, in: Schwark, Kapitalmarktrechts-Kommentar, § 29 WpÜG Rn. 4, 6; Süßman, in: Geibel/Süßmann, WpÜG, § 27 Rn. 6; Haarmann, in: Haarmann/Schüppen, WpÜG, § 29 Rn. 19; Diekmann, in: Baums/Thoma, WpÜG, § 29 Rn. 12.

460 Möller, in: Assmann/Pötzsch/Schneider, WpÜG, § 29 Rn. 4; KölnerKomm-WpÜG/v. Bülow, § 29 Rn. 37; Haarmann, in: Haarmann/Schüppen, WpÜG, § 29 Rn. 20; Noack, in: Schwark, Kapitalmarktrechts-Kommentar, § 29 WpÜG Rn. 4.

461 Zur Zulässigkeit von Teilangeboten siehe bei Fn. 423.

Erwerbe von Aktien der Zielgesellschaft durch den Bieter zu berücksichtigen. Die Gegenleistung muss in einer Geldleistung in Euro oder in liquiden Aktien bestehen, die zum Handel an einem organisierten Markt zugelassen sind (§ 31 Abs. 2 WpÜG). Sofern sich das Angebot an Inhaber stimmberechtigter Aktien richtet, müssen die angebotenen Aktien ebenfalls ein Stimmrecht gewähren. Der Bieter hat also ein Wahlrecht, ob er eine Geldleistung, liquide Aktien oder eine Kombination aus beidem anbietet.

248 Diese allgemein gehaltenen gesetzlichen Vorgaben werden durch die **§§ 3 – 7 WpÜG-AngebotsVO** konkretisiert. Im Wesentlichen gilt Folgendes:

- Die **Gegenleistung für Aktien der Zielgesellschaft** muss mindestens dem Wert der höchsten vom Bieter, einer mit ihm gemeinsam handelnden Person oder deren Tochterunternehmen gewährten oder vereinbarten Gegenleistung für den Erwerb von Aktien der Zielgesellschaft innerhalb der letzten sechs[462] Monate vor der Veröffentlichung der Angebotsunterlage nach § 14 Abs. 1 Satz 2 WpÜG entsprechen. Dem Erwerb gleichgestellt sind Vereinbarungen, aufgrund derer die Übereignung von Aktien verlangt werden kann (§ 4 WpÜG-AngebotsVO). Etwaige Paketzuschläge, die im Vorfeld des Angebots zum Aufbau einer Beteiligung an der Zielgesellschaft gewährt oder vereinbart werden, kommen daher sämtlichen Aktionären der Zielgesellschaft zugute. Hierauf ist bei der Beratung besonders zu achten.

- Sind die Aktien der Zielgesellschaft zum Handel an einer inländischen Börse zugelassen, muss die Gegenleistung mindestens **dem gewichteten durchschnittlichen inländischen Börsenkurs dieser Aktien** innerhalb der letzten drei Monate vor der Veröffentlichung der Entscheidung zur Abgabe eines Angebots nach § 10 Abs. 1 Satz 1 WpÜG entsprechen (§ 5 Abs. 1 WpÜG-AngebotsVO).[463]

> **Hinweis:**
> Auf der Internetseite der BaFin sind die maßgeblichen Durchschnittskurse von börsennotierten Gesellschaften unter http://www.bafin.de/datenbanken/mindestpreise.html abrufbar.

- **Ausnahmsweise** ist die Höhe der Gegenleistung **anhand einer Bewertung der Zielgesellschaft** zu ermitteln, wenn der Börsenkurs nicht aussagekräftig ist. Dies ist der Fall, wenn innerhalb der letzten drei Monate vor der Veröffentlichung der Entscheidung zur Abgabe eines Angebots nach § 10 Abs. 1 Satz 1 WpÜG an weniger als einem Drittel der Börsentage Börsenkurse festgestellt worden sind und zusätzlich mehrere nacheinander festgestellte Börsenkurse um mehr als 5 % voneinander abweichen (§ 5 Abs. 4 WpÜG-AngebotsVO).

- Besteht die vom Bieter angebotene **Gegenleistung in Aktien**, ist für die Bestimmung des Werts der angebotenen Aktien § 5 WpÜG-AngebotsVO entsprechend anzuwenden (§ 7 WpÜG-AngebotsVO).

249
> **Hinweis:**
> Die Höhe der Gegenleistung für Aktien, die nicht derselben Gattung angehören, ist getrennt zu ermitteln (§ 3 Satz 3 WpÜG-AngebotsVO). Es ist daher z.B. zulässig, Stammaktionären der Zielgesellschaft eine wesentlich höhere Gegenleistung anzubieten als Vorzugsaktionären, sofern die gesetzlich festgelegten Mindestpreise für jede Aktiengattung eingehalten werden.[464]

b) Obligatorische Geldleistung

250 In bestimmten Fällen ist der Bieter jedoch verpflichtet, (auch) eine **Geldleistung in Euro** anzubieten.

Dies war bislang dann der Fall, wenn der Bieter, **mit ihm gemeinsam handelnde Personen oder deren Tochterunternehmen**

---

462 Vor In-Kraft-Treten des Übernahmerichtlinie-Umsetzungsgesetzes (Fn. 315) betrug diese Frist drei Monate.
463 Zur Berücksichtigung ausländischer Börsenkurse siehe § 6 WpÜG-AngebotsVO.
464 Siehe hierzu das Übernahmeangebot von Procter & Gamble an die Stamm- und Vorzugsaktionäre der Wella AG unten Rn. 312 f.

- in den drei Monaten vor der Veröffentlichung gemäß § 10 Abs. 3 Satz 1 WpÜG insgesamt mindestens 5 % der Aktien oder Stimmrechte an der Zielgesellschaft oder
- nach der Veröffentlichung gemäß § 10 Abs. 3 Satz 1 WpÜG und vor Ablauf der Annahmefrist insgesamt mindestens 1 % der Aktien oder Stimmrechte an der Zielgesellschaft

gegen Zahlung einer Geldleistung erworben hatten.

Diese Regelung wurde durch das Übernahmerichtlinie-Umsetzungsgesetz geändert. Nach dem neu gefassten § 31 Abs. 3 WpÜG muss der Bieter **zwingend (auch) eine Geldleistung** anbieten, wenn er, mit ihm gemeinsam handelnde Personen oder deren Tochterunternehmen in den sechs Monaten vor der Veröffentlichung gemäß § 10 Abs. 3 Satz 1 WpÜG bis zum Ablauf der Annahmefrist insgesamt mindestens 5 % der Aktien oder Stimmrechte an der Zielgesellschaft gegen Zahlung einer Geldleistung erworben haben. Es wird also im Hinblick auf eine zwingend anzubietende Geldleistung in Euro nicht mehr danach differenziert, ob der Erwerb vor (sog. Vorerwerb) oder nach der Veröffentlichung nach § 10 Abs. 3 Satz 1 WpÜG (sog. Parallelerwerb) erfolgt.

c) Nachbesserung bei Parallel- und Nacherwerben

Eine weitere Besonderheit bei Übernahmeangeboten besteht darin, dass der Bieter eine **Nachbesserung in Geld schuldet**, wenn er, mit ihm gemeinsam handelnde Personen oder deren Tochterunternehmen parallel zum Angebot (§ 31 Abs. 4 WpÜG) oder innerhalb einer Frist von einem Jahr nach Veröffentlichung des Angebotsergebnisses (§ 31 Abs. 5 WpÜG) Aktien der Zielgesellschaft erwerben und hierfür wertmäßig eine höhere als die im Angebot genannte Gegenleistung gewährt oder vereinbart wird. In diesen Fällen ist der Bieter gegenüber den Aktieninhabern, die das Angebot angenommen haben, zur **Zahlung einer Geldleistung i.H.d. Differenzbetrags** verpflichtet. Während eine Nachbesserungspflicht beim Parallelerwerb nach § 31 Abs. 4 WpÜG sowohl bei einem Erwerb außerhalb der Börse als auch bei einem Erwerb über die Börse besteht, ist diese Verpflichtung beim Nacherwerb nach § 31 Abs. 5 WpÜG auf den Erwerb außerhalb der Börse beschränkt. Kein relevanter Nacherwerbstatbestand ist es, wenn Aktien der Zielgesellschaft innerhalb der Jahresfrist im Zusammenhang mit gesellschaftsrechtlichen Strukturmaßnahmen erworben werden (§ 31 Abs. 5 Satz 2 WpÜG).

> *Beispiel:*
>
> *Der Bieter unterbreitet den Aktionären der Zielgesellschaft das Angebot, ihre Aktien gegen Zahlung von 12 € je Aktie zu erwerben. Sechs Monate nach Ablauf der Annahmefrist erwirbt der Bieter oder ein Tochterunternehmen des Bieters eine Aktie der Zielgesellschaft zum Preis von 15 €, und zwar a) über die Börse, b) außerhalb der Börse oder c) aufgrund eines Abfindungsangebots nach § 305 Abs. 1 AktG nach Abschluss eines Beherrschungs- und Gewinnabführungsvertrags mit der Zielgesellschaft. In den Fällen a) und c) schuldet der Bieter keine Nachbesserung. Hingegen ist er im Fall b) verpflichtet, allen Aktieninhabern, die das Angebot angenommen haben, 3 € zum Verkauf je eingereichter Aktie nachzuzahlen. Um die Aktionäre über ihren Nachbesserungsanspruch zu informieren, sind Aktienerwerbe außerhalb des Angebots in dem Zeitraum nach Veröffentlichung der Angebotsunterlage und vor Ablauf eines Jahres nach der Veröffentlichung des Angebotsergebnisses nach § 23 Abs. 2 WpÜG zu veröffentlichen und der BaFin mitzuteilen. Nach h.M. bestünde in den Fällen a) und c) mangels Nachbesserungsanspruchs auch keine Veröffentlichungs- und Mitteilungspflicht.[465]*

Zu beachten ist, dass als Erwerb i.S.d. vorgenannten Regelungen nach § 31 Abs. 6 Satz 1 WpÜG auch Vereinbarungen gelten, aus denen die Übereignung von Aktien verlangt werden kann. Hierunter fallen insb. Kaufverträge sowie Optionen, die zum Kauf berechtigen (call options), aber auch Wandel- und

---

[465] Assmann, in: Assmann/Pötzsch/Schneider, WpÜG, § 23 Rn. 37, Diekmann, in: Baums/Thoma, WpÜG, § 23 Rn. 61; Thun, in: Geibel/Süßmann, WpÜG, § 23 Rn. 40, die für eine teleologische Reduktion des § 23 Abs. 2 WpÜG eintreten und nur solche Erwerbsvorgänge für veröffentlichungspflichtig halten, die einen Nachbesserungsanspruch auslösen; a.A.: zumindest für den Kauf von Aktien außerhalb der Börse Röh, in: Haarmann/Schüppen, WpÜG, § 23 Rn. 36.

Optionsanleihen.[466] Ausgenommen sind gemäß § 31 Abs. 6 Satz 2 WpÜG hingegen gesetzliche Bezugsrechte.

d) Sanktionen bei unzulässiger Gegenleistung

254 Entspricht die Gegenleistung hinsichtlich Art und Höhe **offensichtlich nicht den gesetzlichen Vorgaben**, ist das Angebot nach § 15 Abs. 1 Nr. 2 WpÜG durch die BaFin zu untersagen. Sind Aktionäre der Zielgesellschaft der Auffassung, dass die angebotene Gegenleistung nicht den gesetzlichen Vorgaben entspricht, können sie ihren Anspruch auf eine angemessene Gegenleistung ausschließlich vor den Zivilgerichten durchzusetzen. Rechtsschutz gegen die Gestattung einer Angebotsunterlage durch die BaFin besteht nicht, da die am Gestattungsverfahren nicht beteiligten Aktionäre der Zielgesellschaft nicht antragsbefugt sind.[467]

4. Unzulässigkeit von Teilangeboten (§ 32 WpÜG)

255 Ein Übernahmeangebot muss sich zwingend **auf alle Aktien der Zielgesellschaft** erstrecken. Teilangebote sind nach § 32 WpÜG unzulässig. Die Vorschrift ist eine Ausprägung des in § 3 Abs. 1 WpÜG niedergelegten Gleichbehandlungsgrundsatzes und verpflichtet den Bieter, das Übernahmeangebot an alle Aktionäre zu richten, unabhängig von Art und Gattung der Aktien.[468] Dies gilt nach Auffassung der BaFin auch für solche Aktien, die nicht an einem organisierten Markt i.S.d. § 2 Abs. 7 WpÜG zugelassen sind.[469]

256 Nicht eindeutig geregelt ist, ob sich ein Übernahmeangebot **auch auf eigene Aktien der Zielgesellschaft erstrecken muss**, bzw. auf Aktien eines Dritten, die der Zielgesellschaft wirtschaftlich zustehen, etwa weil sie für Rechnung der Zielgesellschaft oder eines abhängigen Unternehmens gehalten werden. Gesetzessystematisch spricht für eine Einbeziehung, dass eine ausdrückliche Ausnahmeregelung, wie sie in § 35 Abs. 2 Satz 3 WpÜG für Pflichtangebote besteht, in § 32 WpÜG fehlt. Die h.M. geht jedoch entsprechend der Zielvorgabe des Gesetzgebers, den Umfang des Übernahmeangebots dem des Pflichtangebots anzugleichen, von einer entsprechenden Anwendung des § 35 Abs. 2 Satz 3 WpÜG aus.[470] Ein Übernahmeangebot muss sich daher nicht auf eigene Aktien der Zielgesellschaft erstrecken.

257 § 32 WpÜG lässt allerdings die Ausnahmevorschrift des § 24 WpÜG unberührt. Danach kann die BaFin bei grenzüberschreitenden Angeboten den Bieter unter bestimmten Voraussetzungen **von der Verpflichtung zur Abgabe des Angebots an Aktionäre entbinden**, die ihren Wohnsitz oder gewöhnlichen Aufenthalt außerhalb des Europäischen Wirtschaftsraums (EWR) haben.

5. Handlungen des Vorstands der Zielgesellschaft (§ 33 WpÜG)

a) Grundsatz des Verhinderungsverbots

258 Nach Veröffentlichung der Entscheidung zur Abgabe eines Angebots bis zur Veröffentlichung des Ergebnisses nach § 23 Abs. 1 Satz 1 Nr. 2 WpÜG darf der Vorstand der Zielgesellschaft keine Handlungen

---

[466] Marsch-Barner, in: Baums/Thoma, WpÜG, § 31 Rn. 118; KölnerKomm-WpÜG/Kremer/Oesterhaus, § 31 Rn. 96; Haarmann, in: Haarmann/Schüppen, WpÜG, § 31 Rn. 158 ff.; Thun, in: Geibel/Süßmann, WpÜG, § 31 Rn. 66.

[467] Haarmann, in: Haarmann/Schüppen, WpÜG, § 31 Rn. 167; Marsch-Barner, in: Baums/Thoma, WpÜG, § 31 Rn. 123; KölnerKomm-WpÜG/Kremer/Oesterhaus, § 31 Rn. 105; Oechsler, in: Ehricke/Ekkenga/Oechsler, WpÜG, § 31 Rn. 54. Hierzu ausführlicher unter Rn. 311 ff.

[468] Ekkenga, in: Ehricke/Ekkenga/Oechsler, WpÜG, § 32 Rn. 8.

[469] Vogel, in: Haarmann/Schüppen, WpÜG, § 32 Rn. 15; Möller, in: Assmann/Pötzsch/Schneider, WpÜG, § 32 Rn. 9; Angerer, in: Geibel/Süßmann, WpÜG, § 1 Rn. 86; a.A.: Ekkenga, in: Ehricke/Ekkenga/Oechsler, WpÜG, § 32 Rn. 9; KölnerKomm-WpÜG/Hasselbach, § 32 Rn. 7; Diekmann, in: Baums/Thoma, WpÜG, § 32 Rn. 6.

[470] KölnerKomm-WpÜG/Hasselbach, § 32 Rn. 13; Möller, in: Assmann/Pötzsch/Schneider, WpÜG, § 32 Rn. 8; Vogel, in: Haarmann/Schüppen, WpÜG, § 32 Rn. 18; Diekmann, in: Baums/Thoma, WpÜG, § 32 Rn. 10; Noack, in: Schwark, Kapitalmarktrechts-Kommentar, § 32 WpÜG Rn. 7; MünchKomm-AktG/Schlitt, § 32 WpÜG Rn. 21.

vornehmen, durch die der **Erfolg des Angebots verhindert werden könnte**. Den Adressaten eines Übernahmeangebots soll damit ermöglicht werden, in Kenntnis der Sachlage durch Annahme oder Ablehnung des Angebots selbst über dessen Erfolg zu entscheiden. Diese Entscheidungsfreiheit würde eingeschränkt, wenn Vorstand und Aufsichtsrat durch eigenständige Entscheidungen den Erfolg des Angebots verhindern könnten.

> **Hinweis:**
> Die Lit. zu § 33 WpÜG ist äußerst umfangreich. In der Praxis haben feindliche Übernahmeangebote und die damit im Zusammenhang stehende Frage nach der Zulässigkeit von Abwehrmaßnahmen durch den Vorstand bislang nur in Einzelfällen Bedeutung erlangt.

Beispiel:

Zu nennen ist hier für die Zeit nach In-Kraft-Treten des WpÜG das am 13.3.2006 nach § 10 Abs. 1 Satz 1 WpÜG angekündigte Übernahmeangebot der Merck KGaA an die Aktionäre der Schering AG. Bereits am 12.3.2006 hatte die Schering AG eine Pressemitteilung veröffentlicht, nach der der Vorstand der Gesellschaft eine Übernahme durch die Merck KGaA ablehne, weil das Angebot i.H.v. 77 € je Schering-Aktie die Gesellschaft unterbewerte. Der Aufsichtsrat der Schering AG ermächtigte den Vorstand daraufhin am 14.3.2006 „alle Optionen" zu ergreifen, um den Wert des Unternehmens eigenständig zu steigern. Am 23.3.2006 veröffentlichte dann die Bayer AG die Entscheidung zur Abgabe eines Angebots an die Schering-Aktionäre nach § 10 Abs. 1 Satz 1 WpÜG zum Preis von 86 € je Schering-Aktie, nachdem der Vorstand der Schering AG schriftlich mitgeteilt hatte, dass er dieses Angebot unterstützen werde. Die Geschäftsleitung der Merck KGaA zog daraufhin ihr angekündigtes Angebot mit Ad-hoc-Mitteilung vom 24.3.2006 zurück.

Eine Maßnahme, durch die der Erfolg des Angebots verhindert werden kann, ist bspw. eine **Kapitalerhöhung bei der Zielgesellschaft**. Nach § 32 WpÜG hat der Bieter sein Übernahmeangebot auf alle Aktien der Zielgesellschaft zu erstrecken. Die Ausgabe neuer Aktien verteuert folglich die Übernahme für den Bieter und ist daher ggf. geeignet, den Erfolg des Übernahmeangebots zu verhindern. Hat der Bieter sein Übernahmeangebot von dem Erreichen einer bestimmten Beteiligungshöhe abhängig gemacht, führt die Ausgabe von neuen Aktien zudem dazu, dass der Bieter eine größere Anzahl von Aktien erwerben muss, um die von ihm gewünschte Beteiligungshöhe zu erreichen.

Der Erfolg eines Übernahmeangebots kann auch durch den **Erwerb eigener Aktien durch die Zielgesellschaft** verhindert werden, sofern dieser in größerem Umfang erfolgt. Der Erwerb führt aufgrund der verstärkten Nachfrage am Markt zu einem erhöhten Börsenpreis der Aktien der Zielgesellschaft, was die Attraktivität des Übernahmeangebots des Bieters beeinträchtigt, diesen ggf. zu einer Nachbesserung seines Übernahmeangebots zwingt und die Übernahme verteuert. Zudem verringert sich die Anzahl der vom Bieter mit seinem Übernahmeangebot erreichbaren Aktien, was die Chancen einer für den Bieter erfolgreichen Übernahme mindern kann. Auf der anderen Seite ist zu bedenken, dass Stimmrechte aus eigenen Aktien nach § 71b AktG ruhen und sich die Stimmenmacht des Bieters in der Hauptversammlung trotz unveränderter Annahmequote erhöht.

Neben diesen Verhaltensweisen sind weitere Maßnahmen denkbar, die geeignet sind, den Erfolg eines Übernahmeangebots zu verhindern. Hierzu zählen z.B. der **Verkauf wesentlicher, für den Bieter besonders bedeutsamer Bestandteile** des Gesellschaftsvermögens (sog. crown jewels) durch die Zielgesellschaft oder die Schaffung kartellrechtlicher Probleme, etwa durch den Erwerb eines Unternehmens, mit dem der Bieter in direktem Wettbewerb steht.[471]

b) Ausnahmen von der Neutralitätspflicht

aa) Gesetzliche Ausnahmen

Von dem Grundsatz der Neutralitätspflicht macht das WpÜG jedoch **drei eng umgrenzte gesetzliche Ausnahmen**:

---

471   Begr. RegE zum WpÜG, BT-Drucks. 14/7034, S. 58, abgedruckt in ZIP 2001, 1262, 1286.

- So darf der Vorstand der Zielgesellschaft nach Veröffentlichung der Entscheidung zur Abgabe eines Angebots bis zur Veröffentlichung des Ergebnisses nach § 23 Abs. 1 Satz 1 Nr. 2 WpÜG Handlungen vornehmen, die auch ein ordentlicher und gewissenhafter Geschäftsleiter einer Gesellschaft, die nicht von einem Übernahmeangebot betroffen ist, vorgenommen hätte. Damit soll der Gesellschaft ermöglicht werden, ihr Tagesgeschäft fortzuführen. Zulässig bleibt es auch, den bereits vor der Bekanntgabe der Übernahmeabsicht begonnenen Erwerb eines Unternehmens außerhalb des gewöhnlichen Geschäftsbetriebs fortzuführen, selbst wenn der Erfolg des Übernahmeangebots durch diese Handlung behindert wird.
- Zulässig ist zudem die Suche nach einem konkurrierenden Angebot (sog. white knight), da sich das Hinzutreten eines weiteren Bieters positiv auf die Angebotskonditionen auswirkt und daher im Interesse der Aktionäre liegt.[472]
- Schließlich darf der Vorstand solche Handlungen vornehmen, denen der Aufsichtsrat der Zielgesellschaft zugestimmt hat (§ 33 Abs. 1 Satz 2 WpÜG).[473]

bb) Hauptversammlungsermächtigung

263 Über die gesetzlichen Ausnahmebestimmungen hinaus kann die **Hauptversammlung den Vorstand zu Abwehrmaßnahmen ermächtigen**, die in die Zuständigkeit der Hauptversammlung fallen (§ 33 Abs. 2 WpÜG). Dies kann sowohl anlässlich eines konkreten Übernahmeangebots als auch im Wege eines Vorratsbeschlusses für einen Zeitraum von höchstens 18 Monaten geschehen. Die Handlungen, zu denen der Vorstand ermächtigt wird, sind im Einzelnen zu bestimmen.

Beispiele:

Blankettermächtigungen sind unzulässig. In Betracht kommen etwa die Ermächtigung zum Erwerb eigener Aktien (§ 71 Abs. 1 Nr. 8 AktG), die Ermächtigung zur Durchführung einer Kapitalerhöhung aus genehmigtem Kapital, die Ermächtigung zur Ausgabe von Wandel- und Optionsanleihen oder von Bezugsrechten an Arbeitnehmer oder Mitglieder der Geschäftsführung sowie die Ermächtigung zum Abschluss und zur Aufhebung von Unternehmensverträgen.

Ferner erstreckt sich der Anwendungsbereich des § 33 Abs. 2 WpÜG auf die Fälle, in denen nach den „Holzmüller-/Gelatine"-Grundsätzen eine ungeschriebene Hauptversammlungszuständigkeit besteht.[474] Der Wert derartiger Ermächtigungen ist fraglich. In der Praxis sind sie bislang nicht relevant geworden.

> **Hinweis:**
> Soweit ersichtlich, wurde bislang lediglich der Hauptversammlung der IM International Media AG ein Vorratsbeschluss über Abwehrmaßnahmen gegen feindliche Übernahmeangebote zur Zustimmung vorgelegt. Dieser Vorratsbeschluss wurde allerdings wegen unzureichender Erfüllung der Berichtspflichten durch den Vorstand erfolgreich angefochten.[475]

---

472 Begr. RegE zum WpÜG, BT-Drucks. 14/7034, S. 58, abgedruckt in ZIP 2001, 1262, 1286.
473 So ermächtigte etwa der Aufsichtsrat der Schering AG den Vorstand der Gesellschaft als Reaktion auf das feindliche Übernahmeangebot der Merck KGaA (vgl. Rn. 258) am 14.3.2006, „alle Optionen" zu ergreifen, um den Wert des Unternehmens eigenständig zu steigern.
474 Röh, in: Haarmann/Schüppen, WpÜG, § 33 Rn. 171; Krause/Pötzsch, in: Assmann/Pötzsch/Schneider, WpÜG, § 33 Rn. 210; MünchKomm-AktG/Schlitt, § 33 WpÜG Rn. 208; Grunewald, in: Baums/Thoma, WpÜG, § 33 Rn. 61 ff.; Noack, in: Schwark, Kapitalmarktrechts-Kommentar, § 33 WpÜG Rn. 25; KölnerKomm-WpÜG/Hirte, § 33 Rn. 102.
475 Siehe LG München I, ZIP 2005, 352 sowie die kritischen Anmerkungen von Grunewald, EWiR 2005, 139 und Drinkuth, AG 2005, 597.

c) Änderungen durch Umsetzung der Übernahmerichtlinie

aa) Regelungsrahmen der Übernahmerichtlinie

Die Übernahmerichtlinie sieht in Art. 9 Abs. 2 eine **strenge Neutralitätspflicht** für den Vorstand der Zielgesellschaft vor, die sich nach Art. 9 Abs. 6 auch auf den Aufsichtsrat erstreckt.

264

> **Hinweis:**
> Zusätzlich sieht Art. 11 für Übernahmesituationen ein Außerkraftsetzen sämtlicher übernahmerechtlicher Übertragungs- und Stimmrechtsbeschränkungen vor (sog. Durchbrechungsregel), um insb. die Geltung des „**one share one vote**" -Prinzips in Übernahmesituationen sicherzustellen.[476]

Da die strenge Neutralitätspflicht verbunden mit der Durchbrechungsregel jedoch politisch nicht allgemeinverbindlich durchsetzbar war, enthält Art. 12 der Übernahmerichtlinie eine **Öffnungsklausel**, die es den Mitgliedstaaten erlaubt, Gesellschaften mit Sitz in ihrem Staatsgebiet von der Neutralitätspflicht (Art. 9) und der Durchbrechungsregel (Art. 11) zu befreien (sog. Opt-out).

265

bb) Opt-out durch den deutschen Gesetzgeber

Von dieser Option hat der deutsche Gesetzgeber im Rahmen des Übernahmerichtlinie-Umsetzungsgesetzes Gebrauch gemacht. Die **in § 33 WpÜG zugestandenen Abwehrmaßnahmen im Übernahmefall sind daher unverändert bestehen geblieben**. Dies war nach Auffassung des Gesetzgebers geboten, weil die Übernahmerichtlinie kein **level playing field**, d.h. keine gleichen Ausgangsbedingungen für Unternehmensübernahmen in den verschiedenen Staaten, schafft. Sie beseitigt nicht die Unterschiede hinsichtlich der Verteidigungsmöglichkeiten gegen Übernahmen in den einzelnen Mitgliedstaaten sowie im Verhältnis zu Drittstaaten. Die Umsetzung des EU-Verhinderungsverbots und der Durchbrechungsregel hätte daher nach Auffassung des Gesetzgebers eine Benachteiligung deutscher Unternehmen gegenüber ausländischen Unternehmen zur Folge gehabt, sofern diese nach ihrem Recht über weitergehende Abwehrmechanismen verfügen.[477]

266

cc) Opt-in durch die Gesellschaften

In Übereinstimmung mit Art. 12 Abs. 2 der Übernahmerichtlinie wird es deutschen Zielgesellschaften in § 33a WpÜG jedoch ermöglicht, durch Regelung in der Satzung freiwillig das **strengere EU-Verhinderungsverbot** anzuwenden (sog. Opt-in der Gesellschaften).

267

Macht die Gesellschaft von der Möglichkeit des Opt-in nach § 33a Abs. 1 WpÜG Gebrauch, dürfen Vorstand und Aufsichtsrat einer Zielgesellschaft gemäß § 33a Abs. 2 WpÜG **keine Handlungen** vornehmen, **durch die der Erfolg des Angebots verhindert werden könnte**. Dies gilt nicht für:

- Handlungen, zu denen die Hauptversammlung den Vorstand oder Aufsichtsrat nach Veröffentlichung der Entscheidung zur Abgabe eines Angebots ermächtigt hat,
- Handlungen innerhalb des normalen Geschäftsbetriebs,
- Handlungen außerhalb des normalen Geschäftsbetriebs, sofern sie der Umsetzung von Entscheidungen dienen, die vor der Veröffentlichung der Entscheidung zur Abgabe eines Angebots gefasst und teilweise umgesetzt wurden, und
- die Suche nach einem konkurrierenden Angebot.

Abweichend von der gesetzlichen Regelung in § 33 Abs. 2 WpÜG ist es damit nach einem Opt-in **nicht mehr möglich**, dass die Hauptversammlung den **Vorstand** im Wege eines Vorratsbeschlusses **zu Abwehrmaßnahmen ermächtigt**. Des Weiteren darf der Vorstand Abwehrmaßnahmen nicht mehr ledig-

268

---

476 Röh, in: Haarmann/Schüppen, WpÜG, § 33 Rn. 22; Krause/Pötzsch, in: Assmann/Pötzsch/Schneider, WpÜG, § 33 Rn. 30.

477 Begr. RegE zum Übernahmerichtlinie-Umsetzungsgesetz, BR-Drucks. 154/06, S. 22; dazu Simon, Der Konzern 2006, 12.

lich mit Zustimmung des Aufsichtsrats ergreifen. Angesichts der Tatsache, dass Vorratsbeschlüsse der Hauptversammlung in der Praxis keine Rolle spielen, ist der Hauptunterschied zwischen der gesetzlichen Regelung in § 33 Abs. 1 WpÜG und der Situation der Zielgesellschaft nach einem Opt-in die nicht mehr bestehende Möglichkeit, allein mit Zustimmung des Aufsichtsrats Abwehrmaßnahmen zu treffen.

> **Hinweis:**
>
> Macht die Gesellschaft zusätzlich zum Opt-in nach § 33a WpÜG von der Möglichkeit eines Opt-in nach § 33b Abs. 1 WpÜG Gebrauch, werden satzungsmäßige und vertragliche Übertragungsbeschränkungen von Aktien, Stimmbindungsverträge und Mehrstimmrechte im Übernahmefall wirkungslos.

dd) Vorbehalt der Gegenseitigkeit

269 Ergänzt wird das Wahlrecht der Gesellschaften durch den nach § 33c WpÜG zulässigen Vorbehalt der Gegenseitigkeit. Für den Fall, dass der Bieter nicht einem vergleichbaren Verhinderungsverbot bzw. einer vergleichbaren Durchbrechungsregelung unterliegt wie die Zielgesellschaft, kann deren Hauptversammlung die Geltung des § 33 WpÜG beschließen und damit das vormals beschlossene Opt-in aufheben. Ein solcher Beschluss der Hauptversammlung gilt für höchstens 18 Monate (§ 33c Abs. 3 WpÜG).

VI. Pflichtangebote

1. Einleitung

270 Im Gegensatz zum Erwerbs- und Übernahmeangebot knüpft das Pflichtangebot **nicht an eine freie Entscheidung des Bieters zur Abgabe eines Angebots an**. Der Bieter muss vielmehr aufgrund gesetzlicher Anordnung ein Angebot abgeben, wenn er 30 % oder mehr der Stimmrechte an einer börsennotierten Gesellschaft erwirbt. Sinn und Zweck der Angebotspflicht ist es, den Minderheitsaktionären, die sich nach einem Kontrollwechsel einem neuen kontrollierenden Aktionär gegenübersehen, einen Austritt aus der Gesellschaft zu ermöglichen.[478] Das Pflichtangebot dient damit zugleich einer **Konzerneingangskontrolle**.

2. Veröffentlichungs- und Angebotspflicht bei Kontrollerwerb

271 Wer unmittelbar oder mittelbar die Kontrolle an einer Zielgesellschaft erwirbt, muss dies **spätestens innerhalb von sieben Kalendertagen veröffentlichen** (§ 35 Abs. 1 Satz 1 WpÜG). Innerhalb von vier Wochen nach dieser Veröffentlichung ist der BaFin eine Angebotsunterlage zu übermitteln (§ 35 Abs. 2 Satz 1 WpÜG).

272 Die Veröffentlichungspflicht knüpft damit an den **Begriff der Kontrolle** an. Das Gesetz definiert den Begriff der „Kontrolle" als das (dingliche) Halten von mindestens 30 % der Stimmrechte an der Zielgesellschaft (§ 29 Abs. 2 WpÜG).

> **Hinweis:**
>
> Bei der Ermittlung der Gesamtzahl der Stimmrechte spielen Hindernisse bei der Ausübung von Stimmrechten keine Rolle. Aktien, bei denen gesetzlich ein Ruhen der Stimmrechte angeordnet ist (§ 28 WpHG, § 59 WpÜG, § 71b AktG), sind demnach bei der Berechnung der 30 %-Schwelle zu berücksichtigen.[479]

---

478 Begr. RegE zum WpÜG, BT-Drucks. 14/7034, S. 60, abgedruckt in ZIP 2001, 1262, 1288.
479 Dies entspricht der Regelung im WpHG zur Berechnung des meldepflichtigen Stimmrechtsanteils. Siehe oben Rn. 135.

a) Direktes Halten von 30 % der Stimmrechte

Einfach gelagert ist der Fall, wenn der **Bieter selbst** die für einen Kontrollerwerb maßgebliche **Anzahl stimmberechtigter Aktien der Zielgesellschaft erwirbt**. Auf welche Weise er diese Aktien erwirbt, ist dabei unerheblich. In Betracht kommen etwa:

- Erwerb über die Börse,
- Paketerwerb außerhalb der Börse,
- Erwerb aufgrund einer umwandlungsrechtlichen Maßnahme oder
- Erwerb von Todes wegen.

Ein Kontrollerwerb aufgrund einer umwandlungsrechtlichen Maßnahme ist etwa möglich, wenn der Bieter an einer Gesellschaft beteiligt ist, die mit einer börsennotierten AG im Wege der Verschmelzung zur Aufnahme nach den §§ 2 Nr. 1, 4 ff., 60 ff. UmwG verschmolzen wird und der Bieter als Gegenleistung für seine untergehende Beteiligung **Aktien des aufnehmenden Rechtsträgers erhält**, die mindestens 30 % der Stimmrechte dieser Gesellschaft vermitteln.[480]

b) Kontrollerwerb durch Zurechnung von Stimmrechten

Für einen Erwerb der Kontrolle ist es jedoch nicht erforderlich, dass der Bieter die stimmberechtigten Aktien selbst erwirbt. Ausreichend ist es, wenn ihm die Stimmrechte **aus Aktien Dritter** zugerechnet werden. Die Zurechnung von Stimmrechten ist in § 30 WpÜG geregelt, dessen Wortlaut der Regelung in § 22 WpHG entspricht.[481]

aa) Verhältnis von § 22 WpHG und § 30 WpÜG

Der Gesetzgeber hat bei Erlass des WpÜG bewusst eine **Angleichung von § 22 WpHG** vorgenommen, um Irritationen am Kapitalmarkt durch unterschiedliche Zurechnungstatbestände zu vermeiden.[482] Beide Vorschriften sind daher richtigerweise gleich auszulegen.[483] Dem wird zwar entgegengehalten, insb. § 30 Abs. 2 WpÜG (acting in concert) sei enger auszulegen als der gleich lautende § 22 Abs. 2 WpHG, da bei einer Zurechnung nach § 30 Abs. 2 WpÜG mit der Angebotspflicht schwerwiegendere Konsequenzen drohten.[484]

Die **Schwere der Rechtsfolge** ist aber kein maßgebliches Kriterium für die unterschiedliche Auslegung zweier gleich lautender Normen,[485] und zwar insb. dann nicht, wenn der gesetzgeberische Wille, unterschiedliche Rechtsfolgen an gleich lautende Tatbestände zu knüpfen, so deutlich zu Tage tritt wie hier.

Dabei ist auch zu berücksichtigen, dass der Gesetzgeber in Kenntnis der in der Lit. geäußerten Kritik an dem Gleichlauf keinen Anlass gesehen hat, die Vorschrift durch das Übernahmerichtlinie-Umsetzungsgesetz zu ändern, obwohl die Übernahmerichtlinie den dafür erforderlichen Spielraum eröffnet hätte.[486]

---

[480] Vgl. zu verschiedenen denkbaren Fallvarianten Strunk/Linke, in: Veil/Drinkuth, Reformbedarf im Übernahmerecht, S. 17. Kritisch dazu: Vetter, WM 2002, 1999.

[481] Zu § 22 WpHG siehe Rn. 140 ff.

[482] Begr. RegE zum WpÜG, BT-Drucks. 14/7034, S. 54, abgedruckt in ZIP 2001, 1262, 1282.

[483] Schüppen/Walz, in: Haarmann/Schüppen, WpÜG, § 31 Rn. 70 f.; Diekmann, in: Baums/Thoma, WpÜG, § 30 Rn. 2; Noack, in: Schwark, Kapitalmarktrechts-Kommentar, § 30 WpÜG Rn. 1; Liebscher, ZIP 2002, 1005; kritisch: Schneider, in: Assmann/Pötzsch/Schneider, WpÜG, § 30 Rn. 5; KölnerKomm-WpÜG/v. Bülow, § 30 Rn. 5 ff.; Lange, ZBB 2004, 22.

[484] Vgl. Casper, ZIP 2003, 1469, 1473; v. Bülow/Bücker, ZGR 2004, 669, 704; KölnerKomm-WpÜG/v. Bülow, § 30 Rn. 8.

[485] In diesem Sinne auch Schockenhoff/Schumann, ZGR 2005, 568, 609; Schüppen/Walz, in: Haarmann/Schüppen, WpÜG, § 30 Rn. 71.

[486] Vgl. Art. 5 Abs. 3 der Übernahmerichtlinie (Fn. 315).

> **Hinweis:**
> Bei der Gestaltung sind die Zurechnungstatbestände stets zu berücksichtigen, da die durch eine Zurechnung möglicherweise ausgelöste Angebotspflicht schwerwiegende Konsequenzen für den Bieter hat.[487]

bb) Zurechnung von Stimmrechten nach § 30 Abs. 1 WpÜG

279 Nach § 30 Abs. 1 Satz 1 WpÜG stehen **Stimmrechten des Bieters** Stimmrechte aus Aktien der Zielgesellschaft gleich,

- die einem Tochterunternehmen des Bieters, gehören (Nr. 1),[488]
- die einem Dritten gehören und von ihm für Rechnung des Bieters gehalten werden (Nr. 2),
- die der Bieter einem Dritten als Sicherheit übertragen hat, es sei denn, der Dritte ist zur Ausübung der Stimmrechte aus diesen Aktien befugt und bekundet die Absicht, die Stimmrechte unabhängig von den Weisungen des Bieters auszuüben (Nr. 3),
- an denen zu Gunsten des Bieters ein Nießbrauch bestellt ist (Nr. 4),
- die der Bieter durch eine Willenserklärung erwerben kann (Nr. 5),
- die dem Bieter anvertraut sind oder aus denen er die Stimmrechte als Bevollmächtigter ausüben kann, sofern er die Stimmrechte aus diesen Aktien nach eigenem Ermessen ausüben kann, wenn keine besonderen Weisungen des Aktionärs vorliegen (Nr. 6).

280 Bei sämtlichen vorgenannten Zurechnungstatbeständen stehen dem Bieter dessen Tochterunternehmen gleich. **Stimmrechte eines Tochterunternehmens** werden daher dem Bieter **in voller Höhe zugerechnet**. Für weitere Einzelheiten zu den Zurechnungstatbeständen des § 30 Abs. 1 WpÜG kann auf die Ausführungen zu § 22 Abs. 1 WpHG verwiesen werden.[489]

cc) Zurechnung von Stimmrechten nach § 30 Abs. 2 WpÜG (acting in concert)

281 Nach § 30 Abs. 2 WpÜG werden dem Bieter auch Stimmrechte eines Dritten aus Aktien der Zielgesellschaft in voller Höhe zugerechnet, mit dem der Bieter oder sein Tochterunternehmen sein Verhalten in Bezug auf die Zielgesellschaft **aufgrund einer Vereinbarung oder in sonstiger Weise abstimmt**. Ausgenommen sind dabei Vereinbarungen über die Ausübung von Stimmrechten in Einzelfällen. Dieses abgestimmte Verhalten wird international als **sog. acting in concert** bezeichnet.[490] Eine Verhaltensabstim-

---

487 Siehe unten Rn. 288.
488 Durch das Übernahmerichtlinie-Umsetzungsgesetz wurde in § 30 Abs. 1 Satz 1 Nr. 1 WpÜG zwischenzeitlich eine konzernweite Zurechnung in dem Sinn begründet, dass einem Tochterunternehmen auch die Stimmrechte des Mutterunternehmens und sämtlicher Schwestergesellschaften zugerechnet wurden (vgl. Nelle, ZIP 2006, 2057 ff.). Nach heftiger Kritik aus der Praxis wurde die Vorschrift durch das Transparenzrichtlinie-Umsetzungsgesetz allerdings kurze Zeit später wieder in ihren ursprünglichen Zustand zurückversetzt.
489 Siehe oben Rn. 143 ff.
490 Walz, in: Haarmann/Schüppen, WpÜG, § 30 Rn. 56; Schneider, in: Assmann/Pötzsch/Schneider, WpÜG, § 30 Rn. 91; KölnerKomm-WpÜG/v. Bülow, § 30 Rn. 106; Diekmann, in: Baums/Thoma, WpÜG, § 30 Rn. 67; Begr. RegE zum WpÜG, BT-Drucks. 14/7034, S. 54, abgedruckt in ZIP 2001, 1262, 1283.

mung „in Bezug auf die Zielgesellschaft" setzt eine Abstimmung des Verhaltens zur nachhaltigen und beständigen Einflussnahme auf die Zielgesellschaft voraus.[491]

Vereinbarungen über die Ausübung von Stimmrechten in Einzelfällen führen nach § 30 Abs. 2 Satz 1 Halbs. 2 WpÜG hingegen nicht zu einer Zurechnung. Allerdings ist nach Auffassung der BaFin eine differenzierte Betrachtungsweise geboten. Zielt die Abstimmung im Einzelfall auf eine nachhaltige und beständige Einflussnahme ab, greift der Ausnahmetatbestand auch dann nicht ein, wenn die Stimmrechte nur in einer einzigen Hauptversammlung gemeinsam ausgeübt werden.[492] Klassische Fälle einer Stimmrechtsausübung im Einzelfall, die nicht zu einer Zurechnung führen, sind etwa die Abstimmung über die Höhe der Dividende oder die Schaffung eines genehmigten Kapitals. Umstritten ist demgegenüber insb. die Wahl von Aufsichtsratsmitgliedern.[493]

282

Der gesamte Anwendungsbereich von § 30 Abs. 2 WpÜG wird in der Praxis sehr kontrovers diskutiert. Nachfolgend wird eine erste Orientierung zu wesentlichen Fallgruppen gegeben.

(1) Ausdrückliche Vereinbarung über gemeinsame Stimmrechtsausübung

Der klassische Fall des abgestimmten Verhaltens ist die **Poolvereinbarung zwischen zwei oder mehr Aktionären**, die dauerhaft die Ausübung von Stimmrechten an der Zielgesellschaft zum Gegenstand hat. Sie führt zu einer gegenseitigen Zurechnung der Stimmrechte in voller Höhe. I.d.R. stimmen sich die Poolmitglieder vor der Hauptversammlung der Zielgesellschaft ab. Für die gegenseitige Stimmrechtszurechnung spielt es dabei nach Auffassung der BaFin keine Rolle, ob die Vorabstimmung einstimmig oder mit Mehrheit erfolgt[494] und ob ein Poolmitglied die Mehrheit der Stimmen hält.[495] Unerheblich ist auch, ob die Poolvereinbarung mündlich oder schriftlich geschlossen wird. Stimmen mehrere Aktionäre in der Hauptversammlung unbewusst in gleicher Weise ab, führt dies selbstverständlich nicht zu einer Stimmrechtszurechnung.[496]

283

Beispiel:

Die Aktionäre A, B und C der P-AG schließen eine Poolvereinbarung zur dauerhaften Ausübung der Stimmrechte an der P-AG. A hält 10 %, B hält 25 % und C 35 % der stimmberechtigten P-Aktien. Mit Abschluss der Poolvereinbarung werden A, B und C jeweils 70 % der Stimmrechte zugerechnet. Die Angebotspflicht trifft in diesem Fall A, B und C gleichermaßen. Möglich ist aber, dass einer von ihnen das Pflichtangebot mit befreiender Wirkung für

---

491   Vgl. OLG München, DB 2005, 1264 ff.: „Unter einem abgestimmten Verhalten in Bezug auf die Zielgesellschaft i.S.d. § 30 Abs. 2 Satz 1 WpÜG ist eine nachhaltige Einflussnahme auf die Geschäftsführungs- und Aufsichtsorgane einer Zielgesellschaft ausschließlich oder überwiegend i.S.d. einflussnehmenden Personen aufgrund deren gemeinsam gefundener Überzeugung und entsprechenden Einsatzes von Stimmrechten zu verstehen." Sowie OLG Frankfurt, ZIP 2004, 1309 ff. (Pixelpark): „Erforderlich ist vielmehr eine bewusste Zusammenarbeit mit dem Ziel die Mitgliedschaftsrechte koordiniert und kontinuierlich auszuüben sowie nachhaltig Einfluss zu nehmen." Ebenso die BaFin in einer Pressemitteilung in Sachen TCI vom 19.10.2005: „Die BaFin erklärte weiter, sie habe keine Tatsachen ermitteln können, die eindeutig beweisen, dass sich die Fondsgesellschaften untereinander koordiniert haben, um nachhaltig und beständig Einfluss auf die Deutsche Börse AG zu nehmen." Vgl. in diesem Sinne zu der gleichlautenden Vorschrift des § 22 Abs. 2 WpHG auch OLG München, ZIP 2005, 615, 616 und OLG Stuttgart, AG 2005, 125, 128.

492   Strunk/Linke, in: Veil/Drinkuth, Reformbedarf im Übernahmerecht, S. 20 f.; a.A.: Schneider, in: Assmann/Pötzsch/Schneider, WpÜG, § 30 Rn. 108, differenzierend: Diekmann, in: Baums/Thoma, WpÜG, § 30 Rn. 79 ff. und Schüppen/Walz, in: Haarmann/Schüppen, WpÜG, § 30 Rn. 66 ff. Der BGH scheint einer rein formalen Betrachtungsweise zuzuneigen, hat die Frage in seiner Entscheidung vom 18.9.2006 aber ausdrücklich offen gelassen (vgl. BGH, BB 2006, 2432, 2435, näher zu der Entscheidung unter Rn. 285).

493   Siehe Rn. 285.

494   Strunk/Linke, in: Veil/Drinkuth, Reformbedarf im Übernahmerecht, S. 19 f.

495   Lenz/Linke, AG 2002, 361, 368; a.A.: Diekmann, in: Baums/Thoma, WpÜG, § 30 Rn. 87; Noack, Kapitalmarktrechts-Kommentar, § 30 Rn. 12.

496   Schneider, in: Assmann/Pötzsch/Schneider, WpÜG, § 30 Rn. 101; KölnerKomm-WpÜG/v. Bülow, § 30 Rn. 108; Diekmann, in: Baums/Thoma, WpÜG, § 30 Rn. 82; Noack, in: Schwark, Kapitalmarktrechts-Kommentar, § 30 WpÜG Rn. 16; Schockenhoff/Schumann, ZGR 2005, 568, 609.

alle abgibt.[497] *Tritt nun D, der 3 % der stimmberechtigten P-Aktien hält, nach Durchführung des Pflichtangebots dem Pool bei, werden auch ihm die übrigen 70 % der Stimmrechte zugerechnet.*[498] *D muss – vorbehaltlich einer Befreiung von der Angebotspflicht*[499] *– ein erneutes Pflichtangebot abgeben, da er (erstmalig) die Kontrolle an der Zielgesellschaft erwirbt.*

284 **Hinweis:**

Um das unliebsame Ergebnis einer **vollen wechselseitigen Stimmrechtszurechnung** zu vermeiden, bietet es sich in der Praxis an, die Stimmrechte mehrerer Aktionäre in einer Vorschaltgesellschaft (meist einer GmbH) zu bündeln, da dort die Stimmrechte nur quotal zugerechnet werden.[500] Stimmen sich allerdings die Gesellschafter der Vorschaltgesellschaft wiederum untereinander ab, erfolgt die wechselseitige Stimmrechtszurechnung „eine Etage" höher, was wiederum eine Angebotspflicht auslösen kann.

(2) Wahl von Aufsichtsratsmitgliedern

285 Stimmen sich mehrere Aktionäre der Zielgesellschaft, die gemeinsam über mindestens 30 % der Stimmrechte verfügen, bei die Wahl von Aufsichtsratsmitgliedern der Zielgesellschaft untereinander ab, konnte dies nach Auffassung der BaFin (und der Rspr.) zu einer **Zurechnung von Stimmrechten nach § 30 Abs. 2 WpÜG** führen, wenn damit eine nachhaltige und beständige Einflussnahme auf die Zielgesellschaft bezweckt war,[501] so dass eine Zurechnung erfolgte, obwohl es sich streng genommen nur um eine von § 30 Abs. 2 WpÜG nicht erfasste Abstimmung im Einzelfall handelt. Im Gegensatz zu diesem weiten Verständnis hat nunmehr allerdings der BGH jüngst eine deutlich engere Interpretation von § 30 Abs. 2 WpÜG vertreten.[502] Mit Entscheidung vom 18.9.2006 hat der BGH klargestellt, dass jedenfalls die Wahl des Aufsichtsratsvorsitzenden aus der Mitte des Aufsichtsrats anders als die Wahl der Aufsichtsratsmitglieder durch die Hauptversammlung nicht den Zurechnungstatbestand des § 30 Abs. 2 Satz 1 WpÜG erfüllen kann, da die Vorschrift nach ihrem eindeutigen Wortlaut nur solche Vereinbarungen erfasse, die sich auf die Ausübung von Stimmrechten aus Aktien der Zielgesellschaft in der Hauptversammlung bezögen. Einer – von dem eindeutigen Gesetzeswortlaut nicht gedeckten, extensiven – Anwendung dieser Norm auf Abstimmungsvorgänge innerhalb des Aufsichtsrats stehe die unabhängige Rechtsstellung der Aufsichtsratsmitglieder entgegen, die allein dem Unternehmensinteresse verpflichtet seien und im Rahmen der ihnen persönlich obliegenden Amtsführung keinen Weisungen unterlägen. Unter welchen Voraussetzungen die Wahl von Aufsichtsratsmitgliedern durch die Hauptversammlung dem Tatbestand des § 30 Abs. 2 WpÜG unterfallen kann, dürfte damit allerdings noch nicht endgültig entschieden sein, denn der BGH hat die Frage, ob das Vorliegen eines Einzelfalls im Sinne der Bestimmung rein formal oder materiell-rechtlich zu entscheiden ist, ausdrücklich offen gelassen.

(3) Gemeinsamer Erwerb

286 **Nicht ausreichend für eine Zurechnung von Stimmrechten** nach § 30 Abs. 2 WpÜG ist nach Auffassung der BaFin, wenn sich mehrere Personen über den gemeinsamen Erwerb eines Aktienpakets von mehr

---

497 Vgl. zu weiteren Einzelheiten Krause/Pötzsch, in: Assmann/Pötzsch/Schneider, WpÜG, § 35 Rn. 194 sowie zum Auswahlermessen der BaFin Rn. 200; Näheres auch bei Meyer, in: Geibel/Süßmann, WpÜG, § 35 Rn. 27; KölnerKomm-WpÜG/v. Bülow, § 35 Rn. 171; kritisch: Baums/Hecker, in: Baums/Thoma, WpÜG, § 35 Rn. 293.
498 Lenz/Linke, AG 2002, 361, 368.
499 Siehe unten Rn. 297 ff.
500 Lenz/Linke, AG 2002, 361, 369.
501 Vgl. OLG München, DB 2005, 1264; Strunk/Linke, in: Veil/Drinkuth, Reformbedarf im Übernahmerecht, S. 21 f. Kritisch hierzu Saenger/Kessler, ZIP 2006, 837, 842; v. Bülow/Bücker, ZGR 2004, 669, 714; Kuthe/Brockhausen, DB 2005, 1264, 1266; Casper/Bracht, NZG 2005, 839, 841.
502 BGH, BB 2006, 2432.

als 30 % der Stimmrechte an der Zielgesellschaft abstimmen.[503] Erforderlich ist vielmehr, dass ein **über den Erwerb hinausgehendes, nachhaltiges gemeinsames Interesse** verfolgt wird, das Auswirkungen auf die Zielgesellschaft hat, wie z.B. die Zerschlagung der Zielgesellschaft, eine Verlegung des Sitzes oder Absprachen bei der Aufsichtsratswahl oder der Besetzung des Vorstands.[504] Auch in der Rspr. wird der Tatbestand des § 30 Abs. 2 Satz 1 WpÜG entsprechend eng ausgelegt.[505]

> **Hinweis:**
> Die BaFin untersucht derartige Fälle besonders genau, da die Aufteilung eines die Kontrolle vermittelnden Aktienpakets vermuten lässt, dass die Vorschriften über ein Pflichtangebot umgangen werden sollen.

(4) Abstimmung über sonstiges Verhalten

Sonstige Absprachen zwischen Aktionären, die sich nicht ausdrücklich auf die Ausübung von Stimmrechten beziehen, können nach Auffassung der BaFin ebenfalls eine Zurechnung nach § 30 Abs. 2 WpÜG begründen, wenn sie auf eine **nachhaltige Einflussnahme auf die Zielgesellschaft** abzielen. Eine solche Einflussnahme ist z.B. gegeben, wenn der Vorstand – ggf. mit Billigung des Aufsichtsrats – die Geschäfte der Zielgesellschaft nach Weisung der sich abstimmenden Aktionäre führt.[506]

287

c) Rechtsfolgen bei Verstoß gegen die Veröffentlichungs- oder Angebotspflicht

Ein Verstoß gegen die Veröffentlichungs- oder Angebotspflicht kann nach § 35 Abs. 1 WpÜG von der BaFin **als Ordnungswidrigkeit geahndet werden**. Zudem hat der Verstoß nach § 59 WpÜG den **Verlust sämtlicher Rechte aus stimmberechtigten Aktien** für den Zeitraum zur Folge, für den die Veröffentlichungs- oder Angebotspflicht nicht erfüllt wird. Darüber hinaus entsteht ein **Zinsanspruch der Aktionäre** nach Maßgabe des § 38 WpÜG.[507]

288

3. Nichtberücksichtigung von Stimmrechten (§ 36 WpÜG)

Nach § 36 WpÜG hat die BaFin in bestimmten Fällen auf schriftlichen Antrag zu gestatten, dass Stimmrechte bei der Berechnung des Stimmrechtsanteils unberücksichtigt bleiben. Rechtstechnisch handelt es sich dabei nicht um **eine Befreiung von der Angebots- und Veröffentlichungspflicht** nach § 35 Abs. 1 Satz 1 bzw. Abs. 2 Satz 2 WpÜG, sondern um eine **Fiktion, dass der Antragsteller die Kontrollschwelle nicht überschritten** hat und deshalb diese Pflichten nicht bestehen.[508] Die Bescheidung des Antrags steht nicht im Ermessen der BaFin, sondern ist bei Vorliegen aller Voraussetzungen für die Nichtberücksichtigung zu erteilen.

289

---

503   Vgl. Strunk/Linke, in: Veil/Drinkuth, Reformbedarf im Übernahmerecht, S. 22; vgl. auch die Pressemitteilung der BaFin „Kein Acting in Concert bei Beiersdorf AG" vom 23.1.2004. In der Lit. ist diese Frage umstritten. Gegen eine Zurechnung bei einem schlichten gemeinsamen Erwerb sprechen sich aus Schüppen/Walz, in: Haarmann/Schüppen, WpÜG, § 30 Rn. 70; Noack, in: Schwark, Kapitalmarktrechts-Kommentar, § 30 WpÜG Rn. 13; KölnerKomm-WpÜG/v. Bülow, § 30 Rn. 122; Diekmann, in: Baums/Thoma, WpÜG, § 30 Rn. 82; hingegen für eine Zurechnung Schneider, in: Assmann/Pötzsch/Schneider, WpÜG, § 30 Rn. 107; AnwK-AktienR/v. Lingelsheim, § 30 WpÜG Rn. 9; wohl auch Süßmann, in: Geibel/Süßmann, WpÜG, § 30 Rn. 26; Berger/Filgut, AG 2004, 603; Oechsler, in: Ehricke/Ekkenga/Oechsler, WpÜG, § 30 Rn. 23, der allerdings davon spricht, dass die Vereinbarung nicht einzelfallbezogen sein dürfe.

504   So ausdrücklich die BaFin in einer im Detail unveröffentlichten Entscheidung zum Erwerb von Aktien der Beiersdorf AG durch die TROMA Alters- und Hinterbliebenenstiftung. Siehe auch die Pressemitteilung der BaFin vom 23.1.2004.

505   OLG Frankfurt, ZIP 2004, 1309, 1312 (Pixelpark) mit Anm. Seibt, ZIP 2004, 1829.

506   Strunk/Linke, in: Veil/Drinkuth, Reformbedarf im Übernahmerecht, S. 25.

507   Näher zu den Sanktionsmöglichkeiten des WpÜG Möller, AG 2002, 170.

508   Strunk/Linke, in: Veil/Drinkuth, Reformbedarf im Übernahmerecht, S. 31.

> **Hinweis:**
> Überschreitet der Antragsteller nach positiver Bescheidung des Antrags durch einen nachfolgenden Erwerb von Stimmrechten (unter Außerachtlassung der nach § 36 WpÜG nicht zu berücksichtigenden Stimmrechte) erneut die Kontrollschwelle, führt dies nicht zu einem Kontrollerwerb. Ein mehrfaches Erlangen der Kontrolle ohne zwischenzeitliches Unterschreiten der 30 % Schwelle ist wegen der Fiktion des § 36 WpÜG zwar theoretisch möglich; eine Angebotspflicht wäre aber nach Auffassung der BaFin nicht sachgerecht.[509]

290 In folgenden Fällen ist nach § 36 WpÜG die **Nichtberücksichtigung von Stimmrechten durch die BaFin zuzulassen**:

- Erbgang, Erbauseinandersetzung oder unentgeltliche Zuwendung unter Ehegatten, Lebenspartnern oder Verwandten in gerader Linie und bis zum dritten Grade oder durch Vermögensauseinandersetzung aus Anlass der Auflösung einer Ehe oder Lebenspartnerschaft (Nr. 1),
- Rechtsformwechsel (Nr. 2),
- Umstrukturierung innerhalb eines Konzerns (Nr. 3).

291 In der Praxis hat die **Kontrollerlangung wegen einer Umstrukturierung** innerhalb eines Konzerns die weitaus größte Bedeutung. Der Tatbestand umfasst auch rechtsgeschäftliche Übertragungen zwischen zwei Tochterunternehmen. Bei der Auslegung des Tatbestandsmerkmals „Konzern" ist auf den **aktienrechtlichen Konzernbegriff** in den §§ 15 – 18 AktG abzustellen. Entscheidend kommt es daher darauf an, dass die (mittelbare) Kontrolle vor und nach der Umstrukturierung von derselben Konzernobergesellschaft ausgeübt wird, so dass sich die Umstrukturierung für die außenstehenden Aktionäre der Zielgesellschaft nicht als Kontrollwechsel darstellt.[510]

292 **Aus Verfahrenssicht** ist zu beachten, dass der Antrag nach § 36 WpÜG schon vor Erlangung der Kontrolle gestellt werden kann, sofern der Antragsteller bereits rechtlich existiert. Die Bescheidung des Antrags setzt allerdings nach dem Wortlaut voraus, dass die Aktien durch einen der in § 36 Nr. 1 – 3 WpÜG genannten Tatbestände erlangt wurden. Nach Auffassung der BaFin ist es dem Antragsteller zuzumuten, z.B. vor Durchführung einer konzerninternen Umstrukturierung zu prüfen, ob diese den Anforderungen des § 36 Nr. 3 WpÜG genügt. In Zweifelsfällen ist eine Abstimmung mit der BaFin im Vorfeld ratsam, zu der diese auch grds. bereit ist. Allerdings erteilt die BaFin weder einen Vorbescheid noch eine Zusicherung i.S.d. § 38 VwVfG.[511]

> *Beispiel:*
> *Hält die A-AG 85 % der stimmberechtigten Aktien der börsennotierten B-AG und möchte die A-AG diese Beteiligung nun innerhalb des A-Konzerns an ihre 100 %ige Tochtergesellschaft (C-GmbH) übertragen, kann der Antrag auf Nichtberücksichtigung von Stimmrechten bereits vor der Anteilsübertragung gestellt werden. Er wird durch die BaFin jedoch erst nach Vollzug der Anteilsübertragung beschieden.*
>
> *Hält die A-AG 85 % der stimmberechtigten Aktien der börsennotierten B-AG und will sich die A-AG nun in Wege eines Formwechsels in eine GmbH umwandeln, kann der Antrag auf Nichtberücksichtigung von Stimmrechten erst nach vollzogenem Formwechsel gestellt und durch die BaFin beschieden werden.*

---

509 Strunk/Linke, in: Veil/Drinkuth, Reformbedarf im Übernahmerecht, S. 31, so auch Hommelhoff/Witt, in: Haarmann/Schüppen, WpÜG, § 36 Rn. 56; KölnerKomm-WpÜG/v. Bülow, § 36 Rn. 20, 59; MünchKomm-AktG/Schlitt, § 36 WpÜG Rn. 76 f.

510 Problematisch ist der Fall, dass eine natürliche Person die (mittelbare) Kontrolle ausübt. Zu weiteren Einzelheiten siehe Strunk/Linke, in: Veil/Drinkuth, Reformbedarf im Übernahmerecht, S. 34; v. Bülow/Bücker, Der Konzern in Recht und Wirtschaft, 185.

511 Strunk/Linke, in: Veil/Drinkuth, Reformbedarf im Übernahmerecht, S. 33; Schneider, in: Assmann/Pötzsch/Schneider, WpÜG, § 36 Rn. 14; die Zulässigkeit eines Vorbescheides und einer Zusicherung bejahend Hecker, in: Baums/Thoma, WpÜG, § 36 Rn. 82; KölnerKomm-WpÜG/v. Bülow, § 36 Rn. 51; wohl auch MünchKomm-AktG/Schlitt, § 36 WpÜG Rn. 51.

4. Befreiung von der Veröffentlichungs- und Angebotspflicht

a) Befreiung aufgrund Gesetzes (§ 35 Abs. 3 WpÜG)

Ein Pflichtangebot muss nach § 35 Abs. 3 WpÜG **dann nicht abgegeben werden**, wenn die Kontrolle an der Zielgesellschaft aufgrund eines Übernahmeangebots erworben wurde (§ 35 Abs. 3 WpÜG).

Dieser Regelung liegt die Überlegung zugrunde, dass für Übernahmeangebote und Pflichtangebote grds. die gleichen Vorschriften – insb. im Hinblick auf die anzubietenden Mindestpreise – gelten.[512] Eine „befreiende Wirkung" des Übernahmeangebots im Hinblick auf ein nachfolgendes Pflichtangebot ist daher gerechtfertigt, wenn das Übernahmeangebot **inhaltlich und verfahrensmäßig** den Vorgaben der §§ 29 – 34 WpÜG entspricht. Davon ist bei einem von der BaFin genehmigten Übernahmeangebot grds. auszugehen.[513]

Entscheidende Bedeutung kommt bei § 35 Abs. 3 WpÜG in der Praxis dem **Tatbestandsmerkmal „auf Grund"** zu. Dieses ist nicht i.S.e. strengen Kausalitätserfordernisses zu verstehen. Die Kontrolle wird auch dann aufgrund eines Übernahmeangebots erlangt, wenn sie im zeitlichen und sachlichen Zusammenhang mit dem Angebot, bspw. aufgrund eines Paketkaufvertrags oder infolge einer Umwandlungsmaßnahme, erworben wird.[514]

Der **erforderliche zeitliche und sachliche Zusammenhang** wird dann angenommen, wenn die Kontrolle erworben wird, nachdem der Bieter die Entscheidung zur Abgabe eines Übernahmeangebots nach § 10 Abs. 1 Satz 1 WpÜG veröffentlicht hat und bevor die Annahmefrist abgelaufen ist. Darüber hinaus erkennt die BaFin die Befreiungswirkung des § 35 Abs. 3 WpÜG auch dann noch an, wenn der Kontrollerwerb nach Ablauf der Annahmefrist in engem zeitlichen Zusammenhang mit dem Vollzug des Übernahmeangebots erfolgt.[515]

> *Beispiel: Vermeidung eines Pflichtangebots durch Abgabe eines freiwilligen Übernahmeangebots*
>
> *Die börsennotierte A-AG schließt einen Paketkaufvertrag über 75 % der stimmberechtigten Aktien der börsennotierten P-AG. Zeitgleich mit der Information des Kapitalmarkts über den Abschluss des Paketkaufvertrags nach § 15 Abs. 1 Satz 1 WpHG veröffentlicht die A-AG die Entscheidung zur Abgabe eines freiwilligen Übernahmeangebots nach § 10 Abs. 1 Satz 1 WpÜG.[516] Sowohl der Paketkaufvertrag als auch das Übernahmeangebot stehen unter der aufschiebenden Bedingung der kartellrechtlichen Freigabe. Wird die kartellrechtliche Freigabe nach Ablauf der Annahmefrist erteilt,[517] werden sowohl der Paketkaufvertrag als auch das Übernahmeangebot im engen zeitlichen Zusammenhang vollzogen. Die Befreiungswirkung des § 35 Abs. 3 WpÜG tritt ein.*

Die **„Vermeidung"** eines Pflichtangebots durch Abgabe eines freiwilligen Übernahmeangebots hat einen **ganz entscheidenden Vorteil**: Für die Bestimmung des anzubietenden Mindestpreises gelten für Übernahme- und Pflichtangebote nach § 5 WpÜG-AngebotsVO unterschiedliche Anknüpfungspunkte. Bei einem Übernahmeangebot ist der Mindestangebotspreis auf der Grundlage des Dreimonatszeitraums vor Veröffentlichung der Entscheidung zur Abgabe des Angebots nach § 10 Abs. 1 Satz 1 WpÜG zu berechnen. Hingegen bestimmt sich der Mindestangebotspreis bei einem Pflichtangebot auf der Grundla-

---

[512] Begr. RegE zum WpÜG, BT-Drucks. 14/7034, S. 60, abgedruckt in ZIP 2001, 1262, 1288.

[513] Krause/Pötzsch, in: Assmann/Pötzsch/Schneider, WpÜG, § 35 Rn. 271; KölnerKomm-WpÜG/v. Bülow, § 35 Rn. 183; Hommelhoff/Witt, in: Haarmann/Schüppen, WpÜG, § 35 Rn. 95.

[514] Krause/Pötzsch, in: Assmann/Pötzsch/Schneider, WpÜG, § 35 Rn. 275; Meyer in Geibel/Süßman, WpÜG, § 35 Rn. 52; KölnerKomm-WpÜG/v. Bülow, § 35 Rn. 185; Ekkenga/Schulz, in: Ehricke/Ekkenga/Oechsler, WpÜG, § 35 Rn. 67; Baums/Hecker, in: Baums/Thoma, WpÜG, § 35 Rn. 286.

[515] Krause/Pötzsch, in: Assmann/Pötzsch/Schneider, WpÜG, § 35 Rn. 275; a.A.: (auf Annahmefrist abstellend) KölnerKomm-WpÜG/v. Bülow, § 35 Rn. 185; Ekkenga/Schulz, in: Ehricke/Ekkenga/Oechsler, WpÜG, § 35 Rn. 67.

[516] Im Einzelfall kann trotz der Regelung in § 10 Abs. 6 WpÜG eine separate Ad-hoc-Mitteilung des Bieters erforderlich sein. Siehe oben Rn. 180.

[517] Siehe oben Rn. 197.

ge des Dreimonatszeitraums vor Veröffentlichung der tatsächlichen Kontrollerlangung nach § 35 Abs. 1 Satz 1 WpÜG.

Hätte die A-AG in dem vorgenannten Beispiel kein freiwilliges Übernahmeangebot abgegeben, sondern zunächst den Kontrollerwerb auf der Grundlage des Paketkaufvertrags abgewartet, wäre der Mindestangebotspreis im Rahmen des nachfolgenden Pflichtangebots für die A-AG nicht kontrollierbar. Es bestünde das Risiko, dass Anleger in Erwartung des öffentlich bekannten Kontrollwechsels Aktien der P-AG erwerben und damit den Aktienkurs der P-Aktie in die Höhe treiben. Dadurch würde sich das abzugebende Pflichtangebot erheblich verteuern und die wirtschaftliche Grundlage der Transaktion in Frage gestellt.

b) Befreiung auf Antrag des Bieters durch die BaFin (§ 37 WpÜG)

297 Neben der Nichtberücksichtigung von Stimmrechten kommt in bestimmten Fällen eine **Befreiung von der Angebots- und Veröffentlichungspflicht** in Betracht. Die Befreiung von der Angebots- und Veröffentlichungspflicht auf Antrag bei der BaFin ist in § 37 WpÜG geregelt. Als Befreiungstatbestände kommen in Betracht:

- die Art der Kontrollerlangung,
- die mit der Kontrollerlangung beabsichtigte Zielsetzung,
- ein nach der Kontrollerlangung erfolgendes Unterschreiten der Kontrollschwelle,
- die Beteiligungsverhältnisse an der Zielgesellschaft oder
- die tatsächliche Möglichkeit zur Ausübung der Kontrolle.

298 Dabei muss in jedem Fall die Befreiung unter Berücksichtigung der Interessen des Antragstellers und der Inhaber der Aktien der Zielgesellschaft **gerechtfertigt erscheinen**. Anders als bei § 36 WpÜG steht der BaFin bei der Entscheidung über die Befreiung nach § 37 WpÜG ein **Ermessen** zu. Dieses bezieht sich sowohl auf das „Ob" der Befreiung (Entschließungsermessen) als auch auf das „Wie" der Befreiung (Auswahlermessen) und damit insb. auch auf den Erlass möglicher Nebenbestimmungen.[518]

299 Die in § 37 Abs. 1 WpÜG generalklauselartig vorgegebenen Befreiungstatbestände werden **in § 9 WpÜG-AngebotsVO konkretisiert**. Allerdings ist auch der in § 9 WpÜG-AngebotsVO enthaltene Katalog nicht abschließend, so dass neben den dort exemplarisch („insbesondere") genannten Befreiungstatbeständen im Einzelfall eine Befreiung auf Grundlage der Generalklausel nach § 37 Abs. 1 WpÜG möglich ist.[519]

300 **Hinweis: WpÜG und Squeeze-out**

Erwirbt der Bieter von einem oder mehreren Großaktionären (außerbörslich) mindestens 95 % des Grundkapitals der Zielgesellschaft, kann er nach den §§ 327a ff. AktG die Übertragung der Aktien der übrigen Aktionäre (Minderheitsaktionäre) gegen Gewährung einer angemessenen Barabfindung an sich selbst verlangen (sog. Squeeze-out).[520] Obwohl mit dem Squeeze-out ein geordnetes Verfahren zum Ausschluss der Minderheitsaktionäre zur Verfügung steht, verlangt die BaFin wegen des unterschiedlichen Regelungszwecks des WpÜG und der aktienrechtlichen Squeeze-out-Regeln grds. die Abgabe eines Pflichtangebots und gewährt nur ausnahmsweise eine Befreiung aufgrund der Generalklausel des § 37 WpÜG, wenn nur noch wenige Aktien auf wenige außenstehende Aktionäre verteilt sind (etwa 1 % der Aktien in der Hand weniger Aktionäre). So hat die BaFin in einem Fall eine Befreiung nach § 37 WpÜG gewährt, in dem der Hauptaktionär 99,82 % der Aktien hielt und sich die verbleibenden 0,18 % der Aktien auf ca. 300 Minderheitsaktionäre verteilten.[521]

---

518 Krause/Pötzsch, in: Assmann/Pötzsch/Schneider, WpÜG, § 37 Rn. 79; Ekkenga, in: Ehricke/Ekkenga/Oechsler,WpÜG, § 37 Rn. 42; Hecker, in: Baums/Thoma, WpÜG, § 37 Rn. 1; KölnerKomm–WpÜG/Versteegen, § 37 Rn. 60; Noack, in: Schwark, Kapitalmarktrechts-Kommentar, § 37 WpÜG Rn. 13; MünchKomm-AktG/Schlitt, § 37 WpÜG Rn. 62; Bernau, WM 2004, 809, 818.
519 Näher zu möglichen weiteren Befreiungstatbeständen Holzborn/Blank, NZG 2002, 948.
520 Siehe unten Rn. 316 f.
521 Strunk/Linke, in: Veil/Drinkuth, Reformbedarf im Übernahmerecht, S. 12.

Der bei der BaFin zu stellende Antrag kann bereits vor Erlangung der Kontrolle über die Zielgesellschaft 301
gestellt werden. Er muss spätestens innerhalb von sieben Kalendertagen nach dem Zeitpunkt eingehen,
zu dem der Bieter Kenntnis von der Kontrollerlangung hat oder nach den Umständen haben musste (§ 8
WpÜG-AngebotsVO).

Weitere verfahrensrechtliche Vorschriften u.a. zum Antragsinhalt und zu den beizufügenden Unterlagen finden sich in den §§ 10 – 12 WpÜG-AngebotsVO. Aus Gründen der Rechtssicherheit für den Bieter ist es ratsam, den Antrag bereits vor der Kontrollerlangung zu stellen. Allerdings befasst sich die BaFin mit dem Antrag nur dann, wenn ein Sachbescheidungsinteresse nachgewiesen werden kann, d.h. es muss hinreichend wahrscheinlich sein, dass es tatsächlich zu einer Kontrollerlangung kommt.[522]

> **Hinweis:**
> Den Schwerpunkt der Befreiungsverfahren liegt in der Praxis auf der sog. Sanierungsbefreiung (§ 9 Satz 1 Nr. 3 WpÜG-AngebotsVO).[523]

5. Anwendbarkeit der Vorschriften für Erwerbsangebote und Übernahmeangebote (§ 39 WpÜG)

Für **Übernahme- und Pflichtangebote** gelten grds. dieselben Vorschriften. Dementsprechend ordnet § 39 302
WpÜG an, dass für Pflichtangebote neben den allgemein für Erwerbsangebote geltenden Bestimmungen
zusätzlich die für Übernahmeangebote geltenden Vorschriften sinngemäß gelten.

Ausgenommen werden lediglich solche Vorschriften, die **mit dem Sinn und Zweck eines Pflichtangebots nicht im Einklang stehen**. Keine Anwendung finden daher die nachfolgend aufgeführten Bestimmungen:

§ 10 Abs. 1 Satz 1 WpÜG	Nach dieser Vorschrift hat der Bieter seine Entscheidung zur Abgabe eines Angebots unverzüglich zu veröffentlichen. Da die Angebotspflicht an den Kontrollerwerb und nicht an eine Entscheidung des Bieters anknüpft, ist diese Vorschrift nicht anwendbar. Die entsprechende Regelung für Pflichtangebote findet sich in § 35 Abs. 1 Satz 1 WpÜG.
§ 14 Abs. 1 Satz 1 WpÜG	Die Vorschrift verpflichtet den Bieter zur Übermittlung der Angebotsunterlage innerhalb von vier Wochen nach Veröffentlichung der Entscheidung zur Abgabe eines Angebotes. Die entsprechende Regelung für Pflichtangebote findet sich in § 35 Abs. 2 Satz 1 WpÜG.
§ 16 Abs. 2 WpÜG	Die Vorschrift räumt denjenigen Aktionären der Zielgesellschaft, die sich innerhalb der Annahmefrist nicht zur Annahme des Angebots entschließen konnten, eine weitere Annahmefrist von zwei Wochen für den Fall eines erfolgreichen Übernahmeangebots ein. Die Regelung soll es Aktionären ermöglichen, in Kenntnis des Kontrollwechsels über die Annahme oder Nichtannahme des Angebots zu entscheiden. Da das Pflichtangebot gerade an den Kontrollerwerb anknüpft, besteht kein Bedürfnis, den Aktionären eine über die in § 16 Abs. 1 genannte Annahmefrist hinausgehende weitere Annahmefrist zu gewähren.[524]

---

522 Strunk/Linke, in: Veil/Drinkuth, Reformbedarf im Übernahmerecht, S. 35.
523 Vgl. zu weiteren Einzelheiten Hecker, in: Baums/Thoma, WpÜG, § 37 Rn. 79; Strunk/Linke, in: Veil/Drinkuth, Reformbedarf im Übernahmerecht, S. 36 f.
524 Begr. RegE zum WpÜG, BT-Drucks. 14/7034, S. 61 f., abgedruckt in ZIP 2001, 1262, 1290.

§ 18 Abs. 1 WpÜG	Im Gegensatz zu Erwerbs- und Übernahmeangeboten sind Pflichtangebote generell bedingungsfeindlich.[525] Eine Ausnahme bilden für das Pflichtangebot nur sog. gesetzliche Vollzugsverbote (z.B. § 41 GWB). In einem solchen Fall kann das Pflichtangebot unter der Bedingung der Freigabe durch die zuständige Kartellbehörde abgegeben werden, da der Bieter anderenfalls zu einem rechtswidrigen Verhalten gezwungen würde.[526] In der Praxis hat diese Konstellation jedoch bislang kaum Bedeutung erlangt,[527] da in den relevanten Fällen meist ein freiwilliges Übernahmeangebot an Stelle eines Pflichtangebots (auch sog. freiwilliges Pflichtangebot[528]) abgegeben wird.[529]
§ 19 WpÜG	Die Vorschrift regelt die Zuteilung bei einem Teilangebot. Da Pflichtangebote ebenso wie Übernahmeangebote nicht als Teilangebote abgegeben werden dürfen (§§ 39, 32 WpÜG), erübrigt sich auch die Zuteilungsregelung.
§ 25 WpÜG	Erlaubt es dem Bieter bei einem Erwerbs- oder Übernahmeangebot, das Angebot unter der Bedingung eines Beschlusses seiner Gesellschafterversammlung abzugeben.[530] Wegen der generellen Bedingungsfeindlichkeit des Pflichtangebots ist § 25 WpÜG hier gegenstandslos.
§ 26 WpÜG	Die Vorschrift enthält für bestimmte Fälle eine Sperrfrist des Bieters für künftige Angebote. Da diese Sperrfrist nicht zulasten der Aktionäre bei einem Kontrollerwerb des Bieters gehen soll, ist die Vorschrift bei Pflichtangeboten nicht anwendbar.[531]
§ 34 WpÜG	Die Vorschrift regelt, welche Vorschriften bei einem Übernahmeangebot anwendbar sind und verweist damit auf eine Reihe von Vorschriften, die bei Pflichtangeboten nicht gelten (z.B. § 18 WpÜG).

VII. Rechtsschutz

303 Das WpÜG sieht mit Widerspruch und Beschwerde ein **zweistufiges System** des Rechtschutzes gegen Verfügungen der BaFin vor.[532]

1. Widerspruchsverfahren

304 Nach § 41 WpÜG sind Verfügungen der BaFin im Rahmen eines Widerspruchsverfahrens **auf Recht- und Zweckmäßigkeit** zu überprüfen. Der Begriff der Verfügung entspricht dem des Verwaltungsakts.[533] Verwaltungsakte der BaFin sind bspw.:

---

525 Begr. RegE zum WpÜG, BT-Drucks. 14/7034, S. 62, abgedruckt in ZIP 2001, 1262, 1290.
526 Begr. RegE zum WpÜG, BT-Drucks. 14/7034, S. 62, abgedruckt in ZIP 2001, 1262, 1290.
527 Vgl. das Pflichtangebot der Leipnik-Lundberger Invest Beteiligungs GmbH an die Aktionäre der VK-Mühlen AG vom 18.8.2004 unter Ziff. 2.4, abrufbar unter http://www.bafin.de, das unter der aufschiebenden Bedingung der kartellrechtlichen Freigabe in Deutschland und Österreich abgegeben wurde.
528 Strunk/Linke, in: Veil/Drinkuth, Reformbedarf im Übernahmerecht, S. 25.
529 Siehe oben Rn. 296.
530 Siehe oben Rn. 195.
531 Begr. RegE zum WpÜG, BT-Drucks. 14/7034, S. 62, abgedruckt in ZIP 2001, 1262, 1290.
532 Einen ausführlichen Überblick zum Rechtsschutz im Übernahmeverfahren gibt Schnorbus, WM 2003, 616; fortgeführt in WM 2003, 657; Möller, AG 2002, 170.
533 Ehricke, in: Ehricke/Ekkenga/Oechsler, WpÜG, § 41 Rn. 5; Assmann, in: Assmann/Pötzsch/Schneider, WpÜG, § 41 Rn. 11; KölnerKomm-WpÜG/Giesberts, § 41 Rn. 25; Ritz, in: Baums/Thoma, WpÜG, § 41 Rn. 7.

- die Untersagung eines Angebots (§ 15 Abs. 1 und 2 WpÜG),
- die Untersagung bestimmter Arten von Werbung (§ 28 Abs. 1 WpÜG) oder
- das Auskunftsverlangen (§ 40 WpÜG).

Nicht anfechtbar sind demgegenüber: 305

- Hinweise,
- Belehrungen,
- Verfahrenseinstellungen oder
- verfahrensleitende Verfügungen.

Hinsichtlich der Frist und der sonstigen Einzelheiten des Verfahrens gelten die **allgemeinen Regeln des Widerspruchsverfahrens** gemäß §§ 68 ff. VwGO, auf die § 41 Abs. 1 WpÜG verweist. § 41 WpÜG trifft keine Regelung zur **Widerspruchsbefugnis**. Nach allgemeiner Auffassung gilt jedoch § 42 Abs. 2 VwGO analog, so dass die Möglichkeit der Verletzung des Widerspruchsführers in subjektiven Rechten durch die Verfügung oder die Unterlassung gegeben sein muss.[534] 306

Die BaFin hat als Widerspruchsbehörde gemäß § 41 Abs. 2 WpÜG **binnen einer Frist von zwei Wochen ab Eingang des Widerspruchs** eine Entscheidung zu treffen, wobei sie auch zur Abhilfe berechtigt ist. Unterbleibt eine fristgemäße Entscheidung, ohne dass eine Fristverlängerung gemäß § 41 Abs. 2 Satz 2 WpÜG greift, kann der Widerspruchsführer analog § 48 Abs. 3 Satz 2 WpÜG Beschwerde erheben.[535] 307

2. Beschwerde

Sofern die BaFin dem Widerspruch nicht abhilft und ein Widerspruchsbescheid ergeht, ist gemäß § 48 WpÜG der Beschwerdeweg eröffnet. Ausdrücklich genannte Beschwerdearten sind die **Anfechtungsbeschwerde** (§ 48 Abs. 1 Satz 1 WpÜG), die **Untätigkeitsbeschwerde** (§ 48 Abs. 3 WpÜG) sowie die **nachträgliche Feststellungsbeschwerde** (§ 56 Abs. 2 Satz 2 WpÜG). Es ist jedoch mit Blick auf Art. 19 Abs. 4 GG anerkannt, dass diese Aufzählung nicht abschließend ist. Auch die **allgemeine Leistungsbeschwerde** und die **allgemeine Feststellungsbeschwerde** sind statthaft; eines Vorverfahrens bedarf es insoweit nicht.[536] 308

Gemäß § 48 Abs. 2 WpÜG steht die Beschwerde den **Verfahrensbeteiligten** zu. Der Begriff des Beteiligten ist nicht weiter definiert, es findet daher die allgemeine Regelung des § 13 VwVfG Anwendung. Nach h.M. enthält § 48 Abs. 2 WpÜG lediglich eine Bestimmung des grds. beschwerdebefugten Personenkreises und stellt keine abschließende Regelung der Beschwerdebefugnis dar. Es ist daher anerkannt, dass zusätzlich eine **formelle und materielle Beschwer** durch die angegriffene Maßnahme erforderlich sind.[537] 309

Eine **formelle Beschwer** ist dann gegeben, wenn dem Beschwerdeführer durch eine Verfügung ein Tun oder Unterlassen auferlegt wird bzw. wenn der Beschwerdeführer einen erfolglosen Antrag auf Erlass einer Verfügung gestellt hat. Für die **materielle Beschwer** wird teilweise auf eine Berührung wirtschaft-

---

534 Schüppen/Schweizer, in: Haarmann/Schüppen, WpÜG, § 41 Rn. 12; Assmann, in: Assmann/Pötzsch/Schneider, WpÜG, § 41 Rn. 13; Ritz, in: Baums/Thoma, WpÜG, § 41 Rn. 12; Noack, in: Schwark, Kapitalmarktrechts-Kommentar, § 41 WpÜG Rn. 1; KölnerKomm-WpÜG/Giesberts, § 41 Rn. 28 ff.; näher zur Beschwerdebefugnis auch Aha, AG 2002, 160.
535 Steinmeyer/Häger, WpÜG, § 41 Rn. 37; Assmann, in: Assmann/Pötzsch/Schneider, WpÜG, § 41 Rn. 39.
536 KölnerKomm-WpÜG/Pohlmann, § 48 Rn. 18; Möller, in: Assmann/Pötzsch/Schneider, WpÜG, § 48 Rn. 4; Zehetmeier-Müller/Grimmer, in: Geibel/Süßmann, WpÜG, § 48 Rn. 9 ff.; Ritz, in: Baums/Thoma, WpÜG, § 48 Rn. 4; MünchKomm-AktG/Bauer, § 48 WpÜG Rn. 38.
537 Möller, in: Assmann/Pötzsch/Schneider, WpÜG, § 48 Rn. 19; Zehetmeier-Müller/Grimmer, in: Geibel/Süßmann, WpÜG, § 48 Rn. 21; Steinmeyer/Häger, WpÜG § 48 Rn. 26; Ehricke, in: Ehricke/Ekkenga/Oechsler, WpÜG, § 48 Rn. 18; Ritz, in: Baums/Thoma, WpÜG, § 48 Rn. 12; ausführlich unter Abwägung aller Argumente KölnerKomm-WpÜG/Pohlmann, § 48 Rn. 35 ff.

licher Interessen[538] oder rechtlicher Interessen[539] abgestellt. Nach im Vordringen befindlicher Auffassung, zu welcher auch das OLG Frankfurt tendiert, ist § 42 Abs. 2 VwGO analog anzuwenden.[540]

310 Gemäß § 48 Abs. 4 WpÜG entscheidet über die Beschwerde **ausschließlich das OLG Frankfurt.** Die Beschwerde kann gemäß § 48 Abs. 1 Satz 1 WpÜG auf neuen Tatsachenvortrag und neue Beweismittel gestützt werden, also auch auf solche, deren Geltendmachung im Widerspruchsverfahren gemäß § 41 Abs. 3 WpÜG präkludiert war. Die Rücknahme der Beschwerde ohne Einwilligung der BaFin ist analog § 92 Abs. 1 Satz 2 VwGO bis zur Stellung der Anträge in der mündlichen Verhandlung möglich.[541]

3. Widerspruch und Beschwerde durch Dritte?

311 Ist der Rechtsbehelfsführer **nicht Adressat der angegriffenen oder begehrten Maßnahme**, so bestimmt sich die Widerspruchs-/Beschwerdebefugnis danach, ob er möglicherweise in **eigenen subjektiven Rechten** verletzt ist.[542] Nach der Schutznormtheorie ist ein Rechtsverstoß dann als subjektive Rechtsverletzung anzusehen, wenn die verletzte Norm auch den Interessen Dritter zu dienen bestimmt ist und nicht lediglich den Schutz der Interessen der Allgemeinheit bezweckt.[543]

Ganz überwiegend wird angenommen, dass die Vorschriften des WpÜG **nicht dem Schutz von Individualinteressen dienen.**[544] Dies wird damit begründet, dass die BaFin ihre Aufgaben und Befugnisse gemäß § 4 Abs. 2 WpÜG nur im öffentlichen Interesse wahrnimmt.

Auch die Herleitung subjektiver Rechte **im Rekurs auf Grundrechte** wird im Regelfall nicht Erfolg versprechend sein. Eine Verletzung des Eigentumsrechts der Aktionäre der Zielgesellschaft durch Gestattung einer Angebotsunterlage hat das OLG Frankfurt im Wella-Verfahren verneint, da die Entscheidung das durch die Aktie vermittelte Anteilseigentum nicht berühre.[545] Auch bezüglich der Zielgesellschaft scheidet ein Eingriff in Art. 14 Abs. 1 GG durch Gestattung einer Angebotsunterlage aus, da die Aktionäre über den Erfolg einer Übernahme entscheiden und die Gesellschaft kein eigenständiges Interesse an ihrer Existenz hat.[546] Schließlich wird auch eine Verletzung der aus Art. 2 Abs. 1 GG hergeleiteten Wettbewerbsfreiheit eines Mitbieters durch begünstigende Verfügungen gegenüber einem Mitbewerber aufgrund der äußerst restriktiven Auslegung dieses Grundrechts regelmäßig nicht vorliegen.[547]

---

538 Zehetmeier-Müller/Grimmer, in: Geibel/Süßmann, WpÜG, § 48 Rn. 22.
539 Schüppen/Schweizer, in: Haarmann/Schüppen, WpÜG, § 48 Rn. 13.
540 KölnerKomm-WpÜG/Pohlmann, § 48 Rn. 42; Möller, in: Assmann/Pötzsch/Schneider, WpÜG, § 48 Rn. 21 f; MünchKomm-AktG/Bauer, § 48 WpÜG Rn. 24; Noack, in: Schwark, Kapitalmarktrechts-Kommentar, § 48 WpÜG Rn. 20; OLG Frankfurt, ZIP 2003, 1392 f. (Wella).
541 Steinmeyer/Häger, WpÜG, § 48 Rn. 59; Möller, in: Assmann/Pötzsch/Schneider, WpÜG, § 48 Rn. 50; Schüppen/Schweizer, in: Haarmann/Schüppen, WpÜG, § 48 Rn. 29.
542 Näher zum Rechtsschutz Dritter Cahn, ZHR 2003, 285; Ihrig, ZHR 2003, 314; Möller, ZHR 2003, 301; Seibt, ZIP 2003, 1865; von Riegen, Der Konzern 2003, 583; Uechtritz/Wirth, WM 2004, 410; Nietsch, BB 2003, 2581.
543 Kopp/Schenke, VwGO, § 42 Rn. 83 ff.
544 KölnerKomm-WpÜG/Giesberts, § 41 Rn. 30; Süßmann, in: Geibel/Süßmann, WpÜG, § 41 Rn. 8; Möller, in: Assmann/Pötzsch/Schneider, WpÜG, § 48 Rn. 23 ff.; Schüppen/Schweizer, in: Haarmann/Schüppen, WpÜG, § 48 Rn. 11 ff.; a.A.: wohl Steinmeyer/Häger, WpÜG, § 41 Rn. 18; kritisch auch Berding, Der Konzern 2004, 771.
545 OLG Frankfurt, ZIP 2003, 1392, 1395.
546 Möller, in: Assmann/Pötzsch/Schneider, WpÜG, § 48 Rn. 33; offen gelassen, da nicht entscheidungserheblich, in BVerfG, WM 2004, 979.
547 KölnerKomm-WpÜG/Giesberts, § 41 Rn. 31 ff.; Möller, in: Assmann/Pötzsch/Schneider, WpÜG, § 48 Rn. 33 ff.

a) Wella-Verfahren

In einer viel beachteten Entscheidung im Rahmen der Übernahme von Wella durch Procter & Gamble hatte sich das OLG Frankfurt mit dem **drittschützenden Charakter der § 11, § 15 Abs. 1 Nr. 2, § 4 Abs. 1 und § 31 Abs. 1 WpÜG** zu beschäftigen.[548]

Der **Entscheidung lag folgender Sachverhalt** zugrunde:

Die Beschwerdeführerinnen hielten Vorzugsaktien an der Wella AG. Procter & Gamble plante, den Aktionären der Wella AG ein freiwilliges Übernahmeangebot zu machen und beantragte daher bei der BaFin die Gestattung der Veröffentlichung der Angebotsunterlage. Der Angebotspreis pro Aktie lag bei 92,25 € für die Stammaktien und bei 65 € für die Vorzugsaktien. Die BaFin gestattete die Veröffentlichung der Angebotsunterlage. Die Beschwerdeführer hielten das Angebot für die Vorzugsaktien für zu niedrig und legten gegen die Gestattungsverfügung Widerspruch ein, der von der BaFin als unzulässig verworfen wurde. Gegen den Widerspruchsbescheid der BaFin wandten sie sich mit der Beschwerde zum OLG Frankfurt.

Das Gericht bestätigte die Auffassung der BaFin, die Beschwerdeführerinnen seien nicht antragsbefugt, da sie durch die Gestattungsverfügung nicht in eigenen Rechten verletzt sein könnten. Zwar enthalte das WpÜG etliche Normen, die sich für die Aktionäre vorteilhaft auswirken könnten. Diese seien jedoch lediglich eine Folge der Einführung eines geordneten Verfahrens für Unternehmensübernahmen und sollten nach dem Willen des Gesetzgebers nicht dem einzelnen Aktionär durchsetzbare Rechte eröffnen.[549]

Die anschließend von den Beschwerdeführerinnen erhobene Verfassungsbeschwerde blieb ebenfalls erfolglos, da den für die Bestimmung der Höhe der Gegenleistung maßgeblichen Vorschriften nicht offensichtlich zu entnehmen sei, dass die Gegenleistung auch für Vorzugsaktien der Zielgesellschaft mindestens dem Vorerwerbspreis für die Stammaktien entsprechen müsse. Die Regelung des § 3 Satz 3 WpÜG-AngebotsVO spreche vielmehr für das Gegenteil. Auf die Frage, ob und inwieweit gegenüber Entscheidungen der BaFin Dritte, die am Verfahren vor dieser Behörde nicht beteiligt waren, nach Art. 14 Abs. 1 GG i.V.m. Art. 3 Abs. 1 GG sowie nach Art. 19 Abs. 4 GG Rechtsschutz beanspruchen können, kam es daher nach Ansicht des BVerfG nicht an.[550]

b) ProSiebenSat. 1-Verfahren

Im ProSiebenSat.1-Verfahren hatte das OLG Frankfurt zu entscheiden, ob die Aktionäre der Zielgesellschaft aus § 13 Abs. 2 Satz 2 VwVfG ein **Recht auf Hinzuziehung zu einem Befreiungsverfahren (§ 37 WpÜG) haben**.[551] § 13 Abs. 2 Satz 2 VwVfG regelt den Anspruch eines Dritten auf Hinzuziehung, wenn der Ausgang des Verfahrens rechtsgestaltende Wirkung für ihn hat.

Die **Entscheidung beruhte auf folgendem Sachverhalt**:

Der Befreiungsantrag nach § 37 WpÜG i.V.m. § 9 Satz 1 Nr. 3 WpÜG-AngebotsVO betraf die geplante Übernahme von ca. 72 % der Stammaktien der ProSiebenSat.1 Media AG durch den US-Investor Haim Saban (bzw. die Saban Capital Group) aus der im Jahr 2002 zusammengebrochenen Kirch-Gruppe aufgrund eines im März 2003 mit dem Insolvenzverwalter der KirchMedia geschlossenen Aktienkaufvertrags. Haim Saban wollte trotz des Kontrollerwerbs vermeiden, den anderen Stamm- und Vorzugsaktionären der Gesellschaft ein Pflichtangebot zu unterbreiten, und stellte daher bereits vor dem Erwerb vorsorglich einen Antrag auf Befreiung vom Pflichtangebot. Gestützt wurde dieser Antrag (offenbar) darauf, dass die geplante Übernahme der ProSiebenSat.1-Aktien im Zusammenhang mit der Sanierung der ProSiebenSat.1 Media AG erfolge. Eine US-amerikanische Investorengruppe, die knapp über 8 % der Vorzugsaktien hielt und offenbar (berechtigte) Zweifel an der Sanierungsbedürftigkeit der ProSiebenSat.1 Media AG hatte, beantragte bei der BaFin erfolglos die Hinziehung zum Befreiungsverfahren. Hiergegen wandte sich der Antragsteller im Wege des einstweiligen Rechtsschutzes.

---

548 OLG Frankfurt, ZIP 2003, 1392 ff.
549 OLG Frankfurt, ZIP 2003, 1392, 1393 mit Urteilsbesprechung Seibt, ZIP 2003, 1865.
550 BVerfG, WM 2004, 979.
551 OLG Frankfurt, ZIP 2003, 1297 ff.

Das OLG Frankfurt lehnte eine rechtsgestaltende Wirkung der Befreiungsentscheidung für Aktionäre der Zielgesellschaft mit dem Argument ab, eine Befreiungsentscheidung lasse die Aktionärsstellung unberührt. § 35 WpÜG sehe kein subjektives Recht des Aktionärs auf Abgabe eines Pflichtangebots vor, denn die Vorschrift schütze die Aktionäre lediglich in ihrer Gesamtheit, nicht jedoch Einzelinteressen individueller Anleger.[552] Der dem Befreiungsantrag zugrunde liegende Aktienkaufvertrag vom 17.3.2003 wurde daraufhin aufgehoben. Nachdem am 8.8.2003 ein neuer Aktienkaufvertrag geschlossen worden war, unterbreitete die von der Saban Capital Group kontrollierte P7S1 Holding L.P. den Aktionären der ProSiebenSat.1 Media AG im Oktober 2003 ein Pflichtangebot.

VIII. Übernahmerechtlicher Squeeze-out und Sell-out

1. Gesellschaftsrechtlicher Squeeze-out

316 Das AktG sieht in den §§ 327 ff. AktG die Möglichkeit eines sog. Squeeze-out vor. Nach § 327a Abs. 1 AktG kann die Hauptversammlung einer AG oder KGaA auf Verlangen eines Aktionärs, dem 95 % des Grundkapitals einer AG oder KGaA gehören (Hauptaktionär), die Übertragung der Aktien der übrigen Aktionäre (Minderheitsaktionäre) auf den Hauptaktionär gegen Gewährung einer angemessenen Barabfindung beschließen.[553] Der Hauptaktionär hat damit die Möglichkeit, **Minderheitsaktionäre gegen Gewährung einer angemessenen Barabfindung aus der Gesellschaft auszuschließen.** Nach § 327b Abs. 1 Satz 1 AktG wird die Höhe der Barabfindung durch den Hauptaktionär festgesetzt. Grundlage für diese Festsetzung ist nach anerkannter Praxis eine Unternehmensbewertung nach dem Standard IDW S 1 (Grundsätze zur Durchführung von Unternehmensbewertungen) vom 18.10.2005 des Instituts der Wirtschaftsprüfer, die dazu dient, den objektiven Wert des Unternehmens zu bestimmen.[554]

317 Eine **Anfechtung des Übertragungsbeschlusses der Hauptversammlung** kann zwar nicht darauf gestützt werden, dass die vom Hauptaktionär festgesetzte Barabfindung nicht angemessen ist (§ 327f Abs. 1 Satz 1 AktG). Gleichwohl kann die Durchführung eines Squeeze-out – trotz des zur Verfügung stehenden Freigabeverfahrens (§ 327e Abs. 2 AktG i.V.m. § 319 Abs. 6 AktG) – durch eine Anfechtung des Übertragungsbeschlusses erheblich verzögert werden. Darüber hinaus unterliegt die Höhe der festgesetzten Barabfindung der gerichtlichen Überprüfung in einem Spruchverfahren (§ 327f Abs. 1 Satz 2 AktG i.V.m. § 1 Nr. 3 SpruchG), das sich über mehrere Jahre hinziehen kann und weitere Kosten verursacht.

2. Übernahmerechtlicher Squeeze-out

318 Neben diesen gesellschaftsrechtlichen Squeeze-out tritt nunmehr nach Umsetzung von Art. 15 der Übernahmerichtlinie ein übernahmerechtlicher Squeeze-out.[555] § 39a WpÜG ermöglicht dem Bieter nach Durchführung eines Übernahme- oder Pflichtangebots, innerhalb einer Dreimonatsfrist die verbliebenen Aktionäre der Zielgesellschaft auszuschließen.[556]

a) Erforderliche Beteiligungsquote

319 Voraussetzung für den übernahmerechtlichen Squeeze-out ist nach § 39a Abs. 1 WpÜG, dass dem Bieter nach Durchführung des Übernahme- oder Pflichtangebots mindestens **95 % des stimmberechtigten Grundkapitals der Zielgesellschaft gehören.**

320 Eine besondere Regelung sieht § 39a Abs. 1 Satz 2 WpÜG für den Fall vor, dass die Zielgesellschaft nicht nur über stimmberechtigte Stammaktien, sondern auch über stimmrechtslose Vorzugsaktien verfügt.

---

552 OLG Frankfurt, ZIP 2003, 1297, 1289, zustimmend: Möller, in: Assmann/Pötzsch/Schneider, WpÜG, § 48 Rn. 39, siehe dazu auch Seibt, ZIP 2003, 1865 und Zschocke/Rahlf, DB 2003, 1375.
553 Zu den Möglichkeiten der Bildung eines Hauptaktionärs siehe Maslo, NZG 2004, 163.
554 Für die Durchführung eines gesellschaftsrechtlichen Squeeze-out siehe die Checklisten von Vossius, ZIP 2002, 511.
555 Näher zur Übernahmerichtlinie und ihren Auswirkungen Hasselbach, ZGR 2005, 387; Seibt/Heiser, ZGR 2005, 201; kritisch zur Umsetzung der Richtlinie Schüppen, BB 2006, 165; Kann/Just, DStR 2006, 328.
556 Ausführlich dazu Austmann/Mennicke, NZG 2004, 846; Hasselbach, ZGR 2005, 387.

Gehören dem Bieter nach Durchführung des Übernahme- oder Pflichtangebots nicht nur 95 % der Stimmrechte, sondern zugleich Aktien i.H.v. 95 % des Grundkapitals der Zielgesellschaft, sind ihm nach § 39a Abs. 1 Satz 2 WpÜG auf Antrag die übrigen Vorzugsaktien ohne Stimmrecht zu übertragen.

Damit ist gewährleistet, dass der Bieter das gesamte Grundkapital der Zielgesellschaft erwerben kann. Der Bieter hat jedoch die Wahl und kann das Ausschlussrecht bei Begebung mehrerer Aktiengattungen für jede Gattung gesondert zur Anwendung bringen.[557]

Erreicht der Bieter die erforderliche Stimmrechtsquote, sind ihm auf seinen Antrag beim ausschließlich zuständigen LG Frankfurt die übrigen stimmberechtigten Aktien gegen Gewährung einer angemessenen Abfindung **durch einen mit Gründen versehenen Gerichtsbeschluss zu übertragen**, gegen den allein die sofortige Beschwerde zum OLG Frankfurt statthaft ist (§ 39b Abs. 3 WpÜG). | 321

Unerheblich ist, auf welche Weise der Bieter die erforderlichen Mehrheiten erreicht. Sie müssen nicht auf der Annahme des Angebots beruhen. So kann der Bieter die für den Ausschluss erforderlichen Schwellenwerte auch durch Transaktionen mit einzelnen Aktionären, z.B. durch Paketerwerbe außerhalb des formellen Angebotsverfahrens, erreicht haben. **Voraussetzung ist** allerdings, dass diese Transaktionen in engem zeitlichen Zusammenhang mit dem Übernahme- oder Pflichtangebot stehen. | 322

> **Hinweis:**
> Bei einem Aktienerwerb aufgrund eines bloßen Aufstockungsangebots, also eines Angebots, das aus einer bestehenden Kontrollbeteiligung heraus erfolgt, ist der Bieter hingegen nicht zum Squeeze-out nach § 39a WpÜG berechtigt. Auch anderen Aktionären, die aufgrund eines sonstigen Erwerbsangebots oder einer geänderten Eigentümerstruktur die Aktienmehrheit in der Gesellschaft erhalten haben, ist der Weg zum übernahmerechtlichen Squeeze-out verschlossen.[558]

b) Art der Abfindung

Die Art der Abfindung hat nach § 39a Abs. 3 WpÜG der **Gegenleistung des Übernahme- oder Pflichtangebots** zu entsprechen. Eine Geldleistung ist allerdings stets wahlweise anzubieten, selbst wenn es sich bei dem vorangegangenen Angebot um ein reines Tauschangebot handelte. Dabei ist die im Rahmen des Übernahme- oder Pflichtangebots gewährte Gegenleistung als angemessene Abfindung anzusehen, wenn der Bieter aufgrund des Angebots Aktien i.H.v. mindestens 90 % des vom Angebot betroffenen Grundkapitals erworben hat. Hierbei handelt es sich um eine unwiderlegliche gesetzliche Vermutung. | 323

Gegenüber dem gesellschaftsrechtlichen Squeeze-out nach §§ 327a ff. AktG beinhaltet diese Regelung eine ganz erhebliche Erleichterung, da eine zeit- und kostenaufwendige Unternehmensbewertung nach dem Standard IDW S1 nicht erforderlich ist. Es darf allerdings nicht verkannt werden, dass die Schwelle von 90 % des vom Angebot betroffenen Grundkapitals eine hohe Hürde darstellt.

> **Hinweis:**
> Unklar ist, wie der übernahmerechtliche Squeeze-out durchzuführen ist, wenn der Bieter aufgrund des Angebots nicht mindestens 90 % des vom Angebot betroffenen Grundkapitals erworben hat. Da in einem solchen Fall keine unwiderlegliche Vermutung für eine angemessene Abfindung besteht, müsste diese nach allgemeinen Grundsätzen, d.h. auf der Grundlage eines Ertragswertgutachtens, berechnet werden. Dies würde voraussichtlich mit einer analogen Anwendung des Spruchverfahrensgesetzes (SpruchG) einhergehen, wodurch die Wirksamkeit des Squeeze-out voraussichtlich für mehrere Jahre in der Schwebe bliebe.[559]

---

557 Begr. RegE zum Übernahmerichtlinie-Umsetzungsgesetz, BR-Drucks. 154/06, S. 41.
558 Begr. RegE zum Übernahmerichtlinie-Umsetzungsgesetz, BR-Drucks. 154/06, S. 40.
559 Vgl. dazu die Stellungnahme des Handelsrechtsausschusses des DAV zum DiskE des Übernahmerichtlinie-Umsetzungsgesetzes, NZG 2006, 217, 220.

324 Die **Annahmequote** ist für stimmberechtigte Aktien und stimmrechtslose Aktien getrennt zu ermitteln. Wenn das Übernahme- oder Pflichtangebot keine bare Gegenleistung vorsieht, entspricht die Abfindung dem **Preis der als Gegenleistung angebotenen Aktien**. Dieser Preis ist entsprechend den Vorschriften über den Angebotspreis in der WpÜG-AngebotsVO und entsprechend § 31 Abs. 4 WpÜG zu ermitteln.[560]

c) Verhältnis zum gesellschaftsrechtlichen Squeeze-out

325 Der gesellschaftsrechtliche Squeeze-out nach §§ 327a ff. AktG bleibt von den Regelungen im WpÜG grds. unberührt. Daher steht es dem Bieter frei, sofern er Hauptaktionär i.S.d. AktG ist, im Anschluss an ein Angebotsverfahren zwischen beiden Ausschlussverfahren zu wählen. **Nicht zulässig** ist jedoch die gleichzeitige Durchführung des aktienrechtlichen und übernahmerechtlichen Verfahrens (§ 39a Abs. 6 WpÜG). Ein aktienrechtlicher Squeeze-out ist nicht mehr möglich, sobald der Bieter einen Antrag auf Ausschluss nach § 39a WpÜG gestellt hat. Ist das übernahmerechtliche Verfahren beendet, kann der Bieter wieder auf das aktienrechtliche Verfahren zurückgreifen.[561]

326 Auch wenn im Vergleich zum zeitlich unbefristeten aktienrechtlichen Ausschluss die Ausübung des übernahmerechtlichen Squeeze-out an die Frist von drei Monaten nach Ablauf der Annahmefrist gebunden ist, kann dieser **aufgrund der Ausgestaltung des Verfahrens** für den Bieter attraktiv sein. Durch das Antragsverfahren wird ein zügiger und kostengünstiger Ausschluss verbleibender Aktionäre ermöglicht. Langjährige gerichtliche Auseinandersetzungen im Spruch- oder Klageverfahren infolge der Anfechtung von Hauptversammlungsbeschlüssen werden hierdurch vermieden. Der Mehrheitsaktionär ist nunmehr in der Lage, notwendige Umstrukturierungen ohne große zeitliche Verzögerungen durchzusetzen.[562]

3. Übernahmerechtlicher Sell-out

327 Zusätzlich zum übernahmerechtlichen Squeeze-out wird zur Umsetzung von Art. 16 der Übernahmerichtlinie in § 39c WpÜG ein **Andienungsrecht** (Sell-out) eingeführt. Danach können die Aktionäre einer Zielgesellschaft, die ein Übernahme- oder Pflichtangebot nicht angenommen haben, das Angebot innerhalb von drei Monaten nach Ablauf der Annahmefrist annehmen, sofern der Bieter berechtigt ist, einen Antrag nach § 39a WpÜG zu stellen.

328 Das Andienungsrecht dient dem **Schutz der nach einem Übernahme- oder Pflichtangebot verbleibenden Aktionäre**. Diesen wird bei Erreichen der Squeeze-out-Schwelle noch nach Ablauf der Annahmefrist die Möglichkeit einer Andienung gegeben. Dadurch wird der Druck, das Angebot während der Annahmefrist anzunehmen, vermindert.[563]

---

560 Begr. RegE zum Übernahmerichtlinie-Umsetzungsgesetz, BR-Drucks. 154/06, S. 42.
561 Begr. RegE zum Übernahmerichtlinie-Umsetzungsgesetz, BR-Drucks. 154/06, S. 43.
562 Begr. RegE zum Übernahmerichtlinie-Umsetzungsgesetz, BR-Drucks. 154/06, S. 23.
563 Begr. RegE zum Übernahmerichtlinie-Umsetzungsgesetz, BR-Drucks. 154/06, S. 24; näher zum Sell-out auch Hasselbach, ZGR 2005, 387, 390; Austmann/Mennicke, NZG 2004, 846, 854.

IX. Grafische Darstellung zum Ablauf eines Übernahmeangebots

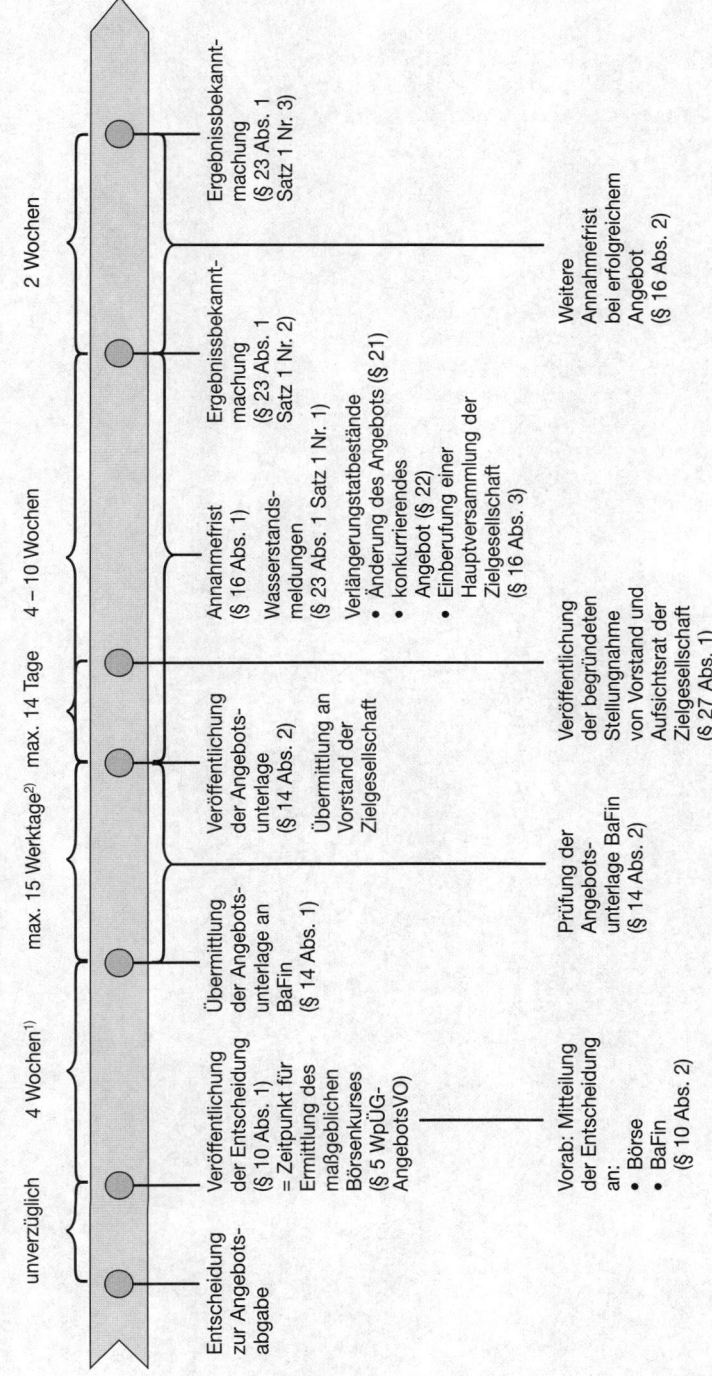

20. Kapitel: Insolvenz- und Strafrecht

Inhaltsverzeichnis

		Rn.
A.	**Einführung, Definition und Verlauf der Unternehmenskrise**	1
I.	Haftungsverschärfung bei Kriseneintritt	1
II.	Definition der Unternehmenskrise	5
	1. Betriebswirtschaftlicher Begriff der Unternehmenskrise	6
	2. Insolvenzrechtlicher Begriff der Unternehmenskrise	7
	3. Strafrechtlicher Begriff der Unternehmenskrise	8
	4. Krisenbegriff i.S.d. Kapitalersatzrechts	9
III.	Typischer Verlauf der Unternehmenskrise	10
IV.	Verpflichtung zur Einrichtung eines Krisenfrühwarnsystems?	13
B.	**Insolvenzsituation: Sicher erkennen und kurzfristig beseitigen**	14
I.	Überschuldung	15
	1. Definition	16
	2. Überschuldungsstatus	18
	a) Erstellung des Überschuldungsstatus, Positionen im Überschuldungsstatus	18
	aa) Aktivseite	20
	bb) Passivseite	21
	b) Wertansätze im Überschuldungsstatus – Fortführungsprognose	22
	c) Zeitpunkt, zu welchem zwingend eine Überschuldungsprüfung vorzunehmen ist	26
II.	Zahlungsunfähigkeit	27
	1. Definition	28
	a) Ernstlich eingeforderte Geldschulden	30
	b) Wesentlicher Teil der bei Fälligkeit nicht bezahlbaren Verbindlichkeiten	31
	c) Dauernder Mangel an Zahlungsmitteln	34
	2. Liquiditätsbilanz, Liquiditätsplan	37
	3. Einzelfragen im Zusammenhang mit der Zahlungsunfähigkeitsprüfung	40
III.	Drohende Zahlungsunfähigkeit	45
IV.	Sofortmaßnahmen zur Beseitigung der Überschuldung	48
	1. Kapitalerhöhung	48
	a) Barkapitalerhöhung	49
	aa) Freie Verfügbarkeit des Bareinlagebetrags	49
	(1) Zeitpunkt	49
	(2) Hin- und Herzahlen, Rückzahlung als Darlehen, Cash-Pool	50
	bb) Keine Zahlung unmittelbar an Gläubiger der Gesellschaft, debitorisches Konto	56
	cc) Keine Aufrechnung	58
	dd) Voreinzahlung	60
	ee) Richtiges Konto	63
	ff) Darlegungs- und Beweislast	65
	b) Sonstige Erhöhung des Eigenkapitals	68
	c) Kapitalschnitt	70
	d) Sacheinlage	71
	aa) Voraussetzungen	72
	bb) Einlagegegenstand	74
	cc) Durchführung	76
	dd) Typische Probleme	77
	e) Umwandlung von Verbindlichkeiten in Stammkapital (Debt-equity-swap)	78
	f) Verdeckte Sacheinlage	82
	aa) Tatbestand, Konstellationen, Beweislast und Beispiele	82
	bb) Rechtsfolgen	86
	cc) Heilung und Rückabwicklung	88
	2. Harte Patronatserklärung	91
	a) Patronatserklärung gegenüber dem Schuldner	92
	b) Patronatserklärung gegenüber einem Gläubiger des Schuldners	94
	c) „Weiche" Patronatserklärung	95
	d) Beseitigung der Überschuldung	96
	3. Rangrücktrittsvereinbarung	99
	a) Rechtscharakter und erforderliche Rangrücktrittstiefe	99
	b) Inhalt/Elemente einer Rangrücktrittsvereinbarung	103
	c) Steuerrechtliche Behandlung des Rangrücktritts beim Schuldner	104
	4. Forderungsverzicht	105
V.	Beseitigung der Zahlungsunfähigkeit	108
	1. Neuaufnahme von Krediten	109
	2. Verwertung des Anlagevermögens	111
	3. Verwertung des Umlaufvermögens	112
	4. Stundungsvereinbarung	113
C.	**Vermeidung von Straftaten**	115
I.	Straftaten im Zusammenhang mit dem Handels- und Gesellschaftsrecht	115
	1. Gründungsschwindel, falsche Angaben im Zusammenhang mit Registereintragungen (z.B. § 82 GmbHG, § 399 AktG)	115
	2. Untreue zulasten der Gesellschaft	116
	3. Weitere Straftaten	117
II.	„Typische" Straftaten in der Krise der Gesellschaft	118
	1. Allgemeine Straftatbestände	119
	a) Betrug (§ 263 StGB)	119

b) Kreditbetrug (§ 265b StGB) 120
c) Untreue (§ 266 StGB) 121
d) Vorenthalten von Sozialversicherungsbeiträgen (§ 266a StGB) 122
e) Nichteinberufung der Gesellschafter-/Hauptversammlung bei Verlust der Hälfte des Stamm-/Grundkapitals (§§ 49 Abs. 3, 84 GmbHG und §§ 92 Abs. 1, 401 AktG) 123
2. Spezielle Insolvenzdelikte 124
a) Bankrott (§ 283 StGB) 124
b) Verletzung der Buchführungspflichten (§ 283b StGB) 125
c) Gläubigerbegünstigung (§ 283c StGB).. 126
d) Objektive Strafbarkeitsbedingung 127
e) Insolvenzverschleppung (z.B. § 84 Abs. 1 GmbHG, § 130b HGB, § 401 Abs. 1 Nr. 2 AktG) 128
III. Strafrechtliche Risiken bei „übertragender Sanierung" in der Krise 129
IV. Gefahren für Berater als Beteiligte an Straftaten 132
1. Täterschaft und Teilnahme 132
2. Mitwirkung bei übertragender Sanierung .. 135
3. Insolvenzverschleppung 137
4. Buchführungs-, Bilanzierungsdelikte, Verletzung der Berichtspflicht 139
5. Gläubigerbegünstigung (§ 283c StGB) 141
6. Vorenthaltung von Sozialversicherungsbeiträgen (§ 266a StGB) und Steuerhinterziehung (§ 370 AO) 142
7. Betrug (§ 263 StGB) und Kreditbetrug (§ 265b StGB) 143
8. Sanierungsschwindel 144
D. Haftungsgefahren in Krise und Insolvenz des Unternehmens 145
I. Haftungsgefahren für Gesellschafter 145
1. Kapitalaufbringung 146
a) Verweis auf Ausführungen zur Kapitalerhöhung 147
b) GmbH & Co. KG 152
c) GmbH & Still 153
d) Verjährung 154
e) Haftung für Falschangaben 156
2. Kapitalaufbringung bei Mantel- und Vorratsgesellschaft, wirtschaftliche Neugründung 158
a) Wirtschaftliche Neugründung 159
b) Registergerichtliche Kontrolle 160
c) (Erneute) Kapitalaufbringung, Haftung der Gesellschafter 161
3. Vorbelastungs-/Differenzhaftung 164
4. Kapitalerhaltung, verbotene Rückzahlung des Stamm-/Grundkapitals 168
a) Tatbestandsvoraussetzungen 169
b) Darlehensgewährung durch die Gesellschaft an den Gesellschafter aus gebundenem Vermögen 176

c) Verbotene Stammkapitalauszahlung bei Cash-Pool?..................... 177
d) Rechtsfolgen 180
e) Verjährung und Sonstiges 183
f) Rückzahlung der Hafteinlage bei der KG 186
g) Rückzahlungen bei GmbH & Co. KG... 187
5. Umgehung der Kapitalaufbringungs- und -erhaltungsvorschriften durch ausländische („europäische") Kapitalgesellschaften?.... 188
a) Niederlassungsfreiheit 188
b) Persönliche Haftungsgefahren für Gesellschafter/Geschäftsführer 189
6. Unterkapitalisierung, Durchgriffshaftung, existenzvernichtender Eingriff 192
a) Unterkapitalisierung 193
b) Deliktische Verschuldenshaftung nach § 826 BGB 194
c) Existenzvernichtender Eingriff 195
aa) Tatbestand 195
bb) Betroffener Personenkreis 197
cc) Rechtsfolge 198
dd) Darlegungs- und Beweislast...... 201
ee) Steuerrechtliche Behandlung 202
d) Durchgriffshaftung wegen Vermögensvermischung..................... 203
7. Eigenkapitalersatzhaftung 204
a) Gesetzliche Regelung und Rechtsprechungsregeln 204
b) Rechtsfolgen des Eigenkapitalersatzes .. 205
c) Voraussetzungen: Wirksamkeit der Gesellschafterleistung, Krise der Gesellschaft, Beweiserleichterung........... 206
d) Gesellschafterstellung des Darlehensgebers, gleichgestellte Dritte 211
e) Gewähren oder Stehenlassen eines Darlehens bei Eintritt der Krise 215
f) Gewähren oder Stehenlassen eigenkapitalersetzender Sicherheiten 218
g) Gewähren oder Stehenlassen eigenkapitalersetzender Nutzungsüberlassung 221
h) Eigenkapitalersetzende Dienstleistungen? 226
i) Kleingesellschafterprivileg 227
j) Sanierungsprivileg 228
k) Sonstiges, GmbH & Co. KG, AG 231
l) Änderungen durch das MoMiG....... 234
II. Haftungsgefahren für Geschäftsleiter 235
1. Allgemeines 236
2. Relevante Haftungstatbestände der Innenhaftung 242
a) Verbotene Stammkapitalausschüttung .. 242
b) Haftung für existenzgefährdende Eingriffe 243
c) Verbotene Zahlungen an Gläubiger der Gesellschaft 244
aa) Maßgeblicher Zeitpunkt 245
bb) Sorgfaltsmaßstab, Beweislast..... 246
cc) Masseverkürzung 248

dd) Weitere Voraussetzung – Eröffnung des Insolvenzverfahrens 249
ee) Beispiele für verbotene Zahlungen des Geschäftsführers............. 250
ff) Vorbehaltsurteil, Verhältnis zu Insolvenzanfechtung................. 251
gg) Verschärfung durch das MoMiG ... 252
d) Schadensersatzpflicht bei Nichteinberufung der Gesellschafter-Hauptversammlung bei Verlust der Hälfte des Stamm-/Grundkapitals................ 253
e) Haftung für existenzvernichtende Eingriffe 254
3. Relevante Haftungstatbestände der Außenhaftung................................ 255
a) Insolvenzverschleppung 255
aa) Sorgfaltsmaßstab, Beginn der Drei-Wochen-Frist 258
bb) Beweislastverteilung............. 260
cc) Umfang der Schadensersatzansprüche 261
dd) Einzelfälle..................... 264
ee) Weiterer Haftungstatbestand 265
b) Nicht abgeführte Sozialversicherungsbeiträge 266
aa) Tatbestand..................... 266
bb) Vorsatz 270
cc) Schaden 271
dd) Beweislast..................... 273
ee) Verantwortlicher Arbeitgeber/Geschäftsführer 274
ff) Verhältnis zu verbotenen Zahlungen (§ 64 Abs. 2 GmbHG, § 92 Abs. 3 AktG) 277
c) Haftung wegen unterlassener Insolvenzsicherung von Altersteilzeit – Wertguthaben?............................. 279
d) Rückständige Steuern 280
aa) Lohnsteuer 281
(1) Persönliche Haftung auch bei insolvenzrechtlicher Anfechtbarkeit der hypothetischen Zahlung? 283
(2) Persönliche Haftung auch bei Kollision einer hypothetischen Lohnsteuerzahlung mit § 64 Abs. 2 GmbHG? 284
bb) Körperschaft-, Gewerbe-, pauschalierte Lohn- und Umsatzsteuer 285
E. **Vermeidung von Insolvenzanfechtung**...... 290
I. Allgemeines 290
1. Voraussetzungen 291
a) Eröffnung des Insolvenzverfahrens 291
b) Gläubigerbenachteiligung 292

c) Keine Gläubigerbenachteiligung bei Einzug wirksam abgetretener Forderung durch den Zessionar?........ 298
d) Keine Gläubigerbenachteiligung bei Verwertung beweglichen Sicherungsguts durch den Sicherungsnehmer?........ 301
2. Gegenstand der Anfechtung............. 302
3. Rechtsfolge der Anfechtung 303
4. Fristberechnung, Geltendmachung, Verjährung; nahe stehende Personen, Bargeschäft 304
II. Anfechtungstatbestände................... 305
1. Kongruente Deckung (§ 130 InsO) 305
a) Anfechtbare Rechtshandlungen........ 305
b) Kenntnis des Gläubigers 306
c) Entscheidungen zur Kenntnis einzelner Gruppen von Gläubigern/Anfechtungsgegnern 307
aa) Lieferanten 307
bb) Kreditinstitute.................. 308
cc) Sozialversicherungen 309
dd) Finanzamt..................... 310
2. Inkongruente Deckung (§ 131 InsO) 312
a) Inkongruente Deckungen im Allgemeinen 313
b) Inkongruenz bei Sicherung oder Befriedigung durch Zwangsvollstreckung..... 314
c) Inkongruenz bei Sicherung oder Befriedigung aufgrund vom Gläubiger angedrohter Vollstreckung oder angedrohter Insolvenzantragstellung............... 315
d) Erlangung von Sicherheiten, Pfandrecht 316
3. Unmittelbar nachteilige Rechtshandlungen (§ 132 InsO)......................... 319
4. Vorsätzliche Gläubigerbenachteiligung (§ 133 Abs. 1 InsO) 320
a) Rechtshandlungen des Schuldners 321
b) Benachteiligungsvorsatz des Schuldners 322
c) Beweisanzeichen für Benachteiligungsvorsatz des Schuldners aus Inkongruenz 326
d) Kenntnis des anderen Teils vom Benachteiligungsvorsatz des Schuldners....... 329
5. Unentgeltliche Leistung (§ 134 Abs. 1 InsO) 330
6. Kapitalersetzende Darlehen (§ 135 InsO) .. 335
7. Kurzer Exkurs zu Verrechnung und Aufrechnung 337
F. **Einfluss des Insolvenzverfahrens auf die Gesellschaften**........................ 342
I. Auflösung der Gesellschaft................ 344
II. Stellung der Geschäftsleiter............... 350
III. Stellung der Gesellschafter 355
IV. Gesellschaftsrechtliche Befugnisse des Insolvenzverwalters........................ 356

Kommentare und Gesamtdarstellungen:

Bauer, Rechtsfragen der Unternehmenssanierung, 2005; *Braun/Uhlenbruck*, Unternehmensinsolvenz, 1997; *Buth/ Herrmanns*, Rekonstruierung, Sanierung, Insolvenz, 2. Aufl. 2004; *Eilenberger*, Betriebliche Finanzwirtschaft, 7. Aufl. 2002; *Götker*, Der Geschäftsführer in der Insolvenz der GmbH, RWS-Skript 21, 1999; *Goette*, FS für G. Kreft, 2004; *Gottwald*, Insolvenzrechts-Handbuch, 3. Aufl. 2006; *Jaeger*, Insolvenzordnung, Großkommentar, 2004; *Kilger/ K. Schmidt*, Insolvenzgesetze KO, VerglO, GesO, 17. Aufl. 1997; *Münchener Kommentar zur Insolvenzordnung*, Bd. 1, 2001; *Pannen/Deuchler/Kahlert/Undritz*, Sanierungsberatung, RWS-Skript 339, 2005; *Picot*, Unternehmenskauf und Restrukturierung, 3. Aufl. 2004; *Roth/Altmeppen*, Kommentar zum GmbH-Gesetz, 5. Aufl. 2005; *Runkel*, Anwaltshandbuch Insolvenzrecht, 2005; *Schmidt/Uhlenbruck*, Die GmbH in Krise, Sanierung und Insolvenz, 3. Aufl. 2003; *Scholz*, Kommentar zum GmbH-Gesetz, 10. Aufl. 2006; *Uhlenbruck*, Insolvenzordnung, Kommentar, 12. Aufl. 2002.

Aufsätze und Rechtsprechungsübersichten:

Aldenhoff/Kuhn, § 266 StGB – Strafrechtliches Risiko bei der Unternehmenssanierung durch Banken?, ZIP 2004, 103; *Altmeppen*, Ausfall- und Verhaltenshaftung des Mitgesellschafters in der GmbH, ZIP 2002, 961; *ders.*, Die Grenzen der Zulässigkeit des Cash Pooling, ZIP 2006, 1025; *ders.*, Fortschritte im modernen Verjährungsrecht, DB 2002, 514; *ders.*, Insolvenzverschleppungshaftung Stand 2001, ZIP 2001, 2201; *ders.*, Schutz vor europäischen Kapitalgesellschaften, NJW 2004, 97; *ders.*, Zur Entwicklung eines neuen Gläubigerschutzkonzeptes in der GmbH, ZIP 2002, 1553; *ders.*, Zur Mantelverwendung in der GmbH, NZG 2003, 145; *Altmeppen/Wilhelm*, Quotenschaden, Individualschaden und Klagebefugnis bei der Verschleppung des Insolvenzverfahrens über das Vermögen der GmbH, NJW 1999, 673; *Altrichter-Herzberg*, Steuerliche Aspekte der verdeckten Sacheinlage bei der GmbH, GmbHR 2004, 1188; *Bärwaldt/Balda*, Praktische Hinweise für den Umgang mit Vorrats- und Mantelgesellschaften – Teil 1: Vorratsgesellschaften, GmbHR 2004, 50; *Bauer*, Ausdehnung der Vorsatzanfechtung durch die Rechtsprechung des BGH, ZInsO 2004, 594; *ders.*, Haftungsdilemma des Geschäftsführers/Vorstandes bei Eintritt der Insolvenz der GmbH/AG – Vorenthalten von Arbeitnehmeranteilen zur Sozialversicherung oder verbotene Zahlung?, ZInsO 2004, 645; *ders.*, Haftungsgefahren in Krise und Sanierung des Unternehmens, ZInsO 2002, 153; *Bayer*, Neue und neueste Entwicklungen zur verdeckten GmbH-Sacheinlage, ZIP 1998, 1985; *Bayer*, Unwirksame Leistungen auf die Stammeinlage und nachträgliche Erfüllung, GmbHR 2004, 445; *Bayer/Graff*, Das neue Eigenkapitalersatzrecht nach dem MoMiG, DStR 2006, 1654; *Bayer/Lieder*, Der Entwurf des MoMiG und die Auswirkungen auf das Cash-Pooling, GmbHR 2006, 1121; *dies.*, Ersatz des Vertrauensschadens wegen Insolvenzverschleppung und Haftung des Teilnehmers, WM 2006, 1; *dies.*, Kapitalaufbringung im Cash-Pool, GmbHR 2006, 449; *Beckemper*, Untreuestrafbarkeit des GmbH-Gesellschafters bei einverständlicher Vermögensverschiebung, GmbHR 2005, 592; *Beiner/Luppe*, Insolvenzanfechtung bei Forderungserwerb aus Sicherungsglobalzession, NZI 2005, 15; *Bender*, Das Ende klassischer Konzernfinanzierungen durch die jüngere BGH-Rechtsprechung?, BB 2005, 1492; *Benecke*, Der Erstattungsanspruch nach § 31 Abs 1 GmbHG bei anderweitig aufgefülltem Stammkapital, ZIP 2000, 1969; *dies.*, Existenzvernichtender Eingriff statt qualifiziert faktischer Konzern: Die neue Rechtsprechung des BGH zur Haftung von GmbH-Gesellschaftern, BB 2003, 1190; *Benecke/Geldsetzer*, Wann verjähren Einlageforderungen von Kapitalgesellschaften?, NZG 2006, 7; *Berger/Herbst*, Pflicht zur Abführung von Sozialversicherungsbeiträgen: zwischen Scylla und Charybdis – § 266a StGB versus § 64 Abs. 2 GmbHG, BB 2006, 437; *Berndt*, Bilanzielle Behandlung von Rangrücktrittsvereinbarungen, BB 2006, 2744; *Bilsdorfer*, Die steuerstraf- und bußgeldrechtliche Verantwortlichkeit des steuerlichen Beraters, NWB Fach 13, Heft 3 2001, 975; *Bisson*, Die Strafbarkeit des Geschäftsführers oder Liquidators einer GmbH wegen Insolvenzverschleppung, GmbHR 2005, 843; *Blöse*, Der Umfang der Ausfallhaftung bei Verstoß gegen das Auszahlungsverbot, GmbHR 2002, 1107; *ders.*, Die Geschäftsführer-Haftung für Zahlungen bei Vorliegen von Insolvenzgründen – eine Schadensersatzverpflichtung am Maßstab von Plausibilitäten?, GmbHR 2005, 843; *Blum*, Anfechtung kongruenter Deckungsgeschäfte, ZInsO 2006, 807; *Borges*, Gläubigerschutz bei ausländischen Gesellschaften mit inländischem Sitz, ZIP 2004, 733; *Bork*, Die Renaissance des § 133 InsO, ZIP 2004, 1684; *ders.*, Neues zur eigenkapitalersetzenden Nutzungsüberlassung, NZG 2005, 495; *ders.*, Wie erstellt man eine Fortbestehensprognose?, ZIP 2000, 1709; *Boujong*, Das GmbH-Recht in den Jahren 2000 bis 2002, NZG 2003, 497; *v. Bredow/Schumacher*, Registerkontrolle und Haftungsrisiken bei der Verwendung von GmbH-Mantelgesellschaften, DStR 2003, 1032; *Bremer*, Der Insolvenzgrund der Zahlungsunfähigkeit einer GmbH, GmbHR 2002, 257; *Brinkmann*, Neues Verjährungsrecht contra Gläubigerschutz?, NZG 2002, 855; *Brückl/Kersten*, Unmöglichkeiten der Beitragszahlung bei vorenthaltenen Sozialversicherungsbeiträgen, NJW 2003, 272; *Bruns*, Existenz- und Gläubigerschutz in der GmbH – das Vulkan-Konzept, WM 2003, 815; *Buchta*, Die Haftung des Vorstands einer Aktiengesellschaft – aktuelle Entwicklungen in Gesetzgebung und Rechtsprechung (Teil I und Teil II), DStR 2003, 694, 740; *Burg*, Existenzvernichtungsschutz in der Private Limited Company?, GmbHR 2004, 1379; *v. Busekist*, „Umwandlung" einer GmbH in eine im Inland ansässige EU-Kapitalgesellschaft am Beispiel der englischen Ltd., GmbHR 2004, 650; *Casper/Ullrich*, Zur Reichweite des Sanierungsprivilegs in § 32a Abs 3 S 3 GmbHG, GmbHR 2000, 472; *Dahl*, Neue Verjährungsprobleme im GmbH-Recht als Folge des

Schuldrechtsmodernisierungsgesetzes, NZI 2003, 428; *Dauner-Lieb*, Die Existenzvernichtungshaftung – Schluss der Debatte?, DStR 2006, 2034; *Diem*, Besicherung von Gesellschafterverbindlichkeiten als existenzvernichtender Eingriff des Gesellschafters?, ZIP 2003, 1283; *Dörrie*, Das Sanierungsprivileg des § 32a Abs 3 Satz 3 GmbHG, ZIP 1999, 12; *Drygala*, Abschied vom qualifizierten faktischen Konzern – oder Konzernrecht für alle?, GmbHR 2003, 729; *Drygala/Drygala*, Wer braucht ein Frühwarnsystem?, ZIP 2000, 297; *Eckardt*, Kreditsicherung versus Insolvenzanfechtung, ZIP 1999, 1417; *Ehlers*, Der Eröffnungsgrund der drohenden Zahlungsunfähigkeit, ZInsO 2005, 169; *Ehrig*, Haftung des GmbH-Geschäftsführers für Umsatzsteuerrückstände, GmbHR 2003, 1174; *Eisner*, Kapitalersatz- und Insolvenzverschleppungshaftung im Fall der Scheinauslandsgesellschaft, ZInsO 2005, 20; *Ellers*, Die Zurechnung von Gesellschafterwissen an die GmbH – insbesondere beim gutgläubigen Erwerb eines Sacheinlagegegenstandes, GmbHR 2004, 934; *Emde*, Vorratsgesellschaft und verschleierte Sacheinlage, GmbHR 2003, 1034; *Engert*, Kreditgewährung an GmbH-Gesellschafter und bilanzorientierter Kapitalschutz, BB 2005, 1951; *Falk/Schäfer*, Insolvenz- und gesellschaftsrechtliche Haftungsrisiken der übertragenden Sanierung, ZIP 2004, 1337; *Fastrich*, Optimierung des Gläubigerschutzes bei der GmbH – Praktikabilität und Effizienz, DStR 2006, 656; *Fichtelmann*, Veräußerung von dem Eigenkapitalersatzrecht unterliegenden Gegenständen, GmbHR 2004, 1310; *Fischer*, Die Verlagerung des Gläubigerschutzes vom Gesellschafts- in das Insolvenzrecht nach „Inspire Art", ZIP 2004, 1477; *Fleischer*, Covenants und Kapitalersatz, ZIP 1998, 313; *ders.*, Konzernuntreue zwischen Straf- und Gesellschaftsrecht: Das Bremer Vulkan-Urteil, NJW 2004, 2867; *Förster/Wendland*, Steuerliche Folgen von Gesellschafterdarlehen in der Krise der GmbH, GmbHR 2006, 169; *Freitag*, §§ 30, 31 GmbHG, Bremer Vulkan Urteil und Limitation Language, WM 2003, 805; *Frotscher*, Zur Anfechtung von Lohn- und Umsatzsteuerzahlungen im Vorfeld der Insolvenzeröffnung, BB 2006, 351; *Fuhrmann*, Kreditgewährung an Gesellschafter – Ende des konzernweiten Cash-Managements?, NZG 2004, 552; *Gärtner*, Keine verschleierte Sacheinlage bei Bargründung einer GmbH und unmittelbar folgendem Umsatzgeschäft, GmbHR 2003, 1417; *Geißler*, Die Haftung des faktischen GmbH-Geschäftsführers, GmbHR 2003, 1106; *ders.*, Funktion und Durchführung der vereinfachten Kapitalherabsetzung bei der GmbH, GmbHR 2005, 1102; *ders.*, Ordnungsgemäße Aufbringung der Bareinlage bei der GmbH-Gründung, GmbHR 2004, 1181; *Görner/Kling*, Die Ausfallhaftung des GmbH-Gesellschafters (Teil I und Teil II), GmbHR 2004, 714, 778; *Goette*, Aktuelle Rechtsprechung zum GmbH-Kapitalschutz, DStR 2003, 887; *ders.*, Aus der neueren Rechtsprechung des BGH zum GmbH-Recht, ZIP 2005, 1481; *ders.*, Haftungsfragen bei der Verwendung von Vorratsgesellschaften und leeren GmbH-Mänteln, DStR 2004, 461; *ders.*, Wo steht der BGH nach Centros und Inspire Art?, DStR 2005, 197; *ders.*, Zu den Folgen der Anerkennung ausländischer Gesellschaften mit tatsächlichem Sitz im Inland für die Haftung ihrer Gesellschafter und Organe, ZIP 2006, 541; *ders.*, Zur systematischen Einordnung des § 64 Abs. 2 GmbHG, ZInsO 2005, 1; *Graf*, Neue Strafbarkeitsrisiken für den Wirtschaftsprüfer durch das KonTraG, BB 2001, 562; *Greulich/Bunnemann*, Geschäftsführerhaftung für zur Zahlungsunfähigkeit führende Zahlungen an die Gesellschafter nach § 64 II 3 GmbHG-RefE – Solvenztest im deutschen Recht?, NZG 2006, 681; *Grögler/Urban*, Die „Befreiung" einer Kapitalgesellschaft von lästig gewordenen Pensionsverpflichtungen, DStR 2006, 1389; *Groß*, Die Rechtsprechung des Bundesgerichtshofs zur Haftung des GmbH-Geschäftsführers wegen Nichtabführung von Arbeitnehmerbeiträgen zur Sozialversicherung, ZIP 2001, 945; *Gross/Schork*, Der GmbH-Geschäftsführer im Spannungsverhältnis des Zahlungsverbots nach § 64 II 1 GmbHG und der Strafbarkeit wegen Vorenthaltens von Sozialversicherungsbeiträgen, NZI 2004, 358; *Grothaus/Halberkamp*, Probleme des Cash-Poolings nach der neuen Rechtsprechung des BGH zur Stammkapitalrückgewähr, GmbHR 2005, 1317; *Gundlach/Frenzel/Schirrmeister*, Die Zahlungsfähigkeit als Haftungsfalle für den GmbH-Geschäftsführer, NZI 2003, 418; *Gundlach/Frenzel/Schmidt*, Die Anfechtbarkeit von Forderungseinziehungen durch den Sicherungsnehmer vor Insolvenzeröffnung, NZI 2004, 305; *dies.*, Die Insolvenzanfechtung nach Anzeige einer nicht kostendeckenden Masse durch den Insolvenzverwalter, NZI 2004, 184; *dies.*, Die Zulässigkeit des Sicherheiten-Poolvertrags im Insolvenzverfahren, NZI 2003, 142; *Haas*, Aktuelle Rechtsprechung zur Insolvenzantragspflicht des GmbH-Geschäftsführers nach § 64 Abs. 1 GmbHG, DStR 2003, 423; *ders.*, Der Erstattungsanspruch nach § 64 Abs 2 GmbHG, NZG 2004, 737; *ders.*, Flankierende Maßnahmen für eine Reform des Gläubigerschutzes in der GmbH, GmbHR 2006, 505; *ders.*, Mindestkapital und Gläubigerschutz in der GmbH, DStR 2006, 993; *Hallweger*, Die freie Verfügbarkeit von Bareinlagen aus Kapitalerhöhungen in der Aktiengesellschaft, DStR 2002, 2131; *Happ/Holler*, Limited statt GmbH?, DStR 2004, 730; *Harz/Baumgartner/Conrad*, Kriterien der Zahlungsunfähigkeit und der Überschuldung, ZInsO 2005, 1304; *v. Hase*, Insolvenzantragsrecht für directors einer Limited in Deutschland?, BB 2006, 2141; *Hauptmann/Müller-Dott*, Pflichten und Haftungsrisiken der Leitungsorgane einer Aktiengesellschaft und ihrer Tochtergesellschaften in der Insolvenz, BB 2003, 2521; *Heerma*, Passivierung bei Rangrücktritt: widersprüchliche Anforderungen an Überschuldungsbilanz und Steuerbilanz?, BB 2005, 537; *Heerma/Heerma*, Neues BMF-Schreiben zum „qualifizierten" Rangrücktritt – Wie sich ein Begriff verselbstständigt, ZIP 2006, 2202; *Heidenhain*, Anwendung der Gründungsvorschriften des GmbH-Gesetzes auf die wirtschaftliche Neugründung einer Gesellschaft, NZG 2003, 1051; *Heidinger*, Neues zur Kapitalaufbringung bei der Kapitalerhöhung, GmbHR 2002, 1045; *Helmreich*, Die Gewährung von Darlehen durch die GmbH in der Situation der Unterbilanz an ihre Gesellschafter nach der aktuellen Rechtsprechung des BGH, GmbHR 2004, 457; *Henckel*, Anfechtung der Tilgung fremder Schuld, ZIP 2004, 1671; *Henkel*, Die entgeltliche Tätigkeit des Gesellschafter-Geschäftsführers als verdeckte Sacheinlage im GmbH-Recht, GmbHR 2005, 438; *ders.*,

Die Kollision von Gesellschafterinsolvenz und eigenkapitalersetzender Nutzungsüberlassung, § 110 Abs.1 InsO, § 32a Abs. 3 Satz 1 GmbHG, ZInsO 2006, 1013; *ders.*, Die Rechtsprechung zum Nachweis der Einzahlung der Stammeinlage in der Insolvenz der GmbH, NZI 2005, 649; *ders.*, Die verdeckte Sacheinlage im GmbH-Recht unter Beteiligung von dem Gesellschafter nahestehenden Personen, GmbHR 2005, 1589; *Henle/Bruckner*, Zur Wirkung qualifizierter Rangrücktrittserklärungen auf das Innenverhältnis der Gesellschafter in der Insolvenz der Gesellschaft, ZIP 2003, 1738; *Hentzen*, Die Abgrenzung von Kapitalaufbringung und Kapitalerhaltung im Cash-Pool, DStR 2006, 948; *Henze*, Ausfallhaftung des GmbH-Gesellschafters, BB 2002, 1011; *ders.*, Erfordernis der wertgleichen Deckung bei Kapitalerhöhung mit Bareinlagen?, BB 2002, 955; *Heublein*, Eigenkapitalersetzende Nutzungsüberlassung von Immobilien im Spannungsfeld von Insolvenz- und Zwangsverwaltung, ZIP 1998, 1899; *Hiort*, Kapitalerhöhung in der GmbH durch (Teil-)Einlage obligatorischer Nutzungsrechte, BB 2004, 2760; *Hirte/Mock*, Wohin mit der Insolvenzantragspflicht?, ZIP 2005, 474; *Hölzle*, Der qualifizierte Rangrücktritt als Sanierungsmittel – und Steuerfalle?, GmbHR 2005, 852; *ders.*, Existenzvernichtungshaftung, „Klimapflege" und Insolvenzanfechtung, ZIP 2003, 1376; *ders.*, Materielle Unterkapitalisierung und Existenzvernichtungshaftung – Das Phantom als Fallgruppe der Durchgriffshaftung, ZIP 2004, 1729; *ders.*, Sanierende Übertragung – Besonderheiten des Unternehmenskaufs in Krise und Insolvenz, DStR 2004, 1433; *ders.*, Zahlungsunfähigkeit – Nachweis und Kenntnis im Anfechtungsprozess, ZIP 2006, 101; *Hopp*, KonTraG und GmbH-Organisation: Einrichtung eines Frühwarnsystems durch die Geschäftsführung zur Risikovermeidung, GmbH-Steuerpraxis 2000, 266; *Horn*, Deutsches und europäisches Gesellschaftsrecht und die EuGH-Rechtsprechung zur Niederlassungsfreiheit – Inspire Art, NJW 2004, 893; *Hüttemann*, Gläubigeranfechtung und Kapitalschutz, GmbHR 2000, 357; *Jacobi*, Der latente Widerspruch zwischen kongruenter Globalzession und inkongruentem AGB-Pfandrecht, ZIP 2006, 2351; *Janssen*, Bilanzierung einer mit Rangrücktritt versehenen Verbindlichkeit in der Handels- und in der Steuerbilanz, BB 2005, 1895; *Jungmann*, Das Zusammentreffen von Zwangsverwaltung und eigenkapitalersetzender Nutzungsüberlassung, ZIP 1999, 601; *Kahlert/Rühland*, Die Auswirkungen des BMF-Schreibens v. 8.9.2006 auf Rangrücktrittsvereinbarungen, ZInsO 2006, 1009; *Kallmeyer*, Bereinigung der Finanzverfassung der GmbH, GmbHR 2004, 377; *Kamm/Köchling*, Zur Abgrenzung von Zahlungsstockung und Zahlungsunfähigkeit, ZInsO 2006, 732; *Kesseler*, Die Durchsetzung persönlicher Gesellschafterhaftung nach § 93 InsO, ZIP 2002, 1974; *ders.*, Gesellschafterhaftung, Anmeldepflicht und Kapitalausstattung bei Verwendung von GmbH-Mänteln, ZIP 2003, 1790; *Keßler*, Die Durchgriffshaftung der GmbH-Gesellschafter wegen existenzgefährdender Eingriffe – Zur dogmatischen Konzeption des Gläubigerschutzes in der GmbH, GmbHR, 2002, 945; *Kiethe*, Die Haftung von Geschäftsleitern für Arbeitnehmerbeiträge zur Sozialversicherung in der Krise des Unternehmens, ZIP 2003, 1957; *ders.*, Die Renaissance des § 826 BGB im Gesellschaftsrecht, NZG 2005, 333; *ders.*, Haftungs- und Ausfallrisiken bei Patronatserklärungen, ZIP 2005, 646; *ders.*, Haftungs- und Ausfallrisiken beim Cash Pooling, DStR 2005, 1573; *ders.*, Persönliche Haftung von Organen der AG und der GmbH – Risikovermeidung durch DuO-Versicherung?, BB 2003, 537; *Kirchhof*, Anfechtbarkeit von Sachsicherheiten insbesondere der Banken in der Insolvenz des Kunden, ZInsO 2004, 465; *Klein*, Rangrücktrittsvereinbarungen – ein Update nach der Stellungnahme des IDW, GmbHR 2006, 249; *ders.*, Rangrücktrittsvereinbarungen – als Sanierungsinstrument ein Auslaufmodell?, GmbHR 2005, 663; *Knof*, Rangrücktritt in der Steuerfalle?, ZInsO 2006, 192; *Knolle/Tetzlaff*, Zahlungsunfähigkeit und Zahlungsstockung, ZInsO 2005, 897; *Koch*, Die Rechtsstellung der Gesellschaft und des Organmitglieds in der D&O-Versicherung (Teil I – III), GmbHR 2004, 18, 160, 288; *Kock*, Der Vergleich über Erstattungsansprüche nach § 31 Abs 1 GmbHG, NZG 2006, 733; *Kornblum*, Bundesweite Rechtstatsachen zum Unternehmens- und Gesellschaftsrecht, Stand 1.1.2005, GmbHR 2006, 28; *Krämer*, Die Verjährung von Rückforderungsansprüchen der GmbH gemäß § 30 GmbHG bei böslicher Verhaltensweise des Verpflichteten, GmbHR 2004, 538; *Kreft*, Neue Entwicklungen im Anfechtungsrecht (Teil 1 und Teil 2), DStR 2005, 1192, 1232; *Küpper/Heinze*, Fallstricke für den Grundstückskäufer beim Erwerb von Immobilien, die dem Eigenkapitalersatzrecht unterfallen, ZInsO 2006, 1310; *Kuder*, Das Ende der Globalzession?, ZInsO 2006, 1065; *Kurth* Zur Heilung der verdeckten Sacheinlage, NJW 2003, 3180; *Laitenberger*, Beitragsvorenthaltung, Minijobs und Schwarzarbeitsbekämpfung, NJW 2004, 2703; *Lange*, Die Eigenschadenklausel in der D&O-Versicherung, ZIP 2003, 466; *Langenbucher*, Zum Tatbestand der verdeckten Sacheinlage bei der GmbH, NZG 2003, 211; *Langner*, Cash Pooling Systeme auf dem Prüfstand der BGH-Rechtsprechung zum Ausschüttungsverbot gemäß § 30 GmbHG, GmbHR 2005, 1017; *ders.*, Verdeckte Sacheinlagen bei der GmbH – Die unendliche Geschichte des richtigen Einbringungsgegenstands, GmbHR 2004, 298; *Langner/Mentgen*, Aufsteigende Darlehen im physischen Cash Pooling und die neue Rechtsprechung des BGH, GmbHR 2004, 1121; *Lanzius*, Die Directors Disqualification des englischen Rechts – ein Baustein zum Schutz des deutschen Rechtsverkehrs vor Scheinauslandsgesellschaften, ZInsO 2004, 296; *Laws/Stahlschmidt*, Hypothetische Kausalität bei der Geschäftsführerhaftung in der Insolvenz der GmbH im Rahmen des § 69 AO, BB 2006, 1031; *Leibner*, Die steuerlichen Pflichten des Liquidators einer GmbH, GmbHR 2003, 996; *ders.*, Haftungsrisiken des GmbH-Geschäftsführers bei drohender Insolvenz, GmbHR 2002, 424; *Leiner*, Die Sicherungszession in der Krise, ZInsO 2006, 460; *Leithaus*, Das Ende der Einzelzwangsvollstreckung?, NZI 2004, Heft 6, Seite V – VI; *Lieb*, Probleme bei der Heilung der verschleierten Sacheinlage (unter besonderer Berücksichtigung des Bereicherungsrechts), ZIP 2002, 2013; *Lutter*, Haftung und Haftungsfreiräume des GmbH-Geschäftsführers 10 Gebote an den Geschäftsführer, GmbHR 2000, 301; *ders.*, Zahlungseinstellung und Überschuldung unter der neuen Insolvenzordnung,

ZIP 1999, 641; *Lutter/Banerjea*, Die Haftung des Geschäftsführers für existenzvernichtende Eingriffe, ZIP 2003, 2177; *Luttermann/Vahlenkamp*, Wahrscheinlichkeitsurteile im Insolvenzrecht und internationale Bewertungsstandards (Ratingagenturen), ZIP 2003, 1629; *Mansdörfer/Timmerbeil*, Zurechnung und Haftungsdurchgriff im Konzern, WM 2004, 362; *Maurer*, Untreue bei der juristischen Person unter besonderer Berücksichtigung des Eigenkapital(ersatz)rechts, GmbHR 2004, 1549; *Medicus*, Neue Rechtsprechung zur Außenhaftung von GmbH-Geschäftsführern wegen der Nichtabführung von Sozialversicherungsbeiträgen, GmbHR 2000, 7; *Meilicke*, Droht Überregulierung für Vorratsgesellschaften?, BB 2003, 857; *Merz/Hübner*, Aktivierung von Sicherheiten Dritter und Behandlung rangrückgetretener Forderungen im Überschuldungsstatus gemäß § 19 Abs. 2 InsO, DStR 2005, 802; *Meyer*, Die Insolvenzanfälligkeit der GmbH als rechtspolitisches Problem, GmbHR 2004, 1417; *Meyer-Löwy*, Eigenkapitalersetzende Sicherheiten und Überschuldung, ZIP 2003, 1920; *Meyke*, Zivilprozessuale Aspekte der Haftung wegen Konkursverschleppung, ZIP 1998, 1179; *Molitor*, Kapitalersetzende Direktlebensversicherung, ZInsO 2005, 856; *Mülbert*, Abschied von der TBB-Haftungsregel für den qualifiziert faktischen GmbH-Konzern, DStR 2001, 1937; *K. Müller*, Die englische Limited in Deutschland – für welche Unternehmen ist sie tatsächlich geeignet?, BB 2006, 837; *ders.*, Verjährung des Einlageanspruchs der GmbH nach der Schuldrechtsreform, BB 2002, 1377; *H. Müller*, Die steuerrechtliche Haftung des GmbH-Geschäftsführers in der Krise, GmbHR 2003, 389; *Müller-Feldhammer*, Die übertragende Sanierung – ein ungelöstes Problem der Insolvenzrechtsreform, ZIP 2003, 2186; *Mylich*, Haftung des GmbH-Gesellschafters bei der eigenkapitalersetzenden Nutzungsüberlassung eines Grundstücks, GmbHR 2005, 1542; *Nacke*, Zweifelsfragen und Prüfungsschwerpunkte bei der Lohnsteuerhaftung, DStR 2005, 1297; *Nassall*, Der existenzvernichtende Eingriff in die GmbH – Einwendungen aus verfassungs- und insolvenzrechtlicher Sicht, ZIP 2003, 969; *Nauschütz*, Haftung des faktischen GmbH-Geschäftsführers wegen unzulässiger Zahlungen aus der Masse, NZG 2005, 921; *Neufang/Oettinger*, Kapitalersatz und Steuerrecht: Ein Beratungsfeld in der Quadratur des Kreises, BB 2006, 294; *Neumeister*, Versagung der Feststellung von Mietzinsansprüchen zur Insolvenztabelle wegen Eigenkapitalersatzes durch Gebrauchsüberlassung über zwischengeschaltete Holding, ZInsO 2006, 134; *Niemeier*, GmbH und Limited im Markt der Unternehmensrechtsträger, ZIP 2006, 2237; *Nolting*, Registerrechtliche Gründungspfändung beim Erwerb von Mantel- und Vorratsgesellschaften, ZIP 2003, 651; *Notthoff*, Rechtliche Fragestellungen im Zusammenhang mit dem Abschluss einer Director's & Officer's-Versicherung, NJW 2003, 1350; *Ostermayer/Erhart*, Kapitalersetzende Gesellschafterdarlehen: BFH harmonisiert Darlehensausfall und Darlehensverzicht, BB 2003, 449; *Paefgen*, Handelndenhaftung bei europäischen Auslandsgesellschaften, GmbHR 2005, 957; *ders.*, Wider die gesellschaftsrechtliche Ausländerphobie, ZIP 2004, 2253; *Pape*, Zulässigkeit der Insolvenzanfechtung nach Anzeige der Masseinsuffizienz, ZIP 2001, 901; *Passarge*, Anfechtbarkeit der Tilgung von Verbindlichkeiten durch Konzerngesellschaften nach BGH, ZInsO 2005, 971; *Paul*, Voraussetzungen und Rechtsfolgen der Unterbilanzhaftung nach der neueren Rechtsprechung des BGH, ZInsO 2006, 589; *Paulus*, Ein Spannungsfeld der Praxis: Sanierung und Insolvenzanfechtung, BB 2001, 425; *Peetz*, Noch einmal – die Mantelverwendung, GmbHR 2004, 1429; *Pentz*, Einzelfragen zu Cash Management und Kapitalerhaltung, ZIP 2006, 781; *ders.*, Neues zur verdeckten Sacheinlage, ZIP 2003, 2093; *ders.*, Nochmals – Zur eingeschränkten Unverjährbarkeit von Einlage- und einlageähnlichen Ansprüchen in Folge der Schuldrechtsreform, GmbHR 2002, 632; *ders.*, Zwischenbilanz zu Kleinbeteiligtenschwelle und Sanierungsprivileg, GmbHR 2004, 529; *Peters*, Pool-Verträge in der Unternehmenskrise, ZIP 2000, 2238; *Priester*, „GmbH light" – ein Holzweg!, ZIP 2005, 921; *ders.*, Heilung verdeckter Sacheinlagen bei der GmbH, ZIP 1996, 1025; *ders.*, Kapitalaufbringung beim Cash Pool – Kurswechsel durch das MoMiG?, ZIP 2006, 1557; *Ranft*, Vorenthalten von Arbeitnehmerbeiträgen, DStR 2001, 132; *Rechtmann/Tetzlaff*, Reaktionen auf die Rechtsprechung des BGH zur Anfechtung von Druckzahlungen – gewusst wie!, ZInsO 2005, 196; *Recq/Hoffmann*, Die französische S.A.R.L. als GmbH-Ersatz?, GmbHR 2004, 1070; *Reichert-Clauß*, Bereicherungsrechtliche Rückabwicklung des verdeckten Geschäfts bei verdeckter Sacheinlage, NZG 2004, 273; *Reiff/Arnold*, Unbeschränkte Konkursverschleppungshaftung des Geschäftsführers einer GmbH auch gegenüber gesetzlichen Neugläubigern?, ZIP 1998, 1893; *Reiff/Ettinger*, Gesellschaftsrechtliche Treuepflichten im Zusammenhang mit der Heilung von verdeckten Sacheinlagen bei der GmbH, DStR 2004, 1258; *Reiner/Brakemeier*, Darlehen der GmbH an ihre Gesellschafter als verbotene Einlagenrückgewähr?, BB 2005, 1458; *Remmert/Horn*, Die Haftung des GmbH-Geschäftsführers für im Vorfeld einer Insolvenz nicht abgeführte Lohn- und Umsatzsteuer, NZG 2006, 881; *Rendels*, Entfällt der Eigenkapitalersatzeinwand bei der Gebrauchsüberlassung in der Gesellschafter-Insolvenz?, ZIP 2006, 1273; *ders.*, Ist die Aufrechnungsbefugnis kraft einer Konzern-Netting-Abrede insolvenzfest?, ZIP 2003, 1583; *ders.*, Wann ist eine Vollstreckungshandlung als Rechtshandlung des Schuldners nach § 133 Abs 1 InsO anfechtbar?, ZIP 2004, 1289; *Reuter*, Krisenrecht im Vorfeld der Insolvenz – das Beispiel der börsennotierten AG, BB 2003, 1797; *Rieger*, Praktische Probleme nach dem Beschluss des BGH vom 30.7.2003 zum Vorenthalten von Sozialversicherungsbeiträgen bei laufender Insolvenzantragsfrist, NZI 2004, 370; *Rodewald/Unger*, Corporate Compliance – Organisatorische Vorkehrungen zur Vermeidung von Haftungsfällen der Geschäftsleitung, BB 2006, 113; *Röhricht*, Insolvenzrechtliche Aspekte im Gesellschaftsrecht, ZIP 2005, 505; *Römermann*, Die Limited in Deutschland – eine Alternative zur GmbH, NJW 2006, 2065; *Röpke/Rothe*, Die Anfechtbarkeit der Abführung von Arbeitnehmeranteilen zur Sozialversicherung durch den starken vorläufigen *Insolvenzverwalter* als kongruente Deckung nach § 130 I Nr.2 InsO, NZI 2004, 430; *v. Rosenberg/Kruse*, Patronatserklärungen in der M&A-Praxis und in der Unternehmenskrise, BB 2003,

641; *Saenger/Koch*, Kreditgewährung an Gesellschafter aus gebundenem Vermögen als verbotene Auszahlung auch bei vollwertigem Rückzahlun, NZG 2004, 271; *Sandrock*, Sitzrecht contra Savigny?, BB 2004, 897; *Sauer*, Lohnsteuerzahlungen als insolvenzrechtlich anfechtbare Rechtshandlungen?, ZInsO 2006, 1200; *Schäfer*, Probleme des Cash-Poolings bei Kapitalaufbringung und -erhaltung – Welche Lösung bringt das MoMiG?, BB-Special 7/2006, 5; *ders.*, Zur strafrechtlichen Verantwortlichkeit des GmbH-Geschäftsführers (Teil 1 und Teil 2), GmbHR 1993, 717, 780; *Schall*, Englischer Gläubigerschutz bei der Limited in Deutschland, ZIP 2005, 965; *Schiffer*, Alea jacta est? Praxisanmerkungen zur vorgesehenen Deregulierung des Eigenkapitalersatzrechts, BB-Special 7/2006, 14; *Schildknecht*, Passivierungsverbote nach Rangrücktrittsvereinbarungen, DStR 2005, 181; *Schilmar*, Kapitalschutz beim Cash Management, DStR 2006, 568; *Schlagheck*, Verzicht des Gesellschafters auf eine wertgeminderte Forderung gegen seine GmbH, GmbHR 2000, 363; *Schmeisser/Thiermeier/Greulich*, Zur Problematik der Factoringfähigkeit und des Nutzens des Factoring von mittleren Unternehmen, DStR 2005, 1199; *Schmelz*, Cash-Management, quo vadis?. NZG 2006, 456; *A. Schmidt/Roth*, Die Bewertung von streitigen Verbindlichkeiten bei der Ermittlung der Insolvenzeröffnungsgründe, ZInsO 2006, 236; *H. Schmidt*, Der Minderheitsgesellschafter als Patron, NJW 2006, 650; *J. Schmidt*, Insolvenzantragspflicht und Insolvenzverschleppungshaftung bei der deutschen Limited – Das LG Kiel auf dem richtigen Weg?, ZInsO 2006, 737; *K. Schmidt*, Die Rechtsfolgen der „eigenkapitalersetzenden Sicherheiten", ZIP 1999, 1821; *ders.*, Finanzplanfinanzierung, Rangrücktritt und Eigenkapitalersatz, ZIP 1999, 1241; *ders.*, Eigenkapitalersatz, oder Gesetzesrecht versus Rechtsprechungsrecht?, ZIP 2006, 1925; *ders.*, Keine Insolvenzfestigkeit von Konzernverrechnungsklauseln: Es bleibt dabei! – Bemerkungen zum BGH-Urteil vom 15.7.2004, NZI 2005, 138; *ders.*, Übermäßige Geschäftsführerrisiken als § 64 Abs. 2 GmbHG, § 130a Abs. 3 HGB?, ZIP 2005, 2177; *ders.*, Vorratsgründung, Mantelkauf und Mantelverwendung, NJW 2004, 1345; *K. Schmidt/Bitter*, Doppelberücksichtigung, Ausfallprinzip und Gesellschafterhaftung in der Insolvenz – Eine Analyse der §§ 43, 53 und 93 InsO, ZIP 2000, 1077; *Schmitt*, Das Auszahlungsverbot des § 30 Abs. 1 GmbHG und der Sonderposten mit Rücklagenanteil, GmbHR 2002, 349; *Schockenhoff/Fiege*, Neue Verjährungsfragen im Kapitalgesellschaftsrecht, ZIP 2002, 917; *Scholz*, Anwendbarkeit des Eigenkapitalersatzrechts bei Unwirksamkeit des der Gesellschafterleistung zugrunde liegenden Rechtsgeschäfts, BB 2001, 2541; *Schöpflin*, Die Lehre von der verdeckten Sacheinlage – eine gelungene Rechtsfortbildung?, GmbHR 2003, 57; *Schoppmeyer*, Besondere und allgemeine Insolvenzanfechtung am Beispiel der Anfechtung von Zwangsvollstreckungen, NZI 2005, 185; *v. Schorlemer/Stupp*, Kapitalerhöhung zu Sanierungszwecken – zur Reichweite der Zustimmungspflicht des Minderheitengesellschafters mit Sperrminorität, NZI 2003, 345; *Schröder*, Die strafrechtliche Haftung wegen Nichtabführens von Sozialversicherungsbeiträgen und das Zahlungsverbot in der Krise der GmbH, GmbHR 2005, 736; *Schröder/Schneider*, Geschäftsführerhaftung bei einer Private Limited Company mit Verwaltungssitz in Deutschland, GmbHR 2005, 1288; *Schulz/Israel*, Kein existenzvernichtender Eingriff durch typische Finanzierung bei Leveraged Buy-Out, NZG 2005, 329; *Schütz*, Haftungsfragen im Zusammenhang mit der wirtschaftlichen Neugründung, NZG 2004, 746; *Schuhmann*, Steuerentrichtungspflicht und Geschäftsführer-Haftung wegen Masseschmälerung, GmbHR 2005, 1292; *Schwahn*, Konzernverrechnungsklauseln in der Insolvenz, NJW 2005, 473; *Schwedhelm*, Vermeidung verdeckter Gewinnausschüttungen bei der Gestaltung von GmbH-Geschäftsführer-Verträgen, GmbHR 2006, 281; *Servatius*, Die besondere Zweckbindung des Stammkapitals bei Drittgeschäften mit Gesellschaften, DStR 2004, 1176; *Sieger/Aleth*, Finanzplankredite – Stand der Rechtsprechung und offene Fragen, GmbHR 2000, 462; *Sieger/Wirtz*, Cash Pool: Fehlgeschlagene Kapitalmaßnahmen und Heilung im Recht der GmbH, ZIP 2005, 2277; *Slapio/Bosche*, Keine umsatzsteuerliche Lieferung bei sale-and-lease-back-Verträgen?, BB 2006, 2165; *Sontheimer*, Beschränkung der Haftung des Geschäftsführers nach § 69 AO durch § 64 Abs. 2 GmbHG, DStR 2004, 1005; *Stahlschmidt*, Haftung des Geschäftsführers für Steuerschulden der GmbH, GmbHR 2005, 677; *Sundermeier/Gruber*, Die Haftung des Steuerberaters in der wirtschaftlichen Krise des Mandanten, DStR 2000, 929; *Sustmann*, Keine Tilgung der künftigen Einlageschuld durch Einzahlung auf ein debitorisches Konto vor Kapitalerhöhungsbeschluss, NZG 2004, 760; *Swoboda*, Die Anwendung der Vorschriften zur „verschleierten Sachgründung" im Zusammenhang mit der „wirtschaftlichen Neugründung" von Vorratsgesellschaften, GmbHR 2005, 649; *Taraschka*, Zur bilanzsteuerrechtlichen Behandlung des Rangrücktritts, DStR 2006, 109; *Thümmel*, Aufgaben und Haftungsrisiken des Managements in der Krise des Unternehmens, BB 2002, 1105; *Treffer*, Eigenkapitalersetzende Dienstleistungen eines GmbH-Gesellschafters, GmbHR 2002, 22; *ders.*, Haftungsrisiken bei der Gründung einer GmbH-Auffanggesellschaft (Teil I und Teil II), GmbHR 2003, 166, 222; *Tsambikatis*, Aktuelles zum Insolvenzstrafrecht bei GmbH und GmbH & Co., GmbHR 2005, 838; *Uhländer*, Eigenkapitalersetzende Darlehen im Steuerrecht und Gesellschaftsrecht – ein systematischer Überblick, BB 2005, 70; *Uhlenbruck*, Die Rechtsstellung des Geschäftsführers in der GmbH-Insolvenz – Verfahrensmäßige Beschränkungen, Rechte und Pflichten, GmbHR 2005, 817; *ders.*, Zahlungsunfähigkeit wegen vorläufig vollstreckbarer Zahlungstitel?, ZInsO 2006, 338; *Ulmer*, Gläubigerschutz bei Scheinauslandsgesellschaften – Zum Verhältnis zwischen gläubigerschützendem nationalem Gesellschafts-, Delikts- und Insolvenzrecht und der EG-Niederlassungsfreiheit, NJW 2004, 1201; *Vendolsky*, Gläubigerbenachteiligung (§ 129 InsO): Pfändbarkeit des Überziehungskredits sowie vorgerichtliche Nachweisobliegenheit des Insolvenzverwalters (§ 93 ZPO), ZIP 2005, 786; *Vetter*, Rechtsfolgen existenzvernichtender Eingriffe, ZIP 2003, 601; *ders.*, Darlehen der GmbH an ihre Gesellschafter und Erhaltung des Stammkapitals, BB 2004, 1509; *Voßen*, Beweisführungslast des Gesellschafters für die Erfüllung seiner Einlageverpflichtung auch noch nach 20 Jahren?, DStR 2004, 1299; *Wachter*, Kreditvergabe und Kapitalschutz bei der GmbH & Co. KG, GmbHR 2004, 1249; *ders.*, Persönliche Haftung des Gründers einer englischen private limited company, BB 2006, 1463; *ders.*, Persönliche Haftungsrisiken bei englischen private limited companies mit inländischem Verwaltungssitz, DStR 2005, 1817; *Wackerbarth*, Existenzvernichtungshaftung 2005 – Unternehmerische Entscheidungen auf dem Prüfstand?, ZIP 2005, 877; *Wahl*, Die Haftung für „existenzvernichtende Eingriffe" in der instanzgerichtlichen Rechtsprechung, GmbHR 2004, 994; *Watermeyer*, BFH entscheidet zum qualifizierten Rangrücktritt, GmbHR 2006, 240; *Weber-Grellet*, Rückstellung im Einzelunternehmen bei einer (Durchgriffs-)Haftungsinanspruchnahme als GmbH-Gesellschafter, NZG 2003, 808; *Weisser*, Nachschusspflicht von GmbH-Gesellschaftern für sog. Milestone Payments im Insolvenzfall?, GmbHR 2004, 1370; *Weitemeyer*, Die Unterbilanzhaftung bei „Start-up-Unternehmen", NZG 2006, 648; *Weitnauer*, Die Akquisitionsfinanzierung auf dem Prüfstand der Kapitalerhaltungsregeln, ZIP 2005, 790; *Wellensiek*, Übertragende Sanierung, NZI 2002, 233; *Wengel*, Die Insolvenztatbestände Überschuldung, Zahlungsunfähigkeit und drohende Zahlungsunfähigkeit, DStR 2001, 1769; *Wessels*, Aufsteigende Finanzhilfen in GmbH und AG, ZIP 2004, 793; *ders.*, Cash Pooling und Upstream-Sicherheiten – Gestaltungspraxis im Lichte aktueller BGH-Rechtsprechung und anstehender GmbH-Novelle, ZIP 2006, 1701; *ders.*, Unternehmenskauf im Vorfeld der Verkäuferinsolvenz, ZIP 2004, 1237; *Wessing*, Insolvenz und Strafrecht, NZI 2003, 1; *ders.*, Strafbarkeitsgefährdungen für Berater, NJW 2003, 2265; *Westerburg/Schwenn*, Rangrücktrittsvereinbarungen für Gesellschafterdarlehen bei der GmbH – Entwicklung zu mehr Rechtssicherheit?, BB 2006, 501; *Westhoff*, Die Gründung einer britischen Kapitalgesellschaft mit Verwaltungssitz im Inland und die Pflichten ihrer laufenden Geschäftstätigkeit – How to Set up a Limited?, ZInsO 2004, 289; *ders.*, Die Verbreitung der limited mit Sitz in Deutschland, GmbHR 2006, 525; *Weyand*, Strafrechtliche Risiken in Insolvenzverfahren für Verwalter und B, ZInsO 2000, 413; *Wicke*, Risiko Mantelverwendung – Die wirtschaftliche Neugründung vor der Reform des GmbH-Rechts, NZG 2005, 409; *Wilhelm*, Zurück zur Durchgriffshaftung – das „KBV"-Urteil des II- Zivilsenats des BGH vom 24-6-2002, NJW 2003, 175; *Wittig*, Moderne Patronatserklärungen, WM 2003, 1981; *ders.*, Rangrücktritt – Antworten und offene Fragen nach dem Urteil des BGH vom 8.1.2001, NZI 2001, 169; *Wolf*, Schuldrechtliche Verlustdeckungszusagen, ZIP 2006, 1885; *Wolf/Kurz*, Die Feststellung der Zahlungsunfähigkeit: Was sind 100% bei Berücksichtigung eines Schwellenwerts?, ZInsO 2006, 1339.

A. Einführung, Definition und Verlauf der Unternehmenskrise

I. Haftungsverschärfung bei Kriseneintritt

Mit **Eintritt der Krise der Gesellschaft** entstehen für den handelnden Personenkreis – Geschäftsführer, Gesellschafter, Kreditinstitute und Berater – erhebliche persönliche Haftungsgefahren. Die Rspr.[1] zeigt eine Entwicklung, die vielfältigen Haftungsgefahren noch zu verschärfen. Diese Entwicklung geht einher mit einem deutlichen Anstieg der Unternehmensinsolvenzen in den Jahren bis 2003[2] und einem hohen Niveau der Unternehmensinsolvenzen in den Jahren 2004 und 2005.[3]

Durch **Realisierung der Haftungen** gegenüber dem vorgenannten Personenkreis und durch Insolvenzanfechtung hat der Insolvenzverwalter umfangreiche Möglichkeiten, die unter den Gläubigern zu verteilende Insolvenzmasse des insolventen Unternehmens (Gemeinschuldners) nennenswert anzureichern. Die massereichere Gestaltung der Insolvenzverfahren war im Übrigen auch ein erklärtes Ziel des Gesetzgebers bei der Insolvenzrechtsreform.[4]

Die GmbH und GmbH & Co. KG sind in Deutschland einerseits besonders **bedeutsame Gesellschaftsformen** für mittelständische Unternehmungen,[5] andererseits aber auch die **am stärksten von Unterneh-**

---

1 Vgl. nur die Vielzahl der im Folgenden genannten Entscheidungen.
2 Quelle: Statistisches Bundesamt Anstieg im Jahr 2000 um 6,9 % auf 28.235, im Jahr 2001 Anstieg um 14,32 % auf 32.278, im Jahr 2002 Anstieg um 16,4 % auf 37.547 und im Jahr 2003 Anstieg um 4,6 % auf 39.320 Unternehmensinsolvenzen.
3 Quelle: Statistisches Bundesamt: 39.213 Unternehmensinsolvenzen in 2004, 36.843 Unternehmensinsolvenzen in 2005.
4 Braun/Uhlenbruck, Unternehmensinsolvenz, S. 172, 173.
5 1.006.157 GmbH am 1.1.2005, Kornblum, GmbHR 2006, 29; siehe auch Meyer, GmbHR 2004, 1417 ff.: die Insolvenzanfälligkeit der GmbH als rechtspolitisches Problem.

mensinsolvenz betroffenen[6] Rechtsformen. Daher wird im Folgenden an zahlreichen Stellen gesondert auf diese Rechtsformen eingegangen, insb. in den Kapiteln zur Haftung der Gesellschafter und Geschäftsführer.

4 **Ziel einer jeden Unternehmensstrategie** muss es sein, das Unternehmen im Bestand zu erhalten und nach Möglichkeit zu verbessern. Ausreichende Krisenvorsorge etwa durch Risikoerkennung und -überwachung und ein taugliches Krisenmanagement sind daher für die Unternehmenserhaltung unverzichtbar. Voraussetzungen für die Vermeidung und Abwendung von Unternehmenskrisen müssen bereits im Voraus geschaffen werden. Derartige Anstrengungen sind jedoch häufig unpopulär, weil durch sie Kosten entstehen, denen zunächst keine unmittelbaren Erträge gegenüber stehen.

Wird erkennbar, dass ein Unternehmen in eine Krise gerät, sollte umgehend die **Sanierungsfähigkeit geprüft** und mit den **erforderlichen Sanierungsmaßnahmen begonnen** werden.[7] Ist das Unternehmen „nicht mehr zu retten", sollte umgehend die Liquidation eingeleitet werden. Tritt eine Insolvenzsituation ein, muss bei haftungsbeschränkten Rechtsformen unbedingt die jeweils spezialgesetzlich geregelte Insolvenzantragspflicht beachtet werden. In jedem Fall sollte darauf geachtet werden, dass persönliche Haftungen, etwa der Geschäftsleiter, der Gesellschafter bzw. der Muttergesellschaft und anderer verbundener Unternehmen, aber auch von Kreditinstituten und Beratern, vermieden werden.

II. Definition der Unternehmenskrise

5 Krise ist ein aus dem **Altgriechischen** abgeleiteter Begriff der Umgangssprache. Für die Abhandlungen in diesem Werk sind folgende Krisenbegriffe zu unterscheiden:

1. Betriebswirtschaftlicher Begriff der Unternehmenskrise

6 In der Betriebswirtschaftslehre wird eine **Vielzahl von Krisenbegriffen** vertreten. Ein einheitlicher Begriff existiert nicht. Für die Ziele dieses Werks kann der überwiegenden Lehre gefolgt werden, wonach betriebswirtschaftlich Krise die Existenzgefährdung des Unternehmens bedeutet, also eine Entwicklung, die, wenn sie nicht unterbrochen wird, in die materielle Insolvenz des Unternehmens führt.[8]

2. Insolvenzrechtlicher Begriff der Unternehmenskrise

7 Insolvenzrechtlich ist Krise der Eintritt der **Insolvenzantragsvoraussetzungen**, also der Zahlungsunfähigkeit, der drohenden Zahlungsunfähigkeit oder der Überschuldung (bei haftungsbeschränkten Gesellschaften).

3. Strafrechtlicher Begriff der Unternehmenskrise

8 **Strafrechtlich** ist der Krisenbegriff mit dem insolvenzrechtlichen Begriff der Krise identisch (siehe nur § 283 Abs. 1 StGB).

4. Krisenbegriff i.S.d. Kapitalersatzrechts

9 Nach der durch das KonTraG in § 32a Abs. 1 GmbHG eingefügten Legaldefinition ist Krise der GmbH i.S.d. Eigenkapitalersatzrechts der **Zeitpunkt**, in dem die Gesellschafter als ordentliche Kaufleute der GmbH **Eigenkapital zuführen** müssen.

---

[6] Siehe die jährlichen Insolvenzstatistiken des Statistischen Bundesamtes in Wiesbaden: Etwa die Hälfte der Unternehmensinsolvenzen entfiel in den vergangenen Jahren auf diese Rechtsformen.

[7] Siehe Bauer, Rechtsfragen der Unternehmenssanierung.

[8] Vgl. nur Schmidt/Uhlenbruck, Die GmbH in Krise, Sanierung und Insolvenz, Rn. 5; Picot, Unternehmenskauf und Restrukturierung, S. 1093, Rn. 2.

III. Typischer Verlauf der Unternehmenskrise

Typischerweise verläuft eine Unternehmenskrise in **drei Stufen**:

---

1. Stufe: Strategiekrise

Als Strategiekrise wird die Verschlechterung der Wettbewerbsposition des Unternehmens bezeichnet.* Ihre Ursache kann darin liegen, dass das Unternehmen seine Erfolgspotenziale aufgebraucht und keine neue Erfolgspotenziale, etwa Produktneu- oder -weiterentwicklungen, aufgebaut hat. Insoweit sei auf den Produktlebenszyklus verwiesen. Ohne Produktinnovation durch Neu- oder Weiterentwicklung wird auch mit den aktuell gut absetzbaren Produkten das Umsatzniveau des Unternehmens nicht dauerhaft zu halten sein, mit der Folge, dass Umsatzrückgänge zu erwarten sind, die bei regelmäßig nicht adäquater Anpassung der Kosten in die zweite Krisenstufe führen.

↓

2. Stufe: Ertrags- oder Erfolgskrise

Diese zweite Krisenstufe ist dadurch definiert, dass im Unternehmen Verluste entstehen, die sukzessive das Eigenkapital aufzehren. In dieser Krisenstufe droht Überschuldung bzw. tritt Überschuldung ein, häufig unbemerkt.

↓

3. Stufe: Liquiditätskrise

In dieser dritten Krisenstufe verfügt das Unternehmen nicht mehr über genügend Liquidität, die fälligen Zahlungsverpflichtungen zu erfüllen. Hier tritt Zahlungsunfähigkeit ein. Erfahrungsgemäß ist oft erst diese dritte Krisenstufe diejenige, die der Geschäftsleitung bewusst wird mit der Folge, dass erst in dieser Krisenstufe und damit häufig zu spät versucht wird, Maßnahmen zur Rettung des Unternehmens zu ergreifen.

---

* *Bruns/Gless, in: Buth/Herrmanns, Rekonstruierung, Sanierung, Insolvenz, § 4 Rn. 8.*

Üblicherweise kündigt sich eine Unternehmenskrise über einen **längeren Zeitraum** an, etwa durch Umsatzrückgang. Hier muss sofort reagiert werden durch **Maßnahmen zur Umsatzsteigerung bzw. -stabilisierung**. Es reicht nicht aus, die allgemein schlechte Konjunktur verantwortlich zu machen und zu hoffen, dass es irgendwann „wieder aufwärts geht". Vielmehr muss das Unternehmen mit seinem Produkt- und Leistungsangebot besser sein oder (wieder) werden als die Konkurrenz, die sonst auch weiterhin die – auch bei schleppender Konjunktur – vorhandenen Aufträge an sich zieht. Zeigen Maßnahmen zur Umsatzsteigerung bzw. -stabilisierung nicht kurzfristig Wirkung, müssen die Kosten reduziert und an das niedrigere und ggf. weiter sinkende Umsatzniveau angepasst werden. Häufiger Managementfehler ist, dies nicht zu tun, so dass das Unternehmen in die letzte Krisenstufe, die Liquiditätskrise gerät.

Ein **weiterer Managementfehler** liegt dann häufig darin, nur neue Liquidität zu beschaffen bzw. mit Gläubigern über Stundungen zu verhandeln, ohne die Ursache der Krise zu analysieren und zu beseitigen.[9]

IV. Verpflichtung zur Einrichtung eines Krisenfrühwarnsystems?

Durch das am 1.5.1998 in Kraft getretene KonTraG[10] wurde in das AktG § 91 Abs. 2 AktG eingefügt, der den Vorstand der AG verpflichtet, geeignete Maßnahmen zu treffen, insb. ein **Überwachungssystem** ein-

---

9 Nach einer Studie des Zentrums für Insolvenz und Sanierung an der Universität Mannheim im Jahr 2006 sind Managementfehler die häufigste Insolvenzursache.

10 BGBl. 1998 I, S. 786.

zurichten, damit den Fortbestand der Gesellschaft gefährdende Entwicklungen frühzeitig erkannt werden können.

Eine **vergleichbare Regelung** für die GmbH wurde in das GmbHG zwar nicht aufgenommen, entsprechende Verpflichtungen können sich für den Geschäftsführer der GmbH jedoch gewissermaßen als Ausstrahlung der genannten Regelung des AktG aus der allgemeinen Verpflichtung zur Anwendung der Sorgfalt eines ordentlichen Geschäftsmanns nach § 43 Abs. 1 GmbHG ergeben. In der Lit. wird vertreten, dass die in § 43 GmbHG verlangte Ordnungsgemäßheit der Geschäftsführung zumindest bei der großen GmbH und „i.d.R." auch bei der mittelgroßen GmbH[11] die Einrichtung eines entsprechenden Frühwarnsystems erfordert.[12] Soweit möchte ich nicht gehen, da nach dieser Auffassung das Fehlen eines solchen Frühwarnsystems zur Versagung eines uneingeschränkten Testats führen müsste. Jedoch kann eine Pflichtverletzung des Geschäftsführers vorliegen, wenn er wegen Fehlens eines Krisenfrüherkennungssystems eine existenzgefährdende Entwicklung zu spät erkannt und so der Gesellschaft Schaden zugefügt hat, etwa weil Sanierungsmaßnahmen nicht mehr umsetzbar sind.

M.E. sollte jedoch nicht so sehr die Frage im Vordergrund stehen, ob die Geschäftsleitung zur **Einrichtung eines Krisenfrüherkennungssystems** im Unternehmen verpflichtet ist, sondern eher die Beurteilung, ob die Einrichtung eines solchen Systems sinnvoll ist. Diese Frage würde ich stets dann bejahen, wenn das Unternehmen eine Größe bzw. Organisation hat, dass die Entscheidungsträger nicht stets aus der eigenen Tätigkeit über die konkrete Risiko-/Krisenlage des Unternehmens unterrichtet sind und so nicht notwendigerweise unverzüglich selbst erkennen können, ob sich ein die Existenz des Unternehmens gefährdendes Risiko zu verwirklichen beginnt.[13]

B. Insolvenzsituation: Sicher erkennen und kurzfristig beseitigen

14 **Hinweis:**

Es ist ein Kernproblem des Insolvenzrechts, einen Insolvenzantragsgrund und damit eine bei haftungsbeschränkten Gesellschaften bestehende Insolvenzantragspflicht rechtzeitig zu erkennen[14] und danach zu handeln. Richtiges Verhalten der Beteiligten (Unternehmer/Geschäftsführer, Berater, Kreditinstitut) in dieser Situation ist nicht nur zur eventuell noch möglichen Rettung des Unternehmens erforderlich, sondern auch um die vielfältigen persönlichen Haftungsgefahren (siehe unten C. Vermeidung von Straftaten, Rn. 115 ff. und D. Haftungsgefahren in Krise und Insolvenz des Unternehmens, Rn. 145 ff.) und spätere Insolvenzanfechtungen (siehe unten E. Vermeidung von Insolvenzanfechtung, Rn. 290 ff.) zu vermeiden.

I. Überschuldung

15 **Überschuldung** ist nur für die haftungsbeschränkten Gesellschaften ein Insolvenzantragsgrund.

Beispiele:

AG, GmbH, GmbH & Co. KG, eG etc.

---

11 Kriterien für die Größeneinteilung nach § 267 HGB.
12 Vgl. Drygala/Drygala, ZIP 2000, 297 ff.; Hopp, GmbH-Steuerpraxis 2000, 266 ff.
13 Zur möglichen Ausgestaltung eines Risikomanagementsystems und zu weiteren Krisenfrüherkennungssystemen (operativ/mathematisch, strategisch, durch Kreditinstitute) siehe Bauer, Rechtsfragen der Unternehmenssanierung, S. 4 ff.
14 Vgl. zu Kriterien der Zahlungsunfähigkeit und der Überschuldung, Harz/Baumgartner/Conrad, ZInsO 2005, 1304 ff.

1. Definition

In zahlreichen Bestimmungen[15] ist die Insolvenzantragsverpflichtung bei vorliegender Überschuldung geregelt, **ohne den Begriff jedoch zu definieren**.

In der KO und GesO fehlte eine Definition. Nach der üblichen Definition lag Überschuldung vor, wenn das Vermögen des Schuldners nicht ausreichte, seine Verbindlichkeiten zu decken.[16]

Durch § 19 Abs. 2 InsO wird Überschuldung nunmehr **gesetzlich definiert**:

Überschuldung liegt vor, wenn das Vermögen des Schuldners die bestehenden Verbindlichkeiten nicht mehr deckt. Bei der Bewertung des Vermögens des Schuldners ist jedoch die Fortführung des Unternehmens zugrunde zu legen, wenn diese nach den Umständen überwiegend wahrscheinlich ist.

Durch diese Definition, insb. § 19 Abs. 2 Satz 2 InsO, haben sich die **Überschuldungsprüfung und die Überschuldungsbeurteilung** gegenüber der früheren Rechtslage **wesentlich geändert**. Die frühere Definition der Überschuldung ging von einer im Zeitpunkt der Prüfung gedachten Liquidation aus.[17] Zum Überschuldungstatbestand gehörten zwei Tatbestandsmerkmale: Rechnerische und rechtliche Überschuldung. Ergab die rechnerische Überschuldungsprüfung die Überschuldung des Unternehmens, setzte früher die zweite Stufe der Prüfung, die sog. rechtliche Überschuldungsprüfung ein. Hier war die Weiche zu stellen, je nachdem, ob für das Unternehmen von einer positiven Prognose für die Zukunft auszugehen war oder nicht. Nur im Falle einer negativen Prognose war Überschuldung i.S.d. KO oder GesO anzunehmen. War dagegen von einer **positiven Prognose**, also von der Fortführung des Unternehmens auszugehen, lag trotz rechnerischer Überschuldung keine Überschuldung i.S.d. KO oder GesO vor.[18]

Dies gilt nach heutiger Rechtslage (§ 19 Abs. 2 InsO) nicht mehr. Die Überschuldung ist nunmehr wie folgt zu prüfen.

2. Überschuldungsstatus

a) Erstellung des Überschuldungsstatus, Positionen im Überschuldungsstatus

Zum Stichtag (Tag der Vornahme der Prüfung) müssen in einem sog. Überschuldungsstatus das **gesamte Vermögen** sowie die **dagegen stehenden Verbindlichkeiten** aufgenommen werden. Die Erstellung des Überschuldungsstatus ist für die Überschuldungsprüfung unerlässlich.

Der Überschuldungsstatus ist **nicht gleichzusetzen mit der Handels- oder Steuerbilanz**. Ebenso wenig ist der Begriff Überschuldung gleichzusetzen mit Unterbilanz oder Unterkapitalisierung. Die Jahresbilanz hat für den Überschuldungsstatus nur indizielle Bedeutung und ist lediglich Ausgangspunkt für die Ermittlung des wahren Werts des Gesamtvermögens des Schuldners.[19]

Bei der Erstellung des Überschuldungsstatus sind regelmäßig **zwei Problemkreise** zu lösen:

- Welche Positionen sind in den Überschuldungsstatus einzustellen?
- Welche Werte sind im Überschuldungsstatus anzusetzen?

aa) Aktivseite

- Die Aktivierung von **Gründungs- u. Entwicklungskosten** etc. hat zu unterbleiben.

---

15 Vgl. § 64 Abs. 1 GmbHG für die GmbH; §§ 92 Abs. 2, 268 Abs. 2 AktG für die AG; §§ 278 Abs. 3, 283 Nr. 14 AktG für die KGaA; §§ 130a Abs. 1 Satz 1 und 177a HGB für die GmbH & Co. KG.
16 Kilger/K. Schmidt, Insolvenzgesetze KO, VerglO, GesO, § 102 KO, Anm. 2 b.
17 BGH, NJW 1992, 2891.
18 BGH, NJW 1992, 2891.
19 BGH, ZIP 2001, 839; OLG Celle, ZInsO 2006, 440.

- **Firmenwert**, Good-will: Bei konservativer Betrachtungsweise hat der Firmenwert außer Ansatz zu bleiben;[20] etwas anderes kann ausnahmsweise nur dann in Betracht kommen, wenn dem Firmenwert bei einer gedachten und aktuell möglichen Veräußerung des Unternehmens ein gesonderter Wert zukommt.
- Sonstige **immaterielle Vermögenswerte**, **Markenrechte**, **Konzessionen**, **Patente** sind zu aktivieren.
- Ausstehende **Einlagen von Gesellschaftern** und Ansprüche auf eventuell beschlossene oder in der Satzung geregelte Ansprüche auf **Nachschüsse** sind zu aktivieren (häufiges Problem: fehlende Werthaltigkeit).
- **Ansprüche auf Rückzahlung** zurückgezahlter Einlagen oder erhaltener Zahlungen auf eigenkapitalersetzende Darlehen sind zu aktivieren (häufiges Problem: fehlende Werthaltigkeit).
- **Roh-, Hilfs- und Betriebsstoffe**, **Halb- und Fertigerzeugnisse** sind mit den tatsächlichen Werten anzusetzen, d.h. mit den Werten, die tatsächlich bei einer aktuellen Veräußerung erzielbar wären.
- **Forderungen aus Lieferungen und Leistungen** sind mit realisierbaren Werten unter Berücksichtigung einer Ausfallquote bzw. konkreter Ausfallrisiken anzusetzen.
- **Verlustausgleichsansprüche** z.B. aus Unternehmensverträgen, Liquiditätsausstattungsgarantien etc. sind zu aktivieren, wenn und soweit sie werthaltig sind.[21]
- **Harte Patronatserklärungen**, die der Patron gegenüber dem Schuldner abgegeben hat, sind zu aktivieren, wenn und soweit sie werthaltig sind.

bb) Passivseite

21
- **Eigenkapital** hat außer Ansatz zu bleiben.
- **Einlagen stiller Gesellschafter** sind in Ansatz zu bringen, soweit nicht eine Rangrücktrittserklärung vorliegt; eine stille Einlage braucht im Überschuldungsstatus jedoch nicht berücksichtigt zu werden, wenn der stille Gesellschafter eine Verlustbeteiligung zu übernehmen hat und diese noch nicht erschöpft ist (str.).
- **Kapitalersetzende Gesellschafterdarlehen** sind in Ansatz zu bringen, wenn keine Rangrücktrittserklärung abgegeben wurde.[22]
- Verbindlichkeiten, für die rechtsgeschäftlich ein **Rangrücktritt** vereinbart ist, müssen nicht passiviert werden.[23]
- Verbindlichkeiten, die durch **werthaltige Sicherheiten**, auch von Dritten, z.B. durch Bürgschaften der Gesellschafter, gesichert sind, sind wegen des regelmäßig nach Inanspruchnahme bestehenden Rückgriffsanspruchs in Ansatz zu bringen;[24] bei Verzicht des Drittsicherungsgebers auf seinen Rückgriffsanspruch oder bei entsprechendem Rangrücktritt kann m.E. die Passivierung unterbleiben.[25]

---

20 OLG Celle, GmbHR 2004, 309 zu einem Fall des § 30 GmbHG: die Aktivierung des selbst geschaffenen Firmenwertes ist mit dem Gläubigerschutzgedanken unvereinbar; siehe auch § 248 Abs. 3 HGB – Aktivierungsverbot.
21 März/Hübner, Aktivierung von Sicherheiten Dritter und Behandlung rangrückgetretener Forderungen im Überschuldungsstatus gemäß § 19 Abs. 2 InsO, DStR 2005, 802 ff.
22 BGH, DStR 2001, 175; erneut OLG Schleswig, GmbHR 2005, 1124: Auch bei Darlehen des Alleingesellschafter-Geschäftsführers ist Rangrücktritt erforderlich für Entlastung des Überschuldungsstatus.
23 Schluss aus BGH, DStR 2001, 175; siehe auch unten Rn. 99 ff. zu Rangrücktritt.
24 Gottwald, Insolvenzrechts-Handbuch, § 6 Rn. 44.
25 Vgl. auch Uhlenbruck, InsO, § 39 Rn. 14; a.A. offenbar Meyer-Löwy, ZIP 2003, 1920 ff.: vom Ansatz der Verbindlichkeit kann auch dann nicht abgesehen werden; denkbar ist allenfalls eine Aktivierung einer Freistellungsvereinbarung, wenn sie ausdrücklich vereinbart und regresslos oder mit Rangrücktritt versehen ist; Merz/Hübner, DStR 2005, 802 ff.: Aktivierung des „umgekehrten Freistellungsanspruchs".

- **Rückstellungen**, die im **Insolvenzfall zu Verbindlichkeiten** werden, sind zu passivieren, wenn ernsthaft mit ihrer Inanspruchnahme zu rechnen ist; dies gilt auch für Drohverlustrückstellungen und für ungewisse Verbindlichkeiten.[26]
- **Rückstellungen** für **laufende Pensionsverpflichtungen** und **unverfallbare Pensions-anwartschaften** sind zu passivieren, und zwar grds. mit dem versicherungsmathematischen Barwert, ggf. dem niedrigeren Teilwert;[27] als Gegenposition auf der Aktivseite des Überschuldungsstatus kommt, soweit vorhanden, eine Rückdeckungsversicherung mit den geleisteten Sparanteilen der Beiträge zzgl. Guthaben aus Überschussbeteiligungen in Betracht.[28]
- **Streitige Verbindlichkeiten**, über die in einem anhängigen Prozess noch nicht rechtskräftig entschieden ist: nach OLG Köln[29] kein Zwang zur Passivierung. Diese Entscheidung halte ich in dieser Absolutheit für problematisch. M.E. kann von einer Passivierung nur abgesehen werden, wenn das Bestreiten eine gewisse Aussicht auf Erfolg hat, z.B. das Ergebnis des Prozesses von einer Beweisaufnahme abhängt.[30] Nach anderer Auffassung sind streitige Verbindlichkeiten stets zu bewerten und mit dem Prozentsatz anzusetzen, der dem Grad der Wahrscheinlichkeit ihres Bestehens entspricht.[31]
- **Sonderposten mit Rücklagenanteil** sind nicht anzusetzen, da diese aus zivilrechtlicher Sicht keinen Schuldposten bilden, die das Unternehmensvermögen mindern.[32]

b) Wertansätze im Überschuldungsstatus – Fortführungsprognose

Hier greift die Bewertungsregel des § 19 Abs. 2 Satz 2 InsO ein. Die **Fortführungswerte der Vermögenspositionen** sind im Überschuldungsstatus in Ansatz zu bringen, wenn die Fortführung des Unternehmens überwiegend wahrscheinlich ist; ansonsten sind die **Liquidationswerte** anzusetzen, also die Werte, von deren Erzielbarkeit bei einer im Zeitpunkt der Überprüfung gedachten Liquidation ausgegangen werden kann.[33]

Die **Anforderungen** an eine **positive Prognose** sind hoch. Es handelt sich um eine auf Tatsachen gestützte, mittelfristige Liquiditäts- und Ertragsplanung nach betriebswirtschaftlichen Grundsätzen.[34] Die Prognose ist positiv, wenn das Unternehmen die laufenden Verbindlichkeiten bedienen kann, also letztlich keine Zahlungsunfähigkeit droht. **Nicht maßgeblich** sind die Ertragsfähigkeit oder die Erzielung von Überschüssen.[35] Eine positive Prognose kann nicht auf einseitige Sanierungsbemühungen und ein einseitiges Sanierungskonzept gestützt werden, wenn der Erfolg vom Einverständnis der Gläubiger abhängt und diese die Zustimmung verweigern.[36] Ferner ist eine positive Prognose subjektiv der Fortführungswille des Schuldners bzw. der Geschäftsführung[37] und objektiv die aus einem aussagekräftigen Unternehmenskonzept herleitbare Überlebensfähigkeit des Unternehmens[38] erforderlich.

---

26 BGH, ZIP 2003, 2068 zu einem Fall nach § 30 GmbHG.
27 BFH, ZIP 2003, 348.
28 BFH, BB 2004, 1557; zur „Befreiung" einer Kapitalgesellschaft von lästig gewordenen Pensionsverpflichtungen, Grögler/Urban, DStR 2006, 1389 ff.
29 DStR 2000, 1662.
30 So auch Uhlenbruck, ZInsO 2006, 338 ff.
31 Schmidt/Roth, ZInsO 2006, 236 ff.
32 BFH, DStR 2005, 1896.
33 BGH, ZIP 2006, 2171.
34 OLG Schleswig, EWiR 1998, 271.
35 Uhlenbruck, InsO, § 19 Rn. 28.
36 BGH, ZIP 2004, 1049 = BB 2004, 1240.
37 KG, ZInsO 2006, 437.
38 BGH, ZIP 2006, 2171.

24 Der **Prognosezeitraum**, für den die vorgenannten Voraussetzungen, also die Kapitaldienstfähigkeit des Unternehmens, vorliegen müssen, beträgt nach h.M. mindestens das laufende und das folgende Geschäftsjahr.[39]

25 Liegt danach eine **positive Fortführungsprognose** vor, ist die Überschuldungsprüfung, anders als nach früherer Rechtslage, nicht zu Ende, sondern es ist nun anhand des Überschuldungsstatus zu prüfen, ob auch bei Ansatz der – meist über den Liquidationswerten liegenden – Fortführungswerte für die Vermögensgegenstände die rechnerische Überschuldung beseitigt ist. Ist dies nicht der Fall, ist also der Überschuldungsstatus auch bei Ansatz der Fortführungswerte negativ, liegt trotz positiver Prognose eine Überschuldung i.S.d. § 19 InsO vor mit der Folge, dass bei haftungsbeschränkten Gesellschaften Insolvenzantrag gestellt werden muss.[40]

c) Zeitpunkt, zu welchem zwingend eine Überschuldungsprüfung vorzunehmen ist

26 Die Geschäftsleitung ist aufgrund der Insolvenzantragspflicht gehalten, zu prüfen, ob sich eine Überschuldung ergibt, sobald sich **wirtschaftliche Probleme** abzeichnen oder wenn die **Hälfte des Stammkapitals aufgezehrt** ist (§ 49 Abs. 3 GmbHG). Eine Überschuldungsprüfung muss spätestens durchgeführt werden, wenn sich aus dem Jahresabschluss ein **nicht durch Eigenkapital gedeckter Fehlbetrag** nach § 268 Abs. 3 HGB ergibt.[41]

> **Hinweis:**
> In der Praxis erweist es sich regelmäßig nicht als notwendig, für die Überschuldungsprüfung umfangreiche und unter Umständen kostenträchtige Bewertungen des Vermögens durchführen zu lassen. Mitunter ergibt bereits das erste Gespräch mit der Geschäftsleitung bei Erteilung/Beginn des Mandats, dass die Gegenüberstellung der realistischen Vermögenswerte und der bestehenden Verbindlichkeiten zumindest die Vermutung nahe legt, dass eine Überschuldung bestehen könnte. Dann sind sofort die erforderlichen Maßnahmen einzuleiten.[42]

II. Zahlungsunfähigkeit[43]

27 **Zahlungsunfähigkeit** ist, anders als Überschuldung, ein Grund für die Eröffnung des Insolvenzverfahrens auch über das **Vermögen natürlicher Personen**, einzelkaufmännischer Unternehmen und Personengesellschaften.

1. Definition

28 In zahlreichen Bestimmungen[44] ist die Insolvenzantragsverpflichtung bei vorliegender Zahlungsunfähigkeit geregelt, ohne den Begriff der Zahlungsunfähigkeit jedoch zu definieren. In der KO und GesO fehlte eine **Definition**, so dass die Rspr. zur früheren Rechtslage Zahlungsunfähigkeit wie folgt definierte: Zahlungsunfähigkeit liegt vor, wenn der Schuldner wegen des voraussichtlich dauernden Mangels an Zahlungsmitteln außer Stande ist, seine fälligen und ernstlich eingeforderten Geldschulden im Wesentlichen zu erfüllen.[45] Zur Abgrenzung gegen kurzfristige Zahlungsstockungen und unwesentliche Liquiditätsun-

---

39 Vgl. Bork, ZIP 2000, 1709 ff.; Luttermann/Vahlenkamp, ZIP 2003, 1629 ff.
40 OLG Naumburg, GmbHR 2004, 361: Insolvenzantragspflicht auch bei positiver Prognose, wenn die Überschuldungsbilanz auch bei Fortführungswerten negativ ist; Lutter, ZIP 1999, 641 ff.; Wengel, DStR 2001, 1769 ff.; Ellers, GmbHR 2004, 934 ff.
41 BGH, ZIP 1994, 892.
42 Siehe unten Rn. 48 ff.
43 Siehe zur Prüfung eingetretener Zahlungsunfähigkeit auch die IDW-Empfehlungen, ZIP 1999, 505 ff. und Bremer, GmbHR 2002, 257 ff.
44 § 64 Abs. 1 GmbHG; §§ 92 Abs. 2, 268 Abs. 2, 278 Abs. 3, 283 Nr. 14 AktG; § 130a Abs. 1 Satz 1, 177a HGB.
45 BGH, NJW 1962, 102.

terdeckungen, die beide nicht konkursbegründend waren, umfasste die vorgenannte Definition die drei Merkmale „dauernd", „ernstlich eingefordert" und „wesentlich".

Durch **§ 17 Abs. 2 InsO** wird Zahlungsunfähigkeit nunmehr **gesetzlich definiert**. Danach ist der Schuldner zahlungsunfähig, wenn er nicht in der Lage ist, die fälligen Zahlungsverpflichtungen zu erfüllen. Zahlungsunfähigkeit ist i.d.R. anzunehmen, wenn der Schuldner seine Zahlungen eingestellt hat. 29

In dieser nunmehr gesetzlichen Definition fehlen die drei vorgenannten Abgrenzungsmerkmale, wodurch sich die folgenden Änderungen bzw. Verschärfungen ergeben.

a) Ernstlich eingeforderte Geldschulden

Dieses Kriterium entfällt ersatzlos. Bloßes Stillhalten des Gläubigers reicht zur Beseitigung der Zahlungsunfähigkeit nicht.[46] Maßgeblich ist nur die **Fälligkeit der Verbindlichkeit**. Die Fälligkeit einer Verbindlichkeit bestimmt sich nicht nach dem Insolvenzrecht, sondern ausschließlich nach dem für sie geltenden Recht. Die laufenden kurzfristigen Verbindlichkeiten sind nach den üblichen Zahlungszielen als fällig zu beurteilen. 30

b) Wesentlicher Teil der bei Fälligkeit nicht bezahlbaren Verbindlichkeiten

Zur Definition der Zahlungsunfähigkeit des BGH zur Rechtslage nach der KO und der GesO war dieses Merkmal weder in Lit. noch Rspr. eindeutig konkretisiert worden. Überwiegend wurde von Wesentlichkeit gesprochen, wenn der Schuldner zwischen 10 und 25 % der fälligen Verbindlichkeiten nicht durch Zahlungsmittel abdecken konnte. 31

Zur **Legaldefinition** des § 17 InsO wurde vertreten: 32

- **IDW**[47] : Nur „ganz unwesentlicher Teil" bleibt außer Betracht.
- **LG Hamburg**[48] : „Nicht ganz unwesentlicher Teil" der fälligen Verbindlichkeiten; keine feste Prozentzahl.
- **AG Köln**[49] : Die Grenze liegt bei 5 % der fälligen Verbindlichkeiten.

Nunmehr hat der **BGH**[50] in einem Haftungsfall nach § 64 Abs. 2 GmbHG entschieden: 33

Beträgt die innerhalb von drei Wochen (s.u.) nicht zu beseitigende Liquiditätslücke weniger als **10 %**, ist regelmäßig nicht von Zahlungsunfähigkeit auszugehen, es sei denn, es ist bereits absehbar, dass die Lücke demnächst mehr als 10 % betragen wird. Beträgt die Liquiditätslücke **10 % oder mehr**, ist regelmäßig von Zahlungsunfähigkeit auszugehen, sofern nicht ausnahmsweise mit an Sicherheit grenzender Wahrscheinlichkeit anzunehmen ist, dass die Liquiditätslücke demnächst ganz oder fast vollständig geschlossen wird und den Gläubigern nach den besonderen Umständen des Einzelfalls ein Zuwarten zugemutet werden kann.

c) Dauernder Mangel an Zahlungsmitteln

Der Zustand der Illiquidität muss einen gewissen Zeitraum andauern (Zeitraumilliquidität). Eine aktuell eingetretene Illiquidität stellt dann keine Zahlungsunfähigkeit i.S.d. § 17 InsO dar, wenn in einem kurzen, absehbaren Zeitraum die Liquiditätskrise überwunden werden kann. Dann liegt Zahlungsstockung und nicht Zahlungsunfähigkeit vor. 34

Auch nach der Rspr. zur KO bzw. GesO war die **Bestimmung dieses Zeitraums** nicht exakt. Zur Legaldefinition des § 17 InsO wurde vertreten: 35

---

46 Uhlenbruck, InsO, § 17 Rn. 8.
47 ZIP 1999, 505 ff.
48 ZIP 2001, 711.
49 ZIP 1999, 1889.
50 ZIP 2005, 1426 = GmbHR 2005, 1117.

- **IDW**[51] : „Etwa ein Monat".
- **LG Hamburg**[52] : „Nur ganz vorübergehende Zahlungsstockung" bleibt außer Betracht.
- **AG Köln**[53] : Die Obergrenze liegt bei zwei Wochen.
- **Uhlenbruck**[54] : Zeitraum von zwei Wochen bis maximal ein Monat.

36 Nunmehr hat der **BGH**[55] in einem Haftungsfall nach § 64 Abs. 2 GmbHG entschieden:

Eine **bloße Zahlungsstockung** ist anzunehmen, wenn der Zeitraum nicht überschritten wird, den eine kreditwürdige Person benötigt, um sich die benötigten Mittel zu beschaffen. Dafür scheinen **drei Wochen** erforderlich, aber auch ausreichend.[56]

2. Liquiditätsbilanz, Liquiditätsplan

37 Eine Liquiditätsbilanz und ein Liquiditätsplan müssen jedenfalls dann erstellt werden, wenn eine wesentliche Verbindlichkeit im Zeitpunkt der **Fälligkeit mangels liquider Mittel** nicht erfüllt werden kann. Hier genügt nicht allein die Feststellung, dass die aktuell fällige Verbindlichkeit aus den in naher Zukunft eingehenden Zahlungen beglichen werden kann. Vielmehr muss zugleich beurteilt werden, welche Verbindlichkeiten zu der Zeit fällig sein werden, zu der der Zahlungseingang erwartet wird, der erforderlich ist, um die aktuell fällige Verbindlichkeit zu begleichen. Eine sichere Prüfung der Zahlungsunfähigkeit ist somit nur durch die Erstellung eines Liquiditätsstatus bzw. einer Liquiditätsbilanz und eines Liquiditätsplans möglich. Letzterer ist außerdem ein **sinnvolles Instrument** zur Früherkennung eines unerkannten Krisenzustandes und damit zu seiner Vorbeugung. In den Liquiditätsplan sind sämtliche fälligen Verbindlichkeiten zu den auch künftigen Fälligkeitszeitpunkten sowie die zu erwartenden Zahlungseingänge nach Datum und Höhe einzustellen. Ein Liquiditätsstatus/eine Liquiditätsbilanz zeigt die Liquidität zu bestimmten Stichtagen. Es sollten die Fälligkeiten zum aktuellen Stichtag, innerhalb der nächsten 21 Tage (Drei-Wochen-Frist für die Insolvenzantragstellung, z.B. § 64 Abs. 1 GmbHG) und der Zeitraum nach Ablauf der Dreiwochenfrist gewählt werden.

38 Ein **Liquiditätsstatus**/eine **Liquiditätsbilanz** kann folgende **Grundstruktur** haben:[57]

Liquiditätsbilanz zum ...			
Aktiva (€)		Passiva (€)	
I.	Unmittelbar verfügbare Aktiv (= Zahlungsmittel) zum Bilanzstichtag	I.	Unmittelbar fällige Passiva zum Bilanzstichtag
1.	Bankguthaben	1.	Fällige Verbindlichkeiten aus Lieferungen und Leistungen
2.	Kassenbestände	2.	Verbindlichkeiten des reinen Finanzbereichs
3.	Schecks	3.	Sonstige fällige Verbindlichkeiten (z.B. Steuern, Sozialabgaben)
4.	Fällige Forderungen des reinen Finanzbereichs		

---

51 ZIP 1999, 505 ff.
52 ZIP 2001, 711.
53 ZIP 1999, 1889.
54 Uhlenbruck, InsO, § 17 Rn. 9.
55 ZIP 2005, 1426 = GmbHR 2005, 1117.
56 BGH, ZIP 2005, 1426, zur Prüfung der Zahlungsunfähigkeit siehe auch Knolle/Tetzlaff, ZInsO 2005, 897 ff.; Kamm/Köchling, ZInsO 2006, 732 ff.; Wolf/Kurz, DStR 2006, 1339 ff.
57 MünchKomm-InsO/Eilenberger, § 17 Rn. 20.

II.	Innerhalb der folgenden 20 Tage verfügbare Aktiva	II.	Innerhalb der folgenden 20 Tage fällige Verbindlichkeiten
1.	Fällige Wechsel	1.	Verbindlichkeiten aus Lieferungen und Leistungen
2.	Fällige Forderungen aus Lieferungen und Leistungen	2.	Verbindlichkeiten des reinen Finanzbereichs
3.	Fällige Forderungen des reinen Finanzbereichs	3.	Sonstige Verbindlichkeiten
III.	Sonstige Aktiva mit Verfügbarkeit ab einem Zeitraum nach 21 Tagen	III.	Sonstige Passiva mit Fälligkeit nach 21 Tagen
	Summe Aktiva		Summe Passiva

Der Liquiditätsplan zeigt die **zeitpunktbezogene Liquidität** (oder Illiquidität) und erlaubt eine Liquiditätsprognose. Der **Liquiditätsplan** kann folgende **Grundstruktur** haben:[58] 39

		Monat I (Tage)			M II	M III	....	M XII
		1	2	....	U*			
1.	Zahlungsmittelbestand (Überschuss/Fehlbeträge)							
	Einnahmen aus Umsätzen							
	Sonstige Einnahmen							
	Einnahmen des reinen Finanzbereichs							
2.	Summe der Einnahmen							
	Personalausgaben							
	Materialausgaben							
	Steuerausgaben							
	Sonstige Ausgaben							
	Ausgaben des reinen Finanzbereichs							
	Ausgaben für Anlage (Investitionen)							
3.	Summe der Ausgaben							
4.	Überschuss/Fehlbetrag (1. + 2. ./. 3.)							

3. Einzelfragen im Zusammenhang mit der Zahlungsunfähigkeitsprüfung

Bei **Zahlungseinstellung** spricht eine gesetzliche Vermutung für das Vorliegen von Zahlungs-unfähigkeit, § 17 Abs. 2 Satz 2 InsO. Zahlungseinstellung kann bereits vorliegen, wenn noch vereinzelt Zahlungen geleistet werden[59] und sogar, wenn die vereinzelten Zahlungen noch beträchtliche Höhen erreichen.[60] 40

Derjenige, der zu seiner Entlastung das Vorliegen lediglich einer **Zahlungsstockung** (und nicht einer Zahlungsunfähigkeit) behauptet, hat dies zu beweisen. 41

Zahlungsunwilligkeit ist nicht gleichzusetzen mit Zahlungsunfähigkeit. 42

---

58 Vgl. Eilenberger, Betriebliche Finanzwirtschaft 1997, S. 302.
59 BGH, ZIP 2000, 1016.
60 BGH, ZIP 2001, 1155.

43 Das **Vorhandensein von Außenständen und Vermögenswerten** beseitigt die Zahlungsunfähigkeit nicht, wenn sie nicht ausreichend schnell in für die Begleichung fälliger Verbindlichkeiten erforderliche liquide Zahlungsmittel umzuwandeln sind.[61]

44 **Drohende Zahlungsunfähigkeit eines Kassenarztes** mit erheblichen Honoraraußenständen gegenüber den Krankenkassen ist mit der Begründung angenommen worden, dass der Arzt über die Honorare noch nicht verfügen konnte. Bei der Prüfung der Zahlungsfähigkeit sind nur die flüssigen Mittel zu berücksichtigen.[62]

> **Hinweis:**
> Nicht selten wird auch eingetretene Zahlungsunfähigkeit nicht erkannt, weil entweder die Fälligkeit von Verbindlichkeiten rechtlich nicht zutreffend beurteilt oder die liquiden Mittel falsch eingeschätzt werden. Bspw. ist eine Überziehung des Kontokorrentkredits eine fällige Verbindlichkeit gegenüber dem Kreditinstitut ebenso wie eine Schuld gegenüber dem Lieferanten fällig ist, auch wenn dieser erfahrungsgemäß „stillschweigend" vor Ablauf von etwa drei Monaten nicht mahnt. Andererseits können ausstehende Forderungen in die Liquiditätsplanung nur zu den Zeitpunkten und in der Höhe eingestellt werden, zu denen realistischerweise tatsächlich Zahlungseingang angenommen werden kann.

III. Drohende Zahlungsunfähigkeit[63]

45 Nach diesem durch die InsO eingeführten Insolvenzantragsgrund hat der Schuldner das Recht, bereits bei drohender Zahlungsunfähigkeit Antrag auf Eröffnung des Insolvenzverfahrens über sein Vermögen zu stellen. Eine Verpflichtung des Schuldners zur Insolvenzantragstellung bei drohender Zahlungsunfähigkeit besteht jedoch nicht. Auch kann aus diesem Insolvenzantragsgrund nur der Schuldner, nicht jedoch auch ein Gläubiger den Insolvenzantrag stellen.

46 Nach der **Legaldefinition** in § 18 Abs. 2 InsO droht der Schuldner **zahlungsunfähig** zu werden, wenn er voraussichtlich nicht in der Lage sein wird, die bestehenden Zahlungspflichten im Zeitpunkt ihrer Fälligkeit zu erfüllen.

47 Nach meiner Beobachtung hat dieser Insolvenzantragsgrund bisher nur **geringe praktische Relevanz** erlangt, da die meisten Schuldner die ihnen vom Gesetzgeber eingeräumte Möglichkeit, freiwillig und frühzeitig in ein Insolvenzverfahren etwa mit dem Ziel der Sanierung des Unternehmens zu gehen, nicht nutzen.

IV. Sofortmaßnahmen zur Beseitigung der Überschuldung

1. Kapitalerhöhung[64]

48 Die Kapitalerhöhung ist grds. ein Mittel, eine **Überschuldung zu beseitigen**, wenn sie der Höhe nach ausreichend ist.

---

61 BGH, ZIP 1999, 76 noch zum alten Recht: Zeitraum etwa ein Monat.
62 BGH, ZIP 2003, 1336 in einem Fall, da einem Kreditinstitut das Recht zur außerordentlichen Kündigung des Darlehens wegen drohender Zahlungsunfähigkeit zuerkannt wurde.
63 Siehe zur Prüfung drohender Zahlungsunfähigkeit auch die IDW-Empfehlungen, ZIP 1999, 505 ff.; zur drohenden Zahlungsunfähigkeit auch als Haftungsproblem für die in der Unternehmenskrise handelnden Personen (Geschäftsführer, Berater, Kreditinstitute) Ehlers, ZInsO 2005, 169 ff.
64 Zu Kapitalerhöhung, Sanierungszwecken und Mitwirkungspflichten der Gesellschafter Schorlemer/Stupp, NZI 2003, 345 ff.

a) Barkapitalerhöhung[65]
aa) Freie Verfügbarkeit des Bareinlagebetrags
(1) Zeitpunkt

Der Einzahlungsbetrag auf die Kapitalerhöhung muss zur **freien Verfügung der Geschäftsführung** gestellt werden, § 8 GmbHG; § 36, 36a, 54 AktG. Streitig war, ob der Betrag oder ein entsprechender Wert (BGH: Prinzip der wertgleichen Deckung) bis zur Eintragung der Kapitalerhöhung durch das Registergericht zur freien Verfügung der Geschäftsleitung vorhanden sein musste. Da der BGH das Prinzip der wertgleichen Deckung aufgegeben hat, ist das Erfordernis der freien Verfügbarkeit erfüllt, wenn der Betrag nachweislich auf ein frei verfügbares Konto der GmbH bzw. der AG eingezahlt wurde und nicht an die Gesellschafter zurückgeflossen ist.[66] Nur dies muss in der Registeranmeldung versichert werden.[67] Maßgeblicher Zeitpunkt für die Richtigkeit der Versicherung ist derjenige des Eingangs beim Registergericht.[68]

(2) Hin- und Herzahlen, Rückzahlung als Darlehen, Cash-Pool

Bei identischer Barein- und -auszahlung des Betrags auf das bzw. vom selben Konto am selben Tag liegt keine wirksame Erbringung der Bar-Stammeinlage vor.[69] Auch das Hin- und Herzahlen innerhalb weniger Tage führt zu der unwiderleglichen Annahme, dass der Betrag nie zur freien Verfügung der Geschäftsführung stand.[70] Bei **Rückzahlung innerhalb von zwei Wochen** ist die Bareinlage ebenfalls nicht wirksam geleistet.[71]

An einer **wirksamen Einlagenleistung** fehlt es ferner dann, wenn der Betrag in einem engen zeitlichen Zusammenhang absprachegemäß als **Darlehen an Gesellschafter** zurückgezahlt wird.[72] Die entsprechende Darlehensabrede ist unwirksam.[73] Mit der Zahlung auf die vermeindliche Darlehensschuld tilgt der Inferent die offene Einlageschuld.[74]

> *Beispiel:*
>
> *In der Krise beschließen die Gesellschafter A und B der AB GmbH eine Kapitalerhöhung um 250.000 €. A übernimmt die zusätzliche Stammeinlage in voller Höhe.*
>
> *Zwischenergebnis: Der hierdurch entstandene Stammeinlageneinzahlungsanspruch der AB GmbH gegen den Gesellschafter A ist – bei entsprechender Werthaltigkeit – im Überschuldungsstatus zu aktivieren und kann somit die Überschuldung bereits beseitigen.*
>
> *Im Folgenden zahlt A die Stammeinlage in voller Höhe auf ein Konto der AB GmbH. Nach wenigen Tagen zahlt die AB GmbH den Betrag an den Gesellschafter A als Darlehen wieder aus. Über das Vermögen der AB GmbH wird sechs Monate später das Insolvenzverfahren eröffnet. A ist flüchtig.*
>
> *Ergebnis: Wegen der Rückzahlung eines Darlehens hat A seine Stammeinlageverpflichtung nicht erfüllt. Der Insolvenzverwalter kann den Gesellschafter B aufgrund seiner Mithaftung (§ 24 GmbHG) auf Zahlung der nicht erbrachten Stammeinlage in voller Höhe in Anspruch nehmen.*

---

65   Zur ordnungsgemäßen Aufbringung der Bareinlage der GmbH Geißler, GmbHR 2004, 1181 ff.
66   BGH, ZIP 2002, 799; zur Aufgabe des Prinzips der wertgleichen Deckung siehe auch Henze, BB 2002, 955 ff. und Hallweger, DStR 2002, 2131 ff.
67   BGH, NZG 2002, 522, 524 und 636, 639.
68   LG Gießen, GmbHR 2003, 543.
69   BGH, ZIP 2004, 1046.
70   BGH, BB 2001, 2282.
71   OLG Schleswig, ZIP 2000,1833.
72   BGH, ZIP 2003, 211 = NJW 2003, 825.
73   BGH, ZIP 2005, 2203.
74   BGH, NJW 2003, 825; konkreter BGH, ZIP 2005, 2203.

52 Eine wirksame Einlageleistung liegt auch dann nicht vor, wenn der Betrag in Zusammenhang mit einer Kapitalerhöhung von der Gesellschaft dem Gesellschafter zuvor als Darlehen oder in sonstiger Weise überlassen worden war (sog. **Her- und Hinzahlen**), weil der Vorgang wirtschaftlich einer nach § 19 Abs. 2 GmbHG verbotenen Befreiung von der Einlageschuld gleicht. In einem solchen Fall leistet der Inferent, wie beim spiegelbildlichen Fall des Hin- und Herzahlens unter dem Gesichtspunkt der Kapitalaufbringung nichts. Die entsprechende Darlehensabrede ist unwirksam.[75]

53 Ferner fehlt es an einer wirksamen Leistung der Bareinlage, wenn die unverzügliche Rückzahlung bereits durch einen **Überweisungsauftrag** sichergestellt ist. Die Überweisung an ein verbundenes Unternehmen steht der Rückzahlung an den Gesellschafter gleich.[76]

54 Bei Teilnahme der GmbH an einem **Cash-Pool-System** ist ebenfalls keine freie Verfügung der Geschäftsführung über den Bareinlagebetrag und damit keine wirksame Einlageleistung gegeben, wenn der Betrag sogleich auf das Cash-Pool-Konto abfließt.[77] Dadurch fließe der GmbH nicht der Kapitalerhöhungsbetrag zu, sondern die Befreiung von einer Verbindlichkeit, so dass eine verdeckte Sacheinlage vorliege. Auch die in ein von einer Verbindlichkeit, so dass eine verdeckte Sacheinlage vorliege. Auch die in ein Cash-Pool-System einbezogene GmbH unterliegt bei Gründung und Kapitalerhöhung den Kapitalaufbringungsvorschriften des GmbHG und den dazu entwickelten Rechtsprechungsgrundsätzen.[78]

55 Fraglich ist, ob durch den Referentenentwurf des MoMiG[79] die Rechtslage geändert wird. Durch das MoMiG soll § 30 Abs. 1 GmbHG um folgenden Satz 2 ergänzt werden:

„Wird das Stammkapital durch eine Vorleistung aufgrund eines Vertrages mit einem Gesellschafter angegriffen, so gilt das Verbot des Satzes 1 nicht, wenn die Leistung im Interesse der Gesellschaft liegt." Dies ist meines Erachtens entgegen der Begründung des Referentenentwurfs für die Kapitalaufbringung keine Änderung der bisherigen Rechtslage, da die Regelung ausdrücklich nur die Kapitalerhaltung, nicht aber auch die ursprüngliche Kapitalaufbringung erfasst.[80]

bb) Keine Zahlung unmittelbar an Gläubiger der Gesellschaft, debitorisches Konto

56 Eine **wirksame Einlageleistung** kann auch nicht unmittelbar an einen Gläubiger der Gesellschaft erfolgen.

57 Bei **Zahlung auf ein debitorisches Konto** der Gesellschaft wird die Einlageverpflichtung nur erfüllt, wenn und soweit die Kreditlinie noch nicht ausgeschöpft ist[81] oder das Kreditinstitut auf einem anderen Konto entsprechend Kredit zur Verfügung stellt[82] oder den Geschäftsführer über einen Betrag in Höhe der Einlageleistung anderweitig verfügen lässt, sei es im Rahmen einer formalen Kreditzusage oder aufgrund stillschweigender Gestattung.[83]

Dagegen wird die **Einlagepflicht** bei Zahlung auf ein debitorisches Konto der Gesellschaft nicht erfüllt, wenn die Bank keine Verfügungen mehr zulässt. Jedoch kann der Insolvenzverwalter die Einlagenleistung nicht erneut fordern, wenn er die durch die Bank vorgenommene Verrechnung der Einlagezahlung mit eigenen Forderungen erfolgreich angefochten hat.[84]

---

75 BGH, ZIP 2006, 1633 = DStR 2006, 1709.
76 OLG Dreden, ZIP 1999, 2013.
77 BGH, ZIP 2006, 665 = BB 2006, 847.
78 BGH, ZIP 2006, 665 = BB 2006, 847; dazu Bayer/Lieder, GmbHR 2006, 449 ff.; Altmeppen, ZIP 2006, 1025 ff.; Hentzen, DStR 2006, 948 ff.
79 Referentenentwurf eines Gesetzes zur Modernisierung des GmbH-Rechts und zur Bekämpfung von Missbräuchen vom 29.05.2006.
80 So auch Priester, ZIP 2006, 1557 ff.
81 BGH, BB 1990, 2282.
82 BGH, ZIP 2002, 799.
83 BGH, ZIP 2005, 121 = DStR 2005, 164.
84 OLG Hamm, ZIP 2004, 1427.

> **Hinweis:**
> Ggf. müssen vor Einzahlung alle Verrechnungsabreden mit der Bank aufgehoben werden, da sonst eine wirksame Leistung der Bareinlage nicht möglich ist.[85] Wenn das (wie regelmäßig) nicht möglich ist, ist es erforderlich, bei einem anderen Kreditinstitut ein Konto zu eröffnen oder die Einlage bar gegen Quittung an die Geschäftsführung zu leisten, damit die Erfüllungswirkung der Einlageneinzahlung eintritt.

cc) Keine Aufrechnung

Nach § 19 Abs. 2 Satz 2 GmbHG kann der Gesellschafter gegen die Forderung der Gesellschaft auf Zahlung der Stammeinlage nicht mit einer Forderung gegen die Gesellschaft **aufrechnen**. 58

Die **Verrechnung der Einlageschuld** mit einer nach dem Kapitalerhöhungsbeschluss entstandenen Forderung auf Gewinnausschüttung ist jedoch möglich, wenn es an einer verbindlichen Vorabsprache fehlt. Diese wurde allerdings bei engem zeitlichen Zusammenhang vermutet.[86] Eine etwa wegen Nichtigkeit des Beschlusses unwirksame Gewinnausschüttung kann jedoch nicht zur Erfüllung der Stammeinlageverpflichtung verwendet werden.[87] Die Verrechnung mit einer Neuforderung des Gesellschafters ist nur möglich, wenn im Zusammenhang mit dem Einlagebeschluss oder der Anforderung der Einlage keine Verrechnungsabrede getroffen wurde. Dies muss der Gesellschafter beweisen.[88] 59

Die Stammeinlageverpflichtung kann dadurch erfüllt werden, dass die Gesellschaft gegen Forderungen des Gesellschafters aufrechnet. Voraussetzung ist, dass die Gesellschafterforderung fällig, liquide und vollwertig ist und dass im Zeitpunkt der Begründung der Einlageverpflichtung keine sog. **Koppelungsabrede** besteht. Das Vorliegen einer Koppelungsabrede führt zur verdeckten Sacheinlage.[89] Die Koppelungsabrede wird bei engem zeitlichem und sachlichem Zusammenhang vermutet.[90] Der sachliche Zusammenhang kann sich daraus ergeben, dass die Forderungshöhen übereinstimmen.

dd) Voreinzahlung

Die Zahlung auf eine **noch nicht wirksam beschlossene Kapitalerhöhung** ist grds. unwirksam, d.h. sie befreit nicht von der Einlageverpflichtung. 60

In Sanierungsfällen hat der **BGH** die Voreinzahlung auf die künftige Einlageverpflichtung als schuldtilgende Bareinzahlung angesehen, wenn der Betrag dem Geschäftsführer wertmäßig im Zeitraum zwischen Antrag und Eintragung der Kapitalerhöhung noch zur Verfügung stand.[91] Nicht geklärt war, ob diese Voraussetzung auch noch nach Aufgabe des **Prinzips der wertgleichen Deckung** bestand.[92] Das OLG Düsseldorf hatte diese Voraussetzung als erfüllt angesehen, wenn mit der Zahlung ein Debetsaldo zurückgeführt wurde, der die eingeräumte Kreditlinie nicht überschritt.[93] Anders hat nun jedoch der BGH entschieden: Im Kapitalaufbringungssystem der GmbH bildet der Kapitalerhöhungsbeschluss die maßgebliche Zäsur. Voreinzahlungen auf die künftige Kapitalerhöhung haben schuldtilgende Wirkung nur dann, wenn der eingezahlte Betrag im Zeitpunkt der Fassung des Erhöhungsbeschlusses noch als solcher im Vermögen der Gesellschaft vorhanden ist, die Beschlussfassung im Anschluss an die Voreinzahlung mit der gebotenen Beschleunigung nachgeholt wird, ein akuter Sanierungsfall vorliegt, andere Maßnahmen nicht in Betracht kommen und die Sanierung der Gesellschaft bei Einhaltung der üblichen Reihenfolge 61

---

85 OLG Köln, NJW-RR 2000, 1480.
86 BGH, ZIP 2002, 2045.
87 OLG Stuttgart, NZI 2004, 675.
88 OLG Hamburg, GmbHR 2006, 934 = ZIP 2006, 1908.
89 Ausführlich zur verdeckten Sacheinlage siehe unten Rn. 78 ff.
90 OLG Celle, GmbHR 2004, 1022.
91 BGH, ZIP 1996, 1466.
92 Dazu Heidinger, GmbHR 2002, 1045 ff.
93 OLG Düsseldorf, GmbHR 2000, 564.

der Kapitalerhöhung scheitern würde.[94] Keine wirksame Einzahlung liegt vor, wenn auf ein debitorisches Konto der Gesellschaft eingezahlt wird und die Bank nach Verrechnung der Gutschrift eine Verfügung über den Einlagebetrag wieder zulässt.[95] Folglich kann sich der Gesellschafter durch Voreinzahlung des Einlagebetrags auf ein debitorisches Konto von seiner Einlageverpflichtung nicht befreien und läuft daher Gefahr, erneut zur Zahlung herangezogen zu werden.

> *Beispiel:*
>
> Die AB GmbH hat einen Liquiditätsengpass und Überschuldung ist zu befürchten. C ist bereit, sich zu einem Drittel an der AB GmbH zu beteiligen und zahlt den rechnerisch sich ergebenden Betrag auf die künftig zu übernehmende Stammeinlage i.H.v. 150.000 € zur Behebung der Liquiditätskrise sofort auf das Konto der AB GmbH ein, welches innerhalb der Kontokorrentlinie mit 200.000 € im Soll steht. Später wird der Kapitalerhöhungsbeschluss formal wirksam gefasst. Nach dem Urteil des BGH[96] konnte C seine später durch Übernahme der Stammeinlage im Rahmen der Kapitalerhöhung begründete Stammeinlageverpflichtung durch die vorherige Zahlung nicht erfüllen. Im Insolvenzfall wird er (erneut) auf Zahlung der Stammeinlage in Anspruch genommen.

Jedenfalls kommt eine wirksame Voreinzahlung nur in der Krise der Gesellschaft und nur dann in Betracht, wenn sie als solche im Kapitalerhöhungsbeschluss, in der Anmeldeversicherung und in der Registereintragung offengelegt wird.[97]

62 Ist fraglich, ob eine Voreinzahlung zur Tilgung der später begründeten Einlagepflicht vorliegt, ist die **Sicht des Geschäftsführers**[98] maßgeblich. Die Darlegungs- und Beweislast für die Voraussetzungen einer wirksamen Voreinzahlung trägt der Gesellschafter.[99]

ee) Richtiges Konto

63 Grds. hat die Einlagezahlung auf ein **Konto der Gesellschaft** zu erfolgen. Die Zahlung auf ein Konto des Gesellschafters befreit, wenn es als Geschäftskonto der GmbH genutzt wird.[100]

64 Bei GmbH & Co. KG ist zur Erfüllung der Stammeinlageverpflichtung gegenüber der GmbH die **Zahlung auf ein Konto der GmbH** erforderlich; die Zahlung auf ein Konto der KG befreit nur, wenn das Vermögen der GmbH ausreicht, alle Gläubiger, auch diejenigen der KG, zu befriedigen.[101]

Die Leistung der Kommanditeinlage auf ein debitorisches KG-Konto lässt die **Wirkung der Haftungsbeschränkung** eintreten.[102]

ff) Darlegungs- und Beweislast[103]

65 Die Erfüllung der Einlageschuld erfordert keine ausdrückliche Tilgungsbestimmung. Es genügt, wenn die Zahlung der Einlageschuld zugeordnet werden kann. Dies kann auch der Fall sein, wenn der Einzahlungsbetrag höher ist.[104]

66 Die **Beweislast** für die Erfüllung der Einlageschuld hat der **Gesellschafter**.[105] Dies gilt grds. auch dann, wenn die Zahlungsvorgänge bereits sehr lange Zeit zurückliegen.[106] Nach der jüngeren OLG-Rspr. ist

---

94 BGH, ZIP 2004, 849; ZIP 2006, 2214 = BB 2006, 2707.
95 BGH, ZIP 2004, 849 = NZG 2004, 515; dazu auch Sustmann, NZG 2004, 760 ff.
96 BGH, ZIP 2004, 849.
97 OLG Celle, GmbHR 2006, 433.
98 OLG Köln, ZIP 2001, 1243.
99 OLG Thüringen, ZIP 2006, 1862 = NZG 2006, 752.
100 BGH, ZIP 2001, 513.
101 OLG Hamm, ZIP 2000, 358.
102 OLG Dresden, GmbHR 2004, 1156.
103 Zur Rspr. zum Nachweis der Einzahlung der Stammeinlage in der Insolvenz der GmbH Henkel, NZI 2005, 649 ff.
104 OLG München, GmbHR 2006, 935.
105 OLG Brandenburg, GmbHR 2005, 1608.
106 BGH, DStR 2004, 2112.

auch nicht mehr davon auszugehen, dass sich die Anforderungen an die Darlegungs- und Beweislast mit zunehmender zeitlicher Entfernung mindern.[107] Bei lange Zeit zurückliegenden Zahlungsvorgängen ist es eine Frage des vom Tatrichter zu bestimmenden Beweismaßes, wie viele Umstände dargelegt und bewiesen werden müssen; dabei können dem Gesellschafter auch die Grundsätze über die sekundäre Behauptungslast zugute kommen.[108] So ist die Beweislast nach einer Entscheidung des KG[109] auch nach über 20 Jahren noch beim Gesellschafter; allerdings muss dann der Insolvenzverwalter nach den Grundsätzen der sekundären Behauptungslast Anhaltspunkte für Zweifel an der Einzahlung der Einlage vortragen.[110]

Der Nachweis über die Einzahlung ist nach **allgemeinen Beweisgrundsätzen** zu führen; die Vorlage von Einzahlungsbelegen oder Kontounterlagen ist nicht in jedem Falle zu verlangen.[111] Der Nachweis ordnungsgemäßer Einlageleistung wird nicht durch die Versicherung bei der Anmeldung der Eintragung ins Handelsregister geführt.[112] Auch der Ausweis in der Jahresbilanz, dass die Gesellschafter die Einlagepflicht erfüllt haben, ist schlechthin zum Nachweis nicht geeignet.[113] Ergibt sich aber aus dem Jahresabschluss die Einzahlung des Stammkapitals und befindet sich auf ihm der Prüfvermerk des Steuerberaters „aufgestellt anhand der vorgelegten Buch- und Inventurunterlagen", so muss der als Zeuge für die Aufbringung des Stammkapitals benannte Steuerberater gehört werden.[114]

67

b)   Sonstige Erhöhung des Eigenkapitals

Eine **stille Einlage** – sowohl typisch als auch atypisch – kann die Überschuldung beseitigen, da diese nach der h. L. im Überschuldungsstatus nicht zu berücksichtigen ist, wenn und soweit der Stille eine Verlustbeteiligung übernommen hat und diese noch nicht erschöpft ist. Da dies jedoch streitig ist[115] und außerdem die Verlustbeteiligung bei Eintritt der Insolvenz i.d.R. aufgezehrt sein dürfte, sollte unbedingt **zusätzlich** ein **Rangrücktritt** (siehe unten Rn. 99 ff.) für den Anspruch auf Einlagenrückgewähr vereinbart werden.

68

Einstellung von Leistungen in die freien Rücklagen kann die Überschuldung beseitigen, wenn der Gläubiger auf einen Rückgewähranspruch (etwa aus Darlehen) verzichtet oder im Rang zurücktritt.

69

c)   Kapitalschnitt

Zu Sanierungszwecken kann eine Kapitalerhöhung auch durch einen sog. **Kapitalschnitt** erfolgen. Dieser ist die Kombination von **vereinfachter Kapitalherabsetzung und Kapitalerhöhung**. Die vereinfachte Kapitalherabsetzung ist nach den durch Art. 48 EGInsO in das GmbHG eingefügten §§ 58a – f GmbHG nunmehr auch bei der GmbH möglich. Die vereinfachte Kapitalherabsetzung darf nur zur Verlustdeckung durchgeführt werden (§§ 58a Abs. 1 und Abs. 2, 58b Abs. 1, 58c GmbHG). Für in die Kapitalrücklage eingestellte Beträge besteht eine fünfjährige Ausschüttungssperre (§ 58b Abs. 3 GmbHG); künftige Gewinne dürfen nur in begrenztem Umfang ausgeschüttet werden (§ 58d GmbHG). Für die vereinfachte Kapitalherabsetzung sind Gläubigeraufruf und Einhaltung des Sperrjahrs (§ 58 Abs. 1 Nr. 3 GmbHG) nicht erforderlich. Im Rahmen der vereinfachten Kapitalherabsetzung kann das Stammkapital auch unter

70

---

107   Für Verminderung der Darlegungs- und Beweislast früher OLG Frankfurt, NJW-RR 2001, 402, das jetzt jedoch genau entgegengesetzt entschieden hat (keine Verringerung der Darlegungs- und Beweislast, OLG Frankfurt, NZG 2005, 898); gegen Verminderung der Darlegungs- und Beweislast auch OLG Koblenz, GmbHR 2002, 968; dazu Voßen, DStR 2004, 1299.
108   BGH, DStR 2004, 2112.
109   KG, GmbHR 2004, 1388.
110   Zur neuen Verjährungsregelung siehe unten Rn. 154 f. vergleichbare Entscheidung des OLG Brandenburg, ZIP 2006, 1343: Beweiserleichterungen für den Gesellschafter bei 20 Jahre oder mehr zurückliegender Stammeinlageneinzahlung dahingehend, dass der Insolvenzverwalter dann substantiierte Anhaltspunkte für nicht erfolgte Einzahlung vortragen muss. Zeitspanne von 13 Jahren genügt nicht.
111   OLG Zweibrücken, GmbHR 2005, 1608.
112   OLG Düsseldorf, GmbHR 2002, 747.
113   BGH, DStR 2004, 2112.
114   BGH, ZIP 2005, 28.
115   Siehe Uhlenbruck, InsO, § 19 Rn. 68.

25.000 € festgesetzt werden, wenn im Rahmen der gleichzeitig zu beschließenden Kapitalerhöhung das Stammkapital wieder mindestens auf das gesetzliche Mindestkapital (§ 5 Abs. 1 GmbHG) festgesetzt wird (§ 58a Abs. 4 GmbHG).[116]

Beispiel:

Die Bilanz der GmbH zeigt folgendes Bild:

Aktiva

Anlage- und Umlaufvermögen	4.750.000 €
Nicht durch Eigenkapital gedeckter Fehlbetrag	1.250.000 €
	6.000.000 €

Passiva

Stammkapital	1.000.000 €
Verbindlichkeiten	5.000.000 €
	6.000.000 €

Es liegt also Überschuldung vor, da das Vermögen der GmbH die bestehenden Verbindlichkeiten nicht deckt.

Ein Gesellschafter möchte sich an der Gesellschaft zu Sanierungszwecken beteiligen und Gesellschafter zu 50 % werden. Eine Kapitalerhöhung und Übernahme einer Stammeinlage i.H.v. 1.000.000 € ist für den neuen Gesellschafter jedoch nicht möglich und zur bilanziellen Sanierung der GmbH auch nicht erforderlich. Es wird also ein Kapitalschnitt wie folgt durchgeführt:

1. Schritt: *Vereinfachte Kapitalherabsetzung um 500.000 €.*

Danach ergibt sich folgendes Bilanzbild:

Aktiva

Anlage- und Umlaufvermögen	4.750.000 €
Nicht durch Eigenkapital gedeckter Fehlbetrag	750.000 €
	5.500.000 €

Passiva

Stammkapital	500.000 €
Verbindlichkeiten	5.000.000 €
	5.500.000 €

2. Schritt: *Nun wird das Stammkapital um 500.000 € wieder auf 1.000.000 € erhöht und der Sanierungsgesellschafter übernimmt die neue Stammeinlage i.H.v. 500.000 €.*

Danach ergibt sich folgendes Bilanzbild:

Aktiva

Anlage- und Umlaufvermögen	4.750.000 €
Stammeinlageforderung	500.000 €
Nicht durch Eigenkapital gedeckter Fehlbetrag	750.000 €
	6.000.000 €

---

116 Zu Funktion und Durchführung der vereinfachten Kapitalherabsetzung siehe auch Geißler, GmbHR 2005, 1102 ff.

Passiva

Stammkapital	1.000.000 €
Verbindlichkeiten	<u>5.000.000 €</u>
	6.000.000 €

Die Überschuldung ist beseitigt und der Sanierungsgesellschafter ist am Stammkapital der GmbH zu 50 % beteiligt.

d) Sacheinlage

Eine Kapitalerhöhung kann auch durch Sacheinlage erfolgen. 71

aa) Voraussetzungen

Die **Regelungen der §§ 5 Abs. 4, 19 Abs. 5 und 56 GmbHG** sind zu beachten: 72

- Offenlegungspflicht,
- Differenzhaftung des Gesellschafters bei nicht vollwertiger Einlage,
- Kontrolle des Registergerichts mit dem Ziel, die reale Kapitalaufbringung und damit die Gläubiger zu sichern.

Erforderlich ist, dass der Gegenstand und der Betrag der Stammeinlage, auf die sich die Sacheinlage 73 bezieht, **im Kapitalerhöhungsbeschluss festgesetzt** werden (§ 56 Abs. 1 GmbHG). Fehlt es an dieser Voraussetzung, wird der Gesellschafter durch die Sacheinlage nicht von seiner Einlageverpflichtung befreit (§ 19 Abs. 5 GmbHG). Erreicht der Wert der Sacheinlage im Zeitpunkt der Anmeldung zum Handelsregister nicht den Betrag der dafür übernommenen Stammeinlage, hat der Gesellschafter in Höhe des Fehlbetrags eine Einlage in Geld zu leisten (§ 9 Abs. 1 GmbHG).

bb) Einlagegegenstand

Sacheinlagefähig sind nur **Vermögensgegenstände mit objektiv feststellbarem wirtschaftlichem** 74 **Wert**. Dies können auch **obligatorische Nutzungsrechte** sein.[117] Im Rahmen der Sacheinlage ist auch ein gutgläubiger Erwerb des Sacheinlagegegenstands durch die Gesellschaft möglich.[118] Gegenstände, die bereits im Besitz der Gesellschaft sind, können nur dann als Sacheinlage eingebracht werden, wenn sie zur Zeit des Kapitalerhöhungsbeschlusses noch gegenständlich im Gesellschaftsvermögen vorhanden sind.[119] Nicht sacheinlagefähig ist eine Gesellschafterstellung (hier Kommanditanteil in die Komplementär-GmbH), wenn die GmbH danach Inhaberin einer Forderung gegen den Gesellschafter würde; offen bleibt, ob etwas anderes gilt, wenn die Forderung bei der Bewertung der Sacheinlage ausdrücklich berücksichtigt wurde.[120]

Bei Sacheinlage eines belasteten Grundstücks ist für die Wertermittlung der Sacheinlage die Belastung 75 vom Grundstückswert abzuziehen.[121] Der Grundstückswert ohne Abzug der Belastung ist aber anzusetzen, wenn die Belastung nur der Sicherung von Verbindlichkeiten der GmbH dient.[122]

cc) Durchführung

Es müssen **folgende Schritte** durchgeführt werden: 76

- Beschluss als Sachkapitalerhöhung fassen,
- Gegenstand und Betrag der Stammeinlage nennen,

---

117 BGH, ZIP 2004, 1642 = BB 2004, 1925; Hiort, BB 2004, 2760 ff.
118 BGH, NZG 2003, 85.
119 BGH, ZIP 2000, 2021.
120 KG, ZIP 2005, 1639 = DStR 2005, 1198.
121 OLG Frankfurt, ZIP 2006, 1584.
122 LG Bonn, NZG 2006, 632.

- Gegenstand bewerten,
- Sachgründungsbericht erstellen,
- Anmeldung zum Handelsregister,
- Sache der Gesellschaft übereignen.

dd) Typische Probleme

77
- Kapitalerhöhung durch Sacheinlage erfordert entsprechende Bewertungen durch das Registergericht und beinhaltet grds. die Gefahr der Differenzhaftung nach § 9 GmbHG. Die Haftung trifft im Übrigen, ebenso wie bei der Nichterbringung einer Barstammeinlage, alle Gesellschafter solidarisch, § 24 GmbHG.
- Gegenstände, die bereits im Besitz der GmbH sind, können nur dann als Sacheinlage eingebracht werden, wenn sie zur Zeit des Kapitalerhöhungsbeschlusses noch gegenständlich im Gesellschaftsvermögen vorhanden sind.[123]
- Zur verdeckten Sacheinlage siehe sogleich unten Rn. 82 ff.

e) Umwandlung von Verbindlichkeiten in Stammkapital (Debt-equity-swap)

78 Die Überschuldung der Gesellschaft kann auch dadurch beseitigt werden, dass ein Gläubiger seine **Forderung gegen die Gesellschaft** ganz oder teilweise in eine **Kapitalbeteiligung umwandelt**. Nach st. Rspr. des BGH sind Forderungen gegen die Gesellschaft, die zur Übernahme von Stammkapital eingebracht werden, Sacheinlagen.[124] Daher müssen die unter Rn. 71 ff. erläuterten Anforderungen an die Kapitalerhöhung mit Sacheinlagen (§ 56 GmbHG) erfüllt werden. Insb. muss die als Sacheinlage einzubringende Forderung gegen die Gesellschaft bewertet werden. Im Fall der Überschuldung wird der Wert der Forderung den Nominalbetrag nicht erreichen können. Wird also eine Sachkapitalerhöhung in Höhe des Nominalwerts der gegen die Gesellschaft gerichteten, als Sacheinlage einzubringenden Forderung beschlossen, wird sich das Problem der Differenzhaftung nach § 9 Abs. 1 GmbHG nicht vermeiden lassen. Die Differenzhaftung trifft nach § 24 GmbHG auch die weiteren Gesellschafter.

> *Beispiel:*
> *Die GmbH schuldet dem Lieferanten L 150.000 €. L ist bereit, sich an der GmbH als Gesellschafter zu beteiligen und einen Teil seiner Forderung in Stammkapital umzuwandeln. Die GmbH zeigt folgendes Bilanzbild:*
>
> *Aktiva*
>
> | | |
> |---|---:|
> | *Vermögen* | *100.000 €* |
> | *nicht durch Stammkapital gedeckter Fehlbetrag* | *150.000 €* |
> | | *250.000 €* |
>
> *Passiva*
>
> | | |
> |---|---:|
> | *Stammkapital* | *100.000 €* |
> | *Verbindlichkeiten* | *150.000 €* |
> | | *250.000 €* |
>
> *Es liegt Überschuldung vor. Der Wert der Forderung des L gegen die GmbH beträgt nur noch zwei Drittel (100 von 150). Durch Dept-equity-swap kann die Überschuldung wie folgt beseitigt werden: L wandelt einen Forderungsteil i.H.v. 75.000 € in Stammkapital um und bringt diesen Forderungsteil als Sacheinlage im Wege der Sachkapitalerhöhung ein. Der Wert der einzulegenden Sache beträgt 50.000 € (zwei Drittel von 75.000 €). Es wird also eine Sachkapitalerhöhung um 50.000 € beschlossen. Anschließend ergibt sich folgendes Bilanzbild:*

---

123 BGH, ZIP 2000, 2021.
124 BGH, WM 1998, 925.

Aktiva

Vermögen	100.000 €
nicht durch Eigenkapital gedeckter Fehlbetrag	115.000 €
	215.000 €

Passiva

Bisheriges Stammkapital	100.000 €
Stammkapitalerhöhungsbetrag	50.000 €
Verbindlichkeiten (Rest)	75.000 €
	215.000 €

Die Überschuldung ist beseitigt.

Außerdem besteht bei der Umwandlung von Verbindlichkeiten in Stammkapital für den Gläubiger die **Gefahr**, dass seine eventuell gegen die Gesellschaft bestehenden weiteren Forderungen Kapitalersatz werden mit den für den Gesellschafter nachteiligen Konsequenzen, dass die Forderungen nicht bezahlt werden dürfen, dass sie bei Scheitern der Sanierungsbemühungen in einer Insolvenz der Gesellschaft nur als letzte nachrangige Forderung geltend gemacht werden können (§ 39 Abs. 1 Nr. 5 InsO) und dass zwischenzeitlich erfolgte Tilgungen und eventuelle Bestellungen von Sicherheiten in einer Insolvenz vom Insolvenzverwalter angefochten werden können (§ 135 InsO).[125] Die Gefahr des Kapitalersatzes besteht jedoch nicht, wenn der (neue) Gesellschafter mit nicht mehr als 10 % am Stammkapital der Gesellschaft beteiligt und nicht geschäftsführend tätig ist (§ 32a Abs. 3 Satz 2 GmbHG, Privilegierung von Kleinbeteiligungen) oder wenn der Darlehensgeber in der Krise der Gesellschaft Geschäftsanteile zum Zweck der Überwindung der Krise erwirbt (§ 32a Abs. 3 Satz 3 GmbHG, Sanierungsprivileg).[126]

79

Wird die (beabsichtigte) Umwandlung von Verbindlichkeiten in Stammkapital nicht als Sachkapitalerhöhung, sondern als **Barkapitalerhöhung** beschlossen, handelt es sich um eine verdeckte Sacheinlage mit der Folge, dass die Einlage der Forderung den Gesellschafter nicht von seiner Bareinlageverpflichtung befreit.[127]

80

Zusammenfassend ist also festzustellen, dass die Umwandlung von Verbindlichkeiten in Stammkapital für den Gesellschafter in der Krise der Gesellschaft mit erheblichen Haftungsgefahren verbunden ist:

81

- Differenzhaftung bei Sachkapitalerhöhung,
- Haftung wegen verdeckter Sacheinlage bei Barkapitalerhöhung,
- Umqualifizierung eventuell bestehender weiterer Forderungen in Kapitalersatz.

f) Verdeckte Sacheinlage[128]

aa) Tatbestand, Konstellationen, Beweislast und Beispiele

Bei der verdeckten Sacheinlage handelt es sich, wie aus der Vielzahl der nachstehend genannten gerichtlichen Entscheidungen zu schließen ist, um eine verbreitete Technik der Kapitalaufbringung, die, wie zu zeigen sein wird, jedoch ganz **erhebliche Haftungsgefahren für die Gesellschafter** birgt. Die verdeckte Sacheinlage ist dadurch gekennzeichnet, dass ein wirtschaftlich einheitlich gewolltes Geschäft rechtlich

82

---

125 Zum Kapitalersatz siehe ausführlich Rn. 335 ff.
126 Zur Privilegierung von Kleinbeteiligungen und zum Sanierungsprivileg siehe unten Rn. 330 ff.
127 Zur verdeckten Sacheinlage siehe ausführlich unten Rn. 82 ff.
128 Zum Gesamtkomplex der verdeckten Sacheinlage Bayer, ZIP 1998, 1985 ff.; Schöpflin, GmbHR 2003, 57 ff.; Langenbucher, NZG 2003, 211 ff.; Gärtner, GmbHR 2003, 1417 f.; zu steuerlichen Aspekten der verdeckten Sacheinlage Altrichter-Herzberg, GmbHR 2004, 1188 ff.

in zwei Teile zerlegt wird. Die von der Rspr. als verdeckte Sacheinlagen entschiedenen Konstellationen sind:

- Die Forderung des Gesellschafters aus dem Umsatzgeschäft wird aus der Bareinlage getilgt.

Beispiel:

Die GmbH schuldet dem Gläubiger aus Warenlieferung 10.000 €. Im Rahmen einer Kapitalerhöhung übernimmt der Gläubiger eine Stammeinlage i.H.v. 10.000 € und zahlt den Betrag auf ein Konto der GmbH ein. Nach sechs Wochen bezahlt die GmbH die Forderung des Gläubigers aus der Warenlieferung i.H.v. 10.000 €.

- Die Forderung des Gesellschafters aus dem Umsatzgeschäft wird mit der Bareinlageforderung der Gesellschaft verrechnet.

Beispiel:

Wie zuvor, jedoch vor Einzahlung des Stammkapitals erklärt die GmbH gegenüber dem Gläubiger die Verrechnung der Stammeinlageforderung der GmbH mit dem Zahlungsanspruch des Gläubigers.

- Dem Gesellschafter wird die Leistung der Bareinlage überhaupt erst aus dem Umsatzgeschäft ermöglicht.

Beispiel:

Wie zuvor, jedoch bezahlt die GmbH an den Gläubiger die 10.000 €; nach sechs Wochen wird die Kapitalerhöhung um 10.000 € beschlossen und der Gläubiger leistet auf die von ihm übernommene Stammeinlage den Betrag i.H.v. 10.000 € an die GmbH.

83 Die Abgrenzung der verdeckten Sacheinlage gegen die zulässige spätere Verwendung der zuvor als Bareinzahlung auf die Stammeinlage zur Verfügung gestellten Mittel erfolgt anhand einer entsprechenden **Abrede**. Maßgeblich für eine verdeckte Sacheinlage ist eine Abrede über den wirtschaftlichen Erfolg des verdeckten Rechtsgeschäfts.[129] Es kommt also auf den inhaltlichen Zusammenhang zwischen dem Geschäft mit der Gesellschaft und der Leistung der Stammeinlage an. Für diesen inhaltlichen Zusammenhang, also für die Abrede über den wirtschaftlichen Erfolg des verdeckten Rechtsgeschäfts besteht eine Vermutung, wenn zwischen der Bareinlage und dem die Bareinlage unterlaufenden Gegengeschäft ein enger sachlicher und zeitlicher Zusammenhang besteht.[130] Rechtsfolge dieser Vermutung ist eine **Beweislastumkehr**: Besteht also zwischen der Bareinlage und dem Gegengeschäft ein enger sachlicher und zeitlicher Zusammenhang, so hat der Gesellschafter darzulegen und zu beweisen, dass keine verdeckte Sacheinlage vorliegt.[131] Ein sachlicher Zusammenhang kann sich aus der Übereinstimmung der Beträge der verbundenen Geschäfte ergeben. Der die Vermutung der verdeckten Sacheinlage begründende enge zeitliche Zusammenhang wird auch dann noch angenommen, wenn das die Bareinlage unterlaufende Gegengeschäft zeitlich sogar sechs Monate entfernt ist.[132]

84 **Kenntnis** davon, dass die Kapitalaufbringungsvorschriften verletzt werden, müssen die Parteien nicht haben.[133] Ebenso wenig ist eine Umgehungsabsicht betreffend die Kapitalaufbringungsvorschriften oder gar Täuschungswille in Bezug auf die Gläubiger oder den Geschäftsverkehr erforderlich.[134]

---

129 Vgl. nur Langenbucher, NZG 2003, 211 f. mit Rspr.-Nachweisen.
130 BGHZ 110, 47.
131 BGHZ 110, 47.
132 BGH, ZIP 1994, 701.
133 OLG Stuttgart, NZG 2003, 136.
134 OLG Saarbrücken, GmbHR 2004, 668.

Beispiele für verdeckte Sacheinlagen aus der Rspr.:
- Forderungsverzicht zur Erfüllung einer Geldeinlageverpflichtung aus Kapitalerhöhung,[135]
- Hin- und Herzahlen,[136]
- Bezahlung von vorherigen oder nachträglichen Warenlieferungen,[137]
- Kaufpreisverrechnung gegenüber einer anderen GmbH des selben Gesellschafters,[138]
- Weiterleitung der Einlage an eine GbR bestehend aus dem Bruder und Ehemann (der zugleich Geschäftsführer der GmbH ist) der Gesellschafterin als Zahlung des Kaufpreises für gelieferte Anlagegüter,[139]
- Tilgung einer Forderung des Einlegers im Zeitraum von weniger als einer Woche nach Einzahlung der Bareinlage zur Vermeidung einer förmlichen Auf- oder Verrechnung,[140]
- nachträgliche Rückzahlung eines Darlehens an den Gesellschafter oder an eine KG, an der der Gesellschafter ebenfalls beteiligt ist,[141]
- Darlehensgewährung von der GmbH an den Gesellschafter innerhalb von zwei Wochen nach Einzahlung der Stammeinlage,[142]
- eine verdeckte Sacheinlage kann auch im Zusammenhang mit einer entgeltlichen Tätigkeit des Gesellschafter-Geschäftsführers der GmbH vorliegen, wenn sich die Gehaltsauszahlung als Rückzahlung der Stammeinlage darstellt.[143]

> **Hinweis:**
> Gerade im Zusammenhang mit Stammeinlageleistungen sollte genau darauf geachtet werden, dass der Geschäftsführervertrag vorher schriftlich abgeschlossen ist und dem „Fremdvergleich" standhält, damit die Gehaltszahlungen eindeutig als Gegenleistung für (später = nach der Einzahlung des Stammkapitals) geleistete Arbeit anzusehen sind.

Keine Umgehung der Sacheinlagevorschriften und damit keine verdeckte Sacheinlage liegt vor bei **gewöhnlichen Umsatzgeschäften** zwischen Gesellschaft und Gesellschafter im Rahmen des laufenden Geschäftsbetriebes. Insoweit kommt es maßgeblich darauf an, dass die Geschäftskonditionen einem Fremdvergleich standhalten. Dies gilt gleichermaßen für die GmbH und die AG.[144] Ein gewöhnliches Umsatzgeschäft liegt jedoch nicht vor, so dass eine verdeckte Sacheinlage gegeben ist, wenn die im Rahmen einer Kapitalerhöhung einer GmbH erbrachte Bareinlage absprachegemäß zum Kauf eines Unternehmens verwendet wird und alle Beteiligten (GmbH, Einleger und Unternehmensverkäufer) einem Unternehmensverbund angehören, bei dem die gemeinsame Muttergesellschaft jeweils mittelbar oder unmittelbar alle Anteile hält.[145]

85

bb) Rechtsfolgen

Die Umgehung der Sacheinlagevorschriften durch die sog. **verdeckte Sacheinlage** führt nach der st. Rspr. des BGH dazu, dass die Bareinlageverpflichtung des Gesellschafters nicht erfüllt ist, mithin die Bareinla-

86

---

135   BGH, ZIP 1991, 511.
136   OLG Stuttgart, NZG 2003, 136.
137   OLG Köln, ZIP 1999, 399.
138   BGH, ZIP 1996, 595.
139   OLG Hamm, ZIP 1999, 1134; zur verdeckten Sacheinlage unter Beteiligung von nahe stehenden Personen siehe auch Henkel, GmbHR 2005, 1589 ff.
140   OLG Celle, GmbHR 2003, 898.
141   BGH, ZIP 1994, 701.
142   OLG Schleswig, ZIP 2000, 1833.
143   Siehe auch Henkel, GmbHR 2005, 438 ff.
144   OLG Hamm, NZG 2005, 184 = ZIP 2005, 1138 für den Fall der Übernahme eines für die Erstausstattung der Gesellschaft notwendigen Warenlagers.
145   OLG München, ZIP 2005, 1923 = BB 2005, 2543.

ge in voller Höhe (nochmals) zu leisten ist.[146] Für die nicht geleistete Bareinlage haften auch die übrigen Gesellschafter mit (§ 24 GmbHG).

87 Zu den **steuerrechtlichen Folgen** der verdeckten Sacheinlage durch Verzicht des Gesellschafters auf eine Forderung gegen die Gesellschaft hat der BFH entschieden[147] : Ein auf dem Gesellschaftsverhältnis beruhender Verzicht eines Gesellschafters auf seine nicht mehr vollwertige Forderung gegenüber seiner Kapitalgesellschaft führt bei dieser zu einer Einlage in Höhe des Teilwerts der Forderung. Dies gilt auch dann, wenn die entsprechende Verbindlichkeit auf abziehbare Aufwendungen zurückgeht. Der Verzicht des Gesellschafters auf eine Forderung gegenüber seiner Kapitalgesellschaft im Wege der verdeckten Einlage führt bei ihm zum Zufluss des noch werthaltigen Teils der Forderung. Eine verdeckte Einlage bei der Kapitalgesellschaft kann auch dann anzunehmen sein, wenn der Forderungsverzicht von einer dem Gesellschafter nahestehenden Person ausgesprochen wird.[148]

cc) Heilung und Rückabwicklung

88 In einer Krise oder gar im Vorfeld einer Insolvenz der GmbH kann es aus Sicht der Gesellschafter sehr sinnvoll sein, eine **verdeckte Sacheinlage zu heilen**, um wenigstens die Einlageerfüllung in Höhe des Sachwerts darstellen zu können.

89 Die **Heilung** einer verdeckten Sacheinlage, also die Umwandlung einer beschlossenen Bareinlage in eine Sacheinlage ist auch **nach Eintragung der Kapitalerhöhung in das Handelsregister** dadurch möglich, dass die im Rahmen eines Kapitalerhöhungsbeschlusses festgesetzte Bareinlage durch satzungsändernden Beschluss der Gesellschafter im Wege der Änderung der Einlagendeckung in eine Sacheinlage umgewandelt wird.[149] Für die Heilung der verdeckten Sacheinlage durch nunmehrigen Beschluss einer Sacheinlage ist erforderlich, dass die einzulegende Sache, etwa die Verrechnungsforderung vollwertig ist. Ein **Werthaltigkeitstestat**, welches sich auf eine Schlussbilanz bezieht, die nicht älter als acht Monate ist, reicht für den Nachweis gegenüber dem Registergericht aus.[150]

Die Gesellschafter haben grds. die Verpflichtung, an der Heilung der verdeckten Sacheinlage durch entsprechende Beschlussfassungen mitzuwirken.[151]

90 Im Insolvenzverfahren über das Vermögen der Gesellschaft ist die Heilung der verdeckten Sacheinlage durch **Nachholung der Sacheinlageerfordernisse** nicht mehr möglich.[152]

Die Rückabwicklung der verdeckten Sacheinlage vollzog sich nach früherer Rspr. des BGH nach den Regeln des Bereicherungsrechts.[153] Nunmehr hat der BGH entschieden, dass im GmbH-Recht § 27 Abs. 3 Satz 1 AktG analog anzuwenden ist mit der Folge, dass das **Einlagegeschäft schuldrechtlich** und **sachenrechtlich unwirksam** ist.[154] Heilungsgegenstand der verdeckten Sacheinlage ist somit die eingelegte Sache selbst, sofern sie noch im Vermögen der Gesellschaft vorhanden ist, ansonsten der Anspruch aus §§ 987, 989, 816, 951 BGB.[155]

---

146 BGHZ 110, 47; ZIP 1991, 511.
147 ZIP 1998, 471.
148 Zu den steuerlichen Konsequenzen Schlagheck, GmbHR 2000, 363 ff; Altrichter-Herzberg, GmbHR 2004, 1188 ff.
149 BGH, ZIP 1996, 668; KG, GmbHR 2005, 95; dies gilt auch für den Fall der Umwandlung einer Bar- in eine Sacheinlage im Rahmen eines Kapitalerhöhungsbeschlusses, OLG Hamburg, ZIP 2005, 988 = GmbHR 2005, 997. Zur praktischen Durchführung siehe Priester, ZIP 1996, 1025 ff.; zu Problemen bei Heilung verdeckter Sacheinlagen siehe Lieb, ZIP 2002, 2013 ff.; Kurth, NJW 2003, 3180 f. und Pentz, ZIP 2003, 2093 ff.
150 LG Frankfurt, NJW-RR 2001, 1406.
151 BGH, ZIP 2003, 1540; Reiff/Ettinger, DStR 2004, 1258 ff.
152 OLG Saarbrücken, GmbHR 2004, 668.
153 BGH, ZIP 1998, 780.
154 BGH, ZIP 2003, 1540.
155 Zum neuen Konzept der Heilung und Rückabwicklung verdeckter Sacheinlagen siehe Langner, GmbHR 2004, 289 ff.; Reiff/Ettinger, NZG 2004, 1258 ff.; Reichert-Clauß, NZG 2004, 273 ff.

2. Harte Patronatserklärung[156]

Patronatserklärungen werden meist in Konzernsituationen, regelmäßig von der Muttergesellschaft abgegeben, können aber auch von Dritten, etwa der Gesellschaft oder dem Gesellschafter nahe stehenden Personen, abgegeben werden. Die Rechtsfolgen einer Patronatserklärung richten sich nach ihrem Inhalt und können sehr unterschiedlich sein.

a) Patronatserklärung gegenüber dem Schuldner

Grds. ist zu unterscheiden zwischen der Patronatserklärung, die der Patron **gegenüber dem Schuldner** (als Vertreter für alle Gläubiger des Schuldners) abgibt und der Patronatserklärung, die der Patron **gegenüber einem Gläubiger** des Schuldners abgibt. Nur die **harte Patronatserklärung** des Patrons gegenüber dem Schuldner kann die Überschuldung dadurch beseitigen, dass sie im Überschuldungsstatus auf der Aktivseite in Höhe ihres Werts bzw. Umfangs ausgewiesen werden kann. Der Ausstattungsanspruch des Schuldners gegen den Patron geht mit der Insolvenzeröffnung nicht unter.[157] Die Ansprüche gegen den Patron werden in der Insolvenz des Schuldners durch den Insolvenzverwalter geltend gemacht.[158]

Eine solche harte Patronatserklärung muss die unbedingte Verpflichtung des Patrons zum Verlustausgleich zu Gunsten sämtlicher Gläubiger des Schuldners enthalten.

Formulierungsbeispiel: Harte Patronatserklärung einer Muttergesellschaft

> Wir übernehmen den Gläubigern unserer Tochtergesellschaft gegenüber hiermit die uneingeschränkte Verpflichtung, dafür Sorge zu tragen, dass die Tochtergesellschaft in der Zeit, in der sie ihre Verbindlichkeiten nicht vollständig zurückgezahlt hat, in der Weise geleitet und finanziell ausgestattet wird, dass sie stets in der Lage ist, allen ihren Verbindlichkeiten fristgemäß nachzukommen und dass den Gläubigern die an sie gezahlten Beträge unter allen Umständen (z.B. auch im Fall einer Insolvenzanfechtung) endgültig verbleiben.

Rechtlich ist eine solche harte Patronatserklärung ein **unechter Vertrag zu Gunsten Dritter**. Damit geht eine solche Patronatserklärung über die Erklärung des Patrons gegenüber einem einzelnen Gläubiger des Schuldners (siehe sogleich unten Rn. 94) hinaus. Verletzt der Patron schuldhaft seine Ausstattungspflicht und fällt der Schuldner deshalb in Insolvenz, hat der Patron dem Schuldner Schadensersatz wegen Nichterfüllung zu leisten. Der Patron hat dem Schuldner dann die finanziellen Mittel zur Verfügung zu stellen, die dieser benötigt, um seine finanziellen Verpflichtungen gegenüber den Gläubigern zu erfüllen, das Insolvenzverfahren zu beenden und den Geschäftsbetrieb fortzusetzen,[159] wenn und soweit die Patronatserklärung auch werthaltig ist. Wegen Entwertung einer Patronatserklärung durch Ausplünderung des Patrons kann ein deliktischer Schadensersatzanspruch gegeben sein.[160] Die Aufhebung einer solchen Patronatserklärung vor Insolvenzeröffnung kann nach § 135 InsO anfechtbar sein (wenn der Patron Gesellschafter des Schuldners ist).[161]

b) Patronatserklärung gegenüber einem Gläubiger des Schuldners

Von einer solchen harten Patronatserklärung, die der Patron gegenüber dem Schuldner zu Gunsten aller Gläubiger des Schuldners abgibt, ist diejenige Patronatserklärung zu unterscheiden, die der Patron lediglich gegenüber einem Gläubiger des Schuldners, etwa gegenüber einem Kreditinstitut, abgibt.[162] Eine solche Kreditsicherheit bewirkt **keine Entlastung des Überschuldungsstatus**, da auch Verbindlichkeiten,

---

156 Siehe auch v. Rosenberg/Kruse, BB 2003, 641 ff.; Kiethe, ZIP 2005, 646 ff.
157 OLG München, EWiR 2005, 31.
158 OLG München, EWiR 2005, 31.
159 OLG München, ZIP 2004, 2102.
160 BGH, ZIP 2003, 1097.
161 OLG München, EWiR 2005, 31.
162 Zu Patronatserklärungen als Kreditsicherungsmittel Wittig, WM 2003, 1981 ff.

die durch werthaltige Sicherheiten Dritter besichert sind, in den Überschuldungsstatus aufgenommen werden müssen.[163] Für eine solche gegenüber einem Gläubiger des Schuldners als Kreditsicherheit abgegebene harte Patronatserklärung ist entschieden, dass der **Gläubiger** in der Insolvenz des Schuldners einen **unmittelbaren Anspruch gegen den Patron** hat,[164] also nur der Gläubiger und nicht der Insolvenzverwalter den Anspruch geltend machen kann.[165]

c) „Weiche" Patronatserklärung

95 Neben den vorstehend beschriebenen sog. harten Patronatserklärungen gibt es eine Vielzahl sog. **weicher Patronatserklärungen**, denen sämtlich gemein ist, dass sie **keine rechtsverbindliche Verpflichtung** des Patrons zur Kapitalausstattung des Schuldners beinhalten. Hier ist eine Inanspruchnahme des Patrons regelmäßig nicht möglich.[166]

d) Beseitigung der Überschuldung

96 Fraglich ist, ob die Überschuldung durch schuldrechtliche Verlustdeckungszusagen des Gesellschafters, durch gesellschaftsvertragliche Verlustausgleichspflicht oder durch einen Ergebnisabführungsvertrag (EAV) beseitigt wird. Durch eine wirksame Übernahmeverlusterklärung oder einen EAV wird der Eintritt einer Überschuldung im Sinne des § 19 InsO nicht notwendigerweise verhindert. Zwar ist der Erklärende bzw. die beherrschende Gesellschaft verpflichtet, im Geschäftsjahr entstandene Verluste auszugleichen. Dieser Verlustausgleich muss jedoch nicht notwendigerweise zur Beseitigung einer Überschuldung ausreichen. Es ist insbesondere dann nicht der Fall, wenn bereits bei Beginn der Verlustausgleichsverpflichtung eine (anderweitig eingetretene) Überschuldung besteht.

97 Die Erklärung eines Gesellschafters gegenüber seiner Gesellschaft, er werde alle ihr entstehenden Verluste ausgleichen, ist nicht eine unentgeltliche, notariell zu beurkundende Verpflichtung, sondern eine kausa societatis formfrei eingehbare Verpflichtung. Fällt die Gesellschaft später in Insolvenz, hat der Gesellschafter diese mit dem Insolvenzeintritt nicht hinfällig gewordene Verpflichtung zu erfüllen, sofern die Beteiligten nicht etwas Gegenteiliges vereinbart haben.[167] Dann ist diese Verpflichtung einer harten Patronatserklärung vergleichbar.[168]

98 Nach OLG Brandenburg[169] wirkt eine statuarische Verlustausgleichspflicht nur zu Gunsten der lebensfähigen Gesellschaft und nicht mehr im Insolvenzfall, kann also eine Überschuldung nicht beseitigen.

3. Rangrücktrittsvereinbarung

a) Rechtscharakter und erforderliche Rangrücktrittstiefe

99 Der Rangrücktritt ist eine zivilrechtliche, schuldändernde Vereinbarung nach § 311 Abs. 1 BGB. Die Rangrücktrittserklärung stellt keinen Forderungsverzicht dar.

100 Heute ist nicht mehr streitig, dass der Rangrücktritt den **Überschuldungsstatus entlasten** kann. Nach In-Kraft-Treten der InsO war dies im Hinblick auf § 39 Abs. 2 InsO in der Lit. kontrovers diskutiert worden. Für Gesellschafterforderungen haben der BGH,[170] das OLG Dresden[171] und das OLG Frankfurt,[172] für

---

163 Siehe oben Rn. 27 ff.
164 OLG München, EWiR 2003, 1019.
165 OLG München, EWiR 2005, 31.
166 Zu einem ausnahmsweisen Fall der Inanspruchnahme aus einer weichen Patronatserklärung im Wege der Vertrauensschadenhaftung siehe OLG Düsseldorf, GmbHR 2003, 178.
167 BGH, ZIP 2006, 1199 = ZInsO 2006, 650; Boris Becker/Sportsgate.
168 Siehe dazu Schmidt, NZG 2006, 883 ff.; Wolf, ZIP 2006, 1885 ff.
169 NZG 2006, 756.
170 DStR 2001, 175.
171 EWiR 2002, 489.
172 GmbHR 2004, 53.

Forderungen eines Nicht-Gesellschafters hat das OLG Naumburg[173] entschieden, dass der Rangrücktritt grds. zur Entlastung des Überschuldungsstatus geeignet ist.

In der Lit. **umstritten** ist die für eine Entlastung des Überschuldungsstatus erforderliche **Rangtiefe** des Rangrücktritts. Es wird vertreten, ausreichend sei eine (vom Schuldner anzunehmende) Erklärung des Gläubigers, die die Folgen, die die Rspr. den kapitalersetzenden Darlehen zugewiesen hat und die in § 32a GmbHG, § 39 Abs. 1 Nr. 5 InsO geregelt sind, für die rückgetretene Forderung festlegt, also die (vom Schuldner anzunehmende) Erklärung des Gläubigers, mit seiner Forderung in den Nachrang des § 39 Abs. 1 Nr. 5 InsO zurückzutreten.[174]

101

Auch wird vertreten, dass ein Rücktritt hinter alle Gläubiger im Rang des § 39 Abs. 2 InsO erforderlich ist.[175] Danach kann der Anspruch auf Rückzahlung einer solchen Forderung im Insolvenzverfahren nur im letzten Nachrang, jedoch vor den Ansprüchen auf Einlagenrückgewähr geltend gemacht werden.[176]

Die **strengste Auffassung** verlangt die darüber hinaus gehende Erklärung, mit der Forderung bis in den Rang des § 199 Satz 2 InsO, also in den Gleichrang mit den Ansprüchen auf Rückgewähr von Einlagen zurückzutreten, mithin die Behandlung wie statuarisches Haftkapital.[177]

M.E. und nach Auffassung des IDW[178] ist Letzteres für die Entlastung des Überschuldungsstatus nicht erforderlich, weil es für die übrigen Gläubiger des Schuldners, die durch den Rangrücktritt geschützt werden sollen, unerheblich ist, ob die rückgetretene Forderung vorrangig vor oder gleichrangig mit den Ansprüchen auf Rückzahlung des statuarischen Haftkapitals erfüllt wird.[179]

> **Hinweis:**
>
> In der Krise sollten jedenfalls für die kapitalersetzenden Darlehen Rangrücktrittserklärungen abgegeben werden, da nach der Auffassung des BGH ein Ausweis des kapitalersetzenden Darlehens ohne Rangrücktritt im Überschuldungsstatus notwendig ist.[180]

Die Rangrücktrittserklärung wird häufig als **Notbremse** eingesetzt und Gläubigern im Bereich der ungesicherten Forderungen angedient, um eine akute Überschuldung zu beseitigen und durch den Zeitgewinn ein tragfähiges Sanierungskonzept ausarbeiten zu können.

102

b) Inhalt/Elemente einer Rangrücktrittsvereinbarung

Art und Höhe der Forderung des jeweiligen Gesellschafters/Gläubigers gegen die Gesellschaft,

103

- abhängig davon, welcher Auffassung zur erforderlichen Rangtiefe (siehe oben Rn. 101) man den Vorzug gibt, Rücktritt mit der betreffenden Forderung hinter alle gegenwärtigen, künftigen und bedingten Forderungen aller Gläubiger der Darlehensnehmerin, so dass die zurückgetretenen Forderungen stets die letzte Rangposition unter den Gläubigern einnehmen oder die sinngemäße Erklärung des Gläubigers, so behandelt werden zu wollen, als handele es sich bei seiner Leistung um statuarisches Haftkapital,[181]
- Regelung, ob Zinsen weiterlaufen,

---

173 Erste obergerichtliche Entscheidung zur Wirksamkeit eines Rangrücktritts eines Nicht-Gesellschafters OLG Naumburg, ZIP 2004, 566 (Umwandlungsfall).
174 Uhlenbruck, InsO, § 19 Rn. 72.
175 Hölzle, GmbHR 2005, 852, 853.
176 So auch Wittig, NZI 2001, 169 ff.
177 So kann OLG Frankfurt, GmbHR 2004, 53 zu verstehen sein; sog. qualifizierter Rangrücktritt.
178 Stellungnahme des IDW zur Behandlung von Rangrücktrittsvereinbarungen in der Überschuldungsbilanz und in der Handelsbilanz IDW-FN 2005, 552 und dazu Klein, GmbHR 2006, 249 ff.
179 Zur Diskussion in der Lit. siehe Uhlenbruck, InsO, § 19 Rn. 72, 73.
180 Zur Wirkung der Rangrücktrittserklärung auf das Innenverhältnis der Gesellschafter Henle/Bruckner, ZIP 2003, 1738 ff.
181 OLG Frankfurt, GmbHR 2004, 53 = strengste Auffassung, s.o.

- Verpflichtung, über die Forderungen gegenüber der Darlehensnehmerin nicht zu verfügen, insb. sie nicht einzuziehen, sie nicht sicherstellen zu lassen, sie nicht an Dritte abzutreten, zu verpfänden oder mit ihnen aufzurechnen,
- eventuelle Wirksamkeitsbefristung, bis das Vermögen der Gesellschaft/Darlehensnehmerin wieder ausreicht, ihre sämtlichen Verbindlichkeiten gegenüber allen vorrangigen Gläubigern zu erfüllen und das Stammkapital nicht angegriffen wird; eine rein zeitliche Befristung macht die Rangrücktrittserklärung unwirksam, da dann nur eine Stundung vereinbart ist,[182] die aber keinen Einfluss auf den Überschuldungsstatus hat,
- Bestätigung der Gesellschaft, von der Forderungsrücktrittserklärung Kenntnis genommen zu haben und erst ab dem in dieser Erklärung genannten Zeitpunkt an den im Rang zurücktretenden Gläubiger zu leisten.

c) Steuerrechtliche Behandlung des Rangrücktritts beim Schuldner

104 Grds. lässt der Rangrücktritt eines Darlehensgläubigers das Erfordernis der **Passivierung der Verbindlichkeit** in der (Steuer-)Bilanz unberührt. „Haftungslose" Darlehen sind jedoch nicht zu passivieren, sondern gewinnerhöhend aufzulösen.[183] Im BMF-Schreiben vom 18.8.2004[184] wurde ein Passivierungsverbot nach § 5 Abs. 2a EStG ausgesprochen, wenn in der Rangrücktrittsvereinbarung die Tilgung nur aus künftigen Gewinnen oder Liquidationsüberschüssen und nicht auch Tilgung der Verbindlichkeit aus „anderem freien Vermögen" vereinbart ist. Es zeichnete sich also die Bestrebung des BMF ab, den nach der strengsten Auffassung (siehe oben Rn. 101) für die zivilrechtliche Wirksamkeit erforderlichen sog. **qualifizierten Rangrücktritt**, also die Erklärung des Gläubigers bzw. die Vereinbarung, mit seiner Forderung so behandelt werden zu wollen, als handele es sich um statuarisches Haftkapital, steuerlich ebenso zu behandeln, wie den Forderungsverzicht, also als außerordentlichen Ertrag des Schuldners. Dies wurde in der Lit. überwiegend als **Überinterpretation der Entscheidungen** des BGH[185] und des BFH[186] zurückgewiesen.[187] Nunmehr hat der BFH[188] entschieden, dass eine Rangrücktrittsvereinbarung nicht schon dann zur Anwendung des § 5 Abs. 2a EStG (Passivierungsverbot) führt, wenn eine ausdrückliche Bezugnahme der Vereinbarung auf die Möglichkeit der Tilgung auch aus einem Liquidationsüberschuss oder aus sonstigem freien Vermögen fehlt (Klarstellung zum BMF-Schreiben vom 18.8.2004). Der BMF hat daraufhin ein Schreiben zum Rangrücktritt vorgelegt, nach welchem sowohl der einfache als auch der qualifizierte Rangrücktritt nicht unter das Passivierungsverbot des § 5 Abs. 2 lit. a) EStG fallen.[189]

4. Forderungsverzicht

105 Der Forderungsverzicht ist eine klassische Maßnahme im Bereich der finanziellen Sanierung. Rechtlich handelt es sich um einen **Erlassvertrag**. Mit seinem wirksamen Abschluss sind die umfassten Forderungen nicht mehr im Überschuldungsstatus auszuweisen.

---

182 Uhlenbruck, InsO, § 19 Rn. 75; Wittig, NZI 2001, 169 ff.
183 BFH, DStR 2005, 186.
184 DStR 2004, 1525; BStBl. 2004 I, S. 850.
185 BGHZ 146, 264.
186 DStR 2005, 186.
187 Schildknecht, DStR 2005, 181 ff.; Heerma, BB 2005, 537 ff.; Hölzle, GmbHR 2005, 852 ff.; Klein, GmbHR 2005, 663 ff.; Janssen, BB 2005, 1895 ff.
188 ZIP 2006, 249 = ZInsO 2006, 212; dazu auch Watermeyer, GmbHR 2006, 240 ff.; Knof, ZInsO 2006, 192 ff.; Westerburg/Schwenn, BB 2006, 501 ff.; Stellungnahme des IDW zur Behandlung von Rangrücktrittsvereinbarungen in der Überschuldungsbilanz und in der Handelsbilanz IDW-FN 2005, 552 und dazu Klein, GmbHR 2006, 249 ff.
189 BMF-Schreiben v. 8.9.2006, DStR 2006, 1700 = ZInsO 2006, 991; Kahlert/Rühland, ZInsO 2006, 1009 ff.; Berndt, BB 2006, 2744 ff.; Heerma/Heerma, ZIP 2006, 2202 ff.; zur bilanzsteuerlichen Behandlung des Rangrücktritts Taraschka, DStR 2006, 109 ff.

Mit dem Verzicht **erlöschen** sowohl die **akzessorischen Sicherheiten** (z.B. Bürgschaft) als auch die durch enge Zweckerklärung gebundenen Sicherheiten. 106

> **Hinweis:**
> Bei Vereinbarung von Bedingungen muss unbedingt darauf geachtet werden, dass der Verzicht auch wirksam vereinbart wird, damit nicht lediglich eine Stundung vereinbart ist. Eine aufschiebende Bedingung bewirkt also bis zu ihrem Eintritt die beabsichtigte Entlastung des Überschuldungsstatus nicht.

Häufig wird mit dem Verzicht die Erteilung eines sog. **Besserungsscheins** verbunden. Der Besserungsschein ist rechtlich eine **auflösende Bedingung für den Verzicht**, gibt also an, dass und ggf. unter welchen Umständen die verzichtete Forderung zu einem späteren Zeitpunkt wieder auflebt. Der Besserungsschein ändert also zunächst am Erlöschen der Forderung nichts. Die verzichtete Forderung braucht bis zum Eintritt der Bedingungen des Besserungsscheins im Überschuldungsstatus nicht ausgewiesen zu werden. 107

> **Hinweis:**
> Der Forderungsverzicht ist für den Schuldner ein steuerbarer Ertrag. Durch das Gesetz zur Fortsetzung der Unternehmenssteuerreform vom 29.10.1997 wurde § 3 Nr. 66 EStG (Steuerfreiheit des Sanierungsgewinns) aufgehoben.[190]

V. Beseitigung der Zahlungsunfähigkeit

Die Beseitigung der Zahlungsunfähigkeit erfordert entweder die **Aufbringung liquider Mittel** oder die **Verschiebung der Fälligkeiten von Verbindlichkeiten**. 108

1. Neuaufnahme von Krediten

Selbstverständlich kann eine Zahlungsunfähigkeit durch Kreditaufnahme beseitigt werden. Die Vergabe von Krediten in der Krise kann problematisch sein. **Sanierungskredite**, die geeignet sind, das Unternehmen zu retten, sind zulässig. Ebenso sind **Überbrückungskredite** zulässig.[191] 109

Besicherte Kredite, die bei Insolvenzreife gewährt werden, ohne zur Sanierung geeignet zu sein oder die Voraussetzungen von Überbrückungskrediten zu erfüllen, können **sittenwidrig** sein, wenn andere Gläubiger benachteiligt werden, etwa die dem Kreditgeber gewährte Sicherheit ihnen Masse entzieht, und der Zusammenbruch des Unternehmens nur hinausgezögert wird (sittenwidrige Insolvenzverschleppung).[192] 110

2. Verwertung des Anlagevermögens

Zur Beschaffung der für die Bedienung fälliger Verbindlichkeiten erforderlichen Liquidität kann sich die Verwertung von Gegenständen des Anlagevermögens anbieten (etwa **sale and lease back**). Bei bloßer Finanzierungsfunktion sind dies keine umsatzsteuerpflichtigen Lieferungen.[193] Zu beachten ist, dass dies ausreichend schnell geschieht, um die Zahlungsunfähigkeit innerhalb der laufenden Fristen[194] wieder herzustellen. 111

---

190 Zu den steuerlichen Konsequenzen des Ausfalls und des Verzichts des Gesellschafters auf seine wertgeminderte Forderung gegen die GmbH und zur Beteiligung des Finanzamts am Sanierungsgeschehen siehe Schlagheck, GmbHR 2000, 363 ff.; Ostermayer/Erhart, BB 2003, 449 ff.; SenVerw. Bremen, DStR 2003, 464 f. und unten Rn. 132 ff.

191 Sanierungskredit: BGHZ 10, 223; Überbrückungskredit: BGH, WM 1964, 671; OLG Schleswig, WM 1982, 25.

192 Z.B. OLG München, NZI 1999, 29: „Sanierungskredit" bei objektiv untauglichem Sanierungsversuch; OLG Köln, ZIP 2002, 52: sittenwidrige Insolvenzverschleppung.

193 BFH, DStR 2006, 1325; dazu Slapio/Bosche, BB 2006, 2165 ff.

194 Siehe oben Rn. 27 ff.

3. Verwertung des Umlaufvermögens

112 Zur Beschaffung der für die Bedienung fälliger Verbindlichkeiten erforderlichen Liquidität kann sich auch die Verwertung von Gegenständen des Umlaufvermögens anbieten. Hier ist in erster Linie zu denken an Abverkäufe von Lagerbeständen und an Forderungsverkäufe (**factoring**).[195] Auch hier muss darauf geachtet werden, dass der Liquiditätszufluss ausreichend schnell erfolgt.[196]

> **Hinweis:**
> Während sich Maßnahmen zur Beseitigung der Überschuldung allenfalls positiv auf die Liquiditätssituation auswirken, können umgekehrt die vorgenannten Maßnahmen zur Wiederherstellung der Zahlungsfähigkeit die Überschuldung herbeiführen oder verstärken bzw. Maßnahmen zur Beseitigung der Überschuldung wieder kompensieren. Bei den genannten Maßnahmen zur Wiederherstellung der Zahlungsunfähigkeit ist also stets zu prüfen, wie sich diese im Überschuldungsstatus auswirken.

4. Stundungsvereinbarung

113 In meiner Praxis ist häufig die Stundungsvereinbarung das effektivste Mittel kurzfristig eine eingetretene Zahlungsunfähigkeit zu beseitigen und so die Zeit zu erhalten, ein Sanierungskonzept zu erstellen. Stundungen können in der Form von **Moratorien**, **Ratenzahlungen** –: und/oder **Stundungsvereinbarungen** erwirkt werden. Diese sind, soweit verbindlich vereinbart, sämtlich geeignet, die Fälligkeit der Verbindlichkeiten zeitlich nach hinten zu verschieben und so die Liquiditätssituation des Unternehmens zu verbessern und die Zahlungsunfähigkeit zu beseitigen.

114 Stundungsvereinbarungen bedürfen zu ihrer Wirksamkeit **keiner bestimmten Form**. Auch mündliche Vereinbarungen sind wirksam. Ggf. empfiehlt es sich, eine mündliche Vereinbarung entweder durch den rechtlichen Berater treffen zu lassen oder schriftlich zu bestätigen.

> **Hinweis:**
> Nicht ausreichend sind sog. **Stillhalteabsprachen**, d.h. Abreden über einen Aufschub von Vollstreckungs- oder Rechtsverfolgungsmaßnahmen mit den Gläubigern, da diese die Fälligkeit der Verbindlichkeit selbst nicht beseitigen.
>
> Bei der erstmaligen Stundungsvereinbarung sollte darauf geachtet werden, dass die Stundungszeiträume nicht zu kurz gewählt werden, damit nicht die Gefahr heraufbeschworen wird, nach Ablauf eines ersten Stundungszeitraums abermals aus Mangel an liquiden Mitteln um Stundungen bitten zu müssen.
>
> Nach meiner Erfahrung sind Gläubiger häufig bereit, Stundungszeiträume von bis zu drei Monaten zu akzeptieren, wenn ihnen anhand der Liquiditätsplanung plausibel dargelegt wird, dass dann die Zahlungen – ggf. ratierlich – wieder aufgenommen werden.
>
> Eine Stundung beseitigt nicht die Überschuldung.

---

195 Zur Problematik der Factoringfähigkeit und des Nutzens des Factoring bei mittleren Unternehmen siehe auch Schmeisser/Thiermeier/Greulich, DStR 2005, 1199 ff.
196 Zu den laufenden Fristen siehe oben Rn. 27 ff.

C. Vermeidung von Straftaten[197]

I. Straftaten im Zusammenhang mit dem Handels- und Gesellschaftsrecht

1. Gründungsschwindel, falsche Angaben im Zusammenhang mit Registereintragungen (z.B. § 82 GmbHG, § 399 AktG)

Hier steht der Geschäftsführer in der Gefahr, sich strafbar zu machen, wenn er zum Zweck der Eintragung der Gesellschaft oder einer Kapitalerhöhung ins Handelsregister versichert, der Einlagebetrag sei der Gesellschaft zur freien Verfügung gestellt worden, und dies jedoch nicht stimmt, etwa weil verbotenes Hin- und Herzahlen oder eine verdeckte Sacheinlage vorliegen. Hier sei auf die Ausführungen zur ordnungsgemäßen Kapitalaufbringung unter Rn. 145 – 167 verwiesen. 115

2. Untreue zulasten der Gesellschaft

Untreue kann in der verdeckten Gewinnausschüttung, der verbotenen Rückzahlung von Stammkapital nach § 30 GmbHG und in der Rückzahlung kapitalersetzender Darlehen liegen. Hier ist zu beachten, dass die Strafbarkeit nicht etwa durch die Einwilligung der Gesellschafter entfällt, da ihnen die Disposition über das gebundene Vermögen der GmbH aus Gründen des Gläubigerschutzes entzogen ist. Zu den zivilrechtlichen Voraussetzungen der verbotenen Kapitalrückzahlung siehe Rn. 168 ff. 116

3. Weitere Straftaten

Als weitere Straftaten kommen die **Verletzung von Geheimhaltungspflichten** (z.B. § 85 GmbHG, § 403 AktG) und **spezielle Bilanzstraftaten** (§§ 331 ff. HGB) in Betracht. 117

II. „Typische" Straftaten in der Krise der Gesellschaft

Die **Deliktanfälligkeit des Schuldners** und der übrigen Beteiligten wächst mit der Insolvenznähe. Im Rahmen eines jeden Insolvenzverfahrens wird die Frage aufgeworfen, ob in ihrem Umfeld möglicherweise Straftaten begangen worden sind. Regelmäßig senden die Insolvenzgerichte die Akten an die Staatsanwaltschaft zur Überprüfung. Obwohl Statistiken nicht existieren, gehen Strafrechtspraktiker davon aus, dass im Zusammenhang mit etwa 80 % der Unternehmensinsolvenzen auch Straftaten begangen worden sind. Besondere Deliktgefährdung besteht erfahrungsgemäß auch hier wiederum, wenn die Krisengesellschaft eine GmbH oder GmbH & Co. KG[198] ist. 118

In der Krise des Unternehmens kommen die **folgenden Straftatbestände** insb. in Betracht.

1. Allgemeine Straftatbestände

a) Betrug (§ 263 StGB)

In der Krise des Unternehmens besteht die Gefahr des **Eingehungsbetrugs** bei Inanspruchnahme einer Lieferung oder Leistung unter zumindest billigender Inkaufnahme, dass die Gegenleistung nicht mehr erbracht werden kann.[199] Wird die Lieferung oder Leistung etwa vom Geschäftsführer einer GmbH angenommen, das Entgelt nicht bezahlt und sodann Antrag auf Insolvenzeröffnung gestellt, kommt es häufig zur Strafanzeige wegen Betrugsverdachts durch den Lieferanten bzw. Leistungserbringer, der auf diese Weise das Ziel verfolgt, den Geschäftsführer der GmbH persönlich auf Schadensersatz wegen seines ausfallenden Entgelts in Anspruch zu nehmen (§ 823 Abs. 2 BGB i.V.m. § 263 StGB). 119

---

197 Zur strafrechtlichen Verantwortlichkeit des GmbH-Geschäftsführers siehe Schäfer, GmbHR 1993, 717 ff. und 780 ff.
198 Zu aktuellen Fragen des Insolvenzstrafrechts bei der GmbH & Co. KG Tsambikatis, GmbHR 2005, 838 ff.
199 Eingehungsbetrug gegenüber Lieferanten bzw. Leistungserbringern, die vor Insolvenz noch zur Vorleistung veranlasst werden BGH, NJW 2005, 3650.

b) Kreditbetrug (§ 265b StGB)

120 Die Gefahr eines Kreditbetrugs besteht, wenn mit **unrichtigen Angaben über die wirtschaftlichen Verhältnisse** des Unternehmens eine Kreditgewährung durch Banken erreicht wird. Für den Straftatbestand ist der Eintritt eines Schadens nicht erforderlich, da es sich um ein abstraktes Gefährdungsdelikt handelt. Auch § 265b StGB ist ein Schutzgesetz i.S.d. § 823 Abs. 2 BGB,[200] so dass die Handelnden persönlich, etwa der Geschäftsführer einer GmbH, auf Schadensersatz in Anspruch genommen werden können.

c) Untreue (§ 266 StGB)

121 Die Gefahr der Begehung einer Untreue besteht in der Krise des Unternehmens in **mehreren Konstellationen**:

- durch den **Geschäftsführer**, z.B. durch eigennütziges Beiseiteschaffen von Vermögensgegenständen der Gesellschaft;[201] auch verbotene Stammkapitalausschüttung entgegen § 30 GmbHG kann für den Geschäftsführer Untreue sein;
- durch den **Gesellschafter**, z.B. durch vorsätzliche verbotene Stammkapitalausschüttung oder Veranlassung der Rückgewähr kapitalersetzender Darlehen;[202]
- durch den **Gesellschafter**, etwa durch existenzvernichtenden Eingriff.[203] In einem Konzern verletzen die Vorstandsmitglieder der beherrschenden AG dann ihre Vermögensbetreuungspflicht gegenüber einer abhängigen GmbH, wenn deren Vermögenswerte in einem solchen Umfang ungesichert im Konzern angelegt werden, dass im Fall ihres Verlustes die Erfüllung von Verbindlichkeiten der Tochtergesellschaft oder deren Existenz gefährdet ist;[204]
- durch den **Vorstand eines Kreditinstitutes**, etwa bei Kreditvergabe unter gravierendem Verstoß gegen banktypische Sorgfalts- und Prüfungspflichten;[205]
- durch Berater, grds. begründet ein Beratervertrag über die Unternehmensberatung keine Vermögensbetreuungspflicht des Beraters i.S.d. § 266 StGB. Eine solche Pflicht kann aber dann bestehen, wenn der Berater in Bezug auf das Vermögen der Gesellschaft tatsächliche Entscheidungsmacht erlangt und wie ein Vorstand agiert.[206]

d) Vorenthalten von Sozialversicherungsbeiträgen (§ 266a StGB)

122 Die Gefahr der Begehung dieser Straftat ist m.E. für **Arbeitgeber in der Krise** des Unternehmens besonders hoch. Im Einzelnen siehe die Ausführungen zur Geschäftsführerhaftung unter Rn. 266 ff.

e) Nichteinberufung der Gesellschafter-/Hauptversammlung bei Verlust der Hälfte des Stamm-/Grundkapitals (§§ 49 Abs. 3, 84 GmbHG und §§ 92 Abs. 1, 401 AktG)

123 Sobald sich ein Verlust in Höhe der Hälfte des Stamm- bzw. Grundkapitals ergibt, ist der Geschäftsführer bzw. Vorstand verpflichtet, **unverzüglich** die Gesellschafter- bzw. Hauptversammlung **einzuberufen**. Verstößt er gegen diese Verpflichtung, kann er sich strafbar machen.

---

200 OLG Hamm, NZG 2004, 289.
201 Bei Handeln im Interesse der Gesellschaft kann unter Umständen Bankrott vorliegen, s. u. Rn. 124; Untreue des Geschäftsführers bei juristischen Personen unter besonderer Berücksichtigung des Eigenkapitalersatzrechts Maurer, GmbHR 2004, 1549 ff.
202 Zu Untreuestrafbarkeit des GmbH-Gesellschafters bei einvernehmlichen Vermögensverschiebungen Beckemper, GmbHR 2005, 592 ff.
203 BGH, ZIP 2004, 1200 = NZI 2004, 717.
204 BGH, NZI 2004, 681.
205 BGH, ZIP 2002, 346; zum strafrechtlichen Risiko für Banken bei Unternehmenssanierung siehe auch Aldenhoff/Kuhn, ZIP 2004, 103 ff.
206 OLG München, ZIP 2004, 2438.

2. Spezielle Insolvenzdelikte

a) Bankrott (§ 283 StGB)

Wenn der Schuldner in der Krise Bestandteile seines Vermögens, die für den Fall der Insolvenzeröffnung zur Insolvenzmasse gehören, beiseite schafft oder verheimlicht, wenn er Waren oder Wertpapiere auf Kredit beschafft und sie oder die aus diesen Waren hergestellten Sachen erheblich unter ihrem Wert in eine den Anforderungen einer ordnungsgemäßen Wirtschaft widersprechenden Weise veräußert oder sonst abgibt, Rechte anderer vortäuscht oder erdichtete Rechte anerkennt, kann dies den **Straftatbestand des Bankrotts** erfüllen. Besondere Gefahr besteht bei „übertragenden Sanierungen" im Vorfeld einer Insolvenz.[207] So kann auch die Übertragung eines belasteten Gegenstands an einen Dritten gegen Übernahme der gesicherten Verbindlichkeit den Tatbestand des Bankrotts erfüllen.

124

b) Verletzung der Buchführungspflichten (§ 283b StGB)

Die **überlassene oder nicht vollständige Führung der Handelsbücher**, zu deren Führung die Geschäftsführung gesetzlich verpflichtet ist, oder die nicht ordnungsgemäße Aufbewahrung oder Vernichtung vor Ablauf der gesetzlichen Aufbewahrungsfristen können in der Krise des Unternehmens zur Straftat werden.

125

> **Hinweis:**
> Zu beachten ist zusätzlich, dass die unterlassene oder unordentliche Buchführung außerdem eine Begehungsform des Bankrotts sein kann (§ 283 Abs. 1 Nr. 5 StGB).

M.E. weist das Rechnungswesen in kleineren und mittleren Unternehmen, gerade auch bei Gesellschaften in der Rechtsform der GmbH in Zeiten der Krise häufig erhebliche Defizite auf, so dass die Verletzung der Buchführungsverpflichtungen eine in der Praxis **häufig vorkommende Straftat** ist.

> **Hinweis:**
> Zu beachten ist, dass jeder Geschäftsführer der GmbH zur ordnungsgemäßen Buchführung verpflichtet ist, ungeachtet GmbH-interner Kompetenzverteilung. Der etwa nicht für den kaufmännischen Bereich zuständige Geschäftsführer hat den zuständigen Geschäftsführer ordnungsgemäß zu überwachen.

c) Gläubigerbegünstigung (§ 283c StGB)

Wer in Kenntnis seiner Zahlungsunfähigkeit einem Gläubiger eine Sicherheit oder Befriedigung gewährt, die der Gläubiger nicht oder nicht in der Art oder nicht zu der Zeit zu beanspruchen hatte, und dadurch den Gläubiger absichtlich oder wissentlich vor den übrigen Gläubigern begünstigt, kann sich wegen Gläubigerbegünstigung strafbar machen. Dieser Straftatbestand entspricht im Insolvenzrecht der Insolvenzanfechtung, insb. der Vorsatzanfechtung nach § 133 Abs. 1 InsO und hat somit in der Praxis ebenso eine große Relevanz.

126

d) Objektive Strafbarkeitsbedingung

Die Straftaten **Bankrott, Verletzung der Buchführungspflichten** und **Gläubigerbegünstigung** haben als objektive Strafbarkeitsbedingung, dass der Täter seine Zahlungen eingestellt oder über sein Vermögen das Insolvenzverfahren eröffnet oder mangels Masse abgewiesen worden ist. Durch diese objektive Strafbarkeitsbedingung muss somit zwischen der strafbaren Handlung und der Zahlungseinstellung bzw. Eröffnung eines Insolvenzverfahrens oder Abweisung mangels Masse ein gewisser zeitlicher und tatsächlicher Zusammenhang, nicht notwendigerweise ein Kausalzusammenhang bestehen. Eine Strafbarkeit entfällt also, wenn die Tathandlungen zwar im Zeitpunkt der Krise vorgenommen wurden, der Täter bzw. das Unternehmen im Folgenden aber die Krise überwindet und es zur Zahlungseinstellung, Eröffnung

127

---

207 Siehe oben Rn. 129 ff.

oder Abweisung eines Insolvenzverfahrens mangels Masse erst wegen eines erneuten, späteren Ereignisses kommt.[208]

e) Insolvenzverschleppung (z.B. § 84 Abs. 1 GmbHG, § 130b HGB, § 401 Abs. 1 Nr. 2 AktG[209])

128 Die Unterlassung oder nicht rechtzeitige Stellung des bei Eintritt der Überschuldung oder der Zahlungsunfähigkeit gebotenen Insolvenzantrags über das Vermögen der haftungsbeschränkten Gesellschaft ist für die Geschäftsleitungen haftungsbeschränkter Gesellschaften regelmäßig eine Straftat, die in den **jeweiligen Einzelgesetzen geregelt** ist und m.E. in der Praxis eine ganz erhebliche Relevanz hat. Für die strafrechtliche Entlastung reicht die bloße Antragstellung aus, Gläubiger- und Schuldnerverzeichnis können später beigebracht werden.[210] Tauglicher Täter ist auch der faktische Geschäftsführer.[211] Im Übrigen siehe zum Tatbestand des Insolvenzeintritts (Zahlungsunfähigkeit oder Überschuldung) Rn. 14 ff. und zur Geschäftsführerhaftung Rn. 255 ff.

III. Strafrechtliche Risiken bei „übertragender Sanierung" in der Krise[212]

129 Die übertragende Sanierung im Vorfeld einer Insolvenz ist nach wie vor ein auch durch die InsO **nicht gelöstes Problem**. Zwar wurde durch das EGInsO der frühere § 419 BGB (Haftung des Vermögensübernehmers für Verbindlichkeiten des Übertragenden) gestrichen, jedoch sind weitergehende Regelungen nicht erfolgt.

130 Die übertragende Sanierung kann auf **verschiedenen Wegen** erfolgen. Hier seien nur genannt:
- Übertragung der für die Unternehmensfortführung wesentlichen assets auf einen neuen Rechtsträger, i.d.R. eine Kapitalgesellschaft oder
- Durchführung einer Betriebsaufspaltung, bei welcher die Auffanggesellschaft als Betriebsgesellschaft den gesamten Betrieb des zu sanierenden Unternehmens kraft eines Geschäftsbesorgungsvertrags übernimmt und im Außenverhältnis als selbständiger Vertriebspartner auftritt, während die Auffanggesellschaft im Innenverhältnis für Rechnung des Krisenunternehmens handelt.

Das Ziel ist stets dasselbe – die Trennung des operativen Geschäfts von den Verbindlichkeiten des derzeitigen Rechtsträgers.

Jedoch ist bei der übertragenden Sanierung in der Krise oder gar konkreter Insolvenzsituation **größte Vorsicht** geboten, denn es lauern nicht nur zivilrechtliche Risiken, wie insolvenzrechtliche Anfechtbarkeit der Übertragung, Forthaftungen des Erwerbers für die bestehenden Verbindlichkeiten und arbeitsrechtlicher Betriebsübergang, sondern auch die nachfolgend zu erläuternden Strafbarkeitsgefährdungen.

131 Die **Bewertung** krisenbefangener Unternehmen ist schwierig. Ein Markt für entsprechende Unternehmen existiert nicht. Daher besteht die Gefahr einer – vorsätzlichen – Gläubigerschädigung dadurch, dass das Unternehmen oder Teile von ihm unter Wert auf einen neuen Rechtsträger übertragen werden und die Gläubiger der Krisengesellschaft leer ausgehen oder mit einer zu geringen Quote abgefunden werden. Hier stellt sich also das Problem, eine adäquate Gegenleistung für die Übertragung des Unternehmens bzw. der einzelnen assets zu finden und so eine Strafbarkeit wegen Bankrotts (§ 283 StGB) oder wegen Untreue (§ 266 StGB) zu vermeiden. Der Beihilfe zum Bankrott ist schuldig, wer in der Krise einer GmbH die vertraglichen Grundlagen für einen asset-deal erstellt, mit dem fast die gesamten Aktiva der GmbH an

---

208 BGHSt 28, 233.
209 Zur Strafbarkeit des Geschäftsführers oder Liquidators der GmbH wegen Insolvenzverschleppung Bisson, GmbHR 2005, 843 ff.
210 BayObLG, ZIP 2000, 1220.
211 BGH, NJW 2000, 2285.
212 Müller-Feldhammer, ZIP 2003, 2186 ff.; Treffer, GmbHR 2003, 166 ff. und 222 ff.; Wellensiek, NZI 2002, 233 ff.; Wessels, ZIP 2004, 1237 ff.; Falk/Schäfer, ZIP 2004, 1337 ff.; Hölzle, DStR 2004, 1433 ff.

eine Auffanggesellschaft verkauft und übertragen werden und die Durchsetzung des daraus resultierenden Kaufpreisanspruchs aufgrund der vertraglichen Ausgestaltung mit erheblichen Risiken behaftet ist.[213]

IV. Gefahren für Berater als Beteiligte an Straftaten[214]

1. Täterschaft und Teilnahme

Eine Straftat kann der Berater als **Täter** (§ 25 StGB) oder als **Teilnehmer** durch Anstiftung (§ 26 StGB) oder Beihilfe (§ 27 StGB) begehen. Bei vielen Delikten kommt der Berater als Täter nicht in Betracht, weil er die persönlichen Merkmale nicht erfüllt, etwa Geschäftsführereigenschaft im Tatbestand der Insolvenzverschleppung (§ 84 GmbHG) oder Person, über deren Vermögen das Insolvenzverfahren eröffnet wird, im Tatbestand des Bankrotts (§ 283 StGB).

132

Denkbar ist jedoch, dass dem Berater einzelne, eigentlich **den Unternehmer treffende Pflichten** übertragen sind. Hier sind in erster Linie die Buchführungspflichten zu nennen. Diese können durch einen Mandatsvertrag vollständig auf den Berater übertragen werden, der dann auch Täter der Verletzung der Buchführungspflicht nach § 283b StGB sein kann.

133

Größer scheint mir für den Berater die Gefahr der Anstiftung und Beihilfe **zu Delikten der Geschäftsleitung**. In der Krise des Mandanten ist es häufig nur ein kleiner Schritt von der zulässigen Beratung zur strafbaren Anstiftung oder Beihilfe. Im Einzelnen sind hier folgende Tatbestände zu nennen.

134

2. Mitwirkung bei übertragender Sanierung

In der Krise des Unternehmens wird mitunter noch eine sog. **übertragende Sanierung** versucht. Nachdem die Krise der Gesellschaft und ein Insolvenzverfahren als unvermeidlich erkannt sind, wird eine zweite Gesellschaft gegründet, auf die sodann die wichtigsten Gegenstände des Anlage- und Umlaufvermögens, erteilte und noch nicht ausgeführte Aufträge, Kundenkartei etc. übertragen werden, die auf diese Weise dem Zugriff der Gläubiger der „alten" Gesellschaft entzogen werden. Unter Umständen werden auch die Gegenstände gewissen Gläubigern scheinbar zur Sicherheit übertragen. Nach den Übertragungen wird sodann Insolvenzantrag über das Vermögen der „alten" Gesellschaft gestellt.

135

Ob es sich bei diesen Tätigkeiten um Bankrott (§ 283 StGB) oder Untreue (§ 266 StGB) handelt, richtet sich danach, ob der Täter **im Interesse des Unternehmens** (dann Bankrott) oder im Interesse eines Dritten oder im eigenen Interesse (dann Untreue) handelte. Entscheidend ist, ob im Einzelfall den Gläubigern Haftungsvermögen entzogen wurde oder der jeweiligen Gesellschaft ein Vermögensschaden entstanden ist.

136

Der Berater, der **zu den Handlungen rät bzw. die Verträge entwirft**, kann sich wegen Anstiftung oder Beihilfe strafbar machen. Der Beihilfe zum Bankrott ist schuldig, wer in der Krise einer GmbH die vertraglichen Grundlagen für einen asset-deal erstellt, mit dem fast die gesamten Aktiva der GmbH an eine Auffanggesellschaft verkauft und übertragen werden und die Durchsetzung des daraus resultierenden Kaufpreisanspruchs aufgrund der vertraglichen Ausgestaltung mit erheblichen Risiken behaftet ist.[215]

3. Insolvenzverschleppung

Eine Strafbarkeit des Beraters als Täter kommt nur in Betracht, wenn er selbst als **Liquidator oder Sanierer in organähnlicher Stellung** (faktische Geschäftsführung) bzw. als Geschäftsführer oder Vorstand der insolventen Gesellschaft tätig wird.

137

Eine **Strafbarkeit** des Beraters **als Teilnehmer** kommt in Betracht, wenn der jeweilige Geschäftsführer vorsätzlich Insolvenzverschleppung begeht. Anstiftung kann etwa vorliegen, wenn der Geschäftsführer

138

---

213 AG Ingolstadt, EWiR 2004, 1245.
214 Weyand, ZInsO 2000, 413 ff.; Sundermeier/Gruber, DStR 2000, 929 ff.; Biesdorfer, NWB Fach 13, Heft 3 2001, 975 ff.; Graf, BB 2001, 562 ff.; Wessing, NZI 2003, 1 ff.; ders., NJW 2003, 2265 ff.
215 AG Ingolstadt, EWiR 2004, 1245.

den Vorsatz zur Insolvenzverschleppung erst aufgrund der Beratung fasst. Beihilfe kann vorliegen, wenn der Berater den bereits zur Insolvenzverschleppung entschlossenen Geschäftsführer bei einzelnen Maßnahmen, z.B. der Gründung einer Auffanggesellschaft, Übertragung von Vermögensgegenständen etc. unterstützt.

4. Buchführungs-, Bilanzierungsdelikte, Verletzung der Berichtspflicht

139 Nach §§ 283 Abs. 1 Nr. 5 und Nr. 7 und 283b Abs. 1 StGB ist die **unterlassene oder mangelhafte Buchführung** bzw. die unterlassene oder mangelhafte Bilanzerstellung strafbar. Sofern diese Aufgaben vollständig dem Berater übertragen wurden, kommt er als Täter in Betracht. Voraussetzung für eine Strafbarkeit des Beraters ist jedoch, dass ihm die Pflichterfüllung objektiv möglich ist. Gerade in der Krise liefert der Mandant häufig nur unvollständige oder ungeordnete Unterlagen oder zahlt das Honorar nicht. Dann macht sich der Berater nicht wegen Verzögerungen oder Mängeln der Buchführung oder Bilanzierung strafbar. Unmögliches oder Unzumutbares kann von ihm nicht verlangt werden. Insoweit schließen zivilrechtliche Mängel des Mandatsvertragsverhältnisses eine Strafbarkeit aus. Jedoch sollte der Berater schriftliche Vollständigkeitserklärungen des Mandanten verlangen und schriftlich darauf hinweisen, dass er ohne Honorierung nicht tätig wird.

140 § 332 HGB stellt für den Abschlussprüfer die **vorsätzlich falsche Berichterstattung** unter Strafe. Zu beachten ist, dass durch das KonTraG die zu prüfenden Gegenstände nach §§ 317, 321, 322 HGB erheblich erweitert worden sind (Problem- und risikoorientierter Prüfungsansatz).

5. Gläubigerbegünstigung (§ 283c StGB)

141 Hier kommt eine Strafbarkeit des Beraters als Anstifter in Betracht, wenn er einem erkannt zahlungsunfähigen Mandanten zur Abtretung von Forderungen (etwa Steuererstattungsansprüche) oder zu Sicherungsübereignungen veranlasst, um auf diese Weise **rückständige Honoraransprüche** zu befriedigen bzw. sicherzustellen. Dagegen ist die Anforderung eines Vorschusses für künftige Beraterleistungen nicht strafbar.

6. Vorenthaltung von Sozialversicherungsbeiträgen (§ 266a StGB) und Steuerhinterziehung (§ 370 AO)

142 Für die Teilnahme des Beraters an diesen Delikten gelten die Ausführungen betreffend die Insolvenzverschleppung (siehe oben Rn. 137 f.) entsprechend.

7. Betrug (§ 263 StGB) und Kreditbetrug (§ 265b StGB)

143 Eine Strafbarkeit des Beraters als Gehilfe kommt in Betracht, wenn er bspw. eine **manipulierte Bilanz** erstellt.

8. Sanierungsschwindel

144 Hier kommt eine Strafbarkeit des Beraters als Gehilfe in Betracht, wenn er den Geschäftsführer bei **falschen Angaben zum Zweck der Eintragung** über die Kapitalaufbringung (§ 82 Abs. 1 Nr. 3 GmbHG; verdeckte Sacheinlage!) oder bei einer unwahren Versicherung zum Zweck der vereinfachten Kapitalherabsetzung (§ 82 Abs. 2 Nr. 1 GmbHG) unterstützt.

D. Haftungsgefahren in Krise und Insolvenz des Unternehmens

I. Haftungsgefahren für Gesellschafter[216]

145 Die im Folgenden darzustellenden Haftungsgefahren für Gesellschafter haben ihren Ursprung in dem Bestreben des Gesetzgebers und der Rspr. im Interesse der Gläubiger der Gesellschaft wenigstens die vollständige Aufbringung und Erhaltung des gezeichneten Kapitals sicherzustellen. Die Rspr. zur Ka-

---

216 Zum Ganzen Bauer, ZInsO 2002, 153 ff.

pitalaufbringung und -erhaltung macht einen ganz wesentlichen Teil der zum GmbH-Recht überhaupt ergangenen Rspr. aus.[217]

1. Kapitalaufbringung

In einer Insolvenz der GmbH ist der Insolvenzverwalter berechtigt, eine nicht eingezahlte Stammeinlage einzufordern. Nach § 24 GmbHG haften auch die **übrigen Gesellschafter** für eine nicht oder nicht vollständig erbrachte Stammeinlage.

a) Verweis auf Ausführungen zur Kapitalerhöhung

Für die Fragen der **Kapitalaufbringung** sei zunächst auf die Ausführungen unter Rn. 48 ff. zur ordnungsgemäßen Erbringung der Stammeinlage im Rahmen der Kapitalerhöhung verwiesen.

Der Betrag des Stammkapitals muss zur **freien Verfügung** des Geschäftsführers gestellt werden. Das ist dann der Fall, wenn der Betrag nachweislich auf ein frei verfügbares Konto der GmbH eingezahlt wurde und nicht an den Gesellschafter zurückgeflossen ist.[218] Keine Leistung der Bareinlage liegt vor, wenn die unverzügliche Rückzahlung bereits durch einen Überweisungsauftrag sichergestellt ist. Die Überweisung an ein verbundenes Unternehmen, an welchem der Gesellschafter ebenfalls beteiligt ist, steht der Rückzahlung an den Gesellschafter gleich.[219] Ebenfalls liegt keine Erfüllung der Stammeinlageverpflichtung vor, wenn der Betrag absprachegemäß umgehend als Darlehen an den Gesellschafter zurückgezahlt wird. Die spätere Tilgung des Darlehens kann die Einlagepflicht in Ausnahmefällen jedoch erfüllen.[220]

Eine Zahlung der Stammeinlage direkt an einen Gläubiger der Gesellschaft zur Tilgung von Schulden der Gesellschaft befreit den Gesellschafter von seiner Stammeinlageverpflichtung nicht. Die Zahlung der Stammeinlage kann daher nicht befreiend auf ein **gesperrtes Konto** erfolgen. Bei Zahlung auf ein **debitorisches Konto** wird der Gesellschafter von seiner Stammeinlageverpflichtung nur insoweit befreit, als die Kreditlinie noch nicht ausgeschöpft ist oder das Kreditinstitut auf einem anderen Konto einen entsprechenden Kredit zur Verfügung stellt.[221] Nach § 19 Abs. 2 Satz 2 GmbHG kann der Gesellschafter gegen die Stammeinlageforderung der Gesellschaft auch nicht aufrechnen.

Die Leistung der Stammeinlage darf **nicht aus Mitteln der Gesellschaft** stammen. Dies ist z.B. dann der Fall, wenn eine Ausschüttung an den Gesellschafter aufgrund unwirksamen Gewinnausschüttungsbeschlusses erfolgt war. Dann ist die Rückzahlung dieser ungerechtfertigten Ausschüttung nicht zugleich eine Erfüllung einer daneben bestehenden Stammeinlageverpflichtung.[222]

Zum Problem der **verdeckten Sacheinlage** siehe oben Rn. 48 ff. Nachträgliche Umwandlung einer Geld- in eine Sacheinlage ist stets, nicht nur zur Heilung einer verdeckten Sacheinlage möglich.[223]

Zur **Darlegungs- und Beweislast** für die Erbringung der Stammeinlage siehe oben Rn. 65 ff.

Eine nicht geleistete Einlage kann außerhalb des Insolvenzverfahrens ein Gläubiger der GmbH **mit Klage und Antrag auf Zahlung** an die GmbH geltend machen.[224]

b) GmbH & Co. KG

Für die Komplementär-GmbH einer GmbH & Co. KG ist die GmbH-Stammeinlage auf das **Konto der GmbH** und nicht auf ein Konto der KG einzuzahlen. Auf ein Konto der KG ist eine befreiende Einzahlung

---

217 Goette, DStR 2003, 887 ff.; Fastrich, DStR 2006, 656 ff.; Haas, DStR 2006, 993 ff.; ders., GmbHR 2006, 505 ff.
218 BGH, ZIP 2002, 799.
219 OLG Dresden, ZIP 1999, 2013.
220 BGH, NJW 2003, 825.
221 BGH, ZIP 2002, 799.
222 OLG Stuttgart, ZIP 2004, 909 = GmbHR 2004, 662; Bayer, GmbHR 2004, 445 ff.: Unwirksame Leistungen auf die Stammeinlage und nachträgliche Erfüllung.
223 LG Stuttgart, GmbHR 2004, 666.
224 OLG Stuttgart, NZG 2003, 136.

der Stammeinlage der GmbH nur möglich, wenn das Vermögen der GmbH ausreicht, alle Gläubiger der GmbH und der KG zu befriedigen.[225]

Für die wirksame Leistung der Kommanditeinlage des Kommanditisten bei der GmbH & Co. KG gilt: Leistet der Kommanditist einer GmbH & Co. KG seine Einlage durch Zahlung auf ein **debitorisches Gesellschaftskonto**, kann er – wenn die Gesellschaft nicht über eine Kreditlinie für das Konto verfügt – seine Einlagepflicht (auch noch in der Insolvenz der KG) durch Aufrechnung mit seiner Regressforderung nach § 110 HGB zum Erlöschen bringen. Auf die Vollwertigkeit der Kontoausgleichsforderung des Kreditinstituts gegen die KG kommt es für die Wirkung der Aufrechnung nicht an. Das Aufrechnungsverbot des § 19 Abs. 2 Satz 2 GmbHG findet auf eine Kommanditeinlageforderung auch dann keine Anwendung, wenn die einzige persönlich haftende Gesellschafterin eine Kapitalgesellschaft ist.[226]

c) GmbH & Still

153 Bei einer GmbH & Still gilt: Mit **Eröffnung des Insolvenzverfahrens** über das Vermögen des Inhabers ist die **stille Gesellschaft zwingend aufgelöst**. Der stille Gesellschafter mit Teilnahme am Verlust hat eine rückständige Einlage bis zu dem Betrag, der zur Deckung seines Anteils am Verlust erforderlich ist, zur Insolvenzmasse einzuzahlen. Ist er am Verlust gar nicht beteiligt, hat er nichts mehr einzuzahlen. Bei einem stillen Gesellschafter mit Mitwirkungsbefugnissen entsprechend einem Kommanditisten und objektiver Notwendigkeit der Einlage für das Erreichen des Gesellschaftszwecks hat die Einlage Stammkapitalcharakter, für sie gilt das Aufrechnungsverbot des § 19 Abs. 2 Satz 2 GmbHG analog.[227] Ein Rangrücktritt kann eine freiwillige Gleichstellung einer stillen Beteiligung mit haftendem Kapital sein.[228]

d) Verjährung

154 Die Verjährung der Stammeinlageforderung war im GmbHG **nicht speziell geregelt**. Die früher h.M. ging von der Regelverjährung nach § 195 BGB (30 Jahre) aus. Nach In-Kraft-Treten der Schuldrechtsreform und damit der Verkürzung der Regelverjährung in § 195 BGB n.F. auf drei Jahre hatte dies jedoch zu unbefriedigenden Ergebnissen und zudem zu Wertungswidersprüchen im Hinblick auf die spezialgesetzlich angeordneten fünfjährigen Verjährungsfristen z.B. für die Differenzhaftung (§ 9 Abs. 2 GmbHG) und die Rückerstattungspflicht betreffend verbotener Auszahlungen (§ 31 Abs. 5 GmbHG) führen können. Jedenfalls ist die Fünfjahresfrist des § 31 Abs. 5 GmbHG nicht auf die ursprüngliche Einlageforderung anzuwenden.[229] In der Lit gingen die Auffassungen nunmehr weit auseinander, teilweise wird sogar von Unverjährbarkeit der Einlageforderung ausgegangen.[230]

155 Durch das Gesetz zur Anpassung von Verjährungsvorschriften v. **9.12.2004**[231] ist **nun gesetzlich geregelt**:

Der Anspruch der Gesellschaft auf **Leistung der Einlage** verjährt in **zehn Jahren**; im Fall der Insolvenzeröffnung nicht vor Ablauf eines halben Jahres seit Eröffnung (§ 19 Abs. 6 GmbHG).

Diese Verjährungsfrist gilt auch für **Kapitalerhöhungen** (§ 55 Abs. 4 GmbHG) und die **Differenzhaftung bei Sacheinlagen** (§ 9 Abs. 2 GmbHG).[232] Die Frist ist ab dem **1.1.2002** zu berechnen (Art. 229 § 12 Abs. 2 EGBGB).[233]

---

225 OLG Hamm, ZIP 2000, 358.
226 OLG Dresden, ZIP 2004, 2140 = BB 2004, 2710.
227 LG Potsdam, ZIP 2002, 1819.
228 OLG Brandenburg, GmbHR 2004, 1390.
229 BGH NZG 200, 168.
230 Altmeppen, DB 2002, 514 ff.; K. Müller, BB 2002, 1377 ff.; Brinkmann, NZG 2002, 855 ff.; Dahl, NZI 2003, 428 f.
231 BGBl. 2004 I, S. 3213 ff.
232 Zur Anwendung der Zehn-Jahres-Frist auf Altfälle siehe Benecke/Geldsetzer, NZG 2006, 7 ff.
233 OLG Düsseldorf, BB 2006, 741; zur Anwendung der Zehn-Jahres-Frist auf Altfälle siehe Benecke/Geldsetzer, NZG 2006, 7 ff.

e) Haftung für Falschangaben

Für Falschangaben **gegenüber dem Handelsregister** über die Aufbringung des Stammkapitals bei Gründung der GmbH haften nach §§ 9a und 9b GmbHG die Gesellschafter und Geschäftsführer, bei Kapitalerhöhung nach § 57 Abs. 4 GmbHG die Geschäftsführer. Außerdem können Falschangaben eine Straftat nach § 82 GmbHG sein.

Die Angabe darüber, dass der auf eine Kapitalerhöhung (einer AG) eingezahlte Betrag sich in der freien Verfügung des Vorstandes befinde (§§ 188 Abs. 2, 37 Abs. 1 AktG), bezieht sich nur auf die **Voraussetzungen für die Erfüllung der Einlageschuld** und besagt nicht, dass die Einlage noch unverändert im Gesellschaftsvermögen vorhanden sei.[234]

2. Kapitalaufbringung bei Mantel- und Vorratsgesellschaft, wirtschaftliche Neugründung

In der jüngeren ober- und höchstrichterlichen Rspr. wird die Verwendung von Mantel- oder Vorratsgesellschaften nunmehr als Umgehung der Gründungsvorschriften des GmbH-Gesetzes angesehen. Dies ist in der Lit umfangreich kommentiert worden[235] und führt zu den folgenden bedeutsamen Konsequenzen.

a) Wirtschaftliche Neugründung

Die Verwendung[236] oder der Erwerb[237] einer auf Vorrat gegründeten GmbH („**Vorrats-GmbH**") durch erstmalige Ausstattung mit einem Unternehmen und Geschäftsaufnahme ist wirtschaftlich eine Neugründung.[238]

Auch die Verwendung oder der Erwerb einer früher tätigen, jetzt aber unternehmenslosen GmbH („**leerer GmbH-Mantel**") durch erneute Ausstattung mit einem Unternehmen und Geschäftsaufnahme ist wirtschaftlich eine Neugründung.[239]

Indizien für eine wirtschaftliche Neugründung sind:[240]

- bei Übergang der Geschäftsanteile ist die Gesellschaft nicht werbend tätig,
- Änderung des Geschäftszwecks nach Anteilsübertragung,
- Sitzverlegung nach Anteilsübertragung,
- Bestellung eines neuen Geschäftsführers nach Anteilsübertragung,
- unter Umständen auch symbolischer Kaufpreis für die Anteile von einem Euro.

b) Registergerichtliche Kontrolle

Die Verwendung eines „leeren GmbH-Mantels" oder die Aktivierung einer „Vorrats-GmbH" sind dem **Registergericht offenzulegen**, die Versicherung nach § 8 Abs. 2 GmbHG ist abzugeben, die registergerichtliche Kontrolle der Kapitalaufbringung greift ein.[241]

---

234 Lesenswert für Schadensersatzhaftung wegen Falschangaben BGH, ZIP 2005, 2012.
235 Zur neuen Rspr. und zu den Haftungsrisiken bei Verwendung von GmbH-Mängeln und Vorratsgesellschaften Altmeppen, NZG 2003, 145 ff.; Nolting, ZIP 2003, 651 ff.; Meilicke, BB 2003, 857 ff.; v. Bredow/Schumacher, DStR 2003, 1032 ff.; Heidenhain, NZG 2003, 1051 ff.; Goette, DStR 2004, 461 ff.; K. Schmidt, NJW 2004, 1345 ff.; Schütz, NZG 2004, 746 ff.; Peetz, GmbHR 2004, 1429 ff. Praktische Hinweise für den Umgang mit Vorrats- und Mantelgesellschaften Bärwaldt/Balda, GmbHR 2004, 50 ff.; Wicke, NZG 2005, 409 ff.; Swoboda, GmbHR 2005, 649 ff.
236 OLG Hamburg, ZIP 2004, 2431.
237 BGH, ZIP 2003, 251.
238 Auch BGH, ZIP 2003, 1698; OLG Düsseldorf, ZIP 2003, 1501.
239 BGH, ZIP 2003, 1698; OLG Düsseldorf, ZIP 2003, 1501.
240 OLG Celle, GmbHR 2005, 1496.
241 BGH, ZIP 2003, 1698 = NZG 2003, 972.

c) (Erneute) Kapitalaufbringung, Haftung der Gesellschafter

161 Auf den Zeitpunkt der Offenlegung der wirtschaftlichen Neugründung, d.h. auf den Zeitpunkt der Anmeldung der Satzungsänderung beim Handelsregister haften die Gesellschafter im Wege der **Unterbilanzhaftung** oder der **Handelndenhaftung** nach § 11 Abs. 2 GmbHG dafür, dass das Stammkapital aufgebracht ist und sich endgültig in der freien Verfügung des Geschäftsführers befindet.[242]

Bei Erwerb eines „**GmbH-Mantels**" haftet der Erwerber für eine eventuell rückständige Stammeinlage nach §§ 16 Abs. 3, 19 GmbHG analog,[243] ebenso der Erwerber einer „Vorrats-GmbH".[244]

162 Wird eine **Vorrats-GmbH** gegründet und wird die Einlage in unmittelbarem zeitlichem Zusammenhang als Darlehen oder zu treuen Händen an die Gesellschafter zurückgezahlt bzw. erschöpft sich die Tätigkeit der Vorrats-GmbH in der Darlehensgewährung an die Gesellschafter, handelt es sich um ein als **verdeckte Sacheinlage** zu qualifizierendes Hin- und Herzahlen. Die Stammeinlage der „Vorrats-GmbH" ist dann nicht ordnungsgemäß erbracht, wenn der Betrag **sofort**[245] oder **innerhalb von vier Wochen**[246] als Darlehen an den Gesellschafter zurückfließt. In der obergerichtlichen Rspr. war sodann unterschiedlich entschieden worden, ob die spätere Rückzahlung des Darlehens die Einlageschuld tilgt. Nach Auffassung des OLG Schleswig war dies nicht der Fall, wenn die Zahlung nur dazu diente, die Vorrats-GmbH verkaufsfähig zu machen.[247] Ausdrücklich anderer Auffassung war das OLG Hamburg, das Tilgung der Bar-Stammeinlageverbindlichkeit durch die Rückzahlung des Darlehens im Zusammenhang mit der tatsächlichen Geschäftsaufnahme angenommen hat.[248] Nunmehr hat der BGH entgegen OLG Schleswig entschieden, dass die **Einlageschuld** durch die **Zahlung** auch dann **getilgt** wird, wenn sie nur **zur Rückzahlung des Darlehens** oder zur **Erfüllung der Treuhandabrede** erfolgt.[249] Zur Begründung hat er ausgeführt, dass derjenige Gesellschafter, der den Einzahlungsmangel von sich aus behebt, nicht (durch Verpflichtung zur erneuten Zahlung) schlechter gestellt werden darf, als der Gesellschafter, der wartet, bis er vom Insolvenzverwalter zur (erstmaligen) Zahlung aufgefordert wird.

163 Erweist sich die Verwendung einer Bareinlage – hier zum Erwerb von Sacheinlagen – bei Wiederverwendung eines „leeren GmbH-Mantels" als direkter oder indirekter Mittelrückfluss an den Inferenten, ist die freie Verfügbarkeit der Einlage nicht mehr gegeben, so dass bei Wiederbelebung des „leeren GmbH-Mantels" die Gesellschafter grds. im Rahmen der für die Vor-GmbH entwickelten **Vorbelastungshaftung** haften.[250] Zusätzlich besteht bei engem zeitlichem und sachlichem Zusammenhang zwischen Einlageleistung und Sacherwerb die widerlegbare Vermutung einer verdeckten Sacheinlage, mit der Rechtsfolge, dass die Bareinlageschuld nicht erloschen ist.[251] Dabei gilt für „**Altfälle**" vor dem Urt. des BGH v. 7.7.2003[252] **keine dauerhafte**, sondern lediglich eine **stichtagsbezogene Vorbelastungshaftung** (Vertrauensschutz für sog. Altfälle).[253]

---

242 OLG Hamburg, ZIP 2004, 2431; BGH, ZIP 2003, 1698 m. Anm. Kesseler, ZIP 2003, 1790 ff.
243 OLG Düsseldorf, ZIP 2003, 1501; OLG Celle, GmbHR 2005, 1496.
244 OLG Schleswig, GmbHR 2003, 1058 m. Anm. Emde, GmbHR 2003, 1034 ff.
245 OLG Schleswig, ZIP 2005, 1827.
246 OLG Schleswig, NJW-RR 2001, 175.
247 OLG Schleswig, ZIP 2004, 1358 = OLG Schleswig, DStR 2004, 2021 = NZG 2004, 969.
248 OLG Hamburg, ZIP 2004, 2431.
249 BGH, ZIP 2006, A 3.
250 OLG Thüringen, ZIP 2004, 2327 = NZG 2004, 1114 = GmbHR 2004, 1468.
251 OLG Thüringen, ZIP 2004, 2327 = NZG 2004, 1114 = GmbHR 2004, 1468.
252 ZIP 2003, 1698 = NZG 2003, 972.
253 OLG Jena, DStR 2005, 79.

> **Hinweis:**
> Zu beachten ist, dass die Grundsätze der Haftung bei Verwendung eines „leeren/ruhenden" GmbH-Mantels keinen Gesellschafterwechsel und keine Satzungsänderung voraussetzen, sondern bei jeder Neuaktivierung einer inaktiven GmbH, auch innerhalb eines Konzerns, eingreifen.[254]

Beispiel:

In einem Konzern wird für den Asset-Erwerb eines neuen Unternehmens schnell eine GmbH benötigt (special purpose vehicle). Zu diesem Zweck

a) erwirbt die Konzernmutter von einer Wirtschaftsprüfungsgesellschaft den einzigen Geschäftsanteil einer durch die Wirtschaftsprüfungsgesellschaft auf Vorrat gegründeten GmbH. Diese GmbH erwirbt sodann das Unternehmen im Wege des Asset-Kaufs. Die Wirtschaftsprüfungsgesellschaft hatte die Geschäftsführung der Vorrats-GmbH nach Eintragung der GmbH ins Handelsregister veranlasst, das ursprünglich eingezahlte Stammkapital i.H.v. 25.000 € als Darlehen an die Wirtschaftsprüfungsgesellschaft zu zahlen;

b) wird ein noch von der Konzernmutter gehaltener „leerer GmbH-Mantel", also eine vermögenslose GmbH veranlasst, das Unternehmen im Wege des Asset-Kaufs zu erwerben.

In beiden Fällen stellt die Konzernmutter der GmbH die Mittel für den Asset-Erwerb als Darlehen zur Verfügung. Im Folgenden wird durch satzungsändernden Gesellschafterbeschluss der Name und der Geschäftsgegenstand geändert und der Sitz der Gesellschaft verlegt.

*Fazit nach der neueren Rspr. der GmbH: In einer späteren **Insolvenz der Erwerber-GmbH** kann der Insolvenzverwalter in beiden Fällen von der **Konzernmutter Zahlung des Stammkapitals** der Erwerber-GmbH verlangen.*

Eine bestehende Unterbilanz kann mit Gesellschafterdarlehen und Rangrücktritt ausgeglichen werden.[255]

Die Umorganisation bestehender, operativ tätiger GmbH rechtfertigt eine erneute registergerichtliche Überprüfung der Kapitalausstattung nicht.[256]

3. Vorbelastungs-/Differenzhaftung

Nachdem die Rspr. vom früher postulierten Vorbelastungsverbot Abstand genommen hat, ist nun allgemein anerkannt, dass die Verbindlichkeiten der Vor-GmbH, also die im Namen der GmbH vor deren Eintragung ins Handelsregister begründeten Verbindlichkeiten auf die GmbH **durch rechtsgeschäftliche Übertragung** übergehen können.[257] Dadurch kann es trotz erfolgter Einzahlung des Stammkapitals durch die Gesellschafter dazu kommen, dass zum Zeitpunkt der Eintragung der GmbH das Stammkapital nicht mehr vorhanden ist. Aus den Grundsätzen der Kapitalaufbringung und der Kapitalerhaltung hat die Rspr. für diese Fälle den **Grundsatz der Vorbelastungs- oder Differenzhaftung** entwickelt.[258] Danach haftet jeder Gesellschafter für die bei Eintragung bestehende und durch übernommene Verbindlichkeiten der Vor-GmbH entstandene Differenz zwischen Stammkapital und Wert des Vermögens der Gesellschaft anteilig entsprechend dem Verhältnis seiner Einlage.[259] Da diese Haftung den strengen Regeln der Kapitalaufbringung unterliegt, ist die Haftung nicht auf die Ziffer der Stammeinlage[260] und auch nicht auf die Höhe der eigenen Einlage beschränkt.[261] Für von einem Gesellschafter nicht beizubringende Beträge haften die übrigen Gesellschafter nach § 24 GmbHG gesamtschuldnerisch mit.

164

---

254 OLG Jena, DStR 2005, 79.
255 LG Berlin, GmbHR 2002, 1066.
256 LG Berlin, ZIP 2003, 1398.
257 BGH, NJW 2001, 2635.
258 Grundlegend BGHZ 80, 129, 140 ff.
259 Ebenso BSG, ZIP 2000, 494 und BAG, ZIP 2000, 1546.
260 BGH, WM 1982, 40.
261 BGH, WM 1982, 40.

165 Zur Ermittlung einer Vorbelastung ist die Erstellung einer **Vorbelastungsbilanz** erforderlich.[262] Wegen der besonderen Funktion der Vorbelastungsbilanz (nahe der Eröffnungsbilanz) sind hier die **Fortführungswerte** anzusetzen.[263] Ggf. ist das Unternehmen als Ganzes zu bewerten.[264] Bei Startup-Unternehmen ist dies nur in engen Ausnahmefällen dann möglich, wenn die bewertbare Organisationseinheit schon während des Stadiums der Vor-GmbH entstanden war und das innovative Geschäftskonzept der Gründer seine Bestätigung am Markt bereits gefunden hat.[265] Bei fehlender Fortführungsaussicht sind die Liquidations- bzw. Veräußerungswerte anzusetzen.[266]

166 Die **Beweislast** für eine Vorbelastung trägt die Gesellschaft bzw. in der Insolvenz der den Anspruch geltend machende Insolvenzverwalter. Ist jedoch keine Vorbelastungsbilanz erstellt worden und gibt es Anhaltspunkte für eine Aufzehr des Stammkapitals vor Eintragung der Gesellschaft ins Handelsregister, ist es Sache der Gesellschafter, darzulegen und zu beweisen, dass eine Unterbilanz nicht vorgelegen habe.[267]

167 Die **Unterbilanzhaftung** ist nach Eintragung der GmbH **reine Innenhaftung** auch dann, wenn es nur einen Gesellschafter gibt und die GmbH vermögenslos ist.[268] Die (einmal entstandene) Unterbilanzhaftung ist grds. wie ein Anspruch auf Leistung fehlender Bareinlagen zu behandeln und unterliegt denselben strengen Regeln der Kapitalaufbringung wie die ursprüngliche Einlageschuld. Sie erlischt auch nicht durch anderweitige Auffüllung des Haftungsfonds.[269]

In **Ausnahmefällen** kann auch eine **unbeschränkte Außenhaftung** der Gründungsgesellschafter gegenüber den Gläubigern der Gesellschaft in Betracht kommen. Diese unbeschränkte Außenhaftung ist entschieden für den Fall der **Aufgabe der Eintragungsabsicht**[270] und für den Fall der **Fortführung der Geschäfte nach Scheitern der Gründung**.[271] Eine unmittelbare Haftung der Gründungsgesellschafter gegenüber Gesellschaftsgläubigern kann auch gegeben sein, wenn die GmbH nicht eingetragen wird und eine Insolvenz mangels Masse abgewiesen wird[272] oder ein zunächst eröffnetes Insolvenzverfahren wegen Masseunzulänglichkeit eingestellt worden ist und die geltend gemachten Ansprüche vollständig ausgefallen sind.[273] Schließlich kommt eine unmittelbare Haftung der Gründungsgesellschafter nach § 179 BGB in Betracht, wenn die GmbH noch nicht gegründet wurde.[274]

4. Kapitalerhaltung, verbotene Rückzahlung des Stamm-/Grundkapitals

168 Nach § 30 GmbHG, § 57 AktG darf das zur Erhaltung des Stamm-/Grundkapitals erforderliche Vermögen der Gesellschaft nicht an die Gesellschafter aus- bzw. zurückgezahlt werden (**Ausschüttungsverbot**).

a) Tatbestandsvoraussetzungen

169 Leistungen aus der Gesellschaft an den Gesellschafter, die ihren **Rechtsgrund im Gesellschaftsverhältnis** haben und in einer Situation erfolgen, in der das Vermögen der Gesellschaft nur noch höchstens den Verbindlichkeiten zzgl. Stammkapital entspricht, sind Aus- bzw. Rückzahlungen des Stammkapitals.

---

262 BGH, NJW 1999, 283.
263 OLG Celle, NJW-RR 2000, 1706.
264 BGH, BB 2002, 959.
265 BGH, ZIP 2006, 688 = NJW 2006, 1594; dazu Weitemeyer, NZG 2006, 648 ff.
266 BGH, EWiR 1997, 33.
267 BGH, ZIP 2003, 625.
268 BGH, ZIP 2005, 2257.
269 BGH, ZIP 2006, 688 = ZInsO 2006, 374; dazu Paul, ZInsO 2006, 589 ff.
270 LG Dresden, GmbHR 2002, 549.
271 BGH, ZIP 2002, 2309 = NJW 2003, 429.
272 LG Braunschweig, BB 2001, 1703.
273 BAG, ZIP 2006, 1044 – für Gesamtvollstreckungsverfahren.
274 OLG Koblenz, NZG 2003, 32.

Die Feststellung einer verbotenen Stammkapitalrückzahlung ist anhand einer **Unterbilanz nach Bilanzierungsgrundsätzen** zu treffen; dafür ist der Firmenwert außer Ansatz zu lassen.[275]

Vom Tatbestand der **verbotenen Stammkapitalrückzahlung** werden nicht nur Geldzahlungen erfasst, sondern Leistungen aller Art, die wirtschaftlich das Gesellschaftsvermögen verringern, z.B. kostenlose oder zu preisgünstige Überlassung von Nutzungen oder die Erbringung von Werkleistungen, wenn das Geschäft nicht aus betrieblichen Gründen gerechtfertigt ist und einem Drittvergleich nicht standhält.[276] Erfasst werden alle offenen und verdeckten Zuwendungen an den Gesellschafter, die im Gesellschaftsverhältnis begründet sind. Gehaltszahlungen an den Gesellschafter-Geschäftsführer können – bei Vorliegen einer Unterbilanz – verbotene Rückzahlungen von Stammkapital sein, wenn die Gehaltshöhe einem Fremdvergleich nicht standhält.[277]

170

Erforderlich ist bei wirtschaftlicher Betrachtungsweise ein **Vermögenstransfer** von der Gesellschaft an den Gesellschafter oder an mit ihm verbundene Unternehmen.[278] Bei der Gewinnausschüttung verstößt noch nicht der Gewinnausschüttungsbeschluss selbst, sondern erst seine Vollziehung gegen § 30 GmbHG.[279]

171

Auch das Bestellen von Sicherheiten aus dem Gesellschaftsvermögen für Verbindlichkeiten des Gesellschafters kann den Tatbestand erfüllen. Die Rückgewährpflicht nach § 31 GmbHG entsteht jedoch erst bei Inanspruchnahme der Sicherheit.[280]

Nach den Rechtsprechungsregeln zum Eigenkapitalersatz erfasst das Rückzahlungsverbot nach § 30 GmbHG auch **eigenkapitalersetzende Gesellschafterhilfen** einschließlich Zinsen. Rückzahlungen dürfen erst dann erfolgen, wenn wieder genügend freies, die Stammkapitalziffer übersteigendes Vermögen vorhanden ist.[281] Das gilt auch nach Umwandlung der Gesellschafterhilfe in eine stille Beteiligung.[282]

172

Verbotene Einlagenrückgewähr liegt ebenfalls vor, wenn der Gesellschafter ein ihm von der GmbH gewährtes Darlehen durch Überweisung auf ein im Soll geführtes Konto der GmbH zurückzahlt, für welches er eine eigenkapitalersetzende Bürgschaft übernommen hat.[283]

Auch nach **Ausscheiden des Gesellschafters** aus der Gesellschaft dürfen Zahlungen auf seine verbliebenen eigenkapitalersetzenden Forderungen nicht erfolgen.[284] Wenn das Darlehen jedoch nicht Eigenkapitalersatz ist, ist die Rückzahlung auch bei Bestehen einer Unterbilanz zulässig.[285]

Verbotene Stammkapitalrückzahlungen können auch bei Leistungen an eine andere Gesellschaft vorliegen, an der der Gesellschafter maßgeblich beteiligt ist.[286]

173

Keine verbotenen Stammkapitalrückzahlungen liegen vor bei angemessenem Vergleich zwischen Gesellschaft und Gesellschafter[287] oder bei Auszahlung oder Verpfändung einer Rückdeckungsversicherung für die Altersvorsorge des Mehrheitsgesellschafter-Geschäftsführers.[288] Auch erfüllen Gehaltszahlungen aufgrund eines dem Fremdvergleich standhaltenden Geschäftsführervertrages für geleistete Geschäftsführungstätigkeit nicht den Tatbestand der verbotenen Ausschüttung. Etwas anderes könnte nur gelten, wenn

174

---

275 OLG Celle, BB 2003, 713.
276 OLG Hamburg, ZIP 2005, 1968.
277 Steuerrechtliches Pendant ist die vGa, dazu Schwedhelm, GmbHR 2006, 281 ff.
278 OLG Dresden, NZG 2003, 546.
279 BFH, GmbHR 2002, 337; zu Sonderposten mit Rücklagenanteil siehe Schmitt, GmbHR 2002, 349 ff.
280 OLG München, ZIP 1998, 1438.
281 BGH, ZIP 2005, 82 = DStR 2005, 117.
282 BGH, ZIP 2005, 82 = DStR 2005, 117.
283 BGH, ZIP 2005, 659 = DStR 2005, 706.
284 BGH, DStR 2005, 119.
285 OLG Köln, ZIP 2001, 337 und 961.
286 OLG Hamburg, ZIP 2005, 1968.
287 OLG Dresden, GmbHR 2002, 1245.
288 KG, ZIP 2003, 2253.

auch die Dienstleistung des Gesellschafter-Geschäftsführers als Eigenkapitalersatz anzusehen wäre. In der Tat ist in der Lit. umstritten, ob auch Dienstleistungen eigenkapitalersetzend gewährt werden können. Dies würde ich verneinen, da Dienstleistungen kein einlagefähiger Gegenstand sind.[289]

175 **Keine Einlagenrückgewähr** liegt vor bei der Übertragung liquider Mittel auf die 100 %-ige Tochtergesellschaft, weil dies für die übertragende Gesellschaft vermögensneutral ist, da sich im Maße des Abflusses der Beteiligungswert an der Tochtergesellschaft erhöht.[290]

b) Darlehensgewährung durch die Gesellschaft an den Gesellschafter aus gebundenem Vermögen

176 Eine Darlehensgewährung der Gesellschaft aus gebundenem Vermögen an den Gesellschafter der GmbH ist auch dann eine verbotene Stammkapitalauszahlung, wenn der **Darlehensrückzahlungsanspruch voll werthaltig** ist.[291] Zur Begründung hat der BGH angeführt, die bilanzielle Sichtweise (bloßer Aktivtausch) sei nicht maßgeblich, weil es aus dem Gesichtspunkt des Gläubigerschutzes einen Unterschied macht, ob der Gläubiger auf unmittelbares Barvermögen zugreifen könne oder ob die Gesellschaft erst eine Forderung gegen den Gesellschafter realisieren müsse. Diese Entscheidung des BGH ist in unmittelbarem Zusammenhang mit der Rspr. zum schädlichen/existenzvernichtenden Eingriff des Gesellschafters in das Gesellschaftsvermögen zu sehen[292] und hat in der Lit. zu erheblichen Diskussionen geführt,[293] da sie unmittelbaren Einfluss auf ein konzernweites Cashmanagement haben kann.

c) Verbotene Stammkapitalauszahlung bei Cash-Pool?

177 Die Entscheidung des BGH v. 24.11.2003[294] dürfte erhebliche Auswirkungen auf die Innenfinanzierung von Konzernen durch **Cash-Pooling** haben, wenn sie, wovon auszugehen ist, auch auf Cash-Pool-Systeme unmittelbar anwendbar ist.[295]

178 Die BGH-Entscheidung v. 24.11.2003 enthält ein **obiter dictum** zur evtl. Zulässigkeit von Darlehensvergaben, etwa im Rahmen eines Cash-Pool-Verfahrens. So hat der BGH formuliert:

> *Es kann dahinstehen, ob die Gewährung eines Darlehens aus dem gebundenen Vermögen ausnahmsweise zulässig sein kann, wenn die Darlehensvergabe im Interesse der Gesellschaft liegt, die Darlehensbedingungen dem Drittvergleich standhalten und die Kreditwürdigkeit des Gesellschafters selbst bei Anlegung strengster Maßstäbe außerhalb jedes vernünftigen Zweifels steht oder die Rückzahlung des Darlehens durch werthaltige Sicherheiten voll gewährleistet ist.*

Goette warnt davor, auf diesen Ausnahmetatbestand zu große Hoffnungen zu setzen.[296]

Das **OLG München** hat jüngst entschieden, dass ein Cash-Pool bei unzureichender Absicherung des Stammkapitals gegen § 30 GmbHG verstößt.[297] Dem ist nun auch der BGH gefolgt[298]: Auch Cash-Pool-Systeme unterliegen hinsichtlich der Kapitalaufbringung bei Gründung der GmbH bzw. Erhöhung des

---

289 So auch Treffer, GmbHR 2002, 22 ff.; a.A.: Molitor; ZInsO 2005, 856 ff.
290 OLG München, GmbHR 2005, 1486.
291 BGH, ZIP 2004, 263.
292 Siehe hierzu unten Rn. 195 ff.; siehe auch Reiner/Brakemeier, BB 2005, 1458 ff.
293 Sieger/Wirtz, ZIP 2005, 2277 ff.; Wachter, GmbHR 2004, 1249 ff.: Kreditvergabe und Kapitalschutz bei der GmbH & Co. KG; zur steuerlichen Beratung bei Darlehen der GmbH an den Gesellschafter Wienands/Teufel, GmbHR 2004, 1301 ff.
294 ZIP 2004, 263.
295 Siehe dazu Saenger/Koch, NZG 2004, 271 ff.; Wessels, ZIP 2004, 793 ff.; Helmreich, GmbHR 2004, 457 ff.; Fuhrmann, NZG 2004, 552 ff.; Servatius, DStR 2004, 1176; Vetter, BB 2004, 1509 ff.; Langner/Mentgen, GmbHR 2004, 1121 ff.; Langner, GmbHR 2005, 1017 ff.; Bender, BB 2005, 1492 ff.; Engert, BB 2005, 1951 ff.; Grothaus/Halberkamp, GmbHR 2005, 1317 ff.
296 ZIP 2005, 1481, 1484, 1485.
297 ZIP 2006, 25, Revision zugelassen; dazu Schilmar, DStR 2006, 568 ff.; Pentz, ZIP 2006, 781 ff.
298 ZIP 2006, 665; siehe auch Schmelz, NZG 2006, 456 ff.

Stammkapitals den allgemeinen Grundsätzen. Im entschiedenen Fall hatte die GmbH aus dem Cash-Pool-Verbindlichkeiten, so dass der BGH von verdeckter Sacheinlage (Zufluss der Befreiung von einer Verbindlichkeit) ausging, die nach § 27 Abs. 3 Satz 3 AktG analog die Nichtigkeit des schuldrechtlichen und des dinglichen Rechtsgeschäfts zur Folge hatte.

Hier soll durch das MoMiG Abhilfe geschaffen werden. Der Referentenentwurf eines Gesetzes zur Modernisierung des GmbH-Rechts und zur Bekämpfung von Missbräuchen sieht die Ergänzung des § 30 Abs. 1 GmbHG um folgenden Satz 2 vor: „Wird das Stammkapital durch eine Vorleistung aufgrund eines Vertrages mit einem Gesellschafter angegriffen, so gilt das Verbot des Satzes 1 nicht, wenn die Leistung im Interesse der Gesellschaft liegt." Diese Regelung würde die Probleme der Kapitalerhaltung bei Cash-Pool und sonstige Upstream-Sicherheiten lösen.[299]

179

d) Rechtsfolgen

Nach § 30 GmbHG, § 57 AktG verbotene Stamm-/Grundkapitalrückzahlungen lösen die **Rückzahlungsverpflichtung** nach § 31 Abs. 1 GmbHG, § 62 Abs. 1 AktG aus. Wurde eine Sache aus dem Gesellschaftsvermögen weggegeben, ist diese zurückzugeben. Eine eventuell zwischenzeitlich eingetretene Wertminderung hat der Gesellschafter auszugleichen, es sei denn, sie wäre auch bei Verbleib der Sache in Gesellschaftsvermögen eingetreten.[300] Der Rückzahlungsanspruch der GmbH bleibt auch dann bestehen, wenn nachträglich das Stammkapital (auf andere Weise) wieder hergestellt wurde.[301] Gegen den Anspruch kann der Gesellschafter entsprechend § 19 Abs. 2 GmbHG nicht aufrechnen.[302] Fraglich ist, ob über den Rückzahlungsanspruch ein Vergleich geschlossen werden kann. Ich würde dies bejahen.[303]

180

Für den Rückzahlungsanspruch haften nach § 31 Abs. 3 GmbHG auch **die übrigen Gesellschafter** nach dem Verhältnis ihrer Anteile mit, soweit der Betrag für die Befriedigung der Gläubiger der GmbH erforderlich ist. Streitig war der Haftungsumfang – unbeschränkt oder beschränkt auf die Summe des Stammkapitals oder beschränkt auf die Stammeinlage. Die Haftung der übrigen Gesellschafter ist beschränkt auf die Summe des Stammkapitals.[304] Es besteht also keine generelle Nachschusspflicht der Gesellschafter und folglich auch keine Haftung für den gesamten, nicht durch Eigenkapital gedeckten Fehlbetrag. Weiterhin besteht die Haftung nur, soweit die Erstattung zur Befriedigung der Gläubiger erforderlich ist. Die Erforderlichkeit ist nach den Grundsätzen einer Überschuldungsbilanz (bei Ansatz von Liquidationswerten) zu beurteilen, wobei auch Rückstellungen für ungewisse Verbindlichkeiten (§ 249 Abs. 1 HGB) zu berücksichtigen sind.[305] Bei der – auf den Betrag der Stammkapitalziffer begrenzten – Ausfallhaftung eines GmbH-Gesellschafters nach § 31 Abs. 3 GmbHG ist dessen eigener Anteil am Stammkapital nicht abzuziehen.[306] Die Mitgesellschafter haften für den Ausfallbetrag im Verhältnis ihrer Beteiligungen.[307]

181

Beispiel:

A, B und C sind je zu einem Drittel Gesellschafter der ABC GmbH, deren Stammkapital insgesamt 100.000 € beträgt. Zu einer Zeit, da die Verbindlichkeiten der Gesellschaft 1.000.000 € und das Vermögen nur noch 800.000 € betragen, lässt sich Gesellschafter A einen Betrag i.H.v. 50.000 € ausschütten und ist anschließend flüchtig. In der Insolvenz der ABC GmbH sind B und C nach § 31 Abs. 3 GmbHG jeweils verpflichtet, einen Betrag i.H.v. 25.000 € an den Insolvenzverwalter zu zahlen, da der Betrag zur Befriedigung der Gesellschaftsgläubiger erforderlich ist, die Gesellschafter B und C für die Rückzahlung im Verhältnis ihrer Anteile (also jeder zur Hälfte) haften und

---

299 Siehe auch Schäfer, BB-Special 7/2006, 5 ff.; Wessels, ZIP 2006, 1701 ff.; Bayer-Lieder, GmbHR 2006, 1121 ff.
300 OLG Celle für den Fall der Übertragung von Anteilen an einer Gesellschaft, ZInsO 2006, 1167.
301 BGH, ZIP 2000, 1256 = DStR 2000, 1234; dazu kritisch Benecke, ZIP 2000, 1969 ff.
302 BGH, ZIP 2001, 157.
303 So auch Kock, NZG 2006, 733 f.
304 BGH, ZIP 2002, 848 = NJW 2002, 803.
305 BGH, ZIP 2003, 2068.
306 BGH, ZIP 2003, 2068 = DB 2003, 2481.
307 OLG Oldenburg, EWiR 2001, 761; zur Ausfallhaftung der Mitgesellschafter auch Altmeppen, ZIP 2002, 961 ff.; Henze, BB 2002, 1011 ff.; Blöse, GmbHR 2002, 1107 ff.; Görner/Kling, GmbHR 2004, 714 ff. und 778 ff.

die Gesellschafter B und C ihre eigenen, eingezahlten und an sie nicht zurückgezahlten Stammkapitalanteile nicht gegenrechnen dürfen.

182 Nach Treu und Glauben ist zunächst der durch die verbotene Kapitalrückzahlung begünstigte Gesellschafter in Anspruch zu nehmen, wenn erkennbar keine Interessen von Gläubigern der Gesellschaft betroffen sind.[308]

e) Verjährung und Sonstiges

183 Nach der **Gesetzesänderung** durch das Gesetz zur Anpassung von Verjährungsvorschriften v. 9.12.2004[309] verjährt der Anspruch der Gesellschaft auf Rückzahlung der verbotenerweise ausgeschütteten Einlage in **zehn Jahren**; im Fall der Insolvenzeröffnung nicht vor Ablauf eines halben Jahres seit Eröffnung, §§ 31 Abs. 5, 19 Abs. 6 Satz 2 GmbHG. Für die **Mithaftung der anderen Gesellschafter** nach § 31 Abs. 3 GmbHG beträgt die Verjährungsfrist **fünf Jahre**, § 31 Abs. 5 GmbHG. Damit dürften die Zweifelsfragen der Verjährung auch für den Fall „böslicher Verhaltensweise"[310] geklärt sein.

184 Der **Kapitalschutz** gemäß §§ 30, 31 GmbHG ist auch bei Rückforderung europarechtswidriger Beihilfen zu beachten.[311]

185 Zuständig für die Geltendmachung der Rückzahlungsansprüche ist das **Gericht am Sitz der Gesellschaft**.[312]

f) Rückzahlung der Hafteinlage bei der KG

186 Rückzahlungen des Kommanditkapitals an den Kommanditisten lassen seine persönliche Haftung für Verbindlichkeiten der KG wieder aufleben (§ 172 Abs. 4 HGB).

g) Rückzahlungen bei GmbH & Co. KG

187 Die §§ 30, 31 GmbHG gelten **auch im Verhältnis der KG zu ihrer Komplementär-GmbH** und für Leistungen der KG an ihre Kommanditisten, und zwar auch dann, wenn der Kommanditist nicht zugleich Gesellschafter der Komplementär-GmbH ist und somit keinen Einfluss auf die Geschäftsführung hat.[313] Jedoch ist die Weiterleitung der Einlage durch die Komplementär-GmbH an die KG als Darlehen keine verbotene Rückzahlung.[314] Die Treuepflicht des Kommanditisten kann trotz satzungsmäßigen Mindestentnahmerechts in der Krise der Gesellschaft einen Verzicht auf die Entnahme gebieten.[315] Freiwillige Zahlungen der Kommanditisten zur Abwendung einer Krise der KG vor einer Haftungsinanspruchnahme sind ein nach § 110 HGB zu erstattendes Sonderopfer.[316]

5. Umgehung der Kapitalaufbringungs- und -erhaltungsvorschriften durch ausländische („europäische") Kapitalgesellschaften?

a) Niederlassungsfreiheit

188 Nach dem „Inspire Art"-Urteil des EuGH[317] besteht **Niederlassungsfreiheit** für (EU-) ausländische Kapitalgesellschaften im Inland, auch wenn im Heimatland keine mit dem deutschen Recht vergleichbaren

---

308 OLG Brandenburg, ZIP 2006, 1864.
309 BGBl. 2004 I, S. 3213 ff.
310 Altmeppen, DB 2002, 514 ff.; Pentz, GmbHR 2002, 632 ff.; zur „böslichen Verhaltensweise" Krämer, GmbHR 2004, 538 ff.
311 OLG Jena, ZIP 2005, 2218.
312 OLG Karlsruhe, EWiR 1998, 571.
313 OLG Celle, GmbHR 2003, 901; anders LG Kassel, EWiR 2002, 435: nur, wenn die Gesellschafter beider Gesellschaften identisch sind.
314 OLG Köln, GmbHR 2002, 968.
315 OLG Karlsruhe, GmbHR 2003, 1359; Wachter, GmbHR 2004, 1249 ff.
316 BGH, ZIP 2005, 1552.
317 NJW 2003, 3331.

Kapitalaufbringungs- und -erhaltungserfordernisse bestehen. Dieses Urteil hat zu reger Diskussion in der Lit. geführt, ob nun mit ausländischen Kapitalgesellschaften die im deutschen Recht verankerten Vorschriften über die Kapitalaufbringung und -erhaltung leerlaufen.[318]

b) Persönliche Haftungsgefahren für Gesellschafter/Geschäftsführer

Wesentlicher Gegenstand der Diskussion in der Lit. ist die Frage, ob und ggf. unter welchen Umständen und in welchem Ausmaß die Gesellschafter oder die anderen für die anderen Handelnden/Geschäftsführer solcher nach ausländischem Recht gegründeter, im Inland tätiger haftungsbeschränkter Gesellschaften für deren Verbindlichkeiten persönlich in Anspruch genommen werden können oder ob und ggf. wie wenigstens Insolvenzschutz gewährt werden kann.[319] Grds. gilt zunächst, dass sich die persönliche Haftung der Gesellschafter nach dem Recht des Gründungsstaats richtet, wenn die Gesellschaft jedenfalls auch in dem Gründungsstaat Aktivitäten entfaltet.[320] Auch die Haftung eines Geschäftsführers einer Limited mit Tätigkeit und Verwaltungssitz nur in Deutschland richtet sich nach dem am Ort der Gründung geltenden Recht. Der Rückgriff auf § 11 Abs. 2 GmbHG wäre mit der Niederlassungsfreiheit nach Art. 43, 48 EG unvereinbar.[321] Eine Handelnden- oder Durchgriffshaftung wegen Unterkapitalisierung nach deutschem Recht kommt nicht in Betracht, da die bewusste Ausnutzung unterschiedlicher Rechtssysteme für sich genommen noch kein Rechtsmissbrauch ist.[322]

189

Denkbar ist aber, dass eine **Haftung der Handelnden bzw. der Gesellschafter nach § 826 BGB** ins Blickfeld kommt, wenn sich die Benutzung der ausländischen haftungsbeschränkten Rechtsform als Spekulation auf Kosten der (inländischen) Gläubiger herausstellt.[323]

190

Bemerkenswert ist in diesem Zusammenhang eine Entscheidung des LG Kiel.[324] Das LG Kiel hat entgegen dem AG Bad Segeberg[325] entschieden, dass der Director einer englischen Limited, deren einzige Betriebsstätte in Deutschland liegt, persönlich bei der Verletzung der Insolvenzantragspflicht nach deutschem Recht entsprechend § 64 Abs. 1 GmbHG haftet. Diese Vorschrift sei dem Insolvenzrecht zuzuordnen. Ihre Anwendung auf Auslandsgesellschaften stellt keine Beeinträchtigung der Niederlassungsfreiheit dar.[326]

191

6. Unterkapitalisierung, Durchgriffshaftung, existenzvernichtender Eingriff

Der Wunsch der Gläubiger, den Gesellschafter der GmbH für Verbindlichkeiten der Gesellschaft **persönlich in Anspruch zu nehmen**, ist so alt wie die Rechtsform selbst. Es sind folgende Haftungskonstellationen denkbar:

192

a) Unterkapitalisierung

Materielle Unterkapitalisierung liegt vor, wenn das Eigenkapital der Gesellschaft für den Kapitalbedarf (nach Abzug der Kredite Dritter) nach Art und Umfang des Geschäftsbetriebes nicht ausreicht. Es besteht

193

---

318 Altmeppen, NJW 2004, 97 ff.; Horn, NJW 2004, 893 ff.; Happ/Holler, DStR 2004, 730 ff.; Sandrock, BB 2004, 897 ff.; Westhoff, ZInsO 2004, 289 ff.; Kallmeyer, GmbHR 2004, 377 ff.; v. Busekist, GmbHR 2004, 650 ff.: Möglichkeiten und Gestaltungen in gesellschafts- und steuerrechtlicher Sicht; Recq/Hoffmann, GmbHR 2004, 1070 ff.; zur französischen S.A.R.L siehe auch BGH, NJW 2004, 3039; Goette, DStR 2005, 197 ff.; Müller, BB 2006, 837 ff.; Westhoff, GmbHR 2006, 525 ff.; Niemeier, ZIP 2006, 2237 ff.; Römermann, NJW 2006, 2065 ff.
319 Borges, ZIP 2004, 733 ff.; Lanzius, ZInsO 2004, 296 ff.; Ulmer, NJW 2004, 1201 ff.; Fischer, ZIP 2004, 1477 ff.; Paefgen, ZIP 2004, 2253 ff.; Burg, GmbHR 2004, 1379 ff.; Schall, ZIP 2005, 965 ff.; Wachter, DStR 2005, 1817 ff.; Eisner, ZInsO 2005, 20 ff.; Schröder/Schneider, GmbHR 2005, 1288 ff.; Goette, ZIP 2006, 541 ff.
320 BGH, GmbHR 2004, 1225 für eine amerikanische Inc.
321 BGH, ZIP 2005, 805 = DStR 2005, 839; dazu auch Paefgen, GmbHR 2005, 957 ff.
322 OLG Hamm, NZG 2006, 826.
323 In diese Richtung scheint mir BGH, BB 2004, 2432 zu gehen.
324 ZIP 2006, 1248 = BB 2006, 1468.
325 ZIP 2005, 812.
326 Siehe dazu Wachter, BB 2006, 1436 ff.; J. Schmidt, ZInsO 2006, 737 ff.; v. Hase, BB 2006, 2141 ff.; Röhricht, ZIP 2005, 505 ff.; Hirte/Mock, ZIP 2005, 474 ff.

jedoch **kein generelles Unterkapitalisierungsverbot**. Folglich gibt es keine allgemeine Durchgriffshaftung allein wegen Unterkapitalisierung.[327]

b) Deliktische Verschuldenshaftung nach § 826 BGB

194 In Betracht kommt aber eine **Verschuldenshaftung aus § 826 BGB**, wenn etwa ein Missbrauch einer beschränkt haftenden Gesellschaft (z.B. GmbH) durch einen Konzern für ein bestimmtes, riskantes und kapitalintensives Projekt vorliegt, so dass sich die Durchführung von vornherein als „Spekulation auf Kosten der Gläubiger" darstellt. Ebenso kann die vorsätzliche Verursachung der Insolvenz der Gesellschaft durch einen Gesellschafter eine Haftung nach § 826 BGB begründen. Auch können Vermögensverlagerungen die Haftung des Gesellschafters nach § 826 BGB gegenüber Gläubigern der Gesellschaft begründen. Der Gesellschafter einer GmbH und eine von ihm beherrschte Schwestergesellschaft der GmbH haften den Gesellschaftsgläubigern jedenfalls nach § 826 BGB auf Schadensersatz, wenn sie der GmbH planmäßig deren Vermögen entziehen und es auf die Schwestergesellschaft verlagern, um den Zugriff der Gesellschaftsgläubiger zu verhindern und auf diese Weise das von der Gesellschaft betriebene Unternehmen ohne Rücksicht auf die entstandenen Schulden fortführen zu können. Dies gilt auch dann, wenn die GmbH zum Zeitpunkt der schädigenden Handlungen schon überschuldet ist, diese Überschuldung aber noch vertieft wird mit der Folge, dass die Gläubiger schlechter dastehen als ohne die schädigenden Handlungen.[328]

c) Existenzvernichtender Eingriff

aa) Tatbestand

195 Mit dem Urteil zum „Bremer Vulkan"[329] hat der BGH die Rspr. zum qualifiziert faktischen Konzern aufgegeben und entschieden, dass sich die Haftung des Gesellschafters nach den **Kapitalerhaltungsregelungen des GmbH-Gesetzes** richtet. Die GmbH darf nicht durch Eingriffe des Gesellschafters außer Stande gesetzt werden, ihre Verbindlichkeiten zu bedienen. Diese Rspr. hat der BGH im Folgenden fortgeführt und den existenzvernichtenden Eingriff weiter präzisiert[330]: „Die Respektierung der Zweckbindung des Gesellschaftsvermögens zur vorrangigen Befriedigung der Gesellschaftsgläubiger während der Lebensdauer der GmbH ist unabdingbare Voraussetzung für die Inanspruchnahme des Haftungsprivilegs des § 13 Abs. 2 GmbHG. Zugriffe der Gesellschafter auf das Gesellschaftsvermögen, welche die aufgrund dieser Zweckbindung gebotene angemessene Rücksichtnahme auf die Erhaltung der Fähigkeit der Gesellschaft zur Bedienung ihrer Verbindlichkeiten in einem ins Gewicht fallenden Maße vermissen lassen, stellen deshalb einen Missbrauch der Rechtsform der GmbH dar, der zum Verlust des Haftungsprivilegs führt, soweit nicht der der GmbH durch den Eingriff insgesamt zugefügte Nachteil bereits nach den §§ 30, 31 GmbHG ausgeglichen werden kann." Der **existenzvernichtende Eingriff** ist also wie folgt **definiert**: Fehlende Rücksichtnahme des Gesellschafters auf die Zweckbindung des Gesellschaftsvermögens und Entzug der Mittel, die die Gesellschaft zur Erfüllung ihrer Verbindlichkeiten benötigt.[331]

Probleme im Hinblick auf die **Existenzvernichtungshaftung** (und die Kapitalerhaltungsregelungen) können sich beim MBO ergeben, wenn das Vermögen der erworbenen Gesellschaft als Sicherheit für die Finanzierung des Anteilskaufs gegeben wird.[332]

196 **Kein existenzvernichtender Eingriff** ist ein Managementfehler des Gesellschafter-Geschäftsführers, da die Durchgriffshaftung wegen existenzvernichtenden Eingriffs einen betriebsfremden Zwecken dienenden Eingriff voraussetzt.[333] Auch ist für die Haftung gegenüber sämtlichen GmbH-Gläubigern ein Eingriff

---

327 BAG, ZIP 1999, 878.
328 BGH, ZIP 2004, 2138 = DStR 2004, 2065; Hölzle, ZIP 2004, 1729 ff.; Kiethe, NZG 2005, 333 ff.
329 BGH, ZIP 2001, 1874.
330 BGH, ZIP 2002, 848.
331 BGH, ZIP 2005, 117 = DStR 2005, 162.
332 Siehe Weitnauer, ZIP 2005, 790 ff.; Schulz/Israel, NZG 2005, 329 ff.
333 BGH, ZIP 2005, 250; siehe auch Wackerbarth, ZIP 2005, 877 ff.

in den Haftungsfonds der Gesellschaft allgemein Voraussetzung, der Entzug von Sicherungsgut eines einzelnen Gläubigers genügt dafür nicht.[334]

bb) Betroffener Personenkreis

In die Haftung wegen existenzvernichtenden Eingriffs kommt in erster Linie der den Eingriff **ausführende Gesellschafter**. Für die Mithaftung der Gesellschafter im Rahmen der Ausfallhaftung wegen existenzvernichtenden Eingriffs in die GmbH ist nicht erforderlich, dass der mithaftende Gesellschafter selbst Leistungen empfangen hat; es reicht, dass er durch sein Einverständnis an dem existenzvernichtenden Eingriff mitgewirkt hat.[335] Die Haftung (hier wegen Vermögensvermischung) trifft als **Verhaltenshaftung** den Gesellschafter, der wegen seines wahrgenommenen Einflusses als Allein- oder Mehrheitsgesellschafter auf die GmbH für die Vermögensvermischung verantwortlich ist; die Haftung ist keine Zustandshaftung für andere, nicht beteiligte Gesellschafter.[336]

197

Die Durchgriffshaftung aus existenzvernichtendem Eingriff trifft auch den **mittelbaren faktischen Gesellschafter**, der ihm zustehende Weisungsrechte zum Nachteil der Gesellschaft ausübt,[337] und denjenigen, der zwar nicht Gesellschafter ist, jedoch an einer Gesellschaft beteiligt ist, die ihrerseits Gesellschafterin der GmbH ist, wenn er einen beherrschenden Einfluss auf die Gesellschafterin ausüben kann.[338]

cc) Rechtsfolge

Rechtsfolge des existenzvernichtenden Eingriffs ist die **unmittelbare Haftung des Gesellschafters** für Verbindlichkeiten der Gesellschaft gegenüber den Gesellschaftsgläubigern, soweit die der Gesellschaft durch den existenzvernichtenden Eingriff zugefügten Nachteile nicht nach den Regelungen der §§ 30 f. GmbHG ausgeglichen werden können.[339]

198

Beispiel:

A ist Alleingesellschafter der A GmbH, deren Stammkapital 50.000 € beträgt. Zu einem Zeitpunkt, da sich Verbindlichkeiten und Vermögen der GmbH gerade decken, entzieht A der GmbH liquide Mittel i.H.v. 150.000 €, so dass die GmbH nicht mehr in der Lage ist, die fälligen Verbindlichkeiten des Gläubigers G i.H.v. 80.000 € zu bezahlen.

Ergebnis: Nach § 31 Abs. 1 GmbHG kann die GmbH bzw. G von A Zahlung eines Betrags i.H.v. 50.000 € an die GmbH fordern, da insoweit verbotene Stammkapitalauszahlung vorliegt und der Betrag zur Befriedigung des G erforderlich ist.

Nach den Grundsätzen über den existenzvernichtenden Eingriff kann G von A darüber hinaus Zahlung i.H.v. 30.000 € wegen existenzvernichtenden Eingriffs verlangen, denn der Liquiditätsentzug durch A hat die Insolvenzsituation der A GmbH (Zahlungsunfähigkeit) herbeigeführt.

Anmerkung: In einem eröffneten Insolvenzverfahren über das Vermögen der A GmbH würden beide Ansprüche durch den Insolvenzverwalter geltend zu machen sein.

Der Gesellschafter hat das Recht, seine Inanspruchnahme durch den **Vergleich der Vermögenslage** der Gesellschaft mit derjenigen, die sich bei redlichem Verhalten ergeben hätte, zu begrenzen.[340]

199

---

334 BGH, ZIP 2005, 250.
335 BGH, ZIP 2002, 848; zur Rspr. zum existenzvernichtenden Eingriff: Keßler, GmbHR, 2002, 945 ff.; Altmeppen, ZIP 2002, 1553 ff.; Drygala, GmbHR 2003, 729 ff.; Bruns, WM 2003, 815 ff.; Freitag, WM 2003, 805 ff.; Nassall, ZIP 2003, 969 ff.; Benecke, BB 2003, 1190 ff.; Wilhelm, NJW 2003, 175 ff.; Diem, ZIP 2003, 1283 ff.; Hölzle, ZIP 2003, 1376 ff.; Mansdörfer/Timmerbeil, WM 2004, 362 ff.; Wahl, GmbHR 2004, 994 ff.; Hölzle, ZIP 2004, 1729 ff.; Dauner-Lieb, DStR 2006, 2034 ff.
336 BGH, ZIP 2006, 467 = ZInsO 2006, 328.
337 OLG Rostock, ZIP 2004, 118.
338 BGH, ZIP 2005, 117.
339 BGH, DStR 2005, 162 = ZIP 2005, 117 m. Anm. Altmeppen.
340 BGH, DStR 2005, 162 = ZIP 2005, 117 m. Anm. Altmeppen.

200 **Außerhalb des Insolvenzverfahrens** hat der Gläubiger wegen existenzvernichtenden Eingriffs durch den Gesellschafter einen unmittelbaren Anspruch gegen die an den Eingriffen mitwirkenden Gesellschafter.[341]

Im eröffneten Insolvenzverfahren gilt § 93 InsO analog; der Anspruch ist durch den Insolvenzverwalter geltend zu machen.[342]

Entzieht der Gesellschafter der GmbH im Wege eines existenzvernichtenden Eingriffs Mittel, die die GmbH zur Befriedigung ihrer Gläubiger benötigt, so kann darin auch eine Untreue i.S.d. § 266 StGB liegen[343] mit der Folge einer Schadensersatzhaftung nach § 823 Abs. 2 BGB.

dd) Darlegungs- und Beweislast

201 Gläubiger, die regelmäßig keinen näheren Einblick in die gesellschaftsinternen Vorgänge haben, genügen ihrer Darlegungs- und Beweislast zur Begründung eines Anspruchs wegen existenzvernichtenden Eingriffs, wenn sie lediglich **hinreichende Anhaltspunkte** vortragen; es obliegt dann den Gesellschaftern, diese Anhaltspunkte durch substanziierten Vortrag auszuräumen.[344] Anderer Auffassung ist das OLG München[345]: Es ist **konkreter Vortrag des Anspruchstellers** erforderlich, durch welche Rechtsgeschäfte oder Maßnahmen der GmbH der existenzvernichtende Eingriff zugefügt wurde.

ee) Steuerrechtliche Behandlung

202 **Steuerlich** wird die Durchgriffshaftung wie folgt berücksichtigt: Wird der Gesellschafter einer vermögenslosen GmbH für deren Verbindlichkeiten im Wege des Durchgriffs in Anspruch genommen, so sind die Verbindlichkeiten in seinem Einzelunternehmen gewinnmindernd zu passivieren, wenn seine zum Ersatz verpflichtende Handlung die Betriebseinnahmen erhöht hatte.[346]

d) Durchgriffshaftung wegen Vermögensvermischung

203 Eine Durchgriffshaftung des Alleingesellschafter-Geschäftsführers kommt auch wegen **Vermögensvermischung** in Betracht, wenn durch diese die Beachtung der Kapitalerhaltungsvorschriften des GmbH-Gesetzes unkontrollierbar wird.[347] Die Haftung wegen Vermögensvermischung trifft als **Verhaltenshaftung** den **Gesellschafter**, der wegen seines wahrgenommenen Einflusses als Allein- oder Mehrheitsgesellschafter auf die GmbH für die Vermögensvermischung verantwortlich ist; die Haftung ist **keine Zustandshaftung** für andere, nicht beteiligte Gesellschafter.[348]

Im Übrigen siehe zu Rechtsfolgen etc. oben Rn. 198 ff.

7. Eigenkapitalersatzhaftung[349]

a) Gesetzliche Regelung und Rechtsprechungsregeln

204 Das Eigenkapitalersatzrecht ist geprägt vom Nebeneinander der gesetzlichen Regelungen u.a. in §§ 32a und 32b GmbHG (sog. **Novellenregelungen**) und den aus den §§ 30 und 31 GmbHG entwickelten sog. **Rechtsprechungsregeln**.

---

341 BGH, ZIP 2002, 1578; LAG Köln, ZIP 2003, 1893.
342 LAG Köln, ZIP 2003, 1893; bestätigt BAG, ZIP 2005, 1174 = NJW 2005, 2172; OLG Celle, EWiR 2002, 109; BGH, DStR 2005, 1743.
343 BGH, NZI 2004, 681; zu den strafrechtlichen Aspekten siehe auch Fleischer, NJW 2004, 2867 ff.; Vetter, ZIP 2003, 601 ff.; Mülbert, DStR 2001, 1937 ff.
344 LAG Köln, ZIP 2003, 1893.
345 ZIP 2006, 564.
346 BFH, BB 2003, 1670; dazu Weber-Grellet, NZG 2003, 808 ff.
347 OLG Jena, ZIP 2002, 631; GmbHR 2002, 112; OLG Celle, EWiR 2002, 109.
348 BGH, ZIP 2006, 467 = ZInsO 2006, 328.
349 Siehe auch Uhländer, BB 2005, 70 ff.

§ 32a Abs. 1 GmbHG lautet:

Hat ein Gesellschafter der Gesellschaft in einem Zeitpunkt, in dem ihr die Gesellschafter als ordentliche Kaufleute Eigenkapital zugeführt hätten (Krise der Gesellschaft), stattdessen ein Darlehen gewährt, so kann er den Anspruch auf Rückgewähr des Darlehens im Insolvenzverfahren über das Vermögen der Gesellschaft nur als nachrangiger Insolvenzgläubiger geltend machen.

Die in der Rspr. und Lit. bis zum In-Kraft-Treten der §§ 32a und 32b GmbHG entwickelten Grundsätze zur Behandlung **eigenkapitalersetzender Darlehen** sind vom Gesetzgeber im Rahmen der GmbH-Novelle 1980 nicht vollständig übernommen worden. Daher sind sowohl die Grundsätze der Rspr. als auch die Gesetzeslage nach §§ 32a und 32b GmbHG zu beachten.[350] § 32a GmbHG erfasst das eigenkapitalersetzende Darlehen in voller Höhe und nicht nur soweit die Überschuldung reicht. Die Anwendung des § 32a GmbHG ist an die Eröffnung des Insolvenzverfahrens gebunden. Die Regeln der Rspr. beruhen auf einer entsprechenden Anwendung der §§ 30 und 31 GmbHG und erfassen das eigenkapitalersetzende Darlehen nur, soweit es verlorenes Stammkapital oder eine Überschuldung abdeckt. Somit bilden die gesetzlichen Regelungen in §§ 32a und 32b GmbHG und die Rspr.-Regeln ein **zweistufiges Schutzsystem**: Der Betrag bis zur Höhe der Stammkapitalziffer wird von den Rspr.-Regelungen erfasst, der darüber hinausgehende Betrag von den §§ 32a und 32b GmbHG.

Beispiel:

Bilanzbild einer GmbH

Aktiva		Passiva	
	(€)		(€)
Vermögen	1.000	Stammkapital	100
		Gesellschafterdarlehen	500
Fehlbetrag	300	Verbindlichkeiten	700
	1.300		1.300

Von dem Gesellschafterdarlehen begründen 200 die Überschuldung und 100 die Deckung des Stammkapitals. Diese Beträge unterfallen den Rspr.-Regeln. Weitere 200 würden in einer Insolvenz der GmbH § 32a GmbHG direkt **unterfallen**.

b) Rechtsfolgen des Eigenkapitalersatzes

Die Rechtsfolgen der Kapitalersatzhaftung sind streng und können für den Gesellschafter ruinös sein. In der Insolvenz der Gesellschaft kann er seine eigenkapitalersetzenden Forderungen nur als letzter nachrangiger Gläubiger geltend machen (§ 39 Abs. 1 Nr. 5 InsO), so dass er eine Befriedigungsquote regelmäßig nicht erhält. Darüber hinaus – und hierin liegt häufig die schmerzlichere Folge des Eigenkapitalersatzes – ist der Gesellschafter verpflichtet, die in der Krise der GmbH noch erhaltenen Befriedigungen oder Befreiungen von Sicherheiten für einen Zeitraum jedenfalls von einem Jahr vor dem Insolvenzantrag (§ 135 InsO) an die Gesellschaft bzw. den Insolvenzverwalter zurück zu gewähren. Der Grund hierfür ist, dass nach den Rspr.-Regeln **Eigenkapitalersatz wie Stammkapital** zu behandeln ist und folglich Leistungen auf den Eigenkapitalersatz verbotene Rückzahlung von Stammkapital sind. Hat der Gesellschafter bspw. für in eigenkapitalersetzender Weise zur Nutzung überlassenes Betriebsvermögen die Pacht noch vereinnahmt, ist er zu deren Rückzahlung verpflichtet; hat die Gesellschaft ein Darlehen (teilweise) getilgt, für welches der Gesellschafter in eigenkapitalersetzender Weise gebürgt hatte, so hat der Gesellschafter die insoweitige Befreiung von der Bürgschaft wieder herauszugeben, wird also vom Insolvenzverwalter aus der Bürgschaft in Anspruch genommen.

Im Ergebnis wird ein eigenkapitalersetzendes Darlehen also wie **unmittelbar haftendes Eigenkapital** behandelt.

---

350 BGHZ 90, 370.

Die Durchsetzungssperre nach §§ 30, 31 GmbHG für eigenkapitalersetzende Darlehen endet erst, wenn das Stammkapital nachhaltig wiederhergestellt ist, d.h. die Darlehenstilgung aus freiem, die Stammkapitalziffer übersteigendem Vermögen erfolgen kann.[351] Die Nachhaltigkeit erfordert eine **positive Fortführungsprognose** und die hinreichende Sicherheit, dass die GmbH aus eigenen Kräften überleben kann.[352] Bei einer Leistung auf Eigenkapitalersatz im letzten Jahr vor Insolvenzantragstellung ist dem Gesellschafter der Nachweis der nachhaltigen Wiederherstellung des Stammkapitals und damit des Endes der Durchsetzungssperre grds. abgeschnitten; es wird der Eigenkapitalersatzcharakter zum Stichtag unwiderleglich vermutet.[353]

c) Voraussetzungen: Wirksamkeit der Gesellschafterleistung, Krise der Gesellschaft, Beweiserleichterung

206 Erforderlich für die Haftung aus Eigenkapitalersatz ist die **Wirksamkeit der Gesellschafterleistung**. Daran fehlt es z. B., wenn das Kreditgeschäft als Verbraucherkredit unwirksam ist.[354]

207 Eine Krise in der Gesellschaft im Sinne des Eigenkapitalersatzrechts liegt vor bei Insolvenzreife oder Kredit- bzw. Überlassungsunwürdigkeit der Gesellschaft. Insolvenzreife einerseits und Kredit- bzw. Überlassungsunwürdigkeit andererseits sind eigenständige, voneinander unabhängige Tatbestände der Krise im Sinne des Eigenkapitalersatzrechts.[355]

208 **Kreditunwürdigkeit** ist gegeben, wenn die Gesellschaft ihren Kapitalbedarf nicht mehr ohne die Hilfe des Gesellschafters decken kann[356] bzw. wenn ein **verständiger Dritter/Markt keinen Kredit mehr gewährt**.[357] Dabei ist auch eine seit längerem bestehende rechnerische Überschuldung zu berücksichtigen.[358] Stille Reserven sprechen gegen die Kreditunwürdigkeit, wenn ein Darlehensgeber sie als Sicherheiten akzeptiert hätte.[359] Stille Reserven in Form von immateriellen Vermögenswerten (hier: Marktzugang und Kundenkontakte) sind nur geeignet die bestehende Kreditunwürdigkeit einer GmbH auszuräumen, wenn ein Dritter mit Blick auf solche immateriellen Vermögenswerte bereit ist, der Gesellschaft weiteren Kredit zu marktüblichen Bedingungen zur Verfügung zu stellen.[360]

209 **Indizien für Kreditunwürdigkeit** sind:

- fällige Verbindlichkeiten in erheblicher Höhe werden nicht beglichen (insb. Löhne, Sozialversicherungsbeiträge, Steuern),
- zeitliche Nähe zu einem Insolvenzantrag,
- hohe Überschuldung bei Insolvenzeröffnung,
- Verlust der Hälfte des Stammkapitals,
- Verweigerung weiterer Kredite durch die Hausbank.

210 Die Krise hat die Gesellschaft bzw. der Insolvenzverwalter **darzulegen** und **zu beweisen**. Für den Insolvenzverwalter greifen gewisse Beweiserleichterungen. Bei Darlegung der Überschuldung durch den Insolvenzverwalter muss der Gesellschafter die positive Prognose und die Maßnahmen zur Beseitigung

---

351 BGH, ZIP 2005, 2016.
352 OLG München, BB 2006, 573.
353 BGH, ZIP 2006, 466.
354 BGH, BB 2000, 1909; dazu Scholz, BB 2001, 2541 ff. Auf die Mithaftungsübernahme durch den Gesellschafter (auch wenn es der geschäftsführende Alleingesellschafter ist) sind die Regelungen des Verbraucherkreditgesetzes entsprechend anzuwenden, BGHZ 165, 43 = ZIP 2006, 68.
355 BGH, ZIP 2006, 996 = DStR 2006, 1144.
356 BGH, NJW 1996, 720.
357 BGH, ZIP 1997, 1648.
358 BGH, DStR 2004, 1053 = GmbHR 2004, 898.
359 BGH, ZIP 2001, 839.
360 OLG München, ZInsO 2006, 658.

der Überschuldung darlegen.³⁶¹ Ein Negativbeweis des Insolvenzverwalters ist nur bei substanziiertem Vortrag des Gesellschafters erforderlich.³⁶² Ein endgültiges Scheitern von Sanierungsverhandlungen ist Anschein für eine Krise.³⁶³

Der Gesellschafter muss beweisen, dass er ausnahmsweise von der zur Anwendung der Eigenkapitalersatzregeln führenden Krise der Gesellschaft keine Kenntnis hatte.³⁶⁴

Jedoch genügt eine Unterbilanz allein zur Annahme einer Krise im kapitalersatzrechtlichen Sinne nicht, wenn **Anhaltspunkte für das Vorhandensein stiller Reserven** vorliegen; dann bleibt die Darlegungs- und Beweislast beim Insolvenzverwalter.³⁶⁵ Auch genügt die Vorlage einer Handelsbilanz, die ein negatives Ergebnis ausweist, allein nicht. Vielmehr bedarf es für den Nachweis bzw. die Feststellung der Umqualifizierung einer Gesellschafterleistung in Eigenkapitalersatz einer **Überschuldungsbilanz**, die die aktuellen Verkehrs- oder Liquidationswerte ausweist³⁶⁶ und stille Reserven aufdeckt, oder der Darlegung, dass stille Reserven oder sonstige aus der Handelsbilanz nicht ersichtliche Vermögenswerte nicht vorhanden sind.³⁶⁷ Der Jahresabschluss kann hierfür erstes Indiz sein.³⁶⁸

d) Gesellschafterstellung des Darlehensgebers, gleichgestellte Dritte

Der Darlehensgeber muss **Gesellschafter** sein. Hierzu gehört auch der **stille Gesellschafter**, wenn er am Vermögen und Ertrag beteiligt ist und die Geschicke der GmbH mitbestimmt³⁶⁹ bzw. die Möglichkeit der Einflussnahme auf die interne Willensbildung hat.³⁷⁰ Als Darlehensgeber ist auch ein **„vorgeschobener" Dritter** anzusehen, der intern vom Gesellschafter freigestellt wird.³⁷¹ Ebenfalls gleichgestellt wird ein mit dem Gesellschafter der kreditnehmenden GmbH **verbundenes Unternehmen**, an dem der Gesellschafter maßgeblich beteiligt ist.³⁷²

211

> *Beispiel:*
> *A und B sind Gesellschafter der AB GmbH und zusammen mit C zugleich zu je einem Drittel Kommanditisten der ABC GmbH & Co. KG und ebenfalls zu je einem Drittel Gesellschafter der Komplementär-GmbH der KG. Die ABC GmbH & Co. KG gewährt der AB GmbH in der Krise ein Darlehen. Dieses ist als Eigenkapitalersatz zu qualifizieren.*

Auch der **mittelbare Gesellschafter**, der bei wirtschaftlicher Betrachtungsweise über eine Zwischenholding verbunden ist, wird in den Kreis der Kapitalersatzgeber einbezogen. Die Anwendbarkeit des Eigenkapitalersatzrechts kann nicht durch Einschaltung einer Zwischenholding umgangen werden. Gibt der mittelbar beteiligte Gesellschafter einen Kredit, kommt es nicht darauf an, ob es sich um eine maßgebliche Beteiligung handelt.³⁷³

Die **Sparkasse** würde als Gesellschafter i.S.d. Eigenkapitalersatzrechts angesehen mit der Folge, dass das von ihr gewährte Darlehen Eigenkapitalersatz ist, wenn der Landkreis (der als Gewährträger beherr-

212

---

361 BGH, ZIP 1998, 243.
362 BGH, ZIP 1998, 243.
363 OLG Düsseldorf, ZIP 2001, 2278.
364 BGH, ZIP 1998, 1352.
365 BGH, ZIP 1999, 1524.
366 BGH, ZIP 2001, 242.
367 BGH, ZIP 2001, 242 und erneut ZIP 2005, 807 = DStR 2005, 1150.
368 OLG Karlsruhe, DStR 2000, 1529.
369 BGH, NJW 1989, 982.
370 OLG Hamm, NJW-RR 2001, 247.
371 BGH, ZIP 2000, 1489 = BB 2000, 1750.
372 BGH, ZIP 2001, 115.
373 LG Hamburg, GmbHR 2005, 880; ebenso OLG Hamburg, ZInsO 2006, 41 = ZIP 2006, 129; dazu Neumeister, ZInsO 2006, 134 f.

schenden Einfluss auf die Geschäftstätigkeit der Sparkasse hat) an der von der Sparkasse kreditierten, kreditunwürdigen GmbH beteiligt ist (im entschiedenen Fall mit 20 %).[374]

213 **Familienangehörige**, insb. Ehegatten oder Kinder des Gesellschafters werden gleichgestellt, wenn das Darlehen nicht aus eigenem Vermögen stammt, sondern aus Mitteln des Gesellschafters; ein verwandtschaftliches Näheverhältnis des Darlehensgebers (z.B. Ehefrau des Gesellschafters) kann in Verbindung mit weiteren Indizien wie z.B. familiären Vermögensvermischungen einen Anscheinsbeweis dahingehend rechtfertigen, dass ein Darlehen an die Gesellschaft nur causa societatis gewährt wurde mit der Folge, dass es dem Gesellschafter zugerechnet und als kapitalersetzende Gesellschafterleistung angesehen werden kann.[375] Schließlich können Darlehensgeber mit weitreichenden Einflussmöglichkeiten auf die Willensbildung in der Gesellschaft einem Gesellschafter gleichgestellt werden.[376]

214 Auch der **ausgeschiedene Gesellschafter** bleibt mit seiner Leistung verhaftet, wenn die Umqualifizierung seiner Leistung an die Gesellschaft als Kapitalersatz vor seinem Ausscheiden aus der Gesellschaft bereits erfolgt war.[377]

e) Gewähren oder Stehenlassen eines Darlehens bei Eintritt der Krise

215 Ein kurzfristiger Überbrückungskredit kann ausnahmsweise dann nicht als funktionales Eigenkapital anzusehen sein, wenn seine Laufzeit (und die Rückgewährung) die Drei-Wochen-Frist des § 63 Abs. 1 GmbHG nicht überschreitet.[378] Mehrere solcher kurzfristiger Überbrückungskredite sind als Eigenkapitalersatz anzusehen.[379] Die laufende Vorfinanzierung von Lieferantenforderungen durch einen Gesellschafter ist nicht als kurzfristiger Überbrückungskredit, sondern – ähnlich einem Dispositionskredit – als kapitalersatzrechtlich relevante Gesellschafterfinanzierung anzusehen.[380]

216 Das Stehenlassen eines Darlehens, welches der Gesellschaft vor Eintritt der Krise gewährt worden war, führt bei Eintritt der Krise der Gesellschaft gleichermaßen zur **Umqualifizierung der Gesellschafterforderung in Kapitalersatz**.[381] Dafür ist keine bewusste Finanzierungsentscheidung erforderlich. Es reicht aus, dass der Gesellschafter die Krise hätte erkennen und somit reagieren können.[382] Dem Gesellschafter ist eine gewisse Reaktions- und Überlegungsfrist zuzugestehen.[383] Einzige Möglichkeit, die Umqualifizierung abzuwenden, ist die rechtzeitige, ggf. außerordentliche Kündigung des Darlehens und ggf. Auflösung der Gesellschaft. Es reicht zur Vermeidung der Umqualifizierung nicht, das Darlehen lediglich zu kündigen und zurückzufordern. Hinzukommen muss die zwangsweise Durchsetzung und, nach einer angemessenen Überlegungsfrist, die Einleitung der Liquidation der Gesellschaft.[384]

217 Der sog. **Finanzplankredit** ist keine eigenständige Kategorie i.S.d. Kapitalersatzrechts,[385] obwohl regelmäßig durch vertragliche Regelungen ausgeschlossen ist, dass der Gesellschafter sein Darlehen bei Eintritt der Krise abzieht oder die Gesellschaft kündigt.[386]

---

374 OLG Brandenburg, ZIP 2006, 184.
375 KG, GmbHR 2004, 1334.
376 Vgl. LG Erfurt, ZIP 2001, 1673; Fleischer, ZIP 1998, 313 ff.
377 OLG Frankfurt, GmbHR 2005, 930.
378 BGH, ZIP 2006, 2130 = BB 2006, 2547.
379 BGH a.a.O.
380 OLG Hamburg, ZIP 2006, 1950 = GmbHR 2006, 813.
381 BGH, ZIP 2001, 1366.
382 BGH, NJW 1995, 326.
383 OLG Köln, EWiR 2001, 533: drei Wochen für Erben eines Gesellschafter.
384 OLG Koblenz, ZInsO 2006, 946 = NZG 2006, 865.
385 BGH, NJW 1999, 2809; dazu K. Schmidt, ZIP 1999, 1241 ff.
386 Siehe auch Sieger/Aleth, GmbHR 2000, 462 ff.; zu sog. Milestone-Payments und Nachschusspflicht: Weisser, GmbHR 2004, 1370 ff.

f) Gewähren oder Stehenlassen eigenkapitalersetzender Sicherheiten

Die Eigenkapitalersatzregeln gelten nach § 32a Abs. 3 GmbHG auch für vom Gesellschafter **gewährte oder stehen gelassene**[387] **Sicherheiten**, etwa Bürgschaften,[388] auch wenn die Bürgschaft für Forderungen gegenüber mehreren Schuldnern gegeben wurde.[389] Durch die Verwertung revolvierender Kreditsicherheiten (z.B. sicherungsübereignetes Warenlager) darf der Gesellschafter, der für den Kredit in kapitalersetzender Weise bürgt, nicht befreit werden.[390]

218

> *Beispiel:*
>
> *Für einen Kredit von 1.000.000 € hat die GmbH der Bank (formularmäßig) das Warenlager sicherungsübereignet. Außerdem hat der Gesellschafter für den Kredit in voller Höhe gebürgt. Dem Insolvenzverwalter gelingt es, das Warenlager für 200.000 € zu verwerten, so dass er nach Abzug der Pauschalen nach § 171 InsO und der USt (§ 171 Abs. 2 Satz 3 InsO) einen Betrag i.H.v. 150.000 € an die Bank auskehrt. Wegen des Kapitalersatzcharakters der Bürgschaft wird der Gesellschafter trotz der Akzessorietät der Bürgschaft nicht anteilig von seiner Bürgenverpflichtung befreit, sondern hat dem Insolvenzverwalter den Betrag i.H.v. 150.000 € zurückzuerstatten.*[391]

Die Besicherung eines Kredits der GmbH durch Schuldbeitritt des Gesellschafters erhält jedenfalls dann eigenkapitalersetzenden Charakter, wenn der Gesellschafter seine Sicherheit in Kenntnis der eintretenden Krise der Gesellschaft stehen lässt.[392]

Als **Zeitpunkt** der Umqualifizierung ist das Scheitern der Sanierungsverhandlungen mit der Folge der negativen Prognose anzusehen.[393]

219

Einzige Möglichkeit, die Umqualifizierung in Eigenkapitalersatz abzuwenden, ist die Kündigung des Kausalverhältnisses für die Gewährung der Sicherheit und Freistellungsverlangen.[394]

Eigenkapitalersetzende Sicherheiten treffen auch den **Gläubiger**. Er muss zunächst beim Sicherheit gebenden Gesellschafter Befriedigung erstreben. Nur soweit er ausgefallen ist, kann er seinen Anspruch im Insolvenzverfahren der GmbH geltend machen (§ 32a Abs. 2 GmbHG). Dann stellt sich die Frage, ob seine Quote nach der ursprünglichen vollen oder nur nach der restlichen Forderung berechnet wird.[395]

220

g) Gewähren oder Stehenlassen eigenkapitalersetzender Nutzungsüberlassung

Die Kapitalersatzregeln gelten nach § 32a Abs. 3 Satz 1 GmbHG und st. Rspr. auch für in der Krise der Gesellschaft gewährte oder stehen gelassene Nutzungsüberlassungen **des Gesellschafters an die Gesellschaft**, etwa im Rahmen einer Betriebsaufspaltung. Eine Umqualifizierung der Gebrauchsüberlassung in Eigenkapitalersatz kommt nicht in Betracht, wenn der Gesellschafter (auch im Hinblick auf § 112 InsO) seine Leistung nicht abziehen kann und nach seinen Beteiligungsverhältnissen auch nicht in der Lage ist, gegen den Willen der anderen Gesellschafter einen Beschluss über die Liquidation der Gesellschaft herbeizuführen.[396]

221

---

387 LG Kiel, ZIP 2001, 978.
388 BGH, NJW 1996, 722.
389 OLG Celle, NJG 2002, 427.
390 BGH, ZIP 1998, 1437; OLG Düsseldorf, EWiR 1999, 175: Kontokorrentbürgschaft; K. Schmidt, ZIP 1999, 1821.
391 BGH, ZIP 1998, 1437.
392 OLG München, GmbHR 2006, 814.
393 OLG Düsseldorf, GmbHR 2002, 271.
394 OLG München, GmbHR 2006, 814.
395 K. Schmidt/Bitter, ZIP 2000, 1077 ff.: Quote auf volle Forderung.
396 OLG Hamm, EWiR 2002, 253.

Beispiel:

A und B sind zugleich Gesellschafter der Grundstücks GbR und Gesellschafter der AB GmbH. Die Grundstücks GbR hat der GmbH das Betriebsgebäude vermietet. In der Krise der GmbH wird die Überlassung des Grundstücks durch die GbR an die GmbH kapitalersetzend.

222 Die **Konsequenzen** der eigenkapitalersetzenden Nutzungsüberlassung sind noch nicht vollständig ausgeurteilt. Es ist davon auszugehen, dass das auf den Insolvenzverwalter übergehende Nutzungsrecht nicht über das vorherige Nutzungsrecht der Gesellschaft hinausgehen kann. Daher kann es für den Gesellschafter ratsam sein, das Nutzungsverhältnis noch vor Insolvenzeröffnung zu kündigen, damit er nicht der Kündigungssperre nach § 112 InsO unterfällt (siehe jedoch zugleich unten).

Folge der eigenkapitalersetzenden Nutzungsüberlassung ist die Verpflichtung des Gesellschafters, die Nutzung **kostenlos** (!) auch in der Krise bzw. der Insolvenz der Gesellschaft weiter zu gewähren. Der Insolvenzverwalter hat das Recht, den Gegenstand selbst zu nutzen oder weiter zu vermieten.[397] Der Eigenkapitalersatzcharakter der Nutzungsüberlassung erstreckt sich auch auf die **Nebenkosten**, wenn diese nach dem Vertrag der Gesellschafter zu tragen und sie im Folgenden der Gesellschaft gegenüber abzurechnen hatte.[398] In diesem Falle bleibt der Gesellschafter in der Insolvenz weiterhin verpflichtet, die Nebenkosten zu tragen; Erstattungsforderungen kann er im Insolvenzverfahren lediglich im letzten Nachrang nach § 39 Abs. 1 Nr. 5 InsO geltend machen.

223 Fraglich kann die **zeitliche Dauer** des Nutzungsrechts durch den Insolvenzverwalter sein. Grds. richtet sich das Nutzungsrecht des Insolvenzverwalters nach dem geschlossenen Vertrag.[399] Vereinbarungen, die die Gläubiger unangemessen benachteiligen (z.B. unüblich kurze vereinbarte Nutzungsdauer, Kündigungsrecht für den Insolvenzfall, unüblich kurze Kündigungsfrist) sind den Gläubigern gegenüber jedoch unwirksam, wenn sich ein fremder Dritter auf eine solche Vereinbarung vernünftigerweise nicht eingelassen hätte.[400]

Ob das unentgeltliche Nutzungsrecht des Insolvenzverwalters der nutzenden Gesellschaft in entsprechender Anwendung des § 110 Abs. 1 InsO erlischt, wenn über das Vermögen des Gesellschafters ebenfalls ein Insolvenzverfahren eröffnet wird, wurde von den Instanzgerichten bisher unterschiedlich entschieden. Nach dem LG Zwickau[401] erlischt das Nutzungsrecht des Insolvenzverwalters der nutzenden Gesellschaft nicht; genau entgegengesetzt, also Erlöschen des Nutzungsrechts bei zusätzlicher Insolvenz des Gesellschafters entsprechend § 110 Abs. 1 InsO, hat das LG Cottbus entschieden.[402]

Sollte der Gesellschafter die **Nutzungsmöglichkeit vereitelt** haben, so kann er sich **schadensersatzpflichtig** machen.[403] Jedoch hat der BGH[404] entschieden: Tritt ein außenstehender Dritter durch Erwerb des Grundstücks von einem Gesellschafter als Vermieter in den Mietvertrag ein, ist er nicht zur unentgeltlichen Überlassung verpflichtet, auch wenn der Verkäufer hierzu verpflichtet gewesen wäre. Der damit verbundene Verlust des Eigenkapitalersatzeinwandes ist nicht nach § 135 InsO anfechtbar.[405]

---

397 BGHZ 127, 110.
398 BGH, DStR 2000, 1401 = ZIP 2000, 1491.
399 BGHZ 127, 110.
400 BGHZ 127, 110.
401 ZIP 2005, 1151.
402 ZIP 2005, 1608; bestätigt durch OLG Brandenburg, ZIP 2006, 1582; dazu Rendels, ZIP 2006, 1273 ff.; Henkel, ZInsO 2006, 1013 ff.
403 OLG Dresden, EWiR 2002, 345; zur Veräußerung von im Kapitalersatzrecht unterliegenden Gegenständen siehe Fichtelmann, GmbHR 2004, 1310 ff.
404 ZIP 2006, 578 = ZInsO 2006, 322.
405 BGH, ZInsO 2006, 371; zur Veräußerung von dem Eigenkapitalersatzrecht unterliegenden Gegenständen siehe Fichtelmann, GmbHR 2004, 1310 ff.; zu Fallstricken für den Erwerber von Grundstücken, die dem Eigenkapitalrecht unterfallen siehe Küpper/Heinze ZInso 2006, 1310 ff.

Weitere Folge der Umqualifizierung der Nutzungsüberlassung in Eigenkapitalersatz ist die Verpflichtung 224
des Gesellschafters zur Rückzahlung der von der GmbH während der Krise noch vereinnahmten **Nutzungsentgelte**,[406] da insoweit nach den Rspr.-Regeln verbotene Rückzahlung von Stammkapital vorliegt. Die Rückzahlungspflicht bleibt auch bestehen, wenn die Zahlungen erst nach und für einen Zeitraum nach dem Ausscheiden des Gesellschafters erfolgt sind.[407]

Bei eigenkapitalersetzender Nutzungsüberlassung von Grundstücken entsteht in der Insolvenz der Gesellschaft regelmäßig der Problemfall der **Konkurrenz des Insolvenzverwalters über das Gesellschaftsvermögen** mit dem auf Betreiben des grundpfandrechtlich gesicherten Sicherungsgläubigers eingesetzten Zwangsverwalter des eigenkapitalersetzend nutzungsüberlassenen Grundstücks. Hier geht nach der **Rspr. des BGH** der **Zwangsverwalter** vor.[408] Die eigenkapitalersetzende Wirkung einer Gebrauchsüberlassung endet mit der Zwangsverwaltung.[409] Die Folgefrage der Haftung des Gesellschafters für dann der Insolvenzmasse entgangener Nutzung wurde vom BGH zunächst offen gelassen,[410] jedoch im Folgenden in zwei Urteilen[411] entschieden: Wird dem Insolvenzverwalter das Nutzungsrecht durch einen Grundpfandrechtsgläubiger, etwa im Wege der Beschlagnahme im Rahmen einer Zwangsverwaltung entzogen, hat der Gesellschafter den Wert der Nutzung zu ersetzen, wenn der Insolvenzverwalter andernfalls das Grundstück tatsächlich hätte nutzen können, etwa durch Untervermietung. Dasselbe gilt, wenn die Nutzungsgewährung an die GmbH durch ein vom Gesellschafter beherrschtes Unternehmen erfolgte.[412] 225

h) Eigenkapitalersetzende Dienstleistungen?

In der Lit werden auch **kapitalersetzende Dienstleistungen** diskutiert, woraus sich die Verpflichtung des 226
Gesellschafters zur kostenlosen Weitergewährung der Dienstleistungen, etwa Buchführungsarbeiten durch die Muttergesellschaft in der Krise der Gesellschaft oder Geschäftsführungsleistungen des Gesellschafter-Geschäftsführers sowie die Rückforderbarkeit von in der Krise noch vereinnahmten Entgelten, ergeben könnte.[413] Ich halte Dienstleistungen nicht für einlagefähige Güter.[414] Gerichtliche Entscheidungen über die Einlagefähigkeit und folglich über den Eigenkapitalersatzcharakter von Dienstleistungen sind, soweit ich es überblicke, noch nicht ergangen.

i) Kleingesellschafterprivileg

Nach dem durch das **Kapitalaufnahmeerleichterungsgesetz**[415] eingefügten § 32a Abs. 3 Satz 2 GmbHG 227
gelten die Regelungen über den Eigenkapitalersatz nicht für den nicht geschäftsführenden Gesellschafter, der nur mit höchstens 10 % am Stammkapital der Gesellschaft beteiligt ist. Das Kleingesellschafterprivileg gilt erst für Finanzierungshandlungen nach In-Kraft-Treten des 32a Abs. 3 Satz 2 GmbHG.[416]

j) Sanierungsprivileg

Nach dem durch das Gesetz zur Kontrolle und Transparenz im Unternehmensbereich[417] eingeführten 228
§ 32a Abs. 3 Satz 3 GmbHG kommen die Regelungen des Eigenkapitalersatzes für **bisherige** und **neu**

---

406 BGH, DStR 2001, 139.
407 OLG Düsseldorf, GmbHR 2003, 947.
408 BGH, ZIP 1999, 65.
409 BGH, ZIP 2000, 455; die OLG Düsseldorf, Köln und München hatten die Frage zuvor unterschiedlich entschieden.
410 Hierzu Jungmann, ZIP 1999, 601 ff.; Heublein, ZIP 1998, 1899 ff.
411 BGH, ZIP 2005, 484 = DStR 2005, 611 und NZI 2005, 347 und 350.
412 BGH, ZIP 2005, 660 = DStR 2005, 705; dazu auch Bork, NZG 2005, 495 f. und Mylich, GmbHR 2005, 1542 ff.
413 Treffer, GmbHR 2002, 22 ff.
414 A.A.: Molitor, ZInsO 2005, 856 ff.: Eigenkapitalersatzcharakter der Dienstleistungen des Gesellschafter-Geschäftsführers.
415 KapAEG, BGBl. 1998 I, S. 707 ff.
416 BGH, ZIP 2005, 1638.
417 KonTraG, BGBl. 1998 I, S. 786 ff.

gewährte Darlehen dann nicht zur Anwendung, wenn der Darlehensgeber in der Krise der Gesellschaft zum Zweck der Überwindung der Krise **Geschäftsanteile** erwirbt. Dabei befreit das Sanierungsprivileg des § 32a Abs. 3 Satz 3 GmbHG von der Anwendung des gesamten Kapitalersatzrechts, d.h. sowohl der Novellenregelungen als auch der Rspr.-Regeln.[418]

229 Für das Sanierungsprivileg sind noch nicht alle **Zweifelsfragen** entschieden. Vom Sanierungsprivileg des § 32a Abs. 3 Satz 3 GmbHG sind auch die der Darlehenshingabe im Kapitalersatzrecht gleichgestellten Rechtshandlungen, z.B. Bürgschaften umfasst.[419] Für das Sanierungsprivileg ist nicht erforderlich, dass zuerst die kapitalersetzende Rechtshandlung erfolgt und erst danach der Erwerb der Geschäftsanteile.[420] Die eigenkapitalersetzende Handlung muss im Zusammenhang mit dem Sanierungszweck stehen, der auch zum Erwerb der Geschäftsanteile geführt hat. Dabei ist zu vermuten, dass ein neu eintretender Sanierungsgesellschafter Kredite oder Bürgschaften zum Zweck der Sanierung gibt.[421] Ein zur Überwindung der Krise erfolgter Anteilserwerb setzt objektiv die **Sanierungsfähigkeit der Gesellschaft** und die Tauglichkeit **der hierzu gewählten Maßnahmen** sowie subjektiv den zu **vermutenden Sanierungswillen** des Anteilserwerbers voraus.[422] Dabei ist die objektive Sanierungstauglichkeit aus der ex-ante-Sicht eines ordentlichen Geschäftsmanns zu beurteilen; ein selbst erarbeitetes, schriftliches Sanierungskonzept ist nicht erforderlich.[423] Der Sanierungszweck erfordert neben dem Sanierungswillen, dass die Gesellschaft im Zeitpunkt des Anteilserwerbs nach Einschätzung eines objektiven Dritten objektiv sanierungsfähig ist und die konkret in Angriff genommenen Maßnahmen objektiv geeignet sind, die Gesellschaft in überschaubarer Zeit durchgreifend zu sanieren.[424]

230 Nicht entschieden ist, ob das Sanierungsprivileg auch für den Gesellschafter gelten kann, der vor der Übernahme weiterer Geschäftsanteile **bereits an der Gesellschaft beteiligt war**. Dies würde ich bejahen für einen solchen Gesellschafter, der mit seinen Gesellschafterleistungen zuvor wegen des Kleingesellschafterprivilegs (§ 32a Abs. 3 Satz 2 GmbHG) noch nicht dem Kapitalersatz unterfiel; verneinen würde ich es für den Gesellschafter, der zuvor bereits mit mehr als 10 % an der Gesellschaft beteiligt war. Jedenfalls halte ich eine Rückqualifizierung von zuvor bereits als Eigenkapitalersatz verhafteten Gesellschafterleistungen mit Hilfe des Sanierungsprivilegs nicht für möglich.[425] Der zuvor mit mehr als 10 % beteiligte Gesellschafter kann die Vermeidung der Qualifizierung seiner Leistungen als Kapitalersatz nur dadurch vermeiden, dass die Leistungen ausreichend sind, die Krise der Gesellschaft insgesamt zu beheben.[426]

Fraglich und noch nicht entschieden ist auch die **Reichweite des Sanierungsprivilegs**: Geltung nur für diese, zu behebende Krise oder auch für eine später erneut eintretende Kapitalersatzsituation?[427] Hier würde ich mich auf den Standpunkt stellen, dass das Sanierungsprivileg auch für später erneut eintretende Krisen i.S.d. Kapitalersatzrecht Geltung behält,[428] damit nicht das Ziel der Regelung, in der Krise Kapitalgeber zu gewinnen, unterlaufen wird.

---

418 BGH, ZIP 2006, 279.
419 OLG Düsseldorf, ZIP 2004, 508.
420 OLG Düsseldorf, ZIP 2004, 508.
421 OLG Düsseldorf, ZIP 2004, 508.
422 OLG Düsseldorf, ZIP 2004, 508.
423 LG Bonn, ZIP 2005, 1324.
424 BGH, ZIP 2006, 279.
425 Siehe auch Dörrie, ZIP 1999, 12 ff.
426 Siehe auch Wittig, in: Schmidt/Uhlenbruck, Die GmbH in Krise, Sanierung und Insolvenz, Rn. 352.
427 Casper/Ullrich, GmbHR 2000, 472 ff.
428 So auch Wittig, in: Schmidt/Uhlenbrock, Die GmbH in der Krise, Sanierung und Insolvenz, Rn. 352; Pentz, GmbHR 2004, 529 ff.

k) Sonstiges,[429] GmbH & Co. KG, AG

Zuständig für die Eigenkapitalersatzklage des Insolvenzverwalters ist das für den **Sitz der Gesellschaft zuständige Gericht**; auch für Klagen gegen ausländische Gesellschafter.[430]

231

Die beschriebenen Regelungen über den Kapitalersatz gelten nach §§ 129a und 172a HGB auch für die **OHG** bzw. die **KG**, wenn nur haftungsbeschränkte Gesellschafter existieren.

232

Die Regelungen über den Kapitalersatz gelten bei der AG für die Aktionäre, die mit **mehr als 25 %** am Grundkapital beteiligt sind[431] oder die zwar geringer, aber nicht ganz unbeträchtlich beteiligt sind und die sonst über gesellschaftsrechtlich fundierte Einflussmöglichkeiten verfügen.[432] Dabei können die Beteiligungen mehrere Aktionäre nicht zusammengerechnet werden, wenn ihre Hilfe nicht auf Krisenbewältigung angelegt war, vor der Krise erfolgte und kein koordiniertes Stehenlassen vorliegt.[433]

233

l) Änderungen durch das MoMiG

Sollte der Referentenentwurf eines Gesetzes zur Modernisierung des GmbH-Rechts und zur Bekämpfung von Missbräuchen (MoMiG) vom 29.5.2006 Gesetz werden, wird das Eigenkapitalersatzrecht vollkommen umgestaltet. Eigenkapital ist dann nur noch das erklärte Stammkapital. Die §§ 32a und 32b GmbHG und die Rechtsprechungsregeln werden abgeschafft. § 30 Abs. 1 GmbHG wird um einen Satz 3 erweitert, der klarstellt, dass die Rückzahlung von Gesellschafterdarlehen auch in der Krise keine verbotene Stammkapitalrückzahlung ist.

234

Alle Gesellschafterdarlehen unterliegen dann ausschließlich dem insolvenzrechtlichen Regime nach den vorgesehenen Absätzen 4 und 5 des § 39 InsO. Dort werden auch das bisherige Kleingesellschafter- und das Sanierungsprivileg aufgenommen. Der Eigenkapitalersatz ist in der Insolvenz also als (letzte) nachrangige Forderung zu behandeln, noch erfolgte Leistungen auf Eigenkapitalersatz sind ggf. nach § 135 InsO anfechtbar.[434]

II. Haftungsgefahren für Geschäftsleiter

In der Krise der Gesellschaft setzen sich die Handelnden, so in erster Linie selbstverständlich die Geschäftsleiter, einer Vielzahl von ganz **erheblichen Haftungsgefahren** aus.[435]

235

1. Allgemeines

Grds. haben die Geschäftsführer und Vorstände die Sorgfalt eines ordentlichen Geschäftsmanns anzuwenden. Für jeden Verstoß haften sie der Gesellschaft auf **Schadensersatz** (§ 43 Abs. 1 und 2 GmbHG bzw. § 93 Abs. 1 und 2 AktG). Ein Verstoß ist z.B. Beispiel die Bedienung einer nicht fälligen Forderung trotz knapper Mittel.[436] Wenn eine Sorgfaltsverletzung des Geschäftsführers vorliegt und ein Schaden bei der Gesellschaft eingetreten ist, trägt der Geschäftsführer die Beweislast dafür, dass der Schaden auch bei ordentlichem Verhalten eingetreten wäre.[437] Der Geschäftsführer hat dafür zu sorgen, dass keine Ge-

236

---

429 Für einen systematischen Überblick über eigenkapitalersetzende Darlehen im Steuer- und Gesellschaftsrecht siehe Uhländer, BB 2005, 70 ff.; zu steuerlichen Folgen von Gesellschafterdarlehen in der Krise der GmbH Förster/Wendland, GmbHR 2006, 169 ff.; Neufang/Oettinger, BB 2006, 294 ff.
430 OLG Jena, ZIP 1998, 1496.
431 BGH, WM 1984, 625.
432 BGH, ZIP 2005, 1316 = BB 2005, 1758.
433 BGH, ZIP 2005, 1316 = BB 2005, 1758.
434 Siehe dazu Bayer/Graf, DStR 2006, 1654; Schiffer, BB-Special 7/2006, 14 ff.; K. Schmidt, ZIP 2006, 1925 ff.
435 Zum Ganzen Bauer, ZInsO 2002, 153 ff.; zu einzelnen Fragestellungen Lutter, GmbHR 2000, 301 ff.; Leibner, GmbHR 2002, 424 ff.; Thümmel, BB 2002, 1105 ff.; Buchta, DStR 2003, 694 ff. und 740 ff.; Hauptmann/Müller-Dott, BB 2003, 2521 ff.; Reuter, BB 2003, 1797 ff.; Uhlenbruck, GmbHR 2005, 817 ff.; Rodewald/Unger, BB 2006, 113 ff.
436 OLG Koblenz, DStR 2000, 1447.
437 OLG Koblenz, DStR 2000, 1447; BGH, ZIP 2002, 2314.

schäftschancen der Gesellschaft vereitelt werden.[438] Zu berücksichtigen ist, dass die Geschäftsführer bei unternehmerischen Entscheidungen ein erhebliches Handlungsermessen haben, so dass allein die Entstehung eines Verlustes nicht zum Schadensersatz verpflichten kann.[439] Auch besteht keine allgemeine Schadensersatzpflicht des Geschäftsführers gegenüber der Gesellschaft, wenn durch eine Pflichtverletzung ein Dritter gegenüber der Gesellschaft einen Schadensersatzanspruch erlangt hat, und zwar auch dann nicht, wenn durch diesen Anspruch das Stammkapital aufgezehrt wird oder eine Insolvenz eintritt.[440]

237 Wenn eine Sorgfaltsverletzung des Geschäftsführers vorliegt und ein Schaden bei der Gesellschaft eingetreten ist, trägt er die **Beweislast** dafür, dass der Schaden auch bei ordentlichem Verhalten eingetreten wäre.[441] Wenn ein Schaden der GmbH eingetreten ist, muss der Geschäftsführer darlegen und beweisen, dass er den Sorgfaltspflichten nach § 43 Abs. 1 GmbHG nachgekommen ist oder ihn kein Verschulden trifft oder der Schaden auch bei sorgfältigem Verhalten eingetreten wäre.[442]

Bei der GmbH & Co. KG wird die KG in den Schutzzweck des Geschäftsführerdienstvertrags zwischen dem Geschäftsführer und der Komplementär-GmbH einbezogen.[443]

238 Die Haftungsverpflichtungen treffen nicht nur den durch Gesellschafterbeschluss bestellten und ins Register **eingetragenen Geschäftsführer**, sondern auch den **faktischen Geschäftsführer**. Faktischer Geschäftsführer ist, wer intern auf die Geschäftsführung einwirkt und nach außen auftritt.[444] Dies gilt auch für die deliktische Haftung des faktischen Geschäftsführers. Erforderlich ist über die interne Einwirkung auf die satzungsgemäße Geschäftsführung hinaus, dass der faktische Geschäftsführer durch eigenes Handeln im Außenverhältnis, das die Tätigkeit des rechtlichen Geschäftsführungsorgans nachhaltig prägt, die Geschicke der Gesellschaft in die Hand genommen hat.[445]

239 Die **Amtsniederlegung** kann von realisierten Haftungstatbeständen nicht befreien. Zudem ist die Amtsniederlegung des Allein-Gesellschafter-Geschäftsführers ohne gleichzeitige Bestellung eines neuen Geschäftsführers unwirksam.[446]

240 Nach § 43 Abs. 4 GmbHG **verjähren** die Ansprüche gegen den Geschäftsführer in **fünf Jahren**. Die Verjährung beginnt mit der Entstehung des Anspruchs, auch wenn der Schaden noch nicht bezifferbar ist und auch, wenn der Geschäftsführer das schädigende Verhalten verheimlicht hat.[447] Die Verjährungsfrist für Ansprüche nach § 43 Abs. 2 GmbHG kann vertraglich verkürzt werden.[448]

Das Verhalten des Geschäftsführers kann zugleich auch einen Tatbestand nach § 823 Abs. 2 BGB erfüllen. Dieser Anspruch besteht dann neben dem aus § 43 GmbHG und verjährt selbständig nach den allgemeinen Vorschriften des BGB in zehn bzw. 30 Jahren.[449]

Für die Geltendmachung der Haftungs- bzw. Schadensersatzansprüche der Gesellschaft gegen den Geschäftsführer ist ein **Gesellschafterbeschluss** erforderlich. Dieser kann im Prozess auch nachgeholt wer-

---

438 KG, DStR 2001, 1042.
439 BGH, ZIP 2006, 2087.
440 BGH, ZIP 2000, 493.
441 BGH, ZIP 2002, 2314.
442 KG, GmbHR 2005, 477.
443 BGH, ZIP 2002, 984.
444 BGH, ZIP 2002, 848; Geißler, GmbHR 2003, 1106 ff.
445 BGH, ZIP 2005, 1414 = DStR 2005, 1455.
446 OLG Düsseldorf, ZIP 2001, 25.
447 BGH, ZIP 2005, 852 = DStR 2005, 659.
448 BGH, ZIP 2002, A 89.
449 BGH, ZIP 2005, 852 = DStR 2005, 659; siehe auch Schockenhoff/Fiege, ZIP 2002, 917 ff.

den.[450] Im Insolvenzverfahren werden Schadensersatzansprüche durch den Insolvenzverwalter geltend gemacht; dann ist für die Geltendmachung der Ansprüche ein Gesellschafterbeschluss nicht erforderlich.[451]

Evtl. Schadensersatzansprüche stehen der Gesellschaft zu, nicht dem Gesellschafter, auch nicht einem Alleingesellschafter.[452]

Grds. ist die Tätigkeit des Geschäftsführers durch sog. **D&O-Versicherungen** versicherbar.

> **Hinweis:**
> Bei Abschluss der Versicherungen ist jedoch dringend auf die Ausgestaltung der Verträge und damit den Umfang der abgesicherten Haftungsgefahren und auch darauf zu achten, dass eventuelle Rechtsverteidigungskosten vom Versicherungsschutz umfasst sind.[453] Weiterhin ist zu berücksichtigen, dass die sog. Eigenschadenklausel in den Versicherungsbedingungen Probleme bereiten kann, wenn der Geschäftsführer zugleich Gesellschafter der Gesellschaft ist.[454]

Die **Haftung des Geschäftsführers** für Vermögensminderungen der Gesellschaft kann **ausgeschlossen** sein, wenn der Geschäftsführer auf Anweisung der Gesellschafter oder im – auch stillschweigenden – Einverständnis mit den Gesellschaftern handelte, so z.B. bei einvernehmlicher Nichtüberwachung eines Gesellschafters.[455] Zu beachten ist jedoch, dass eine solche Haftungseinschränkung oder ein Haftungsausschluss nicht gilt für die wichtigen Fälle der Rückzahlung des Stammkapitals (§ 43 Abs. 3 GmbHG), der verbotenen Zahlungen (§ 64 Abs. 2 GmbHG) und der existenzvernichtenden Eingriffe und ohnehin nicht für die Haftungstatbestände der sog. Außenhaftung. Ggf. muss der Geschäftsführer entsprechende Gesellschafteranweisungen zurückweisen.[456]

241

Für die Haftung des Geschäftsführers ist zu unterscheiden zwischen der sog. **Innenhaftung** (Haftung gegenüber der Gesellschaft) und der sog. **Außenhaftung** (Haftung gegenüber Gläubigern der Gesellschaft).

2. Relevante Haftungstatbestände der Innenhaftung

a) Verbotene Stammkapitalausschüttung

Nach § 43 Abs. 3 GmbHG bzw. § 93 Abs. 3 Nr. 1 AktG ist auch der Geschäftsführer bzw. der Vorstand zum Ersatz verpflichtet, wenn er den Bestimmungen des § 30 GmbHG zuwider **Zahlungen aus dem zur Erhaltung des Stammkapital erforderlichen Vermögen der Gesellschaft** getätigt hat. Diese Schadensersatzhaftung gilt auch, wenn der Geschäftsführer die Rückzahlung kapitalersetzender Darlehen in der Krise der Gesellschaft vorgenommen hat.[457] Dieses Verhalten kann außerdem Gläubigerbegünstigung nach § 283c StGB und Untreue nach § 266 StGB sein.

242

> **Hinweis:**
> Nach LG Dresden[458] soll die Zahlung von Arbeitnehmerbeiträgen zur Sozialversicherung trotz Insolvenzreife durch den geschäftsführenden Gesellschafter dann verbotene Stammkapitalrückzahlung sein, wenn er durch die Zahlung von einer Haftung nach § 823 Abs. 2 BGB i.V.m. § 266a StGB frei wird.

---

450 BGH, GmbH-Steuerpraxis 1999, 277.
451 BGH, ZIP 2004, 1708.
452 OLG Hamm, ZIP 2005, 1486.
453 Kiethe, BB 2003, 537 ff.; Koch, GmbHR 2004, 18 ff., 160 ff. und 288 ff.
454 Lange, ZIP 2003, 466 ff.; Notthoff, NJW 2003, 1350 ff.
455 BGH, ZIP 2003, 945.
456 OLG Koblenz, GmbHR 2003, 1062.
457 H.M., vgl. nur Roth/Altmeppen, GmbHG, § 43 Rn. 51.
458 ZIP 2005, 1511.

b) Haftung für existenzgefährdende Eingriffe

243 Wenn der Geschäftsführer an **existenzvernichtenden Eingriffen** der Gesellschafter mitwirkt, kommt eine Schadensersatzhaftung des Geschäftsführers entsprechend § 43 Abs. 3 GmbHG ebenfalls in Betracht. Auch hier darf der Geschäftsführer entsprechende Weisungen der Gesellschafter nicht befolgen.[459]

c) Verbotene Zahlungen an Gläubiger der Gesellschaft[460]

244 Nach § 64 Abs. 2 GmbHG sind die Geschäftsführer der Gesellschaft gegenüber zum **Ersatz von Zahlungen verpflichtet**, die nach dem Eintritt der Zahlungsunfähigkeit der Gesellschaft oder nach Feststellung ihrer Überschuldung noch geleistet werden. Dies gilt nicht für Zahlungen, die nach diesem Zeitpunkt mit der Sorgfalt eines ordentlichen Geschäftsmanns vereinbar sind. Vergleichbare Regelungen gelten für den Vorstand der AG (§§ 92 Abs. 3, 93 AktG und die Geschäftsführung der GmbH & Co. KG (§§ 177a, 130a Abs. 2 HGB).[461]

Die Erstattungspflicht trifft auch den faktischen Geschäftsführer.[462]

Wie eine Mehrzahl jüngerer ober- und höchstrichterlicher Entscheidungen zeigt, ist diese Haftung von **hoher praktischer Relevanz** und einschneidender wirtschaftlicher Bedeutung.[463]

aa) Maßgeblicher Zeitpunkt

245 Der maßgebliche Zeitpunkt für den Eintritt des Zahlungsverbots ist der **Eintritt der Insolvenz** (Zahlungsunfähigkeit oder Überschuldung) bzw. die Erkennbarkeit der Insolvenzantragsvoraussetzungen.[464] Erforderlich sind **positive Kenntnis** oder **böswillige Unkenntnis** der Überschuldung.[465]

Wesentliches Indiz für die Zahlungseinstellung als Voraussetzung für die Vermutung der Zahlungsunfähigkeit ist, wenn der Schuldner nur noch Neuschulden begleicht, Altforderungen jedoch, insb. solche, die wesentlich höher sind als die neuen Verbindlichkeiten, nicht innerhalb eines Zeitraums von einem Monat bedient.[466]

bb) Sorgfaltsmaßstab, Beweislast

246 Zahlungen, die zur Aufrechterhaltung des Geschäftsbetriebs unbedingt erforderlich sind, können der **Sorgfalt des ordentlichen Geschäftsmannes** entsprechen; ansonsten hat der Geschäftsführer nur noch für quotale Befriedigung zu sorgen, damit eine bevorzugte Befriedigung einzelner Gläubiger verhindert wird.[467] Der Geschäftsführer ist nach § 64 Abs. 2 GmbHG grds. verpflichtet, Masseschmälerungen zu verhindern. Er darf aber – zur Aufrechterhaltung des Geschäftsbetriebs – nach § 64 Abs. 2 Satz 2 GmbHG bestimmte Leistungen noch erbringen, also etwa Zahlungen, die die Erfüllung von für die Gesellschaft vorteilhaften zweiseitigen Verträgen betreffen, die auch vom Insolvenzverwalter (vgl. § 103 InsO) erfüllt würden, die der Abwendung höherer Schäden aus einer sofortigen Betriebseinstellung dienen, da auch nach Eintritt der Insolvenz – aber vor einer Insolvenzverfahrenseröffnung – der Geschäfts- und Zahlungsverkehr aufrecht erhalten werden muss und einer Entscheidung des Insolvenzverwalters oder eines nach § 22 InsO eingesetzten vorläufigen Insolvenzverwalters nicht vorgegriffen und dessen Entscheidungsspielraum nicht eingeschränkt werden soll.[468] Da es aber ebenfalls zur Sorgfalt des Geschäftsführers als

---

459 Scholz, GmbHG, § 43 Rn. 132; Lutter/Banerjea, ZIP 2003, 2177 ff.
460 Zur systematischen Einordnung des § 64 Abs. 2 GmbHG, Goette, ZInsO 2005, 1 ff.; ders., FS für G. Kreft, S. 53 ff.: „Insolvenzrechtliche Vorschrift, da Schutz der Gläubiger und nicht der Gesellschaft beabsichtigt".
461 Zur Erstattungspflicht nach § 64 Abs. 2 GmbHG siehe auch Haas, NZG 2004, 737 ff.
462 BGH, ZIP 2005, 1550; dazu Nauschütz, NZG 2005, 921 f.
463 Zu übermäßigen Geschäftsführerrisiken, K. Schmidt, ZIP 2005, 2177 ff.
464 BGH, BB 2000, 267.
465 OLG Frankfurt, NZG 2004, 1157; zu Plausibilitäten Blöse, GmbHR 2005, 832 ff.
466 OLG Hamburg, GmbHR 2004, 797.
467 BGH, ZIP 2001, 235.
468 OLG Celle, GmbHR 2004, 568.

ordentlichem Kaufmann gehört, rechtzeitig nach Maßgabe des § 64 Abs. 1 GmbHG den Antrag auf Eröffnung des Insolvenzverfahrens zu stellen, können nur solche Zahlungen als nicht ersatzpflichtig nach § 64 Abs. 2 Satz 2 GmbHG eingestuft werden, die seitens der Gesellschaft auch bei rechtzeitiger Stellung des Insolvenzantrags noch geleistet worden wären; dafür wiederum ist entscheidend, wann ein voraussichtlich eingesetzter Insolvenzverwalter insb. die Beendigung von Dauerschuldverhältnissen hätte bewirken können.[469] Solche Zahlungen können noch mit der Sorgfalt des ordentlichen Geschäftsmanns vereinbar sein, die in der Absicht geleistet werden, den Betrieb für die Zwecke des Insolvenzverfahrens oder auch im Interesse einer ernstlich erwarteten Sanierung aufrecht zu erhalten.[470]

Zulasten eines Geschäftsführers, der nach Eintritt einer Zahlungsunfähigkeit Zahlungen aus dem Vermögen der Gesellschaft leistet, wird **vermutet**, dass er dabei nicht mit der von einem Vertretungsorgan der GmbH zu erwartenden Sorgfalt gehandelt hat;[471] die Beweislastverteilung zulasten des Geschäftsführers, der nach Eintritt der Insolvenzantragsvoraussetzungen Zahlungen noch geleistet hat, ergibt sich auch aus dem Regel-Ausnahmeverhältnis in § 64 Abs. 2 Satz 1 und Satz 2 GmbHG.

247

cc) Masseverkürzung

Verboten sind nur solche Zahlungen, die zu einer Verkürzung der den Gläubigern zu einer gleichmäßigen Befriedigung zur Verfügung stehenden Haftungsmasse führen; maßgeblich ist eine **wirtschaftliche Betrachtungsweise**.[472] Folglich kann es an einem Verstoß fehlen, wenn durch die Zahlung zugleich ein größerer Nachteil von der Gesellschaft abgewendet wurde, z.B. bei Einhaltung von Vergleichen mit Wiederauflebensklausel.[473]

248

dd) Weitere Voraussetzung – Eröffnung des Insolvenzverfahrens

Weitere Voraussetzung für die Entstehung von Haftungsansprüchen gegen den Geschäftsführer ist die Eröffnung des Insolvenzverfahrens. Dem muss die Abweisung des Insolvenzantrags mangels Masse gleichgestellt werden; dann ist der Schadensersatzanspruch der Gesellschaft für die Gläubiger pfändbar.[474]

249

ee) Beispiele für verbotene Zahlungen des Geschäftsführers

Als **verbotene Zahlungen** wurden von der Rspr. angesehen:

250

Die Einreichung eines Kundenschecks auf ein debitorisches Konto bei bestehender Verrechnungsabrede[475] und Zahlungen von Kunden auf ein debitorisches Konto nach Insolvenzreife, wenn ihnen noch nach Eintritt der Zahlungsunfähigkeit Briefköpfe mit der Angabe des Kontos bzw. Zahlungsaufforderungen zur Zahlung auf das Konto zugesandt worden sind.[476] Auch wenn die Zahlung mit Mitteln erfolgt, die ein Dritter gerade zu diesem Zweck zur Verfügung gestellt hat, hindert dies nicht, eine verbotene Zahlung anzunehmen.[477]

---

469 OLG Celle, GmbHR 2004, 568.
470 OLG Hamburg, GmbHR 2004, 797.
471 OLG Hamburg, GmbHR 2004, 797.
472 OLG Brandenburg, GmbHR 2002, 910.
473 BGH, NZG 2001, 361.
474 Boujong, NZG 2003, 497 ff.
475 BGH, GmbHR 2000, 182.
476 OLG Oldenburg, ZIP 2004, 1315.
477 BGH, ZIP 2003, 1005 = BB 2003, 1143.

ff) Vorbehaltsurteil, Verhältnis zu Insolvenzanfechtung

251 Dem Geschäftsführer ist im Urteil vorzubehalten, **Erstattungsansprüche** gegenüber dem Insolvenzverwalter in Höhe der hypothetischen Quote der durch die verbotene Zahlung begünstigten Gläubiger geltend zu machen.[478] Dieser Vorbehalt ist von Amts wegen aufzunehmen.[479]

Der Geschäftsführer kann nach § 64 Abs. 2 GmbHG neben dem Anfechtungsgegner nach §§ 129 ff. InsO in Anspruch genommen werden. Es besteht jedoch **keine Gesamtschuldnerschaft**.[480] In einem solchen Fall ist der Geschäftsführer nur Zug um Zug zu verurteilen, um eine Bereicherung der Insolvenzmasse auszuschließen.[481]

> **Hinweis:**
> Die Gefahr, vom Insolvenzverwalter auf Erstattung verbotener Zahlungen in Anspruch genommen zu werden, sollte der Geschäftsführer sehr ernst nehmen. Nach der dargestellten Rspr. genügt es dem Insolvenzverwalter, den Zeitpunkt der objektiven Zahlungsunfähigkeit zu bestimmen und alle anschließenden, vom Geschäftsführer noch veranlassten Zahlungen, die aus der Buchhaltung ersichtlich sind, als verboten i.S.d. § 64 Abs. 2 GmbHG einzustufen und Ersatz vom Geschäftsführer zu verlangen. Es ist dann Aufgabe des Geschäftsführers, sich gegen die unter Umständen ganz erhebliche Inanspruchnahme zu verteidigen und im Einzelnen für jede Zahlung darzulegen und erforderlichenfalls zu beweisen, dass sie der Sorgfalt des ordentlichen Geschäftsmanns entsprach.

gg) Verschärfung durch das MoMiG

252 Der Referentenentwurf eines Gesetzes zur Modernisierung des GmbH-Rechts und zur Bekämpfung von Missbräuchen (MoMiG) sieht vor, dass § 64 Abs. 2 GmbHG um einen Satz 3 erweitert werden soll, der die Ersatzpflicht des Geschäftsführers auch auf solche Zahlungen an die Gesellschafter ausdehnt, die die Insolvenzlage der Gesellschaft erst herbeigeführt haben.[482]

d) Schadensersatzpflicht bei Nichteinberufung der Gesellschafter-Hauptversammlung bei Verlust der Hälfte des Stamm-/Grundkapitals

253 Bei Verlust der Hälfte des Stammkapitals bzw. des Grundkapitals haben der Geschäftsführer der GmbH bzw. der Vorstand der AG **unverzüglich** die Gesellschafter- bzw. Hauptversammlung einzuberufen. Verstoßen sie gegen diese Verpflichtung, können sie sich gegenüber der Gesellschaft schadensersatzpflichtig machen (§§ 43 Abs. 2, 49 Abs. 3 GmbHG und §§ 92 Abs. 1, 93 Abs. 2 AktG).

e) Haftung für existenzvernichtende Eingriffe

254 In der Lit wird bereits die Haftung des Geschäftsführers bei **Mitwirkung an existenzvernichtenden Eingriffen** des Gesellschafters diskutiert: Entsprechende Weisungen darf der Geschäftsführer nicht befolgen.[483]

---

478 OLG Jena, ZIP 2002, 986; OLG Schleswig, ZIP 2003, 856.
479 BGH, ZIP 2005, 1550.
480 OLG Oldenburg, GmbHR 2004, 1014.
481 OLG Oldenburg, GmbHR 2004, 1014.
482 Dazu Greulich/Bunnemann, NZG 2006, 681 ff.
483 Lutter/Banerjea, ZIP 2003, 2177 ff.

3. Relevante Haftungstatbestände der Außenhaftung

a) Insolvenzverschleppung[484]

Die Insolvenzantragspflicht für Geschäftsleiter haftungsbeschränkter Gesellschaften ist in den jeweiligen Gesetzen wie folgt normiert: Wird die Gesellschaft zahlungsunfähig, so haben die Geschäftsführer ohne schuldhaftes Zögern, **spätestens** aber **drei Wochen nach Eintritt der Zahlungsunfähigkeit**, die Eröffnung des Insolvenzverfahrens zu beantragen. Dies gilt sinngemäß, wenn sich eine Überschuldung der Gesellschaft ergibt (§ 64 Abs. 1 GmbHG, § 92 Abs. 2 AktG, §§ 130a und 177a HGB). Bei diesen Vorschriften handelt es sich um **gläubigerschützende Normen**, so dass ein Geschäftsführer, der der Insolvenzantragsverpflichtung zuwider den Insolvenzantrag nicht oder zu spät stellt, Gläubigern der Gesellschaft nach § 823 Abs. 2 BGB zum Schadensersatz verpflichtet sein kann. Der Geschäftsführer einer juristischen Person genügt seiner Antragspflicht nach § 64 Abs. 1 GmbHG durch Antragstellung vor einem Gericht eines anderen Mitgliedstaats der EU.[485]

255

Die Drei-Wochen-Frist darf der Geschäftsführer nur ausnutzen, wenn **begründete Sanierungsaussicht** besteht.[486]

256

Die Haftung trifft auch den **faktischen Geschäftsführer** und kann auch den **Teilnehmer** treffen.[487]

257

aa) Sorgfaltsmaßstab, Beginn der Drei-Wochen-Frist

Die Drei-Wochen-Frist für die Insolvenzantragstellung beginnt nicht im Zeitpunkt der objektiven Überschuldung, sondern im Zeitpunkt der **positiven Kenntnis** oder **böswilligen Unkenntnis** des Vorstands vom Eintritt der Überschuldung.[488]

258

Spätester Zeitpunkt für die Prüfung der Insolvenzreife durch den Geschäftsleiter ist, wenn sich aus der Bilanz ein nicht durch Eigenkapital gedeckter Fehlbetrag ergibt (**Überschuldungsprüfung**) bzw. wenn eine bestimmte, nicht ganz unwesentliche fällige Verbindlichkeit mangels liquider Mittel im Fälligkeitszeitraum nicht bezahlt werden kann (**Zahlungsunfähigkeit**). Eine Überschuldungsbilanz muss nicht aufgestellt werden, wenn die Fortführung des Unternehmens aufgrund zeitnah zu erwartender Zahlungseingänge, deren Fälligkeit der Geschäftsführer nach einer verlässlichen Rechtsauskunft auch nicht bezweifeln muss, ohne Eintritt der Zahlungsunfähigkeit überwiegend wahrscheinlich ist.[489]

259

bb) Beweislastverteilung

Der Schadensersatzansprüche geltend machende **Gläubiger** muss die Überschuldung beweisen; dann muss der Geschäftsführer die positive Prognose und die Vertretbarkeit seiner Entscheidung, den Insolvenzantrag (noch) nicht zu stellen, darlegen und ggf. beweisen.[490] Der (**Neu-)Gläubiger** muss darlegen und beweisen, dass die Voraussetzungen des § 64 Abs. 1 GmbHG bereits im Zeitpunkt der den Schaden auslösenden Bestellungen vorlagen. Darlegungs- und Beweiserleichterungen kommen dem Gläubiger nicht zugute, wenn bei der Bestellung Anzeichen für eine Krise der GmbH noch nicht gegeben waren. Das gilt auch dann, wenn keine ordnungsgemäße Buchführung gegeben war, denn der Verstoß gegen § 283b StGB begründet keine eigenständige Haftung des Geschäftsführers für einen Zeitraum, in dem Anzeichen

260

---

484 Meyke, ZIP 1998, 1179 ff.; Altmeppen/Wilhelm, NJW 1999, 673 ff.; Altmeppen, ZIP 2001, 2201 ff.; Haas, DStR 2003, 423 ff.
485 AG Köln, ZIP 2005, 1566.
486 BGH, DStR 2001, 1537.
487 Zur Haftung des Teilnehmers an Insolvenzverschleppung siehe BGH, DStR 2005, 1743, zu Vertrauensschaden wegen Insolvenzverschleppung und Haftung des Teilnehmers, Bayer/Lieder, WM 2006, 1 ff.
488 OLG Frankfurt, NZG 2004, 1157 für die Frist des § 92 Abs. 2 AktG.
489 OLG Hamburg, GmbHR 2003, 587.
490 OLG Koblenz, ZIP 2003, 571 = NZG 2003, 776.

für eine Krise der Gesellschaft noch nicht vorlagen, und bewirkt auch keine Verlagerung der Darlegungs- und Beweislast nach den Regeln der sekundären Behauptungslast.[491]

cc) Umfang der Schadensersatzansprüche

261 Für den **Umfang** der von durch die Insolvenzverschleppung geschädigten Gläubigern der Gesellschaft gegen den Geschäftsführer geltend zu machenden Schadensersatzansprüche wird zwischen Alt- und Neugläubigern differenziert. Altgläubiger sind solche, die ihre Forderungen gegen die Gesellschaft bereits bei Beginn der Insolvenzverschleppung hatten; Neugläubiger sind solche Gläubiger mit Forderungen gegen die Gesellschaft, die in der insolvenzverschleppten Zeit entstanden sind.

262 **Altgläubiger** haben Anspruch auf **Ersatz der Quotendifferenz**, also des Betrags, um welchen sich ihre Befriedigungsquote in der Insolvenz wegen der vorausgegangenen Insolvenzverschleppung verringert hat. Der Quotenschaden ist bis zum Abschluss des Insolvenzverfahrens durch den **Insolvenzverwalter** gegenüber dem Geschäftsführer geltend zu machen (§ 92 InsO).[492]

263 **Neugläubiger** hingegen haben Anspruch auf Ersatz des Schadens, der ihnen dadurch entstanden ist, dass sie noch in Rechtsbeziehung zu der insolventen Gesellschaft getreten sind.[493] Ihr Anspruch richtet sich auf **vollen Ersatz**,[494] und zwar auch auf solche Einkünfte, die der Neugläubiger erzielt hätte, wenn er nicht mit der insolventen Gesellschaft abgeschlossen hätte.[495] Die Schadensersatzpflicht gegenüber dem Neugläubiger umfasst auch die **Prozesskosten**, die er noch vergeblich für die Erlangung eines Titels gegen die Gesellschaft aufgewandt hat.[496]

Der Schadensersatzanspruch des Neugläubigers ist nicht durch den Insolvenzverwalter, sondern durch den **Gläubiger** selbst geltend zu machen.[497] Auch bei mehreren geschädigten Neugläubigern liegt kein durch den Insolvenzverwalter geltend zu machender Gesamtschaden nach § 92 InsO vor.[498] Für die Geltendmachung des Anspruchs besteht für den Neugläubiger gegenüber dem Insolvenzverwalter jedoch kein durchsetzbarer Anspruch auf Auskunft zum Zeitpunkt des Eintritts der Insolvenzreife.[499]

dd) Einzelfälle

264 Es besteht keine Neugläubigerhaftung des Geschäftsführers für nicht abgeführte Sozialversicherungsbeiträge, weil die Ansprüche nach SGB IV kraft Gesetzes und nicht durch freiwilliges Kontrahieren entstanden sind.[500] Zudem besteht keine Vermutung, dass Arbeitnehmer bei rechtzeitigem Insolvenzantrag schneller wieder eine anderweitige Anstellung gefunden hätten und somit **Sozialversicherungsbeiträge** abgeführt worden wären.[501]

Arbeitnehmer können wegen des Arbeitsentgelts sowohl Alt- als auch Neugläubiger sein.[502] Jedoch hat ein Arbeitnehmer als Neugläubiger nur dann Anspruch auf Schadensersatz in Höhe des Arbeitsentgelts, wenn er nachweisen kann, dass er bei rechtzeitiger Insolvenzantragstellung mit seiner Arbeitskraft sofort hätte anderweitig den Lohn verdienen können.[503] Schadensersatzansprüche der Arbeitnehmer gegen den Geschäftsführer sind nicht gegeben, soweit die Arbeitnehmer Insolvenzgeld erhalten haben. Auch ist eine

---

491 OLG Brandenburg, ZIP 2005, 1073.
492 BGH, ZIP 2004, 1218.
493 BGH NZG 2003, 923.
494 BGH, ZIP 1994, 1103.
495 OLG Koblenz, GmbHR 2000, 31.
496 OLG Jena, ZIP 2002, 631.
497 BGH, ZIP 1998, 776 ff.; OLG Karlsruhe, ZIP 2002, 2001.
498 OLG Köln, ZInsO 2006, 1278.
499 AG Köln, NZG 2002, 589.
500 BGH, ZIP 1999, 967; a.A.: Reiff/Arnold, ZIP 1998, 1893 ff.
501 BGH, ZIP 2003, 1713 = NZG 2003, 923.
502 LAG Hamm, EWiR 1998, 129.
503 LAG Brandenburg, ZInsO 2005, 1344.

Klage des Arbeitnehmers gegen den Geschäftsführer nicht möglich vor einer Entscheidung der Arbeitsverwaltung über das Insolvenzgeld.[504] Der Anspruch des Arbeitnehmers auf Schadensersatz gegen den Arbeitgeber geht nach Zahlung des Insolvenzgelds auf die Bundesagentur für Arbeit über; zuständig sind die Zivilgerichte.[505]

ee) Weiterer Haftungstatbestand

Nach § 26 Abs. 3 InsO kann der Gläubiger, der einen Massekostenvorschuss geleistet hat, die Erstattung des vorgeschossenen Betrags von jeder Person verlangen, die entgegen den Vorschriften des Gesellschaftsrechts den Antrag auf Eröffnung des Insolvenzverfahrens pflichtwidrig und schuldhaft nicht gestellt hat. Ein solcher Ersatzanspruch besteht jedoch nicht, wenn die Kosten des Insolvenzverfahrens auch anderweitig durch die Masse gedeckt sind.[506]

b) Nicht abgeführte Sozialversicherungsbeiträge[507]

aa) Tatbestand

Der Geschäftsführer bzw. Arbeitgeber macht sich nach § 823 Abs. 2 BGB i.V.m. § 266a StGB **persönlich wegen Vorenthaltens der Arbeitnehmeranteile zur Sozialversicherung schadensersatzpflichtig**, wenn er bei Fälligkeit die Arbeitnehmer-Sozialversicherungsbeiträge nicht abführt. Maßgeblich ist der **Fälligkeitszeitpunkt für die Beitragsabführung**.[508] Da die Duldung verspäteter Zahlungen durch den Sozialversicherungsträger nicht zwingend bereits eine wirksame Stundung bedeutet,[509] sollte der Geschäftsführer/Arbeitgeber **rechtzeitig Stundungsanträge** stellen und bescheiden lassen.

Die Haftung des Geschäftsführers/Arbeitgebers kommt sogar auch dann zum Tragen, wenn gar **kein Lohn** mehr an die Arbeitnehmer ausgezahlt wurde[510] und auch dann, wenn zum Fälligkeitszeitpunkt **keine liquiden Mittel** für die Abführung der Beiträge mehr vorhanden sind, der Geschäftsführer es jedoch unterlassen hat, bei Anzeichen von Liquiditätsproblemen rechtzeitig ausreichende Rücklagen zu bilden.[511]

Die Haftung entfällt bei **Zahlungsunfähigkeit**.[512] Sie soll im Übrigen nur entfallen, wenn keine ausschöpfbare Kreditlinie mehr vorhanden ist.[513] Dies kann jedoch im Hinblick auf § 64 Abs. 2 GmbHG nicht überzeugen.[514]

Seit der Gesetzesänderung v. 1.8.2004 (Neufassung des § 266a Abs. 2 StGB) ist auch das **Vorenthalten von Arbeitgeberanteilen zur Sozialversicherung** strafbar und kann zur Schadensersatzverpflichtung des Geschäftsführers/Arbeitgebers führen, wenn es auf falscher oder unterlassener Meldung zur Sozialversicherung beruht.[515]

---

504 LAG Hamm, EWiR 2001, 871.
505 BAG, BB 2002, 1427; ebenso d.h. Schadensersatzpflicht wegen Insolvenzverschleppung für gezahltes Insolvenzgeld, OLG Koblenz, DStR 2006, 2271.
506 OLG Brandenburg, ZIP 2003, 451.
507 Siehe auch Medicus, GmbHR 2000, 7 ff.; Groß, ZIP 2001, 945 ff.; Kiethe, ZIP 2003, 1957 ff.; Brückl/Kersten, NJW 2003, 272 f.
508 Ab 1.1.2005 sind die Beiträge am drittletzten Bankarbeitstag des laufenden Monats fällig.
509 OLG Brandenburg, GmbHR 2003, 595.
510 BGH, DStR 2000, 1318 m. Anm. Ranft, DStR 2001, 132.
511 BGH, NJW 2002, 2480; OLG Saarbrücken, GmbHR 2002, 907; erneut BGH, ZIP 2006, 2127 = DStR 2006, 2185.
512 OLG Naumburg, ZIP 1999, 1362.
513 OLG Hamm, ZIP 2000, 198.
514 Zum Verhältnis zu § 64 Abs. 2 GmbHG siehe sogleich unten Rn. 277 ff.
515 Siehe hierzu auch Laitenberger, NJW 2004, 2703 ff.

Für Beiträge an die **Urlaubs- und Lohnausgleichskasse der Bauwirtschaft** gilt § 266a StGB nicht, daher auch keine Haftung bei Nichtabführung.[516]

bb) Vorsatz

270 Die Beitragsvorenthaltung kann **nur vorsätzlich** begangen werden, bedingter Vorsatz (dolus eventualis) reicht aus.[517] Folglich kommt eine Haftung nicht zum Tragen, wenn der Geschäftsführer keine Kenntnis davon hatte, dass die Abführung der Beiträge aufgrund der Liquiditätssituation gefährdet sein könnte.[518]

Der Geschäftsführer darf Dispositionen der Bank nicht widerspruchslos hinnehmen.[519] Der Vorsatz des Arbeitgebers ist gegeben, wenn er die Möglichkeit der Beitragsvorenthaltung sieht und billigt.[520] Vorsatz ist gegeben, wenn sich der Beitragsschuldner in Kenntnis der Beitragsschuld gegen Zahlung an die Sozialkassen entscheidet (und Lohn an die Arbeitnehmer auszahlt).[521]

cc) Schaden

271 Ein Schaden der Sozialkassen ist mangels **Kausalität** dann zu verneinen, wenn Zahlungen, wären sie noch erfolgt, nach §§ 129 ff. InsO anfechtbar gewesen wären.[522] Auch Arbeitnehmer-Sozialversicherungsbeiträge genießen im Insolvenz-Anfechtungszeitraum keinen Vorrang.[523] In bestimmten Fällen kann es also zu empfehlen sein, die Sozialkassen frühzeitig über bestehende Liquiditätsprobleme zu unterrichten, etwa zusammen mit einem Stundungsantrag.

272 Bei Zahlungen oder Tilgungsbestimmung erfolgt nach der Beitragsverordnung die **hälftige Anrechnung der Zahlung** jeweils auf Arbeitgeber- und Arbeitnehmeranteil. Sollte also eine an die Sozialkasse gerichtete Zahlung nicht vollständig für die Tilgung von Rückständen sowohl der Arbeitnehmer- als auch der Arbeitgeberanteile ausreichen, so ist zur Vermeidung der Strafbarkeit wegen Vorenthaltens der Arbeitnehmer-Sozialversicherungsanteile eine **Tilgungsbestimmung** nach § 366 Abs. 1 BGB erforderlich. Die Tilgungsbestimmung sollte schriftlich erfolgen. Sie kann auch konkludent erfolgen,[524] muss jedoch nach außen getreten sein.[525]

dd) Beweislast

273 Die Darlegungs- und Beweislast für die Voraussetzungen eines **Schadensersatzanspruchs** einschließlich der Möglichkeit der Beitragsabführung trägt der **Sozialversicherungsträger**.[526] Es besteht für den Geschäftsführer keine sekundäre Darlegungs- und Beweislast für die Zahlungsfähigkeit der Gesellschaft. Bei der Verteilung der Vortragslast sind keine sie umkehrenden Anforderungen an die sekundäre Darlegungs- und Beweislast des Geschäftsführers stellen. Es besteht keine Dokumentationspflicht des Geschäftsführers zur Haftungsabwehr. Auch eine evtl. Verletzung der Insolvenzantragspflicht erhöht die Darlegungs- und Beweislast des Geschäftsführers nicht.[527] Die Darlegungs- und Beweislast hinsichtlich von ihm evtl. **eingewandter Zahlungsunfähigkeit der Gesellschaft** hat der **Geschäftsführer**.[528]

---

516 BAG, ZIP 2005, A 67.
517 OLG Schleswig, GmbHR 2002, 216.
518 LG Braunschweig, NZI 2001, 486.
519 OLG Hamburg, GmbHR 2000, 185.
520 OLG Brandenburg, GmbHR 2003, 595.
521 BGH, ZIP 2003, 921.
522 BGH, ZIP 2001, 80; erneut BGH, ZIP 2005, 1026 = DStR 2005, 978.
523 BGH, ZIP 2003, 1666; OLG Hamburg, ZIP 2002, 1360; a.A.: OLG Dresden, ZIP 2003, 360 = NZI 2003, 375: die Zahlung von Arbeitnehmerbeiträgen sei nicht anfechtbar.
524 BGH, ZIP 2001, 422.
525 BGH, ZIP 2001, 1474.
526 BGH, ZIP 2002, 524.
527 BGH, ZIP 2005, 1026 = DStR 2005, 978.
528 BGH, GmbHR 2002, 213.

ee) Verantwortlicher Arbeitgeber/Geschäftsführer

Die Haftung trifft auch den **faktischen Geschäftsführer**, etwa nach wirksamer Niederlegung der Geschäftsführung mit anschließender faktischer Lenkung der Geschicke der Gesellschaft.[529] Ebenso haftet der **später bestellte Geschäftsführer** für bereits bestehende Rückstände, wenn er die Beiträge weiter vorenthält.[530] Jedoch haftet der später bestellte Geschäftsführer nicht für Verschulden seines Vorgängers.[531]

274

Bei **Aufteilung der Verantwortungsbereiche verschiedener Geschäftsführer** trifft den nicht für die Lohnbuchhaltung zuständigen Geschäftsführer eine Überwachungspflicht in Krisenzeiten.[532] Bestehen Anhaltspunkte für die Annahme, dass der kaufmännische Geschäftsführer einer GmbH fällige Arbeitnehmeranteile nicht an die Einzugsstelle abführt, so hat der technische Geschäftsführer kraft verbleibender Überwachungspflichten Sorge dafür zu tragen, dass aus eingehenden liquiden Mitteln vorrangig Beiträge abgeführt werden. Ein in diesem Sinne hinreichender Anlass zum Tätigwerden ist spätestens dann gegeben, wenn auch dem technischen Geschäftsführer bekannt wird, dass die liquiden Mittel nicht mehr hinreichen, sämtliche fälligen Verbindlichkeiten sofort zu erfüllen.[533]

Eine Haftung des **Fremdgeschäftsführers einer Vor-GmbH** ist nicht gegeben.[534]

275

Zuständig für die Geltendmachung der Schadensersatzansprüche wegen Beitragsvorenthaltung sind die **ordentlichen Gerichte**.[535]

276

ff) Verhältnis zu verbotenen Zahlungen (§ 64 Abs. 2 GmbHG, § 92 Abs. 3 AktG)

Der Geschäftsleiter der GmbH bzw. der Vorstand der AG befindet sich in der Krise der Gesellschaft in einem Dilemma: Einerseits darf er nach Eintritt der Zahlungsunfähigkeit keine Zahlungen mehr leisten (siehe oben Rn. 244 ff.), andererseits kann er sich bei Nichtabführung der Arbeitnehmer-Sozialversicherungsbeiträge persönlich haftbar und strafbar machen.[536]

277

Zu diesem **Widerspruch** hat zunächst der Strafsenat des **BGH** entschieden:[537]

278

Unterlässt der Verantwortliche während des Laufs der Insolvenzantragsfrist nach § 64 Abs. 1 GmbHG die Abführung von Arbeitnehmerbeiträgen an die Sozialversicherung, macht er sich nicht nach § 266a Abs. 1 StGB strafbar. Zur Begründung hat der BGH ausgeführt: Die Wertung des § 64 Abs. 2 GmbHG zeigt, dass die verteilungsfähige Vermögensmasse einer insolvenzreifen GmbH im Interesse der Gesamtheit der Gläubiger zu erhalten ist und daher eine zu ihrem Nachteil gehende bevorzugte Befriedigung einzelner Gläubiger verhindert werden muss.

Dem ist sodann auch der Zivilsenat des BGH gefolgt:[538] Der Geschäftsführer, der in der Insolvenzsituation der GmbH die Sozialversicherungsbeiträge noch abführt, handelt nicht mit der Sorgfalt des ordentlichen Geschäftsmanns i.S.d. § 64 Abs. 2 GmbHG.

Zuletzt hat jedoch erneut ein Strafsenat des BGH nicht genau im Einklang mit den vorstehend genannten Entscheidungen entschieden:[539] Der Grundsatz der Massesicherung des § 64 Abs. 2 GmbHG rechtfertigt

---

529 OLG Naumburg, GmbHR 2000, 558.
530 OLG Naumburg, NJW-RR 2000, 1280.
531 BGH, BB 2002, 322.
532 OLG Schleswig, GmbHR 2002, 216.
533 OLG Frankfurt, NZG 2004, 388.
534 KG, ZIP 2002, 438.
535 BAG, ZIP 2002, 992.
536 Zum Haftungsdilemma des Geschäftsführers siehe Bauer, ZInsO 2004, 645 ff.; Gundlach/Frenzel/Schirrmeister, NZI 2003, 418 ff.; Gross/Schorz, NZI 2004, 358 ff.; Rieger, NZI 2004, 370 ff.; Schröder, GmbHR 2005, 736 ff.; Berger/Herbst, BB 2006, 437 ff.
537 ZIP 2003, 2213 = NJW 2003, 3787.
538 ZIP 2005, 1026 = DStR 2005, 978.
539 GmbHR 2005, 1419.

die Nichtabführung der Beiträge nicht, wenn der Verantwortliche bei Insolvenzreife die fehlende Sanierungsmöglichkeit erkennt und das Unternehmen dennoch weiterführt, ohne Insolvenzantrag zu stellen.

> **Hinweis:**
> Sobald der Geschäftsführer die Pflicht zur Stellung des Insolvenzantrags verletzt, befindet er sich wieder in dem Haftungsdilemma: Es entfällt die sich aus § 64 Abs. 2 GmbHG ergebende Rechtfertigung für die Nichtabführung der Sozialversicherungsbeiträge mit der Folge, dass die Nichtabführung der Arbeitnehmer-Sozialversicherungsbeiträge (wieder) strafbar wird, und die Abführung der Beiträge wäre eine verbotene Zahlung. Dieses Dilemma kann der Geschäftsführer nur durch die **pflichtgemäße Stellung des Insolvenzantrags** lösen.

c) Haftung wegen unterlassener Insolvenzsicherung von Altersteilzeit – Wertguthaben?

279 § 7d Abs. 1 SGB IV ist kein Schutzgesetz i.S.d. § 823 Abs. 2 BGB. Auch Tarifverträge, die vorsehen, dass der Arbeitgeber für Wertguthaben, die ein Arbeitnehmer im Altersteilzeitarbeitsverhältnis aufbaut, eine Insolvenzsicherung schaffen muss, können eine Ausweitung des Haftungssystems (etwa nach GmbHG) nicht begründen. Daher ist das **Unterlassen der Insolvenzsicherung kein Verstoß gegen ein Schutzgesetz** i.S.d. § 823 Abs. 2 BGB und führt nicht automatisch zu einer persönlichen Schadensersatzverpflichtung des Arbeitgebers bzw. Geschäftsführers.[540] Eine persönliche Schadensersatzpflicht des Geschäftsführers kommt in Betracht nach § 826 BGB, wenn für den Geschäftsführer der Insolvenzausfall der Arbeitnehmer absehbar ist und er sie wahrheitswidrig unterrichtet, es bestehe eine geeignete Insolvenzsicherung.[541]

d) Rückständige Steuern[542]

280 Eine persönliche Haftung des Geschäftsführers nach §§ 69, 34 AO kann sich für **vorsätzliche oder grob fahrlässige Pflichtverletzungen** ergeben, z.B. bei Verletzung der

- Buchführungs- und Aufzeichnungspflichten (§§ 143 – 146 AO),
- Pflicht zur Abgabe der Steuererklärungen (§ 149 AO),
- Auskunftspflichten nach §§ 90, 91, 137 AO und
- Pflicht zur Abführung der Lohnsteuer.

Fehlende steuerrechtliche Kenntnisse können den Geschäftsführer nicht entlasten.[543]

aa) Lohnsteuer[544]

281 Grundsätzlich haftet der Geschäftsführer für nicht abgeführte Lohnsteuer persönlich.

282 Steht am Lohnzahlungstag nicht fest, ob die Liquidität zur Bezahlung/Abführung der Lohnsteuer ausreicht, muss sie auf einem **Anderkonto** sichergestellt werden, da i.d.R. 100 %ige Haftung des Arbeitgebers/Geschäftsführers besteht. Der Grundsatz der anteiligen Tilgung bezieht sich bei der Lohnsteuer nur auf die gleichmäßige Befriedigung des Finanzamtes und des Arbeitnehmers.[545] Zahlt der Arbeitgeber den Nettolohn in voller Höhe aus, haftet er für die Lohnsteuer in voller Höhe.[546] Es besteht volle Lohnsteu-

---

540 BAG, ZIP 2006, 344.
541 LAG Düsseldorf, GmbHR 2005, 932.
542 H. Müller, GmbHR 2003, 389 ff.; Ehrig, GmbHR 2003, 1174; Leibner, GmbHR 2003, 996 ff.; Sontheimer, DStR 2004, 1005 ff., Stahlschmidt, GmbHR 2005, 677 ff.
543 FG Düsseldorf, DStRE 2000, 819.
544 Zu Zweifelsfragen und Prüfungsschwerpunkten der Lohnsteuerhaftung siehe Nacke, DStR 2005, 1297 ff.
545 FG Köln, ZIP 2006, 471 = GmbHR 2006, 49.
546 BFH, GmbHR 2005, 1315.

erhaftung des Gesellschafter-Geschäftsführers, auch wenn er die Nettolöhne aus dem Privatvermögen gezahlt hat.[547]

(1) Persönliche Haftung auch bei insolvenzrechtlicher Anfechtbarkeit der hypothetischen Zahlung?

Nach der Rspr. der FG Köln[548] und Düsseldorf[549] besteht die volle persönliche Haftung des GmbH-Geschäftsführers für nicht abgeführte Lohnsteuer auch dann, wenn die hypothetische Zahlung nach der InsO in einem nachfolgenden Insolvenzverfahren anfechtbar gewesen wäre. Entgegengesetzter Auffassung, also keine persönliche Haftung bei Anfechtbarkeit der hypothetischen Lohnsteuerzahlung, ist das FG Berlin.[550] Der BFH[551] hat festgestellt, dass die Auffassung, dass eine Anfechtbarkeit bei Lohnsteuerzahlungen die Kausalität der Pflichtverletzung für den Schadenseintritt unberührt lasse, im Widerspruch zur Rspr. des BGH betreffend die Haftung für nicht abgeführte Arbeitnehmeranteile zur Sozialversicherung steht. Jedoch hat der BFH in derselben Entscheidung seine ernsten Zweifel daran ausgedrückt, ob die Abführung der Lohnsteuer innerhalb der letzten drei Monate vor dem Insolvenzantrag nach § 130 InsO anfechtbar oder nicht vielmehr ein nicht anfechtbares Bargeschäft nach § 142 InsO ist.[552]

283

(2) Persönliche Haftung auch bei Kollision einer hypothetischen Lohnsteuerzahlung mit § 64 Abs. 2 GmbHG?

Nach der Rspr. des FG Köln[553] und des FG Düsseldorf[554] besteht die volle persönliche Haftung des GmbH-Geschäftsführers für nicht abgeführte Lohnsteuer auch dann, wenn die hypothetische Zahlung ein Verstoß gegen seine Pflicht aus § 64 Abs. 2 GmbHG, Zahlungen nicht mehr zu leisten, gewesen wäre. Auch hier steht die Rspr. der genannten FG im Widerspruch zur Rspr. des BGH zu den Kollisionsfällen bei Abführung/Nichtabführung der Arbeitnehmeranteile zur Sozialversicherung (s. o. Rn. 266 ff.). Daher meine ich, dass die Rspr. der vorgenannten FG zivilrechtlich keinen Bestand haben kann und eine persönliche Haftung des Geschäftsführers für nicht abgeführte Lohnsteuer zumindest in dem Drei-Wochen-Zeitraum des § 64 Abs. 1 GmbHG ausscheidet.[555]

284

bb) Körperschaft-, Gewerbe-, pauschalierte Lohn- und Umsatzsteuer

Es kann eine persönliche Haftung des Geschäftsführers für Umsatz-, Gewerbe-, Körperschaft- und pauschalierte Lohnsteuer entstehen, etwa wenn die Gesellschaft zur Zeit der Voranmeldung bzw. im Zeitpunkt der Fälligkeit der unterlassenen Vorauszahlung noch genügend Liquidität hatte.[556] Erforderlichenfalls muss der Geschäftsführer bei Liquiditätsproblemen bereits vor Fälligkeit der Steuer Vorsorge für die spätere Tilgung treffen.[557]

285

Für die persönliche Haftung des Geschäftsführers für Umsatz-, Gewerbe-, Körperschaft- und pauschalierte Lohnsteuer hat der BFH das **Prinzip der Haftung entsprechend der anteilmäßigen Tilgung** entwickelt,[558] welches auch für die Hinterziehungshaftung und für Verspätungszuschläge[559] und für die

---

547 BFH, DStR 2006, 181.
548 ZIP 2006, 471 = GmbHR 2006, 49.
549 ZIP 2006, 1447.
550 ZIP 2006, 1444; zustimmend Frotscher, BB 2006, 351 ff.
551 ZIP 2005, 1797, 1789.
552 Siehe dazu auch Laws/Stahlschmidt, BB 2006, 1031 ff.; Remmert/Horn, NZG 2006, 881 ff.; Sauer, ZInsO 2006, 1200 ff.
553 ZIP 2006, 471 = GmbHR 2006, 49.
554 ZIP 2006, 1447.
555 So auch Schuhmann, GmbHR 2006, 1292 ff.
556 FG Hamburg, DStR 2006, Heft 4, XII.
557 BFH, GmbHR 2006, 48 (zur Körperschaftsteuer).
558 BFH, BStBl. II 1991, S. 678.
559 BFH, DStR 2000, 1954.

USt-Abzugsbeträge i.S.d. § 18 Abs. 8 UStG[560] gilt. Der Geschäftsführer/Steuerpflichtige haftet für rückständige Steuern persönlich in dem Maße, in dem er andere Gläubiger noch besser befriedigt hat als das Finanzamt. Die Finanzbehörden entnehmen aus den Insolvenzakten einen Zeitpunkt des Insolvenzeintritts und erfragen sodann vom Geschäftsführer mit entsprechenden Formularen die notwendigen weiteren Daten, um eine Berechnung anstellen zu können.

Beispiel zu nicht abgeführter USt:

bei Eintritt der Insolvenzreife oder letzter Zahlung an das Finanzamt

bei Eintritt der Insolvenzreife oder letzter Zahlung an das Finanzamt

Verbindlichkeit USt	200 €
sonstige Verbindlichkeiten	2.000 €
bis Insolvenzeröffnung oder bis zum Zeitpunkt der letzten vom Geschäftsführer vorgenommenen Zahlung	
Zahlungen auf USt	10 €
Zahlungen auf sonstige Verbindlichkeiten	430 €
Tilgungsquote 440 von 2.200 aller Verbindlichkeiten = 1/5	
Gleichbehandlung des Finanzamts mit den anderen Gläubigern	
USt: 1/5 von 200 =	40 €
abzgl. erbrachte Zahlung auf USt	– 10 €
persönliche Haftung/Inanspruchnahme des Geschäftsführers	30 €

> **Hinweis:**
> Dieses Prinzip der Haftung entsprechend der anteilsmäßigen Tilgung gilt **nicht** auch **für die Lohnsteuer**, da sie eine fremde Schuld ist. Steht am Lohnzahlungstag also nicht fest, ob die Liquidität zur Abführung auch der Lohnsteuer ausreicht, muss die Lohnzahlung entsprechend gekürzt werden, da der Geschäftsführer sonst in die Gefahr vollständiger Ausfallhaftung gerät (s.o.).

286 Auch bei Teilnahme am sog. **Cash-Management** bleiben die steuerlichen Pflichten der Geschäftsleiter der teilnehmenden Gesellschaften in vollem Umfang als eigene Pflichten bestehen, d.h. die Teilnehmer haben darauf zu achten, dass sie trotz Cash-Managements, also etwa Abführung von Liquidität an einen Cash-Pool in der Muttergesellschaft, ihre eigenen steuerlichen Pflichten bei Fälligkeit stets erfüllen können.[561]

> **Hinweis:**
> Eine Haftung für steuerrechtliches Fehlverhalten setzt den Eintritt eines Schadens in Form nicht erhaltener Steuer bei der Finanzbehörde voraus. Der Schaden und damit die Ersatzhaftung entfällt, wenn die Steuerzahlung, wäre sie erfolgt, in der späteren Insolvenz des Abgabepflichtigen nach der InsO anfechtbar gewesen wäre.[562]

287 Verlässt sich der Geschäftsführer auf den Rat eines eingeschalteten Rechtsanwalts oder Steuerberaters zur Erfüllung der steuerlichen Pflichten, ist er von der **Haftung für rückständige Umsatzsteuer** frei.[563]

---

560 FG Berlin, GmbHR 2004, 983.
561 FG Bremen, ZIP 2005, 2159.
562 Frotscher, BB 2006, 351 ff.
563 BFH, GmbHR 2004, 1244.

Die **Sperrwirkung des § 93 InsO** hindert das Finanzamt nicht an der Inanspruchnahme des Geschäftsführers mit gesondertem Haftungsbescheid.[564] Die Sperrwirkung des § 93 InsO hindert das Finanzamt auch nicht an der Inanspruchnahme des persönlich haftenden Gesellschafters mit gesondertem Haftungsbescheid nach §§ 34, 69 AO.[565] 288

Es ist **ermessensfehlerhaft**, wenn die Finanzverwaltung nur den faktischen Geschäftsführer, nicht aber auch den eingetragenen Geschäftsführer in Haftung nimmt.[566] 289

E. Vermeidung von Insolvenzanfechtung

I. Allgemeines[567]

Mit der InsO ist das **Insolvenzanfechtungsrecht** neu geregelt worden. Durch die (gegenüber KO und GesO) verschärften Regelungen der InsO und durch die strikte Rspr. ist das Insolvenzanfechtungsrecht zu einem sehr wirkungsvollen Mittel des Insolvenzverwalters geworden, die Masse anzureichern.[568] 290

1. Voraussetzungen

a) Eröffnung des Insolvenzverfahrens

Voraussetzung für jede Insolvenzanfechtung ist die Eröffnung des Insolvenzverfahrens. Eine Insolvenzanfechtung durch den vorläufigen Insolvenzverwalter ist nicht möglich. Ebenso scheidet Insolvenzanfechtung aus, wenn ein beantragtes Insolvenzverfahren nicht eröffnet wird. 291

b) Gläubigerbenachteiligung

Nach § 129 InsO ist Voraussetzung jeder Insolvenzanfechtung, dass die Insolvenzgläubiger durch die anzufechtende **Rechtshandlung objektiv benachteiligt** wurden. Eine Benachteiligung liegt vor, wenn die Befriedigung der Insolvenzgläubiger durch die anfechtbare Rechtshandlung verkürzt/vermindert, vereitelt, erschwert, gefährdet oder verzögert wird. Der Insolvenzverwalter muss für eine Insolvenzanfechtung also darstellen, dass sich die Befriedigung der Gläubiger im Falle des Unterbleibens der angefochtenen Handlung günstiger gestaltet hätte. Zweck der Insolvenzanfechtung ist also nicht, der Masse Vermögensvorteile zu verschaffen, die sie ohne die anfechtbare Handlung nicht erlangt hätte. 292

Gläubigerbenachteiligung ist gegeben, wenn der Gemeinschuldner einen zweckgebundenen, von der Bank erhaltenen Kreditbetrag an Dritte dem Zweck entsprechend auszahlt.[569] Ebenso wie bei Zahlung aus einer eingeräumten Kreditlinie Gläubigerbenachteiligung vorliegt,[570] ist dies der Fall bei Zahlung aus nur geduldeter Kontoüberziehung.[571] 293

Wegen § 36 InsO liegt keine Gläubigerbenachteiligung vor, wenn über einen **unpfändbaren Gegenstand** verfügt wurde. 294

Nach der Rspr. des BGH[572] ist die **Verfügung über ein Grundstück**, welches wertausschöpfend oder sogar noch darüber mit Grundpfandrechten belastet ist, für die Insolvenzgläubiger nicht benachteiligend. Voraussetzung für die fehlende Gläubigerbenachteiligung ist dabei immer, dass der Insolvenzverwalter 295

---

564 BFH, ZIP 2002, 179.
565 BFH, ZIP 2002, 1492; dazu Kesseler, ZIP 2002, 1974 ff.
566 BFH, BB 2004, 1092.
567 Zu Sanierung und Insolvenzanfechtung siehe allgemein Paulus, BB 2001, 425 ff.
568 Zu neuen Entwicklungen im Anfechtungsrecht siehe Kreft, DStR 2005, 1192 ff. und 1232 ff.
569 BGH, ZIP 2001, 1248 = NJW 2002, 1574.
570 LG Hamburg, EWiR 2005, 183 und Vendolsky, ZIP 2005, 786 ff.
571 OLG Hamburg, ZInsO 2005, 937 = ZIP 2006, 44; ebenso OLG Stuttgart, ZIP 2005, 1837: Einlösung eines Schecks auf debitorischem Konto unter geduldeter Überziehung.
572 BGH, ZIP 1980, 250, 252.

bei einer Verwertung des Grundstücks unter keinen Umständen mehr hätte erlösen können als die bestehenden Belastungen ausmachen. Eine vergleichbare Entscheidung erging kürzlich zur Anfechtung nach dem Anfechtungsgesetz.[573] Die Weggabe eines wertausschöpfend belasteten Grundstücks kann eine Benachteiligung des Vollstreckungsgläubigers nur sein, wenn anzunehmen ist, dass der in der Zwangsversteigerung erzielbare Wert die vorgehenden Belastungen und die Kosten des Verfahrens übersteigt. Maßgebend für die Beurteilung der Wertausschöpfung ist dabei nicht der Nominalbetrag der Grundpfandrechte, sondern die tatsächliche Höhe der bestehenden gesicherten Forderungen.[574]

Fraglich könnte sein, ob evtl. die **Weggabe eines wertausschöpfend belasteten Grundstücks** eine Benachteiligung der Insolvenzgläubiger deshalb sein kann, weil anzunehmen ist, dass ohne die Weggabe des Grundstücks sich der Insolvenzverwalter mit dem Grundpfandgläubiger über eine freihändige Verwertung des Grundstücks (anstelle Zwangsverwertung durch den Grundpfandgläubiger) geeinigt und der Grundpfandgläubiger hierfür einen gewissen Beitrag an die Insolvenzmasse geleistet hätte. So hat das OLG Hamburg[575] entschieden, dass auch die Einräumung einer nachrangigen Grundschuld an einem Grundstück, welches mit vorgehenden Grundschulden bereits wertausschöpfend belastet ist, eine anfechtbare Gläubigerbenachteiligung darstellt, weil diese sog. „**Schornsteinhypothek**" einen gewissen „Lästigkeitswert" besitzt, dessen Realisierung der Insolvenzmasse zusteht.

296 Keine Gläubigerbenachteiligung wird begründet durch das **Entfallen der Pauschalen** nach § 166 InsO, wenn ein absonderungsberechtigter Gläubiger eine abgetretene Forderung selbst einzieht bzw. der Sicherungseigentümer die Gegenstände in Besitz genommen und selbst verwertet hat, da die Pauschalen nicht die Masse mehren, sondern Ersatz für zusätzliche Kosten sein sollen.[576]

297 Soweit ersichtlich, ist im Hinblick auf das Erfordernis der Gläubigerbenachteiligung für die Insolvenzanfechtung noch nicht endgültig entschieden, ob die Insolvenzanfechtung auch bei **fortbestehender Masseunzulänglichkeit** noch möglich ist.[577]

c) Keine Gläubigerbenachteiligung bei Einzug wirksam abgetretener Forderung durch den Zessionar?

298 Der Einzug einer Forderung durch den Zessionar bzw. die Verrechnung eines Zahlungseingangs mit einem Sollstand des Kontos durch das Kreditinstitut als Sicherungs-/Globalzessionar ist **grds. nicht anfechtbar**, wenn die mit dem Zahlungseingang bezahlte Forderung des Schuldners wirksam an den Zahlungsempfänger abgetreten war,[578] da es insoweit an einer Gläubigerbenachteiligung fehlt. Eine Gläubigerbenachteiligung liegt auch nicht darin, dass in diesem Falle dem Insolvenzverwalter die Pauschalen für Feststellung und Verwertung nach § 171 InsO entgehen, da diese nicht Massemehrungen sondern nur Kostenausgleiche sind.[579]

299 Dieser **Grundsatz** wird jedoch in der jüngeren obergerichtlichen Rspr. und teilweise in der Lit. **infrage gestellt**.

So haben das **OLG Karlsruhe**[580] und das OLG München[581] entschieden, dass wenn eine dem Kreditinstitut im Rahmen einer Globalzession abgetretene künftige Forderung in den letzten drei Monaten vor dem Insolvenzantrag entsteht, der Forderungserwerb nach Maßgabe des § 131 InsO anfechtbar ist, da das

---

573 BGH, ZIP 2006, 387.
574 BGH, ZIP 1980, 250, 252.
575 ZIP 2001, 1332.
576 BGH, ZIP 2004, 42; ZIP 2005, 40; dazu Gundlach/Frenzel/Schmidt, NZI 2004, 305 ff.
577 Bejaht durch LG Hamburg, ZIP 2001, 213; verneint durch LG Stralsund, ZIP 2001, 936; dazu Pape, ZIP 2001, 901 ff. und Gundlach/Frenzel/Schmidt, NZI 2004, 184 ff.
578 BGH, ZIP 2000, 244.
579 BGH, ZIP 2004, 42.
580 ZIP 2005, 1248.
581 ZIP 2006, 2277; dazu auch Leiner, ZInsO 2006, 460 ff.; Kuder, ZInsO 2006, 1065 ff.

Kreditinstitut vor Entstehung der Forderung keinen hinreichend bestimmten, zur Kongruenz führenden Anspruch auf ihre Abtretung hatte.

Bei **vorausabgetretenen Werklohnforderungen** wird in der Lit. zunehmend vertreten, dass es für die Anfechtbarkeit nicht auf den Zeitpunkt der Zession bzw. der Entstehung der abgetretenen Werklohnforderung (Abschluss des Werkvertrages des Schuldners mit seinem Auftraggeber) ankommt, sondern darauf, zu welcher Zeit die den Wert der abgetretenen Werklohforderungen erst begründenden Werkarbeiten ausgeführt werden, der abgetretene Anspruch also werthaltig gemacht wird. Die Wertsteigerung sei isoliert anfechtbar.[582] Nunmehr liegt hierzu eine erste obergerichtliche Entscheidung durch das OLG Dresden vor[583] : Das Werthaltigmachen einer zedierten Forderung kann nach § 131 Abs. 1 InsO anfechtbar sein. Entscheidend ist, was mit Mitteln der „werdenden" Masse im Anfechtungszeitraum geleistet worden ist. Die Entscheidung des OLG Dresden wurde rechtskräftig, da der BGH den Antrag auf Prozesskostenhilfe für das Revisionsverfahren zurückgewiesen hat und somit das Revisionsverfahren nicht durchgeführt wird.[584]

300

d) Keine Gläubigerbenachteiligung bei Verwertung beweglichen Sicherungsguts durch den Sicherungsnehmer?

Die Herausgabe von beweglichem Sicherungsgut durch den Schuldner an den Sicherungsgläubiger kann nach § 130 Abs. 1 InsO anfechtbar sein, wenn sie die Gläubiger benachteiligt (§ 129 InsO). Eine Benachteiligung liegt nicht darin, dass der Insolvenzmasse die Feststellungspauschale nach § 171 Abs. 1 InsO entgeht. Gelingt dem Sicherungsgläubiger die Verwertung des Sicherungsguts erst nach der Eröffnung des Insolvenzverfahrens, entsteht nach der **Theorie des Doppelumsatzes** des BFH eine Umsatzsteuerpflicht der Masse („in anderer Weise", § 55 Abs. 1 Nr. 1 InsO), für die der Sicherungsgläubiger nach § 143 Abs. 1 Satz 2 InsO, §§ 819 Abs. 1, 818 Abs. 4, 292 Abs. 1 und 989 BGB schadensersatzpflichtig ist.[585]

301

2. Gegenstand der Anfechtung

Gegenstand der Anfechtung sind **Rechtshandlungen** des **Schuldners**, des **Gläubigers** und **Dritter**. Solche sind auch Zahlungen per Lastschrift vom Bankkonto im Wege des Abbuchungsauftrags- oder Einzugsermächtigungsverfahrens. Maßgeblicher Zeitpunkt ist die endgültige Zahlung, wenn die Lastschrift nicht mehr widerrufen werden kann.[586]

302

Auch Rechtshandlungen, denen der **schwache vorläufige Insolvenzverwalter** mit Zustimmungsvorbehalt zugestimmt hat, können im eröffneten Insolvenzverfahren vom Insolvenzverwalter zwar grds. angefochten werden,[587] nicht jedoch, wenn der Gläubiger durch schutzwürdiges Vertrauen auf den Bestand der Rechtshandlung einen Nachteil erlitten hat,[588] er etwa im Vertrauen darauf, die mit Zustimmung des schwachen vorläufigen Verwalters erhaltene Bezahlung alter Forderungen behalten zu dürfen, neue Ware geliefert hat.[589]

Allerdings hat das BAG entschieden, dass der Insolvenzverwalter sogar Lohnzahlungen des Schuldners im Insolvenzeröffnungsverfahren an Arbeitnehmer anfechten und Rückzahlung zur Insolvenzmasse verlangen kann, denen er selbst als vorläufiger Insolvenzverwalter zugestimmt hat.[590]

---

582 Kirchhof, ZInsO 2004, 465 ff. unter Berufen auf BGHZ 147, 28 und BGH, WM 2001, 2208; Beiner/Luppe, NZI 2005, 15 ff.
583 ZIP 2005, 2167.
584 Mitteilung in ZIP 2006, 1786.
585 BGH, ZInsO 2006, 154.
586 BGH, ZIP 2003, 488.
587 OLG Celle, ZIP 2003, 412; erneut NZI 2005, 38.
588 OLG Celle, NZI 2005, 38; BGH, NZI 2005, 218.
589 BGH, ZIP 2006, 431.
590 BAG, ZIP 2005, 86.

Stimmt der vorläufige Insolvenzverwalter mit Zustimmungsvorbehalt einer Zahlung zu, durch die gesetzliche oder Altverbindlichkeiten bezahlt werden, ist die Zahlung im eröffneten Insolvenzverfahren anfechtbar,[591] wenn der Gläubiger nicht auf das Behaltendürfen hat vertrauen dürfen, etwa also, wenn die Zahlung nur wegen seiner beherrschenden Stellung erfolgte und der vorläufige Verwalter zunächst sich gegen die Zahlung ausgesprochen hatte.[592]

Rechtshandlungen des **starken vorläufigen Verwalters** sind nicht anfechtbar.[593]

3. Rechtsfolge der Anfechtung

303 Folge der Anfechtung ist nach § 143 InsO die Verpflichtung des Anfechtungsgegners zur **Rück- und Herausgabe** des durch die anfechtbare Rechtshandlung **Erlangten** nach den Regeln des Bereicherungsrechts **einschließlich Surrogaten** und **Nutzungen**. Der Rückzahlungsanspruch ist ab Insolvenzeröffnung mit 5 % über dem Basiszinssatz p.a. zu verzinsen.[594] Nach der Rückgewähr lebt die ursprüngliche Forderung des Anfechtungsgegners wieder auf (§ 144 InsO), und zwar mit allen, auch den nicht akzessorischen Sicherheiten.[595]

4. Fristberechnung, Geltendmachung, Verjährung; nahe stehende Personen, Bargeschäft

304 Anknüpfungspunkt für die **Berechnung der Zeiträume**, in welchen die anfechtbaren Rechtshandlungen nach den einzelnen Anfechtungstatbeständen liegen müssen, ist nach § 139 InsO der **Tag des Insolvenzantrags** und nicht, wie nach früherem Recht der KO, der Tag der Entscheidung über den Insolvenzantrag. Allein hierdurch wurde das Insolvenzanfechtungsrecht für den Insolvenzverwalter zu einem wirksameren Instrument.

Maßgeblich ist der Antrag, der zur Eröffnung des Insolvenzverfahrens geführt hat. Ein zurückgenommener Antrag ermöglicht keine Insolvenzanfechtung.[596]

Die **Geltendmachung** der Insolvenzanfechtung erfolgt durch **Klage des Insolvenzverwalters** oder durch **Einrede**. Zuständig sind die **Zivilgerichte** und zwar auch für die Anfechtung einer Steuerzahlung.[597] Der Anfechtungsanspruch **verjährt** innerhalb der Regelverjährung, § 146 InsO, § 195 BGB.

Gewisse Verschärfungen des Insolvenzanfechtungsrechts gelten für **nahe stehende Personen**, § 138 InsO. Für sie werden bspw. die in einigen Insolvenztatbeständen erforderlichen Kenntnisse von der Zahlungsunfähigkeit des Schuldners oder der Benachteiligung der Insolvenzgläubiger (z.B. §§ 130 Abs. 2, 131 Abs. 2, 132 Abs. 3 InsO) vermutet. Den Kreis der nahe stehenden Personen regelt § 138 InsO. Eine vom Schuldner beherrschte Gesellschaft kann eine nahe stehende Person i.S.d. § 138 InsO sein.[598]

Rechtsanwälte und Steuerberater sind nicht nahe stehende Personen.[599]

Bargeschäfte nach § 142 InsO sind mit Ausnahme der Vorsatzanfechtung nach § 133 Abs. 1 InsO nicht anfechtbar. Voraussetzung für ein Bargeschäft ist der in unmittelbarem zeitlichem Zusammenhang stehende Leistungsaustausch kongruenter Leistungen; kein Bargeschäft bei Inkongruenz.

---

591 BGH, NZI 2005, 218.
592 BGH, ZIP 2006, 431.
593 Anders hinsichtlich Sozialversicherungsbeiträgen Röpke/Rothe, NZI 2004, 430 ff.
594 OLG Karlsruhe, EWiR 2005, 33.
595 OLG Frankfurt, ZIP 2004, 271.
596 BGH, ZIP 2006, 290.
597 OLG Hamm, NZI 2004, 34.
598 BGH, NZI 2004, 449.
599 BGH, ZIP 1998, 247 (noch zur KO); zur Anfechtbarkeit der Honorarzahlung an den Sanierungsberater siehe BGH, NJW 2002, 3252 = ZIP 2002, 1540.

II. Anfechtungstatbestände

1. Kongruente Deckung (§ 130 InsO)

a) Anfechtbare Rechtshandlungen

Nach § 130 Abs. 1 Nr. 1 InsO ist eine Rechtshandlung, die einem Insolvenzgläubiger eine Sicherung oder Befriedigung gewährt oder ermöglicht hat, anfechtbar, wenn

- sie in den letzten drei Monaten vor dem Insolvenzantrag vorgenommen worden ist **und**
- der Schuldner zur Zeit der Handlung zahlungsunfähig war **und**
- der Gläubiger zu dieser Zeit die Zahlungsunfähigkeit kannte.

Nach § 130 Abs. 1 Nr. 2 InsO ist die Rechtshandlung anfechtbar, wenn

- sie nach dem Insolvenzeröffnungsantrag vorgenommen worden ist **und**
- der Gläubiger zur Zeit der Handlung die Zahlungsunfähigkeit oder den Eröffnungsantrag kannte.

b) Kenntnis des Gläubigers

Die **Feststellung des objektiven Kriteriums** – eingetretene Zahlungsunfähigkeit oder gestellter Insolvenzeröffnungsantrag – bereitet regelmäßig keine Schwierigkeiten, so dass es für die Kongruenzanfechtung maßgeblich auf die **Kenntnis des Gläubigers** ankommt. Nach § 130 Abs. 2 InsO steht der Kenntnis der Zahlungsunfähigkeit oder des Eröffnungsantrags die Kenntnis von Umständen gleich, die zwingend auf die Zahlungsunfähigkeit oder den Eröffnungsantrag schließen lassen.

Hier kommt es tatsächlich auf Kenntnis des Gläubigers an. Auch grob fahrlässige Unkenntnis reicht nicht.[600] Eine nur vage Hoffnung, der Schuldner werde seine Krise überwinden, steht der Kenntnis von Umständen, die zwingend auf Zahlungsunfähigkeit schließen lassen, jedoch nicht entgegen.[601] Kenntnis ist auch bei einem Gläubiger zu vermuten (Beweislastumkehr), der nach von ihm selbst gestelltem Insolvenzantrag Zahlungen erhält, weil er durch den Zahlungserhalt allein nicht davon ausgehen darf, dass auch die Gläubigergesamtheit wieder Zahlungen erhält.[602] Bei bestimmten Verdachtstatsachen (auch aufgrund von Pressemitteilungen, die keine amtlichen Verlautbarungen sind) kann der Gläubiger gehalten sein, sich nach der Zahlungsfähigkeit des Schuldners zu erkundigen; hier schadet bereits einfache Fahrlässigkeit.[603]

Die Kenntnis muss der **Insolvenzverwalter darlegen** und **beweisen**.[604]

c) Entscheidungen zur Kenntnis einzelner Gruppen von Gläubigern/Anfechtungsgegnern

aa) Lieferanten

Die **Kenntnis eines Lieferanten** ist nicht zwingend anzunehmen, wenn eine Zahlungsverzögerung vorlag und ein Scheck geplatzt war, die Zahlung sodann jedoch sofort nachgeholt wurde.[605]

bb) Kreditinstitute

Häufig wird zumindest das **geschäftskontoführende Kreditinstitut** die Zahlungsunfähigkeit oder Umstände kennen, die zwingend auf Zahlungsunfähigkeit schließen lassen.

---

600 OLG Frankfurt, ZIP 2003, 1055.
601 OLG Hamm, NZI 2002, 161.
602 BGH, DB 2002, 265 und 267.
603 BGH, ZIP 2001, 1641 (zur GesO); BGH, DB 2002, 264.
604 Nachweis der Kenntnis im Anfechtungsprozess Hölzle, ZIP 2006, 101 ff.
605 OLG Düsseldorf, NZI 2003, 439.

cc) Sozialversicherungen

309 Der Anfechtung unterliegen grds. auch **Zahlungen von Arbeitnehmeranteilen zur Sozialversicherung**, da der Arbeitgeber und spätere Gemeinschuldner alleiniger Schuldner des gesamten Sozialversicherungsbeitrags ist.[606] Kenntnis des Sozialversicherungsträgers, der wegen mehrmonatigen Beitragsrückstands selbst einen Insolvenzantrag gestellt hat, ist gegeben.[607] Allein aus dem Umstand, Zahlung erhalten zu haben, kann der Sozialversicherungsträger nicht ohne weiteres schließen, dass auch alle anderen Gläubiger ihre Zahlungen (wieder) erhalten. Kenntnis des Sozialversicherungsträgers von der Zahlungsunfähigkeit des Schuldners wurde bei halbjähriger Nichtabführung der Sozialversicherungsbeiträge als gegeben angenommen.[608] Es ist ein allgemeiner Erfahrungssatz, der sich dem Sozialversicherungsträger aufdrängt, dass seine Ansprüche vorrangig befriedigt werden, weil die Nichtabführung strafbar ist.[609] Dem steht wegen der Drei-Wochen-Frist für den Insolvenzantrag nicht entgegen, dass der Schuldner einen Insolvenzantrag nicht gestellt hat.[610]

Anfechtungsgegner ist auch dann die Einzugsstelle, wenn sie die vereinnahmten Beiträge bereits an die Sozialkassen ausgekehrt hat.[611]

dd) Finanzamt

310 Die **Kenntnis des Finanzamts** ist gegeben, wenn über mehrere Monate der Zahlungsrückstand zunimmt und dann nur eine Teilzahlung des Schuldners erfolgt.[612] Kenntnis des Finanzamts liegt auch vor, wenn erhebliche Rückstände auf verschiedene Steuern bestehen und der Schuldner nur teilweise und unregelmäßige Zahlungen leistet.[613] Kenntnis des Finanzamts kann auch gegeben sein, wenn aus einer Betriebsprüfung Erkenntnisse zur wirtschaftlichen Situation des Unternehmens gewonnen wurden.[614]

311 In der **Abführung der Lohnsteuer** ist regelmäßig eine objektive Gläubigerbenachteiligung zu sehen.[615] Jedoch bestehen ernstliche Zweifel, ob die Abführung der Lohnsteuer nicht ein Bargeschäft nach § 142 InsO ist, das nur unter den Voraussetzungen des § 133 Abs. 1 InsO angefochten werden kann.[616]

2. Inkongruente Deckung (§ 131 InsO)

312 Nach § 131 Abs. 1 InsO ist eine Rechtshandlung anfechtbar, die einem Insolvenzgläubiger eine Sicherung oder Befriedigung gewährt oder ermöglicht hat, die er **nicht oder nicht in der Art oder nicht zu der Zeit zu beanspruchen hatte, wenn**

- die Handlung im letzten Monat vor dem Antrag auf Eröffnung des Insolvenzverfahrens oder nach dem Antrag vorgenommen worden ist,
- die Handlung innerhalb des zweiten oder dritten Monats vor dem Eröffnungsantrag vorgenommen worden ist und der Schuldner zur Zeit der Handlung zahlungsunfähig war **oder**
- die Handlung innerhalb des zweiten oder dritten Monats vor dem Eröffnungsantrag vorgenommen worden ist und dem Gläubiger zur Zeit der Handlung bekannt war, dass sie die Insolvenzgläubiger benachteiligte.

---

606 BGH, NZI 2003, 542.
607 BGH, DB 2002, 265 und 267; anders noch OLG Dresden, ZIP 2001, 621.
608 BGH, NZI 2003, 542.
609 BGH, ZIP 2003, 1506.
610 OLG Stuttgart, ZIP 2004, 129.
611 BGH, ZIP 2004, 862.
612 BGH, BB 2003, 546.
613 BGH, EWiR 2004, 669.
614 BGH, ZIP 2004, 669.
615 BGH, ZIP 2004, 513 = NJW 2004, 1444.
616 BFH, BB 2005, 2618.

Da es für die Inkongruenzanfechtung auf **subjektive Tatbestände** (Kenntnis) mit Ausnahme des dritten Gliederungspunkts nicht ankommt, ist für diese Anfechtung regelmäßig die Beurteilung maßgeblich, ob die Sicherung oder Befriedigung inkongruent war. Als Beispiele aus der ober- und höchstrichterlichen Rspr. für inkongruente Deckungen seien folgende genannt.

a) Inkongruente Deckungen im Allgemeinen

Die **Befriedigung** einer noch nicht fälligen, betagten oder aufschiebend bedingten Forderung ist inkongruent. Eine Anfechtung einer vorfälligen Zahlung als inkongruent scheidet aber aus, wenn die Forderung noch vor Insolvenzverfahrenseröffnung eintritt, weil dann die inkongruente Deckung nicht ursächlich für die Gläubigerbenachteiligung ist.[617]

Die Zahlung vor Ablauf der letzten, vom Gläubiger gesetzten Zahlungsfrist ist ebenfalls inkongruent.[618]

Die **Abtretung einer Forderung statt Zahlung** des geschuldeten Betrags ist inkongruent.[619] Dies gilt dann auch für eine eventuelle dem Gläubiger übertragene Sicherheit für die abgetretene Forderung.[620] Ebenso liegt Inkongruenz vor bei Vereinbarung einer Stundung gegen Abtretung einer Forderung gegen einen Hoheitsträger.[621]

Auch die **Weitergabe eines Kundenschecks** an einen Gläubiger ist inkongruent.[622] Ebenso ist die Verknüpfung der Zustimmung einer Behörde zu privatrechtlichem Geschäft mit Begleichung von Abgaben inkongruent.[623]

Vereinbart der Schuldner mit einer Zwischenperson die **Zahlung an einen Gläubiger des Schuldners**, bewirkt i.d.R. die Mittelbarkeit der Zahlung eine inkongruente Deckung.[624]

b) Inkongruenz bei Sicherung oder Befriedigung durch Zwangsvollstreckung

Nach st. Rspr. des BGH ist eine während der „**kritischen Zeit**", d.h. in dem Drei-Monats-Zeitraum im Wege der Zwangsvollstreckung erlangte Sicherung oder Befriedigung als inkongruent anzusehen. Das die Einzelvollstreckung beherrschende Prioritätsprinzip wird durch die Insolvenzanfechtungsregeln eingeschränkt, wenn für die Gläubigergesamtheit nicht mehr die Aussicht auf volle Befriedigung besteht.[625]

Auch die Erlangung eines Pfändungspfandrechts ist inkongruent, da trotz Vollstreckungstitels ein materieller Anspruch auf Sicherung „in der Art" nicht besteht (§ 141 InsO).[626] Bei Pfändung einer künftigen Forderung ist der maßgebliche Zeitpunkt die Entstehung der Forderung.[627]

---

617 LG Münster, NZI 2005, 563.
618 BGH, NJW 2004, 1112 für einen Fall mit „dahinterstehender" Befürchtung, dass Gläubiger Zwangsvollstreckung einleitet.
619 OLG Zweibrücken, WM 1985, 295; OLG Schleswig, ZIP 1982, 82 (beide noch zur KO).
620 BGH, ZIP 2004, 1060.
621 BGH, ZIP 2005, 2025.
622 OLG Stuttgart, EWiR 2004, 667.
623 OLG Rostock, ZIP 2004, 1515.
624 BGH, ZIP 2003, 356.
625 BGH, NJW 2002, 2568 für den Fall der Zahlung des Schuldners an einen Vollstreckungsbeamten der Sozialversicherung; LG Stralsund, ZIP 2001, 2058 für den Fall der Bargeldpfändung; OLG Hamm, ZIP 2006, 1104 für den Fall der Zwangsvollstreckung durch den Steuerfiskus.
626 BGH, WM 1997, 2093 (noch zur KO).
627 BGH, ZIP 2003, 808 = NJW 2003, 2171.

c) Inkongruenz bei Sicherung oder Befriedigung aufgrund vom Gläubiger angedrohter Vollstreckung oder angedrohter Insolvenzantragstellung[628]

315 Nach st. Rspr. des BGH sind Zahlungen oder Sicherheitsgewährungen in dem Drei-Monats-Zeitraum auf Druck von oder zur Vermeidung unmittelbar bevorstehender Zwangsvollstreckungen inkongruent.[629] Auch die Zahlung der Muttergesellschaft zur Vermeidung der Zwangsvollstreckung bei der Tochtergesellschaft ist inkongruent,[630] ebenso die Tilgung von Steuerschulden aufgrund angedrohter Zwangsvollstreckung.[631] Zahlungen zur Abwendung der Zwangsvollstreckung außerhalb des Drei-Monats-Zeitraums sind kongruent.[632]

Die Beurteilung des Vollstreckungsdrucks ist aus **objektiver Sicht** des Schuldners vorzunehmen.[633]

Die Zahlung vor Ablauf der letzten, vom Gläubiger gesetzten Zahlungsfrist ist inkongruent, sofern der **Schuldner zu befürchten** hatte, dass der Gläubiger nach Fristablauf die Zwangsvollstreckung einleitet.[634]

Das **AG Kerpen**[635] hält die vorgenannte Rspr. des BGH, bei Zahlung im Wege oder auf Druck von Zwangsvollstreckung stets Inkongruenz anzunehmen, für verfassungswidrig wegen Verstoßes gegen das Prinzip der Gewaltenteilung und gegen den Gleichheitssatz des Art. 3 GG. Das LG Köln hat diese Entscheidung jedoch aufgehoben.[636]

Zahlungen in einem noch **laufenden Gerichtsprozess** sind allein wegen des Prozesses nicht inkongruent.[637] Ebenso liegt (noch) keine Druckzahlung nach Verkündung aber vor Zustellung eines Versäumnisurteils vor.[638]

Die durch Drohung mit der Inanspruchnahme einer **Prozessbürgschaft** erlangte Befriedigung führt zu einer inkongruenten Deckung und Anfechtbarkeit nach § 131 InsO.[639]

Die Zahlung zur Abwendung eines angekündigten Insolvenzantrags führt auch **außerhalb des Drei-Monats-Zeitraums** zu Inkongruenz, weil der Insolvenzantrag im Gegensatz zur Einzelvollstreckung nicht dazu dient, dem Gläubiger zur vollen Durchsetzung seiner Ansprüche zu verhelfen.[640]

d) Erlangung von Sicherheiten, Pfandrecht

316 Die **Erlangung neuer Sicherheiten**, die neben einem neu gewährten Darlehen zugleich auch Altforderungen sichern, ist insgesamt inkongruent; die Anfechtung umfasst dann auch die nachträgliche schuldrechtliche Sicherungsvereinbarung.[641]

Eine aufgrund des Nachbesicherungs- bzw. Sicherheitenverstärkungsanspruchs nach den AGB der Banken und Sparkassen erlangte Sicherheit ist stets inkongruent.[642]

---

628 Zu Reaktionen auf die Rspr. des BGH zur Anfechtung von Druckzahlungen Rechtmann/Tetzlaff, ZInsO 2005, 196 ff.
629 BGH, ZIP 2003, 1506; NJW 2002, 2568; OLG Karlsruhe, ZIP 2002, 1591.
630 OLG München, ZIP 2001, 1924 (zur KO).
631 OLG Schleswig, ZIP 2003, 727.
632 BGH, ZIP 2004, 1512.
633 BGH, ZIP 2003, 1304.
634 BGH, NJW 2004, 1112.
635 ZIP 2005, 2327.
636 LG Köln, ZInsO 2006, 839.
637 OLG Düsseldorf, NZI 2003, 439.
638 OLG Düsseldorf, ZIP 2003, 1163.
639 LG München, EWiR 2003, 1153.
640 BGH, ZIP 2004, 319.
641 BGH, ZIP 1998, 248.
642 BGH, ZIP 1999, 76 (noch zur KO).

Poolverträge, nach welchen mehrere beteiligte Gläubiger das Sicherungsgut treuhänderisch für alle Poolgläubiger zur Sicherung aller dem Schuldner gewährter Darlehen mit der Vereinbarung halten, dass die Sicherheit der Sicherung sämtlicher bestehender und künftiger Forderung dienen soll, sind i.d.R. inkongruent.[643]

317

Für das **AGB-Pfandrecht** der Kreditinstitute ist entscheidend, wann die verpfändete Forderung entstanden bzw. der verpfändete Gegenstand in den Besitz des Kreditinstituts gelangt ist, wann also der Pfandgegenstand individualisiert wurde.[644] Ein Pfandrecht des Kreditinstituts, das aufgrund der AGB an Zahlungseingängen in den letzten drei Monaten vor Insolvenzantrag entsteht, ist als inkongruente Deckung anfechtbar.[645]

318

3. Unmittelbar nachteilige Rechtshandlungen (§ 132 InsO)

Nach § 132 InsO ist ein Rechtsgeschäft des Schuldners anfechtbar, welches die Insolvenzgläubiger unmittelbar benachteiligt, wenn

319

- es in den letzten drei Monaten vor dem Antrag auf Eröffnung des Insolvenzverfahrens vorgenommen worden ist, wenn zur Zeit des Rechtsgeschäfts der Schuldner zahlungsunfähig war und wenn der andere Teil zu dieser Zeit die Zahlungsunfähigkeit kannte **oder**

- es nach dem Eröffnungsantrag vorgenommen worden ist und wenn der andere Teil zur Zeit des Rechtsgeschäfts die Zahlungsunfähigkeit oder den Eröffnungsantrag kannte.

Eine **unmittelbare Gläubigerbenachteiligung** liegt bspw. vor, wenn der Gläubiger den Schuldner veranlasst, vor Ausführung einer zur Fortführung des Schuldnerbetriebes nötigen Warenlieferung auch die Forderungen für frühere Lieferungen zu bezahlen.[646]

4. Vorsätzliche Gläubigerbenachteiligung (§ 133 Abs. 1 InsO)

Nach § 133 Abs. 1 InsO ist eine Rechtshandlung anfechtbar, die der Schuldner in den letzten zehn Jahren vor dem Antrag auf Eröffnung des Insolvenzverfahrens oder nach diesem Antrag mit dem **Vorsatz**, seine Gläubiger zu benachteiligen, vorgenommen hat, wenn der andere Teil zur Zeit der Handlung den Vorsatz des Schuldners kannte.

320

Wie im Folgenden anhand der jüngsten Rspr. des BGH zu zeigen sein wird, erlebt die Anfechtung wegen vorsätzlicher Benachteiligung nach § 133 Abs. 1 InsO derzeit eine wahre Renaissance[647] und ist damit von **außerordentlicher praktischer Relevanz**.[648]

a) Rechtshandlungen des Schuldners

Nach dem Wortlaut des § 133 Abs. 1 InsO sind nur **Rechtshandlungen des Schuldners** nach dieser Vorschrift anfechtbar. Zwangsvollstreckungsmaßnahmen selbst sind keine Rechtshandlungen des Schuldners und damit nicht nach § 133 Abs. 1 InsO anfechtbar.[649] Dennoch wurde teilweise in der Lit. die Auffassung vertreten, dass es für die Vorsatzanfechtung nicht zwingend einer Rechtshandlung des Schuldners bedürfe.[650] Dem konnte jedoch bereits angesichts des eindeutigen, entgegenstehenden Gesetzeswortlautes

321

---

643 BGH, NJW 1998, 2592 (noch zur KO); Peters, ZIP 2000, 2238 ff.; zur Zulässigkeit von Sicherheitenpoolverträgen in der Insolvenz Gundlach/Frenzel/Schmidt, NZI 2003, 142 ff.
644 Eckardt, ZIP 1999, 1417 ff.
645 Fortgesetzte Rspr.: BGH, ZIP 2002, 812; ZIP 2004, 620; zum latenten Widerspruch zwischen kongruenter Globalzession und AGB-Pfandrecht siehe Jacobi, ZIP 2006, 2351 ff.
646 BGH, ZIP 2003, 810 und 855.
647 Siehe Bork, ZIP 2004, 1684 ff.; zur Ausweitung der Vorsatzanfechtung durch den BGH siehe auch Bauer, ZInsO 2004, 594 ff.
648 Zusammenfassende Bestätigung der bisherigen Rspr. des BGH in ZIP 2006, 290 = ZInsO 2006, 94 – sehr lesenswert.
649 BGH, ZIP 2003, 1900.
650 Siehe Leithaus, NZI 2004, Heft 6, Seiten V und VI; Rendels, ZIP 2004, 1289 ff.

nicht gefolgt werden.[651] Der BGH[652] hat sodann auch zutreffend entschieden, dass eine Vorsatzanfechtung nach § 133 Abs. 1 InsO bei Erlangung einer Sicherung oder Befriedigung durch Zwangsvollstreckung des Gläubigers nicht infrage kommt, da insoweit keine Rechtshandlung des Schuldners vorliegt. Ebenso fehlt es an einer Rechtshandlung des Schuldners nach § 133 Abs. 1 InsO, wenn der Schuldner die Zahlung zwar selbst vornimmt, jedoch nur noch die Wahl hat, die geforderte Zahlung zu leisten oder die Vollstreckung zu dulden, also jede selbstbestimmte Handlungsmöglichkeit des Schuldners ausgeschaltet ist.[653] Veranlasst der Gläubiger den Schuldner jedoch, den Insolvenzantrag bewusst hinauszuzögern, um eine Anfechtung der Zwangsvollstreckungsmaßnahme nach § 131 InsO zu vermeiden, kommt eine Haftung des Gläubigers aus §§ 826, 823 Abs. 2 BGB in Betracht.[654]

b) Benachteiligungsvorsatz des Schuldners

322 Es genügt **bedingter Vorsatz** (dolus eventualis).[655] Es reicht aus, wenn sich der Schuldner die Benachteiligung der Gläubiger nur als möglich vorstellt und sie in Kauf nimmt, ohne sich durch die Vorstellung dieser Möglichkeit von seinem Handeln abhalten zu lassen.[656] Unredlichkeit oder unlauteres Zusammenwirken von Schuldner und Gläubiger sind nicht erforderlich.[657] Bei kongruenten Deckungsgeschäften ist der Benachteiligungsvorsatz abzugrenzen vom bloßen Willen des Schuldners, seinen gesetzlichen oder vertraglichen Verpflichtungen nachzukommen.[658]

323 Der **Benachteiligungsvorsatz des Alleingesellschafters** einer GmbH ist dieser zuzurechnen, wenn der Gesellschafter den Geschäftsführer zu einer bestimmten Leistung angewiesen hat.[659]

324 Tatsachen bzw. Indizien, aus welchen auf den beim Schuldner vorhandenen **Gläubigerbenachteiligungsvorsatz** geschlossen werden kann, können sein:

- die Weggabe eines wertvollen Gegenstandes ohne Gegenleistung[660] oder
- ein auffälliges Missverhältnis zwischen Warenwert und Preis (Schleuderverkauf).[661]

325 Eine **Vermutung für den Gläubigerbenachteiligungsvorsatz** des Schuldners besteht, wenn der Schuldner wusste, dass die Zahlungsunfähigkeit drohte und dass die Handlung die (übrigen) Gläubiger benachteiligte (§ 133 Abs. 1 Satz 2 InsO analog).[662] Diesen Schluss halte ich für zu weitgehend, da mir hierin ein Wertungswiderspruch zum Anfechtungstatbestand des § 130 Abs. 1 Nr. 1 InsO zu liegen scheint.[663] Der BGH geht i.d.R. vom Vorliegen des Benachteiligungsvorsatzes aus, wenn der Schuldner zur Zeit der Wirksamkeit (§ 140 InsO) der angefochtenen Rechtshandlung zahlungsunfähig war.[664]

Indiz für fehlende Gläubigerbenachteiligungsabsicht des Schuldners kann der Zuschuss eigenen Vermögens im Sanierungsgeschehen sein.[665]

---

651 Siehe auch Bork, ZIP 2004, 1684 ff.
652 ZIP 2005, 494 = NJW 2005, 1121.
653 BGH, ZIP 2005, 494 = NJW 2005, 1121; dazu auch Schoppmeyer, NZI 2005, 185 ff.
654 BGH, ZIP 2005, 495 = NJW 2005, 1121.
655 BGH, ZIP 2003, 1506.
656 BGH, ZIP 2003, 1506.
657 OLG Dresden, ZIP 2003, 1716; BGH, NJW 2003, 3560.
658 KG, ZInsO 2006, 833; dazu Blum, ZInsO 2006, 807 ff.
659 BGH, ZIP 2004, 957.
660 BGH, NJW 2002, 1569.
661 OLG Köln, EWiR 2001, 775 (zur KO).
662 OLG Dresden, ZIP 2003, 1716.
663 So auch Bork, ZIP 2004, 1684 ff.
664 BGH, ZIP 2004, 1512.
665 BGH, ZIP 1998, 248.

c) Beweisanzeichen für Benachteiligungsvorsatz des Schuldners aus Inkongruenz

Inkongruenz der vom Schuldner gewährten Leistung ist nach nunmehr st. Rspr. regelmäßig ein **starkes Beweisanzeichen für den Benachteiligungsvorsatz** des Schuldners.[666]

326

Zahlungen auf Druck von (angekündigter) Zwangsvollstreckung sind innerhalb des Drei-Monats-Zeitraums inkongruent (s.o.); für Zeiträume früher als drei Monate vor dem Insolvenzantrag darf bei Zahlungen auf Zwangsvollstreckungsdruck nicht automatisch Inkongruenz angenommen werden, so dass für diesen Zeitraum kein Beweisanzeichen für den Benachteiligungsvorsatz gegeben ist.[667] Jedoch hat das OLG Dresden[668] für Zahlungen zur Abwendung einer unmittelbar bevorstehenden Zwangsvollstreckung entschieden: Leistet der Schuldner zur Abwendung einer unmittelbar bevorstehenden Zwangsvollstreckung und hat der Gläubiger Kenntnis von der Möglichkeit der Gläubigerbenachteiligung, so indiziert dies die Möglichkeit billigender Inkaufnahme auch außerhalb der in § 131 InsO genannten Zeiträume.

327

Zahlungen aufgrund angedrohter Stellung eines Insolvenzantrags sind auch außerhalb des Drei-Monats-Zeitraums inkongruent.[669] Die durch Androhung eines Insolvenzantrags bewirkte inkongruente Deckung der Zahlung bildet bei Anfechtungen nach § 133 InsO auch außerhalb der Zeiträume des § 131 InsO i.d.R. ein starkes Beweisanzeichen für den Benachteiligungsvorsatz des Schuldners und die Kenntnis des Gläubigers. Einem Schuldner, der weiß, dass er nicht alle seine Gläubiger befriedigen kann, und der Forderungen eines einzelnen Gläubigers vorwiegend deshalb erfüllt, um diesen von der Stellung eines Insolvenzantrags abzuhalten, kommt es nicht in erster Linie auf die Erfüllung seiner gesetzlichen oder vertraglichen Pflichten, sondern auf die Bevorzugung dieses einzelnen Gläubigers an; damit nimmt er die Benachteiligung der Gläubiger im Allgemeinen billigend in Kauf (bedingter Vorsatz).[670]

328

d) Kenntnis des anderen Teils vom Benachteiligungsvorsatz des Schuldners

Für die Anfechtung nach § 133 Abs. 1 InsO ist erforderlich, dass der andere Teil den **Benachteiligungsvorsatz des Schuldners kannte**. Diese Kenntnis wird nach § 133 Abs. 1 Satz 2 InsO **vermutet**, wenn der andere Teil wusste, dass die Zahlungsunfähigkeit des Schuldners drohte und dass die Handlung die Gläubiger benachteiligte. Diese Vermutungsregelung wird nach der Rspr. des BGH noch ergänzt um Kenntnisse des anderen Teils von Umständen, die zwingend auf zumindest drohende Zahlungsunfähigkeit des Schuldners schließen lassen.[671]

329

Als **Indiztatsachen** für die Kenntnis wurden entschieden:

- die Weggabe eines wertvollen Gegenstandes ohne Gegenleistung,[672]
- die Abtretung einer künftigen Forderungen für einen später auszuschöpfenden Warenkredit.[673]

Kenntnis des Anfechtungsgegners ist auch schon dann anzunehmen, wenn er nur mit der Möglichkeit rechnet, dass andere Gläubiger leer ausgehen.[674] Die Kenntnis der Inkongruenz, also die Kenntnis von den den Rechtsbegriff der Inkongruenz ausfüllenden Tatsachen ist ein wesentliches Beweisanzeichen für Kenntnis des Benachteiligungsvorsatzes.[675] Für **Sozialversicherungsträger** hat das OLG Stuttgart[676] den allgemeinen Erfahrungssatz angenommen, dass der Sozialversicherungsträger seine vorrangige Befriedigung vor anderen Gläubigern wegen der Strafbarkeit der Nichtabführung von Arbeitnehmeranteilen zur

---

666 OLG Stuttgart, EWiR 2003, 171; vgl. nur BGH, ZIP 2004, 1060 m.w.N.
667 BGH, ZIP 2003, 1900.
668 ZIP 2003, 1052.
669 BGH, ZIP 2004, 319.
670 BGH, ZIP 2003, 1506.
671 BGH, ZIP 2004, 1512.
672 BGH, NJW 2002, 1569.
673 LG Stendal, EWiR 1998, 947 (zur GesO).
674 OLG München, ZIP 2001, 1924 (zur KO).
675 BGH, ZIP 1999, 406; ZIP 2000, 82; ZIP 2003, 1799.
676 ZIP 2004, 129.

Sozialversicherung kennt.[677] Die Kenntnis des Finanzamtes vom Gläubigerbenachteiligungsvorsatz des Schuldners wird bei der Begleichung von Steuerverbindlichkeiten durch den Schuldner vermutet, wenn das Finanzamt in der Vergangenheit fällige Steuerzahlungen über einen längeren Zeitraum hinweg stets nur nach Pfändungs- und Einziehungsmaßnahmen erhalten hat.[678]

Es bestehen erhöhte Anforderungen an die **Darlegungs- und Beweislast** des Insolvenzverwalters für Benachteiligungsvorsatz und Kenntnis davon bei kongruenter Deckung.[679]

> **Hinweis:**
> Zu beachten ist, dass durch diese Rspr. der Anwendungsbereich der Vorsatzanfechtung nach § 133 Abs. 1 InsO erheblich ausgeweitet wird. Durch die vorherige Androhung einer Zwangsvollstreckung werden dann noch erfolgende Schuldnerzahlungen weit über die Grenze der Kongruenzanfechtung des § 130 InsO hinaus anfechtbar, auch wenn der BGH zusätzlich entschieden hat, dass bei kongruenter Deckung erhöhte Anforderungen an Darlegung und Beweislast des Insolvenzverwalters für den Benachteiligungsvorsatz des Schuldners und die Kenntnis des anderen Teils davon zu stellen sind.[680] Gelingt es dem Insolvenzverwalter darzulegen, dass der Zahlung des Schuldners eine Vollstreckungsandrohung des Gläubigers vorausging, dass der Schuldner Kenntnis von der eigenen Vermögensunzulänglichkeit hatte und dass dem anderen Teil zumindest Umstände bekannt waren, die die Zahlungsunfähigkeit des Schuldners nahe legten, so dürfte nach der neueren Rspr. des BGH die Vorsatzanfechtung nach § 133 Abs. 1 InsO mit ihrem weiten Zeitrahmen (zehn Jahre) eingreifen, obwohl eine kongruente Deckung vorliegt, die – bei Vorliegen der Voraussetzungen im Übrigen – nach § 130 Abs. 1 InsO eigentlich nur für einen Zeitraum von bis zu drei Monaten vor dem Insolvenzantrag anfechtbar wäre.[681]

5. Unentgeltliche Leistung (§ 134 Abs. 1 InsO)

330 Eine unentgeltliche Leistung des Schuldners ist nach § 134 Abs. 1 InsO anfechtbar, es sei denn, sie ist **früher als vier Jahre** vor dem Antrag auf Eröffnung des Insolvenzverfahrens vorgenommen worden.

331 Die Befriedigung eines Freistellungsanspruchs eines mithaftenden Gesamtschuldners kann nach § 134 InsO als unentgeltliche Leistung anfechtbar sein.[682] Ein Vergleich, der bei verständiger Würdigung des Sachverhalts oder der Rechtslage eine bestehende Ungewissheit durch beiderseitiges Nachgeben beseitigen soll, enthält in der Regel keine unentgeltliche Leistung.[683]

332 Bei der **Erfüllung einer fremden Schuld**[684] durch den späteren Gemeinschuldner kommt es auf das tatsächliche Bestehen der fremden Schuld an. Besteht die fremde Schuld wirklich, dann ist die Leistung dem Gläubiger gegenüber nicht unentgeltlich.[685] Daher ist die Tilgung/Befriedigung einer fremden Schuld grds. dem Gläubiger gegenüber nicht anfechtbar,[686] es sei denn, die Forderung des Gläubigers, die durch die Leistung des Schuldners befriedigt und damit zum Erlöschen gebracht wird, bzw. der vom leistenden Gemeinschuldner erworbene Aufwendungsersatzanspruch ist nicht werthaltig. Zusätzlich ist in wertender Betrachtung zu beurteilen, wer Leistungsempfänger und damit Anfechtungsgegner ist.[687] War der

---

677 Zur Kenntnis des Finanzamts: FG Berlin, GmbHR 2006, 223.
678 FG Berlin, GmbHR 2006, 223; LG Kleve, ZIP 2006, 1544.
679 BGH, ZIP 2004, 1512.
680 BGH, ZIP 2004, 1512.
681 Zur Ausdehnung der Vorsatzanfechtung siehe auch Bauer, ZInsO 2004, 594 ff.
682 BGH, ZIP 2006, 1591.
683 BGH, ZIP 2006, 2391 = ZInsO 2006, 1322
684 Siehe zu Anfechtung bei Tilgung fremder Schuld auch Henckel, ZIP 2004, 1671 ff.
685 OLG Koblenz, ZIP 2004, 1275.
686 BGH, ZIP 20004, 917.
687 OLG Karlsruhe, NZI 2004, 31; zur Anfechtung bei Tilgung fremder Schuld siehe Henckel, ZIP 2004, 1671 ff.

Anspruch des Gläubigers gegen den Dritten wertlos, ist die Leistung des späteren Insolvenzschuldners nach § 134 InsO anfechtbar,[688] auch wenn der Leistungsempfänger/Gläubiger von der Wertlosigkeit keine Kenntnis hatte.[689] Dieser Fall kann für Geschäftspartner von **Cash-Pooling-Teilnehmern** eintreten, denn ihnen drohen in der Insolvenz des leistenden, späteren Gemeinschuldners Rückforderungsansprüche nach Insolvenzanfechtung nach § 134 InsO, wenn die Forderung des Gläubigers gegen den Schuldner bzw. die Regressforderung des leistenden, späteren Gemeinschuldners gegen den Schuldner nicht werthaltig ist.[690] Eine Leistung, die der spätere Insolvenzschuldner zur Tilgung einer Forderung des Leistungsempfängers gegen einen Dritten erbringt, ist unentgeltlich, wenn der Empfänger keine ausgleichende Gegenleistung zu erbringen hat. Für die Frage, ob der künftige Insolvenzschuldner eine unentgeltliche Leistung erbracht hat, sind eine entsprechende Leistungsverpflichtung gegenüber einem Dritten oder gegenüber einem Dritten verfolgte wirtschaftliche Interessen oder Vorteile unerheblich. Die Gegenleistung des Empfängers, dessen gegen einen Dritten gerichtete Forderung bezahlt wird, liegt in der Regel darin, dass er eine werthaltige Forderung gegen seinen Schuldner verliert. Die Leistung, die der spätere Insolvenzschuldner zur Tilgung einer nicht werthaltigen Forderung des Empfängers gegen einen Dritten erbringt, ist nicht deshalb entgeltlich, weil der Empfänger zu einem früheren Zeitpunkt seinerseits Leistungen an einen Dritten erbracht hat, die eine Gegenleistung zu der nun erfüllten Forderung darstellten.[691]

Prämienzahlungen durch den Schuldner für eine Lebensversicherung eines Dritten können unentgeltliche Leistungen sein, wenn der Schuldner zu der Leistung nicht verpflichtet war und ein etwaiger Bereicherungsanspruch gegen den Versicherungsnehmer wertlos ist.[692]

333

Die **nachträgliche Bestellung einer Sicherheit** für eine eigene Verbindlichkeit unterliegt nicht der Schenkungsanfechtung nach § 134 InsO.[693] Eine unentgeltliche Leistung liegt aber vor, wenn der Gläubiger des Dritten als Gegenleistung für den Erhalt der nachträglichen Sicherheit aus dem Vermögen des späteren Gemeinschuldners (hier Pfandrechtsbestellung) von der zulässigen fristlosen Kündigung und Fälligstellung eines Kredites absieht und die Kreditlinie offen lässt, wenn zur Zeit der Besicherung die Forderung des Gläubigers nicht mehr durchsetzbar war. Dann erbringt der Gläubiger kein Vermögensopfer. Ob andernfalls die Besicherung eine unentgeltliche Leistung gewesen wäre, bleibt offen. Die Besicherung einer fremden Schuld ist nicht deswegen entgeltlich, weil der Sicherungsgeber eigene wirtschaftliche Interessen verfolgt.[694]

334

6. Kapitalersetzende Darlehen (§ 135 InsO)[695]

Anfechtbar ist eine Rechtshandlung nach § 135 InsO, die für die Forderung eines Gesellschafters auf Rückgewähr eines kapitalersetzenden Darlehens oder für eine gleichgestellte Forderung

335

- Sicherung gewährt hat, wenn die Handlung in den letzten zehn Jahren vor dem Antrag auf Eröffnung des Insolvenzverfahrens oder nach dem Antrag vorgenommen worden ist;
- Befriedigung gewährt hat, wenn die Handlung im letzten Jahr vor dem Eröffnungsantrag oder nach dem Antrag vorgenommen worden ist.

Die **Verrechnung von Schulden** einer insolventen AG mit eigenkapitalersetzendem Darlehen des Hauptaktionärs ist nach § 135 InsO anfechtbar.[696] § 135 Nr. 2 InsO begründet die unwiderlegliche Vermutung,

336

---

688 OLG Koblenz, ZIP 2005, 540.
689 BGH, ZIP 2005, 767.
690 BGH, NJW 2005, 1867; dazu auch Kiethe, DStR 2005, 1573 und Passarge, ZInsO 2005, 971 ff.
691 BGH, ZIP 2006, 957, Fortführung der Rspr. zu § 32 Nr. 1 KO nunmehr für § 134 Abs. 1 InsO, Cash-Pool-System II.
692 OLG Köln, NZI 2004, 217.
693 BGH, ZIP 2004, 1819.
694 BGH, ZIP 2006, 1362 unter Aufhebung der entgegengesetzten Entscheidung des OLG München, ZIP 2004, 2451.
695 Zu Gläubigeranfechtung und Kapitalschutz siehe auch Hüttemann, GmbHR 2000, 357 ff.
696 LG Duisburg, ZIP 2003, 1855.

dass ein bei Hingabe eigenkapitalersetzendes Darlehen diese Funktion auch noch zum Zeitpunkt der (teilweisen) Rückzahlung hatte, wenn es innerhalb eines Jahrs nach der Rückzahlung zum Insolvenzantrag kam.[697]

7. Kurzer Exkurs zu Verrechnung und Aufrechnung

337 **Konzernverrechnungsklauseln** behalten ihre Wirksamkeit in der Insolvenz nicht mit der Folge, dass vorgenommene Verrechnungen nach §§ 129 ff. InsO angefochten werden können.[698]

338 Im Anfechtungsprozess gegenüber dem Finanzamt ist das Zivilgericht an einen wirklichen Verrechnungsbescheid des Finanzamtes gebunden. Der Eintritt der Bestandskraft des Verrechnungsbescheides kann nur durch Rechtsmittel zum FG verhindert werden.[699]

339 Die **Aufrechnungsmöglichkeit** bleibt **grds**. auch **in der Insolvenz erhalten** (§ 94 InsO), es sei denn, sie wurde durch eine anfechtbare Rechtshandlung erlangt (§ 96 Abs. 1 Nr. 3 InsO).[700] Diese Vorschrift erfasst auch vor Eröffnung des Insolvenzverfahrens erklärte Aufrechnungen.[701] Führen der spätere Schuldner und sein Vertragspartner, der eine Darlehensforderung gegen den Schuldner hat, in der kritischen Zeit durch einen Kaufvertrag über Anlagevermögen des Schuldners eine Aufrechnungslage herbei, so ist der Insolvenzverwalter nicht auf die insolvenzrechtliche Anfechtung des Kaufvertrags beschränkt, sondern kann wegen des Aufrechnungsverbots nach § 96 Abs. 1 Nr. 3 InsO Zahlung des Kaufpreises zur Masse verlangen.[702]

Weitere Beispiele[703] für anfechtbar geschaffene Aufrechnungslagen:

- der Verkauf von Anlagevermögen kurz vor Insolvenzantrag, auch wenn der Käufer umfangreiche Pflichten des Schuldners gegenüber Dritten übernimmt.
- Der Gläubiger, der gegenüber der Forderung des Schuldners aus einem gegenseitigen Vertrag mit einem abgetretenem Anspruch aufrechnet, der aus einem gegenseitigen Vertrag des Zedenten mit dem Schuldner stammt, hat die Aufrechnungslage inkongruent erlangt.[704]

340 Auch für die Frage, ob die Aufrechnungslage anfechtbar hergestellt wurde, ist Inkongruenz ein **erhebliches Beweisanzeichen** für den Benachteiligungsvorsatz.[705]

Die Frage, ob der Insolvenzverwalter die Forderung, die wegen der Unwirksamkeit der Aufrechnung nach § 96 Abs. 1 Nr. 3 InsO nicht erloschen ist, innerhalb der Frist des § 146 InsO geltend machen muss, ist noch nicht entschieden.[706]

341 Im **Insolvenzeröffnungsverfahren** bleibt die Aufrechnung **grds. noch zulässig**. Die Sachverhalte sind lediglich nach dem Insolvenzanfechtungsrecht bei späterer Insolvenzeröffnung zu beurteilen. Eine Vorverlagerung der Aufrechnungsverbote in das Insolvenzeröffnungsverfahren findet nicht statt.[707]

---

697 OLG Hamm, ZIP 2004, 1153.
698 BGH, ZIP 2004, 1764; anders noch die Vorinstanz OLG Frankfurt, ZIP 2003, 1408; zur Frage der Insolvenzfestigkeit von Konzern-Netting-Abreden Rendels, ZIP 2003, 1583 ff.; K. Schmidt, NZI 2005, 138 ff.; Schwahn, NJW 2005, 473 ff.; erneut BGH, ZIP 2006, 1740 = ZInsO 2006, 939.
699 BGH, ZIP 2006, 2234 = ZInsO 2006, 1219.
700 Beispiele für inkongruent hergestellte Aufrechnungslagen BGH, NJW 2001, 1940; ZIP 2003, 2370.
701 BGH, ZIP 2006, 2178 = ZInsO 2006, 1215.
702 OLG Rostock, ZIP 2003, 1903.
703 BGH, ZIP 2003, 2370; ZIP 2005, 1521.
704 BGH, ZIP 2006, 818.
705 OLG Hamm, ZInsO 2006, 45.
706 OLG Düsseldorf, ZInsO 2005, 934.
707 OLG Rostock, EWiR 2004, 147; BGH, ZIP 2004, 1558.

F. Einfluss des Insolvenzverfahrens auf die Gesellschaften

Die InsO enthält **keine speziellen Regelungen** für **Gesellschaftsinsolvenzen**. In § 11 InsO ist die Insolvenzfähigkeit von Gesellschaften, also die Zulässigkeit des Insolvenzverfahrens geregelt. § 11 Abs. 2 InsO nennt die Personengesellschaften, über deren Vermögen die Eröffnung des Insolvenzverfahrens zulässig ist. Über das Vermögen einer **stillen Gesellschaft** (§§ 230 ff. HGB) als reiner Innengesellschaft kann ein Insolvenzverfahren nicht eröffnet werden. 342

Zu den **Kapitalgesellschaften** bzw. **juristischen Personen**, über deren Vermögen nach § 11 Abs. 1 InsO die Eröffnung des Insolvenzverfahrens zulässig ist, gehören: 343

- die GmbH (§ 13 GmbHG),
- die AG (§ 1 AktG),
- die KGaA (§ 278 AktG),
- die eG (§ 17 GenG),
- Vereine (§§ 21 und 22 BGB) und
- die Stiftung (§ 80 BGB).

Nach § 11 Abs. 1 Satz 2 InsO wird der **nicht rechtsfähige Verein** einer juristischen Person gleichgestellt.

> **Hinweis:**
> In der Praxis der Unternehmensinsolvenzen haben die Insolvenz der GmbH und der GmbH & Co. KG die weitaus größte Bedeutung: Von den 36.843 Unternehmensinsolvenzen im Jahr 2005 entfielen 16.414 auf die GmbH und 1.616 auf die GmbH & Co. KG[708]

I. Auflösung der Gesellschaft

Die **Eröffnung des Insolvenzverfahrens** über das Vermögen der Gesellschaft ist ein **Auflösungsgrund** für die Gesellschaft, z.B.: 344

- § 60 Abs. 1 Nr. 4 GmbHG für die GmbH,
- § 262 Abs. 1 Nr. 3 AktG für die AG,
- §§ 131 Abs. 1 Nr. 3, 161 Abs. 2 HGB für die OHG bzw. KG,
- § 728 Abs. 1 Nr. 1 BGB für die GbR.

Die Gesellschafter haben die Möglichkeit, die **Fortsetzung der Gesellschaft** zu beschließen, wenn das **Insolvenzverfahren eingestellt** wird (§ 212 InsO) oder ein **Insolvenzplan gerichtlich bestätigt** wurde (§ 248 InsO). 345

Auch **nach Eröffnung des Insolvenzverfahrens** über ihr Vermögen besteht die Gesellschaft als solche weiter; sie ist weiterhin Träger von Rechten und Pflichten. 346

Nach Abschluss des Insolvenzverfahrens werden AG, GmbH, KG a.A. von Amts wegen gelöscht (§ 141a Abs. 1 FGG); für OHG und KG ist das Erlöschen durch die Geschäftsführer zum Handelsregister anzumelden, h.M. (§ 157 HGB). 347

Die **Ablehnung eines Insolvenzeröffnungsantrags** mangels Masse ist für die juristischen Personen und solche Personengesellschaften, bei der keine natürliche Person Vollhafter ist, ebenfalls ein Grund für die **Auflösung**, z.B.: 348

- § 60 Abs. 1 Nr. 5 GmbHG für die GmbH,
- §§ 161 Abs. 2, 131 Abs. 2 Nr. 1 HGB für die GmbH & CoKG.

---

708 Quelle: Veröffentlichung des statistischen Bundesamtes vom 1.3.2006.

349 Die Eröffnung des Insolvenzverfahrens wird nach § 26 InsO **mangels Masse** abgelehnt, wenn das Vermögen der GmbH nicht ausreicht, die Kosten des Verfahrens zu decken.

Nach einer solchen Ablehnung des Insolvenzeröffnungsantrags muss die Gesellschaft **liquidiert** werden. Die Liquidation richtet sich dann nicht nach den Regeln der InsO, sondern nach den speziellen gesellschaftsrechtlichen Regelungen, z.B. §§ 66 ff. GmbHG für die GmbH. Eine Löschung der GmbH nach § 141 a FGG ist untunlich, wenn absehbar noch Abwicklungsmaßnahmen anstehen, etwa die Gesellschaft Eigentümerin eines wertausschöpfend mit Grundpfandrechten belasteten Grundstücks ist, das noch verwertet werden muss.[709]

II. Stellung der Geschäftsleiter[710]

350 Die Eröffnung des Insolvenzverfahrens über das Vermögen der Gesellschaft berührt die Organstellung der Vertretungsorgane, etwa des Geschäftsführers der GmbH, als solche nicht. Die **Organfunktion der Geschäftsleiter bleibt bestehen**, der **Insolvenzverwalter** wird **nicht gesetzlicher Vertreter** der Gesellschaft. Er hat auch keine Möglichkeit, die Organstellung des Geschäftsleiters zu beenden. Lediglich die Verfügungsbefugnis über das Vermögen der Gesellschaft wird dieser und damit dem Geschäftsführer entzogen und geht auf den Insolvenzverwalter über, § 180 Abs. 1 InsO. Dessen Befugnisse beziehen sich nur auf das vom Insolvenzbeschlag umfasste Vermögen der Gesellschaft, § 35 InsO. Etwa nach Freigabe eines Vermögensgegenstands durch den Insolvenzverwalter, § 32 Abs. 3 InsO, lebt insoweit die Verfügungsbefugnis der Gesellschaft und damit auch insoweit die Funktion der Geschäftsleitung wieder auf.

351 Auch wird die GmbH etwa in einem **Verwaltungsprozess** wegen Gewerbeuntersagung nach Eröffnung des Insolvenzverfahrens nicht vom Insolvenzverwalter, sondern vom Geschäftsführer vertreten, weil sich die Gewerbeuntersagungsverfügung nicht gegen die Insolvenzmasse, sondern gegen die Gesellschaft richtet.[711]

352 Von der Organstellung des Geschäftsleiters ist das **Dienst-/Anstellungsverhältnis** zu unterscheiden. Es wird ebenfalls durch die Eröffnung des Insolvenzverfahrens über das Vermögen der Gesellschaft **nicht automatisch beendet**. Der Insolvenzverwalter hat jedoch die Möglichkeit, es nach § 113 InsO mit einer Frist von höchstens drei Monaten zum Monatsende zu kündigen. In der Lit. wird dies teilweise zumindest für den Alleingesellschafter-Geschäftsführer als unbillig angesehen und vertreten, dass der Insolvenzverwalter bezüglich des Anstellungsverhältnisses das Wahlrecht nach § 103 InsO habe.[712]

353 Die aktuellen Geschäftsleiter und die Geschäftsleiter, die nicht früher als zwei Jahre vor dem Eröffnungsantrag ausgeschieden sind, haben im Insolvenzeröffnungsverfahren die **Auskunftspflichten nach §§ 20, 97, 101 InsO** und, abhängig von der Stellung des vorläufigen Insolvenzverwalters („starker" vorläufiger Verwalter, Zustimmungsvorbehalt) die **Mitwirkungspflichten nach §§ 20, 22, 97, 101 InsO**. Die Wahrnehmung dieser Pflichten kann nach § 98 InsO zwangsweise durchgesetzt werden. Darüber hinausgehende Pflichten im eröffneten Insolvenzverfahren, etwa die aktive Fortführung der Geschäfte der Gesellschaft auf Wunsch oder in Zusammenarbeit mit dem Insolvenzverwalter haben sie nicht, wenn sie nicht aus der Insolvenzmasse bezahlt werden.

Die vorstehenden Verpflichtungen treffen nicht auch den **faktischen Geschäftsführer**, wenn er bisher nur faktisch Einfluss auf die ordentliche bestellte Geschäftsführung genommen hatte und die ordentlich bestellte Geschäftsführung weiterhin existent ist.

Frühere Geschäftsführer haben die vorgenannten Verpflichtungen, wenn sie zur Unzeit ihr Amt niedergelegt haben sollten und eine Neubestellung anderer Geschäftsführer noch nicht erfolgt ist. Außerdem besteht auch bei Beendigung der Geschäftsführerstellung innerhalb von zwei Jahren vor dem Insolvenz-

---

709 OLG Frankfurt, ZIP 2006, 235.
710 Zur Rechtsstellung des Geschäftsführers in der Insolvenz der GmbH siehe Uhlenbruck, GmbHR 2005, 817 ff.; Götker, Der Geschäftsführer in der Insolvenz der GmbH, RWS-Skript 21, 1999.
711 BVerwG, ZIP 2006, 530.
712 Jaeger/Henckel InsO, § 23 Rn. 13.

antrag nach § 101 Abs. 1 Satz 2 InsO eine Fortdauer der insolvenzrechtlichen Auskunfts- und Mitwirkungspflichten.

Eine Sonderstellung des Geschäftsführers ergibt sich selbstverständlich bei **Eigenverwaltung nach §§ 270 ff. InsO**, wenn der Geschäftsführer unter Aufsicht des Sachwalters (§§ 270 Abs. 3, 274, 275 InsO) gewissermaßen als geschäftsführender Insolvenzverwalter die Insolvenz der Gesellschaft selbst abwickelt.

Zu **Haftungsgefahren** der Geschäftsleitung siehe oben Rn. 236 ff. 354

III. Stellung der Gesellschafter

Durch die Eröffnung des Insolvenzverfahrens wird die Stellung der Gesellschafter grds. nicht beeinflusst. 355
So können auch während des Insolvenzverfahrens **Gesellschafterbeschlüsse** gefasst werden, etwa über Kapitalmaßnahmen. Befugt zur Vornahme der Anmeldungen für die **Eintragungen ins Handelsregister** ist nicht der Insolvenzverwalter, sondern der Geschäftsleiter. Zwar kann ein noch vor Eröffnung des Insolvenzverfahrens gefasster Beschluss über eine Kapitalerhöhung während des Insolvenzverfahrens zurückgenommen werden. Jedoch kann dadurch nach wirksamer Übernahme der Stammeinlageverpflichtung durch einen Gesellschafter der Anspruch der Gesellschaft nicht mehr beseitigt werden, da der Anspruch zur Insolvenzmasse gehört, über die nur der Insolvenzverwalter verfügen kann.

Die Gesellschafter haben gegenüber dem Insolvenzverwalter keine **Weisungsbefugnis**.

Die Gesellschafter haben gegenüber dem Insolvenzverwalter nicht das **Auskunftsrecht nach § 51a Abs. 1 GmbHG**, der Auskunftsanspruch der Gesellschafter wird durch das Informationsrecht der Insolvenzgläubiger verdrängt.[713]

IV. Gesellschaftsrechtliche Befugnisse des Insolvenzverwalters

Die Eröffnung des Insolvenzverfahrens gibt dem **Insolvenzverwalter grds. keine gesellschaftsrechtlichen Befugnisse**. Er hat also generell nicht die Kompetenzen der Gesellschafterversammlung. 356

Er ist z.B. nicht befugt, Geschäftsführer zu bestellen oder Prokura zu erteilen.

Er hat jedoch die Befugnis,
- eine Umfirmierung vorzunehmen, wenn er zulässigerweise die Firma der Gesellschaft veräußert hat,[714]
- Kaduzierung von Geschäftsanteilen nach §§ 21 ff. GmbHG vorzunehmen,
- rückständige Stammeinlagen einzufordern,
- Rückzahlungsansprüche nach §§ 30, 31 GmbHG geltend zu machen und
- Schadensersatzansprüche gegen den Geschäftsführer nach § 43 GmbHG geltend zu machen.

---

713 BayObLG, ZIP 2005, 1087.
714 Das Recht des Insolvenzverwalters, die Firma einer GmbH zu veräußern, auch wenn sie den Namen eines Gesellschafters enthält, ist allgemein anerkannt, u.a. BGHZ 109, 364, 367; Schmidt/Uhlenbruck, Die GmbH in Krise, Sanierung und Insolvenz, Rn. 778.

Teil 3: Klausuren
Klausur: Kaufmannsbegriff

A. Fall 1

I. Sachverhalt

I, der nicht im Handelsregister eingetragen ist, betreibt ein größeres Installationsgeschäft, das vorwiegend auf den Einbau von Zentralheizungen spezialisiert ist. Er hat 25 Mitarbeiter, nimmt regelmäßig zur Vorfinanzierung der Aufträge Kredite auf, bilanziert und hat einen Jahresumsatz von rd. 4 Mio. €. Sein Schwager S wollte ursprünglich in den Betrieb einsteigen und hatte dafür bei der örtlichen Sparkasse ein Darlehen über 200.000 € aufgenommen. In Erwartung einer gewinnträchtigen Geschäftsbelebung verbürgte sich I gegenüber der Sparkasse telefonisch für die Summe. Kurz darauf kam es zum Streit zwischen I und S. Die Geschäftsbeteiligung unterblieb. Nachdem über das Vermögen des S das Insolvenzverfahren eröffnet worden ist, verlangt die Sparkasse nun die Rückzahlung der 200.000 €.

II. Aufgabenstellung

Verlangt die Sparkasse die Rückzahlung zu Recht?

III. Lösungsskizze

Die Sparkasse könnte gegen I einen Anspruch aus der Bürgschaft gemäß § 765 Abs. 1 BGB haben.

Die Sparkasse und I haben sich darüber geeinigt, dass I verpflichtet sein sollte, akzessorisch für die Erfüllung der Darlehensschuld des S einzustehen. Gemäß § 766 Satz 1 BGB bedarf das Bürgschaftsversprechen der Schriftform gemäß § 126 BGB. Eine formlose Einigung, wie die mündliche zwischen I und der Sparkasse ist nur wirksam, wenn die Abgabe des Bürgschaftsversprechens durch I für diesen ein Handelsgeschäft darstellt (§ 350 HGB). Handelsgeschäfte sind nach § 343 Abs. 1 HGB alle Geschäfte eines Kaufmanns, die zum Betrieb seines Handelsgewerbes gehören. I müsste also Kaufmann sein, auch wenn er nicht im Handelsregister eingetragen ist.

Kaufmann ist gemäß § 1 Abs. 1 HGB, wer ein Handelsgewerbe betreibt. Handelsgewerbe ist nach § 1 Abs. 2 HGB jeder Gewerbebetrieb, es sei denn, dass das Unternehmen nach Art und Umfang einen in kaufmännischer Weise eingerichteten Geschäftsbetrieb nicht erfordert.

Nach h.M. ist Gewerbe jede äußerlich erkennbare, selbständige, planmäßig auf gewisse Dauer, zum Zwecke der Gewinnerzielung angelegte oder jedenfalls wirtschaftliche Tätigkeit am Markt, die nicht freiberufliche, wissenschaftliche und künstlerische Tätigkeit ist. Diese Voraussetzungen erfüllt das Installationsgeschäft des I ohne weiteres. Der Meinungsstreit, ob die Tätigkeit erlaubt sein muss, ist für den zu beurteilenden Fall ohne Bedeutung.

Weiterhin setzt die Kaufmannseigenschaft des I voraus, dass sein Unternehmen nach Art und Weise einen in kaufmännischer Weise eingerichteten Geschäftsbetrieb erfordert. Kriterien hierfür können sein: Vielfalt des Geschäftsgegenstandes, Schwierigkeitsgrad der Geschäftsvorgänge, Inanspruchnahme von Kredit- und Teilzahlungen, Teilnahme am Wechsel- und Scheckverkehr, Bilanzierung, Umfang der Geschäftskorrespondenz, Umsatz, Anlage- und Kapitalvermögen, Anzahl der Betriebsstätten, Anzahl der Beschäftigten, Lohnsumme. Entscheidend ist die Würdigung des Gesamtbildes des gewöhnlichen Geschäftsablaufes in dem betroffenen Betrieb.

Bei einem Unternehmen, dass 25 Mitarbeiter hat, regelmäßig zur Vorfinanzierung der Aufträge Kredite aufnimmt, bilanziert und einen Jahresumsatz von rd. 4 Mio. € hat, sind diese Kriterien erfüllt. Bei dem

Installationsgeschäft des I handelt es sich demzufolge um einen in kaufmännischer Weise eingerichteten Geschäftsbetrieb.

Schließlich wird das Installationsgeschäft auch durch I als Inhaber betrieben. Die Voraussetzungen für die Bejahung eines Handelsgewerbes i.S.d. § 1 Abs. 2 HGB liegen somit vor. I ist damit gemäß § 1 Abs. 1 HGB Kaufmann unabhängig davon, ob er im Handelsregister eingetragen ist.

Die Ausnahmevorschrift des § 350 HGB ist somit anwendbar. Die Sparkasse hat gegen I einen Anspruch aus der Bürgschaft nach Maßgabe der §§ 765 ff. BGB.

B. Fall 2

I. Sachverhalt

Der Landwirt L hat vor einiger Zeit seinen schon großen landwirtschaftlichen Betrieb um einen Milchhof erweitert, in dem er 1.000 Milchkühe hält. Die Bewältigung der Betriebsgröße des L ist nur noch nach kaufmännischen Regeln möglich. Bei L bestehen daher Bedenken, ob er sich nicht in das Handelsregister eintragen lassen muss. Ferner plant er auf seinem Betriebsgrundstück eine Molkerei zu errichten. Auch diese wird mit Sicherheit größere Ausmaße annehmen und eine eigens für die Herstellung und den Vertrieb aufzubauende Organisation erfordern.

II. Aufgabenstellung

L fragt daher Rechtsanwalt R, ob deswegen vom Registergericht eine Eintragung in das Handelsregister erzwungen werden könnte.

III. Lösungsskizze

1. Eintragungspflicht des L hinsichtlich des landwirtschaftlichen Hauptbetriebes

Eine Eintragungspflicht gemäß §§ 1 Abs. 2, 29 HGB scheidet aus, weil L ein landwirtschaftliches Unternehmen betreibt. Auf einen solchen Betrieb finden gemäß § 3 Abs. 1 HGB die Vorschriften des § 1 HGB keine Anwendung.

L kann seinen landwirtschaftlichen Betrieb nur nach Kaufmannsregeln bewältigen. Nicht ausgeschlossen ist in diesem Fall die Anwendung des § 2 HGB. Land- und Forstwirte können sich gemäß § 3 Abs. 2 HGB freiwillig in das Handelsregister eintragen lassen, wenn ihr Unternehmen nach Art und Umfang einen in kaufmännischer Weise eingerichteten Geschäftsbetrieb erfordert. Eine Eintragungspflicht besteht jedoch nicht.

2. Eintragungspflicht hinsichtlich der Molkerei

Eine Eintragungspflicht könnte sich aus §§ 1 Abs. 2, 29 HGB ergeben.

Bei der Molkerei handelt es sich nicht nur um einen unselbständigen Teil des landwirtschaftlichen Hauptbetriebes, sondern um einen davon selbständig auszuübenden Gewerbebetrieb. § 1 HGB wird daher in diesem Fall nicht durch § 3 Abs. 1 HGB verdrängt.

Ausgeschlossen wäre die Anwendbarkeit des § 1 HGB jedoch gemäß § 3 Abs. 3 i.V.m. Abs. 1 HGB, falls die Molkerei ein Nebengewerbe des landwirtschaftlichen Unternehmens darstellen würde.

Das Nebengewerbe muss sich als Zubehör des landwirtschaftlichen Betriebes darstellen. Hierzu sind eine gewisse Selbständigkeit und eine innere Abhängigkeit von dem Hauptgewerbe erforderlich. Letzteres ist insb. der Fall bei einer Verarbeitung der Erzeugnisse des Hauptbetriebes im Nebenbetrieb. In persönlicher Hinsicht muss das Nebengewerbe denselben Geschäftsherrn haben wie das Hauptgewerbe.

L ist sowohl Inhaber des landwirtschaftlichen Betriebes als auch der Molkerei, die ihrerseits organisatorisch selbständig ist. Die Molkerei verarbeitet auch die Erzeugnisse des Hauptbetriebes, so dass eine wirtschaftliche Wechselbeziehung zwischen beiden Unternehmen besteht.

Es handelt sich dementsprechend bei der Molkerei um ein landwirtschaftliches Nebengewerbe, so dass auch insoweit gemäß § 3 Abs. 3 i.V.m. Abs. 2 HGB i.V.m. § 2 HGB keine Pflicht zur Eintragung besteht. L kann sich lediglich freiwillig eintragen lassen und zwar sowohl für den Hauptbetrieb als auch für die Molkerei. Er kann die Eintragung aber auch auf einen der beiden Betriebe beschränken: Er kann mit der Molkerei Kaufmann werden, ohne sein landwirtschaftliches Unternehmen eintragen zu lassen, und umgekehrt.

C. Fall 3

I. Sachverhalt

Der S betreibt einen Handel mit Sanitärartikeln. Er ist im Handelsregister unter seiner Firma „S-Sanitärhandel e.K." eingetragen. Früher liefen die Geschäfte gut und S hatte auch mehrere Angestellte. Im Zuge des Rückgangs der Bautätigkeit in seiner Heimatgemeinde verkauft S jedoch immer weniger Artikel. Er musste deshalb auch bereits alle seine Mitarbeiter entlassen. Sein Unternehmen erfordert nunmehr auch nicht mehr einen in kaufmännischer Weise eingerichteten Geschäftsbetrieb. S hat gehört, dass im Handelsregister nur „Vollkaufleute" eingetragen sind. Da er sich als solcher nicht mehr empfindet, sucht er Rechtsanwalt H auf und bittet ihn um Auskunft darüber, wie hinsichtlich der Handelsregistereintragung zu verfahren ist.

II. Aufgabenstellung

Erläutern Sie bitte, welche Möglichkeiten S hat. Verhält es sich anders, wenn S bisher nicht im Handelsregister eingetragen war?

III. Lösungsskizze

Fällt ein Kaufmann i.S.d. § 1 Abs. 2 HGB später auf ein kleingewerbliches Niveau zurück, ist zu unterscheiden:

1. Eintragung des Kaufmanns im Handelsregister

Sofern S bereits im Handelsregister eingetragen war, kann er nunmehr das Erlöschen der Firma zum Handelsregister anmelden. Auf seinen Antrag kann gemäß § 35 HRV der Grund der Löschung (Nichterfordernis eines nach Art oder Umfang in kaufmännischer Weise eingerichteten Geschäftsbetriebes) in der Bekanntmachung angegeben werden.

Von der Anmeldung des Erlöschens der Firma kann S aber auch absehen und in Ausübung der Eintragungsoption nach § 2 HGB die Firma bestehen lassen. Solange S noch ein Gewerbe betreibt, ist eine Amtslöschung ausgeschlossen. Er muss seine Wahl jedoch durch einen materiell-rechtlichen Antrag zum Ausdruck bringen. Stellt er einen solchen nicht, wird das Registergericht das Löschungsverfahren einleiten. Widerspricht S der Amtslöschung, ist hierin eine Ausübung seiner Option zu sehen. Solange S im Handelsregister auch ohne Ausübung der Option eingetragen ist, beruht seine Kaufmannseigenschaft nach h.M. zumindest auf § 5 HGB.

2. Nicht im Handelsregister eingetragener Kaufmann

Sofern S bisher nicht im Handelsregister eingetragen war, verliert er mit dem Herabsinken auf das kleingewerbliche Niveau seine Kaufmannseigenschaft. Eine Eintragung ist nunmehr nur nach § 2 HGB möglich.

D. Fall 4

I. Sachverhalt

O ist Inhaber eines kleinen Obstgeschäftes. Er ist nicht im Handelsregister eingetragen. Da O zu Übertreibungen neigt, tritt er nach außen hin unter der Firma „O Internationaler Obstgroßhandel" auf. O nimmt

Geschäftsbeziehungen zu dem auswärtigen Obstlieferanten L auf. Bereits bei der Abwicklung des ersten Geschäftes kommt es zwischen O und L zu Streitigkeiten über die Bezahlung der Lieferung. Zur Streitbeilegung gibt O gegenüber L mündlich ein Schuldanerkenntnis über 500 € ab. Nachdem L die Zahlung einfordert, verweigert O diese unter Hinweis auf die fehlende Schriftform. Außerdem klärt O den L dahingehend auf, dass sein Geschäft kaufmännische Einrichtungen nicht erfordert, er also Kleingewerbetreibender ist. Dies trifft auch tatsächlich zu.

II. Aufgabenstellung

L bittet Rechtsanwalt K um Auskunft, ob er von O aufgrund des Schuldanerkenntnisses die Zahlung des Betrages i.H.v. 500 € verlangen kann?

III. Lösungsskizze

Ein Anspruch des L setzt gemäß § 781 BGB eine schriftliche Erteilung der Anerkenntniserklärung voraus. Hieran fehlt es im vorliegenden Fall. Gemäß § 350 HGB kann ein Schuldanerkenntnis aber auch wirksam ohne Einhaltung der Form des § 781 BGB erklärt werden, wenn es auf Seiten des Anerkennenden ein Handelsgeschäft darstellt. Handelsgeschäfte sind gemäß § 343 Abs. 1 HGB alle Geschäfte eines Kaufmanns, die zum Betrieb seines Handelsgewerbes gehören. O müsste also Kaufmann sein.

Eine Kaufmannseigenschaft des O nach den §§ 1 und 2 HGB besteht nicht. Er betreibt zwar ein Gewerbe. Sein Unternehmen erfordert nach Art und Umfang jedoch keinen in kaufmännischer Weise eingerichteten Geschäftsbetrieb. Da O nicht im Handelsregister eingetragen ist, ist dieser Einwand auch nicht nach § 2 HGB ausgeschlossen.

Möglicherweise kommt aber die Annahme einer Kaufmannseigenschaft nach allgemeinen Rechtsscheinsgrundsätzen in Betracht. Derjenige, der im Rechtsverkehr als Kaufmann auftritt, muss sich nach allgemeinen Rechtsscheinsgrundsätzen gutgläubigen Dritten gegenüber auch als solcher behandeln lassen.

Scheinkaufmann kann jede natürliche Person, Körperschaft oder Personengesellschaft sein. Voraussetzung ist nur, dass der jeweilige Rechtsträger nicht schon nach den allgemeinen Regeln des HGB Kaufmann ist. Dies ist bei O ohne weiteres der Fall.

Grundlage des Rechtsscheins kann ein wie auch immer geartetes Vertrauenstatbestand sein. Dieser kann ausdrücklich oder konkludent, in Worten oder in Taten begründet werden. Indem O nach außen hin unter der Firma „O Internationaler Obstgroßhandel" auftritt, hat er den Eindruck erweckt, er sei Kaufmann.

Diesen Rechtsschein hat O dadurch zurechenbar veranlasst, dass er durch den Gebrauch der Firma unter Angabe „Internationaler Obstgroßhandel", den Anschein hervorgerufen hat, er betreibe ein kaufmännisches Unternehmen.

Der Rechtsschein wirkt nur zu Gunsten eines gutgläubigen Dritten. Dies ist bei dem auswärtigen L der Fall. Dieser hatte auch mangels Anlass zu Zweifeln keine Nachforschungspflicht. L war insb. nicht verpflichtet, das Handelsregister einzusehen. Im Übrigen handelte es sich um die erste Geschäftsbeziehung zwischen O und L mit einem verhältnismäßig geringen Wert, so dass insgesamt von der Gutgläubigkeit des L auszugehen ist.

Erforderlich ist weiterhin, dass der Rechtsschein für das Verhalten des L kausal war. An diese Tatbestandsvoraussetzung sind keine hohen Anforderungen zu stellen. Es ist nach den Erfahrungen des täglichen Lebens naheliegend anzunehmen, dass L das Rechtsgeschäft im Vertrauen auf den Rechtsschein abgeschlossen hat.

Nach heute h.M. untersteht der Scheinkaufmann dem Handelsrecht in vollem Umfang. O muss sich also wie ein Kaufmann i.S.d. HGB behandeln lassen. Dies gilt insb. für die Handelsgeschäfte einschließlich § 350 HGB.

Dies bedeutet, dass der gutgläubige L darauf vertrauen konnte, dass O Kaufmann und damit das mündliche Schuldanerkenntnis wirksam war. L kann demzufolge von O gemäß § 781 BGB die Zahlung des Betrages von 500 € verlangen.

Klausur: Handels- und Unternehmensregister

A. Fälle und Fachfragen

I. Fall 1

1. Sachverhalt

a) Ausgangssachverhalt

A beabsichtigt die Errichtung einer GmbH & Co. KG. Er möchte alleiniger Gesellschafter und Geschäftsführer der GmbH werden. Die GmbH ihrerseits wird einzige persönlich haftende Gesellschafterin der KG sein. Alleiniger Kommanditist der KG soll wiederum A werden. Die satzungsmäßige Vertretungsregelung der GmbH, die ein Stammkapital i.H.v. 25.000 € haben soll, wird vorsehen, dass die Gesellschaft einen oder mehrere Geschäftsführer haben kann; mehrere Geschäftsführer vertreten gemeinsam, ist aber nur ein Geschäftsführer bestellt, vertritt dieser allein.

b) Abwandlung

A möchte die rechtlich weitestgehende Vertretungsmacht erhalten. Formulieren Sie die dahingehenden Registeranmeldungen und unterstellen Sie hierbei die dazu erforderlichen gesellschaftsvertraglichen Vorgaben.

2. Aufgabenstellung

Bitte entwerfen Sie die erforderlichen Handelsregisteranmeldungen.

Für welche Handlungen und Erklärungen des Gründungsvorgangs könnte A einen rechtsgeschäftlichen Vertreter für sich handeln lassen und welcher Form bedarf die entsprechende Vollmacht?

3. Lösungsskizze

Zu den erforderlichen Registeranmeldungen siehe Teil 1: Handelsrecht, 2. Kapitel, Rn. 186 (Ersteintragung der GmbH) und Teil 1: Handelsrecht, 2. Kapitel, Rn. 172 (Ersteintragung der KG).

Die Vertretungsregelung der GmbH kann gestatten, dass aufgrund der Satzung die Geschäftsführer zur Einzelvertretung ermächtigt und von den Beschränkungen des § 181 BGB (Selbstkontrahieren und Mehrfachvertretung) befreit werden können. Zudem besteht die Möglichkeit, dass seitens der KG sowohl die GmbH als deren persönlich haftende Gesellschafterin und auch deren Geschäftsführer gleichfalls von den Beschränkungen des § 181 BGB befreit werden können (hierzu Teil 1: Handelsrecht, 2. Kapitel, Rn. 51 ff.).

Die Errichtung der GmbH kann nur aufgrund einer zumindest notariell beglaubigten Vollmacht (§ 2 Abs. 2 GmbHG) durch einen Vertreter erfolgen. Die Erstanmeldung der GmbH könnte zwar an sich durch einen gleichfalls mit einer notariell beglaubigten Vollmacht ausgestatteten Vertreter erfolgen (§ 12 Abs. 1 Satz 2 HGB); jedoch müssen die Versicherungserklärungen nach § 8 Abs. 2 und Abs. 3 GmbHG vom Geschäftsführer höchstpersönlich in öffentlich-beglaubigter Form abgegeben werden (Teil 1: Handelsrecht, 2. Kapitel, Rn. 90), so dass diesbezüglich keine Vertretung möglich ist. Die Anmeldung der KG könnte dagegen ohne weiteres durch einen wiederum formgerecht Bevollmächtigten (§ 12 Abs. 1 Satz 2 HGB) vorgenommen werden.

II. Fall 2

1. Sachverhalt

a) Ausgangssachverhalt

Ein gesetzes- und satzungsgemäßer Beschluss der Gesellschafterversammlung einer GmbH sieht jeweils mit sofortiger Wirkung die Abbestellung des bisherigen einzigen Geschäftsführers A und die entsprechende Neubestellung des B vor. Der Beschluss enthält ferner die Bestimmung, dass B stets einzeln vertretungsberechtigt ist.

b) Abwandlung

Nach seiner Eintragung im Handelsregister will B sein Amt als Geschäftsführer niederlegen.

2. Aufgabenstellung

a) Wer hat die erforderliche Registeranmeldung vorzunehmen?

b) Formulieren Sie bitte die notwendige Handelsregisteranmeldung.

c) Unter welcher Voraussetzung könnte B in der Abwandlung das Erlöschen seines Amtes im Handelsregister noch selbst anmelden?

3. Lösungsskizze

a) Da die Eintragung der Änderungen in der Geschäftsführung einer GmbH im Handelsregister nur deklaratorische Wirkung hat, treten die gefassten Beschlüsse sofort in Kraft. Weil A somit nicht mehr Geschäftsführer ist, kann er die vorgenommenen Änderungen nicht mehr zur Eintragung anmelden. Da auch die Bestellung des einzelvertretungsberechtigten neuen Geschäftsführers B sofort in Kraft tritt, ist dieser berechtigt, sowohl seine Bestellung, als auch das Ausscheiden des A aus der Geschäftsführung zur Eintragung in das Handelsregister anzumelden. Als Nachweis ist gemäß § 39 Abs. 3 GmbHG der entsprechende Beschluss der Gesellschafterversammlung mit der Anmeldung dem Registergericht einzureichen.

b) Zum Inhalt und zur Gestaltung der erforderlichen Registeranmeldungen siehe § 39 GmbHG und das Formular in Teil 1: Handelsregister, 2. Kapitel, Rn. 190 f.

c) B hat die Möglichkeit, sein Amt unter der aufschiebenden Bedingung der Eintragung seines Ausscheidens als Geschäftsführer im Handelsregister niederzulegen.[1] Da es sich um eine innerverfahrensmäßige Bedingung handelt, stößt dies auf keine verfahrensmäßigen Bedenken.

III. Fall 3

1. Aufgabenstellung

Beschreiben Sie bitte den Prüfungsumfang des Registergerichts im Allgemeinen und für den Sonderfall der Überprüfung des Beschlusses der Gesellschafterversammlung zur Änderung der Firma einer GmbH. Formulieren Sie anschließend die entsprechende Handelsregisteranmeldung und gebend Sie die beizufügenden Unterlagen an!

2. Lösungsskizze

Zum Umfang der Prüfungsbefugnisse des Registergericht im Allgemeinen siehe Teil 1: Handelsrecht, 2. Kapitel, Rn. 104 ff. Zur Überprüfung von Beschlüssen der Gesellschafterversammlung einer GmbH im Besonderen vgl. die Ausführungen in Teil 1: Handelsrecht, 2. Kapitel, Rn. 112 ff. Für ein Formular einer entsprechenden Registeranmeldung siehe Teil 1: Handelsrecht, 2. Kapitel, Rn. 192.

---

[1] Siehe hierzu Krafka/Willer, Registerrecht, Rn. 1093.

IV. Fall 4

1. Sachverhalt

A beabsichtigt einer KG als Kommanditist beizutreten.

Er fragt Sie, ob und warum er sich im Handelsregister eintragen lassen sollte und welche Formalien hierbei zu beachten sind.

Ein halbes Jahr später erscheint A erneut und fragt Sie dasselbe in Bezug auf sein Ausscheiden aus der Gesellschaft. Er fragt Sie auch, welche registerrechtlichen Unterschiede bestünden, wenn er entweder isoliert aus der Gesellschaft ausscheidet oder seine Kommanditbeteiligung auf jemand anderen übertragen würde.

2. Aufgabenstellung

Formulieren Sie bitte jeweils die verschiedenen Registeranmeldungen zu den vorstehend beschriebenen Fällen des Eintretens und Ausscheidens in eine bestehende KG.

3. Lösungsskizze

Erst mit Eintragung als Kommanditist im Handelsregister erledigt sich für A die Haftung nach § 176 Abs. 2 HGB, so dass eine entsprechende Anmeldung ratsam ist.

Im Fall des Ausscheidens aus einer KG läuft die Nachhaftungsfrist des § 160 Abs. 1 HGB erst mit Eintragung des Ausscheidens im Handelsregister an. Der Unterschied des isolierten Ausscheidens zur Übertragung der Beteiligung an einen Dritten liegt gegebenenfalls in der Haftung des bisherigen Kommanditisten. Erhält dieser für sein Ausscheiden eine Abfindung von der Gesellschaft, so lebt seine Haftung nach § 172 Abs. 4 HGB im Zeitrahmen des § 160 Abs. 1 HGB auf,[2] auch wenn er ursprünglich seine Einlage geleistet hatte, während bei einer Übertragung auf einen Dritten für den bisherigen Kommanditisten keine neue Haftungsgefahr besteht.

Ein Formular zur Anmeldung der Eintragung des isolierten Ausscheidens eines Kommanditisten findet sich in Teil 1: Handelsrecht, 2. Kapitel, Rn. 174 f., ein Formular zur Anmeldung der Übertragung eines Kommanditanteils in Rn. 177 f.

V. Fachfragen

1. Fachfrage 1

a) Aufgabenstellung

Bitte erläutern Sie die verschiedenen Funktionen des Handelsregisters und deren Umsetzung durch die einzelnen Formen der Registerpublizität! Welche Instrumente kennt das Registerrecht zur Erreichung des Zieles, dass der Registerstand möglichst den tatsächlichen Rechtsstand wiedergibt, Rechts- und Registerlage also übereinstimmen?

b) Lösungsskizze

Das Handelsregister hat Informationsfunktion und damit insb. Publizitätsfunktion sowie Kontrollfunktion (hierzu Teil 1: Handelsrecht, 2. Kapitel, Rn. 11 ff.).

Umgesetzt werden diese Funktionen durch ein gestuftes System eintragungs- und/oder bekanntmachungspflichtiger Tatsachen (siehe Teil 1: Handelsrecht, 2. Kapitel, Rn. 20 ff.).

Als Instrumente zur Erreichung einer Übereinstimmung von Rechts- und Registerlage bestehen die Anordnung der konstitutiven Wirkung von Registereintragungen, die Bestimmung der negativen (und positiven)

---

2   Vgl. nur Baumbach/Hopt/Hopt, HGB, § 172 Rn. 6.

Publizität des Handelsregister sowie die Möglichkeit der Anordnung von Zwangsmitteln zur Erreichung einer entsprechenden Registeranmeldung (vgl. allgemein Teil 1: Handelsrecht, 2. Kapitel, Rn. 15 ff.).

2. Fachfrage 2

a) Aufgabenstellung

Erläutern Sie, unter welchen Voraussetzungen die Eintragung eines Geschäftsführerwechsels bzw. einer Satzungsänderung einer GmbH im Handelsregister von Amts wegen gelöscht werden können. Diskutieren Sie hierbei gegebenenfalls zugrunde liegende formelle und materielle Mängel.

b) Lösungsskizze

Während die Eintragung eines Geschäftsführerwechsels bei einer GmbH gegebenenfalls nach § 142 FGG von Amts wegen gelöscht werden kann, unterliegt die Registereintragung der Satzungsänderung einer GmbH einer besonders erhöhten Bestandskraft, die nur in den Fällen des § 144 Abs. 2 FGG durchbrochen werden kann (siehe hierzu Teil 1: Handelsrecht, 2. Kapitel, Rn. 131 ff.).

Im Rahmen der deklaratorisch wirkenden Eintragung der Geschäftsführer einer GmbH sind formelle Mängel irrelevant, wenn die Eintragung sachlich zutrifft. Stimmt die Eintragung dagegen nicht mit der tatsächlichen Rechtslage überein, können auch bei der Eintragung unterlaufene Verfahrensfehler die Löschung der Eintragung nach § 142 FGG rechtfertigen.[3] Bei konstitutiv wirkenden Eintragungen von Gesellschafterbeschlüssen, wie etwa Satzungsänderungen bei einer GmbH (§ 54 Abs. 3 GmbHG), sind gemäß § 144 Abs. 2 FGG nur materielle Mängel relevant, so dass ein fehlerhaftes Eintragungsverfahren die Löschung nicht rechtfertigen kann.[4] Im Übrigen ist neben § 144 Abs. 2 FGG ein Rückgriff auf die allgemeine Löschungsvorschrift des § 142 FGG nur möglich, wenn ein Nicht- oder Scheinbeschluss eingetragen wurde.[5]

---

3   Krafka/Willer, Registerrecht, Rn. 441; Keidel/Kuntze/Winkler, FGG, § 142 Rn. 13.
4   Krafka/Willer, Registerrecht, Rn. 460 m.w.N.
5   Keidel/Kuntze/Winkler, FGG, § 142 Rn. 22.

Klausur: Prokura und Handlungsvollmacht

A. Fall 1

I. Sachverhalt

C betreibt in Stuttgart eine größere Gärtnerei, in der er auch beträchtliche Mengen von Schnittblumen aus dem Großhandel veräußert. Schon seit einiger Zeit spielt C mit dem Gedanken, den bei ihm langjährig beschäftigten K mit mehr Vollmachten auszustatten. Von dem ihm gut bekannten Blumengroßhändler B hat C gehört, dass dieser Anfang des Jahres einen neuen Prokuristen eingestellt hat. C kann sich nicht so recht vorstellen, welche Vertretungsmacht ein Prokurist hat.

II. Aufgabenstellung

C bittet daher Rechtsanwalt L, ihm den Umfang einer Prokura zu erläutern.

III. Lösungsskizze

Der Umfang der Prokura ist in §§ 49, 50 HGB gesetzlich beschrieben. Gemäß § 49 Abs. 1 HGB ermächtigt die Prokura zu allen Arten von gerichtlichen und außergerichtlichen Geschäften und Rechtshandlungen, die der Betrieb eines Handelsgewerbes mit sich bringt. Es muss sich also nicht um branchenübliche Geschäfte handeln. Erfasst werden vielmehr alle Handelsgeschäfte i.S.d. § 343 HGB. Entscheidend ist, dass es sich um ein Geschäft oder eine Rechtshandlung handelt, die der Betrieb irgendeines beliebigen Handelsgewerbes mit sich bringen kann. Der Prokurist darf auch nicht alltägliche und außergewöhnliche Geschäfte vornehmen.

Gemäß § 49 Abs. 2 HGB erstreckt sich der regelmäßige Umfang der Prokura nicht auf die Veräußerung und Belastung von Grundstücken. Hierbei handelt es sich um eine gesetzliche Beschränkung mit Außenwirkung. Diese gilt sowohl für die Verfügungsgeschäfte wie auch für die diese begründenden Verpflichtungsgeschäfte. Unbeachtlich ist, ob die Grundstücke zum Anlagevermögen oder, weil der Kaufmann mit diesen handelt, zum Umlaufvermögen zählen. Veräußerung ist die Übertragung von Grundstückseigentum (§§ 873, 925 BGB), die Einräumung von Miteigentum (§ 1008 BGB) sowie die Einbringung des Grundstücks in eine Gesellschaft. Belastung ist die Begründung eines dinglichen Rechts am Grundstück, wie z.B. Bestellung eines Grundpfandrechts (Hypothek, Grundschuld, Rentenschuld), einer Reallast, eines Nießbrauchrechts, einer Grunddienstbarkeit, einer beschränkt persönlichen Dienstbarkeit, eines Vorkaufsrechts oder einer Vormerkung zur Sicherung eines Anspruchs auf Veräußerung oder Belastung des Grundstücks. Die Bestellung einer Eigentümergrundschuld ist wirtschaftlich keine Belastung des Grundstücks und daher von der allgemeinen Vertretungsmacht des Prokuristen gedeckt. Anders verhält es sich dagegen mit ihrer Übertragung, da sich die Eigentümergrundschuld mit der Abtretung in eine Fremdgrundschuld umwandelt.

Nicht von der Beschränkung des § 49 Abs. 2 HGB erfasst sind sonstige Grundstücksgeschäfte, wie z.B. Vermietung, Verpachtung, Löschung oder Übertragung von dinglichen Rechten (Ausnahme: Eigentümergrundschuld) sowie Erwerb von Grundstücken. Dies gilt auch, wenn der Prokurist im Rahmen des Grundstückserwerbs eine Restkaufgeldhypothek zu Gunsten des Verkäufers bestellt, da es sich insoweit nur um einen um die Hypothek eingeschränkten Erwerb handelt.

Der Geschäftsherr kann den Umfang der Prokura gemäß § 49 Abs. 2 HGB jederzeit auf die Veräußerung und Belastung von Grundstücken erweitern (sog. Immobiliarklausel oder Grundstücksklausel). Diese Ermächtigung ist Bestandteil der Prokura. Aus Gründen der Rechtssicherheit muss die Ermächtigung ausdrücklich erteilt werden. Sie kann sich auch entweder nur auf die Veräußerung oder nur auf die Belastung von Grundstücken beschränken.

Die Prokura ermächtigt den Prokuristen nicht zum Selbstkontrahieren (§ 181 BGB). Auch sog. Prinzipalgeschäfte, wie z.B. die Prokuraerteilung (§ 48 Abs. 1 HGB) oder die Unterzeichnung des Jahresabschlusses (§ 245 HGB) sind ihm untersagt. Gleiches gilt für die sog. Grundlagengeschäfte, auf deren Existenz, Rechtsform und rechtliche Ausgestaltung der Betrieb des Handelsgewerbes als solcher aufbaut, wie z.B. Einstellung des Geschäftsbetriebs, Veräußerung des Unternehmens, Änderung der Firma, Aufnahme weiterer Gesellschafter, Kündigung oder Ausschluss von Gesellschaftern, Antrag auf Eröffnung des Insolvenzverfahrens. Der Prokurist unterliegt ferner den allgemeinen gesetzlichen Einschränkungen. Er darf daher z.B. auch kein Testament für den Einzelkaufmann errichten (§ 2064 BGB) oder einen Erbvertrag für diesen abschließen (§ 2274 BGB).

B. Fall 2

I. Sachverhalt

Nachdem sich C Klarheit über den Umfang einer Prokura verschafft hat, überlegt er, K eine solche zu erteilen. Aus Sicherheitsgründen soll K jedoch Geschäfte mit einem höheren Gegenstandswert als 5.000 € nicht ohne vorherige Zustimmung des C abschließen.

II. Aufgabenstellung

C möchte daher von Rechtsanwalt L wissen, ob die Prokura im Außenverhältnis entsprechend beschränkt werden kann bzw. in welchen Fällen eine entsprechende Beschränkung Außenwirkung haben kann.

III. Lösungsskizze

Im Innenverhältnis kann der Prokurist ohne weiteres an die Beschränkungen des Inhabers des Handelsgeschäfts gebunden werden. Eine Beschränkung des Umfangs der Prokura im Außenverhältnis ist gemäß § 50 Abs. 1 HGB jedoch nicht möglich. Dies gilt nach § 50 Abs. 2 HGB insb. für die Beschränkung, dass die Prokura nur für gewisse Geschäfte oder gewisse Arten von Geschäften oder nur unter gewissen Umständen oder für eine gewisse Zeit oder an einzelnen Orten ausgeübt werden soll.

Im Fall des Missbrauchs der Vertretungsmacht wirken die internen Beschränkungen der Prokura ganz ausnahmsweise auch gegenüber Dritten mit der Folge, dass ein von § 49 HGB formal gedecktes Geschäft den Geschäftsherrn gleichwohl nicht bindet (§ 242 BGB). Dies ist einerseits denkbar im Fall eines arglistigen Zusammenwirkens von Prokurist und Drittem zum Nachteil des Inhabers des Handelsgeschäfts, §§ 138, 826 BGB (Kollusion), andererseits anzunehmen, wenn der Prokurist seine Vertretungsmacht bewusst missbraucht und der Dritte dies erkennt oder ihm dies aufgrund besonderer Umstände ohne weiteres erkennbar war.

C. Fall 3

I. Sachverhalt

Großhändler O hatte den bei ihm angestellten P am 25.10.2004 zum Prokuristen bestellt. Infolge des mit dem Weihnachtsgeschäft verbundenen Stresses hat O es unterlassen, die Erteilung der Prokura an den P zur Eintragung in das Handelsregister anzumelden. Anfang Januar 2006 kam es zu einem Zerwürfnis zwischen O und L, infolge dessen O die Prokura widerrief. Da sich O nicht sicher ist, ob es noch sinnvoll ist, die Erteilung und den Widerruf der Prokura zum Handelsregister anzumelden, sucht er Rechtsanwalt R auf.

II. Aufgabenstellung

O bittet Rechtsanwalt R um Auskunft, ob er das Erlöschen der nicht eingetragenen Prokura zum Handelsregister noch anmelden soll.

III. Lösungsskizze

Das Handelsregister, in dem von der Prokura des L nichts steht, stimmt nach dem Widerruf der Prokura wieder mit der wahren Rechtslage überein. Das Registergericht wird den O, der die Prokura erteilt und widerrufen hat, daher nicht zur Handelsregisteranmeldung zwingen. Gleichwohl ist dem O im eigenen Interesse zu raten, das Erlöschen der Prokura zum Handelsregister anzumelden, um sich davor zu schützen, dass L zu seinen Lasten mit Dritten Geschäfte abschließt. Der Dritte kann zwar nicht durch das Handelsregister, aber auf andere Weise (z.B. durch eine Äußerung des O) von der Erteilung der Prokura Kenntnis erlangt haben und sich hinsichtlich des Fortbestehens der Prokura auf die Nichteintragung des Erlöschens der Prokura berufen. § 15 Abs. 1 HGB schützt nicht das Vertrauen auf die Richtigkeit des Handelsregisters, sondern darauf, dass eine Veränderung der wahren Rechtslage nicht eingetreten ist, wenn sie nicht eingetragen ist.

D. Fall 4

I. Sachverhalt

H betreibt einen Eisenwarenhandel. Da er nicht mehr alles alleine machen kann, möchte er seinem Mitarbeiter M Handlungsvollmacht erteilen.

II. Aufgabenstellung

Er bittet Rechtsanwalt R, ihn darüber zu informieren, welche Arten von Handlungsvollmachten es gibt.

III. Lösungsskizze

§ 54 Abs. 1 HGB unterscheidet drei Arten einer Handlungsvollmacht.

Die Generalhandlungsvollmacht gestattet alle Geschäftshandlungen und Rechtsgeschäfte, die der gesamte Betrieb eines derartigen Handelsgewerbes gewöhnlich mit sich bringt. Sie ist damit die umfangreichste Form der Handlungsvollmacht. Der Handlungsbevollmächtigte ist gleichsam Geschäftsführer des Kaufmanns. Von der Generalvollmacht unterscheidet sich die Generalhandlungsvollmacht dadurch, dass sie sich auf die Geschäfte beschränkt, die für ein Unternehmen der Branche üblich sind, während die Generalvollmacht die Vornahme aller Geschäfte, bei denen eine Stellvertretung möglich ist, gestattet. Die Abgrenzung hängt im Einzelfall von dem Bevollmächtigungswillen des Vollmachtgebers ab.

Die Arthandlungsvollmacht beschränkt sich auf alle Rechtsgeschäfte, die eine bestimmte Art von Geschäften eines derartigen Handelsgewerbes gewöhnlich mit sich bringt, z.B. Kassierer, Zweigstellenleiter einer Bank, Agent, technischer Direktor.

Die Spezialhandlungsvollmacht ermächtigt zu allen Rechtsgeschäften, die das übertragene einzelne, konkret bestimmte Geschäft gewöhnlich mit sich bringt. Häufig ist sie nur auf die Vornahme eines einzigen Rechtsgeschäfts beschränkt. Die Spezialhandlungsvollmacht unterscheidet sich von der normalen Einzelvollmacht dadurch, dass sich die Vertretungsmacht nicht nur auf ein konkretes Rechtsgeschäft, sondern auch auf alle üblicherweise mit diesem in unmittelbarem Zusammenhang stehenden Geschäfte und Rechtshandlungen erstreckt, z.B. Vollmacht für ein bestimmtes Bauvorhaben.

Die Handlungsvollmacht kann auch als Gesamthandlungsvollmacht erteilt werden. Möglich ist auch, die Handlungsvollmacht auf eine oder mehrere Niederlassungen zu beschränken.

Klausur: Handelsvertreter- und Vertriebsrecht

A. Sachverhalt

I. Ausgangssachverhalt

Der Handelsvertreter H (nachfolgend: H) und die Versicherung V-AG (nachfolgend: V) schlossen am 1.1.1995 einen Handelsvertretervertrag, der den H verpflichtete, als selbständiger Gewerbetreibender für die V Versicherungsverträge zu vermitteln bzw. in ihrem Namen abzuschließen. Der Vertrag war auf unbestimmte Dauer geschlossen und mit einer einjährigen Kündigungsfrist zum Quartalsende kündbar. H akquirierte seit Anbeginn seiner Tätigkeit für V zahlreiche Neukunden, die mit V entsprechende Versicherungsverträge abschlossen.

Unter dem 17.7.2004 kündigte die V das Vertragsverhältnis mit eingeschriebenem Brief gegenüber H zum 30.9.2005, ohne einen Kündigungsgrund anzugeben. Nach Ausspruch der Kündigung gingen die Umsätze des H deutlich zurück. Dabei war nicht klar, worauf der Umsatzrückgang zurückging.

H verlangt per 1.10.2005 schriftlich von V die Zahlung einer Abfindung i.H.v. drei Jahresprovisionen für den Erwerb des Kundenstamms durch ihn, den die V auch nach Ausscheiden des H als Handelsvertreter nutzen kann.

V ist nicht bereit, einen Ausgleich für die Überlassung des Kundenstamms zu zahlen. Sie meint, H habe aufgrund der bevorstehenden Beendigung des Vertragsverhältnisses seit Ende 2004 seine Verpflichtung zur Vermittlung und zum Abschluss von Versicherungsverträgen grob vernachlässigt. Außerdem sei H seit einiger Zeit ohne Zustimmung der V für ein branchenidentisches Konkurrenzunternehmen tätig gewesen.

II. Abwandlung

H kündigt das Vertragsverhältnis mit V, da der Finanzvorstand der V wegen übler Nachrede des H rechtskräftig verurteilt wurde und der Umsatzrückgang ersichtlich auf diesen Umstand zurückzuführen ist.

B. Aufgabenstellung

I. Hat H gegen V im Ausgangssachverhalt einen Anspruch auf Abfindung? Wenn ja, in welcher Höhe?

II. Wie stellt sich die Rechtslage in der Abwandlung dar?

C. Lösungsskizze

I. Ausgleichsanspruch des H gegen V nach § 89b HGB

H könnte gegen V einen Anspruch auf Ausgleichszahlung i.H.v. drei Jahresprovisionen gemäß § 89b Abs. 1 Satz 1 HGB haben. Dafür müsste der H zunächst als Handelsvertreter tätig geworden sein. H war aufgrund des mit V geschlossenen Vertrages als selbständiger Gewerbetreibender i.S.d. § 84 Abs. 1 HGB vom 1.1.1995 bis zum 31.9.2005 ständig damit betraut, Versicherungsverträge für V zu vermitteln bzw. abzuschließen. H war somit Versicherungsvertreter nach § 92 Abs. 1 HGB. Auch Versicherungsvertreter erhalten nach §§ 92 Abs. 2, 89b Abs. 5 HGB bei Vertragsbeendigung grundsätzlich einen Ausgleichsanspruch mit der Besonderheit, dass dieser höchstens drei Jahresprovisionen beträgt.

H hat den Anspruch unmittelbar nach Beendigung des Vertragsverhältnisses gemäß § 89b Abs. 4 Satz 2 HGB geltend gemacht, also innerhalb der Ausschlussfrist.

Der Vertrag zwischen den Parteien ist auch wirksam beendet worden: V hat das Vertragsverhältnis fristgerecht i.S.d. §§ 89 Abs. 2, 92 Abs. 2 HGB unter Einhaltung der vereinbarten Kündigungsfrist gekündigt. Es ist nicht ersichtlich, dass V einen Kündigungsgrund im Kündigungsschreiben hätte angeben müssen.

H hat während seiner Handelsvertretertätigkeit zahlreiche Neukunden geworben, die vor dem Abschluss des Handelsvertretervertrages nicht in geschäftlichen Beziehungen der geworbenen Art zu V standen. V hat dadurch erhebliche Unternehmervorteile für die Zeit nach Beendigung des Vertragsverhältnisses erlangt, vgl. § 89b Abs. 1 Satz 1 Nr. 1, Abs. 5 HGB: Denn V hat nach Vertragsbeendigung die Aussicht auf die weitere Nutzung der Geschäftsverbindungen und damit die Aussicht auf einen Unternehmergewinn ohne Provisionszahlungsverpflichtung. Ein Versicherungsvertreter erhält i.d.R. Provisionen aus laufend eingehenden Prämien, die von den Versicherungsnehmern aufgrund der von ihm vermittelten oder abgeschlossenen Versicherungsverträge gezahlt werden (§ 92 Abs. 4 HGB). H verliert also infolge der Beendigung des Vertragsverhältnisses seine Ansprüche auf Provision, die er bei Fortsetzung des Vertrages aus von ihm vermittelten und schon abgeschlossenen Versicherungsverträgen gegen die V hätte beanspruchen können, vgl. § 89b Abs. 1 Satz 1 Nr. 2, Abs. 5 HGB.

Nach § 89b Abs. 1 Satz 1 Nr. 3, Abs. 5 HGB muss die Zahlung des Ausgleichs unter Berücksichtigung aller Umstände der Billigkeit entsprechen. Dabei sind insb. die Umstände des Einzelfalls, und zwar im Rahmen einer zukunftsbezogenen Prognose bei Vertragsende entscheidend. Die Billigkeitsprüfung kann den Ausgleichsanspruch einschränken bzw. entfallen lassen. Sie hat indes nichts mit den Ausschlussgründen des § 89b Abs. 3 HGB zu tun. Denn im Rahmen der Billigkeitsprüfung werden nach allgemeiner Auffassung in aller Regel nur vertragsbezogene Umstände wirtschaftlicher Art berücksichtigt. Außerwirtschaftliche Gründe, wie sie in § 89b Abs. 3 HGB aufgeführt sind, finden dagegen keine Berücksichtigung.

Sollte aber ein Ausschlussgrund nach § 89b Abs. 3 HGB eingreifen, erübrigt sich die Prüfung der Billigkeit. Hier kommt die Kündigung des Unternehmers aus wichtigem Grund bzw. wegen schuldhaften Verhaltens des Handelsvertreters nach Nr. 2 in Betracht. Die V behauptet selbst, H habe seit Ende 2004 seine Pflichten aus dem Handelsvertretervertrag grob vernachlässigt. Insofern lag für die seitens der V ausgesprochene Kündigung im Juli 2004 noch kein wichtiger Grund wegen schuldhaften Verhaltens des H vor.

Fraglich ist aber, ob das schuldhafte Verhalten als wichtiger Grund die Kündigung veranlasst haben muss oder ob es ausreicht, wenn das schuldhafte Verhalten während einer laufenden Kündigungsfrist stattgefunden hat und dem Unternehmer erst nach ihrem Ablauf bekannt geworden ist. Für diese Annahme spricht, dass der Vorschrift des § 89b Abs. 3 Nr. 2 HGB nicht zu entnehmen ist, dass der Unternehmer die Kündigung gerade wegen des schuldhaften Verhaltens fristlos erklärt haben muss. Es könnte dementsprechend ausreichen, wenn ein schuldhaftes Verhalten des Handelsvertreters vorliegt, das einen wichtigen Grund für eine sofortige Vertragsbeendigung darstellt. Insofern könnte man argumentieren, dass der Handelsvertreter seinen Anspruch verwirkt, wenn er sich während einer laufenden Kündigungsfrist schuldhaft so verhält, dass ein wichtiger Grund vorliegt, der eine fristlose Kündigung rechtfertigen würde.

Gegen diese Annahme spricht allerdings, dass die fristlose Kündigung die ultima ratio darstellt. Insofern sind an diese auch hohe Anforderungen zu stellen, wie bspw. die ausdrückliche Kündigungserklärung gegenüber dem Kündigungsempfänger. Eine ordentliche Kündigungserklärung wird dem nicht gerecht. Denn diese lässt sich nicht ohne weiteres gemäß § 140 BGB in eine fristlose Kündigung umdeuten. Mithin scheidet ein Ausschlussgrund nach § 89b Abs. 3 Nr. 2 HGB aus.

Insofern ist es erforderlich, die Billigkeitsprüfung doch vorzunehmen. Als vertragsbezogener Umstand könnte die vermeintliche Aufnahme einer Konkurrenztätigkeit des H während der Vertragslaufzeit in Betracht kommen. Diese wäre selbstverständlich im Prozess zunächst entsprechend zu beweisen. Unterstellt, dies wäre der V möglich, so kann mit guten Gründen argumentiert werden, dass die Billigkeitsprüfung den Ausgleichsanspruch ausschließt. Denn nach allgemeiner Auffassung ist dies bereits dann der Fall, wenn der Handelsvertreter erst nach Vertragsbeendigung eine Konkurrenztätigkeit aufnimmt, und nicht wie hier bereits während des Ablaufs der Kündigungsfrist. In diesem Fall beeinträchtigt der Handelsvertreter die Gewinnchancen des Unternehmers deutlich; er verhält sich treuwidrig.

Bei entsprechender Beweislage hat H gegen V dementsprechend keinen Anspruch auf Ausgleichszahlung gemäß § 89b Abs. 1 Satz 1 HGB.

II. Abwandlung

Ein Ausgleichsanspruch des H gegen V könnte sich wiederum aus den Vorschriften der §§ 89b Abs. 1 Satz 1, 92 Abs. 2, 89b Abs. 5 HGB ergeben. Bezüglich der Voraussetzungen des § 89b Abs. 1 Satz 1 HGB sei auf die obigen Ausführungen verwiesen. Fraglich ist allein, ob § 89b Abs. 3 Nr. 1 HGB den Anspruch ausschließt, da H das Versicherungsvertreterverhältnis selbst gekündigt hat.

Zu berücksichtigen ist, dass die von H ausgesprochene Kündigung durch das ehrverletzende Verhalten eines Vorstandsmitglieds der V veranlasst wurde. Für dieses ehrverletzende Verhalten eines Vorstandsmitglieds ist die V als AG (§ 1 Abs. 1 Satz 1 AktG) entsprechend § 31 BGB verantwortlich. Insofern hat ein Verhalten des Unternehmers begründeten Anlass zu der Kündigung des H gegeben. Damit entfällt auch der Ausgleichsanspruch nicht nach § 89b Abs. 3 Satz 1 HGB.

Fraglich ist, ob etwas anderes gilt, weil H mit seinem Verhalten möglicherweise selber einen wichtigen Kündigungsgrund hervorgerufen hat. Dies ist insofern abzulehnen, als – wie oben ausgeführt – der vermeintliche wichtige Grund in Gestalt der Vernachlässigung seiner vertraglichen Verpflichtungen erst während des Ablaufs der Kündigungsfrist vorlag und V das Vertragsverhältnis nicht fristlos gekündigt hat. Ferner hat V bislang nur unsubstanziiert behauptet und nicht bewiesen, dass H während des Ablaufs der Kündigungsfrist für ein Konkurrenzunternehmen tätig war.

Sofern V jedoch nachweisen könnte, dass H tatsächlich eine entsprechende Tätigkeit aufgenommen hat, würde dies den Ausgleichsanspruch aufgrund der Billigkeitserwägungen auf Null reduzieren können, und zwar unabhängig davon, ob H selber die Kündigung ausgesprochen hat.

Für diesen Fall hätte H gegen V ebenfalls keinen Anspruch auf Ausgleichszahlung gemäß §§ 89b Abs. 1 Satz 1, 92 Abs. 2, 89b Abs. 5 HGB i.H.v. drei Jahresprovisionen.

Klausur: GbR

A. Sachverhalt

Die vermögenden Eheleute A und B treten im Jahr 2001 an die Rechtsanwälte und Steuerberater X & Y GbR mit der Bitte heran, zu prüfen, ob sich durch rechtliche Gestaltungen eine möglichst steuergünstige Übertragung ihres umfangreichen Immobilienvermögens auf ihre Nachkommen erreichen ließe. Mit Wertsteigerungen in der Substanz des voll abgeschriebenen Vermögens wird nicht gerechnet. RA und StB X erinnert sich an einen Aufsatz, den er vor einigen Jahren gelesen hat und empfiehlt den Eheleuten die kostengünstige Gründung einer GbR mbH, wobei als weiterer Gesellschafter neben A und B eine GmbH dienen soll, deren Geschäftsanteile sich allein im Eigentum des A befinden. Es wird entsprechend verfahren und Grundbesitz im Wert von mehreren Millionen € in die GbR eingebracht. Im Jahr 2003 versterben A und B bei einem Autounfall.

Die Erben kommen nunmehr zu Ihnen und teilen mit, der X&Y GbR sei 2002 der Gesellschafter Z beigetreten. X sei bedingt durch die Privatinsolvenz aus der Gesellschaft ausgeschieden.

B. Aufgabenstellung

I. Welche Überraschungen erwarten die Erben beim Finanzamt (FA)?

II. Die vom Steuerbescheid des FA überraschten Erben treten an Sie mit dem Anliegen heran,

1. gegen den Steuerbescheid vorzugehen und
2. bei Misserfolg die Geltendmachung von Ansprüchen gegen die die X & Y GbR und deren Gesellschafter durchzusetzen.

Welche Maßnahmen raten Sie an?

C. Lösungsskizze

I. Das Finanzamt hält für die Erben der Eheleute die unangenehme Überraschung in Form eines Erbschaftssteuerbescheides bereit, der die von den Eheleuten A und B gewählte Konstruktion der GmbH & Co GbR mbH nicht als gewerblich kraft Rechtsform i.S.d. § 15 Abs. 3 Nr. 2 EStG anerkennt und so weder die Betriebsvermögensbewertungsregelungen des Erbschafts- und Schenkungsteuerrechts noch die besonderen Freibeträge gewährt.

II. 1. Ein Vorgehen gegen den Steuerbescheid erscheint wenig sinnvoll, da die Rechtsgrundlage dieser Konstruktion spätestens mit der Entscheidung des BGH zum Haftungsregime der GbR in Form der akzessorischen Gesellschafterhaftung entfallen ist.

2. Erfolg versprechen kann damit nur ein Vorgehen gegen die X&Y GbR und deren Gesellschafter.

Der **Haftungsanspruch gegen die Gesellschaft** stützt sich auf die Fehlberatung der Eheleute A und B. Wäre die Wahl der Rechtsform der GmbH & Co. KG für die vermögensverwaltende Tätigkeit gewählt worden, wäre § 15 Abs. 3 Nr. 2 EStG einschlägig gewesen. Der etwa entstandene Steuerschaden abzüglich der Gründungskosten der KG ist der Schadensersatz gegen die GbR geltend zu machen.

Maßnahmen gegen X versprechen wegen der Insolvenz wenig Erfolg. Hier ist mit den Mandanten abzuwägen, inwieweit die Kosten der Rechtsdurchsetzung im Hinblick auf die mangelnde Leistungsfähigkeit des Schuldners aufgewendet werden sollen.

Der **Gesellschafter Y** kann auf die Haftung für die Verbindlichkeiten der GbR nach dem nunmehr anzuwendenden Haftungsregime des § 128 HGB analog in Anspruch genommen werden.

Für die Haftungsinanspruchnahme des neu hinzugetretenen **Gesellschafters Z** gilt nach der Entscheidung des BGH vom 17.4.2003 (NJW 2003, 1803) im Grundsatz die Regelung des § 130 HGB analog, so dass der neu eintretende Gesellschafter auch für die bereits bestehenden Altverbindlichkeiten einzustehen hat. Da der Senat aus Gesichtspunkten des Vertrauensschutzes diese Regelung aber erst mit Bekanntwerden seiner Entscheidung zur Anwendung bringen will, kommt es hier auf die Frage an, wann Z der GbR beigetreten ist, vor oder nach Veröffentlichung des Urteils.

Klausur: OHG

A. Fall 1

I. Sachverhalt

Die 16-jährige Gudrun (G) verbringt ihre Freizeit mit der Züchtung griechischer Landschildkröten. Bei dem privaten Verkauf dieser – nach der Unterschutzstellung – im Zoohandel selten zu erwerbenden Tiere erzielt sie regelmäßig hohe Preise. Zwei ihrer zufriedensten Kunden, die beiden Rentnerinnen Ortrune (O) und Herma (H) kommen daher auf die Idee, die Zucht und den Verkauf der Tiere nebst dem nötigen Zubehör mit ihr zusammen in größerem Umfang geschäftsmäßig zu betreiben. Zu diesem Zweck gründen die drei im Mai 2006 mit Zustimmung der Eltern der G eine Gesellschaft, die unter „O & H Turtle OHG" firmieren soll. G übernimmt die Aufzucht und Tierbetreuung, O und H besorgen den Vertrieb. Vereinbarungsgemäß zahlen O und H jeweils 7.000 € auf das Gesellschaftskonto ein. Ende Juni 2006 wird die OHG im Handelsregister eingetragen und bekannt gemacht. Vorausgegangen waren ausschließlich die behördlichen Genehmigungen für den Handel mit artgeschützten Tieren. Anfang Juli werden die ersten Schildkröten im Namen der Gesellschaft verkauft. Damit die kleinen Schildkröten besser gedeihen, bestellt die O im Namen der OHG bei einem Beleuchtungshändler (B) im August eine aufwendige UV-Bestrahlungsanlage zu einem Preis von 3.000 €, die ordnungsgemäß geliefert und installiert wird. Am 20.9. geht die Rechnung des B bei der OHG ein. O und H sind der Ansicht, die Gesellschaft müsse nicht zahlen, da die G minderjährig sei.

II. Aufgabenstellung

Hat B einen Anspruch auf Zahlung von 3.000 € gegen die OHG?

III. Lösungsskizze

B könnte gegen die OHG ein Anspruch auf Zahlung von 3.000 € aus § 433 Abs. 2 BGB, § 124 Abs. 1 HGB zustehen.

1. Kein wirksamer Gesellschaftsvertrag

Voraussetzung hierfür ist das außenwirksame Bestehen einer OHG. Notwendig dafür ist das Vorliegen eines wirksamen Gesellschaftsvertrages zwischen O, H und G. Hier liegt die Genehmigung der gesetzlichen Vertreter der G nach § 107 BGB vor. Daneben bedarf es jedoch zum Abschluss eines wirksamen Gesellschaftsvertrages durch einen Minderjährigen der Genehmigung des FamG gemäß §§ 1643 Abs. 1, 1822 Nr. 3 BGB, die hier nicht vorliegt.

Fraglich ist, welche Auswirkungen dieser Umstand auf das Bestehen des Gesellschaftsvertrages hat. Nach § 139 BGB führt die Teilnichtigkeit eines Rechtsgeschäfts im Zweifel zur Nichtigkeit des ganzen Rechtsgeschäfts, wenn nicht anzunehmen ist, dass es auch ohne den nichtigen Teil vorgenommen sein würde. Eine OHG ist die geeignete Gesellschaftsform für echte Mitunternehmerschaft. Jeder Gesellschafter bringt sich mit seinem persönlichen Fähigkeiten in das Unternehmen ein und übernimmt eine nach außen unbeschränkbare Haftung. Vorliegend ist der Gesellschaftszweck nur zu erreichen, wenn die G ihre Kenntnisse und Fähigkeiten hinsichtlich der Schildkrötenzucht einbringt, während O und H Finanzmittel und Verkaufsgeschick aufbringen. Ohne die G wäre die OHG sicherlich nicht gegründet worden. Daher ist nicht anzunehmen, dass O und H auch ohne ihre Beteiligung den Gesellschaftsvertrag abschließen wollten. Die Gesamtnichtigkeit infolge des Vorliegens eines Fehlers bei nur einem Gesellschafter entspricht also dem Parteiwillen.

2. Fehlerhafte Restgesellschaft

Die OHG könnte aber trotz des fehlenden Gesellschaftsvertrages nach den Grundsätzen über die fehlerhafte Gesellschaft für die Vergangenheit wie eine vollwirksame Gesellschaft behandelt werden. Ein fehlerhafter Gesellschaftsvertrag liegt vor. Die „O & H Turtle OHG" ist auch nach außen in Vollzug gesetzt worden, da Anfang Juli 2006 bereits die ersten Tiere im Namen der Gesellschaft verkauft wurden. Schließlich dürfen keine höherrangigen Interessen entgegenstehen. Hier könnten zunächst Interessen der Allgemeinheit entgegenstehen. Das wird insb. angenommen, wenn gegen ein gesetzliches Verbot (§ 134 BGB) oder die guten Sitten (§ 138 BGB) verstoßen wird. Vorliegend sind die behördlichen Genehmigungen hinsichtlich des Handels mit griechischen Landschildkröten jedoch eingeholt worden, so dass keine weiteren Anhaltspunkte für das Entgegenstehen von Interessen der Allgemeinheit gegeben sind.

Entgegenstehen könnten jedoch Interessen Einzelner. Die Lehre von der fehlerhaften Gesellschaft dient vor allem dem Vertrauensschutz der Geschäftspartner einer aus welchem Grunde auch immer defekten Gesellschaft. Daher genießt auch vorliegend der B einen Vertrauens- bzw. Verkehrsschutz beim Handel mit der fehlerhaften OHG. Die Nichtigkeit des Gesellschaftsvertrages rührt im vorliegenden Fall jedoch aus dem Schutz der minderjährigen G. Der Minderjährigenschutz wird von der Rechtsordnung als absolut betrachtet, was sich insb. aus der Wertung der §§ 104 ff., 1629 Abs. 2 und 1643 Abs. 1 BGB ergibt. Daher kann der Vertrauensschutz des B gegenüber dem Schutzinteresse der G hier nicht durchdringen. O und H sind jedoch volljährig und somit nicht von dem Schutzzweck des Minderjährigenrechts erfasst.

Wie solche Konstellationen gesellschaftsrechtlich gelöst werden sollen, ist umstritten. Nach h.M. wird der Minderjährige nicht Gesellschafter. Nach a.A. wird er zwar Gesellschafter, haftet aber nicht für die Verbindlichkeiten der Gesellschaft. Unabhängig davon, welche Meinung man im Hinblick auf den konkreten Fall vertritt, besteht jedenfalls eine fehlerhafte Restgesellschaft zwischen den Gesellschafterinnen O und H. Für die Vergangenheit haftet also die „O & H Turtle OHG" als fehlerhafte Gesellschaft, die jedenfalls aus den persönlich haftenden O und H besteht, für die bis dahin entstanden Gesellschaftsschulden.

Da die O die (fehlerhafte) OHG gemäß § 125 Abs. 1 HGB in dem in § 126 HGB bezeichneten Umfang allein vertreten konnte, wurde die Gesellschaft i.H.v. 3.000 € gegenüber B verpflichtet. Daher ist der Anspruch des B auf Kaufpreiszahlung gegen die „O & H Turtle OHG" aus § 433 Abs. 2 BGB, § 124 Abs. 1 HGB gegeben.

B. Fall 2

I. Sachverhalt

1. Ausgangssachverhalt

Nach diesem Vorfall wurde die „O & H Turtle OHG" nicht weiter betrieben und die G machte zunächst ihr Abitur. Der Kontakt zu O und H riss jedoch nie ab. Nachdem die G ihr Tiermedizinstudium wegen Erfolglosigkeit abbrechen musste, entschieden sich die Drei, noch einmal in die gewerbsmäßige Reptilienzucht einzusteigen. Da der Markt für griechische Landschildkröten mittlerweile besetzt war, wurde die „O.H.G. Leguan OHG" gegründet, im Handelsregister eingetragen und bekannt gemacht. Unternehmenszweck ist die Zucht und der Vertrieb von grünen Leguanen nebst Futter und Zubehör. Nach dem Gesellschaftsvertrag ist G für die Zucht und Tierpflege zuständig, während O und H den Vertrieb übernehmen. Alle Gesellschafter brachten vertragsgemäß jeweils 20.000 € in die Gesellschaft ein. H, die zwar Schildkröten sehr mochte, konnte sich von Anfang an nicht an das drachenhafte Aussehen der Leguane gewöhnen. Als sie eines Abends im Spätherbst alleine in ihrem schummrigen Büro saß, um die Buchhaltung auf den neuesten Stand zu bringen, strich ein ausgebrochener Leguan um ihre Beine. Das versetzte ihr einen solchen Schrecken, dass sie augenblicklich verstarb.

2. Abwandlung 1

Der Gesellschaftsvertrag der OHG sieht vor, dass die versterbenden Gesellschafter ohne Abfindung ausscheiden.

3. Abwandlung 2

Der Gesellschaftsvertrag schließt die Abfindung nicht aus, benennt aber die Freundin (F) der H als deren Nachfolgerin. Da der Tod für die H so plötzlich kam, konnte sie ihr lange geplantes Testament nicht mehr errichten, in dem sie die F anstelle der T zu ihrer Alleinerbin einsetzen wollte.

II. Aufgabenstellung

1. Die H hatte eine Tochter (T), die ihre Alleinerbin ist. Wie wirkt sich der Tod der H auf die „O.H.G. Leguan OHG" aus? Welche Rechtsstellung hat die T?
2. Wie ist die Rechtsstellung der T in der Abwandlung 1?
3. Wie stellt sich die Rechtslage in der 2. Abwandlung dar?

III. Lösungsskizze

1. Fortbestehen der Gesellschaft und Abfindungsanspruch der T

Nach § 131 Nr. 4 HGB a.F. wurde die OHG durch den Tod eines Gesellschafters aufgelöst und wandelte sich in eine Liquidationsgesellschaft. Seit dem HRefG v. 22.6.1998 führt der Tod eines Gesellschafters nur noch gemäß § 131 Abs. 2 Nr. 1 HGB zu seinem Ausscheiden.

Folglich besteht auch nach dem Tod der H die „O.H.G. Leguan OHG" als werbende Gesellschaft unter den überlebenden Gesellschaftern fort. Die T ist zwar gemäß § 1922 BGB Gesamtrechtsnachfolgerin der H, aber nicht Mitglied der OHG geworden. Die Mitgliedschaft war nicht zu vererben, weil das Ausscheiden der H ihre Mitgliedschaft beendet hat, so dass T nicht in sie einrücken kann. Durch das Ausscheiden ist jedoch der Abfindungsanspruch des § 738 Abs. 1 Satz 2 BGB entstanden. Dieser fällt in den Nachlass und vermittelt der T den Vermögenswert der bisherigen Mitgliedschaft der H. Das bedeutet: Die T ist nunmehr so zu stellen, als sei die OHG aufgelöst worden. Sie hat also, da O, H und G mit gleichen Kapitalanteilen an der OHG beteiligt waren einen Anspruch auf 1/3 des Vermögens der Gesellschaft.

2. Gültiger Ausschluss des Abfindungssanspruchs der T

Die T hätte bezüglich der OHG-Mitgliedschaft ihrer Mutter dann keine Ansprüche, wenn der Abfindungsanspruch gültig ausgeschlossen werden konnte.

§ 738 BGB kann durch den Gesellschaftsvertrag modifiziert werden. Dabei gilt es allerdings, bestimmte Grenzen zu beachten. Der Abfindungsanspruch kann nicht für den Fall der Kündigung eines Gesellschafters ausgeschlossen werden, da dieser ansonsten entgegen § 242 BGB in seinen wirtschaftlichen Entfaltungsmöglichkeiten beschränkt würde. Auch der Ausschluss des Abfindungsanspruchs bei Kündigung der Gesellschaft durch einen Privatgläubiger des Schuldnergesellschafters ist unzulässig, und zwar um solche Gläubiger nicht unangemessen zu benachteiligen. Nach h.M. bestehen solche Bedenken aber nicht, wenn ein Gesellschafter durch Tod ausscheidet, so dass in diesem Fall der Ausschluss zulässig ist.

Eine Mindermeinung sieht in einer solchen gesellschaftsvertraglichen Regelung eine Schenkung von Todes wegen i.S.d. § 2301 BGB an die verbliebenen Gesellschafter. In diesem Fall wären einerseits die testamentarischen Formvorschriften einzuhalten. Andererseits hätte der Erbe Pflichtteilsergänzungsansprüche gegen die übrigen Gesellschafter.

Nach überwiegender Meinung ist eine solche Sicht jedenfalls dann nicht zutreffend, wenn – wie vorliegend – der Abfindungsanspruch bei allen Gesellschaftern ausgeschlossen wird. Bei einem sog. aleatorischen Geschäft erwirbt nämlich jeder Gesellschafter die Chance, an dem Anteilswert der vorversterbenden Gesellschafter beteiligt zu werden. Es fehlt daher an dem Merkmal der Unentgeltlichkeit, so dass eine Schenkung von Todes wegen ausgeschlossen ist.

Folglich hat die T keine Ansprüche gegenüber der OHG oder den verbliebenen Gesellschaftern.

3. Gegenstandslose Nachfolgeklausel, keine Umdeutung

Der Gesellschaftsvertrag enthält eine qualifizierte Nachfolgeklausel, da nur die F in die Mitgliedschaft der H eintreten soll. Die Nachfolgeklausel verschafft dem Erben eines Gesellschafters die Mitgliedschaft. Die dogmatische Einordnung der Nachfolgeklausel ist allerdings umstritten. Nach h.M. führt sie zu einem erbrechtlichen Erwerb der Mitgliedschaft. Eine Mindermeinung ordnet sie als Erwerb kraft Rechtsgeschäfts unter Lebenden ein, weil sie die Klausel als Verfügungsvertrag der Gesellschafter zu Gunsten des Nachfolgers auffasst. Dagegen spricht jedoch, dass das BGB keinen Verfügungsvertrag zu Gunsten Dritter kennt. Dieser würde notwendig auch zulasten der Dritten wirken.

Wäre F Erbin der H, könnte sie also gemäß § 1922 BGB in die Mitgliedschaft der H eintreten. Vorliegend ist die F allerdings nicht Erbin geworden. Daher ist die Nachfolgeklausel gegenstandslos. Es kommt zu der durch § 131 Abs. 2 Nr. 1 HGB geschaffenen Rechtslage. Die OHG besteht folglich unter O und G weiter, die T hat einen Abfindungsanspruch gemäß §§ 1922; 738 BGB.

Es könnte jedoch in analoger Anwendung des § 140 BGB erwogen werden, die Nachfolgeklausel in eine Eintrittsklausel umzudeuten. Eine Eintrittsklausel ist ein berechtigender Vertrag zu Gunsten Dritter, der dem Benannten einen Anspruch auf Abschluss eines Aufnahmevertrags mit den verbliebenen Gesellschaftern gibt.

Hier ist wohl nicht von einer Umdeutung auszugehen, weil zunächst die T i.H.v. 1/3 des Gesellschaftsvermögens abzufinden ist. Ob die OHG dann noch genügend Kapital aufweist, um wirtschaftlich einen dritten Gesellschafter aufnehmen zu können, ist fraglich. Jedoch schweigt der Sachverhalt dazu.

Klausur: Partnerschaftsgesellschaft

A. Sachverhalt

A und B gründen eine „Partnerschaftsgesellschaft", um gemeinsam den Beruf des Rechtsanwalts auszuüben. Sie melden die Gesellschaft ordnungsgemäß zum Partnerschaftsregister an, vergessen aber, einen schriftlichen Partnerschaftsvertrag abzuschließen.

Der Gesellschaft geht es schon nach kurzer Zeit nicht besonders gut. Der Lohn der einzigen Sekretärin kann nicht bezahlt werden. Hinzu kommt, dass A durch einen Beratungsfehler einen weder durch sein noch durch das Gesellschaftsvermögen gedeckten Berufshaftpflichtschaden verursacht hat.

B. Aufgabenstellung

B kommt zu Ihnen in die Beratung und bittet um Aufklärung über die möglicherweise gegen ihn bestehenden Ansprüche.

C. Lösungsskizze

I. Ansprüche gegen B können sich grundsätzlich nur auf vertraglicher Basis ergeben. Grundlage kann hier zum einen der abgeschlossene Dienstvertrag mit der Sekretärin, zum anderen der Schadensersatzanspruch des Mandanten sein.

II. Für den Anspruch der Sekretärin stellt sich die Frage, wie dieser dem B zuzurechnen ist. Ein Arbeitsvertrag wurde mit der „Partnerschaftsgesellschaft" geschlossen. Diese Gesellschaft ist aber mangels Vorliegen des konstitutiv (!) schriftlichen Gesellschaftsvertrages nicht entstanden. Damit mangelt es an sich an einem Zurechnungsobjekt für den Vertrag. Allerdings kommen hier zwei Zurechnungsmöglichkeiten in Betracht. Zunächst kann es sich bei der gescheiterten Partnerschaftsgesellschaft um eine wirksame BGB-Gesellschaft handeln, wenn nämlich die Beteiligten die gemeinsame Zweckverfolgung in jedem Fall wollten. Sollte dies nicht der Fall sein, weil beispielsweise B nicht mit dem A in einer Gesellschaft verbunden sein wollte, in der keine Haftungsbeschränkung besteht, kommt alternativ die Anwendung der Grundsätze zur fehlenden Gesellschaft in Betracht, wonach die Fehlerhaftigkeit auch im Außenverhältnis nur mit Wirkung ex nunc geltend gemacht werden kann. Für den Abschluss des Dienstvertrages steht die Gesellschaft in jedem Fall ein. Die Zurechnung der Haftung zu B erfolgt alsdann im Wege der akzessorischen Haftung.

III. Im Grundsatz stellen sich die gleichen Ausgangsfragen bei der Haftung des B für die Schadensersatzansprüche des Mandanten aus der Berufspflichtverletzung des A. Zu diskutieren ist hier allerdings, inwieweit sich aus der Besonderheit des Haftungsregimes der Partnerschaftsgesellschaft für Berufspflichtverletzungen Besonderheiten auch dann ergeben, wenn keine wirksame Partnerschaft besteht. Vertretbar scheint hier sowohl eine Argumentation, wonach die besondere Haftungsprivilegierung eben das wirksame Bestehen der Gesellschaft voraussetzt, wie auch eine auf dem mangelnden Vertrauensschutz des wegen der Registereintragung nicht auf eine Mithaftung des B vertrauen dürfenden Mandanten.

Teil 3: Klausuren

Klausur: EWIV

A. Aufgabenstellung

8 I. Überlegen Sie sich ein Vorhaben, welches sich am besten in der Rechtsform einer Europäischen Wirtschaftlichen Interessenvereinigung (EWIV) verwirklichen ließe, und stellen Sie Ihre Rechtsformüberlegungen kurz dar. Diese EWIV soll ihren Sitz in Deutschland haben.

II. Entwerfen Sie danach einen Gründungsvertrag für diese EWIV nach den zwingenden Vorgaben der EG-Verordnung und den zwingenden Vorschriften des anwendbaren deutschen nationalen Rechts. Füllen Sie den Gründungsvertrag anschließend mit Bestimmungen aus, die für das von Ihnen geplante konkrete Vorhaben geeignet sind. Begründen Sie kurz die einzelnen von Ihnen gewählten fakultativen Bestimmungen des Gründungsvertrages anhand ihrer praktischen Auswirkungen.

B. Lösungsskizze

I. Zu den Rechtsformüberlegungen vgl. 2. Teil: Gesellschaftsrecht, 1. Kapitel, § 6 Rn. 1 ff. und zu Beispielen für eine EWIV aus der Praxis vgl. 2. Teil: Gesellschaftsrecht, 1. Kapitel, § 6 Rn. 22 ff.

II. Zum Beispiel eines Gründungsvertrages und zu praktischen Hinweisen zu seiner Abfassung vgl. das Muster für einen Gründungsvertrag einer EWIV mit Erläuterungen im 2. Teil: Gesellschaftsrecht, 1. Kapitel, § 6 Rn. 25 ff.

> **Weitere Informationen:**
> REGIE: Europäisches Netz der EWIV
> Europäische Kommission
> Sekretariat Herr Schulte-Brancks
> Generaldirektion XXIII/A/1
> Rue de la Loi 200, AN 80
> B – 1049 Brüssel

Zum anwendbaren Recht und zur Rechtsquellenhierarchie der EWIV vgl. 2. Teil: Gesellschaftsrecht, 1. Kapitel, § 6 Rn. 5 ff.

Klausur: AG

A. Sachverhalt

Die X-AG ist ein mittelständisches, nicht börsennotiertes Unternehmen mit Sitz in der BRD. Ihre Aktionärsstruktur ist gemischt, d.h. neben institutionellen Großanlegern sind an der Gesellschaft viele Kleinaktionäre beteiligt. Die X-AG wurde im Dezember 2006 im Wege einer Bargründung errichtet. Das Grundkapital der Gesellschaft beträgt 1.000.000 € und ist eingeteilt in 1.000.000 Stückaktien. Die Gesellschaft hat teilweise Namensaktien, teilweise Stückaktien ausgegeben. Im Vorfeld der für Donnerstag, den 7.9.2007 anberaumten Hauptversammlung der X-AG wendet sich ihr Vorstand an den Rechtsanwalt R und bittet um gutachterliche Stellungnahme.

B. Aufgabenstellung

Entwerfen Sie eine gutachterliche Stellungnahme zu den folgenden Fragen.

I. Frage 1

In der anstehenden Hauptversammlung soll neben den üblichen Beschlüssen über die Entlastung und Gewinnverwendung u.a. Beschluss gefasst werden über eine Barkapitalerhöhung. Da noch nicht feststeht, in welcher Höhe Aktionäre oder Anleger bereit sind, neue Aktien zu zeichnen, möchte sich die Gesellschaft im Hinblick auf den exakten Kapitalerhöhungsbetrag weder bei der Einberufung noch in der Hauptversammlung selbst schon endgültig festlegen. Bestehen gegen dieses Ansinnen Bedenken und was ist dabei im Einzelnen zu beachten?

II. Frage 2

Im Rahmen der beabsichtigten Kapitalerhöhung möchte die Gesellschaft einen Ausgabebetrag über dem Nennbetrag festlegen. Dieser soll unterschiedlich hoch sein, je nachdem, ob es sich bei den Zeichnern um Altaktionäre oder fremde Dritte handelt. Der Einlagebetrag soll ebenso wie das Aufgeld zunächst i.H.v. 50 % einbezahlt werden, der Rest auf Anforderung der Gesellschaft. Schließlich soll auch die Höhe des Aufgeldes möglichst flexibel gestaltet werden. Welche Grundsätze gelten hierfür?

III. Frage 3

Die X-AG unterhält zur A-GmbH intensive Geschäftsverbindungen. Die A-GmbH ist bereits mit 6 % an der X-AG beteiligt. Konzernmutter und alleinige Gesellschafterin der A-GmbH, die K-AG, ist selbst mit 12 % an der X-AG beteiligt; sie hat unmittelbar nach der Gründung ein Aktienpaket an der X-AG von einem der Gründer erworben.

Im Wege einer Sachkapitalerhöhung (neben und unabhängig von der Barkapitalerhöhung) sollen von der A-GmbH in die X-AG für deren eigene Produktion dringend erforderliche Patente eingebracht werden. Die A-GmbH soll dafür die aus der Sachkapitalerhöhung stammenden neuen Aktien erhalten. Der Sachkapitalerhöhungsbetrag lautet auf 110.000 €. Zusätzlich soll ein Agio von 90.000 € vereinbart werden. Die Werthaltigkeit der Patente wird nachgewiesen durch ein Sachverständigengutachten.

Parallel und zusätzlich hierzu soll die A-GmbH an die X-AG entweder ein Darlehen i.H.v. 2.000.000 € ausreichen oder sich mit einem entsprechenden Betrag mit einer typisch-stillen Beteiligung an der X-AG beteiligen.

Sind neben der Beachtung der Vorschriften über die Sachkapitalerhöhung weitere Vorgaben zu beachten? Auf konzernrechtliche Überlegungen ist dabei nicht einzugehen.

C. Lösungsskizze

I. Frage 1

Die Hauptversammlung soll bereits jetzt eine Beschlussfassung über eine Barkapitalerhöhung treffen, ohne genau zu wissen, ob und in welcher Höhe die jungen Aktien tatsächlich gezeichnet werden. Aktienrechtlich können diese Überlegungen entweder im Rahmen einer regulären Barkapitalerhöhung gemäß §§ 182 ff. AktG oder im Rahmen der Schaffung eines genehmigtes Kapitals nach §§ 202 ff. AktG umgesetzt werden. Beide Möglichkeiten können dabei grds. auch nebeneinander/kumulativ angewandt werden. Im Einzelnen bestehen zwischen beiden Alternativen allerdings erhebliche Unterschiede.

1. Barkapitalerhöhung

a) Bekanntmachung der Tagesordnung

Mit der Einberufung der Hauptversammlung ist gleichzeitig auch die Tagesordnung gemäß § 124 Abs. 1 Satz 1 AktG bekannt zu machen. Bekannt zu machen sind dabei gemäß § 124 Abs. 3 AktG weiter auch die zu jedem Gegenstand der Tagesordnung von Vorstand und/oder Aufsichtsrat zu machenden Beschlussvorschläge.[1] Die Angabe der Tagesordnung ist notwendig, da wegen § 124 Abs. 4 AktG über nicht ordnungsgemäß bekannt gemachte Tagesordnungspunkte grds. nicht abgestimmt werden darf. Ein gleichwohl gefasster Beschluss kann angefochten werden, und zwar auch dann, wenn alle erschienenen/vertretenen Aktionäre damit einverstanden sind, es sei denn, es handelt sich um eine Vollversammlung nach § 121 Abs. 6 AktG.[2] So ist bspw. bei einer geplanten Kapitalerhöhung in der bekannt gemachten Tagesordnung stets der Höchstbetrag anzugeben. Nach Ansicht des OLG Frankfurt kommt es dabei auf den Grundkapitalbetrag nach Durchführung der Kapitalerhöhung an, nicht aber lediglich auf den Kapitalerhöhungsbetrag als solchem.[3] Richtigerweise ist zwingend nur der (max.) Kapitalerhöhungsbetrag als solcher anzugeben.[4] Die bloße Angabe, es solle über eine Kapitalerhöhung beschlossen werden, ohne auch einen ziffernmäßigen Anhaltspunkt für den Kapitalerhöhungsbetrag zu nennen, genügt dagegen nicht.

b) Ziffernmäßige Angabe des Kapitalerhöhungsbetrages

Zu den essentialia eines jeden Kapitalerhöhungsbeschlusses gehört grds. die ziffernmäßige Angabe des Betrages, um den das Grundkapital bei einer AG erhöht werden soll (§ 23 Abs. 3 Nr. 3 AktG). Beschränkt sich der zugrunde liegende Kapitalerhöhungsbeschluss nach §§ 179, 182 AktG darauf, einen ziffernmäßig genau bestimmten Betrag als Kapitalerhöhung festzusetzen, so muss dieser Betrag bei der Übernahme der Aktien erreicht werden. Anderenfalls ist der Beschluss undurchführbar.[5] Eine solche Festlegung auf einen bestimmten Kapitalerhöhungsbetrag ist dagegen problemlos möglich, wenn die neuen Aktien – wie im Regelfall – aufgrund vorweg erteilter Zusage einer Emissionsbank oder Emissionskonsortiums oder von einem oder einigen wenigen Großaktionären übernommen werden.

Nach allgemeiner Meinung kann der Kapitalerhöhungsbeschluss jedoch auch derart gefasst werden, dass lediglich ein Mindest- und ein Höchstbetrag der Kapitalerhöhung festgesetzt wird. Entscheidend ist, dass jedenfalls bei Anmeldung der Durchführung der Kapitalerhöhung nach § 188 AktG die Kapitalerhöhung

---

1 Vgl. BGHZ 153, 32 = DNotZ 2003, 358, wenn der Vorschlag zur Wahl eines Abschlussprüfers entgegen § 124 Abs. 3 AktG sowohl vom Aufsichtsrat als auch vom Vorstand ausgeht.
2 Hüffer, AktG, § 124 Rn. 18.
3 OLG Frankfurt, AG 2005, 167, 168; in diese Richtung auch Trendelenburg, NZG 2003, 860 ff.
4 DNotI-Report 2005, 29, 31; Semler/Volhard, Arbeitshandbuch für die Hauptversammlung, § 4 Rn. 163; Obermüller/Werner/Winden/Butzke, Die Hauptversammlung der Aktiengesellschaft, B Rn. 80; MünchKomm-AktG/Kubis, § 124 Rn. 12 „Umfang der Kapitalveränderung".
5 RGZ 85, 205, 207; 55, 65, 67; Geßler/Hefermehl/Bungeroth, AktG, § 182 Rn. 53; GK/Wiedemann, AktG, § 182 Rn. 55.

auf einen bestimmten Betrag lautet.[6] In diesem Fall kann jeder tatsächlich erreichte Erhöhungsbetrag, der den Mindestbetrag nicht unterschreitet und der den Höchstbetrag nicht überschreitet, durch Eintragung der Durchführung der Kapitalerhöhung nach § 189 AktG wirksam werden. Für zulässig wird es darüber hinaus erachtet, lediglich einen Höchstbetrag festzulegen und damit jeden tatsächlich erreichten geringeren Erhöhungsbetrag wirksam werden zu lassen.[7]

c) Bindung der Verwaltung der Gesellschaft an die in der Tagesordnung gemachten Beschlussvorschläge

Vorstand und Aufsichtsrat haben mit der Bekanntmachung der Tagesordnung auch Beschlussvorschläge für die einzelnen Tagesordnungspunkte bekannt zu machen (§ 124 Abs. 3 AktG). Einigkeit besteht zunächst darin, dass es dem Vorstand und/oder Aufsichtsrat unbenommen ist, die zu einem Tagesordnungspunkt angekündigten Beschlussvorschläge überhaupt zur Abstimmung zu stellen.[8] Soweit über diese Beschlusspunkte aber tatsächlich abgestimmt werden soll, ist umstritten, ob Vorstand und Aufsichtsrat an die eigenen Beschlussvorschläge gebunden sind oder nicht. Eine solche Bindung wird z.T. bejaht.[9] Nach einer vermittelnden Ansicht fällt eine derartige Bindung jedenfalls dann weg, wenn seit der Bekanntmachung der Vorschläge neue Tatsachen entstanden oder bekannt geworden sind oder eine neue Beurteilung aus anderen Gründen erforderlich geworden ist.[10] Die weitestgehende Ansicht nimmt an, dass im Grundsatz überhaupt keine Bindungswirkung besteht. Vielmehr kann die Verwaltung ohne Vorliegen neuer Tatsachen auch dann, wenn sie bspw. zu der Einsicht gelangt ist, dass ein abweichender Vorschlag dem Gesellschaftsinteresse besser Rechnung trägt, von ihrem ursprünglichen Vorschlag abweichen.[11] Um hier allfällige Anfechtungsklagen von vornherein zu vermeiden, hilft sich die Praxis damit, dass die geänderten Beschlussvorschläge nicht von der Verwaltung selbst, sondern von einem „befreundeten" Aktionär zur Abstimmung in der Hauptversammlung gestellt werden und die Verwaltung auf die Abstimmung zu ihrem ursprünglichen Beschlussvorschlag verzichtet.

d) Durchführungsfrist

Setzt die Hauptversammlung im Rahmen des Kapitalerhöhungsbeschlusses nach § 182 AktG keinen ziffernmäßig genau bestimmten Kapitalerhöhungsbetrag fest, sondern beschränkt sie sich lediglich auf die Angabe eines Mindest- und/oder Höchstbetrages, so ist im Erhöhungsbeschluss gleichzeitig der Zeitraum festzulegen, in dem die Zeichnungen vorgenommen werden können. Diese Frist muss dabei von der Hauptversammlung selbst bestimmt werden. Fehlt sie, so ist der Kapitalerhöhungsbeschluss nach einer Meinung anfechtbar.[12] Nach a.A. hat das Fehlen einer Durchführungsfrist zunächst keine unmittelbaren „negativen" Rechtsfolgen. Allerdings hat der Vorstand die Kapitalerhöhung unverzüglich in Angriff zu

---

6   RGZ 55, 65, 68; KölnerKomm-AktG/Lutter, § 182 Rn. 17; Hüffer, AktG, § 182 Rn. 12; Geßler/Hefermehl/Bungeroth, AktG, § 182 Rn. 54; GK/Wiedemann, AktG, § 182 Rn. 55; Krieger, in: Münchener Handbuch des Gesellschaftsrechts, Bd. 4, § 56 Rn. 23.

7   Geßler/Hefermehl/Bungeroth, AktG, § 182 Rn. 54; GK/Wiedemann, AktG, § 182 Rn. 55; Krieger, in: Münchener Handbuch des Gesellschaftsrechts, Bd. 4, § 56 Rn. 23; Hüffer, AktG, § 182 Rn. 12; RGZ 85, 205, 207; LG Hamburg, AG 1995, 92, 93.

8   DNotI-Report 2001, 12, 14; Semler/Volhard, Arbeitshandbuch für die Hauptversammlung, § 11 Rn. 84; Obermüller/Werner/Winden/Butzke, Die Hauptversammlung der Aktiengesellschaft, B Rn. 87.

9   Schaaf, Die Praxis der Hauptversammlung, Rn. 121.

10 MünchKomm-AktG/Kubis, § 124 Rn. 59; Hüffer, AktG, § 124 Rn. 12; Geßler/Hefermehl/Eckardt, AktG, § 124 Rn. 32; zurückhaltend Semler/Volhard, Arbeitshandbuch für die Hauptversammlung, § 11 Rn. 86 ff.

11 KölnerKomm-AktG/Zöllner, § 124 Rn. 26; GK/Werner, AktG, § 124 Rn. 80; Semler, in: Münchener Handbuch des Gesellschaftsrechts, Bd. 4, § 35 Rn. 53; Semler/Volhard, Arbeitshandbuch für die Hauptversammlung, § 4 Rn. 189.

12 LG Hamburg, AG 1995, 92, 93; Happ, Aktienrecht, 12.01 Rn. 12.

nehmen und binnen angemessener Frist durchzuführen.[13] Ein Ermessensspielraum steht der Verwaltung nicht zu. Für die Praxis werden Verfallfristen von zwei bis vier Monaten genannt.[14]

e) Dauer der Durchführungsfrist

Bezüglich der Bemessung der Durchführungsfrist hat die Rspr. – soweit ersichtlich – noch nicht Stellung genommen. In der Lit. werden hierzu verschiedene Ansichten vertreten. Am weitesten geht dabei Lutter.[15] Er hält eine Zeichnungsfrist von max. etwa sechs Monaten noch für zulässig. Das OLG Hamburg hält eine Frist von fünf Monaten ohne weiteres für zulässig.[16] Demgegenüber hält Wiedemann[17] Verfallsfristen von zwei Monaten bei Barkapitalerhöhungen mit mittelbarem Bezugsrecht und Sachkapitalerhöhungen sowie von vier Monaten bei Barkapitalerhöhungen mit unmittelbarem Bezugsrecht für sachgerecht. In der übrigen Kommentarliteratur werden keine konkreten Fristen genannt. Stets heißt es jedoch, dass der Kapitalerhöhungsbeschluss, der auf keinen festen Erhöhungsbetrag lautet, eine bestimmte, zeitlich nicht so weit ausgedehnte Zeichnungsfrist festlegen muss, um den Umfang der Kapitalerhöhung nur vom Zeichnungserfolg und nicht vom Belieben der Verwaltung abhängig zu machen.[18] Weiter wird als Argument dafür angeführt, die Durchführungsfrist bei einer Kapitalerhöhung „um bis zu" eng zu begrenzen, dass andernfalls die Grenze zum genehmigten Kapital überschritten wird.[19]

Diese Auffassung überzeugt. Insb. die Abgrenzung zum genehmigten Kapital rechtfertigt es, hier die Durchführungsfrist bei einer Kapitalerhöhung „um bis zu" eng zu begrenzen. Dabei ist freilich zuzugeben, dass eine derartige Kapitalerhöhung mit einer weiten Durchführungsfrist ohne weiteres auch im Wege eines genehmigten Kapitals erfolgen kann. Beide Arten der Kapitalerhöhung dürfen jedoch nicht vermischt werden, sondern sind vielmehr getrennt voneinander und nach den für sie jeweils geltenden Vorschriften zu beurteilen. Würde man die Durchführungsfrist bei einer normalen Kapitalerhöhung über den genannten Zeitraum von max. sechs Monaten ausdehnen, würde im Ergebnis gegen das aktienrechtliche Prinzip der Satzungsstrenge nach § 23 Abs. 5 AktG verstoßen. Weite Durchführungsfristen sieht das AktG grds. nur im Rahmen einer Kapitalerhöhung im Wege des genehmigten Kapitals vor, nicht aber bei „normalen" Barkapitalerhöhungen. Wegen § 23 Abs. 5 AktG können solche weiten Durchführungsfristen außerhalb eines genehmigten Kapitals nicht beschlossen werden.

f) Rechtsfolgen einer überlangen Durchführungsfrist

Wird gegen diese Grundsätze verstoßen und bei einer normalen Kapitalerhöhung eine überlange Durchführungsfrist festgesetzt, so ist umstritten, welche Rechtsfolgen ein solcher Kapitalerhöhungsbeschluss hat. Sicher ist zunächst, dass ein solcher Beschluss jedenfalls gegen das AktG verstößt und damit zumindest anfechtbar ist.[20] Die ganz überwiegende Ansicht in der Lit. geht von einer Nichtigkeit dieses Kapitalerhöhungsbeschlusses aus.[21] Lediglich bei minderschweren Verstößen soll Anfechtbarkeit gegeben sein.[22]

---

13 MünchKomm-AktG/Pfeifer, § 182 Rn. 37; KölnerKomm-AktG/Lutter, § 182 Rn. 17.
14 GK/Wiedemann, AktG, § 182 Rn. 57; OLG Hamburg, AG 2000, 326 = MittRhNotK 2000, 295.
15 KölnerKomm-AktG/Lutter, § 182 Rn. 17; ihm folgend Semler/Volhard, Arbeitshandbuch für die Hauptversammlung, § 20 Rn. 12; Krieger, in: Münchener Handbuch des Gesellschaftsrecht, Bd. 4, § 56 Rn. 23 Fn. 53; AnwK-AktienR/Elser, Kap. 1 § 182 Rn. 25.
16 MittRhNotK 2000, 295, 296.
17 GK/Wiedemann, AktG, § 182 Rn. 57.
18 Geßler/Hefermehl/Bungeroth, AktG, § 182 Rn. 55; Hüffer, AktG, § 182 Rn. 12; Krieger, in: Münchener Handbuch des Gesellschaftsrechts, Bd. 4, § 56 Rn. 23.
19 Semler/Volhard, Arbeitshandbuch für die Hauptversammlung, § 22 Rn. 12; Happ, Aktienrecht, 12.01 Rn. 12.
20 LG Hamburg, AG 1995, 92, 93.
21 GK/Wiedemann, AktG, § 182 Rn. 58; KölnerKomm-AktG/Lutter, § 182 Rn. 17; Geßler/Hefermehl/Bungeroth, AktG, § 182 Rn. 56; Semler/Volhard, Arbeitshandbuch für die Hauptversammlung, § 22 Rn. 12; Happ, 12.01 Rn. 12.
22 GK/Wiedemann, AktG, § 182 Rn. 58; Geßler/Hefermehl/Bungeroth, AktG, § 182 Rn. 56; KölnerKomm-AktG/Lutter, § 182 Rn. 17.

Das RG hat einen solchen minderschweren Verstoß angenommen, wenn nach einem Kapitalerhöhungsbeschluss die neuen Aktien zu einem höheren als dem Nennbetrag ausgegeben werden sollen, der Beschluss setzt aber keinen Mindestbetrag fest, unter dem die Ausgabe nicht erfolgen darf.[23]

2. Genehmigtes Kapital

a) Ermächtigung des Vorstandes

Nach § 202 Abs. 1 AktG kann der Vorstand durch Satzungsbestimmung für die Dauer von höchstens fünf Jahren ermächtigt werden, das Grundkapital bis höchstens zur Hälfte des zum Zeitpunkt der Ermächtigung vorhandenen Grundkapitals zu erhöhen (genehmigtes Kapital). Dabei handelt es sich im Ergebnis um einen Vorratsbeschluss auf Kapitalerhöhungen, der dem Vorstand die Möglichkeit an die Hand gibt, im eigenen Ermessen und ohne die langwierige Einberufung und Durchführung einer Hauptversammlung Kapitalerhöhungen zu beschließen und durchzuführen. Im Wesentlichen entspricht dabei eine Kapitalerhöhung aufgrund eines genehmigten Kapitals in ihren Abwicklungsstadien denen einer regulären Kapitalerhöhung.

b) Hauptversammlungsbeschluss

Grundlage der Ermächtigung an den Vorstand zur Kapitalerhöhung ist die Satzung. Ein genehmigtes Kapital kann bereits in der Gründungssatzung geschaffen werden (§ 202 Abs. 2 Satz 1 AktG). Voraussetzung für die Ermächtigung durch Satzungsänderung ist ein Beschluss der Hauptversammlung mit einer Mehrheit von mindestens 3/4 des vertretenen Grundkapitals (§ 202 Abs. 2 Satz 2 AktG). Inhaltlich muss der Hauptversammlungsbeschluss die Dauer der Ermächtigung des Vorstands konkret angeben. Die bloße Verweisung auf § 202 AktG genügt nicht.[24] Weiter muss der Ermächtigungsbeschluss den Nennbetrag des genehmigten Kapitals konkret beziffern. Maßgeblich ist der Zeitpunkt der Eintragung der Ermächtigung zur Schaffung genehmigten Kapitals, nicht aber schon der Zeitpunkt des Ermächtigungsbeschlusses. Die Angabe eines Höchstbetrages („... um bis zu ...") genügt freilich. Eine bloße Prozentangabe – etwa i.H.v. 50 % des zum Zeitpunkt des Wirksamwerdens der Ermächtigung zur Schaffung genehmigten Kapitals – ist allerdings nicht ausreichend.[25] Ist wegen zwischenzeitlich noch durchzuführender Kapitalerhöhungen unklar, wie hoch tatsächlich das Grundkapital zum Zeitpunkt der Eintragung der Ermächtigung im Handelsregister ist, will man aber gleichwohl die Höchstgrenze des genehmigten Kapitals auszunützen, bleibt als Alternative, dass mehrere Ermächtigungsbeschlüsse für ein genehmigtes Kapital geschaffen werden, die dann ggf. nacheinander zur Eintragung in das Handelsregister angemeldet werden, je nachdem, wie hoch zu diesem Zeitpunkt dann das Grundkapital tatsächlich ist. Max. darf das genehmigte Kapital die Hälfte des Grundkapitals, das zur Zeit der Ermächtigung vorhanden ist, betragen (§ 202 Abs. 3 Satz 1 AktG). Eine zeitgleich mit der Ermächtigung des genehmigten Kapitals eingetragene Durchführung einer regulären Kapitalerhöhung ist dabei zu berücksichtigen.[26] Ein etwa bereits bestehendes genehmigtes Kapital ist mitzurechnen, soweit dieses noch nicht ausgenutzt ist. Ein ggf. weiter bestehendes bedingtes Kapital rechnet dagegen nicht mit.[27] Soll der Vorstand ermächtigt werden, das gesetzliche Bezugsrecht der Aktionäre auszuschließen, ist dies besonders festzusetzen (§ 203 Abs. 2 AktG). Der Ermächtigungsbeschluss kann auch eine Zweckbestimmung für das genehmigte Kapital und weitere Festsetzungen über den Inhalt der Aktienrechte und die Bedingungen der Aktienausgabe enthalten, er muss es jedoch nicht (§ 204 Abs. 1 Satz 1 AktG). Letztlich ist auch hier zu empfehlen, den Aufsichtsrat dazu zu ermächtigen,

---

23 RGZ 143, 20, 23 f.; 144, 138, 143.
24 OLG Celle, BB 1962, 975; Hüffer, AktG, § 202 Rn. 11; AnwK-AktienR/Groß, Kap. 1 § 202 AktG, Rn. 40 ff.
25 Busch, in: Marsch-Barner/Schäfer, Handbuch börsennotierte AG, § 40 Rn. 8; Happ, Aktienrecht, 12.05 Rn. 7; Semler/Volhard, Arbeitshandbuch für die Hauptversammlung, § 24 Rn. 6; wohl auch KölnerKomm-AktG/Lutter, § 202 Rn. 11.
26 Hüffer, AktG, § 202 Rn. 14.
27 Krieger, in: Münchener Handbuch des Gesellschaftsrechts, Bd. 4, § 58 Rn. 7; Semler/Volhard, Arbeitshandbuch für die Hauptversammlung, § 24 Rn. 15; Obermüller/Werner/Winden/Butzke, Die Hauptversammlung der Aktiengesellschaft, L Rn. 11 f.

die Fassung der Satzung nach Durchführung der Kapitalerhöhung durch den Vorstand den neuen Kapitalverhältnissen entsprechend anzupassen (§ 179 Abs. 1 Satz 2 AktG).

Soweit der Vorstand über den Inhalt der Aktienrechte und die Bedingungen der Aktienausgabe beim genehmigten Kapital entscheidet, bedarf er hierzu der Zustimmung des Aufsichtsrates, Gleiches gilt für die Entscheidung über den Bezugsrechtsausschluss nach §§ 203 Abs. 2, 204 Abs. 1 AktG.

Wird das genehmigte Kapital im Rahmen einer Satzungsänderung beschlossen, ist der Beschluss nach § 181 Abs. 1 Satz 1 AktG allein durch den Vorstand zum Handelsregister anzumelden. Eine Mitwirkung des Aufsichtsratsvorsitzenden ist dabei anders als im Rahmen der regulären Kapitalerhöhung nach § 184 AktG nicht erforderlich. Lediglich die Anmeldung der Durchführung der Kapitalerhöhung bedarf gemäß §§ 203 Abs. 1 Satz 1, 188 Abs. 1 AktG der Mitwirkung des Aufsichtsratsvorsitzenden. Nach § 202 Abs. 3 Satz 2 AktG sollen die neuen Aktien nur mit Zustimmung des Aufsichtsrats ausgegeben werden. Die fehlende Zustimmung des Aufsichtsrats berührt jedoch nicht die Wirksamkeit der Kapitalerhöhung.[28] Von Bedeutung ist dabei, dass die Ausnutzung des genehmigten Kapitals durch den Vorstand in einer oder mehreren Tranchen bis zur Erreichung des jeweiligen Höchstbetrages erfolgen kann, es sei denn, durch den Ermächtigungsbeschluss ist die mehrfache Ausnutzung des genehmigten Kapitals ausdrücklich ausgeschlossen.[29] Davon zu unterscheiden ist die Variante, dass die Satzung mehrere genehmigte Kapitalia mit unterschiedlichen Ausgestaltungsformen nebeneinander vorsieht. Dies ist zulässig, soweit die Höchstgrenzen des § 202 Abs. 3 AktG insgesamt nicht überschritten werden. Häufig wird dabei zwischen einem sog. genehmigten Kapital I, das zu einer Barkapitalerhöhung unter Einräumung eines Bezugsrechts ermächtigt, und einem genehmigten Kapital II unterschieden, welches die Ermächtigung zu einer Sachkapitalerhöhung mit Bezugsrechtsausschluss gestattet.[30]

c) Bekanntmachung in der Tagesordnung

In der Bekanntmachung der Tagesordnung ist nach § 124 Abs.1 und Abs. 4 AktG die Beschlussfassung über die Schaffung eines genehmigten Kapitals bekannt zu machen. Die bloße Bekanntmachung über eine Kapitalerhöhung genügt nicht. Bekannt zu machen ist die Beschlussfassung über die Schaffung eines genehmigten Kapitals.

3. Vergleich reguläre Kapitalerhöhung/genehmigtes Kapital

Vergleicht man beide Kapitalmaßnahmen miteinander, ist offensichtlich, dass mit dem genehmigten Kapital eine größere Flexibilität erreicht wird. Die an sich bei der Hauptversammlung liegende Kompetenz zur Kapitalerhöhung wird im Rahmen der Ermächtigung auf den Vorstand übertragen. Dieser entscheidet dann, ob und wenn ja in welcher Höhe das genehmigte Kapital ausgenutzt werden soll. Nicht erforderlich ist mithin die neuerliche Einberufung einer Hauptversammlung. Auch besteht nicht die kurze Durchführungsfrist wie bei einer normalen Kapitalerhöhung; es gilt max. eine Fünf-Jahres-Frist (§ 202 Abs. 1 und Abs. 2 AktG). Andererseits kann das genehmigte Kapital nicht uneingeschränkt ausgeübt werden. Die Ermächtigung zur Kapitalerhöhung im Rahmen des genehmigten Kapitals darf die Hälfte des Grundkapitals zum Zeitpunkt der Eintragung des genehmigten Kapitals nicht übersteigen.

Unbenommen ist es der Gesellschaft schließlich, in der anstehenden Hauptversammlung sowohl Beschluss zu fassen über eine reguläre Barkapitalerhöhung sowie gleichzeitig Beschluss zu fassen über die Schaffung eines genehmigten Kapitals. Mit der regulären Kapitalerhöhung kann das Grundkapital dann sofort erhöht werden, ohne dass der Vorstand schon von seiner Ermächtigung im Rahmen des genehmigten Kapitals Gebrauch machen muss.

Im Ergebnis dürfte diese Kombination einer regulären Barkapitalerhöhung mit der gleichzeitigen Schaffung eines genehmigten Kapitals am ehesten den Interessen der Gesellschaft entsprechen.

---

28 KölnerKomm-AktG/Lutter, § 202 Rn. 24; Hüffer, AktG, § 202 Rn. 22.
29 KölnerKomm-AktG/Lutter, § 203 Rn. 5; Hüffer, AktG, § 202 Rn. 20.
30 Semler/Volhard, Arbeitshandbuch für die Hauptversammlung, § 24 Rn. 19; Hüffer, AktG, § 202 Rn. 5.

II. Frage 2
1. Aktienausgabe gegen Aufgeld

Nach § 9 Abs. 1 AktG dürfen für einen geringeren Betrag als den Nennbetrag oder den auf die einzelne Stückaktie entfallenden anteiligen Betrag des Grundkapitals keine Aktien ausgegeben werden. Für einen höheren Betrag ist die Ausgabe der Aktien dagegen zulässig (§ 9 Abs. 2 AktG). § 9 AktG verbietet somit die „Unter-Pari-Emission" und gestattet die „Über-Pari-Emission". Die Vorschrift will wesentlich die Kapitalaufbringung sichern und dient daher dem Gläubigerschutz.[31]

Der Tatbestand einer Aktienausgabe „über pari" ist erfüllt, wenn die vom Übernehmer/Zeichner der Aktie zu leistende Einlage den Nennbetrag der Aktie bzw. den anteiligen Wert am Grundkapital übersteigt. Zulässig ist dabei diese Über-Pari-Emission sowohl bei der Bar- als auch bei der Sacheinlage. Auch gilt die Vorschrift gleichermaßen, sowohl bei der Gründung als auch bei einer späteren Kapitalerhöhung. Der den Nennwert bzw. den bei Stückaktien anteiligen Wert des Grundkapitals übersteigende Betrag ist das „Agio".[32] Das Agio führt nicht zu einer Erhöhung des Grundkapitals, sondern bildet, soweit es die Kosten der Aktienausgabe übersteigt, einen Teil der gesetzlichen Rücklage (§ 150 AktG i.V.m. § 272 Abs. 2 Nr. 1 HGB).[33]

2. Unterschiedliches Aufgeld

Nach allgemeiner Meinung muss im Falle einer „Über-Pari-Emission" das Aufgeld bzw. Agio für alle aus dieser Kapitalmaßnahme hervorgehenden „neuen Aktien" nicht gleich hoch sein. Zu beachten ist lediglich der Gleichbehandlungsgrundsatz bzw., dass die Zustimmung der dadurch Betroffenen vorliege.[34] Gegenüber Dritten, die sich also erstmals im Rahmen der Kapitalerhöhung an der Gesellschaft beteiligen, besteht dieser Gleichbehandlungsgrundsatz aber nicht.

3. Zuständigkeit für die Festsetzung des Ausgabebetrages

Sollen die Aktien für einen höheren Betrag als den geringsten Ausgabebetrag ausgegeben werden, ist nach § 182 Abs. 3 AktG der Mindestbetrag, unter dem sie nicht ausgegeben werden sollen, im Kapitalerhöhungsbeschluss festzusetzen. Zuständig für die Festsetzung des höheren Ausgabebetrages ist daher grds. die Hauptversammlung. Zulässig ist aber, dass diese ihre Entscheidungsbefugnis auf den Vorstand überträgt und diesen ermächtigt, ggf. mit Zustimmung des Aufsichtsrats den Ausgabebetrag festzusetzen.[35]

4. Höhe des Aufgeldes

Über die Höhe des Aufgeldes enthält das Gesetz grds. keine Vorschriften. Soweit allerdings das Bezugsrecht der Aktionäre ganz oder teilweise ausgeschlossen wird, darf der Ausgabebetrag nicht unangemessen niedrig sein (§ 255 Abs. 2 AktG).

Nach § 182 Abs. 3 AktG geht das Gesetz davon aus, dass die Hauptversammlung im Kapitalerhöhungsbeschluss über die Höhe des Aufgeldes entscheidet. Schweigt die Hauptversammlung im Kapitalerhöhungsbeschluss zur Höhe des Ausgabekurses, ist die Rechtslage umstritten. Entgegen der älteren Lit. dürfte hier eine Ausgabe der Aktien zum geringsten Ausgabebetrag grds. nicht möglich sein. Im Übrigen wird danach differenziert, ob den Aktionären ein unmittelbares oder mittelbares Bezugsrecht zusteht. Haben die Aktionäre ein Bezugsrecht, ist zu pari auszugeben. Ist das Bezugsrecht ausgeschlossen, ist ein höherer Ausgabebetrag zu bestimmen.[36] Ein solcher höherer Ausgabepreis rechtfertigt sich schon daraus, dass die

---

[31] BGHZ 64, 52, 62; Hüffer, AktG, § 9 Rn. 1; KölnerKomm-AktG/Kraft, 1988, § 9 Rn. 2.
[32] Hüffer, AktG, § 9 Rn. 8; KölnerKomm-AktG/Kraft, § 9 Rn. 23; GK/Brändel, AktG, § 9 Rn. 31.
[33] GK/Brändel, AktG, § 9 Rn. 31; KölnerKomm-AktG/Kraft, § 9 Rn. 24.
[34] GK/Brändel, AktG, § 9 Rn. 35; KölnerKomm-AktG/Lutter, § 186 Rn. 44; Gadow/Heinichen, AktG, § 9 Anm. 8; Schlegelberger/Quasowski, AktG, § 9 Rn. 7; Baumbach/Hueck, AktG, § 9 Rn. 6.
[35] MünchKomm-AktG/Peifer, § 182 Rn. 48.
[36] Hüffer, AktG, § 182 Rn. 25; KölnerKomm-AktG/Lutter, § 182 Rn. 26; Meyer-Landrut, Satzungen und Hauptversammlungsbeschlüsse der AG, Rn. 665.

Verwaltung ihr Ermessen bei Festlegung des Ausgabebetrages junger Aktien dem Grunde nach dahin gehend auszuüben habe, den Ausgabebetrag derart festzusetzen, dass er den Wertanteil der Altaktionäre am Gesellschaftsvermögen proportional aufrecht erhält, also den inneren Wert der Beteiligung angemessen widerspiegelt.[37]

Nach a.A. soll die Hauptversammlung und Verwaltung bei der Festsetzung des Ausgabebetrages dagegen „weitgehend frei" sein, wenn den Aktionären ein unmittelbares oder mittelbares Bezugsrecht gewährt wird.[38] Ein etwa unter dem anteiligen Unternehmenswert liegender Ausgabebetrag verstoße nicht gegen das Interesse der bisherigen Aktionäre, weil sie durch Ausübung ihrer Bezugsrechte eine Verwässerung ihres Anteilsbesitzes vermeiden oder sich durch Veräußerung der Bezugsrechte ein marktgerechtes Entgelt für die Verwässerung verschaffen können. Im umgekehrten Fall, wenn also ein unangemessen hoher, den wirklichen Wert der neuen Aktien erheblich übersteigender Ausgabebetrag festgesetzt wird, könne dagegen ggf. ein faktischer Bezugsrechsausschluss vorliegen und deshalb nur unter den Voraussetzungen des § 186 Abs. 3 und Abs. 4 AktG zulässig sein.[39]

Letztlich spricht viel dafür, dass auch bei bestehendem Bezugsrecht der Aktionäre der Ausgabekurs für neue Anteile bei einer Kapitalerhöhung in der AG stets den inneren Wert der Anteile angemessen widerspiegeln muss, also nicht zu niedrig sein darf. Andernfalls wird ein faktischer Zwang zur Teilnahme an der Kapitalerhöhung bewirkt. Dies ist nicht zulässig und führt ggf. zur Anfechtbarkeit.[40] Gleiches gilt, wenn das Bezugsrecht keinen selbständigen Vermögenswert beinhaltet, wie bei geschlossenen Gesellschaften, für die es keinen Markt gibt, auf dem das Bezugsrecht gehandelt bzw. veräußert werden kann. Auch hier kann m.E. die Hauptversammlungsmehrheit nicht den Ausgabekurs frei bestimmen, sondern muss eine angemessene Vergütung für die neuen Aktien beschließen. Ein größerer Spielraum besteht nur bei der Hauptversammlung einer Publikumsgesellschaft mit börsennotierten Aktien, wo es einen Markt für das Bezugsrecht gibt.[41]

5. Leistung der Einlage und des Aufgeldes

Für die Leistung der Einlage gilt auch bei der Kapitalerhöhung die Vorschrift des § 36a AktG (§ 188 Abs. 2 AktG). Demgemäß muss bei einer Bareinlage mindestens ein Viertel des geringsten Ausgabebetrages geleistet werden. Erfolgt die Ausgabe gegen Aufgeld, muss daneben das Aufgeld für jede Aktie in voller Höhe bezahlt werden.

Die hier beabsichtigte Regelung genügt dem nicht. Es soll zunächst nur 50 % des geringsten Ausgabebetrages und des Aufgeldes geleistet werden. Eine Anmeldung der Kapitalerhöhung kann daher nicht erfolgen, solange nicht das Aufgeld in voller Höhe geleistet ist. Eine Erklärung, wonach die Voraussetzungen der §§ 36 Abs. 2, 36a AktG erfüllt sind (§§ 188 Abs. 2, 37 Abs. 2 AktG) wäre falsch und ist gemäß § 399 Abs. 1 Nr. 4 AktG strafbar. Da das Registergericht die Voraussetzungen für die Eintragung der Durchführung der Kapitalerhöhung im Handelsregister prüft, kann eine Eintragung nicht erfolgen, wenn das Registergericht die fehlende Volleinzahlung des Aufgeldes erkennt.

6. Alternative: Schuldrechtliches Aufgeld

Vom „gesellschaftsrechtlichen" Agio zu unterscheiden ist das sog. **schuldrechtliche Agio** („Investors agreement"). Eine derartige Leistung der Aktionäre an die Gesellschaft außerhalb der eigentlichen Kapitalaufbringungsvorschriften ist als schuldrechtliche Nebenabrede oder „investors agreement" jedenfalls bei einer Kapitalerhöhung zulässig.[42] Für ein schuldrechtliches Aufgeld gilt die Regelung des § 36a Abs. 1 AktG nicht. Entscheidend ist nur, deutlich zu machen, dass es sich um ein schuldrechtliches Agio, nicht

---

37 AnwK-AktienR/Elser, § 182 Rn. 53; GK/Wiedemann, AktG, § 182 Rn. 44.
38 Geßler/Hefermehl/Bungeroth, AktG, § 182 Rn. 69; KölnerKomm-AktG/Ritter, § 182 Rn. 23.
39 Geßler/Hefermehl/Bungeroth, AktG, § 182 Rn. 69.
40 OLG Stuttgart, BB 2000, 1155 = DB 2000, 135 = NZG 2000, 156 = GmbHR 2000, 333, zum GmbH-Recht.
41 GK/Wiedemann, AktG, § 182 Rn. 46.
42 BayObLG, DB 2002, 940 = NotBZ 2002, 221.

aber um ein gesellschaftsrechtlich begründetes Agio handelt. Dies ist im Registerverfahren nachzuweisen.[43] Streitig ist hier, ob ein solches schuldrechtliches Agio nur durch Vereinbarung der Aktionäre untereinander zulässig ist oder ob auch eine unmittelbare Vereinbarung zwischen der Gesellschaft einerseits und dem Gründer bzw. Zeichner andererseits möglich ist.[44]

III. Frage 3

1. Sachkapitalerhöhung

a) Zeichnung der neuen Aktien durch die A-GmbH

Die A-GmbH soll als Gegenleistung für die Einbringung der Patente in die X-AG im Wege der Sachkapitalerhöhung sämtliche neuen Aktien erhalten.

aa) Bezugsrecht der Altaktionäre

Dabei ist zunächst zu beachten, dass bei jedweder Kapitalerhöhung den bisherigen Aktionären nach § 186 AktG grds. ein Bezugsrecht zusteht. Dieses Bezugsrecht der Altaktionäre dient dazu, diese vor einer Verwässerung ihrer Beteiligungsquote zu schützen. Qualitativ versetzt das Bezugsrecht den Aktionär in die Lage, an der Kapitalerhöhung im prozentualen Umfang seiner Beteiligung am bisherigen Grundkapital teilzunehmen. Damit kann er seine mitgliedschaftliche Stellung wahren.[45] Kann oder will der Aktionär sein Bezugsrecht nicht ausüben, kann er es veräußern.

Dieses in § 186 Abs. 1 AktG enthaltene Bezugsrecht ist grds. zwingend und entsteht mit dem Kapitalerhöhungsbeschluss. Von diesem Zeitpunkt an ist das Bezugsrecht auch veräußerlich und übertragbar. Eine Änderung des Bezugsrechts durch die Satzung ist unzulässig.

bb) Bezugsrechtsausschluss

Statthaft ist statt dessen ein Ausschluss des Bezugsrechts im Einzelfall nach § 186 Abs. 3 und Abs. 4 AktG.

(1) Förmliche Voraussetzungen

Für den Bezugsrechtsausschluss sind zunächst bestimmte förmliche Voraussetzungen zu beachten: Das Bezugsrecht kann nach § 186 Abs. 3 Satz 1 AktG nur im Kapitalerhöhungsbeschluss selbst ausgeschlossen werden. Der beabsichtigte Bezugsrechtsausschluss muss gemäß § 186 Abs. 4 Satz 1 AktG mit der Einberufung der Hauptversammlung bekannt gemacht werden. Notwendig ist außerdem ein schriftlicher Bericht des Vorstandes über den Grund des Bezugsrechtsausschlusses. Auch dieser Bericht ist zumindest seinem wesentlichen Inhalt nach analog § 124 Abs. 2 Satz 2 AktG mit der Einberufung der Hauptversammlung bekannt zu machen. Daneben ist der Bericht entsprechend § 175 Abs. 2 AktG von der Einberufung der Hauptversammlung an in den Geschäftsräumen der AG auszulegen und jedem Aktionär auf Verlangen eine Abschrift zu erteilen. Obgleich das Gesetz für den Bezugsrechtsausschluss weitere materielle Voraussetzungen nicht verlangt, entspricht es allgemeiner Meinung, dass der Bezugsrechtsausschluss wegen der Schwere seines Eingriffs in die Mitgliedschaft einer sachlichen Rechtfertigung bedarf, soweit nicht alle betroffenen Aktionäre dem Bezugsrechtsausschluss zustimmen.

(2) Materielle Voraussetzungen

Materielle Voraussetzungen sind nach dem Gesetz für einen Bezugsrechtsausschluss nicht erforderlich. Wegen der Schwere des Eingriffs in die Mitgliedschaft bedarf der Bezugsrechtsausschluss jedoch einer

---

43 BayObLG, DB 2002, 940 = NotBZ 2002, 221.
44 Gerber, MittBayNot 2002, 305 ff.; Hermanns, ZIP 2003, 788 ff. sowie Schorling/Vogel, AG 2003, 86 ff.; Becker, NGZ 2003, 510 ff.; Hergeth/Eberl, DStR 2002, 1818; Wagner, DB 2004, 293, 295 ff.; vgl. dazu Hüffer, AktG, § 54 Rn. 7.
45 MünchKomm-AktG/Peifer, § 186 Rn. 1.

sachlichen Rechtfertigung, es sei denn, alle betroffenen Aktionäre stimmen dem Bezugsrechtsausschluss zu.[46] Sachlich gerechtfertigt ist der Bezugsrechtsausschluss im Übrigen, wenn er im Interesse der Gesellschaft liegt, zur Erreichung des beabsichtigten Zwecks geeignet und erforderlich sowie verhältnismäßig ist.[47]

Als Gesellschaftsinteresse, dem die Kapitalerhöhung mit Bezugsrechtsausschluss dient, kommt grds. jedes im Rahmen des Unternehmensgegenstandes liegende Interesse in Betracht, nicht aber ein Konzerninteresse oder die Interessen bestimmter Aktionäre oder Organmitglieder. Letztlich handelt es sich hierbei um eine unternehmerische Entscheidung, bei der ein weiter Ermessensspielraum besteht.[48] Geeignet und erforderlich ist der Bezugsrechtsausschluss, wenn der angestrebte Zweck mit ihm erreicht werden kann und wenn eine Entscheidungsalternative nicht besteht oder der Bezugsrechtsausschluss unter mehreren Möglichkeiten den Zweck am besten zu fördern vermag. Zu prüfen ist dabei insb., ob dieser Zweck nicht auch durch eine Kapitalerhöhung ohne Bezugsrechtsausschluss verfolgt werden kann.[49] Verhältnismäßig ist der Bezugsrechtsausschluss schließlich, wenn das Gesellschaftsinteresse höher zu bewerten ist als das Interesse der Aktionäre am Erhalt ihrer Rechtsposition.[50] Dabei gilt der Grundsatz: Je schwerer der Eingriff in die Rechte der Aktionäre wiegt, desto gewichtiger muss das Interesse der Gesellschaft am Ausschluss des Bezugsrechts sein.[51]

(3) Bezugsrechtsausschluss bei einer Sachkapitalerhöhung

Ob diese Voraussetzungen gegeben sind, ist eine Frage des Einzelfalls. Bei einer Sachkapitalerhöhung ist ein Bezugsrechtsausschluss regelmäßig zulässig.[52] Die bloße Tatsache der Sachkapitalerhöhung genügt aber noch nicht. Vielmehr muss die Gesellschaft ein hinreichendes Interesse am Erwerb des Einlagegegenstandes haben. Außerdem muss feststehen, dass die Gesellschaft den Gegenstand der Sacheinlage nicht unter Einsatz von Barmitteln durch einfachen Kaufvertrag zu vergleichbaren Konditionen erwerben kann.[53] Wird parallel zur Sachkapitalerhöhung mit Bezugsrechtsausschluss eine Barkapitalerhöhung (gemischte Bar-/Sachkapitalerhöhung) beschlossen, die allein den bei der Sachkapitalerhöhung ausgeschlossenen Aktionären unter gleichzeitigem Ausschluss des Bezugsrechts des Sacheinlegers zur Wahrung ihrer Beteiligungsquote angeboten wird, ist dieser wechselseitige Bezugsrechtsausschluss regelmäßig sachlich gerechtfertigt.[54]

(4) Erleichterter Bezugsrechtsausschluss

Eine Erleichterung des Bezugsrechtsausschlusses brachte 1994 die Einfügung des § 186 Abs. 3 Satz 4 AktG, wonach ein Bezugsrechtsausschluss zulässig ist, soweit die Kapitalerhöhung gegen Bareinlage 10 % des Grundkapitals nicht übersteigt und der Ausgabebetrag nicht wesentlich niedriger als der Börsen-

---

46 Vgl. dazu Bezzenberger, ZIP 2002, 1917 ff.
47 BGHZ 71, 40, 46 = NJW 1978, 1316; BGHZ 83, 319, 321 = NJW 1982, 2444; BGHZ 120, 141, 145 = NJW 1993, 400; BGHZ 125, 239, 241; KölnerKomm-AktG/Lutter, § 186 Rn. 61; Hüffer, AktG, § 186 Rn. 25; Goette, DStR 2006, 139, 141 ff.
48 AnwK-AktienR/Rebmann, Kap. 1 § 186 Rn. 42; Krieger, in: Münchener Handbuch des Gesellschaftsrechts, Bd. 4, § 56 Rn. 70; Hüffer, AktG, § 186 Rn. 26.
49 Hüffer, AktG, § 186 Rn. 27; KölnerKomm-AktG/Lutter, § 186 Rn. 63; Geßler/Hefermehl/Bungeroth, AktG, § 186 Rn. 27.
50 BGHZ 71, 40, 76; 83, 319, 321.
51 Hüffer, AktG, § 186 Rn. 28.
52 Meyer-Landrut, Satzungen und Hauptversammlungsbeschlüsse der AG, Rn. 704; Hüffer, AktG, § 186 Rn. 34 f.; Krieger, in: Münchener Handbuch des Gesellschaftsrechts, Bd. 4, § 56 Rn. 74.
53 BGHZ 71, 40, 46 (Kali & Salz) = NJW 1978, 1316; AnwK-AktienR/Rebmann, § 186 Rn. 53; Geßler/Hefermehl/Bungeroth, AktG, § 183 Rn. 37; Hüffer, AktG, § 186 Rn. 34; KölnerKomm-AktG/Lutter, § 186 Rn. 79.
54 Geßler/Hefermehl/Bungeroth, AktG, § 183 Rn. 35; Hüffer, AktG, § 186 Rn. 34; KölnerKomm-AktG/Lutter, § 186 Rn. 64; Meyer-Landrut, Satzungen und Hauptversammlungsbeschlüsse der AG, Rn. 706; Krieger, in: Münchener Handbuch des Gesellschaftsrechts, Bd. 4, § 56 Rn. 74.

wert ist.⁵⁵ Die Regelung betrifft ihrem Wortlaut nach nur Bareinlagen bei börsennotierten Gesellschaften. Eine analoge Anwendung auf nicht börsennotierte Gesellschaften scheidet aus.

b) Anwendung der Nachgründungsvorschriften

aa) Sachkapitalerhöhung als Nachgründung

Wird eine Sachkapitalerhöhung bei einer AG binnen zwei Jahren nach deren Gründung beschlossen, so finden darauf nach ganz h.M. die Vorschriften über die Nachgründung nach § 52 AktG zumindest analoge Anwendung.⁵⁶ Für den Sacheinlagegegenstand wird zwar keine „Vergütung" im eigentlichen Sinne wie bei einem normalen Austauschgeschäft gewährt.⁵⁷ Vielmehr werden statt dessen neue Aktien ausgegeben. Begründet wird die analoge Anwendung der Nachgründungsvorschriften auf die Sachkapitalerhöhung damit, dass die Vorschriften über die Prüfung der Sacheinlage nach § 183 Abs. 3 AktG kein ausreichendes Äquivalent für die weitergehenden Erfordernisse des § 52 AktG darstellen.

bb) 10 %ige Beteiligung

Von den Nachgründungsvorschriften werden nur noch solche Rechtsgeschäfte erfasst, die die Gesellschaft mit den Gründern oder mit mehr als 10 % des Grundkapitals an der Gesellschaft beteiligten Aktionären abschließt. Gründer i.S.d. § 52 Abs. 1 AktG n.F. sind gemäß § 28 AktG diejenigen Aktionäre, die die Satzung festgestellt haben. Streitig ist, ob der Anwendungsbereich der Nachgründungsvorschriften bei einer Sachkapitalerhöhung auch dann eröffnet ist, wenn die Beteiligungsquote von 10 % durch den Aktionär erst nach Durchführung der in Rede stehenden Sachkapitalerhöhung erreicht wird. Die wohl h.M. lehnt in diesen Fällen eine Nachgründungsprüfung ab.⁵⁸ Dafür spricht zum einen der Wortlaut der Vorschrift sowie zum andern die Tatsache, dass nur ein Aktionär mit einer bestimmten Beteiligungsquote auf die Gesellschaft bei Abschluss des Nachgründungsvertrages Einfluss nehmen kann, so dass von daher eine besondere Publizität und Werthaltigkeitskontrolle angezeigt ist.⁵⁹

Nach einem Teil der Lit. sollen die Nachgründungsvorschriften dagegen auch auf diesen Fall Anwendung finden.⁶⁰ Entsprechendes Druckpotential auf den Vorstand der AG könne auch ein Dritter ausüben, der erst durch die Aktienzeichnung zum Aktionär mit einer Beteiligungsquote von 10 % oder mehr wird.

Stellt man darauf ab, dass § 52 AktG als Norm des Gesellschaftsrechts allein die Gefahr eines gesellschaftsrechtlich begründeten Einflusses eines maßgeblich beteiligten Aktionärs vor Augen hat, sprechen die wohl besseren Gründe dafür, dass ein sonstiger Einfluss auch eines möglicherweise künftig maßgeblichen Aktionärs noch nicht genügt, eine Nachgründungspflicht anzunehmen.

cc) Zusammenrechnung der Beteiligung der A-GmbH und der K-AG

Nicht geregelt wurde vom Gesetzgeber die Frage, wie Umgehungen, die sich bei Geschäften mit Dritten, die mit Gründern oder maßgeblichen Aktionären verbunden sind, im Hinblick auf die Voraussetzungen und Rechtsfolgen des § 52 AktG zu beurteilen sind. Der Gesetzgeber des NaStraG hat dieses Problem indes gesehen und bewusst nicht geregelt. In der Gesetzesbegründung heißt es, dass diese Umgehungsfälle

---

55 Vgl. dazu Schlitt/Schäfer, AG 2005, 67 ff.
56 Vgl. Hüffer, AktG, § 52 Rn. 11; GK/Priester, AktG, § 52 Rn. 22 ff.; MünchKomm-AktG/Pentz, § 52 Rn. 73 ff.; Schwab, Die Nachgründung im Aktienrecht, 153 ff.; a.A. allerdings: Bork/Stangier, AG 1984, 320, 322 f.; Mülbert, AG 2003, 136, 139 ff.
57 MünchKomm-AktG/Pentz, § 52 Rn. 74 unter Hinweis auf die Materialien zum ADHGB, abgedruckt bei Schubert/Hommelhoff, 100 Jahre modernes Aktienrecht, ZGR, Sonderheft Nr. 4, S. 404, 456.
58 Werner, ZIP 2001, 1403, 1404; Dormann/Fromholzer, AG 2001, 241, 245; Hartmann/Barcaba, AG 2001, 437, 440; Koch, Die Nachgründung, S. 237 f.
59 Dormann/Fromholzer, AG 2001, 241, 245; Hartmann/Barcaba, AG 2001, 437, 440; Koch, Die Nachgründung, S. 237 f.
60 GK/Priester, AktG, § 52 Rn. 36; Priester, DB 2001, 469; Eisolt, DStR 2001, 748, 751 f.; Schwab, Die Nachgründung im Aktienrecht, S. 158 f.

„der Rspr. überlassen bleiben".[61] In der Lit. ist diese bewusste „Nichtregelung" von Umgehungsfällen auf Zustimmung gestoßen, da eine vollständige Erfassung aller Umgehungsfälle ohnehin nicht möglich sei.[62]

Als Lösungsmöglichkeit für diese Umgehungsfälle schlug – soweit ersichtlich – als erster Pentz[63] vor, auf die zum Recht der verdeckten Sacheinlage entwickelten Grundsätze zurückzugreifen. Dort ist anerkannt, dass die Anwendung der Grundsätze über die verdeckte Sacheinlage nicht durch die Einschaltung von Dritten umgangen werden könne.[64] Diesen Lösungsvorschlag hat auch das Deutsche Notarinstitut bereits in einem Gutachten v. März 2000, also noch vor der Veröffentlichung von Pentz erwogen.[65]

Die Lit. zu § 52 AktG n.F. hat sich dieser Auffassung einhellig angeschlossen.[66] Der Rückgriff auf die Grundsätze zur verdeckten Sacheinlage wird dabei im Wesentlichen damit begründet, dass es dort ebenso wie im Bereich der Nachgründung letztlich um die Sicherung der Kapitalaufbringung geht.[67]

Nach Auffassung von Pentz[68] bedeutet dies, dass einem Gründer oder einem mit mehr als 10 % an der Gesellschaft beteiligten Aktionär i.S.d. § 52 AktG gleichzustellen sind:

- Dritte, die im Auftrag bzw. auf Rechnung dieser Personen handeln, wobei das Bestehen eines Verwandtschaftsverhältnisses ggf. mit anderen Umständen ein Indiz hierfür darstellen kann,
- Dritte, die als Treuhänder dieser Personen handeln,
- Dritte, die Treugeber dieser Personen sind,
- Unternehmen, an denen ein Gründer oder ein mit mehr als 10 % an der Gesellschaft beteiligter Aktionär wesentlich beteiligt ist, oder Unternehmen, die mit den genannten Personen i.S.d. §§ 15 ff. AktG verbunden sind.

In dieselbe Richtung gehen die Ausführungen von Priester,[69] von Reichert,[70] von Schwab[71] sowie von Dormann/Fromholzer.[72] Dormann/Fromholzer[73] führen hierzu aus:

„Über die Zurechnung von mittelbaren Beteiligungen an den Vertragspartner der Gesellschaft hinaus sind Fälle denkbar, in denen es der Schutzzweck der Nachgründung erfordert, dem Gründer oder mit mehr als 10 % beteiligten Aktionär, der selbst nicht Vertragspartner der jungen AG ist, diese Vertragsabschlüsse zuzurechnen. Dies ist bspw. dann der Fall, wenn ein Dritter an der jungen AG als Gründer oder mit mehr als 10 % und an dem Vertragspartner mehrheitlich beteiligt ist oder aufgrund sonstiger Umstände ein Abhängigkeitsverhältnis des Vertragspartners besteht. Würde in diesen Fällen keine Zurechnung des mittelbaren Vertragspartners erfolgen, so könnten die Nachgründungsvorschriften dadurch umgangen werden, dass der betreffende Aktionär eine Tochtergesellschaft gründet, die an seiner Stelle Vertragspartner der jungen AG wird."

---

61 Begründung des Regierungsentwurfs zum NaStraG, NZG 2000, 937, 939.
62 Priester, DB 2001, 467, 469; NZG 2000, 225, 229.
63 NZG 2000, 225, 230.
64 MünchKomm-AktG/Pentz, § 27 Rn. 117 ff.; Lutter/Hommelhoff, GmbHG, § 5 Rn. 45; Scholz/Winter, GmbHG, § 5 Rn. 80a, jeweils m.w.N.
65 DNotI-Gutachten Nr. 15290.
66 GK/Priester, AktG, § 52 Rn. 40 ff.; Priester, DB 2001, 467, 469; Reichert, ZGR 2001, 554, 571; Hüffer, AktG, § 52 Rn. 3; Eisolt, DStR 2001, 748, 752; ebenso Pentz, NZG 2001, 346, 351; zu § 52 AktG a.F. bereits Holzapfel/Roschmann, in: FS für Bezzenberger, S. 163, 184 ff.; Dormann/Fromholzer, Die AG, S. 242, 243 ff.; Schwab, Die Nachgründung im Aktienrecht, S. 96 ff.
67 Pentz, NZG 2001, 346, 351.
68 NZG 2001, 346, 351.
69 DB 2001, 467, 469.
70 ZGR 2001, 554, 571.
71 Die Nachgründung im Aktienrecht, S. 99 f.
72 Dormann/Fromholzer, Die AG, S. 242, 244 f.
73 Dormann/Fromholzer, Die AG, S. 242, 244.

Schließlich will Pentz entsprechend den zu § 32a Abs. 3 Satz 2 GmbHG entwickelten Regeln den Erwerb von einem mit mehr als 10 % an der Gesellschaft beteiligten Aktionär als Umgehung des § 52 AktG dem Fall gleichstellen, in dem mehrere Aktionäre, die zwar nur gemeinsam die hiernach maßgebliche Schwelle überschreiten, aber aufgrund eines gemeinsamen Entschlusses als Vertragspartner gegenüber der Gesellschaft auftreten, werten.[74]

Zeichner der jungen Aktien soll hier die A-GmbH werden. Diese ist bislang nur mit 6 % an der X-AG beteiligt. Maßgeblich mit mehr als 10 % an der X-AG beteiligt ist dagegen die K-AG. Da die A-GmbH 100 %ige Tochter der K-AG ist, ist diese Beteiligung der K-AG der A-GmbH zuzurechnen. Die A-GmbH ist daher tauglicher Vertragspartner der X-AG i.S.d. Nachgründungsvorschriften. Auf die oben genannte Streitfrage, ob ein Nachgründungsfall auch dann vorliegt, wenn die maßgebliche Beteiligungsquote erst nach Durchführung der Sachkapitalerhöhung erreicht wird, kommt es daher nicht an.

dd) 10 %ige Vergütung

Weitere Voraussetzung für das Vorliegen eines Nachgründungsgeschäfts ist, dass die Vergütung den 10. Teil des Grundkapitals übersteigen muss. Grds. ist es dabei so, dass jeder einzelne Erwerbsvertrag für sich genommen danach geprüft wird, ob die hierbei vereinbarte Vergütung diese 10 %-Grenze übersteigt.[75]

Bei der Beurteilung, ob die Vergütung mehr als 10 % des Grundkapitals beträgt, wird im Fall der Anwendung der Nachgründungsvorschriften bei der Sachkapitalerhöhung vom bereits erhöhten Grundkapital ausgegangen. Zur Begründung wird hierbei auf §§ 67 Satz 3, 125 UmwG abgestellt. Liegt ein Vermögenserwerb durch Verschmelzung oder Spaltung vor, so ist nach diesen Vorschriften vom erhöhten Grundkapital auszugehen, sofern dieses zur Durchführung erhöht wird.[76] A.A. ist demgegenüber Hoffmann-Becking.[77] Ähnlich wie beim Vermögenserwerb durch einen „normalen" Austauschvertrag, bei dem im Rahmen des § 52 AktG auf die satzungsmäßig festgelegte Grundkapitalziffer im Zeitpunkt des Vertragsschlusses abgestellt wird,[78] hält Hoffmann-Becking auch hier allein das noch nicht erhöhte Grundkapital für maßgebend.

Im vorliegenden Fall beträgt das Grundkapital nach der Eintragung der Durchführung der Sachkapitalerhöhung im Handelsregister 1.110.000 €. Die 10 %-Grenze des § 52 Abs. 1 AktG beträgt von daher 111.000 €. Da der Betrag der Sachkapitalerhöhung selbst und die hierbei ausgegebenen neuen Aktien jedoch nur einen Nennbetrag von insgesamt 110.000 € haben, ist im Ergebnis die 10 %-Grenze des § 52 Abs. 1 AktG nicht überschritten. Ein Nachgründungsgeschäft liegt damit nicht vor.

ee) Agio als Teil der Vergütung

Ohne Bedeutung ist in diesem Zusammenhang, dass die neuen Aktien gegen Agio ausgegeben werden sollen. Bei der Sachkapitalerhöhung bemisst sich die Höhe der „Vergütung" nach § 52 Abs. 1 AktG, also die Eingriffsschwelle, nach dem Nennwert der ausgegebenen Aktien, nicht aber nach dem höheren Ausgabekurs (Agio) oder Sachwert der eingebrachten Vermögensgegenstände.[79]

---

[74] NZG 2001, 346, 351.
[75] GK/Priester, AktG § 52 Rn. 53.
[76] Kubis, Die AG, S. 118, 122; Krieger, in: FS für Claussen, S. 223, 228; MünchKomm-AktG/Pentz, § 52 Rn. 75; Holzapfel/Roschmann, in: FS für Bezzenberger, S. 182.
[77] Hoffmann-Becking, in: Münchener Handbuch des Gesellschaftsrechts, Bd. 4, § 4 Rn. 32.
[78] Hüffer, AktG, § 52 Rn. 2; Geßler/Hefermehl/Eckardt, § 52 Rn. 9; KölnerKomm-AktG/Kraft, § 52 Rn. 14; MünchKomm-AktG/Pentz, § 52 Rn. 23.
[79] GK/Wiedemann, AktG, § 183 Rn. 29; Kubis, Die AG, S. 118, 123.

2. Darlehensgewährung/stille Beteiligung durch die A-GmbH

Auch die Darlehensgewährung bzw. die stille Beteiligung durch die A-GmbH könnte letztlich als Nachgründung zu werten sein. Beide Rechtsgeschäfte fallen in die zweijährige Nachgründungsfrist des § 52 Abs. 1 AktG.

a) Vertragspartner der AG

Die A-GmbH ist tauglicher Vertragspartner der X-AG i.S.d. Nachgründung. Zwar ist sie selbst lediglich mit 6 % an der X-AG beteiligt. Da die A-GmbH jedoch eine 100 %ige Tochter der K-AG ist, die selbst bereits mit 12 % an der X-AG beteiligt ist, sind diese beiden Beteiligungsquoten unter Umgehungsgesichtspunkten zusammenzurechnen. Auf die vorstehenden Ausführungen kann verwiesen werden.

b) Vertragsgegenstand

Der in § 52 Abs. 1 AktG zur Definition des Vertragsgegenstandes bei einem Nachgründungsvertrag verwendete Begriff der „vorhandenen oder herzustellenden Anlagen oder andere Vermögensgegenstände" wird im Hinblick auf den Schutzzweck der Vorschrift so weit wie nur irgend möglich ausgelegt.[80] Es kommt nicht darauf an, dass diese Vermögensgegenstände Gegenstand einer Sacheinlage oder einer Sachübernahme i.S.d. § 27 AktG sein können.[81] Von daher ist anerkannt, dass bspw. auch Dienstleistungen Gegenstand eines Nachgründungsvertrages sein können.[82] Auch Darlehensverträge können von daher ohne weiteres unter die Nachgründungsvorschriften fallen, denn bei ihnen erwirbt die Gesellschaft ein Kapitalnutzungsrecht gegen Zinszahlung.[83]

Ausgenommen vom Anwendungsbereich der Nachgründungsvorschriften sind dagegen Unternehmensverträge.[84] Weder die Gewinnabführungspflicht der abhängigen noch die Verlustübernahme der herrschenden Gesellschaft bilden eine Gegenleistung für einen zu erwerbenden Vermögenswert. Daneben liegt bei Unternehmensverträgen kein schuldrechtliches Austauschgeschäft, sondern lediglich ein organisationsrechtlicher Vertrag vor. Soweit bei solchen Verträgen Kapitalschutz erforderlich ist, besorgen dies die Sonderregeln der §§ 293 ff. AktG. Für eine zusätzliche Heranziehung der Nachgründungsbestimmungen beteht daher kein Bedürfnis.[85] Dies gilt auch für stille Beteiligungen, die im Aktienrecht als Teilgewinnabführungsverträge i.S.d. § 292 AktG zu würdigen sind.[86]

c) 10 %ige Vergütung

Nach § 52 AktG, kommt es darauf an, dass die hierfür zu leistende Vergütung 10 % des Grundkapitals übersteigt. Hinsichtlich der 10 %-Grenze in § 52 Abs. 1 AktG wird auf den Betrag des satzungsmäßigen und im Handelsregister eingetragenen Grundkapitals zum Zeitpunkt des Vertragsschlusses abgestellt.[87]

Bei befristeten Dauerschuldverhältnissen ist die volle Höhe der geschuldeten Vergütung maßgebend, die die Gesellschaft während der gesamten Laufzeit des Vertrages – auch nach Ablauf der Zwei-Jahres-Frist – er-

---

80   Hüffer, AktG, § 52 Rn. 4; Geßler/Hefermehl/Eckardt/AktG, § 52 Rn. 6; KölnerKomm-AktG/Lutter/Kraft, § 52 Rn. 6; Krieger, in: FS für Claussen, S. 223, 226; MünchKomm-AktG/Pentz, § 52 Rn. 16.
81   Hüffer, AktG, § 52 Rn. 2b; KölnerKomm-AktG/Kraft, § 52 Rn. 6; MünchKomm-AktG/Pentz, § 52 Rn. 16; GK/Priester, AktG, § 52 Rn. 43 f.; Krieger, in: FS für Claussen, S. 223, 226; Bröcker, ZIP 1999, 1029, 1030, jeweils m.w.N.
82   GK/Priester, AktG, § 52 Rn. 44; MünchKomm-AktG/Pentz, § 52 Rn. 17; Hüffer, AktG, § 52 Rn. 4.
83   MünchKomm-AktG/Pentz, § 52 Rn. 16; GK/Priester, AktG, § 52 Rn. 26; Schwab, Die Nachgründung im Aktienrecht, S. 104.
84   GK/Priester, AktG, § 52 Rn. 57; MünchKomm-AktG/Pentz, § 52 Rn. 13; Schwab, S. 115.
85   GK/Priester, AktG, § 52 Rn. 27; MünchKomm-AktG/Pentz, § 52 Rn. 13; Schwab, Die Nachgründung im Aktienrecht, S. 115.
86   GK/Priester, AktG, § 52 Rn. 27; Weitnauer, NZG 2001, 1065, 1073.
87   MünchKomm-AktG/Pentz, § 52 Rn. 23; Hüffer, AktG, § 52 Rn. 2; Geßler/Hefermehl/Eckardt, AktG, § 52 Rn. 9; Krieger, in: FS für Claussen, S. 223, 228; Holzapfel/Roschmann, in: FS für Bezzenberger, S. 163, 167; Zimmer, DB 2000, 1265.

bringen muss. Bei unbefristeten Dauerschuldverhältnissen kommt es darauf an, welche Vergütungen die Gesellschaft bis zur erstmöglichen ordentlichen Kündigungsmöglichkeit zu zahlen hat.[88]

Ob damit im Falle der Darlehnsgewährung ein Nachgründungsgeschäft vorliegt, muss als offen bezeichnet werden; der Sachverhalt enthält im Hinblick auf die Gegenleistung für die Darlehnsgewährung, also die Verzinsung, keine Angaben.

d) Vergütung aus dem nicht gebundenen Vermögen

Umstritten ist letztlich, ob § 52 AktG auch dann Anwendung findet, wenn die Vergütung nicht aus dem gebundenen Vermögen, sondern nur aus künftigen Gewinnen oder freien Rücklagen zu erbringen ist. Nach einer Ansicht gelten hier die Nachgründungsvorschriften nicht, weil es dabei allein um die Kapitalerhaltung geht. Eine Gefährdung des Kapitals ist aber nicht zu besorgen, wenn die Gegenleistung für den Vermögenserwerb auch frei ausschüttbar wäre.[89] Folgt man dieser Ansicht, so ist dies ein weiteres Argument dafür, stille Beteiligungen in Form von Teilgewinnabführungsverträgen nach § 292 AktG nicht dem Regime der Nachgründungsvorschriften nach § 52 AktG zu unterwerfen. Nach a.A. gilt dagegen auch in diesen Fällen das Nachgründungsrecht des § 52 AktG uneingeschränkt. Bei der 10 %-Grenze des § 52 AktG handelt es sich um einen starren Schwellenwert, so dass es nicht darauf ankommt, ob die Vergütung aus dem gebundenen oder aus dem freien Vermögen beglichen wird.[90]

---

88 Schmidt/Seipp, ZIP 2000, 2089, 2092; Holzapfel/Roschmann, in: FS für Bezzenberger, 2000, S. 163, 168.
89 GK/Priester, AktG § 52 Rn. 55; Hüffer, AktG, § 52 Rn. 5; Koch, Die Nachgründung, S. 41 ff.; Reichert, ZGR 2001, 554, 563.
90 MünchKomm-AktG/Pentz, § 52 Rn. 23; Holzapfel/Roschmann, in: FS für Bezzenberger, 2000, S. 163, 168; Kubis, Die AG, S. 118, 121; Schmidt/Seipp, ZIP 2000, 2089, 2091; Wahlers, DStR 2000, 973, 979; Werner, NZG 2000, 231, 233; Schwab, Die Nachgründung im Aktienrecht, S. 111 ff.

Teil 3: Klausuren

Klausur: KG

A. Sachverhalt

Im Jahr 1985 gründen die vier Schwestern Anna, Belinda, Cornelia und Dora die Solo Milano KG mit dem Sitz in München, die deutschlandweit mit großem wirtschaftlichen Erfolg Luxusboutiquen für aus Mailand stammende Mode betreibt. Einzige Komplementärin der Gesellschaft ist Dora mit einer Kapitaleinlage i.H.v. 100.000 €. Anna, Belinda und Cornelia sind Kommanditistinnen mit Kommanditeinlagen i.H.v. ebenfalls je 100.000 €. Seit Gründung der KG führt Dora die Geschäfte der KG, allerdings mit wesentlicher Unterstützung von Cornelia, die intern ebenfalls geschäftsführungsbefugt ist. Dora und Cornelia ist es zu verdanken, dass sich die Solo Milano KG erfolgreich entwickelt hat und im Jahr 2006 einen Verkehrswert von 10 Mio. € erreicht.

I. Der Gesellschaftsvertrag der Solo Milano KG enthält u.a. folgende Regelungen:

1. Die Geschäftsführung obliegt der Komplementärin und Cornelia, solange diese Gesellschafterin ist.

2. Beim Tod eines Kommanditisten können nur dessen Abkömmlinge in die Gesellschafterstellung nachrücken.

3. Scheidet der verstorbene Kommanditist aus der Gesellschaft aus, ohne dass einer seiner Erben Nachfolger wird, wird die Zahlung einer Abfindung ausgeschlossen.

4. In allen übrigen Fällen des Ausscheidens eines Kommanditisten beträgt die zu zahlende Abfindung 20 % des Verkehrswerts seines Anteils an der KG.

5. Kommanditisten können jederzeit ohne Vorliegen eines Grundes aus der Gesellschaft ausgeschlossen werden.

Weitere vorliegend relevante Regelungen enthält der Gesellschaftsvertrag nicht.

II. Im Jahr 2002 gründete die Solo Milano KG gemeinsam mit dem kreativen Kopf der Familie, Dora, die Milano Design GmbH mit dem Sitz ebenfalls in München. Die GmbH entwirft und produziert unter Dora eigene Mode, die ebenfalls in den Boutiquen der Solo Milano KG angeboten wird. Dora und die Solo Milano KG halten je einen Geschäftsanteil i.H.v. 25.000 € an der Milano Design GmbH.

III. Am 7.12.2005 verstirbt Anna. Sie hinterlässt drei volljährige Kinder sowie ihren Ehemann Eduard, den Anna testamentarisch zum Alleinerben einsetzte. Anna hatte Streitigkeiten unter den Schwestern stets durch ihre Vermittlung schlichten können. Nach ihrem Tod kommt es aus familiären Gründen zu einem Streit der Schwestern Belinda und Dora mit Cornelia.

IV. Anfang 2006 beruft die Geschäftsführung der Solo Milano KG für den 31.3.2006 eine Gesellschafterversammlung ein.

1. Zur Gesellschafterversammlung werden geladen Belinda, Cornelia und Dora. Als Tagesordnungspunkte werden angekündigt der Ausschluss von Cornelia als Gesellschafterin wegen der familieninternen Konflikte gegen Zahlung einer Abfindung i.H.v. 20 % des Verkehrswerts der KG. Ferner steht auf der Tagesordnung die Feststellung, dass niemand in die Gesellschafterstellung der Anna nachrückt, und die Erben der Anna keine Abfindung erhalten.

2. Am 31.3.2006 findet die angekündigte Gesellschafterversammlung statt. Die in der Tagesordnung angekündigten Beschlüsse werden jeweils mit einfacher Mehrheit gefasst. Dabei darf Cornelia jeweils mitstimmen.

V. Dora führte auch die Milano Design GmbH in kurzer Zeit zu großem wirtschaftlichen Erfolg.

Als Dank für ihre Verdienste bot Belinda Dora an, dass diese den Geschäftsanteil der Solo Milano KG an der GmbH zum Nennwert übernehmen könne. Da Dora für längere Zeit in Mailand weilte, bevollmächtigte sie Belinda, den materiellen Kauf- und Übertragungsvertrag bezüglich des Geschäftsanteils sowohl für die Solo Milano KG als Verkäuferin als auch für sich selbst als Käuferin abzuschließen. Dabei befreite sie Belinda jeweils von den Beschränkungen des § 181 BGB. Am 3.4.2006 schloss Belinda vor einem Notar als Vertreterin sowohl der KG als auch der Dora als Käuferin den Anteilskauf- und Übertragungsvertrag.

B. Aufgabenstellung

I. Kann Cornelia erfolgreich gegen ihren Ausschluss als Gesellschafterin der Solo Milano KG vorgehen?

II. Eine Abfindung in welcher Höhe stünde Cornelia im Falle eines wirksamen Ausschlusses zu?

III. Sind Eduard und die drei Kinder in die Gesellschafterstellung der Anna in der Solo Milano KG nachgerückt?

IV. Könnten Eduard und die drei Kinder gegen den Ausschluss jeglicher Abfindung vorgehen, sollte keiner von ihnen Kommanditist werden?

V. Ist Dora am 3.4.2006 Alleingesellschafterin der Milano Design GmbH geworden?

C. Lösungsskizze

I. Der Ausschluss eines Kommanditisten setzt nach §§ 161 Abs. 2, 140 Abs. 1 Satz 1, 133 HGB grds. das Vorliegen eines wichtigen Grundes voraus. Der Begriff des wichtigen Grundes nach § 140 Abs. 1 HGB entspricht grds. dem in § 133 HGB. Nach § 133 Abs. 2 HGB liegt ein wichtiger Grund insb. dann vor, wenn ein anderer Gesellschafter eine ihm nach dem Gesellschaftsvertrag obliegende wesentliche Verpflichtung vorsätzlich oder aus grober Fahrlässigkeit verletzt oder wenn die Erfüllung einer solchen Verpflichtung unmöglich wird. Der Ausschließungsgrund muss den übrigen Gesellschaftern die Fortsetzung des Gesellschaftsverhältnisses mit dem Auszuschließenden unzumutbar machen.[1] Im Unterschied zu § 133 HGB muss der wichtige Grund nach § 140 HGB gerade in der Person des Auszuschließenden selbst liegen.[2]

Bei Kommanditisten ist das Ausschließungsrecht gegenüber Komplementären noch weiter eingeschränkt. Aufgrund ihres loseren Verhältnisses zu den Mitgesellschaftern sind an den wichtigen Grund besonders strenge Voraussetzungen zu stellen.[3] Persönliche Spannungen können die Ausschließung eines Kommanditisten nur in besonders schwerwiegenden Fällen rechtfertigen.[4]

Die Kommanditistin Cornelia wurde aus rein familiären, nicht hingegen sachlichen oder gar wichtigen Gründen als Gesellschafterin ausgeschlossen. Zwar ist zu berücksichtigen, dass in einer Familiengesellschaft auch persönliche Spannungen der Gesellschafter untereinander Auswirkungen auf eine erfolgreiche Geschäftsführung und die Erreichung des Gesellschaftszwecks haben können. Indes ist der Ausschluss eines Gesellschafters stets nur **ultima ratio**. Gerade mangels Geschäftsführungs- und Vertretungsbefugnis von Kommanditisten können familiäre Konflikte allenfalls in extremen Ausnahmefällen den Ausschluss **eines Kommanditisten** gegen dessen Willen rechtfertigen. Sind einem Kommanditisten, wie hier Cornelia, Aufgaben der Geschäftsführung übertragen worden, käme als milderes Mittel etwa der Entzug der Geschäftsführung in Betracht. Bereits ein solcher Schritt kann bei rein familiären Konflikten aber schon unzulässig sein.

---

1 Vgl. Ebenroth/Boujong/Joost/Lorz, HGB, § 140 Rn. 5.
2 Baumbach/Hopt/Hopt, HGB, § 140 Rn. 5.
3 Baumbach/Hopt/Hopt, HGB, § 140 Rn. 10.
4 BGH, GmbHR 1995, 131 f.

Die Kommanditistin Cornelia könnte daher mit Erfolg gegen ihren Ausschluss als Gesellschafterin vorgehen.

II. Nach §§ 161 Abs. 2, 105 Abs. 3 HGB, § 738 Abs. 1 Satz 2 BGB ist eine KG verpflichtet, einem ausscheidenden Kommanditisten als Abfindung den Betrag zu zahlen, den der Kommanditist bei der Auseinandersetzung erhalten würde, wenn die Gesellschaft zur Zeit seines Ausscheidens aufgelöst worden wäre. Nach der Rspr. entspricht dieser Betrag dem wirklichen Wert (Verkehrswert) der Anteile des ausscheidenden Gesellschafters.[5] Eine Einschränkung dieses gesetzlichen Abfindungsanspruchs durch eine gesellschaftsvertragliche Regelung, wie sie auch in dem Gesellschaftsvertrag der Solo Milano KG vereinbart wurde, ist zwar im Grundsatz zulässig.[6]

Eine solche gesellschaftsvertragliche Beschränkung des Abfindungsanspruchs ist jedoch nicht ausnahmslos zulässig. Ob sie im Einzelfall hinzunehmen ist, hängt nach der Rspr. des BGH maßgeblich von der Diskrepanz zwischen dem gesellschaftsvertraglich geschuldeten Abfindungsbetrag einerseits und dem tatsächlichen Anteilswert, also dem Verkehrswert, andererseits ab. Der gesellschaftsvertraglich vereinbarte Abfindungsanspruch darf nicht erheblich (im Sinne eines groben Missverhältnisses) hinter dem Verkehrswert zurückbleiben.[7] Liegt bereits bei Abschluss des Gesellschaftsvertrages ein grobes Missverhältnis zwischen Abfindungswert laut Gesellschaftsvertrag und Verkehrswert vor, ist die Abfindungsklausel wegen Sittenwidrigkeit gemäß § 138 Abs. 1 BGB nichtig.[8] An die Stelle der nichtigen Abfindungsregelung tritt die gesetzliche Regelung des § 738 Abs. 1 Satz 2 BGB i.V.m. §§ 161 Abs. 2, 105 Abs. 3 HGB. Der ausscheidende Kommanditist erhält also eine Abfindung i.H.d. Verkehrswerts seiner Beteiligung.[9]

Für die Beurteilung der Sittenwidrigkeit einer Abfindungsklausel sind neben dem Umfang der Abweichung von vertraglich vereinbartem Abfindungswert und Verkehrswert auch die weiteren Umstände des konkreten Falls von Bedeutung. Dies gilt insb. für die Dauer der Mitgliedschaft des Ausgeschiedenen in der Gesellschaft und seinen Anteil beim Aufbau und Erfolg des Unternehmens.[10]

Eine starre Grenze, ab der die Nichtigkeit einer Abfindungsbeschränkung eintritt, gibt es nicht. Das OLG Hamm sah in einer Abfindungsregelung, die den Abfindungsanspruch von vornherein auf ein Drittel des ermittelten Zeitwerts beschränkt, eine unangemessene Benachteiligung des ausscheidenden Gesellschafters und erklärte die Regelung für nichtig gemäß § 138 BGB.[11] In früheren Entscheidungen sah der BGH die kritische Grenze bei einem Abfindungsanspruch, der nur 20 % des Verkehrswerts erreicht, als gegeben.[12]

Aufgrund der Begrenzung der Abfindung auf 20 % des Verkehrswerts bei Vertragsschluss ist die Abfindungsklausel sittenwidrig. Hierfür spricht auch, dass Cornelia seit Gründung der Gesellschaft die Geschäfte neben Dora führte, und dies mit großem wirtschaftlichen Erfolg. Hier hätte eine Abfindungsklausel, die die Abfindung deutlich beschränkt, in jedem Falle differenzierte Regelungen treffen müssen, die Umstände wie die Geschäftsführung und den Erfolg für den Aufbau des Unternehmens berücksichtigen. Daher stünde der Kommanditistin Cornelia im Falle ihres Ausscheidens eine Abfindung i.H.d. **vollen Verkehrswerts** ihrer Beteiligung zu gemäß §§ 161 Abs. 2, 105 Abs. 3 HGB, § 738 Abs. 1 Satz 2 BGB.

III. Der Gesellschaftsvertrag der Solo Milano GmbH & Co. KG sah vor, dass **nur Abkömmlinge** der Kommanditisten als deren Nachfolger in den Kommanditanteil in Betracht kommen. Bei dieser Regelung

---

5   BGH, NJW 1988, 2685, 2686; NJW 1985, 192, 193; NJW 1993, 2101, 2102; BGHZ 116, 359; Palandt/Sprau, BGB, § 738 Rn. 4.
6   BGH, NJW 1988, 2685, 2686; NJW 1985, 192, 193; NJW 1993, 2101, 2102; BGHZ 116, 359; Palandt/Sprau, BGB, § 738 Rn. 4
7   BGHZ 116, 359, 360; BGH, NJW 1985, 192; NJW 1993, 3193.
8   BGHZ 116, 359, 376; OLG Hamm, NZG 2003, 440; Palandt/Sprau, BGB, § 738 Rn. 8.
9   BGHZ 116, 359; OLG Hamm, NZG 2003, 440; Palandt/Sprau, BGB, § 738 Rn. 8.
10 Vgl. BGH, NJW 1993, 2101, 2102; OLG München, DB 2004, 2207, 2208 f.
11 OLG Hamm, NZG 2003, 440.
12 BGH, NJW 1973, 651, 652; NJW 1985, 192, 193.

handelt es sich um eine sog. **qualifizierte Nachfolgeklausel**. Sie schränkt die gesetzliche Regelung des § 177 HGB dahingehend ein, dass nicht sämtliche Erben (in Höhe ihrer jeweiligen Erbquote) der Anna Kommanditisten werden, sondern hierfür lediglich Abkömmlinge in Betracht kommen. Nur insoweit war die Kommanditstellung der Anna vererblich. Da laut Testament der Ehemann Eduard Alleinerbe wurde und den drei Kindern damit lediglich Pflichtteilsansprüche zustehen, sie jedoch nicht Erben wurden, hat insoweit das **Gesellschaftsrecht Vorrang vor dem Erbrecht** und führt dazu, dass weder der Ehemann Eduard noch die Kinder der Anna in ihre Stellung als Kommanditistin nachrücken konnten.

IV. Grds. stünde dem Erben der Anna, d.h. allein ihrem Ehemann, nach §§ 161 Abs. 2, 105 Abs. 3 HGB, § 738 Abs. 1 Satz 2 BGB ein Anspruch auf Abfindung i.H.d. Verkehrswerts der Beteiligung der Anna zu. Der im Gesellschaftsvertrag der Solo Milano GmbH & Co. KG vorgesehene Ausschluss der Abfindung im Falle des Todes eines Kommanditisten ist rechtlich jedoch zulässig.[13] Daher kann der Ehemann Eduard nicht erfolgreich gegen den Abfindungsausschluss vorgehen.

V. Bei Abschluss des Anteilskauf- und Übertragungsvertrages am 3.4.2006 wurden beide Vertragsparteien, also die Verkäuferin Solo Milano KG und die Käuferin Dora, von der Kommanditistin der Verkäuferin, Belinda, vertreten.

Die Käuferin Dora hat Belinda wirksam von den Beschränkungen des § 181 BGB befreit. Belinda konnte daher wirksam für die Käuferin die entsprechenden Willenserklärungen im Kauf- und Übertragungsvertrag abgeben.

Belinda war zwar Kommanditistin der Solo Milano KG. Als solche konnte sie die KG indes nach § 170 HGB nicht wirksam bei Abschluss des Vertrages vertreten. Sie konnte jedoch von der geschäftsführungs- und vertretungsbefugten Komplementärin Dora wie eine außenstehende Nichtgesellschafterin rechtsgeschäftlich zur Vertretung der KG bevollmächtigt werden.[14] Die entsprechende rechtsgeschäftliche Vollmacht wurde ihr von der Komplementärin Dora auch erteilt. Ebenso wurde sie von Dora von den Beschränkungen des § 181 BGB befreit. Dies genügte indes nicht. Eine Befreiung von den Beschränkungen des § 181 BGB wäre auf **zwei Stufen** erforderlich gewesen. Auf der ersten Stufe hätte die Solo Milano KG seine Komplementärin Dora von § 181 BGB befreien müssen. Denn das Verbot der Doppelvertretung und des Selbstkontrahierens gilt auch für Geschäfte der Gesellschaft mit den Gesellschaftern, die sie vertreten.[15] Eine entsprechende Befreiung wurde der Komplementärin Dora weder im Gesellschaftsvertrag noch in einem gesonderten Gesellschafterbeschluss erteilt. Die Abtretung des Geschäftsanteils an der Milano Design GmbH war somit schwebend unwirksam gemäß § 177 Abs. 1 BGB und die Solo Milano KG blieb Gesellschafterin der GmbH.

Durch Gesellschafterbeschluss kann die Solo Milano KG die für sie von der Kommanditistin Belinda am 3.4.2006 abgegebenen Erklärungen jedoch noch mit Rückwirkung genehmigen (§§ 177 Abs. 1, 184 Abs. 1 BGB).

---

13 Vgl. Baumbach/Hopt/Hopt, HGB, § 139 Rn. 17; MünchKomm-BGB/Ulmer, § 738 Rn. 40 ff., 61.
14 Vgl. zu dieser Möglichkeit Wirth, in: Münchener Handbuch des Gesellschaftsrechts, Bd. 2, KG § 9 Rn. 27 ff.
15 Vgl. Baumbach/Hopt/Hopt, HGB, § 126 Rn. 9.

Klausur: GmbH

A. Sachverhalt

11 Der Autohändler X möchte sich auf den Einkauf spezialisieren und den zeitintensiven Abverkauf von Autos an Privatkunden anderen überlassen. Für diese Absicht hat er Kooperationspartner gefunden:

I. Am 2.1.2001 haben A und B den Entschluss gefasst, einen Gebrauchtwagenhandel zu eröffnen und zu diesem Zweck eine GmbH mit dem Mindeststammkapital zu gründen. Sie einigen sich auf die Firma „AB-Auto-GmbH". A und B sind sich darüber einig, dass man mit den Geschäften beginnen solle, sobald X ein gutes Angebot macht.

Am 9.1.2001 bietet der Händler X A und B einen Wagen der A-Klasse für günstige 10.000 € an, damit diese „schon in der Gründungsphase ihrer Gesellschaft" ausreichend mobil seien. A unterschreibt den Vertrag zugleich im Namen von B.

Am 10.1.2001 werden dem A vom Händler X dann zehn Jahreswagen der Mercedes S-Klasse zum Preis von 300.000 € ebenfalls günstig angeboten. Diesmal unterzeichnet A den Kaufvertrag im Namen der „AB-Auto-GmbH". Die Hälfte des Kaufpreises bezahlt A sogleich in bar, der Rest wird für zwei Monate gestundet. Nach Beurkundung des Gesellschaftsvertrages am 15.1.2001 und der Einzahlung von 25.000 € durch A und B auf die übernommenen Stammeinlagen wird die Gesellschaft mit A als einzelvertretungsberechtigtem Geschäftsführer in das Handelsregister eingetragen.

A konnte durch hartnäckige Verhandlungen erreichen, dass X „der GmbH" den Kaufpreis für einen weiteren Monat stundet. Nunmehr verlangt X Zahlung, und zwar für die A-Klasse und die S-Klasse-Wagen.

II. In den Gebrauchtwagenhandel einsteigen wollen auch C und D. Sie haben für den 20.1.2001 einen Notartermin vereinbart. Doch am 20.1.2001 sitzt D nicht beim Notar, sondern liegt mit einer heftigen Erkältung im Bett. Zuvor hatte er C angerufen und ihn gebeten, ihn im Notartermin zu vertreten und alles Erforderliche in die Wege zu leiten. Entsprechend tritt C zugleich für D auf und versichert gegenüber dem Notar, mündlich von D bevollmächtigt zu sein. Sodann wird die Gründungsurkunde über die CD-GmbH mit einem Stammkapital von 100.000 € errichtet. In einer ersten Gesellschafterversammlung bestellt sich C, absprachegemäß auch hierbei zugleich für D handelnd, zum ersten Geschäftsführer.

Schon wenige Tage später wird C von X angeboten, „für den Autohandel" zehn Jahreswagen der S-Klasse zum Preis von 300.000 € zu erwerben. Dieses Angebot kann C nicht ausschlagen.

Am 15.2.1 hat C auch die 100.000 € Stammkapital für sich und D auf das Konto der Gesellschaft eingezahlt. Dieses Geld benutzt er, um dem X die vereinbarte Anzahlung von 100.000 € für den Vertrag zu leisten. Als C den D von diesem Geschäft unterrichtet, ist dieser ungehalten und erklärt, das sei nicht abgestimmt gewesen, er wolle mit C nichts mehr zu tun haben. Die GmbH könne C, wenn er wolle, allein weiter betreiben; er werde jedenfalls nicht mitmachen und C auch die Zahlungen auf das Stammkapital nicht erstatten.

C erhält am Folgetag einen erneuten Anruf von X, der weitere fünf Wagen der S-Klasse anbietet. C zögert und berichtet von seinem Ärger mit D. Daraufhin meint X, da müsse er wohl helfen und reduziert den geforderten Preis um 10 %. C nimmt an und hofft, D mit diesem „hervorragenden" Geschäft umstimmen zu können. Dies gelingt ihm jedoch nicht.

C unternimmt nun nichts mehr und lässt die Dinge schleifen. Insb. versäumt er, den vom Registergericht angeforderten Kostenvorschuss einzuzahlen, weshalb der Eintragungsantrag zurückgewiesen wird. X fordert mehrfach die offenen Raten und erhält keine Zahlung. C erklärt, er habe keine liquiden Mittel.

B. Aufgabenstellung

Die Fahrzeuge haben inzwischen nur noch einen Wert von 40 % des Ankaufspreises. X wendet sich an einen Rechtsanwalt und bittet um Begutachtung der Rechtsfragen, gegen wen er Ansprüche hat und wie diese am besten umzusetzen sind.

C. Lösungsskizze

I. Vorgänge um die AB-GmbH

1. Ansprüche auf Zahlung aus dem Vorgang vom 9.1.2001 (A-Klasse)

a) Ansprüche gegen die AB-GmbH aus Kaufvertrag

Fraglich ist, ob die AB-Auto-GmbH Vertragspartner ist. A hat nach dem Wortlaut seiner Erklärung im eigenen Namen und zugleich im Namen von B gehandelt, nicht jedoch im Namen der AB-Auto-GmbH. Aus den Umständen des Vertragsschlusses ergibt sich, dass nicht A und B als Einzelpersonen, sondern in gesellschaftsrechtlicher Verbundenheit, die auf die Gründung einer Gesellschaft abzielt, berechtigt und verpflichtet werden sollen. Damit wurden die Erklärungen im Namen einer Vorgründungsgesellschaft abgegeben, die nicht mit der späteren GmbH identisch ist. Ansprüche gegen die AB-Auto-GmbH bestehen daher nicht.

b) Ansprüche gegen die Vorgründungsgesellschaft und deren Gesellschafter

Tätigen die Gesellschafter in der Vor-Gründungs-Phase Geschäfte, wird, soweit Vertretungsmacht besteht, die Vorgründungsgesellschaft berechtigt und verpflichtet. Daneben haften die Gesellschafter als BGB- bzw. OHG-Gesellschafter persönlich für die Geschäfte, es sei denn, die Beteiligten hätten mit den Gläubigern abweichende Vereinbarungen getroffen.[1] Daraus ergibt sich eine unbeschränkte, persönliche, selbstschuldnerische Haftung aller Vorgründungsgesellschafter.[2]

Damit haften sowohl die Vorgründungsgesellschaft als auch A und B nach außen persönlich und unbeschränkt.

2. Vertragsschluss am 10.1.2001

a) Ansprüche gegen die AB-GmbH

A handelt im Namen der AB-GmbH. Die AB-GmbH besteht zu diesem Zeitpunkt weder als GmbH noch als identische Vor-GmbH. Existent ist lediglich eine sog. „Vorgründungsgesellschaft". Grds. ist es möglich, sowohl für eine noch nicht existierende juristische Person als auch für die bereits existierende Vorgründungsgesellschaft zu handeln. Deshalb ist die Erklärung hinsichtlich des Vertragspartners auslegungsbedürftig. Abzustellen ist auf den Empfängerhorizont, §§ 133, 157 BGB. Eine Zurechnung zur Vorgründungsgesellschaft wird nicht allein dadurch vermieden, dass die Handelnden im Namen der zukünftigen GmbH tätig werden. Vielmehr müssen sie in diesem Stadium mit dem Geschäftspartner ausdrücklich vereinbaren, dass entweder das Geschäft aufschiebend bedingt mit der Gründung der GmbH ist, oder sie sich die Genehmigung des Rechtsgeschäftes nach Gründung vorbehalten. Gegen eine solche Bedingung spricht, dass nicht nur Verpflichtungen begründet, sondern auch Leistungen ausgetauscht werden.

Dadurch nicht ausgeschlossen ist eine Vertragsüberleitung. Fraglich ist die Vertretungsmacht für die künftige GmbH. Ist eine juristische Person nicht existent, sind die §§ 177 ff. BGB anzuwenden, soweit nicht Spezialvorschriften greifen (z.B. § 11 GmbHG). Die Handelndenhaftung nach § 11 GmbHG gilt nicht für

---

[1] Vgl. dazu BGH, GmbHR 1998, 633 sowie K. Schmidt, GmbHR 1998, 613 ff.; siehe aber auch zur GbR: BGH, NJW 1999, 3483 = GmbHR 1999, 1134; Schäfer, ZIP 2003, 1225.

[2] Vgl. dazu ausführlich: K. Schmidt, GmbHR 1998, 613.

das Vorgründungsstadium. Damit bleibt es bei den §§ 177 ff. BGB. Eine Genehmigung kann in Verhandlungen des A über die Stundung liegen.

b) Direkte Ansprüche gegen A und B

Anders als bei Schulden der Vorgesellschaft erlischt die persönliche Haftung der Gesellschafter aus Geschäften der Vorgründungsgesellschaft grds. nicht mit der Gründung oder Eintragung der GmbH.[3]

c) „Indirekte" Ansprüche gegen A und B

Hat die AB-GmbH die Geschäfte der Vorgründungsgesellschaft an sich gezogen (Schuldübernahme), sind Ansprüche der GmbH gegen die Gesellschafter zu prüfen:

Die Vorbelastungshaftung ist vom BGH als Innenhaftung (Anspruch der GmbH gegen die Gesellschafter) konzipiert.[4] Die Gläubiger können die entsprechenden Ansprüche der Gesellschaft gegenüber den Gesellschaftern jedoch pfänden und überweisen lassen. Ein direkter Zugriff der Gläubiger auf die Gesellschafter im Wege der Außenhaftung wird allgemein bei Vermögenslosigkeit der GmbH[5] oder im Fall der Ein-Personen-Gesellschaft angenommen.[6]

II. Vorgänge um die CD-GmbH

1. Ansprüche gegen die CD-GmbH

Mit dem Scheitern der Eintragung und der Einstellung der auf Eintragung abzielenden Aktivitäten ist die GmbH endgültig nicht entstanden.

2. Ansprüche gegen C

Kommt es nicht zur Eintragung der GmbH, greifen die Grundsätze der eben dargestellten Unterbilanz-(Vorbelastungs-)Haftung grds. nicht, da diese erst mit Eintragung der GmbH entsteht.

Um eine eventuelle Haftungslücke in diesem Fall zu schließen, hat der BGH für den Zeitraum vor der Eintragung, auch bei deren Scheitern, die sog. Verlustdeckungshaftung entwickelt, die in der Struktur und dem Umfang der Unterbilanzhaftung entspricht.

Hat ursprünglich bei der Gründung der GmbH eine Eintragungsabsicht bestanden, ist die Eintragung jedoch gescheitert oder geben die Gesellschafter[7] ihre Eintragungsabsicht auf, haften die Gründungsgesellschafter persönlich, unbeschränkt und pro-ratarisch[8] (entsprechend ihren Beteiligungen).[9] Diese Haftung umfasst sowohl rechtsgeschäftliche Verbindlichkeiten als auch solche aus gesetzlichen Schuldverhältnissen.[10] Dadurch ist ein Haftungsgleichlauf mit der Unterbilanzhaftung bei Eintragung der GmbH erreicht. Es besteht – anders als zeitweise früher – kein Wertungswiderspruch mehr und kein Interesse

---

3 BGH, GmbHR 2001, 293.
4 BGH, ZIP 1997, 679 = NJW 1997, 1507, a.A. z.B. LSG Baden-Württemberg, EWiR 1998, 63; Altmeppen, NJW 1997, 3272; Kleindiek, ZGR 1997, 427, 436 ff.; Wilhelm, in: GS für Knobbe-Keuk, S. 321, 354 ff.
5 BAG, GmbHR 1998, 39; BFH, GmbHR 1998, 854.
6 Vgl. nur Michalski/Michalski, GmbHG, § 11 Rn. 62 ff.; Ulmer/Ulmer, GmbHG, § 11 Rn. 83 f.; OLG Dresden, NZG 2001, 664, 666 (zur Vor-Genossenschaft), die Außenhaftung tritt zur Innenhaftung hinzu.
7 FG Mecklenburg-Vorpommern, EFG 2002, 1131: alle Gesellschafter.
8 Str.: vgl. BAG, NJW 1997, 1053 einerseits und andererseits BAG, NJW 1998, 628; zum Meinungsstand insgesamt und zu jetzt wieder abweichenden Meinungen von erstinstanzlichen Gerichten Hirte, NJW 1997, 3459.
9 BGHZ 134, 333; BGH, ZIP 1996, 590; bestätigt für die Vorgenossenschaft: BGH, ZIP 2002, 353.
10 Scholz/K. Schmidt, GmbHG, § 11 Rn. 84.

für die Gründer, die Eintragung zu verhindern. Auch diese Haftung ist als Innenhaftung gegenüber der Vor-GmbH ausgestaltet.[11]

Allerdings nimmt der BGH[12] die unbeschränkte, persönliche und gesamtschuldnerische Außenhaftung der Gesellschafter nach personengesellschaftsrechtlichen Grundsätzen auch dann an, wenn die Vor-GmbH nicht sofort nach dem Scheitern der Eintragung oder der Aufgabe der Eintragungsabsicht die Liquidation der GmbH (nach GmbH-Recht) durchführt, also auch dann, wenn sie sich lediglich untätig verhält.

3. Ansprüche gegen D

Problematisch ist die Gesellschafterstellung und damit die Mithaftung des D.

Im Notarvertrag v. 20.1.2006 wurden die Erklärungen zur Errichtung der Vor-GmbH abgegeben. Allerdings wurde D in diesem Termin aufgrund nur mündlicher Vollmacht vertreten. Nach § 2 Abs. 2 GmbHG ist zur Errichtung einer GmbH eine mindestens beglaubigte Vollmacht erforderlich. Fehlt der Vollmacht die Form, ist der Gesellschafter nicht wirksam vertreten. Bei einer Mehrpersonengründung gilt § 177 BGB. Erteilt der Vertretene die Genehmigung nicht (in der gehörigen Form), ist zu unterscheiden: bei einer Eintragung der Gesellschaft wird der Formmangel geheilt, unterbleibt die Eintragung, soll der Gesellschaftsvertrag nichtig sein.[13] Da im Fall der Eintragung danach differenziert wird, ob eine Vollmacht nicht oder nur nicht formgerecht erteilt wurde, erscheint es sachgerecht, dieses Kriterium auch für die Vor-GmbH anzuwenden. Die Form soll nämlich nicht den Gesellschafter schützen, sondern die Kapitalaufbringung bei der GmbH sichern. Da tatsächlich eine Vollmacht vorlag, ist eine Vor-GmbH entstanden. Damit trifft die Gesellschafterhaftung auch den D.

Das gleiche gilt auch für die weiteren fünf Wagen, obwohl D mit dem Geschäft nicht mehr einverstanden war und dies kundgetan hatte. Denn C hat als einzelvertretungsberechtigter Geschäftsführer der Vor-GmbH gehandelt. Die Grundsätze der Vorgründungsgesellschaft, die Gesamtvertretung vorsehen, gelten gerade nicht.

---

11 Vgl. zur Abtretung der Verlustdeckungsansprüche an die Gläubiger: BGH, ZIP 2001, 789, 790; vgl. zur Haftung auch des Treugebers: BGH, NJW 2001, 2092; vehement für Außenhaftung: Michalski/Michalski, GmbHG, § 11 Rn. 63 m.w.N. in Fn. 161; auch Scholz/K. Schmidt, GmbHG, § 11 Rn. 82; so auch LSG Baden-Württemberg, DStR 1998, 177 ff.; LAG Köln, DStR 1998, 178 ff.

12 Röhricht bei der 2. gesellschaftsrechtlichen Jahresarbeitstagung des DAI 2003 in Wiesbaden unter Berufung auf das Urt. v. 4.11.2002, BGHZ 152, 290 = ZIP 2002, 2309 mit Anm. Drygala = GmbHR 2003, 97 mit Anm. K. Schmidt; Robrecht, GmbHR 2003, 1121.

13 Dazu Baumbach/Hueck/Hueck/Fastrich, GmbHG, § 2 Rn. 18, 19.

Klausur: Umwandlungsrecht

Gesamtpunktzahl: 76

A. Fall 1 (22 Punkte)

I. Sachverhalt

12 Kunibert Klever (K) ist 80 %iger Mehrheitsgesellschafter-Geschäftsführer vom Autohaus „Klever-Autofix-GmbH" (K-GmbH) und vom Autohaus „Autobörse Taucha GmbH" (A-GmbH), beide mit Sitz in Leipzig. Diese beiden Unternehmen will er in einer GmbH zusammenfassen, um laufende Kosten insb. für Veröffentlichungen, Geschäftsbriefe, Bilanzierung u.Ä. zu sparen und um die Kreditwürdigkeit der A-GmbH zu verbessern. Die A-GmbH ist nämlich bilanziell – wegen stiller Reserven bei den Vorführwagen –, aber nicht materiell überschuldet. Die K-GmbH hat demgegenüber ein hohes bilanzielles Aktivvermögen mit insb. einem wertvollen Betriebsgrundstück. Bei der K-GmbH befürchtet K Widerstand einer der Mitgesellschafter gegen die Fusionspläne, insb. mit Klagen gegen jedweden vorgesehenen wirtschaftlichen Ausgleich. Bei der A-GmbH ist dies unwahrscheinlich, aber nicht auszuschließen. Die übrig bleibende GmbH soll als „Klever-Autofix GmbH" firmieren.

K hat von seinem Steuerberater gehört, dass man die beiden GmbHs nach dem UmwG aufeinander verschmelzen kann und auch eine neue GmbH nach dem UmwG gründen könne. Er will von Ihnen wissen, welche Möglichkeiten der Verschmelzung bestehen und welche Vor- und Nachteile die verschiedenen Alternativen haben.

II. Aufgabenstellung

1. Welche Verschmelzungsvarianten bestehen im hier vorliegenden Fall? (6 Punkte)
2. Ergeben sich grunderwerbsteuerliche Unterschiede bei den verschiedenen Alternativen? (3 Punkte)
3. Welche satzungsorganisatorischen Unterschiede sind zu beachten? (2 Punkte)
4. Unterscheiden sich die Gestaltungsvarianten in Bezug auf die erforderliche Kapitalaufbringung? (3 Punkte)
5. Sind Unterschiede bei den Notarkosten zu berücksichtigen? (2 Punkte)
6. Wie unterscheiden sich die möglichen Alternativen bezüglich ihres Anfechtungspotentials? (5 Punkte)
7. Ist die gewünschte Firmierung in allen Varianten zu realisieren? (1 Punkt)

III. Lösungsskizze

1. Verschiedene Verschmelzungsvarianten (6 Punkte)

In der vorliegenden Beratungssituation gibt es grds. drei Möglichkeiten der Verschmelzung:

a) 1. Variante

Die K-GmbH wird zur Aufnahme auf die A-GmbH verschmolzen. (2 Punkte)

b) 2. Variante

Die A-GmbH wird zur Aufnahme auf die K-GmbH verschmolzen. (2 Punkte)

c) 3. Variante

Die K-GmbH und die A-GmbH werden zusammen auf eine neu zu gründende GmbH verschmolzen. (2 Punkte)

Bei diesen drei alternativen Vorgehensweisen ergeben sich unter verschiedenen Gesichtspunkten jeweils unterschiedliche Vor- und Nachteile:

2. Grunderwerbsteuer (3 Punkte)

Bei der 1. Variante entsteht Grunderwerbsteuer nach § 1 Abs. 1 Nr. 3 GrEStG, da bezüglich des Grundbesitzes ein Rechtsträgerwechsel stattfindet.

Demgegenüber wird bei der 2. Alternative das Grundstück „nicht bewegt", so dass dieser Vorgang grunderwerbsteuerfrei bleibt.

Auch bei der 3. Variante kommt es zum Rechtsträgerwechsel am betroffenen Betriebsgrundstück, so dass Grunderwerbsteuer in gleicher Höhe wie bei der 1. Variante anfällt.

3. Organisation (2 Punkte)

Bei der 1. Variante ist keine so hohe gestalterische Flexibilität möglich, da bei der aufnehmenden A-GmbH bereits eine vorgegebene Satzung zu berücksichtigen ist. Im Verschmelzungsvertrag kann allerdings die Verpflichtung zur Satzungsänderung bei der aufnehmenden Gesellschaft vereinbart werden. Mit dem Zustimmungsbeschluss zur Verschmelzung bei der aufnehmenden A-GmbH könnte eine erforderliche Satzungsänderung gleich mitbeschlossen werden.

Auch bei der 2. Variante ist die vorgegebene Satzung zu berücksichtigen.

Bei der 3. Variante sind die beteiligten Rechtsträger bei der zukünftigen Satzungsgestaltung völlig frei, da die aufnehmende GmbH im Zuge der Verschmelzung erst neu gegründet wird. Die Satzung der neu gegründeten GmbH muss im Verschmelzungsvertrag enthalten sein und mitbeurkundet werden (§ 37 Abs. 2 Satz 2 UmwG). Gemäß § 59 UmwG bedarf die Satzung der neu gegründeten Gesellschaft zu ihrer Wirksamkeit der Zustimmung der Gesellschafter jeder der übertragenden Gesellschaften durch Verschmelzungsbeschluss.

4. Kapitalaufbringung (3 Punkte)

a) 1. Variante

Die bei der aufnehmenden A-GmbH erforderliche Sachkapitalerhöhung ist unter dem Gesichtspunkt der Kapitalaufbringung unproblematisch möglich, da die übertragende K-GmbH laut voranstehendem Sachverhalt werthaltig ist und dies bereits aufgrund der Buchwerte in der Bilanz dem Registergericht nachgewiesen werden kann.

b) 2. Variante

Bei der erforderlichen Sachkapitalerhöhung bei der aufnehmenden K-GmbH gestaltet sich zumindest der Wertnachweis der übertragenden A-GmbH problematisch. Wegen der vorliegenden bilanziellen Überschuldung wird der Registerrichter ein Wirtschaftsprüfergutachten über den tatsächlichen Verkehrswert der übertragenden A-GmbH verlangen. Dies verursacht zunächst höhere Vollzugskosten. Ist die übertragende A-GmbH sogar materiell-rechtlich überschuldet, kommt diese Verschmelzungsvariante nicht in Frage, da die erforderliche Kapitalerhöhung mit dem Wert der übertragenden A-GmbH überhaupt nicht gespeist werden kann.

c) 3. Variante

Bezüglich des Kapitalaufbringungsgrundsatzes ergibt sich die gleiche Problematik wie bei der oben dargestellten „Sachkapitalerhöhung", nur hier im Rahmen einer Sachgründung. Allerdings genügt es vorliegend nach ganz h.M., dass der Saldo der beiden übertragenden Gesellschaften zusammengenommen einen tatsächlichen positiven Wert ergibt, der die Sacheinlageforderung in Höhe des zukünftigen Nennbetrages bei der aufnehmenden neu gegründeten GmbH erfüllen kann. In Bezug auf die Höhe des gewählten Nennkapitals sind die Beteiligten grds. frei, so dass auch ein eventuell hohes Nennkapital bei der übertragenden K-GmbH nicht in vollem Umfang bei der neu gegründeten aufnehmenden GmbH wieder gebildet werden muss. Es genügt also das Mindestkapital i.H.v. 25.000 €.

5. Notarkosten (2 Punkte)

§ 39 KostO legt fest, dass der Geschäftswert einer Verschmelzung sich nach dem Betrag richtet, der in der Schlussbilanz des Übertragungsrechtsträgers als Summe des Aktivvermögens angegeben ist.

Daher ergibt sich bei der 1. Variante wegen des hohen Buchwertes der übertragenden K-GmbH ein relativ hoher Geschäftswert.

Demgegenüber wird die umgekehrte 2. Variante wegen der bilanziellen Überschuldung der übertragenden A-GmbH wesentlich günstiger (Mindestwert).

Bei der 3. Variante schlägt wieder der hohe Bilanzwert der übertragenden K-GmbH auf den Geschäftswert durch. Allerdings führt § 39 Abs. 4 KostO bei sehr hohen Geschäftswerten grds. zu einer Deckelung auf 5 Mio. €.

6. Anfechtungsklagen (5 Punkte)

Die Zustimmungsbeschlüsse zu den möglichen Verschmelzungsvarianten sind alle mit einer 3/4-Mehrheit, also hier allein durch den 80 %igen Mehrheitsgesellschafter zu fassen. Die Verträge kann er als Geschäftsführer sowohl selbst als Vertreter der beiden beteiligten Rechtsträger abschließen als auch bei dem zuständigen Handelsregister anmelden. Dennoch droht ein Vollzugshindernis, wenn einer der Minderheitsgesellschafter einen der Zustimmungsbeschlüsse anficht. Denn § 16 Abs. 2 UmwG verlangt, dass bei der Anmeldung einer Verschmelzung durch die Vertretungsorgane jeweils zu erklären ist, dass eine Klage gegen die Wirksamkeit des Verschmelzungsbeschlusses nicht oder nicht fristgerecht erhoben oder eine solche Klage rechtskräftig abgewiesen oder zurückgenommen worden ist. Bezüglich der hier drohenden Klagen wegen der Verbesserung des Umtauschverhältnisses wird in § 14 Abs. 2 UmwG die Anfechtungsklage gegen die Wirksamkeit des Zustimmungsbeschlusses bei dem oder den übertragenden Rechtsträger(n) ausgeschlossen. Die betroffenen Gesellschafter der übertragenden Rechtsträger sind gemäß § 15 UmwG diesbezüglich auf das Spruchstellenverfahren verwiesen, das den Vollzug der Verschmelzung durch Eintragung im Handelsregister nicht verhindert. Daher ergeben sich für die hier in Frage kommenden Varianten der Verschmelzungen folgende Auswirkungen:

Bei der 1. Variante sind nur die Gesellschafter der übertragenden K-GmbH von der Anfechtungsklage gegen den Zustimmungsbeschluss bei ihrer K-GmbH wegen des Umtauschverhältnisses ausgeschlossen. Die Gesellschafter der aufnehmenden A-GmbH können demgegenüber den Vollzug der Verschmelzung mit einer solchen Anfechtungsklage verhindern bzw. zumindest verzögern.

Bei der 2. Variante sind von der Anfechtungsklage wegen des Umtauschverhältnisses die Gesellschafter der hier übertragenden A-GmbH ausgeschlossen.

Bei der 3. Variante sind alle beteiligten Gesellschafter solche von übertragenden Rechtsträgern, so dass sämtliche Klagen wegen eines zu niedrigen Umtauschverhältnisses in das Spruchstellenverfahren verwiesen werden und den Vollzug der Verschmelzung nicht verzögern können.

Anfechtungsklagen wegen anderer Anfechtungsgründe stehen allen Gesellschaftern bei allen Varianten gleichermaßen zu. Dagegen hilft nur ein allseitiger Verzicht auf Anfechtungsklagen. Eine Beschleunigung des Vollzuges bringt die Möglichkeit des vorgeschalteten Unbedenklichkeits- bzw. Freigabeverfahrens beim Prozessgericht nach § 16 Abs. 3 UmwG. Nach Beschluss des Prozessgerichts, dass die Klage unzulässig bzw. offensichtlich unbegründet ist oder dass das Vollzugsinteresse der Verschmelzung das Interesse der klagenden Anteilsinhaber an deren Aufschub überwiegt (§ 16 Abs. 3 Satz 2 UmwG), muss das Registergericht auch vor Abschluss des Klageverfahrens eintragen.

7. Firmierung (1 Punkt)

§ 18 UmwG ermöglicht die hier gewünschte Fortführung der Firma „Klever Autofix GmbH" bei allen drei Verschmelzungsvarianten. Der Gesellschafter Klever muss nach § 18 Abs. 2 UmwG lediglich der von ihm gewünschten Firmenfortführung zustimmen.

B. Fall 2 (16 Punkte)

I. Sachverhalt

Sebastian Schraubenschlüssel (S) betreibt in Leipzig einen Wäschereisalon an zwei verschiedenen Standorten als „Sebastians-Waschtrommel-GmbH" (W-GmbH) mit einem satzungsmäßigen Stammkapital von 100.000 €. An der GmbH sind derzeit Vater S mit 90.000 € Geschäftsanteil und Sohn B mit 10.000 € Geschäftsanteil beteiligt. Auf die Filiale in der Tachauer Straße (BT1) fallen Waschmaschinen und Zubehör im tatsächlichen Wert von 140.000 € und einem Buchwert in der Jahresschlussbilanz i.H.v. 90.000 €. Die schon etwas älteren Maschinen in der Filiale in der Bahnhofstraße (BT2) haben einen tatsächlichen Wert von 50.000 €, allerdings nur einen Buchwert von 10.000 €. S will seinem Sohn B im Wege der vorweggenommenen Erbfolge eine der beiden Filialen schon jetzt zur eigenen Verantwortung überlassen. Der Steuerberater hat ihm empfohlen, diese Filiale in der Form einer eigenständigen neu zu gründenden GmbH zu gestalten. Er hat jedoch gegen eine Gestaltung im Rahmen des Umwandlungsrechts Bedenken.

S kommt zu Ihnen und will wissen, welche Möglichkeit das UmwG für sein Anliegen bietet und was dabei eventuell zu beachten ist.

II. Aufgabenstellung

1. Beschreiben Sie ganz kurz (!) die sich hier anbietende Umwandlungsart und die diesbezügliche Vorgehensweise. (3 Punkte)
2. Kann im Ergebnis der Vater (S) und der Sohn (B) jeweils Alleingesellschafter einer GmbH werden? (4 Punkte)
3. Was ist jeweils bezüglich der Kapitalaufbringung zu beachten, wenn auf den Sohn der BT1 oder der BT2 übertragen werden soll? (4 Punkte)
4. Was ist bei den beiden Alternativen in Bezug auf die Kapitalerhaltung zu beachten? (5 Punkte)

III. Lösungsskizze

1. Allgemeines (3 Punkte)

Das hier angestrebte Ergebnis ist grds. durch eine Abspaltung zur Neugründung von der W-GmbH nach §§ 123 Abs. 2 Nr. 2, 135 ff., 138 ff. UmwG zu erreichen. S muss als Geschäftsführer der W-GmbH einen entsprechenden Spaltungsplan aufstellen und als 90 %iger Mehrheitsgesellschafter der W-GmbH einen entsprechenden Zustimmungsbeschluss hierzu fassen. Die Anmeldung der Spaltung zur Neugründung erfolgt nach § 137 Abs. 1 und Abs. 2 UmwG durch das Vertretungsorgan des übertragenden Rechtsträgers beim Registergericht des neuen Rechtsträgers und beim Registergericht des übertragenden Rechtsträgers. Mit der Eintragung der Abspaltung wird diese nach § 131 UmwG wirksam, gehen alle Aktiva und Passiva der abgespaltenen Filiale auf die neu gegründete GmbH über und entsteht diese neu gegründete GmbH.

2. Anteilsgewährung (4 Punkte)

Nach § 128 UmwG ist bei der Spaltung eine quotenabweichende Spaltung dergestalt möglich, dass einer der Gesellschafter des übertragenden Rechtsträgers überhaupt keine Anteile am neu zu gründenden Rechtsträger erhält (sog. Spaltung zu Null). Dem Sohn B können also bei der durch Abspaltung neu gegründeten GmbH alle Geschäftsanteile im Spaltungsplan zugewiesen werden. Bei der übertragenden GmbH kann der Vater S als Ausgleich dafür alle bisher dem Sohn schon gehörenden Geschäftsanteile erhalten (vgl. § 131 Abs. 1 Nr. 1 UmwG: „Anteilsinhaber der beteiligten Rechtsträger"). Nach h.M. kann hier aber auch auf eine Anteilsgewährung dem Vater gegenüber ganz verzichtet werden.

3. Kapitalaufbringung bei neu gegründeter GmbH (4 Punkte)

Wird der BT1 abgespalten, ergeben sich weder nach dem tatsächlichen Wert noch nach dem Buchwert Probleme in Bezug auf die Kapitalaufbringung bei der Neugründung der aufnehmenden GmbH, die dem

Registergericht auch allein durch eine entsprechende Bilanz nachgewiesen werden kann. Wird der BT2 abgespalten, genügt der tatsächliche Wert i.H.v. 50.000 € ebenfalls, um das Mindeststammkapital der neu gegründeten GmbH i.H.v. 25.000 € zu decken. Allerdings bedarf dies eines Nachweises durch gesondertes Wirtschaftsprüfergutachten, da die Buchwerte dieses Betriebsteils nur 10.000 € betragen.

4. Kapitalerhaltung bei übertragender GmbH (5 Punkte)

Bei der übertragenden W-GmbH ergibt sich das Problem, dass nach Abspaltung eines der Betriebsteile das Stammkapital i.H.v. 100.000 € nicht mehr durch die vorhandenen Aktiva zu Buchwerten gedeckt ist (Kapitalerhaltung). § 140 UmwG verlangt jedoch, dass der Geschäftsführer bei der Anmeldung einer Abspaltung zur Eintragung in das Register des Sitzes einer übertragenden GmbH zu erklären hat, dass die durch Gesetz und Gesellschaftsvertrag vorgesehenen Voraussetzungen für die Gründung dieser Gesellschaft unter Berücksichtigung der Abspaltung im Zeitpunkt der Anmeldung noch vorliegen. Da das satzungsmäßige Nennkapital i.H.v. 100.000 € bei der W-GmbH nach Abspaltung des BT2 zu Buchwerten nicht mehr gedeckt ist, muss vor der Abspaltung eine Kapitalherabsetzung auf 90.000 € (Restbuchwert) beschlossen und im Handelsregister eingetragen werden. Nach § 139 UmwG kann eine solche Kapitalherabsetzung, soweit sie im Rahmen der Abspaltung erforderlich ist, in vereinfachter Form nach §§ 58a ff. GmbHG vorgenommen werden. Diese Möglichkeit bietet sich im vorliegenden Sachverhalt aber nur bei der Abspaltung des BT2, da dieser einen Buchwert von 10.000 € hat. Spaltet man den BT1 mit einem Buchwert von 90.000 € ab, müsste eine Kapitalherabsetzung von 100.000 € Stammkapital auf 10.000 € erfolgen. Unter 25.000 € kann nach allgemeinem GmbHG allerdings keine Kapitalherabsetzung, auch nicht in vereinfachter Form, durchgeführt werden. Eine Lösung kann in diesem Zusammenhang allenfalls durch einen Kapitalschnitt nach § 58a Abs. 4 GmbHG, also eine Kapitalherabsetzung mit gleichzeitiger Erhöhung auf wieder über 25.000 €, herbeigeführt werden. Ansonsten ist eine Abspaltung zur Neugründung des BT1 in der hier vorliegenden Konstellation nicht möglich.

C. Fall 3 (10 Punkte)

I. Sachverhalt

Ludwig Listig (L) ist Inhaber eines mittlerweile stark gewachsenen Autohauses, das über sechs verschiedene Betriebsstätten verfügt, 250 Arbeitnehmer beschäftigt und in das er die früheren Geschäftsinhaber der seinerseits selbständigen Betriebsstätten integriert hat. Bisher wird das Unternehmen als Einzelunternehmen geführt. L beabsichtigt zur zukünftigen Vermeidung der persönlichen Haftung, sein Unternehmen in eine GmbH zu überführen und seinen Sohn in das Unternehmen zu integrieren. Im Vermögen der Autohäuser befinden sich u.a. verschiedene Grundstücke.

II. Aufgabenstellung

L kommt zu Ihnen und will wissen, welche Gestaltungswege vom Einzelunternehmen in die GmbH Sie ihm vorschlagen können und welche Vor- und Nachteile diese mit sich bringen.

III. Lösungsskizze

1. Weg 1 (4 Punkte)

Einzelübertragung sämtlicher Wirtschaftsgüter im Rahmen einer Sachgründung auf eine GmbH gegen Gewährung von Geschäftsanteilen der GmbH an den Unternehmer L und seinen Sohn.

- Fehlerquelle „verschleierte Sachgründung" bei Bargründung und nachfolgendem Erwerb des Unternehmens.
- Fehlervermeidung durch so genannte Stufengründung durch nachgeschobene Sachkapitalerhöhung.
- Sachenrechtlicher Bestimmtheitsgrundsatz bei Einzelrechtsübertragung.
- Bei Grundbesitz im Vermögen Beurkundungspflicht des Einbringungsvertrages.

- Grunderwerbsteuerbarkeit und Grunderwerbsteuerpflicht des Vorgangs.
- Mehrmonatige Umschreibungszeiten für Grundstückseigentum im Grundbuch.
- Keine kostenrechtliche Höchstwertbegrenzung wie in § 39 Abs. 4 KostO für die Umwandlung.

2. Weg 2 (4 Punkte)

Ausgliederung gemäß §§ 152 ff. UmwG zur Neugründung einer Ein-Mann-GmbH mit dem Alleingesellschafter L und anschließende Abtretung von Geschäftsanteilen an der neu gegründeten GmbH an den Sohn. Möglich ist auch die Ausgliederung zur Aufnahme auf eine zuvor gegründete GmbH, bei der der Sohn schon beteiligt ist.

- Ausgliederung zur Neugründung unter Beachtung des gesamten Spaltungsverfahrens.
- Bestimmtheitsgrundsatz bezüglich des übertragenden Vermögens auch hier zu beachten. Auch erforderliche öffentliche Genehmigungen für die Übertragung einzelner Gegenstände sind nach § 132 UmwG einzuholen. Ein Zustimmungsbedürfnis von Vertragspartnern entfällt jedoch.
- Gemäß § 133 UmwG fünf Jahre lang gesamtschuldnerische Haftung aller beteiligten Rechtsträger.
- Vereinfachtes Ausgliederungsverfahren beim Einzelkaufmann durch bloßen Ausgliederungsplan ohne Ausgliederungsbericht und Ausgliederungsprüfung.
- Identitätsgrundsatz bezüglich der an der aufnehmenden GmbH zu beteiligenden Gesellschafter behindert die Beteiligung des als Nachfolger vorgesehenen Sohnes. Daher ist eine Übertragung der Geschäftsanteile zusätzlich erforderlich.

3. Weg 3 (2 Punkte)

Gründung einer (GmbH & Co.) KG durch den L unter Einbringung seines Einzelunternehmens, schenkweise Übertragung einer Kommanditbeteiligung an den Sohn und anschließender Formwechsel in eine GmbH.

- Erbschaftsteuerrechtlich günstigere Bewertung der Schenkung von Kommanditbeteiligungen.
- Grunderwerbsteuerbefreiung bei der Grundstückseinbringung nach § 5 GrEStG; anschließender Formwechsel innerhalb von fünf Jahren ist nach § 5 Abs. 3 GrEStG aber grunderwerbsteuerschädlich.

D. Fall 4 (10 Punkte)

I. Sachverhalt

An der A-GmbH mit einem Stammkapital i.H.v. 50.000 DM sind der A und der B mit je 25.000 DM beteiligt. An der B-GmbH mit einem Stammkapital von 100.000 DM sind der C und der D mit jeweils einem Geschäftsanteil von 50.000 DM beteiligt. Die A-GmbH soll auf die B-GmbH verschmolzen werden.

II. Aufgabenstellung

Was ist bei der A-GmbH und der B-GmbH bezüglich einer eventuell erforderlichen Euro-Umstellung zu beachten?

III. Lösungsskizze

Nach § 86 Abs. 1 Satz 4 GmbHG kann eine GmbH auch nach der Einführung des Euro grds. so lange weiter mit ihrer alten DM-Denomination fortgeführt werden, bis bei ihr eine Kapitalmaßnahme durchgeführt werden muss. Entsprechend sieht § 318 Abs. 2 UmwG als Übergangsregelung für Umwandlungen bei Kapitalgesellschaften allein die Umwandlung als solche nicht als Grund an, dass eine Umstellung auf Euro zwingend durchgeführt werden müsste. Vielmehr ist dies nur der Fall, wenn im Zuge einer Umwandlung entweder eine neue Kapitalgesellschaft gegründet bzw. durch Formwechsel geschaffen wird oder eine Kapitalmaßnahme erforderlich wird.

Für den hier vorliegenden Fall ergibt sich daher bei der übertragenden A-GmbH kein Anhaltspunkt für das Erfordernis einer Euro-Umstellung. Bei ihr wird im Zuge der Verschmelzung weder eine Kapitalerhöhung noch eine Kapitalherabsetzung durchgeführt, sie erlischt vielmehr durch Eintragung der Verschmelzung nach § 20 Abs. 1 Nr. 1 UmwG. Bei der aufnehmenden B-GmbH greift in der hier vorliegenden Konstellation allerdings die Anteilsgewährungspflicht für die Gesellschafter der übertragenden A-GmbH (A und B) nach §§ 20 Abs. 1 Nr. 3 sowie 2 und 5 Abs. 1 Nr. 3 – 5 UmwG. Diese zu gewährenden Anteile sind im hier vorliegenden Fall durch eine Kapitalerhöhung bei der aufnehmenden B-GmbH zu schaffen (siehe §§ 53 – 55 UmwG). Da im Zuge der Verschmelzung also bei der aufnehmenden GmbH eine Kapitalmaßnahme durchgeführt werden muss, ist bei dieser auch zwingend eine Euro-Umstellung erforderlich. Diese kann allerdings nicht im Zuge der Kapitalerhöhung zum Zwecke der Verschmelzung einfach miterfolgen. Zwar können den Gesellschaftern A und B im Zuge der Kapitalerhöhung zum Zwecke der Verschmelzung gleich Geschäftsanteile an der aufnehmenden B-GmbH mit glatten Euro-Nennbeträgen gewährt werden. Die Euro-Umstellung bei der B-GmbH erfordert aber auch die Umrechnung der bestehenden DM-Geschäftsanteile bei C und D i.H.v. 50.000 DM auf einen entsprechend krummen Euro-Betrag (Division durch 1.95583) sowie die Aufstockung dieser bereits bestehenden Anteile um einen krummen Euro-Betrag zur Glättung derselben und zum Erreichen eines glatten Euro-Zielbetrages.

Daher ist im vorliegenden Fall vor der Kapitalerhöhung im Zuge der Verschmelzung eine gesonderte kleine Kapitalerhöhung (am einfachsten gegen Bareinlagen) bei der aufnehmenden B-GmbH durchzuführen, um das dortige Nennkapital und die dort bereits bestehenden Geschäftsanteile des C und des D auf glatte Euro-Beträge aufzustocken.

E. Fall 5 (18 Punkte)

I. Aufgabenstellung

Welche neun Alternativen eröffnet das UmwG, um eine oder mehrere GmbH als Ausgangsrechtsträger auf eine oder mehrere GmbH & Co. KGs als bestehende(n) oder neu zu schaffende(n) Zielrechtsträger „umzuwandeln". Nennen Sie alle Möglichkeiten und beschreiben Sie ganz kurz (!) deren wesentliche Unterscheidungsmerkmale (Vermögensübergang; Erlöschen und Entstehen von Rechtsträgern; Anteilsgewährung).

II. Lösungsskizze

1. Verschmelzung zur Aufnahme auf eine bereits bestehende GmbH & Co. KG; Übergang des gesamten Vermögens der einen oder mehreren übertragenden GmbHs im Wege der Gesamtrechtsnachfolge; Erlöschen der übertragenden GmbHs; Anteilsgewährung an die Gesellschafter der übertragenden GmbHs als Gegenleistung für den Verlust ihrer dortigen Beteiligung. (2 Punkte)

2. Verschmelzung zur Neugründung: Wie 1., nur dass kein aufnehmender Rechtsträger existiert, sondern die GmbH & Co. KG erst im Zuge der Verschmelzung gegründet wird. Sie entsteht mit Wirksamwerden der Verschmelzung durch Eintragung im Handelsregister (§ 20 Abs. 1 UmwG). Die Anteile an der neu gegründeten GmbH & Co. KG erhalten wiederum die Gesellschafter der übertragenden GmbH. (2 Punkte)

3. Aufspaltung zur Aufnahme: Eine übertragende GmbH kann im Wege der partiellen Gesamtrechtsnachfolge ihr Vermögen in mehreren Teilen auf mehrere aufnehmende GmbH & Co. KGs übertragen. Auch hier erlischt die übertragende GmbH mit Wirksamwerden der Aufspaltung (§ 131 Abs. 1 Nr. 2 UmwG); die Gesellschafter der übertragenden GmbH erhalten als Gegenleistung für den Verlust ihrer Anteile an der übertragenden GmbH eine gesellschaftsrechtliche Mitgliedschaft an einer der aufnehmenden GmbH & Co. KG. (2 Punkte)

4. Aufspaltung zur Neugründung: Wie 3., nur dass die aufnehmenden GmbH & Co. KGs erst mit dem Wirksamwerden der Aufspaltung durch Eintragung derselben im Handelsregister entstehen. (2 Punkte)

5. Abspaltung zur Aufnahme: Im Wege der partiellen Gesamtrechtsnachfolge wird nur ein Teil des Vermögens von einer übertragenden GmbH auf eine oder mehrere GmbH & Co. KG übertragen. Die übertragende GmbH bleibt bestehen, die Anteilsinhaber der übertragenden GmbH erhalten als Ausgleich für den wertmäßigen Verlust, den sie durch die Abspaltung erleiden, entweder Anteile an einer der aufnehmenden GmbH & Co. KG oder an der übertragenden GmbH (vgl. § 131 Abs. 1 Nr. 3 UmwG „der beteiligten Rechtsträger"); nach § 128 UmwG ist eine quotenabweichende Anteilsgewährung bis hin zur Spaltung zu Null möglich, so dass einzelnen Gesellschaftern nach inzwischen h.M. auch gar keine Anteile gewährt werden müssen. (2 Punkte)

6. Abspaltung zur Neugründung: Wie 5., nur dass die aufnehmenden Rechtsträger erst mit der Eintragung der Abspaltung im Handelsregister entstehen. (2 Punkte)

7. Ausgliederung zur Aufnahme: Wie 5., nur dass die Anteilsgewährung als Gegenleistung für den wirtschaftlichen Verlust durch die Übertragung des Vermögens im Wege der partiellen Gesamtrechtsnachfolge nicht an die Gesellschafter der übertragenden GmbH, sondern an die GmbH selbst geht. Durch eine zulässige Totalausgliederung des gesamten Vermögens der GmbH wird diese zur reinen Holding. (2 Punkte)

8. Ausgliederung zur Neugründung: Da an der neu zu gründenden GmbH & Co. KG ausschließlich die übertragende GmbH eine gesellschaftsrechtliche Beteiligung erhalten könnte, kommt diese Umwandlungsform hier nicht in Frage. Denn die Gründung einer Ein-Personen-GmbH & Co. KG wird nach ganz h.M. noch für unzulässig gehalten. Auch das Beitreten eines zweiten Gesellschafters im Zuge der Ausgliederung wird derzeit noch überwiegend als unzulässig abgelehnt. (2 Punkte)

9. Formwechsel: Bei dieser identitätswahrenden Änderung des Rechtskleides der GmbH kommt es nicht zu einer Vermögensübertragung. Vielmehr bleibt sowohl das Vermögen der GmbH identisch als auch der Gesellschafterbestand. Lediglich die rechtliche Struktur ändert sich in eine GmbH & Co. KG und die Mitgliedschaften der ehemaligen GmbH-Gesellschafter wandeln sich in eine Komplementär- oder eine Kommanditistenstellung. Zum Schutz der Gläubiger ist dennoch grds. Gründungsrecht des Zielrechtsträgers anwendbar (§ 197 UmwG). (2 Punkte)

Klausur: Umstrukturierungen

A. Sachverhalt

13 An der Pumpenwerke GmbH & Co. KG sind A und B zu gleichen Teilen als Kommanditisten beteiligt. Komplementärin ist die Pumpenwerke Verwaltungs GmbH, die nicht am Vermögen der Pumpenwerke GmbH & Co. KG beteiligt ist. A und B sind jeweils zu 50 % an der Komplementär-GmbH beteiligt.

Es ist geplant, das Unternehmen der GmbH & Co. KG in eine GmbH zu überführen.

B. Aufgabenstellung

Stellen Sie die unterschiedlichen gesellschaftsrechtlichen Möglichkeiten dar, wie die Pumpenwerke GmbH & Co. KG in eine GmbH umgewandelt werden kann und beschreiben Sie jeweils die Vor- und Nachteile der einzelnen Umwandlungsmethoden. Gehen Sie dabei in Grundzügen auch auf die damit verbundenen steuerlichen Aspekte ein.

C. Lösungsskizze

Die Überleitung des Vermögens einer GmbH & Co. KG auf eine GmbH kann auf fünf unterschiedlichen Wegen erfolgen:

I. Formwechsel nach §§ 190 ff. UmwG

Bei einem Formwechsel nach umwandlungsrechtlichen Regeln sind neben den allgemeinen Vorschriften zum Formwechsel (§§ 190 – 213 UmwG) die speziellen Normen für den Formwechsel von Personenhandelsgesellschaften (§§ 214 – 225 UmwG) anzuwenden.

Der Formwechsel muss danach grundsätzlich von sämtlichen Gesellschaftern beschlossen werden, sofern die Satzung nicht eine Mehrheitsentscheidung von mindestens 75 % der abgegebenen Stimmen vorsieht. Auch Gesellschafter, die nicht an der Gesellschafterversammlung teilnehmen, müssen dem Formwechsel zustimmen (§ 217 Abs. 1 UmwG). Der Umwandlungsbeschluss muss den Gesellschaftsvertrag der zukünftigen GmbH enthalten und bedarf gemäß § 193 Abs. 3 UmwG der notariellen Beurkundung.

Zur Vorbereitung des Umwandlungsbeschlusses muss die Komplementärin einen Umwandlungsbericht mit einer Vermögensaufstellung anfertigen, sofern nicht alle Gesellschafter auf die Erstattung des Berichts verzichten. Der Verzicht muss notariell beurkundet werden, wobei ein nachträglicher Verzicht bis zur Anmeldung des Formwechsels zum Handelsregister für zulässig erachtet wird.[1]

Unverzichtbar ist die Erstellung eines Sachgründungsberichts für die neue GmbH. Der Sachgründungsbericht muss gemäß § 220 Abs. 2 UmwG neben den nach § 5 Abs. 4 Satz 2 GmbHG erforderlichen Angaben auch eine Darstellung des bisherigen Geschäftsverlaufs und der Lage der formwechselnden Gesellschaft enthalten.

Der Formwechsel muss zum Handelsregister angemeldet werden (§ 198 UmwG) und wird mit der Eintragung der GmbH in das Register wirksam (§ 201 Abs. 1 UmwG).

Obwohl gesellschaftsrechtlich bei der formwechselnden Umwandlung einer Personengesellschaft in eine Kapitalgesellschaft die Identität des Rechtsträgers erhalten bleibt, wird steuerrechtlich durch § 25 UmwStG und seinen Verweis auf die §§ 20 – 23 UmwStG eine Vermögensübertragung durch einen Einbringungsvorgang fingiert. Danach kann der Formwechsel auf Antrag und bei Vorliegen der in § 20 Abs. 2 UmwStG genannten Voraussetzungen steuerneutral vollzogen werden, sofern das Vermögen der form-

---

1 Schmitt/Hörtnagl/Stratz, UmwG, § 192 Rn. 24.

wechselnden Personengesellschaft als Betrieb zu qualifizieren ist oder aus einem Mitunternehmeranteil bzw. einer mehrheitsbegründenden Beteiligung an einer Kapitalgesellschaft besteht. Der Verweis in § 25 UmwStG ist insoweit eine Rechtsgrund- und keine Rechtsfolgenverweisung.[2]

Der Formwechsel nach den umwandlungsrechtlichen Vorschriften ist mit einem aufwendigen Verfahren verbunden. Der Weg über das UmwG kann aber dann vorteilhaft sein, wenn die Satzung der Gesellschaft eine Mehrheitsentscheidung über den Formwechsel erlaubt und die Zustimmung aller Gesellschafter nicht sicher ist. In diesem Fall kann der Formwechsel auch gegen den Willen der opponierenden Gesellschafter durchgeführt werden. Allerdings muss den widersprechenden Gesellschaftern ein Abfindungsangebot gemäß § 208 UmwG gemacht werden.

Als größter Nachteil der Anwendung der umwandlungsrechtlichen Vorschriften erweist sich die Behandlung der Komplementär-GmbH.[3] Bei strenger Beachtung des umwandlungsrechtlichen Identitätsprinzips müsste die Komplementär-GmbH auch Gesellschafterin der neuen GmbH werden. Allerdings ist die Komplementär-GmbH nicht am Vermögen der KG beteiligt. Eine nicht vermögensmäßige Beteiligung ist bei einer Kapitalgesellschaft nicht möglich. Es muss daher ein Weg gefunden werden, wie die Komplementär-GmbH am Vermögen der GmbH & Co. KG und damit auch an der GmbH beteiligt werden kann. Hierzu wird vorgeschlagen,[4] der Komplementär-GmbH eine kapitalmäßige Beteiligung einzuräumen, indem ein Kommanditist einen Teil seiner Beteiligung vor dem Formwechsel unter Begründung eines Treuhandverhältnisses an die Komplementär-GmbH abtritt. Nach dem Formwechsel wird dann der von der Komplementär-GmbH treuhänderisch gehaltene Geschäftsanteil zurück übertragen, so dass nur noch die Kommanditisten an der neuen GmbH beteiligt sind. Dieses Treuhandmodell führt jedoch zu einer weiteren Verkomplizierung des Formwechsels nach dem UmwG.

Eine vordringende Meinung will diese Probleme dadurch vermeiden, dass sie den Austritt der Komplementär-GmbH aus der KG exakt zum Zeitpunkt des Formwechsels für zulässig erachtet, wenn alle Gesellschafter zustimmen. Eine vergleichbare Lösung sieht das Gesetz in § 247 Abs. 3 UmwG ausdrücklich für den Formwechsel einer KGaA vor. Auf dieses Weise könnte eine – wenn auch nur vorübergehende – Beteiligung der Komplementär-GmbH an der neuen GmbH vermieden werden.[5]

II. Verschmelzung auf die Komplementär-GmbH

Ein weiterer Nachteil des Formwechsels der GmbH & Co. KG nach den umwandlungsrechtlichen Vorschriften besteht darin, dass nach dem Abschluss des Umwandlungsverfahrens die Komplementär-GmbH i.d.R. funktionslos ist. Um die Entstehung von zwei GmbHs zu vermeiden, kann die Verschmelzung der GmbH & Co. KG auf die Komplementär-GmbH erwogen werden. Eine derartige Verschmelzung ist nach §§ 39 – 45 und 46 – 59 UmwG zulässig und möglich. Die Kommanditisten erhalten dann weitere Anteile an der Komplementär-GmbH. Wenn auch die Komplementär-GmbH an der KG mit einer Einlage beteiligt ist, muss § 54 UmwG beachtet werden, wonach eine Kapitalerhöhung der Komplementär-GmbH im Rahmen der Verschmelzung unzulässig ist, soweit die Kompelmentär-GmbH Anteile an der KG hält.

Die Verschmelzung auf die Komplementär-GmbH stellt eine Einbringung von Mitunternehmeranteilen gemäß § 20 UmwStG dar.[6] Somit kann die Verschmelzung auf Antrag steuerneutral erfolgen.

Dieses Verfahren ist allerdings noch aufwendiger als ein umwandlungsrechtlicher Formwechsel. So sind notariell beurkundete Beschlüsse sowohl bei der übertragenden KG (§ 43 UmwG) als auch bei der übernehmenden Komplementär-GmbH erforderlich (§ 50 UmwG). Ferner muss der Verschmelzungsvertrag selbst notariell beurkundet werden (§ 6 UmwG).

---

2   Schmitt/Hörtnagl/Stratz, UmwG, § 25 UmwStG Rn. 19.
3   Übersicht zum Streitstand bei Decher in: Lutter, UmwG, § 202 Rn. 14 ff.
4   Felix, BB 1993, 1848.
5   Dirksen in: Kallmayer, UmwG, § 218 Rn. 11 m.w.N.
6   Schmitt/Hörtnagl/Stratz, UmwG, § 20 UmwStG Rn. 196.

Der Vorteil der umwandlungsrechtlichen Verschmelzung liegt wie bei einem umwandlungsrechtlichen Formwechsel darin, dass es bei entsprechender Satzungsgestaltung der KG möglich ist, die Verschmelzung bereits mit einer Mehrheit von 75 % der abgegebenen Stimmen zu beschließen. Den widersprechenden Gesellschaftern ist ein Abfindungsangebot zu machen.

III. Sachkapitalerhöhung bei der GmbH

Eine steuerlich zumindest theoretisch interessante Möglichkeit der Umwandlung der KG in eine GmbH besteht darin, das Gesellschaftsvermögen der KG im Rahmen einer Sachkapitalerhöhung durch Einzelrechtsnachfolge auf die Komplementär-GmbH zu übertragen. Dadurch erhält die KG einen Geschäftsanteil an der Komplementär-GmbH. Anschließend wird die KG im Wege der Realteilung beendet. Der Geschäftsanteil wird dabei gemäß § 17 GmbHG geteilt und auf die ehemaligen Kommanditisten übertragen.

Die Einbringung des Gesellschaftsvermögens im Rahmen der Sachkapitalerhöhung kann gemäß §§ 20 ff. UmwStG steuerneutral erfolgen. Auch die Realteilung kann unter den Bedingungen von § 16 Abs. 3 Sätze 2 – 4 EStG steuerneutral durchgeführt werden.

Es ist jedoch offensichtlich, dass diese Vorgehensweise sehr kompliziert wäre. So müsste für die Überleitung der Verbindlichkeiten und der Vertragsverhältnisse der KG auf die Komplementär-GmbH die Zustimmung der Gläubiger und jeweiligen Vertragspartner eingeholt werden. Sodann würde faktisch eine Einheitsgesellschaft entstehen, da die KG nunmehr größter Gesellschafter der Komplementär-GmbH wäre. Hierzu müssten geeignete Regelungen in der Satzung der GmbH sowie. dem Gesellschaftsvertrag der KG getroffen werden. Diese Regelungen wären jedoch nur dazu da, um eine geordnete Auflösung der KG zu gewährleisten. Die Übertragung der Geschäftsanteile auf die Gesellschafter müsste schließlich gemäß § 15 Abs. 3 GmbHG notariell beurkundet werden.

Insgesamt muss der Formwechsel im Wege einer Sachkapitalerhöhung daher als zu umständlich abgelehnt werden.

IV. Formwechsel durch Anwachsung

In der Praxis wird der Formwechsel häufig durch eine Anwachsung des Gesellschaftsvermögens der KG auf die Komplementär-GmbH erreicht. Diese Methode ist vergleichsweise einfach durchzuführen, da die notwendigen Verträge und Gesellschafterbeschlüsse i.d.R. nicht notariell beurkundet werden müssen. Sämtliche Passiva und Vertragsverhältnisse werden auf die GmbH übertragen, ohne dass die Zustimmung der Gläubiger oder Vertragspartner erforderlich ist.

Ein Nachteil sämtlicher Anwachsungsmodelle ist, dass sie nur möglich sind, wenn sämtliche Gesellschafter einverstanden sind.

1. Einfache Anwachsung

Bei der einfachen Anwachsung scheiden alle Kommanditisten aus der KG aus, so dass das Gesellschaftsvermögen bei der Komplementär-GmbH anwächst. Sofern die Kommanditisten im gleichen Verhältnis an der Komplementär-GmbH beteiligt sind wie an der KG, müssen keine Abfindungszahlungen geleistet werden, da sich die Vermögenssituation der ehemaligen Kommanditisten nach ihrem Austritt nicht verändert.

Obwohl der Austritt jedes Gesellschafters eine eigene Rechtshandlung ist, wird der Austritt sämtlicher Gesellschafter häufig durch einen einstimmig gefassten Gesellschafterbeschluss zusammengefasst. Dabei wird insb. ein einheitlicher Stichtag für den Austritt der Gesellschafter festgelegt.

In steuerlicher Hinsicht stellt der Austritt aller Gesellschafter ohne Zahlung einer Abfindung eine verdeckte Einlage in die Komplementär-GmbH dar. Dieser Vorgang wirkt auf Ebene der Gesellschafter gewinnrealisierend. Gleichzeitig erhöhen sich die Anschaffungskosten für die Anteile an der Komplementär-GmbH gemäß § 6 Abs. 6 Satz 2 EStG.

2. Erweiterte Anwachsung

Im erweiterten Anwachsungsmodell erwirbt die Komplementär-GmbH alle Kommanditanteile im Rahmen einer Sachkapitalerhöhung gegen Gewährung von Gesellschaftsanteilen. Die erweiterte Anwachsung ist komplexer als die einfach Anwachsung, da bei der Komplementär-GmbH die Vorschriften über die Durchführung einer Sachkapitalerhöhung beachtet werden müssen.

Die erweiterte Anwachsung bietet gegenüber der einfachen Anwachsung steuerliche Vorteile für die Kommanditisten. Denn aufgrund der Ausgabe von neuen Anteilen an der GmbH fällt die erweiterte Anwachsung unter § 20 UmwStG. Daher kann die Anwachsung steuerneutral durchgeführt werden.

Klausur: Betriebsaufspaltungen

A. Fall 1

I. Sachverhalt

14 In Ihrer Kanzlei erscheint Herr Wichtig (HW), ein langjähriger Mandant.

HW ist mit seinem Partner, Herrn AW, an einer GmbH beteiligt. Die Beteiligung von HW beträgt 40 %, von AW 22 %. Die weiteren Gesellschafter sind leitende Angestellte mit Beteiligungen bis zu 5 %.

Gegenstand des Unternehmens der GmbH ist die Durchführung von Planungsleistungen für das Bauhauptgewerbe und ingenieurtechnische Leistungen für die angrenzenden Baunebenbereiche sowie die Beratung und Begutachtung von Gewerken und Leistungen auf diesen Fachgebieten.

HW ist als gleichermaßen begnadeter Ingenieur und Kaufmann der „Kopf" des Unternehmens, das er mit AW zusammen gegründet hat.

Er unterbereitet Ihnen den folgenden Sachverhalt.

Er habe mit AW zusammen die Möglichkeit, ein für die weitere Expansion notwendiges größeres Betriebsgrundstück zu erwerben. Die GmbH betreibe das Unternehmen auf einem Nachbargrundstück des zu erwerbenden Grundstücks, das von Dritten gemietet worden sei. Er plane, ein modernes Bürogebäude zu errichten, das als echte Ideenwerkstatt zu einem „Think Tank" werden solle, um die ganze Leistungsfähigkeit des Unternehmens zu verkörpern.

Auf Ihre Nachfrage zur Ausstattung des Gebäudes erwidert HW, im Wesentlichen plane er ein modernes Bürogebäude, das mit Schreibtischen und der üblichen Büroeinrichtung, mit Kopiergeräten, Zeichenanlagen und Computern ausgestattet sei, der Kundenverkehr werde ohnehin vorwiegend vor Ort bei den Kunden oder über Telekommunikationsmittel abgewickelt. Er setze vor allem auf die Verwendung stilvoller Materialien aus Holz und Glas, um eine lichte und kreative Umgebung zu schaffen. Besondere Vorrichtungen im Hinblick auf die Geschäftszwecke seien nicht erforderlich, die Räume könnten auch für jegliche andere Bürozwecke von Versicherungen oder einer Anwaltspraxis ohne weiteres genutzt werden.

Zur Finanzierung und Errichtung plane er die Gründung einer Gesellschaft bürgerlichen Rechts (GbR), an deren Gesellschaftskapital sowie Gewinn und Verlust zunächst nur er (zu 60 %) und AW (zu 40 %) beteiligt sein sollten. Gesellschaftszweck werde die Errichtung und spätere die Vermietung des GbR gehörenden Bürogebäudes an die GmbH. AW und er wollten ihre Ehefrauen in die GbR aufnehmen und diesen aus ihren Gesellschaftsanteilen unentgeltlich jeweils 5 % des Gesellschaftskapitals mit einer entsprechenden Beteiligung am Gesellschaftsergebnis zuwenden. Hierdurch planten er und seine Frau sowie die Eheleute AW auch im Hinblick auf die Altersabsicherung Einkünfte aus Vermietung und Verpachtung zu erzielen.

Zur Finanzierung des Baus sei nach Auskunft seines Steuerberaters und der Bank allerdings notwendig, dass die von Beginn an positiven Mieteinkünfte nur mit Einkommensteuer belastet seien. Sein Steuerberater habe ihm gesagt, die Einkünften dürften nicht gewerbesteuerpflichtig werden. Dazu müssten – so sein Steuerberater – die Gesellschaftsanteile oder Teile davon bei der GbR nur mit Zustimmung der anderen Gesellschafter veräußert werden können dürfen. Die Gesellschafter-Beschlüsse seien einstimmig zu fassen. Die Bank verlange, ihn zum alleinigen Geschäftsführer und Vertreter der GbR zu bestellen, da AW bekannt sei als „Kreativer, der die Kosten nicht im Griff habe".

Seine Frau und die Frau des AW hätten jeweils ihren Ehemännern (ihm und AW) bei Gründung der GmbH bereits 1979 bzw. 1984 Generalvollmachten zur Vertretung in allen privaten und behördlichen Angelegenheiten – auch über ihren Tod hinaus – erteilt, für die eine Vertretung zulässig sei; von der Beschränkung des § 181 BGB hatten sie ihre Ehemänner hierin befreit.

HW bittet Sie, die Angelegenheit für die GbR steuerlich im Hinblick auf seine Finanzierungsvorgaben zu prüfen, weil „vier Augen mehr als zwei sehen".

II. Aufgabenstellung

Prüfen Sie gutachterlich, welche gewerbesteuerlichen Rechtsfolgen im Hinblick auf die Mietzinsen nach Errichtung des Grundstücks durch die GbR bei der gewählten Konstruktion eintreten würden.

Bearbeitervermerk: Ihre Prüfung soll zum Zeitpunkt einsetzen, nach dem die GbR-Anteile an die Ehefrauen verschenkt worden sind und das Gebäude errichtet und an die GmbH vermietet worden ist. Es ist **nicht** auf die ertrags- und schenkungsteuerlichen Folgen der Anteilsübertragungen auf die Ehefrauen in der GbR einzugehen.

III. Lösungsskizze

Entscheidende Frage des HW ist, ob die Mietzinsen für das Grundstück gewerbesteuerpflichtig werden. Gemäß § 2 Abs. 1 Satz 1 GewStG ist für die Gewerbesteuerpflicht der Mietzinsen Voraussetzung, dass die Grundstücksvermietung als stehender Gewerbebetrieb der GbR im Inland einzustufen wäre. § 2 Abs. 1 Satz 2 GewStG definiert als Gewerbebetrieb i.S.d. GewStG ein gewerbliches Unternehmen i.S.d. EStG. Damit ist Voraussetzung für die Gewerbesteuerpflicht, dass die Mietzinsen einkommensteuerlich zu den Einkünften aus Gewerbebetrieb gemäß § 15 Abs. 2 EStG zählen.

1. Subsidiarität der Einkünfte aus VuV bei Betriebsaufspaltung

Einkommensteuerlich sind nach § 21 Abs. 1 Satz 1 Nr. 1 EStG die auf der Ebene der GbR erzielten Mietzinsen für das Grundstück mit aufstehendem Bürogebäude als Einkünfte aus Vermietung und Verpachtung aus unbeweglichem Vermögen einkommensteuerpflichtig. Dies gilt nach § 21 Abs. 3 EStG aber nicht, wenn die Mietzinsen bei der GbR zu Einkünften aus Gewerbebetrieb gemäß § 15 EStG werden.

2. Voraussetzungen der Betriebsaufspaltung

Einkünfte aus Vermietung und Verpachtung könnten aufgrund einer Betriebsaufspaltung zwischen der GbR als Besitz- und Betriebsunternehmen vorliegen. Denn in diesem Fall wäre die GbR als gewerbliches Unternehmen i.S.d. § 15 Abs. 2 EStG anzusehen, das ausschließlich Einkünfte aus Gewerbebetrieb erzielt (§ 15 Abs. 3 Satz 1 Nr. 1 EStG).

Voraussetzungen für das Vorliegen einer Betriebsaufspaltung sind die personelle und sachliche Verflechtung zwischen Besitz- und Betriebsunternehmen. Wären diese Voraussetzungen erfüllt, wäre eine sog. „unechte Betriebsaufspaltung" anzunehmen, die nachträglich durch das Überlassen einer wesentlichen Betriebsgrundlage zur Nutzung entstanden wäre.

a) Vorliegen einer sachlichen Verflechtung

Eine sachliche Verflechtung erfordert, dass das zur Nutzung überlassene Grundstück für die GmbH eine wesentliche Betriebsgrundlage darstellt. Nach der BFH-Rspr. liegt eine wesentliche Betriebsgrundlage vor, wenn das Grundstück für die Betriebsgesellschaft wirtschaftlich von nicht nur geringer Bedeutung ist. Diese Prüfung ist nach dem Gesamtbild der Verhältnisse vorzunehmen.

Bei einem Grundstück ist nach der jüngeren Rspr. des BFH die hinreichende Bedeutung auch für ein „Allerwelts-Bürogebäude" stets anzunehmen, wenn es der räumliche und funktionale Mittelpunkt der Geschäftstätigkeit des Betriebsunternehmens ist.[1] Dahinter steckt der Gedanke, dass der konkrete Betrieb auf das Grundstück angewiesen ist, weil er ohne ein Grundstück dieser Art nicht fortgeführt werden könnte.[2] Die jüngere Rspr. des BFH hat damit die altere sog. „Austauschbarkeits-Rechtsprechung" verworfen, die bei der Nutzbarkeit eines beliebigen Bürogebäudes für Zwecke der Betriebs-GmbH keine sachliche Ver-

---

[1] BStBl. 2000 II, S. 621; BFH/NV 2001, 894.
[2] BFH, BStBl. 1993 II, S. 718; BStBl. 1997 II, S. 565; BFH/NV 1999, 758.

flechtung bei Überlassung eines Grundstücks durch beherrschende Gesellschafter angenommen hatte und insb. Störungen des Betriebsablaufs durch einen Umzug in ein neues Gebäude etc. nicht als ausreichend für die hinreichende wirtschaftliche Bedeutung des Grundstücks angesehen hatte.

Nach den aktuellen Grundsätzen der BFH-Rspr. wäre das Gebäude für den Betrieb der GmbH von wesentlicher wirtschaftlicher Bedeutung. Die GmbH hätte das Gebäude angemietet, weil es als Firmensitz und zur Aufnahme der Geschäftsleitung erforderlich wäre und geeignete Räume enthielte, um die Mitarbeiter, die technischen Anlagen und Geräte für die umfangreichen Planungsarbeiten sowie den Fahrzeugpark aufzunehmen und die Betriebsabläufe einschließlich der Kundenberatung und -betreuung und die büromäßige Verwaltung sinnvoll zu koordinieren.

Eine sachliche Verflechtung wäre demnach gegeben.

b) Vorliegen der persönlichen Verflechtung

Darüber hinaus wäre eine persönliche Verflechtung notwendig.

Eine personelle Verflechtung liegt vor, wenn eine Person oder Personengruppe beide Unternehmen in der Weise beherrscht, dass sie in der Lage ist, in beiden Unternehmen einen einheitlichen Geschäfts- und Betätigungswillen durchzusetzen.[3]

aa) Das ist hier für die Betriebs-GmbH gegeben; HW und AW waren am Stammkapital der Gesellschaft mit zusammen 62 % des Stammkapitals beteiligt.

bb) Die Personengruppe aus HW und AK müssten ihren Willen aber auch in der Besitzgesellschaft durchsetzen können.

Zur Willensdurchsetzung ist auf die gesellschaftsrechtlichen Möglichkeiten der Willensdurchsetzung abzustellen. Eine Betriebsaufspaltung liegt daher wegen fehlender personeller Verflechtung nicht vor, wenn an der Betriebsgesellschaft nicht alle Gesellschafter der Besitz-Personengesellschaft (die sog. Nur-Besitzgesellschafter) beteiligt sind und die Beschlüsse der Besitz-Personengesellschaft einstimmig gefasst werden müssen. Davon geht der BFH in nunmehr st. Rspr. aus.[4] Danach ist eine Betriebsaufspaltung zwischen einer GbR als Besitzgesellschaft und einer GmbH als Betriebsgesellschaft grundsätzlich ausgeschlossen, wenn das Einstimmigkeitsprinzip auch die laufende Verwaltung der vermieteten Wirtschaftsgüter, die sog. Geschäfte des täglichen Lebens, einschließt.[5] Davon ist bei einer GbR regelmäßig auszugehen, denn für jedes Geschäft einer GbR ist die Zustimmung aller Gesellschafter erforderlich (§ 709 Abs. 1 BGB).

Angesichts des gesetzlichen Einstimmigkeitsprinzips und der dem HW vorschwebenden Regelung im Gesellschaftsvertrag, dass alle Beschlüsse einstimmig zu fassen wären, wäre eine personelle Verflechtung zu verneinen. Denn HW und AW können bei der GbR keine Beschlüsse trotz ihrer Stimmenmehrheit keine Beschlüsse herbeiführen.

cc) Es könnten aber im Streitfall Umstände vorliegen, die trotz des Einstimmigkeitsprinzips zu einer persönlichen Verflechtung führen, weil HW und AW ihren Beherrschungswillen durchsetzen können. Auf der Grundlage der alleinigen Geschäftsführungsbefugnis könnte HW die Besitzgesellschaft im Bezug auf das Mietverhältnis kontrollieren.

(1) Der BFH geht in st. Rspr. davon aus, dass jedenfalls nach Begründung der Betriebsaufspaltung die Vermietung oder Verpachtung eines Grundstücks durch das Besitzunternehmen an das Betriebsunternehmen kein Grundlagengeschäft in diesem Sinne, sondern ein Geschäft ist, das die Verwaltung des Grundstücks betrifft und das deshalb z.B. dort, wo Träger des Besitzunternehmens eine Bruchteilsgemeinschaft ist, nicht – wie nach § 745 Abs. 3 Satz 1 BGB für ein Grundlagengeschäft erforderlich – einstimmig, sondern lediglich mit einfacher Mehrheit vorgenommen werden muss.[6] Entsprechendes gilt für Personengesell-

---

3   St. Rspr., vgl. u.a. BFH, BStBl. 2002 II, S. 771.
4   BFHE 188, 397 = BStBl. 2002 II, S. 722.
5   BFH, BStBl. 2002 II, S. 771.
6   BFH, BStBl. 1972 II, S. 796; BStBl. 1986 II, S. 296.

schaften, bei denen es nach dem Gesellschaftsvertrag für die einzelnen Geschäftsführungsmaßnahmen eines Mehrheitsbeschlusses bedarf; auch bei ihnen ist für die Beherrschung im Sinne der Rechtsprechungsgrundsätze zur Betriebsaufspaltung lediglich die Mehrheit der Stimmen und nicht Einstimmigkeit erforderlich.[7]

(2) In der dem Klausurfall zugrunde liegenden **BFH-Entscheidung v. 1.7.2003 – VIII R 24/01, BStBl. 2003 II, S. 757** hat der BFH für die GbR den Grundsatz entwickelt, dass die Stellung des Gesellschafters einer GbR, der als deren alleiniger Geschäftsführer ein Grundstück der Gesellschaft im Rahmen einer Betriebsaufspaltung verwalten kann, für eine Beherrschung der GbR i.S.d. Rechtsprechungsgrundsätze zur Betriebsaufspaltung ausreicht.

Der BFH begründet dies wie folgt: Auch die alleinige Geschäftsführungsbefugnis eines Gesellschafters könne die Beherrschung der Gesellschaft im Sinne der Rechtsprechungsgrundsätze zur Betriebsaufspaltung begründen, wenn sie die Möglichkeit zur Verfügung über das vermietete oder verpachtete Wirtschaftsgut einschließe. Solange einem nach § 710 BGB berufenen Gesellschafter-Geschäftsführer die Geschäftsführungsbefugnis nicht – durch einstimmigen Beschluss der übrigen Gesellschafter bei Vorliegen eines wichtigen Grundes (§ 712 BGB) – entzogen werden könnte, dürften die anderen Gesellschafter in Angelegenheiten der Geschäftsführung nicht tätig werden. Sie hätten weder ein Widerspruchsrecht gegen die von dem Geschäftsführer getroffenen Maßnahmen[8] noch könnten sie diesem unter Hinweis auf § 713 BGB i.V.m. § 665 BGB und das zwischen den Gesellschaftern und dem Geschäftsführer bestehende Auftragsverhältnis Weisungen erteilen; ihr Stimmrecht beschränke sich auf Beschlüsse in anderen als Geschäftsführungsangelegenheiten.[9]

Die Mitgesellschafter des alleinigen Gesellschafter-Geschäftsführers in der GbR müssten damit zwar bei gesellschaftsfremden Angelegenheiten mitwirken, sie könnten aber keinen Einfluss auf die Verwaltungsgeschäfte der GbR nehmen. Zu diesen Geschäften gehörten bei einer GbR nicht nur solche Geschäfte, die der gewöhnliche Betrieb der Gesellschaft mit sich bringe, sondern alle rechtlichen und tatsächlichen Maßnahmen, auch ungewöhnlicher Art,[10] soweit sie nicht zu einer Änderung des Bestandes oder der Organisation der Gesellschaft führen[11] (sog. Grundlagengeschäfte).

Entscheidende Frage ist damit, ob alle Geschäfte im Zusammenhang mit dem Mietvertrag auch von HW beherrscht werden können.

Nach dem in der BFH-Entscheidung v. 1.7.2003 aufgestellten Rechtssatz ist dies der Fall. Die Geschäfte, die im Zusammenhang mit dem Mietvertrag anfallen, sieht der BFH als Rechtsgeschäfte des täglichen Lebens an, die HW aufgrund der alleinigen Geschäftsführungsbefugnis ohne Eingriffsmöglichkeit der Gesellschafterversammlung beherrschen konnte. Ihm konnte die einmal übertragene Geschäftsführungsbefugnis nur durch einstimmigen Beschluss der übrigen Gesellschafter und nur aus wichtigem Grund (z.B. bei grober Pflichtverletzung oder Unfähigkeit zur ordnungsmäßigen Geschäftsführung) wieder entzogen werden. Damit war er rechtlich derjenige, der unter Einschluss der Verwaltung des vermieteten Grundstücks das gesamte wirtschaftliche Geschehen in der GbR bestimmen konnte.

Kritisiert wird an der Entscheidung, dass der BFH sich nicht mit der Frage beschäftigt, ob der alleinige Gesellschafter-Geschäftsführer auch das Mietverhältnis alleine beenden könnte. Nur dies würde ihm die vollständige Beherrschung über die wesentliche Betriebsgrundlage vermitteln (vgl. z.B. die Besprechungsaufsätze von Neufang, DB 2004, 730, 732 und Söffing, BB 2004, 1303, 1304). Die Kritik ist berechtigt,

---

7   BFHE 169, 231; BFH, BStBl. 1993 II, S. 134.
8   Vgl. u.a. MünchKomm-BGB/Ulmer, § 710 Rn. 6.
9   Vgl. u.a. MünchKomm-BGB/Ulmer, § 709 Rn. 28 und § 713 Rn. 6 m.w.N.; Erman/Westermann, BGB, § 710 Rn. 3 und § 709 Rn. 19, 20.
10 Verweis auf die ganz h.M. im Zivilrecht, vgl. RGZ 102, 410, 412 und Palandt/Sprau, BGB, Vorbem. § 709 Rn. 1 m.w.N.; MünchKomm-BGB/Ulmer, § 709 Rn. 24.
11 Verweis auf die ganz h.M., vgl. u.a. Palandt/Sprau, BGB, § 705 Rn. 15 – 17; MünchKomm-BGB/Ulmer, § 709 Rn. 10; Westermann, Handbuch der Personengesellschaften, I. Teil, Gesellschaftsrecht, Rn. 363, 366.

es wäre daher auch vertretbar, die Annahme einer persönlichen Verflechtung abzulehnen. Allerdings stellt sich auch die Frage, ob die Befugnisse, die für den Fall der Beendigung der Betriebsaufspaltung abstrakt bestünden, maßgeblich sein können. Die Voraussetzungen der Betriebsaufspaltung sind in jedem Veranlagungszeitraum zu prüfen. Die Rechtslage ist in jedem Besteuerungsabschnitt neu zu bewerten und ggf. ist von einer Beurteilung in früheren Veranlagungszeiträumen abzuweichen (BFH, Urt. v. 12.11.1985 – VIII R 240/81, BFHE 145, 401 = BStBl. 1986 II, S. 296). Es lässt sich daher auf der Linie des BFH-Urteils die persönliche Verflechtung durchaus mit dem Argument bejahen, dass zumindest während der Laufzeit der Betriebsaufspaltung die Beherrschung der GbR durch HW hinsichtlich der reinen Verwaltungsgeschäfte ohne weiteres gegeben ist, da es sich hierbei unbestritten nicht um Grundlagengeschäfte handelt.

dd) Durch die Beherrschungsmacht, die HW in der GbR allein entfalten kann, ist die personelle Verflechtung gegeben. Nach den Grundsätze der Personengruppentheorie wird der einheitliche Beherrschungswillen der Doppelgesellschafter vermutet. Im Ergebnis wird daher die besondere Beherrschungsmacht des HW mit der Stimmenbefugnis des AW in GbR und GmbH zusammengefasst, so dass eine persönliche Verflechtung vorliegt.

Ergebnis: Die Mietzinsen sind wegen des Vorliegens einer Betriebsaufspaltung bei der GbR gewerbliche Einkünfte gemäß § 15 Abs. 2 EStG, die auch der Gewerbesteuer unterliegen. Die derzeitige Ausgestaltung des Vorhabens ist daher nicht geeignet.

B. Fall 2

I. Sachverhalt

Herr A ist Alleineigentümer eines Grundstücks. In diesem befindet sich ein Ladengeschäft, das an die A-GmbH (künftig: GmbH) ab deren Gründung im Jahr 1978 bis zum 31.12.1998 vermietet war. Diese betrieb darin ein Optikergeschäft und den Einzelhandel mit optischen Artikeln, Uhren und Schmuck. A war deren alleiniger Geschäftsführer. Am Stammkapital der GmbH waren der Kläger zu 70 % und sein Sohn S zu 30 % beteiligt.

Nach § 7 des Gesellschaftsvertrages der GmbH werden Beschlüsse der Gesellschaft mit einer Mehrheit von drei Vierteln gefasst. Gemäß § 8 dieses Vertrages beschließt die Gesellschafterversammlung über die Erhöhung oder Herabsetzung des Stammkapitals, über sonstige Satzungsänderungen und über die Auflösung der Gesellschaft durch Beschlüsse, die einstimmig zu fassen sind. Gemäß § 6 des Vertrages darf der Geschäftsführer den Erwerb, die Veräußerung und Belastung von Grundstücken, die Beteiligung an anderen Unternehmen, die Übernahme von Bürgschaften, die Aufnahme von Darlehen, die Errichtung von Zweigniederlassungen sowie die Einstellung und Entlassung von leitenden Angestellten nur mit Zustimmung der Gesellschafterversammlung vornehmen.

II. Aufgabenstellung

1. Liegt eine Betriebsaufspaltung vor?
2. Welche Folgen ergeben sich, wenn A das Grundstück seiner Tochter T und seine Beteiligung dem S schenkt?

Bearbeitervermerk: Es ist zu unterstellen, dass das Ladengeschäft für die GmbH eine wesentliche Betriebsgrundlage ist.

III. Lösungsskizze

Zu Frage 1:

Voraussetzungen für das Vorliegen einer Betriebsaufspaltung sind die personelle und sachliche Verflechtung zwischen Besitz- und Betriebsunternehmen.

1. Die Voraussetzungen einer sachlichen Verflechtung sind erfüllt, da das Grundstück eine wesentliche Betriebsgrundlage der GmbH darstellt.

2. Eine personelle Verflechtung liegt vor, wenn eine Person oder Personengruppe das Besitz- und das Betriebsunternehmen in der Weise beherrscht, dass sie in der Lage ist, in beiden Unternehmen einen einheitlichen Geschäfts- und Betätigungswillen durchzusetzen.[12]

a) Dies ist hier für das Besitzunternehmen offenkundig, denn A ist Alleineigentümer des der GmbH überlassenen Ladengeschäfts.

b) Fraglich ist, ob A war auch in der Lage ist, in der GmbH seinen Willen durchzusetzen.

aa) Für eine personelle Beherrschung ist erforderlich, dass der Gesellschafter nach den gesellschaftsrechtlichen Stimmverhältnissen in der Lage ist, seinen Willen durchzusetzen. Hierfür ist es ausreichend, dass er über die Stimmrechtsmehrheit verfügt, die der Gesellschaftsvertrag für Gesellschafterbeschlüsse vorschreibt. Dies gilt auch dann, wenn der Gesellschaftsvertrag für selten vorkommende Geschäfte, die nicht zur laufenden Geschäftsführung gehören (sog. Geschäfte außerhalb des täglichen Lebens) einstimmig zu fassende Gesellschafterbeschlüsse vorschreibt.[13]

Nach diesen Grundsätzen wäre A kein beherrschender Gesellschafter in der GmbH, da S als Nur-Betriebsgesellschafter die alleinige Beschlussfassung des A bei den Geschäften des täglichen Lebens verhindern konnte.

Zu den Geschäften des täglichen Lebens gehören nach der BFH-Rspr. nach Begründung der Betriebsaufspaltung alle Handlungen, die sich auf die Verwaltung des Grundstücks beziehen (zu Nachweisen siehe die Falllösung zu Fall 1). Bezüglich der Geschäfte des täglichen Lebens ist es bei der Beschlussfassung auf Ebene der Betriebs-GmbH aber unerheblich, dass ein Gesellschafter gemäß § 47 Abs. 4 Satz 2 GmbHG bei Beschlüssen kein Stimmrecht hat, welche die Vornahme eines solchen Rechtsgeschäfts gegenüber diesem Gesellschafter betreffen.[14]

§ 7 des Gesellschaftsvertrages sieht eine erforderliche 3/4-Mehrheit für diese Geschäfte vor, die A alleine nicht erreichen konnte.

bb) Eine personelle Beherrschung könnte aber auch dann anzunehmen sein, wenn der Nur-Betriebsgesellschafter, der mit den Mitteln des Gesellschaftsrechts in der Lage ist, in der Gesellschaft seinen Willen durchzusetzen, von seinem Recht keinen Gebrauch macht.

Eine personelle Beherrschung der Betriebsgesellschaft durch den Besitzunternehmer ist dann anzunehmen, wenn dieser auf Dauer gesehen mit den Mitteln des Gesellschaftsrechts die Geschäfte des täglichen Lebens der Betriebsgesellschaft beherrscht (vgl. hierzu bereits die Lösung zu Fall 1). Bei einem **Gesellschafter-Geschäftsführer**, dem die Geschäftsführung nicht gegen seinen Willen entzogen werden kann, ist nach dem **BFH, Urt. v. 30.11.2005 – X R 56/03, BB 2006, 920** ausreichend, dass er über eine Beschlussmehrheit i.S.v. § 47 Abs. 1 GmbHG verfüge: Dies gelte auch dann, wenn der Gesellschaftsvertrag in besonderen Fällen einstimmige Beschlüsse oder eine qualifizierte Mehrheit vorschreibe.

Dem liegt folgende Argumentation des BFH zugrunde: Mache der Gesellschaftsvertrag **Geschäfte des täglichen Lebens** nicht von der Zustimmung der Gesellschafterversammlung abhängig, habe der Geschäftsführer die Geschäfte des täglichen Lebens zwar im Interesse der Gesellschaft, aber grundsätzlich eigenverantwortlich zu führen (vgl. §§ 37 Abs. 1 und 45 GmbHG). Ein Gesellschafter-Geschäftsführer, der über die Mehrheit der Stimmen gemäß § 47 Abs. 1 GmbHG verfüge, beherrsche deshalb dann die Geschäfte des täglichen Lebens in der Betriebsgesellschaft, wenn ihm – abgesehen vom Fall des Vorliegens eines wichtigen Grundes – die Geschäftsführungsbefugnis nicht gegen seinen Willen entzogen werden könne. Dies gilt auch dann, wenn der Gesellschaftsvertrag **für alle zu fassenden Beschlüsse** (mindestens)

---

12 St. Rspr.; vgl. u.a. BFH, BStBl. 2003 II, S. 757.
13 BFH, BStBl. 1997 II, S. 44; krit. hierzu Söffing, BB 1998, 397.
14 BFHE 156, 138; BFH, BStBl. 1989 II, S. 455.

eine qualifizierte Mehrheit vorschreibe, über die der Gesellschafter-Geschäftsführer nicht verfüge. Für die Frage der Beherrschung sei **auf den typischen Regelfall** abzustellen ist. Insoweit sei entscheidend, dass nach den Regelungen des GmbHG über Geschäfte des täglichen Lebens keine Gesellschafterbeschlüsse zu fassen seien. Bei einer solchen Sachlage sei die von seinem Besitzunternehmen überlassene wesentliche Betriebsgrundlage regelmäßig dauerhaft als unternehmerisches „Instrument der Beherrschung" einsetzbar. Der Inhaber des Besitzunternehmens habe es in der Hand, als Vermieter die Überlassung der wesentlichen Betriebsgrundlage durch Kündigung zu beenden. Auch seien die vom Betriebsunternehmen in Bezug auf diese Betriebsgrundlage zu treffenden Entscheidungen der laufenden Geschäftsführung zuzurechnen. Der lediglich an der Betriebs-GmbH beteiligte Nur-Betriebs-Gesellschafter könne deshalb auf die Nutzung oder Verwertung der an die Betriebsgesellschaft überlassenen Betriebsgrundlage keinen wesentlichen Einfluss nehmen.

Im Ergebnis ist daher eine Beherrschung in der Betriebs-GmbH durch einen Gesellschafter-Geschäftsführer anzunehmen, der

- über eine einfache Stimmenmehrheit von mehr als 50 % der Stimmrechte verfügt,
- wenn die Geschäfte des täglichen Lebens nach dem Gesetz und Gesellschaftsvertrag keiner qualifizierten Mehrheit bedürfen,
- weil der Gesellschafter-Geschäftsführer aufgrund seiner einfachen Mehrheit von seiner Stellung als Geschäftsführer nicht abberufen werden könne[15] und
- er als Geschäftsführer die Geschäfte des täglichen Lebens eigenverantwortlich bestimmen kann, zu denen auch die Abwicklung aller Fragen des Mietvertrages über die wesentlichen Betriebsgrundlagen nach dessen Abschluss gehörten.

Bei Anwendung dieser Grundsätze ist eine personelle Beherrschung der GmbH durch A gegeben. Nach dem Gesellschaftsvertrag der GmbH bedurften nur die in § 6 genannten Rechtshandlungen des Geschäftsführers der Zustimmung der Gesellschafterversammlung. Für die von ihm zu treffenden Geschäfte des täglichen Lebens war hingegen kein solcher Gesellschafterbeschluss erforderlich. Auch konnte dem A gemäß § 5 des Gesellschaftsvertrages die Geschäftsführungsbefugnis nur bei Vorliegen eines wichtigen Grundes entzogen werden.[16]

Zu Frage 2:

Es kommt zu einer ungewollten Beendigung der Betriebsaufspaltung.

1. Die **Beendigung** einer Betriebsaufspaltung kann **ungewollt** oder aber als **geplanter Vorgang** eintreten. **Voraussetzung** für die Beendigung ist, dass der einheitliche wirtschaftliche Betätigungswille entfällt, der durch die Merkmale der sachlichen und personellen Verflechtung konkretisiert wird Ausreichend ist, dass entweder eine **sachliche oder eine personelle Entflechtung** eintritt.

Hier kommt es infolge der Schenkung zu einem Wegfall der personellen Verflechtung, da weder T noch S einen einheitlichen Geschäftswillen im Besitz- und Betriebsunternehmen durchsetzen können.

---

15 Bei Gesellschafterbeschlüssen, welche die Bestellung oder Abberufung eines Gesellschafter-Geschäftsführers betreffen (§ 46 Nr. 5 GmbHG), ist der Gesellschafter-Geschäftsführer nicht gemäß § 47 Abs. 4 Satz 2 GmbHG vom Stimmrecht ausgeschlossen. Der Gesellschafter-Geschäftsführer verfolgt mit seiner Entscheidung, die Geschäftsführung des Unternehmens persönlich in die Hand zu nehmen oder zu behalten, einen legitimen Zweck der gesellschaftsrechtlichen Beteiligung (Roth/Altmeppen, GmbHG, § 47 Rn. 61). Daher hat es die Rspr. – abgesehen vom Sonderfall der Abberufung aus wichtigem Grund – auch abgelehnt, dem Gesellschafter-Geschäftsführer bei einer solchen von der Gesellschafterversammlung zu treffenden Entscheidung das Stimmrecht zu versagen (BGH, BB 1989, 2132). Dem steht auch nicht entgegen, dass der Gesellschafter-Geschäftsführer bei Beschlüssen, die seine Entlastung betreffen (§ 47 Abs. 4 Satz 1 GmbHG) und damit insbesondere bei Beschlüssen, welche für die Geltendmachung von Ersatzansprüchen gegen den Geschäftsführer relevant sein können (vgl. hierzu Roth/Altmeppen, GmbHG, § 46 Rn. 30) vom Stimmrecht ausgeschlossen ist.

16 Zur Kritik und Vertiefung: Söffing, BB 2006, 1529, 1530.

2. Ein Auffangtatbestand liegt nicht vor, insb. kann das Verpächterwahlrecht nicht wieder aufleben, da A der GmbH keinen Betrieb verpachtet hat.

3. Rechtsfolge ist dass die Beendigung der Betriebsaufspaltung zur **Betriebsaufgabe** des Besitzunternehmens mit der Aufdeckung aller stillen Reserven des Betriebsvermögens und damit auch der Anteile an der Betriebs-GmbH als Bestandteile des Sonderbetriebsvermögens II in der Person des A führt. Auf den Betriebsaufgabegewinn sind – bei Vorliegen der persönlichen und sachlichen Voraussetzungen – der Freibetrag in § 16 Abs. 4 EStG und der halbe durchschnittliche Steuersatz anzuwenden, allerdings letzterer nicht, soweit er auf die aufgedeckten stillen Reserven in den Anteilen an der Betriebs-GmbH entfällt. Diese unterfallen dem Halbeinkünfteverfahren (§ 3 Nr. 40 EStG) und sind nicht nochmals gemäß § 34 Abs. 3 EStG begünstigt.

Klausur: Nachfolge in Gesellschaftsbeteiligungen

A. Sachverhalt:

15 V ist Kommanditist der A GmbH & Co. KG. Am gesamten Festkapital der Gesellschaft von 1 Mio. € hält er einen Anteil i.H.v. 600.000 €. Sein Kapitalkonto beläuft sich insgesamt auf 1 Mio. €; der Verkehrswert seiner Beteiligung auf 3,5 Mio. €. Das restliche Festkapital wird von anderen Kommanditisten (fremde Dritte) gehalten. Die Kapitalkonten der übrigen Gesellschafter belaufen sich zusammengefasst auf 700.000 € (gesamtes Eigenkapital der Gesellschaft also 1.700.000 €). Die Komplementär-GmbH ist nicht am Vermögen der KG beteiligt. Die Anteile an der Komplementärin, deren Stammkapital sich auf 100.000 € beläuft, werden von den Kommanditisten im Verhältnis ihrer Festkapitalanteile an der KG gehalten.

V überlässt der KG gegen angemessenes Entgelt ein Grundstück zur betrieblichen Nutzung (Buchwert: 1,5 Mio. €; Grundbesitzwert: 0,8 Mio. €, Verkehrswert und Teilwert: 1,8 Mio. €), auf dem die KG ihre Produktion betreibt. V verstirbt und wird von seiner Ehefrau (F), mit der er im gesetzlichen Güterstand gelebt hatte, und seinen Töchtern T 1 bis T 3 und seinem Sohn S beerbt. Die Erbquoten entsprechen der gesetzlichen Erbfolge.

Der Gesellschaftsvertrag der KG enthält alternativ folgende Regelung für den Fall des Todes eines Kommanditisten:

I. keine Regelung

II. „Verstirbt ein Gesellschafter, wird die Gesellschaft unter den übrigen Gesellschaftern fortgesetzt. Die Abfindung richtet sich nach § ... des Vertrages."

Der Abfindungsanspruch

1. beläuft sich auf 2 Mio. €;

2. ist durch den Gesellschaftsvertrag ausgeschlossen. Der Ausschluss der Abfindung wurde im Gesellschaftsvertrag vereinbart, um den Bestand der Gesellschaft nicht zu gefährden.

III. „Die Gesellschaft wird mit dem ältesten männlichen Abkömmling des Verstorbenen fortgesetzt."

V verfügt außerdem über sonstiges (Privat-) Vermögen im (Steuer-) Wert von 1 Mio. €.

B. Aufgabenstellung

Welche Folgen ergeben sich in den unterschiedlichen Konstellationen in zivilrechtlicher, einkommensteuerlicher und erbschaftsteuerlicher Hinsicht?

Einkommensteuern sind aus Vereinfachungsgründen jeweils i.H.v. 40 % der Bemessungsgrundlage anzunehmen; soweit sich ein Verlust ergibt, ist davon auszugehen, dass die auf den Verlust entfallende Steuer i.H.v. 40 % des Verlustes erstattet wird. Eine eventuelle steuerliche Privilegierung von Veräußerungs- oder Aufgabegewinnen ist außer Betracht zu lassen. Der Solidaritätszuschlag ist außer Betracht zu lassen. Bei der Erbschaftsteuer ist der steuerbare Erwerb (vor Abzug persönlicher Freibeträge) der Erbengemeinschaft zu ermitteln. Im Gesamthandsvermögen der KG befinden sich ausschließlich Wirtschaftsgüter, die für Zwecke der Erbschaftsteuer mit Steuerbilanzwerten zu bewerten sind.

C. Lösungsskizze

I. Gesellschaftsvertrag mit der Alternative I. (einfache Nachfolgeklausel)

In der Sachverhaltsalternative I. steuert § 177 HGB die Nachfolge in die Kommanditistenstellung des V. Der Anteil des V geht im Wege einer Sondernachfolge („automatisches Splitting[1]") auf alle Erben über. Der Anteil des einzelnen Erben richtet sich nach seiner Erbquote. Ungeachtet des Umstands, dass der Anteil nicht als solcher auf die Miterbengemeinschaft übergeht, gehört der Anteil bzw. der auf die Erben anteilig übergegangene Anteil zum Nachlass.

1. Einkommensteuer

§ 177 HGB bewirkt wie eine einfache erbrechtliche Nachfolgeklausel eine (erbquoten-) kongruente Nachfolge der Erben in den Gesellschaftsanteil, die quotal der Beteiligung der Miterben am übrigen Nachlass entspricht, der auch das Sonderbetriebsvermögen umfasst. Deshalb erfolgt die Nachfolge in das Gesamthands- und Sonderbetriebsvermögen quotenkongruent und damit zwingend und endgültig zu Buchwerten (§ 6 Abs. 3 Satz 1 i.V.m. Abs. 3 EStG). Der Erbanfall selbst ist deshalb ohne Zweifel einkommensteuerneutral; eventuelle Steuerbelastungen können sich jedoch ergeben, wenn im Zuge der Erbauseinandersetzung etwa Sonderbetriebsvermögen in das Privatvermögen überführt wird. Die Miterben werden Mitunternehmer und erzielen aus der Beteiligung gewerbliche Einkünfte.

2. Erbschaftsteuer

Die Rechtsnachfolge in das Vermögen des V ist wie folgt zu besteuern:

Erbschaftsteuerlicher Wert des Betriebsvermögens		
Buchwert des Gesamthandsvermögens		1.700.000
Sonderbetriebsvermögen		
Grundstück	800.000	
Komplementär GmbH	100.000	900.000
		2.600.000

Aufteilung		V	übrige Gesellschafter
Wert des Betriebsvermögens	2.600.000		
Sonderbetriebsvermögen			
Grundstück	-800.000	800.000	
Komplementär-GmbH	-100.000	60.000	40.000
	1.700.000		
Zuweisung nach Kapitalkonten	1.7000.000	1.000.000	700.000
Verbleibender Wert	0		
Anteile:		**1.860.000**	**740.000**

Erbschaftsteuer		
Sonstiges (Privat-) Vermögen		1.000.000
Steuerwert des Mitunternehmeranteils		1.860.000
Freibetrag nach § 13a Abs. 1 Nr. 1 ErbStG		-225.000
verbleibender Wert		1.635.000
verminderter Wertansatz (§ 13a Abs. 2 ErbStG)		1.062.750
Vermögensanfall		2.062.750
Nachlassverbindlichkeiten		

---

1 K. Schmidt, Gesellschaftsrecht, S. 1339.

Pauschbetrag nach § 10 Abs. 5 Br. 3 ErbStG	-10.300
Erwerb	**2.052.450**
davon entfallen auf	
F 50%:	1.026.225
T 1 – 3, S je 12,5%:	256.556

II. Gesellschaftsvertrag mit der Alternative II. (Fortsetzungsklausel)

Der Gesellschaftsvertrag enthält in dieser Variante eine Fortsetzungsklausel, die das Ausscheiden des verstorbenen Gesellschafters und die Fortsetzung der Gesellschaft unter den verbleibenden Gesellschaftern anordnet. Ob ein Abfindungsanspruch entsteht – und ggf. in welcher Höhe – oder ob er ausschlossen ist, bestimmt der Gesellschaftsvertrag.

1. Zivilrecht

In der Konstellation der Fortsetzungsklausel scheidet der verstorbene Gesellschafter aus der Gesellschaft aus; das Gesellschaftsvermögen steht nunmehr dinglich den verbleibenden Gesellschaftern zu; es wächst ihnen an. Korrespondierend sieht das Gesetz (§ 738 BGB) einen Abfindungsanspruch vor, der sich jedenfalls bei den Personenhandelsgesellschaften gegen die Gesellschaft als solche richtet.[2] Der Abfindungsanspruch fällt – soweit er nicht ausgeschlossen oder beschränkt ist – in den Nachlass und steht den Erben im Verhältnis ihrer Erbquoten zu. Nach allg. Meinung kann der Gesellschaftsvertrag den Abfindungsanspruch für den Fall des Ausscheidens von Todes wegen beschränken und auch komplett ausschließen.[3] Gegen die Wirksamkeit des Abfindungsausschlusses bestehen deshalb keine Bedenken.

Die Fortsetzungsklausel erfasst indessen nur das Gesamthandsvermögen der KG. Nicht betroffen von der Fortsetzungsklausel des Gesellschaftsvertrages sind die Vermögensgegenstände, die nicht Teil des Gesamthandsvermögens der KG waren, also insb. das V gehörende und der Gesellschaft zur Nutzung überlassene Grundstück und die Anteile an der Komplementär-GmbH.[4] Diese Vermögensgegenständen sind Teil des Nachlasses und stehen der Erbengemeinschaft zu.

Am Nachlass sind die Erben im Verhältnis ihrer Erbquoten beteiligt:

- F erbt 1/4 (§ 1931 Abs. 1 BGB) + 1/4 (§§ 1931 Abs. 3, 1371 Abs. 1 BGB), also insgesamt 1/2 oder 50 %;
- die restliche Hälfte teilen sich T 1–3 und S (§ 1924 Abs. 4 BGB); jeder erbt also – bezogen auf den gesamten Nachlass – je 1/8 oder 12,5 %.

2. Einkommensteuer

Das Ausscheiden des verstorbenen Gesellschafters aus einer Personengesellschaft gegen Abfindung begründet im Grundsatz in einkommensteuerlicher Hinsicht eine Veräußerung seines Mitunternehmeranteils durch den verstorbenen Gesellschafter, in dessen Person die Gewinn- oder Verlustrealisierung noch stattfindet. Da V jedoch betriebswesentliches Sonderbetriebsvermögen[5] (Grundstück, Beteiligung an der Komplementär-GmbH[6]) nicht „veräußert", ist der Tatbestand der Aufgabe eines Mitunternehmeranteils erfüllt (§ 16 Abs. 1 Nr. 2 EStG i.V.m. § 16 Abs. 3 Satz 1 EStG). Bei der Ermittlung des Aufgabegewinns ist neben dem Abfindungsanspruch der gemeine Wert der in das Privatvermögen überführten Wirtschafts-

---

2   H.M., vgl. etwa K. Schmidt, Gesellschaftsrecht, S. 1474, 1475; MünchKomm-HGB/K. Schmidt, § 131 Rn. 128; a.A. für die GbR etwa Palandt/Sprau, BGB, § 738 Rn. 2.

3   Vgl. die Nachweise bei Teil 2: Gesellschaftsrecht, 9. Kapitel, Rn. 53.

4   Zu den aus der zwingenden Vererblichkeit der Anteile an der Komplementär-GmbH folgenden Problemen für die Erhaltung der Beteiligungskongruenz bei einer GmbH & Co. KG vgl. etwa Binz/Sorg, Die GmbH & Co. KG, S. 110. ff.

5   Zum Begriff vgl. Schmidt/Wacker, EStG, § 15 Rn. 506 ff.

6   Die funktionale Betriebswesentlichkeit der Anteile an der Komplementär-GmbH ist umstritten, vgl. die Nachweise bei Teil 2: Gesellschaftsrecht, 9. Kapitel, Rn. 117.

güter (Betriebsgrundstück, GmbH-Anteil) anzusetzen (§ 16 Abs. 3 EStG). Der Aufgabegewinn unterliegt nicht der Gewerbesteuer (R 38 Abs. 3 und Abs. 1 Nr. 1 Satz 12 GewStR 1998).

In der **Fallvariante 1.** erzielt V einen Aufgabegewinn, weil der Abfindungsanspruch über dem Buchwert seines Kapitalkontos liegt – maßgebend ist die Einheitstheorie[7] – und der gemeine Wert seines Grundstücks (§ 16 Abs. 3 Satz 7 EStG) ebenfalls über dessen Buchwert liegt (Annahme: der gemeine Wert der Beteiligung an der Komplementär GmbH entspricht dem anteiligen Stammkapital[8]). Die auf den Aufgabegewinn entfallende Einkommensteuer ist eine Nachlassverbindlichkeit (Erblasserschuld).

Die verbleibenden Gesellschafter haben in Höhe der den Buchwert des Kapitalkontos des V übersteigenden Abfindung Anschaffungskosten und müssen die Buchwerte der Wirtschaftsgüter aufstocken.[9]

In der **Fallvariante 2.** erzielt V einen Aufgabeverlust. Denn der Abfindungsausschluss ist nicht privat veranlasst, sondern betrieblich.[10]

Aufgabegewinn/-verlust	Fallvariante 1.		Fallvariante 2.	
Veräußerungserlös Gesellschaftsanteil:	2.000.000		0	
Kapitalkonto Gesamtbilanz	-1.000.000	1.000.000	-1.000.000	-1.000.000
SoBV Betriebsgrundstück gemeiner Wert	1.800.000			
Buchwert	-1.500.000	300.000		300.000
SoBV GmbH-Anteil gemeiner Wert	60.000			
	-60.000	0		0
Aufgabeergebnis		1.300.000		-700.000
Steuerschuld/-erstattung (40%)		-520.000		280.000

Die verbleibenden Gesellschaftern haben in der Fallvariante 2. die Buchwerte der Wirtschaftsgüter des Gesellschaftsvermögens nicht abzustocken, da der Abfindungsausschluss ungeachtet der betrieblichen Veranlassung als unentgeltlicher Vorgang zu qualifizieren ist: die Abfindung ist nicht nach kaufmännischen Grundsätzen abgewogen. Deshalb sind die Buchwerte fortzuführen. In Höhe des Buchwerts der übergehenden anteiligen Wirtschaftsgüter ergibt sich ein laufender Gewinn, der jedoch nicht der Gewerbesteuer unterliegt.[11]

3. Erbschaftsteuer

a) Erbengemeinschaft

Der Vermögensanfall bei der Erbengemeinschaft umfasst zunächst neben dem übrigen Privatvermögen das Betriebsgrundstück und die Beteiligung an der Komplementär GmbH sowie den Abfindungsanspruch, der als Kapitalforderung mit seinem Nominalwert anzusetzen ist (Variante 1.; § 12 Abs. 1 ErbStG, § 12 BewG). In der Fallvariante 2. beschränkt sich der Vermögensanfall auf das Privatvermögen, das von der KG genutzte Grundstück und den Anteil an der Komplementär-GmbH. Der Erwerb des Anteils an der Komplementär-GmbH ist nach § 13a ErbStG begünstigt, da V an der GmbH unmittelbar zu mehr als 25 % beteiligt war. Damit bleibt diese Beteiligung nach Abzug des Freibetrages nach § 13a Abs. 1 Nr. 1 ErbStG

---

7   Teil 2: Gesellschaftsrecht, 9. Kapitel, Rn. 58, 159.
8   Vgl. zu § 11 BewG: R 105 Abs. 1 ErbStR 2003; zu § 16 Abs. 3 Satz 7 EStG Schmidt/Wacker, EStG, § 16 Rn. 294 m.w.N.
9   Schmidt/Wacker, EStG § 16 Rn. 661 a.E.
10 Teil 2: Gesellschaftsrecht, 9. Kapitel, Rn. 58; Schmidt/Wacker, EStG, § 16 Rn. 663.
11 Schmidt/Wacker, EStG, § 16 Rn. 663, 510, 511 a.E. m.w.N. (str.).

bei der Ermittlung des Vermögensanfalls außer Ansatz. Weitere Bestandteile des Vermögensanfalls sind nicht begünstigt.

In der Fallvariante 1. ergibt sich eine Einkommensteuerbelastung im Hinblick auf den Aufgabegewinn des V. Die Einkommensteuerschulden des V sind als Nachlassverbindlichkeit (Erblasserschuld) vom Vermögensanfall abzuziehen. Soweit sich – Fallvariante 2. – Steuererstattungsansprüche noch in der Person des V ergeben, erhöhen diese den Vermögensanfall der Erbengemeinschaft.

Vermögensanfall	Fallvariante 1.		Fallvariante 2.	
Sonstiges (Privat-) Vermögen		1.000.000		1.000.000
Abfindungsanspruch		2.000.000		0
Betriebsgrundstück		800.000		800.000
GmbH-Anteil	60.000		60.000	
Freibetrag nach § 12a Abs. 1 Nr. 1 ErbStG	-60.000	0	-60.000	0
Steuerstattungsanspruch				280.000
Vermögensanfall		3.800.000		2.080.000
Nachlassverbindlichkeiten		-520.000		0
Pauschbetrag nach § 10 Abs. 5 Nr. 3 ErbStG		-10.300		-10.300
Erwerb		3.269.700		2.069.700
davon entfallen auf				
F 50%:		1.634.850		1.034.850
T 1 – 3, S jeweils 12,5%:		408.713		258.713

b)   **Verbleibende Gesellschafter**

Der Erwerb der verbleibenden Gesellschafter gilt als Schenkung auf den Todesfall, soweit der Steuerwert des übergehenden Vermögens die zu leistende Abfindung übersteigt (§ 3 Abs. 1 Nr. 2 Satz 2 ErbStG). Das ist in der Fallvariante 2. zu bejahen, denn der Steuerwert des Anteils des V entspricht dem Buchwert seines Kapitalkontos.[12] Damit ergibt sich bei den verbleibenden Gesellschaftern dem Grunde nach ein steuerbarer Wert i.H.v. insgesamt 1 Mio. €. Wie sich dieser Erwerb auf die verbleibenden Gesellschafter verteilt, lässt sich nach dem mitgeteilten Sachverhalt nicht sagen. Der Erwerb ist nach den §§ 13a, 19a ErbStG begünstigt (R 55 Abs. 1 Satz 4 Nr. 3 ErbStR 2003), so dass nach § 13a Abs. 1 und Abs. 2 ErbStG ein Wert i.H.v. (1.000.000 € – 225.000 €[13]) × 0,65[14] = 503.750 € anzusetzen bleibt.

Damit ergibt sich allerdings das Problem, dass der Erwerb der verbleibenden Gesellschaft als betrieblich veranlasster unentgeltlicher Erwerb sowohl der Einkommensteuer unterliegt als auch der Erbschaftsteuer. Die in diesem Kontext anfallende Einkommensteuer (1.000.000 € × 40 % = 400.000 €) mindert als Erwerbsaufwand[15] nach § 10 Abs. 5 Nr. 3 ErbStG die erbschaftsteuerliche Bemessungsgrundlage, so dass letztlich nur 103.750 € als steuerbarer Erwerb zu erfassen sind. Die Besteuerung erfolgt in der Steuerklasse III, wird jedoch durch einen Tarifentlastungsbetrag nach § 19a ErbStG gemildert.

---

12   Das ist immer dann der Fall, wenn sich – wie im Sachverhalt angegeben – im Gesamthandsvermögen nur solche Wirtschaftsgüter befinden, die erbschaftsteuerlich mit Steuerbilanzwerten zu bewerten sind (§ 109 Abs. 1 BewG), weil sich die Aufteilung nach dem Kapitalkonto der Steuerbilanz richtet (§ 97 Abs. 1 lit. a Nr. 2 BewG).

13   Freibetrag nach § 13 Abs. 1 Nr. 1 ErbStG.

14   Verminderter Wertansatz nach § 13a Abs. 2 ErbStG.

15   Es handelt sich m.E. um „Kosten, die dem Erwerber unmittelbar im Zusammenhang @platzhalter zeichen=„." anzahl="3"/@mit der Erlangung des Erwerbs entstehen." Eine der Begünstigung nach § 13a ErbStG entsprechende Kürzung des Erwerbsaufwands ist durch § 10 Abs. 6 Satz 4 ErbStG ausdrücklich ausgeschlossen.

III. Gesellschaftsvertrag mit der Alternative III. (qualifizierte Nachfolgeklausel)

Die qualifizierte Nachfolgeklausel hat zur Folge, dass der Anteil des V an der A GmbH & Co. KG unmittelbar und in vollem Umfang auf S übergeht. Die Rechtsnachfolge in das übrige Vermögen und damit auch in das Betriebsgrundstück und den GmbH-Anteil des V richtet sich jedoch nach allgemeinen erbrechtlichen Grundsätzen; die Vermögensgegenstände gehen auf die Erbengemeinschaft über, an der S nur mit einer Quote von 12,5 % beteiligt ist (Ehefrau 50 %; Kinder des V je 12,5 %).

Infolge der qualifizierten Nachfolgeklausel erhält S einen Vermögenswert i.H.v. 3,5 Mio. € zugewandt, während ihm nach Erbquoten lediglich 795.000 € zustehen würden. Daraus resultiert, da V den Mehrwert S nicht durch Vorausvermächtnis zugewiesen hat, eine Ausgleichslast i.H.v. 2.705.000 €:[16]

Nachlassbeteiligung	
sonstiges Vermögen	1.000.000
KG-Beteiligung	3.500.000
Grundstück	1.800.000
GmbH-Anteil	60.000
	6.360.000
Anteil des S (12,5%)	795.000
S erhält durch qualifizierte Nachfolgeklausel	3.500.000
überquotaler Erwerb (Ausgleichspflicht)	2.705.000

1. Einkommensteuer

Der Umstand, dass betriebswesentliches Sonderbetriebsvermögen im Umfang der Erbquote der übrigen Miterben (87,5 %) nicht auf S übergeht, qualifiziert den Vorgang der Rechtsnachfolge grds. als Aufgabe des Mitunternehmeranteils des V. Diese Konsequenz zieht die Rspr. – und ihr folgend auch die Verwaltung – aber „im Hinblick auf die gravierenden steuerlichen Folgen" nicht,[17] sondern belässt es bei einer Entnahmebesteuerung im Hinblick auf das anteilig entnommene Sonderbetriebsvermögen. Das bedeutet, dass im vorliegenden Fall die stillen Reserven des Betriebsgrundstücks (300.000 €) im Umfang von 87,5 % vom Erblasser zu versteuern sind[18] (Einkommensteuer 105.000 €; Nachlassverbindlichkeit nach § 10 Abs. 5 Nr. 1 ErbStG).

Die Ausgleichslast des S begründet nach Rspr. und Verwaltungsauffassung keine Anschaffungskosten, sie ist vielmehr privat veranlasst.[19] Das hat zur Folge, dass auch eventuelle Finanzierungsaufwendungen nicht als Betriebsausgaben den Gewinn des S aus der Beteiligung mindern und er bei einer späteren Veräußerung seiner Beteiligung lediglich den übernommenen und fortgeschriebenen Buchwert dem Veräußerungserlös gegenüberstellen kann, nicht jedoch die geleisteten Ausgleichszahlungen.

---

16 2. Teil: Gesellschaftsrecht, 9. Kapitel, Rn. 81.
17 Schmidt/Wacker, EStG, § 16 Rn. 674 m.w.N.
18 Schmidt/Wacker, EStG, § 16 Rn. 674.
19 Schmidt/Wacker, EStG, § 16 Rn. 673 m.N. Diese Auffassung ist in mehrfacher Hinsicht problematisch. Zunächst beruht sie auf der Erwägung, dass es bei den anderen Miterben keinen Durchgangserwerb gibt, sondern S unmittelbar in den Anteil des V nachwirkt. Deshalb können die anderen Miterben auch keinen Mitunternehmeranteil an S veräußern. Bei einer wirtschaftlichen Betrachtungsweise ergibt sich jedoch ein Durchgangserwerb, weil die qualifizierte Nachfolgeklausel letztlich als eine sich selbst vollziehende, dinglich wirkende Teilungsanordnung zu verstehen ist. Auch im Vergleich zur vorweggenommenen Erbfolge ist das nicht nachvollziehbar; hätte V seinen Anteil auf S übertragen und ihm Gleichstellungszahlungen auferlegt, so wäre insoweit zwischen V und S ein entgeltlicher Vorgang anzunehmen.

2. Erbschaftsteuer

Anders als die Einkommensteuer behandelt die Erbschaftsteuer die qualifizierte Nachfolgeklausel als sich selbst vollziehende Teilungsanordnung und nimmt deshalb einen Durchgangserwerb an; dies hat zur Folge, dass S die Ausgleichsleistung als Teil der Erbauseinandersetzung nicht steuermindernd geltend machen kann. Ihm wird aber auch der überquotale Erwerb infolge der qualifizierten Nachfolgeklausel nicht zugeordnet. Seine Beteiligung am gesamten Nachlass einschließlich des KG-Anteils richtet sich ungeachtet der Sondernachfolge ausschließlich nach seiner Erbquote.

Das der KG überlassene Grundstück verliert seine Eignung als Betriebsgrundstück, da an ihm auch solche Personen beteiligt sind, die nicht zugleich am Betrieb beteiligt sind (§ 99 Abs. 2 Satz 3 BewG); es ist deshalb als Grundvermögen zu qualifizieren und nimmt nicht an den Begünstigungen nach § 13a ErbStG teil.

Es ergibt sich folgende Steuerbelastung:

Erbschaftsteuerlicher Wert des Betriebsvermögens:			
Buchwert des Gesamthandsvermögens		1.700.000	
Sonderbetriebsvermögen			
Grundstück (kein Ansatz, § 99 Abs. 2 Satz 3 ErbStG)			
Komplementär GmbH	100.000	100.000	
		1.800.000	
Aufteilung:		**V**	**übrige Gesellschafter**
Wert des Betriebsvermögens		1.800.000	
Sonderbetriebsvermögen			
Komplementär-GmbH	-100.000	60.000	40.000
	1.700.000		
Zuweisung nach Kapitalkonten	-1.700.000	1.000.000	700.000
Verbleibender Wert	0		
Anteile		**1.060.000**	**740.000**
Erbschaftsteuer:			
Sonstiges (Privat-) Vermögen		1.000.000	
Grundstück		800.000	
Steuerwert des Mitunternehmeranteils	1.060.000		
Freibetrag nach § 13a Abs. 1 Nr. 1 ErbStG	-225.000		
verbleibender Wert	835.000		
verminderter Wertansatz (§ 13a Abs. 2 ErbStG)		542.750	
Vermögensanfall		2.342.750	
Nachlassverbindlichkeiten			
Einkommensteuer (Entnahme Grundstück)		-105.000	
Pauschbetrag nach § 10 Abs. 5 Nr. 3 ErbStG		-10.300	
Erwerb		**2.227.450**	
davon entfallen			
auf F 50%:		1.113.725	
auf T 1 bis T 3, S je 12,5%:		278.431	

Klausur: Unternehmensbeteiligungen im Familienrecht

A. Sachverhalt

I. Ausgangssachverhalt

Unternehmer U, der ein Familienunternehmen (Unternehmensgruppe U-Worldwide) in der dritten Generation führt, hat sich verlobt und möchte seine Verlobte V heiraten. Nachdem sein Freund Notar Fleißig ihm dies auch mit Hinweis auf die Inhaltskontrolle von Eheverträgen nicht hatte ausreden können, erhält er den Auftrag, einen Ehevertrag zu entwerfen.

Hierbei soll Folgendes berücksichtigt werden:

1. Die Unternehmensgruppe des U soll aus dem Zugewinnausgleich komplett herausgehalten werden. Gleichzeitig sollen alle steuerlichen Vorteile genutzt werden können, die sich bei einer etwaigen Vermögensübertragung auf V im Laufe der späteren Ehe oder beim Tod des U erzielen lassen. U merkt noch an, dass er bei seiner GmbH & Co. KG größere Gesellschafterdarlehen gegeben hat. Außerdem gehört der Grund und Boden, auf dem die Worldwide-Betriebs-GmbH die Produktion betreibt, dem U allein. U ist Unternehmer. V ist als Lehrerin Beamtin des Freistaates Bayern. Für den Fall, dass sich gemeinsame Kinder einstellen, will V ihre Berufstätigkeit zu Gunsten der Kindererziehung unterbrechen.

2. Was den Ehegattenunterhalt anbelangt, so will U auch hier vermeiden, dass er in einem Scheidungsverfahren detaillierte Auskünfte geben muss. Er möchte daher eine nach seiner Ansicht großzügige Unterhaltsregelung treffen, die eine feste, bei Kindesbetreuung nochmals erhöhte Unterhaltssumme vorsieht, die vor Inflation gesichert ist. Wenn die Ehe zehn Jahre Bestand hatte, so verzichtet U auf eine Befristung. Ansonsten soll Unterhalt max. bis zehn Jahre nach der Scheidung gezahlt werden müssen, jedoch ohne Befristung bei Kindesbetreuung.

3. Auf den Versorgungsausgleich will U einseitig verzichten.

II. Abwandlung: Alternative zu Punkt 1 im Ausgangssachverhalt

U weiß bereits heute, dass er sein Familienunternehmen nicht in die Hände seiner Frau geben kann, da dies die Gesellschaftsverträge ausschließen. Daher möchte er alle etwaigen Ansprüche seiner Ehefrau im Todesfalle ausgeschlossen wissen. Er möchte auf keinen Fall Bilanzen oder weitere Belege für sein Firmenvermögen vorlegen müssen. Er will sich durchaus großzügig zeigen und seiner Frau zum Ausgleich hierfür im Scheidungsfalle einen Betrag von 300.000 € wertgesichert übertragen.

B. Aufgabenstellung

Entwerfen Sie einen Ehevertrag von U und V.

C. Lösungsskizze

I. Ausgangssachverhalt

Der Ehevertrag zwischen U und V kann folgendermaßen gestaltet sein:

URNr. ....

Vom ....

Ehevertrag

– Modifizierte Zugewinngemeinschaft –

Heute, den ......

erschienen vor mir,

....

Notar in ....:

1. Herr .... U.,

geboren am .... in ....

als Sohn von ....,

letztere eine geborene ....,

nach Angabe ledig.

2. dessen Verlobte

Frau .... V., geborene ....

geboren am .... in ....

als Tochter von ....,

letztere eine geborene ....,

nach Angabe ledig.

Herr U. und Frau V. sind beide wohnhaft in ....,

Sie sind mir, dem Notar, persönlich bekannt.

Die Erschienenen wollen einen

Ehevertrag

errichten.

Sie erklären bei gleichzeitiger Anwesenheit gemeinsam mündlich mit dem Ersuchen um Beurkundung was folgt:

A. Allgemeines

Wir sind beide ledig und beabsichtigen demnächst zu heiraten.

Wir werden dem beurkundenden Notar zu seiner Urkundensammlung eine Heiratsurkunde einreichen.

Wir sind beide deutsche Staatsangehörige.

Wir haben bisher keinen Ehevertrag geschlossen.

Ich, U., bin Inhaber der Unternehmensgruppe U-Worldwide, die sich derzeit aus folgenden Firmen zusammensetzt:

- U-Worldwide-Betriebs-GmbH
- U-Worldwide-Entwicklungs-AG

- U-Worldwide-Vertriebs GmbH & Co. KG
- ....

Die Firma U-Worldwide-Betriebs-GmbH führt ihren Betrieb in dem Werk in U-Stadt. Ich selbst bin Eigentümer des Grund und Bodens sowie der Gebäude. Diese sind an die U-Worldwide-Betriebs-GmbH verpachtet.

Der Firma U-Worldwide-Vertriebs GmbH & Co. KG habe ich ein Gesellschafterdarlehen i.H.v. 2.000.000 € gegeben.

Ich, V., bin nach dem Studium der Germanistik und Anglistik verbeamtete Lehrerin der Besoldungsgruppe A 13 im Dienste des Freistaates Bayern.

B. Ehevertragliche Vereinbarungen

I. Güterstand

Ehevertraglich vereinbaren wir was folgt:

Den gesetzlichen Güterstand der Zugewinngemeinschaft wollen wir für unsere künftige Ehe ausdrücklich aufrechterhalten, ihn allerdings wie folgt modifizieren:

1)

Die Firmengruppe U-Worldwide des Ehemannes soll beim Zugewinnausgleich bei Beendigung des Güterstandes durch Scheidung oder Aufhebung der Ehe sowie in den Fällen der §§ 1385, 1386 BGB in keiner Weise berücksichtigt werden. Gleiches gilt für etwaige künftige gesetzliche Formen hoheitlicher Aufhebung der Ehe, auf welche ein Zugewinnausgleich folgen würde.

Für den Fall des Todes verbleibt es jedoch beim Zugewinnausgleich durch Erbteilserhöhung oder güterrechtliche Lösung. Auch im Falle der Beendigung des Güterstandes durch Ehevertrag verbleibt es beim Zugewinn, außer ein solcher Vertrag wird im Zusammenhang mit der Trennung oder Scheidung geschlossen.[1]

Dieses betriebliche Vermögen einschließlich des gewillkürten Betriebsvermögens und etwaigen Sonderbetriebsvermögens soll also weder bei der Berechnung des Anfangsvermögens noch bei der Berechnung des Endvermögens des Ehemannes berücksichtigt werden, und zwar auch dann nicht, wenn sich ein negativer Betrag ergibt. Gleiches gilt für Wertsteigerungen oder Verluste dieses Vermögens.

2)

Dies gilt in gleicher Weise für jedes **Nachfolgeunternehmen** oder jede Nachfolgebeteiligung und jedes Tochterunternehmen, unabhängig von der verwendeten Rechtsform, auch bei Aufnahme weiterer Gesellschafter und auch für Kapitalgesellschaftsanteile, die im Privatvermögen gehalten werden, soweit sie nicht der reinen Kapitalanlage dienen. Letzteres ist jedenfalls immer dann der Fall, wenn die Kapitalgesellschaft lediglich eigenes Vermögen verwaltet oder wenn die Beteiligungsquote des Ehegatten nicht größer als 10 % ist.

3)

In gleicher Weise ausgeschlossen ist bei einer etwa bestehenden **Betriebsaufspaltung** oder auch ohne eine solche dasjenige Vermögen, das an den Betrieb im obigen Sinne langfristig zur Nutzung

---

[1] Da hier der Vorbehalt ehevertraglichen Zugewinnausgleichs im Rahmen des Ausschlusses betrieblichen Vermögens vom Zugewinn vereinbart wird, kann es vorkommen, dass bei einer Scheidung gleichwohl ein Ehevertrag geschlossen wird, der die Zugewinngemeinschaft beendet, etwa im Hinblick auf die Stichtagsproblematik des § 1378 Abs. 2 BGB. Daher die Einschränkung, dass es in solchen Fällen bei der Herausnahme aus dem Zugewinn verbleibt.

überlassen und ihm zu dienen bestimmt ist. Hier gilt dies insb. für den Grund und Boden und die Gebäude, die an die U-Worldwide-Betriebs-GmbH verpachtet sind.

Ausgeschlossen sind ferner alle **Gesellschafterdarlehen**. Dies betrifft hier insbesondere das Gesellschafterdarlehen an die U-Worldwide Vertriebs GmbH & Co. KG.

Der Ausschluss nach dieser Ziff. greift nur, sofern die entsprechenden Verträge vor mehr als zwei Jahren vor der Rechtshängigkeit eines Scheidungsantrages abgeschlossen wurden.

4)

Erträge aus diesem vom Zugewinn ausgeschlossenen Vermögen sind gleichfalls vom Zugewinn ausgeschlossen, sofern sie entweder

a) den betrieblichen Bereich noch nicht verlassen haben; insofern sind insbesondere ausgenommen Guthaben auf Kapital-, Darlehens-, Verrechnungs- oder Privatkonten sowie stehen gelassene Gewinne, Gewinnvorträge oder -rücklagen, oder

b) zulässigerweise nach Ziff. 7) dieses Abschnittes wieder auf die ausgeschlossenen Vermögenswerte verwendet wurden.

5)

Auch die diese Vermögenswerte betreffenden und ihnen dienenden **Verbindlichkeiten** sollen im Zugewinnausgleich keine Berücksichtigung finden.

6)

Surrogate der aus dem Zugewinnausgleich herausgenommenen Vermögenswerte sollen nicht ausgleichungspflichtiges Vermögen sein. Sie werden also bei der Berechnung des Endvermögens auch nicht berücksichtigt. Jeder Ehegatte kann verlangen, dass über solche Ersatzvermögenswerte ein Verzeichnis angelegt und fortgeführt wird. Auf Verlangen hat dies in notarieller Form zu geschehen.

Sofern jedoch der vom Zugewinn ausgenommene Betrieb durch Veräußerung aufgegeben wird, unterfallen Veräußerungserlöse, die nicht mehr betriebliches Vermögen sind, dem Zugewinnausgleich, sind also dem Endvermögen hinzuzurechnen. Der ausgenommene Betrieb ist dann, soweit er Anfangsvermögen war, beim Anfangsvermögen zu berücksichtigen.

7)

Erträge der vom Zugewinn ausgenommenen Vermögenswerte können auf diese Vermögenswerte **verwendet** werden, ohne dass dadurch für den anderen Ehegatten Ausgleichsansprüche entstehen.

Macht jedoch ein Ehegatte aus seinem sonstigen Vermögen Verwendungen auf die vom Zugewinnausgleich ausgenommenen Vermögenswerte, werden diese Verwendungen mit ihrem Wert zum Zeitpunkt der Verwendung dem Endvermögen des Ehegatten hinzugerechnet, der Eigentümer dieser Vermögenswerte ist.

Derartige Verwendungen unterliegen also gegebenenfalls um den Geldwertverfall berichtigt, dem Zugewinnausgleich. Dies gilt jedoch nur für solche Verwendungen, die in den letzten beiden Jahren vor der Rechtshängigkeit eines Scheidungsantrages erfolgt sind.

Der Notar hat darauf hingewiesen, dass auch diese aus dem ausgleichungspflichtigen Vermögen stammenden Verwendungen nicht mehr ausgleichungspflichtig sind. Der Notar hat über die Auswirkungen dieser Vereinbarung eingehend belehrt.

Unter Verwendungen verstehen wir auch die Tilgung von Verbindlichkeiten.

8)

Zur Befriedigung der sich etwa ergebenden Zugewinnausgleichsforderung gilt das vom Zugewinn ausgenommene Vermögen als vorhandenes Vermögen i.S.d. § 1378 Abs. 2 BGB.

Eine Vollstreckung in das vom Zugewinnausgleich ausgeschlossene Vermögen ist erst zulässig, wenn die Vollstreckung in das ausgleichspflichtige Vermögen nicht zum Erfolg geführt hat.

Ein Ehegatte ist nicht verpflichtet, seinen Zugewinn auszugleichen, wenn er unter Berücksichtigung des vom Zugewinn ausgenommenen Vermögens des anderen Ehegatten nicht zur Ausgleichung verpflichtet wäre.[2]

9)

Die güterrechtlichen Verfügungsbeschränkungen sollen bei zu diesem Vermögen gehörenden Gegenständen nicht gelten.

10)

Wir sind uns darüber einig, dass hinsichtlich des vorgenannten betrieblichen Vermögens auch bei Mitarbeit der Ehefrau keine Ehegatteninnengesellschaft vorliegt, sondern eine rein arbeitsrechtliche Gestaltung. Wir verpflichten uns, insoweit eine erschöpfende vertragliche Regelung zu treffen, über die hinaus keine Ansprüche bestehen sollen, egal aus welchem Rechtsgrund sie hergeleitet werden könnten, insbesondere nicht aus Ehegatteninnengesellschaft und nicht wegen Wegfalls der Geschäftsgrundlage.

11)

Streiten die Ehegatten um die Zugehörigkeit zum betrieblichen Vermögen, so soll ein vom Präsidenten der örtlich zuständigen IHK bestellter Sachverständiger als Schiedsgutachter verbindlich entscheiden.

II. Unterhalt

1)

Es gelten grds. die gesetzlichen Vorschriften zum Recht des nachehelichen Unterhalts. Allerdings vereinbaren wir, dass die Höhe des gesetzlichen nachehelichen Unterhalts (Gesamtunterhalt einschließlich Vorsorgeunterhalt und Sonderbedarf) auf den Betrag i.H.v. 5.000 €

– i. W. fünftausend Euro – monatlich begrenzt wird.

2)

Dieser Höchstbetrag erhöht sich beim Unterhalt wegen Betreuung eines Kindes nach § 1570 BGB auf 8.000 €

– i. W. achttausend Euro –.

Sofern nach Auslaufen dieser Unterhaltsansprüche weitere Anschlusstatbestände eingreifen, gilt jedoch für diese die Beschränkung nach Ziff. 1) erneut.

3)

Diese Höchstbeträge sollen wertbeständig sein.

---

[2] Wer diese aufwendige Kontrollrechnung vermeiden will, der kann stattdessen den Unternehmer-Ehegatten seinerseits auf Zugewinn verzichten lassen, Arens, FamRB 2006, 88, 90.

Sie erhöhen oder vermindern sich in demselben prozentualen Verhältnis, in dem sich der vom Statistischen Bundesamt in Wiesbaden für jeden Monat festgestellte und veröffentlichte Verbraucherpreisindex für Deutschland gegenüber dem für den Monat, in welchem dieser Vertrag geschlossen wird, festgestellten Index erhöht oder vermindert (Basis 2000 = 100).

4)

Eine Erhöhung oder Verminderung der Höchstbeträge wird erstmals bei Rechtskraft der Scheidung festgelegt und dann jeweils wieder, wenn die Indexveränderung zu einer Erhöhung oder Verminderung des jeweils maßgeblichen Betrages um mindestens 10 % – zehn vom Hundert – gegenüber dem zuletzt festgesetzten Betrag geführt hat.

Der erhöhte Betrag ist erstmals zahlbar in dem Monat, der auf die Veröffentlichung des die obengenannte Grenze überschreitenden Preisindexes folgt.

5)

Nach Hinweis auf das mögliche Erfordernis einer Genehmigung der vorstehenden Wertsicherungsklausel nach § 2 Preisangaben- und Preisklauselgesetz wird der beurkundende Notar beauftragt, ein Negativzeugnis – für den Fall der Genehmigungsbedürftigkeit die entsprechende Genehmigung – einzuholen beim Bundesamt für Wirtschaft und Ausfuhrkontrolle, Frankfurter Str. 29-31, 65760 Eschborn/Ts.

6)

Klargestellt wird, dass sich die Höhe des nachehelichen Unterhalts nach den gesetzlichen Vorschriften errechnet, die vorstehende Regelung also keinen Anspruch auf Zahlung in dieser Höhe gewährt. Es handelt sich in Ziff. 1) und 2) lediglich um eine Kappungsgrenze, wenn sich nach dem Gesetz ein höherer Betrag ergäbe.

7)

Ein Nachteilsausgleich bei Durchführung des begrenzten Realsplittings ist auf den Betrag der Höchstgrenze nicht anzurechnen, so dass es sich um einen Nettobetrag handelt.

8)

Eigenes Einkommen des Unterhaltsberechtigten wird bei der Berechnung des Unterhalts berücksichtigt. Der Höchstbetrag vermindert sich um die Hälfte des eigenen unterhaltsrechtlich relevanten Einkommes des Unterhaltsberechtigten.

9)

Zusätzlich gilt folgende weitere Beschränkung: Wenn unsere Ehe zwischen Eheschließung und Rechtshängigkeit eines Scheidungsantrages nicht länger als zehn Jahre gedauert hat, dann besteht die vorgenannte Unterhaltspflicht nur für einen Zeitraum von zehn Jahren ab Rechtskraft der Ehescheidung.

Dies gilt jedoch nicht im Falle der Ziff. 2). Für diese Fälle ist also keine zeitliche Beschränkung des Unterhaltes vereinbart.

10)

Wir verzichten hiermit auf weitergehenden Unterhalt, der Erschienene zu 1. verzichtet gegenüber der Erschienenen zu 2. sogar völlig auf jedweden Unterhalt. Diese Verzichte gelten auch für den Fall der Not. Wir nehmen diesen Verzicht wechselseitig an.

11)

Der Verzicht gilt auch im Falle einer Änderung der einschlägigen gesetzlichen Vorschriften oder der Rechtsprechung weiterhin.

12)

Wir wurden vom Notar über das Wesen des nachehelichen Unterhaltes und die Auswirkungen des Verzichtes eingehend belehrt, auch darüber, dass ein Unterhaltsverzicht sittenwidrig sein oder gegen Treu und Glauben verstoßen kann.

III. Versorgungsausgleich

1)

Ich, U., verzichte vollständig auf jeden Versorgungsausgleich, für den Fall, dass ich der Ausgleichsberechtigte bin. Ich, V., nehme diesen Verzicht an.

2)

Eine Abänderung dieser Vereinbarung – insbesondere nach § 10a Abs. 9 VAHRG – wird ausgeschlossen.

3)

Gütertrennung soll durch diese Vereinbarung entgegen § 1414 Satz 2 BGB nicht eintreten.[3]

4)

Über die rechtliche und wirtschaftliche Tragweite der Änderung des Versorgungsausgleichs wurden wir vom Notar ausführlich belehrt.

Weiterhin wurden wir darüber belehrt, dass ein Ausschluss des Versorgungsausgleichs unwirksam ist, wenn innerhalb eines Jahres ab wirksamem Vertragsschluss Antrag auf Scheidung der Ehe gestellt wird.

5)

In diesem Falle soll jedoch die vorstehende Vereinbarung als eine solche nach § 1587o BGB gelten. Über die dann erforderliche Genehmigung des FamG sind wir unterrichtet.

6)

Sollte die Einschränkung des Versorgungsausgleichs unwirksam sein, weil einer der Ehepartner einen Scheidungsantrag innerhalb der Jahresfrist des § 1408 BGB stellt, und auch durch das Familiengericht nach § 1587o BGB nicht genehmigt werden, so wird die Wirksamkeit der übrigen Vereinbarungen dieses Vertrages hiervon ausdrücklich nicht berührt.

Die vorstehenden ehevertraglichen Vereinbarungen nehmen wir hiermit gegenseitig an.

C. Pflichtteilsverzicht

Wir verzichten hiermit gegenseitig auf unser gesetzliches Pflichtteilsrecht in Bezug auf das nach vorstehender Ziff. B.I. vom Zugewinn ausgenommene Vermögen. Wir nehmen diesen Verzicht wechselseitig an.

Weitere erbrechtliche Verfügungen wollen wir nach Belehrung durch den Notar nicht treffen. Der Notar hat auf die gesetzliche Erbfolge hingewiesen.

---

3 Dieser Absatz entfällt bei der Alternativlösung.

D. Belehrungen, Hinweise

Über die rechtliche Tragweite unserer vorstehenden Erklärungen wurden wir vom Notar eingehend belehrt, insbesondere darüber, dass die Abgrenzung der herausgenommenen Vermögenswerte zu Schwierigkeiten führen kann, dass etwa gewillkürtes Betriebsvermögen gebildet werden kann oder Verwendungen aus dem Privatvermögen in das Betriebsvermögen vorgenommen werden können.

Er empfiehlt daher eine strikte Trennung der Vermögensmassen und Aufzeichnungen über Bewegungen zwischen den Vermögensmassen.

Der Notar hat auf die Rechtsprechung des BVerfG und des BGH zur Inhaltskontrolle von Eheverträgen hingewiesen und erläutert, dass ehevertragliche Regelungen bei einer besonders einseitigen Aufbürdung von vertraglichen Lasten und einer erheblich ungleichen Verhandlungsposition unwirksam oder unanwendbar sein können.

Die Vertragsteile erklären, dass sie nach einer Vorbesprechung und dem Erhalt eines Vertragsentwurfes die rechtlichen Regelungen dieses Vertrages umfassend erörtert haben und dieser Vertrag ihrem gemeinsamen Wunsch nach Gestaltung ihrer ehelichen Verhältnisse entspricht. Sie sind insbesondere überzeugt, dass mit den Regelungen dieses Vertrages alle etwa eintretenden ehebedingten Nachteile ausgeglichen sind.

Der Notar hat darauf hingewiesen, dass bei einer Änderung der Ehekonstellation – hierzu gehören insbesondere die Geburt gemeinsamer Kinder oder gewichtige Änderungen der Erwerbsbiographie – die Regelungen auch nachträglich einer Ausübungskontrolle unterliegen können. Er hat geraten, in diesem Falle die vertraglichen Regelungen der veränderten Situation anzupassen.

Da wir diesen Vertrag gemeinsam so wollen, soll er nach Möglichkeit auch dann im Übrigen bestehen bleiben und zur Anwendung gelangen, wenn lediglich einzelne Regelungen unwirksam sind oder der Ausübungskontrolle unterliegen. Wir verpflichten uns in diesem Falle, die beanstandete Klausel in rechtlich zulässiger Weise durch eine solche zu ersetzen, die dem Sinn der beanstandeten Klausel am nächsten kommt. Für uns stehen und fallen nicht mehrere Regelungen dieses Vertrages so miteinander, dass bei Unwirksamkeit oder Unanwendbarkeit der einen auch die andere entsprechend nicht anwendbar sein soll.

E. Schlussbestimmungen

Wir beantragen die Erteilung je einer Ausfertigung dieser Urkunde.

Unsere Geburtsstandesämter erhalten jeweils eine Mitteilung über die Errichtung dieser Urkunde.

Die Kosten dieser Urkunde tragen wir gemeinsam.

II. Abwandlung

Bei der Lösung der Abwandlung ist zu berücksichtigen, dass die U-Unternehmensgruppe dynastisch in der Familie weitervererbt werden soll. Die Ehefrau soll hieran auch im Todesfalle keinen Anspruch haben. Aus Gründen der klaren Trennung möchte U lieber aus dem Privatvermögen eine erhebliche Zuwendung versprechen. Daher ist in der nachfolgenden Lösung nicht nur eine Herausnahme des Betriebsvermögens für die Scheidung und den Todesfall (notwendig wegen § 1371 Abs. 2 BGB; der Pflichtteilsverzicht würde nicht genügen!) vereinbart, sondern Gütertrennung. Zum Ausgleich wird für den Scheidungsfall eine wertgesicherte Geldleistung versprochen, die durch eine Hypothek abgesichert ist. Als Kompensationsleistung ist diese Zahlung auch dann fällig, wenn der Zugewinn in Wirklichkeit niedriger ausgefallen wäre. Schenkungsteuerliche Konsequenzen müssen sehr sorgfältig geprüft werden, vor allem wenn die Kompensationsleistung die Freibeträge unter Ehegatten übersteigt.[4]

> URNr. ....
>
> Vom ....
>
> **Ehevertrag**
>
> – Gütertrennung –
>
> Heute, den ......
>
> erschienen vor mir,
>
> ....
>
> Notar in ....:
>
> 1. Herr .... U.,
>
> .... (wie Hauptlösungsvorschlag)
>
> **A. Allgemeines**
>
> .... (wie Hauptlösungsvorschlag)
>
> **B. Ehevertragliche Vereinbarungen**
>
> Ehevertraglich vereinbaren wir was folgt:
>
> **I. Güterstand**
>
> 1)
>
> Als Güterstand für unsere Ehe soll die
>
> **Gütertrennung**
>
> nach Maßgabe des Bürgerlichen Gesetzbuchs gelten.
>
> Uns ist bekannt, dass durch die Vereinbarung der Gütertrennung
>
> a) keine Haftungsbeschränkung gegenüber Gläubigern eintritt,
>
> b) jeder Ehegatte über sein Vermögen frei verfügen kann,
>
> c) beim Tode eines von uns beiden das Erb- und Pflichtteilsrecht des Überlebenden am Nachlass des Zuerstversterbenden sich vermindern und das Erb- und Pflichtteilsrecht der Kinder oder sonstiger Abkömmlinge sich erhöhen kann,
>
> d) bei Auflösung der Ehe kein Zugewinnausgleich stattfindet,
>
> e) die Privilegierung des § 5 ErbStG keine Anwendung findet.
>
> Die Gütertrennung soll derzeit nicht in das Güterrechtsregister eingetragen werden.
>
> Jeder von uns beiden ist jedoch berechtigt, den Eintragungsantrag jetzt oder künftig alleine zu stellen.

---

[4] Vgl. FG Nürnberg, ZEV 2004, 168, das die Kompensation für einen Unterhaltsverzicht für schenkungsteuerbar hält (Revision: beim BFH anhängig unter II R 53/05).

2)

Nach Belehrung durch den Notar verzichten wir auf die Erstellung eines Vermögensverzeichnisses:

3)

Zuwendungen eines Ehegatten an den anderen können bei Scheidung der Ehe nicht zurückgefordert werden, auch nicht wegen Störung der Geschäftsgrundlage, es sei denn die Rückforderung ist auf gesonderter vertraglicher Grundlage vorbehalten. Dies gilt unabhängig vom Verschulden am Scheitern der Ehe.

Wir vereinbaren ferner, dass andere Ausgleichsansprüche nicht bestehen sollen; insbesondere entsteht nicht etwa durch Mitarbeit im Betrieb eines Ehegatten oder durch das gemeinsame Halten von Vermögensgegenständen eine Ehegatteninnengesellschaft, wenn wir dies nicht ausdrücklich vereinbaren.

Wir verpflichten uns, bei etwaigen Gesamthaftungen das Innenverhältnis des Gesamtschuldnerausgleichs ausdrücklich zu regeln.

Der Verzicht auf Zugewinn stellt nicht selbst eine ehebedingte Zuwendung dar.

4)

Als Ausgleich für die Vereinbarung der Gütertrennung verpflichtet sich der Ehemann hiermit aufschiebend bedingt durch die Heirat und nur für den Fall einer Scheidung der Ehe zur Zahlung des folgenden Betrages:

300.000 €

– i. W. dreihunderttausend Euro –

vervielfacht

um den Verbraucherpreisindex für Deutschland, wie dieser Index vom Statistischen Bundesamt in Wiesbaden für den Monat festgestellt wird, in dem der Scheidungsantrag rechtshängig wird, der zur Scheidung der Ehe führt,

geteilt

durch den Verbraucherpreisindex für Deutschland, wie er im Monat der heutigen Beurkundung bestimmt wird (Basis 2000 = 100).

Der entsprechende Geldbetrag ist zahlbar binnen zwei Monaten nach Rechtskraft der Scheidung und bis dahin nicht zu verzinsen.

Der Ehemann unterwirft sich wegen des Anspruchs auf Zahlung des entsprechenden Betrages der

sofortigen Zwangsvollstreckung

aus dieser Urkunde in sein gesamtes Vermögen. Vollstreckbare Ausfertigung kann ohne weitere Nachweise erteilt werden, den Nachweis der Rechtskraft der Scheidung allerdings vorausgesetzt.

In Ansehung der nachbestellten Hypothek unterwirft sich der Ehemann ferner der sofortigen Zwangsvollstreckung aus dieser Urkunde im Hinblick auf den nachgenannten Grundbesitz in der Weise, dass die Zwangsvollstreckung gegen den jeweiligen Eigentümer des zu belastenden Grundbesitzes zulässig ist.

Der Ehemann bestellt nunmehr zur Sicherung der vorgenannten Zahlungsforderung in der festen Höhe von 300.000 €[5] eine unverzinsliche Sicherungshypothek i.H.v. 300.000 € am Grundbesitz ... und bewilligt und beantragt deren Eintragung samt dinglicher Zwangsvollstreckungsunterwerfung. Die Hypothek erhält in Abteilung III erste Rangstelle. Der Notar ist zur Bestimmung einer abweichenden Rangstelle ermächtigt. Allen zur Rangbeschaffung etwa erforderlichen Erklärungen wird unter Vollzugsantrag zugestimmt.

Zuwendungen des Ehemannes an die Ehefrau während der Ehe werden auf diese Zahlungsverpflichtung angerechnet, wenn dies einschließlich des Wertes, mit dem die Anrechnung zu erfolgen hat, bei der Zuwendung bestimmt wurde. Überschreitet die Zuwendung die Zahlungsverpflichtung, hat durch die Ehefrau kein Ausgleich zu erfolgen, es sei denn, dieser wird vorbehalten.[6]

II. Unterhalt
.... (wie Hauptlösungsvorschlag)

---

[5] Es könnte zusätzlich im Hinblick auf den wertgesicherten Betrag eine Höchstbetragshypothek an nächster Rangstelle eingetragen werden zu einem angegebenen Höchstbetrag, soweit die Gesamtforderung den Betrag von 300.000 € übersteigt, für welche die erste Hypothek eingetragen wurde. Für den feststehenden Betrag wurde eine gesonderte Hypothek vorgesehen, um die dingliche Zwangsvollstreckungsunterwerfung zu erreichen (vgl. zur Aufspaltung Schöner/Stöber, Grundbuchrecht, Rn. 2122).

[6] Letztere Klausel ist zur Sicherheit aufgenommen, denn nach Verzicht auf Zugewinn im Scheidungsfalle greift § 1380 BGB wohl nicht mehr ein.

Teil 3: Klausuren

Klausur: Minderjährige im Gesellschaftsrecht

A. Sachverhalt

V war Eigentümer von drei vermieteten Mehrfamilienhäusern in München (Verkehrswert ca. 5 Mio. €). Er hat diese in eine von ihm allein gegründete GmbH & Co. KG eingebracht. Anschließend hat er 1/3 der Kommanditeinlage seinem minderjährigen Kind T (16 Jahre alt) im Wege der Schenkung übertragen. Der Schenkungsvertrag sieht einen Nießbrauchsvorbehalt, eine Stimmrechtsvollmacht und eine Rücktrittsmöglichkeit für den Schenker unter bestimmten Voraussetzungen (Verfügung über den Kommanditanteil ohne seine Zustimmung, Vermögensverfall der T, Vorversterben der T) vor. Ein Ergänzungspfleger wurde nicht bestellt; die T wurde durch den schenkenden Vater und die nicht schenkende Mutter vertreten und hat auch selbst den Schenkungsvertrag unterzeichnet. Ebenso wenig wurde eine vormundschaftsgerichtliche Genehmigung eingeholt. Bei der Anmeldung der Anteilsübertragung zum Handelsregister ist T von ihren Eltern vertreten worden. Der Rechtspfleger beanstandet das Fehlen der Mitwirkung eines Ergänzungspflegers und die fehlende vormundschaftsgerichtliche Genehmigung.

B. Aufgabenstellung

I. Ist T bei Abschluss des Vertrages wirksam vertreten worden?

II. Musste eine gerichtliche Genehmigung eingeholt werden (Fragen der sachlichen Zuständigkeit des Familien- oder Vormundschaftsgerichts sind nicht zu erörtern)?

III. Hat der Rechtspfleger beim Handelsregister die Fragen zu I und II zu prüfen?

C. Lösungsskizze

I. Frage 1: Vertretung der T

1. Übertragung des Kommanditanteils

a) Vertretungsausschluss im Allgemeinen

Gemäß § 1629 Abs. 2 Satz 1 BGB können die Eltern ein Kind insoweit nicht vertreten, als nach § 1795 BGB ein Vormund von der Vertretung des Kindes ausgeschlossen ist. Greift dieser Vertretungsausschluss, ist gemäß § 1909 BGB ein Ergänzungspfleger zu bestellen. Die Eltern dürfen also insb. gemäß §§ 1795 Abs. 2, 181 BGB grds. keine Rechtsgeschäfte im Namen des Kindes mit sich im eigenen Namen oder als Vertreter eines Dritten vornehmen. Hierbei greift der Ausschluss beider Eltern von der Vertretungsmacht auch dann durch, wenn nur ein Elternteil Vertragspartner des Kindes werden soll.

Die §§ 1795, 181 BGB finden allerdings im Wege einer teleologischen Reduktion keine Anwendung, wenn das Rechtsgeschäft dem Kind ausschließlich rechtliche Vorteile verschafft.

b) Lediglich rechtlicher Vorteil bei Erwerb eines Kommanditanteils?

Bei der (dinglichen) Übertragung des (Teil-)Kommanditanteils vom Vater V auf sein minderjähriges Kind T hat die Minderjährige zum einen selbst gehandelt, und zum anderen wurde sie durch ihre beiden Eltern vertreten. V hat somit bei Übertragung des (Teil-)Kommanditanteils sowohl im eigenen Namen als auch als gesetzlicher Vertreter seines minderjährigen Kindes gehandelt. Es bestand daher bei Abschluss dieses Rechtsgeschäfts ein Vertretungsausschluss, es sei denn, die (dingliche) Übertragung eines Kommanditanteils wäre als lediglich rechtlich vorteilhaftes Geschäft anzusehen.

Soll ein Dritter an einer KG als Kommanditist beteiligt werden, bestehen hierfür rechtskonstruktiv zwei Möglichkeiten: Zum einen kann der Dritte unter Bildung eines neuen Gesellschaftsanteils in die Gesellschaft eintreten. Zum anderen kann ein Gesellschafter seine Gesellschaftsbeteiligung (teilweise) auf den neuen Gesellschafter übertragen.

Der Eintritt eines weiteren Gesellschafters (originärer Anteilserwerb) erfordert einen Aufnahmevertrag, also einen Gesellschaftsvertrag zwischen dem beitretenden und den bisherigen Gesellschaftern. Beim Abschluss eines Gesellschaftsvertrages handelt es sich anerkanntermaßen nicht um ein lediglich rechtlich vorteilhaftes Geschäft. Denn hierbei übernimmt der minderjährige Gesellschafter eine Vielzahl von Pflichten.

Aber auch beim derivativen Erwerb eines voll eingezahlten Kommanditanteils verneint die h.M. einen lediglich rechtlichen Vorteil, da auch in diesem Fall mit dem Erwerb ein Bündel von Rechten und Pflichten für den Minderjährigen begründet werde.[1] In der Lit. gibt es allerdings mittlerweile auch einige Stimmen, die den Erwerb eines voll eingezahlten Kommanditanteils als lediglich rechtlich vorteilhaft ansehen.[2] Im Interesse eines effektiven Minderjährigenschutzes erscheint die h.M. überzeugender. Denn mit dem Erwerb eines voll eingezahlten Kommanditanteils ist die Gesellschafterstellung in einer Personengesellschaft verbunden, die eine Vielzahl von Rechten aber auch Pflichten mit sich bringt.

Unter Zugrundelegung der h.M. in Rspr. und Lit. waren somit die Eltern der T bei der Übertragung des (Teil-)Kommanditanteils von ihrer Vertretung ausgeschlossen. Danach hätte gemäß § 1909 BGB ein Ergänzungspfleger bestellt werden müssen (Rechtsfolge: schwebende Unwirksamkeit des Rechtsgeschäfts).

2. Abschluss des Schenkungsvertrages

a) Trennungsprinzip

Als Folge des Trennungsprinzips ist eine Schenkung als solche grundsätzlich auch dann lediglich rechtlich vorteilhaft i.S.d. § 107 BGB, wenn das Erfüllungsgeschäft mit rechtlichen Nachteilen verbunden ist. Der Vertrag über die Schenkung eines Kommanditanteils ist somit im Grundsatz auch dann lediglich rechtlich vorteilhaft, wenn man mit der vorgenannten h.M. in Rspr. und Lit. davon ausgeht, dass der Erwerb des Kommanditanteils selbst nicht lediglich rechtlich vorteilhaft ist.

b) Ausnahme: Gesamtbetrachtung

Bei einer Schenkung durch den gesetzlichen Vertreter selbst würde indes eine isolierte Beurteilung des Verpflichtungs- und des Erfüllungsgeschäfts dazu führen, dass auch das rechtlich nachteilige Erfüllungsgeschäft gemäß § 181 letzter Halbs. BGB ohne Beteiligung eines Pflegers und unter Umgehung des Schutzzwecks der §§ 107, 181 BGB geschlossen werden könnte (Erfüllung des zustimmungsfreien Schenkungsvertrages). Bei Schenkungen des gesetzlichen Vertreters wird daher nach der Rspr. des BGH aufgrund einer Gesamtbetrachtung des schuldrechtlichen und dinglichen Vertrages darüber entschieden, ob die Schenkung lediglich rechtlich vorteilhaft ist.[3] Einer solchen Gesamtbetrachtung bedarf es nach der neuen Rspr. des BGH allerdings nicht, wenn schon die Schenkung bei isolierter Betrachtung nicht lediglich rechtlich vorteilhaft ist.[4]

Für den vorliegenden Sachverhalt bedeutet dies: Ob der Abschluss des Schenkungsvertrages bei isolierter Betrachtung lediglich rechtlich vorteilhaft ist (was mit Blick insb. auf das vorbehaltene Rücktrittsrecht und die Stimmrechtsvollmacht für den Übergeber nicht unzweifelhaft ist), kann dahinstehen, da sich dann der Vertretungsausschluss der Eltern auch für den Schenkungsvertrag aus einer Gesamtbetrachtung des schuldrechtlichen und des dinglichen Geschäfts ergibt.

---

1   Vgl. BGHZ 68, 225, 231 f.; LG Köln, Rpfleger 1970, 245; Piehler/Schulte, in: Münchener Handbuch des Gesellschaftsrechts, Bd. 2, § 35 Rn. 14; von Gerkan, in: Röhricht/v. Westphalen, HGB, § 161 Rn. 9.
2   Staudinger/Peschel-Gutzeit, BGB, § 1629 Rn. 246; Bamberger/Roth/Veit, BGB, § 1629 Rn. 25; Maier-Reimer/Marx, NJW 2005, 3025, 3026; Rust, DStR 2005, 1942, 1946.
3   BGHZ 78, 28.
4   BGH, NJW 2005, 415; Palandt/Heinrichs, BGB, § 107 Rn. 6.

3. Ergebnis

Unter Zugrundelegung der h.M. ist T bei Abschluss des Schenkungsvertrages von ihren Eltern nicht wirksam vertreten worden (a.A. ebenso vertretbar).

II. Frage 2: Genehmigungsbedürftigkeit

1. Genehmigungsbedürftigkeit des unentgeltlichen Anteilserwerbs

Der unentgeltliche Erwerb eines Kommanditanteils unterfällt nicht dem Wortlaut des § 1822 Nr. 3 Var. 1 BGB, da dieser Genehmigungstatbestand an einen entgeltlichen Erwerb anknüpft. Mit dem derivativen Erwerb eines Kommanditanteils ist an sich auch nicht der Abschluss eines Gesellschaftsvertrages verbunden, § 1822 Nr. 3 Var. 3 BGB. Gleichwohl geht die h.M. in (analoger) Anwendung des § 1822 Nr. 3 BGB von der Genehmigungsbedürftigkeit auch des unentgeltlichen derivativen Anteilserwerbs aus.[5]

2. „Erwerbsgeschäft"

Voraussetzung für die Genehmigungsbedürftigkeit nach § 1822 Nr. 3 BGB (analog) ist aber jedenfalls, dass die Gesellschaft ein „Erwerbsgeschäft" betreibt. Erwerbsgeschäft ist jede regelmäßig ausgeübte, auf selbständigen Erwerb gerichtete Tätigkeit, gleichgültig ob es sich um Handel, Fabrikation, Handwerk, Landwirtschaft, wissenschaftliche, künstlerische oder sonstige Tätigkeit handelt.[6]

Die reine Vermögensverwaltung stellt kein Erwerbsgeschäft im Sinne des § 1822 Nr. 3 BGB dar und löst deshalb dieses Genehmigungserfordernis nicht aus.[7] Indes hat die Rspr. die Grenzen der reinen privaten Vermögensverwaltung im Rahmen des § 1822 Nr. 3 BGB in den letzten Jahren zunehmend enger gezogen und die Genehmigungsbedürftigkeit auch auf Gesellschaften ausgedehnt, die die „Verwaltung, Vermietung und Verwertung gewerblich nutzbarer Immobilien von erheblichem Wert" zum Zwecke haben.[8] Danach dürfte auch vorliegend mit Blick auf den erheblichen Wert der Immobilien und ihrer Nutzung als Einkunftsquelle eher von einem „Erwerbsgeschäft" auszugehen sein.

3. Ergebnis

Unter Zugrundelegung der h.M. ist von der Genehmigungsbedürftigkeit nach § 1822 Nr. 3 BGB auszugehen (a.A. ebenso vertretbar).

III. Frage 3: Prüfung durch das Handelsregister

Das Registergericht hat jedenfalls die formellen Eintragungsvoraussetzungen zu prüfen.[9] Diese Prüfung erstreckt sich auch darauf, ob etwaige Vertreter im Rahmen der ihnen zustehenden Vertretungsmacht gehandelt haben.[10] Außerdem hat das Registergericht bei der Beteiligung minderjähriger Gesellschafter zu prüfen, ob eine vormundschaftsgerichtliche Genehmigung erforderlich ist und ggf., ob diese erteilt und durch Mitteilung gegenüber dem anderen Teil nach § 1829 BGB wirksam geworden ist.[11] Entsprechendes wird man für die Mitwirkung des Ergänzungspflegers anzunehmen haben.

---

[5] Reimann, DNotZ 1999, 179, 190 f.; Piehler/Schulte, in: Münchener Handbuch des Gesellschaftsrechts, Bd. 2, § 35 Rn. 13; AnwK-BGB/Fritsche, § 1822 Rn. 19; a.A.: Damrau, ZEV 2000, 209, 210.

[6] BayObLG, FamRZ 1996, 119; Soergel/Zimmermann, BGB, § 1822 Rn. 12.

[7] OLG Zweibrücken, NJW-RR 1999, 1174; LG Münster, FamRZ 1997, 842; MünchKomm-BGB/Wagenitz, BGB, § 1822 Rn. 91; Soergel/Zimmermann, BGB § 1822 Rn. 12.

[8] BayObLG, DNotZ 1998, 495, 496 f.; Palandt/Diederichsen, BGB, § 1822 Rn. 9.

[9] Vgl. etwa BayObLGZ 2000, 325; 1991, 234; Winkler, in: Keidel/Kuntze/Winkler, FGG, § 127 Rn. 1 ff.; Keilbach, MittRhNotK 2000, 365.

[10] Vgl. OLG Schleswig, MittBayNot 1998, 456.

[11] Winkler, a.a.O., Vor. §§ 125 – 128 Rn. 24; Keidel/Krafka/Willer, Registerrecht, Rn. 111; Schaub, in: Ebenroth/Boujong/Joost, HGB, § 12 Rn. 129, jeweils m.w.N.

Klausur: Joint Ventures

A. Aufgabenstellung

I. Schildern Sie einen typischen Ablauf für die Anbahnung eines Joint Ventures und erläutern Sie kurz die einzelnen Schritte.

II. Beschreiben sie das Verhältnis zwischen Joint-Venture-Vertrag und Gesellschaftsvertrag.

III. Was berücksichtigen Sie bei der Vertragsgestaltung, wenn Ihr Mandant großen Wert auf Vertraulichkeit seiner Beteiligung an einem Joint Venture legt? Welche ergänzenden Hinweise geben Sie?

IV. Welche Überlegungen

1. zur Rechtsformwahl eines Equity Joint Ventures und

2. zur Vertragsgestaltung stellen Sie an, wenn Ihr Mandant anders als in Frage I. nur den Inhalt der Vereinbarungen mit seinem Joint-Venture-Partner vertraulich behandelt wissen will?

3. Der Mandant möchte insb. für die Übertragung von Joint-Venture-Anteilen ein Vorerwerbsrecht vorsehen, aus dem sich die Bewertung des Joint Ventures ableiten ließe und die deshalb nicht öffentlich werden soll.

V. 1. Welche beiden Rechtsformen werden am häufigsten für ein Equity Joint Venture gewählt und warum?

2. Nennen Sie drei Kriterien, in denen sich die beiden Rechtsformen unterscheiden.

VI. Die Joint-Venture-Partner bringen typischerweise Sachleistungen in das Joint Venture ein.

1. Weshalb bedeutet das für Sie erhöhten Prüfungs- und Beratungsaufwand?

2. Ihr Mandant schlägt vor, eine GmbH als Joint-Venture-Gesellschaft bar zu gründen und der Gesellschaft die Sachleistungen zu verkaufen. Was raten Sie ihm und warum?

VII. Worin liegt die Hauptschwierigkeit bei paritätischen Joint Ventures? Skizzieren Sie Lösungsmöglichkeiten.

B. Lösungsskizze[1]

I. Geheimhaltungserklärung – besonders wichtig bei Joint Ventures zwischen Wettbewerbern oder einem börsennotierten Partner (Stichwort Insiderinformation); Letter of Intent – legt weiteres Vorgehen und Eckpunkte des Joint Ventures fest; grds. keine rechtliche, aber faktische Bindungswirkung; Due Diligence bezüglich in das Joint Venture einzubringender Unternehmen oder Vermögensgegenstände; Verhandlung von Joint-Venture-Vertrag, Gesellschaftsvertrag der Joint-Venture-Gesellschaft und sonstiger Verträge; Abschluss der Verträge; ggf. Erfüllung der Vollzugsvoraussetzungen (Stichwort Gründung der Joint-Venture-Gesellschaft, Fusionskontrolle); Vollzug (s.o. C. Teil 2: Gesellschaftsrecht, 12. Kapitel, Rn. 19 ff.).

II. Abgrenzung nur bei Equity Joint Venture erforderlich; Joint-Venture-Vertrag ist rechtliche Grundlage für gesamtes Projekt, enthält typischerweise sowohl Bestimmungen zum Verfahren bis zum Beginn des Joint Ventures (z.B. Gründung der Joint-Venture-Gesellschaft, Einbringung von Einlagen in die Gesellschaft; Vollzugsvoraussetzungen) als auch materielle Regelungen zu den Rechten und Pflichten der Parteien als Gesellschafter; hinsichtlich der materiellen Regelungen sind Überschneidungen mit dem Gesellschaftsvertrag der Joint-Venture-Gesellschaft möglich; daher müssen beide Verträge

---

[1] Die nachfolgenden Stichworte skizzieren mögliche Antworten auf die Klausurfragen. Mit entsprechender Begründung sind auch alternative Lösungen denkbar. Die Stichworte sind nicht abschließend zu verstehen.

aufeinander abgestimmt werden; für den Fall unbeabsichtigter Abweichungen wird i.d.R. Joint-Venture-Vertrag Vorrang eingeräumt mit der Folge, dass Gesellschaftsvertrag anzupassen ist (s.o. Teil 2: Gesellschaftsrecht, 12. Kapitel, Rn. 38 ff.).

III. Geheimhaltungsvereinbarung als erster Schritt (ggf. als Bestandteil eines Letter of Intent); möglichst kleiner Kreis der Geheimnisträger und Vertragstrafeversprechen, um Wirksamkeit der Vereinbarung zu erhöhen; Hinweis an Mandant, dass sich der Bruch einer Geheimhaltungsvereinbarung in der Praxis kaum nachweisen lässt (s.o. Teil 2: Gesellschaftsrecht, 12. Kapitel, Rn. 22);

Art des Joint Ventures: Contractual Joint Venture oder ein Equity Joint Venture, bei der keine Publizitätspflichten hinsichtlich der Gesellschafter bestehen; AG als Rechtsform daher wegen § 20 AktG ungeeignet, auch sonstige im Handelsregister einzutragende Rechtsformen lassen Gesellschafter erkennen; mögliche Lösung wäre BGB-Gesellschaft als Joint-Venture-Gesellschaft; Schwäche der BGB-Gesellschaft ist fehlende Haftungsbegrenzung, als Lösung könnte der Anwalt vorschlagen, dass Joint-Venture-Partner eine vom Mandanten beherrschte GmbH wird, die keine anderen geschäftlichen Aktivitäten entfaltet (s.o. Teil 2: Gesellschaftsrecht, 12. Kapitel, Rn. 4, Rn. 9 ff.);

Geheimhaltungsklausel auch in Joint-Venture-Vertrag und/oder Gesellschaftsvertrag des Joint Ventures; Geheimhaltungsvereinbarung aus Anbahnungsphase umfasst typischerweise nicht Informationen aus späterer Zusammenarbeit und wird zudem häufig durch Klausel im Joint-Venture-Vertrag (unbeabsichtigt) aufgehoben („... ersetzt alle früheren Vereinbarungen zu seinem Gegenstand ...") (s.o. Teil 2: Gesellschaftsrecht, 12. Kapitel, Rn. 22);

Prüfung erforderlich, ob Joint Venture der Fusionskontrolle unterliegt und daher beim BKartA oder einer anderen Kartellbehörde angemeldet werden muss; Prüfung sonstiger Genehmigungserfordernisse, die Information von Behörden oder Dritter erforderlich machen (s.o. Teil 2: Gesellschaftsrecht, 12. Kapitel, Rn. 79 ff.).

IV. 1. Wahl einer Rechtsform mit geringer Publizität; während bei Kapitalgesellschaften der Gesellschaftsvertrag zum Handelsregister eingereicht werden muss, ist dies bei Personenhandelsgesellschaften wie z.B. der GmbH & Co. KG nicht der Fall (der Gesellschaftsvertrag der Komplementärin enthält typischerweise keine geheimhaltungsbedürftigen Bestimmungen) (s.o. Teil 2: Gesellschaftsrecht, 12. Kapitel, Rn. 38);

2. zu überlegen, welche Bestimmungen in den (ggf. öffentlich zugänglichen) Gesellschaftsvertrag und welche in dem (vertraulichen) Joint-Venture-Vertrag aufgenommen werden; dabei wäre zu prüfen, welche Regelungen wirksam nur im Gesellschaftsvertrag getroffen werden können; ferner zu berücksichtigen, dass Regelungen im Gesellschaftsvertrag grds. auch für und gegen künftige Gesellschafter und zudem „dinglich" wirken; z.B. Verstoß gegen eine Übertragungsbeschränkung von Joint-Venture-Anteilen: begründet nicht nur Schadensersatzansprüche, sondern macht die Übertragung im Regelfall unwirksam (s.o. Teil 2: Gesellschaftsrecht, 12. Kapitel, Rn. 38 f.);

3. mögliche Lösung wäre Vinkulierung der Anteile im Gesellschaftsvertrag, die jede Verfügung über Joint-Venture-Anteile an die Zustimmung des anderen Joint-Venture-Partners bindet; der Joint-Venture-Vertrag verpflichtet den Joint-Venture-Partner, die Zustimmung zu erteilen, wenn der verfügungswillige Partner die im Joint-Venture-Vertrag enthaltenen Regeln des Vorerwerbsrechts beachtet (s.o. Teil 2: Gesellschaftsrecht, 12. Kapitel, Rn. 66).

V. 1. GmbH und GmbH & Co. KG; beide Gesellschaften erlauben neben der Haftungsbegrenzung für die Gesellschafter eine flexible Vertragsgestaltung und verbindliche Weisungen an die Geschäftsführung (s.o. Teil 2: Gesellschaftsrecht, 12. Kapitel, Rn. 10);

2. Z.B.: GmbH ist körperschaftssteuerpflichtig (§ 1 Abs. 1 KStG), GmbH & Co. KG ist nicht selbst Subjekt der Einkommensteuer, sondern ihre Gesellschafter (§ 15 Abs. 1 Nr. 2 EStG); Drittelmitbestimmung gilt gemäß § 1 Abs. 1 Nr. 3 DrittelbG für GmbH, aber nicht für GmbH & Co. KG; Gesellschaftsvertrag der GmbH ist registeröffentlich, derjenige der GmbH & Co. KG nicht; GmbH & Co.

KG ist komplizierter, da sie sich aus zwei Gesellschaften zusammensetzt (s.o. Teil 2: Gesellschaftsrecht, 12. Kapitel, Rn. 9 ff.).

VI. 1. Je nach den einzubringenden Vermögensgegenständen kann sowohl der die Verpflichtung zur Einlageleistung enthaltende Joint-Venture-Vertrag als auch der eigentliche Einbringungsvertrag einem Formzwang unterliegen, z.B. Grundstücke (§§ 311b, 873, 925 BGB), GmbH-Geschäftsanteile (§ 15 Abs. 3 und Abs. 4 GmbHG); zudem sind abhängig von der Rechtsform der Joint-Venture-Gesellschaft ggf. Sachgründungsvorschriften zu beachten (z.B. §§ 27, 31, 32 Abs. 2 AktG, §§ 5 Abs. 4, 7 Abs. 2 und Abs. 3, 9 GmbHG) (s.o. Teil 2: Gesellschaftsrecht, 12. Kapitel, Rn. 41);

2. von diesem Vorgehen ist dringend abzuraten – Stichwort verdeckte Sacheinlage (s.o. Teil 2: Gesellschaftsrecht, 12. Kapitel, Rn. 43.).

VII. Hauptproblem ist Überwindung von Pattsituationen bei Geschäftsführungs- und Gesellschafterentscheidungen; mögliche Lösungen sind Eskalationsverfahren; Mediation; Entscheidungsrecht eines Joint-Venture-Partners; Einschaltung eines Dritten; Beendigungsklauseln; Festlegung von Kompromissen bereits im Joint-Venture-Vertrag (s.o. Teil 2: Gesellschaftsrecht, 12. Kapitel, Rn. 44 ff.).

Klausur: Schiedsgerichtsbarkeit

A. Sachverhalt

I. Ausgangssachverhalt

19

Schmidt, Müller & Kollegen

Anwaltskanzlei

Mainzer Landstraße 161

60322 Frankfurt/M.

An das Oberlandesgericht Frankfurt

Zeil 42

60313 Frankfurt/M.

Klage

der **Potowski Industrieexport GmbH**, Waldowallee 142, 10318 Berlin,

vertreten durch ihren Geschäftsführer Eike Freund

– Klägerin –

Prozessbevollmächtigte: Schmidt, Müller & Kollegen, Mainzer Landstraße 161, 60322 Frankfurt/M.

gegen

die **Beckmann AquaWonder GmbH**, Darmstädter Landstraße 157, 60592 Frankfurt,

vertreten durch ihren Geschäftsführer Reinhard Beckmann

– Beklagte –

Prozessbevollmächtigte: Bleibtreu, Fürchtenicht und Kollegen, Goethestr. 15, 60329 Frankfurt/M.

Namens und im Auftrag der Klägerin erheben wir Klage und beantragen wie folgt zu entscheiden:

Der in dem Schiedsverfahren zwischen der Klägerin und der Beklagten von den Schiedsrichtern Schimmelpfennig, Hasenpfad und Achtner am 13.6.2006 abgefasste Schiedsspruch wird aufgehoben.

Begründung

Der am 13.6.2006 gegen die Klägerin erlassene Schiedsspruch ist materiell und prozessual fehlerhaft und daher aufzuheben. Wie die nachstehende Schilderung des Sachverhalts zeigen wird (I.), war nicht nur das Schiedsverfahren insgesamt fehlerhaft, der Beklagten steht der geltend gemachte Anspruch darüber hinaus auch nicht zu. Aus diesen Erwägungen ergibt sich zwingend, dass der Schiedsspruch aufgehoben werden muss (II.).

I. Sachverhalt

Die Klägerin betreibt ein Exportgeschäft und vertreibt im Wesentlichen Maschinen und Zubehör für Großprojekte in Europa und dem Nahen Osten. Die Beklagte ist Herstellerin insb. von Meerwasseraufbereitungsanlagen. Sie beschreibt sich selbst als „*führend auf diesem Gebiet*" und hält nach eigenen Angaben einen Marktanteil von weltweit fast 40 %.

Beweis: Ausdruck von der Webseite der Beklagten, als Anlage **K1**.

Die Parteien haben am 10.4.2004 einen Rahmenkaufvertrag über die Lieferung von Wasseraufbereitungsanlagen zum Export in den Nahen Osten, Spanien und Portugal abgeschlossen. In diesem Kaufvertrag verpflichtete sich die Beklagte in einem Zeitraum von insgesamt zehn Jahren Meerwasseraufbereitungslagen im Gegenwert von ca. 15 Mio. € an die Klägerin zu liefern. Der Vertrag enthält unter anderem die folgenden Klauseln:

„*4. Lieferung und Rechnungsstellung erfolgt jeweils zum 15. eines Monats, erstmals zum 15.5.2005.*"

Beweis: Kopie des Rahmenkaufvertrages, als Anlage **K2**.

Der Vertrag enthält ferner eine Schiedsklausel mit folgendem Inhalt:

„*26. Alle Streitigkeiten, die sich im Zusammenhang mit diesem Vertrag oder über seine Gültigkeit ergeben, werden nach der Schiedsgerichtsordnung der Deutschen Institution für Schiedsgerichtsbarkeit e. V. (DIS) unter Ausschluss des ordentlichen Rechtsweges endgültig entschieden. Die Anzahl der Schiedsrichter beträgt drei. Der Ort des Schiedsverfahrens ist Frankfurt/M.*"

Beweis: Wie zuvor.

Zwischen der Klägerin und der Beklagten ist es noch 2004 zu Streitigkeiten über Fragen der Mangelfreiheit bzw. der ordnungsgemäßen Lieferung der Ware gekommen. Die Klägerin hat die von der Beklagten geforderte Zahlung unter Berufung auf den Nichterhalt der Ware bzw. deren Mangelhaftigkeit verweigert. Die Lieferungen v. 15.5., 15.6. und 15.7.2004 haben die Klägerin entgegen dem Vortrag der Beklagten nie erreicht. Die von der Beklagten behauptete Ablieferung vor dem Firmengebäude außerhalb des Werksgeländes ist als unzureichend anzusehen. Die Lieferungen v. 15.8. und 15.9.2004 hat die Klägerin erhalten. Diese entsprachen nicht der vertraglichen vereinbarten Spezifikation. Dies hat die Klägerin der Beklagten auch unverzüglich mitgeteilt. Dennoch hat die Beklagte unverständlicherweise auf der Zahlung des Kaufpreises bestanden und gemäß des Rahmenkaufvertrages die Zahlung von jeweils 100.000 € für die Lieferungen v. 15.5., 15.6. und 15.7.2004 gefordert, ferner jeweils 150.000 € für die Lieferungen v. 15.8. und 15.9.2004.

Zum 20.9.2004 hat die Beklagte den Vertrag für die Zukunft gekündigt und im Dezember 2004 ein Schiedsverfahren gegen die Klägerin eingeleitet. In dem Schiedsverfahren hat die Beklagte die Verurteilung der Klägerin zur Zahlung von insgesamt 600.000 € zzgl. Zinsen i.H.v. 8 % über dem Basiszinssatz der Europäischen Zentralbank ab Schiedshängigkeit gefordert.

In dem von den Schiedsrichtern Schimmelpfennig, Hasenpfad und Achtner durchgeführten Schiedsverfahren wurden insgesamt drei mündliche Verhandlungen abgehalten. Entgegen den eindeutigen Vereinbarungen der Parteien wurde das Schiedsverfahren in München durchgeführt. Der Vorsitzende des Schiedsgerichts, Herr Dr. Hasenpfad, begründete dies in grob missbräuchlicher Weise allein durch „*die kurze Anreise für das Schiedsgericht*".

Beweis: Beschluss des Schiedsgerichts v. 12.1.2005, als Anlage **K3**.

Die Klägerin, die eine weite und strapaziöse Anreise auch für ihre Zeugen in Kauf nehmen musste, ist durch diese Änderung des vereinbarten Verfahrensablaufs massiv beeinträchtigt worden.

Zudem hat die Beklagte erst am 1.6.2006 – im Übrigen nicht hinreichende – Abliefernachweise vorgelegt. Das Schiedsgericht hat in dem am 16.6.2006 bei der Klägerin zugestellten Schiedsspruch wesentlich auf diese Abliefernachweise Bezug genommen. Dies geschah, obwohl das Schiedsgericht das Verfahren am 2.6.2006 für beendet erklärt und mit Beschluss entschieden hat, dass weiterer Sachvortrag nicht berücksichtigt werde. Der Klägerin wurde jede Möglichkeit zur Stellungnahme genommen.

Beweis: Beschluss des Schiedsgerichts v. 2.6.2006, als Anlage **K4**.

Mit dem am 13.6.2006 abgefassten, hier am 15.6.2006 zugegangenen Schiedsspruch, hat das Schiedsgericht schließlich die Klägerin zur Zahlung von insgesamt 600.000 € zzgl. Zinsen in Höhe des LIBOR-Satzes ab Schiedshängigkeit verurteilt. Das Schiedsgericht hat die Höhe des Zinssatzes mit der Aussage begründet, dass der LIBOR-Zinssatz im internationalen Handelsverkehr üblicher sei, als der von der Schiedsklägerin geforderte gesetzliche Zinssatz i.H.v. 8 % über dem Basiszinssatz der Europäischen Zentralbank.

Beweis: Schiedsspruch v. 13.6.2006, als Anlage **K5**.

II. Rechtliche Würdigung

Auf der Grundlage der geschilderten Fakten ist deutlich, dass von einem ordnungsgemäßen Verfahrensablauf nicht die Rede sein kann. Der Schiedsspruch leidet an gravierenden Verfahrensmängeln, die zwingend zu seiner Aufhebung führen müssen.

Das Schiedsgericht hat nicht nur die von den Parteien einvernehmlich getroffene Verfahrensvereinbarung hinsichtlich des Ortes der Durchführung des Schiedsverfahrens missachtet. Vielmehr hat das Schiedsgericht der Klägerin auch keine Gelegenheit zur Stellungnahme zum Schriftsatz der Beklagten v. 1.6.2006 gegeben. Diese Missachtung der Klägerin ist besonders gravierend, da das Schiedsgericht den Vortrag der Beklagten im Schiedsspruch maßgeblich berücksichtigt hat.

Der Schiedsspruch ist aber auch aus materiellen Gründen fehlerhaft. Das Schiedsgericht hat entgegen den von der Klägerin im Schiedsverfahren vorgetragenen Tatsachen nicht berücksichtigt, dass die von der Beklagten am 15.8. und 15.9.2005 gelieferte Ware fehlerhaft war und ein Zahlungsanspruch gegen die Klägerin schon aus diesem Grund nicht gegeben war. Ferner hätte das Schiedsgericht berücksichtigen müssen, dass auch kein Kaufpreisanspruch für die vor dem Werksgelände abgeladene Ware der Lieferungen v. 15.5., 15.6. und 15.7.2005 bestand.

Zuletzt ist auch die Höhe der Zinsen, die das Schiedsgericht zugesprochen hat, fehlerhaft. Sogar wenn ein Anspruch der Beklagten bestehen würde, so wären Zinsen lediglich in Höhe eines Satzes von 8 % über dem Basiszinssatz der Europäischen Zentralbank gerechtfertigt, vgl. §§ 247 Abs. 1 Satz 1, 288 Abs. 2 BGB.

Nach alledem ist der Schiedsspruch aufgrund der Aufhebungsgründe des § 1059 Abs. 2 Nr. 1 lit. b und lit. d sowie Nr. 2 lit. b ZPO aufzuheben.

Dr. Jürgen Schmidt
Rechtsanwalt

II. Abwandlung

Unterstellen Sie, dass – bei im Übrigen identischem Sachverhalt – der Rahmenkaufvertrag zwischen den Beteiligten die folgende Passage enthält:

„2. *Das Vertragsgebiet der Käuferin ist begrenzt auf die Vereinigten Arabische Emirate (V.A.E.), Spanien und Portugal.*"

14. [...] die Käuferin verpflichtet sich für die Dauer der gesamten Vertragslaufzeit sowie fünf Jahre nach der letzten Lieferung keine Produkte eines mit der Verkäuferin in direktem oder indirektem Wettbewerb stehendem Unternehmen im Vertragsgebiet zu vertreiben. Die Käuferin sichert ferner zu, die von der Verkäuferin gelieferten Produkte ausschließlich an Kunden mit Wohnort oder Firmensitz im Vertragsgebiet zu veräußern. Die Käuferin versichert weiter, keine von der Verkäuferin gelieferten Produkte außerhalb des Vertragsgebiets zu vertreiben und zudem die in der Anlage A von der Verkäuferin vorgegebenen Verkaufspreise strikt einzuhalten."

B. Aufgabenstellung

I. Erstellen Sie zum Ausgangssachverhalt den Erwiderungsschriftsatz der Beklagten. Es ist zu unterstellen, dass der Sachvortrag der Klägerin zutrifft und die als Beweis angeführten Dokumente den wiedergegebenen Inhalt haben.

II. Erstellen Sie ein kurzes Gutachten zur Abwandlung, indem Sie die Rechtslage aus Sicht der Beklagten untersuchen und einen Handlungsvorschlag für das strategisch günstigste Vorgehen unterbreiten.

C. Lösungsskizze

I. Ausgangssachverhalt

Bleibtreu, Fürchtenicht und Kollegen

Anwaltskanzlei
Goethestr. 15
60329 Frankfurt/M

Klageerwiderung

In Sachen

der **Potowski Industrieexport GmbH**, Waldowallee 142, 10318 Berlin,

vertreten durch ihren Geschäftsführer Eike Freund

– Klägerin –

Prozessbevollmächtigte: Schmidt, Müller & Kollegen, Mainzer Landstraße 161, 60322 Frankfurt/M.

gegen

die **Beckmann AquaWonder GmbH**, Darmstädter Landstraße 157, 60592 Frankfurt/M.,

vertreten durch ihren Geschäftsführer Reinhard Beckmann

– Beklagte –

Prozessbevollmächtigte: Bleibtreu, Fürchtenicht und Kollegen, Goethestr. 15, 60329 Frankfurt/M.

nehmen wir Namens und im Auftrag der Beklagten Stellung und beantragen wie folgt zu entscheiden:

Der Antrag wird abgewiesen.

Begründung

Die von der Klägerin behaupteten Mängel des Schiedsverfahrens stellen keine Aufhebungsgründe i.S.d. § 1059 ZPO dar.

I. Kein Aufhebungsgrund nach § 1059 Abs. 2 Nr. 1 lit. d) ZPO

Entgegen den Behauptungen der Klägerin liegt kein Aufhebungsgrund nach § 1059 Abs. 2 Nr. 1 lit. d ZPO vor. Es ist zwar richtig, dass die Parteien vereinbart haben, dass der Ort des schiedsrichterlichen Verfahrens Frankfurt sein soll. Es ist auch richtig, dass drei mündliche Verhandlungen aufgrund eines Beschlusses des Schiedsgerichts nicht in Frankfurt, sondern in München durchgeführt wurden. Darin ist aber kein Aufhebungsgrund nach § 1059 Abs. 2 Nr. 1 lit. d) ZPO zu sehen.

1. Keine Bestimmung des Ortes der mündlichen Verhandlung durch die Parteien

Die Klägerin verwechselt insoweit den Ort des schiedsrichterlichern Verfahrens mit dem Ort der schiedsrichterlichen Tätigkeit. Während die Parteien den Ort des schiedsrichterlichen Verfahrens vertraglich geregelt haben, wurde der Punkt des Ortes der schiedsrichterlichern Tätigkeit, insb. der Ort einer eventuellen mündlichen Verhandlung von den Parteien offengelassen. Gemäß § 1043 Abs. 2 ZPO obliegt es dem Schiedsgericht den Ort der mündlichen Verhandlung festzulegen. Die Entscheidung des Schiedsgerichts ist von einem staatlichen Gericht nicht nachzuprüfen (vgl. B/L/A/H-Albers, ZPO, § 1043 Rn. 3). Ohnehin kann in der Wahl von München als Ort der Durchführung der mündlichen Verhandlung keine ernstliche Benachteiligung der Klägerin gesehen werden. Ein kurzer Anreiseweg der Schiedsrichter ist ein Argument, das bei der Wahl des Ortes der mündlichen Verhandlung zu berücksichtigen ist. Zudem konnten die Vertreter der Beklagten über den gut zu erreichenden Münchner Flughafen ebenfalls bequem anreisen. Hier ist auch zu berücksichtigen, dass die Anreise von Berlin nach Frankfurt ebenso aufwendig gewesen wäre, wie die Anreise nach München. Eine grob missbräuchliche Entscheidung liegt daher nicht vor.

2. Keine Auswirkung auf den Schiedsspruch

Zudem liegt sogar bei unterstellter Verletzung einer Vereinbarung der Parteien über den Ort der mündlichen Verhandlung kein Aufhebungsgrund nach § 1059 Abs. 2 Nr. 1 lit. d ZPO vor. Der Klägerin ist nicht gelungen darzulegen, wie der angebliche Verstoß gegen die Vereinbarung der Parteien sich auf den Schiedsspruch ausgewirkt haben könnte. Eine Auswirkung auf dem Inhalt der Entscheidung ist darüber hinaus auch nicht vorstellbar.

3. Präklusion

Selbst wenn die von der Klägerin zu beweisenden Auswirkungen auf den Schiedsspruch vorlägen, wäre zudem die Aufhebung des Schiedsspruchs wegen Präklusion nach § 1027 ZPO hier ausgeschlossen. Die Klägerin hat es unterlassen, den behaupteten Verfahrensmangel im Schiedsverfahren zu rügen und ist daher mit der Geltendmachung präkludiert.

Ein Aufhebungsgrund nach § 1059 Abs. 2 Nr. 1 lit. d ZPO liegt daher ersichtlich nicht vor.

II. Kein Aufhebungsgrund nach § 1059 Abs. 2 Nr. 1 lit. b) ZPO

Darüber hinaus kann sich die Klägerin auch nicht auf einen Aufhebungsgrund nach § 1059 Abs. 2 Nr. 1 lit. b) ZPO berufen. Soweit sie geltend macht, durch den Beschluss des Schiedsgerichts v. 2.6.2006 in ihrem Anspruch auf Gewährung rechtlichen Gehörs verletzt worden zu sein, ist die Klägerin erneut auf § 1027 ZPO zu verweisen. Die Klägerin hat es unterlassen, die behauptete Verletzung ihres rechtlichen Gehörs im Schiedsverfahren zu rügen. Ausweislich § 1027 ZPO ist sie damit von der Geltendmachung im Aufhebungsverfahren präkludiert.

III. Kein Aufhebungsgrund nach § 1059 Abs. 2 Nr. 2 lit. b) ZPO

Auch in den von der Klägerin behaupteten Rechtsverletzungen ist kein Aufhebungsgrund zu sehen. § 1059 Abs. 2 Nr. 2 lit. b ZPO ist nur einschlägig, wenn ein Verstoß gegen den deutschen *ordre public* vorliegt. Alleine eine (hier behauptete) sachlich Unrichtigkeit des Schiedsspruchs stellt entgegen den Vorstellungen der Klägerin keinen Aufhebungsgrund dar (vgl. BGH, NJW 1999, 2974, 2975 m.w.N.).

Ein Verstoß gegen den *ordre public* liegt nur vor, wenn die Rechtsfolgenanordnung in dem Schiedsspruch zu einer nach den Wertungsmaßstäben des Inlandes unerträglichen Situation führt. Dies ist der Fall, wenn eine Norm des zwingenden Rechts, die Grundlagen des staatlichen oder wirtschaftlichen Lebens berührt oder elementare Gerechtigkeitsvorstellungen repräsentiert, verletzt worden sind (vgl. Lachmann, Handbuch für die Schiedsgerichtspraxis, Rn. 1224).

1. Keine Verletzung des ordre public durch Anwendung des LIBOR-Zinssatzes

Ein solcher Fall liegt gerade nicht in der Anwendung des LIBOR-Zinssatzes auf den Anspruch der Beklagten. Die gesetzlichen Regelungen über den Verzugszinssatz sind dispositiv (vgl. nur MünchKomm-BGB/Ernst, § 288, Rn. 28 m.w.N.). Bei dem LIBOR-Zinssatz handelt es sich zudem um einen international anerkannten und regelmäßig vereinbarten Zinssatz zwischen Handelsunternehmen. Sogar soweit also die Anwendung des LIBOR-Zinssatzes durch das Schiedsgericht fehlerhaft gewesen wäre, kann nicht davon ausgegangen werden, dass hier eine Norm die Grundlagen des staatlichen oder wirtschaftlichen Lebens berührt, verletzt worden ist. Ein Verstoß gegen den *ordre public* liegt daher aufgrund der Anwendung des LIBOR-Zinssatzes nicht vor.

2. Keine Verletzung des ordre public durch behauptete Rechtsverletzungen

Auch hinsichtlich der behaupteten inhaltlichen Unrichtigkeit des Schiedsspruchs aufgrund der Nichtberücksichtigung der von der Klägerin geltend gemachten Mängelrechte bzw. des Einwandes der Nichterfüllung gilt nichts anderes. Es kann dahingestellt bleiben, ob die Ware im vorliegenden Fall mangelhaft war oder hinsichtlich der Erfüllungsmodalitäten des Anspruchs gegen die Beklagte Auslegungsspielraum zu Gunsten der Klägerin bestand. Jedenfalls wäre in einer inhaltlichen Unrichtigkeit auch hier kein Verstoß gegen den *ordre public* zu sehen. Dies folgt schon aus der Tatsache, dass die Sachmängelgewährleistungsrechte zwischen Unternehmen in weiten Teilen abdingbar sind und im Übrigen weder Grundlagen des wirtschaftlichen Lebens noch elementare Gerechtigkeitsvorstellungen betreffen. Die Frage, ob eine Ware den vereinbarten Spezifikationen entspricht, ist im Gegenteil über weite Strecken eine Frage der Auslegung der vertraglichen Vereinbarung.

Es handelt sich daher bei den behaupteten materiellen Mängeln des Schiedsspruchs um Auslegungsfragen, die einer Inhaltskontrolle durch die staatlichen Gerichte nicht zugänglich sind (vgl. BGH, NJW 1999, 2974, 2975 m.w.N. in einem vergleichbaren Sachverhalt). Ein Verstoß gegen den *ordre public* liegt folglich nicht vor.

3. Keine Verletzung des ordre public durch die behauptete Verletzung des Anspruchs auf Gewährung rechtlichen Gehörs

Auch die von der Klägerin behauptete Verletzung des rechtlichen Gehörs begründet keinen Aufhebungsgrund wegen einer Verletzung des *ordre public*. Ein solcher wäre auch, wie bereits unter II. dargelegt wurde, präkludiert (vgl. OLG Stuttgart, SchiedsVZ 2003, 84, 85 und Zöller/Geimer, ZPO § 1059 Rn. 40 m.w.N.).[1]

Zusammenfassend ist also kein Aufhebungsgrund i.S.d. § 1059 ZPO gegeben. Der Aufhebungsantrag ist abzuweisen.

Dr. Fürchtenicht
Rechtsanwalt

---

[1] Hier ist grds. denkbar, zu argumentieren, dass eine Verletzung rechtlichen Gehörs, die so wesentlich ist, dass eine Verletzung des *ordre public* vorliegt, nicht präkludiert sein kann. Dafür spricht, dass eine Verletzung des *ordre public* ohnehin von Amts wegen zu prüfen ist und auch nicht zur Disposition der Parteien steht (vgl. dazu Musielak/Voit, ZPO § 1059 Rn. 28 und § 1027 Rn. 2). Auf der Basis der bislang ergangenen Rspr. und insb. aus der Sicht der Beklagten ist hier aber in jedem Fall von der Präklusion der Verletzung auszugehen.

II. Abwandlung

In dem abgewandelten Sachverhalt ist in Vertragsklausel Nr. 14 eine Beschränkung des Wettbewerbs zu sehen, die schon nach dem Wortlaut von Art. 81 EG-Vertrag eindeutig gegen diesen verstößt. Da in einem Verstoß gegen zwingende Kartellbestimmungen nach deutschem Recht stets ein Verstoß gegen den *ordre public* zu sehen ist (vgl. EuGH, EuZW 1999, 565 ff. – EcoSwiss./. Benetton), wäre der Schiedsspruch zwingend durch das OLG aufzuheben.

Etwas anderes ergibt sich auch nicht aus der Entscheidung des Schweizer Bundesgerichts v. 8.3.2006. Diese Entscheidung gilt zunächst nur für die Schweiz. Für die EU und für Deutschland hat der EuGH ausdrücklich die Zugehörigkeit des europäischen Kartellrechts zum *ordre public* der Mitgliedstaaten festgestellt. Da der Schiedsort in Deutschland liegt, ist also ein Verstoß gegen den *ordre public* gegeben.

Aufgrund dieser Prognose des Verfahrensausgangs ist der Beklagten aus Anwaltssicht zu raten, ein Anerkenntnis abzugeben, um jedenfalls keine unnötigen Anwalts- und Gerichtskosten entstehen zu lassen.

Klausur: Besteuerung der einzelnen Gesellschaften und Rechtsformvergleich

Benötigte Hilfsmittel:

Gesetze: Abgabenordnung, Einkommensteuergesetz, Körperschaftsteuergesetz, Umwandlungssteuergesetz, Aktiengesetz, Handelsgesetzbuch

Taschenrechner

A. Fall 1

I. Sachverhalt

Die A-GmbH (Wj = Kj) hat ein Körperschaftsteuerguthaben gemäß § 37 Abs. 2 KStG zum 31.12.2005 i.H.v. 300.000 €. Das zu versteuernde Einkommen für 2006 beträgt 700.000 €. Es wird in 2006 eine offene Gewinnausschüttung i.H.v. 150.000 € getätigt.

II. Aufgabenstellung

1. Welche steuerlichen Folgen hat die offene Gewinnausschüttung bei der A-GmbH im Hinblick auf deren Körperschaftsteuerschuld und das verbleibende Körperschaftsteuerguthaben in 2006?

   Es soll hierbei **unterstellt** werden, dass die Regelungen des § 37 Abs. 2 lit. a KStG nicht existiert. KSt-Schuld und KSt-Guthaben zum 31.12.2006 sind zu berechnen.

2. Welche steuerlichen Folgen hat die offene Gewinnausschüttung bei der A-GmbH im Hinblick auf deren Körperschaftsteuerschuld und das verbleibende Körperschaftsteuerguthaben in 2006? Gehen sie auf die Rechtsfolgen ein, die sich aus § 37 Abs. 2 lit. a KStG ergeben. KSt-Schuld und KSt-Guthaben sind zu berechnen.

3. Es wird überlegt, die A-GmbH auf die B-GmbH & Co. KG zu verschmelzen. Der Verschmelzung liegt die Schlussbilanz der A-GmbH auf den 31.12.2006 zugrunde (§ 2 Abs. 1 UmwStG). Welche KSt-Schuld hat die A-GmbH im Fall einer Verschmelzung im Jahr 2006, wenn ihr zu versteuerndes Einkommen 700.000 €, das KSt-Guthaben zum 31.12.2005 = 300.000 € beträgt und vor der Verschmelzung keine Gewinnausschüttung erfolgt?

Unterstellen Sie, dass genug steuerliches Eigenkapital zur Verfügung steht, um das gesamte KSt-Guthaben gemäß § 37 Abs. 2 KStG zu nutzen.

III. Lösungsskizze

1. Frage 1

Das zu versteuernde Einkommen einer Körperschaft unterliegt im VZ 2006 gemäß § 23 Abs. 1 KStG einem Steuersatz von 25 %.

⇒ Danach beträgt die KSt-Schuld (vor KSt-Minderung) 700.000 € × 25 % = 175.000 €.

Gemäß § 37 Abs. 2 Satz 1 KStG verringert sich das KSt-Guthaben bei offenen Ausschüttungen um 1/6 der Gewinnausschüttungen. § 37 Abs. 2 Satz 2 KStG bestimmt für diesen Fall, dass sich die KSt-Schuld des Veranlagungszeitraums mindert, in dem das Wirtschaftsjahr endet, in dem die Gewinnausschüttung erfolgt.

Eine eventuelle Begrenzung der KSt-Minderung und der Minderung des KSt-Guthabens ist gemäß § 37 Abs. 2 lit. a KStG nach dem Bearbeitervermerk nicht zu beachten.

⇒ die offene Ausschüttung führt daher zu einer Minderung des KSt-Guthaben von 1/6 des Ausschüttungsbetrages = 1/6 × 150.000 € = 25.000 €.

⇒ die KSt-Schuld 2006 beträgt = 175.000 € – 25.000 € = 150.000 €

⇒ KSt-Guthaben zum 31.12.2006 = 300.000 € – 25.000 € = 275.000 €.

2. Frage 2

Die Ausgangslage ist dieselbe wie bei Frage 1.

Die KSt-Schuld vor einer etwaigen KSt-Minderung beträgt gemäß § 23 Abs. 1 KStG auch hier 175.000 €; die KSt-Minderung beträgt vor Anwendung des § 37 Abs. 2 lit. a KStG max. 1/6 des Ausschüttungsbetrages = 25.000 €.

Die Regelung des § 37 Abs. 2 lit. a Nr. 1 KStG schloss eine KSt-Minderung für Ausschüttungen aus, die nach dem 11.4.2003 und vor dem 1.1.2006 erfolgten. Aus dieser Tatbestandsalternative ergibt sich keine Beschränkung, da die KSt-Minderung im Fall auf einer Ausschüttung nach dem 31.12.2005 beruht.

Es ist aber eine Beschränkung aus § 37 Abs. 2 lit. a Nr. 2 KStG zu prüfen. Nach dieser Regelung wird die Körperschaftsteuer-Minderung für Gewinnausschüttungen der Höhe nach begrenzt, die nach dem 31.12.2005 erfolgen. Der max. Minderungsbetrag ergibt sich daher entweder aus § 37 Abs. 2 Satz 1 KStG i.H.v. 1/6 des Ausschüttungsbetrages oder – falls dieser Betrag höher ist – max. i.H.d. Deckelungsbetrages gemäß § 37 Abs. 2 lit. a Nr. 2 KStG.

Der Höchstbetrag gemäß § 37 Abs. 2 lit. a Nr. 2 KStG ergibt sich aus dem Betrag, der sich ergibt, wenn das auf den Schluss des vorangegangenen Wirtschaftsjahres festgestellte KSt-Guthaben gleichmäßig auf die verbleibenden Wirtschaftsjahre bis zum Ende des Übergangszeitraums verteilt wird. Der Übergangszeitraum wurde bis 2018 verlängert oder für den Fall dass bis Ende 2018 keine Ausschüttung erfolgt, kann das gesamte KSt-Guthaben in 2019 ohne Höhenbegrenzung in Anspruch genommen werden.

Hieraus ergibt sich:

KSt-Guthaben zum 31.12.2005	300.000 €
Verbleibender Zeitraum, für den eine KSt-Minderung in Betracht kommt (2006 – 2019)	14 Jahre
Max. KSt-Minderung gemäß § 37 Abs. 2a Nr. 2 KStG	150.000 €: 14 Jahre = 10.714 €
KSt-Schuld zum 31.12.2006	175.000 € – 10.714 € = 164.286 €
KSt-Guthaben zum 31.12.2006	300.000 € – 10.714 € = 289.286 €

3. Frage 3

In den Fällen der Umwandlung einer Kapitalgesellschaft auf eine natürliche Person oder Personengesellschaft gemäß §§ 3 ff. UmwStG bestimmt § 10 Satz 2 UmwStG, dass das KSt-Guthaben in voller Höhe ohne die Beschränkung gemäß § 37 Abs. 2 lit. a KStG zu einer Minderung der KSt zur Verfügung steht. Die KSt-Minderung erfolgt im Rahmen der Ermittlung der KSt-Schuld bei der übertragenden A-GmbH in deren steuerlicher Schlussbilanz. Die A-GmbH hätte für den VZ 2006 eine KSt-Schuld von 175.000 € ohne die Umwandlung. Da die Verschmelzung gemäß § 10 Satz 1 UmwStG zur vollen Nutzung des KSt-Guthabens führen soll (siehe Bearbeitervermerk), mindert sich die KSt-Schuld in der steuerlichen Übertragungsbilanz auf Null € (KSt-Schuld 175.000 € – 300.000 € KSt-Minderung). Der Restbetrag der nicht verbrauchten KSt-Minderung i.H.v. 125.000 € führt zu einem Erstattungsanspruch, den die A-GmbH in ihrer steuerlichen Übertragungsbilanz zu aktivieren hat.

B. Fall 2
I. Aufgabenstellung

1. Welche Voraussetzungen müssen für das Vorliegen einer körperschaftsteuerlichen Organschaft zwischen zwei inländischen GmbHs erfüllt sein?
2. Welche steuerlichen Konsequenzen ergeben sich aus einer körperschaftsteuerlichen Organschaft beim Organträger, wenn bei der Organgesellschaft ein Verlust vorliegt? Sie brauchen **nicht** auf die technische Umsetzung im Rahmen der Gewinnermittlungen von Organträger und Organgesellschaft eingehen.
3. Ist der Refinanzierungsaufwand in Form von Schuldzinsen für ein Darlehen, das zum Erwerb der Beteiligung an der Organgesellschaft aufgenommen wurde, bei der Organträger-GmbH abzugsfähig, wenn in der Folge **nur** Gewinnabführungen erfolgen?
4. An der T-GmbH ist der A zu 100 % beteiligt. Er ist zugleich Kommanditist zu 100 % an der M-GmbH & Co. KG, die als Bauträgergesellschaft tätig ist und ihre gesamten Geschäftsbeziehungen ausschließlich mit der T-GmbH unterhält. Die Beteiligung an der T-GmbH wird im Sonderbetriebsvermögen II der M-GmbH & Co. KG steuerlich erfasst. Ist die Bildung einer körperschaftsteuerlichen Organschaft zwischen der M-GmbH & Co. KG und der T-GmbH möglich?

II. Lösungsskizze
1. Frage 1
a) Anforderungen an die Organgesellschaft

Rechtsform	Kapitalgesellschaften (AG, KGaA), nicht aber Lebens- und Krankenversicherungsunternehmen gemäß § 14 Abs. 2 KStG. Die GmbH kann als andere Kapitalgesellschaft gemäß § 17 Satz 1 KStG i.V.m. § 14 Abs. 1 KStG Organgesellschaft sein.
Sitz und Geschäftsleitung	Geschäftsleitung **und** Sitz im Inland
Ergebnisabführungsvertrag/Gewinnabführungsvertrag	Zwingender Abschluss eines schriftlichen Ergebnisabführungsvertrages gemäß § 291 AktG und dessen Wirksamwerden (Beschlüsse der Gesellschafterversammlungen mit jeweils 3/4-Mehrheit, notarielle Beurkundung und Eintragung in das Handelsregister) bis zum Ende des Wirtschaftsjahres der Organgesellschaft, für das die Organschaft erstmals bestehen soll.
Mindestinhalt	Verpflichtung zur Abführung des gesamten Gewinns an Organträger gemäß § 301 AktG und zur Verlustübernahme durch den Organträger gemäß § 302 AktG i.V.m. § 17 Satz 2 Nr. 2 KStG. Abschluss für mindestens fünf Jahre (§ 17 Satz 1 KStG i.V.m. § 14 Abs. 1 Nr. 3 KStG).Durchführung während der gesamten Dauer.

b) Anforderungen an den Organträger

Rechtsform	Unbeschränkt steuerpflichtige **Körperschaft gemäß § 1 KStG, d.h. eine GmbH kann Organträger sein.**
Sitz und Geschäftsleitung	Sitz **oder** Geschäftsleitung im Inland, d.h. ohne Probleme bei inländischer GmbH.
Finanzielle Eingliederung	Ab Beginn des Wirtschaftsjahres der **Organgesellschaft** muss dem Organträger die Mehrheit der **Stimmrechte** an der Organgesellschaft **unmittelbar oder mittelbar** zustehen.

2. Frage 2

Ohne eine körperschaftsteuerliche Organschaft sind Organgesellschaft und Organträger separate Steuerpflichtige, deren Einkommen getrennt zu ermitteln und zu versteuern ist. Existieren Gewinne bei einer Konzerngesellschaft und Verluste bei einer anderen, sind aufgrund des Trennungsprinzips demnach Steuern bei der „Gewinngesellschaft" zu entrichten, obwohl wirtschaftlich betrachtet das Konzernergebnis niedriger oder sogar insgesamt negativ ist.

Durch eine körperschaftsteuerliche Organschaft bleiben zwar Organträger und Organgesellschaft zivilrechtlich und steuerlich selbständig. Sie haben eigene Jahresabschlüsse zu erstellen und ihr steuerliches Einkommen zu ermitteln. Verluste der Organgesellschaft können aber auf den Organträger übertragen werden. § 14 Abs. 1 Satz 1 KStG bestimmt, dass das Einkommen der Organgesellschaft (also auch negatives Einkommen) dem Organträger zuzurechnen ist. Verluste können Gewinne des Organträgers ausgleichen, so dass es zur Besteuerung des wirtschaftlich zutreffenden Gewinns im Konzernverbund kommt. Der Organträger versteuert das Einkommen der Organgesellschaft in dem VZ, in dem das Einkommen von der Organgesellschaft bezogen wurde (vgl. Abschnitt 57 Abs. 3 KStR 2004).

3. Frage 3

Vgl. Sie hierzu zur Ergänzung die BMF-Schreiben v. 26.8.2003 (BStBl. 2003 I, S. 437) und vom 25.11.2005 (BStBl. 2005 I, S. 1038).

Zu prüfen ist, ob die Aufwendungen nach § 3c Abs. 1 EStG nicht abziehbar sind, da sie mit zukünftigen steuerfreien Dividenden gemäß § 8b Abs. 1 KStG in Zusammenhang stehen.

Fremdfinanzierungsaufwendungen für den Erwerb einer Beteiligung durch die Organgesellschaft stehen zwar im Zusammenhang mit den nach § 8b Abs. 1 KStG steuerfreien Beteiligungserträgen und unterliegen damit grds. dem Abzugsverbot des § 3c Abs. 1 EStG.

Finanziert der Organträger aber die Beteiligung an der Organgesellschaft fremd, sind die Aufwendungen **in voller Höhe abziehbar**. Eine Anwendung des § 3c EStG scheidet aus, da die Aufwendungen **im Zusammenhang mit Gewinnabführungen** nach § 14 KStG und nicht mit nach § 8b KStG steuerfreien Einnahmen stehen.

4. Frage 4

Die Bildung einer Organschaft **ist nicht möglich**.

Die M-GmbH & Co. KG müsste nach der derzeit anzuwendenden Fassung des § 14 Abs. 1 Satz 1 Nr. 2 Satz 3 KStG die Voraussetzungen nach § 14 Abs. 1 Nr. 1 KStG selbst erfüllen. Dies bedeutet, dass eine finanzielle Eingliederung der Organgesellschaft zur Organträger-Personengesellschaft erforderlich ist. Dies ist nur gegeben, wenn die Anteile an der Organgesellschaft im Gesamthandsvermögen der Organträger-Personengesellschaft gehalten werden. Da die M-GmbH & Co. KG die Beteiligung an der T-GmbH in ihrem Sonderbetriebsvermögen hält, diese aber dem Gesellschafter A gehören, können die Voraussetzungen in § 14 Abs. 1 Nr. 2 Satz 3 KStG nicht erfüllt werden.

C. Fall 3

I. Sachverhalt

An der V-GmbH ist A zu 5 % beteiligt, die übrigen Anteile hält die B-GmbH. Der Gewinn der V-GmbH beträgt in 2006 100.000 €. Der max. ausschüttbare Betrag soll in 2007 voll ausgeschüttet werden. Ein KSt-Guthaben und Altbestände an EK 02 sind nicht vorhanden.

II. Aufgabenstellung

1. Wie viel kann max. von der V-GmbH für 2006 ausgeschüttet werden? Der Solidaritätszuschlag bei der V-GmbH ist außer Acht zu lassen.

2. Welche Steuerfolgen ergeben sich aus der Ausschüttung für A (ledig), der die Beteiligung im Privatvermögen hält? Die Auswirkungen des Kapitalertragsteuerabzugs sind außer Betracht zu lassen.

3. A hat aus einem Darlehen, das er zum Erwerb der Beteiligung an der V-GmbH aufgenommen hat, einen Zinsaufwand i.H.v. 1.000 €. Kann er diesen Zinsaufwand abziehen?

4. Welche Steuerfolgen ergeben sich aus der Ausschüttung bei der B-GmbH?

5. Die B-GmbH hat ebenfalls Zinsaufwand aus einem Refinanzierungsdarlehen zum Erwerb der Beteiligung i.H.v. 10.000 €. Kann sie den Refinanzierungsaufwand abziehen?

6. Die Beteiligung an der V-GmbH wird vollständig veräußert.

   a) A hat für seine Beteiligung 10.000 € im Jahr 2001 gezahlt. Auf ihn entfällt ein Veräußerungspreis i.H.v. 20.000 €. Ist der Veräußerungserlös steuerpflichtig und wenn ja, in welcher Höhe?

   b) Welche Steuerfolgen ergeben sich für die B-GmbH, die die Beteiligung im Jahr 2001 für 190.000 € erworben hat und die jetzt vom Veräußerungspreis 380.000 € erhält?

III. Lösungsskizze

1. Frage 1

Ausschüttbar ist der Gewinn nach Abzug der KSt gemäß § 23 Abs. 1 KStG i.H.v. 25 %. Der max. Ausschüttungsbetrag beläuft sich auf 100.000 € – 25.000 € KSt-Schuld = 75.000 €.

2. Frage 2

A erhält eine Bardividende i.H.v. 5 % × 75.000 € = 3.750 €. Die Bardividende führt bei ihm zu Einkünften aus Kapitalvermögen gemäß § 20 Abs. 1 Nr. 1 EStG. Nach § 3 Nr. 40 lit. d) EStG ist die Hälfte des bezogenen Betrages freizustellen, d.h. A hat (vor Anwendung des Sparerfreibetrages) = 1.875 € in die Bemessungsgrundlage bei den Einkünften aus Kapitalvermögen einzubeziehen. Er kann den Werbungskosten-Pauschbetrag gemäß § 9a Satz 1 Nr. 2 EStG und den Sparer-Freibetrag gemäß § 20 Abs. 4 Satz 1 EStG in voller Höhe in Anspruch nehmen, so dass er insgesamt 1.875 € – 1.300 € = 575 € aus der Ausschüttung zu versteuern hat.

3. Frage 3

Die Schuldzinsen aus dem Refinanzierungsdarlehen sind Werbungskosten gemäß § 9 Abs. 1 Satz 1 EStG bei den Einkünften aus Kapitalvermögen, da das zugrunde liegende Darlehen dem Erwerb der Beteiligung an der V-GmbH gedient hat und die Schuldzinsen somit durch die späteren Dividendeneinkünfte veranlasst sind. Nach § 3c Abs. 2 Satz 1 EStG sind Werbungskosten, die mit den hälftig steuerfreien Einnahmen gemäß § 3 Nr. 40 EStG in Zusammenhang stehen, nur zur Hälfte abzugsfähig. Da die Dividendeneinkünfte des A gemäß § 3 Nr. 40 lit. d EStG zur Hälfte steuerbefreit sind, können die Schuldzinsen nur zu 50 % = 500 € als Werbungskosten abgezogen werden.

4. Frage 4

Die B-GmbH erhält 95 % der Bardividende i.H.v. 75.000 € = 71.250 €. Diese Dividende ist bei ihr gemäß § 8b Abs. 1 Satz 1 KStG steuerbefreit. Die Befreiung erstreckt sich auch auf die Gewerbesteuer. Allerdings sind gemäß § 8b Abs. 5 Satz 1 KStG 5 % des Dividendenbetrages als nicht abziehbare Aufwendungen zu behandeln, so dass die B-GmbH 3.562,50 € der Besteuerung für Zwecke der Körperschaft- und Gewerbesteuer zu unterwerfen hat.

5. Frage 5

Dem Abzug der Schuldzinsen aus dem Refinanzierungsdarlehen könnten § 3c Abs. 1 EStG i.V.m. § 8 Abs. 1 KStG entgegenstehen, da die Schuldzinsen in voller Höhe mit steuerfreien Dividendeneinkünften gemäß § 8b Abs. 1 KStG in Zusammenhang stehen.

Die Regelung in § 8b Abs. 3 Satz 1 KStG, die 5 % der Ausgaben eines Bruttodividendenbetrages als fiktive nicht abziehbare Aufwendungen qualifiziert, ist jedoch abschließend. § 8b Abs. 5 Satz 2 KStG schließt die weitere Anwendung des § 3c Abs. 1 EStG ausdrücklich aus. Die B-GmbH kann die Schuldzinsen aus dem Refinanzierungsdarlehen zum Erwerb der Beteiligung **in voller Höhe** abziehen.

6. Frage 6a)

Nach § 17 Abs. 1 Satz 1 EStG ist ein Veräußerungsgewinn steuerpflichtig und gehört zu den Einkünften aus Gewerbebetrieb, wenn der Veräußerer innerhalb der letzten fünf Jahre vor dem Veräußerungszeitpunkt am Kapital der Gesellschaft unmittelbar zu mindestens 1 % beteiligt war.

Diese Voraussetzungen sind hier erfüllt, da die Beteiligung des A 5 % betrug. Der Veräußerungsgewinn des A gemäß § 17 Abs. 2 EStG ist wie folgt zu ermitteln:

Veräußerungspreis	20.000 €
./. hälftige Kürzung gemäß § 3 Nr. 40 lit. c EStG	./. 10.000 €
steuerpflichtiger Veräußerungspreis	10.000 €
./. Buchwert zur Hälfte gemäß § 3c Abs. 2 Satz 2 EStG	./. 5.000 €
Veräußerungsgewinn gemäß § 17 Abs. 2 EStG	**5.000 €**

Der Freibetrag gemäß § 17 Abs. 3 Satz 1 EStG kann i.H.v. 5 % (= Höhe der veräußerten Beteiligung des A am Nennkapital) × 9.060 € (max. Freibetrag bezogen auf eine 100 %-ige Beteiligung am Nennkapital) = 453 € in Anspruch genommen werden. Eine Begrenzung des Freibetrages gemäß § 17 Abs. 3 Satz 2 EStG kommt nicht in Betracht, da der Veräußerungsgewinn des A gemäß § 17 Abs. 2 EStG den Grenzbetrag von 36.100 €, ab dem der Freibetrag zu kürzen ist, nicht überschreitet.

Der A hat aus der Veräußerung insgesamt steuerpflichtige Einkünfte gemäß § 17 EStG i.H.v. 5.000 € – 453 € = 4.547 €.

7. Frage 6b)

Die Beteiligung an einer Tochtergesellschaft ist auf Ebene der Muttergesellschaft B-GmbH ein Wirtschaftsgut, dessen Veräußerung gemäß § 8 Abs. 1 KStG i.V.m. § 5 Abs. 1 EStG zu einem steuerpflichtigen Vorgang führt. Der Veräußerungsgewinn der B-GmbH ermittelt sich wie folgt:

Veräußerungspreis	380.000 €
Buchwert	190.000 €
Veräußerungsgewinn	**190.000 €**

Der Veräußerungsgewinn ist gemäß § 8b Abs. 2 Satz 1 KStG steuerbefreit. Allerdings sind gemäß § 8b Abs. 3 Satz 2 KStG 5 % des Veräußerungsgewinns = 38.000 € als nicht abziehbare Betriebsausgaben steuerpflichtig.

D. Fall 4

I. Sachverhalt

Die A-GmbH & Co. KG soll als Vehikel für ein Mitarbeiterbeteiligungsprogramm des Managements gegründet werden. Zu diesem Zweck soll die A-GmbH & Co. KG an der X – GmbH 10 % der Anteile zeichnen, die übrigen 90 % werden von der Konzernobergesellschaft im X-Konzern, der M-GmbH, gehalten. Die Manager, die an dem Programm teilnehmen sollen, sind leitende Angestellte im X-Konzern. Sie erwerben gegen Erbringung einer fremdüblichen Kommanditeinlage eine KG-Beteiligung an der A-GmbH & Co. KG. Diese KG-Beteiligungen vermitteln dem einzelnen Manager „durchgerechnet" individuell weniger als 1 % am Stammkapital der X-GmbH. Es wird damit gerechnet, dass die Beteiligung an der X-GmbH in fünf Jahren mit erheblicher Wertsteigerung verkauft werden kann. Im Fall des Verkaufs von 90 % der Anteile an der X-GmbH muss auch die A-GmbH & Co. KG ihre Anteile an der X-GmbH veräußern.

II. Aufgabenstellung

Worauf muss bei der Gestaltung des Gesellschaftsvertrages der A-GmbH & Co. KG geachtet werden, damit die A-GmbH & Co. KG und die Manager-Kommanditisten ihre Beteiligung an der X-GmbH steuerfrei veräußern können?

III. Lösungsskizze

Das Gestaltungsziel verlangt, dass die A-GmbH & Co. KG als vermögensverwaltende Personengesellschaft für steuerliche Zwecke und nicht als Mitunternehmerschaft gemäß § 15 Abs. 1 Satz 1 Nr. 2 EStG ausgestaltet wird.

1. Zivilrechtlich ist seit der Handelsrechtsreform zum 1.7.1998 auch die rein vermögensverwaltende GmbH & Co. KG eintragungsfähig. § 105 Abs. 2 HGB qualifiziert eine Gesellschaft, die nur eigenes Vermögen verwaltet als offene Handelsgesellschaft, wenn sich diese in das Handelsregister eintragen lässt. Über die Verweisung in § 161 HGB auf § 105 Abs. 2 HGB ist auch die vermögensverwaltende GmbH & Co. KG eintragungsfähig.[1]

2. Für das Steuerrecht ist entscheidend, welcher Tatbestand der Einkünfteerzielung auf Ebene der A-GmbH & Co. KG verwirklicht wird.

   a) Die Gesellschaft hält im Gesamthandsvermögen eine 5 %-Beteiligung, die in der Zeit bis zur Veräußerung zur Vereinnahmung von Dividendeneinkünften gemäß § 20 Abs. 1 Abs. 1 Nr. 1 EStG führt. Im Fall der Veräußerung einer Beteiligung an einer Kapitalgesellschaft ist gemäß § 39 Abs. 2 Nr. 2 AO aufgrund der sog. Bruchteilsbetrachtung bei einer vermögensverwaltenden Personengesellschaft für die Bestimmung des Veräußerungstabestandes und der Beteiligungsquote nach § 17 EStG die Beteiligung einer vermögensverwaltenden Personengesellschaft an einer Kapitalgesellschaft anteilig deren Gesellschaftern unmittelbar selbst zuzurechnen.[2] Dies würde im Fall dazu führen, dass die Beteiligung der einzelnen Manager als Kommanditisten jeweils unter 1 % liegt und daher steuerfrei veräußert werden kann.

   b) Wäre die A-GmbH & Co. KG allerdings eine Mitunternehmerschaft gemäß § 15 EStG wäre die Veräußerung der Beteiligung auf Ebene der A-GmbH & Co. KG steuerpflichtig, da in diesem Fall § 17 EStG nicht zur Anwendung kommt.

      aa) Die A-GmbH & Co. KG könnte gemäß § 15 Abs. 2 Satz 1 EStG als gewerblich tätige Mitunternehmerschaft anzusehen sein, deren Mitunternehmer Einkünfte aus Gewerbebetrieb erzielen.

---

[1] Vgl. zur Vertiefung Schön, DB 1998, 1169 ff.
[2] Vgl. Eilers/R.Schmidt, Hermann/Heuer/Raupach, EStG, § 17 Anm. 55 m.w.N. zur BFH-Rspr., u.a. BFH, BStBl. II 1999, S. 686.

Hierzu müsste ihre Betätigung als selbständige, nachhaltige Betätigung mit Gewinnerzielungsabsicht und einer Beteiligung am allgemeinen wirtschaftlichen Verkehr und nicht als Vermögensverwaltung anzusehen sein. Die A-GmbH & Co. KG hält nur eine einzige Beteiligung, deren Verwaltung, Vereinnahmung von Dividenden und Veräußerung zum Kernbereich der Vermögensverwaltung gehört (§ 14 Satz 3 AO). Die A-GmbH & Co. KG ist demnach nicht als gewerblich tätige Personengesellschaft gemäß § 15 Abs. 2 EStG anzusehen.

bb) Die A-GmbH & Co. KG könnte aber gemäß § 15 Abs. 3 Nr. 2 EStG als gewerblich geprägte Mitunternehmerschaft anzusehen sein. Die Voraussetzungen der Vorschrift sind erfüllt, da in der A-GmbH & Co. KG nach dem gesetzlichen Regelungsmodell die Komplemtär-GmbH gemäß §§ 114, 164 HGB als ausschließlicher persönlich haftender Geschäftsführer und Geschäftsführer vorgesehen ist.

cc) Es muss daher durch eine Gestaltung der Geschäftsführungsbefugnisse die gewerbliche Prägung vermieden werden. Hierzu ist ausreichend, dass neben der Komplementär-GmbH eine natürliche Person als Geschäftsführer bestellt wird.

3. **Ergebnis:** Durch Bestellung einer natürlichen Person als weiteren Geschäftsführer neben der Komplementär-GmbH kann die gewerbliche Prägung der A-GmbH & Co. KG gemäß § 15 Abs. 3 Nr. 2 Satz 1 EStG vermieden werden. Die Beteiligung kann so von der A-GmbH & Co. KG als vermögensverwaltender Personengesellschaft steuerfrei veräußert werden.

E. Fall 5

I. Sachverhalt

Die B-GmbH & Co. KG ist als Bauträgergesellschaft am Markt tätig. Die Verwaltung der Gesellschaft wird in einem Verwaltungsgebäude ausgeübt, das dem A gehört und an die KG entgeltlich vermietet wird. A gehören 100 % der Kommanditanteile und die Anteile an der B-GmbH, die als Komplementärin der B-GmbH & Co. KG ohne Beteiligung am Gesellschaftskapital fungiert. Er möchte seinen Gesellschaftsanteil an der KG und die Beteiligung an der B-GmbH auf seinen Sohn S sowie das Grundstück auf seine Tochter T übertragen. Das Grundstück soll auch danach an die KG vermietet bleiben, um der T ein konstantes Auskommen zu sichern.

II. Aufgabenstellung

Welche einkommensteuerlichen Folgen hätte die Umsetzung der von A angedachten Pläne?

III. Lösungsskizze

1. Die B-GmbH & Co. KG ist eine gewerblich tätige Mitunternehmerschaft gemäß § 15 Abs. 2 EStG. Das Grundstück ist vor der vorweggenommen Erbfolge als Sonderbetriebsvermögen I des A bei der KG gemäß § 15 Abs. 1 Satz 1 Nr. 2 Satz 1 EStG; die Anteile an der Komplementär-GmbH sind Sonderbetriebsvermögen II des A bei der KG.

2. Durch die Umsetzung der vorweggenommenen Erbfolge in der angedachten Form könnte es zu einer Aufgabe des Mitunternehmeranteils gemäß § 16 Abs. 3 Satz 1 EStG mit einer vollständigen Aufdeckung der stillen Reserven kommen.

a) Durch den unentgeltlichen Übergang eines Mitunternehmeranteils auf einen anderen Steuerpflichtigen werden die stillen Reserven des Mitunternehmeranteils grds. vollständig realisiert, da diese subjektgebunden sind.

b) Von dieser Rechtsfolge statuiert § 6 Abs. 3 Satz 1 EStG eine Ausnahme, der beim unentgeltlichen Erwerber eine zwingende Buchwertfortführung anordnet, wenn ein „Mitunternehmeranteil" i.S.d. Vorschrift übertragen wird. Dies setzt auch die Übertragung funktional wesentlichen Sonderbetriebsvermögens voraus. Wird funktional wesentliches Sonderbetriebsvermögen nicht mitübertragen, ist § 6 Abs. 3 Satz 1 EStG nicht anwendbar, so dass es zur Aufdeckung sämtlicher stiller Reserven im Gesellschaftsanteil und des Sonderbetriebsvermögens kommt.

Nach der Synchronrechtsprechung des BFH umfasst der Mitunternehmeranteil auch die Wirtschaftsgüter des Sonderbetriebsvermögens.[3] Gegenstand der neueren Synchronrechtsprechung des BFH ist die noch striktere Verknüpfung von Mitunternehmeranteil und Sonderbetriebsvermögen, deren Ausfluss das Gebot einer kongruenten (quotenentsprechenden) Übertragung von Mitunternehmeranteil und dazugehörigen Wirtschaftsgütern des Sonderbetriebsvermögens, die wesentliche Betriebsgrundlagen darstellen, wenn die Tarifbegünstigung nach §§ 16, 34 EStG bei der entgeltlichen Übertragung eines Mitunternehmeranteils oder die Buchwertfortführung bei der unentgeltlichen Übertragung eines Mitunternehmeranteils nach § 6 Abs. 3 EStG in Anspruch genommen werden sollen. Ob ein Wirtschaftsgut des Sonderbetriebsvermögens wesentlich ist, bestimmt sich nach einer funktionalen Betrachtungsweise im Hinblick auf den tatsächlichen Einsatz des Wirtschaftsgutes im Betriebsablauf.

Das der B-GmbH & Co. KG zur Nutzung überlassene Grundstück stellt als Büro- und Verwaltungsgebäude wesentliches Sonderbetriebsvermögen dar und ist wesentlicher Bestandteil des Mitunternehmeranteils i.S.d. Synchronrechtsprechung. Es liegen die Voraussetzungen des § 6 Abs. 3 Satz 1 EStG somit nicht vor. Das Grundstück wird nicht auf S als Erwerber des Kommanditanteils, sondern auf T übertragen. Die T wird nicht Mitunternehmerin, da sie keine Beteiligung an der KG hält; das Grundstück des Sonderbetriebsvermögens wird gewinnrealisierend in das Privatvermögen der T überführt.

Die Übertragung der Anteile an der Komplementär-GmbH auf S, die zu den Wirtschaftsgütern des Sonderbetriebsvermögens II gehört, kann m.E. gemäß § 6 Abs. 5 Satz 3 Nr. 3 EStG zum Buchwert erfolgen, da es sich um funktional nicht wesentliche Wirtschaftsgüter handelt, die weiter bei S steuerverhaftet bleiben.

3. **Ergebnis**: Es kommt bei Umsetzung der Pläne des A zur vollständigen Aufdeckung der stillen Reserven in der Beteiligung des A und im Grundstück, das der KG zur Nutzung überlassen war im Rahmen der Aufgabe eines Mitunternehmeranteils gemäß § 16 Abs. 3 Satz 1 EStG i.V.m. § 16 Abs. 1 Nr. 2 EStG. Der Aufdeckungsgewinn ist bei Vorliegen der weiteren Voraussetzungen gemäß §§ 16, 34 EStG tarifbegünstigt.

---

3   Vgl. BFH, BStBl. 2003 II, S. 194; BFH/NV 2000, 1554.

Klausur: Insolvenz- und Strafrecht

A. Aufgabe 1

I. Aufgabenstellung

Welche Voraussetzungen müssen für eine wirksame, die Stammeinlageverpflichtung des Gesellschafters erfüllende Einzahlung des Stammkapitals nach Bargründung oder Barkapitalerhöhung der GmbH erfüllt sein bzw. in welchen Konstellationen ist nach der Rspr. die Bareinlagepflicht des Gesellschafters trotz Zahlung nicht erfüllt?

(max. erzielbare Punktzahl: 9 Punkte)

II. Lösungsskizze   Punkte

- Der Betrag muss zur freien Verfügung der Geschäftsleitung gestellt werden.   1
- Der Betrag darf nicht in engem zeitlichem Zusammenhang absprachegemäß an den Gesellschafter zurückgezahlt werden, auch nicht im Rahmen eines Cashpool- oder Cashmanagement-Verfahrens.   2
- Die Zahlung kann nicht befreiend auf ein debitorisches Konto ohne ausreichende Kreditlinie gezahlt werden.   1
- Es darf keine vorherige verbindliche Verwendungsabsprache für den eingezahlten Betrag bestehen.   1
- Die Zahlung kann nicht befreiend unmittelbar an einen Gläubiger der GmbH erfolgen.   1
- Die Zahlung vor wirksamer Beschlussfassung und Übernahme der Stammeinlageverpflichtung befreit nicht (Ausnahme Sanierungsfälle).   2
- Die Aufrechnung durch den Gesellschafter gegenüber dem Einzahlungsanspruch der Gesellschaft ist ausgeschlossen, § 19 Abs. 2 GmbHG.   1
                                                                                            ─
                                                                                            9

B. Aufgabe 2

I. Aufgabenstellung

In welchen Konstellationen liegt eine verdeckte Sacheinlage vor; welches sind die zivilrechtlichen/gesellschaftsrechtlichen Rechtsfolgen; wie kann eine verdeckte Sacheinlage geheilt werden?

(max. erzielbare Punktzahl: 12 Punkte)

II. Lösungsskizze   Punkte

Fallkonstellationen:

- Forderung des Gesellschafters aus dem Umsatzgeschäft mit der Gesellschaft wird aus der Bareinlage getilgt.   1
- Forderung des Gesellschafters aus dem Umsatzgeschäft mit der Gesellschaft wird mit der Bareinlageforderung der Gesellschaft verrechnet.   1
- Dem Gesellschafter wird die Leistung der Bareinlage überhaupt erst aus dem Umsatzgeschäft mit der Gesellschaft ermöglicht.   1

Voraussetzungen:
- Abrede über den wirtschaftlichen Erfolg des verdeckten Rechtsgeschäfts = inhaltlicher Zusammenhang zwischen diesem und der Einlage.   1
- Vermutung über das Bestehen dieser Abrede bei sachlichem und engem zeitlichem Zusammenhang .   1
- Enger zeitlicher Zusammenhang wird von der Rspr. jedenfalls innerhalb eines Zeitraums von sechs Monaten angenommen.   1

Rechtsfolge:
- Bareinlagepflicht des Gesellschafters nicht erfüllt.   1
- Das verdeckte Rechtsgeschäft zwischen der Gesellschaft und dem Gesellschafter ist schuld- und sachenrechtlich unwirksam, § 27 Abs. 3 Satz 1 AktG analog.   1

Heilung:
- Grds. besteht die Möglichkeit zur Heilung und Rückabwicklung der verdeckten Sacheinlagen.   1
- Erforderlich ist ein satzungsändernder Beschluss, nämlich der nunmehrige Beschluss einer Sacheinlage mit den formalen Anforderungen für eine Sacheinlage gemäß dem GmbHG.   1
- Verpflichtung der (übrigen) Gesellschafter zur Mitwirkung an dieser Beschlussfassung.   1
- Gegenstand der Sacheinlage ist die Sache selbst, sofern sie noch vorhanden ist, ansonsten die Forderung des Gesellschafters aus §§ 987, 989, 816, 951 BGB.   <u>1</u>

                                                                                                                                                                                      12

C.   Aufgabe 3

I.   Aufgabenstellung

Welche Probleme können sich bei einem Cashpool-Verfahren im Zusammenhang mit § 30 GmbHG ergeben? Welche Lösungsmöglichkeiten können erwogen werden?

(max. erzielbare Punktzahl: 18 Punkte)

II.   Lösungsskizze   **Punkte**

Probleme:
- Nach der Rspr. des BGH liegt eine verbotene Stammkapitalauszahlung nach § 30 GmbHG auch bei vollwertigem Rückzahlungsanspruch der Gesellschaft vor.   2
- Folge: Die Gesellschaft hat einen sofort fälligen Rückzahlungsanspruch nach § 31 GmbHG gegen den Gesellschafter; dieser Anspruch kann den Gesellschafter in Liquiditätsschwierigkeiten bringen.   2
- Der Geschäftsführer der auszahlenden Gesellschaft kann sich nach § 43 Abs. 3 Satz 1 GmbHG persönlich haftbar machen.   1

Lösungsmöglichkeiten:
- Vorliegen der Voraussetzungen des obiter dictums des BGH: Darlehensvergabe im Interesse der Gesellschaft, Darlehensbedingungen halten dem Drittvergleich Stand, Kreditwürdigkeit des Gesellschafters selbst bei Anlegung strengster Maßstäbe außerhalb jedes vernünftigen Zweifels oder Rückzahlung des Darlehens durch werthaltige Sicherheiten voll gewährleistet.   4
- Kapitalherabsetzung, zur Herbeiführung der sofortigen Wirksamkeit der Kapitalherabsetzung durch Verschmelzung auf Gesellschaft mit geringem Stammkapital, Realisierung des Rückzahlungsanspruchs mit anschließender Wiederausreichung.   4

- Abschluss eines Ergebnisabführungs- und Verlustausgleichsvertrages; hier kann jedoch zweifelhaft sein, ob nach der Entscheidung des BGH die früher vertretene Auffassung, das Bestehen eines Ergebnisabführungsvertrages schließe grundsätzlich die Anwendbarkeit des § 30 GmbHG aus, noch zutrifft.   2
- Umwandlung der GmbH in eine AG und Abschluss eines Ergebnisabführungsvertrages; in diesem Fall ist § 291 Abs. 3 AktG unmittelbar anwendbar; Realisierung des Rückzahlungsanspruchs und anschließende Wiederausreichung.   <u>3</u>
   18

D. Aufgabe 4

I. Sachverhalt

A und B sind jeweils zu 50 % Gesellschafter und Geschäftsführer der A & B GmbH. Das Stammkapital der Gesellschaft i.H.v. 25.000 € haben A und B vor geraumer Zeit vollständig eingezahlt.

Am 1.7.2005 zahlt sich der zu dieser Zeit wirtschaftlich noch gut situierte A als Geschäftsführer selbst ein Darlehen aus der Gesellschaft i.H.v. 50.000 € aus. In einem Gutachten, welches im Eröffnungsverfahren des am 1.3.2006 eröffneten Insolvenzverfahrens über das Vermögen der A & B GmbH erstellt wird, stellt der Gutachter fest, dass die A & B GmbH jedenfalls spätestens seit dem 1.1.2005 durchgehend überschuldet war.

II. Aufgabenstellung

Welche Ansprüche wird der Insolvenzverwalter geltend machen, wenn A zwischenzeitlich in Vermögensverfall geraten ist?

(max. erzielbare Gesamtpunktzahl: 13 Punkte)

III. Lösungsskizze   Punkte

1. Für I wird es sich nicht lohnen, Ansprüche gegen A auf Rückzahlung des Darlehens, ggf. nach Kündigung geltend zu machen, da A zwischenzeitlich in Vermögensverfall geraten ist.   1
2. I kann gegen B einen Anspruch auf Zahlung von 25.000 € nach § 31 Abs. 3 GmbHG geltend machen, sofern dieser Betrag zur Befriedigung der Gläubiger erforderlich ist.   3
3. Die Darlehensgewährung durch die A & B GmbH an den Gesellschafter A am 1.7.2005 erfolgte aus dem Stammkapital der Gesellschaft, da dieses wegen zu dieser Zeit bestandener Überschuldung nicht mehr vorhanden ist.   2
4. Nach der Rspr. des BGH liegt eine verbotene Stammkapitalrückzahlung auch dann vor, wenn, wie hier, ursprünglich der Darlehensrückzahlungsanspruch der Gesellschaft in vollem Umfang werthaltig ist.   2
5. Nach § 31 Abs. 3 haftet B für die verbotene Stammkapitalrückzahlung an A mit, da von A die Rückzahlung nicht zu verlangen ist. Die Mithaftung des B ist jedoch auf die Höhe des Stammkapitals der Gesellschaft beschränkt, so dass B nicht auf die Rückzahlung des gesamten Darlehens i.H.v. 50.000 €, sondern nur lediglich auf die Rückzahlung des Stammkapitals von 25.000 € haftet.   2
6. Von diesem Haftungsbetrag kann B nicht den Betrag seiner eigenen erbrachten Stammeinlage i.H.v. 12.500 € in Abzug bringen.   1
7. Der Insolvenzverwalter kann somit von B Zahlung von 25.000 € verlangen, sofern dieser Betrag für die Befriedigung der Gläubiger im Insolvenzverfahren erforderlich ist.   <u>1</u>
   13

E. Aufgabe 5

I. Aufgabenstellung

Welche Haftungsgefahren drohen dem Geschäftsführer einer GmbH, der bei Insolvenzreife der GmbH erwägt, Arbeitnehmeranteile zur Sozialversicherung an die Sozialkassen zu zahlen? Was ist zu raten?

(max. erzielbare Gesamtpunktzahl 15 Punkte)

II. Lösungsskizze   Punkte

1. Die Zahlung der Sozialversicherungsbeiträge könnte eine verbotene Zahlung nach § 64 Abs. 2 GmbHG sein mit der Folge, dass der Geschäftsführer im eröffneten Insolvenzverfahren über das Vermögen der Gesellschaft zur Erstattung verpflichtet wäre.   2
2. Das Unterlassen der Zahlung der Arbeitnehmer-Sozialversicherungsbeiträge könnte den Tatbestand des Vorenthaltens von Arbeitnehmer-Sozialversicherungsbeiträgen nach § 266a StGB erfüllen, mit der Folge, dass sich der Geschäftsführer sowohl strafbar macht als auch gemäß § 823 Abs. 2 BGB den Sozialkassen persönlich zum Schadensersatz verpflichtet ist. § 266a StGB ist Schutzgesetz i.S.d. § 823 Abs. 2 BGB.   3
3. Die Rspr. des BGH löst das vorbeschriebene Haftungsdilemma dahingehend auf, dass während des Laufs der Insolvenzantragsfrist nach § 64 Abs. 1 GmbHG die Nichtabführung der Arbeitnehmeranteile der Sozialversicherungsbeiträge nicht nach § 266a StGB strafbar ist und somit auch nicht zur persönlichen Schadensersatzhaftung führt.   2
4. Nach Überschreiten des Insolvenzantragszeitraums gemäß § 64 Abs. 1 GmbHG ist die Nichtabführung der Arbeitnehmeranteile zur Sozialversicherung jedoch (wieder) strafbar.   2
5. Eine persönliche Schadensersatzpflicht des Geschäftsführers für nicht abgeführte Arbeitnehmersozialversicherungsbeiträge besteht nicht, wenn die Zahlung, wäre sie noch erfolgt, vom Insolvenzverwalter gegenüber den Sozialkassen erfolgreich hätte angefochten werden können.   1
6. Sind die Zahlungen an die Sozialkassen bei Insolvenzreife der GmbH noch erfolgt und entsprachen die Zahlungen nicht der Sorgfalt eines ordentlichen Geschäftsmannes, kann der Insolvenzverwalter die Ansprüche aus § 64 Abs. 2 GmbHG gegen den Geschäftsführer neben Rückzahlungsansprüchen nach Insolvenzanfechtung nach §§ 129 ff. InsO gegenüber den Sozialkassen geltend machen; Geschäftsführer und Sozialkassen haften jedoch nicht gesamtschuldnerisch. In Betracht kommt eine Verurteilung des Geschäftsführers Zug um Zug gegen Abtretung der Anfechtungsansprüche.   2
7. Im Urteil gegen den Geschäftsführer auf Rückzahlung verbotener Zahlungen nach § 64 Abs. 2 GmbHG ist dem Geschäftsführer vorzubehalten, Erstattungsansprüche gegenüber dem Insolvenzverwalter in Höhe der hypothetischen Quote der durch die verbotene Zahlung begünstigten Gläubiger geltend zu machen. Dieser Vorbehalt ist von Amts wegen aufzunehmen.   1
8. Zu erteilender Rat: Während des Laufs der Insolvenzantragsfrist nach § 64 Abs. 1 GmbHG keine Zahlungen leisten. Keinesfalls die Insolvenzantragsfrist nach § 64 Abs. 1 GmbHG überschreiten.   2
                                                                                                                                             15

F. Aufgabe 6

I. Sachverhalt

A und B sind jeweils zu 50 % Gesellschafter und Geschäftsführer der A & B GmbH. Beide haben auf das Stammkapital der Gesellschaft i.H.v. 50.000 € vor geraumer Zeit jeweils 25.000 € eingezahlt. Am 2.5.2005 zahlt sich der zu dieser Zeit wirtschaftlich noch gut situierte A als Geschäftsführer selbst ein Darlehen aus der Gesellschaft i.H.v. 60.000 € aus. In einem Gutachten, welches im Eröffnungsverfahren der am 1.6.2006 eröffneten Insolvenz über das Vermögen der A & B GmbH erstellt wird, stellt der Gutachter fest, dass die A & B GmbH jedenfalls spätestens seit dem 1.3.2005 überschuldet war.

II. Aufgabenstellung

Welche Ansprüche wird der Insolvenzverwalter geltend machen, wenn A zwischenzeitlich in Vermögensverfall geraten ist?

(max. erzielbare Gesamtpunktzahl: 8 Punkte)

III. Lösungsskizze

1. Für I wird es sich nicht lohnen, Ansprüche gegen A auf Rückzahlung des Darlehens, ggf. nach Kündigung, geltend zu machen, da A zwischenzeitlich in Vermögensverfall geraten ist. — 1
2. I kann gegen B einen Anspruch auf Zahlung von 50.000 € nach § 31 Abs. 3 GmbHG geltend machen, sofern dieser Betrag zur Befriedigung der Gläubiger erforderlich ist. — 2
3. Die Darlehensgewährung durch die A & B GmbH an den Gesellschafter A am 2.5.2005 erfolgte aus dem Stammkapital der Gesellschaft, da dieses wegen zu dieser Zeit bestandener Überschuldung nicht mehr vorhanden war. — 1
4. Nach der Rspr. des BGH liegt eine verbotene Stammkapitalrückzahlung auch dann vor, wenn, wie hier, ursprünglich der Darlehensrückzahlungsanspruch gegen den Gesellschafter in voller Höhe werthaltig ist — 1
5. Nach § 31 Abs. 3 haftet B für die verbotene Stammkapitalrückzahlung an A mit, da von A die Rückzahlung nicht zu erlangen ist. Die Mithaftung des B ist jedoch auf die Höhe des Stammkapitals der Gesellschaft beschränkt, so dass B nicht auf die Rückzahlung des gesamten Darlehens i.H.v. 60.000 €, sondern lediglich auf die Rückzahlung in Höhe des Stammkapitals i.H.v. 50.000 € haftet. — 1
6. Von diesem Haftungsbetrag kann B nicht den Betrag seiner eigenen erbrachten Stammeinlagen i.H.v. 25.000 € in Abzug bringen. — 1
7. Der Insolvenzverwalter kann somit von B Zahlung von 50.000 € verlangen, sofern dieser Betrag für die Befriedigung der Gläubiger im Insolvenzverfahren erforderlich ist. — 1

8

Stichwortverzeichnis

••• Die fett gedruckten **römischen Zahlen** bezeichnen die Teile, die fett gedruckten **arabischen Zahlen** die Kapitel. ••• Die fett gedruckten **§-Angaben** bezeichnen die bei Teil 2: Gesellschaftsrecht zu den Kapiteln dazugehörigen Paragrafen. ••• Die mager gedruckten Zahlen bezeichnen die Randnummern. •••

Abfärbung, Betriebsaufspaltung **II, 7,** 6
Abfindungsklauseln, Unternehmensbeteiligungen, Personengesellschaft **II, 10,** 140
– – Rechtsprechung **II, 10,** 141 ff.
– – Stichtag **II, 10,** 142
– – unveräußerliche **II, 10,** 139
– – Verkehrswert **II, 10,** 140
– – Vollwert des Geschäftsanteils **II, 10,** 141
Abmahnung, Arbeitsrecht **II, 17,** 8
– Handelsvertreter **I, 5,** 93
– Vertragshändlervertrag, fristlose Kündigung **I, 5,** 207 f.
Absatzbindungspflicht, Vertragshändlervertrag **I, 5,** 195
Absatzmittlungsvertrag, Franchise-Vertrag **I, 6,** 56 ff.
Abschlusspflicht, Handelsvertreter **I, 5,** 33
Abschlussvertreter **I, 4,** 72 ff.
– Erweiterung der Abschlussvollmacht **I, 4,** 74
– Umfang der Vollmacht **I, 4,** 73
Abschreibung, Unterhaltsrecht **II, 10,** 269 ff.
Abschreibungsgesellschaften, Unternehmensbeteiligungen **II, 10,** 143
Abspaltungsverbot, OHG **II, 1, § 1,** 36 ff.
Abtretungsverbot, Handelsgeschäft **I, 7,** 47 ff.
Abwehrberatung, Betriebsaufspaltung **II, 7,** 10
Abwicklung, Handelsvertretervertrag **I, 5,** 83 ff.
Actio pro socio **II, 1, § 1,** 18, 194
Ad-hoc-Schiedsgerichtsbarkeit **II, 13,** 13 ff.
AGB-Recht, Handelsvertretervertrag **I, 5,** 24
– Handelsvertretervertrag, Inhaltskontrolle **I, 5,** 25
Agenturvertrag, Franchise-Vertrag **I, 6,** 64
Agio **II, 15, § 1,** 171
Akquisitionsfinanzierung, Ablauf **II, 16,** 284 ff.
– Arrangement **II, 16,** 285
– Bieterwettbewerb **II, 16,** 288
– Darlehensauszahlung **II, 16,** 291
– Investor **II, 16,** 278
– Krediteintscheidung **II, 16,** 286
– Leveraged Buy-Out **II, 16,** 280
– Management Buy-In **II, 16,** 280
– Management Buy-Out **II, 16,** 280
– Strukturierungsvorschlag **II, 16,** 287
– Syndizierung **II, 16,** 290
– Upstream Guarantees **II, 16,** 281
– vertragliche Dokumentation **II, 16,** 289
Aktien, Dividendennachteil **II, 16,** 97
Aktienarten, AG **II, 16,** 57 ff.
Aktiengattungen, AG **II, 16,** 61 ff.
Aktiengesellschaft, Aktenregister, Verwendung der Daten durch die Gesellschaft **II, 2, § 2,** 142

– Aktienarten **II, 16,** 57 ff.
– Aktiengattungen **II, 16,** 61 ff.
– Aktienoption, Aktienoptionspläne **II, 2, § 2,** 544 f.
– Aktienoptionspläne **II, 2, § 2,** 544, 551
– Ausgabe von Wandel oder Optionsanleihen **II, 2, § 2,** 545
– – Gesamtkonzept zur Ausgabe von Aktienbezugsrechten **II, 2, § 2,** 544
– – gesellschaftsvertragliche Hinauskündigungsklausel **II, 2, § 2,** 544
– – Kombination der Mittel zur Umsetzung **II, 2, § 2,** 551
– Aktienregister, Auskunftsrecht der Aktionäre **II, 2, § 2,** 141
– – Erteilung von Abschriften **II, 2, § 2,** 143
– – Online-Einsicht **II, 2, § 2,** 143
– – Pflicht zur Eintragung **II, 2, § 2,** 144
– – Pflicht zur Führung **II, 2, § 2,** 146
– – Allgemeines **II, 2, § 2,** 1 ff.
– Anmeldung, Höhe der Einlageleistung **II, 2, § 2,** 32 f.
– – Inhalt der Handelsregisteranmeldung **II, 2, § 2,** 40 ff.
– – Leistung der Einlage **II, 2, § 2,** 31 ff.
– – Leistung zur freien Verfügung des Vorstandes **II, 2, § 2,** 38 f.
– – Reparaturvollmacht **II, 2, § 2,** 30
– – Voraussetzung **II, 2, § 2,** 31
– – Zahlung auf ein Konto der Gesellschaft oder des Vorstandes **II, 2, § 2,** 35 ff.
– – Zeitpunkt der Einlageleistung **II, 2, § 2,** 34
– – zur Anmeldung Verpflichtete **II, 2, § 2,** 29
– Auflösung **II, 2, § 2,** 552 ff.
– – Abwickler **II, 2, § 2,** 555
– – Aufsichtsrat **II, 2, § 2,** 555
– – Beendigung **II, 2, § 2,** 554
– – Eröffnungsbilanz **II, 2, § 2,** 555
– – Fortsetzung der Gesellschaft **II, 2, § 2,** 555
– – geborene Abwickler **II, 2, § 2,** 555
– – Gründe **II, 2, § 2,** 553
– – Kompetenzen der Hauptversammlung **II, 2, § 2,** 555
– – Rechts- und Parteifähigkeit **II, 2, § 2,** 555
– Aufsichtsrat **II, 2, § 2,** 1, 176 ff.
– – Amtszeit **II, 2, § 2,** 184
– – Aufgabe im Zusammenhang mit der Hauptversammlung **II, 2, § 2,** 177 ff.
– – Aufgaben **II, 2, § 2,** 176 ff.
– – Berichtspflicht **II, 2, § 2,** 178
– – Beschlussfähigkeit **II, 2, § 2,** 198
– – Beschlussfassung **II, 2, § 2,** 196 ff.
– – Bestellung und Abberufung der Aufsichtsratsmitglieder **II, 2, § 2,** 190 ff.

– – D & O Versicherung **II, 2, § 2,** 204
– – drei Mitglieder **II, 2, § 2,** 186
– – durch drei teilbare Zahl **II, 2, § 2,** 186
– – Erklärungsvertretung **II, 2, § 2,** 182
– – fehlerhafte Aufsichtsratsbeschlüsse **II, 2, § 2,** 200 f.
– – Grundsatz der Gesamtvertretung **II, 2, § 2,** 182
– – Haftung **II, 2, § 2,** 203 f.
– – Hauptaufgabe **II, 2, § 2,** 176
– – Inhaltsmängel **II, 2, § 2,** 201
– – kein Stimmverbot **II, 2, § 2,** 199
– – Mittel der Überwachung **II, 2, § 2,** 179
– – persönliche Voraussetzung der Aufsichtsratsmitglieder **II, 2, § 2,** 193
– – Prozessvollmacht **II, 2, § 2,** 184
– – Rückgewähranspruch **II, 2, § 2,** 184
– – Sitzungen **II, 2, § 2,** 196
– – Sorgfaltsmaßstab **II, 2, § 2,** 203
– – Statusverfahren **II, 2, § 2,** 188
– – Stimmrechtsausschluss **II, 2, § 2,** 184, 199
– – unabhängige Wahrnehmung der organschaftlichen Überwachungstätigkeit **II, 2, § 2,** 185
– – Vergütung **II, 2, § 2,** 202
– – Verträge mit Aufsichtsratsmitgliedern **II, 2, § 2,** 184 f.
– – Vertretung der Gesellschaft gegenüber dem Vorstand **II, 2, § 2,** 180 f.
– – Verwirkung **II, 2, § 2,** 200
– – Vorsitzender **II, 2, § 2,** 195
– – wirtschaftliche Identität **II, 2, § 2,** 181
– – Zusammensetzung **II, 2, § 2,** 186 ff.
– Aufsichtsratsbeschlüsse **II, 2, § 2,** 200 f.
– – Inhaltsmängel **II, 2, § 2,** 201
– – Rügefrist **II, 2, § 2,** 201
– – Verfahrensmängel **II, 2, § 2,** 201
– Ausgleich von Spitzenbeträgen **II, 16,** 93
– Auskunftserzwingungsverfahren **II, 2, § 2,** 371 ff.
– – Antragsberechtigung **II, 2, § 2,** 372
– – FGG-Verfahren **II, 2, § 2,** 371
– – Frist **II, 2, § 2,** 371
– – Rechtsmittel **II, 2, § 2,** 371
– – Widerspruch zur Niederschrift **II, 2, § 2,** 373
– – Zuständigkeit **II, 2, § 2,** 371
– Bargründung **II, 16,** 77
– Checkliste **II, 2, § 2,** 6
– Muster **II, 2, § 2,** 7
– bedingte Kapitalerhöhung **II, 16,** 90, 99 ff.
– bedingtes Kapital **II, 2, § 2,** 546
– Belegschaftsaktien **II, 16,** 93
– Berichte/Prüfungen **II, 2, § 2,** 23 ff.

3207

Stichwortverzeichnis

••• Die fett gedruckten **römischen Zahlen** bezeichnen die Teile, die fett gedruckten **arabischen Zahlen** die Kapitel. ••• Die fett gedruckten **§-Angaben** bezeichnen die bei Teil 2: Gesellschaftsrecht zu den Kapiteln dazugehörigen Paragrafen. ••• Die mager gedruckten Zahlen bezeichnen die Randnummern. •••

– – Gründungsbericht der Gründer II, 2, § 2, 23
– – Gründungsprüfungen durch den Notar II, 2, § 2, 28
– Beschlussmängelstreitigkeiten, Schiedsfähigkeit II, 13, 60 ff., 64
– Beurkundung II, 14, 7, 42
– Bilanzgewinn II, 15, § 1, 18, 25; II, 16 54
– Bilanzgewinnanspruch, mitgliedschaftlicher II, 15, § 1, 18 ff.
– Bilanzierung II, 15, § 1, 18 ff.
– Börseneinführung II, 16, 93; II, 2, § 2 532
– börsennotierte, Beurkundung II, 14, 57
– Buchführungspflicht II, 15, § 1, 76
– Corporate Governance II, 2, § 2, 389
– – Cromme-Kommission Corporate Governance II, 2, § 2, 390
– – deliktische Haftung II, 2, § 2, 390
– – Erklärungspflicht nach § 161 AktG II, 2, § 2, 391
– – Jahresabschluss II, 2, § 2, 391
– – Lehre von der korrekten Leitung und Überwachung von Unternehmen II, 2, § 2, 389
– – Unternehmensverfassung II, 2, § 2, 390
– – Wiedergabe zwingenden Gesetzesrechts II, 2, § 2, 390
– Delisting II, 2, § 2, 526 ff.
– – Gesellschaftsrecht II, 2, § 2, 528
– – kaltes II, 2, § 2, 527
– – kapitalmarktrechtliche Ebene II, 2, § 2, 529
– – Macrotron-Entscheidung des BGH II, 2, § 2, 530
– – Möglichkeiten II, 2, § 2, 527
– – partieller Rückzug von einzelnen Börsenplätzen II, 2, § 2, 531
– – Publizitäts- und Verhaltenspflichten II, 2, § 2, 531
– – reguläres II, 2, § 2, 527
– Dividendenansprüche der Gesellschafter II, 15, § 1, 48
– Dividendenvorzug II, 16, 64
– Durchführung der Kapitalerhöhung II, 2, § 2, 426
– effektive Kapitalherabsetzung II, 16, 110
– Eigenkapitalausstattung II, 16, 52 ff.
– Eigenkapitalersatz II, 20, 231 ff.
– Einberufungspflicht II, 15, § 1, 26
– Eingliederung II, 5, § 2, 4
– Eintragung ins Handelsregister, Bundesanzeiger II, 2, § 2, 45
– – Entstehen der AG II, 2, § 2, 45
– – Plausibilitätsprüfung II, 2, § 2, 44
– Entlastung II, 2, § 2, 397
– – Einzelentlastung II, 2, § 2, 397
– – Gesamtentlastung II, 2, § 2, 397
– – statusrechtliche Folgen II, 2, § 2, 397
– – Stimmverbot des § 136 Abs. 1 AktG II, 2, § 2, 397

– – vielfältige Unmutsbekundungen II, 2, § 2, 397
– – vorangegangenes Geschäftsjahr II, 2, § 2, 397
– Erwerb eigener Aktien II, 2, § 2, 392 ff.
– – derivativer Erwerb II, 2, § 2, 392
– – dingliches Rechtsgeschäft II, 2, § 2, 395
– – durch einen Dritten auf Rechnung der Gesellschaft II, 2, § 2, 396
– – originärer Erwerb II, 2, § 2, 392
– – Rücklage für eigene Aktien II, 2, § 2, 394
– – schuldrechtliches Rechtsgeschäft II, 2, § 2, 395
– – verbotene Einlagerückgewähr II, 2, § 2, 395
– – Verbotsnormen II, 2, § 2, 392
– externe Gründungsprüfung, Angaben über die Einlagen auf das Grundkapital II, 2, § 2, 27
– – § 34 Abs. 1 AktG II, 2, § 2, 26
– – Beteiligung einer Gesamthandsvereinigung II, 2, § 2, 25
– – notarielle Urkunde II, 2, § 2, 27
– – Zeitpunkt der Registereintragung II, 2, § 2, 25
– – zu erbringende Sicherheit II, 2, § 2, 27
– Familien-AG II, 2, § 2, 2
– fehlender bzw. nicht deckungsgleicher Hauptversammlungsbeschluss II, 2, § 2, 505
– fehlerhafter Zeichnungsvertrag, Willensmängel der Zeichnung II, 2, § 2, 507
– fehlerhafte Beschlüsse der Hauptversammlung II, 2, § 2, 502
– – Eintragung im Handelsregister II, 2, § 2, 502
– – Lehre von der fehlerhaften Gesellschaft II, 2, § 2, 503
– – Rechtsfolge II, 2, § 2, 503
– fehlerhafte Handelsregisteranmeldung II, 2, § 2, 511
– fehlerhafte Handelsregistereintragung II, 2, § 2, 511 ff.
– fehlerhafte Kapitalmaßnahmen II, 2, § 2, 502
– – Bestätigung II, 2, § 2, 516
– – fehlender bzw. nicht deckungsgleicher Hauptversammlungsbeschluss II, 2, § 2, 505
– – fehlerhafte Handelsregisteranmeldung II, 2, § 2, 511 ff.
– – fehlerhafte Handelsregistereintragung II, 2, § 2, 513
– – fehlerhafter Zeichnungsvertrag II, 2, § 2, 506 ff.
– – Heilung durch Handelsregistereintragung nach erfolgtem Freigabeverfahren II, 2, § 2, 515
– – Heilung durch neue Zeichnung II, 2, § 2, 517
– – Heilung durch Reparaturbeschluss II, 2, § 2, 516

– – Heilung fehlerhafter Kapitalmaßnahmen durch Handelsregistereintragung II, 2, § 2, 514
– – Reparaturbeschluss und Einlageleistung bei einer fehlerhaften Kapitalerhöhung II, 2, § 2, 518 f.
– – Rückabwicklungen nach Nichtigkeitsurteil II, 2, § 2, 504
– fehlerhafter Zeichnungsvertrag, Fehler bei der Ausgestaltung der Größe der ausgegebenen Aktien II, § 2, 510
– – Formfehler der Zeichnung II, 2, § 2, 508
– – Inhaltsmängel von Zeichnungsscheinen II, 2, § 2, 509
– Funktionstrennung II, 2, § 2, 3
– Gelatine-Entscheidung II, 6, § 2, 41
– Geltendmachung von Ersatzansprüchen II, 2, § 2, 381 ff.
– – besondere Vertreter II, 2, § 2, 381
– – Bindungswirkung des Urteils II, 2, § 2, 384
– – Forum für das Minderheitsverlangen II, 2, § 2, 383
– – Frist II, 2, § 2, 381
– – gesetzliche Prozessstandschaft II, 2, § 2, 382
– – Klagezulassungsverfahren II, 2, § 2, 382
– – UMAG II, 2, § 2, 382
– – Voraussetzungen II, 2, § 2, 383
– gemischte Sacheinlage II, 2, § 2, 65
– Gesamtkostenverfahren II, 15, § 1, 19
– Gesamtvermögensveräußerung II, 2, § 2, 538
– – § 179a AktG II, 2, § 2, 538
– – Zustimmung der Hauptsammlung II, 2, § 2, 538
– Gesellschaftsvermögen II, 16, 56
– Gewinnrücklagen II, 15, § 1, 21, 170
– Gewinnverwendungsbeschluss II, 15, § 1, 22
– Going Private II, 2, § 2, 526 ff.
– Grundkapital II, 16, 52
– Grundsatz der Satzungsstrenge II, 2, § 2, 3
– Gründung II, 16, 75 ff.; II, 2, § 2 6 ff.
– – Anmeldung II, 2, § 2, 29 ff.
– – Aufsichtsrat II, 16, 75
– – Bargründung II, 2, § 2, 6 ff.
– – Berichte/Prüfungen II, 2, § 2, 23 ff.
– – Bilanzierung II, 15, § 1, 14
– – Eintragung ins Handelsregister II, 2, § 2, 44 f.
– – Entstehen der AG II, 2, § 2, 44 f.
– – externe Gründungsprüfung II, 2, § 2, 25 ff.
– – Gründungsbericht der Gründer II, 2, § 2, 23
– – Gründungsprüfung durch den Notar II, 2, § 2, 28
– – Gründungsprüfung durch Vorstand und Aufsichtsrat II, 2, § 2, 24
– – Kosten II, 16, 80
– – Mitteilung nach § 20 AktG II, 2, § 2, 46 ff.

3208

Stichwortverzeichnis

••• Die fett gedruckten **römischen Zahlen** bezeichnen die Teile, die fett gedruckten **arabischen Zahlen** die Kapitel. ••• Die fett gedruckten **§-Angaben** bezeichnen die bei Teil 2: Gesellschaftsrecht zu den Kapiteln dazugehörigen Paragrafen. ••• Die mager gedruckten Zahlen bezeichnen die Randnummern. •••

– – Mitteilung nach § 42 AktG **II, 2**, § 2, 46 ff.
– – Vor-Aktiengesellschaft **II, 16,** 76
– Gründungsaufwand **II, 2,** § 2, 249 f.
– Gründungsprotokoll **II, 2,** § 2, 8 ff.
– – Bestellung des 1. Aufsichtsrats **II, 2,** § 2, 18 f.
– – Bestellung des 1. Vorstandes **II, 2,** § 2, 21
– – Bestellung des Abschlussprüfers **II, 2,** § 2, 22
– – eine einzige Urkunde **II, 2,** § 2, 9
– – Feststellung der Satzung im Ausland **II, 2,** § 2, 10
– – Form **II, 2,** § 2, 8 ff.
– – Gesellschaftsstatut **II, 2,** § 2, 10
– – Inhalt **II, 2,** § 2, 11
– – Kosten **II, 2,** § 2, 22
– – Mängel und Änderungen der Gründungssatzung **II, 2,** § 2, 17
– – notarielle Beurkundung **II, 2,** § 2, 8
– Gründungsvollmacht, Beurkundung **II, 14,** 43
– GuV-Rechnung, Erträge und Aufwendungen **II, 15,** § 1, 19
– – Saldo **II, 15,** § 1, 19
– Haftung der Gründer in der Vor-AG **II, 2,** § 2, 80 ff.
– Haftung in der Vorgründungs-AG **II, 2,** § 2, 80
– Haftung und Vertretung im Gründungsstadium **II, 2,** § 2, 84 ff.
– Haftung, Differenzhaftung des Sacheinlegers **II, 2,** § 2, 86
– Haftung von Gründungsprüfer **II, 2,** § 2, 90
– Haftung von kontoführender Bank **II, 2,** § 2, 90
– Haftung von Vorstand und Aufsichtsrat **II, 2,** § 2, 89
– Handelndenhaftung **II, 2,** § 2, 88
– sonstige Haftungsgefahren **II, 2,** § 2, 87
– Unterbilanzhaftung **II, 2,** § 2, 82
– Verlustdeckungshaftung **II, 2,** § 2, 83
– Wirksamkeit von Rechtsgeschäften der Vor-AG **II, 2,** § 2, 84 ff.
– Hauptversammlung **II, 2,** § 2, 1, 210 ff., 251 ff.
– – Abschluss der Niederschrift **II, 2,** § 2, 315
– – Absetzung **II, 2,** § 2, 255
– – Abstimmungsverfahren **II, 2,** § 2, 289 ff.
– – Additionsverfahren **II, 2,** § 2, 291
– – Aktien einer Drittgesellschaft **II, 2,** § 2, 263
– – Aktionärsforum **II, 2,** § 2, 281
– – Allgemeines **II, 2,** § 2, 251 ff.
– – Anfechtbarkeit der Beschlüsse **II, 2,** § 2, 324
– – Anfechtung **II, 2,** § 2, 312
– – Angaben über das Verfahren der Stimmauszählung **II, 2,** § 2, 305
– – Anlagen **II, 2,** § 2, 313
– – Anträge zur Geschäftsordnung **II, 2,** § 2, 279 f.
– – Anträge zur Tagesordnung **II, 2,** § 2, 279 f.
– – Art der Abstimmung **II, 2,** § 2, 290
– – Art und Weise der Einberufung **II, 2,** § 2, 217 ff.
– – Art, Ergebnis und Feststellung des Vorsitzenden über die Beschlussfassung **II, 2,** § 2, 299 ff.
– – Aufgaben des Versammlungsleiters **II, 2,** § 2, 282 ff.
– – auskunftspflichtige Angelegenheit **II, 2,** § 2, 269
– – Auskunftsrecht **II, 2,** § 2, 270 f.
– – Auskunftsverweigerung **II, 2,** § 2, 273, 307
– – außerordentliche **II, 2,** § 2, 252
– – Begründung von Sonderrechten **II, 2,** § 2, 247
– – Bekanntmachung **II, 2,** § 2, 222 f.
– – Beschlüsse **II, 2,** § 2, 298
– – Beschlüsse mit strafbarem Inhalt **II, 2,** § 2, 298
– – Beschlussfähigkeit **II, 2,** § 2, 243
– – Beschlussmehrheit **II, 2,** § 2, 244
– – besondere Auskunftsrechte **II, 2,** § 2, 272
– – Beurkundung **II, 14,** 41, 57 ff.
– – Beurkundung im Ausland **II, 2,** § 2, 294
– – Beurkundung von Sonderbeschlüssen **II, 2,** § 2, 298
– – Bild- und Tonübertragung **II, 2,** § 2, 260
– – Bindung der Verwaltung an Beschlussvorschläge **II, 2,** § 2, 257
– – Blockabstimmung **II, 2,** § 2, 289
– – Dauer **II, 2,** § 2, 254
– – deutscher Notar **II, 2,** § 2, 294
– – Einberufung **II, 2,** § 2, 211 ff., 254
– – Einberufungsfrist **II, 2,** § 2, 226 f.
– – Einberufungsgründe **II, 2,** § 2, 211 ff.
– – Einmann-AG **II, 2,** § 2, 319
– – Einzelabstimmung **II, 2,** § 2, 290
– – Entscheidung über die Teilnahmeberechtigung **II, 2,** § 2, 283
– – ergänzende Niederschrift **II, 2,** § 2, 325
– – Erstellung der Niederschrift und Fehlerkorrektur **II, 2,** § 2, 325
– – Fehlerfolge **II, 2,** § 2, 323 f.
– – Folgen **II, 2,** § 2, 317
– – Gegenanträge **II, 2,** § 2, 279 f.
– – gemeinschaftliche Berechtigung **II, 2,** § 2, 265
– – Geschäftsordnung **II, 2,** § 2, 241
– – gesonderte Versammlung **II, 2,** § 2, 261
– – Gründe der Rechtsicherheit **II, 2,** § 2, 297
– – Grundlagenbeschlüsse **II, 2,** § 2, 296
– – Holzmüller-Beschlüsse **II, 2,** § 2, 321
– – Inhalt der Einberufung **II, 2,** § 2, 222 ff.
– – Inhalt und Umfang der Prüfungspflichten **II, 2,** § 2, 328
– – jährlich wiederkehrende Beschlüsse **II, 2,** § 2, 252
– – Leitfaden **II, 2,** § 2, 282
– – Listenwahl **II, 2,** § 2, 289
– – Mängel der notariellen Niederschrift **II, 2,** § 2, 323 ff.
– – Medienvertreter **II, 2,** § 2, 260
– – Mehrheit des vertretenen Kapitals **II, 2,** § 2, 245
– – Minderheitsverlangen **II, 2,** § 2, 306
– – Mitwirkungsverbot **II, 2,** § 2, 294
– – Muster einer Niederschrift **II, 2,** § 2, 293
– – negativer Beschluss **II, 2,** § 2, 298
– – nicht börsennotierte Gesellschaft **II, 2,** § 2, 231
– – Niederschrift **II, 2,** § 2, 293
– – notarielle Beurkundung **II, 2,** § 2, 294
– – oberstes Organ der Gesellschaft **II, 2,** § 2, 251
– – offensichtliche Unrichtigkeiten **II, 2,** § 2, 325
– – ordentliche **II, 2,** § 2, 252
– – ordnungsgemäße Erledigung der Tagesordnung **II, 2,** § 2, 284
– – ordnungsgemäßer Ablauf **II, 2,** § 2, 297
– – Ordnungsmaßnahmen **II, 2,** § 2, 285
– – Ort **II, 2,** § 2, 210
– – persönliche Verbundenheit **II, 2,** § 2, 265
– – positiver Beschluss **II, 2,** § 2, 298
– – privatschriftliche Hauptversammlungsniederschrift **II, 2,** § 2, 295 ff.
– – Prüfung über die Teilnahmeberechtigung **II, 2,** § 2, 283
– – Prüfungspflichten des Notars **II, 2,** § 2, 327 ff.
– – rechtliche Grundlage der Prüfungspflichten des Notars **II, 2,** § 2, 327
– – Rederecht **II, 2,** § 2, 267 ff.
– – Sachbeschlüsse **II, 2,** § 2, 298
– – Schuldner des Auskunftsanspruchs **II, 2,** § 2, 271
– – Sonderbeschluss **II, 2,** § 2, 246
– – Sonderfälle **II, 2,** § 2, 318 ff.
– – Sonderprüfung **II, 2,** § 2, 262
– – Sprache **II, 2,** § 2, 258
– – Squeeze-out **II, 2,** § 2, 320
– – Stellvertretung **II, 2,** § 2, 234 ff.
– – Stimmabgabe durch den von der Gesellschaft benannten Stimmrechtsvertreter **II, 2,** § 2, 303 ff.
– – Stimmenthaltungen **II, 2,** § 2, 291
– – Stimmrechtsvertreter **II, 2,** § 2, 235
– – Stimmverbote **II, 2,** § 2, 262 ff.
– – Subtraktionsverfahren **II, 2,** § 2, 244, 291 f.
– – Tatsachenbeurkundung **II, 2,** § 2, 294
– – Teilnahmebedingungen **II, 2,** § 2, 228 ff.

3209

Stichwortverzeichnis

••• Die fett gedruckten **römischen Zahlen** bezeichnen die Teile, die fett gedruckten **arabischen Zahlen** die Kapitel. ••• Die fett gedruckten **§-Angaben** bezeichnen die bei Teil 2: Gesellschaftsrecht zu den Kapiteln dazugehörigen Paragrafen. ••• Die mager gedruckten Zahlen bezeichnen die Randnummern. •••

- – Teilnahmerecht **II, 2, § 2,** 259
- – Teilnehmerverzeichnis **II, 2, § 2,** 287
- – Trennung der Prüfungsfunktion und Protokollfunktion des Notars **II, 2, § 2,** 330
- – Übertragung **II, 2, § 2,** 242
- – UMAG **II, 2, § 2,** 233
- – ungeschriebener Auskunftsverweigerungsgrund **II, 2, § 2,** 275
- – Unterbrechung **II, 2, § 2,** 255
- – Unterschrift des Notars **II, 2, § 2,** 315
- – Verfahrensbeschlüsse **II, 2, § 2,** 298
- – Verlesen von Anträgen und der Tagesordnung **II, 2, § 2,** 288
- – Versammlung aller Aktionäre **II, 2, § 2,** 251
- – Vertagung **II, 2, § 2,** 255
- – Videozuschaltung von Aufsichtsratsmitgliedern **II, 2, § 2,** 242
- – Vinkulierungsklauseln **II, 2, § 2,** 247
- – virtuelle **II, 2, § 2,** 321
- – Vollversammlung **II, 2, § 2,** 318
- – von Gesetzes wegen auszulegende Unterlagen **II, 2, § 2,** 311
- – Vorsitzender **II, 2, § 2,** 237
- – Wahrnehmungen des Notars **II, 2, § 2,** 326
- – Widerspruch **II, 2, § 2,** 308
- – Wiederaufnahme von Tagesordnungspunkten **II, 2, § 2,** 256
- – Wiedereröffnung **II, 2, § 2,** 255
- – Zuständigkeit **II, 2, § 2,** 254
- – Zuständigkeit zur Einberufung **II, 2, § 2,** 216
- – zwingende zusätzliche Angaben im Protokoll **II, 2, § 2,** 309 ff.
- Hauptversammlungsbeschlüsse, § 241 AktG **II, 2, § 2,** 333 ff.
- – allgemeine Feststellungsklage **II, 2, § 2,** 359
- – Anfechtbarkeit wegen Verletzung von Informationspflichten **II, 2, § 2,** 339 ff.
- – Anfechtungsbefugnis **II, 2, § 2,** 351 ff.
- – Anfechtungsfrist **II, 2, § 2,** 343, 355
- – Anfechtungsklage **II, 2, § 2,** 350 ff., 358
- – Anfechtungsrecht bei Einberufungsmängeln **II, 2, § 2,** 354
- – Aufsichtsratswahlen **II, 2, § 2,** 361
- ••• Bestätigung **II, 2, § 2,** 347 ff.
- – Bindung des Registergerichts **II, 2, § 2,** 343
- – bloße Anfechtbarkeit **II, 2, § 2,** 343
- – einstweiliger Rechtsschutz **II, 2, § 2,** 364
- – Eintragungshindernis **II, 2, § 2,** 343
- – Feststellungsklage **II, 2, § 2,** 359
- – Freigabeverfahren **II, 2, § 2,** 343, 360
- – genereller Widerspruch **II, 2, § 2,** 352
- – Gesamtbetrachtung **II, 2, § 2,** 341
- – Gestaltungswirkung des Anfechtungsurteils **II, 2, § 2,** 357
- – Gewinnverwendungsbeschluss **II, 2, § 2,** 362
- – Gleichsetzung von Auskunftsmangel und Anfechtbarkeit **II, 2, § 2,** 341
- – Heilung **II, 2, § 2,** 347 ff.
- – inhaltliche Fehler **II, 2, § 2,** 339
- – Jahresabschluss **II, 2, § 2,** 363
- – Kapitalerhöhungsbeschlüsse mit Bezugsrechtsausschluss **II, 2, § 2,** 339
- – kassatorische Wirkung der Anfechtungsklage **II, 2, § 2,** 359
- – Klagebefugnis **II, 2, § 2,** 353
- – Löschung von Amts wegen **II, 2, § 2,** 342
- – materielle Beschlusskontrolle **II, 2, § 2,** 339
- – Missbrauch des Anfechtungsrechts **II, 2, § 2,** 356
- – Neuvornahme **II, 2, § 2,** 348
- – nicht ordnungsgemäß einberufene Hauptversammlung **II, 2, § 2,** 334
- – Nichtigkeit **II, 2, § 2,** 333 ff.
- – Nichtigkeitsklage **II, 2, § 2,** 358
- – rechtliches Interesse des Klägers **II, 2, § 2,** 353
- – Rechtsfolgen für Registergericht und Notar **II, 2, § 2,** 342 ff.
- – Relevanz des Verfahrensfehlers **II, 2, § 2,** 340
- – Rügeverzicht **II, 2, § 2,** 347
- – Sondervorteile **II, 2, § 2,** 339
- – Spruchverfahren **II, 2, § 2,** 341, 365 ff.
- – Squeeze-out-Beschluss **II, 2, § 2,** 353
- – Thyssen-Krupp-Entscheidung **II, 2, § 2,** 341
- – Urteilswirkung des Anfechtungsurteils **II, 2, § 2,** 357
- – venire contra factum proprium **II, 2, § 2,** 352
- – Verfahrensfehler bei der Einberufung **II, 2, § 2,** 339
- – Verletzung der Auskunftsrechte **II, 2, § 2,** 354
- – Verletzung von Informationspflichten **II, 2, § 2,** 341
- – Verstoß gegen die guten Sitten **II, 2, § 2,** 337
- – Verstöße bei der Beurkundung **II, 2, § 2,** 335
- – Vorstand als Gesamtorgan **II, 2, § 2,** 354
- – Heilung fehlerhafter Kapitalmaßnahmen durch Handelsregistereintragung **II, 2, § 2,** 514
- – Holzmüller-Entscheidung **II, 6, § 2,** 39
- – Inhaber- und Namensaktien **II, 16,** 58
- – Inhalt der Handelsregisteranmeldung, § 37 AktG **II, 2, § 2,** 40
- – Anlagen **II, 2, § 2,** 43
- – EHUG **II, 2, § 2,** 41
- – Einpersonengründung **II, 2, § 2,** 42
- – schriftliche Bestätigung der Bank **II, 2, § 2,** 40
- – Zeichnung der Unterschriften **II, 2, § 2,** 41
- Inhalt des Gründungsprotokolls **II, 2, § 2,** 11 ff.
- – Aktienart **II, 2, § 2,** 14
- – Aktiengattung **II, 2, § 2,** 14
- – Befreiung von den Beschränkungen des § 181 BGB **II, 2, § 2,** 13
- – Einheitsgründung **II, 2, § 2,** 13
- – Einzahlungsbetrag auf das Grundkapital **II, 2, § 2,** 15
- – Feststellung der Satzung **II, 2, § 2,** 16
- – Gründer **II, 2, § 2,** 12 f.
- – Stufengründung **II, 2, § 2,** 13
- Inhalt des Hauptversammlungsbeschlusses **II, 2, § 2,** 547 ff.
- Insolvenz **II, 2, § 2,** 557 ff.
- – Allgemeines **II, 2, § 2,** 557 f.
- – Anstellungsverträge **II, 2, § 2,** 560
- – Befugnisse des Insolvenzverwalters **II, 2, § 2,** 560
- – Besonderheiten **II, 2, § 2,** 559 ff.
- – Einberufung einer Hauptversammlung **II, 2, § 2,** 559
- – eines Aktionärs **II, 2, § 2,** 569 ff.
- – Fortsetzungsbeschluss **II, 2, § 2,** 568
- – Geltendmachung offener Einlageansprüche **II, 2, § 2,** 564
- – Handelsregisteranmeldung **II, 2, § 2,** 567
- – Insolvenzantragspflicht **II, 2, § 2,** 559
- – Kapitalmaßnahmen **II, 2, § 2,** 565 f.
- – normale Kapitalerhöhung **II, 2, § 2,** 566
- – Organe der Gesellschaft **II, 2, § 2,** 560 ff.
- – Satzungsänderungen **II, 2, § 2,** 565 f.
- – vereinfachte Kapitalherabsetzung **II, 2, § 2,** 566
- Insolvenz eines Aktionärs **II, 2, § 2,** 569 ff.
- – Abfindungsklausel **II, 2, § 2,** 573
- – Ausscheiden aus der Gesellschaft und Auflösung der Gesellschaft **II, 2, § 2,** 571 f
- – Ausübung der Rechte als Gesellschafter **II, 2, § 2,** 570
- – Beteiligung als Teil der Insolvenzmasse **II, 2, § 2,** 569
- – Fortbestehen der Einlagepflichten **II, 2, § 2,** 576
- – Gemeinschuldner als Vorstand **II, 2, § 2,** 575
- – Vinkulierungsklauseln **II, 2, § 2,** 574
- Insolvenzverfahren **II, 20,** 343
- Jahresabschluss **II, 15, § 1,** 20, 27; **II, 2, § 2,** 248
- – Auskunftsansprüche **II, 15, § 1,** 24
- – Einsichtsmöglichkeit **II, 15, § 1,** 24
- – Feststellung **II, 15, § 1,** 23
- Joint Venture **II, 12,** 14
- Joint-Venture-Gesellschaft **II, 12,** 38

Stichwortverzeichnis

••• Die fett gedruckten **römischen Zahlen** bezeichnen die Teile, die fett gedruckten **arabischen Zahlen** die Kapitel. ••• Die fett gedruckten **§-Angaben** bezeichnen die bei Teil 2: Gesellschaftsrecht zu den Kapiteln dazugehörigen Paragrafen. ••• Die mager gedruckten Zahlen bezeichnen die Randnummern. •••

- Kapitalbeschaffung an der Börse **II, 2, § 2,** 1
- Kapitalerhaltung **II, 15, § 1,** 25
- Kapitalerhöhung **II, 16,** 90 ff.
  - – Aktienoption **II, 16,** 99
  - – Angabe der Bilanz **II, 2, § 2,** 466
  - – Anmeldung des Kapitalerhöhungsbeschlusses **II, 2, § 2,** 421
  - – Arbeitnehmeraktien **II, 16,** 99
  - – aus Gesellschaftsmitteln **II, 16,** 90; **II, 2, § 2,** 461 ff.
  - – Ausgabe neuer Aktien **II, 2, § 2,** 464; **II, 16,** 91
  - – Ausschluss eines Bezugsrechts **II, 2, § 2,** 428 ff.
  - – bedingte **II, 2, § 2,** 452 ff.
  - – Beschluss der Hauptversammlung **II, 16,** 91
  - – Besonderheiten bei teileingezahlten Aktien **II, 2, § 2,** 465
  - – Bezugsrecht **II, 2, § 2,** 427 ff.; **II, 16,** 92
  - – Bezugsrechte auf Aktien **II, 16,** 99
  - – Bezugsrechtsausschluss **II, 16,** 93
  - – Bilanz **II, 2, § 2,** 466 ff.
  - – Cash-Pool-System **II, 2, § 2,** 423
  - – Durchführung **II, 16,** 91; **II, 2, § 2,** 426
  - – Eintragung des Kapitalerhöhungsbeschlusses **II, 2, § 2,** 421
  - – Einzahlungen vor der Beschlussfassung **II, 2, § 2,** 424
  - – Erhöhung des Grundkapitals **II, 2, § 2,** 440
  - – Erleichterung des Bezugsrechtsausschlusses **II, 2, § 2,** 431
  - – genehmigtes Kapital **II, 2, § 2,** 438 ff.; **II, 16,** 101 f.
  - – genehmigtes Kapital mit Bezugsrechtsausschluss **II, 2, § 2,** 448 ff.
  - – Gesellschaftsmittel **II, 16,** 103 ff.
  - – Gratisaktien **II, 16,** 104
  - – Greenshoe **II, 2, § 2,** 428, 472
  - – Grundlage der Ermächtigung zur Kapitalerhöhung **II, 2, § 2,** 441 ff.
  - – im Schütt-Aus-Hol-Zurück-Verfahren **II, 2, § 2,** 471
  - – Inhalt der Kapitalerhöhung aus Gesellschaftsmitteln **II, 2, § 2,** 463 ff.
  - – Inhalt eines Beschlusses der bedingten Kapitalerhöhung **II, 2, § 2,** 456 ff.
  - – Inhalt eines Bezugsrechts **II, 2, § 2,** 428 ff.
  - – Inhalt eines Kapitalerhöhungsbeschlusses **II, 2, § 2,** 414 ff.
  - – Inhalt eines Sachkapitalerhöhungsbeschlusses **II, 2, § 2,** 434 ff.
  - – Kapitalerhöhungsbeschluss **II, 2, § 2,** 413 ff.
  - – keine freien Spitzenbeträge **II, 2, § 2,** 465
  - – materielle Voraussetzungen eines Bezugsrechts **II, 2, § 2,** 430
  - – mittelbares Bezugsrecht **II, 2, § 2,** 428
  - – Muster eines Beschlusses der bedingten Kapitalerhöhung **II, 2, § 2,** 455
  - – Muster eines Beschlusses der Kapitalerhöhung aus Gesellschaftsmitteln **II, 2, § 2,** 462
  - – Muster eines Bezugsrechts **II, 2, § 2,** 427
  - – Muster eines Kapitalerhöhungsbeschlusses **II, 2, § 2,** 413
  - – Muster eines Sachkapitalerhöhungsbeschlusses **II, 2, § 2,** 433
  - – naked warrants **II, 2, § 2,** 453
  - – Rechtsprechung **II, 2, § 2,** 424
  - – Resteinlage **II, 2, § 2,** 465
  - – Sachkapitalerhöhung **II, 2, § 2,** 433 ff.
  - – Stückaktien **II, 2, § 2,** 464
  - – Überblick **II, 2, § 2,** 410
  - – Übersicht über eine bedingte Kapitalerhöhung **II, 2, § 2,** 454
  - – Übersicht zur Kapitalerhöhung aus Gesellschaftsmitteln **II, 2, § 2,** 461
  - – Umwandlung von Rücklagen **II, 2, § 2,** 466
  - – Unternehmenszusammenflüsse **II, 16,** 99
  - – verschiedene Möglichkeiten **II, 2, § 2,** 410
  - – Voreinzahlung **II, 2, § 2,** 423 ff.
  - – Wandel und Optionsanleihen **II, 2, § 2,** 453; **II, 16,** 99
  - – wertgleiche Deckung **II, 2, § 2,** 423
  - – Zeichnung der Aktien **II, 2, § 2,** 422
  - – Zeitpunkt der Einzahlung **II, 2, § 2,** 423 ff.
  - – Zusatzaktien **II, 16,** 104
  - – Zustandekommen des Zeichnungsvertrages **II, 2, § 2,** 423
- Kapitalerhöhungen gegen Einlagen **II, 2, § 2,** 411
  - – allgemeine Voraussetzungen **II, 2, § 2,** 411
- Kapitalerhöhungsbeschluss **II, 16,** 91
- Kapitalherabsetzung **II, 2, § 2,** 473 ff.; **II, 16,** 54, 109 ff.
- Kapitalherabsetzung durch Einziehung **II, 2, § 2,** 489 ff.
  - – angeordnete Zwangseinziehung **II, 2, § 2,** 494 ff.
  - – Eintragung des Einziehungsbeschlusses **II, 2, § 2,** 501
  - – Eintragung im Handelsregister **II, 2, § 2,** 501
  - – Einziehung eigener Aktien **II, 2, § 2,** 497
  - – Inhalt **II, 2, § 2,** 493 ff.
  - – Muster eines Beschlusses über die Kapitalherabsetzung durch Einziehung **II, 2, § 2,** 492
  - – ordentliches Einziehungsverfahren **II, 2, § 2,** 498
  - – Übersicht **II, 2, § 2,** 491
  - – vereinfachtes Einziehungsverfahren **II, 2, § 2,** 499
  - – Verringerung des Grundkapitals **II, 2, § 2,** 499
  - – Vornahme der Einziehungshandlung **II, 2, § 2,** 501
  - – Zulassung in der Satzung **II, 2, § 2,** 493
  - – Zweck **II, 2, § 2,** 500
- Kapitalherabsetzung, Ausschüttung **II, 16,** 114
  - – Einziehung von Aktien **II, 2, § 2,** 474; **II, 16,** 117 ff.
  - – Einziehungsentgelt **II, 16,** 120
  - – Formen **II, 2, § 2,** 473
  - – gewonnene Beträge **II, 16,** 114
  - – Gläubigerschutzregeln **II, 16,** 114
  - – Herabsetzung der Grundkapitalziffer **II, 2, § 2,** 474
  - – Herabsetzung der Grundkapitalziffer **II, 2, § 2,** 474
  - – Herabsetzung des Nennbetrages der Aktien **II, 2, § 2,** 474
  - – ordentliche **II, 2, § 2,** 475 ff.
  - – Rückerwerb eigener Aktien **II, 16,** 118
  - – Sanierungsfall **II, 16,** 113
  - – vereinfachte **II, 2, § 2,** 482 ff.
  - – Ziel **II, 2, § 2,** 474
  - – Zusammenlegung von Aktien **II, 2, § 2,** 474
  - – Zwangseinziehung **II, 16,** 118
- Kapitalmaßnahmen für die Bedienung von Aktienoptionen **II, 2, § 2,** 539 ff.
  - – bedingtes Kapital **II, 2, § 2,** 539 f.
  - – eigene Aktien **II, 2, § 2,** 541
  - – genehmigtes Kapital **II, 2, § 2,** 542 f.
- Kapitalsammelbecken **II, 16,** 53
- kleine AG **II, 2, § 2,** 2
- Konzernabschluss **II, 15, § 1,** 47 ff.
- Konzernlagebericht **II, 15, § 1,** 49
- Konzernrecht **II, 5, § 1,** 3
- kumulative Vorzugsaktie **II, 16,** 64
- limitierte Vorzugsaktie **II, 16,** 64
- Liquidation **II, 2, § 2,** 552 ff.
  - – Liquidationsüberschuss **II, 2, § 2,** 555
- Nachtragsliquidation **II, 2, § 2,** 554
- Mantelkauf **II, 2, § 2,** 76
- Mantelverwendung **II, 2, § 2,** 76
  - – Grundsätze der Unterbilanzhaftung **II, 2, § 2,** 78
  - – Gründungsbericht **II, 2, § 2,** 78
  - – Handelsregister **II, 2, § 2,** 77
  - – maßgeblicher Stichtag **II, 2, § 2,** 78
  - – satzungsmäßige Stammkapitalziffer **II, 2, § 2,** 78
  - – wirtschaftliche Neugründung **II, 2, § 2,** 77
- Minderjähriger **II, 11,** 63
- Mindestnennbetrag **II, 16,** 54
- Mischeinlage **II, 2, § 2,** 64
- Mischformen **II, 2, § 2,** 64 ff.
- mitgliedschaftlicher Gewinnanspruch **II, 15, § 1,** 22

3211

Stichwortverzeichnis

••• Die fett gedruckten **römischen Zahlen** bezeichnen die Teile, die fett gedruckten **arabischen Zahlen** die Kapitel. ••• Die fett gedruckten **§-Angaben** bezeichnen die bei Teil 2: Gesellschaftsrecht zu den Kapiteln dazugehörigen Paragrafen. ••• Die mager gedruckten Zahlen bezeichnen die Randnummern. •••

- Nachgründung **II, 2, § 2,** 91 ff.; **II, 6, § 2** 160 ff.; **II, 16,** 79
-- Allgemeines **II, 2, § 2,** 91
-- Ausnahme nach § 52 Abs. 9 AktG **II, 2, § 2,** 98
-- Bekanntmachung der Eintragung im Handelsregister **II, 2, § 2,** 105
-- Bericht **II, 2, § 2,** 101 ff.
-- Durchführung einer Sachkapitalerhöhung **II, 2, § 2,** 112 ff.
-- einheitliche Beschlussfassung **II, 2, § 2,** 113
-- Eintragung im Handelsregister **II, 2, § 2,** 91, 101 ff.
-- Gesetzesumgehung **II, 2, § 2,** 95
-- Gründer i.S.d. § 52 Abs. 1 AktG **II, 2, § 2,** 93
-- Hauptversammlungsbeschluss **II, 2, § 2,** 103
-- Heilung **II, 2, § 2,** 106 ff.
-- Heilungsvorschrift des § 11 EGAktG **II, 2, § 2,** 92
-- Nachgründungsprüfung **II, § 2,** 92
-- Nachgründungsvorschriften **II, 2, § 2,** 92
-- Prüfung des Vertrages durch den Aufsichtsrat **II, 2, § 2,** 102
-- Rechtsfolgen **II, 2, § 2,** 100
-- Sachkapitalerhöhung **II, 2, § 2,** 110
-- Schriftform **II, 2, § 2,** 91
-- schuldrechtlicher Einbringungsvertrag **II, 2, § 2,** 112
-- spätester Zeitpunkt für Zustimmung in der Hauptversammlung **II, 2, § 2,** 114
-- unwirksame Sachgründung **II, 2, § 2,** 99
-- Verfahren **II, 2, § 2,** 101 ff.
-- Vergütung **II, 2, § 2,** 97
-- Vertragsgegenstand **II, 2, § 2,** 96
-- Vertragspartner **II, 2, § 2,** 92 f.
-- Zustimmung der Hauptversammlung **II, 2, § 2,** 91, 101
-- zwei getrennte Anmeldungen zum Handelsregister **II, 2, § 2,** 115
- Nachteile **II, 2, § 2,** 4
- Nennwertaktien **II, 16,** 57 ff.
- nicht börsennotierte, Beurkundung **II, 14,** 58
- nicht börsenorientierte Gesellschaft **II, 2, § 2,** 2
- nominelle Kapitalherabsetzung **II, 16,** 110
- offener Gesellschafterkreis **II, 2, § 2,** 2
- ordentliche Kapitalerhöhung **II, 16,** 90 ff.
- ordentliche Kapitalherabsetzung **II, 16,** 110 ff.
- ordentliche Kapitalherabsetzung, Anmeldung der Durchführung **II, 2, § 2,** 480
-- Art der Kapitalabsetzung **II, 2, § 2,** 478

-- Beschluss der Hauptversammlung **II, 2, § 2,** 477
-- Bezugsrechtsausschluss **II, 2, § 2,** 479
-- Eintragungen im Handelsregister **II, 2, § 2,** 480
-- Einzelheiten über Durchführung **II, 2, § 2,** 478
-- Inhalt **II, 2, § 2,** 477 ff.
-- kein eigenes Ermessen **II, 2, § 2,** 477
-- Muster eines Beschlusses über die ordentliche Kapitalherabsetzung **II, 2, § 2,** 476
-- Satzungsänderung **II, 2, § 2,** 477
-- Übersicht **II, 2, § 2,** 475
-- zeitliches Limit **II, 2, § 2,** 477
- ordentliches Einziehungsverfahren **II, 16,** 122 f.
- Publikums-AG **II, 2, § 2,** 2
- Rechte und Pflichten der Aktionäre **II, 2, § 2,** 205 ff.
-- Aktionärsforum nach § 127a AktG **II, 2, § 2,** 208
-- Anspruch auf Gewinnausschüttung **II, 2, § 2,** 208
-- Auskunftserteilung **II, 2, § 2,** 208
-- Bilanzgewinn **II, 2, § 2,** 205
-- Cash-Management-System **II, 2, § 2,** 205
-- Cash-Pool-System **II, 2, § 2,** 205
-- Durchgriffshaftung **II, 2, § 2,** 207
-- eigenkapitalersetzendes Darlehen **II, 2, § 2,** 206
-- Einlage **II, 2, § 2,** 205
-- Einlagenrückgewähr **II, 2, § 2,** 205
-- existenzvernichtender Eingriff **II, 2, § 2,** 207
-- Grundsätze zum Kapitalersatzrecht **II, 2, § 2,** 206
-- Kapitalerhaltungsgrundsatz **II, 2, § 2,** 205
-- Nebenleistungspflichten **II, 2, § 2,** 205
-- persönliche Haftung **II, 2, § 2,** 207
-- Treuepflichten **II, 2, § 2,** 205
-- Unterkapitalisierung **II, 2, § 2,** 207
-- vermögensrechtliche Sicht **II, 2, § 2,** 205
-- Vermögensvermischung **II, 2, § 2,** 207
- Rechtsschutzmöglichkeiten **II, 2, § 2,** 331
-- Anfechtbarkeit wegen Verletzung von Informationspflichten **II, 2, § 2,** 339 ff.
-- Auskunftserzwingungsverfahren **II, 2, § 2,** 371 ff.
-- Geltendmachung von Ersatzansprüchen **II, 2, § 2,** 381 ff.
-- Hauptversammlungsbeschlüsse **II, 2, § 2,** 331
-- Rechtsfolgen für Registergerichte und Notare **II, 2, § 2,** 342 ff.
-- Sonderprüfung **II, 2, § 2,** 374 ff.
-- sonstige Rechtsbehelfe **II, 2, § 2,** 385 ff.
-- Rückabwicklung nach Nichtigkeitsurteil **II, 2, § 2,** 504

-- Abfindungsanspruch **II, 2, § 2,** 504
-- Rechtsfolgen **II, 2, § 2,** 504
- Sachdividende **II, 2, § 2,** 248
- Sacheinlage **II, 16,** 78
- Sachgründung/Sachübernahme **II, 2, § 2,** 49 ff.
-- Berichte **II, 2, § 2,** 59 f.
-- Besonderheiten **II, 2, § 2,** 49 ff.
-- Bestellung des Aufsichtsrats **II, 2, § 2,** 58
-- Differenzhaftung **II, 2, § 2,** 63
-- Einbringung **II, 2, § 2,** 49
-- Einbringungsvertrag **II, 2, § 2,** 55 f.
-- Festsetzungen in der Satzung **II, 2, § 2,** 49 ff.
-- Gegenstand der Sacheinlage **II, 2, § 2,** 54
-- Gründungsbericht der Gründer **II, 2, § 2,** 59
-- Gründungsbericht von Vorstand, Aufsichtsrat und Gründungsprüfer **II, 2, § 2,** 60
-- Handelsregisteranmeldung **II, 2, § 2,** 61
-- Handelsregistereintragung **II, 2, § 2,** 63
-- Leistungszeitpunkt **II, 2, § 2,** 57
-- Prüfung der Werthaltigkeit **II, 2, § 2,** 63
-- Prüfungen **II, 2, § 2,** 59 f.
-- Sacheinlagen **II, 2, § 2,** 49
-- Sachübernahme **II, 2, § 2,** 49
- sachliche Rechtfertigung versus Bezugsrechtsausschluss **II, 2, § 2,** 550
- Satzung **II, 2, § 2,** 116 ff.
-- Agio **II, 2, § 2,** 129 ff.
-- Aktien **II, 2, § 2,** 133 ff.
-- Aktiengattungen **II, 2, § 2,** 151 ff.
-- Aktienregister **II, 2, § 2,** 139
-- Angabe des Gründungsaufwands **II, 2, § 2,** 249
-- Aufgeld **II, 2, § 2,** 129 ff.
-- Aufsichtsrat **II, 2, § 2,** 176 ff.
-- Bekanntmachungen **II, 2, § 2,** 121 f.
-- Doppelsitz **II, 2, § 2,** 119
-- Firma und Sitz **II, 2, § 2,** 118 f.
-- gemischte Einlage **II, 2, § 2,** 130
-- geringster Ausgabebetrag **II, 2, § 2,** 129
-- Grundkapital **II, 2, § 2,** 123 ff.
-- Gründungsaufwand **II, 2, § 2,** 249 f.
-- Hauptversammlung **II, 2, § 2,** 210 ff.
-- höheres Mindestgrundkapital **II, 2, § 2,** 124
-- in Aktien zerlegtes Grundkapital **II, 2, § 2,** 123
-- Inhaberaktien **II, 2, § 2,** 134 ff.
-- investors agreement **II, 2, § 2,** 132
-- Jahresabschluss **II, 2, § 2,** 248
-- Kapitalrücklage **II, 2, § 2,** 131
-- Kosten der Ingangsetzung **II, 2, § 2,** 250
-- Mindestinhalt **II, 2, § 2,** 117
-- Muster **II, 2, § 2,** 116
-- Namensaktien **II, 2, § 2,** 134 ff.
-- Pflicht zur Anpassung des Grundkapitals **II, 2, § 2,** 124

3212

Stichwortverzeichnis

••• Die fett gedruckten **römischen Zahlen** bezeichnen die Teile, die fett gedruckten **arabischen Zahlen** die Kapitel. ••• Die fett gedruckten **§-Angaben** bezeichnen die bei Teil 2: Gesellschaftsrecht zu den Kapiteln dazugehörigen Paragrafen. ••• Die mager gedruckten Zahlen bezeichnen die Randnummern. •••

- – Pflichtbekanntmachungen im elektronischen Bundesanzeiger **II, 2, § 2,** 121
- – Rechte und Pflichten der Aktionäre **II, 2, § 2,** 205 ff.
- – Sachdividende **II, 2, § 2,** 248
- – Satzungsstrenge **II, 2, § 2,** 117
- – schuldrechtliches Agio **II, 2, § 2,** 132
- – Übertragbarkeit von Aktien **II, 2, § 2,** 137 f.
- – Unternehmensgegenstand **II, 2, § 2,** 120
- – Verbriefung von Aktien **II, 2, § 2,** 133
- – Vinkulierung **II, 2, § 2,** 147 ff.
- – Vorstand **II, 2, § 2,** 154 ff.
- – Zerlegung in Stück- bzw. Nennbetragsaktien **II, 2, § 2,** 125 ff.
- Satzungsänderungen **II, 2, § 2,** 398 ff.
- – Aktienoptionen **II, 2, § 2,** 539 ff.
- – Satzungsänderungen, Allgemeines **II, 2, § 2,** 398 ff.
- – Anpassung des Satzungstextes **II, 2, § 2,** 400
- – Aufhebung **II, 2, § 2,** 403
- – bedingter Hauptversammlungsbeschluss **II, 2, § 2,** 404
- – Bedingungen **II, 2, § 2,** 404 ff.
- – Befristungen **II, 2, § 2,** 404 ff.
- – Beschlussmehrheit **II, 2, § 2,** 398 ff.
- – fehlerhafte Kapitalmaßnahmen **II, 2, § 2,** 502 ff.
- – Hauptversammlungsbeschluss **II, 2, § 2,** 400
- – im Gründungsstadium **II, 2, § 2,** 408
- – Kapitalerhöhung **II, 2, § 2,** 410 ff.
- – Kapitalerhöhung gegen Einlagen **II, 2, § 2,** 411
- – Kapitalherabsetzungen **II, 2, § 2,** 473 ff.
- – Mitarbeiterbeteiligung **II, 2, § 2,** 539 ff.
- – Rechtsbedingungen **II, 2, § 2,** 406
- – Satzungsänderungsbeschluss **II, 2, § 2,** 400
- – Satzungsbescheinigung des Notars **II, 2, § 2,** 402
- – Satzungsdurchbrechung **II, 2, § 2,** 407
- – Strukturmaßnahmen **II, 2, § 2,** 520 ff.
- – unbedingter Satzungsänderungsbeschluss **II, 2, § 2,** 406
- – unechte Bedingungen **II, 2, § 2,** 404
- – unechte Befristungen **II, 2, § 2,** 404
- – Verfahren **II, 2, § 2,** 401
- – Vorratsbeschluss **II, 2, § 2,** 404 ff.
- – Wirksamkeit des Satzungsänderungsbeschlusses **II, 2, § 2,** 404
- – Zuständigkeit **II, 2, § 2,** 398 ff.
- – Zuständigkeit des Aufsichtsrats **II, 2, § 2,** 399
- Schein-Bargründung **II, 16,** 79
- Schiedsfähigkeit, Anfechtungsklage **II, 13,** 30
- Sonderprüfung **II, 2, § 2,** 374 ff.
- – Bericht **II, 2, § 2,** 380
- – Durchführung **II, 2, § 2,** 379

- – einfache Mehrheit **II, 2, § 2,** 374
- – Gegenstand **II, 2, § 2,** 375
- – Handelsregister **II, 2, § 2,** 380
- – Minderheitsverlangen **II, 2, § 2,** 380
- – Sonderprüfer **II, 2, § 2,** 378
- – Voraussetzungen **II, 2, § 2,** 378
- – zeitliche Begrenzung **II, 2, § 2,** 375
- sonstige Rechtsbehelfe, actio pro socio **II, 2, § 2,** 386
- – Beseitigungs- oder Unterlassungsklage **II, 2, § 2,** 388
- – besondere Strukturmaßnahmen **II, 2, § 2,** 386
- – gesetzliche Prozessstandschaft **II, 2, § 2,** 386
- – Holzmüller-Entscheidung **II, 2, § 2,** 386
- – Klagemöglichkeiten nach dem AktG **II, 2, § 2,** 385
- – Mitgliedschaftsklage **II, 2, § 2,** 386
- – Pflichtwidrigkeiten der Verwaltung **II, 2, § 2,** 387
- Spruchverfahren **II, 2, § 2,** 365 ff.
- – Antragsberechtigung **II, 2, § 2,** 367
- – Antragsfrist **II, 2, § 2,** 368
- – Antragsgegner **II, 2, § 2,** 367
- – Antragsinhalt **II, 2, § 2,** 368
- – Anwendungsbereich **II, 2, § 2,** 365 ff.
- – Entscheidung **II, 2, § 2,** 370
- – gemeinsamer Vertreter **II, 2, § 2,** 369
- – Zuständigkeit **II, 2, § 2,** 365
- Squeeze-out **II, 2, § 2,** 533 ff.
- – Abgabe eines Übernahmeangebotes **II, 2, § 2,** 535
- – Anfechtungsklage **II, 2, § 2,** 534
- – Barabfindung **II, 2, § 2,** 533
- – Beschluss **II, 2, § 2,** 537
- – Beschluss der Hauptversammlung **II, 2, § 2,** 533
- – Höhe der Abfindung **II, 2, § 2,** 533
- – übertragene Auflösung **II, 2, § 2,** 536
- – verfassungsrechtliche Bedenken **II, 2, § 2,** 533
- – Stammaktien **II, 16,** 62
- – Stock Dividend **II, 16,** 104
- – strenge Vorschriften zur Kapitalaufbringung **II, 2, § 2,** 3
- – strenge Vorschriften zur Kapitalerhaltung **II, 2, § 2,** 3
- – strikte Funktionsteilung **II, 2, § 2,** 1
- – Strukturmaßnahmen **II, 2, § 2,** 520 ff.
- – Börseneinführung **II, 2, § 2,** 532
- – Delisting **II, 2, § 2,** 520, 526 ff.
- – einfache Stimmenmehrheit **II, 2, § 2,** 521
- – Gelatine-Entscheidung **II, 2, § 2,** 521
- – Gesamtvermögensveräußerung **II, 2, § 2,** 538
- – Holzmüller-Beschlüsse **II, 2, § 2,** 520
- – offene Rechtsfortbildung **II, 2, § 2,** 521
- – qualitative Mitgliedschaft betreffende Umstände **II, 2, § 2,** 521
- – Squeeze-out **II, 2, § 2,** 533 ff.

- – ungeschriebene Hauptversammlungszuständigkeit **II, 2, § 2,** 521
- Stückaktien **II, 16,** 57
- Stufengründung **II, 6, § 2,** 160 ff.
- Überpari-Emission **II, 16,** 54
- Umsatzkostenverfahren **II, 15, § 1,** 19
- Umstrukturierung **II, 6, § 2,** 113 ff.
- Unterpari-Emission **II, 16,** 54
- verdeckte Sacheinlage **II, 2, § 2,** 66 ff.
- – Eintragung der Kapitalerhöhung im Handelsregister **II, 2, § 2,** 75
- – enger sachlicher und zeitlicher Zusammenhang **II, 2, § 2,** 69
- – Grundsatz der realen Kapitalaufbringung **II, 2, § 2,** 68
- – Heilung **II, 2, § 2,** 74
- – Hin- und Herzahlen von Geld **II, 2, § 2,** 69
- – Präventivgedanke **II, 2, § 2,** 68
- – Tatbestand **II, 2, § 2,** 67
- – Umgehung der Sacheinlagevorschrift **II, 2, § 2,** 66
- – Verrechnung der Einlageforderung **II, 2, § 2,** 69
- vereinfachte Kapitalherabsetzung **II, 2, § 2,** 482 ff.; **II, 16,** 113 ff.
- – Auflösung vorhandener Rücklagen **II, 2, § 2,** 486
- – Inhalt **II, 2, § 2,** 485 ff.
- – Jahresabschluss **II, 2, § 2,** 488
- – Muster eines Beschlusses über die vereinfachte Kapitalherabsetzung **II, 2, § 2,** 484
- – Rückbeziehung der Kapitalerhöhung **II, 2, § 2,** 487
- – Übersicht **II, 2, § 2,** 483
- – Umbuchungen **II, 2, § 2,** 486
- – zweckgerichtete Verwendung **II, 2, § 2,** 486
- Verlustanzeigepflicht **II, 15, § 1,** 26
- Verlustübernahmeverpflichtung **II, 15, § 1,** 27
- Vertretung im Gründungsstadium, Geschäfte der Vor-AG **II, 2, § 2,** 85
- – Vertretungsmacht des Vorstandes **II, 2, § 2,** 84
- – Wirksamkeit von Rechtsgeschäften der Vor-AG **II, 2, § 2,** 84 ff.
- Vorratsaktien **II, 16,** 60
- Vorratsgesellschaft **II, 2, § 2,** 76
- Vorratsgründung **II, 2, § 2,** 76
- – Rechtsprechung **II, 2, § 2,** 79
- Vorstand **II, 2, § 2,** 1, 154 ff.
- – Amtsniederlegung **II, 2, § 2,** 171
- – Anmeldung zum Handelsregister **II, 2, § 2,** 172
- – Anstellungsvertrag **II, 2, § 2,** 173
- – Ausgliederung **II, 6, § 2,** 38 ff.
- – Ausländer **II, 2, § 2,** 168
- – Bestellung und Abrufung **II, 2, § 2,** 169 ff.
- – D & O Versicherung **II, 2, § 2,** 167
- – Eignungsvoraussetzungen **II, 2, § 2,** 168
- – Einzelvertretungsbefugnis **II, 2, § 2,** 158

3213

Stichwortverzeichnis

••• Die fett gedruckten **römischen Zahlen** bezeichnen die Teile, die fett gedruckten **arabischen Zahlen** die Kapitel. ••• Die fett gedruckten **§-Angaben** bezeichnen die bei Teil 2: Gesellschaftsrecht zu den Kapiteln dazugehörigen Paragrafen. ••• Die mager gedruckten Zahlen bezeichnen die Randnummern. •••

– – freiwillige Sonderleistung **II, 2, § 2**, 161
– – Geschäftsführung **II, 2, § 2**, 156 f.
– – Geschäftsordnung **II, 2, § 2**, 175
– – Gestattung der Mehrfachvertretung **II, 2, § 2**, 160
– – Haftung **II, 2, § 2**, 163 ff.
– – haftungsrechtliche Gesamtverantwortung **II, 2, § 2**, 163
– – Infomatec **II, 2, § 2**, 167
– – Insichgeschäfte **II, 2, § 2**, 160
– – kapitalmarktrechtliche Informationshaftung **II, 2, § 2**, 167
– – Mannesmann-Entscheidung **II, 2, § 2**, 161
– – nachträglicher Verzicht auf Schadensersatzansprüche **II, 2, § 2**, 165
– – organschaftliche Vertretung **II, 2, § 2**, 158
– – persönliche Voraussetzungen **II, 2, § 2**, 168
– – Prinzip der Gesamtvertretung **II, 2, § 2**, 158
– – Prokurist **II, 2, § 2**, 158
– – Rechtsstellung **II, 2, § 2**, 154 f.
– – Sorgfaltsmaßstab **II, 2, § 2**, 162
– – unmittelbare Außenhaftung **II, 2, § 2**, 167
– – Vergütung **II, 2, § 2**, 161
– – Vertretung der Gesellschaft **II, 2, § 2**, 158 ff.
– – Vertretungsmacht **II, 2, § 2**, 160
– – Vorstandsbezüge **II, 2, § 2**, 161
– – Zahl der Vorstandsmitglieder **II, 2, § 2**, 174
– Vorteile **II, 2, § 2**, 5
– Vorzugsaktien **II, 16**, 63
– Wandel- und Optionsanleihen **II, 16**, 93
– Zusammenarbeit mit anderen Unternehmen **II, 16**, 93
Aktivtausch **II, 15, § 1**, 8
Akzessorietätsprinzip **II, 1, § 1**, 117
Akzessorietätstheorie **II, 1, § 1**, 112
Akzessorische Sicherheiten, Forderungsverzicht **II, 20**, 106
Allgemeine Geschäftsbedingungen, Schiedsvereinbarung **II, 13**, 38
– UN-Kaufrecht **I, 8**, 58 f.
Allgemeine Straftatbestände **II, 20**, 119 ff.
Allgemeines Gleichbehandlungsgesetz, Alter **I, 6**, 54
– Behinderung **I, 6**, 54
– Benachteiligung **II, 17**, 2
– Betriebsrentengesetz **I, 6**, 54
– – Änderungen des AGG **I, 6**, 54
– – ethische Herkunft **I, 6**, 54
– Franchising **I, 6**, 54
– Geschlecht **I, 6**, 54
– Rasse **I, 6**, 54
– Religion **I, 6**, 54
– sexuelle Identität **I, 6**, 54
– Weltanschauung **I, 6**, 54
Alternative Finanzierungsmöglichkeiten **II, 16**, 221 ff.

Altersgrenze, Handelsvertreter, Handelsvertretervertrag **I, 5**, 88
Altersunterhalt, Gesellschafter **II, 10**, 183
– selbständige Unternehmer **II, 10**, 183
Amtswegige Registereintragung **I, 2**, 129 ff.
Änderungskündigung, Arbeitsrecht **II, 17**, 16
– Vertragshändlervertrag **I, 5**, 202
Anfangsvermögen, Zugewinnausgleich **II, 10**, 27 ff.
Anfechtung, Handelsvertretervertrag **I, 5**, 22
Anlagen, Beurkundung **II, 14**, 21 ff.
Anlagevermögen **II, 15, § 1**, 5
– Verwertung **II, 20**, 111
Anschaffungs- und Herstellungskostenbegriff **II, 15, § 1**, 208
Anschaffungskosten, Börsen- oder Marktpreis **II, 15, § 1**, 185
– Erwerb eines bebauten Grundstücks **II, 15, § 1**, 182
– erworbene Gegenstände des Umlaufvermögens **II, 15, § 1**, 185
– Jahresabschluss **II, 15, § 1**, 181 ff.
– mehrere Vermögensgegenstände **II, 15, § 1**, 182
– Niederstwertprinzip **II, 15, § 1**, 185
– Tausch von Vermögensgegenständen **II, 15, § 1**, 184
– wertgemindertes Grundstück **II, 15, § 1**, 182
Anschaffungsnebenkosten **II, 15, § 1**, 183
Anscheinsvollmacht **I, 1**, 93
Anstiftung **II, 20**, 134
Anteilserwerb, Minderjähriger **II, 11**, 60 ff.
Anteilsübertragung, Minderjähriger **II, 11**, 53 ff.; **II, 11**, 89 ff.
Anteilsverpfändung, Auslandsbeurkundung **II, 14**, 102
Antidiskriminierungsrichtlinien, Franchising **I, 6**, 54
Anwachsung **II, 6, § 2**, 50 ff.
– Abfindung **II, 6, § 2**, 71
– Abfindungsanspruch, Ausschluss **II, 6, § 2**, 63
– Abfindungszahlung **II, 6, § 2**, 61
– Aktiva **II, 6, § 2**, 54
– Ausscheiden **II, 6, § 2**, 61
– Ausscheiden aller Gesellschafter **II, 6, § 2**, 64
– Buchwert **II, 6, § 2**, 71
– Eigentumsübergang **II, 6, § 2**, 54
– einfache **II, 6, § 2**, 57 ff.
– erweiterte **II, 6, § 2**, 65 ff.
– Gesamthandsprinzip **II, 6, § 2**, 52
– Gesamtrechtsnachfolge **II, 6, § 2**, 55
– Gesellschafter, Ausscheiden **II, 6, § 2**, 61
– Gesellschafterbeschluss **II, 6, § 2**, 60, 62
– – Form **II, 6, § 2**, 64
– Gesellschafterversammlung **II, 6, § 2**, 67

– Gesellschaftervertrag, abweichende Mehrheitserfordernisse **II, 6, § 2**, 62
– Gesellschaftsanteile, Abtretung **II, 6, § 2**, 67
– Gesellschaftsvertrag **II, 6, § 2**, 61
– – Kernbereich der Mitgliedsrechte **II, 6, § 2**, 62
– Gestaltungsmodelle **II, 6, § 2**, 57 ff.
– Gewinnrealisierung **II, 6, § 2**, 72
– Kapitalgesellschaften **II, 6, § 2**, 72
– KG **II, 6, § 2**, 68
– klassische **II, 6, § 2**, 57 ff.
– Kündigungsklauseln **II, 6, § 2**, 61
– mehr als zwei Gesellschafter **II, 6, § 2**, 53
– Mehrheitsbeschlüsse, keine **II, 6, § 2**, 63
– Mitunternehmeranteil **II, 6, § 2**, 72
– Nicht-Gesellschafter **II, 6, § 2**, 66
– Personengesellschaften, Anteile **II, 6, § 2**, 66
– Personenhandelsgesellschaft, Beendigung **II, 6, § 2**, 64
– steuerlicher Überblick **II, 6, § 2**, 69 ff.
– Steuerneutralität **II, 6, § 2**, 70
– Steuerrecht, erweiterte **II, 6, § 2**, 70
– – Finanzamt **II, 6, § 2**, 70
– Vertragsverhältnisse, bestehende **II, 6, § 2**, 54
– Zielgesellschaft **II, 6, § 2**, 65
– Zwei-Personen-Gesellschaft **II, 6, § 2**, 53
Anwachsungsmodell, klassisches **II, 6, § 2**, 59 ff.
Anwachsungsstichtag **II, 6, § 2**, 60
Anwachsungsvorgänge **II, 6, § 2**, 50 ff.
Arbeitgeber **II, 17**, 2
Arbeitnehmer **II, 17**, 2
– Betriebsübergang **II, 17**, 48
– Drittelbeteiligungsgesetz **II, 17**, 139 ff.
– Internationales Arbeitsrecht **II, 1, § 6**, 13
– Mitbestimmung in Unternehmen, Gesetze **II, 17**, 138
– Mitbestimmung, Aufsichtsrat **II, 17**, 137 ff.
Arbeitnehmerähnliche Person **II, 17**, 2
Arbeitrecht, betriebliche Übung **II, 17**, 2
– Betriebsrat **II, 17**, 2
– Arbeitsgericht **II, 17**, 2
– Arbeitskampf **II, 17**, 2
– Arbeitsrecht **II, 17**, 1 ff.
– A bis Z **II, 17**, 2 ff.
– Abfindung **II, 17**, 109
– Abmahnung **II, 17**, 8
– Änderungskündigung **II, 17**, 16
– außerordentliche Kündigung **II, 17**, 6
– Betriebsänderungen **II, 17**, 68 f.
– Betriebsaufspaltung **II, 7**, 5
– Betriebsbedingte Kündigung, soziale Rechtfertigung **II, 17**, 9 ff.
– Betriebsrat **II, 17**, 54 ff.
– Betriebsratsanhörung **II, 17**, 24
– Betriebsübergang **II, 17**, 2, 70
– – Grundlagen **II, 17**, 25 ff.

Stichwortverzeichnis

••• Die fett gedruckten **römischen Zahlen** bezeichnen die Teile, die fett gedruckten **arabischen Zahlen** die Kapitel. ••• Die fett gedruckten **§-Angaben** bezeichnen die bei Teil 2: Gesellschaftsrecht zu den Kapiteln dazugehörigen Paragrafen. ••• Die mager gedruckten Zahlen bezeichnen die Randnummern. •••

- Betriebsvereinbarung **II, 17,** 2, 40 ff.
- Bezugnahmeklauseln, Betriebsübergang **II, 17,** 45 ff.
- Einigungsstelle, Zuständigkeit **II, 17,** 65
- Entgeltfortzahlung **II, 17,** 2
- Fachbegriffe **II, 17,** 2 ff.
- Firmentarifvertrag **II, 17,** 2
- Franchise-Vertrag **I, 6,** 229 ff.
- freie Mitarbeit **II, 17,** 2
- Gewerkschaft **II, 17,** 2
- Gleichbehandlungsgesetz **II, 17,** 2
- Gleichbehandlungsgrundsatz **II, 17,** 2
- Haustarifvertrag **II, 17,** 2
- Interessenausgleichsverhandlungen **II, 17,** 71 ff.
- Joint Venture **II, 12,** 90 ff.
- Kündigung, außerordentliche **II, 17,** 2
- – betriebsbedingte **II, 17,** 2 ff., 8
- – personenbedingte **II, 17,** 2 ff.
- – verhaltensbedingte **II, 17,** 2, 8
- Kündigungsschutz **II, 17,** 2
- Kündigungsschutzklage **II, 17,** 2
- ordentliche Kündigung **II, 17,** 6
- – Kündigungsschutzklage **II, 17,** 7
- – soziale Rechtfertigung **II, 17,** 7
- – Wartezeit **II, 17,** 7
- Scheinselbständigkeit **II, 17,** 2
- Sozialauswahl **II, 17,** 19 ff., 37
- Sozialplanverhandlung **II, 17,** 83 ff.
- Tarifbindung **II, 17,** 2
- Tarifvertrag **II, 17,** 2, 40 ff.
- Teilzeitbeschäftigung **II, 17,** 2
- Umstrukturierung **II, 6, § 2,** 140
- Umwandlung **II, 6, § 2,** 138
- Unternehmenskauf **II, 4,** 262 ff.
- Urlaub **II, 17,** 2
- Weisungsrecht **II, 17,** 2
- Widerspruchsrecht **II, 17,** 2
- Wirtschaftsausschuss **II, 17,** 2
Arbeitssachen, Schiedsfähigkeit **II, 13,** 30
Arbeitsverhältnis **II, 17,** 2
- befristetes **II, 17,** 4 ff.
- Betriebsübergang **II, 17,** 39
- unbefristetes **II, 17,** 4 ff.
Arbeitsvertrag **II, 17,** 2
- befristeter **II, 17,** 2
Arbeitszeit, selbständiger Gewerbetreibender **I, 5,** 3
Asset Backed Securities **II, 16,** 246 ff.
- Conduit-Programme **II, 16,** 259 f.
- Einsatzbereich **II, 16,** 247 ff.
- Forderungsabtretung **II, 16,** 257
- Forderungsankauf **II, 16,** 256
- Grundstruktur **II, 16,** 249 ff.
- Securitization **II, 16,** 249
- Vermögenswerte **II, 16,** 253 ff.
Asset Deal **II, 12,** 30, 62
- Betriebsübergang **II, 17,** 26
At-Equity-Konsolidierung **II, 12,** 117
Atypische stille Gesellschaft **II, 3, § 1,** 26, 30 ff.
- Eigenkapitalausstattung **II, 16,** 41
- Gesellschaftsvertrag **II, 3, § 1,** 206
- Steuerrecht **II, 3, § 1,** 27

- Treuepflicht **II, 3, § 1,** 155
Aufnahmevertrag, Minderjähriger **II, 11,** 52
Aufrechnung, Bilanz **II, 15, § 1,** 39
Aufrechung, Überschuldung **II, 20,** 58 f.
Aufsichtsrat, Jahresabschluss, Prüfung **II, 15, § 1,** 21
- KGaA **II, 2, § 4,** 36 ff.
- Mitbestimmung, Arbeitnehmer **II, 17,** 137
Auftragsbestätigung **I, 7,** 40
Aufwandsrückstellung **II, 15, § 1,** 153
- früheres Geschäftsjahr **II, 15, § 1,** 153
- Generalüberholungen **II, 15, § 1,** 153
- künftige Aufwendung **II, 15, § 1,** 153
- Passivierungswahlrecht **II, 15, § 1,** 153
- zukünftiger innerbetrieblicher Aufwand **II, 15, § 1,** 153
Ausbildungsunterhalt **II, 10,** 190
Auseinandersetzung, Realteilung **II, 6, § 2,** 95
Ausfallbürgschaft **II, 16,** 192
Ausführungsgeschäft, günstiger Geschäftsabschluss **I, 5,** 231
Ausgleichsanspruch, Berechnung der Höhe **I, 5,** 154 ff.
- Handelsvertreter **I, 5,** 101 ff.
- – Anspruchsberechtigter **I, 5,** 102 ff.
- – Anspruchsverpflichteter **I, 5,** 105
- – Ausschlussfrist **I, 5,** 134 ff.
- – Ausschlusstatbestände **I, 5,** 142 ff.
- – Billigkeitsprüfung **I, 5,** 130 ff.
- – Eigenkündigung **I, 5,** 143 ff.
- – Höchstbetrag **I, 5,** 139 ff.
- – nebenberuflicher **I, 5,** 104
- – neugeworbene Kunden **I, 5,** 112 ff.
- – Rohausgleichsmethode **I, 5,** 155 ff.
- – Unabdingbarkeit **I, 5,** 134 ff.
- – Vertragsbeendigung **I, 5,** 107 ff.
- – Voraussetzungen **I, 5,** 102 ff.
- Handelsvertretervertrag, erhebliche Unternehmervorteile **I, 5,** 117 ff.
Ausgleichsanspruch, nebenberuflicher Handelsvertreter **I, 5,** 104
Ausgliederung **II, 6, § 2,** 37 ff., 143
- Aktiengesellschaft **II, 6, § 2,** 38 ff.
- – Kompetenzverschiebung **II, 6, § 2,** 39
- – Vorstand **II, 6, § 2,** 38
- Aktionär **II, 6, § 2,** 42
- einfache Mehrheit **II, 6, § 2,** 44
- Form **II, 6, § 2,** 131
- Gelatine-Entscheidung **II, 6, § 2,** 41, 43
- Gesellschafterbeschluss **II, 6, § 2,** 45
- GmbH **II, 6, § 2,** 43 ff.
- – Gesellschafterversammlung **II, 6, § 2,** 43
- – gesetzliche Kompetenzverteilung **II, 6, § 2,** 43
- Holzmüller-Entscheidung **II, 6, § 2,** 39
- KG **II, 6, § 2,** 45
- Personengesellschaft **II, 6, § 2,** 45 ff.
- – Gesellschafter **II, 6, § 2,** 45
- – Zustimmung **II, 6, § 2,** 45
- qualifizierte Mehrheit **II, 6, § 2,** 44

- Wesentlichkeitsschwelle **II, 6, § 2,** 43
Ausgliederungsvertrag, Auslage **II, 6, § 2,** 118
Auskunftsansprüche, Unternehmen **II, 10,** 319 ff.
- – Einkommen **II, 10,** 319 f.
- – Form der Auskunft **II, 10,** 322 ff.
- – Gegenstand der Auskunft **II, 10,** 319
- – Vermögen **II, 10,** 319 f.
- – Zeitrahmen **II, 10,** 321
Auskunftspflicht, Handelsvertreter **I, 5,** 36
Ausländische Gesellschaft **II, 8,** 1 ff.
- Anerkennung ausländischer öffentlicher Urkunden **II, 8,** 270 ff.
- Anerkennung US-amerikanischer Gesellschaften in Deutschland **II, 8,** 262
- Anerkennungsfrage **II, 8,** 1 ff.
- Besonderheiten aus dem englischen Rechtskreis **II, 8,** 256 ff.
- Besonderheiten aus den USA **II, 8,** 262 ff.
- Beurkundung **II, 14,** 53 ff.
- Eröffnung eines Hauptinsolvenzverfahrens, Zuständigkeit **II, 8,** 146
- – Beweis des Gegenteils **II, 8,** 146
- – business activity theory **II, 8,** 147
- – Mind of Management Theorie **II, 8,** 147
- – Mittelpunkt der hauptsächlichen Interessen **II, 8,** 146
- – Prioritätsgrundsatz **II, 8,** 148
- europäische Gründungstheorie **II, 8,** 9
- Existenznachweis **II, 8,** 255 ff.
- Grundzüge **II, 8,** 255
- Fremdenrecht **II, 8,** 3
- Gerichtsstand **II, 8,** 135 ff.
- Gerichtsstand, allgemeiner internationaler **II, 8,** 135
- Gerichtsstand, EuGVVO **II, 8,** 135
- gesellschaftsinterne Streitigkeiten **II, 8,** 137 ff.
- – ausschließliche Zuständigkeit **II, 8,** 137
- – Gründungstheorie **II, 8,** 139
- – internationale Zuständigkeit **II, 8,** 137
- – maßgeblicher Sitz **II, 8,** 139
- – Sitz der Hauptverwaltung **II, 8,** 139
- – statuarischer Sitz **II, 8,** 139
- – Zuständigkeit aus Art. 5 Ziff. 3 EuGVVO **II, 8,** 142
- – Zuständigkeit kraft Prorogation **II, 8,** 144
- – Zuständigkeit nach Art. 5 Ziff. 1 EuGVVO **II, 8,** 141
- gespaltenes Kollisionsrecht **II, 8,** 9
- Gründungsstatut **II, 8,** 16 ff.
- Gründungstheorie **II, 8,** 5 f.
- Haager Übereinkommen **II, 8,** 273
- im Ausland eröffnetes Insolvenzverfahren, Anerkennung **II, 8,** 158
- – außerhalb der EU **II, 8,** 158
- – EU-Mitgliedstaat **II, 8,** 158
- – Insolvenzverfahren, eigenkapitalersetzendes Darlehen **II, 8,** 157

3215

••• Die fett gedruckten **römischen Zahlen** bezeichnen die Teile, die fett gedruckten **arabischen Zahlen** die Kapitel. ••• Die fett gedruckten **§-Angaben** bezeichnen die bei Teil 2: Gesellschaftsrecht zu den Kapiteln dazugehörigen Paragrafen. ••• Die mager gedruckten Zahlen bezeichnen die Randnummern. •••

– – funktionelle Qualifikation **II, 8,** 155
– – Haftung aus Insolvenzverschleppung **II, 8,** 156
– – Insolvenzantragspflicht **II, 8,** 155
– – Insolvenzstatut **II, 8,** 154
– – lex fori concursus **II, 8,** 154
– – Rechtsanwendung **II, 8,** 154
– – Reichweite des Insolvenzstatuts **II, 8,** 155
– – Verstoß gegen die europäische Niederlassungsfreiheit **II, 8,** 156
– internationale Zuständigkeit **II, 8,** 146
– – Eröffnung des Insolvenzverfahrens **II, 8,** 146
– internationales Insolvenzrecht **II, 8,** 145 ff.
– – Allgemeines **II, 8,** 145
– internationales Privatrecht
– keine Zweigniederlassung **II, 8,** 211
– Legalisation **II, 8,** 271
– Nachweis von Existenz und Vertretung **II, 8,** 266 ff.
– Partikularinsolvenzverfahren, Antragsberechtigter **II, 8,** 150
– – Begriff der Niederlassung **II, 8,** 151
– – lex fori concursus **II, 8,** 153
– – Niederlassung des Schuldners **II, 8,** 153
– – Sekundärinsolvenzverfahren **II, 8,** 152
– – Zuständigkeit zur Eröffnung **II, 8,** 149
– Personalstatut natürlicher Personen **II, 8,** 4
– Rechtssetzung der EU **II, 8,** 159 ff.
– – achte gesellschaftsrechtliche Richtlinie **II, 8,** 184
– – Änderung der Kapitalrichtlinie **II, 8,** 203
– – Behandlung der Mitbestimmung **II, 8,** 192
– – dreizehnte gesellschaftsrechtliche Richtlinie **II, 8,** 198
– – dritte gesellschaftsrechtliche Richtlinie **II, 8,** 178
– – Einführung der SE-VO **II, 8,** 188
– – elektronisches Handelsregister **II, 8,** 175
– – elfte gesellschaftsrechtliche Richtlinie **II, 8,** 194
– – erste gesellschaftsrechtliche Richtlinie **II, 8,** 173
– – europäische Genossenschaft **II, 8,** 209
– – europäische Gesellschaft **II, 8,** 207 f.
– – Europäische Wirtschaftliche Interessenvereinigung **II, 8,** 206
– – formelle Ebene **II, 8,** 159
– – Formen des Sekundärrechts **II, 8,** 168 f.
– – gescheiterte neunte Richtlinie **II, 8,** 185
– – gesellschaftsrechtliche Richtlinien **II, 8,** 173
– – gesellschaftsrechtliche Verordnungen **II, 8,** 206
– – Kapitalverkehrsfreiheit **II, 8,** 165

– – Modernisierung des Gesellschaftsrechts **II, 8,** 160
– – nationales Recht **II, 8,** 189
– – primäres Gemeinschaftsrecht **II, 8,** 162
– – Publizitätspflicht **II, 8,** 173
– – Richtlinie über die Ausübung der Stimmrechte der Aktionäre **II, 8,** 204 f.
– – Richtlinien **II, 8,** 168 f.
– – Richtlinienvorschlag **II, 8,** 202
– – sechste gesellschaftsrechtliche Richtlinie **II, 8,** 181
– – siebte gesellschaftsrechtliche Richtlinie **II, 8,** 182
– – Sitzverlegungsrichtlinie **II, 8,** 199
– – Überblick **II, 8,** 159
– – Umsetzung in Deutschland **II, 8,** 193
– – Verordnungen **II, 8,** 171
– – Verschmelzungsverfahren **II, 8,** 190 f.
– – Versuch einer fünften gesellschaftsrechtliche Richtlinie **II, 8,** 180
– – Verwirklichung des gemeinsamen Binnenmarktes **II, 8,** 158
– – vierte gesellschaftsrechtliche Richtlinie **II, 8,** 179
– – vierzehnte gesellschaftsrechtliche Richtlinie **II, 8,** 199
– – weitere Vorhaben **II, 8,** 201 ff.
– – Wettbewerb der Gesellschaftsrechte **II, 8,** 159
– – zehnte gesellschaftsrechtliche Richtlinie **II, 8,** 186 ff.
– – zweite gesellschaftsrechtliche Richtlinie **II, 8,** 176
– – zwölfte gesellschaftsrechtliche Richtlinie **II, 8,** 195
– Schwarze Liste **II, 8,** 274
– Sitztheorie **II, 8,** 7 f., 10 ff.
– – Beachtlichkeit von Weiterverweisungen **II, 8,** 14
– – Bestimmung des Verwaltungssitzes **II, 8,** 10
– – effektiver Verwaltungssitz im Inland **II, 8,** 15
– Staatsangehörigkeit **II, 8,** 4
– trust **II, 8,** 265
– Vertretung der corporation **II, 8,** 263
– Vertretung einer limited liability company **II, 8,** 264
– Vertretungsnachweis **II, 8,** 255 ff.
– – Grundzüge **II, 8,** 255
– – vorrangige Staatsverträge **II, 8,** 9
– Zivilgerichte **II, 8,** 131
– – Allgemeines **II, 8,** 131
– – internationale Zuständigkeit **II, 8,** 131
– – internationales Zivilprozessrecht **II, 8,** 133 f.
– Zuzug **II, 8,** 125 ff.
– – Erlass der EU-Sitzverlegungsrichtlinie **II, 8,** 128
– – Geltung deutschen Gesellschaftsstatuts **II, 8,** 125
– – grenzüberschreitende Verschmelzung **II, 8,** 128

– – grenzüberschreitender Formwechsel **II, 8,** 129
– – internationale Verschmelzung **II, 8,** 130
– – Verlegung des statuarischen Sitzes **II, 8,** 127
– Zweigniederlassung **II, 8,** 210 ff.
– – Abgrenzung zur Tochtergesellschaft **II, 8,** 214
– – Abtretung von Geschäftsanteilen **II, 8,** 244
– – Angaben zum Geschäftsführer **II, 8,** 232
– – Anlagen zur Anmeldung **II, 8,** 221
– – Anmeldung späterer Änderungen **II, 8,** 235 ff.
– – Anmeldung von Satzungsänderungen **II, 8,** 236 ff.
– – Auflösung im Gründungsstart **II, 8,** 239 f.
– – Begriff **II, 8,** 210 f.
– – Besteuerung **II, 8,** 248
– – Firma **II, 8,** 223
– – Firmenklarheit **II, 8,** 224
– – Form der Anmeldung **II, 8,** 222
– – Gewerberecht **II, 8,** 249 ff.
– – Haftungsrisiko **II, 8,** 246
– – Höhe des Stammkapitals **II, 8,** 234
– – im Inland **II, 8,** 210
– – Inhalt der Anmeldung **II, 8,** 220
– – Kostenvergleich mit limited **II, 8,** 242
– – Löschung **II, 8,** 238
– – Löschung im Gründungsstart **II, 8,** 239 f.
– – Mitbestimmung **II, 8,** 247
– – Mittelpunkt geschäftlicher Tätigkeit **II, 8,** 211
– – Pflicht zur Eintragung im Handelsregister **II, 8,** 216
– – Publizität **II, 8,** 212
– – Rechnungslegung **II, 8,** 252
– – rechtlich unselbständiger Teil **II, 8,** 210
– – rechtliche Beratung **II, 8,** 254
– – Sozialrecht **II, 8,** 249 ff.
– – ständiger Vertreter **II, 8,** 229 ff.
– – Unterlassen der Eintragung im Handelsregister **II, 8,** 218
– – Unternehmensgegenstand **II, 8,** 226 ff.
– – Verwendung einer limited **II, 8,** 241 ff.
– – Vor- und Nachteile **II, 8,** 214 ff.
– – Wegfall der Hauptniederlassung **II, 8,** 211
Ausländische Kapitalgesellschaft, GmbH & Co. KG **II, 1, § 4,** 69 ff.
Ausländische Urkunden, Anerkennung im Inland **II, 14,** 106 ff.
– Apostille **II, 14,** 107 f.
– bilaterale Staatsverträge **II, 14,** 109
– Haager Übereinkommen **II, 14,** 108
– internationale Abkommen **II, 14,** 107
– Legalisation **II, 14,** 106
– Legalisationszwang **II, 14,** 106
– öffentliche, Anerkennung **II, 14,** 106

Stichwortverzeichnis

••• Die fett gedruckten **römischen Zahlen** bezeichnen die Teile, die fett gedruckten **arabischen Zahlen** die Kapitel. ••• Die fett gedruckten **§-Angaben** bezeichnen die bei Teil 2: Gesellschaftsrecht zu den Kapiteln dazugehörigen Paragrafen. ••• Die mager gedruckten Zahlen bezeichnen die Randnummern. •••

– Staaten **II, 14**, 108
– unmittelbare Anerkennung **II, 14**, 109
– vereinfachte Legalisation **II, 14**, 107 f.
– zuständige Behörde **II, 14**, 107
Auslandsbeurkundung **II, 14**, 88 ff.
– Anteilsübertragung **II, 14**, 100 ff.
– Anteilsverkäufe **II, 14**, 100 ff.
– Anteilsverpfändung **II, 14**, 102
– Belehrungspflicht **II, 14**, 95
– Beurkundungstourismus **II, 14**, 100
– deutsches Wirkungsstatut **II, 14**, 94
– Einbringungsverträge **II, 14**, 104
– Gegenstandswertobergrenze **II, 14**, 100
– Geschäftsform **II, 14**, 89
– Gleichwertigkeit **II, 14**, 94 ff.
– – Wahrung **II, 14**, 94 ff.
– Grund **II, 14**, 88 ff.
– Nachgründungsverträge **II, 14**, 104
– notarielle Beurkundung **II, 14**, 94
– Notarkosten **II, 14**, 88
– Ortsform **II, 14**, 89
– Anwendbarkeit **II, 14**, 90 ff.
– Praxisempfehlung **II, 14**, 100 ff.
– Prüfungspflicht **II, 14**, 95
– Schweiz, Abtretung von GmbH-Anteilen **II, 14**, 97
– – allgemeine Empfehlungen **II, 14**, 105
– – Erwerb von GmbH-Geschäftsanteilen **II, 14**, 97
– – Gewinnabführungsvertrag **II, 14**, 98
– – Kapitalerhöhungsbeschluss **II, 14**, 98
– – Treuhandvereinbarung **II, 14**, 97
– – Verschmelzungsvertrag **II, 14**, 97 f.
– – schweizerischer Notar **II, 14**, 95
– – statusrelevante Vorgänge **II, 14**, 103 f.
– – statusrelevanten Geschäfte **II, 14**, 90
– – Strukturmaßnahmen **II, 14**, 98
– – Übertragungsverträge **II, 14**, 104
– Wirksamkeit **II, 14**, 89
– Wirkungsstatut **II, 14**, 89
Ausscheiden, minderjähriger Gesellschafter **II, 11**, 87 ff.
Ausschlussfrist, Ausgleichsanspruch, Handelsvertreter **I, 5**, 134 ff.
Ausschüttungssperre, Jahresabschluss **II, 15, § 1**, 66
Außenfinanzierung **II, 16**, 5 ff., 8 ff.
Außengesellschaft, GbR **II, 1, § 1**, 9 ff., 36 ff.
Außenhaftung, Geschäftsführer **II, 20**, 241
– – relevante Haftungstatbestände **II, 20**, 255 ff.
Bankinternes Rating **II, 16**, 27
Bankrott **II, 20**, 124, 127
Bareinlagebetrag, Cash-Pool **II, 20**, 50 ff.
– freie Verfügbarkeit **II, 20**, 49 ff.
– – Zeitpunkt **II, 20**, 49
– Hin- und Herzahlen **II, 20**, 50 ff.
– Rückzahlung als Darlehen **II, 20**, 50 ff.
Bargründung **II, 16**, 70
Barkapitalerhöhung, Überschuldung **II, 20**, 49 ff., 80
Basel II **II, 16**, 18
– europäische Kommission **II, 16**, 22

– IRB-Ansatz **II, 16**, 20
– Standardsatz **II, 16**, 20
Bauarbeitsgemeinschaft, GbR **II, 1, § 1**, 43
Bauherrengemeinschaft, GbR **II, 1, § 1**, 130
Bauwirtschaft, Urlaubs- und Lohnausgleichskasse **II, 20**, 269
Beendigung, Handelsvertretervertrag **I, 5**, 83 ff.
Befristete Arbeitsverhältnisse, betriebsbedingte Kündigung **II, 17**, 4 ff.
Beglaubigung, Handelsregisteranmeldung **II, 14**, 68
– öffentliche **II, 14**, 9
– Registervollmacht **II, 14**, 73
– Übernahmeerklärung **II, 14**, 69
– Unterschrift **II, 14**, 9 ff.
– Verzichtserklärung **II, 14**, 75
– Vollmacht **II, 14**, 70 ff.
– – Auslandsbeurkundung **II, 14**, 71
– – Grundstück **II, 14**, 71
– – umwandlungsrechtliche Prüfungen **II, 14**, 72
– – Veräußerung von GmbH-Anteilen **II, 14**, 71
Beglaubigungspflichtige Vorgänge, Beispiele **II, 14**, 67 ff.
Beherrschung **II, 5, § 1**, 2, 8
Beherrschungsvertrag **II, 5, § 1**, 17 ff.
– Abfindung **II, 5, § 1**, 21
– Ausgleich **II, 5, § 1**, 21
– Inhalt **II, 5, § 1**, 19 ff.
– Laufzeit **II, 5, § 1**, 23
– Leitung der Gesellschaft **II, 5, § 1**, 19
– Merkmal **II, 5, § 1**, 18
– Weisung der Obergesellschaft **II, 5, § 1**, 20
– Weisungsrecht, Ausschluss **II, 5, § 1**, 22
Beihilfe **II, 20**, 134
Bekanntheitserklärung, Bezugsurkunde **II, 14**, 20
Belegschaftsaktien, Bezugsrechtsausschluss **II, 16**, 93
Benachrichtigungspflicht, Handelsvertreter **I, 5**, 35 f.
– – Pflichten für den Unternehmer **I, 5**, 47
Benachteiligung, Allgemeines Gleichbehandlungsgesetz **II, 17**, 2
Berater, Anstiftung **II, 20**, 134
– Beihilfe **II, 20**, 134
– Beteiligung, Straftaten **II, 20**, 132 ff.
– Betrug **II, 20**, 143
– Bilanzierungsdelikte **II, 20**, 139 f.
– Buchführungsdelikte **II, 20**, 139 f.
– Gläubigerbegünstigung **II, 20**, 141
– Insolvenzverschleppung **II, 20**, 137 f.
– Kreditbetrug **II, 20**, 143
– Sanierung, Straftaten **II, 20**, 135 ff.
– Sanierungsschwindel **II, 20**, 144
– Sozialversicherungsbeiträge, Vorenthalten von **II, 20**, 142
– Steuerhinterziehung **II, 20**, 142
– Täterschaft **II, 20**, 132

– Teilnahme **II, 20**, 132
– Verletzung der Berichtspflicht **II, 20**, 139 f.
Beschlussmängelstreitigkeiten, Schiedsfähigkeit **II, 13**, 60 ff.
Beschwerde in Registersachen **I, 2**, 143
Besitzgesellschaft, Teilwertabschreibung **II, 7**, 240
Besitzunternehmen, § 8a KStG **II, 7**, 235
– Besteuerung der Darlehenszinsen **II, 7**, 220
– Durchlaufkredite **II, 7**, 234
– gewerbesteuerliche Behandlung **II, 7**, 233 ff.
– Hinzurechnungsregelung **II, 7**, 233
Bestandsprovision, Handelsvertreter **I, 5**, 126
Bestellgemeinschaften, GbR **II, 1, § 1**, 28
Besteuerung, ertragsteuerliche Modelle **II, 15, § 2**, 1 ff.
Beteiligungsträgerstiftung **II, 2, § 6**, 3, 5
Betriebsaufspaltung, Betriebsübergang **II, 17**, 29
Betrieb des Handelsgewerbes **I, 7**, 29
Betriebliche Altersversorgung, Betriebsübergang **II, 17**, 50
Betriebliche Mitbestimmung, Gründung, Joint Venture **II, 12**, 101 ff.
Betriebliche Übung **II, 17**, 2
– Joint Venture **II, 12**, 96
Betriebsänderungen, Betriebsrat **II, 17**, 66 ff.
– Vorliegen **II, 17**, 68 f.
Betriebsaufspaltung, § 13a ErbStG, Anwendung **II, 7**, 270
– § 13a ErbStG, Freibetrag **II, 7**, 269
– – Inhalt **II, 7**, 269
– – Nachversteuerungstatbestände **II, 7**, 271
– – Normenkontrolle **II, 7**, 277
– – verfahrensrechtliche Fragen **II, 7**, 278
– – Verfassungsmäßigkeit **II, 7**, 272 ff.
– – verminderter Wertansatz **II, 7**, 269
– – Vorlagebeschluss des BFH **II, 7**, 272 ff.
– – Vorteile **II, 7**, 269
– § 15 Abs. 3 Nr. 2 EStG **II, 7**, 11
– Abbau von Vorteilen, StEntlG **II, 7**, 316
– – StSenkG **II, 7**, 317 ff.
– – UntStFG **II, 7**, 317 ff.
– Abfärbung **II, 7**, 6
– Abgrenzung, horizontale und vertikale **II, 7**, 24 ff.
– – nach dem Entstehungszeitpunkt **II, 7**, 21
– – nach den beteiligten Rechtsträgern **II, 7**, 23
– – zu anderen Formen der Funktionstrennung **II, 7**, 15 ff.
– Abwehrberatung **II, 7**, 10
– aktive Gestaltung **II, 7**, 26
– Anwendung des ErbStG **II, 7**, 260 f.
– – Einheitsbetriebsaufspaltung **II, 7**, 261

Stichwortverzeichnis

••• Die fett gedruckten **römischen Zahlen** bezeichnen die Teile, die fett gedruckten **arabischen Zahlen** die Kapitel. ••• Die fett gedruckten **§-Angaben** bezeichnen die bei Teil 2: Gesellschaftsrecht zu den Kapiteln dazugehörigen Paragrafen. ••• Die mager gedruckten Zahlen bezeichnen die Randnummern. •••

- – Eintrittsklausel **II, 7**, 262
- – Erbfälle **II, 7**, 260 ff.
- – Fortsetzungsklausel **II, 7**, 262
- – mitunternehmerische Betriebsaufspaltung **II, 7**, 261
- – Nachfolgeklausel **II, 7**, 262
- – personelle Verflechtung **II, 7**, 260
- – typische Betriebsaufspaltung **II, 7**, 261
- – vorweggenommene Erbfolge **II, 7**, 260 ff.
- – Arbeitsrecht **II, 7**, 5
- – Aufdeckung stiller Reserven **II, 7**, 247
- – Aufspaltung **II, 7**, 151
- – Beendigung **II, 7**, 245 ff.
- – beherrschender Gesellschafter **II, 7**, 134
- – Belastungsfaktoren **II, 7**, 310 ff.
- – – bedingte Steuereffizienz **II, 7**, 314
- – – Gewährung von Darlehen **II, 7**, 314
- – – gewerbliche Einkünfte **II, 7**, 310
- – – Kürzung nach § 9 Nr. 1 Satz 2 GewStG **II, 7**, 313
- – – Optimierungspotential **II, 7**, 314
- – – Pachteinnahmen **II, 7**, 311
- – – typische Betriebsaufspaltung **II, 7**, 310
- – – Überlassung von Betriebsgrundstücken **II, 7**, 313
- – – Überlassung von Grundbesitz **II, 7**, 313
- – – Unterscheidung **II, 7**, 312
- – Belastungsvergleich außerhalb **II, 7**, 237
- – Besitzeinzelunternehmen **II, 7**, 216
- – Besitzkapitalgesellschaft **II, 7**, 219
- – Besitzmitunternehmerschaft **II, 7**, 217 ff.
- – Besitzunternehmen **II, 7**, 44
- – besondere Vorteile **II, 7**, 307
- – bestehende inländische **II, 7**, 258 f.
- – – Entstrickungsvorschrift **II, 7**, 259
- – – finaler Betriebsaufgabebegriff **II, 7**, 258
- – – Wegzug **II, 7**, 258 f.
- – – Wegzugsbesteuerung **II, 7**, 259
- – bestehende, Altersabsicherung **II, 7**, 106
- – – Attraktionskraft **II, 7**, 104
- – – privat veranlasste Nutzungsüberlassung **II, 7**, 104 ff.
- – – private Veranlassung **II, 7**, 105
- – – Risiko **II, 7**, 106
- – – Separierung von nachträglich überlassenen Wirtschaftsgütern **II, 7**, 103 ff.
- – Besteuerung eines Betriebsaufgabegewinns **II, 7**, 248 f.
- – Betriebs- und Besitzgesellschaft **II, 7**, 7
- – Betriebsführungsverträge **II, 7**, 18
- – Betriebsgesellschaft **II, 7**, 44
- – Betriebs-GmbH, Anwendung von § 8a KStG **II, 7**, 221
- – Betriebsüberlassungsverträge **II, 7**, 19
- – Betriebsverpachtung im Ganzen **II, 7**, 151

- – bewegliche Wirtschaftsgüter **II, 7**, 64 f.
- – – Betriebsausstattung **II, 7**, 64
- – – Dreschmaschine **II, 7**, 64
- – – Geschäftswagen **II, 7**, 64
- – – Maschinen **II, 7**, 64
- – – neue Kriterien **II, 7**, 65
- – – Rechtsprechung **II, 7**, 64
- – – Spinnereimaschinen **II, 7**, 64
- – – Standardmaschinen **II, 7**, 64
- – – technische Geschäftsausstattung **II, 7**, 64
- – – Überlassung **II, 7**, 64
- – – Werkzeuge **II, 7**, 64
- – Darlehensbeziehungen **II, 7**, 215
- – Dreiecksverhältnis **II, 7**, 24
- – dreistufige **II, 7**, 23
- – durch Richterrecht entwickelte Kriterien **II, 7**, 7
- – Durchgriffshaftung **II, 7**, 283 ff.
- – – Abschluss eines Ergebnisabführungsvertrags **II, 7**, 283
- – – eigenkapitalersetzende Darlehen **II, 7**, 294
- – – eigenkapitalersetzende Gebrauchsüberlassung **II, 7**, 292 f.
- – – existenzvernichtender Eingriff **II, 7**, 286 f.
- – – Grundsätze des qualifiziert faktischen Konzerns **II, 7**, 285
- – – Haftung aus dem Gesellschaftsverhältnis **II, 7**, 283
- – – Haftung außerhalb des Vertragskonzerns **II, 7**, 284 ff.
- – – Haftung nach § 73 AO **II, 7**, 295
- – – Haftung nach §§ 30 und 31 GmbHG **II, 7**, 284
- – – Umfang der Haftung des § 74 AO **II, 7**, 300 ff.
- – – Voraussetzungen des § 74 AO **II, 7**, 296 f.
- – echte **II, 7**, 1, 21 f.
- – Eigenkapitalersatzrecht **II, 7**, 5
- – Einführung **II, 7**, 1
- – einheitlicher geschäftlicher Betätigungswille **II, 7**, 28
- – – Anteile Minderjähriger **II, 7**, 37
- – – Beteiligungsidentität **II, 7**, 31
- – – Beherrschungsidentität **II, 7**, 32
- – – Definition **II, 7**, 28
- – – Ehegattenanteile **II, 7**, 34 ff.
- – – Einheitsbetriebsaufspaltung **II, 7**, 29
- – – Eintritt der Volljährigkeit **II, 7**, 38 f.
- – – familiäre Bindung **II, 7**, 34
- – – gesellschaftsrechtliche Betrachtungsweise **II, 7**, 29
- – – Gütergemeinschaft **II, 7**, 36
- – – mehrheitliche Beteiligung von Ehegatten an beiden Unternehmen **II, 7**, 35
- – – Möglichkeiten der Zusammenrechnung bei Minderjährigen **II, 7**, 37
- – – Stimmrechte der einzelnen Gesellschafter **II, 7**, 29
- – – Stimmrechtsbindungsverträge **II, 7**, 29

- – – überlassene Personenmehrheiten **II, 7**, 30
- – – unwiderrufliche Stimmrechtsvollmacht **II, 7**, 35
- – – Wirtschaftsgemeinschaft **II, 7**, 35
- – einheitliches Unternehmen **II, 7**, 24
- – Einheitsbetriebsaufspaltung **II, 7**, 151
- – Einheitstheorie **II, 7**, 24
- – einkommensteuerlich getrennte Unternehmen **II, 7**, 13
- – Einkommensteuer **II, 7**, 6
- – einzelne Fallkonstellationen **II, 7**, 150 ff.
- – Einzelrechtsnachfolge **II, 7**, 151
- – Einzelunternehmen **II, 7**, 151
- – Erbfall **II, 7**, 163
- – Erbschaftsteuer **II, 7**, 260 ff.
- – Erhaltung der Gewerbesteuerbemessungsgrundlage **II, 7**, 13
- – Ermächtigungsgrundlage **II, 7**, 10
- – Erscheinungsformen **II, 7**, 2 f., 20 ff.
- – Ertragsteuer **II, 7**, 7
- – ertragsteuerliche Standortbestimmung **II, 7**, 315 ff.
- – faktische Beherrschung **II, 7**, 40 ff.
- – – Rechtsprechung **II, 7**, 40
- – – Wechselwirkung bei verdeckter Mitunternehmerschaft **II, 7**, 42 f.
- – Fallkonstellationen, tabellarischer Überblick **II, 7**, 150
- – Folgen einer Gewinnrealisierung **II, 7**, 248 f.
- – Frage nach den Rechtsgrundlagen **II, 7**, 11
- – freiberufliche Betätigung **II, 7**, 1
- – Gegenpole **II, 7**, 26
- – Geltungsgrund **II, 7**, 5 ff., 12 ff.
- – Gesellschaftergeschäftsführer **II, 7**, 148
- – – Stellung **II, 7**, 148
- – Gesellschaftsvertrag **II, 7**, 146 ff.
- – – Ausgestaltung **II, 7**, 146 ff.
- – – doppelte Stellung als Geschäftsführer **II, 7**, 146
- – – Grundlage der Stimmrechte **II, 7**, 146
- – – Nur-Besitzgesellschafter **II, 7**, 147
- – – persönliche Verflechtung **II, 7**, 146
- – Gestaltung des Mittelstandes **II, 7**, 303
- – gewerbesteuerliche Bemessungsgrundlage **II, 7**, 12
- – Gewerbesteuerpflicht **II, 7**, 6
- – gewerbliche Betätigung **II, 7**, 1
- – gewollte, § 613a BGB **II, 7**, 113
- – – Abgrenzung zum Schrumpfungsmodell **II, 7**, 121
- – – abweichende Substanzerhaltungsklausel **II, 7**, 116
- – – Anlagevermögen **II, 7**, 108
- – – Anspruch des Verpächters auf Substanzerhaltung **II, 7**, 117
- – – Arbeitsverhältnis **II, 7**, 113
- – – Ausgestaltung des Mietvertrags **II, 7**, 107
- – – Ausgestaltung des Pachtvertrags **II, 7**, 107
- – – Belastungswirkung des Betriebserhaltungsmodells **II, 7**, 125 f.

3218

Stichwortverzeichnis

••• Die fett gedruckten **römischen Zahlen** bezeichnen die Teile, die fett gedruckten **arabischen Zahlen** die Kapitel. ••• Die fett gedruckten **§-Angaben** bezeichnen die bei Teil 2: Gesellschaftsrecht zu den Kapiteln dazugehörigen Paragrafen. ••• Die mager gedruckten Zahlen bezeichnen die Randnummern. •••

- – Betriebsaufgabe **II, 7,** 111
- – Betriebserhaltungsmodell **II, 7,** 107 ff.
- – Betriebsverpachtung **II, 7,** 110
- – Erhaltungsaufwendungen **II, 7,** 118
- – Erhaltungsaufwendungen des Pächters **II, 7,** 118 f.
- – Ersatzbeschaffungen des Pächters **II, 7,** 118 f.
- – Firmenfortführung **II, 7,** 114
- – Gestaltungsbedarf aus zivilrechtlicher Sicht **II, 7,** 112 ff.
- – Gestaltungsfragen **II, 7,** 107 ff.
- – gewerbesteuerlicher Hintergrund des Steuerberatermodells **II, 7,** 127
- – Gewinnausgleich durch Einnahmenüberschussrechnung **II, 7,** 120
- – Pacht **II, 7,** 115 ff.
- – Pachtvertrag **II, 7,** 112
- – Pensionsrückstellungen **II, 7,** 113
- – Pflichten von Pächter und Verpächter **II, 7,** 115
- – Rechtsgrundlage **II, 7,** 109
- – Rechtsprechung zu Geschäftswertübergang **II, 7,** 122 ff.
- – Schrumpfungsmodell **II, 7,** 108
- – Steuerberatermodell **II, 7,** 107, 127 ff.
- – steuerlicher Gestaltungsbedarf **II, 7,** 129 ff.
- – Steuerwirkungen des § 8 Nr. 7 GewStG **II, 7,** 126
- – Substanzerhaltung **II, 7,** 109
- – Überleitung von Schuldverhältnissen **II, 7,** 113
- – übernommene bewegliche Anlagevermögen **II, 7,** 118
- – verdeckte Gewinnausschüttung **II, 7,** 134 f.
- – verdeckte Sacheinlage **II, 7,** 108
- – Vermeidung des Geschäftswertübergangs **II, 7,** 122
- – Wertausgleichsanspruch des Pächters **II, 7,** 119
- – Wertausgleichsverpflichtung des Verpächters **II, 7,** 119
- – Wiederaufleben des Verpächterwahlrechts **II, 7,** 111
- – zivilrechtlicher Gestaltungsbedarf **II, 7,** 128
- Grundstücke, untergeordnete wirtschaftliche Bedeutung **II, 7,** 59
- Gründung, aus Versehen **II, 7,** 26
- – disquotale Einlage **II, 7,** 166
- – Vorbereitung der Nachfolge **II, 7,** 163 f.
- – Haftung nach § 74 AO **II, 7,** 296 ff.
- – Handelsrecht **II, 7,** 5
- – horizontale **II, 7,** 24 f.
- – Dreieckskonstellation **II, 7,** 25
- – Idee **II, 7,** 15
- – immaterielle Geschäftsgüter **II, 7,** 60
- – – Geschäftswert **II, 7,** 61 ff.
- – – geschäftswertbildende Faktoren **II, 7,** 63
- – – isolierte Überlassung des Geschäftswerts **II, 7,** 62
- – – kautelarjuristische Vertragsgestaltung **II, 7,** 63
- – – Lizenzen **II, 7,** 60
- – – Patente **II, 7,** 60
- – – Substanzwert **II, 7,** 61
- – – Verkehrswert **II, 7,** 61
- – Infizierung **II, 7,** 6
- – Insolvenzrecht **II, 7,** 5
- – Investitionszulagenrecht **II, 7,** 280
- – – Merkmalsübertragung **II, 7,** 280
- – kapitalistische **II, 7,** 23
- – – laufende Besteuerung **II, 7,** 204 ff.
- – Kettenübertragung **II, 7,** 151
- – Kind der steuerlichen Gestaltungsberatung **II, 7,** 309
- – konkrete Rechtsfolge **II, 7,** 9
- – Konzernrecht **II, 7,** 5
- – landwirtschaftliche Betätigung **II, 7,** 1
- – laufende Besteuerung **II, 7,** 175 ff.
- – – Abfärbung **II, 7,** 177
- – – Abgrenzung des Betriebsvermögens **II, 7,** 201 ff.
- – – Ansätze der Wirtschaftsgüter bei nachträglicher Aufdeckung **II, 7,** 181
- – – Anteile an anderen Kapitalgesellschaften **II, 7,** 183
- – – Anteile an der Betriebsgesellschaft **II, 7,** 182
- – – Besitz-Unternehmen **II, 7,** 175
- – – Besteuerung der Besitzkapitalgesellschaft **II, 7,** 194
- – – Besteuerung der Betriebsgesellschaft **II, 7,** 195 ff.
- – – Bilanzierung **II, 7,** 178 ff.
- – – Bilanzierungspflicht **II, 7,** 179
- – – Darlehensforderung gegen die Betriebs-GmbH **II, 7,** 190
- – – Darlehensforderung gegen andere Kapitalgesellschaften **II, 7,** 191
- – – Dividendenausschüttungen **II, 7,** 184
- – – Einkünfteermittlung **II, 7,** 179
- – – ertragsteuerliche Folgen der mitunternehmerischen Betriebsaufspaltung **II, 7,** 199
- – – Formen von Besitzgesellschaften **II, 7,** 175
- – – getrennte Betriebe **II, 7,** 178
- – – Gewerbesteuer **II, 7,** 193
- – – gewerbesteuerliche Nachteile **II, 7,** 200
- – – Gewinnermittlung **II, 7,** 178 ff.
- – – korrespondierende Bilanzierung **II, 7,** 180
- – – mitunternehmerische Betriebsaufspaltung **II, 7,** 199 ff.
- – – Organschaft **II, 7,** 198
- – – Personenunternehmen **II, 7,** 189
- – – steuerliche Verstrickung **II, 7,** 175 f.
- – – typische Betriebsaufspaltung **II, 7,** 1
- – – Umfang des Betriebsvermögens **II, 7,** 182 ff.
- – – umgekehrte Betriebsaufspaltung **II, 7,** 194 ff.
- – – Umqualifizierung von Einkünften **II, 7,** 175 f.
- – – unwesentliches Betriebsvermögen **II, 7,** 192
- – – Zeitpunkt der Aktivierung des Gewinnanspruchs **II, 7,** 185 ff.
- – mehrfache **II, 7,** 23
- – Merkmalsübertragung **II, 7,** 7
- – Missbrauchsbekämpfungsgedanke **II, 7,** 12
- – mittelbare Beherrschung **II, 7,** 44
- – mittelbare Beteiligung **II, 7,** 44
- – mittelbare Nutzungsüberlassung **II, 7,** 45
- – mittelbare Vermietung **II, 7,** 44 ff.
- – mittelfristige Reformen **II, 7,** 320 f.
- – mitunternehmerische **II, 7,** 23
- – – Besitzmitunternehmerschaft **II, 7,** 218
- – – Bewertung der Gestaltungsmöglichkeit **II, 7,** 100
- – – Bilanzierungskonkurrenz **II, 7,** 91
- – – doppel- oder mehrstöckige Personengesellschaften **II, 7,** 95
- – – Entwicklung der Rechtslage **II, 7,** 92 ff.
- – – geltende Rechtslage **II, 7,** 96 f.
- – – Gestaltungsmöglichkeit **II, 7,** 91
- – – gewerbliche Schwesterpersonengesellschaft **II, 7,** 91
- – – Konservierung der früheren Rechtslage **II, 7,** 98 f.
- – – Überlassung von Wirtschaftsgütern **II, 7,** 91
- – – unentgeltliche Nutzungsüberlassung **II, 7,** 98 ff.
- – – Vorrang des Betriebsvermögens **II, 7,** 92 f.
- – – Vorrang des Sonderbetriebsvermögens **II, 7,** 92, 101 f.
- – – Zweifelsfragen **II, 7,** 101
- – Nachteile **II, 7,** 303 ff.
- – öffentliches Recht **II, 7,** 5 ff.
- – öffentlich-rechtlicher Bereich **II, 7,** 1
- – Pachtgegenstand **II, 7,** 26
- – – Schrumpfungsmodell **II, 7,** 26
- – – Steuerberatermodell **II, 7,** 26
- – – Umfang **II, 7,** 26
- – – Verpachtung des gesamten Betriebs **II, 7,** 26
- – Pachtzinsen **II, 7,** 144 ff.
- – keine umsatzsteuerliche Organschaft **II, 7,** 144
- – umsatzsteuerliche Organschaft **II, 7,** 145
- – Umsatzsteueroption **II, 7,** 144 ff.
- – personelle Verflechtung **II, 7,** 28, 66
- – – Ausschluss **II, 7,** 66
- – – Wiesbadener Modell **II, 7,** 81
- – persönliche Verflechtung **II, 7,** 4
- – Rahmenbedingungen für typische Betriebsaufspaltung **II, 7,** 317
- – rechtliche Definition **II, 7,** 3
- – Rechtsgrundlagen **II, 7,** 5 ff.
- – Rechtsprechung **II, 7,** 24

3219

••• Die fett gedruckten **römischen Zahlen** bezeichnen die Teile, die fett gedruckten **arabischen Zahlen** die Kapitel. ••• Die fett gedruckten **§-Angaben** bezeichnen die bei Teil 2: Gesellschaftsrecht zu den Kapiteln dazugehörigen Paragrafen. ••• Die mager gedruckten Zahlen bezeichnen die Randnummern. •••

- Rechtsprechungsänderung **II, 7**, 13
- Rechtsträger **II, 7**, 2
- Restbetriebsgedanke **II, 7**, 22
- Restbetriebsvermögen **II, 7**, 151
- richterliche Rechtsfortbildung **II, 7**, 22
- sachliche Verflechtung **II, 7**, 46
- Schrumpfungsmodell **II, 7**, 151
- Sonderfragen **II, 7**, 257 f.
- Standortbestimmung für mitunternehmerische Betriebsaufspaltung **II, 7**, 318
- StEntlG **II, 7**, 316
- Steuerbefreiung **II, 7**, 7
- steuerliche Behandlung **II, 7**, 257 f.
- steuerliche Belastungssituation **II, 7**, 309
- steuerliche Folgen **II, 7**, 149 ff.
-- Begründung **II, 7**, 149
-- Gewinnrealisierung **II, 7**, 149
-- Lebenssituationen **II, 7**, 149
-- Neubegründung einer unternehmerischen Struktur **II, 7**, 149
-- Rechtslage bis zum 31.12.1998 **II, 7**, 149
-- teilentgeltliche Übertragung **II, 7**, 149
-- Übertragung von Wirtschaftsgütern **II, 7**, 149
-- unentgeltliche Übertragung **II, 7**, 149
-- Veräußerung von Wirtschaftsgütern **II, 7**, 149
-- Verpachtung eines einzelnen Wirtschaftsgutes **II, 7**, 149
-- Zusammenfassung **II, 7**, 149 ff.
- steuerliche Fragen **II, 7**, 260
- steuerliche Rechtsgrundlagen **II, 7**, 6 ff.
- strafbewährtes öffentliches Eingriffsrecht **II, 7**, 6
- Stufenlösung **II, 7**, 151
- tatbestandliche Voraussetzungen **II, 7**, 2 ff., 8
-- Einzelheiten **II, 7**, 27 ff.
- Trennung von Vermögen zur Einkommensverlagerung **II, 7**, 15
- Trennungstheorie **II, 7**, 24
- typische **II, 7**, 23
-- Besitzmitunternehmerschaft **II, 7**, 217
-- steuerliche Behandlung **II, 7**, 257
- Typologie **II, 7**, 2 ff.
- Überblick **II, 7**, 2 ff.
- Überblick über Abgrenzungskriterien **II, 7**, 21 ff.
- Überlassung wesentlicher Wirtschaftsgüter **II, 7**, 17
- umgekehrte **II, 7**, 23, 162
- Begründung **II, 7**, 162
-- Einheitsbetriebsaufspaltung **II, 7**, 162
-- Vorteile **II, 7**, 319
- Umsatzsteuer **II, 7**, 281
- unechte **II, 7**, 11, 21 f.
-- Definition **II, 7**, 21
- unechter Geschäftsführungsvertrag **II, 7**, 18

- verdeckte Einlage **II, 7**, 151
-- Vorsicht **II, 7**, 250 f.
- verdeckte Gewinnausschüttung, Angemessenheitsprüfung der gezahlten Entgelte **II, 7**, 134
-- Angemessenheit des Pachtzinses **II, 7**, 139
-- Angemessenheitsprüfung des Pachtzinses **II, 7**, 140 f.
-- Anpassungsklausel **II, 7**, 143
-- Besitzkapitalgesellschaft **II, 7**, 136
-- Definition **II, 7**, 134
-- Einkünfte aus Kapitalvermögen **II, 7**, 136
-- Errichtung einer Organschaft **II, 7**, 136
-- Gesamthandsvermögen **II, 7**, 136
-- Gestaltungspraxis des Pachtzinses **II, 7**, 143
-- Gewinnkorrektur **II, 7**, 138
-- Halbeinkünfteverfahren **II, 7**, 136
-- Mehrheit der Stimmrechte **II, 7**, 134
-- Nachzahlungsverbot **II, 7**, 134
-- Pachtzinsabreden **II, 7**, 143
-- Rechtsfolgen **II, 7**, 134
-- Refinanzierungsaufwendungen **II, 7**, 136
-- relevante Rechtsbeziehungen **II, 7**, 134
-- Rückwirkungsverbot **II, 7**, 134
-- steuerliche Auswirkungen **II, 7**, 137
-- überhöhter Pachtzins **II, 7**, 137
-- Veranlassung im Gesellschaftsverhältnis **II, 7**, 134
-- Voraussetzungen **II, 7**, 134 f.
-- zu niedrige Pacht **II, 7**, 138
- Verfahrensrecht **II, 7**, 282
- verfahrensrechtliche Einordnung **II, 7**, 27
- verklammerndes Element **II, 7**, 20
- Vermeidung **II, 7**, 66 ff.
- Vermeidung der Betriebsaufgabe, Abwärtsverschmelzung **II, 7**, 256
-- Aufwärtsverschmelzung **II, 7**, 256
-- down stream merger **II, 7**, 256
-- echte Personengesellschaften **II, 7**, 255
-- Einbringungsgewinne **II, 7**, 254
-- Einheitsbetriebsaufspaltungen **II, 7**, 256
-- Erläuterungen **II, 7**, 253 f.
-- Gesamthandsvermögen **II, 7**, 255
-- kapitalistische Betriebsaufspaltung **II, 7**, 256
-- Überblick **II, 7**, 252
-- umgekehrte Betriebsaufspaltung **II, 7**, 256
-- Umstrukturierungen **II, 7**, 252
-- up stream merger **II, 7**, 256
- Vermeidung, Bedeutung des wirtschaftlichen Eigentums **II, 7**, 82 ff.
-- Begründung der Betriebsaufspaltung **II, 7**, 74
-- Beschlüsse der Gesellschafterversammlung **II, 7**, 67
-- Betriebserhaltungsmodell **II, 7**, 85 f.
-- Bewertung des Modells **II, 7**, 89 f.

-- BMF-Schreiben **II, 7**, 70
-- Darstellung des Wiesbadener Modells **II, 7**, 81
-- de facto-Wahlrecht **II, 7**, 67
-- Ehegatten-Bruchteilsgemeinschaft **II, 7**, 76
-- Einstimmigkeitsabrede **II, 7**, 67 ff., 73
-- Einstimmigkeitsprinzip **II, 7**, 70
-- Einzelgesellschafter-Geschäftsführer **II, 7**, 77
-- faktische Beherrschung **II, 7**, 71
-- Fallgruppen **II, 7**, 72
-- Geschäfte des täglichen Lebens **II, 7**, 70
-- Gesellschaftsverträge **II, 7**, 73
-- gesetzliche Mehrheitserfordernisse **II, 7**, 73
-- Gestaltung **II, 7**, 66 ff.
-- Gewerbesteuerersparnis **II, 7**, 87
-- Grundlagengeschäft **II, 7**, 79
-- Institut des wirtschaftlichen Eigentums **II, 7**, 82
-- Instrument der Beherrschung **II, 7**, 78
-- keine Zusammenrechnung von Anteilen **II, 7**, 80
-- laufende Verwaltung **II, 7**, 70
-- Mehrheitsprinzip **II, 7**, 78
-- mittelbare Geschäftsführungsbefugnis **II, 7**, 78
-- mitunternehmerische **II, 7**, 66, 91 ff.
-- Nur-Besitzgesellschafter **II, 7**, 73
-- Nur-Betriebsgesellschafter **II, 7**, 67, 78
-- praktische Handhabung **II, 7**, 78
-- Rechtsprechung zu Einstimmigkeitsabreden **II, 7**, 68 f.
-- Richtlinie 137 Abs. 8 EStR, 2003 **II, 7**, 80
-- Rückübertragung **II, 7**, 84
-- Scheidungsfall **II, 7**, 83
-- Steuerberatermodell **II, 7**, 88
-- steuerliche Folgen des Wiesbadener Modells **II, 7**, 85 ff.
-- steuerliche Sicht **II, 7**, 82
-- tragfähige Gestaltung **II, 7**, 79
-- Übergangsregelungen **II, 7**, 72
-- Umfang des Einstimmigkeitsprinzips **II, 7**, 74
-- Versterben eines Ehegatten **II, 7**, 90
-- Verwaltungsgeschäfte **II, 7**, 77
-- Wiesbadener Modell **II, 7**, 81 ff.
- Verstoß gegen den Gleichheitssatz **II, 7**, 10
- vertikale **II, 7**, 24 f.
-- Einheitsbetriebsaufspaltung **II, 7**, 25
-- nutzende Gesellschaft **II, 7**, 25
-- Vorrang des Sonderbetriebsvermögens **II, 7**, 25
- Vielfalt von Sachverhalten **II, 7**, 20
- von einem Einzelunternehmen zu einer Betriebs-GmbH **II, 7**, 150
- von einer Personengesellschaft zu einer Betriebs-GmbH **II, 7**, 150
- Voraussetzungen **II, 7**, 2 ff.

Stichwortverzeichnis

••• Die fett gedruckten **römischen Zahlen** bezeichnen die Teile, die fett gedruckten **arabischen Zahlen** die Kapitel. ••• Die fett gedruckten **§-Angaben** bezeichnen die bei Teil 2: Gesellschaftsrecht zu den Kapiteln dazugehörigen Paragrafen. ••• Die mager gedruckten Zahlen bezeichnen die Randnummern. •••

- Vorteile **II, 7**, 303 ff.
- Vorteile seit 1994 **II, 7**, 315
- vorweggenommene Erbfolge **II, 7**, 1, 163
- Wegfall der personellen Verflechtung, Betriebsaufgabe **II, 7**, 246
- – einheitliche Testamentsvollstreckung **II, 7**, 246
- – Insolvenzverfahren **II, 7**, 246
- Wegfall der persönlichen Verflechtung **II, 7**, 245 ff.
- – Gründe **II, 7**, 245 ff.
- Wegfall der sachlichen Verflechtung **II, 7**, 245 ff.
- – Gründe **II, 7**, 245 ff.
- Wesensmerkmal **II, 7**, 4
- – Checkliste **II, 7**, 4
- wesentliche Betriebsgrundlage **II, 7**, 26, 47
- – Austauschbarkeits-Rechtsprechung **II, 7**, 49
- – Begriff **II, 7**, 47
- – Bürogebäude **II, 7**, 55 ff.
- – Erbbaurecht **II, 7**, 58
- – Fabrikgrundstücke **II, 7**, 53
- – Folgerungen **II, 7**, 53 f.
- – Formen von Büro- und Verwaltungsgebäuden **II, 7**, 55
- – Grundstücke **II, 7**, 48 ff.
- – Grundstücksbegriff **II, 7**, 48
- – Kriterien der Wesentlichkeit von überlassenen Grundstücken **II, 7**, 49
- – neuere Rechtsprechung **II, 7**, 51 f.
- – Nießbrauch **II, 7**, 58
- – quantitative Betrachtungsweise **II, 7**, 47
- – unbebaute Grundstücke **II, 7**, 54
- – Wesentlichkeit von überlassenen Grundstücken **II, 7**, 49
- – wirtschaftliche Überlegungen **II, 7**, 304 ff.
- Zivilrecht **II, 7**, 5 ff.
- – selbständige Rechtssubjekte **II, 7**, 5
- – zivilrechtliche Überlegungen **II, 7**, 304 ff.
- – – eigenkapitalersetzende Gebrauchsüberlassung **II, 7**, 305
- – – Gefahr der Durchgriffshaftung **II, 7**, 306
- – – Insolvenzfall **II, 7**, 305
- – – Wunsch nach einer Haftungsbeschränkung **II, 7**, 304
- – Zwischenvermietung **II, 7**, 45
Betriebsaufspaltungsgrundsätze, Kapitalistische Betriebsaufspaltung **II, 7**, 208
Betriebsbedingte Kündigung **II, 17**, 3 ff.
Betriebsbedingte Kündigung, Änderungskündigung **II, 17**, 16
Betriebsbedingte Kündigung, Anspruch auf Wiedereinstellung **II, 17**, 17
- Anwendungsbereich des KSchG **II, 17**, 9
- Ausschluss, Betriebsübergang **II, 17**, 53

- befristete Arbeitsverhältnisse **II, 17**, 4 ff.
- betriebliche Erfordernisse **II, 17**, 10
- Betriebsratsanhörung **II, 17**, 24
- Form **II, 17**, 23
- freie Arbeitsplätze, im selben Verwaltungszweig **II, 17**, 16 ff.
- – im Unternehmen **II, 17**, 16 ff.
- innerbetriebliche Gründe **II, 17**, 11
- keine anderweitige Beschäftigungsmöglichkeit **II, 17**, 15 ff.
- konzernweiter Kündigungsschutz **II, 17**, 18
- missbräuchliche Unternehmerentscheidung **II, 17**, 11
- Reduzierung des monatlichen Gehalts **II, 17**, 17
- Sozialauswahl **II, 17**, 19 ff.
- soziale Rechtfertigung **II, 17**, 9 ff.
- unbefristete Arbeitsverhältnisse **II, 17**, 4 ff.
- Wegfall des Beschäftigungsbedarfs **II, 17**, 10 ff.
- wichtiger Grund **II, 17**, 6
Betriebserhaltungsmodell, Betriebsaufspaltung **II, 7**, 108
- – zivilrechtliche Rechtsgrundlagen **II, 7**, 108
- – Vermeidung der Betriebsaufspaltung **II, 7**, 85 f.
Betriebsführungsvertrag **II, 5**, § 1, 29
- Betriebsaufspaltung **II, 7**, 18
Betriebsgeheimnis, Handelsvertreter **I, 5**, 38
Betriebsgesellschaft, Teilwertabschreibung **II, 7**, 240
Betriebs-GmbH, § 8a KStG **II, 7**, 222 ff.
- – Dritte mit Rückgriffsrecht **II, 7**, 228
- – Einfluss auf Refinanzierungszinsen **II, 7**, 232
- – Freigrenze **II, 7**, 229
- – gewerbliche Einkünfte des Anteilseigners **II, 7**, 231
- – Mehrbelastung **II, 7**, 230
- – nahe stehende Personen **II, 7**, 226
- – Safe Haven **II, 7**, 227
- – Vergütung für Fremdkapital **II, 7**, 225
- – Voraussetzungen **II, 7**, 212
- – wesentlich beteiligter Anteilseigner **II, 7**, 222 ff.
- – Wirkungen **II, 7**, 230 ff.
- – Anwendung von § 8a KStG **II, 7**, 221
- – Besitzkapitalgesellschaft **II, 7**, 241
- – eigenkapitalersetzende Bürgschaften **II, 7**, 243
- – eigenkapitalersetzendes Darlehen **II, 7**, 238 ff.
- – Begriff **II, 7**, 238
- – Halbeinkünfteverfahren **II, 7**, 241
- – Rechtsprechung **II, 7**, 239
- – steuerliches Fremdkapital **II, 7**, 239
- – Voraussetzungen einer Teilwertabschreibung **II, 7**, 238 ff.
- – nachteilige Gewerbesteuerbelastung **II, 7**, 236
- – qualifizierter Rangrücktritt **II, 7**, 244

Betriebsinhaberwechsel, Betriebsübergang **II, 17**, 29 ff.
Betriebsrat **II, 17**, 2
- Arbeitsrecht **II, 17**, 54 ff.
- Betriebsänderungen **II, 17**, 66 ff.
- Betriebsübergang **II, 17**, 70
- Interessenausgleichsverhandlungen **II, 17**, 71 ff.
- Mitbestimmungsrechte, wirtschaftliche Angelegenheiten **II, 17**, 54 ff.
- Sozialplanverhandlung **II, 17**, 83 ff.
- Wirtschaftsausschuss **II, 17**, 55 ff.
Betriebsratsanhörung, betriebsbedingte Kündigung **II, 17**, 24
Betriebsteil, Übergang **II, 17**, 32
Betriebsübergang **II, 17**, 2
- asset deal **II, 17**, 26
- betriebliche Altersversorgung **II, 17**, 50
- Betriebsänderung **II, 17**, 70
- Betriebsaufspaltung **II, 17**, 29
- betriebsbedingte Kündigung, Ausschluss **II, 17**, 53
- Betriebsinhaberwechsel **II, 17**, 29 ff.
- Gleichstellungsabreden **II, 17**, 45
- Grundlagen **II, 17**, 25 ff.
- Haftungsfragen **II, 17**, 49
- Identität wahrende wirtschaftliche Einheit **II, 17**, 31
- Information der Mitarbeiter **II, 17**, 51 f.
- Joint Venture **II, 12**, 91 ff.
- Pächterwechsel **II, 17**, 29
- Rechtsfolgen **II, 17**, 38 ff.
- – Betriebsvereinbarungen **II, 17**, 40 ff.
- – Bezugnahmeklauseln **II, 17**, 45 f.
- – – kollektivrechtliche Regelungen des Betriebserwerbers **II, 17**, 44
- – Tarifverträge **II, 17**, 40 ff.
- Rechtsgeschäft **II, 17**, 33
- share deal **II, 17**, 26
- Tatbestand **II, 17**, 28 ff.
- Übergang der Arbeitsverhältnisse **II, 17**, 39
- Übergang eines Betriebsteils **II, 17**, 32
- Umwandlungsrecht **II, 17**, 26
- Widerspruch **II, 17**, 34 f.
- – Sozialauswahl **II, 17**, 37
- – Voraussetzung **II, 17**, 35 ff.
- wirtschaftliche Einheit, Fortführung **II, 17**, 30 ff.
- Zuordnung der Arbeitnehmer **II, 17**, 48
Betriebsunternehmen, Finanzierung **II, 7**, 215 ff.
Betriebs- und Betriebsüberlassungsvertrag **II, 5**, § 1, 29
- gewerbesteuerliche Behandlung **II, 7**, 233 ff.
Betriebsvereinbarung **II, 17**, 2
- Betriebsübergang **II, 17**, 40 ff.
- Joint Venture **II, 12**, 98 f.
Betriebsvermögen, Steuerbilanzrecht **II, 15**, § 1, 211 ff.
- Betriebsaufspaltung **II, 7**, 215 ff.
- Zugehörigkeit von Darlehen **II, 7**, 215
Betrug **II, 20**, 119

3221

••• Die fett gedruckten **römischen Zahlen** bezeichnen die Teile, die fett gedruckten **arabischen Zahlen** die Kapitel. ••• Die fett gedruckten **§-Angaben** bezeichnen die bei Teil 2: Gesellschaftsrecht zu den Kapiteln dazugehörigen Paragrafen. ••• Die mager gedruckten Zahlen bezeichnen die Randnummern. •••

– Berater **II, 20,** 143
Beurkundung **II, 14,** 1 ff.
– AG **II, 14,** 7
– amtliche Verwahrung **II, 14,** 40
– Anlagen **II, 14,** 21 ff.
– Anwachsung **II, 14,** 66
– Arten **II, 14,** 5 ff.
– Auflassung **II, 14,** 114
– Ausland **II, 14,** 88 ff.
– Ausland, Wirksamkeit **II, 14,** 89
– ausländische Anteile **II, 14,** 53 ff.
– – deutsches Recht **II, 14,** 54
– – Verfügungsgeschäft **II, 14,** 55
– – Verpflichtungsgeschäft **II, 14,** 54
– ausländische Sprache **II, 14,** 39
– Belehrung **II, 14,** 4
– Beweissicherung **II, 14,** 4
– Bezugsurkunden **II, 14,** 16 ff.
– break-up fee **II, 14,** 45
– Ehevertrag, Entscheidungsfreiheit **II, 14,** 66
– – Verpflichtung zum Abschluss **II, 14,** 63 ff.
– Einführung **II, 14,** 1 ff.
– Einheitlichkeit mehrerer Rechtsgeschäfte **II, 14,** 47
– Einmanngründung **II, 14,** 44
– Einziehung **II, 14,** 66
– Erbrecht **II, 14,** 41
– Familienrecht **II, 14,** 41
– Form **II, 14,** 12 ff.
– Gemeinschaftsunternehmen **II, 14,** 45
– gemischte **II, 14,** 39
– Gesamtvermögensübertragung **II, 14,** 41
– Gesellschafterbeschlüsse, GmbH, **II, 14,** 56
– Gesellschafterversammlung, GmbH **II, 14,** 41
– Gesellschaftsvertrag, Abschluss eines Ehevertrags **II, 14,** 63 ff.
– – spätere Änderungen **II, 14,** 82
– GmbH & Co. KG **II, 14,** 76 ff.
– – Anteilsübertragung **II, 14,** 84 ff.
– – Gesamthandsvermögen **II, 14,** 84
– – Gesellschaftsvertrag **II, 14,** 77 ff.
– Gesellschaftsvertrag der KG **II, 14,** 78
– Grundbesitz **II, 14,** 84
– Übertragung des Kommanditanteils **II, 14,** 84
– GmbH-Anteile, schuldrechtliche Verpflichtung **II, 14,** 45
– – treuhänderische Übertragung **II, 14,** 45
– – Übertragung, Gleichlaufklausel **II, 14,** 45
– GmbH-Geschäftsanteile, Übertragung **II, 14,** 45 ff.
– – Verkauf **II, 14,** 45 ff.
– Grundbesitz **II, 14,** 41
– Grundlagengeschäfte **II, 14,** 56
– Grundstück **II, 14,** 42
– Gründung einer Kapitalgesellschaft **II, 14,** 41
– Gründungsvollmacht **II, 14,** 43 f.
– Gültigkeitsgewähr **II, 14,** 4

– Hauptversammlung, AG **II, 14,** 41 ff., 57 ff.
– – Zustimmung **II, 14,** 62
– Hauptversammlungsbeschluss **II, 14,** 8
– Insichgeschäft, Erfüllung einer Verbindlichkeit **II, 14,** 33
– – Genehmigungsfähigkeit **II, 14,** 28
– – Gesellschafterbeschlüsse **II, 14,** 29
– – Hauptanwendungsfälle **II, 14,** 29 ff.
– – praktische Bedeutung **II, 14,** 28
– – Rechtsfolgen **II, 14,** 28
– – satzungsändernde Beschlüsse **II, 14,** 29
– – Tochter-GmbH **II, 14,** 29
– internationaler Vergleich **II, 14,** 2
– Joint Venture-Verträge **II, 14,** 45
– Kapitalgesellschaft, Gesellschaftsvertrag **II, 14,** 42
– – Satzung **II, 14,** 42
– Komplementär-GmbH **II, 14,** 77
– Kostenfragen **II, 14,** 110 ff.
– letter of intent **II, 14,** 45
– Mehrpersonengründung **II, 14,** 44
– Niederschrift, Inhalt **II, 14,** 12 ff.
– Notar **II, 14,** 1
– notarielle **II, 14,** 2
– Option **II, 14,** 45
– Personengesellschaften **II, 14,** 42
– Prägesiegel **II, 14,** 40
– Satzung, Komplementär-GmbH **II, 14,** 79
– satzungsmäßige Vereinbarungen **II, 14,** 42
– Schenkungsversprechen **II, 14,** 41
– schuldrechtliche Nebenabreden **II, 14,** 42
– Side Letter **II, 14,** 47
– sonstige **II, 14,** 7 f.
– Spaltungsvertrag **II, 14,** 61
– Stellvertretung **II, 14,** 25 ff.
– – Genehmigung **II, 14,** 27
– – Insichgeschäft **II, 14,** 28 ff.
– – schriftliche Vollmacht **II, 14,** 26
– – Wirksamwerden des Vertrages **II, 14,** 26
– Stimmbindungs- oder Poolverträge **II, 14,** 42
– Testamentsniederschrift **II, 14,** 40
– Übernahmevertrag **II, 14,** 45
– Übertragung des Vermögens im Ganzen **II, 14,** 62
– Übertragung von GmbH-Anteilen **II, 14,** 45
– Umwandlungen **II, 14,** 41
– Umwandlungsvorgänge **II, 14,** 41, 61
– Urkundeninhalt, Beglaubigung vor Festlegung **II, 14,** 10
– Verbot des Insichgeschäfts, Befreiung **II, 14,** 34 ff.
– Verfügung von Todes wegen **II, 14,** 40
– Verschmelzungsvertrag **II, 14,** 61
– Vertreter ohne Vertretungsmacht **II, 14,** 26
– Vollständigkeitsgrundsatz **II, 14,** 46
– Vorbefassungsverbot **II, 14,** 38
– Vorkaufsrecht **II, 14,** 45

– Warnfunktion **II, 14,** 4
– Willenserklärung **II, 14,** 6
– Zwangsvollstreckungsunterwerfung **II, 14,** 41
Beurkundungsbedürftige Rechtsgeschäfte, Gesellschaftsvertrag, GbR **II, 1, § 1,** 103
Beurkundungskosten **II, 14,** 110 ff.
– allgemeiner Höchstwert **II, 14,** 112
– Gebührensätze **II, 14,** 113
– Geschäftswert **II, 14,** 110
– GmbH & Co. KG **II, 14,** 86
– Grundbesitz **II, 14,** 114 ff.
– – Auflassung im Inland **II, 14,** 114 ff.
– Grundbesitz, Verkauf im Ausland **II, 14,** 114 ff.
– Kapitalerhöhungsbeschluss **II, 14,** 116
– maximaler Geschäftswert **II, 14,** 112
– Übernahmeerklärung **II, 14,** 116
Beurkundungspflichtige Vorgänge, Beispiele **II, 14,** 41 ff.
Bevollmächtigung, mündliche **II, 14,** 74
Beweislast, UN-Kaufrecht **I, 8,** 124
Beweismittel im Registerverfahren **I, 2,** 117 f.
Bewertung von Unternehmen, Zugewinnausgleich **II, 10,** 66 ff.
Bewertung, Jahresabschluss **II, 15, § 1,** 175 ff.
Bewertungsansatz, funktional Bewertungseinheiten **II, 15, § 1,** 124
– Gebäude **II, 15, § 1,** 124
– Grund und Boden **II, 15, § 1,** 124
Bewertungsrecht, Bilanzierung **II, 15, § 1,** 13
Bewertungsvorbehalte **II, 15, § 1,** 207
Bezirksprovision, Handelsvertreter **I, 5,** 127
Bezugsrecht, Wert **II, 16,** 96
Bezugsrechtsausschluss, erleichterte Möglichkeit **II, 16,** 94 ff.
Bezugsurkunde, Bekanntheitserklärung **II, 14,** 16 ff, 20
– beglaubigte Abschrift **II, 14,** 16
– Original **II, 14,** 16
BGB-Gesellschaft **II, 1, § 1,** 1 ff.
– Ehegatteninnengesellschaft **II, 10,** 177
BGB-InfoV, Franchise-Vertrag **I, 6,** 115 ff.
Bilanz, automatischer Fehlerausgleich **II, 15, § 1,** 90
– Aktiva **II, 15, § 1,** 4
– Darstellungsstetigkeit **II, 15, § 1,** 90
– Eigenkapital **II, 15, § 1,** 4
– Ergänzungsbilanz **II, 15, § 1,** 214
– Fortführungsgrundsatz **II, 15, § 1,** 91
– Gegenüberstellung der Vermögensgegenstände **II, 15, § 1,** 4
– Imparitätsprinzip **II, 15, § 1,** 66
– künftige Gewinnerwartung **II, 15, § 1,** 66
– materieller Aussagegehalt **II, 15, § 1,** 12
– Passiva **II, 15, § 1,** 4
– Passivseite **II, 15, § 1,** 137 ff.
– Personenhandelsgesellschaften, Aufstellung **II, 15, § 1,** 39

Stichwortverzeichnis

••• Die fett gedruckten **römischen Zahlen** bezeichnen die Teile, die fett gedruckten **arabischen Zahlen** die Kapitel. ••• Die fett gedruckten **§-Angaben** bezeichnen die bei Teil 2: Gesellschaftsrecht zu den Kapiteln dazugehörigen Paragrafen. ••• Die mager gedruckten Zahlen bezeichnen die Randnummern. •••

– Rückstellung, Verbindlichkeitscharakter **II, 15, § 1**, 145 ff.
– Saldo **II, 15, § 1**, 4
– schuldrechtliche Rangrücktritt **II, 15, § 1**, 142
– Verbindlichkeiten, eigenkapitalersetzende Gesellschafterdarlehen **II, 15, § 1**, 139
– Verbindlichkeiten, Genussrechte **II, 15, § 1**, 140
– Verbindlichkeiten, künftige Gewinne **II, 15, § 1**, 140
– Verbindlichkeiten, Rangrücktrittsvereinbarungen **II, 15, § 1**, 140
– Vorsichtsprinzip **II, 15, § 1**, 66
– Zweischneidigkeit **II, 15, § 1**, 90
Bilanzansatz, aktive Rechnungsabgrenzungsposten **II, 15, § 1**, 129 ff.
– Aktivierungszeitpunkt **II, 15, § 1**, 125
– Ausgaben **II, 15, § 1**, 129
– Ausgaben an einen Dritten **II, 15, § 1**, 126
– Bilanzierungshilfen **II, 15, § 1**, 132
– derivativer positiver Geschäftswert **II, 15, § 1**, 133
– Disagio **II, 15, § 1**, 131
– EDV-Umlaufvermögen **II, 15, § 1**, 127
– Eigenkapital **II, 15, § 1**, 161 ff.
– Ertragswert **II, 15, § 1**, 133
– Firmenwert **II, 15, § 1**, 133 ff.
– Geschäftswert **II, 15, § 1**, 133 ff.
– Haftungsverhältnisse **II, 15, § 1**, 154
– handelsbilanzrechtliches Verständnis **II, 15, § 1**, 133
– immaterielle Anlagewerte **II, 15, § 1**, 127
– künftige Forderungen **II, 15, § 1**, 125
– Mehrwert **II, 15, § 1**, 133
– negativer Geschäftswert **II, 15, § 1**, 135
– passive Rechnungsabgrenzung **II, 15, § 1**, 156
– Rückstellung **II, 15, § 1**, 143 ff.
– – Aufwandsrückstellung **II, 15, § 1**, 153
– – drohende Verluste **II, 15, § 1**, 150 ff.
– Sacheinlage gegen Gesellschafterrechte **II, 15, § 1**, 128
– selbstgeschaffener Geschäftswert **II, 15, § 1**, 133
– Sonderposten mit Rücklageanteil **II, 15, § 1**, 173
Bilanzansatz, Steuerabgrenzung **II, 15, § 1**, 157 ff.
– Verbindlichkeiten **II, 15, § 1**, 137 ff.
– – Bürgschaften **II, 15, § 1**, 154
– – Gewährleistungsverträge **II, 15, § 1**, 154
– – Sicherheit für Fremde **II, 15, § 1**, 154
– – Übertragung von Wechseln **II, 15, § 1**, 154
– – Wechsel- und Checkbürgschaften **II, 15, § 1**, 154
– verdeckte Einlage **II, 15, § 1**, 128
– Vermögensgegenstand **II, 15, § 1**, 123 ff.
– Vorschriften **II, 15, § 1**, 123 ff.

– Vorsichtsprinzip **II, 15, § 1**, 125
– Zölle und Verbrauchssteuern **II, 15, § 1**, 131
Bilanzbegriff **II, 15, § 1**, 4 ff.
– Bilanz einer Periode **II, 15, § 1**, 5
Bilanzerstellung, Aktivierungsprinzip **II, 15, § 1**, 94
– Anteile an Kapitalgesellschaften **II, 15, § 1**, 111
– Ausnahmefälle **II, 15, § 1**, 98
– Bewertungseinheit **II, 15, § 1**, 98
– Bilanzklarheit **II, 15, § 1**, 89
– Bilanzkontinuität **II, 15, § 1**, 90
– Darstellungsstetigkeit **II, 15, § 1**, 90
– Eigentumsvorbehalt **II, 15, § 1**, 105
– Factoring **II, 15, § 1**, 110
– Forderungen **II, 15, § 1**, 113
– Fortführungsgrundsatz **II, 15, § 1**, 91
– Fundamentalprinzipien **II, 15, § 1**, 87 ff.
– Gesamtschuldverhältnis **II, 15, § 1**, 99
– Gewinnrealisierung **II, 15, § 1**, 115 ff.
– Grundlagen der Bilanzwahrheit **II, 15, § 1**, 88
– Grundsatz der Maßgeblichkeit **II, 15, § 1**, 122
– Grundsatz der Periodenabgrenzung **II, 15, § 1**, 96
– Grundstück **II, 15, § 1**, 99
– Imparitätsprinzip **II, 15, § 1**, 95, 114
– Kompensationsgeschäfte **II, 15, § 1**, 94
– Leasingverträge **II, 15, § 1**, 107
– Mieter **II, 15, § 1**, 106
– nicht kodifizierte GoB **II, 15, § 1**, 101 ff.
– Nießbrauch **II, 15, § 1**, 112
– Passivierungsprinzip **II, 15, § 1**, 94
– Pensionsgeschäfte **II, 15, § 1**, 108 f.
– Realisationsprinzip **II, 15, § 1**, 95
– Rückgriffsansprüche gegen Dritte **II, 15, § 1**, 100
– Saldierungsverbot **II, 15, § 1**, 99
– schwebende Geschäfte **II, 15, § 1**, 113 f.
– Stichtagsprinzip **II, 15, § 1**, 92
– synallagmatische Forderungen **II, 15, § 1**, 113
– theoretische Grundlagen **II, 15, § 1**, 87 ff.
– Verbindlichkeitsrückstellung **II, 15, § 1**, 97
– Vorleistung **II, 15, § 1**, 114
– Vorsichtsprinzip **II, 15, § 1**, 94
– Wertaufhellungsprinzip **II, 15, § 1**, 93
– wirtschaftliche Verursachung **II, 15, § 1**, 97
– wirtschaftliches Eigentum **II, 15, § 1**, 102
– Zahlungsverpflichtung **II, 15, § 1**, 114
– Zweischneidigkeit der Bilanz **II, 15, § 1** 90
Bilanzgewinn, AG **II, 15, § 1**, 18, 25
– GmbH **II, 15, § 1**, 28
Bilanzgewinnanspruch, mitgliedschaftlicher **II, 15, § 1**, 18 ff.
Bilanzielle Entgeltlichkeit **II, 15, § 1**, 126

Bilanzielles Grundverständnis **II, 15, § 1**, 7 ff.
Bilanzierung **II, 15, § 1**, 1 ff.
– AG **II, 15, § 1**, 18 ff.
– Allgemeines **II, 15, § 1**, 1 ff.
– auf Ziel **II, 15, § 1**, 8
– Bank an Kasse **II, 15, § 1**, 8
– Bewertungsrecht **II, 15, § 1**, 13
– Dividendenansprüche **II, 15, § 1**, 125
– eigenkapitalrelevante Geschäftsvorteile, ohne Gewinnauswirkung **II, 15, § 1**, 10
– erfolgsneutrale Geschäftsvorfälle **II, 15, § 1**, 8
– erfolgsneutraler Aktivtausch **II, 15, § 1**, 8
– erfolgswirksame Geschäftsvorfälle **II, 15, § 1**, 9
– Gesellschaftsrecht **II, 15, § 1**, 18 ff.
– GmbH **II, 15, § 1**, 28 ff.
– Gründung des Unternehmens **II, 15, § 1**, 14
– Handelsbilanzrecht **II, 15, § 1**, 52 ff.
– handelsrechtliche Vorschriften **II, 15, § 1**, 15
– Liquidation **II, 15, § 1**, 16
– Mezzanine-Finanzierung **II, 16**, 305
– Passivtausch **II, 15, § 1**, 8
– Personenhandelsgesellschaften **II, 15, § 1**, 39 ff.
– private Einlagen **II, 15, § 1**, 10
– Privatentnahmen **II, 15, § 1**, 10
– Rechnungslegung und Lagebericht **II, 15, § 1**, 193 ff.
– Sanierungseröffnungsbilanz **II, 15, § 1**, 17
– Sanierungsschlussbilanz **II, 15, § 1**, 17
– Sonderbilanz **II, 15, § 1**, 16
– Stichtagsprinzip **II, 15, § 1**, 92
– Überschuldungsbilanz **II, 15, § 1**, 16
Bilanzierungsanlässe **II, 15, § 1**, 11 ff., 17
Bilanzierungsansatz, immaterielle Vermögensgegenstände **II, 15, § 1**, 126 ff.
Bilanzierungsdelikte, Berater **II, 20**, 139 f.
Bilanzierungshilfe **II, 15, § 1**, 132
– Aufwandsglättung **II, 15, § 1**, 132
– Aufwendungen **II, 15, § 1**, 132
– effektive Kapitalaufbringung **II, 15, § 1**, 132
– einmalige Aufwendung **II, 15, § 1**, 132
– Erweiterung des Geschäftsbetriebs **II, 15, § 1**, 132
– Steuerabgrenzung **II, 15, § 1**, 159
– Überschuldungsstatus **II, 15, § 1**, 132
Bilanzierungszweck **II, 15, § 1**, 11
Bilanzklarheit **II, 15, § 1**, 89
Bilanzkontinuität **II, 15, § 1**, 90
Bilanzpositionen **II, 15, § 1**, 5
Bilanzrecht, Ausschüttungsbemessungsfunktion **II, 15, § 1**, 66
– Denken in Bilanzen **II, 15, § 1**, 7
– Ermittlung des Gewinns **II, 15, § 1**, 66
– gesetzlicher Fixpunkt **II, 15, § 1**, 14

3223

Stichwortverzeichnis

••• Die fett gedruckten **römischen Zahlen** bezeichnen die Teile, die fett gedruckten **arabischen Zahlen** die Kapitel. ••• Die fett gedruckten **§-Angaben** bezeichnen die bei Teil 2: Gesellschaftsrecht zu den Kapiteln dazugehörigen Paragrafen. ••• Die mager gedruckten Zahlen bezeichnen die Randnummern. •••

- Grundlagen **II, 15, § 1,** 4 ff.
- Haftungsverhältnisse **II, 15, § 1,** 154 f.
- Kapitalerhaltung **II, 15, § 1,** 66
- Bilanzrechtsreformgesetz **II, 15, § 1,** 58
- Bilanzrichtlinengesetz **II, 15, § 1,** 56
- Bilanzstichtag, Wert aufhellende Tatsachen **II, 15, § 1,** 93
- Bilanzstichtag, Wert beeinflussende Tatsachen **II, 15, § 1,** 93
- Bilanzstraftaten **II, 20,** 117
- Bilanzvergleich **II, 15, § 1,** 6
- Bilanzverkürzung **II, 15, § 1,** 8
- Bilanzverlängerung **II, 15, § 1,** 8
- erfolgsneutrale **II, 15, § 1,** 8
- Bilanzwahrheit **II, 15, § 1,** 88
- Billigkeitsunterhalt **II, 10,** 191
- Bonität, Unternehmensfinanzierung **II, 16,** 13 ff.
- Bonitätsbewertung, Basel II **II, 16,** 18
- Kreditkunden **II, 16,** 20
- Rating **II, 16,** 23 ff.
- Unternehmensfinanzierung **II, 16,** 17 ff.
- Börseneinführung, Bezugsrechtsausschluss **II, 16,** 93
- Börsentermingeschäfte, Schiedsfähigkeit **II, 13,** 30
- Break-up fee **II, 14,** 45
- Bremer Tabelle, Unterhaltsberechnungen **II, 10,** 214
- Bringschuld, UN-Kaufrecht **I, 8,** 91
- Bruttoabschluss **II, 15, § 1,** 75
- Buchführung **II, 15, § 1,** 67
- doppelte **II, 15, § 1,** 70
- Eintragung ins Handelsregister **II, 15, § 1,** 79
- Eröffnungsbilanz **II, 15, § 1,** 70
- Geschäftsvorfälle **II, 15, § 1,** 69
- Grundsätze ordnungsmäßiger **II, 15, § 1,** 69
- Jahresabschluss **II, 15, § 1,** 69 ff.
- Offenlegung **II, 15, § 1,** 67
- Buchführungsdelikte, Berater **II, 20,** 139 f.
- Buchführungspflicht, Aufbewahrungsfristen **II, 15, § 1,** 81
- Aufbewahrungspflichten **II, 15, § 1,** 81
- Auflösung der Gesellschaft **II, 15, § 1,** 80
- Beginn **II, 15, § 1,** 79
- Buchführungspflicht, gesetzliche **II, 15, § 1,** 76
- Buchführungspflicht, Liquidation **II, 15, § 1,** 80
- Verletzung **II, 20,** 125
- Buchführungsverstöße, Ordnungswidrigkeit **II, 15, § 1,** 84
- Sanktionen **II, 15, § 1,** 82 ff.
- strafrechtliche Vorschriften **II, 15, § 1,** 85
- Zwangsgeld **II, 15, § 1,** 82
- Buchhaltung, gemischte Konten **II, 15, § 1,** 75
- Jahresabschluss **II, 15, § 1,** 70
- Warenkonten **II, 15, § 1,** 75
- Buchwerte, Fortführung **II, 15, § 1,** 31
- handelsbilanzielle **II, 15, § 1,** 32

- - Kapitalkonto **II, 15, § 1,** 45
- Buchwertklauseln **II, 1, § 3,** 268 ff.
- Bundesanstalt für Finanzdienstleistungsaufsicht **II, 15, § 1,** 200
- Bürgschaft, Akzessorietätsprinzip **II, 16,** 189
- auf erstes Anfordern **II, 16,** 192
- Ausfallbürgschaft **II, 16,** 192
- Höchstbetragsbürgschaft **II, 16,** 192
- Kreditsicherheit **II, 16,** 188 ff.
- Mitbürgschaft **II, 16,** 192
- modifizierte Ausfallbürgschaft **II, 16,** 192
- Nachbürgschaft **II, 16,** 192
- Rückbürgschaft **II, 16,** 192
- selbstschuldnerische **II, 16,** 192
- Zeitbürgschaft **II, 16,** 192
- Call Option **II, 12,** 71
- Cash-Management **II, 20,** 286
- Cash-Pooling **II, 20,** 177
- Teilnehmer **II, 20,** 332
- Cash-Settlement-Klausel **II, 16,** 176
- Change-of-Control-Klausel **II, 12,** 64
- Closing **II, 12,** 29
- Completion **II, 12,** 29
- Contractual Joint Venture **II, 12,** 4, 6
- Corporate Governance, Aktiengesellschaft **II, 2, § 2,** 389 ff.
- Corporation **II, 8,** 263
- Darlehen, Einzelschuldscheindarlehen **II, 16,** 147
- Factoring **II, 16,** 242
- Fremdfinanzierung **II, 16,** 138 ff.
- Globaldarlehen **II, 16,** 146
- Kapitalsammelstelle **II, 16,** 140
- Konsortialdarlehen **II, 16,** 147
- Kreditbanken **II, 16,** 140
- Kreditwürdigkeitsprüfung **II, 16,** 142
- laufzeitkonforme Platzierung **II, 16,** 148
- persönliche Kreditwürdigkeit **II, 16,** 142
- Privatperson **II, 16,** 140
- Schuldscheindarlehen **II, 16,** 144 ff.
- Unternehmensfinanzierung **II, 16,** 138 ff.
- wirtschaftliche Kreditwürdigkeit **II, 16,** 142
- Darlehensauszahlung, Akquisitionsfinanzierung **II, 16,** 291
- Darlehensfinanzierung, Projektfinanzierung **II, 16,** 261 ff.
- Darlehensgewährung, gebundenes Vermögen **II, 20,** 176
- Darlehensgewährungsgebot **II, 1, § 6,** 8
- Darlehenskonto **II, 15, § 1,** 164
- Darlehensvertrag, Abgrenzung, stille Gesellschaft **II, 3, § 1,** 42
- Dauerergänzungspfleger **II, 11,** 44
- Dauergesellschaft **II, 1, § 1,** 8
- Dauerschuldverhältnis, Gewinnrealisierung **II, 15, § 1,** 118
- Vertragshändlervertrag **I, 5,** 179 f.
- De minimis-Regelung **I, 6,** 44
- schwarze Liste **I, 6,** 44
- Debitorisches Gesellschaftskonto **II, 20,** 152

- Debt-equity-swap **II, 20,** 78 ff.
- Deckungsstock **II, 16,** 145
- Deckungsverkauf **I, 7,** 101
- Deliktfähigkeit **II, 8,** 76
- Europäische Gesellschaft **II, 8,** 76
- Deliktsanfälligkeit, Schuldner **II, 20,** 118
- Deutsche Fusionskontrolle **II, 18,** 180 ff.
- aktuelle Merkblätter **II, 18,** 180
- Allgemeines **II, 18,** 180 f.
- Anteilserwerb **II, 18,** 197 ff.
- - Beteiligungsstufen **II, 18,** 200 ff.
- Fiktion eines Zusammenschlusses **II, 18,** 203 ff.
- - Kapital- und Stimmrechtsanteile **II, 18,** 201
- - Kapitalanteile **II, 18,** 198
- - selbständiger Zusammenschluss **II, 18,** 200
- - Stimmbeteiligungen **II, 18,** 198
- - Bankenklausel **II, 18,** 212 f.
- Begriff des Zusammenschlusses **II, 18,** 184
- Bundeskartellamt **II, 18,** 180
- Erwerb des Vermögens im Ganzen **II, 18,** 189
- Erwerb des Vermögens zu einem wesentlichen Teil **II, 18,** 190 ff.
- Erwerb eines wettbewerblich erheblichen Einflusses **II, 18,** 206 ff.
- Kontrollerwerb **II, 18,** 193 ff.
- - gemeinsame Kontrolle **II, 18,** 195 f.
- konzerninterne Umstrukturierungen **II, 18,** 211
- materielle **II, 18,** 245 ff.
- - Abwägungsklausel **II, 18,** 245
- - Einzelmarktbeherrschung **II, 18,** 247
- - gesetzliche Marktbeherrschungsvermutungen **II, 18,** 247
- - marktbeherrschende Stellung **II, 18,** 245 ff.
- - oligopolistische Marktbeherrschung **II, 18,** 247
- - reine Auslandszusammenschlüsse **II, 18,** 214
- spürbare Inlandsauswirkung **II, 18,** 214
- Subsidiarität gegenüber der EG-Fusionskontrolle **II, 18,** 182 f.
- Umsatzschwellen **II, 18,** 215 ff.
- Umsatzschwellen des § 35 Abs. 1 GWB **II, 18,** 216 ff.
- - beteiligte Unternehmen **II, 18,** 217
- - Innenumsätze **II, 18,** 219
- - Sonderregeln für Banken und Versicherungen **II, 18,** 220
- - Umsatzerlöse **II, 18,** 218
- - verbundene Unternehmen **II, 18,** 219
- Umsatzschwellen, Anschlussklausel **II, 18,** 223
- - Ausnahmen gemäß § 35 Abs. 2 GWB **II, 18,** 222 ff.
- - Bagatellmarktklausel **II, 18,** 224
- Unternehmen im kartellrechtlichen Sinn **II, 18,** 185
- Verfahren **II, 18,** 231 ff.
- - Anmeldefrist **II, 18,** 233
- - Anmeldegebühr **II, 18,** 241

Stichwortverzeichnis

••• Die fett gedruckten **römischen Zahlen** bezeichnen die Teile, die fett gedruckten **arabischen Zahlen** die Kapitel. ••• Die fett gedruckten **§-Angaben** bezeichnen die bei Teil 2: Gesellschaftsrecht zu den Kapiteln dazugehörigen Paragrafen. ••• Die mager gedruckten Zahlen bezeichnen die Randnummern. •••

– – anmeldende Unternehmen **II, 18,** 233
– – Anmeldezeitpunkt **II, 18,** 232
– – Auflagen **II, 18,** 240
– – Bedingungen **II, 18,** 240
– – erste Phase **II, 18,** 238
– – Grundzüge **II, 18,** 231 ff.
– – Inhalt der Anmeldung **II, 18,** 234 f.
– – Mindestangaben **II, 18,** 235
– – Ministererlaubnis **II, 18,** 243
– – Prognosezeitraum **II, 18,** 232
– – Rechtsmittel **II, 18,** 243
– – Vollzugsanzeige **II, 18,** 242
– – Zusagen **II, 18,** 240
– – zuständige Kartellbehörde **II, 18,** 236
– – zweite Phase **II, 18,** 239
– Verhältnis der einzelnen Zusammenschlusstatbestände zueinander **II, 18,** 210
– Vermögenserwerb **II, 18,** 186 ff.
– – Gründe **II, 18,** 188
– – Vollrechtserwerb **II, 18,** 187
– Vollzugsverbot **II, 18,** 225 ff.
– – Aufnahme von Kartellvorbehalten **II, 18,** 229
– – Befreiung **II, 18,** 226
– – Kartellverbot beim Unternehmenskauf **II, 18,** 230
– – öffentliche Übernahmeangebote **II, 18,** 227
– – Ordnungswidrigkeit **II, 18,** 229
– – schwebende Unwirksamkeit von Rechtsgeschäften **II, 18,** 228
– – Verstoß **II, 18,** 228
– Voraussetzungen **II, 18,** 181
– wettbewerblich erheblicher Einfluss **II, 18,** 206 ff.
– – Auffangtatbestand des § 37 Abs. 1 Nr. 4 GWB **II, 18,** 206
– – umfassende Würdigung der Gesamtumstände **II, 18,** 208
– – wettbewerbsbeschränkende Nebenabreden, Zulässigkeit **II, 18,** 248
– Zusammenschlusstatbestände des § 37 GWB **II, 18,** 184
Deutsche Institution für Schiedsgerichtsbarkeit **II, 13,** 2
Deutscher Standardisierungsrat **II, 15, § 1,** 64
Dienstvertrag, Abgrenzung, stille Gesellschaft **II, 3, § 1,** 43
Differenzhaftung **II, 20,** 164 ff.
Direktbelieferungsverbot, Vertragshändlervertrag **I, 5,** 191
Disagio **II, 15, § 1,** 131
Discounted-Cash-Flow-Verfahren **II, 10,** 94 ff.
Dividendenanspruch, Aktivierung **II, 15, § 1,** 60
– Bilanzierung **II, 15, § 1,** 125
– der Gesellschafter einer Aktiengesellschaft **II, 15, § 1,** 48
– prioritätischer **II, 16,** 64
– – Überdividende **II, 16,** 64
Dividendenforderung **II, 15, § 1,** 28 f.
Dividendennachteil, Aktien **II, 16,** 97

Dividendenvorzug **II, 16,** 64
Documents-only arbitration **II, 13,** 87
Doppelstiftung **II, 2, § 6,** 43 ff.
– Abspaltungsverbot **II, 2, § 6,** 46 ff.
– – Umgehung **II, 2, § 6,** 46
– Errichtung **II, 2, § 6,** 44
– Familienstiftung **II, 2, § 6,** 44
– gemeinnützige Stiftungen **II, 2, § 6,** 44
– Grundmodell **II, 2, § 6,** 44
– Struktur **II, 2, § 6,** 44 f.
Doppelstöckige KG **II, 1, § 3,** 37 f.
– Handelsbilanz **II, 1, § 3,** 38
– Spiegelbildmethode **II, 1, § 3,** 38
– Steuerbilanz **II, 1, § 3,** 38
Doppelte Buchführung **II, 15, § 1,** 70
Doppelverpflichtungstheorie **II, 1, § 1,** 110 f.
Drag Along Right **II, 12,** 68
Dreiecksverhältnis, Betriebsaufspaltung **II, 7,** 24
Drittelbeteiligungsgesetz **II, 17,** 137 ff.
– Anwendungsbereich **II, 17,** 140
– Aufsichtsratsmitglieder, Zusammensetzung **II, 17,** 142 f.
– Aufsichtsratswahl, Besonderheiten **II, 17,** 150
– Besonderheiten im Konzern **II, 17,** 150 ff.
– Konzernunternehmen, Zurechnung Arbeitnehmer **II, 17,** 152
– Wahl der Arbeitnehmervertreter **II, 17,** 144 ff.
– Zahl der Aufsichtsratsmitglieder **II, 17,** 142 f.
Drohende Zahlungsunfähigkeit **II, 20,** 44 ff.
Dual-listed Company **II, 12,** 7
Due Diligence **II, 12,** 25 ff.
– gegenläufige Interessen **II, 12,** 26
– Geschäftsführer, Sorgfaltspflicht **II, 12,** 25
– Kosten **II, 12,** 25
– Prüfung **II, 12,** 25
– Verhandlungen **II, 12,** 27 ff.
– wechselseitige Erwartungen **II, 12,** 27 f.
– Zeitbedarf **II, 12,** 25
Duldungs- und Anscheinsvollmacht **I, 1,** 91 f.
Duldungsvollmacht **I, 1,** 92
Durchgriffshaftung **II, 8,** 50 f.; **II, 20** 192 ff.
– Betriebsaufspaltung **II, 7,** 283 ff.
– Vermögensvermischung **II, 20,** 203
Echtes Factoring **II, 16,** 238
Effektive Kapitalherabsetzung **II, 16,** 107, 125
EG, Insolvenzverfahren **II, 20,** 343
EG-Fusionskontrolle, Alleinkontrolle **II, 18,** 107 ff.
– Alleinkontrolle, Kapitalmehrheit **II, 18,** 109
– – qualifizierte Minderheitsbeteiligung **II, 18,** 108
– – Stimmrechtsmehrheit **II, 18,** 107
– Allgemeines **II, 18,** 99 ff.
– Anwendbarkeit **II, 18,** 100

– Bankenklausel **II, 18,** 115
– Begriff des Gesamtumsatzes **II, 18,** 121 ff.
– Begriff des Zusammenschlusses **II, 18,** 101 ff.
– Fusion **II, 18,** 102
– – Begriff **II, 18,** 102
– – Gründung eines vertraglichen Gleichordnungskonzerns **II, 18,** 102
– – konzerninterne Umstrukturierungen **II, 18,** 102
– – Verschmelzung eines vertraglichen Gleichordnungskonzerns **II, 18,** 102
– Fusionskontrollverordnung Nr. 139/2004 **II, 18,** 99
– gemeinsame Kontrolle **II, 18,** 110 ff.
– – Anlaufzeit **II, 18,** 111
– – Blockade von Aktionen **II, 18,** 110
– – Fallgruppen **II, 18,** 112
– – Gesamtschau **II, 18,** 112
– – Konsortial- oder Stimmbindungsvertrag **II, 18,** 112
– – Vetorechte **II, 18,** 112
– gemeinschaftsweite Bedeutung **II, 18,** 100
– Homepage der Generaldirektion, Wettbewerb der Kommission **II, 18,** 99
– Kontrollerwerb **II, 18,** 103 ff.
– – Alleinkontrolle **II, 18,** 194
– – bestimmender Einfluss **II, 18,** 103
– – Erwerb einer Option **II, 18,** 104
– – gesellschaftsrechtliche Vermittlung **II, 18,** 103
– – gewisse Dauerhaftigkeit **II, 18,** 103
– – keine Erforderlichkeit der tatsächlichen Ausübung **II, 18,** 103
– – konzerninterne Umstrukturierungen **II, 18,** 105
– materielle **II, 18,** 161 ff.
– Begründung einer marktbeherrschenden Stellung **II, 18,** 162
– hoher Marktanteil **II, 18,** 163
– horizontal Zusammenschlüsse **II, 18,** 163
– – konglomerate Effekte **II, 18,** 164
– – relevante Märkte **II, 18,** 162
– Verstärkung einer marktbeherrschenden Stellung **II, 18,** 162
– – vertikale Effekte **II, 18,** 164
– spürbare Inlandsauswirkung **II, 18,** 116
– Umsatzschwellen **II, 18,** 117 ff.
– – 1. Schwelle **II, 18,** 119
– – 2. Schwelle **II, 18,** 120
– – Begriff der beteiligten Unternehmen **II, 18,** 126 ff.
– – Begriff des Gesamtumsatzes **II, 18,** 121 ff.
– – gemeinsamer Erwerb zum Zwecke der sofortigen Aufteilung **II, 18,** 130
– – Kontrollerwerb durch Gemeinschaftsunternehmen **II, 18,** 131
– – Voraussetzungen der 1. Schwelle **II, 18,** 119
– – Voraussetzungen der 2. Schwelle **II, 18,** 120

3225

Stichwortverzeichnis

••• Die fett gedruckten **römischen Zahlen** bezeichnen die Teile, die fett gedruckten **arabischen Zahlen** die Kapitel. ••• Die fett gedruckten **§-Angaben** bezeichnen die bei Teil 2: Gesellschaftsrecht zu den Kapiteln dazugehörigen Paragrafen. ••• Die mager gedruckten Zahlen bezeichnen die Randnummern. •••

- Veränderungen in der Struktur **II, 18,** 114
- Verfahren **II, 18,** 146 ff.
- – Anmeldefrist **II, 18,** 147
- – Anmeldegebühr **II, 18,** 157
- – anmeldende Unternehmen **II, 18,** 148
- – Anmeldezeitpunkt **II, 18,** 147
- – Auflagen **II, 18,** 153 ff.
- – Bedingungen **II, 18,** 153 ff.
- – beschleunigtes **II, 18,** 159
- – erste Phase **II, 18,** 151
- – Freigabeentscheidungen **II, 18,** 160
- – informelle Vorklärung **II, 18,** 150
- – Inhalt der Anmeldung **II, 18,** 149
- – materielle Fusionskontrolle **II, 18,** 161 ff.
- – Nichtigkeitsklage **II, 18,** 158
- – Rechtmittel **II, 18,** 158 ff.
- – Zusagen **II, 18,** 153 ff.
- – zweite Phase **II, 18,** 152
- verschiedene Formen der Kontrolle **II, 18,** 106
- Verweisung auf Anregung der Mitgliedstaaten **II, 18,** 138
- – deutsche Klausel **II, 18,** 138
- Verweisung auf Antrag der beteiligten Unternehmen **II, 18,** 133 f., 137
- Verweisung auf Antrag einzelner Mitgliedstaaten **II, 18,** 135
- – holländische Klausel **II, 18,** 135
- Verweisung von Zusammenschlüssen mit gemeinschaftsweiter Bedeutung an die Mitgliedstaaten **II, 18,** 136
- Verweisung von Zusammenschlüssen ohne gemeinschaftsweitere Bedeutung an die Kommission **II, 18,** 132 ff.
- Vollfunktionscharakter des Gemeinschaftsunternehmens **II, 18,** 113
- Vollzugsverbot **II, 18,** 139 ff.
- – Art. 7 Abs. 1 FKVO **II, 18,** 139
- – Ausnahmen **II, 18,** 142
- – Befreiung **II, 18,** 143
- – bloße Vorbereitungshandlungen **II, 18,** 140
- – Kartellvorbehalt **II, 18,** 144
- – Kartellvorbehalt bei Unternehmenskauf **II, 18,** 145
- – schwebende Unwirksamkeit der Vollzugsakte **II, 18,** 144
- – Zahlungen des Kaufpreises **II, 18,** 141
- wettbewerbsbeschränkende Nebenabreden **II, 18,** 165 ff.
- Erwerb eines Unternehmens **II, 18,** 167 ff.
- Erwerb eines Unternehmensteils **II, 18,** 167 ff.
- Gründung eines Gemeinschaftsunternehmens **II, 18,** 175
- Vereinbarung überschießender Nebenabreden **II, 18,** 177 ff.
- Wettbewerbsverbote zu Lasten des Erwerbers **II, 18,** 174 ff.

- Wettbewerbsverbote zu Lasten des Verkäufers **II, 18,** 168 ff.
- – Zulässigkeit **II, 18,** 165 ff.
- Zusammenschluss **II, 18,** 100
Ehegatten-Innengesellschaft **II, 1, § 1,** 30 ff.
- Güterrecht **II, 10,** 163 ff.
- Drittwirkung **II, 10,** 175
- Folgeprobleme **II, 10,** 175 ff.
- Halbteilungsgrundsatz **II, 10,** 175
- Pflichtteilsansprüche **II, 10,** 175
- schenkungssteuerliche Behandlungen **II, 10,** 176
- Vorschriften über die BGB-Gesellschaft **II, 10,** 177
Eheliche Gütergemeinschaft, GbR **II, 1, § 1,** 86
Ehevertrag, Beurkundung **II, 14,** 63 ff.
EHUG **I, 2,** 5
Eigenfinanzierung **II, 16,** 5 ff., 36 ff.
Eigenkapital **II, 15, § 1,** 5
- AG **II, 16,** 56
- Besteuerung **II, 16,** 7
- bilanzielles **II, 15, § 1,** 161
- Bilanzierung **II, 16,** 7
- effektives **II, 15, § 1,** 161
- Einzelkaufmann **II, 15, § 1,** 162
- Entnahmesperre **II, 15, § 1,** 166
- Haftung **II, 16,** 7
- Kapitalgesellschaften **II, 15, § 1,** 167 ff.
- Kommanditgesellschaften **II, 15, § 1,** 166
- Mitsprache- und Kontrollbefugnisse **II, 16,** 7
- Personenhandelsgesellschaften **II, 15, § 1** 163 ff.
- rechnerisches **II, 15, § 1,** 161
- Rückzahlungsanspruch **II, 16,** 7
- tatsächliches **II, 15, § 1,** 161
- Verfügbarkeit **II, 16,** 7
Eigenkapitalausstattung **II, 16,** 37 ff.
- Aktiengesellschaft **II, 16,** 52 ff.
- Einzelunternehmen **II, 16,** 37 ff.
- GmbH **II, 16,** 46 ff.
- Gründung **II, 16,** 69 ff.
- Personengesellschaften **II, 16,** 42 ff.
- – Gesamthand **II, 16,** 44
- – Kapitalkonto **II, 16,** 44
- steuerliche Unterschiede **II, 16,** 66 ff.
Eigenkapitalbeschaffung, Kapitaleinlagen **II, 16,** 42
- Kapitalerhöhung **II, 16,** 81 ff.
Eigenkapitalerhöhung, Einzelunternehmen **II, 16,** 83 f.
- GmbH **II, 16,** 85 ff.
- Personengesellschaft **II, 16,** 83 f.
Eigenkapitalersatz, Aktiengesellschaft **II, 20,** 231 ff.
- Beweiserleichterung **II, 20,** 206 ff.
- Darlehen, Gewähren **II, 20,** 215 ff.
- Stehenlassen **II, 20,** 215 ff.
- Darlehensgeber, ausgeschiedene Gesellschafter **II, 20,** 214
- Familienangehörige **II, 20,** 213
- Gesellschafterstellung **II, 20,** 211 ff.
- gleichgestellte Dritte **II, 20,** 211 ff.
- mittelbare Gesellschafter **II, 20,** 211

- Sparkasse **II, 20,** 212
- Gesellschafterhilfen **II, 20,** 171
- GmbH & Co. KG **II, 20,** 231 ff.
- KG **II, 20,** 232
- Kleingesellschafterprivileg **II, 20,** 227
- Kreditunwürdigkeit **II, 20,** 208
- – Indizien **II, 20,** 209
- – verständiger Dritter **II, 20,** 208
- MoMiG, Änderungen **II, 20,** 234
- OHG **II, 20,** 232
- Rechtsfolgen **II, 20,** 205
- Sanierungsprivileg **II, 20,** 228 ff.
- stille Reserven **II, 20,** 210
- Voraussetzungen **II, 20,** 206 ff.
Eigenkapitalersatzhaftung **II, 20,** 204 ff.
- Darlehen **II, 20,** 204
Eigenkapitalersatzklage **II, 20,** 231
- Zuständigkeit **II, 20,** 231
Eigenkapitalersatzrecht, Betriebsaufspaltung **II, 7,** 5
Eigenkapitalersetzende Darlehen, GmbH & Co. KG **II, 1, § 4,** 4
Eigenkapitalersetzende Dienstleistungen **II, 20,** 226
Eigenkapitalersetzende Forderung, Ausscheiden eines Gesellschafters **II, 20,** 172
Eigenkapitalersetzende Nutzungsmöglichkeit, Vereitelung **II, 20,** 223
Eigenkapitalersetzende Nutzungsüberlassung, Gewähren **II, 20,** 221 ff.
- Insolvenzverwalter **II, 20,** 225
- Konsequenzen **II, 20,** 222
- Nutzungsentgelte **II, 20,** 224
- Schadensersatz **II, 20,** 223
- Stehenlassen **II, 20,** 221 ff.
- zeitliche Dauer **II, 20,** 223
Eigenkapitalersetzende Sicherheit, Gewähren **II, 20,** 218 ff.
- Stehenlassen **II, 20,** 218 ff.
Eigenkapitalfunktion, Mezzanine-Finanzierung **II, 16,** 302
Eigenkapitalgeber, Unternehmensfinanzierung **II, 16,** 13
Eigentumsvorbehalt, Bilanzerstellung **II, 15, § 1,** 105
- erweiterter **II, 16,** 200
- Sachsicherheiten **II, 16,** 197 ff.
- verlängerter **II, 16,** 199
Einberufungspflicht, AG **II, 15, § 1,** 26
Einbringende Gesellschaft, Kompetenz- und Zuständigkeitsprobleme **II, 6, § 2,** 37
Einbringung, Abtretung von Beteiligungen **II, 6, § 2,** 16
- Aktiengesellschaft, Gründungsbericht **II, 6, § 2,** 31
- – Sacheinlage **II, 6, § 2,** 32
- – Sachgründung **II, 6, § 2,** 30
- – Spezialregelung **II, 6, § 2,** 37
- – Änderung des Gesellschaftsvertrags **II, 6, § 2,** 20
- aus Gesellschaften **II, 6, § 2,** 37 ff.
- Beitragsverpflichtung, Form **II, 6, § 2,** 23

Stichwortverzeichnis

••• Die fett gedruckten **römischen Zahlen** bezeichnen die Teile, die fett gedruckten **arabischen Zahlen** die Kapitel. ••• Die fett gedruckten **§-Angaben** bezeichnen die bei Teil 2: Gesellschaftsrecht zu den Kapiteln dazugehörigen Paragrafen. ••• Die mager gedruckten Zahlen bezeichnen die Randnummern. •••

- Betriebe **II, 6, § 2,** 142
- Bewertungsfreiheit **II, 6, § 2,** 25
- Buchwert **II, 6, § 2,** 47
- Eintragung im Handelsregister **II, 6, § 2,** 25
- Firma **II, 6, § 2,** 13
- Funktionseinheit **II, 6, § 2,** 17
- Gegenstand der Einlage **II, 6, § 2,** 21
- Gesamtrechtsnachfolge **II, 6, § 2,** 143
- Gesellschaften **II, 6, § 2,** 37 ff.
- Gesellschaftsanteile **II, 6, § 2,** 142
- Gläubiger **II, 6, § 2,** 9
- GmbH, Eintragung **II, 6, § 2,** 28
-- Sachgründung **II, 6, § 2,** 27
-- Sachgründungsbericht **II, 6, § 2,** 27 ff.
-- Sachkapitalerhöhung **II, 6, § 2,** 29
- Grundstücke **II, 6, § 2,** 5
-- Übertragung **II, 6, § 2,** 16
- Handelsgeschäft **II, 6, § 2,** 13
- Kapitalerhöhung **II, 6, § 2,** 7, 135
- Kapitalgesellschaft **II, 6, § 2,** 36
-- Abtretung **II, 6, § 2,** 16
- KG **II, 6, § 2,** 25
- OHG **II, 6, § 2,** 24
- Personengesellschaft **II, 6, § 2,** 36
- Rechtsmangel **II, 6, § 2,** 35
- registergerichtliche Kontrolle **II, 6, § 2,** 26
- Sacheinlage **II, 6, § 2,** 19 ff.
-- Gegenstand **II, 6, § 2,** 21
-- Gesellschaftsvertrag **II, 6, § 2,** 20 ff.
-- Kapitalgesellschaft **II, 6, § 2,** 26 ff.
-- mangelhafte **II, 6, § 2,** 35 f.
-- Personengesellschaften **II, 6, § 2,** 20 ff.
-- Wert **II, 6, § 2,** 33
- Sachgesamtheit als Funktionseinheit **II, 6, § 2,** 17
- Sachmangel **II, 6, § 2,** 35
- sonstige Vermögensgegenstände **II, 6, § 2,** 17
- steuerlicher Überblick **II, 6, § 2,** 46 ff.
- Steuerrecht, Betrieb **II, 6, § 2,** 46
-- einzelne Wirtschaftsgüter **II, 6, § 2,** 46
-- Finanzamt **II, 6, § 2,** 47
-- Kapitalgesellschaft **II, 6, § 2,** 47 ff.
-- Teilbetrieb **II, 6, § 2,** 46
-- Vermögensgegenstände **II, 6, § 2,** 46 ff.
- Teilbetriebe **II, 6, § 2,** 142
- Übertragung von Verträgen **II, 6, § 2,** 9 ff.
- Übertragung, bestehende Verbindlichkeiten **II, 6, § 2,** 9 ff.
- Umstrukturierung **II, 6, § 2,** 3
- Veränderung im Bestand **II, 6, § 2,** 18
- Veräußerungsgewinn **II, 6, § 2,** 47
- Vermögensgegenstände **II, 6, § 2,** 5
-- Konkretisierung **II, 6, § 2,** 14 ff.
-- Steuerrecht **II, 6, § 2,** 46 ff.
- Wirtschaftsgüter **II, 6, § 2,** 47
- Zwischenwert **II, 6, § 2,** 47
Einbringungsgewinn **II, 6, § 2,** 48
Einbringungsstichtag **II, 6, § 2,** 25
Einbringungsverpflichtung **II, 6, § 2,** 152

Einbringungsvertrag **II, 6, § 2,** 6 ff.
- Anhänge **II, 6, § 2,** 14 f.
- Bezugnahme auf Bilanzen **II, 6, § 2,** 18
- Formvorschriften **II, 6, § 2,** 7
- Hauptversammlung **II, 6, § 2,** 167
- Joint Venture **II, 12,** 58
- notarielle Beurkundung **II, 6, § 2,** 7
- Schuldübernahme **II, 6, § 2,** 9 ff.
- Veränderung im Bestand, Sachgesamtheit **II, 6, § 2,** 18
- Vertragspartner **II, 6, § 2,** 7
- Vertragsübernahme **II, 6, § 2,** 11 ff.
Einbringungsvorgänge, rechtsgeschäftliche Übertragung **II, 6, § 2,** 4
- Umstrukturierung **II, 6, § 2,** 3 ff.
- Verfügungsgeschäft **II, 6, § 2,** 3
- Verpflichtungsgeschäft **II, 6, § 2,** 3
Einfache Nachfolgeklausel, GmbH & Co. KG **II, 1, § 4,** 208 ff.
Eingehungsbetrug **II, 8,** 56; **II, 20** 119
Eingerichteter Geschäftsbetrieb **II, 1,** 16 f.
- Art und Umfang **I, 1,** 17
- Kriterien **I, 1,** 17
Eingliederung, Ablauf **II, 5, § 2,** 8 ff.
- Aktiengesellschaft **II, 5, § 2,** 4
- Aktionäre **II, 5, § 2,** 8, 28
-- Abfindung **II, 5, § 2,** 12
-- Anfechtungsmöglichkeit **II, 5, § 2,** 18
-- Einsicht **II, 5, § 2,** 12
-- Hauptgesellschaft **II, 5, § 2,** 12
-- Vorabinformation **II, 5, § 2,** 12
- Allgemeines **II, 5, § 2,** 1 ff.
- Anmeldung zur Eintragung **II, 5, § 2,** 17
- Auskunft **II, 5, § 2,** 8
- Auskunftsrecht **II, 5, § 2,** 14
- Auskunftsverweigerungsrecht **II, 5, § 2,** 14
- Bericht **II, 5, § 2,** 8
- Eintragung **II, 5, § 2,** 28
-- Gerichtsbeschluss **II, 5, § 2,** 18
-- Wirkung **II, 5, § 2,** 19
- einzugliedernde Gesellschaft, Beschlussfassung **II, 5, § 2,** 15
- Europäische Gesellschaft **II, 5, § 2,** 4
- GmbH **II, 5, § 2,** 7
- grafische Darstellung **II, 5, § 2,** 2
- Grundfall **II, 5, § 2,** 3 ff.
- Hauptgesellschaft **II, 5, § 2,** 3, 28
-- Zustimmungsbeschluss **II, 5, § 2,** 16
- Hauptversammlung **II, 5, § 2,** 13 ff., 26 f.
- Hauptversammlungsbeschlüsse **II, 5, § 2,** 15
- Kapitalerhöhung **II, 5, § 2,** 28
- Konzernverhältnis **II, 5, § 2,** 1 ff.
- Konzernvermutung, unwiderlegliche **II, 5, § 2,** 20 ff.
- Mehrheitseingliederung **II, 5, § 2,** 20 ff.
- Niederlassungsfreiheit **II, 5, § 2,** 6
- Offenlegung **II, 5, § 2,** 8
- Prüfung **II, 5, § 2,** 23
- Rechtsfolge **II, 5, § 2,** 10

- Registersperre **II, 5, § 2,** 18
- SEVIC-Entscheidung **II, 5, § 2,** 6
- Sitz im Inland **II, 5, § 2,** 5
- Spruchverfahren **II, 5, § 2,** 29
- squeeze-out **II, 5, § 2,** 30
- Übertragung, Abfindung **II, 5, § 2,** 28
- Vollzug **II, 5, § 2,** 17 ff., 28
- Vorabinformationen **II, 5, § 2,** 25
- Voraussetzungen **II, 5, § 2,** 4 ff.
- Vorbereitung **II, 5, § 2,** 9 ff.
- Zustimmungsbeschluss **II, 5, § 2,** 16
Eingliederungsbericht **II, 5, § 2,** 10
Eingliederungsbeschluss, Entwurf **II, 5, § 2,** 9
Eingliederungsprüfung **II, 5, § 2,** 11
Eingliederungsvertrag **II, 5, § 2,** 1
Einheitsbilanz, Personenhandelsgesellschaften **II, 15, § 1,** 39
Einheitsgesellschaft, Joint Venture **II, 12,** 36
Einheitsprinzip, GmbH & Co. KG **II, 1, § 4,** 9
Einheitstheorie, Betriebsaufspaltung **II, 7,** 24
Einigungsstelle, Zuständigkeit **II, 17,** 65
Einkommensteuer, Betriebsaufspaltung **II, 7,** 6
- EWIV **II, 1, § 6,** 19
- Unternehmensnachfolge **II, 9,** 6 ff.
Einkommensteuerrecht, Einheit der Gesellschaft **II, 15, § 2,** 38 ff.
- Einkünfteerzielungsabsicht **II, 15, § 2,** 42 f.
-- auf Ebene der Gesellschaft **II, 15, § 2,** 42 f.
-- auf Ebene der Gesellschafter **II, 15, § 2,** 42 ff.
- Gesellschaft als Subjekt der Einkünfteerzielung **II, 15, § 2,** 35 ff.
- mittelbare Beteiligungen **II, 15, § 2,** 67 ff.
- Mitunternehmerstellung in der Familiengesellschaft **II, 15, § 2,** 52 ff.
-- Angemessenheit der Gewinnverteilung **II, 15, § 2,** 57
-- befristetes Gesellschaftsverhältnis **II, 15, § 2,** 55
-- Ehefrauen **II, 15, § 2,** 56
-- Einlage aus zukünftigen Gewinnen **II, 15, § 2,** 55
-- Einlage in Form eines Darlehens **II, 15, § 2,** 55
-- Entnahmebeschränkung **II, 15, § 2,** 55
-- erhöhter Prüfungsmaßstab **II, 15, § 2,** 53
-- Kündigungsrecht **II, 15, § 2,** 55
-- Rückfallklausel **II, 15, § 2,** 55
-- Scheidungsklausel **II, 15, § 2,** 56
-- Schenkung der Einlage **II, 15, § 2,** 55
-- Undankklausel **II, 15, § 2,** 55
-- Verwaltung der Anteile des Kindes **II, 15, § 2,** 55
- Mitunternehmerstellung von Nichtgesellschaftern **II, 15, § 2,** 59 ff.

Stichwortverzeichnis

••• Die fett gedruckten **römischen Zahlen** bezeichnen die Teile, die fett gedruckten **arabischen Zahlen** die Kapitel. ••• Die fett gedruckten **§-Angaben** bezeichnen die bei Teil 2: Gesellschaftsrecht zu den Kapiteln dazugehörigen Paragrafen. ••• Die mager gedruckten Zahlen bezeichnen die Randnummern. •••

– – nur Geschäftsführer **II, 15, § 2,** 63 ff.
– – verdeckte Mitunternehmer **II, 15, § 2,** 60 ff.
– – wirtschaftliches Eigentum an einem Mitunternehmeranteil **II, 15, § 2,** 59
– Transparenzprinzip **II, 15, § 2,** 36 f.
– – Subjekt der Gewinnerzielung und Gewinnermittlung **II, 15, § 2,** 36
– Vielheit der Gesellschafter **II, 15, § 2,** 38 ff.
– Voraussetzungen der Mitunternehmerstellung **II, 15, § 2,** 46 ff.
– – Anerkennung in der Familiengesellschaft **II, 15, § 2,** 52 ff.
– – Einzelfragen **II, 15, § 2,** 47 ff.
– – Mitunternehmerinitiative **II, 15, § 2,** 46
– – Mitunternehmerrisiko **II, 15, § 2,** 46
– Zurechnungen der Einkünfte der Mitunternehmer **II, 15, § 2,** 45 ff.
– – Bedeutung der Mitunternehmerstellung **II, 15, § 2,** 45
– – Voraussetzungen der Mitunternehmerstellung **II, 15, § 2,** 46 ff.
Einlagegegenstand, Überschuldung **II, 20,** 74
Einlagen, GbR **II, 1, § 1,** 149 ff.
Einlagenrückgewähr **II, 20,** 175
Einlageschuld, Erfüllung der Treuhandabrede **II, 20,** 162
– Rückzahlung des Darlehens **II, 20,** 162
Einsichtsrecht, Handelsvertreter, Bücher und Urkunden **I, 5,** 80 f.
Einstimmigkeitsabreden, Vermeidung der Betriebsaufspaltung **II, 7,** 66 ff., 74
Eintragung im Handelsregister, Einbringung **II, 6, § 2,** 25
– Formwechsel **II, 6, § 2,** 76
– Gesellschafterwechsel **II, 1, § 3,** 318 ff.
– KG **II, 1, § 3,** 45 f.
– – Vertretung, **II, 1, § 3,** 107
Eintrittsklausel, GbR **II, 1, § 1,** 327 ff.
– GmbH & Co. KG **II, 1, § 4,** 221 ff.
Einzelabschluss, Beweisfunktion **II, 15, § 1,** 65
– Dokumentation **II, 15, § 1,** 65
– Erfüllung mehrerer Zwecke **II, 15, § 1,** 65
– Funktionen **II, 15, § 1,** 65 ff.
– Prävention **II, 15, § 1,** 65
– Rechenschaftslegung **II, 15, § 1,** 65
Einzelkaufleute, Maßgeblichkeitsgrundsatz **II, 15, § 1,** 202
– Rechnungslegung **II, 15, § 1,** 67
Einzelkaufmann, Eigenkapital **II, 15, § 1,** 162
– Realteilung, KG **II, 6, § 2,** 175
– Umwandlung **II, 6, § 2,** 147 ff.
Einzelprokura, Erteilung, Muster **I, 4,** 46
Einzelrechtsnachfolge **II, 6, § 2,** 124 ff.
Einzelschuldscheindarlehen **II, 16,** 147
Einzelunternehmen, Eigenkapitalausstattung **II, 16,** 37 ff.
– Eigenkapitalbasis **II, 16,** 38

– Eigenkapitalerhöhung **II, 16,** 83 f.
– Jahresabschluss **II, 15, § 1,** 66
– Selbstfinanzierung **II, 16,** 38
Einzubringendes Vermögen **II, 6, § 2,** 37
Einzugliedernde Gesellschaft, Beschlussfassung **II, 5, § 2,** 15
Elterliche Sorge, Familiengericht **II, 11,** 28
– Sorge, Vormundschaftsgericht **II, 11,** 28
Endvermögen, Zugewinnausgleich **II, 10,** 47 ff.
Enforcement **II, 15, § 1,** 200
Entgeltfortzahlung **II, 17,** 2
Entgeltlichkeit kaufmännischen Handelns **I, 7,** 83
Equipmentleasing **II, 16,** 233
Equity Joint Venture **II, 12,** 4, 32, 62
Erbbaurecht, Betriebsaufspaltung, wesentliche Betriebsgrundlage **II, 7,** 58
Erbengemeinschaft, GbR **II, 1, § 1,** 86
– Sonderrechtsnachfolge, KG **II, 1, § 3,** 201 ff.
– stille Gesellschaft **II, 3, § 1,** 70
Erbfall, EWIV **II, 1, § 6,** 87
– KG, gewerblich tätige **II, 1, § 3,** 27
– – vermögensverwaltende **II, 1, § 3,** 31
Erbrecht, Beurkundung **II, 14,** 41
Erbschaftsteuer, GbR **II, 1, § 1,** 74 f.
– GmbH & Co. KG **II, 1, § 4,** 9
– Rechtsnachfolge von Todes wegen **II, 9,** 41
Erbschaftsteuerreform **II, 1, § 3,** 20
Erfolgskrise **II, 20,** 10
Ergänzungsbilanz **II, 15, § 1,** 214
– negative **II, 15, § 1,** 214
– positive **II, 15, § 1,** 214
Ergänzungspfleger **II, 11,** 10 ff., 55
– Anteilserwerb **II, 11,** 61
– Anteilsübertragung **II, 11,** 56
– Aufgabenkreis **II, 11,** 11
– Auswahl **II, 11,** 28, 34
– Bestellung **II, 11,** 28, 34, 56
– Dauerergänzungspflegschaft **II, 11,** 11
– Gesellschafterversammlung **II, 11,** 76 f.
– – Ladung **II, 11,** 76 f.
– Handelsregistervollmacht **II, 11,** 41
– Mitwirkung eines noch zu bestellenden **II, 11,** 14
– Person **II, 11,** 10
– Rechtsfolgen fehlender Mitwirkung **II, 11,** 12 f.
Ergänzungspflegschaft, Anordnung **II, 11,** 28, 32 f.
Erlassvertrag, Forderungsverzicht **II, 20,** 105
Eröffnungsbilanz **II, 15, § 1,** 14, 70
Ertragskrise **II, 20,** 10
Ertragsteuer, Betriebsaufspaltung **II, 7,** 14
Ertragsteuerliche Modelle, Unternehmensbesteuerung **II, 15, § 2,** 1 ff.
Ertragswertklauseln **II, 1, § 3,** 266
Ertragswertmethode, Unternehmensbewertung **II, 15, § 1,** 37

Ertragswertmethode, Zugewinnausgleich, Bewertung von Unternehmen **II, 10,** 93
Ertragswertverfahren, Zugewinnausgleich, Bewertung von Unternehmen **II, 10,** 77
Erwerb vom Nichtberechtigten, Handelsgeschäft **I, 7,** 68 ff.
Erwerbsgeschäft **II, 11,** 15 ff.
– Veräußerung **II, 11,** 90
EU-Dienstleistungsrichtlinie, Franchising **I, 6,** 52
– – Herkunftslandprinzip **I, 6,** 53
EU-Gesellschaft, Gründungsstatut **II, 8,** 16 ff.
– – Beschränkungen der freien Niederlassung **II, 8,** 16
– – BGH-Rechtsprechung **II, 8,** 21 ff.
– – Centros **II, 8,** 19
– – Daily Mail **II, 8,** 17
– – EWG-Vertrag **II, 8,** 17
– – primäre Niederlassungsfreiheit **II, 8,** 16
– – Richtlinie 73/148 **II, 8,** 17
– – sekundäre Niederlassungsfreiheit **II, 8,** 16
– – Überseering **II, 8,** 21
EU-Gruppenfreistellungsverordnung, Franchising **I, 6,** 5, 11 ff.
EU-Kartell-Verfahrensordnung, **I, 6,** 45 ff.
– Art. 81, 82 EGV **I, 6,** 45 ff.
– – gemeinschaftliche Wettbewerbsregel **I, 6,** 45 ff.
– In-Kraft-Treten **I, 6,** 46
EU-Mitgliedstaat **II, 1, § 6,** 9
Europäische Gesellschaft **II, 15, § 1,** 76
– Aktiengesellschaft **II, 2, § 3,** 99 ff.
– – Ablauf der Gründung **II, 2, § 3,** 101 ff.
– – Aufstellung des Umwandlungsplans **II, 2, § 3,** 103
– – Einberufung der Hauptversammlung **II, 2, § 3,** 112
– – Form des Umwandlungsplans **II, 2, § 3,** 106 f.
– – Inhalt des Umwandlungsplans **II, 2, § 3,** 104
– – Offenlegung **II, 2, § 3,** 109
– – Prüfung **II, 2, § 3,** 110 f.
– – Umwandlungsbericht **II, 2, § 3,** 108
– – Vorbereitungsphase **II, 2, § 3,** 103
– andere internationale Umstrukturierungsmöglichkeiten **II, 2, § 3,** 5
– anwendbares Recht **II, 2, § 3,** 11 ff.
– – Normenhierarchie des Art. 9 SE-VO **II, 2, § 3,** 13 f.
– – Systematik der SE-VO **II, 2, § 3,** 11 ff.
– Arbeitnehmerbeteiligung **II, 2, § 3,** 146 ff.
– – Ablauf **II, 2, § 3,** 147
– – Arbeitnehmerlose (Vorrats-)SE **II, 2, § 3,** 162 ff.
– – arbeitnehmerlose Europäische Gesellschaft **II, 2, § 3,** 162
– – Auffanglösung **II, 2, § 3,** 152 f.

3228

Stichwortverzeichnis

••• Die fett gedruckten **römischen Zahlen** bezeichnen die Teile, die fett gedruckten **arabischen Zahlen** die Kapitel. ••• Die fett gedruckten **§-Angaben** bezeichnen die bei Teil 2: Gesellschaftsrecht zu den Kapiteln dazugehörigen Paragrafen. ••• Die mager gedruckten Zahlen bezeichnen die Randnummern. •••

- – Aufforderung zur Bildung des bVg **II, 2, § 3,** 147
- – Beginn der Verhandlungen **II, 2, § 3,** 149 f.
- – Bildung des bVg **II, 2, § 3,** 148
- – Dauer der Verhandlungen **II, 2, § 3,** 154
- – Einführung **II, 2, § 3,** 146
- – Hans-Böckler-Stiftung **II, 2, § 3,** 163
- – Neuaufnahme der Verhandlungen **II, 2, § 3,** 155
- – Opting-Out **II, 2, § 3,** 163
- – Praxiserfahrungen **II, 2, § 3,** 156
- – SE als Vehikel **II, 2, § 3,** 157
- – Sitzverlegung einer mitbestimmungsfreien SE **II, 2, § 3,** 161
- – Unternehmensverfassung **II, 2, § 3,** 163
- – Vereinbarung **II, 2, § 3,** 151
- – Verschmelzung mit einer plc **II, 2, § 3,** 158 f.
- – Verschmelzung zu einer mitbestimmungsfreien SE **II, 2, § 3,** 160
- Beratungshinweise **II, 2, § 3,** 10
- – Nachteile **II, 2, § 3,** 10
- – Vorteile **II, 2, § 3,** 10
- betriebliche Mitbestimmung **II, 8,** 80
- Einführung **II, 2, § 3,** 1 ff.
- Eingliederung **II, 5, § 2,** 4
- Einsatzmöglichkeiten **II, 2, § 3,** 4 ff.
- erste Praxiserfahrungen **II, 2, § 3,** 9 ff.
- EWR **II, 2, § 3,** 3
- Gründung **II, 8,** 37 ff.
- Gründung durch Verschmelzung **II, 2, § 3,** 21
- – Ablauf der Gründung **II, 2, § 3,** 25
- – Aufstellung des Verschmelzungsplans **II, 2, § 3,** 26
- – Inhalt des Verschmelzungsplans **II, 2, § 3,** 27
- – Möglichkeiten **II, 2, § 3,** 22
- – Verschmelzung durch Neugründung **II, 2, § 3,** 24
- – Verschmelzung zur Aufnahme **II, 2, § 3,** 23
- – Vorbereitungsphase **II, 2, § 3,** 26 ff.
- Gründung einer Holding-SE **II, 2, § 3,** 59 ff.
- Gründung einer SE **II, 2, § 3,** 99
- – Umwandlung **II, 2, § 3,** 99 ff.
- Gründung einer Tochter-SE **II, 2, § 3,** 96
- – Begriff **II, 2, § 3,** 97
- – Beschluss der Hauptversammlung **II, 2, § 3,** 98
- Gründung im Einzelnen **II, 2, § 3,** 21 ff.
- Gründung, Beschlussphase **II, 2, § 3,** 113
- – Bilanzierung **II, 15, § 1,** 14
- – Eigengründung **II, 2, § 3,** 121
- – Form **II, 2, § 3,** 115
- – formelle Voraussetzungen **II, 8,** 42 ff.
- – Gesellschaftervereinbarung **II, 8,** 40
- – Gesellschaftsvertrag **II, 8,** 37
- – lex fori **II, 8,** 41
- – lex libri **II, 8,** 41

- – materielle Voraussetzungen **II, 8,** 37
- – Mehrheitserfordernis **II, 2, § 3,** 114
- – Organe der Gesellschaft **II, 2, § 3,** 116
- – Rechtsfähigkeit **II, 8,** 37
- – registerrechtliche Fragen **II, 8,** 41
- – Vollzugsphase **II, 2, § 3,** 117 ff.
- – Vorgesellschaft **II, 8,** 38
- – Vorgründungsgesellschaft **II, 8,** 39
- – Zustimmungsbeschluss **II, 2, § 3,** 114 ff.
- Gründungsvoraussetzungen **II, 2, § 3,** 17 ff.
- – Gründereigenschaft **II, 2, § 3,** 17
- – mehrstaatlicher Bezug **II, 2, § 3,** 18
- – Zweijahresfrist **II, 2, § 3,** 19 f.
- – Hauptverwaltung **II, 2, § 3,** 123
- Holding-SE, Abfindungsangebot **II, 2, § 3,** 71
- – Ablauf der Gründung **II, 2, § 3,** 62
- – Ablauf in der Übersicht **II, 2, § 3,** 95
- – Anerkennung des Spruchverfahrens **II, 2, § 3,** 85
- – Aufstellung des Gründungsplans **II, 2, § 3,** 63
- – Barabfindungsangebot **II, 2, § 3,** 78
- – Beschlussphase **II, 2, § 3,** 81
- – Einberufung zur Hauptversammlung **II, 2, § 3,** 80
- – Einbringung der Anteile I + II **II, 2, § 3,** 86, 90
- – Einbringungsquote **II, 2, § 3,** 65 f.
- – Eintragungsverfahren **II, 2, § 3,** 91 f.
- – Form des Gründungsplans **II, 2, § 3,** 72 f.
- – Formerfordernis **II, 2, § 3,** 93
- – Frist **II, 2, § 3,** 86 f.
- – gemeinsamer Prüfer **II, 2, § 3,** 76
- – Genehmigungsvorbehalt **II, 2, § 3,** 84
- – Gründungsbericht **II, 2, § 3,** 67 ff.
- – Inhalt des Gründungsplans **II, 2, § 3,** 64
- – Mehrheitserfordernis **II, 2, § 3,** 82
- – Möglichkeiten eines squeeze-out-Verfahrens **II, 2, § 3,** 94
- – Nachfrist **II, 2, § 3,** 90
- – Offenlegung **II, 2, § 3,** 79
- – Offenlegung der Gründung **II, 2, § 3,** 89
- – Prüfung **II, 2, § 3,** 74
- – unabhängige Sachverständige **II, 2, § 3,** 74
- – verschmelzende Ausgliederung **II, 2, § 3,** 60
- – Verzichtserklärung **II, 2, § 3,** 78
- – Vollzugsphase **II, 2, § 3,** 86 ff.
- – Vorbereitungsphase **II, 2, § 3,** 63
- – Zustimmungsbeschluss **II, 2, § 3,** 81
- Joint Venture **II, 12,** 16
- Rückumwandlung, AG nationaler Rechtsform **II, 2, § 3,** 143
- Regelungen zur Mitbestimmung **II, 2, § 3,** 144

- Sitz **II, 2, § 3,** 123 ff.
- – Begriff **II, 2, § 3,** 123
- Sitzverlegung **II, 2, § 3,** 122
- – Abfindungsangebot **II, 2, § 3,** 128 ff.
- – Ablauf **II, 2, § 3,** 125
- – Ablauf in der Übersicht **II, 2, § 3,** 142
- – Aufstellung des Verlegungsplans **II, 2, § 3,** 126
- – Beschlussphase **II, 2, § 3,** 135
- – Einberufung der Hauptversammlung **II, 2, § 3,** 134
- – Eintragung im Wegzugstaat **II, 2, § 3,** 140
- – Eintragung im Zuzugstaat **II, 2, § 3,** 141
- – Form des Verlegungsplans **II, 2, § 3,** 131
- – Formerfordernis **II, 2, § 3,** 137
- – innerhalb der EU **II, 2, § 3,** 122
- – Mehrheitserfordernis **II, 2, § 3,** 136
- – Mindestinhalt des Verlegungsplans **II, 2, § 3,** 127
- – Prüfung **II, 2, § 3,** 133
- – Rechtmäßigkeitsbescheinigung **II, 2, § 3,** 139
- – Rückumwandlung **II, 2, § 3,** 143 f.
- – Verlegungsbericht **II, 2, § 3,** 132
- – Vollzugsphase **II, 2, § 3,** 138
- – Vorbereitungsphase **II, 2, § 3,** 126
- – Zustimmungsbeschluss der Hauptversammlung **II, 2, § 3,** 135
- Überblick über die Gründung **II, 2, § 3,** 15 ff.
- – primäre Gründungsvarianten **II, 2, § 3,** 15
- Überblick über die Gründung, sekundäre Gründungsvarianten **II, 2, § 3,** 16
- Umstrukturierungsmöglichkeiten, europäische Genossenschaft **II, 2, § 3,** 8
- Umstrukturierungsmöglichkeiten, Richtlinie zur grenzüberschreitenden Verschmelzung **II, 2, § 3,** 5
- Umstrukturierungsmöglichkeiten, SEVIC-Entscheidung **II, 2, § 3,** 6
- Umwandlungen, Teilnahme **II, 2, § 3,** 145
- unternehmerische Mitbestimmung **II, 8,** 78
- Verordnungen der EU **II, 2, § 3,** 2
- Verschmelzung, Ablauf in der Übersicht **II, 2, § 3,** 58
- – Anerkennung des Spruchverfahrens **II, 2, § 3,** 53
- – Bekanntmachung **II, 2, § 3,** 45
- – Beschlussphase **II, 2, § 3,** 48 ff.
- – Corporate Governance Kodex **II, 2, § 3,** 47
- – Einberufung zur Hauptversammlung **II, 2, § 3,** 47
- – Eintragungen **II, 2, § 3,** 57
- – Formerfordernis für den Zustimmungsbeschluss **II, 2, § 3,** 50
- – Genehmigungsvorbehalt für den Zustimmungsbeschluss **II, 2, § 3,** 51
- – Kapitalerhöhung **II, 2, § 3,** 52

Stichwortverzeichnis

••• Die fett gedruckten **römischen Zahlen** bezeichnen die Teile, die fett gedruckten **arabischen Zahlen** die Kapitel. ••• Die fett gedruckten **§-Angaben** bezeichnen die bei Teil 2: Gesellschaftsrecht zu den Kapiteln dazugehörigen Paragrafen. ••• Die mager gedruckten Zahlen bezeichnen die Randnummern. •••

– – Mehrheitserfordernis für den Zustimmungsbeschluss **II, 2, § 3**, 49
– – Rechtmäßigkeitsbescheinigung **II, 2, § 3**, 56
– – Verschmelzungsbericht **II, 2, § 3**, 42
– – Verschmelzungsprüfung **II, 2, § 3**, 46
– – Vollzugsphase **II, 2, § 3**, 55
– – Zulässigkeit einer Auslandsbeurkundung **II, 2, § 3**, 41
– – Zustimmung zur Satzung **II, 2, § 3**, 54
– – Zustimmungsbeschluss **II, 2, § 3**, 48
– Verschmelzungsplan **II, 2, § 3**, 27 ff
– – Abfindungsangebot **II, 2, § 3**, 38
– – Angaben zum Verfahren **II, 2, § 3**, 37
– – Beginn der Gewinnberechtigung **II, 2, § 3**, 32
– – Firma und Sitz **II, 2, § 3**, 27
– – Form **II, 2, § 3**, 40
– – Inhalt **II, 2, § 3**, 27 ff.
– – Satzung **II, 2, § 3**, 36
– – Sonderrechte **II, 2, § 3**, 34
– – Übertragung der Aktien **II, 2, § 3**, 31
– – Umtauschverhältnis **II, 2, § 3**, 30
– – Verschmelzungsstichtag **II, 2, § 3**, 33
– – Vorteile für sonstige Beteiligte **II, 2, § 3**, 35
– – weitere Angaben **II, 2, § 3**, 39
– Vollzugsphase **II, 2, § 3**, 117 ff.
– – Ablauf in der Übersicht **II, 2, § 3**, 120
– Europäische Kapitalgesellschaften, Kapitalaufbringung, Umgehung **II, 20**, 188 ff.
– persönliche Haftungsgefahren, Gesellschafter **II, 20**, 189 ff.
– – Geschäftsführer **II, 20**, 189 ff.
– Europäische wirtschaftliche Interessengemeinschaft **II, 1, § 6**, 1 ff.
– Europäischer Betriebsrat, Joint Venture **II, 12**, 108
– Europäischer Wirtschaftsraum **II, 1, § 6**, 10
– Euro-Umstellung, Umwandlungsrecht **II, 6, § 1**, 307 ff.
– EWIV **II, 1, § 6**, 1 ff.; **II, 15, § 1**, 76
– Abwicklung **II, 1, § 6**, 107 ff.
– Schluss **II, 1, § 6**, 109 ff.
– Änderung des Gesellschaftsvertrags **II, 1, § 6**, 72 ff.
– Beitrag **II, 1, § 6**, 72
– Bekanntmachung **II, 1, § 6**, 76
– Beschlussfassung **II, 1, § 6**, 72
– Dauer der Vereinigung **II, 1, § 6**, 72
– Eintragung im Register **II, 1, § 6**, 74
– Hinterlegung beim Register **II, 1, § 6**, 75
– Mitgliederbeschluss **II, 1, § 6**, 72 f.
– Registereintragung **II, 1, § 6**, 74

– – Stimmenzahl **II, 1, § 6**, 72
– – Unternehmensgegenstand **II, 1, § 6**, 72
– anwendbares Recht **II, 1, § 6**, 5 ff.
– – Anwendungsfälle **II, 1, § 6**, 22 ff.
– – Arbeitnehmer, Beteiligung **II, 1, § 6**, 13 ff.
– – Internationales Arbeitsrecht **II, 1, § 6**, 13
– – assoziierte Mitglieder **II, 1, § 6**, 10, 28 ff.
– – Auflösung **II, 1, § 6**, 99 ff.
– – Beschluss der Mitglieder **II, 1, § 6**, 99 f.
– – Eintragung im Register **II, 1, § 6**, 106
– – freiwillige **II, 1, § 6**, 104 ff.
– – freiwilliger Beschluss **II, 1, § 6**, 101
– – gerichtliche Entscheidung **II, 1, § 6**, 102 ff.
– – Gründe **II, 1, § 6**, 99 f.
– – notwendiger Beschluss **II, 1, § 6**, 99 f.
– – zwangsweise **II, 1, § 6**, 102 ff.
– – Aufnahmezeitpunkt **II, 1, § 6**, 28 ff.
– – Ausscheiden, Auseinandersetzungsguthaben **II, 1, § 6**, 94
– – Nachhaftung **II, 1, § 6**, 95
– – Publizität **II, 1, § 6**, 93
– – Beitrittsgebühr **II, 1, § 6**, 28 ff.
– – Besonderheiten, EU-grenzüberschreitende Umwandlungen **II, 1, § 6**, 114
– – Bestellung der Geschäftsführer **II, 1, § 6**, 6
– – Besteuerung **II, 1, § 6**, 19 ff.
– – Bevollmächtigter **II, 1, § 6**, 28 ff.
– – Buchführung **II, 1, § 6**, 17
– – Einkommensteuer **II, 1, § 6**, 19
– – Eintragung im Register **II, 1, § 6**, 29 ff., 32
– – – Auflösung **II, 1, § 6**, 106
– – – Bekanntmachung **II, 1, § 6**, 33
– – – Dauer der Vereinigung **II, 1, § 6**, 29
– – – Firma **II, 1, § 6**, 29
– – – Geschäftsführer **II, 1, § 6**, 29
– – – handelsrechtliche Publizitätswirkung **II, 1, § 6**, 35
– – – Rechtssubjektwirkung **II, 1, § 6**, 36
– – – Sitz **II, 1, § 6**, 29
– – – Unternehmensgegenstand **II, 1, § 6**, 29
– – – Wirkung **II, 1, § 6**, 35 ff.
– – Erbfall **II, 1, § 6**, 87
– – Ergebnis **II, 1, § 6**, 18
– – Erscheinungsformen **II, 1, § 6**, 22 ff.
– – Finanzierung **II, 1, § 6**, 15 f.
– – – Bar- oder Sacheinlage **II, 1, § 6**, 15
– – – Eigenmittel **II, 1, § 6**, 15
– – – einlagefähige Gegenstände **II, 1, § 6**, 15
– – – Fremdmittel **II, 1, § 6**, 15
– – – Kreditrahmen **II, 1, § 6**, 16
– – Geschäftsführer **II, 1, § 6**, 43
– – – Abwickler **II, 1, § 6**, 107
– – – Abwicklung der Vereinigung **II, 1, § 6**, 61

– – Anhörung der Mitglieder **II, 1, § 6**, 60
– – Aufstellung des Jahresabschlusses **II, 1, § 6**, 58
– – Bestellung **II, 1, § 6**, 47 ff.
– – Bestellungshindernisse **II, 1, § 6**, 44 ff.
– – Bestellungsvoraussetzungen **II, 1, § 6**, 44 ff.
– – Eintragung ins Handelsregister **II, 1, § 6**, 49
– – Entlassung **II, 1, § 6**, 47 ff.
– – Haftung **II, 1, § 6**, 64
– – Insolvenzantrag **II, 1, § 6**, 62
– – Mindestangaben **II, 1, § 6**, 56
– – ordnungsgemäße Buchführung **II, 1, § 6**, 58
– – Pflichten **II, 1, § 6**, 54 ff.
– – Publizitätspflichten **II, 1, § 6**, 63
– – Rechenschaft gegenüber Mitgliedern **II, 1, § 6**, 59
– – Sorgfaltspflicht **II, 1, § 6**, 55
– – Verantwortlichkeit **II, 1, § 6**, 55
– – Geschäftsführung **II, 1, § 6**, 42 ff., 50
– – Geschäftsführungsmaßnahmen, außergewöhnliche **II, 1, § 6**, 52
– – – gewöhnliche **II, 1, § 6**, 51
– – Gesellschafter, Aufnahme **II, 1, § 6**, 70 f.
– – – Ausscheiden **II, 1, § 6**, 88 ff.
– – – Ausschluss **II, 1, § 6**, 88 ff.
– – Gesellschafterbeschluss **II, 1, § 6**, 79 ff.
– – – Beschlussgegenstände **II, 1, § 6**, 79
– – – Einstimmigkeitsprinzip **II, 1, § 6**, 82 ff.
– – – fehlerhafter **II, 1, § 6**, 86
– – – Mehrheitsprinzip **II, 1, § 6**, 85
– – – Stimmrechte der Mitglieder **II, 1, § 6**, 81 ff.
– – – Zustandekommen **II, 1, § 6**, 80
– – Gesellschaftsanteile, Abtretung **II, 1, § 6**, 68
– – – Nachfolge **II, 1, § 6**, 87
– – – Nießbrauch **II, 1, § 6**, 69
– – – Treuhand **II, 1, § 6**, 69
– – – Verfügungen **II, 1, § 6**, 68 ff.
– – – Verkauf **II, 1, § 6**, 68
– – – Verpfändung **II, 1, § 6**, 69
– – Gesellschaftsvertrag, Änderung **II, 1, § 6**, 72 ff.
– – – Beitragspflichten **II, 1, § 6**, 39
– – – Gestaltung **II, 1, § 6**, 38 ff.
– – – Gewinnverteilung **II, 1, § 6**, 38
– – – Haftungsbefreiung **II, 1, § 6**, 38
– – – Mehrheitsbeschluss **II, 1, § 6**, 38
– – – Mehrheitserfordernis **II, 1, § 6**, 38
– – – Mehrstimmrechte der Mitglieder **II, 1, § 6**, 38
– – – Mitgliederwechsel **II, 1, § 6**, 41
– – – Nachfolgeregelungen **II, 1, § 6**, 38
– – – Organe **II, 1, § 6**, 38
– – – schiedsgerichtliche Vereinbarungen **II, 1, § 6**, 41
– – – Vertretungsbefugnis **II, 1, § 6**, 38
– – – Zustimmungserfordernis **II, 1, § 6**, 38
– – Gewerbesteuer **II, 1, § 6**, 20

Stichwortverzeichnis

••• Die fett gedruckten **römischen Zahlen** bezeichnen die Teile, die fett gedruckten **arabischen Zahlen** die Kapitel. ••• Die fett gedruckten **§-Angaben** bezeichnen die bei Teil 2: Gesellschaftsrecht zu den Kapiteln dazugehörigen Paragrafen. ••• Die mager gedruckten Zahlen bezeichnen die Randnummern. •••

- Gewinn **II, 1, § 6**, 18
- Grundlagengeschäfte **II, 1, § 6**, 53
- Gründung **II, 1, § 6**, 5 ff., 25 ff.
- Gründungsvertrag **II, 1, § 6**, 5 ff., 25 ff., 28
- - Form **II, 1, § 6**, 26
- - Mindestinhalt **II, 1, § 6**, 27
- - Haftung **II, 1, § 6**, 14
- - Haftungsvereinbarung **II, 1, § 6**, 14
- - juristische Personen **II, 1, § 6**, 14
- - Haftungsbefreiung **II, 1, § 6**, 28 ff.
- Handelsgeschäft kraft Rechtsform **II, 1, § 6**, 6
- Handlungsvollmacht **II, 1, § 6**, 67
- Hinterlegung beim Register **II, 1, § 6**, 31
- innere Verfassung **II, 1, § 6**, 5 ff.
- Insolvenz **II, 1, § 6**, 96 ff.
- - Insolvenzgründe **II, 1, § 6**, 98
- - Insolvenzverfahren **II, 1, § 6**, 97
- - Internationales Insolvenzrecht **II, 1, § 6**, 96
- Internationales Arbeitsrecht **II, 1, § 6**, 13
- Körperschaftsteuer **II, 1, § 6**, 19
- Kündigungsfrist **II, 1, § 6**, 28 f.
- Liquidation **II, 1, § 6**, 99 ff.
- Lohnsteuer **II, 1, § 6**, 20
- Mitglieder **II, 1, § 6**, 9 ff., 28 ff.
- - Ausscheiden **II, 1, § 6**, 91
- - Ausschluss **II, 1, § 6**, 90
- - Gesellschaften **II, 1, § 6**, 9
- - Höchstzahl **II, 1, § 6**, 11
- - juristische Einheiten **II, 1, § 6**, 9
- - Kündigung **II, 1, § 6**, 88 f.
- - Nachhaftung **II, 1, § 6**, 95
- - natürliche Personen **II, 1, § 6**, 9
- - Neuaufnahme **II, 1, § 6**, 11
- - Publizität **II, 1, § 6**, 93
- Mitgliedstaat, nationale Register **II, 1, § 6**, 11
- nationales Register **II, 1, § 6**, 25
- Niederlassungsfreiheit **II, 1, § 6**, 3 f.
- obligatorische Mehrstaatlichkeit **II, 1, § 6**, 10
- Prokura **II, 1, § 6**, 67
- Rechtsbehelf **II, 1, § 6**, 7
- rechtsformspezifische Besonderheiten **II, 1, § 6**, 113
- Registerpublizität **II, 1, § 6**, 7
- Registerrecht **II, 1, § 6**, 7
- Registerverfahren **II, 1, § 6**, 29 f.
- Sitz **II, 1, § 6**, 3 f.
- - Deutschland **II, 1, § 6**, 6
- Sitzverlegung **II, 1, § 6**, 77 ff.
- Umsatzsteuer **II, 1, § 6**, 20
- Umwandlungsmöglichkeiten, deutsches UmwG **II, 1, § 6**, 112
- - EU-grenzüberschreitend **II, 1, § 6**, 114
- - wirtschaftlich vergleichbare Vorgänge **II, 1, § 6**, 115
- Vertretung **II, 1, § 6**, 42 ff., 65 ff.
- - Publizitätsrichtlinie **II, 1, § 6**, 66
- - Unternehmensgegenstand **II, 1, § 6**, 66

- - Verbot des Selbstkontrahierens **II, 1, § 6**, 65
- Vertretungsmacht **II, 1, § 6**, 66
- - organschaftliche **II, 1, § 6**, 67
- - rechtsgeschäftliche **II, 1, § 6**, 67
- Verwendungsbeschränkung **II, 1, § 6**, 8
- - Darlehensgewährungsgebot **II, 1, § 6**, 8
- - Größenmerkmal **II, 1, § 6**, 8
- - Holdingverbot **II, 1, § 6**, 8
- - Konzernleitungsverbot **II, 1, § 6**, 8
- Vorgründungsstadium, Haftung **II, 1, § 6**, 37
- Zweck **II, 1, § 6**, 8, 28 ff.
Existenzgründer, Franchise-Vertrag **I, 6**, 268
Existenzvernichtender Eingriff **II, 20**, 192 ff., 195 ff.
- ausführende Gesellschafter **II, 20**, 197
- betroffener Personenkreis **II, 20**, 196
- Darlegungs- und Beweislast **II, 20**, 201
- Geschäftsführer, Haftung **II, 20**, 243
- Gesellschafter, unmittelbare Haftung **II, 20**, 198
- Haftung **II, 20**, 254
- Kapitalerhaltungsregeln **II, 20**, 195
- mittelbar faktischer Gesellschafter **II, 20**, 197
- Rechtsfolgen **II, 20**, 198 ff.
- steuerrechtliche Behandlung **II, 20**, 202
- Tatbestand **II, 20**, 195 f.
- Untreue **II, 20**, 121
- Verhaltenshaftung **II, 20**, 197
- Vermögenslage, Vergleich **II, 20**, 199
Existenzvernichtungshaftung **II, 8**, 52 f.; **II, 20**, 195
Externe Prüfung, Ausschlussgründe **II, 15, § 1**, 198
- Besorgnis der Befangenheit **II, 15, § 1**, 198
- Gründung **II, 15, § 1**, 197
- Information und Beglaubigung **II, 15, § 1**, 200
- Kapitalerhöhung **II, 15, § 1**, 197
- Kontroll- und Korrekturfunktion **II, 15, § 1**, 198
- Liquidation **II, 15, § 1**, 197
- Nachgründungsprüfung **II, 15, § 1**, 197
- Phasen **II, 15, § 1**, 199
- Präventivfunktion **II, 15, § 1**, 198
- Prüfungsbericht **II, 15, § 1**, 198
- Prüfungsvermerk **II, 15, § 1**, 199
- Rechnungslegung **II, 15, § 1**, 196 ff.
- Umwandlung **II, 15, § 1**, 197
Externes Rating **II, 16**, 28 ff.
Fabrikgrundstücke, Betriebsaufspaltung **II, 7**, 53
Factoring, Bilanzerstellung **II, 15, § 1**, 110
- Bilanzoptik **II, 16**, 240
- Delkrederefunktion **II, 16**, 238
- Dienstleistungsfunktion **II, 16**, 238
- echtes **II, 16**, 239
- Einsparung von Kosten **II, 16**, 240
- Finanzierungsfunktion **II, 16**, 238

- Finanzierungsmöglichkeiten **II, 16**, 235 ff.
- Forfaitierung **II, 16**, 245
- Gewerbesteuereinsparung **II, 16**, 240
- Kapitalfreisetzung **II, 16**, 240
- keine Verluste **II, 16**, 240
- Liquiditätsgewinne **II, 16**, 240
- notifiziertes **II, 16**, 244
- offenes **II, 16**, 244
- stilles **II, 16**, 244
- Umsatz **II, 16**, 240
- unechtes **II, 16**, 241
Fahrgemeinschaften, GbR **II, 1, § 1**, 25
Fair-value-Richtlinie **II, 15, § 1**, 57
Familiengericht, Doppelzuständigkeit **II, 11**, 33
- örtliche Zuständigkeit **II, 11**, 36
Familiengerichtliche Genehmigung, Minderjähriger **II, 11**, 15 ff., 45, 48, 50, 57 ff., 64 ff., 70, 97, 104
- minderjähriger Gesellschafter **II, 11**, 3
Familiengesellschaft **II, 1, § 1**, 230, 232; **II, 3, § 1**, 9
Familien-KG **II, 1, § 3**, 35 f.
- Abfindungsanspruch **II, 1, § 3**, 35
- Nießbrauch **II, 1, § 3**, 36
- vorweggenommene Erbfolge **II, 1, § 3**, 36
Familien-Personengesellschaften **II, 1, § 3**, 133
Familien-Pool **II, 11**, 2
Familienstiftung **II, 2, § 6**, 7, 13, 21, 25, 44, 47 ff.
- Ansprüche **II, 2, § 6**, 49
- Destinatäre **II, 2, § 6**, 50
- Einflussmöglichkeiten **II, 2, § 6**, 49
- Leistungsansprüche **II, 2, § 6**, 50
- Pflichtteilsansprüche **II, 2, § 6**, 48
- Rechtsstellung der Familienmitglieder **II, 2, § 6**, 49
- Satzung **II, 2, § 6**, 14, 54
- Stammaktien **II, 2, § 6**, 45
- Stammgeschäftsanteile **II, 2, § 6**, 45
- Unternehmensnachfolge **II, 2, § 6**, 48
- Vorstand, Kontrolle **II, 2, § 6**, 51
Familienunternehmen, eigene Probleme **II, 2, § 5**, 2
Familienverbund, Einfluss der Familie **II, 2, § 5**, 1 ff.
- Einleitung **II, 2, § 5**, 1 ff.
Fantasiefirma **I, 3**, 22
Fehlerhafte Gesellschaft **II, 3, § 1**, 82 ff.
- Unterbeteiligung **II, 3, § 2**, 40 ff.
Fernabsatzverträge, Franchise-Vertrag, vorvertragliche Aufklärung **I, 6**, 116
Filialsystem, Franchise-Vertrag **I, 6**, 68
Finanzierung, Außenfinanzierung **II, 16**, 4, 8 ff.
- Eigenfinanzierung **II, 16**, 5 ff., 36 ff.
- Eigenkapital **II, 16**, 4
- Fremdfinanzierung **II, 16**, 5 ff.
- Fremdkapital **II, 16**, 4
- Innenfinanzierung **II, 16**, 4, 8 ff.
- Sicht des Investors **II, 16**, 11 f.

3231

Stichwortverzeichnis

••• Die fett gedruckten **römischen Zahlen** bezeichnen die Teile, die fett gedruckten **arabischen Zahlen** die Kapitel. ••• Die fett gedruckten **§-Angaben** bezeichnen die bei Teil 2: Gesellschaftsrecht zu den Kapiteln dazugehörigen Paragrafen. ••• Die mager gedruckten Zahlen bezeichnen die Randnummern. •••

Finanzierungsbegriff **II, 16,** 3 f.
Finanzierungsinstrumente **II, 16,** 36 ff.
– klassische **II, 16,** 36 ff.
Finanzierungsleasing **II, 16,** 233
– Bilanzerstellung **II, 15, § 1,** 107
Finanzierungsmöglichkeiten,
 Akquisitionsfinanzierung **II, 16,** 278 ff.
– alternative **II, 16,** 221 ff.
– Asset Backed Securities **II, 16,** 246 ff.
– Factoring **II, 16,** 235 ff.
– Leasing **II, 16,** 230 ff.
– Mezzanine-Finanzierung **II, 16,** 292 ff.
– Private Equity **II, 16,** 221 ff.
– Projektfinanzierung **II, 16,** 261 ff.
Finanzierungsvereinbarung,
 Projektfinanzierung **II, 16,** 275
Finanzplankredit **II, 20,** 217
Firma, Einbringung **II, 6, § 2,** 13
– Kennzeichnungseignung **II, 2, § 1,** 111
Firmenrecht, Abgrenzungen zu verwandten Rechtsinstituten **I, 3,** 24 ff.
– Geschäftsbezeichnung **I, 3,** 24 ff.
– Marke **I, 3,** 31
– sogenannte Minderfirma **I, 3,** 28 ff.
– Änderungen durch das HRefG **I, 3,** 1 ff.
– Anforderungen an die Unterscheidbarkeit, Auffassung des allgemeinen Verkehrs **I, 3,** 123
– – Fantasiefirma **I, 3,** 132
– – Firmenwortlaut **I, 3,** 124
– – Gesamteindruck **I, 3,** 125
– – Gesellschaftszusätze **I, 3,** 126
– – Kombination von Merkmalen **I, 3,** 128
– Anforderungen an die Unterscheidbarkeit, Ortsnamen **I, 3,** 127
– – Personenfirma **I, 3,** 129 f.
– – Sachfirma **I, 3,** 131
– Begriff der Firma **I, 3,** 13 f.
– – BGB-Gesellschaft **I, 3,** 14
– – Genossenschaften **I, 3,** 14
– – Handelsgesellschaften **I, 3,** 14
– – Legaldefinition der Handelsfirma **I, 3,** 13
– – namensmäßige Bezeichnung **I, 3,** 13
– – Partnerschaftsgesellschaft **I, 3,** 14
– – sonstige juristische Personen **I, 3,** 14
– – Versicherungsverein auf Gegenseitigkeit **I, 3,** 14
– bei den einzelnen Rechtsformen, sonstige Rechtsträger **I, 3,** 207 ff.
– Bildzeichen und Sonderzeichen, Handelsregister **I, 3,** 78
– – lateinische Buchstaben **I, 3,** 77
– – Buchstabenkombination, altes Firmenrecht **I, 3,** 79
– – Artikulierbarkeit **I, 3,** 80
– – Aussprechbarkeit **I, 3,** 79
– – neues Firmenrecht **I, 3,** 80
– – reine Buchstabenfolgen **I, 3,** 80
– – sinnlose Aneinanderreihung von A-Blöcken **I, 3,** 81
– Entstehung der Firma, AG **I, 3,** 33

– – eG **I, 3,** 33
– – GmbH **I, 3,** 33
– – KGaA **I, 3,** 33
– – Erkenntnisverfahren **I, 3,** 56 ff.
– – Bezeichnung des Inhabers **I, 3,** 60 f.
– – Prozesspartei **I, 3,** 58 ff.
– – Wahlrecht **I, 3,** 57
– Erlöschen der Firma **I, 3,** 34
– – Einzelkaufmann **I, 3,** 35 ff.
– – Formkaufmann **I, 3,** 46
– – Personenhandelsgesellschaft **I, 3,** 39 ff.
– europarechtliche Aspekte **I, 3,** 11 f.
– – neue EuGH-Rspr. **I, 3,** 11
– – strengeres deutsches Firmenrecht **I, 3,** 11
– – Täuschungsverbot **I, 3,** 11
– – Vereinheitlichung **I, 3,** 12
– Fantasiefirma **I, 3,** 22
– Firma bei den einzelnen Rechtsformen **I, 3,** 152 ff.
– – Firma der GmbH & Co. KG **I, 3,** 185 ff.
– – Firma der KG **I, 3,** 182 ff.
– – Firma der OHG **I, 3,** 168 ff.
– – Firma der Zweigniederlassung **I, 3,** 215 ff.
– – Kapitalgesellschaften **I, 3,** 204 ff.
– Firma der GmbH & Co. KG, ausländische Gesellschaften als Namensgeber **I, 3,** 202
– – besondere Verstoßfolgen **I, 3,** 203
– – Erscheinungsform **I, 3,** 185 f.
– – Firma der Komplementär-GmbH **I, 3,** 188 ff.
– – Firma der Komplementär-GmbH als Name der GmbH & Co. KG **I, 3,** 192
– – Formulierung der Zusätze **I, 3,** 194
– – GmbH & Co. KG als Personenfirma **I, 3,** 187
– – inländische andere Gesellschaften als Namensgeber **I, 3,** 201
– – mittelbare Beteiligung **I, 3,** 200
– – Rechtsformzusatz **I, 3,** 193
– – sachgerechte Stellung des Rechtsformzusatzes **I, 3,** 195 ff.
– – verwandte Fälle **I, 3,** 201 ff.
– Firma der KG, Firmenkern **I, 3,** 182 f.
– – Rechtsformzusatz **I, 3,** 184
– Firma der OHG **I, 3,** 168 ff.
– – Fantasiefirma **I, 3,** 179
– – Gesellschaften als namensgebende Gesellschafter der OHG **I, 3,** 172
– – natürliche Person als Namensgeberin **I, 3,** 170 f.
– – Personenfirma **I, 3,** 169 ff.
– – Rechtsformzusatz **I, 3,** 180 f.
– – Übernahme des vollständigen Namens der Namensgeberin **I, 3,** 177 f.
– – Übernahme von Gesellschaftszusätzen der Namensgeberin **I, 3,** 173 ff.

– Firma der Zweigniederlassung **I, 3,** 215 ff.
– – organisatorische Selbständigkeit **I, 3,** 215
– – Prokura **I, 3,** 216
– Firma des Einzelkaufmanns **I, 3,** 155 ff.
– – Adelstitel **I, 3,** 156
– – akademische Grade **I, 3,** 156
– – Doppelnamen **I, 3,** 156
– – Firma in adjektivischer Form **I, 3,** 161
– – Firma in deklinierter Form **I, 3,** 161
– – Firma in Klammern **I, 3,** 161
– – fremdsprachige Namen **I, 3,** 157 f.
– – Inhabervermerk **I, 3,** 159 f.
– – Nachfolgezusatz **I, 3,** 159 f.
– – Personenfirma **I, 3,** 155 ff.
– – Rechtsformzusatz **I, 3,** 164 ff.
– – Sachfirma **I, 3,** 163
– – Schreibweise **I, 3,** 157 f.
– Firma im Prozess **I, 3,** 50 ff.
– Firma im Rechtsverkehr **I, 3,** 50 ff.
– Firma in der Insolvenz **I, 3,** 65 ff.
– – Änderung der alten Firma **I, 3,** 71 ff.
– – Bildung einer Ersatzfirma **I, 3,** 62
– – Differenzierung zum Einzelkaufmann und der Personenhandelsgesellschaft **I, 3,** 69
– – Firma des Einzelkaufmanns **I, 3,** 66
– – GmbH & Co. KG **I, 3,** 67
– – Grundsätze des neuen Firmenrechts **I, 3,** 69
– – Insolvenzmasse **I, 3,** 65
– – Kapitalgesellschaften **I, 3,** 67
– – KG **I, 3,** 66
– – Löschung der alten Firma **I, 3,** 71 ff.
– – Name der alten Firma **I, 3,** 71
– – Neubildung der alten Firma **I, 3,** 71 ff.
– – neue Rechtslage **I, 3,** 68 ff.
– – OHG **I, 3,** 66
– – Personenfirmen **I, 3,** 65
– – Rechtslage vor dem HRefG **I, 3,** 66
– – Sach- und Fantasiefirmen **I, 3,** 65
– – Übersicht **I, 3,** 65 ff.
– – Übertragung der Firma **I, 3,** 65
– – Umfang der Übertragung **I, 3,** 73
– – Zweigniederlassungen **I, 3,** 73
– Firma in der Zwangsvollstreckung **I, 3,** 50 ff.
– Firmenarten **I, 3,** 15 ff.
– – abgeleitete Firma **I, 3,** 15
– – Abgrenzungen zu verwandten Rechtsinstituten **I, 3,** 24 ff.
– – Einzelfirma **I, 3,** 15
– – Fantasie-Personenfirma **I, 3,** 18
– – Firmenkern **I, 3,** 15
– – Firmenzusatz **I, 3,** 15
– – Mischfirma **I, 3,** 23
– – Personenfirma **I, 3,** 16 ff.
– – Personenfirmen **I, 3,** 15
– – Sachfirma **I, 3,** 19 ff.
– – ursprüngliche Firma **I, 3,** 15
– – zusammengesetzte Firma **I, 3,** 15
– Firmenausschließlichkeit **I, 3,** 113 ff.
– Firmenbeständigkeit **I, 3,** 135 ff.

••• Die fett gedruckten **römischen Zahlen** bezeichnen die Teile, die fett gedruckten **arabischen Zahlen** die Kapitel. ••• Die fett gedruckten **§-Angaben** bezeichnen die bei Teil 2: Gesellschaftsrecht zu den Kapiteln dazugehörigen Paragrafen. ••• Die mager gedruckten Zahlen bezeichnen die Randnummern. •••

- – Erwerb eines Handelsgeschäfts **I, 3**, 137
- – Fortführung der Firma **I, 3**, 138 f.
- – Grundsatz **I, 3**, 135 f.
- – Firmeneinheit **I, 3**, 146 ff.
- – Einzelkaufmann **I, 3**, 147 f.
- – Handelsgesellschaften **I, 3**, 149
- – Mehrfachfirmierung **I, 3**, 146
- – sonstige juristische Personen **I, 3**, 150
- – Firmenfähigkeit **I, 3**, 152 ff.
- – Kaufleute **I, 3**, 152
- – Vorgesellschaften **I, 3**, 154
- – Firmenfortführung **I, 3**, 135 ff.
- – Firmenkontinuität **I, 3**, 135 ff.
- – Firmenöffentlichkeit **I, 3**, 145
- – firmenrechtliche Grundsätze **I, 3**, 74 ff.
- – firmenrechtliche Vorschriften **I, 3**, 6 ff.
- – – Überblick **I, 3**, 6 ff.
- – Firmenunterscheidbarkeit **I, 3**, 113 ff.
- – – Allgemeines **I, 3**, 113 ff.
- – – Anforderungen **I, 3**, 122 ff.
- – – bestehende Firmen **I, 3**, 118
- – – eingetragene Firmen **I, 3**, 116
- – – Einzelfälle **I, 3**, 133 f.
- – – einzubeziehende Firmen **I, 3**, 116 ff.
- – – Entscheidung des Registerrichters **I, 3**, 114
- – – gelöschte Firmen **I, 3**, 120
- – – Geltungsbereich **I, 3**, 115
- – – GmbH & Co. KG **I, 3**, 117
- – – Grundlagen **I, 3**, 113 ff.
- – – neue Firmen **I, 3**, 121
- – – Schutz des Besserberechtigten **I, 3**, 113
- – – unzulässige Firmen **I, 3**, 119
- – – Wechselwirkung **I, 3**, 113
- – – Zweigniederlassung **I, 3**, 114
- – Firmenwahrheit **I, 3**, 92 ff.
- – Firmenwahrheit, abgeleitete Firma **I, 3**, 96
- – – Bestandteile **I, 3**, 93 ff.
- – – frei gewordene Firma **I, 3**, 94
- – – Grundsatz **I, 3**, 93
- – – nachträglich unwahr gewordene Firma **I, 3**, 95
- – Fortführung der Firma bei Umwandlungen **I, 3**, 140 ff.
- – – Formwechsel **I, 3**, 140
- – – Spaltung **I, 3**, 144
- – – Verschmelzung **I, 3**, 140 ff.
- – Gebrauch der Firma **I, 3**, 50 ff.
- – – Abkürzungen **I, 3**, 51 f.
- – – Bindung an die gewählte Firma **I, 3**, 50
- – – im Geschäftsverkehr **I, 3**, 53
- – – im Registerverkehr **I, 3**, 54 f.
- – GmbH & Co. KG **II, 1, § 4**, 4
- – Grundsätzliches **I, 3**, 13 ff.
- – – internationales **I, 3**, 218 ff.
- – – allgemeine Grundsätze **I, 3**, 218 ff.
- – – Firma des ausländischen Rechtsträgers in Deutschland **I, 3**, 224
- – – Irreführungsverbot **I, 3**, 92 ff.
- – – & Partner **I, 3**, 104 ff.
- – – Einzelfälle **I, 3**, 102 ff.
- – – Ersichtlichkeit **I, 3**, 101
- – – Fantasiezusatz Meditec **I, 3**, 110
- – – geschäftliche Verhältnisse **I, 3**, 99
- – – Gesellschaftszusätze **I, 3**, 104 ff.
- – – Irreführungseignung **I, 3**, 97 f.
- – – neuere Rechtssprechungsfälle **I, 3**, 110 ff.
- – – Personenfirma mit Namen von Nichtgesellschaftern **I, 3**, 102 f.
- – – Rechtsformzusätze **I, 3**, 104 ff.
- – – Verkehrswesentlichkeit **I, 3**, 100
- – – Kapitalgesellschaften, Firmenbildung **I, 3**, 204 f.
- – – Rechtsformzusätze **I, 3**, 206
- – Kennzeichnungseignung **I, 3**, 75 ff.
- – – Bildzeichen und Sonderzeichen **I, 3**, 77 ff.
- – – Branchen- oder Gattungsbezeichnungen **I, 3**, 86 f.
- – – Buchstabenkombinationen **I, 3**, 79 ff.
- – – Fantasiefirma **I, 3**, 91
- – – geografische Bezeichnungen **I, 3**, 88
- – – Personenfirma **I, 3**, 89 f.
- – – Sachbezeichnungen **I, 3**, 88
- – – Umgangssprache **I, 3**, 88
- – – Zahlen **I, 3**, 82 f.
- – Kennzeichnungsfunktion **I, 3**, 75 ff.
- – Kennzeichnungswirkung **I, 3**, 75 ff.
- – – Individualisierung **I, 3**, 75
- – – Namensfunktion **I, 3**, 75 f.
- – – Sach- und Fantasiefirmen **I, 3**, 76
- – – Unterscheidungskraft **I, 3**, 75
- – – Wandlung der Verkehrskreise **I, 3**, 76
- – – wörtliche und aussprechbare Bezeichnungen **I, 3**, 76
- – Mischfirma **I, 3**, 23
- – – mögliche Träger **I, 3**, 152 ff.
- – – nach der Handelsrechtsform 1998 **I, 3**, 2 ff.
- – Namensfunktion **I, 3**, 75 ff.
- – rechtliches Schicksal der Firma **I, 3**, 32 ff.
- – Rechtsnatur der Firma **I, 3**, 32 ff.
- – – Allgemeines **I, 3**, 32
- – – Entstehung **I, 3**, 33
- – – Erlöschen **I, 3**, 34
- – – Firmenfortführung **I, 3**, 47 ff.
- – Sachfirma **I, 3**, 19 ff.
- – – Branchen- oder Gattungsbezeichnungen **I, 3**, 86 f.
- – – geografische Bezeichnungen **I, 3**, 88
- – – Sachbezeichnungen **I, 3**, 88
- – – Umgangssprache **I, 3**, 88
- – – sonstige Rechtsträger **I, 3**, 207 ff.
- – – Firmenbildung **I, 3**, 207 f.
- – – Rechtsformzusätze **I, 3**, 209 ff.
- – – Unterscheidungskraft **I, 3**, 75 ff., 84 ff.
- – – Freihaltebedürfnis **I, 3**, 84
- – – Individualisierungsfunktion **I, 3**, 85
- – – Kennzeichnungseignung **I, 3**, 84
- – – konkretes Unterscheidbarkeitserfordernis **I, 3**, 84
- – – Sachfirma **I, 3**, 86 ff.
- – vor der Handelsrechtsreform 1998 **I, 3**, 1
- – wesentliche Funktionen der Firma **I, 3**, 4
- – Zwangsvollstreckung **I, 3**, 62 ff.
- – – Parteibezeichnung **I, 3**, 62 ff.
- – – Pfändung **I, 3**, 63 f.
- – Zweigniederlassung **I, 3**, 151

Firmenrechtliche Grundsätze **I, 3**, 74 ff.
- – Firmenausschließlichkeit **I, 3**, 74
- – Firmenbeständigkeit **I, 3**, 74
- – Firmenkontinuität **I, 3**, 74
- – Firmenöffentlichkeit **I, 3**, 74
- – Firmenunterscheidbarkeit **I, 3**, 74
- – Firmenwahrheit **I, 3**, 74
- – Kennzeichnungsfähigkeit **I, 3**, 74
- – Liberalisierung des Firmenbildungsrechts **I, 3**, 74
- – Namensfunktion **I, 3**, 74
- – Unterscheidungskraft **I, 3**, 74

Firmenrechtliche Vorschriften, allgemeiner Teil des Firmenbildungsrechts **I, 3**, 7
- – Bestimmungen zur Zulässigkeit der Firmenbildung **I, 3**, 7
- – Bestimmungen zur Zulässigkeit der Firmenfortführung **I, 3**, 7
- – branchenbezogene Einschränkungen **I, 3**, 10
- – Firmenfortführung **I, 3**, 7
- – Firmennamensrecht **I, 3**, 6
- – Firmenordnungsrecht **I, 3**, 6
- – Firmenregisterrecht **I, 3**, 8
- – Firmenschutz **I, 3**, 8
- – Haftung **I, 3**, 7
- – materiellrechtliche Regelungen **I, 3**, 9

Firmentarifvertrag **II, 17**, 2
Firmenwert, Bilanzansatz **II, 15, § 1**, 133 ff.
- – Vermögensgegenstand **II, 15, § 1**, 123

Fixgeschäft, absolutes **I, 7**, 109
- – relatives **I, 7**, 109
Fixhandelskauf **I, 7**, 108 ff.
- – Leistungszeit **I, 7**, 109
- – Schadensersatz **I, 7**, 110

Folgen des Firmenrechts, Firma des Einzelkaufmanns, Fantasiefirma **I, 3**, 163 f.

Forderungen, Bilanzerstellung **II, 15, § 1**, 113
Forderungsausfall, Versicherung **II, 16**, 217 ff.
Forderungsverzicht, akzessorische Sicherheiten **II, 20**, 106
- – auflösende Bedingung **II, 20**, 107
- – Besserungsschein **II, 20**, 107
- – Erlassvertrag **II, 20**, 105
- – Überschuldung **II, 20**, 105 ff.
Forfaitierung, Factoring **II, 16**, 245
Form, Handelsvertretervertrag **I, 5**, 27
- – Kündigungserklärung, Vertragshändlervertrag **I, 5**, 200 f.
Formwechsel, Personengesellschaften **II, 6, § 2**, 82 ff.
Formerfordernisse, Nichtbeachtung **II, 14**, 3

Stichwortverzeichnis

••• Die fett gedruckten **römischen Zahlen** bezeichnen die Teile, die fett gedruckten **arabischen Zahlen** die Kapitel. ••• Die fett gedruckten **§-Angaben** bezeichnen die bei Teil 2: Gesellschaftsrecht zu den Kapiteln dazugehörigen Paragrafen. ••• Die mager gedruckten Zahlen bezeichnen die Randnummern. •••

Formkaufleute **I, 1,** 73 ff.
– AG **I, 1,** 75
– deutsche EWIV **I, 1,** 75
– Genossenschaft **I, 1,** 75
– GmbH **I, 1,** 75
– KGaA **I, 1,** 75
– Verein **I, 1,** 74
Formularvertrag, Vertragshändlervertrag **I, 5,** 180
Formvorschriften, Handelsgeschäft **I, 7,** 10 ff.
Formwechsel **II, 6, § 1,** 250 ff.
– Ablauf **II, 6, § 1,** 255
– AG in eine GmbH **II, 6, § 1,** 293 ff.
– – Anmeldung **II, 6, § 1,** 297
– – Erläuterungen **II, 6, § 1,** 295 ff.
– – Gebot der Reinvermögensdeckung **II, 6, § 1,** 296
– – mehrere Geschäftsanteile **II, 6, § 1,** 297
– – Muster der Handelsregisteranmeldung **II, 6, § 1,** 294
– – Muster eines Umwandlungsbeschlusses **II, 6, § 1,** 293
– – Rückzug von der Börse **II, 6, § 1,** 295
– – Vollzahlungsgebot **II, 6, § 1,** 296
– Aktiva **II, 6, § 2,** 82
– Definition **II, 6, § 1,** 250 ff.
– Eintragung im Handelsregister **II, 6, § 2,** 76
– Eintritt **II, 6, § 2,** 83
– formwechselfähige Rechtsträger **II, 6, § 1,** 254
– GbR und KG **II, 6, § 2,** 77 ff.
– GbR und OHG **II, 6, § 2,** 74 ff.
– Genossenschaft in eine AG **II, 6, § 1,** 298 ff.
– – Anmeldung **II, 6, § 1,** 303
– – Erläuterungen **II, 6, § 1,** 301 ff.
– – Inhalt des Umwandlungsbeschlusses **II, 6, § 1,** 302
– – Gesellschafter, persönlich haftender **II, 6, § 2,** 77
– – gesellschaftsvertragliche Vereinbarung **II, 6, § 2,** 79
– – Gewerbebetrieb **II, 6, § 2,** 75
– GmbH & Co. KG in eine AG **II, 6, § 1,** 282 ff.
– – Erläuterungen **II, 6, § 1,** 284 ff.
– – Formwechselbeschluss **II, 6, § 1,** 285 ff.
– – Sonstiges **II, 6, § 1,** 288 ff.
– GmbH in eine GmbH & Co. KG **II, 6, § 1,** 257 ff.
– – Anmeldung **II, 6, § 1,** 277 f.
– – Durchführung des Umwandlungsbeschlusses **II, 6, § 1,** 273 ff.
– – Eintragung **II, 6, § 1,** 279
– – Form des Umwandlungsbeschlusses **II, 6, § 1,** 273 ff.
– – Identität der Gesellschafter **II, 6, § 1,** 261 ff.
– – steuerliche Besonderheiten **II, 6, § 1,** 280 f.
– – Umwandlungsbericht **II, 6, § 1,** 276

– Grundbuch, Unrichtigkeit **II, 6, § 2,** 82
– Grundprinzipien **II, 6, § 1,** 250 ff.
– Grundvermögen **II, 6, § 2,** 82
– Haftungsbegrenzung **II, 6, § 2,** 79
– identitätswahrender **II, 6, § 1,** 251
– Kommanditist **II, 6, § 2,** 77
– Komplementär **II, 6, § 2,** 77
– Motive **II, 6, § 1,** 252
– OHG und KG **II, 6, § 2,** 77 ff.
– Passiva **II, 6, § 2,** 82
– Personengesellschaften **II, 6, § 2,** 73 ff.
– Rechtskleidwechsel **II, 6, § 1,** 251
– Rechtsträgeridentität **II, 6, § 2,** 82
– steuerrechtlich Folgen **II, 6, § 2,** 82 ff.
– Umstrukturierungen **II, 15, § 2,** 257 ff.
– Umwandlungssteuerrecht **II, 6, § 1,** 252
– Unternehmensfinanzierung **II, 16,** 134
– zivilrechtliche Folgen **II, 6, § 2,** 82 ff.
Formwechselbeschluss **II, 6, § 1,** 261 ff.
Forstwirtschaft **I, 1,** 45
Fortführungsgrundsatz **II, 15, § 1,** 91
Fortführungsprognose **II, 20,** 22 ff.
Fortsetzungsklausel, GbR **II, 1, § 1,** 313 ff.
– GmbH & Co. KG **II, 1, § 4,** 218 ff.
– stille Gesellschaft **II, 3, § 1,** 170
Frachtgeschäft **I, 7,** 164 ff.
– Beförderung von Umzugsgut **I, 7,** 174
– Frachtvertrag **I, 7,** 166 ff.
– Gefahrtragungsregelung **I, 7,** 172
– Haftung des Frachtführers **I, 7,** 169 ff.
– Preisgefahr **I, 7,** 172
– Schadensersatz **I, 7,** 172
– verschiedenartige Beförderungsmittel **I, 7,** 175
– Verschulden **I, 7,** 171
Frachtvertrag **I, 7,** 166 ff.
Speditionsgeschäft **I, 7,** 179
Franchise-GVO **I, 6,** 11 ff.,17
– Abweichung zu Vertikal-GVO **I, 6,** 20
– Außer-Kraft-Treten **I, 6,** 17
– Franchising **I, 6,** 11 ff.
Franchisenehmer, Abgrenzung, Handelsvertreter **I, 5,** 17
– Tätigkeit auf eigene Rechnung **I, 5,** 17
Franchise-System, Mediation **I, 6,** 254 ff.
– – deutscher Franchise-Verband **I, 6,** 255
– – Einleitung des Mediationsverfahrens **I, 6,** 261
– – Entwicklung **I, 6,** 254
– – Grenzen **I, 6,** 257
– – Hemmung der Verjährung **I, 6,** 261
– – rechtliche Fragen **I, 6,** 259 ff.
– – Umfang **I, 6,** 257 f.
– – Schiedsgerichtsverfahren, Bedeutung **I, 6,** 263 ff.
– – Feststellungsklage **I, 6,** 266 ff.
– – Schiedsgerichtsvertrag **I, 6,** 263
– – Vereinbarung von Schiedsrichtern **I, 6,** 264
– – Schlichtung **I, 6,** 250 ff.
– – Güteordnung des BNotK **I, 6,** 253
– – Schlichtungskompetenz **I, 6,** 252
Franchise-Vertrag, Abgrenzung **I, 6,** 59 ff.

– Abgrenzung, Agenturvertrag **I, 6,** 64
– – Filialsystem **I, 6,** 68
– – freiwillige Handelsketten **I, 6,** 69
– – Genossenschaften **I, 6,** 69 f.
– – Gesellschaftsvertrag **I, 6,** 65
– – Handelsvertretervertrag **I, 6,** 62
– – Joint-Venture-Vereinbarungen **I, 6,** 71
– – Kow-how-Überlassungsvertrag **I, 6,** 59
– – Kundenschutzvereinbarungen **I, 6,** 72
– – Lizenz-Überlassungsvertrag **I, 6,** 59
– – Network-Marketing **I, 6,** 77
– – Schneeballsystem **I, 6,** 77
– – strategische Allianzen **I, 6,** 76
– – Vertragshändlervertrag **I, 6,** 63
– – Absatzmittlungsvertrag **I, 6,** 56 ff.
– Absatzverbot **I, 6,** 157 f.
– – Fremdprodukte **I, 6,** 157
– – Ketten-Franchise-Vertrag **I, 6,** 158
– – Vertikal-GVO **I, 6,** 157 f.
– Abschluss, Information des Franchise-Gebers **I, 6,** 84 f.
– – Rechtsfragen **I, 6,** 84 ff.
– – vorvertragliche Aufklärungspflicht **I, 6,** 87 f.
– allgemeine Geschäftsbedingungen **I, 6,** 198 ff.
– – formularmäßige Gestaltung **I, 6,** 198
– – Inhaltskontrolle **I, 6,** 199
– – Transparenzgebot **I, 6,** 200
– andere Vertriebsverträge **I, 6,** 59 ff.
– – Abgrenzung **I, 6,** 59 ff.
– – Agenturvertrag **I, 6,** 64
– – Filialsystem **I, 6,** 68
– – Handelsvertretervertrag **I, 6,** 62
– – Joint-Venture-Vereinbarungen **I, 6,** 71
– – Kow-how-Überlassungsvertrag **I, 6,** 59
– – Kundenschutzvereinbarungen **I, 6,** 72
– – Lizenz-Überlassungsvertrag **I, 6,** 59
– – Network-Marketing **I, 6,** 77
– – Schneeballsystem **I, 6,** 77
– – strategische Allianzen **I, 6,** 76 f.
– – Vertragshändlervertrag **I, 6,** 63
– Arbeitsrecht **I, 6,** 229 ff.
– – arbeitnehmerähnliche Schutzbedürftigkeit des Franchise-Nehmers **I, 6,** 233
– – Weisungsgebundenheit des Franchise-Nehmers **I, 6,** 231
– – wirtschaftliche Selbständigkeit des Franchise-Nehmers **I, 6,** 229 ff.
– Beendigung durch Aufhebungsvertrag **I, 6,** 172 f.
– Ausgleichsklausel **I, 6,** 174
– Grundsatz der Vertragsfreiheit **I, 6,** 172
– nachvertragliches Wettbewerbsverbot **I, 6,** 175
– Schiedsgerichtsvertrag **I, 6,** 176

Stichwortverzeichnis

••• Die fett gedruckten **römischen Zahlen** bezeichnen die Teile, die fett gedruckten **arabischen Zahlen** die Kapitel. ••• Die fett gedruckten **§-Angaben** bezeichnen die bei Teil 2: Gesellschaftsrecht zu den Kapiteln dazugehörigen Paragrafen. ••• Die mager gedruckten Zahlen bezeichnen die Randnummern. •••

- Beendigung durch fristlose Kündigung, Fehlverhalten des Kündigenden **I, 6,** 186
- – Gründe **I, 6,** 182 ff.
- – ultima ratio **I, 6,** 184
- – Voraussetzungen **I, 6,** 185
- – wichtiger Grund **I, 6,** 183
- Beendigung durch ordentliche Kündigung **I, 6,** 181
- – Kündigungsmöglichkeiten **I, 6,** 181
- Beendigung durch Zeitablauf **I, 6,** 177 ff.
- – fest bestimmte Vertragsdauer **I, 6,** 177
- – Optionsklausel **I, 6,** 179
- – Verlängerung der Zusammenarbeit **I, 6,** 178
- Bemessung der Gebühren **I, 6,** 135
- § 138 BGB **I, 6,** 136
- – Angemessenheit **I, 6,** 136
- – Ermittlung **I, 6,** 137
- – Gradmesser **I, 6,** 136
- Dauerschuldverhältnis **I, 6,** 121
- – fristlose Kündigung **I, 6,** 121
- de minimis-Regelung **I, 6,** 44 ff.
- Einzelfragen **I, 6,** 198 ff.
- EU-Gruppenfreistellungsverordnung für vertikale Vertriebsbindungen **I, 6,** 18 ff.
- Franchise-Geber **I, 6,** 123 ff.
- – Entwicklung des Franchise-Systems **I, 6,** 123
- – Zusammenfassung der wesentlichen Elemente **I, 6,** 123
- – Franchise-Geber-/Franchise-Nehmer-Gesellschaft **I, 6,** 237 ff.
- – gesellschaftsrechtliche Strukturen **I, 6,** 241 ff.
- Franchise-GVO **I, 6,** 11 ff.
- Franchise-Nehmer **I, 6,** 124 ff.
- – Abschlussvollmacht **I, 6,** 126
- – Rechte und Pflichten **I, 6,** 125
- – Regelung zur Rechtsperson **I, 6,** 124
- – Struktur **I, 6,** 125
- Franchise-System, ausreichende Kostendeckung **I, 6,** 138
- – Bemessung der Gebühren **I, 6,** 135
- – Einrede des nicht erfüllten Vertrags **I, 6,** 141
- – Eintrittsgebühr **I, 6,** 134
- – Ermittlung der richtigen Gebühr **I, 6,** 137
- – – Franchise-GVO **I, 6,** 143
- – – Gebühren **I, 6,** 132
- – – Know-how-Transfer **I, 6,** 142 ff.
- – – Kostenpauschale **I, 6,** 133
- – – monatliche Fixgebühr **I, 6,** 140
- – – Schulung und Weiterbildung **I, 6,** 133
- – – Umsatz **I, 6,** 140
- – – Vertikal-GVO **I, 6,** 143
- – – Werbegebühr **I, 6,** 140
- – Gebühr, monatliche Fixgebühr **I, 6,** 140
- – – Umsatz **I, 6,** 140
- – – Werbegebühr **I, 6,** 140
- – Gerichtsstandsvereinbarungen **I, 6,** 192 ff., 275 ff.
- – – Bestimmung der EuGVO **I, 6,** 277
- – – Existenzgründung Franchise-Nehmer **I, 6,** 276
- – – Zulässigkeit **I, 6,** 275
- – Gesellschaftsrecht **I, 6,** 237
- – – Franchise-Geber-/Franchise-Nehmer-Gesellschaft **I, 6,** 237
- – – gesellschaftsrechtliche Strukturen **I, 6,** 241 ff.
- – – Kapitalgesellschaft **I, 6,** 246 ff.
- – – Personengesellschaft **I, 6,** 242 ff.
- – Gesellschaftsvertrag **I, 6,** 65
- – – Formulierungsbeispiele **I, 6,** 66 f.
- – gewerbliche Schutzrechte **I, 6,** 159 ff.
- – – Ausstattungsrecht **I, 6,** 159
- – – Kennzeichnungsrecht **I, 6,** 159
- – – Marke **I, 6,** 160
- – Inhaltskontrolle **I, 6,** 199
- – Kartellrecht **I, 6,** 202 ff.
- – – Einkaufsvorteil **I, 6,** 206
- – – Franchise-Netzwerkhaftung **I, 6,** 206
- – – Gesamtnichtigkeit **I, 6,** 205
- – – Höchstpreise **I, 6,** 204
- – – Kalkulationshilfen **I, 6,** 204
- – – Preisbindung **I, 6,** 204
- – – Querlieferung **I, 6,** 202
- – – Schriftformerfordernis **I, 6,** 203
- – – unverbindliche Verkaufspreisempfehlung **I, 6,** 204
- – – unzulässige Preisbindungsklausel **I, 6,** 205
- – Kartellverbot **I, 6,** 11 ff.
- – – Art. 81 EGV **I, 6,** 11 ff.
- – – Einzelfreistellung **I, 6,** 12
- – – Know-how-Transfer **I, 6,** 142 ff.
- – – Leitlinie **I, 6,** 13
- – – weiße Liste **I, 6,** 13 f.
- – Mediation **I, 6,** 254 ff.
- – nachvertragliches Wettbewerbsverbot **I, 6,** 11 ff.
- – – Absatzverbot **I, 6,** 157
- – – Franchise-GVO **I, 6,** 155
- – – gesonderte Abrede **I, 6,** 155
- – – Karenzentschädigung **I, 6,** 155
- – – Vertikal-GVO **I, 6,** 155
- – Nebenbestimmungen **I, 6,** 195 ff.
- – – Abkürzung der Verjährungsfrist **I, 6,** 197
- – – mündliche Nebenabreden **I, 6,** 196
- – – qualifiziertes Schrifterfordernis **I, 6,** 195 ff.
- – – Verjährung der wechselseitigen Ansprüche **I, 6,** 197
- – Nichtigkeit **I, 6,** 266
- – – Feststellungsklage **I, 6,** 266
- – Präambel **I, 6,** 131
- – – Gebühren bei Franchise-Systemen **I, 6,** 132 f.
- – – Motive **I, 6,** 131
- – Prospekthaftung **I, 6,** 119
- – Prozessrecht **I, 6,** 275 ff.
- – – Gerichtsstandsvereinbarungen **I, 6,** 275
- – – Streitwertfragen **I, 6,** 282
- – – Vollstreckungsfragen **I, 6,** 283 ff.
- – – vorläufiger Rechtsschutz **I, 6,** 278 ff.
- – – prozessuale Fragen **I, 6,** 250 ff.
- – – Schlichtung bei Franchise-Systemen **I, 6,** 250 ff.
- – Prüfungsreihenfolge **I, 6,** 46
- – Rechtsgrundlagen **I, 6,** 84 ff.
- – Rechtsnachfolge **I, 6,** 162
- – – Dritte **I, 6,** 165
- – – Erbengemeinschaft **I, 6,** 164
- – – Nachfolgeklausel **I, 6,** 162 ff.
- – Rechtswahlklausel **I, 6,** 192 ff.
- – – deutsches Recht **I, 6,** 193
- – Schiedsgerichtsverfahren, altes Schiedsverfahrensrecht **I, 6,** 269
- – – Einrede der Schiedsvereinbarung **I, 6,** 270
- – – Rechtswirkungen eines Schiedsspruchs **I, 6,** 273
- – – vorläufiger Rechtsschutz **I, 6,** 274
- – Schiedsgerichtsvertrag **I, 6,** 267
- – Schiedsklausel **I, 6,** 267
- – – Existenzgründer **I, 6,** 268
- – Schiedsrichtervertrag **I, 6,** 267
- – schwarze Klausel **I, 6,** 15 f.
- – Sittenwidrigkeit, Definition **I, 6,** 147
- – – Einzelfälle **I, 6,** 148 ff.
- – Sittenwidrigkeitskontrolle **I, 6,** 146 ff.
- – – Inhaltskontrolle **I, 6,** 146 ff.
- – – Vertriebsverträge **I, 6,** 146 ff.
- – Sozialversicherungsrecht **I, 6,** 236
- – Streitwertfragen, Feststellung der Gesamtnichtigkeit **I, 6,** 282
- – Verbraucherschutzrechte **I, 6,** 210 ff.
- – – Berechnung Widerrufsfrist **I, 6,** 215
- – – Muster der Widerrufsbelehrung **I, 6,** 217
- – – Muster zur Widerrufsbelehrung **I, 6,** 210
- – – Neufassung der Widerrufsbelehrung **I, 6,** 211
- – – ordnungsgemäße Widerrufsbelehrung **I, 6,** 213
- – – unterbliebene Widerrufsbelehrung **I, 6,** 210, 212
- – – Verbraucher **I, 6,** 218
- – – Verbraucherbegriff **I, 6,** 219
- – – Zeitpunkt der Widerrufsbelehrung **I, 6,** 222
- – – zwingendes Recht **I, 6,** 227 f.
- – Vertikal-GVO **I, 6,** 17 ff.
- – Vertikal-GVO, Grundsätzliches **I, 6,** 18 f.
- – Vertrag sui generis **I, 6,** 120
- – vertragliches Wettbewerbsverbot **I, 6,** 154 ff.
- – – Absatzverbot **I, 6,** 157
- – – Konkurrenzschutzpflicht **I, 6,** 156
- – Vertragsbeendigung **I, 6,** 171 ff.
- – – Aufhebungsvertrag **I, 6,** 172 ff.
- – – fristlose Kündigung **I, 6,** 182
- – – ordentliche Kündigung **I, 6,** 181
- – – Zeitablauf **I, 6,** 177 ff.
- – Vertragsdauer **I, 6,** 166 ff.
- – – Abschluss eines weiteren **I, 6,** 169
- – – Anspruch auf Vertragsverlängerung **I, 6,** 169
- – – Erstlaufzeit **I, 6,** 166
- – – Höhe der Investitionen **I, 6,** 166
- – – Kapitaleinsatz **I, 6,** 166

3235

Stichwortverzeichnis

••• Die fett gedruckten **römischen Zahlen** bezeichnen die Teile, die fett gedruckten **arabischen Zahlen** die Kapitel. ••• Die fett gedruckten **§-Angaben** bezeichnen die bei Teil 2: Gesellschaftsrecht zu den Kapiteln dazugehörigen Paragrafen. ••• Die mager gedruckten Zahlen bezeichnen die Randnummern. •••

– – Ketten-Franchise-Vertrag **I, 6,** 168
– Vertragsgebiet **I, 6,** 127 ff.
– – Beschränkung des Weiterverkaufs **I, 6,** 127
– – Formulierungsbeispiele **I, 6,** 128 f.
– – Vertragsstrafe **I, 6,** 187 ff.
– – Ausschluss des Grundsatzes des Fortsetzungszusammenhangs **I, 6,** 191
– – Bemessung **I, 6,** 188
– – Hamburger Brauch **I, 6,** 188
– – Vereinbarungen **I, 6,** 187
– – wechselseitige Vertragsverstöße **I, 6,** 190
– Vertriebsrecht **I, 6,** 56 ff.
– – Abstufungsgrad **I, 6,** 57
– – Belieferungsvertrag **I, 6,** 57
– – Einordnung **I, 6,** 56 ff.
– – Fachhändlervertrag **I, 6,** 57
– – Franchise-Vertrag **I, 6,** 57
– – Grad der vertikalen Integration **I, 6,** 56
– – Handelsvertretervertrag **I, 6,** 57
– – Kommissionsagentenvertrag **I, 6,** 57
– – Vertikalintegration **I, 6,** 57
– – Vertragshändlervertrag **I, 6,** 57
– – Vollstreckungsfragen **I, 6,** 283 ff.
– – § 8 Abs. 2 UWG **I, 6,** 284
– – Besonderheiten **I, 6,** 283
– – Ordnungsstrafenbeschluss **I, 6,** 285
– vorläufiger Rechtsschutz, internationale deutsche Franchise-Messe **I, 6,** 278
– – unberechtigte Kündigung des Franchise-Nehmers **I, 6,** 280
– vorvertragliche Aufklärung **I, 6,** 115 ff.
– – BGB-InfoV **I, 6,** 115 ff.
– – Fernabsatzverträge **I, 6,** 116
– – Franchise-Nehmer-Sammelklagen **I, 6,** 118
– – UNIDROIT-Modell-Gesetz **I, 6,** 116
– vorvertragliche Aufklärungspflicht **I, 6,** 87 ff.
– – Fortentwicklung der Rechtsprechung **I, 6,** 87 ff.
– – Franchise-Geber **I, 6,** 87 ff.
– – Grenzen **I, 6,** 101 ff.
– – Grundsätze der cic **I, 6,** 92 ff.
– – Haftung wegen Verletzung **I, 6,** 90
– – Mitverschulden des Franchise-Nehmers **I, 6,** 108 ff.
– – Möglichkeiten der Haftfreizeichnung **I, 6,** 111 ff.
– – Rechtsprechung **I, 6,** 87 f.
– – Standortanalyse **I, 6,** 89
– – Umfang **I, 6,** 98 ff.
– – Umfang eines Schadensersatzanspruchs **I, 6,** 105 ff.
– – Umsatzanalyse **I, 6,** 90
– – Wirtschaftlichkeitsberechnung **I, 6,** 89
– – Zeitpunkt **I, 6,** 95 ff.
– weiße Liste, Verpflichtung des Franchise-Nehmers **I, 6,** 14
– Wettbewerbsrecht **I, 6,** 207
– – Rechtsprechung **I, 6,** 208

– – regionale Werbung **I, 6,** 207
– – wettbewerbswidrige Handlungen **I, 6,** 207
– Widerrufsbelehrung, altes Recht **I, 6,** 226
– – Berechnung Widerrufsfrist **I, 6,** 215
– – Dritte **I, 6,** 224
– – drucktechnisch deutliche Gestaltung **I, 6,** 214
– – Muster nach § 14 BGB-InfoV **I, 6,** 217
– – Neufassung **I, 6,** 211
– – ordnungsgemäße **I, 6,** 213
– – unterbliebene **I, 6,** 212
– – Verbraucher **I, 6,** 218
– – Vorschriften über den gesetzlichen Rücktritt **I, 6,** 225
– – Zeitpunkt **I, 6,** 222
– – Zustandekommen **I, 6,** 122
– – – formfrei **I, 6,** 122
– – – schlüssiges Verhalten **I, 6,** 122
Franchising, Bedeutung in der BRD **I, 6,** 2
– Begriff **I, 6,** 1 ff.
– – geheim **I, 6,** 5
– – identifiziert **I, 6,** 4
– – Know-how **I, 6,** 4, 7 ff.
– – Know-how-Tansfer **I, 6,** 9
– – wesentlich **I, 6,** 4
– BRD **I, 6,** 51
– – Allgemeines Gleichbehandlungsgesetz **I, 6,** 54
– – Antidiskriminierungsrichtlinien **I, 6,** 54
– – Arbeitsrecht **I, 6,** 55
– – EU-Dienstleistungsrichtlinie **I, 6,** 52
– – Grundsatzentscheidung des BGH **I, 6,** 51
– – keine Kodifizierung **I, 6,** 51 ff.
– – obergerichtliche Rechtsprechung **I, 6,** 51
– – Schuldrechtsmodernisierungsgesetz **I, 6,** 51
– de minimis-Regelung **I, 6,** 44
– Definition **I, 6,** 3 ff.
– – Vertikal-GVO **I, 6,** 5
– Deutscher Franchiseverband **I, 6,** 3
– Ehrenkodex **I, 6,** 3
– Entwicklung **I, 6,** 1 ff.
– EU-Gruppenfreistellungsverordnung **I, 6,** 5, 11 ff.
– – für Franchisevereinbarungen **I, 6,** 11 ff.
– – für vertikale Vertriebsbindungen **I, 6,** 18 ff.
– EU-Kartell-Verfahrensordnung **I, 6,** 45 ff.
– Europa **I, 6,** 47
– – kodifiziertes Recht **I, 6,** 48
– – Überblick **I, 6,** 47 ff.
– Franchisegebühren **I, 6,** 10
– – Angemessenheit **I, 6,** 10
– – Sittenwidrigkeitsprüfung **I, 6,** 10
– Franchise-GVO **I, 6,** 4, 11 ff.
– Pronuptia-Entscheidung **I, 6,** 11 ff.
– Franchise-Vertrag **I, 6,** 11 ff.

– funktionsfähige Kooperationssysteme **I, 6,** 1
– Guidelines zur Vertikal-GVO **I, 6,** 7 ff.
– – Know-how **I, 6,** 7 ff.
– – Know-how **I, 6,** 142 ff.
– – Nützlichkeitsprüfung **I, 6,** 8
– – Transfer **I, 6,** 9
– – Unerlässlichkeitsprüfung **I, 6,** 8
– – Kodifizierung **I, 6,** 48
– – EU **I, 6,** 48
– – Griechenland **I, 6,** 50
– – Russland **I, 6,** 49
– – Mediation **I, 6,** 254 ff.
– – Nützlichkeitsprüfung **I, 6,** 8
– – prozessuale Fragen **I, 6,** 250 ff.
– – Rechtsgrundlagen **I, 6,** 11 ff.
– – Schiedsgerichtsverfahren **I, 6,** 261 ff.
– – Schlichtung **I, 6,** 250
– – Selektivvertrieb **I, 6,** 80 ff.
– – Unerlässlichkeitsprüfung **I, 6,** 8
– – US-amerikanisches Recht **I, 6,** 6
– – Vertikal-GVO **I, 6,** 18 ff.
Freiberufler, GbR **II, 1, § 1,** 37 ff.
Freiberuflerpraxen, Zugewinnausgleich, Anwaltskanzlei **II, 10,** 129
– – Arztpraxis **II, 10,** 132
– – good-will **II, 10,** 123
– – Grundsätze **II, 10,** 121 ff.
– – Korrekturkriterien **II, 10,** 128
– – latente Ertragsteuern **II, 10,** 127
– – Notarkanzlei **II, 10,** 130
– – Nutzungsmöglichkeit **II, 10,** 123
– – Standesorganisation **II, 10,** 124
– – Steuerberaterkanzlei **II, 10,** 131
– – subjektbezogene Kriterien **II, 10,** 123
– – Substanzwert **II, 10,** 122
– – Unternehmerlohn **II, 10,** 126
– – Veräußerungsschwund **II, 10,** 125
– – weitere inhabergeprägte Unternehmen **II, 10,** 133
Freie Mitarbeit **II, 17,** 2
Freiwillige Handelsketten, Franchise-Vertrag **II, 6,** 69
Fremdfinanzierung **II, 16,** 5 ff.
– Kontokorrentkredit **II, 16,** 178 f.
– Kundenanzahlung **II, 16,** 181 f.
– kurzfristige **II, 16,** 177 ff.
– langfristige **II, 16,** 137 ff.
– langfristige Darlehen **II, 16,** 138 ff.
– Lieferantenkredit **II, 16,** 180
– Unternehmensfinanzierung **II, 16,** 135 ff.
– Wechselkredit **II, 16,** 184 f.
Fremdkapital **II, 15, § 1,** 5
– Besteuerung **II, 16,** 7
– Bilanzierung **II, 16,** 7
– Haftung **II, 16,** 7
– Mitsprache- und Kontrollbefugnisse **II, 16,** 7
– Rückzahlungsanspruch **II, 16,** 7
– Verfügbarkeit **II, 16,** 7
– Vergütung **II, 16,** 7
Fremdkapitalgeber, Unternehmensfinanzierung **II, 16,** 13
Fusionskontrolle, deutsche **II, 18,** 180 ff.
– Einleitung **II, 18,** 95 ff.

Stichwortverzeichnis

••• Die fett gedruckten **römischen Zahlen** bezeichnen die Teile, die fett gedruckten **arabischen Zahlen** die Kapitel. ••• Die fett gedruckten **§-Angaben** bezeichnen die bei Teil 2: Gesellschaftsrecht zu den Kapiteln dazugehörigen Paragrafen. ••• Die mager gedruckten Zahlen bezeichnen die Randnummern. •••

- erhebliche Kosten **II, 18,** 97
- formelle **II, 18,** 98
- fusionskontrollrechtliche Problemfelder **II, 18,** 98
- Fusionskontrollverfahren **II, 18,** 96
- Vollzug des Unternehmenskaufs **II, 18,** 97
- wettbewerbliche Zwecke **II, 18,** 95
- Garantie, Kreditsicherheiten **II, 16,** 193
- GbR **II, 1, § 1,** 1 ff.
- Abfindung, Ertragswert **II, 1, § 1,** 369
- – Gesamtabrechnung **II, 1, § 1,** 370
- – gesetzliche Regelung **II, 1, § 1,** 369
- – Leistungsklage **II, 1, § 1,** 370
- – Substanzwert **II, 1, § 1,** 369
- Abfindungsanspruch, Entstehung **II, 1, § 1,** 370
- – Insolvenzfall **II, 1, § 1,** 373
- – Sittenwidrigkeit **II, 1, § 1,** 373
- – vertragliche Modifikation **II, 1, § 1,** 371 ff.
- – Verzinsung **II, 1, § 1,** 372
- – Wertermittlungsmethode **II, 1, § 1,** 377
- – Zahlungsweise **II, 1, § 1,** 372
- – Zwangsvollstreckung **II, 1, § 1,** 373
- Abfindungsausschluss **II, 1, § 1,** 374
- Abfindungsentgelt **II, 1, § 1,** 336
- – der Erben **II, 1, § 1,** 317
- Abfindungsklausel, Sittenwidrigkeit **II, 1, § 1,** 374
- Abgrenzung **II, 1, § 1,** 45 ff.
- – Bruchteilsgemeinschaft **II, 1, § 1,** 45
- – familien- und erbrechtliche Gemeinschaften **II, 1, § 1,** 46
- – rechtsfähiger Verein **II, 1, § 1,** 47
- Abspaltung von Mitgliedschaftsrechten **II, 1, § 1,** 131 ff.
- Abspaltungsverbot **II, 1, § 1,** 131
- abtretbare Ansprüche **II, 1, § 1,** 132 ff.
- abtretbare Rechte **II, 1, § 1,** 132 ff.
- actio pro socio **II, 1, § 1,** 18, 194
- Akzessorietätsprinzip **II, 1, § 1,** 117
- Allgemeines **II, 1, § 1,** 1 ff.
- Altforderungen **II, 1, § 1,** 305
- Angelegenheiten der Gesellschaft **II, 1, § 1,** 247
- Anspruch auf Ergebnisbeteiligung **II, 1, § 1,** 134
- Anspruch, Recht auf Durchsetzung **II, 1, § 1,** 131
- Anteilsübertragung, alle Anteile **II, 1, § 1,** 388
- – auf eine Person **II, 1, § 1,** 306
- – Gesellschafterrechte **II, 1, § 1,** 307
- – Haftung **II, 1, § 1,** 304 f.
- – Rechtsfehler **II, 1, § 1,** 309
- – Rechtsfolgen **II, 1, § 1,** 304 ff.
- – Teilübertragung **II, 1, § 1,** 308
- Arbeitgeberfähigkeit **II, 1, § 1,** 13
- Auflösung **II, 1, § 1,** 351, 380 ff.
- – vertragliche Regelung **II, 1, § 1,** 381
- Auflösungsbeschluss **II, 1, § 1,** 389
- Auflösungsgründe **II, 1, § 1,** 382 ff.
- Aufnahmevertrag **II, 1, § 1,** 294 ff.
- – Beteiligter **II, 1, § 1,** 294

- – Form **II, 1, § 1,** 295
- – Grundstück **II, 1, § 1,** 295
- – notarielle Beurkundung **II, 1, § 1,** 295
- – Aufwendungsersatz **II, 1, § 1,** 133
- – Auseinandersetzungsguthaben **II, 1, § 1,** 135
- – Auskunfts- und Berichtspflicht **II, 1, § 1,** 191
- – Ausscheiden **II, 1, § 1,** 335 ff.
- – – Abfindung **II, 1, § 1,** 368 ff.
- – – Beteiligte des Anspruchsverhältnisses **II, 1, § 1,** 365
- – – gesellschaftsvertragliche Regelung **II, 1, § 1,** 337
- – – Haftungsfreistellung **II, 1, § 1,** 367
- – – Insolvenz **II, 1, § 1,** 338
- – – Nachhaftung **II, 1, § 1,** 379
- – – Rechtsfolgen **II, 1, § 1,** 364 ff.
- – – Rückgabe von Gegenständen **II, 1, § 1,** 366
- – ausscheidender Gesellschafter, Abfindungsguthaben **II, 1, § 1,** 124
- – – Eintragung im Handelsregister **II, 1, § 1,** 123
- – – Haftungsfreistellung **II, 1, § 1,** 124
- – Ausscheidungsvereinbarung **II, 1, § 1,** 336
- – – Rechtsfolge **II, 1, § 1,** 336
- – Ausschließung **II, 1, § 1,** 353 ff.
- – – Fortsetzungsklausel **II, 1, § 1,** 355
- – – freie Hinauskündigungsklausel **II, 1, § 1,** 361
- – – gesellschaftsvertragliche Modifikation **II, 1, § 1,** 359 ff.
- – – gesetzliche Regelung **II, 1, § 1,** 354 ff.
- – – Gründe **II, 1, § 1,** 360
- – – Verfahren **II, 1, § 1,** 358
- – – Verfahrensregeln **II, 1, § 1,** 363
- – – wichtiger Grund **II, 1, § 1,** 356
- – Ausschlussmöglichkeiten, Einschränkung **II, 1, § 1,** 357
- – Außengesellschaft **II, 1, § 1,** 9 ff., 12, 36 ff.
- – Bareinlagen **II, 1, § 1,** 167
- – Bauarbeitsgemeinschaften **II, 1, § 1,** 43
- – Bauherrengemeinschaft **II, 1, § 1,** 130
- – Beendigung **II, 1, § 1,** 380 ff.
- – Beiträge **II, 1, § 1,** 149 ff.
- – Beitragserhöhung, nachträgliche **II, 1, § 1,** 165
- – Beitragsleistung, Arten **II, 1, § 1,** 151 ff.
- – – bewegliche Sachen **II, 1, § 1,** 153
- – – bloße Gebrauchsüberlassung **II, 1, § 1,** 154
- – – Dienstleistungen **II, 1, § 1,** 156 ff.
- – – Durchführung **II, 1, § 1,** 167 ff.
- – – Einbringung nur dem Werte nach **II, 1, § 1,** 155
- – – Einrede **II, 1, § 1,** 168
- – – Gesellschafter **II, 1, § 1,** 162
- – – gesetzliche Verpflichtung **II, 1, § 1,** 151
- – – Leistungsstörung **II, 1, § 1,** 168, 172

- – – Nutzungsüberlassung **II, 1, § 1,** 154
- – – Sachen und Rechte **II, 1, § 1,** 152 ff.
- – – sonstige Beiträge **II, 1, § 1,** 160
- – – unbewegliche Gegenstände **II, 1, § 1,** 153
- – – Unmöglichkeit **II, 1, § 1,** 169
- – – Verjährung **II, 1, § 1,** 171
- – – vertragliche Verpflichtung **II, 1, § 1,** 161 ff.
- – – Verzug **II, 1, § 1,** 170
- – – Zwei-Personen-Gesellschaft **II, 1, § 1,** 168
- – Beitritt **II, 1, § 1,** 293 ff.
- – – gesellschaftsvertragliche Regelung **II, 1, § 1,** 296
- – – Rechtsfolgen **II, 1, § 1,** 297
- – Beschlussmängel **II, 1, § 1,** 239 ff.
- – – Anfechtbarkeit **II, 1, § 1,** 241
- – – Feststellungsklage **II, 1, § 1,** 241
- – – Frist **II, 1, § 1,** 242 f.
- – – Geltendmachung **II, 1, § 1,** 241 ff.
- – – Heilung **II, 1, § 1,** 240
- – – Rechtsfolgen **II, 1, § 1,** 240
- – – Unwegsamkeitsfolgen **II, 1, § 1,** 239
- – Beschlussquorum **II, 1, § 1,** 227
- – Besitzfähigkeit **II, 1, § 1,** 13
- – Bestellgemeinschaften **II, 1, § 1,** 28
- – Besteuerung **II, 1, § 1,** 66 ff.
- – – Abfärbetheorie **II, 1, § 1,** 66
- – – Ausscheiden **II, 1, § 1,** 72 f.
- – – Gewinne **II, 1, § 1,** 68
- – – Gewinneinkünfte **II, 1, § 1,** 66
- – – Grundstück **II, 1, § 1,** 79
- – – Sonderbetriebsvermögen **II, 1, § 1,** 67
- – – Überschusseinkünfte **II, 1, § 1,** 66
- – – Vermögensverschiebung **II, 1, § 1,** 78 ff.
- – bestimmter Zweck **II, 1, § 1,** 8
- – Beteiligungsquote **II, 1, § 1,** 173
- – bewegliches Gesellschafterkonto **II, 1, § 1,** 174
- – Bilanz **II, 1, § 1,** 272
- – Buchführung, Rechnungslegung **II, 1, § 1,** 269
- – Dauer der Gesellschaft **II, 1, § 1,** 4
- – Dauergesellschaft **II, 1, § 1,** 8
- – Dauertestamentsvollstreckung **II, 1, § 1,** 334
- – Drittansprüche **II, 1, § 1,** 114
- – drohende Zahlungsunfähigkeit **II, 1, § 1,** 406
- – Ehegatten-Innengesellschaft **II, 1, § 1,** 30 ff., 155
- – Eigenkapitalbeschaffung **II, 16,** 43
- – einfache Nachfolge **II, 1, § 1,** 321 ff.
- – Einlagen **II, 1, § 1,** 149 ff.
- – Ein-Personen-GbR **II, 1, § 1,** 306
- – Eintragung im Handelsregister, Umwandlung **II, 1, § 1,** 420
- – Eintrittsklausel **II, 1, § 1,** 311, 327 ff.
- – Einkommensteuer **II, 1, § 1,** 329
- – Erbschaftsteuer **II, 1, § 1,** 329
- – Rechtsfolge **II, 1, § 1,** 327
- – Einzelgeschäftsführungsbefugnis **II, 1, § 1,** 183 ff.

3237

*** Die fett gedruckten **römischen Zahlen** bezeichnen die Teile, die fett gedruckten **arabischen Zahlen** die Kapitel. *** Die fett gedruckten **§-Angaben** bezeichnen die bei Teil 2: Gesellschaftsrecht zu den Kapiteln dazugehörigen Paragrafen. *** Die mager gedruckten Zahlen bezeichnen die Randnummern. ***

– – nachträgliches Widerspruchsrecht **II, 1, § 1,** 183
– – Schadensersatz **II, 1, § 1,** 183
– – Widerspruch **II, 1, § 1,** 183 f.
– Entnahmebeschränkung **II, 1, § 1,** 290
– Entnahmerecht, vertragliche Vereinbarung **II, 1, § 1,** 291
– Entstehung **II, 1, § 1,** 81 ff.
– Entziehung Geschäftsführungsbefugnis **II, 1, § 1,** 199 ff.
– – Beschluss **II, 1, § 1,** 202
– – Rechtsfolgen **II, 1, § 1,** 203
– Erbfall **II, 1, § 1,** 310 ff.
– – Abfindungsanspruch **II, 1, § 1,** 314
– – erbrechtliche Gestaltung **II, 1, § 1,** 330 ff.
– Erbschaftsteuer **II, 1, § 1,** 74 ff.
– Ergebnisbeteiligung, Sittenwidrigkeit **II, 1, § 1,** 285
– Ergebnisverteilung **II, 1, § 1,** 275 ff.
– – gesetzliche Regelung **II, 1, § 1,** 275 ff.
– – nach Kapitalanteilen **II, 1, § 1,** 282 ff.
– – nach Köpfen **II, 1, § 1,** 275
– – nach Quoten **II, 1, § 1,** 278 ff.
– – vertragliche Regelung **II, 1, § 1,** 277 ff.
– Erscheinungsform **II, 1, § 1,** 23
– Fahrgemeinschaften **II, 1, § 1,** 25
– Familiengesellschaft, Gruppenvertretung **II, 1, § 1,** 233
– fehlerhafte Gesellschaft **II, 1, § 1,** 309
– Formwechsel **II, 6, § 2,** 74 ff.
– Fortsetzungsklausel **II, 1, § 1,** 311 ff.
– – Ausschließlich **II, 1, § 1,** 355
– – Einkommensteuer **II, 1, § 1,** 318
– – Erbschaftsteuer **II, 1, § 1,** 317
– – Schenkungsteuer **II, 1, § 1,** 317
– Franchise-Verträge **II, 1, § 1,** 49
– Führung der Geschäfte **II, 1, § 1,** 188 ff.
– Gelegenheitsgesellschaft **II, 1, § 1,** 8
– gemeinsamer Zweck **II, 1, § 1,** 25, 81, 88 ff.
– Gesamtgeschäftsführung **II, 1, § 1,** 181
– mehrere Gesellschafter **II, 1, § 1,** 182
– gesamthänderisch gebundenes Vermögen **II, 1, § 1,** 4
– Gesamtname **II, 1, § 1,** 141
– Gesamtvertretung **II, 1, § 1,** 203
– Geschäftsbücher, Einsicht **II, 1, § 1,** 249
– – Anstellungsverhältnis **II, 1, § 1,** 157
– – Geschäftsführer, Anstellungsvertrag **II, 1, § 1,** 196
– – Auftragsrecht **II, 1, § 1,** 188
– – Aufwendungsersatzanspruch **II, 1, § 1,** 195 f.
– – Auskunfts- und Berichtspflicht **II, 1, § 1,** 191
– – eigenübliche Sorgfalt **II, 1, § 1,** 192
– – erhöhte Gewinnbeteiligung **II, 1, § 1,** 159
– – Geschäftsführung ohne Auftrag **II, 1, § 1,** 192
– – Gewinnvoraus **II, 1, § 1,** 196

– – grobe Fahrlässigkeit **II, 1, § 1,** 192
– – Haftung **II, 1, § 1,** 192
– – Rechte und Pflichten **II, 1, § 1,** 188
– – Vergütung **II, 1, § 1,** 195 f.
– – Vertragsanpassung **II, 1, § 1,** 196
– – Vorsatz **II, 1, § 1,** 192
– – Weisungen **II, 1, § 1,** 188
– – Weisungsrechte **II, 1, § 1,** 190
– Geschäftsführerbestellung, gesellschaftsvertragliche Regeln **II, 1, § 1,** 187
– Geschäftsführung **II, 1, § 1,** 58 f., 175 ff.
– – Beendigung **II, 1, § 1,** 197 ff.
– – Form **II, 1, § 1,** 181 ff.
– – gemeinschaftliche **II, 1, § 1,** 181
– – Gesellschaftszweck **II, 1, § 1,** 177
– – Grundlagengeschäft **II, 1, § 1,** 177
– – Kündigung **II, 1, § 1,** 198
– – Leistungsklage auf Zustimmung **II, 1, § 1,** 181
– – Liquidation **II, 1, § 1,** 391
– – Notgeschäftsführung **II, 1, § 1,** 181
– – Rechnungslegung **II, 1, § 1,** 270
– – Selbstorganschaft **II, 1, § 1,** 178
– Geschäftsführungsbefugnis **II, 1, § 1,** 176, 179
– – einmaliger Pflichtverstoß **II, 1, § 1,** 200
– – Entziehung **II, 1, § 1,** 199 ff., 237
– – Kombinationsmöglichkeiten **II, 1, § 1,** 185 f.
– – Minderjähriger **II, 1, § 1,** 180
– – Ressortverteilung **II, 1, § 1,** 185
– – Teilentziehung **II, 1, § 1,** 201
– – Vertretungsmacht **II, 1, § 1,** 207 f.
– Geschäftsführungsberechtigung **II, 1, § 1,** 180
– Geschäftsführungsmaßnahmen **II, 1, § 1,** 216
– Geschäftsführungsverpflichtung **II, 1, § 1,** 180
– geschlossene Fonds **II, 1, § 1,** 7
– Gesellschafter **II, 1, § 1,** 4
– – ausländische Gesellschaften **II, 1, § 1,** 87
– – eheliche Gütergemeinschaft **II, 1, § 1,** 86
– – Eintritt **II, 1, § 1,** 82 f.
– – Erbengemeinschaft **II, 1, § 1,** 86
– – Haftung **II, 1, § 1,** 109 ff.
– – innere Willensrichtung **II, 1, § 1,** 11
– – juristische Person **II, 1, § 1,** 85
– – natürliche Person **II, 1, § 1,** 85
– – Personengesellschaft **II, 1, § 1,** 85
– – Qualifikationserfordernis **II, 1, § 1,** 85
– – Wechsel **II, 1, § 1,** 16
– – Zahl **II, 1, § 1,** 84
– Gesellschafterausschluss **II, 1, § 1,** 237
– Gesellschafterbeschlüsse **II, 1, § 1,** 213 ff.
– – Allgemeines **II, 1, § 1,** 213
– – Beschlussgegenstand **II, 1, § 1,** 215
– – Mängel **II, 1, § 1,** 239 ff.
– – Verfahrensfehler **II, 1, § 1,** 239
– Gesellschafterinsolvenz **II, 1, § 1,** 386

– Gesellschafterversammlung **II, 1, § 1,** 223 ff.
– – Anfechtungsmöglichkeiten **II, 1, § 1,** 223 ff.
– – Anwesenheitsrecht **II, 1, § 1,** 223 ff.
– – Bekanntgabefragen **II, 1, § 1,** 223 ff.
– – Beschlussquoren **II, 1, § 1,** 223 ff.
– – Durchführung **II, 1, § 1,** 225 ff.
– – Einberufung **II, 1, § 1,** 224
– – Einladungsfristen **II, 1, § 1,** 223 ff.
– – Formvorschriften **II, 1, § 1,** 228
– – Nichterscheinen **II, 1, § 1,** 225
– – Protokollierungsfragen **II, 1, § 1,** 223 ff.
– – Quorum **II, 1, § 1,** 226
– – Stimmrecht **II, 1, § 1,** 225
– – Teilnahmeberechtigung **II, 1, § 1,** 225
– – Vertretungsregelungen **II, 1, § 1,** 223 ff.
– – Zufallsergebnis **II, 1, § 1,** 226
– Gesellschafterwechsel **II, 1, § 1,** 61 f., 123 f., 145 ff., 298 ff.
– – Regressansprüche **II, 1, § 1,** 126
– Gesellschaftsangelegenheiten **II, 1, § 1,** 217
– Gesellschaftsanteil, Belastung **II, 1, § 1,** 136 ff.
– – Nießbrauchsbestellung **II, 1, § 1,** 136 f.
– – Pfändung **II, 1, § 1,** 138
– – Testamentsvollstreckung **II, 1, § 1,** 334
– – Übertragbarkeit **II, 1, § 1,** 299 f.
– Gesellschaftsbeteiligung, Vererblichkeit **II, 1, § 1,** 63
– Gesellschaftsinsolvenz **II, 1, § 1,** 387
– Gesellschaftsrecht **II, 1, § 1,** 3
– Gesellschaftsvermögen **II, 1, § 1,** 16 f.
– – gesamthänderisch gebunden **II, 1, § 1,** 10
– Gesellschaftsvertrag **II, 1, § 1,** 2, 95 f., 139 ff.
– – Abschluss **II, 1, § 1,** 97 ff.
– – Änderung **II, 1, § 1,** 107 f., 218 ff.
– – Auslegung **II, 1, § 1,** 106
– – besondere Genehmigung **II, 1, § 1,** 99
– – beurkundungsbedürftige Rechtsgeschäfte **II, 1, § 1,** 103
– – Einstimmigkeit **II, 1, § 1,** 107
– – Form **II, 1, § 1,** 101 ff.
– – gemeinsamer Zweck **II, 1, § 1,** 100
– – Grundstück **II, 1, § 1,** 102
– – Inhaltskontrolle **II, 1, § 1,** 105
– – konkludentes Verhalten **II, 1, § 1,** 107
– – Mindestinhalt **II, 1, § 1,** 100
– – Rechtsnatur **II, 1, § 1,** 96
– – Regelungsdetails **II, 1, § 1,** 139 ff.
– – Stellvertretung **II, 1, § 1,** 98
– – Zustimmungserfordernis **II, 1, § 1,** 302
– Gesellschaftszweck **II, 1, § 1,** 177
– Gewinn- und Verlustrechnung **II, 1, § 1,** 272

3238

Stichwortverzeichnis

••• Die fett gedruckten **römischen Zahlen** bezeichnen die Teile, die fett gedruckten **arabischen Zahlen** die Kapitel. ••• Die fett gedruckten **§-Angaben** bezeichnen die bei Teil 2: Gesellschaftsrecht zu den Kapiteln dazugehörigen Paragrafen. ••• Die mager gedruckten Zahlen bezeichnen die Randnummern. •••

- Gewinn, Anspruch auf Auszahlung **II, 1, § 1**, 134
- Gewinnanspruch, Auszahlung **II, 1, § 1**, 288 ff.
- – gesetzliche Regelung **II, 1, § 1**, 289 f.
- Gewinnbeteiligung **II, 1, § 1**, 60
- Gewinnverteilung **II, 1, § 1**, 131
- – Arbeitslohn **II, 1, § 1**, 284
- – Gewinnvoraus **II, 1, § 1**, 284
- Gläubiger, Kündigung, vertragliche Beschränkung **II, 1, § 1**, 345
- Grundbesitzgesellschaft **II, 1, § 1**, 44
- Grundbuch **II, 1, § 1**, 14
- Grundbuchfähigkeit **II, 1, § 1**, 14
- – Registereintragung **II, 1, § 1**, 14
- Grunderwerbsteuer **II, 1, § 1**, 79 f.
- Grundlagengeschäft **II, 1, § 1**, 177
- Grundrechtsfähigkeit **II, 1, § 1**, 13
- Grundstück **II, 1, § 1**, 14
- Gründungsphase **II, 1, § 1**, 52
- Gruppenvertretung, Willensbildung **II, 1, § 1**, 234
- Haftung **II, 1, § 1**, 11, 21 ff., 55, 109 ff.
- – Akzessorietätstheorie **II, 1, § 1**, 112
- – Ausscheiden **II, 1, § 1**, 122 ff.
- – Ausscheiden der Gesellschafter **II, 1, § 1**, 304
- – ausscheidender Gesellschafter **II, 1, § 1**, 123 f.
- – Doppelverpflichtungstheorie **II, 1, § 1**, 110 f.
- – Einwendungen **II, 1, § 1**, 119 ff.
- – Einwendungen der Gesellschaft **II, 1, § 1**, 121
- – Erbe **II, 1, § 1**, 320
- – Erfüllungstheorie **II, 1, § 1**, 118
- – Geschäftsführer, **II, 1, § 1**, 192
- – Gesellschafter **II, 1, § 1**, 117, 122 ff.
- – Gesellschaftsschuld **II, 1, § 1**, 114 ff.
- – Haftungstheorie **II, 1, § 1**, 118
- – Inhalt **II, 1, § 1**, 118
- – Kündigung **II, 1, § 1**, 344
- – neue Gesellschafter **II, 1, § 1**, 125
- – persönliche Einwendungen **II, 1, § 1**, 120
- – Regressansprüche **II, 1, § 1**, 126
- – Verbindlichkeiten der Gesellschaft **II, 1, § 1**, 21
- – Verpflichtung der Gesellschaft **II, 1, § 1**, 21
- – verschuldensabhängiges Verhalten **II, 1, § 1**, 22
- – Voraussetzungen **II, 1, § 1**, 114 ff.
- – Wissenszurechnung der Organe **II, 1, § 1**, 22
- Haftungsausschlussregeln **II, 1, § 1**, 127
- Haftungsbeschränkung **II, 1, § 1**, 127 ff.
- – Ausschluss durch AGB **II, 1, § 1**, 129
- – Bauherrengemeinschaft **II, 1, § 1**, 130
- – Berufsträgergesellschaft **II, 1, § 1**, 129
- – geschlossener Immobilienfond **II, 1, § 1**, 129
- – Immobilienfond **II, 1, § 1**, 130

- – Individualvereinbarung **II, 1, § 1**, 128
- – Namenszusatz **II, 1, § 1**, 129
- – Haftungsfreistellung **II, 1, § 1**, 367
- – Handelsregistereintragung **II, 1, § 1**, 53
- – Handwerk **II, 1, § 1**, 41
- – Hinweis auf die Rechtsform **II, 1, § 1**, 144
- – Höhe der Erbquote **II, 1, § 1**, 331
- – Immobilienfond **II, 1, § 1**, 130
- – Informations- und Kontrollrechte **II, 1, § 1**, 244 ff.
- – Informationsrechte **II, 1, § 1**, 131
- – Innengesellschaft **II, 1, § 1**, 9 ff., 24 ff.
- – Insolvenz **II, 1, § 1**, 402 ff.
- – – Antragsberechtigung **II, 1, § 1**, 410
- – – Antragsfolgen **II, 1, § 1**, 411
- – – Antragspflicht **II, 1, § 1**, 409
- – – Auflösung der Gesellschaft **II, 1, § 1**, 412
- – – drohende Zahlungsunfähigkeit **II, 1, § 1**, 406
- – – Durchsetzung der Gesellschafterhaftung **II, 1, § 1**, 418
- – – eigenkapitalersetzende Gesellschafterleistung **II, 1, § 1**, 417
- – – Forderungen aus dem Gesellschaftsverhältnis **II, 1, § 1**, 416
- – – Gesellschaftsvermögen **II, 1, § 1**, 415
- – – Insolvenzfähigkeit **II, 1, § 1**, 402 f.
- – – Insolvenzgründe **II, 1, § 1**, 404 ff.
- – – Überschuldung **II, 1, § 1**, 407
- – – Vermögen der Gesellschaft **II, 1, § 1**, 338
- – – Vermögen eines Gesellschafters **II, 1, § 1**, 338
- – – Vertretungs- und Verfügungsbefugnis **II, 1, § 1**, 413 f.
- – Insolvenzantrag **II, 1, § 1**, 408
- – Insolvenzfähigkeit **II, 1, § 1**, 13, 402 f.
- – Insolvenzgründe **II, 1, § 1**, 404 ff.
- – Zahlungsunfähigkeit **II, 1, § 1**, 405
- – Insolvenzmasse **II, 1, § 1**, 415 ff.
- – Insolvenzverfahren **II, 1, § 1**, 386 ff.
- – – Folgen der Eröffnung **II, 1, § 1**, 412 f.
- – irreführende Bezeichnung **II, 1, § 1**, 141
- – Kapitalanteil **II, 1, § 1**, 173 ff.
- – – Abstimmung **II, 1, § 1**, 229
- – – Auseinandersetzungsguthaben **II, 1, § 1**, 173
- – – Ausgangsgröße **II, 1, § 1**, 173
- – – Beteiligungsquote **II, 1, § 1**, 173
- – – personenrechtliche Beteiligung **II, 1, § 1**, 173
- – – Rechnungslegung **II, 1, § 1**, 173
- – – Stimmgewichtung **II, 1, § 1**, 173
- – Kapitalaufbringung **II, 1, § 1**, 54
- – Kapitalgesellschaft **II, 1, § 1**, 13
- – kapitalistische **II, 1, § 1**, 7
- – Kapitalkonto **II, 1, § 1**, 174
- – – Verzinsung **II, 1, § 1**, 283
- – Kernbereich der Gesellschafterrechte, **II, 1, § 1**, 256

- KG **II, 1, § 1**, 13
- Klage gegen Gesellschaft, Rechtsschutzbedürfnis **II, 1, § 1**, 19
- Kleingewerbe **II, 1, § 1**, 40
- kombiniertes Ein- und Austrittsrecht **II, 1, § 1**, 298
- Kontroll- und Widerspruchsrecht **II, 1, § 1**, 57
- Kontrollmöglichkeiten **II, 1, § 1**, 56 f.
- Kontrollrechte **II, 1, § 1**, 131, 244 ff.
- – Ausschluss **II, 1, § 1**, 250
- – Berechtigter **II, 1, § 1**, 251
- – Beteiligte **II, 1, § 1**, 251 ff.
- – Durchsetzung **II, 1, § 1**, 253
- – Einschränkung **II, 1, § 1**, 255 f.
- – Erweiterung der gesetzlichen **II, 1, § 1**, 254
- – Inhalt **II, 1, § 1**, 246 ff.
- – Leistungsklage **II, 1, § 1**, 253
- – Umfang **II, 1, § 1**, 246 ff.
- – unredliche Geschäftsführung **II, 1, § 1**, 255
- – unzulässige Rechtsausübung **II, 1, § 1**, 250
- – Verpflichteter **II, 1, § 1**, 252
- – vertragliche Regelung **II, 1, § 1**, 254 ff.
- Kündigung aus wichtigem Grund, vertragliche Beschränkung **II, 1, § 1**, 347
- Kündigung **II, 1, § 1**, 382
- – Formalerfordernisse **II, 1, § 1**, 348 ff.
- – gesetzliche Regelung **II, 1, § 1**, 351
- – gesetzliches Kündigungsrecht **II, 1, § 1**, 339 ff.
- – Gläubiger **II, 1, § 1**, 341, 345
- – Minderjähriger **II, 1, § 1**, 344
- – ordentliche **II, 1, § 1**, 340, 346
- – Pfändungspfandgläubiger **II, 1, § 1**, 382
- – Rechtsfolge **II, 1, § 1**, 340, 351 ff.
- – Treuepflicht **II, 1, § 1**, 94
- – vertragliche Modifikation **II, 1, § 1**, 352
- – wichtiger Grund **II, 1, § 1**, 342 ff., 347
- Kündigungsfrist **II, 1, § 1**, 349
- Kündigungsrecht **II, 1, § 1**, 131
- – Ausschluss **II, 1, § 1**, 344
- – vertragliche Beschränkung **II, 1, § 1**, 345 ff.
- Landwirtschafts- und Forstbetriebe **II, 1, § 1**, 42
- lebzeitige Übertragung **II, 1, § 1**, 298 ff.
- lebzeitiges Ausscheiden **II, 1, § 1**, 335 ff.
- Liquidation **II, 1, § 1**, 390 ff.
- – abweichende Gestaltung **II, 1, § 1**, 401
- – Abwicklung laufender Geschäfte **II, 1, § 1**, 396
- – Auseinandersetzungsverfahren **II, 1, § 1**, 395 ff.
- – Begleichung von Verbindlichkeiten **II, 1, § 1**, 397
- – Durchsetzungssperre **II, 1, § 1**, 392

3239

Stichwortverzeichnis

••• Die fett gedruckten **römischen Zahlen** bezeichnen die Teile, die fett gedruckten **arabischen Zahlen** die Kapitel. ••• Die fett gedruckten **§-Angaben** bezeichnen die bei Teil 2: Gesellschaftsrecht zu den Kapiteln dazugehörigen Paragrafen. ••• Die mager gedruckten Zahlen bezeichnen die Randnummern. •••

- – Einforderung von Nachschüssen II, 1, § 1, 398
- – Geschäftsführung II, 1, § 1, 391
- – Mitwirkungsrechte II, 1, § 1, 131
- – Rechnungslegung II, 1, § 1, 393
- – Rückgabe von Gegenständen II, 1, § 1, 395
- – Rückgewähr von Einlagen II, 1, § 1, 399
- – Sonderfälle II, 1, § 1, 394
- – Überschussverteilung II, 1, § 1, 400
- – Lotto-Tippgemeinschaft II, 1, § 1, 27
- – Markenrechtsfähigkeit II, 1, § 1, 13
- – mehrere II, 1, § 1, 19
- – Mehrheitsentscheidung II, 1, § 1, 214
- – Minderjährige II, 1, § 1, 2
- – – Veräußerung II, 11, 85 f.
- – minderjähriger Gesellschafter II, 11, 2
- – Miterbe II, 1, § 1, 331
- – Mitgliedschaftsrechte, Abspaltung II, 1, § 1, 131 ff.
- – Nachfolgeklausel II, 1, § 1, 311, 319 ff.
- – – Einkommensteuer II, 1, § 1, 324
- – – Erbschaftsteuer II, 1, § 1, 324
- – Nachhaftung II, 1, § 1, 379
- – Name der Gesellschaft II, 1, § 1, 140 ff.
- – Namensführung, Geschäftsveräußerung II, 1, § 1, 148
- – – Gesellschafterwechsel II, 1, § 1, 146
- – nichteheliche Lebensgemeinschaften II, 1, § 1, 30 ff.
- – Notgeschäftsführung II, 1, § 1, 193
- – Öffnungsklausel, Gesellschaftsvertrag II, 1, § 1, 302
- – – Übertragungsvertrag II, 1, § 1, 302
- – OHG II, 1, § 1, 13; II, 1, § 2 2
- – ordentliche Kündigung, Befristung II, 1, § 1, 346
- – – Fortsetzungsbeschluss II, 1, § 1, 346
- – – vertragliche Beschränkung II, 1, § 1, 346 ff.
- – ordnungsgemäße Buchführung II, 1, § 1, 272
- – Organe II, 1, § 1, 19
- – organschaftliche Vertretung II, 1, § 1, 22
- – partiarisches Darlehen II, 1, § 1, 48
- – Partnerschaftsgesellschaft II, 1, § 1, 39
- – personalistische II, 1, § 1, 7
- – Pflichtteilsansprüche II, 1, § 1, 331
- – Prozess II, 1, § 1, 18 ff.
- – – Darlegungs- und Beweislast II, 1, § 1, 20
- – – Gesamtvertretung II, 1, § 1, 20
- – Prozessfähigkeit II, 1, § 1, 13
- – qualifizierte Nachfolgeklausel II, 1, § 1, 319 ff., 331
- – Rechnungsabschluss II, 1, § 1, 289
- – – Feststellung II, 1, § 1, 274
- – – vertragliche Regelungen II, 1, § 1, 272
- – Rechnungslegung II, 1, § 1, 251, 267 f.
- – – gesetzliche Regelung II, 1, § 1, 267 ff.

- – Recht auf Rechnungslegung II, 1, § 1, 131
- – Rechtsfähigkeit II, 1, § 1, 12 ff., 15, 21
- – Rechtsformwahl II, 1, § 1, 50 ff.
- – – gesellschaftsrechtliche Kriterien II, 1, § 1, 51 ff.
- – Rechtsformzusatz II, 1, § 1, 142
- – rechtsgeschäftliche Nachfolgeklausel II, 1, § 1, 326
- – Rechtsnachfolge II, 1, § 1, 310 ff.
- – – gesellschaftsvertragliche Regelung II, 1, § 1, 311 ff.
- – – gesetzliche Regelung II, 1, § 1, 310
- – Rechtsträger II, 1, § 1, 15
- – Registereintragung II, 1, § 1, 14
- – Regressansprüche, akzessorische Haftung II, 1, § 1, 126
- – Reisegesellschaften II, 1, § 1, 29
- – Rückgriffsanspruch II, 1, § 1, 305
- – Rücklagen II, 1, § 1, 286
- – Sacheinlagen II, 1, § 1, 167
- – Scheckfähigkeit II, 1, § 1, 13
- – Schenkungsteuer II, 1, § 1, 74 ff.
- – schuldrechtlicher Vertragstyp II, 1, § 1, 2
- – schwebende Geschäfte, Abrechnung II, 1, § 1, 378
- – – Ausscheiden II, 1, § 1, 378
- – Selbstorganschaft II, 1, § 1
- – Sondererbfolge II, 1, § 1, 319
- – Sozialansprüche II, 1, § 1, 10, 18, 114, 307
- – sozialversicherungsrechtliche Verbindlichkeiten II, 1, § 1, 116
- – Sozietäten von Freiberuflern II, 1, § 1, 37 ff.
- – Sportgesellschaften II, 1, § 1, 29
- – Steuerfähigkeit II, 1, § 1, 13
- – steuerliche Kriterien II, 1, § 1, 65 ff.
- – stille Gesellschaft II, 1, § 1, 33 ff.; II, 3, § 1 22
- – Stimmabgabe II, 1, § 1, 228, 231 ff.
- – – Berufsverschwiegenheit Dritter II, 1, § 1, 231
- – – durch Dritte II, 1, § 1, 231
- – – Vertretung II, 1, § 1, 231
- – – Vorsorgevollmacht II, 1, § 1, 231
- – Stimmbindung II, 1, § 1, 232 ff.
- – – Gruppenvertretungsregelungen II, 1, § 1, 232 ff.
- – – obligatorische Gruppenvertretung II, 1, § 1, 233
- – Stimmbindungsverträge II, 1, § 1, 232, 236
- – Stimmgewichtung II, 1, § 1, 56, 173
- – Stimmrechte II, 1, § 1, 131, 229 ff.
- – – Abstimmung nach Kapitalanteilen II, 1, § 1, 229
- – – Ausschluss II, 1, § 1, 225
- – – Familiengesellschaften II, 1, § 1, 230
- – – Mehrfachstimmrechte II, 1, § 1, 230
- – – nach Köpfen II, 1, § 1, 229
- – – Sittenverstoß II, 1, § 1, 230
- – Stimmrechtsausschluss II, 1, § 1, 237 ff.

- – vertraglicher II, 1, § 1, 238
- – Stimmrechtsbeschränkung, gesetzliche II, 1, § 1, 237
- – Stimmrechtsbindung II, 1, § 1, 231 ff.
- – Tod eines Gesellschafters II, 1, § 1, 310 ff., 385
- – Treuepflicht II, 1, § 1, 91 ff.
- – – Schadensersatz II, 1, § 1, 94
- – Überblick II, 1, § 1, 1
- – Überschuldung II, 1, § 1, 407
- – Übertragbarkeit des Gesellschaftsanteils II, 1, § 1, 299 f.
- – Übertragung aller Anteile II, 1, § 1, 388
- – Übertragungsvertrag II, 1, § 1, 301 ff.
- – Umwandlung II, 1, § 1, 419 f.
- – – Abwicklungsgesellschaft II, 1, § 1, 390
- – – Eintragung im Handelsregister II, 1, § 1, 420
- – unerlaubte Handlung II, 1, § 1, 116
- – ungerechtfertigte Bereicherung II, 1, § 1, 116
- – Unterbeteiligung II, 1, § 1, 33 ff.
- – Unternehmensgegenstand II, 1, § 1, 143
- – unternehmenstragende Gesellschaft II, § 1, 174
- – Urkundeneinsicht II, 1, § 1, 251
- – Verein II, 1, § 1, 13
- – Verfügungen von Todes wegen II, 1, § 1, 330
- – Vergütungsansprüche II, 1, § 1, 133
- – Verlust, Verteilung II, 1, § 1, 276
- – Verlustausgleich II, 1, § 1, 288 ff., 292
- – Verlustbeteiligung II, 1, § 1, 60
- – Vermögen II, 1, § 1, 15
- – Verpfändung II, 1, § 1, 138
- – Vertreter II, 1, § 1, 207 f.
- – Vertretung II, 1, § 1, 19, 58 f., 205 ff.
- – – gemeinschaftliche II, 1, § 1, 19
- – – gesetzliche II, 1, § 1, 59
- – – Rechtsnatur II, 1, § 1, 206
- – Vertretungsmacht II, 1, § 1, 207 f.
- – – akzessorische Haftung II, 1, § 1, 209
- – – Außenverhältnis II, 1, § 1, 209
- – – Beendigung II, 1, § 1, 212
- – – Entziehung II, 1, § 1, 237
- – – Rechtsscheinsgrundsätze II, 1, § 1, 209
- – – Umfang II, 1, § 1, 209 ff.
- – – Widerspruch II, 1, § 1, 210
- – Verwaltungsrechte II, 1, § 1, 131
- – Vollstreckungsmaßnahme II, 1, § 1, 19
- – Vollstreckungsgegenstand II, 1, § 1, 19
- – Vor- und Nacherbfolge II, 1, § 1, 333
- – Wechselfähigkeit II, 1, § 1, 13
- – Weisungsrechte II, 1, § 1, 190
- – Wettbewerb II, 1, § 1, 257 ff.
- – Wettbewerbsverbot II, 1, § 1, 257 ff.
- – – Auflösung der Gesellschaft II, 1, § 1, 265
- – – Berufsverbot II, 1, § 1, 265
- – – Dauer II, 1, § 1, 265
- – – Eintrittsrecht II, 1, § 1, 266

Stichwortverzeichnis

••• Die fett gedruckten **römischen Zahlen** bezeichnen die Teile, die fett gedruckten **arabischen Zahlen** die Kapitel. ••• Die fett gedruckten **§-Angaben** bezeichnen die bei Teil 2: Gesellschaftsrecht zu den Kapiteln dazugehörigen Paragrafen. ••• Die mager gedruckten Zahlen bezeichnen die Randnummern. •••

– – Entschädigung **II, 1, § 1,** 265
– – gegenständliche Einschränkung **II, 1, § 1,** 265
– – Gelegenheitsgeschäfte **II, 1, § 1,** 260
– – gesetzliche Treuepflicht **II, 1, § 1,** 265
– – gesetzliches **II, 1, § 1,** 257
– – Mandatsschutzklausel **II, 1, § 1,** 265
– – nachvertraglich **II, 1, § 1,** 265
– – räumliche Einschränkung **II, 1, § 1,** 265
– – Rechtsfolgen **II, 1, § 1,** 266
– – Schadensersatzanspruch **II, 1, § 1,** 266
– – Unterlassungsanspruch **II, 1, § 1,** 266
– – Verstoß **II, 1, § 1,** 258 ff.
– – vertragliche Regelungen **II, 1, § 1,** 261 ff.
– – Vorbereitungsmaßnahmen **II, 1, § 1,** 260
– – Willensbildung **II, 1, § 1,** 56 f.
– – Wohngemeinschaft **II, 1, § 1,** 26
– – Zahlungsunfähigkeit **II, 1, § 1,** 405
– – Zeitablauf **II, 1, § 1,** 383
– – Zweckerreichung **II, 1, § 1,** 384
Gefahrenübergang, UN-Kaufrecht **I, 8,** 95 ff.
Gefälligkeitsverhältnis, Handelsgeschäft **I, 7,** 7
Geheimhaltungspflichten, Schiedsverfahren **II, 13,** 6
Gelatine-Entscheidung **II, 6, § 2,** 41, 43
Gelegenheitsgesellschaft **II, 1, § 1,** 8
Gemeinsamer Zweck **II, 1, § 1,** 100
– Begriff **II, 1, § 1,** 88 ff.
– Förderungspflicht **II, 1, § 1,** 100
– stille Gesellschaft **II, 3, § 1,** 15
– Treuepflicht **II, 1, § 1,** 91 ff.
Gemeinschaftsunternehmen, Beurkundung **II, 14,** 45
Gemischte Betriebe **I, 1,** 46
Genehmigtes Kapital **II, 16,** 101 f.
Genehmigungsbedürftigkeit, Minderjähriger **II, 11,** 15 ff., 65, 78
Genehmigungsfähigkeit, Gesellschafterbeschluss, Minderjähriger **II, 11,** 79 ff.
– Minderjähriger **II, 11,** 20 ff.
Genossenschaft **II, 15, § 1,** 76
– Gründung, Bilanzierung **II, 15, § 1,** 14
– Franchise-Vertrag **I, 6,** 69
Genussrechte, Bilanzierung, HGB **II, 16,** 325
– – IFRS/IAS **II, 16,** 326
– – US-GAAP **II, 16,** 327
– Mezzanine-Finanzierung **II, 16,** 322
Gerichtsstandsvereinbarungen, Franchise-Vertrag **I, 6,** 275
– UN-Kaufrecht **I, 8,** 67 f.
Gesamthandsprinzip, Anwachsung **II, 6, § 2,** 52
Gesamthandsvermögen, Personengesellschaft, Joint Venture **II, 12,** 130

Gesamtprokura, Änderung in eine Einzelprokura, Muster **I, 4,** 51
– Erteilung, Muster **I, 4,** 47
Gesamtrechtsnachfolge **II, 6, § 2,** 124 ff.
Gesamtschuldner **II, 1, § 5,** 28
Gesamtschuldverhältnis, Bilanzerstellung **II, 15, § 1,** 99
Gesamtvermögensübertragung, Beurkundung **II, 14,** 41
Gesamtvertretung **II, 1, § 1,** 20
– OHG **II, 1, § 2,** 48
– – gemischte **II, 1, § 2,** 49
Geschäftsbesorgungscharakter, Vertragshändlervertrag **I, 5,** 176
Geschäftsbriefe, GmbH & Co. KG **II, 1, § 4,** 236 ff.
Geschäftsführer, Außenhaftung **II, 20,** 241
– Außenhaftung, relevante Haftungstatbestände **II, 20,** 255 ff.
– D&O-Versicherung **II, 20,** 240
– faktischer, Haftungsgefahren **II, 20,** 238
– Haftung **II, 20,** 189 ff.
– – Abführung der Lohnsteuer **II, 20,** 280
– – Abgabe der Steuererklärung **II, 20,** 280
– – Amtsniederlegung **II, 20,** 239
– – Aufzeichnungspflichten **II, 20,** 280
– – Auskunftspflichten **II, 20,** 280
– – Beweislast **II, 20,** 246
– – Buchführungspflichten **II, 20,** 280
– – Eröffnung des Insolvenzverfahrens **II, 20,** 249
– – Erstattungsansprüche **II, 20,** 251
– – existenzgefährdender Eingriff **II, 20,** 243
– – existenzvernichtender Eingriff **II, 20,** 254
– – Gewerbesteuer **II, 20,** 285
– – hypothetische Lohnsteuerzahlung **II, 20,** 284
– – Insolvenzanfechtung **II, 20,** 251
– – Körperschaftsteuer **II, 20,** 285
– – Lohnsteuer **II, 20,** 281 ff.
– – Masseverkürzung **II, 20,** 248
– – pauschalierte Lohnsteuer **II, 20,** 285
– – pauschalierte Umsatzsteuer **II, 20,** 285
– – rückständige Steuern **II, 20,** 280
– – rückständige Umsatzsteuer **II, 20,** 287
– – Sorgfaltsmaßstab **II, 20,** 246
– – verbotene Zahlungen **II, 20,** 244, 250
– – Vermögensminderung **II, 20,** 241
– – Voraussetzungen **II, 20,** 249
– – Vorbehaltsurteil **II, 20,** 251
– – Innenhaftung **II, 20,** 241
– – relevante Haftungstatbestände **II, 20,** 242 ff.
– – Insolvenzsicherung **II, 20,** 279
– – Insolvenzverfahren **II, 20,** 350 ff.
– – Insolvenzverschleppung **II, 20,** 255 ff.
– – nicht abgeführte Sozialversicherungsbeiträge **II, 20,** 266 ff.
– – Überschuldung **II, 20,** 62

– Untreue **II, 20,** 121
– verbotene Stammkapitalausschüttung **II, 20,** 242
– Zahlungsverbot, maßgeblicher Zeitpunkt **II, 20,** 245
Geschäftsführung, GbR **II, 1, § 1,** 175 ff.
– Joint Venture **II, 12,** 52 ff.
– KG **II, 1, § 3,** 98 ff.
– OHG **II, 1, § 2,** 27 ff.
– Partnerschaftsgesellschaft **II, 1, § 5,** 62 ff.
– stille Gesellschaft **II, 3, § 1,** 88 ff.
– Vorrausetzungen für die Bestellung zum Geschäftsführer **II, 2, § 1,** 170
Geschäftsführungsbefugnis, OHG **II, 1, § 2,** 39 ff.
Geschäftsgeheimnis, Handelsvertreter **I, 5,** 38
Geschäftsinhaber, Stellvertretung **I, 4,** 1 f.
Geschäftsleiter, Haftungsgefahren **II, 20,** 235 ff.
– – Allgemeines **II, 20,** 236 ff.
– – Beweislast **II, 20,** 237
– – Schadensersatz **II, 20,** 236
Geschäftsunfähige, stille Gesellschaft **II, 3, § 1,** 79 ff.
Geschäftswert, Bilanzansatz **II, 15, § 1,** 133 ff.
– Vermögensgegenstand **II, 15, § 1,** 123
Geschmacksmusterlöschungsklage, Schiedsfähigkeit **II, 13,** 31
Gesellschaft bürgerlichen Rechts, **II, 1, § 1,** 1 f.
Gesellschaft, Auflösung, Insolvenzverfahren **II, 20,** 344 ff.
– Dauer **II, 1, § 1,** 8
– Insolvenzverfahren, Fortsetzung **II, 20,** 342 ff., 345
– Vertretung, Prozess **II, 1, § 1,** 20
Gesellschafter, Aufnahme, EWIV **II, 1, § 6,** 70 f.
– Ausscheiden, eigenkapitalersetzende Forderung **II, 20,** 172
– Ausscheiden, KG **II, 1, § 3,** 255 ff.
– Haftung **II, 20,** 161 ff., 189 ff.
– Insolvenzverfahren, Stellung **II, 20,** 355
– Minderjähriger **II, 11,** 1 f.
– persönlich haftender, Minderjähriger **II, 11,** 23
– Untreue **II, 20,** 121
Gesellschafterbeschluss, allgemeine Voraussetzungen **II, 2, § 1,** 249 ff.
– Anfechtung **II, 2, § 1,** 273 ff.
– – Anfechtungsgründe **II, 2, § 1,** 274
– – bloße Verfahrensmängel **II, 2, § 1,** 276
– – formelle Gründe **II, 2, § 1,** 276
– – fristgebundene Anfechtungsklage **II, 2, § 1,** 273
– – Monatsfrist des § 246 AktG **II, 2, § 1,** 274
– Beschlussfähigkeit **II, 2, § 1,** 249
– Beschlussfeststellung **II, 2, § 1,** 256 f.
– – Anfechtungsklage **II, 2, § 1,** 256

3241

Stichwortverzeichnis

••• Die fett gedruckten **römischen Zahlen** bezeichnen die Teile, die fett gedruckten **arabischen Zahlen** die Kapitel. ••• Die fett gedruckten **§-Angaben** bezeichnen die bei Teil 2: Gesellschaftsrecht zu den Kapiteln dazugehörigen Paragrafen. ••• Die mager gedruckten Zahlen bezeichnen die Randnummern. •••

– – Beurkundung durch einen Notar **II, 2, § 1,** 257
– Beschlussfeststellungsklage **II, 2, § 1,** 278
– Beurkundung **II, 14,** 29
– KG **II, 1, § 3,** 118 ff., 128 ff.
– – nichtige Beschlüsse **II, 2, § 1,** 279 ff.
– – besonders schwerwiegender Mangel **II, 2, § 1,** 279
– – fehlerhafte Einberufung **II, 2, § 1,** 280
– – Heilung **II, 2, § 1,** 282
– – Ladung eines Nichtgesellschafters **II, 2, § 1,** 281
– – teilweise Nichtigkeit **II, 2, § 1,** 282
– Stellung von Anträgen **II, 2, § 1,** 251
– Stimmrechtsvollmacht **II, 2, § 1,** 253 ff.
– – Bevollmächtigte **II, 2, § 1,** 253
– Stimmrechtsvollmacht, Einpersonen-GmbH **II, 2, § 1,** 255
– Textform **II, 2, § 1,** 253
– – Tod des Vollmachtgebers **II, 2, § 1,** 254
– Verbot des Selbstkontrahierens **II, 2, § 1,** 252
Gesellschafteridentität **II, 6, § 2,** 134 f.
Gesellschafterkonten, KG **II, 1, § 3,** 76 ff.
Gesellschafterleistung, Wirksamkeit **II, 20,** 206 ff.
Gesellschafterrechte, Geschäftsinhaber, Schadensersatzansprüche **II, 3, § 1,** 149
Gesellschafterstellung, minderjähriger Gesellschafter **II, 11,** 4 ff.
Gesellschaftertreuhänder **II, 11,** 26
Gesellschafterversammlung **II, 2, § 1,** 245 ff.
– Einberufung **II, 2, § 1,** 245
– – Aufgabe der Geschäftsführer **II, 2, § 1,** 245
– – förmliche **II, 2, § 1,** 245
– – Ladung durch einen Unbefugten **II, 2, § 1,** 245
– Gelatine-Entscheidung **II, 2, § 1,** 266 ff.
– – Hauptversammlung im Aktienrecht **II, 2, § 1,** 266
– qualitative Voraussetzungen **II, 2, § 1,** 268
– quantitative Voraussetzungen **II, 2, § 1,** 268
– ••• Satzungsänderung **II, 2, § 1,** 268
– wichtigste Aussagen **II, 2, § 1,** 267
– Holzmüller-Entscheidung **II, § 1,** 265
– KG **II, 1, § 3,** 118 ff.
– Teilnahmerecht **II, 2, § 1,** 246 ff.
– – Dritte **II, 2, § 1,** 247
– – jeder Gesellschafter **II, 2, § 1,** 246
– ungeschriebene Mitwirkungsbefugnisse **II, 2, § 1,** 264 ff.
Gesellschaftsanteil, KG **II, 1, § 3,** 170 ff.
– Nießbrauchsbestellung **II, 1, § 1,** 136 f.
– Vererbung, KG **II, 1, § 3,** 189 ff.
Gesellschaftsbeteiligung, Nachfolge **II, 9,** 1 ff.

Gesellschaftsgrundbesitz, Veräußerung, Minderjähriger **II, 11,** 82 ff.
Gesellschaftsrecht, Beurkundungsfragen **II, 14,** 1 ff
– Bilanzierung **II, 15, § 1,** 18 ff.
– Franchise-Vertrag **I, 6,** 237 ff.
– Konzernabschluss **II, 15, § 1,** 47 ff.
– Minderjährige **II, 11,** 1 ff.
– Straftaten **II, 20,** 115 ff.
– Unterscheidungsmerkmale **II, 1, § 1,** 4 ff.
Gesellschaftsschuld, GbR **II, 1, § 1,** 114 ff.
Gesellschaftsstatut **II, 8,** 33 ff.
– Abtretung von Geschäftsanteilen **II, 8,** 81
– – Beurkundung **II, 8,** 92
– – Beurkundungstourismus **II, 8,** 81
– – Einhaltung der Ortsform **II, 8,** 86
– – formelle Wirksamkeit **II, 8,** 84
– – Formenlehre **II, 8,** 88
– – Formwirksamkeit **II, 8,** 86 ff.
– – Formwirksamkeit des Kausalgeschäfts **II, 8,** 90
– – Gleichwertigkeitsfrage **II, 8,** 84
– – Kalifornisches Recht **II, 8,** 88
– – Kollisionsrecht **II, 8,** 92
– – materielle Voraussetzungen **II, 8,** 82 f.
– – Ortsrecht **II, 8,** 86
– – Rechtsfortbildung **II, 8,** 92
– – Rechtswahlvereinbarung **II, 8,** 91
– aktive Beteiligungsfähigkeit **II, 8,** 70
– Beteiligung an anderen Gesellschaften **II, 8,** 70 ff.
– – Limited & Co. KG **II, 8,** 72
– Beteiligung an anderen Gesellschaften, Typenvermischung **II, 8,** 71
– – Verbot der doppelstöckigen Ein-Personen-GmbH **II, 8,** 73
– betriebliche Mitbestimmung **II, 8,** 80
– Delikftähigkeit **II, 8,** 76
– Durchgriffshaftung **II, 8,** 50 f.
– Doppelqualifikation **II, 8,** 51
– – kollisionsrechtliche Behandlung **II, 8,** 50
– – Schutz der inländischen Gläubiger **II, 8,** 50
– – Sonderanknüpfungen **II, 8,** 50
– – zusammengehörende Regelungsbereiche **II, 8,** 51
– Einfluss der Niederlassungsfreiheit, allgemeine Verkehrsvorschriften **II, 8,** 36
– – Beibehaltung inländischer Schutzmechanismen **II, 8,** 35
– – Erfordernis der ausdrücklichen Firmierung **II, 8,** 35
– – europäische Gründungstheorie **II, 8,** 36
– – inländischer Schutzstandards **II, 8,** 35
– – Inspire Art **II, 8,** 35
– – Vier-Konditionen-Test **II, 8,** 36
– Eingehungsbetrug **II, 8,** 56

– – Schadenersatzanspruch des Gläubigers **II, 8,** 56
– Existenzvernichtungshaftung **II, 8,** 52
– – Aschenputtelgesellschaften **II, 8,** 53
– – Ausweichklausel **II, 8,** 52
– – Eingehungsbetrug **II, 8,** 53
– – Niederlassungsfreiheit **II, 8,** 53
– – unmittelbarer Haftungsanspruch **II, 8,** 53
– Firma **II, 8,** 61 ff.
– – ordre public **II, 8,** 62
– – Recht am Ort der Hauptniederlassung **II, 8,** 61
– – Rechtsnatur **II, 8,** 61
– – Verhaltensnormen **II, 8,** 62
– – Zweigniederlassung **II, 8,** 62
– formelle Voraussetzungen, Mitgliedschaft **II, 8,** 47
– Formwechsel **II, 8,** 101
– Geschäftsanteile, Abtretung **II, 8,** 81
– – Übergang aufgrund von Erbfolge **II, 8,** 94 f.
– – Übergang aufgrund von Umwandlungsakten **II, 8,** 95
– – Übergang aus güterrechtlichen Gründen **II, 8,** 96 f.
– – Übergang kraft Gesetzes **II, 8,** 93 ff.
– grenzüberschreitende Verschmelzung **II, 8,** 102 f.
– – Verschmelzungsstatut **II, 8,** 102
– Grundsätzliches **II, 8,** 33 ff.
– – Einfluss der Niederlassungsfreiheit **II, 8,** 35
– – Qualifikation **II, 8,** 33 f.
– Gründung der Gesellschaft **II, 8,** 37 ff.
– – materielle Voraussetzungen **II, 8,** 37
– Haftung aus Insolvenzverschleppung **II, 8,** 57
– – absolute Haftungsfreistellung **II, 8,** 58
– – fraudulent trading **II, 8,** 58
– – Insolvency Act **II, 8,** 58
– – Niederlassungsfreiheit **II, 8,** 60
– – Sanktion der Verletzung **II, 8,** 57
– – wrongful trading **II, 8,** 58
– – Zuständigkeit **II, 8,** 59
– Haftung wegen Unterkapitalisierung **II, 8,** 54
– – materielle **II, 8,** 54
– – vorsätzliche sittenwidrige Gläubigerschädigung **II, 8,** 54
– Haftung wegen Vermögensvermischung **II, 8,** 55
– innere Organisation **II, 8,** 44
– – Haftung **II, 8,** 46
– – Inhalt der Satzung **II, 8,** 45
– – Organe **II, 8,** 44
– – Stimmbindungsverträge **II, 8,** 46
– Kapitalverfassung **II, 8,** 48 f.
– – deutsche Vorschriften **II, 8,** 49
– – Insolvenzstatut **II, 8,** 49
– – Kapitalersatzrecht **II, 8,** 49
– Konzernverhältnisse **II, 8,** 99
– – Beherrschungs- und Gewinnabführungsvertrag **II, 8,** 100

3242

Stichwortverzeichnis

••• Die fett gedruckten **römischen Zahlen** bezeichnen die Teile, die fett gedruckten **arabischen Zahlen** die Kapitel. ••• Die fett gedruckten **§-Angaben** bezeichnen die bei Teil 2: Gesellschaftsrecht zu den Kapiteln dazugehörigen Paragrafen. ••• Die mager gedruckten Zahlen bezeichnen die Randnummern. •••

– – Konzernbildungs- und Konzernleitungskontrolle **II, 8,** 99
– – Unterordnungskonzern **II, 8,** 99
– – Löschung **II, 8,** 114 ff.
– – Bestellung eines Pflegers **II, 8,** 116
– – hoheitliches Aneignungsrecht **II, 8,** 115
– – Probleme **II, 8,** 115
– Organfähigkeit **II, 8,** 70 ff., 74
– passive Beteiligungsfähigkeit **II, 8,** 71
– prozessuale Parteifähigkeit **II, 8,** 75
– Rechnungslegung **II, 8,** 63 f.
– – faktischer Inlandssitz **II, 8,** 64
– – öffentlich-rechtliche Qualifikation **II, 8,** 63
– – Übersetzung von Unterlagen **II, 8,** 64
– Rechtsfähigkeit **II, 8,** 65 f.
– – Grenzen **II, 8,** 66
– – Umfang **II, 8,** 65
– Reichweite **II, 8,** 33 ff.
– – Abgrenzungsfragen **II, 8,** 34
– – andere Kollisionsnormen **II, 8,** 34
– – Rechtsfolgen **II, 8,** 33
– Scheckfähigkeit **II, 8,** 77
– Übergang der Geschäftsanteile, kraft Gesetzes **II, 8,** 93
– – Vermögensebene **II, 8,** 93
– unternehmerische Mitbestimmung **II, 8,** 78 f.
– – deutsche Spezialität **II, 8,** 78
– – einschlägige Mitbestimmungsgesetze **II, 8,** 79
– – ordre public **II, 8,** 79
– – Umstrukturierung der ausländischen Gesellschaft **II, 8,** 79
– Verschmelzung, Anerkennung in Drittstaaten **II, 8,** 113
– – Einschränkungen der Kombinationslehre **II, 8,** 110 f.
– – Ersatzlösungen **II, 8,** 109
– – grenzüberschreitende **II, 8,** 102
– – Kombinationslehre **II, 8,** 102
– – kumulative Anwendung der Gesellschaftsstatute **II, 8,** 102
– – Vereinigungstheorie **II, 8,** 102
– – Verschmelzungsrichtlinie **II, 8,** 103
– – Verschmelzungsstatut **II, 8,** 102
– – Zulässigkeit nach deutschem materiellen Umwandlungsrecht **II, 8,** 104 ff.
– Vertretung der Gesellschaft **II, 8,** 67
– – Beschränkungen **II, 8,** 67
– – Filialprokura **II, 8,** 69
– – gewillkürte Vertretung **II, 8,** 68
– – Handlungsvollmacht **II, 8,** 69
– – organschaftliche Vertretung **II, 8,** 67
– – Prokura **II, 8,** 69
– – Sonderregeln **II, 8,** 69
– – Vollmachtstatut **II, 8,** 68
– – Wirkungslandprinzip **II, 8,** 68
– Wechselfähigkeit **II, 8,** 77
Gesellschaftsvertrag, Anwachsung **II, 6, § 2,** 61
– Ausscheiden von Gesellschaftern **II, 1, § 4,** 181 ff.
– Beurkundung **II, 14,** 42
– Einbringung **II, 6, § 2,** 20 ff.
– Franchise-Vertrag **I, 6,** 65
– GbR **II, 1, § 1,** 95 ff., 139 ff.
– GmbH & Co. KG **II, 1, § 4,** 96 ff.
– Joint-Venture-Vertrag **II, 12,** 32 ff.
– KG **II, 1, § 3,** 42 ff., 51 ff., 377
– Minderjähriger **II, 11,** 15 ff., 78
– Notwendigkeit der Verzahnung **II, 1, § 4,** 11 ff.
– – Formulierungsbeispiele **II, 1, § 4,** 13 f.
– – Grundsatz **II, 1, § 4,** 11 ff.
– – Problematik **II, 1, § 4,** 11 ff.
– Verzahnung, Anwendungsfälle **II, 1, § 4,** 16 f.
– – Ausschließung eines Gesellschafters **II, 1, § 4,** 31 ff.
– – Belastung von Gesellschaftsanteilen **II, 1, § 4,** 19 f.
– – Beschlussfassung **II, 1, § 4,** 46 ff.
– – Einheitlichkeit der Beschlussfassung **II, 1, § 4,** 40
– – Einheits-GmbH & Co. KG **II, 1, § 4,** 27 ff.
– – Formfreiheit der Anteilsübertragung **II, 1, § 4,** 43
– – Formulierungsbeispiele **II, 1, § 4,** 17 f.
– – Gesellschafterbeschluss **II, 1, § 4,** 37 ff.
– – Gesellschafterversammlung **II, 1, § 4,** 37 ff.
– – Gewinnverwendung **II, 1, § 4,** 43
– – Gleichlauf der Beteiligungen **II, 1, § 4,** 43
– – Kapitalschutz **II, 1, § 4,** 52 ff.
– – kein Sonderbetriebsvermögen **II, 1, § 4,** 43
– – Kündigung der Gesellschaft **II, 1, § 4,** 28 ff.
– – Problembereiche bei der Vertragsgestaltung **II, 1, § 4,** 45 ff.
– – rechtliche Zulässigkeit der Einheits-GmbH & Co. KG **II, 1, § 4,** 44
– – Risiken für den Gläubigerschutz **II, 1, § 4,** 53
– – Testamentsvollstreckung **II, 1, § 4,** 25 ff.
– – Übertragung von Gesellschaftsanteilen **II, 1, § 4,** 16
– – Umsatzsteuer **II, 1, § 4,** 43
– – unentgeltliche Übertragung der Anteile **II, 1, § 4,** 43
– – Vererbung von Gesellschaftsanteilen **II, 1, § 4,** 22 ff.
– – Volleinzahlung des Stammkapitals der GmbH **II, 1, § 4,** 53
– – Vorteile der Einheits-GmbH & Co. KG **II, 1, § 4,** 32 f.
– – Zwangsvollstreckung **II, 1, § 4,** 34 ff.
Gesetz über elektronische Handelsregister und Genossenschaftsregister sowie das Unternehmensregister siehe auch EHUG
Gesetzliche Vertretung, Minderjähriger **II, 11,** 5 ff.
– minderjähriger Gesellschafter **II, 11,** 3
Gesetzlicher Güterstand, Haftung **II, 10,** 5 ff.
Gewerbe, Begriff **I, 1,** 8 ff.
Gewerbebegriff, äußerliche Erkennbarkeit **I, 1,** 9
– Erlaubtsein der Tätigkeit **I, 1,** 15
– Freiberufler **I, 1,** 13 f.
– Gewinnerzielungsabsicht **I, 1,** 12
– planmäßige, auf Dauer angelegte Tätigkeit **I, 1,** 10
– Selbständigkeit **I, 1,** 11
Gewerbesteuer, Besitzunternehmen **II, 7,** 233 ff.
– Betriebsaufspaltung, Bemessungsgrundlage **II, 7,** 13
– Betriebsunternehmen **II, 7,** 233 ff.
– EWIV **II, 1, § 6,** 20
– GmbH & Co. KG **II, 1, § 4,** 9
Gewerbetreibender, selbständiger **I, 5,** 2 ff.
Gewerblich tätige KG **II, 1, § 3,** 27 ff.
Gewerkschaft **II, 17,** 2
Gewinn- und Verlustrechnung **II, 15, § 1,** 74, 190 ff.
– alle Geschäftsführer **II, 2, § 1,** 373
– stichtagsbezogene Zeitpunktrechnung **II, 15, § 1,** 190
– Zeitraumrechnung **II, 15, § 1,** 190
Gewinnabführungsvertrag **II, 5, § 1,** 24 ff.
– Inhalt **II, 5, § 1,** 27 ff.
– Merkmal **II, 5, § 1,** 25
– Teilgewinnabführungsvertrag **II, 5, § 1,** 26
Gewinnanspruch, mitgliedschaftlicher **II, 15, § 1,** 28 f.
– Ausschüttung **II, 15, § 1,** 42
– Berechnung **II, 15, § 1,** 42
– Ergebnisverteilung **II, 15, § 1,** 42
Gewinnausschüttung, verdeckte **II, 7,** 134 ff.
Gewinneinkünfte, Unterhaltsrecht **II, 10,** 247 ff.
Gewinnermittlung, steuerbilanzrechtliche **II, 15, § 1,** 157
Gewinngemeinschaft **II, 5, § 1,** 29
Gewinnrealisierung, Bilanzerstellung **II, 15, § 1,** 115 ff.
– bilanztechnischer Eintritt **II, 15, § 1,** 117
– Dauerschuldverhältnis **II, 15, § 1,** 118
– Grundstück **II, 15, § 1,** 118
– langfristige Fertigung **II, 15, § 1,** 121
– Mehrkomponentengeschäft **II, 15, § 1,** 119
– Realisationszeitpunkt **II, 15, § 1,** 116
– Sachleistungsverpflichtete **II, 15, § 1,** 116
– Schuldrechtreform **II, 15, § 1,** 116
– Tausch **II, 15, § 1,** 120
– Teilgewinnrealisierung **II, 15, § 1,** 121
– Übergang der Preisgefahr **II, 15, § 1,** 116
– Vermittlungsentgelt **II, 15, § 1,** 118
– Zeitpunkt **II, 15, § 1,** 115

Stichwortverzeichnis

••• Die fett gedruckten **römischen Zahlen** bezeichnen die Teile, die fett gedruckten **arabischen Zahlen** die Kapitel. ••• Die fett gedruckten **§-Angaben** bezeichnen die bei Teil 2: Gesellschaftsrecht zu den Kapiteln dazugehörigen Paragrafen. ••• Die mager gedruckten Zahlen bezeichnen die Randnummern. •••

Gewinnverteilung, Kapitalkonto II, 15, § 1, 164
Gewinnverwendungsbeschluss II, 15, § 1, 22
Gläubigerbegünstigung II, 20, 126 f.
– Berater II, 20, 141
Gläubigerbenachteiligung, bewegliches Sicherungsgut II, 20, 301
– Entfallen der Pauschalen II, 20, 296
– fortbestehende Masseunzulänglichkeit II, 20, 297
– Grundstück II, 20, 295
– Insolvenzanfechtung II, 20, 292 ff.
– Schornsteinhypothek II, 20, 295
– Theorie des Doppelumsatzes II, 20, 301
– unpfändbarer Gegenstand II, 20, 294
– vorausabgetretene Werklohnforderung II, 20, 300
– wirksam abgetretene Forderung II, 20, 298 ff.
Gleichbehandlungsgebot, Vertragshändlervertrag I, 5, 194
Gleichbehandlungsgrundsatz, Arbeitsrecht II, 17, 2
Gleichordnungskonzern II, 5, § 1, 12
Globaldarlehen II, 16, 146
GmbH II, 8, 117 ff.; II, 2, §1 1 ff.
GmbH & Co. KG, Angaben auf Geschäftsbriefen II, 1, § 4, 4
– Anteilsübertragung, Form II, 14, 84 ff.
– Arten II, 1, § 4, 10
– – beteiligungsidentische II, 1, § 4, 10
– – doppelstöckige II, 1, § 4, 10
– – echte II, 1, § 4, 10
– – Einheits- II, 1, § 4, 10
– – Einmann- II, 1, § 4, 10
– – Familien- II, 1, § 4, 10
– – gewerblich geprägte II, 1, § 4, 10
– – nicht beteiligungsidentische II, 1, § 4, 10
– – personengleiche II, 1, § 4, 10
– – personenverschiedene II, 1, § 4, 10
– – Publikums- II, 1, § 4, 10
– – sternförmige II, 1, § 4, 10
– – typische II, 1, § 4, 10
GmbH & Co. KG, Auflösung der Gesellschaft II, 1, § 4, 4
GmbH & Co. KG, ausländische Kapitalgesellschaft II, 1, § 4, 69 ff.
– – Beratungsaufwand II, 1, § 4, 71
– – deutsches Recht II, 1, § 4, 70
– – Eintragung der Ltd. & Co. KG II, 1, § 4, 72
– – Gründungsdauer II, 1, § 4, 70
– – Gründungskosten II, 1, § 4, 70
– – Kapitalaufbringung II, 1, § 4, 70
– – laufende Kosten II, 1, § 4, 71
– – Mitbestimmung II, 1, § 4, 70
– – Nachteile II, 1, § 4, 71
– – Rechtsunsicherheit II, 1, § 4, 71
– – Vertretungsmacht der englischen private limited company II, 1, § 4, 73 f.
– – Vorteile II, 1, § 4, 70
– – Zweigniederlassung II, 1, § 4, 72

– Ausscheiden von Gesellschaftern, automatisch II, 1, § 4, 181
– – Eröffnung des Insolvenzverfahrens II, 1, § 4, 184
– – Formulierungsbeispiel II, 1, § 4, 185
– – gesellschaftsvertragliche Ausschlussklausel II, 1, § 4, 182
– – Haftung II, 1, § 4, 183
– – sachlicher Grund II, 1, § 4, 182
– Ausschluss von Gesellschaftern, Formulierungsbeispiel II, 1, § 4, 180
– – wichtiger Grund II, 1, § 4, 179
– Begünstigungen bei der Erb- und Schenkungsteuer II, 1, § 4, 9
– beliebte Rechtsform II, 1, § 4, 1
– beteiligungsidentische GmbH & Co. KG II, 1, § 4, 265 f.
– – Formulierungsbeispiel II, 1, § 4, 265 f.
– Beurkundung II, 14, 76 ff.
– Beurkundungskosten, Vermeidung von II, 14, 86
– Bewertungsvorteile II, 1, § 4, 9
– Eigenkapitalersatz II, 20, 231 ff.
– eigenkapitalersetzende Darlehen II, 1, § 4, 9
– Einheitsprinzip II, 1, § 4, 9
– Einlage der Komplementär-GmbH II, 1, § 4, 109 f.
– Einlagen der Kommanditisten II, 1, § 4, 111 ff.
– – Ausschluss der persönlichen Haftung II, 1, § 4, 118 ff.
– – Außenverhältnis II, 1, § 4, 114 ff.
– – Bilanz II, 1, § 4, 113
– – Formulierungsbeispiele II, 1, § 4, 116 f.
– – Hafteinlage II, 1, § 4, 111
– – Haftsumme II, 1, § 4, 111, 114 ff.
– – Innenverhältnis II, 1, § 4, 113
– – Kreditwürdigkeit der Gesellschaft II, 1, § 4, 114
– – Pflichteinlage II, 1, § 4, 111 ff.
– – tatsächlich erbrachte Geldeinlage II, 1, § 4, 115
– – tatsächlich erbrachte Sacheinlage II, 1, § 4, 115
– – Überblick II, 1, § 4, 111
– – Vertragsfreiheit II, 1, § 4, 112
– Entnahmerecht II, 1, § 4, 172 ff.
– – Ausgestaltung II, 1, § 4, 173
– – Erbschaftsteuer II, 1, § 4, 174
– – Formulierungsbeispiel II, 1, § 4, 175
– – gesetzliches Regelungsmodell II, 1, § 4, 172
– – spezielles Steuerentnahmerecht II, 1, § 4, 174
– – vertragliche Regelungsmöglichkeiten II, 1, § 4, 173 ff.
– Erbfolge II, 1, § 4, 199 ff.
– – Tod des persönlich haftenden Gesellschafters II, 1, § 4, 199 ff.
– – Tod eines Kommanditisten II, 1, § 4, 201 ff.
– fehlende gesetzliche Regelung II, 1, § 4, 4
– Firmenrecht II, 1, § 4, 4

– Fremdorganschaft II, 1, § 4, 6
– Gesamthandsvermögen, Beurkundung II, 14, 84
– Geschäftsbriefe II, 1, § 4, 236 ff.
– – Begriff II, 1, § 4, 236
– – Mindestangaben II, 1, § 4, 236
– – Zwangsgeld II, 1, § 4, 237
– Geschäftsführung, Abänderbarkeit der gesetzlichen Regelung II, 1, § 4, 137
– – außergewöhnliche Geschäfte II, 1, § 4, 136
– – Einschränkung II, 1, § 4, 137
– – Erweiterung II, 1, § 4, 137
– – Formulierungsbeispiele II, 1, § 4, 142
– – Gesamtgeschäftsführungsbefugnis II, 1, § 4, 137
– – gesetzliches Regelungsmodell II, 1, § 4, 134 f.
– – gewerbliche Prägung II, 1, § 4, 139
– – gewöhnlicher Geschäftsbetrieb II, 1, § 4, 141
– – Grundlagengeschäfte II, 1, § 4, 136
– – mehrere Komplementäre II, 1, § 4, 134, 138
– – Rechtsstellung des Kommanditisten II, 1, § 4, 139
– – Umfang der Geschäftsführungsbefugnis II, 1, § 4, 135
– – Umsatzsteuerpflicht II, 1, § 4, 150 ff.
– – vertragliche Regelungsmöglichkeiten II, 1, § 4, 137 ff.
– Gesellschafterbeschluss II, 1, § 4, 156 ff.
– – abweichende Regelungen im Gesellschaftsvertrag II, 1, § 4, 156
– – Anfechtung II, 1, § 4, 161 f.
– – Einstimmigkeit II, 1, § 4, 156
– – Formulierungsbeispiel II, 1, § 4, 160
– – Interessenkonflikt II, 1, § 4, 159
– – Kernbereich der Gesellschafterrechte II, 1, § 4, 158
– – laufende Angelegenheiten II, 1, § 4, 158
– – Mehrstimmrechte II, 1, § 4, 159
– – sorgfältige Ausgestaltung des Gesellschaftsvertrags II, 1, § 4, 158
– – Stimmrecht nach Kapitalanteilen II, 1, § 4, 159
– – Zulässigkeit von Mehrheitsbeschlüssen II, 1, § 4, 158
– Gesellschafter-Fremdfinanzierung II, 1, § 4, 9
– Gesellschafterversammlung II, 1, § 4, 154 ff.
– – Formulierungsbeispiel II, 1, § 4, 155
– – keine gesetzliche Regelung II, 1, § 4, 154
– Gesellschaftsvertrag II, 1, § 4, 11 ff., 96 ff.
– Gesellschaftsvertrag II, 1, § 4, 96 ff.
– – Ausscheiden von Gesellschaftern II, 1, § 4, 181 ff.
– – Ausschluss von Gesellschaftern II, 1, § 4, 179 f.

3244

Stichwortverzeichnis

••• Die fett gedruckten **römischen Zahlen** bezeichnen die Teile, die fett gedruckten **arabischen Zahlen** die Kapitel. ••• Die fett gedruckten **§-Angaben** bezeichnen die bei Teil 2: Gesellschaftsrecht zu den Kapiteln dazugehörigen Paragrafen. ••• Die mager gedruckten Zahlen bezeichnen die Randnummern. •••

- Einlage der Komplementär-GmbH **II, 1**, § **4**, 109 f.
- – Einlagen der Gesellschafter **II, 1**, § **4**, 108
- – Einlagen der Kommanditisten **II, 1**, § **4**, 111 ff.
- – Einzelfragen **II, 1**, § **4**, 97 ff.
- – Ende der Firma **II, 1**, § **4**, 97
- – Entnahmerecht **II, 1**, § **4**, 172 ff.
- – Erbfolge **II, 1**, § **4**, 199 ff.
- – Firma **II, 1**, § **4**, 97 ff.
- – Form **II, 14**, 77 ff.
- – – freie Wahl der Firma **II, 1**, § **4**, 98
- – Geschäftsführung **II, 1**, § **4**, 134 ff.
- – Geschäftsjahr **II, 1**, § **4**, 106 f.
- – Gesellschafterbeschluss **II, 1**, § **4**, 156 ff.
- – Gesellschafterversammlung **II, 1**, § **4**, 154 f.
- – Gewinnverteilung **II, 1**, § **4**, 167 ff.
- – Gewinnverwendung **II, 1**, § **4**, 167 ff.
- – Grundsatz der Unterscheidbarkeit **II, 1**, § **4**, 100
- – Grundsatz der Vertragsfreiheit **II, 1**, § **4**, 96
- – Güterstandsklausel **II, 1**, § **4**, 186 ff.
- – Haftungsbeschränkungen **II, 1**, § **4**, 97
- – Jahresabschluss **II, 1**, § **4**, 164 ff.
- – Konten der Gesellschafter **II, 1**, § **4**, 121
- – Kündigung der Gesellschaft **II, 1**, § **4**, 176 ff.
- – Publizität **II, 1**, § **4**, 164 ff.
- – spätere Änderungen **II, 14**, 82
- – Unternehmensgegenstand **II, 1**, § **4**, 104 f.
- – Vertretung **II, 1**, § **4**, 143 ff.
- – Verzahnung **II, 1**, § **4**, 11 ff.
- – Gewerbesteuer **II, 1**, § **4**, 9
- – Gewinnverwendung und –verteilung **II, 1**, § **4**, 167 ff.
- – – Formulierungsbeispiel **II, 1**, § **4**, 171
- – Gewinnverwendung und -verteilung, gesetzliches Regelungsmodell **II, 1**, § **4**, 167
- – – vertragliche Regelungsmöglichkeiten **II, 1**, § **4**, 168 ff.
- – Grundbesitz, Beurkundung **II, 14**, 84
- – Gründe für die Wahl **II, 1**, § **4**, 6 ff.
- – Grunderwerbsteuer **II, 1**, § **4**, 9
- – Gründung **II, 1**, § **4**, 56 ff., 85 ff.
- – Gründung der Komplementär-GmbH **II, 1**, § **4**, 79 ff.
- – – Bargründung **II, 1**, § **4**, 80
- – – Beteiligung Minderjähriger **II, 1**, § **4**, 79
- – – eigener gewerblicher Betrieb **II, 1**, § **4**, 84
- – – Kapitalaufbringung **II, 1**, § **4**, 80 f.
- – – Kapitalerhaltung **II, 1**, § **4**, 80 f.
- – – Stammkapital **II, 1**, § **4**, 80
- – – Unternehmensgegenstand **II, 1**, § **4**, 82 ff.
- – Gründung, Abschluss des Gesellschaftsvertrags **II, 1**, § **4**, 85 f.
- – – AG **II, 1**, § **4**, 60
- – – AG & Co. KG **II, 1**, § **4**, 60
- – – Art und Weise **II, 1**, § **4**, 56
- – – ausländische Kapitalgesellschaft **II, 1**, § **4**, 69 ff.
- – – Eintritt der Komplementär-GmbH in eine bereits bestehende Personengesellschaft **II, 1**, § **4**, 56
- – – Entstehung **II, 1**, § **4**, 79
- – – Erwerb einer Vorrats-GmbH & Co. KG **II, 1**, § **4**, 56
- – – Gestaltung **II, 1**, § **4**, 58
- – – GmbH **II, 1**, § **4**, 57 ff.
- – – Haftungsgefahren **II, 1**, § **4**, 93
- – – Kommanditist **II, 1**, § **4**, 75 ff.
- – – Komplementär-GmbH **II, 1**, § **4**, 57 ff., 79 ff.
- – – Nachteile der Rechtsformen Stiftung & Co. KG **II, 1**, § **4**, 63
- – – Neugründung der GmbH und der KG **II, 1**, § **4**, 56
- – – persönlich haftende Gesellschafterin **II, 1**, § **4**, 57
- – – Stiftung **II, 1**, § **4**, 61 ff.
- – – Umwandlung **II, 1**, § **4**, 56
- – – Unternehmensführung **II, 1**, § **4**, 58
- – – Vorgründungsgesellschaft **II, 1**, § **4**, 59
- – – Zeitpunkt des Entstehens **II, 1**, § **4**, 87 ff.
- – – Zeitpunkt des Entstehens im Außenverhältnis **II, 1**, § **4**, 88 ff.
- – – Zeitpunkt des Entstehens im Innenverhältnis **II, 1**, § **4**, 87
- – Güterstandsklausel **II, 1**, § **4**, 186 ff.
- – – Abfindung bei Verstoß **II, 1**, § **4**, 196
- – – Ausgestaltung **II, 1**, § **4**, 192 f.
- – – ausgewogener Ehevertrag **II, 1**, § **4**, 190
- – – Belastung der Mitgesellschafter **II, 1**, § **4**, 187
- – – Belastung des Gesellschafters **II, 1**, § **4**, 187
- – – Berücksichtigung der berechtigten Interessen **II, 1**, § **4**, 192
- – – erhebliche Nachteile **II, 1**, § **4**, 187
- – – Form **II, 1**, § **4**, 194
- – – Formulierungsbeispiel **II, 1**, § **4**, 198
- – – gerichtliche Inhalts- und Ausübungskontrolle **II, 1**, § **4**, 187
- – – gesonderte **II, 1**, § **4**, 191
- – – Mittelverknappung bei der Gesellschaft **II, 1**, § **4**, 187
- – – Notwendigkeit **II, 1**, § **4**, 186
- – – Publizität **II, 1**, § **4**, 187
- – – rechtlicher Zusammenhang **II, 1**, § **4**, 190
- – – sachliche Rechtfertigung **II, 1**, § **4**, 190
- – – Sanktionen bei Verstoß **II, 1**, § **4**, 195 f.
- – – Scheidungsquote **II, 1**, § **4**, 186
- – – Verstoß **II, 1**, § **4**, 195
- – – Zulässigkeit **II, 1**, § **4**, 189 ff.
- – Hafteinlage, Rückzahlung **II, 20**, 187
- – Haftungsbeschränkung **II, 1**, § **4**, 6
- – Herrschaft ohne Mehrheit **II, 1**, § **4**, 6
- – Insolvenzverfahren **II, 1**, § **4**, 4
- – Jahresabschluss **II, 1**, § **4**, 4, 164 ff.
- – – Feststellung **II, 1**, § **4**, 165
- – – Formulierungsbeispiel **II, 1**, § **4**, 166
- – – Handelsregister **II, 1**, § **4**, 165
- – – Prüfung und Offenlegung **II, 1**, § **4**, 164
- – Joint Venture **II, 12**, 12
- – Joint-Venture-Vertrag **II, 12**, 36
- – Kapitalaufbringung **II, 1**, § **4**, 4; **II, 20**, 152
- – Kommanditist **II, 1**, § **4**, 75 ff.
- – – Einpersonen-GmbH & Co. KG **II, 1**, § **4**, 78
- – – Minderjährige **II, 1**, § **4**, 76
- – Komplementär-GmbH, Beurkundung **II, 14**, 77
- – Liquiditätsbelastung **II, 1**, § **4**, 81
- – Konten der Gesellschafter **II, 1**, § **4**, 121 ff.
- – – Dreikontenmodell **II, 1**, § **4**, 130 f.
- – – Eigenkapital **II, 1**, § **4**, 127
- – – Entnahmerecht **II, 1**, § **4**, 127
- – – feste Kapitalkonten **II, 1**, § **4**, 127
- – – Formulierungsbeispiele **II, 1**, § **4**, 133
- – – Fremdkapital **II, 1**, § **4**, 127
- – – gesetzliches Regelungsmodell **II, 1**, § **4**, 122
- – – Kapitalanteil der Kommanditisten **II, 1**, § **4**, 123 ff.
- – – Kapitalanteil der Komplementär-GmbH **II, 1**, § **4**, 122
- – – Kapitalkonto I **II, 1**, § **4**, 128
- – – Nachteil des Zweikontenmodells **II, 1**, § **4**, 129
- – – Notwendigkeit einer vertraglichen Regelung **II, 1**, § **4**, 127
- – – Privatkonto **II, 1**, § **4**, 130
- – – variable Kapitalkonten 127
- – – Verrechnungskonto **II, 1**, § **4**, 130
- – – vertragliche Gestaltungsmöglichkeiten **II, 1**, § **4**, 127 ff.
- – – Vierkontenmodell **II, 1**, § **4**, 132 f.
- – – Zweikontenmodell **II, 1**, § **4**, 128 f.
- – Kontinuität der Rechtsform **II, 1**, § **4**, 6
- – Kündigung der Gesellschaft **II, 1**, § **4**, 176 ff.
- – – außerordentliche **II, 1**, § **4**, 178
- – – Minderjährige **II, 1**, § **4**, 178
- – – ordentliche **II, 1**, § **4**, 176
- – Mitbestimmung **II, 1**, § **4**, 4, 7
- – mittelbare Verpflichtung, Formzwang **II, 14**, 85
- – Nachteile **II, 1**, § **4**, 8
- – Offenlegung **II, 1**, § **4**, 4
- – Personengesellschaft **II, 1**, § **4**, 2
- – praktische Verbreitung **II, 1**, § **4**, 1 f.
- – Publizität **II, 1**, § **4**, 6
- – – gesetzliche Publizitätspflicht **II, 1**, § **4**, 165
- – Realteilung **II, 1**, § **4**, 9
- – Rechnungslegung **II, 1**, § **4**, 7; **II, 15**, § **1**, 67
- – rechtliche Anerkennung **II, 1**, § **4**, 3 ff.
- – Satzung, Beurkundung **II, 14**, 79

3245

••• Die fett gedruckten **römischen Zahlen** bezeichnen die Teile, die fett gedruckten **arabischen Zahlen** die Kapitel. ••• Die fett gedruckten **§-Angaben** bezeichnen die bei Teil 2: Gesellschaftsrecht zu den Kapiteln dazugehörigen Paragrafen. ••• Die mager gedruckten Zahlen bezeichnen die Randnummern. •••

- Steuerrecht II, 1, § 4, 9
- steuerrechtliche Anerkennung II, 1, § 4, 4 f.
- Stiftung, Anerkennung II, 1, § 4, 63
- – angemessene Kapitalausstattung II, 1, § 4, 67
- – Entstehung der Stiftung & Co. KG II, 1, § 4, 65
- – Gestaltung II, 1, § 4, 62
- – gewerbliche Prägung II, 1, § 4, 63
- – Haftungsbeschränkung II, 1, § 4, 62
- – Nachteile II, 1, § 4, 63
- – Publizität II, 1, § 4, 62
- – Satzung II, 1, § 4, 66
- – staatliche Aufsicht II, 1, § 4, 63
- – Unternehmensführung II, 1, § 4, 62
- – Unternehmensnachfolge II, 1, § 4, 62
- – Vorteile II, 1, § 4, 62
- – Zweck II, 1, § 4, 68
- Tod eines Kommanditisten II, 1, § 4, 201 ff.
- – einfache Nachfolgeklausel II, 1, § 4, 208 ff.
- – Eintrittsklausel II, 1, § 4, 221 ff.
- – Fortsetzungsklausel II, 1, § 4, 218 f.
- – gesetzliches Regelungsmodell II, 1, § 4, 201 ff.
- – Handelsregister II, 1, § 4, 205
- – mehrere Eintrittsberechtigte II, 1, § 4, 223
- – mehrere Erben II, 1, § 4, 203
- – Minderjährige II, 1, § 4, 204
- – persönlich haftender Gesellschafter II, 1, § 4, 201
- – qualifizierte Nachfolgeklausel II, 1, § 4, 212 ff.
- – rechtsgeschäftliche Nachfolgeklausel II, 1, § 4, 229 ff.
- – Testamentsvollstreckung um Kommanditanteil II, 1, § 4, 232 ff.
- – vertragliche Gestaltungsmöglichkeiten II, 1, § 4, 208 ff.
- Überschuldung II, 1, § 4, 4
- Übertragung des Kommanditanteils, Beurkundung II, 14, 84
- Übertragung einzelner Wirtschaftsgüter II, 1, § 4, 9
- Übertragung von Anteilen II, 1, § 4, 238 ff.
- – Beteiligung am Jahresergebnis II, 1, § 4, 255
- – Ergebnisverteilung II, 1, § 4, 255 f.
- – Form II, 1, § 4, 250 ff.
- – Formulierungsbeispiel II, 1, § 4, 260
- – Formulierungsbeispiel einer Handelsregisteranmeldung II, 1, § 4, 238
- – Gegenstand II, 1, § 4, 238 ff.
- – Haftungsrisiken II, 1, § 4, 257 ff.
- – Handelsregisteranmeldung II, 1, § 4, 261 ff.
- – notarielle Beurkundung II, 1, § 4, 251
- – schenkweise Übertragung II, 1, § 4, 254

- – Schriftform II, 1, § 4, 250
- – Sonderbetriebsvermögen II, 1, § 4, 240
- – Steuerrecht II, 1, § 4, 256
- – Übertragbarkeit II, 1, § 4, 241
- – Verbindlichkeiten II, 1, § 4, 239
- – Vorkaufrechte II, 1, § 4, 247 ff.
- – Wirksamwerden II, 1, § 4, 257 ff.
- – Zustimmungserfordernisse II, 1, § 4, 242 ff.
- – zwei unterschiedliche Gesellschaften II, 1, § 4, 238
- Umstrukturierung II, 1, § 4, 9
- Unternehmenskrise II, 20, 3
- Unternehmensnachfolge II, 1, § 4, 6
- Unternehmensverkauf II, 1, § 4, 9
- Vertragsfreiheit II, 1, § 4, 6
- Vertragspraxis II, 1, § 4, 3
- Vertretung II, 1, § 4, 143 ff.
- – beschränkter Umfang II, 1, § 4, 144
- – Beschränkung des Umfangs II, 1, § 4, 143
- – echte Gesamtvertretung II, 1, § 4, 145
- – Einzelvertretungsmacht II, 1, § 4, 145
- – Formulierungsbeispiele II, 1, § 4, 149
- – gesetzliches Regelungsmodell II, 1, § 4, 143
- – Grundsatz der Selbstorganschaft II, 1, § 4, 144
- – Kommanditisten II, 1, § 4, 147
- – organschaftliche II, 1, § 4, 147
- – Reserve-Komplementär-GmbH II, 1, § 4, 145
- – Umsatzsteuerpflicht II, 1, § 4, 150 ff.
- – unechte Gesamtvertretung II, 1, § 4, 145
- – Verbot von Insichgeschäften II, 1, § 4, 148
- – vertragliche Regelungsmöglichkeiten II, 1, § 4, 144 ff.
- – vielfältige Verwendungsmöglichkeiten II, 1, § 4, 6
- vom Gesetzgeber nicht vorgesehene Rechtsform II, 1, § 4, 3
- Vorteile II, 1, § 4, 6
- Zahlungsunfähigkeit II, 1, § 4, 4
- Zivilrecht II, 1, § 4, 6
GmbH & Co. KG-Richtlinie II, 15, § 1, 57
GmbH & Still, Kapitalaufbringung II, 20, 153
GmbH, Abfindung II, 2, § 1, 395 f.
- – Satzung II, 2, § 1, 396
- Abfindungsklauseln II, 2, § 1, 148 ff.
- – Abfindungsregelungen II, 2, § 1, 148
- – Formulierungsbeispiele II, 2, § 1, 151 f.
- – typische Regelungsinhalte II, 2, § 1, 148
- – Verkehrswert II, 2, § 1, 148
- – Wirksamkeit II, 2, § 1, 150
- Amortisation II, 2, § 1, 140
- Änderung im Gesellschafterbestand, II, 2, § 1, 384 ff.

- Änderungen im Gesellschafterbeschluss, Tod eines Gesellschafters II, 2, § 1, 390 ff.
- Änderungen im Gesellschafterbestand II, 2, § 1, 376 ff.
- – Abfindung II, 2, § 1, 395 f.
- – Ausscheiden zu Lebzeiten II, 2, § 1, 376 ff.
- – Anstellungsvertrag, Altersvorsorge II, 2, § 1, 172
- – Anspruch auf Vergütung II, 2, § 1, 172
- – konkludente Aufhebung des früheren Arbeitsverhältnisses II, 2, § 1, 172
- – Urlaubsansprüche II, 2, § 1, 172
- – Anteilsveräußerung II, 2, § 1, 384 ff.
- – § 15 Abs. 1 GmbHG II, 2, § 1, 384
- – Abtretung II, 2, § 1, 384
- – Anmeldung des Erwerbers gemäß § 16 GmbHG II, 2, § 1, 389
- – Beurkundungsbedürftigkeit II, 2, § 1, 386 f.
- – Gründungsurkunde II, 2, § 1, 385
- – Heilung der unwirksamen Abtretung II, 2, § 1, 388
- – neue Liste der Gesellschafter II, 2, § 1, 385
- – schwebende Unwirksamkeit II, 2, § 1, 384
- Auflösung, Beurkundung II, 14, 56
- Ausgliederung II, 6, § 2, 43 ff.
- Ausscheiden zu Lebzeiten II, 2, § 1, 376 ff.
- – Ausschließung II, 2, § 1, 381 ff.
- – Ausschließungsklage II, 2, § 1, 382
- – Einfügung einer Einziehungsklausel II, 2, § 1, 377
- – Einräumung eines Kündigungsrechts II, 2, § 1, 376
- – Einziehung II, 2, § 1, 377 ff.
- – Einziehungsentgelt II, 2, § 1, 379
- – Kündigung II, 2, § 1, 376
- – Rechtgrundlage für eine Kündigung II, 2, § 1, 376
- – wichtiger Grund für die Ausschließung II, 2, § 1, 381
- Ausschluss II, 2, § 1, 145 ff.
- – Ausschlussrecht aus wichtigem Grund II, 2, § 1, 145
- – Befristung II, 2, § 1, 147
- – Form II, 2, § 1, 147
- – gesetzliche Anordnung II, 2, § 1, 145
- – Kooperationsvertrag II, 2, § 1, 146
- – Mitarbeiterbeteiligungsmodell II, 2, § 1, 147
- – Rückveräußerung II, 2, § 1, 146
- – satzungsmäßige Regelung II, 2, § 1, 147
- – Unternehmensbeteiligungsmodelle II, 2, § 1, 146
- – Verfahren II, 2, § 1, 145
- – Besicherung II, 2, § 1, 357
- – Cash-Pool II, 2, § 1, 354
- – Darlehensgewährung II, 2, § 1, 354 ff.

3246

Stichwortverzeichnis

••• Die fett gedruckten **römischen Zahlen** bezeichnen die Teile, die fett gedruckten **arabischen Zahlen** die Kapitel. ••• Die fett gedruckten **§-Angaben** bezeichnen die bei Teil 2: Gesellschaftsrecht zu den Kapiteln dazugehörigen Paragrafen. ••• Die mager gedruckten Zahlen bezeichnen die Randnummern. •••

- Bargründung **II, 16**, 74
- Beendigung **II, 2, § 1**, 399 ff.
- Beendigung der Geschäftsführertätigkeit, Abberufung **II, 2, § 1**, 200 f.
- – Amtsniederlegung **II, 2, § 1**, 198 f.
- – Beendigung des Anstellungsvertrags **II, 2, § 1**, 204 ff.
- – Handelsregisteranmeldung **II, 2, § 1**, 202
- – Insolvenz **II, 2, § 1**, 203
- – Niederlegungserklärung **II, 2, § 1**, 202
- – Notgeschäftsführer **II, 2, § 1**, 202
- – Probleme des Registervollzuges **II, 2, § 1**, 202
- – Urkunden über die Beendigung des Vertretungsverhältnisses **II, 2, § 1**, 203
- Beendigung des Anstellungsvertrags **II, 2, § 1**, 204 ff.
- – Beendigung der Organstellung **II, 2, § 1**, 205
- – Kündigungsfristen **II, 2, § 1**, 207
- – ordentliche Kündigung **II, 2, § 1**, 206
- Bekanntmachungen **II, 2, § 1**, 123 ff.
- – elektronischer Bundesanzeiger **II, 2, § 1**, 125
- Belastungen der Geschäftsanteile, Gegenstand der Verpfändung **II, 2, § 1**, 222
- – Nießbrauch **II, 2, § 1**, 225
- – Verpfändung **II, 2, § 1**, 221 ff.
- Beschlussmängelstreitigkeiten, Schiedsfähigkeit **II, 13**, 60 ff.
- Bestellung zum Geschäftsführer, Annexkompetenz **II, 2, § 1**, 169
- – Bestellungsverbote **II, 2, § 1**, 170
- – Gesellschafterversammlung **II, 2, § 1**, 169
- Bilanz **II, 16**, 49
- Bilanzgewinn **II, 15, § 1**, 28
- Bilanzierung **II, 15, § 1**, 28 ff.
- Bilanzierungspraxis **II, 15, § 1**, 33
- Buchführungspflicht **II, 15, § 1**, 76
- Buchwerte **II, 15, § 1**, 31
- Darlehensgewährung **II, 15, § 1**, 33
- Dauer **II, 2, § 1**, 165
- Dividendenforderung **II, 15, § 1**, 28 f.
- effektive Kapitalherabsetzung **II, 16**, 125
- Eigenkapitalerhöhung **II, 16, § 1**, 85 ff.
- Eigenkapitalersatzrecht **II, 2, § 1**, 361 ff.
- eigenkapitalersetzende Darlehen **II, 15, § 1**, 36
- Einberufungspflicht **II, 15, § 1**, 38
- Einbringung **II, 6, § 2**, 27 ff.
- Eingliederung **II, 5, § 2**, 7
- Einmann-Vor-GmbH **II, 2, § 1**, 29 ff.
- – Haftungsprivilegien **II, 2, § 1**, 30
- – Unterbilanzhaftung **II, 2, § 1**, 31
- – Verlustdeckungshaftung **II, 2, § 1**, 31
- Einziehung, Ausscheiden aus dem Anstellungsverhältnis **II, 2, § 1**, 140
- Einziehungsentgelt **II, 2, § 1**, 144
- Erbfall **II, 2, § 1**, 140

- Fallkonstellation **II, 2, § 1**, 140
- Formulierungsbeispiel einer Güterstandsklausel **II, 2, § 1**, 142
- – Insolvenz **II, 2, § 1**, 140
- – Pfändungsmaßnahmen **II, 2, § 1**, 140
- – verheiratete Gesellschafter **II, 2, § 1**, 141
- – Verstoß gegen Mitveräußerungspflichten **II, 2, § 1**, 140
- – Verstoß gegen Wettbewerbsverbote **II, 2, § 1**, 140
- – wichtiger Grund **II, 2, § 1**, 140
- Erbringung der Stammeinlage **II, 2, § 1**, 45 ff.
- – Auswirkung auf schon erfolgte Heilungen **II, 2, § 1**, 66
- – Bareinlageverpflichtung **II, 2, § 1**, 55
- – Bargründung **II, 2, § 1**, 46 ff.
- – einzelne Einlagegegenstände **II, 2, § 1**, 61 ff.
- – Gegenforderung **II, 2, § 1**, 51
- – Heilung verdeckter Sacheinlagen **II, 2, § 1**, 59 ff.
- – Inhalt der Versicherung des Geschäftsführers **II, 2, § 1**, 73 f.
- – Leistung zur freien Verfügung **II, 2, § 1**, 68 ff.
- – maßgebender Zeitpunkt für die Richtigkeit der Versicherung **II, 2, § 1**, 75
- – Mindesteinlagebetrag **II, 2, § 1**, 48
- – Muster der vollständigen Versicherung des Geschäftsführers **II, 2, § 1**, 74
- – Pflicht zur vollen Einzahlung **II, 2, § 1**, 49
- – Rechtsfolgen der verdeckten Sacheinlage **II, 2, § 1**, 57 f.
- – Sachgründung **II, 2, § 1**, 52 f.
- – Sachgründungsbericht **II, 2, § 1**, 52
- – Tilgungsbestimmung **II, 2, § 1**, 50
- – Umgehungsabrede **II, 2, § 1**, 55
- – Veräußerungswert **II, 2, § 1**, 53
- – verdeckte Sacheinlage **II, 2, § 1**, 54 ff.
- – verdeckte Sacheinlage durch Hin- und Herzahlen **II, 2, § 1**, 55
- – Verkehrsgeschäft **II, 2, § 1**, 55
- – Verrechnung zur Tilgung der Bareinlageverpflichtung **II, 2, § 1**, 56
- – Versicherung des Geschäftsführers **II, 2, § 1**, 72 ff.
- – Voreinzahlung **II, 2, § 1**, 67
- – Wiederbeschaffungswert **II, 2, § 1**, 53
- – Zeitwert **II, 2, § 1**, 53
- Ergebnisverwendung **II, 2, § 1**, 374
- – Schütt-aus-hol-zurück-Verfahren **II, 2, § 1**, 374
- – Sonderformen **II, 2, § 1**, 374
- Errichtung **II, 2, § 1**, 5 ff.
- – Anmeldung **II, 2, § 1**, 17 ff.
- – ausländische Gesellschaften **II, 2, § 1**, 11
- – Auslandsbeurkundung **II, 2, § 1**, 5 ff.

- – Beachtung des sog. Geschäftsrechts **II, 2, § 1**, 6
- – behebbare Mängel der Anmeldung **II, 2, § 1**, 18
- – Beurkundung im Ausland **II, 2, § 1**, 6
- – Checkliste für die Anmeldung bei Bar-/Sachgründung **II, 2, § 1**, 19
- – deutscher Notar **II, 2, § 1**, 5
- – Einmann-Gründung **II, 2, § 1**, 14
- – Eintragung ins Handelsregister **II, 2, § 1**, 17 ff.
- – Errichtungsgeschäft **II, 2, § 1**, 13
- – Form **II, 2, § 1**, 5 ff.
- – formelle und materielle Richtigkeit **II, 2, § 1**, 18
- – Genehmigungserfordernisse **II, 2, § 1**, 16
- – Geschäftsführung **II, 2, § 1**, 15
- – Gründer **II, 2, § 1**, 9
- – Grundlage der Anmeldung **II, 2, § 1**, 18
- – Gründungsurkunde **II, 2, § 1**, 7 ff.
- – Mindesteinlagen **II, 2, § 1**, 17
- – mündlich bevollmächtigter Vertreter **II, 2, § 1**, 12
- – notarielle Beurkundung **II, 2, § 1**, 5
- – notarielle Errichtung der Vollmacht **II, 2, § 1**, 10
- – Prüfungsumfang des Registergerichts **II, 2, § 1**, 17 ff.
- – Satzung **II, 2, § 1**, 7 ff.
- – satzungsmäßiges Sonderrecht **II, 2, § 1**, 7
- – Übernahme der Gründungskosten **II, 2, § 1**, 7
- – Vertretung **II, 2, § 1**, 15
- – Vertretung bei der Gründung **II, 2, § 1**, 10 ff.
- – Werthaltigkeit der Sacheinlagen **II, 2, § 1**, 18
- – Wirksamkeit des Gesellschaftsvertrags **II, 2, § 1**, 18
- Erscheinungsformen **II, 2, § 1**, 1
- – gesetzlich zulässiger Zweck **II, 2, § 1**, 1
- – kleine und mittlere Unternehmen **II, 2, § 1**, 1
- existenzvernichtender Eingriff, Anwendungsbereich **II, 2, § 1**, 233 ff.
- – Bestandsschutzhaftung **II, 2, § 1**, 234
- – Beweislast **II, 2, § 1**, 239
- – Dogmatik **II, 2, § 1**, 237
- – Entwicklung der Rechtsprechung des BGH **II, 2, § 1**, 230
- – Entzug von Vermögenswerten **II, 2, § 1**, 234
- – Haftungsvoraussetzungen der Literatur **II, 2, § 1**, 235
- – Kapitalerhaltungsregeln der §§ 30, 31 GmbHG **II, 2, § 1**, 231
- – materielle Unterkapitalisierung **II, 2, § 1**, 236
- – obergerichtliche Rechtsprechung **II, 2, § 1**, 232

3247

••• Die fett gedruckten **römischen Zahlen** bezeichnen die Teile, die fett gedruckten **arabischen Zahlen** die Kapitel. ••• Die fett gedruckten **§-Angaben** bezeichnen die bei Teil 2: Gesellschaftsrecht zu den Kapiteln dazugehörigen Paragrafen. ••• Die mager gedruckten Zahlen bezeichnen die Randnummern. •••

- – Umfang der Haftung **II, 2, § 1**, 238
- fakultative Regelungen, Abfindungsklauseln **II, 2, § 1**, 148 ff.
- – Ausschluss **II, 2, § 1**, 145
- – Bekanntmachungen **II, 2, § 1**, 123 f.
- – Checkliste **II, 2, § 1**, 167
- – Dauer **II, 2, § 1**, 165
- – Einziehung **II, 2, § 1**, 140
- – Geschäftsjahr **II, 2, § 1**, 164
- – Gesellschafterbeschlüsse **II, 2, § 1**, 157 ff.
- – Informationsrechte **II, 2, § 1**, 154
- – Kosten der Gründung **II, 2, § 1**, 166 f.
- – Kündigung **II, 2, § 1**, 139
- – satzungsmäßige Sonderrechte **II, 2, § 1**, 153
- – Stimmrecht und Stimmverbot **II, 2, § 1**, 155 f.
- – Veräußerungsbeschränkungen **II, 2, § 1**, 133 ff.
- – Vererbung **II, 2, § 1**, 138
- – zustimmungspflichtige Rechtsgeschäfte **II, 2, § 1**, 127 ff.
- fakultative Zustimmungspflichten **II, 2, § 1**, 128
- – Formulierungsbeispiel einer Öffnungsklausel **II, 2, § 1**, 130
- Kataloge zustimmungsbedürftiger Rechtsgeschäfte **II, 2, § 1**, 129
- Vereinigung von Geschäftsanteilen **II, 2, § 1**, 128
- – Zusammenlegung von Geschäftsanteilen **II, 2, § 1**, 128
- Feststellungsbeschluss **II, 15, § 1**, 28
- Firma, bloße Buchstabenkombinationen **II, 2, § 1**, 112
- – Firmenfortführung **II, 2, § 1**, 115
- – Irreführungsverbot **II, 2, § 1**, 113 ff.
- – Namensfunktion **II, 2, § 1**, 111
- – Unterscheidungskraft **II, 2, § 1**, 112
- – Firmenbestattung, lautlose Liquidation **II, 2, § 1**, 412
- – Nichtigkeit **II, 2, § 1**, 414
- – organisierte **II, 2, § 1**, 412
- – Sittenwidrigkeit **II, 2, § 1**, 414
- – Veräußerung der Geschäftsanteile **II, 2, § 1**, 412
- – zuständigkeitswechselndes Insolvenzgericht **II, 2, § 1**, 413
- Gelatine-Entscheidung **II, 6, § 2**, 43
- Geschäftsführer, Bilanzierung **II, 15, § 1**, 28
- – Insichgeschäft **II, 14**, 31
- – Geschäftsführung **II, 2, § 1**, 168, 186
- – – Anstellungsvertrag **II, 2, § 1**, 172
- – – Arbeitsrecht **II, 2, § 1**, 173
- – – ausländischer Geschäftsführer **II, 2, § 1**, 171
- – – Beendigung der Geschäftsführertätigkeit **II, 2, § 1**, 198
- – – Bestellung zum Geschäftsführer **II, 2, § 1**, 169
- – – faktischer Geschäftsführer **II, 2, § 1**, 208
- – – fehlerhafte Organstellung **II, 2, § 1**, 208

- – Grundlegendes **II, 2, § 1**, 168
- – Haftung des Geschäftsführers **II, 2, § 1**, 191 ff.
- – – Rechte und Pflichten **II, 2, § 1**, 175 ff.
- – – Sozial- und Rentenversicherungspflicht **II, 2, § 1**, 174
- – – Stellung im Arbeits- und Sozialrecht **II, 2, § 1**, 173 f.
- – Geschäftsjahr **II, 2, § 1**, 164
- – Gesellschafter **II, 2, § 1**, 209 ff.
- – – Gewinnanspruch **II, 15, § 1**, 28
- – – Haftung **II, 2, § 1**, 226 ff.
- – – Rechte und Pflichten **II, 2, § 1**, 209 ff.
- – – Treuepflicht **II, 2, § 1**, 216 ff.
- – Gesellschafterbeschlüsse **II, 2, § 1**, 157 ff., 249 ff.
- – – Beschlüsse außerhalb einer Gesellschafterversammlung **II, 2, § 1**, 162
- – – Beschlüsse in einer Gesellschafterversammlung **II, 2, § 1**, 157 ff.
- – – Beurkundung **II, 14**, 56
- – – Formulierungsbeispiel **II, 2, § 1**, 163
- – Gesellschafterstellung **II, 2, § 1**, 359
- – Gesellschafterversammlung **II, 2, § 1**, 245 ff.
- – – Ausgliederung **II, 6, § 2**, 43
- – – Beurkundung **II, 14**, 41
- – Gesellschafterwechsel im Gründungsstadium **II, 2, § 1**, 105 ff.
- – – Haftung des Ausscheidenden **II, 2, § 1**, 106
- – – Haftung des Eintretenden **II, 2, § 1**, 107
- – – Muster **II, 2, § 1**, 108
- – – Zulässigkeit **II, 2, § 1**, 105
- – gesetzliche Zustimmungspflichten **II, 2, § 1**, 127
- – Gewinnrücklagen **II, 15, § 1**, 170; **II, 16**, 49
- – Gewinnverteilung **II, 2, § 1**, 375
- – verdeckte Gewinnausschüttung **II, 2, § 1**, 375
- – Gewinnverwendungsbeschluss **II, 15, § 1**, 28
- – Gründung **II, 2, § 1**, 4; **II, 15, § 1**, 14; **II, 16**, 72 ff.
- – – Eintragung ins Handelsregister **II, 2, § 1**, 4
- – – Erbringung der Stammeinlage **II, 2, § 1**, 45 ff.
- – – Gesellschafterwechsel im Gründungsstadium **II, 2, § 1**, 105 ff.
- – – Gründungsphasen **II, 2, § 1**, 20 ff.
- – – Kosten **II, 2, § 1**, 166 f.
- – – Mantelkauf **II, 2, § 1**, 78 ff.
- – – notarielle Beurkundung **II, 2, § 1**, 4
- – – Satzungsänderungen **II, 2, § 1**, 103 f.
- – – Vor-GmbH **II, 16**, 73; **II, 2, § 1** 4
- – – Vorratsgründung **II, 2, § 1**, 78 ff.
- – – Vorstufen zur GmbH **II, 2, § 1**, 4
- – – Gründungsphasen **II, 2, § 1**, 20 ff.
- – – Einmann-Vor-GmbH **II, 2, § 1**, 29 ff.
- – – jeweilige Haftung **II, 2, § 1**, 20 ff.

- – Vor-GmbH **II, 2, § 1**, 25 ff.
- – Gründungsvollmacht, Beurkundung **II, 14**, 43
- – Haftung **II, 5, § 1**, 67
- – Haftung bei der Vor-GmbH **II, 2, § 1**, 32 ff.
- – – Durchsetzung der Unterbilanzhaftung **II, 2, § 1**, 35
- – – Fortführung des Geschäfts ohne Eintragung **II, 2, § 1**, 40 ff.
- – – Fortführungsgrundsätze **II, 2, § 1**, 33
- – – Grundsätze der sekundären Behauptungslast **II, 2, § 1**, 35
- – – Haftungsbeschränkung **II, 2, § 1**, 43
- – – Handelndenhaftung **II, 2, § 1**, 44
- – – negative Fortbestehensprognose **II, 2, § 1**, 33
- – – proratarische Haftung **II, 2, § 1**, 34
- – – Scheitern der Eintragung **II, 2, § 1**, 38 f.
- – – Unterbilanzhaftung **II, 2, § 1**, 33 ff.
- – – Verlustdeckungshaftung **II, 2, § 1**, 36 ff.
- – – Vorbelastungshaftung **II, 2, § 1**, 33 ff.
- – – Vor-GmbH ohne Eintragungsabsichten **II, 2, § 1**, 37
- – Haftung der Gesellschafter **II, 2, § 1**, 226 ff.
- – – Fallgruppen der Durchgriffshaftung **II, 2, § 1**, 227 ff.
- – – Haftung wegen existenzvernichtenden Eingriffs **II, 2, § 1**, 230 ff.
- – Haftung des Geschäftsführers **II, 2, § 1**, 191 ff.
- – – Ausschluss **II, 2, § 1**, 193
- – – Fahrlässigkeit **II, 2, § 1**, 194
- – – gesetzlicher Pflichtenkatalog **II, 2, § 1**, 194
- – – Haftung gegenüber den Gesellschaftern **II, 2, § 1**, 195
- – – Haftung gegenüber der GmbH **II, 2, § 1**, 191 ff.
- – – Haftung gegenüber Dritten **II, 2, § 1**, 196 f.
- – – Pflichtverletzungen **II, 2, § 1**, 192
- – – Schadensersatzanspruch **II, 2, § 1**, 194
- – – Sorgfaltsmaßstab **II, 2, § 1**, 194
- – – Vorsatz **II, 2, § 1**, 194
- – Handelsbilanz **II, 15, § 1**, 30 ff.
- – Informationsrechte **II, 2, § 1**, 154
- – Insolvenz **II, 2, § 1**, 404 ff.
- – – alternative Handlungsmöglichkeiten in der Krise **II, 2, § 1**, 411
- – – Antrag auf Insolvenzeröffnung **II, 2, § 1**, 405
- – – Firmenbestattung **II, 2, § 1**, 412 f.
- – – nicht rechtzeitige Insolvenzantragstellung **II, 2, § 1**, 405
- – – ohne schuldhaftes Zögern **II, 2, § 1**, 405
- – – Schadensberechnung **II, 2, § 1**, 406
- – – Schadensersatzanspruch **II, 2, § 1**, 407

Stichwortverzeichnis

••• Die fett gedruckten **römischen Zahlen** bezeichnen die Teile, die fett gedruckten **arabischen Zahlen** die Kapitel. ••• Die fett gedruckten **§-Angaben** bezeichnen die bei Teil 2: Gesellschaftsrecht zu den Kapiteln dazugehörigen Paragrafen. ••• Die mager gedruckten Zahlen bezeichnen die Randnummern. •••

- – Selbstprüfungspflicht des Geschäftsführers **II, 2, § 1**, 411
- – Sorgfalt eines ordentlichen Geschäftsmanns **II, 2, § 1**, 405
- – vereinfachte Kapitalherabsetzung **II, 2, § 1**, 411
- – Verfahren **II, 2, § 1**, 408
- – Verjährung **II, 2, § 1**, 407
- – Verletzung der Pflichten aus § 64 Abs. 1 GmbHG **II, 2, § 1**, 405
- Insolvenzverfahren **II, 20**, 343; **II, 2, § 1**, 408 ff.
- – Heilung verdeckter Sacheinlagen **II, 2, § 1**, 410
- – Insolvenzverwalter **II, 2, § 1**, 409
- – Masselosigkeit der Gesellschaft **II, 2, § 1**, 410
- – offene Stammeinlageforderungen **II, 2, § 1**, 409
- Jahresabschluss **II, 2, § 1**, 373
- – Aufstellung **II, 15, § 1**, 28
- – Feststellung **II, 2, § 1**, 373
- – Gewinn- und Verlustrechnung **II, 2, § 1**, 373
- Jahresüberschuss **II, 15, § 1**, 28
- Joint Venture **II, 12**, 11
- Joint-Venture-Gesellschaft **II, 12**, 38
- Joint-Venture-Vertrag **II, 12**, 35
- Kapitalaufbringung **II, 15, § 1**, 35 ff.
- Kapitalausstattung **II, 16**, 46 ff.
- Kapitalerhaltung **II, 2, § 1**, 352 ff.; **II, 15, § 1**, 30 ff.
- – Auszahlung **II, 2, § 1**, 353
- – Besicherung **II, 2, § 1**, 357
- – Cash-Pool **II, 2, § 1**, 354 ff.
- – Darlehensgewährung **II, 2, § 1**, 354 ff.
- – Darlehensrückzahlungsanspruch **II, 2, § 1**, 354
- – freie Rücklage **II, 2, § 1**, 354
- – Gesellschafterstellung **II, 2, § 1**, 359
- – Gewinnvorträge **II, 2, § 1**, 354
- – Rechtsfolgen **II, 2, § 1**, 360
- – Unterbilanz **II, 2, § 1**, 358
- Kapitalerhöhung **II, 2, §1**, 283 ff.
- Kapitalerhöhung aus Gesellschaftsmitteln, ausschüttungsfähiges Kapital **II, 2, § 1**, 331
- – Barkapitalerhöhung **II, 2, § 1**, 334
- – einheitliche Beteiligung an der GmbH **II, 2, § 1**, 332
- – Jahresbilanz **II, 2, § 1**, 331
- – umwandlungsfähige Rücklagen **II, 2, § 1**, 334
- – Vermögensminderung **II, 2, § 1**, 331
- – Zwischenbilanz **II, 2, § 1**, 331
- Kapitalerhöhung, Anmeldung **II, 16**, 87
- – Anmeldung zum Handelsregister **II, 2, § 1**, 324 f.
- – aus Gesellschaftsmitteln **II, 2, § 1**, 331 ff.
- – Ausschluss von Gesellschaftern **II, 2, § 1**, 296
- – Bekanntmachung **II, 16**, 87
- – Bezugsrechtsausschluss **II, 2, § 1**, 297 ff.

- – Cash-Pool **II, 2, § 1**, 312 ff.
- – Eintragung **II, 16**, 87
- – Erbringung der übernommenen Stammeinlage **II, 2, § 1**, 308 ff.
- – faktischer Bezugsrechtsausschluss **II, 2, § 1**, 303 f.
- – Folgen eines rechtswidrigen Bezugsrechtsausschlusses **II, 2, § 1**, 305
- – formelle Voraussetzungen für einen Bezugsrechtsausschluss **II, 2, § 1**, 297 ff.
- – gegen Einlagen **II, 2, § 1**, 283 ff.
- – Gesellschaftsmittel **II, 16**, 88 f.
- – Hin- und Herzahlen von Geld **II, 2, § 1**, 312 ff.
- – Kapitalaufbringung **II, 16**, 87
- – Leistung zur freien Verfügung der Geschäftsführung **II, 2, § 1**, 312 ff.
- – materielle Voraussetzungen für einen Bezugsrechtsausschluss **II, 2, § 1**, 300 ff.
- – mit Agio **II, 2, § 1**, 291 ff.
- – nominale **II, 2, § 1**, 331
- – Notwendigkeit einer sachlichen Rechtfertigung **II, 2, § 1**, 286 ff.
- – Notwendigkeit eines ausdrücklichen Zulassungsbeschlusses **II, 2, § 1**, 295
- – Rückabwicklung von gescheiterten Kapitalerhöhungen **II, 2, § 1**, 346
- – Sachkapitalerhöhung **II, 2, § 1**, 326 ff.
- – Schlussfolgerungen **II, 2, § 1**, 320 ff.
- – Schütt-aus-hol-zurück-Verfahren **II, 2, § 1**, 330
- – Tilgung durch Zahlung auf debitorisches Konto **II, 2, § 1**, 310
- – Tilgungswirkung **II, 2, § 1**, 314
- – Übernahmevereinbarung **II, 16**, 87
- – unwirksame **II, 2, § 1**, 343 ff.
- – Unwirksamkeitsgründe **II, 2, § 1**, 343 ff.
- – Verzicht auf Vorbehalt der wertgleichen Deckung **II, 2, § 1**, 311
- – Voreinzahlung auf eine Einlageschuld **II, 2, § 1**, 316 ff.
- – wertgleiche Deckung **II, 2, § 1**, 309
- – Zeitpunkt **II, 2, § 1**, 335 ff.
- – Zulassung zur Übernahme der neuen Geschäftsanteile **II, 2, § 1**, 294
- – Zulassungsbeschluss **II, 16**, 87
- Kapitalerhöhungsbeschluss **II, 16**, 87
- – Ausfallhaftung **II, 2, § 1**, 364
- – Darlegungs- und Beweislast **II, 2, § 1**, 364
- – Darlehen ausgeschiedener Gesellschafter **II, 2, § 1**, 363
- – Dritte **II, 2, § 1**, 363
- – eigenkapitalersetzende Gebrauchsüberlassung **II, 2, § 1**, 370 f.
- – Finanzplankredit **II, 2, § 1**, 372
- – gesetzliche Erleichterungen **II, 2, § 1**, 365

- – Gewährung von Sicherungen **II, 2, § 1**, 361
- – Kleinbeteiligungsprivileg **II, 2, § 1**, 366
- – Krise **II, 2, § 1**, 362
- – Sanierungsprivileg **II, 2, § 1**, 367 ff.
- – Kapitalherabsetzung **II, 2, § 1**, 347 ff.; **II, 16**, 124 ff.
- – Anmeldung beim Handelsregister **II, 2, § 1**, 348
- – Mindesteinlage **II, 16**, 127
- – ordentliche **II, 2, § 1**, 349
- – Reduzierung der Stammkapitalziffer **II, 2, § 1**, 347
- – Rückzahlungsanspruch **II, 2, § 1**, 348
- – vereinfachte **II, 2, § 1**, 350 f.
- – Verlustausgleich **II, 16**, 128
- – Kapitalherabsetzungsbeschluss **II, 16**, 129
- – Kapitalrücklagen **II, 16**, 49
- – Konzernabschluss **II, 15, § 1**, 51
- – Konzernrecht **II, 5, § 1**, 57 ff.
- – Kündigung, klare Satzungsregelung **II, 2, § 1**, 139
- – – minderjähriger Gesellschafter **II, 11**, 94
- – Liquidation im Gründungsstadium **II, 2, § 1**, 399
- – – Ablauf des Sperrjahres **II, 2, § 1**, 403
- – – Abwicklung einer Vor-GmbH **II, 2, § 1**, 400
- – – Auflösungsgründe **II, 2, § 1**, 401
- – – berechtigte Gläubigerschutzinteressen **II, 2, § 1**, 400
- – – Erforderlichkeit **II, 2, § 1**, 399
- – – Fortsetzung als werbende Gesellschaft **II, 2, § 1**, 403
- – – Fristen **II, 2, § 1**, 401
- – – sachlicher Rechtfertigungszwang **II, 2, § 1**, 401
- – – Urteil auf Auflösungsklage **II, 2, § 1**, 402
- – – Vereinbarung aller Gesellschafter **II, 2, § 1**, 399
- – – Vorschriften Abwicklung einer GmbH **II, 2, § 1**, 400
- – – weitere Rechtsfragen **II, 2, § 1**, 401 ff.
- – Mantelgesellschaft **II, 2, § 1**, 80 ff.
- – – Definition **II, 2, § 1**, 81
- – Mantelkauf und Vorratsgründung, Abgrenzungsfragen **II, 2, § 1**, 91
- – – Anwendung der Gründungsvorschriften **II, 2, § 1**, 87 ff.
- – – Anwendung des Haftungssystems bei der Gründung **II, 2, § 1**, 90 ff.
- – – Darlehensmodell **II, 2, § 1**, 97
- – – Einzelfragen **II, 2, § 1**, 91
- – – Geltung für die Vergangenheit **II, 2, § 1**, 92
- – – Haftung von Rechtsnachfolgern und Rechtsvorgängern **II, 2, § 1**, 94
- – – Haftung von Rechtsvorgängern **II, 2, § 1**, 94

3249

Stichwortverzeichnis

••• Die fett gedruckten **römischen Zahlen** bezeichnen die Teile, die fett gedruckten **arabischen Zahlen** die Kapitel. ••• Die fett gedruckten **§-Angaben** bezeichnen die bei Teil 2: Gesellschaftsrecht zu den Kapiteln dazugehörigen Paragrafen. ••• Die mager gedruckten Zahlen bezeichnen die Randnummern. •••

- – IHK-Beitragspflicht der Vorratsgesellschaft **II, 2, § 1,** 100
- – Kaskadenmodell **II, 2, § 1,** 97
- – Mantelgesellschaften **II, 2, § 1,** 91
- – Registerrecht **II, 2, § 1,** 95
- – Stammkapitalaufbringung **II, 2, § 1,** 87 ff.
- – Treuhandmodell **II, 2, § 1,** 97
- – Umwandlung als Alternative **II, 2, § 1,** 102
- – verdeckte Sacheinlage **II, 2, § 1,** 96
- – weitere Regulierungen **II, 2, § 1,** 101
- – Mantelkauf, Anwendung der Gründungsvorschriften **II, 2, § 1,** 87 ff.
- – Stammkapitalaufbringung **II, 2, § 1,** 87 ff.
- – Minderjähriger **II, 11,** 60 ff., 64
- – mitgliedschaftlicher Gewinnanspruch **II, 15, § 1,** 28 f.
- – Nachschusspflicht **II, 16,** 51
- – nominelle Kapitalherabsetzung **II, 16,** 125
- – ordentliche Kapitalerhöhung **II, 16,** 86 ff.
- – ordentliche Kapitalherabsetzung **II, 2, § 1,** 349
- – – Anmeldung beim Handelsregister **II, 2, § 1,** 349
- – – Bekanntmachung in Gesellschaftsblättern **II, 2, § 1,** 349
- – – besondere Gläubigerschutzbestimmungen **II, 2, § 1,** 349
- – – Erlass ausstehender Einlageverpflichtungen **II, 2, § 1,** 349
- – ordentliche Kapitalherabsetzung, Zweck **II, 2, § 1,** 349
- – Organisation **II, 2, § 1,** 168 ff.
- – – Beendigung der Geschäftsführertätigkeit **II, 2, § 1,** 198 ff.
- – – faktischer Geschäftsführer **II, 2, § 1,** 208
- – – fehlerhafte Organstellung **II, 2, § 1,** 208
- – – Geschäftsführung **II, 2, § 1,** 168
- – – Gesellschafter **II, 2, § 1,** 209 ff.
- – – Haftung des Geschäftsführers **II, 2, § 1,** 191 ff
- – – weitere Organe **II, 2, § 1,** 240 ff.
- – Rechte und Pflichten der Geschäftsführer **II, 2, § 1,** 175 ff.
- – – allgemeine Treuepflicht **II, 2, § 1,** 178
- – – Befreiung vom Verbot des Selbstkontrahierens **II, 2, § 1,** 180 ff.
- – – Geschäftsführung **II, 2, § 1,** 186
- – – Überblick **II, 2, § 1,** 175
- – – Verbot des Selbstkontrahierens **II, 2, § 1,** 178 f.
- – – Vertretung **II, 2, § 1,** 176 ff.
- – – Vertretungsmacht **II, 2, § 1,** 177
- – – Wettbewerbsverbot **II, 2, § 1,** 188
- – Rechte und Pflichten der Gesellschafter **II, 2, § 1,** 209 ff.
- – – Belastungen der Geschäftsanteile **II, 2, § 1,** 221 ff.
- – – Informationsrechte **II, 2, § 1,** 210
- – – Sonderrechte **II, 2, § 1,** 211 ff.

- – – Stimmrecht **II, 2, § 1,** 214 f.
- – – Vermögensrechte **II, 2, § 1,** 209
- – – Wettbewerbsverbot **II, 2, § 1,** 219 f.
- – – Rückgewähranspruch **II, 15, § 1,** 33
- – Sachdividende **II, 6, § 2,** 90
- – Sachgründung **II, 16,** 74
- – Sachkapitalerhöhung **II, 2, § 1,** 326 ff.
- – – besondere Erfordernisse **II, 2, § 1,** 326 f.
- – – Cash-Pool **II, 2, § 1,** 329
- – – verdeckte **II, 2, § 1,** 328
- – – Verrechnung mit Altforderungen **II, 2, § 1,** 328
- – Satzung **II, 2, § 1,** 110 ff.
- – – Checkliste der zwingenden Satzungsbestandteile **II, 2, § 1,** 122
- – – fakultative Regelungen **II, 2, § 1,** 123 ff.
- – – Firma **II, 2, § 1,** 110
- – – Sitz **II, 2, § 1,** 116
- – – Stammeinlage **II, 2, § 1,** 121 f.
- – – Stammkapital **II, 2, § 1,** 121 f.
- – – Unternehmensgegenstand **II, 2, § 1,** 119 ff.
- – – zwingende Regelungen **II, 2, § 1,** 110 ff.
- – Satzungsänderungen **II, 2, § 1,** 258 ff.
- – – Anpassung des Satzungstextes **II, 2, § 1,** 262
- – – bloße Schreibfehler **II, 2, § 1,** 260
- – – echte **II, 2, § 1,** 259
- – – Gesellschaftervereinbarungen **II, 2, § 1,** 258
- – Satzungsdurchbrechung **II, 2, § 1,** 263
- – Venture-Capital-Unternehmen **II, 2, § 1,** 258
- – satzungsmäßige Sonderrechte **II, 2, § 1,** 153
- – – Geschäftsführung **II, 2, § 1,** 153
- – – Beurkundung **II, 14,** 42
- – – Schutz des Stammkapitals **II, 15, § 1,** 33
- – Sitz **II, 2, § 1,** 116 ff.
- – – Doppelsitz **II, 2, § 1,** 117
- – – Verlegung **II, 2, § 1,** 118
- – – Sitzverlegung, Ausland **II, 8,** 117
- – – gleichzeitige Verlegung von Satzungs- und Verwaltungssitz **II, 8,** 122
- – – Gründungstheorie **II, 8,** 122
- – – kollisionsrechtliche Ebene **II, 8,** 117
- – – materiellrechtliche Ebene **II, 8,** 119
- – – Niederlassungsfreiheit **II, 8,** 123
- – – statuarischer Sitz **II, 8,** 121 ff.
- – – Verlust der Rechtsfähigkeit **II, 8,** 121
- – – Verwaltungssitz **II, 8,** 117 ff.
- – Stammeinlage **II, 16,** 47 ff.
- – steuerliche Organschaft **II, 5, § 1,** 57
- – Steuerpflicht **II, 2, § 1,** 3
- – Gewerbesteuer **II, 2, § 1,** 3
- – Körperschaftsteuerpflichtigkeit **II, 2, § 1,** 3
- – persönlicher Einkommensteuersatz **II, 2, § 1,** 3
- – stille Beteiligung **II, 5, § 1,** 63

- – Stimmrecht und Stimmverbot **II, 2, § 1,** 155 f.
- – – Abdingbarkeit des Stimmverbots nach § 47 Abs. 2 GmbHG **II, 2, § 1,** 156
- – – Anteile mit und ohne Stimmrecht **II, 2, § 1,** 155
- – – Teilgewinnabführungsvertrag **II, 5, § 1,** 63
- – Tod eines Gesellschafters, Abtretung auf den Todesfall **II, 2, § 1,** 393
- – – Einziehung des Geschäftsanteils **II, 2, § 1,** 391
- – – Erbrecht **II, 2, § 1,** 390
- – – letztwillige Verfügung **II, 2, § 1,** 392
- – – mehrere Erben **II, 2, § 1,** 394
- – – Treuhandabreden **II, 2, § 1,** 397 ff.
- – – Treuhandvereinbarungen **II, 2, § 1,** 397 ff.
- – – Formfragen **II, 2, § 1,** 397
- – – Zustimmungsbedürftigkeit **II, 2, § 1,** 398
- – Überlegungen zur Rechtsformwahl **II, 2, § 1,** 2
- – – Haftungsbeschränkung auf das Gesellschaftsvermögen **II, 2, § 1,** 2
- – – Handelsgesellschaft **II, 2, § 1,** 2
- – – Umwandlung **II, 2, § 1,** 2
- – – Umstrukturierung **II, 6, § 2,** 27 ff., 120 ff.
- – – ungeschriebene Mitwirkungsbefugnisse **II, 2, § 1,** 270
- – – Ausgangslage **II, 2, § 1,** 270
- – – Übertragbarkeit der Gelatine-Grundsätze **II, 2, § 1,** 271
- – – Übertragbarkeit der Holzmüller-Grundsätze **II, 2, § 1,** 271
- – Unterbilanz **II, 2, § 1,** 358; **II, 15, § 1,** 30, 32
- – – Darlehensgewährung **II, 15, § 1,** 33
- – Unterbilanzhaftung **II, 15, § 1,** 35
- – Unternehmensgegenstand, gemeinnützige GmbH **II, 15, § 1,** 120
- – – genehmigungsbedürftiger **II, 2, § 1,** 120
- – – Rechtsanwalts-GmbH **II, 2, § 1,** 120
- – – Schwerpunkt der Geschäftstätigkeit **II, 2, § 1,** 119
- – – Vorratsgesellschaften **II, 2, § 1,** 120
- – Unternehmenskrise **II, 20,** 3
- – Unversehrtheitsgrundsatz **II, 15, § 1,** 35
- – Veräußerungsbeschränkungen **II, 2, § 1,** 133 f.
- – – Andienungspflichten **II, 2, § 1,** 136
- – – nominelle Herabsetzung der Beseitigung einer Unterbilanz **II, 2, § 1,** 350
- – – satzungsändernder Beschluss **II, 2, § 1,** 351
- – – Verrechnung mit Verlusten **II, 2, § 1,** 351
- – – Vinkulierungsklauseln **II, 2, § 1,** 133 f.
- – – Voraussetzung **II, 2, § 1,** 351
- – Vererbung, Abtretung an Dritte **II, 2, § 1,** 138

Stichwortverzeichnis

••• Die fett gedruckten **römischen Zahlen** bezeichnen die Teile, die fett gedruckten **arabischen Zahlen** die Kapitel. ••• Die fett gedruckten **§-Angaben** bezeichnen die bei Teil 2: Gesellschaftsrecht zu den Kapiteln dazugehörigen Paragrafen. ••• Die mager gedruckten Zahlen bezeichnen die Randnummern. •••

- Verfügungsbeschränkungen, Andienungsrechte **II, 2, § 1**, 136
- – Mitverkaufsrechte **II, 2, § 1**, 137
- – Vorkaufsrechte **II, 2, § 1**, 135
- Verlustanzeigepflicht **II, 2, § 1**, 38
- Verschuldenshaftung **II, 15, § 1**, 34
- Vorbelastungsbilanz **II, 15, § 1**, 35 ff.
- – Ansatz- und Bewertungsfragen **II, 15, § 1**, 36
- – Gründungskosten **II, 15, § 1**, 36
- – Vorbelastungshaftung **II, 15, § 1**, 35
- – Vor-GmbH **II, 2, § 1**, 25 ff.
- – Haftung **II, 2, § 1**, 25 ff.
- – notarielle Beurkundung **II, 2, § 1**, 26
- – Personenverband eigener Art **II, 2, § 1**, 25
- – Teilrechtsfähigkeit **II, 2, § 1**, 25
- – Unterbilanz **II, 2, § 1**, 28
- – Verlustdeckungshaftung **II, § 1**, 27
- – Vorbelastungsverbot **II, 2, § 1**, 27
- – Zweck **II, 2, § 1**, 27
- Vorgründungsgesellschaft **II, 2, § 1**, 21 ff.
- – GbR **II, 2, § 1**, 23
- – Haftung **II, 2, § 1**, 21 ff.
- – Haftung nach § 179 BG **II, 2, § 1**, 23
- – OHG **II, 2, § 1**, 23
- – Schuldübernahme nach §§ 414, 415 BGB **II, 2, § 1**, 22
- – Verjährung **II, 2, § 1**, 23
- – vorzeitigen Einwilligung des Gläubigers **II, 2, § 1**, 23
- – zusätzliche Einlage **II, 2, § 1**, 24
- Vorratsgesellschaft **II, 2, § 1**, 83 ff.
- – andere Formen **II, 2, § 1**, 85
- – Darlehensmodell **II, 2, § 1**, 86
- – Dritte **II, 2, § 1**, 83
- – Kaskadengründung **II, 2, § 1**, 86
- – Mitwirkung des Veräußerers **II, 2, § 1**, 86
- – offene Vorratsgründung **II, 2, § 1**, 83
- – verdeckte Vorratsgründung **II, 2, § 1**, 83
- Vorratsgründung, Anwendung der Gründungsvorschriften **II, 2, § 1**, 87 ff.
- – Stammkapitalaufbringung **II, 2, § 1**, 87 ff.
- – weitere Organe **II, 2, § 1**, 240 ff.
- – Abschlussprüfer **II, 2, § 1**, 244
- – Beirat **II, 2, § 1**, 243
- – fakultativer Aufsichtsrat **II, 2, § 1**, 240
- – zwingender Aufsichtsrat **II, 2, § 1**, 241 f.
- Wettbewerbsverbot, Alleingesellschafter-Geschäftsführer **II, 2, § 1**, 190
- – Fremdgeschäftsführer **II, 2, § 1**, 189
- – Gesellschafter-Geschäftsführer **II, 2, § 1**, 190
- Zeitpunkt der Kapitalerhöhung **II, 2, § 1**, 335 ff.
- – bedingte Kapitalerhöhung **II, 2, § 1**, 339

- – Eröffnung des Insolvenzverfahrens **II, 2, § 1**, 341
- – Eröffnung des Liquidationsverfahrens **II, 2, § 1**, 341 f.
- – Gründungsverfahrens **II, 2, § 1**, 336
- – Insolvenzantrag **II, 2, § 1**, 341
- – Insolvenzverfahren **II, 2, § 1**, 340 ff.
- – laufendes Insolvenzverfahren **II, 2, § 1**, 340
- – laufendes Liquidationsverfahren **II, 2, § 1**, 340
- – Liquidationsbeschluss **II, 2, § 1**, 341
- – Liquidationsverfahren **II, 2, § 1**, 340 ff.
- – sofort wirksame Kapitalerhöhung **II, 2, § 1**, 338
- – Vor-GmbH **II, 2, § 1**, 337
- zustimmungspflichtige Rechtsgeschäfte **II, 2, § 1**, 127 ff.
- GmbH-Anteile, Beglaubigung, Vollmacht **II, 14**, 71
- GmbH-Anteile, Übertragung, Gleichlaufklausel **II, 14**, 45
- – mittelbare Verpflichtung **II, 14**, 45
- – schuldrechtliche Verpflichtung **II, 14**, 45
- – treuhänderische **II, 14**, 45
- – Verpflichtung **II, 14**, 45
- – Verkauf, Vollständigkeitsgrundsatz **II, 14**, 46
- GmbH-Geschäftsanteile, Abtretung **II, 11**, 92
- – Übertragung, Beurkundung **II, 14**, 45 ff.
- – Verkauf, Beurkundung **II, 14**, 45 ff.
- GmbH-Satzungen, Beurkundung **II, 14**, 21
- GoB **II, 15, § 1**, 87
- – kodifizierte **II, 15, § 1**, 88 ff.
- – nicht kodifizierte **II, 15, § 1**, 101 ff.
- – umgekehrte Maßgeblichkeit **II, 15, § 1**, 122
- Going-concern **II, 15, § 1**, 91
- Good-will **II, 10**, 98, 102 ff.
- – Freiberuflerpraxen **II, 10**, 123 ff.
- – Übergewinn **II, 10**, 102
- Gratisaktien **II, 16**, 104
- Größenmerkmal **II, 1, § 6**, 8
- Grundbesitz, Beurkundung **II, 14**, 41
- Grundbesitzgesellschaft, GbR **II, 1, § 1**, 44
- Grunderwerbsteuer, GbR **II, 1, § 1**, 79 f.
- – GmbH & Co. KG **II, 1, § 4**, 9
- – Unternehmensnachfolge **II, 9**, 35
- Grundkapitalrückzahlung, Rechtsfolgen **II, 20**, 180 ff.
- Grundlagengeschäfte **II, 2, § 4**, 17, 20
- – Beurkundung **II, 14**, 56
- Grundpfandrechte, Grundschuld **II, 16**, 214 f.
- – Hypothek **II, 16**, 211 f.
- – Sachsicherheiten **II, 16**, 211 ff.
- Grundsatz der Bewertungsstetigkeit **II, 15, § 1**, 175
- Grundsatz der Einzelbewertung **II, 15, § 1**, 175

Grundsatz der Gesellschafteridentität **II, 6, § 2**, 134 f.
Grundsatz der Periodisierung **II, 15, § 1**, 175
Grundsatz der Unternehmensführung **II, 15, § 1**, 175
Grundsatz des Bilanzzusammenhangs **II, 15, § 1**, 175
Grundschuld, Grundpfandrechte **II, 16**, 214 f.
- Bilanzerstellung **II, 15, § 1**, 99
Grundstück, Gewinnrealisierung **II, 15, § 1**, 118
- unbebautes, Betriebsaufspaltung **II, 7**, 54
Gründung, Eigenkapitalausstattung **II, 16**, 69 ff.
- externe Prüfung **II, 15, § 1**, 197
Gründungsschwindel **II, 20**, 115
Gründungsstatut **II, 8**, 16 ff., 26
- Gründung in einem EWR-Staat **II, 8**, 26
Gründungstheorie **II, 8**, 1 ff., 9, 27 ff.
- bilateraler Staatsvertrag mit anderen Staaten **II, 8**, 29
- – Einzelfälle **II, 8**, 30
- – GATS **II, 8**, 31
- – Marktzugangsberechtigung **II, 8**, 31
- – überseeische Länder **II, 8**, 24 ff.
- – Verhältnis zu den USA **II, 8**, 27 ff.
- – WTO-Mitgliedstaaten **II, 8**, 31
Gründungsvollmacht, Beurkundung **II, 14**, 43 f.
Gütergemeinschaft, Betriebsaufspaltung **II, 7**, 36
Güterrecht **II, 10**, 155 ff.
- Ansprüche außerhalb **II, 10**, 155 ff.
Güterrecht, Ehegatteninnengesellschaft **II, 10**, 163 ff.
- Ehegatteninnengesellschaft, Ausgleichsanspruch bei scheiternder Ehe **II, 10**, 172 f.
- – Folgeprobleme **II, 10**, 175 ff.
- – Indizien **II, 10**, 171
- – Konkurrenz **II, 10**, 166 ff.
- – Rechtsprechung **II, 10**, 163 f.
- – Voraussetzungen **II, 10**, 169 f.
- – Vorrang **II, 10**, 165
- Güterrecht jenseits des Güterrechts **II, 10**, 155
- Störung der Geschäftsgrundlage **II, 10**, 156 ff.
- – Abwägung aller Gesamtumstände **II, 10**, 159
- – familienrechtlicher Vertrag eigener Art **II, 10**, 156
- – Gesamtkorrektur **II, 10**, 159
- – gesetzlicher Güterstand **II, 10**, 161
- – Grenze der Untragbarkeit **II, 10**, 160
- – Gütertrennung **II, 10**, 158
- – Mitarbeit im Betrieb des Ehegatten **II, 10**, 157
- – Rechtsfolgen einer Scheidung **II, 10**, 158
- – sogenannte unbenannte Zuwendungen **II, 10**, 156

3251

Stichwortverzeichnis

••• Die fett gedruckten **römischen Zahlen** bezeichnen die Teile, die fett gedruckten **arabischen Zahlen** die Kapitel. ••• Die fett gedruckten **§-Angaben** bezeichnen die bei Teil 2: Gesellschaftsrecht zu den Kapiteln dazugehörigen Paragrafen. ••• Die mager gedruckten Zahlen bezeichnen die Randnummern. •••

– – Zugewinngemeinschaft **II, 10,** 158
Güterrecht, vorausschauende Gestaltung **II, 10,** 155
Güterstandsbezogene Ausschlussklausel, Sicht der Gesellschaft **II, 10,** 473 ff.
– Sicht des Firmenübergebers **II, 10,** 478 f.
Güterstandsbezogene Rückerwerbsklausel, Sicht der Gesellschaft **II, 10,** 473 ff.
– Sicht des Firmenübergebers **II, 10,** 478 f.
Güterstandsklausel, GmbH & Co. KG **II, 1, § 4,** 186 ff.
– Gütertrennung **II, 10,** 412 ff.
Gutgläubiger Erwerb, Handelsgeschäft **I, 7,** 89
GuV-Rechnung **II, 15, § 1,** 19, 190 ff.
– Jahresfehlbetrag **II, 15, § 1,** 27
– Kalkulationsstruktur des Unternehmens **II, 15, § 1,** 191
Haager Übereinkommen **II, 14,** 108
Hafteinlage, Rückzahlung, GmbH & Co. KG **II, 20,** 187
– – KG **II, 20,** 186
Haftung, Betriebsübergang **II, 17,** 49
– Durchgriffshaftung **II, 20,** 192 ff.
– existenzvernichtender Eingriff **II, 20,** 192 ff.
– Kapitalaufbringung, Falschangaben **II, 20,** 156
– OHG **II, 1, § 2,** 79 ff.
– Sozialansprüche **II, 17,** 136
– Umstrukturierung **II, 6, § 2,** 136
– Unterkapitalisierung **II, 20,** 192 ff.
Haftungsbeschränkung, GmbH & Co. KG **II, 1, § 4,** 6
Haftungsgefahren, Geschäftsleiter **II, 20,** 235 ff.
– – Insolvenz **II, 20,** 145 ff.
– – Unternehmenskrise **II, 20,** 145 ff.
Hamburger Brauch, Franchise-Vertrag **I, 6,** 188
Handelndenhaftung **II, 20,** 161
Handelsbilanz, GmbH **II, 15, § 1,** 30 ff.
– – Kommanditistenhaftung **II, 15, § 1,** 44
– – Korrekturen zur Passiva **II, 15, § 1,** 136
– – Maßgeblichkeit **II, 15, § 1,** 55, 202
– – Personenhandelsgesellschaften **II, 15, § 1,** 39
Handelsbilanzielle Buchwerte **II, 15, § 1,** 45
Handelsbilanzrecht, BFH-Rechtsprechung **II, 15, § 1,** 55
– branchenspezifische Vorschriften **II, 15, § 1,** 54
– – Dividendenansprüche **II, 15, § 1,** 60
– – Einzelabschluss **II, 15, § 1,** 58
– europäische Rechtsgrundlagen **II, 15, § 1,** 56 ff.
– Mitgliedstaatenwahlrechte **II, 15, § 1,** 59

– nationale Rechtsquellen **II, 15, § 1,** 52 ff.
– Publizitätsgesetz **II, 15, § 1,** 53
– Rechtsordnung **II, 15, § 1,** 52 ff.
– Rechtsprechung des EuGH **II, 15, § 1,** 56 ff.
– Rechtsvereinheitlichung **II, 15, § 1,** 59
– Vermögensgegenstand, geschützte Rechtsposition **II, 15, § 1,** 123
– Vorabentscheidungsverfahren **II, 15, § 1,** 60
– Vorbehalt **II, 15, § 1,** 41
Handelsbräuche **I, 7,** 14, 31 ff.
Handelsgeschäft **I, 7,** 20 ff.
– Abschlussfreiheit **I, 7,** 8 ff.
– Abtretungsverbot **I, 7,** 47 ff.
– – verlängerter Eigentumsvorbehalt **I, 7,** 48 ff.
– allgemeine Sonderbestimmungen **I, 7,** 81 ff.
– Allgemeines **I, 7,** 1 ff.
– Angebot zur Geschäftsbesorgung **I, 7,** 38
– Angebot, Schweigen **I, 7,** 43 ff.
– Auftragsbestätigung **I, 7,** 40
– Auslegung **I, 7,** 12 ff.
– Begriff **I, 7,** 21
– beiderseitiges **I, 7,** 25, 28
– besonderes **I, 7,** 92 ff.
– eigentliche Kommission **I, 7,** 134
– Einbringung **II, 6, § 2,** 13
– einseitiges **I, 7,** 25 ff.
– Entgeltlichkeit kaufmännischen Handelns **I, 7,** 83
– Erwerb vom Nichtberechtigten **I, 7,** 68 ff.
– Formvorschriften **I, 7,** 10 ff.
– – mündliche Nebenabreden **I, 7,** 11
– Frachtgeschäft **I, 7,** 23, 164 ff.
– Frachtvertrag **I, 7,** 166 ff.
– – Haftung des Frachtführers **I, 7,** 169 ff.
– Gefälligkeitsverhältnis **I, 7,** 7
– Gelegenheitskommission **I, 7,** 134
– guter Glaube, Verfügungsbefugnis **I, 7,** 69 ff.
– – Vertretungsmacht **I, 7,** 72 ff.
– Gutglaubensschutz, Eigentumserwerb **I, 7,** 75
– gutgläubiger Erwerb **I, 7,** 89
– Inhaltsfreiheit **I, 7,** 12 ff.
– – gesetzliches Verbot **I, 7,** 12
– – gute Sitten **I, 7,** 12
– internationaler Verkehr **I, 7,** 19
– Kaufmann **I, 7,** 22 ff.
– kaufmännisches Bestätigungsschreiben **I, 7,** 38 ff.
– kaufmännisches Zurückbehaltungsrecht **I, 7,** 78 ff., 91
Handelsgeschäft, kaufmännisches Zurückbehaltungsrecht **I, 7,** 91
– – Rechtsfolgen **I, 7,** 80
– Kommissionsgeschäft **I, 7,** 23, 132 ff.
– – Ertrag- und Umsatzsteuer **I, 7,** 155
– – Insolvenz des Kommissionärs **I, 7,** 154

– – Kommissionsvertrag **I, 7,** 158, 161
– – Zwangsvollstreckung **I, 7,** 163
– Kommissionsvertrag **I, 7,** 138 ff.
– Kommittent **I, 7,** 138
– Kontokorrent **I, 7,** 53 ff., 90
– Kontrahierungszwang **I, 7,** 8 ff.
– Lagergeschäft **I, 7,** 23, 183 ff.
– lastenfreier Eigentumserwerb **I, 7,** 76
– laufende Geschäftsverbindung **I, 7,** 3
– – Schutzpflichtverletzung **I, 7,** 4
– Leistungszeit **I, 7,** 85
– Neuverhandlungspflicht **I, 7,** 14
– Pfandrecht **I, 7,** 77
– Privatautonomie **I, 7,** 8
– Qualität der Leistung **I, 7,** 86
– Rechtsbindungswille **I, 7,** 5 ff.
Handelsgeschäft, Scheinkaufmann **I, 7,** 69
– Schriftformklausel **I, 7,** 10 ff.
– Sorgfalt eines ordentlichen Kaufmanns **I, 7,** 82 ff.
– Speditionsgeschäft **I, 7,** 23, 176 ff.
– – Spediteur **I, 7,** 177 ff.
– Störung der Geschäftsgrundlage **I, 7,** 15
– Treu und Glauben **I, 7,** 12 ff.
– uneigentliche Kommission **I, 7,** 134
– Verjährung **I, 7,** 16 ff.
– – Sonderverjährungsfristen **I, 7,** 17
– Vertrauensschutz **I, 7,** 14
– Zustandekommen **I, 7,** 36 ff., 88
– – bloßes Schweigen **I, 7,** 37
Handelsgesellschaften **I, 1,** 68 ff.
– Genossenschaften **I, 1,** 71
– Kapitalgesellschaften **I, 1,** 70
– Personenhandelsgesellschaften **I, 1,** 69
Handelsgewerbe, Betrieb **I, 7,** 29
Handelskauf **I, 7,** 93 ff.
– Annahmeverzug des Käufers **I, 7,** 97 ff.
– beiderseitiger, Besonderheiten **I, 7,** 111 ff.
– Fixhandelskauf **I, 7,** 108 ff.
– Hinterlegung **I, 7,** 97
– internationaler **I, 8,** 1 ff.
– Mängelrüge **I, 7,** 123
– Rügeobliegenheit, Qualitätsmangel **I, 7,** 112 ff.
– Selbsthilfeverkauf **I, 7,** 97 ff.
– Spezifikationskauf **I, 7,** 105 ff.
– Wahlschuld **I, 7,** 107
Handelsklauseln **I, 7,** 34
Handelsmakler, Abgrenzung, Handelsvertreter **I, 5,** 18
– Vertrauen des Kunden **I, 5,** 18
Handelsrecht, Allgemeines **I, 1,** 1 ff.
– Anwendbarkeit **I, 7,** 1
– Betriebsaufspaltung **II, 7,** 5
– erhöhter Vertrauensschutz **I, 1,** 1
– im engeren Sinne **I, 1,** 3
– im weiteren Sinne **I, 1,** 3
– Rechtsklarheit **I, 1,** 1
– Straftaten **II, 20,** 115 ff.
– subjektives System **I, 1,** 4
Handelsrechtlicher Jahresabschluss **II, 15, § 1,** 65 ff.
Handelsrechtsreform, Ziele **I, 3,** 3 ff.

Stichwortverzeichnis

••• Die fett gedruckten **römischen Zahlen** bezeichnen die Teile, die fett gedruckten **arabischen Zahlen** die Kapitel. ••• Die fett gedruckten **§-Angaben** bezeichnen die bei Teil 2: Gesellschaftsrecht zu den Kapiteln dazugehörigen Paragrafen. ••• Die mager gedruckten Zahlen bezeichnen die Randnummern. •••

– – Fantasie-, Sach-, Personen- oder Mischformen **I, 3**, 3
– – firmenrechtliches Irreführungsverbot **I, 3**, 5
– – Liberalisierung des Firmenrechts **I, 3**, 3
– – wesentliche Funktionen der Firma **I, 3**, 4
Handelsregister, Abgrenzung zum Unternehmensregister **I, 2**, 5 ff.
– Abteilung A **I, 2**, 3
– Abteilung B **I, 2**, 3
– Allgemeines **I, 2**, 1 ff.
– Bedingungen und Befristungen **I, 2**, 74 ff.
– Bekanntmachung der Eintragung **I, 2**, 127 f.
– Benachrichtigung der Beteiligten **I, 2**, 126
– Benachrichtigung und Bekanntmachung **I, 2**, 126 ff.
– Beweismittel **I, 2**, 117 f.
– Durchsetzung der gesetzlichen Anmeldungspflichten **I, 2**, 142
– Einreichung von Unterlagen **I, 2**, 26 ff., 33 ff.
– Einsichtnahme **I, 2**, 60 ff.
– – Abwicklung **I, 2**, 63
– – Voraussetzung **I, 2**, 62
– Eintragung **I, 2**, 103 ff.
– – formelle Prüfung **I, 2**, 104 f.
– – materielle Prüfung **I, 2**, 106 ff.
– – nachträgliche Nichtigerklärung **I, 2**, 113
– – Plausibilitätsprüfung **I, 2**, 109 f.
– – Voraussetzungen **I, 2**, 103 ff.
– Eintragung mit Bekanntmachung **I, 2**, 21 f.
– Eintragung ohne Bekanntmachung **I, 2**, 23 ff.
– erzwingbare eintragungsfähige Tatsachen **I, 2**, 40 ff.
– – AG **I, 2**, 45
– – Befreiung von den Beschränkungen des § 181 BGB **I, 2**, 45
– – Einzelkaufleute **I, 2**, 41
– – Existenz **I, 2**, 40
– – Firma **I, 2**, 40
– – GmbH **I, 2**, 44
– – Haftungsverhältnisse **I, 2**, 40
– – juristische Personen **I, 2**, 42 ff.
– – KG **I, 2**, 43
– – OHG **I, 2**, 42
– – Testamentsvollstreckung über Geschäftsanteile **I, 2**, 46
– – Vertretungsverhältnisse **I, 2**, 40
– Funktionen **I, 2**, 11 ff.
– konstitutive Registereintragung **I, 2**, 18
– negative Publizität **I, 2**, 65 ff.
– negative Registerpublizität **I, 2**, 16
– nicht erzwingbare eintragungsfähige Tatsachen **I, 2**, 47 ff.
– – AG **I, 2**, 48
– – Formwechsel **I, 2**, 48
– – GmbH **I, 2**, 48
– – Spaltungen **I, 2**, 48
– – Sonderrechtsnachfolgevermerk bei Kommanditanteilen **I, 2**, 54 ff.
– – Umwandlungsmaßnahmen **I, 2**, 48
– – Unternehmensverträge bei einer GmbH **I, 2**, 49 f.
– – Verschmelzung **I, 2**, 48
– – Vermögensübertragungen **I, 2**, 48
– – Vertretungsverhältnisse einer GmbH & Co. KG **I, 2**, 50 ff.
– nicht publizitätsfähige Tatsachen **I, 2**, 56 ff.
– – Handlungsvollmacht **I, 2**, 57
– – Nießbrauch an Gesellschaftsanteilen **I, 2**, 59
– – persönliche Verhältnisse **I, 2**, 56
– – positive Publizität **I, 2**, 68
– Publizität **I, 2**, 19 ff., 28
– – Gegenstände **I, 2**, 38 ff.
– – Kategorisierung **I, 2**, 39
– Publizitätsfunktion **I, 2**, 11
– Rechtsfolge fehlender Eintragung **I, 2**, 66
– Rechtsmittel **I, 2**, 143
– Registerführung **I, 2**, 8 ff.
– Registergericht **I, 2**, 119 ff.
– Registerpublizität **I, 2**, 64 ff.
– registerrechtliche Funktionsmechanismen **I, 2**, 14 ff.
– Registerzwang **I, 2**, 15
– Registerzwangsmittel **I, 2**, 15
– staatliche Wirtschaftskontrolle **I, 2**, 13
– Verkehrsschutz **I, 2**, 12, 16
– Widerruf vermerkter Vertretungsberechtigter **I, 2**, 16
– Wirkung eingetragener Tatsachen **I, 2**, 67
– Zuständigkeiten **I, 2**, 8 ff.
– – ausschließliche **I, 2**, 9
– – funktionelle **I, 2**, 10
– – örtliche **I, 2**, 9
Handelsregisteranmeldung **I, 2**, 69 ff.
– Abschluss der Anmeldung **I, 2**, 148
– AG **I, 2**, 81
– – Anmeldung der Gesellschafterrichtung **I, 2**, 81
– allgemeine Mitwirkungspflicht **I, 2**, 85
– Anlagen **I, 2**, 86 ff.
– Anmeldebefugnis **I, 2**, 79
– Anmeldung einer Änderung tatsächlicher Angaben **I, 2**, 85
– Anmeldung einer Satzungsänderung **I, 2**, 76 ff.
– anmeldeberechtigte Beteiligte **I, 2**, 78 ff.
– Bedeutung **I, 2**, 70
– Befristung **I, 2**, 76
– Beglaubigung **II, 14**, 68
– Einreichung **I, 2**, 85
– Einteilung des Schriftsatzes **I, 2**, 150
– Eintragungsvoraussetzung bei deklaratorischer Anmeldung **I, 2**, 76
– Einzelkaufleute **I, 2**, 78 f., 151 ff.
– Erlöschen der Firma **I, 2**, 158 f.
– Inhaberwechsel **I, 2**, 154 f.
– sonstige Änderungen **I, 2**, 156 f.
– Ersteintragung eines Einzelkaufmannes **I, 2**, 152 f.
– Form **I, 2**, 82 ff.
– formell-rechtliche Verfahrensvoraussetzungen **I, 2**, 75 ff.
– Formpflicht **I, 2**, 83
– GmbH & Co. KG **I, 2**, 180 ff.
– Kapitalgesellschaften **I, 2**, 80 ff., 183 ff.
– Aktiengesellschaft **I, 2**, 206 ff.
– – bedingtes Kapital bei der Aktiengesellschaft **I, 2**, 225 ff.
– – Ersteintragung der Aktiengesellschaft **I, 2**, 206 f.
– – genehmigtes Kapital bei der Aktiengesellschaft **I, 2**, 221 ff.
– – GmbH **I, 2**, 183 ff.
– – Kapitalherabsetzung bei der Aktiengesellschaft **I, 2**, 229 ff.
– – Kapitalmaßnahmen bei der Aktiengesellschaft **I, 2**, 214 ff.
– – Satzungsänderungen bei der Aktiengesellschaft **I, 2**, 211 ff.
– – Vorstand der Aktiengesellschaft **I, 2**, 208 ff.
– Kommanditgesellschaft **I, 2**, 170 ff.
– – Auflösung **I, 2**, 179
– – Ersteintragung **I, 2**, 170 f.
– Minderjähriger **II, 11**, 38 ff.
– – Gesellschafterwechsel **I, 2**, 172 ff.
– Muster **I, 2**, 144 ff.
– – Auflösung **I, 2**, 164 ff.
– – Erlöschen der Firma **I, 2**, 164 ff.
– – Ersteintragung **I, 2**, 160 f.
– – spätere Änderungen **I, 2**, 162 f.
– offene Handelsgesellschaften **I, 2**, 160 ff.
– – sonstige Änderungen **I, 2**, 172 ff.
– – Veränderungen der Kommanditeinlagen **I, 2**, 177 f.
– öffentlich beglaubigte Form **I, 2**, 82, 84
– Personenhandelsgesellschaft **I, 2**, 78 f., 160 ff.
– Prokura **I, 2**, 233 ff.; **I, 4**, 41 ff.
– Prokura und Zweigniederlassungen **I, 2**, 233 ff.
– Rechtsnatur **I, 2**, 71 ff.
– spätere **I, 2**, 81
– – Eintragung von Vorstandänderungen **I, 2**, 81
– – Erhöhung des Grundkapitals **I, 2**, 81
– – Satzungsänderungen **I, 2**, 81
– Unterschriftsbeglaubigung **I, 2**, 82
– zu etwaigen Prokuristen **I, 2**, 78
– Zurückweisung **I, 2**, 76
– Zusendung gesetzlich vorgeschriebener Unterlagen **I, 2**, 88
– Zweigniederlassungen **I, 2**, 235 ff
– – ausländische Rechtsträger **I, 2**, 237 ff.
– – inländische Rechtsträger **I, 2**, 235 ff.
– Handelsregistereintragung, Beweismittel **I, 2**, 117 ff.
– formelle Prüfung **I, 2**, 104 ff.
– Insolvenzvermerke **I, 2**, 138 ff.
– materielle Prüfung **I, 2**, 106 ff.

3253

Stichwortverzeichnis

••• Die fett gedruckten **römischen Zahlen** bezeichnen die Teile, die fett gedruckten **arabischen Zahlen** die Kapitel. ••• Die fett gedruckten **§-Angaben** bezeichnen die bei Teil 2: Gesellschaftsrecht zu den Kapiteln dazugehörigen Paragrafen. ••• Die mager gedruckten Zahlen bezeichnen die Randnummern. •••

– – Allgemeines **I, 2**, 106 ff.
– Plausibilitätsprüfung **I, 2**, 109
– nachträgliche Nichtigerklärung **I, 2**, 113
– Prüfung von Gesellschafterbeschlüssen einer GmbH **I, 2**, 112 ff.
– Voraussetzungen **I, 2**, 103 ff.
Handelsregistervollmacht, Erteilung **II, 11**, 39 ff.
Handelsverkehr, Grundsätze **I, 7**, 2
Handelsvertreter, Abgrenzung, Franchisenehmer **I, 5**, 17
– – Handelsmakler **I, 5**, 18
– – Kommissionär **I, 5**, 19
– – Kommissionsagent **I, 5**, 20
– – Vertragshändler **I, 5**, 15 f.
– Checkliste zur Provision **I, 5**, 70 ff.
– Abschluss von Geschäften **I, 5**, 10 ff.
– Abschlusstätigkeit **I, 5**, 6 f.
– Altersversorgung **I, 5**, 133
– Anwendbarkeit von Normen auf den Vertragshändler **I, 5**, 182
– Ausgleichsanspruch gemäß § 89b HGB **I, 5**, 101 ff.
– Ausgleichsanspruch, Ausschlussfrist **I, 5**, 134 f.
– – Ausschlusstatbestände **I, 5**, 142 ff.
– – Billigkeitsprüfung **I, 5**, 130 ff.
– – Eintritt eines Dritten in das Vertragsverhältnis **I, 5**, 150
– – Erweiterung bestehender Geschäftsverbindungen **I, 5**, 112 ff.
– – Festbetrag **I, 5**, 139 ff.
– – gerichtliche Geltendmachung **I, 5**, 152 f.
– – keine Zumutbarkeit der Fortsetzung **I, 5**, 146 ff.
– – Kündigung wegen Verhalten des Unternehmers **I, 5**, 144 ff.
– – neugeworbene Kunden **I, 5**, 112 ff.
– – Rohausgleichsmethode **I, 5**, 155 ff.
– – Unabdingbarkeit **I, 5**, 134 f.
– – Zinsen bei Fälligkeit **I, 5**, 151
– Auskunft über provisionsrelevante Umstände **I, 5**, 78 f.
– Auskunftspflicht **I, 5**, 36
– Begriff **I, 5**, 1 ff.
– Benachrichtigungspflicht **I, 5**, 35 f.
– Bestandsprovision **I, 5**, 126
– Betriebsgeheimnis **I, 5**, 38
– Bezirksprovision **I, 5**, 127
– Buchauszug **I, 5**, 70 ff., 75 f.
– – abweichende Vereinbarung **I, 5**, 82
– – Checkliste **I, 5**, 76
– Buchauszugsverweigerung, Einsicht in Bücher und Urkunden **I, 5**, 80 f.
– Geschäftsgeheimnis **I, 5**, 38
– Handelsvertreterverhältnis **I, 5**, 12 ff.
– Handelsvertretervertrag, Verjährung der Ansprüche **I, 5**, 165 ff.
– Informationspflicht **I, 5**, 35 f.
– Kündigungsgründe **I, 5**, 96
– Legaldefinition **I, 5**, 1 ff.
– Pflichten für den Unternehmer, **I, 5**, 46 ff.
– – Benachrichtigungspflicht **I, 5**, 47 ff.
– – Informationspflicht **I, 5**, 47 ff.

– – Rücksichtnahmepflicht **I, 5**, 50 ff.
– – Schadensersatzanspruch **I, 5**, 53
– – Treuepflicht **I, 5**, 50 ff.
– – Überlassung von Unterlagen **I, 5**, 46
– – Verschwiegenheitspflicht **I, 5**, 55
– – Wettbewerbsverbot **I, 5**, 54
– Provision, Abzüge vom Ausgleichsanspruch **I, 5**, 128
– – Mindestvergütung **I, 5**, 125
– – Provisionsabrechnung, Anspruch **I, 5**, 70 ff.
– – Provisionsanspruch **I, 5**, 56 ff.
– – Entstehung **I, 5**, 62
– – Fälligkeit **I, 5**, 67
– – nach Beendigung des Vertragsverhältnisses **I, 5**, 60
– – Wegfall **I, 5**, 65 f.
– – Provisionsverlust **I, 5**, 120 f.
– – in die Prognose einfließender Vergütungsbestand **I, 5**, 124 ff.
– – Prognose **I, 5**, 122 ff.
– – Prozess, Allgemeines **I, 5**, 236
– – Anspruch auf Ausgleichszahlung nach § 89b HGB **I, 5**, 239
– – Anspruch auf Provisionsabrechnung und Buchauszug nach § 87c HGB **I, 5**, 238
– – Checkliste **I, 5**, 235 ff.
– – Provisionsanspruch nach §§ 87 ff. HGB **I, 5**, 237
– Rechenschaftspflicht **I, 5**, 37
– selbständiger Gewerbebetreibender **I, 5**, 2 ff.
– ständige Betrauung **I, 5**, 6 f.
– Tätigkeit für einen anderen Unternehmer **I, 5**, 8 f.
– unselbständige Tätigkeit **I, 5**, 5
– Unternehmerbegriff **I, 5**, 9
– Vermittlung von Geschäften **I, 5**, 10 f.
– Vermittlungstätigkeit **I, 5**, 6 f.
– Verschwiegenheitspflicht **I, 5**, 38 f.
– Verwaltungsprovision **I, 5**, 126
– Weisungsbefolgungspflicht **I, 5**, 44 f.
– Wettbewerbsabrede **I, 5**, 43
– – nach Vertragsbeendigung **I, 5**, 43
– – nachvertragliches **I, 5**, 43
– – während der Vertragslaufzeit **I, 5**, 40 ff.
Handelsvertreterrecht, Allgemeines **I, 5**, 1 ff.
Handelsvertretervertrag, Abmahnung **I, 5**, 93
– Abschluss **I, 5**, 21 ff., 27
– – Formfreiheit **I, 5**, 1 ff.
– – konkludentes Handeln **I, 5**, 28
– Abwicklung **I, 5**, 83 ff.
– AGB-Recht **I, 5**, 24
– – Inhaltskontrolle **I, 5**, 25
– Altersgrenze des Handelsvertreters **I, 5**, 88
– Anfechtung **I, 5**, 22
– Anwendbarkeit des BGB **I, 5**, 22
– Aufbau **I, 5**, 31
– – Checkliste **I, 5**, 31
– Ausgleichsanspruch, erhebliche Unternehmervorteile **I, 5**, 117 ff.

– außerordentliche Kündigung **I, 5**, 92
– Beendigung **I, 5**, 83 ff.
– Franchise-Vertrag **I, 6**, 62
– Gesamtnichtigkeit **I, 5**, 21
– Handelsvertreter, Abschlusspflicht **I, 5**, 33
– – Vermittlungspflicht **I, 5**, 33
– Inhaltskontrolle **I, 5**, 25
– Kettenvertrag **I, 5**, 87
– Kündigung, aus wichtigem Grund **I, 5**, 89 ff.
– Kündigungsfrist, Kündigung aus wichtigem Grund **I, 5**, 89 ff.
– Kündigungsgründe **I, 5**, 91
– – des Handelsvertreters **I, 5**, 96
– – des Unternehmers **I, 5**, 95 ff.
– nachvertragliches Wettbewerbsverbot **I, 5**, 30
– ordentliche Kündigung **I, 5**, 84 ff.
– Mindestkündigungsfristen **I, 5**, 84
– Pflichten, Handelsvertreter **I, 5**, 32 ff.
– Interessenwahrnehmungspflicht **I, 5**, 34
– Vertragsparteien **I, 5**, 32 ff.
– Teilkündigung **I, 5**, 85
– Verjährung der Ansprüche **I, 5**, 165 ff.
– Verjährungsfrist **I, 5**, 23
– Vertrag auf unbestimmte Zeit **I, 5**, 86
– Vertragsbeendigung, Rechtsfolgen **I, 5**, 97 ff.
– – Teilkündigungsklausel **I, 5**, 109
– Vorschriften der §§ 84 ff. AGB **I, 5**, 21
– vorvertragliches Schuldverhältnis **I, 5**, 26
– Zustandekommen **I, 5**, 21 ff.
– – anwendbare Vorschriften **I, 5**, 21 ff.
Handlungsbevollmächtigter **I, 4**, 76
– Zeichnung **I, 4**, 76
Handlungsvollmacht **I, 4**, 53 ff.
– Allgemeines **I, 4**, 53
– Arten **I, 4**, 58 ff.
– – Arthandlungsvollmacht **I, 4**, 60
– – Generalhandlungsvollmacht **I, 4**, 59
– – Gesamthandlungsvollmacht **I, 4**, 62
– – Niederlassungshandlungsvollmacht **I, 4**, 63
– – Spezialhandlungsvollmacht **I, 4**, 61
– Beschränkung **I, 4**, 66 ff.
– – besondere Ermächtigung **I, 4**, 68
– – gesetzliche **I, 4**, 66 f.
– – Gutglaubensschutz **I, 4**, 69 ff.
– Checkliste **I, 4**, 87
– Erlöschen **I, 4**, 80 f.
– – keine ausdrückliche Regelung **I, 4**, 80
– – sonstige Gründe **I, 4**, 81
– – Tod des Geschäftsherrn **I, 4**, 81
– Erteilung **I, 4**, 54
– – Erteilungserklärung **I, 4**, 56 f.
– – Person des Bevollmächtigten **I, 4**, 55
– – Vollmachtgeber **I, 4**, 54
– EWIV **II, 1, § 6**, 67
– Stellvertretung **I, 4**, 2
– Umfang **I, 4**, 58 ff.

Stichwortverzeichnis

••• Die fett gedruckten **römischen Zahlen** bezeichnen die Teile, die fett gedruckten **arabischen Zahlen** die Kapitel. ••• Die fett gedruckten **§-Angaben** bezeichnen die bei Teil 2: Gesellschaftsrecht zu den Kapiteln dazugehörigen Paragrafen. ••• Die mager gedruckten Zahlen bezeichnen die Randnummern. •••

– – Arten **I, 4**, 58 ff.
– – branchenübliche Geschäfte **I, 4**, 64 f.
– Unübertragbarkeit **I, 4**, 77 ff.
– – Erteilung einer Untervollmacht **I, 4**, 79
– – Zustimmung des Inhabers des Handelsgeschäfts **I, 4**, 77
Handwerker, GbR **II, 1, § 1**, 40 f.
Hauptversammlung, Beschluss **II, 5, § 1**, 40 ff.
– Formerfordernis **II, 5, § 1**, 41
– – Mehrheitserfordernis **II, 5, § 1**, 40
– Nicht-Einberufung **II, 20**, 123
– Verlust Stamm-/Grundkapital, Nicht-Einberufung **II, 20**, 123
– Zustimmung **II, 5, § 1**, 42
Hauptversammlungsbeschluss, Beurkundung **II, 14**, 8
Haustarifvertrag **II, 17**, 2
Herstellungskosten, Aufwendungen **II, 15, § 1**, 186
– Einzelkosten **II, 15, § 1**, 187
– Erhaltungsaufwand **II, 15, § 1**, 189
– Erweiterung **II, 15, § 1**, 189
– Finanzierungskosten **II, 15, § 1**, 187
– Jahresabschluss **II, 15, § 1**, 186 ff.
– Obergrenze **II, 15, § 1**, 187
– Untergrenze **II, 15, § 1**, 187
– wesentliche Verbesserung **II, 15, § 1**, 189
Höchstbetragsbürgschaft **II, 16**, 192
Holdingverbot **II, 1, § 6**, 8
Holzmüller-Entscheidung **II, 6, § 2**, 39
Horizontal-Joint-Venture **II, 12**, 8
HRA **I, 2**, 3
HRB **I, 2**, 3
HRefG, Änderungen des Firmenrechts **I, 3**, 1 ff.
HRV **I, 2**, 4
Hypothek **II, 16**, 211 f.
IAS/IFRS **II, 15, § 1**, 15, 58, 195
ICC Court of Arbitration **II, 13**, 14
IFRS/IAS **II, 16**, 332
Immobilienfonds, GbR **II, 1, § 1**, 130
Imparitätsprinzip **II, 15, § 1**, 95, 175
Industrieobligation, außerordentliches Kündigungsrecht **II, 16**, 157
– Emission **II, 16**, 151
– fest verzinsliche Anleihen **II, 16**, 152
– Negativerklärung **II, 16**, 157
– Nullkuponanleihen **II, 16**, 154
– ordentliches Kündigungsrecht **II, 16**, 155
– Rückzahlung **II, 16**, 156
– variabel verzinsliche Anleihen **II, 16**, 153
– Wertpapier **II, 16**, 151
Industrieobligationen **II, 16**, 150 ff.
Infizierung, Betriebsaufspaltung **II, 7**, 6
Informationspflicht, Handelsvertreter **I, 5**, 35 f.
– Pflichten für den Unternehmer, Handelsvertreter **I, 5**, 47 ff.
Inhaber- und Namensaktien **II, 16**, 58
Inhalt des Formwechselbeschlusses **II, 6, § 1**, 267 ff.

Innenfinanzierung **II, 16**, 8 ff.
Innengesellschaft, GbR **II, 1, § 1**, 9 ff.
Innenhaftung, Geschäftsführer **II, 20**, 241
– relevante Haftungstatbestände **II, 20**, 242
– Treuhandbeteiligte **II, 3, § 3**, 92
Insichgeschäft, Alleinvertretung der Gesellschaft **II, 14**, 31
– Anmeldung zum Handelsregister **II, 14**, 37
– Befreiung, GmbH **II, 14**, 35
– – Konzern **II, 14**, 36
– Einpersonen-GmbH **II, 14**, 35
– Eintragung im Handelsregister **II, 14**, 37
– Geschäftsführer, alleiniger Gesellschafter **II, 14**, 31
– – GmbH **II, 14**, 31
– Hauptanwendungsfälle **II, 14**, 29 ff.
– praktische Bedeutung **II, 14**, 28
– Rechtsfolgen **II, 14**, 28
– Satzung **II, 14**, 35
– Verbot **II, 14**, 28 ff.
Insolvenz, Abführung der Lohnsteuer **II, 20**, 311
– AGB-Pfandrecht **II, 20**, 318
– Androhung Insolvenzantrag, Zahlung **II, 20**, 328
– Anfechtbarkeit, Aufrechnung **II, 20**, 337 ff.
– – kapitalersetzende Darlehen **II, 20**, 335
– – nachteilige Rechtshandlung **II, 20**, 319
– – Rechtshandlungen des Schuldners **II, 20**, 321
– – Verrechnung **II, 20**, 337 ff.
– – vorsätzliche Gläubigerbenachteiligung **II, 20**, 320
– Anfechtung, Arbeitnehmeranteil **II, 20**, 309
– – Erfüllung einer fremden Schuld **II, 20**, 309
– – Prämienzahlung **II, 20**, 333
– – Sozialversicherung **II, 20**, 309
– – unentgeltliche Leistung **II, 20**, 330 ff.
– Anfechtungsgegner **II, 20**, 309
– Anfechtungstatbestände **II, 20**, 305 ff.
– – Kenntnis **II, 20**, 307 ff.
– – kongruente Deckung **II, 20**, 305 ff.
– Aufrechnungsmöglichkeit **II, 20**, 339
– Benachteiligungsvorsatz, Alleingesellschafter **II, 20**, 323
– – Darlegungs- und Beweislast **II, 20**, 329
– – Kenntnis **II, 20**, 329
– – Schuldner **II, 20**, 322
– Cash-Pooling-Teilnehmer **II, 20**, 332
– debitorisches Gesellschaftskonto **II, 20**, 152
– drohende Zahlungsunfähigkeit **II, 20**, 45 f.
– Durchgriffshaftung **II, 20**, 203
– Eigenkapitalersatzhaftung **II, 20**, 204 ff.
– EWIV **II, 1, § 6**, 96 ff.
– Firmenrecht **I, 3**, 65 ff.
– GbR **II, 1, § 1**, 402 f.

– Gläubigerbenachteiligungsvorsatz **II, 20**, 324
– – Vermutung **II, 20**, 325
– – GmbH **II, 2, § 1**, 404 ff.
– – Haftungsgefahren **II, 20**, 145 ff.
– – Geschäftsleiter **II, 20**, 235 ff.
– – Gesellschafter **II, 20**, 145
– – Kapitalaufbringung **II, 20**, 146
– – inkongruente Deckung **II, 20**, 312
– – Abtretung einer Forderung **II, 20**, 313
– – Allgemeines **II, 20**, 313
– – Befriedigung **II, 20**, 313
– – Weitergabe eines Kundenschecks **II, 20**, 313
– Inkongruenz, Androhung der Vollstreckung **II, 20**, 315
– – Androhung Insolvenzantragstellung **II, 20**, 315
– – Befriedigung durch Zwangsvollstreckung **II, 20**, 314
– – Benachteiligungsvorsatz **II, 20**, 326 ff.
– – Erlangen von Sicherheiten **II, 20**, 316
– – Pfandrecht **II, 20**, 316
– – Sicherung durch Zwangsvollstreckung **II, 20**, 314
– Inkongruenzanfechtung **II, 20**, 312
– Kapitalaufbringung, GmbH & Co. KG **II, 20**, 152
– – GmbH & Still **II, 20**, 153
– – Verjährung **II, 20**, 154
– Kapitalerhöhung **II, 20**, 147 ff.
– Kenntnis, Finanzamt **II, 20**, 310
– – Kreditinstitute **II, 20**, 308
– – Lieferanten **II, 20**, 307
– KG **II, 1, § 3**, 371 ff.
– kongruente Deckung, anfechtbare Rechtshandlungen **II, 20**, 305
– – Kenntnis des Gläubigers **II, 20**, 306
– Konzernverrechnungsklauseln **II, 20**, 323
– nach Anfechtung, nachträgliche Bestellung einer Sicherheit **II, 20**, 334
– Partnerschaftsgesellschaft **II, 1, § 5**, 120 f.
– Poolverträge **II, 20**, 317
– Sanierungseröffnungsbilanz **II, 15, § 1**, 17
– Sanierungsschlussbilanz **II, 15, § 1**, 17
– Treuhand **II, 3, § 3**, 109 ff.
– Überschuldung **II, 20**, 15 ff.
– Überschuldungsstatus **II, 20**, 18 ff.
– Unternehmen **II, 20**, 1 ff.
– Unternehmenskauf **II, 4**, 220 ff.
– Vermögensvermischung **II, 20**, 203
– Zahlungen auf Druck **II, 20**, 327
– Zahlungsunfähigkeit **II, 20**, 27 ff.
– Zahlungsverbot, maßgeblicher Zeitpunkt **II, 20**, 245
Insolvenzanfechtung, Bargeschäft **II, 20**, 304 ff.
– fortbestehende Massenzulänglichkeit **II, 20**, 297
– Fristberechnung **II, 20**, 304 ff.

3255

Stichwortverzeichnis

••• Die fett gedruckten **römischen Zahlen** bezeichnen die Teile, die fett gedruckten **arabischen Zahlen** die Kapitel. ••• Die fett gedruckten **§-Angaben** bezeichnen die bei Teil 2: Gesellschaftsrecht zu den Kapiteln dazugehörigen Paragrafen. ••• Die mager gedruckten Zahlen bezeichnen die Randnummern. •••

– Gegenstand **II, 20**, 302 ff.
– Geltendmachung **II, 20**, 304 ff.
– Gläubigerbenachteiligung **II, 20**, 292 ff.
– nahestehende Personen **II, 20**, 304 ff.
– Rechtsfolgen **II, 20**, 303
– – Dritter **II, 20**, 302
– – Gläubiger **II, 20**, 302
– – Insolvenzverwalter **II, 20**, 302
– – Schuldner **II, 20**, 302
– Verjährung **II, 20**, 304 ff.
– Vermeidung **II, 20**, 290 ff.
– Voraussetzung **II, 20**, 291 ff.
Insolvenzdelikte, Bankrott **II, 20**, 124
– Gläubigerbegünstigung **II, 20**, 126
– Insolvenzverschleppung **II, 20**, 128
– objektive Strafbarkeitsbedingungen **II, 20**, 127
– offizielle **II, 20**, 124 ff.
– Verletzung der Buchführungspflicht **II, 20**, 125
Insolvenzeröffnungsantrag, Ablehnung **II, 20**, 348
Insolvenzeröffnungsverfahren **II, 20**, 341
Insolvenzrecht **II, 20**, 1ff.
– Betriebsaufspaltung **II, 7**, 5
– Rechnungslegungspflichten **II, 15**, § 1, 17
Insolvenzrechtliche Anfechtbarkeit, Haftung, Lohnsteuer **II, 20**, 283
Insolvenzsicherung, unterlassene **II, 20**, 279
– – Altersteilzeit **II, 20**, 279
Insolvenzsicherung, Wertguthaben **II, 20**, 279
Insolvenzsituation **II, 20**, 14 ff.
Insolvenzverfahren, Abschluss **II, 20**, 347
– AG **II, 20**, 343
– eG **II, 20**, 343
– Eröffnung **II, 20**, 291, 346
– existenzvernichtender Eingriff **II, 20**, 200
– Geschäftsführung **II, 20**, 350 ff.
– Gesellschaft, Auflösung **II, 20**, 344 ff.
– Gesellschaften **II, 20**, 342 ff.
– Gesellschafter, Stellung **II, 20**, 355
– GmbH **II, 20**, 343
– GmbH & Co. KG **II, 1**, § 4, 4
– Haftung, Geschäftsführer **II, 20**, 249
– Insolvenzplan **II, 20**, 345
– Kapitalgesellschaft **II, 20**, 343
– Stiftung **II, 20**, 343
– stille Gesellschaft **II, 20**, 342
Insolvenzverfahren, Vereine **II, 20**, 343
Insolvenzverschleppung **II, 8**, 57; **II, 20**, 111, 128
– Altgläubiger **II, 20**, 262
– Arbeitnehmer **II, 20**, 264
– Berater **II, 20**, 137 ff.
– Beweislastverteilung **II, 20**, 260
– Einzelfälle **II, 20**, 264
– Ersatz der Quotendifferenz **II, 20**, 262
– Geschäftsführer **II, 20**, 255 ff.
– Insolvenzverwalter **II, 20**, 262
– Neugläubiger **II, 20**, 263
– Schadensersatz, Umfang **II, 20**, 261 ff.
– Sorgfaltsmaßstab **II, 20**, 258
– Überschuldung **II, 20**, 128

– weiterer Haftungstatbestand **II, 20**, 265
– Zahlungsunfähigkeit **II, 20**, 128
Insolvenzverwalter **II, 20**, 262, 356
– eigenkapitalersetzende Nutzungsmöglichkeit **II, 20**, 225
– Insolvenzanfechtung, Gegenstand **II, 20**, 302
Institutionelle Schiedsverfahren **II, 13**, 13 ff.
Interessenausgleich, Bundesagentur für Arbeit **II, 17**, 77
– Einigung **II, 17**, 80
– – Form **II, 17**, 80
– Folgen des Scheiterns **II, 17**, 77 ff.
– grobe Fehlerhaftigkeit **II, 17**, 75
– Schriftform **II, 17**, 76
– Unterlassungsanspruch **II, 17**, 79
– Unterzeichnung **II, 17**, 76
Interessenausgleichsverhandlungen, Betriebsrat **II, 17**, 71 ff.
– Inhalt **II, 17**, 72 ff.
– Verhandlungen **II, 17**, 72 ff.
Interessenwahrnehmungspflicht, Handelsvertretervertrag **I, 5**, 34
Interessenwahrnehmungsvertrag, Vertragshändlervertrag **I, 5**, 177
International Chamber of Commerce **II, 13**, 2
– Schiedsverfahren **II, 13**, 14
Internationaler Handelskauf **I, 8**, 1 ff.
– Anwendungsbereich **I, 8**, 10 ff.
– Bezug zu einem Vertragsstaat **I, 8**, 26 ff.
– Bringschuld **I, 8**, 91
– Computerprogramme **I, 8**, 18
– Historie **I, 8**, 8 ff.
– Holschuld, Lagerort der Ware **I, 8**, 89
– – Ort der Niederlassung **I, 8**, 90
– kaufmännisches Bestätigungsschreiben **I, 8**, 55
– Kaufvertrag **I, 8**, 12 ff.
– Leistungsstörung **I, 8**, 5
– Lieferort **I, 8**, 80 ff.
– Lieferpflicht des Verkäufers **I, 8**, 76 ff.
– Lieferzeit **I, 8**, 92 ff.
– Minderung des Kaufpreises **I, 8**, 108
– Nacherfüllungsanspruch **I, 8**, 104 ff.
– Niederlassung **I, 8**, 22 ff.
– – Beweislast **I, 8**, 24
– Pflichten des Käufers **I, 8**, 116 ff.
– – Zahlung des Kaufpreises **I, 8**, 118
– Pflichten des Verkäufers **I, 8**, 74 ff.
– Rechtsbehelfe des Käufers **I, 8**, 100 ff.
– Rechtswahl **I, 8**, 27
– Rechtswahlklausel **I, 8**, 6
– Rügeobliegenheit **I, 8**, 55
– Überblick **I, 8**, 1 ff.
– UN-Kaufrecht **I, 8**, 4
– Versendungskauf **I, 8**, 84 ff.
– Vertragsabschluss **I, 8**, 37 ff.
– Vertragsaufhebung **I, 8**, 107
– Vertragsstaaten **I, 8**, 10
– Währung **I, 8**, 121
– weitere Zahlungsmodalitäten **I, 8**, 122
– wirtschaftlich-technische Ergebnisse **I, 8**, 18
– Zahlungsklauseln **I, 8**, 123
Internationaler Kaufvertrag **I, 8**, 21

Internationaler Rechnungslegungsstandard **II, 15**, § 1, 15
Internationales Arbeitsrecht **II, 1**, § 6, 13
Internationales Firmenrecht **I, 3**, 218 ff.
– allgemeine Grundsätze **I, 3**, 218 ff.
– Anknüpfung bei EG-Mitgliedsstaaten **I, 3**, 219
– Anknüpfung bei Unternehmen aus Nicht-EU-Staaten **I, 3**, 222
– Anknüpfung für Firmenordnungsrecht **I, 3**, 221
– ausländische Kapitalgesellschaft & Co. KG **I, 3**, 236 ff.
– – gesellschaftsrechtliche Zulässigkeit **I, 3**, 236 ff.
– – firmenrechtliche Fragen **I, 3**, 239 ff.
– besondere Rechtsfähigkeit **I, 3**, 231
– Beteiligungsfähigkeit **I, 3**, 230
– Firma der deutschen Tochter eines ausländischen Rechtsträgers **I, 3**, 229 ff.
– Firma der deutschen Zweigniederlassung eines ausländischen Rechtsträgers **I, 3**, 242 ff.
– Firma des ausländischen Rechtsträgers in Deutschland **I, 3**, 224 ff.
– Firmen aus EU-Staaten **I, 3**, 225
– Firmenbildung nach deutschem Recht **I, 3**, 232 ff.
– Firmenbildungsregelungen im Gründungsausland **I, 3**, 225
Internationales Firmenrecht, Firmenschutz **I, 3**, 223
– Firmenstatut **I, 3**, 218
– grenzüberschreitender Rechtsverkehr **I, 3**, 224
– Grundsatz der Firmenwahrheit **I, 3**, 226
– Handelsrechtsreformgesetz **I, 3**, 220
– Kennzeichnungseignung **I, 3**, 225
– Niederlassungsfreiheit **I, 3**, 220
– ordre public **I, 3**, 220
– Personal- bzw. Gesellschaftsstatut **I, 3**, 232
– Rechtsfähigkeit **I, 3**, 230
– Schranken durch das deutsche Firmenbildungsrecht **I, 3**, 220
– Übersicht zur Beteiligung ausländischer Gesellschaften **I, 3**, 245
– Unterscheidungskraft **I, 3**, 225
– Wettbewerbsrecht **I, 3**, 226
Internationales Unternehmensrecht, EWIV **II, 1**, § 6, 96
Internationales Privatrecht, ausländische Gesellschaft **II, 8**, 2
Inventar, Jahresabschluss **II, 15**, § 1, 69 ff.
Inventur **II, 15**, § 1, 74
Investitionsgüterleasing **II, 16**, 233
Investitionszulagenrecht, Betriebsaufspaltung **II, 7**, 280
Investor, Finanzierung **II, 16**, 11 f.
Istkaufmann, Beginn der Kaufmannseigenschaft **I, 1**, 20 ff.
– – Aufnahme der gewerblichen Tätigkeit **I, 1**, 20
– – Rechtsfolgen **I, 1**, 21
– – Betreiben eines Handelsgewerbes **I, 1**, 18

3256

Stichwortverzeichnis

••• Die fett gedruckten **römischen Zahlen** bezeichnen die Teile, die fett gedruckten **arabischen Zahlen** die Kapitel. ••• Die fett gedruckten **§-Angaben** bezeichnen die bei Teil 2: Gesellschaftsrecht zu den Kapiteln dazugehörigen Paragrafen. ••• Die mager gedruckten Zahlen bezeichnen die Randnummern. •••

- eingerichteter Geschäftsbetrieb **I, 1**, 16 ff.
- – Art und Umfang **I, 1**, 17
- eingerichteter Geschäftsbetrieb, Kriterien **I, 1**, 17
- Einstellung der gewerblichen Tätigkeit, Umstellung der Tätigkeit **I, 1**, 23
- Ende der Kaufmannseigenschaft **I, 1**, 23 f.
- – Einstellung der gewerblichen Tätigkeit **I, 1**, 23
- – Erlöschen der Firma **I, 1**, 23
- – tatsächliche Betriebsaufgabe **I, 1**, 23
- Gewerbebegriff **I, 1**, 8 ff.
- – äußerliche Erkennbarkeit **I, 1**, 9
- – Erlaubtsein der Tätigkeit **I, 1**, 15
- – Freiberufler **I, 1**, 13
- – Gewinnerzielungsabsicht **I, 1**, 12
- – planmäßige, auf Dauer angelegte Tätigkeit **I, 1**, 10
- – Selbständigkeit **I, 1**, 11
- Herabsinken auf kleingewerbliches Niveau **I, 1**, 25 ff.
- – eingetragener Kaufmann **I, 1**, 26 ff.
- – Eintragungsoption **I, 1**, 28
- – nichteingetragener Kaufmann **I, 1**, 30
- Kaufmannseigenschaft **I, 1**, 3
- – Handelsgewerbe **I, 1**, 7
- Jahresabschluss, abnutzbarer Vermögensgegenstand **II, 15, § 1**, 178
- – Abwertungswahlrecht **II, 15, § 1**, 178
- – AfA-Tabelle **II, 15, § 1**, 178
- – AG **II, 2, § 2**, 248; **II, 15, § 1**, 20, 27
- – Aktivkonten **II, 15, § 1**, 28
- – Anhang **II, 15, § 1**, 192 ff.
- – Anschaffungskostenmodell **II, 15, § 1**, 177
- – Aufsichtsrat, Prüfung **II, 15, § 1**, 21
- – Aufstellung **II, 15, § 1**, 20
- – Aufstellungspflichten **II, 15, § 1**, 78
- – Aufstellungsverpflichtung **II, 15, § 1**, 76 ff.
- – Auskunftsansprüche **II, 15, § 1**, 24
- – Ausschüttungssperre **II, 15, § 1**, 66
- – Bestandskonten **II, 15, § 1**, 71
- – Bewertung **II, 15, § 1**, 175 ff.
- – – Anschaffungskosten **II, 15, § 1**, 181 ff.
- – – Grundsatz der Unternehmensfortführung **II, 15, § 1**, 176
- – Bewertungsgrundsätze **II, 15, § 1**, 175 ff.
- – Buchführung **II, 15, § 1**, 69 ff.
- – Buchungssatz **II, 15, § 1**, 70
- – Einsichtsmöglichkeit **II, 15, § 1**, 24
- – Einzelabschluss **II, 15, § 1**, 65 ff.
- – Einzelunternehmen **II, 15, § 1**, 66
- – Erfolgskonten **II, 15, § 1**, 72
- – Erlangung der Betriebsbereitschaft **II, 15, § 1**, 181
- – Erträge **II, 15, § 1**, 72
- – Ertrags- und Aufwandskonten **II, 15, § 1**, 72
- – Feststellung **II, 15, § 1**, 20

- – Folgebewertung **II, 15, § 1**, 177
- – Generalnorm **II, 15, § 1**, 86
- – Gesellschaftsrecht **II, 15, § 1**, 18 ff.
- – Gewinn- und Verlustkonto **II, 15, § 1**, 72
- – Gewinn- und Verlustrechnung **II, 15, § 1**, 74, 190 ff.
- – GmbH **II, 15, § 1**, 28
- – GmbH & Co. KG **II, 1, § 4**, 4
- – Grundlagengeschäft **II, 15, § 1**, 42
- – grundlegende Pflichten **II, 15, § 1**, 69 ff.
- – GuV-Konto **II, 15, § 1**, 72
- – handelsrechtlicher **II, 15, § 1**, 65 ff.
- – Inventar **II, 15, § 1**, 69 ff.
- – Kapitalgesellschaften, Spezialregelung **II, 15, § 1**, 68
- – KG **II, 1, § 3**, 142 ff.
- – Korrekturfunktion **II, 15, § 1**, 192
- – neue Bewertungsmodelle **II, 15, § 1**, 177
- – Niederstwertprinzip **II, 15, § 1**, 178
- – offene Ausschüttungen **II, 15, § 1**, 66
- – Offenlegung **II, 15, § 1**, 201
- – Passivkonten **II, 15, § 1**, 71
- – Personenhandelsgesellschaften **II, 15, § 1**, 40
- – Pflichtangabenkatalog **II, 15, § 1**, 192
- – planmäßige Abschreibung **II, 15, § 1**, 178
- – Privatkonten **II, 15, § 1**, 73
- – Schlussbilanz **II, 15, § 1**, 74
- – Vermögensgegenstände, personelle Zurechnung **II, 15, § 1**, 102 ff.
- – Wertobergrenze **II, 15, § 1**, 177
- – Wertuntergrenze **II, 15, § 1**, 177
- Jahresabschlussbilanz, ordentliche **II, 15, § 1**, 15
- Jahresabschlussrichtlinie **II, 15, § 1**, 57
- Joint Venture **II, 12**, 1 ff.
- – AG **II, 12**, 14
- – Anmeldungsschwellen **II, 12**, 82
- – Anteile, Bewertung **II, 12**, 112
- – Arbeitsrecht **II, 12**, 90 ff.
- – Arbeitsverhältnisse, Inhalt **II, 12**, 96 ff.
- – – Verpflichtungen aus **II, 12**, 96
- – Asset Deal **II, 12**, 30
- – Auflösung **II, 12**, 49
- – Auflösung der Gesellschaft **II, 12**, 78
- – Ausscheiden **II, 12**, 78
- – Ausschluss Partner **II, 12**, 77
- – – wichtiger Grund **II, 12**, 77
- – Ausstiegsklauseln **II, 12**, 73 ff.
- – Ausstiegsklauseln, Alles-oder-Nichts-Wirkung **II, 12**, 76
- – Austauschverträge **II, 12**, 58
- – Barmittel **II, 12**, 43
- – Bedarfswert **II, 12**, 129
- – Beendigung **II, 12**, 60 ff.
- – – Gesellschafterebene **II, 12**, 61
- – – Gründe **II, 12**, 60
- – Begriff **II, 12**, 1
- – Beiräte **II, 12**, 54
- – Besteuerung **II, 12**, 7, 10
- – Beteiligungsverhältnisse **II, 12**, 17 ff.
- – betriebliche Mitbestimmung, Interessenausgleich **II, 12**, 102

- – – Sozialplan **II, 12**, 102
- – betriebliche Übung **II, 12**, 96
- – Betriebsrat **II, 12**, 98
- – Betriebsübergang **II, 12**, 91 ff.
- – – Informationsrechte **II, 12**, 95
- – – Kündigungsverbot **II, 12**, 94
- – – Voraussetzung **II, 12**, 92 ff.
- – – Widerspruchsrechte **II, 12**, 95
- – Betriebsvereinbarungen **II, 12**, 98 f.
- – Bieterprozess **II, 12**, 49
- – Buchwert **II, 12**, 125
- – Call Option **II, 12**, 71
- – Change-of-Control-Klausel **II, 12**, 64
- – Closing **II, 12**, 29
- – Completion **II, 12**, 29
- – Contractual **II, 12**, 4
- – Darlehenverträge **II, 12**, 58
- – Dauer **II, 12**, 56
- – Drag Along **II, 12**, 68 ff.
- – Dual-listed Company **II, 12**, 7
- – Due Diligence **II, 12**, 26
- – EG-Fusionskontrollverordnung **II, 12**, 80
- – Ehe auf Zeit **II, 12**, 3
- – Einbringungsverträge **II, 12**, 58
- – – Beteiligung **II, 12**, 58
- – – Grundstücke **II, 12**, 58
- – – Lizenzen **II, 12**, 58
- – – Patente **II, 12**, 58
- – – Unternehmensteile **II, 12**, 58
- – Einheitsgesellschaft **II, 12**, 36
- – Einzelrechtsnachfolge **II, 12**, 43
- – Entscheidung externalisieren **II, 12**, 48
- – Entsendungsrechte **II, 12**, 53
- – Equity **II, 12**, 4, 32, 62
- – ergänzende Verträge **II, 12**, 57 ff.
- – Eskalationsverfahren **II, 12**, 46
- – Europäische Gesellschaft **II, 12**, 16
- – Europäische Fusionskontrolle **II, 12**, 82
- – fakultative Aufsichtsräte **II, 12**, 54
- – Finanzierung, Anfangsphase **II, 12**, 42
- – Finanzierungsverträge **II, 12**, 58
- – Firmentarifvertrag **II, 12**, 100
- – Fusionskontrollrecht, deutsches **II, 12**, 85
- – – europäisches **II, 12**, 84 f.
- – – materielles **II, 12**, 83
- – geborene Liquidatoren **II, 12**, 63
- – Gegenstand **II, 12**, 2
- – Geheimhaltungserklärung **II, 12**, 22
- – Geschäftschancen **II, 12**, 58
- – Geschäftsführung **II, 12**, 52 ff.
- – – erhebliche Bedeutung **II, 12**, 52
- – Gesellschafterausschüsse **II, 12**, 54
- – Gesellschaftsvertrag, Parteien **II, 12**, 57
- – – unwirksame Übertragung **II, 12**, 39
- – – Verfügungsbeschränkung **II, 12**, 39
- – Gestaltungsaufgaben **II, 12**, 18
- – Gewinnrechnung **II, 12**, 112
- – GmbH **II, 12**, 11
- – GmbH & Co. KG **II, 12**, 12
- – Grunderwerbsteuern **II, 12**, 129
- – Gründung, betriebliche Mitbestimmung **II, 12**, 101 ff.

3257

Stichwortverzeichnis

••• Die fett gedruckten **römischen Zahlen** bezeichnen die Teile, die fett gedruckten **arabischen Zahlen** die Kapitel. ••• Die fett gedruckten **§-Angaben** bezeichnen die bei Teil 2: Gesellschaftsrecht zu den Kapiteln dazugehörigen Paragrafen. ••• Die mager gedruckten Zahlen bezeichnen die Randnummern. •••

- Gründungsprozess **II, 12,** 20 ff.
- horizontale **II, 12,** 8
- Image **II, 12,** 10
- Informationsschutz **II, 12,** 22
- internationale **II, 12,** 7
- Kapitalgesellschaft, Einbringung **II, 12,** 123 ff.
- Kartellrecht **II, 12,** 79 ff.
-- Anmeldepflicht **II, 12,** 81 ff.
-- Bußgeld **II, 12,** 85
-- Verfahren **II, 12,** 85 ff.
-- Vollzugsverbot **II, 12,** 85
-- Zusammenschlusskontrolle **II, 12,** 80 ff.
-- Zuständigkeit **II, 12,** 81 ff.
- Kartellverbot **II, 12,** 86 ff.
-- Bundeskartellamt **II, 12,** 89
-- Inhalt **II, 12,** 87 ff.
-- Kommission **II, 12,** 89
- kaufmännische Bindung **II, 12,** 23
- KG **II, 12,** 15, 36
- Komplementär-GmbH **II, 12,** 36
- Konzernbetriebsvereinbarung, Geltung **II, 12,** 104 ff.
- Kündigung **II, 12,** 78
- künftige Partner **II, 12,** 39
- Letter of Intent **II, 12,** 23
- Letztentscheidungsrecht **II, 12,** 47
- Limited **II, 12,** 13
- Liquidation **II, 12,** 61, 63 ff.
- Liquidationserlös **II, 12,** 63
- Liquidationsüberschuss **II, 12,** 61
- Lizenzen **II, 12,** 43
- Marken **II, 12,** 43
- Maschinen **II, 12,** 43
- Maßnahmeplan **II, 12,** 24
- Mediationsverfahren **II, 12,** 46
- Mehrheits- **II, 12,** 17, 50
- Mehrmütterkonzern **II, 12,** 105
- Mehr-Partner- **II, 12,** 19
- Minderheitenschutz **II, 12,** 17
- Mitverkaufspflicht **II, 12,** 68 ff.
- Mitverkaufsrecht **II, 12,** 68 ff.
- multiples **II, 12,** 72
- OHG **II, 12,** 15
- Optionskaufpreis **II, 12,** 72
- Optionsrechte **II, 12,** 71 ff.
- Optionsverpflichteter **II, 12,** 71
- paritätisches **II, 12,** 5 ff., 17, 76
- Partner, Vertrauensverhältnis **II, 12,** 78
- Personengesellschaft **II, 12,** 15
-- Einbringung **II, 12,** 127
-- Gesamthandsvermögen **II, 12,** 130
- Profitabilität **II, 12,** 58
- Put-Option **II, 12,** 71, 78
- Rechnungslegung **II, 12,** 109 ff.
-- handelsrechtliche Abschlüsse **II, 12,** 109
- Russian-Roulette-Klausel **II, 12,** 49, 73 ff.
- sachenrechtlicher Bestimmtheitsgrundsatz **II, 12,** 43
- Sachleistungen **II, 12,** 43
- Share Deal **II, 12,** 30
- Sonderformen **II, 12,** 6 ff.
- sonstige Wirtschaftsgüter **II, 12,** 132

- Steuern **II, 12,** 121 ff.
-- Betrieb **II, 12,** 127
-- Einbringung **II, 12,** 123 ff., 127
-- Gründung **II, 12,** 122
-- Kapitalgesellschaft **II, 12,** 123 ff.
-- Maßgeblichkeitsprinzip **II, 12,** 125
-- Mitunternehmeranteil **II, 12,** 127
-- Personengesellschaft **II, 12,** 127
-- Teilbetrieb **II, 12,** 127
- Stillhalteprämie **II, 12,** 71
- Stimmbindungsvereinbarung **II, 12,** 53
- strukturierte Verhandlungen **II, 12,** 46
- Strukturierungsalternativen **II, 12,** 4 f.
- Tag Along **II, 12,** 68 ff.
- Tarifverträge **II, 12,** 100
- Teilbetriebsveräußerung **II, 12,** 132
- Teilfunktions- **II, 12,** 8
- Teilfunktionsgemeinschaftsunternehmen **II, 12,** 82
- Teilwert **II, 12,** 125
- Texan-Shoot-out-Klausel **II, 12,** 49, 73 ff.
- Übertragung von Wirtschaftsgütern **II, 12,** 43
- Umsatzsteuer **II, 12,** 131 f.
- Umsatzsteuerbefreiung **II, 12,** 132
- unternehmerische Ausrichtung **II, 12,** 8 f.
- Urheberrechte **II, 12,** 43
- Veräußerung **II, 12,** 64 ff.
- Veräußerungsbeschränkung **II, 12,** 64 ff.
- Verbandstarifvertrag **II, 12,** 100
- Verhandlungen **II, 12,** 27 f.
- Verlustrechnung **II, 12,** 112
- vertikal **II, 12,** 8
- Vertrag **II, 12,** 2, 43
- vertragliche Grundlagen **II, 12,** 31 ff.
- Vertragsschluss **II, 12,** 29 ff.
- Vertretung der Partner **II, 12,** 54
- Vinkulierung **II, 12,** 64
- Vollfunktions- **II, 12,** 8
- Vollfunktionsgemeinschaftsunternehmen **II, 12,** 82
- Vollzug **II, 12,** 29 ff.
-- externe Zustimmung **II, 12,** 30
-- interne Zustimmung **II, 12,** 30
-- zeitlich **II, 12,** 31
- Vollzugsbedingungen **II, 12,** 31
- Vorbereitungsmaßnahmen **II, 12,** 21 ff.
- Vorerwerbsrechte **II, 12,** 66 ff.
- Vorerwerbsrechte, Wirkung **II, 12,** 67
- Vorkaufsrecht **II, 12,** 66
- Vorschlagsrecht **II, 12,** 53
- wechselseitige Erwartungen **II, 12,** 27 f.
- Wettbewerb, gemeinsamer Markt **II, 12,** 6
- Wettbewerbsbedingungen **II, 12,** 83
- wettbewerbsbeschränkende Vereinbarungen **II, 12,** 87
- Wettbewerbsbeschränkung, spürbare **II, 12,** 87
- Wettbewerbsverbot **II, 12,** 55
-- Geschäftsführung **II, 12,** 55
-- gesetzliches **II, 12,** 55
-- wichtiger Grund **II, 12,** 78

- Willensbildung **II, 12,** 44 ff.
- Zeitplan **II, 12,** 24
- Zusammenschlusskontrolle **II, 12,** 89
Joint-Venture-Anteil **II, 12,** 66
Joint-Venture-Gesellschaft **II, 12,** 4, 9 ff.
- AG **II, 12,** 38
- Betriebserwerber **II, 12,** 102
- Formzwang **II, 12,** 10
- Gesellschafterfinanzierung **II, 12,** 10
- Gesellschaftsvertrag **II, 12,** 10
- GmbH **II, 12,** 38
- Jahresabschluss **II, 12,** 10
- Kosten **II, 12,** 10
- Leistungsbeziehungen **II, 12,** 40
- Rechtsformwahl **II, 12,** 9 ff.
- Satzung **II, 12,** 38
- Satzungsänderung **II, 12,** 38
- typische Rechtsformen **II, 12,** 11 ff.
- Unternehmensmitbestimmung **II, 12,** 10
- Verwaltung **II, 12,** 10
Joint-Venture-Partner, Bilanzierungsobjekt **II, 12,** 110
- derselbe Markt **II, 12,** 22
- Einzelabschluss **II, 12,** 110 ff.
- europäischer Betriebsrat **II, 12,** 103, 108
- Haftungsbegrenzung **II, 12,** 10
- Konzernabschluss **II, 12,** 113 ff.
-- At-Equity-Konsolidierung **II, 12,** 117
-- deutsche Vorschriften **II, 12,** 114
-- IFRS **II, 12,** 119
-- keine Konsolidierung **II, 12,** 118
-- Quotenkonsolidierung **II, 12,** 116
-- Vollkonsolidierung **II, 12,** 115
- Mitbestimmung **II, 12,** 106 ff.
- Publizität **II, 12,** 10
- Weisungsrecht **II, 12,** 10
Joint-Venture-Vereinbarung, Franchise-Vertrag **I, 6,** 71
- Nichtigkeit **II, 12,** 87
Joint-Venture-Vertrag **II, 12,** 59
- Abschluss **II, 12,** 57
- Änderung **II, 12,** 35
- Beiträge, Partner **II, 12,** 41 ff.
- Beurkundung **II, 14,** 45
- Beurkundungspflicht **II, 12,** 37
- Charakterisierung **II, 12,** 32 f.
- Eigenkapital **II, 12,** 41
- Einkaufs- oder Lieferbedingungen **II, 12,** 40
- Finanzierung **II, 12,** 41 ff.
- Form **II, 12,** 34 ff.
- Formerfordernisse **II, 12,** 40
- Fremdkapital **II, 12,** 41
- Gegenstand, räumlich **II, 12,** 40
-- sachlich **II, 12,** 40
-- zeitlich **II, 12,** 40
- Gerichtsstände **II, 12,** 40
- gesellschaftsrechtlichen Beziehungen **II, 12,** 40
- Gesellschaftsvertrag **II, 12,** 32 ff.
-- Abgrenzung **II, 12,** 38 ff.
-- Verknüpfung **II, 12,** 62
- GmbH & Co. KG **II, 12,** 36
- GmbH, Form **II, 12,** 35

Stichwortverzeichnis

••• Die fett gedruckten **römischen Zahlen** bezeichnen die Teile, die fett gedruckten **arabischen Zahlen** die Kapitel. ••• Die fett gedruckten **§-Angaben** bezeichnen die bei Teil 2: Gesellschaftsrecht zu den Kapiteln dazugehörigen Paragrafen. ••• Die mager gedruckten Zahlen bezeichnen die Randnummern. •••

– Gründung **II, 12**, 40
– materielle Regelung **II, 12**, 38
– notarielle Beurkundung **II, 12**, 35
– Parteien **II, 12**, 40
– Signing **II, 12**, 29
– Struktur **II, 12**, 40
– typische Regelungsgegenstände **II, 12**, 40 ff.
– Vertraulichkeit **II, 12**, 40
Kannkaufmann, Eintragungsoption **I, 1**, 35
– Eintragungsverfahren **I, 1**, 36 f.
– Erwerb der Kaufmannseigenschaft **I, 1**, 32 ff.
– Gewerbebetrieb **I, 1**, 33, 8 ff.
– kleingewerbliche GbR **I, 1**, 33
– land- und forstwirtschaftliche Kleinunternehmen **I, 1**, 33
– Löschung der Firma **I, 1**, 38 ff.
– – Löschungsoption **I, 1**, 38
– Rechtsnachfolger **I, 1**, 40, 52
– reine Vermögensverwaltungsgesellschaft **I, 1**, 33
Kapitalanteil, GbR **II, 1**, § **1**, 173 f.
Kapitalaufbringung, Bilanzierungshilfen **II, 15**, § **1**, 132
– Differenzhaftung **II, 20**, 164 ff.
– Falschangaben **II, 20**, 156
– GmbH **II, 15**, § **1**, 35 ff.
– GmbH & Co. KG **II, 1**, § **4**, 4; **II, 20**, 152
– GmbH & Still **II, 20**, 153
– Haftung **II, 20**, 161 ff.
– Mantelgesellschaft **II, 20**, 158
– – registergerichtliche Kontrolle **II, 20**, 160
– Neugründung, wirtschaftliche **II, 20**, 158
– Niederlassungsfreiheit **II, 20**, 188
– Verjährung **II, 20**, 154
– Vorbelastungshaftung **II, 20**, 164 ff.
– Vorratsgesellschaft **II, 20**, 158
– – registerrechtliche Kontrolle **II, 20**, 160
Kapitalbeschaffung **II, 16**, 4
Kapitaleinlagen, Eigenkapitalbeschaffung **II, 16**, 42
Kapitalerhaltung, AG **II, 15**, § **1**, 25
– GmbH **II, 15**, § **1**, 30 ff.
– Grundsatz **II, 15**, § **1**, 30
– verbotene Rückzahlung des Stammkapitals **II, 20**, 168 ff.
– verbotene Rückzahlung, Grundkapital **II, 20**, 168 ff.
– – Stammkapital **II, 20**, 168
Kapitalerhöhung **II, 20**, 147 ff.
– AG **II, 16**, 90 ff.
– Anmeldung zum Handelsregister **II, 6**, § **2**, 156
– aus Gesellschaftsmitteln **II, 16**, 103 ff.
– Bareinlage **II, 16**, 81
– bedingte **II, 16**, 90, 99
– Bilanzierungsanlass **II, 15**, § **1**, 17
– effektive **II, 16**, 85
– Eigenkapitalbeschaffung **II, 16**, 81 ff.
– externe Prüfung **II, 15**, § **1**, 197
– genehmigtes Kapital **II, 16**, 101 f.

– nominelle **II, 16**, 83, 85
– ordentliche **II, 16**, 85 ff., 90 ff.
– Sacheinlage **II, 16**, 81
– Überschuldung **II, 20**, 48, 70
Kapitalgesellschaften, Anteile, Bilanzerstellung **II, 15**, § **1**, 111
– Anwachsung **II, 6**, § **2**, 72
– Besteuerung **II, 15**, § **2**, 181 ff.
– – Behandlung von Verlusten **II, 15**, § **2**, 185 ff.
– – Einkommens- und Gewerbesteuermessertragsermittlung **II, 15**, § **2**, 183 f.
– – Halbeinkünfteverfahren **II, 15**, § **2**, 190 ff.
– – Mindestbesteuerung **II, 15**, § **2**, 185
– – Rechtsfolgen des § 8 Abs. 4 KStG **II, 15**, § **2**, 189
– – Tatbestand des § 8 Abs. 4 KStG **II, 15**, § **2**, 186 ff.
– – Trennungsprinzip **II, 15**, § **2**, 181 f.
– – Untergang von Verlust nach § 8 Abs. 4 KStG **II, 15**, § **2**, 186 ff.
– Besteuerungsfolgen, Besteuerung der KGaA **II, 15**, § **2**, 220 ff.
– Eigenkapital **II, 15**, § **1**, 167 ff.
– – Kapitalerhöhung **II, 15**, § **1**, 167
– – Kapitalherabsetzung **II, 15**, § **1**, 167
– – Stammkapital **II, 15**, § **1**, 167
– Einbringung **II, 6**, § **2**, 16, 26 ff.
– Einkommensteuer **II, 16**, 66
– Gewerbeertrag **II, 16**, 67
– Gewerbesteuer **II, 16**, 67
– Gründung, Beurkundung **II, 14**, 41
– Halbeinkünfteverfahren **II, 15**, § **2**, 190 ff.; **II, 16**, 66
– – Ausschüttungen während der Übergangszeit **II, 15**, § **2**, 196 ff.
– – Auszahlung des Körperschaftsteuerguthabens **II, 15**, § **2**, 199
– – Begrenzung der Körperschaftsteuerminderung **II, 15**, § **2**, 198
– – Behandlung von Aufwendungen **II, 15**, § **2**, 200 f.
– – Dritte mit Rückgriffsrecht **II, 15**, § **2**, 209
– – Freigrenze **II, 15**, § **2**, 209
– – Gesellschafterfremdfinanzierung **II, 15**, § **2**, 202 ff., 207 ff.
– – Gewerbesteuer **II, 15**, § **2**, 193 ff.
– – hälftige Dividende- und Veräußerungsgewinnbefreiung **II, 15**, § **2**, 190 ff.
– – Moratorium **II, 15**, § **2**, 198
– – nahestehende Personen **II, 15**, § **2**, 209
– – Rechtsfolgen der verdeckten Gewinnausschüttung **II, 15**, § **2**, 202 ff.
– – Safe Haven **II, 15**, § **2**, 209
– – Steuerwirkungen der verdeckten Gewinnausschüttung **II, 15**, § **2**, 206
– – Übergang vom Anrechnungsverfahren **II, 15**, § **2**, 196 ff.
– – Veräußerungsgewinne bei privaten Anteilseignern **II, 15**, § **2**, 212 ff.

– – verdeckte Gewinnausschüttung **II, 15**, § **2**, 202 ff.
– – Vergütung für Fremdkapital **II, 15**, § **2**, 209
– – Voraussetzungen der verdeckten Gewinnausschüttung **II, 15**, § **2**, 202 ff.
– – Voraussetzungen des § 8a KStG **II, 15**, § **2**, 209
– – wesentlich beteiligter Anteilseigner **II, 15**, § **2**, 209
– – Wirkungen des § 8a KStG **II, 15**, § **2**, 210
– – Zinsschranke **II, 15**, § **2**, 211
– Handelsbilanz, Korrekturen zur Passiva **II, 15**, § **1**, 136
– Insolvenzverfahren **II, 20**, 343
– Jahresabschluss **II, 15**, § **1**, 192
– – Spezialregelung **II, 15**, § **1**, 68
– Körperschaftsteuer **II, 16**, 66
– Maßgeblichkeitsgrundsatz **II, 15**, § **1**, 202
– Minderjähriger **II, 11**, 49 ff., 60 f.
– Satzungsänderung **II, 11**, 78
– Veräußerung **II, 11**, 83 f.
– Mischformen, aktuelle Rechtsprechungsänderungen **II, 15**, § **2**, 236
– – atypische stille Gesellschaft **II, 15**, § **2**, 215
– – Besteuerung **II, 15**, § **2**, 215 ff.
– – Besteuerung der GmbH & Co. KGaA **II, 15**, § **2**, 220 ff.
– – Besteuerung der GmbH & Co. KG **II, 15**, § **2**, 230 ff.
– – Besteuerung der GmbH & Still **II, 15**, § **2**, 215 ff.
– – Besteuerungsfolgen bei der GmbH & typisch Still **II, 15**, § **2**, 216
– – Besteuerungsfolgen bei der GmbH & atypisch Still **II, 15**, § **2**, 217 f.
– – Erforderlichkeit der Gegenleistung in Form eines Sonderentgelts **II, 15**, § **2**, 241
– – Erforderlichkeit der selbständigen Leistungserbringung **II, 15**, § **2**, 237 ff.
– – Gewerbesteuer bei der KGaA **II, 15**, § **2**, 222
– – Gewinnermittlungsgrundsätze bei gewerblichen GmbH & Co. KG **II, 15**, § **2**, 235
– – Sonderfragen der GmbH & Co. KGaA **II, 15**, § **2**, 224 ff.
– – steuerliche Anerkennung der GmbH & Co. KGaA **II, 15**, § **2**, 225 f.
– – steuerliche Behandlung der KGaA **II, 15**, § **2**, 221
– – steuerliche Behandlung der Kommanditaktionäre **II, 15**, § **2**, 223
– – steuerliche Behandlung der Komplementär-GmbH & Co. KG **II, 15**, § **2**, 227
– – Steuerwirkungen der GmbH & atypisch Still **II, 15**, § **2**, 219

3259

Stichwortverzeichnis

••• Die fett gedruckten **römischen Zahlen** bezeichnen die Teile, die fett gedruckten **arabischen Zahlen** die Kapitel. ••• Die fett gedruckten **§-Angaben** bezeichnen die bei Teil 2: Gesellschaftsrecht zu den Kapiteln dazugehörigen Paragrafen. ••• Die mager gedruckten Zahlen bezeichnen die Randnummern. •••

– – Typen der GmbH & Co. KG **II, 15, § 2**, 230
– – typische stille Gesellschaft **II, 15, § 2**, 215
– – Umfang des Betriebsvermögens **II, 15, § 2**, 235
– – umsatzsteuerliche Besonderheiten **II, 15, § 2**, 236 ff.
– – Voraussetzungen der gewerblichen Prägung **II, 15, § 2**, 231 ff.
– – zivilrechtliche Zulässigkeit der GmbH & Co. KGaA **II, 15, § 2**, 224
– Rechenschaftspflicht **II, 15, § 1**, 65
– Rechnungslegung **II, 15, § 1**, 67
– Rechtsformwahl, erbrechtliche Unterschiede **II, 1, § 3**, 2 ff.
– – erbschaftsteuerliche Unterschiede **II, 1, § 3**, 19 ff.
– – ertragsteuerliche Unterschiede **II, 1, § 3**, 9 ff.
– – gesellschaftsrechtliche Unterschiede **II, 1, § 3**, 2 ff.
– – schenkungsteuerliche Unterschiede **II, 1, § 3**, 19 ff.
– Sachdividende **II, 6, § 2**, 93
– Schiedsvereinbarung **II, 13**, 56
– Stiftung **II, 2, § 6**, 58
– Umsatzsteuer **II, 16**, 68
Kapitalgesellschaftsrecht, Jahresabschluss **II, 15, § 1**, 65
Kapitalherabsetzung **II, 16**, 107 ff.
– AG **II, 16**, 109 ff.
Kapitalherabsetzung, effektive **II, 16**, 107, 110, 125
– Einziehung von Aktien **II, 16**, 108, 117 ff.
– gewonnene Beträge **II, 16**, 114
– Gläubigerschutzregeln **II, 16**, 114
– GmbH **II, 16**, 124 ff.
– Höhe der Gewinnausschüttung **II, 16**, 114
– nominelle **II, 16**, 107, 110, 125
– ordentliche **II, 16**, 108, 110 ff.
– Sanierungsfall **II, 16**, 113
– Überschuldung **II, 20**, 70
– Unterbilanz **II, 16**, 107
– vereinfachte **II, 16**, 108, 113 ff.
Kapitalherabsetzungsbeschluss **II, 16**, 111
Kapitalistische Betriebsaufspaltung, Betriebs-GmbH **II, 7**, 159 ff.
– laufende Besteuerung, Besteuerung der Betriebsgesellschaft **II, 7**, 214
– Betriebsaufspaltungsgrundsätze **II, 7**, 204
– – Betrieb gewerblicher Art **II, 7**, 208
– – BgA **II, 7**, 212
– – Darlehenszinsen **II, 7**, 210
– – gemeinnützige Einrichtungen **II, 7**, 206 f.
– – Nutzungsentgelt **II, 7**, 209
– – spezifische Steuerfolgen **II, 7**, 205
– – Überlassung wesentlicher Betriebsgrundlagen **II, 7**, 204
– – vGA **II, 7**, 211
Kapitalkonto I **II, 15, § 1**, 164
Kapitalkonto II **II, 15, § 1**, 164

Kapitalmarktrecht, aktienrechtlicher Grundsatz der Satzungsstrenge **II, 19**, 6
– Anlegervertrauen **II, 19**, 1
– Einleitung **II, 19**, 1 ff.
– Funktionsfähigkeit des Kapitalmarkts **II, 19**, 1
– Insiderrecht **II, 19**, 3
– institutionelle Absicherung **II, 19**, 7
– Mitteilungs- und Veröffentlichungspflichten **II, 19**, 3
– Transparenzanforderungen **II, 19**, 5
– Verpflichtung zur Ad-hoc-Publizität **II, 19**, 3
– WpHG **II, 19**, 1 ff.
– WpPG **II, 19**, 2
– WpÜG **II, 19**, 2
– Ziel des Anlegerschutzes **II, 19**, 4
– zweites Finanzmarktförderungsgesetz **II, 19**, 1
– zwingendes Recht **II, 19**, 6
Kapitalschnitt, Überschuldung **II, 20**, 70
Kapitalschutz **II, 20**, 184
Kapitalverbot, Ermittlungsbefugnisse, einfaches Auskunftsverlangen **II, 18**, 81
Kapitalverfassung **II, 8**, 48 f.
Kapitalverminderungskontrolle **II, 15, § 1**, 43
Kappungsgrenze, Vertragshändler, Ausgleichsanspruch **I, 5**, 223
Kartellrecht, Franchise-Vertrag **I, 6**, 202 ff.
– Fusionskontrolle **II, 18**, 95 ff.
– Joint Venture **II, 12**, 79 ff.
– Kartellverbot **II, 18**, 1 ff.
– Umwandlungsrecht **II, 6, § 1**, 40 ff.
– Unternehmenskauf **II, 4**, 289 ff.
Kartellverbot **II, 18**, 1 ff.
– §§ 1 – 3 GWB **II, 18**, 1 ff.
– Adressaten **II, 18**, 10 ff.
– – Arbeitnehmer **II, 18**, 11
– – gesetzliche Kranken- und Rentenversicherungssysteme **II, 18**, 12
– – Kauf von Gütern durch die öffentliche Hand **II, 18**, 13
– – öffentliche Hand **II, 18**, 12
– – private Haushalte **II, 18**, 11
– – Unternehmen **II, 18**, 10 ff.
– – Unternehmen i.S.d. Wettbewerbsrechts **II, 18**, 10
– – Unternehmensvereinigungen **II, 18**, 15
– – wirtschaftliche Einheit **II, 18**, 14
– Allgemeines **II, 18**, 1 ff.
– Art. 81 EG **II, 18**, 1 ff.
– Beeinträchtigung des Handels zwischen Mitgliedstaaten der Gemeinschaft **II, 18**, 3
– Befugnisse der Kommission **II, 18**, 6
– Beispielskatalog des Art. 31 Abs. 1 lit. a – e EG **II, 18**, 32
– Einzelfreistellung **II, 18**, 50
– – hinreichende Wahrscheinlichkeit des Eintritts der Vorteile **II, 18**, 50
– – Mittelstandskartelle nach § 3 Abs. 1 GWB **II, 18**, 51

– – spürbare objektive Vorteile **II, 18**, 50
– – Verbesserung Warenerzeugung **II, 18**, 50
– – Verbraucher **II, 18**, 50
– – zweistufige Prüfung **II, 18**, 50
– Entscheidungen der Kommission **II, 18**, 93 f.
– – Nichtigkeitsklage **II, 18**, 93
– – vollstreckbarer Titel **II, 18**, 93
– erfasstes Verhalten **II, 18**, 16 ff.
– – abgestimmte Verhaltensweisen **II, 18**, 19
– – Beschlüsse **II, 18**, 20
– – rechtlicher Status der Vereinbarung **II, 18**, 17
– – Vereinbarungen **II, 18**, 16
– Ermittlungsbefugnisse **II, 18**, 83 ff.
– – allgemeine Grundsätze des Gemeinschaftsrechts **II, 18**, 84
– – Amtsermittlungsgrundsatz **II, 18**, 85
– – begründeter Verdacht **II, 18**, 82
– – Bußgeldverfahren **II, 18**, 87
– – Durchsuchungen **II, 18**, 86
– – Kommission **II, 18**, 81 ff.
– – Nachprüfungen **II, 18**, 82
– – nationale Behörden **II, 18**, 85 ff.
– – Nichtigkeitsklage **II, 18**, 83
– Folgen eines Verstoßes **II, 18**, 52 ff.
– Franchise-Vertrag, Einzelfreistellung **I, 6**, 12
– Franchising **I, 6**, 11 ff.
– Freistellung **II, 18**, 33 ff.
– – Amtsermittlungsgrundsatz **II, 18**, 37
– – Antrag auf eine Entscheidung **II, 18**, 35
– – ausnahmsweise Zulässigkeit **II, 18**, 33
– – Beweislast **II, 18**, 36
– – Einzelfreistellung **II, 18**, 33
– – Ermessen der Behörde **II, 18**, 35
– – Gruppenfreistellung **II, 18**, 33
– – keine behördliche Entscheidung **II, 18**, 33
– – Nichteingreifen einer GVO **II, 18**, 41
– Gruppenfreistellung **II, 18**, 38 ff.
– – allgemeine GVO **II, 18**, 39
– – Forschungs- und Entwicklungsvereinbarungen **II, 18**, 46 ff.
– – Gruppenfreistellungsverordnung **II, 18**, 38
– – konstitutive Wirkung der GVO **II, 18**, 40
– – sektorspezifische GVO **II, 18**, 39
– – Spezialisierungsvereinbarungen **II, 18**, 45
– – Technologietransfervereinbarungen **II, 18**, 49
– – vertikale Vereinbarungen im KFZ-Sektor **II, 18**, 44
– – vertikale Vertriebsvereinbarungen **II, 18**, 42 f.
– konkurrierende Zuständigkeit **II, 18**, 6

3260

••• Die fett gedruckten **römischen Zahlen** bezeichnen die Teile, die fett gedruckten **arabischen Zahlen** die Kapitel. ••• Die fett gedruckten **§-Angaben** bezeichnen die bei Teil 2: Gesellschaftsrecht zu den Kapiteln dazugehörigen Paragrafen. ••• Die mager gedruckten Zahlen bezeichnen die Randnummern. •••

- potenzielle Beeinflussung zwischenstaatlichen Handels **II, 18,** 4
- Rechtsschutz **II, 18,** 93 f.
- Spürbarkeit, Bagatellbekanntmachung **II, 18,** 28
-- Bundeskartellamt **II, 18,** 29
-- Fest-/Mindestverkaufspreise **II, 18,** 28
-- Kernbeschränkung **II, 18,** 28
-- ungeschriebenes Tatbestandsmerkmal **II, 18,** 27
-- Tatbestand **II, 18,** 9 ff.
-- Adressaten **II, 18,** 10 ff.
-- Beispielskatalog des Art. 31. Abs. 1 lit. a – e EG **II, 18,** 32
-- erfasstes Verhalten **II, 18,** 16 ff.
-- Freistellung **II, 18,** 33 ff.
-- Spürbarkeit **II, 18,** 27 ff.
-- Wettbewerbsbeschränkung **II, 18,** 21 ff.
-- Wettbewerbsbeschränkung als Zweck oder Wirkung **II, 18,** 30 f.
-- Verfahren **II, 18,** 81 ff.
-- Ermittlungsbefugnisse **II, 18,** 81 ff.
-- Verteidigungsrechte **II, 18,** 88 ff.
-- Verfügungen der nationalen Kartellbehörde **II, 18,** 94
-- Beschwerde **II, 18,** 94
-- Einspruch **II, 18,** 94
- Verhältnis EG-Vertrag zum GWB **II, 18,** 2 ff.
- Verhältnis von Art. 81 EG zu § 1 GWB **II, 18,** 2 ff.
- Verstoß **II, 18,** 52 ff.
-- Analogieverbot **II, 18,** 78
-- andere zivilrechtliche Schadensersatzansprüche **II, 18,** 64
-- Berufung auf die Gesamtnichtigkeit **II, 18,** 57
-- Beweislastverteilung **II, 18,** 79
-- Beweismittel für die Zuwiderhandlung **II, 18,** 74
-- bloße Beeinträchtigung **II, 18,** 58
-- Bußgeldminderung **II, 18,** 74
-- Darlegungs- und Beweislast für die Schadensminderung **II, 18,** 60 f.
-- Darlegungs- und Beweislast für eine salvatorische Klausel **II, 18,** 55
-- Dauer der Zuwiderhandlung **II, 18,** 72
-- Fahrlässigkeit **II, 18,** 59
-- Feststellung **II, 18,** 62
-- Geldbuße **II, 18,** 70
-- gemeinschaftsrechtlicher Vorsatzbegriff **II, 18,** 75
-- Gesamtnichtigkeit **II, 18,** 54
-- Grundzüge des Bußgeldverfahrens **II, 18,** 70 ff.
-- Leitlinien zur Bußgeldbemessung **II, 18,** 73
-- Ordnungswidrigkeit **II, 18,** 70 ff.
-- Rückwirkungsverbot **II, 18,** 78
-- salvatorische Klausel **II, 18,** 55
-- Schadensersatz **II, 18,** 59
-- Schadensersatzansprüche Dritter **II, 18,** 58 ff.
-- Schwere der Zuwiderhandlung **II, 18,** 72
-- Strafbarkeit **II, 18,** 80
-- strafrechtsähnlicher Charakter des Bußgeldverfahrens **II, 18,** 78
-- Unschuldsvermutung **II, 18,** 79
-- Unterlassungsansprüche Dritter **II, 18,** 58 ff.
-- Untersagungsverfügung **II, 18,** 65 ff.
-- Verbandsklage **II, 18,** 63
-- Verfolgungsverjährung **II, 18,** 77
-- Verjährung **II, 18,** 71
-- Vollstreckungsverjährung **II, 18,** 77
-- Vorsatz **II, 18,** 59
-- Vorteilsabschöpfung **II, 18,** 65 ff.
-- Vorteilsausgleichung **II, 18,** 60
-- Wirksamkeit einer Vereinbarung **II, 18,** 53 ff.
-- zivilrechtliche Folgen **II, 18,** 53 ff.
-- Verteidigungsrechte **II, 18,** 88 ff.
-- Einsicht in die Akten der Kommission **II, 18,** 90
-- Mitteilungen der Beschwerdepunkte **II, 18,** 89
-- Verfahren von nationalen Kartellbehörden **II, 18,** 92
-- Verfahren vor der Kommission **II, 18,** 88 ff.
-- Verfahrensfehler **II, 18,** 91
- Vorrang des Gemeinschaftsrechts **II, 18,** 3
- Wettbewerbsbehörden der Mitgliedstaaten **II, 18,** 6
- Wettbewerbsbeschränkung **II, 18,** 21 ff.
-- als Wirkung **II, 18,** 30 f.
-- als Zweck **II, 18,** 30 f.
-- bewirkte Wettbewerbsbeschränkung **II, 18,** 31
-- horizontale **II, 18,** 22
-- Immanenztheorie **II, 18,** 26
-- kartellrechtsneutrale Verträge **II, 18,** 26
-- Kernbeschränkung **II, 18,** 30
-- Marktinformationssysteme **II, 18,** 21
-- Selbständigkeit des unternehmerischen Handelns **II, 18,** 21
-- vertikale **II, 18,** 22
-- Vertriebsbindung **II, 18,** 23 ff.
-- Weitergabe bestimmter Informationen **II, 18,** 21
- Ziel **II, 18,** 1
- zuständige Behörden **II, 18,** 6 ff.
- Zuständigkeit einer deutschen Behörde **II, 18,** 8
Kaufmann kraft Eintragung **I, 1,** 56 ff.
- Allgemeines **I, 1,** 56
- Rechtsfolgen der Eintragung **I, 1,** 61 ff.
-- Einwendungen **I, 1,** 64
-- Geltung in Geschäfts- und Prozessverkehr **I, 1,** 62 f.
-- Reichweite **I, 1,** 61
- Voraussetzungen **I, 1,** 57 ff.
-- Eintragung **I, 1,** 57
-- Gewerbebetrieb **I, 1,** 58 f.
Kaufmann kraft Rechtsscheins **I, 1,** 78 ff.
- Duldungs- und Anscheinsvollmacht **I, 1,** 91 ff.
- Lehre von der Rechtsscheinshaftung **I, 1,** 78
- Voraussetzungen **I, 1,** 81 ff.
-- Beweislast **I, 1,** 86
-- Kausalität des Rechtsscheins **I, 1,** 85
-- Rechtsscheinsgrundlage **I, 1,** 81
-- Schutzwürdigkeit des Geschäftsgegners **I, 1,** 84
-- Voraussetzungen, Zurechenbarkeit des Rechtsscheins **I, 1,** 82
-- Wirkung des Rechtsscheins **I, 1,** 87 ff.
Kaufmann, deklaratorische Handelsregistereintragung **I, 1,** 6
- fakultative Handelsregistereintragung **I, 1,** 6
- Handelsgeschäft **I, 7,** 22 ff.
- Handelsgesellschaften **I, 1,** 68 ff.
- Istkaufmann **I, 1,** 6, 7 ff.
- Kannkaufmann **I, 1,** 6, 32 ff.
- konstitutive Handelsregistereintragung **I, 1,** 6
- Rechtsschein **I, 7,** 24
- Scheinkaufmann **I, 1,** 78 ff.
- Schein-Nichtkaufmann **I, 1,** 90 ff.
- Sorgfalt eines ordentlichen **I, 7,** 82
- stille Gesellschaft **II, 3, § 1,** 16
Kaufmännisches Bestätigungsschreiben **I, 7,** 39 ff.
- UN-Kaufrecht **I, 8,** 55
Kaufmännisches Handeln, Entgeltlichkeit **I, 7,** 83
Kaufmännisches Zurückbehaltungsrecht **I, 7,** 78 ff., 91
- Rechtsfolgen **I, 7,** 80
Kaufmannseigenschaft, öffentliches Recht **I, 1,** 94
Kaufvertrag, international **I, 8,** 21
- UN-Kaufrecht **I, 8,** 12 ff.
Kettenvertrag, Handelsvertretervertrag **I, 5,** 87
KG **II, 1, § 3,** 1 ff.
- Abfindung, abweichende Vereinbarungen **II, 1, § 3,** 264
-- Befreiung von Schulden **II, 1, § 3,** 277
-- Sicherheitsleistung **II, 1, § 3,** 277
-- Stuttgarter Verfahren **II, 1, § 3,** 272 ff.
- Abfindungsanspruch, Einschränkung **II, 1, § 3,** 274 f.
- Fälligkeit und Verzinsung **II, 1, § 3,** 276
- Abfindungsklauseln **II, 1, § 3,** 264
-- Buchwertklauseln **II, 1, § 3,** 268 ff.
-- einzelne **II, 1, § 3,** 265
-- Ertragswertklauseln **II, 1, § 3,** 266
-- Allgemeines **II, 1, § 3,** 24 ff.
- Änderung des Gesellschaftsvertrags, einfache Mehrheit **II, 1, § 3,** 351
-- einfache Schriftformklausel **II, 1, § 3,** 353
-- Form **II, 1, § 3,** 352
-- qualifizierte Mehrheit **II, 1, § 3,** 351

3261

Stichwortverzeichnis

••• Die fett gedruckten **römischen Zahlen** bezeichnen die Teile, die fett gedruckten **arabischen Zahlen** die Kapitel. ••• Die fett gedruckten **§-Angaben** bezeichnen die bei Teil 2: Gesellschaftsrecht zu den Kapiteln dazugehörigen Paragrafen. ••• Die mager gedruckten Zahlen bezeichnen die Randnummern. •••

- – Sicherheitsklausel **II, 1, § 3**, 355
- – Zustimmung **II, 1, § 3**, 350
- Andienungspflicht **II, 1, § 3**, 186 ff.
- Anmeldung zur Eintragung ins Handelsregister, Gebühr des Notars **II, 1, § 3**, 49
- – öffentlich beglaubigt **II, 1, § 3**, 49
- Ansprüche gegen die Gesellschaft **II, 1, § 3**, 170 ff.
- Anwachsung **II, 6, § 2**, 68
- Auflösung **II, 1, § 3**, 357 ff.
- – Allgemeines **II, 1, § 3**, 357 f.
- Aufnahme des Geschäftsbetriebs **II, 1, § 3**, 40
- Aufnahme neuer Gesellschafter **II, 1, § 3**, 305 ff.
- – Eintragung ins Handelsregister **II, 1, § 3**, 305 ff.
- – Minderjährige **II, 1, § 3**, 307
- Aufnahmevertrag **II, 1, § 3**, 305 ff.
- Auseinandersetzung **II, 1, § 3**, 361
- Ausgliederung **II, 6, § 2**, 45
- Auskunftsrecht **II, 1, § 3**, 285
- Auslagenersatz **II, 1, § 3**, 112 ff.
- Ausscheiden **II, 1, § 3**, 85
- – Altschulden **II, 1, § 3**, 258
- – gesetzliche Regelungen **II, 1, § 3**, 255 ff.
- – Haftung **II, 1, § 3**, 258
- – Nachhaftung **II, 1, § 3**, 258
- – Neuschulden **II, 1, § 3**, 258
- – Rechtsfolgen **II, 1, § 3**, 257 ff.
- – steuerliche Auswirkungen **II, 1, § 3**, 278 f.
- – steuerliche Folgen **II, 1, § 3**, 260
- – vertragliche Vereinbarung **II, 1, § 3**, 256
- Ausscheiden eines Gesellschafters **II, 1, § 3**, 255 ff.
- Ausscheiden von Gesellschaftern **II, 1, § 3**, 249 ff.
- Ausschließung von Gesellschaftern **II, 1, § 3**, 249 ff.
- Ausschließungsverfahren **II, 1, § 3**, 249
- Ausschluss, Rechtsfolgen **II, 1, § 3**, 254
- Auszahlungen **II, 1, § 3**, 89 ff.
- Beitritt, steuerliche Folgen **II, 1, § 3**, 314 ff.
- Beschlussmangel **II, 1, § 3**, 137
- – Feststellungsklage **II, 1, § 3**, 138
- – Frist **II, 1, § 3**, 138
- – gerichtliche Geltendmachung **II, 1, § 3**, 138
- – gesellschaftsvertragliche Regelung **II, 1, § 3**, 139
- – inzidente Rüge **II, 1, § 3**, 138
- Betriebsvermögen, Steuerbegünstigung **II, 1, § 3**, 210
- Buchführungspflicht **II, 15, § 1**, 76
- doppelstöckige **II, 1, § 3**, 37 f.
- Handelsbilanz **II, 1, § 3**, 38
- Spiegelbildmethode **II, 1, § 3**, 38
- Steuerbilanz **II, 1, § 3**, 38
- Eigenkapitalbeschaffung **II, 16, § 1**, 43
- Eigenkapitalersatz **II, 20**, 232
- Einbringung **II, 6, § 2**, 25

- einfache Nachfolgeklausel, Einkommensteuer **II, 1, § 3**, 230
- – Erbschaftsteuer **II, 1, § 3**, 231
- – Zivilrecht **II, 1, § 3**, 228 f.
- Einlage **II, 1, § 3**, 6, 66 ff.
- – Geldeinlage **II, 1, § 3**, 74
- – Sacheinlage **II, 1, § 3**, 74
- – Eintragung in Handelsregister, Anmeldung **II, 1, § 3**, 45
- – Gesellschafterwechsel **II, 1, § 3**, 318 f.
- – Liquidation **II, 1, § 3**, 360
- Eintritt **II, 1, § 3**, 305 ff.
- – steuerliche Folgen **II, 1, § 3**, 314
- Eintrittsklausel, Einkommensteuer **II, 1, § 3**, 139
- – Erbschaftsteuer **II, 1, § 3**, 240 f.
- – Zivilrecht **II, 1, § 3**, 238
- Entnahme **II, 1, § 3**, 89 ff.
- – beteiligungsabhängige Steuerklausel **II, 1, § 3**, 94
- – Einkommensteuer **II, 1, § 3**, 91
- – gewinnabhängige Entnahmeklausel **II, 1, § 3**, 90
- – Haftung **II, 1, § 3**, 92
- – individuelle Steuerklausel **II, 1, § 3**, 94
- – kombinierte Entnahmeklausel **II, 1, § 3**, 90
- – kontenabhängige Entnahmeklausel **II, 1, § 3**, 90
- – liquiditätsabhängige Entnahme **II, 1, § 3**, 90
- – pauschale Steuerentnahmeklausel **II, 1, § 3**, 94
- – Rücklagenkonto **II, 1, § 3**, 93
- – Steuern **II, 1, § 3**, 94
- – Verlustvortragskonten **II, 1, § 3**, 93
- – Verrechnungskonto **II, 1, § 3**, 93
- – zeitabhängige Fixentnahme **II, 1, § 3**, 90
- Entnahmebegrenzung **II, 1, § 3**, 96
- – Darlehen **II, 1, § 3**, 96 ff.
- Entnahmerecht **II, 1, § 3**, 157
- – Erbschaftsteuer **II, 1, § 3**, 95
- – Kommanditist **II, 1, § 3**, 89
- – Komplementär **II, 1, § 3**, 89
- Entstehung **II, 1, § 3**, 25
- – Eintragung im Handelsregister **II, 1, § 3**, 25
- – Handelsgewerbe **II, 1, § 3**, 25
- – Kleingewerbe **II, 1, § 3**, 25
- – vermögensverwaltende **II, 1, § 3**, 25
- Entziehung der Vertretungsbefugnis, Beschluss **II, 1, § 3**, 110
- – Urteil **II, 1, § 3**, 108
- Entziehung von Geschäftsführungsbefugnis, Beschluss **II, 1, § 3**, 110
- – Urteil **II, 1, § 3**, 108
- Erbfall **II, 1, § 3**, 7
- – einkommensteuerliche Folgen **II, 1, § 3**, 218 ff.
- – gemeinsame Vertreter **II, 1, § 3**, 244
- – gesellschaftsvertragliche Gestaltungsmöglichkeiten **II, 1, § 3**, 220 ff.
- – mehrere Erben **II, 1, § 3**, 244

- – Schuldzinsen **II, 1, § 3**, 219
- – Erbschaftsteuerreform **II, 1, § 3**, 20
- – Ergebnisverteilung **II, 1, § 3**, 156 ff.
- – Ermittlung des Abfindungsguthabens **II, 1, § 3**, 263
- – Erscheinungsformen **II, 1, § 3**, 21 ff.
- – Familien-KG **II, 1, § 3**, 35 f., 182
- – Firma **II, 1, § 3**, 64 f.
- – Formwechsel **II, 6, § 2**, 77 ff.
- – Fortsetzungsklausel, Einkommensteuer **II, 1, § 3**, 224 ff.
- – Erbschaftsteuer **II, 1, § 3**, 227 f.
- – Zivilrecht **II, 1, § 3**, 221 f.
- – Gegenstand **II, 1, § 3**, 63
- – Gesamthandsprinzip **II, 1, § 3**, 100
- – Geschäftsführer **II, 1, § 3**, 4
- – Geschäftsführung, Außenverhältnis **II, 1, § 3**, 103
- – – Gesellschafterbeschluss **II, 1, § 3**, 99
- – – Grundlagengeschäfte **II, 1, § 3**, 98 f.
- – – Haftung **II, 1, § 3**, 103
- – – Innenverhältnis **II, 1, § 3**, 103
- – – Komplementär **II, 1, § 3**, 100 ff.
- – – Pflichtverletzung **II, 1, § 3**, 103
- – – Umfang **II, 1, § 3**, 98 f.
- – – Widerspruchsrecht **II, 1, § 3**, 100 ff.
- – Geschäftsführungsbefugnis, Entziehung **II, 1, § 3**, 108 ff.
- – – gesellschaftsvertragliche **II, 1, § 3**, 100 ff.
- – – gesetzliche **II, 1, § 3**, 100 ff.
- – Gesellschafter **II, 1, § 3**, 41 ff., 66 ff.
- – – Abfindung **II, 1, § 3**, 261 ff.
- – – Aufnahme neuer **II, 1, § 3**, 305 ff.
- – – Ausscheiden **II, 1, § 3**, 249 ff., 255 ff.
- – – Ausschließung **II, 1, § 3**, 249 ff.
- – – eheliche Gütergemeinschaft **II, 1, § 3**, 41
- – – Erbengemeinschaft **II, 1, § 3**, 41
- – – juristische Person **II, 1, § 3**, 41
- – – natürliche Person **II, 1, § 3**, 41
- – – Wechsel **II, 1, § 3**, 302 ff.
- – Gesellschafterbeschluss **II, 1, § 3**, 118 ff., 141
- – – Abwehrrechte **II, 1, § 3**, 136 ff.
- – – Bestimmtheitsgrundsatz **II, 1, § 3**, 129
- – – einfache Mehrheit **II, 1, § 3**, 130
- – – fehlerhafter **II, 1, § 3**, 136 ff.
- – – kapitalkontenorientiertes Stimmrecht **II, 1, § 3**, 128
- – – Kernbereich der Gesellschafterposition **II, 1, § 3**, 129
- – – Mehrheit nach Köpfen **II, 1, § 3**, 128
- – – Mehrheitserfordernis **II, 1, § 3**, 128
- – – mögliche Mängel **II, 1, § 3**, 137
- – – qualifizierte Mehrheit **II, 1, § 3**, 130
- – – Stimmbindung **II, 1, § 3**, 134 f.
- – – Stimmen aller Gesellschafter **II, 1, § 3**, 131
- – – Stimmenthaltungen **II, 1, § 3**, 131
- – – Stimmrechtsausschluss **II, 1, § 3**, 132
- – – Stimmrechtsübertragung **II, 1, § 3**, 134 f.

3262

Stichwortverzeichnis

••• Die fett gedruckten **römischen Zahlen** bezeichnen die Teile, die fett gedruckten **arabischen Zahlen** die Kapitel. ••• Die fett gedruckten **§-Angaben** bezeichnen die bei Teil 2: Gesellschaftsrecht zu den Kapiteln dazugehörigen Paragrafen. ••• Die mager gedruckten Zahlen bezeichnen die Randnummern. •••

- Gesellschafterkonten **II, 1, § 3**, 76 ff.
- Gesellschafterstellung, Umwandlung **II, 1, § 3**, 336 ff.
- – Wechsel der Art **II, 1, § 3**, 336 ff.
- Gesellschafterversammlung **II, 1, § 3**, 118 ff.
- – Allgemeines **II, 1, § 3**, 118
- – Beratungsklausel **II, 1, § 3**, 123
- – Beschlüsse außerhalb der Versammlung **II, 1, § 3**, 127
- – Beschlussfähigkeit **II, 1, § 3**, 121
- – Einberufung und Ladung **II, 1, § 3**, 119 f.
- – Ort **II, 1, § 3**, 124 f.
- – Protokoll **II, 1, § 3**, 126
- – Regelungsgegenstände **II, 1, § 3**, 141
- – Teilnahme Dritter **II, 1, § 3**, 123
- – Teilnahmerecht **II, 1, § 3**, 122 f.
- – Teilnahmerecht von Beratern **II, 1, § 3**, 123
- – Versammlungsleiter **II, 1, § 3**, 124 f.
- – Vertretung **II, 1, § 3**, 122 f.
- Gesellschaftervertrag, Gesellschafterversammlung **II, 1, § 3**, 118
- Gesellschafterwechsel **II, 1, § 3**, 318 ff.
- Gesellschaftsanteil, Abtretbarkeit **II, 1, § 3**, 172
- – erbschaftsteuerliche Bewertung **II, 1, § 3**, 206 ff.
- – Kündigung **II, 1, § 3**, 177
- – Teilübertragung **II, 1, § 3**, 174
- – Treuhand **II, 1, § 3**, 175
- – Übertragung **II, 1, § 3**, 318 ff.
- – Vererblichkeit **II, 1, § 3**, 177
- – Vererbung **II, 1, § 3**, 189 ff
- – Verfügung **II, 1, § 3**, 170 ff.
- – Vorkaufsrecht **II, 1, § 3**, 177
- Gesellschaftsvermögen, Verteilung **II, 1, § 3**, 362
- Gesellschaftsvertrag **II, 1, § 3**, 377
- – Änderung **II, 1, § 3**, 349 ff.
- – Bezeichnung Kommanditist **II, 1, § 3**, 62
- – Bezeichnung Komplementär **II, 1, § 3**, 62
- – Buchführung **II, 1, § 3**, 53
- – Einlage Kommanditist **II, 1, § 3**, 62
- – Einlagen **II, 1, § 3**, 66 ff.
- – Entnahmen **II, 1, § 3**, 59
- – Firma **II, 1, § 3**, 62, 64 f.
- – Form **II, 1, § 3**, 42 f., 59
- – Gegenstand **II, 1, § 3**, 63
- – Geldeinlage **II, 1, § 3**, 74
- – Genehmigungsbedürftigkeit **II, 1, § 3**, 44
- – Gesellschafter **II, 1, § 3**, 66 ff.
- – Gestaltung **II, 1, § 3**, 51 f.
- – Gestaltungsfreiheit **II, 1, § 3**, 58
- – Gewinn und Verlust **II, 1, § 3**, 59
- – GmbH-Geschäftsanteil **II, 1, § 3**, 43
- – Grundstück **II, 1, § 3**, 43
- – Haftsummen **II, 1, § 3**, 66 ff.
- – Heilung eines Formmangels **II, 1, § 3**, 43
- – Inhalt **II, 1, § 3**, 58, 61 ff.
- – Jahresabschluss **II, 1, § 3**, 53

- – Kapitalanteil **II, 1, § 3**, 59
- – kartellrechtliche Genehmigung **II, 1, § 3**, 44
- – notarielle Beurkundung **II, 1, § 3**, 43
- – notwendige Bestandteile **II, 1, § 3**, 51 ff.
- – Pflichteinlage **II, 1, § 3**, 67
- – praktische Hinweise **II, 1, § 3**, 60
- – Rechtsnatur **II, 1, § 3**, 57 ff.
- – Sacheinlage **II, 1, § 3**, 74
- – Schenkungsversprechen **II, 1, § 3**, 43
- – Steuerrecht **II, 1, § 3**, 54
- – Vertretung **II, 1, § 3**, 104 ff.
- – vormundschaftsgerichtliche Genehmigung **II, 1, § 3**, 44
- – Zweck **II, 1, § 3**, 61, 63
- – gesetzliche Abfindung **II, 1, § 3**, 261 ff.
- – Gewerbesteuerklausel **II, 1, § 3**, 169
- – gewerblich tätige **II, 1, § 3**, 27 ff.
- – Betriebsvermögen **II, 1, § 3**, 27
- – Bilanzen **II, 1, § 3**, 27
- – Buchwerte **II, 1, § 3**, 27
- – Erbfall **II, 1, § 3**, 27
- – Gewerbesteuerpflicht **II, 1, § 3**, 27
- – Gewinn **II, 1, § 3**, 27
- – Kapitalkonto **II, 1, § 3**, 27
- – kaufmännische Buchführung **II, 1, § 3**, 27
- – Schenkungsfall **II, 1, § 3**, 27
- – Sonderbetriebsvermögen **II, 1, § 3**, 27
- – Steuerentnahmeklausel **II, 1, § 3**, 28
- – unentgeltliche Übertragung **II, 1, § 3**, 27
- – Vergütung der Gesellschafter **II, 1, § 3**, 27
- – Verlust **II, 1, § 3**, 27
- – Gewinnverwendung **II, 1, § 3**, 156 ff.
- – eigenkapitalersetzende Darlehen **II, 1, § 3**, 166
- – Ergänzungsbilanz **II, 1, § 3**, 166
- – Gewerbesteuer **II, 1, § 3**, 169
- – Gewerbesteuerbelastung **II, 1, § 3**, 163
- – Gewerbesteuerklausel **II, 1, § 3**, 164
- – Sonderbetriebsvermögen **II, 1, § 3**, 166
- – Tätigkeitsvergütung **II, 1, § 3**, 166
- – Verlust **II, 1, § 3**, 165
- – vollständige Verwendung **II, 1, § 3**, 98, 161
- – Grundlagengeschäft **II, 1, § 3**, 143
- – Gründung **II, 1, § 3**, 39 ff.
- – Abschluss des Gesellschaftsvertrags **II, 1, § 3**, 39
- – Bilanzierung **II, 1, 15, § 1**, 14
- – Eintragung im Handelsregister **II, 1, § 3**, 40
- – Geschäftsbeginn **II, 1, § 3**, 40
- – Gewerbesteuer **II, 1, § 3**, 50
- – Grunderwerbsteuer **II, 1, § 3**, 50
- – steuerliche Folgen **II, 1, § 3**, 50
- – Umsatzsteuer **II, 1, § 3**, 50
- – Hafteinlage, Rückzahlung **II, 20**, 186

- Haftsumme **II, 1, § 3**, 66 ff.
- Informationsrecht, Anwendungsbereich **II, 1, § 3**, 286
- Informationsrechte **II, 1, § 3**, 281 ff.
- – gerichtliche Geltendmachung **II, 1, § 3**, 289
- Insolvenz **II, 1, § 3**, 371 ff.
- – Antragspflicht **II, 1, § 3**, 371
- – Aufwendungsersatzansprüche **II, 1, § 3**, 373
- – echte Drittforderungen **II, 1, § 3**, 373
- – Folgen für die Gesellschaft **II, 1, § 3**, 372
- – Haftung **II, 1, § 3**, 374
- – Insolvenzgläubiger **II, 1, § 3**, 373
- – Insolvenzgründe **II, 1, § 3**, 371
- – Insolvenzmasse **II, 1, § 3**, 373
- Jahresabschluss **II, 1, § 3**, 142 ff.
- – Bewertungswahlrechte **II, 1, § 3**, 144
- – Bilanzgewinn **II, 1, § 3**, 148
- – Bilanzierungsmaßnahmen **II, 1, § 3**, 144
- – Ergebnisverteilung **II, 1, § 3**, 145
- – Gewinnverwendung **II, 1, § 3**, 145
- – steuerrechtlicher Aspekt **II, 1, § 3**, 151
- – Verlust **II, 1, § 3**, 149
- – vermögensverwaltender **II, 1, § 3**, 152 ff.
- – Verwendung **II, 1, § 3**, 146 ff.
- Jahresergebnis, vollständige Verwendung **II, 1, § 3**, 161
- Jahresüberschuss **II, 1, § 3**, 156
- Jahresverlust **II, 1, § 3**, 149
- Joint Venture **II, 12, 15, 36**
- Kapitalkonto **II, 1, § 3**, 27
- Kommanditist **II, 1, § 3, 3, 26**
- – Beitritt **II, 1, § 3**, 312
- – Einlage **II, 1, § 3**, 70
- – Erweiterung der Rechte **II, 1, § 3**, 102
- – Geschäftsführung **II, 1, § 3**, 101
- – Konten **II, 1, § 3**, 77
- – Vertretung **II, 1, § 3**, 105
- – Widerspruchsrecht **II, 1, § 3**, 101
- – zustimmungsbedürftige Geschäfte **II, 1, § 3**, 101
- Kommanditistenbeteiligung **II, 1, § 3**, 187 f.
- Komplementär **II, 1, § 3, 3, 26**
- – Beitritt **II, 1, § 3**, 311
- – Einlage **II, 1, § 3**, 69
- – gesonderter Dienstvertrag **II, 1, § 3**, 113
- – Gewinnvorab **II, 1, § 3**, 115
- – Jahresabschluss **II, 1, § 3**, 142
- – notwendige Aufwendungen **II, 1, § 3**, 114
- – Vergütung **II, 1, § 3**, 112 ff., 116
- Komplementärbeteiligung **II, 1, § 3**, 187 f.
- Konten **II, 1, § 3**, 75 ff.
- – Ausscheiden **II, 1, § 3**, 85
- – Drei-Kontenmodell **II, 1, § 3**, 83
- – Eigenkapital **II, 1, § 3**, 76
- – Fremdkapital **II, 1, § 3**, 76
- – Gewinnkonto **II, 1, § 3**, 78

3263

Stichwortverzeichnis

••• Die fett gedruckten **römischen Zahlen** bezeichnen die Teile, die fett gedruckten **arabischen Zahlen** die Kapitel. ••• Die fett gedruckten **§-Angaben** bezeichnen die bei Teil 2: Gesellschaftsrecht zu den Kapiteln dazugehörigen Paragrafen. ••• Die mager gedruckten Zahlen bezeichnen die Randnummern. •••

- – Insolvenz **II**, **1**, **§ 3**, 78
- – stehengelassene Gewinne **II**, **1**, **§ 3**, 87
- – Steuerrecht **II**, **1**, **§ 3**, 88
- – unbeschränktes Entnahmerecht **II**, **1**, **§ 3**, 80
- – variables Kapitalkonto **II**, **1**, **§ 3**, 77
- – Vier-Kontenmodell **II**, **1**, **§ 3**, 86
- – Zwei-Kontenmodell **II**, **1**, **§ 3**, 82
- Kontrollrechte **II**, **1**, **§ 3**, 281 ff.
- – ordentliche Geschäftsführung **II**, **1**, **§ 3**, 281
- – Sachverständige **II**, **1**, **§ 3**, 282
- Liquidation **II**, **1**, **§ 3**, 357 ff.
- – Allgemeines **II**, **1**, **§ 3**, 357 f.
- – Eintragung ins Handelsregister **II**, **1**, **§ 3**, 360
- – gesetzliche Rechtslage **II**, **1**, **§ 3**, 359 f.
- – Steuerfolgen **II**, **1**, **§ 3**, 365
- – Verteilung des Gesellschaftsvermögens **II**, **1**, **§ 3**, 362
- Minderjähriger **II**, **11**, 19, 66 f.
- minderjähriger Gesellschafter **II**, **11**, 2
- Nachfolgeklausel **II**, **1**, **§ 3**, 190
- Pflichteinlage **II**, **1**, **§ 3**, 67
- praktische Anwendungsfälle **II**, **1**, **§ 3**, 21 ff.
- qualifizierte Nachfolge **II**, **1**, **§ 3**, 203
- qualifizierte Nachfolgeklausel, Einkommensteuer **II**, **1**, **§ 3**, 235 f.
- – Erbschaftsteuer **II**, **1**, **§ 3**, 237
- – Zivilrecht **II**, **1**, **§ 3**, 232 ff.
- Realteilung **II**, 6, **§ 2**, 174 ff.
- Rechtsformwahl **II**, **1**, **§ 3**, 1 ff.
- rechtsgeschäftliche Nachfolgeklausel **II**, **1**, **§ 3**, 242 f.
- Schenkungsteuer **II**, **1**, **§ 3**, 216 f.
- Schiedsgericht **II**, **1**, **§ 3**, 367 ff.
- Schiedsgutachterverfahren **II**, **1**, **§ 3**, 369
- Schiedsrichtervertrag **II**, **1**, **§ 3**, 369
- Schiedsvereinbarungen **II**, **1**, **§ 3**, 369
- Sonderrechtsnachfolge, Erbengemeinschaft **II**, **1**, **§ 3**, 201 f.
- Steuerklauseln **II**, **1**, **§ 3**, 94
- Stuttgarter Verfahren **II**, **1**, **§ 3**, 19
- Testamentsvollstreckung **II**, **1**, **§ 3**, 8, 245 ff.
- – Abfindung **II**, **1**, **§ 3**, 248
- – Kommanditbeteiligung **II**, **1**, **§ 3**, 247
- – Komplementärbeteiligung **II**, **1**, **§ 3**, 245 f.
- Tod eines Gesellschafters **II**, **1**, **§ 3**, 191 ff.
- – Schenkungsteuer **II**, **1**, **§ 3**, 216 f.
- Tod eines Kommanditisten **II**, **1**, **§ 3**, 192 ff., 198 ff.
- Übertragung des Gesellschaftsanteils, Gewerbesteuer **II**, **1**, **§ 3**, 335
- – Grunderwerbsteuer **II**, **1**, **§ 3**, 335
- – Handelsregister **II**, **1**, **§ 3**, 328 ff.
- – Kommanditist **II**, **1**, **§ 3**, 328 ff.
- – Komplementär **II**, **1**, **§ 3**, 327
- – steuerliche Folgen **II**, **1**, **§ 3**, 331 ff.
- – Umsatzsteuer **II**, **1**, **§ 3**, 335
- – Übertragungsvertrag **II**, **1**, **§ 3**, 318 ff.
- – Umwandlung der Gesellschafterstellung **II**, **1**, **§ 3**, 336 ff.
- – Eintragung ins Handelsregister **II**, **1**, **§ 3**, 339
- – steuerliche Folgen **II**, **1**, **§ 3**, 346 ff.
- Umwandlung, Entstehung **II**, **1**, **§ 3**, 40
- – Gründung **II**, **1**, **§ 3**, 40
- – variables Kapitalkonto **II**, **1**, **§ 3**, 77
- – Veräußerungsvertrag **II**, **1**, **§ 3**, 318 ff.
- – Vererbung, steuerliche Folgen **II**, **1**, **§ 3**, 204 ff.
- – Verfügung über einen Gesellschaftsanteil **II**, **1**, **§ 3**, 170 ff.
- – Verfügungen, einzelne Vermögensrechte **II**, **1**, **§ 3**, 171
- – – gesellschaftsvertragliche Regelungen **II**, **1**, **§ 3**, 172 ff.
- – Verlust **II**, **1**, **§ 3**, 165
- – – Haftsumme **II**, **1**, **§ 3**, 165
- – – steuerliches Kapitalkonto **II**, **1**, **§ 3**, 165
- – vermögensverwaltende **II**, **1**, **§ 3**, 29 ff.
- – – Bilanz **II**, **1**, **§ 3**, 33
- – – Eintragung im Handelsregister **II**, **1**, **§ 3**, 29
- – – Erbfall **II**, **1**, **§ 3**, 31
- – – erbschaftsteuerliche Bewertung **II**, **1**, **§ 3**, 209
- – – Gewerbesteuer **II**, **1**, **§ 3**, 32
- – – Privatvermögen **II**, **1**, **§ 3**, 30
- – – Schenkungsfall **II**, **1**, **§ 3**, 31
- – – steuerliche Begünstigung **II**, **1**, **§ 3**, 31
- – – steuerliches Betriebsvermögen **II**, **1**, **§ 3**, 30
- – – Zwangsmitgliedschaft bei der IHK **II**, **1**, **§ 3**, 34
- – Vertretung **II**, **1**, **§ 3**, 98 ff., 104 ff.
- – – Eintragung im Handelsregister **II**, **1**, **§ 3**, 107
- – – Gesellschafterversammlung **II**, **1**, **§ 3**, 122 f.
- – – Gesetz **II**, **1**, **§ 3**, 104 ff.
- – – Verbot der Doppelvertretung **II**, **1**, **§ 3**, 106
- – – Verbot des Selbstkontrahierens **II**, **1**, **§ 3**, 106
- – – Vertretungsbefugnis, Entziehung **II**, **1**, **§ 3**, 108 ff.
- – Vertretungsmacht, Umfang **II**, **1**, **§ 3**, 104 ff.
- – Vorerwerbsrecht **II**, **1**, **§ 3**, 179 ff., 185
- – Vorkaufsrecht **II**, **1**, **§ 3**, 179 ff.
- – – Familien-KG **II**, **1**, **§ 3**, 182
- – – gemeinsame Ausübung **II**, **1**, **§ 3**, 181
- – – mehrere Berechtigte **II**, **1**, **§ 3**, 180
- – Wechsel der Gesellschafterstellung **II**, **1**, **§ 3**, 302 ff.
- – Wechsel im Gesellschafterbestand **II**, **1**, **§ 3**, 302 ff.
- – wettbewerbsbeschränkende Vereinbarungen **II**, **1**, **§ 3**, 300
- – Wettbewerbsverbot **II**, **1**, **§ 3**, 290 ff.
- – – Branchenschutzklausel **II**, **1**, **§ 3**, 301
- – – Dauer **II**, **1**, **§ 3**, 291
- – – Eintrittsrecht **II**, **1**, **§ 3**, 292
- – – gesellschaftsvertragliche Regelungen **II**, **1**, **§ 3**, 293 ff.
- – – gesetzliches **II**, **1**, **§ 3**, 290 ff.
- – – Kundenschutzklausel **II**, **1**, **§ 3**, 301
- – – nachvertragliche **II**, **1**, **§ 3**, 298 ff.
- – – Öffnungsklausel **II**, **1**, **§ 3**, 297
- – – Rechtsfolgen **II**, **1**, **§ 3**, 290 ff.
- – – sachliche Erweiterung **II**, **1**, **§ 3**, 296
- – – Schadensersatz **II**, **1**, **§ 3**, 292
- – – Sittenwidrigkeit **II**, **1**, **§ 3**, 301
- – – Unterlassungsanspruch **II**, **1**, **§ 3**, 292
- – wichtiger Grund **II**, **1**, **§ 3**, 250 ff.
- – – Ausschließung von Gesellschaftern **II**, **1**, **§ 3**, 250
- – Zweck **II**, **1**, **§ 3**, 63
- KGaA **II**, **2**, **§ 4**, 1 ff.; **II**, 20, 343
- – Aktien **II**, **2**, **§ 4**, 11 ff.
- – Interessenkollision **II**, **2**, **§ 4**, 11
- – Altersversorgung **II**, **2**, **§ 4**, 4
- – Aufsichtsrat **II**, **2**, **§ 4**, 22, 36 ff.
- – – Ausführungskompetenz **II**, **2**, **§ 4**, 37
- – – Wahl **II**, **2**, **§ 4**, 38
- – – Zusammensetzung **II**, **2**, **§ 4**, 38
- – Aufsichtsratsmitglieder, Entsendung **II**, **2**, **§ 4**, 36
- – außergewöhnliche Geschäfte **II**, **2**, **§ 4**, 17, 20
- – Buchführungspflicht **II**, **15**, **§ 1**, 76
- – Einlagen **II**, **2**, **§ 4**, 6 ff., 11 ff.
- – Ein-Mann-Gründung **II**, **2**, **§ 4**, 6
- – Erscheinungsformen **II**, **2**, **§ 4**, 4 ff.
- – Firma **II**, **2**, **§ 4**, 10
- – Gelatine-Entscheidung **II**, **2**, **§ 4**, 17
- – Geschäftsführung **II**, **2**, **§ 4**, 3 f, 14
- – Geschäftsführungsbefugnis **II**, **2**, **§ 4**, 14
- – Gesellschafter **II**, **2**, **§ 4**, 1
- – – Zustimmung **II**, **2**, **§ 4**, 22 ff.
- – Gestaltungsfreiheit **II**, **2**, **§ 4**, 3
- – gewinnunabhängige Tätigkeitsvergütung **II**, **2**, **§ 4**, 4
- – Grundkapital **II**, **2**, **§ 4**, 11
- – Grundlagenbeschlüsse **II**, **2**, **§ 4**, 22
- – Grundlagengeschäfte **II**, **2**, **§ 4**, 17, 20
- – Grundsatz der Selbstorganschaft **II**, **2**, **§ 4**, 4
- – Gründung **II**, **2**, **§ 4**, 6 ff.
- – – Bargründung **II**, **2**, **§ 4**, 7
- – – Bilanzierung **II**, **15**, **§ 1**, 14
- – – Gründungsbericht **II**, **2**, **§ 4**, 8
- – – Gründungsprüfung **II**, **2**, **§ 4**, 8
- – – Sachgründung **II**, **2**, **§ 4**, 7
- – – Satzung **II**, **2**, **§ 4**, 9
- – Haftung **II**, **2**, **§ 4**, 5
- – Hauptversammlung **II**, **2**, **§ 4**, 16, 21 ff.
- – – Mehrheitserfordernisse **II**, **2**, **§ 4**, 21
- – – Stimmrechtsbeschränkung **II**, **2**, **§ 4**, 21

Stichwortverzeichnis

••• Die fett gedruckten **römischen Zahlen** bezeichnen die Teile, die fett gedruckten **arabischen Zahlen** die Kapitel. ••• Die fett gedruckten **§-Angaben** bezeichnen die bei Teil 2: Gesellschaftsrecht zu den Kapiteln dazugehörigen Paragrafen. ••• Die mager gedruckten Zahlen bezeichnen die Randnummern. •••

- hauptversammlungsorientierte KGaA **II, 2,** § **4,** 5
- Holzmüller-Entscheidung **II, 2,** § **4,** 17
- Insolvenzverfahren **II, 20,** 343
- juristische Person **II, 2,** § **4,** 1
- Kapital **II, 2,** § **4,** 6 ff.
- Kapitalanteil, Auflösung **II, 2,** § **4,** 12
- – Herabsetzung **II, 2,** § **4,** 12
- kapitalistische KGaA **II, 2,** § **4,** 5
- Kernbereich der Mitgliedschaft **II, 2,** § **4,** 20
- Kommanditaktionär **II, 2,** § **4,** 1, 13 ff.
- Komplementär **II, 2,** § **4,** 2, 13 ff.
- – Aufnahme **II, 2,** § **4,** 13
- – Ausschluss **II, 2,** § **4,** 14
- – Umtauschrecht **II, 2,** § **4,** 12
- Komplementäreinlage **II, 2,** § **4,** 4
- Kündigungsrecht mit Barabfindung **II, 2,** § **4,** 12
- laufender Geschäftsbetrieb **II, 2,** § **4,** 17
- Mitwirkungsrechte **II, 2,** § **4,** 3
- Normenhierarchie **II, 2,** § **4,** 2
- Organe, Aufsichtsrat **II, 2,** § **4,** 36
- personalistische Gesellschaft **II, 2,** § **4,** 4
- Rechtsnatur **II, 2,** § **4,** 1 ff.
- Sachkapitalerhöhung **II, 2,** § **4,** 12
- Satzung, notarielle Beurkundung **II, 2,** § **4,** 9
- Satzungsänderung **II, 2,** § **4,** 12, 22, 39 ff.
- – Anmeldung **II, 2,** § **4,** 42
- – Eintragung **II, 2,** § **4,** 42
- – Zustimmung des Komplementärs **II, 2,** § **4,** 39
- – Zustimmung persönlich haftender Gesellschafter **II, 2,** § **4,** 39
- strukturändernde Maßnahmen **II, 2,** § **4,** 17
- tantiemenabhängige Vergütung **II, 2,** § **4,** 4
- Unternehmer-Komplementär-KGaA **II, 2,** § **4,** 4
- unzulässige Minderheitsherrschaft **II, 2,** § **4,** 18
- Vermögenseinlage, Erhöhung **II, 2,** § **4,** 12
- – Fälligkeit **II, 2,** § **4,** 12
- – Festsetzung **II, 2,** § **4,** 12
- – Satzungsänderung **II, 2,** § **4,** 12
- – Umwandlung **II, 2,** § **4,** 12
- Vermögenseinlagen **II, 2,** § **4,** 12
- Vertretungsbefugnis **II, 2,** § **4,** 14
- Wechsel des Komplementärs **II, 2,** § **4,** 22
- Widerspruchsrecht **II, 2,** § **4,** 17
- Zustimmungsbeschluss, notarielle Überschrift **II, 2,** § **4,** 25
- Zustimmungserklärung, Beurkundung **II, 2,** § **4,** 24 ff.
- – Form **II, 2,** § **4,** 23
- – konkludentes Handeln **II, 2,** § **4,** 23
- – nach der Hauptversammlung **II, 2,** § **4,** 27

- – vor der Hauptversammlung **II, 2,** § **4,** 26
- – während der Hauptversammlung **II, 2,** § **4,** 26
- – zwingender Satzungsbestandteil **II, 2,** § **4,** 13
KG-Anteile, erbschaftsteuerliche Bewertung, Betriebsgrundstücke **II, 1,** § **3,** 208
- – Stuttgarter Verfahren **II, 1,** § **3,** 208
- – Wertpapiere **II, 1,** § **3,** 208
Kindesbetreuungsunterhalt, selbständige Unternehmer **II, 10,** 179 ff.
Kindschaftsrechtsreformgesetz **II, 11,** 30
Klageänderung, Schiedsverfahren **II, 13,** 132 f.
Klagerücknahme, Schiedsverfahren **II, 13,** 134
Kleingewerbe, GbR **II, 1,** § **1,** 40 f.
Know-how, Franchising **I, 6,** 142 ff.
Kodifizierte GoB **II, 15,** § **1,** 88 ff.
Kommanditaktionär **II, 2,** § **4,** 1, 13 ff.
- – außergewöhnliche Geschäfte **II, 2,** § **4,** 17
- – Gesamtheit **II, 2,** § **4,** 16
- – Gestaltungsfreiheit **II, 2,** § **4,** 17
- – Haftung **II, 2,** § **4,** 15
- – Hauptversammlung **II, 2,** § **4,** 16, 21
- – laufender Geschäftsbetrieb **II, 2,** § **4,** 17
- – Mitwirkungsrecht **II, 2,** § **4,** 3, 17
- – Rechtsstellung **II, 2,** § **4,** 16
- – Sachkapitalerhöhung **II, 2,** § **4,** 12
- – Widerspruchsrecht **II, 2,** § **4,** 17
Kommanditanteil, Minderjähriger **II, 11,** 53
- – Schenkung, Minderjähriger **II, 11,** 54
Kommanditbeteiligung, Testamentsvollstreckung **II, 1,** § **3,** 247
Kommanditist **II, 1,** § **3,** 3
- allgemeiner Auskunftsanspruch **II, 1,** § **3,** 285
- allgemeines Informationsrecht **II, 1,** § **3,** 285
- Beitritt **II, 1,** § **3,** 312
- Beteiligung **II, 1,** § **3,** 187 f.
- Einlage **II, 1,** § **3,** 70 f.
- Entnahme von Gewinnanteilen **II, 15,** § **1,** 44
- Entnahmerecht **II, 1,** § **3,** 89
- – Haftung **II, 1,** § **3,** 92
- Erbfall, einkommensteuerliche Folgen **II, 1,** § **3,** 218 ff.
- Festgehalt **II, 15,** § **1,** 45
- Geschäftsführung **II, 1,** § **3,** 101
- – Erweiterung der Rechte **II, 1,** § **3,** 102
- Gewinnkonto **II, 1,** § **3,** 78
- Haftsumme **II, 1,** § **3,** 67
- Haftung **II, 1,** § **3,** 313; **II, 15,** § **1,** 46
- – Wiederaufleben **II, 15,** § **1,** 44
- Insolvenz **II, 1,** § **3,** 78
- Konten **II, 1,** § **3,** 77
- – Ausscheiden **II, 1,** § **3,** 85
- – Drei-Kontenmodell **II, 1,** § **3,** 83

- – unbeschränktes Entnahmerecht **II, 1,** § **3,** 80
- – Vier-Kontenmodell **II, 1,** § **3,** 86
- – Zwei-Kontenmodell **II, 1,** § **3,** 82
- Kontrollrechte **II, 1,** § **3,** 283
- Leistungsaustauschbeziehung **II, 15,** § **1,** 45
- minderjähriger **II, 11,** 24, 100
- Pflichteinlage **II, 1,** § **3,** 67
- – Kapitalkonto **II, 15,** § **1,** 45
- – Privat- oder Verrechnungskonto **II, 15,** § **1,** 45
- Tod eines **II, 1,** § **3,** 198 f.
- Übertragung des Gesellschaftsanteils **II, 1,** § **3,** 328 ff.
- – – Handelsregister **II, 1,** § **3,** 328 ff.
- Unternehmensfinanzierung **II, 16,** 45
- Vertretung **II, 1,** § **3,** 105
- Wechsel zum Komplementär **II, 1,** § **3,** 341 ff.
- Wettbewerbsverbot **II, 1,** § **3,** 290
- – Ausweitung **II, 1,** § **3,** 294
- wichtiger Grund **II, 1,** § **3,** 253
- Widerspruchsrecht **II, 1,** § **3,** 101
- zustimmungsbedürftige Geschäfte **II, 1,** § **3,** 102
Kommission, uneigentliche **I, 7,** 134
Kommissionär **I, 7,** 132 ff.
- Abgrenzung, Handelsvertreter **I, 5,** 19
- Ausführungsgeschäft **I, 7,** 147
- Pfandrecht **I, 7,** 145
- Pflichten **I, 5,** 232 ff.; **I, 7,** 140 ff.
- Provisionsanspruch **I, 7,** 144
- Rechte **I, 5,** 233 ff.; **I, 7,** 143 ff.
- Rechte und Pflichten **I, 5,** 232 ff.
- Rechtsstellung **I, 7,** 136 ff.
- Selbsteintrittsrecht **I, 7,** 146
- Tätigkeit im eigenen Namen für fremde Rechnung **I, 5,** 19
- Zwangsvollstreckung bei Insolvenz **I, 7,** 154
Kommissionsagent, Abgrenzung, Handelsvertreter **I, 5,** 20
- Mischform aus Handelsvertreter und Kommissionär **I, 5,** 20
Kommissionsgeschäft **I, 7,** 132 ff.
- Abgrenzung, stille Gesellschaft **II, 3,** § **1,** 45
- Allgemeines **I, 7,** 160
- Ausführungsgeschäft mit Dritten **I, 7,** 162
- eigentliches **I, 7,** 134
- Ertrag- und Umsatzsteuer **I, 7,** 155
- Gelegenheitskommission **I, 7,** 134
- Kommissionsvertrag **I, 7,** 158, 161
- Kommittent **I, 7,** 138
- Provisionsanspruch **I, 7,** 139
- Zwangsvollstreckung **I, 7,** 163
Kommissionsvertrag **I, 7,** 138 ff., 158
- Pflichten des Kommissionärs **I, 5,** 232 f.
- Pflichten des Kommittenten **I, 5,** 233
- Rechte aus Kommissionsvertrag **I, 5,** 233
- Rechte des Kommittenten **I, 5,** 232
- Rechte und Pflichten **I, 5,** 232 ff.
Kommittent, Pflichten **I, 5,** 233 ff.

3265

••• Die fett gedruckten **römischen Zahlen** bezeichnen die Teile, die fett gedruckten **arabischen Zahlen** die Kapitel. ••• Die fett gedruckten **§-Angaben** bezeichnen die bei Teil 2: Gesellschaftsrecht zu den Kapiteln dazugehörigen Paragrafen. ••• Die mager gedruckten Zahlen bezeichnen die Randnummern. •••

- Rechte **I, 5,** 232 ff.; **I,** 150 ff.
Kompensationsgeschäfte, Bilanzerstellung **II, 15, § 1,** 98
Komplementär **II, 1, § 3,** 3
- allgemeiner Auskunftsanspruch **II, 1, § 3,** 285
- Auskunftsrecht, individuelles **II, 1, § 3,** 285
- Auslagenersatz **II, 1, § 3,** 112 ff.
- Beitritt **II, 1, § 3,** 311
- Beteiligung **II, 1, § 3,** 187 f.
- Bewertungswahlrecht **II, 1, § 3,** 144
- Bilanzierungsmaßnahmen **II, 1, § 3,** 144
- Einlage **II, 1, § 3,** 69
- Entnahmerecht **II, 1, § 3,** 89
- Erbfall, einkommensteuerliche Folgen **II, 1, § 3,** 218 ff.
- Geschäftsführung **II, 1, § 3,** 100 ff.
- gesonderter Dienstvertrag **II, 1, § 3,** 113
- Grundlagengeschäft **II, 1, § 3,** 143
- Hauptversammlung **II, 2, § 4,** 21
- Jahresabschluss **II, 1, § 3,** 142
- KGaA **II, 2, § 4,** 2, 13 ff.
- – Aufnahme **II, 2, § 4,** 13
- – Ausschluss **II, 2, § 4,** 14
- – echte unternehmerische Beteiligung **II, 2, § 4,** 4
- – Umtauschrecht **II, 2, § 4,** 12
- notwendige Aufwendungen **II, 1, § 3,** 114
- Tod **II, 1, § 3,** 192 ff.
- Übertragung des Gesellschaftsanteils **II, 1, § 3,** 327
- Unternehmensfinanzierung **II, 16,** 45
- Verbot der Doppelvertretung **II, 1, § 3,** 106
- Verbot des Selbstkontrahierens **II, 1, § 3,** 106
- Vergütung **II, 1, § 3,** 112 ff., 116
- Vertretung **II, 1, § 3,** 106
- Wechsel zum Kommanditisten **II, 1, § 3,** 343 f.
- Wettbewerbsverbot **II, 1, § 3,** 289
Komplementärbeteiligung, Testamentsvollstreckung **II, 1, § 3,** 245 ff.
Komplementäreinlage, KGaA **II, 2, § 4,** 4
Komplementär-GmbH, Joint Venture **II, 12,** 36
Konkurrenzverbot, Vertragshändler **I, 5,** 189
Konsortialdarlehen **II, 16,** 147
Konsortialvertrag **II, 12,** 6
Konsortien **II, 12,** 6
Konstituierungsverfahren, Schiedsverfahren **II, 13,** 187
Konsumgüterleasing **II, 16,** 233
Kontokorrent **I, 7,** 53 ff., 90
- Begriff **I, 7,** 54
- eingestellte Forderung, Unselbständigkeit **I, 7,** 57 ff.
- Kontokorrent, Saldoanerkenntnis **I, 7,** 62 ff.
- Pfändbarkeit von Ansprüchen **I, 7,** 64 ff.

- Rechtswirkung **I, 7,** 56
Kontokorrentkredit **II, 16,** 178 f.
Kontrahierungszwang, Handelsgeschäft **I, 7,** 8 ff.
Kontrollrechte, GbR **II, 1, § 1,** 244 ff.
Kontrolltheorie **II, 8,** 32
- ausländischer Einfluss **II, 8,** 32
- Staatsangehörigkeit **II, 8,** 32
Konzernabschluss **II, 15, § 1,** 194 ff.
- AG **II, 15, § 1,** 47 ff.
- Anfechtbarkeit **II, 15, § 1,** 50
- befreiender **II, 15, § 1,** 195
- Dividendenansprüche der Gesellschafter **II, 15, § 1,** 48
- Eigenkapitalspiegel **II, 15, § 1,** 194
- einheitliche Leitung **II, 15, § 1,** 194
- Einheitstheorie **II, 15, § 1,** 194
- externe Prüfungspflicht **II, 15, § 1,** 49
- Gesellschaftsrecht **II, 15, § 1,** 47 ff.
- GmbH **II, 15, § 1,** 51
- IAS/IFRS **II, 15, § 1,** 58, 195
- Information **II, 15, § 1,** 48
- kapitalmarktorientierte Unternehmen **II, 15, § 1,** 15
- Kapitalschlussrechnung **II, 15, § 1,** 194
- Konzept der einheitlichen Leitung **II, 15, § 1,** 195
- Konzernanhang **II, 15, § 1,** 194
- Konzernbilanz **II, 15, § 1,** 194
- Konzern-GuV **II, 15, § 1,** 194
- Mutterunternehmen **II, 15, § 1,** 194
- Nichtigkeit **II, 15, § 1,** 50
- Offenlegung **II, 15, § 1,** 201
- Prüfungsergebnis **II, 15, § 1,** 49
- Segmentberichterstattung **II, 15, § 1,** 194
- Teilkonzernabschluss **II, 15, § 1,** 195
- Weltabschlussprinzip **II, 15, § 1,** 195
Konzernabschlussrichtlinie **II, 15, § 1,** 57
Konzernbilanz **II, 15, § 1,**
Konzernierung **II, 5, § 1,** 2, 9
- Gleichordnungskonzern **II, 5, § 1,** 9
- Unterordnungskonzern **II, 5, § 1,** 9
Konzernlagebericht **II, 15, § 1,** 194 ff.
- AG **II, 15, § 1,** 49
- Offenlegung **II, 15, § 1,** 201
Konzernleitungsverbot **II, 1, § 6,** 8
Konzernrecht, andere Gesellschaftsformen **II, 5, § 1,** 4
- Anwendungsbereich **II, 5, § 1,** 3 ff.
- – AG **II, 5, § 1,** 3
- Beherrschung **II, 5, § 1,** 2, 8
- Betriebsaufspaltung **II, 7,** 5
- Gleichordnungskonzern **II, 5, § 1,** 12
- GmbH **II, 5, § 1,** 57 ff.
- – steuerliche Organschaft **II, 5, § 1,** 57
- Jahresabschluss **II, 15, § 1,** 27
- Konzernierung **II, 5, § 1,** 2, 9
- Mehrheitsbeteiligung **II, 5, § 1,** 2, 6
- Teilgewinnabführungsvertrag, GmbH **II, 5, § 1,** 63
- Unternehmensverbindung, Arten von **II, 5, § 1,** 5 ff.
- Unternehmensvertrag **II, 5, § 1,** 14 ff.
- Unterordnungskonzern **II, 5, § 1,** 10 f.

- wechselseitige Beteiligung **II, 5, § 1,** 2, 13
Konzernrechtliche Verträge **II, 5, § 1,** 1 ff.
Konzernunternehmen, Zurechnung Arbeitnehmer **II, 17,** 152
Konzernverhältnis **II, 5, § 2,** 1 f.; **II, 8,** 99
- Europäische Gesellschaft **II, 8,** 99
Konzernweiter Kündigungsschutz **II, 17,** 18
Koppelungsabrede **II, 20,** 59
Körperschaftsteuer, EWIV **II, 1, § 6,** 19
Korrekturen zur Passiva **II, 15, § 1,** 136
Kosten **II, 15, § 1,** 186 ff.
- Beurkundung **II, 14,** 110 ff.
Kreditauftrag, Kreditsicherheit **II, 16,** 195
Kreditausfallversicherung **II, 16,** 217 ff.
Kreditbetrug **II, 20,** 120
- Berater **II, 20,** 143
Kreditsicherheit, Bürgschaft **II, 16,** 188 ff.
- Eigentumsvorbehalt **II, 16,** 197 ff.
- Garantie **II, 16,** 193
- Grundpfandrecht **II, 16,** 211 ff.
- Kreditauftrag **II, 16,** 195
- Personensicherheit **II, 16,** 187
- Pfandrecht **II, 16,** 202 ff.
- Projektfinanzierung **II, 16,** 276
- Sachsicherheiten **II, 16,** 196 ff.
- Schuldbeitritt **II, 16,** 194
- Sicherheitsabtretung **II, 16,** 209 f.
- Sicherungsübereignung **II, 16,** 206 ff.
- Unternehmensfinanzierung **II, 16,** 186 ff.
Kreditversicherungen **II, 16,** 217 ff.
Krisenfrühwarnsystem, Einrichtung **II, 20,** 13
- Verpflichtung **II, 20,** 13
KSchG, Anwendungsbereich **II, 17,** 9
Kundenanzahlung **II, 16,** 181 f.
Kundenschutzvereinbarungen, Franchise-Vertrag **I, 6,** 72
Kundenstamm, Vertragshändler, Ausgleichsanspruch **I, 5,** 213 f.
Kündigung, außerordentliche **II, 17,** 2, 6
- betriebsbedingte **II, 17,** 3 ff.
- – soziale Rechtfertigung **II, 17,** 9 ff.
- Handelsvertretervertrag, außerordentliche **I, 5,** 95
- – Gründe des Unternehmers **I, 5,** 95
- – Kündigung aus wichtigem Grund **I, 5,** 89 ff.
- – ordentliche **I, 5,** 84 ff.
- – Teilkündigung **I, 5,** 85
- – wichtiger Grund **I, 5,** 91
- ordentliche **II, 17,** 6
- personenbedingte **II, 17,** 2
- verhaltensbedingte **II, 17,** 2
- Vertragshändlervertrag, unwirksame **I, 5,** 205
Kündigungsfrist, Vertragshändlervertrag, ordentliche Kündigung **I, 5,** 203 f.
Kündigungsfristen, Handelsvertretervertrag **I, 5,** 89
Kündigungsschutz **II, 17,** 2
Kündigungsschutzklage **II, 17,** 2, 7

Stichwortverzeichnis

••• Die fett gedruckten **römischen Zahlen** bezeichnen die Teile, die fett gedruckten **arabischen Zahlen** die Kapitel. ••• Die fett gedruckten **§-Angaben** bezeichnen die bei Teil 2: Gesellschaftsrecht zu den Kapiteln dazugehörigen Paragrafen. ••• Die mager gedruckten Zahlen bezeichnen die Randnummern. •••

Kuratorium, Informationsrechte **II, 2, § 6,** 30
– Stiftung **II, 2, § 6,** 30
– umfangreiche Mitwirkungsrechte **II, 2, § 6,** 31
Ladenangestellte, Vertretungsmacht **I, 4,** 83 ff.
– – Büroräume **I, 4,** 84
– – Definition des Angestellten **I, 4,** 85
– – Fabrikräume **I, 4,** 84
– – Kontorräume **I, 4,** 84
– – offene Warenlager **I, 4,** 83
– – rechtliche Natur des § 56 HGB **I, 4,** 83
– – Umfang **I, 4,** 86
Lagebericht **II, 15, § 1,** 193 ff.
– Offenlegung **II, 15, § 1,** 201
– Risiken und Chancen **II, 15, § 1,** 193
Lagergeschäft **I, 7,** 183 ff.
– Einzellagerung **I, 7,** 184
– Lagervertrag **I, 7,** 185 ff.
– Sammellagerung **I, 7,** 184 ff.
Lagerhaltung, Vertragshändler **I, 5,** 186
Land- und Forstwirte **I, 1,** 41 ff.
– Allgemeines **I, 1,** 41
– Baumschulen **I, 1,** 43
– Eintragung ins Handelsregister **I, 1,** 50
– Gärtnereien **I, 1,** 43
– gemischte Betriebe **I, 1,** 46
– Kannkaufmann **I, 1,** 47 ff.
– – Voraussetzungen **I, 1,** 48
– landwirtschaftliche Tätigkeit **I, 1,** 42 ff.
– Löschung der Firma **I, 1,** 51
– Rechtsnachfolger **I, 1,** 53
Landwirtschafts- und Forstbetriebe, GbR **II, 1, § 1,** 42
Leasing, Equipmentleasing **II, 16,** 233
– Finanzierungsleasing **II, 16,** 233
– Finanzierungsmöglichkeiten **II, 16,** 230 ff.
– Herstellerleasing **II, 16,** 233
– indirektes Leasing **II, 16,** 233
– Investitionsgüterleasing **II, 16,** 233
– Konsumgüterleasing **II, 16,** 233
– Maintenance-Leasing **II, 16,** 233
– Mobilien-/Immobilienleasing **II, 16,** 233
– Operatingleasing **II, 16,** 233
– – Vollamortisation **II, 16,** 234
– Plantleasing **II, 16,** 233
– Sale-and-lease-back **II, 16,** 233
– Spezialleasing **II, 16,** 233
Leasingverträge, Bilanzerstellung **II, 15, § 1,** 107
Legalisation, vereinfachte, ausländische Urkunden **II, 14,** 107 f.
Legalisationszwang, ausländische Urkunden **II, 14,** 106
Leistungszeit, Handelsgeschäft **I, 7,** 85
Leitende Angestellte, Sozialplan **II, 17,** 94
Letter of Intent **II, 12,** 23; **II, 14,** 45
– Unternehmenskauf **II, 4,** 323
Leveraged Buy-Out **II, 16,** 280
Lieferantenkredit **II, 16,** 180
Lieferort, UN-Kaufrecht **I, 8,** 80 ff.

Lieferpflicht, Unternehmerpflichten, Vertragshändlervertrag **I, 5,** 196
Lieferzeit, UN-Kaufrecht **I, 8,** 92 ff.
Limited liability company **II, 8,** 264
Limited, Joint Venture **II, 12,** 13
Liquidation, Bewertung von Unternehmen **II, 10,** 118 ff.
– Bilanzierung **II, 15, § 1,** 16
– externe Prüfung **II, 15, § 1,** 197
– GbR **II, 1, § 1,** 390 ff.
– GmbH **II, 2, § 1,** 399 ff.
– Liquidationswert als Mindestwert **II, 10,** 118
– OHG **II, 1, § 2,** 107 ff.
Liquidationswert, Güterrecht **II, 10,** 101
– Methodenwahl **II, 10,** 100
– Untergrenze des Firmenwertes **II, 10,** 99
– Veräußerungswert einzelner Gegenstände **II, 10,** 99
Liquiditätsbilanz **II, 20,** 37 ff.
Liquiditätskrise **II, 20,** 10
Liquiditätsplan **II, 20,** 37 ff.
Lizenzen, Betriebsaufspaltung **II, 7,** 60
Lizenz-Überlassungsvertrag, Franchise-Vertrag **I, 6,** 59
Lohnsteuer, EWIV **II, 1, § 6,** 20
Lohnsteuer, Haftung **II, 20,** 281 ff.
– – insolvenzrechtliche Anfechtbarkeit **II, 20,** 283
Maintenance-Leasing **II, 16,** 233
Management Buy-In **II, 16,** 280
Management Buy-Out **II, 16,** 280
Mängelrüge, Handelskauf **I, 7,** 123
Mantelgesellschaft, Kapitalaufbringung **II, 20,** 158
– registerrechtliche Kontrolle **II, 20,** 160
– Vorbelastungshaftung **II, 20,** 163
Markenlöschungsklage, Schiedsfähigkeit **II, 13,** 31
Markenwerbung, Vertragshändler **I, 5,** 187 f.
Masseverkürzung **II, 20,** 248
Maßgeblichkeitsgrundsatz, Aktivierungswahlrecht **II, 15, § 1,** 205
– Bewertung **II, 15, § 1,** 206
– – von Rückstellungen **II, 15, § 1,** 206
– Passivierungswahlrecht **II, 15, § 1,** 205
– Reichweite **II, 15, § 1,** 204
– teleologische Einschränkung **II, 15, § 1,** 205
Mediation, Franchise-System **I, 6,** 254 ff.
Mediationsverfahren, Joint Venture **II, 12,** 46
Mehrere Minderjährige **II, 11,** 62
Mehrheitsbeteiligung, Abhängigkeit **II, 5, § 1,** 5
– Abhängigkeitsvermutung **II, 5, § 1,** 7
– – Widerlegung **II, 5, § 1,** 8
– tatsächliche Unmöglichkeit **II, 5, § 1,** 8
– Vermutungswirkung **II, 5, § 1,** 8
Mehrheitsbeteiligungen **II, 5, § 1,** 2, 6; **II, 5, § 1,** 1; **II, 5, § 2,** 20 ff.
– Ablauf **II, 5, § 2,** 22 ff.
– Eintragung **II, 5, § 2,** 28

– Hauptversammlung **II, 5, § 2,** 27
– – Einberufung **II, 5, § 2,** 26
– Prüfung **II, 5, § 2,** 8, 24
– – Sachverständige **II, 5, § 2,** 24
– Vollzug **II, 5, § 2,** 28
– Vorabinformationen **II, 5, § 2,** 25
– Voraussetzungen **II, 5, § 2,** 21
– Vorbereitung **II, 5, § 2,** 22 ff.
Mehrheits-Joint-Venture **II, 12,** 17, 50
Mehrkomponentengeschäft, Gewinnrealisierung **II, 15, § 1,** 119
Mehr-Partner-Joint-Venture **II, 12,** 19
Mezzanine-Finanzierung **II, 16,** 7
– atypische stille Gesellschaft **II, 16,** 341
– – Besteuerung **II, 16,** 349
– – Bilanzierung **II, 16,** 343 f.
– – Eigenkapitalfunktion **II, 16,** 342
– – Mitsprache **II, 16,** 348
– – Vergütung **II, 16,** 345
– Besteuerung **II, 16,** 312 f.
– Bilanzierung **II, 16,** 305
– Eigenkapitalfunktion **II, 16,** 302
– Einflussfaktoren **II, 16,** 297 ff.
– Einsatzbereich **II, 16,** 293
– Genussrechte **II, 16,** 322
– – Besteuerung **II, 16,** 330
– – Bilanzierung **II, 16,** 324
– – Eigenkapitalfunktion **II, 16,** 323
– – HGB **II, 16,** 325
– – IFRS/IAS **II, 16,** 326
– – Mitsprache **II, 16,** 329
– – US-GAAP **II, 16,** 327
– – Vergütung **II, 16,** 328
– Gestaltungsform **II, 16,** 297 ff.
– Kicker-Vereinbarungen **II, 16,** 308 f.
– magisches Fünfeck **II, 16,** 298
– Mitsprache **II, 16,** 310
– Nachrangdarlehen **II, 16,** 300 f.
– stille Gesellschaft **II, 16,** 331 ff.
– typische stille Gesellschaft **II, 16,** 332 ff.
– – Besteuerung **II, 16,** 339 f.
– – Bilanzierung **II, 16,** 334
– – Eigenkapitalfunktion **II, 16,** 333
– – Mitsprache **II, 16,** 338
– – Vergütung **II, 16,** 335 ff.
– Vergütung **II, 16,** 306 ff.
– Wandel- und Optionsanleihen **II, 16,** 314
– – Bilanzierung **II, 16,** 316
– – Eigenkapitalfunktion **II, 16,** 315
– – Mitsprache **II, 16,** 319
– – Vergütung **II, 16,** 317
– Abgrenzung, stille Gesellschaft **II, 3, § 1,** 44
Mieter, Bilanzerstellung **II, 15, § 1,** 106
Minderjährige **II, 11,** 1 ff.
– Betriebsaufspaltung **II, 7,** 37
– stille Gesellschaft **II, 3, § 1,** 79 ff.
Minderjährigenschutz **II, 11,** 86
Minderjähriger Alleingesellschafter **II, 11,** 81
Minderjähriger Anteilsübertragung, Genehmigungsfähigkeit **II, 11,** 58
Minderjähriger Gesellschafter **II, 11,** 1 f.
– Anteilsübertragung **II, 11,** 89 ff.
– Ausscheiden **II, 11,** 87 ff.

3267

••• Die fett gedruckten **römischen Zahlen** bezeichnen die Teile, die fett gedruckten **arabischen Zahlen** die Kapitel. ••• Die fett gedruckten **§-Angaben** bezeichnen die bei Teil 2: Gesellschaftsrecht zu den Kapiteln dazugehörigen Paragrafen. ••• Die mager gedruckten Zahlen bezeichnen die Randnummern. •••

- Beteiligung, Probleme **II, 11**, 3
- Eintritt **II, 11**, 51 ff.
- familiengerichtliche Genehmigung **II, 11**, 3
- Familien-Pool **II, 11**, 2
- GbR **II, 11**, 2
- Gesellschafterstellung, Begründung **II, 11**, 4 ff.
- gesetzliche Vertretung **II, 11**, 3
- KG **II, 11**, 2
- Kündigung **II, 11**, 93 ff.
- Kündigung, Personengesellschaft **II, 11**, 93
- Steuerrecht **II, 11**, 1 f.
- vormundschaftsgerichtliche Genehmigung **II, 11**, 3
Minderjähriger, Abtretung, Aktien **II, 11**, 92
- – GmbH-Geschäftsanteil **II, 11**, 92
- – Personengesellschaftsanteil **II, 11**, 91
- AG **II, 11**, 63
- – Beschlussfassung **II, 11**, 75
- – Hauptversammlung **II, 11**, 75
- Anteilserwerb **II, 11**, 60 ff..
- – familiengerichtliche Genehmigung **II, 11**, 64 ff.
- – gesetzliche Vertretung **II, 11**, 60 ff.
- – nicht lediglich rechtlich vorteilhaft **II, 11**, 53 ff.
- – vormundschaftsgerichtliche Genehmigung **II, 11**, 64 ff.
- Anteilsübertragung **II, 11**, 53 ff., 68 ff.
- – entgeltlicher Erwerb **II, 11**, 68
- – Ergänzungspfleger **II, 11**, 56
- – familiengerichtliche Genehmigung **II, 11**, 57 ff., 70, 90 ff.
- – Genehmigungsbedürftigkeit **II, 11**, 57
- – gesetzliche Vertretung **II, 11**, 53 ff., 68 ff., 89
- – mehrere Minderjährige **II, 11**, 68
- – Schenkung **II, 11**, 68
- – voll eingezahlte Aktien **II, 11**, 69
- – vormundschaftsgerichtliche Genehmigung **II, 11**, 57 ff., 70, 90 ff.
- Auflösung **II, 11**, 101
- – familiengerichtliche Genehmigung **II, 11**, 102
- – Gesellschaft **II, 11**, 101 ff.
- – gesetzliche Vertretung **II, 11**, 101
- – vormundschaftsgerichtliche Genehmigung **II, 11**, 102
- Auflösungsbeschluss **II, 11**, 74
- Aufnahmevertrag **II, 11**, 52
- Ausländer **II, 11**, 36
- Austrittsvereinbarung, familiengerichtliche Genehmigung **II, 11**, 104
- – gesetzliche Vertretung **II, 11**, 103
- – vormundschaftsgerichtliche Genehmigung **II, 11**, 104
- Beurkundungsbedürftigkeit **II, 11**, 25
- Bruchteilsbeteiligung **II, 11**, 83
- derivativer Anteilserwerb **II, 11**, 51
- Ehevertrag **II, 11**, 25
- eingeschränktes Stimmrecht **II, 11**, 26

- Eintritt, bestehende Gesellschaft **II, 11**, 51 ff.
- – Personengesellschaften **II, 11**, 51 ff.
- elterliche Sorge **II, 11**, 28
- Ergänzungspfleger **II, 11**, 8 ff.,32 f., 55
- – Bestellung **II, 11**, 56
- Erwerbsgeschäft **II, 11**, 15 ff.
- – Veräußerung **II, 11**, 90
- Erwerbsgesellschaft **II, 11**, 85
- Familiengericht **II, 11**, 28 f.
- familiengerichtliche Genehmigung **II, 11**, 15 ff.
- fehlende Genehmigung, Rechtsfolgen **II, 11**, 27
- fremden Verbindlichkeit, Übernahme **II, 11**, 18 ff.
- funktionelle Zuständigkeit **II, 11**, 37
- GbR, Veräußerung **II, 11**, 85 f.
- Genehmigungsbedürftigkeit **II, 11**, 15 ff., 57, 65
- – Gesellschafterbeschluss **II, 11**, 78
- Genehmigungsfähigkeit **II, 11**, 20 ff., 58, 79 ff.
- – Abwägungsgesichtspunkte **II, 11**, 20
- – Ermessensentscheidung **II, 11**, 20
- – Haftungsrisiko des Kindes **II, 11**, 20
- – Interesse des Mündels **II, 11**, 20
- – Vertragspartner **II, 11**, 20
- – Verwirklichungsrisiko **II, 11**, 20
- – wirtschaftliche Bedeutung **II, 11**, 20
- gerichtliche Genehmigung **II, 11**, 35
- – nachträgliche **II, 11**, 80 f.
- gerichtliche Zuständigkeit **II, 11**, 28 ff.
- Gesamthandsbeteiligung **II, 11**, 83
- Geschäftsführung **II, 11**, 26
- – Bestellung **II, 11**, 78
- – Gesellschaft **II, 11**, 71 ff.
- Gesellschafter, persönlich haftender **II, 11**, 23
- Gesellschafterbeschluss, familiengerichtliche Genehmigung **II, 11**, 78 ff.
- – Genehmigungsfähigkeit **II, 11**, 79 ff.
- – gesetzliche Vertretung **II, 11**, 71 ff.
- – gewöhnlicher **II, 11**, 71
- – vormundschaftsgerichtliche Genehmigung **II, 11**, 78 ff.
- – Gesellschafterbeschluss **II, 11**, 71 ff.
- – Gesellschafterstellung **II, 11**, 53
- – Gesellschaftertreuhänder **II, 11**, 26
- – Gesellschafterversammlung, Ergänzungspfleger **II, 11**, 76 f.
- – Gesellschaftsgrundbesitz, Veräußerung **II, 11**, 82 ff.
- – Gesellschaftsgründung **II, 11**, 5 ff.
- – Gesellschaftsvertrag **II, 11**, 15 ff., 52
- – Änderung **II, 11**, 78
- – Beurkundungsbedürftigkeit **II, 11**, 25
- – Erwerbsgeschäft **II, 11**, 15 ff.
- – gesetzliche Vertretung **II, 11**, 5 ff.
- – Eltern **II, 11**, 5
- – stille Gesellschaft **II, 11**, 43
- – Unterbeteiligung **II, 11**, 47

- Vormund **II, 11**, 5
- gesetzlicher Vertreter **II, 11**, 38, 74
- – Bestellung **II, 11**, 74
- – Verwandter **II, 11**, 74
- – GmbH **II, 11**, 60 ff.
- – Grundlagenbeschlüsse **II, 11**, 71
- – Grundstück, Verfügung über **II, 11**, 82
- – Handelsregisteranmeldung **II, 11**, 38 ff.
- – familiengerichtliche Genehmigung **II, 11**, 45
- – vormundschaftsgerichtliche Genehmigung **II, 11**, 45
- – Handelsregistervollmacht **II, 11**, 39 ff.
- – Eltern **II, 11**, 40
- – Ergänzungspfleger **II, 11**, 41
- – Interessenlage **II, 11**, 39
- – Interesse **II, 11**, 10
- – Kapitalerhöhung **II, 11**, 60 ff.
- – Kapitalgesellschaft, Anteilserwerb **II, 11**, 60 ff.
- – Kapitalgesellschaften **II, 11**, 49 ff., 60 ff.
- – familiengerichtliche Genehmigung **II, 11**, 50
- – gesetzliche Vertretung **II, 11**, 49
- – vormundschaftsgerichtliche Genehmigung **II, 11**, 50
- – KG **II, 11**, 19, 66 f.
- – Kindschaftsrechtsreformgesetz **II, 11**, 30
- – Kommanditanteil **II, 11**, 53
- – Kommanditist **II, 11**, 24
- – Kündigung, familiengerichtliche Genehmigung **II, 11**, 97
- – Gesellschaft **II, 11**, 97
- – gesetzliche Vertretung **II, 11**, 96
- – Mitgliedschaft **II, 11**, 97
- – vormundschaftsgerichtliche Genehmigung **II, 11**, 97
- – Kündigungsrecht, volljährig geworden **II, 11**, 99 f.
- – lediglich rechtlich vorteilhaft **II, 11**, 60
- – OHG **II, 11**, 19
- – originärer Anteilserwerb **II, 11**, 51
- – örtliche Zuständigkeit **II, 11**, 36
- – Personengesellschaften **II, 11**, 5 ff.
- – Pflichtteilsverzichtsvertrag **II, 11**, 25
- – Prokura **II, 11**, 78
- – Rechtsbeziehung untereinander **II, 11**, 9
- – sachliche Zuständigkeit **II, 11**, 28 ff.
- – Satzungsänderung **II, 11**, 74, 78
- – Schenkung **II, 11**, 54
- – Rückforderungsrecht **II, 11**, 59
- – Widerrufsrecht **II, 11**, 59
- – stille Gesellschaft, Allgemeines **II, 11**, 42
- – Dauerergänzungspfleger **II, 11**, 44
- – gesetzliche Vertretung **II, 11**, 43
- – Gründung **II, 11**, 42 ff.
- – mehrere Minderjährige **II, 11**, 44
- – Teilrechtsfähigkeit **II, 11**, 84
- – Übernahmevertrag **II, 11**, 60
- – Umwandlung **II, 11**, 78
- – Umwandlungsbeschlüsse **II, 11**, 74
- – Unterbeteiligung **II, 11**, 46 ff.

Stichwortverzeichnis

••• Die fett gedruckten **römischen Zahlen** bezeichnen die Teile, die fett gedruckten **arabischen Zahlen** die Kapitel. ••• Die fett gedruckten **§-Angaben** bezeichnen die bei Teil 2: Gesellschaftsrecht zu den Kapiteln dazugehörigen Paragrafen. ••• Die mager gedruckten Zahlen bezeichnen die Randnummern. •••

– – Allgemeines **II, 11**, 46
– – familiengerichtliche Genehmigung **II, 11**, 48
– – gesetzliche Vertretung **II, 11**, 47
– – vormundschaftsgerichtliche Genehmigung **II, 11**, 48
– Unternehmensverträge, Abschluss **II, 11**, 74
– – Aufhebung **II, 11**, 74
– – verheiratete Gesellschafter **II, 11**, 25
– Vermögen **II, 11**, 83
– Vertretungsausschluss **II, 11**, 6 ff.
– Ergänzungspfleger **II, 11**, 6
– – Gründung einer Personengesellschaft **II, 11**, 7
– – In-Sich-Geschäft **II, 11**, 6 ff.
– – lediglich rechtlich vorteilhaft **II, 11**, 7
– – mehrere Minderjährige **II, 11**, 6
– – Mehrfachvertretung **II, 11**, 6 ff.
– – Vormundschaftsgericht **II, 11**, 28 f.
– vormundschaftsgerichtliche Genehmigung **II, 11**, 15 ff
Mischfirma **I, 3**, 23
Mitarbeiter, Information, Betriebsübergang **II, 17**, 51 f.
Mitbestimmung in Unternehmen, Gesetze **II, 17**, 138
Mitbestimmung, betriebliche **II, 8**, 80
– GmbH & Co. KG **II, 1, § 4**, 4
– unternehmerische **II, 8**, 78
Mitbestimmungsrecht **II, 17**, 1 ff.
– wirtschaftliche Angelegenheiten, Betriebsrat **II, 17**, 54 ff.
Mitbürgschaft **II, 16**, 192
Mitgliedstaat, nationale Register **II, 1, § 6**, 11
Mittelstandsrichtlinie **II, 15, § 1**, 57
Mittelwert, Bewertung von Unternehmen **II, 10**, 105
– Ertragswert **II, 10**, 105
– Substanzwert **II, 10**, 105
Mitunternehmerische Betriebsaufspaltung, § 13a ErbStG, Inhalt **II, 7**, 269
– Betriebspersonengesellschaft **II, 7**, 152
– – tabellarischer Überblick **II, 7**, 152
– – zusammenfassende Erläuterung **II, 7**, 153 f.
– Bewertungsfragen **II, 7**, 263 ff.
– – Anwendung des § 13a ErbStG **II, 7**, 269 f.
– – Aufteilung des Anteilssteuerwerts **II, 7**, 263
– – Bestimmung des Anteilssteuerwerts **II, 7**, 263
– – Beteiligung an der Betriebs-GmbH **II, 7**, 266
– – Ermittlung des Anteilssteuerwerts **II, 7**, 264 f.
– – Tag der Schenkung **II, 7**, 263
– – Todesstichtag **II, 7**, 263
– – verpachteter Grundbesitz im Besitzunternehmen **II, 7**, 267 f.
– Erbfall **II, 7**, 174
– – Behaltefrist **II, 7**, 174
– – einfache Nachfolgeklausel **II, 7**, 174

– – Entnahme von Sonderbetriebsvermögen **II, 7**, 174
– – Erbengemeinschaft **II, 7**, 174
– – Ertragsteuer **II, 7**, 174
– – Innen-GbR **II, 7**, 174
– Teilanteilsübertragung **II, 7**, 171 ff.
– – BMF-Schreiben **II, 7**, 171
– – quotale Übertragung **II, 7**, 172
– – unterquotale Übertragung **II, 7**, 173
– – unterschiedliche Fallgruppen **II, 7**, 171
– unentgeltlicher Übergang von Mitunternehmeranteilen **II, 7**, 168 ff.
– – Grundlagen **II, 7**, 168
– – Synchron-Rechtsprechung **II, 7**, 169 f.
Mitunternehmerschaften, Anerkennung der Mitunternehmerstellung in der Familiengesellschaft **II, 15, § 2**, 52 ff.
– – Einbringung gegen die Gewährung von Gesellschaftsrechten **II, 15, § 2**, 108 ff.
– – Einlagen aus einem Privatvermögen **II, 15, § 2**, 120 ff.
– – Gewährung von Gesellschaftsrechten **II, 15, § 2**, 108
– – Haltefristen **II, 15, § 2**, 116
– – Mischentgelte **II, 15, § 2**, 112 ff.
– – Schuldübernahmen **II, 15, § 2**, 112 ff.
– – steuerliche Folgen **II, 15, § 2**, 106 ff.
– – steuerliche Qualifizierung von Gesellschafterkonten **II, 15, § 2**, 109 f.
– – Übertragung von Wirtschaftsgütern **II, 15, § 2**, 107
– – verdeckte Einlagen **II, 15, § 2**, 117 ff.
– – Bedeutung der Gewerbesteuer **II, 15, § 2**, 138 f.
– – Behandlung von Verlusten **II, 15, § 2**, 85 ff.
– – Behandlung von Verlusten, horizontaler Verlustausgleich **II, 15, § 2**, 85 ff.
– – Mindestbesteuerung **II, 15, § 2**, 85
– – Verlustentstehungsjahr **II, 15, § 2**, 86
– – Verlustverrechnungsbeschränkung **II, 15, § 2**, 88
– – Verlustvortragsjahr **II, 15, § 2**, 87
– – vertikaler Verlustausgleich **II, 15, § 2**, 85 ff.
– – Besteuerung **II, 15, § 2**, 35 ff.
– – Bilanzbündeltheorie **II, 15, § 2**, 39
– – Einbringung von Betrieben **II, 15, § 2**, 122 ff.
– – Anwendungsbereich des § 24 UmwStG **II, 15, § 2**, 122
– – Aufnahme von Gesellschaftern **II, 15, § 2**, 122 ff.
– – Beitritt zu einer Personengesellschaft **II, 15, § 2**, 122 ff.
– – Besonderheiten bei der Aufnahme eines Angehörigen **II, 15, § 2**, 127 ff.

– – Besonderheiten beim Beitritt zu einer Personengesellschaft **II, 15, § 2**, 132 ff.
– – Einbringung zum Buchwert **II, 15, § 2**, 127 f.
– – Einbringung zum Teilwert **II, 15, § 2**, 129 ff.
– – Wahlrecht nach § 24 UmwStG **II, 15, § 2**, 123 ff.
– Einheit der Gesellschaft **II, 15, § 2**, 38 ff.
– Einheitstheorie **II, 15, § 2**, 40
– Einkommensteuerrecht, Gesellschaft als Subjekt der Einkünfteerzielung **II, 15, § 2**, 35 ff.
– Einkünfteerzielungsabsicht **II, 15, § 2**, 40 ff.
– kautelarjuristischer Regelungsbedarf **II, 15, § 2**, 173 ff.
– § 35 EStG **II, 15, § 2**, 176 f.
– – anrechenbare Steuern **II, 15, § 2**, 174
– – Entnahmerecht **II, 15, § 2**, 173 ff.
– – gewerbesteuerpflichtige Veräußerungen **II, 15, § 2**, 178
– – Steuerrecht **II, 15, § 2**, 173
– – thesaurierte Unternehmensgewinne **II, 15, § 2**, 173
– – verursachungsgerechte Verteilung des Gewerbesteueraufwands **II, 15, § 2**, 175
– – Veräußerung von Mitunternehmeranteilen **II, 15, § 2**, 178 ff.
– – Veräußerung von Teilmitunternehmeranteilen **II, 15, § 2**, 179
– – Veräußerung durch Kapitalgesellschaft **II, 15, § 2**, 180
– mittelbare Beteiligungen **II, 15, § 2**, 67 ff.
– – Beteiligung über eine Kapitalgesellschaft **II, 15, § 2**, 69
– – Beteiligung über eine Personengesellschaft **II, 15, § 2**, 68
– – Mitunternehmerstellung von Nichtgesellschaftern **II, 15, § 2**, 59 ff.
– – nur Geschäftsführer **II, 15, § 2**, 63 ff.
– – verdeckte Mitunternehmer **II, 15, § 2**, 60 ff.
– – wirtschaftliches Eigentum an einem Mitunternehmeranteil **II, 15, § 2**, 59
Mitunternehmerschaften, Personenunternehmen, Ermittlung des Gewerbeertrags **II, 15, § 2**, 91
– – freiberufliche Betriebe **II, 15, § 2**, 89
– – Freibetrag **II, 15, § 2**, 92
– – Gewerbesteuer **II, 15, § 2**, 89 f.
– – gewerbesteuerliche Mindestbesteuerung **II, 15, § 2**, 94
– – Land- und Forstwirtschaft **II, 15, § 2**, 89
– – Objektsteuer **II, 15, § 2**, 89
– – Staffeltarif **II, 15, § 2**, 92
– – Steuerschuldnerschaft **II, 15, § 2**, 89 f.

Stichwortverzeichnis

••• Die fett gedruckten **römischen Zahlen** bezeichnen die Teile, die fett gedruckten **arabischen Zahlen** die Kapitel. ••• Die fett gedruckten **§-Angaben** bezeichnen die bei Teil 2: Gesellschaftsrecht zu den Kapiteln dazugehörigen Paragrafen. ••• Die mager gedruckten Zahlen bezeichnen die Randnummern. •••

– – Verlustvorträge nach § 10a GewStG **II, 15,** § **2,** 93 ff.
– Steuerbelastung, Belastung des Personenunternehmens **II, 15,** § **2,** 249
– – Empfehlung nach Größenklassen **II, 15,** § **2,** 250 ff.
– – Rechtsformwahl **II, 15,** § **2,** 245 ff.
– Steuerbelastungsvergleich **II, 15,** § **2,** 243 ff.
– – Änderungen für Kapitalgesellschaften **II, 15,** § **2,** 243
– – Änderungen für Personengesellschaften **II, 15,** § **2,** 244
– – Bedeutung der Rechtsformwahl **II, 15,** § **2,** 245 ff.
– Steuerermäßigungen gemäß § 35 EStG **II, 15,** § **2,** 138 ff.
– – absoluter Ermäßigungshöchstbetrag **II, 15,** § **2,** 158 f.
– – allgemeiner Gewinnverteilungsschlüssel **II, 15,** § **2,** 164
– – Anwendung bei Mitunternehmern **II, 15,** § **2,** 162 ff.
– – Aufteilung des Ermäßigungspotentials **II, 15,** § **2,** 163 ff.
– – Auseinanderfallen von Gewerbesteuerschuldner und Anrechnungsberechtigtem **II, 15,** § **2,** 162
– – Begriff des Anrechnungsüberhangs **II, 15,** § **2,** 142 ff.
– – Begriff des Vorabgewinns **II, 15,** § **2,** 165 f.
– – einkommensteuerlicher Ermäßigungshöchstbetrag **II, 15,** § **2,** 151 ff.
– – gewerbesteuerliches Anrechnungsvolumen **II, 15,** § **2,** 148 ff.
– – Grundstruktur des Entlastungsmechanismus **II, 15,** § **2,** 146 f.
– – Kapitalgesellschaften als Gesellschafter **II, 15,** § **2,** 167
– – Maßgeblichkeit des allgemeinen Gewinnverteilungsschlüssels **II, 15,** § **2,** 163
– – relativer Ermäßigungshöchstbetrag **II, 15,** § **2,** 158, 160 f.
– – strukturelle Elemente **II, 15,** § **2,** 142 ff.
– – tatbestandliche Elemente **II, 15,** § **2,** 145 ff.
– – Verfahrenrecht **II, 15,** § **2,** 168
– Steuerwirkung der Gewerbesteueranrechnung **II, 15,** § **2,** 140 f.
– Tarifbegünstigung gemäß § 32c EStG **II, 15,** § **2,** 169 ff.
– – Gewinneinkünfte **II, 15,** § **2,** 171
– – neue Fassung **II, 15,** § **2,** 138 ff.
– – Steuersatzermäßigung **II, 15,** § **2,** 170
– – Verluste **II, 15,** § **2,** 172
– – VZ, 2007-02-22 **II, 15,** § **2,** 169 ff.
– Transparenzprinzip **II, 15,** § **2,** 36 f.
– Übertragung von Sachgesamtheiten **II, 15,** § **2,** 106 ff.
– unentgeltliche Übertragung von Einzelwirtschaftsgütern **II, 15,** § **2,** 106 ff.

– unentgeltliche Übertragung von Mitunternehmeranteilen **II, 15,** § **2,** 95 ff.
– – einkommensteuerliche Rechtsfolgen **II, 15,** § **2,** 95
– – Realisationstatbestände **II, 15,** § **2,** 95
– – Sonderbetriebsvermögen **II, 15,** § **2,** 95
– – stille Reserven **II, 15,** § **2,** 95
– – Synchronrechtsprechung **II, 15,** § **2,** 96 ff.
– Unternehmensteuerreform 2008 **II, 15,** § **2,** 254 ff.
– – Belastungsvergleich auf der Unternehmensebene **II, 15,** § **2,** 255
– – Belastungsvergleich unter Berücksichtigung der Anteilseignerebenen **II, 15,** § **2,** 256
– – Veränderungen der steuerlichen Rahmenbedingungen **II, 15,** § **2,** 254 ff.
– Veräußerung eines Mitunternehmeranteils **II, 15,** § **2,** 98 ff.
– – einkommensteuerliche Begünstigungen **II, 15,** § **2,** 100
– – Gewerbesteuer **II, 15,** § **2,** 100
– – Gesamtplanrechtsprechung **II, 15,** § **2,** 101 f.
– – unentgeltliche Übertragungen **II, 15,** § **2,** 103
– – Übertragungen vor der Veräußerung **II, 15,** § **2,** 105
– – Veräußerungstatbestände **II, 15,** § **2,** 98 f.
– vermögensverwaltende Personengesellschaften **II, 15,** § **2,** 83 ff.
– – Besteuerungsgrundsätze **II, 15,** § **2,** 83 ff.
– – Einbringung von Privatvermögen **II, 15,** § **2,** 84
– – gewerblicher Grundstückshandel **II, 15,** § **2,** 84
– – Sonderbetriebsvermögen **II, 15,** § **2,** 84
– – Transparenz **II, 15,** § **2,** 84
– Vielheit der Gesellschafter **II, 15,** § **2,** 38 ff.
– Voraussetzungen der Mitunternehmerstellung, Mitunternehmerrisiko **II, 15,** § **2,** 46
– – Einzelfragen **II, 15,** § **2,** 47 ff.
– – Mitunternehmerinitiative **II, 15,** § **2,** 46
– – Zurechnung der Einkünfte **II, 15,** § **2,** 45 ff.
– – Bedeutung der Mitunternehmerstellung **II, 15,** § **2,** 45
– – Voraussetzungen der Mitunternehmerstellung **II, 15,** § **2,** 46 ff.
– zweistufige Gewinnermittlung von Mitunternehmereinkünften **II, 15,** § **2,** 70 ff.
– – § 15 EStG **II, 15,** § **2,** 73 f.
– – Behandlung des Gewinnanteils **II, 15,** § **2,** 70 f.

– – Behandlung von Leistungsvergütungen **II, 15,** § **2,** 70 f.
– – Bestandteile des Sonderbetriebsvermögens **II, 15,** § **2,** 75 ff.
– – Entnahmen **II, 15,** § **2,** 81
– – Ergänzungsbilanzen **II, 15,** § **2,** 72
– – fremdbestimmte Steuerwirkungen **II, 15,** § **2,** 80
– – Gewerbesteuer **II, 15,** § **2,** 80
– – gewillkürtes Sonderbetriebsvermögen **II, 15,** § **2,** 76
– – handelsrechtlicher Gewinnanteil **II, 15,** § **2,** 78
– – Körperschaftsteuer **II, 15,** § **2,** 80
– – notwendiges Sonderbetriebsvermögen **II, 15,** § **2,** 75
– – Prinzip der korrespondierenden Bilanzierung **II, 15,** § **2,** 79
– – Sonderbetriebsausgaben **II, 15,** § **2,** 79 f.
– – Sonderbetriebseinnahmen **II, 15,** § **2,** 79 f.
– – Sonderbetriebsvermögen I **II, 15,** § **2,** 75
– – Sonderbetriebsvermögen II **II, 15,** § **2,** 75
– – Sonderbilanzen **II, 15,** § **2,** 73 f.
– – Sondervergütung **II, 15,** § **2,** 78
– – Sondervergütungen **II, 15,** § **2,** 79
– – Subsidiaritätsthese **II, 15,** § **2,** 73
– – Überlassung eines Vermögensgegenstandes **II, 15,** § **2,** 82
– – Umqualifizierung von Einkünften **II, 15,** § **2,** 80
– – verwaltende Personengesellschaften **II, 15,** § **2,** 83
– – zweistufige Gewinnermittlung, Technik **II, 15,** § **2,** 70 ff.
Mobilien-/Immobilienleasing **II, 16,** 233
Modernisierungsrichtlinie **II, 15,** § **1,** 57
Modifizierte Ausfallbürgschaft **II, 16,** 192
MoMiG **II, 20,** 234
– Geschäftsführer, Haftung, Nichteinberufung der Hauptversammlung **II, 20,** 253
Nachbürgschaft **II, 16,** 192
Nachfolgeklausel, GbR **II, 1,** § **1,** 319 ff.
Nachgründung **II, 6,** § **2,** 160 ff.
– Vorteile **II, 6,** § **2,** 161
Nachgründungsprüfung, externe Prüfung **II, 1,** § **1,** 197
Nachträgliche Anschaffungskosten **II, 15,** § **1,** 183
Nachvertragliches Wettbewerbsverbot, Franchise-Vertrag **I, 6,** 175
Naturalteilung **II, 6,** § **2,** 94 ff.
Nebenabreden, Formbedürftigkeit **II, 14,** 48
Nebengewerbe **I, 1,** 53 f.
Nennwertaktien **II, 16,** 57
Nettoabschluss **II, 15,** § **1,** 75
Network-Marketing, Franchise-Vertrag **I, 6,** 77
Neues Unterhaltsrecht **II, 10,** 244 ff.
– doppelter Freibetrag **II, 10,** 245
– Förderung des Kindeswohls **II, 10,** 245
– Mindestunterhalt **II, 10,** 245

Stichwortverzeichnis

••• Die fett gedruckten **römischen Zahlen** bezeichnen die Teile, die fett gedruckten **arabischen Zahlen** die Kapitel. ••• Die fett gedruckten **§-Angaben** bezeichnen die bei Teil 2: Gesellschaftsrecht zu den Kapiteln dazugehörigen Paragrafen. ••• Die mager gedruckten Zahlen bezeichnen die Randnummern. •••

– Stärkung der Eigenverantwortung **II, 10**, 246
Neugründung, wirtschaftliche **II, 20**, 158 f.
New York Convention, Schiedsverfahren **II, 13**, 7
Nicht abgeführte Sozialversicherungsbeiträge, Geschäftsführer **II, 20**, 266 ff.
Nicht kodifizierte GoB **II, 15**, **§ 1**, 101 ff.
Nichtbeurkundung, Heilung **II, 14**, 51 ff.
– Rechtsfolgen **II, 14**, 51 ff.
– – Optionen **II, 14**, 52
– – schuldrechtliches Geschäft **II, 14**, 52
– – Unstimmigkeiten **II, 14**, 52
Nichteheliche Lebensgemeinschaften **II, 1**, **§ 1**, 30 ff.
Nichteinberufung der Hauptversammlung **II, 20**, 253
– Verlust Stamm-/Grundkapital **II, 20**, 123
Niederlassung, UN-Kaufrecht **I, 8**, 22 ff.
Niederlassungsfreiheit **II, 1**, **§ 6**, 3 f.; **II, 5**, **§ 2**, 6; **II, 8**, 35; **II, 20**, 188
Niederlassungsprokura, Erteilung, Muster **I, 4**, 49
Niederschrift, Inhalt **II, 14**, 12 ff.
– notarielle, Verweisung auf **II, 14**, 17
Nießbrauch, Betriebsaufspaltung, wesentliche Betriebsgrundlage **II, 7**, 58
– Bilanzerstellung **II, 15**, **§ 1**, 112
– OHG **II, 1**, **§ 2**, 62
Nießbrauchsbestellung, GbR **II, 1**, **§ 1**, 136 f.
Nominelle Kapitalherabsetzung **II, 16**, 107, 125
Notar, ausländischer **II, 14**, 19
– Beurkundung **II, 14**, 1
– Beurkundungskosten **II, 14**, 110
– – Geschäftswert **II, 14**, 110
– Gebühr **II, 1**, **§ 3**, 49
– Mitwirkungsverbot **II, 14**, 38
– öffentliche Beglaubigung **II, 14**, 9
– schweizerischer **II, 14**, 95
– Urkunde, Verlesung **II, 14**, 13
– Vorbefassungsverbot **II, 14**, 38
Notarielle Beurkundung, Side Letter **II, 14**, 49
Notarielle Niederschrift, Anlagen **II, 14**, 23
– ausländischer Notar **II, 14**, 19
– Bezugnahme **II, 14**, 18
– gesetzliche Verfahrensregelung **II, 14**, 19
– Verweisung auf **II, 14**, 17
Notarielle Urkunde **II, 14**, 16
Notgeschäftsführung, GbR **II, 1**, **§ 1**, 193
Notifiziertes Factoring **II, 16**, 244
Objektive Strafbarkeitsbedingungen **II, 20**, 127
Obligatorische Gruppenvertretung **II, 1**, **§ 1**, 233
Offenes Factoring **II, 16**, 244
Offenlegung **II, 15**, **§ 1**, 201
– GmbH & Co. KG **II, 1**, **§ 4**, 4

Öffentliche Beglaubigung **II, 14**, 9
Öffentliches Recht, Betriebsaufspaltung **II, 7**, 5 ff.
OHG **II, 1**, **§ 2**, 1 ff.
– §§ 105 ff. HGB **II, 1**, **§ 2**, 6
– – Auffangtatbestand **II, 1**, **§ 2**, 6
– Abfindung **II, 1**, **§ 2**, 81 ff.
– – Abschichtungsbilanz **II, 1**, **§ 2**, 82
– – ausscheidender Gesellschafter **II, 1**, **§ 2**, 81 ff.
– – echte Vermögensbilanz **II, 1**, **§ 2**, 82
– – Sittenwidrigkeit **II, 1**, **§ 2**, 82
– Abschichtungsbilanz **II, 1**, **§ 2**, 82
– Abspaltungsverbot, Betriebsführungsverträge **II, 1**, **§ 2**, 36
– Allgemeines **II, 1**, **§ 2**, 1 ff.
– Auflösung **II, 1**, **§ 2**, 99 ff.
– – Allgemeines **II, 1**, **§ 2**, 99
– – Eröffnung des Insolvenzverfahrens **II, 1**, **§ 2**, 103
– – gerichtliche Entscheidung **II, 1**, **§ 2**, 104
– – Gesellschafterbeschluss **II, 1**, **§ 2**, 102
– – Gründe **II, 1**, **§ 2**, 100
– – Handelsregisteranmeldung **II, 1**, **§ 2**, 105
– – Zeitablauf **II, 1**, **§ 2**, 101
– Aufnahme eines Gesellschafters **II, 1**, **§ 2**, 65
– Ausscheiden eines Gesellschafters **II, 1**, **§ 2**, 66
– – Beschluss der Gesellschafter **II, 1**, **§ 2**, 73
– – Eröffnung des Insolvenzverfahrens **II, 1**, **§ 2**, 68
– – Kündigung **II, 1**, **§ 2**, 69
– – Kündigung durch den Privatgläubiger **II, 1**, **§ 2**, 70 f.
– – Tod **II, 1**, **§ 2**, 67
– – weitere Fälle des Ausscheidens **II, 1**, **§ 2**, 72
– Ausschluss eines Gesellschafters **II, 1**, **§ 2**, 74 ff.
– – § 140 HGB **II, 1**, **§ 2**, 78
– – Ausschließungsklage **II, 1**, **§ 2**, 76
– – gerichtliches Gestaltungsurteil **II, 1**, **§ 2**, 74
– – Kernbereichslehre **II, 1**, **§ 2**, 78
– – Prozessuales **II, 1**, **§ 2**, 78
– – Treuepflicht **II, 1**, **§ 2**, 78
– – umfassende Interessenabwägung **II, 1**, **§ 2**, 75
– – Vorliegen eines wichtigen Grundes **II, 1**, **§ 2**, 74
– Begriff des Handelsgewerbes **II, 1**, **§ 2**, 3
– Buchführungspflicht **II, 15**, **§ 1**, 76
– Definition **II, 1**, **§ 2**, 1
– Eigenkapitalbeschaffung **II, 16**, 43
– Eigenkapitalersatz **II, 20**, 232
– Einbringung **II, 6**, **§ 2**, 24
– Entziehung der Geschäftsführungsbefugnis **II, 1**, **§ 2**, 39 ff.
– – Abänderung des Gesellschaftsvertrags **II, 1**, **§ 2**, 44

– – Anspruchshäufung **II, 1**, **§ 2**, 44
– – Antrag **II, 1**, **§ 2**, 42
– – Ausschluss **II, 1**, **§ 2**, 41
– – erleichternde Regelungen **II, 1**, **§ 2**, 42
– – erschwerende Regelungen **II, 1**, **§ 2**, 40
– – Gestaltungsurteil **II, 1**, **§ 2**, 44
– – Hilfsantrag **II, 1**, **§ 2**, 44
– – Klage **II, 1**, **§ 2**, 44
– – notwendige Streitgenossen **II, 1**, **§ 2**, 44
– – Rücksichtnahme **II, 1**, **§ 2**, 39
– – Verhältnismäßigkeit **II, 1**, **§ 2**, 44
– – Widerklage **II, 1**, **§ 2**, 44
– erbrechtliche Nachfolge **II, 1**, **§ 2**, 89 ff.
– – Allgemeines **II, 1**, **§ 2**, 89
– – einfache Nachfolgeklausel **II, 1**, **§ 2**, 94 ff.
– – Eintrittsklausel **II, 1**, **§ 2**, 92 f.
– – Formulierung einer einfachen Nachfolgeklausel **II, 1**, **§ 2**, 95
– – Formulierung einer Eintrittsklausel **II, 1**, **§ 2**, 93
– – Formulierung einer qualifizierten Nachfolgeklausel **II, 1**, **§ 2**, 97
– – Fortsetzungsklausel **II, 1**, **§ 2**, 91
– – Gesellschaftsanteile **II, 1**, **§ 2**, 89 ff.
– – Gestaltungsmöglichkeiten **II, 1**, **§ 2**, 90
– – qualifizierte Nachfolgeklausel **II, 1**, **§ 2**, 94 ff.
– Erlöschen **II, 1**, **§ 2**, 109 ff.
– – Handelsregisteranmeldung **II, 1**, **§ 2**, 109
– – Muster **II, 1**, **§ 2**, 110
– – Verteilung des Vermögens **II, 1**, **§ 2**, 109
– Errichtung **II, 1**, **§ 2**, 7 ff.
– – Einzelfragen **II, 1**, **§ 2**, 7 ff.
– – Gesellschafter **II, 1**, **§ 2**, 7 f..
– – Zeitpunkt der Entstehung **II, 1**, **§ 2**, 10 f.
– EStG **II, 1**, **§ 2**, 5
– Firma **II, 1**, **§ 2**, 4 ff.
– – geschäftliche Verhältnisse **II, 1**, **§ 2**, 4
– – Kennzeichnung des Kaufmanns **II, 1**, **§ 2**, 4
– – Rechtsform **II, 1**, **§ 2**, 4
– – Risiko fehlender Unterscheidbarkeit **II, 1**, **§ 2**, 4
– Formwechsel **II, 6**, **§ 2**, 74 ff., 77 ff.
– GbR **II, 1**, **§ 2**, 2
– Geschäftsführung **II, 1**, **§ 2**, 27 ff.
– – Beirat **II, 1**, **§ 2**, 38
– – Einzelgeschäftsführung **II, 1**, **§ 2**, 28
– – Entziehung der Geschäftsführungsbefugnis **II, 1**, **§ 2**, 39 ff.
– – Grundlagengeschäfte **II, 1**, **§ 2**, 33
– – Informationsrechte **II, 1**, **§ 2**, 30 f.
– – Minderjährige **II, 1**, **§ 2**, 37
– – Probleme des Abspaltungsverbots **II, 1**, **§ 2**, 36 ff.
– – Prokuraerteilung **II, 1**, **§ 2**, 32

3271

Stichwortverzeichnis

••• Die fett gedruckten **römischen Zahlen** bezeichnen die Teile, die fett gedruckten **arabischen Zahlen** die Kapitel. ••• Die fett gedruckten **§-Angaben** bezeichnen die bei Teil 2: Gesellschaftsrecht zu den Kapiteln dazugehörigen Paragrafen. ••• Die mager gedruckten Zahlen bezeichnen die Randnummern. •••

– – ungewöhnliche Geschäfte **II, 1**, § 2, 32
– – Widerspruch **II, 1**, § 2, 35
– Gesellschafter **II, 1**, § 2, 7 ff.
– – Minderjähriger **II, 1**, § 2, 8
– – Mitglieder **II, 1**, § 2, 7
– – Zugewinngemeinschaft **II, 1**, § 2, 9
– Gesellschafterbeschlüsse **II, 1**, § 2, 85
– – Änderungen des Gesellschaftsvertrags **II, 1**, § 2, 86
– – Auflösung der Gesellschaft **II, 1**, § 2, 86
– – Bestellung von Prokuristen **II, 1**, § 2, 86
– – Einstimmigkeit **II, 1**, § 2, 85
– – Einzelfälle **II, 1**, § 2, 86
– – Formerfordernis **II, 1**, § 2, 86
– – Gesamtgeschäftsführung **II, 1**, § 2, 86
– – Kapitalanteil **II, 1**, § 2, 85
– – Kernbereich der Gesellschafterposition **II, 1**, § 2, 85
– – Klageerhebung **II, 1**, § 2, 86
– – laufende Angelegenheiten **II, 1**, § 2, 85
– – Liquidation **II, 1**, § 2, 86
– – Mängel bei der Stimmabgabe **II, 1**, § 2, 88
– – schriftliche Abstimmung **II, 1**, § 2, 86
– – sittenwidrige Abhängigkeit **II, 1**, § 2, 85
– – sonstige Grundlagengeschäfte **II, 1**, § 2, 86
– – ungewöhnliche Geschäfte **II, 1**, § 2, 86
– – unzulässiger Wettbewerb **II, 1**, § 2, 86
– – Verminderung des Kapitalanteils **II, 1**, § 2, 86
– – Willenserklärung **II, 1**, § 2, 87
– Gesellschaftsvertrag **II, 1**, § 2, 12 ff.
– – allgemeine Angaben **II, 1**, § 2, 15
– – Änderungen im Gesellschafterbestand **II, 1**, § 2, 19
– – Entnahmen **II, 1**, § 2, 17
– – Ergebnisverteilung **II, 1**, § 2, 17
– – Formerfordernis **II, 1**, § 2, 13
– – gemeinsamer Zweck **II, 1**, § 2, 13
– – Geschäftsführung **II, 1**, § 2, 15
– – Gesellschafterbeschluss **II, 1**, § 2, 16
– – Gesellschafterversammlung **II, 1**, § 2, 16
– – Gestaltung **II, 1**, § 2, 12 ff.
– – Grundsätzliches **II, 1**, § 2, 13 ff.
– – Inhalt **II, 1**, § 2, 14 ff.
– – keine gesetzlichen Formerfordernisse **II, 1**, § 2, 13
– – Muster **II, 1**, § 2, 21
– – Regelungen zur Rechnungslegung **II, 1**, § 2, 17
– – Schriftform **II, 1**, § 2, 13
– – sonstige Regelungstatbestände **II, 1**, § 2, 20

– – Verfügung über Beteiligungen **II, 1**, § 2, 19
– – Vertretung **II, 1**, § 2, 15
– – weitere Pflichten der Gesellschaft **II, 1**, § 2, 18
– Gründung **II, 1**, § 2, 5
– – Bilanzierung **II, 1, § 1**, 14
– – echte Mitunternehmerschaft **II, 1**, § 2, 5
– – enge persönliche Vertrauensverhältnisse **II, 1**, § 2, 5
– – praktische Bedeutung **II, 1**, § 2, 5 ff.
– – Prinzip der Selbstorganschaft **II, 1**, § 2, 5
– – Rechtsformwahl **II, 1**, § 2, 5 ff.
– Haftung **II, 1**, § 2, 79 ff.
– – ausscheidender Gesellschafter **II, 1**, § 2, 80
– – neueintretender Gesellschafter **II, 1**, § 2, 79
– Handelsrechtsreformgesetz **II, 1**, § 2, 4
– Handelsregister **II, 1**, § 2, 3
– Handelsregisteranmeldung **II, 1**, § 2, 12 ff.
– – Form **II, 1**, § 2, 23
– – Inhalt **II, 1**, § 2, 23
– – Muster **II, 1**, § 2, 24
– – Prüfungsumfang des Registergerichts **II, 1**, § 2, 25
– – weitere eintragungspflichtige Vorgänge **II, 1**, § 2, 26
– Handelsregistereintragung **II, 1**, § 2, 84
– Joint Venture **II, 12**, 15
– juristische Person **II, 1**, § 2, 5
– Konzernrecht **II, 1**, § 2, 6
– Liberalisierung des Firmenrechts **II, 1**, § 2, 4
– Liquidation **II, 1**, § 2, 107 f.
– – Gesellschafter als Liquidatoren **II, 1**, § 2, 108
– – Zerstörung der wirtschaftlichen Einheit **II, 1**, § 2, 107
– Minderjähriger **II, 11**, 19
– Partnerschaft nach dem PartGG **II, 1**, § 2, 3
– Rechtsform **II, 1**, § 2, 4
– Rechtsnatur **II, 1**, § 2, 2
– Treugeber **II, 1**, § 2, 61
– Weisungen **II, 1**, § 2, 61
– Treuhänder **II, 1**, § 2, 60 ff.
– Umfang der Vertretungsmacht, Änderung der Grundverhältnisse **II, 1**, § 2, 52
– – Ausnahmen **II, 1**, § 2, 53 f.
– – regelmäßige Unbeschränktheit **II, 1**, § 2, 51
– – Umwandlungsmöglichkeiten **II, 1**, § 2, 112
– – HGB **II, 1**, § 2, 112
– – Umwandlung kraft Rechtsgeschäfts **II, 1**, § 2, 113
– – unbeschränkbare Haftung **II, 1**, § 2, 51
– Verfügung über Gesellschaftsanteile **II, 1**, § 2, 55 ff.

– – Grundstücksgesellschaften **II, 1**, § 2, 57
– – Nießbrauch **II, 1**, § 2, 62
– – treuhänderische Wahrnehmung von Gesellschafterrechten **II, 1**, § 2, 60 ff.
– – Verkauf von Gesellschaftsanteilen **II, 1**, § 2, 56
– – Verpfändung von Gesellschaftsanteilen **II, 1**, § 2, 64
– – Verkauf von Gesellschaftsanteilen, Grundlagengeschäft **II, 1**, § 2, 56
– – Rechtskauf **II, 1**, § 2, 59
– Vertretung **II, 1**, § 2, 27 ff., 45 ff.
– – Entziehung der Vertretungsmacht **II, 1**, § 2, 50
– – Grundsatz der Selbstorganschaft **II, 1**, § 2, 45
– – Umfang der Vertretungsmacht **II, 1**, § 2, 51 ff.
– – zulässige Vertretungsmodelle **II, 1**, § 2, 46
– Zeitpunkt der Entstehung **II, 1**, § 2, 10 f.
– – Abschluss des Gesellschaftsvertrags **II, 1**, § 2, 10
– – Außenverhältnis **II, 1**, § 2, 11
– zulässige Vertretungsmodelle, Ausschluss einzelner Gesellschafter **II, 1**, § 2, 45
– – gemischte Gesamtvertretung **II, 1**, § 2, 49
– – Gesamtvertretung **II, 1**, § 2, 48
Operatingleasing **II, 16**, 233
Optionsanleihe **II, 16**, 160
Optionsrechte, Joint Venture **II, 12**, 71 ff.
Ordentliche Kapitalherabsetzung **II, 16**, 108 ff.
Organschaft **II, 15**, § 2, 309 ff.
– grunderwerbsteuerliche **II, 15**, § 2, 315 ff.
– – Erwerbtatbestände **II, 15**, § 2, 315 f.
– – Voraussetzungen **II, 15**, § 2, 317 f.
– umsatzsteuerliche **II, 15**, § 2, 313 ff.
– – Rechtsfolgen **II, 15**, § 2, 314
– – Voraussetzungen **II, 15**, § 2, 309
– – Anforderungen an den Organträger **II, 15**, § 2, 311
– – Anforderungen an die Organgesellschaft **II, 15**, § 2, 310
– – jüngere Entwicklungen **II, 15**, § 2, 309
– – Rechtsfolgen der ertragsteuerlichen Organschaft **II, 15**, § 2, 312
– – Zusammenfassung **II, 15**, § 2, 310 ff.
Overriding principle **II, 15**, § 1, 86
Pacht, Betriebsaufspaltung **II, 7**, 26
– gewollte **II, 7**, 115 ff.
Pächterwechsel, Betriebsübergang **II, 17**, 29
Paritätisches Joint Venture **II, 12**, 17, 45 ff., 76
Parteifähigkeit, prozessuale **II, 8**, 75
– – Europäische Gesellschaft **II, 8**, 75
Partiarische Rechtsverhältnisse, Abgrenzung, stille Gesellschaft **II, 3**, § 1, 40 f.

Stichwortverzeichnis

••• Die fett gedruckten **römischen Zahlen** bezeichnen die Teile, die fett gedruckten **arabischen Zahlen** die Kapitel. ••• Die fett gedruckten **§-Angaben** bezeichnen die bei Teil 2: Gesellschaftsrecht zu den Kapiteln dazugehörigen Paragrafen. ••• Die mager gedruckten Zahlen bezeichnen die Randnummern. •••

Partnerschaftsgesellschaft **II, 1, § 5**, 1 ff.
- Abfindung **II, 1, § 5**, 106 ff.
- – gesetzliche Regelung **II, 1, § 5**, 107
- – Sittenwidrigkeit **II, 1, § 5**, 108
- – vertragliche Regelung **II, 1, § 5**, 108
- Abspaltungsverbot **II, 1, § 5**, 40 f.
- – Nießbrauch **II, 1, § 5**, 41
- Alleinvertretungsmacht **II, 1, § 5**, 66
- Angehörige, verschiedene freie Berufe **II, 1, § 5**, 37 ff.
- Anteilsübertragung **II, 1, § 5**, 112 f.
- Auflösung **II, 1, § 5**, 114 ff.
- – Beschluss der Gesellschafter **II, 1, § 5**, 115
- – gesetzliche Gründe **II, 1, § 5**, 114
- – Ausscheiden **II, 1, § 5**, 74, 94 ff.
- – Abweisung des Insolvenzantrags **II, 1, § 5**, 101
- – entgeltliches **II, 1, § 5**, 21 f.
- – Imageschaden **II, 1, § 5**, 101
- – Insolvenzverfahren **II, 1, § 5**, 101
- – Kündigung **II, 1, § 5**, 93 ff.
- – Vereinbarung **II, 1, § 5**, 92
- – Verlust der Zulassung **II, 1, § 5**, 103
- – Ausschließung **II, 1, § 5**, 105
- Beendigung **II, 1, § 5**, 114 ff.
- Beitragsleistung **II, 1, § 5**, 60
- Beitragspflichten **II, 1, § 5**, 58
- – Erhöhung **II, 1, § 5**, 61
- – Mehrheitsbeschluss **II, 1, § 5**, 61
- Berufsbezeichnung **II, 1, § 5**, 55
- Berufsordnungen **II, 1, § 5**, 39
- berufsrechtliche Reglementierung **II, 1, § 5**, 38
- berufsrechtliche Schweigepflicht **II, 1, § 5**, 74
- – Entbindung **II, 1, § 5**, 74
- berufsrechtliche Vorgaben **II, 1, § 5**, 57
- Berufsrechtsvorbehalt **II, 1, § 5**, 11
- Besteuerung, Abfärbetheorie **II, 1, § 5**, 18
- – Einheitsbetrachtung **II, 1, § 5**, 18
- – entgeltliches Ausscheiden **II, 1, § 5**, 21 f.
- – Gewinneinkünfte **II, 1, § 5**, 18
- – Kapitalgesellschaft **II, 1, § 5**, 20
- – Leistungsvergütung eines Partners **II, 1, § 5**, 19
- – Überschusseinkünfte **II, 1, § 5**, 18
- – zeitliche Verschiebung **II, 1, § 5**, 76
- Betriebsvermögensvergleich **II, 1, § 5**, 76
- Buchführung **II, 1, § 5**, 75
- Einnahmeüberschussrechnung **II, 1, § 5**, 76
- Einsetzung von Fremdgeschäftsführern **II, 1, § 5**, 66
- Einstimmigkeitsprinzip **II, 1, § 5**, 70
- Eintragung im Handelsregister **II, 1, § 5**, 12
- Eintragungsverfahren **II, 1, § 5**, 49 ff.
- Eintrittsklausel **II, 1, § 5**, 111
- Entnahmen **II, 1, § 5**, 84 f.
- Entstehungsgeschichte **II, 1, § 5**, 1 ff.
- Erbschaftsteuer **II, 1, § 5**, 23 ff.
- Erfordernis der Selbständigkeit **II, 1, § 5**, 10
- Erscheinungsformen **II, 1, § 5**, 5 ff.
- fehlerhafte Gesellschaft **II, 1, § 5**, 48 ff.
- Formwechsel **II, 1, § 5**, 131 f.
- freiberufliche Tätigkeit, Kernbereich **II, 1, § 5**, 71
- freie Berufe, naturwissenschaftliche Ausrichtung **II, 1, § 5**, 8
- GbR **II, 1, § 1**, 39
- Gesamtschuldner **II, 1, § 5**, 28
- Gesamtvertretung **II, 1, § 5**, 66
- Geschäftsführung **II, 1, § 5**, 62 ff.
- – ohne Auftrag **II, 1, § 5**, 69
- – Ausschluss **II, 1, § 5**, 63
- – Berufsrechte **II, 1, § 5**, 65
- – Geschäftsverteilungsplan **II, 1, § 5**, 63
- – Kerngeschäfte **II, 1, § 5**, 64
- – Rechnungsstellung **II, 1, § 5**, 64
- – Selbstorganschaft **II, 1, § 5**, 63
- Gesellschafterbeschluss **II, 1, § 5**, 70 ff.
- – Kopfmehrheit **II, 1, § 5**, 70
- – Schriftform **II, 1, § 5**, 70
- Gesellschaftsformzusatz **II, 1, § 5**, 54
- gewerbliche Nebentätigkeiten **II, 1, § 5**, 12
- Gewinnermittlung **II, 1, § 5**, 75 ff.
- – Art **II, 1, § 5**, 76
- – steuerrechtlich **II, 1, § 5**, 76
- Gewinnfeststellung **II, 1, § 5**, 77
- Gewinnverteilung **II, 1, § 5**, 75 ff.
- – Bestimmtheitsgrundsatz **II, 1, § 5**, 83
- – eat what you kill **II, 1, § 5**, 80
- – einfache Quotenvereinbarung **II, 1, § 5**, 82
- – Punktesytem **II, 1, § 5**, 81
- Gründung **II, 1, § 5**, 42 ff.
- Haftung **II, 1, § 5**, 27 ff., 69
- – akzessorische Gesellschafterhaftung **II, 1, § 5**, 29
- – allgemeine Verbindlichkeiten **II, 1, § 5**, 28 ff.
- – Berufspflichtverletzung **II, 1, § 5**, 34
- – Beschränkung **II, 1, § 5**, 28
- – eigenes Vermögen **II, 1, § 5**, 27
- – eigenübliche Sorgfalt **II, 1, § 5**, 69
- – Einwendungen oder Einreden **II, 1, § 5**, 32
- – Einwendungen und Einreden **II, 1, § 5**, 28
- – Erfüllungstheorie **II, 1, § 5**, 31
- – Gesamtschuldner **II, 1, § 5**, 28
- – gesetzliche Verbindlichkeiten **II, 1, § 5**, 27
- – Haftungstheorie **II, 1, § 5**, 31
- – Höchstsummenbeschränkung **II, 1, § 5**, 36
- – Verjährungsunterbrechung **II, 1, § 5**, 32
- Haftungskonzentration **II, 1, § 5**, 33 ff.
- Halbeinkünfteverfahren **II, 1, § 5**, 22
- Heilbefugnis **II, 1, § 5**, 6
- Informationsrechte **II, 1, § 5**, 73 ff.
- Insolvenz **II, 1, § 5**, 120 ff.
- – Eröffnungsgründe **II, 1, § 5**, 122
- – in Vertretung **II, 1, § 5**, 121
- – Verwertung des Gesellschaftsvermögens **II, 1, § 5**, 125
- Insolvenzfähigkeit **II, 1, § 5**, 120
- Insolvenzverfahrenseröffnung, Wirkung **II, 1, § 5**, 123 f.
- interprofessionelle Sozietät **II, 1, § 5**, 37
- konstitutive Registereintragung **II, 1, § 5**, 49
- Konten **II, 1, § 5**, 78
- Kontrollrechte **II, 1, § 5**, 73 ff.
- Kooperation, andere freie Berufe **II, 1, § 5**, 39
- Körperschaftsteuer **II, 1, § 5**, 20
- Kündigung, Abfindungsguthaben **II, 1, § 5**, 98
- – Abfindungsklausel **II, 1, § 5**, 98
- – Auflösungsklage **II, 1, § 5**, 95
- – Auseinandersetzungsguthaben **II, 1, § 5**, 98
- – Bemessung des Abfindungsentgelts **II, 1, § 5**, 100
- – bestehende Verbindlichkeiten **II, 1, § 5**, 99
- – Beteiligung an laufenden Geschäften **II, 1, § 5**, 100
- – Kündigungsgründe **II, 1, § 5**, 96
- – künftige Unzumutbarkeit **II, 1, § 5**, 96
- – Nachhaftung **II, 1, § 5**, 99
- – Rechtsfolge **II, 1, § 5**, 98
- Liquidation **II, 1, § 5**, 117 ff.
- – Abwicklung **II, 1, § 5**, 117
- – Nachhaftung **II, 1, § 5**, 117
- – Registerpflicht **II, 1, § 5**, 117
- Liquidationsverfahren **II, 1, § 5**, 114 ff.
- Mehrheitsbeschluss **II, 1, § 5**, 71
- Motive **II, 1, § 5**, 2
- Nachfolgeklausel **II, 1, § 5**, 110
- Name **II, 1, § 5**, 52 ff.
- – gesellschaftsrechtliche Vorgaben **II, 1, § 5**, 53 ff.
- Organhaftung **II, 1, § 5**, 27
- Partnerschaftsvertrag **II, 1, § 5**, 43 ff.
- – Änderung **II, 1, § 5**, 72
- – Entnahmen **II, 1, § 5**, 85
- – Gegenstand **II, 1, § 5**, 45
- – Inhalt **II, 1, § 5**, 52 ff.
- – Mindestanforderungen **II, 1, § 5**, 43
- – Schriftform **II, 1, § 5**, 48
- – Sitz der Gesellschaft **II, 1, § 5**, 44
- – Zweigniederlassung **II, 1, § 5**, 44
- persönliche Gesellschafterhaftung, Haftung **II, 1, § 5**, 126
- – Insolvenz **II, 1, § 5**, 126
- Prokura **II, 1, § 5**, 67
- rechtliche Einordnung **II, 1, § 5**, 2
- rechts- und wirtschaftsberatende Berufe **II, 1, § 5**, 7
- Rechtsfähigkeit, Konsequenzen **II, 1, § 5**, 4
- Rechtsformwahl **II, 1, § 5**, 13 ff.
- steuerliche Überlegungen **II, 1, § 5**, 18 ff.
- – Vergleich mit GbR **II, 1, § 5**, 14, 26

3273

Stichwortverzeichnis

••• Die fett gedruckten **römischen Zahlen** bezeichnen die Teile, die fett gedruckten **arabischen Zahlen** die Kapitel. ••• Die fett gedruckten **§-Angaben** bezeichnen die bei Teil 2: Gesellschaftsrecht zu den Kapiteln dazugehörigen Paragrafen. ••• Die mager gedruckten Zahlen bezeichnen die Randnummern. •••

– – Vergleich mit GmbH **II, 1, § 5,** 16 ff.
– Rechtsnachfolge **II, 1, § 5,** 111
– Rechtsnatur **II, 1, § 5,** 1 ff.
– Registrierungsverfahren **II, 1, § 5,** 38
– Schenkungsteuer **II, 1, § 5,** 23 ff.
– sonstige Namenszusätze **II, 1, § 5,** 56
– Spaltung **II, 1, § 5,** 128 ff.
– Stimmrechtsausschluss **II, 1, § 5,** 71
– Tod eines Partners **II, 1, § 5,** 109 ff.
– – gesetzliche Regelung **II, 1, § 5,** 109
– – vertragliche Regelung **II, 1, § 5,** 110 f.
– Umwandlung **II, 1, § 5,** 127 ff.
– Verschmelzung **II, 1, § 5,** 128 ff.
– Vertretung **II, 1, § 5,** 66 ff.
– – Partnerschaftsregister **II, 1, § 5,** 66
– Vertretungsmacht **II, 1, § 5,** 67
– – Entzug **II, 1, § 5,** 68
– – Pflichtverletzung **II, 1, § 5,** 69
– – wichtiger Grund **II, 1, § 5,** 68
– Wettbewerbsverbot **II, 1, § 5,** 86 ff.
– – Dauer **II, 1, § 5,** 91
– – Gegenstand **II, 1, § 5,** 91
– – gesetzliches **II, 1, § 5,** 86 ff.
– – räumlicher Geltungsbereich **II, 1, § 5,** 91
– – Schadensersatz **II, 1, § 5,** 89
– – Unterlassungsanspruch **II, 1, § 5,** 89
– – vertragliches **II, 1, § 5,** 90 ff.
– Zulassung zu freiem Beruf, Verlust **II, 1, § 5,** 103
– Zweigniederlassung **II, 1, § 5,** 51
Passiva, Korrekturen **II, 15, § 1,** 136
Passive Rechnungsabgrenzung **II, 15, § 1,** 156
Passivtausch **II, 15, § 1,** 8
Patente, Betriebsaufspaltung **II, 7,** 60
Patentnichtigkeitsklage, Schiedsfähigkeit **II, 13,** 31
Patronatserklärung **II, 20,** 91 ff.
– Muttergesellschaft **II, 20,** 92
– Schuldner **II, 20,** 92 ff.
Patronatserklärung, unechter Vertrag zu Gunsten Dritter **II, 20,** 92
– unmittelbarer Anspruch **II, 20,** 94
– weiche **II, 20,** 95
Pensionsgeschäfte, Bilanzerstellung **II, 15, § 1,** 108 f.
Periodengerechte Erfolgsermittlung **II, 15, § 1,** 157
Personalsicherheiten **II, 16,** 14
Personenfirma **I, 3,** 16
Personengesellschaft **II, 1, § 1,** 1 ff.
– Abgrenzung, stille Gesellschaft **II, 3, § 1,** 35 ff.
– Ausgliederung **II, 6, § 2,** 45 ff.
– Austrittsvereinbarung, Minderjähriger **II, 11,** 103 ff.
– Beurkundung **II, 14,** 42
– Bilanzbündeltheorie **II, 15, § 2,** 39
– Dualismus zwischen Einheits- und Vielheitsbetrachtung **II, 15, § 2,** 41
– Eigenkapitalausstattung **II, 16,** 42 ff.
– Eigenkapitalerhöhung **II, 16,** 83 f.
– Einbringung **II, 6, § 2,** 16, 20 ff.

– Einheit der Gesellschaft **II, 15, § 2,** 38 ff.
– Einheitstheorie **II, 15, § 2,** 40
– Eintritt, Minderjähriger **II, 11,** 51 ff.
– Ertragsteuer **II, 16,** 66
– Formwechsel **II, 6, § 2,** 73 ff., 82 ff.
– Formzwang **II, 14,** 42
– Joint Venture **II, 12,** 15
– Kündigung, minderjähriger Gesellschafter **II, 11,** 93
– Minderjähriger **II, 11, § 5** ff.
– – Veräußerung **II, 11,** 83 f.
– Realteilung **II, 6, § 2,** 95
– Rechtsformwahl, erbrechtliche Unterschiede **II, 1, § 3,** 2 ff.
– – erbschaftsteuerliche Unterschiede **II, 1, § 3,** 19 ff.
– – ertragsteuerliche Unterschiede **II, 1, § 3,** 9 ff.
– – gesellschaftsrechtliche Unterschiede **II, 1, § 3,** 2 ff.
– – schenkungsteuerliche Unterschiede **II, 1, § 3,** 19 ff.
– Schiedsvereinbarung **II, 13,** 55
– Steuerbilanzrecht **II, 15, § 1,** 212
– Stiftung **II, 2, § 6,** 58
– Subjekt der Gewinnermittlung **II, 15, § 2,** 40
– Transparenzprinzip **II, 16,** 66
– Umsatzsteuer **II, 16,** 68
– Vielheit der Gesellschafter **II, 15, § 2,** 38 ff.
– Eigenkapitalausstattung **II, 16,** 42 ff.
Personengesellschaftsanteil, Minderjähriger **II, 11,** 91
Personenhandelsgesellschaft, Abgrenzung, stille Gesellschaft **II, 3, § 1,** 38 f.
– Beendigung **II, 6, § 2,** 64
– Bilanzierung **II, 15, § 1,** 39 ff.
– Eigenkapital **II, 15, § 1,** 163 ff.
– Gewinnansprüche, Ausschüttung **II, 15, § 1,** 42
– Gewinnansprüche, Ergebnisverteilung **II, 15, § 1,** 42
– Gewinnverwendungsfragen **II, 15, § 1,** 42
– Jahresabschluss **II, 15, § 1,** 40, 192
– Kapitalverminderungskontrolle **II, 15, § 1,** 43
– Maßgeblichkeitsgrundsatz **II, 15, § 1,** 202
– nichtbilanzierter Gewinn **II, 15, § 1,** 44
– Rechnungslegung **II, 15, § 1,** 67
Personensicherheit, Kreditsicherheit **II, 16,** 187
Pfändbarkeit von Ansprüchen, Kontokorrent **I, 7,** 64 ff.
Pfandrecht, besitzloses **II, 16,** 203
– gesetzliches **II, 16,** 204
– Handelsgeschäft **I, 7,** 77
– Insolvenz **II, 20,** 316
– Sachsicherheit **II, 16,** 202 f.
Plantleasing **II, 16,** 233
Pool, Abstimmungsverhalten **II, 2, § 5,** 23
– andere Wertpapiere **II, 2, § 5,** 12

– auf bestimmte Zeit angelegte Gesellschaft **II, 2, § 5,** 14
– auf unbestimmte Zeit angelegte Gesellschaft **II, 2, § 5,** 15
– Ausscheiden eines Poolmitglieds **II, 2, § 5,** 17
– Bedürfnisse der Familiengesellschafter **II, 2, § 5,** 139
– Beitritt des Erwerbers **II, 2, § 5,** 20
– Beschlüsse **II, 2, § 5,** 23
– Bruchteilseigentum **II, 2, § 5,** 9
– Dauergesellschaft **II, 2, § 5,** 13
– eindeutige Bezeichnung der Geschäftsanteile **II, 2, § 5,** 6
– Eingabe Nachfolgeklausel **II, 2, § 5,** 26
– Einzelführung **II, 2, § 5,** 22
– Entsendung in den Aufsichtsrat **II, 2, § 5,** 122
– Eskalationsklausel **II, 2, § 5,** 124
– Fazit **II, 2, § 5,** 137 ff.
– Fortsetzung als Ausdruck der Einflusssicherung **II, 2, § 5,** 25 ff.
– gemeinsames Depot **II, 2, § 5,** 11
– Gesamthandseigentum **II, 2, § 5,** 10
– Gesellschaftsvertrag **II, 2, § 5,** 22
– Gewerbesteuerpflicht **II, 2, § 5,** 130
– Gremienführung **II, 2, § 5,** 22
– Gründung **II, 2, § 5,** 49 ff.
– – 1. Stufe **II, 2, § 5,** 49
– – Abtretung auf den Pool **II, 2, § 5,** 51
– – Gesamthandsvermögen **II, 2, § 5,** 51
– – Geschäftswert **II, 2, § 5,** 49
– – Kosten **II, 2, § 5,** 49
– – Publizität **II, 2, § 5,** 49
– – strenge Einlagevorschriften **II, 2, § 5,** 51
– – Verfügungsbefugnis **II, 2, § 5,** 51
– – zuständiges Registergericht **II, 2, § 5,** 50
– Haftung **II, 2, § 5,** 126
– – Gesellschafter **II, 2, § 5,** 126
– Hinterlegung von Aktien **II, 2, § 5,** 12
– Jahresabschluss **II, 2, § 5,** 133 ff.
– – Bekanntmachung **II, 2, § 5,** 135 f.
– – EuGH **II, 2, § 5,** 135 f.
– – handelsrechtliche Offenlegungspflicht **II, 2, § 5,** 134
– – Pflicht zur Aufstellung **II, 2, § 5,** 133
– jederzeitige Kündigungsmöglichkeit **II, 2, § 5,** 15
– keine Einlage **II, 2, § 5,** 21
– keine Verwaltung von eigenem Vermögen **II, 2, § 5,** 11
– keine Verwaltung von Mitgliedschaftsrechten **II, 2, § 5,** 11
– Konfliktlösung innerhalb der Familiengesellschaft **II, 2, § 5,** 124
– Kündigung mit Fortsetzungsklausel **II, 2, § 5,** 16
– künftig erworbene Anteile **II, 2, § 5,** 8
– laufende Geschäftstätigkeit **II, 2, § 5,** 52 ff.

Stichwortverzeichnis

••• Die fett gedruckten **römischen Zahlen** bezeichnen die Teile, die fett gedruckten **arabischen Zahlen** die Kapitel. ••• Die fett gedruckten **§-Angaben** bezeichnen die bei Teil 2: Gesellschaftsrecht zu den Kapiteln dazugehörigen Paragrafen. ••• Die mager gedruckten Zahlen bezeichnen die Randnummern. •••

- – abweichende Regelung **II, 2, § 5,** 54
- – Ausnahmen **II, 2, § 5,** 61
- – Beendigung der Tätigkeit des Leitungsorgans **II, 2, § 5,** 58
- – Beschränkungen des Stimmrechts **II, 2, § 5,** 61
- – eigene Kinder **II, 2, § 5,** 56
- – Einflussnahme durch Stimmrechte **II, 2, § 5,** 60
- – exakte Ausgestaltung von Verträgen **II, 2, § 5,** 60
- – fakultatives Organ **II, 2, § 5,** 59
- – Gesamtleitungsbefugnis **II, 2, § 5,** 57
- – Gesellschaftsvertrag **II, 2, § 5,** 53
- – GmbH & Co. KG **II, 2, § 5,** 55
- – Grundsatz der Selbstorganschaft **II, 2, § 5,** 53
- – Kapitalgesellschaftsrecht **II, 2, § 5,** 56 ff.
- – Kontrollrecht **II, 2, § 5,** 54
- – Missbrauchspotential **II, 2, § 5,** 53
- – Mitgliedschaft **II, 2, § 5,** 65 ff.
- – Personengesellschaftsrecht **II, 2, § 5,** 53 ff.
- – Regelungen zu Höchststimmrechten **II, 2, § 5,** 63
- – Sicherung der Einflussnahme **II, 2, § 5,** 64
- – standardtypische Vereinbarungen **II, 2, § 5,** 62
- – Stimmrechtslose Vorzugsaktie **II, 2, § 5,** 61
- – Vorzugsaktien ohne Stimmrecht **II, 2, § 5,** 64
- – Wahrung der Sicherung des Einflusses **II, 2, § 5,** 56
- – Willensbildung **II, 2, § 5,** 60
- – Leitung durch den Vorsitzenden **II, 2, § 5,** 22
- – Mediationsklausel **II, 2, § 5,** 125
- – Mediationsverfahren **II, 2, § 5,** 124 f.
- – Mehrheitserfordernisse **II, 2, § 5,** 123
- – – Abfindungsmodalitäten **II, 2, § 5,** 84
- – – AG **II, 2, § 5,** 100
- – – Anteilsübertragung auf einen Dritten **II, 2, § 5,** 65
- – – Aufnahme **II, 2, § 5,** 118 f.
- – – Aufnahmevertrag **II, 2, § 5,** 118
- – – Ausscheiden des Poolmitglieds aufgrund Insolvenz **II, 2, § 5,** 116 f.
- – – Ausscheiden des Poolmitglieds durch Todesfall **II, 2, § 5,** 107 ff.
- – – Ausscheiden eines Gesellschafters **II, 2, § 5,** 65
- – – Ausscheiden eines Poolmitglieds **II, 2, § 5,** 66 ff.
- – – Ausscheiden qua Kündigung und Austritt aus dem Pool **II, 2, § 5,** 67
- – – Ausschluss aus wichtigem Grund **II, 2, § 5,** 76 f.
- – – Beendigung **II, 2, § 5,** 120
- – – Belastung des Poolanteils **II, 2, § 5,** 101 ff.
- – – Bestellung eines Nießbrauchs **II, 2, § 5,** 101 ff.
- – – Dauer **II, 2, § 5,** 120
- – – Einziehung im Recht der Pool-AG **II, 2, § 5,** 86 ff.
- – – Einziehung im Recht der Pool-GmbH **II, 2, § 5,** 79
- – – Einziehung mit Zustimmung des Gesellschafters **II, 2, § 5,** 80
- – – Einziehung ohne Entschädigung **II, 2, § 5,** 112
- – – Einziehungsgründe **II, 2, § 5,** 82
- – – Entziehung **II, 2, § 5,** 78 ff.
- – – Entziehung des Geschäftsanteils **II, 2, § 5,** 78
- – – Eröffnung des Insolvenzverfahrens **II, 2, § 5,** 65
- – – Formulierungsbeispiel einer Fortsetzungsklausel **II, 2, § 5,** 109
- – – Fortsetzungsklausel **II, 2, § 5,** 108
- – – GbR-Gesellschaftsvertrag **II, 2, § 5,** 108
- – – Gesellschafterwechsel durch Erbfall **II, 2, § 5,** 65
- – – Gesellschafterwechsel zu Lebzeiten **II, 2, § 5,** 66
- – – GmbH **II, 2, § 5,** 72
- – – Inhaberaktien **II, 2, § 5,** 100
- – – Insolvenzverfahren **II, 2, § 5,** 116 f.
- – – Kaduzierung **II, 2, § 5,** 77
- – – Kauf eines weiteren Geschäftsanteils **II, 2, § 5,** 99
- – – klare Regelung **II, 2, § 5,** 68
- – – Klausel für den Insolvenzfall **II, 2, § 5,** 117
- – – Klausel zu rechtsgeschäftlichen Verfügungen **II, 2, § 5,** 93
- – – Klausel zum beabsichtigten Verkauf des Geschäftsanteils **II, 2, § 5,** 98
- – – Klausel zum Erbfall I **II, 2, § 5,** 110
- – – Klausel zum Erbfall II **II, 2, § 5,** 114
- – – Konsenszwang unter den Familienmitgliedern **II, 2, § 5,** 72
- – – Nießbrauchsrecht **II, 2, § 5,** 102 ff.
- – – ordentliches Einziehungsverfahren **II, 2, § 5,** 88
- – – ordentliches Kündigungsrecht **II, 2, § 5,** 67
- – – persönliche Motive **II, 2, § 5,** 92
- – – Pool-GmbH **II, 2, § 5,** 112
- – – qualifizierte Nachfolgerklausel **II, 2, § 5,** 108
- – – Rechtsfolge der Kündigung **II, 2, § 5,** 74
- – – Sachverständigengutachten **II, 2, § 5,** 69
- – – Sicherungsabtretung **II, 2, § 5,** 101
- – – Sonstiges **II, 2, § 5,** 121 ff.
- – – Übertragung des Poolanteils **II, 2, § 5,** 91 ff.
- – – unliebsame Familiengesellschafter **II, 2, § 5,** 77
- – – Veränderungen im Gesellschafterbestand **II, 2, § 5,** 65 ff.
- – – Vereinbarung einer Kündigungsfrist **II, 2, § 5,** 71
- – – vereinfachtes Einziehungsverfahren **II, 2, § 5,** 88
- – – Verpfändung **II, 2, § 5,** 101, 106
- – – Vertreterklausel **II, 2, § 5,** 111
- – – vinkulierte Namensaktien **II, 2, § 5,** 100
- – – Vinkulierungsklausel **II, 2, § 5,** 96
- – – Vorkaufs-/Ankaufsrecht **II, 2, § 5,** 97
- – – wirtschaftliche Motive **II, 2, § 5,** 92
- – – Zahlungsweise **II, 2, § 5,** 84
- – – Zustimmung durch den Vorstand **II, 2, § 5,** 100
- – – Zustimmungsvorbehalt **II, 2, § 5,** 97
- – – zwingende Kapitalherabsetzung **II, 2, § 5,** 89
- – ohne Gesamthandsvermögen **II, 2, § 5,** 5 ff.
- – ordentliche Kündigung **II, 2, § 5,** 15
- – Poolvehikel **II, 2, § 5,** 39 ff.
- – – laufende Geschäftstätigkeit **II, 2, § 5,** 52 ff.
- – Poolversammlung **II, 2, § 5,** 23
- – Prinzip der einfachen Stimmmehrheit **II, 2, § 5,** 123
- – Publizität des Jahresabschlusses **II, 2, § 5,** 133 ff.
- – qualifizierte Nachfolgeklausel **II, 2, § 5,** 27
- – Rechtsformen **II, 2, § 5,** 40 ff.
- – – AG **II, 2, § 5,** 46
- – – GbR **II, 2, § 5,** 40
- – – GmbH **II, 2, § 5,** 45
- – – Kapitalgesellschaften **II, 2, § 5,** 43
- – – KG **II, 2, § 5,** 42
- – – KGaA **II, 2, § 5,** 48
- – – OHG **II, 2, § 5,** 41
- – – Verein **II, 2, § 5,** 44
- – – Vorteile von Personengesellschaften **II, 2, § 5,** 47
- – – weitere Personengesellschaften **II, 2, § 5,** 41
- – Steuerrecht **II, 2, § 5,** 127 ff.
- – § 15 Abs. 3 Nr. 2 Satz 1 EStG **II, 2, § 5,** 131
- – – Einkünfte aus Kapitalvermögen **II, 2, § 5,** 128
- – – Gewerbesteuerpflicht **II, 2, § 5,** 130
- – – Gewinnermittlung **II, 2, § 5,** 127
- – – GmbH & Co. KG **II, 2, § 5,** 131
- – – Kapitalgesellschaftspool **II, 2, § 5,** 129
- – – umsatzsteuerpflichtige Lieferungen **II, 2, § 5,** 128
- – Stimmbindungsabrede bei der GmbH **II, 2, § 5,** 30 f.
- – Stimmrechtsbindungsvereinbarungen, entgeltliche Stimmrechtbindungen **II, 2, § 5,** 33
- – – Grenzen **II, 2, § 5,** 32 f.
- – – Grenzen aus dem Aktienrecht **II, 2, § 5,** 37 f.
- – – Verstoß gegen das Stimmverbot **II, 2, § 5,** 34 f.
- – Vereinbarungen zur Kündigung **II, 2, § 5,** 28

Stichwortverzeichnis

••• Die fett gedruckten **römischen Zahlen** bezeichnen die Teile, die fett gedruckten **arabischen Zahlen** die Kapitel. ••• Die fett gedruckten **§-Angaben** bezeichnen die bei Teil 2: Gesellschaftsrecht zu den Kapiteln dazugehörigen Paragrafen. ••• Die mager gedruckten Zahlen bezeichnen die Randnummern. •••

- Verfügungen über den Anteil an der Hauptgesellschaft **II, 2, § 5,** 18 f.
- Verkauf eines Anteils **II, 2, § 5,** 20
- Willensbildung in der Versammlung der Hauptgesellschaft **II, 2, § 5,** 24
- win-win-Lösung **II, 2, § 5,** 124
- Wirksamkeit bei Kapitalgesellschaften **II, 2, § 5,** 29
Prägesiegel, Verfügung von Todes wegen **II, 14,** 40
Präklusion, Schiedsverfahren **II, 13,** 135 ff., 140 ff.
Private Equity **II, 16,** 221 ff.
- Art der Beteiligung **II, 16,** 224 f.
- Beteiligung auf Zeit **II, 16,** 226 f.
- Gesellschaften in Deutschland **II, 16,** 228 f.
Private-Equity-Finanzierung, Formen **II, 16,** 222 ff.
Procedural Orders, Schiedsverfahren **II, 13,** 88
Projektfinanzierung, Beleihung des Cash Flow **II, 16,** 263
- Berichts- und Verhaltenspflichten **II, 16,** 277
- Einfluss- und Kontrollrechte **II, 16,** 277
- Einsatzbereich **II, 16,** 262
- Finanzierungsmöglichkeiten **II, 16,** 261 ff.
- Generalunternehmervertrag **II, 16,** 272
- Grundlagen **II, 16,** 263 ff.
- Innenverhältnis der Projektsponsoren **II, 16,** 269
- Konzession **II, 16,** 271
- limited recourse **II, 16,** 264
- non recourse **II, 16,** 264
- Off Balance Sheet Financing **II, 16,** 265
- Projektgesellschaft **II, 16,** 270
- Public Private Partnerships **II, 16,** 262
- risk sharing **II, 16,** 264
- Transaktionskosten **II, 16,** 262
- Vereinbarung mit Abnehmer **II, 16,** 274
- Vereinbarung mit Betreiber **II, 16,** 273
- Vereinbarung mit Kreditgeber **II, 16,** 275 f.
- Vereinbarungen zur Projekterrichtung **II, 16,** 272
- wesentliche Rechtsgrundlagen **II, 16,** 268 ff.
Prokura, Allgemeines **I, 4,** 3
- Beschränkung **I, 4,** 22 f.
- – arglistiges Zusammenwirken **I, 4,** 23
- – Außenverhältnis **I, 4,** 22
- – Missbrauch der Vertretungsmacht **I, 4,** 23
- besondere Formen **I, 4,** 25 ff.
- – Bindung des Prokuristen an einen Dritten **I, 4,** 32
- – echte Gesamtprokura **I, 4,** 25 f.
- – Filialprokura **I, 4,** 33
- – Gesamtprokura **I, 4,** 25 ff.
- – Grundsatz der Selbstorganschaft **I, 4,** 31
- – mehrere Niederlassungen **I, 4,** 33
- – Niederlassungsprokura **I, 4,** 33 f.

- – unechte Gesamtprokura **I, 4,** 25 ff.
- Checkliste **I, 4,** 87
- Erlöschen **I, 4,** 36 ff.
- – Handelsregisteranmeldung **I, 4,** 44 f.
- – jederzeitige Widerrufbarkeit **I, 4,** 36
- – Muster **I, 4,** 52
- – Rechtsfolgen **I, 4,** 40
- – sonstige Erlöschensgründe **I, 4,** 39
- – Tod des Inhabers des Handelsgeschäfts **I, 4,** 38
- – Tod des Prokuristen **I, 4,** 38
- – Widerruf **I, 4,** 36 f.
- Erteilung **I, 4,** 4 ff.
- – Form **I, 4,** 14
- – gesetzlicher Vertreter **I, 4,** 6
- – Handelsgesellschaften **I, 4,** 4
- – Handelsregisteranmeldung **I, 4,** 41 ff.
- – in Liquidation befindliche Personengesellschaft **I, 4,** 5
- – Kaufleute **I, 4,** 4
- – Nichtkaufleute **I, 4,** 5
- – Prokurafähigkeit **I, 4,** 4 ff.
- – Unterprokura **I, 4,** 7
- – Vorgesellschaft **I, 4,** 5
- Erteilungserklärung **I, 4,** 11 ff.
- – ausdrückliche Erklärung **I, 4,** 11
- – einseitig empfangsbedürftige Willenserklärung **I, 4,** 13
- Erweiterung **I, 4,** 24
- – um Grundstücksklausel, Muster **I, 4,** 50
- – unechte Gesamtvertretung **I, 4,** 24
- EWIV **I, 1, § 6,** 67
- Handelsregisteranmeldung **I, 4,** 41 ff.
- – deklaratorische Wirkung **I, 4,** 41
- – Pflicht zur Anmeldung **I, 4,** 42
- – Umfang **I, 4,** 43
- Minderjähriger **II, 11,** 78
- Person des Prokuristen **I, 4,** 8 ff.
- – besonderes Vertrauensverhältnis **I, 4,** 8
- – Identität mit dem Inhaber des Handelsgeschäfts **I, 4,** 9
- – natürliche Person **I, 4,** 8
- Prokurist **I, 4,** 35
- Schiedsvereinbarung **II, 13,** 25
- Stellvertretung **I, 4,** 2
- Umfang **I, 4,** 15 ff.
- – Ausnahmen für Grundstücksgeschäfte **I, 4,** 18 ff.
- – Begründung eines dinglichen Rechts **I, 4,** 19
- – Belastung von Grundstücken **I, 4,** 18
- – Erbvertrag **I, 4,** 17
- – Ermächtigung zur Belastung von Grundstücken **I, 4,** 21
- – Ermächtigung zur Veräußerung von Grundstücken **I, 4,** 21
- – gedeckte Geschäfte **I, 4,** 16
- – gesetzliche Beschränkung **I, 4,** 18 ff.
- – Grundlagengeschäfte **I, 4,** 17
- – nicht gedeckte Geschäfte **I, 4,** 17
- – nicht gedeckte Rechtshandlungen **I, 4,** 17
- – Prinzipalgeschäfte **I, 4,** 17

- – Privatvermögen des Kaufmanns **I, 4,** 17
- – Prozess gegen den einzigen Gesellschafter **I, 4,** 17
- – Rechtshandlungen **I, 4,** 16
- – sonstige Grundstücksgeschäfte **I, 4,** 20
- – Testament **I, 4,** 17
- – Veräußerung von Grundstücken **I, 4,** 18
- – Veräußerung von Grundstückseigentum **I, 4,** 19
- – umfassende Vollmacht des Prokuristen **I, 4,** 15
- – §§ 49, 50 HGB **I, 4,** 15
- – alle Handelsgeschäfte **I, 4,** 15
Prokuraerteilung, OHG **II, 1, § 2,** 32
Prokurist, Zeichnung in Geschäftsverkehr **I, 4,** 35
- – § 51 HGB **I, 4,** 35
- – vollständigen Firma **I, 4,** 35
Prospekthaftung, Franchise-Vertrag **I, 6,** 119
Provision, Handelsvertreter, Fälligkeit **I, 5,** 67
Provisionsanspruch, Handelsvertreter **I, 5,** 56 ff.
- – Bezirksvertreter **I, 5,** 59
- – Entstehung **I, 5,** 62 f.
- – provisionspflichtige Geschäfte **I, 5,** 56 ff.
- – Voraussetzungen **I, 5,** 58
- – Wegfall **I, 5,** 65 f.
Provisionsverlust, Handelsvertreter **I, 5,** 120 ff.
Prozessfähigkeit, GbR **II, 1, § 1,** 18 f.
Prozessrecht, Franchise-Vertrag **I, 6,** 275 ff.
- – Streitwertfragen **I, 6,** 282
- – Vollstreckungsfragen **I, 6,** 283
- – vorläufiger Rechtsschutz **I, 6,** 278 ff.
- Gerichtsstandsvereinbarungen **I, 6,** 275 ff.
Publizitätsgesetz **II, 15, § 1,** 53
Put Option **II, 12,** 71
Qualifizierte Nachfolgeklausel, GmbH & Co. KG **II, 1, § 4,** 212 ff.
Quotenkonsolidierung **II, 12,** 116
Rahmensozialpläne **II, 17,** 86
Rahmenvertrag, Vertragshändlervertrag **I, 5,** 181
Rangrücktritt, Passivierung der Verbindlichkeiten **II, 20,** 104
- qualifizierter **II, 20,** 104
- Schuldner **II, 20,** 104
- steuerliche Behandlung **II, 20,** 104
- Überschuldung **II, 20,** 68
Rangrücktrittserklärung **II, 20,** 102
Rangrücktrittsvereinbarung, Elemente **II, 20,** 103
- Inhalt **II, 20,** 103
- Rangtiefe **II, 20,** 101
- Rechtscharakter **II, 20,** 99 ff.
- Überschuldung **II, 20,** 99 ff.
- Überschuldungsstatus **II, 20,** 100
Rating, Anbahnung neuer Geschäftsbeziehungen **II, 16,** 26

Stichwortverzeichnis

••• Die fett gedruckten **römischen Zahlen** bezeichnen die Teile, die fett gedruckten **arabischen Zahlen** die Kapitel. ••• Die fett gedruckten **§-Angaben** bezeichnen die bei Teil 2: Gesellschaftsrecht zu den Kapiteln dazugehörigen Paragrafen. ••• Die mager gedruckten Zahlen bezeichnen die Randnummern. •••

- Anleihen **II, 16**, 30
- Außendarstellung eines Unternehmens **II, 16**, 26
- bankinternes **II, 16**, 27
- Bonitätsbewertung **II, 16**, 23 ff.
- deliktische Haftung **II, 16**, 34
- externes **II, 16**, 28 ff.
- Haftung **II, 16**, 33
- Haftungsausschluss **II, 16**, 34
- Investment Grade **II, 16**, 30
- Kosten **II, 16**, 32

Rating-Agenturen **II, 16**, 24
Realisationsprinzip **II, 15, § 1**, 95, 175
Realsicherheiten **II, 16**, 14
Realsplitting **II, 10**, 299 ff.
- begrenztes **II, 10**, 310 ff.
-- Anspruch auf Zustimmung **II, 10**, 314
-- Ausgleich sonstiger Nachteile **II, 10**, 315
-- erhöhte Leistungsfähigkeit **II, 10**, 317
-- Nachteilsausgleich **II, 10**, 315 f.
-- Steuerberatungskosten **II, 10**, 315
-- Steuerpflicht beim Empfänger **II, 10**, 313
-- Voraussetzungen **II, 10**, 311 ff.

Realteilung **II, 6, § 2**, 94 ff.
- Auseinandersetzung **II, 6, § 2**, 95
- Betriebsvermögen **II, 6, § 2**, 99
- Gebäude **II, 6, § 2**, 100
- Gesellschafter, Vereinbarung **II, 6, § 2**, 96
- Gesellschafterbeschluss **II, 6, § 2**, 96
- Gesellschaftsrecht **II, 6, § 2**, 94 ff.
- Gesellschaftsvertrag **II, 6, § 2**, 96
- Gewinnfeststellungsbescheid **II, 6, § 2**, 100
- GmbH & Co. KG **II, 1, § 4**, 9
- Grund und Boden **II, 6, § 2**, 100
- KG **II, 6, § 2**, 174 ff.
-- Auseinandersetzungsvertrag **II, 6, § 2**, 179 ff.
-- Durchführung **II, 6, § 2**, 178 ff.
-- Einzelkaufmann **II, 6, § 2**, 175
-- Gesellschafterbeschluss **II, 6, § 2**, 178
-- steuerliche Behaltefrist **II, 6, § 2**, 180
-- steuerliche Belastung **II, 6, § 2**, 179
-- Wertausgleichszahlung **II, 6, § 2**, 181 ff.
- Körperschaft **II, 6, § 2**, 102
- Liquidationsverfahren **II, 6, § 2**, 96
- Mehrheitsbeschluss **II, 6, § 2**, 96
- Mehrheitsklausel **II, 6, § 2**, 96
- Personengesellschaft **II, 6, § 2**, 95
- Personenvereinigung **II, 6, § 2**, 102
- Steuererklärung **II, 6, § 2**, 100
- steuerlicher Überblick **II, 6, § 2**, 98 ff.
- stille Reserven **II, 6, § 2**, 100
- Teilbetrieb **II, 6, § 2**, 100
- Vermögensgegenstände **II, 6, § 2**, 97
- Vermögensmasse **II, 6, § 2**, 102
- Vollzug **II, 6, § 2**, 100
- wesentliche Betriebsgrundlagen **II, 6, § 2**, 100

- Wirtschaftsgüter **II, 6, § 2**, 98 ff.
-- Behaltefrist **II, 6, § 2**, 100
Rechenschaftspflicht, Handelsvertreter **I, 5**, 37
Rechnungsabgrenzung, passive **II, 15, § 1**, 156
- transitorische Posten **II, 15, § 1**, 156
Rechnungsabgrenzungsposten, aktive **II, 15, § 1**, 129 f.
- Ausgaben **II, 15, § 1**, 129
- Ermittlungen des Periodenergebnisses **II, 15, § 1**, 129
- transitorische Posten **II, 15, § 1**, 130
- Zölle und Verbrauchsteuern **II, 15, § 1**, 131
Rechnungslegung **II, 8**, 63 f.; **II, 15, § 1**, 1 ff.
- Allgemeines **II, 15, § 1**, 1 ff.
- ausländische Gesellschaft **II, 8**, 252
- Einzelkaufleute **II, 15, § 1**, 67
- externe Prüfung **II, 15, § 1**, 196 ff.
- GmbH & Co. KG **II, 1, § 4**, 7; **II, 15, § 1**, 67
- IAS/IFRS **II, 15, § 1**, 58
- internationale **II, 15, § 1**, 58
- internationale Kapitalmärkte **II, 15, § 1**, 3
- Joint Venture **II, 12**, 109 ff.
- Kapitalgesellschaft **II, 15, § 1**, 67
- Offenlegung **II, 15, § 1**, 201
- Personenhandelsgesellschaften **II, 15, § 1**, 67
- Transparenzprinzip **II, 15, § 1**, 3
- true and fair view **II, 15, § 1**, 3
- Verwaltungsakt **II, 15, § 1**, 200
Rechnungslegungspflichten, insolvenzrechtliche **II, 15, § 1**, 17
Rechnungslegungsrecht, Interessenausgleich **II, 15, § 1**, 2
- Schutzfunktion **II, 15, § 1**, 2
- Vorsichtsprinzip **II, 15, § 1**, 2
Rechnungslegungsstandard, IAS/IFRS **II, 15, § 1**, 15
- deutscher **II, 15, § 1**, 64
- internationaler **II, 15, § 1**, 15
Rechtsbehelfe des Käufers, UN-Kaufrecht **I, 8**, 100 ff.
Rechtsbindungswille, Handelsgeschäft **I, 7**, 5 ff.
Rechtsfähigkeit, GbR **II, 1, § 1**, 12 ff.
Rechtsformabhängige Besteuerung, duales System **II, 15, § 2**, 8 ff.
-- Anknüpfungsmerkmale **II, 15, § 2**, 10
-- Begünstigungen für Personenunternehmen **II, 15, § 2**, 11
-- Einheitsprinzip **II, 15, § 2**, 9
-- Einzelunternehmer **II, 15, § 2**, 9
-- Kapitalgesellschaft **II, 15, § 2**, 9
-- Personengesellschaften **II, 15, § 2**, 9
-- Reichensteuer **II, 15, § 2**, 12
-- Steueränderungsgesetz 2007 **II, 15, § 2**, 12
-- thesaurierte Gewinne **II, 15, § 2**, 11
-- Trennungsprinzip **II, 15, § 2**, 9

- jüngere Reformdiskussion **II, 15, § 2**, 19 ff.
-- Referentenentwurf zur Unternehmensteuerreform 2008 **II, 15, § 2**, 31 ff.
-- T-Modell **II, 15, § 2**, 29
-- Modell des Sachverständigenrats **II, 15, § 2**, 27 f.
- Modell der Stiftung Marktwirtschaft **II, 15, § 2**, 19 ff.
-- einheitliche Unternehmensteuer **II, 15, § 2**, 19 f.
-- Gewinnermittlung um Gruppenbesteuerungen **II, 15, § 2**, 21
-- Kleinunternehmerregelung **II, 15, § 2**, 26
-- Konzept der Organschaft **II, 15, § 2**, 21
-- Nachversteuerungsregelungen **II, 15, § 2**, 22 ff.
-- steuerliche Gewinnermittlungsregelungen **II, 15, § 2**, 21
-- transparente Entnahmeregelungen **II, 15, § 2**, 22 ff.
- Modell des Sachverständigenrats **II, 15, § 2**, 27 f.
-- Besteuerung anderer Einkunftsarten **II, 15, § 2**, 28
-- Besteuerung der Kapitalgesellschaften und deren Anteilseigner **II, 15, § 2**, 28
-- Besteuerung der Personenunternehmen **II, 15, § 2**, 28
-- duale Einkommensbesteuerung **II, 15, § 2**, 27
-- Erhöhung des Kapitaleinsatzes **II, 15, § 2**, 28
-- Kernelement **II, 15, § 2**, 27
-- rechtsformabhängiges System **II, 15, § 2**, 28
-- Schwerpunkte **II, 15, § 2**, 28
- Optionsmodelle **II, 15, § 2**, 13 ff.
-- § 32a EStG **II, 15, § 2**, 15
-- Folgen eines Optionsrechts **II, 15, § 2**, 14
-- Hauptkritik **II, 15, § 2**, 16
-- verfassungsrechtliche Bedenken **II, 15, § 2**, 16
- Sondertarifierung für einbehaltene Gewinne **II, 15, § 2**, 17 f.
-- Brühler Empfehlungen **II, 15, § 2**, 17
-- Unternehmensteuerreform 2008 **II, 15, § 2**, 17
-- T-Modell, Einkommensteuerbescheid **II, 15, § 2**, 30
-- Tarifregelungen **II, 15, § 2**, 29
- Unternehmensteuerreform 2008 **II, 15, § 2**, 31 ff.
-- Abgeltungsteuer **II, 15, § 2**, 34
-- Entwurf des Gesetzes zur Unternehmensteuerreform **II, 15, § 2**, 31
-- Gegenfinanzierungsmaßnahmen **II, 15, § 2**, 32
-- Gewerbesteuer **II, 15, § 2**, 31

3277

Stichwortverzeichnis

••• Die fett gedruckten **römischen Zahlen** bezeichnen die Teile, die fett gedruckten **arabischen Zahlen** die Kapitel. ••• Die fett gedruckten **§-Angaben** bezeichnen die bei Teil 2: Gesellschaftsrecht zu den Kapiteln dazugehörigen Paragrafen. ••• Die mager gedruckten Zahlen bezeichnen die Randnummern. •••

- – größere Personenunternehmer II, 15, § 2, 34
- – Kernpunkte II, 15, § 2, 33
- – kleinere und mittlere Betriebe II, 15, § 2, 34
- – Körperschaftsteuer II, 15, § 2, 32
- – Rücklagenbildung II, 15, § 2, 34
- – Zinsschranke II, 15, § 2, 32
- Rechtsformwahl II, 1, § 3, 1 ff.
- – Besteuerung II, 1, § 1, 66 ff.
- – Einkommensteuer II, 1, § 1, 65
- – Erbfall II, 1, § 1, 63
- – Erbschaftsteuer II, 1, § 1, 74 ff.
- – GbR II, 1, § 1, 50 ff.
- – Geschäftsführung II, 1, § 1, 58 f.
- – Gesellschafterwechsel II, 1, § 1, 61 f.
- – gesellschaftsrechtliche Kriterien, GbR II, 1, § 1, 51 ff.
- – Gewinnbeteiligung II, 1, § 1, 60
- – Gründungsphase II, 1, § 1, 52
- – Haftung der Gesellschafter II, 1, § 1, 55
- – Handelsregistereintragung II, 1, § 1, 53
- – Joint-Venture-Gesellschaft II, 12, 9 ff.
- – Kapitalaufbringung II, 1, § 1, 54
- – Kontrollmöglichkeiten II, 1, § 1, 56 f.
- – Körperschaftsteuer II, 1, § 1, 65
- – Partnerschaftsgesellschaft II, 1, § 5, 13 ff.
- – Schenkungsteuer II, 1, § 1, 74 ff.
- – steuerliche Kriterien II, 1, § 1, 65 ff.
- – stille Gesellschaft II, 3, § 1, 2 ff.
- – Verlustbeteiligung II, 1, § 1, 60
- – Vertretung II, 1, § 1, 58 f.
- – Willensbildung II, 1, § 1, 56 f.
- rechtsgeschäftliche Übertragung, Einbringung II, 6, § 2, 5 ff.
- Rechtsmittel, Registersachen I, 2, 143
- Rechtsnachfolge, Anteile an Kapitalgesellschaften, Einkommensteuer II, 9, 115 ff.
- – Erbschaftsteuer II, 9, 118 ff.
- – Formwechsel kraft Rechtsformverfehlung II, 9, 113
- – Mindestbeteiligungsquote II, 9, 119
- – Nachsteuervorschriften II, 9, 121
- – Rechtsnachfolge im Gründungsstadium II, 9, 111 ff.
- – Rechtsnachfolge in Kapitalgesellschaftsanteile II, 9, 115 ff.
- – Rechtsnachfolge in Anteile einer Komplementär-GmbH II, 9, 117
- – Rechtsnachfolge in Anteile einer Betriebskapitalgesellschaft II, 9, 117
- – Schuldenüberhang II, 9, 120
- – Stuttgarter Verfahren II, 9, 118
- – unechte Vorgesellschaft II, 9, 113
- – Unmittelbarkeitserfordernis II, 9, 119
- – Vorgesellschaft II, 9, 112 ff.
- – Vorgründungsstadium II, 9, 111
- – Zivilrecht II, 9, 109 f.
- – zusammenhängende Verbindlichkeiten II, 9, 120
- – Zwangsabtretungen II, 9, 122 ff.
- – Zwangsabtretungen und Zivilrecht II, 9, 122 ff.
- – Zwangsabtretung und Einkommensteuer II, 9, 127 f.
- – Zwangsabtretung und Erbschaftsteuer II, 9, 129 f.
- – Zwangseinziehung II, 9, 122 ff.
- – Zwangseinziehung und Zivilrecht II, 9, 122 ff.
- – Zwangseinziehung und Einkommensteuer II, 9, 127 f.
- – Zwangseinziehung und Erbschaftsteuer II, 9, 129 f.
- – Anteile an Personengesellschaften II, 9, 42 ff.
- – – Auflösung der Gesellschaft II, 9, 44
- – – einfache Nachfolgeklausel II, 9, 67 ff.
- – – einfache Nachfolgeklausel im Zivilrecht II, 9, 67 ff.
- – – einfache Nachfolgeklausel und Einkommensteuer II, 9, 73 ff.
- – – einfache Nachfolgeklausel und Erbschaftsteuer II, 9, 76 ff.
- – – eingeschränkte Rechtsnachfolge kraft Gesetzes II, 9, 42 ff.
- – – Eintrittsklausel II, 9, 96 ff.
- – – Eintrittsklausel im Zivilrecht II, 9, 96 ff.
- – – Eintrittsklausel und Einkommensteuer II, 9, 104 ff.
- – – Eintrittsklausel und Erbschaftsteuer II, 9, 107 f.
- – – erbrechtliche Nachfolgeklausel II, 9, 65 ff.
- – – Fortsetzungsklausel II, 9, 51 ff.
- – – Fortsetzungsklausel im Zivilrecht II, 9, 51 ff.
- – – Fortsetzungsklausel und Einkommensteuer II, 9, 57 ff.
- – – Fortsetzungsklausel und Erbschaftsteuer II, 9, 63 ff.
- – – gesellschaftsvertragliche Klauseln II, 9, 51 ff.
- – – Gestaltung II, 9, 48 ff.
- – – Kommanditist II, 9, 46
- – – Personenhandelsgesellschaften II, 9, 45
- – – qualifizierte Nachfolgeklausel II, 9, 79 ff.
- – – qualifizierte Nachfolgeklausel im Zivilrecht II, 9, 79 ff.
- – – qualifizierte Nachfolgeklausel und Einkommensteuer II, 9, 83 ff.
- – – qualifizierte Nachfolgeklausel und Erbschaftsteuer II, 9, 86 f.
- – – rechtsgeschäftliche Nachfolgeklausel II, 9, 88 ff.
- – – rechtsgeschäftliche Nachfolgeklausel im Zivilrecht II, 9, 88 ff.
- – – rechtsgeschäftliche Nachfolgeklausel und Einkommensteuer II, 9, 92 ff.
- – – rechtsgeschäftliche Nachfolgeklausel und Erbschaftsteuer II, 9, 94 f.
- – – Tod eines persönlich haftenden Gesellschafters II, 9, 43, 46
- – effektive Haftungsabschirmung II, 9, 2
- – Einzelunternehmen in der Nachfolge II, 9, 36 ff.
- – – Einkommensteuer II, 9, 39 f.
- – – Erbenhaftung II, 9, 37
- – – Erbschaftsteuer II, 9, 41
- – – Firmenänderung II, 9, 37
- – – mehrere Erben II, 9, 38
- – – Realteilungsgrundsätze II, 9, 40
- – – Rückwirkung der Erbauseinandersetzung II, 9, 39
- – – Steuerrecht II, 9, 39 ff.
- – – Unternehmensformen des Einzelunternehmens II, 9, 36
- – – Zivilrecht II, 9, 36 ff.
- – Erhaltung des Familienvermögens II, 9, 2
- – Gestaltungsaufgabe II, 9, 1 ff.
- – langfristige Strukturierungsaufgabe II, 9, 4
- – Minimierung von nachfolgebedingten Liquiditätsabflüssen II, 9, 3
- – Testamentsvollstrecker II, 9, 140 ff.
- – – Einzelunternehmen II, 9, 141 ff.
- – – Erbschaftsteuer II, 9, 140
- – – Kapitalgesellschaften II, 9, 145
- – – Personengesellschaft II, 9, 144
- – – Unternehmensfortführung II, 9, 141 ff.
- – – Testamentsvollstreckung II, 9, 131 ff.
- – – Einzelunternehmen II, 9, 131 f.
- – – Kapitalgesellschaftsanteile II, 9, 138 f.
- – – Personengesellschaftsanteile II, 9, 134 ff.
- – – steuerliche Pflichten des Testamentsvollstreckers II, 9, 140 ff.
- – – Treuhandlösung II, 9, 132
- – – Vollmachtslösung II, 9, 133
- – von Todes wegen II, 9, 36 ff.
- – – Anteile an Kapitalgesellschaften II, 9, 109 ff.
- – – Testamentsvollstreckung II, 9, 131 ff.
- – Vorbemerkung II, 9, 1 ff.
- – vorweggenommene Erbfolge II, 9, 146 ff.
- Rechtspfleger, funktionelle Zuständigkeit II, 11, 37
- Rechtsscheinskaufmann I, 7, 24
- Rechtswahlklausel, internationaler Handelskauf I, 8, 6
- Registeranmeldung, siehe Handelsregisteranmeldungen
- – Allgemeines I, 2, 144 ff.
- Registereintragung, amtswegige I, 2, 129 ff.
- – Löschung eingetragener Rechtsträger I, 2, 130
- – Löschung einzelner Registereintragung I, 2, 131 ff.
- – Eintragung von Insolvenzvermerken I, 2, 138 ff.
- – falsche Angaben II, 20, 115
- – konstitutive Wirkung I, 2, 18

••• Die fett gedruckten **römischen Zahlen** bezeichnen die Teile, die fett gedruckten **arabischen Zahlen** die Kapitel. ••• Die fett gedruckten **§-Angaben** bezeichnen die bei Teil 2: Gesellschaftsrecht zu den Kapiteln dazugehörigen Paragrafen. ••• Die mager gedruckten Zahlen bezeichnen die Randnummern. •••

- Löschung, unzulässiger Eintragungen I, 2, 134 ff.
- – Durchführung I, 2, 130
- – Nichtbeschlüsse I, 2, 132
- – Scheinbeschlüsse I, 2, 132
- – vermögensloser Gesellschaften I, 2, 130
- – von Gesellschafterbeschlüssen I, 2, 131 ff.
- – von Kapitalgesellschaften I, 2, 130
- – zwingende Vorschriften I, 2, 133 f.
- Löschungsverfahren I, 2, 135 ff.
- Zwangsgeldverfahren I, 2, 142
- Registergericht, Antragszurückweisung I, 2, 120 ff.
- Aussetzung des Verfahrens I, 2, 124
- Eintragung I, 2, 120 ff.
- Entscheidungen I, 2, 119 ff.
- Zwischenentscheidung I, 2, 124 f.
- Zwischenverfügung I, 2, 125
- Registerrechtliche Kontrolle, Mantelgesellschaft II, 20, 160
- Vorratsgesellschaft II, 20, 160
- Registersachen, Beschwerde I, 2, 143
- – einfache I, 2, 143
- – sofortige I, 2, 143
- – Rechtsmittel I, 2, 143
- Registerverfahren, Beschwerde in Registersachen I, 2, 141 ff.
- Beweismittel I, 2, 117 f.
- – Nachweis organschaftlicher Vertretungsmacht I, 2, 118
- Beweismittel, öffentliche Urkunden I, 2, 118
- Entscheidung des Registergerichts I, 2, 119
- höchstpersönliche Versicherungserklärung I, 2, 99
- persönliche von Geschäftsführern und Liquidatoren, Versicherungserklärung I, 2, 90
- Stellvertretung I, 2, 98 ff.
- – Prokuristen und Notare I, 2, 100 ff.
- – Vollmachtsvermutung I, 2, 101
- Versicherungserklärung I, 2, 89 ff.
- – Abgabe I, 2, 96
- – Allgemeines I, 2, 89 f.
- – Form I, 2, 91 f.
- – Funktion I, 2, 90
- – höchstpersönliche I, 2, 99
- – Sonderfälle I, 2, 93 ff.
- – Sonderrechtsnachfolgevermerk I, 2, 94
- – Verschmelzungsvorgang I, 2, 92
- – Zeitpunkt der Richtigkeit I, 2, 95 f.
- – Zusammenfassung I, 2, 97
- Registervollmacht, Beglaubigung II, 14, 73
- Reisegesellschaften II, 1, § 1, 29
- Rohausgleichsmethode, Ausgleichsanspruch, Handelsvertreter I, 5, 155 ff.
- Rückbürgschaft II, 16, 192
- Rücklageanteil, Sonderposten II, 15, § 1, 173 f.
- Rücklagenkonto II, 15, § 1, 164

- Rücksichtnahmepflicht, Pflichten für den Unternehmer, Handelsvertreter I, 5, 50 ff.
- Unternehmer, Vertragshändlervertrag I, 5, 190
- Rückständige Steuern, Haftung II, 20, 280
- Rückstellung, Abgrenzungsprobleme II, 15, § 1, 150
- Absatzgeschäfte II, 15, § 1, 151
- Beschaffungsgeschäfte II, 15, § 1, 151
- Bilanzansatz II, 15, § 1, 143 ff.
- Bilanzstichtag II, 15, § 1, 149
- Dauerschuldverhältnisse II, 15, § 1, 151
- Drittverpflichtung II, 15, § 1, 145
- drohende Verluste II, 15, § 1, 144
- drohende Verluste II, 15, § 1, 150 f.
- Einzelbewertung II, 15, § 1, 150
- Erfüllungsrückstand II, 15, § 1, 150
- für vertragliche Verbindlichkeiten II, 15, § 1, 146
- Gleichwertigkeitsvermutung II, 15, § 1, 150
- Imparitätsprinzip II, 15, § 1, 143, 150
- Kenntnis des Gläubigers II, 15, § 1, 146
- Kulanzleistung II, 15, § 1, 147
- öffentlich-rechtliche Verpflichtung II, 15, § 1, 145
- ohne Verbindlichkeitscharakter II, 15, § 1, 144
- Schuldverhältnis II, 15, § 1, 145
- Verbindlichkeiten II, 15, § 1, 206
- Verbindlichkeitscharakter II, 15, § 1, 144 ff.
- Verpflichtungsüberschuss II, 15, § 1, 150
- Rückübertragungsklausel, Endvermögen II, 10, 62
- Zugewinnausgleich II, 10, 62
- Rügeobliegenheit, Arglist I, 7, 115
- Art- und Mengenabweichungen I, 7, 124 ff.
- Aufbewahrungspflicht nach Mängelbeanstandung I, 7, 128
- deliktische Ansprüche I, 7, 120
- Falschlieferung I, 7, 124
- inhaltliche Anforderungen I, 7, 115
- Mängelanzeige I, 7, 122
- Mängelrüge I, 7, 123
- Mehrlieferung I, 7, 127
- Qualitätsmangel I, 7, 112 ff.
- Rechtzeitigkeit I, 7, 115
- Stichprobenpflicht I, 7, 121
- Übersicht I, 7, 115
- UN-Kaufrecht I, 8, 55
- verkehrsübliche Untersuchung I, 7, 121
- Verletzung von Nebenpflichten I, 7, 120
- versteckte Mängel I, 7, 115
- Verzicht I, 7, 115
- Zugang der Mängelanzeige, Beweislast I, 7, 122
- Zuweniglieferung I, 7, 126
- Russian Roulette II, 12, 73 ff.
- Russian-Roulette-Klauseln II, 12, 49

Sachdividende II, 6, § 2, 84 ff.
- Aktiengesellschaft II, 2, § 2, 248
- Aktionäre II, 6, § 2, 87
- Ausschüttung II, 2, § 2, 84 ff.
- Bewertung II, 6, § 2, 88 ff.
- Bilanzgewinn, Ausschüttung II, 6, § 2, 88
- – Auszahlung II, 6, § 2, 85
- Gegenstand II, 6, § 2, 87
- Gegenstand, Bewertung II, 6, § 2, 89
- – Verkehrswert II, 6, § 2, 89
- Gesellschafterbeschluss II, 6, § 2, 90
- gesetzliche Verankerung II, 6, § 2, 86
- Gewinnausschüttung, verdeckte II, 6, § 2, 91
- Gewinnrealisierung, handelsrechtliche II, 6, § 2, 89
- – offene II, 6, § 2, 91
- – steuerliche II, 6, § 2, 91
- Gleichbehandlungsgebot II, 6, § 2, 87
- GmbH II, 6, § 2, 90
- Kapitalertragsteuer II, 6, § 2, 92
- Kapitalgesellschaften II, 6, § 2, 93
- Leistung an Erfüllung statt II, 6, § 2, 85
- Satzungsklausel II, 6, § 2, 90
- steuerlicher Überblick II, 6, § 2, 91 ff.
- Sacheinlage II, 20, 71 ff.
- Überschuldung II, 20, 71 ff.
- Sachfirma I, 3, 19
- Sachgründung II, 16, 70
- Sachsicherheit, Pfandrecht II, 16, 202 f.
- Eigentumsvorbehalt II, 16, 197 ff.
- Grundpfandrechte II, 16, 211 ff.
- Kreditsicherheit II, 16, 196 ff.
- Sicherheitsabtretung II, 16, 209 f.
- Sicherungsübereignung II, 16, 206 ff.
- Saldoanerkenntnis, Kontokorrent I, 7, 62 ff.
- Sale and lease back II, 20, 111; II, 16, 233
- Sammelklage, Franchise-Vertrag I, 6, 118
- Sanierung, Unternehmenskrise, strafrechtliche Risiken II, 20, 129 ff.
- Sanierungseröffnungsbilanz II, 15, § 1, 17
- Sanierungskredit II, 20, 109
- Sanierungsmaßnahmen II, 20, 4
- Sanierungsprivileg II, 20, 228 ff.
- – Reichweite II, 20, 230
- Sanierungsschlussbilanz II, 15, § 1, 17
- Sanierungsschwindel, Berater II, 20, 144
- Satzung, Aktiengesellschaft II, 2, § 2, 116
- – Beurkundung II, 14, 42
- Satzungsänderung, KGaA II, 2, § 4, 39 ff.
- Säumnis, Schiedsverfahren II, 13, 135 ff.
- Scheckfähigkeit, Europäische Gesellschaft II, 8, 77
- Scheinkaufmann I, 7, 69
- Schein-Nichtkaufmann I, 1, 90
- Scheinselbständigkeit, Arbeitsrecht II, 17, 2
- Schenkung, Minderjähriger II, 11, 54
- – stille Beteiligung II, 3, § 1, 60
- Schenkungsfall, KG gewerblich tätige II, 1, § 3, 27
- – vermögensverwaltende II, 1, § 3, 31
- Schenkungsteuer, GbR II, 1, § 1, 74 ff.
- – GmbH & Co. KG II, 1, § 4, 9

Stichwortverzeichnis

••• Die fett gedruckten **römischen Zahlen** bezeichnen die Teile, die fett gedruckten **arabischen Zahlen** die Kapitel. ••• Die fett gedruckten **§-Angaben** bezeichnen die bei Teil 2: Gesellschaftsrecht zu den Kapiteln dazugehörigen Paragrafen. ••• Die mager gedruckten Zahlen bezeichnen die Randnummern. •••

- vorweggenommene Erbfolge **II, 9,** 161 ff.
Schenkungsversprechen, Beurkundung **II, 14,** 41
Schiedsabrede **II, 13,** 21
Schiedsfähigkeit **II, 13,** 26 ff.
- Anfechtungsklage, Beschlüsse einer AG **II, 13,** 30
- Arbeitssachen **II, 13,** 30
- Beschlussmängelstreitigkeiten **II, 13,** 60
-- AG **II, 13,** 64
- Börsentermingeschäfte **II, 13,** 30
- Einschränkungen **II, 13,** 30 ff.
- fehlende objektive **II, 13,** 220 ff.
- Geschmacksmusterlöschungsklage **II, 13,** 31
- gesellschaftsrechtliche Streitigkeiten **II, 13,** 58
- Markenlöschungsklage **II, 13,** 31
- nicht-vermögensrechtliche Ansprüche **II, 13,** 29
- objektive **II, 13,** 27
- Patentnichtigkeitsklage **II, 13,** 31
- subjektive **II, 13,** 32
- vermögensrechtliche Ansprüche **II, 13,** 28
- vermögensrechtliche Streitigkeiten **II, 13,** 59
Schiedsgericht **II, 13,** 2
- Dreierschiedsgericht **II, 13,** 103
- einstweiliger Rechtsschutz **II, 13,** 161 ff.
- Einzelschiedsrichter **II, 13,** 103
- Entscheidungszuständigkeit **II, 13,** 39
- Erlass von Prozessverfügungen **II, 13,** 88
- Gestaltung des Verfahrens **II, 13,** 68 ff.
-- weitgehendes Ermessen **II, 13,** 70
- KG **II, 1, § 3,** 367 ff.
- Konstituierung **II, 13,** 85, 91 ff., 103 ff., 124
- Überprüfung der Zuständigkeit, Entscheidung durch das OLG **II, 13,** 195
-- vorläufige Entscheidung **II, 13,** 194
- Verfahren **II, 13,** 65 ff.
- Verfahrensbeendigung durch Vergleich **II, 13,** 89
- Vorsitzender **II, 13,** 108
- Zuständigkeit **II, 13,** 22
Schiedsgerichtliche Vereinbarungen, EWIV **II, 1, § 6,** 41
Schiedsgerichtsbarkeit **II, 13,** 1 ff.
- Einleitung **II, 13,** 1 ff.
- institutionelle **II, 13,** 15
- Wirtschaftsverkehr **II, 13,** 2
Schiedsgerichtsverfahren, Franchise-System **I, 6,** 263 ff.
- Franchise-Vertrag, Rechtswirkungen eines Schiedsspruchs **I, 6,** 273
Schiedsgerichtsvertrag, Franchise-Vertrag **I, 6,** 267
Schiedshängigkeit **II, 13,** 96
- Umfang **II, 13,** 99
Schiedsinstitutionen **II, 13,** 14

Schiedsklage, Bezeichnung der Parteien **II, 13,** 98
- Einreichung **II, 13,** 85
- Erhebung **II, 13,** 97
-- Anforderungen der Schiedsordnungen **II, 13,** 100 ff.
-- Antrag **II, 13,** 99
-- Ausfertigungen **II, 13,** 101
-- Form **II, 13,** 98 f.
-- ICC-Rules **II, 13,** 100
-- Inhalt **II, 13,** 98 f.
-- Rücknahme **II, 13,** 178
Schiedsklausel **II, 13,** 21
- Bindung der Gesellschafter **II, 13,** 54 ff.
- Franchise-Vertrag **I, 6,** 267
- Reichweite **II, 13,** 57
Schiedsordnungen, Anforderungen **II, 13,** 100 ff.
Schiedsort **II, 13,** 16
Schiedsrichter, Ablehnung **II, 13,** 118 ff.
- Ablehnungsgründe **II, 13,** 118 ff.
-- DIS-SchO **II, 13,** 123
-- ICC-Rules **II, 13,** 123
- Ablehnungsverfahren **II, 13,** 118 ff., 122
- Anzahl **II, 13,** 48
- Auswahl der Parteischiedsrichter **II, 13,** 115 f.
- Benennung eigener **II, 13,** 78
- Declaration of Independence **II, 13,** 120
- Ernennung **II, 13,** 104 ff.
-- Anwendung der DIS-SchO **II, 13,** 105 ff.
-- Anwendung der ICC-Rules **II, 13,** 110 ff.
-- mehrere Beklagte **II, 13,** 109
-- mehrere Kläger **II, 13,** 109
-- Mehrparteienschiedsverfahren **II, 13,** 109
-- Schiedsverfahrensrecht **II, 13,** 104
- Zugehörigkeit zu einer Anwaltssozietät **II, 13,** 121
Schiedsrichtervertrag **II, 13,** 125 f.
- Franchise-Vertrag **I, 6,** 267
Schiedsspruch **II, 13,** 2, 169 ff.
- Anerkennung **II, 13,** 233 ff.
- Aufhebungsantrag **II, 13,** 242
- besonderer Gehörsverstoß **II, 13,** 213
- Entscheidung ultra petita **II, 13,** 214
- Erlass **II, 13,** 90, 177
- Feststellungsklage **II, 13,** 243
- Kontrolle, staatliche Gerichte **II, 13,** 202
- Vergleich **II, 13,** 179
- Verkehrsfähigkeit **II, 13,** 7
- Verteidigungsmöglichkeiten **II, 13,** 241 ff.
- Vollstreckbarkeitserklärung **II, 13,** 90
- Vollstreckungsklage **II, 13,** 244
Schiedsvereinbarung **II, 13,** 2
- Abschluss **II, 13,** 25 ff.
- Abschluss eines Vergleichs **II, 13,** 52
- Allgemeine Geschäftsbedingungen **II, 13,** 38
- allgemeine Voraussetzungen **II, 13,** 25
- Anfechtung **II, 13,** 52

- anwendbares Recht **II, 13,** 23 ff.
- Autonomie **II, 13,** 23 ff.
- Bedeutung **II, 13,** 19 ff., 22
- besondere Wirksamkeitsvoraussetzungen **II, 13,** 26 ff.
- Einrede **II, 13,** 201
- Eintritt einer auflösenden Bedingung **II, 13,** 52
- Erlöschen **II, 13,** 51 ff.
- Fehlervermeidung **II, 13,** 50
- Formverstoß **II, 13,** 35
- gesellschaftsrechtliche Problemstellungen **II, 13,** 53 ff.
- Inhalt **II, 13,** 39 ff.
- Inhaltskontrolle **II, 13,** 38
- internationale Veträge **II, 13,** 18 ff.
- Kapitalgesellschaften **II, 13,** 56
- materiell-rechtlicher Vertrag **II, 13,** 20
- Musterklauseln **II, 13,** 41 ff.
-- DIS **II, 13,** 42
-- ICC **II, 13,** 43 f.
-- UNCITRAL-Schiedsregeln 1976 **II, 13,** 45 f.
- nationale Verträge **II, 13,** 18 ff.
- notwendiger Inhalt **II, 13,** 39 ff.
- Personengesellschaften **II, 13,** 55
- Prokura **II, 13,** 25
- Rücktritt **II, 13,** 52
- rügelose Einlassung **II, 13,** 35
- Schiedsklausel **II, 13,** 21
- Schiedsort **II, 13,** 48
- Schiedsrichter, Anzahl **II, 13,** 48
- Schiedsspruch **II, 13,** 52
- Schriftformerfordernis **II, 13,** 33 ff.
-- Bezugnahme auf ein Dokument **II, 13,** 34
-- E-Mail **II, 13,** 34
-- kaufmännisches Bestätigungsschreiben **II, 13,** 34
-- Konnossement **II, 13,** 34
- Streit über Wirksamkeit **II, 13,** 51
- Übertragung der Entscheidungszuständigkeit **II, 13,** 39
- Undurchführbarkeit **II, 13,** 52
- Unwirksamkeit **II, 13,** 51 ff., 211
- Urteil **II, 13,** 52
- Verbraucherbeteiligung **II, 13,** 36 f.
- Verfahrenssprache **II, 13,** 48
- vertragliche Aufhebung **II, 13,** 52
- Wirksamkeitsvoraussetzungen **II, 13,** 25 ff.
- Zusatzvereinbarungen **II, 13,** 47 ff.
- Zustellungsbevollmächtigte **II, 13,** 49
Schiedsverfahren, AAA code of ethics **II, 13,** 17
- Ablauf **II, 13,** 66 ff.
- ad hoc **II, 13,** 13 ff.
- andere Beweismittel **II, 13,** 157 ff.
- Antrag **II, 13,** 98 ff.
- anwaltliche Vertretung, Ausschluss **II, 13,** 83
- Aufhebung, Entscheidung des Gerichts **II, 13,** 227 ff.
-- Form des Antrags **II, 13,** 224
-- Frist des Antrags **II, 13,** 224
- Rechtsmittel **II, 13,** 227 ff.
-- Verfahrensfragen **II, 13,** 223 ff.

Stichwortverzeichnis

••• Die fett gedruckten **römischen Zahlen** bezeichnen die Teile, die fett gedruckten **arabischen Zahlen** die Kapitel. ••• Die fett gedruckten **§-Angaben** bezeichnen die bei Teil 2: Gesellschaftsrecht zu den Kapiteln dazugehörigen Paragrafen. ••• Die mager gedruckten Zahlen bezeichnen die Randnummern. •••

- – Verzicht **II, 13,** 225 f.
- – Zuständigkeit **II, 13,** 223
- Aufhebungsantrag, erfolglos **II, 13,** 230
- – erfolgreich **II, 13,** 227 ff.
- Aufhebungsentscheidung, Rechtsmittel **II, 13,** 231
- Aufhebungsgründe **II, 13,** 209 ff.
- – Darlegungs- und Beweislast **II, 13,** 222
- Aufhebungsverfahren **II, 13,** 204 ff.
- – Einleitung **II, 13,** 204
- – inländisches Schiedsgericht **II, 13,** 208
- – Statthaftigkeit **II, 13,** 205
- – Vorliegen eines Schiedsspruchs **II, 13,** 206 f.
- Augenschein **II, 13,** 157 ff.
- Austausch von Schriftsätzen **II, 13,** 87 f.
- beschränkter Untersuchungsgrundsatz **II, 13,** 77
- Beweisaufnahme **II, 13,** 80, 87 f., 144 ff.
- Beweiserhebung **II, 13,** 145 ff.
- – Inaugenscheinnahme **II, 13,** 157
- – internationale Schiedsverfahren **II, 13,** 146
- Beweiswürdigung **II, 13,** 147
- Chancengleichheit der Parteien **II, 13,** 78
- Dispositionsmaxime **II, 13,** 76
- DIS-SchO **II, 13,** 100
- Document Request **II, 13,** 149
- Einleitung **II, 13,** 91 ff.
- – DIS-SchO **II, 13,** 93
- – gesetzliche Vorschriften **II, 13,** 92
- – ICC-Rules **II, 13,** 93
- – Rechtsfolgen **II, 13,** 94 ff.
- einstweiliger Rechtsschutz, Änderung der Maßnahme **II, 13,** 167
- – Hilfe durch staatliche Gerichte **II, 13,** 165
- – Maßnahmen **II, 13,** 162
- – staatliche Gerichte **II, 13,** 200 ff.
- – Überprüfung **II, 13,** 199
- – Verfahren **II, 13,** 163 f.
- – Vollzugsschadensersatz **II, 13,** 168
- Erledigungserklärung **II, 13,** 180 f.
- Fehler **II, 13,** 215 ff.
- Feststellung der Unzulässigkeit **II, 13,** 193
- Feststellung der Zulässigkeit **II, 13,** 193
- Geheimhaltungspflicht **II, 13,** 6, 73 ff.
- Gestaltung durch die Parteien **II, 13,** 68 ff.
- Gestaltung durch Schiedsgericht **II, 13,** 68 ff.
- Gleichbehandlung der Parteien **II, 13,** 78
- Grundsatz der Unmittelbarkeit **II, 13,** 81
- Grundsatz der Vertraulichkeit **II, 13,** 73 ff.
- Grundsatz des rechtlichen Gehörs **II, 13,** 80
- Grundsatzurteil **II, 13,** 12

- IBA Rules on the taking of evidence **II, 13,** 17
- ICC Court **II, 13,** 14
- ICDR **II, 13,** 14
- Informationsstand beider Parteien **II, 13,** 79
- institutionelle **II, 13,** 13 ff.
- International Chamber of Commerce **II, 13,** 14
- internationale Vertragsbeziehungen **II, 13,** 3
- keine unmittelbare Anwendung der ZPO **II, 13,** 67
- Klageänderung **II, 13,** 132 f.
- Klageerwiderung **II, 13,** 127 ff.
- Klagerücknahme **II, 13,** 134
- Kollisionsrecht **II, 13,** 170 ff.
- – Billigkeitsentscheidung **II, 13,** 175
- – – DIS-SchO **II, 13,** 173
- – – ICC-Rules **II, 13,** 173
- – – transnationales Recht **II, 13,** 174
- – – ZPO **II, 13,** 170 ff.
- Konstituierungsverfahren **II, 13,** 187
- Ladung der Zeugen **II, 13,** 153
- materielle Rechtsanwendung **II, 13,** 169 ff.
- Mehrparteienschiedsverfahren **II, 13,** 78
- mündliche Verhandlung **II, 13,** 87 f., 144 ff.
- Nachteile **II, 13,** 10 ff.
- New York Convention **II, 13,** 7
- ordre public **II, 13,** 212
- Parteiautonomie **II, 13,** 68
- Schiedsverfahren, Parteigutachter **II, 13,** 157 ff.
- Präklusion **II, 13,** 127 ff., 135 ff.
- Pre-Hearing Conference **II, 13,** 86
- Rechtsanwendung **II, 13,** 176
- Rechtsmittel **II, 13,** 203
- Request to Produce **II, 13,** 149
- Sachverständiger **II, 13,** 157 ff.
- Säumnis **II, 13,** 127 ff., 135 ff.
- – bei Klageeinreichung **II, 13,** 136 f.
- – bei Klageerwiderung **II, 13,** 136 f.
- – Dokumentenvorlage **II, 13,** 138
- – – Entschuldigung **II, 13,** 139 ff.
- – – Folgen **II, 13,** 135
- – – mündliche Verhandlung **II, 13,** 138
- – schriftliche Zeugenaussagen **II, 13,** 156
- – staatliche Gerichte **II, 13,** 182 ff.
- – – Kontrolle **II, 13,** 182 ff.
- – – Kontrollmaßnahmen **II, 13,** 192 ff.
- – – Unterstützung **II, 13,** 182 ff.
- – – Unterstützungsmaßnahmen **II, 13,** 186 ff.
- Streitgenossenschaft **II, 13,** 11
- Terms of Reference **II, 13,** 86
- typischer Verfahrensablauf **II, 13,** 84 ff.
- Überprüfung der Zuständigkeit, laufendes Verfahren **II, 13,** 196
- – – Zwischenbescheid **II, 13,** 194 ff.
- UNCITRAL-Schiedsregeln **II, 13,** 13
- Urkundsbeweis **II, 13,** 147 ff.
- Verfahrensbeendigung **II, 13,** 169 ff.
- – andere Möglichkeiten **II, 13,** 178 ff.

- Verfahrensgrundsätze **II, 13,** 66 ff., 72 ff.
- – – ZPO **II, 13,** 72
- Verfahrenskosten **II, 13,** 9
- Verfahrensöffentlichkeit **II, 13,** 6
- Verfügungen über den Streitgegenstand **II, 13,** 127 ff.
- Vollstreckbarerklärung, ausländische Schiedssprüche **II, 13,** 238 ff.
- – – Einführung **II, 13,** 233
- – – inländische Schiedssprüche, **13,** 234 ff.
- Vollstreckbarerklärungsverfahren **II, 13,** 232 ff.
- Vorlage von Dokumenten **II, 13,** 147 ff.
- Vorteile **II, 13,** 5 ff.
- weitere Schriftsätze **II, 13,** 127 ff.
- weiterer Verfahrensablauf **II, 13,** 86
- Widerklage **II, 13,** 127 ff., 131
- Wirtschaftsverkehr **II, 13,** 3 ff.
- witness statements **II, 13,** 156
- Zeugen, rehearsal **II, 13,** 155
- Zeugenbefragung, Durchführung **II, 13,** 154 f.
- – witness coaching **II, 13,** 155
- Zeugenbegriff **II, 13,** 152
- Zeugenbeweis **II, 13,** 151 ff.
- zweite Instanz **II, 13,** 10
- Schiedsverfahrensrecht, Form **I, 13,** 98 f.
- – Grenze des zwingenden **II, 13,** 71
- – Inhalt **II, 13,** 98 f.
- – Quellen **II, 13,** 17 ff.
- Schlichtung, Franchise-System **I, 6,** 250 ff.
- Schlussbilanz **II, 15, § 1,** 74
- Schneeballsystem, Franchise-Vertrag **I, 6,** 77
- – – Pyramidensystem **I, 6,** 77
- – – Unterschied **I, 6,** 77
- Schriftformklausel, Handelsgeschäft **I, 7,** 10 ff.
- – UN-Kaufrecht **I, 8,** 73
- Schrumpfungsmodell, Betriebsaufspaltung **II, 7,** 108
- Schuldbeitritt, Kreditsicherheiten **II, 16,** 194
- Schuldner, Deliktsanfälligkeit **II, 20,** 118
- Schuldscheindarlehen **II, 16,** 144 ff.
- – vorzeitige Tilgung **II, 16,** 149
- Zessionsbasis **II, 16,** 146
- Schuldübernahme, Einbringungsvertrag **II, 6, § 2,** 9 ff.
- Schwarze Klausel, aktive Werbung **I, 6,** 17
- – aktives Marketingverbot außerhalb des Vertragsgebiets **I, 6,** 17
- – Belieferungsverbot aus Wohnsitzgründen **I, 6,** 16
- – Franchise-Vertrag **I, 6,** 15 ff.
- – Preisbindungsklausel **I, 6,** 15
- – unverbindliche Preisempfehlung **I, 6,** 15
- – Verkaufspreise **I, 6,** 15
- Schwarze Liste, Vertikal-GVO **I, 6,** 37 ff.
- Schwebende Geschäfte, Bilanzerstellung **II, 15, § 1,** 113 f.
- Schweigen, Angebot, Handelsgeschäft **I, 7,** 43 ff.

3281

Stichwortverzeichnis

••• Die fett gedruckten **römischen Zahlen** bezeichnen die Teile, die fett gedruckten **arabischen Zahlen** die Kapitel. ••• Die fett gedruckten **§-Angaben** bezeichnen die bei Teil 2: Gesellschaftsrecht zu den Kapiteln dazugehörigen Paragrafen. ••• Die mager gedruckten Zahlen bezeichnen die Randnummern. •••

Schwellenwertrichtlinie **II, 15, § 1,** 57
Schwesterpersonengesellschaft, Betriebsaufspaltung **II, 7,** 91
Selbsthilfeverkauf, Deckungsverkauf **I, 7,** 101
– Handelskauf **I, 7,** 97 ff.
– – freihändiger Verkauf **I, 7,** 99
– – öffentliche Versteigerung **I, 7,** 99
Selbstkontrahieren **II, 14,** 37
Selbstschuldnerische Bürgschaft **II, 16,** 192
Selektivvertrieb, Franchising **I, 6,** 80 ff.
– – Franchise-Nehmer-Profil **I, 6,** 81
– – Konkurrenzmarken **I, 6,** 82
Servicing Agreement **II, 16,** 250
Share Deal **II, 12,** 30, 61
– Betriebsübergang **II, 17,** 26
Sicherheitsabtretung, offene Zession **II, 16,** 210
– Sachsicherheit **II, 16,** 209 f.
– stille Zession **II, 16,** 210
Sicherungsbedürfnis, Unternehmensfinanzierung **II, 16,** 13 ff.
Sicherungsübereignung, Sachsicherheiten **II, 16,** 206 ff.
Side Letter, Bezugnahme **II, 14,** 50
– notarielle Beurkundung **II, 14,** 49
Signing **II, 12,** 29
Sitztheorie **II, 8,** 1 ff., 10 ff.
– Beachtlichkeit von Weiterverweisungen **II, 8,** 14
– – Rückverweisung **II, 8,** 14
– – Verwaltungssitz **II, 8,** 14
– Bestimmung des Verwaltungssitzes **II, 8,** 10
– – Anscheinsbeweis **II, 8,** 12
– – Nachweisschwierigkeiten **II, 8,** 12
– – Sandrocksche Formel **II, 8,** 10
– – Schwerpunkt der Tätigkeit **II, 8,** 11
– – deutsche GmbH **II, 8,** 117 ff.
– EWIV **II, 1, § 6,** 77 ff.
– Zuzug einer ausländischen Gesellschaft **II, 8,** 125 ff.
Sonderbilanz **II, 15, § 1,** 16
– Gesamthandseigentum **II, 15, § 1,** 213
Sonderposten mit Rücklageanteil **II, 15, § 1,** 173 ff.
Sorgfalt eines ordentlichen Kaufmanns **I, 7,** 82
Sozialansprüche, GbR **II, 1, § 1,** 114
Sozialauswahl, Arbeitsrecht **II, 17,** 37
– betriebsbedingte Kündigung **II, 17,** 19 ff.
– Bewertung der Sozialdaten **II, 17,** 21
– Spezialistenausnahme **II, 17,** 22
– Vergleichbarkeit **II, 17,** 20
Sozialplan, Abfindungen, Höchstgrenze **II, 17,** 103
– – Untergrenze **II, 17,** 104
– – Verjährung **II, 17,** 110
– andere finanzielle Leistungen **II, 17,** 113 ff.
– andere finanzielle Zuwendungen **II, 17,** 113 ff.
– Beendigung **II, 17,** 123 ff.
– Berechnungsdurchgriff **II, 17,** 105
– Durchführung **II, 17,** 85

– Entschädigung **II, 17,** 83
– entstandene Ansprüche **II, 17,** 91
– erzwingbare Mitbestimmungsrechte **II, 17,** 83
– fällige Ansprüche **II, 17,** 91
– Fürsorge- und Vorsorgefunktion **II, 17,** 83
– Gültigkeitsdauer **II, 17,** 123 ff.
– Haftungsfragen **II, 17,** 136
– Inhalt **II, 17,** 84
– Leistung, Anspruch auf **II, 17,** 135
– – kein Arbeitsentgelt **II, 17,** 134
– leitende Angestellte **II, 17,** 94
– personeller Geltungsbereich **II, 17,** 92 ff.
– Rahmensozialpläne **II, 17,** 86
– rechtliche Wirkung **II, 17,** 84
– sonstige Vergünstigungen **II, 17,** 113 ff.
– Steuerungsfunktion **II, 17,** 83
– Teilzeitbeschäftigung **II, 17,** 87
– Überbrückungsfunktion **II, 17,** 83
– Überbrückungszahlung **II, 17,** 119
– unmittelbare Rechtsansprüche **II, 17,** 133
– Verfahrensablauf **II, 17,** 84
– Verhandlung, keine Einigung **II, 17,** 87
– Verhandlungsverfahren **II, 17,** 87 ff.
– weiter Gestaltungsspielraum **II, 17,** 87
– Wirkung **II, 17,** 131 ff.
– zeitlicher Geltungsbereich **II, 17,** 92 ff.
– Zweck **II, 17,** 85
– zwingendes Kündigungsrecht **II, 17,** 87
Sozialplanabfindungen, Grundsätze **II, 17,** 96 ff.
Sozialplanverhandlung, Arbeitsrecht **II, 17,** 83 ff.
Sozialversicherungsbeiträge, nicht abgeführte **II, 20,** 266 ff.
– – Beitragsabführung **II, 20,** 266
– – Beweislast **II, 20,** 273
– – Geschäftsführer **II, 20,** 274 f.
– – kein Lohn **II, 20,** 266
– – rechtzeitige Stundungsanträge **II, 20,** 266
– – Schaden **II, 20,** 271
– – Schadensersatz **II, 20,** 266
– – Schadensersatzanspruch **II, 20,** 273
– – Sozialversicherungsträger **II, 20,** 273
– – Tilgungsbestimmung **II, 20,** 272
– – verantwortlicher Arbeitgeber **II, 20,** 274 f.
– – verbotene Zahlung **II, 20,** 277 f.
– – Vorsatz **II, 20,** 270
– – Zahlungsunfähigkeit **II, 20,** 268
– – Vorenthalten von **II, 20,** 122
Sozialversicherungsrecht, Franchise-Vertrag **I, 6,** 236
Spaltung **II, 6, § 1,** 181 ff.
– Ablauf **II, 6, § 1,** 190
– Abspaltung **II, 6, § 1,** 185; **II, 16,** 734
– Abspaltung von einer GmbH zur Neugründung einer GmbH **II, 6, § 1,** 214 ff.
– Anmeldung **II, 6, § 1,** 219 f.
– Erläuterungen **II, 6, § 1,** 215 ff.

– Eintragung **II, 6, § 1,** 219 f.
– – Muster eines Spaltungsplans **II, 6, § 1,** 214
– – Spaltungsplan **II, 6, § 1,** 215
– – Zustimmungsbeschluss **II, 6, § 1,** 216 ff.
– Abspaltung von einer KG zur Aufnahme auf eine andere KG **II, 6, § 1,** 223 ff.
– – Erläuterungen **II, 6, § 1,** 227 f.
– – Muster eines Spaltungsvertrags **II, 6, § 1,** 223
– – Muster der Einberufung der Gesellschafterversammlung **II, 6, § 1,** 224
– – Muster des Zustimmungsbeschlusses bei der übernehmenden Gesellschaft **II, 6, § 1,** 225
– – Muster des Zustimmungsbeschlusses bei der übertragenden Gesellschaft **II, 6, § 1,** 226
– Abspaltung zur Aufnahme, Anmeldung **II, 6, § 1,** 210
– – Anteilsgewährungspflicht **II, 6, § 1,** 200 ff.
– – Beschlussanforderungen **II, 6, § 1,** 207
– – Bestimmtheitsgrundsatz **II, 6, § 1,** 198
– – Eintragung **II, 6, § 1,** 211 f.
– – Erläuterungen **II, 6, § 1,** 196 ff.
– – fakultativer Inhalt **II, 6, § 1,** 203
– – Grundfall **II, 6, § 1,** 191 ff.
– – Haftung **II, 6, § 1,** 213
– – Handelsregisteranmeldung für die übertragende GmbH **II, 6, § 1,** 194
– – Kapitalaufbringungen **II, 6, § 1,** 208 f.
– – Kapitalerhaltung **II, 6, § 1,** 208 f.
– – Muster der Handelsregisteranmeldung für die aufnehmende GmbH **II, 6, § 1,** 195
– – Muster des Zustimmungsbeschlusses bei der übernehmenden GmbH **II, 6, § 1,** 192
– – Muster des Zustimmungsbeschlusses bei der übertragenden GmbH **II, 6, § 1,** 193
– – Muster eines Spaltungsvertrags **II, 6, § 1,** 191
– – partielle Gesamtrechtsnachfolge **II, 6, § 1,** 211 f.
– – Spaltungsbericht **II, 6, § 1,** 204
– – Spaltungsprüfung **II, 6, § 1,** 204
– – Spaltungsvertrag **II, 6, § 1,** 197
– – Zuleitung an den Betriebsrat **II, 6, § 1,** 205 f.
– – Zustimmungsbedürftigkeit **II, 6, § 1,** 207
– – Zustimmungsbeschlüsse **II, 6, § 1,** 204 ff.
– Aufspaltung **II, 6, § 1,** 184; **II, 16,** 134
– Aufspaltung einer GmbH zur Aufnahme auf zwei GmbH **II, 6, § 1,** 221 ff.
– – Erläuterungen **II, 6, § 1,** 222

Stichwortverzeichnis

••• Die fett gedruckten **römischen Zahlen** bezeichnen die Teile, die fett gedruckten **arabischen Zahlen** die Kapitel. ••• Die fett gedruckten **§-Angaben** bezeichnen die bei Teil 2: Gesellschaftsrecht zu den Kapiteln dazugehörigen Paragrafen. ••• Die mager gedruckten Zahlen bezeichnen die Randnummern. •••

– – Muster eines Spaltungsvertrags **II, 6, § 1,** 221
– Ausgliederung **II, 6, § 1,** 187; **II, 16,** 134
– Ausgliederung aus dem Vermögen einer Gebietskörperschaft **II, 6, § 1,** 243 ff.
– – Anmeldung **II, 6, § 1,** 248
– – Ausgliederungsbericht **II, 6, § 1,** 247
– – Ausgliederungsbeschluss **II, 6, § 1,** 249
– – Ausgliederungsplan **II, 6, § 1,** 245
– – Ausgliederungsprüfung **II, 6, § 1,** 247
– – Erläuterungen **II, 6, § 1,** 244 ff.
– – gesamtes Unternehmen **II, 6, § 1,** 246
– – Muster der Handelsregisteranmeldung **II, 6, § 1,** 243
– – notarielle Beurkundung **II, 6, § 1,** 249
– – Sachgründungsbericht **II, 6, § 1,** 247
– Ausgliederung aus dem Vermögen eines Einzelkaufmanns, Anmeldung **II, 6, § 1,** 242
– – Erläuterungen **II, 6, § 1,** 239 ff.
– – Gründungsprüfung **II, 6, § 1,** 241
– – Identität der Gesellschafter **II, 6, § 1,** 239
– – keine Überschuldung **II, 6, § 1,** 240
– – Muster der Handelsregisteranmeldung für den e.K. **II, 6, § 1,** 237
– – Muster der Handelsregisteranmeldung für die neu gegründete GmbH **II, 6, § 1,** 238
– – Muster eines Ausgliederungsplans **II, 6, § 1,** 236
– – Nachhaftungsbegrenzung **II, 6, § 1,** 242
– – Sachgründungsbericht **II, 6, § 1,** 241
– Ausgliederung von einer AG zur Neugründung einer GmbH bzw. AG **II, 6, § 1,** 229 ff.
– – Besonderheiten bei der AG **II, 6, § 1,** 231 ff.
– – Besonderheiten der Ausgliederung **II, 6, § 1,** 234 f.
– – Erläuterungen **II, 6, § 1,** 232 ff.
– – Muster des Zustimmungsbeschlusses bei der übertragenden AG **II, 6, § 1,** 230
– – Muster eines Ausgliederungsplans **II, 6, § 1,** 229
– Definition **II, 6, § 1,** 181 ff.
– Grundprinzipien **II, 6, § 1,** 181 ff.
– Kombinationen **II, 6, § 1,** 188
– Spaltungsarten **II, 6, § 1,** 183
– spaltungsfähige Rechtsträger **II, 6, § 1,** 189
– Totalausgliederung **II, 6, § 1,** 187
– Unternehmensfinanzierung **II, 16,** 134
Spaltungsvertrag, Beurkundung **II, 14,** 61
Speditionsgeschäft **I, 7,** 176 ff.
– Frachtvertrag **I, 7,** 179
– Spediteur **I, 7,** 180
– – Rechte und Pflichten **I, 7,** 180 ff.
Spezialleasing **II, 16,** 233

Spezifikationshandelskauf **I, 7,** 105 ff.
– Wahlschuld **I, 7,** 107
Sportgesellschaften **II, 1, § 1,** 29
Stammaktien **II, 16,** 62
Stammkapitalauszahlung, Cash-Pool **II, 20,** 177 f.
– Darlehensrückzahlungsanspruch **II, 20,** 176
Stammkapitalrückzahlung, Mithaftung **II, 20,** 183
– Rechtsfolgen **II, 20,** 180 ff.
– Rückzahlungsverpflichtung **II, 20,** 180
– verbotene **II, 20,** 170
– Verjährung **II, 20,** 183 ff.
Start-up-Unternehmen **II, 15, § 1,** 37
Statusrelevante Vorgänge, Auslandsbeurkundung **II, 14,** 103 f.
Stellvertretung **I, 4,** 1 f.
– §§ 164 ff. BGB **I, 4,** 1
– besondere Vertretungsform **I, 4,** 1
– Beurkundung **II, 14,** 25 ff.
– Geschäftsinhaber **I, 4,** 1 f.
– Glauben an die Vertretungsmacht **I, 4,** 1
– Handlungsvollmacht **I, 4,** 2
– Ladenangestellte **I, 4,** 2
– – vertretungsmacht **I, 4,** 2
– Prokura **I, 4,** 2
– – Beschränkung des Umfangs **I, 4,** 2
– Vollmacht **I, 4,** 1
– – Überschreitung **I, 4,** 1
Steuerabgrenzung, aktive **II, 15, § 1,** 159
– latente Steuern **II, 15, § 1,** 157 ff.
– objektiver Ausweis der Vermögenslage **II, 15, § 1,** 157
– passive **II, 15, § 1,** 158
– periodengerechte Erfolgsermittlung **II, 15, § 1,** 157
Steuerbegünstigung, Betriebsvermögen, KG **II, 1, § 3,** 210 ff.
Steuerberatermodell, Betriebsaufspaltung, gewollte **II, 7,** 127 ff.
– Vermeidung der Betriebsaufspaltung **II, 7,** 88
Steuerbilanz, Personenhandelsgesellschaften **II, 15, § 1,** 39
– Unterhaltsrecht **II, 10,** 258
Steuerbilanzrecht **II, 15, § 1,** 55, 202 ff.
– Betriebsvermögen **II, 15, § 1,** 211 ff.
– Gemeinkosten **II, 15, § 1,** 208
– Gesamthandseigentum **II, 15, § 1,** 212
– Kosten der allgemeinen Verwaltung **II, 15, § 1,** 208
– Personengesellschaften **II, 15, § 1,** 212
– Sonderbetriebsvermögen **II, 15, § 1,** 121
– umgekehrte Maßgeblichkeit **II, 15, § 1,** 208
– verdeckte Gewinnausschüttung **II, 15, § 1,** 211
– Wirtschaftsgut **II, 15, § 1,** 210
Steuerhinterziehung, Berater **II, 20,** 142
Steuern, Joint Venture **II, 12,** 121 ff.
Steuerrecht, Betriebsaufspaltung **II, 7,** 6 ff.

– Betriebsaufspaltung, Zusammenfassung **II, 7,** 149 ff.
– gesetzlicher Güterstand **II, 10,** 433
– GmbH & Co. KG **II, 1, § 4,** 9
– Pool **II, 2, § 5,** 127 ff.
– Rechtsnachfolge von Todes wegen **II, 9,** 39 ff.
– Umwandlungsrecht **II, 6, § 1,** 31 ff.
Steuerrecht, Unterbeteiligung **II, 3, § 2,** 6 ff.
– Bewertung von Unternehmen, abschließende Bewertung **II, 10,** 108
– Bewertung von Unternehmen, strenge Regelung **II, 10,** 108
– Zugewinnausgleich **II, 10,** 35 ff.
Stichtagsprinzip **II, 15, § 1,** 92
– Ausnahme **II, 15, § 1,** 92
Stifter, Familie **II, 2, § 6,** 47 ff.
– Rückfall des Vermögens **II, 2, § 6,** 24
– Stiftungsgeschäft **II, 2, § 6,** 36
– Stimmrecht **II, 2, § 6,** 32
– Vetorecht **II, 2, § 6,** 32
Stifterwillen **II, 2, § 6,** 8
Stiftung **II, 2, § 6,** 1 ff.
– & Co. KG **II, 2, § 6,** 52 ff.
– – Grundmodell **II, 2, § 6,** 52
– – Komplementär **II, 2, § 6,** 53
– Abspaltungsverbot **II, 2, § 6,** 46 ff.
– Anfallsberechtigter **II, 2, § 6,** 25
– Aufhebung **II, 2, § 6,** 22
– Ausübung der Eigentümerrechte **II, 2, § 6,** 3
– Berichtspflichten **II, 2, § 6,** 30
– Besteuerung **II, 2, § 6,** 59 ff.
– – Vermögensverwaltung **II, 2, § 6,** 59
– – wirtschaftlicher Geschäftsbetrieb **II, 2, § 6,** 59
– – Zweckbetrieb **II, 2, § 6,** 59
– Beteiligung an Kapitalgesellschaften **II, 2, § 6,** 58 ff.
– Beteiligung an Personengesellschaften **II, 2, § 6,** 58, 65
– Beteiligungsträgerstiftung **II, 2, § 6,** 3 ff.
– Dauer **II, 2, § 6,** 20
– Destinatäre **II, 2, § 6,** 50
– Doppelstiftung **II, 2, § 6,** 43 ff.
– Eigentümerin des Unternehmens **II, 2, § 6,** 3
– Erbe, Rückfall des Vermögens **II, 2, § 6,** 24
– Familienstiftung **II, 2, § 6,** 13
– formelle Satzungsmäßigkeit **II, 2, § 6,** 14
– Gemeinnützigkeit **II, 2, § 6,** 44, 55 ff.
– Geschäftsführung, Einflussnahme auf die laufende **II, 2, § 6,** 64
– – entscheidender Einfluss **II, 2, § 6,** 60
– – wesentliche Einflussnahme **II, 2, § 6,** 61
– Gestaltungsmodelle **II, 2, § 6,** 5 ff.
– Gestaltungsoptionen **II, 2, § 6,** 5 ff.
– Gewinnfeststellungsbescheid **II, 2, § 6,** 65
– Informationsrechte **II, 2, § 6,** 30
– Insolvenzverfahren **II, 20,** 343

3283

Stichwortverzeichnis

••• Die fett gedruckten **römischen Zahlen** bezeichnen die Teile, die fett gedruckten **arabischen Zahlen** die Kapitel. ••• Die fett gedruckten **§-Angaben** bezeichnen die bei Teil 2: Gesellschaftsrecht zu den Kapiteln dazugehörigen Paragrafen. ••• Die mager gedruckten Zahlen bezeichnen die Randnummern. •••

- Kombinationsmöglichkeiten **II, 2, § 6,** 7
- Kuratorium **II, 2, § 6,** 30
- Leistungsansprüche **II, 2, § 6,** 50
- Leistungsorgan **II, 2, § 6,** 26
- Nießbrauchsvermächtnis **II, 2, § 6,** 57
- Organe, Berufung **II, 2, § 6,** 36
- – Kooptation **II, 2, § 6,** 36
- Primat des Stifterwillens **II, 2, § 6,** 29
- Publikumsgesellschaft mit Aktien **II, 2, § 6,** 7
- rechtsfähige **II, 2, § 6,** 8
- Rechtsträger **II, 2, § 6,** 2
- rentierliches Vermögen **II, 2, § 6,** 19
- Satzung **II, 2, § 6,** 14, 21 ff.
- – Gemeinnützigkeit **II, 2, § 6,** 16, 18, 22, 33 ff., 42
- – Organe **II, 2, § 6,** 28
- Satzungsänderung **II, 2, § 6,** 17
- Satzungsgestaltung **II, 2, § 6,** 8 ff.
- staatliche Aufsicht **II, 2, § 6,** 8
- steuerpflichtiger Geschäftsbetrieb **II, 2, § 6,** 60
- Stifterwillen **II, 2, § 6,** 8
- Stiftungscharakteristika **II, 2, § 6,** 8 ff.
- umfangreiche Mitwirkungsrechte **II, 2, § 6,** 31
- Unternehmensbeteiligung **II, 2, § 6,** 19
- Unternehmensträgerstiftung **II, 2, § 6,** 5
- unternehmensverbundene **II, 2, § 6,** 6
- vermietbare Immobilien **II, 2, § 6,** 19
- Vermögensausstattung **II, 2, § 6,** 20
- Vorratsstiftung **II, 2, § 6,** 21
- Vorstand **II, 2, § 6,** 30
- – Kontrolle **II, 2, § 6,** 51
- Vorzugsaktien **II, 2, § 6,** 45
- Vorzugsgeschäftsanteile **II, 2, § 6,** 45
- Wertpapiere **II, 2, § 6,** 19
- Stiftungsaufsicht **II, 2, § 6,** 19
- Stiftungsbehörde **II, 2, § 6,** 35 ff.
- Landesstiftungsrecht **II, 2, § 6,** 35
- Stiftungsgeschäft, Organe **II, 2, § 6,** 36
- Stiftungslösung **II, 2, § 6,** 1
- Stiftungsorgane **II, 2, § 6,** 17, 22, 26 ff.
- Amtsdauer **II, 2, § 6,** 37
- Amtszeit, Beginn **II, 2, § 6,** 37
- Ausschluss **II, 2, § 6,** 38
- – wichtiger Grund **II, 2, § 6,** 38
- Ende der Mitgliedschaft **II, 2, § 6,** 38
- mehrere Personen **II, 2, § 6,** 40
- – Interessenkollisionen **II, 2, § 6,** 41
- Notbestellung **II, 2, § 6,** 35
- Rücktritt **II, 2, § 6,** 38
- Tod **II, 2, § 6,** 38
- Stiftungsorganisation **II, 2, § 6,** 26 ff.
- Stiftungsvermögen **II, 2, § 6,** 19 ff.
- Stiftungsvorstand **II, 2, § 6,** 26
- – Geschäftsführung **II, 2, § 6,** 26
- – Vertretung **II, 2, § 6,** 26
- Stiftungszweck **II, 2, § 6,** 9 ff.
- Änderung **II, 2, § 6,** 17
- Angabe **II, 2, § 6,** 15
- Erfüllung **II, 2, § 6,** 19
- Gemeinnützigkeit **II, 2, § 6,** 14

- mehrere Zwecke **II, 2, § 6,** 12
- Stiftung auf Zeit **II, 2, § 6,** 11
- Verbrauchsstiftung **II, 2, § 6,** 11
- Stille Beteiligung, AG **II, 3, § 1,** 63
- GmbH **II, 5, § 1,** 63
- Nießbrauch **II, 3, § 1,** 151
- Schenkung **II, 3, § 1,** 60
- Übertragung **II, 3, § 1,** 150
- Verpfändung **II, 3, § 1,** 151
- Stille Einlage, Überschuldung **II, 20,** 68
- Stille Gesellschaft **II, 1, § 1,** 33 ff.; **II, 3, § 1,** 1 ff.
- Auszahlungsanspruch, Abtretbarkeit **II, 3, § 1,** 138
- – – Aufrechnung **II, 3, § 1,** 137
- Informationsansprüche, Schuldner **II, 3, § 1,** 143
- Informationsrecht, abschriftliche Mitteilung **II, 3, § 1,** 144
- – – Gewinn- und Verlustrechnung **II, 3, § 1,** 144
- – – Jahresabschluss **II, 3, § 1,** 144
- – – sachlicher Umfang **II, 3, § 1,** 144 ff.
- Abgrenzung **II, 3, § 1,** 34 ff.
- – – Darlehensvertrag **II, 3, § 1,** 42
- – – Dienstvertrag **II, 3, § 1,** 43
- – – Kommissionsgeschäft **II, 3, § 1,** 45
- – – Miet- und Pachtvertrag **II, 3, § 1,** 44
- – – partiarische Rechtsverhältnisse **II, 3, § 1,** 40 f.
- – – Personengesellschaft **II, 3, § 1,** 35 ff.
- – – Personenhandelsgesellschaft **II, 3, § 1,** 38 f.
- – – Treuhand **II, 3, § 1,** 46
- – – Unterbeteiligung **II, 3, § 1,** 37
- Abspaltungsverbot, Allgemeines **II, 3, § 1,** 1, 152
- Abtretung **II, 3, § 1,** 200
- – AG **II, 3, § 1,** 59
- aktive Geschäftstätigkeit **II, 3, § 1,** 6
- allgemeine Geschäftsbedingungen **II, 3, § 1,** 52
- atypische **II, 3, § 1,** 26, 30 ff.
- – – Eigenkapitalausstattung **II, 16,** 41
- – – Mezzanine-Finanzierung **II, 16,** 341 ff.
- Aufhebungsvereinbarung **II, 3, § 1,** 183
- Auflösung **II, 3, § 1,** 167 ff., 186, 200
- – – schwebende Geschäfte **II, 3, § 1,** 202 ff.
- Auflösungsgrund **II, 3, § 1,** 169 ff.
- – – weiterer **II, 3, § 1,** 183 f.
- Auflösungsstichtag **II, 3, § 1,** 187
- Auseinandersetzung **II, 3, § 1,** 86, 186 ff.
- Auseinandersetzungsbilanz **II, 3, § 1,** 196
- – – atypische **II, 3, § 1,** 197
- Auseinandersetzungsforderung, Erfüllung **II, 3, § 1,** 199 f.
- – – Ermittlung **II, 3, § 1,** 188 ff.
- Auseinandersetzungsguthaben, Höhe **II, 3, § 1,** 191 ff.
- – – Zinsen **II, 3, § 1,** 199
- Auszahlung **II, 3, § 1,** 134 ff.
- – – Entnahmerecht **II, 3, § 1,** 134 ff.

- Auszahlungsanspruch **II, 3, § 1,** 136 ff.
- – – Leistungsklage **II, 3, § 1,** 201
- – – Zurückbehaltungsrecht **II, 3, § 1,** 137
- Beiträge **II, 3, § 1,** 107 ff.
- Beitragsleistung, bilanzierungsfähige **II, 3, § 1,** 111
- – – Gegenstand **II, 3, § 1,** 110 ff.
- – – Leistungsverweigerungsrecht **II, 3, § 1,** 116
- – – Sacheinlage **II, 3, § 1,** 113
- – – Sonderfall **II, 3, § 1,** 117
- – – vermögenswerte Beiträge **II, 3, § 1,** 114
- – – vermögenswerte Nutzungsmöglichkeit **II, 3, § 1,** 114
- – – Zurückbehaltungsrecht **II, 3, § 1,** 116
- Beteiligung, Höhe **II, 3, § 1,** 192 ff.
- Beteiligungskonten **II, 3, § 1,** 192
- Bewertungsabschlag **II, 3, § 1,** 14
- Bilanz des Handelsgeschäfts **II, 3, § 1,** 126
- Definition **II, 3, § 1,** 15
- Drohung **II, 3, § 1,** 85
- Durchführung der Berechnung **II, 3, § 1,** 131 ff.
- echtes Haftkapital **II, 3, § 1,** 164
- Eigenkapitalausstattung **II, 16,** 39
- Eigenkapitalbeschaffung **II, 16,** 43
- Einbringung, quoad sortem **II, 3, § 1,** 114
- – – quoad usum **II, 3, § 1,** 114
- Einkünftequalifizierung **II, 3, § 1,** 11
- Einlage **II, 3, § 1,** 15, 56, 107 ff.
- – – Bewertbarkeit **II, 3, § 1,** 118
- Einlagegutschrift **II, 3, § 1,** 118
- – – Höhe **II, 3, § 1,** 118
- Einlagenkonto, Buchwert **II, 3, § 1,** 194
- Einräumung der Geschäftsführerstellung **II, 3, § 1,** 106
- Eintritt einer auflösenden Bedingung **II, 3, § 1,** 183
- Entnahmen **II, 3, § 1,** 119 ff.
- Entnahmerecht **II, 3, § 1,** 134 ff.
- Erben **II, 3, § 1,** 184
- Erbengemeinschaft **II, 3, § 1,** 70
- Ergebnisbeteiligung **II, 3, § 1,** 119 ff.
- Ergebnisermittlung **II, 3, § 1,** 126 ff.
- – – Berechnung **II, 3, § 1,** 131 ff.
- – – Handelsbilanz **II, 3, § 1,** 131 ff.
- – – Steuerbilanz **II, 3, § 1,** 131 ff.
- Errichtung **II, 3, § 1,** 47 ff.
- Form **II, 3, § 1,** 56 ff.
- Gesellschaftsvertrag **II, 3, § 1,** 47 ff.
- – – rückwirkende Begründung **II, 3, § 1,** 47
- Schranken **II, 3, § 1,** 55
- Erscheinungsformen **II, 3, § 1,** 15 ff., 25 ff.
- Familiengesellschaft **II, 3, § 1,** 9
- fehlerhafte Gesellschaft **II, 3, § 1,** 82 ff.
- Finanzierungsspielräume **II, 3, § 1,** 7
- Formkaufleute **II, 3, § 1,** 73
- Fortsetzungsklausel **II, 3, § 1,** 170

Stichwortverzeichnis

••• Die fett gedruckten **römischen Zahlen** bezeichnen die Teile, die fett gedruckten **arabischen Zahlen** die Kapitel. ••• Die fett gedruckten **§-Angaben** bezeichnen die bei Teil 2: Gesellschaftsrecht zu den Kapiteln dazugehörigen Paragrafen. ••• Die mager gedruckten Zahlen bezeichnen die Randnummern. •••

- Fortsetzungsvereinbarung **II, 3, § 1**, 170
- Freibetrag **II, 3, § 1**, 14
- GbR **II, 3, § 1**, 22
- Geheimhaltung **II, 3, § 1**, 4
- gemeinsamer Zweck **II, 3, § 1**, 15, 20, 50, 107
- Gesamtsaldo **II, 3, § 1**, 194
- Geschäftserfolg, Höhe **II, 3, § 1**, 193
- geschäftsführender Gesellschafter, Personenhandelsgesellschaft **II, 3, § 1**, 62
- Geschäftsführung **II, 3, § 1**, 88 ff.
- – ohne Auftrag **II, 3, § 1**, 88
- – Entziehung **II, 3, § 1**, 102 f.
- – Grundlagen des Handelsgeschäfts **II, 3, § 1**, 89
- – Innenverhältnis **II, 3, § 1**, 88
- – Kündigung **II, 3, § 1**, 92
- – Leistungsklage **II, 3, § 1**, 91
- – nachträgliche Genehmigung **II, 3, § 1**, 90
- – pflichtwidrige Geschäfte **II, 3, § 1**, 90
- – Schadensersatz **II, 3, § 1**, 93
- – teilweise Veräußerung des Geschäftsbetriebs **II, 3, § 1**, 89
- – vollständige Veräußerung des Geschäftsbetriebs **II, 3, § 1**, 89
- – Widerspruchsrecht **II, 3, § 1**, 88
- Geschäftsführungspflichten **II, 3, § 1**, 90
- Geschäftsinhaber **II, 3, § 1**, 15, 64 ff., 88, 108
- – Beitragsleistung **II, 3, § 1**, 108
- – Geschäftsführung **II, 3, § 1**, 102
- – juristische Person **II, 3, § 1**, 16
- – Kapitalgesellschaft **II, 3, § 1**, 73 f.
- – natürliche Person **II, 3, § 1**, 16, 68 ff.
- – Personenhandelsgesellschaft **II, 3, § 1**, 71 f.
- – Vertretung **II, 3, § 1**, 104
- Geschäftsunfähige **II, 3, § 1**, 79 ff.
- Gesellschafter **II, 3, § 1**, 87 ff.
- – Rechtsverhältnis **II, 3, § 1**, 51
- Gesellschafterrechte, stille Gesellschafterverfügung über **II, 3, § 1**, 149 ff.
- – Übertragbarkeit **II, 3, § 1**, 149
- Gesellschaftsbeitritt, Widerruf **II, 3, § 1**, 54
- Gesellschaftsvermögen **II, 3, § 1**, 22
- Gesellschaftsvertrag **II, 3, § 1**, 47 ff., 122 ff., 205 f.
- – Abschluss **II, 3, § 1**, 47, 62
- – atypischer **II, 3, § 1**, 206
- – Bedingung **II, 3, § 1**, 48
- – Einlageverpflichtung **II, 3, § 1**, 56
- – Ergänzungspfleger **II, 3, § 1**, 79
- – Ergebnisbeteiligung **II, 3, § 1**, 122 ff.
- – Form **II, 3, § 1**, 56 ff.
- – Formverstoß **II, 3, § 1**, 58
- – gesetzlicher Vertreter **II, 3, § 1**, 79
- – salvatorische Klausel **II, 3, § 1**, 58
- – typischer **II, 3, § 1**, 205

- – Vormundschaftsgericht **II, 3, § 1**, 80
- Gesellschaftszweck **II, 3, § 1**, 88
- Gesetzeswidrigkeit **II, 3, § 1**, 85
- Gestaltungsmöglichkeiten **II, 3, § 1**, 25 ff.
- Gewinnbeteiligung **II, 3, § 1**, 15, 194
- Gewinnerzielungsabsicht **II, 3, § 1**, 65
- Gewinnverteilung **II, 3, § 1**, 118
- Gewinnverteilungsabreden, unangemessene **II, 3, § 1**, 125
- Gewinnverteilungsmaßstab **II, 3, § 1**, 120
- Gläubiger **II, 3, § 1**, 163
- GmbH **II, 3, § 1**, 59
- grobe Sittenwidrigkeit **II, 3, § 1**, 85
- Gründung **II, 3, § 1**, 47 ff.
- Haftkapital **II, 3, § 1**, 85
- Haftung **II, 3, § 1**, 163 ff.
- – Einlage **II, 3, § 1**, 163 f.
- – Geschäftsinhaber **II, 3, § 1**, 163
- – interner Gesellschaftsbeitrag **II, 3, § 1**, 163
- Handelsbilanz **II, 3, § 1**, 127 ff.
- Handelsgeschäft, Auflösung **II, 3, § 1**, 168
- – Geschäftsinhaber **II, 3, § 1**, 168
- Handelsregister **II, 3, § 1**, 49
- Handlungsbevollmächtigter **II, 3, § 1**, 61
- Handlungsvollmacht **II, 3, § 1**, 106
- Hauptversammlung, Zustimmung **II, 3, § 1**, 63
- Imparitätsgrundsatz **II, 3, § 1**, 128
- Informationsrecht **II, 3, § 1**, 140 ff.
- – persönlicher Umfang **II, 3, § 1**, 141 f.
- – Sachverständiger **II, 3, § 1**, 141
- – zeitlicher Umfang **II, 3, § 1**, 148
- Insolvenz **II, 3, § 1**, 163
- Insolvenzverfahren **II, 3, 20**, 342
- Jahresabschluss **II, 3, § 1**, 126
- Kaufmann **II, 3, § 1**, 16, 68
- KGaA **II, 3, § 1**, 59
- Kontrollrecht **II, 3, § 1**, 140 ff.
- – Unternehmensunterlagen **II, 3, § 1**, 146
- Kündigung **II, 3, § 1**, 86, 171 ff.
- – außerordentliche **II, 3, § 1**, 92, 176 ff.
- – Gesellschaftsgläubiger **II, 3, § 1**, 181
- – ordentliche **II, 3, § 1**, 171 ff.
- – Privatgläubiger **II, 3, § 1**, 181
- – wichtiger Grund **II, 3, § 1**, 177
- – zur Unzeit **II, 3, § 1**, 175
- Liquidation, Personenhandelsgesellschaft **II, 3, § 1**, 72
- – unechte **II, 3, § 1**, 186
- mehrgliedrige **II, 3, § 1**, 77
- Mezzanine-Finanzierung **II, 16**, 331 ff.
- Minderjährigenschutz **II, 3, § 1**, 85
- Minderjähriger **II, 11**, 42 ff.; **II, 3, § 1**, 79 ff.
- negatives Einlagenkonto **II, 3, § 1**, 121
- Niederstwertprinzip **II, 3, § 1**, 128
- notarielle Beurkundung **II, 3, § 1**, 60
- Nutzung von Freibeträgen **II, 3, § 1**, 13

- offene Rücklagen **II, 3, § 1**, 196
- Parteifähigkeit **II, 3, § 1**, 23
- Parteiwille **II, 3, § 1**, 77
- passives Einlagenkonto **II, 3, § 1**, 198
- Progressionsvorbehalt **II, 3, § 1**, 13
- Prokura **II, 3, § 1**, 106
- Prokurist **II, 3, § 1**, 61
- Rechnungslegung **II, 3, § 1**, 126
- Rechtsfähigkeit **II, 3, § 1**, 23
- Rechtsformwahl **II, 3, § 1**, 2 ff.
- – steuerliche Überlegungen **II, 3, § 1**, 10 ff.
- – zivilrechtliche Überlegungen **II, 3, § 1**, 3 ff.
- Registerpublizität **II, 3, § 1**, 23
- salvatorische Klausel **II, 3, § 1**, 82
- Schriftform **II, 3, § 1**, 59
- schwebende Geschäfte **II, 3, § 1**, 202 ff.
- Selbstorganschaft **II, 3, § 1**, 96
- Steuerbilanz **II, 3, § 1**, 127 ff.
- Steuervorteil **II, 3, § 1**, 12
- Täuschung **II, 3, § 1**, 85
- Teilgewinnabführungsvertrag **II, 3, § 1**, 63
- Tod des Geschäftsinhabers **II, 3, § 1**, 184
- Treuepflicht **II, 3, § 1**, 153 ff.
- typische **II, 3, § 1**, 26, 28 f.
- – Eigenkapitalausstattung **II, 16**, 40
- – Mezzanine-Finanzierung **II, 16**, 332 ff.
- überhöhte Abschreibung **II, 3, § 1**, 196
- Unternehmensnachfolge **II, 3, § 1**, 9, 14
- Verlagerung von Einkünften **II, 3, § 1**, 13
- Verlustbeteiligung **II, 3, § 1**, 121, 194
- Verlustverrechnungsmöglichkeit **II, 3, § 1**, 11
- Verlustzuweisung **II, 3, § 1**, 12
- Vermögen des Geschäftsinhabers **II, 3, § 1**, 19
- Vermögensauseinandersetzung, unechte **II, 3, § 1**, 186
- Vermögenseinlage **II, 3, § 1**, 18
- – Einbuchung **II, 3, § 1**, 117
- – Leistungszeitpunkt **II, 3, § 1**, 116
- – Schenkung **II, 3, § 1**, 117
- Verteilungsschlüssel, Festlegung **II, 3, § 1**, 123
- Vertragspartner **II, 3, § 1**, 64 ff.
- – Geschäftsunfähige **II, 3, § 1**, 64
- – Minderjährige **II, 3, § 1**, 64
- – Vertretung **II, 3, § 1**, 61 ff., 88 ff., 104 ff.
- – Außenwirkung **II, 3, § 1**, 104
- Verzugszinsen **II, 3, § 1**, 199
- Vollbeendigung **II, 3, § 1**, 167
- – Personenhandelsgesellschaft **II, 3, § 1**, 72
- Vollmacht **II, 3, § 1**, 106
- Vorgesellschaft **II, 3, § 1**, 74
- Vorstand, AG **II, 3, § 1**, 63
- Vorstandsstellung **II, 3, § 1**, 106
- vorweggenommene Erbfolge **II, 3, § 1**, 14
- Wesen **II, 3, § 1**, 15 ff., 22 ff.

3285

••• Die fett gedruckten **römischen Zahlen** bezeichnen die Teile, die fett gedruckten **arabischen Zahlen** die Kapitel. ••• Die fett gedruckten **§-Angaben** bezeichnen die bei Teil 2: Gesellschaftsrecht zu den Kapiteln dazugehörigen Paragrafen. ••• Die mager gedruckten Zahlen bezeichnen die Randnummern. •••

- Wettbewerb zu II, 3, § 1, 160
- Wettbewerbsverbot II, 3, § 1, 157 ff.
- – Hauptgesellschaft II, 3, § 1, 158 f.
- – Treuepflicht II, 3, § 1, 161
- Zeitablauf II, 3, § 1, 183
- Zweckerreichung II, 3, § 1, 183
- zweigliedrige II, 3, § 1, 78

Stiller Gesellschafter II, 3, § 1, 5, 15, 64, 75, 109
- Anteil am Ergebnis II, 3, § 1, 119 ff.
- atypische stille Gesellschaft II, 3, § 1, 94
- Aufnahme, AG II, 3, § 1, 59
- – GmbH II, 3, § 1, 59
- – KGaA II, 3, § 1, 59
- Beitragspflicht II, 3, § 1, 109
- beschränkt Geschäftsfähiger II, 3, § 1, 75
- besondere Verpflichtungen II, 3, § 1, 99
- Beteiligung am Gewinn II, 3, § 1, 21
- Einflussmöglichkeiten II, 3, § 1, 94 ff.
- Einsichtsrecht II, 3, § 1, 145
- Geschäftsführer, GmbH II, 3, § 1, 63
- Geschäftsführungsbefugnis II, 3, § 1, 96
- – Entzug II, 3, § 1, 101
- Geschäftsführungsbeteiligung II, 3, § 1, 33, 94
- Geschäftsunfähiger II, 3, § 1, 75
- Geschäftsvermögen II, 3, § 1, 32
- Haftung, Gesellschaftsgläubiger II, 3, § 1, 165 ff.
- juristische Person II, 3, § 1, 17
- Kontrollrechte II, 3, § 1, 31
- Liquidationsbilanz II, 3, § 1, 32
- mehrere II, 3, § 1, 77
- natürliche Person II, 3, § 1, 17
- persönliche Haftung II, 3, § 1, 99
- rechtsfähige Personengesellschaft II, 3, § 1, 17
- Treuepflicht II, 3, § 1, 31, 97, 145
- Vermögensbeteiligung II, 3, § 1, 31 f.
- – Auseinadersetzungsguthaben II, 3, § 1, 31
- – Gewinn II, 3, § 1, 31
- – schuldrechtliche Vereinbarung II, 3, § 1, 31
- Vermögenseinlage II, 3, § 1, 109
- Verschulden II, 3, § 1, 98
- Vertragsfreiheit II, 3, § 1, 77
- Widerspruchsrecht II, 3, § 1, 95
- Zustimmungsrechte II, 3, § 1, 95

Stilles Factoring II, 16, 244
Stimmrechte, Mehrheitsbeteiligungen II, 5, § 1, 6
Stimmrechtsbindung, Einfluss der Familie II, 2, § 5, 1 ff.
- Einleitung II, 2, § 5, 1 ff.
- Familienverbund II, 2, § 5, 1 ff.
- – endgültiges Auseinanderfallen II, 2, § 5, 1
- – gesellschaftsvertragliche Regelungen II, 2, § 5, 2
- – Gestaltungsmöglichkeiten II, 2, § 5, 2

- – individualvertragliche Vereinbarungen II, 2, § 5, 2
- – Sicherstellung des Einflusses auf das Wachstum des Unternehmens II, 2, § 5, 4
- – geschlossenes Abstimmungsverhalten II, 2, § 5, 1
- Poolvereinbarungen II, 2, § 5, 2 ff.

Stock Dividend II, 16, 104
Störung der Geschäftsgrundlage, Handelsgeschäft I, 7, 15
Strafbarkeitsbedingungen, objektive II, 20, 127
Strafrecht II, 20, 1 ff.
Strafrechtliche Risiken, Unternehmenskrise II, 20, 129 ff.
Straftatbestände, allgemeine II, 20, 119 ff.
Straftaten, Anstiftung II, 20, 134
- Beihilfe II, 20, 134
- Beteiligung, Berater II, 20, 132 ff.
- Gründungsschwindel II, 20, 115
- Registereintragung, falsche Angaben II, 20, 115
- Sanierung, Mitwirkung II, 20, 135 ff.
- spezielle Bilanzstraftaten II, 20, 117
- Täterschaft II, 20, 132 ff.
- Teilnahme II, 20, 132 ff.
- Untreue II, 20, 116
- Verletzung von Geheimhaltungspflichten II, 20, 117
- Vermeidung von II, 20, 115 ff.

Strategiekrise II, 20, 10
Strategische Allianz II, 12, 6
- Franchise-Vertrag I, 6, 76

Stückaktien II, 16, 57
Stufengründung II, 6, § 2, 147 ff.
- Ablauf II, 6, § 2, 152 ff.
- AG II, 6, § 2, 160 ff.
- – Ablauf II, 6, § 2, 163 ff.
- – Ablaufplan II, 6, § 2, 165
- – Ausschluss des Bezugsrechts II, 6, § 2, 169
- – Einbringungsvertrag II, 6, § 2, 166
- – formale Erleichterung II, 6, § 2, 162
- – Handelsregister II, 6, § 2, 173
- – Kapitalerhöhungsbeschluss II, 6, § 2, 170
- – Nachgründungsbericht II, 6, § 2, 168
- – Nachgründungsverfahren II, 6, § 2, 162
- – Nachgründungsvorschriften II, 6, § 2, 163 f.
- – Sacheinlagenprüfung II, 6, § 2, 168
- – Sachkapitalerhöhung II, 6, § 2, 163
- – Verfahrensschritte II, 6, § 2, 165 ff.
- – Werthaltigkeitsprüfung II, 6, § 2, 161
- Einbringungsverpflichtung II, 6, § 2, 152
- Gründungsprotokoll II, 6, § 2, 152
- Kapitalerhöhungsbeschluss II, 6, § 2, 154
- Zeichnungsschein II, 6, § 2, 172

Stundungsvereinbarung, Zahlungsunfähigkeit II, 20, 113 f.
Stuttgarter Verfahren II, 10, 106
- Ausgleichsfunktion II, 1, § 3, 273

- Liquiditätserhaltungsfunktion II, 1, § 3, 273
- Rechtsnachfolge II, 9, 118
- Streitvermeidungsfunktion II, 1, § 3, 273
- Vereinfachungsfunktion II, 1, § 3, 273

Substanzwertmethode II, 10, 96 ff.
- gesonderte Bewertung des goodwill II, 10, 98
- Reproduktionswert II, 10, 97
- Wiederbeschaffungswert II, 10, 97

Tag Along Right II, 12, 68
Tarifbindung II, 17, 2
Tarifvertrag II, 17, 2
- Betriebsübergang II, 17, 40 ff.
- Joint Venture II, 12, 100

Täterschaft II, 20, 132 ff.
Tätigkeit, unselbständige, Handelsvertreter I, 5, 5
Tausch, Gewinnrealisierung II, 15, § 1, 120
Teilfunktions-Joint-Venture II, 12, 8
Teilgewinnabführungsvertrag II, 5, § 1, 26 ff.
- GmbH II, 5, § 1, 63

Teilkonzernbilanz II, 15, § 1, 15
Teilkündigung, Handelsvertretervertrag I, 5, 85
Teilkündigungsklausel, Handelsvertretervertrag I, 5, 109
Teilnahme II, 20, 132 ff.
Teilwertabschreibung, Besitzgesellschaft II, 7, 240
- Betriebsgesellschaft II, 7, 240

Teilzeitbeschäftigung II, 17, 2
Testamentsniederschrift, amtliche Verwahrung II, 14, 40
- Beurkundung II, 14, 40
- Prägesiegel II, 14, 40
- Unternehmertestament II, 14, 40

Testamentsvollstreckung, Abfindung II, 1, § 3, 248
- Kommanditbeteiligung II, 1, § 3, 247
- Komplementärbeteiligung II, 1, § 3, 245 ff.

Texan Shoot-out II, 12, 73 ff.
- Klauseln II, 12, 49

Tippgemeinschaften, GbR II, 1, § 1, 27
Transparenz- und Publizitätsgesetz II, 15, § 1, 49
Transparenzrichtlinie II, 15, § 1, 57
Trennungstheorie, Betriebsaufspaltung II, 7, 24
- vorweggenommene Erbfolge II, 9, 159

Treuepflicht, Handelsvertreter, Pflichten für den Unternehmer I, 5, 50 ff.
- Unternehmer, Vertragshändlervertrag I, 5, 190

Treugeber, Herausgabeansprüche II, 3, § 3, 76 f.
- Informationsrecht II, 3, § 3, 81 f.
- Innenverhältnis II, 3, § 3, 71 ff.
- Rechte und Pflichten II, 3, § 3, 71 ff.
- Insolvenz, Aussonderung nach § 47 InsO II, 3, § 3, 110

*** Die fett gedruckten **römischen Zahlen** bezeichnen die Teile, die fett gedruckten **arabischen Zahlen** die Kapitel. *** Die fett gedruckten **§-Angaben** bezeichnen die bei Teil 2: Gesellschaftsrecht zu den Kapiteln dazugehörigen Paragrafen. *** Die mager gedruckten Zahlen bezeichnen die Randnummern. ***

– – Drittwiderspruchsklage nach § 771 ZPO **II, 3, § 3,** 110
– – Sicherungstreuhand **II, 3, § 3,** 117
– – Unmittelbarkeitsprinzip **II, 3, § 3,** 111
– – Kontrollrecht **II, 3, § 3,** 81 f.
– Schutz vor missbräuchlichen Verfügungen des Treuhänders **II, 3, § 3,** 66 ff.
– – Wechsel **II, 3, § 3,** 87 ff
– – Form **II, 3, § 3,** 90 f.
– – Rückübertragung des Gesellschaftsanteils **II, 3, § 3,** 89
– – Übertragung der Treugeberrechte **II, 3, § 3,** 87
– – Vertragsübernahme **II, 3, § 3,** 88
– – Zustimmungserfordernis **II, 3, § 3,** 91
– Weisungsrecht **II, 3, § 3,** 72 ff.
– – Doppelrolle des Treuhänders **II, 3, § 3,** 73
– Zwangsvollstreckung **II, 3, § 3,** 114 ff.
– – Insolvenzverwalter **II, 3, § 3,** 116
– – Übergang des Gesellschaftsanteils **II, 3, § 3,** 115
Treuhand, Abgrenzung, andere Rechtsverhältnisse **II, 3, § 3,** 19 ff.
– – Anteilsverpfändung **II, 3, § 3,** 21 f.
– – mittelbare Stellvertretung **II, 3, § 3,** 20
– – stille Gesellschaft **II, 3, § 1,** 46; **II, 3, § 3,** 19
– – Unterbeteiligung **II, 3, § 3,** 19
– am Gesellschaftsvermögen **II, 3, § 3,** 10
– am Unternehmen **II, 3, § 3,** 10
– an einer Beteiligung **II, 3, § 3,** 10
– Auseinanderfallen zwischen äußerer und innerer Rechtszuständigkeit **II, 3, § 3,** 13
– besondere Form der mittelbaren Unternehmensbeteiligung **II, 3, § 3,** 6
– Doppeltreuhand **II, 3, § 3,** 17 f.
– – Escrow Agent **II, 3, § 3,** 14
– – praktische Anwendungsfälle **II, 3, § 3,** 18
– – Veräußerung von Geschäftsanteilen **II, 3, § 3,** 18
– echte **II, 3, § 3,** 8
– – Definition **II, 3, § 3,** 8
– eigennützige **II, 3, § 3,** 15 f.
– – Nutzungstreuhand **II, 3, § 3,** 16
– – praktische Beispiele **II, 3, § 3,** 15
– Ermächtigungstreuhand **II, 3, § 3,** 7
– Erscheinungsformen **II, 3, § 3,** 14 ff.
– fiduziarische Vollrechtstreuhand **II, 3, § 3,** 7, 9
– – umfassenden Verfügungsmacht **II, 3, § 3,** 9
– fremdnützige **II, 3, § 3,** 14
– Gegenstand **II, 3, § 3,** 11
– Insolvenz **II, 3, § 3,** 109 ff.
– – Änderung des HGB **II, 3, § 3,** 112
– offene **II, 3, § 3,** 12
– Pflichtverletzung **II, 3, § 3,** 12
– Trennungsprinzip **II, 3, § 3,** 69 f.
– verdeckte **II, 3, § 3,** 12

– Vollmachtstreuhand **II, 3, § 3,** 7
– – keine Vollrechtsstellung **II, 3, § 3,** 7
– Wesen **II, 3, § 3,** 6 ff.
– Wesensmerkmal **II, 3, § 3,** 13
– Zwangsvollstreckung **II, 3, § 3,** 109 ff.
Treuhandbeteiligte, Innenhaftung **II, 3, § 3,** 92 f.
– Wechsel **II, 3, § 3,** 83 ff.
Treuhänder, als Gesellschafter **II, 3, § 3,** 44 ff.
– Anspruch auf Vorschuss **II, 3, § 3,** 78
– Aufwendungsersatzanspruch **II, 3, § 3,** 78
– Befreiung von sämtlichen Verbindlichkeiten **II, 3, § 3,** 78
– Freistellungsanspruch **II, 3, § 3,** 78
– gespaltene Stimmabgabe **II, 3, § 3,** 48
– Haftung **II, 3, § 3,** 57 ff.
– – als Gesellschafter **II, 3, § 3,** 57
– – Durchgriffshaftung des Treugebers **II, 3, § 3,** 60 f.
– – mittelbare Haftung des Treugebers **II, 3, § 3,** 58 ff.
– Informations- und Kontrollrechte **II, 3, § 3,** 55
– Inhaber der Mitgliedschaftsrechte **II, 3, § 3,** 44 f.
– Inhaber des Stimmrechts **II, 3, § 3,** 46 f.
– Innenhaftung **II, 3, § 3,** 93
– Innenverhältnis **II, 3, § 3,** 71 ff.
– – Rechte und Pflichten **II, 3, § 3,** 71 ff.
– Insolvenz **II, 3, § 3,** 110 ff.
– – Insolvenzmasse **II, 3, § 3,** 110
– missbräuchliche Verfügungen **II, 3, § 3,** 68
– mitgliedschaftliche Gestaltungsrechte **II, 3, § 3,** 54
– Organbefugnisse **II, 3, § 3,** 63 f.
– – Doppelrolle **II, 3, § 3,** 63
– Schutz des Treugebers **II, 3, § 3,** 66 ff.
– Stimmbindungsvereinbarungen **II, 3, § 3,** 50
– Stimmrechtsvollmacht **II, 3, § 3,** 51
– Stimmverbot **II, 3, § 3,** 53
– unbeschränkte Verfügungsmacht **II, 3, § 3,** 66
– Verfügungsbefugnis **II, 3, § 3,** 65
– Vergütungsanspruch **II, 3, § 3,** 78
– Wechsel **II, 3, § 3,** 83 ff.
– – Eigeninteresse **II, 3, § 3,** 86
– – Neuabschluss des Treuhandvertrages **II, 3, § 3,** 83
– – persönliche Vertrauensstellung **II, 3, § 3,** 83
– – Rückübertragungsanspruch **II, 3, § 3,** 84
– – Übertragung des Gesellschaftsanteils **II, 3, § 3,** 84
– – Vertragsübernahme **II, 3, § 3,** 85
– Zusatzstimmrecht **II, 3, § 3,** 49
Treuhandverhältnis, Abwicklung von Unternehmenskaufverträgen **II, 3, § 3,** 5
– Allgemeines **II, 3, § 3,** 1
– Auflösung **II, 3, § 3,** 94 ff.

– – Abwicklungsschuldverhältnis **II, 3, § 3,** 102
– – Allgemeines **II, 3, § 3,** 94 f.
– – Beendigungsgründe **II, 3, § 3,** 96 ff.
– – Kündigung **II, 3, § 3,** 96 f.
– – nachwirkende Haftungsrisiken **II, 3, § 3,** 108
– – Rückabwicklung **II, 3, § 3,** 102 ff.
– – Rückübertragung des Gesellschaftsanteils **II, 3, § 3,** 103 ff.
– – weitere Beendigungsgründe **II, 3, § 3,** 98 ff.
– – Widerruf **II, 3, § 3,** 96 f.
– Außenverhältnis, Erwerb der Gesellschafterstellung **II, 3, § 3,** 36 ff.
– – Erwerbstreuhand **II, 3, § 3,** 42 ff.
– – Übertragungstreuhand **II, 3, § 3,** 37
– – Vereinbarungstreuhand **II, 3, § 3,** 38 ff.
– Begründung **II, 3, § 3,** 23 ff.
– – Außenverhältnis **II, 3, § 3,** 23
– – Innenverhältnis **II, 3, § 3,** 23
– Definition **II, 3, § 3,** 6 ff.
– Doppeltreuhand **II, 3, § 3,** 5
– Escrow Agent **II, 3, § 3,** 5
– Innenverhältnis **II, 3, § 3,** 24 ff.
– – Begründung durch Treuhandvertrag **II, 3, § 3,** 25
– – Form des Treuhandvertrags **II, 3, § 3,** 27 ff.
– – Treuhandvertrag **II, 3, § 3,** 24
– Insolvenz **II, 3, § 3,** 118
– Sanierung von Gesellschaften **II, 3, § 3,** 5
– Sicherungstreuhand **II, 3, § 3,** 4
– Überlegungen zur Rechtsformwahl **II, 3, § 3,** 2 ff.
– Vereinfachung des Verwaltungsaufwands **II, 3, § 3,** 3
– verschiedene Kategorisierungen **II, 3, § 3,** 2
– Verwaltungstreuhand **II, 3, § 3,** 3
– Zivilrecht **II, 3, § 3,** 5
Treuhandvertrag, Abgrenzung zum Gesellschaftsverhältnis **II, 3, § 3,** 69
– Form, Abtretung **II, 3, § 3,** 29
– Erwerbstreuhand **II, 3, § 3,** 30
– – grundsätzlich formfrei **II, 3, § 3,** 27
– – notarielle **II, 3, § 3,** 28
– – Pflicht zur Rückübertragung **II, 3, § 3,** 30
– – Vereinbarungstreuhand **II, 3, § 3,** 30
– Genehmigung des Vormundschaftsgerichts **II, 3, § 3,** 33
– Geschäftsunfähige **II, 3, § 3,** 30 ff.
– Minderjährige **II, 3, § 3,** 30 ff.
– vormundschaftliche Genehmigung **II, 3, § 3,** 32
– Muster **II, 3, § 3,** 35
– Verhältnis zum Gesellschaftsvertrag **II, 3, § 3,** 34
True and fair view **II, 15, § 1,** 3
Trust **II, 8,** 265
Typische stille Gesellschaft **II, 3, § 1,** 26 ff.

Stichwortverzeichnis

••• Die fett gedruckten **römischen Zahlen** bezeichnen die Teile, die fett gedruckten **arabischen Zahlen** die Kapitel. ••• Die fett gedruckten **§-Angaben** bezeichnen die bei Teil 2: Gesellschaftsrecht zu den Kapiteln dazugehörigen Paragrafen. ••• Die mager gedruckten Zahlen bezeichnen die Randnummern. •••

- Auseinandersetzungsbilanz **II, 3**, § 1, 197
- Eigenkapitalausstattung **II, 16**, 40
- Gesellschaftsvertrag **II, 3**, § 1, 205
- Informations- und Kontrollrechte **II, 3**, § 1, 28
- Steuerrecht **II, 3**, § 1, 27
- stiller Gesellschafter **II, 3**, § 1, 94
Überbrückungskredit **II, 20**, 109
Übernahme einer fremden Verbindlichkeit, Minderjähriger **II, 11**, 18 ff.
Übernahmeerklärung, Beglaubigung **II, 14**, 69
Übernahmevertrag **II, 6**, § 2, 155
Überschuldung **II, 15**, § 1, 6; **II, 20**, 15 ff.
- Aktiva **II, 20**, 70, 78
- allgemeine Beweisgrundsätze **II, 20**, 67
-- Einzahlung **II, 20**, 67
- Bareinlage, Überweisungsauftrag **II, 20**, 53
- Bareinlagebetrag, Cash-Pool **II, 20**, 50 ff.
-- freie Verfügbarkeit **II, 20**, 49 ff.
-- Hin- und Herzahlen **II, 20**, 50 ff.
-- Rückzahlung als Darlehen **II, 20**, 50 ff.
-- Zeitpunkt **II, 20**, 49
- Barkapitalerhöhung **II, 20**, 49 ff., 80
- Beseitigung **II, 20**, 48 ff., 96 ff.
- Beweislast, Gesellschafter **II, 20**, 66
- Darlegungs- und Beweislast **II, 20**, 65 ff.
- Debt-equity-swap **II, 20**, 78 ff.
- Definition **II, 20**, 16 ff.
- Eigenkapital, sonstige Erhöhung **II, 20**, 68
- Einlageleistung, debitorisches Konto **II, 20**, 56 f.
-- keine Aufrechnung **II, 20**, 58 f.
-- keine Zahlung an Gläubiger **II, 20**, 56 f.
-- Verrechnung **II, 20**, 59
- Einlageverpflichtung, Koppelungsabrede **II, 20**, 59
- Eintragung im Handelsregister, Kapitalerhöhung **II, 20**, 89
- Forderungsverzicht **II, 20**, 105 ff.
- Gläubiger, Forderung **II, 20**, 78
- GmbH & Co. KG **II, 1**, § 4, 4
- Kapitalbeteiligung **II, 20**, 78
- Kapitalerhöhung **II, 20**, 48, 70
-- Eintragung im Handelsregister **II, 20**, 89
- Kapitalherabsetzung **II, 20**, 70
- Kapitalschnitt **II, 20**, 70
- Konto, Gesellschaft **II, 20**, 63
-- GmbH **II, 20**, 64
-- Haftungsbeschränkung **II, 20**, 64
-- richtiges **II, 20**, 63 f.
- obligatorische Nutzungsrechte **II, 20**, 74
- Passiva **II, 20**, 70, 78
- Patronatserklärung, harte **II, 20**, 91 ff.
- Schuldner **II, 20**, 92, 94
-- weiche **II, 20**, 95

- Rangrücktritt **II, 20**, 68
-- steuerliche Behandlung **II, 20**, 104
- Rangrücktrittsvereinbarung **II, 20**, 99 ff.
-- Inhalt **II, 20**, 103
- Rangrücktrittvereinbarung, Rangtiefe **II, 20**, 101
- Sacheinlage **II, 20**, 71 ff.
-- Durchführung **II, 20**, 76
-- Einlagegegenstand **II, 20**, 74
-- Kapitalerhöhungsbeschluss **II, 20**, 73
-- typische Probleme **II, 20**, 77
-- Voraussetzungen **II, 20**, 72
- Sofortmaßnahmen **II, 20**, 48 ff.
- Stammkapital **II, 20**, 78 ff.
- stille Einlage **II, 20**, 68
- Umwandlung **II, 20**, 78 ff.
-- Verbindlichkeiten **II, 20**, 78 ff.
- verdeckte Sacheinlage **II, 20**, 82 ff.
-- Abrede **II, 20**, 83
-- Beispiele **II, 20**, 82 ff.
-- Beweislast **II, 20**, 82 ff.
-- Beweislastumkehr **II, 20**, 83
-- Eintragung der Kapitalerhöhung **II, 20**, 89
-- gewöhnliche Umsatzgeschäfte **II, 20**, 85
-- Haftungsgefahren **II, 20**, 82
-- Heilung **II, 20**, 88 ff
-- Kenntnis **II, 20**, 84
-- Konstellation **II, 20**, 82 ff.
-- Nachholung der Sacheinlageerfordernisse **II, 20**, 90
-- Rechtsfolgen **II, 20**, 86
-- Rückabwicklung **II, 20**, 88 ff.
-- steuerrechtliche Folgen **II, 20**, 87
-- Tatbestand **II, 20**, 82 ff.
-- Voreinzahlung **II, 20**, 60 ff.
-- Sicht des Geschäftsführers **II, 20**, 62
-- wertgleiche Deckung **II, 20**, 61
-- Werthaltigkeitstestat **II, 20**, 89
-- wirksame Einlageleistung **II, 20**, 51
Überschuldungsbeurteilung **II, 20**, 17
Überschuldungsbilanz, Bilanzierung **II, 15**, § 1, 16
Überschuldungsprüfung **II, 20**, 17
- Zeitpunkt **II, 20**, 26
Überschuldungsstatus **II, 20**, 18 ff.
- Aktivseite **II, 20**, 20
- Anspruch auf Rückzahlung **II, 20**, 20
- Betriebsstoffe **II, 20**, 20
- Bilanzierungshilfen **II, 15**, § 1, 132
- Eigenkapital **II, 20**, 21
- Einlagen stiller Gesellschafter **II, 20**, 21
- Entwicklungskosten **II, 20**, 20
- Erstellung **II, 20**, 18 f.
- fertige Erzeugnisse **II, 20**, 20
- Firmenwert **II, 20**, 20
- Forderungen aus Lieferungen **II, 20**, 20
- Fortführungsprognose **II, 20**, 22 ff.
- gesamtes Vermögen **II, 20**, 18
- Gründungskosten **II, 20**, 20
- Halberzeugnisse **II, 20**, 20

- Handelsbilanz **II, 20**, 18
- Hilfsstoffe **II, 20**, 20
- immaterielle Vermögenswerte **II, 20**, 20
- Insolvenzfall, Verbindlichkeiten **II, 20**, 21
- kapitalersetzende Gesellschafterdarlehen **II, 20**, 21
- Konzessionen **II, 20**, 20
- Markenrechte **II, 20**, 20
- Passivseite **II, 20**, 21
- Patente **II, 20**, 20
- Patronatserklärung **II, 20**, 20, 94
- Pensionsanwartschaften **II, 20**, 21
- Pensionsverpflichtungen **II, 20**, 21
- Position **II, 20**, 18 f.
- positive Fortführungsprognose **II, 20**, 25
- positive Prognose **II, 20**, 23
- Prognosezeitraum **II, 20**, 24
- Rangrücktritt **II, 20**, 21
- Rangrücktrittsvereinbarung **II, 20**, 100
- Rohstoffe **II, 20**, 20
- Rückstellungen **II, 20**, 21
- Sonderposten mit Rücklagenanteil **II, 20**, 21
- Steuerbilanz **II, 20**, 18
- Stichtag **II, 20**, 18
- streitige Verbindlichkeiten **II, 20**, 21
- Verlustausgleichsansprüche **II, 20**, 20
- Wertansätze **II, 20**, 22 ff.
- werthaltige Sicherheiten **II, 20**, 21
Übertragene Sanierung, Mitwirkung **II, 20**, 135 ff.
Umlaufvermögen **II, 15**, § 1, 5
-- Verwertung **II, 20**, 112
Umsatzsteuer, Betriebsaufspaltung **II, 7**, 281
- EWIV **II, 1**, § 6, 20
- GmbH & Co. KG, Geschäftsführung **II, 1**, § 4, 150 ff.
- Vertretung **II, 1**, § 4, 150 ff.
Umstrukturierung **II, 6**, § 2, 1 ff.
- AG **II, 6**, § 2, 113 ff.
- Aktionäre **II, 6**, § 2, 117
- allgemeine Vorschriften **II, 6**, § 2, 3 ff., 107 ff.
- Analogieverbot **II, 6**, § 2, 108
- Anwachsung **II, 6**, § 2, 50 ff.
- Anwachsungsmodell **II, 6**, § 2, 132
- Arbeitsrecht **II, 6**, § 2, 140
- Ausgliederung **II, 6**, § 2, 37 ff.
- außerhalb des UmwG **II, 6**, § 2, 106
- Ausstrahlungswirkung **II, 6**, § 2, 103 ff.
- Bausteine **II, 6**, § 2, 3 ff.
- Beendigung der Personengesellschaft **II, 6**, § 2, 133
- Einbringungsvertrag **II, 6**, § 2, 6 ff.
- Einbringungsvorgänge **II, 6**, § 2, 3 ff.
- Einführung **II, 6**, § 2, 1 f.
- Einzelrechtsnachfolge **II, 6**, § 2, 124 ff., 150
- Entscheidungskompetenz **II, 6**, § 2, 130 ff.
- Formwechsel **II, 6**, § 2, 73 ff.
- Gelatine-Entscheidung **II, 6**, § 2, 122

3288

Stichwortverzeichnis

••• Die fett gedruckten **römischen Zahlen** bezeichnen die Teile, die fett gedruckten **arabischen Zahlen** die Kapitel. ••• Die fett gedruckten **§-Angaben** bezeichnen die bei Teil 2: Gesellschaftsrecht zu den Kapiteln dazugehörigen Paragrafen. ••• Die mager gedruckten Zahlen bezeichnen die Randnummern. •••

- Gesamtrechtsnachfolge **II, 6, § 2**, 124 ff., 149
- Gesellschafterbeschlüsse, AG **II, 6, § 2**, 113 ff.
- – GmbH **II, 6, § 2**, 120 ff.
- Gesellschafteridentität **II, 6, § 2**, 135
- Gestaltung **II, 6, § 2**, 123 ff.
- GmbH **II, 6, § 2**, 120 ff.
- GmbH & Co. KG **II, 1, § 4**, 9
- Grundsatz der Gesellschafteridentität **II, 6, § 2**, 135
- Haftung **II, 6, § 2**, 136
- Hauptversammlung **II, 6, § 2**, 117
- – Zustimmungsvorbehalt **II, 6, § 2**, 119
- Informationspflicht **II, 6, § 2**, 130 ff.
- Kapitalerhöhung **II, 6, § 2**, 135
- Minderheitsaktionäre, Schutz von **II, 6, § 2**, 121
- numerus clausus des UmwG **II, 6, § 2**, 104 ff.
- Realteilung **II, 6, § 2**, 94 ff.
- rechtsgeschäftliche Übertragung **II, 6, § 2**, 4
- Sachdividende **II, 6, § 2**, 84 ff.
- Sacheinlage, vorzeitige Leistung **II, 6, § 2**, 159
- – Werthaltigkeitsprüfung **II, 6, § 2**, 150
- schriftlicher Bericht **II, 6, § 2**, 117
- Schuldübernahme **II, 6, § 2**, 9 ff.
- Stufengründung **II, 6, § 2**, 147 ff.
- Transaktionskosten **II, 6, § 2**, 137
- typische Fälle **II, 6, § 2**, 146 ff.
- Unternehmensfinanzierung **II, 16**, 134
- Verfahrensunterschiede **II, 6, § 2**, 103
- Verfügungsgeschäft **II, 6, § 2**, 3
- Vermögensgegenstände, Übertragung **II, 6, § 2**, 5
- Verpflichtungsgeschäft **II, 6, § 2**, 3
- Vertragsübernahme **II, 6, § 2**, 11 ff.
- Vorbelastungshaftung **II, 6, § 2**, 150
- Vorgaben des UmwG **II, 6, § 2**, 114
- Vorstandspflichten, Ausweitung **II, 6, § 2**, 117

Umstrukturierungen **II, 15, § 2**, 257 ff.
- Änderungen des UmwStG durch das SEStEG **II, 15, § 2**, 303 ff.
- – Änderungen bei einzelnen Regelungskomplexen **II, 15, § 2**, 305 ff.
- – Einbringungstatbestände **II, 15, § 2**, 308
- – Spaltung und Verschmelzung zwischen Körperschaften **II, 15, § 2**, 307
- – Überblick **II, 15, § 2**, 304
- Formwechsel **II, 15, § 2**, 258 ff.
- – § 10 UmwStG **II, 15, § 2**, 266
- – 15-jähriger Übergangszeitraum **II, 15, § 2**, 265
- – Behandlung bei der Kapitalgesellschaft **II, 15, § 2**, 261 ff.
- – Ebene der aufnehmenden natürlichen Person **II, 15, § 2**, 267
- – Ebene des Anteilseigners **II, 15, § 2**, 268 ff.
- – Einlagefiktion **II, 15, § 2**, 269 ff.

- – Ermittlung des Übernahmeergebnisses **II, 15, § 2**, 268 ff.
- – Körperschaftsteuererhöhungspotential **II, 15, § 2**, 266
- – – nicht wesentlich beteiligte Gesellschafter i.S.d. § 17 EStG **II, 15, § 2**, 273
- – – offene Rücklagen **II, 15, § 2**, 265
- – – steuerliche Übertragungsbilanz **II, 15, § 2**, 261 ff.
- – Steuersenkungsgesetz **II, 15, § 2**, 265
- – – Vollausschüttung des steuerlichen Eigenkapitals **II, 15, § 2**, 265 f.
- – – von einer Kapitalgesellschaft auf eine Mitunternehmerschaft **II, 15, § 2**, 258 ff.
- – Mitunternehmerschaften, Realteilung **II, 15, § 2**, 298 ff.
- – Realteilung von Mitunternehmerschaften **II, 15, § 2**, 298 ff.
- – – Buchwertansatz **II, 15, § 2**, 301
- – – Folgen einer Sperrfristverletzung **II, 15, § 2**, 302
- – – numerus clausus **II, 15, § 2**, 300
- – – Rechtsfolgen **II, 15, § 2**, 301 f.
- – – Sicherstellung des deutschen Besteuerungsrechts **II, 15, § 2**, 300
- – – Überblick **II, 15, § 2**, 298 f.
- – – Voraussetzungen **II, 15, § 2**, 300
- – – Zahlung eines Spitzenausgleichs **II, 15, § 2**, 301
- – Steuerwirkungen **II, 15, § 2**, 276 f.
- – Umwandlung von Personen- in Kapitalgesellschaften **II, 15, § 2**, 278 ff.
- – – Anwendungsfragen des § 20 UmwStG **II, 15, § 2**, 281 ff.
- – – Behandlung von Sonderbetriebsvermögen **II, 15, § 2**, 282 ff.
- – – Bewertungswahlrecht nach § 20 UmwStG **II, 15, § 2**, 290 ff.
- – – Durchbrechungen des Bewertungswahlrechts **II, 15, § 2**, 294
- – – Einbringungsobjekt **II, 15, § 2**, 281
- – – Steuerfolgen für die Mitunternehmer **II, 15, § 2**, 296
- – – steuerliche Rechtsfolgen bei der übernehmenden Kapitalgesellschaft **II, 15, § 2**, 295
- – – Überblick zu § 20 UmwStG **II, 15, § 2**, 279
- – – Umwandlungsvoraussetzungen **II, 15, § 2**, 285
- – – Wertansätze bei der übernehmenden Kapitalgesellschaft **II, 15, § 2**, 286 f.
- – Umwandlungen zwischen Körperschaften **II, 15, § 2**, 297
- – Verschmelzung **II, 15, § 2**, 274 f.
- – – Handelsrecht **II, 15, § 2**, 274
- – – phasenverschobene Wertaufholung **II, 15, § 2**, 275
- – – Schlussbilanz **II, 15, § 2**, 274
- – – steuerliche Behandlung **II, 15, § 2**, 274
- – – Steuerrecht **II, 15, § 2**, 275

- – Vermögensaufstellung **II, 15, § 2**, 274
Umstrukturierungsmaßnahmen, Informationspflichten **II, 6, § 2**, 113
Umwandlung, Arbeitsrecht **II, 6, § 2**, 138 ff.
- Bilanzierungsanlass **II, 15, § 1**, 17
- Beurkundung **II, 14**, 41
- Einzelkaufmann **II, 6, § 2**, 147 ff.
- einzelkaufmännisches Unternehmen und GmbH **II, 6, § 2**, 147 ff.
- Einzelrechtsnachfolge **II, 6, § 2**, 124 ff.
- Entscheidungskompetenz **II, 6, § 2**, 130 ff.
- externe Prüfung **II, 15, § 1**, 197
- GbR **II, 1, § 1**, 419 f.
- Gesamtrechtsnachfolge **II, 6, § 2**, 124 ff.
- Haftung **II, 6, § 2**, 136
- im engeren Sinne **II, 16**, 133
- im weiteren Sinne **II, 16**, 133
- Informationspflicht **II, 6, § 2**, 130 ff.
- OHG **II, 1, § 2**, 112 f.
- qualifizierte Mehrheit **II, 6, § 2**, 130
- schriftlicher Bericht **II, 6, § 2**, 130
- steuerliche Konsequenzen **II, 6, § 2**, 141 ff.
- Transaktionskosten **II, 6, § 2**, 137
Umwandlungsgesetz, Besonderheiten bei der Anfechtung, Einschränkungen **II, 6, § 1**, 26
Umwandlungsmöglichkeiten, numerus clausus **II, 6, § 2**, 105
Umwandlungsrecht, Ablauf eines Umwandlungsverfahrens **II, 6, § 1**, 45
- Aktionärsrechte **II, 6, § 2**, 115
- Allgemeines **II, 6, § 1**, 1 ff.
- Änderung der Unternehmensstrategie **II, 6, § 1**, 4
- Änderung der Unternehmensstruktur **II, 6, § 1**, 4
- Besonderheiten bei der Anfechtung **II, 6, § 1**, 25 ff.
- – Einschränkungen **II, 6, § 1**, 28 ff.
- – Freigabeverfahren **II, 6, § 1**, 28 ff.
- – Spruchverfahren **II, 6, § 1**, 27
- Betriebsübergang **II, 17**, 26
- Einkommensteuer **II, 6, § 1**, 35 ff.
- Einschränkungen der Anfechtung **II, 6, § 1**, 26
- Entwicklung **II, 6, § 1**, 1 ff.
- Erbschaftsteuer **II, 6, § 1**, 39
- europarechtliche Aspekte **II, 6, § 1**, 13 ff.
- – EuGH **II, 6, § 1**, 13
- – Rechtsträger mit Sitz im Inland **II, 6, § 1**, 13
- – Schutz von Minderheitsaktionären **II, 6, § 1**, 15
- – SEStEG **II, 6, § 1**, 15
- – Sevic-Entscheidung **II, 6, § 1**, 13
- – Verschmelzungsrichtlinie **II, 6, § 1**, 14
- Euro-Umstellung **II, 6, § 1**, 307 ff.
- – Altumwandlungen zur Neugründung **II, 6, § 1**, 326

Stichwortverzeichnis

••• Die fett gedruckten **römischen Zahlen** bezeichnen die Teile, die fett gedruckten **arabischen Zahlen** die Kapitel. ••• Die fett gedruckten **§-Angaben** bezeichnen die bei Teil 2: Gesellschaftsrecht zu den Kapiteln dazugehörigen Paragrafen. ••• Die mager gedruckten Zahlen bezeichnen die Randnummern. •••

– – Besonderheiten **II, 6, § 1**, 316
– – Bestandsschutz für Altgesellschaften **II, 6, § 1**, 311 ff.
– – Einführung des Euro **II, 6, § 1**, 308 ff.
– – Einleitung **II, 6, § 1**, 307 ff.
– – Formwechsel **II, 6, § 1**, 328 ff.
– – gesetzliche Neuregelung seit 1.1.1999 **II, 6, § 1**, 317
– – Konflikt mit § 247 UmwG **II, 6, § 1**, 329 ff.
– – Neuumwandlungen zur Neugründung **II, 6, § 1**, 327
– – Übergangsregelung des § 318 Abs. 2 UmwG **II, 6, § 1**, 318
– – Umwandlung von Kapitalgesellschaften **II, 6, § 1**, 316
– – Umwandlung zur Aufnahme **II, 6, § 1**, 319 ff.
– – Umwandlung zur Neugründung **II, 6, § 1**, 326 ff.
– Formwechsel **II, 6, § 1**, 250 ff.
– Gelatine-Entscheidung **II, 6, § 2**, 111
– Gesamtreform im Jahre 1994 **II, 6, § 1**, 1
– Gesetzessystematik **II, 6, § 1**, 5 ff.
– Gesetzestechnik **II, 6, § 1**, 5 ff.
– – allgemeine Vorschriften **II, 6, § 1**, 7
– – Baukastentechnik **II, 6, § 1**, 5
– – besondere Vorschriften **II, 6, § 1**, 7
– – einzelne Formen der Umwandlung **II, 6, § 1**, 6
– – Verschmelzung **II, 6, § 1**, 7
– – Verweisungstechnik **II, 6, § 1**, 5
– – vier Ebenen **II, 6, § 1**, 8
– Grunderwerbsteuer **II, 6, § 1**, 31 ff.
– Grundsatz der Anfechtbarkeit **II, 6, § 1**, 25
– Grundsatz der Gesellschafteridentität **II, 6, § 2**, 134 f.
– Haftung nach dem jeweiligem Gesellschaftsrecht **II, 6, § 1**, 22 ff.
– – Differenzhaftung **II, 6, § 1**, 22
– Haftungsgefahren **II, 6, § 1**, 21 ff.
– Haftungssystem des UmwG **II, 6, § 1**, 21
– – Gefährdung der Forderungserfüllung **II, 6, § 1**, 21
– – gesamtschuldnerische Haftung **II, 6, § 1**, 21
– – Schutz der Gläubiger **II, 6, § 1**, 21
– – Sicherheitsleistung **II, 6, § 1**, 21
– Hauptversammlung, Entscheidungskompetenz **II, 6, § 2**, 110
– Holzmüller-Entscheidung **II, 6, § 2**, 110
– kartellrechtliche Aspekte **II, 6, § 1**, 40 ff.
– – Bundeskartellamt **II, 6, § 1**, 43
– – quantitativer Schwellenwert **II, 6, § 1**, 42
– – Zusammenschluss nach § 37 Abs. 1 Nr. 1 GWB **II, 6, § 1**, 42
– – Zusammenschlusskontrolle **II, 6, § 1**, 40

– Mitbestimmungskompetenz der Gesellschafter **II, 6, § 2**, 109 ff.
– Möglichkeit der Spaltung **II, 6, § 1**, 3
– Möglichkeit der Umwandlung auch für andere Rechtsformen **II, 6, § 1**, 2
– Umwandlungsrecht, Rückgriff **II, 6, § 2**, 115
– Spaltung **II, 6, § 1**, 181 ff.
– Spruchverfahren **II, 6, § 1**, 27
– steuerliche Aspekte **II, 6, § 1**, 31 ff.
– – altes UmwStG **II, 6, § 1**, 36
– – Einkommensteuer **II, 6, § 1**, 35 ff.
– – Erbschaftsteuer **II, 6, § 1**, 39
– – Grunderwerbsteuer **II, 6, § 1**, 31 ff.
– – Grunderwerbsteuerfreiheit **II, 6, § 1**, 33
– – neues UmwStG **II, 6, § 1**, 37
– Umwandlungsarten **II, 6, § 1**, 9 ff.
– – Analogieverbot **II, 6, § 1**, 10
– – Ausgangsmotive **II, 6, § 1**, 12
– – Verfahrensvorschriften **II, 6, § 2**, 115
– – Verhältnis zur Umstrukturierung nach allgemeinem Recht **II, 6, § 1**, 17 ff.
– – Ausstrahlung des Umwandlungsrechts **II, 6, § 1**, 20
– – vergleichende Bewertung **II, 6, § 1**, 18 f.
– – Zulässigkeit **II, 6, § 1**, 17
– – Vermögensübertragungen **II, 6, § 1**, 304 ff.
– – Verschmelzung **II, 6, § 1**, 46 ff.
– – Wandlungsmöglichkeiten im Überblick **II, 6, § 1**, 9 ff.
– Ziel des UmwG **II, 6, § 1**, 4
– Zustimmungserfordernis **II, 6, § 2**, 109
– Umwandlungsvertrag **II, 6, § 2**, 130
– – Ausscheiden **II, 6, § 2**, 134
– – Barabfindung **II, 6, § 2**, 134
– – Spruchverfahren **II, 6, § 2**, 134
– – Umtauschverhältnis **II, 6, § 2**, 134
– Umwandlungsvorgänge, Beurkundung **II, 14**, 41, 61
– Unternehmensfinanzierung **II, 16**, 132 ff.
Unbefristete Arbeitsverhältnisse, betriebsbedingte Kündigung **II, 17**, 4 ff.
UNCITRAL-Schiedsregeln **II, 13**, 13
Unechte Gesamtprokura, Erteilung, Muster **I, 4**, 48
Unechtes Factoring **II, 16**, 241
Unerlaubte Handlung, GbR **II, 1, § 1**, 116
Ungerechtfertigte Bereicherung, GbR **II, 1, § 1**, 116
UNIDROIT-Modell-Gesetz, Franchise-Vertrag **I, 6**, 116
UN-Kaufrecht **I, 8**, 2
– Abbedingung **I, 8**, 33
– Allgemeine Geschäftsbedingungen **I, 8**, 58 f.
– – abweichende und kollidierende AGB **I, 8**, 62 f.
– – Auslegung und Inhaltskontrolle **I, 8**, 64 f.

– – Kenntnisverschaffungspflicht des Verwenders **I, 8**, 60
– – Sprachenrisiko **I, 8**, 61
– andere Vertragstypen **I, 8**, 14 ff.
– Anwendungsbereich **I, 8**, 10 ff.
– Ausschluss **I, 8**, 29
– Beweislast **I, 8**, 124
– Bezug zu einem Vertragsstaat **I, 8**, 26 ff.
– Bringschuld **I, 8**, 91
– cash against documents **I, 8**, 123
– cash on delivery **I, 8**, 123
– Computerprogramm **I, 8**, 18
– – Individualsoftware **I, 8**, 18
– – Standardsoftware **I, 8**, 18
– documents against letter of credit **I, 8**, 123
– Gefahrenübergang **I, 8**, 95 ff.
– Gerichtsstandvereinbarung **I, 8**, 67 f.
– Historie **I, 8**, 8 ff.
– Holschuld, Lagerort der Ware **I, 8**, 89
– Ort der Niederlassung **I, 8**, 90
– internationale Geschäfte **I, 8**, 21 ff.
– Kauf von Schiffen **I, 8**, 19
– kaufmännisches Bestätigungsschreiben **I, 8**, 55
– Kaufpreiszahlungspflicht, Inhalt **I, 8**, 119 ff.
– Kaufvertrag **I, 8**, 12 ff.
– Leistungsstörung **I, 8**, 5
– Lieferort **I, 8**, 80 f.
– Lieferpflicht des Verkäufers **I, 8**, 76 f.
– Lieferzeit **I, 8**, 92 ff.
– Minderung **I, 8**, 100
– – des Kaufpreises **I, 8**, 108
– Nacherfüllungsanspruch **I, 8**, 104 ff.
– Nachfristsetzung **I, 8**, 100
– net cash **I, 8**, 123
– Niederlassung **I, 8**, 22 f.
– – Beweislast **I, 8**, 24
– Pflichten der Vertragsparteien **I, 8**, 13
– Pflichten des Käufers **I, 8**, 116 ff.
– – Zahlung des Kaufpreises **I, 8**, 118
– Pflichten des Verkäufers **I, 8**, 74 f.
– Recht zur Vertragsaufhebung **I, 8**, 100
– Rechtsbehelfe des Käufers **I, 8**, 100 ff.
– Rechtsbehelfe des Verkäufers **I, 8**, 125 ff.
– – Beweislast **I, 8**, 135
– – Erfüllungsverlangen **I, 8**, 129
– – Schadensersatz und Zinsen **I, 8**, 132
– – Vertragsaufhebung **I, 8**, 130
– Rechtswahlklausel **I, 8**, 6
– Rügeobliegenheit **I, 8**, 55
– Schadensberechnung **I, 8**, 100
– Schadensersatz **I, 8**, 100
– – Beweislast **I, 8**, 115
– – Konkurrenz zum nationalen Recht **I, 8**, 114
– – Zinsen **I, 8**, 112 f.
– Schadensersatzanspruch **I, 8**, 109
– Umfang und Berechnung des Anspruchs **I, 8**, 111
– Schadensersatzanspruch, Voraussetzung **I, 8**, 109 ff.
– Schriftformklausel **I, 8**, 73
– teilweise Abbedingung **I, 8**, 35

3290

Stichwortverzeichnis

••• Die fett gedruckten **römischen Zahlen** bezeichnen die Teile, die fett gedruckten **arabischen Zahlen** die Kapitel. ••• Die fett gedruckten **§-Angaben** bezeichnen die bei Teil 2: Gesellschaftsrecht zu den Kapiteln dazugehörigen Paragrafen. ••• Die mager gedruckten Zahlen bezeichnen die Randnummern. •••

– Vereinbarung der Anwendbarkeit **I, 8**, 30 f.
– Vereinbarung zur Geltung **I, 8**, 29
– Versendungskauf **I, 8**, 84 ff.
– Vertragsabschluss **I, 8**, 37 ff.
– Vertragsangebot **I, 8**, 38 f.
– – Bestimmtheitserfordernis **I, 8**, 39
– – Bindungswille **I, 8**, 41
– – Widerrufsmöglichkeit **I, 8**, 43 f.
– – Zugang **I, 8**, 42
– Vertragsannahme **I, 8**, 45
– – abweichende Annahme **I, 8**, 54 f.
– – Frist **I, 8**, 48 ff.
– – verspätet zugegangene Annahme **I, 8**, 52 f.
– – verspätete Annahme **I, 8**, 51
– Vertragsannahme, Zugang **I, 8**, 47
– Vertragsaufhebung **I, 8**, 107
– Vertragsstaaten **I, 8**, 10
– Vertragsstatut **I, 8**, 6
– Vorhersehbarkeitskriterium **I, 8**, 101
– Vorschaltlösung **I, 8**, 4
– Währung **I, 8**, 121
– weitere Zahlungsmodalitäten **I, 8**, 122
– wirtschaftlich-technische Ergebnisse **I, 8**, 17
– Zahlungsklauseln **I, 8**, 123
– zeitlicher Anwendungsbereich **I, 8**, 28
Unterbeteiligung **II, 1, § 1**, 33 ff.
– §§ 230 ff. HGB analog **II, 3, § 2**, 13
– Abgrenzung zu anderen Rechtsverhältnissen **II, 3, § 2**, 18 ff.
– Abgrenzung zu partiarischen Rechtsverhältnissen **II, 3, § 2**, 19 f.
– Abgrenzung zur stillen Gesellschaft **II, 3, § 2**, 18
– Abgrenzung zur Verwaltungstreuhand **II, 3, § 2**, 21 ff.
– – inhaltliche Ausgestaltung des Vertragsverhältnisses **II, 3, § 2**, 23
– – Publikumstreuhandgesellschaften **II, 3, § 2**, 23
– – Rechtssprechung des BGH **II, 3, § 2**, 22
– Allgemeines **II, 3, § 2**, 1
– angemessene wirtschaftliche Absicherung **II, 3, § 2**, 3
– atypische **II, 3, § 2**, 15 f.
– atypische Ausgestaltung **II, 3, § 2**, 6
– Auflösung **II, 3, § 2**, 122 ff.
– – Allgemeines **II, 3, § 2**, 122 ff.
– – Auflösungsgrund **II, 3, § 2**, 124
– – Auseinandersetzung **II, 3, § 2**, 147 ff.
– – Auseinandersetzungsguthaben **II, 3, § 2**, 122
– – Ausgleich des Guthabens **II, 3, § 2**, 147
– – außerordentliche Kündigung **II, 3, § 2**, 133 ff.
– – echtes Gesellschaftsverhältnis **II, 3, § 2**, 122
– – Erfüllung der Auseinandersetzungsforderung **II, 3, § 2**, 158 ff.
– – Ermittlung der Auseinandersetzungsforderung **II, 3, § 2**, 150 ff.
– – Gründe **II, 3, § 2**, 125 ff.

– – Höhe des Auseinandersetzungsguthabens **II, 3, § 2**, 153 ff.
– – kein Ausschluss der außerordentlichen Kündigung **II, 3, § 2**, 134
– – keine Auflösungsgründe **II, 3, § 2**, 146
– – keine Liquidation nach §§ 730 ff. BGB **II, 3, § 2**, 147
– – Kündigung **II, 3, § 2**, 128 ff.
– – Kündigung durch Gesellschaftsgläubiger **II, 3, § 2**, 138 ff.
– – Modifizierung des ordentlichen Kündigungsrechts **II, 3, § 2**, 130
– – ordentliche Kündigung **II, 3, § 2**, 128 ff.
– – schuldrechtlicher Charakter **II, 3, § 2**, 122
– – schwebende Geschäfte **II, 3, § 2**, 163
– – Tod eines Gesellschafters **II, 3, § 2**, 125 ff.
– – Vollbeendigung des Gesellschaftsverhältnisses **II, 3, § 2**, 122
– – weitere Auflösungsgründe **II, 3, § 2**, 141 ff.
– – zweigliedrige Gesellschaft **II, 3, § 2**, 124
– Auseinandersetzung **II, 3, § 2**, 147 ff.
– – abweichende Regelungen **II, 3, § 2**, 148
– – Allgemeines **II, 3, § 2**, 147 ff.
– – bloße Rechnungsposten **II, 3, § 2**, 149
– – Erfüllung der Auseinandersetzungsforderung **II, 3, § 2**, 158 ff.
– – Ermittlungen der Auseinandersetzungsforderung **II, 3, § 2**, 150 ff.
– – Höhe des Auseinandersetzungsguthabens **II, 3, § 2**, 153 ff.
– – schwebende Geschäfte **II, 3, § 2**, 163
– Auszahlung **II, 3, § 2**, 84 ff.
– – Auszahlungsanspruch **II, 3, § 2**, 86 ff.
– – kein Entnahmerecht **II, 3, § 2**, 85
– Beiträge **II, 3, § 2**, 65 ff.
– – Beitragsleistung des Hauptbeteiligten **II, 3, § 2**, 67
– – Beteiligung an einem Gesellschaftsanteil **II, 3, § 2**, 9
– – bilanzmäßig darstellbare Einlage **II, 3, § 2**, 11
– – Definition **II, 3, § 2**, 9 ff.
– – Eigenkapitalbeschaffung **II, 16**, 43
– – Einlage des Unterbeteiligten **II, 3, § 2**, 9
– – Einlagen **I, 3, § 2**, 65 ff.
– – Finanzierung der Hauptbeteiligung **II, 3, § 2**, 66
– – Schenkung einer Unterbeteiligung durch Einbuchung **II, 3, § 2**, 65
– – Erfüllung der Auseinandersetzungsforderung, Abtretbarkeit **II, 3, § 2**, 161
– – beidseitiges Handelsgeschäft **II, 3, § 2**, 160
– – Fälligkeit **II, 3, § 2**, 158
– – Leistungsklage **II, 3, § 2**, 162
– – offene Rücklagen **II, 3, § 2**, 159

– – stille Reserven **II, 3, § 2**, 159
– – Verzugszinsen nach § 288 BGB **II, 3, § 2**, 160
– Ergebnisbeteiligung **II, 3, § 2**, 68 ff.
– – § 231 Abs. 1 HGB **II, 3, § 2**, 68
– – angemessener Anteil **II, 3, § 2**, 70
– – Ausschluss der Gewinnbeteiligung **II, 3, § 2**, 77
– – Ausschluss der Gewinnbeteiligung des Unterbeteiligten **II, 3, § 2**, 74
– – Begrenzung der Höhe nach **II, 3, § 2**, 75
– – Beteiligung am Gewinn **II, 3, § 2**, 73
– – Höhe des Gewinn- oder Verlustanteils **II, 3, § 2**, 72
– – jeweils unterschiedliche Höhen **II, 3, § 2**, 76
– – Steuerrecht **II, 3, § 2**, 78
– – Verlustanteile **II, 3, § 2**, 71
– – Verteilung des Ergebnisses nach Köpfen **II, 3, § 2**, 69
– Ergebnisermittlung **II, 3, § 2**, 79 ff.
– – Berechnungsgrundlage **II, 3, § 2**, 79 ff.
– – Durchführung der Berechnung **II, 3, § 2**, 83
– – Grundlage für die Ergebnisbeteiligung **II, 3, § 2**, 79
– – Handels- oder Steuerbilanz **II, 3, § 2**, 79 ff.
– – Korrekturbedarf **II, 3, § 2**, 81
– – Steuerbilanzgewinn **II, 3, § 2**, 81
– – stille Reserven **II, 3, § 2**, 81
– – wirtschaftliche Untergrenze **II, 3, § 2**, 80
– – Zugrundelegung der Steuerbilanz **II, 3, § 2**, 82
– Erscheinungsformen **II, 3, § 2**, 9 ff., 14 ff.
– – unterschiedliche Zwecke **II, 3, § 2**, 14
– Familiengesellschaften **II, 3, § 2**, 3 ff.
– Freibeträge **II, 3, § 2**, 7
– GbR **II, 3, § 2**, 11
– Gegenstand **II, 3, § 2**, 12
– Gesamtsteuerbelastung **II, 3, § 2**, 7
– Geschäftsführung **II, 3, § 2**, 47 ff.
– – abweichende Regelungen **II, 3, § 2**, 54 ff.
– – außerordentliches Kündigungsrecht **II, 3, § 2**, 52
– – doppeltes Gesellschaftsverhältnis **II, 3, § 2**, 49
– – Entziehung **II, 3, § 2**, 61 ff.
– – Förderung des Gesellschaftszwecks **II, 3, § 2**, 47
– – gesteigerte Treuepflicht **II, 3, § 2**, 47
– – Grundlagengeschäfte **II, 3, § 2**, 50
– – Grundsatz **II, 3, § 2**, 47 ff.
– – Haftung aufgrund unerlaubter Handlung **II, 3, § 2**, 59
– – innerhalb der Untergesellschaft **II, 3, § 2**, 48

3291

••• Die fett gedruckten **römischen Zahlen** bezeichnen die Teile, die fett gedruckten **arabischen Zahlen** die Kapitel. ••• Die fett gedruckten **§-Angaben** bezeichnen die bei Teil 2: Gesellschaftsrecht zu den Kapiteln dazugehörigen Paragrafen. ••• Die mager gedruckten Zahlen bezeichnen die Randnummern. •••

- – Interessen der Unterbeteiligungsgesellschaft **II, 3, § 2,** 49
- – keine allgemeine Zustimmungspflicht **II, 3, § 2,** 50
- – keine Entziehung der Geschäftsführung möglich **II, 3, § 2,** 61
- – persönliche Haftung **II, 3, § 2,** 59
- – Schadensersatzanspruch **II, 3, § 2,** 52
- – Treuepflicht **II, 3, § 2,** 50
- – vorherige Zustimmung des Unterbeteiligten **II, 3, § 2,** 50
- – Wahrnehmung der Rechte und Pflichten aus der Hauptbeteiligung **II, 3, § 2,** 47
- – Weisungsrecht **II, 3, § 2,** 56
- – weitergehende Mitwirkungsrechte **II, 3, § 2,** 57
- – Widerspruchs- oder Weisungsrecht **II, 3, § 2,** 53
- – Zustimmungsvorbehalt **II, 3, § 2,** 56
- Gesellschaftsvertrag **II, 3, § 2,** 9, 45
- Gewinnbeteiligung **II, 3, § 2,** 9
- Gründung der Unterbeteiligungsgesellschaft **II, 3, § 2,** 27 ff.
- Haftung **II, 3, § 2,** 117 ff.
- – Hauptgesellschaft **II, 3, § 2,** 117 ff.
- – Unterbeteiligungsgesellschaft **II, 3, § 2,** 120 f.
- Hauptbeteiligung **II, 3, § 2,** 10
- Höhe des Auseinandersetzungsguthabens **II, 3, § 2,** 153 ff.
- – Auseinandersetzungsbilanz in Form einer Vermögensbilanz **II, 3, § 2,** 155
- – Gesellschaftsvertrag **II, 3, § 2,** 153
- – Grundsatz **II, 3, § 2,** 153 ff.
- – Manipulationen des Hauptgesellschafters **II, 3, § 2,** 156
- – passives Einlagekonto **II, 3, § 2,** 157
- – stille Reserven **II, 3, § 2,** 154
- keine ausdrückliche gesetzliche Regelung **II, 3, § 2,** 13
- konstitutive Voraussetzung **II, 3, § 2,** 11
- Kontroll- und Informationsrechte **II, 3, § 2,** 90 ff.
- – § 233 HGB analog **II, 3, § 2,** 95
- – abschriftliche Mitteilung des Jahresabschlusses **II, 3, § 2,** 90
- – Abtretung an einen Dritten **II, 3, § 2,** 93
- – Einsicht in Bücher und Papiere **II, 3, § 2,** 92
- – genauer Umfang **II, 3, § 2,** 90
- – persönlicher Umfang **II, 3, § 2,** 91 ff.
- – sachlicher Umfang **II, 3, § 2,** 95 ff.
- – Sachverständiger **II, 3, § 2,** 92
- – Schuldner der Informationsansprüche **II, 3, § 2,** 94
- – zeitlicher Umfang **II, 3, § 2,** 101
- Minderjähriger **II, 11,** 46 ff.
- mittelbare Unternehmensteilhabe **II, 3, § 2,** 2
- obligatorische Mitberechtigung **II, 3, § 2,** 9

- offene **II, 3, § 2,** 17
- ohne direkte Beteiligung **II, 3, § 2,** 2
- partiarisches Darlehen **II, 3, § 2,** 20
- Provisionsvorbehalte **II, 3, § 2,** 7
- Rechte und Pflichten der Gesellschafter **II, 3, § 2,** 45 ff.
- Rechtsgrundlagen **II, 3, § 2,** 13
- Rechtsstellung in der Hauptgesellschaft **II, 3, § 2,** 24 ff.
- – Allgemeines **II, 3, § 2,** 24 ff.
- – Kapitalveränderungen **II, 3, § 2,** 26
- – schuldrechtlich Mitberechtigter **II, 3, § 2,** 11
- – schuldrechtliche Mitberechtigung an der Hauptbeteiligung **II, 3, § 2,** 9
- – schwebende Geschäfte **II, 3, § 2,** 163
- – schwierige Gestaltungsprobleme **II, 3, § 2,** 1
- – spezielle Konstruktion **II, 3, § 2,** 1
- – steuerrechtliche Überlegungen **II, 3, § 2,** 6 ff.
- – – atypische **II, 3, § 2,** 6
- – – Einkünfte aus Kapitalvermögen **II, 3, § 2,** 6
- – – typische **II, 3, § 2,** 6
- – Trennung zwischen vermögensmäßiger Beteiligung und Geschäftsführung **II, 3, § 2,** 3
- – Treuepflicht **II, 3, § 2,** 108
- – besondere **II, 3, § 2,** 108
- – Besonderheiten bei der Untergesellschaft **II, 3, § 2,** 109
- – doppelte **II, 3, § 2,** 109
- – typische **II, 3, § 2,** 15 f.
- – typische Ausgestaltung **II, 3, § 2,** 6
- – Überlegungen zur Rechtsformwahl **II, 3, § 2,** 2 ff.
- – Umfang **II, 3, § 2,** 12
- – unter Unterbeteiligung **II, 3, § 2,** 10
- – verdeckte **II, 3, § 2,** 17
- – Verfügung über Gesellschafterrechte **II, 3, § 2,** 102 ff.
- – – Abtretung **II, 3, § 2,** 105
- – – allgemeines Abspaltungsverbot **II, 3, § 2,** 107
- – – Änderung des ursprünglichen Unterbeteiligungsvertrages **II, 3, § 2,** 103
- – – grundsätzliche Übertragbarkeit der Unterbeteiligung **II, 3, § 2,** 106
- – – keine freie Übertragbarkeit **II, 3, § 2,** 102
- – – neuer Unterbeteiligungsvertrag **II, 3, § 2,** 103
- – – Schadensersatzansprüche **II, 3, § 2,** 103
- – – Vertragsübernahme **II, 3, § 2,** 105
- – – Zustimmung der Hauptgesellschaft **II, 3, § 2,** 104
- – – Zweckvereitelung **II, 3, § 2,** 103
- – Verlagerung von Einkünften **II, 3, § 2,** 7
- – Vertretung **II, 3, § 2,** 64
- – Vielzahl von Anwendungsmöglichkeiten **II, 3, § 2,** 2
- – Voraussetzungen **II, 3, § 2,** 9

- Vorliegen einer Hauptbeteiligung **II, 3, § 2,** 9
- vorweggenommene Erbfolge **II, 3, § 2,** 3, 8
- Wesen **II, 3, § 2,** 9 ff.
- Wettbewerbsverbot **II, 3, § 2,** 110 ff.
- – Einblick in die Geschäftsgeheimnisse **II, 3, § 2,** 114
- – Wettbewerb zur Hauptgesellschaft **II, 3, § 2,** 111 f.
- – Wettbewerb zur Unterbeteiligungsgesellschaft **II, 3, § 2,** 113 ff.
- zeitliche Staffelung **II, 3, § 2,** 8
- zivilrechtliche Überlegungen **II, 3, § 2,** 2
- Zweck **II, 3, § 2,** 11
- Unterbeteiligungsgesellschaft, Errichtung **II, 3, § 2,** 27 ff.
- – außerordentliches Kündigungsrecht **II, 3, § 2,** 30
- – durch Gesellschaftsvertrag **II, 3, § 2,** 27 ff.
- – Form **II, 3, § 2,** 31 ff.
- – Form des § 518 Abs. 1 BGB **II, 3, § 2,** 32
- – Genehmigung der Hauptgesellschaften **II, 3, § 2,** 29
- – Gesamtnichtigkeit **II, 3, § 2,** 33
- – grundsätzliche Formfreiheit **II, 3, § 2,** 31
- – Hauptbeteiligter **II, 3, § 2,** 34
- – mehrgliedrige Unterbeteiligungen **II, 3, § 2,** 27
- – mehrseitiges Organisationsverhältnis **II, 3, § 2,** 27
- – Schadensersatz **II, 3, § 2,** 30
- – Schuldrecht **II, 3, § 2,** 28
- – Steuerrecht **II, 3, § 2,** 28
- – stillschweigender Abschluss **II, 3, § 2,** 31
- – Verstoß gegen ein gesetzliches Formerfordernis **II, 3, § 2,** 33
- – Vertragspartner **II, 3, § 2,** 34 ff.
- – weitere Unterbeteiligungen **II, 3, § 2,** 30
- – fehlerhafte Gesellschaft **II, 3, § 2,** 40 ff.
- – – besonders schutzwürdige Personen **II, 3, § 2,** 43
- – – Bestandsschutz **II, 3, § 2,** 41
- – – formlose Kündigung **II, 3, § 2,** 44
- – – Grundsätze der fehlerhaften Gesellschaft **II, 3, § 2,** 40 ff.
- – – Interessen der Allgemeinheit **II, 3, § 2,** 43
- – – Minderjährigenschutz **II, 3, § 2,** 43
- – – Risikogemeinschaft **II, 3, § 2,** 42
- – – Täuschung und Drohung **II, 3, § 2,** 43
- – – Verkehrsschutz **II, 3, § 2,** 41
- – Form **II, 3, § 2,** 31 ff.
- – Gründung **II, 3, § 2,** 27 ff.
- – Hauptbeteiligter, jede Personengesellschaft **II, 3, § 2,** 34
- – – juristische Personen **II, 3, § 2,** 34
- – – natürliche Personen **II, 3, § 2,** 34
- – Unterbeteiligter, Ausnahmen **II, 3, § 2,** 37

Stichwortverzeichnis

••• Die fett gedruckten **römischen Zahlen** bezeichnen die Teile, die fett gedruckten **arabischen Zahlen** die Kapitel. ••• Die fett gedruckten **§-Angaben** bezeichnen die bei Teil 2: Gesellschaftsrecht zu den Kapiteln dazugehörigen Paragrafen. ••• Die mager gedruckten Zahlen bezeichnen die Randnummern. •••

– – jede Personenvereinigung **II, 3**, § 2, 35
– – juristische Personen **II, 3**, § 2, 35
– – natürliche Personen **II, 3**, § 2, 35
– – Testamentsvollstreckung **II, 3**, § 2, 36
– Vertragspartner, Ergänzungspfleger **II, 3**, § 2, 38
– – Genehmigung des Vormundschaftsgerichts **II, 3**, § 2, 39
– – Geschäftsunfähige **II, 3**, § 2, 38 f.
– – Minderjährige **II, 3**, § 2, 38 ff.
– – Unterbeteiligter **II, 3**, § 2, 35 ff.
Unterbilanz **II, 15**, § 1, 30; **II, 20** 159
– Darlehensgewährung, GmbH **II, 15**, § 1, 33
– Querbezüge Handelsbilanzrecht **II, 15**, § 1, 31
Unterbilanzhaftung **II, 20**, 161, 167
– GmbH **II, 15**, § 1, 35
Unterhaltsberechnung, Gesellschafter **II, 10**, 178 ff.
– – aktuelle Höchstgrenze **II, 10**, 2508
– – allgemeines Renteneintrittsalter **II, 10**, 215
– – Altersunterhalt **II, 10**, 183
– – Altersvorsorgeunterhalt **II, 10**, 215
– – Angemessenheitskontrolle **II, 10**, 214
– – Anrechnungsmethode **II, 10**, 189
– – Arbeitslosengeld **II, 10**, 219
– – Aufstockungsunterhalt **II, 10**, 188 f.
– – Ausbildungsunterhalt **II, 10**, 190
– – Bedürftigkeit **II, 10**, 218
– – Beitragssatz **II, 10**, 212
– – Berechnung des Altersvorsorgebedarfs **II, 10**, 213 ff.
– – bereinigtes Nettoeinkommen **II, 10**, 219
– – Billigkeitsunterhalt **II, 10**, 191
– – Bremer Tabelle **II, 10**, 214
– – Differenzmethode **II, 10**, 189, 222
– – eheliche Lebensverhältnisse **II, 10**, 188 ff.
– – Erwerbsobliegenheit **II, 10**, 236
– – Familienarbeit **II, 10**, 196
– – fiktives Einkommen **II, 10**, 236
– – gesamter Lebensbedarf **II, 10**, 210 ff.
– – Gesamtumstände **II, 10**, 180
– – hypothetische Einkünfte **II, 10**, 226
– – keine Einsatzzeitpunkte **II, 10**, 181
– – Kernbereich **II, 10**, 182
– – Kindesbetreuungsunterhalt **II, 10**, 179 ff.
– – konkrete Berechnung **II, 10**, 208 f.
– – Kranken- und Pflegevorsorge **II, 10**, 211
– – Leistungsfähigkeit **II, 10**, 232 ff.
– – Maß des Unterhalts **II, 10**, 192 ff.
– – Obliegenheit zur Aufgabe selbständiger Tätigkeit **II, 10**, 241
– – prägendes Einkommen **II, 10**, 197 f.
– – reale Vermögenserträge **II, 10**, 228
– – reales Einkommen **II, 10**, 234 f.
– – ruhende Bedarfsposition **II, 10**, 223
– – Sonderbedarf **II, 10**, 217

– – Standpunkt des vernünftigen Beobachters **II, 10**, 193
– – Surrogatseinkommen **II, 10**, 222
– – tatsächliche Einkünfte **II, 10**, 219 ff.
– – trennungsbedingter Mehrbedarf **II, 10**, 216
– – Unterhalt bis zu angemessener Erwerbstätigkeit **II, 10**, 186 f.
– – Unterhalt wegen Krankheit **II, 10**, 184
– – unterhaltsrechtlich relevantes Einkommen **II, 10**, 194 f.
– – Unterhaltstatbestand **II, 10**, 179 ff.
– – unzumutbare Erwerbstätigkeit **II, 10**, 212
– – Vermögen **II, 10**, 227 ff.
– – Vermögensstamm **II, 10**, 227
– – Verpflichtungen **II, 10**, 242 f.
– – Voraussetzungen eines Unterhaltsanspruchs **II, 10**, 178
– – Wechsel in die Selbständigkeit **II, 10**, 238 ff.
– – Wohnvorteil **II, 10**, 228
– – Zeitpunkt **II, 10**, 205 ff.
– – zumutbare Erwerbstätigkeit **II, 10**, 219
– selbständige Unternehmer **II, 10**, 178 ff.
– – aktuelle Höchstgrenze **II, 10**, 208
– – allgemeines Renteneintrittsalter **II, 10**, 215
– – Altersunterhalt **II, 10**, 183
– – Altersvorsorgeunterhalt **II, 10**, 215
– – Angemessenheitskontrolle **II, 10**, 214
– – Anrechnungsmethode **II, 10**, 189
– – Arbeitslosengeld **II, 10**, 219
– – Aufstockungsunterhalt **II, 10**, 182, 188 f.
– – Ausbildungsunterhalt **II, 10**, 190
– – Bedürftigkeit **II, 10**, 218
– – Beitragssatz **II, 10**, 212
– – Berechnung des Altersvorsorgebedarfs **II, 10**, 213 f.
– – bereinigtes Nettoeinkommen **II, 10**, 219
– – Billigkeitsunterhalt **II, 10**, 191
– – Bremer Tabelle **II, 10**, 214
– – Differenzmethode **II, 10**, 189, 222
– – eheliche Lebensverhältnisse **II, 10**, 188 ff.
– – Erwerbsobliegenheit **II, 10**, 236
– – Familienarbeit **II, 10**, 196
– – fiktives Einkommen **II, 10**, 236
– – gesamter Lebensbedarf **II, 10**, 210 ff.
– – Gesamtumstände **II, 10**, 180
– – hypothetische Einkünfte **II, 10**, 226
– – keine Einsatzzeitpunkte **II, 10**, 181
– – Kernbereich **II, 10**, 182
– – Kindesbetreuungsunterhalt **II, 10**, 179 ff.
– – konkrete Berechnung **II, 10**, 208 f.
– – Kranken- und Pflegevorsorge **II, 10**, 211
– – Leistungsfähigkeit **II, 10**, 232 ff.
– – Maß des Unterhalts **II, 10**, 192 ff.

– – neues Unterhaltsrecht **II, 10**, 244
– – Obliegenheit zur Aufgabe selbständiger Tätigkeit **II, 10**, 241
– – prägendes Einkommen **II, 10**, 197 ff.
– – reale Vermögenserträge **II, 10**, 228
– – reales Einkommen **II, 10**, 234 f.
– – ruhende Bedarfsposition **II, 10**, 223
– – Sonderbedarf **II, 10**, 217
– – Standpunkt des vernünftigen Beobachters **II, 10**, 193
– – Surrogatseinkommen **II, 10**, 222
– – tatsächliche Einkünfte **II, 10**, 219 ff.
– – trennungsbedingter Mehrbedarf **II, 10**, 216
– – Unterhalt bis zu angemessener Erwerbstätigkeit **II, 10**, 186 f.
– – Unterhalt wegen Krankheit **II, 10**, 184
– – unterhaltsrechtlich relevantes Einkommen **II, 10**, 194 f
– – Unterhaltstatbestand **II, 10**, 179 ff.
– – unzumutbare Erwerbstätigkeit **II, 10**, 212
– – Vermögen **II, 10**, 227 ff.
– – Vermögensstamm **II, 10**, 227
– – Verpflichtungen **II, 10**, 242 f.
– – Voraussetzungen eines Unterhaltsanspruchs **II, 10**, 178
– – Wechsel in die Selbständigkeit **II, 10**, 238 ff.
– – Wohnvorteil **II, 10**, 228
– – Zeitpunkt **II, 10**, 205 ff.
– – zumutbare Erwerbstätigkeit **II, 10**, 219
Unterhaltsbilanz, Unterhaltsrecht **II, 10**, 258
Unterhaltsforderung, Endvermögen **II, 10**, 63
Unterhaltsrecht, Gewinneinkünfte **II, 10**, 247 ff.
– – abnutzbare Wirtschaftsgüter **II, 10**, 266
– – Abschreibungen **II, 10**, 266, 273
– – Abschreibungen für die Abnutzung von Gebäuden **II, 10**, 270
– – Abschreibungsarten **II, 10**, 267 f.
– – Abschreibungssätze **II, 10**, 269
– – Abzug von Steuern **II, 10**, 291 ff.
– – allgemeine Angemessenheitsprüfung **II, 10**, 283
– – Ansparabschreibungen **II, 10**, 275
– – Ansparrücklagen **II, 10**, 289
– – außerplanmäßige Abschreibung **II, 10**, 268
– – bedeutsame unterhaltsrechtliche Abweichungen **II, 10**, 265 ff.
– – Betriebsaufspaltung **II, 10**, 255
– – Betriebsausgaben **II, 10**, 282
– – Betriebseinnahmen **II, 10**, 250
– – Betriebsvermögensvergleich **II, 10**, 248
– – Darlegungslast **II, 10**, 261 f.
– – Einkommensteuer **II, 10**, 251
– – Einnahmerechnung **II, 10**, 250
– – Entnahmebeschränkung **II, 10**, 252
– – Entnahmen **II, 10**, 278 ff.
– – Ermittlungszeitraum **II, 10**, 257

Stichwortverzeichnis

••• Die fett gedruckten **römischen Zahlen** bezeichnen die Teile, die fett gedruckten **arabischen Zahlen** die Kapitel. ••• Die fett gedruckten **§-Angaben** bezeichnen die bei Teil 2: Gesellschaftsrecht zu den Kapiteln dazugehörigen Paragrafen. ••• Die mager gedruckten Zahlen bezeichnen die Randnummern. •••

– – Erwerbsobliegenheit **II, 10**, 260 ff.
– – Feststellung der Leistungsfähigkeit **II, 10**, 256 ff.
– – fiktive Altersversorgungsbeiträge **II, 10**, 296
– – fiktive Steuerberechnung **II, 10**, 275, 293
– – fiktive Steuern **II, 10**, 275
– – Folgeanpassungen bei Steuern **II, 10**, 274
– – geringwertige Wirtschaftsgüter **II, 10**, 268
– – Gewinnermittlung bei Personengesellschaften **II, 10**, 251
– – Gewinnermittlung nach Durchschnittssätzen **II, 10**, 253
– – In-Prinzip **II, 10**, 274
– – Investitionsentscheidungen **II, 10**, 282
– – lineare Abschreibung **II, 10**, 267, 271
– – Nachweispflicht des Unterhaltspflichtigen **II, 10**, 280
– – nahe Angehörige **II, 10**, 284
– – Personalkosten **II, 10**, 285
– – PKW **II, 10**, 288
– – private Lebensführungskosten **II, 10**, 286 f.
– – Rückstellungen **II, 10**, 289
– – Schätzung des Gewinns **II, 10**, 254
– – selbständige Arbeit **II, 10**, 250
– – Sonderabschreibungen **II, 10**, 269
– – Sonstiges **II, 10**, 253 ff.
– – Steuerbilanz **II, 10**, 258
– – steuerliche Gewinnermittlung **II, 10**, 248 ff.
– – Überprüfung des Investitionsverhaltens **II, 10**, 282
– – Überschussrechnung **II, 10**, 250
– – Unterhaltsbilanz **II, 10**, 258
– – Unterhaltsleitlinien **II, 10**, 278
– – unterhaltsrechtliche Anpassung **II, 10**, 269 f.
– – Verbindlichkeiten **II, 10**, 273
– – Vorsorgeaufwendungen **II, 10**, 295 ff.
– – Zwei-Konten-Modell **II, 10**, 290
Unterkapitalisierung **II, 20**, 192 ff.
Unternehmen, Abhängigkeit **II, 5, § 1**, 8
– Erfolgskrise **II, 20**, 10
– Ertragskrise **II, 20**, 10
– Unter-Insolvenz **II, 20**, 1 ff.
– Insolvenzsituation **II, 20**, 14 ff.
– Liquiditätskrise **II, 20**, 10
– Sanierungsfähigkeit **II, 20**, 4
– Sanierungsmaßnahmen **II, 20**, 4
– Stiftung **II, 2, § 6**, 1 ff.
– Strategiekrise **II, 20**, 10
– Überschuldung **II, 20**, 15 ff.
– Umsatzrückgang **II, 20**, 11
– Umsatzsteigerung **II, 20**, 11
– Zahlungsunfähigkeit **II, 20**, 27 ff.
Unternehmensbesteuerung **II, 15, § 2**, 1 ff.
– Betriebsteuer **II, 15, § 2**, 4 ff.
– – Betriebsteuermodelle **II, 15, § 2**, 4
– – Einwände **II, 15, § 2**, 7

– – klassisches Betriebsteuerkonzept **II, 15, § 2**, 5
– – Lock-In-Effekt **II, 15, § 2**, 7
– – reinvestierbare Einkünfte **II, 15, § 2**, 6
– – verfassungsrechtliche Bedenken **II, 15, § 2**, 7
– ertragsteuerliche Modelle **II, 15, § 2**, 1 ff.
– Konzept der rechtsformabhängigen Besteuerung **II, 15, § 2**, 1
– Konzept der Teilhaberschaft **II, 15, § 2**, 2 f.
– Konzepte einer Betriebsteuer, **II, 15, § 2**, 4 ff.
– rechtsformabhängige **II, 15, § 2**, 8 ff.
– – duales System **II, 15, § 2**, 8 ff.
Unternehmensbeteiligung, Abschreibungsgesellschaften **II, 10**, 143
– Bewertung **II, 10**, 134
– – direkte Bewertung **II, 10**, 135
– – einheitlicher Unternehmensbegriff **II, 10**, 144
– – indirekte Bewertungen **II, 10**, 136
– – güterrechtliche Folgen **II, 10**, 1
– – objektivierter Wert **II, 10**, 137
– – subjektiver Wert **II, 10**, 138
– – individuelle persönliche Verhältnisse **II, 10**, 138
– – Mehrheitsbeteiligung **II, 10**, 138
– – Paketzuschlag **II, 10**, 138
– – Sperrminorität **II, 10**, 138
– – Zugewinnausgleich **II, 10**, 1 ff.
– Unternehmensbewertung, Ertragswertmethode **II, 15, § 1**, 37
– künftige Erfolgschancen **II, 15, § 1**, 37
– negative Fortführungsprognose **II, 15, § 1**, 37
Unternehmensfinanzierung **II, 16**, 1 ff.
– betriebswirtschaftliche Grundlagen **II, 16**, 3 ff.
– Bonität **II, 16**, 13 ff.
– Bonitätsbewertung **II, 16**, 17 ff.
– Bürgschaft **II, 16**, 188 ff.
– Darlehen **II, 16**, 138 ff.
– – Hypothekenbanken **II, 16**, 140
– – Kapitalsammelstelle **II, 16**, 140
– – Kreditbanken **II, 16**, 140
– – Privatperson **II, 16**, 140
– – Deckungsstock **II, 16**, 145
– Eigenkapitalgeber **II, 16**, 13
– Einleitung **II, 16**, 1 ff.
– Formwechsel **II, 16**, 134
– Fremdfinanzierung **II, 16**, 135 ff.
– Fremdkapitalgeber **II, 16**, 13
– Garantie **II, 16**, 193
– Industrieobligationen **II, 16**, 150 ff.
– Kapitalherabsetzung **II, 16**, 107 ff.
– – GmbH **II, 16**, 124 ff.
– Kontokorrentkredit **II, 16**, 178 f.
– Kreditauftrag **II, 16**, 195
– Kreditsicherheiten **II, 16**, 186 ff.
– Kreditversicherungen **II, 16**, 217 ff.
– Kundenanzahlung **II, 16**, 181 f.

– kurzfristige Fremdfinanzierung **II, 16**, 177 ff.
– Lieferantenkredit **II, 16**, 180
– Liquidation, Umgründung **II, 16**, 133
– Sachsicherheiten **II, 16**, 196 ff.
– Schuldbeitritt **II, 16**, 194
– Schuldscheindarlehen **II, 16**, 144 ff.
– Sicherungsbedürfnis **II, 16**, 13 ff.
– Spaltung **II, 16**, 134
– Umgründung **II, 16**, 133
– Umstrukturierung **II, 16**, 134
– Umwandlung, im engeren Sinne **II, 16**, 133
– – im weiteren Sinne **II, 16**, 133
– Umwandlungsvorgänge **II, 16**, 132 ff.
– Vermögensübertragung **II, 16**, 134
– Verschmelzung **II, 16**, 134
– Wandelschuldverschreibungen **II, 16**, 158 ff.
– Wechselkredit **II, 16**, 184 f.
Unternehmenskauf, Ablauf **II, 4**, 25 ff.
– – Auktionsverfahren **II, 4**, 32 f.
– – Closing **II, 4**, 29 f.
– – Due Diligence **II, 4**, 28
– – Hauptverhandlungen **II, 4**, 28
– – herkömmliches Verfahren **II, 4**, 26 ff.
– – Kontaktaufnahme zwischen den Parteien **II, 4**, 27
– – Planungsphase **II, 4**, 26
– – postakquisitorische Maßnahmen **II, 4**, 31
– – Signing **II, 4**, 29 f.
– – Vorverhandlungen **II, 4**, 27
– Allgemeines **II, 4**, 1 ff.
– andere Vorfeldvereinbarungen **II, 4**, 44
– Arbeitsrecht **II, 4**, 262
– – Auswirkungen einer Transaktion **II, 4**, 288
– – Betriebsbegriff **II, 4**, 265
– – Betriebsinhaberwechsel **II, 4**, 269
– – Betriebsübergang **II, 4**, 265
– – Checkliste **II, 4**, 267
– – Einleitung **II, 4**, 262 ff.
– – Funktionsnachfolge **II, 4**, 268
– – Prüfung eines Betriebsübergangs **II, 4**, 268
– – Rechte und Pflichten aus dem Arbeitsverhältnis **II, 4**, 272
– – Rechtsfolgen des Betriebsübergangs **II, 4**, 272
– – rechtsgeschäftlicher Übergang **II, 4**, 271
– – Übergang der Arbeitsverhältnisse **II, 4**, 272 f.
– Berater **II, 4**, 10 ff.
– – Andere **II, 4**, 14
– – Berechnung des Erfolgshonorars **II, 4**, 13
– – Engagement Letter **II, 4**, 12
– – Investmentbank **II, 4**, 11 f.
– – M&A Berater **II, 4**, 11 ff.
– – Unternehmensmaklervertrag **II, 4**, 12
– – wirtschaftliche Bedeutung **II, 4**, 12
– Beteiligte **II, 4**, 8 ff.
– – Parteien **II, 4**, 8 ff.

Stichwortverzeichnis

••• Die fett gedruckten **römischen Zahlen** bezeichnen die Teile, die fett gedruckten **arabischen Zahlen** die Kapitel. ••• Die fett gedruckten **§-Angaben** bezeichnen die bei Teil 2: Gesellschaftsrecht zu den Kapiteln dazugehörigen Paragrafen. ••• Die mager gedruckten Zahlen bezeichnen die Randnummern. •••

- Betriebserwerb in der Krise **II, 4,** 286
- – Sonderregeln **II, 4,** 286
- Betriebsübergang, aktive Arbeitsverhältnisse **II, 4,** 273
- – Betriebsvereinbarungen **II, 4,** 276
- – Eintritt in die Rechte und Pflichten aus dem Arbeitsverhältnis **II, 4,** 272
- – erfasste Arbeitsverhältnisse **II, 4,** 273
- – Fortsetzung bestimmter Arbeitsbedingungen **II, 4,** 275
- – gesamtschuldnerische Haftung **II, 4,** 284
- – kollektivrechtliche Sicht **II, 4,** 276 f.
- – Tarifverträge **II, 4,** 277
- – Unterrichtungspflichten des Arbeitgebers **II, 4,** 278 ff.
- – vertragliche Vereinbarungen **II, 4,** 285
- – Widerspruchsrecht des Arbeitnehmers **II, 4,** 278 ff.
- Betriebsübernahmegesellschaft **II, 4,** 221
- Due Diligence **II, 4,** 45 ff.
- – Arten **II, 4,** 46 ff.
- – Bedeutung **II, 4,** 58 ff.
- – Bericht **II, 4,** 56
- – Checkliste **II, 4,** 67
- – Commercial **II, 4,** 48
- – Due Diligence Report **II, 4,** 55
- – Einleitung **II, 4,** 45
- – Environmental **II, 4,** 48
- – Financial **II, 4,** 48
- – Grenzen der Auskunftserteilung **II, 4,** 63 ff.
- – Käufer und Verkäufer **II, 4,** 46 ff.
- – legal **II, 4,** 48
- – Prüfungsgegenstand **II, 4,** 48
- – Prüfungsphase **II, 4,** 53
- – tax **II, 4,** 48
- – technical **II, 4,** 48
- – typischer Ablauf **II, 4,** 49 ff.
- – Vorbereitungsphase **II, 4,** 49
- Einleitung **II, 4,** 1 ff.
- Erwerb im eröffneten Insolvenzverfahren **II, 4,** 239 ff.
- – arbeitsrechtliche Erleichterungen **II, 4,** 248 ff.
- – Berichtstermin **II, 4,** 240
- – Haftungsbeschränkungen **II, 4,** 243 ff.
- – Haftung für staatliche Beihilfen **II, 4,** 246 f.
- – Zulässigkeit **II, 4,** 240 f.
- – Zustimmungserfordernisse **II, 4,** 242
- Erwerb im Insolvenzeröffnungsverfahren **II, 4,** 222 ff
- – Anfechtung gemäß §§ 129 ff InsO **II, 4,** 229 ff.
- – Erfüllungswahlrecht des Insolvenzverwalters **II, 4,** 237
- – Erstattungsansprüche bei Anfechtung **II, 4,** 235 ff.
- – Maßnahmen seitens des Erwerbers **II, 4,** 238

- – relevante Anfechtungstatbestände **II, 4,** 232 ff.
- – Risiken **II, 4,** 228 ff.
- – volles Haftungsregime **II, 4,** 228
- – Zulässigkeit **II, 4,** 223 ff.
- Erwerb in der Krise **II, 4,** 220 ff.
- – fusionskontrollrechtliche Bezüge **II, 4,** 289 ff.
- – Geheimhaltungsvereinbarungen **II, 4,** 34
- – Grundzüge **II, 4,** 1 ff.
- – Grundzüge der Besteuerung **II, 4,** 159
- – Halbeinkünfteverfahren **II, 4,** 159 ff.
- – Kapitalgesellschaften **II, 4,** 160
- – Privatpersonen **II, 4,** 161
- – Veräußerungsgewinne **II, 4,** 159 ff.
- – Insolvenz **II, 4,** 220
- – insolvenzrechtliche Bezüge **II, 4,** 220 ff.
- – Kartellrecht **II, 4,** 289 ff.
- – – Abgrenzung deutsches und EU-Recht **II, 4,** 316
- – – allgemeine Verfahrensgrundsätze **II, 4,** 335, 343
- – – Anwendbarkeitsprüfung **II, 4,** 291 ff.
- – – Aufgriffsschwellen **II, 4,** 297, 302 f.
- – – Buy-and-Build-Strategien **II, 4,** 295
- – – deutsche Fusionskontrolle **II, 4,** 342
- – – deutsches **II, 4,** 314 ff.
- – – EG-Fusionskontrolle **II, 4,** 300 ff.
- – – EG-Recht **II, 4,** 307
- – – Entscheidungen **II, 4,** 345
- – – Entscheidungen der Kommission **II, 4,** 340
- – – erhebliche Wettbewerbsbeeinträchtigung **II, 4,** 306 ff.
- – – Ermittlungsverfahren **II, 4,** 337
- – – Formvorschriften **II, 4,** 336, 344
- – – Fristen **II, 4,** 345
- – – Fusionskontrolle **II, 4,** 290
- – – Genehmigung trotz Wettbewerbsbeeinträchtigung **II, 4,** 311 ff.
- – – grenzüberschreitende Auswirkungen **II, 4,** 301
- – – grundsätzliche Eingriffskriterien **II, 4,** 293
- – – Handlungsempfehlungen in der Planungsphase **II, 4,** 320
- – – Hauptverfahren **II, 4,** 338 f.
- – – Käuferseite **II, 4,** 294
- – – Letter of Intent **II, 4,** 323
- – – Marktanteil **II, 4,** 308
- – – Marktbeherrschung **II, 4,** 315
- – – materielle Untersagungskriterien **II, 4,** 304 ff.
- – – nationale Fusionskontrolle **II, 4,** 300 ff.
- – – nicht-fusionskontrollrechtliche Überlegungen **II, 4,** 322
- – – Planungsphase des Unternehmenskaufs **II, 4,** 289
- – – Prüfungsumfang **II, 4,** 290
- – – Signing **II, 4,** 324 ff., 333
- – – summarische Prüfung **II, 4,** 299
- – – Umsetzung im Unternehmenskaufvertrag **II, 4,** 330 ff.

- – – Verfahren vor dem Bundeskartellamt **II, 4,** 342
- – – Verfahren vor der Kommission **II, 4,** 334
- – – Vorverfahren **II, 4,** 337
- – – weiteres Verfahren **II, 4,** 341, 346
- – – wichtige Informationen **II, 4,** 296 ff., 304
- – – Zusammenschluss **II, 4,** 293
- – Kündigung auf Erwerberkonzept **II, 4,** 287
- – langwierige Vertragsverhandlungen **II, 4,** 2
- – Letter of Intent **II, 4,** 39 ff.
- – – Checkliste **II, 4,** 43
- – – Exklusivitätsklausel **II, 4,** 41
- – – keine rechtliche Bindungswirkung **II, 4,** 40
- – Mergers & Acquisitions **II, 4,** 1
- – Parteien, Erwerber **II, 4,** 8
- – – Verkäufer **II, 4,** 9
- – Rechtsanwalt **II, 4,** 3 ff.
- – – Anforderungs- und Aufgabenprofil **II, 4,** 4
- – – führender Berater **II, 4,** 3
- – – Mandatsvereinbarungen **II, 4,** 6 ff.
- – – maßgeblicher Vertragsgestalter **II, 4,** 3
- – – Rolle **II, 4,** 3
- – steuerrechtliche Aspekte **II, 4,** 156 ff.
- – – Interessenlagen **II, 4,** 156 ff.
- – – Vorbemerkung **II, 4,** 156 ff.
- – Typen **II, 4,** 18 ff.
- – – Asset Deal **II, 4,** 18, 21
- – – Erwerbsformen **II, 4,** 18 ff.
- – – LBO **II, 4,** 24
- – – MBO **II, 4,** 24
- – – Rahmenbedingungen **II, 4,** 19
- – – Share Deal **II, 4,** 18 ff.
- – Überblick über die Besteuerung **II, 4,** 164 ff
- – – Abzug von Finanzierungskosten **II, 4,** 200 ff.
- – – Allokation von steuerlichen Risiken **II, 4,** 218 ff.
- – – Asset Deal **II, 4,** 164 f.
- – – Gesellschafterfremdfinanzierung **II, 4,** 210 ff.
- – – Grunderwerbsteuer **II, 4,** 214 f.
- – – Haftung in der Vertragsgestaltung **II, 4,** 218 ff.
- – – Nutzung von Finanzierungskosten **II, 4,** 200 ff.
- – – Nutzung von Verlustvorträgen **II, 4,** 193 ff.
- – – Share Deal **II, 4,** 173 ff.
- – – Sonderthemen **II, 4,** 193 ff.
- – – Umsatzsteuer **II, 4,** 216
- – – Verkehrsteuern **II, 4,** 213
- – Unternehmensbewertung **II, 4,** 15
- – – discounted cashflow-Verfahren **II, 4,** 16
- – – Ertragswertverfahren **II, 4,** 16
- – – Preis **II, 4,** 17
- – – Substanzwertverfahren **II, 4,** 16
- – – Vergleichsverfahren **II, 4,** 16
- – – Verhandlungsprotokolle **II, 4,** 38

Stichwortverzeichnis

••• Die fett gedruckten **römischen Zahlen** bezeichnen die Teile, die fett gedruckten **arabischen Zahlen** die Kapitel. ••• Die fett gedruckten **§-Angaben** bezeichnen die bei Teil 2: Gesellschaftsrecht zu den Kapiteln dazugehörigen Paragrafen. ••• Die mager gedruckten Zahlen bezeichnen die Randnummern. •••

- Vertragsgestaltung **II, 4,** 68 ff., 251 ff.
- – Abtretungsverbote **II, 4,** 150
- – allgemeiner Teil von Garantien **II, 4,** 116
- – Ansprüche Dritter **II, 4,** 143
- – anwendbares Recht **II, 4,** 69
- – Asset Deal **II, 4,** 70
- – Ausschluss der gesetzlichen Gewährleistungen **II, 4,** 134 f.
- – behördliche Verfahren **II, 4,** 143
- – besondere Garantietatbestände **II, 4,** 139
- – Besonderheiten **II, 4,** 251 ff.
- – Besonderheiten des Kaufgegenstands **II, 4,** 253
- – bestimmter Kaufgegenstand **II, 4,** 254
- – Einleitung **II, 4,** 68
- – Fälligkeit des Kaufpreises **II, 4,** 97
- – Festkaufpreis **II, 4,** 87
- – Firma **II, 4,** 259
- – Formerfordernis **II, 4,** 70
- – Formulierungsbeispiel für Kaufpreisbemessung **II, 4,** 90
- – Freistellung **II, 4,** 130
- – Garantie **II, 4,** 106, 260 ff.
- – Garantieklausel **II, 4,** 261
- – gemeinsame Erklärung **II, 4,** 152
- – genaue Bezeichnung der Vertragsparteien **II, 4,** 80
- – gesellschaftsrechtliche Beschränkungen **II, 4,** 75
- – gesetzliche Gewährleistungsansprüche **II, 4,** 107 ff.
- – gesetzliche Haftungstatbestände **II, 4,** 110 ff.
- – Gestaltung von Garantien **II, 4,** 114 f.
- – Gewährleistung **II, 4,** 106
- – Haftungsbegrenzung **II, 4,** 131 ff.
- – Kaufgegenstand **II, 4,** 82
- – Kaufpreis **II, 4,** 85 f., 260 ff.
- – Kaufpreis als Sicherungsmittel **II, 4,** 102
- – Kaufpreisbemessung **II, 4,** 87
- – Kaufpreisbestimmung **II, 4,** 260
- – Kooperationspflichten **II, 4,** 140 ff.
- – Kostenregelung **II, 4,** 153
- – Masseverbindlichkeiten **II, 4,** 261
- – Minderung **II, 4,** 124 ff.
- – Mitwirkungspflichten **II, 4,** 140 ff.
- – Nachbesserung **II, 4,** 124 ff.
- – Offenlegung von Garantien **II, 4,** 121 f.
- – öffentlich-rechtliche Beschränkungen **II, 4,** 77
- – Präambel **II, 4,** 79
- – Rechtsfolgen von Garantieverletzungen **II, 4,** 123 ff.
- – Rechtsstreitigkeiten **II, 4,** 143
- – Rücktritt **II, 4,** 127 ff.
- – Schadensersatz **II, 4,** 124 ff.
- – Schadensminderung **II, 4,** 131 ff.
- – Schiedsklausel **II, 4,** 154 f.
- – selbständige Garantien **II, 4,** 117
- – Share Deal **II, 4,** 71
- – Sicherung der Kaufpreiszahlung **II, 4,** 100 f.
- – Sicherungsmechanismen **II, 4,** 99
- – sonstige Bestimmungen **II, 4,** 150 ff.
- – Stichtag **II, 4,** 84
- – subjektive Garantien **II, 4,** 119
- – Verhaltenspflichten des Verkäufers **II, 4,** 137
- – Verjährung **II, 4,** 136
- – Verkäufer **II, 4,** 252
- – Vertragsparteien **II, 4,** 80
- – Vertraulichkeitsregelung **II, 4,** 151
- – Verwertungsbefugnis des Kaufgegenstands **II, 4,** 253
- – Verwertungsrechte **II, 4,** 255 ff.
- – vollständiger Ausschluss der Gewährleistung **II, 4,** 261
- – Vollzug **II, 4,** 103 ff.
- – Vorfragen **II, 4,** 69
- – Wettbewerbsverbote **II, 4,** 145 ff.
- – Wirksamkeits- und Zustimmungserfordernisse **II, 4,** 73
- – Zahlungsmodalitäten **II, 4,** 97
- – Zeitpunkt von Garantien **II, 4,** 118
- – Zivilrecht **II, 4,** 78
- Vertraulichkeitsvereinbarungen **II, 4,** 34
- Vorfeldvereinbarungen **II, 4,** 34 ff.
- – Checkliste **II, 4,** 37
- – – typische Regelungsinhalte **II, 4,** 37
- Unternehmenskooperation **II, 12,** 1
- Unternehmenskrise **II, 20,** 206 ff.
- – betriebswirtschaftlicher Begriff **II, 20,** 6
- – Definition **II, 20,** 1 ff., 5 ff.
- – Einführung **II, 20,** 1 ff.
- – GmbH **II, 20,** 3
- – GmbH & Co. KG **II, 20,** 3
- – Haftung, Realisierung **II, 20,** 2
- – Haftungsgefahren **II, 20,** 145 ff.
- – – Gesellschafter **II, 20,** 145
- – Haftungsverschärfung **II, 20,** 1 ff.
- – insolvenzrechtlicher Begriff **II, 20,** 7
- – Kapitalerhöhung **II, 20,** 147 ff.
- – Krisenbegriff, Kapitalersatzrecht **II, 20,** 9
- – Kriseneintritt **II, 20,** 1 ff.
- – Krisenfrühwarnsystem **II, 20,** 13
- – strafrechtliche Risiken **II, 20,** 129 ff.
- – strafrechtlicher Begriff **II, 20,** 8
- – typische Straftaten **II, 20,** 118 ff.
- – übertragene Sanierung **II, 20,** 129
- – verdeckte Sacheinlage **II, 20,** 150
- – Verlauf **II, 20,** 1 ff., 10 ff.
- Unternehmensnachfolge **II, 3, § 1,** 9, 14
- – Einkommensteuer **II, 9,** 6 ff.
- – – Allgemeines **II, 9,** 6 f.
- – – Auseinandersetzung **II, 9,** 6, 8 ff.
- – – Behandlung der Rechtsnachfolge von Todes wegen **II, 9,** 6
- – – Erbanfall **II, 9,** 6
- – – Qualifikation der Miterben **II, 9,** 6
- – – Realteilung **II, 9,** 8 f.
- – – Realteilungsgrundsätze **II, 9,** 6
- – – Sachwertabfindung **II, 9,** 8
- – – Spitzenausgleich **II, 9,** 10
- – – Verlustvortrag **II, 9,** 12

- – Erbschaft-/Schenkungsteuer **II, 9,** 13 ff.
- – – Anteile an inländischen Kapitalgesellschaften **II, 9,** 21
- – – begünstigtes Vermögen **II, 9,** 20
- – – Begünstigungen **II, 9,** 22 ff.
- – – Begünstigungstransfer **II, 9,** 27 f.
- – – Betriebsvermögen **II, 9,** 20
- – – Bewertung des Betriebsvermögens von Personenunternehmen **II, 9,** 15 f.
- – – Bewertungsabschlag **II, 9,** 23
- – – Bewertungsidentität **II, 9,** 15
- – – erbschaftsteuerliche Begünstigung des Produktivvermögens **II, 9,** 18 ff.
- – – Erwerbsvorgänge **II, 9,** 13 f., 19
- – – Freibetrag nach § 13a Abs. 1 ErbStG **II, 9,** 22
- – – Nachbesteuerung **II, 9,** 30 ff.
- – – Tarifentlastungsbetrag **II, 9,** 24 f.
- – – Teilung des erbschaftsteuerlichen Wertes **II, 9,** 17
- – – Verzicht auf die Begünstigung **II, 9,** 29
- – Familienstiftung **II, 2, § 6,** 48
- – Grunderwerbsteuer **II, 9,** 35
- – steuerliche Behandlung **II, 9,** 6 ff.
- Unternehmensregister **I, 2,** 5
- – Führung **I, 2,** 6
- – Inhalt **I, 2,** 5 ff.
- – Sinn **I, 2,** 7
- Unternehmensstiftung **II, 2, § 6,** 5 ff.
- – gemeinnützige **II, 2, § 6,** 55 ff.
- Unternehmensstrategie **II, 20,** 4
- Unternehmensträgerstiftung **II, 2, § 6,** 5
- Unternehmensveräußerung, Betriebsübergang **II, 17,** 25 ff.
- Unternehmensverbindung **II, 5, § 2,** 1 ff.
- – Arten von **II, 5, § 1,** 5 ff.
- – Begriff **II, 5, § 1,** 1 f.
- Unternehmensverkauf, GmbH & Co. KG **II, 1, § 4,** 9
- Unternehmensvertrag **II, 5, § 1,** 1 ff.
- – Abfindung, Höhe **II, 5, § 1,** 32
- – abhängige Gesellschaft **II, 5, § 1,** 40, 48
- – Abschluss **II, 5, § 1,** 30 ff., 58
- – – Abgleich **II, 5, § 1,** 48
- – Änderung **II, 5, § 1,** 49, 64 ff.
- – Anmeldung und Eintragung **II, 5, § 1,** 45
- – Arten **II, 5, § 1,** 16
- – Aufhebung, Formanforderung **II, 5, § 1,** 51
- – – Maßnahme der Gesellschaftsleitung **II, 5, § 1,** 51
- – – vertragliche Vereinbarungen **II, 5, § 1,** 51
- – Aufsichtsrat **II, 5, § 1,** 30
- – Ausgleich, Höhe **II, 5, § 1,** 32
- – Auslage, Unterlagen ab Einberufung **II, 5, § 1,** 48
- – Beendigung **II, 5, § 1,** 50 ff., 64 ff.
- – Beherrschungsvertrag **II, 5, § 1,** 16 ff.
- – – Inhalt **II, 5, § 1,** 19 ff.
- – – Merkmal **II, 5, § 1,** 18

Stichwortverzeichnis

••• Die fett gedruckten **römischen Zahlen** bezeichnen die Teile, die fett gedruckten **arabischen Zahlen** die Kapitel. ••• Die fett gedruckten **§-Angaben** bezeichnen die bei Teil 2: Gesellschaftsrecht zu den Kapiteln dazugehörigen Paragrafen. ••• Die mager gedruckten Zahlen bezeichnen die Randnummern. •••

- Bekanntmachung **II, 5, § 1,** 48
- Bericht **II, 5, § 1,** 31 ff., 48
- Betriebsführungsvertrag **II, 5, § 1,** 29
- Betriebsüberlassungsvertrag **II, 5, § 1,** 29
- Formerfordernis **II, 5, § 1,** 41, 44
- gesellschaftsrechtliche Treuepflicht **II, 5, § 1,** 67
- Gewinnabführungsvertrag **II, 5, § 1,** 16, 24 ff.
- Inhalt **II, 5, § 1,** 27 f.
- – Merkmal **II, 5, § 1,** 25
- Gewinngemeinschaft **II, 5, § 1,** 29
- GmbH, Eintragung ins Handelsregister **II, 5, § 1,** 62
- haftende Gesellschaft **II, 5, § 1,** 48
- Haftung, Gesellschafter **II, 5, § 1,** 67
- Handelsregister **II, 5, § 1,** 46
- Anlagen **II, 5, § 1,** 48
Unternehmensvertrag, Handelsregister, Eintragung **II, 5, § 1,** 47 f.
- Hauptversammlung, Beschlüsse **II, 5, § 1,** 40 ff.
- – Einberufung **II, 5, § 1,** 38 f., 48
- herrschende Gesellschaft, Zustimmung **II, 5, § 1,** 42
- Informationspflichten **II, 5, § 1,** 39
- Inhalt, Bekanntmachung **II, 5, § 1,** 48
- Konzernrecht **II, 5, § 1,** 14 ff.
- Kündigung **II, 5, § 1,** 52 ff.
- – abhängige Gesellschaft **II, 5, § 1,** 55
- – herrschende Gesellschaft **II, 5, § 1,** 55
- – Kündigungsfrist **II, 5, § 1,** 53
- – ordentliche **II, 5, § 1,** 56
- – wichtiger Grund **II, 5, § 1,** 53 ff.
- Mehrheitserfordernis **II, 5, § 1,** 40, 43
- Prüfung **II, 5, § 1,** 34 f., 48
- Prüfungsbericht **II, 5, § 1,** 36 f., 48
- rückwirkende Aufhebung **II, 5, § 1,** 66
- schuldrechtliche Austauschverträge **II, 5, § 1,** 29
- steuerrechtliche Erwägungen **II, 5, § 1,** 14
- Teilgewinnabführungsvertrag **II, 5, § 1,** 26, 29
- – unentgeltlicher **II, 5, § 1,** 29
- unmittelbare Verrechnung **II, 5, § 1,** 14
- Verlustübernahmevertrag **II, 5, § 1,** 29
- Vertragsprüfer, Bestellung **II, 5, § 1,** 48
- Vorstand **II, 5, § 1,** 30, 34
- weiterer **II, 5, § 1,** 29
- Wirksamkeitsvoraussetzung **II, 5, § 1,** 42
- Zustandekommen **II, 5, § 1,** 58 ff.
- zuständige Organe **II, 5, § 1,** 48
- Zuständigkeit **II, 5, § 1,** 30
- Zustimmung, abhängige GmbH **II, 5, § 1,** 59 f.
- – herrschende GmbH **II, 5, § 1,** 61
- – Zustimmungsvorbehalt **II, 5, § 1,** 30
Unternehmer, anderer, Handelsvertreter **I, 5,** 9

- Ehevertrag, allgemeine Auffangklausel **II, 10,** 393
- – allgemeine Urkundsbestandteile **II, 10,** 388 ff.
- – alternative Rechtsfolgen **II, 10,** 397
- – Altersvorsorgeunterhalt **II, 10,** 366
- – Anforderungen **II, 10,** 345
- – antizipierte Ausübungskontrolle **II, 10,** 396
- – Auffanglinie **II, 10,** 391 f.
- – Aufhebung **II, 10,** 340
- – Ausschluss des Unterhalts wegen Alters oder Krankheit **II, 10,** 353
- – Ausübungskontrolle **II, 10,** 347, 379 ff.
- – Begriff **II, 10,** 330 ff.
- – Belehrung **II, 10,** 394 f.
- – Berücksichtigung verschiedener Ehekonstellationen **II, 10,** 396
- – Betreuungsbedürftigkeit **II, 10,** 352
- – Beurkundungsverfahren **II, 10,** 383
- – Dispositionsfreiheit der Ehegatten **II, 10,** 356 f.
- – Dokumentation **II, 10,** 387
- – ehebedingte Nachteile **II, 10,** 368 ff.
- – Ehebedingtheit des Nachteils **II, 10,** 349
- – Ehevertragsmodell **II, 10,** 346
- – einseitiger Verzicht **II, 10,** 470 f.
- – Folgeentscheidung des BGH **II, 10,** 345 ff.
- – Folgerungen für die Beurkundungspraxis **II, 10,** 382 ff.
- – Form **II, 10,** 330 ff.
- – funktional erweiterter Ehevertragsbegriff **II, 10,** 330
- – Grundsatzurteil des BGH **II, 10,** 345 ff.
- – Heirat in fortgeschrittenem Alter **II, 10,** 350
- – im engeren Sinne **II, 10,** 330
- – Imparität **II, 10,** 371
- – inhaltliche Auswirkungen **II, 10,** 398 ff.
- – Inhaltskontrolle **II, 10,** 341 ff.
- – Inhaltskontrolle nach BGH **II, 10,** 356 f.
- – keine zwingende Halbteilung **II, 10,** 358 ff.
- – Kernbereichslehre **II, 10,** 347, 361 ff.
- – Kinderbetreuungsunterhalt **II, 10,** 364
- – Krankenvorsorgeunterhalt **II, 10,** 366
- – Krankheitsunterhalt **II, 10,** 365
- – Krisen-Ehevertrag **II, 10,** 330
- – Kriterien der Wirksamkeitskontrolle **II, 10,** 375
- – langjährige Kindesbetreuung **II, 10,** 353
- – niedrige Altersbegrenzung **II, 10,** 352
- – Notar **II, 10,** 332
- – notarielle Beurkundung **II, 10,** 331
- – obergerichtliche Entscheidungen **II, 10,** 344

- – objektiv krasse Benachteiligung **II, 10,** 343
- – persönliche Anwesenheit **II, 10,** 386
- – Präambel **II, 10,** 388 ff.
- – Rechtsprechung **II, 10,** 341 ff.
- – Rücktrittsrecht **II, 10,** 396
- – salvatorische Klausel **II, 10,** 391 f.
- – Scheidungsvereinbarung **II, 10,** 340
- – Schutzzweck der gesetzlichen Regelung **II, 10,** 347
- – Schwangerschaft **II, 10,** 372
- – Sittenwidrigkeit **II, 10,** 355
- – sonstige Unterhaltstatbestände **II, 10,** 366
- – Störung der Geschäftsgrundlage **II, 10,** 379 ff.
- – Teilnichtigkeit **II, 10,** 351
- – Teilunwirksamkeit **II, 10,** 391 f.
- – Übersetzung **II, 10,** 385
- – Umfang der Formbedürftigkeit **II, 10,** 337
- – ungleiche Verhandlungsposition **II, 10,** 343
- – Unterhalt wegen Alters **II, 10,** 365
- – Unterhalt wegen Erwerbslosigkeit **II, 10,** 366
- – Unterhaltshöchstgrenzen **II, 10,** 355
- – Unterhaltsvereinbarung **II, 10,** 403
- – Unwirksamkeit **II, 10,** 334
- – Verfahren der Inhaltskontrolle **II, 10,** 373 ff.
- – Versorgungsausgleich **II, 10,** 365
- – Versorgungsausgleichsregelung **II, 10,** 470 ff.
- – Vertragsvorlauf **II, 10,** 384
- – Verzicht auf die gesetzlichen Scheidungsfolgenregelungen **II, 10,** 352
- – vorsorgende ehebezogene Vereinbarung **II, 10,** 330
- – Wegfall der Geschäftsgrundlage **II, 10,** 351
- – weitere Formvorschriften **II, 10,** 335
- – Wirksamkeitskontrolle **II, 10,** 347, 374 ff.
- – Zugewinnausgleich **II, 10,** 367, 398
- – Zwangslage **II, 10,** 371
- eheverträgliche Gestaltungen **II, 10,** 330 ff.
- gesetzlicher Güterstand **II, 10,** 419 ff.
- – ausgleichspflichtige Vermögensmasse **II, 10,** 438
- – – Ausgleichsquote **II, 10,** 447
- – – Auskunftsanspruch **II, 10,** 446
- – – Ausschluss des Zugewinns **II, 10,** 420 ff.
- – – Begriff des unternehmerischen Vermögens **II, 10,** 431 ff.
- – – Bewertung nach Fachgutachten IDW **II, 10,** 427
- – – Bewertungsprobleme **II, 10,** 446
- – – Bewertungsvereinbarungen **II, 10,** 425 f.
- – – Fälligkeit der Zugewinnausgleichsforderung **II, 10,** 444

3297

Stichwortverzeichnis

••• Die fett gedruckten **römischen Zahlen** bezeichnen die Teile, die fett gedruckten **arabischen Zahlen** die Kapitel. ••• Die fett gedruckten **§-Angaben** bezeichnen die bei Teil 2: Gesellschaftsrecht zu den Kapiteln dazugehörigen Paragrafen. ••• Die mager gedruckten Zahlen bezeichnen die Randnummern. •••

– – Herausnahme des Betriebsvermögens **II, 10**, 428 ff.
– – Höchstgrenze **II, 10**, 449 ff.
– – jegliches Betriebsvermögen **II, 10**, 432
– – Manipulationsgefahren **II, 10**, 434 ff.
– – Modifikationen **II, 10**, 419 ff.
– – notarielle Belehrung **II, 10**, 431
– – Probleme **II, 10**, 441
– – Reingütertrennung **II, 10**, 419
– – Steuerrecht **II, 10**, 433
– – Stundung der Zugewinnausgleichsforderung **II, 10**, 444
– – Stuttgarter Verfahren **II, 10**, 426
– – Surrogate **II, 10**, 438
– – Vereinbarung abweichender Quote **II, 10**, 446 f.
– – Vereinbarungen zur Zugewinnausgleichsquote **II, 10**, 443 ff.
– – Verwendung **II, 10**, 439
– – Vorbehalt zwischenzeitlichen Zugewinnausgleichs **II, 10**, 423 ff.
– – Zivilrecht **II, 10**, 437 ff.
– Gütertrennung **II, 10**, 404 ff.
– – Aufhebung mit Vereinbarung der Zugewinngemeinschaft **II, 10**, 408 ff.
– – Belehrung **II, 10**, 404
– – Güterrechtsregister **II, 10**, 404
– – Güterstandsschaukel **II, 10**, 412 ff.
– – richterliche Korrektur **II, 10**, 405
– – Vereinbarungen **II, 10**, 404 ff.
– Inhaltskontrolle von Eheverträgen **II, 10**, 330 ff.
– Vereinbarungen zum Unterhaltsrecht **II, 10**, 456 ff.
– – differenzierte Unterhaltshöchstgrenze **II, 10**, 466
– – Höchstdauer der Unterhaltspflicht **II, 10**, 467
– – Höchstgrenze für den Unterhalt **II, 10**, 464
– – Informationen **II, 10**, 456
– – kalkulierbare Grenze **II, 10**, 464
– – Unterhaltshöchstgrenze **II, 10**, 464 ff.
– – Unterhaltsverzicht mit Ausnahme bestimmter Unterhaltstatbestände **II, 10**, 460 ff.
– – vollständiger Unterhaltsverzicht **II, 10**, 457 ff.
– – Wertsicherung **II, 10**, 465
– – zukünftige Lebensplanung **II, 10**, 456
– Vertragsfreiheit von Eheverträgen **II, 10**, 330 ff.
– Zugewinnausgleich, ernsthafte Liquiditätskrisen **II, 10**, 473
– – Pflichtteilsverzicht des Ehegatten **II, 10**, 476
– Unternehmerehe, güterstandsbezogene Ausschlussklauseln **II, 10**, 473 ff.
– – güterstandsbezogene Rückerwerbsklauseln **II, 10**, 473 ff.
– Versorgungsausgleich **II, 10**, 325 ff.
– – Reichweite **II, 10**, 325 ff.

– – unpassende gesetzliche Regelung **II, 10**, 328
Unterordnungskonzern **II, 5, § 1**, 10 f.
Unterschriftsbeglaubigung **II, 14**, 9 ff.
Untreue **II, 20**, 121
– Berater **II, 20**, 121
– existenzvernichtender Eingriff **II, 20**, 121
– Geschäftsführer **II, 20**, 121
– Gesellschafter **II, 20**, 121
– Vorstand eines Kreditinstituts **II, 20**, 121
– zulasten der Gesellschafter **II, 20**, 116
Unversehrtheitsgrundsatz **II, 15, § 1**, 35
Urkunde, ausländischer Notar **II, 14**, 19
– Anlagen, GmbH-Satzungen **II, 14**, 21
– – Verweisung **II, 14**, 22
– Bezugs- **II, 14**, 16 ff.
– Verlesung **II, 14**, 13
Urkundssprache **II, 14**, 39
Urlaub **II, 17**, 2
US-GAAP **II, 16**, 316
Venture-Partner, familienrechtliche Vorschriften **II, 12**, 30
Verbindlichkeiten, Bilanzansatz **II, 15, § 1**, 137 ff.
Verbindung durch Unternehmensverträge **II, 5, § 1**, 2
Verbot der Doppelverwertung, Zugewinnausgleich **II, 10**, 109 ff.
Verbraucher, Franchise-Vertrag, Verbraucherbegriff **I, 6**, 219
– – Widerrufsbelehrung **I, 6**, 218
Verbraucherbeteiligung, Schiedsvereinbarung **II, 13**, 36 f.
Verbraucherschutzrechte, Franchise-Vertrag **I, 6**, 210 ff.
Verbundene Unternehmen **II, 5, § 1**, 1 f.
Verdeckte Sacheinlage **II, 20**, 82 ff., 150
– Vorrats-GmbH **II, 20**, 162
Vereinbarung, Schiedsabrede **II, 13**, 21
Vereine, Insolvenzverfahren **II, 20**, 343
Vereinfachte Kapitalherabsetzung **II, 16**, 108, 113 ff.
Verfahrensöffentlichkeit, Schiedsverfahren **II, 13**, 6
Verfahrensrecht, Betriebsaufspaltung **II, 7**, 282
Verfügung von Todes wegen, Beurkundung **II, 14**, 40
Verfügungen über Gesellschaftsanteile, EWIV **II, 1, § 6**, 68 ff.
Verfügungsbeschränkung, Zugewinnausgleich **II, 10**, 18 ff.
– – Gesamtvermögensgeschäfte **II, 10**, 18
– – Verfügung über Haushaltsgegenstände **II, 10**, 18
– – Vermögen als Ganzes **II, 10**, 19
– – wirtschaftliche Grundlage der Familie **II, 10**, 18
Verjährung, Ansprüche aus dem Handelsvertretervertrag **I, 5**, 165 ff.
– Handelsvertreter **I, 7**, 16 ff.
– Handelsvertretervertrag **I, 5**, 23
– Kapitalaufbringung **II, 20**, 154

– Vertragshändler, Ausgleichsanspruch **I, 5**, 216
Verkaufswert, Bewertung von Unternehmen **II, 10**, 104
Verletzung der Berichtspflicht, Berater **II, 20**, 139 f.
Verletzung der Buchführungspflicht **II, 20**, 121
Verletzung von Geheimhaltungspflichten **II, 20**, 117
Verlustanzeigepflicht, AG **II, 15, § 1**, 26
Verlustausgleichsanspruch, Abschluss des Geschäftsjahres **II, 15, § 1**, 27
Verlustsonderkonto **II, 15, § 1**, 166
Verlustübernahmeverpflichtung, AG **II, 15, § 1**, 27
Verlustübernahmevertrag **II, 5, § 1**, 29
Verlustvortragskonto **II, 15, § 1**, 164 ff.
Vermittlung von Geschäften, Handelsvertreter **I, 5**, 10 f.
Vermittlungsentgelt, Gewinnrealisierung **II, 15, § 1**, 118
Vermittlungspflicht, Handelsvertreter **I, 5**, 33
Vermögenseinlage, stille Gesellschaft **II, 3, § 1**, 18
Vermögensgegenstand, Bilanzansatz **II, 15, § 1**, 123 ff.
– bilanzrechtlicher Sinn **II, 15, § 1**, 123
– Definition **II, 15, § 1**, 123
– Firmenwert **II, 15, § 1**, 123
– Geschäftswert **II, 15, § 1**, 123
– immaterieller **II, 15, § 1**, 126 ff.
– personelle Zurechnung **II, 15, § 1**, 102 ff.
– Übertragung **II, 6, § 2**, 5
Vermögenstrennung **II, 10**, 3
– Haftung **II, 10**, 5 ff.
– – finanzielle Überforderung **II, 10**, 7
– – Sittenwidrigkeit **II, 10**, 7
Vermögensübertragung **II, 6, § 1**, 304 ff.
– Übersicht **II, 6, § 1**, 304
– untergeordnete Rolle in der Praxis **II, 6, § 1**, 305
– Unternehmensfinanzierung **II, 16**, 134
– Vollübertragung **II, 6, § 1**, 306
Vermögensübertragung im Ganzen, Beurkundung **II, 14**, 62
Vermögensverwaltende KG **II, 1, § 3**, 29 ff.
Verpfändung, GbR **II, 1, § 1**, 138
Verschmelzung **II, 6, § 1**, 46 ff.
Verschmelzung zur Aufnahme, Anmeldebefugnis **II, 6, § 1**, 103 ff.
– Anmeldung **II, 6, § 1**, 103 ff.
– – Acht-Monats-Frist **II, 6, § 1**, 109 f.
– – Anlagen **II, 6, § 1**, 105
– – Form **II, 6, § 1**, 103 f.
– – Kapitalerhöhung **II, 6, § 1**, 105
– – Negativerklärung **II, 6, § 1**, 106 f.
– – Schlussbilanz **II, 6, § 1**, 109 f.
– Berichte und Prüfungen **II, 6, § 1**, 87 ff.
– Prüfungsbericht **II, 6, § 1**, 89
– Verschmelzungsbericht **II, 6, § 1**, 87

••• Die fett gedruckten **römischen Zahlen** bezeichnen die Teile, die fett gedruckten **arabischen Zahlen** die Kapitel. ••• Die fett gedruckten **§-Angaben** bezeichnen die bei Teil 2: Gesellschaftsrecht zu den Kapiteln dazugehörigen Paragrafen. ••• Die mager gedruckten Zahlen bezeichnen die Randnummern. •••

– – Verschmelzungsprüfung II, 6, § 1, 88
– Eintragung II, 6, § 1, 111 f.
– – Beurkundungsmängel II, 6, § 1, 111
– Erläuterungen II, 6, § 1, 64 ff.
– Gesamtrechtsnachfolge II, 6, § 1, 111 f.
– Verschmelzungsvertrag II, 6, § 1, 64 ff.
– – Abschlusskompetenz II, 6, § 1, 65
– – Änderungen II, 6, § 1, 86
– – Angaben über die Mitgliedschaft II, 6, § 1, 69
– – Aufhebung II, 6, § 1, 86
– – Auslandsbeurkundung II, 6, § 1, 81
– – besondere Vorteile für Vertretungsorgane II, 6, § 1, 74
– – besondere Vorteile für Aufsichtsräte II, 6, § 1, 74
– – Betriebsrat II, 6, § 1, 75
– – Bezeichnungen der Vertragspartner nach Name/Firma oder Sitz II, 6, § 1, 67
– – Einzelheiten für den Erwerb der Anteile II, 6, § 1, 70
– – Folgen für die Arbeitnehmer II, 6, § 1, 75 ff.
– – Form II, 6, § 1, 80 ff.
– – Inhalt II, 6, § 1, 66
– – mangelhafter II, 6, § 1, 77
– – Rechte einzelner Anteils- und Rechtsinhaber II, 6, § 1, 73
– – Rechtsnatur II, 6, § 1, 64
– – Sonderregelungen II, 6, § 1, 76
– – Stichtage II, 6, § 1, 79
– – Umtauschverhältnis und bare Zuzahlungen II, 6, § 1, 69
– – Vermögensübertragung als Ganzes gegen Gewährung von Anteilen II, 6, § 1, 68
– – Verschmelzungsstichtag II, 6, § 1, 72
– – Zeitpunkt der Gewinnberechtigung am übernehmenden Rechtsträger II, 6, § 1, 71
– – Zuleitung an den Betriebsrat II, 6, § 1, 83 ff.
– – Zustimmungsbeschluss und Kapitalerhöhung II, 6, § 1, 90 ff.
– – Anteilsgewährung II, 6, § 1, 95 ff.
– – Anteilsgewährungspflicht II, 6, § 1, 95 f.
– – Beschlussfassung II, 6, § 1, 91 ff.
– – Einberufung und Offenlegung II, 6, § 1, 90
– – Kapitalerhöhung II, 6, § 1, 95
– – Kapitalerhöhungsverbot/-gebot II, 6, § 1, 97 ff.
– – Zustimmungserklärungen II, 6, § 1, 94
Verschmelzung zur Neugründung II, 6, § 1, 113 ff.
– Anwendung von Gründungsrecht II, 6, § 1, 118 ff.
– – Sacheinlage II, 6, § 1, 122
– – Sachgründungsbericht II, 6, § 1, 124
– – Vorgesellschaft II, 6, § 1, 119
– – Erläuterungen II, 6, § 1, 118 ff.
– Kettenverschmelzung II, 6, § 1, 125

– Übersicht II, 6, § 1, 113
Verschmelzung, Ablauf der Verschmelzung II, 6, § 1, 58
– – Übersicht II, 6, § 1, 58
Verschmelzung, AG II, 6, § 1, 144 ff.
– – Anteilsgewährung II, 6, § 1, 151 ff.
– – Auslegung diverser Unterlagen II, 6, § 1, 158
– – Bekanntmachung II, 6, § 1, 160
– – einzelne Besonderheiten II, 6, § 1, 162 f.
– – Erläuterungen II, 6, § 1, 150 ff.
– – Gründungsprüfung II, 6, § 1, 151 ff.
– – Informationspflichten II, 6, § 1, 157 ff.
– – Kapitalerhöhung II, 6, § 1, 152 ff.
– – Verschmelzung zur Neugründung II, 6, § 1, 161
– – Zustimmungsbeschluss II, 6, § 1, 154 ff., 159
– Ausnahme II, 16, 134
– Definition II, 6, § 1, 46 ff.
– einer GmbH auf den Alleingesellschafter II, 6, § 1, 126 ff.
– – Erläuterungen II, 6, § 1, 127 f.
– – Muster eines Verschmelzungsvertrags II, 6, § 1, 126
– Einlageforderung II, 6, § 1, 52
– Erlöschen des übertragenen Rechtsträgers II, 6, § 1, 52
– Gegenleistung II, 6, § 1, 51
– Genossenschaft II, 6, § 1, 169
– – Anteilsgewährungspflicht II, 6, § 1, 171
– – Erläuterungen II, 6, § 1, 170 ff.
– – Generalversammlung II, 6, § 1, 174
– – Gutachten des Prüfungsverbandes II, 6, § 1, 173
– – Verschmelzungsprüfung II, 6, § 1, 173
– – zukünftiger Bilanzstichtag II, 6, § 1, 172
– Gesamtrechtsnachfolge II, 6, § 1, 49
– Grundfall der Verschmelzung zur Aufnahme II, 6, § 1, 59 ff.
– – Erläuterungen II, 6, § 1, 64 ff.
– – Verschmelzungsvertrag II, 6, § 1, 64 ff.
– Grundprinzipien II, 6, § 1, 46 ff.
– Kontinuität der Mitgliedschaft II, 6, § 1, 52
– Neugründung II, 16, 134
– Partnerschaftsgesellschaft II, 6, § 1, 129 ff., 164 ff.
– – Angehörige eines freien Berufs II, 6, § 1, 165
– – Anmeldung II, 6, § 1, 140, 168
– – Anwachsungsmodell statt Verschmelzung II, 6, § 1, 141 ff.
– – erhöhte Hafteinlage II, 6, § 1, 136
– – Erläuterungen II, 6, § 1, 134 ff., 165 ff.
– – Schwesterverschmelzung II, 6, § 1, 136
– – Verschmelzungsbericht II, 6, § 1, 167

– – Verschmelzungsvertrag II, 6, § 1, 134 ff.
– – Zustimmungsbeschluss II, 6, § 1, 137
– Sonderkündigungsrecht II, 6, § 1, 50
– Umstrukturierungen II, 15, § 2, 257
– Untergang des übertragenen Rechtsträgers II, 6, § 1, 48
– Unternehmensfinanzierung II, 16, 134
– Verein II, 6, § 1, 175 ff.
– – Delegiertenversammlung II, 6, § 1, 179
– – Doppelmitgliedschaft II, 6, § 1, 180
– – Erläuterungen II, 6, § 1, 176
– – übertragender wirtschaftlicher Verein II, 6, § 1, 178
– – Verschmelzungsprüfung II, 6, § 1, 177
– verschmelzungsfähige Rechtsträger II, 6, § 1, 54 ff.
– – Erbengemeinschaft II, 6, § 1, 55
– – europäische Aktiengesellschaft II, 6, § 1, 55
– – EWIV II, 6, § 1, 55
– – GbR II, 6, § 1, 55
– – nichtrechtsfähiger Verein II, 6, § 1, 55
– – Stiftung II, 6, § 1, 55
– – stille Gesellschaft II, 6, § 1, 55
– – Verschmelzungshindernisse II, 6, § 1, 57
– – Vor-GmbH II, 6, § 1, 55
– Wesensmerkmale II, 6, § 1, 47
– zur Aufnahme II, 6, § 1, 59 ff.
– zur Neugründung II, 6, § 1, 113 ff.
Verschmelzungsstatut, Liquidation II, 8, 114 ff.
– – Beerdigung der Gesellschaft II, 8, 114
Verschmelzungsvertrag, Beurkundung II, 14, 61
Verschuldenshaftung, deliktische II, 20, 194
Verschwiegenheitspflicht, Handelsvertreter I, 5, 38 f.
– Pflichten für den Unternehmer, Handelsvertreter I, 5, 55
Versendungskauf, UN-Kaufrecht II, 8, 84 ff.
Versicherungserklärung I, 2, 89 ff.
– Abgabe I, 2, 96
– Allgemeines I, 2, 89 f.
– Form I, 2, 91 f.
– Funktion I, 2, 90
– höchstpersönliche I, 2, 99
– persönliche von Geschäftsführern und Liquidatoren I, 2, 90
– Sonderfälle ungeschriebener Versicherungserklärung I, 2, 93 f.
– Sonderrechtsnachfolgevermerk I, 2, 94
– Verschmelzungsvorgänge I, 2, 92
– Zeitpunkt der Richtigkeit I, 2, 95 ff.
– Zusammenfassung I, 2, 97
Versorgungsausgleich, Unternehmerehe II, 10, 325
– – Reichweite II, 10, 325 f.

3299

Stichwortverzeichnis

••• Die fett gedruckten **römischen Zahlen** bezeichnen die Teile, die fett gedruckten **arabischen Zahlen** die Kapitel. ••• Die fett gedruckten **§-Angaben** bezeichnen die bei Teil 2: Gesellschaftsrecht zu den Kapiteln dazugehörigen Paragrafen. ••• Die mager gedruckten Zahlen bezeichnen die Randnummern. •••

– – unpassende gesetzliche Regelung **II, 10,** 328 ff.
Vertikal-GVO **I, 6,** 17
– Abweichung zu Franchise-GVO **I, 6,** 20
– – Bezugsbindung **I, 6,** 30 ff.
– – Franchisebegriff **I, 6,** 21
– – Know-how-Begriff **I, 6,** 22 ff.
– – Laufzeit **I, 6,** 34 ff.
– – Vertragsgebiet **I, 6,** 27 ff.
– Bezugsbindung **I, 6,** 30 ff.
– Franchisebegriff **I, 6,** 21 ff.
– Franchise-Vertrag, Anwendung **I, 6,** 38
– – Art. 81 EGV **I, 6,** 46
– – Prüfungsreihenfolge **I, 6,** 46
– Franchising, Grundsätzliches **I, 6,** 18 ff.
– Know-how-Begriff **I, 6,** 22 ff.
– – nachvertragliche Geheimhaltungspflicht **I, 6,** 26
– – Nützlichkeit **I, 6,** 25
– – Transfer von Know-how **I, 6,** 23
– – Unerlässlichkeit **I, 6,** 25
– Laufzeit **I, 6,** 34 ff.
– – längere **I, 6,** 35
– – vertragliches Wettbewerbsverbot **I, 6,** 34
– Marktanteile **I, 6,** 42
– – Marktanteilsermittlung **I, 6,** 43
– – Marktschwellenwert **I, 6,** 42
– – Preisbindungsverbot **I, 6,** 40
– – Vorgabe von Höchstverkaufspreisen **I, 6,** 41
– schwarze Liste **I, 6,** 37 ff.
– – de minimis-Regelung **I, 6,** 44
– – Kernbeschränkung **I, 6,** 37 ff.
– – sonstige Beschränkungen **I, 6,** 39
– – Vertragsgebiet **I, 6,** 27 ff.
– – aktives Marketing **I, 6,** 28
– – Ausnahmetatbestand des Art. 4b Vertikal-GVO **I, 6,** 28
– – Ausschluss von Querlieferung **I, 6,** 29
– – flächendeckende Franchisesysteme **I, 6,** 28
– – Gebietsschutz **I, 6,** 27
Vertikal-Joint-Venture **II, 12,** 8
Vertragsabschluss, UN-Kaufrecht **I, 8,** 37 ff.
Vertragsangebot, UN-Kaufrecht **I, 8,** 38
– – Bestimmtheitserfordernis **I, 8,** 39 ff.
Vertragsannahme, UN-Kaufrecht **I, 8,** 45
Vertragsbeendigung, Handelsvertreter, Vertragsbeendigung **I, 5,** 107 ff.
– Handelsvertretervertrag, Rechtsfolgen **I, 5,** 97 ff.
Vertragsfreiheit, GmbH & Co. KG **II, 1,** § 4, 6
Vertragshändler, Abgrenzung, Handelsvertreter **I, 5,** 16
– Absatzförderung von Vertragswaren **I, 5,** 183 ff.
– Anwendbarkeit von Normen für Handelsvertreter **I, 5,** 182

– Ausgleichsanspruch **I, 5,** 211 ff.
– – Abzinsung **I, 5,** 221
– – Anspruchshöhe **I, 5,** 218 ff.
– – Anspruchsvoraussetzung **I, 5,** 211 ff.
– – Ausschlusstatbestände **I, 5,** 215
– – Beweislast **I, 5,** 217
– – Billigkeitsabschlag **I, 5,** 221
– – Darlegungslast **I, 5,** 217
– – Eingliederung in das Absatzsystem **I, 5,** 212
– – Kappungsgrenze **I, 5,** 223
– – Prognosezeitraum **I, 5,** 219 f.
– – Sogwirkung der Marke **I, 5,** 222
– – Überlassung des Kundenstamms **I, 5,** 213 f.
– – Umsatzsteuer **I, 5,** 221
– – Verjährung **I, 5,** 216
– Ausstattung und Einrichtung des Geschäftsbetriebs **I, 5,** 184
– Begriff **I, 5,** 169 f.
– – einzelne Merkmale **I, 5,** 171 ff.
– Eingliederung in das Vertriebssystems des Herstellers **I, 5,** 172 ff.
– Handeln im eigenen Namen und auf eigene Rechnung **I, 5,** 171
– Konkurrenzverbot **I, 5,** 189
– Lagerhaltung **I, 5,** 186
– Markenwerbung **I, 5,** 187 f.
– Mindestabnahme von Vertragswaren **I, 5,** 185
Vertragshändlerrecht **I, 5,** 169 ff.
Vertragshändlervertrag, Abwicklung **I, 5,** 199 ff.
– Änderungskündigung **I, 5,** 202
– Beendigung **I, 5,** 199 ff.
– Besonderheiten **I, 5,** 175 ff.
– Franchise-Vertrag **I, 6,** 63
– fristlose Kündigung, Abmahnung **I, 5,** 207
– – Ausschlussfrist **I, 5,** 209 f.
– – Befristung **I, 5,** 209 f.
– – wichtiger Grund **I, 5,** 206
– – Kündigung, Form **I, 5,** 200 ff.
– – Kündigung, fristlose **I, 5,** 206 ff.
– – ordentliche Kündigung **I, 5,** 200 ff.
– – Kündigungsfrist **I, 5,** 203 f.
– Pflichten, Unternehmer **I, 5,** 190
– – Vertragshändler **I, 5,** 183 ff.
– – Vertragsparteien **I, 5,** 183 ff.
– Rechtsnatur **I, 5,** 175 ff.
– – Dienstvertrag mit Geschäftsbesorgungscharakter **I, 5,** 176
– – Interessenwahrnehmungsvertrag **I, 5,** 177
– – Unternehmerpflichten, Absatzbindungspflicht **I, 5,** 195
– – Direktbelieferungsverbot **I, 5,** 191
– – Entgeltpflicht **I, 5,** 192 f.
– – gesteigerte Treue- und Rücksichtnahmepflicht **I, 5,** 190
– – Gleichbehandlungsgebot **I, 5,** 194
– – Informationspflichten **I, 5,** 197
– – Lieferpflicht **I, 5,** 196
– – Unterstützungspflicht **I, 5,** 197
– unwirksame Kündigung **I, 5,** 205
– Vertragsstruktur **I, 5,** 178 ff.
– – Dauerschuldverhältnis **I, 5,** 178 f.

– – Formularvertrag **I, 5,** 180
– – Rahmenvertrag **I, 5,** 181
Vertragsschluss, Signing **II, 12,** 29
Vertragsstrafe, Franchise-Vertrag **I, 6,** 187
Vertragsübernahme, Einbringungsvertrag **II, 6,** § 2, 11 ff.
Vertragsvollzug, Closing **II, 12,** 29
Vertrauensschutz, Handelsgeschäft **I, 7,** 14
Vertretung, KG **II, 1,** § 3, 98 ff.
Vertretungsausschluss, Minderjähriger **II, 11,** 6 ff.
Vertriebsrecht, Franchise-Vertrag **I, 6,** 56 ff.
Verwaltungsprovision, Handelsvertreter **I, 5,** 126
Verzichtserklärung, Beglaubigung **II, 14,** 75
Vollfunktions-Joint-Venture **II, 12,** 8
Volljähriger Gesellschafter, Kündigung **II, 11,** 99 f.
Vollkonsolidierung **II, 12,** 115
Vollmacht, Beglaubigung **II, 14,** 70 ff.
Vorabentscheidungsverfahren, Handelsbilanzrecht **II, 15,** § 1, 60
Vor-AG **II, 16,** 76
Vorbefassungsverbot **II, 14,** 38
Vorbelastungsbilanz **II, 20,** 165
– Ansatz- und Bewertungsfragen **II, 15,** § 1, 36
– GmbH **II, 15,** § 1, 35 ff.
– Gründungskosten **II, 15,** § 1, 36
Vorbelastungshaftung **II, 6,** § 2, 150, **II, 20** 163 ff.
– Beweislast **II, 20,** 166
– GmbH **II, 15,** § 1, 35
– stichtagsbezogene **II, 20,** 163
Vorbilanz **II, 15,** § 1, 27
Vorenthalten von Sozialversicherungsbeiträgen **II, 20,** 122
– Berater **II, 20,** 142
Vorerwerbsrechte, Joint Venture **II, 12,** 66 ff.
Vorgesellschaft **II, 15,** § 1, 79
Vor-GmbH **II, 16,** 76, **II, 20** 163
Vorgründungsgesellschaft **II, 2,** § 1, 4
Vormundschaftsgericht, Doppelzuständigkeit **II, 11,** 33
– gerichtliche Genehmigung **II, 11,** 35
– Minderjähriger **II, 11,** 29
– örtliche Zuständigkeit **II, 11,** 36
– Zuständigkeit **II, 11,** 33
Vormundschaftsgerichtliche Genehmigung **II, 11,** 15 ff.
– Minderjährige **II, 11,** 45, 48, 50, 57 ff., 64 ff., 70, 97, 104
– minderjähriger Gesellschafter **II, 11,** 3
Vorratsaktien **II, 16,** 60
Vorratsgesellschaft, Kapitalaufbringung **II, 20,** 158
– registerrechtliche Kontrolle **II, 20,** 160
– Vorbelastungshaftung **II, 20,** 163
Vorrats-GmbH, verdeckte Sacheinlage **II, 20,** 162
Vorratsstiftung **II, 2,** § 6, 21
– Gemeinnützigkeit **II, 2,** § 6, 21
Vorsichtsprinzip **II, 15,** § 1, 175

3300

••• Die fett gedruckten **römischen Zahlen** bezeichnen die Teile, die fett gedruckten **arabischen Zahlen** die Kapitel. ••• Die fett gedruckten **§-Angaben** bezeichnen die bei Teil 2: Gesellschaftsrecht zu den Kapiteln dazugehörigen Paragrafen. ••• Die mager gedruckten Zahlen bezeichnen die Randnummern. •••

Vorstand, Untreue **II, 20**, 121
Vorvertragliche Aufklärungspflicht, Franchise-Geber **I, 6**, 87 ff.
– Franchise-Nehmer **I, 6**, 114 ff.
– Franchise-Vertrag **I, 6**, 87 ff.
– – Grenzen **I, 6**, 101 ff.
– – Mitverschulden des Franchise-Nehmers **I, 6**, 108 ff.
– – Möglichkeiten der Haftfreizeichnung **I, 6**, 111 ff.
– – Umfang **I, 6**, 98 ff.
– – Umfang eines Schadensersatzanspruchs **I, 6**, 105 ff.
– – Zeitpunkt **I, 6**, 95 ff.
Vorweggenommene Erbfolge **II, 3, § 1**, 14
– Allgemeines **II, 9**, 146 ff.
– Einkommensteuer **II, 9**, 154 ff.
– – Betriebsvermögen **II, 9**, 157
– – Einheitstheorie **II, 9**, 159
– – Entgeltlichkeit **II, 9**, 158 f.
– – Nießbrauchsgestaltungen **II, 9**, 160
– – Privatvermögen **II, 9**, 155
– – steuerliche Verstrickung **II, 9**, 156
– – Trennungstheorie **II, 9**, 159
– – Verträge zwischen Angehörigen **II, 9**, 154
– Einzelunternehmen, Aufnahme einer natürlichen Person **II, 9**, 167 ff.
– – disquotale Gesellschafterleistungen **II, 9**, 173
– – inkongruente Einlagen **II, 9**, 173
– – Übertragung **II, 9**, 175 f.
– – Zuwendung eines Anteils an einer Kapitalgesellschaft **II, 9**, 174 ff.
– – Zuwendung eines Anteils an einer Personengesellschaft **II, 9**, 170 ff.
– Formerfordernis **II, 9**, 149
– Innengesellschaft **II, 9**, 150
– Kapitalgesellschaft, Bereicherung **II, 9**, 182
– – dynamische Dimension **II, 9**, 177
– – einkommensteuerliche Sicht, **9**, 175
– – historische Dimension **II, 9**, 177
– – inkongruente Einlage **II, 9**, 176
– – mittelbarer Erwerber **II, 9**, 180
– – Nießbrauch **II, 9**, 176
– – Schenkungsteuer **II, 9**, 179
– – steuerliche Verstrickung **II, 9**, 175
– – Voraussetzungen einer steuerbaren Zuwendung **II, 9**, 183
– – zivilrechtliche Sicht **II, 9**, 174
– Minderjährige **II, 9**, 151
– Rechtsnachfolge **II, 9**, 146 ff.
– Schenkungsteuer **II, 9**, 161 ff.
– – Abgrenzung Entgeltlich-/Teilentgeltlich- und Unentgeltlichkeit **II, 9**, 162
– – Einzelunternehmen **II, 9**, 165 ff.
– – freigiebige Zuwendung **II, 9**, 161
– – Grunderwerbsteuergesetz **II, 9**, 164
– – Leistungsauflage **II, 9**, 163
– – Minderung der schenkungsteuerlichen Bemessungsgrundlage **II, 9**, 164
– – Nutzungs- oder Duldungsauflage **II, 9**, 163

– – private Versorgungsleistung **II, 9**, 164
– – Trennungstheorie **II, 9**, 163
Vorweggenommene Erbfolge, Zivilrecht **II, 9**, 146 ff.
Vorzugsaktie, kumulative **II, 16**, 64
– limitierte **II, 16**, 64
Vorzugsaktien **II, 16**, 63
Währung **I, 8**, 121
Wandel- und Optionsanleihen, Besteuerung **II, 16**, 320 f.
– Bezugsrechtsausschluss **II, 16**, 93
– Mezzanine-Finanzierung **II, 16**, 314
Wandelanleihe **II, 16**, 159
Wandelschuldverschreibungen, Anleihebedingungen **II, 16**, 165 f.
– Begebungsvoraussetzungen **II, 16**, 161 ff.
– Bezugsrechtsausschluss **II, 16**, 164
– Cash-Settlement-Klausel **II, 16**, 176
– Erscheinungsformen **II, 16**, 159 f.
– Optionsanleihe **II, 16**, 160
– Sicherstellung des Erfüllungsanspruchs **II, 16**, 163
– Unternehmensfinanzierung **II, 16**, 158 ff.
– Verzinsung **II, 16**, 172
– Wandelanleihe **II, 16**, 159
– Wandlungs- und Bezugsverhältnis **II, 16**, 170
– Wandlungs- und Optionsfristen **II, 16**, 167
– Wandlungsverhältnis **II, 16**, 171
Warenkonto **II, 15, § 1**, 75
Wechselfähigkeit, europäische Gesellschaft **II, 8**, 77
Wechselkredit **II, 16**, 184 f.
Wechselseitige Beteiligung **II, 5, § 1**, 2, 13
– Verbindung durch Unternehmensverträge **II, 5, § 1**, 2
Weiche Patronatserklärung **II, 20**, 95
Weiße Liste, Franchise-Vertrag **I, 6**, 13 f.
– Verpflichtung des Franchise-Nehmers **I, 6**, 14
– Verpflichtung des Franchise-Nehmers, Absatz- und Umsatzklausel **I, 6**, 14
– – Alleinbezugsklausel **I, 6**, 14
– – Auskunftsrecht **I, 6**, 14
– – Beteiligungsklausel **I, 6**, 14
– – Einsichtsrecht **I, 6**, 14
– – Gebietsschutz **I, 6**, 14
– – Geheimhaltungsklausel **I, 6**, 14
– – Geschäftslokal **I, 6**, 14
– – Geschäftsmethode und Weiterentwicklung **I, 6**, 14
– – Konkurrenzklausel **I, 6**, 14
– – Qualitätsklausel **I, 6**, 14
Weisungsbefolgungspflicht, Handelsvertreter **I, 5**, 44 f.
Weisungsrecht **II, 17**, 2
Wertansätze, Überschuldungsstatus **II, 20**, 22 ff.
Wertaufhellungsprinzip **II, 15, § 1**, 93
Werthaltigkeitstestat **II, 20**, 89

Wertpapiererwerbs- und Übernahmegesetz **II, 19**, 164 ff.
– Ablauf eines Übernahmeangebots **II, 19**, 329
– – grafische Darstellung **II, 19**, 329
– allgemeine Grundsätze **II, 19**, 171
– Angebote zum Erwerb von Wertpapieren **II, 19**, 178 ff.
– Angebotsarten **II, 19**, 168
– Anwendungsbereich **II, 19**, 168 ff.
– ausländische Gesellschaft mit inländischer Börsennotierung **II, 19**, 169
– Begriff organisierter Markt **II, 19**, 169
– Beschwerde **II, 19**, 308 ff.
– – allgemeine Feststellungsbeschwerde **II, 19**, 308
– – Anfechtungsbeschwerde **II, 19**, 308
– – ausschließliche Zuständigkeit **II, 19**, 310
– – formelle Beschwerde **II, 19**, 309
– – Leistungsbeschwerde **II, 19**, 308
– – nachträgliche Feststellungsbeschwerde **II, 19**, 308
– – Verfahrensbeteiligte **II, 19**, 309
– Beschwerde durch Dritte, Wella-Verfahren **II, 19**, 312 f.
– drittschützender Charakter **II, 19**, 312 ff.
– Due Diligence-Prüfung **II, 19**, 175
– Einleitung **II, 19**, 164 f.
– Erwerbsangebote **II, 19**, 178 ff., 302
– – § 39 WpÜG **II, 19**, 302
– – Ablauf des Gestattungsverfahrens bei der BaFin **II, 19**, 183 ff.
– – Ablauf der Annahmefrist **II, 19**, 197 f.
– – Änderungen des Angebotes **II, 19**, 224 ff.
– – anfängliche Fehlerhaftigkeit der Angebotsunterlage **II, 19**, 200 ff.
– – Angebotsformen **II, 19**, 178 ff.
– – Angebotsunterlage **II, 19**, 181 f.
– – Annahmefristen **II, 19**, 222 f.
– – Anspruchsberechtigter **II, 19**, 205
– – Ansprüche gegen den Aussteller der Finanzierungsbestätigung **II, 19**, 217
– – Art der Gegenleistung **II, 19**, 192
– – außerordentliches Kündigungsrecht **II, 19**, 216
– – bedingtes Kapital **II, 19**, 219
– – Bedingungen **II, 19**, 193 ff.
– – Eigenkapitalfinanzierung **II, 19**, 213 ff.
– – Erreichen einer Mindestannahmequote **II, 19**, 195
– – ersatzfähiger Schaden **II, 19**, 208
– – Erteilung kartellrechtlicher Genehmigungen **II, 19**, 195
– – Erteilung sonstiger behördlicher Genehmigungen **II, 19**, 195
– – Finanzierung des Angebots **II, 19**, 211 ff.
– – formelle Anforderungen an die Angebotsunterlage **II, 19**, 186
– – Fremdkapitalfinanzierung **II, 19**, 216

Stichwortverzeichnis

••• Die fett gedruckten **römischen Zahlen** bezeichnen die Teile, die fett gedruckten **arabischen Zahlen** die Kapitel. ••• Die fett gedruckten **§-Angaben** bezeichnen die bei Teil 2: Gesellschaftsrecht zu den Kapiteln dazugehörigen Paragrafen. ••• Die mager gedruckten Zahlen bezeichnen die Randnummern. •••

– – genehmigtes Kapital **II, 19,** 219
– – Haftung für die Angebotsunterlage **II, 19,** 199 ff.
– – Haftung für die Stellungnahme des Vorstands und des Aufsichtsrats der Zielgesellschaft **II, 19,** 243
– – haftungsbegründende Kausalität **II, 19,** 206
– – Höhe der Gegenleistung **II, 19,** 192
– – inhaltliche Anforderungen an die Angebotsunterlage **II, 19,** 187 ff.
– – kein konkurrierendes Angebot **II, 19,** 195
– – kein Rücktrittsvorbehalt **II, 19,** 193 ff.
– – keine Insolvenz der Zielgesellschaft **II, 19,** 195
– – keine wesentliche Verschlechterung **II, 19,** 195
– – keine Widerrufsvorbehalte **II, 19,** 193 ff.
– – Konkurrenzen **II, 19,** 210
– – laufende Veröffentlichungspflichten **II, 19,** 229 ff.
– – nachträgliche Fehlerhaftigkeit der Angebotsunterlage **II, 19,** 203 f.
– – Parallelität der Stellungnahmen von Vorstand und Aufsichtsrat **II, 19,** 238
– – positive Stellungnahme der Zielgesellschaft **II, 19,** 196
– – präzise Formulierung der Bedingungen **II, 19,** 194
– – Regelungsinhalt der Stellungnahme des Vorstands und des Aufsichtsrats der Zielgesellschaft **II, 19,** 233 ff.
– – reguläre Kapitalerhöhung gegen Sacheinlagen **II, 19,** 219
– – Sicherstellung bei Geldleistung **II, 19,** 212
– – Sicherstellung bei Sachleistung **II, 19,** 218 f.
– – Stellungnahme des Vorstandes und des Aufsichtsrates der Zielgesellschaft **II, 19,** 223 ff.
– – Umfang der Sicherstellung **II, 19,** 220
– – Unterlassen bestimmter Maßnahmen durch die Zielgesellschaft **II, 19,** 195
– – Verjährung **II, 19,** 209
– – Veröffentlichung der Entscheidung zur Abgabe eines Angebots **II, 19,** 179 f.
– – Veröffentlichung der Stellungnahme des Vorstands und des Aufsichtsrats der Zielgesellschaft **II, 19,** 235 f.
– – Verschulden **II, 19,** 207
– – vorhandene eigene Aktien **II, 19,** 219
– – weitere Anspruchsvoraussetzungen **II, 19,** 205 ff.
– – Weiterleitung der Stellungnahme des Vorstands und des Aufsichtsrats der Zielgesellschaft an den Betriebsrat **II, 19,** 237
– – Wertpapierleihe **II, 19,** 219
– – Wertpapiere eines Dritten **II, 19,** 219
– – Wirksamkeit anderer Transaktionen **II, 19,** 195
– – Zeitpunkt der Sicherstellung **II, 19,** 221
– – Zuständigkeit zur Abgabe der Stellungnahme **II, 19,** 239
– – zustimmender Gesellschafterbeschluss des Bieters **II, 19,** 195
– – zustimmender Hauptversammlungsbeschluss der Zielgesellschaft **II, 19,** 195
– – Zustimmung zur Übertragung vinkulierter Namensaktien **II, 19,** 195
– Gegenleistung bei Übernahmeangeboten **II, 19,** 246 ff.
– – Grundsatz der Angemessenheit **II, 19,** 247 f.
– – obligatorische Geldleistung **II, 19,** 250 f.
– – Nachbesserung bei Parallel- und Nacherwerben **II, 19,** 252 f.
– – Sanktion bei unzulässiger Gegenleistung **II, 19,** 254
– gesellschaftsrechtliche Squeeze-out **II, 19,** 316 f.
– Gespräche mit Banken **II, 19,** 176
– inländische Gesellschaft mit ausländischer Börsennotierung **II, 19,** 170
– internationaler Anwendungsbereich **II, 19,** 169 f.
– irrevocable undertakings **II, 19,** 176
– Pflichtangebote **II, 19,** 270 ff.
– – § 39 WpÜG **II, 19,** 302
– – Abstimmung über sonstiges Verhalten **II, 19,** 287
– – acting in concert **II, 19,** 281
– – Angebotspflicht bei Kontrollerwerb **II, 19,** 271 ff.
– – ausdrückliche Vereinbarung über gemeinsame Stimmrechtsausübung **II, 19,** 283
– – Befreiung von der Angebotspflicht **II, 19,** 293 ff.
– – Befreiung von der Angebotspflicht auf Antrag des Bieters durch die BaFin **II, 19,** 297 ff.
– – Befreiung von der Veröffentlichungspflicht **II, 19,** 293 ff.
– – Befreiung von der Veröffentlichungspflicht auf Antrag des Bieters durch die BaFin **II, 19,** 297 ff.
– – direktes Halten von 30 % des Stimmrechtes **II, 19,** 273 f.
– – Einleitung **II, 19,** 270
– – gemeinsamer Erwerb **II, 19,** 286
– – gesetzliche Befreiung von der Veröffentlichungspflicht **II, 19,** 293 ff.
– – gesetzliche Befreiung von der Angebotspflicht **II, 19,** 293 ff.
– – Kontrollerwerb durch Zurechnung von Stimmrechten **II, 19,** 275
– – Nichtberücksichtigung von Stimmrechten **II, 19,** 289 ff.
– – Rechtsfolgen bei Verstoß gegen die Angebotspflicht **II, 19,** 288
– – Rechtsfolgen bei Verstoß gegen die Veröffentlichungspflicht **II, 19,** 288
– – Verhältnis von § 22 WpHG und § 30 WpÜG **II, 19,** 276 f.
– – Veröffentlichungspflicht bei Kontrollerwerb **II, 19,** 271 ff.
– – Wahl von Aufsichtsratsmitgliedern **II, 19,** 285
– – Zurechnung von Stimmrechten nach § 30 Abs. 1 WpÜG **II, 19,** 279 f.
– – Zurechnung von Stimmrechten nach § 30 Abs. 2 WpÜG **II, 19,** 281 ff.
– Rechtsschutz **II, 19,** 303 ff.
– – Beschwerde **II, 19,** 308 ff.
– – Beschwerde durch Dritte **II, 19,** 311 ff.
– – Widerspruch durch Dritte **II, 19,** 311
– – Widerspruchsverfahren **II, 19,** 304 ff.
– Übernahmeangebote **II, 19,** 243 ff., 329
– – Ablauf **II, 19,** 329
– – Änderungen **II, 19,** 264 ff.
– – Ausnahmen von der Neutralitätspflicht **II, 19,** 262 ff.
– – Ausnahmen von der Neutralitätspflicht aufgrund Hauptversammlungsermächtigung **II, 19,** 263
– – Begriffsbestimmung **II, 19,** 244 f.
– – Einleitung **II, 19,** 243 ff.
– – Gegenleistung **II, 19,** 246 ff.
– – gesetzliche Ausnahmen von der Neutralitätspflicht **II, 19,** 262
– – Grundsatz des Verhinderungsverbots **II, 19,** 258 ff.
– – Handlungen des Vorstandes der Zielgesellschaft **II, 19,** 258 ff.
– – Opt-in durch die Gesellschaften **II, 19,** 267 f.
– – Opt-out durch den deutschen Gesetzgeber **II, 19,** 266
– – Regelungsrahmen in der Übernahmerichtlinie **II, 19,** 264
– – Umsetzung der Übernahmerichtlinie **II, 19,** 264 ff.
– – Unzulässigkeit von Teilangeboten **II, 19,** 255
– – Vorbehalt der Gegenseitigkeit **II, 19,** 269
– übernahmerechtlicher Sell-out **II, 19,** 316 ff., 327 f.
– übernahmerechtlicher Squeeze-out **II, 19,** 316 ff.
– – Art der Abfindung **II, 19,** 323 f.
– – erforderliche Beteiligungsquote **II, 19,** 319 ff.
– – Verhältnis zum gesellschaftsrechtlichen **II, 19,** 325 f.
– Übernahmerichtlinie **II, 19,** 166 f.

Stichwortverzeichnis

••• Die fett gedruckten **römischen Zahlen** bezeichnen die Teile, die fett gedruckten **arabischen Zahlen** die Kapitel. ••• Die fett gedruckten **§-Angaben** bezeichnen die bei Teil 2: Gesellschaftsrecht zu den Kapiteln dazugehörigen Paragrafen. ••• Die mager gedruckten Zahlen bezeichnen die Randnummern. •••

- überwiegendes Gesellschaftsinteresse **II, 19**, 175
- Verkaufsbereitschaft etwaiger Großaktionäre **II, 19**, 173
- Vertraulichkeit **II, 19**, 175
- Vorbereitungsphase **II, 19**, 172 ff.
- Widerspruch durch Dritte, Wella-Verfahren **II, 19**, 312
- Widerspruchsverfahren, allgemeine Regeln **II, 19**, 306
- − Frist **II, 19**, 307
- − Recht- und Zweckmäßigkeit **II, 19**, 304
- − Widerspruchsbefugnis **II, 19**, 306
- − Widerspruchsverfahren **II, 19**, 304 ff.
- Wertpapierhandelsgesetz **II, 19**, 8 ff.
- − Ad-hoc-Publizität **II, 19**, 42 ff.
- − − Adressaten der Verpflichtung **II, 19**, 45
- − − Ahndung als Ordnungswidrigkeit **II, 19**, 67
- − − Beeinträchtigung laufender Verhandlungen **II, 19**, 59
- − − deutsche Sprache **II, 19**, 53
- − − EHUG **II, 19**, 56
- − − Einleitung **II, 19**, 42 ff.
- − − elektronisches Informationsverbreitungssystems **II, 19**, 52
- − − Entfallen der Voraussetzungen der Selbstbefreiung **II, 19**, 64
- − − Funktion **II, 19**, 43
- − − Gewährleistung der Vertraulichkeit **II, 19**, 63
- − − Gremienvorbehalt **II, 19**, 60 f.
- − − Haftung des Emittenten gemäß §§ 37b, 37c WpHG **II, 19**, 71 ff.
- − − Haftung des Emittenten/seiner Organmitglieder nach § 826 BGB **II, 19**, 74 ff.
- − − Herkunft des § 15 WpHG **II, 19**, 42
- − − Inhalt und Aufbau **II, 19**, 50
- − − keine Irreführung der Öffentlichkeit **II, 19**, 62
- − − Mitteilungen der Gründe für die Selbstbefreiung gegenüber der BaFin **II, 19**, 65 f.
- − − Rechtsfolgen bei Verletzungen **II, 19**, 67 ff.
- − − Rechtsrahmen **II, 19**, 42
- − − Schadensersatz **II, 19**, 68 ff.
- − − schutzberechtigte Interessen des Emittenten **II, 19**, 58 ff.
- − − Selbstbefreiung des Emittenten **II, 19**, 57 ff.
- − − Veröffentlichung der Ad-hoc-Mitteilung **II, 19**, 52 ff.
- − − Voraussetzungen **II, 19**, 23 ff.
- − − Vorliegen einer Insiderinformation, die den Emittenten unmittelbar betrifft **II, 19**, 47 ff.
- − Wertpapierprospektgesetz **II, 19**, 55
- − Insiderrecht **II, 19**, 8 ff.
- − − Ahndung als Ordnungswidrigkeit **II, 19**, 30 ff.
- − − Ahndung als Straftat **II, 19**, 30 ff.
- − − Anwendungsbereich **II, 19**, 13

- − − Aufbau des Insiderverzeichnisses **II, 19**, 39
- − − Ausnahmetatbestand für Erwerb eigener Aktien **II, 19**, 27
- − − Begriff des Finanzinstruments **II, 19**, 11
- − − Derivate **II, 19**, 11
- − − Due Diligence-Prüfung **II, 19**, 24
- − − Eignung zur erheblichen Kursbeeinflussung **II, 19**, 19 f.
- − − Einleitung **II, 19**, 8 ff.
- − − Empfehlung zum Erwerb von Insiderpapieren **II, 19**, 26
- − − Empfehlung zur Veräußerung von Insiderpapieren **II, 19**, 26
- − − Erwerb von Insiderpapieren **II, 19**, 23 f.
- − − Führung von Insiderverzeichnissen **II, 19**, 34 ff.
- − − Funktion **II, 19**, 9
- − − Geldmarktinstrumente **II, 19**, 11
- − − Herkunft der §§ 12 ff. WpHG **II, 19**, 8
- − − Inhalt eines Insiderverzeichnisses **II, 19**, 37 f.
- − − Insiderinformation **II, 19**, 14 ff.
- − − Insiderpapiere **II, 19**, 10
- − − konkrete Informationen **II, 19**, 15 f.
- − − mehrstufige Entscheidungsprozesse **II, 19**, 15
- − − Muster für Insiderverzeichnisse **II, 19**, 40 f.
- − − nicht öffentlich bekannt **II, 19**, 17
- − − Rechtsfolgen bei Insiderverstößen **II, 19**, 28 ff.
- − − Rechtsrahmen **II, 19**, 8
- − − Regelbeispiele für Insiderinformationen **II, 19**, 21 f.
- − − reine Vorbereitungsmaßnahmen **II, 19**, 15
- − − sonstige Instrumente **II, 19**, 11
- − − Stabilisierungsmaßnahmen **II, 19**, 27
- − − Umstände die sich auf das Insiderpapier selbst beziehen **II, 19**, 18
- − − Umstände die sich auf den Emittenten selbst beziehen **II, 19**, 18
- − − unbefugte Weitergabe von Insiderinformationen **II, 19**, 25
- − − unbefugtes Zugänglich-Machen von Insiderinformationen **II, 19**, 25
- − − Unterscheidung zwischen Primär- und Sekundärinsidern **II, 19**, 28 f.
- − − Veräußerung von Insiderpapieren **II, 19**, 23 f.
- − − Verbot von Insidergeschäften **II, 19**, 22
- − − Verleitung zum Erwerb von Insiderpapieren **II, 19**, 26
- − − Verleitung zur Veräußerung von Insiderpapieren **II, 19**, 26
- − − Verpflichtung zur Führung eines Insiderverzeichnisses **II, 19**, 34 ff.
- − − Wertpapiere **II, 19**, 11

- − Mitteilungs- und Veröffentlichungspflichten bei Geschäften von Führungspersonen **II, 19**, 77 ff.
- − − Ahndung als Ordnungswidrigkeit **II, 19**, 105
- − − Art der Veröffentlichung **II, 19**, 102 f.
- − − Ausnahmen von der Mitteilungspflicht **II, 19**, 94 f.
- − − Einleitung **II, 19**, 77 ff.
- − − erfasste Finanzinstrumente **II, 19**, 88
- − − erfasste Geschäftsarten **II, 19**, 89
- − − Form der Mitteilung **II, 19**, 96 ff.
- − − Frist der Mitteilung **II, 19**, 96 ff.
- − − Funktionen der Mitteilungspflicht **II, 19**, 78
- − − herkömmliche Aktienoptionsprogramme **II, 19**, 91
- − − Herkunft des § 15a WpHG **II, 19**, 77
- − − Inhalt der Mitteilung **II, 19**, 96 ff., 100
- − − Inhalt der Veröffentlichung **II, 19**, 104
- − − juristische Personen **II, 19**, 84 ff.
- − − mitteilungspflichtige Geschäfte **II, 19**, 87 ff.
- − − mitteilungspflichtige Personen **II, 19**, 79 ff.
- − − mitteilungspflichtige Tatbestände **II, 19**, 79 ff.
- − − natürliche Personen **II, 19**, 82
- − − Personen mit Führungsaufgaben **II, 19**, 79 ff.
- − − Personen in enger Beziehung zu einer Person mit Führungsaufgaben **II, 19**, 81
- − − persönlicher Anwendungsbereich **II, 19**, 79 ff.
- − − Rechtsfolgen bei Verletzungen **II, 19**, 105 ff.
- − − Rechtsrahmen des § 15a WpHG **II, 19**, 77
- − − sachlicher Anwendungsbereich **II, 19**, 87 ff.
- − − sonstige Einrichtungen **II, 19**, 84 ff.
- − − Schadensersatz **II, 19**, 106
- − − Veröffentlichung der Mitteilung durch den Emittenten **II, 19**, 101 ff.
- − − virtuelle Aktienoptionsprogramme **II, 19**, 92 f.
- Wertpapierhandelsgesetz, Mitteilungs- und Veröffentlichungspflichten bei Veränderungen des Stimmrechtsanteils an börsennotierten Gesellschaften **II, 19**, 125, 134 ff.
- − § 22 Abs. 1 Satz 1 Nr. 1 WpHG **II, 19**, 144
- − § 22 Abs. 1 Satz 1 Nr. 2 WpHG **II, 19**, 145
- − § 22 Abs. 1 Satz 1 Nr. 3 WpHG **II, 19**, 146
- − § 22 Abs. 1 Satz 1 Nr. 4 WpHG **II, 19**, 147

Stichwortverzeichnis

••• Die fett gedruckten **römischen Zahlen** bezeichnen die Teile, die fett gedruckten **arabischen Zahlen** die Kapitel. ••• Die fett gedruckten **§-Angaben** bezeichnen die bei Teil 2: Gesellschaftsrecht zu den Kapiteln dazugehörigen Paragrafen. ••• Die mager gedruckten Zahlen bezeichnen die Randnummern. •••

– – § 22 Abs. 1 Satz 1 Nr. 5 WpHG **II, 19,** 148
– – § 22 Abs. 1 Satz 1 Nr. 6 WpHG **II, 19,** 149
– – abgestimmtes Verhalten **II, 19,** 150 f.
– – Anwendungsbereich der §§ 21 ff. WpHG **II, 19,** 128 ff.
– – Einleitung **II, 19,** 125 ff.
– – einzelne Zurechnungstatbestände des § 22 Abs. 1 Satz 1 WpHG **II, 19,** 143 ff.
– – Form der Mitteilung **II, 19,** 153 ff.
– – Frist der Mitteilung **II, 19,** 153 ff.
– – Funktionen der Mitteilungspflicht **II, 19,** 126
– – Grundtatbestand des § 21 Abs. 1 WpHG **II, 19,** 131
– – Herkunft der §§ 21 ff. WpHG **II, 19,** 125
– – Inhalt der Mitteilung **II, 19,** 153 ff.
– – Meldepflichtiger **II, 19,** 132 f.
– – mitteilungspflichtige Tatbestände **II, 19,** 128 ff.
– – Nichtberücksichtigung von Stimmrechten **II, 19,** 152
– – Normzweck des § 22 WpHG **II, 19,** 140 ff.
– – Rechtsfolgen bei Verletzung **II, 19,** 160 f.
– – Rechtsrahmen der §§ 21 ff. WpHG **II, 19,** 125
– – Rechtsverlust gemäß § 28 Satz 1 WpHG **II, 19,** 160 f.
– – Schwellenwerte **II, 19,** 134 ff.
– – sonstige Rechtsfolgen **II, 19,** 163
– – stimmrechtslose Vorzugsaktie **II, 19,** 136
– – Systematik des § 22 WpHG **II, 19,** 140 ff.
– – Transparenzrichtlinie-Umsetzungsgesetz **II, 19,** 134
– – Verhältnis zu anderen Vorschriften **II, 19,** 127
– – Veröffentlichung von Mitteilung nach § 21 WpHG **II, 19,** 156 ff.
– – Veröffentlichungspflicht bei Erwerb und Veräußerung eigener Aktien **II, 19,** 159
– – Veröffentlichungspflicht des Emittenten **II, 19,** 156 ff.
– – Verwirklichung des tatbestandlichen Vorgangs **II, 19,** 138
– – Zurechnung von Stimmrechten gemäß § 22 WpHG **II, 19,** 140 ff.
– Verbot der Marktmanipulation **II, 19,** 107 ff.
– – § 20a Abs. 1 Satz 1 Nr. 1 WpHG **II, 19,** 111 ff.
– – § 20a Abs. 1 Satz 1 Nr. 2 WpHG **II, 19,** 118
– – § 20a Abs. 1 Satz 1 Nr. 3 WpHG **II, 19,** 119 ff.
– – Ahndung als Straftat **II, 19,** 123
– – Ahndung als Ordnungswidrigkeit **II, 19,** 123

– – Anwendungsbereich des § 20a WpHG **II, 19,** 109
– – Ausnahmetatbestände **II, 19,** 121 ff.
– – Einleitung **II, 19,** 107 ff.
– – Funktion des Verbots **II, 19,** 108
– – gesetzliche Offenbarungspflicht **II, 19,** 116
– – Herkunft des § 20a WpHG **II, 19,** 107
– – positives Tun **II, 19,** 112
– – Rechtsfolgen eines Verstoßes **II, 19,** 123 f.
– – Rechtsrahmen des § 20a WpHG **II, 19,** 107
– – Safe Harbours **II, 19,** 121
– – Schadensersatz **II, 19,** 124
– – tatbestandliche Voraussetzungen **II, 19,** 109 ff.
– – Unterlassen **II, 19,** 112
– – Verschweigen bewertungserheblicher Umstände **II, 19,** 116
– – Verstoß **II, 19,** 123 f.
– – zulässige Marktpraxis **II, 19,** 122
Wettbewerbsrecht, Franchise-Vertrag **I, 6,** 207
Wettbewerbsverbot **II, 1, § 3,** 290 ff.
– Franchise-Vertrag **I, 6,** 154 ff.
– Handelsvertreter, nach Vertragsbeendigung **I, 5,** 43
– – nachvertragliches **I, 5,** 43
– Pflichten für den Unternehmer **I, 5,** 54
– – während der Vertragslaufzeit **I, 5,** 40 ff.
– Joint Venture **II, 12,** 55
– nachvertragliches, Handelsvertretervertrag **I, 5,** 30
– Partnerschaftsgesellschaft **II, 1, § 5,** 86 ff.
Widerklage, Schiedsverfahren **II, 13,** 131
Widerrufsbelehrung, Franchise-Vertrag **I, 6,** 211 ff.
– – drucktechnisch deutliche Gestaltung **I, 6,** 214
– – Neufassung **I, 6,** 211
– – ordnungsgemäße **I, 6,** 213
– – unterbliebene **I, 6,** 212
Widerspruch, Betriebsübergang **II, 17,** 34 ff.
Widerspruchsrecht, Arbeitnehmer **II, 17,** 2
Wiesbadener Modell, Vermeidung der Betriebsaufspaltung **II, 7,** 81 ff.
Willenserklärung, Beurkundung **II, 14,** 6
Wirtschaftsausschuss, betriebsbezogene Unterrichtung **II, 17,** 59 ff.
– Betriebsrat **II, 17,** 2, 55 ff.
– Einigungsstelle, Zuständigkeit **II, 17,** 65
– Rechte **II, 17,** 55 ff.
– unternehmensbezogene Unterrichtung **II, 17,** 59 ff.
– Vorlage von Unterlagen **II, 17,** 62 f.
Wirtschaftsgut, Steuerbilanzrecht **II, 15, § 1,** 210
Wirtschaftsgüter, Betriebsaufspaltung **II, 7,** 64

Wirtschaftsprüfer, externe Prüfung **II, 15, § 1,** 196
– Jahresabschlussprüfung **II, 15, § 1,** 196
Wirtschaftsprüfungsgesellschaft, externe Prüfung **II, 15, § 1,** 196
– Jahresabschlussprüfung **II, 15, § 1,** 196
Wohngemeinschaften, GbR **II, 1, § 1,** 26
Zahlungseinstellung **II, 20,** 40
Zahlungsstockung **II, 20,** 41
Zahlungsunfähigkeit **II, 20,** 27 ff.
– Beseitigung **II, 20,** 108 ff.
– Definition **II, 20,** 28 f.
– drohende **II, 20,** 44 ff.
– ernstlich eingeforderte Geldschulden **II, 20,** 30
– factoring **II, 20,** 112
– GmbH & Co. KG **II, 1, § 4,** 4
– Insolvenzverschleppung **II, 20,** 128
– Liquiditätsbilanz **II, 20,** 37 ff.
– Liquiditätsplan **II, 20,** 37 ff.
– Moratorien **II, 20,** 113
– Neuaufnahme von Krediten **II, 20,** 109 f.
– nicht abgeführte Sozialversicherungsbeiträge **II, 20,** 268
– Ratenzahlungsvereinbarungen **II, 20,** 113
– Sanierungskredit **II, 20,** 109
– Sittenwidrigkeit **II, 20,** 110
– Stillhalteabsprachen **II, 20,** 114
– Stundungsvereinbarung **II, 20,** 113 f.
– – Form **II, 20,** 54
– Überbrückungskredit **II, 20,** 109
– – Sittenwidrigkeit **II, 20,** 110
– Umlaufvermögen, Verwertung **II, 20,** 112
– Verbindlichkeiten, Fälligkeit **II, 20,** 31 ff.
– Verwertung des Anlagevermögens **II, 20,** 111
– Zahlungsmittel, dauernder Mangel **II, 20,** 34 f.
– – Zahlungsstockung **II, 20,** 36
Zahlungsunfähigkeitsprüfung, Einzelfragen **II, 20,** 40 ff.
– Vermögenswerte, Außenstände **II, 20,** 43
– – Vorhandensein **II, 20,** 43
– – Zahlungseinstellung **II, 20,** 40
– – Zahlungsstockung **II, 20,** 41
– – Zahlungsunwilligkeit **II, 20,** 42
Zahlungsunwilligkeit **II, 20,** 42
Zeitbürgschaft **II, 16,** 192
Zeugenbeweis, Schiedsverfahren **II, 13,** 151 ff.
Zölle und Verbrauchssteuern, Bilanzansatz **II, 15, § 1,** 131
Zugewinnausgleich, absolutes Veräußerungsverbot **II, 10,** 18
– Anfangsvermögen **II, 10,** 27 ff.
– – Bewertung **II, 10,** 41
– – Endvermögen **II, 10,** 39
– – Indexierung **II, 10,** 44 ff.
– – Kaufkraftschwund **II, 10,** 44
– – Nachweis **II, 10,** 40
– – Umrechnung **II, 10,** 46
– – Verbraucherpreisindex **II, 10,** 44

Stichwortverzeichnis

••• Die fett gedruckten **römischen Zahlen** bezeichnen die Teile, die fett gedruckten **arabischen Zahlen** die Kapitel. ••• Die fett gedruckten **§-Angaben** bezeichnen die bei Teil 2: Gesellschaftsrecht zu den Kapiteln dazugehörigen Paragrafen. ••• Die mager gedruckten Zahlen bezeichnen die Randnummern. •••

– – Verzeichnis **II, 10,** 39 f.
– – Wertbegriff **II, 10,** 42
– Ausgleichsforderung **II, 10,** 9
– Auskunftsanspruch bezüglich des Unternehmens **II, 10,** 145 ff.
– Ausschlagung des Erbteils **II, 10,** 14
– Ausstattung **II, 10,** 33
– Beendigung des Güterstandes **II, 10,** 9
– Begriff des Zugewinns **II, 10,** 15
– Bewertung von Unternehmen **II, 10,** 66 ff., 107 ff.
– – § 1376 BGB **II, 10,** 67 ff.
– – abschließende Stichtagsbewertung **II, 10,** 108
– – anerkannte Bewertungsgrundsätze **II, 10,** 68
– – Anpassung der Bewertungsmethode an das Doppelverwertungsverbot **II, 10,** 115 ff.
– – APV-Ansatz **II, 10,** 95
– – Auswahl der Bewertungsmethode **II, 10,** 75
– – Barwert **II, 10,** 79
– – Begriff **II, 10,** 74
– – Besonderheiten **II, 10,** 134 ff.
– – Bewertungsmethoden **II, 10,** 77 ff.
– – Discounted-Cash-Flow-Verfahren **II, 10,** 91 f., 94 ff.
– – Doppelberücksichtigung **II, 10,** 109 ff.
– – Equity-Ansatz **II, 10,** 95
– – Ertragswertmethode **II, 10,** 92 f.
– – Ertragswertverfahren **II, 10,** 77, 89, 91
– – fairer Einigungswert **II, 10,** 120
– – Folgen **II, 10,** 115 ff.
– – Free Cash-Flow **II, 10,** 94 f.
– – Freiberufler **II, 10,** 117
– – Freiberuflerpraxen **II, 10,** 121
– – gehobene Einkommensverhältnisse **II, 10,** 117
– – Geschäftswert **II, 10,** 102 ff.
– – gesellschaftsrechtlich ausgestaltete Mitarbeiterbeteiligung **II, 10,** 110
– – gesetzliche Grundlagen **II, 10,** 66
– – gesonderte Bewertung des goodwill **II, 10,** 98
– – good-will **II, 10,** 102 ff.
– – Hofinhaber **II, 10,** 71
– – IDW-Standard **II, 10,** 86
– – IDW-Standard S 1 **II, 10,** 89 ff.
– – Immobilitätszuschlag **II, 10,** 79
– – kalkulatorischer Unternehmerlohn **II, 10,** 117
– – Kapitalisierungszinssatz **II, 10,** 79
– – konkrete Unterhaltsberechnung **II, 10,** 117
– – künftiges Einkommen **II, 10,** 108
– – landesrechtliche Vorschriften **II, 10,** 70
– – Landwirtschaft **II, 10,** 69
– – landwirtschaftliche Betriebe **II, 10,** 67
– – latente Ertragssteuer **II, 10,** 85
– – Liquidation **II, 10,** 118 ff.

– – Liquidationswert **II, 10,** 99, 119
– – Markt **II, 10,** 88
– – Mittelwert **II, 10,** 105
– – modifiziertes Umsatzverfahren **II, 10,** 121
– – Mussbewertung **II, 10,** 108
– – nachwirkende eheliche Solidarität **II, 10,** 118 ff.
– – nicht betriebsnotwendiges Vermögen **II, 10,** 84 ff.
– – periodengerechte Entwicklung **II, 10,** 81
– – Prognose **II, 10,** 81
– – Rechtsprechung zu Doppelverwertung **II, 10,** 109 ff.
– – Reproduktionswert **II, 10,** 97
– – spekulatives Element **II, 10,** 82
– – spezifische Reaktionsmechanismen **II, 10,** 108
– – spezifischer Bewertungszweck **II, 10,** 108
– – Stellungnahme des Hauptfachausschusses zur Unternehmensbewertung **II, 10,** 90
– – Steuern **II, 10,** 83
– – Stichtagsbezogenheit **II, 10,** 68, 76
– – strenge Stichtagsregelung **II, 10,** 108
– – Stuttgarter Verfahren **II, 10,** 106
– – Substanzwertmethode **II, 10,** 96 ff.
– – Treu und Glauben **II, 10,** 110
– – Unterhalt **II, 10,** 109 ff.
– – unterhaltsrechtlicher Halbteilungsgrundsatz **II, 10,** 117
– – Unternehmensrisikozuschlag **II, 10,** 79
– – Unternehmerlohn **II, 10,** 87
– – Veräußerungswert einzelner Gegenstände **II, 10,** 99
– – Verbot der Doppelverwertung **II, 10,** 109 ff., 117
– – Vergangenheitsanalyse **II, 10,** 91
– – Verkaufswert **II, 10,** 104
– – Verlustvortrag **II, 10,** 85
– – Verrechnung mit Kredittilgung **II, 10,** 110
– – Vorschriften **II, 10,** 68
– – WACC-Ansatz **II, 10,** 95
– – Wiederbeschaffungswert **II, 10,** 97
– – wirklicher Wert **II, 10,** 73 ff.
– – zu erwartende Zahlungsströme **II, 10,** 95
– – Zukunftserfolgswert **II, 10,** 78, 91
– – Zukunftsprognose **II, 10,** 81
– – zusätzliche Plausibilitätsprüfung **II, 10,** 91
– – Zweiphasenmodel **II, 10,** 91
– Bewertung von Unternehmensbeteiligungen **II, 10,** 134 ff.
– – Abfindungsklauseln **II, 10,** 139 ff.
– – Abschreibungsgesellschaften **II, 10,** 143
– – Besonderheiten **II, 10,** 134 ff.
– – direkte Bewertung **II, 10,** 135
– – einheitlicher Unternehmensbegriff **II, 10,** 144
– – indirekte Bewertung **II, 10,** 136

– – individuelle persönliche Verhältnisse **II, 10,** 138
– – objektivierter Wert **II, 10,** 137
– – Paketzuschlag **II, 10,** 138
– – Sperrminorität **II, 10,** 138
– – subjektiver Wert **II, 10,** 138
– ehevertragliche Vereinbarungen **II, 10,** 28
– Einkünfte **II, 10,** 32
– Eintritt des Güterstandes **II, 10,** 27
– Einzelgegenstand **II, 10,** 20
– Endvermögen **II, 10,** 47 ff.
– – Abzug der Verbindlichkeiten **II, 10,** 47
– – Anstandszuwendung **II, 10,** 50
– – Beendigung des Güterstandes **II, 10,** 58
– – Benachteiligungsabsicht **II, 10,** 52 ff.
– – Bewertung **II, 10,** 65
– – Dritte **II, 10,** 57
– – Forderungsbegrenzung **II, 10,** 56
– – illoyale Vermögensminderung **II, 10,** 48
– – Indexierung **II, 10,** 56
– – künftige hypothetische Entwicklung **II, 10,** 56
– – Pflichtzuwendung **II, 10,** 50
– – Rechtshängigkeit des Scheidungsantrages **II, 10,** 58
– – Rückübertragungsklausel **II, 10,** 62
– – Sicherheitsleistung nach § 1389 BGB **II, 10,** 61
– – Steuern **II, 10,** 64
– – Stichtag **II, 10,** 58 ff.
– – unentgeltliche Zuwendung **II, 10,** 49 f.
– – Unterhaltsforderung **II, 10,** 63
– – Verschwendung **II, 10,** 51
– – Wahl der Gütertrennung **II, 10,** 59
– Erbe **II, 10,** 13
– Erhöhung des gesetzlichen Erbteils **II, 10,** 12
– Ermittlung des Anspruchs **II, 10,** 16
– Form der Auskunft **II, 10,** 150 ff.
– – Belege **II, 10,** 152 f.
– – Einzelfälle **II, 10,** 151
– – Verzeichnis **II, 10,** 150
– – Wertangaben **II, 10,** 151
– – wertbildende Faktoren **II, 10,** 151
– Freiberuflerpraxen **II, 10,** 121 ff.
– – Anwaltskanzlei **II, 10,** 129
– – Arztpraxis **II, 10,** 1321
– – good-will **II, 10,** 123 ff.
– – Grundsätze der Bewertung **II, 10,** 121
– – Korrekturkriterien **II, 10,** 128
– – latente Ertragssteuern **II, 10,** 127
– – Notarkanzlei **II, 10,** 130
– – Steuerberaterkanzlei **II, 10,** 131
– – Substanzwert **II, 10,** 122
– – Unternehmerlohn **II, 10,** 126
– – weitere inhabergeprägte Unternehmen **II, 10,** 133
– Gegenstand der Auskunft **II, 10,** 146
– – Anfangsvermögen **II, 10,** 148 f.
– – Endvermögen **II, 10,** 146

Stichwortverzeichnis

••• Die fett gedruckten **römischen Zahlen** bezeichnen die Teile, die fett gedruckten **arabischen Zahlen** die Kapitel. ••• Die fett gedruckten **§-Angaben** bezeichnen die bei Teil 2: Gesellschaftsrecht zu den Kapiteln dazugehörigen Paragrafen. ••• Die mager gedruckten Zahlen bezeichnen die Randnummern. •••

– – illoyale Vermögensminderung **II, 10,** 147
– Gesamtvermögensgeschäfte **II, 10,** 18
– güterrechtliche Lösung **II, 10,** 13
– güterrechtlicher **II, 10,** 15 ff.
– Hausratsgegenstände **II, 10,** 10 f.
– Höhe der Zugewinnausgleichsforderung **II, 10,** 17
– höhere Mitberechtigung **II, 10,** 9
– negatives Anfangsvermögen **II, 10,** 28
– privilegierte Zuwendungen **II, 10,** 30
– Privilegierungen **II, 10,** 29
– Reduzierung der Kinderpflichtteile **II, 10,** 12
– Schenkungen **II, 10,** 31
– Stichtag **II, 10,** 35 ff.
– – Altehen **II, 10,** 35
– – Bereicherungsanspruch **II, 10,** 36
– – Ehevertrag **II, 10,** 35
– – Wertaufhellungsprinzip **II, 10,** 38
– Störung der Geschäftsgrundlage **II, 10,** 11
– Todesfall **II, 10,** 12 ff.

– unbenannte Zuwendungen unter Ehegatten **II, 10,** 31
– Verfügungen über Haushaltsgegenstände **II, 10,** 18
– Verfügungsbeschränkung **II, 10,** 18 ff.
– – Abdingbarkeit durch Ehevertrag **II, 10,** 23
– – Änderung von Gesellschaftsverträgen **II, 10,** 20
– – Formulierungsbeispiele **II, 10,** 24 ff.
– – Zahlungspflichten **II, 10,** 21
– Vermächtnisnehmer **II, 10,** 13
– Vermögen als Ganzes **II, 10,** 19
– Vermögenswertbegrenzung **II, 10,** 17
– Wertermittlungsanspruch **II, 10,** 154
– wirkliche Wertsteigerung **II, 10,** 34
– wirtschaftliche Grundlage der Familie **II, 10,** 18
– „zweite Spur **II, 10,** 11
Zugewinngemeinschaft **II, 10,** 2 ff.
– Einverdienerehe **II, 10,** 2
– gesetzlicher Güterstand **II, 10,** 2
– Grundsätze **II, 10,** 2 ff.

– Verfügungsbeschränkung **II, 10,** 4
– Vermögen als Ganzes **II, 10,** 4
– Vermögenstrennung **II, 10,** 3 ff.
– Zugewinnausgleichsanspruch **II, 10,** 3
Zukunftserfolgswert, Zugewinnausgleich, Bewertung von Unternehmen **II, 10,** 78
Zusammenveranlagung **II, 10,** 299 ff.
– Diskrepanzehen **II, 10,** 302
– Einverdienerehen **II, 10,** 302
– Gesamtschuldner **II, 10,** 303
– Innenverhältnis **II, 10,** 306
– Nachteilsausgleich **II, 10,** 305
– Steuerrückerstattung **II, 10,** 303
– Verpflichtung **II, 10,** 304
Zusatzaktien **II, 16,** 104
Zwangsvollstreckung, Insolvenz **II, 20,** 314
– Kommissionsgeschäft **I, 7,** 163
– Treuhand **II, 3, § 3,** 109 ff.
Zwangsvollstreckungsunterwerfung, Beurkundung **II, 14,** 41
Zweigniederlassung **II, 8,** 62
– ausländische Gesellschaft, **II, 8,** 210 ff.

3306

www.lexisnexis.de/hgr

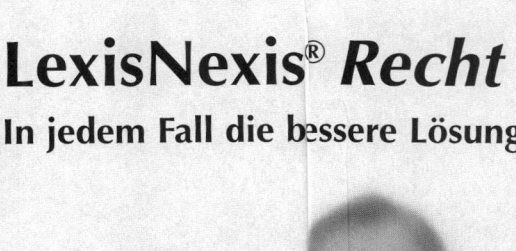

LexisNexis® *Recht*
In jedem Fall die bessere Lösung

Unterhaltstabellen, Volltexturteile oder Vertragsmuster – das Online-Portal von LexisNexis ist **ideal für Sie als Anwalt in einer kleinen oder mittelständischen Kanzlei!** Für Ihre tägliche Praxis: Das praktische Fachmodul Wirtschaftsrecht u.a. mit Staub: „Handelsgesetzbuch"!

Nutzen auch Sie jetzt den Preis-/Leistungssieger zum Festpreis! (Studie ZfI 4/06) **Ab 64 €/Monat!**

Jetzt <u>kostenfrei</u> Info-Material anfordern unter:
www.lexisnexis.de/hgr ☎ 0 18 05-53 97 99*.
(*14 Cent pro Minute aus dem deutschen Festnetz)

LexisNexis® *Recht*

484.000 Urteile, mit einer der größten deutschen Volltextsammlungen von 404.000 Urteilen – online verfügbar – monatlich kommen 4.200 neue Urteile hinzu. 900.000 Rechtsnormen. Dazu Kommentare, Zeitschriften, Formulare, Handbücher, u.v.m.

Jetzt UNVERBINDLICH INFO-MATERIAL anfordern!